beck-online
DIE DATENBANK

Handbuch zur Abgabenordnung/Finanzgerichtsordnung 2026
Freischaltung des Online-Moduls

Sehr geehrte Leserin, sehr geehrter Leser,

mit dem Kauf dieses Buches können Sie auch auf das Online-Modul zum Handbuch zugreifen. Ausgehend vom Inhaltsverzeichnis erhalten Sie damit Zugriff auf die zitierten Gesetzestexte, Urteile und Erlasse.

Nutzen Sie das Online-Modul und profitieren Sie von den dort enthaltenen zusätzlichen Materialien und den komfortablen Recherchemöglichkeiten in beck-online.DIE DATENBANK. Gehen Sie am besten sofort online!

Und so geht's:

1. Rufen Sie die Internetadresse www.freischaltung.beck.de auf.
2. Geben Sie Ihren persönlichen Freischaltcode (s. unten) ein und folgen Sie den Anweisungen auf dem Bildschirm.
3. **Wichtig:** Wenn Sie bereits beck-online-Kunde sind, benutzen Sie zum Login bitte **unbedingt** Ihre bekannten Zugangsdaten. Das Handbuch wird Ihrem Konto dann zugeschaltet.
4. Sollten Sie noch kein beck-online-Kunde sein, klicken Sie auf „Registrieren". Sie erhalten dann eine E-Mail mit Ihrem Benutzernamen und einem Aktivierungslink.
5. Bestätigen Sie den Aktivierungslink innerhalb von **28 Tagen** und wählen Sie ein Passwort.
6. Sie können nun mit Ihrem **Benutzernamen** und Ihrem **Passwort** von jedem beliebigen PC, Tablet oder Smartphone auf die Online-Version zugreifen.

Ihr Freischaltcode: ROSDU-QKQLD-NIYYQ-DFPCG

Das Angebot gilt für **einen** Nutzer. Ihren Online-Zugang können Sie bis zum Erscheinen des AO/FGO-Handbuchs 2027 uneingeschränkt nutzen.

Handbuch zur
Abgabenordnung/Finanzgerichtsordnung
2026

Handbuch des steuerlichen
Verwaltungs- und Verfahrensrechts

SCHRIFTEN DES
DEUTSCHEN WISSENSCHAFTLICHEN INSTITUTS
DER STEUERBERATER E. V.

Handbuch zur Abgabenordnung/ Finanzgerichtsordnung 2026

Handbuch des steuerlichen
Verwaltungs- und Verfahrensrechts

DWS Steuerberater Medien GmbH Berlin
Verlag C.H.Beck München

beck.de

ISSN 0171-2373
ISBN PRINT 978 3 406 84177 4

Wilhelmstraße 9, 80801 München
info@beck.de
Satz, Druck und Bindung: Druckerei C.H.Beck Nördlingen
(Adresse wie Verlag)

chbeck.de/nachhaltig
produktsicherheit.beck.de

Gedruckt auf säurefreiem, alterungsbeständigem Papier
(hergestellt aus chlorfrei gebleichtem Zellstoff)

Vorwort

Das Deutsche wissenschaftliche Institut der Steuerberater e. V. legt hiermit das „Handbuch zur Abgabenordnung/Finanzgerichtsordnung 2026" mit Rechtsstand 1. 3. 2026 in Neuauflage vor. Dieses Handbuch des steuerlichen Verwaltungs- und Verfahrensrechts bietet in einer ganz auf die Bedürfnisse der Praxis zugeschnittenen Zusammenstellung zuverlässige Informationen zum allgemeinen Steuerrecht.

Die Gestaltung des „Handbuchs zur Abgabenordnung/Finanzgerichtsordnung 2026" entspricht grundsätzlich der Konzeption der Reihe der Veranlagungshandbücher.

Der *Hauptteil* enthält in synoptischer Zuordnung die einzelnen Vorschriften der Abgabenordnung, die jeweiligen Bestimmungen des Anwendungserlasses sowie andere maßgebliche abgabenrechtliche Regelungen, seien es Gesetze, Verordnungen oder Verwaltungsanweisungen der Finanzbehörden.

Im *Anhang* sind das Einführungsgesetz zur Abgabenordnung (EGAO), die Finanzgerichtsordnung (FGO), das Gesetz über die Finanzverwaltung sowie weitere verfahrensrechtlich relevante Vorschriften zusammengefasst.

Die Bestimmungen sind – ebenfalls der bewährten Gestaltung der Veranlagungshandbücher folgend – typographisch besonders voneinander abgehoben, damit der Benutzer auf einen Blick erkennt, um welche Art von Vorschriften es sich handelt; die Kolumne am Kopf einer jeden Seite weist noch zusätzlich darauf hin. Die gegenüber dem „Handbuch zur Abgabenordnung/Finanzgerichtsordnung 2025" geänderten Textstellen sind durch einen Balken am Rand gekennzeichnet.

Verwaltungsanordnungen, die aus Platzgründen nicht in vollem Wortlaut in das Handbuch aufgenommen werden konnten, sind in den Fußnoten des Werkes in Leitsätzen wiedergegeben.

Auf einschlägige und aktuelle BFH-Urteile wird gleichfalls in Fußnoten hingewiesen.

Bei der Auswahl und Bearbeitung des Materials hat uns Herr Oberregierungsrat Helmut Kerscher, München, unterstützt; ihm sind wir für seine wertvolle Mitarbeit sehr zu Dank verpflichtet.

Diesem Buch ist ein Freischaltcode für ein Online-Modul beigelegt. Das Onlinemodul enthält als Ausgangspunkt das Inhaltsverzeichnis des Veranlagungshandbuchs. Ausgehend davon kann der Nutzer auf alle verlinkten Gesetze, Verordnungen, Richtlinien und Erlasse sowie auf die zugeordnete Rechtsprechung zugreifen.

Berlin, im April 2026

Deutsches wissenschaftliches Institut
der Steuerberater e. V.

Inhaltsübersicht

Inhaltsverzeichnis IX

Abkürzungsverzeichnis XXXIII

Hauptteil
Abgabenordnung mit Anwendungserlass und Anlagen 1

Anhang I
Einführungsgesetz zur Abgabenordnung und Verwaltungszustellungsgesetz mit Verwaltungsanweisungen 1047

Anhang II
Finanzgerichtsordnung mit Verwaltungsanweisungen, Ausführungsgesetze der Länder, Gesetz über die Finanzverwaltung 1079

Anhang III
Datenschutz-Grundverordnung 1225

Sachregister 1227

Inhaltsverzeichnis

Abkürzungsverzeichnis XXXIII

Hauptteil: Abgabenordnung mit Anwendungserlass, Anlagen 1

Erster Teil. Einleitende Vorschriften

Erster Abschnitt. Anwendungsbereich

§ 1 Anwendungsbereich 1

§ 2 Vorrang völkerrechtlicher Vereinbarungen 2

§ 2 a Anwendungsbereich der Vorschriften über die Verarbeitung personenbezogener Daten 3

Zweiter Abschnitt. Steuerliche Begriffsbestimmungen

§ 3 Steuern, steuerliche Nebenleistungen 3

§ 4 Gesetz 4

§ 5 Ermessen 5

§ 6 Behörden, öffentliche und nicht-öffentliche Stellen, Finanzbehörden 5

§ 7 Amtsträger 6

§ 8 Wohnsitz 7

§ 9 Gewöhnlicher Aufenthalt 12

§ 10 Geschäftsleitung 13

§ 11 Sitz 14

§ 12 Betriebstätte 14

§ 13 Ständiger Vertreter 17

§ 14 Wirtschaftlicher Geschäftsbetrieb 17

§ 14 a Personenvereinigungen 17

§ 14 b Körperschaften mit Sitz im Ausland 19

§ 15 Angehörige 19

Dritter Abschnitt. Zuständigkeit der Finanzbehörden

§ 16 Sachliche Zuständigkeit 20

§ 17 Örtliche Zuständigkeit 21

§ 18 Gesonderte Feststellungen 21

§ 19 Steuern vom Einkommen und Vermögen natürlicher Personen 23

Anlagen:

1) Verfügung betr. örtliche Zuständigkeit für die Einkommensteuer von getrennt lebenden Ehegatten/Lebenspartnern im Jahr der Trennung vom 11. 12. 2014 (BeckVerw 292884) 24

2) Verfügung betr. Zuständigkeit für Arbeitnehmer ohne Wohnsitz oder gewöhnlichen Aufenthalt im Inland vom 8. 12. 2025 (BeckVerw 662397) 25

§ 20 Steuern vom Einkommen und Vermögen der Körperschaften, Personenvereinigungen, Vermögensmassen 27

§ 20 a Steuern vom Einkommen bei Bauleistungen 27

Anlage:

Verfügung betr. Zuständigkeit bei Bauleistungen vom 23. 1. 2019 (BeckVerw 447082) 28

§ 21 Umsatzsteuer 30

Anlage:

Verordnung über die örtliche Zuständigkeit für die Umsatzsteuer im Ausland ansässiger Unternehmer (Umsatzsteuerzuständigkeitsverordnung – UStZustV) vom 20. 12. 2001 (BGBl. I S. 3794) ... 30

§ 22 Realsteuern ... 32

§ 22 a Zuständigkeit auf dem Festlandsockel oder an der ausschließlichen Wirtschaftszone ... 32

§ 23 Einfuhr- und Ausfuhrabgaben und Verbrauchsteuern ... 32

§ 24 Ersatzzuständigkeit ... 32

§ 25 Mehrfache örtliche Zuständigkeit ... 33

§ 26 Zuständigkeitswechsel ... 33

Anlagen:

1) Verfügung betr. Zuständigkeitswechsel nach § 26 AO vom 27. 10. 2017 (BeckVerw 347969) ... 34
2) Erlass betr. örtliche Zuständigkeit in Fällen der Verschmelzung, der Umwandlung, der Anwachsung und der Aufspaltung vom 20. 4. 2012 (BeckVerw 262442) ... 35
3) Verfügung betr. örtliche Zuständigkeit für die Besteuerung verstorbener natürlicher Personen vom 10. 5. 2012 (BeckVerw 262373) ... 37
4) Erlass betr. Wechsel der örtlichen Zuständigkeit bei Insolvenz- und Liquidationsverfahren vom 1. 9. 2016 (BeckVerw 331917) ... 37

§ 27 Zuständigkeitsvereinbarung ... 39

§ 28 Zuständigkeitsstreit ... 40

§ 29 Gefahr im Verzug ... 40

§ 29 a Unterstützung des örtlich zuständigen Finanzamts auf Anweisung der vorgesetzten Finanzbehörde ... 40

Vierter Abschnitt. Verarbeitung geschützter Daten und Steuergeheimnis

§ 29 b Verarbeitung personenbezogener Daten durch Finanzbehörden ... 40

Anlagen:

1) Schreiben betr. Datenschutz im Steuerverwaltungsverfahren seit dem 25. Mai 2018; Neuregelungen durch die Datenschutz-Grundverordnung und Änderungen der AO durch das Gesetz zur Änderung des Bundesversorgungsgesetzes und anderer Vorschriften vom 17. Juli 2017 vom 13. 1. 2020 (BeckVerw 462610) ... 41
2) Schreiben betr. allgemeine Informationen zur Umsetzung der datenschutzrechtlichen Vorgaben der Art. 12 bis 14 der Datenschutz-Grundverordnung in der Steuerverwaltung vom 1. 5. 2018 (BeckVerw 355880) ... 55

§ 29 c Verarbeitung personenbezogener Daten durch Finanzbehörden zu anderen Zwecken ... 60

§ 30 Steuergeheimnis ... 60

Anlagen:

1) Verordnung über den automatisierten Abruf von Steuerdaten (Steuerdaten-Abrufverordnung – StDAV) vom 13. 10. 2005 (BGBl. I S. 3021) ... 73
2) Schreiben betr. Steuergeheimnis; Mitteilungen der Finanzbehörden zur Durchführung dienstrechtlicher Maßnahmen bei Beamten und Richtern vom 12. 1. 2018 (BeckVerw 351352) ... 75
3) Verfügung betr. Auskunftserteilung nach § 21 Abs. 4 SGB X – Verwaltungsverfahren – vom 25. 9. 2015 (BeckVerw 318708) ... 76
4) Verfügung betr. Offenbarung steuerlicher Verhältnisse gegenüber Gesamtschuldnern vom 18. 12. 2013 (BeckVerw 280467) ... 77
5) Verfügung betr. Unterrichtung der Strafverfolgungsbehörden bei Vorlage unechter Urkunden zum Nachweis falscher Angaben im Besteuerungsverfahren vom 27. 1. 2012 (BeckVerw 257916) ... 79
6) Verfügung betr. Mitteilungen und Auskünfte an die Strafverfolgungsbehörden und Strafgerichte; Strafanzeigen und Strafanträge wegen nichtsteuerlicher Straftaten vom 18. 1. 2012 (BeckVerw 257866) ... 79
7) Schreiben betr. Auskünfte an Gewerbebehörden in gewerberechtlichen Verfahren und Mitteilungen bei Betriebsaufgaben und Betriebsveräußerungen vom 19. 12. 2013 (BeckVerw 279920) ... 80

8) Verfügung betr. Auskunftserteilung an Registergerichte vom 31. 8. 2018 (BeckVerw 440559) 84

9) Verfügung betr. Auskunftserteilung in Angelegenheiten des Insolvenzrechts vom 15. 5. 2018 (BeckVerw 436437) 85

10) Verfügung betr. Auskunft an die Gemeinden in Realsteuerangelegenheiten vom 30. 10. 2015 (BeckVerw 323178) 87

11) Gleich lautende Erlasse betr. Übermittlung von Daten nach § 10 StBerG vom 1. 9. 2021 (BeckVerw 560946) 88

12) Verfügung betr. Aussagen von Bediensteten der Finanzverwaltung vor Gericht; Wahrung des Steuergeheimnisses vom 29. 7. 2019 (BeckVerw 455789) 93

§ 31 Mitteilung von Besteuerungsgrundlagen 96

Anlage:

Verfügung betr. Auskunftserteilung an die Gemeinden für Zwecke der Festsetzung von Kommunalabgaben vom 27. 3. 2025 (BeckVerw 651709) 97

§ 31 a Mitteilungen zur Bekämpfung der illegalen Beschäftigung und des Leistungsmissbrauchs 98

Anlage:

Verfügung betr. Mitteilungen zur Bekämpfung der illegalen Beschäftigung und des Leistungsmissbrauchs nach § 31 a AO vom 13. 2. 2019 (BeckVerw 447493) 102

§ 31 b Mitteilungen zur Bekämpfung der Geldwäsche und der Terrorismusfinanzierung 104

§ 31 c Verarbeitung besonderer Kategorien personenbezogener Daten durch Finanzbehörden zu statistischen Zwecken 106

Fünfter Abschnitt. Haftungsbeschränkung für Amtsträger

§ 32 Haftungsbeschränkung für Amtsträger 107

Sechster Abschnitt. Rechte der betroffenen Person

§ 32 a Informationspflicht der Finanzbehörde bei Erhebung personenbezogener Daten bei betroffenen Personen 107

§ 32 b Informationspflicht der Finanzbehörde, wenn personenbezogene Daten nicht bei der betroffenen Person erhoben wurden 108

§ 32 c Auskunftsrecht der betroffenen Person 109

§ 32 d Form der Information oder Auskunftserteilung 110

§ 32 e Verhältnis zu anderen Auskunfts- und Informationszugangsansprüchen .. 110

§ 32 f Recht auf Berichtigung und Löschung, Widerspruchsrecht 110

Siebter Abschnitt. Datenschutzaufsicht, Gerichtlicher Rechtsschutz in datenschutzrechtlichen Angelegenheiten

§ 32 g Datenschutzbeauftragte der Finanzbehörden 111

§ 32 h Datenschutzrechtliche Aufsicht, Datenschutz-Folgenabschätzung 111

§ 32 i Gerichtlicher Rechtsschutz 111

§ 32 j Antrag auf gerichtliche Entscheidung bei angenommener Rechtswidrigkeit eines Angemessenheitsbeschlusses der Europäischen Kommission 112

Zweiter Teil. Steuerschuldrecht

Erster Abschnitt. Steuerpflichtiger

§ 33 Steuerpflichtiger 113

§ 34 Pflichten der gesetzlichen Vertreter und der Vermögensverwalter 113

Anlage:

Schreiben betr. einkommensteuerliche Pflichten des Zwangsverwalters; Anwendungsfragen zum BFH-Urteil vom 10. 2. 2015 IX R 23/14 vom 17. 7. 2025 (BeckVerw 655500) 115

§ 35 Pflichten des Verfügungsberechtigten 122
§ 36 Erlöschen der Vertretungsmacht 123

Zweiter Abschnitt. Steuerschuldverhältnis

§ 37 Ansprüche aus dem Steuerschuldverhältnis 123
Anlage:
Schreiben betr. Erstattungsanspruch nach § 37 Abs. 2 AO bei der Einkommensteuer; Erstattungsberechtigung und Reihenfolge der Anrechnung in Nachzahlungsfällen vom 14. 1. 2015 (BeckVerw 294120) 127
§ 38 Entstehung der Ansprüche aus dem Steuerschuldverhältnis 134
§ 39 Zurechnung 135
§ 40 Gesetz- oder sittenwidriges Handeln 138
§ 41 Unwirksame Rechtsgeschäfte 138
§ 42 Missbrauch von rechtlichen Gestaltungsmöglichkeiten 140
§ 43 Steuerschuldner, Steuervergütungsgläubiger 145
§ 44 Gesamtschuldner 145
§ 45 Gesamtrechtsnachfolge 145
§ 46 Abtretung, Verpfändung, Pfändung 146
Anlagen:
1) Verfügung betr. Pfändung von Erstattungs- und Vergütungsansprüchen nach § 46 AO vom 30. 7. 2018 (BeckVerw 438528) 153
2) Verfügung betr. Abtretung und Verpfändung von Erstattungs- und Vergütungsansprüchen nach § 46 AO vom 22. 7. 2021 (BeckVerw 553711) 158
3) Verfügung betr. Auszahlung von Erstattungs- und Vergütungsansprüchen an Dritte ohne formelle Abtretung oder Verpfändung vom 7. 11. 2024 (BeckVerw 645482) 164
§ 47 Erlöschen 165
§ 48 Leistung durch Dritte, Haftung Dritter 165
§ 49 Verschollenheit 166
§ 50 Erlöschen und Unbedingtwerden der Verbrauchsteuer, Übergang der bedingten Verbrauchsteuerschuld 166

Dritter Abschnitt. Steuerbegünstigte Zwecke

§ 51 Allgemeines 166
§ 52 Gemeinnützige Zwecke 169
Anlagen:
1) Verfügung betr. Verwirklichung steuerbegünstigter Zwecke im Ausland vom 14. 7. 2025 (BeckVerw 656137) 178
2) Erlass betr. gemeinnützige Zwecke gem. § 52 Abs. 2 AO; Verfahren zur Anerkennung weiterer gemeinnütziger Zwecke gem. § 52 Abs. 2 Sätze 2 und 3 AO vom 30. 1. 2018 (BeckVerw 353649) 180
§ 53 Mildtätige Zwecke 181
§ 54 Kirchliche Zwecke 183
§ 55 Selbstlosigkeit 183
§ 56 Ausschließlichkeit 190
§ 57 Unmittelbarkeit 191
§ 58 Steuerlich unschädliche Betätigungen 193
Anlage:
Verfügung betr. Unterstützung anderer Körperschaften vom 3. 3. 2021 (BeckVerw 515234) 197
§ 58 a Vertrauensschutz bei Mittelweitergaben 199
§ 59 Voraussetzung der Steuervergünstigung 200
§ 60 Anforderungen an die Satzung 201

§ 60 a Feststellung der satzungsmäßigen Voraussetzungen 202

§ 60 b Zuwendungsempfängerregister 204

§ 61 Satzungsmäßige Vermögensbindung 205

§ 62 Rücklagen und Vermögensbildung 206

Anlage:
Verfügung betr. Rücklagen und Vermögensbildung bei steuerbegünstigten Körperschaften; Regelung ab dem 1. 1. 2014 vom 13. 2. 2014 (BeckVerw 282885) 209

§ 63 Anforderungen an die tatsächliche Geschäftsführung 211

§ 64 Steuerpflichtige wirtschaftliche Geschäftsbetriebe 212

§ 65 Zweckbetrieb 219

§ 66 Wohlfahrtspflege 220

§ 67 Krankenhäuser 222

Anlage:
Erlass betr. wirtschaftliche Geschäftsbetriebe bei Krankenhäusern vom 11. 6. 2020 (BeckVerw 470179) 223

§ 67 a Sportliche Veranstaltungen 226

§ 68 Einzelne Zweckbetriebe 231

Vierter Abschnitt. Haftung

§ 69 Haftung der Vertreter 237

§ 70 Haftung des Vertretenen 240

§ 71 Haftung des Steuerhinterziehers und des Steuerhehlers 240

§ 72 Haftung bei Verletzung der Pflicht zur Kontenwahrheit 241

§ 72 a Haftung Dritter bei Datenübermittlungen an Finanzbehörden 241

§ 73 Haftung bei Organschaft 241

§ 74 Haftung des Eigentümers von Gegenständen 243

§ 75 Haftung des Betriebsübernehmers 244

§ 76 Sachhaftung 248

§ 77 Duldungspflicht 248

Dritter Teil. Allgemeine Verfahrensvorschriften

Erster Abschnitt. Verfahrensgrundsätze

1. Unterabschnitt. Beteiligung am Verfahren

§ 78 Beteiligte 249

§ 79 Handlungsfähigkeit 249

§ 80 Bevollmächtigte und Beistände 250

Anlagen:
1) Schreiben betr. Berechtigungsmanagement für die so genannte vorausgefüllte Steuererklärung; Nutzung der amtlichen Muster für Vollmachten im Besteuerungsverfahren für die ElsterKontoabfrage vom 7. 5. 2014 (BeckVerw 285430) 252
2) Schreiben betr. amtliche Muster für Vollmachten im Besteuerungsverfahren; Neufassung der Muster für Vollmachten zur Vertretung in Steuersachen und des Merkblatts zur Verwendung der amtlichen Muster für Vollmachten zur Vertretung in Steuersachen vom 27. 3. 2025 (BeckVerw 651225) 253
3) Gleich lautende Ländererlasse betr. Umfang der Beratungsbefugnis der Lohnsteuerhilfevereine; Befugnis zu beschränkter Hilfeleistung in Steuersachen nach § 4 Nr. 11 StBerG vom 13. 2. 2023 (BeckVerw 619060) 262

§ 80 a Elektronische Übermittlung von Vollmachtsdaten an Landesfinanzbehörden 265

§ 81 Bestellung eines Vertreters von Amts wegen 266

2. Unterabschnitt. Ausschließung und Ablehnung von Amtsträgern und anderen Personen

§ 82 Ausgeschlossene Personen ... 266

§ 83 Besorgnis der Befangenheit ... 267

§ 84 Ablehnung von Mitgliedern eines Ausschusses ... 267

3. Unterabschnitt. Besteuerungsgrundsätze, Beweismittel

I. Allgemeines

§ 85 Besteuerungsgrundsätze ... 268

§ 86 Beginn des Verfahrens ... 269

§ 87 Amtssprache ... 269

§ 87 a Elektronische Kommunikation ... 270

§ 87 b Bedingungen für die elektronische Übermittlung von Daten an Finanzbehörden ... 273

§ 87 c Nicht amtliche Datenverarbeitungsprogramme für das Besteuerungsverfahren ... 274

§ 87 d Datenübermittlungen an Finanzbehörden im Auftrag ... 274

§ 87 e Ausnahmeregelung für Einfuhr- und Ausfuhrabgaben, Verbrauchsteuern und die Luftverkehrsteuer ... 276

§ 88 Untersuchungsgrundsatz ... 276

Anlage:
Schreiben betr. tatsächliche Verständigung über den der Steuerfestsetzung zugrunde liegenden Sachverhalt vom 30. 7. 2008 (BeckVerw 125860) ... 278

§ 88 a Sammlung von geschützten Daten ... 281

§ 88 b Länderübergreifender Abruf und Verwendung von Daten zur Verhütung, Ermittlung und Verfolgung von Steuerverkürzungen ... 281

§ 88 c Informationsaustausch über kapitalmarktbezogene Gestaltungen ... 282

§ 89 Beratung, Auskunft ... 282

Anlagen:
1) Verordnung zur Durchführung von § 89 Abs. 2 der Abgabenordnung (Steuer-Auskunftsverordnung – StAuskV) vom 30. 11. 2007 (BGBl. I S. 2783) ... 291
2) Verfügung betr. Erteilung verbindlicher Auskünfte i. S. d. § 89 Abs. 2 AO vom 25. 1. 2021 (BeckVerw 506563) ... 293
3) Verfügung betr. verbindliche Auskunft nach § 89 Abs. 2 AO; Änderung der Steuer-Auskunftsverordnung nach Zweifelsfragen zur Gebührenberechnung nach § 89 Abs. 3 bis 7 AO vom 30. 8. 2017 (BeckVerw 351152) ... 294

§ 89 a Vorabverständigungsverfahren ... 298

§ 89 b Internationale Risikobewertungsverfahren ... 306

§ 90 Mitwirkungspflichten der Beteiligten ... 308

Anlagen:
1) Verordnung zu Art, Inhalt und Umfang von Aufzeichnungen im Sinne des § 90 Absatz 3 der Abgabenordnung (Gewinnabgrenzungsaufzeichnungs-Verordnung – GAufzV) vom 12. 7. 2017 (BGBl. I S. 2367) ... 310
2) Schreiben betr. Verwaltungsgrundsätze 2020 vom 3. 12. 2020 (BeckVerw 499235) ... 315
3) Schreiben betr. Merkblatt zur Transaktionsmatrix i. S. d. § 90 Abs. 3 Satz 2 Nr. 1 AO vom 2. 4. 2025 (BeckVerw 651570) ... 325

§ 91 Anhörung Beteiligter ... 327

Anlage:
Verfügung betr. Anhörung Beteiligter vor Erlass eines Verwaltungsakts vom 22. 3. 2024 (BeckVerw 635717) ... 328

§ 92 Beweismittel ... 329

II. Beweis durch Auskünfte und Sachverständigengutachten

§ 93 Auskunftspflicht der Beteiligten und anderer Personen ... 329

Anlage:
Verfügung betr. Kontenabrufe nach § 93 Abs. 7 i. V. m. § 93b AO – Elektronisches Kontenabrufverfahren vom 22. 3. 2024 (BeckVerw 635718) 337

§ 93 a Allgemeine Mitteilungspflichten 339

Anlagen:
1) Verordnung über Mitteilungen an die Finanzbehörden durch andere Behörden und öffentlich-rechtliche Rundfunkanstalten (Mitteilungsverordnung – MV) vom 14. 1. 2025 (BGBl. I Nr. 14) 340
2) Schreiben betr. Anwendung der Mitteilungsverordnung (MV) ab 1. Januar 2025 vom 12. 12. 2024 (BeckVerw 646506) 344

§ 93 b Automatisierter Abruf von Kontoinformationen 354

§ 93 c Datenübermittlung durch Dritte 354

§ 93 d Verordnungsermächtigung 356

§ 94 Eidliche Vernehmung 356

§ 95 Versicherung an Eides statt 356

§ 96 Hinzuziehung von Sachverständigen 357

III. Beweis durch Urkunden und Augenschein

§ 97 Vorlage von Urkunden 357

§ 98 Einnahme des Augenscheins 358

§ 99 Betreten von Grundstücken und Räumen 358

§ 100 Vorlage von Wertsachen 358

IV. Auskunfts- und Vorlageverweigerungsrechte

§ 101 Auskunfts- und Eidesverweigerungsrecht der Angehörigen 358

§ 102 Auskunftsverweigerungsrecht zum Schutz bestimmter Berufsgeheimnisse 359

Anlagen:
1) Merkblatt über die steuerlichen Beistandspflichten der Notare auf den Gebieten der Grunderwerbsteuer, der Erbschaftsteuer (Schenkungsteuer) und der Ertragsteuern vom 29. 12. 2017 (BeckVerw 351380) 360
2) Verfügung betr. Auskunftsverweigerungsrecht von Berufsgeheimnisträgern vom 28. 3. 2012 (BeckVerw 260666) 366

§ 103 Auskunftsverweigerungsrecht bei Gefahr der Verfolgung wegen einer Straftat oder einer Ordnungswidrigkeit 367

§ 104 Verweigerung der Erstattung eines Gutachtens und der Vorlage von Urkunden 367

§ 105 Verhältnis der Auskunfts- und Vorlagepflicht zur Schweigepflicht öffentlicher Stellen 367

§ 106 Beschränkung der Auskunfts- und Vorlagepflicht bei Beeinträchtigung des staatlichen Wohls 368

V. Entschädigung der Auskunftspflichtigen und der Sachverständigen

§ 107 Entschädigung der Auskunftspflichtigen und der Sachverständigen 368

Anlage:
Verfügung betr. Entschädigung von Auskunfts- und Vorlagepflichtigen sowie Sachverständigen im Besteuerungsverfahren vom 20. 8. 2014 (BeckVerw 289168) 368

4. Unterabschnitt. Fristen, Termine, Wiedereinsetzung

§ 108 Fristen und Termine 371

Anlage:
Übersicht über die gesetzlichen Feiertage in der Bundesrepublik Deutschland 372

§ 109 Verlängerung von Fristen 373

§ 110 Wiedereinsetzung in den vorigen Stand ... 374
Anlage:
Verfügung betr. Wiedereinsetzung in den vorigen Stand vom 22. 3. 2021 (BeckVerw 516227) ... 376

5. Unterabschnitt. Rechts- und Amtshilfe

§ 111 Amtshilfepflicht ... 379
Anlage:
Verfügung betr. Erteilung von steuerlichen Bescheinigungen und von Apostillen vom 5. 8. 2020 (nv) ... 379

§ 112 Voraussetzungen und Grenzen der Amtshilfe ... 382

§ 113 Auswahl der Behörde ... 382

§ 114 Durchführung der Amtshilfe ... 382

§ 115 Kosten der Amtshilfe ... 383

§ 116 Anzeige von Steuerstraftaten ... 383

§ 117 Zwischenstaatliche Rechts- und Amtshilfe in Steuersachen ... 383
Anlagen:
1) Schreiben betr. Anwendung der Abkommen über den steuerlichen Informationsaustausch (Tax Information Exchange Agreement – TIEA) vom 10. 11. 2015 (BeckVerw 320185) ... 384
2) Schreiben betr. automatischer Austausch von Informationen über Finanzkonten in Steuersachen nach dem Finanzkonten-Informationsaustauschgesetz – FKAustG; Bekanntmachung einer finalen Staatenaustauschliste 2025 i. S. d. § 1 Abs. 1 FKAustG für den automatischen Austausch von Informationen über Finanzkonten in Steuersachen zum 30. September 2025 vom 3. 6. 2025 (BeckVerw 653762) ... 387

§ 117 a Umsetzung innerstaatlich anwendbarer völkerrechtlicher Vereinbarungen zur Förderung der Steuerehrlichkeit bei internationalen Sachverhalten; Verordnungsermächtigung ... 391

§ 117 b Besondere Formen der Amtshilfe mit Drittstaaten ... 391

§ 117 c Übermittlung von Informationen einschließlich personenbezogener Daten auf Ersuchen an einen anderen Mitgliedstaat der Europäischen Union zur Verhütung von Straftaten ... 392

§ 117 d Inhalt des Ersuchens ... 392

§ 117 e Ablehnungsgründe ... 393

§ 117 f Zusammenarbeit mit zentralen Kontaktstellen ... 393

§ 117 g Informationsübermittlung ohne Ersuchen ... 394

§ 117 h Verpflichtung zur Informationsübermittlung ohne Ersuchen ... 394

§ 117 i Informationsübermittlung an Schengen-assoziierte Staaten ... 394

§ 117 j Ausgehende Ersuchen um Übermittlung von Informationen einschließlich personenbezogener Daten an Strafverfolgungsbehörden eines anderen Mitgliedstaates der Europäischen Union ... 395

§ 117 k Verwendung von nach der Richtlinie (EU) 2023/977 übermittelten Informationen ... 395

§ 117 l Statistiken über die zwischenstaatliche Amts- und Rechtshilfe ... 395

Zweiter Abschnitt. Verwaltungsakte

§ 118 Begriff des Verwaltungsakts ... 395

§ 119 Bestimmtheit und Form des Verwaltungsakts ... 396

§ 120 Nebenbestimmungen zum Verwaltungsakt ... 397

§ 121 Begründung des Verwaltungsakts ... 398

§ 122 Bekanntgabe des Verwaltungsakts ... 398
Anlagen:
1) Gleich lautende Erlasse betr. Feststellung nach § 151 Abs. 1 und 2 Nr. 2 BewG sowie § 13 a Abs. 1 a ErbStG und § 13 b Abs. 2 a ErbStG im Fall einer Erbengemeinschaft vom 15. 6. 2016 (BeckVerw 330818) ... 431

2) Schreiben betr. Bekanntgabe eines Steuerverwaltungsaktes an sowie Vollstreckung gegen eine Gesellschaft in der Rechtsform einer Britischen Limited mit Verwaltungssitz im Inland; Rechtsfolgen des § 14b AO vom 12. 1. 2024 (BeckVerw 632256) 431

§ 122 a Bekanntgabe von Verwaltungsakten durch Bereitstellung zum Datenabruf 432

§ 123 Bestellung eines Empfangsbevollmächtigten 433

§ 124 Wirksamkeit des Verwaltungsakts 433

§ 125 Nichtigkeit des Verwaltungsakts 434

Anlage:

Erlass betr. Nichtigkeit des Verwaltungsakts vom 29. 4. 2019 (BeckVerw 451780) 436

§ 126 Heilung von Verfahrens- und Formfehlern 438

§ 127 Folgen von Verfahrens- und Formfehlern 438

§ 128 Umdeutung eines fehlerhaften Verwaltungsakts 439

§ 129 Offenbare Unrichtigkeiten beim Erlass eines Verwaltungsakts 439

§ 130 Rücknahme eines rechtswidrigen Verwaltungsakts 443

§ 131 Widerruf eines rechtmäßigen Verwaltungsakts 445

§ 132 Rücknahme, Widerruf, Aufhebung und Änderung im Rechtsbehelfsverfahren 446

§ 133 Rückgabe von Urkunden und Sachen 446

Vierter Teil. Durchführung der Besteuerung

Erster Abschnitt. Erfassung der Steuerpflichtigen

1. Unterabschnitt. Personenstands- und Betriebsaufnahme

§§ 134–136 (weggefallen) 447

2. Unterabschnitt. Anzeigepflichten

§ 137 Steuerliche Erfassung von Körperschaften, Vereinigungen und Vermögensmassen 447

§ 138 Anzeigen über die Erwerbstätigkeit 447

Anlagen:

1) Schreiben betr. Auskunftspflicht nach § 138 Abs. 1 b AO bei Betriebseröffnung oder Aufnahme einer freiberuflichen Tätigkeit (Fragebogen zur steuerlichen Erfassung); Zeitpunkt der erstmaligen Anwendung des § 138 Abs. 1 b Satz 2 AO (Verpflichtung zur elektronischen Übermittlung) vom 17. 9. 2021 (BeckVerw 562375) 449

2) Schreiben betr. Mitteilungspflichten bei Auslandsbeziehungen nach § 138 Abs. 2 AO und § 138 b AO in der Fassung des Steuerumgehungsbekämpfungsgesetzes (StUmgBG) vom 26. 4. 2022 (BeckVerw 569805) 450

3) Verfügung betr. Anzeigepflicht bei Auslandsbeteiligungen nach § 138 Abs. 2 AO; Beginn des Laufs der Verfolgungsverjährung vom 11. 11. 2020 (BeckVerw 496252) 454

4) Schreiben betr. Anzeigen über die Erwerbstätigkeit nach § 138 Abs. 1 und 1 b AO; Steuerliche Erfassung von Betreiberinnen und Betreibern bestimmter kleiner Photovoltaikanlagen vom 12. 6. 2023 (BeckVerw 623756) 455

§ 138 a Länderbezogener Bericht multinationaler Unternehmensgruppen 455

Anlage:

Schreiben betr. Anforderungen an den länderbezogenen Bericht multinationaler Unternehmensgruppen (Country-by-Country Report) vom 11. 7. 2017 (BeckVerw 343526) 458

§ 138 b Mitteilungspflicht Dritter über Beziehungen inländischer Steuerpflichtiger zu Drittstaat-Gesellschaften 461

§ 138 c Verordnungsermächtigung 461

§ 138 d Pflicht zur Mitteilung grenzüberschreitender Steuergestaltungen 462

Anlage:

Schreiben betr. Anwendung der Vorschriften über die Pflicht zur Mitteilung grenzüberschreitender Steuergestaltungen vom 29. 3. 2021 (BeckVerw 515240) 463

§ 138 e Kennzeichen grenzüberschreitender Steuergestaltungen 492

§ 138 f Verfahren zur Mitteilung grenzüberschreitender Steuergestaltungen durch Intermediäre ... 495
§ 138 g Verfahren zur Mitteilung grenzüberschreitender Steuergestaltungen durch Nutzer ... 497
§ 138 h Mitteilungen bei marktfähigen grenzüberschreitenden Steuergestaltungen ... 498
§ 138 i Information der Landesfinanzbehörden ... 498
§ 138 j Auswertung der Mitteilungen grenzüberschreitender Steuergestaltungen ... 498
§ 138 k Angabe der grenzüberschreitenden Steuergestaltung in der Steuererklärung ... 498
§ 139 Anmeldung von Betrieben in besonderen Fällen ... 499

3. Unterabschnitt. Identifikationsmerkmal

§ 139 a Identifikationsmerkmal ... 499
§ 139 b Identifikationsnummer ... 499
§ 139 c Wirtschafts-Identifikationsnummer ... 502
§ 139 d Verordnungsermächtigung ... 504
Anlage:
Öffentliche Bekanntmachung über die Vergabe und Mitteilung der Wirtschafts-Identifikationsnummer nach § 1 Abs. 2 i. V. m. § 3 Abs. 1 der Wirtschafts-Identifikationsnummer-Verordnung vom 30. September 2024 (BGBl. 2024 I Nr. 293) und zugleich Mitteilung der bundeseinheitlichen Wirtschaftsnummer für Unternehmen nach § 8 der Verordnung über das Register über Unternehmensbasisdaten vom 1. Juli 2024 (BGBl. 2024 I Nr. 220) vom 2. 10. 2024 (BeckVerw 648034) ... 505
§ 139 e Direktauszahlungsmechanismus ... 506

Zweiter Abschnitt. Mitwirkungspflichten

1. Unterabschnitt. Führung von Büchern und Aufzeichnungen

§ 140 Buchführungs- und Aufzeichnungspflichten nach anderen Gesetzen ... 506
§ 141 Buchführungspflicht bestimmter Steuerpflichtiger ... 507
Anlage:
Schreiben betr. Buchführung in land- und forstwirtschaftlichen Betrieben vom 15. 12. 1981 (BeckVerw 27543) ... 508
§ 142 Ergänzende Vorschriften für Land- und Forstwirte ... 512
§ 143 Aufzeichnung des Wareneingangs ... 513
§ 144 Aufzeichnung des Warenausgangs ... 513
§ 145 Allgemeine Anforderungen an Buchführung und Aufzeichnungen ... 514
§ 146 Ordnungsvorschriften für die Buchführung und für Aufzeichnungen ... 514
Anlagen:
1) Schreiben betr. Grundsätze zur ordnungsmäßigen Führung und Aufbewahrung von Büchern, Aufzeichnungen und Unterlagen in elektronischer Form sowie zum Datenzugriff (GoBD) vom 28. 11. 2019 (BeckVerw 453300) ... 519
2) Schreiben betr. Aufzeichnung von Geschäftsvorfällen und anderen steuerlich relevanten Daten bei Taxi- und Mietwagenunternehmen vom 11. 3. 2024 (BeckVerw 635076) ... 539
3) Verfügung betr. Verlagerung der elektronischen Buchführung und von elektronischen Aufzeichnungen ins Ausland vom 29. 1. 2021 (BeckVerw 506569) ... 541
4) Schreiben betr. Einzelaufzeichnungspflicht nach § 146 Abs. 1 Satz 1 AO; Nutzung von Aliasbescheinigungen nach § 5 Abs. 6 ProstSchG vom 25. 10. 2021 (BeckVerw 562826) ... 543
5) Merkblatt betr. Ordnungsmäßigkeit der Kassenbuchführung vom 30. 12. 2024 (BeckVerw 648039) ... 543
§ 146 a Ordnungsvorschrift für die Buchführung und für Aufzeichnungen mittels elektronischer Aufzeichnungssysteme; Verordnungsermächtigung ... 546
Anlage:
Verordnung zur Bestimmung der technischen Anforderungen an elektronische Aufzeichnungs- und Sicherungssysteme im Geschäftsverkehr vom 26. 9. 2017 (BGBl. I 3515) ... 564

§ 146 b Kassen-Nachschau 568

§ 147 Ordnungsvorschriften für die Aufbewahrung von Unterlagen 570

§ 147 a Vorschriften für die Aufbewahrung von Aufzeichnungen und Unterlagen bestimmter Steuerpflichtiger 573

§ 147 b Verordnungsermächtigung zur Vereinheitlichung von digitalen Schnittstellen 574

§ 148 Bewilligung von Erleichterungen 574

2. Unterabschnitt. Steuererklärungen

§ 149 Abgabe der Steuererklärungen 574

Anlage:
Schreiben betr. Anwendungsfragen zur (erneuten) Verlängerung der Steuererklärungsfristen und weiterer damit zusammenhängender Fristen und Termine für die Besteuerungszeiträume 2020 bis 2024 durch das Vierte Corona-Steuerhilfegesetz vom 23. 6. 2022 (BeckVerw 571530) 577

§ 150 Form und Inhalt der Steuererklärungen 581

Anlagen:
1) Schreiben betr. elektronische Übermittlung von Bilanzen sowie Gewinn- und Verlustrechnungen vom 19. 1. 2010 (BeckVerw 234108) 584
2) Schreiben betr. Steuererklärungen nach amtlich vorgeschriebenem Vordruck (§ 150 Abs. 1 der Abgabenordnung – AO); Vorgaben für Erklärungen in Papierform vom 12. 8. 2022 (BeckVerw 573605) 585

§ 151 Aufnahme der Steuererklärung an Amtsstelle 586

§ 152 Verspätungszuschlag 586

Anlage:
Verfügung betr. Festsetzung eines Verspätungszuschlags; Neuregelung des § 152 AO durch das Steuermodernisierungsgesetz vom 24. 3. 2021 (BeckVerw 516238) 591

§ 153 Berichtigung von Erklärungen 594

3. Unterabschnitt. Kontenwahrheit

§ 154 Kontenwahrheit 597

Dritter Abschnitt. Festsetzungs- und Feststellungsverfahren

1. Unterabschnitt. Steuerfestsetzung

I. Allgemeine Vorschriften

§ 155 Steuerfestsetzung 602

§ 156 Absehen von der Steuerfestsetzung 603

Anlagen:
1) Kleinbetragsverordnung (KBV) vom 19. 12. 2000 (BGBl. I S. 1790) 604
2) Verfügung betr. Wegfall des Erfordernisses der Steuerfestsetzung in Erbfällen nach Ausschlagung der Erbschaft durch sämtliche Erben vom 29. 4. 2014 (BeckVerw 285684) 605

§ 157 Form und Inhalt der Steuerbescheide 605

§ 158 Beweiskraft der Buchführung 606

§ 159 Nachweis der Treuhänderschaft 607

§ 160 Benennung von Gläubigern und Zahlungsempfängern 608

§ 161 Fehlmengen bei Bestandsaufnahmen 611

§ 162 Schätzung von Besteuerungsgrundlagen 611

Anlage:
Verfügung betr. Schätzung der Besteuerungsgrundlagen nach § 162 AO wegen Nichtabgabe von Steuererklärungen vom 26. 2. 2020 (BeckVerw 465166) 615

§ 163 Abweichende Festsetzung von Steuern aus Billigkeitsgründen 618

Anlage:
Schreiben betr. Insolvenzordnung; Kriterien für die Entscheidung über einen Einigungsversuch zur außergerichtlichen Schuldenbereinigung (§ 305 Abs. 1 Nr. 1 InsO) vom 27. 1. 2021 (BeckVerw 507698) 620

§ 164 Steuerfestsetzung unter Vorbehalt der Nachprüfung 623

§ 165 Vorläufige Steuerfestsetzung, Aussetzung der Steuerfestsetzung 625

Anlagen:

1) Schreiben betr. vorläufige Steuerfestsetzung im Hinblick auf anhängige Musterverfahren (§ 165 Abs. 1 Satz 2 AO); Aussetzung der Steuerfestsetzung nach § 165 Abs. 1 Satz 4 AO; Ruhenlassen von außergerichtlichen Rechtbehelfsverfahren (§ 363 Abs. 2 AO); Aussetzung der Vollziehung (§ 361 AO, § 69 Abs. 2 FGO) vom 15. 1. 2018 (BeckVerw 351360) 629
2) Verfügung betr. vorläufige Steuerfestsetzung nach § 165 Abs. 1 Satz 2 Nr. 3 und Nr. 4 AO im Hinblick auf anhängige Musterverfahren vom 11. 3. 2024 (BeckVerw 635074) 633

§ 166 Drittwirkung der Steuerfestsetzung 633

§ 167 Steueranmeldung, Verwendung von Steuerzeichen oder Steuerstemplern 634

§ 168 Wirkung einer Steueranmeldung 635

Anlage:

Verfügung betr. verfahrensrechtliche Wirkung des Eingangs von Umsatzsteuer-Jahreserklärungen nach Schätzung der Besteuerungsgrundlagen vom 21. 1. 2015 (BeckVerw 294458) 636

II. Festsetzungsverjährung

§ 169 Festsetzungsfrist 637

§ 170 Beginn der Festsetzungsfrist 640

§ 171 Ablaufhemmung 643

Anlage:

Erlass betr. Antrag auf Steuerfestsetzung i.S.d. § 171 Abs. 3 AO durch Abgabe einer Steuererklärung 14. 6. 2025 (BeckVerw 655497) 653

III. Bestandskraft

§ 172 Aufhebung und Änderung von Steuerbescheiden 656

§ 173 Aufhebung oder Änderung von Steuerbescheiden wegen neuer Tatsachen oder Beweismittel 659

Anlagen:

1) Erlass betr. Begriff des „groben Verschuldens" i. S. d. § 173 Abs. 1 Nr. 2 AO vom 28. 6. 2019 (BeckVerw 456652) 671
2) Verfügung betr. Verkehrswertnachweis nach Bestandskraft des Feststellungsbescheids vom 12. 3. 2014 (BeckVerw 283236) 673
3) Verfügung betr. Auswirkungen von Sonderprüfungen auf die Steuerfestsetzung; Änderungssperre nach § 173 Abs. 2 AO; Aufhebung des Vorbehalts der Nachprüfung (§ 164 Abs. 3 AO); Lohnsteuer-Haftungsbescheide (§ 42 d EStG, § 191 AO) vom 6. 6. 2017 (BeckVerw 344749) 673

§ 173 a Schreib- oder Rechenfehler bei Erstellung einer Steuererklärung 676

§ 174 Widerstreitende Steuerfestsetzungen 676

Anlage:

Verfügung betr. Änderung eines Bescheids bei durch Rechtsbehelf oder Antrag ausgelöstem Widerstreit nach § 174 Abs. 4 und Abs. 5 AO vom 1. 7. 2025 (BeckVerw 655847) 684

§ 175 Änderung von Steuerbescheiden auf Grund von Grundlagenbescheiden und bei rückwirkenden Ereignissen 686

Anlage:

Verfügung betr. Anpassung von Folgebescheiden an Grundlagenbescheide vom 5. 8. 2025 (BeckVerw 656536) 694

§ 175 a Umsetzung von Verständigungsvereinbarungen 698

§ 175 b Änderung von Steuerbescheiden bei Datenübermittlung durch Dritte .. 698

Anlage:

Verfügung betr. Änderung von Steuerbescheiden bei Datenübermittlung durch Dritte vom 18. 3. 2022 (BeckVerw 622366) 699

§ 176 Vertrauensschutz bei der Aufhebung und Änderung von Steuerbescheiden 700

§ 177 Berichtigung von materiellen Fehlern 702

IV. Kosten

§ 178 Kosten bei besonderer Inanspruchnahme der Zollbehörden 703

2. Unterabschnitt. Gesonderte Feststellung von Besteuerungsgrundlagen, Festsetzung von Steuermessbeträgen

I. Gesonderte Feststellungen

§ 179 Feststellung von Besteuerungsgrundlagen 704

Anlage:
Verfügung betr. Feststellung des verbleibenden Verlustvortrags; Verfahrensfragen vom 25. 9. 2024 (BeckVerw 643541) 707

§ 180 Gesonderte Feststellung von Besteuerungsgrundlagen 709

Anlagen:
1) Verordnung über die gesonderte Feststellung von Besteuerungsgrundlagen nach § 180 Abs. 2 der Abgabenordnung (V zu § 180 Abs. 2 AO) vom 19. 12. 1986 (BGBl. I S. 2663) 716
2) Schreiben betr. gesonderte Feststellung bei gleichen Sachverhalten vom 2. 5. 2001 (BeckVerw 27607) 718
3) Schreiben betr. gesonderte Feststellung der Steuerpflicht von Zinsen aus einer Lebensversicherung nach § 9 der Verordnung zu § 180 Abs. 2 AO vom 16. 7. 2012 (BeckVerw 262724) 723
4) Schreiben betr. Verfahren bei der Geltendmachung von negativen Einkünften aus der Beteiligung an Verlustzuweisungsgesellschaften und vergleichbaren Modellen vom 13. 7. 1992 (BeckVerw 27608) 724
5) Schreiben betr. Verfahren bei der Geltendmachung von Vorsteuerbeträgen aus der Beteiligung an Gesamtobjekten vom 24. 4. 1992 (BeckVerw 27152) 729
6) Schreiben betr. Einkunftsermittlung bei im Betriebsvermögen gehaltenen Beteiligungen an vermögensverwaltenden Personengesellschaften vom 29. 4. 1994 (BeckVerw 27623) 731
7) Verfügung betr. keine einheitliche und gesonderte Feststellung nach § 180 Abs. 1 Nr. 2 a AO bei unbekannten Erben vom 29. 12. 2010 (BeckVerw 246738) 733
8) Verfügung betr. gesonderte und einheitliche Feststellung der Einkünfte aus ausländischen Personengesellschaften, Bauherrengemeinschaften und Grundstücksgemeinschaften, an denen mehrere Inländer beteiligt sind vom 23. 11. 2020 (BeckVerw 496254) 733
9) Verfügung betr. örtliche Zuständigkeit im Zusammenhang mit der gesonderten Gewinnfeststellung nach § 180 Abs. 1 Nr. 2 b AO vom 25. 3. 2015 (BeckVerw 296806) 735
10) Verfügung betr. Teilabschlussbescheid (§ 180 Abs. 1 a AO) vom 31. 10. 2025 (BeckVerw 660383) 736

§ 181 Verfahrensvorschriften für die gesonderte Feststellung, Feststellungsfrist, Erklärungspflicht 738

Anlage:
Erlass betr. gesonderte Feststellung gem. § 181 Abs. 5 AO nach Ablauf der Feststellungsfrist vom 24. 10. 2016 (BeckVerw 334028) 740

§ 182 Wirkungen der gesonderten Feststellung 742

§ 183 Bekanntgabe bei der gesonderten und einheitlichen Feststellung gegenüber rechtsfähigen Personenvereinigungen 743

§ 183 a Empfangsbevollmächtigte bei der gesonderten und einheitlichen Feststellung bei nicht rechtsfähigen Personenvereinigungen und in sonstigen Fällen 745

II. Festsetzung von Steuermessbeträgen

§ 184 Festsetzung von Steuermessbeträgen 746

3. Unterabschnitt. Zerlegung und Zuteilung

§ 185 Geltung der allgemeinen Vorschriften 746

§ 186 Beteiligte 747

§ 187 Akteneinsicht 747

§ 188 Zerlegungsbescheid 747

§ 189 Änderung der Zerlegung 747

§ 190 Zuteilungsverfahren ... 748

4. Unterabschnitt. Haftung

§ 191 Haftungsbescheide, Duldungsbescheide ... 748

§ 192 Vertragliche Haftung ... 753

Vierter Abschnitt. Außenprüfung

1. Unterabschnitt. Allgemeine Vorschriften

§ 193 Zulässigkeit einer Außenprüfung ... 754

Anlagen:

1) Allgemeine Verwaltungsvorschrift für die Betriebsprüfung – Betriebsprüfungsordnung – (BpO 2000) vom 15. 3. 2000 (BStBl. I S. 368) ... 756
2) Schreiben betr. Einordnung in Größenklassen gem. § 3 BpO 2000; Festlegung neuer Abgrenzungsmerkmale zum 1. Januar 2024 vom 15. 12. 2022 (BeckVerw 578180) .. 763
3) Gleichlautender Erlass zu Anwendungsfragen zu § 10 Abs. 1 BpO vom 31. 8. 2009 (BeckVerw 228823) ... 763
4) Merkblatt zur grenzüberschreitenden Prüfungszusammenarbeit mit Steuerverwaltungen anderer Staaten und Gebiete: gemeinsame und gleichzeitige Prüfungen sowie Anwesenheit von Bediensteten vom 15. 5. 2025 (BeckVerw 653238) ... 765

§ 194 Sachlicher Umfang einer Außenprüfung ... 775

§ 195 Zuständigkeit ... 776

§ 196 Prüfungsanordnung ... 777

§ 197 Bekanntgabe der Prüfungsanordnung ... 780

§ 198 Ausweispflicht, Beginn der Außenprüfung ... 787

§ 199 Prüfungsgrundsätze ... 787

Anlagen:

1) Schreiben betr. Zusammenstellung der in der steuerlichen Außenprüfung zu verwendenden betriebswirtschaftlichen Begriffe vom 5. 9. 2023 (BeckVerw 627785) ... 788
2) Schreiben betr. automationsgestützte quantitative Prüfungsmethoden in der steuerlichen Außenprüfung vom 5. 9. 2023 (BeckVerw 627786) ... 797

§ 200 Mitwirkungspflichten des Steuerpflichtigen ... 800

Anlage:

Schreiben betr. Hinweise auf die wesentlichen Rechte und Mitwirkungspflichten des Steuerpflichtigen bei der Außenprüfung (§ 5 Abs. 2 Satz 2 BpO 2000) vom 17. 2. 2025 (BeckVerw 649090) ... 801

§ 200 a Qualifiziertes Mitwirkungsverlangen ... 803

§ 201 Schlussbesprechung ... 804

§ 202 Inhalt und Bekanntgabe des Prüfungsberichts ... 805

§ 203 Abgekürzte Außenprüfung ... 805

§ 203 a Außenprüfung bei Datenübermittlung durch Dritte ... 806

2. Unterabschnitt. Verbindliche Zusagen auf Grund einer Außenprüfung

§ 204 Voraussetzung der verbindlichen Zusage ... 806

§ 205 Form der verbindlichen Zusage ... 807

§ 206 Bindungswirkung ... 807

§ 207 Außerkrafttreten, Aufhebung und Änderung der verbindlichen Zusage ... 807

Fünfter Abschnitt. Steuerfahndung (Zollfahndung)

§ 208 Steuerfahndung (Zollfahndung) ... 808

Anlage:

Schreiben betr. Merkblatt über die Rechte und Pflichten von Steuerpflichtigen bei Prüfungen durch die Steuerfahndung nach § 208 Abs. 1 Nr. 3 AO vom 13. 11. 2013 (BeckVerw 277990) ... 810

§ 208 a Steuerfahndung des Bundeszentralamts für Steuern ... 810

Sechster Abschnitt. Steueraufsicht in besonderen Fällen

§ 209 Gegenstand der Steueraufsicht 811
§ 210 Befugnisse der Finanzbehörde 811
§ 211 Pflichten der betroffenen Person 811
§ 212 Durchführungsvorschriften 812
§ 213 Besondere Aufsichtsmaßnahmen 812
§ 214 Beauftragte 812
§ 215 Sicherstellung im Aufsichtsweg 812
§ 216 Überführung in das Eigentum des Bundes 813
§ 217 Steuerhilfspersonen 813

Fünfter Teil. Erhebungsverfahren

Erster Abschnitt. Verwirklichung, Fälligkeit und Erlöschen von Ansprüchen aus dem Steuerschuldverhältnis

1. Unterabschnitt. Verwirklichung und Fälligkeit von Ansprüchen aus dem Steuerschuldverhältnis

§ 218 Verwirklichung von Ansprüchen aus dem Steuerschuldverhältnis 814
Anlagen:
1) Verfügung betr. Anrechnung von Steuervorauszahlungen und Steuerabzugsbeträgen; Erteilung von Abrechnungsbescheiden (§ 218 Abs. 2 AO) vom 17. 11. 2014 (BeckVerw 291808) 816
2) Verfügung betr. Abrechnungsbescheid gemäß § 218 Abs. 2 AO vom 30. 4. 2025 (BeckVerw 653176) 817
§ 219 Zahlungsaufforderung bei Haftungsbescheiden 818
§ 220 Fälligkeit 819
§ 221 Abweichende Fälligkeitsbestimmung 819
§ 222 Stundung 819
Anlagen:
1) Gleich lautende Erlasse betr. Zuständigkeit für Stundungen nach § 222 AO und § 6 Abs. 4 AStG, Erlasse nach § 227 AO, Billigkeitsmaßnahmen nach § 163, § 234 Abs. 2, § 237 Abs. 4 AO, Absehen von Festsetzungen nach § 156 Abs. 2 AO und Niederschlagungen nach § 261 AO von Landessteuern und der sonstigen durch Landesfinanzbehörden verwalteten Steuern und Abgaben vom 7. 8. 2025 (BeckVerw 656546) 820
2) Schreiben betr. Mitwirkung des Bundesministeriums der Finanzen bei Billigkeitsmaßnahmen bei der Festsetzung oder Erhebung von Steuern, die von den Landesfinanzbehörden im Auftrag des Bundes verwaltet werden vom 5. 7. 2023 (BeckVerw 625625) 822
§ 223 (weggefallen) 822

2. Unterabschnitt. Zahlung, Aufrechnung, Erlass

§ 224 Leistungsort, Tag der Zahlung 823
Anlage:
Erlass betr. Kleinbetragsregelung im Erhebungsverfahren vom 2. 1. 2025 (BeckVerw 647690) 823
§ 224 a Hingabe von Kunstgegenständen an Zahlungs statt 824
§ 225 Reihenfolge der Tilgung 825
§ 226 Aufrechnung 825
Anlage:
Erlass betr. Aufrechnung im Steuerrecht (§ 226 AO) vom 13. 5. 2015 (BeckVerw 305691) 828
§ 227 Erlass 836

3. Unterabschnitt. Zahlungsverjährung

§ 228 Gegenstand der Verjährung, Verjährungsfrist 838

§ 229 Beginn der Verjährung 838

§ 230 Hemmung der Verjährung 839

§ 231 Unterbrechung der Verjährung 840

§ 232 Wirkung der Verjährung 841

Zweiter Abschnitt. Verzinsung, Säumniszuschläge

1. Unterabschnitt. Verzinsung

§ 233 Grundsatz 842

Anlage:
Schreiben betr. Änderungen der §§ 233 bis 239 AO durch das Zweite Gesetz zur Änderung der Abgabenordnung und des Einführungsgesetzes zur Abgabenordnung vom 12. Juli 2022 (BGBl. I S. 1142) vom 22. 7. 2022 (BeckVerw 573060) 842

§ 233 a Verzinsung von Steuernachforderungen und Steuererstattungen 844

Anlage:
Verfügung betr. Auswirkung einer Änderung der Zinsfestsetzungen bei bereits erfolgtem Erlass von Zinsen gem. § 233 a AO vom 28. 4. 2023 (BeckVerw 622391) 866

§ 234 Stundungszinsen 868

§ 235 Verzinsung von hinterzogenen Steuern 871

Anlage:
Erlass betr. Verzinsung von hinterzogenen Steuern; Ergänzung der Regelungen im Anwendungserlass zur Abgabenordnung (AEAO) zu § 235 vom 29. 8. 2016 (BeckVerw 331877) 879

§ 236 Prozesszinsen auf Erstattungsbeträge 883

§ 237 Zinsen bei Aussetzung der Vollziehung 885

§ 238 Höhe und Berechnung der Zinsen 887

§ 239 Festsetzung der Zinsen 888

2. Unterabschnitt. Säumniszuschläge

§ 240 Säumniszuschläge 890

Dritter Abschnitt. Sicherheitsleistung

§ 241 Art der Sicherheitsleistung 894

§ 242 Wirkung der Hinterlegung von Zahlungsmitteln 895

§ 243 Verpfändung von Wertpapieren 895

§ 244 Taugliche Steuerbürgen 895

§ 245 Sicherheitsleistung durch andere Werte 896

§ 246 Annahmewerte 896

§ 247 Austausch von Sicherheiten 896

§ 248 Nachschusspflicht 896

Sechster Teil. Vollstreckung

Erster Abschnitt. Allgemeine Vorschriften

§ 249 Vollstreckungsbehörden 897

§ 250 Vollstreckungsersuchen 897

§ 251 Vollstreckbare Verwaltungsakte 897

Anlagen:
1) Schreiben betr. Insolvenzordnung; Kriterien für die Entscheidung über einen Einigungsversuch zur außergerichtlichen Schuldenbereinigung (§ 305 Abs. 1 Nr. 1 InsO) vom 27. 1. 2021 (BeckVerw 507698) 924

2) Schreiben betr. Insolvenzordnung; Anwendungsfragen zu § 55 Abs. 4 InsO vom 11. 1. 2022 (BeckVerw 566085) ... 927
§ 252 Vollstreckungsgläubiger ... 933
§ 253 Vollstreckungsschuldner ... 933
§ 254 Voraussetzungen für den Beginn der Vollstreckung ... 933
§ 255 Vollstreckung gegen juristische Personen des öffentlichen Rechts ... 933
§ 256 Einwendungen gegen die Vollstreckung ... 933
§ 257 Einstellung und Beschränkung der Vollstreckung ... 933
§ 258 Einstweilige Einstellung oder Beschränkung der Vollstreckung ... 934

Zweiter Abschnitt. Vollstreckung wegen Geldforderungen

1. Unterabschnitt. Allgemeine Vorschriften

§ 259 Mahnung ... 934
§ 260 Angabe des Schuldgrundes ... 935
§ 261 Niederschlagung ... 935
§ 262 Rechte Dritter ... 935
§ 263 Vollstreckung gegen Ehegatten oder Lebenspartner ... 935
§ 264 Vollstreckung gegen Nießbraucher ... 935
§ 265 Vollstreckung gegen Erben ... 935
§ 266 Sonstige Fälle beschränkter Haftung ... 936
§ 267 Vollstreckungsverfahren gegen Personenvereinigungen ... 936

2. Unterabschnitt. Aufteilung einer Gesamtschuld

§ 268 Grundsatz ... 936
Anlage:
Verfügung betr. Aufteilung einer Gesamtschuld nach §§ 268 ff. AO; Gesamtdarstellung für den Veranlagungsbereich vom 11. 3. 2019 (BeckVerw 448678) ... 936
§ 269 Antrag ... 945
§ 270 Allgemeiner Aufteilungsmaßstab ... 945
§ 271 Aufteilungsmaßstab für die Vermögensteuer ... 945
§ 272 Aufteilungsmaßstab für Vorauszahlungen ... 945
§ 273 Aufteilungsmaßstab für Steuernachforderungen ... 946
§ 274 Besonderer Aufteilungsmaßstab ... 946
§ 275 (weggefallen) ... 946
§ 276 Rückständige Steuer, Einleitung der Vollstreckung ... 946
§ 277 Vollstreckung ... 946
§ 278 Beschränkung der Vollstreckung ... 946
§ 279 Form und Inhalt des Aufteilungsbescheids ... 947
§ 280 Änderung des Aufteilungsbescheids ... 947

3. Unterabschnitt. Vollstreckung in das bewegliche Vermögen

I. Allgemeines

§ 281 Pfändung ... 948
§ 282 Wirkung der Pfändung ... 948
§ 283 Ausschluss von Gewährleistungsansprüchen ... 948
§ 284 Vermögensauskunft des Vollstreckungsschuldners ... 948

II. Vollstreckung in Sachen

§ 285 Vollziehungsbeamte ... 950

§ 286 Vollstreckung in Sachen ... 951
§ 287 Befugnisse des Vollziehungsbeamten ... 951
§ 288 Zuziehung von Zeugen ... 952
§ 289 Zeit der Vollstreckung ... 952
§ 290 Aufforderungen und Mitteilungen des Vollziehungsbeamten ... 952
§ 291 Niederschrift ... 952
§ 292 Abwendung der Pfändung ... 952
§ 293 Pfand- und Vorzugsrechte Dritter ... 952
§ 294 Ungetrennte Früchte ... 953
§ 295 Unpfändbarkeit von Sachen ... 953
§ 296 Verwertung ... 953
§ 297 Aussetzung der Verwertung ... 953
§ 298 Versteigerung ... 953
§ 299 Zuschlag ... 953
§ 300 Mindestgebot ... 954
§ 301 Einstellung der Versteigerung ... 954
§ 302 Wertpapiere ... 954
§ 303 Namenspapiere ... 954
§ 304 Versteigerung ungetrennter Früchte ... 954
§ 305 Besondere Verwertung ... 954
§ 306 Vollstreckung in Ersatzteile von Luftfahrzeugen ... 955
§ 307 Anschlusspfändung ... 955
§ 308 Verwertung bei mehrfacher Pfändung ... 955

III. Vollstreckung in Forderungen und andere Vermögensrechte

§ 309 Pfändung einer Geldforderung ... 955
§ 310 Pfändung einer durch Hypothek gesicherten Forderung ... 956
§ 311 Pfändung einer durch Schiffshypothek oder Registerpfandrecht an einem Luftfahrzeug gesicherten Forderung ... 957
§ 312 Pfändung einer Forderung aus indossablen Papieren ... 957
§ 313 Pfändung fortlaufender Bezüge ... 957
§ 314 Einziehungsverfügung ... 957
§ 315 Wirkung der Einziehungsverfügung ... 957
§ 316 Erklärungspflicht des Drittschuldners ... 958
§ 317 Andere Art der Verwertung ... 958
§ 318 Ansprüche auf Herausgabe oder Leistung von Sachen ... 959
§ 319 Unpfändbarkeit von Forderungen ... 959
§ 320 Mehrfache Pfändung einer Forderung ... 959
§ 321 Vollstreckung in andere Vermögensrechte ... 960

4. Unterabschnitt. Vollstreckung in das unbewegliche Vermögen

§ 322 Verfahren ... 960
Anlage:
Schreiben betr. Anträge nach § 322 Abs. 3 AO, Ersuchen um Anordnung der Haft zur Erzwingung der eidesstattlichen Versicherung nach § 284 Abs. 7 AO und An-

träge auf Erlaß einer Durchsuchungsanordnung nach § 287 Abs. 4 AO vom 1. 7. 1988 (BeckVerw 27661) 961

§ 323 Vollstreckung gegen den Rechtsnachfolger 962

5. Unterabschnitt. Arrest

§ 324 Dinglicher Arrest 962

§ 325 Aufhebung des dinglichen Arrestes 962

§ 326 Persönlicher Sicherheitsarrest 962

6. Unterabschnitt. Verwertung von Sicherheiten

§ 327 Verwertung von Sicherheiten 963

Dritter Abschnitt. Vollstreckung wegen anderer Leistungen als Geldforderungen

1. Unterabschnitt. Vollstreckung wegen Handlungen, Duldungen oder Unterlassungen

§ 328 Zwangsmittel 963

Anlage:
Verfügung betr. Androhung und Festsetzung von Zwangsmitteln nach §§ 328 ff. AO vom 10. 11. 2022 (BeckVerw 576599) 963

§ 329 Zwangsgeld 968

§ 330 Ersatzvornahme 968

§ 331 Unmittelbarer Zwang 968

§ 332 Androhung der Zwangsmittel 968

§ 333 Festsetzung der Zwangsmittel 968

§ 334 Ersatzzwangshaft 968

§ 335 Beendigung des Zwangsverfahrens 969

2. Unterabschnitt. Erzwingung von Sicherheiten

§ 336 Erzwingung von Sicherheiten 969

Vierter Abschnitt. Kosten

§ 337 Kosten der Vollstreckung 969

§ 338 Gebührenarten 969

§ 339 Pfändungsgebühr 969

§ 340 Wegnahmegebühr 969

§ 341 Verwertungsgebühr 970

§ 342 Mehrheit von Schuldnern 970

§ 343 (weggefallen) 970

§ 344 Auslagen 970

§ 345 Reisekosten und Aufwandsentschädigungen 971

§ 346 Unrichtige Sachbehandlung, Festsetzungsfrist 971

Siebenter Teil. Außergerichtliches Rechtsbehelfsverfahren

Erster Abschnitt. Zulässigkeit

§ 347 Statthaftigkeit des Einspruchs 972

§ 348 Ausschluss des Einspruchs 973

§ 349 (weggefallen) 973

§ 350 Beschwer 974

§ 351 Bindungswirkung anderer Verwaltungsakte ... 976
§ 352 Einspruchsbefugnis bei der gesonderten und einheitlichen Feststellung ... 977
§ 353 Einspruchsbefugnis des Rechtsnachfolgers ... 978
§ 354 Einspruchsverzicht ... 979

Zweiter Abschnitt. Verfahrensvorschriften

§ 355 Einspruchsfrist ... 979
§ 356 Rechtsbehelfsbelehrung ... 980
§ 357 Einlegung des Einspruchs ... 980
Anlage:
Verfügung betr. Verfahrenserklärungen; Auslegung und Umdeutung vom 6. 6. 2014 (BeckVerw 286072) ... 982
§ 358 Prüfung der Zulässigkeitsvoraussetzungen ... 983
§ 359 Beteiligte ... 983
§ 360 Hinzuziehung zum Verfahren ... 983
Anlage:
Verfügung betr. Hinzuziehung zum Verfahren nach § 360 AO vom 14. 7. 2014 (BeckVerw 287399) ... 984
§ 361 Aussetzung der Vollziehung ... 987
§ 362 Rücknahme des Einspruchs ... 998
§ 363 Aussetzung und Ruhen des Verfahrens ... 999
Anlage:
Verfügung betr. Aussetzung und Ruhen des Verfahrens vom 28. 9. 2011 (BeckVerw 254011) ... 1001
§ 364 Offenlegung der Besteuerungsunterlagen ... 1006
§ 364 a Erörterung des Sach- und Rechtsstands ... 1006
§ 364 b Fristsetzung ... 1007
Anlage:
Verfügung betr. Fristsetzung nach § 364 b AO vom 20. 11. 2013 (BeckVerw 278619) ... 1008
§ 365 Anwendung von Verfahrensvorschriften ... 1010
Anlage:
Verfügung betr. Erlass von Verwaltungsakten während des Einspruchsverfahrens vom 8. 10. 2007 (BeckVerw 101512) ... 1011
§ 366 Form, Inhalt und Erteilung der Einspruchsentscheidung ... 1013
§ 367 Entscheidung über den Einspruch ... 1014
Anlagen:
1) Allgemeinverfügung zur Zurückweisung von Einsprüchen und Änderungsanträgen zu Zinsfestsetzungen gemäß § 233 a AO wegen Zweifeln an der Verfassungsmäßigkeit der Zinshöhe von 0,5 Prozent pro Monat für Verzinsungszeiträume vor dem 1. Januar 2019 vom 29. 11. 2021 (BeckVerw 563796) ... 1018
2) Allgemeinverfügung zur Zurückweisung von Einsprüchen und Änderungsanträgen zur Frage der Abziehbarkeit der von einer Gemeinde auf die Anwohner umgelegten Erschließungskosten eines Grundstücks als haushaltsnahe Handwerkerleistungen (§ 35 a Abs. 3 EStG) vom 28. 2. 2022 (BeckVerw 568090) ... 1019
3) Allgemeinverfügung zur Zurückweisung von Einsprüchen und Änderungsanträgen zur Frage der Verfassungsmäßigkeit des Abzugs einer zumutbaren Belastung (§ 33 Abs. 3 EStG) bei der Berücksichtigung von Krankheits- und Pflegekosten als außergewöhnliche Belastungen vom 7. 4. 2022 (BeckVerw 569152) ... 1019
4) Allgemeinverfügung zur Zurückweisung von Einsprüchen und Änderungsanträgen zur Frage der Verfassungsmäßigkeit der Besteuerung von Erstattungszinsen (§ 233 a Abgabenordnung) als Einkünfte aus Kapitalvermögen vom 20. 2. 2025 (BeckVerw 649558) ... 1019
5) Allgemeinverfügung zur Zurückweisung von Einsprüchen und Änderungsanträgen zur Frage der Verfassungsmäßigkeit der Ablehnung der Festsetzung eines rechnerisch auf das Körperschaftsteuerguthaben gemäß § 37 Abs. 5 KStG entfallenden Solidaritätszuschlagguthabens vom 4. 3. 2025 (BeckVerw 650250) ... 1020

6) Allgemeinverfügung zur Zurückweisung von Einsprüchen und Änderungsanträgen zur Frage der Verfassungsmäßigkeit der Festsetzung des Solidaritätszuschlags für Veranlagungszeiträume vor 2020 vom 4. 8. 2025 (BeckVerw 656540) ... 1020
7) Schreiben betr. Auswirkungen eines Zuständigkeitswechsels auf das Rechtsbehelfsverfahren vom 10. 10. 1995 (BeckVerw 27676) ... 1020

§ 368 (weggefallen) ... 1021

Achter Teil. Straf- und Bußgeldvorschriften, Straf- und Bußgeldverfahren

Erster Abschnitt. Strafvorschriften

§ 369 Steuerstraftaten ... 1022
§ 370 Steuerhinterziehung ... 1022
§ 371 Selbstanzeige bei Steuerhinterziehung ... 1026
§ 372 Bannbruch ... 1028
§ 373 Gewerbsmäßiger, gewaltsamer und bandenmäßiger Schmuggel ... 1028
§ 374 Steuerhehlerei ... 1028
§ 375 Nebenfolgen ... 1029
§ 376 Verfolgungsverjährung ... 1029

Zweiter Abschnitt. Bußgeldvorschriften

§ 377 Steuerordnungswidrigkeiten ... 1029
§ 378 Leichtfertige Steuerverkürzung ... 1029
§ 379 Steuergefährdung ... 1030
Anlage:
Verfügung betr. Anzeigepflicht bei Auslandsbeteiligungen nach § 138 Abs. 2 AO; Beginn des Laufs der Verfolgungsverjährung vom 11. 11. 2020 (BeckVerw 496252) ... 1031
§ 380 Gefährdung der Abzugsteuern ... 1032
§ 381 Verbrauchsteuergefährdung ... 1032
§ 382 Gefährdung der Einfuhr- und Ausfuhrabgaben ... 1032
§ 383 Unzulässiger Erwerb von Steuererstattungs- und Vergütungsansprüchen 1032
§ 383 a Verstöße gegen innerstaatlich anwendbare völkerrechtliche Vereinbarungen zur Förderung der Steuerehrlichkeit ... 1033
§ 383 b Pflichtverletzung bei Übermittlung von Vollmachtsdaten ... 1033
§ 384 Verfolgungsverjährung ... 1033
§ 384 a Verstöße nach Artikel 83 Absatz 4 bis 6 der Verordnung (EU) 2016/679 ... 1033

Dritter Abschnitt. Strafverfahren

1. Unterabschnitt. Allgemeine Vorschriften

§ 385 Geltung von Verfahrensvorschriften ... 1033
Anlage:
Gleichlautender Erlass zur Umsetzung des „Rahmenbeschlusses 2006/960/JI des Rates vom 18. Dezember 2006 über die Vereinfachung des Austauschs von Informationen und Erkenntnissen zwischen den Strafverfolgungsbehörden der Mitgliedstaaten der Europäischen Union" (sog. Schwedische Initiative) im Bereich der Steuerfahndung vom 28. 1. 2014 (BeckVerw 284083) ... 1034
§ 386 Zuständigkeit der Finanzbehörde bei Steuerstraftaten ... 1037
§ 387 Sachlich zuständige Finanzbehörde ... 1037
§ 388 Örtlich zuständige Finanzbehörde ... 1038
§ 389 Zusammenhängende Strafsachen ... 1038

§ 390 Mehrfache Zuständigkeit ... 1038
§ 391 Zuständiges Gericht ... 1038
§ 392 Verteidigung ... 1039
§ 393 Verhältnis des Strafverfahrens zum Besteuerungsverfahren ... 1039
§ 394 Übergang des Eigentums ... 1040
§ 395 Akteneinsicht der Finanzbehörde ... 1040
§ 396 Aussetzung des Verfahrens ... 1040

2. Unterabschnitt. Ermittlungsverfahren

I. Allgemeines

§ 397 Einleitung des Strafverfahrens ... 1040
§ 398 Einstellung wegen Geringfügigkeit ... 1041
§ 398 a Absehen von Verfolgung in besonderen Fällen ... 1041

II. Verfahren der Finanzbehörde bei Steuerstraftaten

§ 399 Rechte und Pflichten der Finanzbehörde ... 1041
§ 400 Antrag auf Erlass eines Strafbefehls ... 1041
§ 401 Antrag auf Anordnung von Nebenfolgen im selbständigen Verfahren ... 1042

III. Stellung der Finanzbehörde im Verfahren der Staatsanwaltschaft

§ 402 Allgemeine Rechte und Pflichten der Finanzbehörde ... 1042
§ 403 Beteiligung der Finanzbehörde ... 1042

IV. Steuer- und Zollfahndung

§ 404 Steuer- und Zollfahndung ... 1042

V. Entschädigung der Zeugen und der Sachverständigen

§ 405 Entschädigung der Zeugen und der Sachverständigen ... 1042

3. Unterabschnitt. Gerichtliches Verfahren

§ 406 Mitwirkung der Finanzbehörde im Strafbefehlsverfahren und im selbständigen Verfahren ... 1043
§ 407 Beteiligung der Finanzbehörde in sonstigen Fällen ... 1043

4. Unterabschnitt. Kosten des Verfahrens

§ 408 Kosten des Verfahrens ... 1043

Vierter Abschnitt. Bußgeldverfahren

§ 409 Zuständige Verwaltungsbehörde ... 1043
§ 410 Ergänzende Vorschriften für das Bußgeldverfahren ... 1043
§ 411 Bußgeldverfahren gegen Rechtsanwälte, Steuerberater, Steuerbevollmächtigte, Wirtschaftsprüfer oder vereidigte Buchprüfer ... 1044
§ 412 Zustellung, Vollstreckung, Kosten ... 1044

Neunter Teil. Schlussvorschriften

§ 413 Einschränkung von Grundrechten ... 1045
§ 414 (gegenstandslos) ... 1045
§ 415 (Inkrafttreten) ... 1045
Anlage 1 zu § 60 ... 1045

Anhang I
1) Einführungsgesetz zur Abgabenordnung (EGAO) – Auszug – ... 1047
2) Verwaltungszustellungsgesetz (VwZG) ... 1073
2 a) Verfügung betr. öffentliche Zustellung bei unbekanntem Aufenthalt des Empfängers/der Empfängerin vom 28. 4. 2023 (BeckVerw 622389) ... 1077

Anhang II
1) Finanzgerichtsordnung (FGO) ... 1079
1 a) Verfügung betr. Änderung und Ersetzung von Verwaltungsakten während des finanzgerichtlichen Verfahrens vom 21. 7. 2015 (BeckVerw 311959) ... 1163
1 b) Verfügung betr. Sprungklage nach § 45 FGO vom 14. 12. 1999 (BeckVerw 63917) ... 1164
1 c) Verfügung betr. Untätigkeitsklage nach § 46 FGO vom 30. 4. 2007 (BeckVerw 125885) ... 1166
1 d) Verfügung betr. Anbringung der Klage beim Finanzamt vom 1. 11. 2024 (BeckVerw 646126) ... 1167
1 e) Schreiben betr. Unterrichtung der obersten Finanzbehörden des Bundes und der Länder über Gerichtsverfahren von grundsätzlicher Bedeutung vom 25. 5. 2018 (BeckVerw 435745) ... 1168
1 f) Verfügung betr. Kosten des finanzgerichtlichen Verfahrens vom 30. 6. 2017 (BeckVerw 351468) ... 1168
1 g) Ausführungsgesetze der Länder zur FGO ... 1174
2) Gesetz über die Finanzverwaltung (FVG) ... 1193
2 a) Verordnung zur Durchführung des § 5 Abs. 2 des Finanzverwaltungsgesetzes vom 22. 8. 1977 (BGBl. I S. 1678) ... 1213
2 b) Schreiben betr. zentrale Sammlung und Auswertung von Unterlagen über steuerliche Auslandsbeziehungen; Beziehungen eines Steuerinländers zum Ausland und eines Steuerausländers zum Inland (IZA-Erlass) vom 9. 9. 2019 (BeckVerw 457130) ... 1214
2 c) Gleich lautende Erlasse der obersten Finanzbehörden der Länder zur Neufassung der Geschäftsordnung für die Finanzämter (FAGO 2020) vom 4. 12. 2020 (BeckVerw 499700) ... 1217
2 d) Schreiben betr. Aufgaben des Bundeszentralamtes für Steuern gemäß § 5 Abs. 1 Satz 1 Nr. 5 Finanzverwaltungsgesetz vom 8. 10. 2024 (BeckVerw 643056) ... 1223

Anhang III
Datenschutz-Grundverordnung (DS-GVO) [nur online] ... 1225

Sachregister ... 1227

Abkürzungsverzeichnis

a. a. O. .... am angegebenen Ort
ABl. .... Amtsblatt
AdV .... Aussetzung der Vollziehung
AEAO .... Anwendungserlass zur Abgabenordnung
a. F. .... alte Fassung
AG .... Aktiengesellschaft, Amtsgericht, Ausführungsgesetz
Änd. .... Änderung
Anl. .... Anlage
AO .... Abgabenordnung
Art. .... Artikel
AStG .... Außensteuergesetz
AÜG .... Arbeitnehmerüberlassungsgesetz
AuftVO .... Aufteilungsverordnung

BAnz. .... Bundesanzeiger
BauGB .... Baugesetzbuch
BayLfSt .... Bayerisches Landesamt für Steuern
Bd. .... Band
BDSG .... Bundesdatenschutzgesetz
BeitrO .... Beitreibungsordnung
Bek. .... Bekanntmachung
BerlinFG .... Berlinförderungsgesetz
BewG .... Bewertungsgesetz
BFH .... Bundesfinanzhof
BFHE .... Sammlung der Entscheidungen des Bundesfinanzhofs
BFH/NV .... Sammlung amtlich nicht veröffentlichter Entscheidungen des BFH
BGB .... Bürgerliches Gesetzbuch
BGBl. .... Bundesgesetzblatt
BGH .... Bundesgerichtshof
BGHSt .... Entscheidungen des Bundesgerichtshofs in Strafsachen
BGHZ .... Entscheidungen des Bundesgerichtshofs in Zivilsachen
BMF .... Bundesminister(ium) der Finanzen
BMI .... Bundesministerium für Inneres
BNotO .... Bundesnotarordnung
BPflV .... Bundespflegesatzverordnung
BpO .... Betriebsprüfungsordnung
BR-Drs. .... Drucksachen des Bundesrates
BStBl. .... Bundessteuerblatt
BT-Drs. .... Drucksachen des Deutschen Bundestages
Buchst. .... Buchstabe
BVerfG .... Bundesverfassungsgericht
BVerfGG .... Bundesverfassungsgerichtsgesetz
BZSt .... Bundeszentralamt für Steuern

DB .... Durchführungsbestimmungen; Zeitschrift „Der Betrieb“
DBA .... Doppelbesteuerungsabkommen
DStR .... Deutsches Steuerrecht, Zeitschrift für Praxis und Wissenschaft des gesamten Steuerrechts
DStRE .... Deutsches Steuerrecht – Entscheidungsdienst (Zeitschrift)
DStRK .... Deutsches Steuerrecht – kurzgefasst (Zeitschrift)
DV .... Durchführungsverordnung
DS-GVO .... Datenschutz-Grundverordnung
DStZ .... Deutsche Steuerzeitung
DStZE .... Deutsche Steuerzeitung – Eildienst (Zeitschrift)

EDV .... elektronische Datenverarbeitung
EFG .... Entscheidungen der Finanzgerichte (Zeitschrift)
EG .... Europäische Gemeinschaft bzw. Einführungsgesetz
EGAO .... Einführungsgesetz zur Abgabenordnung
EGAHG .... EG-Amtshilfegesetz
EGBGB .... Einführungsgesetz zum Bürgerlichen Gesetzbuch
ErbSt .... Erbschaftsteuer

ErbStDV	Erbschaftsteuer-Durchführungsverordnung
ErbStG	Erbschaftsteuer- und Schenkungsteuergesetz
Erl.	Erlass
ESt	Einkommensteuer
EStDV	Einkommensteuer-Durchführungsverordnung
EStG	Einkommensteuergesetz
EStR	Einkommensteuer-Richtlinien
EUAHiG	EU-Amtshilfegesetz
FA (FÄ)	Finanzamt (Finanzämter)
FG	Finanzgericht
FGG	Gesetz über die Angelegenheiten der freiwilligen Gerichtsbarkeit
FGO	Finanzgerichtsordnung
FinBeh.	Finanzbehörde
FinVerw.	Finanzverwaltung
FM	Finanzminister(ium)
Fn.	Fußnote
FördG	Gesetz über Sonderabschreibungen und Abzugsbeträge im Fördergebiet (Fördergebietsgesetz)
FVG	Gesetz über die Finanzverwaltung
G	Gesetz
GbR	Gesellschaft bürgerlichen Rechts
gem.	gemäß
GemV	Gemeinnützigkeitsverordnung
GewO	Gewerbeordnung
GewSt	Gewerbesteuer
GewStDV	Gewerbesteuer-Durchführungsverordnung
GewStG	Gewerbesteuergesetz
GewStR	Gewerbesteuer-Richtlinien
GG	Grundgesetz für die Bundesrepublik Deutschland
GKG	Gerichtskostengesetz
GmbHG	Gesetz betr. die Gesellschaften mit beschränkter Haftung
GrESt	Grunderwerbsteuer
GrEStG	Grunderwerbsteuergesetz
GrStG	Grundsteuergesetz
GrStR	Grundsteuer-Richtlinien
GVBl./GVOBl.	Gesetz- und Verordnungsblatt
HFR	Höchstrichterliche Finanzrechtsprechung (Zeitschrift)
HGB	Handelsgesetzbuch
i. d. F.	in der Fassung
InsO	Insolvenzordnung
InvZulG	Investitionszulagengesetz
i. S. d./v.	im Sinne des/von
IStR	Zeitschrift Internationales Steuerrecht
i. V. m.	in Verbindung mit
JStG	Jahressteuergesetz
KG	Kommanditgesellschaft
KGaA	Kommanditgesellschaft auf Aktien
KHG	Gesetz zur wirtschaftlichen Sicherung der Krankenhäuser und zur Regelung der Krankenhauspflegesätze
KiSt	Kirchensteuer
Kj.	Kalenderjahr
KO	Konkursordnung
KostO	Gesetz über die Kosten in Angelegenheiten der freiwilligen Gerichtsbarkeit
KraftSt	Kraftfahrzeugsteuer
KraftStDV	Kraftfahrzeugsteuer-Durchführungsverordnung
KraftStG	Kraftfahrzeugsteuergesetz
KSt	Körperschaftsteuer
KStDV	Körperschaftsteuer-Durchführungsverordnung
KStG	Körperschaftsteuergesetz
LAG	Landesarbeitsgericht
LfSt	Landesamt für Steuern

LG	Landgericht
LSt	Lohnsteuer
LStR	Lohnsteuer-Richtlinien
m. w. N.	mit weiteren Nachweisen
mWv	mit Wirkung vom
n. F.	neue Fassung
NJW	Neue Juristische Wochenschrift
NRW	Nordrhein-Westfalen
NStZ	Neue Zeitschrift für Strafrecht
nv	nicht veröffentlicht
OECD	Organization for Economic Cooperation and Development (Organisation für europäische wirtschaftliche Zusammenarbeit und Entwicklung)
OFD	Oberfinanzdirektion
OHG	offene Handelsgesellschaft
OWiG	Gesetz über Ordnungswidrigkeiten
RAO	Reichsabgabenordnung
RdF	Reichsminister der Finanzen
RechVUVO	VO zur Rechnungslegung der Versicherungsunternehmen
Rennw-LottG	Rennwett- und Lotteriegesetz
RFH	Reichsfinanzhof
RGBl.	Reichsgesetzblatt
RPflG	Gesetz über die Maßnahmen auf dem Gebiete der Gerichtsverfassung und des Verfassungsrechts (Rechtspflegergesetz)
Rspr.	Rechtsprechung
RStBl.	Reichssteuerblatt
s.	siehe
S.	Seite
Schl.-H.	Schleswig-Holstein
SchwarzArbG	Schwarzarbeitsbekämpfungsgesetz
SGB	Sozialgesetzbuch
sog.	sogenannt/e
Sonder-AfA	Sonder-Absetzung für Abnutzungen
StAnpG	Steueranpassungsgesetz
StBereinG	Steuerbereinigungsgesetz
StBerG	Steuerberatungsgesetz
StDAV	Steuerdaten-Abrufverordnung
StDÜV	Steuerdaten-Übermittlungsverordnung
StEd	Steuer-Eildienst (Zeitschrift)
StEK	Steuererlasse in Karteiform (Steuererlass-Kartei)
StGB	Strafgesetzbuch
Stpfl.	Steuerpflichtiger
stpfl.	steuerpflichtig
StPO	Strafprozeßordnung
StRK	Steuerrechtsprechung in Karteiform
StSäumG	Steuersäumnisgesetz
StVZO	Straßenverkehrs-Zulassungs-Ordnung
SvEV	Sozialversicherungsentgeltverordnung
Tz.	Textziffer
UR	Umsatzsteuerrundschau
USt	Umsatzsteuer
UStAE	Umsatzsteuer-Anwendungserlass
UStDV	Umsatzsteuer-Durchführungsverordnung
UStG	Umsatzsteuergesetz
VermBG	Vermögensbildungsgesetz
VerschG	Verschollenheitsgesetz
Vfg.	Verfügung
vGA	verdeckte Gewinnausschüttung
v. H.	vom Hundert
VO	Verordnung
VollstrA	Vollstreckungsanweisung

VollzA .... Vollziehungsanweisung
VwZG .... Verwaltungszustellungsgesetz
VZ .... Veranlagungszeitraum

WAV .... Warenausgangsverordnung
wistra .... Zeitschrift für Wirtschaft, Steuer, Strafrecht
Wj. .... Wirtschaftsjahr
WM .... Wertpapiermitteilungen
WoBauG .... Wohnungsbaugesetz
WoPG .... Wohnungsbau-Prämiengesetz
WPO .... Wirtschaftsprüferordnung

ZPO .... Zivilprozessordnung
ZustVO .... Verordnung über die Zuständigkeit im Besteuerungsverfahren

Hauptteil

Abgabenordnung (AO)[1] Anwendungserlass[2]

Erster Teil. Einleitende Vorschriften

Erster Abschnitt. Anwendungsbereich

§ 1 Anwendungsbereich AO

(1) ① **Dieses Gesetz gilt für alle Steuern einschließlich der Steuervergütungen, die durch Bundesrecht oder Recht der Europäischen Union geregelt sind, soweit sie durch Bundesfinanzbehörden oder durch Landesfinanzbehörden verwaltet[3] werden.[4] ② Es ist nur vorbehaltlich des Rechts der Europäischen Union anwendbar.** 1

(2) **Für die Realsteuern gelten, soweit ihre Verwaltung den Gemeinden übertragen worden ist, die folgenden Vorschriften dieses Gesetzes entsprechend:** 2

1. **die Vorschriften des Ersten, Zweiten, Vierten, Sechsten und Siebten Abschnitts des Ersten Teils (Anwendungsbereich; Steuerliche Begriffsbestimmungen; Datenverarbeitung und Steuergeheimnis; Betroffenenrechte; Datenschutzaufsicht, Gerichtlicher Rechtsschutz in datenschutzrechtlichen Angelegenheiten),**
2. **die Vorschriften des Zweiten Teils (Steuerschuldrecht),**
3. **die Vorschriften des Dritten Teils mit Ausnahme der §§ 82 bis 84 (Allgemeine Verfahrensvorschriften),**
4. **die Vorschriften des Vierten Teils (Durchführung der Besteuerung),**
5. **die Vorschriften des Fünften Teils (Erhebungsverfahren),**
6. **§ 249 Absatz 2 Satz 2,**
7. **die §§ 351 und 361 Absatz 1 Satz 2 und Absatz 3,**
8. **die Vorschriften des Achten Teils (Straf- und Bußgeldvorschriften, Straf- und Bußgeldverfahren).**

(3) ① **Auf steuerliche Nebenleistungen sind die Vorschriften dieses Gesetzes vorbehaltlich des Rechts der Europäischen Union sinngemäß anwendbar. ② Der Dritte bis Sechste Abschnitt des Vierten Teils gilt jedoch nur, soweit dies besonders bestimmt wird.** 3

---

[1] **AO** – in der Fassung der Bek. vom 23. 1. 2025 (BGBl. I Nr. 24) geänd. durch Gesetz vom 27. 3. 2024 (BGBl. 2024 I Nr. 108), vom 23. 10. 2024 (BGBl. 2024 I Nr. 323), vom 2. 12. 2024 (BGBl. 2024 I Nr. 387), vom 22. 12. 2025 (BGBl. 2025 I Nr. 341), vom 22. 12. 2025 (BGBl. 2025 I Nr. 352), vom 22. 12. 2025 (BGBl. 2025 I Nr. 353), vom 22. 12. 2025 (BGBl. 2025 I Nr. 363) vom 22. 12. 2025 (BGBl. 2025 I Nr. 369) und vom 10. 2. 2026 (BGBl. 2026 I Nr. 39).

Zum Anwendungsbereich vgl. Art. 97 § 1 EGAO sowie die in Art. 97 EGAO enthaltenen Übergangsvorschriften; abgedruckt im Anhang I Nr. 1.

Zur Anwendung in den neuen Bundesländern vgl. auch Art. 97 a EGAO.

[2] **Anwendungserlass** zur AO **(AEAO)** – i. d. F. der Bek. vom 31. 1. 2014 (BStBl. I S. 290), geändert durch BMF-Schreiben vom 1. 8. 2014 (BStBl. I S. 1067), vom 3. 11. 2014 (BStBl. I S. 1393), vom 14. 1. 2015 (BStBl. I S. 76), vom 22. 7. 2015 (BStBl. I S. 571), vom 10. 12. 2015 (BStBl. I S. 1018), vom 26. 1. 2016 (BStBl. I S. 155), vom 23. 5. 2016 (BStBl. I S. 490), vom 5. 9. 2016 (BStBl. I S. 974), vom 12. 1. 2017 (BStBl. I S. 51), vom 7. 8. 2017 (BStBl. I S. 1257), vom 6. 12. 2017 (BStBl. I S. 1603), vom 11. 12. 2017 (BStBl. I S. 1604), vom 12. 1. 2018 (BStBl. I S. 175), vom 18. 1. 2018 (BStBl. I S. 204), vom 24. 1. 2018 (BStBl. I S. 258), vom 29. 5. 2018 (BStBl. I S. 699), vom 19. 6. 2018 (BStBl. I S. 706), vom 31. 1. 2019 (BStBl. I S. 71), vom 5. 4. 2019 (BStBl. I S. 446), vom 17. 6. 2019 (BStBl. I S. 518), vom 27. 9. 2019 (BStBl. I S. 946), vom 20. 12. 2019 (BStBl. I 2020 S. 59), vom 4. 5. 2020 (BStBl. I S. 518), vom 28. 5. 2020 (BStBl. I S. 534), vom 27. 8. 2020 (BStBl. I S. 863), vom 20. 1. 2021 (BStBl. I S. 128), vom 28. 1. 2021 (BStBl. I S. 145), vom 6. 8. 2021 (BStBl. I S. 1036), vom 1. 11. 2021 (BStBl. I S. 2147), vom 4. 11. 2021 (BStBl. I S. 2156), vom 12. 1. 2022 (BStBl. I S. 82), vom 18. 5. 2022 (BStBl. I S. 665), vom 3. 11. 2022 (BStBl. I S. 1462), vom 23. 1. 2023 (BStBl. I S. 184), vom 30. 6. 2023 (BStBl. I S. 1076), vom 29. 12. 2023 (BStBl. I 2024 S. 12), vom 5. 2. 2024 (BStBl. I S. 177), vom 11. 3. 2024 (BStBl. I S. 370), vom 22. 3. 2024 (BStBl. I S. 694), vom 26. 6. 2024 (BStBl. I S. 1065), vom 28. 6. 2024 (BStBl. I S. 1063), vom 6. 8. 2024 (BStBl. I S. 1107), vom 10. 12. 2024 (BStBl. I S. 1616), vom 3. 3. 2025 (BStBl. I S. 643), vom 13. 8. 2025 (BStBl. I S. 1596), vom 1. 9. 2025 (BStBl. I S. 1650), vom 29. 1. 2026 (BStBl. I S. 66), vom 27. 2. 2026 (BStBl. I S. 291) und vom 17. 3. 2026 (BStBl. I S. 292).

[3] Zur Verwaltungshoheit vgl. Art. 108 GG.

[4] Daneben regeln verschiedene andere Gesetze die Anwendbarkeit der AO, z. B. die Kommunalabgabengesetze der Länder und § 8 Abs. 2 Marktorganisationsgesetz die Anwendung der AO auch auf die Milch-Garantiemengenabgabe *(BFH-Beschluss vom 16. 7. 1985 VII B 53/85, BStBl. II S 553).* Auch das EGAO **(Anh. I Nr. 1)** erweitert den Anwendungsbereich auf bestimmte Steuervergütungen, z. B. Prämien und Zulagen.

Die Übernahme des **Kindergeldrechts** in das Einkommensteuerrecht zum 1. Januar 1996 hat zur Folge, dass im Verwaltungsverfahren die Abgabenordnung (AO) anstelle des Sozialgesetzbuches (SGB) X anzuwenden ist *(BFH-Beschluss vom 14. 7. 1999 VI B 89/99, BFH/NV 1999 S. 1597).*

AEAO

Zu § 1 – Anwendungsbereich:

4 **1.** Der Anwendungsbereich beschränkt sich auf die Steuern einschließlich der Steuervergütungen. Die AO gilt auch für Steuererstattungen; diese sind als Umkehr der Steuerentrichtung bereits durch den Begriff der Steuer in den Anwendungsbereich mit einbezogen (§ 37 Abs. 1 AO).

5 **2.** Für die von den Finanzbehörden verwalteten, durch Bundesrecht geregelten übrigen öffentlich-rechtlichen Abgaben, Prämien und Zulagen wird die Geltung der AO durch die jeweiligen Rechtsvorschriften bestimmt. Dies gilt insbesondere für die Wohnungsbauprämien, Eigenheimzulagen, Arbeitnehmer-Sparzulagen und die Investitionszulagen.

6 **3.** Die Vorschriften der AO sind grundsätzlich sinngemäß auch auf die steuerlichen Nebenleistungen (§ 3 Abs. 4 AO) anzuwenden. Ausgenommen sind die Bestimmungen über die Festsetzung, Außenprüfung, Steuerfahndung und Steueraufsicht in besonderen Fällen (§§ 155 bis 217 AO), soweit sie nicht ausdrücklich für anwendbar erklärt worden sind (§ 155 Abs. 3 Satz 2, § 156 Abs. 2 AO).

7 **4.** Die AO ist auch für die Angelegenheiten anzuwenden, die nicht unmittelbar der Besteuerung dienen, aber aufgrund der Verwaltungskompetenz für diese Steuern in den Zuständigkeitsbereich der Finanzbehörden fallen (z. B. Erteilung von Bescheinigungen in Steuersachen, Ausstellung von Einkommensbescheinigungen für nichtsteuerliche Zwecke).

8 **5.** Wegen der Anwendung der AO bei der Leistung von Rechts- oder Amtshilfe wird auf die §§ 111 ff. AO hingewiesen.

AO

§ 2[1] Vorrang völkerrechtlicher Vereinbarungen

1 (1) **Verträge mit anderen Staaten im Sinne des Artikels 59 Absatz 2 Satz 1 des Grundgesetzes über die Besteuerung[2] gehen, soweit sie unmittelbar anwendbares innerstaatliches Recht[3] geworden sind, den Steuergesetzen vor.**

2 (2) ① **Das Bundesministerium der Finanzen wird ermächtigt, zur Sicherung der Gleichmäßigkeit der Besteuerung und zur Vermeidung einer Doppelbesteuerung oder doppelten Nichtbesteuerung mit Zustimmung des Bundesrates Rechtsverordnungen zur Umsetzung von Konsultationsvereinbarungen zu erlassen.** ② **Konsultationsvereinbarungen nach Satz 1 sind einvernehmliche Vereinbarungen der zuständigen Behörden der Vertragsstaaten eines Doppelbesteuerungsabkommens mit dem Ziel, Einzelheiten der Durchführung eines solchen Abkommens zu regeln, insbesondere Schwierigkeiten oder Zweifel, die bei der Auslegung oder Anwendung des jeweiligen Abkommens bestehen, zu beseitigen.**

3 (3) **Das Bundesministerium der Finanzen wird ermächtigt, durch Rechtsverordnung mit Zustimmung des Bundesrates Vorschriften zu erlassen, die**

1. **Einkünfte oder Vermögen oder Teile davon bestimmen, für die die Bundesrepublik Deutschland in Anwendung der Bestimmung eines Abkommens zur Vermeidung der Doppelbesteuerung auf Grund einer auf diplomatischem Weg erfolgten Notifizierung eine Steueranrechnung vornimmt, und**
2. **in den Anwendungsbereich der Bestimmungen über den öffentlichen Dienst eines Abkommens zur Vermeidung der Doppelbesteuerung diejenigen Körperschaften und Einrichtungen einbeziehen, die auf Grund einer in diesem Abkommen vorgesehenen Vereinbarung zwischen den zuständigen Behörden bestimmt worden sind.**

§ 2a Anwendungsbereich der Vorschriften über die Verarbeitung personenbezogener Daten

1 (1) ① **Die Vorschriften dieses Gesetzes und der Steuergesetze über die Verarbeitung personenbezogener Daten im Anwendungsbereich dieses Gesetzes gelten bei der Verarbeitung personenbezogener Daten durch Finanzbehörden (§ 6 Absatz 2), andere öffentliche Stellen (§ 6 Absatz 1 a bis 1 c) und nicht-öffentliche Stellen (§ 6 Absatz 1 d und 1 e).** ② **Das Bundesdatenschutzgesetz oder andere Datenschutzvorschriften des Bundes sowie entsprechende Landesgesetze gelten für Finanzbehörden nur, soweit dies in diesem Gesetz oder den Steuergesetzen bestimmt ist.**

---

[1] Zur internationalen Einkunftsabgrenzung vgl. *BMF-Schreiben vom 6. 6. 2023, BStBl. I S. 1093 (Verwaltungsgrundsätze),* abgedruckt in Loseblatt-Textausgabe **„Steuererlasse"** Nr. 725 § 1/1.

[2] Übersicht über **Stand der Doppelbesteuerungsabkommen** wird zu Beginn eines jeden Jahres vom BMF neu herausgegeben und im BStBl. Teil I veröffentlicht. Das Zustimmungsgesetz zu einem DBA ist ein einseitiger Akt des deutschen Gesetzgebers, der mit Vorbehalten versehen, aufgehoben oder geändert werden kann *(BFH-Urteil vom 13. 7. 1994 I R 120/93, BStBl. 1995 II S. 129).*

[3] Zum Anwendungsbereich **zwischenstaatlicher Rechts- und Amtshilfe** s. § 117 AO.

Siehe auch EU-Amtshilfegesetz vom 26. 6. 2013 (BGBl. I S. 1809) sowie die vom BMF herausgegebenen Merkblätter zur zwischenstaatlichen Amtshilfe durch Auskunftsaustausch in Steuersachen *vom 29. 5. 2019 (BStBl. I S. 480),* bei der Steuererhebung (Beitreibung) *vom 23. 1. 2014 (BStBl. I S. 188),* abgedruckt in Loseblatt-Textausgabe **„Steuererlasse"** Nr. 800 § 117/1 und § 117/2; sowie zum Internationalen Verständigungsverfahren in Steuersachen *vom 27. 8. 2021 (BStBl. I S. 1495),* abgedruckt in Loseblatt-Textausgabe **„DBA"** DBA-Allg. **25.1.**

AO

(2) ① **Die datenschutzrechtlichen Regelungen dieses Gesetzes gelten auch für Daten, die die Finanzbehörden im Rahmen ihrer Aufgaben bei der Überwachung des grenzüberschreitenden Warenverkehrs verarbeiten.** ② **Die Daten gelten als im Rahmen eines Verfahrens in Steuersachen verarbeitet.** 2

(3) **Die Vorschriften dieses Gesetzes und der Steuergesetze über die Verarbeitung personenbezogener Daten finden keine Anwendung, soweit das Recht der Europäischen Union, im Besonderen die Verordnung (EU) 2016/679 des Europäischen Parlaments und des Rates vom 27. April 2016 zum Schutz natürlicher Personen bei der Verarbeitung personenbezogener Daten, zum freien Datenverkehr und zur Aufhebung der Richtlinie 95/46/EG (Datenschutz-Grundverordnung) (ABl. L 119 vom 4. 5. 2016, S. 1; L 314 vom 22. 11. 2016, S. 72; L 127 vom 23. 5. 2018, S. 2; *L 47*[1] vom 4. 3. 2021, S. 35) in der jeweils geltenden Fassung unmittelbar oder nach Absatz 5 entsprechend gilt.** 3

(4) **Für die Verarbeitung personenbezogener Daten zum Zweck der Verhütung, Ermittlung, Aufdeckung, Verfolgung oder Ahndung von Steuerstraftaten oder Steuerordnungswidrigkeiten gelten die Vorschriften des Ersten und des Dritten Teils des Bundesdatenschutzgesetzes, soweit gesetzlich nichts anderes bestimmt ist.** 4

(5)[2] **Soweit nichts anderes bestimmt ist, gelten die Vorschriften der Verordnung (EU) 2016/679, dieses Gesetzes und der Steuergesetze über die Verarbeitung personenbezogener Daten natürlicher Personen entsprechend für Informationen, die sich beziehen auf identifizierte oder identifizierbare** 5

1. verstorbene natürliche Personen oder

2. Körperschaften, Personenvereinigungen (§ 14 a) oder Vermögensmassen.

Zweiter Abschnitt. Steuerliche Begriffsbestimmungen

§ 3 Steuern, steuerliche Nebenleistungen

(1) **Steuern**[3] **sind Geldleistungen, die nicht eine Gegenleistung für eine besondere Leistung darstellen und von einem öffentlich-rechtlichen Gemeinwesen zur Erzielung von Einnahmen allen auferlegt werden, bei denen der Tatbestand zutrifft, an den das Gesetz die Leistungspflicht knüpft; die Erzielung von Einnahmen kann Nebenzweck sein.** 1

(2) **Realsteuern sind die Grundsteuer und die Gewerbesteuer.** 2

(3) ① **Einfuhr- und Ausfuhrabgaben nach Artikel 5 Nummer 20 und 21 des Zollkodex der Union sind Steuern im Sinne dieses Gesetzes.** ② **Zollkodex der Union bezeichnet die Verordnung (EU) Nr. 952/2013 des Europäischen Parlaments und des Rates vom 9. Oktober 2013 zur Festlegung des Zollkodex der Union (ABl. L 269 vom 10. 10. 2013, S. 1, L 287, S. 90) in der jeweils geltenden Fassung.** 3

(4) **Steuerliche Nebenleistungen sind** 4

1. Verzögerungsgelder nach § 146 Absatz 2 c,

2. Verspätungszuschläge nach § 152,

3. Zuschläge nach § 162 Absatz 4 und 4 a,

3 a. Mitwirkungsverzögerungsgelder nach § 200 a Absatz 2 und Zuschläge zum Mitwirkungsverzögerungsgeld nach § 200 a Absatz 3,

4. Zinsen nach den §§ 233 bis 237 sowie Zinsen nach den Steuergesetzen, auf die die §§ 238 und 239 anzuwenden sind, sowie Zinsen, die über die §§ 233 bis 237 und die Steuergesetze hinaus nach dem Recht der Europäischen Union auf zu erstattende Steuern zu leisten sind,

5. Säumniszuschläge nach § 240,

6. Zwangsgelder nach § 329,

7. Kosten nach den §§ 89, 89 a Absatz 7 sowie den §§ 178 und 337 bis 345,

8. Zinsen auf Einfuhr- und Ausfuhrabgaben nach Artikel 5 Nummer 20 und 21 des Zollkodex der Union,

9. Verspätungsgelder nach § 22 a Absatz 5 des Einkommensteuergesetzes und

---

[1] Muss lauten: L 74.

[2] Die Anwendungserweiterung der Datenschutz-Grundverordnung (DSGVO) durch § 2 a Abs. 5 AO gilt nur für das Besteuerungsverfahren nach der AO, nicht jedoch für das Verfahren vor den Finanzgerichten *(BFH-Beschluss vom 8. 2. 2024 IX B 113/22; BFH/NV S. 416)*.

[3] Auf die **Spielbankabgabe** und die höhere (zusätzliche) Spielbankabgabe nach dem NSpielbG 2004 ist die AO anwendbar. Für ihre Verwaltung sind die FÄ sachlich zuständig *(BFH-Urteil vom 8. 3. 1995 II R 10/93, BStBl. II S. 432)*. Die Troncabgabe nach dem Niedersächsischen Gesetz über die Zulassung öffentlicher Spielbanken vom 25. 7. 1973 (NSpielbG 1973) ist eine Steuer i. S. von § 3 Abs. 1 AO *(BFH-Urteil vom 8. 3. 1995 II R 58/93, BStBl. II S. 438)*.

Das Hamburgische **Zweitwohnungsteuergesetz** ist revisibel und verfassungsgemäß *(BFH-Urteile vom 31. 5. 1995 II B 126/94 und 107/94, BStBl. II S. 570, 572; s. auch BFH-Urteile vom 5. 3. 1997 II R 28/95 und 41/95, BStBl. II S. 469)*.

10. Kosten nach § 10 Absatz 5 und § 11 Absatz 7 des Plattformen-Steuertransparenzgesetzes.

5 (5) ①**Das Aufkommen der Zinsen auf Einfuhr- und Ausfuhrabgaben nach Artikel 5 Nummer 20 und 21 des Zollkodex der Union steht dem Bund zu.** ②**Das Aufkommen der übrigen Zinsen steht den jeweils steuerberechtigten Körperschaften zu.** ③**Das Aufkommen der Kosten im Sinne des § 89 steht jeweils der Körperschaft zu, deren Behörde für die Erteilung der verbindlichen Auskunft zuständig ist.** ④**Das Aufkommen der Kosten im Sinne des § 89 a Absatz 7 steht dem Bund und dem jeweils betroffenen Land je zur Hälfte zu.** ⑤**Das Aufkommen der Kosten nach § 10 Absatz 5 und § 11 Absatz 7 des Plattformen-Steuertransparenzgesetzes steht dem Bund zu.** ⑥**Die übrigen steuerlichen Nebenleistungen fließen den verwaltenden Körperschaften zu.**

AEAO

Zu § 3 – Steuern, steuerliche Nebenleistungen:

6 Steuerliche Nebenleistungen sind keine Steuern. Sie sind in § 3 Abs. 4 AO abschließend aufgezählt. Wegen der Anwendung der AO auf steuerliche Nebenleistungen wird auf § 1 AO hingewiesen.

AO

§ 4 Gesetz

1 **Gesetz ist jede Rechtsnorm.**[1]

AEAO

Zu § 4 – Gesetz:

1. Rechtsnorm

2 Rechtsnormen i. S. d. § 4 AO sind insbesondere Gesetze des Bundes und der Länder und kommunale Satzungen. § 4 AO umfasst aber auch unmittelbar anzuwendende Vorschriften der EU (insbesondere Verordnungen und Durchführungsbestimmungen) sowie ausländische Gesetze (vgl. BFH-Urteil vom 20. 4. 2021, IV R 3/20, BFH/NV S. 1256).

2. Auslegung der Steuergesetze

3 Steuergesetze sind anhand des Wortlauts, des Zusammenhangs, in welchem die Vorschrift steht, des Zweckes des Gesetzes und der Materialien sowie der Entstehungsgeschichte auszulegen. Sämtliche Methoden ergänzen sich. Der Wille des Gesetzgebers muss dabei im Gesetz selbst hinreichend Ausdruck gefunden haben.

Die Finanzbehörden sind nicht befugt, von sich aus im Gesetz nicht vorgesehene Steuerermäßigungsvorschriften zu schaffen oder einen genau umrissenen Tatbestand aufgrund eigener Wertvorstellungen auszuweiten. Eine vom Wortlaut der Rechtsnorm abweichende Auslegung kann nur ausnahmsweise in Betracht kommen; nämlich dann, wenn die auf den Wortlaut abgestellte Auslegung zu einem sinnwidrigen Ergebnis führen würde (vgl. u. a. BFH-Urteil vom 16. 12. 1986, VIII R 375/83, BStBl. 1987 II S. 366).

3. Wirtschaftliche Betrachtungsweise

4 Bei der Auslegung von Steuergesetzen gilt grundsätzlich die wirtschaftliche Betrachtungsweise. Knüpft eine steuerrechtliche Norm an eine zivilrechtliche Gestaltung an, ist die Auslegung der steuerrechtlichen Bestimmung daher weder zwingend an dem Vertragstyp auszurichten, der der von den Parteien gewählten Bezeichnung entspricht, noch wird sie notwendigerweise von der zivilrechtlichen Qualifikation des Rechtsgeschäfts beeinflusst. Auch gilt keine Vermutung, ein dem Zivilrecht entlehntes Tatbestandsmerkmal einer Steuerrechtsnorm sei im Sinne des zivilrechtlichen Verständnisses zu interpretieren (vgl. BVerfG-Beschluss vom 27. 12. 1991, 2 BvR 72/90, BStBl. 1992 II S. 212). Die wirtschaftliche Betrachtungsweise fordert vielmehr die an den spezifischen Regelungszielen einer steuerrechtlichen Regelung und deren eigengesetzlicher

---

[1] Als Rechtsnorm wirkt auch der **Grundsatz von Treu und Glauben.**

Voraussetzung ist, dass durch das Verhalten des Berechtigten ein Vertrauenstatbestand entstanden ist und der andere Teil im Hinblick darauf bestimmte Dispositionen getroffen hat (Grundsatz des venire contra factum proprium). Dieser Grundsatz gilt nach dem *BFH-Urteil vom 13. 7. 1994 I R 38/93, BStBl. 1995 II S. 37,* auch zugunsten des FA.

Die Finanzverwaltung verstößt gegen Treu und Glauben, wenn sie sich nach Jahren auf die von ihr selbst verursachte Nichtigkeit beruft *(Erlass FM Mecklenburg-Vorpommern vom 3. 7. 1995 IV 300 – S 0065 – 1/92, DStR S. 1272).*

BFH-Urteil vom 6. 7. 2016 X R 57/13, BStBl. 2017 II S. 334: Hebt das FA aufgrund einer mit dem Steuerpflichtigen getroffenen Verständigung über die einvernehmliche Beendigung des Finanzrechtsstreits einen Steuerbescheid in der mündlichen Verhandlung vor dem FG auf und erklärt den Rechtsstreit in der Hauptsache für erledigt, ist es nach dem Grundsatz von Treu und Glauben (Verbot des „venire contra factum proprium") daran gehindert, erneut einen inhaltsgleichen Steuerbescheid zu erlassen, wenn der Steuerpflichtige in Einhaltung dieser Absprache über einen verfahrensrechtlichen Besitzstand disponiert hat. Letzteres ist der Fall, wenn er seinen Einspruch zurückgenommen und ebenfalls die Hauptsache für erledigt erklärt hat (Fortentwicklung der Senatsrechtsprechung, s. *BFH-Urteil vom 29. 10. 1987 X R 1/80, BStBl. 1988 II S. 121*).

Ist Festsetzungsverjährung eingetreten, kann die Geltung von Treu und Glauben einerseits nicht dazu führen, daß zu Lasten des Steuerpflichtigen ein erloschener Anspruch des FA aus dem Steuerschuldverhältnis wieder auflebt. Andererseits kann nach diesem Grundsatz ein Verschulden des FA in der Regel nicht zur Folge haben, daß nach Eintritt der Festsetzungsverjährung ein Steuerbescheid zugunsten des Steuerpflichtigen zu ändern ist *(BFH-Urteil vom 19. 8. 1999 III R 57/98, BStBl. 2000 II S. 330).*

Terminologie auszurichtende Beurteilung, ob der bewirkte wirtschaftliche Erfolg einen Steuertatbestand erfüllt. Sie rechtfertigt es daher, einen bestimmten Sachverhalt unter die einschlägige Steuernorm zu subsumieren und dabei erforderlichenfalls auch die äußere zivilrechtliche Gestaltung als nicht wesentlich zu bewerten (vgl. BVerfG-Beschluss vom 26. 3. 1969, 1 BvR 512/66, BStBl. II S. 331).

4. Treu und Glauben im Steuerrecht

Der Grundsatz von Treu und Glauben, wonach jeder auf die berechtigten Belange des anderen Teils angemessen Rücksicht zu nehmen hat und sich zu seinem früheren Verhalten nicht in Widerspruch setzen darf, ist auch im Steuerrecht anzuwenden. Zu einer Verdrängung geltenden Rechts durch den Grundsatz von Treu und Glauben kann es nur in besonders gelagerten Fällen kommen, in denen das Vertrauen des Steuerpflichtigen in ein bestimmtes Verhalten der Verwaltung nach allgemeinem Rechtsgefühl in einem so hohen Maß schutzwürdig ist, dass demgegenüber die Grundsätze der Gesetzmäßigkeit der Verwaltung zurücktreten müssen (BFH-Urteil vom 5. 9. 2000, IX R 33/97, BStBl. II S. 676). Dieser Grundsatz wirkt allerdings nur innerhalb eines konkreten Steuerrechtsverhältnisses und erfordert daher eine Identität der Rechtssubjekte (vgl. BFH-Urteil vom 5. 5. 1993, X R 111/91, BStBl. II S. 817). 5

Der Grundsatz von Treu und Glauben bringt keine Steueransprüche zum Entstehen oder zum Erlöschen, sondern kann allenfalls verhindern, dass eine Forderung oder ein Recht geltend gemacht werden kann. Ein treuwidriges Verhalten kann daher nicht dazu führen, Steuerrechtsfolgen zu begründen oder zu verneinen, die materiell-rechtlich nicht oder – z. B. wegen Eintritts der Festsetzungsverjährung und dem damit verbundenen Erlöschen eines Anspruchs nach § 47 AO – nicht mehr bestehen (vgl. BFH-Urteil vom 8. 8. 2013, III R 3/13, BStBl. 2014 II S. 576 m. w. N.).

§ 5 Ermessen[1]

AO

Ist die Finanzbehörde ermächtigt, nach ihrem Ermessen zu handeln, hat sie ihr Ermessen entsprechend dem Zweck der Ermächtigung auszuüben und die gesetzlichen Grenzen des Ermessens einzuhalten.[2] 1

Zu § 5 – Ermessen:

AEAO

1. Bei der Ausübung des Ermessens sind nicht nur die in einzelnen gesetzlichen Bestimmungen vorgeschriebenen Voraussetzungen, sondern auch die Grundsätze der Gleichmäßigkeit der Besteuerung, der Verhältnismäßigkeit der Mittel, der Erforderlichkeit, der Zumutbarkeit, der Billigkeit und von Treu und Glauben sowie das Willkürverbot und das Übermaßverbot zu beachten. Verwaltungsvorschriften, die die Ausübung des Ermessens regeln, sind für die Finanzbehörden bindend. 2

2. Wegen der Begründung von Ermessensentscheidungen wird auf § 121 AO wegen Rücknahme wird des Widerrufs auf §§ 130 und 131 AO hingewiesen. 3

§ 6 Behörden, öffentliche und nicht-öffentliche Stellen, Finanzbehörden

AO

(1) **Behörde ist jede öffentliche Stelle, die Aufgaben der öffentlichen Verwaltung wahrnimmt.** 1

(1 a) **Öffentliche Stellen des Bundes sind die Behörden, die Organe der Rechtspflege und andere öffentlich-rechtlich organisierte Einrichtungen des Bundes, der bundesunmittelbaren Körperschaften, der Anstalten und Stiftungen des öffentlichen Rechts sowie deren Vereinigungen ungeachtet ihrer Rechtsform.** 2

(1 b) **Öffentliche Stellen der Länder sind die Behörden, die Organe der Rechtspflege und andere öffentlich-rechtlich organisierte Einrichtungen eines Landes, einer Gemeinde, eines Gemeindeverbandes oder sonstiger der Aufsicht des Landes unterstehender juristischer Personen des öffentlichen Rechts sowie deren Vereinigungen ungeachtet ihrer Rechtsform.** 3

(1 c) ① **Vereinigungen des privaten Rechts von öffentlichen Stellen des Bundes und der Länder, die Aufgaben der öffentlichen Verwaltung wahrnehmen, gelten ungeachtet der Beteiligung nicht-öffentlicher Stellen als öffentliche Stellen des Bundes, wenn** 4

---

[1] Es stellt keinen Ermessensfehler dar, wenn eine Behörde ihre Entscheidung auf mehrere Ermessenserwägungen stützt, von denen zwar eine oder einzelne fehlerhaft sind, die Behörde aber eindeutig zum Ausdruck gebracht hat, dass jede einzelne der Ermessenserwägungen bereits allein tragend ist *(BFH-Urteil vom 18. 2. 2016 V R 62/14, BStBl. II S. 589).*

[2] Vgl. *BFH-Urteil vom 23. 7. 1985 VII R 197/84 (BStBl. 1986 II S. 36):* Allgemeine Verwaltungsanweisungen eines Landes können keine Selbstbindung des Ermessens der Verwaltung eines anderen Landes bewirken.

BFH-Urteil vom 24. 11. 2005 V R 37/04, BStBl. 2006 II S. 466: 1. Hat die Verwaltung in Ausfüllung des ihr zustehenden Ermessensspielraums Richtlinien erlassen, so haben die Gerichte grundsätzlich nur zu prüfen, ob sich die Behörden an die Richtlinien gehalten haben und ob die Richtlinien selbst einer sachgerechten Ermessensausübung entsprechen. 2. Dabei ist für die Auslegung einer Verwaltungsvorschrift nicht maßgeblich, wie das FG eine solche Verwaltungsanweisung versteht, sondern wie die Verwaltung sie verstanden hat und verstanden wissen wollte. Das FG darf daher Verwaltungsanweisungen nicht selbst auslegen, sondern nur darauf prüfen, ob die Auslegung durch die Behörde möglich ist.

Der Steuerpflichtige hat einen Anspruch auf die im pflichtgemäßen Ermessen der Finanzbehörde stehende Gewährung einer Steuervergünstigung nach § 3 Abs. 1 ZRFG, wenn die Finanzverwaltung in einschlägigen Verwaltungsanweisungen eine dahingehende Selbstbindung eingegangen ist *(BFH-Urteil vom 14. 5. 2009 IV R 27/06, BStBl. II S. 881).*

1. sie über den Bereich eines Landes hinaus tätig werden oder

2. dem Bund die absolute Mehrheit der Anteile gehört oder die absolute Mehrheit der Stimmen zusteht.

② **Anderenfalls gelten sie als öffentliche Stellen der Länder.**

5 (1 d) ① **Nicht-öffentliche Stellen sind natürliche und juristische Personen, Gesellschaften und andere Personenvereinigungen des privaten Rechts, soweit sie nicht unter die Absätze 1 a bis 1 c fallen.** ② **Nimmt eine nicht-öffentliche Stelle hoheitliche Aufgaben der öffentlichen Verwaltung wahr, ist sie insoweit öffentliche Stelle im Sinne dieses Gesetzes.**

6 (1 e) **Öffentliche Stellen des Bundes oder der Länder gelten als nicht-öffentliche Stellen im Sinne dieses Gesetzes, soweit sie als öffentlich-rechtliche Unternehmen am Wettbewerb teilnehmen.**

7 (2) **Finanzbehörden[1] im Sinne dieses Gesetzes sind die folgenden im Gesetz über die Finanzverwaltung genannten Bundes- und Landesfinanzbehörden:**

1. das Bundesministerium der Finanzen und die für die Finanzverwaltung zuständigen obersten Landesbehörden als oberste Behörden,

2. das Bundeszentralamt für Steuern, das Informationstechnikzentrum Bund und die Generalzolldirektion als Bundesoberbehörden,

3. Rechenzentren sowie Landesfinanzbehörden, denen durch eine Rechtsverordnung nach § 17 Absatz 2 Satz 3 Nummer 3 des Finanzverwaltungsgesetzes die landesweite Zuständigkeit für Kassengeschäfte und das Erhebungsverfahren einschließlich der Vollstreckung übertragen worden ist, als Landesoberbehörden,

4. die Oberfinanzdirektionen als Mittelbehörden,

4 a. die nach dem Finanzverwaltungsgesetz oder nach Landesrecht an Stelle einer Oberfinanzdirektion eingerichteten Landesfinanzbehörden,

5. die Hauptzollämter einschließlich ihrer Dienststellen, die Zollfahndungsämter, die Finanzämter[2] und die besonderen Landesfinanzbehörden als örtliche Behörden,

6. Familienkassen,[3]

7. die zentrale Stelle im Sinne des § 81 des Einkommensteuergesetzes und

8. die Deutsche Rentenversicherung Knappschaft-Bahn-See (§ 40 a Absatz 6 des Einkommensteuergesetzes).

§ 7 Amtsträger

1 **Amtsträger ist, wer nach deutschem Recht**

1. Beamter oder Richter (§ 11 Absatz 1 Nummer 3 des Strafgesetzbuchs) ist,

2. in einem sonstigen öffentlich-rechtlichen Amtsverhältnis[4] steht oder

3. sonst dazu bestellt ist, bei einer Behörde oder bei einer sonstigen öffentlichen Stelle oder in deren Auftrag Aufgaben der öffentlichen Verwaltung wahrzunehmen.

AEAO

Zu § 7 – Amtsträger:

2 **1.** Der Begriff des Amtsträgers ist u. a. im Zusammenhang mit dem Steuergeheimnis (§ 30 AO), der Haftungsbeschränkung (§ 32 AO), der Ausschließung und Ablehnung von Personen in einem Verwaltungsverfahren (§§ 82 ff. AO) und bei der Selbstanzeige (§ 371 Abs. 2 AO) von Bedeutung. Die Bestimmung entspricht § 11 Abs. 1 Nrn. 2 und 3 StGB.

3 **2.** Die in § 7 Nrn. 1 und 2 AO genannten Personen sind ohne Rücksicht auf Art und Inhalt der ausgeübten Tätigkeit Amtsträger.

4 **3.** Die in § 7 Nr. 3 AO aufgeführten Personen sind nur Amtsträger, soweit sie Aufgaben der öffentlichen Verwaltung wahrnehmen. Das sind Aufgaben, bei deren Erledigung Angelegenheiten der Gemeinwesen und ihrer Mitglieder unmittelbar gebietend, verbietend, entscheidend oder sonst wie handelnd innerhalb der gesetzlichen Grenzen wahrgenommen werden. Unter § 7 Nr. 3 AO fallen insbesondere Verwaltungsangestellte (z. B. Angestellte im Außenprüfungsdienst), soweit sie nicht lediglich als Hilfskräfte bei öffentlichen Aufgaben mitwirken (z. B. Registratur- und Schreibkräfte).

[1] Einschränkung für das Steuerstrafverfahren in § 386 Abs. 1 Satz 2 AO.

[2] Das BZSt bietet im Internet unter www.bzst.bund.de die Ermittlung des zuständigen Finanzamts sowie ein Verzeichnis der Finanzamtsnummern an.

[3] **Dienstanweisung** zur Durchführung des Familienleistungsausgleichs (DA-FamEStG) vgl. *BZSt-Schreiben vom 11. 7. 2013 (BStBl. I S. 882).*

[4] Vgl. § 1 BNotO vom 24. 2. 1961 (BGBl. I S. 97).

Vor §§ 8, 9 – Wohnsitz, gewöhnlicher Aufenthalt:

1. Die Begriffe des Wohnsitzes (§ 8 AO) bzw. des gewöhnlichen Aufenthalts (§ 9 AO) haben insbesondere Bedeutung für die persönliche Steuerpflicht natürlicher Personen (vgl. zu § 1 EStG, § 2 ErbStG) oder für familienbezogene Entlastungen (z.B. Realsplitting nach § 10 Abs. 1 a Nr. 1 EStG). Sie sind auch maßgeblich, wenn die Familienkassen in eigener Zuständigkeit und ohne Bindung an die Beurteilung des Finanzamts im Besteuerungsverfahren die Voraussetzungen des Kindergeldanspruchs nach § 62 Abs. 1 Nr. 1 bzw. § 63 Abs. 1 EStG prüfen (vgl. u. a. BFH-Urteil vom 20. 3. 2013 XI R 37/11, BStBl. 2014 II S. 831). 1

2. Die Begriffe des Wohnsitzes bzw. des gewöhnlichen Aufenthalts stellen allein auf die tatsächlichen Verhältnisse ab (BFH-Urteil vom 10. 11. 1978 VI R 127/76, BStBl. 1979 II S. 335). Zwischenstaatliche Vereinbarungen enthalten dagegen z. T. hiervon abweichende Fiktionen, die den, an die tatsächlichen Verhältnisse anknüpfenden allgemeinen Regelungen der §§ 8 und 9 AO vorgehen (z.B. Art. 13 des Protokolls (Nr. 7) über die Vorrechte und Befreiungen der Europäischen Union vom 26. 10. 2012, Amtsblatt der Europäischen Union C 326 S. 266; Artikel X des NATO-Truppenstatuts i. V. m. Art. 68 Abs. 4, Art. 74 des Zusatzabkommens zum NATO-Truppenstatut; Wiener Übereinkommen vom 18. 4. 1961 über diplomatische Beziehungen (WÜD, BGBl. 1964 II S. 957) und vom 24. 4. 1963 über konsularische Beziehungen [WÜK, BGBl. 1969 II S. 1585]); vgl. hierzu AEAO zu § 8, Nrn. 8 und 9. Andere Abkommen enthalten persönliche Steuerbefreiungen. Für deutsche Auslandsbedienstete gilt hinsichtlich der Frage der unbeschränkten Steuerpflicht die Sonderregelung des § 1 Abs. 2 EStG. Als unbeschränkt steuerpflichtig können auch solche natürlichen Personen behandelt werden, die die Kriterien des § 1 Abs. 3 EStG erfüllen. Damit ist teilweise auch die Höhe der Einkünfte Anknüpfungskriterium für den Umfang der Steuerpflicht (§ 1 Abs. 3 Sätze 2 bis 4 EStG). Der Begriff der Ansässigkeit i. S. d. DBA ist allein auf deren Anwendung (insbesondere hinsichtlich der Abkommensberechtigung und der Zuteilung der Besteuerungsrechte) beschränkt und hat keine Auswirkung auf die persönliche Steuerpflicht. Die deutsche unbeschränkte Steuerpflicht besteht daher auch dann, wenn der Steuerpflichtige je eine Wohnung bzw. einen gewöhnlichen Aufenthalt im Inland und im Ausland hat und nach dem anzuwendenden DBA im ausländischen Vertragsstaat ansässig ist (vgl. BFH-Urteil vom 4. 6. 1975 I R 250/73, BStBl. II S. 708). 2

3. Auch wenn ein Steuerpflichtiger im Inland keinen Wohnsitz mehr hat, kann er hier noch seinen gewöhnlichen Aufenthalt haben. 3

§ 8 Wohnsitz[1]

AO

Einen Wohnsitz hat jemand dort, wo er eine Wohnung unter Umständen innehat, die darauf schließen lassen, dass er die Wohnung beibehalten und benutzen wird. 1

---

[1] Der steuerliche Wohnsitzbegriff knüpft an die tatsächliche Gestaltung der Verhältnisse und nicht an subjektive Momente an *(BFH-Urteil vom 5. 11. 2001 IV B 219/00, BFH/NV 2002 S. 311).*

BFH-Urteil vom 19. 3. 1997 I R 69/96, BStBl. II S. 447: 1. Ein Stpfl. kann mehrere Wohnungen und mehrere Wohnsitze iSd § 8 AO haben. Diese können im In- und/oder im Ausland gelegen sein. 2. Ein Wohnsitz iSd § 8 AO setzt nicht voraus, dass der Stpfl. von dort aus seiner täglichen Arbeit nachgeht. Ebensowenig ist es erforderlich, dass der Stpfl. sich während einer Mindestzahl von Tagen oder Wochen im Jahr in der Wohnung aufhält. 3. Ein FG kann seine Beurteilung, dass objektiv erkennbare Umstände für die Beibehaltung der Wohnung für Zwecke des eigenen Wohnens sprechen, auf die Wohnungsausstattung und die tatsächliche Nutzung der Wohnung stützen. 4. Nach der Lebenserfahrung spricht es für die Beibehaltung eines Wohnsitzes iSd § 8 AO, wenn jemand eine Wohnung, die er vor und nach einem Auslandsaufenthalt als einzige ständig nutzt, während desselben unverändert und in einem ständig nutzungsbereiten Zustand beibehält.

Bei einem auf mehr als ein Jahr angelegten Auslandsaufenthalt wird ein inländischer Wohnsitz durch kurzzeitige Besuche und sonstige kurzfristige Aufenthalte zu Urlaubszwecken, Berufszwecken oder familiären Zwecken, die nicht einem Aufenthalt mit Wohncharakter gleichkommen, nicht beibehalten oder begründet. Bei einem ins Ausland entsandten Arbeitnehmer gelten insoweit keine anderen Maßstäbe *(BFH-Beschluss vom 17. 5. 2013 III B 121/12, BFH/NV S. 1381).*

BFH-Urteil vom 10. 4. 2013 I R 50/12, BFH/NV S. 1909: 1. Kennzeichen einer Wohnung ist, dass es sich – im Sinne einer bescheidenen Bleibe – um Räume handelt, die zum Bewohnen geeignet sind. 2. Das für den Wohnsitz erforderliche Innehaben der Wohnung setzt voraus, dass dem Mieter die Möglichkeit zur jederzeitigen Wohnnutzung zusteht. Hieran kann es bei der einer Wohngemeinschaft fehlen, wenn die geringe Wohnungsgröße kein gemeinsames Wohnen, sondern nur ein gemeinsames Übernachten gestattet. 3. Das Merkmal des Innehabens einer Wohnung ist nicht allein deshalb zu verneinen, weil dem Vermieter die Nutzung der Wohnung nur in wenigen und in jeder Hinsicht vernachlässigbaren Ausnahmefällen verbleibt (Unschädlichkeitsgrenze).

Ein angemietetes Zimmer kann nur dann der Wohnsitz einer natürlichen Person i. S. des § 62 Abs. 1 Nr. 1 EStG i. V. m. § 8 AO sein, wenn es sich hierbei um eine auf Dauer zum Bewohnen geeignete Räumlichkeit handelt, die der Betreffende – wenn auch in größeren Zeitabständen – mit einer gewissen Regelmäßigkeit tatsächlich zu Wohnzwecken nutzt. Ob diese Voraussetzungen bei einem Gewerbetreibenden vorliegen, lässt sich im Allgemeinen nicht aus der Höhe der im Inland erzielten Einkünfte folgern *(BFH-Urteil vom 8. 5. 2014 III R 21/12, BStBl. 2015 II S. 135).*

BFH-Urteil vom 28. 4. 2022 III R 12/20, BStBl. II S. 681: 1. Hält sich ein zunächst im Inland wohnhaftes minderjähriges Kind zu Ausbildungszwecken für mehr als ein Jahr außerhalb des Gebietes der EU und des EWR auf, behält es seinen Inlandswohnsitz in der Wohnung eines oder beider Elternteile nur dann bei, wenn ihm in dieser Wohnung zum dauerhaften Wohnen geeignete Räume zur Verfügung stehen, es diese objektiv jederzeit nutzen kann und tatsächlich mit einer gewissen Regelmäßigkeit auch nutzt. 2. Eine Beibehaltung des Inlandswohnsitzes kommt dabei im Regelfall nur dann in Betracht, wenn das Kind diese Wohnung zumindest zum überwiegenden Teil der ausbildungsfreien Zeiten tatsächlich nutzt.

Behält ein ins Ausland versetzter Arbeitnehmer eine Wohnung im Inland bei, deren Benutzung ihm jederzeit möglich ist und die so ausgestattet ist, dass diese ihm jederzeit als Bleibe dienen kann, so ist – widerlegbar – zu vermuten, dass er einen

[Fortsetzung nächste Seite]

AEAO

Zu § 8 – Wohnsitz:

Inhaltsübersicht

1. Allgemeines
2. Wohnung
3. Innehaben der Wohnung
4. Nutzung zu Wohnzwecken
5. Familienwohnsitz
6. Wohnsitz bei Aufenthalt in einem anderen Staat
7. NATO-Truppenstatut
8. Wiener Übereinkommen über diplomatische Beziehungen und über konsularische Beziehungen
9. Protokoll (Nr. 7) über die Vorrechte und Befreiungen der Europäischen Union (EU)

1. Allgemeines

2 **1.1.** Nach § 8 AO hat eine natürliche Person einen Wohnsitz dort, wo sie eine Wohnung unter Umständen innehat, die darauf schließen lassen, dass sie die Wohnung beibehalten und benutzen wird. Ob im Einzelfall eine solche Benutzung vorliegt, ist unter Würdigung der Gesamtumstände nach den Verhältnissen des jeweiligen Veranlagungszeitraums oder Anspruchszeitraums zu beurteilen; die tatsächliche Entwicklung der Verhältnisse in den Folgejahren ist nur zu berücksichtigen, soweit ihr Indizwirkung für die Feststellung der tatsächlichen Verhältnisse im zurückliegenden Zeitraum zukommt (vgl. BFH-Urteil vom 23. 6. 2015 III R 38/14, BStBl. 2016 II S. 102).

3 **1.2.** Die bloße Absicht, einen Wohnsitz zu begründen oder aufzugeben, bzw. die An- und Abmeldung bei der Ordnungsbehörde entfalten allein keine unmittelbare steuerliche Wirkung (BFH-Urteil vom 14. 11. 1969 III R 95/68, BStBl. 1970 II S. 153). Hat der Steuerpflichtige eine Wohnung inne, die nach objektiven Maßstäben dauerhaft genutzt und beibehalten werden soll, kommt einem etwaigen Willen des Steuerpflichtigen, an diesem Platz keinen Wohnsitz begründen oder beibehalten zu wollen, keine Bedeutung zu (vgl. BFH-Urteil vom 23. 11. 1988 II R 139/87, BStBl. 1989 II S. 182). Maßgeblich sind alleine die tatsächlichen Lebensverhältnisse; völkerrechtliche Vereinbarungen, insbesondere des Konsularrechts, stehen der Annahme eines Wohnsitzes gem. § 8 AO im Inland daher nicht entgegen (BFH-Urteil vom 8. 8. 2013 VI R 45/12, BStBl. 2014 II S. 836). Die An- und Abmeldung bei der Ordnungsbehörde können im Allgemeinen als Indizien dafür angesehen werden, dass der Steuerpflichtige seinen Wohnsitz unter der von ihm angegebenen Anschrift begründet bzw. aufgegeben hat.

4 **1.3.** Ein Steuerpflichtiger kann gleichzeitig mehrere Wohnungen und mehrere Wohnsitze i. S. d. § 8 AO haben. Diese können im Inland und/oder Ausland gelegen sein. Zur Begründung eines steuerlichen Wohnsitzes im Inland ist nicht Voraussetzung, dass sich dort auch der Mittelpunkt der Lebensinteressen befindet oder dass der Steuerpflichtige von dort aus seiner täglichen Arbeit nachgeht (BFH-Urteile vom 19. 3. 1997 I R 69/96, BStBl. II S. 447, und vom 18. 12. 2013 III R 44/12, BStBl. 2015 II S. 143). Für die Annahme eines Wohnsitzes auf Grund einer Zweit- bzw. Nebenwohnung ist es nicht erforderlich, dass diese der Erstwohnung hinsichtlich Größe und Ausstattung gleichrangig ist. Es ist dem begrenzten Zweck Rechnung zu tragen, dem die Zweit- bzw. Nebenwohnung dient.

2. Wohnung

5 Mit Wohnung sind stationäre Räumlichkeiten gemeint, die – mindestens im Sinne einer bescheidenen Bleibe – für den Steuerpflichtigen auf Dauer zum Wohnen geeignet sind. Weil „Bewohnen" mehr ist als „Aufenthalt" oder „Übernachtung", erfüllt eine nur kurzfristige, lediglich vorübergehende oder eine notdürftige Unterbringungsmöglichkeit den Wohnungsbegriff nicht. Nicht erforderlich ist eine abgeschlossene Wohnung mit Küche und separater Waschgelegenheit i. S. d. Bewertungsrechts bzw. dass das zur Wohnung gehörende Bad in den Wohnbereich integriert ist. In rechtlicher Hinsicht reicht es aus, wenn die Wohnung mit einfachsten Mitteln ausgestattet ist. Darauf, ob die Ausstattungsgegenstände vom Vermieter gestellt oder vom Mieter selbst beschafft worden sind, kommt es nicht an (BFH-Urteil vom 14. 11. 1969 III R 95/68, BStBl. 1970 II S. 153).

3. Innehaben der Wohnung

6 Der Steuerpflichtige muss die Wohnung innehaben. Danach muss die Wohnung in objektiver Hinsicht dem Steuerpflichtigen jederzeit (wann immer er es wünscht), als Bleibe zur Verfügung stehen. An der objektiven Eignung fehlt es bei sog. Standby-Wohnungen oder -Zimmern, wenn auf Grund von Vereinbarungen oder Absprachen zwischen den Wohnungsnutzern die Nutzungsmöglichkeit des Steuerpflichtigen derart beschränkt ist, dass er die Wohnung oder das Zimmer nicht jederzeit für einen Wohnaufenthalt nutzen kann (BFH-Urteil vom 13. 11. 2013 I R 38/13, BFH/NV 2014 S. 1046).

[Fortsetzung]

Wohnsitz im Inland hat *(BFH-Urteil vom 17. 5. 1995 I R 8/94, BStBl. 1996 II S. 2; BFH-Beschluss vom 27. 9. 1999 I B 83/98, BFH/NV 2000 S. 673).*

Ein Arbeitnehmer mit Wohnsitz im Inland und Arbeitsort in der Schweiz, der an mehr als 60 Arbeitstagen nicht an seinen Wohnsitz zurückkehrt, unterliegt dennoch als Grenzgänger gem. Art. 15 a DBA-Schweiz der deutschen Besteuerung, wenn die Nichtrückkehr auf die Wahrnehmung eines gelegentlichen Nachtbereitschaftsdienstes zurückzuführen ist *(BFH-Urteil vom 16. 5. 2001 I R 100/00, BStBl. II S. 633).*

AEAO

4. Nutzung zu Wohnzwecken

4.1. Die Nutzung muss zu Wohnzwecken erfolgen. Die Wohnnutzung muss weder regelmäßig noch über eine längere Zeit erfolgen; erforderlich ist aber eine Nutzung, die über bloße Besuche, kurzfristige Ferienaufenthalte bzw. unregelmäßige kurze Aufenthalte zu Erholungszwecken oder zu Verwaltungszwecken hinausgeht (vgl. BFH-Urteil vom 10. 4. 2013 I R 50/12, BFH/NV S. 1909). Die ausschließliche Nutzung als Betriebsstätte, Büro, Ladengeschäft, Warenlager o. Ä. stellt keine Nutzung zu Wohnzwecken dar (vgl. u. a. BFH-Urteil vom 8. 5. 2014 III R 21/12, BStBl. 2015 II S. 135). Es ist nicht erforderlich, dass der Steuerpflichtige sich während einer Mindestzahl von Tagen oder Wochen im Jahr zu Wohnzwecken in der Wohnung aufhält (BFH-Urteil vom 19. 3. 1997 I R 69/96, BStBl. II S. 447). Eine Nutzung zu Wohnzwecken kann – insbesondere in Arbeitnehmer-Entsende-Fällen – auch vorliegen, wenn der Steuerpflichtige eine Wohnung innerhalb eines Kalenderjahrs nicht nutzt. 7

4.2. Es muss nach dem Gesamtbild der Verhältnisse wahrscheinlich sein, dass der Steuerpflichtige die Nutzung der Wohnung zu Wohnzwecken auch in Zukunft fortsetzen wird. Hierin kommt u. a. ein Zeitmoment zum Ausdruck, Anhaltspunkte können aber auch Ausstattung und Einrichtung sein. 8

4.2.1. Als Anhaltspunkt zur Bestimmung des Zeitmoments kann auf den in § 9 Satz 2 AO normierten Sechsmonatszeitraum zurückgegriffen werden (BFH-Urteil vom 8. 5. 2014 III R 21/12, BStBl. 2015 II S. 135). Dieser Sechsmonatszeitraum kann auch jahresübergreifend sein.

4.2.2. Wer eine Wohnung von vornherein in der Absicht nimmt, sie nur vorübergehend (für bis zu sechs Monate) beizubehalten und zu benutzen, begründet dort keinen Wohnsitz (BFH-Urteil vom 30. 8. 1989 I R 215/85, BStBl. II S. 956). Entscheidend ist jedoch die Absicht des Steuerpflichtigen. Im Einzelfall kann daher auch ein tatsächlicher Aufenthalt von bis zu sechs Monaten als ein nicht nur vorübergehender anzusehen sein. Dann muss sich jedoch die ursprüngliche Absicht auf einen längeren Aufenthalt bezogen haben (BFH-Urteil vom 30. 8. 1989 I R 215/85, BStBl. II S. 956).

5. Familienwohnsitz

5.1. Die Frage des Wohnsitzes ist für jede Person gesondert zu prüfen (BFH-Urteil vom 7. 4. 2011 III R 77/09, BFH/NV S. 1351). 9

5.2. Ein Ehegatte/Lebenspartner, der nicht dauernd getrennt lebt, hat seinen Wohnsitz grundsätzlich dort, wo seine Familie lebt (BFH-Urteil vom 6. 2. 1985 I R 23/82, BStBl. II S. 331). Diese Vermutung gilt regelmäßig unabhängig davon, welche räumliche Entfernung zwischen den Ehegatten/Lebenspartnern besteht. Deshalb ist eine inländische Wohnung, die von einem Ehegatten/Lebenspartner gelegentlich zu Wohnzwecken genutzt wird, auch dann ein Wohnsitz, wenn er sich zeitlich überwiegend im Ausland aufhält. 10

5.3. Wer sich – auch in regelmäßigen Abständen – in der Wohnung eines Angehörigen oder eines Bekannten aufhält, begründet dort keinen Wohnsitz (BFH-Urteil vom 24. 10. 1969 IV 290/64, BStBl. 1970 II S. 109), sofern es nicht wie im Fall einer Familienwohnung oder der Wohnung einer Wohngemeinschaft gleichzeitig die eigene Wohnung ist. 11

5.4. Minderjährige Kinder teilen grundsätzlich den Wohnsitz ihrer Eltern, weil sie über die Haushaltszugehörigkeit eine abgeleitete Nutzungsmöglichkeit besitzen und damit regelmäßig zugleich die elterliche Wohnung i. S. d. § 8 AO innehaben. 12

6. Wohnsitz bei Aufenthalt in einem anderen Staat

Wer einen Wohnsitz im Ausland begründet, hat auch im Inland einen Wohnsitz i. S. v. § 8 AO, sofern er die inländische Wohnung weiterhin unter Umständen innehat, die darauf schließen lassen, sie beibehalten und benutzen zu wollen (vgl. BFH-Urteil vom 19. 3. 1997 I R 69/96, BStBl. II S. 447). Das Innehaben der inländischen Wohnung kann nach den Umständen des Einzelfalles auch dann anzunehmen sein, wenn der Steuerpflichtige sie während eines Auslandsaufenthalts vorübergehend (bis zu sechs Monate) vermietet oder untervermietet, um sie alsbald nach Rückkehr im Inland wieder zu benutzen. Zur Zuständigkeit in diesen Fällen siehe § 19 Abs. 1 Satz 2 AO. Wird die inländische Wohnung zur bloßen Vermögensverwaltung zurückgelassen, endet der Wohnsitz mit dem Wegzug. Bloße Vermögensverwaltung liegt z. B. vor, wenn ein ins Ausland versetzter Steuerpflichtiger bzw. ein im Ausland lebender Steuerpflichtiger seine Wohnung/sein Haus verkaufen oder langfristig vermieten will und dies in absehbarer Zeit auch tatsächlich verwirklicht. 13

6.1. Auslandsaufenthalt eines Arbeitnehmers

6.1.1. Bei einem ins Ausland versetzten Arbeitnehmer ist ein inländischer Wohnsitz widerlegbar zu vermuten, wenn er seine Wohnung im Inland beibehält, deren Benutzung ihm weiterhin möglich ist und die nach ihrer Ausstattung jederzeit als Bleibe dienen kann (BFH-Urteil vom 17. 5. 1995 I R 8/94, BStBl. 1996 II S. 2). Ist ein Arbeitnehmer z. B. im Rahmen einer Entsendung im Ausland tätig und wird er von seiner Familie begleitet, so ist ein inländischer Familienwohnsitz i. S. d. § 8 AO weiterhin anzunehmen, wenn dieser über die Dauer der Entsendung beibehalten werden soll und nach objektiven Maßstäben jederzeit durch die Familie zu Wohnzwecken genutzt werden kann. 14

AEAO

6.1.2. Entscheidend ist, ob objektiv erkennbare Umstände dafür sprechen, dass der Steuerpflichtige die Wohnung für Zwecke des eigenen Wohnens beibehält. Nach der Lebenserfahrung spricht es für die Beibehaltung eines inländischen Wohnsitzes i. S. d. § 8 AO, wenn jemand eine Wohnung, die er vor einem Auslandsaufenthalt als einzige ständig nutzte, während desselben unverändert und in einem ständig nutzungsbereiten Zustand beibehält und zu Wohnzwecken nutzt oder nutzen kann (vgl. Nr. 4.1 des AEAO zu § 8). Von Bedeutung kann dabei auch sein, ob der Steuerpflichtige nach Beendigung des Auslandsaufenthalts mit hoher Wahrscheinlichkeit die Wohnung wieder ständig nutzen wird (BFH-Urteil vom 19. 3. 1997 I R 69/96, BStBl. II S. 447). Insoweit handelt es sich um eine Sachverhaltsvermutung, die vom Steuerpflichtigen widerlegt werden kann; ihm obliegt insoweit die Feststellungslast (vgl. BFH-Urteil vom 17. 5. 1995 I R 8/94, BStBl. 1996 II S. 2).

6.1.3. Für die Beurteilung, ob die einen ins Ausland entsendeten Arbeitnehmer begleitenden (Familien-)Angehörigen ihren inländischen Wohnsitz beibehalten oder aufgegeben haben, gelten grundsätzlich (Hinweis insbesondere auf Nrn. 5.2 und 5.4 des AEAO zu § 8) dieselben Maßstäbe.

6.1.4. Nach einem auf Dauer angelegten Wegzug der Familie ins Ausland führt das Vorhalten einer eigenen Wohnung allein nicht zur Begründung bzw. Beibehaltung eines inländischen Wohnsitzes, wenn die Wohnung nur kurzzeitig zu Urlaubs- oder Besuchszwecken (vgl. Nr. 4.1 des AEAO zu § 8) genutzt wird (vgl. BFH-Urteil vom 26. 1. 2001 VI R 89/00, BFH/NV S. 1018). Das Gleiche gilt für eine Wohnung, die unentgeltlich von Dritten (z. B. Eltern) zur Verfügung gestellt wird (vgl. BFH-Urteil vom 12. 1. 2001 VI R 64/98, BFH/NV S. 1231).

6.2. Auslandsaufenthalt eines Kindes

15 **6.2.1.** Ein minderjähriges Kind, das sich zusammen mit seinen Eltern im Ausland aufhält und bereits vor deren Ausreise mit seinen Eltern einen gemeinsamen Wohnsitz im Inland hatte, behält diesen grundsätzlich bei, wenn auch die Eltern ihren Wohnsitz im Inland beibehalten. Wird ein Kind im Ausland geboren, begründet es ausnahmsweise einen Wohnsitz im Inland bzw. teilt den inländischen (Familien-)Wohnsitz bereits ab seiner Geburt, sofern sich die Mutter nur kurzfristig, lediglich vorübergehend zum Zeitpunkt der Geburt bzw. zur Entbindung im Ausland aufgehalten hat und das Kind alsbald bzw. innerhalb angemessener Zeit nach Deutschland gebracht wird. Kann das Kind den Wohnsitz der Eltern im Inland indes aus tatsächlichen oder rechtlichen Gründen nicht nur kurzfristig nicht aufsuchen, kann es dort (zunächst) auch keinen eigenen Wohnsitz begründen. Ein im Ausland lebender Angehöriger kann im Inland grundsätzlich keinen Wohnsitz begründen, ohne sich hier aufgehalten zu haben (BFH-Urteil vom 7. 4. 2011 III R 77/09, BFH/NV S. 1351).

6.2.2. Hält sich das Kind im Ausland auf, reicht es für die Annahme eines (inländischen) Wohnsitzes nicht aus, wenn die elterliche Wohnung dem Kind weiterhin zur Verfügung steht. Es muss eine Beziehung zur elterlichen Wohnung vorhanden sein, die über die allein durch das Familienverhältnis begründete Beziehung hinausgeht und erkennen lässt, dass das Kind die elterliche Wohnung nach wie vor auch als seine eigene betrachtet (BFH-Urteil vom 17. 3. 1961 VI 185/60 U, BStBl. III S. 298) und sie innehat, um sie als solche zu nutzen (BFH-Urteil vom 25. 9. 2014 III R 10/14, BStBl. 2015 II S. 655). Anderenfalls behält das Kind seinen inländischen Wohnsitz bei den Eltern nicht bei, sondern gibt ihn zunächst auf und begründet ihn bei einer späteren Rückkehr wieder neu.

6.2.3. Die Beurteilung hängt von einer Vielzahl von Faktoren ab. So sind neben der Dauer des Auslandsaufenthalts insbesondere das Alter des Kindes, die Unterbringung im Ausland und im Elternhaus, der Zweck des Auslandsaufenthalts, die Häufigkeit und die Dauer der Aufenthalte bei den Eltern sowie die persönlichen Beziehungen des Kindes am Wohnort der Eltern und im Ausland ausschlaggebend. Die Feststellung einer Rückkehrabsicht sagt grundsätzlich nichts darüber aus, ob der inländische Wohnsitz während des vorübergehenden Auslandsaufenthalts beibehalten oder aber aufgegeben und nach der Rückkehr neu begründet wird (vgl. BFH-Urteile vom 23. 11. 2000 VI R 165/99 und VI R 107/99, BStBl. 2001 II S. 279 und 294).

6.2.4. Kein ausschlaggebendes Kriterium ist regelmäßig die Herkunft der Eltern oder die des Kindes. Aus den familiären und kulturellen Umständen am Aufenthaltsort können sich jedoch Hinweise für das Entstehen neuer Beziehungen und die Lockerung der bisher bestehenden Bindungen ergeben, z. B. bei einem mehrjährigen Schulbesuch im Ausland, für den das Kind vor Ort bei Verwandten untergebracht ist (vgl. BFH-Urteile vom 23. 11. 2000 VI R 165/99 und VI R 107/99, BStBl. 2001 II S. 279 und 294, und vom 23. 6. 2015 III R 38/14, BStBl. 2016 II S. 102).

6.2.5. Der Inlandswohnsitz wird nur dann beibehalten, wenn das Kind entweder seinen Lebensmittelpunkt weiterhin am bisherigen Wohnort hat (keine Wohnsitzbegründung am Ort des Auslandsaufenthalts) oder es zwar keinen einheitlichen Lebensmittelpunkt mehr hat, aber nunmehr über zwei Schwerpunkte der Lebensverhältnisse (zwei Wohnsitze) verfügt, von denen einer am bisherigen Wohnort liegt (BFH-Urteil vom 23. 11. 2000 VI R 107/99, BStBl. 2001 II S. 294).

AEAO

6.2.6. Bei Kindern, die sich von vornherein in einem begrenzten Zeitraum von bis zu einem Jahr im Ausland aufhalten, ist grundsätzlich davon auszugehen, dass der inländische Wohnsitz beibehalten wird, so dass Inlandsaufenthalte für die Beibehaltung des Wohnsitzes nicht erforderlich sind. Wird die Absicht zur Rückkehr innerhalb eines Jahres aufgegeben, so kann in diesem Moment eine Aufgabe des Wohnsitzes erfolgen (BFH-Urteil vom 25. 9. 2014 III R 10/14, BStBl. 2015 II S. 655).

6.2.7. Kinder, die sich länger als ein Jahr ins Ausland begeben, behalten ihren Wohnsitz in der inländischen elterlichen Wohnung nur bei, wenn sie diese in ausbildungsfreien Zeiten zumindest überwiegend nutzen. Eine Aufenthaltsdauer von jährlich fünf Monaten in der Wohnung der Eltern genügt jedenfalls, um einen inländischen Wohnsitz beizubehalten, sie ist aber dafür nicht stets erforderlich (BFH-Urteil vom 28. 4. 2010 III R 52/09, BStBl. II S. 1013). Durch die Eltern-Kind-Beziehung begründete Besuche – d. h. kurzzeitige Besuche und sonstige Aufenthalte zu Urlaubs- oder familiären Zwecken, die keinem Aufenthalt mit Wohncharakter gleichkommen und daher nicht „zwischenzeitliches Wohnen" in der elterlichen Wohnung bedeuten – reichen nicht aus, um den inländischen Wohnsitz des Kindes beizubehalten oder einen solchen zu begründen. Keinen Wohncharakter haben nach der Lebenserfahrung kurzzeitige Aufenthalte von zwei bis drei Wochen im Jahr (BFH-Urteil vom 25. 9. 2014 III R 10/14, BStBl. 2015 II S. 655).

6.2.8. Die Dauer der Inlandsaufenthalte vor dem Beginn oder nach dem Ende der Schul-, Hochschul- oder Berufsausbildung bleibt außer Betracht. Fehlende finanzielle Mittel für Heimreisen des Kindes können die fehlenden Inlandsaufenthalte in den ausbildungsfreien Zeiten nicht kompensieren (BFH-Urteil vom 25. 9. 2014 III R 10/14, BStBl. 2015 II S. 655). Hält sich ein Kind nicht nur vorübergehend zum Schulbesuch im Ausland auf, führen besuchsweise Aufenthalte in der elterlichen Wohnung auch dann nicht zur Beibehaltung des inländischen Wohnsitzes, wenn die Rückkehr des Kindes nach Deutschland nach Erreichen des Schulabschlusses beabsichtigt ist (BFH-Urteil vom 23. 11. 2000 VI R 165/99, BStBl. 2001 II S. 279).

7. NATO-Truppenstatut

Hält sich ein Mitglied einer Truppe oder des zivilen Gefolges des Entsendungsstaates „nur in dieser Eigenschaft" i. S. d. Art. X des NATO-Truppenstatuts bzw. dessen Angehörige nach Art. 68 Abs. 4 des Zusatzabkommens zum NATO-Truppenstatut im Inland auf, wird das Fehlen des inländischen steuerrechtlichen Wohnsitzes oder gewöhnlichen Aufenthalts fingiert, wenn anhand der Lebensumstände aus Sicht des jeweiligen Besteuerungszeitraums festgestellt werden kann, dass die betreffende Person in dem maßgeblichen Zeitraum fest entschlossen war, nach Beendigung des Dienstes in den Ausgangs- oder in ihren Heimatstaat zurückzukehren (BFH-Urteil vom 9. 11. 2005 I R 47/04, BStBl. 2006 II S. 374). Voraussetzung dafür ist eine gewisse zeitliche Fixierung im Hinblick auf die Rückkehr nach der Beendigung des Dienstes. Die Rückkehr muss in einer gewissen zeitlichen Nähe zur Beendigung des Dienstes stehen. Ferner setzt die Fiktion voraus, dass die betreffende Person nicht vor Aufnahme ihrer Tätigkeit einen Wohnsitz oder gewöhnlichen Aufenthalt im Inland begründet hat und sich nicht auch aus anderen Gründen im Inland aufhält. 16

8. Wiener Übereinkommen über diplomatische Beziehungen und über konsularische Beziehungen

Die völkerrechtlich verbindlichen Regelungen des Wiener Übereinkommens vom 18. 4. 1961 über diplomatische Beziehungen (WÜD, BGBl. 1964 II S. 957) bzw. des vom 24. 4. 1963 über konsularische Beziehungen (WÜK, BGBl. 1969 II S. 1585) tragen dem Gedanken der Exterritorialität von Diplomaten und der ihnen gleichgestellten Personen Rechnung. Diplomaten einer ausländischen Mission und Konsularbeamte einer ausländischen konsularischen Vertretung haben nach dem WÜD bzw. dem WÜK kraft völkerrechtlicher Fiktion im Inland keinen Wohnsitz und sind demnach von innerstaatlichen Steuern befreit, sofern sie nicht die deutsche Staatsangehörigkeit haben oder nach den Sonderregelungen des WÜD bzw. WÜK im Inland ständig ansässig sind. Private Einkünfte, deren Quelle sich im Inland (Empfangsstaat) befindet, sind von der Steuerbefreiung ausgenommen und führen zu einer beschränkten Einkommensteuerpflicht. Gleiches gilt für die zum Haushalt des Diplomaten oder Konsularbeamten gehörenden Familienmitglieder sowie Mitglieder des Verwaltungs- und des technischen Personals ausländischer Missionen und ausländischer konsularischer Vertretungen. 17

9. Protokoll (Nr. 7) über die Vorrechte und Befreiungen der Europäischen Union (EU)

Hält sich eine Person zur Ausübung ihrer Amtstätigkeit im Dienste der EU im Hoheitsgebiet eines anderen Mitgliedstaates auf als dem, in dem sie vor Dienstantritt ihren steuerlichen Wohnsitz hatte, werden sie und ihr nicht berufstätiger Ehegatte/Lebenspartner in beiden genannten Staaten so behandelt, als hätten sie ihren früheren Wohnsitz beibehalten (Art. 13 des Protokolls (Nr. 7) über die Vorrechte und Befreiungen der Europäischen Union vom 26. 10. 2012, Amtsblatt der Europäischen Union C 326 S. 266). Gleiches gilt für die Kinder, die unter der Aufsicht der in diesem Artikel bezeichneten Personen stehen und von ihnen unterhalten werden. 18

AO

§ 9 Gewöhnlicher Aufenthalt[1]

1 **① Den gewöhnlichen Aufenthalt hat jemand dort, wo er sich unter Umständen aufhält, die erkennen lassen, dass er an diesem Ort oder in diesem Gebiet nicht nur vorübergehend verweilt. ② Als gewöhnlicher Aufenthalt im Geltungsbereich dieses Gesetzes ist stets und von Beginn an ein zeitlich zusammenhängender Aufenthalt von mehr als sechs Monaten[2] Dauer anzusehen; kurzfristige Unterbrechungen bleiben unberücksichtigt. ③ Satz 2 gilt nicht, wenn der Aufenthalt ausschließlich zu Besuchs-, Erholungs-, Kur- oder ähnlichen privaten Zwecken genommen wird und nicht länger als ein Jahr dauert.**

AEAO

Zu § 9 – Gewöhnlicher Aufenthalt:

2 **1.** Sofern nicht die besonderen Voraussetzungen des § 9 Satz 3 AO vorliegen, wird an den inländischen Aufenthalt während eines zusammenhängenden Zeitraums von mehr als sechs Monaten die unwiderlegbare Vermutung für das Vorhandensein eines gewöhnlichen Aufenthalts geknüpft. Der Begriff „gewöhnlich" ist gleichbedeutend mit „dauernd". „Dauernd" erfordert keine ununterbrochene Anwesenheit, sondern ist im Sinne „nicht nur vorübergehend" zu verstehen (BFH-Urteil vom 30. 8. 1989, I R 215/85, BStBl. II S. 956). Bei Unterbrechungen der Anwesenheit kommt es darauf an, ob noch ein einheitlicher Aufenthalt oder mehrere getrennte Aufenthalte anzunehmen sind. Ein einheitlicher Aufenthalt ist gegeben, wenn der Aufenthalt nach den Verhältnissen fortgesetzt werden sollte und die Unterbrechung nur kurzfristig ist. Als kurzfristige Unterbrechung kommen in Betracht Familienheimfahrten, Jahresurlaub, längerer Heimaturlaub, Kur und Erholung, aber auch geschäftliche Reisen. Der Tatbestand des gewöhnlichen Aufenthalts kann bei einem weniger als sechs Monate dauernden Aufenthalt verwirklicht werden, wenn Inlandsaufenthalte nacheinander folgen, die sachlich miteinander verbunden sind, und der Steuerpflichtige von vornherein beabsichtigt, nicht nur vorübergehend im Inland zu verweilen (BFH-Urteile vom 27. 7. 1962, VI 156/59 U, BStBl. III S. 429, und vom 3. 8. 1977, I R 210/75, BStBl. 1978 II S. 118).

3 **2.** Der gewöhnliche Aufenthalt im Inland ist zu verneinen, wenn der Steuerpflichtige unter Benutzung einer im Ausland gelegenen Wohnung lediglich seine Tätigkeit im Inland ausübt (BFH-Urteil vom 25. 5. 1988, I R 225/82, BStBl. II S. 944). Grenzgänger haben ihren gewöhnlichen Aufenthalt grundsätzlich im Wohnsitzstaat (BFH-Urteile vom 10. 5. 1989, I R 50/85, BStBl. II S. 755, und vom 10. 7. 1996, I R 4/96, BStBl. 1997 II S. 15). Dasselbe gilt für Unternehmer/Freiberufler, die regelmäßig jeweils nach Geschäftsschluss zu ihrer Familienwohnung im Ausland zurückkehren (BFH-Urteil vom 6. 2. 1985, I R 23/82, BStBl. II S. 331). Wer allerdings regelmäßig an Arbeitstagen am Arbeits-/Geschäftsort im Inland übernachtet und sich nur am Wochenende bzw. an Feiertagen und im Urlaub zu seiner Wohnung im Ausland begibt, hat an dem inländischen Arbeits-/Geschäftsort jedenfalls seinen gewöhnlichen Aufenthalt.

4 **3.** Der gewöhnliche Aufenthalt kann nicht gleichzeitig an mehreren Orten bestehen. Bei fortdauerndem Schwerpunktaufenthalt im Ausland begründen kurzfristige Aufenthalte im Inland, z. B. Geschäfts-, Dienstreisen, Schulungen, keinen gewöhnlichen Aufenthalt im Inland. Umgekehrt führen kurzfristige Auslandsaufenthalte bei fortdauerndem Schwerpunktaufenthalt im Inland nicht zur Aufgabe eines gewöhnlichen Aufenthalts im Inland.

5 **4.** Der gewöhnliche Aufenthalt im Inland ist aufgegeben, wenn der Steuerpflichtige zusammenhängend mehr als sechs Monate im Ausland lebt, es sei denn, dass besondere Umstände darauf schließen lassen, dass die Beziehungen zum Inland bestehen bleiben. Entscheidend ist dabei, ob der Steuerpflichtige den persönlichen und geschäftlichen Lebensmittelpunkt ins Ausland verlegt hat und ob er seinen Willen, in den Geltungsbereich dieses Gesetzes zurückzukehren, endgültig aufgegeben hat (BFH-Urteil vom 27. 7. 1962, VI 156/59 U, BStBl. III S. 429). Als Kriterien dafür können die familiären, beruflichen und gesellschaftlichen Bindungen herangezogen werden (z. B. Wohnung der Familienangehörigen im Inland, Sitz des Gewerbebetriebs im Inland). Hält sich der Steuerpflichtige zusammenhängend länger als ein Jahr im Ausland auf, ist grundsätzlich eine Aufgabe des gewöhnlichen Aufenthalts im Inland anzunehmen.

---

[1] Ein Unternehmer mit Wohnsitz im Ausland hat keinen gewöhnlichen Aufenthalt im Inland, wenn er regelmäßig vom Betrieb im Inland zur Familienwohnung im Ausland zurückkehrt *(BFH-Urteil vom 6. 2. 1985 I R 23/82, BStBl. II S. 331).*

Wer sich zwecks Durchführung eines nahezu zwei Jahre dauernden Aufbaustudiums ins Ausland begibt, verliert hierdurch seinen gewöhnlichen Aufenthalt im Inland *(BFH-Urteil vom 27. 4. 2005 I R 112/04, BFH/NV S. 1756).*

Der gewöhnliche Aufenthalt im Inland setzt voraus, dass der Stpfl. seine Tätigkeit im Inland nicht unter Benutzung seiner im Ausland gelegenen Wohnung ausübt *(BFH-Urteil vom 20. 4. 1988 I R 219/82, BStBl. 1990 II S. 701).*

[2] Ein zeitlich zusammenhängender Aufenthalt von mehr als 6 Monaten i. S. des § 9 Satz 2 AO ist gegeben, wenn der Aufenthalt über diese Zeitspanne hinaus erfolgt; kurzfristige Unterbrechungen werden bei der Berechnung der Frist mitgerechnet. Der „äußerlich erkennbare Zusammenhang" dieses Aufenthalts ist nicht durch eine konkrete und in ihrem Maß an der 6-Monats-Grenze orientierten Zeitgrenze für die (unschädliche) Abwesenheit zu ergänzen. Vielmehr ist eine einzelfallbezogene zeitliche Gewichtung der kurzfristigen Unterbrechung unter Berücksichtigung der Dauer des Gesamtaufenthalts maßgebend *(BFH-Urteil vom 22. 6. 2011 I R 26/10, BFH/NV S. 2001).*

§ 10 Geschäftsleitung

AO

Geschäftsleitung ist der Mittelpunkt der geschäftlichen Oberleitung.[1] 1

Zu § 10 – Geschäftsleitung:

AEAO

1. § 10 AO definiert die „Geschäftsleitung" als den **„Mittelpunkt der geschäftlichen Oberleitung"**. Nach der Rechtsprechung des BFH ist dies der Ort, an dem der für die Geschäftsleitung maßgebliche Wille gebildet wird und die für die Geschäftsführung notwendigen Maßnahmen von einiger Wichtigkeit angeordnet werden (BFH-Urteil vom 3. 7. 1997, IV R 58/95, BStBl. 1998 II S. 86). 2

2. Entscheidend hierfür ist, an welchem Ort die vorzunehmenden Geschäfte, die der gewöhnliche Betrieb des Unternehmens mit sich bringt, sowie solche organisatorischen Maßnahmen, die zur gewöhnlichen Verwaltung gehören **(„Tagesgeschäfte")**, tatsächlich wahrgenommen werden (BFH-Urteile vom 7. 12. 1994, I K 1/93, BStBl. 1995 II S. 175, und vom 12. 2. 2004, IV R 29/02, BStBl. II S. 602). 3

3. Nicht entscheidend sind hingegen diejenigen Maßnahmen, die die Grundlagen des Unternehmens, insbesondere die Festlegung der Grundsätze der Unternehmenspolitik und die Mitwirkung der Inhaber des Unternehmens an ungewöhnlichen Maßnahmen und an Entscheidungen von besonderer wirtschaftlicher Bedeutung betreffen (BFH-Urteil vom 7. 12. 1994, I K 1/93, BStBl. 1995 II S. 175). 4

4. Die Oberleitung als „Ausübung von Leitungsfunktionen" wird üblicherweise in dafür geeigneten Räumen ausgeübt. Allerdings ist eine feste – und zudem eigene – **Geschäftseinrichtung oder Anlage,** die der Tätigkeit des Unternehmens dient, hierfür **nicht erforderlich.** Geschäftsleitende Handlungen i. S. d. Tagesgeschäfts eines Unternehmens können auch in der Wohnung des Geschäftsführers vorgenommen werden (vgl. BFH-Urteil vom 23. 1. 1991, I R 22/90, BStBl. II S. 554). Die Geschäftsleitungsbetriebstätte kann sich aber beispielsweise auch in den Räumlichkeiten einer eingeschalteten Dienstleistungs- oder Managementgesellschaft (BFH-Urteile vom 3. 7. 1997, IV R 58/95, BStBl. 1998 II S. 86, und vom 23. 3. 2022, III R 35/20, BStBl. II S. 844) oder dem als Unterkunft bereitgestellten Baucontainer o. Ä. im Bauleistungsgewerbe (vgl. BFH-Urteil vom 16. 12. 1998, I R 138/97, BStBl. 1999 II S. 437) befinden. Die Einschaltung eines Büroservice-Unternehmens ist nur dann beachtlich, wenn dort tatsächlich unternehmerische Entscheidungen von Gewicht (Geschäftsleitung) getroffen werden. 5

Geschäftsleitungsentscheidungen auf Geschäftsreisen sind wegen des Fehlens einer ortsbezogenen Einrichtung am Tätigkeitsort und des Merkmals der Dauer regelmäßig nicht geeignet, einen Ort der Geschäftsleitung zu begründen (vgl. BFH-Urteile vom 15. 10. 1997, I R 76/95, BFH/NV 1998 S. 434, und vom 23. 1. 1991, I R 22/90, a. a. O.).

5. Bei der Beurteilung sind dabei stets die tatsächlichen **Verhältnisse des Einzelfalls** wie Art, Umfang, Struktur und Eigenart des Unternehmens individuell zu berücksichtigen (vgl. BFH-Urteil vom 3. 7. 1997, IV R 58/95, BStBl. 1998 II S. 86). 6

6. Wird ein Unternehmen an mehreren Orten geschäftsführend tätig, so sind die an den verschiedenen Orten ausgeübten Tätigkeiten grundsätzlich nach ihrer Bedeutung für das Unternehmen zu gewichten, um auf diese Weise den (Haupt)Ort der Geschäftsleitung bzw. den Mittelpunkt der geschäftlichen Oberleitung zu bestimmen. Befinden sich die kaufmännische und die technische Leitung an verschiedenen Orten, kommt es auf den Ort der kaufmännischen Leitung an (BFH-Urteil vom 23. 1. 1991, I R 22/90, BStBl. II S. 554). 7

Lässt sich kein Mittelpunkt bestimmen, weil mehrere Personen gleichwertige Geschäftsführungsaufgaben von verschiedenen Orten aus wahrnehmen, ohne dass eine entsprechende Gewichtung möglich ist, bestehen mehrere Geschäftsleitungsbetriebstätten (BFH-Urteil vom 5. 11. 2014, IV R 30/11, BStBl. 2015 II S. 601). In diesen Fällen bestimmt sich die örtliche Zuständigkeit nach § 25 AO.

7. Jede nichtnatürliche Person muss (mindestens) einen Ort ihrer Geschäftsleitung haben. So haben auch Organgesellschaften grundsätzlich einen „eigenen" Ort ihrer Geschäftsleitung, der mit dem Ort der Geschäftsleitung des Organträgers zusammenfallen kann, aber nicht muss (BFH-Urteil vom 7. 12. 1994, I K 1/93, BStBl. 1995 II S. 175). 8

---

[1] Unter der **„geschäftlichen Oberleitung"** einer **Kapitalgesellschaft** ist ihre Geschäftsführung im engeren Sinne zu verstehen. Dies ist die sog. laufende Geschäftsführung. Zu ihr gehören die tatsächlichen und rechtsgeschäftlichen Handlungen, die der gewöhnliche Betrieb der Gesellschaft mit sich bringt, und solche organisatorischen Maßnahmen, die zur gewöhnlichen Verwaltung der Gesellschaft gehören („Tagesgeschäfte"). Unter den Begriff der „geschäftlichen Oberleitung" fallen nur solche Entscheidungen und Maßnahmen, die für Rechnung der Person getroffen werden, deren Ort der Geschäftsleitung zu bestimmen ist *(BFH-Urteil vom 7. 12. 1994 I K 1/93, BStBl. 1995 II S. 175).* Der Mittelpunkt der geschäftlichen Oberleitung einer ausländischen Kapitalgesellschaft kann sich (hier: im Bauleistungsgewerbe) in der Wohnung ihres Geschäftsführers oder in Baucontainern befinden *(BFH-Urteil vom 16. 12. 1998 I R 138/97, BB 1999 S. 1205).* Bei **Personengesellschaften** befindet sich der Mittelpunkt der geschäftlichen Oberleitung dort, wo die zur laufenden Geschäftsführung gehörenden tatsächlichen und rechtsgeschäftlichen Handlungen, die der gewöhnliche Betrieb der Gesellschaft mit sich bringt, und solche organisatorischen Maßnahmen, die zur gewöhnlichen Verwaltung der Gesellschaft gehören, vollzogen werden. Derartige Tätigkeiten dürfen von der Personengesellschaft auch vertraglich auf außenstehenden Personen übertragen werden *(BFH-Urteile vom 3. 7. 1997, BStBl. 1998 II S. 86, und vom 25. 8. 1999 VIII R 76/95, BFH/NV 2000 S. 300).*

9 **8.** Führen die Ermittlungsmaßnahmen des Finanzamtes dazu, dass an dem vom Steuerpflichtigen erklärten Ort der Geschäftsleitung ein solcher zu verneinen ist und lässt sich ein anderer Ort der Geschäftsleitung – auch mangels Mitwirkung des Steuerpflichtigen – nicht mit hinreichender Sicherheit ermitteln, ist als Ort der Geschäftsleitung der Wohnsitz des Geschäftsführers bzw. der Sitz/Wohnsitz der Gesellschafter zugrunde zu legen. Bei mehreren Geschäftsführern gilt Nummer 6 entsprechend.

AO

§ 11 Sitz

Den Sitz[1] hat eine Körperschaft, Personenvereinigung oder Vermögensmasse an dem Ort, der durch Gesetz, Gesellschaftsvertrag, Satzung, Stiftungsgeschäft oder dergleichen bestimmt ist.

§ 12 Betriebstätte[2]

1 **① Betriebstätte ist jede feste Geschäftseinrichtung oder Anlage, die der Tätigkeit eines Unternehmens dient. ② Als Betriebstätten sind insbesondere anzusehen:[3]**
1. die Stätte der Geschäftsleitung,[4]
2. Zweigniederlassungen,
3. Geschäftsstellen,

---

[1] Zum sog. Briefkastendomizil vgl. § 41 Abs. 2 AO.

[2] Zum Begriff der Betriebsstätte s. auch *BMF-Schreiben vom 24. 12. 1999 IV B 4 – S 1300 – 111/99, BStBl. I S. 1076* **(Betriebsstätten-Verwaltungsgrundsätze)**, abgedr. in Loseblatt-Textausgabe **„Steuererlasse"** Nr. **800** § 12/1. Eine Betriebstätte muss **auf Dauer** angelegt sein. Die Ausübung einer nur gelegentlichen oder einer von vornherein als vorübergehend gedachten Tätigkeit begründet keine Betriebstätte. Das Erfordernis der gewissen Dauer bestimmt sich nach den Gesamtumständen des Einzelfalles. Für die zeitliche Dauer kann die für Bauausführungen nach § 12 Nr. 8 AO vorgesehene Frist von sechs Monaten ein Anhaltspunkt sein *(BFH-Urteil vom 30. 10. 1973 I R 50/71, BStBl. 1974 II S. 107)*. Vgl. auch *BFH-Urteil vom 28. 8. 1986 V R 18/86, BStBl. 1987 II S. 162, sowie BFH-Urteil vom 3. 2. 1993 IR 80–81/91, BStBl. II S. 462.*

Eine unterirdisch verlaufende **Rohrleitung** stellt eine „feste" Geschäftseinrichtung i. S. des § 12 Satz 1 AO dar.

Eine Einrichtung kann auch dann Betriebsstätte sein, wenn der Unternehmer und seine Arbeitnehmer sie jeweils erst im Anschluss an personenbezogene Kontrollmaßnahmen erreichen können *(BFH-Urteil vom 14. 7. 2004 I R 106/03, BFH/NV 2005 S. 154)*.

Einrichtungen zur Messung von Lärmemissionen stellen eine Betriebsstätte eines Verkehrsflughafens dar *(BFH-Urteil vom 16. 12. 2009 I R 56/08, BStBl. 2010 II S. 492)*.

BFH-Urteil vom 4. 6. 2008 I R 30/07, BStBl. II S. 922: 1. Eine Betriebsstätte i. S. v. § 12 Satz 1 AO erfordert, dass der Unternehmer eine nicht nur vorübergehende Verfügungsmacht über die von ihm genutzte Geschäftseinrichtung oder Anlage hat (Bestätigung der ständigen Rechtsprechung). 2. Das bloße Tätigwerden in den Räumlichkeiten des Vertragspartners genügt für sich genommen selbst dann nicht zur Begründung der erforderlichen Verfügungsmacht, wenn die Tätigkeit über mehrere Jahre hinweg erbracht wird. Neben der zeitlichen Komponente müssen zusätzliche Umstände auf eine auch örtliche Verfestigung der Tätigkeit schließen lassen (Abgrenzung zum *Senatsurteil vom 14. 7. 2004 I R 106/03, BFH/NV 2005 S. 154).*

BFH-Urteil vom 23. 3. 2022 III R 35/20, BStBl. II S. 409: 1. Unter bestimmten Voraussetzungen können auch Räumlichkeiten dann eigene Betriebsstätten i. S. des § 12 Satz 1 AO sein, wenn es sich hierbei um solche einer eingeschalteten Dienstleistungs- oder Managementgesellschaft handelt und hierüber kein vertraglich eingeräumtes eigenes Nutzungsrecht besteht (BFH-Urteile vom 23. 2. 2011, BFH/NV 2011 S. 1354; vom 24. 8. 2011 I R 46/10, BStBl. 2014 II S. 764). Dies gilt aber nur, wenn die fehlende Verfügungsmacht über die Geschäftseinrichtung oder Anlage des Dritten durch eine eigene unternehmerische Tätigkeit vor Ort ersetzt wird (beispielsweise Identität der Leitungsorgane, fortlaufende nachhaltige Überwachung in den Räumlichkeiten des Auftragnehmers). 2. Ohne eine gewisse räumliche und zeitliche „Verwurzelung" des Unternehmens vor Ort, fehlt es an dem für eine Betriebsstättenbegründung erforderlichen Dienen der Geschäftseinrichtung oder Anlage für eigene unternehmerische Zwecke i. S. des § 12 Satz 1 AO. Allein die Übertragung von auch umfassenden Aufgaben ohne gleichzeitig eigene betriebliche Tätigkeiten vor Ort, macht die Betriebsstätte des Auftragnehmers nicht zur Betriebsstätte des Auftraggebers.

Bewirtschaftete Grundstücksflächen, die zu einem inländischen landwirtschaftlichen Betrieb gehören und im grenznahen Ausland (hier: den Niederlanden) belegen sind, können als Betriebsstätte i. S. von § 12 AO zu qualifizieren und die hierdurch erzielten Einkünfte deshalb gemäß § 32b Abs. 1 Satz 2 Nr. 1 EStG 2002 n. F. vom sog. Progressionsvorbehalt auszunehmen sein *(BFH-Urteil vom 2. 4. 2014, I R 68/12, BStBl. II S. 875)*.

[3] Zum Begriff der Betriebsstätte s. auch GewStR 2.9, abgedruckt im „Handbuch der Steuerveranlagung".

BFH-Urteil vom 13. 6. 2006 I R 84/05, BStBl. 2007 II S. 94: Verpachtet ein Mineralölunternehmen Tankstellen an Personen, die die an den Tankstellen angebotenen Produkte als selbständige Handelsvertreter vertreiben, so sind regelmäßig weder die Tankstellen insgesamt noch einzelne dort befindliche Einrichtungen Betriebsstätten des Mineralölunternehmens (Anschluss an *BFH-Urteil vom 30. 6. 2005 III R 76/03, BStBl. 2006 II S. 84*).

Eine Geschäftseinrichtung iSd § 12 Satz 1 AO ist nur dann die Betriebstätte eines Stpfl., wenn dieser über sie nicht nur vorübergehend Verfügungsmacht hat *(BFH-Urteil vom 11. 10. 1989 I R 77/88, BStBl. 1990 II S. 166)*.

Wird einem Fuhrunternehmer durch einen angestellten Fahrer die Mitbenutzung eines Raumes in dessen Privatwohnung ohne vertragliche Grundlage gestattet, so fehlt es an der für die Annahme einer Betriebsstätte unerlässlichen mindestens allgemein-rechtlichen Absicherung einer nicht nur vorübergehenden, unbestrittenen Verfügungsmacht des Unternehmers bezüglich dieses Raumes *(BFH-Urteil vom 23. 5. 2002 III R 8/00, BStBl. II S.512)*.

[4] Die Geschäftsleitung (der Mittelpunkt der geschäftlichen Oberleitung) einer Gesellschaft befindet sich regelmäßig an dem Ort, an dem die zur Vertretung der Gesellschaft befugte Person die ihr obliegende geschäftsführende Tätigkeit entfaltet. Dies ist bei einer GmbH im Allgemeinen der Ort, wo sich das Büro ihres Geschäftsführers, notfalls dessen Wohnsitz befindet *(BFH-Urteil vom 23. 1. 1991 I R 22/90, BStBl. I S.554)*.

Kommen für eine Geschäftsleitungsbetriebsstätte mehrere Orte als Ort der Geschäftsleitung in Betracht, ist grundsätzlich eine Gewichtung der Tätigkeiten vorzunehmen und danach der Mittelpunkt der geschäftlichen Oberleitung zu bestimmen. Nehmen mehrere Personen gleichwertige Geschäftsführungsaufgaben von verschiedenen Orten aus wahr, ist eine Gewichtung nicht möglich; in diesem Fall bestehen mehrere Geschäftsleitungsbetriebsstätten *(BFH-Urteil vom 5. 11. 2014 IV R 30/11, BStBl. 2015 II S. 601)*.

Die Geschäftsleitungsbetriebstätte iSd § 12 Satz 2 Nr. 1 AO setzt keine feste Geschäftseinrichtung oder Anlage voraus *(BFH-Urteil vom 28. 7. 1993 I R 15/93, BStBl. 1994 II S.148)*.

4. Fabrikations- oder Werkstätten,
5. Warenlager,
6. Ein- oder Verkaufsstellen,[1]
7. Bergwerke, Steinbrüche oder andere stehende, örtlich fortschreitende oder schwimmende Stätten der Gewinnung von Bodenschätzen,
8. Bauausführungen[2] **oder Montagen,**[3] **auch örtlich fortschreitende oder schwimmende, wenn**
a) die einzelne Bauausführung oder Montage oder
b) eine von mehreren zeitlich nebeneinander bestehenden Bauausführungen oder Montagen oder
c) mehrere ohne Unterbrechung aufeinander folgende Bauausführungen oder Montagen
länger als sechs Monate dauern.

Zu § 12 – Betriebstätte: AEAO

1. Gemäß **§ 12 Satz 1 AO** setzt die Annahme einer Betriebstätte eine Geschäftseinrichtung 2
oder Anlage mit einer festen Beziehung zur Erdoberfläche voraus, die von einer gewissen Dauer ist, der Tätigkeit des Unternehmens dient und über die der Steuerpflichtige eine nicht nur vorübergehende Verfügungsmacht hat (BFH-Urteil vom 5. 11. 2014, IV R 30/11, BStBl. 2015 II S. 601). Auch nicht sichtbare, unterirdisch verlaufende Rohrleitungen (Pipelines) sind feste Geschäftseinrichtungen i. S. d. § 12 Satz 1 AO und damit Betriebstätten (BFH-Urteil vom 30. 10. 1996, II R 12/92, BStBl. 1997 II S. 12).

Die örtliche Verknüpfung kann sich aus mechanischer Verbindung mit der Erde oder aus bloßer Belegenheit an derselben Örtlichkeit ergeben. Zu den Betriebstätten zählen auch bewegliche Geschäftseinrichtungen mit vorübergehend festem Standort (z. B. fahrbare Verkaufsstätten mit wechselndem Standplatz; vgl. BFH-Urteil vom 8. 3. 1988, VIII R 270/81, BFH/NV S. 735). Marktstände auf Wochenmärkten können Betriebstätten sein, wenn sich die jeweilige Marktveranstaltung ständig in mehr oder weniger großen zeitlichen Abständen an meist auch der gleichen Stelle wiederholt (BFH-Urteil 9. 10. 1974, I R 128/73, BStBl. 1975 II S. 203; wegen der daneben vorhandenen Geschäftsleitungsbetriebstätte siehe zu Nr. 7 des AEAO zu § 12); demgegenüber begründet ein Verkaufsstand, den ein Unternehmen einmal im Jahr vier Wochen lang auf einem Weihnachtsmarkt unterhält, keine Betriebstätte (BFH-Urteil vom 17. 9. 2003, I R 12/02, BStBl. 2004 II S. 396). Betriebstätte kann auch ein „Kinderzimmer" mit einem Computer sein, das der Steuerpflichtige als junger Erwachsener im elterlichen Haushalt bewohnt und für gewerbliche Online-Pokerspiele nutzt (BFH-Urteil vom 22. 2. 2023, X R 8/21, BStBl. II S. 811).

---

[1] *BFH-Urteil vom 17. 9. 2003 I R 12/02, BStBl. 2004 II S. 396:* 1. Eine Verkaufsstelle (§ 12 Satz 2 Nr. 6 AO) ist nur dann eine Betriebsstätte, wenn sie eine iSd § 12 Satz 1 AO feste Geschäftseinrichtung oder Anlage ist. 2. Ein Verkaufsstand, den ein Unternehmen einmal im Jahr vier Wochen lang auf einem Weihnachtsmarkt unterhält, begründet keine Betriebsstätte.

[2] Zum Begriff der Bauausführung s. auch *BMF-Schreiben vom 24. 12. 1999 IV B 4 – S 1300 – 111/99, BStBl. I S. 1076* (Betriebsstätten-Verwaltungsgrundsätze), abgedr. in Loseblatt-Textausgabe **„Steuererlasse"** Nr. **800** § 12/1. Betriebsstätten i. S. von § 8 Nr. 7 Satz 2 GewStG i. V. m. § 12 AO sind auch bei mehreren Bauausführungen anzunehmen, die sich zeitlich überschneidend insgesamt über einen Zeitraum von mehr als sechs Monaten hinziehen *(BFH-Urteil vom 16. 12. 1998 I R 74/98, BStBl. 1999 II S. 365).*

Bei der Prüfung der zeitlichen Voraussetzungen für das Vorliegen einer Baubetriebsstätte i. S. des DBA-Ungarn sind mehrere Bauausführungen nicht zusammenzurechnen. Bauarbeiten an verschiedenen Orten können allenfalls dann als einheitliche Bauausführung angesehen werden, wenn zwischen ihnen ein technischer und organisatorischer Zusammenhang besteht. Es reicht nicht aus, dass es sich um gleichartige Arbeiten handelt, die für ein und denselben Auftraggeber ausgeführt werden *(BFH-Urteil vom 16. 5. 2001 I R 47/00, BFH/NV S. 1317).*

[3] Zum Begriff der Montage s. auch *BMF-Schreiben vom 24. 12. 1999 IV B 4 – S 1300 – 111/99, BStBl. I S. 1076* **(Betriebsstätten-Verwaltungsgrundsätze),** abgedr. in Loseblatt-Textausgabe „Steuererlasse" Nr. **800** § 12/1.

BFH-Urteil vom 16. 5. 1990 I R 113/87, BStBl. II S. 983: 1. Dem **Montagebegriff** iSd § 12 Satz 2 Nr. 8 AO kommt neben dem Begriff „Bauausführungen" selbständige Bedeutung zu. 2. Unter den Begriff „Montage" fallen nur das Zusammenfügen oder der Umbau von vorgefertigten Einzelteilen, nicht dagegen bloße Reparatur- und Instandsetzungsarbeiten. Dabei erfüllen untergeordnete Einzelleistungen für sich allein noch nicht den Begriff „Montage". Die Tätigkeit muss vielmehr zumindest die wesentlichen Arbeiten des Zusammenfügens von Einzelteilen zu einer Sache umfassen.

BFH-Urteil vom 21. 4. 1999 I R 99/97, BStBl. II S. 694: 1. Eine Montage beginnt nicht schon mit der Anlieferung der zu montierenden Gegenstände am vorgesehenen Montageort, sondern erst mit dem Eintreffen der ersten Person, die vom Montageunternehmen mit den vorzunehmenden Montagearbeiten betraut worden ist. Als „Montagearbeiten" in diesem Sinne sind auch solche Arbeiten anzusehen, die der unmittelbaren Vorbereitung der eigentlichen Montage (Zusammenfügen der Gegenstände zu einer einheitlichen Sache) dienen. 2. Ist eine Montage Bestandteil eines Werklieferungsvertrags und ist in diesem Vertrag eine Abnahme des fertigen Werks unter Mitwirkung des Montageunternehmens vorgesehen, so endet die Montage frühestens mit der Abnahme. 3. Werden Montagearbeiten vor dem Abschluss der Montage aus im Betriebsablauf liegenden Gründen unterbrochen, so wird hierdurch der Lauf der für die Betriebsstättenbegründung maßgeblichen Fristen nicht berührt. Das gilt grundsätzlich unabhängig von der Dauer der Unterbrechung. 4. Werden Montagearbeiten aus nicht im Betriebsablauf liegenden Gründen unterbrochen, so werden die genannten Fristen gehemmt, sofern die Unterbrechung nicht nur ganz kurzfristig ist und während der Unterbrechungszeit die Arbeitnehmer und Beauftragten des Montageunternehmens vom Montageort abgezogen werden. 5. Ist eine Montage unterbrochen und wird während der Unterbrechungszeit mit einer weiteren Montage begonnen, so sind für Zwecke der Fristberechnung beide Montagen in entsprechender Anwendung des § 12 Satz 2 Nr. 8 Buchst. c AO zusammenzuzählen. 6. Geht es um die Frage nach dem Bestehen einer Montagebetriebsstätte iSd DBA-Schweiz, so ist ein Zusammenrechnen mehrerer Montagen nicht zulässig. Arbeiten an mehreren Anlagen können jedoch doppelbesteuerungsrechtlich eine einheitliche Montage darstellen, wenn zwischen ihnen eine wirtschaftliche und geographische Einheit besteht.

AEAO

3 **2.** Für die nicht nur vorübergehende **Verfügungsmacht** ist grundsätzlich erforderlich, dass der Unternehmer eine Rechtsposition innehat, die ihm nicht ohne Weiteres entzogen oder verändert werden kann („selbständiger Nutzungsanspruch“). Es reichen weder eine tatsächliche Mitbenutzung (BFH-Urteil vom 30. 6. 2005, III R 76/03, BStBl. 2006 II S. 84) noch die bloße Berechtigung der Nutzung im Interesse eines anderen oder die rein tatsächliche Nutzungsmöglichkeit aus (BFH-Urteil vom 4. 6. 2008, I R 30/07, BStBl. II S. 922). Eine lediglich „allgemeine rechtliche Absicherung“ oder eine ständige Nutzungsbefugnis tatsächlicher Art können aber ausreichen, wenn die Verfügungsmacht nicht bestritten wird (BFH-Urteil vom 18. 3. 2009, III R 2/06, BFH/NV S. 1457).

Eine Betriebstätte kann auch in der Betriebstätte eines Dritten begründet werden, wenn der Unternehmer rechtlich befugt ist, die Einrichtung oder Anlage nach den Bedürfnissen seines Unternehmens zu nutzen und wenn er eigene Arbeitnehmer beschäftigt oder ihm überlassene, seinen Weisungen unterliegende Arbeitnehmer oder Subunternehmer dort tätig werden (BFH-Beschluss vom 18. 2. 2021, III R 8/19, BStBl. II S. 627). Eine für die Annahme einer Betriebstätte hinreichende Nutzungsbefugnis braucht sich nicht auf einen bestimmten Raum oder eine bestimmte Fläche zu beziehen, sondern kann auch vorliegen, wenn der Unternehmer jeweils irgendeinen geeigneten Raum des Gebäudes oder die wechselnde Teilfläche eines Grundstücks ständig nutzen darf (BFH-Urteil vom 3. 2. 1993, I R 80-81/91, BStBl. II S. 462). Eine Befugnis des Grundeigentümers, dem Unternehmer einen anderen Raum oder eine andere Teilfläche zuzuweisen, steht der Annahme einer Betriebstätte nicht entgegen (BFH-Urteil vom 14. 7. 2004, I R 106/03, BFH/NV 2005 S. 154).

4 **3.** Die – ggf. auch umfassende – Übertragung der Aufgaben eines Unternehmens (Auftraggeber) auf einen selbstständig tätigen Dritten (Auftragnehmer) reicht grundsätzlich nicht aus, um in dessen Räumen eine Betriebstätte zu begründen. Eine Betriebstätte des Auftraggebers in den Räumen des Auftragnehmers besteht allerdings, wenn der Auftraggeber in den Räumen des Auftragnehmers eigene betriebliche Handlungen mit einer gewissen Nachhaltigkeit vornimmt (z. B. Überwachung des Auftragnehmers, die insbesondere in Fällen einer Personenidentität der Leitungsorgane von Auftraggeber und Auftragnehmer anzunehmen ist; BFH-Urteil vom 23. 3. 2022, III R 35/20, BStBl. II S. 844). Ein Verfügungsrecht über die Räumlichkeiten des Auftragnehmers ist ausnahmsweise dann nicht erforderlich, wenn der Auftraggeber aufgrund des zur Verfügung stehenden „sachlichen und personellen Organismus“ in der Lage ist, seiner unternehmerischen Tätigkeit in den Räumen des Auftragnehmers „operativ“ nachzugehen (BFH-Urteil vom 24. 8. 2011, I R 46/10, BStBl. 2014 II S. 764). Eine Betriebstätte des Auftraggebers kann außerdem dann in den Räumen des Auftragnehmers bestehen, wenn nach den tatsächlichen Verhältnissen die Geschäftsleitung von dem Auftragnehmer tatsächlich ausgeübt wird (BFH-Urteil vom 23. 3. 2022, III R 35/20, a. a. O.), vgl. AEAO zu § 12, Nr. 6.

5 **4.** Die Tätigkeit eines Arbeitnehmers in dessen häuslichem Homeoffice begründet in der Regel keine Betriebstätte des Arbeitgebers. Auch abkommensrechtlich begründet ein häusliches Homeoffice nach deutscher Anwenderstaatsperspektive in der Regel keine Betriebstätte (feste Einrichtung gemäß Artikel 5 Abs. 1 und Abs. 4 OECD-MA). Dies gilt auch bei:

- Übernahme der Kosten für das Homeoffice und dessen Ausstattung durch den Arbeitgeber;
- Abschluss eines Mietvertrages über häusliche Räume des Arbeitnehmers zwischen Arbeitgeber (Mieter) und Arbeitnehmer (Vermieter), außer der Arbeitgeber ist im Einzelfall tatsächlich befugt, die Räume anderweitig zu nutzen (etwa durch ein Recht zum Entsenden anderer Arbeitnehmer in die Räume oder ein Recht zum Betreten der Räume außerhalb von Prüfungen zur Arbeitssicherheit);
- Fällen, in denen dem Arbeitnehmer kein anderer Arbeitsplatz durch den Arbeitgeber zur Verfügung gestellt wird.

Grund hierfür ist, dass der Arbeitgeber typischerweise nicht über eine ausreichende Verfügungsmacht über die häuslichen Räumlichkeiten des Arbeitnehmers verfügt. Anderes kann gelten, wenn ein Arbeitnehmer Leitungsfunktionen ausübt und diese Verfügungsmacht des Unternehmens vermitteln.

6 **5.** Für die Annahme eines unmittelbaren „Dienens“ der Geschäftseinrichtung oder Anlage ist es erforderlich, dass in dem Objekt eine eigene unternehmerische Tätigkeit mit fester örtlicher Bindung ausgeübt wird (vgl. BFH-Urteil vom 26. 7. 2017, III R 4/16, BFH/NV 2018 S. 233) und sich in der Bindung eine gewisse „Verwurzelung“ des Unternehmens mit dem Ort der Ausübung der unternehmerischen Tätigkeit ausdrückt (BFH-Urteile vom 23. 3. 2022, III R 35/20, BStBl. II S. 844, vom 4. 6. 2008, I R 30/07, BStBl. II S. 922, und BFH-Beschluss vom 18. 2. 2021, III R 8/19, BStBl. II S. 627).

7 **6. § 12 Satz 2 AO** erweitert die Definition einer Betriebstätte dergestalt, dass eine Betriebstätte nicht notwendigerweise eine feste Geschäftseinrichtung oder Anlage voraussetzt (BFH-Urteil vom 29. 11. 2017, I R 58/15, BFH/NV 2018 S. 684; zur Abgrenzung bei Verkaufsstellen siehe Nr. 1 des AEAO zu § 12). Diese kann sich somit auch in den fremden Räumen eines Dritten (Geschäftsleiters) befinden (bzw. in den Geschäftsräumen eines mit der Geschäftsführung beauftragten gesellschaftsfremden Managers).

8 **7.** Jedes gewerbliche Unternehmen hat insoweit zumindest eine am Ort der Geschäftsleitung zu lokalisierende Betriebstätte. Dies gilt in der Regel auch bei einem „reisenden“ Gewerbetrei-

benden, also einem solchen, der sein Gewerbe an wechselnden Orten ausübt, ohne jedoch an diesen Orten (weitere) Betriebstätten zu begründen. Hierzu zählen beispielsweise auch Berufssportler und Artisten (BFH-Urteil vom 17. 2. 1955, BStBl. III S. 100) oder Schiedsrichter. Ist keine andere feste Geschäftseinrichtung vorhanden, so ist regelmäßig die Wohnung des Geschäftsleiters bzw. Gewerbetreibenden – ungeachtet des Umstandes, ob diese dem Privatvermögen zuzuordnen ist – als Geschäftsleitungsbetriebstätte anzusehen, wenn dort die geschäftliche Planung vorgenommen wird (BFH-Urteil vom 20. 12. 2017, I R 98/15, BFH/NV 2018 S. 497). Hierbei ist das Vorhandensein eines Büros oder (häuslichen) Arbeitszimmers i. S. v. § 4 Abs. 5 Satz 1 Nr. 6 b EStG nicht erforderlich (vgl. BFH-Urteil vom 15. 7. 1986, VIII R 134/83, BStBl. II S. 744).

Bei einer Tätigkeit, die auf ständig wechselnden Wochenmärkten ausgeübt wird, befindet sich der Ort der Geschäftsleitung häufig nicht auf einem der Wochenmärkte. Vielmehr liegt die – im Einzelfall zu verifizierende – Annahme nahe, dass sich die Geschäftsleitungsbetriebstätte am Wohnsitz des Gewerbetreibenden befindet (vgl. BFH-Urteil vom 28. 7. 1993, I R 15/93, BStBl. 1994 II S. 148).

8. Stätten der Erkundung von Bodenschätzen (z. B. Versuchsbohrungen) sind dabei als Betriebstätten anzusehen, wenn die Voraussetzungen des § 12 Nr. 8 AO erfüllt sind. **9**

9. Die Begriffsbestimmung der Betriebstätte gilt auch für die freiberufliche Tätigkeit und Steuerpflichtige mit Einkünften aus Land- und Forstwirtschaft. **10**

10. Soweit die Steuergesetze (insbesondere EStG und GewStG) den Begriff „Betriebstätte" verwenden, ohne ihn selbst abweichend von § 12 AO zu definieren (wie etwa § 41 Abs. 2 EStG), bestimmt sich dieser Begriff grundsätzlich nicht nach der Definition eines einschlägigen DBA, sondern nach innerstaatlichem Recht (vgl. BFH-Urteil vom 20. 7. 2016, I R 50/15, BStBl. 2017 II S. 230). DBA legen lediglich fest, in welchem Umfang eine nach innerstaatlichem Recht – unter Berücksichtigung des § 12 AO – bestehende Steuerpflicht entfallen soll. Eine in einem DBA vorgenommene, von § 12 AO abweichende Definition des Begriffs „Betriebstätte" ist daher nur im Rahmen dieses DBA anwendbar, sofern im innerstaatlichen Recht nichts anderes bestimmt ist. **11**

§ 13 Ständiger Vertreter[1]

AO

① Ständiger Vertreter ist eine Person, die nachhaltig die Geschäfte eines Unternehmens besorgt und dabei dessen Sachweisungen unterliegt. ② Ständiger Vertreter ist insbesondere eine Person, die für ein Unternehmen nachhaltig

1. Verträge abschließt oder vermittelt oder Aufträge einholt oder

2. einen Bestand von Gütern oder Waren unterhält und davon Auslieferungen vornimmt.

§ 14 Wirtschaftlicher Geschäftsbetrieb

① Ein wirtschaftlicher Geschäftsbetrieb[2] [3] ist eine selbständige nachhaltige Tätigkeit, durch die Einnahmen oder andere wirtschaftliche Vorteile erzielt werden und die über den Rahmen einer Vermögensverwaltung hinausgeht.[4] ② Die Absicht, Gewinn zu erzielen, ist nicht erforderlich. ③ Eine Vermögensverwaltung liegt in der Regel vor, wenn Vermögen genutzt, zum Beispiel Kapitalvermögen verzinslich angelegt oder unbewegliches Vermögen vermietet oder verpachtet wird.

§ 14 a Personenvereinigungen

(1) **Personenvereinigungen im Sinne dieses Gesetzes und der Steuergesetze sind Personenzusammenschlüsse ohne Rechtspersönlichkeit zur Verfolgung eines gesetzlich zulässigen Zwecks.** **1**

(2) **Rechtsfähige Personenvereinigungen sind insbesondere** **2**

1. Vereine ohne Rechtspersönlichkeit (§ 54 des Bürgerlichen Gesetzbuchs),

---

[1] **Ständiger Vertreter** kann jede natürliche und juristische Person sein. Er muss auch nicht Angestellter sein *(BFH-Urteile vom 28. 6. 1972 I R 35/70, BStBl. II S. 785; vom 30. 4. 1975 I R 152/73, BStBl. II S. 626).*

Organe von juristischen Personen können ständige Vertreter i. S. des § 13 AO sein *(BFH-Urteil vom 23. 10. 2018 I R 54/16, BStBl. 2019 II S. 365).*

[2] Ein wirtschaftlicher Geschäftsbetrieb i. S. von § 14 AO erfordert nicht das Bestehen eines konkreten oder potentiellen Wettbewerbs *(BFH-Urteil vom 24. 6. 2015 I R 13/13, BStBl. 2016 II S. 967).*

[3] Zur Frage, wann Veranstaltungen gemeinnütziger Vereine als **wirtschaftlicher Geschäftsbetrieb** anzusehen sind, vgl. *BFH-Urteile vom 21. 8. 1985 I R 60/80 und I R 3/82, BStBl. 1986 II S. 88 und 92,* sowie AEAO zu §§ 64, 65, 67 a. Siehe außerdem Fußnoten und Anlagen zu §§ 64, 65.

Die Beteiligung einer gemeinnützigen Stiftung an einer gewerblich geprägten vermögensverwaltenden Personengesellschaft ist kein wirtschaftlicher Geschäftsbetrieb *(BFH-Urteil vom 25. 5. 2011 I R 60/10, BStBl. I S. 858). BFH-Urteil vom 18. 2. 2016 V R 60/13, BStBl. 2017 II S. 251:* Beteiligt sich eine gemeinnützige Stiftung an einer gewerblich geprägten vermögensverwaltenden Personengesellschaft, unterhält sie auch dann keinen wirtschaftlichen Geschäftsbetrieb, wenn die Personengesellschaft zuvor originär gewerblich tätig war (Fortsetzung des *BFH-Urteils vom 25. 5. 2011 I R 60/10, BStBl. II 2011 S. 858).*

[4] Für die Abgrenzung des **gewerblichen Grundstückshandels** von der privaten Vermögensverwaltung vgl. *BMF-Schreiben vom 26. 3. 2004 (BStBl. I S. 434),* abgedruckt im „Handbuch zur Einkommensteuer" als Anl. zu § 15 EStG.

2. rechtsfähige Personengesellschaften einschließlich Gesellschaften (§ 705 des Bürgerlichen Gesetzbuchs), Personenhandelsgesellschaften, Partnerschaftsgesellschaften, Partenreedereien und Europäische wirtschaftliche Interessenvereinigungen und

3. Gemeinschaften der Wohnungseigentümer (§ 9 a des Wohnungseigentumsgesetzes).

3 (3) **Nicht rechtsfähige Personenvereinigungen sind insbesondere**

1. Bruchteilsgemeinschaften (§ 741 des Bürgerlichen Gesetzbuchs),

2. Gütergemeinschaften (§ 1415 des Bürgerlichen Gesetzbuchs) und

3. Erbengemeinschaften (§ 2032 des Bürgerlichen Gesetzbuchs).

4 (4) **Auf nicht rechtsfähige Gesellschaften (§ 740 des Bürgerlichen Gesetzbuchs) sind die für nicht rechtsfähige Personenvereinigungen geltenden Vorschriften mit Ausnahme des § 267 Absatz 1 Satz 1 sinngemäß anzuwenden.**

AEAO

Zu § 14 a – Personenvereinigungen:

5 **1.** Personenvereinigungen mit Rechtspersönlichkeit (z. B. AG, GmbH, eingetragener Verein i. S. d. § 21 BGB, wirtschaftlicher Verein i. S. d. § 22 BGB) sind keine Personenvereinigungen i. S. d. § 14 a AO.

6 **2.** Die Aufzählung rechtsfähiger und nicht rechtsfähiger Personenvereinigungen in § 14 a Abs. 2 und 3 AO ist nicht abschließend.

7 **3.** Nach § 719 Abs. 1 BGB entsteht eine rechtsfähige Gesellschaft bürgerlichen Rechts (GbR), sobald sie

a) mit Zustimmung sämtlicher Gesellschafter am Rechtsverkehr teilnimmt,

b) spätestens aber mit ihrer Eintragung im Gesellschaftsregister.

Für einen Beginn der Teilnahme am Rechtsverkehr muss die GbR – nach dem Willen aller Gesellschafter – als solche (d. h. im eigenen Namen) nach außen in Erscheinung treten. Dies kann durch vorbereitende Rechtsgeschäfte geschehen, wie z. B. die Eröffnung eines Geschäftskontos (GbR als Kontoinhaber) oder die Anmietung von Geschäftsräumen (GbR als Mieter), aber auch schon durch Verteilung von Prospekten (GbR offeriert Lieferungen oder Leistungen). Unzureichend sind Rechtsgeschäfte zwischen Gesellschafter und GbR, der Gesellschafter untereinander oder der Gesellschafter mit Dritten. Die Anmeldung der GbR als Gewerbebetrieb nach § 138 Abs. 1 AO sowie die Übermittlung des Fragebogens nach § 138 Abs. 1 b AO reichen für sich allein ebenfalls nicht aus.

Handelt ein Gesellschafter eigenmächtig „im Namen der GbR“, bevor die GbR rechtsfähig geworden ist (§ 719 Abs. 1 BGB), haftet er als Vertreter ohne Vertretungsmacht. Abhängig von den Umständen des Einzelfalls kann in diesem Fall zudem eine Scheingesellschaft entstehen, bei der sich die Haftung ihrer vermeintlichen Gesellschafter nach allgemeinen Rechtsscheingrundsätzen beurteilt.

Eine Vereinbarung, dass die GbR erst zu einem späteren Zeitpunkt entstehen soll, ist Dritten gegenüber (also auch gegenüber Finanzbehörden) unwirksam (§ 719 Abs. 2 BGB).

8 **4.** Im Verhältnis zu Dritten entsteht eine offene Handelsgesellschaft (OHG), sobald sie im Handelsregister eingetragen ist (§ 123 Abs. 1 Satz 1 HGB). Dessen ungeachtet entsteht die OHG schon dann, wenn sie mit Zustimmung sämtlicher Gesellschafter am Rechtsverkehr teilnimmt, soweit sich aus § 107 Abs. 1 HGB nichts anderes ergibt (§ 123 Abs. 1 Satz 2 HGB).

Eine Vereinbarung, dass die OHG erst zu einem späteren Zeitpunkt entstehen soll, ist Dritten gegenüber (also auch gegenüber Finanzbehörden) unwirksam (§ 123 Abs. 2 HGB).

9 **5.** Für Kommanditgesellschaften (KG) gilt § 123 HGB entsprechend (§ 161 Abs. 2 HGB).

10 **6.** Eine nicht rechtsfähige GbR (§ 14 a Abs. 4 AO) liegt vor, wenn sie sich auf die Regelung der Rechtsverhältnisse der Gesellschafter untereinander beschränkt und nicht auf eine Teilnahme am Rechtsverkehr mit Dritten gerichtet ist (Innengesellschaft und stille Gesellschaft). Die nicht rechtfähige GbR hat kein Vermögen und keine gesetzliche Vertretung (vgl. § 740 BGB und § 230 Abs. 2 HGB).

11 **7.** Ob eine Personenvereinigung i. S. d. § 14 a AO Steuerpflichtiger i. S. d. § 33 Abs. 1 AO ist, bestimmt sich jeweils nach dem materiellen Steuerrecht (vgl. dazu insbesondere § 1 Abs. 1 KStG).

12 **8.** Da sich die verfahrensrechtlichen Regelungen bei rechtsfähigen Personenvereinigungen (§ 14 a Abs. 2 AO) und nicht rechtsfähigen Personenvereinigungen (§ 14 a Abs. 3 AO) insbesondere bei der Bekanntgabe von Bescheiden über die gesonderte und einheitliche Feststellung (§§ 183, 183 a AO) deutlich unterscheiden, muss im Einzelfall geprüft werden, ob die Beteiligten einer Bruchteils- oder Erbengemeinschaft bei gemeinsamer steuerrelevanter Nutzung des gemeinschaftlichen Rechts/Gegenstands (z. B. einer Immobilie) – ggf. konkludent – eine Gesellschaft i. S. d. § 705 BGB gegründet haben, die nach dem Willen der Gesellschafter am Rechtsverkehr teilnehmen soll (Außen-GbR). Da der Abschluss des Gesellschaftsvertrags einer GbR formfrei ist (der Vertrag kann auch konkludent geschlossen werden) und im Regelfall keiner Registereintragung bedarf (anders z. B., wenn die GbR ein Grundstück erwerben oder ein ihr gehörendes Grundstück veräußern will), ist es in der Praxis mitunter schwierig festzustellen, ob die Miteigen-

tümer eines Gegenstands (z. B. einer Immobilie) durch Vermietung oder Verpachtung eine (rechtsfähige) GbR begründen, solange kein Gesellschaftsvertrag vorgelegt oder zumindest vorgetragen wird.

Falls kein Gesellschaftsvertrag vorgelegt wird und die Feststellungsbeteiligten die Personenvereinigung gegenüber der Finanzbehörde auch nicht ausdrücklich als (rechtsfähige) Gesellschaft bzw. GbR bezeichnen, können folgende Indizien die Feststellung einer (ggf. konkludenten) Gründung einer rechtsfähigen GbR erleichtern:
- Abschluss des Miet- oder Pachtvertrags oder anderweitige Korrespondenz mit Dritten im Namen einer (Grundstücks-)Gesellschaft;
- Zahlung der Miete oder Pacht auf ein Konto, bei dem eine (Grundstücks-)Gesellschaft als Kontoinhaber genannt ist (unerheblich ist, ob alle oder nur einzelne Miteigentümer verfügungsberechtigt sind);
- im Grundbuch ist als Eigentümer der Immobilie eine Gesellschaft eingetragen;
- der Umfang der Vermietung oder Verpachtung übersteigt den Rahmen einer privatüblichen Vermögensverwaltung;
- die Miteigentümer sind weder Ehegatten noch Lebenspartner, u. U. sogar keine Angehörigen i. S. d. § 15 AO.

Wurde kein Gesellschaftsvertrag vorgelegt und haben die Feststellungsbeteiligten die Personenvereinigung gegenüber der Finanzbehörde auch nicht ausdrücklich als (rechtsfähige) Gesellschaft bzw. GbR bezeichnet, ist von einer Bruchteils- oder Erbengemeinschaft auszugehen, wenn keines dieser Indizien vorliegt.

Gegenbeispiel:

Ehegatten/Lebenspartner vermieten in ihrem im Miteigentum stehenden Haus ein Zimmer oder eine Wohnung, die Miete wird auf das Bankkonto der Ehegatten/Lebenspartner überwiesen. Diese Tätigkeit gehört noch zur gemeinschaftlichen Verwaltung des Bruchteilseigentums und begründet keine rechtsfähige GbR.

§ 14b Körperschaften mit Sitz im Ausland

AO

(1) ① **Ist eine Körperschaft mit Sitz (§ 11) im Ausland und Ort der Geschäftsleitung (§ 10) im Geltungsbereich dieses Gesetzes nach dem Recht des Staates, in dem sie ihren Sitz hat, rechtsfähig, sind Verwaltungsakte[1] an sie zu richten, soweit sie nach den Steuergesetzen Steuerpflichtiger ist.** ② **Dies gilt auch dann, wenn sie nach inländischem Gesellschaftsrecht mangels Rechtsfähigkeit nicht als juristische Person zu behandeln ist.** 1

(2) **Auf Körperschaften im Sinne des Absatzes 1 Satz 2 sind die für juristische Personen geltenden Regelungen der §§ 34 und 79 entsprechend anzuwenden.** 2

(3) **Für die Vollstreckung in das Vermögen einer Körperschaft im Sinne des Absatzes 1 genügt ein an sie gerichteter vollstreckbarer Verwaltungsakt.** 3

(4) **Die Anteilseigner einer Körperschaft im Sinne des Absatzes 1 Satz 2 haften für die von der Körperschaft geschuldeten Ansprüche aus dem Steuerschuldverhältnis unbeschränkt.** 4

Zu § 14 b – Körperschaften mit Sitz im Ausland:

AEAO

1. Körperschaften i. S. d. § 14 b Abs. 1 Satz 2 AO sind insbesondere Limiteds mit Sitz im Vereinigten Königreich Großbritannien und Nordirland und Ort der Geschäftsleitung in Deutschland. Schuldet eine solche Limited Körperschaft- oder Umsatzsteuer, ist die Steuer ihr gegenüber (als Inhaltsadressat) festzusetzen und zu vollstrecken. 5

2. Die Anteilseigner einer Körperschaft i. S. d. § 14 b Abs. 1 Satz 2 AO haften für die von dieser Körperschaft geschuldeten Ansprüche aus dem Steuerschuldverhältnis unbeschränkt (§ 14 b Abs. 4 AO). 6

§ 15 Angehörige

AO

(1) **Angehörige sind:** 1
1. **der Verlobte,**
2. **der Ehegatte oder Lebenspartner,**
3. **Verwandte und Verschwägerte gerader Linie,**
4. **Geschwister,**
5. **Kinder der Geschwister,**

---

[1] Steuerverwaltungsakte an eine Britische Limited mit Verwaltungssitz im Inland sind ab 1. Januar 2024 an die Limited selbst zu richten, soweit die Limited nach materiellem Recht Steuerschuldner ist. Steuerforderungen, die auf einem gegen die Limited ergangenen Leistungsgebot beruhen, sind ab 1. Januar 2024 ihr gegenüber geltend zu machen (vgl. *BMF-Schreiben vom 12. 1. 2024, BStBl. I S. 175).*

6. Ehegatten oder Lebenspartner der Geschwister und Geschwister der Ehegatten oder Lebenspartner,

7. Geschwister der Eltern,

8. Personen, die durch ein auf längere Dauer angelegtes Pflegeverhältnis mit häuslicher Gemeinschaft wie Eltern und Kind miteinander verbunden sind (Pflegeeltern und Pflegekinder[1]).

2 (2) **Angehörige sind die in Absatz 1 aufgeführten Personen auch dann, wenn**

1. in den Fällen der Nummern 2, 3 und 6 die die Beziehung begründende Ehe oder Lebenspartnerschaft nicht mehr besteht;

2. in den Fällen der Nummern 3 bis 7 die Verwandtschaft oder Schwägerschaft durch Annahme als Kind erloschen ist;

3. im Fall der Nummer 8 die häusliche Gemeinschaft nicht mehr besteht, sofern die Personen weiterhin wie Eltern und Kind miteinander verbunden sind.

AEAO

Zu § 15 – Angehörige:

3 **1.** Dem Angehörigenbegriff kommt überwiegend verfahrensrechtliche Bedeutung zu. Für das materielle Recht können die Einzelsteuergesetze abweichende Regelungen treffen.

4 **2.** § 15 Abs. 1 Nr. 1 AO (Verlobte) setzt ein wirksames Eheversprechen voraus.

Eine Ehe ist im Besteuerungsverfahren nur dann nach § 15 Abs. 1 Nr. 2 AO zu berücksichtigen, wenn sie entweder nach deutschem Recht wirksam geschlossen wurde oder bei im Ausland geschlossener Ehe in Deutschland anzuerkennen ist (vgl. BFH-Beschluss vom 27. 11. 2018, V B 72/18, BFH/NV 2019 S. 202). Für Lebenspartnerschaften gilt dies entsprechend. Die materiell-rechtliche Beurteilung des Vorliegens einer Ehe oder einer Lebenspartnerschaft nach den Einzelsteuergesetzen bleibt hierdurch unberührt (vgl. Nr. 1 Satz 2).

5 **3.** Zu den Geschwistern i. S. d. § 15 Abs. 1 Nr. 4 AO gehören auch die Halbgeschwister. Das sind die Geschwister, die einen Elternteil gemeinsam haben; darunter fallen jedoch nicht die mit in eine Ehe oder Lebenspartnerschaft gebrachten Kinder, die keinen Elternteil gemeinsam haben.

6 **4.** Das Angehörigenverhältnis i. S. d. § 15 Abs. 1 Nr. 5 AO besteht lediglich zu den Kindern der Geschwister (Neffen oder Nichten), nicht jedoch zwischen den Kindern der Geschwister untereinander (z. B. Vettern oder Cousinen).

7 **5.** Die Ehegatten bzw. Lebenspartner mehrerer Geschwister sind im Verhältnis zueinander keine Angehörigen i. S. d. § 15 Abs. 1 Nr. 6 AO. Dasselbe gilt für Geschwister der Ehegatten bzw. Lebenspartner.

8 **6.** Für die Annahme eines Pflegeverhältnisses gem. § 15 Abs. 1 Nr. 8 AO ist nicht erforderlich, dass das Kind außerhalb der Pflege und Obhut seiner leiblichen Eltern steht. Ein Pflegeverhältnis kann z. B. auch zwischen einem Mann und einem Kind begründet werden, wenn der Mann mit der leiblichen Mutter des Kindes und diesem in häuslicher Gemeinschaft lebt. Die Unterhaltsgewährung ist nicht Merkmal dieses Pflegekinderbegriffes. Soweit Bestimmungen in Einzelsteuergesetzen auch daran anknüpfen, müssen dort besondere Regelungen getroffen sein.

9 **7.** Durch die Annahme als Kind erhält ein Kind die volle rechtliche Stellung eines ehelichen Kindes des oder der Annehmenden. Damit wird auch die Angehörigeneigenschaft zwischen dem Kind und den Angehörigen des oder der Annehmenden nach Maßgabe des § 15 Abs. 1 AO begründet. Dieser Grundsatz gilt entsprechend bei ähnlichen familienrechtlichen Rechtsbeziehungen ausländischen Rechts (Adoption).

10 **8.** Für die in § 15 Abs. 2 AO genannten Personen bleibt die Angehörigeneigenschaft auch dann bestehen, wenn die Beziehung, die ursprünglich die Angehörigeneigenschaft begründete, nicht mehr besteht; lediglich bei Verlobten erlischt die Angehörigeneigenschaft mit Aufhebung des Verlöbnisses.

Dritter Abschnitt. Zuständigkeit der Finanzbehörden

AO

§ 16 Sachliche Zuständigkeit

1 **Die sachliche Zuständigkeit[2] der Finanzbehörden richtet sich, soweit nichts anderes bestimmt ist, nach dem Gesetz über die Finanzverwaltung.[3]**

AEAO

Zu § 16 – Sachliche Zuständigkeit:

2 **1.** Die sachliche Zuständigkeit betrifft den einer Behörde dem Gegenstand und der Art nach durch Gesetz zugewiesenen Aufgabenbereich. Neben dem Aufgabenkreis, der durch das FVG be-

---

[1] Zum Begriff des Pflegekindes vgl. § 32 Abs. 1 Nr. 2 EStG.
[2] Zur Zuständigkeit für Strafverfahren wegen Steuerstraftaten s. §§ 386, 387, 390 AO.
Zur Zuständigkeit der Vollstreckungsbehörde s. § 249 Abs. 1 AO.
[3] FVG abgedruckt im **Anhang II Nr. 2.**

stimmt wird, ergeben sich für die Finanzbehörden auch Aufgabenzuweisungen aus der AO (z. B. §§ 208, 249, 386 AO) und anderen Gesetzen (z. B. StBerG, InvZulG, EigZulG).

2. Im Rahmen des föderativen Aufbaus der Bundesrepublik ist die verbandsmäßige Zuständig- 3
keit als besondere Art der sachlichen Zuständigkeit zu beachten. Nach der Rechtsprechung des BFH ist jedoch bei den nicht gebietsgebundenen Steuern (z. B. Einkommensteuer) die Verwaltungskompetenz nicht auf die Finanzämter des verbandsmäßig zuständigen Bundeslandes beschränkt. Das Wohnsitzfinanzamt ist für die Besteuerung nach dem Einkommen auch für Besteuerungszeiträume zuständig, in denen der Steuerpflichtige in einem anderen Bundesland wohnte (BFH-Urteile vom 29. 10. 1970, IV R 247/69, BStBl. 1971 II S. 151, und vom 23. 11. 1972, VIII R 42/67, BStBl. 1973 II S. 198).

3. Wegen der Rücknahme eines Verwaltungsakts einer sachlich unzuständigen Behörde wird 4
auf § 130 Abs. 2 Nr. 1 AO hingewiesen.

§ 17 Örtliche Zuständigkeit AO

**Die örtliche Zuständigkeit[1] richtet sich, soweit nichts anderes bestimmt ist, nach 1
den folgenden Vorschriften.**

Zu § 17 – Örtliche Zuständigkeit: AEAO

1. Für die örtliche Zuständigkeit gilt der Grundsatz der Gesamtzuständigkeit, d. h., die Zu- 2
ständigkeit umfasst grundsätzlich alle Verwaltungstätigkeiten der Finanzbehörde, die sich aus dem gesamten Besteuerungsverfahren ergeben (Festsetzung, Rechtsbehelfsverfahren, Erhebung und Vollstreckung), vgl. BFH-Urteile vom 19. 3. 2019 VII R 27/17, BStBl. 2020 II S. 31, und vom 25. 2. 2021 III R 36/19, BStBl. II S. 712.

2. Zur mehrfachen örtlichen Zuständigkeit Hinweis auf §§ 25 und 28 AO. Neben den Vor- 3
schriften im Dritten Abschnitt bestehen Sonderregelungen über die örtliche Zuständigkeit z. B. in den §§ 195, 367, 388 AO sowie in Einzelsteuergesetzen.

3. Wegen der Folgen der Verletzung von Vorschriften über die örtliche Zuständigkeit Hinweis 4
auf § 125 Abs. 3 Nr. 1 und § 127 AO.

§ 18 Gesonderte Feststellungen AO

(1) **Für die gesonderten Feststellungen nach § 180 ist örtlich zuständig:** 1

1. bei Betrieben der Land- und Forstwirtschaft, bei Grundstücken, Betriebsgrundstücken und Mineralgewinnungsrechten das Finanzamt, in dessen Bezirk der Betrieb, das Grundstück, das Betriebsgrundstück, das Mineralgewinnungsrecht oder, wenn sich der Betrieb, das Grundstück, das Betriebsgrundstück oder das Mineralgewinnungsrecht auf die Bezirke mehrerer Finanzämter erstreckt, der wertvollste Teil liegt (Lagefinanzamt),

2. bei gewerblichen Betrieben mit Geschäftsleitung[2] im Geltungsbereich dieses Gesetzes das Finanzamt, in dessen Bezirk sich die Geschäftsleitung befindet, bei gewerblichen Betrieben ohne Geschäftsleitung im Geltungsbereich dieses Gesetzes das Finanzamt, in dessen Bezirk eine Betriebstätte[3] – bei mehreren Betriebstätten die wirtschaftlich bedeutendste – unterhalten wird (Betriebsfinanzamt),

3. bei Einkünften aus selbständiger Arbeit das Finanzamt, von dessen Bezirk aus die Tätigkeit vorwiegend ausgeübt wird,

4. bei einer Beteiligung mehrerer Personen an Einkünften, die keine Einkünfte aus Land- und Forstwirtschaft, aus Gewerbebetrieb oder aus selbständiger Arbeit sind und die nach § 180 Absatz 1 Satz 1 Nummer 2 Buchstabe a gesondert festgestellt werden,

a) das Finanzamt, von dessen Bezirk die Verwaltung dieser Einkünfte ausgeht, oder

b) das Finanzamt, in dessen Bezirk sich der wertvollste Teil des Vermögens, aus dem die gemeinsamen Einkünfte fließen, befindet, wenn die Verwaltung dieser Einkünfte im Geltungsbereich dieses Gesetzes nicht feststellbar ist.

②Dies gilt entsprechend bei einer gesonderten Feststellung nach § 180 Absatz 1 Satz 1 Nummer 3 oder § 180 Absatz 2,

5. in den Fällen des § 180 Absatz 1 a das Finanzamt, das für den Bescheid örtlich zuständig ist, für den der Teilabschlussbescheid unmittelbar Bindungswirkung entfaltet.

---

[1] Zur Zuständigkeit für Außenprüfungen s. § 195 AO.
Zur Zuständigkeit für Strafverfahren s. §§ 388 ff. AO.
Bei Verstoß gegen die Vorschriften über die örtliche Zuständigkeit s. § 125 Abs. 3 und § 127 AO.
Bei Kompetenzkonflikt s. § 28 AO.

[2] Zum Begriff der Geschäftsleitung vgl. § 10 AO.
Zur Rechtserheblichkeit einer fingierten Geschäftsleitung s. § 41 Abs. 2 AO.

[3] Zum Begriff der Betriebstätte vgl. § 12 AO.

2 (2) ①**Ist eine gesonderte Feststellung mehreren Steuerpflichtigen gegenüber vorzunehmen und lässt sich nach Absatz 1 die örtliche Zuständigkeit nicht bestimmen, so ist jedes Finanzamt örtlich zuständig, das nach den §§ 19 oder 20 für die Steuern vom Einkommen und Vermögen eines Steuerpflichtigen zuständig ist, dem ein Anteil an dem Gegenstand der Feststellung zuzurechnen ist.** ②**Soweit dieses Finanzamt auf Grund einer Verordnung nach § 17 Absatz 2 Satz 3 und 4 des Finanzverwaltungsgesetzes[1] sachlich nicht für die gesonderte Feststellung zuständig ist, tritt an seine Stelle das sachlich zuständige Finanzamt.**

AEAO

Zu § 18 – Gesonderte Feststellung:

3 **1.** Die Zuständigkeitsvorschriften des § 18 Abs. 1 Nrn. 1 bis 3 AO gelten für die Feststellung von Einheitswerten oder Grundsteuerwerten und Einkünften aus Land- und Forstwirtschaft, aus Gewerbebetrieb oder aus selbständiger Arbeit. Bei den Einkünften gilt dies sowohl in den Fällen der Beteiligung mehrerer Personen (§ 180 Abs. 1 Satz 1 Nr. 2 Buchstabe a AO) wie auch in den Fällen, in denen der Betriebsort, Ort der Geschäftsleitung bzw. Ort der Tätigkeit und der Wohnsitz nach den Verhältnissen zum Schluss des Gewinnermittlungszeitraums auseinander fallen (§ 180 Abs. 1 Satz 1 Nr. 2 Buchstabe b AO; vgl. auch AEAO zu § 180, Nr. 2.1). Wegen der gesonderten Feststellung bei Zuständigkeit mehrerer Finanzämter in einer Gemeinde vgl. AEAO zu § 19, Nr. 3.

3a **1 a.** Die örtliche Zuständigkeit für den Erlass eines Teilabschlussbescheids (§ 180 Abs. 1 a AO) richtet sich gemäß § 18 Abs. 1 Nr. 5 AO danach, für welchen Steuer- oder Feststellungsbescheid der Teilabschlussbescheid unmittelbar Bindungswirkung entfaltet. Maßgebender Folgebescheid ist dabei der Bescheid, in dem die Besteuerungsgrundlagen ohne Erlass des Teilabschlussbescheids von der zuständigen Finanzbehörde zu ermitteln und steuerlich verbindlich zu bewerten gewesen wären.

4 **2.** Die Regelung nach § 18 Abs. 1 Nr. 4 AO bestimmt eine abweichende Zuständigkeit für die gesonderte Feststellung der Einkünfte aus Vermietung und Verpachtung oder aus Kapitalvermögen; i. d. R. ist nicht das Lagefinanzamt, sondern das Finanzamt zuständig, von dessen Bezirk die Verwaltung ausgeht. Entsprechendes regelt § 18 Abs. 1 Nr. 4 AO für die Feststellung von sonstigem Vermögen, von Schulden und sonstigen Abzügen (§ 180 Abs. 1 Satz 1 Nr. 3 AO) und für die Durchführung von Feststellungen bei Bauherrengemeinschaften usw. (V zu § 180 Abs. 2 AO).[2]

5 **3.** Aus Vereinfachungsgründen kann das Finanzamt bei der gesonderten Feststellung der Einkünfte aus Vermietung und Verpachtung aus nur einem Grundstück davon ausgehen, dass die Verwaltung dieser Einkünfte von dem Ort ausgeht, in dem das Grundstück liegt, es sei denn, die Steuerpflichtigen legen etwas anderes dar.

6 **4.** Wird von der gesonderten Feststellung nach § 180 Abs. 3 AO abgesehen (z. B. Fälle geringer Bedeutung), verbleibt es bei der für die Einzelsteuern getroffenen Zuständigkeitsregelung.

7 **5.** Die Regelung in § 18 Abs. 2 AO hat insbesondere Bedeutung für die gesonderte Feststellung von ausländischen Einkünften, an denen mehrere im Inland steuerpflichtige Personen beteiligt sind. Auf § 25 AO wird hingewiesen.

8 **6.** Zur Bestimmung der örtlichen Zuständigkeit für die gesonderte und einheitliche Feststellung von Einkünften ausländischer Personengesellschaften, an denen inländische Gesellschafter beteiligt sind, ist zu prüfen, ob ein Anknüpfungsmerkmal im Sinne des § 18 Abs. 1 AO gegeben ist. Ist dies der Fall, ist das dort genannte Finanzamt zuständig. Fehlt dagegen ein solches Anknüpfungsmerkmal, gilt nach § 25 AO i. V. m. § 18 Abs. 2 AO Folgendes:

a) Ist für alle inländischen Beteiligten ein gemeinsamer Treuhänder oder eine andere die Interessen der inländischen Beteiligten vertretende Person bestellt, ist das Finanzamt zuständig, in dessen Bezirk der Treuhänder oder die andere Person ansässig ist. Sowohl eine Bevollmächtigung i. S. d. § 80 AO als auch eine Empfangsbevollmächtigung i. S. d. § 183 AO reichen für sich allein für die Annahme einer die Interessen der inländischen Beteiligten vertretenden Person i. S. d. Satzes 1 nicht aus. Bei späterer Änderung der Treuhand- oder Vertretungsverhältnisse tritt ein Zuständigkeitswechsel nicht ein, solange mindestens ein Beteiligter durch den bisherigen Treuhänder oder Vertreter vertreten bleibt.

b) Ist eine Bestimmung der Zuständigkeit nach Buchstabe a) nicht möglich, ist das Finanzamt zuständig, in dessen Bezirk die Beteiligten mit den höchsten Anteilen ansässig sind. Hierbei sind nur unmittelbare Beteiligungsverhältnisse zu berücksichtigen. Bei Änderung der Beteiligungsverhältnisse tritt ein Zuständigkeitswechsel nicht ein, solange mindestens ein Beteiligter im Bezirk des Finanzamts ansässig ist.

c) Lässt sich im Einzelfall die örtliche Zuständigkeit weder nach Buchstabe a) noch nach Buchstabe b) bestimmen, kann die gemeinsame fachlich zuständige Aufsichtsbehörde festlegen, welches der Finanzämter, in deren Bezirk mindestens ein Beteiligter ansässig ist, zuständig ist. Fehlt eine gemeinsame Aufsichtsbehörde, so treffen die fachlich zuständigen Aufsichtsbehörden die Entscheidung gemeinsam.

---

[1] FVG abgedruckt im **Anhang II Nr. 2.**

[2] VO vom 19. 12. 1986, BGBl. I S. 2663, abgedruckt als Anl. zu § 180 AO.

d) Wenn sich mehrere Finanzämter nach den Buchstaben a) und b) für zuständig oder für unzuständig halten oder wenn die Zuständigkeit nach den Buchstaben a) und b) aus anderen Gründen zweifelhaft ist oder eine Entscheidung nach Buchstabe c) nicht getroffen werden kann, entscheidet das BZSt (§ 181 Abs. 1 Satz 1 AO i. V. m. § 5 Abs. 1 Nr. 7 FVG).

§ 19 Steuern vom Einkommen und Vermögen natürlicher Personen

AO

1 (1) ① **Für die Besteuerung natürlicher Personen nach dem Einkommen und Vermögen ist das Finanzamt örtlich zuständig, in dessen Bezirk der Steuerpflichtige seinen Wohnsitz[1] oder in Ermangelung eines Wohnsitzes seinen gewöhnlichen Aufenthalt[2] hat (Wohnsitzfinanzamt).** ② **Bei mehrfachem Wohnsitz im Geltungsbereich des Gesetzes ist der Wohnsitz maßgebend, an dem sich der Steuerpflichtige vorwiegend aufhält; bei mehrfachem Wohnsitz eines verheirateten oder in Lebenspartnerschaft lebenden Steuerpflichtigen, der von seinem Ehegatten oder Lebenspartner nicht dauernd getrennt lebt, ist der Wohnsitz maßgebend, an dem sich die Familie vorwiegend aufhält.**[3] ③ **Für die nach § 1 Absatz 2 des Einkommensteuergesetzes und nach § 1 Absatz 2 des Vermögensteuergesetzes unbeschränkt steuerpflichtigen Personen ist das Finanzamt örtlich zuständig, in dessen Bezirk sich die zahlende öffentliche Kasse befindet; das Gleiche gilt in den Fällen des § 1 Absatz 3 des Einkommensteuergesetzes bei Personen, die die Voraussetzungen des § 1 Absatz 2 Satz 1 Nummer 1 und 2 des Einkommensteuergesetzes erfüllen, und in den Fällen des § 1 a Absatz 2 des Einkommensteuergesetzes.**

2 (2)[4] ① **Liegen die Voraussetzungen des Absatzes 1 nicht vor, so ist das Finanzamt örtlich zuständig, in dessen Bezirk sich das Vermögen des Steuerpflichtigen und, wenn dies für mehrere Finanzämter zutrifft, in dessen Bezirk sich der wertvollste Teil des Vermögens befindet.** ② **Hat der Steuerpflichtige kein Vermögen im Geltungsbereich des Gesetzes, so ist das Finanzamt örtlich zuständig, in dessen Bezirk die Tätigkeit im Geltungsbereich des Gesetzes vorwiegend ausgeübt oder verwertet wird oder worden ist.** ③ **Hat ein Steuerpflichtiger seinen Wohnsitz oder gewöhnlichen Aufenthalt im Geltungsbereich des Gesetzes aufgegeben und erzielt er im Jahr des Wegzugs keine Einkünfte im Sinne des § 49 des Einkommensteuergesetzes, ist das Finanzamt örtlich zuständig, das nach den Verhältnissen vor dem Wegzug zuletzt örtlich zuständig war.**

3 (3) ① **Gehören zum Bereich der Wohnsitzgemeinde mehrere Finanzämter und übt ein Steuerpflichtiger mit Einkünften aus Land- und Forstwirtschaft, Gewerbebetrieb oder freiberuflicher Tätigkeit diese Tätigkeit innerhalb der Wohnsitzgemeinde, aber im Bezirk eines anderen Finanzamts als dem des Wohnsitzfinanzamts aus, so ist abweichend von Absatz 1 jenes Finanzamt zuständig, wenn es nach § 18 Absatz 1 Nummer 1, 2 oder 3 für eine gesonderte Feststellung dieser Einkünfte zuständig wäre.** ② **Einkünfte aus Gewinnanteilen sind bei Anwendung des Satzes 1 nur dann zu berücksichtigen, wenn sie die einzigen Einkünfte des Steuerpflichtigen im Sinne des Satzes 1 sind.**

4 (4) **Steuerpflichtige, die zusammen zu veranlagen sind oder zusammen veranlagt werden können, sind bei Anwendung des Absatzes 3 so zu behandeln, als seien ihre Einkünfte von einem Steuerpflichtigen bezogen worden.**

5 (5) ① **Durch Rechtsverordnung der Landesregierung kann bestimmt werden, dass als Wohnsitzgemeinde im Sinne des Absatzes 3 ein Gebiet gilt, das mehrere Gemeinden umfasst, soweit dies mit Rücksicht auf die Wirtschafts- oder Verkehrsverhältnisse, den Aufbau der Verwaltungsbehörden oder andere örtliche Bedürfnisse zweckmäßig erscheint.** ② **Die Landesregierung kann die Ermächtigung auf die für die Finanzverwaltung zuständige oberste Landesbehörde übertragen.**

6 (6) ① **Das Bundesministerium der Finanzen kann zur Sicherstellung der Besteuerung von Personen, die nach § 1 Absatz 4 des Einkommensteuergesetzes beschränkt steuerpflichtig sind und Einkünfte im Sinne von § 49 Absatz 1 Nummer 7 und 10 des Einkommensteuergesetzes beziehen, durch Rechtsverordnung mit Zustimmung des Bundesrates einer Finanzbehörde die örtliche Zuständigkeit für den Geltungsbereich des Gesetzes übertragen.** ② **Satz 1 gilt auch in den Fällen, in denen ein Antrag nach § 1 Absatz 3 des Einkommensteuergesetzes gestellt wird.**

Zu § 19 – Steuern vom Einkommen und Vermögen natürlicher Personen:

AEAO

7 **1.** Bei verheirateten, nicht dauernd getrennt lebenden Steuerpflichtigen ist bei mehrfachem Wohnsitz im Inland das Finanzamt des Aufenthalts der Familie für die Besteuerung nach dem

---

[1] Zum Begriff des Wohnsitzes vgl. § 8 AO.

[2] Zum Begriff des gewöhnlichen Aufenthalts vgl. § 9 AO.

[3] Zur örtlichen Zuständigkeit für die Einkommensbesteuerung von getrennt lebenden/geschiedenen Ehegatten vgl. *Vfg. LfSt Bayern vom 11. 12. 2014 S 0126.1.1 – 1/2 St 42, StEd 2015 S. 61,* nachstehend abgedruckt.

[4] Zur Zuständigkeit für Arbeitnehmer ohne Wohnsitz oder gewöhnlichen Aufenthalt im Inland vgl. *Vfg. LfSt Bayern vom 4. 9. 2024 S 0122.2.1-1/16 St 43, DStR 2024 S. 2539.*

Einkommen und Vermögen zuständig; Gleiches gilt für Lebenspartner. Insoweit sind für die Bestimmung der örtlichen Zuständigkeit die Kinder in die Betrachtung einzubeziehen.

8 **2.** Nach § 19 Abs. 3 AO ist das Lage-, Betriebs- oder Tätigkeitsfinanzamt auch für die persönlichen Steuern vom Einkommen und Vermögen zuständig, wenn ein Steuerpflichtiger in einer Gemeinde (Stadt) mit mehreren Finanzämtern einen land- und forstwirtschaftlichen oder gewerblichen Betrieb unterhält bzw. eine freiberufliche Tätigkeit ausübt. In diesen Fällen ist keine gesonderte Feststellung durchzuführen (§ 180 Abs. 1 Satz 1 Nr. 2 Buchstabe b AO); für Gewinnermittlungszeiträume vor Verlegung des Betriebs in den Bezirk des für die Einkommensteuer zuständigen Finanzamts oder des Wohnsitzes in den Bezirk des Betriebsfinanzamts siehe aber AEAO zu § 180, Nr. 2.1.

9 **3.** Wenn der Steuerpflichtige außerhalb des Bezirks seines Wohnsitzfinanzamts, aber in den Bezirken mehrerer Finanzämter derselben Wohnsitzgemeinde, Einkünfte aus Land- und Forstwirtschaft, Gewerbebetrieb oder freiberuflicher Tätigkeit erzielt, können nach § 19 Abs. 3 AO mehrere Finanzämter zuständig sein. In diesen Fällen ist nach § 25 AO zu verfahren. Gesonderte Feststellungen sind dann nur von den Finanzämtern vorzunehmen, die den Steuerpflichtigen nicht zur Einkommensteuer veranlagen (§ 180 Abs. 1 Satz 1 Nr. 2 Buchstabe b AO).

10 **4.** Zuständigkeitsregelungen enthalten auch § 20 a AO i. V. m. der ArbZustBauV sowie die Einzelsteuergesetze und das FVG.[1]

11 **5.** Das Vermögen i. S. d. § 19 Abs. 2 Satz 1 AO bestimmt sich nach § 121 BewG, aber abweichend von § 121 Nr. 4 BewG unabhängig von der Höhe der prozentualen Beteiligung an der inländischen Kapitalgesellschaft. Im Fall der Beteiligung an einer Grundbesitz verwaltenden Personengesellschaft ist für die Bestimmung der örtlichen Zuständigkeit die Belegenheit des Grundstücks maßgebend. Handelt es sich bei der Grundbesitz verwaltenden Personengesellschaft um eine gewerblich geprägte Personengesellschaft i. S. d. § 15 Abs. 3 Nr. 2 EStG, so richtet sich die örtliche Zuständigkeit für den beschränkt steuerpflichtigen Beteiligten in analoger Anwendung des § 18 Abs. 1 Satz 1 Nr. 2 AO nach dem Ort der Geschäftsleitung dieser Personengesellschaft.

Anl 1

1) Verfügung betr. örtliche Zuständigkeit für die Einkommensteuer von getrennt lebenden Ehegatten/Lebenspartnern im Jahr der Trennung

Vom 11. Dezember 2014 (BeckVerw 292884)

(LfSt Bayern S 0126.1.1–1/2 St 42)

12 **1. Zusammenveranlagung inzwischen geschiedener oder dauernd getrennt lebender Ehegatten/Lebenspartner**

Trennen sich Ehegatten/Lebenspartner, wird dadurch die Zusammenveranlagung zur Einkommensteuer im Jahr der Trennung nicht ausgeschlossen. Verlegt einer oder beide nach der Trennung den Wohnsitz in den Bezirk eines anderen Finanzamts, so stellt sich für das Jahr der Trennung die Frage der örtlichen Zuständigkeit. In diesem Fall ist wie folgt zu verfahren:

a) Im Falle der Zusammenveranlagung inzwischen geschiedener oder dauernd getrennt lebender Ehegatten/Lebenspartner richtet sich die örtliche Zuständigkeit für die Einkommensteuer nach dem Wohnsitz des jeweiligen Ehegatten/Lebenspartner (§ 19 Abs. 1 S. 1 AO). Trotz der Zusammenveranlagung bleibt jeder Ehegatte/Lebenspartner ein eigenständiger „Steuerpflichtiger", für dessen Besteuerungsverfahren sich die örtliche Zuständigkeit nach § 19 AO richtet. Wohnen die Ehegatten/Lebenspartner in den Bezirken verschiedener Finanzämter, liegt damit eine mehrfache örtliche Zuständigkeit nach § 25 AO vor.
Zuständig ist danach das Finanzamt, das zuerst mit der Sache befasst war. Aus der Formulierung geht hervor, dass die örtliche Zuständigkeit der anderen Finanzbehörde damit nicht beseitigt wird. Behält ein Ehegatte/Lebenspartner den früheren Wohnsitz bei oder zieht nur innerhalb des Bezirks des bisher zuständigen Finanzamts um, bleibt dieses als das zuerst mit der Sache befasste Finanzamt für den Erlass von Erst- und Änderungsbescheiden für alle Zeiträume, in denen noch eine Zusammenveranlagung in Betracht kommt, zuständig.
Hat ein Ehegatte/Lebenspartner im Veranlagungszeitraum jedoch keine oder nur geringe eigene Einkünfte erzielt, sodass künftig keine (Einzel-)Veranlagung mehr durchzuführen sein dürfte, oder ist der andere Ehegatte/Lebenspartner auch zur Umsatz- und/oder Gewerbesteuer zu veranlagen, kann es sich anbieten, dass das Finanzamt des anderen Ehegatten/Lebenspartners das Besteuerungsverfahren durchführt. Die Zustimmung der Steuerpflichtigen ist hierzu nicht erforderlich (§ 25 S. 1 AO), da es sich nicht um eine Zuständigkeitsvereinbarung i. S. des § 27 AO handelt (vgl. AEAO zu § 25 AO).

b) Verlegen nach der Trennung beide Ehegatten/Lebenspartner ihren Wohnsitz in andere Finanzamtsbezirke, ist die Einkommensteuer-Akte an das Finanzamt abzugeben, in dessen Bezirk der Ehegatte/Lebenspartner verzogen ist, bei dem das Schwergewicht der Besteuerungsgrundlagen (= Summe der Betriebseinnahmen/Einnahmen vor Abzug der Betriebsausgaben/Werbungskosten) liegt.
Dieses Finanzamt ist nach § 25 AO ab dem Zeitpunkt des Eintritts des Zuständigkeitswechsels (§ 26 AO) auch für den ggf. noch erforderlichen Erlass von Erst- oder Änderungsbescheiden für Veranlagungszeiträume vor dem Jahr der Trennung zuständig, soweit in den betreffenden Veran-

[1] Abgedruckt im **Anhang II Nr. 2.**

lagungszeiträumen die Voraussetzungen für eine Zusammenveranlagung vorlagen und die Zusammenveranlagung gewählt wurde bzw. wird.

2. Getrennte Veranlagung von Ehegatten/Lebenspartnern 13

Beantragt ein Ehegatte/Lebenspartner die getrennte Veranlagung bzw. für Veranlagungszeiträume ab 2013 die Einzelveranlagung, so ist für jeden das für ihn zuständige Wohnsitzfinanzamt im Sinne des § 19 AO für die Durchführung der getrennten Veranlagung örtlich zuständig.

Anl 2

2) Verfügung betr. Zuständigkeit für Arbeitnehmer ohne Wohnsitz oder gewöhnlichen Aufenthalt im Inland

Vom 8. Dezember 2025 (BeckVerw 662397)
LfSt Bayern S 0122.2.1-1/18 St 43

Für Arbeitnehmer ohne Wohnsitz oder gewöhnlichen Aufenthalt im Inland ist zu unterscheiden, ob sie 14
- beschränkt steuerpflichtig sind und die Besteuerung der Einkünfte, die dem Steuerabzug vom Arbeitslohn unterliegen, mit dem vorgenommenen Steuerabzug als abgegolten gilt (§ 50 Abs. 2 Satz 1 EStG), oder
- beschränkt steuerpflichtig sind und die Besteuerung der Einkünfte, die dem Steuerabzug vom Arbeitslohn unterliegen, mit dem vorgenommenen Steuerabzug nicht als abgegolten gilt, weil ein Pflichtveranlagungstatbestand nach § 50 Abs. 2 Satz 2 Nr. 4 Buchst. a, c, d oder e EStG vorliegt, oder
- beschränkt steuerpflichtig sind, aber
- als Staatsangehörige eines Mitgliedstaats der Europäischen Union oder eines Staates, auf den das Abkommen über den Europäischen Wirtschaftsraum Anwendung findet und dortigem Wohnsitz oder gewöhnlichen Aufenthalt,
- als Staatsangehörige eines Mitgliedstaates der Europäischen Union oder eines Staates, auf den das Abkommen über den Europäischen Wirtschaftsraum Anwendung findet, und Wohnsitz oder gewöhnlichen Aufenthalt in der Schweiz,
- als Staatsangehörige der Schweizerischen Eidgenossenschaft und Wohnsitz oder gewöhnlichen Aufenthalt im Hoheitsgebiet eines Mitgliedstaates der Europäischen Union oder der Schweiz

auf Antrag veranlagt werden (§ 50 Abs. 2 Satz 2 Nr. 4 Buchst. b i. V. m. § 50 Abs. 2 Satz 7 und 8 EStG) oder
- wegen § 1 Abs. 3 EStG als unbeschränkt steuerpflichtig zu behandeln sind.

Für diese Arbeitnehmer werden vom Betriebsstättenfinanzamt Lohnsteuerabzugsmerkmale gebildet und geändert (§ 39 Abs. 2 Satz 2 EStG).

1. Arbeitnehmer, die auf Antrag gem. § 1 Abs. 3 EStG als unbeschränkt steuerpflichtig behandelt werden

Nach Abstimmung auf Bund-Länder-Ebene sind die lex specialis-Regelungen zur örtlichen Zuständigkeit in § 46 Abs. 2 Nr. 7 Buchst. b und § 46 Abs. 2 Nr. 9 EStG – im Gegensatz zu den Vorschriften der AO – stets veranlagungszeitraumbezogen zu verstehen. 15

Für Arbeitnehmer, die in ihrer Person die Voraussetzungen des § 1 Abs. 3 EStG erfüllen, werden vom Betriebsstättenfinanzamt Lohnsteuerabzugsmerkmale gebildet. Bei diesen Personen führt die Bildung von Lohnsteuerabzugsmerkmalen dazu, dass diese Fälle als Pflichtveranlagungsfälle zu behandeln sind (§ 46 Abs. 2 Nr. 7 Buchst. b EStG). Für die Veranlagung ist das Betriebstättenfinanzamt des Arbeitgebers zuständig (§ 46 Abs. 2 Nr. 7 Buchst. b 2. Halbsatz EStG).

Auf Antrag unbeschränkt Steuerpflichtige i. S. d. § 1 Abs. 3 EStG nehmen bislang noch nicht am ELStAM-Verfahren teil. Lohnsteuerabzugsmerkmale nach § 39 Abs. 2 EStG werden deshalb noch nicht gebildet bzw. geändert. Bis zur Teilnahme an ELStAM ist deshalb das Betriebsstättenfinanzamt zuständig, das im Veranlagungszeitraum die Bescheinigung für den Lohnsteuerabzug erteilt oder zuletzt eine Eintragung auf der Bescheinigung vorgenommen hat.

Das lohnsteuerliche Betriebsstättenfinanzamt bleibt auch dann örtlich zuständig, wenn der Steuerpflichtige oder ggf. sein über § 1 a EStG zu berücksichtigender Ehegatte noch andere Einkünfte als die inländischen Einkünfte aus nichtselbständiger Arbeit i. S. d. § 49 Abs. 1 Nr. 4 EStG erzielen.

Geht die örtliche Zuständigkeit für die Bildung oder Änderung von Lohnsteuerabzugsmerkmalen nach § 39 Abs. 2 EStG für einen Steuerpflichtigen, der zum Personenkreis des § 1 Abs. 3 EStG gehört, auf ein anderes lohnsteuerliches Betriebsstättenfinanzamt über (z.B. aufgrund eines Wechsels des Arbeitgebers oder einer Sitzverlegung des Arbeitgebers), so geht die örtliche Zuständigkeit für die Veranlagung nach § 46 Abs. 2 Nr. 7 Buchst. b EStG nur dann auf dieses Finanzamt über, wenn es in diesem Veranlagungszeitraum Lohnsteuerabzugsmerkmale nach § 39 Abs. 2 EStG gebildet oder geändert hat.

Das lohnsteuerliche Betriebsstättenfinanzamt bleibt auch dann für den Veranlagungszeitraum, für den eine Veranlagung nach § 46 Abs. 2 Nr. 7 Buchst. b EStG durchzuführen ist, zuständig, wenn der Steuerpflichtige in einem darauffolgenden Veranlagungszeitraum unbeschränkt steuerpflichtig nach § 1 Abs. 1 Satz 1 EStG wird („veranlagungszeitraumbezogene" Zuständigkeit). Erst für den Veranlagungszeitraum, in dem die unbeschränkte Steuerpflicht besteht, bestimmt sich die örtliche Zuständigkeit nach § 19 Abs. 1 AO.

Bei der Antragsveranlagung nach § 46 Abs. 2 Nr. 9 EStG wird § 1 Abs. 3 EStG erst im Rahmen der Veranlagung angewendet. Der Lohnsteuerabzug erfolgt hingegen nach den Regeln der beschränkten Steuerpflicht.

Anl 2

Die örtliche Zuständigkeit liegt nach dem Wortlaut des § 46 Abs. 2 Nr. 9 EStG beim lohnsteuerlichen Betriebsstättenfinanzamt des Arbeitgebers.

Das zuletzt für den Lohnsteuerabzug zuständige Finanzamt ist auch für die Durchführung der Veranlagung zuständig.

Wenn im Lohnsteuerabzugsverfahren in einem Veranlagungszeitraum mehrere Betriebsstättenfinanzämter zuständig sind, ist im Fall des § 46 Abs. 2 Nr. 9 EStG das aktuellste Betriebsstättenfinanzamt auch für die Durchführung der Antragsveranlagung zuständig.

Ausnahmen:

– Für Arbeitnehmer mit Wohnsitz im Ausland, die bei einem Unternehmer nach § 20 a Abs. 1 AO (ausländischer Werkvertragsunternehmer aus dem Baubereich) oder
– § 20 a Abs. 2 AO (ausländischer Verleiher von im Baugewerbe eingesetzten Arbeitnehmern beschäftigt sind, ist das in § 1 Abs. 1 oder Abs. 2 der Umsatzsteuerzuständigkeitsverordnung für seinen Wohnsitzstaat genannte Finanzamt das zuständige Finanzamt (§ 1 der Arbeitnehmer-Zuständigkeitsverordnung-Bau, BStBl. 2001 I S. 603 i. V. m. § 20 a Abs. 1 bis Abs. 3 AO; im amtlichen AO-Handbuch abgedruckt zu § 20 a AO).

Für Arbeitnehmer mit Wohnsitz im Ausland, die bei Werkvertragsunternehmen, die keine Bauleistungen erbringen, beschäftigt sind und der Unternehmer seinen Wohnsitz oder gewöhnlichen Aufenthalt oder das Unternehmen seine Geschäftsleitung im Ausland hat, ist gemäß der Verordnung über Organisation und Zuständigkeiten in der Bayer. Steuerverwaltung (ZustVSt) Anlage 3 Nr. 14 das Finanzamt München (für die Finanzämter in den Regierungsbezirken Ober-, Niederbayern und Schwaben) und das Zentralfinanzamt Nürnberg (ab 1. 1. 2026 Finanzamt Nürnberg s. Nr. 49) für die Finanzämter in den Regierungsbezirken Oberpfalz, Mittel-, Ober- und Unterfranken) das zuständige Finanzamt (vgl. aktuelle Fassung der ZustVSt im AIS unter AO/Zuständigkeit).

2. Arbeitnehmer, die nach § 1 Abs. 4 EStG beschränkt steuerpflichtig sind

Veranlagung nach § 50 Abs. 2 Satz 2 Nr. 4 EStG

16 In den Fällen des § 50 Abs. 2 Satz 2 Nr. 4 EStG gilt die Einkommensteuer für Einkünfte aus nichtselbständiger Arbeit nicht als abgegolten und es ist eine Veranlagung durchzuführen.

Die Veranlagung ist gem. § 50 Abs. 2 Satz 3 EStG vom lohnsteuerlichen Betriebsstättenfinanzamt durchzuführen, welches im Veranlagungszeitraum auch für die Bildung und Änderung der Lohnsteuerabzugsmerkmale zuständig war. Das lohnsteuerliche Betriebsstättenfinanzamt bleibt auch dann örtlich zuständig, wenn der Steuerpflichtige noch andere Einkünfte als die inländischen Einkünfte aus nichtselbständiger Arbeit i. S. d. § 49 Abs. 1 Nr. 4 EStG erzielt.

Arbeitnehmer in Fällen des § 1 Abs. 4 EStG (§ 50 Abs. 2 Satz 3 bis Satz 6 EStG)

Für beschränkt Steuerpflichtige, die auch inländische Einkünfte aus nichtselbständiger Arbeit i. S. d. § 49 Abs. 1 Nr. 4 EStG erzielen und mit diesen Einkünften zu veranlagen sind, da als Lohnsteuerabzugsmerkmal ein Freibetrag nach § 39 a Abs. 4 EStG gebildet wurde (§ 50 Abs. 2 Satz 2 Nr. 4 Buchst. a EStG) oder die Einbeziehung dieser Einkünfte in die Veranlagung beantragt wird (§ 50 Abs. 2 Satz 2 Nr. 4 Buchst. b i. V. m. Satz 7 und 8 EStG), richtet sich die örtliche Zuständigkeit nach § 50 Abs. 2 Satz 3 bis Satz 6 EStG.

Die Veranlagung erfolgt in diesen Fällen grundsätzlich durch das lohnsteuerliche Betriebsstättenfinanzamt des Arbeitgebers, das nach § 39 Abs. 2 Satz 2 oder Satz 4 EStG für die Bildung und die Änderung der Lohnsteuerabzugsmerkmale zuständig ist (§ 50 Abs. 2 Satz 3 EStG).

Folgende Besonderheiten in § 50 Abs. 2 Satz 4 bis Satz 6 EStG sind jedoch zu beachten:

– Bestanden in einem Veranlagungszeitraum mehrere Arbeitsverhältnisse nacheinander, ist das lohnsteuerliche Betriebsstättenfinanzamt zuständig, in dessen Bezirk der Arbeitnehmer zuletzt beschäftigt war (§ 50 Abs. 2 Satz 4 EStG).
– Bestanden in einem Veranlagungszeitraum mehrere Arbeitsverhältnisse nebeneinander (Durchführung des Lohnsteuerabzugs gemäß § 38 b Satz 2 Nr. 6 EStG nach Steuerklasse VI), ist das lohnsteuerliche Betriebsstättenfinanzamt zuständig, in dessen Bezirk der Arbeitnehmer zuletzt unter Anwendung der Steuerklasse I beschäftigt war (§ 50 Abs. 2 Satz 5 EStG)
– Hat der Arbeitgeber für den Arbeitnehmer keine elektronischen Lohnsteuerabzugsmerkmale (§ 39 e Abs. 4 Satz 2 EStG) abgerufen und wurde keine Bescheinigung für den Lohnsteuerabzug nach § 39 Abs. 3 Satz 1 oder § 39 e Abs. 7 Satz 5 EStG ausgestellt, ist das lohnsteuerliche Betriebsstättenfinanzamt zuständig, in dessen Bezirk der Arbeitnehmer zuletzt beschäftigt war (§ 50 Abs. 2 Satz 6 EStG).

Nach Abstimmung auf Bund-Länder-Ebene ist die Formulierung „Betriebsstättenfinanzamt, in dessen Bezirk der Arbeitnehmer zuletzt beschäftigt war" des § 50 Abs. 2 Satz 4, 5 und 6 EStG so auszulegen, dass im Zeitpunkt des Antrags auf Veranlagung auch für mehr als einen Veranlagungszeitraum das Finanzamt für alle in diesem Zeitpunkt beantragten Veranlagungen zuständig ist, in dessen Bezirk der Arbeitnehmer zuletzt beschäftigt war (jahresübergreifende Betrachtung)

Das lohnsteuerliche Betriebsstättenfinanzamt bleibt auch dann örtlich zuständig, wenn der Steuerpflichtige noch andere Einkünfte als die inländischen Einkünfte aus nichtselbständiger Arbeit i. S. d. § 49 Abs. 1 Nr. 4 EStG erzielt.

Gleichwohl bleibt das letzte lohnsteuerliche Betriebsstättenfinanzamt für die Veranlagungszeiträume, für die eine Veranlagung nach § 50 Abs. 2 Satz 3 bis Satz 6 EStG durchzuführen ist, zuständig, wenn der Steuerpflichtige in einem darauffolgendem Veranlagungszeitraum unbeschränkt steuerpflichtig nach § 1 Abs. 1 Satz 1 EStG wird.

Erst für den Veranlagungszeitraum, in dem die unbeschränkte Steuerpflicht besteht, bestimmt sich die örtliche Zuständigkeit nach § 19 Abs. 1 AO.

AO

§ 20 Steuern vom Einkommen und Vermögen der Körperschaften, Personenvereinigungen, Vermögensmassen

(1) Für die Besteuerung von Körperschaften, Personenvereinigungen und Vermögensmassen nach dem Einkommen und Vermögen ist das Finanzamt örtlich zuständig, in dessen Bezirk sich die Geschäftsleitung[1] befindet. 1

(2) Befindet sich die Geschäftsleitung nicht im Geltungsbereich des Gesetzes oder lässt sich der Ort der Geschäftsleitung[2] nicht feststellen, so ist das Finanzamt örtlich zuständig, in dessen Bezirk die Steuerpflichtige ihren Sitz[3] hat. 2

(3) Ist weder die Geschäftsleitung noch der Sitz im Geltungsbereich des Gesetzes, so ist das Finanzamt örtlich zuständig, in dessen Bezirk sich Vermögen der Steuerpflichtigen und, wenn dies für mehrere Finanzämter zutrifft, das Finanzamt, in dessen Bezirk sich der wertvollste Teil des Vermögens befindet. 3

(4) Befindet sich weder die Geschäftsleitung noch der Sitz noch Vermögen der Steuerpflichtigen im Geltungsbereich des Gesetzes, so ist das Finanzamt örtlich zuständig, in dessen Bezirk die Tätigkeit im Geltungsbereich des Gesetzes vorwiegend ausgeübt oder verwertet wird oder worden ist. 4

AEAO

Zu § 20 – Steuern vom Einkommen und Vermögen der Körperschaften, Personenvereinigungen, Vermögensmassen:

In den Fällen des § 20 Abs. 3 AO gilt Nr. 5 des AEAO zu § 19 AO entsprechend. 5

AO

§ 20a Steuern vom Einkommen bei Bauleistungen

(1) ① Abweichend von den §§ 19 und 20 ist für die Besteuerung von Unternehmen, die Bauleistungen im Sinne von § 48 Absatz 1 Satz 3 des Einkommensteuergesetzes erbringen, das Finanzamt zuständig, das für die Besteuerung der entsprechenden Umsätze nach § 21 Absatz 1 zuständig ist, wenn der Unternehmer seinen Wohnsitz oder das Unternehmen seine Geschäftsleitung oder seinen Sitz außerhalb des Geltungsbereiches des Gesetzes hat. ② Das gilt auch abweichend von den §§ 38 bis 42f des Einkommensteuergesetzes beim Steuerabzug vom Arbeitslohn. 1

(2) ① Für die Verwaltung der Lohnsteuer in den Fällen der Arbeitnehmerüberlassung durch ausländische Verleiher nach § 38 Absatz 1 Satz 1 Nummer 2 des Einkommensteuergesetzes ist das Finanzamt zuständig, das für die Besteuerung der entsprechenden Umsätze nach § 21 Absatz 1 zuständig ist. ② Satz 1 gilt nur, wenn die überlassene Person im Baugewerbe eingesetzt ist. 2

(3) Für die Besteuerung von Personen, die von Unternehmen im Sinne des Absatzes 1 oder 2 im Inland beschäftigt werden, kann abweichend von § 19 das Bundesministerium der Finanzen durch Rechtsverordnung mit Zustimmung des Bundesrates die örtliche Zuständigkeit einem Finanzamt für den Geltungsbereich des Gesetzes übertragen. 3

AEAO

Zu § 20a – Steuern vom Einkommen bei Bauleistungen:

1. Liegen die Voraussetzungen des § 20a Abs. 1 Satz 1 AO vor, beschränkt sich die Zuständigkeit nicht auf den Steuerabzug nach §§ 48ff. EStG und auf Umsätze aus Bauleistungen; sie erfasst die gesamte Besteuerung des Einkommens des Unternehmers (Einkommensteuer, Körperschaftsteuer). Das nach § 20a Abs. 1 Satz 1 AO zuständige Finanzamt ist auch für die Umsatzsteuer (§ 21 Abs. 1 Satz 2 AO) und die Realsteuern (§ 22 Abs. 1 Satz 2 AO) zuständig. Siehe auch Rz. 100 des BMF-Schreibens vom 27. 12. 2002, BStBl. I S. 1399.[4] 4

2. Zur Vermeidung eines erschwerten Verwaltungsvollzugs ist im Regelfall eine von der zentralen Zuständigkeit nach § 20a Abs. 1 und 2, § 21 Abs. 1 Satz 2 und § 22 Abs. 1 Satz 2 AO abweichende Zuständigkeitsvereinbarung nach § 27 AO mit dem ortsnahen Finanzamt herbeizuführen, wenn 5

- das Unternehmen nur gelegentlich Bauleistungen i. S. v. § 48 Abs. 1 Satz 3 EStG erbringt,
- das Unternehmen Bauleistungen i. S. v. § 48 Abs. 1 Satz 3 EStG erbringt, die im Verhältnis zum Gesamtumsatz nur von untergeordneter Bedeutung sind, oder
- eine zentrale Zuständigkeit weder für den Steuerpflichtigen noch für die Finanzbehörden zweckmäßig ist.

---

[1] Zum Begriff der Geschäftsleitung vgl. § 10 AO.

[2] Der Ort der Geschäftsleitung einer Kapitalgesellschaft liegt im Inland, wenn diese im Ausland nicht wirtschaftlich tätig ist und dort auch über keine Geschäftsausstattung verfügt, sondern ihre Geschäfte lediglich über eine inländische Niederlassung abschließt und auch den wesentlichen Teil ihrer Umsätze dieser Niederlassung zuordnet *(BFH-Urteil vom 19. 3. 2002 I R 15/01, BFH/NV S. 1411)*.

[3] Zum Begriff des Sitzes vgl. § 11 AO.
Zur fehlenden Rechtserheblichkeit eines fingierten Sitzes s. § 41 Abs. 2 AO.

[4] Abgedruckt im „Handbuch zur Einkommensteuer" als Anl. zu § 48.

Anl

Verfügung betr. Zuständigkeit bei Bauleistungen

Vom 23. Januar 2019 (BeckVerw 447082)

(Landesamt für Steuern Niedersachsen S 0122-70-St 145)

Die Vorschrift des § 20 a AO regelt, dass die Zuständigkeit für die Besteuerung von im Ausland ansässigen Unternehmern und Arbeitnehmerverleihern mit Bauleistungen und ihren im Ausland wohnenden Arbeitnehmern einheitlich bei dem für die Umsatzsteuer zentral zuständigen Finanzamt liegt. Hierzu im Einzelnen:

1. Allgemeines

1.1. Bauleistungen

6 Bauleistungen sind nach § 48 Abs. 1 Satz 3 EStG alle Leistungen, die der Herstellung, Instandsetzung, Instandhaltung, Änderung oder Beseitigung von Bauwerken dienen.

1.2. Im Ausland ansässige Unternehmer (= ausländischer Unternehmer)

7 Als im Ausland ansässig gilt ein Unternehmer dann, wenn er seinen Wohnsitz im Ausland bzw. das leistende Unternehmen (Körperschaft oder Personenvereinigung) den Sitz oder die Geschäftsleitung im Ausland hat.

Dies gilt auch dann, wenn eine natürliche Person neben ihrem Wohnsitz im Ausland noch einen inländischen Wohnsitz hat oder wenn bei einer Körperschaft oder Personenvereinigung sich nur Sitz oder Geschäftsleitung im Ausland befinden.

1.3. Kleinunternehmer

8 Gem. § 19 Abs. 1 Satz 1 UStG findet die Kleinunternehmerregelung nur Anwendung, wenn der Unternehmer im Inland oder in den in § 1 Abs. 3 UStG bezeichneten Gebieten ansässig ist. Das bedeutet, dass sowohl im Inland (zur Erfüllung der Kleinunternehmerschaft) als auch im Ausland (zur Anwendung der UStZustV) ein Anknüpfungspunkt der gesetzlichen Kriterien Wohnsitz, Sitz oder Geschäftsleitung gegeben sein muss, damit das nach § 21 Abs. 1 Satz 2 AO i. V. m. der UStZustV zentral zuständige Finanzamt gem. § 20 a Abs. 1 Satz 1 AO für die Ertragsbesteuerung des Kleinunternehmers zuständig ist.

2. Zuständigkeit

2.1. Zentral zuständiges Finanzamt für die Umsatzsteuer

9 Zuständig für die Umsatzsteuer ist nach § 21 Abs. 1 Satz 2 AO i. V. m. § 1 Abs. 1 UStZustV das dort aufgeführte Finanzamt (= zentral zuständiges Finanzamt).[1]

2.2. Zuständigkeit für weitere Steuerarten bei Unternehmern mit Bauleistungen

10 Erbringt ein ausländischer Unternehmer Bauleistungen i. S. d. § 48 Abs. 1 Satz 3 EStG, gilt hinsichtlich der örtlichen Zuständigkeit für

a) Ertragsteuern

– bei natürlichen oder juristischen Personen (Einkommen- bzw. Körperschaftsteuer):
Ist der ausländische Unternehmer eine natürliche oder juristische Person, ist das zentral zuständige Finanzamt (vgl. 2.1.) nach § 20 a Abs. 1 AO auch für die Einkommen- bzw. Körperschaftsteuer zuständig.

– bei Personengesellschaften (gesonderte und einheitliche Feststellung der Besteuerungsgrundlagen):
Ist der ausländische Unternehmer eine Personengesellschaft, ist das zentral zuständige Finanzamt (vgl. 2.1.) für die gesonderte und einheitliche Feststellung nach § 180 Abs. 1 Nr. 2 AO zuständig.[2]

Hinweis:

Für die Ertragsbesteuerung ausländischer Unternehmer, die keine Bauleistungen erbringen, gilt die nach Herkunftsländern gegliederte Zuständigkeit nach § 20 a Abs. 1 Satz 1 i. V. m. § 21 Abs. 1 AO nicht. Hat ein solcher Unternehmer seinen Wohnsitz oder das Unternehmen seine Geschäftsleitung oder seinen Sitz außerhalb des Geltungsbereichs der AO, bestimmt sich das örtlich zuständige Finanzamt für die Ertragsbesteuerung nach den Regelungen der §§ 18 bis 20 AO.

b) Gewerbesteuermessbeträge

Zuständig für die Festsetzung und Zerlegung der Gewerbesteuermessbeträge ist nach § 22 Abs. 1 Satz 2 AO das zentral zuständige Finanzamt (vgl. 2.1.).

c) Lohnsteuer

Erbringt der Unternehmer Bauleistungen, hat er nach § 20 a Abs. 1 Satz 2 AO für alle von ihm im Inland beschäftigten inländischen und ausländischen Arbeitnehmer die Lohnsteuer an das zentral zuständige Finanzamt (vgl. 2.1.) abzuführen. Dies gilt für alle Arbeitnehmer des Unternehmers, unabhängig davon, ob sie für Bauleistungen eingesetzt werden oder nicht.

d) Sonstiges

Die Zuständigkeit erfasst auch Annexzuständigkeiten, wie die Zuständigkeit für Haftungsbescheide, Erteilung von Freistellungsbescheinigungen, Ausstellung von Lohnsteuerbescheinigungen, Durchführungen von Außenprüfungen u. a.

---

[1] **[Amtl. Anm.:]** Hinweis auf AO-Kartei ND zu § 21 AO Karte 1.

[2] **[Amtl. Anm.:]** BMF-Schreiben vom 27. Dezember 2002, BStBl. I S. 1399 Tz. 100, Abs. 3 Satz 1.

Anl

2.3. Zuständigkeit für die Lohnsteuer bei im Ausland ansässigen Arbeitnehmerverleihern

Wird ein ausländischer Unternehmer als Verleiher tätig und werden von ihm als Arbeitnehmer überlassene Personen im Baugewerbe eingesetzt, ist das zentral zuständige Finanzamt (vgl. 2.1.) nach § 20 a Abs. 2 AO für die Lohnsteuer dieser im Baugewerbe eingesetzten Arbeitnehmer zuständig. Ob der Entleiher ein in- oder ausländisches Unternehmen ist, ist dabei unbeachtlich. 11

Hinweis:

Für Mitarbeiter ausländischer Verleiher, die nicht im Baugewerbe eingesetzt sind, findet diese Regelung keine Anwendung. Hier greift die zentrale Zuständigkeit für ausländische Verleiher.[1] Werden bei einem ausländischen Verleiher beschäftigte Personen als Leih-Arbeitnehmer in Niedersachsen (nicht Baugewerbe) eingesetzt, ist danach das Finanzamt Bad Bentheim für die Lohnsteuer dieser Mitarbeiter zuständig.

2.4. Arbeitnehmer mit Wohnsitz im Ausland und Beschäftigung bei einem ausländischen Unternehmer

Hat ein Arbeitnehmer seinen Wohnsitz im Ausland (= ausländischer Arbeitnehmer) und wird er von einem ausländischen Unternehmer (vgl. 1.2.) im Inland beschäftigt, gilt hinsichtlich der örtlichen Zuständigkeit nach § 20 a Abs. 3 AO i. V. m. ArbZustBauV Folgendes: 12

a) Arbeitgeber erbringt Bauleistungen

Wird ein ausländischer Arbeitnehmer von einem ausländischen Unternehmer (vgl. 1.2.), der Bauleistungen erbringt, beschäftigt, ist das für den Wohnsitzstaat des Arbeitnehmers nach § 1 Abs. 1 oder Abs. 2 UStZustV zuständige Finanzamt für dessen Einkommensteuer zuständig.[2]

b) Arbeitgeber ist Arbeitnehmer-Verleiher und Einsatz der Arbeitnehmer im Baugewerbe

Ist der Arbeitgeber ein ausländischer Unternehmer (vgl. 1.2.) und außerdem Arbeitnehmer-Verleiher, gelten die Ausführungen zu Nr. 2.4.a) entsprechend, wenn der ausländische Arbeitnehmer im Baugewerbe eingesetzt wird.[3] Ob der Entleiher ein in- oder ausländisches Unternehmen ist, ist unbeachtlich.

c) Arbeitnehmer hat seinen Wohnsitz in Polen

Hat der Arbeitnehmer in den zu Tz. 2.4.a) und 2.4.b) genannten Fällen seinen Wohnsitz in Polen, gilt hinsichtlich der örtlichen Zuständigkeit folgende Besonderheit:

- **Arbeitgeber ist polnischer Unternehmer**
  Hat der Arbeitgeber seinen Wohnsitz, Sitz oder Geschäftsleitung in Polen, richtet sich die örtliche Zuständigkeit nach § 1 Abs. 1 Nr. 20 UStZustV nach dem Nachnamen oder Firmennamen des Arbeitgebers. Der Nachname des polnischen Arbeitnehmers ist ohne Belang.
- **Arbeitgeber ist ausländischer Unternehmer (ohne Polen)**
  Hat der Arbeitgeber weder Wohnsitz, Sitz noch Geschäftsleitung in Polen, sondern im übrigen Ausland, richtet sich die örtliche Zuständigkeit nach § 1 Abs. 1 Nr. 20 UStZustV nach dem Nachnamen des polnischen Arbeitnehmers.

Hinweis:

Sind die o. g. Voraussetzungen erfüllt, gelten die Ausführungen auch für Arbeitnehmer mit
- Zweitwohnsitz im Inland bzw.
- deutscher Staatsangehörigkeit.

Die örtliche Zuständigkeit richtet sich jedoch nicht nach § 20 a Abs. 3 AO, sondern nach § 19 AO, wenn
- Arbeitnehmer nur einen Wohnsitz im Inland haben,
- ausländische Arbeitnehmer einen Arbeitgeber mit ausschließlichem Wohnsitz, Sitz und Geschäftsleitung im Inland haben oder
- ausländische Arbeitnehmer einen ausländischen Arbeitgeber haben, der keine Bauleistungen erbringt und auch kein Arbeitnehmer-Verleiher ist.

2.5. Leistungsempfänger, die zum Steuerabzug nach § 48 EStG verpflichtet sind (Bauabzugssteuer)

Erbringt ein ausländischer Unternehmer Bauleistungen im Inland und ist der Leistungsempfänger nach § 48 EStG zum Steuerabzug verpflichtet, muss der Leistungsempfänger den Abzugsbetrag beim zentral zuständigen Finanzamt (vgl. 2.1.) anmelden und dort für Rechnung des Leistenden abführen.[4] Dabei ist es unerheblich, ob der Leistungsempfänger im In- oder Ausland ansässig ist. 13

2.6. Vorrang § 20 a AO

Die Vorschrift des § 20 a AO ist eine Sondervorschrift, die im Verhältnis zu den allgemeinen Regelungen der örtlichen Zuständigkeit in §§ 19, 20 und 22 a AO Vorrang hat. 14

2.7. Zuständigkeitsvereinbarung

Die Möglichkeit einer Zuständigkeitsvereinbarung nach § 27 AO bleibt durch die Regelung des § 20 a AO unberührt. 15

---

[1] **[Amtl. Anm.:]** Vgl. auch H 41.3 Tabelle 2 „Zuständige Finanzämter für ausländische Verleiher" LStH 2017.
[2] **[Amtl. Anm.:]** § 20 a Abs. 3 AO i. V. m. § 1 Satz 1 ArbZustBauV.
[3] **[Amtl. Anm.:]** § 20 a Abs. 3 und Abs. 2 Satz 2 AO i. V. m. § 1 ArbZustBauV.
[4] **[Amtl. Anm.:]** § 48 a Abs. 1 Satz 2 EStG i. V. m. § 20 a Abs. 1 Satz 1.

AO

§ 21 Umsatzsteuer[1]

1 (1) ① **Für die Umsatzsteuer mit Ausnahme der Einfuhrumsatzsteuer[2] ist das Finanzamt zuständig, von dessen Bezirk aus der Unternehmer sein Unternehmen im Geltungsbereich des Gesetzes ganz oder vorwiegend betreibt.** ② **Das Bundesministerium der Finanzen kann zur Sicherstellung der Besteuerung durch Rechtsverordnung mit Zustimmung des Bundesrates für Unternehmer, die Wohnsitz, Sitz oder Geschäftsleitung außerhalb des Geltungsbereiches dieses Gesetzes haben, die örtliche Zuständigkeit einer Finanzbehörde für den Geltungsbereich des Gesetzes übertragen.**[3]

2 (2) **Für die Umsatzsteuer von Personen, die keine Unternehmer sind, ist das Finanzamt zuständig, das nach § 19 oder § 20 auch für die Besteuerung nach dem Einkommen zuständig ist; in den Fällen des § 180 Absatz 1 Satz 1 Nummer 2 Buchstabe a ist das Finanzamt für die Umsatzsteuer zuständig, das nach § 18 auch für die gesonderte Feststellung zuständig ist.**

AEAO

Zu § 21 – Umsatzsteuer:

3 Die zentrale Zuständigkeit nach § 21 Abs. 1 Satz 2 AO gilt bereits dann, wenn auch nur ein Anknüpfungspunkt der gesetzlichen Kriterien Wohnsitz, Sitz oder Geschäftsleitung im Ausland gegeben ist. § 21 Abs. 1 Satz 2 AO hat daher Vorrang vor § 21 Abs. 1 Satz 1 AO.

Die zentrale Zuständigkeit nach § 21 Abs. 1 Satz 2 AO i. V. m. der UStZustV ist insbesondere in den Fällen von Bedeutung, in denen ein Unternehmen vom Ausland aus betrieben wird und der Unternehmer im Inland nicht einkommen- oder körperschaftsteuerpflichtig ist. Sie ist aber auch zu beachten, wenn der Unternehmer im Inland auch zur Einkommen- oder Körperschaftsteuer zu veranlagen ist.

Ein Auseinanderfallen der örtlichen Zuständigkeiten für die Ertrags- und Umsatzbesteuerung kann allerdings zu einem erschwerten Verwaltungsvollzug führen, z.B. bei Kapitalgesellschaften mit statutarischem Sitz im Ausland und Geschäftsleitung im Inland. Betroffen sind beispielsweise Fälle, in denen ein bisher im Inland ansässiges Unternehmen in eine britische „private company limited by shares" (Limited) umgewandelt wird oder eine Limited neu gegründet wird, die lediglich ihren statutarischen Sitz in Großbritannien hat, aber allein oder überwiegend im Inland unternehmerisch tätig und unbeschränkt körperschaftsteuerpflichtig ist.

In diesen Fällen ist im Regelfall eine Zuständigkeitsvereinbarung nach § 27 herbeizuführen, nach der das für die Ertragsbesteuerung zuständige ortsnahe Finanzamt auch für die Umsatzsteuer zuständig wird (vgl. auch AEAO zu § 27, Nr. 3 AO).

Anl

Verordnung über die örtliche Zuständigkeit für die Umsatzsteuer im Ausland ansässiger Unternehmer (Umsatzsteuerzuständigkeitsverordnung – UStZustV)[4]

Vom 20. Dezember 2001 (BGBl. I S. 3794)

Geändert durch Gesetz v. 16. 5. 2003 (BGBl. I S. 660), vom 22. 9. 2005 (BGBl. I S. 2809), vom 13. 12. 2006 (BGBl. I S. 2878), vom 8. 5. 2008 (BGBl. I S. 810; ber. S. 1715), vom 8. 12. 2010 (BGBl. I S. 1768), vom 25. 7. 2014 (BGBl. I S. 1266), durch VO vom 22. 12. 2014 (BGBl. I S. 2392), vom 18. 7. 2016 (BGBl. I S. 1722), vom 12. 7. 2017 (BGBl. I S. 2360), vom 21. 12. 2020 (BGBl. I S. 3096), vom 19. 12. 2022 (BGBl. I S. 2432), vom 24. 11. 2023 (BGBl. I Nr. 332) und vom 19. 12. 2025 (BGBl. I Nr. 372)

4 **§ 1.** (1) Für die Umsatzsteuer der Unternehmer im Sinne des § 21 Abs. 1 Satz 2 der Abgabenordnung sind folgende Finanzämter örtlich zuständig:

1. das Finanzamt Trier für im Königreich Belgien ansässige Unternehmer,
2. das Finanzamt Neuwied für in der Republik Bulgarien ansässige Unternehmer,
3. das Finanzamt Flensburg für im Königreich Dänemark ansässige Unternehmer,
4. das Finanzamt Rostock für in der Republik Estland ansässige Unternehmer,
5. das Finanzamt Bremen für in der Republik Finnland ansässige Unternehmer,
6. das Finanzamt Offenburg für in der Französischen Republik und im Fürstentum Monaco ansässige Unternehmer,

[1] Die ausschließliche örtliche Zuständigkeit für die Umsatzbesteuerung ergibt sich aus § 21 AO: daneben sind allenfalls die §§ 24, 28 AO einschlägig. Eine mehrfache örtliche Zuständigkeit für Zwecke der Umsatzbesteuerung ist ausgeschlossen. § 25 AO ist nicht anwendbar. Die Zuständigkeit eines FA kann nicht dadurch begründet werden, dass eine USt-Voranmeldung mit einer Abtretungsanzeige bei einem an sich örtlich unzuständigen FA abgegeben wird *(BFH-Beschluss vom 22. 12. 1998 VII B 157/98, BFH/NV 1999 S. 747).*

Auch bei Zwangsverwaltung ist das FA örtlich zuständig, das nach § 21 AO für die USt des Grundstückseigentümers zuständig wäre *(Vfg. LfSt Bayern vom 23. 3. 2006 S 0123 – 4 St 41 M).*

[2] Zur örtlichen Zuständigkeit der Einfuhrumsatzsteuer s. § 23 AO i. V. m. § 21 Abs. 1 UStG.

[3] Die VO vom 20. 12. 2001 (nachstehend abgedruckt) schließt die Anwendung des § 27 AO nicht aus *(Erlass FM NRW vom 22. 3. 1995 S 0123 – 6 – V C 2, DB S. 1052).*

[4] Zur Klarstellung wird ergänzend auf Folgendes hingewiesen: Die Zuständigkeit für die Umsatzbesteuerung der Unternehmer, die nicht im Erhebungsgebiet ansässig sind und im Erhebungsgebiet auf dem Rhein oder dessen Nebenflüssen Personenschiffahrt betreiben oder Hotelschiffe einsetzen, ist gem. § 17 Abs. 2 Satz 3 FVG durch VO des FinMin. NRW über die Zuständigkeiten der FÄ vom 17. 6. 2013 (NWGVBl. Nr. 20 S. 350) für die Bezirke aller FÄ des Landes NRW dem FA Köln-Ost übertragen worden.

7. das Finanzamt Hannover-Nord für im Vereinigten Königreich Großbritannien und Nordirland sowie auf der Insel Man ansässige Unternehmer,
8. das Finanzamt Berlin International für in der Griechischen Republik ansässige Unternehmer,
9. das Finanzamt Hamburg-Nord für in der Republik Irland ansässige Unternehmer,
10. das Finanzamt München für in der Italienischen Republik ansässige Unternehmer,
11. das Finanzamt Kassel für in der Republik Kroatien ansässige Unternehmer,
12. das Finanzamt Bremen für in der Republik Lettland ansässige Unternehmer,
13. das Finanzamt Konstanz für im Fürstentum Liechtenstein ansässige Unternehmer,
14. das Finanzamt Mühlhausen für in der Republik Litauen ansässige Unternehmer,
15. das Finanzamt Saarbrücken I für im Großherzogtum Luxemburg ansässige Unternehmer,
16. das Finanzamt Berlin International für in der Republik Nordmazedonien ansässige Unternehmer,
17. das Finanzamt Kleve für im Königreich der Niederlande ansässige Unternehmer,
18. das Finanzamt Bremen für im Königreich Norwegen ansässige Unternehmer,
19. das Finanzamt München für in der Republik Österreich ansässige Unternehmer,
20. für in der Republik Polen ansässige Unternehmer
    a) das Finanzamt Hameln-Holzminden, wenn der Nachname oder der Firmenname des Unternehmens mit den Buchstaben A bis G beginnt;
    b) das Finanzamt Oranienburg, wenn der Nachname oder der Firmenname des Unternehmens mit den Anfangsbuchstaben H bis L beginnt;
    c) das Finanzamt Cottbus, wenn der Nachname oder der Firmenname des Unternehmens mit den Anfangsbuchstaben M bis R beginnt;
    d) das Finanzamt Nördlingen, wenn der Nachname oder der Firmenname des Unternehmers mit den Anfangsbuchstaben S bis Z beginnt;
    e) ungeachtet der Regelungen in den Buchstaben a bis d das Finanzamt Cottbus für alle Unternehmer, auf die das Verfahren nach § 18 Absatz 4 e, § 18 j oder § 18 k des Umsatzsteuergesetzes anzuwenden ist,
21. das Finanzamt Kassel für in der Portugiesischen Republik ansässige Unternehmer,
22. das Finanzamt Chemnitz-Süd für in Rumänien ansässige Unternehmer,
23. das Finanzamt Magdeburg für in der Russischen Föderation ansässige Unternehmer,
24. das Finanzamt Hamburg-Nord für im Königreich Schweden ansässige Unternehmer,
25. das Finanzamt Konstanz für in der Schweizerischen Eidgenossenschaft ansässige Unternehmer,
26. das Finanzamt Chemnitz-Süd für in der Slowakischen Republik ansässige Unternehmer,
27. das Finanzamt Kassel für im Königreich Spanien ansässige Unternehmer,
28. das Finanzamt Oranienburg für in der Republik Slowenien ansässige Unternehmer,
29. das Finanzamt Chemnitz-Süd für in der Tschechischen Republik ansässige Unternehmer,
30. das Finanzamt Dortmund-Unna für in der Republik Türkei ansässige Unternehmer,
31. das Finanzamt Magdeburg für in der Ukraine ansässige Unternehmer,
32. das Zentralfinanzamt Nürnberg für in der Republik Ungarn ansässige Unternehmer,
33. das Finanzamt Magdeburg für in der Republik Weißrussland ansässige Unternehmer,
34. das Finanzamt Bonn-Innenstadt für in den Vereinigten Staaten von Amerika ansässige Unternehmer.

(2) Für die Umsatzsteuer der Unternehmer im Sinne des § 21 Abs. 1 Satz 2 der Abgabenordnung, die nicht von Absatz 1 erfasst werden, ist das Finanzamt Berlin International zuständig.

(2 a) Abweichend von den Absätzen 1 und 2 ist für die Unternehmer, die von § 18 Abs. 4 c des Umsatzsteuergesetzes Gebrauch machen, das Bundeszentralamt für Steuern zuständig.

(2 b) Für die Unternehmer mit Sitz außerhalb des Gemeinschaftsgebiets (§ 1 Absatz 2 a des Umsatzsteuergesetzes), die im Gemeinschaftsgebiet weder ihre Geschäftsleitung noch eine umsatzsteuerliche Betriebsstätte haben und die in einem anderen Mitgliedstaat der Europäischen Union die Teilnahme an dem Verfahren im Sinne des § 18 j des Umsatzsteuergesetzes angezeigt haben, sind die Absätze 1 und 2 für Zwecke der Durchführung des Verfahrens im Sinne des § 18 j des Umsatzsteuergesetzes mit der Maßgabe anzuwenden, dass der Unternehmer in dem Mitgliedstaat als ansässig zu behandeln ist, in dem die Teilnahme angezeigt wurde.

(3) Die örtliche Zuständigkeit nach § 61 Abs. 1 Satz 1 der Umsatzsteuer-Durchführungsverordnung für die Vergütung der abziehbaren Vorsteuerbeträge an im Ausland ansässige Unternehmer bleibt unberührt.

(4) Ändert sich durch eine landesrechtliche Regelung nach § 17 Absatz 1 oder Absatz 2 Satz 3 des Finanzverwaltungsgesetzes die Bezeichnung oder die organisatorische Zuordnung eines der in Absatz 1 genannten Finanzämter, kann das Bundesministerium der Finanzen im Einvernehmen mit den obersten Finanzbehörden der Länder durch ein im Bundessteuerblatt Teil I zu veröffentlichendes Schreiben für einen Übergangszeitraum von zwölf Monaten von den Absätzen 1 und 2 abweichende, der landesrechtlichen Regelung entsprechende Zuordnungen vornehmen.

§ 2. Diese Verordnung tritt am Tage nach ihrer Verkündung in Kraft.[1] Gleichzeitig tritt die Umsatzsteuerzuständigkeitsverordnung vom 21. Februar 1995 (BGBl. I S. 225), zuletzt geändert durch Artikel 3 des Gesetzes vom 30. August 2001 (BGBl. I S. 2267) außer Kraft. 5

[1] Verkündet am 22. 12. 2001.

AO

§ 22 Realsteuern

1 (1) ① **Für die Festsetzung und Zerlegung der Steuermessbeträge ist bei der Grundsteuer das Lagefinanzamt (§ 18 Absatz 1 Nummer 1) und bei der Gewerbesteuer[1] das Betriebsfinanzamt (§ 18 Absatz 1 Nummer 2) örtlich zuständig.** ② **Abweichend von Satz 1 ist für die Festsetzung und Zerlegung der Gewerbesteuermessbeträge bei Unternehmen, die Bauleistungen im Sinne von § 48 Absatz 1 Satz 3 des Einkommensteuergesetzes erbringen, das Finanzamt zuständig, das für die Besteuerung der entsprechenden Umsätze nach § 21 Absatz 1 zuständig ist, wenn der Unternehmer seinen Wohnsitz oder das Unternehmen seine Geschäftsleitung oder seinen Sitz außerhalb des Geltungsbereiches des Gesetzes hat.**

2 (2) ① **Soweit die Festsetzung, Erhebung und Beitreibung von Realsteuern den Finanzämtern obliegt, ist dafür das Finanzamt örtlich zuständig, zu dessen Bezirk die hebeberechtigte Gemeinde gehört.** ② **Gehört eine hebeberechtigte Gemeinde zu den Bezirken mehrerer Finanzämter, so ist von diesen Finanzämtern das Finanzamt örtlich zuständig, das nach Absatz 1 zuständig ist oder zuständig wäre, wenn im Geltungsbereich dieses Gesetzes nur die in der hebeberechtigten Gemeinde liegenden Teile des Betriebs, des Grundstücks oder des Betriebsgrundstücks vorhanden wären.**

3 (3) **Absatz 2 gilt sinngemäß, soweit einem Land nach Artikel 106 Absatz 6 Satz 3 des Grundgesetzes das Aufkommen der Realsteuern zusteht.**

§ 22a Zuständigkeit auf dem Festlandsockel oder an der ausschließlichen Wirtschaftszone

Die Zuständigkeit der Finanzbehörden der Länder nach den §§ 18 bis 22 oder nach den Steuergesetzen im Bereich des der Bundesrepublik Deutschland zustehenden Anteils an dem Festlandsockel und an der ausschließlichen Wirtschaftszone richtet sich nach dem Äquidistanzprinzip.

§ 23 Einfuhr- und Ausfuhrabgaben und Verbrauchsteuern[2]

1 (1) **Für die Einfuhr- und Ausfuhrabgaben nach Artikel 5 Nummer 20 und 21 des Zollkodex der Union und Verbrauchsteuern ist das Hauptzollamt örtlich zuständig, in dessen Bezirk der Tatbestand verwirklicht wird, an den das Gesetz die Steuer knüpft.**

2 (2) ① **Örtlich zuständig ist ferner das Hauptzollamt, von dessen Bezirk aus der Steuerpflichtige sein Unternehmen betreibt.** ② **Wird das Unternehmen von einem nicht zum Geltungsbereich des Gesetzes gehörenden Ort aus betrieben, so ist das Hauptzollamt zuständig, in dessen Bezirk der Unternehmer seine Umsätze im Geltungsbereich des Gesetzes ganz oder vorwiegend bewirkt.**

3 (3) **Werden Einfuhr- und Ausfuhrabgaben nach Artikel 5 Nummer 20 und 21 des Zollkodex der Union und Verbrauchsteuern im Zusammenhang mit einer Steuerstraftat oder einer Steuerordnungswidrigkeit geschuldet, so ist auch das Hauptzollamt örtlich zuständig, das für die Strafsache oder die Bußgeldsache zuständig ist.**

§ 24 Ersatzzuständigkeit

1 **Ergibt sich die örtliche Zuständigkeit nicht aus anderen Vorschriften, so ist die Finanzbehörde zuständig, in deren Bezirk der Anlass für die Amtshandlung hervortritt.**

AEAO

Zu § 24 – Ersatzzuständigkeit:

2 **1.** Für den Fall, dass sich die Zuständigkeit nicht aus den anderen Vorschriften ableiten lässt, ist die Finanzbehörde zuständig, in deren Bezirk objektiv ein Anlass für eine Amtshandlung besteht. Abgesehen von der Zuständigkeit für Maßnahmen zur Aufdeckung unbekannter Steuerfälle (§ 208 Abs. 1 Nr. 3 AO) ist hiernach auch die Zuständigkeit für den Erlass von Haftungsbescheiden (§§ 191, 192 AO) zu bestimmen. Wegen des Sachzusammenhangs ist mithin i. d. R. das Finanzamt des Steuerpflichtigen gleichzeitig für die Heranziehung des Haftenden örtlich zuständig.

3 **2.** Kann die örtliche Zuständigkeit nicht sofort einwandfrei geklärt werden, ist bei unaufschiebbaren Maßnahmen die Zuständigkeit auf § 29 AO zu stützen.

---

[1] Für den Erlass der Gewerbesteuermessbescheide gegenüber der GmbH als Geschäftsinhaberin einer GmbH & atypisch Still ist das Betriebs-FA, nicht das Körperschaftsteuer-FA, sachlich zuständig *(BFH-Urteil vom 15. 12. 1992 VIII R 42/90, BStBl. 1994 II S. 702).*

[2] Vgl. § 21 Abs. 1 UStG.

AO

§ 25 Mehrfache örtliche Zuständigkeit[1]

① Sind mehrere Finanzbehörden zuständig, so entscheidet die Finanzbehörde, die zuerst mit der Sache befasst worden ist, es sei denn, die zuständigen Finanzbehörden einigen sich auf eine andere zuständige Finanzbehörde oder die gemeinsame fachlich zuständige Aufsichtsbehörde bestimmt, dass eine andere örtlich zuständige Finanzbehörde zu entscheiden hat. ② Fehlt eine gemeinsame Aufsichtsbehörde, so treffen die fachlich zuständigen Aufsichtsbehörden die Entscheidung gemeinsam. 1

AEAO

Zu § 25 – Mehrfache örtliche Zuständigkeit:

Einigen sich bei mehrfacher örtlicher Zuständigkeit die Finanzbehörden auf eine der örtlich zuständigen Finanzbehörden, so handelt es sich hierbei nicht um eine Zuständigkeitsvereinbarung i. S. d. § 27. Der Zustimmung des Betroffenen bedarf es nicht. 2

AO

§ 26 Zuständigkeitswechsel[2]

① Geht die örtliche Zuständigkeit durch eine Veränderung der sie begründenden Umstände von einer Finanzbehörde auf eine andere Finanzbehörde über, so tritt der Wechsel der Zuständigkeit in dem Zeitpunkt ein, in dem eine der beiden Finanzbehörden hiervon erfährt. ② Die bisher zuständige Finanzbehörde kann ein Verwaltungsverfahren fortführen, wenn dies unter Wahrung der Interessen der Beteiligten der einfachen und zweckmäßigen Durchführung des Verfahrens dient und die nunmehr zuständige Finanzbehörde zustimmt.[3] ③ Ein Zuständigkeitswechsel[4] nach Satz 1 tritt so lange nicht ein, wie 1

1. über einen Insolvenzantrag noch nicht entschieden wurde,

2. ein eröffnetes Insolvenzverfahren noch nicht aufgehoben wurde oder

3. sich eine Personengesellschaft oder eine juristische Person in Liquidation befindet.

AEAO

Zu § 26 – Zuständigkeitswechsel:

1. Der Steuerpflichtige kann sich auf den Zuständigkeitswechsel nicht berufen, solange keine der beiden beteiligten Finanzbehörden von den die Zuständigkeit verändernden Tatsachen Kenntnis erlangt hat. Wegen der Bedeutung der Zuständigkeit für die Steuerberechtigung ist die Kenntnis über die Umstände, die die Zuständigkeit ändern, mit Angabe des Datums aktenkundig zu machen und unverzüglich der anderen Finanzbehörde mitzuteilen. 2

2. Die Fortführung eines bereits begonnenen Verwaltungsverfahrens durch das bisher zuständige Finanzamt ist zulässig, wenn das Finanzamt, dessen Zuständigkeit durch die veränderten Umstände begründet wird, zustimmt. Der Steuerpflichtige soll gehört werden; er ist von der Fortführung des Verwaltungsverfahrens zu benachrichtigen. 3

3. Bei Verlegung des Wohnsitzes in den Bezirk eines anderen Finanzamtes unter gleichzeitiger Betriebsaufgabe sind von dem bisher für Personensteuern und Betriebssteuern zuständigen Finanzamt nur die Personensteuerakten abzugeben. Das bisher zuständige Finanzamt ermittelt im Wege der Amtshilfe den Gewinn aus der Zeit bis zur Betriebsaufgabe und teilt ihn dem neuen Wohnsitzfinanzamt mit. 4

Für die Betriebsteuern bleibt grundsätzlich das Betriebsfinanzamt zuständig, auch hinsichtlich der Erhebung und etwaigen Vollstreckung. Rückstände sind erforderlichenfalls im Wege der Amtshilfe beizutreiben. Ausnahmsweise kommt eine Zuständigkeitsvereinbarung nach § 27 AO in Betracht, wenn sich dies als zweckmäßig erweist.

4. Zu den Auswirkungen eines Zuständigkeitswechsels auf das Rechtsbehelfsverfahren vgl. AEAO zu § 367, Nr. 1 und BMF-Schreiben vom 10. 10. 1995, BStBl. I S. 664.[5] 5

Zur Behandlung von Steuerzahlungen an eine aufgrund eines Zuständigkeitswechsels nicht mehr zuständige Finanzkasse vgl. AEAO zu § 224, Nr. 3. 5a

Übersicht

	Rz.
1) Verfügung betr. Zuständigkeitswechsel vom 27. 10. 2017	6–7 a
2) Erlass betr. örtliche Zuständigkeit in Fällen der Verschmelzung, der Umwandlung, der Anwachsung und der Aufspaltung vom 20. 4. 2012	8–12

[1] Zur Entscheidung bei Zuständigkeitsstreit s. § 28 AO.
Zur Bestimmung der Zuständigkeit für in der Bundesrepublik nicht ansässige Personen vgl. § 5 Abs. 1 Nr. 7 FVG, abgedruckt im **Anhang II Nr. 2.**

[2] Überleitungsregelung aus Anlass der Herstellung der Einheit Deutschlands vgl. Art. 97 a § 1 Abs. 2 EGAO **(Anhang I Nr. 1).**

[3] Die Zustimmung des zuständigen Finanzamtes zur Fortsetzung eines Verwaltungsverfahrens durch das bisher zuständige Finanzamt nach § 26 Satz 2 AO ist kein Verwaltungsakt (hier Lohnsteuer-Außenprüfung) und damit nicht rechtsbehelfsfähig *(BFH-Beschluss vom 11. 8. 2010 VII B 143/09, BFH/NV S. 2230).*

[4] Zur örtlichen Zuständigkeit in Insolvenz- und Liquidationsfällen vgl. *Erlass FM Nordrhein-Westfalen vom 1. 9. 2016*, nachstehend abgedruckt.

[5] Abgedruckt als Anl. zu § 367 AO.

Rz.
3) Verfügung betr. örtliche Zuständigkeit für die Besteuerung verstorbener natürlicher Personen vom 10. 5. 2012 13
4) Erlass betr. Wechsel der örtlichen Zuständigkeit bei Insolvenz- und Liquidationsverfahren vom 1. 9. 2016 .... 14, 15

Anl 1

1) Verfügung betr. Zuständigkeitswechsel nach § 26 AO

Vom 27. Oktober 2017 (BeckVerw 347969)

(LfSt Bayern S 0127.1.1–6/6 St 42)

1. Allgemeines

6 Geht die örtliche Zuständigkeit für die Besteuerung durch eine Änderung der sie begründenden Umstände von einem Finanzamt auf ein anderes Finanzamt über, tritt ein Wechsel in der Zuständigkeit erst in dem Zeitpunkt ein, in dem eines der betroffenen Finanzämter von dem Zuständigkeitswechsel erfährt (§ 26 Satz 1 AO) und kein Grund vorliegt, der den Wechsel der Zuständigkeit gesetzlich ausschließt (§ 26 Satz 3 AO). Erforderlich ist positive Kenntnis. Ein reines Kennenmüssen ist nicht ausreichend (BFH-Beschluss vom 19. 5. 2008 V B 28/07, BFH/NV S. 1451). Ein Steuerpflichtiger kann sich auf eine veränderte örtliche Zuständigkeit der Finanzämter nicht berufen, solange die die Zuständigkeit verändernden Umstände keinem der betroffenen Finanzämter zweifelsfrei bekannt geworden sind (BFH-Urteil vom 25. 1. 1989 X R 158/87, BStBl. II S. 483).

Tritt ein Zuständigkeitswechsel ein, hat das neu zuständig gewordene Finanzamt die Besteuerung in vollem Umfange zu übernehmen. Das gilt sowohl für den Festsetzungs- als auch den Erhebungsbereich und auch für frühere (noch nicht abgeschlossene) Veranlagungszeiträume.

Das neu zuständig gewordene Finanzamt tritt in dem Stadium, in dem sich das Verwaltungsverfahren befindet, in das Verfahren ein und hat sowohl die unerledigten Veranlagungen durchzuführen als auch die Kassengeschäfte zum Stand des Zuständigkeitswechsels zu übernehmen. Erforderlichenfalls hat es auch Vollstreckungsmaßnahmen wegen Abgabenrückständen aus der Zeit vor Eintritt des Zuständigkeitswechsels vorzunehmen bzw. fortzuführen, weil die Zuständigkeit für die Besteuerung auch die Durchführung von Vollstreckungsmaßnahmen umfasst; bei Erstattung von Guthaben vgl. Karte 6 zu § 26 AO. Das bislang zuständige Finanzamt darf grundsätzlich nicht mehr zuständig werden.

Die Übernahme der Besteuerung kann daher nicht mit der Begründung abgelehnt werden, dass

- Steuererklärungen unbearbeitet und Veranlagungen noch nicht durchgeführt sind,
- die persönliche und/oder sachliche Steuerpflicht zwischenzeitlich erloschen ist (bei Umwandlung/Verschmelzung/Anwachsung und verstorbenen natürlichen Personen vgl. AO-Kartei BY § 26 AO Karte 2 und 3),
- die Steuerpflicht zwischen unbeschränkter und beschränkter Steuerpflicht gewechselt hat (vgl. AO-Kartei BY § 26 AO Karte 4)
- über Anträge des Steuerpflichtigen (z. B. auf Erlass von Steuerschulden) noch nicht entschieden ist oder
- der Steuerpflichtige mit der Zahlung fälliger Steuern rückständig ist, auch wenn keine Steuererklärungspflicht mangels keiner/geringer Einkünfte mehr besteht.

Auch ein anhängiges Einspruchsverfahren hindert die Übernahme der Besteuerung durch das neu zuständig gewordene Finanzamt nicht, da nach § 367 Abs. 1 Satz 2 AO jeder nach Erlass des Verwaltungsakts eingetretene Zuständigkeitswechsel auch eine Zuständigkeitsänderung im Einspruchsverfahren bewirkt (Hinweis auf AEAO zu § 367, Nr. 1). Die Rechtsbehelfsvorgänge sind daher mit den übrigen Akten abzugeben.

Zum Wechsel der örtlichen Zuständigkeit während eines finanzgerichtlichen Verfahrens siehe Vorkarte 1 zur FGO, Tz. 1.5.

2. Fortführung des Verfahrens nach § 26 Satz 2 AO

7 Nach § 26 Satz 2 AO kann das bisher zuständige Finanzamt ein bereits begonnenes Verwaltungsverfahren – trotz eines zwischenzeitlich eingetretenen Zuständigkeitswechsels – fortführen, wenn dies unter Wahrung der Interessen des Steuerpflichtigen der einfachen und zweckmäßigen Durchführung des Verfahrens dient und das nunmehr zuständige Finanzamt zustimmt. Eine entsprechende Vereinbarung zwischen den beteiligten Finanzämtern kann sich stets nur auf einzelne, im Zeitpunkt des Zuständigkeitswechsels anhängige Verwaltungsverfahren beziehen, nicht jedoch auf die örtliche Zuständigkeit für die Besteuerung insgesamt (insoweit Hinweis auf § 27 AO).

Als Verwaltungsverfahren i. S. d. § 26 Satz 2 AO ist insbesondere das einzelne Besteuerungsverfahren anzusehen, das im Allgemeinen mit der Aufforderung zur Abgabe der Steuererklärung oder der Abgabe der Steuererklärung beginnt und mit der erforderlichenfalls im Vollstreckungswege durchzuführenden Verwirklichung des Anspruchs (Einziehung bzw. Erstattung der Steuer) endet, einschließlich eines etwaigen Einspruchsverfahrens. Dabei ist jede Steuerart und jeder Veranlagungszeitraum gesondert zu betrachten.

Begonnen ist ein Verfahren, wenn eine erste Maßnahme in der Absicht, einen Verwaltungsakt zu erlassen, getroffen ist. Hierzu muss die Behörde mit Außenwirkung tätig geworden sein, beispielsweise durch eine Aufforderung zur Abgabe einer Steuererklärung oder den Erlass einer Prüfungsanordnung. Vorbereitende Maßnahmen und internes Verwaltungshandeln sind nicht ausreichend.

Das bislang zuständige Finanzamt darf keine Prüfungsordnung mehr erlassen, da eine Außenprüfung mit dem Erlass der Prüfungsordnung beginnt.

Zur einfachen und zweckmäßigen Verfahrensdurchführung und um zu verhindern, dass durch den Zuständigkeitswechsel eine erhebliche Verzögerung entsteht, können Vereinbarungen nach § 26 Satz 2 AO getroffen werden. Diese können insbesondere zweckmäßig sein, wenn

- der Steuerpflichtige die Fortführung des Verfahrens durch das bisher zuständige Finanzamt beantragt und dafür wichtige Gründe anführt,
- die Bearbeitung eines Falles bereits kurz vor dem Abschluss steht,
- eine laufende Außenprüfung abgebrochen wurde und deshalb mit Verzögerungen zu rechnen wäre oder
- eine Außenprüfung stattgefunden hat und der Prüfungsbericht noch nicht ausgewertet ist.

Eine Vereinbarung nach § 26 Satz 2 AO bedarf zwar nicht der Zustimmung des betroffenen Steuerpflichtigen, jedoch sind seine Interessen angemessen zu berücksichtigen. Von der Fortführung des Verwaltungsverfahrens durch das bisher zuständige Finanzamt ist er in Kenntnis zu setzen. Eine Anhörung des Steuerpflichtigen ist jedoch nicht zwingend erforderlich (vgl. AEAO zu § 26 Nr. 2).

Die Zustimmung der zuständig gewordenen Behörde muss unverzüglich erfolgen; bevor sie eingeholt wurde, darf das Verfahren nicht fortgesetzt werden. Generelle Absprachen und Anordnungen reichen nicht aus, da die Umstände des Einzelfalls entscheidend sind.

Die Zustimmung der zuständig gewordenen Behörde stellt einen behördeninternen Vorgang dar, keinen Verwaltungsakt, und ist darum nicht mit Einspruch anfechtbar. Einwände können nur im Wege der Anfechtung des durch die unzuständige Behörde erlassenen Verwaltungsakts geltend gemacht werden.

3. Hinweis auf die Bestimmungen der BuchO

Bei der Abgabe bzw. Übernahme von Steuerfällen/Akten sind die Bestimmungen der §§ 86 ff. BuchO einzuhalten. Vgl. hierzu auch die Verfügung des LfSt Bayern vom 8. 11. 2016 O 2206.2.1–28/15 St 11 (AIS: Themen > Organisation > Amtsorganisation > BuchO). **7 a**

2) Erlass betr. örtliche Zuständigkeit in Fällen der Verschmelzung, der Umwandlung, der Anwachsung und der Aufspaltung

Anl 2

Vom 20. April 2012 (BeckVerw 262442)

(FM Nordrhein-Westfalen S 0127 – § 26 AO Karte 8)

1. Verschmelzungsfälle: **8**

a) Kapitalgesellschaft auf Kapitalgesellschaft

- Es liegt ein Fall der **Gesamtrechtsnachfolge** vor (Nummer 1 Satz 1 des AEAO zu § 45).
- Hinsichtlich der Körperschaftsteuer tritt ein Zuständigkeitswechsel ein, wenn die Geschäftsleitung der untergegangenen Gesellschaft und die Geschäftsleitung der aufnehmenden Gesellschaft sich in den Bezirken verschiedener Finanzämter befunden haben bzw. sich befinden (§ 20 Abs. 1 AO).
- Hinsichtlich der **Umsatzsteuer** tritt ein Zuständigkeitswechsel ein, wenn das Unternehmen der untergegangenen Kapitalgesellschaft und das Unternehmen der aufnehmenden Kapitalgesellschaft ganz oder vorwiegend von den Bezirken verschiedener Finanzämter aus betrieben worden sind bzw. werden (§ 21 Abs. 1 Satz 1 AO).
- Die Zuständigkeit für die **Festsetzung des Gewerbesteuermessbetrags** wechselt, wenn sich der Ort der Geschäftsleitung der untergegangenen Kapitalgesellschaft und der Ort der Geschäftsleitung der aufnehmenden Kapitalgesellschaft in den Bezirken verschiedener Finanzämter befunden haben bzw. befinden (§ 22 Abs. 1 Satz 1 i. V. m. § 18 Abs. 1 Nr. 2 AO).

b) Personengesellschaft auf Personengesellschaft

- Eine **Gesamtrechtsnachfolge** tritt nur ein, soweit die Personengesellschaften Steuersubjekte sind bzw. waren, somit nicht hinsichtlich der gesonderten und einheitlichen Feststellung der Besteuerungsgrundlagen (§ 179 Abs. 2 Satz 1 AO; Nummer 1 Satz 3 des AEAO zu § 45).
- Hinsichtlich der gesonderten und einheitlichen **Feststellungen der Besteuerungsgrundlagen** tritt somit kein Zuständigkeitswechsel ein.
- Hinsichtlich der **Umsatzsteuer** tritt ein Zuständigkeitswechsel ein, wenn das Unternehmen der untergegangenen Personengesellschaft und das Unternehmen der aufnehmenden Personengesellschaft ganz oder vorwiegend von den Bezirken verschiedener Finanzämter aus betrieben worden sind bzw. werden (§ 21 Abs. 1 Satz 1 AO).
- Die Zuständigkeit für die **Festsetzung des Gewerbesteuermessbetrags** wechselt, wenn sich der Ort der Geschäftsleitung der untergegangenen Personengesellschaft und der Ort der Geschäftsleitung der aufnehmenden Personengesellschaft in den Bezirken verschiedener Finanzämter befunden haben bzw. befinden (§ 22 Abs. 1 Satz 1 i. V. m. § 18 Abs. 1 Nr. 2 AO).

c) Kapitalgesellschaft auf Personengesellschaft

- Eine **Gesamtrechtsnachfolge** tritt ein, soweit die erloschene Kapitalgesellschaft Steuersubjekt war.
- Hinsichtlich der **Körperschaftsteuer** tritt ein Zuständigkeitswechsel ein, wenn die Geschäftsleitung der untergegangenen Kapitalgesellschaft und die Geschäftsleitung der aufnehmenden Personengesellschaft sich in den Bezirken verschiedener Finanzämter befunden haben bzw. sich befinden (§ 20 Abs. 1 AO, § 18 Abs. 1 Nr. 2 AO).
- Zuständigkeit für die **Umsatzsteuer** und für die **Festsetzung des Gewerbesteuermessbetrags** analog zu a).
- Hinsichtlich der gesonderten und einheitlichen **Feststellung der Besteuerungsgrundlagen** liegt kein Fall eines Zuständigkeitswechsels vor. Für die Durchführung der gesonderten und einheitlichen Feststellungen für die aufnehmende Personengesellschaft bleibt das Finanzamt zuständig, in dessen Bezirk sich die Geschäftsleitung dieser Personengesellschaft befindet (§ 18 Abs. 1 Nr. 2 AO).

Anl 2 **d) Personengesellschaft auf Kapitalgesellschaft**

- Eine **Gesamtrechtsnachfolge** tritt nur ein, soweit die Personengesellschaft Steuersubjekt war, somit nicht hinsichtlich der gesonderten und einheitlichen Feststellung der Besteuerungsgrundlagen (Nummer 1 Satz 2 des AEAO zu § 45).
- Hinsichtlich der gesonderten und einheitlichen **Feststellungen der Besteuerungsgrundlagen** für die erloschene Personengesellschaft tritt somit kein Zuständigkeitswechsel ein.
- Zuständigkeit für die **Umsatzsteuer** und für die **Festsetzung des Gewerbesteuermessbetrags** analog zu a).

9 **2. Formwechselnde Umwandlung**

a) Umwandlung ohne Wechsel des Steuersubjekts

Dieser Fall führt **nicht** zu einer **Gesamtrechtsnachfolge** im Sinne von § 45 Abs. 1 AO, da lediglich ein Wechsel der Rechtsform eines Rechtsträgers unter Wahrung seiner rechtlichen Identität vorliegt (Nummer 3 Satz 1 des AEAO zu § 45).

Ein Zuständigkeitswechsel tritt somit nach den allgemeinen Grundsätzen ein, also dann, wenn mit der Umwandlung auch ein Wechsel des Ortes der Geschäftsleitung bzw. des Bezirks, von dem aus der Unternehmer sein Unternehmen ganz oder vorwiegend betreibt, verbunden ist.

b) Umwandlung mit Wechsel des Steuersubjekts

Nach Nummer 3 Satz 2 des AEAO zu § 45 ist insoweit § 45 Abs. 1 AO sinngemäß anzuwenden. Es ist somit analog zu den Verschmelzungsfällen zu verfahren.

10 **3. Anwachsung**

Eine Anwachsung (§ 738 BGB) liegt vor, wenn aus einer Gesamthandsgemeinschaft (Personengesellschaft) ein Gesamthänder ohne Weiteres ausscheidet. In diesem Fall wächst die Beteiligung des Ausscheidenden den übrigen Gesamthändern kraft Gesetzes ohne besonderen Übertragungsakt an.

Eine Anwachsung liegt auch dann vor, wenn aus einer Gesamthandsgemeinschaft alle Gesellschafter bis auf einen ausscheiden und eine Gesamthandsgemeinschaft nicht mehr gegeben ist. Handelsrechtlich wächst dem verbleibenden letzten Gesellschafter der vormals zwei- bzw. mehrgliedrigen Personengesellschaft das Vermögen der – ohne Liquidation aufgelösten – Personengesellschaft im Wege der Gesamtrechtsnachfolge im Sinne des § 45 Absatz 1 Satz 1 AO zu. Insoweit wird ergänzend auf die BFH-Urteile vom 18. 9. 1980 V R 175/74 (BStBl. 1981 II S. 293) und vom 13. 12. 2007 IV R 91/05 (BFH/NV 2008 S. 1289) verwiesen.

In diesem Zusammenhang ist aber zu beachten, dass § 45 Abs. 1 AO – abweichend von der zivilrechtlichen Betrachtung in Fällen der Anwachsung – nicht in Bezug auf die gesonderte und einheitliche Feststellung gilt (vgl. Nummer 1 des AEAO zu § 45 AO).

Ausgehend von dieser rechtlichen Beurteilung ergibt sich daher zur Frage der örtlichen Zuständigkeit im Falle der Anwachsung unter Vollbeendigung einer Personengesellschaft Folgendes:

- Hinsichtlich der gesonderten und einheitlichen **Feststellungen der Besteuerungsgrundlagen für die beendete Personengesellschaft** tritt durch die Anwachsung kein Zuständigkeitswechsel ein, da insoweit keine Gesamtrechtsnachfolge vorliegt und der Ort der Geschäftsleitung der (beendeten) Personengesellschaft nicht in den Bezirk eines anderen Finanzamtes verlegt wird.
- Für die **Umsatzsteuer** ist § 45 Abs. 1 AO uneingeschränkt anwendbar. Dies hat zur Folge, dass hinsichtlich der Umsatzbesteuerung ein Zuständigkeitswechsel dann eintritt, wenn das Unternehmen der beendeten Personengesellschaft und das fortgeführte Einzelunternehmen ganz oder vorwiegend von den Bezirken **verschiedener** Finanzämter aus betrieben worden sind bzw. werden (§ 21 Abs. 1 Satz 1 AO).
- Die Zuständigkeit für die **Festsetzung des Gewerbesteuermessbetrags wechselt nur dann,** wenn sich der Ort der Geschäftsleitung der beendeten Personengesellschaft und der Ort der Geschäftsleitung des fortgeführten Einzelunternehmens in den Bezirken verschiedener Finanzämter befunden haben bzw. befinden (§ 22 Abs. 1 Satz 1 i. V. m. § 18 Abs. 1 Nr. 2 AO).

11 **4. Aufspaltung**

Die Regelung des § 45 Abs. 1 AO zur Gesamtrechtsnachfolge ist sinngemäß anzuwenden; dies gilt nicht in Bezug auf die gesonderte und einheitliche Feststellung von Besteuerungsgrundlagen (Nummer 2 Satz 2 und Satz 3 des AEAO zu § 45). Folglich liegt für die aus der Aufspaltung hervorgegangenen Gesellschaften ein Fall des § 25 AO vor (mehrfache örtliche Zuständigkeit), wenn sich die Orte der Geschäftsleitung (§ 20 Abs. 1 AO) bzw. die Bezirke, von denen aus die Unternehmer ihre Unternehmen ganz oder vorwiegend betreiben (§ 21 Abs. 1 Satz 1 AO), in den Bezirken verschiedener Finanzämter befinden.

Ist für eine aus der Aufspaltung hervorgegangene Gesellschaft das Finanzamt sachlich und örtlich zuständig, das bisher für die Besteuerung der durch Aufspaltung erloschenen Gesellschaft zuständig war, soll dieses Finanzamt auch für die Besteuerung der untergegangenen Gesellschaft örtlich zuständig bleiben.

12 **5. Sonstiges**

Der AEAO zu § 45 trifft nur Aussagen dazu, wann eine Gesamtrechtsnachfolge im Sinne des § 45 Abs. 1 AO vorliegt bzw. wann § 45 Abs. 1 AO sinngemäß anzuwenden ist. Er regelt keine Zuständigkeitsfragen.

Weiterhin gilt für alle Umwandlungsfälle, dass eine aufgrund einer Rechtsverordnung nach § 17 Abs. 2 Satz 3 FVG ggf. bestehende Konzentration der sachlichen Zuständigkeit der Finanzämter vorrangig zu beachten ist.

Ferner schließen die vorgenannten Regelungen eine hiervon abweichende Zuständigkeitsvereinbarung (§ 27 AO) oder die Fortführung bereits begonnener Verfahren (§ 26 Satz 2 AO) nicht aus, falls dies zweckmäßig erscheint. Darüber hinaus kann es für die Durchführung von Außenprüfungen zweckmäßig sein, das bisher für die Besteuerung der untergehenden Gesellschaft zuständige Finanzamt mit der Prüfung zu beauftragen (§ 195 Satz 2 AO).

Weiterhin sollte in Fällen, in denen aufgrund der vorangegangenen Regelungen die Zuständigkeit für die gesonderte und einheitliche Feststellung, die Umsatzsteuer und die Festsetzung des Gewerbesteuermessbetrags auseinanderfallen, grundsätzlich eine Bündelung der Zuständigkeit (durch Zuständigkeitsvereinbarung gemäß § 27 AO) bei einem Finanzamt angestrebt und ein Auseinanderfallen der örtlichen Zuständigkeit für das Besteuerungsverfahren der Personengesellschaft vermieden werden.

3) Verfügung betr. örtliche Zuständigkeit für die Besteuerung verstorbener natürlicher Personen[1] Anl 3

Vom 10. Mai 2012 (BeckVerw 262373)

(OFD Niedersachsen S 0122 – 41 – St 142)

Die örtliche Zuständigkeit für die Einkommensbesteuerung des Erblassers richtet sich nach § 19 AO. 13
Danach ist das Wohnsitzfinanzamt der zu besteuernden Person örtlich zuständig. Stirbt diese Person, tritt mangels einer Veränderung der die örtliche Zuständigkeit begründenden Umstände kein Zuständigkeitswechsel ein.

Beim Tod eines Ehegatten und anschließender Wohnsitzverlegung des anderen Ehegatten tritt somit nur für den überlebenden Ehegatten ein Zuständigkeitswechsel ein (§ 26 AO).

Dies gilt auch im Falle der Zusammenveranlagung. Zwar werden nach § 26 b EStG die Ehegatten gemeinsam als Steuerpflichtiger behandelt. Dies betrifft jedoch nur die Technik der Ermittlung der Bemessungsgrundlage. Steuersubjekt nach § 1 EStG bleibt jeder einzelne Ehegatte.

Gegen zusammenveranlagte Ehegatten, die nach § 44 Abs. 1 AO Gesamtschuldner sind, kann zwar ein zusammengefasster Steuerbescheid ergehen. Ein in Form des § 155 Abs. 3 AO ergangener Zusammenveranlagungsbescheid enthält jedoch zwei inhaltlich und verfahrensrechtlich selbständige, nur der äußeren Form nach zusammengefasste Verwaltungsakte.[2]

Dies würde im Ergebnis dazu führen, dass für die Zusammenveranlagung der Ehegatten zwei Finanzämter örtlich zuständig sind. Um dies zu vermeiden, hat in diesen Fällen das nunmehr für den überlebenden Ehegatten örtlich zuständig gewordene Finanzamt die Besteuerung auch für den verstorbenen Ehegatten zu übernehmen (Hinweis auf den Rechtsgedanken des § 25 Satz 1 letzter Halbsatz AO).

4) Erlass betr. Wechsel der örtlichen Zuständigkeit bei Insolvenz- und Liquidationsverfahren Anl 4

Vom 1. September 2016 (BeckVerw 331917)

(FM Nordrhein-Westfalen S 0127)

1. Allgemein

Grundsatz

(vgl. AEAO zu § 26 Nr. 3, und AO-Kartei NW zu § 26 Karte 805) 14

Verlegt ein Steuerpflichtiger, dessen Personensteuerkonto Steuerrückstände aufweist, seinen Wohnsitz in den Bezirk eines anderen Finanzamtes, so werden die Personensteuerakten an das neu zuständige Finanzamt abgegeben. Dies gilt auch dann, wenn der Steuerpflichtige dort nicht mehr zur Einkommensteuer veranlagt wird.

Betriebssteuerrückstände werden nur dann an ein anderes Finanzamt abgegeben, wenn der Betrieb/die Geschäftsleitung in den Bezirk eines anderen Finanzamtes verlegt wird. Wird der Betrieb eingestellt, so verbleiben die Betriebssteuervorgänge bei dem Finanzamt, in dessen Bezirk der Betrieb eingestellt wurde (vgl. AO-Kartei NW § 26 Karte 805).

Besonderheiten ergeben sich bei Firmenaufkäufen durch sog. Firmenbestatter (vgl. AO-Kartei NW § 26 Karte 804).

2. Besonderheiten beim Wechsel der örtlichen Zuständigkeit in Insolvenz- und Liquidationsverfahren

2.1. Grundsatz

Durch das Jahressteuergesetz 2008 wurde § 26 AO durch einen dritten Satz ergänzt. Gemäß § 26 15
Satz 3 AO tritt ein Zuständigkeitswechsel nach Satz 1 so lange nicht ein, wie

1. über einen Insolvenzantrag noch nicht entschieden wurde,
2. ein eröffnetes Insolvenzverfahren noch nicht aufgehoben wurde oder
3. sich eine Personengesellschaft oder eine juristische Person in Liquidation befindet.

Diese Änderung gilt ab Inkrafttreten des Jahressteuergesetzes 2008 und damit ab dem 29. 12. 2007 in allen offenen Fällen und ist sowohl für das Regelinsolvenzverfahren (§§ 11 ff. InsO) als auch für das Verbraucherinsolvenzverfahren (§§ 304 ff. InsO) anwendbar.

---

[1] **[Amtl. Anm.:]** Die Regelung beruht auf dem Beschluss der obersten Finanzbehörden des Bundes und der Länder (FM Niedersachsen vom 11. Februar 2000 S 0127 – 1 – 33, n. v.).

[2] **[Amtl. Anm.:]** Vgl. BFH-Urteil vom 24. April 1986, BStBl. II S. 545; *Koch/Baum,* Kommentar zur AO, § 155 Rz. 32.

Anl 4

Dies bedeutet, dass bei einem Wechsel der örtlichen Zuständigkeit in diesen Fällen eine Abgabe des Steuerfalles erst
- nach Entscheidung über einen Insolvenzantrag (Antragsrücknahme/-erledigung, Abweisung mangels Masse),
- nach Aufhebung/Einstellung des Insolvenzverfahrens (§§ 200, 207, 211–213 InsO) oder
- nach der Liquidation der Personengesellschaft oder der juristischen Person an das neu zuständige Finanzamt erfolgen darf.

Dabei ist es unerheblich, ob der Insolvenzverwalter den Betrieb bzw. die selbständige Tätigkeit aus der Insolvenzmasse nach § 35 Abs. 2 InsO freigibt bzw. freigegeben hat. Denn die Frage, ob eine Freigabe durch den Insolvenzverwalter erfolgt ist bzw. erfolgen wird, ist zwar u. a. für die Erfüllung von steuerlichen Pflichten (z. B. Abgabe von Steuererklärungen/-voranmeldungen, Zahlungen etc.) von Bedeutung, für die Frage der Bestimmung der örtlichen Zuständigkeit aber unerheblich.

Hinweis:

Verlegt der Insolvenzschuldner nach Beendigung des Insolvenzverfahrens aber innerhalb der Abtretungsfrist, in der er die Obliegenheiten nach §§ 295–297 InsO zu beachten hat, seinen Wohn- und/oder Betriebssitz in einen anderen Finanzamtsbezirk, tritt der Zuständigkeitswechsel unmittelbar ein und die Besteuerung ist von dem neu zuständig gewordenen Finanzamt durchzuführen.

2.2. Konkrete Auswirkungen auf das Besteuerungsverfahren

2.2.1. Personensteuern (Wohnsitzwechsel während der Laufzeit eines Verfahrens i. S. d. § 26 Satz 3 AO)

Verlegt ein Steuerpflichtiger seinen Wohnsitz und wurde er bereits ertragsteuerlich geführt, verbleibt es gem. § 26 Satz 3 AO bei der bisherigen Zuständigkeit, wenn die betroffenen Finanzämter von dem Wohnortwechsel erst nach Eintritt eines Ereignisses i. S. des Satzes 3 erfahren. Geführt werden Personen bei dem Finanzamt, das ihnen zuletzt eine Steuernummer für Zwecke der Ertragsteuern zugeteilt hat. Das gilt unabhängig davon, ob unter der Steuernummer in jüngster Vergangenheit auch Veranlagungen durchgeführt worden sind (z. B. in Fällen der Antragsveranlagung).

Ist der Zuständigkeitswechsel gem. Satz 1 vor dem Eintritt eines Ereignisses i. S. v. § 26 Satz 3 AO erfolgt, wird dieser hierdurch nicht mehr verhindert. Ebenso wenig wird ein gem. § 26 Satz 1 AO eingetretener Zuständigkeitswechsel hierdurch rückgängig gemacht. Dem Zeitpunkt der Kenntnis der beteiligten Finanzämter kommt somit für die Anwendung des § 26 Satz 3 AO entscheidende Bedeutung zu (zur Dokumentationspflicht vgl. AEAO zu § 26, Nr. 1). Ob eine Aktenabgabe/Umspeicherung des Steuerfalles trotz Zuständigkeitswechsels (§ 26 Satz 1 AO) bisher unterblieben war (z. B. wegen § 88 BuchO), ist in Bezug auf die Anwendung des § 26 Satz 3 AO unerheblich.

Soweit sich abweichende Zuständigkeiten für verschiedene Steuerarten ergeben, ist eine sachgerechte Zuständigkeitsvereinbarung (§ 27 AO) anzustreben.

Das Insolvenzgericht ist auf die örtliche Zuständigkeit (soweit nicht das aktuelle Wohnsitzfinanzamt zuständig ist) hinzuweisen, um einen ungehinderten Informationsfluss zu gewährleisten.

2.2.2. Betriebssteuern

2.2.2.1. Fortführung eines bestehenden Betriebes mit Betriebssitzverlegung (Gewerbeummeldung)

Verlegt der Steuerpflichtige/Insolvenzverwalter den Betriebssitz eines bestehenden Betriebes aus dem Zuständigkeitsbereich des bisher zuständigen Finanzamtes in den Zuständigkeitsbereich eines anderen Finanzamtes, so verbleibt unter Anwendung von § 26 Satz 3 AO die bisherige Zuständigkeit bestehen. Ein Zuständigkeitswechsel tritt nicht ein.

Insoweit führen weder der Übergang der „Geschäftsführungsbefugnis" auf den Insolvenzverwalter noch die Änderung einer der Anknüpfungspunkte der §§ 18, 19 Abs. 3, 20–23 AO nach § 26 Satz 3 AO zu einem Wechsel der örtlichen Zuständigkeit.

2.2.2.2. Erstmalige Aufnahme einer unternehmerischen (gewerblichen oder selbständigen) Tätigkeit

Grundsätzlich gilt bei der erstmaligen Aufnahme einer gewerblichen oder selbständigen Tätigkeit, dass hinsichtlich der Betriebssteuern erstmals eine Zuständigkeit begründet wird, so dass § 26 Satz 3 AO in Ermangelung eines Zuständigkeitswechsels nicht anwendbar ist. Die Bestimmung der örtlichen Zuständigkeit erfolgt insoweit unter Anwendung der allgemeinen Regelungen der §§ 18, 21, 22 AO.

2.2.3. Neugründung eines Betriebes außerhalb des Zuständigkeitsbereichs des bisherigen Finanzamtes bei einer bereits bestehenden unternehmerischen (gewerblichen oder selbständigen) Tätigkeit

2.2.3.1. Gesonderte Feststellung der Einkünfte

Wird der Betrieb des Insolvenzschuldners fortgeführt und eröffnet der Stpfl. einen weiteren Betrieb in einem anderen Zuständigkeitsbezirk, ist die Frage, ob eine gesonderte Feststellung der Einkünfte durchzuführen ist, unter Anwendung von § 18 Abs. 1 Nr. 2 AO i. V. m. § 180 Abs. 1 Nr. 2 b AO zu beantworten.

2.2.3.2. Festsetzung des Gewerbesteuermessbetrags

Die Frage der örtlichen Zuständigkeit für die Festsetzung des Gewerbesteuermessbetrages ist gemäß § 22 AO unter Anwendung von § 18 Abs. 1 Nr. 2 AO zu prüfen. Im Falle der Notwendigkeit einer gesonderten Feststellung der Einkünfte ist folglich auch für die Festsetzung des Gewerbesteuermessbetrags das Betriebsfinanzamt zuständig.

2.2.3.3. Umsatzsteuer

Gemäß § 21 AO ist für die Umsatzsteuer mit Ausnahme der Einfuhrumsatzsteuer das Finanzamt zuständig, von dessen Bezirk der Unternehmer sein Unternehmen im Geltungsbereich des Gesetzes ganz oder vorwiegend betreibt.

Das Unternehmen umfasst dabei nach § 2 Abs. 1 Satz 2 UStG die gesamte gewerbliche und berufliche Tätigkeit des Unternehmers. Seine gesamte Tätigkeit ist daher umsatzsteuerlich als Einheit zu sehen.

Die Eröffnung des Insolvenzverfahrens hat auf die Unternehmereigenschaft des Insolvenzschuldners (§ 2 UStG) keinen Einfluss. Er ist lediglich in seinem Verwaltungs- und Verfügungsrecht beschränkt (vgl. BFH vom 24. 9. 1987, BStBl. II S. 873).

Dem unternehmerischen Bereich des Insolvenzschuldners sind deshalb auch die Umsätze zuzurechnen, die nach Eröffnung des Insolvenzverfahrens durch den Insolvenzverwalter oder den Insolvenzschuldner bewirkt werden (Abschn. 2.1. Abs. 7 Satz 1 UStAE). Dies gilt auch für die Umsätze, die der vorläufige Insolvenzverwalter (§ 22 Abs. 1 und Abs. 2 InsO) ausführt. Auch diese Umsätze sind dem unternehmerischen Bereich des Insolvenzschuldners zuzurechnen. Ebenso gehören Umsätze aus der Zwangsverwaltung eines Grundstücks zum Unternehmen des Insolvenzschuldners. Auch die Erzielung von Umsätzen aus einem freigegebenen Betrieb i. S. d. § 35 Abs. 2 InsO ist dem Unternehmen des Insolvenzschuldners zuzurechnen.

Diese für die Umsatzsteuer geltende einheitliche Betrachtung hat zur Folge, dass die örtliche Zuständigkeit für die Umsatzsteuer für das gesamte Unternehmen des Insolvenzschuldners einheitlich zu bestimmen ist. Wird das Unternehmen von einem anderen als dem bisherigen Bezirk ganz oder überwiegend betrieben, tritt ein Zuständigkeitswechsel nicht ein, wenn die Voraussetzungen des § 26 Satz 3 AO erfüllt sind.

Dies bedeutet, dass eine – freigegebene – neu aufgenommene (weitere) unternehmerische Tätigkeit des Insolvenzschuldners umsatzsteuerlich beim bisher für die Umsatzsteuer bereits zuständigen Finanzamt zu erfassen ist, selbst wenn durch diese neue (weitere) Tätigkeit eine Verlegung des Hauptsitzes der unternehmerischen Tätigkeit (in den Bezirk eines anderen Finanzamtes) erfolgen und damit grundsätzlich ein Zuständigkeitswechsel eintreten sollte. Eine Aktenabgabe erfolgt in diesen Fällen erst nach Wegfall der Sperrwirkung des § 26 Satz 3 AO.

Hierbei ist aber zu beachten, dass für die festzusetzende bzw. zu berechnende Umsatzsteuer in der Praxis eine Unterscheidung zwischen Insolvenzforderungen nach § 38 InsO, die zur Insolvenztabelle anzumelden sind, Masseverbindlichkeiten nach § 55 InsO und Umsätzen im Zusammenhang mit dem insolvenzfreien Vermögen durch die Vergabe von drei Steuernummern und den Erlass von drei Umsatzsteuerfestsetzungen – bzw. -berechnungen erfolgt.

Die Erfassung der Umsatzsteuer unter verschiedenen Steuernummern erfolgt dabei aber ausschließlich unter dem Gesichtspunkt der unterschiedlichen Geltendmachung und Zuordnung der Forderungen unter verschiedenen insolvenzrechtlichen Unternehmensteilen und der damit zusammenhängenden zutreffenden Bekanntgabe von Verwaltungsakten.

Die getrennte Berechnung ändert nichts an dem Umstand, dass alle Tätigkeitsbereiche ein Unternehmen i. S. d. § 2 UStG bilden und damit für die Umsatzsteuer des gesamten Unternehmens das Finanzamt örtlich zuständig ist, dem gemäß § 26 Satz 3 AO die Abwicklung des Insolvenzverfahrens obliegt.

§ 27 Zuständigkeitsvereinbarung

AO

①Im Einvernehmen mit der Finanzbehörde, die nach den Vorschriften der Steuergesetze örtlich zuständig ist, kann eine andere Finanzbehörde die Besteuerung übernehmen, wenn die betroffene Person zustimmt.[1] **②Eine der Finanzbehörden nach Satz 1 kann die betroffene Person auffordern, innerhalb einer angemessenen Frist die Zustimmung zu erklären. ③Die Zustimmung gilt als erteilt, wenn die betroffene Person nicht innerhalb dieser Frist widerspricht. ④Die betroffene Person ist auf die Wirkung ihres Schweigens ausdrücklich hinzuweisen.** 1

Zu § 27 – Zuständigkeitsvereinbarung:

AEAO

1. Durch Vereinbarung zwischen den Finanzbehörden kann auch außer in den Fällen des § 26 Satz 2 AO die Zuständigkeit einer an sich nicht zuständigen Finanzbehörde begründet werden; Voraussetzung für diese Zuständigkeitsbegründung ist die Zustimmung des Betroffenen. Das Zustimmungserfordernis ist eingefügt, um der Verfassungsbestimmung des Art. 101 Abs. 1 Satz 2 GG zu genügen, weil an die Zuständigkeit der Finanzbehörde die Zuständigkeit des Finanzgerichts anknüpft. 2

2. Eine bestimmte Form ist für die Zustimmung des Betroffenen nicht vorgeschrieben. Die Zustimmung ist bedingungsfeindlich und kann nur mit Wirkung für die Zukunft widerrufen werden. 3

3. Eine Zuständigkeitsvereinbarung ist insbesondere in den Fällen herbeizuführen, in denen eine zentrale Zuständigkeit nach § 21 Abs. 1 Satz 2 AO i. V. m. der UStZustV weder für den Steuerpflichtigen noch für die Finanzbehörden zweckmäßig ist. 4

[1] Die Aufhebung einer Zuständigkeitsvereinbarung durch die Finanzbehörden bedarf keiner Zustimmung des Steuerpflichtigen (*BFH-Urteil vom 12. 7. 2021 VI R 13/19, BStBl. II S. 839*).

Eine Zuständigkeitsvereinbarung, nach der das für die Ertragsbesteuerung zuständige Finanzamt auch für die Umsatzsteuer zuständig wird, ist hiernach regelmäßig herbeizuführen z. B.

a) bei Steuerpflichtigen, die ihr Unternehmen als Einzelunternehmer ausschließlich oder überwiegend im Inland betreiben und sowohl im Inland als auch im Ausland einen Wohnsitz haben;

b) bei Kapitalgesellschaften mit statutarischem Sitz im Ausland und Geschäftsleitung im Inland, die allein oder überwiegend im Inland unternehmerisch tätig sind (vgl. AEAO zu § 21).

5 **4.** Zur Zuständigkeitsvereinbarung bei Unternehmen, die Bauleistungen i. S. v. § 48 Abs. 1 Satz 3 EStG erbringen, vgl. AEAO zu § 20 a, Nr. 2.

AO

§ 28 Zuständigkeitsstreit

(1) ① **Die gemeinsame fachlich zuständige Aufsichtsbehörde[1] entscheidet über die örtliche Zuständigkeit, wenn sich mehrere Finanzbehörden für zuständig oder für unzuständig halten oder wenn die Zuständigkeit aus anderen Gründen zweifelhaft ist.** ② **§ 25 Satz 2 gilt entsprechend.**

(2) **§ 5 Absatz 1 Nummer 7 des Gesetzes über die Finanzverwaltung bleibt unberührt.**

§ 29 Gefahr im Verzug

① **Bei Gefahr im Verzug ist für unaufschiebbare Maßnahmen jede Finanzbehörde örtlich zuständig, in deren Bezirk der Anlass für die Amtshandlung hervortritt.** ② **Die sonst örtlich zuständige Behörde ist unverzüglich zu unterrichten.**

§ 29 a Unterstützung des örtlich zuständigen Finanzamts auf Anweisung der vorgesetzten Finanzbehörde

① **Die oberste Landesfinanzbehörde oder die von ihr beauftragte Landesfinanzbehörde kann zur Gewährleistung eines zeitnahen und gleichmäßigen Vollzugs der Steuergesetze anordnen, dass das örtlich zuständige Finanzamt ganz oder teilweise bei der Erfüllung seiner Aufgaben in Besteuerungsverfahren durch ein anderes Finanzamt unterstützt wird.** ② **Das unterstützende Finanzamt handelt im Namen des örtlich zuständigen Finanzamts; das Verwaltungshandeln des unterstützenden Finanzamts ist dem örtlich zuständigen Finanzamt zuzurechnen.**

Vierter Abschnitt. Verarbeitung geschützter Daten und Steuergeheimnis

§ 29 b[2] Verarbeitung personenbezogener Daten durch Finanzbehörden

1 (1) **Die Verarbeitung personenbezogener Daten durch eine Finanzbehörde ist zulässig, wenn sie zur Erfüllung der ihr obliegenden Aufgabe oder in Ausübung öffentlicher Gewalt, die ihr übertragen wurde, erforderlich ist.**

2 (2) ① **Abweichend von Artikel 9 Absatz 1 der Verordnung (EU) 2016/679 ist die Verarbeitung besonderer Kategorien personenbezogener Daten im Sinne des Artikels 9 Absatz 1 der Verordnung (EU) 2016/679 durch eine Finanzbehörde zulässig, soweit die Verarbeitung aus Gründen eines erheblichen öffentlichen Interesses erforderlich ist und soweit die Interessen des Verantwortlichen an der Datenverarbeitung die Interessen der betroffenen Person überwiegen.** ② **Die Finanzbehörde hat in diesem Fall angemessene und spezifische Maßnahmen zur Wahrung der Interessen der betroffenen Person vorzusehen; § 22 Absatz 2 Satz 2 des Bundesdatenschutzgesetzes ist entsprechend anzuwenden.**

---

[1] Zur Bundesauftragsverwaltung vgl. Art. 85 Abs. 4, Art. 108 Abs. 3 GG.

[2] *BFH-Urteil vom 5. 9. 2023 IX R 32/21, BStBl. 2024 II S. 159:* 1. § 29 b AO legitimiert die Finanzbehörde, unter den dort genannten Voraussetzungen für sämtliche das Steuerverfahrensrecht betreffende Maßnahmen personenbezogene Daten zu verarbeiten. 2. § 29 b AO genügt den Vorgaben des Art. 6 Abs. 3 der Datenschutz-Grundverordnung und verletzt nicht das unionsrechtliche Normwiederholungsverbot. 3. § 29 b AO verstößt weder gegen das Grundrecht auf informationelle Selbstbestimmung (Art. 2 Abs. 1 i. V. m. Art. 1 Abs. 1 des Grundgesetzes) noch gegen das Recht auf Schutz personenbezogener Daten gemäß Art. 8 Abs. 1 der Charta der Grundrechte der Europäischen Union.

BFH-Urteil vom 12. 3. 2024 IX R 35/21, BStBl. II S. 682: 1. Die Verarbeitung personenbezogener Daten durch die Finanzverwaltung unterfällt dem Anwendungsbereich der Datenschutz-Grundverordnung (DSGVO). Auf eine Differenzierung nach der Art der Aktenführung, der Art der Dokumente oder der Form der Bearbeitung kommt es nicht an. 2. Art. 2 Abs. 2 Buchst. a DSGVO beschränkt die Anwendung der Datenschutz-Grundverordnung nicht auf den Bereich der harmonisierten Steuern.

Anl 1

1) Schreiben betr. Datenschutz im Steuerverwaltungsverfahren seit dem 25. Mai 2018; Neuregelungen durch die Datenschutz-Grundverordnung und Änderungen der AO durch das Gesetz zur Änderung des Bundesversorgungsgesetzes und anderer Vorschriften vom 17. Juli 2017

Vom 13. Januar 2020 (BeckVerw 462610)

(BMF IV A 3 – S 0130/19/10 017 :004; DOK 2019/1129406)

Geändert durch BMF vom 17. 6. 2021

1 Anlage

Seit dem 25. Mai 2018 ist die Verordnung (EU) 2016/679 des Europäischen Parlaments und des Rates vom 27. April 2016 zum Schutz natürlicher Personen bei der Verarbeitung personenbezogener Daten, zum freien Datenverkehr und zur Aufhebung der Richtlinie 95/46/EG (Datenschutz-Grundverordnung) (ABl. L 119 vom 4. Mai 2016, S. 1; L 314 vom 22. November 2016, S. 72) – im Folgenden: DSGVO – unmittelbar geltendes Recht in allen Mitgliedstaaten der Europäischen Union. Ziel der DSGVO ist ein gleichwertiges Schutzniveau für die Rechte und Freiheiten von natürlichen Personen bei der Verarbeitung von Daten in allen Mitgliedstaaten.

Ihrem Charakter als Grundverordnung folgend, enthält die DSGVO konkrete, an die Mitgliedstaaten gerichtete Regelungsaufträge sowie mehrere Öffnungsklauseln für den nationalen Gesetzgeber. Durch das Datenschutz-Anpassungs- und -Umsetzungsgesetz EU vom 30. Juni 2017 (BGBl. I S. 2097) und das Gesetz zur Änderung des Bundesversorgungsgesetzes und anderer Vorschriften vom 17. Juli 2017 (BGBl. I S. 2541) wurden das Bundesdatenschutzgesetz (BDSG), das FVG und die AO mit Wirkung ab dem 25. Mai 2018 an die DSGVO angepasst.

Im Einvernehmen mit den obersten Finanzbehörden der Länder gilt bei Anwendung der DSGVO und der AO seit dem 25. Mai 2018 in allen offenen Fällen Folgendes:

I. Anwendungsbereich der DSGVO und der Datenschutzvorschriften der AO sowie der Steuergesetze

1. Unmittelbare Anwendung der DSGVO

1 Die DSGVO gilt in ihrem Anwendungsbereich (vgl. Art. 2 DSGVO) unmittelbar. Dies bedeutet, dass ihre Regelungen in den Mitgliedstaaten der EU verbindlich sind, ohne dass es einer nationalen Umsetzung bedarf. Sie gehen nationalen Rechtsvorschriften vor. Dies ergibt sich aus Art. 288 des Vertrages über die Arbeitsweise der Europäischen Union (AEUV). Darin heißt es: „Die Verordnung hat allgemeine Geltung. Sie ist in allen ihren Teilen verbindlich und gilt unmittelbar in jedem Mitgliedstaat." Dies ist in § 2 a Abs. 3 AO nochmals ausdrücklich als Hinweis aufgenommen worden (Anwendungsvorrang). Die Regelungen der DSGVO dürfen im nationalen Recht grundsätzlich nicht wiederholt werden **(Wiederholungsverbot).** 3

2 Die Regelungen der DSGVO sind auch im Verwaltungsverfahren in Steuersachen **nach der AO** unmittelbar anzuwenden. Sie gelten damit insbesondere für

- Bundesfinanzbehörden, soweit sie bundesgesetzlich geregelte Steuern verwalten (§ 1 Abs. 1 Satz 1 AO) oder den grenzüberschreitenden Warenverkehr überwachen (§ 2 a Abs. 2 AO),
- Landesfinanzbehörden, soweit sie bundesgesetzlich geregelte Steuern verwalten (§ 1 Abs. 1 Satz 1 AO) und
- Gemeinden, soweit sie Realsteuern verwalten (§ 1 Abs. 2 Nr. 1 AO).

3 Zum Verwaltungsverfahren in Steuersachen nach der AO gehören insbesondere die **Ermittlung der Steuerpflichtigen und der steuerrelevanten Sachverhalte** (ggf. auch im Rahmen einer Außenprüfung, Lohnsteuer-Außenprüfung, Umsatzsteuer-Sonderprüfung, Lohnsteuer-Nachschau, Umsatzsteuer-Nachschau oder Kassen-Nachschau), die **Festsetzung und Erhebung** von Steuern, Steuervergütungen und steuerlichen Nebenleistungen einschließlich der **Vollstreckung** dieser Ansprüche, die Inanspruchnahme von **Haftungsschuldnern** sowie das **außergerichtliche Rechtsbehelfsverfahren.**

4 Die AO und die Steuergesetze enthalten **ergänzende bereichsspezifische Regelungen** zur Rechtmäßigkeit der Verarbeitung und Weiterverarbeitung personenbezogener Daten durch Finanzbehörden sowie andere öffentliche oder nicht-öffentliche Stellen (vgl. § 2 a Abs. 1 Satz 1 AO). Außerdem enthält die AO Beschränkungen der Rechte der Betroffenen nach Kapitel III der DSGVO (siehe Rn. 29 ff.).

5 Die **Regelungen des BDSG** gelten für Finanzbehörden im Anwendungsbereich der AO nur, soweit dies in der AO ausdrücklich bestimmt ist (§ 2 a Abs. 1 Satz 2 AO). **Landesdatenschutzgesetze** gelten im Anwendungsbereich der AO nicht.

2. Entsprechende Anwendung der DSGVO – § 2 a Abs. 5 AO

6 Die DSGVO gilt unmittelbar nur für personenbezogene Daten **lebender natürlicher Personen.** § 2 a Abs. 5 AO erweitert diesen Anwendungsbereich. Hiernach gelten die datenschutzrechtlichen Vorschriften der DSGVO, der AO und der Steuergesetze über die Verarbeitung personenbezogener Daten (lebender) natürlicher Personen des Weiteren entsprechend für Informationen, die sich auf identifizierte oder identifizierbare (vgl. Rn. 9). 4

1. **verstorbene natürliche Personen oder**
2. **Körperschaften, rechtsfähige oder nicht rechtsfähige Personenvereinigungen oder Vermögensmassen**

beziehen.

Soweit die AO (z. B. in § 30 Abs. 2 AO) oder dieses Schreiben die Begriffe „personenbezogene Daten" oder „betroffene Person" verwendet, gelten die jeweiligen Bestimmungen somit auch für Informationen

Anl 1 entsprechend, die sich auf eine verstorbene natürliche Person oder auf eine Körperschaft, rechtsfähige oder nicht rechtsfähige Personenvereinigung oder Vermögensmasse beziehen.

3. Keine Anwendung der DSGVO in Steuerstraf- und -bußgeldverfahren – § 2 a Abs. 4 AO

5 **7** Die DSGVO gilt nicht für die Verarbeitung personenbezogener Daten zum Zweck der Verhütung, Ermittlung, Aufdeckung, Verfolgung oder Ahndung von **Steuerstraftaten oder Steuerordnungswidrigkeiten (Art. 2 Abs. 2 Buchst. d DSGVO).** Insoweit gelten die Vorschriften des Ersten und des Dritten Teils des BDSG, soweit gesetzlich nichts anderes bestimmt ist (§ 2 a Abs. 4 AO). Abweichende gesetzliche Regelungen können sich z. B. aus der AO, der StPO oder über § 1 Abs. 1 Nr. 2 BDSG aus den Landesdatenschutzgesetzen ergeben.

II. Verarbeitung und Weiterverarbeitung personenbezogener Daten durch Finanzbehörden

1. Begriffsdefinitionen – Art. 4 und 9 Abs. 1 DSGVO

6 **8** Soweit die AO oder die Steuergesetze Begriffe i. S. d. Art. 4 DSGVO verwenden (z. B. „personenbezogene Daten", „Verarbeitung", „Verantwortlicher" oder „Dateisystem"), sind die **Legaldefinitionen der DSGVO** verbindlich.

9 **„Personenbezogene Daten"** definiert Art. 4 Nr. 1 DSGVO als Informationen, die sich auf eine identifizierte oder identifizierbare (lebende) natürliche Person (= „betroffene Person") beziehen. Als identifizierbar wird eine natürliche Person angesehen, die direkt oder indirekt, insbesondere mittels Zuordnung zu einer Kennung wie einem Namen, zu einer Kennnummer, zu Standortdaten, zu einer Online-Kennung oder zu einem oder mehreren besonderen Merkmalen, die Ausdruck der physischen, physiologischen, genetischen, psychischen, wirtschaftlichen, kulturellen oder sozialen Identität dieser natürlichen Person sind, identifiziert werden kann.

10 **„Besondere Kategorien personenbezogener Daten"** definiert Art. 9 Abs. 1 DSGVO als Daten, aus denen die rassische und ethnische Herkunft, politische Meinungen, religiöse oder weltanschauliche Überzeugungen oder die Gewerkschaftszugehörigkeit hervorgeht, sowie genetische oder biometrische Daten zur eindeutigen Identifizierung einer natürlichen Person, Gesundheitsdaten oder Daten zum Sexualleben oder der sexuellen Orientierung einer natürlichen Person. Laut Erwägungsgrund 10 Satz 5 der DSGVO werden besondere Kategorien personenbezogener Daten auch als **sensible Daten** bezeichnet. Im Folgenden sollen diese Daten der besseren Lesbarkeit halber als „sensible Daten" bezeichnet werden.

11 Die **„Verarbeitung personenbezogener Daten"** ist der Oberbegriff und umfasst nach Art. 4 Nr. 2 DSGVO insbesondere folgende **Vorgänge oder Vorgangsreihen:**
- das Erheben (vgl. Rn. 12),
- das Erfassen,
- die Organisation,
- das Ordnen,
- die Speicherung,
- die Anpassung oder Veränderung,
- das Auslesen,
- das Abfragen,
- die Verwendung,
- die Offenlegung (vgl. Rn. 13),
- den Abgleich oder die Verknüpfung,
- die Einschränkung, das Löschen oder die Vernichtung.

Dabei ist es unbeachtlich, ob diese Verarbeitung mit Hilfe automatisierter Verfahren oder manuell ausgeführt werden.

12 Unter **„Erheben"** ist das Beschaffen von personenbezogenen Daten zu verstehen, wenn die erhebende Stelle Kenntnis von den personenbezogenen Daten oder Verfügungsmacht über die Daten erlangt, beispielsweise durch die Steuererklärung, eine Auskunft nach § 93 AO, eine Außenprüfung, eine gesetzlich vorgeschriebene Anzeige/Mitteilung oder eine Recherche in Zeitungen oder in elektronischen Medien/Abrufverfahren.

13 Die **„Offenlegung"** kann durch Übermittlung, Verbreitung oder eine andere Form der Bereitstellung erfolgen. Sie umfasst jeden bewussten Vorgang, durch den personenbezogene Daten vom Bereich des Verantwortlichen in den Bereich eines Dritten gelangen können. Anlass, Zweck und Rechtsgrundlage des Offenlegens sind unerheblich. Der im Steuerrecht verwendete Begriff des **Offenbarens** i. S. d. § 30 AO ist eine Form des Offenlegens geschützter Daten i. S. d. Art. 4 Nr. 2 DSGVO (vgl. Nr. 3 des AEAO zu § 30).

14 **„Verantwortlicher"** ist nach Art. 4 Nr. 7 DSGVO die natürliche oder juristische Person, Behörde, Einrichtung oder andere Stelle, die allein oder gemeinsam mit anderen über die Zwecke und Mittel der Verarbeitung von personenbezogenen Daten entscheidet. Soweit im Folgenden die **„verantwortliche Finanzbehörde"** angesprochen wird, ist die Finanzbehörde gemeint, die jeweils über die Zwecke und Mittel der Verarbeitung von personenbezogenen Daten entscheidet. Im Regelfall ist dies die im Einzelfall sachlich und örtlich zuständige Finanzbehörde. Stellen, die nach § 20 Abs. 3 FVG technische Hilfstätigkeiten für die sachlich und örtlich zuständigen Finanzbehörden erbringen, sind nicht „Verantwortliche" i. S. d. Art. 4 Nr. 7 DSGVO, sondern „Auftragsverarbeiter" i. S. d. Art. 4 Nr. 8 DSGVO. In den Fällen des § 29 a AO bleibt also verantwortliche Finanzbehörde das örtlich zuständige Finanzamt und nicht das unterstützende Finanzamt.

Anl 1

2. Allgemeine Grundsätze für die Verarbeitung personenbezogener Daten – Art. 5 DSGVO

15 Art. 5 DSGVO bestimmt folgende **Grundsätze für die Verarbeitung personenbezogener Daten:** 7
- Rechtmäßigkeit,
- Verarbeitung nach Treu und Glauben,
- Transparenz,
- Zweckbindung,
- Datenminimierung,
- Richtigkeit,
- Speicherbegrenzung,
- Integrität und Vertraulichkeit sowie
- Rechenschaftspflicht des Verantwortlichen.

3. Zulässigkeit der Verarbeitung personenbezogener Daten durch Finanzbehörden – § 29 b AO

16 Die DSGVO ist gesetzestechnisch als „Verbot mit Erlaubnisvorbehalt" konzipiert worden. Deswegen benötigen rechtmäßige Datenverarbeitungen immer eine Erlaubnis, andernfalls sind sie „datenschutzwidrig" und damit rechtswidrig. Im öffentlichen Bereich (d. h. auch in Verwaltungsverfahren in Steuersachen nach der AO) ist die **Verarbeitung** personenbezogener Daten nur **rechtmäßig, wenn** die Verarbeitung 8
- zur Erfüllung einer rechtlichen Verpflichtung erforderlich ist, der der Verantwortliche unterliegt (Art. 6 Abs. 1 Satz 1 Buchst. c DSGVO) oder
- für die Wahrnehmung einer Aufgabe erforderlich ist, die im öffentlichen Interesse liegt oder in Ausübung öffentlicher Gewalt erfolgt, die dem Verantwortlichen übertragen wurde (Art. 6 Abs. 1 Satz 1 Buchst. e DSGVO).

17 Die **Rechtsgrundlage für Verarbeitungen** gem. Art. 6 Abs. 1 Satz 1 Buchst. c und e DSGVO muss durch Unionsrecht (z. B. EU-Verordnungen wie die Zusammenarbeitsverordnung – VO EU 904/2010) oder das Recht der Mitgliedstaaten, dem der Verantwortliche unterliegt, festgelegt sein (Art. 6 Abs. 3 Satz 1 DSGVO).

18 **§ 29 b Abs. 1 AO ist die nationale Rechtsgrundlage für die Verarbeitung personenbezogener Daten** i. S. d. Art. 6 Abs. 3 Satz 1 DSGVO durch Finanzbehörden in Verwaltungsverfahren in Steuersachen nach der AO. Hiernach dürfen Finanzbehörden personenbezogene Daten verarbeiten, wenn dies zur Erfüllung der ihnen obliegenden Aufgaben oder in Ausübung öffentlicher Gewalt, die ihnen übertragen wurde, erforderlich ist. Die den Finanzbehörden obliegenden Aufgaben und öffentlich-rechtlichen Befugnisse ergeben sich aus der AO (vgl. § 85 AO) und den Steuergesetzen. Die Zulässigkeit der Verarbeitung personenbezogener Daten zu anderen Zwecken durch Finanzbehörden richtet sich nach § 29 c AO (siehe Rn. 23 ff.).

19 **Sensible Daten** (siehe Rn. 10) dürfen nur in den in Art. 9 Abs. 2 DSGVO genannten Fällen verarbeitet werden.

20 **§ 29 b Abs. 2 AO ist die nationale Rechtsgrundlage für die Verarbeitung sensibler Daten** i. S. d. Art. 9 Abs. 2 Buchst. g DSGVO in Verwaltungsverfahren in Steuersachen nach der AO durch Finanzbehörden. Die Verarbeitung sensibler Daten durch eine Finanzbehörde ist hiernach zulässig, soweit die Verarbeitung aus Gründen eines erheblichen öffentlichen Interesses erforderlich ist und soweit die Interessen des Verantwortlichen an der Datenverarbeitung die Interessen der betroffenen Person überwiegen. Ein erhebliches öffentliches Interesse liegt insbesondere vor, wenn Steuergesetze ausdrücklich an sensible Daten anknüpfen (sei es z. B. beim Abzug von Werbungskosten, Sonderausgaben oder außergewöhnlichen Belastungen).

21 In diesem Fall sind **angemessene und spezifische Maßnahmen zur Wahrung der Interessen der betroffenen Person** vorzusehen. § 22 Abs. 2 Satz 2 BDSG ist dabei entsprechend anzuwenden (§ 29 b Abs. 2 Satz 2 2. HS AO). Im Hinblick auf den Schutz personenbezogener Daten nach § 30 AO und § 355 StGB ist sowohl für sensible Daten als auch für die übrigen personenbezogenen Daten das gleiche Datenschutzniveau zu wählen und es sind entsprechende Maßnahmen zu treffen. Das Datenschutzniveau orientiert sich am Schutzniveau für die Verarbeitung sensibler Daten.

Bei Verarbeitungstätigkeiten im Anwendungsbereich der AO ist daher aus rechtlicher Sicht keine zusätzliche Einteilung in datenschutzrechtliche Schutzstufen erforderlich.

22 Art. 6 Abs. 4 DSGVO i. V. m. § 29 b AO gestattet die **Verarbeitung der Daten lediglich zu dem Zweck, zu dem sie erhoben worden sind.** Zweck ist die Durchführung des jeweiligen Verwaltungsverfahrens in Steuersachen nach der AO (vgl. Rn. 2 und 3), differenziert nach Abgabeart (Steuer zuzüglich steuerliche Nebenleistungen), Besteuerungszeitraum/-zeitpunkt und Steuerschuldner. Für gesonderte und gesonderte und einheitliche Feststellungen gilt Entsprechendes.

So ist z. B. **Zweck der Verarbeitung** der im Rahmen der Einkommensteuererklärung erhobenen personenbezogenen Daten für das Jahr 2017 die Festsetzung und Erhebung der Einkommensteuer für 2017 (ggf. einschließlich der Ermittlung der Besteuerungsgrundlagen durch eine Außenprüfung oder durch ein Auskunftsersuchen gegenüber einem Dritten, der Vollstreckung, der Haftungsinanspruchnahme eines Dritten oder der Durchführung eines außergerichtlichen Rechtsbehelfsverfahrens).

4. Weiterverarbeitung personenbezogener Daten durch Finanzbehörden – § 29 c AO

23 Personenbezogene Daten, die zu einem bestimmten Zweck erhoben wurden, dürfen nicht einfach für andere Zwecke weiterverwendet werden. Werden personenbezogene Daten zu einem anderen Zweck als zu demjenigen, zu dem sie erhoben oder erfasst wurden, verarbeitet (sog. **Weiterverarbeitung**), muss eine entsprechende Ermächtigung durch eine Rechtsvorschrift der Union (z. B. EU-Verordnungen wie die Zusammenarbeitsverordnung – VO EU 904/2010) oder der Mitgliedstaaten, die in einer demokratischen Gesellschaft eine notwendige und verhältnismäßige Maßnahme zum Schutz der in Art. 23 Abs. 1 DSGVO genannten Ziele darstellt, vorhanden sein (Art. 6 Abs. 4 DSGVO). 9

Anl 1 **24** **§ 29 c Abs. 1 AO ist die nationale Rechtsgrundlage für die Weiterverarbeitung** personenbezogener Daten i. S. d. Art. 6 Abs. 4 DSGVO durch Finanzbehörden.

25 Die Weiterverarbeitung personenbezogener Daten durch Finanzbehörden ist im Rahmen ihrer Aufgabenerfüllung insbesondere in folgenden Fällen zulässig:

- Die Weiterverarbeitung dient einem
  - anderen **Verwaltungsverfahren in Steuersachen,**
  - **Rechnungsprüfungsverfahren in Steuersachen,**
  - **gerichtlichen Verfahren in Steuersachen,**
  - **Strafverfahren wegen einer Steuerstraftat** oder
  - **Bußgeldverfahren wegen einer Steuerordnungswidrigkeit**

  (§ 29 c Abs. 1 Satz 1 Nr. 1 AO).
- Es liegen die gesetzlichen Voraussetzungen vor, die nach § 30 Abs. 4 oder 5 AO eine **Offenbarung der Daten** zulassen würden, oder es ist zu prüfen, ob diese Voraussetzungen vorliegen (§ 29 c Abs. 1 Satz 1 Nr. 2 AO).
- Die Weiterverarbeitung ist für die **Wahrnehmung von Aufsichts-, Steuerungs- und Disziplinarbefugnissen der Finanzbehörde** erforderlich (§ 29 c Abs. 1 Satz 1 Nr. 6 1. Alt. AO). Hierbei dürfen die Daten nur durch Personen verarbeitet werden, die nach § 30 AO zur Wahrung des Steuergeheimnisses verpflichtet sind (§ 29 c Abs. 1 Satz 3 AO). Eine Weiterverarbeitung für die **Wahrnehmung von Disziplinarbefugnissen anderer Behörden** ist unter den Voraussetzungen des § 29 c Abs. 1 Satz 1 Nr. 2 AO i. V. m. § 30 Abs. 4 Nr. 5 AO zulässig.
- Die Veränderung oder Nutzung personenbezogener Daten ist zu **Ausbildungs- und Prüfungszwecken** durch die Finanzbehörde erforderlich und überwiegende schutzwürdige Interessen der betroffenen Person stehen dem nicht entgegen (§ 29 c Abs. 1 Satz 1 Nr. 6 2. Alt. AO). Hierbei dürfen die Daten nur durch Personen verarbeitet werden, die nach § 30 AO zur Wahrung des Steuergeheimnisses verpflichtet sind (§ 29 c Abs. 1 Satz 3 AO).

26 Eine **Weiterverarbeitung** i. S. d. § 29 c Abs. 1 AO liegt auch dann vor, wenn sie **durch denselben Amtsträger** erfolgt, der die ursprüngliche Verarbeitung i. S. d. § 29 b AO ausgeführt hat (z. B. Daten aus der ESt-Veranlagung werden durch denselben Amtsträger i. R. d. USt-Festsetzung verwendet). Sofern die Daten darüber hinaus einem Dritten offenbart werden sollen, muss eine Befugnis i. S. d. § 30 Abs. 4 oder 5 AO gegeben sein.

27 Die **Weiterverarbeitung sensibler Daten** ist unter den Voraussetzungen des § 29 c Abs. 2 AO zulässig.

III. Steuergeheimnis – § 30 AO

10 **28** Auf die Regelungen im AEAO zu § 30 (vgl. BMF-Schreiben vom 12. Januar 2018, BStBl. I S. 175) wird verwiesen.

IV. Rechte der betroffenen Person – Art. 12 bis 22 DSGVO, §§ 32 a bis 32 f AO

11 **29** Die von der Datenverarbeitung betroffenen Personen haben nach Art. 12 bis 22 DSGVO verschiedene Rechte, bzw. den Verantwortlichen obliegen hiernach gegenüber den betroffenen Personen bestimmte Pflichten. Der nationale Gesetzgeber hat im Anwendungsbereich der AO von der ihm eingeräumten Regelungsbefugnis Gebrauch gemacht und die Betroffenenrechte modifiziert. Die Betroffenenrechte werden ergänzend zur DSGVO durch §§ 32 a bis 32 f AO eingeschränkt.

1. Transparente Information, Kommunikation und Modalitäten für die Ausübung der Rechte der betroffenen Person – Art. 12 DSGVO, § 32 d AO

12 **30** Die verantwortliche Finanzbehörde muss nach Art. 12 Abs. 1 Satz 1 DSGVO der betroffenen Person alle Informationen gem. den Art. 13 und 14 DSGVO und alle Mitteilungen gem. den Art. 15 bis 22 und Art. 34 DSGVO, die sich auf die Verarbeitung beziehen, **in präziser, transparenter, verständlicher und leicht zugänglicher Form in einer klaren und einfachen Sprache** übermitteln.

31 Die **Übermittlung der Informationen** erfolgt nach Art. 12 Abs. 1 Satz 2 DSGVO **schriftlich** oder in anderer Form, ggf. auch **elektronisch.** Bei der elektronischen Übermittlung personenbezogener Daten ist § 87 a Abs. 7 oder 8 AO entsprechend anzuwenden (§ 32 d Abs. 3 AO).

32 Soweit der Erteilung der Information oder Auskunft keine Rechtsgründe entgegenstehen, bestimmt die Finanzbehörde die Form der Informations- oder Auskunftserteilung gem. § 32 d AO grundsätzlich nach pflichtgemäßem Ermessen. Wenn sie es für zweckmäßig hält, kann die Information oder Auskunft auch im Wege der Akteneinsicht erteilt werden.

33 Hat die betroffene Person einen Bevollmächtigten i. S. d. § 80 Abs. 1 AO bestellt, soll die Information bzw. die Auskunft dem Bevollmächtigten erteilt werden, sofern keine Anhaltspunkte für einen abweichenden Willen der betroffenen Person zu erkennen sind. Von einem abweichenden Willen der betroffenen Person ist z. B. auszugehen, wenn sie persönlich einen Auskunftsantrag nach Art. 15 DSGVO gestellt hat.

34 Die verantwortliche Finanzbehörde muss der betroffenen Person nach Art. 12 Abs. 3 Satz 1 DSGVO **Informationen** über die auf Antrag gem. den Art. 15 bis 22 DSGVO ergriffenen Maßnahmen **unverzüglich, in jedem Fall aber innerhalb eines Monats nach Eingang des Antrags** zur Verfügung stellen.

35 Kann diese **Frist** wegen der Komplexität und der Anzahl der Anträge nicht eingehalten werden, sind die Informationen innerhalb von zwei weiteren Monaten zur Verfügung zu stellen (Art. 12 Abs. 3 Satz 2 DSGVO). Die betroffene Person ist hierüber innerhalb eines Monats nach Eingang des Antrags, zusammen mit den Gründen für die Verzögerung, zu unterrichten (Art. 12 Abs. 3 Satz 3 DSGVO).

Anl 1

36 Wird die verantwortliche Finanzbehörde auf den Antrag der betroffenen Person hin nicht tätig, muss sie die betroffene Person ohne Verzögerung, spätestens aber innerhalb eines Monats nach Eingang des Antrags über die Gründe hierfür und über die Möglichkeit unterrichten, Beschwerde bei der Datenschutzaufsichtsbehörde (vgl. Art. 77 DSGVO) oder einen gerichtlichen Rechtsbehelf (vgl. Art. 79 DSGVO) einzulegen (Art. 12 Abs. 4 DSGVO).

37 Informationen gem. Art. 13 und 14 DSGVO sowie alle Mitteilungen und Maßnahmen gem. Art. 15 bis 22 und Art. 34 DSGVO werden grundsätzlich unentgeltlich zur Verfügung gestellt (Art. 12 Abs. 5 Satz 1 DSGVO).

38 Bei **offenkundig unbegründeten oder** – insbesondere im Fall von häufiger Wiederholung – **exzessiven Anträgen** einer betroffenen Person kann die verantwortliche Finanzbehörde nach Art. 12 Abs. 5 Satz 2 Buchst. b DSGVO sich weigern, aufgrund des Antrags tätig zu werden. Die verantwortliche Finanzbehörde hat den Nachweis für den offenkundig unbegründeten oder exzessiven Charakter des Antrags zu erbringen (Art. 12 Abs. 5 Satz 3 DSGVO).

2. Informationspflicht bei Erhebung von personenbezogenen Daten

39 Nach Art. 13 und 14 DSGVO obliegen der verantwortlichen Finanzbehörde Informationspflichten gegenüber der betroffenen Person, wenn sie personenbezogene Daten zu dieser Person erhebt oder beabsichtigt, diese **weiterzuverarbeiten.** Siehe dazu auch die Übersicht in Anlage 1. 13

a) Bei der betroffenen Person erhobene personenbezogene Daten – Art. 13 DSGVO, § 32 a AO

aa) Informationspflicht von Amts wegen

40 Im Fall der Erhebung personenbezogener Daten bei der betroffenen Person muss die verantwortliche Finanzbehörde nach Art. 13 Abs. 1 und 2 DSGVO der betroffenen Person die in diesen Regelungen genannten Daten und Informationen spätestens im Zeitpunkt der Erhebung **von Amts wegen mitteilen.**

41 Mitzuteilen sind hiernach insbesondere:
- der Name und die Kontaktdaten der verantwortlichen Finanzbehörde sowie ggf. ihres Vertreters oder ihres Datenschutzbeauftragten;
- die Zwecke, für die die personenbezogenen Daten verarbeitet werden sollen (vgl. Rn. 25);
- die Rechtsgrundlage für die Verarbeitung;
- ggf. die Empfänger oder Kategorien von Empfängern der personenbezogenen Daten;
- die Dauer, für die die personenbezogenen Daten gespeichert werden oder, falls dies nicht möglich ist, die Kriterien für die Festlegung dieser Dauer;
- das Bestehen eines Rechts auf Auskunft über die betreffenden personenbezogenen Daten sowie auf Berichtigung oder Löschung oder auf Einschränkung der Verarbeitung oder eines Widerspruchsrechts gegen die Verarbeitung;
- das Bestehen eines Beschwerderechts bei der oder dem Bundesbeauftragen für den Datenschutz und die Informationsfreiheit (BfDI);
- ggf. das Bestehen einer gesetzlichen Pflicht zur Bereitstellung der personenbezogenen Daten durch die betroffene Person;
- ggf. welche möglichen Folgen die Nichtbereitstellung hätte.

42 Beabsichtigt die verantwortliche Finanzbehörde, die personenbezogenen Daten für einen anderen Zweck weiterzuverarbeiten als den, für den die personenbezogenen Daten erhoben wurden, muss sie der betroffenen Person vor dieser **Weiterverarbeitung** von Amts wegen Informationen über diesen anderen Zweck und alle anderen maßgeblichen Informationen zur Verfügung stellen (Art. 13 Abs. 3 DSGVO).

43 Diese Informationspflichten (Rn. 40 bis 42) können soweit möglich auch in allgemeiner Form (beispielsweise durch ein allgemeines Informationsschreiben mit Hinweis auf ein – z. B. im Internet – veröffentlichtes Merkblatt) erfüllt werden (§ 32 d Abs. 2 AO). Im Fall elektronischer Übermittlung der Information ist § 87 a Abs. 7 oder 8 AO entsprechend anzuwenden (§ 32 d Abs. 3 AO).

bb) Ausnahmen von der Informationspflicht

44 Die o.g. Informationspflichten gem. Art. 13 Abs. 1 bis 3 DSGVO bestehen nach Art. 13 Abs. 4 DSGVO nicht, wenn und soweit die betroffene Person bereits über die Informationen verfügt. Hiervon ist auszugehen, soweit ein allgemeines Informationsschreiben gem. § 32 d Abs. 2 AO mit Hinweis auf ein – z. B. im Internet – veröffentlichtes Merkblatt übermittelt worden ist.

45 Darüber hinaus besteht die Informationspflicht bei beabsichtigter Weiterverarbeitung (vgl. Art. 13 Abs. 3 DSGVO) nach Art. 23 Abs. 1 DSGVO i. V. m. § 32 a Abs. 1 AO **in folgenden Fällen nicht:**

46 – die Erteilung der Information würde die ordnungsgemäße Erfüllung der in der Zuständigkeit der Finanzbehörden liegenden Aufgaben gefährden (vgl. Rn. 50 und 51) und die Interessen der Finanzbehörden an der Nichterteilung der Information überwiegen die Interessen der betroffenen Person (§ 32 a Abs. 1 Nr. 1 i. V. m. Abs. 2 AO),

47 – die Erteilung der Information würde die öffentliche Sicherheit oder Ordnung gefährden oder sonst dem Wohl des Bundes oder eines Landes Nachteile bereiten und die Interessen der Finanzbehörde an der Nichterteilung der Information überwiegen die Interessen der betroffenen Person (§ 32 a Abs. 1 Nr. 2 AO),

48 – die Erteilung der Information würde den Rechtsträger der Finanzbehörde (d. h. Bund, Land oder Gemeinde) in der Geltendmachung, Ausübung oder Verteidigung zivilrechtlicher Ansprüche oder in der Verteidigung gegen ihn geltend gemachter zivilrechtlicher Ansprüche (z. B. Amtshaftungsansprüche, Schadenersatzansprüche, Insolvenzanfechtungsansprüche) beeinträchtigen

Anl 1

§ 32 a Abs. 1 Nr. 3 AO); diese Ausnahme gilt allerdings nicht, wenn die Finanzbehörde nach dem Zivilrecht zur Information verpflichtet ist, oder

49 – die Erteilung der Information würde eine vertrauliche Offenbarung geschützter Daten gegenüber öffentlichen Stellen gefährden (§ 32 a Abs. 1 Nr. 4 AO).

Beispiele:
- Mitteilungen zur Bekämpfung der illegalen Beschäftigung und des Leistungsmissbrauchs (§ 31 a AO),
- Mitteilungen zur Bekämpfung der Geldwäsche und der Terrorismusfinanzierung (§ 31 b AO) und
- Mitteilungen an Strafverfolgungsbehörden.

50 Die ordnungsgemäße Erfüllung der in der Zuständigkeit der Finanzbehörden liegenden Aufgaben wird nach § 32 a Abs. 2 Nr. 1 AO insbesondere gefährdet, wenn die Erteilung der Information den Betroffenen oder Dritte in die Lage versetzen könnte,
a) steuerlich bedeutsame Sachverhalte zu verschleiern,
b) steuerlich bedeutsame Spuren zu verwischen oder
c) Art und Umfang der Erfüllung steuerlicher Mitwirkungspflichten auf den Kenntnisstand der Finanzbehörden einzustellen,
und damit die Aufdeckung steuerlich bedeutsamer Sachverhalte wesentlich erschwert würde.

Beispiele:
- Mitteilungen an die Steuerfahndung,
- Mitteilungen an die für Steuerstrafverfahren und Steuerordnungswidrigkeitenverfahren zuständigen Stellen,
- Kontrollmitteilungen,
- Verwendung von Informationen (Bankverbindung, Vermögen usw.) für die Vollstreckung anderer Steuern derselben betroffenen Person.

51 Die ordnungsgemäße Erfüllung der in der Zuständigkeit der Finanzbehörden liegenden Aufgaben wird nach § 32 a Abs. 2 Nr. 2 AO insbesondere auch dann gefährdet, wenn die Erteilung der Information Rückschlüsse auf die Ausgestaltung automationsgestützter Risikomanagementsysteme oder auf geplante Kontroll- oder Prüfungsmaßnahmen zulassen und damit die Aufdeckung steuerlich bedeutsamer Sachverhalte wesentlich erschwert würde.

52 **Unterbleibt eine Information** der betroffenen Person nach § 32 a Abs. 1 Nr. 1 bis 4 AO, muss die verantwortliche Finanzbehörde nach § 32 a Abs. 3 AO **geeignete Maßnahmen** zum Schutz der berechtigten Interessen der betroffenen Person (Recht auf Information) treffen (z. B. Wiedervorlage und erneute Prüfung bei einem nur vorübergehenden Hinderungsgrund). Die Gründe für die Entscheidung, die betroffene Person nicht zu informieren, sind zu dokumentieren.

53 Im Fall eines vorübergehenden Hinderungsgrundes muss die verantwortliche Finanzbehörde der Informationspflicht unter Berücksichtigung der spezifischen Umstände der Verarbeitung innerhalb einer angemessenen Frist nach Fortfall des Hinderungsgrundes (z. B. Durchführung der Vollstreckungsmaßnahme) nachkommen, spätestens jedoch innerhalb von zwei Wochen (§ 32 a Abs. 4 AO).

54 Bezieht sich die Informationserteilung auf die Übermittlung personenbezogener Daten durch Finanzbehörden an Verfassungsschutzbehörden, den Bundesnachrichtendienst, den Militärischen Abschirmdienst und, soweit die Sicherheit des Bundes berührt wird, andere Behörden des Bundesministeriums der Verteidigung, ist sie nach § 32 a Abs. 5 AO nur mit Zustimmung dieser Stellen zulässig.

b) Bei Dritten erhobene personenbezogene Daten – Art. 14 DSGVO, § 32 b AO

aa) Informationspflicht von Amts wegen

55 Im Fall der Erhebung personenbezogener Daten bei Dritten muss die verantwortliche Finanzbehörde nach Art. 14 Abs. 1 und 2 DSGVO der betroffenen Person die in diesen Regelungen genannten Daten und **Informationen von Amts wegen mitteilen.**

56 Ergänzend zu den nach Art. 13 DSGVO mitzuteilenden Daten und Informationen (vgl. Rn. 40 ff.) müssen der betroffenen Person hiernach **insbesondere** auch **folgende Daten und Informationen** mitgeteilt werden:
- die Kategorien personenbezogener Daten,
- aus welcher Quelle die personenbezogenen Daten stammen und
- ggf. ob sie aus öffentlich zugänglichen Quellen stammen.

57 Die verantwortliche Finanzbehörde muss die vorgenannten Informationen grundsätzlich innerhalb einer angemessenen Frist nach Erlangung der personenbezogenen Daten, spätestens jedoch **innerhalb eines Monats** mitteilen (Art. 14 Abs. 3 Buchst. a DSGVO). Falls die personenbezogenen Daten zur Kommunikation mit der betroffenen Person verwendet werden sollen, müssen die vorgenannten Informationen spätestens zum Zeitpunkt der ersten Mitteilung an sie mitgeteilt werden (Art. 14 Abs. 3 Buchst. b DSGVO). Falls die Offenlegung an einen anderen Empfänger beabsichtigt ist, müssen die vorgenannten Informationen spätestens zum Zeitpunkt der ersten Offenlegung mitgeteilt werden (Art. 14 Abs. 3 Buchst. c DSGVO).

58 Im Fall elektronischer Übermittlung der Information ist § 87 a Abs. 7 oder 8 AO entsprechend anzuwenden (§ 32 d Abs. 3 AO).

59 Beabsichtigt die verantwortliche Finanzbehörde, die personenbezogenen Daten für einen anderen Zweck weiterzuverarbeiten als den, für den die personenbezogenen Daten erhoben wurden, muss sie der betroffenen Person vor dieser **Weiterverarbeitung** von Amts wegen Informationen über diesen anderen Zweck und alle anderen maßgeblichen Informationen zur Verfügung stellen (Art. 14 Abs. 4 DSGVO).

bb) Ausnahmen von der Informationspflicht

60 Die o.g. Informationspflichten gem. Art. 14 Abs. 1 bis 4 DSGVO bestehen nach Art. 14 Abs. 5 DSGVO nicht, wenn und soweit

Anl 1

a) die betroffene Person bereits über die Informationen verfügt (hiervon ist auszugehen, soweit ein allgemeines Informationsschreiben gem. § 32 d Abs. 2 AO mit Hinweis auf ein – z. B. im Internet – veröffentlichtes Merkblatt übermittelt worden ist);
b) die Erteilung dieser Informationen sich als unmöglich erweist oder einen unverhältnismäßigen Aufwand erfordern würde (vgl. dazu im Einzelnen Art. 14 Abs. 5 Buchst. b DSGVO);
c) die Erlangung der Information durch die Finanzbehörde oder die Offenlegung der Information gegenüber Dritten durch Rechtsvorschriften der Union oder der Mitgliedstaaten ausdrücklich geregelt ist (z. B. § 22 a EStG i. V. m. § 93 c AO) oder
d) die personenbezogenen Daten gem. dem Unionsrecht oder dem Recht der Mitgliedstaaten dem Berufsgeheimnis, einschließlich einer satzungsmäßigen Geheimhaltungspflicht, unterliegen und daher vertraulich behandelt werden müssen.

61 Darüber hinaus besteht nach Art. 23 Abs. 1 DSGVO i. V. m. § 32 b Abs. 1 AO in folgenden Fällen keine Informationspflicht:
- soweit die Erteilung der Information
  a) die ordnungsgemäße Erfüllung der in der Zuständigkeit der Finanzbehörden (vgl. dazu § 32 a Abs. 2 AO sowie Rn. 50 und 51) oder anderer öffentlicher Stellen liegenden Aufgaben i. S. d. Art. 23 Abs. 1 Buchst. d bis h DSGVO gefährden würde oder
  b) die öffentliche Sicherheit oder Ordnung gefährden oder sonst dem Wohl des Bundes oder eines Landes Nachteile bereiten würde

  oder
- wenn die Daten, ihre Herkunft, ihre Empfänger oder die Tatsache ihrer Verarbeitung nach § 30 AO oder einer anderen Rechtsvorschrift oder ihrem Wesen nach, insbesondere wegen überwiegender berechtigter Interessen eines Dritten i. S. d. Art. 23 Abs. 1 Buchst. i DSGVO, geheim gehalten werden müssen

und deswegen das Interesse der betroffenen Person an der Informationserteilung zurücktreten muss.

62 Bezieht sich die Informationserteilung auf die Übermittlung personenbezogener Daten durch Finanzbehörden an Verfassungsschutzbehörden, den Bundesnachrichtendienst, den Militärischen Abschirmdienst und, soweit die Sicherheit des Bundes berührt wird, andere Behörden des Bundesministeriums der Verteidigung, ist sie nur mit Zustimmung dieser Stellen zulässig (§ 32 b Abs. 2 AO).

63 Unterbleibt eine Information der betroffenen Person nach § 32 b Abs. 1 Nr. 1 und 2 AO, gelten die Regelungen in Rn. 52 entsprechend.

3. Auskunftsrecht der betroffenen Person – Art. 15 DSGVO, § 32 c AO

a) Auskunftspflicht auf Antrag

64 Die **betroffene Person hat das Recht,** von der verantwortlichen Finanzbehörde eine Bestätigung darüber zu verlangen, ob sie betreffende personenbezogene Daten von der Finanzbehörde verarbeitet werden; ist dies der Fall, hat sie ein Recht auf Auskunft über diese personenbezogenen Daten und auf die in Art. 15 Abs. 1 Buchst. a bis h DSGVO genannten Informationen **(Auskunft auf Antrag).** Der Antrag kann formlos gestellt werden und bedarf keiner Begründung (zur Benennung der Daten, über die Auskunft erteilt werden soll, vgl. Rn. 69). Der Insolvenzverwalter ist hinsichtlich der Steuerdaten des Insolvenzschuldners nicht „betroffene Person" i. S. d. Art. 4 Nr. 1, Art. 15 Abs. 1 DSGVO, weil der Auskunftsanspruch des Insolvenzschuldners aus Art. 15 DSGVO nicht gemäß § 80 Abs. 1 InsO in die Verwaltungs- und Verfügungsbefugnis des Insolvenzverwalters übergeht (BVerwG-Urteil vom 16. September 2020 6 C 10/19, BFH/NV 2021 S. 287). 14

65 Soweit sich aus dem Antrag nicht etwas anderes ergibt, sind der betroffenen Person neben den verarbeiteten personenbezogenen Daten **insbesondere folgende Informationen mitzuteilen:**
- die Zwecke der Verarbeitung (vgl. Rn. 25);
- die Empfänger, gegenüber denen die personenbezogenen Daten offengelegt worden sind oder noch offengelegt werden, insbesondere Empfänger in Drittländern oder internationale Organisationen;
- falls möglich die geplante Dauer, für die die personenbezogenen Daten gespeichert werden, oder, falls dies nicht möglich ist, die Kriterien für die Festlegung dieser Dauer (vgl. hierzu § 17 BuchO i. V. m. AufbewBest-FV).

66 Die verantwortliche Finanzbehörde muss der betroffenen Person eine **Zusammenstellung der personenbezogenen Daten,** die Gegenstand der Verarbeitung sind, unentgeltlich **zur Verfügung stellen** (Art. 15 Abs. 3 Satz 1 DSGVO). Die Rechte Dritter – insbesondere auf Wahrung des Steuergeheimnisses – sind hierbei zu schützen (Art. 15 Abs. 4 DSGVO).

Die Pflicht nach Art. 15 Abs. 3 Satz 1 DSGVO ist nicht mit einem allgemeinen Akteneinsichtsrecht gleichzusetzen. Ein grundsätzlicher Anspruch auf Akteneinsicht[1] besteht im Verwaltungsverfahren in Steuersachen nach der AO nicht. Hält die Finanzbehörde es für zweckmäßig, kann sie eine Auskunft im Wege der Akteneinsicht erteilen (§ 32 d Abs. 1 AO, vgl. Rn. 32).

§ 78 FGO, wonach die Beteiligten im finanzgerichtlichen Verfahren das Recht haben, die dem Gericht vorgelegten Akten einzusehen, bleibt unberührt. Zu diesen Akten gehören die den Streitfall betreffenden

---

[1] *BFH-Urteil vom 20. 9. 2024 IX R 24/23, BFH/NV 2025 S. 186*: 1. Die Datenschutz-Grundverordnung enthält keinen Anspruch auf Akteneinsicht. Weder aus der AO noch aus dem Recht auf effektiven Rechtsschutz im Sinne von Art. 19 Abs. 4 GG sowie dem Rechtsstaatsprinzip nach Art. 20 Abs. 3 GG ergibt sich ein gebundener Anspruch auf Akteneinsicht.

BFH-Urteil vom 7. 5. 2024 IX R 21/22, BFH/NV S. 1070: Der Anspruch auf ermessensfehlerfreie Entscheidung über einen Antrag auf Einsicht in eine Steuerakte außerhalb eines finanzgerichtlichen Verfahrens besteht nicht, wenn der Steuerpflichtige für den betroffenen Besteuerungszeitraum bereits bestandskräftig veranlagt wurde und die Einsichtnahme der Verfolgung steuerverfahrensfremder Zwecke dienen soll (hier: Prüfung eines Schadenersatzanspruchs gegen den ehemaligen Steuerberater).

Anl 1 Akten, die die Finanzbehörde nach Empfang der Klageschrift an das Gericht zu übermitteln hat (§ 71 Abs. 2 FGO).

67 Stellt die betroffene Person den Auskunftsantrag elektronisch, sind die Informationen in einem gängigen elektronischen Format zur Verfügung zu stellen, sofern sie nichts anderes angibt (Art. 15 Abs. 3 Satz 3 DSGVO). Hierbei ist § 87 a Abs. 7 oder 8 AO entsprechend anzuwenden (§ 32 d Abs. 3 AO).

b) Ausnahmen von der Auskunftspflicht

68 Der nationale Gesetzgeber hat Ausnahmen von diesem Auskunftsrecht festgelegt. Nach Art. 23 Abs. 1 DSGVO i. V. m. § 32 c Abs. 1 AO besteht insbesondere **kein Auskunftsrecht der betroffenen Person, soweit**

- die betroffene Person nach § 32 b Abs. 1 Nr. 1 oder 2 oder Abs. 2 AO nicht zu informieren ist (vgl. dazu im Einzelnen Rn. 61 f.),
- die Auskunftserteilung den Rechtsträger der Finanzbehörde in der Geltendmachung, Ausübung oder Verteidigung zivilrechtlicher Ansprüche oder in der Verteidigung gegen ihn geltend gemachter zivilrechtlicher Ansprüche i. S. d. Art. 23 Abs. 1 Buchst. j DSGVO beeinträchtigen würde; Auskunftspflichten der Finanzbehörde nach dem Zivilrecht bleiben hiervon allerdings unberührt (vgl. Rn. 48),
- die personenbezogenen Daten ausschließlich Zwecken der Datensicherung oder der Datenschutzkontrolle dienen (vgl. z. B. § 6 StDAV) und die Auskunftserteilung einen unverhältnismäßigen Aufwand erfordern würde und eine Verarbeitung zu anderen Zwecken durch geeignete technische und organisatorische Maßnahmen ausgeschlossen ist.

69 Pauschal gestellte Auskunftsanträge müssen im Regelfall durch die betroffene Person präzisiert werden. Denn die betroffene Person soll in dem Auskunftsantrag die Art der personenbezogenen Daten, über die Auskunft erteilt werden soll, näher bezeichnen (§ 32 c Abs. 2 AO i. V. m. Erwägungsgrund 63 Satz 7 der DSGVO). Ein präzisierter Auskunftsantrag ist erforderlich, weil die Finanzbehörde zu einer betroffenen Person i. d. R. eine große Menge personenbezogener Daten verarbeitet.

Macht die betroffene Person auch auf Nachfrage keine sachdienlichen Angaben, kann ein Fall des Art. 12 Abs. 5 Satz 2 DSGVO vorliegen (vgl. Rn. 38).

70 Die **Ablehnung der Auskunftserteilung ist** gegenüber der betroffenen Person **zu begründen.** Eine Begründung unterbleibt, soweit der mit der Auskunftsablehnung verfolgte Zweck gefährdet würde (§ 32 c Abs. 4 Satz 1 AO).

71 Die zum Zweck der Auskunftserteilung an die betroffene Person und zu deren Vorbereitung gespeicherten Daten dürfen nur für diesen Zweck sowie für Zwecke der Datenschutzkontrolle verarbeitet werden; für andere Zwecke ist die Verarbeitung nach Maßgabe des Art. 18 DSGVO einzuschränken (§ 32 c Abs. 4 Satz 2 AO; vgl. Rn. 83 f.).

72 Soweit eine Finanzbehörde die Erteilung einer **Auskunft** ablehnt, ist die Auskunft **auf Verlangen** der betroffenen Person grundsätzlich der oder dem **BfDI zu erteilen.** Dies gilt nicht, soweit die jeweils zuständige oberste Finanzbehörde im Einzelfall feststellt, dass dadurch die Sicherheit des Bundes oder eines Landes gefährdet würde (§ 32 c Abs. 5 Satz 1 AO).

73 Die Mitteilung der oder des BfDI an die betroffene Person über das **Ergebnis der datenschutzrechtlichen Prüfung** der Auskunftsverweigerung **darf keine Rückschlüsse** auf den Erkenntnisstand der Finanzbehörde **zulassen,** sofern diese nicht einer weitergehenden Auskunft zustimmt (§ 32 c Abs. 5 Satz 2 AO).

4. Auskunfts- und Informationsrechte nach dem Informationsfreiheitsgesetz (IFG) oder entsprechenden Landesgesetzen – § 32 e AO

15 **74** Soweit die betroffene Person oder ein Dritter nach dem IFG oder nach entsprechenden Gesetzen der Länder gegenüber der Finanzbehörde einen Anspruch auf Zugang zu geschützten Daten i. S. d. § 30 Abs. 2 AO hat, gelten die Art. 12 bis 15 der DSGVO i. V. m. den §§ 32 a bis 32 d AO entsprechend (§ 32 e Satz 1 AO). Weitergehende Informationsansprüche über geschützte Daten sind insoweit ausgeschlossen. Damit soll sichergestellt werden, dass anderweitige Informationszugangsansprüche insoweit nicht weitergehen als die Rechte der betroffenen Personen nach der DSGVO und der AO. Zum Rechtsweg siehe Rn. 106.

5. Recht auf Berichtigung – Art. 16 DSGVO, § 32 f Abs. 1 AO

16 **75** Nach Art. 16 DSGVO hat die **betroffene Person das Recht,** von der verantwortlichen Finanzbehörde unverzüglich die **Berichtigung** sie betreffender unrichtiger personenbezogener Daten **zu verlangen.** Unter Berücksichtigung der Zwecke der Verarbeitung hat die betroffene Person außerdem das Recht, die Vervollständigung unvollständiger personenbezogener Daten – auch mittels einer ergänzenden Erklärung – zu verlangen.

76 Bestreitet die betroffene Person die Richtigkeit sie betreffender personenbezogener Daten und lässt sich weder die Richtigkeit noch die Unrichtigkeit der Daten feststellen, bewirkt dies nach § 32 f Abs. 1 AO **keine Einschränkung der Verarbeitung** (vgl. Art. 4 Nr. 3 DSGVO), **soweit die Daten einem Verwaltungsakt zugrunde liegen,** der nicht mehr aufgehoben, geändert oder berichtigt werden kann. Die ungeklärte Sachlage ist in diesem Fall allerdings **in geeigneter Weise festzuhalten (z. B. schriftlicher oder elektronischer Aktenvermerk).** Die bestrittenen Daten dürfen nur mit einem Hinweis hierauf verarbeitet werden.

6. Recht auf Löschung – Art. 17 DSGVO, § 32 f Abs. 2 AO

17 **77** Die **betroffene Person hat das Recht,** von der verantwortlichen Finanzbehörde zu verlangen, dass sie betreffende personenbezogene **Daten** unverzüglich **gelöscht werden,** und der Verantwortliche ist dann verpflichtet, personenbezogene Daten unverzüglich zu löschen, sofern einer der in Art. 17 Abs. 1 Buchst. a bis f DSGVO genannten Gründe zutrifft. In Betracht kommen insbesondere folgende **Gründe:**

- Die personenbezogenen Daten sind für die Zwecke, für die sie erhoben oder auf sonstige Weise verarbeitet wurden, nicht mehr notwendig. Anhaltspunkte für die Dauer der Notwendigkeit der Datenspeicherung ergeben sich aus § 17 BuchO i. V. m. AufbewBest-FV.
- Die betroffene Person legt gem. Art. 21 Abs. 1 DSGVO Widerspruch gegen die Verarbeitung ein und es liegen keine vorrangigen berechtigten Gründe für die Verarbeitung vor (vgl. Rn. 88).
- Die personenbezogenen Daten wurden unrechtmäßig verarbeitet.

78 **Das Recht** der betroffenen Person, die **Löschung** personenbezogener Daten verlangen zu dürfen, und die damit verbundene Pflicht der verantwortlichen Finanzbehörde zur Löschung nach Art. 17 Abs. 1 DSGVO gelten nach Art. 17 Abs. 3 DSGVO allerdings **insbesondere nicht, soweit** die Verarbeitung erforderlich ist
- zur Erfüllung einer rechtlichen Verpflichtung, die die Verarbeitung nach dem Recht der Union oder der Mitgliedstaaten durch die verantwortliche Finanzbehörde erfordert,
- zur Wahrnehmung einer Aufgabe, die im öffentlichen Interesse liegt oder in Ausübung öffentlicher Gewalt erfolgt, die der verantwortlichen Finanzbehörde übertragen wurde, oder
- zur Geltendmachung, Ausübung oder Verteidigung von Rechtsansprüchen.

79 Sind die personenbezogenen Daten für die Zwecke, für die sie erhoben oder auf sonstige Weise verarbeitet wurden, nicht mehr notwendig, oder wurden sie unrechtmäßig verarbeitet, ist **anstelle ihrer Löschung die Verarbeitung einzuschränken,**

a) soweit die Daten einem Verwaltungsakt zugrunde liegen, der nicht mehr aufgehoben, geändert oder berichtigt werden kann, und
b) die Finanzbehörde Grund zu der Annahme hat, dass durch eine Löschung schutzwürdige Interessen der betroffenen Person beeinträchtigt würden

(§ 32 f Abs. 3 Satz 1 AO). Dies ist in geeigneter Weise festzuhalten **(z. B. schriftlicher oder elektronischer Aktenvermerk).** Die **Finanzbehörde unterrichtet** außerdem **die betroffene Person** über die Einschränkung der Verarbeitung, sofern sich die Unterrichtung nicht als unmöglich erweist oder einen unverhältnismäßigen Aufwand erfordern würde.

80 Im Fall nicht automatisierter Datenverarbeitung besteht das Recht der betroffenen Person auf und die Pflicht der Finanzbehörde zur Löschung personenbezogener Daten nicht, wenn eine Löschung wegen der besonderen Art der Speicherung nicht oder nur mit unverhältnismäßig hohem Aufwand möglich (z. B. Verfilmung) und das Interesse der betroffenen Person an der Löschung als gering anzusehen ist (§ 32 f Abs. 2 Satz 1 AO). In diesem Fall tritt an die Stelle einer Löschung die Einschränkung der Verarbeitung gem. Art. 18 DSGVO (§ 32 f Abs. 2 Satz 2 AO). Die Sätze 1 und 2 gelten nach § 32 f Abs. 2 Satz 3 AO allerdings nicht, wenn die personenbezogenen Daten unrechtmäßig verarbeitet wurden.

7. Recht auf Einschränkung der Verarbeitung – Art. 18 DSGVO

81 Die betroffene Person hat nach Art. 18 Abs. 1 DSGVO das Recht, von der verantwortlichen Finanz- 18
behörde die Einschränkung der Verarbeitung zu verlangen, wenn eine der in Art. 18 Abs. 1 Buchst. a bis d DSGVO genannten Voraussetzungen gegeben ist. Die Einschränkung der Verarbeitung bedeutet die Markierung gespeicherter personenbezogener Daten mit dem Ziel, ihre künftige Verarbeitung einzuschränken (Art. 4 Nr. 3 DSGVO).

82 Eine Einschränkung der Verarbeitung kommt nach Art. 18 Abs. 1 DSGVO insbesondere in Betracht, wenn

a) die Richtigkeit der personenbezogenen Daten von der betroffenen Person bestritten wird (vgl. Rn. 75), und zwar für eine Dauer, die es der verantwortlichen Finanzbehörde ermöglicht, die Richtigkeit der personenbezogenen Daten zu überprüfen,
b) die Verarbeitung unrechtmäßig ist und die betroffene Person die Löschung der personenbezogenen Daten nach Art. 17 DSGVO ablehnt und stattdessen die Einschränkung der Nutzung der personenbezogenen Daten verlangt,
c) die verantwortliche Finanzbehörde die personenbezogenen Daten für die Zwecke der Verarbeitung nicht länger benötigt, die betroffene Person sie jedoch zur Geltendmachung, Ausübung oder Verteidigung von Rechtsansprüchen benötigt, oder
d) die betroffene Person Widerspruch gegen die Verarbeitung gem. Art. 21 Abs. 1 DSGVO eingelegt hat, solange noch nicht feststeht, ob die berechtigten Gründe der verantwortlichen Finanzbehörde gegenüber denen der betroffenen Person überwiegen.

83 Wurde die Verarbeitung personenbezogener Daten gem. Art. 18 Abs. 1 DSGVO eingeschränkt, dürfen diese Daten – von ihrer Speicherung abgesehen – nach Art. 18 Abs. 2 DSGVO nur
- zur Geltendmachung, Ausübung oder Verteidigung von Rechtsansprüchen oder zum Schutz der Rechte einer anderen natürlichen oder juristischen Person oder
- aus Gründen eines wichtigen öffentlichen Interesses der Union oder eines Mitgliedstaats

verarbeitet werden. Ein wichtiges öffentliches Interesse in diesem Sinne ist die gesetzmäßige und gleichmäßige Besteuerung (vgl. Art. 23 Abs. 1 Buchst. e DSGVO).

84 Die betroffene Person, die eine Einschränkung der Verarbeitung gem. Art. 18 Abs. 1 DSGVO erwirkt hat, wird von der verantwortlichen Finanzbehörde unterrichtet, bevor die Einschränkung der Verarbeitung aufgehoben wird (Art. 18 Abs. 3 DSGVO).

8. Mitteilungspflicht der verantwortlichen Finanzbehörde im Zusammenhang mit der Berichtigung oder Löschung personenbezogener Daten oder der Einschränkung der Verarbeitung – Art. 19 DSGVO

85 Die verantwortliche **Finanzbehörde muss** nach Art. 19 DSGVO allen Empfängern, denen perso- 19
nenbezogene Daten offengelegt wurden, **jede auf Verlangen der betroffenen Person nach Art. 16, Art. 17 Abs. 1 und Art. 18 DSGVO erfolgte Berichtigung oder Löschung** der personenbezogenen

Anl 1

Daten oder Einschränkung ihrer Verarbeitung **mitteilen,** es sei denn, dies erweist sich als unmöglich oder ist mit einem unverhältnismäßigen Aufwand verbunden. Die verantwortliche Finanzbehörde muss die betroffene Person über diese Empfänger informieren, wenn die betroffene Person dies verlangt.

9. Recht auf Datenübertragbarkeit – Art. 20 DSGVO

20 **86** Art. 20 DSGVO ist im Verwaltungsverfahren in Steuersachen nach der AO nicht anzuwenden, da die Verarbeitung personenbezogener Daten nicht auf Grundlage einer Einwilligung erfolgt (vgl. Erwägungsgrund 68 Satz 3 ff. der DSGVO).

10. Widerspruchsrecht – Art. 21 DSGVO, § 32 f Abs. 5 AO

21 **87** Die **betroffene Person** hat nach Art. 21 Abs. 1 Satz 1 DSGVO das Recht, aus Gründen, die sich aus ihrer besonderen Situation ergeben, **jederzeit gegen die Verarbeitung** sie betreffender personenbezogener Daten, die aufgrund von Art. 6 Abs. 1 Buchst. e oder f DSGVO erfolgt, **Widerspruch einzulegen.** Die betroffene Person muss spätestens zum Zeitpunkt der ersten Kommunikation mit ihr ausdrücklich auf das Widerspruchsrecht hingewiesen werden; dieser Hinweis hat in einer verständlichen und von anderen Informationen getrennten Form zu erfolgen (Art. 21 Abs. 4 DSGVO), beispielsweise durch Aufnahme in ein allgemeines Informationsschreiben gem. § 32 d Abs. 2 AO mit Hinweis auf ein – z. B. im Internet – veröffentlichtes Merkblatt.

88 Die **verantwortliche Finanzbehörde verarbeitet** nach Eingang eines solchen Widerspruchs die personenbezogenen **Daten nicht mehr, es sei denn,** sie kann zwingende **schutzwürdige Gründe für die Verarbeitung nachweisen,** die die Interessen, Rechte und Freiheiten der betroffenen Person überwiegen, oder die Verarbeitung dient der Geltendmachung, Ausübung oder Verteidigung von Rechtsansprüchen (Art. 21 Abs. 1 Satz 2 DSGVO).

89 Das **Recht auf Widerspruch** gem. Art. 21 Abs. 1 DSGVO gegenüber einer Finanzbehörde besteht nach § 32 f Abs. 5 AO außerdem **nicht, soweit**
- an der Verarbeitung ein **zwingendes öffentliches Interesse besteht,** das die Interessen der betroffenen Person überwiegt, oder
- eine Rechtsvorschrift zur Verarbeitung verpflichtet.

Ein zwingendes öffentliches Interesse liegt insbesondere in den Fällen des § 30 Abs. 4 Nr. 5 AO vor. Rechtsvorschriften, die zur Verarbeitung verpflichten, sind z. B. §§ 85, 88 AO, aber auch gesetzliche Regelungen, die die Finanzbehörde zur Offenbarung verpflichten (z. B. §§ 31 a, 31 b AO).

11. Automatisierte Entscheidungen im Einzelfall – Art. 22 DSGVO

22 **90** Die betroffene Person hat nach Art. 22 Abs. 1 DSGVO das **Recht, nicht** einer ausschließlich auf **einer automatisierten** Verarbeitung beruhenden **Entscheidung unterworfen zu werden,** die ihr gegenüber rechtliche Wirkung entfaltet oder sie in ähnlicher Weise erheblich beeinträchtigt. Art. 22 Abs. 1 DSGVO gilt nach Art. 22 Abs. 2 DSGVO allerdings nicht, wenn die Entscheidung aufgrund von Rechtsvorschriften der Union oder der Mitgliedstaaten, denen die verantwortliche Finanzbehörde unterliegt, zulässig ist und diese Rechtsvorschriften angemessene Maßnahmen zur Wahrung der Rechte und Freiheiten sowie der berechtigten Interessen der betroffenen Person enthalten (vgl. § 155 Abs. 4 AO).

91 Nach Art. 22 Abs. 2 DSGVO zulässige, auf einer **automatisierten Verarbeitung** beruhende Entscheidungen dürfen auch auf der Verarbeitung **sensibler Daten** beruhen, sofern Art. 9 Abs. 2 Buchst. g DSGVO i. V. m. § 29 b Abs. 2 AO gilt und angemessene Maßnahmen zum Schutz der Rechte und Freiheiten sowie der berechtigten Interessen der betroffenen Person getroffen wurden (Art. 22 Abs. 4 DSGVO i. V. m. § 155 Abs. 4 AO).

V. Datenschutzaufsicht

1. Datenschutzbeauftragte der Finanzbehörden – Art. 37 ff. DSGVO, § 32 g AO, §§ 5 ff. BDSG

23 **92** **Alle öffentlichen Stellen** die personenbezogene Daten verarbeiten – mit Ausnahme der Gerichte, soweit sie im Rahmen ihrer justiziellen Tätigkeit handeln – **müssen** nach Art. 37 Abs. 1 DSGVO einen **Datenschutzbeauftragten bestimmen.**

93 Nach § 32 g AO sind für die Benennung, Stellung und Aufgaben des **Datenschutzbeauftragten der Finanzbehörden** im Anwendungsbereich der AO § 5 Abs. 2 bis 5 sowie §§ 6 und 7 des **BDSG entsprechend anzuwenden.**

94 In diesem Zusammenhang gilt u. a. das Folgende:
- Für mehrere Finanzbehörden kann unter Berücksichtigung ihrer Organisationsstruktur und ihrer Größe **ein gemeinsamer Datenschutzbeauftragter** benannt werden (§ 5 Abs. 2 BDSG).
- Der Datenschutzbeauftragte kann gem. Art. 37 Abs. 6 DSGVO Beschäftigter des Verantwortlichen bzw. des Auftragsverarbeiters sein oder seine Aufgaben auf der Grundlage eines Dienstleistungsvertrags erfüllen (§ 5 Abs. 4 BDSG).
- Der Verantwortliche oder der Auftragsverarbeiter hat die **Kontaktdaten des Datenschutzbeauftragten zu veröffentlichen** und diese der Datenschutzaufsichtsbehörde mitzuteilen (§ 5 Abs. 5 BDSG).
- Die Finanzbehörde hat sicherzustellen, dass der Datenschutzbeauftragte bei der Erfüllung seiner Aufgaben keine Anweisungen bezüglich der Ausübung dieser Aufgaben erhält (§ 6 Abs. 3 BDSG). Er handelt insoweit weisungsfrei.

2. Datenschutzaufsicht über Finanzbehörden – Art. 51 ff. DSGVO, § 32 h Abs. 1 AO

24 **95** Für die datenschutzrechtliche **Aufsicht über die Finanzbehörden** hinsichtlich der Verarbeitung personenbezogener Daten im **Anwendungsbereich der AO** ist die oder der **BfDI** nach § 8 BDSG zuständig. Die §§ 13 bis 16 des BDSG gelten entsprechend (§ 32 h Abs. 1 AO).

3. Datenschutzaufsicht über andere öffentliche sowie nicht-öffentliche Stellen

Anl 1

96 Nach § 9 BDSG ist die oder der BfDI für die Aufsicht über die anderen öffentlichen Stellen des Bundes zuständig, auch soweit sie als öffentlich-rechtliche Unternehmen am Wettbewerb teilnehmen. Dies gilt auch für Auftragsverarbeiter, soweit sie nicht-öffentliche Stellen sind, bei denen dem Bund die Mehrheit der Anteile gehört oder die Mehrheit der Stimmen zusteht und der Auftraggeber eine öffentliche Stelle des Bundes ist. 25

97 Die Datenschutzaufsicht über andere öffentliche Stellen der Länder sowie nicht-öffentliche Stellen regeln die jeweiligen Landesdatenschutzgesetze. Dies gilt auch soweit diese anderen öffentlichen und nicht-öffentlichen Stellen gem. § 2a Abs. 1 Satz 1 AO die Vorschriften der AO und der Steuergesetze über die Verarbeitung personenbezogener Daten zu beachten haben.

4. Datenschutz-Folgenabschätzung – Art. 35 DSGVO, § 32h Abs. 2 AO

98 Die bisherige Vorabkontrolle wird durch die Datenschutz-Folgenabschätzung ersetzt. Die Datenschutz-Folgenabschätzung hat die Funktion, besonders gelagerte Datenverarbeitungsvorgänge bereits im Vorfeld auf mögliche Folgen hin zu untersuchen. Die Vorschriften sind Ausfluss des technischen und organisatorischen Datenschutzes. Sie richten sich nicht nur an die Verantwortlichen, sondern beziehen ebenso den Datenschutzbeauftragten und die Datenschutzaufsicht mit ein. Verantwortlicher ist insoweit nicht das örtlich zuständige Finanzamt, sondern die nach landesrechtlichen Bestimmungen für die datenschutzrechtliche Freigabe von automatisierten Datenverarbeitungsprogrammen zuständige Stelle. 26

99 Hat eine **Form der Verarbeitung**, insbesondere bei Verwendung neuer Technologien, aufgrund der Art, des Umfangs, der Umstände und der Zwecke der Verarbeitung voraussichtlich ein **hohes Risiko für die Rechte und Freiheiten** potentiell betroffener Personen zur Folge, so führt der **Verantwortliche** vorab eine **Abschätzung der Folgen** der vorgesehenen Verarbeitungsvorgänge für den Schutz personenbezogener Daten durch. Eine Datenschutz-Folgenabschätzung ist nach Art. 35 Abs. 3 Buchst. b DSGVO immer erforderlich, wenn eine umfangreiche Verarbeitung besonderer Kategorien von personenbezogenen Daten erfolgt.

100 Für die Untersuchung mehrerer ähnlicher Verarbeitungsvorgänge mit ähnlich hohen Risiken kann eine einzige Datenschutz-Folgenabschätzung vorgenommen werden (Art. 35 Abs. 1 DSGVO).

101 Der Verantwortliche holt bei der Durchführung einer Datenschutz-Folgenabschätzung gem. Art. 35 Abs. 2 DSGVO den **Rat des Datenschutzbeauftragten** ein.

102 Eine Pflicht zur Durchführung einer Datenschutz-Folgenabschätzung kann darüber hinaus durch die Datenschutzaufsichtsbehörde begründet werden. Diese kann besondere Verarbeitungsvorgänge in eine Liste aufnehmen, für die eine Datenschutz-Folgenabschätzung durchzuführen ist. Die Liste wird veröffentlicht.

103 Nach Art. 35 Abs. 7 DSGVO muss die **Datenschutz-Folgenabschätzung zumindest Folgendes enthalten:**
- eine systematische Beschreibung der geplanten Verarbeitungsvorgänge und der Zwecke der Verarbeitung, ggf. einschließlich der von dem Verantwortlichen verfolgten berechtigten Interessen;
- eine Bewertung der Notwendigkeit und Verhältnismäßigkeit der Verarbeitungsvorgänge in Bezug auf den Zweck;
- eine Bewertung der Risiken für die Rechte und Freiheiten der betroffenen Personen und
- die zur Bewältigung der Risiken geplanten Abhilfemaßnahmen, einschließlich Garantien, Sicherheitsvorkehrungen und Verfahren, durch die der Schutz personenbezogener Daten sichergestellt und der Nachweis dafür erbracht wird, dass diese Verordnung eingehalten wird, wobei den Rechten und berechtigten Interessen der betroffenen Personen und sonstiger Betroffener Rechnung getragen wird.

104 Entwickelt **eine Finanzbehörde automatisierte Verfahren** zur Verarbeitung personen-bezogener Daten im Anwendungsbereich dieses Gesetzes **für Finanzbehörden anderer Länder oder des Bundes,** so ist von ihr die Datenschutz-Folgenabschätzung nach Art. 35 DSGVO durchzuführen. Soweit die Verfahren, insbesondere bundeseinheitliche Programmbestandteile, von den Finanzbehörden der Länder und des Bundes im Hinblick auf die datenschutzrelevanten Funktionen unverändert übernommen werden, gilt diese **Datenschutz-Folgenabschätzung auch für die übernehmenden Finanzbehörden** (§ 32h Abs. 2 AO). In der Finanzverwaltung betrifft dies maßgeblich den Einsatz neuer IT-Verfahren, welche i. d. R. durch die Finanzbehörde eines Landes für den bundeseinheitlichen Einsatz entwickelt werden (§ 4 Abs. 1 KONSENS-Gesetz). Gleiches gilt für wesentliche Änderungen bereits eingesetzter IT-Verfahren.

VI. Rechtsschutz

1. Beschwerdemöglichkeit – Art. 77 DSGVO

105 Jede betroffene Person, die der Ansicht ist, dass die Verarbeitung sie betreffender personenbezogener Daten gegen das steuerliche Datenschutzrecht verstößt, kann sich unbeschadet eines anderweitigen verwaltungsrechtlichen oder gerichtlichen Rechtsbehelfs mit ihrem Anliegen an die nach Art. 77 Abs. 1 DSGVO zuständige Datenschutzaufsichtsbehörde wenden (Beschwerderecht). 27

2. Gerichtliches Rechtsbehelfsverfahren – Art. 78 und 79 DSGVO, § 32i AO

a) Verfahrensrechtliche Regelungen

106 Für Streitigkeiten, die das steuerliche Datenschutzrecht betreffen, ist grundsätzlich der **Finanzrechtsweg** gegeben. Dies gilt gleichermaßen für Klagen von betroffenen Personen (Steuerpflichtigen oder Dritten) gegenüber der verantwortlichen Finanzbehörde (z. B. auf Auskunft) oder zuständigen Datenschutzaufsichtsbehörde, wie für die gerichtliche Überprüfung von Anordnungen der Datenschutzaufsichtsbehörden gegenüber den Finanzbehörden oder einer anderen öffentlichen oder nicht-öffentlichen 28

Anl 1

Stelle. Der Finanzrechtsweg ist ebenso für Auskunfts- und Informationszugangsansprüche gegeben, deren Umfang nach § 32 e AO begrenzt wird. Es ist insoweit aber zu beachten, dass diese mit dem Jahressteuergesetz 2020 (BGBl. I S. 3096) geänderte Rechtswegzuweisung keine Auswirkung auf am 29. Dezember 2020 bereits anhängige Verfahren hat, da die Zulässigkeit des beschrittenen Rechtsweges nicht durch eine nach Rechtshängigkeit eintretende Veränderung der sie begründenden Umstände berührt wird (§ 17 Abs. 1 Satz 1 GVG).

Der Finanzrechtsweg ist darüber hinaus auch hinsichtlich Streitigkeiten über Schadenersatzansprüche nach Art. 82 DSGVO gegeben, soweit diese die Verarbeitung personenbezogener Daten durch Finanzbehörden im Anwendungsbereich der AO betreffen (Art. 82 Abs. 6 und Art. 79 Abs. 2 DSGVO i. V. m. § 32 i Abs. 2 AO).

107 Für sämtliche Verfahren ist die **Finanzgerichtsordnung** (FGO) nach Maßgabe des § 32 i Abs. 5 bis 10 AO, d. h. unter Berücksichtigung der Rn. 110 ff. **anzuwenden (§ 32 i Abs. 4 AO).**

108 Für datenschutzrechtliche Streitigkeiten i. S. d. § 32 i Abs. 1 bis 3 AO findet gem. § 32 i Abs. 9 AO kein Vorverfahren (z. B. in Form eines außergerichtlichen Rechtsbehelfsverfahrens) statt. Daher ist z. B. gegen die Ablehnung einer Auskunft nach Art. 15 DSGVO (Rn. 70) kein Einspruch gegeben. Auseinandersetzungen sind ausschließlich gerichtlich zu klären. Dies gilt jedoch nicht für Auskunfts- und Informationszugangsansprüche, deren Umfang nach § 32 e AO begrenzt wird.

b) Klage gegen den Beschluss einer Datenschutzaufsichtsbehörde – Art. 78 DSGVO, § 32 i Abs. 1 AO

109 Nach Art. 78 Abs. 1 und 2 DSGVO i. V. m. § 32 i Abs. 1 AO kann gegen einen rechtsverbindlichen **Beschluss einer Datenschutzaufsichtsbehörde** ein gerichtlicher **Rechtsbehelf eingelegt werden. Rechtsbehelfsbefugt sind die betroffene Finanzbehörde oder ihr Rechtsträger sowie jede betroffene Person.** Es kann daher künftig auch Klageverfahren zwischen öffentlichen Stellen zur Streitbeilegung geben.

110 Nach § 32 i Abs. 5 Satz 1 AO ist **das Finanzgericht örtlich zuständig,** in dessen Bezirk die jeweils zuständige **Datenschutzaufsichtsbehörde ihren Sitz** hat. Da nach § 32 h Abs. 1 AO die Datenschutzaufsicht über Finanzbehörden der oder dem BfDI mit Sitz in Bonn obliegt, ist das Finanzgericht Köln örtlich zuständig.

111 **Beteiligte** in dem o. g. Verfahren sind gem. § 32 i Abs. 6 AO
- die öffentliche oder nicht-öffentliche Stelle oder die betroffene Person als Klägerin oder Antragstellerin,
- die zuständige Datenschutzaufsichtsbehörde des Bundes oder eines Landes als Beklagte oder Antragsgegnerin,
- der nach § 60 FGO Beigeladene sowie
- die oberste Bundes- oder Landesfinanzbehörde, die dem Verfahren nach § 122 Abs. 2 FGO beigetreten ist.

112 Eine **Klage** oder ein Antrag in dem o. g. Verfahren haben **aufschiebende Wirkung.**

113 Die **Datenschutzaufsichtsbehörde** kann nach § 32 i Abs. 10 Satz 2 AO gegenüber einer Finanzbehörde oder ihrem Rechtsträger nicht die sofortige Vollziehung anordnen.

c) Klage der betroffenen Person gegen Finanzbehörden oder gegen deren Auftragsverarbeiter wegen eines Verstoßes gegen datenschutzrechtliche Bestimmungen – Art. 79 DSGVO, § 32 i Abs. 2 AO

114 Jede betroffene Person hat gem. Art. 79 Abs. 1 DSGVO das **Recht auf einen gerichtlichen Rechtsbehelf**, wenn sie der Ansicht ist, dass die ihr aufgrund dieser Verordnung zustehenden Rechte **infolge** einer **nicht im Einklang mit dieser Verordnung stehenden Verarbeitung** ihrer personenbezogenen Daten verletzt wurden.

115 Nach § 32 i Abs. 5 Satz 2 AO ist das Finanzgericht örtlich zuständig, in dessen Bezirk die beklagte **Finanzbehörde ihren Sitz** oder der beklagte Auftragsverarbeiter seinen Sitz hat.

116 **Beteiligte** in dem o. g. Verfahren sind gem. § 32 i Abs. 7 AO
- die betroffene Person als Klägerin oder Antragstellerin,
- die Finanzbehörde oder der Auftragsverarbeiter als Beklagte oder Antragsgegnerin,
- der nach § 60 FGO Beigeladene sowie
- die oberste Bundes- oder Landesfinanzbehörde, die dem Verfahren nach § 122 Abs. 2 FGO beigetreten ist.

d) Feststellungsklage gegen einen Beschluss der Datenschutzaufsicht gegenüber einer anderen öffentlichen Stelle oder einer nicht-öffentlichen Stelle – § 32 i Abs. 3 AO

117 Die datenschutzrechtliche Aufsicht über öffentliche Stellen, die keine Finanzbehörden sind, sowie über nicht-öffentliche Stellen obliegt den nach dem BDSG oder den entsprechenden Landesgesetzen zuständigen Datenschutzaufsichtsbehörden. Dies gilt auch für Datenschutzfragen hinsichtlich steuerlicher Mitwirkungspflichten.

118 Vertritt die Datenschutzaufsichtsbehörde in einem solchen Fall eine andere Rechtsauffassung als die jeweils zuständige Finanzbehörde, kann diese nach § 32 i Abs. 3 AO auf Feststellung des Bestehens einer Mitwirkungspflicht klagen, wenn die zuständige Datenschutzaufsichtsbehörde einen rechtsverbindlichen Beschluss erlassen hat, der eine Mitwirkungspflicht nach der AO oder den Einzelsteuergesetzen ganz oder teilweise verneint.

119 Die **Feststellungsklage** hat **keine aufschiebende Wirkung.**

120 **Beteiligte** in dem o. g. Verfahren sind gem. § 32 i Abs. 8 AO
- die zuständige Finanzbehörde als Klägerin oder Antragstellerin,

Anl 1

– die Datenschutzaufsichtsbehörde des Bundes oder eines Landes, die den rechtsverbindlichen Beschluss erlassen hat, als Beklagte oder Antragsgegnerin,
– die Stelle, deren Pflicht zur Mitwirkung die Finanzbehörde geltend macht, als Beigeladene und
– die oberste Bundes- oder Landesfinanzbehörde, die dem Verfahren nach § 122 Abs. 2 FGO beigetreten ist.

121 Klagen vor dem Finanzgericht können – die o. g. Rechte betreffend – beispielsweise in folgender **Fallkonstellation** auftreten:
– Vertritt die zuständige Datenschutzaufsichtsbehörde die Auffassung, dass ein zur Datenübermittlung nach den Steuergesetzen verpflichteter Arbeitgeber (z. B. bzgl. der Lohndaten der betroffenen Person) mit seiner Mitteilung gegen das Datenschutzrecht verstößt, kann er diesem die Datenübermittlung an die Finanzbehörde untersagen. Damit in diesem Zusammenhang rechtsverbindlich geklärt wird, ob eine steuerliche Mitwirkungspflicht besteht, kann die zuständige Finanzbehörde im finanzgerichtlichen Verfahren Klage auf Feststellung des Bestehens einer Mitwirkungspflicht erheben.

122 Nach § 32 i Abs. 5 Satz 1 AO ist **das Finanzgericht örtlich zuständig,** in dessen Bezirk die zuständige **Datenschutzaufsichtsbehörde ihren Sitz** hat.

VII. Informationspflichten bei Verletzung des Schutzes personenbezogener Daten – Art. 33 und 34 DSGVO

1. Verletzung des Schutzes personenbezogener Daten

123 Nach Art. 4 Nr. 12 DSGVO ist eine „Verletzung des Schutzes personenbezogener Daten" eine Verletzung der Sicherheit, die, ob unbeabsichtigt oder unrechtmäßig, zur Vernichtung, zum Verlust, zur Veränderung, oder zur unbefugten Offenlegung von bzw. zum unbefugten Zugang zu personenbezogenen Daten führt, die übermittelt, gespeichert oder auf sonstige Weise verarbeitet wurden. 29

2. Meldepflicht gegenüber der oder dem BfDI

124 Im Falle einer solchen Verletzung des Schutzes personenbezogener Daten muss die verantwortliche Finanzbehörde nach Art. 33 Abs. 1 DSGVO unverzüglich und möglichst binnen 72 Stunden, nachdem ihr die Verletzung bekannt wurde, diese der oder dem BfDI melden. Ausgenommen sind nur die Fälle, in denen die Verletzung des Schutzes personenbezogener Daten voraussichtlich nicht zu einem Risiko für die Rechte und Freiheiten betroffener Personen führt. Erfolgt die Meldung nicht binnen 72 Stunden, ist ihr eine Begründung für die Verzögerung beizufügen. 30

125 Diese Meldung muss nach Art. 33 Abs. 4 DSGVO zumindest folgende Informationen enthalten:

a) eine Beschreibung der Art der Verletzung des Schutzes personenbezogener Daten, soweit möglich mit Angabe der Kategorien und der ungefähren Zahl der betroffenen Personen, der betroffenen Kategorien und der ungefähren Zahl der betroffenen personenbezogenen Datensätze;
b) den Namen und die Kontaktdaten des Datenschutzbeauftragten oder einer sonstigen Anlaufstelle für weitere Informationen;
c) eine Beschreibung der wahrscheinlichen Folgen der Verletzung des Schutzes personenbezogener Daten;
d) eine Beschreibung der von der verantwortlichen Finanzbehörde ergriffenen oder vorgeschlagenen Maßnahmen zur Behebung der Verletzung des Schutzes personenbezogener Daten und ggf. Maßnahmen zur Abmilderung ihrer möglichen nachteiligen Auswirkungen.

Wenn und soweit diese Informationen nicht zur gleichen Zeit bereitgestellt werden können, kann die verantwortliche Finanzbehörde diese Informationen ohne unangemessene weitere Verzögerung schrittweise zur Verfügung stellen (Art. 33 Abs. 4 DSGVO).

126 Die verantwortliche Finanzbehörde muss nach Art. 33 Abs. 5 DSGVO Verletzungen des Schutzes personenbezogener Daten einschließlich aller im Zusammenhang mit der Verletzung des Schutzes personenbezogener Daten stehenden Fakten, die Auswirkungen der Schutzverletzung und die ergriffenen Abhilfemaßnahmen dokumentieren. Diese Dokumentation muss der oder dem BfDI die Überprüfung der Einhaltung der Bestimmungen dieses Artikels ermöglichen.

127 Wird dem Auftragsverarbeiter einer Finanzbehörde eine Verletzung des Schutzes personenbezogener Daten bekannt, muss er ihr diese unverzüglich melden (Art. 33 Abs. 2 DSGVO).

3. Benachrichtigung der betroffenen Person

128 Hat die Verletzung des Schutzes personenbezogener Daten voraussichtlich ein **hohes Risiko** für die persönlichen Rechte und Freiheiten betroffener Personen zur Folge, muss die verantwortliche Finanzbehörde über die Meldung nach Art. 33 DSGVO hinaus auch die betroffene Person unverzüglich von der Verletzung benachrichtigen (Art. 34 Abs. 1 DSGVO). 31

Die Benachrichtigung muss in klarer und einfacher Sprache die Art der Verletzung des Schutzes personenbezogener Daten beschreiben und zumindest die in Art. 33 Abs. 3 Buchst. b, c und d DSGVO genannten Informationen und Maßnahmen enthalten (Art. 34 Abs. 2 DSGVO).

129 Eine Benachrichtigung der betroffenen Person ist nach Art. 34 Abs. 3 DSGVO allerdings nicht erforderlich, wenn eine der folgenden Bedingungen erfüllt ist:

a) die verantwortliche Finanzbehörde hat geeignete technische und organisatorische Sicherheitsvorkehrungen getroffen und diese Vorkehrungen wurden auf die von der Verletzung betroffenen personenbezogenen Daten angewandt, insbesondere solche, durch die die personenbezogenen Daten für alle Personen, die nicht zum Zugang zu den personenbezogenen Daten befugt sind, unzugänglich gemacht werden, etwa durch Verschlüsselung;
b) die verantwortliche Finanzbehörde hat durch zeitlich nachfolgende Maßnahmen sichergestellt, dass das hohe Risiko für die Rechte und Freiheiten der betroffenen Personen gem. Art. 34 Abs. 1 DSGVO aller Wahrscheinlichkeit nach nicht mehr besteht;

Anl 1 c) die Benachrichtigung wäre mit einem unverhältnismäßigen Aufwand verbunden. In diesem Fall hat stattdessen eine öffentliche Bekanntmachung oder eine ähnliche Maßnahme zu erfolgen, durch die die betroffenen Personen vergleichbar wirksam informiert werden.

130 Wenn die verantwortliche Finanzbehörde die betroffene Person nicht bereits über die Verletzung des Schutzes personenbezogener Daten benachrichtigt hat, kann die oder der BfDI nach Art. 34 Abs. 4 DSGVO unter Berücksichtigung der Wahrscheinlichkeit, mit der die Verletzung des Schutzes personenbezogener Daten zu einem hohen Risiko führt, von der verantwortlichen Finanzbehörde verlangen, dies nachzuholen, oder sie kann mit einem Beschluss feststellen, dass bestimmte der in Art. 34 Abs. 3 DSGVO genannten Voraussetzungen erfüllt sind.

32 **Anlage**

Informationspflicht der Finanzbehörden im Fall der Erhebung personenbezogener Daten

	Datenerhebung bei der betroffenen Person (Art. 13 DSGVO + § 32 a AO)	Datenerhebung bei Dritten (Art. 14 DSGVO + § 32 b AO)
Zeitpunkt der Mitteilung	bei Erhebung der Daten	a) innerhalb einer angemessenen Frist nach Erlangung der personenbezogenen Daten, längstens jedoch innerhalb eines Monats, b) falls die personenbezogenen Daten zur Kommunikation mit der betroffenen Person verwendet werden sollen, spätestens zum Zeitpunkt der ersten Mitteilung an sie, c) falls die Offenlegung an einen anderen Empfänger beabsichtigt ist, spätestens zum Zeitpunkt der ersten Offenlegung.

Mitzuteilende Daten:	**Datenerhebung bei der betroffenen Person (Art. 13 DSGVO + § 32 a AO)**	**Datenerhebung bei Dritten (Art. 14 DSGVO + § 32 b AO)**
– Name und die Kontaktdaten des Verantwortlichen sowie ggf. seines Vertreters	Ja	Ja
– Ggf. die Kontaktdaten des Datenschutzbeauftragten	Ja	Ja
– die Zwecke, für die die personenbezogenen Daten verarbeitet werden sollen	Ja	Ja
– Rechtsgrundlage für die Verarbeitung	Ja	Ja
– die Kategorien personenbezogener Daten, die verarbeitet werden	Nein	Ja
– Ggf. die Empfänger oder Kategorien von Empfängern der personenbezogenen Daten	Ja	Ja
– Ggf. die Absicht der Finanzbehörde, die personenbezogenen Daten an ein Drittland oder eine internationale Organisation zu übermitteln, sowie das Vorhandensein oder das Fehlen eines Angemessenheitsbeschlusses der Kommission oder im Falle von Übermittlungen gem. Art. 46 oder Art. 47 oder Art. 49 Abs. 1 Unterabs. 2 DSGVO einen Verweis auf die geeigneten oder angemessenen Garantien und die Möglichkeit, wie eine Kopie von ihnen zu erhalten ist, oder wo sie verfügbar sind	Ja	Ja
– die Dauer, für die die personenbezogenen Daten gespeichert werden oder, falls dies nicht möglich ist, die Kriterien für die Festlegung dieser Dauer	Ja	Ja
– das Bestehen eines Rechts auf Auskunft seitens des Verantwortlichen über die betreffenden personenbezogenen Daten sowie auf Berichtigung oder Löschung oder auf Einschränkung der Verarbeitung und eines Widerspruchsrechts gegen die Verarbeitung sowie des Rechts auf Datenübertragbarkeit	Ja	Ja
– das Bestehen eines Beschwerderechts bei einer Datenschutzaufsichtsbehörde	Ja	Ja
– aus welcher Quelle die personenbezogenen Daten stammen und ggf. ob sie aus öffentlich zugänglichen Quellen stammen	Nein	Ja
– ob die Bereitstellung der personenbezogenen Daten gesetzlich oder vertraglich vorgeschrieben oder für einen Vertragsabschluss erforderlich ist, ob die betroffene Person verpflichtet ist, die personenbezogenen Daten bereitzustellen, und welche möglichen Folgen die Nichtbereitstellung hätte	Ja	Nein
– das Bestehen einer automatisierten Entscheidungsfindung	Ja	Ja
– beabsichtigt die Finanzbehörde, die personenbezogenen Daten für einen anderen Zweck weiterzuverarbeiten als den, für den die personenbezogenen Daten erhoben wurden, so stellt er der betroffenen Person vor dieser Weiterverarbeitung Informationen über diesen anderen Zweck und alle anderen maßgeblichen Informationen gem. Art. 13 Abs. 2 bzw. Art. 14 Abs. 2 DSGVO zur Verfügung	Ja	Ja
– die betroffene Person bereits über die Informationen verfügt	Ja	Ja

– die Erteilung dieser Informationen sich als unmöglich erweist oder einen unverhältnismäßigen Aufwand erfordern würde	Nein	Ja
– die Erlangung oder Offenlegung durch Rechtsvorschriften der Union oder der Mitgliedstaaten, denen der Verantwortliche unterliegt und die geeignete Maßnahmen zum Schutz der berechtigten Interessen der betroffenen Person vorsehen, ausdrücklich geregelt ist oder	Nein	Ja
– die personenbezogenen Daten gemäß dem Unionsrecht oder dem Recht der Mitgliedstaaten dem Berufsgeheimnis, einschließlich einer satzungsmäßigen Geheimhaltungspflicht, unterliegen und daher vertraulich behandelt werden müssen.	Nein	Ja
– die beabsichtigte Weiterverarbeitung oder Offenbarung würde die ordnungsgemäße Erfüllung der in der Zuständigkeit der Finanzbehörden liegenden Aufgaben i. S. d. Art. 23 Abs. 1 Buchst. d bis h DSGVO gefährden und die Interessen der Finanzbehörden an der Nichterteilung der Information überwiegen die Interessen der betroffenen Person,	Ja	Nein
– die Erteilung der Information würde die ordnungsgemäße Erfüllung der in der Zuständigkeit der Finanzbehörden oder anderer öffentlicher Stellen liegenden Aufgaben i. S. d. Art. 23 Abs. 1 Buchst. d bis h DSGVO gefährden	Nein	Ja
– die beabsichtigte Weiterverarbeitung oder Offenbarung würde die öffentliche Sicherheit oder Ordnung gefährden oder sonst dem Wohl des Bundes oder eines Landes Nachteile bereiten und die Interessen der Finanzbehörde an der Nichterteilung der Information überwiegen die Interessen der betroffenen Person	Ja	Nein
– die beabsichtigte Weiterverarbeitung oder Offenbarung würde die öffentliche Sicherheit oder Ordnung gefährden oder sonst dem Wohl des Bundes oder eines Landes Nachteile bereiten und das Interesse der betroffenen Person an der Informationserteilung muss deswegen zurücktreten	Nein	Ja
– die Erteilung der Information würde die öffentliche Sicherheit oder Ordnung gefährden oder sonst dem Wohl des Bundes oder eines Landes Nachteile bereiten	Nein	Ja
– die beabsichtigte Weiterverarbeitung oder Offenbarung würde den Rechtsträger der Finanzbehörde in der Geltendmachung, Ausübung oder Verteidigung zivilrechtlicher Ansprüche oder in der der Verteidigung gegen ihn geltend gemachter zivilrechtlicher Ansprüche i. S. d. Art. 23 Abs. 1 Buchst. j DSGVO beeinträchtigen und die Finanzbehörde ist nach dem Zivilrecht nicht zur Information verpflichtet	Ja	Nein
– die beabsichtigte Weiterverarbeitung oder Offenbarung würde eine vertrauliche Offenbarung geschützter Daten gegenüber öffentlichen Stellen gefährden	Ja	Nein
– die Daten, ihre Herkunft, ihre Empfänger oder die Tatsache ihrer Verarbeitung müssen nach § 30 AO oder einer anderen Rechtsvorschrift oder ihrem Wesen nach, insbesondere wegen überwiegender berechtigter Interessen eines Dritten i. S. d. Art. 23 Abs. 1 Buchst. i DSGVO, geheim gehalten werden	Nein	Ja
– Bezieht sich die Informationserteilung auf die Übermittlung personenbezogener Daten durch Finanzbehörden an Verfassungsschutzbehörden, den Bundesnachrichtendienst, den Militärischen Abschirmdienst und, soweit die Sicherheit des Bundes berührt wird, andere Behörden des Bundesministeriums der Verteidigung, ist sie nur mit Zustimmung dieser Stellen zulässig.	Ja	Ja

2) Schreiben betr. allgemeine Informationen zur Umsetzung der datenschutzrechtlichen Vorgaben der Art. 12 bis 14 der Datenschutz-Grundverordnung in der Steuerverwaltung

Anl 2

Vom 1. Mai 2018 (BeckVerw 355880)

(BMF IV A 3 – S 0030/16/10 004-21; DOK 2018/342748)

1 Anlage

Im Einvernehmen mit den obersten Finanzbehörden der Länder wird hiermit das allgemeine Informationsschreiben zur Umsetzung der datenschutzrechtlichen Vorgaben der Art. 12 bis 14 der Datenschutz-Grundverordnung (DSGVO) in der Steuerverwaltung bekannt gemacht (Anlage). Das allgemeine Informationsschreiben steht außerdem auf der Internetseite www.finanzamt.de unter der Rubrik „Datenschutz“ sowie auf der Internetseite www.elster.de unter der Rubrik „Datenschutzerklärung der Steuerverwaltung“ bereit. **33**

Anl 2

Allgemeine Informationen zur Umsetzung der datenschutzrechtlichen Vorgaben der Artikel 12 bis 14 der Datenschutz-Grundverordnung in der Steuerverwaltung

Vorwort

34 Nahezu alle Bürgerinnen und Bürger sowie Unternehmen treten mit der Steuerverwaltung – insbesondere den Finanzämtern – früher oder später in Kontakt, weil sie Steuererklärungen abgeben und Steuern zahlen müssen und Erstattungen oder auch Kindergeld beanspruchen können. Hierbei müssen personenbezogene Daten verarbeitet werden.

Die nachfolgenden Informationen betreffen die Verarbeitung personenbezogener Daten zu steuerlichen Zwecken, soweit die Abgabenordnung unmittelbar oder mittelbar anzuwenden ist. Ausgenommen ist die Verarbeitung personenbezogener Daten durch Zollbehörden (z. B. Zölle, Einfuhrumsatzsteuer und Kraftfahrzeugsteuer).

Im Besteuerungsverfahren sind Daten personenbezogen, wenn sie einer natürlichen Person, einer Körperschaft (z. B. Verein, Kapitalgesellschaft), einer Personenvereinigung oder einer Vermögensmasse zugeordnet werden können. Keine personenbezogenen Daten sind anonymisierte Daten.

Wenn Finanzbehörden personenbezogene Daten verarbeiten, bedeutet das, dass sie diese Daten z. B. erheben, speichern, verwenden, übermitteln, zum Abruf bereitstellen oder löschen.

Im Folgenden informieren wir Sie darüber, welche personenbezogenen Daten wir erheben, bei wem wir sie erheben und was wir mit diesen Daten machen. Außerdem informieren wir Sie über Ihre Rechte in Datenschutzfragen und an wen Sie sich diesbezüglich wenden können.

Stand 30. Juli 2021

1. Wer sind wir?

35 „Wir" sind die Finanzbehörden des Bundes[1] und der Länder und für die **Verarbeitung personenbezogener Daten zu steuerlichen Zwecken** verantwortlich.

2. Wer sind Ihre Ansprechpartner?

36 Fragen in datenschutzrechtlichen Angelegenheiten können Sie an die **verantwortliche Finanzbehörde,** vertreten durch die Behördenleitung richten.

Im Regelfall sind die **Finanzämter** für die Verarbeitung personenbezogener Daten verantwortlich, beim Kindergeld die Familienkassen. Die übrigen Finanzbehörden (z. B. Finanzministerium, Bundeszentralamt für Steuern, Oberfinanzdirektion, Landesamt für Steuern) sind für die Verarbeitung personenbezogener Daten nur verantwortlich, soweit sie diese Daten zur Erfüllung ihrer gesetzlichen Aufgaben verarbeiten.

Darüber hinaus können Sie sich an den **Datenschutzbeauftragten** der jeweils verantwortlichen Finanzbehörde wenden.

Die entsprechenden **Kontaktdaten** für die Landesfinanzbehörden finden Sie unter www.finanzamt.de in den jeweiligen landesspezifischen Übersichten, für das Bundesministerium der Finanzen unter www.bundesfinanzministerium.de und für das Bundeszentralamt für Steuern und die Familienkassen unter www.bzst.de.

3. Zu welchem Zweck verarbeiten wir Ihre personenbezogenen Daten?

37 Um unsere Aufgabe zu erfüllen, die **Steuern** nach den Vorschriften der Abgabenordnung und der Steuergesetze **gleichmäßig festzusetzen und zu erheben,** benötigen wir personenbezogene Daten (§ 85 der Abgabenordnung).

Ihre personenbezogenen Daten werden in dem **steuerlichen Verfahren** verarbeitet, für das sie erhoben wurden (§ 29 b der Abgabenordnung). Nur in den gesetzlich ausdrücklich zugelassenen Fällen dürfen wir die zur Durchführung eines steuerlichen Verfahrens erhobenen personenbezogenen Daten auch **für andere steuerliche oder nichtsteuerliche Zwecke verarbeiten** (Weiterverarbeitung nach § 29 c Absatz 1 der Abgabenordnung).

Beispiel zur Verarbeitung:
Die mit der Einkommensteuererklärung von der Finanzbehörde erhobenen Daten werden bei der Einkommensteuerveranlagung verarbeitet.

[1] Ausnahme: Zollverwaltung.

Anl 2

Beispiel zur Weiterverarbeitung:
In bestimmten Fällen werden einzelne Besteuerungsgrundlagen gesondert festgestellt (z. B. Einkünfte aus der Beteiligung an einer Personengesellschaft). Hierzu werden die Angaben aus der Feststellungserklärung in einem selbständigen Verfahren, dem Feststellungsverfahren, verarbeitet. Die auf diese Weise festgestellten Besteuerungsgrundlagen und weitere erforderliche Daten werden den Finanzbehörden mitgeteilt, die für die Besteuerung der Beteiligten zuständig sind. Diese verarbeiten die mitgeteilten Daten weiter, indem sie diese Daten im Steuerfestsetzungsverfahren, z. B. bei der Einkommensteuer, berücksichtigen.

Die **Finanzämter** verwalten insbesondere die folgenden Steuern:
- Einkommen (einschließlich Lohnsteuer und Kapitalertragsteuer),
- Körperschaftsteuer,
- Solidaritätszuschlag,
- Kirchensteuer,[1]
- Gewerbesteuer,[2]
- Erbschaft-/Schenkungsteuer,
- Grundsteuer,[2]
- Umsatzsteuer (ohne Einfuhrumsatzsteuer),
- Grunderwerbsteuer,
- Rennwett- und Lotteriesteuer.

Das **Bundeszentralamt für Steuern** hat nach § 5 des Finanzverwaltungsgesetzes insbesondere die folgenden Aufgaben:
- Vergabe der steuerlichen Identifikationsnummer (IdNr.),
- Bildung der elektronischen Lohnsteuerabzugsmerkmale (ELStAM),
- Mitwirkung bei Außenprüfungen,
- Erstattung und Freistellung von deutschen Abzugssteuern,
- zentrale Sammlung und Auswertung von steuerlichen Auslandsbeziehungen,
- Vergütung von Vorsteuerbeträgen an Unternehmen,
- Vergabe der Umsatzsteuer-Identifikationsnummer (USt-ID),
- Kindergeldbearbeitung, wofür sich das Bundeszentralamt für Steuern der Familienkassen bedient.

4. Welche personenbezogenen Daten verarbeiten wir?

Wir verarbeiten insbesondere folgende personenbezogene Daten: 38

- **Persönliche Identifikations- und Kontaktangaben,**
  z. B. Vor- und Nachname, Adresse, Geburtsdatum und -ort, Steuernummer, Identifikationsnummer, E-Mail-Adresse, Telefonnummer.
- **Für die Festsetzung und Erhebung der Steuern erforderliche Informationen,** z. B.
  - Einnahmen (z. B. Arbeitslohn, Betriebseinnahmen, Einnahmen aus Vermietung und Verpachtung, Kapitalerträge, Renten),
  - Ausgaben (z. B. Werbungskosten, Betriebsausgaben, Sonderausgaben und außergewöhnliche Belastungen),
  - von Dritten einbehaltene Steuern (z. B. Lohnsteuer, Kapitalertragsteuer, Solidaritätszuschlag, Kirchensteuer),
  - Familienstand, Kinder,
  - Lohnsteuerklasse,
  - Beruf,
  - Bankverbindung,
  - Angaben über geleistete oder erstattete Steuern,
  - Angaben über abgegebene Steuererklärungen und gestellte Anträge sowie Rechtsbehelfe.

Besondere Kategorien personenbezogener Daten, sogenannte **„sensible Daten"**, erheben wir ebenfalls nur dann, wenn dies für das Besteuerungsverfahren erforderlich ist. So benötigen wir z. B. Angaben über die Religionszugehörigkeit, um Kirchensteuerzahlungen als Sonderausgaben berücksichtigen zu können, oder Angaben über Erkrankungen/Behinderungen, um entsprechende Aufwendungen als außergewöhnliche Belastungen abzuziehen. Wir erheben Ihre personenbezogenen Daten in erster Linie bei Ihnen selbst, z. B. durch Ihre **Steuererklärungen,** Mitteilungen und Anträge.

Darüber hinaus erheben wir Ihre personenbezogenen Daten bei **Dritten,** soweit diese gesetzlich zur Mitteilung an uns verpflichtet sind.

---

[1] Ausnahme: Freistaat Bayern.
[2] Soweit die Länder die Verwaltung nicht den Gemeinden übertragen haben.

Anl 2

> **Beispiele:**
> – Arbeitgeber übermitteln in der Lohnsteuerbescheinigung z. B. Daten über den Arbeitslohn, die einbehaltenen Steuern und die geleisteten Sozialversicherungsbeiträge,
> – Rentenversicherungsträger übermitteln in der Rentenbezugsmitteilung z. B. Daten über Rentenzahlungen und einbehaltene Kranken- und Pflegeversicherungsbeiträge,
> – Private Krankenversicherung übermitteln z. B. Daten über geleistete und ggf. erstattete Kranken- und Pflegeversicherungsbeiträge,
> – Sozialbehören übermitteln Daten über Lohnersatzleistungen,
> – Kreditinstitute übermitteln Daten über vom Kapitalertragsteuerabzug freigestellte Kapitalerträge,
> – Gemeinden übermitteln Daten über Gewerbeanmeldungen und Meldedaten,
> – Notare übermitteln Daten über Grundstücksveräußerungen, Gesellschaftsverträge, Erbverträge und Schenkungsverträge,
> – Behörden übermitteln Daten über Zahlungen und Verwaltungsakte,
> – öffentlich-rechtliche Rundfunkanstalten übermitteln Daten über Honorare.

Außerdem erhalten wir steuerrelevante Informationen von **anderen Finanzbehörden** oder im Wege des **zwischenstaatlichen Informationsaustauschs.**

Können wir einen steuerrelevanten Sachverhalt nicht mit Ihrer Hilfe aufklären, dürfen wir Sie betreffende personenbezogene Daten auch durch Nachfragen bei Dritten erheben (z. B. **Auskunftsersuchen** an den Arbeitgeber). Im Vollstreckungsverfahren können wir Daten bei **Drittschuldnern** (z. B. Kreditinstitut oder Arbeitgeber) erheben.

Zudem können wir **öffentlich zugängliche Informationen** (z. B. aus Zeitungen, öffentlichen Registern oder öffentlichen Bekanntmachungen) verarbeiten.

5. Wie verarbeiten wir diese Daten?

39 Im **weitgehend automationsgestützten Besteuerungsverfahren** werden Ihre personenbezogenen Daten gespeichert und dann in zumeist maschinellen Verfahren der Festsetzung und Erhebung der Steuer zugrunde gelegt. Wir setzen dabei **technische und organisatorische Sicherheitsmaßnahmen** ein, um Ihre personenbezogenen Daten gegen unbeabsichtigte oder unrechtmäßige Vernichtung, Verlust oder Veränderung sowie gegen unbefugte Offenlegung oder unbefugten Zugang zu schützen. Unsere Sicherheitsstandards entsprechen stets den aktuellsten technologischen Entwicklungen.

Rechtsverbindliche Entscheidungen treffen nur dann auf Grundlage einer **„vollautomatischen“ Verarbeitung personenbezogener Daten,** wenn dies gesetzlich zugelassen ist (z. B. „vollautomatischer“ Steuerbescheid nach § 155 Absatz 4 der Abgabenordnung.

6. Unter welchen Voraussetzungen dürfen wir Ihre Daten an Dritte weitergeben?

40 Alle personenbezogenen Daten, die uns in einem steuerlichen Verfahren bekannt geworden sind, dürfen wir nur dann an andere Personen oder Stellen (z. B. an Finanzgerichte, Krankenkassen, Rentenversicherungsträger oder andere Behörden) weitergeben, wenn Sie dem zugestimmt haben oder die **Weitergabe gesetzlich zuglassen ist.**

> **Beispiel:**
> – Mitteilung der Grundsteuer- und Gewerbesteuermessbeträge an die für die Festsetzung und Erhebung der Grundsteuer bzw. der Gewerbesteuer zuständigen Gemeinden,
> – Mitteilungen an Körperschaften des öffentlichen Rechts (z. B. Kammern und Innungen) zur Festsetzung von solchen Abgaben, die an Besteuerungsgrundlagen, Steuermessbeträge oder Steuerbeträge anknüpfen,
> – Mitteilungen an die gesetzliche Sozialversicherung, an die Bundesagentur für Arbeit und die Künstlersozialkasse, soweit die Kenntnis personenbezogener Daten für die Feststellung der Versicherungspflicht oder die Festsetzung von Beiträgen einschließlich der Künstlersozialabgabe erforderlich ist,
> – Mitteilungen an Sozialbehörden zur Bekämpfung der illegalen Beschäftigung und des Leistungsmissbrauchs
> – Mitteilungen der Familienkassen an Bezügestellen des öffentlichen Dienstes zur Festsetzung von Gehaltsbestandteilen, die an das Kindergeld anknüpfen.

7. Wie lange speichern wir Ihre Daten?

41 Personenbezogene Daten müssen wir so lange speichern, wie sie für das Besteuerungsverfahren erforderlich sind. Maßstab hierfür sind die steuerlichen **Verjährungsfristen** (§§ 169 bis 171 der Abgabenordnung sowie §§ 228 bis 232 der Abgabenordnung).

Wir dürfen Sie betreffende personenbezogene Daten auch speichern, um diese für künftige steuerliche Verfahren zu verarbeiten (§ 88 a der Abgabenordnung). Anl 2

8. Welche Rechte (Auskunftsrecht, Widerspruchsrecht usw.) haben Sie?

Sie haben nach der Datenschutz-Grundverordnung verschiedene Rechte. Einzelheiten ergeben sich insbesondere aus Artikel 15 bis 18 und 21 der Datenschutz-Grundverordnung. 42

- **Recht auf Auskunft**

Sie können Auskunft über Ihre von uns verarbeiteten personenbezogenen Daten verlangen. In Ihrem Auskunftsantrag sollten Sie Ihr Anliegen präzisieren, um uns das Zusammenstellen der erforderlichen Daten zu erleichtern. Daher sollten in dem Antrag möglichst Angaben zum konkreten Verwaltungsverfahren (z. B. Steuerart und Jahr) und zum Verfahrensabschnitt (z. B. Festsetzung, Vollstreckung) gemacht werden.

- **Recht auf Berichtigung**

Sollten die Sie betreffenden Angaben nicht (mehr) zutreffend sein, können Sie eine Berichtigung verlangen. Sollten Ihre Daten unvollständig sein, können Sie eine Vervollständigung verlangen.

- **Recht auf Löschung**

Sie können die Löschung Ihrer personenbezogenen Daten verlangen. Ihr Anspruch auf Löschung hängt u. a. davon ab, ob die Sie betreffenden Daten von uns zur Erfüllung unserer gesetzlichen Aufgaben noch benötigt werden (vgl. oben 7.).

- **Recht auf Einschränkung der Verarbeitung**

Sie haben das Recht, eine Einschränkung der Verarbeitung der Sie betreffenden Daten zu verlangen. Die Einschränkung steht einer Verarbeitung nicht entgegen, soweit an der Verarbeitung ein wichtiges öffentliches Interesse (z. B. gesetzmäßige und gleichmäßige Besteuerung) besteht.

- **Recht auf Widerspruch**

Sie haben das Recht, aus Gründen, die sich aus Ihrer besonderen Situation ergeben, jederzeit der Verarbeitung der Sie betreffenden Daten zu widersprechen. Allerdings können wir dem nicht nachkommen, wenn an der Verarbeitung ein überwiegendes öffentliches Interesse besteht oder eine Rechtsvorschrift uns zur Verarbeitung verpflichtet (z. B. Durchführung des Besteuerungsverfahrens).

- **Recht auf Beschwerde**

Wenn Sie der Auffassung sind, dass wir Ihrem Anliegen nicht oder nicht in vollem Umfang nachgekommen sind, können Sie bei der zuständigen Datenschutzbehörde Beschwerde einlegen. Im Regelfall ist dies die oder der Bundesbeauftragte für den Datenschutz und die Informationsfreiheit (Kontaktdaten unter www.bfdi.bund.de). Die Kontaktdaten der Datenschutzbehörden der Länder finden Sie unter www.datenschutz.de/projektpartner/.

Allgemeine Hinweise zu diesen Rechten

In einigen Fällen können oder dürfen wir Ihrem Anliegen nicht entsprechen (§§ 32 c bis 32 f der Abgabenordnung). Sofern die gesetzlich zulässig ist, teilen wir Ihnen in diesem Fall immer den Grund für die Verweigerung mit.

Wir werden Ihnen aber grundsätzlich innerhalb eines Monats nach Eingang Ihres Anliegens antworten. Sollten wir länger als einen Monat für eine abschließende Klärung brauchen, erhalten Sie eine Zwischennachricht.

9. Wo bekommen Sie weitergehende Informationen?

Weitergehende Informationen können Sie dem 43

- **BMF-Schreiben zum Datenschutz im Steuerverwaltungsverfahren** vom 13. Januar 2020, das zuletzt durch das BMF-Schreiben vom 17. Juni 2021 geändert worden ist (siehe BStBl. 2020 I S. 143 sowie BStBl. 2021 I S. 809 und auf den Internetseiten des Bundesministeriums der Finanzen [http://www.bundesfinanzministerium.de] unter der Rubrik Themen – Steuern – Steuerverwaltung & Steuerrecht – Abgabenordnung – BMF-Schreiben/Allgemeines) sowie
- der **Broschüre „Steuern von A bis Z“** (siehe http://www.bundesfinanzministerium.de unter der Rubrik Themen – Service – Publikationen – Broschüren)

entnehmen.

AO

§ 29c Verarbeitung personenbezogener Daten durch Finanzbehörden zu anderen Zwecken

1 **(1) ① Die Verarbeitung personenbezogener Daten zu einem anderen Zweck als zu demjenigen, zu dem die Daten von einer Finanzbehörde erhoben oder erfasst wurden (Weiterverarbeitung), durch Finanzbehörden im Rahmen ihrer Aufgabenerfüllung ist zulässig, wenn**

1. sie einem Verwaltungsverfahren, einem Rechnungsprüfungsverfahren oder einem gerichtlichen Verfahren in Steuersachen, einem Strafverfahren wegen einer Steuerstraftat oder einem Bußgeldverfahren wegen einer Steuerordnungswidrigkeit dient,

2. die gesetzlichen Voraussetzungen vorliegen, die nach § 30 Absatz 4 oder 5 eine Offenbarung der Daten zulassen würden, oder zu prüfen ist, ob diese Voraussetzungen vorliegen,

3. offensichtlich ist, dass die Weiterverarbeitung im Interesse der betroffenen Person liegt und kein Grund zu der Annahme besteht, dass sie in Kenntnis des anderen Zwecks ihre Einwilligung verweigern würde,

4. sie für die Entwicklung, Überprüfung oder Änderung automatisierter Verfahren der Finanzbehörden erforderlich ist, weil
   a) unveränderte Daten benötigt werden oder
   b) eine Anonymisierung oder Pseudonymisierung der Daten nicht oder nur mit unverhältnismäßigem Aufwand möglich ist.
   ② Die Nutzung personenbezogener Daten ist dabei insbesondere erforderlich, wenn personenbezogene Daten aus mehreren verschiedenen Dateisystemen eindeutig miteinander verknüpft werden sollen und die Schaffung geeigneter Testfälle nicht oder nur mit unverhältnismäßigem Aufwand möglich ist,

5. sie für die Gesetzesfolgenabschätzung erforderlich ist, weil
   a) unveränderte Daten benötigt werden oder
   b) eine Anonymisierung oder Pseudonymisierung der Daten nicht oder nur mit unverhältnismäßigem Aufwand möglich ist,
   oder

6. sie für die Wahrnehmung von Aufsichts-, Steuerungs- und Disziplinarbefugnissen der Finanzbehörde erforderlich ist. ② Das gilt auch für die Veränderung oder Nutzung personenbezogener Daten zu Ausbildungs- und Prüfungszwecken durch die Finanzbehörde, soweit nicht überwiegende schutzwürdige Interessen der betroffenen Person entgegenstehen.

② In den Fällen von Satz 1 Nummer 4 dürfen die Daten ausschließlich für Zwecke der Entwicklung, Überprüfung oder Änderung automatisierter Verfahren verarbeitet werden und müssen innerhalb eines Jahres nach Beendigung dieser Maßnahmen gelöscht werden. ③ In den Fällen von Satz 1 Nummer 6 dürfen die Daten nur durch Personen verarbeitet werden, die nach § 30 zur Wahrung des Steuergeheimnisses verpflichtet sind.

2 **(2) Die Weiterverarbeitung besonderer Kategorien personenbezogener Daten im Sinne des Artikels 9 Absatz 1 der Verordnung (EU) 2016/679 ist zulässig, wenn die Voraussetzungen des Absatzes 1 und ein Ausnahmetatbestand nach Artikel 9 Absatz 2 der Verordnung (EU) 2016/679 oder nach § 29b Absatz 2 vorliegen.**

§ 30[1] Steuergeheimnis

1 **(1) Amtsträger[2] haben das Steuergeheimnis zu wahren.**

2 **(2) Ein Amtsträger verletzt[3] das Steuergeheimnis, wenn er**

1. personenbezogene Daten eines anderen,[4] die ihm

---

[1] Zur Wahrung des Steuergeheimnisses in Angelegenheiten des **Insolvenzrechts** vgl. *Vfg. OFD Frankfurt vom 15. 5. 2018,* nachstehend abgedruckt.

Zur Wahrung des Steuergeheimnisses bei der **Vollstreckung** von Forderungen s. Fn. zu § 309 AO.

Zu Mitteilungen und Auskünften an die **Strafverfolgungsbehörden** und **Strafgerichte** vgl. *LfSt Bayern vom 18. 1. 2012,* nachstehend abgedruckt.

Zur Auskunftserteilung an **Pfändungsgläubiger** eines Stpfl. vgl. *LfSt Bayern vom 22. 7. 2021,* abgedruckt als Anl. zu § 46.

Ist eine dem Steuergeheimnis unterliegende Tatsache einem unbeschränkten größeren Kreis Dritter tatsächlich bekannt geworden, so sind Amtsträger nicht zu einer weiteren „Geheimhaltung" in dem Sinne verpflichtet, dass sie nicht zu einer weiteren Verbreitung der Kenntnis von diesen Tatsachen beitragen dürfen, sofern sich Dritte, denen die Tatsachen trotz ihrer Offenbarung noch nicht bekannt sind, jederzeit und ohne erhebliche Schwierigkeiten von ihnen aus anderen Quellen Kenntnis verschaffen können *(BFH-Beschluss vom 14. 4. 2008 VII B 226/07, BFH/NV S. 1295).*

[2] Zum Begriff vgl. § 7.

[3] Zur Strafbarkeit s. § 355 StGB.

[4] Hinsichtlich Gesamtschuldnern gilt das Steuergeheimnis nur eingeschränkt; vgl. *Vfg. OFD Frankfurt vom 18. 12. 2013,* nachstehend abgedruckt.

a) in einem Verwaltungsverfahren, einem Rechnungsprüfungsverfahren oder einem gerichtlichen Verfahren in Steuersachen,[1]

b) in einem Strafverfahren[2] wegen einer Steuerstraftat oder einem Bußgeldverfahren wegen einer Steuerordnungswidrigkeit,

c) im Rahmen einer Weiterverarbeitung nach § 29 c Absatz 1 Satz 1 Nummer 4, 5 oder 6 oder aus anderem dienstlichen Anlass, insbesondere durch Mitteilung einer Finanzbehörde oder durch die gesetzlich vorgeschriebene Vorlage eines Steuerbescheids oder einer Bescheinigung über die bei der Besteuerung getroffenen Feststellungen,

bekannt geworden sind, oder

2. ein fremdes Betriebs- oder Geschäftsgeheimnis, das ihm in einem der in Nummer 1 genannten Verfahren bekannt geworden ist,

(geschützte Daten) unbefugt offenbart[3] oder verwertet oder

3. geschützte Daten im automatisierten Verfahren unbefugt abruft, wenn sie für eines der in Nummer 1 genannten Verfahren in einem automationsgestützten Dateisystem gespeichert sind.

(3) **Den Amtsträgern stehen gleich** 3

1. die für den öffentlichen Dienst besonders Verpflichteten (§ 11 Absatz 1 Nummer 4 des Strafgesetzbuchs),

1 a. die in § 193 Absatz 3 des Gerichtsverfassungsgesetzes genannten Personen,

2. amtlich zugezogene Sachverständige,

3. die Träger von Ämtern der Kirchen und anderen Religionsgemeinschaften, die Körperschaften des öffentlichen Rechts sind.

(4) **Die Offenbarung oder Verwertung geschützter Daten ist zulässig, soweit** 4

1. sie der Durchführung eines Verfahrens im Sinne des Absatzes 2 Nummer 1 Buchstaben a und b dient,[4]

---

[1] Zu den Steuerakten, die auf Verlangen dem FG vorzulegen sind, gehören auch die Arbeitsakten des Betriebsprüfers. Befinden sich in den Steuerakten vertrauliche Mitteilungen von Hinweisgebern (Anzeigenerstattern usw.), so ist das FA grundsätzlich befugt, diese Akteneile auszuheften und nicht vorzulegen. Hat der Berichterstatter des FG versehentlich von einer solchen vertraulichen Mitteilung Kenntnis erhalten, darf er seine Kenntnis nicht verwerten und nicht in die Urteilsbildung einfließen lassen *(BFH-Urteil vom 25. 7. 1994 X B 333/1993, BStBl. II S. 802).*

Haben zur ESt zusammenveranlagte Ehegatten Klage erhoben und ist das einen Ehegatten betreffende Verfahren wegen Konkurseröffnung unterbrochen, ist der Konkursverwalter bereits vor Aufnahme des unterbrochenen Verfahrens gem. § 78 FGO berechtigt, Akteneinsicht in den gesamten Prozessstoff zu nehmen, der iSv. § 96 i. V. m. § 78 FGO die Grundlage für die Entscheidung des FG bildet. Die Verpflichtung zur Wahrung des Steuergeheimnisses steht nicht entgegen *(BFH-Beschluss vom 15. 6. 2000 IX B 13/00, BStBl. II S. 431).*

BFH-Urteil vom 29. 7. 2003 VII R 39, 43/02, BStBl. II S. 828: 1. Das Steuergeheimnis wird grundsätzlich nicht verletzt, wenn die Offenbarung von erheblichen Steuerrückständen **gegenüber den Gewerbebehörden** dazu dienen kann, diesen die Erfüllung der ihnen durch § 35 GewO auferlegten Aufgabe zu ermöglichen (Bestätigung des *BFH-Urteils vom 10. 2. 1987 VII R 77/84, BStBl. II S. 545).* 2. Die Finanzbehörde hat nur die Offenbarung von solchen Tatsachen zu unterlassen, die eindeutig von vornherein nicht geeignet sind, alleine oder in Verbindung mit anderen Tatsachen eine Gewerbeuntersagung zu rechtfertigen. Dabei muss die Finanzbehörde die Maßstäbe anlegen, die von den Verwaltungsbehörden und -gerichten aufgestellt worden sind; ihr ist nicht gestattet, selbst zu beurteilen, ob die Voraussetzungen des § 35 GewO tatsächlich vorliegen. 3. Eine Mitteilung auch über nicht bestandskräftig festgesetzte Steuerforderungen ist danach grundsätzlich zulässig und nicht unverhältnismäßig. 4. Eine Klage auf Feststellung eines Bruchs des Steuergeheimnisses gegenüber der Gewerbebehörde ist aufgrund des Genugtuungsinteresses des Stpfl. zulässig; das Feststellungsinteresse hängt nicht davon ab, dass die Feststellung, das Steuergeheimnis sei verletzt worden, die rechtliche und tatsächliche Position des Klägers gegenüber der Gewerbebehörde verbessern könnte.

[2] Zum Verhältnis des Strafverfahrens zum Besteuerungsverfahren vgl. § 393 AO.

[3] Dem Steuergeheimnis stehen Offenbarungen an Gesellschafter einer Personengesellschaft generell nicht entgegen, soweit sie Gegenstand der einheitlichen und gesonderten Feststellung sind (vgl. *BFH-Urteil vom 27. 8. 1997 XI R 72/96, BStBl. II S. 750).*

[4] Die Durchbrechung des Steuergeheimnisses gemäß § 30 Abs. 4 Nr. 1 i. V. m. Abs. 2 Nr. 1 Buchst. a AO setzt einen unmittelbaren funktionalen Zusammenhang zwischen der Offenbarung und der Verfahrensdurchführung voraus *(BFH-Beschluss vom 7. 7. 2008 II B 9/07, BFH/NV S. 1811).*

BFH-Urteil vom 26. 1. 2012 VII R 4/11, BStBl. II S. 541: Kommt ernstlich in Betracht, dass ein Unternehmen durch die rechtswidrige Besteuerung der konkurrierenden Leistungen eines gemeinnützigen Vereins mit einem ermäßigten Umsatzsteuersatz Wettbewerbsnachteile von erheblichem Gewicht erleidet, kann es unbeschadet des Steuergeheimnisses vom FA Auskunft über den für den Konkurrenten angewandten Steuersatz verlangen (Anschluss an das *Urteil des Senats vom 5. 10. 2006 VII R 24/03, BStBl. II 2007 S. 243).*

Zur Vorlage von Steuerakten durch das FA an das Finanzgericht s. *BFH-Urteil vom 25. 7. 1994 X B 333/93, BStBl. II S. 802:* 1. Das Steuergeheimnis gilt auch im Steuerstrafverfahren (gegen OLG Celle in NJW 1990 S. 1802). 2. Eine Offenbarung i. S. d. § 30 Abs. 4 Nr. 1 AO kann auch zur Durchführung eines anderen Besteuerungsverfahrens, in dem eine andere Privatperson Kenntnis von den geschützten Tatsachen erlangt, befugt sein, wenn diese Tatsachen in beiden Verfahren für die Besteuerung bedeutsam sind. Ob und in welchem Umfang diesem nicht am Steuerstrafverfahren beteiligten Dritten Akteneinsicht in die strafrechtlichen Ermittlungsakten zu gewähren ist, unterliegt einer Ermessensentscheidung unter verfassungskonformer Abwägung der Interessen aller Betroffenen *(Beschluss OLG Hamburg vom 24. 8. 1995 – 2 VAs 7/95, wistra 1995 S. 356).*

Die Offenbarung der das Steuergeheimnis betreffenden Verhältnisse eines Dritten (§ 30 Abs. 2 AO) dient i. S. d. § 30 Abs. 4 Nr. 1 AO dann der Durchführung eines Besteuerungsverfahrens, wenn die entsprechenden Daten eine Prüfung der in einem solchen Verfahren relevanten Tatbestandsmerkmale ermöglichen, erleichtern oder auf eine festere Grundlage stellen können *(BFH-Beschluss vom 29. 8. 2012 X S 5/12 (PKH), BFH/NV 2013 S. 2).*

[Fortsetzung nächste Seite]

1a. sie einer Verarbeitung durch Finanzbehörden nach Maßgabe des § 29c Absatz 1 Satz 1 Nummer 4 oder 6 dient,

1b. sie der Durchführung eines Bußgeldverfahrens nach Artikel 83 der Verordnung (EU) 2016/679 im Anwendungsbereich dieses Gesetzes dient,

2. sie durch Bundesgesetz ausdrücklich zugelassen ist,[1]

2a. sie durch Recht der Europäischen Union vorgeschrieben oder zugelassen ist,

2b. sie der Erfüllung der gesetzlichen Aufgaben des Statistischen Bundesamtes oder für die Erfüllung von Bundesgesetzen durch die Statistischen Landesämter dient,

2c. sie der Gesetzesfolgenabschätzung dient und die Voraussetzungen für eine Weiterverarbeitung nach § 29c Absatz 1 Satz 1 Nummer 5 vorliegen,

2d. sie der Sicherung, Nutzung und wissenschaftlichen Verwertung von Archivgut der Finanzbehörden durch das Bundesarchiv nach Maßgabe des Bundesarchivgesetzes oder durch das zuständige Landes- oder Kommunalarchiv nach Maßgabe des einschlägigen Landesgesetzes oder der einschlägigen kommunalen Satzung dient, sofern die Beachtung der Vorgaben der §§ 6 und 10 bis 14 des Bundesarchivgesetzes im Landesrecht oder in der kommunalen Satzung sichergestellt ist,

3. die betroffene Person zustimmt,

4. sie der Durchführung eines Strafverfahrens wegen einer Tat dient, die keine Steuerstraftat ist, und die Kenntnisse
   a) in einem Verfahren wegen einer Steuerstraftat oder Steuerordnungswidrigkeit erlangt worden sind; dies gilt jedoch nicht für solche Tatsachen, die der Steuerpflichtige in Unkenntnis der Einleitung des Strafverfahrens oder des Bußgeldverfahrens offenbart hat oder die bereits vor Einleitung des Strafverfahrens oder des Bußgeldverfahrens im Besteuerungsverfahren bekannt geworden sind, oder
   b) ohne Bestehen einer steuerlichen Verpflichtung oder unter Verzicht auf ein Auskunftsverweigerungsrecht erlangt worden sind,

5. für sie ein zwingendes öffentliches Interesse[2] besteht; ein zwingendes öffentliches Interesse ist namentlich gegeben, wenn
   a) die Offenbarung erforderlich ist zur Abwehr erheblicher Nachteile für das Gemeinwohl oder einer Gefahr für die öffentliche Sicherheit, die Verteidigung oder die nationale Sicherheit oder zur Verhütung oder Verfolgung von Verbrechen und vorsätzlichen schweren Vergehen gegen Leib und Leben oder gegen den Staat und seine Einrichtungen,
   b) Wirtschaftsstraftaten verfolgt werden oder verfolgt werden sollen, die nach ihrer Begehungsweise oder wegen des Umfangs des durch sie verursachten Schadens geeignet sind, die wirtschaftliche Ordnung erheblich zu stören oder das Vertrauen der Allgemeinheit auf die Redlichkeit des geschäftlichen Verkehrs oder auf die ordnungsgemäße Arbeit der Behörden und der öffentlichen Einrichtungen erheblich zu erschüttern, oder
   c) die Offenbarung erforderlich ist zur Richtigstellung in der Öffentlichkeit verbreiteter unwahrer Tatsachen, die geeignet sind, das Vertrauen in die Verwaltung

---

[Fortsetzung]

Eine Verletzung des Steuergeheimnisses liegt nicht vor, wenn (Roh-)Gewinndaten und Vertriebskosten des Bauträgers von zu sanierenden Wohnungen für die korrekte Berechnung der Absetzung für Abnutzung gemäß den §§ 7h und 7i EStG in einem Prüfungsbericht dargestellt werden und deshalb die Erwerber der Wohnungen und Feststellungsbeteiligten von diesen Daten Kenntnis erlangen könnten *(BFH-Urteil vom 17. 10. 2023 VII R 19/20, BStBl. 2024 II S. 619).*

Das Steuergeheimnis steht der Offenbarung steuerlicher Verhältnisse eines Beteiligten im Rahmen der gesonderten und einheitlichen Feststellung von Besteuerungsgrundlagen regelmäßig auch dann nicht entgegen, wenn bereits streitig ist, ob überhaupt die Voraussetzungen für die Durchführung eines solchen Feststellungsverfahrens (hier: Vorliegen einer GbR) gegeben sind *(BFH-Beschluss vom 30. 3. 2021 VII B 62/20, BStBl. II S. 587).*

---

[1] Vgl. AEAO zu § 30 Nr. 7.

Rechtsgrundlage für **Spontanauskünfte** an die USA ist § 30 Abs. 4 Nr. 2 i. V. m. § 117 Abs. 2 i. V. m. dem DBA-Zustimmungsgesetz *(BFH-Beschluss vom 29. 4. 1992 I B 12/92, DB S. 1391).* Vgl. auch das EU-Amtshilfegesetz – EUAHiG, abgedruckt in der Loseblatt-Textausgabe **„Steuergesetze"** Nr. 801. Die Spontanauskunft erfasst auch Zufallserkenntnisse und Zufallsfunde, die innerhalb eines Steuerstrafverfahrens gewonnen werden und die in keinem Besteuerungsverfahren nach den Vorschriften der AO hätten mitgeteilt werden müssen *(BFH-Beschluss vom 17. 5. 1995 I B 118/94, BStBl. II S. 497).*

BFH-Beschluss vom 14. 7. 2008 VII B 92/08, BStBl. II S. 850: 1. Begründen Tatsachen den Verdacht einer Tat, die den Straftatbestand einer rechtswidrigen Zuwendung von Vorteilen i. S. des § 299 Abs. 2 StGB erfüllt, so ist die Finanzbehörde ohne eigene Prüfung, ob eine strafrechtliche Verurteilung in Betracht kommt, verpflichtet, die erlangten Erkenntnisse an die Strafverfolgungsbehörden weiterzuleiten. Das Recht auf „informationelle Selbstbestimmung" und der Grundsatz der Verhältnismäßigkeit gebieten es nicht, dass das FA vor der Übermittlung der den Tatverdacht begründenden Tatsachen prüft, ob hinsichtlich der festgestellten Zuwendungen Strafverfolgungsverjährung eingetreten ist oder Verwertungsverbote bzw. Verwendungsverbote vorliegen. 2. Ein Verdacht i. S. des § 4 Abs. 5 Nr. 10 Satz 3 EStG, der die Information der Strafverfolgungsbehörden gebietet, besteht, wenn ein Anfangsverdacht im Sinne des Strafrechts gegeben ist. Es müssen also zureichende tatsächliche Anhaltspunkte für eine Tat nach § 4 Abs. 5 Nr. 10 Satz 1 EStG vorliegen.

[2] § 30 Abs. 4 Nr. 5 AO gestattet die Durchbrechung des Steuergeheimnisses bei Anfangsverdacht in Fällen der Korruption durch Amtsträger. Siehe auch § 4 Abs. 5 Nr. 10 EStG *(Erlass FM Thüringen vom 5. 7. 1996 201.1 – S 0130 A – 23/96, DStR S. 1408).*

erheblich zu erschüttern; die Entscheidung trifft die zuständige oberste Finanzbehörde im Einvernehmen mit dem Bundesministerium der Finanzen; vor der Richtigstellung soll der Steuerpflichtige gehört werden.

(5) **Vorsätzlich falsche Angaben der betroffenen Person dürfen den Strafverfolgungs-** 5
behörden gegenüber offenbart werden.

(6)[1] **① Der Abruf geschützter Daten, die für eines der in Absatz 2 Nummer 1 ge-** 6
nannten Verfahren in einem automationsgestützten Dateisystem gespeichert sind, ist nur zulässig, soweit er der Durchführung eines Verfahrens im Sinne des Absatzes 2 Nummer 1 Buchstabe a und b oder der zulässigen Übermittlung geschützter Daten durch eine Finanzbehörde an die betroffene Person oder Dritte dient. ② Zur Wahrung des Steuergeheimnisses kann das Bundesministerium der Finanzen durch Rechtsverordnung mit Zustimmung des Bundesrates bestimmen, welche technischen und organisatorischen Maßnahmen gegen den unbefugten Abruf von Daten zu treffen sind. ③ Insbesondere kann es nähere Regelungen treffen über die Art der Daten, deren Abruf zulässig ist, sowie über den Kreis der Amtsträger, die zum Abruf solcher Daten berechtigt sind. ④ Die Rechtsverordnung bedarf nicht der Zustimmung des Bundesrates, soweit sie die Kraftfahrzeugsteuer, die Luftverkehrsteuer, die Versicherungsteuer sowie Einfuhr- und Ausfuhrabgaben und Verbrauchsteuern, mit Ausnahme der Biersteuer, betrifft.

(7) **Werden dem Steuergeheimnis unterliegende Daten durch einen Amtsträger oder** 7
diesem nach Absatz 3 gleichgestellte Personen nach Maßgabe des § 87 a Absatz 4 oder 7 über De-Mail-Dienste im Sinne des § 1 des De-Mail-Gesetzes versendet, liegt keine unbefugte Offenbarung, Verwertung und kein unbefugter Abruf von dem Steuergeheimnis unterliegenden Daten vor, wenn beim Versenden eine kurzzeitige automatisierte Entschlüsselung durch den akkreditierten Diensteanbieter zum Zweck der Überprüfung auf Schadsoftware und zum Zweck der Weiterleitung an den Adressaten der De-Mail-Nachricht stattfindet.

(8) **Die Einrichtung eines automatisierten Verfahrens, das den Abgleich geschützter** 8
Daten innerhalb einer Finanzbehörde oder zwischen verschiedenen Finanzbehörden ermöglicht, ist zulässig, soweit die Weiterverarbeitung oder Offenbarung dieser Daten zulässig und dieses Verfahren unter Berücksichtigung der schutzwürdigen Interessen der betroffenen Person und der Aufgaben der beteiligten Finanzbehörden angemessen ist.

(9) **Die Finanzbehörden dürfen sich bei der Verarbeitung geschützter Daten nur** 9
dann eines Auftragsverarbeiters im Sinne von Artikel 4 Nummer 8 der Verordnung (EU) 2016/679 bedienen, wenn diese Daten ausschließlich durch Personen verarbeitet werden, die zur Wahrung des Steuergeheimnisses verpflichtet sind.

(10) **Die Offenbarung besonderer Kategorien personenbezogener Daten im Sinne** 10
des Artikels 9 Absatz 1 der Verordnung (EU) 2016/679 durch Finanzbehörden an öffentliche oder nicht-öffentliche Stellen ist zulässig, wenn die Voraussetzungen der Absätze 4 oder 5 und ein Ausnahmetatbestand nach Artikel 9 Absatz 2 der Verordnung (EU) 2016/679 oder nach § 31 c vorliegen.

(11) **① Wurden geschützte Daten** 11

1. einer Person, die nicht zur Wahrung des Steuergeheimnisses verpflichtet ist,

2. einer öffentlichen Stelle, die keine Finanzbehörde ist, oder

3. einer nicht-öffentlichen Stelle

nach den Absätzen 4 oder 5 offenbart, darf der Empfänger diese Daten nur zu dem Zweck speichern, verändern, nutzen oder übermitteln, zu dem sie ihm offenbart worden sind. ② Die Pflicht eines Amtsträgers oder einer ihm nach Absatz 3 gleichgestellten Person, dem oder der die geschützten Daten durch die Offenbarung bekannt geworden sind, zur Wahrung des Steuergeheimnisses bleibt unberührt.

Zu § 30 – Steuergeheimnis: AEAO

1. Gegenstand des Steuergeheimnisses

1.1. Durch das Steuergeheimnis werden alle Informationen geschützt, die einem Amtsträger 12
oder einer ihm gleichgestellten Person in einem der in § 30 Abs. 2 Nr. 1 Buchst. a bis c AO genannten Verfahren über identifizierte oder identifizierbare

- (lebende oder verstorbene) natürliche Personen sowie
- Körperschaften, rechtsfähige oder nicht rechtsfähige Personenvereinigungen oder Vermögensmassen

bekannt geworden sind. Es ist unerheblich, ob diese Informationen für die Besteuerung relevant sind oder nicht.

[1] Für den automatisierten Abruf von Steuerdaten des Bundeszentralamts und der Finanzämter gilt die **Steuerdaten-Abrufverordnung – StDAV,** nachstehend abgedruckt.

AEAO

Eine (lebende) natürliche Person gilt als identifizierbar, wenn sie mit vorhandenen oder zugänglichen Mitteln direkt oder indirekt, insbesondere mittels Zuordnung zu einer Kennung wie einem Namen, zu einer Kennnummer, zu Standortdaten, zu einer Online-Kennung oder zu einem oder mehreren besonderen Merkmalen, die Ausdruck der physischen, physiologischen, genetischen, psychischen, wirtschaftlichen, kulturellen oder sozialen Identität dieser Person sind, bestimmt werden kann (vgl. Art. 4 Nr. 1 DSGVO). Entsprechendes gilt nach § 2a Abs. 5 AO für Verstorbene sowie für Körperschaften, rechtsfähige oder nicht rechtsfähige Personenvereinigungen oder Vermögensmassen.

Wurden solche personenbezogenen Daten so weit anonymisiert, dass die betroffene Person nicht oder nicht mehr identifiziert werden kann, unterliegen sie nicht mehr dem Steuergeheimnis (Ausnahme: Betriebs- und Geschäftsgeheimnisse; siehe Nr. 1.5 des AEAO zu § 30).

Einer Pseudonymisierung unterzogene personenbezogene Daten unterliegen so lange dem Steuergeheimnis, wie sie durch Heranziehung zusätzlicher Informationen einer identifizierten oder identifizierbaren Person zugeordnet werden könnten.

1.2. Das Steuergeheimnis erstreckt sich auf die gesamten persönlichen, wirtschaftlichen, rechtlichen, öffentlichen und privaten Verhältnisse einer natürlichen oder juristischen Person (personenbezogene Daten). Hierzu zählen auch das Verwaltungsverfahren selbst, die Art der Beteiligung am Verwaltungsverfahren und die Maßnahmen, die vom Beteiligten getroffen wurden. So unterliegt z. B. auch dem Steuergeheimnis, ob und bei welcher Finanzbehörde ein Beteiligter steuerlich geführt wird, ob ein Steuerfahndungsverfahren oder eine Außenprüfung stattgefunden hat, wer für einen Beteiligten im Verfahren aufgetreten ist und welche Anträge gestellt worden sind.

1.3. Zum geschützten Personenkreis gehören nicht nur die Steuerpflichtigen (§ 33 AO), sondern auch andere Personen, Körperschaften, rechtsfähige oder nicht rechtsfähige Personenvereinigungen oder Vermögensmassen, deren personenbezogene Daten einem Amtsträger oder einer ihm gleichgestellten Person in einem der in § 30 Abs. 2 Nr. 1 AO genannten Verfahren bekannt geworden sind.

Ob diese Personen in einem derartigen Verfahren mitwirkungs- oder auskunftspflichtig sind oder ihre Angaben ohne rechtliche Verpflichtung abgegeben haben, ist für die Zuordnung zum geschützten Personenkreis unerheblich (BFH-Urteil vom 8. 2. 1994 VII R 88/92, BStBl. II S. 552). Gesetzliche Informationspflichten eines Dritten gegenüber dem Steuerpflichtigen über eine diesen betreffende Mitteilung an die Finanzbehörden (z. B. nach § 93c Abs. 1 Nr. 3 AO) bleiben unberührt.

Zur Information des Steuerpflichtigen über ein Auskunftsersuchen gegenüber Dritten vgl. AEAO zu § 93, Nr. 1.2.7.

1.4. Dem Steuergeheimnis unterliegt auch die Identität eines Anzeigeerstatters (vgl. BFH-Beschluss vom 7. 12. 2006 V B 163/05, BStBl. 2007 II S. 275 m. w. N.). Nach § 30 Abs. 4 Nr. 4 Buchst. b und Abs. 5 AO kann allerdings eine Durchbrechung des Steuergeheimnisses zulässig und in besonders gelagerten Einzelfällen sogar geboten sein (vgl. AEAO zu § 30, Nr. 13).

1.5. Dem Steuergeheimnis unterliegen nach § 30 Abs. 2 Nr. 2 AO auch nicht personenbezogene (d. h. anonymisierte oder pseudonymisierte) Betriebs- und Geschäftsgeheimnisse.

1.6. Ein Amtsträger (bzw. eine ihm gleichgestellte Person) verletzt das Steuergeheimnis, wenn er nach § 30 Abs. 2 Nr. 1 oder 2 AO geschützte Daten unbefugt offenbart oder verwertet. Er verletzt das Steuergeheimnis außerdem, wenn er nach § 30 Abs. 2 Nr. 1 oder 2 AO geschützte und für ein Verfahren i. S. d. § 30 Abs. 2 Nr. 1 AO gespeicherte Daten im automatisierten Verfahren unbefugt abruft (§ 30 Abs. 2 Nr. 3 AO).

2. Verpflichteter Personenkreis

13 **2.1.** Das Steuergeheimnis haben Amtsträger und die in § 30 Abs. 3 AO genannten Personen zu wahren.

2.2. Amtsträger sind die in § 7 AO abschließend aufgeführten Personen.

2.3. Den Amtsträgern sind nach § 30 Abs. 3 AO gleichgestellt u. a. die für den öffentlichen Dienst besonders Verpflichteten. Nach § 11 Abs. 1 Nr. 4 StGB ist dies, wer, ohne Amtsträger zu sein, bei einer Behörde oder bei einer sonstigen Stelle, die Aufgaben der öffentlichen Verwaltung wahrnimmt, oder bei einem Verband oder sonstigen Zusammenschluss, Betrieb oder Unternehmen, die für eine Behörde oder für eine sonstige Stelle Aufgaben der öffentlichen Verwaltung ausführen, beschäftigt oder für sie tätig und auf die gewissenhafte Erfüllung seiner Obliegenheiten aufgrund eines Gesetzes förmlich verpflichtet ist. Rechtsgrundlage für die Verpflichtung ist das VerpflG. Für eine Verpflichtung kommen z. B. Schreib- und Registraturkräfte, ferner Mitarbeiter in Rechenzentren sowie Unternehmer und deren Mitarbeiter, die Hilfstätigkeiten für die öffentliche Verwaltung erbringen (z. B. Datenerfassung, Versendung von Erklärungsvordrucken), in Betracht.

2.4. Sachverständige stehen Amtsträgern nur dann gleich, wenn sie von einer Behörde oder einem Gericht hinzugezogen werden.

3. Offenbarung oder Verwertung geschützter Daten

14 **3.1.** Die Absätze 4 und 5 des § 30 AO erlauben die Offenbarung oder Verwertung der in § 30 Abs. 2 AO geschützten Daten.

AEAO

3.2. Offenbaren i. S. d. § 30 AO ist eine Form des Offenlegens geschützter Daten i. S. d. Art. 4 Nr. 2 DSGVO, umfasst aber – anders als die Offenlegung – auch die Übermittlung, Verbreitung und andere Formen der Bereitstellung gegenüber anderen Amtsträgern oder gleichgestellten Personen derselben Finanzbehörde.

„Offenbarung" ist jedes ausdrückliche oder konkludente Verhalten, auf Grund dessen nach § 30 Abs. 2 AO geschützte Daten einem Dritten bekannt werden können. Eine Offenbarung kann sich aus mündlichen, schriftlichen oder elektronischen Erklärungen, aber auch aus anderen Handlungen (z. B. Gewährung von Akteneinsicht, Kopfnicken usw.) oder Unterlassungen ergeben. Im Fall der Bereitstellung von Daten zum Abruf erfolgt die Offenbarung erst mit tatsächlichem Zugriff auf die Daten. Werden zum Abruf bereitgestellte Daten von der verantwortlichen Finanzbehörde vor der Einsichtnahme oder dem Abruf wieder gelöscht oder der Abruf in anderer Weise ausgeschlossen, ist keine Offenbarung erfolgt. Entsprechendes gilt bei der Bereitstellung von Akten zur Einsichtnahme.

3.3. Der Gesamtrechtsnachfolger (z. B. der Erbe nach § 1922 BGB) tritt in die rechtliche Stellung des Rechtsvorgängers ein (§ 45 Abs. 1 Satz 1 AO) und ist damit kein Dritter. Die Auskünfte, die dem Rechtsvorgänger erteilt werden durften, dürfen auch dem Rechtsnachfolger erteilt werden.

Sind in einem Erbfall mehrere Erben vorhanden, so ist jeder Einzelne Gesamtrechtsnachfolger des Erblassers. Zur Auskunftserteilung bedarf es nicht der Zustimmung der übrigen Miterben. Der auskunftssuchende Erbe hat sich erforderlichenfalls durch Erbschein auszuweisen.

Vermächtnisnehmer, Pflichtteilsberechtigte sowie Ersatzanspruchsberechtigte sind keine Gesamtrechtsnachfolger und daher Dritte. Der Auskunftsanspruch des Pflichtteilsberechtigten gegen den Erben nach § 2314 BGB hebt das Steuergeheimnis nicht auf.

3.4. Eine Offenbarung liegt nicht vor, wenn sich ein Dritter unbefugt Zugang zu den Daten verschafft hat. In diesem Fall liegt aber gleichwohl eine Verletzung des Schutzes personenbezogener Daten i. S. d. Art. 33 und 34 DSGVO vor (vgl. zu den Rechtsfolgen nach der DSGVO Nr. 3.8 des AEAO zu § 30).

3.5 Eine Offenbarung liegt außerdem nicht vor, wenn der Amtsträger (oder die ihm gleichgestellte Person) personenbezogene Daten, die er selbst für Zwecke eines bestimmten Verwaltungsverfahrens in Steuersachen erhoben hat, für ein anderes von ihm geführtes Verfahren i. S. d. § 30 Abs. 4 Nr. 1 AO verarbeitet (zulässige Weiterverarbeitung nach § 29c Abs. 1 Satz 1 Nr. 1 AO).

3.6. Unter „Verwertung" ist jede Verwendung in der Absicht, aus der Nutzung der geschützten Daten für sich oder andere Vorteile ziehen zu wollen, zu verstehen. Eine unbefugte Verwertung personenbezogener Daten eines anderen oder eines fremden Betriebs- oder Geschäftsgeheimnisses liegt vor, wenn die zu Grunde liegenden Informationen in irgendeiner Weise ohne rechtfertigenden Grund genutzt werden.

3.7. Die Finanzbehörde ist, sofern eine der in § 30 Abs. 4 und 5 AO genannten Voraussetzungen vorliegt, zur Offenbarung befugt, jedoch nicht verpflichtet. Es gelten die Grundsätze des § 5 AO. Bei der Entscheidung, ob dem Steuergeheimnis unterliegende Verhältnisse offenbart werden sollen, ist zu berücksichtigen, dass das Steuergeheimnis auch dazu dient, die Beteiligten am Besteuerungsverfahren zu wahrheitsgemäßen Angaben zu veranlassen. Ist die Befugnis zur Offenbarung nach § 30 AO gegeben und besteht gleichzeitig ein Auskunftsanspruch, der für sich allein das Steuergeheimnis nicht durchbricht, z. B. § 161 StPO, so ist die Finanzbehörde zur Auskunftserteilung verpflichtet.

3.8. Eine unbefugte Offenbarung oder Verwertung nach § 30 Abs. 2 Nr. 1 AO geschützter Daten stellt eine Verletzung des Schutzes personenbezogener Daten nach Art. 4 Nr. 12 DSGVO dar und löst ggf. die Mitteilungspflicht gegenüber der Datenschutzaufsicht nach Art. 33 DSGVO, ggf. auch die Benachrichtigungspflicht gegenüber der betroffenen Person nach Art. 34 DSGVO aus. § 355 Abs. 3 StGB bleibt hiervon unberührt.

3.9. Wurden geschützte Daten
- einer Person, die nicht zur Wahrung des Steuergeheimnisses verpflichtet ist,
- einer öffentlichen Stelle, die keine Finanzbehörde ist, oder
- einer nicht-öffentlichen Stelle

befugt offenbart, darf der Empfänger diese Daten nur zu dem Zweck speichern, verändern, nutzen oder übermitteln, zu dem sie ihm offenbart worden sind (§ 30 Abs. 11 Satz 1 AO). Ein Verstoß gegen diese Verarbeitungsbeschränkung kann – soweit er nicht bereits nach dem StGB strafbar ist – als Verstoß gegen die DSGVO geahndet werden und die Rechtsfolgen des Art. 82 DSGVO auslösen.

4. Offenbarung oder Verwertung zur Durchführung eines steuerlichen Verfahrens (§ 30 Abs. 4 Nr. 1 AO)

4.1. § 30 Abs. 4 Nr. 1 AO lässt eine Offenbarung zur Durchführung eines steuerlichen Verwaltungsverfahrens, eines steuerlichen Straf- oder Bußgeldverfahrens, eines gerichtlichen Verfahrens in Steuersachen oder eines Rechnungsprüfungsverfahrens in Steuersachen zu. 15

Es genügt, dass das Offenbaren für die Einleitung oder den Fortgang dieses Verfahrens nützlich sein könnte. Die Zulässigkeit ist nicht auf die Mitteilung von Tatsachen zwischen Finanz-

AEAO

behörden beschränkt (z. B. Mitteilungen zwischen Zollbehörden und Steuerbehörden, zwischen Finanzämtern und übergeordneten Finanzbehörden). Zulässig ist auch die Mitteilung an andere Behörden, soweit sie unmittelbar der Durchführung eines der oben genannten Verfahren dient, z. B. Mitteilungen an die Denkmalschutzbehörden im Bescheinigungsverfahren nach § 7 i EStG.

Sofern Verwaltungsgerichte Verfahren in Steuersachen (insbesondere Realsteuersachen, Kirchensteuersachen) zu entscheiden haben, besteht eine Offenbarungsbefugnis wie gegenüber Finanzgerichten.

Bei verwaltungsgerichtlichen Streitigkeiten in anderen als steuerlichen Verfahren dürfen die Finanzbehörden den Gerichten Auskünfte nur dann erteilen, wenn die Offenbarung nach § 30 Abs. 4 Nr. 2 bis 5 AO zugelassen ist.

4.2. Auskünfte darüber, ob eine Körperschaft wegen Verfolgung gemeinnütziger, mildtätiger oder kirchlicher Zwecke steuerbegünstigt ist oder nicht, sind dem Spender nur dann zu erteilen, wenn
- er im Besteuerungsverfahren die Berücksichtigung der geleisteten Spende beantragt (§ 30 Abs. 4 Nr. 1 i. V. m. Abs. 2 Nr. 1 Buchst. a AO),
- die Körperschaft ihm den Tatsachen entsprechend mitgeteilt hat, dass sie zur Entgegennahme steuerlich abzugsfähiger Spenden berechtigt ist,
  oder
- die Körperschaft wahrheitswidrig behauptet, sie sei zur Entgegennahme steuerlich abzugsfähiger Spenden berechtigt (§ 30 Abs. 4 Nr. 1 i. V. m. Abs. 2 Nr. 1 Buchst. a AO, vgl. AEAO zu § 85 AO); die Richtigstellung kann öffentlich erfolgen, wenn die Körperschaft ihre wahrheitswidrige Behauptung öffentlich verbreitet.

Ansonsten ist der Spender bei Anfragen stets an die Körperschaft zu verweisen, sofern keine Zustimmung der Körperschaft zur Auskunftserteilung vorliegt.

4.3. Wird eine beantragte Steuerermäßigung, die von Einkommens- oder Vermögensverhältnissen Dritter abhängt (z. B. nach §§ 32, 33 a EStG), abgelehnt, weil die Einkünfte und Bezüge bzw. das Vermögen gesetzliche Betragsgrenzen übersteigen, ist dies dem Steuerpflichtigen ohne Angabe des genauen Betrags mitzuteilen. Wird ein derartiger Ermäßigungsantrag im Hinblick auf die eigenen Einkünfte und Bezüge oder das Vermögen des Dritten teilweise abgelehnt, so darf dem Steuerpflichtigen die Höhe dieser Beträge mitgeteilt werden.

4.4. Bei der Schätzung von Besteuerungsgrundlagen sind ggf. die für Vergleichsbetriebe geführten Steuerakten dem Finanzgericht vorzulegen, damit das Finanzgericht überprüfen kann, ob gegen die Zahlen der Vergleichsbetriebe Bedenken bestehen. Da der Steuerpflichtige jedoch gem. § 78 FGO das Recht hat, die dem Finanzgericht vorgelegten Akten einzusehen, hat die Vorlage an das Finanzgericht stets in anonymisierter Form zu erfolgen (vgl. BFH-Urteil vom 18. 12. 1984 VIII R 195/82, BStBl. 1986 II S. 226).

Das Finanzgericht darf die Verwertung der vom Finanzamt eingebrachten anonymisierten Daten über Vergleichsbetriebe nicht schon im Grundsatz ablehnen (vgl. BFH-Urteil vom 17. 10. 2001 I R 103/00, BStBl. 2004 II S. 171).

4.5. Zur Auskunftserteilung bei Betriebsübernahme im Hinblick auf die Haftung vgl. AEAO zu § 75, Nr. 6.

4.6. Anträge auf Erteilung von Auskünften über die Besteuerung Dritter bei der Anwendung drittschützender Normen (u. a. §§ 64 bis 68 AO und § 2 Abs. 3 UStG) sind zur Vorbereitung einer Konkurrentenklage grundsätzlich zulässig (vgl. BFH-Urteil vom 5. 10. 2006 VII R 24/03, BStBl. 2007 II S. 243). Ein solcher Auskunftsanspruch setzt allerdings voraus, dass der Steuerpflichtige substantiiert und glaubhaft darlegt, durch die unzutreffende Besteuerung des Konkurrenten konkret feststellbare und spürbare Wettbewerbsnachteile zu erleiden und deshalb gegen die Steuerbehörde mit Aussicht auf Erfolg ein subjektives öffentliches Recht auf steuerlichen Drittschutz geltend machen zu können. Die Auskünfte sind auf das für die Rechtsverfolgung notwendige Maß zu beschränken. In der Auskunft dürfen deshalb nur Angaben über die Art und Weise der Besteuerung der für die Konkurrenzsituation relevanten Umsätze der fraglichen öffentlichen Einrichtung gemacht werden, nicht aber über die Höhe dieser Umsätze und der hierauf festgesetzten Steuer. Der betroffene Dritte soll gehört werden.

4.7. Gerichtliche Verfahren im Vollstreckungsverfahren

4.7.1. Im Rahmen einer Drittwiderspruchsklage (§ 262 AO) darf die Vollstreckungsbehörde (§ 249 Abs. 1 Satz 3 AO) im Prozess geschützte Daten des Vollstreckungsschuldners und anderer Personen nach § 30 Abs. 4 Nr. 1 AO offenbaren, soweit dies der Durchsetzung der Steueransprüche gegen den Vollstreckungsschuldner dient.

4.7.2. Der Drittschuldner (vgl. § 309 AO) ist befugt, Einwendungen gegen die Art und Weise der Zwangsvollstreckung, wozu auch die Geltendmachung der Unpfändbarkeit von Forderungen (vgl. § 319 AO) gehört, mit der Anfechtungsklage nach § 40 Abs. 1 FGO geltend zu machen. Im finanzgerichtlichen Verfahren darf die Vollstreckungsbehörde die geschützten Daten des Vollstreckungsschuldners und anderer Personen nach § 30 Abs. 4 Nr. 1 AO offenbaren, soweit dies der Durchführung des finanzgerichtlichen Verfahrens dient.

AEAO

4.7.3. Leistet der Drittschuldner (vgl. § 309 AO) nicht, kann die Vollstreckungsbehörde zivilgerichtlich gegen ihn vorgehen. Dabei ist dem Vollstreckungsschuldner der Streit zu verkünden (§ 316 Abs. 3 AO i. V. m. § 841 ZPO). Die Klage gegen den Drittschuldner dient der Durchsetzung der Steueransprüche gegen den Vollstreckungsschuldner. Die Vollstreckungsbehörde darf daher im Prozess geschützte Daten des Vollstreckungsschuldners, des Drittschuldners und anderer Personen nach § 30 Abs. 4 Nr. 1 AO offenbaren, soweit dies der Durchsetzung der Steueransprüche dient.

4.8. § 30 Abs. 4 Nr. 1 AO lässt auch eine Verwertung zur Durchführung eines der in § 30 Abs. 4 Nr. 1 Buchst. a oder b AO genannten Verfahren zu. Ein allgemeines gesetzliches Verwertungsverbot für Tatsachen, die unter Verletzung von Verfahrensvorschriften ermittelt wurden, besteht im Besteuerungsverfahren nicht. Ein Verwertungsverbot, das auch nicht durch zulässige, erneute Ermittlungsmaßnahmen geheilt werden kann, kommt als Folge einer fehlerhaften Maßnahme nur ausnahmsweise in Betracht, wenn die zur Fehlerhaftigkeit der Ermittlungsmaßnahme führenden Verfahrensverstöße schwerwiegend waren oder bewusst oder willkürlich begangen wurden (vgl. z. B. BVerfG-Beschluss vom 2. 7. 2009 2 BvR 2225/08, NJW S. 3225; BFH-Urteile vom 4. 10. 2006 VIII R 53/04, BStBl. 2007 II S. 227, und vom 4. 12. 2012 VIII R 5/10, BStBl. 2014 II S. 220, jeweils m. w. N.).

4.9. Ein Verwaltungsverfahren i. S. d. § 30 Abs. 2 Nr. 1 AO stellen auch die vom BZSt durchzuführenden Verfahren zur Überprüfung und Durchsetzung der Sorgfalts- und Meldepflichten durch Intermediäre nach der FATCA-USA-UmsV, dem FKAustG, dem PStTG oder vergleichbaren Regelungen dar. Liegen einem Finanzamt hinreichende Anhaltspunkte darüber vor, dass ein Intermediär seinen Mitteilungspflichten gegenüber dem BZSt nicht nachgekommen ist, ist eine Mitteilung an das BZSt zulässig.

5. Offenbarung zur Wahrnehmung von Aufsichts-, Steuerungs- und Disziplinarbefugnissen der Finanzbehörde sowie zu Ausbildungs- und Prüfungszwecken (§ 30 Abs. 4 Nr. 1 a 2. Alternative AO)

5.1. Nach § 30 Abs. 2 AO geschützte Daten dürfen den jeweils zuständigen Stellen offenbart werden, soweit dies zur Wahrnehmung von Aufsichts-, Steuerungs- und Disziplinarbefugnissen der Finanzbehörde erforderlich ist (§ 29 c Abs. 1 Satz 1 Nr. 6 Satz 1 AO). 16

Hiernach sind Mitteilungen an Disziplinarstellen der Finanzverwaltung zur Durchführung dienstrechtlicher Maßnahmen bei Angehörigen der Finanzverwaltung zulässig.

Eine Offenbarung soll allerdings nur erfolgen, wenn die mitteilende Stelle zur Überzeugung gelangt ist, dass ein schweres Dienstvergehen vorliegt, der Sachverhalt mithin nach ihrer Auffassung geeignet erscheint, eine im Disziplinarverfahren zu verhängende Maßnahme von Gewicht, d. h. grundsätzlich eine Zurückstufung oder die Entfernung aus dem Dienst, zu tragen (vgl. BVerfG-Beschluss vom 6. 5. 2008 2 BvR 336/07, NJW S. 3489).

Ein relevanter Verstoß gegen Dienstpflichten kann auch darin liegen, dass das in Rede stehende Delikt das Ansehen und die Funktionsfähigkeit des Beamtentums nachhaltig schädigen könnte (BVerwG-Beschluss vom 5. 3. 2010 2 B 22/09, NJW S. 2229). Eine Offenbarung ist regelmäßig geboten, wenn eine Steuerhinterziehung durch Beamte der Finanzverwaltung begangen und von weiteren Delikten, insbesondere von geschäftsmäßiger Hilfeleistung in Steuersachen, begleitet wird, die über einen längeren Zeitraum begangen wurden (vgl. BVerwG-Beschluss vom 5. 3. 2010, a. a. O.). Vgl. im Übrigen auch Nr. 11.8 des AEAO zu § 30 sowie das BMF-Schreiben vom 12. 1. 2018, BStBl. I S. 201, geändert durch das BMF-Schreiben vom 13. 1. 2023, BStBl. I S. 182.

5.2. Nach § 30 Abs. 2 AO geschützte Daten dürfen den jeweils zuständigen Stellen offenbart werden, wenn dies der Veränderung oder Nutzung personenbezogener Daten zu Ausbildungs- und Prüfungszwecken durch die Finanzbehörde dient, soweit nicht überwiegende schutzwürdige Interessen der betroffenen Person entgegenstehen (§ 29 c Abs. 1 Satz 1 Nr. 6 Satz 2 AO).

5.3. Nach § 30 Abs. 2 AO geschützte Daten dürfen in den vorgenannten Fällen nur durch Personen verarbeitet werden, die zur Wahrung des Steuergeheimnisses verpflichtet sind (§ 29 c Abs. 1 Satz 3 i. V. m. § 30 Abs. 1 und 3 AO).

6. Offenbarung zur Durchführung eines Bußgeldverfahrens nach Art. 83 DSGVO (§ 30 Abs. 4 Nr. 1 b AO)

Nach § 30 Abs. 2 AO geschützte Daten dürfen den für die Durchführung eines Bußgeldverfahrens nach der DSGVO zuständigen Datenschutzaufsichtsbehörden nur offenbart werden, wenn das Bußgeldverfahren die Verarbeitung personenbezogener Daten im Anwendungsbereich der AO betrifft. 17

7. Gesetzlich zugelassene Offenbarung (§ 30 Abs. 4 Nr. 2 AO)

Auf § 30 Abs. 4 Nr. 2 AO kann eine Offenbarung nur gestützt werden, wenn die Befugnis zum Offenbaren in einem Bundesgesetz ausdrücklich enthalten ist. Eine Regelung in einem Landesgesetz oder einer Kommunalsatzung oder eine Bestimmung über die allgemeine Pflicht zur Amtshilfe genügt nicht. Die Befugnis kann in der AO selbst (z. B. § 31 AO), in anderen Steuergesetzen des Bundes oder in außersteuerlichen Vorschriften des Bundes enthalten sein. 18

Zu den außersteuerlichen Vorschriften gehören insbesondere:

AEAO

- § 5 Abs. 3 des Gesetzes über den Abbau der Fehlsubventionierung im Wohnungswesen;
- § 236 Abs. 1 und § 379 Abs. 2 des Gesetzes über Verfahren in Familiensachen und in Angelegenheiten der freiwilligen Gerichtsbarkeit;
- § 88 Abs. 3 des Aufenthaltsgesetzes;
- § 197 Abs. 2 Satz 2 des Baugesetzbuches;
- § 49 des Beamtenstatusgesetzes und § 115 des Bundesbeamtengesetzes;
- § 16 Abs. 3 Satz 1 Nr. 2 und Abs. 4 des Bundesdatenschutzgesetzes;
- § 39 des Erdölbevorratungsgesetzes;
- § 17 Satz 2 des Gesetzes über das gerichtliche Verfahren in Landwirtschaftssachen;
- § 14 Abs. 4 und § 153 a Abs. 1 Satz 2 der Gewerbeordnung;
- § 3 Abs. 5 des Güterkraftverkehrsgesetzes;
- § 8 Abs. 2 des Gesetzes über das Kreditwesen;
- § 6 Abs. 2 des Bundesmeldegesetzes;
- § 25 Abs. 3 des Personenbeförderungsgesetzes;
- § 7 Abs. 2 des Gesetzes über die Preisstatistik;
- § 27 Abs. 1 Satz 2 des Gesetzes zur Regelung offener Vermögensfragen;
- § 21 Abs. 4 SGB X;
- § 5 Abs. 2 bis 5 und §§ 10, 10 a des Steuerberatungsgesetzes;
- § 2 a Abs. 1, § 2 b Abs. 1, § 4 Abs. 4, § 6 Abs. 1 und 2 und § 9 Abs. 1 bis 3 des Gesetzes über Steuerstatistiken;
- § 492 Abs. 3 StPO i. V. m. §§ 385, 399 AO;
- § 27 Abs. 5 des Unterhaltssicherungsgesetzes;
- § 3 a der Verfahrensordnung für Höfesachen;
- § 32 Abs. 4 und § 35 Abs. 4 des Wohnraumförderungsgesetzes und § 2 des Wohnungsbindungsgesetzes;
- § 2 des Verwaltungsdatenverwendungsgesetzes;
- § 36 Abs. 2 und 3 der Bundesrechtsanwaltsordnung;
- § 18 Abs. 3 a des Bundesverfassungsschutzgesetzes (vgl. auch § 51 Abs. 3 Satz 3 AO);
- § 6 Abs. 1 und 4 des Bundesarchivgesetzes;
- § 36 a Abs. 3 und 4 der Wirtschaftsprüferordnung;
- § 64 d der Bundesnotarordnung;
- § 34 Abs. 2 und 3 der Patentanwaltsordnung;
- § 54 Abs. 1 Satz 4 des Gerichtskostengesetzes;
- § 40 Abs. 6 und § 46 Abs. 3 des Gerichts- und Notarkostengesetzes;
- § 6 Abs. 5 des Unterhaltsvorschussgesetzes;
- § 12 Abs. 5 Satz 4 des Sicherheitsüberprüfungsgesetzes;
- § 42 Abs. 2 des Geldwäschegesetzes (GwG);
- § 9 Abs. 2 des Gesetzes zur vorläufigen Regelung des Rechts der Industrie- und Handelskammern;
- § 32 a Staatsangehörigkeitsgesetz;
- § 4 Abs. 1 Satz 2 Wettbewerbsregistergesetz;
- § 6 Abs. 2 des Hinweisgeberschutzgesetzes;
- § 43 Abs. 2 des Waffengesetzes.

8. Europarechtlich vorgeschriebene oder zugelassene Offenbarung (§ 30 Abs. 4 Nr. 2 a AO)

19 § 30 Abs. 4 Nr. 2 a AO gestattet eine Offenbarung geschützter Daten, soweit diese Offenbarung durch unmittelbar geltendes Recht der EU (Verordnungen, Durchführungsbestimmungen und sonstiges, unmittelbar geltendes Recht) zugelassen oder sogar vorgeschrieben ist. Dabei ist es nicht erforderlich, dass die Durchbrechung des Steuergeheimnisses ausdrücklich bezeichnet wird.

Beispiele:

Fordert die EU-Kommission in einem beihilferechtlichen Prüfungsverfahren von Finanzbehörden Informationen über bestimmte Steuerfälle an, sind ihr diese nach der EU-Beihilfeverfahrensordnung mitzuteilen.

Soweit den Finanzbehörden im Besteuerungsverfahren Erkenntnisse über Verstöße gegen europäische Embargo-Verordnungen bekannt werden, haben sie diese den für die Verfolgung derartiger Verstöße zuständigen Behörden mitzuteilen.

EU-Richtlinien und Beschlüsse im Rahmen der gemeinsamen Außen- und Sicherheitspolitik (sogenannte GASP-Beschlüsse) stellen kein unmittelbar geltendes EU-Recht dar. Damit die dort enthaltenen Regelungen wirksam werden, müssen sie zuvor entweder in unmittelbar geltendes Recht der EU oder in nationales Recht umgesetzt werden. Bei Umsetzung in unmittelbar geltendes EU-Recht kommt eine Offenbarungsbefugnis nach § 30 Abs. 4 Nr. 2 a AO in Betracht. Bei Umsetzung im Außenwirtschaftsgesetz und der Außenwirtschaftsverordnung ergibt sich die Offenbarungsbefugnis aus § 30 Abs. 4 Nr. 1 AO, da die Überwachung des grenzüberschreitenden Warenverkehrs nach § 2 a Abs. 2 Satz 2 AO als Verfahren in Steuersachen gilt. Bei anderweitiger Umsetzung in nationales Recht kann sich eine Offenbarungsbefugnis aus § 30 Abs. 4 Nr. 2 oder Nr. 5 AO ergeben.

9. Offenbarung bei Zustimmung des Betroffenen (§ 30 Abs. 4 Nr. 3 AO)

20 Nach § 30 Abs. 4 Nr. 3 AO ist die Offenbarung zulässig, soweit der Betroffene zustimmt. Betroffener ist nicht nur der Verfahrensbeteiligte selbst, sondern auch jeder Andere, dessen personen-

bezogene Daten durch § 30 AO geschützt werden (z. B. Geschäftsführer, Geschäftspartner, Arbeitnehmer, Empfänger von Zahlungen und anderen Vorteilen). Sind mehrere Personen betroffen, so müssen alle ihre Zustimmung zur Offenbarung eines Sachverhalts erteilen. Stimmen einzelne Personen nicht zu, so dürfen die geschützten Verhältnisse derjenigen, die ihre Zustimmung nicht erteilt haben, nicht offenbart werden. AEAO

10. Offenbarung zur Durchführung eines außersteuerlichen Strafverfahrens (§ 30 Abs. 4 Nr. 4 AO)

10.1. Gem. § 30 Abs. 4 Nr. 4 Buchst. a AO dürfen im Steuerstrafverfahren oder Steuerordnungswidrigkeitsverfahren gewonnene Erkenntnisse über außersteuerliche Straftaten an Gerichte und Strafverfolgungsbehörden für Zwecke der Strafverfolgung weitergeleitet werden. Die Finanzbehörden können daher z. B. die Staatsanwaltschaft auch über sog. Zufallsfunde unterrichten. Voraussetzung ist jedoch stets, dass die Erkenntnisse im steuerlichen Straf- oder Bußgeldverfahren selbst gewonnen wurden. Kenntnisse, die bereits vorher in einem anderen Verfahren (z. B. Veranlagungs-, Außenprüfungs- oder Vollstreckungsverfahren) erlangt wurden, dürfen den Strafverfolgungsbehörden gegenüber nicht offenbart werden. Sind die Tatsachen von dem Steuerpflichtigen (§ 33 AO) selbst oder der für ihn handelnden Person (§ 200 Abs. 1 AO) der Finanzbehörde mitgeteilt worden, ist die Weitergabe zur Strafverfolgung wegen nichtsteuerlicher Straftaten nur zulässig, wenn der Steuerpflichtige zum Zeitpunkt der Abgabe der Mitteilung an die Finanzbehörde die Einleitung des steuerlichen Straf- oder Bußgeldverfahrens gekannt hat, es sei denn, einer der in § 30 Abs. 4 Nr. 5 oder Abs. 5 AO geregelten Fälle läge vor. 21

10.2. Gem. § 30 Abs. 4 Nr. 4 Buchst. b AO ist eine Offenbarung von Kenntnissen zur Durchführung eines Strafverfahrens wegen einer nichtsteuerlichen Straftat uneingeschränkt zulässig, wenn die Tatsachen der Finanzbehörde ohne Bestehen einer steuerlichen Verpflichtung oder unter Verzicht auf ein Auskunftsverweigerungsrecht bekannt geworden sind. Tatsachen sind der Finanzbehörde ohne Bestehen einer steuerlichen Verpflichtung bekannt geworden, wenn die Auskunftsperson nicht zuvor durch die Finanzbehörde zur Erteilung einer Auskunft aufgefordert worden ist. Ein Verzicht auf ein Auskunftsverweigerungsrecht (siehe §§ 101 ff. AO) kann nur angenommen werden, wenn dem Berechtigten sein Auskunftsverweigerungsrecht bekannt war; dies setzt in den Fällen des § 101 AO eine Belehrung voraus.

11. Offenbarung aus zwingendem öffentlichen Interesse (§ 30 Abs. 4 Nr. 5 AO)

11.1. Eine Offenbarung ist gem. § 30 Abs. 4 Nr. 5 AO zulässig, soweit für sie ein zwingendes öffentliches Interesse besteht. 22

Liegt ein zwingendes öffentliches Interesse vor, macht es für die Zulässigkeit der Offenbarung keinen Unterschied, ob die Finanzbehörde aufgrund eigener Erkenntnisse von Amts wegen die zuständige Behörde informiert oder ob die zuständige Behörde unter Schilderung der Umstände, die das Vorliegen eines zwingenden öffentlichen Interesses begründen, die Finanzbehörde um Auskunft ersucht.

11.2. § 30 Abs. 4 Nr. 5 AO enthält eine beispielhafte Aufzählung von Fällen, in denen ein zwingendes öffentliches Interesse zu bejahen ist.

11.2.1. Ein zwingendes öffentliches Interesse ist nach § 30 Abs. 4 Nr. 5 Buchst. a AO insbesondere gegeben, wenn die Offenbarung erforderlich ist

– zur Abwehr erheblicher Nachteile für das Gemeinwohl oder einer Gefahr für die öffentliche Sicherheit, die Verteidigung oder die nationale Sicherheit oder
– zur Verhütung oder Verfolgung von Verbrechen und vorsätzlichen schweren Vergehen gegen Leib und Leben oder gegen den Staat und seine Einrichtungen.

Verbrechen i. S. d. § 30 Abs. 4 Nr. 5 Buchst. a AO sind alle Straftaten, die im Mindestmaß mit Freiheitsstrafe von einem Jahr oder darüber bedroht sind (§ 12 Abs. 1 StGB).

Als vorsätzliche schwere Vergehen gegen Leib und Leben oder gegen den Staat und seine Einrichtungen kommen nur solche Vergehen in Betracht, die eine schwerwiegende Rechtsverletzung darstellen und dementsprechend mit Freiheitsstrafe bedroht sind.

11.2.2. Unter den Begriff der Wirtschaftsstraftat i. S. d. § 30 Abs. 4 Nr. 5 Buchst. b AO fallen Straftaten nicht schon deswegen, weil sie nach § 74 c GVG zur Zuständigkeit des Landgerichts gehören. Es ist vielmehr in jedem Einzelfall unter Abwägung der Interessen zu prüfen, ob die besonderen Voraussetzungen des § 30 Abs. 4 Nr. 5 Buchst. b AO gegeben sind.

11.2.3. § 30 Abs. 4 Nr. 5 Buchst. c AO gestattet die Offenbarung zur Richtigstellung unwahrer Tatsachen, die geeignet sind, das Vertrauen in die Verwaltung erheblich zu erschüttern. Diese Offenbarungsbefugnis begründet ein Abwehrrecht der Verwaltung und dient damit nicht dem Aufklärungsinteresse der Öffentlichkeit. Die Verwaltung selbst hat zu entscheiden, ob und in welchem Umfang sie richtigstellen will. Sie hat dabei den Grundsatz der Verhältnismäßigkeit zu wahren und sich auf die zur Richtigstellung erforderliche Offenbarung zu beschränken. Eine Offenbarung zur Richtigstellung in der Öffentlichkeit verbreiteter unwahrer Tatsachen gem. § 30 Abs. 4 Nr. 5 Buchst. c AO kommt nur im Ausnahmefall in Betracht.

11.3. Bei anderen als den in § 30 Abs. 4 Nr. 5 AO genannten Sachverhalten ist ein zwingendes öffentliches Interesse nur gegeben, wenn sie in ihrer Bedeutung einem dieser Fälle vergleichbar sind.

AEAO

11.4. Die Gewerbebehörden können bei Vorliegen eines zwingenden öffentlichen Interesses für Zwecke eines Gewerbeuntersagungsverfahrens über die Verletzung steuerlicher Pflichten unterrichtet werden, die mit der Ausübung des Gewerbes, das untersagt werden soll, im Zusammenhang stehen (vgl. im Einzelnen BMF-Schreiben vom 19. 12. 2013, BStBl. 2014 I S. 19).

11.5. Zur Wahrung des Steuergeheimnisses gegenüber Parlamenten bzw. einem Untersuchungsausschuss des Deutschen Bundestages vgl. BMF-Schreiben vom 13. 5. 1987.

11.6. § 6 des SubvG, wonach Behörden von Bund und Ländern Tatsachen, die sie dienstlich erfahren, und die den Verdacht eines Subventionsbetrugs (§ 264 StGB) begründen, den Strafverfolgungsbehörden mitzuteilen haben, stellt keine Ermächtigungsvorschrift i. S. d. § 30 Abs. 4 Nr. 2 AO dar.

Anzeigen an Strafverfolgungsbehörden wegen des Verdachts eines Subventionsbetrugs ohne vorheriges Ersuchen sind daher nur zulässig, wenn ein zwingendes öffentliches Interesse an der Offenbarung besteht (§ 30 Abs. 4 Nr. 5 Buchstabe b AO) oder die Voraussetzungen des § 30 Abs. 5 AO vorliegen (vgl. AEAO zu § 30, Nr. 12).

Nach § 31 a Abs. 1 Satz 1 Nr. 1 Buchstabe b Doppelbuchstabe bb AO besteht allerdings eine Offenbarungsbefugnis gegenüber den für die Bewilligung, Gewährung, Rückforderung, Erstattung, Weitergewährung oder für das Belassen einer Subvention als Leistung aus öffentlichen Mitteln zuständigen Behörden und Gerichten. Mitteilungen an Strafverfolgungsbehörden sind auf deren Ersuchen nach § 31 a Abs. 1 Satz 2 AO zulässig, soweit die Offenbarung für die Durchführung eines Strafverfahrens wegen einer zu Unrecht erlangten Subvention erforderlich ist. Die Strafverfolgungsbehörde muss die Erforderlichkeit der Mitteilung versichern. Im Einzelnen vgl. AEAO zu § 31 a, Nr. 4.3.

Betrifft der Subventionsbetrug allerdings Investitionszulagen oder Forschungszulagen, sind entsprechende Tatsachen wie bei Steuerstraftaten den Bußgeld- und Strafsachenstellen zu melden (vgl. §§ 14, 15 InvZulG 2010 bzw. §§ 12, 13 FZulG i. V. m. § 30 Abs. 4 Nr. 1 AO).

11.7. Die Weitergabe von Informationen über Verstöße gegen die Umweltschutzbestimmungen kommt insbesondere in Betracht, wenn daran ein zwingendes öffentliches Interesse nach § 30 Abs. 4 Nr. 5 AO besteht. Dies ist nicht nur zur Verfolgung der in § 30 Abs. 4 Nr. 5 Buchst. a und b AO genannten Straftaten gegeben, sondern auch zur Verfolgung anderer Straftaten, die wegen ihrer Schwere und ihrer Auswirkungen auf die Allgemeinheit den genannten Regeltatbeständen entsprechen.

Bei Verdacht eines besonders schweren Falles einer Umweltstraftat i. S. d. § 330 StGB oder einer schweren Gefährdung durch Freisetzung von Giften i. S. d. § 330 a StGB ist ein zwingendes öffentliches Interesse für eine Offenbarung zu bejahen. Keine Offenbarungsbefugnis besteht, wenn lediglich der abstrakte Gefährdungstatbestand einer Umweltstraftat wie etwa § 325 StGB (Luftverunreinigung), § 325 a StGB (Verursachen von Lärm, Erschütterungen und nichtionisierenden Strahlen) bzw. § 326 StGB (umweltgefährdende Abfallbeseitigung) erfüllt ist.

Kann die Finanzbehörde nicht beurteilen, ob die vorgenannten Voraussetzungen für eine Weitergabe erfüllt sind, hat sie zunächst unter Anonymisierung des Sachverhalts eine sachkundige Stelle zur Klärung einzuschalten.

Soweit Verstöße gegen Umweltschutzbestimmungen steuerliche Auswirkungen haben, z. B. für die Anerkennung einer Teilwertabschreibung, ergibt sich die Befugnis zur Weitergabe aus § 30 Abs. 4 Nr. 1 AO, sofern die Weitergabe zur Durchführung des Besteuerungsverfahrens erforderlich ist. Sieht die Finanzbehörde die Notwendigkeit, Angaben des Steuerpflichtigen, z. B. über schadstoffbelastete Wirtschaftsgüter, zu überprüfen, kann sie den Sachverhalt einer zuständigen Fachbehörde offenbaren. Die Finanzbehörde hat dabei zu prüfen, ob es ausreicht, den Sachverhalt der Fachbehörde in anonymisierter Form vorzutragen. Ist die Offenbarung der Identität des Steuerpflichtigen erforderlich, soll sie die Fachbehörde darauf hinweisen, dass die Angaben des Steuerpflichtigen nach § 30 Abs. 2 Nr. 1 Buchst. c AO weiterhin dem Steuergeheimnis unterliegen.

Die Weitergabe von Erkenntnissen über Verstöße gegen Umweltschutzbestimmungen kann gleichzeitig auf mehrere Offenbarungsgründe gestützt werden. Eine Weitergabe von Erkenntnissen unter dem Gesichtspunkt des zwingenden öffentlichen Interesses ist deshalb auch dann zulässig, wenn der gleiche Sachverhalt bereits nach § 30 Abs. 4 Nr. 1 AO offenbart worden ist. Die Weitergabe von Informationen über Verstöße gegen die Umweltschutzbestimmungen kann nicht auf das UIG gestützt werden.

11.8. Zu Mitteilungen an Disziplinarstellen zur Durchführung dienstrechtlicher Maßnahmen bei Beamten und Richtern in anderen als den in Nr. 5.1 des AEAO zu § 30 genannten Fällen vgl. BMF-Schreiben vom 12. 1. 2018, BStBl. I S. 201, geändert durch das BMF-Schreiben vom 13. 1. 2023, BStBl. I S. 182.

Die Regelungen in Nr. 5.1 des AEAO zu § 30 und im vorgenannten BMF-Schreiben sind bei vergleichbaren Verfehlungen sonstiger Angehöriger der Finanzverwaltung (Bedienstete, die nicht Beamte sind) entsprechend anzuwenden, soweit dies zur Ergreifung vergleichbarer arbeitsrechtlicher Maßnahmen (z. B. Abmahnung, Kündigung) führen kann. Eine Steuerhinterziehung in erheblicher Höhe ist bei einem hoheitlich tätigen Bediensteten einer Finanzbehörde, der nicht Beamter ist, als wichtiger Grund zur fristlosen Kündigung an sich auch dann geeignet, wenn der Bedienstete die Hinterziehung gem. § 371 AO selbst angezeigt hat (vgl. BAG-Urteile vom 21. 6. 2001 2 AZR 325/00, HFR 2003 S. 183, und vom 10. 9. 2009 2 AZR 257/08).

AEAO

11.9. Die Finanzbehörden sind verpflichtet, den für die Bekämpfung terroristischer Aktivitäten zuständigen Stellen die nach § 30 AO geschützten Verhältnisse auf deren Ersuchen mitzuteilen. Für die Mitteilungen an die genannten Stellen besteht in diesen Fällen ein zwingendes öffentliches Interesse i. S. d. § 30 Abs. 4 Nr. 5 AO.

Die ersuchenden Stellen haben in ihrem Ersuchen zu versichern, dass die erbetenen Daten für Ermittlungen und Aufklärungsarbeiten im Zusammenhang mit der Bekämpfung des Terrorismus erforderlich sind. Eine bestimmte Form für die Auskunftsersuchen und die Erteilung der Auskünfte ist nicht erforderlich. Bei Zweifeln an der Identität des Auskunftsersuchenden haben sich die Finanzbehörden vor Auskunftserteilung über die Identität des Auskunftsersuchenden auf geeignete Weise zu vergewissern.

Zur Mitteilungspflicht zur Bekämpfung der Geldwäsche und der Terrorismusfinanzierung vgl. § 31 b AO. Zur Rückmeldung über die abschließende Verwendung der von der FIU bereitgestellten Informationen und über die Ergebnisse der Maßnahmen, die auf Grundlage dieser Informationen durchgeführt wurden vgl. § 42 Abs. 2 GwG.

11.10. Werden strafrechtlich geschützte Individualrechtsgüter eines Amtsträgers oder einer gleichgestellten Person i. S. d. § 30 Abs. 3 AO verletzt, ist die Durchbrechung des Steuergeheimnisses gem. § 30 Abs. 4 Nr. 5 AO zulässig, soweit dies für die Verfolgung des Delikts erforderlich ist. In Betracht kommen hierbei insbesondere:
– falsche Verdächtigung (§ 164 StGB),
– Beleidigung (§ 185 StGB),
– üble Nachrede (§ 186 StGB),
– Verleumdung (§ 187 StGB),
– Körperverletzung (§§ 223, 224, 229 StGB),
– Freiheitsberaubung (§ 239 StGB),
– Nötigung (§ 240 StGB),
– Bedrohung (§ 241 StGB).

11.11. § 30 Abs. 4 Nr. 5 AO gestattet die Offenbarung der Verhältnisse eines anderen zur Verfolgung von
– Widerstand gegen Vollstreckungsbeamte (§ 113 Abs. 1 StGB),
– tätlicher Angriff auf Vollstreckungsbeamte (§ 114 StGB),
– Verstrickungsbrüchen (§ 136 Abs. 1 StGB),
– Siegelbrüchen (§ 136 Abs. 2 StGB) oder
– Vereitelung der Vollstreckung (§ 288 StGB)
im Besteuerungsverfahren durch die Finanzbehörden gegenüber Gerichten oder Strafverfolgungsbehörden. Das zwingende öffentliche Interesse an der Offenbarung folgt daraus, dass sich die strafrechtlich relevanten Handlungen gegen die Gesetzmäßigkeit des Steuerverfahrens als Ganzes – Steuererhebung und Steuerverstrickung – richten.

11.12. Liegen den Finanzbehörden Erkenntnisse zu Insolvenzstraftaten i. S. d. §§ 283 bis 283 c StGB oder zu Insolvenzverschleppungsstraftaten (§ 15 a InsO) vor, die sie im Besteuerungsverfahren erlangt haben, so ist eine Offenbarung dieser Erkenntnisse an die Strafverfolgungsbehörden nach § 30 Abs. 4 Nr. 5 AO zulässig.

11.13. Liegen den Finanzbehörden Anhaltspunkte zu Misshandlungen von Kindern i. S. d. § 223 StGB, zu Misshandlungen von Schutzbefohlenen i. S. d. § 225 StGB oder zur gröblichen Verletzung der Fürsorge- oder Erziehungspflicht i. S. d. § 171 StGB vor, die sie im Besteuerungs- bzw. Steuerstrafverfahren erlangt haben, ist eine Offenbarung dieser Kenntnisse an die Sozialbehörden bzw. Strafverfolgungsbehörden nach § 30 Abs. 4 Nr. 5 zulässig.

12. Offenbarung vorsätzlich falscher Angaben (§ 30 Abs. 5 AO)

Die Unterrichtung der Strafverfolgungsbehörden über vorsätzlich falsche Angaben des Betroffenen gem. § 30 Abs. 5 AO darf nur erfolgen, wenn nach Auffassung der Finanzbehörde durch die falschen Angaben ein Straftatbestand verwirklicht worden ist; die Durchführung eines Strafverfahrens wegen dieser Tat ist nicht Voraussetzung für die Zulässigkeit der Offenbarung. Der Finanzbehörde obliegt die Prüfung, ob der Betroffene, sowohl in objektiver als auch in subjektiver Hinsicht, einen Straftatbestand verwirklicht hat (BFH-Urteil vom 8. 2. 1994 VII R 88/92, BStBl. II S. 552). § 30 Abs. 5 AO lässt eine Offenbarung nur gegenüber den Strafverfolgungsbehörden zu. **23**

13. Auskunft über Anzeigeerstatter

13.1. Durch das Steuergeheimnis wird auch der Name eines Anzeigeerstatters geschützt, wenn die Anzeige eines der in § 30 Abs. 2 Nr. 1 Buchst. a und b AO genannten Verfahren auslöst oder innerhalb eines solchen Verfahrens erstattet oder ausgewertet wird. Was für die Offenbarung des Namens des Anzeigeerstatters gilt, muss in entsprechender Weise auch für die wortgetreue Offenbarung des Inhalts der Anzeige gelten. Häufig wird man nämlich aus dem Inhalt einer Anzeige, sei es aus einer bestimmten Wortwahl oder aus dem Gebrauch einzelner Formulierungen, sei es aus stilistischen oder grammatikalischen Eigenheiten, aus der Schrift oder aus der Strukturierung des gesamten Textes, mit einiger Wahrscheinlichkeit Rückschlüsse auf den Verfasser der Anzeige ziehen können (vgl. BFH-Beschluss vom 28. 12. 2006 VII B 44/03, BFH/NV 2007 S. 853). **24**

AEAO

13.2. Hat der Anzeigeerstatter allerdings vorsätzlich falsche Angaben gemacht, kann die Finanzbehörde dies gem. § 30 Abs. 5 AO den Strafverfolgungsbehörden mitteilen. Das Gleiche gilt gem. § 30 Abs. 4 Nr. 4 Buchst. b AO, wenn die Anzeige ohne Bestehen einer steuerlichen Verpflichtung erstattet worden ist und die Unterrichtung der Strafverfolgungsbehörden der Durchführung eines Strafverfahrens wegen einer Tat dient, die keine Steuerstraftat ist (vgl. AEAO zu § 30, Nr. 10.2).

13.3. Grundsätzlich besteht nur eine Befugnis, aber keine Verpflichtung der Finanzbehörde zu einer Unterrichtung der Strafverfolgungsbehörden. Im Hinblick auf den Persönlichkeitsschutz des Verdächtigten kann sich die Offenbarungsbefugnis im Einzelfall in eine Verpflichtung zur Unterrichtung der Strafverfolgungsbehörden verdichten, wenn der Anzeigeerstatter nach Auffassung der Finanzbehörde durch vorsätzlich falsche Angaben Straftatbestände wie z. B. des § 164 StGB (falsche Verdächtigung) verwirklicht hat (vgl. u. a. BFH-Urteil vom 8. 2. 1994 VII R 88/92, BStBl. II S. 552).

13.4. Eine Verpflichtung zur Auskunftserteilung besteht auch, wenn die Voraussetzungen für eine Offenbarung nach § 30 Abs. 5 oder § 30 Abs. 4 Nr. 4 Buchst. b AO gegeben sind und die Strafverfolgungsbehörde um Namensnennung aufgrund einer Strafanzeige des Steuerpflichtigen gegen Unbekannt im Ermittlungsverfahren nach § 161 StPO ersucht. Dem betroffenen Steuerpflichtigen selbst ist in diesen Fällen keine Auskunft über die Identität des Anzeigeerstatters zu erteilen; insbesondere § 30 Abs. 5 AO lässt eine Offenbarung nur gegenüber den Strafverfolgungsbehörden zu.

13.5. Auch im Fall eines Auskunftsersuchens der Strafverfolgungsbehörde nach § 161 StPO ist die Finanzbehörde in den Fällen des § 30 Abs. 5 AO nur zur Auskunftserteilung berechtigt, wenn sie nach eigener Überprüfung der Auffassung ist, dass der Anzeigeerstatter vorsätzlich falsche Angaben gemacht hat. In diesem Fall ist die Finanzbehörde zur Auskunftserteilung an die Strafverfolgungsbehörde verpflichtet.

13.6. Beantragt der betroffene Steuerpflichtige selbst bei der Finanzbehörde Auskunft über die Identität eines Anzeigeerstatters und liegen die Voraussetzungen des § 30 Abs. 4 Nr. 4 Buchst. b AO vor, sind im Rahmen der Ermessensentscheidung das allgemeine Persönlichkeitsrecht des Steuerpflichtigen gegen das allgemeine Persönlichkeitsrecht des Anzeigeerstatters und den Zweck des Steuergeheimnisses – die möglichst vollständige Erschließung der Steuerquellen – abzuwägen. Dem Informantenschutz und dem Zweck des Steuergeheimnisses kommt dabei ein höheres Gewicht als dem Persönlichkeitsrecht des Steuerpflichtigen zu, wenn sich die vertraulich mitgeteilten Informationen im Wesentlichen als zutreffend erweisen und zu Steuernachforderungen führen (vgl. BFH-Beschluss vom 7. 12. 2006 V B 163/05, BStBl. 2007 II S. 275 m. w. N.) oder wenn sich bei einer Vielzahl von Angaben zumindest einige als steuerrechtlich bedeutsam erweisen, wobei diese im Verhältnis zu den anderen nicht völlig unmaßgeblich sein dürfen (vgl. BFH-Urteil vom 8. 2. 1994 VII R 88/92, BStBl. II S. 552).

24a **14. Auskunftsersuchen der Meldestellen nach dem HinSchG an Finanzbehörden**

Bei Auskunftsersuchen interner oder externer Meldestellen an Finanzbehörden (§ 18 und § 29 HinSchG) enthält das HinSchG keine Offenbarungsbefugnis im Sinne des § 30 Abs. 4 Nr. 2 AO. Auch die Pflicht zur Zusammenarbeit mit externen Meldestellen nach § 30 HinSchG gestattet für sich allein keine Offenbarung nach § 30 Abs. 4 Nr. 2 AO.

25 **15. Abruf geschützter Daten (§ 30 Abs. 6 AO)**

15.1. Der Abruf geschützter Daten durch andere Personen als die betroffene Person (vgl. § 9 Satz 1 StDAV) oder die in § 9 Satz 2 StDAV genannten Personen ist nur zulässig, soweit er bei Durchführung eines der in § 30 Abs. 2 Nr. 1 AO genannten Verfahren der Wahrnehmung einer dienstlich zugewiesenen Aufgabe dient.

Das Interesse des geschützten Personenkreises (vgl. Nr. 1.3 des AEAO zu § 30), gegen eine Verletzung des Schutzes personenbezogener Daten durch einen unzulässigen Datenabruf geschützt zu werden, ist mit dem dienstlichen Interesse, die Daten schnell und barrierefrei ermitteln zu können, in Einklang zu bringen. Hierbei muss sich die Möglichkeit, die Daten bei der originär zuständigen Stelle im Mitteilungswege zu erheben, beispielsweise aufgrund der Häufigkeit entsprechender Anlässe und des hiermit verbundenen Mehraufwandes als unverhältnismäßig erweisen.

Nach § 2 Abs. 1 Satz 1 StDAV sind angemessene organisatorische und dem jeweiligen Stand der Technik entsprechende Vorkehrungen zum Schutz des Steuergeheimnisses zu treffen. § 4 Abs. 1 Satz 1 StDAV enthält das Gebot, den Zugriff durch technische Sicherungsmaßnahmen auf den für diese Aufgaben erforderlichen Umfang zu beschränken, soweit das hierzu eingesetzte Verfahren dies zulässt.

15.2. Kann der Zugriff aus technischen Gründen nicht auf eine den dienstlichen Erfordernissen entsprechende Datenmenge beschränkt werden (vgl. § 4 Abs. 1 Satz 2 StDAV), sind die Abrufe nach Maßgabe des § 6 Abs. 1 Satz 1 StDAV aufzuzeichnen, um die Zulässigkeit der Abrufe zeitnah und in angemessenem Umfang überprüfen zu können. Zur Unterstützung der Überprüfung kann ein Begründungszwang für den Abruf angeordnet werden. Die Überprüfung hat die Stelle, der die abrufende Person angehört, in eigener Zuständigkeit wahrzunehmen.

Übersicht

Rz.
1) Verordnung über den automatisierten Abruf von Steuerdaten (Steuerdaten-Abrufverordnung – StDAV) vom 13. 10. 2005 ... 26
2) Schreiben betr. Steuergeheimnis; Mitteilungen der Finanzbehörden zur Durchführung dienstrechtlicher Maßnahmen bei Beamten und Richtern vom 12. 1. 2018 ... 27–30
3) Verfügung betr. Auskunftserteilung nach § 21 Abs. 4 SGB X – Verwaltungsverfahren – vom 25. 9. 2015 ... 31
4) Verfügung betr. Offenbarung steuerlicher Verhältnisse gegenüber Gesamtschuldnern vom 18. 12. 2013 ... 32, 33
5) Verfügung betr. Unterrichtung der Strafverfolgungsbehörden bei Vorlage unechter Urkunden zum Nachweis falscher Angaben im Besteuerungsverfahren vom 27. 1. 2012 ... 34
6) Verfügung betr. Mitteilungen und Auskünfte an die Strafverfolgungsbehörden und Strafgerichte; Strafanzeigen und Strafanträge wegen nichtsteuerlicher Straftaten vom 18. 1. 2012 ... 35–38
7) Schreiben betr. Auskünfte an Gewerbebehörden in gewerberechtlichen Verfahren und Mitteilungen bei Betriebsaufgaben und Betriebsveräußerungen vom 19. 12. 2013 ... 39–53
8) Verfügung betr. Auskunftserteilung an Registergerichte vom 31. 8. 2018 ... 54–58
9) Verfügung betr. Auskunftserteilung in Angelegenheiten des Insolvenzrechts vom 15. 5. 2018 ... 59–64
10) Verfügung betr. Auskunft an die Gemeinden in Realsteuerangelegenheiten vom 30. 10. 2015 ... 65–67
11) Gleich lautende Erlasse betr. Übermittlung von Daten nach § 10 StBerG vom 1. 9. 2021 ... 68–71
12) Verfügung betr. Aussagen von Bediensteten der Finanzverwaltung vor Gericht; Wahrung des Steuergeheimnisses vom 29. 7. 2019 ... 72–75

Anl 1

1) Verordnung über den automatisierten Abruf von Steuerdaten (Steuerdaten-Abrufverordnung – StDAV)

Vom 13. Oktober 2005 (BGBl. I S. 3021)

Geändert durch VO vom 12. 7. 2017 (BGBl. I S. 2360) und G vom 22. 12. 2025 (BGBl. I Nr. 369)

Auf Grund des § 30 Abs. 6 Satz 2 und 3 der Abgabenordnung in der Fassung der Bekanntmachung vom 1. Oktober 2002 (BGBl. I S. 3866, 2003 I S. 61) verordnet das Bundesministerium der Finanzen: 26

§ 1 Anwendungsbereich

(1) Diese Verordnung regelt den automatisierten Abruf von nach § 30 der Abgabenordnung geschützten Daten (Abrufverfahren), die für eines der in § 30 Absatz 2 Nummer 1 der Abgabenordnung genannten Verfahren in einem automationsgeschützten Dateisystem gespeichert sind.

(2) Diese Verordnung gilt nicht für Abrufverfahren, die Verbrauchsteuern und Verbrauchsteuervergütungen oder Ein- und Ausfuhrabgaben nach Artikel 5 Nummer 20 und 21 des Zollkodex der Union betreffen. Zollkodex der Union ist die Verordnung gemäß § 3 Absatz 3 der Abgabenordnung.

§ 2 Maßnahmen zur Wahrung des Steuergeheimnisses

(1) Es sind angemessene organisatorische und dem jeweiligen Stand der Technik entsprechende technische Vorkehrungen zur Wahrung des Steuergeheimnisses zu treffen. Hierzu zählen insbesondere Maßnahmen, die sicherstellen, dass

1. Unbefugten der Zutritt zu Datenverarbeitungsanlagen, mit denen die in § 1 Satz 1 bezeichneten Daten abgerufen werden können, verwehrt wird (Zutrittskontrolle),
2. Datenverarbeitungssysteme nicht unbefugt zum Abruf genutzt werden können (Zugangskontrolle),
3. die zur Benutzung eines Datenverarbeitungssystems zum Datenabruf Befugten ausschließlich auf die ihrer Zugriffsbefugnis unterliegenden Daten zugreifen können und dass die Daten während des Abrufs nicht unbefugt gelesen oder kopiert werden können (Zugriffskontrolle),
4. überprüft und festgestellt werden kann, wer personenbezogene Daten abrufen darf oder abgerufen hat (Weitergabekontrolle).

(2) Abrufverfahren zur Übermittlung von Daten an Empfänger außerhalb der für die Speicherung verantwortlichen Stelle sollen nur eingerichtet werden, wenn es wegen der Vielzahl der Übermittlungen oder wegen ihrer besonderen Eilbedürftigkeit unter Berücksichtigung der schutzwürdigen Interessen der Betroffenen angemessen ist.

§ 3 Erteilung der Abrufbefugnis

Die Erteilung einer Abrufbefugnis kommt in Betracht bei

1. Amtsträgern (§ 7 der Abgabenordnung) oder gleichgestellten Personen (§ 30 Abs. 3 der Abgabenordnung), die in einem Verwaltungsverfahren, einem Rechnungsprüfungsverfahren oder gerichtlichen Verfahren in Steuersachen, in einem Strafverfahren wegen einer Steuerstraftat oder einem Bußgeldverfahren wegen einer Steuerordnungswidrigkeit tätig sind,
2. Amtsträgern oder gleichgestellten Personen, soweit die Abrufbefugnis zur Wahrnehmung der Dienst- und Fachaufsicht erforderlich ist,
3. Amtsträgern oder gleichgestellten Personen, soweit die Abrufbefugnis erforderlich ist zur zulässigen Offenbarung geschützter Daten nach § 30 Absatz 4 oder Absatz 5 der Abgabenordnung,
4. Amtsträgern oder gleichgestellten Personen, die mit der Entwicklung oder Betreuung automatisierter Verfahren oder der dabei eingesetzten technischen Einrichtungen befasst sind, in denen die in § 1 bezeichneten Daten verarbeitet werden, wenn der Abruf allein der Beseitigung von Fehlern oder der Kontrolle der ordnungsgemäßen Arbeitsweise der Verfahren oder der technischen Einrichtungen dient

Anl 1

und dies nicht mit vertretbarem Aufwand durch Zugriff auf anonymisierte oder pseudonymisierte Daten erreicht werden kann,

5. Amtsträgern der Zollverwaltung oder gleichgestellten Personen, soweit die Abrufbefugnis für die Festsetzung oder Erhebung der Einfuhrumsatzsteuer erforderlich ist und die Daten beim Bundeszentralamt für Steuern gespeichert sind,
6. Amtsträgern der Gemeinden, soweit sie in einem Realsteuerverfahren in Ausübung der nach § 21 des Finanzverwaltungsgesetzes den Gemeinden zustehenden Rechte tätig sind,
7. Amtsträgern der Zollverwaltung oder gleichgestellten Personen, soweit die Abrufbefugnis für die Wahrnehmung der Aufgaben oder Befugnisse nach dem Schwarzarbeitsbekämpfungsgesetz erforderlich ist.

§ 4 Umfang der Abrufbefugnis

(1) Die Abrufbefugnis ist auf die Daten oder die Arten von Daten zu beschränken, die zur Erledigung der jeweiligen Aufgabe erforderlich sind. Hiervon darf nur abgesehen werden, wenn der Aufwand für eine Beschränkung auf bestimmte Daten oder Arten von Daten unter Berücksichtigung der schutzwürdigen Interessen der Betroffenen außer Verhältnis zu dem angestrebten Zweck steht.

(2) Die Abrufbefugnis ist zu befristen, wenn der Verwendungszweck zeitlich begrenzt ist. Sie ist unverzüglich zu widerrufen, wenn der Anlass für ihre Erteilung weggefallen ist.

§ 5 Prüfung der Abrufbefugnis

(1) Die Abrufbefugnis ist automatisiert zu prüfen

1. bei jedem Aufbau einer Verbindung anhand eines Identifizierungsschlüssels (Benutzerkennung) und eines geheim zu haltenden Passwortes oder sonst zum hinreichend sicheren Nachweis von Benutzeridentität und Authentizität geeigneter Verfahren,
2. bei jedem Abruf anhand eines Verzeichnisses über den Umfang der dem Abrufenden eingeräumten Abrufbefugnis.

Benutzerkennungen und Passwörter sind nach höchstens fünf aufeinander folgenden Fehlversuchen zum Aufbau einer Verbindung zu sperren.

(2) Die Passwörter nach Absatz 1 Satz 1 Nr. 1 sind spätestens nach 90 Tagen, bei Kenntnisnahme durch andere Personen unverzüglich, zu ändern.

(3) Werden zur Authentifizierung automatisiert lesbare Ausweiskarten verwendet, so sind deren Bestand, Ausgabe und Einzug nachzuweisen und zu überwachen. Abhanden gekommene Ausweiskarten sind unverzüglich zu sperren. Der Inhaber darf die Ausweiskarte nicht weitergeben. Er hat sie unter Verschluss aufzubewahren, wenn er sie nicht zum Datenabruf verwendet.

§ 6 Aufzeichnung der Abrufe

(1) Abrufe und Abrufversuche sind zur Prüfung der Zulässigkeit der Abrufe automatisiert aufzuzeichnen. Die Aufzeichnungen umfassen mindestens die Benutzerkennung, das Datum, die Uhrzeit sowie die sonstigen zur Prüfung der Zulässigkeit der Abrufe erforderlichen Daten.

(2) Die Aufzeichnungspflicht entfällt, soweit die Abrufbefugnis durch technische Maßnahmen auf die Daten oder Arten von Daten beschränkt worden ist, die zur Erledigung der jeweiligen Aufgabe erforderlich sind. Unbeschadet des Satzes 1 können Aufzeichnungen anlassbezogen durchgeführt werden.

(3) Die Aufzeichnungen dürfen nur zur Prüfung der Zulässigkeit der Abrufe verwendet werden.

(4) Die Aufzeichnungen sind zwei Jahre aufzubewahren und danach unverzüglich zu löschen.

§ 7 Prüfung der Zulässigkeit der Abrufe

Anhand der Aufzeichnungen ist zeitnah und in angemessenem Umfang zu prüfen, ob der Abruf nach § 30 Abs. 6 Satz 1 der Abgabenordnung und nach dieser Verordnung zulässig war. Unbeschadet des Satzes 1 können aufgezeichnete Abrufe anlassbezogen geprüft werden.

§ 8 Ergänzende Regelungen und Verfahrensdokumentation

Bei Einrichtung eines Abrufverfahrens sind von den beteiligten Stellen zu regeln und in einer für sachverständige Dritte verständlichen Weise zu dokumentieren

1. Anlass, Zweck und beteiligte Stellen des Abrufverfahrens,
2. die notwendigen technischen Voraussetzungen und die verwendeten Programme,
3. die zum Abruf bereitgehaltenen Daten,
4. auf welche Weise und zu welchem Zeitpunkt die verantwortlichen Stellen über die Abrufbefugnis anderer Behörden zu unterrichten sind,
5. die Gruppen der zum Abruf berechtigten Personen (§ 3) und der Umfang der Abrufbefugnisse (§ 4),
6. die protokollierende Stelle,
7. die zur Identifizierung, Authentisierung und Verschlüsselung verwendeten Verfahren,
8. die für die Vergabe und Verwaltung von Benutzerkennungen, Passwörtern und Ausweiskarten sowie die für die Prüfung der aufgezeichneten Abrufe und Stichproben zuständigen Stellen,
9. Art und Umfang der Maßnahmen zur nachträglichen Überprüfung eingeräumter Abrufbefugnisse sowie die Frist zur Aufbewahrung der revisionsfähigen Unterlagen,

10. die Einzelheiten des Prüfungsverfahrens nach § 7,
11. das Verfahren zur Erprobung und zur Qualitätssicherung der Programme vor dem Einsatz,
12. die Fristen, nach deren Ablauf Daten zum Abruf durch Abrufberechtigte außerhalb der für die Speicherung verantwortlichen Stelle nicht mehr für einen Datenabruf bereitgehalten werden dürfen,
13. die sonstigen zur Wahrung der schutzwürdigen Belange der Betroffenen sowie zur Gewährleistung von Datenschutz und Datensicherheit getroffenen technischen und organisatorischen Maßnahmen.

Die Verfahrensdokumentation ist fortlaufend zu aktualisieren. Sie ist mindestens zwei Jahre über das Ende des Verfahrenseinsatzes hinaus aufzubewahren.

§ 9 Abrufe durch den Steuerpflichtigen

Für Verfahren, die dem Steuerpflichtigen (§ 33 der Abgabenordnung) den Abruf ihn betreffender personenbezogener Daten ermöglichen, gelten die §§ 1 bis 8 entsprechend. Satz 1 ist auch anzuwenden, wenn anstelle des Steuerpflichtigen seinem gesetzlichen Vertreter, Vermögensverwalter, Verfügungsberechtigten, Bevollmächtigten oder Beistand eine Abrufberechtigung erteilt wird.

§ 10 *(aufgehoben)*[1]

§ 11 Inkrafttreten

Diese Verordnung tritt am Tag nach der Verkündung[2] in Kraft.

2) Schreiben betr. Steuergeheimnis; Mitteilungen der Finanzbehörden zur Durchführung dienstrechtlicher Maßnahmen bei Beamten und Richtern

Anl 2

Vom 12. Januar 2018 (BeckVerw 351352)

(BMF IV A 3 – S 0130/08/10006; DOK 2018/2992)

Geändert durch BMF v. 13. 1. 2023 (BeckVerw 579800)

Unter Bezugnahme auf das Ergebnis der Erörterungen mit den obersten Finanzbehörden der Länder gilt ab dem 25. Mai 2018 Folgendes:

1. Mitteilungen im Zusammenhang mit einem Strafverfahren

1.1. Nach § 49 Abs. 1 i. V. m. Abs. 6 Satz 1 Beamtenstatusgesetz (BeamtStG) sowie nach § 115 Abs. 1 i. V. m. Abs. 6 Satz 1 Bundesbeamtengesetz (BBG) ist die Strafverfolgungsbehörde verpflichtet, in Strafverfahren – einschl. Steuerstrafverfahren – gegen Beamte zur Sicherstellung der erforderlichen dienstrechtlichen Maßnahmen im Fall der Erhebung der öffentlichen Klage die Anklageschrift oder eine an ihre Stelle tretende Antragsschrift, den Antrag auf Erlass eines Strafbefehls und die einen Rechtszug abschließende Entscheidung mit Begründung der für die Durchführung dienstrechtlicher Maßnahmen zuständigen Stelle zu übermitteln, auch soweit sie Daten enthalten, die dem Steuergeheimnis unterliegen. 27

1.2. Nach § 49 Abs. 2 i. V. m. Abs. 6 Satz 1 BeamtStG sowie nach § 115 Abs. 2 i. V. m. Abs. 6 Satz 1 BBG besteht eine Verpflichtung zur Übermittlung der in Nr. 1.1 genannten Unterlagen in Verfahren wegen fahrlässig begangener Straftaten nur bei schweren Verstößen (genannt sind Trunkenheit im Straßenverkehr und fahrlässige Tötung) oder in sonstigen Fällen, wenn die Kenntnis der Daten aufgrund der Umstände des Einzelfalls erforderlich ist, um zu prüfen, ob dienstrechtliche Maßnahmen zu ergreifen sind, auch soweit sie Daten enthalten, die dem Steuergeheimnis unterliegen.

1.3. Nach § 49 Abs. 3 i. V. m. Abs. 6 Satz 1 BeamtStG sowie nach § 115 Abs. 3 i. V. m. Abs. 6 Satz 1 BBG sollen Entscheidungen über Verfahrenseinstellungen, auch soweit sie Daten enthalten, die dem Steuergeheimnis unterliegen und die nicht bereits nach Nr. 1.1 und 1.2 zu übermitteln sind, übermittelt werden, wenn die Kenntnis der Daten auf Grund der Umstände des Einzelfalls erforderlich ist, um zu prüfen, ob dienstrechtliche Maßnahmen zu ergreifen sind. Hierbei ist zu berücksichtigen, wie gesichert die zu übermittelnden Erkenntnisse sind.

Von der Strafverfolgungsbehörde ist keine vorweggenommene Prüfung der gebotenen disziplinarrechtlichen Behandlung des Falles gefordert, sondern nur die Abwägung, ob die Daten für eine solche disziplinarrechtliche Prüfung von Belang sein können und deshalb für den Dienstherrn des Beamten von Interesse sind (vgl. BFH-Beschluss vom 15. 1. 2008 VII B 149/07, BStBl. II S. 337). Dies gilt auch für Fälle, in denen das Strafverfahren nach § 153 StPO, nach § 170 Abs. 2 StPO i. V. m. § 371 AO oder nach § 153 a StPO eingestellt wurde. Im Falle des Entschlusses zur Übermittlung sind der Gegenstand des Verfahrens, die damit unmittelbar zusammenhängenden Erkenntnisse und die Verfahrenseinstellung als solche mitzuteilen.

1.4. Darüber hinaus dürfen nach § 49 Abs. 4 i. V. m. Abs. 6 Satz 2 BeamtStG sowie nach § 115 Abs. 4 i. V. m. Abs. 6 Satz 1 BBG sonstige Tatsachen, die dem Steuergeheimnis unterliegen und in einem Steuerstrafverfahren bekannt geworden sind, mitgeteilt werden, wenn
- ihre Kenntnis aufgrund besonderer Umstände des Einzelfalls für dienstrechtliche Maßnahmen gegen einen Beamten erforderlich ist (erforderlich ist die Kenntnis der Daten auch dann, wenn diese Anlass zur Prüfung bieten, ob dienstrechtliche Maßnahmen zu ergreifen sind) und

[1] § 10 aufgehoben mit Ablauf des 24. 5. 2018.
[2] Verkündet am 26. 10. 2005.

- eine Offenbarung innerhalb der Finanzverwaltung nach § 49 Satz 2 BDSG i. V. m. § 30 Abs. 4 Nr. 1 a und § 29 c Abs. 1 Satz 1 Nr. 6 Satz 1 AO zulässig ist (vgl. Nr. 1.5)
  oder
  an der Mitteilung ein zwingendes öffentliches Interesse i. S. d. § 49 Satz 2 BDSG i. V. m. § 30 Abs. 4 Nr. 5 AO besteht (vgl. Nr. 1.6) und für die Strafverfolgungsbehörde erkennbar ist, dass schutzwürdige Interessen des Beamten an dem Ausschluss der Übermittlung nicht überwiegen.

1.5. Eine Offenbarung ist nach § 30 Abs. 4 Nr. 1 a i. V. m. § 29 c Abs. 1 Satz 1 Nr. 6 AO zulässig, wenn sie für die Wahrnehmung von Disziplinarbefugnissen durch Finanzbehörden erforderlich ist (vgl. dazu Nr. 5.1 des AEAO zu § 30). In diesem Fall dürfen die nach § 30 Abs. 2 AO geschützten Daten nur durch Personen verarbeitet werden, die nach § 30 AO zur Wahrung des Steuergeheimnisses verpflichtet sind (vgl. § 29 c Abs. 1 Satz 3 AO).

1.6. Ein zwingendes öffentliches Interesse an der Übermittlung i. S. v. § 30 Abs. 4 Nr. 5 AO besteht insbesondere, wenn die mitteilende Stelle zur Überzeugung gelangt ist, dass ein schweres Dienstvergehen vorliegt, der Sachverhalt mithin nach ihrer Auffassung geeignet erscheint, eine im Disziplinarverfahren zu verhängende Maßnahme von Gewicht, das heißt grundsätzlich eine Zurückstufung oder die Entfernung aus dem Dienst, zu tragen (vgl. BVerfG- Beschluss vom 6. 5. 2008 2 BvR 336/07, NJW S. 3489).

Ein relevanter Verstoß gegen Dienstpflichten und damit ein zwingendes öffentliches Interesse an einer Datenübermittlung kann auch darin liegen, dass das in Rede stehende Delikt das Ansehen und die Funktionsfähigkeit des Beamtentums nachhaltig schädigen könnte (BVerwG-Beschluss vom 5. 3. 2010 2 B 22/09, NJW S. 2229). Dies kann der Fall sein, wenn der Kernbereich der dienstlichen Pflichten betroffen ist oder wenn es um Bereiche der öffentlichen Verwaltung geht, die – wie insbesondere die Finanzverwaltung – für das Vertrauen der Öffentlichkeit in die Integrität der Verwaltung von besonders hoher Bedeutung sind. Für diese Prüfung sind nicht allein der Umfang der Steuerhinterziehung (Höhe der verkürzten Steuern), sondern auch Art und Dauer der Straftat(en) zu berücksichtigen. Ein zwingendes öffentliches Interesse kann z. B. auch bei einem geringen Steuerausfallschaden dann vorliegen, wenn die Steuerhinterziehung durch Beamte der Finanzverwaltung begangen und von weiteren Delikten, insbesondere von geschäftsmäßiger Hilfeleistung in Steuersachen, begleitet wird, die über einen längeren Zeitraum begangen wurden (vgl. BVerwG-Beschluss vom 5. 3. 2010, a. a. O.).

1.7. Die vorstehenden Regelungen gelten für Richter entsprechend, soweit nichts anderes bestimmt ist (vgl. §§ 46, 71 DRiG).

28 **2. Mitteilungen außerhalb eines Strafverfahrens**

2.1. Werden außerhalb eines Strafverfahrens, d. h. in einem sonstigen Verfahren nach § 30 Abs. 4 Nr. 1 AO (z. B. im Besteuerungsverfahren), Verfehlungen eines Beamten oder Richters festgestellt, die dieser im Zusammenhang mit seiner dienstlichen Tätigkeit begangen hat, z. B. Straftaten im Amt (§§ 331 ff. StGB), ist die Zulässigkeit einer Mitteilung zu prüfen.

2.2. Auch das Verhalten eines Beamten außerhalb des Dienstes stellt ein Dienstvergehen dar, wenn es nach den Umständen des Einzelfalles in besonderem Maße geeignet ist, Achtung und Vertrauen in einer für sein Amt oder das Ansehen des Beamtentums bedeutsamen Weise zu beeinträchtigen (vgl. § 77 Abs. 1 Satz 2 BBG).

2.3. Eine Offenbarung ist insbesondere geboten, wenn ein Beamter oder Richter – innerhalb oder außerhalb des Dienstes – seine Verfassungstreuepflicht nachhaltig verletzt. Dies kann z. B. vorliegen, wenn er das Bestehen der Bundesrepublik Deutschland nachhaltig leugnet (Urteil des BVerwG vom 2. 12. 2021 2 A 7/21, NVwZ 2022 S. 1379).

2.4. Bei einem Beamten der Finanzverwaltung oder einem Richter stellt eine Steuerstraftat in eigener Sache ein Dienstvergehen dar, das eine Weitergabe der Daten an die für die Durchführung eines Disziplinarverfahrens oder sonstiger dienstrechtlicher Maßnahmen zuständige Stelle nach § 30 Abs. 4 Nr. 1 a und § 29 c Abs. 1 Satz 1 Nr. 6 Satz 1 AO oder nach § 30 Abs. 4 Nr. 5 AO rechtfertigen kann.

2.5. Ein Dienstvergehen stellt auch die unerlaubte Hilfeleistung in Steuersachen durch Beamte der Finanzverwaltung dar.

2.6. Bei den unter Nr. 2.1 bis 2.5 genannten Sachverhalten ist zu prüfen, ob ein schweres Dienstvergehen vorliegt. Die Regelungen in Nr. 1.5 und 1.6 gelten entsprechend. Ist dies zur Überzeugung der mitteilenden Stelle nicht der Fall, ist eine Offenbarung der in einem Verfahren nach § 30 Abs. 2 Nr. 1 AO bekannt gewordenen Daten nicht zulässig.

29 **3. Dritte**

Die steuerlichen Verhältnisse Dritter dürfen anlässlich einer Mitteilung nach Nr. 1 oder 2 nur mitgeteilt werden, soweit dienstrechtliche Maßnahmen gegen den Beamten oder Richter ohne die Mitteilung dieser Daten nicht ergriffen werden können.

30 Dieses Schreiben tritt mit Wirkung ab 25. Mai 2018 an die Stelle des BMF-Schreibens vom 12. März 2010 (BStBl. I S. 222) und des BMF-Schreibens vom 20. Juni 2011 (BStBl. I S. 574).

Anl 3

3) Verfügung betr. Auskunftserteilung nach § 21 Abs. 4 SGB X – Verwaltungsverfahren –

Vom 25. September 2015 (BeckVerw 318708)

(LfSt Bayern S 0130.2.1 – 86/1 St 42)

31 Nach § 21 Abs. 4 SGB X haben die Finanzbehörden Auskunft über die ihnen bekannten Einkommens- und Vermögensverhältnisse des Antragstellers, Leistungsempfängers, Erstattungspflichtigen, Unter-

haltsverpflichteten, Unterhaltsberechtigten oder der zum Haushalt rechnenden Familienmitglieder zu erteilen, soweit es im Verfahren nach dem Sozialgesetzbuch erforderlich ist.

Erforderlich ist die Auskunft nur, wenn die erbetenen Angaben nicht mit Hilfe der nach dem SGB auskunftspflichtigen Personen festgestellt werden können.

Nach § 30 Abs. 4 Nr. 2 AO ist die Offenbarung steuerlicher Kenntnisse nur zulässig, soweit sie durch Gesetz ausdrücklich zugelassen ist. Es reicht deshalb für die Zulässigkeit einer Auskunft nach § 21 Abs. 4 SGB X nicht aus, wenn die Gewährung von Sozialleistungen nicht aufgrund des Wortlauts einer Vorschrift des betreffenden Sozialleistungsgesetztes, sondern lediglich aufgrund einer Verwaltungsvorschrift von den Einkommens- und Vermögensverhältnissen des Betroffenen abhängig gemacht wird.

Die um Auskunft ersuchende Behörde hat deshalb im Einzelfall unter Angabe der einschlägigen gesetzlichen Vorschrift darzulegen, dass die erbetene Auskunft erforderlich ist. Bestehen Zweifel an der Zulässigkeit der erbetenen Auskunft, müssen diese durch Rückfrage geklärt werden.

Die Offenbarung ist insbesondere nach § 31 a Abs. 1 Nr. 1 b Buchst. bb und Nr. 2 AO zulässig, soweit es sich um die Bewilligung, Gewährung, Rückforderung, Erstattung, Weitergewährung oder das Belassen einer Leistung aus öffentlichen Mitteln handelt oder es für die Geltendmachung eines Anspruchs auf Rückgewähr einer Leistung aus öffentlichen Mitteln erforderlich ist. In diesen Fällen besteht für die Finanzbehörden gem. § 31 a Abs. 2 AO eine Mitteilungsverpflichtung auch auf Antrag des Betroffenen, soweit deren Erfüllung nicht mit einem unverhältnismäßigen Aufwand verbunden wäre.

Die Offenbarungsbefugnis besteht gegenüber Behörden, die eine öffentlich-rechtliche Verwaltungstätigkeit nach dem SGB ausüben. Nicht darunter fällt die Verfolgung und Ahndung von Ordnungswidrigkeiten (§ 1 Abs. 1 Satz 3 SGB X).

Zulässig ist die Erteilung von Auskünften, wenn Sozialhilfeverwaltungen wegen des Nachlasses und der Personalien der Erben eines verstorbenen Sozialhilfeempfängers anfragen. Nach § 92 c BSHG sind die Erben eines Sozialhilfeempfängers zum Ersatz der Kosten der Sozialhilfe verpflichtet. Ebenfalls beantwortet werden dürfen (müssen) Anfragen in den Fällen, in denen der Sozialhilfeempfänger selbst erbrechtliche Ansprüche erworben hat.

Auskünfte über andere Personen als die in § 21 SGB X genannten sind nicht zulässig. Der Vermieter in Wohngeldfällen ist in dieser Aufzählung nicht genannt. Auskunft über seine steuerlichen Verhältnisse darf deshalb nur erteilt werden, wenn er der Offenbarung zugestimmt hat (§ 30 Abs. 4 Nr. 3 AO).

Die Auskunft muss sich nur auf die den Finanzämtern bekannten Verhältnisse erstrecken. Weitere Ermittlungen brauchen nicht durchgeführt zu werden, es sei denn, sie bieten sich aus steuerlichen Gründen an.

Diese Vorschrift gilt auch für folgende Gesetze, die bis zu ihrer Einordnung in das SGB nach Art. I § 68 SGB – Allgemeiner Teil – zusammen mit den zu ihrer Ergänzung und Änderung erlassenen Gesetzen als besondere Teile des SGB gelten:

- Bundesausbildungsförderungsgesetz
- Reichsversicherungsordnung
- Gesetz über die Alterssicherung der Landwirte
- Gesetz über die Krankenversicherung der Landwirte
- Zweites Gesetz über die Krankenversicherung der Landwirte
- Bundesversorgungsgesetz, auch soweit andere Gesetze, insbesondere
  a) § 80 des Soldatenversorgungsgesetzes,
  b) § 59 Abs. 1 des Bundesgrenzschutzgesetzes,
  c) § 47 des Zivildienstgesetzes,
  d) § 60 des Infektionsschutzgesetzes,
  e) §§ 4 und 5 des Häftlingshilfegesetzes,
  f) § 1 des Opferentschädigungsgesetzes,
  g) §§ 17 a, 21 und 22 des Strafrechtlichen Rehabilitierungsgesetzes,
  h) §§ 3 und 4 des Verwaltungsrechtlichen Rehabilitierungsgesetzes,
  die entsprechende Anwendung der Leistungsvorschriften des Bundesversorgungsgesetzes vorsehen.
- Gesetz über das Verwaltungsverfahren der Kriegsopferversorgung
- Bundeskindergeldgesetz
- Wohngeldgesetz
- Bundessozialhilfegesetz
- Adoptionsvermittlungsgesetz
- Unterhaltsvorschussgesetz
- Gesetz zum Elterngeld und zur Elternteilzeit
- Altersteilzeitgesetz
- Schwangerschaftskonfliktgesetz

4) Verfügung betr. Offenbarung steuerlicher Verhältnisse gegenüber Gesamtschuldnern Anl 4

Vom 18. Dezember 2013 (BeckVerw 280467)

(OFD Frankfurt S 0130 A – 44 – St 23)

1. Allgemeines

Berührt ein Auskunftsersuchen die Verhältnisse mehrerer Steuerpflichtiger, so ist hinsichtlich jedes 32
einzelnen Betroffenen zu prüfen, ob eine Offenbarung zulässig ist. Gegebenenfalls ist jeder einzelne Betroffene um Zustimmung zur Offenbarung zu ersuchen. Dagegen gilt das Steuergeheimnis bei der Offenbarung von Verhältnissen eines Gesamtschuldners gegenüber dem/den anderen Gesamtschuldner/n nur eingeschränkt.

Anl 4

2. Gesamtschuldnerschaft

33 Gesamtschuldner sind Personen, die nebeneinander dieselbe Leistung aus dem Steuerschuldverhältnis schulden oder für sie haften oder die zusammen zu einer Steuer zu veranlagen sind (§ 44 Abs. 1 Satz 1 AO). Ein Gesamtschuldverhältnis kann danach zwischen mehreren Schuldnern oder zwischen mehreren Haftenden bestehen.

Beispiele für eine Gesamtschuldnerschaft:

Mehrere Personen schulden nebeneinander dieselbe Leistung:
- Veräußerer und Erwerber hinsichtlich der Grunderwerbsteuer

Mehrere Haftungsschuldner haben für dieselbe Leistung einzustehen:
- Gesellschafter einer OHG für die Umsatzsteuer
- GmbH und deren Geschäftsführer für die Lohnsteuer (§§ 42 d EStG; 69 AO)

Zusammenveranlagte Personen:
- Ehegatten/Lebenspartner hinsichtlich der Einkommensteuer

Ein Gesamtschuldverhältnis kann auch **zwischen Steuerschuldner und Haftungsschuldner** bestehen:
- Veräußerer und Betriebsübernehmer bei Haftung der nach § 75 AO, wegen der Auskunftserteilung siehe AEAO zu § 75, Nr. 6.

3. Umfang der Offenbarungsmöglichkeit

Bei Vorliegen einer Gesamtschuldnerschaft steht das Steuergeheimnis der Offenbarung von Verhältnissen, die die Gesamtschuldnerschaft betreffen, gegenüber einem der Gesamtschuldner nicht entgegen. Eine solche Offenbarung bezieht sich auf gemeinsame Verhältnisse der Gesamtschuldner, so dass die Mitteilung an einen der Gesamtschuldner keine unzulässige Offenbarung i. S. d. § 30 Abs. 2 AO darstellt (vgl. BFH-Urteile vom 8. 3. 1973, BStBl. II S. 625, 627, und vom 3. 2. 1987, BFH/NV S. 774).

Zur Frage der Akteneinsicht (und der Anfertigung von Abschriften oder Fotokopien der Steuerakten) wird auf den AEAO zu § 91, Nr. 4 verwiesen.

Es ist jedoch stets sorgfältig in jedem Einzelfall zu prüfen, ob die Auskünfte bzw. Unterlagen nicht auch Verhältnisse Dritter beinhalten, deren Offenbarung unzulässig wäre.

3.1. Adressierung

Nach § 155 Abs. 3 Satz 1 AO können gegen Gesamtschuldner zusammengefasste Steuerbescheide ergehen. Das gilt auch dann, wenn im Innenverhältnis die Steuer nicht von allen Gesamtschuldnern zu tragen ist. Es ist daher zulässig, einen Gesamtschuldner ohne Zustimmung des/der anderen über die dem Gesamtschuldverhältnis zugrunde liegenden steuerlichen Verhältnisse, wie z. B. über Bestehen und Höhe der aus dem Gesamtschuldverhältnis herrührenden Steuerrückstände, zu unterrichten. Die Offenbarungsbefugnis geht aber nur so weit, wie das Gesamtschuldverhältnis reicht.

3.2. Ehegatten/Lebenspartner als Gesamtschuldner

Das Vorliegen einer Gesamtschuldnerschaft rechtfertigt auch die Erteilung von Auskünften über Einkommen und Vermögen eines Ehegatten/Lebenspartners an den anderen, z. B. zur Verwendung in Scheidungs- und Unterhaltsprozessen, und zwar unabhängig davon, ob der anfragende Ehegatte/Lebenspartner selbst Einkünfte bezogen hat bzw. Vermögen besitzt und ob der andere Ehegatte/Lebenspartner die geschuldete Steuer allein entrichtet hat. Voraussetzung ist aber, dass die Auskunft Zeiträume betrifft, für die die Ehegatten/Lebenspartner zusammenveranlagt worden sind. Die Auskunft muss sich auf die Zusammenveranlagung betreffende Vorgänge beschränken (z. B. Einkommensteuererklärung, Einkommensteuerbescheid). Die Offenbarung umsatzsteuerlicher Vorgänge oder Einzelheiten der Gewinnermittlung des anderen, allein gewerblich tätigen Ehegatten/Lebenspartners ist dagegen nicht zulässig.

Haben zur Einkommensteuer zusammenveranlagte Eheleute/Lebenspartner Klage zum Finanzgericht erhoben und ist das einen Ehegatten/Lebenspartner betreffende Verfahren wegen Eröffnung des Insolvenzverfahrens unterbrochen, ist der Insolvenzverwalter bereits vor Aufnahme des unterbrochenen Verfahrens berechtigt, Akteneinsicht in die – die streitige Steuersache beider Ehegatten/Lebenspartner betreffende – Steuerakte zu nehmen. Die Verpflichtung zur Wahrung des Steuergeheimnisses (§ 30 AO) steht dem nicht entgegen, da der Insolvenzverwalter als Rechtsnachfolger (§ 80 Abs. 1 InsO) des betroffenen Ehegatten Gesamtschuldner geworden ist (BFH-Beschluss vom 15. 6. 2000, BStBl. II S. 431).

3.3. Getrennte/Einzel-Veranlagung von Ehegatten/Lebenspartnern

Bei getrennter Veranlagung ist gegenüber dem Ehegatten das Steuergeheimnis zu wahren.

In den Fällen des BMF-Schreibens vom 31. 1. 2013, BStBl. I S. 70 (Ermittlung des Erstattungsanspruchs nach § 37 Abs. 2 AO bei der Einkommensteuer, Erstattungsberechtigung und Reihenfolge der Anrechnung in Nachzahlungsfällen – ofix: AO/37/2) gilt folgendes: Wenn bei getrenntveranlagten (ab VZ 2013 einzelveranlagten) Ehegatten/Lebenspartnern Steuerabzugsbeträge und Zahlungen zugerechnet und aufgeteilt werden, steht das Steuergeheimnis einer Mitteilung aller für die Zuordnung und Aufteilung von Zahlungen relevanten Verhältnisse nicht entgegen, § 30 Abs. 4 Nr. 1 AO. Im Regelfall sind daher auf Antrag mitzuteilen:
- Zwischensumme I = Soll (festgesetzte Steuer vermindert um anzurechnende Steuerabzugsbeträge)
- geleistete und zugerechnete/aufgeteilte (Voraus-)Zahlungen
- Information über eventuelle Tilgungsbestimmungen
- ggf. die Tatsache, dass noch keine Steuererklärung abgegeben worden bzw. noch keine Steuerfestsetzung erfolgt ist (vgl. Tz. 5.1 und 5.2 des BMF-Schreibens)

Diese Grundsätze sind auch in den Fällen der Zuordnung und Aufteilung von Zahlungen in Trennungsfolgejahren, denen eine an beide Partner als Gesamtschuldner gerichtete Vorauszahlungsfestsetzung zugrunde liegt, entsprechend anzuwenden (vgl. Tz. 4 des BMF-Schreibens).

4. Offenbarung gegenüber einem Nichtgesamtschuldner

Für die Offenbarung von Verhältnissen der Gesamtschuldnerschaft gegenüber einem unbeteiligten Dritten, der nicht Gesamtschuldner ist, ist dagegen die Zustimmung aller Gesamtschuldner erforderlich, § 30 Abs. 4 Nr. 3 AO.

5) Verfügung betr. Unterrichtung der Strafverfolgungsbehörden bei Vorlage unechter Urkunden zum Nachweis falscher Angaben im Besteuerungsverfahren Anl 5

Vom 27. Januar 2012 (BeckVerw 257916)

(LfSt Bayern S 0130.2.1 – 82/1 St 42)

Gemäß § 30 Abs. 4 Nr. 4 Buchstabe b AO ist die Offenbarung von Kenntnissen zur Durchführung eines Strafverfahrens wegen einer **nicht**steuerlichen Straftat uneingeschränkt zulässig, wenn die Tatsachen der Finanzbehörde **ohne Bestehen einer steuerlichen Verpflichtung** bekannt geworden sind. Tatsachen sind der Finanzbehörde ohne Bestehen einer steuerlichen Verpflichtung bekannt geworden, wenn die Auskunftsperson nicht zuvor durch die Finanzbehörde zur Erteilung einer Auskunft aufgefordert worden ist. 34

Im Rahmen der Mitwirkungspflicht der §§ 90 Abs. 1 Satz 2, 97 Abs. 1 Satz 1 AO sind die Steuerpflichtigen zur vollständigen und wahrheitsgemäßen Offenlegung der für die Besteuerung erheblichen Tatsachen, zur Angabe der ihnen bekannten Beweismittel und zur Vorlage von Büchern, Aufzeichnungen, Geschäftspapieren und anderen Urkunden verpflichtet. Weiterhin bestimmt § 150 Abs. 2 AO, dass die Angaben in den Steuererklärungen wahrheitsgemäß nach bestem Wissen und Gewissen zu machen sind.

Ein Steuerpflichtiger, der vorsätzlich falsche Angaben gegenüber dem Finanzamt macht und zu deren Nachweis dem Finanzamt unechte Urkunden im Sinne des § 267 StGB vorlegt, erfüllt seine Erklärungs- und Mitwirkungspflichten nicht. **Die Vorlage von unechten Urkunden erfolgt damit gerade nicht in Erfüllung steuerrechtlicher Pflichten** (BGH-Beschluss vom 11. 9. 2003 5 StR – 253/03, wistra 11/2003 S. 429).

Die Vorlage unechter Urkunden im Besteuerungsverfahren darf daher gem. § 30 Abs. 4 Nr. 4 b AO den Strafverfolgungsbehörden zum Zwecke der Durchführung eines Strafverfahrens wegen Urkundenfälschung mitgeteilt werden.

6) Verfügung betr. Mitteilungen und Auskünfte an die Strafverfolgungsbehörden und Strafgerichte; Strafanzeigen und Strafanträge wegen nichtsteuerlicher Straftaten Anl 6

Vom 18. Januar 2012 (BeckVerw 257866)

(LfSt Bayern S 0130.2.1 – 74/1 St 42)

Mitteilungen und Auskünfte an die Strafverfolgungsbehörden und Strafgerichte zur Verfolgung von nichtsteuerlichen Straftaten sind nur unter Voraussetzungen des § 30 Abs. 4 und Abs. 5 AO zulässig. Die in §§ 96 und 161 StPO begründeten Auskunftsansprüche der Strafverfolgungsbehörden treten gegenüber der Verpflichtung zur Wahrung des Steuergeheimnisses zurück. Bei entsprechenden Auskunftsersuchen der Strafverfolgungsbehörden und Strafgerichte ist daher in jedem Fall zu prüfen, ob das Finanzamt zur Offenbarung der Kenntnisse, auf die sich das Ersuchen bezieht, befugt ist. 35

Dabei ist zu beachten, dass bei jeder Auskunftserteilung der Grundsatz der Verhältnismäßigkeit der Mittel gilt. Es muss jeweils geprüft werden, ob und inwieweit die vorgesehene Offenbarung in einem angemessenen Verhältnis zu ihrem Zweck steht. Ist die Befugnis zur Offenbarung gegeben und besteht gleichzeitig nach § 161 StPO eine Verpflichtung zur Auskunft, so hat das Finanzamt die Auskunft zu erteilen.

Eine Offenbarung kann nach folgenden Bestimmungen in Betracht kommen:

1. Offenbarung nach § 30 Abs. 4 Nr. 2 AO 36

Die Offenbarung ist zulässig, soweit sie durch Gesetz **ausdrücklich** zugelassen ist (vgl. AEAO zu § 30 Tz. 8).

§ 6 des Subventionsgesetzes stellt keine Ermächtigungsvorschrift i. S. des § 30 Abs. 4 Nr. 2 AO dar. Anzeigen an **Strafverfolgungsbehörden** wegen des Verdachts eines Subventionsbetrugs sind daher nur zulässig, wenn ein zwingendes öffentliches Interesse an der Offenbarung besteht (§ 30 Abs. 4 Nr. 5 b AO; vgl. AEAO zu § 30 Tz. 8.4).

Zur Unterrichtung der **Subventionsgeber** über subventionserhebliche Tatsachen i. S. des § 264 Abs. 7 StGB nach § 31 a Abs. 3 AO siehe AO-Kartei § 31 a AO Karte 1 und AEAO zu § 30 Tz. 4.1.2, 4.2 und 4.3.

Verfolgung von Geldwäsche (§ 261 StGB). Den zuständigen Behörden können Anhaltspunkte für das Vorliegen einer derartigen Straftat mitgeteilt werden (§ 31 b AO).

2. Offenbarung nach § 30 Abs. 4 Nr. 4 a und b AO 37

Nach **§ 30 Abs. 4 Nr. 4 a AO** ist die Offenbarung zulässig, soweit sie der Durchführung eines nichtsteuerlichen Strafverfahrens dient, und die Kenntnisse in einem Verfahren wegen einer Steuerstraftat oder Steuerordnungswidrigkeit erlangt worden sind; dies gilt jedoch nicht für solche Tatsachen, die der Steuerpflichtige in Unkenntnis der Einleitung eines Strafverfahrens oder des Bußgeldverfahrens offenbart hat oder die bereits vor Einleitung des Strafverfahrens oder des Bußgeldverfahrens bekannt geworden sind. Dabei ist es jedoch nicht zulässig, auf einen vagen Verdacht hin ein Steuerstrafverfahren oder ein Bußgeldverfahren einzuleiten, um nichtsteuerliche Straftaten dem Schutz des Steuergeheimnisses zu entziehen.

Nicht unter diese Vorschrift fällt die Offenbarung von Kenntnissen für ein Bußgeldverfahren.

Nach **§ 30 Abs. 4 Nr. 4 b AO** ist die Offenbarung zulässig, soweit die Kenntnisse ohne Bestehen einer steuerlichen Verpflichtung (§§ 90, 93, 200, 393 Abs. 1 AO) oder unter Verzicht auf ein Auskunftsverweigerungsrecht (§§ 101 ff. AO) erlangt worden sind.

Ohne steuerliche Verpflichtung handeln z. B. Informationspersonen wie Anzeigeerstatter oder Gewährsleute, wenn sie nicht zuvor durch die Finanzbehörde zur Erteilung einer Auskunft aufgefordert worden sind. Dabei ist jedoch zu beachten, dass auch der Name dieser Informationspersonen zu dem Kreis der durch das Steuergeheimnis geschützten „Verhältnisse eines Anderen" gehört.

Die Preisgabe des Namens einer Informationsperson kann deshalb nur dann in Betracht kommen, wenn überragende Gründe des Gemeinwohls oder des Beschuldigten dies verlangen. Hiernach ist eine Unterrichtung der Strafverfolgungsbehörden nur in Erwägung zu ziehen, wenn ein Anzeigeerstatter nach Auffassung der Finanzbehörde durch vorsätzlich falsche Angaben Straftatbestände verwirklicht hat wie z. B. falsche Verdächtigung (§ 164 StGB), Beleidigung (§ 185 StGB), üble Nachrede (§ 186 StGB). Auch in einem solchen Fall ist die Finanzbehörde zu einer Unterrichtung der Strafverfolgungsbehörde nur befugt, jedoch nicht verpflichtet. Im Übrigen siehe AO-Kartei § 30 Abs. 4 Nr. 4 Karte 1.

38 **3. Offenbarung nach § 30 Abs. 4 Nr. 5 AO**

Eine Offenbarung ist zulässig, soweit für sie ein zwingendes öffentliches Interesse besteht. Die Vorschrift enthält eine beispielhafte Aufzählung von Fallgruppen, bei deren Vorliegen ein zwingendes öffentliches Interesse zu bejahen ist.

Unter den Begriff der Wirtschaftsstraftat i. S. des § 30 Abs. 4 Nr. 5 b AO fallen solche Delikte, die unter Ausnutzung der Verhältnisse des Wirtschaftsverkehrs begangen wurden und sich gegen das Vermögen oder aber die gesamtwirtschaftliche Ordnung richten. In Betracht kommen nur Fälle großen Ausmaßes, etwa wenn ein erheblicher Schadensumfang bei einer Vielzahl von Geschädigten gegeben ist oder die Tat erhebliche Auswirkungen auf eine Mehrzahl von Anlegern oder Zulieferbetrieben hat. Diese Voraussetzungen sind z. B. bei Korruption im Rahmen von Beschaffungen für die Bundeswehr erfüllt (BGH v. 12. 2. 1981, NJW 1982, 1648). Dagegen stört die bloße Subventionserschleichung die wirtschaftliche Ordnung noch nicht (zu Unrecht in Anspruch genommene Subventionen können jedoch nach § 31 a Abs. 3 AO gegenüber dem Subventionsgeber offenbart werden; siehe AO-Kartei § 31 a AO Karte 1 und AEAO zu § 30 Tz. 4.1.2, 4.2 und 4.3).

Bei anderen Sachverhalten ist ein zwingendes öffentliches Interesse nur gegeben, wenn sie in ihrer Bedeutung einem der in § 30 Abs. 4 Nr. 5 AO genannten Regeltatbestände vergleichbar sind. In Betracht kommen folgende Fälle:

Wegen der Weitergabe von Erkenntnissen über **Verstöße gegen Umweltschutzbestimmungen** vgl. AEAO zu § 30 Tz. 8.5.

Eine Offenbarungsbefugnis besteht in den Fällen, in denen strafrechtlich geschützte Individualrechtsgüter (z. B. Ehre, körperliche Unversehrtheit, Freiheit gem. Art. 1 und 2 GG) eines **Bediensteten der Finanzverwaltung** bei Gelegenheit der Dienstausübung verletzt werden, ohne dass der Bedienstete hierdurch an der Durchführung seines Auftrags gehindert sein muss, zum Beispiel:

- Beleidigung (§§ 185, 192 StGB),
- üble Nachrede (§ 186 StGB),
- Verleumdung (§ 187 StGB),
- Körperverletzung (§§ 223, 223 a, 230 StGB),
- Freiheitsberaubung (§ 239 StGB),
- Nötigung (§ 240 StGB),
- Bedrohung (§ 241 StGB).

Handelt es sich nicht nur um einen geringfügigen Angriff auf die Persönlichkeitsrechte des Bediensteten der Finanzverwaltung, bestehen keine Bedenken, Strafantrag zu stellen oder Strafanzeige zu erstatten (siehe hierzu AEAO zu § 30 Tz. 8.9).

Eine Anzeige kann z. B. auch bei folgenden Straftaten, die mit einer Außen- oder Steuerfahndungsprüfung sowie mit Vollstreckungsmaßnahmen im Zusammenhang stehen, in Betracht kommen (siehe hierzu AEAO zu § 30 Tz. 8.10):

- Widerstand gegen Vollziehungsbeamte (§ 113 StGB)
- Verstrickungsbruch (§ 136 Abs. 1 StGB)
- Siegelbruch (§ 136 Abs. 2 StGB)
- Vereitelung der Vollstreckung (§ 288 StGB)
- Unrichtige oder unvollständige Angaben bei einer auf Betreiben des Finanzamts abgegebenen eidesstattlichen Versicherung gem. § 284 Abs. 3 AO (§ 156 StGB)
- Falsche Versicherung an Eides Statt, wenn die Abgabe der eidesstattlichen Versicherung vor dem Amtsgericht als Vollstreckungsgericht auf Betreiben eines anderen Gläubigers als dem Finanzamt erfolgte (vgl. § 284 Abs. 3 AO) und insoweit der Verdacht einer Steuerhinterziehung gegeben ist.

Anl 7

7) Schreiben betr. Auskünfte an Gewerbebehörden in gewerberechtlichen Verfahren und Mitteilungen bei Betriebsaufgaben und Betriebsveräußerungen

Vom 19. Dezember 2013 (BeckVerw 279920)

(BMF IV A 3 – S 0130/10/10 019, DOK 2013/1173005)

Unter Bezugnahme auf das Ergebnis der Erörterungen mit den obersten Finanzbehörden der Länder gilt Folgendes:

1. Mitteilungen an Gewerbebehörden von Amts wegen Anl 7

1.1. Das Gewerberecht sieht die Versagung, Rücknahme oder den Widerruf einer gewerberechtlichen Erlaubnis sowie die Untersagung eines Gewerbes bei gewerberechtlicher Unzuverlässigkeit vor (z. B. §§ 33 c, 34 a bis 34 f, 35, 38 GewO, § 15 GastG bzw. entsprechende landesrechtliche Vorschriften). Die gewerberechtliche Unzuverlässigkeit kann auch aus steuerrechtlichen Sachverhalten hergeleitet werden. Die Gewerbebehörden sind verpflichtet, mit den Mitteln der Gewerbeuntersagung gegen solche Gewerbetreibende einzuschreiten, die ihre steuerlichen Pflichten nicht erfüllen, um so das Vertrauen der Allgemeinheit auf die Redlichkeit des Geschäftsverkehrs und die ordnungsgemäße Arbeit der Gewerbebehörden zu bewahren. 39

1.2. Die gewerberechtlichen Vorschriften über die Versagung, Rücknahme oder den Widerruf einer gewerberechtlichen Erlaubnis sowie die Untersagung eines Gewerbes bei gewerberechtlicher Unzuverlässigkeit rechtfertigen keine Durchbrechung des Steuergeheimnisses nach § 30 Abs. 4 Nr. 2 AO. Die Finanzbehörden sind aber aufgrund eines zwingenden öffentlichen Interesses an der Durchbrechung des Steuergeheimnisses zur Offenbarung von steuerlichen Verhältnissen im Hinblick auf diejenigen Tatsachen befugt, aus denen sich die Unzuverlässigkeit des Gewerbetreibenden im Sinne des Gewerberechts ergeben kann (vgl. BFH-Urteile vom 10. Februar 1987, VII R 77/84, BStBl. II S. 545 und vom 29. Juli 2003, VII R 39/02, VII R 43/02, BStBl. II S. 828). Die richtige Auslegung und Anwendung des Gewerberechts in einem gewerberechtlichen Erlaubnis- oder Untersagungsverfahren obliegt dabei den Gewerbebehörden, nicht den Finanzbehörden. Die Finanzbehörde hat aber nach § 30 Abs. 4 Nr. 5 AO in eigener Verantwortung zu prüfen, ob ein zwingendes öffentliches Interesse die Durchbrechung des Steuergeheimnisses rechtfertigt.

1.3. Das von § 30 Abs. 4 Nr. 5 AO verlangte zwingende öffentliche Interesse ist dabei nicht davon abhängig, ob die Voraussetzungen des Gewerberechts (z. B. §§ 33 c, 34 a bis § 34 f, 35, 38 GewO, § 15 GastG bzw. entsprechende landesrechtliche Regelungen) tatsächlich vorliegen. Das zu beurteilen gestattet § 30 Abs. 4 Nr. 5 AO der Finanzbehörde nicht, die damit vielmehr dem Vollzug des Gewerberechts, der allein der Gewerbebehörde obliegt, unzulässig vorgreifen würde. Tatsachen, die eindeutig nicht geeignet sind, alleine oder in Verbindung mit anderen Tatsachen eine Versagung, Rücknahme oder den Widerruf einer gewerberechtlichen Erlaubnis oder eine Gewerbeuntersagung zu rechtfertigen, dürfen nicht mitgeteilt werden. Dabei muss die Finanzbehörde die Maßstäbe anlegen, die von den Verwaltungsbehörden und -gerichten aufgestellt worden sind (BFH-Urteil vom 29. Juli 2003, VII R 39/02, VII R 43/02, BStBl. II S. 828).

1.4. Ein zwingendes öffentliches Interesse an der Mitteilung von steuerlichen Verhältnissen gegenüber den Gewerbebehörden liegt grundsätzlich nur vor, soweit es sich um Steuern handelt, die durch die gewerbliche Tätigkeit ausgelöst wurden (insbesondere Lohnsteuer, Umsatzsteuer – vgl. BFH-Urteil vom 10. Februar 1987, VII 77/84, BStBl. II S. 545). Bei Personensteuern (insbesondere Einkommensteuer, Kirchensteuer) besteht ein solcher Zusammenhang, soweit diese Steuern durch die gewerbliche Tätigkeit ausgelöst wurden. Unabhängig davon ist ein zwingendes öffentliches Interesse an der Mitteilung hinsichtlich der Personensteuern auch dann zu bejahen, wenn Versagung, Rücknahme oder Widerruf einer gewerberechtlichen Erlaubnis oder Gewerbeuntersagung wegen Unzuverlässigkeit infolge wirtschaftlicher Leistungsunfähigkeit im Raume stehen (z. B. hohe Schuldenlast, kein Sanierungskonzept – vgl. OVG Münster, Urteil vom 2. September 1987, 4 A 152/87, juris).

1.5. Zu Mitteilungen in den Fällen des § 14 Abs. 4 GewO siehe Tz. 6.

2. Voraussetzungen der Unzuverlässigkeit 40

Die Verletzung steuerrechtlicher Pflichten, die mit der Ausübung des Gewerbes im Zusammenhang stehen, begründet die gewerberechtliche Unzuverlässigkeit nicht in jedem Fall, wohl aber dann, wenn das Verhalten des Steuerpflichtigen darauf schließen lässt, dass er nicht willens oder in der Lage ist, seine öffentlichen Berufspflichten zu erfüllen. Wegen der weittragenden Bedeutung, die die Versagung einer Erlaubnis oder die Unterbindung der gewerblichen Tätigkeit für den Betroffenen hat, muss es sich um erhebliche Verstöße handeln. Wann jeweils Unzuverlässigkeit vorliegt, kann nur unter Würdigung aller Umstände des Einzelfalles entschieden werden. Anhaltspunkte für die Entscheidung bieten folgende Kriterien:

2.1. Nichtabgabe von Steuererklärungen 41

Die Nichtabgabe von Steuererklärungen begründet für sich allein eine Unzuverlässigkeit nur dann, wenn die Erklärungen trotz Erinnerung hartnäckig über längere Zeit nicht abgegeben werden (vgl. BVerwG-Urteil vom 16. März 1982, 1 C 124/80, juris). Die Nichtabgabe von Lohnsteueranmeldungen oder von Umsatzsteuer-Voranmeldungen hat in der Regel besonderes Gewicht. Die Nichtabgabe von Steuererklärungen in den übrigen Fällen wird regelmäßig nur in Verbindung mit der Nichtentrichtung von Steuern nach Tz. 2.2 von Belang sein.

Der bloße Erlass von Schätzungsbescheiden infolge Nichterfüllung steuerlicher Erklärungspflichten reicht noch nicht aus, um eine Unzuverlässigkeitsprognose gemäß § 35 GewO zu begründen. Eine gemäß § 162 AO schätzungsweise festgesetzte Steuerschuld ist im Übrigen aber im Rahmen des § 35 GewO grundsätzlich nicht anders zu würdigen als eine solche, die sich aus ermittelten Besteuerungsgrundlagen ergibt (BVerwG-Beschluss vom 26. September 1991, 1 B 115/91; juris).

2.2. Nichtentrichtung von Steuern 42

Die Nichtentrichtung von Steuern, insbesondere ein erheblicher Steuerrückstand, wird vielfach die Unzuverlässigkeit begründen. Mitgeteilt werden können dabei nicht nur bestandskräftig festgesetzte Steuerforderungen, sondern auch fällige, aber noch nicht bestandskräftig festgesetzte Steuerforderungen (BFH-Urteil vom 29. Juli 2003, BStBl. II S. 828). Nur wenn die Vollziehung eines Steuerbescheides

Anl 7

nach § 361 AO oder § 69 FGO ausgesetzt ist, darf die Nichtzahlung der festgesetzten Steuer im gewerberechtlichen Untersagungsverfahren nicht berücksichtigt werden (vgl. BVerwG-Beschluss vom 30. September 1998, 1 B 100/98, juris, mit Hinweis auf den Beschluss vom 5. März 1997, 1 B 56/97, juris).

In diesem Zusammenhang sind folgende Gesichtspunkte zu berücksichtigen:

2.2.1. Umfang und Art der Steuerrückstände

Erforderlich ist in jedem Fall ein für die Verhältnisse des Betriebes erheblicher Steuerrückstand. Beträge unter 5000 € reichen in aller Regel nicht aus.

Von Bedeutung ist ferner die Entwicklung der Steuerrückstände – getrennt nach Steuerarten – über längere Zeit. Ständig schleppender Zahlungseingang kann auch bei verhältnismäßig geringen Steuerrückständen die Unzuverlässigkeit begründen, während etwa eine hohe Steuerschuld im Anschluss an eine Außenprüfung nicht ohne weiteres auf steuerliche Unzuverlässigkeit schließen lässt.

Beruhen die Steuerrückstände ganz oder teilweise darauf, dass einbehaltene Steuerabzugsbeträge (insbesondere Lohnsteuerbeträge) mehrfach nicht abgeführt worden sind, so begründet dies in der Regel Unzuverlässigkeit.

2.2.2. Vollstreckungsversuch

Ein Vollstreckungsversuch des Finanzamts ist in aller Regel unabdingbare Voraussetzung für die Einleitung eines gewerberechtlichen Untersagungsverfahrens wegen Steuerrückständen.

43 **2.3. Subjektive und objektive Seite der Verstöße**

Unzuverlässigkeit ist u. a. anzunehmen, wenn der Gewerbetreibende nicht willens ist, seine steuerrechtlichen Verpflichtungen zu erfüllen. Hierauf lässt eine ständige Missachtung der ihm obliegenden Verpflichtungen schließen, z. B. die Weigerung, Steuererklärungen abzugeben, Steuerrückstände zu begleichen, einen Abzahlungsplan zu vereinbaren oder einzuhalten sowie der Versuch, Vollstreckungsmaßnahmen des Finanzamts zu vereiteln.

Aber auch eine unverschuldet eingetretene Notlage, die z. B. auf allgemeine oder strukturelle wirtschaftliche Schwierigkeiten zurückzuführen ist, kann die Annahme der Unzuverlässigkeit rechtfertigen. Unzuverlässigkeit setzt weder ein Verschulden im Sinne eines moralischen oder ethischen Vorwurfs noch einen Charaktermangel voraus. Die gewerberechtlichen Bestimmungen über die Versagung, die Rücknahme oder den Widerruf einer Erlaubnis sowie über die Untersagung eines Gewerbes sind wertneutral und keine Strafvorschriften. Der Schutz der Allgemeinheit gebietet es, bei unzuverlässigen Gewerbetreibenden die weitere Ausübung des Gewerbes zu unterbinden, wobei es im Hinblick auf etwaige Schädigungen des zu schützenden Personenkreises belanglos ist, ob Verschulden vorliegt oder nicht (BVerwG-Beschluss vom 12. Juli 1990, 1 B 110/90, juris). Die Unzuverlässigkeit kann auch allein durch wirtschaftliche Leistungsunfähigkeit begründet werden. Eine Gewerbeuntersagung setzt damit kein Verschulden des Gewerbetreibenden oder sonst einen ihn persönlich treffenden Vorwurf der Unredlichkeit voraus, sondern ist nach der verwaltungsgerichtlichen Rechtsprechung auch dann gerechtfertigt, wenn der Gewerbetreibende lediglich objektiv nicht in der Lage ist, seinen steuerlichen Zahlungspflichten zumindest im Rahmen eines realistischen Planes zur finanziellen Sanierung seines Gewerbebetriebes nachzukommen (vgl. BVerwG-Urteil vom 2. Februar 1982, 1 C 146/80, BVerwGE 65, 1; BVerwG-Beschluss vom 11. November 1996, 1 B 226/96, juris).

44 **2.4. Steuerliche Straf- und Bußgeldverfahren**

Wichtige Anhaltspunkte für die Unzuverlässigkeit können steuerliche Straf- oder Bußgeldverfahren sein, die im Zusammenhang mit der Ausübung eines Gewerbebetriebes stehen. Für die Prüfung der Zuverlässigkeit des Gewerbetreibenden sind sowohl der Sachverhalt, der zur Einleitung des Verfahrens geführt hat, als auch das Ergebnis des Verfahrens sowie das Verhalten des Steuerpflichtigen nach dem Verfahren erheblich.

45 **2.5. Künftiges Verhalten**

Maßgebend für die Beurteilung der gewerberechtlichen Unzuverlässigkeit ist stets, ob der Gewerbetreibende keine Gewähr dafür bietet, dass er das Gewerbe künftig ordnungsgemäß ausüben wird. Steuerrechtliche Sachverhalte sind nur dann gewerberechtlich von Bedeutung, wenn aus ihnen auf ein künftiges nicht ordnungsmäßiges Verhalten geschlossen werden kann.

46 **2.6. Sondervorschriften**

Besondere gesetzliche Bestimmungen über die Berücksichtigung steuerlichen Verhaltens (z. B. § 3 Abs. 5 des Güterkraftverkehrsgesetzes, § 25 Abs. 3 des Personenbeförderungsgesetzes) bleiben unberührt.

47 **3. Auskunftsersuchen der Gewerbebehörde an das Finanzamt**

3.1. Anwendungsbereich

Ergeben sich im Rahmen eines Verfahrens auf Erteilung einer Erlaubnis, eines Verfahrens auf Rücknahme oder Widerruf einer Erlaubnis oder auf Gewerbeuntersagung Anhaltspunkte für eine Verletzung steuerrechtlicher Pflichten, so bittet die Gewerbebehörde das zuständige Finanzamt um Auskunft, soweit nicht die Erteilung einer Bescheinigung an den Betroffenen über seine steuerlichen Verhältnisse vorgesehen ist.

Anhaltspunkte für die Verletzung steuerrechtlicher Pflichten bestehen insbesondere dann, wenn ein Gewerbetreibender sonstige öffentlich-rechtliche Zahlungsverpflichtungen, z. B. zur Abführung von Sozialversicherungsbeiträgen, nicht erfüllt. Die Gewerbebehörde muss in ihrer Anfrage das Vorliegen derartiger Anhaltspunkte darlegen.

Anl 7

3.2. Voraussetzungen der Auskunft 48

Die gewerberechtlichen Bestimmungen enthalten keine ausdrückliche Auskunftsermächtigung im Sinne des § 30 Abs. 4 Nr. 2 AO (siehe Tz. 1.2).

Auskünfte der Finanzämter an die Gewerbebehörden, die in gewerberechtlichen Verfahren für die Versagung einer beantragten Erlaubnis, die Rücknahme oder den Widerruf einer Erlaubnis oder eine Gewerbeuntersagung mitentscheidend sein können, sind daher nur in folgenden Fällen zulässig:

a) Der Gewerbetreibende stimmt einer Auskunft durch das Finanzamt zu (§ 30 Abs. 4 Nr. 3 AO).

b) Die Auskunftserteilung liegt im zwingenden öffentlichen Interesse (§ 30 Abs. 4 Nr. 5 AO). Dies ist der Fall, wenn die Voraussetzungen der Tz. 1, 2, 2.1 bis 2.6 erfüllt sind.

3.3. Erteilung der Auskunft 49

3.3.1. Liegen die Voraussetzungen für eine Offenbarung vor, hat das Finanzamt der Gewerbebehörde die steuerlichen Verhältnisse des Steuerpflichtigen mitzuteilen, die für das gewerberechtliche Verfahren von Bedeutung sein können (vgl. Tz. 2.1 ff.). Tatsachen, die eindeutig nicht geeignet sind, alleine oder in Verbindung mit anderen Tatsachen eine Versagung, Rücknahme oder den Widerruf einer gewerberechtlichen Erlaubnis oder eine Gewerbeuntersagung zu rechtfertigen, dürfen nicht mitgeteilt werden.

Vergleiche aber Tz. 5.

3.3.2. Ist der Betroffene steuerlich zuverlässig oder fallen seine steuerlichen Verhältnisse bei der Beurteilung seiner gewerberechtlichen Zuverlässigkeit nicht ins Gewicht, teilt das Finanzamt der Gewerbebehörde lediglich mit, dass eine Offenbarung mangels zwingenden öffentlichen Interesses im Sinne des § 30 Abs. 4 Nr. 5 AO nicht zulässig ist, soweit keine Zustimmung des Steuerpflichtigen im Sinne des § 30 Abs. 4 Nr. 3 AO vorliegt.

4. Anregung des Finanzamts an die Gewerbebehörde auf Einleitung eines Untersagungsverfahrens 50

4.1. Anwendungsbereich

Vor Ausübung seiner Befugnis, die Rücknahme oder den Widerruf einer gewerberechtlichen Erlaubnis oder die Untersagung eines Gewerbes bei der zuständigen Behörde anzuregen und dazu die steuerlichen Verhältnisse des Betroffenen zu offenbaren, soll das Finanzamt wegen des Gebotes der Verhältnismäßigkeit der Mittel zunächst prüfen, ob das Besteuerungsverfahren auch mit anderen, den Steuerpflichtigen weniger hart treffenden Maßnahmen gefördert werden kann (Zwangsvollstreckung in das bewegliche oder unbewegliche Vermögen, Festsetzung von Zwangsgeld, Inanspruchnahme von Haftungsschuldnern). Ist dies nicht der Fall, ist abzuwägen, ob die Pflichtverstöße des Steuerpflichtigen oder seine Rückstände derart schwer wiegen, dass ihm die Möglichkeit eigener wirtschaftlicher Betätigung ganz oder teilweise entzogen werden muss.

4.2. Voraussetzungen für die Mitteilung steuerlicher Verhältnisse 51

Die Auskunftserteilung ist nur zulässig, wenn neben den unter Tz. 4.1 dargestellten Voraussetzungen auch die in Tz. 3.2 genannten Bedingungen erfüllt sind.

5. Auswirkungen der Insolvenzordnung (InsO) auf gewerberechtliche Maßnahmen 52

Nach § 12 GewO finden Vorschriften, welche die Untersagung eines Gewerbes oder die Rücknahme oder den Widerruf einer Zulassung wegen Unzuverlässigkeit des Gewerbetreibenden, die auf ungeordnete Vermögensverhältnisse zurückzuführen ist, ermöglichen, während eines Insolvenzverfahrens, während der Zeit, in der Sicherungsmaßnahmen nach § 21 InsO angeordnet sind, und während der Überwachung der Erfüllung eines Insolvenzplans (§ 260 InsO) keine Anwendung in Bezug auf das Gewerbe, das zurzeit des Antrags auf Eröffnung des Insolvenzverfahrens ausgeübt wurde. Innerhalb der in § 12 GewO genannten Zeiträume ist die Anregung einer Gewerbeuntersagung bezüglich des insolvenzbefangenen Gewerbes daher nicht zulässig und die Offenbarung entsprechender Daten nicht durch § 30 Abs. 4 Nr. 5 AO (zwingendes öffentliches Interesse) gestattet. Tritt in einem Fall, in dem das Finanzamt die Gewerbeuntersagung angeregt hat, einer der Tatbestände des § 12 GewO ein, soll das Finanzamt die Gewerbebehörde entsprechend informieren.

Dies gilt nicht für eine nach § 35 Absatz 2 Satz 1 InsO freigegebene selbstständige Tätigkeit des Gewerbetreibenden, wenn dessen Unzuverlässigkeit mit Tatsachen begründet wird, die nach der Freigabe eingetreten sind.

6. Mitteilung bei Betriebsaufgabe und Betriebsveräußerung 53

Nach § 14 Abs. 4 GewO teilen die Finanzbehörden den zuständigen Behörden die nach § 30 AO geschützten Verhältnisse von Unternehmen im Sinne des § 5 GewStG mit, wenn deren Steuerpflicht erloschen ist; mitzuteilen sind lediglich Name und Anschrift des Unternehmers und der Tag, an dem die Steuerpflicht endete. Die Mitteilungspflicht besteht nicht, soweit ihre Erfüllung mit einem unverhältnismäßigen Aufwand verbunden wäre.

Solange ein automationsunterstützter Mitteilungsdienst noch nicht eingerichtet ist, ist regelmäßig davon auszugehen, dass die gesonderte Übermittlung der Daten mit einem unverhältnismäßigen Aufwand verbunden ist. Eine Verpflichtung der Finanzbehörden, für die Gewerbebehörden weitere als die aus steuerlichen Gründen notwendigen Nachforschungen anzustellen, besteht nicht.

Dieses Schreiben tritt an die Stelle des BMF-Schreibens vom 14. Dezember 2010 – IV A 3 – S 0130/10/10019 – BStBl. I S. 1430.

Anl 8

8) Verfügung betr. Auskunftserteilung an Registergerichte

Vom 31. August 2018 (BeckVerw 440559)

(OFD Frankfurt S 0130 A-58-St 23)

1. Auskunftserteilung nach § 379 Abs. 2 FamFG

54 Nach § 379 Abs. 2 FamFG ist den Registergerichten auf Ersuchen Auskunft über die steuerlichen Verhältnisse von Kaufleuten oder Unternehmen, insbesondere auf dem Gebiet der Gewerbe- und Umsatzsteuer, zu erteilen, soweit die Auskunft zur Verhütung unrichtiger Eintragungen im Handels- oder Partnerschaftsregister sowie zur Berichtigung, Vervollständigung oder Löschung von Eintragungen im Register benötigt wird. Diese Auskünfte unterliegen nicht der Akteneinsicht durch die Beteiligten (vgl. § 379 Abs. 2 Satz 2 FamFG).

Die Auskunftspflicht der Finanzbehörden nach § 379 Abs. 2 FamFG soll die korrekte Registerführung erleichtern, soweit diese von Tatsachen abhängt, die den Finanzbehörden bekannt sind. Auskünfte zu anderen als den in § 379 Abs. 2 FamFG genannten Zwecken, z. B. zur Verfolgung von Verstößen gegen das GmbH-Gesetz, dürfen nicht erteilt werden.

Eine **Offenbarungsbefugnis zur Verhütung unrichtiger Eintragungen** besteht entsprechend dem Wortlaut des § 379 Abs. 2 FamFG ausschließlich über steuerliche Verhältnisse von Kaufleuten oder Unternehmen gegenüber dem Handels- oder Partnerschaftsregister. Nicht hiervon umfasst ist die Auskunftserteilung an Vereins- oder Genossenschaftsregister.

Eine **Offenbarungsbefugnis zur Berichtigung, Vervollständigung oder Löschung von Eintragungen** besteht hingegen gegenüber sämtlichen Registern, d. h., dem Handels-, Partnerschafts-, Genossenschafts- und Vereinsregister, soweit es sich um steuerliche Verhältnisse von Kaufleuten oder Unternehmen handelt. Alle im Handels-, Partnerschafts- und Genossenschaftsregister Eingetragenen sind als Kaufleute bzw. Unternehmen im Sinne der Vorschrift anzusehen. Ein im Vereinsregister eingetragener Verein ist dann ein Unternehmen, wenn Leistungen gegen Entgelt für den Bürger erbracht werden. Dies gilt nicht, wenn die Leistungsbeziehung ausschließlich öffentlich-rechtlich organisiert ist. Ein Verein ist hiernach jedenfalls dann als Unternehmen anzusehen, wenn er einen wirtschaftlichen Geschäftsbetrieb unterhält oder sich durch Beiträge finanziert.

2. Auskunftserteilung nach § 393 FamFG bei Erlöschen einer Firma

55 Nach § 393 Abs. 1 FamFG hat das Registergericht das Erlöschen einer Firma gemäß § 31 Abs. 2 HGB von Amts wegen oder auf Antrag der berufsständischen Organe in das Handelsregister einzutragen. Die Finanzämter sind nicht berechtigt, Löschungen im Handelsregister bereits erloschener Firmen gem. § 393 FamFG anzuregen und zur Begründung im Besteuerungsverfahren bekannt gewordene Tatsachen anzubringen. Eine Mitteilung an die Registergerichte ist nach § 30 AO nicht zulässig, insbesondere besteht kein zwingendes öffentliches Interesse nach § 30 Abs. 4 Nr. 5 AO. Eine Offenbarung darf nur auf Anfrage des Registergerichts erfolgen (vgl. § 379 FamFG i. V. m. § 30 Abs. 4 Nr. 2 AO).

3. Auskunftserteilung nach § 394 Abs. 1 FamFG zur Löschung von vermögenslosen Gesellschaften

56 Nach § 394 Abs. 1 FamFG kann das Finanzamt die Löschung einer AG, KG a. A., GmbH oder Genossenschaft, die kein Vermögen besitzt, beantragen. Dies gilt nach § 394 Abs. 4 FamFG entsprechend für die Löschung einer OHG und KG, bei der keiner der persönlich haftenden Gesellschafter eine natürliche Person ist. Das Steuergeheimnis steht dem Antrag und der Offenbarung der steuerrechtlichen Verhältnisse, die die Vermögenslosigkeit begründen, nach § 394 Abs. 4 FamFG i. V. m. § 30 Abs. 4 Nr. 2 AO nicht entgegen.

Voraussetzung für die Löschung im Handelsregister ist die Vermögenslosigkeit der Gesellschaft, Näheres hierzu kann der Karte 2 der Vollstreckungskartei zu „sonstige rückstandsunterbindende Maßnahmen" und ofix HE ORG/201 Tz. 4.2 entnommen werden. In dem Löschungsantrag nach § 394 FamFG sollte die Vermögenslosigkeit der Gesellschaft nachgewiesen bzw. glaubhaft gemacht werden. Hierzu können alle dem Finanzamt vorliegenden Informationen und Indizien, die auf eine Vermögenslosigkeit schließen lassen, vorgetragen werden. In Betracht kommen u. a.:

- Fruchtlose Pfändung
- Niedergeschlagene Steuerrückstände
- Überschuldung oder Zahlungsunfähigkeit der Gesellschaft
- Gewerbeabmeldung/-einstellung oder Entzug der Gewerbeerlaubnis
- Postalische Nichterreichbarkeit von Gesellschaft, Gesellschaftern bzw. Geschäftsführer

Die Löschung der Gesellschaft steht im Ermessen des Registergerichts. Dieses hat im Rahmen der ihm obliegenden Amtsermittlungspflicht nach § 26 FamFG auch eigene Ermittlungen dahingehend anzustellen, ob die Tatbestandsvoraussetzungen für eine Löschung erfüllt sind.

Die Registergerichte verweigern gelegentlich, eine beantragte Löschung der Gesellschaft vorzunehmen. Gegen die ablehnende Entscheidung des Registergerichts kann das Finanzamt gemäß § 372 FamFG Beschwerde beim Landgericht erheben.

4. Sonstige Löschung von Eintragungen nach dem FamFG

57 Nach § 395 FamFG kann das Registergericht unzulässige Eintragungen im Handelsregister löschen. Die Unzulässigkeit der Eintragung kann auf der Verletzung wesentlicher Verfahrensvorschriften und auf sachlicher Unrichtigkeit beruhen **(Eintragungsmängel).**

Nach § 399 Abs. 1 und Abs. 4 FamFG kann das Registergericht eine AG, KG a. A. oder GmbH von Amts wegen im Handelsregister löschen, wenn die Satzung der Gesellschaft Mängel aufweist **(Satzungsmängel).**

Die Offenbarung im Besteuerungsverfahren bekannt gewordener Tatsachen sind in diesen genannten Fällen nur auf Anfrage des Registergerichts zulässig (vgl. § 30 Abs. 4 Nr. 2 AO i. V. m. § 379 Abs. 2 und § 395 oder § 399 FamFG).

5. Auskunftserteilung über die unter §§ 1 und 11 des Publizitätsgesetzes fallenden Unternehmen und Konzerne

Nach §§ 1 und 11 des Publizitätsgesetzes sind Unternehmen und Konzerne, die bestimmte Größenmerkmale (Bilanzsumme, Umsatzerlöse, Zahl der Arbeitnehmer) überschreiten, verpflichtet, ihren Jahresabschluss beim Handelsregister oder Registergericht einzureichen und im Bundesanzeiger bekannt zu machen. 58

Die Einhaltung dieser Verpflichtung ist grundsätzlich vom Registergericht zu überwachen, welches dafür weitgehende Prüfungsbefugnisse hat und gegebenenfalls Zwangsgelder festsetzen kann.

Eine gesetzliche Grundlage für Auskünfte der Finanzbehörden an die Registergerichte über Unternehmen und Konzerne, bei denen die Anwendung des Publizitätsgesetzes in Betracht kommt, gibt es nicht. Eine Auskunftserteilung bezüglich dieser Unternehmen und Konzerne kann daher nur dann erfolgen, wenn im Einzelfall die Voraussetzungen des § 30 Abs. 4 Nr. 4 oder Nr. 5 AO vorliegen. Ansonsten steht das Steuergeheimnis dieser entgegen.

9) Verfügung betr. Auskunftserteilung in Angelegenheiten des Insolvenzrechts

Anl 9

Vom 15. Mai 2018 (BeckVerw 436437)

(OFD Frankfurt S 0130 A – 115 – St 23)

1. Allgemeines

Das Steuergeheimnis ist auch in Angelegenheiten des Insolvenzrechts gegenüber allen Beteiligten zu wahren. Soweit die Angaben allerdings zur Durchführung des Insolvenzverfahrens erforderlich sind, ist die Offenbarung geschützter Verhältnisse gem. § 30 Abs. 4 Nr. 1 AO zulässig. 59

Soweit Ansprüche aus dem Steuerschuldverhältnis verfolgt werden, dient das Insolvenzverfahren der Durchführung eines Verwaltungsverfahrens in Steuersachen. Notwendige Angaben zur Durchführung dieses Verfahrens, die befugt offenbart werden dürfen, sind daher insbesondere

- die in dem Antrag des Finanzamts auf Eröffnung des Insolvenzverfahrens (§§ 13, 14 InsO) zur Glaubhaftmachung eines Eröffnungsgrundes (§§ 16–19 InsO) notwendigen Angaben,
- die Anmeldung der Abgabenforderungen zum Forderungsverzeichnis (der Tabelle, §§ 174, 175 InsO) und
- deren genaue Bezeichnung dem Grund und der Höhe nach (§§ 174, 175 InsO).

Darüber hinaus ist eine Weitergabe von Informationen durch das Finanzamt an den Insolvenzverwalter zwecks Anreicherung der Masse und Erreichung einer höheren Quote für die Finanzverwaltung ebenfalls gemäß § 30 Abs. 4 Nr. 1 AO zulässig, da auch diese Informationsweitergabe der erfolgreichen Durchführung des Besteuerungsverfahrens dient. Die Offenbarung weiterer Umstände oder gar die Abgabe der Steuerakten an das Gericht würde jedoch über den Rahmen des Erforderlichen und nach dem Gesetz Notwendigen hinausgehen.

Bestreitet der Insolvenzverwalter oder ein Insolvenzgläubiger Forderungen des Finanzamts in tatsächlicher oder rechtlicher Hinsicht, werden diese nach § 176 Satz 2 InsO einzeln erörtert. Die Erörterung dient der unbestrittenen Feststellung der Forderung, was Einfluss auf das Stimmrecht der Finanzbehörde (§ 77 InsO) und den weiteren Verlauf des Verfahrens (§§ 178 ff. InsO) hat. Die Offenbarung von Verhältnissen in diesem Verfahren zur Feststellung der Forderungen und Rechte (§§ 174 bis 186 InsO) dient deshalb dazu, die Forderung des Finanzamts in tatsächlicher und rechtlicher Hinsicht zu begründen und zu stützen. Die Offenbarung ist notwendig, damit das Finanzamt seine Rechte wahren und seine Pflichten als Gläubiger erfüllen kann. Sie ist daher insoweit nach § 30 Abs. 4 Nr. 1 AO zulässig. Entsprechendes gilt, wenn das Finanzamt Angriffe Dritter auf seine Eigentums- und Pfandrechte abzuwehren gezwungen wird.

2. Auskunftserteilung gegenüber Insolvenzverwaltern/Sachwaltern

Vorläufiger Verwalter ohne allgemeines Verfügungsverbot des Schuldners/Gutachter 60

Bei Mitteilungen gegenüber vorläufigen Insolvenzverwaltern ist zu beachten, dass die Gerichte in der weitaus größten Zahl der Fälle dem Schuldner kein allgemeines Verfügungsverbot auferlegen und dem vorläufigen Insolvenzverwalter nur vereinzelte Pflichten übertragen (§ 22 Abs. 2 InsO). Das Steuergeheimnis ist gegenüber einem solchen („schwachen") vorläufigen Verwalter uneingeschränkt zu wahren. Auch wenn der Verwalter im Beschluss des Insolvenzgerichts ermächtigt wird, Auskünfte über den Schuldner bei den Finanzämtern und Banken einzuholen (§§ 5 Abs. 1, 21 Abs. 1 InsO), ist eine Auskunftserteilung gegenüber dem Verwalter nicht möglich. Dies gilt entsprechend für Gutachter vor Eröffnung des Insolvenzverfahrens.

Vorläufiger Verwalter mit allgemeinem Verfügungsverbot des Schuldners/Insolvenzverwalter

Wird dem Schuldner ein allgemeines Verfügungsverbot auferlegt (§ 22 Abs. 1 InsO) bzw. wird das Insolvenzverfahren eröffnet, gilt zur Auskunftserteilung an den („starken") vorläufigen Insolvenzverwalter und den Insolvenzverwalter Folgendes:

Mit der Anordnung des allgemeinen Verfügungsverbots (§§ 21 Abs. 2, 22 Abs. 1 InsO) bzw. mit der Eröffnung des Insolvenzverfahrens (§ 80 Abs. 1 InsO) verliert der Schuldner die Befugnis, sein zur Insolvenzmasse gehörendes Vermögen zu verwalten und über dasselbe zu verfügen. Das Verwaltungs und Verfügungsrecht wird von diesem Zeitpunkt an durch den vorläufigen Insolvenzverwalter i. S. v. § 22 Abs. 1 InsO bzw. den Insolvenzverwalter i. S. v. § 27 InsO ausgeübt. Der vorläufige Insolvenzverwalter

Anl 9

und der Insolvenzverwalter sind Vertreter gemäß § 34 Abs. 3 AO und haben auch die steuerlichen Pflichten des Schuldners zu erfüllen. Ihnen können deshalb alle Auskünfte über Verhältnisse des Schuldners erteilt werden, die sie zur Erfüllung dieser steuerlichen Pflichten benötigen. Inwieweit dem vorläufigen Insolvenzverwalter bzw. dem Insolvenzverwalter im Einzelnen Auskünfte zu erteilen sind, ist der InsO, Karte 9.3 zu entnehmen. Soweit Steuerforderungen streitig sind, bei denen der Schuldner Gesamtschuldner zusammen mit anderen ist, steht das gegenüber den restlichen Gesamtschuldnern zu wahrende Steuergeheimnis einer Auskunftserteilung an den Insolvenzverwalter auch nicht hinsichtlich der Verhältnisse der anderen Gesamtschuldner entgegen (vgl. BFH- Beschluss vom 15. 6. 2000, BStBl. II S. 431, m. w. N.). Darüber hinaus dürfen dem vorläufigen Insolvenzverwalter und dem Insolvenzverwalter keine Auskünfte erteilt werden.

Sachwalter bei der Eigenverwaltung (§§ 270 ff. InsO)

Wird im Insolvenzverfahren die Eigenverwaltung angeordnet, kann der vom Gericht bestellte Sachwalter (§ 274 InsO) nicht als Vertreter i. S. d. §§ 34, 35 AO angesehen werden. Verhältnisse des Schuldners dürfen ihm nur insoweit offenbart werden, als dies für Besteuerungszwecke erforderlich ist (z. B. Anmeldung der Insolvenzforderungen beim Sachwalter gem. § 270 Abs. 3 Satz 2 InsO).

Schuldnerberatungsstellen im außergerichtlichen Einigungsverfahren

Im außergerichtlichen Einigungsverfahren gem. § 305 Abs. 1 Nr. 1 InsO ist von einer Zustimmung nach § 30 Abs. 4 Nr. 3 AO auszugehen, wenn eine Schuldnerberatungsstelle eingeschaltet ist und diese nach landesspezifischen Regelungen als geeignet anerkannt ist (auf die Liste der in Hessen z. Zt. anerkannten Schuldnerberatungsstellen wird hingewiesen, ofix HE StBerG/4/2; vgl. auch InsO, Karte 20 Tz. 3.1). Bestehen hierüber Zweifel, ist die ausdrückliche, schriftliche Zustimmung des Schuldners einzuholen, bevor dem Steuergeheimnis unterliegende Verhältnisse gegenüber der Schuldnerberatungsstelle offenbart werden.

3. Erteilung von Informationen, die zu Insolvenzanfechtungen führen können

61 Im laufenden Insolvenzverfahren (bzw. im Insolvenzeröffnungsverfahren) verlangen Insolvenzverwalter (oder beauftragte Steuerberater) von den Finanzämtern häufig anfechtungsrelevante Informationen (insbesondere Kontoauszüge und Angaben/Aktenauszüge) über geleistete Zahlungen und durchgeführte Vollstreckungsmaßnahmen.

Da eine großzügige Auskunftserteilung gegenüber den Insolvenzverwaltern regelmäßig zur Geltendmachung von Anfechtungsansprüchen genutzt wird, sollten entsprechende Anträge grds. restriktiv beschieden werden. Dies gilt auch für die Erteilung mündlicher Auskünfte.

Nähere Informationen hierzu siehe InsO, Karte 9.3.

Anträge auf **Freischaltung der Steuerkontoabfrage** sind durch die Festsetzungsstellen ab dem Zeitpunkt der vorläufigen Insolvenzverwaltung abzulehnen bzw. bereits bestehende Abfrageberechtigungen zu löschen. Hierbei ist darauf zu achten, dass sämtliche Abfrageberechtigungen gelöscht werden, also solche, die über die LegDB erteilt wurden (vgl. OFD Frankfurt vom 15. 4. 2010 O 2353 A 04/02 – Lz 526), sowie Abfrageberechtigungen, die über die VDB freigeschaltet wurden (vgl. hierzu ofix HE ORG/852 Tz. 9.1).

Insolvenzverwaltern steht nach Art. 15 DSGVO kein Auskunftsrecht zu, soweit die Auskunftserteilung den Rechtsträger der Finanzbehörde in der Geltendmachung, Ausübung oder Verteidigung zivilrechtlicher Ansprüche oder in der Verteidigung gegen ihn geltend gemachter zivilrechtlicher Ansprüche (z. B. Insolvenzanfechtungsansprüche) beeinträchtigen würde (§ 23 Abs. 1 DSGVO i. V. m. § 32 c Abs. 1 Nr. 2 AO). Auskunftspflichten der Finanzbehörde nach dem Zivilrecht bleiben hiervon allerdings unberührt.

4. Teilnahme am Gläubigerausschuss

62 Ist die Finanzbehörde im Gläubigerausschuss vertreten (§§ 67 ff. InsO) und erfordert die Wahrnehmung der damit verbundenen Rechte und Pflichten die Offenbarung im Besteuerungsverfahren bekannt gewordener Verhältnisse, ist dies im Hinblick auf § 30 Abs. 4 Nr. 1 AO zulässig.

5. Restschuldbefreiungsverfahren

63 Im Restschuldbefreiungsverfahren (§§ 286 ff. InsO) ist zu beachten, dass der vom Gericht bestellte Treuhänder wegen seiner eingeschränkten Befugnisse (§ 292 InsO) nicht als Vertreter i. S. d. §§ 34, 35 AO angesehen werden kann, weshalb ihm keine Auskünfte erteilt werden dürfen. Dies gilt entsprechend für den Sachverwalter i. S. d. §§ 270, 274 InsO. Ist das Finanzamt Insolvenzgläubiger im Rahmen eines Restschuldbefreiungsverfahrens, können im Besteuerungsverfahren bekannt gewordene Gründe, welche die Versagung der Restschuldbefreiung zur Folge haben (§ 290 InsO), gem. § 30 Abs. 4 Nr. 1 AO offenbart werden.

6. Zustimmung des Betroffenen

64 Hat der Schuldner im Einzelfall oder allgemein seine Zustimmung zur Offenbarung gegeben, hat das Finanzamt nach § 30 Abs. 4 Nr. 3 AO die Möglichkeit, entsprechende Einzelheiten mitzuteilen. Hieraus ergibt sich jedoch keine Verpflichtung zur Herausgabe von Informationen, so dass auch in diesem Fall dem Insolvenzverwalter keine Auskünfte zu erteilen sind, die zu Insolvenzanfechtungen führen können (vgl. InsO, Karte 9.3).

10) Verfügung betr. Auskunft an die Gemeinden in Realsteuerangelegenheiten

Anl 10

Vom 30. Oktober 2015 (BeckVerw 323178)
(OFD Frankfurt S 0130 A – 69 – St 23)

1. Auskunft über die für die Festsetzung der Realsteuern erheblichen Vorgänge nach § 21 FVG 65

Nach § 21 Abs. 3 Satz 1 i. V. m. Abs. 1 des Finanzverwaltungsgesetzes (FVG) haben die Gemeinden das Recht, sich über die für die Festsetzung der Realsteuern (Grundsteuer und Gewerbesteuer, § 3 Abs. 2 AO) erheblichen Vorgänge bei den zuständigen Finanzbehörden zu unterrichten. Zu diesem Zweck steht ihnen das Recht auf Akteneinsicht sowie auf mündliche und schriftliche Auskunft zu.

Auch im Verfahren über die Zerlegung und die Zuteilung von Steuermessbeträgen können die Gemeinden als Steuerberechtigte, denen ein Anteil an dem Steuermessbetrag zugeteilt worden ist oder die einen Anteil beanspruchen (§ 186 Satz 1 Nr. 2 AO), von der zuständigen Finanzbehörde Auskunft über die Zerlegungs- bzw. Zuteilungsgrundlagen verlangen und durch ihre Amtsträger (§ 7 AO) Einsicht in die Zerlegungs- bzw. Zuteilungsunterlagen nehmen (§§ 187, 190 Satz 2 AO). Diese Rechte können auch aus § 21 Abs. 3 Satz 1 i. V. m. Abs. 1 FVG hergeleitet werden.

Darüber hinaus sind die Gemeinden auch berechtigt, durch Gemeindebedienstete an Außenprüfungen bei Steuerpflichtigen teilzunehmen, wenn diese in der Gemeinde eine Betriebsstätte unterhalten oder Grundbesitz haben und die Außenprüfungen im Gemeindebezirk stattfinden (§ 21 Abs. 3 Satz 2 i. V. m. Abs. 2 FVG).

Die entsprechenden Auskunfts- und Teilnahmerechte der Gemeinden nach § 21 Abs. 3 i. V. m. § 21 Abs. 1 FVG reichen nur soweit, wie die Finanzämter die Gewerbesteuer verwalten (Festsetzung, Zerlegung und Zuteilung der Messbeträge). Das Steuergeheimnis steht diesen Rechten nicht entgegen.

2. Auskunft in Haftungs-, Stundungs- und Erlasssachen sowie zum Zwecke der Vollstreckung

In Angelegenheiten, die **nicht** die Verwaltung der Gewerbesteuer durch die Finanzämter betreffen, ist eine Auskunftserteilung an die Gemeinden nur zulässig, wenn das Steuergeheimnis dieser nicht entgegensteht. 66

Eine Auskunftserteilung an Gemeinden in Haftungs-, Erhebungs- und Vollstreckungsverfahren zur Gewerbesteuer ist nach § 30 Abs. 4 Nr. 1 AO dem Grunde nach zulässig, soweit die Gemeinden in Realsteuerverfahren tätig werden.

Die Zulässigkeit einer Offenbarung ist nicht auf die Mitteilung von Tatsachen zwischen Finanzbehörden beschränkt. Zu den Behörden, zwischen denen Mitteilungen über Verhältnisse eines Anderen zu steuerlichen Zwecken zugelassen sind, gehören, soweit sie in Realsteuerverfahren tätig werden, auch die Gemeindebehörden oder andere Behörden, denen Aufgaben im Realsteuerverfahren übertragen wurden.

Für die Gemeinden gelten u. a. die Vorschriften der AO über die Haftung und das Erhebungsverfahren entsprechend (§ 1 Abs. 2 Nrn. 1, 2, 5 i. V. m. § 3 Abs. 2 AO), soweit ihnen die Verwaltung der Realsteuern übertragen worden ist. Für die Vollstreckung der Realsteuern gelten zwar nicht die Vorschriften des Sechsten Teils der AO, sondern die des Hessischen Verwaltungsvollstreckungsgesetzes (HessVwVG), dennoch handelt es sich um ein Verwaltungsverfahren in Steuersachen i. S. d. § 30 Abs. 2 Nr. 1 a AO. Darunter fallen nicht nur die in der AO aufgeführten Verwaltungsverfahren, vielmehr umfasst der Begriff alle Verfahren, die die Verwaltung von Steuern i. S. d. § 3 Abs. 1, 2 und 3 AO betreffen.

Auskunftsersuchen der Gemeinden kann unter Berücksichtigung der nachfolgenden Ausführungen nur entsprochen werden, wenn den Ersuchen eindeutig zu entnehmen ist, dass die Auskünfte zu steuerlichen Zwecken benötigt werden. Die Auskünfte sind auf den Umfang zu beschränken, der für eine sachgerechte Bearbeitung der Realsteuerangelegenheit erforderlich ist.

Auskünfte sind auch insoweit zulässig, als die entscheidungserheblichen Tatsachen aus anderen als den Realsteuerakten hervorgehen. Das Auskunftsrecht schließt jedoch – anders als in den unter Nr. 1 genannten Fällen – die Befugnis zur Akteneinsicht **nicht** ein.

2.1. Erlass oder Stundung von Gewerbesteuer

Gewerbesteuerpflichtige, die beim Finanzamt Erlass oder Stundung von Steuern beantragen, stellen oftmals auch bei der Gemeinde einen Antrag auf Erlass oder Stundung ihrer Gewerbesteuerrückstände. Die Gemeinde ersucht dann vielfach das Finanzamt um Auskunft, ob und in welcher Höhe der Steuerpflichtige beim Finanzamt Steuerrückstände hat, ob und mit welchem Ergebnis er einen Stundungs- oder Erlassantrag gestellt hat und/oder wie generell seine wirtschaftlichen oder finanziellen Verhältnisse beschaffen sind.

Derartige Auskünfte dürfen nach § 30 Abs. 4 Nr. 1 AO erteilt werden, soweit sie dem bei der Gemeinde anhängigen Stundungs- oder Erlassverfahren dienen.

2.2. Haftung für Gewerbesteuer

Der Umfang der Offenbarung richtet sich nach der jeweils einschlägigen Haftungsvorschrift.

Offenbart werden dürfen ausschließlich Sachverhalte, die dem Finanzamt bekannt und für das von den Gemeinden durchzuführende Haftungsverfahren relevant sind. Zur Durchführung dieses Verfahrens gehören insbesondere die eigenständige Prüfung sämtlicher Tatbestandsmerkmale der Haftungsnorm sowie die notwendigen Ermessenserwägungen. Ermessenserwägungen des Finanzamts im Zusammenhang mit einer Haftungsinanspruchnahme durch das Finanzamt wegen Rückständen aus anderen Steuerarten sind für die Gemeinden nicht bindend und nicht Gegenstand der Offenbarung.

Von diesen Grundsätzen ausgehend ist das Finanzamt berechtigt und verpflichtet, in Abhängigkeit von der jeweils einschlägigen Haftungsnorm den für das Haftungsverfahren relevanten Sachverhalt, soweit dieser dem Finanzamt bekannt ist, auf Antrag mitzuteilen. Eine darüber hinausgehende Befugnis der Finanzämter zur Ermittlung der haftungsrelevanten Sachverhalte im Hinblick auf eine Haftungsinanspruchnahme für Gewerbesteuerrückstände besteht nicht.

Anl 10

2.3. Vollstreckung von Realsteuern

Die Gemeinden dürfen die von den Finanzbehörden für Zwecke der Vollstreckung der Realsteuern mitgeteilten Daten, ohne das Steuergeheimnis zu verletzen, entsprechend § 249 Abs. 2 Satz 2 AO für die Vollstreckung anderer Geldleistungen (z. B. für die Vollstreckung rückständiger Gebühren) verwenden. Die erhaltenen Informationen unterliegen aber dem verlängerten Steuergeheimnis nach § 30 Abs. 2 Nr. 1 c AO, sodass die Gemeinden die Verantwortung für die gesetzesmäßige Verwendung der Daten tragen.

Soweit eine Gemeinde keine eigenen Vollziehungsbeamten beschäftigt oder keine eigenen Vollstreckungsstellen unterhält, wird die Durchführung des Vollstreckungsverfahrens hinsichtlich der Realsteuern gemäß § 16 Abs. 2 Satz 1 HessVwVG durch die Kasse des Landkreises, dem die Gemeinde angehört, vorgenommen. Eine Offenbarung der Verhältnisse des Steuerpflichtigen ist auch gegenüber einer Kreiskasse, der das Vollstreckungsverfahren hinsichtlich der Realsteuern übertragen wurde, nach § 30 Abs. 4 Nr. 1 AO zulässig. Für welche kreisangehörigen Städte und Gemeinden die Kasse eines Landkreises vollstreckt, wird im Staatsanzeiger für das Land Hessen bekanntgegeben (§ 16 Abs. 2 Satz 5 HessVwVG).

3. Einspruchsverfahren gegen Realsteuermessbescheide

67 Gemeinden sind nicht befugt, Steuermessbescheide anzufechten (vgl. § 40 Abs. 3 FGO); eine Rechtsbehelfsbefugnis der Gemeinden besteht nur im Zerlegungsverfahren (§ 186 Nr. 2 AO). Zu einem Rechtsbehelfsverfahren gegen einen Steuermessbescheid dürfen die Gemeinden auch nicht hinzugezogen bzw. beigeladen werden (§ 360 Abs. 2 AO, § 60 Abs. 2 FGO). Die Finanzämter sollen aber die steuerberechtigten Gemeinden über anhängige Einspruchsverfahren gegen Realsteuermessbescheide von größerer Bedeutung unterrichten, und zwar unabhängig davon, ob vom Steuerpflichtigen Aussetzung der Vollziehung beantragt wurde (vgl. AEAO zu § 184 AO). Hierdurch soll vermieden werden, dass die Gemeinde von dem Ausgang eines Rechtsbehelfsverfahrens mit finanzieller Tragweite überrascht wird. Durch die Unterrichtung über das anhängige Verfahren kann sich die Gemeinde auf eventuelle Haushaltsrisiken einstellen.

Der AEAO zu § 184 bestimmt keine feste Betragsgröße, ab der die Information der Gemeinde erfolgen soll, da die Auswirkungen je nach Größe der Gemeinde und Haushaltssituation unterschiedlich sind.

Zu den Einspruchsverfahren von größerer Bedeutung zählt beispielsweise das BFH-Urteil vom 17. 12. 2014 I R 39/14 (BStBl. 2015 II S. 1052), in dem der BFH aufgrund der Anwendung der Bruttomethode entschied, den Gewinn aus Anteilen an einer ausländischen Kapitalgesellschaft bei einer Organgesellschaft nach § 9 Nr. 7 Satz 1 GewStG 2002 um fiktive nichtabziehbare Betriebsausgaben nach § 8 b Abs. 5 KStG 2002 zu vermindern, sowie beim Organträger keine Hinzurechnung dieser fiktiven nichtabziehbaren Betriebsausgaben nach § 8 b Abs. 5 KStG 2002 vorzunehmen, da das sog. Schachtelprivileg bereits auf Ebene der Organgesellschaft gewährt worden ist.

Daneben zählen zu den Einspruchsverfahren von größerer Bedeutung solche, auf die die Entscheidungen des Bundesverfassungsgerichts vom 17. Dezember 2013 (Az. 1 BvL 5/08) und des BFH vom 25. Juni 2014 (Az. I R 33/09) und 30. Juli 2014 (Az. I R 74/12) Anwendung finden. Das BVerfG entschied, dass die rückwirkende Anwendung des in 2003 gesetzlich geänderten § 40 a KAGG auf Verluste verfassungswidrig sei. Daraufhin kam der BFH in seinen Urteilen zu dem Ergebnis, dass für die Veranlagungszeiträume 2001 und 2002 Verluste bei Fondsbeteiligungen aufgrund der Regelung des § 40 a KAGG in der Fassung vom 1. Januar 2001 ertragsteuerlich berücksichtigungsfähig seien (vgl. ofix HE KStG/8 b/19, Tz. 4 a). Nach ersten vorläufigen Einschätzungen führt diese Rechtsprechung bundesweit zu Mindereinnahmen bei der Gewerbesteuer von rund 2,6 Mrd. Euro und damit zu erheblichen Steuerrückforderungen bei den Kommunen. Die Unterrichtung der Gemeinden in diesem Verfahren wird aktuell von Politik und Presse intensiv beleuchtet, da einige Kommunen aufgrund unterlassener Unterrichtung durch die Finanzämter völlig überraschend von diesen Steuerrückforderungen getroffen wurden.

Anl 11

11) Gleich lautende Erlasse betr. Übermittlung von Daten nach § 10 StBerG

Vom 1. September 2021 (BeckVerw 560946)

(Oberste Finanzbehörden der Länder)

§ 10 StBerG ist durch das Gesetz zur Neuregelung des Berufsrechts der anwaltlichen und steuerberatenden Berufsausübungsgesellschaften sowie zur Änderung weiterer Vorschriften im Bereich der rechtsberatenden Berufe vom 7. Juli 2021 (BGBl. I S. 2363) neu gefasst worden und hat die Überschrift „Übermittlung von Daten“ erhalten.

68

I. Allgemein

Nach § 10 Abs. 1 StBerG haben Gerichte und Behörden einschließlich der Berufskammern der zuständigen Stelle Daten über Personen und Berufsausübungsgesellschaften zu übermitteln, deren Kenntnis für die in den dortigen Nrn. 1 bis 6 StBerG aufgeführten Verfahren bzw. Prüfungen erforderlich sind. Ob Daten zu übermitteln sind, ist aus Sicht der übermittelnden Stelle zu beurteilen.

Ein Ermessensspielraum besteht nicht. Das Steuergeheimnis steht der Mitteilungspflicht nach § 10 Abs. 2 Satz 2 StBerG nicht entgegen (§ 30 Abs. 4 Nr. 2 AO; vgl. Abschn. III.).

Der Begriff der Behörden umfasst auch die Finanzbehörden. Im Interesse einer einheitlichen Handhabung erfolgen die Mitteilungen nach § 10 StBerG durch die Oberfinanzdirektionen oder durch die durch die Landesregierung bestimmte Landesfinanzbehörde. Diesen bleibt es überlassen zu regeln, in welcher Weise die nachgeordneten Dienststellen über bekannt gewordene Tatsachen i. S. d. § 10 StBerG zu berichten haben.

Zu den Berufskammern zählen alle berufsständischen Körperschaften des öffentlichen Rechts (z. B. Steuerberaterkammern, Rechtsanwaltskammern, Notarkammern, Wirtschaftsprüferkammer, Patentanwaltskammer). Anl 11

II. Anwendungsbereich des § 10 Abs. 1 StBerG 69

1. Zulassung zur Prüfung/Befreiung von der Prüfung zum Steuerberater

Die Daten, die nach § 10 Abs. 1 Nr. 1 StBerG zu übermitteln sind, müssen aus Sicht der übermittelnden Stelle für die Beurteilung der Voraussetzungen der §§ 36 und 38 StBerG erforderlich sein.

Die Bestellung zum Steuerberater kann nur mit einer bestandenen Prüfung oder einer Befreiung von der Prüfung erfolgen. Über die Anträge auf Zulassung zur Prüfung bzw. auf Befreiung von der Prüfung entscheidet die zuständige Steuerberaterkammer. Die persönlichen Voraussetzungen für die Zulassung zur Prüfung ergeben sich aus § 36 StBerG, der bestimmte Aus- und Vorbildungen sowie eine mehrjährige praktische Tätigkeit voraussetzt. Wer von der Steuerberaterprüfung befreit werden kann, bestimmt § 38 StBerG. Diese Regelung betrifft Professoren, ehemalige Finanzrichter, ehemalige Beamte des höheren und des gehobenen Dienstes und vergleichbare Angestellte.

Zuständige Stelle, an die die Daten zu übermitteln sind, ist die jeweils zuständige Steuerberaterkammer.

2. Bestellung/Wiederbestellung/Rücknahme der Bestellung/Widerruf der Bestellung als Steuerberater oder Steuerbevollmächtigter

Nach § 10 Abs. 1 Nr. 2 StBerG hat eine Datenübermittlung zu erfolgen, sofern diese für die Bestellung (§ 40 StBerG), die Wiederbestellung (§ 48 StBerG), die Rücknahme oder den Widerruf (§ 46 StBerG) als Steuerberater oder Steuerbevollmächtigter erforderlich ist.

Für die Beurteilung der Erforderlichkeit sind insbesondere die jeweiligen Voraussetzungen zu betrachten. Die Bestellung als Steuerberater ist nach § 40 Abs. 2 und 3 StBerG u. a. zu versagen, wenn der Bewerber

- nicht in geordneten wirtschaftlichen Verhältnissen lebt,
- infolge strafgerichtlicher Verurteilung die Fähigkeit zur Bekleidung öffentlicher Ämter nicht besitzt,
- aus gesundheitlichen Gründen nicht nur vorübergehend unfähig ist, den Beruf des Steuerberaters ordnungsgemäß auszuüben,
- sich so verhalten hat, dass die Besorgnis begründet ist, er werde den Berufspflichten als Steuerberater nicht genügen, oder
- eine Tätigkeit ausübt, die mit dem Beruf des Steuerberaters oder Steuerbevollmächtigten unvereinbar ist.

Diese Versagungsgründe decken sich inhaltlich zum Teil mit den Widerrufsgründen nach § 46 Abs. 2 StBerG.

Als relevante Daten kommen beispielsweise in Betracht:

- Vermögensverfall,
- Ermittlungsverfahren wegen des Verdachts der Steuerhinterziehung, sofern die öffentliche Klage erhoben wird oder das Verfahren nach § 153 a StPO eingestellt wird,
- Sucht oder lang andauernde Erkrankung oder
- Verstoß gegen Pflichten eines Steuerberaters oder Steuerbevollmächtigten als Mitglied des Geschäftsführungs- oder Aufsichtsorgans einer Berufsausübungsgesellschaft durch sog. Strohmannverhältnisse.

Zuständige Stelle, an die die Daten zu übermitteln sind, ist die jeweils zuständige Steuerberaterkammer. Soweit ein Steuerberater oder Steuerbevollmächtigter gleichzeitig Rechtsanwalt, Notar, Patentanwalt, Wirtschaftsprüfer und/oder vereidigter Buchprüfer ist, sind die Daten aufgrund der in der Bundesrechtsanwaltsordnung, der Bundesnotarordnung, der Patentanwaltsordnung oder Wirtschaftsprüferordnung enthaltenen, dem § 10 StBerG vergleichbaren Vorschriften (vgl. dazu unter IV.) in der Regel auch an die für diese Berufe zuständige Berufskammer zu übermitteln.

3. Anerkennung/Rücknahme der Anerkennung/Widerruf der Anerkennung als Berufsausübungsgesellschaft oder als Lohnsteuerhilfeverein

Die Datenübermittlung nach § 10 Abs. 1 Nr. 3 StBerG bezieht sich auf Lohnsteuerhilfevereine und Berufsausübungsgesellschaften. Beiden ist gemeinsam, dass sie ein Anerkennungsverfahren durchlaufen müssen und die Anerkennung zurückgenommen oder widerrufen werden kann.

Die Daten müssen im Zusammenhang stehen mit der Anerkennung nach § 14 bzw. § 53 StBerG oder der Rücknahme oder dem Widerruf nach § 20 bzw. § 55 StBerG.

Als relevante Daten im Zusammenhang mit Lohnsteuerhilfevereinen kommen beispielsweise in Betracht:

- wiederholter Verstoß gegen § 4 Nr. 11 StBerG,
- Vermögensverfall (Eröffnung eines Insolvenzverfahrens gegen den Verein oder Eintragung des Vereins in das Schuldnerverzeichnis),
- Ausübung einer anderen wirtschaftlichen Tätigkeit in Verbindung mit der Hilfeleistung in Steuersachen (z. B. Mitwirkung bei der Vorfinanzierung von Steuererstattungsansprüchen),
- steuerliche Pflichtverletzungen des Lohnsteuerhilfevereins,
- Beratung/Erklärungsabgabe durch einen Verein/eine Beratungsstelle, ohne im Verzeichnis eingetragen zu sein (§ 14 Abs. 3, § 23 Abs. 6 StBerG),
- Zahlung von Honorar lt. Rechnung/Quittung in Zusammenhang mit Beratung (leistungsabhängige Mitgliedsbeiträge),
- fehlende Berufshaftpflichtversicherung (keine Versicherungsbeiträge in der Gewinnermittlung ersichtlich) oder

Anl 11

– Leitung von mehr als zwei Beratungsstellen durch den Beratungsstellenleiter (Einkünfte aus mehreren „Filialen" erklärt).

Im Zusammenhang mit Berufsausübungsgesellschaften kommen beispielsweise als relevante Daten in Betracht:

– Vermögensverfall der Berufsausübungsgesellschaft,
– Handlungen eines Mitglieds des Geschäftsführungs- oder Aufsichtsorgans der Berufsausübungsgesellschaft, die einen der Versagungstatbestände des § 40 Abs. 2 StBerG erfüllen (vgl. Ausführungen zu Nr. 2), oder
– Halten von Anteilen an einer Berufsausübungsgesellschaft für fremde Rechnung (§ 50 a Abs. 1 Nr. 2 StBerG).

Zuständige Stelle bezüglich Berufsausübungsgesellschaften ist die jeweils zuständige Steuerberaterkammer, bezüglich Lohnsteuerhilfevereinen die jeweils zuständige Aufsichtsbehörde (§ 27 StBerG).

4. Einleitung oder Durchführung eines berufsaufsichtlichen Verfahrens

§ 10 Abs. 1 Nr. 4 StBerG entspricht inhaltlich weitestgehend § 10 Abs. 1 StBerG und § 10 Abs. 2 Satz 1 Nr. 3 StBerG in seiner bisherigen Fassung. Der Terminus des „berufsaufsichtlichen Verfahrens" wurde im Sinne eines Gleichklangs mit § 92 Satz 1 Nr. 1, § 93 Abs. 2 Nr. 2 und § 110 StBerG und den entsprechenden Vorschriften in den anderen Berufsgesetzen verwendet, ohne dass damit eine inhaltliche Änderung zur bisherigen Formulierung verbunden ist. Die zu übermittelnden Daten können sich demnach weiterhin sowohl auf ein etwaiges Rügeverfahren (§§ 81 ff. StBerG) als auch auf ein mögliches berufsgerichtliches Verfahren (§§ 89 ff. StBerG) beziehen. Erweiternd sollen der zuständigen Stelle künftig auch solche Daten übermittelt werden, die für die Durchführung eines laufenden berufsaufsichtlichen Verfahrens von Bedeutung sein können.

Die Daten müssen grundsätzlich solche Tatsachen betreffen, die den Verdacht begründen, dass eine der in den §§ 3, 3 a, 3 d oder 4 Nr. 1 oder 2 StBerG genannte Person oder Gesellschaft eine Berufspflicht verletzt hat. Hierbei ist zu berücksichtigen, dass nicht jede berufliche Fehlleistung eine Berufspflichtverletzung darstellt. Vielmehr muss der konkrete Verdacht bestehen, dass der Berufsangehörige seine Berufspflichten schuldhaft verletzt hat. In der Regel ist das der Fall, wenn der Berufsangehörige unter Berücksichtigung der gebotenen Sorgfalt fahrlässig, leichtfertig oder gar vorsätzlich gehandelt hat. Der Verdacht muss so stark sein, dass er aus Sicht der übermittelnden Stelle die Einleitung eines Verfahrens durch die zuständige Stelle rechtfertigen würde. Eine darüber hinausgehende Sicherheit ist nicht erforderlich; insbesondere kann die Ermittlung weiteren Sachverhalts der zuständigen Stelle überlassen bleiben.

Ein außerhalb des Berufs liegendes Verhalten des Steuerberaters oder des Steuerbevollmächtigten kann nur dann eine berufsgerichtlich zu ahndende Pflichtverletzung darstellen, wenn es nach den Umständen des Einzelfalls in besonderem Maße geeignet ist, Achtung und Vertrauen in einer für die Ausübung der Berufstätigkeit oder für das Ansehen des Berufs bedeutsamen Weise zu beeinträchtigen.

Die Pflicht zur Unabhängigkeit kann z. B. durch wiederkehrende oder nicht beitreibbare Steuerrückstände, häufige Zwangsvollstreckungen, Vermögensverfall, die Eintragung ins Schuldnerverzeichnis (§ 284 Abs. 9 Satz 1 AO), den Erlass eines Haftbefehls zur Erzwingung einer solchen Maßnahme, bei wirtschaftlicher Beteiligung an Geschäften des Auftraggebers (z. B. Gesellschaftsbeteiligung, auch stille Gesellschaft, Darlehen), bei der Übernahme von Bürgschaften für Verpflichtungen des Auftraggebers oder bei Zusicherung wirtschaftlicher Vorteile, um Mandanten an sich zu binden, gefährdet sein.

Ein Verstoß gegen die Pflicht zur Gewissenhaftigkeit kann z. B. bei der Nichtanmeldung und Nichtabführung der Lohnsteuer für die Angestellten vorliegen. Dies stellt eine berufliche Verfehlung dar, die dem Ansehen des Berufsstandes schadet. Entsprechendes gilt für Verfehlungen in eigenen Steuerangelegenheiten (z. B. Steuerrückstände, Steuerhinterziehung oder Nichtabgabe von Steuererklärungen).

Sofern die übermittelnde Behörde eine Finanzbehörde ist, müssen sich die den Verdacht begründenden Tatsachen oder Umstände aus Feststellungen der Finanzbehörde im Besteuerungsverfahren oder sonstigen in ihre Zuständigkeit fallende Angelegenheiten ergeben.

Es ist nicht Aufgabe der Finanzbehörde, aufgrund von Anzeigen und Beschwerden von Steuerpflichtigen und anderen Berufsangehörigen tätig zu werden. Vielmehr sind diese an die zuständige Berufskammer zu verweisen.

Die Berufspflichten sind in den jeweiligen Berufsgesetzen und den ggf. hierzu ergangenen Berufsordnungen geregelt.

Zu den wesentlichen Berufspflichten gehören:

a) Steuerberater, Steuerbevollmächtigte (§§ 57 bis 69 StBerG, § 86 Abs. 2 Nr. 2 StBerG in Verbindung mit der Berufsordnung der Bundessteuerberaterkammer, BOStB):
   – Pflicht zur Unabhängigkeit (§ 57 Abs. 1 StBerG, § 2 BOStB)
   – Pflicht zur Eigenverantwortlichkeit (§ 57 Abs. 1, § 60 StBerG, § 3 BOStB)
   – Pflicht zur Gewissenhaftigkeit (§ 57 Abs. 1 StBerG, § 4 BOStB)
   – Pflicht zur Verschwiegenheit (§ 57 Abs. 1 StBerG, § 5 BOStB)
   – Verbot von Interessenkollisionen (§ 57 Abs. 1 a und 1 b StBerG, § 6 BOStB)
   – Pflicht zur Sachlichkeit (§ 7 BOStB)
   – Verzicht auf berufswidrige Werbung (§ 57 Abs. 1, § 57 a StBerG, § 9 BOStB)
   – Pflicht zur Wahrung des Ansehens des Berufs (§ 57 Abs. 2 StBerG)
   – Pflicht zur Wahrung fremder Vermögensinteressen (§ 86 Abs. 4 Nr. 8 StBerG, § 8 BOStB)
   – Pflicht zur Fortbildung (§ 57 Abs. 2 a StBerG)
   – Verbot einer gewerblichen Tätigkeit (außer bei Ausnahmegenehmigung der zuständigen Steuerberaterkammer) oder einer Tätigkeit als Arbeitnehmer mit Ausnahme der Fälle des § 57 Abs. 3 Nr. 4 sowie der §§ 58 und 59 StBerG (§ 57 Abs. 4 StBerG, § 16 BOStB)
   – Pflicht zur unverzüglichen Mitteilung der Ablehnung eines Auftrags (§ 63 StBerG)

Anl 11

- Pflicht zur Aufbewahrung der Handakten bzw. zur Herausgabe bei Beendigung des Auftrags (§ 66 StBerG, § 13 Abs. 4 BOStB)
- Pflicht zum Abschluss einer Berufshaftpflichtversicherung (§ 67 StBerG)
- Pflicht zur Bestellung eines allgemeinen Vertreters bei Verhinderung der Berufsausübung (§ 69 StBerG)
- Pflicht zur Begründung und Unterhaltung einer beruflichen Niederlassung, mit Ausnahme der Personenkreise der §§ 3 a und 3 d StBerG (§ 34 StBerG)

Personen i. S. d. § 3 a oder § 3 d StBerG unterliegen bei ihrer Tätigkeit im Inland denselben Berufsregeln wie Steuerberater und Steuerbevollmächtigte.

b) Berufsausübungsgesellschaften im Sinne des Steuerberatungsgesetzes:
- Berufspflichten bei beruflicher Zusammenarbeit (§ 51 StBerG)
- Berufspflichten der Berufsausübungsgesellschaft (§ 52 StBerG)
- Pflicht zur beruflichen Niederlassung (§ 55 e StBerG)
- Pflicht zum Abschluss einer Berufshaftpflichtversicherung (§ 55 f StBerG)
- Verbot von Interessenkollisionen (§ 57 Abs. 1 c StBerG)

c) Rechtsanwälte (§§ 43 bis 59 der Bundesrechtsanwaltsordnung (BRAO)); § 59 b BRAO in Verbindung mit der Berufsordnung für Rechtsanwälte (BORA):
- Pflicht zur gewissenhaften Berufsausübung und zum würdigen Auftreten innerhalb und außerhalb des Berufes (§ 43 BRAO)
- Pflicht zur Unabhängigkeit (§ 43 a Abs. 1 BRAO)
- Pflicht zur Verschwiegenheit (§ 43 a Abs. 2 BRAO, § 2 BORA)
- Tätigkeitsverbot bei widerstreitenden Interessen (§ 43 a Abs. 4 bis 6 BRAO, § 3 BORA)
- Pflicht zur Wahrung fremder Vermögensinteressen (§ 43 a Abs. 7 BRAO)
- Pflicht zur unverzüglichen Zurückweisung eines Mandats, welches der Rechtsanwalt nicht übernehmen möchte (§ 44 BRAO)
- Tätigkeitsverbote bei nichtanwaltlicher Vorbefassung (§ 45 BRAO)
- Pflicht zur Führung von Handakten (§ 50 Abs. 1 BRAO)
- Pflicht zum Abschluss einer Berufshaftpflichtversicherung (§ 51 Abs. 1 und 4 BRAO)
- Pflicht, für eine Vertretung zu sorgen, wenn der Rechtsanwalt länger als eine Woche daran gehindert ist, seinen Beruf auszuüben oder sich länger als zwei Wochen von seiner Kanzlei entfernen will (§ 53 Abs. 1 BRAO)
- Pflicht, den Mandanten über alle für den Fortgang der Sache wesentlichen Vorgänge und Maßnahmen, insbesondere über alle wesentlichen erhaltenen oder versandten Schriftstücke, unverzüglich zu unterrichten (§ 11 BORA)

d) Berufsausübungsgesellschaften im Sinne der Bundesrechtsanwaltsordnung:
- Berufspflichten bei beruflicher Zusammenarbeit (§ 59 d BRAO)
- Berufspflichten der Berufsausübungsgesellschaft (§ 59 e BRAO)
- Pflicht zur Unterhaltung einer Kanzlei (§ 59 m BRAO)
- Pflicht, eine Berufshaftpflichtversicherung abzuschließen und während der Dauer seiner Zulassung aufrechtzuerhalten (§§ 59 n, 59 o BRAO)
- Tätigkeitsverbot bei widerstreitenden Interessen (§ 43 a Abs. 4 Satz 2 BRAO)
- Pflichten für ausländische Berufsausübungsgesellschaften (§ 207 a BRAO)

e) Wirtschaftsprüfer und vereidigte Buchprüfer (§§ 43 bis 55 a, 130 Wirtschaftsprüferordnung (WPO); § 57 Abs. 3 und 4 WPO in Verbindung mit der Berufssatzung der Wirtschaftsprüferkammer über die Rechte und Pflichten bei der Ausübung der Berufe des Wirtschaftsprüfers und des vereidigten Buchprüfers):
- Pflicht zur Unabhängigkeit (§ 43 Abs. 1 Satz 1 WPO, § 2 der Berufssatzung)
- Pflicht zur Gewissenhaftigkeit (§ 43 Abs. 1 Satz 1 WPO, § 4 der Berufssatzung)
- Pflicht zur Verschwiegenheit (§ 43 Abs. 1 Satz 1 WPO, § 10 der Berufssatzung)
- Pflicht zur Eigenverantwortlichkeit (§ 43 Abs. 1 Satz 1 WPO, § 12 der Berufssatzung)
- Pflicht zur Wahrung des Ansehens des Berufs (§ 43 Abs. 2 Satz 1 und 3 WPO, § 1 Abs. 1 Satz 3 der Berufssatzung)
- Pflicht zum Abschluss einer Berufshaftpflichtversicherung (§ 54 WPO, § 23 der Berufssatzung)
- Tätigkeitsverbot bei widerstreitenden Interessen (§ 53 WPO, § 3 der Berufssatzung)
- Pflicht zur Unparteilichkeit und Unbefangenheit (§ 43 Abs. 1 Satz 2 WPO, §§ 28, 29 der Berufssatzung)
- Pflicht zur Wahrung fremder Vermögensinteressen (§ 57 Abs. 4 Nr. 1 Buchst. g WPO, § 9 der Berufssatzung)

Die Berufspflichten gelten sinngemäß für Vorstandsmitglieder, Geschäftsführer und persönlich haftende Gesellschafter von Wirtschaftsprüfungs- und Buchprüfungsgesellschaften, die nicht Wirtschaftsprüfer oder vereidigte Buchprüfer sind (§ 56 Abs. 1, §§ 71, 130 WPO).

f) Notare (§§ 14 bis 19, 25 bis 32 der Bundesnotarordnung (BNotO))
- Pflicht zur Unabhängigkeit und Unparteilichkeit (§ 14 Abs. 1 Satz 2 BNotO)
- Pflicht, sich durch sein Verhalten innerhalb und außerhalb seines Amts der Achtung und des Vertrauens, die dem Notaramt entgegengebracht werden, würdig zu zeigen (§ 14 Abs. 3 BNotO)
- Verschwiegenheitspflicht (§ 18 Abs. 1 BNotO)
- Pflicht zur Wahrung fremder Vermögensinteressen (§ 67 Abs. 2 Nr. 3 BNotO)
- Pflicht zum Abschluss einer Berufshaftpflichtversicherung (§ 19 a Abs. 1 BNotO)
- Prüfungs- und Belehrungspflichten (§§ 17 bis 21 BeurkG)
- Anzeigepflicht gegenüber dem Finanzamt (§ 18 GrEStG, § 34 Abs. 1 und 2 Nr. 2 und 3 ErbStG)

g) Patentanwälte (§§ 39 bis 52 der Patentanwaltsordnung (PAO); § 52 b PAO in Verbindung mit der Berufsordnung der Patentanwälte)

Anl 11

– Pflicht zur gewissenhaften Berufsausübung und zum würdigen Auftreten innerhalb und außerhalb des Berufs (§ 39 PAO)
– Pflicht zur Unabhängigkeit (§ 39 a Abs. 1 PAO, § 1 der Berufsordnung)
– Pflicht zur Verschwiegenheit (§ 39 a Abs. 2 PAO, § 4 der Berufsordnung)
– Pflicht zur Sachlichkeit (§ 39 a Abs. 3 PAO)
– Tätigkeitsverbot bei widerstreitenden Interessen (§ 39 a Abs. 4 PAO, § 5 der Berufsordnung)
– Pflicht zur Wahrung fremder Vermögensinteressen (§ 39 a Abs. 5 PAO)
– Pflicht zur unverzüglichen Mitteilung bei Ablehnung eines Auftrags (§ 40 PAO)
– Pflicht zum Führen von Handakten (§ 44 PAO, § 12 der Berufsordnung)
– Pflicht zum Abschluss und zur Aufrechterhaltung einer Berufshaftpflichtversicherung (§ 45 PAO)
– Pflicht zur Bestellung eines allgemeinen Vertreters bei Verhinderung der Berufsausübung (§ 46 PAO)

h) Berufsausübungsgesellschaften im Sinne der Patentanwaltsordnung:
– Berufspflichten bei beruflicher Zusammenarbeit (§ 52 d PAO)
– Berufspflichten der Berufsausübungsgesellschaft (§ 52 e PAO)
– Pflicht zur Unterhaltung einer Kanzlei (§ 52 l PAO)
– Pflicht, eine Berufshaftpflichtversicherung abzuschließen und während der Dauer seiner Zulassung aufrechtzuerhalten (§ 52 m, 52 n PAO)
– Tätigkeitsverbot bei widerstreitenden Interessen (§ 41 Abs. 2 PAO)
– Pflichten für ausländische Berufsausübungsgesellschaften (§ 159 PAO)

Zuständige Stelle:

Die den Verdacht einer Berufspflichtverletzung begründenden Tatsachen sind der zuständigen Stelle mitzuteilen. Das sind zum einen die Berufskammern, zum anderen die für das berufsgerichtliche Verfahren oder das Disziplinarverfahren zuständigen Stellen. Grundsätzlich ist die Mitteilung an die zuständige Berufskammer zu richten, damit diese prüfen kann, ob zunächst eine außergerichtliche Maßnahme ausreichend ist oder ob die Einleitung eines berufsgerichtlichen Verfahrens wegen schwerwiegender oder weiterer ihr bekannt gewordener Pflichtverletzungen durch die Staatsanwaltschaft beim Oberlandesgericht angezeigt ist. Ist erkennbar, dass bereits ein berufsgerichtliches Verfahren oder ein Disziplinarverfahren bei der hierfür zuständigen Stelle anhängig ist, so erfolgt die Mitteilung unmittelbar auch dieser gegenüber.

Vor Erlass eines Bußgeldbescheides wegen einer begangenen Steuerordnungswidrigkeit und vor Erlass eines Haftungsbescheids nach § 69 AO gegen eine Person oder Gesellschaft i. S. d. §§ 3, 3 a, 3 d, 4 Nr. 1 oder 2 StBerG ist die zuständige Berufskammer nach § 411 bzw. § 191 Abs. 2 AO zu hören, auch wenn ihr die zugrundeliegende Pflichtverletzung bereits nach § 10 Abs. 1 Nr. 4 StBerG von der Finanzbehörde mitgeteilt wurde.

Zuständige Stellen sind
– die Steuerberaterkammer, in deren Bezirk der Berufsangehörige seine berufliche Niederlassung bzw. die Berufsausübungsgesellschaft ihren Sitz hat (§ 74 StBerG), bzw. die für Personen nach den §§ 3 a und 3 d StBerG zuständige Steuerberaterkammer i. S. d. §§ 3 a Abs. 2 Satz 2 und 3 d Abs. 2 StBerG,
– die Rechtsanwaltskammer, in deren Bezirk der Rechtsanwalt oder die Berufsausübungsgesellschaft zugelassen ist (§ 60 BRAO),
– die Wirtschaftsprüferkammer (§ 58 WPO),
– bei Notaren die Aufsichtsbehörde (§ 92 BNotO, in der Regel das Landgericht) und die Notarkammer (§ 65 BNotO), in deren Bezirk der Notar jeweils bestellt ist, und
– die Patentanwaltskammer (§ 53 PAO).

5. Überprüfung der Voraussetzungen für die Bestellung eines Beratungsstellenleiters i. S. d. § 23 Abs. 3 StBerG

Nach § 10 Abs. 1 Nr. 5 StBerG hat eine Datenübermittlung zu erfolgen, sofern diese für die Überprüfung der Voraussetzungen nach § 23 Abs. 3 StBerG erforderlich ist. Neben der fachlichen Qualifikation und der praktischen Berufserfahrung verlangt § 23 Abs. 3 Satz 2 StBerG auch die persönliche Integrität des Beratungsstellenleiters. Zum Leiter einer Beratungsstelle darf demnach nicht bestellt werden, wer sich so verhalten hat, dass die Besorgnis begründet ist, er werde die Pflichten des Lohnsteuerhilfevereins nicht erfüllen.

Als relevante Daten kommen beispielsweise in Betracht:
– Vermögensverfall (bestehende Steuerschulden, Vollstreckungsmaßnahmen, Eröffnung eines Insolvenzverfahrens oder Eintragung in das Schuldnerverzeichnis),
– Steuerhinterziehung zu Gunsten eines Vereinsmitglieds oder zu eigenen Gunsten,
– andere gewerbliche Tätigkeiten des Beratungsstellenleiters in personellem, räumlichem oder organisatorischem Zusammenhang mit der Tätigkeit für den Lohnsteuerhilfeverein,
– Verstöße gegen berufsrechtliche Pflichten,
– Verstöße gegen die Beratungsbefugnis nach § 4 Nr. 11 StBerG,
– bekannt gewordene Verurteilungen wegen Straftaten, die bei oder im Zusammenhang mit der Ausübung eines Gewerbes etc. begangen worden sind,
– Erteilung eines Berufsverbots,
– wiederholt verspätete Zahlungen oder
– verspätete oder fehlende Erklärungsabgaben, Dauerschätzungen.

Zuständige Stelle ist die jeweils zuständige Aufsichtsbehörde (§ 27 StBerG).

6. Untersagung nach § 3 f StBerG

Unter den Voraussetzungen des § 3 d StBerG kann die zuständige Steuerberaterkammer eine Person partiell zulassen, d. h., dieser Person wird die Erlaubnis zu beschränkter geschäftsmäßiger Hilfeleistung in Steuersachen (partieller Zugang) erteilt. Sofern ein Untersagungsgrund nach § 3f StBerG vorliegt, kann die zuständige Steuerberaterkammer die weitere beschränkte geschäftsmäßige Hilfeleistung in Steuersachen einer partiell zugelassenen Person untersagen.

Zu den Untersagungsgründen nach § 3f StBerG gehören:

- Der partiell zugelassenen Person wird die Ausübung der Tätigkeit im Herkunftsmitgliedstaat untersagt (§ 3f Nr. 1 StBerG).
- Die partiell zugelassene Person verfügt nicht über die erforderlichen deutschen Sprachkenntnisse, die zur Ausführung der beschränkten geschäftsmäßigen Hilfeleistungen in Steuersachen erforderlich sind (§ 3f Nr. 2 StBerG).
- Die partiell zugelassene Person führt entgegen ihrer Pflicht nach § 3e Abs. 1 Satz 2 StBerG wiederholt eine unrichtige Berufsbezeichnung (§ 3f Nr. 3 StBerG).
- Die partiell zugelassene Person überschreitet die Befugnis zu beschränkter geschäftsmäßiger Hilfeleistung in Steuersachen nach § 3e Abs. 1 Satz 1 StBerG (§ 3f Nr. 4 StBerG).
- Die partiell zugelassene Person verstößt wiederholt gegen die Pflicht, u. a. den Auftraggeber über den Umfang des Tätigkeitsbereichs vor Leistungsbeginn zu informieren. Untersagungsgründe sind auch Pflichtverstöße gegen die Berufspflichten, die sich aus dem Dritten Abschnitt des Zweiten Teils des StBerG ergeben (§ 3f Nr. 5 StBerG).

Daten, die im Zusammenhang mit den Untersagungsgründen nach § 3f StBerG stehen, sind nach § 10 Abs. 1 Nr. 6 StBerG der zuständigen Stelle zu übermitteln. Zuständige Stelle ist die Steuerberaterkammer, die die Erlaubnis zum partiellen Zugang erteilt hat (vgl. § 3d Abs. 2 i. V. m. § 3a Abs. 2 StBerG).

III. Unterbleiben einer Übermittlung von Daten nach § 10 Abs. 2 StBerG 70

Die Regelung des § 10 Abs. 2 StBerG entspricht inhaltlich § 10 Abs. 2 Satz 2 StBerG in seiner alten Fassung.

Eine Übermittlung der Daten hat nach § 10 Abs. 2 Satz 1 Nr. 1 StBerG zu unterbleiben, soweit die Übermittlung schutzwürdige Interessen einer betroffenen Person beeinträchtigen würde und das Informationsinteresse des Empfängers das Interesse der betroffenen Person an dem Unterbleiben der Übermittlung nicht überwiegt. Unter schutzwürdigen Interessen sind insbesondere die Intim- und Privatsphäre zu verstehen. Erforderlich ist aber stets eine einzelfallbezogene Abwägung. Je erheblicher die Maßnahme der zuständigen Stelle sein wird, desto eher wird das Informationsinteresse des Empfängers das Interesse der betroffenen Person überwiegen.

Ein weiterer Hinderungsgrund für die Übermittlung von Daten liegt nach § 10 Abs. 2 Satz 1 Nr. 2 StBerG vor, soweit besondere gesetzliche Verwendungsregelungen entgegenstehen (z. B. Berufs- oder Amtsgeheimnisse). Nach § 10 Abs. 2 Satz 2 StBerG sind hiervon allerdings ausdrücklich ausgenommen:

- die Verschwiegenheitspflichten der für eine Berufskammer eines freien Berufs im Geltungsbereich des Steuerberatungsgesetzes tätigen Personen sowie
- das Steuergeheimnis nach § 30 AO.

Bei Akteneinsicht ist zu beachten, dass nur die die Berufspflichtverletzung betreffenden Vorgänge eingesehen werden dürfen.

IV. Datenübermittlungen aufgrund anderer Rechtsvorschriften 71

Eine Verpflichtung zur Übermittlung von Daten kann sich auch aus folgenden Vorschriften ergeben:

- § 36 BRAO (Ermittlung des Sachverhalts und Übermittlung von Daten)
- §§ 36a, 130 WPO (Untersuchungsgrundsatz, Mitwirkungspflicht, Datenübermittlung)
- § 64d BNotO (Übermittlung von Daten)
- § 34 PAO (Ermittlung des Sachverhalts und Übermittlung von Daten)

Das Steuergeheimnis nach § 30 AO steht einer Übermittlung von Daten nach den vorgenannten Vorschriften nicht entgegen (§ 30 Abs. 4 Nr. 2 AO).

Diese Erlasse treten mit Inkrafttreten des neugefassten § 10 StBerG am 1. August 2022 (vgl. Art. 4 Nr. 7 i. V. m. Art. 36 Abs. 1 des Gesetzes zur Neuregelung des Berufsrechts der anwaltlichen und steuerberatenden Berufsausübungsgesellschaften sowie zur Änderung weiterer Vorschriften im Bereich der rechtsberatenden Berufe vom 7. Juli 2021, BGBl. I S. 2363) an die Stelle der Erlasse der obersten Finanzbehörden der Länder zu Mitteilungen der Finanzbehörden über Pflichtverletzungen und andere Informationen gemäß § 10 StBerG vom 22. Juli 2014 (BStBl. I S. 1195).

12) Verfügung betr. Aussagen von Bediensteten der Finanzverwaltung vor Gericht; Wahrung des Steuergeheimnisses

Anl 12

Vom 29. Juli 2019 (BeckVerw 455789)

(Landesamt für Steuern Niedersachsen S 0130–305-St 142)

1. Aussagegenehmigung

1.1. Aussagegenehmigungen für Bedienstete der Finanzverwaltung

Bedienstete der Finanzverwaltung (Beamte/Tarifbeschäftigte) bedürfen für Aussagen vor den Gerichten über Angelegenheiten, die ihnen bei ihrer amtlichen/dienstlichen Tätigkeit bekannt geworden sind, der Genehmigung des Dienstvorgesetzten (Beamte gem. § 37 BeamtStG, Tarifbeschäftigte gem. § 3 TV-L). Ein Muster einer Aussagegenehmigung ist unter Tz. 4 dargestellt. Weitere Einzelheiten zur Aussagegenehmigung sind in der Personalkartei P 10–12 Karte 1 enthalten. 72

Anl 12

1.2. Aussagegenehmigungen für Steuerfahnderinnen und Steuerfahnder

Die AO-Kartei zu § 30 AO Karte 15 A[1] enthält eine generelle Aussagegenehmigung für Steuerfahnderinnen und Steuerfahnder und weitere Ausführungen hierzu.

2. Amtsgeheimnis/Amtsverschwiegenheit

73 Die Erteilung der Aussagegenehmigung durch den Dienstvorgesetzten befreit nur von der Pflicht zur Wahrung der Amtsverschwiegenheit.

3. Steuergeheimnis

74 Die Aussagegenehmigung entbindet den Bediensteten nicht von der Pflicht zur Wahrung des Steuergeheimnisses, weil das gesetzliche Gebot des § 30 AO für den Dienstvorgesetzten oder eine vorgesetzte Dienstbehörde nicht disponibel ist. Trotz erteilter Aussagegenehmigung ist deshalb jeweils nach Lage des einzelnen Falles zu prüfen, ob durch das Steuergeheimnis geschützte Kenntnisse im Hinblick auf § 30 Abs. 4 und 5 AO offenbart werden dürfen.

3.1. Aussagen als Zeuge

Die Offenbarungsbefugnisse gem. § 30 Absätze 4 und 5 AO richten sich nach der Art des gerichtlichen Verfahrens.

3.1.1. Finanzgerichtliches Verfahren

Im finanzgerichtlichen Verfahren ergibt sich die Offenbarungsbefugnis aus § 30 Abs. 4 Nr. 1 AO.[2] Die Offenbarung dient steuerlichen Zwecken. Die Verhältnisse des Steuerpflichtigen und die Verhältnisse Dritter dürfen jedoch nur offenbart werden, wenn und soweit sie unmittelbare Bedeutung für die Entscheidung der Streitsache haben.

Beispiele:

– Warenbezug, Leistungsaustausch:
Die Verhältnisse der Vertragspartner dürfen offenbart werden, wenn und soweit sie Streitgegenstand sind.
– Äußerer Betriebsvergleich für Zwecke der Nachkalkulation:
Es darf nicht offenbart werden, wessen Verhältnisse den Vergleichswerten zugrunde liegen.

3.1.2. Strafverfahren/Bußgeldverfahren wegen einer Steuerstraftat oder Steuerordnungswidrigkeit

Im Strafverfahren/Bußgeldverfahren wegen einer Steuerstraftat oder Steuerordnungswidrigkeit ist die Offenbarung vornehmlich nach § 30 Abs. 4 Nr. 1 AO zulässig, soweit sie der Durchführung dieses Verfahrens, d.h. der Verfolgung einer Steuerstraftat oder einer Steuerordnungswidrigkeit, dient.[2] Dies gilt auch bezüglich allgemeiner Straftaten, wenn sie mit der Steuerstraftat untrennbar verknüpft sind und damit einen einheitlichen Lebensvorgang darstellen.

Beispiel:

– Steuerhinterziehung durch Urkundenfälschung oder Falschaussage unter Eid.

3.1.2.2. Verhältnisse anderer Personen als der Beschuldigten

Über die Verhältnisse anderer Personen als der Beschuldigten darf im Strafverfahren/Bußgeldverfahren wegen einer Steuerstraftat oder Steuerordnungswidrigkeit ausgesagt werden, wenn und soweit diese Verhältnisse mit der Tat, die Gegenstand des Verfahrens ist, zusammenhängen:

Beispiel:

– Aussage über die Vorteile eines Dritten, zu dessen Gunsten der Beschuldigte die Steuerstraftat/-ordnungswidrigkeit begangen hat; Mittäterschaft.

3.1.2.3. Zweifel an einer Offenbarungsbefugnis

Bei Fragen des Richters, des Staatsanwalts oder des Verteidigers des Beschuldigten im Strafverfahren/Bußgeldverfahren wegen einer Steuerstraftat oder Steuerordnungswidrigkeit kann nicht pauschal davon ausgegangen werden, dass die Beantwortung der Durchführung des Verfahrens dient. Hat der Bedienstete Zweifel an einer Offenbarungsbefugnis, so ist er berechtigt – und verpflichtet –, zu den entsprechenden Fragen keine Aussage zu machen. Dem Gericht ist zu erklären, dass das Steuergeheimnis die Aussage verbietet. Dies gilt insbesondere bei Fragen von Prozessbeteiligten, die mit dem Gegenstand des Verfahrens offensichtlich nichts zu tun haben.

Beispiel:

– Frage nach einer Unterhaltsverpflichtung des Beschuldigten in einer Umsatzsteuersache (nicht beantworten)

3.1.3. Allgemeine Strafverfahren wegen einer nichtsteuerlichen Straftat

Im allgemeinen Strafverfahren wegen einer nichtsteuerlichen Straftat sind – sofern der Beschuldigte nicht zustimmt – Zeugenaussagen nur unter den Voraussetzungen des § 30 Abs. 4 Nr. 4 und 5[3] sowie Abs. 5 AO zulässig. Die in der Strafprozessordnung begründeten Auskunftsansprüche der Strafverfolgungsbehörden treten hinter § 30 AO zurück.

Dieser Grundsatz gilt auch, wenn die allgemeine Straftat in Tatmehrheit mit einer Steuerstraftat begangen worden ist:

---

[1] **[Amtl. Anm.:]** Inhaltsgleich mit SteuerStr-Kartei (AStBV) Karte 3.7.1.
[2] **[Amtl. Anm.:]** AEAO zu § 30 Nr. 4.
[3] **[Amtl. Anm.:]** AEAO zu § 30 Nr. 7 und 8.

Beispiel:

– Erkenntnisse über Diebstahl, die mit der Steuerstraftat nicht in Zusammenhang stehen (nicht beantworten)

3.1.4. Zivilgerichtliche Verfahren

3.1.4.1. Grundsatz

Im zivilgerichtlichen Verfahren steht das Steuergeheimnis einer Aussage grundsätzlich entgegen, es sei denn, der Betroffene hat durch Erklärung gegenüber dem Finanzamt oder vor Gericht (Protokollierung vor einer Aussage des Bediensteten) der Offenbarung zugestimmt.

Beispiel:

– Aussage in einem Rechtsstreit Steuerpflichtiger ./. Steuerberater über Inhalt und Qualität von Schriftsätzen des Steuerberaters:
Die Verhältnisse des Steuerberaters und die des Steuerpflichtigen sind jeweils die eines „anderen" i. S. d. § 30 Abs. 2 Nr. 1 AO. Daher müssen beide ihre Zustimmung zur Offenbarung erteilen. Die Protokollierung dieser Zustimmungen muss vor einer Aussage der Bediensteten erfolgen.

3.1.4.2. Amtshaftungsprozesse

In Amtshaftungsprozessen (zivilrechtliche Verfahren gegen das Land Niedersachsen) wegen steuerlicher Falschbehandlung trägt der Kläger die Darlegungs- und Beweislast. Infolgedessen stimmt er konkludent einer Offenbarung seiner streitbefangenen Angelegenheit/Verhältnisse zu, soweit dies zur Aufklärung seiner vermeintlichen Ansprüche erforderlich ist (§ 30 Abs. 4 Nr. 3 AO); steuerliche Verhältnisse Dritter sind davon nicht erfasst.

3.2. Aussagen als Sachverständiger

Die vorstehend unter Ziffer 2.1 dargelegten Grundsätze für Aussagen von Bediensteten als Zeugen gelten für Aussagen als Sachverständige entsprechend.

3.3. Aussagen als Beschuldigter

Wird ein Bediensteter einer Straftat im Amt oder einer anderen strafbaren Handlung bei Ausübung seiner dienstlichen Tätigkeit beschuldigt, so kann er Verhältnisse eines anderen auch ohne dessen Zustimmung offenbaren, soweit sich diese unmittelbar auf den Gegenstand oder die Anklage beziehen und die Offenbarung zu seiner Verteidigung unbedingt erforderlich ist. Die Befugnis hierzu kann sich in der Regel nur aus § 30 Abs. 4 Nr. 5 AO ergeben, wenn die Aussage im Hinblick auf die Aufklärung dienstlicher Verfehlungen und das Recht des Bediensteten auf Verteidigung im zwingenden öffentlichen Interesse liegt. Dies kann jedenfalls dann angenommen werden, wenn es sich bei der ihm vorgeworfenen strafbaren Handlung um eine schwerwiegende Straftat handelt, also zumindest um eine der Taten von erheblichem Gewicht, wie sie im 30. Abschnitt des Strafgesetzbuches als „Straftaten im Amt" zusammengefasst sind.[1]

Bei dem strafrechtlichen Verfahren gegen einen Bediensteten handelt es sich um ein eigenständiges Verfahren, das in der Regel nicht der Durchführung eines steuerlichen Verfahrens i. S. d. § 30 Abs. 4 Nr. 1 AO dient. Lediglich wenn Anhaltspunkte für eine Steuerverkürzung oder andere Verletzung steuerlicher Pflichten durch den Steuerpflichtigen – nicht den Bediensteten – bestehen, lässt sich die Offenbarungsbefugnis auf § 30 Abs. 4 Nr. 1 AO stützen. Aber selbst dann tritt § 30 Abs. 4 Nr. 1 AO lediglich neben § 30 Abs. 4 Nr. 5 AO (zwingendes öffentliches Interesse), weil Grund der Offenbarungsbefugnis in erster Linie die Wahrung der Grundrechte des Bediensteten ist.

4. Muster Aussagegenehmigung

Entbindung von der Verschwiegenheitspflicht nach § 37 Abs. 3 Beamtenstatusgesetz in der <Strafsache/Finanzgerichtssache/etc> gegen <Name/Name>
Ladung des <Name des Gerichts>
(Geschäftszeichen <Geschäftszeichen>)

Sehr geehrte<r> <Frau/Herr>,

ich erteile Ihnen hiermit gem. § 37 Abs. 2 und 3 des Gesetzes zur Regelung des Statusrechts der Beamtinnen und Beamten in den Ländern – Beamtenstatusgesetz – (BeamtStG, Fassung vom 17. Juni 2008, gültig ab 1. April 2009) die Genehmigung, in der <Strafsache/Finanzgerichtssache/etc.> gegen <Name/Name> als Zeuge<in> auszusagen. 75

Diese Genehmigung befreit Sie nur von der Pflicht zur Wahrung der Amtsverschwiegenheit. Sie erstreckt sich nicht auf Fragen, durch deren Beantwortung das Steuergeheimnis (§ 30 AO) verletzt würde.

Mit freundlichen Grüßen

AO-Kartei ND:

Dieses Karteiblatt ersetzt das bisherige Karteiblatt zu § 30 AO Karte 15 (Kontrollnummer 1776).

---

[1] **[Amtl. Anm.:]** Vgl. OLG Hamm, Urteil vom 22. Oktober 2007, NStZ 2009 S. 162 ff.

AO

§ 31 Mitteilung von Besteuerungsgrundlagen

1 **(1)[1] ① Die Finanzbehörden sind verpflichtet, Besteuerungsgrundlagen, Steuermessbeträge und Steuerbeträge an Körperschaften des öffentlichen Rechts einschließlich der Religionsgemeinschaften, die Körperschaften des öffentlichen Rechts sind, zur Festsetzung von solchen Abgaben mitzuteilen, die an diese Besteuerungsgrundlagen, Steuermessbeträge oder Steuerbeträge anknüpfen. ② Die Mitteilungspflicht besteht nicht, soweit deren Erfüllung mit einem unverhältnismäßigen Aufwand verbunden wäre. ③ Die Finanzbehörden dürfen Körperschaften des öffentlichen Rechts auf Ersuchen Namen und Anschriften ihrer Mitglieder, die dem Grunde nach zur Entrichtung von Abgaben im Sinne des Satzes 1 verpflichtet sind, sowie die von der Finanzbehörde für die Körperschaft festgesetzten Abgaben übermitteln, soweit die Kenntnis dieser Daten zur Erfüllung von in der Zuständigkeit der Körperschaft liegenden öffentlichen Aufgaben erforderlich ist und überwiegende schutzwürdige Interessen der betroffenen Person nicht entgegenstehen.**

2 **(2) ① Die Finanzbehörden sind verpflichtet, die nach § 30 Absatz 2 Nummer 1 geschützten personenbezogenen Daten der betroffenen Person den Trägern der gesetzlichen Sozialversicherung, der Bundesagentur für Arbeit und der Künstlersozialkasse mitzuteilen, soweit die Kenntnis dieser Daten für die Feststellung der Versicherungspflicht oder die Festsetzung von Beiträgen einschließlich der Künstlersozialabgabe erforderlich ist oder die betroffene Person einen Antrag auf Mitteilung stellt. ② Die Mitteilungspflicht besteht nicht, soweit deren Erfüllung mit einem unverhältnismäßigen Aufwand verbunden wäre.**

3 **(3) Die für die Verwaltung der Grundsteuer zuständigen Behörden sind berechtigt, die nach § 30 geschützten Namen und Anschriften von Grundstückseigentümern, die bei der Verwaltung der Grundsteuer bekannt geworden sind, zur Verwaltung anderer Abgaben sowie zur Erfüllung sonstiger öffentlicher Aufgaben zu verwenden oder den hierfür zuständigen Gerichten, Behörden oder juristischen Personen des öffentlichen Rechts auf Ersuchen mitzuteilen, soweit nicht überwiegende schutzwürdige Interessen der betroffenen Person entgegenstehen.**

AEAO

Zu § 31 – Mitteilung von Besteuerungsgrundlagen:

4 **1.** Die Finanzbehörden sind nach § 31 Abs. 2 AO zur Offenbarung gegenüber der Bundesagentur für Arbeit, der Künstlersozialkasse und den Trägern der gesetzlichen Sozialversicherung nur verpflichtet, soweit die Angaben für die Feststellung der Versicherungspflicht oder die Festsetzung von Beiträgen benötigt werden. Erfolgt die Mitteilung auf Anfrage, haben die Träger der Sozialversicherung, die Bundesagentur für Arbeit und die Künstlersozialkasse dies in der Anfrage zu versichern.

5 **2.** Sozialleistungsträger i. S. d. § 31 Abs. 2 AO sind gem. § 12 SGB I die in §§ 18 bis 29 SGB I genannten Körperschaften, Anstalten und Behörden, die entsprechende Dienst-, Sach- und Geldleistungen gewähren. Hierzu gehören z. B. neben den Agenturen für Arbeit und den sonstigen Dienststellen der Bundesagentur für Arbeit die gesetzlichen Krankenkassen (Orts-, Betriebs- und Innungskrankenkassen, landwirtschaftliche Krankenkassen, die Deutsche Rentenversicherung Knappschaft-Bahn-See und die Ersatzkassen) sowie hinsichtlich der allgemeinen gesetzlichen Rentenversicherung die Regionalträger der deutschen Rentenversicherung, die Deutsche Rentenversicherung Bund und die Deutsche Rentenversicherung Knappschaft-Bahn-See, hinsichtlich der knappschaftlichen Rentenversicherung die Deutsche Rentenversicherung Knappschaft-Bahn-See und hinsichtlich der Alterssicherung der Landwirte die landwirtschaftlichen Alterskassen.

Nicht zu den Sozialleistungsträgern i. S. d. § 31 Abs. 2 AO gehören private Krankenversicherungen und die Träger der berufsständischen Versorgungsleistungen (z. B. Ärzte-, Rechtsanwalts- und Architekten-Versorgungswerke).

Eine ständig aktualisierte Liste der auskunftsberechtigten Krankenkassen kann unter http://www.gkv-spitzenverband.de eingesehen werden.

6 **3. Auskünfte gegenüber Krankenkassen bei freiwillig Versicherten**

3.1. Freiwillig Versicherte, die hauptberuflich selbständig erwerbstätig sind

Die Finanzbehörden sind gegenüber den gesetzlichen Krankenkassen hinsichtlich freiwillig Versicherter, die hauptberuflich selbständig erwerbstätig sind, grundsätzlich nicht nach § 31 Abs. 2 AO auskunftspflichtig. Da bei diesem Personenkreis die Beitragsbemessungsgrenze als beitragspflichtige Einnahme gilt, ist die Krankenkasse grundsätzlich nicht verpflichtet, die sozialversicherungsrelevanten Verhältnisse zu ermitteln.

Der freiwillig Versicherte kann allerdings eine Beitragsreduzierung erreichen, wenn er geringere Einnahmen nachweist (§ 240 Abs. 1 Satz 3 SGB V). Die aus dem zuletzt vorgelegten Einkommensteuerbescheid abgeleitete Beitragsbemessung bleibt dann bis zur Erteilung des nächsten Einkommensteuerbescheids maßgebend. Erklärt ein freiwillig Versicherter seiner Krankenkasse in derarti-

[1] Vgl. auch Verfügung der OFD Baden-Württemberg zur Auskunftserteilung an die Gemeinden für Zwecke der Festsetzung von Kommunalabgaben, nachstehend abgedruckt.

gen Fällen auf Nachfrage, ihm sei seit mehr als 18 Monaten kein Steuerbescheid zugegangen, ist der Krankenkasse auf Ersuchen mitzuteilen, ob innerhalb dieses Zeitraums ein Steuerbescheid erteilt wurde (unabhängig davon, welchen Veranlagungszeitraum er betrifft); bejahendenfalls ist auch dessen Datum und das jeweilige Veranlagungsjahr mitzuteilen.

3.2. Andere freiwillig Versicherte

3.2.1. Rechtslage bis einschließlich Veranlagungszeitraum 2014

Bei anderen freiwillig Versicherten ist die Krankenkasse verpflichtet, die sozialversicherungsrelevanten Verhältnisse zu ermitteln. Kommt der Versicherte seiner Mitwirkungspflicht nicht nach, kann die Krankenkasse die Finanzbehörden in diesen Fällen um Auskunft ersuchen. Die nach § 31 Abs. 2 AO zulässige Auskunft ist auf die zur Beitragsfestsetzung unbedingt notwendigen Angaben zu beschränken (insbesondere Höhe einzelner Einkünfte oder Summe der Einkünfte).

3.2.2. Rechtslage ab Veranlagungszeitraum 2015

Auch bei anderen freiwillig Versicherten ist die Beitragsbemessungsgrenze als beitragspflichtige Einnahme anzusetzen, sofern und solange Mitglieder Nachweise über ihre Einnahmen auf Verlangen der Krankenkasse nicht vorlegen (§ 240 Abs. 1 Satz 2 2. Halbsatz SGB V). Nr. 3.1 gilt in diesen Fällen entsprechend.

3.3. Die Krankenkassen haben in ihren Ersuchen darzulegen, welches Versicherungsverhältnis besteht und für welchen Zeitraum die Auskunft erteilt werden soll (vgl. AEAO zu § 31, Nrn. 3.1, 3.2.1 oder 3.2.2).

4. Bei Anfragen der Rentenversicherungsträger an die Finanzämter auf Mitteilung von Besteuerungsgrundlagen nach § 31 Abs. 2 Satz 1 AO in Fällen der einkommensgerechten Beitragszahlung von versicherungspflichtigen Selbständigen (§ 165 SGB VI) ist von der Erforderlichkeit der Auskunft auszugehen, wenn der Rentenversicherungsträger im Vordruck für Auskunftsersuchen an die Finanzämter versichert, dass eigene Ermittlungsversuche im Umfang der gestellten Anfrage beim Versicherten (u. a. Aufforderung zur Vorlage des letzten Einkommensteuerbescheids und Erinnerung hieran) erfolglos geblieben sind. 7

Anl

Verfügung betr. Auskunftserteilung an die Gemeinden für Zwecke der Festsetzung von Kommunalabgaben

Vom 27. März 2025 (BeckVerw 651709)

(OFD Baden-Württemberg S 0131 Karte 1)

Nach § 31 Abs. 1 Satz 1 AO sind die Finanzbehörden verpflichtet, Besteuerungsgrundlagen, Steuermessbeträge und Steuerbeträge an Körperschaften des öffentlichen Rechts zur Festsetzung von solchen Abgaben mitzuteilen, die an diese Besteuerungsgrundlagen, Steuermessbeträge oder Steuerbeträge anknüpfen. 8

Abgaben in diesem Sinne können zum Beispiel sein:

- Fremdenverkehrsbeiträge (§ 44 KAG Baden-Württemberg)
- Vergnügungssteuer
- Zweitwohnungssteuer

Mitteilungen sind nur zulässig, soweit die Angaben im Einzelfall zur Festsetzung der Abgabe erforderlich sind. Für andere Zwecke, zum Beispiel für die Erhebung oder Vollstreckung festgesetzter Abgaben, dürfen keine Mitteilungen gemacht werden. Eine Mitteilung ist auch nicht zulässig, wenn sie dazu dienen soll, die Höhe einer Abgabe in einer in Vorbereitung befindlichen Satzung festzulegen. Ferner begründet § 31 Abs. 1 AO kein Recht der Gemeinde auf Einsicht in Steuerakten.

Wenn das Finanzamt die angefragten Daten nicht hat, kann und muss es die Daten nicht mitteilen. Zu Sachverhaltsermittlungen ausschließlich zur Erfüllung der Pflicht nach § 31 Abs. 1 Satz 1 AO ist das Finanzamt weder verpflichtet noch berechtigt.

Art und Umfang der jeweiligen Mitteilung richten sich nach der Bemessungsgrundlage in der jeweiligen Gemeindesatzung.

- Für Fremdenverkehrsbeiträge kommt eine Mitteilung über die Höhe der Umsätze oder des Gewinns oder der Einkünfte aus Vermietung und Verpachtung in Betracht.
- Für die Vergnügungssteuer sehen die Gemeindesatzungen bei Geldspielgeräten als Bemessungsgrundlage typischerweise die Höhe der Einspielergebnisse oder die Anzahl der Spielgeräte vor.

Die Besteuerungsgrundlagen müssen für die Festsetzung der Abgabe maßgeblich sein. Maßgeblichkeit setzt voraus, dass die Mitteilung entscheidend ist, d. h. in der mitgeteilten Höhe/Form der Entscheidung bei der Festsetzung der Abgabe zugrunde gelegt werden kann. Daher besteht zum Beispiel keine Verpflichtung, für Zwecke der Zweitwohnungssteuer die Wohnfläche einer Wohnung mitzuteilen, wenn Bemessungsgrundlage für die Zweitwohnungssteuer auf eine selbstgenutzte Wohnung die Miete ist, die der Steuerpflichtige für eine nach Art, Lage und Ausstattung vergleichbare Wohnung zu entrichten hätte. Die Wohnfläche ist in diesem Fall nicht unmittelbare Bemessungsgrundlage. Die Gemeinde müsste weitere Ermittlungen, etwa zur Ausstattung und zum Baujahr der Wohnung, anstellen.

AO

§ 31 a[1] Mitteilungen zur Bekämpfung der illegalen Beschäftigung und des Leistungsmissbrauchs

1 **(1) ① Die Offenbarung der nach § 30 geschützten Daten der betroffenen Person ist zulässig, soweit sie erforderlich sind**

1. für die Durchführung eines Strafverfahrens, eines Bußgeldverfahrens oder eines anderen gerichtlichen oder Verwaltungsverfahrens mit dem Ziel
a) der Bekämpfung von illegaler Beschäftigung oder Schwarzarbeit oder
b) der Entscheidung
aa) über Erteilung, Rücknahme oder Widerruf einer Erlaubnis nach dem Arbeitnehmerüberlassungsgesetz oder
bb) über Bewilligung, Gewährung, Rückforderung, Erstattung, Weitergewährung oder Belassen einer Leistung aus öffentlichen Mitteln,

2. für die Prüfung des Vorliegens oder die Geltendmachung eines Anspruchs auf Rückgewähr einer Leistung aus öffentlichen Mitteln,

3. für die Prüfung des Vorliegens oder die Geltendmachung eines gesetzlichen Anspruchs auf Schadensersatz aus einer vorsätzlich begangenen unerlaubten Handlung, auf Grund derer eine Leistung aus öffentlichen Mitteln gewährt wurde oder

4. für die automationsgestützte Analyse und Bewertung nach § 26 Absatz 1 des Schwarzarbeitsbekämpfungsgesetzes.

② In den Fällen von Satz 1 Nummer 1 Buchstabe b Doppelbuchstabe bb oder Nummer 2 ist die Offenbarung auf Ersuchen der zuständigen Stellen auch zulässig, soweit sie für die Durchführung eines Strafverfahrens wegen einer zu Unrecht erlangten Leistung aus öffentlichen Mitteln erforderlich ist. ③ Die für die Verwaltung einer Leistung aus öffentlichen Mitteln zuständige öffentliche Stelle darf die ihr von Finanzbehörden nach Satz 1 übermittelten Informationen abweichend von § 30 Absatz 11 an die für die Verfolgung einer Straftat hinsichtlich der von ihr bewilligten Leistung zuständige Stelle weiterleiten, wenn dies auch nach den für sie geltenden Vorschriften über die Verarbeitung personenbezogener Daten zu anderen Zwecken zulässig ist.

2 **(2) ① Die Finanzbehörden sind in den Fällen des Absatzes 1 verpflichtet, der zuständigen Stelle die jeweils benötigten Tatsachen mitzuteilen. ② In den Fällen des Absatzes 1 Satz 1 Nummer 1 Buchstabe b und Nummer 2 erfolgt die Mitteilung auch auf Antrag der betroffenen Person. ③ Die Mitteilungspflicht nach den Sätzen 1 und 2 besteht nicht, soweit deren Erfüllung mit einem unverhältnismäßigen Aufwand verbunden wäre.**

AEAO

Zu § 31 a – Mitteilungen zur Bekämpfung der illegalen Beschäftigung und des Leistungsmissbrauchs:

3 **1. Allgemeines**

Die Offenbarung erfolgt aufgrund einer Anfrage der für die in § 31 a AO genannten Verfahren zuständigen Stellen. Die zuständigen Stellen haben in der Anfrage zu versichern, dass die Offenbarung der Verhältnisse für ein Verfahren i. S. d. § 31 a Abs. 1 Satz 1 AO erforderlich ist.

Die Offenbarung erfolgt von Amts wegen, wenn die Finanzbehörden über konkrete Informationen verfügen, die für die zuständigen Stellen für ein Verfahren nach § 31 a Abs. 1 erforderlich sind. Es genügt die Möglichkeit, dass die konkreten Tatsachen für die Durchführung eines Verfahrens nach § 31 a Abs. 1 Satz 1 AO erforderlich sind, ein konkreter Tatverdacht im strafprozessualen Sinne ist nicht notwendig. Vorsorgliche Mitteilungen sind nicht vorzunehmen.

Die Mitteilungspflicht der Finanzbehörden bezieht sich nur auf die konkret vorhandenen Anhaltspunkte, sie sind nicht zu zusätzlichen Ermittlungen verpflichtet. Die Mitteilungspflicht des § 31 a AO gilt nur gegenüber den jeweils zuständigen Stellen und schließt nicht die Befugnis zur Gewährung von Akteneinsicht oder die Übersendung von Akten ein.

Eine Mitteilungspflicht besteht nicht, soweit deren Erfüllung mit einem unverhältnismäßigen Aufwand verbunden wäre (§ 31 a Abs. 2 Satz 3 AO). Ein unverhältnismäßiger Aufwand liegt i. d. R. dann vor, wenn der zur Erfüllung der Mitteilungspflicht erforderliche sachliche, personelle oder zeitliche Aufwand erkennbar außer Verhältnis zum angestrebten Erfolg der Mitteilung steht.

Der Begriff „Betroffener" in § 31 a AO ist derselbe wie in § 30 AO. Danach ist Betroffener nicht nur der Beteiligte des Verfahrens, zu dessen Durchführung die Mitteilung erfolgen soll, sondern auch jeder Andere, dessen personenbezogene Daten durch § 30 AO geschützt werden (z. B.

---

[1] *BFH-Beschluss vom 4. 10. 2007 VII B 110/07, BStBl. 2008 II S. 42:* 1. Die Offenbarung durch das Steuergeheimnis geschützter Verhältnisse zur Durchführung eines Verwaltungsverfahrens zur Rückforderung von Arbeitslosengeld setzt nicht voraus, dass die Finanzbehörde festgestellt hat, dass die Kenntnis der zu offenbarenden Tatsachen die Rückforderung rechtfertigt oder mit einer gewissen Wahrscheinlichkeit rechtfertigen wird; ausreichend ist insofern, dass die Tatsachen für die Durchführung eines solchen Verwaltungsverfahrens überhaupt geeignet sind. 2. § 31 a Abs. 1 Nr. 1 Buchst. b Doppelbuchst. bb AO ist verfassungsgemäß. Er verletzt insbesondere das Recht auf informationelle Selbstbestimmung weder in materieller noch wegen Unbestimmtheit der Offenbarungsbefugnisse der Finanzbehörde in formeller Hinsicht.

Geschäftsführer, Geschäftspartner, Arbeitnehmer, Empfänger von Zahlungen und/oder anderen Vorteilen). AEAO

2. Bekämpfung von illegaler Beschäftigung oder Schwarzarbeit (§ 31 a Abs. 1 Satz 1 Nr. 1 Buchstabe a AO) 4

2.1. Illegale Beschäftigung

Illegale Beschäftigung übt nach § 1 Abs. 3 SchwarzArbG aus, wer

1. als Arbeitgeber Ausländer und Ausländerinnen unerlaubt beschäftigt oder als Entleiher unerlaubt tätig werden lässt,
2. als Ausländer oder Ausländerin unerlaubt eine Erwerbstätigkeit ausübt,
3. als Arbeitgeber Arbeitnehmer und Arbeitnehmerinnen
   a) ohne erforderliche Erlaubnis nach § 1 Abs. 1 Satz 1 AÜG oder
   b) entgegen den Bestimmungen nach § 1 Abs. 1 Satz 5 und 6, § 1 a oder § 1 b AÜG oder
   c) entgegen § 6 a Abs. 2 i. V. m. § 6 a Abs. 3 GSA Fleisch
   überlässt oder für sich tätig werden lässt,
4. als Arbeitgeber Arbeitnehmer und Arbeitnehmerinnen beschäftigt, ohne dass die Arbeitsbedingungen nach Maßgabe des MiLoG, des AEntG oder des § 8 Abs. 5 des AÜG i. V. m. einer Rechtsverordnung nach § 3 a Abs. 2 Satz 1 AÜG eingehalten werden,
5. als Arbeitgeber Arbeitnehmer und Arbeitnehmerinnen zu ausbeuterischen Arbeitsbedingungen beschäftigt oder
6. als Inhaber oder Dritter Personen entgegen § 6 a Abs. 2 GSA Fleisch tätig werden lässt.

2.2. Schwarzarbeit

Nach § 1 Abs. 2 SchwarzArbG leistet Schwarzarbeit, wer Dienst- oder Werkleistungen erbringt oder ausführen lässt und dabei

1. als Arbeitgeber, Unternehmer oder versicherungspflichtiger Selbstständiger seine sich auf Grund der Dienst- oder Werkleistungen ergebenden sozialversicherungsrechtlichen Melde-, Beitrags- oder Aufzeichnungspflichten nicht erfüllt,
2. als Steuerpflichtiger seine sich auf Grund der Dienst- oder Werkleistungen ergebenden steuerlichen Pflichten nicht erfüllt,
3. als Empfänger von Sozialleistungen seine sich auf Grund der Dienst- oder Werkleistungen ergebenden Mitteilungspflichten gegenüber dem Sozialleistungsträger nicht erfüllt,
4. als Erbringer von Dienst- oder Werkleistungen seiner sich daraus ergebenden Verpflichtung zur Anzeige vom Beginn des selbstständigen Betriebes eines stehenden Gewerbes (§ 14 GewO) nicht nachgekommen ist oder die erforderliche Reisegewerbekarte (§ 55 GewO) nicht erworben hat,
5. als Erbringer von Dienst- oder Werkleistungen ein zulassungspflichtiges Handwerk als stehendes Gewerbe selbstständig betreibt, ohne in der Handwerksrolle eingetragen zu sein (§ 1 HwO).

Schwarzarbeit leistet auch, wer vortäuscht, eine Dienst- oder Werkleistung zu erbringen oder ausführen zu lassen, und wenn er selbst oder ein Dritter dadurch Sozialleistungen nach dem SGB II oder SGB III zu Unrecht bezieht.

2.3. Ausnahmen (§ 1 Abs. 4 SchwarzArbG)

§ 1 Abs. 2 und 3 SchwarzArbG findet keine Anwendung für nicht nachhaltig auf Gewinn gerichtete Dienst- oder Werkleistungen, die

1. von Angehörigen im Sinne des § 15 AO oder Lebenspartnern,
2. aus Gefälligkeit,
3. im Wege der Nachbarschaftshilfe oder
4. im Wege der Selbsthilfe im Sinne des § 36 Abs. 2 und 4 II. des WobauG oder als Selbsthilfe im Sinne des § 12 Abs. 1 Satz 2 des WoFG

erbracht werden. Als nicht nachhaltig auf Gewinn gerichtet gilt insbesondere eine Tätigkeit, die gegen geringes Entgelt erbracht wird.

2.4. Zuständige Stellen

Zuständig für die Prüfung und Bekämpfung von illegaler Beschäftigung nach Nr. 2.1 des AEAO zu § 31 a und Schwarzarbeit nach Nr. 2.2 lfd. Nr. 1 und 2 des AEAO zu § 31 a sind die Behörden der Zollverwaltung, Arbeitsbereich Finanzkontrolle Schwarzarbeit (FKS). Die FKS prüft auch, ob Verstöße gegen Mitteilungspflichten nach Nr. 2.2 lfd. Nr. 3 des AEAO zu § 31 a vorliegen, sofern diese Mitteilungspflichten Sozialleistungen nach dem SGB II oder dem SGB III betreffen; für Sozialleistungen nach dem SGB I sind die jeweiligen Leistungs- bzw. Subventionsgeber zuständig (vgl. AEAO zu § 31 a, Nr. 4.2). Für die Verfolgung und Ahndung von Verstößen gegen die in Nr. 2.2 lfd. Nr. 4 und 5 des AEAO zu § 31 a aufgeführten Pflichten sind die nach Landesrecht zuständigen Behörden zuständig (§ 2 Abs. 3 SchwarzArbG). Die Prüfung der Erfüllung steuerlicher Pflichten obliegt gem. § 2 Abs. 2 Satz 1 SchwarzArbG weiterhin den Landesfinanzbehörden

AEAO

und die Prüfung der Erfüllung kindergeldrechtlicher Mitwirkungspflichten den zuständigen Familienkassen. Die FKS ist gem. § 2 Abs. 2 Satz 2 SchwarzArbG zur Mitwirkung an diesen Prüfungen berechtigt. Unabhängig davon prüft die FKS gem. § 2 Abs. 1 Satz 2 SchwarzArbG zur Erfüllung ihrer Mitteilungspflichten nach § 6 Abs. 1 Satz 1 i. V. m. Abs. 4 Nr. 4 SchwarzArbG, ob Anhaltspunkte dafür bestehen, dass steuerlichen Pflichten aus Dienst- und Werkleistungen nicht nachgekommen wurde. Zur Erfüllung ihrer Mitteilungspflicht nach § 6 Abs. 1 Satz 1 i. V. m. Abs. 4 Nr. 4 und 7 SchwarzArbG prüft die FKS im Rahmen ihrer Prüfungen auch, ob Anhaltspunkte dafür bestehen, dass Kindergeldempfänger ihren Mitwirkungspflichten nicht nachgekommen sind. Gemäß § 2 Abs. 1 Nr. 6 SchwarzArbG i. V. m. § 21 Abs. 1 Nr. 9 MiLoG, § 23 Abs. 1 Nr. 1 AEntG sowie § 16 Abs. 1 Nr. 7 b AÜG führt die FKS auch Ordnungswidrigkeitenverfahren wegen Verstößen gegen die Verpflichtung zur Entrichtung des Mindestlohnes. Ergeben sich bei der Prüfung der FKS Anhaltspunkte für Verstöße gegen die Steuergesetze, so unterrichtet die FKS hierüber die zuständigen Finanzbehörden (§ 6 Abs. 4 Nr. 4 SchwarzArbG). Die Behörden der Zollverwaltung führen ein zentrales Informationssystem für die FKS, in dem die zur Aufgabenerfüllung nach dem SchwarzArbG erhobenen und übermittelten Daten automatisiert verarbeitet werden (§ 16 SchwarzArbG). Die Übermittlung von Daten aus dem zentralen Informationssystem an die Landesfinanzbehörden erfolgt auf Ersuchen zur Durchführung eines Steuerstraf- oder Steuerordnungswidrigkeitenverfahrens und für die Besteuerung, soweit die Besteuerung im Zusammenhang mit der Erbringung oder der Vortäuschung der Erbringung von Dienst- oder Werkleistungen steht (§ 17 Abs. 1 Nr. 4 SchwarzArbG). Soweit durch eine Übermittlung von Daten die Gefährdung des Untersuchungszwecks eines Ermittlungsverfahrens zu besorgen ist, kann die für dieses Verfahren zuständige Behörde der Zollverwaltung oder die zuständige Staatsanwaltschaft anordnen, dass keine Übermittlung von Daten erfolgen darf (§ 17 Abs. 1 Satz 2 SchwarzArbG). § 480 Abs. 1 Satz 1 und 2 StPO findet Anwendung, wenn die Daten Verfahren betreffen, die zu einem Strafverfahren geführt haben (§ 17 Abs. 1 Satz 3 SchwarzArbG).

2.5. Mitteilungen

Verfügt die Finanzbehörde über Informationen, die die FKS oder die nach Landesrecht zuständigen Behörden für die Erfüllung Ihrer Aufgaben zur Bekämpfung illegaler Beschäftigung und Schwarzarbeit benötigen, hat sie diese mitzuteilen. Hierzu zählen auch Verstöße gegen die Verpflichtung zur Gewährung der Arbeitsbedingungen i. S. d. § 20 MiLoG, § 8 i. V. m. § 5 Satz 1 Nr. 1 bis 4 AEntG sowie § 8 Abs. 5 AÜG. Anhaltspunkte für einen möglichen Verstoß reichen für eine Mitteilung aus. Ein unverhältnismäßiger Aufwand i. S. d. § 31 a Abs. 2 Satz 3 AO liegt bei den Mitteilungen an die FKS im Regelfall nicht vor.

2.6. Verfahren FKS

Sowohl die Hauptzollämter als auch die Landesfinanzbehörden haben so genannte „Partnerstellen" für die Zusammenarbeit der FKS mit den Finanzbehörden eingerichtet. Mitteilungen sind daher nicht direkt an die FKS zu richten, sondern der jeweils örtlichen „Partnerstelle Steuer" zu übermitteln. Diese leitet die Mitteilungen dann an die jeweils örtliche „Partnerstelle FKS" weiter. In begründeten Einzelfällen sind ausnahmsweise auch direkte Kontakte zwischen den Stellen der FKS und den Finanzämtern möglich. Hierüber sind die örtlichen Partnerstellen zeitnah zu unterrichten.

5 **3. Entscheidung über Arbeitnehmerüberlassung (§ 31 a Abs. 1 Satz 1 Nr. 1 Buchstabe b Doppelbuchstabe aa AO)**

3.1. Arbeitnehmerüberlassung

Nach § 1 Abs. 1 AÜG ist eine Erlaubnis erforderlich, wenn ein Arbeitgeber (Verleiher) einem Dritten (Entleiher) Arbeitnehmer (Leiharbeitnehmer) gewerbsmäßig zur Arbeitsleistung überlassen will, ohne dass damit eine Arbeitsvermittlung nach § 1 Abs. 2 AÜG und i. S. d. §§ 35 ff. SGB III betrieben wird. Die gewerbsmäßige Arbeitnehmerüberlassung in Betrieben des Baugewerbes für Arbeiten, die üblicherweise von Arbeitern verrichtet werden, ist zwischen Betrieben des Baugewerbes gestattet, wenn diese Betriebe von denselben Rahmen- und Sozialkassentarifverträgen oder von deren Allgemeinverbindlichkeiten erfasst werden; ansonsten ist sie unzulässig (§ 1 b AÜG).

Die Erlaubnis zur Arbeitnehmerüberlassung hängt nach den Vorschriften des AÜG u. a. von der Zuverlässigkeit des Verleihers ab. Diese Erlaubnis kann aus den in §§ 3, 4 und 5 AÜG aufgeführten Gründen versagt, zurückgenommen oder widerrufen werden. Die Zuverlässigkeitsprüfung durch die Arbeitsbehörde hat sich dabei auch auf das steuerliche Verhalten – insbesondere die Einhaltung der Vorschriften über die Einbehaltung und Abführung der Lohnsteuer – zu erstrecken (§ 3 Abs. 1 Nr. 1 AÜG).

3.2. Zuständige Stellen

Zuständig für die Durchführung des AÜG ist die Bundesagentur für Arbeit (§ 17 AÜG).

3.3. Mitteilungen

Die Finanzbehörden unterrichten die zuständigen Dienststellen der Bundesagentur für Arbeit von Amts wegen über jede Verletzung steuerlicher Pflichten eines Arbeitnehmerverleihers, die mit

AEAO

der Ausübung seiner gewerblichen Tätigkeit im Zusammenhang steht, es sei denn, es handelt sich um Pflichtverletzungen, die nach ihrem betragsmäßigen Umfang und ihrer Bedeutung als geringfügig anzusehen sind.

Solche Pflichtverletzungen, die nach ihrem betragsmäßigen Umfang und ihrer Bedeutung als geringfügig anzusehen sind, sind jedoch auf Anfrage den Dienststellen der Bundesagentur für Arbeit mitzuteilen, wenn in der Anfrage von ihnen bescheinigt wird, dass die Informationen für ein nach § 31 a Abs. 1 Satz 1 Nr. 1 Buchstabe b Doppelbuchstabe aa AO genanntes Verfahren erforderlich sind.

Zu den mitzuteilenden Tatsachen gehören z. B.:

- Die Nichtanmeldung von Lohnsteuer,
- die verspätete Abgabe von Lohnsteuer-Anmeldungen,
- die verspätete Abführung oder Nichtabführung der einbehaltenen Steuerabzugsbeträge,
- bestehende Steuerrückstände, soweit diese durch die gewerbliche Tätigkeit ausgelöst wurden,
- erhebliche Nachforderungen aus Lohnsteuer-Außenprüfungen,
- wirtschaftliche Leistungsunfähigkeit.

Mitteilungen an Strafverfolgungsbehörden oder Offenbarungen in einem Strafverfahren wegen strafrechtlicher Verfehlungen im Falle der Arbeitnehmerüberlassung gestattet § 31 a Abs. 1 Satz 1 Nr. 1 Buchstabe b Doppelbuchstabe aa AO nicht.

§ 31 a Abs. 1 Satz 2 AO ist nicht einschlägig.

3.4. Verfahren

Damit die Finanzbehörden zwischen Arbeitnehmerüberlassung ohne Erlaubnis (vgl. AEAO zu § 31 a, Nr. 2.1) und genehmigter Arbeitnehmerüberlassung unterscheiden und überprüfen können, ob ein Verleiher seinen steuerlichen Pflichten nachkommt, unterrichten die Dienststellen der Bundesagentur für Arbeit die Finanzbehörden von Amts wegen über die Erteilung, Versagung, Verlängerung, Rücknahme und den Widerruf sowie das Erlöschen der Erlaubnis zur gewerbsmäßigen Arbeitnehmerüberlassung. Die Dienststellen der Bundesagentur für Arbeit unterrichten die Finanzbehörden ferner über jeden Antrag eines Unternehmers mit Sitz im Ausland auf Erteilung einer Erlaubnis nach dem AÜG, über Anfragen von Unternehmen mit Sitz im Ausland, ob ihre im Inland beabsichtigte Tätigkeit erlaubnispflichtig sei, und über Anfragen inländischer Unternehmer, ob einem bestimmten ausländischen Unternehmen eine Erlaubnis nach dem AÜG erteilt wurde.

4. Entscheidung über Leistungen aus öffentlichen Mitteln (§ 31 a Abs. 1 Satz 1 Nr. 1 Buchstabe b Doppelbuchstabe aa AO) 6

4.1. Leistungen aus öffentlichen Mitteln

Unter dem Begriff „Leistungen aus öffentlichen Mitteln" sind alle Leistungen der öffentlichen Hand zu verstehen. Insbesondere fallen darunter Sozialleistungen und Subventionen.

4.1.1. Sozialleistungen

Sozialleistungen sind gem. § 11 SGB I die im SGB I vorgesehenen Dienst-, Sach- und Geldleistungen. Hierzu zählen die in §§ 18 bis 29 SGB I und die in § 68 SGB I aufgezählten Leistungen. Sozialleistungen sind danach z. B. die Leistungen der Agenturen für Arbeit, der gesetzlichen Krankenkassen, der gesetzlichen Rentenversicherungsträger, der Sozialämter und der Unterhaltsvorschussbehörden.

4.1.2. Subventionen

Subventionen sind gem. § 1 Abs. 1 SubvG i. V. m. § 264 Abs. 7 StGB Leistungen, die aus öffentlichen Mitteln nach Bundes- oder Landesrecht oder nach dem Recht der Europäischen Union an Betriebe oder Unternehmen wenigstens zum Teil ohne marktübliche Gegenleistung gewährt werden und der Förderung der Wirtschaft dienen sollen.

Leistungsgrundlage für die Gewährung von Subventionen sind das Recht von Bund, Ländern (zugleich auch Gemeinden) oder der Europäischen Union, wobei es sich nicht um ein Gesetz handeln muss, sondern auch auf Gesetz beruhende Haushaltsansätze genügen. Anhaltspunkte dafür, dass es sich bei der Zuwendung (Förderung) um eine Subvention handelt, ergeben sich regelmäßig aus den Antragsunterlagen oder aus dem Bewilligungsbescheid.

4.2. Zuständige Stellen

Mitteilungen sind an die jeweilig zuständigen Leistungs- bzw. Subventionsgeber zu richten, die für die Entscheidung über die Bewilligung, Gewährung, Rückforderung, Erstattung, Weitergewährung oder das Belassen der Leistung aus öffentlichen Mitteln zuständig sind.

4.3. Mitteilungen

Liegt eine Anfrage der Bewilligungsbehörde nicht vor, müssen sich konkrete Anhaltspunkte aus der Buchführung, den Aufzeichnungen oder den Unterlagen des Steuerpflichtigen ergeben (z. B. ein entsprechender Bewilligungsbescheid bei einer Außenprüfung). Vorsorgliche Mitteilungen aufgrund bloßer Vermutungen sind nicht vorzunehmen.

Von Amts wegen hat eine Offenbarung insbesondere zu erfolgen, wenn konkrete Anhaltspunkte es möglich erscheinen lassen, dass

– aufgrund eines Verwaltungsakts Sozialleistungen zu Unrecht in Anspruch genommen werden oder genommen wurden oder
– Sozialleistungen zu erstatten sind oder
– Tatsachen subventionserheblich i. S. d. § 264 Abs. 9 StGB sind. Subventionserheblich sind auch Tatsachen, die sich auf die Förderung nach der Gemeinschaftsaufgabe „Verbesserung der regionalen Wirtschaftsstruktur" (GA Förderung) beziehen.

Es genügt die Möglichkeit, dass die gewährten Subventionen oder Sozialleistungen zurückgefordert werden können. Ein konkreter Tatverdacht im strafprozessualen Sinne (z. B. Subventionsbetrug) ist nicht erforderlich.

Es ist nicht Aufgabe des Finanzamts, zur Feststellung von Leistungsmissbräuchen über die Überprüfung steuerlicher Sachverhalte hinausgehende oder zusätzliche Ermittlungen vorzunehmen.

Die Entscheidung, ob tatsächlich ein Leistungsmissbrauch vorliegt, trifft die informierte Stelle.

Mitteilungen an Strafverfolgungsbehörden sind nach § 31 a Abs. 1 Satz 2 AO auf deren Ersuchen zulässig, soweit die Offenbarung für die Durchführung eines Strafverfahrens wegen einer zu Unrecht erlangten Leistung aus öffentlichen Mitteln erforderlich ist. Die Strafverfolgungsbehörde muss die Erforderlichkeit der Mitteilung versichern. Eine Offenbarung zur Durchführung eines Bußgeldverfahrens darf nicht erfolgen.

Zudem sind Mitteilungen an Strafverfolgungsbehörden nach § 31 a Abs. 1 Satz 1 Nr. 1 Buchstabe b Doppelbuchstabe bb AO auf deren Ersuchen zulässig, soweit die Offenbarung zur Vorbereitung einer richterlichen Einziehungsanordnung nach § 76 a StGB im Zusammenhang mit einer zu Unrecht erlangten Leistung aus öffentlichen Mitteln erforderlich ist. Die Strafverfolgungsbehörden müssen die Erforderlichkeit der Mitteilungen versichern.

7 **5. Rückgewähr einer Leistung aus öffentlichen Mitteln (§ 31 a Abs. 1 Satz 1 Nr. 2 AO)**

Die Offenbarung ist zulässig, wenn sie für die Geltendmachung eines Anspruchs auf Rückgewähr einer Forderung aus öffentlichen Mitteln erforderlich ist. Hierunter ist sowohl die Durchsetzung, insbesondere die Vollstreckung, von nach § 31 a Abs. 1 Satz 1 Nr. 1 Buchst. b Doppelbuchst. bb AO bereits festgesetzten Rückforderungen von Leistungen aus öffentlichen Mitteln, z. B. durch die für die Vollstreckung zuständigen Hauptzollämter, als auch die privatrechtliche Rückabwicklung von Leistungen oder Subventionen aus öffentlichen Mitteln durch die zuständigen Stellen zu verstehen. Eine Offenbarung ist insbesondere auch zulässig für die Rückforderung von Zahlungen der gesetzlichen Krankenkassen und Ersatzkassen gegenüber Ärzten, Zahnärzten, Apothekern und Krankenhäusern auf Grund von Abrechnungsbetrügereien.

Eine Offenbarung ist ebenfalls zulässig, wenn sie für die Entscheidung der zuständigen Stelle erforderlich ist, ob ein Anspruch auf Rückgewähr einer Leistung aus öffentlichen Mitteln geltend gemacht oder nicht mehr weiterverfolgt werden soll. In diesem Fall hat die zuständige Stelle zu versichern, dass der Anspruchsgegner zuvor zu seinen wirtschaftlichen Verhältnissen befragt wurde und die für die Entscheidung erforderlichen Erkenntnisse auch auf andere zumutbare Weise nicht erlangt werden konnten.

Die Mitteilungen erfolgen im Regelfall nur aufgrund einer Anfrage der zuständigen Stelle bzw. auf Anfrage des Betroffenen. Die Mitteilungen sind an die für die Vollstreckung zuständigen Stellen bzw. an die für die Rückgewährung der Leistung aus öffentlichen Mitteln zuständigen Stellen (z. B. Sozialleistungsträger, Gewährer von Fördermitteln oder Subventionsgeber) zu richten.

Mitteilungen an Strafverfolgungsbehörden sind nach § 31 a Abs. 1 Satz 2 AO auf deren Ersuchen zulässig, soweit die Offenbarung für die Durchführung eines Strafverfahrens wegen einer zu Unrecht erlangten Leistung aus öffentlichen Mitteln erforderlich ist. Die Strafverfolgungsbehörde muss die Erforderlichkeit der Mitteilung versichern. Eine Offenbarung zur Durchführung eines Bußgeldverfahrens darf nicht erfolgen.

Zudem sind Mitteilungen an Strafverfolgungsbehörden nach § 31 a Abs. 1 Satz 1 Nr. 2 AO auf deren Ersuchen zulässig, soweit die Offenbarung zur Vorbereitung einer richterlichen Einziehungsanordnung nach § 76 a StGB im Zusammenhang mit einer zu Unrecht erlangten Leistung aus öffentlichen Mitteln erforderlich ist. Die Strafverfolgungsbehörden müssen die Erforderlichkeit der Mitteilungen versichern.

Anl

Verfügung betr. Mitteilungen zur Bekämpfung der illegalen Beschäftigung und des Leistungsmissbrauchs nach § 31 a AO

Vom 13. Februar 2019 (BeckVerw 447493)

(LfSt Bayern S 0132.2.1–4/7 St 43)

8 **1. Allgemeines**

Die Offenbarung von durch das Steuergeheimnis geschützten Verhältnissen erfolgt von Amts wegen, wenn die Finanzbehörden über konkrete Informationen verfügen, die für die zuständigen Stellen für ein Verfahren nach § 31 a Abs. 1 AO erforderlich sind. Es genügt die Möglichkeit, dass die konkreten Tatsachen für die Durchführung eines Verfahrens nach § 31 a Abs. 1 AO erforderlich sind, ein konkreter Tatverdacht im strafprozessualen Sinne ist nicht notwendig. Vorsorgliche Mitteilungen sind jedoch nicht vorzunehmen.

Die Mitteilungspflicht des § 31 a AO gilt nur gegenüber den jeweils zuständigen Stellen und schließt nicht die Befugnis zur Gewährung von Akteneinsicht oder die Übersendung von Akten ein (vgl. AEAO zu § 31 a, Nr. 1). Anl

2. Bekämpfung von illegaler Beschäftigung und Schwarzarbeit – § 31 a Abs. 1 Nr. 1 a AO 9

Gemäß § 31 a Abs. 1 Nr. 1 a AO ist die Offenbarung der nach § 30 AO geschützten Verhältnisse des Betroffenen zulässig, soweit sie für die Durchführung
- eines Strafverfahrens,
- eines Bußgeldverfahrens,
- eines anderen gerichtlichen Verfahrens oder
- eines Verwaltungsverfahrens

mit dem Ziel der Bekämpfung von illegaler Beschäftigung oder Schwarzarbeit erforderlich ist. Auch ist es nach § 31 a Abs. 1 Nr. 1 a AO zulässig, den Zollbehörden die aktuellen wirtschaftlichen Verhältnisse des Steuerpflichtigen für die Bemessung der Bußgeldhöhe gemäß § 17 OWiG zu offenbaren (vgl. Fach-Info – BuStra-Steufa Ausgabe 3–2019 vom 6. 2. 2019, AIS: Themen > Arbeitsbereiche > BuStra/Steufa > Fach-Infos). Jedoch ist das Übersenden von Prüfungsplänen des Lohnsteuer-Außendienstes an die Behörden der Zollverwaltung, Arbeitsbereich Finanzkontrolle Schwarzarbeit (FKS) – ohne konkreten Anlass – **nicht** nach § 31 a Abs. 1 Nr. 1 a AO zulässig (vgl. LfSt Bayern vom 11. 3. 2016 S 0132.2.1–3/5 St42).

Zum Begriff der illegalen Beschäftigung sowie zum Begriff der Schwarzarbeit wird auf den AEAO zu § 31 a, Nr. 2.1 und 2.2 verwiesen.

Das Schwarzarbeitsbekämpfungsgesetz (SchwarzArbG) vom 23. 7. 2004 (BGBl. I S. 1842), zuletzt geändert durch Art. 2 des Gesetzes vom 18. 7. 2017 (BGBl. I S. 2739), ist im Amtl. AO-Handbuch 2018, Anhang 26 abgedruckt.

Zur Zusammenarbeit mit der FKS wird auf die Verfügung LfSt Bayern vom 13. 12. 2016 S 1622.2.1–13/22 St42 sowie auf das Typologiepapier (Stand Oktober 2016) hingewiesen (vgl. AIS: Themen > Steuerrecht > Bekämpfung von Schwarzarbeit, illeg. Beschäftigung, organ. Kriminalität).

3. Verwaltungsakte nach dem Arbeitnehmerüberlassungsgesetz (AÜG) – § 31 a Abs. 1 Nr. 1 b Buchst. aa AO 10

Das Finanzamt ist verpflichtet, die nach § 30 AO geschützten Verhältnisse der zuständigen Stelle – das ist gem. § 17 AÜG die Bundesagentur für Arbeit – mitzuteilen, soweit dies für die Durchführung eines Strafverfahrens, eines Bußgeldverfahrens oder eines anderen gerichtlichen Verfahrens oder Verwaltungsverfahrens mit dem Ziel der Entscheidung über Erteilung, Rücknahme oder Widerruf einer Erlaubnis nach dem AÜG erforderlich ist.

Da nach § 3 Abs. 1 Nr. 1 AÜG die Erlaubnis von der Zuverlässigkeit des Verleihers abhängt, wozu auch insbesondere die Einhaltung der Vorschriften über die Einbehaltung und Abführung der Lohnsteuer gehören, zählen zu den Tatsachen, die offenbart werden dürfen, z. B.
- die Nichtanmeldung von Lohnsteuer,
- die verspätete Abgabe von Lohnsteuer-Anmeldungen,
- die verspätete Abführung oder Nichtabführung der einbehaltenen Steuerabzugsbeträge,
- bestehende Steuerrückstände, soweit diese durch die gewerbliche Tätigkeit ausgelöst wurden,
- erhebliche Nachforderungen aus Lohnsteuer-Außenprüfungen,
- wirtschaftliche Leistungsunfähigkeit (vgl. AEAO zu § 31 a, Nr. 3 ff.).

4. Leistungen aus öffentlichen Mitteln – § 31 a Abs. 1 Nr. 1 b Buchst. bb und Abs. 1 Nr. 2 AO 11

§ 31 a Abs. 1 Nr. 1 b Buchst. bb und Abs. 1 Nr. 2 AO sehen eine Mitteilungspflicht für alle Entscheidungen über Bewilligung, Gewährung, Rückforderung, Erstattung, Weitergewährung oder Belassen einer Leistung aus öffentlichen Mitteln sowie für die Geltendmachung eines Anspruchs auf Rückgewähr einer Leistung aus öffentlichen Mitteln vor. Mitgeteilt werden die Tatsachen, von denen die vorgenannten Entscheidungen gesetzlich abhängen. Die Mitteilung erfolgt in diesen Fällen auch auf Antrag des Betroffenen (§ 31 a Abs. 2 Satz 2 AO). Die Vorschrift geht damit in ihrer neuen Fassung weit über den Anwendungsbereich des bisherigen § 31 a Abs. 3 AO hinaus. Insbesondere ist die Beschränkung der Mitteilungsbefugnis auf subventionserhebliche Tatsachen i. S. d. § 264 Abs. 8 StGB entfallen.

Unter dem Begriff „Leistungen aus öffentlichen Mitteln“ sind alle Leistungen der öffentlichen Hand zu verstehen. Insbesondere fallen darunter Sozialleistungen und Subventionen.

Sozialleistungen sind gem. § 11 SGB I die nach SGB I vorgesehenen Dienst-, Sach- und Geldleistungen. Insbesondere handelt es sich hierbei um Leistungen der (Dienststellen der) Bundesagentur für Arbeit, der gesetzlichen Krankenkassen, der gesetzlichen Rentenversicherungsträger, der Sozialämter und der Unterhaltsvorschussbehörden. Zuständig für die Sozialleistungen und damit mögliche Mitteilungsempfänger gem. § 31 a AO sind die in den §§ 18 bis 29 SGB I genannten Körperschaften, Anstalten und Behörden (Leistungsträger). Davon umfasst sind auch die in § 68 SGB I genannten Leistungen.

Subventionen sind gemäß § 1 Abs. 1 SubvG i. V. m. § 264 Abs. 7 StGB Leistungen, die aus öffentlichen Mitteln nach Bundes- oder Landesrecht oder nach dem Recht der Europäischen Gemeinschaften an Betriebe oder Unternehmen wenigstens zum Teil ohne marktübliche Gegenleistung gewährt werden und der Förderung der Wirtschaft dienen sollen.

Von Amts wegen hat eine Offenbarung insbesondere zu erfolgen, wenn konkrete Anhaltspunkte es möglich erscheinen lassen, dass
- aufgrund eines Verwaltungsakts Sozialleistungen zu Unrecht in Anspruch genommen werden oder genommen wurden oder
- Sozialleistungen zu erstatten sind oder

– Tatsachen subventionserheblich i. S. d. § 264 Abs. 8 StGB sind. Subventionserheblich sind auch Tatsachen, die sich auf die Förderung nach der Gemeinschaftsaufgabe „Verbesserung der regionalen Wirtschaftsstruktur" (GA Förderung) beziehen.

Es genügt die Möglichkeit, dass die gewährten Subventionen oder Sozialleistungen zurückgefordert werden können (vgl. AEAO zu § 31 a, Nr. 4 ff.).

AO

§ 31b Mitteilungen zur Bekämpfung der Geldwäsche und der Terrorismusfinanzierung

1 **(1) Die Offenbarung der nach § 30 geschützten Daten der betroffenen Person an die jeweils zuständige Stelle ist auch ohne Ersuchen zulässig, soweit sie einem der folgenden Zwecke dient:**

1. der Durchführung eines Strafverfahrens wegen Geldwäsche oder Terrorismusfinanzierung nach § 1 Absatz 1 und 2 des Geldwäschegesetzes,

2. der Verhinderung, Aufdeckung und Bekämpfung von Geldwäsche oder Terrorismusfinanzierung nach § 1 Absatz 1 und 2 des Geldwäschegesetzes,

3. der Durchführung eines Bußgeldverfahrens nach § 56 des Geldwäschegesetzes gegen Verpflichtete nach § 2 Absatz 1 Nummer 13 bis 16 des Geldwäschegesetzes,

4. dem Treffen von Maßnahmen und Anordnungen nach § 51 Absatz 2 des Geldwäschegesetzes gegenüber Verpflichteten nach § 2 Absatz 1 Nummer 13 bis 16 des Geldwäschegesetzes oder

5. der Wahrnehmung von Aufgaben nach § 28 Absatz 1 des Geldwäschegesetzes durch die Zentralstelle für Finanztransaktionsuntersuchungen.

2 **(2) ① Die Finanzbehörden haben der Zentralstelle für Finanztransaktionsuntersuchungen unverzüglich Sachverhalte unabhängig von deren Höhe mitzuteilen, wenn Tatsachen vorliegen, die darauf hindeuten, dass**

1. es sich bei Vermögensgegenständen, die mit dem mitzuteilenden Sachverhalt im Zusammenhang stehen, um den Gegenstand einer Straftat nach § 261 des Strafgesetzbuchs handelt oder

2. die Vermögensgegenstände im Zusammenhang mit Terrorismusfinanzierung stehen.

② Mitteilungen an die Zentralstelle für Finanztransaktionsuntersuchungen sind durch elektronische Datenübermittlung zu erstatten; hierbei ist ein sicheres Verfahren zu verwenden, das die Vertraulichkeit und Integrität des Datensatzes gewährleistet. ③ Im Fall einer Störung der Datenübertragung ist ausnahmsweise eine Mitteilung auf dem Postweg möglich. 4§ 45 Absatz 3 und 4 des Geldwäschegesetzes gilt entsprechend.

(2 a) Die Finanzbehörden übermitteln der Zentralstelle für Finanztransaktionsuntersuchungen folgende Daten nach Maßgabe des § 31 Absatz 5 des Geldwäschegesetzes im automatisierten Verfahren, soweit dies zur Wahrnehmung der Aufgaben der Zentralstelle für Finanztransaktionsuntersuchungen nach § 28 Absatz 1 Satz 2 Nummer 2 des Geldwäschegesetzes erforderlich ist:

1. beim Bundeszentralamt für Steuern die nach § 5 Absatz 1 Nummer 13 des Finanzverwaltungsgesetzes vorgehaltenen Daten,

2. bei den Landesfinanzbehörden die zu einem Steuerpflichtigen gespeicherten Grundinformationen, die die Steuernummer, die Gewerbekennzahl, die Grund- und Zusatzkennbuchstaben, die Bankverbindung, die vergebene Umsatzsteuer-Identifikationsnummer sowie das zuständige Finanzamt umfassen.

(2 b) ① Wird von der Verordnungsermächtigung des § 22 a des Grunderwerbsteuergesetzes zur elektronischen Übermittlung der Anzeige im Sinne des § 18 des Grunderwerbsteuergesetzes Gebrauch gemacht, übermitteln die Landesfinanzbehörden die dort eingegangenen Datensätze nach Maßgabe des § 31 Absatz 5 a des Geldwäschegesetzes der Zentralstelle für Finanztransaktionsuntersuchungen zur Wahrnehmung ihrer Aufgaben nach § 28 Absatz 1 Satz 2 Nummer 2 des Geldwäschegesetzes im automatisierten Verfahren. ② Absatz 2 Satz 2 gilt entsprechend.

3 **(3) Die Finanzbehörden haben der zuständigen Verwaltungsbehörde unverzüglich solche Tatsachen mitzuteilen, die darauf schließen lassen, dass**

1. ein Verpflichteter nach § 2 Absatz 1 Nummer 13 bis 16 des Geldwäschegesetzes eine Ordnungswidrigkeit nach § 56 des Geldwäschegesetzes begangen hat oder begeht oder

2. die Voraussetzungen für das Treffen von Maßnahmen und Anordnungen nach § 51 Absatz 2 des Geldwäschegesetzes gegenüber Verpflichteten nach § 2 Absatz 1 Nummer 13 bis 16 des Geldwäschegesetzes gegeben sind.

(3 a) ① Die Finanzbehörden übermitteln einer Koordinierenden Stelle eines Landes nach § 50 c des Geldwäschegesetzes auf Ersuchen Name und Anschrift der bei ihnen

geführten Steuerpflichtigen im Sinne des § 2 Absatz 1 Nummer 13, 14 oder Nummer 16 des Geldwäschegesetzes nach Maßgabe des § 55 Absatz 3b des Geldwäschegesetzes, geordnet nach Wirtschaftszweigen und Betriebsgrößenklassen. ② Sammelersuchen sind zulässig. ③ Die von den Finanzbehörden an die zuständigen Koordinierenden Stellen nach § 50c des Geldwäschegesetzes übermittelten Daten können von diesen an die zuständigen Aufsichtsbehörden nach § 50 Nummer 9 des Geldwäschegesetzes zur Erfüllung ihrer Aufgaben nach dem Geldwäschegesetz weitergegeben werden.

(4) **§ 47 Absatz 3 des Geldwäschegesetzes gilt entsprechend.** 4

Zu § 31b – Mitteilungen zur Bekämpfung der Geldwäsche und der Terrorismusfinanzierung: AEAO

1. Offenbarungsbefugnis nach § 31b Abs. 1 AO

1.1. Die Finanzbehörden dürfen in den in § 31b Abs. 1 AO genannten Fällen den jeweils zuständigen Stellen die erforderlichen Auskünfte erteilen (Offenbarungsbefugnis). Liegt ein begründetes Auskunftsersuchen der jeweils zuständigen Stelle vor, ist ihr Auskunft zu erteilen (Offenbarungspflicht). Die ersuchende Stelle hat zu versichern, dass die erbetenen Daten den in § 31b Abs. 1 Nrn. 1 bis 5 AO genannten Zwecken dienen. 5

1.2. Die Zentralstelle für Finanztransaktionsuntersuchungen (FIU) hat nach § 28 Abs. 1 GwG die Aufgabe der Erhebung und Analyse von Informationen im Zusammenhang mit Geldwäsche oder Terrorismusfinanzierung und der Weitergabe dieser Informationen an die zuständigen inländischen öffentlichen Stellen zum Zwecke der Aufklärung, Verhinderung oder Verfolgung solcher Taten. Im Hinblick auf § 31b Abs. 1 Nr. 5 AO sind insbesondere folgende Aufgaben der FIU von Bedeutung: 6

- die Entgegennahme und Sammlung von Meldungen nach dem GwG und Mitteilungen nach § 31b AO,
- die Durchführung von operativen Analysen einschließlich der Bewertung von Meldungen und sonstigen Informationen,
- die Übermittlung der sie betreffenden Ergebnisse dieser operativen Analyse und zusätzlicher relevanter Informationen an die zuständigen inländischen öffentlichen Stellen,
- die Durchführung von strategischen Analysen und Erstellung von Berichten aufgrund dieser Analysen,
- der Informationsaustausch und die Koordinierung mit inländischen Aufsichtsbehörden,
- die Zusammenarbeit und der Informationsaustausch mit zentralen Meldestellen anderer Staaten,
- die Untersagung von Transaktionen und die Anordnung von sonstigen Sofortmaßnahmen,
- der Austausch mit den Verpflichteten sowie mit den inländischen Aufsichtsbehörden und für die Aufklärung, Verhinderung oder Verfolgung der Geldwäsche und der Terrorismusfinanzierung zuständigen inländischen öffentlichen Stellen insbesondere über entsprechende Typologien und Methoden.

1.3. Zu den in § 31b Abs. 1 AO genannten Fällen zählt auch die Vorbereitung oder Durchführung einer richterlichen Einziehungsanordnung nach § 76a StGB, die im Zusammenhang mit Geldwäsche oder Terrorismusfinanzierung steht. Eine Offenbarung an die Strafverfolgungsbehörden ist in Fällen des § 76a StGB nach § 31b Abs. 1 Nr. 2 AO zulässig. 6a

2. Mitteilungspflicht nach § 31b Abs. 2 AO

2.1. Sind der Finanzbehörde Tatsachen bekannt geworden, die darauf hindeuten, dass es sich bei Vermögenswerten, die mit einer Transaktion oder Geschäftsbeziehung im Zusammenhang stehen, um den Gegenstand einer Straftat nach § 261 StGB (Geldwäsche) handelt oder dass die Vermögenswerte im Zusammenhang mit Terrorismusfinanzierung stehen, hat sie diese unverzüglich der FIU auf dem hierfür eingerichteten einheitlichen Meldeweg elektronisch über das hierzu eingerichtete Verfahren mitzuteilen. 7

2.2. Den Finanzbehörden obliegt die Prüfung im Einzelfall, ob ein mitteilungspflichtiger Sachverhalt i. S. d. § 31b Abs. 2 AO vorliegt (Beurteilungsspielraum). 8

Die der Finanzverwaltung vorliegenden Anhaltspunkte müssen nicht die Schwelle eines strafrechtlichen Anfangsverdachtes erreichen. Hinsichtlich der Frage, ob es sich bei Vermögensgegenständen um den Gegenstand einer Straftat handelt oder diese im Zusammenhang mit Terrorismusfinanzierung stehen, obliegt der Finanzbehörde weder in tatsächlicher noch in rechtlicher Hinsicht eine eingehende strafrechtliche (Vor-)Prüfung.

Soweit es sich bei der potentiellen Geldwäschevortat um eine Steuerhinterziehung handelt, ist zu beachten, dass ein geldwäschetauglicher Vermögensgegenstand daraus nur entsteht, wenn es sich um einen Fall einer Steuervergütung oder -erstattung handelt.

Hat eine Steuerhinterziehung dagegen lediglich zu einer niedrigeren Steuerzahlung geführt, liegt in den insoweit ersparten Aufwendungen in Höhe des Verkürzungsbetrags kein illegal erworbener Vermögenswert (vgl. Beschluss OLG Saarbrücken vom 26. 5. 2021, 4 WS 53/21, DStR S. 1504). Eine Offenbarungsbefugnis nach § 31b Abs. 1 AO bzw. eine Mitteilungspflicht nach § 31b Abs. 2 AO besteht in diesem Fall mangels geldwäschetauglichen Tatobjekts nicht.

3. Mitteilungspflicht nach § 31 b Abs. 3 AO

9 **3.1.** Tatsachen, die auf eine Ordnungswidrigkeit i. S. d. § 56 Abs. 1 GwG durch einen Verpflichteten i. S. d. § 2 Abs. 1 Nrn. 13 bis 16 GwG schließen lassen, sind der zuständigen Verwaltungsbehörde nach § 31 b Abs. 3 Nr. 1 AO unverzüglich mitzuteilen (zur zuständigen Verwaltungsbehörde siehe § 56 Abs. 5 GwG). Mitzuteilen sind nur solche Tatsachen, die der Finanzbehörde im Rahmen des Besteuerungsverfahrens, eines Strafverfahrens wegen einer Steuerstraftat oder eines Bußgeldverfahrens wegen einer Steuerordnungswidrigkeit und mithilfe der dort geltenden Ermittlungsbefugnisse bekannt geworden sind. Der konkrete Sachverhalt ist dabei nach allgemeinen Erfahrungen und beruflichem Erfahrungswissen unter dem Blickwinkel seiner Ungewöhnlichkeit und Auffälligkeit im jeweiligen geschäftlichen Kontext zu würdigen. Die Mitteilung entsprechender Tatsachen setzt keinen Anfangsverdacht i. S. v. § 46 Abs. 1 OWiG i. V. m. § 152 Abs. 2 StPO voraus. Es reicht aus, dass eine Ordnungswidrigkeit aufgrund dieser Erfahrungen nahe liegt. Es ist nicht zu prüfen, ob eine mögliche Ordnungswidrigkeit i. S. d. § 56 Abs. 1 GwG im Zeitpunkt der beabsichtigten Mitteilung bereits verjährt sein könnte (vgl. den zu § 4 Abs. 5 Nr. 10 Satz 3 EStG ergangenen BFH-Beschluss vom 14. 7. 2008 VII B 92/08, BStBl. II S. 850).

10 **3.2.** Tatsachen, die darauf schließen lassen, dass die Voraussetzungen für das Treffen von Maßnahmen und Anordnungen nach § 51 Abs. 2 GwG gegenüber Verpflichteten i. S. d. § 2 Abs. 1 Nrn. 13 bis 16 GwG gegeben sind, sind der zuständigen Aufsichtsbehörde nach § 31 b Abs. 3 Nr. 2 AO unverzüglich mitzuteilen (zur zuständigen Aufsichtsbehörde siehe § 50 GwG). Nr. 3.1 Abs. 2 des AEAO zu § 31 b gilt entsprechend; die Anhaltspunkte müssen es als hinreichend sicher erscheinen lassen, dass aufsichtsrechtliche Maßnahmen geboten sind. Beispiele für gebotene aufsichtsrechtliche Maßnahmen:
- Gewerbeuntersagung nach § 51 Abs. 5 GwG,
- Anordnung zur Schaffung interner Sicherungsmaßnahmen und/oder die Bestellung eines Geldwäschebeauftragten etwa bei Güterhändlern nach §§ 6 und 7 GwG oder
- Anordnung und Durchführung von Prüfungen zur Einhaltung der gesetzlichen Anforderungen.

4. Verbot der Informationsweitergabe

11 **4.1.** Soweit nichts anderes bestimmt ist, dürfen Finanzbehörden, die Kenntnis von einer nach § 43 Abs. 1 GwG abgegebenen Meldung eines Verpflichteten erlangt haben, diese Informationen nach § 47 Abs. 3 Satz 1 GwG nicht weitergeben an
- den Vertragspartner des Verpflichteten,
- den Auftraggeber der Transaktion,
- den wirtschaftlich Berechtigten,
- eine Person, die von einer der vorgenannten Personen als Vertreter oder Bote eingesetzt worden ist, und
- den Rechtsbeistand, der von einer der vorgenannten Personen mandatiert worden ist.

Eine Weitergabe dieser Informationen an diese Personen ist nur zulässig, wenn die FIU vorher ihr Einverständnis erklärt hat (§ 47 Abs. 3 Satz 2 GwG).

12 **4.2.** Gleiches gilt hinsichtlich der Mitteilungen der Finanzbehörden an die FIU nach § 31 b Abs. 1 Nr. 5 oder Abs. 2 AO (§ 31 b Abs. 4 AO) sowie für Meldungen an andere Stellen nach § 31 b Abs. 1 oder 3 AO.

13 **4.3.** Dessen ungeachtet dürfen Mitteilungen und Aufzeichnungen nach § 32 Abs. 6 GwG für Besteuerungsverfahren und Strafverfahren wegen Steuerstraftaten verwendet werden. Hierbei ist möglichst sicherzustellen, dass der Zweck des durch die Strafverfolgungsbehörden eingeleiteten Ermittlungsverfahrens wegen außersteuerlicher Straftaten nicht gefährdet wird. Eine Gefährdung des Ermittlungsverfahrens ist insbesondere nicht anzunehmen, wenn die Strafverfolgungsbehörde ihr Verfahren bereits nach § 170 Abs. 2 StPO eingestellt hat, die Verfahrenseinleitung dem Betroffenen bereits bekannt ist oder bereits Anklage erhoben wurde. Im Zweifel ist eine Abstimmung mit der zuständigen Strafverfolgungsbehörde vorzunehmen.

5. Rückmeldungen der Finanzämter an die FIU

14 Hat die FIU einer Finanzbehörde einen Sachverhalt mitgeteilt, hat die Finanzbehörde die FIU nach § 42 Abs. 2 Satz 1 GwG über die abschließende Verwendung der bereitgestellten Informationen und über die Ergebnisse der Maßnahmen, die auf Grundlage der von der FIU bereitgestellten Informationen durchgeführt wurden, zu informieren. Das Steuergeheimnis steht dem nicht entgegen (§ 42 Abs. 2 Satz 2 GwG).

AO

§ 31 c Verarbeitung besonderer Kategorien personenbezogener Daten durch Finanzbehörden zu statistischen Zwecken

1 (1) ① **Abweichend von Artikel 9 Absatz 1 der Verordnung (EU) 2016/679 ist die Verarbeitung besonderer Kategorien personenbezogener Daten im Sinne des Artikels 9 Absatz 1 der Verordnung (EU) 2016/679 durch Finanzbehörden auch ohne Einwilligung der betroffenen Person für statistische Zwecke zulässig, wenn die Verarbeitung zu diesen Zwecken erforderlich ist und die Interessen des Verantwortlichen an der Verarbeitung die Interessen der betroffenen Person an einem Ausschluss der Verarbei-**

tung erheblich überwiegen. ② Der Verantwortliche sieht angemessene und spezifische Maßnahmen zur Wahrung der Interessen der betroffenen Person vor; § 22 Absatz 2 Satz 2 des Bundesdatenschutzgesetzes gilt entsprechend.

(2) **Die in den Artikeln 15, 16, 18 und 21 der Verordnung (EU) 2016/679 vorgesehenen Rechte der betroffenen Person sind insoweit beschränkt, als diese Rechte voraussichtlich die Verwirklichung der Statistikzwecke unmöglich machen oder ernsthaft beeinträchtigen und die Beschränkung für die Erfüllung der Statistikzwecke notwendig ist.** 2

(3) **① Ergänzend zu den in § 22 Absatz 2 Satz 2 des Bundesdatenschutzgesetzes genannten Maßnahmen sind zu statistischen Zwecken verarbeitete besondere Kategorien personenbezogener Daten im Sinne des Artikels 9 Absatz 1 der Verordnung (EU) 2016/679 zu pseudonymisieren oder anonymisieren, sobald dies nach dem Statistikzweck möglich ist, es sei denn, berechtigte Interessen der betroffenen Person stehen dem entgegen. ② Bis dahin sind die Merkmale gesondert zu speichern, mit denen Einzelangaben über persönliche oder sachliche Verhältnisse einer bestimmten oder bestimmbaren Person zugeordnet werden können. ③ Sie dürfen mit den Einzelangaben nur zusammengeführt werden, soweit der Statistikzweck dies erfordert.** 3

Fünfter Abschnitt. Haftungsbeschränkung für Amtsträger

§ 32 Haftungsbeschränkung für Amtsträger[1]

Wird infolge der Amts- oder Dienstpflichtverletzung eines Amtsträgers 1

1. **eine Steuer oder eine steuerliche Nebenleistung2 nicht, zu niedrig oder zu spät festgesetzt, erhoben oder beigetrieben oder**
2. **eine Steuererstattung oder Steuervergütung zu Unrecht gewährt oder**
3. **eine Besteuerungsgrundlage oder eine Steuerbeteiligung nicht, zu niedrig oder zu spät festgesetzt,**

so kann er nur in Anspruch[3] genommen werden, wenn die Amts- oder Dienstpflichtverletzung mit einer Strafe bedroht ist.

AEAO

Zu § 32 – Haftungsbeschränkung für Amtsträger:

Die Vorschrift enthält keine selbständige Haftungsgrundlage; sie schränkt vielmehr die sich aus anderen Bestimmungen ergebende Haftung für Amtsträger ein. Disziplinarmaßnahmen sind keine Strafen i. S. d. Vorschrift. 2

Sechster Abschnitt. Rechte der betroffenen Person

§ 32a Informationspflicht der Finanzbehörde bei Erhebung personenbezogener Daten bei betroffenen Personen

AO

(1) **Die Pflicht der Finanzbehörde zur Information der betroffenen Person gemäß Artikel 13 Absatz 3 der Verordnung (EU) 2016/679 besteht ergänzend zu der in Artikel 13 Absatz 4 der Verordnung (EU) 2016/679 genannten Ausnahme dann nicht, wenn die Erteilung der Information über die beabsichtigte Weiterverarbeitung oder Offenbarung** 1

1. **die ordnungsgemäße Erfüllung der in der Zuständigkeit der Finanzbehörden liegenden Aufgaben im Sinne des Artikels 23 Absatz 1 Buchstabe d bis h der Verordnung (EU) 2016/679 gefährden würde und die Interessen der Finanzbehörden an der Nichterteilung der Information die Interessen der betroffenen Person überwiegen,**
2. **die öffentliche Sicherheit oder Ordnung gefährden oder sonst dem Wohl des Bundes oder eines Landes Nachteile bereiten würde und die Interessen der Finanzbehörde an der Nichterteilung der Information die Interessen der betroffenen Person überwiegen,**
3. **den Rechtsträger der Finanzbehörde in der Geltendmachung, Ausübung oder Verteidigung zivilrechtlicher Ansprüche oder in der der Verteidigung gegen ihn geltend gemachter zivilrechtlicher Ansprüche im Sinne des Artikels 23 Absatz 1 Buchstabe j der Verordnung (EU) 2016/679 beeinträchtigen würde und die Finanzbehörde nach dem Zivilrecht nicht zur Information verpflichtet ist, oder**
4. **eine vertrauliche Offenbarung geschützter Daten gegenüber öffentlichen Stellen gefährden würde.**

---

[1] Zum Begriff des Amtsträgers s. § 7 AO.
[2] Zum Begriff der steuerlichen Nebenleistung s. § 3 Abs. 4 AO.
[3] Zur Haftungsgrundlage vgl. Art. 34 GG, § 839 BGB.

2 (2) **Die ordnungsgemäße Erfüllung der in der Zuständigkeit der Finanzbehörden liegenden Aufgaben im Sinne des Artikels 23 Absatz 1 Buchstabe d bis h der Verordnung (EU) 2016/679 wird insbesondere gefährdet, wenn die Erteilung der Information**

1. die betroffene Person oder Dritte in die Lage versetzen könnte,
   a) steuerlich bedeutsame Sachverhalte zu verschleiern,
   b) steuerlich bedeutsame Spuren zu verwischen oder
   c) Art und Umfang der Erfüllung steuerlicher Mitwirkungspflichten auf den Kenntnisstand der Finanzbehörden einzustellen,

oder

2. Rückschlüsse auf die Ausgestaltung automationsgestützter Risikomanagementsysteme oder geplante Kontroll- oder Prüfungsmaßnahmen zulassen

und damit die Aufdeckung steuerlich bedeutsamer Sachverhalte wesentlich erschwert würde.

3 (3) **Unterbleibt eine Information der betroffenen Person nach Maßgabe von Absatz 1, ergreift die Finanzbehörde geeignete Maßnahmen zum Schutz der berechtigten Interessen der betroffenen Person.**

4 (4) **Unterbleibt die Benachrichtigung in den Fällen des Absatzes 1 wegen eines vorübergehenden Hinderungsgrundes, kommt die Finanzbehörde der Informationspflicht unter Berücksichtigung der spezifischen Umstände der Verarbeitung innerhalb einer angemessenen Frist nach Fortfall des Hinderungsgrundes, spätestens jedoch innerhalb von zwei Wochen, nach.**

5 (5) **Bezieht sich die Informationserteilung auf die Übermittlung personenbezogener Daten durch Finanzbehörden an Verfassungsschutzbehörden, den Bundesnachrichtendienst, den Militärischen Abschirmdienst und, soweit die Sicherheit des Bundes berührt wird, andere Behörden des Bundesministeriums der Verteidigung, ist sie nur mit Zustimmung dieser Stellen zulässig.**

§ 32b Informationspflicht der Finanzbehörde, wenn personenbezogene Daten nicht bei der betroffenen Person erhoben wurden

1 (1) ① **Die Pflicht der Finanzbehörde zur Information der betroffenen Person gemäß Artikel 14 Absatz 1, 2 und 4 der Verordnung (EU) 2016/679 besteht ergänzend zu den in Artikel 14 Absatz 5 der Verordnung (EU) 2016/679 und § 31c Absatz 2 genannten Ausnahmen nicht,**

1. soweit die Erteilung der Information
   a) die ordnungsgemäße Erfüllung der in der Zuständigkeit der Finanzbehörden oder anderer öffentlicher Stellen liegenden Aufgaben im Sinne des Artikel 23 Absatz 1 Buchstabe d bis h der Verordnung (EU) 2016/679 gefährden würde[1] oder
   b) die öffentliche Sicherheit oder Ordnung gefährden oder sonst dem Wohl des Bundes oder eines Landes Nachteile bereiten würde

oder

2. wenn die Daten, ihre Herkunft, ihre Empfänger oder die Tatsache ihrer Verarbeitung nach § 30 oder einer anderen Rechtsvorschrift oder ihrem Wesen nach, insbesondere wegen überwiegender berechtigter Interessen eines Dritten im Sinne des Artikel 23 Absatz 1 Buchstabe i der Verordnung (EU) 2016/679[2], geheim gehalten werden müssen

und deswegen das Interesse der betroffenen Person an der Informationserteilung zurücktreten muss. ② **§ 32a Absatz 2 gilt entsprechend.**

2 (2) **Bezieht sich die Informationserteilung auf die Übermittlung personenbezogener Daten durch Finanzbehörden an Verfassungsschutzbehörden, den Bundesnachrichtendienst, den Militärischen Abschirmdienst und, soweit die Sicherheit des Bundes berührt wird, andere Behörden des Bundesministeriums der Verteidigung, ist sie nur mit Zustimmung dieser Stellen zulässig.**

3 (3) **Unterbleibt eine Information der betroffenen Person nach Maßgabe der Absätze 1 oder 2, ergreift die Finanzbehörde geeignete Maßnahmen zum Schutz der berechtigten Interessen der betroffenen Person.**

---

[1] Es besteht kein Anspruch auf Auskunft über die bei der Informationszentrale für steuerliche Auslandsbeziehungen gespeicherten Daten (*BFH-Urteil vom 17. 11. 2021 II R 43/19, BStBl. 2022 II S. 427*).

[2] **[Amtl. Anm.:]** Gemäß Artikel 19 des Gesetzes vom 2. Dezember 2024 (BGBl. 2024 I Nr. 387) werden in § 32b Absatz 1 Satz 1 Nummer 2 nach den Wörtern „eines Dritten im Sinne des Artikels 23 Absatz 1 Buchstabe i der Verordnung (EU) 2016/679" die Wörter „oder der Finanzbehörden im Sinne des Artikels 23 Absatz 1 Buchstabe e der Verordnung (EU) 2016/679" eingefügt. Diese Rechtsänderung tritt nach Artikel 56 Absatz 9 des Gesetzes vom 2. Dezember 2024, BGBl. 2024 I Nr. 387, an dem Tag in Kraft, an dem das Erste Gesetz zur Änderung des Bundesdatenschutzgesetzes in Kraft tritt. Das Bundesministerium der Finanzen gibt den Tag des Inkrafttretens gesondert im Bundesgesetzblatt bekannt.

AO

§ 32 c Auskunftsrecht der betroffenen Person

(1) Das Recht auf Auskunft der betroffenen Person[1] gegenüber einer Finanzbehörde gemäß Artikel 15 der Verordnung (EU) 2016/679 besteht nicht, soweit 1

1. die betroffene Person nach § 32 a Absatz 1 oder nach § 32 b Absatz 1 oder 2 nicht zu informieren ist[2],

2. die Auskunftserteilung den Rechtsträger der Finanzbehörde in der Geltendmachung, Ausübung oder Verteidigung zivilrechtlicher Ansprüche oder in der Verteidigung gegen ihn geltend gemachter zivilrechtlicher Ansprüche im Sinne des Artikels 23 Absatz 1 Buchstabe j der Verordnung (EU) 2016/679 beeinträchtigen würde; Auskunftspflichten der Finanzbehörde nach dem Zivilrecht bleiben unberührt,

3. die personenbezogenen Daten

a) nur deshalb gespeichert sind, weil sie auf Grund gesetzlicher Aufbewahrungsvorschriften[3] nicht gelöscht werden dürfen, oder

b) ausschließlich Zwecken der Datensicherung oder der Datenschutzkontrolle dienen

und die Auskunftserteilung einen unverhältnismäßigen Aufwand erfordern würde sowie eine Verarbeitung zu anderen Zwecken durch geeignete technische und organisatorische Maßnahmen ausgeschlossen ist.

(2) Die betroffene Person soll in dem Antrag auf Auskunft gemäß Artikel 15 der Verordnung (EU) 2016/679 die Art der personenbezogenen Daten, über die Auskunft erteilt werden soll, näher bezeichnen. 2

(3) Sind die personenbezogenen Daten weder automatisiert noch in nicht automatisierten Dateisystemen gespeichert, wird die Auskunft nur erteilt, soweit die betroffene Person Angaben macht, die das Auffinden der Daten ermöglichen, und der für die Erteilung der Auskunft erforderliche Aufwand nicht außer Verhältnis zu dem von der betroffenen Person geltend gemachten Informationsinteresse steht. 3

(4) ① Die Ablehnung der Auskunftserteilung ist gegenüber der betroffenen Person zu begründen, soweit nicht durch die Mitteilung der tatsächlichen und rechtlichen Gründe, auf die die Entscheidung gestützt wird, der mit der Auskunftsverweigerung verfolgte Zweck gefährdet würde. ② Die zum Zweck der Auskunftserteilung an die betroffene Person und zu deren Vorbereitung gespeicherten Daten dürfen nur für diesen Zweck sowie für Zwecke der Datenschutzkontrolle verarbeitet werden; für andere Zwecke ist die Verarbeitung nach Maßgabe des Artikels 18 der Verordnung (EU) 2016/679 einzuschränken. 4

(5) ① Soweit der betroffenen Person durch eine Finanzbehörde keine Auskunft erteilt wird, ist sie auf Verlangen der betroffenen Person der oder dem Bundesbeauftragten für den Datenschutz und die Informationsfreiheit zu erteilen, soweit nicht die jeweils zuständige oberste Finanzbehörde im Einzelfall feststellt, dass dadurch die Sicherheit 5

---

[1] *BFH-Urteil vom 15. 7. 2025 IX R 25/24, BFH/NV S. 1492*: 1. Das Interesse eines Steuerpflichtigen auf Kenntnisnahme einer gegen ihn gerichteten, in den Steuerakten der Finanzbehörde befindlichen anonymen Anzeige ist im Rahmen der behördlichen Ermessensentscheidung über den Antrag auf Akteneinsicht gegen die kollidierenden Geheimhaltungsinteressen des Anzeigeerstatters und der Finanzbehörde abzuwägen. 2. Beinhaltet eine anonyme Anzeige Informationen, die einen Steuerpflichtigen persönlich betreffen, liegen für ihn insoweit personenbezogene Daten im Sinne von Art. 4 Nr. 1 DSGVO vor, die grundsätzlich vom Tatbestand des datenschutzrechtlichen Auskunftsanspruchs gemäß Art. 15 Abs. 1 DSGVO erfasst sind. 3. Eine Finanzbehörde muss über den Inhalt einer ihr vorliegenden anonymen Anzeige gegenüber dem betroffenen Steuerpflichtigen keine Auskunft nach Art. 15 Abs. 1 DSGVO erteilen, wenn das Geheimhaltungsinteresse der Behörde zum Zwecke der Erfüllung ihrer Aufgaben sowie der aus § 30 AO herrührende Identitätsschutz des Anzeigeerstatters im Einzelfall höher wiegen als das Informationsinteresse des Steuerpflichtigen.

Der Anspruch auf Auskunftserteilung über die Verarbeitung von personenbezogenen Daten gemäß Art. 15 Abs. 1 der Datenschutz-Grundverordnung (DSGVO) wird nicht nach Art. 23 Abs. 1 Buchst. i DSGVO i. V. m. § 32 c Abs. 1 Nr. 1, § 32 b Abs. 1 Nr. 2 Satz 1 AO ausgeschlossen, wenn hierdurch auch Daten berührt werden, die dem (ehemaligen) Steuerberater der betroffenen Person zuzuordnen sind, allerdings aus einer Erklärung stammen, die der Steuerberater als deren Vertreter im Sinne von § 80 Abs. 1 Satz 1 AO übermittelt hat (*BFH-Urteil vom 7. 5. 2024 IX R 21/22, BFH/NV S. 1070*).

Der Auskunftsanspruch aus Art. 15 der Datenschutz-Grundverordnung bezieht sich auch auf die in internen Vermerken, Aktennotizen, Bearbeitungs- und Geschäftsgangvermerken und interner Kommunikation enthaltenen personenbezogenen Daten (*BFH-Urteil vom 11. 3. 2025 IX R 24/22, BFH/NV S. 846*).

BFH-Urteil vom 8. 4. 2025 IX R 22/22, BFH/NV S. 1009: 1. Rechtliche Analysen als solche unterfallen nicht dem Auskunftsanspruch nach Art. 15 der Datenschutz-Grundverordnung, wohl aber die darin enthaltenen personenbezogenen Daten. 2. Ein Auskunftsbegehren gilt nicht bereits als exzessiv, wenn die betroffene Person Einsicht in die Akten genommen hat, auf welche sich ihr Auskunftsbegehren bezieht.

BFH-Urteil vom 11. 3. 2025 IX R 23/22, BFH/NV S. 841: 1. Die Verarbeitung personenbezogener Daten durch eine oberste Landesbehörde unterfällt dem Anwendungsbereich der Datenschutz-Grundverordnung (DSGVO). Auf eine Differenzierung nach der Art der Aktenführung, der Art der Dokumente oder der Form der Bearbeitung kommt es nicht an. 2. Der Verantwortliche kann sich zur Begrenzung des Auskunftsrechts nach Art. 15 DSGVO nicht darauf berufen, dass der Betroffene über die begehrten Informationen bereits verfügt.

[2] Der auf Art. 23 Abs. 1 DSGVO beruhende Ausschluss des Auskunftsanspruchs nach § 32 c Abs. 1 Nr. 1 der AO ist mit Unionsrecht vereinbar (*BFH-Urteil vom 15. 7. 2025 IX R 25/24, BFH/NV S. 1492*).

[3] Gesetzliche Aufbewahrungsvorschriften für Steuerakten der Finanzverwaltung bestehen nicht, sodass ein Auskunftsrecht über darin enthaltene personenbezogene Daten nicht nach Art. 23 Abs. 1 Buchst. i DSGVO i. V. m. § 32 c Abs. 1 Nr. 3 Buchst. a AO ausgeschlossen ist (*BFH-Urteil vom 7. 5. 2024 IX R 21/22, BFH/NV S. 1070*).

des Bundes oder eines Landes gefährdet würde. ② Die Mitteilung der oder des Bundesbeauftragten für den Datenschutz und die Informationsfreiheit an die betroffene Person über das Ergebnis der datenschutzrechtlichen Prüfung darf keine Rückschlüsse auf den Erkenntnisstand der Finanzbehörde zulassen, sofern diese nicht einer weitergehenden Auskunft zustimmt.

§ 32d Form der Information oder Auskunftserteilung

1 **(1) Soweit Artikel 12 bis 15 der Verordnung (EU) 2016/679 keine Regelungen enthalten, bestimmt die Finanzbehörde das Verfahren, insbesondere die Form der Information oder der Auskunftserteilung, nach pflichtgemäßem Ermessen.**

2 **(2) Die Finanzbehörde kann ihre Pflicht zur Information der betroffenen Person gemäß Artikel 13 oder 14 der Verordnung (EU) 2016/679 auch durch Bereitstellung der Informationen in der Öffentlichkeit erfüllen, soweit dadurch keine personenbezogenen Daten veröffentlicht werden.**

3 **(3) Übermittelt die Finanzbehörde der betroffenen Person die Informationen über die Erhebung oder Verarbeitung personenbezogener Daten nach Artikel 13 oder 14 der Verordnung (EU) 2016/679 elektronisch oder erteilt sie der betroffenen Person die Auskunft nach Artikel 15 der Verordnung (EU) 2016/679 elektronisch, ist § 87 a Absatz 7 oder 8 entsprechend anzuwenden.**

§ 32e Verhältnis zu anderen Auskunfts- und Informationszugangsansprüchen

1 **① Soweit die betroffene Person oder ein Dritter nach dem Informationsfreiheitsgesetz vom 5. September 2005 (BGBl. I S. 2722) in der jeweils geltenden Fassung oder nach entsprechenden Gesetzen der Länder gegenüber der Finanzbehörde ein Anspruch auf Informationszugang hat, gelten die Artikel 12 bis 15 der Verordnung (EU) 2016/679 in Verbindung mit den §§ 32 a bis 32 d entsprechend. ② Weitergehende Informationsansprüche über steuerliche Daten sind insoweit ausgeschlossen. ③ § 30 Absatz 4 Nummer 2 ist insoweit nicht anzuwenden.**

§ 32f Recht auf Berichtigung und Löschung, Widerspruchsrecht

1 **(1) ① Wird die Richtigkeit personenbezogener Daten von der betroffenen Person bestritten und lässt sich weder die Richtigkeit noch die Unrichtigkeit der Daten feststellen, gilt ergänzend zu Artikel 18 Absatz 1 Buchstabe a der Verordnung (EU) 2016/679, dass dies keine Einschränkung der Verarbeitung bewirkt, soweit die Daten einem Verwaltungsakt zugrunde liegen, der nicht mehr aufgehoben, geändert oder berichtigt werden kann. ② Die ungeklärte Sachlage ist in geeigneter Weise festzuhalten. ③ Die bestrittenen Daten dürfen nur mit einem Hinweis hierauf verarbeitet werden.**

2 **(2) ① Ist eine Löschung im Falle nicht automatisierter Datenverarbeitung wegen der besonderen Art der Speicherung nicht oder nur mit unverhältnismäßig hohem Aufwand möglich und ist das Interesse der betroffenen Person an der Löschung als gering anzusehen, besteht das Recht der betroffenen Person auf und die Pflicht der Finanzbehörde zur Löschung personenbezogener Daten gemäß Artikel 17 Absatz 1 der Verordnung (EU) 2016/679 ergänzend zu den in Artikel 17 Absatz 3 der Verordnung (EU) 2016/679 genannten Ausnahmen nicht. ② In diesem Fall tritt an die Stelle einer Löschung die Einschränkung der Verarbeitung gemäß Artikel 18 der Verordnung (EU) 2016/679. ③ Die Sätze 1 und 2 finden keine Anwendung, wenn die personenbezogenen Daten unrechtmäßig verarbeitet wurden.**

3 **(3) ① Ergänzend zu Artikel 18 Absatz 1 Buchstabe b und c der Verordnung (EU) 2016/679 gilt Absatz 2 Satz 1 und 2 entsprechend im Fall des Artikels 17 Absatz 1 Buchstabe a und d der Verordnung (EU) 2016/679, solange und soweit die Finanzbehörde Grund zu der Annahme hat, dass durch eine Löschung schutzwürdige Interessen der betroffenen Person beeinträchtigt würden. ② Die Finanzbehörde unterrichtet die betroffene Person über die Einschränkung der Verarbeitung, sofern sich die Unterrichtung nicht als unmöglich erweist oder einen unverhältnismäßigen Aufwand erfordern würde.**

4 **(4) Ergänzend zu Artikel 17 Absatz 3 Buchstabe b der Verordnung (EU) 2016/679 gilt Absatz 2 entsprechend im Fall des Artikels 17 Absatz 1 Buchstabe a der Verordnung (EU) 2016/679, wenn einer Löschung vertragliche Aufbewahrungsfristen entgegenstehen.**

5 **(5) Das Recht auf Widerspruch gemäß Artikel 21 Absatz 1 der Verordnung (EU) 2016/679 gegenüber einer Finanzbehörde besteht nicht, soweit an der Verarbeitung ein zwingendes öffentliches Interesse besteht, das die Interessen der betroffenen Person überwiegt, oder eine Rechtsvorschrift zur Verarbeitung verpflichtet.**

Siebter Abschnitt. Datenschutzaufsicht, Gerichtlicher Rechtsschutz in datenschutzrechtlichen Angelegenheiten

§ 32g Datenschutzbeauftragte der Finanzbehörden

Für die von Finanzbehörden gemäß Artikel 37 der Verordnung (EU) 2016/679 zu benennenden Datenschutzbeauftragten gelten § 5 Absatz 2 bis 5 sowie die §§ 6 und 7 des Bundesdatenschutzgesetzes entsprechend. 1

§ 32h Datenschutzrechtliche Aufsicht, Datenschutz-Folgenabschätzung

(1) ① **Die oder der Bundesbeauftragte für den Datenschutz und die Informationsfreiheit nach § 8 des Bundesdatenschutzgesetzes ist zuständig für die Aufsicht über die Finanzbehörden hinsichtlich der Verarbeitung personenbezogener Daten im Anwendungsbereich dieses Gesetzes.** ② **Die §§ 13 bis 16 des Bundesdatenschutzgesetzes gelten entsprechend.** 1

(2) ① **Entwickelt eine Finanzbehörde automatisierte Verfahren zur Verarbeitung personenbezogener Daten im Anwendungsbereich dieses Gesetzes für Finanzbehörden anderer Länder oder des Bundes, obliegt ihr zugleich die Datenschutz-Folgenabschätzung nach Artikel 35 der Verordnung (EU) 2016/679.** ② **Soweit die Verfahren von den Finanzbehörden der Länder und des Bundes im Hinblick auf die datenschutzrelevanten Funktionen unverändert übernommen werden, gilt die Datenschutz-Folgenabschätzung auch für die übernehmenden Finanzbehörden.** 2

(3) **Durch Landesgesetz kann bestimmt werden, dass die oder der Bundesbeauftragte für den Datenschutz und die Informationsfreiheit für die Aufsicht über die Verarbeitung personenbezogener Daten im Rahmen landesrechtlicher oder kommunaler Steuergesetze zuständig ist, soweit die Datenverarbeitung auf bundesgesetzlich geregelten Besteuerungsgrundlagen oder auf bundeseinheitlichen Festlegungen beruht und die mit der Aufgabenübertragung verbundenen Verwaltungskosten der oder des Bundesbeauftragten für den Datenschutz und die Informationsfreiheit vom jeweiligen Land getragen werden.** 3

§ 32i Gerichtlicher Rechtsschutz

(1) ① **Für Streitigkeiten über Rechte gemäß Artikel 78 Absatz 1 und 2 der Verordnung (EU) 2016/679 hinsichtlich der Verarbeitung nach § 30 geschützter Daten zwischen einer betroffenen öffentlichen Stelle gemäß § 6 Absatz 1 bis 1 c und Absatz 2 oder ihres Rechtsträgers, einer betroffenen nicht-öffentlichen Stelle gemäß § 6 Absatz 1 d und 1 e oder einer betroffenen Person und der zuständigen Aufsichtsbehörde des Bundes oder eines Landes ist der Finanzrechtsweg[1] gegeben.** ② **Satz 1 gilt nicht in den Fällen des § 2 a Absatz 4.** 1

(2)[2] ① **Für Klagen der betroffenen Person hinsichtlich der Verarbeitung personenbezogener Daten gegen Finanzbehörden oder gegen deren Auftragsverarbeiter wegen eines Verstoßes gegen datenschutzrechtliche Bestimmungen im Anwendungsbereich der Verordnung (EU) 2016/679 oder der darin enthaltenen Rechte der betroffenen Person ist der Finanzrechtsweg gegeben.** ② **Der Finanzrechtsweg ist auch gegeben für Auskunfts- und Informationszugangsansprüche, deren Umfang nach § 32 e begrenzt wird.** 2

(3) ① **Hat die nach dem Bundesdatenschutzgesetz oder nach dem Landesrecht für die Aufsicht über andere öffentliche Stellen oder nicht-öffentliche Stellen zuständige Aufsichtsbehörde einen rechtsverbindlichen Beschluss erlassen, der eine Mitwirkungspflicht einer anderen öffentlichen Stelle oder einer nicht-öffentlichen Stelle gegenüber Finanzbehörden nach diesem Gesetz oder den Steuergesetzen ganz oder teilweise verneint, kann die zuständige Finanzbehörde auf Feststellung des Bestehens einer Mitwirkungspflicht klagen.** ② **Die Stelle, deren Pflicht zur Mitwirkung die Finanzbehörde geltend macht, ist beizuladen.** 3

(4) **Die Finanzgerichtsordnung ist in den Fällen der Absätze 1 bis 3 nach Maßgabe der Absätze 5 bis 10 anzuwenden.** 4

(5) ① **Für Verfahren nach Absatz 1 Satz 1 und Absatz 3 ist das Finanzgericht örtlich zuständig, in dessen Bezirk die jeweils zuständige Aufsichtsbehörde ihren Sitz hat.** ② **Für Verfahren nach Absatz 2 ist das Finanzgericht örtlich zuständig, in dessen Bezirk die beklagte Finanzbehörde ihren Sitz oder der beklagte Auftragsverarbeiter seinen Sitz hat; § 38 Absatz 3 der Finanzgerichtsordnung gilt entsprechend.** 5

---

[1] Die Rechtswegzuweisung nach § 32 i Abs. 1 Satz 1 AO für Klagen zwischen einer betroffenen Person und der zuständigen Aufsichtsbehörde zur Finanzgerichtsbarkeit setzt voraus, dass Ausgangspunkt des Streits eine Auseinandersetzung zwischen der betroffenen Person und einer Finanzbehörde (§ 6 Abs. 2 AO) in steuerlichen Angelegenheiten ist (*BFH-Beschluss vom 4. 11. 2025 IX B 72/25, BFH/NV 2026 S. 28*).

[2] Für die Geltendmachung von Schadenersatzansprüchen gegen Finanzbehörden wegen behaupteter Verstöße gegen die DSGVO ist der Finanzrechtsweg gegeben (*BFH-Beschluss vom 28. 6. 2022 II B 92/21, BStBl. II S. 535*).

AO

6 (6) **Beteiligte eines Verfahrens nach Absatz 1 Satz 1 sind**

1. die öffentliche oder nicht-öffentliche Stelle oder die betroffene Person als Klägerin oder Antragstellerin,

2. die zuständige Aufsichtsbehörde des Bundes oder eines Landes als Beklagte oder Antragsgegnerin,

3. der nach § 60 der Finanzgerichtsordnung Beigeladene sowie

4. die oberste Bundes- oder Landesfinanzbehörde, die dem Verfahren nach § 122 Absatz 2 der Finanzgerichtsordnung beigetreten ist.

7 (7) **Beteiligte eines Verfahrens nach Absatz 2 sind**

1. die betroffene Person oder die um Auskunft oder Informationszugang ersuchende Person als Klägerin oder Antragstellerin,

2. die Finanzbehörde oder der Auftragsverarbeiter als Beklagte oder Antragsgegnerin,

3. der nach § 60 der Finanzgerichtsordnung Beigeladene sowie

4. die oberste Bundes- oder Landesfinanzbehörde, die dem Verfahren nach § 122 Absatz 2 der Finanzgerichtsordnung beigetreten ist.

8 (8) **Beteiligte eines Verfahrens nach Absatz 3 sind**

1. die zuständige Finanzbehörde als Klägerin oder Antragstellerin,

2. die Aufsichtsbehörde des Bundes oder eines Landes, die den rechtsverbindlichen Beschluss erlassen hat, als Beklagte oder Antragsgegnerin,

3. die Stelle, deren Pflicht zur Mitwirkung die Finanzbehörde geltend macht, als Beigeladene und

4. die oberste Bundes- oder Landesfinanzbehörde, die dem Verfahren nach § 122 Absatz 2 der Finanzgerichtsordnung beigetreten ist.

9 (9) ① **Ein Vorverfahren findet nicht statt**[1]. ② **Dies gilt nicht für Verfahren nach Absatz 2 Satz 2.**

10 (10) ① **In Verfahren nach Absatz 1 Satz 1 haben eine Klage oder ein Antrag aufschiebende Wirkung.** ② **Die zuständige Aufsichtsbehörde darf gegenüber einer Finanzbehörde, deren Rechtsträger oder deren Auftragsverarbeiter nicht die sofortige Vollziehung anordnen.**

§ 32j Antrag auf gerichtliche Entscheidung bei angenommener Rechtswidrigkeit eines Angemessenheitsbeschlusses der Europäischen Kommission

1 **Hält der oder die Bundesbeauftragte für den Datenschutz und die Informationsfreiheit oder eine nach Landesrecht für die Kontrolle des Datenschutzes zuständige Stelle einen Angemessenheitsbeschluss der Europäischen Kommission, auf dessen Gültigkeit es bei der Entscheidung über die Beschwerde einer betroffenen Person hinsichtlich der Verarbeitung personenbezogener Daten ankommt, für rechtswidrig, so gilt § 21 des Bundesdatenschutzgesetzes.**

[1] 1. Gegen die Ablehnung der Akteneinsicht in die Steuerakten der Finanzbehörde muss der Steuerpflichtige erfolglos ein Vorverfahren durchführen, anderenfalls ist seine Klage unzulässig. 2. Der Ausschluss des Vorverfahrens nach § 32 i Abs. 9 Satz 1 AO greift nur, soweit der Steuerpflichtige seinen Akteneinsichtsanspruch aus Art. 15 der Datenschutz-Grundverordnung ableitet (*BFH-Urteil vom 11. 3. 2025 IX R 34/21, BFH/NV S. 875*).

BFH-Urteil vom 8. 4. 2025 IX R 8/24, BFH/NV S. 880: 1. Begehrt ein Steuerpflichtiger bei der Finanzbehörde Akteneinsicht und macht er im Klageverfahren erstmals einen Auskunftsanspruch nach Art. 15 der Datenschutz-Grundverordnung geltend, liegt eine Klageänderung vor. 2. Die Klageänderung ist grundsätzlich unzulässig, wenn es an einer vorherigen Ablehnung des Auskunftsanspruchs seitens der Finanzbehörde und damit an der für die Klageerhebung notwendigen Beschwer fehlt.

Zweiter Teil. Steuerschuldrecht

Erster Abschnitt. Steuerpflichtiger

AO

§ 33 Steuerpflichtiger[1]

(1) **Steuerpflichtiger ist, wer eine Steuer schuldet, für eine Steuer haftet, eine Steuer für Rechnung eines Dritten einzubehalten und abzuführen hat, wer eine Steuererklärung abzugeben, Sicherheit zu leisten, Bücher und Aufzeichnungen zu führen oder andere ihm durch die Steuergesetze auferlegte Verpflichtungen zu erfüllen hat.** 1

(2) **Steuerpflichtiger ist nicht, wer in einer fremden Steuersache Auskunft zu erteilen, Urkunden vorzulegen, ein Sachverständigengutachten zu erstatten oder das Betreten von Grundstücken, Geschäfts- und Betriebsräumen zu gestatten hat.** 2

AEAO

Zu § 33 – Steuerpflichtiger:

1. Zu den Pflichten, die nach § 33 Abs. 1 AO den Steuerpflichtigen auferlegt werden, gehören: Eine Steuer als Steuerschuldner, Haftender oder für Rechnung eines anderen (§ 43 AO) zu entrichten, die Verpflichtung zur Abgabe einer Steuererklärung (§ 149 AO), zur Mitwirkung und Auskunft in eigener Steuersache (§§ 90, 93, 200 AO), zur Führung von Büchern und Aufzeichnungen (§§ 140 ff. AO), zur ordnungsgemäßen Kontenführung (§ 154 AO) oder zur Sicherheitsleistung (§ 241 AO). 3

2. Nicht unter den Begriff des Steuerpflichtigen fällt (§ 33 Abs. 2 AO), wer in einer für ihn fremden Steuersache tätig wird oder werden soll. Das sind neben Bevollmächtigten und Beiständen (§§ 80, 123, 183 AO) diejenigen, die Auskunft zu erteilen (§ 93 AO), Urkunden (§ 97 AO) oder Wertsachen (§ 100 AO) vorzulegen, Sachverständigengutachten zu erstatten (§ 96 AO) oder das Betreten von Grundstücken oder Räumen zu gestatten (§ 99 AO) oder Steuern aufgrund vertraglicher Verpflichtung zu entrichten haben (§ 192 AO). 4

3. Unter Steuergesetzen sind alle Gesetze zu verstehen, die steuerrechtliche Vorschriften enthalten, auch wenn diese nur einen Teil des Gesetzes umfassen. 5

AO

§ 34[2] Pflichten der gesetzlichen Vertreter und der Vermögensverwalter

(1) ① **Die gesetzlichen Vertreter natürlicher und juristischer Personen sowie rechtsfähiger Personenvereinigungen und die Geschäftsführer von Vermögensmassen haben deren steuerliche Pflichten[3] zu erfüllen.** ② **Sie haben insbesondere dafür zu sorgen, dass die Steuern aus den Mitteln entrichtet werden, die sie verwalten.** ③ **Die Finanzbehörde kann sich an jeden von ihnen wenden.** 1

(2)[4] ① **Bei nicht rechtsfähigen Personenvereinigungen haben die Mitglieder, Gesellschafter oder Gemeinschafter die Pflichten im Sinne des Absatzes 1 zu erfüllen.** ② **Die Finanzbehörde kann sich an jedes von ihnen halten.** ③ **Für nicht rechtsfähige Vermö-** 2

---

[1] Bei einer **Personengesellschaft** endet die Steuerrechtsfähigkeit erst mit deren Vollbeendigung; sie ist grds. erst dann vollbeendet, wenn das steuerliche Verhältnis zwischen ihr und dem FA abgewickelt ist (vgl. z. B. *BFH-Urteil vom 28. 1. 1992 VIII R 28/90, BStBl. II S. 881:* Konkurs führt nicht zur Vollbeendigung. *BFH-Urteil vom 1. 10. 1992 IV R 60/91, BStBl. 1993 II S. 82:* Bei einer handelsrechtlich vollbeendeten KG ist noch eine Außenprüfung zulässig; s. auch *BFH-Urteil vom 1. 3. 1994 VIII R 35/92, BStBl. 1995 II S. 241:* Zur Prüfungsanordnung bei vollbeendeter GbR). Siehe auch *BFH-Urteil vom 13. 2. 1996 VIII R 18/92, DB S. 1014* und *Beschluss OLG Hamm vom 5. 9. 1996 15 W 125/96, DB S. 2326.* Zur Klagebefugnis von Gesellschaftern einer handelsrechtlich vollbeendeten KG s. *BFH-Urteil vom 23. 10. 1990 VIII R 142/85, BStBl. II 1991 S. 401.* Ein USt-Bescheid kann nach dem *BFH-Urteil vom 17. 12. 1992 V R 135/89* nicht mehr rechtswirksam an die PersGes oder die für sie handelnden Personen bekanntgegeben werden, wenn ein Gesellschafter das Vermögen der Gesellschafter (mit Aktiven und Passiven) ohne Liquidation durch das Ausscheiden der übrigen Gesellschafter übernimmt. Der Bescheid ist vielmehr an den übernehmenden Gesellschafter als Gesamtrechtsnachfolger zu richten (Festhaltung an *BFH-Urteil vom 18. 9. 1980 V R 175/74, BStBl. 1981 II S. 293*).

Auch eine **Kapitalgesellschaft** bleibt bis zur vollständigen Abwicklung ihrer steuerlichen Angelegenheiten steuerrechtsfähig, auch wenn sie bereits nach dem Löschungsgesetz vom 9. 10. 1934 (RGBl. I S. 914, geändert durch das Bilanzrichtliniengesetz vom 19. 12. 1985, BGBl. I S. 2355) im Handelsregister gelöscht ist *(BFH-Urteil vom 30. 3. 1993 VIII R 8/91, DStR S. 1664).*

Eine **Gesellschaft bürgerlichen Rechts** kann Arbeitgeber im lohnsteuerlichen Sinne sein *(BFH-Urteil vom 17. 2. 1995 VI R 41/92, BStBl. II S. 390).*

Der Ausdruck „Steuerpflichtiger" iSd § 173 Abs. 1 Nr. 2 AO bestimmt sich nach § 33 AO. Das Wesen der **Zusammenveranlagung von Eheleuten** besteht in der steuerlichen Behandlung als ein Stpfl. Die damit korrespondierende Gesamtschuldnerschaft der Eheleute bedingt, dass sich jeder das grobe Verschulden des anderen als eigenes zurechnen lassen muss *(BFH-Urteil vom 24. 7. 1996 I R 62/95, BStBl. 1997 II S. 115).*

[2] Zur Haftung vgl. §§ 69 ff. AO.

[3] Zur Steuererklärungspflicht vgl. § 149 AO.

[4] *BFH-Urteil vom 8. 11. 1995 V R 64/94, BStBl. 1996 II S. 256:* 1. Die Bezeichnung einer GbR in einem Steuerbescheid mit den Namen ihrer früheren Gesellschafter führt nicht zur Nichtigkeit des Bescheides wegen inhaltlicher Unbestimmtheit, wenn aufgrund fortbestehender Identität der GbR eine Verwechslungsgefahr ausgeschlossen ist und der Inhaltsadressat des Bescheides für den Bekanntgabeadressaten sicher erkennbar ist. 2. Es reicht zur wirksamen Bekanntgabe eines an eine in Liquidation befindliche GbR gerichteten Steuerbescheides aus, dass dieser nur einem der Liquidatoren bekanntgegeben wird.

gensmassen gelten die Sätze 1 und 2 mit der Maßgabe, dass diejenigen, denen das Vermögen zusteht, die steuerlichen Pflichten zu erfüllen haben.

3 (3) **Steht eine Vermögensverwaltung anderen Personen als den Eigentümern des Vermögens oder deren gesetzlichen Vertretern zu, so haben die Vermögensverwalter die in Absatz 1 bezeichneten Pflichten, soweit ihre Verwaltung reicht.**[1]

AEAO

Zu § 34 – Pflichten der gesetzlichen Vertreter und der Vermögensverwalter:

4 **1. Allgemeines**

Die gesetzlichen Vertreter natürlicher und juristischer Personen sowie rechtsfähiger Personenvereinigungen, die Geschäftsführer von Vermögensmassen (§ 34 Abs. 1 AO), die Mitglieder, Gesellschafter oder Gemeinschafter einer nicht rechtsfähigen Personenvereinigung (§ 34 Abs. 2 AO) sowie die Vermögensverwalter im Rahmen ihrer Verwaltungsbefugnis (§ 34 Abs. 3 AO) treten in ein unmittelbares Pflichtenverhältnis zur Finanzbehörde. Sie haben alle Pflichten zu erfüllen, die den von ihnen Vertretenen auferlegt sind. Dazu gehören z.B. die Buchführungs-, Erklärungs-, Mitwirkungs- oder Auskunftspflichten (§§ 140ff., 90, 93 AO), die Verpflichtung, Steuern zu zahlen und die Vollstreckung in dieses Vermögen zu dulden (§ 77 AO).

5 **2. Gesetzliche Vertretung einer Personenhandelsgesellschaft oder einer rechtsfähigen Personengesellschaft**

2.1. Offene Handelsgesellschaften (OHG)

Zur Vertretung einer OHG ist jeder Gesellschafter befugt, wenn er nicht durch den Gesellschaftsvertrag von der Vertretung ausgeschlossen ist (§ 124 HGB).

Im Gesellschaftsvertrag kann vereinbart werden, dass alle oder mehrere Gesellschafter nur gemeinsam zur Vertretung der OHG befugt sein sollen. Die zur Gesamtvertretung befugten Gesellschafter können einzelne von ihnen zur Vornahme bestimmter Geschäfte oder bestimmter Arten von Geschäften ermächtigen.

Die Vertretungsbefugnis der Gesellschafter erstreckt sich auf alle Geschäfte der OHG einschließlich der Veräußerung und Belastung von Grundstücken sowie der Erteilung und des Widerrufs einer Prokura. Eine Beschränkung des Umfangs der Vertretungsbefugnis ist Dritten gegenüber unwirksam.

Zur Bekanntgabe von Steuer- und Feststellungsbescheiden siehe den AEAO zu § 122, Nr. 2.4.1.1 und Nr. 2.5.2.

Nach handelsrechtlicher Auflösung der OHG findet die Liquidation statt, sofern nicht über das Vermögen der OHG das Insolvenzverfahren eröffnet ist (§ 143 Abs. 1 HGB). Ist die OHG durch Löschung wegen Vermögenslosigkeit aufgelöst, findet eine Liquidation nur statt, wenn sich nach der Löschung herausstellt, dass noch Vermögen vorhanden ist, das der Verteilung unterliegt.

Mit der handelsrechtlichen Auflösung der OHG erlischt die einem Gesellschafter im Gesellschaftsvertrag übertragene Befugnis zur Geschäftsführung und Vertretung. Diese Befugnis steht von der Auflösung an allen Liquidatoren gemeinsam zu (§ 146 Abs. 1 HGB).

Zur Bekanntgabe von Steuer- und Feststellungsbescheiden an eine OHG in Liquidation siehe den AEAO zu § 122, Nr. 2.7.2.

2.2. Kommanditgesellschaften (KG)

Bei einer KG sind nur die persönlich haftenden Gesellschafter (Komplementäre), nicht aber die Kommanditisten befugt, die Gesellschaft zu vertreten (§ 170 Abs. 1 HGB). Im Übrigen sind die für eine OHG geltenden Bestimmungen des HGB auf die KG grds. entsprechend anzuwenden (siehe Nr. 2.1 des AEAO zu § 34).

2.3. Rechtsfähige Personengesellschaften (rechtsfähige GbR)

Zur Vertretung einer rechtsfähigen GbR (§ 705 BGB) sind alle Gesellschafter gemeinsam befugt (Gesamtvertretung), es sei denn, der Gesellschaftsvertrag bestimmt etwas anderes (§ 720 Abs. 1 BGB).

---

[1] Zur Einordnung der steuerlichen Pflichten eines **Testamentsvollstreckers** vgl. *BFH-Urteil vom 18. 6. 1986 II R 38/84, BStBl. II S. 704.*

Wird die Eröffnung des Insolvenzverfahrens über das Vermögen einer GmbH beantragt und ein **vorläufiger Insolvenzverwalter unter Anordnung eines allgemeinen Zustimmungsvorbehalts** bestellt, verbleibt die Verwaltungs- und Verfügungsbefugnis beim gesetzlichen Vertreter der GmbH. Er wird durch den vorläufigen Insolvenzverwalter nicht aus seiner Pflichtenstellung verdrängt und hat weiterhin dafür zu sorgen, dass die Steuern aus den Mitteln der GmbH entrichtet werden *(BFH-Urteil vom 26. 9. 2017 VII R 40/16, BStBl. 2018 II S. 772).*

Wird das Insolvenzverfahren über das Vermögen des Steuerpflichtigen aufgehoben, so erlangt dieser als Insolvenzschuldner kraft Gesetzes seine Verwaltungsbefugnis und Verfügungsbefugnis über sein Vermögen wieder zurück. Ab diesem Zeitpunkt kann vom Insolvenzverwalter umgekehrt nicht mehr die Erfüllung steuerlicher Pflichten verlangt werden *(BFH-Beschluss vom 22. 10. 2007 VIII B 55/07, BFH/NV 2008 S. 187).*

BFH-Urteil vom 10. 2. 2015 IX R 23/14, BStBl. 2017 II S. 367: Der Zwangsverwalter hat auch die Einkommensteuer des Vollstreckungsschuldners zu entrichten, soweit sie aus der Vermietung der im Zwangsverwaltungsverfahren beschlagnahmten Grundstücke herrührt (Änderung der Rechtsprechung), vgl. auch *BMF-Schreiben vom 3. 5. 2017 (BStBl. I S. 718),* nachstehend abgedruckt.

Ein Kanzleiabwickler (§ 55 BRAO) ist Vermögensverwalter i. S. des § 34 Abs. 3 AO. Daher ist er im Rahmen der ihm obliegenden Aufgaben auch zur Abgabe von Umsatzsteuererklärungen und zur Abführung der Umsatzsteuer verpflichtet (*BFH-Urteil vom 29. 4. 2000 XI R 18/19, BStBl. II S. 620).*

Die zur Gesamtvertretung befugten Gesellschafter können einzelne Gesellschafter zur Vornahme bestimmter Geschäfte oder bestimmter Arten von Geschäften ermächtigen (§ 720 Abs. 2 BGB).

Die Vertretungsbefugnis der Gesellschafter erstreckt sich auf alle Geschäfte der rechtsfähigen GbR; eine Beschränkung des Umfangs der Vertretungsbefugnis ist Dritten gegenüber unwirksam (§ 720 Abs. 3 BGB).

Die Vertretungsbefugnis kann einem Gesellschafter allerdings ganz oder teilweise entzogen werden (§ 720 Abs. 4 BGB).

Zur Bekanntgabe von Steuer- und Feststellungsbescheiden siehe den AEAO zu § 122, Nr. 2.4.1.1 und Nr. 2.5.2.

Nach zivilrechtlicher Auflösung der rechtsfähigen GbR (vgl. § 729 BGB) findet die Liquidation statt, sofern nicht über das Vermögen der Gesellschaft das Insolvenzverfahren eröffnet ist (§ 735 Abs. 1 BGB) oder die Gesellschafter anstelle der Liquidation eine andere Art der Abwicklung vereinbart haben (§ 735 Abs. 2 BGB).

Zur Liquidation sind grundsätzlich alle Gesellschafter berufen (§ 736 Abs. 1 bis 3 BGB). Durch Vereinbarung im Gesellschaftsvertrag oder durch Beschluss der Gesellschafter können auch einzelne Gesellschafter oder andere Personen zu Liquidatoren berufen werden (§ 736 Abs. 4 BGB).

Mit der zivilrechtlichen Auflösung der rechtsfähigen GbR erlischt die einem Gesellschafter im Gesellschaftsvertrag übertragene Befugnis zur Geschäftsführung und Vertretung; diese Befugnis steht von der Auflösung an allen Liquidatoren gemeinsam zu (§ 736b Abs. 1 BGB).

Zur Bekanntgabe von Steuer- und Feststellungsbescheiden an eine GbR in Liquidation siehe den AEAO zu § 122, Nr. 2.7.2.

2.4. Nicht rechtsfähige Personenvereinigungen

Bei nicht rechtsfähigen Personenvereinigungen (§ 14a Abs. 3 und 4 AO) kann sich die Finanzbehörde unmittelbar an jedes Mitglied, jeden Gesellschafter oder jeden Gemeinschafter halten. Die Finanzbehörde kann aber auch mehrere oder alle Mitglieder, Gesellschafter oder Gemeinschafter zugleich zur Pflichterfüllung auffordern.

3. Vertretung einer GmbH oder AG ohne Geschäftsführer 6

Hat eine GmbH keinen Geschäftsführer (führungslose GmbH) und befindet sie sich nicht in Liquidation oder im Insolvenzverfahren, wird die Gesellschaft für den Fall, dass ihr gegenüber Willenserklärungen abgegeben oder Schriftstücke zugestellt werden, nach § 35 Abs. 1 GmbHG durch die Gesellschafter vertreten.

Hat eine AG keinen Vorstand (führungslose AG) und befindet sie sich nicht in Liquidation oder im Insolvenzverfahren, wird die Gesellschaft für den Fall, dass ihr gegenüber Willenserklärungen abgegeben oder Schriftstücke zugestellt werden, nach § 78 Abs. 1 AktG durch den Aufsichtsrat vertreten. Diese Vertretung gilt auch für die Bekanntgabe von Steuerverwaltungsakten (vgl. AEAO zu § 122, Nr. 2.8.1.2).

Die besonderen Vertreter einer führungslosen GmbH oder AG sind allerdings nur Passivvertreter und dürfen grundsätzlich keine aktiven Handlungen vornehmen. Daher liegt keine umfassende gesetzliche Vertretung der Gesellschaft i. S. d. § 34 Abs. 1 AO vor. Sobald aktive Handlungen der Gesellschaft – wie z. B. die Begleichung einer Steuerschuld – erforderlich sind, müssen die besonderen Vertreter einen Geschäftsführer bzw. Vorstand bestellen. Gegebenenfalls kann die Finanzbehörde beim Registergericht auch die Bestellung eines Notgeschäftsführers beantragen. Von dieser Möglichkeit sollte aber nur Gebrauch gemacht werden, wenn kein Verfügungsberechtigter i. S. d. § 35 AO vorhanden ist (vgl. AEAO zu § 35, Nr. 1), die Gesellschaft nicht vermögenslos ist und auch künftig Steuerverwaltungsakte gegenüber der Gesellschaft zu vollziehen sind. Das Amt des Notgeschäftsführers endet mit der Bestellung des ordentlichen Geschäftsführers, der Erledigung der dem Notgeschäftsführer zugewiesenen Aufgabe oder mit der Abberufung durch das bestellende Gericht. Zur Inanspruchnahme des bisherigen Geschäftsführers als Haftungsschuldner vgl. AEAO zu § 69.

4. Vertretung im Insolvenzverfahren 7

Wegen der steuerlichen Pflichten des Insolvenzverwalters und des „starken" vorläufigen Insolvenzverwalters, wenn dem Schuldner ein allgemeines Verfügungsverbot auferlegt worden ist (§ 22 Abs. 1 InsO), vgl. den AEAO zu § 251, Nr. 4.2.

Schreiben betr. einkommensteuerliche Pflichten des Zwangsverwalters; Anwendungsfragen zum BFH-Urteil vom 10. 2. 2015 IX R 23/14 Anl

Vom 17. Juli 2025 (BeckVerw 655500)

(BMF IV D 1 – S 0550/00340/007/037; DOK COO.7005.100.3.12526833)

(BStBl. I S. 1491)

Durch den Beschluss über die Anordnung der Zwangsverwaltung wird dem Schuldner die Befugnis zur Verwaltung und Benutzung des Grundstücks entzogen (§ 148 Abs. 2 des Gesetzes über die Zwangsversteigerung und die Zwangsverwaltung – ZVG). Der Beschluss gilt zugunsten des Gläubigers als Beschlagnahme des Grundstücks (§ 146 Abs. 1, § 20 Abs. 1 ZVG). Das Recht, das Grundstück zu ver- 8

Anl

walten und zu benutzen, geht auf den Zwangsverwalter über. Er ist gem. § 152 ZVG verpflichtet, das Grundstück in seinem wirtschaftlichen Bestand zu erhalten und ordnungsgemäß zu benutzen. Die Anordnung der Zwangsverwaltung lässt das Eigentum des Schuldners an dem Grundstück unberührt; ihm verbleibt auch die dingliche Verfügungsbefugnis über das Grundstück. Die Beschlagnahme führt aber dazu, dass das unter Zwangsverwaltung stehende Grundstück von dem übrigen Vermögen des Schuldners getrennt wird und ein Sondervermögen bildet, welches den die Zwangsverwaltung betreibenden Vollstreckungsgläubigern zur Sicherung ihres Befriedigungsrechtes zur Verfügung steht.

9 In dem Urteil vom 10. 2. 2015 IX R 23/14, BStBl. 2017 II S. 367 hat sich der Bundesfinanzhof (BFH) zu den steuerlichen Pflichten des Zwangsverwalters – insbesondere der Einkommensteuerentrichtungspflicht – im Zusammenhang mit Einkünften aus einem vermieteten/verpachteten und der Zwangsverwaltung unterliegenden Grundstück geäußert.

10 Die nachfolgenden Grundsätze sind daher anzuwenden, wenn das zwangsverwaltete Grundstück vermietet oder verpachtet wird und dem Schuldner aus dieser Tätigkeit Einkünfte zuzurechnen sind.

11 Unter Bezugnahme auf das Ergebnis der Erörterungen mit den obersten Finanzbehörden der Länder gilt zur Anwendung dieses Urteils Folgendes:

I. Stellung des Zwangsverwalters

12 Der Zwangsverwalter ist Vermögensverwalter i. S. d. § 34 Abs. 3 der Abgabenordnung (AO). Als solcher hat er nach § 34 Abs. 1 AO die steuerlichen Pflichten des Grundstückseigentümers als eigene zu erfüllen, soweit die Aufgaben und Befugnisse seiner Verwaltung reichen. In Betracht kommen insbesondere Erklärungspflichten (Rn. 6 ff.), Steuerentrichtungspflichten (Rn. 19 ff.) und Mitwirkungspflichten (Rn. 25 und 26).

II. Steuererklärungspflichten des Zwangsverwalters

II.1. Allgemeines

13 Als Vermögensverwalter ist der Zwangsverwalter verpflichtet, an der Erstellung der Einkommensteuererklärung des Schuldners mitzuwirken, soweit Besteuerungsgrundlagen zu erklären sind, die in einem Zusammenhang mit dem zwangsverwalteten Grundstück stehen. Insbesondere hat er Angaben zu machen über
- Einnahmen aus dem vermieteten/verpachteten Grundstück,
- etwaige Kapitalerträge aus der Verwaltung des Grundstücks,
- Kosten der Verwaltung und Ausgaben für das vermietete/verpachtete Grundstück.

14 Der Zwangsverwalter kommt diesen Pflichten insbesondere nach, wenn er die für die Einkommensteuererklärung notwendigen Angaben über die vermietende und verpachtende Tätigkeit in den dafür vorgesehenen Anlagen zur Einkommensteuererklärung (z. B. Anlage V, ggf. Anlage KAP) erklärt und die Vollständigkeit und Richtigkeit seiner Angaben mit seiner Unterschrift bestätigt.

Insoweit besteht keine Verpflichtung zur Übermittlung nach amtlich vorgeschriebenem Datensatz durch Datenfernübertragung.

II.1.1. Erklärung zur gesonderten und einheitlichen Feststellung nach § 180 Abs. 1 Satz 1 Nr. 2 Buchst. a AO bei einer rechtsfähigen Personenvereinigung i. S. v. § 14 a Abs. 2 AO

15 Steht das zwangsverwaltete Grundstück im Eigentum einer rechtsfähigen Personenvereinigung i. S. d. § 14 a Abs. 2 AO (z. B. einer OHG, einer KG oder einer rechtsfähigen GbR), ist die Personenvereinigung grundsätzlich vorrangig selbst erklärungspflichtig und nur nachrangig jeder Feststellungsbeteiligte (§ 181 Abs. 2 Satz 2 Nr. 1 Buchst. a AO).

Der Zwangsverwalter hat die Erklärungspflichten der Personenvereinigung zu erfüllen, sofern die Zwangsverwaltung alle gesondert und einheitlich festzustellenden Besteuerungsgrundlagen betrifft. Besteuerungsgrundlagen, die nicht im Zusammenhang mit dem zwangsverwalteten Grundstück stehen, sind von der Personenvereinigung zu erklären; der Zwangsverwalter hat bei der Erstellung der Feststellungserklärung mitzuwirken.

Die Ausführungen in den Rn. 6, 7 und 10 gelten entsprechend.

II.1.2. Erklärung zur gesonderten und einheitlichen Feststellung nach § 180 Abs. 1 Satz 1 Nr. 2 Buchst. a AO bei einer nicht rechtsfähigen Personenvereinigung i. S. v. § 14 a Abs. 3 AO

16 Erstreckt sich die Zwangsverwaltung nur auf den Miteigentumsanteil eines Miteigentümers an einem Grundstück einer Bruchteilsgemeinschaft i. S. v. § 741 BGB (z. B. Bruchteil an einem vermieteten Grundstück, das im Miteigentum von drei Personen zu je ⅓ steht), hat der Zwangsverwalter – neben den anderen Miteigentümern – eine Feststellungserklärung abzugeben bzw. im Falle weiterer Einkünfte der Bruchteilsgemeinschaft aus nicht zwangsverwalteten Grundstücken an der Erstellung der Feststellungserklärung mitzuwirken (§ 181 Abs. 2 Satz 2 Nr. 1 Buchst. b und Nr. 4, § 34 Abs. 3 i. V. m. Abs. 1 AO). Hierbei sind die Rn. 6 und 7 entsprechend anzuwenden. Gehört der Bruchteil zum (Sonder-) Betriebsvermögen einer rechtsfähigen Personenvereinigung, so gelten die Ausführungen in Rn. 8 entsprechend.

17 Wird bei einem ausschließlich im Eigentum von Ehegatten/Lebenspartnern stehenden Grundstück nach § 180 Abs. 3 Satz 1 Nr. 2 AO auf die Durchführung eines Feststellungsverfahrens verzichtet, bleiben die Pflichten des Zwangsverwalters gem. Rn. 6 und 7 zur Mitwirkung bei der Erstellung der Einkommensteuererklärung des Schuldners unberührt.

18 Steht das zwangsverwaltete Grundstück im Gesamthandseigentum einer Erbengemeinschaft oder einer Gütergemeinschaft, ist der Zwangsverwalter nicht zur Abgabe der Feststellungserklärung verpflichtet, da in diesen Fällen nicht die Gesamthandsgemeinschaft, sondern die einzelnen Beteiligten für die gesonderte und einheitliche Feststellung erklärungspflichtig sind (vgl. § 181 Abs. 2 Satz 2 Nr. 1 Buchst. b AO). Denn in diesem Fall kann der Zwangsverwalter nicht weitergehende Pflichten haben als

Anl

die Gesamthandsgemeinschaft selbst, in deren Gesamthandseigentum das vermietete Grundstück steht.

Gehört das im Alleineigentum stehende zwangsverwaltete Grundstück zum Sonderbetriebsvermögen eines Mitunternehmers einer nicht rechtsfähigen Personenvereinigung (z.B. bei einer atypisch stillen Gesellschaft), ist der Zwangsverwalter – neben den Mitunternehmern – zur Abgabe der Feststellungserklärung verpflichtet (§ 181 Abs. 2 Satz 2 Nr. 1 Buchst. b und Nr. 4, § 34 Abs. 3 i. V. m. Abs. 1 AO). Hierbei hat der Zwangsverwalter nur Angaben über Besteuerungsgrundlagen im Zusammenhang mit dem zwangsverwalteten Grundstück zu machen. Die Rn. 6 und 7 gelten entsprechend. 19

II.1.3. Erklärung zur gesonderten Feststellung nach § 180 Abs. 1 Satz 1 Nr. 2 Buchst. b AO

Soweit die Einkünfte aus dem zwangsverwalteten Grundstück Gegenstand einer gesonderten Feststellung nach § 180 Abs. 1 Satz 1 Nr. 2 Buchst. b AO sind, hat der Zwangsverwalter an der Erstellung der Feststellungserklärung – neben dem Schuldner – mitzuwirken. Die Rn. 6 und 7 gelten entsprechend. 20

II.1.4. Sonderfall Insolvenz

Im Fall der Insolvenz des Schuldners trifft die Erklärungspflicht den Insolvenzverwalter, soweit nicht eine Freigabe gem. § 35 Abs. 2 der Insolvenzordnung (InsO) erfolgt ist. Hinsichtlich der nach § 35 Abs. 2 InsO freigegebenen Tätigkeit trifft den Schuldner die Erklärungspflicht. Soweit die Steuerpflicht aus einer mit der Insolvenz zeitgleichen Verwaltung eines der Zwangsverwaltung unterfallenden Vermögens herrührt, trifft insoweit den Zwangsverwalter die Erklärungspflicht. 21

II.2. Zeiträume vor der Bestellung des Zwangsverwalters

Der Zwangsverwalter hat – anders als ein Insolvenzverwalter (vgl. hierzu BFH-Entscheidungen vom 10. 10. 1951 IV 144/51 U, BStBl. III S. 212, und vom 19. 11. 2007 VII B 104/07, BFH/NV 2008 S. 334) – die steuerlichen Pflichten ausschließlich für die Zeiträume ab seiner Bestellung, nicht hingegen für zurückliegende Veranlagungszeiträume zu erfüllen. 22

II.3. Nach Beendigung der Zwangsverwaltung

Die Beendigung der Zwangsverwaltung erfolgt mit dem gerichtlichen Aufhebungsbeschluss. Dies gilt auch für den Fall der Erteilung des Zuschlags in der Zwangsversteigerung (§ 12 Abs. 1 der Zwangsverwalterverordnung ZwVwV). 23

Die Steuererklärungspflicht des Zwangsverwalters endet daher grundsätzlich mit der Beendigung der Zwangsverwaltung. Soweit Steuererklärungen vor Aufhebung des Zwangsverwaltungsverfahrens vom Zwangsverwalter abzugeben waren, besteht diese Verpflichtung über diesen Zeitpunkt hinaus in dem Umfang fort, in dem der frühere Zwangsverwalter ihr noch tatsächlich nachkommen kann (§§ 34, 36 AO). Hiervon ist regelmäßig auszugehen, da der Zwangsverwalter zum Abschluss des Zwangsverwaltungsverfahrens eine Schlussabrechnung erstellen muss (§ 154 ZVG). 24

Auf Antrag des Gläubigers, der die Zwangsverwaltung betreibt, kann das Gericht den Zwangsverwalter ermächtigen, seine Tätigkeit in Teilbereichen fortzusetzen, soweit dies für den ordnungsgemäßen Abschluss der Zwangsverwaltung erforderlich ist (§ 12 Abs. 2 ZwVwV). Insoweit bestehen seine steuerlichen Pflichten aus seiner Stellung als Vermögensverwalter hinsichtlich dieser Teilbereiche fort. 25

III. Entrichtungspflicht des Zwangsverwalters

III.1. Inhalt und Umfang der Entrichtungspflicht

Nach dem BFH-Urteil vom 10. 2. 2015 IX R 23/14, a. a. O., hat der Zwangsverwalter als Vermögensverwalter i. S. v. § 34 Abs. 3 i. V. m. Abs. 1 AO die Einkommensteuer des Grundstückseigentümers zu entrichten, soweit sie aus steuerpflichtigen Einkünften, die aus dem im Zwangsverwaltungsverfahren beschlagnahmten Grundstück erzielt werden, herrührt. 26

Die Steuerentrichtungspflicht des Zwangsverwalters besteht auch dann, wenn über das Vermögen des Grundstückseigentümers das Insolvenzverfahren eröffnet worden ist. 27

Dies gilt gem. § 80 Abs. 2 Satz 2 InsO sowohl bei einer dem Insolvenzverfahren zeitlich vorangehenden Zwangsverwaltung als auch bei einer gem. § 49 InsO zeitlich nachfolgenden Zwangsverwaltung.

Eine Entrichtungspflicht des Zwangsverwalters für die Einkommensteuer besteht nur in den Fällen, in denen die Eigentümer des zwangsverwalteten Grundstücks selbst einkommensteuerpflichtig sind. Das ist der Fall bei: 28

- Alleineigentum,
- Bruchteilseigentum (z. B. Zwangsverwaltung über den Miteigentumsanteil eines Ehegatten/Lebenspartners oder eines Dritten).

Im Fall der Zwangsverwaltung eines Grundstücks, das im Eigentum einer rechtsfähigen Personenvereinigung steht, hat der Zwangsverwalter keine weitergehenden Pflichten als die Personenvereinigung. Da die Personenvereinigung die Einkommensteuer ihrer Beteiligten nicht zu entrichten hat, gilt dies auch für den Zwangsverwalter (vgl. BFH-Urteil vom 9. 12. 2014 X R 12/12, BStBl. 2016 II S. 852). Gleiches gilt für (zivilrechtliche) Gesamthandsgemeinschaften (Erbengemeinschaften und Gütergemeinschaften). Deshalb ist in diesen Fällen – trotz der angeordneten Zwangsverwaltung – grundsätzlich der jeweilige Beteiligte zur Entrichtung der durch die Vermietungseinkünfte verursachten Einkommensteuer verpflichtet. 29

III.2. Verhältnis zwischen Zwangsverwalter und Grundstückseigentümer

Auch im Fall der Zwangsverwaltung bleibt der Grundstückseigentümer Schuldner der auf die Einkünfte aus zwangsverwaltetem Grundbesitz entfallenden Einkommensteuer (BFH-Urteil vom 10. 2. 2015 IX R 23/14, a. a. O., Rn. 15). Zur Entrichtung dieser Steuer ist aber während der Dauer der Zwangsverwaltung allein der Zwangsverwalter verpflichtet. 30

Anl

III.3. Entrichtungspflicht nach Aufhebung der Zwangsverwaltung

31 Nach Beendigung der Zwangsverwaltung geht die Entrichtungspflicht der Einkommensteuer grundsätzlich wieder auf den Grundstückseigentümer über. Eine Bekanntgabe eines Bescheides an den Zwangsverwalter ist nicht mehr möglich. Auf die Rn. 39 bis 43 wird hingewiesen.

Der Zwangsverwalter bleibt jedoch nach § 12 Abs. 3 ZwVwV i. V. m. §§ 34, 36 AO weiterhin Entrichtungspflichtiger für die Steuerforderungen, die während des Zwangsverwaltungsverfahrens für die Besteuerungszeiträume des Zwangsverwaltungsverfahrens gegen ihn festgesetzt und bekannt gegeben worden sind. Er hat dafür Sorge zu tragen, dass auch nach Beendigung des Zwangsverwaltungsverfahrens bis zum Eintritt der Fälligkeit dieser Steuerforderungen Rücklagen gebildet und diese Steuerforderungen aus dem von ihm verwalteten Vermögen entrichtet werden.

Ermächtigt das Gericht auf Antrag des Gläubigers, der die Zwangsverwaltung betreibt, den Zwangsverwalter gem. § 12 Abs. 2 ZwVwV, die steuerlichen Angelegenheiten auch nach der Aufhebung der Zwangsverwaltung zu erledigen, so bestehen sämtliche steuerlichen Pflichten weiterhin fort (siehe Rn. 18).

IV. Mitwirkungspflichten des Zwangsverwalters

IV.1. Steuerliche Mitwirkungspflichten

32 Der Zwangsverwalter hat die steuerlichen Mitwirkungspflichten (z. B. Auskunftspflichten) neben dem Grundstückseigentümer als eigene Pflichten zu erfüllen, soweit seine Verwaltungsbefugnis reicht.

IV.2. Zivilrechtliche Mitteilungspflichten

33 Zivilrechtliche Mitteilungspflichten bleiben unberührt. So hat der Zwangsverwalter das zuständige Finanzamt als betroffenen Dritten unverzüglich über die Zwangsverwaltung zu informieren (§ 4 ZwVwV).

V. Örtliche Zuständigkeit

34 Die Zwangsverwaltung führt zu keinen Änderungen der örtlichen Zuständigkeit. Im Insolvenzfall ist § 26 Satz 3 AO zu beachten.

VI. Ermittlung der Einkünfte für den Zeitraum der Zwangsverwaltung

35 Die steuerlichen Einkünfte des Schuldners sind für jedes der Zwangsverwaltung unterliegende Grundstück vom Zwangsverwalter separat entsprechend Rn. 6 und 7 zu ermitteln und zu erklären.

36 Aufwendungen, die der Zwangsverwalter im Rahmen der Zwangsverwaltung für die typische Vermietungstätigkeit trägt und die nicht (z. B. durch einen Gläubiger) erstattet werden, sind nach den allgemein geltenden Grundsätzen zur Einkünfteermittlung als Ausgaben zu berücksichtigen. Typische Beispiele für solche Aufwendungen sind z. B. Versicherungsbeiträge, Grundsteuer, Erhaltungsaufwendungen. Falls die Kosten bei der ursprünglichen Fälligkeit durch den Gläubiger (z. B. Kosten für die Reparatur des Daches) getragen wurden, sind diese bei der Einkünfteermittlung grundsätzlich erst im Zeitpunkt der Rückzahlung an den Gläubiger zu berücksichtigen.

37 Die Kosten des Zwangsverwaltungsverfahrens, die erstatteten Auslagen nach § 21 ZwVwV und die Vergütung des Zwangsverwalters sind vollumfänglich durch die Vermietung/Verpachtung des zwangsverwalteten Grundstücks veranlasst und damit in vollem Umfang abziehbar.

38 Die Antragsrechte für das der Zwangsverwaltung unterliegende Grundstück – insbesondere nach §§ 7 h, 7 i Einkommensteuergesetz (EStG), § 82 b Einkommensteuer-Durchführungsverordnung (EStDV) – kann nur der Zwangsverwalter ausüben.

39 Die aus der Vermietung/Verpachtung des zwangsverwalteten Grundstücks resultierende anteilige Einkommensteuer ist nach § 12 Satz 1 Nr. 3 EStG nicht abziehbar.

VII. Veranlagungswahlrecht

40 Da sich die Zwangsverwaltung nur auf das Grundstück bezieht, ist das Veranlagungswahlrecht der Ehegatten und Lebenspartner nach § 26 EStG nicht von der Verwaltungsbefugnis des Zwangsverwalters umfasst, so dass dieses grundsätzlich bei den Steuerschuldnern verbleibt. Im Fall der Insolvenz des Grundstückseigentümers ist das Veranlagungswahlrecht durch den Insolvenzverwalter auszuüben (BFH-Beschluss vom 22. 3. 2011 III B 114/09, BFH/NV S. 1142).

VIII. Verteilung der Einkommensteuer

41 Der Zwangsverwalter hat die Einkommensteuer nur insoweit zu entrichten, als sie auf die Zwangsverwaltung entfällt. Hierzu ist die Einkommensteuer zunächst unter Einbeziehung aller Einkünfte des Schuldners und ggf. eines Ehegatten/Lebenspartners einheitlich zu ermitteln. Im Anschluss daran erfolgt dann die Verteilung – in Anlehnung an den Anwendungserlass zur Abgabenordnung (AEAO) zu § 251, Nr. 9.1 bis 9.1.4 – grundsätzlich im Verhältnis der Einkünfte. Die Steuerzahlungspflicht der zusammen veranlagten Ehegatten/Lebenspartner bleibt von der Entrichtungspflicht des Zwangsverwalters unberührt.

IX. Bekanntgabe des Einkommensteuerbescheids/Feststellungsbescheids

IX.1. Bekanntgabe während der Zwangsverwaltung

IX.1.1. Bekanntgabe von Einkommensteuerbescheiden

42 Auch in Fällen der Zwangsverwaltung bleibt der Grundstückseigentümer Schuldner der Einkommensteuer, die auf Einkünfte entfällt, die mit dem zwangsverwalteten Grundstück erzielt werden (BFH-Urteil vom 10. 2. 2015 IX R 23/14, a. a. O., dortige Rn. 15). Der Grundstückseigentümer bleibt somit auch Inhaltsadressat (AEAO zu § 122, Nr. 1.1 und 1.3) eines Einkommensteuerbescheids. Der Zwangsverwalter ist aber als Vermögensverwalter i. S. d. § 34 Abs. 3 i. V. m. Abs. 1 AO Bekanntgabeadressat (AEAO zu

Anl

§ 122, Nr. 1.1 und 1.4) des Einkommensteuerbescheids hinsichtlich der Besteuerungsgrundlagen, die im Zusammenhang mit dem zwangsverwalteten Grundstück stehen. Außerdem ist der Zwangsverwalter insoweit zur Entrichtung der anteiligen Einkommensteuer verpflichtet. Die Geltendmachung der durch den Zwangsverwalter zu entrichtenden Einkommensteuer erfolgt im Rahmen einer (Teil-)Steuerfestsetzung (vgl. BFH-Urteil vom 10. 2. 2015 IX R 23/14, a. a. O., dortige Rn. 35).

Die jeweiligen (Teil-)Einkommensteuerbescheide sind dem Schuldner (Grundstückseigentümer) bzw. dem Zwangsverwalter bekannt zu geben. 43

Beispiel:

Bekanntgabe an den Schuldner

Anschriftenfeld (Empfänger)

Herrn
Max Mustermann
Musterstraße 20
80799 Musterstadt

Erläuterungen:

Hinsichtlich der Einkommensteuer, die auf Besteuerungsgrundlagen entfällt, die im Zusammenhang mit dem zwangsverwalteten Grundstück Musterstraße 20, 80799 Musterstadt stehen, wird ein (Teil-)Einkommensteuerbescheid dem Zwangsverwalter, Herrn Rechtsanwalt Helmut Müller, Mustergasse 40, 80798 Musterdorf, bekannt gegeben. Dieser wird zur Zahlung der anteiligen Einkommensteuer aufgefordert.

Beispiel:

Bekanntgabe an den Zwangsverwalter

Anschriftenfeld (Empfänger)

Herrn Rechtsanwalt
Helmut Müller
Mustergasse 40
80798 Musterdorf

Bescheidkopf

Als Zwangsverwalter des Grundstücks Musterstraße 20, 80 799 Musterstadt (Grundstückseigentümer Max Mustermann).

Erläuterungen:

Hinsichtlich der Einkommensteuer, die nicht auf Besteuerungsgrundlagen entfällt, die im Zusammenhang mit dem zwangsverwalteten Grundstück Musterstraße 20, 80799 Musterstadt stehen, wird ein (Teil-)Einkommensteuerbescheid dem Grundstückseigentümer Max Mustermann, Musterstraße 20, 80799 Musterstadt, bekannt gegeben. Dieser wird zur Zahlung der anteiligen Einkommensteuer aufgefordert.

Die (Teil-)Einkommensteuerbescheide beinhalten unterschiedliche Leistungsgebote.

Schuldner: festgesetzte (Teil-)Einkommensteuer ohne auf das zwangsverwaltete Grundstück entfallende Einkommensteuer unter Anrechnung von Steuerabzugsbeträgen und vom Schuldner geleisteten Vorauszahlungen.

Zwangsverwalter: auf das zwangsverwaltete Grundstück entfallende anteilige (Teil-)Einkommensteuer unter Anrechnung von Steuerabzugsbeträgen und vom Zwangsverwalter geleisteten Vorauszahlungen.

Aus dem (Teil-)Einkommensteuerbescheid an den Zwangsverwalter muss die Verteilung der Einkommensteuer hervorgehen. Dem Zwangsverwalter sind zur Begründung der Verteilung jedoch nicht die gesamten Einkünfte des Schuldners, sondern nur die auf der Zwangsverwaltung beruhenden sowie die für die Überprüfung der Verteilung notwendigen Besteuerungsgrundlagen mitzuteilen.

Mitzuteilen sind:

- Summe der Einkünfte,
- Einkünfte aus dem zwangsverwalteten Grundstück,
- prozentualer Anteil der Einkünfte aus dem zwangsverwalteten Grundstück an der Summe der Einkünfte,
- zu versteuerndes Einkommen,
- gesamte Steuer,
- anteilige Steuer, die auf die Einkünfte aus dem zwangsverwalteten Grundstück entfällt.

Dies kann direkt im Rahmen des (Teil-)Einkommensteuerbescheids erfolgen oder durch Beifügung einer geschwärzten Kopie des „einheitlichen Einkommensteuerbescheids" des Schuldners, aus der nur die genannten Besteuerungsgrundlagen ersichtlich sind.

IX.1.2. Bekanntgabe von Bescheiden über die gesonderte Feststellung der Einkünfte

Bei der gesonderten Feststellung ist die Zuordnung der Einkünfte zu den verschiedenen Vermögensbereichen bereits nachrichtlich im Rahmen des Feststellungsverfahrens mitzuteilen. 44

Beispiel 1:

Inhalt des Gewinnfeststellungsbescheids bei einem nicht insolventen Schuldner:

Einkünfte aus Gewerbetrieb: 50 000 EUR

(nachrichtlich: Darin enthaltene Einkünfte aus dem der Zwangsverwaltung unterliegenden Grundstück A-Straße 10 000 EUR).

Der Gewinnfeststellungsbescheid ist sowohl dem Schuldner (als Inhaltsadressat des Feststellungsbescheids und als Bekanntgabeadressat, soweit der Bescheid Einkünfte erfasst, die nicht aus dem zwangsverwalteten Grundstück erzielt wurden) als auch dem Zwangsverwalter (als Bekanntgabeadressat) bekannt zu geben.

Anl

Dem Zwangsverwalter sind in seiner Ausfertigung des Gewinnfeststellungsbescheids nur die auf der Zwangsverwaltung beruhenden Besteuerungsgrundlagen mitzuteilen. Die übrigen Besteuerungsgrundlagen sind unkenntlich zu machen.

Beispiel 2:

Inhalt des Gewinnfeststellungsbescheids bei einem insolventen Schuldner:

Einkünfte aus Gewerbebetrieb: 50 000 EUR

(nachrichtlich: Davon Einkünfte, die der Insolvenzmasse zuzuordnen sind (§ 55 Abs. 1 Nr. 1 InsO): 40 000 EUR.
Davon Einkünfte aus dem der Zwangsverwaltung unterliegenden Grundstück A-Straße 10 000 EUR).

Der Bescheid ist dem Zwangsverwalter sowie dem Insolvenzverwalter jeweils in deren Eigenschaft als Bekanntgabeadressaten bekannt zu geben.

Dem Zwangsverwalter sind in seiner Ausfertigung des Gewinnfeststellungsbescheids nur die auf der Zwangsverwaltung beruhenden Besteuerungsgrundlagen mitzuteilen. Die übrigen Besteuerungsgrundlagen sind unkenntlich zu machen.

IX.1.3. Bekanntgabe von Bescheiden über die gesonderte und einheitliche Feststellung von Grundlagen für die Einkommensbesteuerung

45 Bei rechtsfähigen Personenvereinigungen richtet sich die Bekanntgabe des Feststellungsbescheids nach § 183 AO. Soweit die Zwangsverwaltung reicht (d. h. nur hinsichtlich der Besteuerungsgrundlagen, die im Zusammenhang mit dem zwangsverwalteten Grundstück stehen), ist der Feststellungsbescheid nicht der rechtsfähigen Personenvereinigung, sondern dem Zwangsverwalter als Vermögensverwalter (§ 34 Abs. 3 AO) bekannt zu geben. Hierbei ist darauf hinzuweisen, dass die Bekanntgabe an den Zwangsverwalter in Vertretung der rechtsfähigen Personenvereinigung (§ 183 Abs. 1 AO) und zugleich mit Wirkung für und gegen die Feststellungsbeteiligten erfolgt. § 183 Abs. 2 AO bleibt unberührt; der Feststellungsbescheid ist bei Einzelbekanntgabe dem Zwangsverwalter nachrichtlich zu übermitteln.

Bei nicht rechtsfähigen Personenvereinigungen richtet sich die Bekanntgabe des Feststellungsbescheids nach § 183a AO. Der Feststellungsbescheid ist ungeachtet der Zwangsverwaltung dem gemeinsamen Empfangsbevollmächtigten (§ 183a Abs. 1 AO) mit Wirkung für und gegen die Feststellungsbeteiligten bekannt zu geben. § 183a Abs. 2 AO bleibt unberührt; insbesondere bei Zwangsverwaltung über den Anteil eines Feststellungsbeteiligten am Grundstück ist die Anwendung von § 183a Abs. 2 AO zu prüfen.

IX.2. Bekanntgabe nach Aufhebung der Zwangsverwaltung

46 Eine Bekanntgabe des Bescheids an den Zwangsverwalter ist ausgeschlossen, wenn die Zwangsverwaltung im Bekanntgabezeitpunkt durch gerichtlichen Beschluss aufgehoben war (zur Beendigung der Prozessführungsbefugnis bei Aufhebung der Zwangsverwaltung: Urteil des BGH vom 25. 5. 2005 VIII ZR 301/03, MDR S. 1306). § 36 AO findet auf die Bekanntgabe von Steuerbescheiden keine Anwendung. In diesem Fall kann der Einkommensteueranspruch nur noch gegenüber dem Schuldner festgesetzt werden.

Etwas anderes gilt, wenn auf Antrag des Gläubigers, der die Zwangsverwaltung betreibt, das Gericht den Zwangsverwalter gem. § 12 Abs. 2 ZwVwV ermächtigt hat, die steuerlichen Angelegenheiten auch nach der Aufhebung der Zwangsverwaltung zu erledigen (siehe Rn. 18). In diesem Fall ist der Steuerbescheid dem Zwangsverwalter bekannt zu geben (siehe Rn. 35 ff.).

IX.3. Bekanntgabe nach Aufhebung der Zwangsverwaltung im Insolvenzverfahren

47 Die zuvor dargestellten Grundsätze gelten auch dann, wenn über das Vermögen des Grundstückseigentümers das Insolvenzverfahren eröffnet worden ist. Insbesondere wird der Insolvenzverwalter nach Aufhebung der Zwangsverwaltung nicht zum Bekanntgabeadressaten für die den zwangsverwalteten Grundbesitz betreffenden Einkommensteuernachzahlungsbescheide. Die auf das zwangsverwaltete Grundstück entfallende Einkommensteuernachzahlung ist in diesem Fall keine Masseverbindlichkeit nach § 55 Abs. 1 InsO, sondern eine Forderung gegen das insolvenzfreie Vermögen, die gegen den insolventen Grundstückseigentümer festzusetzen ist.

Beispiel:

Am 2. 1. 01 wurde für das Grundstück A-Straße die Zwangsverwaltung angeordnet. Über das Vermögen des alleinigen Grundstückseigentümers B wurde am 1. 1. 02 das Insolvenzverfahren eröffnet. Die Aufhebung der Zwangsverwaltung – ohne Ermächtigung zur Erledigung der steuerlichen Angelegenheiten nach § 12 Abs. 2 ZwVwV – erfolgte am 1. 2. 03. Das Finanzamt möchte am 1. 6. 04 die Einkommensteuerveranlagungen für 02 und 03 durchführen.

Lösung:

Da die Zwangsverwaltung im Bekanntgabezeitpunkt aufgehoben war, ist die Einkommensteuer 02 und 03, soweit sie mit Einkünften aus dem zwangsverwalteten Grundbesitz im Zusammenhang steht (d. h. mit den bis zum 31. 1. 03 erzielten Mieteinnahmen), wieder gegenüber dem Grundstückseigentümer festzusetzen. Der Festsetzung dieser Forderung als Masseverbindlichkeiten im Insolvenzverfahren gegenüber dem Insolvenzverwalter steht entgegen, dass dem Insolvenzverwalter während der bestehenden Zwangsverwaltung die Verwaltungs- und Verfügungsbefugnis für das Grundstück fehlte.

48 Betrifft die Steuerforderung aus dem zwangsverwalteten Grundstück Zeiträume vor Insolvenzeröffnung und ist eine Festsetzung gegenüber dem Zwangsverwalter während der Zwangsverwaltung noch nicht erfolgt, ist nach Aufhebung der Zwangsverwaltung diese Forderung als Insolvenzforderung zur Tabelle anzumelden.

49 Bekanntgabeadressat von Einkommensteuerbescheiden nach Aufhebung der Zwangsverwaltung, die zu einem Erstattungsanspruch hinsichtlich der Einkünfte aus dem zwangsverwalteten Grundstück führen, ist der Insolvenzverwalter.

50 Soweit aus dem Grundstück nach Aufhebung der Zwangsverwaltung weiterhin Mieterträge erzielt werden (im o. g. Beispiel also nach dem 1. 2. 03), unterliegen diese nach § 35 Abs. 1 InsO dem Insolvenzbeschlag und führen zur Begründung von Masseverbindlichkeiten i. S. d. § 55 Abs. 1 Nr. 1 InsO, die insoweit gegenüber dem Insolvenzverwalter mittels Steuerbescheid festzusetzen sind.

Anl

X. Festsetzung von Einkommensteuervorauszahlungen

Sofern die Finanzämter von der Zwangsverwaltung erfahren, haben sie die Festsetzung von Vorauszahlungen zu prüfen. Liegen die Voraussetzungen des § 37 EStG vor, haben sie auf der Grundlage einer Schätzung der aus dem zwangsverwalteten Grundstück voraussichtlich erzielten Einkünfte Vorauszahlungen zur Einkommensteuer festzusetzen. Die Ausführungen zu den Rn. 34 bis 36 gelten entsprechend. Inhaltsadressat des Vorauszahlungsbescheids ist der Schuldner (Grundstückseigentümer), Bekanntgabeadressat ist der Zwangsverwalter. 51

Dieser Vorauszahlungsfestsetzung kommt im Hinblick auf die ggf. unterjährige Aufhebung der Zwangsverwaltung und damit auch auf den Verlust der Verwaltungs- und Nutzungsbefugnis des Zwangsverwalters im Einzelfall erhebliche Bedeutung zu. Im Übrigen wird so für den Zwangsverwalter hinreichend deutlich, in welchem Umfang er Zahlungen an das Finanzamt im Vorgriff auf den Jahressteuerbescheid zu leisten hat. 52

XI. Mehrere zwangsverwaltete Grundstücke

Werden mehrere Grundstücke des Schuldners zwangsverwaltet, ist für jedes Grundstück eine eigene Teilsteuerfestsetzung entsprechend der Rn. 35 bis 38 durchzuführen. Dies gilt auch dann, wenn derselbe Zwangsverwalter bestellt wurde, denn die Verwaltungs- und Nutzungsbefugnis bezieht sich immer nur gesondert auf ein Grundstück. Die Teilsteuerfestsetzung ist auch im Hinblick auf ein sich möglicherweise anschließendes Vollstreckungsverfahren von Bedeutung. Darüber hinaus muss für den Zwangsverwalter Rechtssicherheit geschaffen werden, damit dieser mit den am jeweiligen Zwangsverwaltungsverfahren beteiligten Gläubigern für jedes Grundstück exakt abrechnen kann (§ 155 ZVG; BFH-Urteil vom 18. 10. 2001 V R 44/00, BStBl. 2002 II S. 171). 53

XII. Einspruchsbefugnis des Zwangsverwalters

Falls ein Einkommensteuerbescheid auch Besteuerungsgrundlagen erfasst, die im Zusammenhang mit dem zwangsverwalteten Grundstück stehen, kann dieser Steuerbescheid sowohl vom Zwangsverwalter als auch vom Grundstückseigentümer angefochten werden. Als Bekanntgabeadressat des Einkommensteuerbescheids (siehe Rn. 36) handelt der Zwangsverwalter jedoch nicht als persönlich Betroffener, sondern als „besonders Beauftragter" i. S. v. § 79 Abs. 1 Nr. 3 AO. Seine Einspruchsbefugnis ist materiell auf die Besteuerungsgrundlagen beschränkt, die im Zusammenhang mit dem zwangsverwalteten Grundstück stehen. 54

Gegen Verwaltungsakte, die an den Zwangsverwalter als Inhaltsadressaten gerichtet sind (z. B.: Androhung und ggf. Festsetzung eines Zwangsgeldes wegen Nichtabgabe der Steuererklärung, Leistungsgebot über die vom Zwangsverwalter zu entrichtende anteilige Einkommensteuer), ist nur der Zwangsverwalter als persönlich Betroffener einspruchsbefugt. 55

XIII. Verlustvor- und -rückträge

Weil der Zwangsverwalter lediglich eine Verwaltungsbefugnis für einen Teil des Vermögens, aber keine allgemeine Verfügungsbefugnis darüber hat, hat er kein Antragsrecht nach § 10 d Abs. 1 Satz 5 EStG (Verzicht bzw. Beschränkung des Verlustrücktrags). 56

XIV. Zuordnung von Erstattungen

Der Zwangsverwalter hat aus den Nutzungen des Grundstücks die Ausgaben der Verwaltung sowie die Kosten des Verfahrens mit Ausnahme derjenigen vorweg zu bestreiten, welche durch die Anordnung des Verfahrens oder den Beitritt eines Gläubigers entstehen, § 155 Abs. 1 ZVG. Leistet er Einkommensteuervorauszahlungen aus den Nutzungen des Grundstücks, die die auf dieses Grundstück entfallende Einkommensteuer übersteigen, so steht der insoweit entstehende Erstattungsanspruch dem Zwangsverwalter für den zwangsverwalteten Vermögensbereich zu. 57

Aufgrund der Einzelbeschlagnahme sind bei mehreren zwangsverwalteten Grundstücken getrennte Abrechnungen für jede Einkunftsquelle erforderlich; eine Aufrechnung/Verrechnung zwischen den Grundstücken und/oder anderen Vermögensmassen scheidet aus. 58

Nach Aufhebung der Zwangsverwaltung steht, wenn nicht § 12 Abs. 2 ZwVwV eingreift (siehe Rn. 18), der Erstattungsanspruch dem Schuldner bzw. – im Insolvenzverfahren – der Insolvenzmasse zu (Hinweis auf die Bestimmungen in Nr. 9.1.4 des AEAO zu § 251). 59

XV. Haftung des Zwangsverwalters

Da der Zwangsverwalter Person i. S. d. § 34 Abs. 3 AO ist, haftet er im Falle grob fahrlässiger oder vorsätzlicher Verletzung steuerlicher Pflichten nach § 69 AO für den eingetretenen Einkommensteuerschaden, soweit dieser mit der Zwangsverwaltung des Grundstücks im Zusammenhang steht. 60

Wenn der Zwangsverwalter zu einer der in § 191 Abs. 2 AO genannten Berufsgruppen gehört, ist vor Erlass eines Haftungsbescheides die zuständige Berufskammer anzuhören (vgl. zum Konkursverwalter: Finanzgericht Rheinland-Pfalz vom 18. 1. 1985 6 K 116/82, EFG S. 426). 61

Eine Haftungsinanspruchnahme kommt jedoch nur für solche Sachverhalte in Betracht, die nach der Veröffentlichung des BFH-Urteils vom 10. 2. 2015 IX R 23/14, a. a. O. auf der Internetseite des BFH (= 10. 6. 2015) verwirklicht worden sind. Denn zuvor gingen Rechtsprechung, Literatur und Verwaltung seit etwa 60 Jahren davon aus, dass der Zwangsverwalter nicht zur Entrichtung der Einkommensteuer verpflichtet ist. Infolgedessen fehlt es vor dem 10. 6. 2015 an dem für die Haftungsinanspruchnahme nach § 69 AO erforderlichen Verschulden. 62

XVI. Veräußerung des Grundstücks

Wird der zwangsverwaltete Grundbesitz übertragen (z. B. durch freihändigen Verkauf oder Zwangsversteigerung), ist die hierdurch ggf. begründete Einkommensteuer nicht durch den Zwangsverwalter, 63 sondern alleine durch den Schuldner zu entrichten. Im Insolvenzfall stellt die durch eine Grundstücksveräußerung begründete Einkommensteuer – soweit keine Freigabe des Grundstücks vorliegt – eine Masseverbindlichkeit dar, da deren Begründung im Zusammenhang mit einem massezugehörigen Gegenstand steht (§ 55 Abs. 1 Nr. 1 2. Alt. InsO; BFH-Urteil vom 16. 5. 2013 IV R 23/11, BStBl. II S. 759).

XVII. Gerichtlich angeordnete Verwaltung nach § 94 ZVG

64 Die vorstehenden Grundsätze gelten entsprechend für die gerichtlich angeordnete Verwaltung nach § 94 ZVG. Für die Rechte und Pflichten des Verwalters finden die Vorschriften über die Zwangsverwaltung entsprechende Anwendung.

XVIII. Kalte Zwangsverwaltung

65 Bei der sog. kalten Zwangsverwaltung handelt es sich nicht um eine Zwangsverwaltung i. S. d. ZVG. Vielmehr beruht diese auf einer besonderen Vereinbarung zwischen dem Insolvenzverwalter und den dinglich gesicherten Gläubigern, nach welcher die Verwaltung, insbesondere der Einzug der Mieten, durch den Insolvenzverwalter erfolgt. Da hier Handlungen des Insolvenzverwalters im Zusammenhang mit massezugehörigem Vermögen vorliegen, führt die kalte Zwangsverwaltung weiterhin zur Begründung von Masseverbindlichkeiten i. S. d. § 55 Abs. 1 Nr. 1 InsO.

XIX. Zeitlicher Anwendungsbereich

66 Die Grundsätze des BFH-Urteils vom 10. 2. 2015 IX R 23/14, a. a. O., sind erstmals auf Besteuerungstatbestände anzuwenden, in denen Zwangsverwaltungsverfahren nach dem 9. 6. 2015 aufgehoben werden.

Soweit Zwangsverwalter Teilungspläne ohne Berücksichtigung von Ertragsteuern bis zum 10. 6. 2015 vollzogen haben, kann die auf das zwangsverwaltete Grundstück entfallende Einkommensteuer, die auf bis zum 10. 6. 2015 erzielten Einkünften aus dem zwangsverwalteten Grundstück beruht, aus sachlichen Billigkeitsgründen auf Antrag gestundet werden. Die Stundungsraten sind unter Berücksichtigung der voraussichtlichen Einnahmen aus dem zwangsverwalteten Grundstück zu bestimmen.

Ein Erlass von Einkommensteuer, die auf bis zum 10. 6. 2015 erzielten Einkünften aus dem zwangsverwalteten Grundstück beruht, ist auf Antrag nach Aufhebung des Zwangsverwaltungsverfahrens insoweit zu gewähren, wie diese Einkommensteuer aus den bis zur Aufhebung des Verfahrens erzielten Einnahmen nicht gezahlt werden konnte. Das tatsächliche Vorliegen dieser Erlassvoraussetzungen ist zu prüfen.

XX. Körperschaftsteuer

67 Die Grundsätze des BFH-Urteils vom 10. 2. 2015 IX R 23/14, a. a. O., sowie die Regelungen dieses BMF-Schreibens sind im Bereich der Körperschaftsteuer sinngemäß anzuwenden.

AO

§ 35[1] Pflichten des Verfügungsberechtigten

1 **Wer als Verfügungsberechtigter[2] im eigenen oder fremden Namen auftritt, hat die Pflichten[3] eines gesetzlichen Vertreters (§ 34 Absatz 1), soweit er sie rechtlich und tatsächlich erfüllen kann.**

AEAO

Zu § 35 – Pflichten des Verfügungsberechtigten:

2 **1.** Tatsächlich verfügungsberechtigt ist derjenige, der wirtschaftlich über Mittel, die einem anderen gehören, verfügen kann. Dies kann auch der Alleingesellschafter einer GmbH ohne Geschäftsführer sein (BFH-Urteil vom 27. 11. 1990, VII R 20/89, BStBl. 1991 II S. 284; vgl. AEAO zu § 34, Nr. 3).

3 **2.** Rechtlich ist zur Erfüllung von Pflichten in der Lage, wer im Außenverhältnis rechtswirksam handeln kann. Auf etwaige Beschränkungen im Innenverhältnis (Auftrag, Vollmacht) kommt es nicht an. Bevollmächtigte werden von dieser Bestimmung nur betroffen, wenn sie tatsächlich und rechtlich verfügungsberechtigt sind.

4 **3.** Der Sicherungsnehmer einer Sicherungsübereignung oder Sicherungsabtretung ist grundsätzlich kein Verfügungsberechtigter i. S. d. Vorschrift, da er im Regelfall zur Verwertung des Si-

---

[1] Zur Haftung vgl. §§ 69 ff. AO.

[2] *BFH-Beschluss vom 8. 12. 2010 VII B 102/10, BFH/NV 2011 S. 740:* 1. Verfügungsberechtigter i. S. des § 35 AO ist derjenige, der auf Grund bürgerlich-rechtlicher Verfügungsmacht im Außenverhältnis wirksam handeln kann. Einschränkungen, denen der Verfügungsberechtigte im Innenverhältnis unterliegt, sind unbeachtlich. Pflichten öffentlich-rechtlicher Natur, die dem als verfügungsberechtigt Auftretenden auferlegt sind, können nicht durch private Abmachungen abbedungen werden. 2. Die von § 35 AO vorausgesetzte Verfügungsmacht kann auf Gesetz, behördlicher oder gerichtlicher Anordnung oder Rechtsgeschäft beruhen. Die Frage, ob Verfügungsmacht vorliegt, ist gesondert von der Frage zu beurteilen, ob die Tätigkeit des Verfügenden ertragsteuerlich als unternehmerisch einzuordnen ist.

Ein vorläufiger Sachwalter ist zumindest dann als Verfügungsberechtigter im Sinne des § 35 AO anzusehen, wenn er nach Übernahme der Kassenführung gemäß § 275 Abs. 2 InsO auf seinen Namen ein Anderkonto bei einer Bank eröffnet und sämtliche eingehenden und ausgehenden Zahlungen des Schuldners über dieses Konto abwickelt (*BFH-Urteil vom 20. 2. 2024 VII R 16/21, BStBl. II S. 624*).

Wer nach der Geschäftsverteilung im Rahmen einer Unternehmensgruppe die **faktische Geschäftsführung** einer GmbH innehat, kann als Verfügungsberechtigter iSd § 35 AO zur Haftung für die Steuern der GmbH herangezogen werden *(BFH-Urteil vom 21. 2. 1989 VII R 165/85, BStBl. II S. 491)*.

Der Verfügungsberechtigte iSv. § 35 muss in der Lage sein, aufgrund bürgerlich-rechtlicher Verfügungsmacht im Außenverhältnis wirksam zu handeln *(BFH-Urteil vom 16. 3. 1995 VII R 38/94, BStBl. II S. 859)*.

[3] Zur Berichtigungspflicht von Erklärungen s. § 153 AO.

cherungsgutes lediglich zum Zweck seiner Befriedigung befugt und insoweit einem Pfandrechtsgläubiger vergleichbar ist. Im Einzelfall kann jedoch die Rechtsstellung des Sicherungsnehmers weitergehen, wenn er sich z. B. eigene Mitsprache- oder Verfügungsrechte im Betrieb des Sicherungsgebers vorbehalten hat, so dass er auch wirtschaftlich über die Mittel des Sicherungsgebers verfügen kann. Das kann dann der Fall sein, wenn sich ein Gläubiger zur Sicherstellung seiner Ansprüche die gesamten Kundenforderungen mit dem Recht zur Einziehung abtreten lässt und aus diesen Forderungen nur diejenigen Mittel frei gibt, die er zur Unternehmensfortführung des Sicherungsgebers für erforderlich hält.

AO

§ 36 Erlöschen der Vertretungsmacht[1]

Das Erlöschen der Vertretungsmacht oder der Verfügungsmacht lässt die nach den §§ 34 und 35 entstandenen Pflichten unberührt, soweit diese den Zeitraum betreffen, in dem die Vertretungsmacht oder Verfügungsmacht bestanden hat und soweit der Verpflichtete sie erfüllen kann. 1

AEAO

Zu § 36 – Erlöschen der Vertretungsmacht:

Auch nach dem Erlöschen der Vertretungs- oder Verfügungsmacht, gleichgültig worauf dies beruht, hat der gesetzliche Vertreter, Vermögensverwalter oder Verfügungsberechtigte die nach §§ 34 und 35 AO bestehenden Pflichten zu erfüllen, soweit sie vor dem Erlöschen entstanden sind und er zur Erfüllung noch in der Lage ist. Daraus ergibt sich u. a., dass sich der zur Auskunft für einen Beteiligten Verpflichtete nach dem Erlöschen der Vertretungs- oder Verfügungsmacht nicht auf ein evtl. Auskunftsverweigerungsrecht (§§ 101, 103, 104 AO) berufen kann. Auch entsteht kein Entschädigungsanspruch (§ 107 AO). 2

Zweiter Abschnitt. Steuerschuldverhältnis

AO

§ 37 Ansprüche aus dem Steuerschuldverhältnis[2]

(1) Ansprüche aus dem Steuerschuldverhältnis sind der Steueranspruch, der Steuervergütungsanspruch, der Haftungsanspruch, der Anspruch auf eine steuerliche Nebenleistung, der Erstattungsanspruch nach Absatz 2 sowie die in Einzelsteuergesetzen geregelten Steuererstattungsansprüche. 1

(2)[3] ① **Ist eine Steuer, eine Steuervergütung, ein Haftungsbetrag oder eine steuerliche Nebenleistung ohne rechtlichen Grund[4] gezahlt oder zurückgezahlt worden, so hat derjenige, auf dessen Rechnung die Zahlung bewirkt worden ist, an den Leistungs-**

---

[1] Ein Zwangsverwalter ist berechtigt, im Nachgang zu seinen Pflichten noch eine Rechnung mit gesondertem Steuerausweis auszustellen *(BFH-Urteil vom 16. 7. 1997 XI R 94/96, BStBl. II S. 670).*

[2] Überweist die Bank auf die Pfändung und Einziehung eines Kontoguthabens des Vollstreckungsschuldners dem FA versehentlich einen das Guthaben übersteigenden Betrag, ist der ihr zustehende Rückzahlungsanspruch kein Anspruch aus dem Steuerschuldverhältnis, dessen Bestehen oder Nichtbestehen durch Abrechnungsbescheid festgestellt werden kann *(BFH-Beschluss vom 11. 12. 2012 VI R 13/12, BFH/NV 2013 S. 897).*

BFH-Urteil vom 12. 11. 2013 VII R 15/13, BStBl. 2014 II S. 359: 1. Der Anspruch des Insolvenzverwalters auf Rückgewähr in anfechtbarer Weise geleisteter Steuern nach § 143 Abs. 1 InsO ist kein Anspruch aus dem Steuerschuldverhältnis i. S. des § 37 AO, über den durch Verwaltungsakt gemäß § 218 Abs. 2 Satz 2 AO entschieden werden kann, sondern ein bürgerlich-rechtlicher Anspruch. 2. Auch die Rückforderung einer auf einer (vermeintlich) unberechtigten Insolvenzanfechtung beruhenden Leistung des FA kann nur in diesem zivilrechtlichen Rechtsverhältnis abgewickelt werden. Denn ein Anspruch auf Rückgewähr einer Leistung teilt die Rechtsnatur des Anspruchs, auf den jene Leistung erbracht worden ist. 3. Für diese Rückforderung kann sich das FA mangels Anwendbarkeit des § 218 Abs. 2 Satz 2 AO oder einer sonstigen Rechtsgrundlage nicht eines Rückforderungsbescheids bedienen, sondern muss den Zivilrechtsweg beschreiten.

[3] Leistet das FA ohne rechtlichen Grund an einen am Steuerschuldverhältnis unbeteiligten Dritten, entsteht durch die fehlgeleitete Zahlung ein ausschließlich auf Beseitigung der unrechtmäßigen Zahlung gerichtetes Steuerschuldverhältnis und mit dem Zugang der fehlgeleiteten Zahlung ein Anspruch auf Rückerstattung gem. § 37 Abs. 2 AO *(BFH-Urteil vom 18. 6. 1986 II R 38/84, BStBl. II S. 704).* Ansprüche nach Abs. 2 entstehen nicht erst mit ihrer Festsetzung durch das FA, sondern bereits mit der rechtsgrundlosen Leistung; deswegen gilt für sie nicht die Festsetzungsverjährung (§§ 169 ff.), sondern die **Zahlungsverjährung** (§§ 228 ff.; *BFH-Urteil vom 25. 2. 1992 VII R 8/91, BStBl. II S. 713).*

BFH-Urteil vom 10. 11. 2009 VII R 6/09, BStBl. 2010 II S. 255: Ein Kreditinstitut ist auch dann nur Zahlstelle und nicht zur Rückzahlung des vom FA auf ein vom Steuerpflichtigen angegebenes Girokonto überwiesenen Betrags verpflichtet, wenn es den Betrag auf ein bereits gekündigtes, aber noch nicht abgerechnetes Girokonto verbucht und nach Rechnungsabschluss an den früheren Kontoinhaber bzw. dessen Insolvenzverwalter ausgezahlt hat (Abgrenzung zu den *Beschlüssen vom 28. 1. 2004 VII B 139/03, BFH/NV 2004 S. 762,* und *vom 6. 6. 2003 VII B 262/02, BFH/NV 2003 S. 1532).*

BFH-Urteil vom 18. 9. 2012 VII R 53/11, BStBl. 2013 II S. 270: Für die Rückforderung einer an ein vom Steuerpflichtigen genanntes Kreditinstitut gerichteten Überweisung ist unbeachtlich, wie dieses Institut mit dem in Empfang genommenen Betrag verfahren ist; Leistungsempfänger und damit Rückgewährschuldner ist stets der Steuerpflichtige (Fortentwicklung der Rechtsprechung).

BFH-Urteil vom 30. 8. 2005 VII R 64/04, BStBl. 2006 II S. 353: 1. Stimmen in einem Mehr-Personen-Verhältnis die Vorstellungen des leistenden FA über den Zahlungszweck mit denen des Zahlungsempfängers nicht überein, hat die Bestimmung des Leistungsempfängers iSv. § 37 Abs. 2 Satz 1 AO aufgrund einer objektiven Betrachtungsweise aus der Sicht des Zahlungsempfängers zu erfolgen. 2. Hat das FA aufgrund eines Pfändungs- und Überweisungsbeschlusses als Drittschuldner ein Erstattungsguthaben des Vollstreckungsschuldners ohne rechtlichen Grund an einen Vertreter oder Boten des Pfändungsgläubigers ausgezahlt, ist die Zahlung unmittelbar vom Pfändungsgläubiger und nicht von dessen Vertreter oder Boten zurückzufordern.

BFH-Beschluss vom 28. 1. 2004 VII B 139/03, BFH/NV S. 762: 1. Schuldner des Rückforderungsanspruchs ist derjenige, zu dessen Gunsten erkennbar die Zahlung geleistet wurde, die zurückverlangt wird. 2. Eine Bank ist deshalb Schuldner des

[Fortsetzung nächste Seite]

AO **empfänger einen Anspruch auf Erstattung des gezahlten oder zurückgezahlten Betrags.[1] ② Dies gilt auch dann, wenn der rechtliche Grund für die Zahlung oder Rück-**

[Fortsetzung]

Rückforderungsanspruchs, wenn der bei einer Überweisung als Zahlungsempfänger benannte Stpfl. bei ihr kein Konto unterhält, und zwar auch dann, wenn er ein solches Konto früher unterhalten hat und dieses, weil es sich noch im Soll befindet, noch nicht endgültig abgerechnet worden ist (Bestätigung des *BFH-Beschlusses vom 6. 6. 2003 VII B 262/02, BFH/NV 2003 S. 1532*).

Leistungsempfänger eines auf ein zu einem früheren Zeitpunkt vom Steuerpflichtigen genanntes Konto geleisteten Erstattungsbetrages ist der Steuerpflichtige auch dann, wenn er dem FA zwischenzeitlich eine andere Kontoverbindung mitgeteilt hat. Voraussetzung ist lediglich, dass das bisherige Konto bei der Bank weiter für ihn geführt worden ist. Der Umstand, dass das Konto, auf das fälschlicherweise überwiesen worden ist, gepfändet war, so dass der Steuerpflichtige über den Erstattungsbetrag nicht verfügen kann, ändert daran grundsätzlich nichts *(BFH-Beschluss vom 26. 4. 2010 VII B 212/09, BFH/NV S. 1414)*.

Dem Konkursverwalter über das Vermögen einer KG steht kein Anspruch gegen das FA auf Erstattung der Kapitalertragsteuer zu, die von den Zinserträgen der zur Konkursmasse gehörenden Bankeinlagen im ersten Halbjahr 1989 einbehalten und an das zuständige FA abgeführt wurden. Es verstößt nicht gegen Art. 3 GG, dass dem Konkursverwalter in einem Konkursverfahren über das Vermögen einer juristischen Person ein Anspruch auf Erstattung der Kapitalertragsteuer gegen die Finanzbehörden zustehen kann, in Konkursverfahren über das Vermögen einer Personenhandelsgesellschaft oder einer natürlichen Person derartige Ansprüche gegen die Finanzbehörden jedoch ausgeschlossen sind *(BFH-Urteil vom 15. 3. 1995 I R 82/93, DStR S. 1303)*.

[2] Die Anmeldung der **Lohnsteuer** durch den Arbeitgeber bildet den Rechtsgrund für deren Zahlung an das FA. Ergeht nach der Anmeldung der LSt gegenüber dem Arbeitnehmer ein Einkommensteuerbescheid, so bildet er einen (neuen) Rechtsgrund für die Steuerzahlung, der die Erstattung von LSt gem. § 37 Abs. 2 AO ausschließt *(BFH-Urteil vom 12. 10. 1995 I R 39/95, BStBl. 1996 II S. 87;* s. auch *BFH-Beschluss vom 17. 5. 1995 I B 183/94, BStBl. II S. 781)*. Meldet der Arbeitgeber zu Unrecht LSt an und führt sie ab, obwohl sie nicht zu erheben ist, so steht ihm ein Erstattungsanspruch zu; eine Anrechnung der abgeführten LSt zugunsten des Arbeitnehmers findet nicht statt *(BFH-Beschluss vom 15. 11. 1999 VII B 155/99, BFH/NV 2000 S. 547)*. Die Erstattung einbehaltener und abgeführter Kapitalertragsteuer setzt entweder den Erlass eines Freistellungsbescheids oder eine Änderung oder Aufhebung der Steueranmeldungen voraus, auf denen die Abführung der Steuer beruht *(BFH-Urteil vom 28. 6. 2006 I R 47/05, BFH/NV 2007 S. 2)*.

BFH-Beschluss vom 25. 8. 2020 VI B 1/20, BFH/NV 2021 S. 13: 1. Lohnsteuer wird auf die Einkommensteuer grundsätzlich nur angerechnet, wenn sie auf tatsächlich – zu Recht oder zu Unrecht – bei der Veranlagung erfasste Einnahmen entfällt. 2. Ein nach der Anrechnung der Lohnsteuer auf die Einkommensteuer entstehender Erstattungsanspruch steht in aller Regel auch dann dem Arbeitnehmer und nicht dem Arbeitgeber zu, wenn die Lohnsteuer zu Unrecht einbehalten und abgeführt worden ist. 3. Führt der Arbeitgeber (versehentlich) Lohnsteuer ab, ohne dem Arbeitnehmer (im Übrigen) Arbeitslohn gezahlt zu haben, steht der Erstattungsanspruch dem Arbeitgeber jedenfalls dann zu, wenn die (versehentlich) abgeführte Lohnsteuer bei der Veranlagung nicht ihrerseits als Einnahme erfasst worden ist.

BFH-Beschluss vom 14. 3. 2012 XI R 6/10, BFH/NV S. 1686: 1. Die Haftungsinanspruchnahme für einen Umsatzsteuerrückforderungsanspruch wegen (angeblich) materiell-rechtlich zu Unrecht festgesetzter und ausgezahlter negativer Umsatzsteuer (Vorsteuerüberschüsse) setzt voraus, dass aufgrund der formellen Bescheidlage (Aufhebung oder Änderung der Steuerfestsetzung) beim Steuerpflichtigen (Primärschuldner) festgestellt wurde, dass der Umsatzsteuererstattungsanspruch bzw. Vergütungsanspruch nicht bestanden hat. 2. Es genügt nicht, dass materiell-rechtlich kein Anspruch auf Festsetzung der negativen Umsatzsteuer und die Auszahlung des Überschusses bestand. Die Steuerfestsetzung gegenüber dem Steuerpflichtigen (Primärschuldner) muss zunächst entsprechend der materiellen Rechtslage korrigiert werden.

BFH-Urteil vom 30. 6. 2015 VII R 30/14, BFH/NV S. 1611: Dem EuGH-Urteil Reemtsma (EU:C:2007:167) ist kein unionsrechtliches Gebot zu entnehmen, einen Anspruch des Leistungsempfängers aus § 37 Abs. 2 AO auf Erstattung zu Unrecht vom Leistenden in Rechnung gestellter Umsatzsteuer gegen den Fiskus anzuerkennen, wenn eine Erstattung vom Leistenden wegen dessen Insolvenz nicht mehr (vollständig) erreicht werden kann.

Ist Kapitalertragsteuer einbehalten und abgeführt worden, obwohl eine Verpflichtung hierzu nicht bestand, ist die Steueranmeldung gemäß § 44 b Abs. 4 EStG auf Antrag des zum Steuerabzug verpflichteten Vergütungsschuldners aufzuheben und an diesen zu erstatten. Der Schuldner der Kapitalerträge ist nach § 44 b Abs. 4 Satz 2 EStG auch dann erstattungsberechtigt, wenn die Kapitalertragsteuer nicht für seine Rechnung entrichtet wurde *(BFH-Urteil vom 14. 7. 2004 I R 100/03, BStBl. 2005 II S. 3)*.

Zahlt die Familienkasse Kindergeld rechtsgrundlos an das Kind auf Anweisung des Kindergeldberechtigten aus, ist nur der Kindergeldberechtigte Rückforderungsschuldner *(BFH-Urteil vom 14. 4. 2021 III R 1/20, BStBl. II S. 701)*.

Ein **Wegfall der Bereicherung** führt grundsätzlich nicht zum Erlöschen des abgabenrechtlichen Rückforderungsanspruchs wegen einer rechtsgrundlos erbrachten Leistung *(BFH-Beschluss vom 19. 9. 1997 V B 39/97, BFH/NV 1998 S. 280)*. § 818 Abs. 3 BGB ist im Rahmen des öffentlich-rechtlichen Rückforderungsanspruchs nach § 37 Abs. 2 AO nicht anwendbar und enthält auch keinen allgemeinen Rechtsgedanken, der auch bei einer Rückforderung zu Unrecht erstatteter Steuern zu berücksichtigen ist *(BFH-Beschluss vom 27. 4. 1998 VII B 296/97, BStBl. II S. 499)*.

[1] § 37 Abs. 2 AO setzt kein Verschulden voraus *(BFH-Urteil vom 9. 7. 2019 X R 35/17, BStBl. II S. 668)*. Zur Erstattungsberechtigung bei Zusammenveranlagung vgl. *BMF-Schreiben vom 14. 1. 2015 (BStBl. I S. 38)*, nachstehend abgedruckt.

BFH-Urteil vom 14. 12. 2021 VII R 20/18, BFH/NV 2022 S. 634: 1. Erstattungsberechtigt i. S. von § 37 Abs. 2 Satz 1 AO ist derjenige, auf dessen Rechnung und nicht auf dessen Kosten eine Zahlung bewirkt worden ist. 2. Es kommt nicht darauf an, von wem und mit wessen Mitteln gezahlt worden ist, sondern nur darauf, wessen Steuerschuld nach dem Willen des Zahlenden, so wie er im Zeitpunkt der Zahlung dem FA gegenüber erkennbar hervorgetreten ist, getilgt werden sollte. Dies gilt auch im Fall einer vermeintlichen Organschaft.

Ehegatten steht ein Erstattungsanspruch auch dann nach dem Verhältnis der Beträge zu, in dem die Steuer auf Rechnung eines jeden von ihnen an das FA gezahlt worden ist, wenn einer von ihnen einen nach § 10 d EStG abzugsfähigen Verlust erzielt hat und dieser Verlust im Wege des Verlustrücktrages in einem Veranlagungszeitraum abgezogen wird, für den die Ehegatten zur ESt veranlagt worden sind *(BFH-Beschluss vom 21. 8. 2000 VII B 29/00, BFH/NV 2001 S. 293)*.

Bei einer Erstattung, die aufgrund einer Zahlungsanweisung an einen Dritten ausgezahlt worden ist, ist der Erstattungsberechtigte Schuldner eines Rückforderungsanspruches des FA *(BFH-Beschluss vom 21. 2. 2000 VII B 157/99, BFH/NV S. 941)*.

Hat das FA als Drittschuldner versehentlich an den Pfändungsgläubiger ein von dem Pfändungs- und Überweisungsbeschluss nicht erfasstes ESt-Erstattungsguthaben des Vollstreckungsschuldners ausgezahlt, war die Zahlung von Anfang an rechtsgrundlos und kann vom Pfändungsgläubiger als Leistungsempfänger zurückgefordert werden. Entscheidend ist, dass im Verhältnis des auszahlenden FA zum Pfändungsgläubiger ein Rechtsgrund für die Zahlung nicht besteht; ein Rechtsgrund für das Behaltendürfen der Leistung im Verhältnis von Pfändungsgläubiger und Vollstreckungsschuldner (etwa ein zivilrechtlicher Titel) entfaltet keine Drittwirkung zu Lasten des FA als Drittschuldner *(BFH-Beschluss vom 28. 9. 1999 VII B 35/99, BFH/NV 2000 S. 305)*.

[Fortsetzung nächste Seite]

zahlung später wegfällt.[1] **③ Im Fall der Abtretung, Verpfändung oder Pfändung richtet sich der Anspruch auch gegen den Abtretenden, Verpfänder oder Pfändungsschuldner.**[2]

Zu § 37 – Ansprüche aus dem Steuerschuldverhältnis:

AEAO

Inhaltsübersicht

1. Ansprüche aus dem Steuerschuldverhältnis (§ 37 Abs. 1 AO)
2. Erstattungsanspruch nach § 37 Abs. 2 AO
2.1 Rückforderungsanspruch des Finanzamts
2.2 Erstattungsanspruch des Steuerpflichtigen
2.2.1 Allgemeines
2.2.2 Erstattungsanspruch bei Gesamtschuldnern
2.3 Erstattungsanspruch bei der Einkommensteuer

[Fortsetzung]

Zur Rückforderung einer durch das FA nach Pfändung und Überweisung irrtümlich geleisteten Zahlung gem. § 37 Abs. 2 AO vgl. *BFH-Urteile vom 1. 3. 1990 VII R 103/88, BStBl. II S. 520,* und *vom 6. 2. 1990 VII R 97/88, BStBl. II S. 671).*

BFH-Urteil vom 5. 6. 2007 VII R 17/06, BStBl. II S. 738: 1. Zahlt die Finanzbehörde aufgrund einer Sicherungsabtretung auf ein in der Abtretungsanzeige angegebenes Konto bei einer Bank, so ist die Bank selbst dann Leistungsempfängerin i. S. des § 37 Abs. 2 AO, wenn Kontoinhaber der Zedent ist. 2. War der Zedent aufgrund der Sicherungsabrede im Innenverhältnis zur Bank weiterhin verfügungsberechtigt, so kann die Finanzbehörde die Bank nur dann nicht auf Erstattung einer rechtsgrundlosen Zahlung in Anspruch nehmen, wenn der Finanzbehörde ausdrücklich mitgeteilt worden ist, dass der Zedent trotz der Abtretungsanzeige Leistungsempfänger sein soll.

Ein Insolvenzverwalter, der im Rahmen seiner Verwaltungs- und Verfügungsbefugnis (§ 80 InsO) eine zur Insolvenzmasse geschuldete Steuererstattung entgegennimmt, ist nicht Leistungsempfänger i. S. des § 37 Abs. 2 AO *(BFH-Beschluss vom 31. 8. 2021 VII B 64/20 (AdV) vom 31. 8. 2021, BFH/NV 2022 S. 6).*

Rechtsgrundlage für die Erstattung ist ein Bescheid nach § 218 oder ein Änderungs-, Aufhebungs- oder Freistellungsbescheid. Ein besonderes Erstattungsverfahren kennt die AO nicht *(BFH-Urteil vom 25. 2. 1992 VII R 8/91, BStBl. II S. 713).*

Zur Hinderung der Geltendmachung eines Erstattungsanspruchs nach den Grundsätzen von Treu und Glauben vgl. *BFH Urteile vom 17. 6. 1992 X R 47/88, BStBl. II 1993 S. 174, und vom 27. 4. 1998 VII B 296/97, BStBl. II S. 499.*

Der Organträger hat auch nach Aufhebung der gegenüber einer vermeintlichen Organgesellschaft ergangenen UStBescheide keinen unmittelbaren Anspruch auf Erstattung der USt, welche die Organgesellschaft zugunsten ihres eigenen Umsatzsteuerkontos gezahlt hat *(BFH vom 23. 8. 2001 VII R 94/99, BStBl. 2002 II S. 330).*

Der Organträger hat auch nach Aufhebung der gegenüber einer vermeintlichen Organgesellschaft ergangenen UStBescheide keinen unmittelbaren Anspruch auf Erstattung der USt, welche die Organgesellschaft zugunsten ihres eigenen Umsatzsteuerkontos gezahlt hat *(BFH vom 23. 8. 2001 VII R 94/99, BStBl. 2002 II S. 330).*

---

[1] Voraussetzung für einen Anspruch auf Rückerstattung von Vorauszahlungen ist, dass die Jahressteuer niedriger ist als die Summe der – an das FA abgeführten – Vorauszahlungen. Zu diesen Vorauszahlungen gehört auch eine Sondervorauszahlung nach § 47 UStDV 1993. Nach Festsetzung der Jahressteuer kommt die Erstattung der Sondervorauszahlung nach § 37 Abs. 2 Satz 2 AO nur in Betracht, soweit sie nicht zur Tilgung der Jahressteuer benötigt wird *(BFH-Urteil vom 18. 7. 2002 V R 56/01, BStBl. II S. 705).*

[2] *BFH-Urteil vom 19. 8. 2008 VII R 36/07, BStBl. 2009 II S. 90:* 1. Wird eine Lieferung, für die der Vorsteuerabzug in Anspruch genommen worden ist, rückgängig gemacht und dadurch die Berichtigungspflicht des Unternehmers nach § 17 Abs. 2 Nr. 3 i. V. m. Abs. 1 Satz 3 UStG 1999 ausgelöst, bewirkt die vom FA in einem nachfolgenden Voranmeldungszeitraum vollzogene Berichtigung die (Teil-)Erledigung der vorangegangenen (negativen) Umsatzsteuerfestsetzung „auf andere Weise" i. S. des § 124 AO. War ein Vergütungsanspruch aus dieser Festsetzung abgetreten, so entsteht der Rückforderungsanspruch des Fiskus aus § 37 Abs. 2 AO gegenüber dem Zessionar im Umfang der ursprünglich zu hoch ausgezahlten Steuervergütung (Bestätigung der Senatsrechtsprechung). 2. Die Feststellung einer vom FA angemeldeten, einen früheren Vorsteuerabzug berichtigenden Umsatzsteuer zur Insolvenztabelle hat die gleiche Wirkung wie ein inhaltsgleicher Berichtigungsbescheid i. S. des § 17 UStG 1999. Ein Zessionar als Rechtsnachfolger im Zahlungsanspruch aus dem ursprünglichen Vorauszahlungsbescheid und Leistungsempfänger ist einem Rückforderungsanspruch in beiden Fällen gleichermaßen ausgesetzt (Fortentwicklung der Rechtsprechung).

Hat das FA abgetretene Vorsteuerüberschüsse eines Voranmeldungszeitraums an den Zessionar ausgezahlt, und fordert es diese zurück, nachdem es die Unternehmereigenschaft des Zedenten verneint und den gegenüber diesem erlassenen Vorauszahlungsbescheid entsprechend geändert oder durch einen Jahresbescheid ersetzt hat, ist der Zessionar nicht berechtigt, die Veranlagung des Zedenten anzufechten oder später Einwendungen gegen den Steuerbescheid geltend zu machen. Auf die Frage, ob der Zedent Unternehmer war und ob ihm der Vorsteuerabzug tatsächlich zustand, kommt es nicht an *(BFH-Beschluss vom 13. 7. 2000 V B 5/00, BFH/NV 2001 S. 5).*

BFH-Urteil vom 27. 10. 2009 VII R 4/08, BStBl. 2010 II S. 257: 1. Hat der Unternehmer einen Umsatzsteuervergütungsanspruch abgetreten und das Finanzamt den Vergütungsbetrag an den Zessionar ausgezahlt, entsteht ein Rückzahlungsanspruch gegen den Zessionar, wenn und soweit der Vergütungsanspruch auf einem später gemäß § 17 UStG berichtigten Vorsteuerabzug beruhte. 2. Der Rückzahlungsanspruch setzt die Feststellung voraus, dass die Ereignisse, die gemäß § 17 UStG die Vorsteuerberichtigung erfordern, diejenigen Umsätze betreffen, auf deren Besteuerung der abgetretene Vergütungsanspruch beruhte. Verbleibt nach Abzug der berichtigten Vorsteuern in dem von der Zession betroffenen Voranmeldungszeitraum noch ein negativer Umsatzsteuerbetrag, so ist die Rückforderung in Höhe dieses Restbetrags nicht gerechtfertigt (Fortentwicklung der Rechtsprechung).

Zahlt das FA bei der Zusammenveranlagung aufgrund des gegenüber einem Ehegatten ergangenen Pfändungs- und Überweisungsbeschlusses auch den auf den anderen Ehegatten entfallenden Einkommensteuererstattungsbetrag an den Pfändungsgläubiger aus, so kann es von diesem die Rückzahlung dieses Betrags verlangen *(BFH-Urteil vom 13. 2. 1996 – VII R 89/95, BStBl. II S. 436).*

BFH-Urteil vom 17. 3. 2009 VII R 38/08, BStBl. II S. 953: Sind im Umsatzsteuerjahresbescheid abzugsfähige Vorsteuern mit 0 DM/€ zugrunde gelegt, verliert die Festsetzung eines Vergütungsanspruchs aufgrund einer Umsatzsteuervoranmeldung (Vorbehaltsfestsetzung), soweit sie auf berücksichtigten Vorsteuern beruht, ihre Wirksamkeit als formeller Rechtsgrund für die infolge einer wirksamen Abtretung des Anspruchs bewirkte Auszahlung. Im Falle der Uneinbringlichkeit beim Zedenten ist das FA zur Rückforderung des Betrages vom Zessionar berechtigt (Fortentwicklung der Rechtsprechung).

AEAO

1. Ansprüche aus dem Steuerschuldverhältnis (§ 37 Abs. 1 AO)

3 § 37 Abs. 1 AO enthält eine abschließende Aufzählung der Ansprüche aus dem Steuerschuldverhältnis. Die Ansprüche aus Strafen und Geldbußen gehören nicht zu den Ansprüchen aus dem Steuerschuldverhältnis.

4 **2. Erstattungsanspruch nach § 37 Abs. 2 AO**

§ 37 Abs. 2 AO enthält eine allgemeine Umschreibung des öffentlich-rechtlichen Erstattungsanspruchs, der einem Steuerpflichtigen oder Steuergläubiger dadurch erwächst, dass eine Leistung aus dem Steuerschuldverhältnis ohne rechtlichen Grund erfolgt ist oder der Grund hierfür später wegfällt. Eine Zahlung ist ohne rechtlichen Grund geleistet, wenn sie den materiell-rechtlichen Anspruch übersteigt (BFH-Urteile vom 6. 2. 1996, VII R 50/95, BStBl. 1997 II S. 112, und vom 15. 10. 1997, II R 56/94, BStBl. II S. 796). § 37 Abs. 2 Satz 1 AO gilt sowohl für den Erstattungsanspruch des Steuerpflichtigen gegen das Finanzamt als auch für den umgekehrten Fall der Rückforderung einer an den Steuerpflichtigen oder einen Dritten rechtsgrundlos geleisteten Steuererstattung durch das Finanzamt (vgl. BFH-Urteil vom 22. 3. 2011, VII R 42/10, BStBl. II S. 607).

Ein nach materiellem Recht bestehender Erstattungsanspruch kann allerdings nur durchgesetzt werden, wenn ein entgegenstehender Verwaltungsakt i. S. d. § 218 Abs. 1 AO aufgehoben oder geändert worden ist; maßgebend ist bei mehrfacher Änderung der letzte Verwaltungsakt (BFH-Urteil vom 6. 2. 1996, VII R 50/95, a. a. O.). Im Übrigen AEAO zu § 218.

2.1. Rückforderungsanspruch des Finanzamts

Schuldner eines abgabenrechtlichen Rückforderungsanspruchs (Erstattungsverpflichteter) ist derjenige, zu dessen Gunsten erkennbar die Zahlung geleistet wurde (Leistungsempfänger), die zurückverlangt wird. In der Regel ist dies derjenige, demgegenüber die Finanzbehörde ihre – vermeintliche oder tatsächlich bestehende – abgabenrechtliche Verpflichtung erfüllen will.

Der Empfänger der Steuererstattung oder Steuervergütung (Zahlungsempfänger) ist aber nicht in allen Fällen auch der Leistungsempfänger.

War ein Dritter tatsächlicher Empfänger einer Zahlung, ist er dann nicht Leistungsempfänger, wenn er lediglich als Zahlstelle, unmittelbarer Vertreter oder Bote für den Erstattungsberechtigten (vgl. AEAO zu § 37, Nr. 2.2) aufgetreten bzw. von diesem benannt worden ist oder das Finanzamt an ihn aufgrund einer Zahlungsanweisung des Erstattungsberechtigten eine Steuererstattung ausgezahlt hat (BFH-Urteil vom 6. 12. 1988, VII R 206/83, BStBl. 1989 II S. 223). Denn in einem solchen Fall will das Finanzamt erkennbar nicht mit befreiender Wirkung zu dessen Gunsten leisten, sondern es erbringt seine Leistung mit dem Willen, eine Forderung des steuerlichen Rechtsinhabers zu erfüllen (vgl. BFH-Urteil vom 22. 8. 1980, VI R 102/77, BStBl. 1981 II S. 44). Mithin ist nicht der Zahlungsempfänger, sondern der nach materiellem Steuerrecht Erstattungsberechtigte als Leistungsempfänger i. S. d. § 37 Abs. 2 AO anzusehen (BFH-Beschluss vom 8. 4. 1986, VII B 128/85, BStBl. II S. 511).

Ungeachtet des Willens des Finanzamts, an den Rechtsinhaber der Erstattungsforderung eine Leistung zu erbringen, ist aber der tatsächliche Empfänger der Zahlung des Finanzamts in folgenden Fällen Leistungsempfänger und Schuldner des Rückforderungsanspruchs, weil insoweit keine Leistung mit befreiender Wirkung gegenüber dem Erstattungsberechtigten erfolgt ist:

- Ein vermeintlicher Bote, Vertreter oder Bevollmächtigter nimmt Erstattungszahlungen des Finanzamts entgegen, obwohl keine Weisung oder Vollmacht des Erstattungsberechtigten besteht (vgl. BFH-Beschluss vom 27. 4. 1998, VII B 296/97, BStBl. II S. 499).
- Das Finanzamt nimmt an einen am Steuerschuldverhältnis nicht beteiligten Dritten eine Zahlung in der irrigen Annahme vor, er sei von dem Erstattungsberechtigten ermächtigt, für diesen Zahlungen entgegenzunehmen, in Wahrheit besteht jedoch eine diesbezügliche Rechtsbeziehung zwischen dem Zahlungsempfänger und dem Erstattungsberechtigten nicht.
- Das Finanzamt leistet ohne rechtlichen Grund an einen Dritten, weil es sich beispielsweise über die Person des Erstattungsberechtigten irrt oder den Erstattungsbetrag auf ein Bankkonto überweist, dessen Inhaber nicht der Erstattungsberechtigte, sondern der Dritte ist.

Hat das Finanzamt eine Überweisung an das vom Steuerpflichtigen benannte Konto bei dem von ihm genannten Kreditinstitut gerichtet, ist der Steuerpflichtige Leistungsempfänger und damit im Fall einer Rückforderung Rückgewährschuldner. Dabei ist unbeachtlich, wie das Kreditinstitut mit dem in Empfang genommenen Betrag verfahren ist (vgl. BFH-Urteil vom 18. 9. 2012, VII R 53/11, BStBl. 2013 II S. 270).

Ein Kreditinstitut ist nämlich auch dann nur Zahlstelle und nicht Leistungsempfänger i. S. d. § 37 Abs. 2 AO, wenn es den vom Finanzamt an den Steuerpflichtigen überwiesenen Betrag auf ein bereits gekündigtes, aber noch nicht abgerechnetes Girokonto des Steuerpflichtigen oder ein internes Zwischenkonto verbucht und nach Rechnungsabschluss an den früheren Kontoinhaber bzw. dessen Insolvenzverwalter ausgezahlt oder den Überweisungsbetrag mit einem fortbestehenden Schuldensaldo auf dem betreffenden Konto verrechnet hat.

Das Kreditinstitut ist auch dann nicht zur Rückzahlung des vom Finanzamt überwiesenen Betrages verpflichtet, wenn der Steuerpflichtige dem Finanzamt für die Überweisung ein anderes Konto benannt hatte (vgl. BFH-Urteile vom 10. 11. 2009, VII R 6/09, BStBl. 2010 II S. 255, und vom 22. 11. 2011, VII R 27/11, BStBl. 2012 II S. 167). Die Zahlung auf das unzutreffende Konto hat gegenüber dem Steuerpflichtigen zwar – anders, als wenn der Steuerpflichtige dem

Finanzamt eine Kontoänderung nicht mitgeteilt hat (BFH-Urteil vom 10. 11. 1987, VII R 171/84, BStBl. 1988 II S. 41) – unmittelbar keine Erfüllungswirkung. Das Finanzamt kann aber mit seinem Rückforderungsanspruch nach § 37 Abs. 2 Satz 1 AO (gegen den Steuerpflichtigen als Leistungsempfänger) gegen den Anspruch auf erneute Zahlung aufrechnen und Letzteren somit zum Erlöschen bringen.

Zur Rückforderung von während des laufenden Insolvenzverfahrens ohne rechtlichen Grund an den Insolvenzverwalter ausbezahlten Ansprüchen aus dem Steuerschuldverhältnis siehe Nr. 14 des AEAO zu § 251.

2.2. Erstattungsanspruch des Steuerpflichtigen

2.2.1. Allgemeines

Erstattungsberechtigter ist derjenige, auf dessen Rechnung die Zahlung geleistet worden ist, auch wenn tatsächlich ein Dritter die Zahlung geleistet hat. Es kommt nicht darauf an, von wem oder mit wessen Mitteln gezahlt worden ist. Maßgeblich ist vielmehr, wessen Steuerschuld nach dem Willen des Zahlenden, wie er im Zeitpunkt der Zahlung dem Finanzamt erkennbar hervorgetreten ist, getilgt werden sollte (BFH-Urteil vom 30. 9. 2008, VII R 18/08, BStBl. 2009 II S. 38 m. w. N.). Den Finanzbehörden wird damit nicht zugemutet, im Einzelfall die zivilrechtlichen Beziehungen zwischen dem Steuerschuldner und einem zahlenden Dritten daraufhin zu überprüfen, wer von ihnen – im Innenverhältnis – auf die zu erstattenden Beträge materiell-rechtlich einen Anspruch hat (BFH-Urteil vom 25. 7. 1989, VII R 118/87, BStBl. 1990 II S. 41).

2.2.2. Erstattungsanspruch bei Gesamtschuldnern

Personen, die gem. § 44 Gesamtschuldner sind, sind nicht Gesamtgläubiger eines Erstattungsanspruchs nach § 37 Abs. 2 AO (BFH-Urteil vom 19. 10. 1982, VII R 55/80, BStBl. 1983 II S. 162). Erstattungsberechtigter ist der Gesamtschuldner, auf dessen Rechnung die Zahlung erfolgt ist.

Lässt sich aus den dem Finanzamt bei Zahlung erkennbaren Umständen nicht entnehmen, wessen Steuerschuld der zahlende Gesamtschuldner begleichen wollte, ist grundsätzlich davon auszugehen, dass der Gesamtschuldner nur seine eigene Steuerschuld tilgen wollte (vgl. BFH-Urteil vom 18. 2. 1997, VII R 117/95, BFH/NV S. 482, m. w. N.). Ist eine Zahlung aber erkennbar für gemeinsame Rechnung der Gesamtschuldner geleistet worden, so sind diese grundsätzlich nach Köpfen erstattungsberechtigt.

2.3. Erstattungsanspruch bei der Einkommensteuer

Zu Besonderheiten bei Bestimmung des Einkommensteuer-Erstattungsanspruchs – insbesondere bei Ehegatten oder Lebenspartnern – vgl. BMF-Schreiben vom 14. 1. 2015, BStBl. I S. 83.

Schreiben betr. Erstattungsanspruch nach § 37 Abs. 2 AO bei der Einkommensteuer; Erstattungsberechtigung und Reihenfolge der Anrechnung in Nachzahlungsfällen Anl

Vom 14. Januar 2015 (BeckVerw 294120)

(BMF IV A 3 – S 0160/11/10 001; DOK 2014/1156789)

Unter Bezugnahme auf das Ergebnis der Erörterung mit den obersten Finanzbehörden der Länder richtet sich die Ermittlung von Einkommensteuer-Erstattungsansprüchen nach § 37 Abs. 2 AO bzw. die Erstattungsberechtigung – einschließlich der Reihenfolge der Anrechnung – nach folgenden Grundsätzen:

1. Allgemeines 5

1.1. Öffentlich-rechtlicher Erstattungsanspruch

§ 37 Abs. 2 AO enthält eine allgemeine Umschreibung des öffentlich-rechtlichen Erstattungsanspruchs, der einem Steuerpflichtigen dadurch erwächst, dass eine Leistung aus dem Steuerschuldverhältnis ohne rechtlichen Grund erfolgt ist oder der Grund hierfür später wegfällt (vgl. dazu AEAO zu § 37, Nr. 2).

1.2. Einkommensteuer-Erstattungsanspruch

Im Bereich der Einkommensteuer können sich Erstattungsansprüche nach § 37 Abs. 2 AO insbesondere ergeben

- infolge der Anrechnung von Einkommensteuer-Vorauszahlungen (§ 36 Abs. 2 Nr. 1 EStG),
- infolge der Anrechnung von Steuerabzugsbeträgen (z. B. Lohnsteuer, Kapitalertragsteuer, vgl. § 36 Abs. 2 Nr. 2 EStG) sowie
- im Falle der Aufhebung der Einkommensteuerfestsetzung oder der Durchführung von Änderungs- bzw. Berichtigungsveranlagungen, wenn die ursprünglich festgesetzte Steuer bereits entrichtet war.

1.3. Annexsteuern

Die Ausführungen dieses Schreibens gelten für Annexsteuern entsprechend.

1.4. Lebenspartner und Lebenspartnerschaften

Die nachfolgenden Ausführungen gelten bei Lebenspartnern und Lebenspartnerschaften entsprechend (§ 2 Abs. 8 EStG).

Anl **1.5. Getrennte Veranlagung nach § 26 a EStG a. F.**

Soweit im Folgenden Ausführungen zur Einzelveranlagung nach § 26 a EStG gemacht werden, gelten sie bis Veranlagungszeitraum 2012 für getrennte Veranlagungen nach § 26 a EStG a. F. entsprechend.

6 **2. Erstattungsberechtigung bei zusammen veranlagten Ehegatten**

2.1. Wirkung einer Erstattung nach § 36 Abs. 4 Satz 3 EStG

§ 36 Abs. 4 Satz 3 EStG, wonach die Auszahlung des Erstattungsbetrags (Überschuss im Sinne des § 36 Abs. 4 Satz 2 EStG) aus der Einkommensteuer-Zusammenveranlagung an einen Ehegatten auch für und gegen den anderen Ehegatten wirkt, lässt die materielle Rechtslage hinsichtlich der Erstattungsberechtigung zusammen veranlagter Ehegatten unberührt. In Bezug auf den Erstattungsanspruch sind zusammen veranlagte Ehegatten weder Gesamtgläubiger i. S. d. § 428 BGB noch Mitgläubiger i. S. d. § 432 BGB (BFH-Beschluss vom 17. 2. 2010 VII R 37/08, BFH/NV S. 1078). Die Regelung, der die Annahme zugrunde liegt, dass bei einer intakten Ehe die Erstattung an einen Ehegatten vom anderen Ehegatten gebilligt wird, will dem Finanzamt für Fälle, in denen diese Annahme zutrifft, Nachforschungen zur Erstattungsberechtigung der Ehegatten ersparen (BFH-Urteil vom 5. 4. 1990 VII R 2/89, BStBl. II S. 719). Sie findet ihre Rechtfertigung darin, dass sich Ehegatten, die die Zusammenveranlagung beantragen, durch ihre beiderseitigen Unterschriften auf der Steuererklärung gegenseitig bevollmächtigen können, nicht nur den Steuerbescheid, sondern auch einen etwaigen Erstattungsbetrag in Empfang zu nehmen. Die Vorschrift des § 36 Abs. 4 Satz 3 EStG enthält demnach eine widerlegbare gesetzliche Vermutung hinsichtlich einer Einziehungsvollmacht.

2.2. Ausnahmen von § 36 Abs. 4 Satz 3 EStG

2.2.1. Bei zusammen veranlagten Ehegatten kann es trotz der Vorschrift des § 36 Abs. 4 Satz 3 EStG, wonach die Auszahlung an einen Ehegatten auch für und gegen den anderen Ehegatten wirkt, erforderlich werden, Entscheidungen zur Erstattungsberechtigung der beiden Ehegatten zu treffen und ggf. die Höhe des auf jeden entfallenden Erstattungsbetrags zu ermitteln. Soweit das Finanzamt nach Aktenlage erkennt oder erkennen musste, dass ein Ehegatte aus beachtlichen Gründen nicht mit der Auszahlung des gesamten Erstattungsbetrags an den anderen Ehegatten einverstanden ist, darf es nicht mehr an den anderen Ehegatten auszahlen. Das ist z. B. dann der Fall, wenn die Ehegatten inzwischen geschieden sind oder getrennt leben oder wenn dem Finanzamt aus sonstigen Umständen bekannt ist, dass ein Ehegatte die Erstattung an den anderen nicht billigt (BFH-Urteile vom 5. 4. 1990 VII R 2/89, BStBl. II S. 719, und vom 8. 1. 1991 VII R 18/90, BStBl. II S. 442).

2.2.2. § 36 Abs. 4 Satz 3 EStG ist aber auch dann nicht anzuwenden,
– wenn das Finanzamt mit Abgabenrückständen eines der beiden Ehegatten aufrechnen will oder
– wenn der Erstattungsanspruch nur eines der beiden Ehegatten abgetreten, gepfändet oder verpfändet worden ist.

In solchen Fällen muss die materielle Anspruchsberechtigung nach § 37 Abs. 2 AO selbst dann geprüft werden, wenn die Ehegatten übereinstimmend davon ausgehen, dass der steuerliche Erstattungsanspruch ihnen gemeinsam zusteht (BFH-Beschluss vom 12. 3. 1991 VII S 30/90, BFH/NV 1992 S. 145). Zahlt das Finanzamt bei der Zusammenveranlagung aufgrund des gegenüber einem Ehegatten ergangenen Pfändungs- und Überweisungsbeschlusses auch den auf den anderen Ehegatten entfallenden Erstattungsbetrag an den Pfändungsgläubiger aus, kann es von diesem jedoch die Rückzahlung dieses ohne Rechtsgrund gezahlten Betrages verlangen (BFH-Urteil vom 13. 2. 1996 VII R 89/95, BStBl. II S. 436).

2.3. Ermittlung des Erstattungsberechtigten

Der Erstattungsanspruch steht demjenigen Ehegatten zu, auf dessen Rechnung die Zahlung bewirkt worden ist (vgl. BFH-Urteil vom 30. 9. 2008 VII R 18/08, BStBl. 2009 II S. 38 m. w. N.). Unerheblich ist dagegen, welcher der Ehegatten den Steuerermäßigungstatbestand verwirklicht hat, der im Rahmen des Veranlagungsverfahrens zu der Steuererstattung geführt hat. Dies gilt auch in Fällen des Verlustabzugs nach § 10 d EStG (BFH-Urteile vom 19. 10. 1982 VII R 55/80, BStBl. II S. 162, und vom 18. 9. 1990 VII R 99/89, BStBl. 1991 II S. 47). Unerheblich ist auch, auf wessen Einkünften die festgesetzten Steuern (Vorauszahlungen und Jahressteuer) beruhen.

2.4. Tilgungsbestimmung[1]

2.4.1. Liegen keine Anhaltspunkte oder ausdrücklichen Absichtsbekundungen für eine Tilgungsbestimmung vor, kann das Finanzamt als Zahlungsempfänger, solange die Ehe besteht und die Ehegatten nicht dauernd getrennt leben (§ 26 Abs. 1 EStG), aufgrund der zwischen ihnen bestehenden Lebens- und Wirtschaftsgemeinschaft allerdings davon ausgehen, dass derjenige Ehegatte, der auf die gemeinsame Steuerschuld zahlt, mit seiner Zahlung auch die Steuerschuld des anderen mit ihm zusammen veranlagten Ehegatten begleichen will (vgl. BFH-Urteil vom 15. 11. 2005 VII R 16/05, BStBl. 2006 II S. 453, m. w. N.); das gilt grundsätzlich auch dann, wenn über das Vermögen des anderen Ehegatten das Insolvenzverfahren eröffnet worden ist (BFH-Urteil vom 30. 9. 2008 VII R 18/08, BStBl. 2009 II S. 38).

Ob die Ehegatten sich später trennen oder einer der Ehegatten nachträglich die Einzelveranlagung nach § 26 a EStG beantragt, ist für die Beurteilung der Tilgungsabsicht nicht maßgeblich, denn es kommt

[1] Die Annahme, mit der Zahlung eines Ehegatten auf die gemeinsame Vorauszahlungsschuld der Eheleute wolle dieser auch die Steuerschuld des mit ihm zusammenveranlagten Ehegatten begleichen, sofern im Zeitpunkt der Zahlung keine abweichende Tilgungsabsicht bekundet werde oder aus den Umständen erkennbar sei, ist nicht ohne weiteres gerechtfertigt, wenn fällige Vorauszahlungen im Wege der Vollstreckung von einem der Eheleute beigetrieben werden *(BFH-Beschluss vom 18. 4. 2013 VII B 66/12, BFH/NV S. 1217).*

Anl

nur darauf an, wie sich die Umstände dem Finanzamt zum Zeitpunkt der Zahlung darstellten[1] (vgl. BFH-Urteil vom 26. 6. 2007 VII R 35/06, BStBl. II S. 742). Haben sich die Ehegatten vor der Zahlung getrennt, war dies dem Finanzamt zum Zeitpunkt der Zahlung aber noch nicht bekannt, kann das Finanzamt weiterhin davon ausgehen, dass der Ehegatte, der ohne individuelle Tilgungsbestimmung auf die gemeinsame Steuerschuld (Vorauszahlungsschuld) gezahlt hat, mit seiner Zahlung auch die Steuerschuld des anderen Ehegatten begleichen wollte[2].

2.4.2. Die Angabe einer Tilgungsbestimmung muss dabei nicht „ausdrücklich" erfolgen, sondern kann sich aus den Umständen des Einzelfalls ergeben (als Indiz z. B. Angabe des eigenen Namens im Feld „Verwendungszweck" einer Überweisung; vgl. BFH-Urteil vom 25. 7. 1989 VII R 118/87, BStBl. 1990 II S. 41). Eine spätere „Interpretation" (d. h. eine nachträglich geltend gemachte Tilgungsbestimmung) durch den zahlenden Ehegatten kann keine Berücksichtigung finden.

Rechnet ein Ehegatte mit einem ihm allein zustehenden Erstattungsanspruch gegen die gemeinsame ESt-Schuld auf, kann das Finanzamt davon ausgehen, dass der Ehegatte, der ohne individuelle Tilgungsbestimmung auf die gemeinsame Steuerschuld geleistet hat, mit seiner Zahlung auch die Steuerschuld des anderen Ehegatten begleichen wollte. Im Fall der Aufrechnung durch das Finanzamt ergibt sich die Tilgungsbestimmung wegen der nach § 387 BGB erforderlichen Gegenseitigkeit dagegen nach der individuellen Gläubigerschaft des Steuererstattungsanspruchs.

Bei Zahlungen im Wege des Lastschrifteinzugs ist das Finanzamt gesondert über den Tilgungswillen zu informieren. Wird ein Verrechnungsvertrag geschlossen (vgl. AEAO zu § 226, Nr. 5), ergibt sich die Tilgungsbestimmung aus den vertraglichen Vereinbarungen.

2.4.3. Die von einem Ehegatten im Vollstreckungsweg beigetriebene Steuerforderung kann nicht als eine auch auf Rechnung des anderen Ehegatten bewirkte Zahlung angesehen werden (vgl. BFH-Beschluss v. 18. 4. 2013 VII B 66/12, BFH/NV S. 1217). Sie ist wie eine Zahlung mit individueller Tilgungsbestimmung zugunsten des Vollstreckungsschuldners zu behandeln.

2.5. Zahlungsanweisung

Bitten die Ehegatten zu einem späteren Zeitpunkt, zum Beispiel bei Abgabe der Steuererklärung, um Überweisung des Erstattungsanspruchs an einen bestimmten Zahlungsempfänger, liegt lediglich eine Zahlungsanweisung vor, die den materiellrechtlichen Erstattungsanspruch unberührt lässt. Die auf Wunsch eines der Ehegatten erfolgte Auszahlung des ihm materiell-rechtlich zustehenden Erstattungsanspruchs an den anderen Ehegatten oder einen Dritten führt ihm gegenüber zum Erlöschen seines Erstattungsanspruchs. Denn auch in einem derartigen Fall erbringt die Finanzbehörde ihre Leistung mit dem Willen, eine Forderung gegenüber dem Rechtsinhaber zu erfüllen.

2.6. Bedeutung von Einkommensteuer-Vorauszahlungen

Einkommensteuer-Vorauszahlungen sind nach § 37 Abs. 1 EStG – unabhängig davon, wer sie zahlt oder von wessen Konto sie abgebucht werden – auf die für den laufenden Veranlagungszeitraum voraussichtlich geschuldete Einkommensteuer zu entrichten. Bei Vorauszahlungen ohne Tilgungsbestimmung ist davon auszugehen, dass sich der Ehegatte, der auf einen an ihn und seinen Ehegatten gerichteten Vorauszahlungsbescheid leistet, nicht nur bewusst ist, dass seine Zahlungen in Höhe der später festgesetzten Einkommensteuer endgültig beim Fiskus verbleiben sollen, sondern dass er die – wenn auch unmittelbar zur Erfüllung der Gesamtschuld aus dem Vorauszahlungsbescheid entrichteten – Zahlungen auch leistet, um damit die zu erwartende Einkommensteuer beider Ehegatten zu tilgen. Ist die im Zeitpunkt der Vorauszahlungen nach Kenntnisstand des Finanzamts noch bestehende Wirtschaftsgemeinschaft hinreichender Anknüpfungspunkt dafür, die Vorauszahlungen als für Rechnung beider Ehegatten geleistet zu unterstellen, dann ist daraus auch der in diesem Zeitpunkt übereinstimmende Wille abzuleiten, dass diese Vorauszahlungen später dafür verwendet werden sollen, die auf beide Ehegatten später entfallenden Steuerschulden auszugleichen (vgl. BFH-Urteil vom 22. 3. 2011 VII R 42/10, BStBl. II S. 607).

3. Aufteilung eines Einkommensteuer-Erstattungsanspruchs bei Ehegatten 7

Übersteigen die anzurechnenden Steuerabzugsbeträge, die geleisteten Vorauszahlungen und die sonstigen Zahlungen der Ehegatten die Summe der gegen die beiden Ehegatten insgesamt (im Wege der Zusammenveranlagung oder im Wege der Einzelveranlagung nach § 26 a EStG) festgesetzten Steuern, ist wie folgt zu verfahren:

Zunächst sind für jeden Ehegatten die bei ihm anzurechnenden Steuerabzugsbeträge sowie seine mit individueller Tilgungsbestimmung geleisteten Vorauszahlungen und sonstigen Zahlungen zu ermitteln. Daneben sind alle übrigen Zahlungen zu ermitteln, die beiden Ehegatten gemeinsam zuzurechnen sind. Die auf diese Weise ermittelten Zahlungen sind dem jeweiligen Ehegatten gemäß den Nrn. 3.1 bis 3.4 anhand der materiellen Erstattungsberechtigung zuzuordnen.

Bei der weiteren Bearbeitung ist zwischen der Zusammenveranlagung (Nr. 3.5) und der Einzelveranlagung nach § 26 a EStG (Nr. 3.6) zu unterscheiden.

3.1. Steuerabzugsbeträge

Hinsichtlich einbehaltener Steuerabzugsbeträge (insbesondere Lohnsteuer, Kapitalertragsteuer) ist derjenige Ehegatte erstattungsberechtigt, von dessen Einnahmen (z. B. Arbeitslohn oder Kapitalein-

---

[1] Ob bei Zahlung eines Ehegatten auf die Gesamtschuld der Ehepartner ein von den Erfahrungssätzen abweichender Tilgungswille vorliegt, richtet sich ausschließlich nach dem zum Zeitpunkt der Zahlung für das Finanzamt erkennbaren Tilgungswillen, da eine Tilgungsbestimmung nicht rückwirkend geändert werden kann *(BFH-Beschluss vom 13. 5. 2015 VII R 41/14, BFH/NV S. 1347).*

[2] Die Rechtsprechung zur Tilgungsvermutung bei Zahlung eines Ehegatten auf die Gesamtschuld der Ehepartner (*BFH-Urteil vom 22. 3. 2011 VII R 42/10, BStBl. II 2011, 607*) gilt auch dann, wenn die Ehe zum Zeitpunkt der Zahlung nicht mehr bestand, dies für das Finanzamt aber nicht erkennbar war *(BFH-Beschluss vom 13. 5. 2015 VII R 38/14, BFH/NV S. 1346).*

Anl

nahme) die Abzugssteuer einbehalten wurde (vgl. BFH-Urteil vom 19. 10. 1982 VII R 55/80, BStBl. 1983 II S. 162); denn diese Steuer ist für seine Rechnung an das Finanzamt abgeführt worden (BFH-Urteil vom 5. 4. 1990 VII R 2/89, BStBl. II S. 719). Wurden für beide Ehegatten Steuerabzugsbeträge einbehalten und wurden keine Vorauszahlungen geleistet, ist die Aufteilung des Erstattungsanspruchs im Verhältnis des jeweiligen Steuerabzugs des Ehegatten zum Gesamtabzug durchzuführen (vgl. BFH-Urteil vom 1. 3. 1990 VII R 103/88, BStBl. II S. 520).

3.2. Vorauszahlungen mit Tilgungsbestimmung

Hat der zahlende Ehegatte im Zeitpunkt einer Vorauszahlung kenntlich gemacht, dass er nur seine eigene Steuerschuld tilgen will, ist er im Falle der Erstattung dieses Betrags allein erstattungsberechtigt.

Erfolgt eine Vorauszahlung aufgrund eines an beide Ehegatten gemeinsam gerichteten Vorauszahlungsbescheids durch einen Ehegatten ab dem Zeitpunkt, zu dem das dauernde Getrenntleben der Ehegatten dem Finanzamt bekannt geworden ist, ist davon auszugehen, dass der Zahlende nur auf eigene Rechnung leisten will. Im Falle einer Erstattung einer solchen Zahlung ist er allein erstattungsberechtigt (BFH-Urteil vom 25. 7. 1989, VII R 118/87, BStBl. 1990 II S. 41).

3.3. Vorauszahlungen ohne Tilgungsbestimmung

Vorauszahlungen aufgrund eines an beide Ehegatten gemeinsam gerichteten Vorauszahlungsbescheids ohne individuelle Tilgungsbestimmung sind unabhängig davon, ob die Ehegatten später zusammen oder nach § 26 a EStG einzeln veranlagt werden, zunächst auf die festgesetzten Steuern beider Ehegatten anzurechnen (BFH-Urteil vom 22. 3. 2011 VII R 42/10, BStBl. II S. 607). Daher ist nur ein nach der Anrechnung der „gemeinsamen" Vorauszahlungen verbleibender Überschuss nach Köpfen an die Ehegatten auszukehren.

Vorauszahlungen ohne individuelle Tilgungsbestimmung aufgrund eines nur an einen Ehegatten gerichteten Vorauszahlungsbescheids sind nur diesem Ehegatten zuzurechnen (zur Wirkung siehe Nr. 3.2).

3.4. Sonstige Zahlungen

Für sonstige Zahlungen (z. B. Abschlusszahlungen) gelten Nrn. 3.2 und 3.3 entsprechend.

3.5. Reihenfolge der Anrechnung bei Zusammenveranlagung

Übersteigt die Summe der im Rahmen einer Zusammenveranlagung anzurechnenden Steuerabzugsbeträge (Nr. 3.1), geleisteten Vorauszahlungen (Nrn. 3.2 und 3.3) und sonstigen Zahlungen (Nr. 3.4) der Ehegatten die festgesetzte Steuer und ist die Aufteilung des Erstattungsbetrages erforderlich (vgl. Nr. 2.2), ist wie folgt zu verfahren:

Zunächst sind für jeden Ehegatten die bei ihm anzurechnenden Steuerabzugsbeträge sowie seine mit individueller Tilgungsbestimmung geleisteten Vorauszahlungen und sonstigen Zahlungen zu ermitteln. Daneben sind alle übrigen Zahlungen zu ermitteln, die beiden Ehegatten gemeinsam zuzurechnen sind.

Anschließend sind in Abhängigkeit von der Fallgestaltung folgende Ermittlungen und Berechnungen anzustellen:

a) Wurden ausschließlich Steuerabzugsbeträge einbehalten und Zahlungen geleistet, die individuell zuzurechnen sind, ist die Aufteilung des Erstattungsanspruchs im Verhältnis der Summe der jeweiligen Steuerabzugsbeträge und Zahlungen jedes Ehegatten zur Summe der Steuerabzugsbeträge und Zahlungen beider Ehegatten durchzuführen.

b) Wurden ausschließlich Vorauszahlungen aufgrund eines an beide Ehegatten gemeinsam gerichteten Vorauszahlungsbescheids ohne Tilgungsbestimmungen geleistet, ist die Aufteilung des Erstattungsanspruchs nach Köpfen durchzuführen.

c) Wurden für die Ehegatten sowohl Steuerabzugsbeträge einbehalten und/oder Zahlungen geleistet, die individuell zuzurechnen sind, als auch Vorauszahlungen aufgrund eines an beide Ehegatten gemeinsam gerichteten Vorauszahlungsbescheids ohne Tilgungsbestimmungen geleistet, ist
   - zunächst für jeden Ehegatten die Summe der bei ihm anzurechnenden Zahlungen zu ermitteln (Steuerabzugsbeträge nach Nr. 3.1, direkt zuzuordnende Zahlungen nach Nrn. 3.2 und 3.4 und nach Köpfen ermittelter Anteil an Zahlungen im Sinne der Nrn. 3.3 und 3.4) und anschließend
   - der Erstattungsanspruch der Ehegatten im Verhältnis der Summe der bei dem einzelnen Ehegatten zuzurechnenden Zahlungen zur Summe aller Zahlungen aufzuteilen.

Beispiel zu Fallgruppe c):

Gegen die Ehegatten M und F hatte das Finanzamt gemeinsam Einkommensteuer-Vorauszahlungen in Höhe von insgesamt 14 000 € festgesetzt. Hierauf wurden 8 000 € ohne Tilgungsbestimmung entrichtet. In Höhe von 5 000 € hat M Vorauszahlungen mit individueller Tilgungsbestimmung geleistet. F hat in Höhe von 1 000 € Vorauszahlungen mit individueller Tilgungsbestimmung geleistet.

Vom Arbeitslohn des M wurden 10 000 € Lohnsteuer einbehalten. Vom Arbeitslohn der F wurden 5 000 € Lohnsteuer einbehalten.

Im Rahmen einer Zusammenveranlagung wurde gegen die Ehegatten Einkommensteuer in Höhe von 20 000 € festgesetzt. Aufgrund der anzurechnenden Lohnsteuerbeträge (10 000 € + 5 000 € = 15 000 €) und der geleisteten Vorauszahlungen (8 000 € + 5 000 € + 1 000 € = 14 000 €) ergibt sich ein Erstattungsanspruch von insgesamt 9 000 €.

Lösung:

Die individuellen Erstattungsansprüche der Ehegatten M und F sind wie folgt zu ermitteln:

(1) individuelle Ermittlung der bei den Ehegatten nach Nr. 3.1 jeweils anzurechnenden Steuerabzugsbeträge:

M:	10 000 €
F:	5 000 €

(2) individuelle Ermittlung der bei den Ehegatten nach Nr. 3.2 jeweils anzurechnenden Zahlungen mit individueller Tilgungsbestimmung:

M:	5 000 €
F:	1 000 €

(3) hälftige Aufteilung der „gemeinsamen“ Zahlungen i. S. d. Nr. 3.3 und Zurechnung des jeweiligen Anteils wie eine Zahlung i. S. d. Nr. 3.2:

M:	$1/2$ von 8 000 € =	4 000 €
F:	$1/2$ von 8 000 € =	4 000 €

(4) für jeden Ehegatten sind die nach (1) bis (3) ermittelten Anrechnungsbeträge jeweils zu addieren:

M:	10 000 €	F:	5 000 €
	+ 5 000 €		+ 1 000 €
	+ 4 000 €		+ 4 000 €
Summe:	19 000 €	Summe:	10 000 €

(5) Die Aufteilung des Erstattungsanspruchs (9 000 €) auf die Ehegatten erfolgt im Verhältnis der Summe der dem einzelnen Ehegatten zuzurechnenden Zahlungen zur Summe aller Zahlungen:

→ M:	9 000 € × (19 000/29 000) =	5 896,55 €
→ F:	9 000 € × (10 000/29 000) =	3 103,45 €

3.6. Reihenfolge der Anrechnung bei Einzelveranlagung nach § 26 a EStG

3.6.1. Erstattungsüberhang

Übersteigen die im Rahmen von Einzelveranlagungen nach § 26 a EStG anzurechnenden Steuerabzugsbeträge (Nr. 3.1), geleisteten Vorauszahlungen (Nrn. 3.2 und 3.3) und sonstigen Zahlungen (Nr. 3.4) der Ehegatten die Summe der gegen beide Ehegatten individuell festgesetzten Steuern, ist wie folgt zu verfahren:

a) Wurden **ausschließlich** Steuerabzugsbeträge einbehalten und Zahlungen geleistet, die individuell zuzurechnen sind, sind bei jedem Ehegatten die jeweiligen Steuerabzugsbeträge und Zahlungen anzurechnen.

b) Wurden **ausschließlich** Vorauszahlungen aufgrund eines an beide Ehegatten gemeinsam gerichteten Vorauszahlungsbescheids ohne Tilgungsbestimmung geleistet und übersteigt deren Summe die Summe der in den Einzelveranlagungen nach § 26 a EStG festgesetzten Einkommensteuerbeträge, ist der die Summe der in den Einzelveranlagungen individuell festgesetzten Einkommensteuerbeträge übersteigende Erstattungsbetrag nach Köpfen aufzuteilen.

c) Wurden für die Ehegatten **sowohl** Steuerabzugsbeträge einbehalten und/oder Zahlungen geleistet, die individuell zuzurechnen sind, **als auch** Vorauszahlungen aufgrund eines an beide Ehegatten gemeinsam gerichteten Vorauszahlungsbescheids ohne Tilgungsbestimmungen geleistet, ist wie folgt zu verfahren:
   - Zuerst sind von den gegen die Ehegatten jeweils individuell festgesetzten Einkommensteuerbeträgen jeweils die anzurechnenden Steuerabzugsbeträge (Nr. 3.1) abzuziehen (Zwischensumme I = Soll);
   - danach sind von diesen Sollbeträgen (Zwischensumme I) jeweils die (Voraus-)Zahlungen abzuziehen, die der einzelne Ehegatte mit individueller Tilgungsbestimmung geleistet hat (Nr. 3.2), und die für jeden Ehegatten danach individuell verbleibenden Beträge zu ermitteln (Zwischensumme II);
   - die (aufgrund eines gegen beide Ehegatten gerichteten Vorauszahlungsbescheids) geleisteten „gemeinsamen“ Vorauszahlungen ohne individuelle Tilgungsbestimmung (Nr. 3.3) werden nun zunächst auf die Steuern beider Ehegatten maximal bis zum vollständigen „Verbrauch“ der jeweiligen (positiven) Zwischensumme II aufgeteilt, der danach verbleibende Restbetrag ist nach Köpfen auszukehren.

Beispiel:

Die Ehegatten M und F haben die gegen sie gemeinsam festgesetzten Vorauszahlungen (4 × 4 000 € = 16 000 €) ohne individuelle Tilgungsbestimmung entrichtet. Vom Arbeitslohn wurden jeweils folgende Lohnsteuerbeträge einbehalten:

M:	5 000 €
F:	1 000 €

Es werden Einzelveranlagungen nach § 26 a EStG durchgeführt:

M:	festgesetzte Einkommensteuer =	15 000 €
F:	festgesetzte Einkommensteuer =	5 000 €
Summe der individuell festgesetzten Steuerbeträge =		20 000 €
Summe der hierauf anzurechnenden Beträge =		./. 22 000 €
Erstattungsüberhang		./. 2 000 €

Lösung:

Der Betrag von 2 000 € ist nach Köpfen auszukehren.
Die Zurechnung erfolgt wie folgt:

(1) Bei jedem Ehegatten sind von den festgesetzten Einkommensteuerbeträgen zunächst jeweils die anzurechnenden Lohnsteuerbeträge abzuziehen (= Sollbeträge):

M:	15 000 € ./. 5 000 € =	10 000 €
F:	5 000 € ./. 1 000 € =	4 000 €

(2) Im zweiten Schritt werden – mangels Zahlungen mit individueller Tilgungsbestimmung i. S. d. Nr. 3.2 – die gemeinsamen Vorauszahlungen nun jeweils bis zur Höhe der Sollbeträge (hier identisch mit Zwischensumme II) bei M und F aufgeteilt, der danach verbleibende Restbetrag (2 000 €) ist jedem Ehegatten zur Hälfte zuzurechnen:

Anl

„gemeinsame" Vorauszahlungen 16 000 €

→ M:

Sollbetrag:	10 000 €	
„vorab" anzurechnen	./. 10 000 €	./. 10 000 €
vorläufiger Restbetrag	0 €	

→ F:

Sollbetrag:	4 000 €	
„vorab" anzurechnen	./. 4 000 €	./. 4 000 €
vorläufiger Restbetrag	0 €	
nicht verbrauchte, gemeinsame Vorauszahlungen		2 000 €

(3) Im dritten Schritt werden die nicht verbrauchten gemeinsamen Vorauszahlungen nach Köpfen zugerechnet:

→ M:	1/2 von 2 000 € =	1 000 €
→ F:	1/2 von 2 000 € =	1 000 €

(4) Die Abrechnungsverfügungen der Steuerbescheide sehen wie folgt aus:

M:	15 000 €	festgesetzte Einkommensteuer
	./. 5 000 €	anzurechnende Lohnsteuer
	./. 11 000 €	anzurechnende Vorauszahlungen
	= ./. 1 000 €	Erstattung
F:	5 000 €	festgesetzte Einkommensteuer
	./. 1 000 €	anzurechnende Lohnsteuer
	./. 5 000 €	anzurechnende Vorauszahlungen
	= ./. 1 000 €	Erstattung

3.6.2. Nachzahlungsüberhang

Werden Ehegatten nach § 26 a EStG einzeln zur Einkommensteuer veranlagt und ist die Summe der anzurechnenden Steuerabzugsbeträge und (Voraus-)Zahlungen geringer als die Summe der individuell festgesetzten Steuern, sind aufgrund eines gegen beide Ehegatten gerichteten Vorauszahlungsbescheids geleistete Vorauszahlungen ohne individuelle Tilgungsbestimmung (Nr. 3.3) wie folgt aufzuteilen und zuzuordnen:

- Zuerst sind von den gegen die Ehegatten individuell festgesetzten Einkommensteuerbeträgen jeweils die anzurechnenden Steuerabzugsbeträge (Nr. 3.1) abzuziehen (Zwischensumme I = Soll);
- danach sind von diesen Sollbeträgen (Zwischensumme I) jeweils die (Voraus-)Zahlungen abzuziehen, die der einzelne Ehegatte mit individueller Tilgungsbestimmung geleistet hat (Nr. 3.2), und die für jeden Ehegatten danach individuell verbleibenden Beträge zu ermitteln (Zwischensumme II);
- die (aufgrund eines gegen beide Ehegatten gerichteten Vorauszahlungsbescheids) geleisteten „gemeinsamen" Vorauszahlungen ohne individuelle Tilgungsbestimmung (Nr. 3.3) werden nun nach Köpfen – allerdings maximal bis zum vollständigen „Verbrauch" der jeweiligen (positiven) Zwischensumme II – aufgeteilt, ein danach verbleibender Restbetrag ist dem Ehegatten mit der höheren Zwischensumme II allein zuzurechnen.

Beispiel:

Die Ehegatten M und F haben die gegen sie gemeinsam festgesetzten Vorauszahlungen (4 × 2 500 € = 10 000 €) ohne individuelle Tilgungsbestimmung entrichtet.

Vom Arbeitslohn wurden jeweils folgende Lohnsteuerbeträge einbehalten:

M:	5 000 €
F:	1 000 €

Es werden Einzelveranlagungen nach § 26 a EStG durchgeführt:

M:	festgesetzte Einkommensteuer =	15 000 €
F:	festgesetzte Einkommensteuer =	5 000 €
Summe der individuell festgesetzten Steuerbeträge =		20 000 €
Summe der hierauf anzurechnenden Beträge =		./. 16 000 €
Nachzahlungsüberhang		4 000 €

Lösung:

(1) Von den gegen die Ehegatten festgesetzten Einkommensteuerbeträgen sind zunächst jeweils die anzurechnenden Lohnsteuerbeträge abzuziehen (= Sollbeträge):

M:	15 000 € ./. 5 000 € =	10 000 €
F:	5 000 € ./. 1 000 € =	4 000 €

(2) Im zweiten Schritt werden – mangels Zahlungen mit individueller Tilgungsbestimmung i. S. d. Nr. 3.2 – die gemeinsamen Vorauszahlungen nun nach Köpfen – allerdings maximal bis zur Höhe des jeweiligen Sollbetrags (hier identisch mit Zwischensumme II) – aufgeteilt, der danach verbleibende Restbetrag ist dem Ehegatten mit dem höheren Soll allein zuzurechnen:

→ F:	1/2 von 10 000 €, maximal aber 4 000 € =	4 000 €
→ M:	1/2 von 10 000 €, maximal aber 10 000 € =	5 000 €
	zuzüglich Restbetrag	1 000 €
	Summe der bei M anzurechnenden Beträge:	6 000 €

Anl

(3) Die Abrechnungsverfügungen der Steuerbescheide sehen wie folgt aus:

M:	15 000 €	festgesetzte Einkommensteuer
	./. 5 000 €	anzurechnende Lohnsteuer
	./. 6 000 €	anzurechnende Vorauszahlungen
	= 4 000 €	Abschlusszahlung
F:	5 000 €	festgesetzte Einkommensteuer
	./. 1 000 €	anzurechnende Lohnsteuer
	./. 4 000 €	anzurechnende Vorauszahlungen
	= 0 €	Abschlusszahlung

3.7. Keine Berücksichtigung der Zeitabfolge von Zahlungen

Bei der Zuordnung und Aufteilung von Zahlungen auf die Steuerschuld ist der jeweilige Zahlungszeitpunkt unbeachtlich. Alle bis zum Abrechnungsstichtag geleisteten Zahlungen (Vorauszahlungen, Abschlagszahlungen oder sonstige Zahlungen) sind nach den vorstehenden Grundsätzen zuzuordnen und aufzuteilen. Dies hat zum Beispiel zur Folge, dass für die Zuordnung und Aufteilung eines Erstattungsanspruchs, der sich aus einer Änderung einer Einkommensteuerfestsetzung zugunsten des/der Steuerpflichtigen ergibt, die Abschlusszahlung nicht vorrangig zu berücksichtigen ist. Vielmehr ist die Zuordnung und Aufteilung von Zahlungen im Wege einer Gesamtaufrollung neu vorzunehmen.

Beispiel:

Im Rahmen einer Zusammenveranlagung wurde gegen die Ehegatten M und F Einkommensteuer in Höhe von 10 000 € festgesetzt. Nach Anrechnung der vom Arbeitslohn des Ehemannes einbehaltenen Lohnsteuer von 6 000 € ergab sich eine Abschlusszahlung von 4 000 €, die von den Eheleuten für beider Rechnung entrichtet wurde.
Später wird die Einkommensteuerfestsetzung gemäß § 175 Abs. 1 Satz 1 Nr. 1 AO geändert und die Einkommensteuer auf 9 000 € herabgesetzt. Es ergibt sich somit ein Erstattungsanspruch von 1 000 €.

Lösung:

Die individuellen Erstattungsansprüche der Ehegatten M und F sind wie folgt zu ermitteln:

(1) individuelle Ermittlung der bei den Ehegatten nach Nr. 3.1 jeweils anzurechnenden Steuerabzugsbeträge:

M: 6 000 €
F: 0 €

(2) mangels Zahlungen mit individueller Tilgungsbestimmung i. S. d. Nr. 3.2 hälftige Aufteilung der „gemeinsamen" Zahlungen i. S. d. Nr. 3.3 und Zurechnung des jeweiligen Anteils wie eine Zahlung i. S. d. Nr. 3.2:

→ M: ½ von 4 000 € = 2 000 €
→ F: ½ von 4 000 € = 2 000 €

(3) für jeden Ehegatten sind die nach (1) und (2) ermittelten Anrechnungsbeträge jeweils zu addieren:

M:	6 000 €	F:	0 €
	+ 2 000 €		+ 2 000 €
Summe:	8 000 €	Summe:	2 000 €

(4) Die Aufteilung des Erstattungsanspruchs (1 000 €) auf die Ehegatten erfolgt im Verhältnis der Summe der dem einzelnen Ehegatten zuzurechnenden Zahlungen zur Summe aller Zahlungen:

→ M: 1 000 € × (8 000/10 000) = 800 €
→ F: 1 000 € × (2 000/10 000) = 200 €

4. Zuordnung und Aufteilung von Zahlungen in Trennungsfolgejahren 8

Für die Zuordnung und Aufteilung von Zahlungen, denen eine an beide Ehegatten als Gesamtschuldner gerichtete Vorauszahlungsfestsetzung für Trennungsfolgejahre zugrunde liegt, gelten die Regelungen in Nummern 2.3 bis 2.5 entsprechend. War dem Finanzamt die Trennung im Zahlungszeitpunkt noch nicht bekannt und lag zu diesem Zeitpunkt auch keine individuelle Tilgungsbestimmung vor, sind die Zahlungen deshalb genauso als Zahlungen für gemeinsame Rechnung zu behandeln wie im Fall von Einzelveranlagungen nach § 26 a EStG (vgl. Nr. 3.6).

5. Vorläufige Zuordnung und Aufteilung von Zahlungen für gemeinsame Rechnung 9

5.1. Kann in den Fällen der Nummer 3.6 nur einer der Ehegatten bereits zur Einkommensteuer veranlagt werden (sei es auf Antrag oder wegen Veranlagungspflicht), während bei dem anderen Ehegatten, der von Amts wegen zu veranlagen ist, die Veranlagung noch nicht erfolgen kann (z. B. weil die Erklärungsfrist noch nicht abgelaufen ist, so dass auch noch keine Steuerfestsetzung im Wege einer Schätzung möglich ist), kann für Zwecke der vorläufigen Aufteilung der Vorauszahlungen hinsichtlich des Ehegatten, für den keine Veranlagung erfolgen kann, eine fiktive Veranlagung auf der Grundlage der vorliegenden bzw. der Vorauszahlungsfestsetzung zugrunde gelegten Besteuerungsgrundlagen durchgeführt werden.

5.2. Kann in den Fällen der Nummer 4 zunächst nur einer der Ehegatten zur Einkommensteuer veranlagt werden, während bei dem anderen Ehegatten zu diesem Zeitpunkt weder die Voraussetzungen für eine Veranlagung von Amts wegen noch für eine Antragsveranlagung vorliegen, ist für Zwecke der vorläufigen Aufteilung der für gemeinsame Rechnung der Ehegatten geleisteter Vorauszahlungen hinsichtlich des Ehegatten, für den (noch) keine Veranlagung erfolgen kann, eine fiktive Veranlagung auf der Grundlage der dem Finanzamt vorliegenden bzw. der Vorauszahlungsfestsetzung zugrunde gelegten Besteuerungsgrundlagen durchzuführen.

5.3. Bei dem Ehegatten, für den nur eine fiktive Veranlagung durchgeführt wird, ergeht in beiden vorgenannten Fällen (noch) kein Einkommensteuerbescheid, vielmehr bleibt der Vorauszahlungsbescheid ihm gegenüber wirksam, bis ein Einkommensteuerbescheid oder ein Nichtveranlagungsbescheid ergangen ist.

5.4. In den Fällen der Nummern 5.1 oder 5.2 ist die bereits für einen Ehegatten durchgeführte Anrechnung von Zahlungen für gemeinsame Rechnung nach Ergehen des noch ausstehenden Einkommensteuerbescheides oder eines Nichtveranlagungsbescheids des anderen Ehegatten zu korrigieren (§ 130 i. V. m. § 131 Abs. 2 Satz 1 Nr. 3 AO). Unter den Voraussetzungen des § 218 Abs. 3 AO kann die Anrechnungsverfügung oder ein Abrechnungsbescheid nach § 218 Abs. 2 AO auch zur Beseitigung einer widerstreitenden Anrechnung von Zahlungen geändert werden (vgl. Nr. 6).

10 **6. Änderung von Anrechnungsverfügungen oder Abrechnungsbescheiden nach § 218 Abs. 3 AO**

6.1. Wird eine Anrechnungsverfügung oder ein Abrechnungsbescheid (§ 218 Abs. 2 AO) zur Einkommensteuer auf Grund eines Rechtsbehelfs oder auf Antrag eines Ehegatten oder eines Dritten zurückgenommen und ein für ihn günstigerer Verwaltungsakt erlassen, können nachträglich gegenüber beiden Ehegatten durch Änderung der Anrechnungsverfügungen oder von Abrechnungsbescheiden die entsprechenden steuerlichen Folgerungen gezogen werden (§ 218 Abs. 3 Satz 1 AO). § 174 Abs. 4 und 5 AO gilt in diesen Fällen entsprechend (§ 218 Abs. 3 Satz 2 AO). Vgl. im Übrigen auch AEAO zu § 218, Nr. 4.

6.2. Gegenüber dem anderen Ehegatten ist nur dann eine für ihn nachteilige Korrektur seiner Anrechnungsverfügung oder seines Abrechnungsbescheids nach § 218 Abs. 3 AO möglich, wenn er an dem Verfahren, das zur Aufhebung oder Änderung der fehlerhaften Anrechnungsverfügung bzw. des fehlerhaften Abrechnungsbescheids des anderen Ehegatten geführt hat, beteiligt wurde.

6.3. § 218 Abs. 3 AO gilt ab dem 31. Dezember 2014 für alle zu diesem Zeitpunkt noch nicht zahlungsverjährten Anrechnungsverfügungen und Abrechnungsbescheide (Art. 97 § 13 a EGAO). Die Regelung gilt damit auch in den Fällen, in denen Anrechnungsverfügungen bislang unter Widerrufsvorbehalt ergangen sind, soweit noch keine Zahlungsverjährung eingetreten ist.

11 **7. Abstimmungsbedarf**

Sind in Fällen der Ehegattenveranlagung mehrere Finanzämter für die Veranlagungen zuständig, haben sich diese – auch länderübergreifend – abzustimmen.

Dieses Schreiben tritt mit sofortiger Wirkung an die Stelle des BMF-Schreibens vom 31. Januar 2013 IV A 3 – S 0160/11/10 001 (BStBl. I S. 70).

AO

§ 38 Entstehung der Ansprüche aus dem Steuerschuldverhältnis

1 **Die Ansprüche aus dem Steuerschuldverhältnis entstehen, sobald der Tatbestand verwirklicht ist, an den das Gesetz die Leistungspflicht knüpft.**[1]

---

[1] Die **Rückdatierung** von Verträgen und die **Rückgängigmachung** von Geschäftsvorfällen ist deshalb steuerrechtlich i. d. R. unwirksam *(BFH-Urteil vom 18. 9. 1984 VIII R 119/81, BStBl. 1985 II S. 55)*.

Der auf einem **Verlustrücktrag nach § 10 d Abs. 1 EStG** beruhende Erstattungsanspruch entsteht nicht schon mit Ablauf des Jahres des Verlustabzugs, sondern erst mit Ablauf des Veranlagungszeitraums, in dem der Verlust entstanden ist *(BFH-Urteil vom 6. 6. 2000 VII R 104/98, BStBl. II S. 491)*.

Solange für einen Rechtsvorgang iSd § 1 Abs. 1 GrEStG 1983 die **erforderliche Genehmigung** nach der Grundstücksverkehrsverordnung nicht erteilt ist, entsteht die Grunderwerbsteuer nicht. Eine Steuerfestsetzung kann auch nicht vorläufig nach § 165 Abs. 1 erfolgen *(BFH-Urteil vom 10. 8. 1994 II R 103/93, BStBl. II S. 951)*.

Ist der Erwerber eines Grundstücks eine aufschiebend bedingte Verpflichtung eingegangen, die nach allgemeinen Kriterien als Gegenleistung zu betrachten ist, so wird diese Verpflichtung mit Eintritt der aufschiebenden Bedingung zur nachträglichen zusätzlichen Gegenleistung. Mit Eintritt der Bedingung entsteht insoweit eine neue GrESt. Diese ist durch einen zusätzlichen (selbständigen) Grunderwerbsteuerbescheid festzusetzen *(BFH-Urteil vom 22. 11. 1995 II R 26/92, BStBl. 1996 II S. 162)*.

Der Grunderwerbsteuerpflicht eines Kaufvertrages über ein Grundstück nach § 1 Abs. 1 Nr. 1 GrEStG, welches von Maßnahmen nach § 1 VermG betroffen war, steht die zur Abwicklung des Kaufvertrages vereinbarte Abtretung der Ansprüche nach dem VermG durch den früheren Eigentümer des Grundstücks an den Käufer nicht entgegen *(BFH-Urteil vom 8. 11. 1995 II R 93/94, BStBl. 1996 II S. 27)*.

Nach dem *BFH-Urteil vom 22. 11. 1994 VIII R 44/92, BStBl. 1995 II S. 900,* sind **Steuervereinbarungen** im Hinblick auf die Gesetzmäßigkeit und Gleichmäßigkeit der Besteuerung unzulässig (Hinweis auf *BFH-Urteil vom 11. 12. 1984, BStBl. 1985 II S. 354)*. Der Steueranspruch entsteht nur, sofern der Tatbestand verwirklicht worden ist. Bietet ein Vertrag insoweit keine hinreichende Grundlage, können die hierfür notwendigen Vertragspflichten auch nicht zur Erreichung dieser Erwartungen nachträglich hineininterpretiert werden.

Zu den Steuer- und Satzungsklauseln s. Fn. zu § 175.

Der **Haftungsanspruch** des FA entsteht, sobald die gesetzlichen Voraussetzungen des Haftungstatbestandes erfüllt sind; es bedarf hierzu nicht des Erlasses eines Haftungsbescheids *(BFH-Urteil vom 15. 10. 1996 VII R 46/96, BStBl. 1997 II S. 171)*.

Auch unter der Geltung der InsO kommt es hinsichtlich der Frage, ob ein steuerrechtlicher Anspruch zur Insolvenzmasse gehört oder ob die Forderung des Gläubigers eine Insolvenzforderung ist, nicht darauf an, ob der Anspruch zum Zeitpunkt der Eröffnung des Insolvenzverfahrens im steuerrechtlichen Sinne entstanden war, sondern darauf, ob in diesem Zeitpunkt nach insolvenzrechtlichen Grundsätzen der Rechtsgrund für den Anspruch bereits gelegt war. Es besteht kein Anlass, von dieser unter der Geltung der KO entwickelten Rspr. abzuweichen *(BFH-Urteil vom 5. 10. 2004 VII R 69/03, BStBl. 2005 II S. 195)*. Ein USt-Erstattungsanspruch des Schuldners für den letzten Voranmeldungszeitraum des Besteuerungszeitraums, der aus der Verrechnung mit der am Anfang des Besteuerungszeitraums geleisteten USt-Sondervorauszahlung resultiert, ist insolvenzrechtlich im Zeitpunkt der Leistung der USt-Sondervorauszahlung begründet worden *(BFH-Urteil vom 31. 1. 2005 VII R 74/04; BFH/NV S. 1745)*.

Erträge aus der Beteiligung an einer Kapitalgesellschaft sind dem Veräußerer der Beteiligung auch dann zeitanteilig für die Dauer seiner Rechtsinhaberschaft zuzurechnen, wenn Anteilseigner im Zeitpunkt des Gewinnverteilungsbeschlusses der Erwerber war *(BFH-Urteil vom 14. 12. 1999 VIII R 49/98, BStBl. 2000 II S. 341)*.

Ob ein (ESt)-Erstattungsanspruch zur Entstehung gelangt ist, ist bei mehrfacher Änderung der Veranlagung nicht aufgrund der jeweiligen Steuerfestsetzungen, sondern nach dem Stand der Erkenntnis zum maßgeblichen Entscheidungszeitpunkt (z. B. Erlass des angefochtenen Abrechnungsbescheids) zu beurteilen. Der einheitliche Anspruch aus dem Steuerschuldverhältnis für die Steuer eines Veranlagungszeitraums kann bei mehrfach geänderter Steuerfestsetzung nicht in unterschiedliche Steuerzahlungs- und Erstattungsansprüche aufgespalten werden, die bezogen auf die jeweils ergangenen Steuerbescheide unterschiedlichen Verjährungsfristen unterliegen *(BFH-Urteil vom 6. 2. 1996 VII R 50/95, BStBl. 1997 II S. 112)*.

AEAO

Zu § 38 – Entstehung der Ansprüche aus dem Steuerschuldverhältnis:

1. Der Steueranspruch entsteht in dem Zeitpunkt, in dem der Tatbestand verwirklicht wird, an den das Gesetz eine bestimmte Leistungspflicht knüpft, soweit nicht im Gesetz eine abweichende Regelung getroffen worden ist (z. B. § 36 Abs. 1 EStG, § 30 KStG, § 13 Abs. 1 UStG, § 18 GewStG, § 9 Abs. 2 GrStG, § 9 ErbStG). Das gilt nicht nur für den Steueranspruch, sondern auch für den Steuervergütungsanspruch und den Steuererstattungsanspruch (z. B. zur Lohnsteuer vgl. zu § 46, Nr. 1). Der auf einem Verlustrücktrag nach § 10 d Abs. 1 EStG beruhende Erstattungsanspruch entsteht erst mit Ablauf des Veranlagungszeitraums, in dem der Verlust entstanden ist (BFH-Urteil vom 6. 6. 2000, VII R 104/98, BStBl. II S. 491). Der Erstattungsanspruch nach § 37 Abs. 2 AO entsteht in dem Zeitpunkt, in dem die den materiell-rechtlichen Anspruch aus dem Steuerschuldverhältnis übersteigende Leistung erbracht wurde oder der rechtliche Grund für die Leistung entfallen ist. 2

2. Von der Entstehung der Ansprüche aus dem Steuerschuldverhältnis zu unterscheiden sind 3
– die Festsetzung durch Steuerbescheid (§§ 155 ff. AO),
– die Fälligkeit (§ 220 AO) sowie
– die Verwirklichung im Erhebungsverfahren (§§ 218 ff. AO).

AO

§ 39[1] Zurechnung

(1) **Wirtschaftsgüter sind dem Eigentümer zuzurechnen.** 1

(2) **Abweichend von Absatz 1 gelten die folgenden Vorschriften:** 2

1.[2] ① **Übt ein anderer als der Eigentümer die tatsächliche Herrschaft über ein Wirtschaftsgut in der Weise aus, dass er den Eigentümer im Regelfall für die gewöhnliche**

---

[1] Die maßgebliche Frage, ob ein Geschäftsanteil eine wesentliche Beteiligung „am Kapital" vermittelt, ist eine Frage der Auslegung des § 17 Abs. 1 EStG. Hierzu macht § 39 AO keine Aussage. Die Vorschrift ist keine Grundlage zur Beurteilung der objektiven Seite der steuerrechtlichen Tatbestandsverwirklichung anderer Vorschriften *(BFH-Urteile vom 4. 10. 1990 X R 148/88, BStBl. 1992 II, S. 211 und vom 25. 11. 1997 VIII R 29/94, BStBl. 1998 II S. 257).*

Wirtschaftliches Eigentum liegt nach § 39 Abs. 2 Nr. 1 AO vor, wenn ein anderer als der bürgerlich-rechtliche Eigentümer die tatsächliche Herrschaft über ein Wirtschaftsgut in der Weise ausübt, dass er den Eigentümer im Regelfall für die gewöhnliche Nutzungsdauer von der Einwirkung auf das Wirtschaftsgut wirtschaftlich ausschließen kann.

Dieser könnte wirtschaftliches Eigentum an dem ihm nicht gehörenden Anteil allenfalls dann erlangt haben, wenn ihm allein aufgrund eindeutiger, im Voraus getroffener und tatsächlich durchgeführter Vereinbarungen Substanz und Ertrag des gemeinsam erworbenen Hauses für dessen voraussichtliche Nutzungsdauer zugestanden hätten *(BFH-Urteile vom 20. 9. 1989 X R 140/87, BStBl. 1990 II S. 368; vom 21. 5. 1992 X R 61/91, BStBl. 1992 II S. 944; vom 28. 7. 1993 I R 88/92, BStBl. 1994 II S. 164 und vom 10. 7. 1996 X R 72/93, BStBl. 1998 II S. 111).*

Schuldrechtlich wie auch dinglich Nutzungsberechtigte haben in der Regel kein wirtschaftliches Eigentum i. S. v. § 39 Abs. 2 Nr. 1 AO an den ihnen zur Nutzung überlassenen Wirtschaftsgütern. Gleiches gilt für das eigentumsähnliche Dauerwohnrecht (i. S. d. § 31 WEG) oder ein vergleichbar ausgestaltetes schuldrechtliches Dauerwohnungsrecht *(BFH-Beschluss vom 23. 9. 2009 IX B 84/09, BFH/NV 2010 S. 395).*

BFH-Urteil vom 14. 4. 2022 IV R 32/19, BStBl. II S. 833: 1. Einem Nutzungsberechtigten kann nach Maßgabe des § 39 Abs. 2 Nr. 1 Satz 1 AO ausnahmsweise das wirtschaftliche Eigentum an **Filmrechten** zuzurechnen sein. Dies kommt allerdings nur in Betracht, wenn der zivilrechtliche Eigentümer infolge der vertraglichen Vereinbarungen während der gesamten voraussichtlichen Nutzungsdauer der Filmrechte von deren Substanz und Ertrag wirtschaftlich ausgeschlossen ist. Hieran fehlt es z. B., wenn der zivilrechtliche Eigentümer durch erfolgsabhängige Vergütungen während der gesamten Vertragslaufzeit weiterhin an Wertsteigerungen der Filmrechte beteiligt ist. 2. Die für Leasingverträge entwickelten Grundsätze zur Zurechnung wirtschaftlichen Eigentums können nicht uneingeschränkt auf die Nutzungsüberlassung von Filmrechten übertragen werden. Dies folgt insbesondere daraus, dass eine hinlänglich verlässliche Einschätzung der Wertentwicklung von Filmrechten im Zeitpunkt des Abschlusses des Vertriebsvertrags regelmäßig nicht möglich ist.

Eine klare, eindeutige und im Vorhinein abgeschlossene Treuhandvereinbarung zwischen einer Kapitalgesellschaft und ihrem Gesellschafter kann auch dann steuerlich anerkannt werden, wenn die Gesellschaft das treuhänderisch erworbene Wirtschaftsgut nicht schon in ihrer laufenden Buchführung, sondern erst im Jahresabschluss als Treuhandvermögen ausgewiesen hat. Das gilt jedenfalls dann, wenn die zunächst unrichtige Verbuchung nicht auf eine Maßnahme der Geschäftsleitung der Gesellschaft zurückzuführen oder mit deren Einverständnis erfolgt ist *(BFH-Urteil vom 28. 2. 2001 I R 12/00, BStBl. II S.468).*

BFH-Urteil vom 24. 6. 2004 III R 50/01, BStBl. 2005 II S. 80: 1. Ein auf die Lebenszeit des Nießbrauchers bestellter Nießbrauch an einem im Eigentum eines Dritten stehenden bebauten Grundstück führt regelmäßig nicht zu wirtschaftlichem Eigentum des Nießbrauchers an Grundstück und Gebäude. 2. Beteiligt sich der Nießbraucher an den Anschaffungskosten des Grundstücks und den Herstellungskosten des Gebäudes, kann er wirtschaftlicher Eigentümer nur in Höhe seiner Beteiligung an den auf das Gebäude entfallenden Gesamtaufwendungen sein. Bei mehreren Anspruchsberechtigten kann der Nießbraucher daher den Fördergrundbetrag der Eigenheimzulage nur entsprechend seinem wirtschaftlichen Miteigentumsanteil in Anspruch nehmen.

Haben die Eltern und Vorbehaltsnießbraucher bei der Übertragung des nießbrauchsbelasteten Grundstücks auf den Sohn diesem im Innenverhältnis die unbeschränkte Verfügung über das Grundstück insoweit eingeräumt, als die Verfügung der Gründung oder Fortentwicklung einer selbständigen beruflichen Existenz dient, reichen die ansonsten vereinbarten Verfügungsbeschränkungen nicht aus, wirtschaftliches Eigentum der Eltern anzunehmen *(BFH-Urteil vom 7. 11. 2001 II R 32/99, BFH/NV 2002 S. 469).*

Das wirtschaftliche Eigentum an einem Wirtschaftsgut geht auch dann an den Erwerber über, wenn dieser alsbald nach Abschluss des Erwerbergeschäfts dessen Aufhebung oder Rückabwicklung betreibt und das Geschäft später tatsächlich rückgängig gemacht wird *(BFH-Urteil vom 21. 10. 1999 I R 43, 44/98, BStBl. 2000 II S. 425).*

Ist aufgrund wirksamer schuldrechtlicher Vereinbarungen zwischen einander nicht nahe stehenden Personen das wirtschaftliche Eigentum an den Geschäftsanteilen einer GmbH übergangen und werden die schuldrechtlichen Vereinbarungen nachträglich unwirksam, dann bleibt der Erwerber wirtschaftlicher Eigentümer, wenn die Beteiligten die wirtschaftlichen Folgen des Rechtsgeschäfts nicht rückgängig machen *(BFH-Urteil vom 17. 2. 2004 VIII R 28/02, BStBl. 2005 II S. 46).*

Wirtschaftliches Eigentum an einem Kapitalgesellschaftsanteil erlangt, wer nach dem Inhalt der getroffenen Abrede alle mit der Beteiligung verbundenen wesentlichen Rechte (Vermögens- und Verwaltungsrechte, insbesondere Gewinnbezugs- und Stimmrechte) ausüben und im Konfliktfall effektiv durchsetzen kann *(BFH-Urteil vom 26. 8. 2020 VI R 6/18, BFH/NV 2021 S. 311).*

[Fortsetzung nächste Seite]

AO

Nutzungsdauer von der Einwirkung auf das Wirtschaftsgut wirtschaftlich ausschließen kann, so ist ihm das Wirtschaftsgut zuzurechnen. ② Bei Treuhandverhält-

[Fortsetzung]

Wem Gesellschaftsanteile im Rahmen einer vorweggenommenen Erbfolge unter dem Vorbehalt des Nießbrauchs übertragen werden, erwirbt sie nicht i. S. von § 17 Abs. 2 Satz 5 EStG, wenn sie weiterhin dem Nießbraucher nach § 39 Abs. 2 Nr. 1 AO zuzurechnen sind, weil dieser nach dem Inhalt der getroffenen Abrede alle mit der Beteiligung verbundenen wesentlichen Rechte (Vermögens- und Verwaltungsrechte) ausüben und im Konfliktfall effektiv durchsetzen kann *(BFH-Urteil vom 24. 1. 2012 IX R 51/10, BStBl. II S. 308).*

BFH-Urteil vom 25. 6. 2009 IV R 3/07, BFH/NV S. 2039: Wird ein Gesellschaftsanteil unter einer **aufschiebenden Bedingung** veräußert, geht das wirtschaftliche Eigentum an dem Gesellschaftsanteil grundsätzlich erst mit dem Eintritt der Bedingung auf den Erwerber über, wenn ihr Eintritt nicht allein vom Willen und Verhalten des Erwerbers abhängt.

BFH-Urteil vom 1. 3. 2018 IV R 15/15, BStBl. II 2018 S. 539: Dem Erwerber eines Anteils an einer Personengesellschaft kann die Mitunternehmerstellung bereits vor der zivilrechtlichen Übertragung des Gesellschaftsanteils zuzurechnen sein. Voraussetzung dafür ist, dass der Erwerber rechtsgeschäftlich eine auf den Erwerb des Gesellschaftsanteils gerichtete, rechtlich geschützte Position erworben hat, die ihm gegen seinen Willen nicht mehr entzogen werden kann, und Mitunternehmerrisiko sowie Mitunternehmerinitiative vollständig auf ihn übergegangen sind (Anschluss an *BFH-Urteil vom 22. 6. 2017 IV R 42/13, BFHE 259, 258).*

Bestimmen die Parteien eines Aktienkaufvertrages den im Jahr des Vertragsabschlusses zunächst nur vorläufig festgelegten Kaufpreis aufgrund eines erst im folgenden Jahr zu erstellenden Wertgutachtens und machen sie die Besitzübertragung von der vollständigen Zahlung des Kaufpreises abhängig, geht das wirtschaftliche Eigentum an den Anteilen noch nicht mit Abschluss des Kaufvertrags auf den Erwerber über *(BFH-Urteil vom 22. 7. 2008 IX R 74/06, BStBl. 2009 II S. 124).*

Wirtschaftliches Eigentum über die Anteile wird bei **sog. Cum/Ex-Geschäften** nicht erworben, wenn der Erwerb der Aktien Teil eines modellhaft aufgelegten Gesamtvertragskonzepts ist, nach welchem der zivilrechtliche Erwerber die wesentlichen mit einem Aktienerwerb verbundenen Rechte weder ausüben kann noch nach der gestalterischen Konzeption soll, er vielmehr nur die Funktion hat, seine (aufgrund Abkommensrechts gestaltungsermöglichende) Rechtsform in den Geschäftsablauf einzubringen und angesichts der umfassenden Kontrolle jedes Geschäftsdetails durch Dritte lediglich als „passiver Teilnehmer" („Transaktionsvehikel") im Geschäftsablauf anzusehen ist. Ob sich die maßgebenden Transaktionen „außerbörslich" (Erwerb von sog. Single Stock Futures mit nachfolgender Abwicklung über die Eurex Clearing AG) oder „börslich" (im Rahmen sog. Schlussauktionen) abgespielt haben, ist insoweit ohne Bedeutung *(BFH-Urteil vom 2. 2. 2022 I R 22/20, BStBl. S. 324).*

BFH-Urteil vom 13. 11. 2024 I R 3/21, BFH/NV S. 538: 1. **Zur Sicherheit übereignete Aktien** sind dem Sicherungsnehmer als Inhaber der Aktien zuzurechnen, wenn dieser die wesentlichen mit den Aktien verbundenen Rechte (insbesondere Veräußerung und Ausübung von Stimmrechten) rechtlich und tatsächlich ab dem Eigentumsübergang unabhängig vom Eintritt eines Sicherungsfalls ausüben kann. 2. Bei der Prüfung der steuerlichen Zurechnung von Wirtschaftsgütern nach § 39 AO ist zu prüfen, wem die wesentlichen mit dem Vollrecht an Aktien verbundenen Rechte objektiv und in tatsächlicher Hinsicht zustehen; nicht relevant ist, ob der Inhaber dieser Rechte sie subjektiv auch wahrnehmen möchte.

Der Mieter einer Sache ist als deren wirtschaftlicher Eigentümer anzusehen, wenn für beide Vertragspartner unkündbare Mietdauer so zu bemessen ist, dass nach deren Ablauf die Mietsache technisch oder wirtschaftlich abgenutzt ist (Anschluss an BFHE 78, 107; *BFH-Urteil vom 2. 6. 1978 III R 4/76, BStBl. II S. 507).* Siehe auch *BFH-Urteil vom 12. 9. 1991 III R 233/90, BStBl. 1992 II S. 182.*

Ist ein Gewerbebetrieb (Einzelunternehmen) aufgrund eines Sachvermächtnisses an einen der Miterben oder einen Dritten (Vermächtnisnehmer) herauszugeben, so sind die nach dem Erbfall bis zur Erfüllung des Vermächtnisses erzielten gewerblichen Einkünfte grundsätzlich den Miterben als Mitunternehmern zuzurechnen. Abweichend von diesem Grundsatz sind die zwischen Erbfall und Erfüllung des Vermächtnisses angefallenen Einkünfte dem Vermächtnisnehmer zuzurechnen, wenn dieser schon vor der Erfüllung des Vermächtnisses als Inhaber des Gewerbebetriebes (Unternehmer) anzusehen ist *(BFH-Urteil vom 24. 9. 1991 VIII R 349/83, BStBl. 1992 II S. 330).*

Ein Kommanditist bleibt auch dann Mitunternehmer, wenn der ihm testamentarisch vermachte Kommanditanteil einer (treuhänderischen) Verwaltungstestamentsvollstreckung unterliegt und er die Gewinnanteile an einen Untervermächtnisnehmer herausgeben muss *(BFH-Urteil vom 16. 5. 1995 VIII R 18/93, BStBl. II S. 714).*

Ist in einem Gesellschaftsvertrag vereinbart, dass die Ehefrau im Scheidungsfall aus der Gesellschaft ausgeschlossen werden kann und ihr Ehemann an ihre Stelle tritt, dann ist der Kommanditanteil der Ehefrau dem Ehemann gem. § 39 Abs. 2 Nr. 1 Satz 1 AO zuzurechnen *(BFH-Urteil vom 26. 10. 1990 VIII R 81/85, BStBl. 1994 II S. 645).* In Abgrenzung hierzu hat der BFH entschieden, dass allein eine sog. **Scheidungsklausel** noch nicht dazu führt, dass der rechtliche Eigentümer sein wirtschaftliches Eigentum verliert *(BFH-Urteil vom 4. 2. 1998 XI R 35/97, BStBl. II S. 542).*

BFH-Urteil vom 14. 5. 2002 VIII R 30/98, BStBl. II S. 741: Eine Mitunternehmerin, die auf einem Grundstück, das im hälftigen Miteigentum ihres Ehemannes steht, auf eigene Rechnung und Gefahr mit Einverständnis ihres Ehemannes für ihre betrieblichen Zwecke ein Gebäude errichtet, ist wirtschaftliche Eigentümerin der im zivilrechtlichen Eigentum des Ehemannes stehenden Gebäudehälfte, wenn ihr bei Beendigung der Nutzung ihrem Ehemann gegenüber ein Anspruch auf Entschädigung gem. §§ 951, 812 BGB zusteht (Änderung der Rspr. in den *BFH-Urteilen vom 31. 10. 1978 VIII R 182/75, BStBl. II 1979, S. 399,* und *vom 11. 12. 1987 III R 188/81, BStBl. 1988 II 493).*

Übertragen die Gesellschafter einer GbR, die ein Gebäude an die Gesellschafter zur Ausübung ihrer gemeinsam betriebenen Rechtsanwaltspraxis vermietet, Anteile an der GbR auf ihre Ehefrauen, so sind ihnen diese Gesellschaftsanteile und entsprechende Anteile des Gesellschaftsvermögens nicht deshalb weiterhin zuzurechnen, weil sie unwiderruflich zur Wahrnehmung der Gesellschafterinteressen ihrer Ehefrauen bevollmächtigt worden sind *(BFH-Urteil vom 18. 5. 1995 IV R 125/92, BStBl. 1996 II S. 5).*

Errichten die Partner einer nichtehelichen Lebensgemeinschaft gemeinsam ein Einfamilienhaus auf einem Grundstück, das zivilrechtlich im Eigentum nur eines Partners steht, kann auch der andere als wirtschaftlicher Miteigentümer zur Inanspruchnahme der Wohneigentumsförderung nach § 10 e EStG berechtigt sein, wenn ihm für den Fall des Scheiterns der Lebensgemeinschaft nach zivilrechtlichen Grundsätzen ein Ausgleichsanspruch gegen den zivilrechtlichen Eigentümer in Höhe des hälftigen Verkehrswertes des Gebäudes zusteht *(BFH-Urteil vom 18. 7. 2001 X R 15/01, BStBl. 2002 II S. 278).*

Voraussetzung für den Übergang wirtschaftlichen Eigentums auf den Erwerber einer **Beteiligung** und damit einer Veräußerung iSv. § 17 EStG ist, dass der Erwerber alle mit der Beteiligung verbundenen Rechte (Gewinnbezugsrecht, Stimmrecht etc.) ausüben kann *(BFH-Urteil vom 18. 12. 2001 VIII R 5/00, BFH/NV 2002 S. 640).*

Schließen einander nicht nahe stehende Personen einen **formunwirksamen Kaufvertrag** über den Geschäftsanteil an einer GmbH, geht das wirtschaftliche Eigentum über, wenn dem Erwerber das Gewinnbezugsrecht und das Stimmrecht eingeräumt werden oder der zivilrechtliche Gesellschafter verpflichtet ist, bei der Ausübung des Stimmrechts die Interessen des Erwerbers wahrzunehmen, vorausgesetzt, die getroffenen Vereinbarungen und die formwirksame Abtretung werden in der Folgezeit tatsächlich vollzogen *(BFH-Urteil vom 17. 2. 2004 VIII R 26/01, BStBl. II S. 651).*

Wird ein Grundstückskaufvertrag nach Übergang des zivilrechtlichen Eigentums auf den Käufer wieder aufgehoben, ist das Grundstück dem Verkäufer als wirtschaftlichem Eigentümer nicht zuzurechnen, bevor Eigenbesitz, Gefahr, Nutzungen und Lasten wieder auf ihn übergegangen sind *(BFH-Urteil vom 12. 10. 2006 II R 26/05, BFH/NV 2007 S. 386).*

[Fortsetzung nächste Seite]

nissen[1] sind die Wirtschaftsgüter dem Treugeber, beim Sicherungseigentum dem Sicherungsgeber und beim Eigenbesitz dem Eigenbesitzer zuzurechnen.

2. ① **Wirtschaftsgüter, die mehreren zur gesamten Hand[2] oder einer rechtsfähigen Personengesellschaft zustehen, werden den Beteiligten oder Gesellschaftern anteilig zugerechnet,[3] soweit eine getrennte Zurechnung für die Besteuerung erforderlich ist.**

[Fortsetzung]

2 Für Zwecke der Grundsteuer ist das Grundstück gemäß § 39 Abs. 2 Nr. 1 Satz 1 AO ausnahmsweise dem wirtschaftlichen Eigentümer zuzurechnen (*BFH-Urteil vom 23. 2. 2021 II R 44/17, BStBl. 2022 II S. 188*).

BFH-Urteil vom 26. 1. 2011 IX R 7/09, BStBl. II S. 540: 1. Ein zivilrechtlicher **Durchgangserwerb** (in Gestalt einer logischen Sekunde) hat nicht zwangsläufig auch einen steuerrechtlichen Durchgangserwerb i. S. des Innehabens wirtschaftlichen Eigentums in der Person des zivilrechtlichen Durchgangserwerbers zur Folge; vielmehr ist die steuerrechtliche Zuordnung nach Maßgabe des § 39 Abs. 2 Nr. 1 AO zu beurteilen. 2. Für die Feststellung des wirtschaftlichen Eigentums i. S. von § 39 Abs. 2 Nr. 1 AO kommt es entscheidend auf das wirtschaftlich Gewollte und das tatsächlich Bewirkte an, also auf konkrete tatsächliche Umstände; daher ist eine – nicht reale – logische Sekunde als lediglich gedankliche Hilfskonstruktion für eine solche tatsächliche Feststellung unerheblich.

BFH-Urteil vom 9. 7. 2014, BStBl. 2016 II S. 136: 1. Eine mittelbare Änderung des Gesellschafterbestandes kann sich aus schuldrechtlichen Bindungen des an der Personengesellschaft unmittelbar beteiligten Gesellschafters ergeben, so dass dessen Anteil am Gesellschaftsvermögen einem Dritten (Neugesellschafter) zuzurechnen ist. 2. Für diese Zurechnungsentscheidung kann unter Beachtung grunderwerbsteuerrechtlicher Besonderheiten auf die Grundsätze des § 39 Abs. 2 Nr. 1 AO zurückgegriffen werden (zur Anwendung vgl. *gleich lautenden Ländererlass vom 9. 12. 2015, BStBl. 2016 I S. 136*).

Wirtschaftliches Eigentum nach § 39 Abs. 2 Nr. 1 Satz 1 AO des Leasingnehmers an dem Leasinggegenstand kommt nicht in Betracht, wenn die betriebsgewöhnliche Nutzungsdauer des Leasinggegenstandes länger als die Grundmietzeit ist und dem Leasinggeber ein Andienungsrecht eingeräumt ist (*BFH-Urteil vom 13. 10. 2016 IV R 33/13, BStBl. 2018 II S. 81*).

---

1 Bei der Prüfung, ob ein **Treuhandverhältnis** tatsächlich gegeben ist, ist ein strenger Maßstab anzulegen. Der Vereinbarung eines Treuhandentgelts kann indizielle Bedeutung zukommen (*BFH-Urteile vom 29. 6. 1995 VIII R 68/93, BStBl. II S. 722; vom 16. 5. 1995 VIII R 33/94, BStBl. II S. 870*).

Ein Treuhandverhältnis in Bezug auf einen Geschäftsanteil an einer GmbH kann steuerlich auch anerkannt werden, wenn mehrere Treugeber ihre Rechte gegenüber dem Treuhänder grundsätzlich nur gemeinschaftlich ausüben können (*BFH-Urteil vom 21. 5. 2014 I R 42/12, BStBl. 2015 II S. 5*).

Besitzloses wirtschaftliches Eigentum setzt voraus, dass der Inhaber des zivilrechtlichen Eigentums bezüglich des Wirtschaftsguts allein den Weisungen des anderen zu folgen verpflichtet ist und dieser jederzeit die Herausgabe – d. h. die Übertragung des Eigentums an sich – verlangen kann (*BFH-Urteil vom 20. 7. 2010 IX R 38/09, BFH/NV S. 2011 S. 41*). Nicht jede formal als „Treuhandvertrag" bezeichnete Vereinbarung führt aber zur Anerkennung eines „Treuhandverhältnisses" iSd. § 39 Abs. 2 Nr. 1 Satz 2 AO. Aus den schuldrechtlichen Vereinbarungen muss sich vielmehr eindeutig ergeben, dass die mit der rechtlichen Eigentümer- bzw. Inhaberstellung verbundene Verfügungsmacht im Innenverhältnis zugunsten des Treugebers in einem Maße eingeschränkt ist, dass das rechtliche Eigentum bzw. die rechtliche Inhaberschaft als „leere Hülle" erscheint. Wesentliches Kriterium für eine von der Zivilrechtslage abweichende Zurechnung eines Wirtschaftsguts ist daher u. a. die Weisungsbefugnis des Treugebers gegenüber dem Treuhänder und damit korrespondierend die Weisungsgebundenheit des Treuhänders gegenüber dem Treugeber und – im Grundsatz – dessen Verpflichtung zur jederzeitigen Rückgabe des Treuguts. Der Treugeber muss das Treuhandverhältnis beherrschen (*BFH-Urteil vom 20. 1. 1999 I R 69/97, BStBl. II S. 514*).

Das Treuhandverhältnis muss auf ernstgemeinten und klar nachweisbaren Vereinbarungen zwischen Treugeber und Treuhänder beruhen und tatsächlich durchgeführt werden. Für die tatsächliche Durchführung kommt der bilanziellen Behandlung indizielle Bedeutung zu (*BFH-Urteil vom 10. 6. 1987 I R 149/83, BStBl. 1988 II S. 25*).

Es werden drei Formen der Treuhand unterschieden: Übertragungstreuhand, Erwerbstreuhand, Vereinbarungstreuhand (zur Unterscheidung und steuerlichen Behandlung s. *BFH-Urteil vom 15. 7. 1997 VIII R 56/93, BStBl. 1998 II S. 152*). Vermietet ein Treuhänder ein ihm gehörendes Grundstück im eigenen Namen, aber auf Rechnung eines Treugebers (hier: **Immobilienfonds**), so können die Einkünfte aus Vermietung und Verpachtung dem Treugeber nur dann zugerechnet werden, wenn er das Treuhandverhältnis beherrscht und der Treuhänder ausschließlich auf Rechnung und Gefahr des Treugebers handelt (*BFH-Urteil vom 27. 1. 1993 IX R 269/87, BStBl. 1994 II S. 615*). Siehe dazu *BMF-Schreiben vom 1. 9. 1994 IV B 3 – S 2253 a – 15/94, BStBl. I S. 604*.

BFH-Urteil vom 24. 11. 2009 I R 12/09, BStBl. 2010 II S. 590: Sind Aktien Gegenstand eines „Treuhandvertrags", so sind auf sie entfallende Dividenden nur dann steuerlich dem „Treugeber" zuzurechnen, wenn dieser sowohl nach den mit dem „Treuhänder" getroffenen Absprachen als auch bei deren tatsächlichem Vollzug das Treuhandverhältnis in vollem Umfang beherrscht (Bestätigung der BFH-Rechtsprechung).

Eine verdeckte Gewinnausschüttung ist einem minderjährigen Gesellschafter einer GmbH nicht zuzurechnen, wenn er aufgrund eines verdeckten Treuhandverhältnisses nicht wirtschaftlicher Eigentümer des von Familienmitgliedern unentgeltlich übertragenen GmbH-Anteils ist (*BFH-Urteil vom 6. 8. 2013 VIII R 10/10, BStBl. II S. 862*).

Erwerb und Veräußerung von (Unter-)Beteiligungen an einer Personengesellschaft fallen auch dann nicht unter § 23 Abs. 1 Nr. 1 Buchst. a EStG a. F., wenn das Gesellschaftsvermögen ausschließlich aus Grundstücken besteht, und § 39 Abs. 2 Satz 2 AO ändert an diesem Auslegungsergebnis nichts (*BFH-Urteil vom 10. 7. 1996 X R 103/95, BStBl. 1997 II S. 678*).

Zur Verteilung der Feststellungslast bei behaupteten Treuhandverhältnissen vgl. § 159.

BFH-Urteil vom 6. 10. 2009 IX R 14/08, BStBl. 2010 II S. 460: 1. Der Annahme eines zivilrechtlich wirksamen Treuhandverhältnisses steht nicht entgegen, dass dieses nicht an einem selbständigen Geschäftsanteil, sondern – als sog. **Quotentreuhand** – lediglich an einem Teil eines solchen Geschäftsanteils vereinbart wird. 2. Ein solcher quotaler Anteil ist steuerrechtlich ein Wirtschaftsgut i. S. des § 39 Abs. 2 Nr. 1 Satz 2 AO und stellt damit einen treugutfähigen Gegenstand dar.

Bei der sog. doppelten Treuhand kann (auch) nach Eintritt des Sicherungsfalles ein steuerrechtlich anzuerkennendes Treuhandverhältnis i. S. des § 39 Abs. 2 Nr. 1 Satz 2 AO vorliegen (*BFH-Urteil vom 4. 5. 2022 I R 19/18, BFH/NV S. 1210*).

2 Gesamthandgemeinschaften sind z. B. die Gesellschaft des bürgerlichen Rechts (§ 719 BGB), die Gütergemeinschaft (§ 1419 BGB), die Erbengemeinschaft (§ 2033 BGB), die offene Handelsgesellschaft (§ 105 HGB) und die Kommanditgesellschaft (§ 161 HGB).

3 Bringen Bruchteilseigentümer Grundstücke zu veränderten Anteilen in eine personenidentische Gesellschaft bürgerlichen Rechts mit Vermietungseinkünften ein, liegt steuerrechtlich kein Anschaffungsvorgang vor, weil die Gesellschafter gem. § 39 Abs. 2 Nr. 2 AO weiterhin im bisherigen Umfang als Bruchteilseigentümer der Grundstücke anzusehen sind (*BFH-Urteil vom 6. 10. 2004 IX R 68/01, BStBl. 2005 II S. 324*).

[Fortsetzung nächste Seite]

② **Rechtsfähige Personengesellschaften gelten für Zwecke der Ertragsbesteuerung als Gesamthand und deren Vermögen als Gesamthandsvermögen.**

AEAO

Zu § 39 – Zurechnung:

3 **1. Wirtschaftliches Eigentum**

Ein Wirtschaftsgut ist unter den Voraussetzungen des § 39 Abs. 2 Nr. 1 Satz 1 AO steuerlich nicht dem zivilrechtlichen, sondern dem wirtschaftlichen Eigentümer zuzurechnen.

Wirtschaftliches Eigentum ist insbesondere anzunehmen, wenn nach dem Gesamtbild der Verhältnisse kein Herausgabeanspruch des zivilrechtlichen Eigentümers besteht oder dessen Herausgabeanspruch keine wirtschaftliche Bedeutung mehr hat (vgl. BFH-Urteil v. 18. 9. 2003, X R 54/01, BFH/NV 2004 S. 474, m. w. N.).

Ein schuldrechtlich oder dinglich Nutzungsberechtigter (Mieter oder Pächter) hat in der Regel kein wirtschaftliches Eigentum an dem ihm zur Nutzung überlassenen Wirtschaftsgut. Denn er ist lediglich befugt, eine fremde Sache zu nutzen, nicht aber wie ein Eigentümer mit der Sache nach Belieben zu verfahren.

4 **2. Anteilige Zurechnung von Wirtschaftsgütern/Gesamthandsvermögen**

Für die anteilige Zurechnung von Wirtschaftsgütern, die mehreren zivilrechtlich zur gesamten Hand (z. B. bei Erbengemeinschaften) oder einer rechtsfähigen Personen(handels)gesellschaft zustehen (§ 39 Abs. 2 Nr. 2 AO), sind die jeweiligen Steuergesetze sowie die allgemeinen gesetzlichen und vertraglichen Regelungen maßgebend.

Eine Ermittlung der Anteile erfolgt nur, soweit eine getrennte Zurechnung für die Besteuerung erforderlich ist.

AO

§ 40 Gesetz- oder sittenwidriges Handeln[1]

Für die Besteuerung ist es unerheblich, ob ein Verhalten, das den Tatbestand eines Steuergesetzes ganz oder zum Teil erfüllt, gegen ein gesetzliches Gebot oder Verbot oder gegen die guten Sitten verstößt.

§ 41 Unwirksame Rechtsgeschäfte

1 (1) ① **Ist ein Rechtsgeschäft unwirksam oder wird es unwirksam, so ist dies für die Besteuerung unerheblich, soweit und solange die Beteiligten das wirtschaftliche Ergebnis dieses Rechtsgeschäfts gleichwohl eintreten und bestehen lassen.**[2] ② **Dies gilt nicht, soweit sich aus den Steuergesetzen etwas anderes ergibt.**

2 (2) ① **Scheingeschäfte und Scheinhandlungen sind für die Besteuerung unerheblich.**[3] ② **Wird durch ein Scheingeschäft ein anderes Rechtsgeschäft verdeckt, so ist das verdeckte Rechtsgeschäft für die Besteuerung maßgebend.**

[Fortsetzung]

Ein einer vermögensverwaltenden Personengesellschaft gewährtes Gesellschafterdarlehen ist steuerrechtlich insoweit nicht anzuerkennen, als die Darlehensverbindlichkeit der Gesellschaft ihrem Gesellschafter nach § 39 Abs. 2 Nr. 2 AO steuerrechtlich zuzurechnen ist. Das Darlehensverhältnis führt in diesem Umfang weder beim Darlehensnehmer zu abzugsfähigen Werbungskosten noch beim Darlehensgeber zu Einnahmen aus Kapitalvermögen, sondern ist als eine steuerneutrale Einlage zu behandeln (*BFH-Urteil vom 27. 11. 2024 I R 19/21, BStBl. 2025 II S. 501*).

Eine Person, die an einer vermögensverwaltenden Personengesellschaft beteiligt ist, welche ihrerseits Gesellschafterin einer Kapitalgesellschaft ist, ist bei Prüfung einer vGA nicht als „Anteilseigner" der zuwendenden Kapitalgesellschaft zu behandeln (*BFH-Urteil vom 21. 10. 2014 VIII R 22/11, BStBl. 2015 II S. 687*).

---

[1] Grundsatz der Wertneutralität des Steuerrechts. Siehe auch § 370 Abs. 5.

Die Finanzbehörden sind in den Fällen des § 40 berechtigt und verpflichtet, die Besteuerungsgrundlagen ggf. nach § 162 AO zu schätzen, ohne dass sie dadurch Beihilfe zu den zu besteuernden Tatbeständen leisten würden (*BGH-Urteil vom 31. 5. 1994 5 StR 557/93, HFR 1995 S. 273*).

Zur Verfassungsmäßigkeit der Besteuerung von Gewinnen, die durch gesetzwidriges Verhalten erzielt wurden. Siehe *Beschluss der 1. Kammer des Zweiten Senats des BVerfG vom 12. 4. 1996, 2 BvL 18/93, DStZ S. 470.*

[2] § 41 Abs. 1 Satz 1 AO ist auch bei der Zurechnung von Wirtschaftsgütern im Anwendungsbereich des § 39 Abs. 2 AO zu beachten. Voraussetzung ist aber immer das Vorliegen eines unwirksamen Erwerbsgeschäfts (*BFH-Urteil vom 26. 8. 2020 VI R 6/18, BFH/NV 2021 S. 311*).

Ein unvollständig beurkundeter und deswegen nach § 313 Satz 1, § 125 BGB formunwirksamer Kaufvertrag über ein Grundstück kann nach § 41 Abs. 1 eine für die Berechnung der Spekulationsfrist des § 23 Abs. 1 Nr. 1 Buchst. a EStG maßgebende Veräußerung sein. Wird infolge von Meinungsverschiedenheiten über die Formgültigkeit des innerhalb der Spekulationsfrist abgeschlossenen Grundstückskaufvertrages der Kaufpreis erhöht, kann der erhöhte Kaufpreis auch dann Veräußerungspreis iSv. § 23 Abs. 4 Satz 1 EStG sein, wenn die Erhöhung nach Ablauf der Spekulationsfrist vereinbart und beurkundet wird (*BFH-Urteil vom 15. 12. 1993 X R 49/91, BStBl. 1994 II S. 687*).

[3] **Angehörigen** steht es grds. frei, ihre Rechtsverhältnisse untereinander so zu gestalten, dass sie steuerlich möglichst günstig sind. Das Vereinbarte muss nach Inhalt und Durchführung aber dem entsprechen, was fremde Dritte bei der Gestaltung eines entsprechenden Rechtsverhältnisses üblicherweise vereinbaren würden (*BFH-Urteil vom 18. 12. 1990 VIII R 290/82, BStBl. 1991 II S. 391*).

Verluste, die aus einer Leistungsbeziehung zwischen nahen Angehörigen (hier: Regelung der PKW-Nutzung unter Ehegatten) stammen, sind einkommensteuerrechtlich nur zu berücksichtigen, wenn die zugrundeliegende Leistungsbeziehung dem sog. **Fremdvergleich** standhält. Bei dieser Prüfung sind mehrere inhaltlich und zeitlich eng zusammenhängende Verträge nicht isoliert, sondern in ihrer Gesamtheit zu würdigen (*BFH-Urteil vom 13. 12. 1995 X R 261/93, BStBl. 1996 II S. 180*).

[Fortsetzung nächste Seite]

AEAO

Zu § 41 – Unwirksame Rechtsgeschäfte:

1. Ein unwirksames oder anfechtbares Rechtsgeschäft ist für Zwecke der Besteuerung als gültig zu behandeln, soweit die Beteiligten das wirtschaftliche Ergebnis bestehen lassen. Soweit ausnahmsweise die rückwirkende Aufhebung eines vollzogenen Vertrages steuerlich zu berücksichtigen ist, wird auf die in Einzelsteuergesetzen geregelten Besonderheiten (z.B. § 17 UStG) hingewiesen; zur verfahrensmäßigen Abwicklung Hinweis auf § 175 Abs. 1 Satz 1 Nr. 2 AO. 3

[Fortsetzung]

Einem **Arbeitsverhältnis** zwischen Ehegatten darf seine steuerrechtliche Anerkennung nicht allein deswegen versagt werden, weil das Entgelt auf ein Konto geflossen ist, über das jeder der Ehegatten allein verfügen darf („Oder-Konto"; *BVerfG-Beschluss vom 7. 11. 1995 – 2 BvR 802/90, BStBl. 1996 II S. 34)*. Die Aufwendungen für im Rahmen eines Arbeitsverhältnisses zwischen nahen Angehörigen gewährte **Nebenleistungen** (wie die Kfz-Überlassung) können nur als betrieblich veranlasst abgezogen werden, wenn die Leistungen ausdrücklich vereinbart worden sind; eine entsprechende tatsächliche Handhabung oder die betriebliche Üblichkeit genügen nicht *(BFH-Urteil vom 23. 9. 1998 XI R 1/98, BFH/NV 1999 S. 760)*.

Die betriebliche Veranlassung von Vergütungen aufgrund eines Arbeitsvertrags mit einem Angehörigen hängt, zumal wenn der Arbeitsvertrag nur eine geringfügige Beschäftigung zum Gegenstand hat, nicht davon ab, dass die vom Arbeitnehmer zu erbringende Arbeitsleistung in ihren Einzelheiten schriftlich festgelegt wird. Maßgeblich ist allein, dass der Arbeitnehmer nachweisbar die geschuldete Arbeitsleistung erbringt. Die Fremdüblichkeit eines Arbeitsvertrags zwischen Angehörigen kann im Bereich der Land- und Forstwirtschaft nicht unter Hinweis darauf verneint werden, dass eine Mithilfe von Eltern in einem auf ihre Kinder übergegangenen landwirtschaftlichen Betrieb üblich sei *(BFH-Urteil vom 21. 1. 1999 IV R 15/98, BFH/NV S. 919)*.

BFH-Urteil vom 27. 1. 1994 IV R 114/91, DB S. 1449: 1. Eine mitunternehmerisch ausgestaltete Unterbeteiligung des minderjährigen Kinds am Kommanditanteil des Vaters ist steuerrechtlich auch anzuerkennen, wenn die Unterbeteiligung dem Kind vom Vater geschenkt wurde. 2. Eine Rückfallklausel, nach der die Unterbeteiligung ersatzlos an den Vater zurückfällt, wenn das Kind vor dem Vater stirbt und keine leiblichen ehelichen Abkömmlinge hinterlässt, steht der steuerrechtlichen Anerkennung der Unterbeteiligung nicht entgegen.

Voraussetzung für die steuerrechtliche Anerkennung eines **Mietverhältnisses** zwischen nahen Angehörigen ist einmal, dass der Vertrag bürgerlich-rechtlich wirksam geschlossen ist und darüber hinaus (sog. Fremdvergleich) sowohl die Gestaltung als auch die Durchführung des Vereinbarten dem zwischen Fremden Üblichen entspricht *(BFH-Urteil vom 7. 5. 1996 IX R 69/94, BStBl. 1997 II S. 196)*. Insbesondere müssen die Hauptpflichten der Vertragsparteien, wie das Überlassen einer bestimmten Mietsache zur Nutzung und die Höhe der zu entrichtenden Miete (vgl. § 535 BGB), klar und eindeutig vereinbart worden sein und entsprechend dem Vereinbarten durchgeführt werden *(BFH-Urteil vom 20. 10. 1997 IX R 38/97, BStBl. 1998 II S. 106)*. Ob einem Mietvertrag zwischen nahen Angehörigen die steuerrechtliche Anerkennung zu versagen ist, weil die Vereinbarung und Durchführung des Vertrages hinsichtlich der **Nebenabgaben** von dem unter Fremden Üblichen abweicht, kann nur im Rahmen einer Würdigung aller Umstände des Streitfalles entschieden werden *(BFH-Urteil vom 17. 2. 1998 IX R 30/96, BStBl. II S. 349)*. Grundsätzliche Voraussetzung für die steuerliche Anerkennung eines Mietvertrags zwischen einem minderjährigen Kind als Vermieter und seinem Vater als Mieter ist, dass das Kind bei Abschluss des Mietvertrags durch einen Ergänzungspfleger vertreten ist *(BFH-Urteil vom 23. 4. 1992 IV R 46/91, BStBl. II S. 1024)*; die spätere Genehmigung durch einen Ergänzungspfleger entfaltet steuerrechtlich keine Rückwirkung. Ein mit Angehörigen geschlossener Mietvertrag über eine Wohnung (hier: in einem Zweifamilienhaus) ist nur dann steuerrechtlich anzuerkennen, wenn feststeht, dass die gezahlte Miete tatsächlich endgültig aus dem Vermögen des Mieters in das des Vermieters gelangt ist. Die Feststellung der tatsächlichen Voraussetzungen obliegt insoweit dem FG *(BFH-Urteil vom 28. 1. 1997 – IX R 23/94, BStBl. II S. 655)*.

Ein **zunächst formunwirksamer Vertrag** zwischen nahen Angehörigen ist ausnahmsweise dann von vornherein steuerlich anzuerkennen, wenn aus den besonderen übrigen Umständen des konkreten Einzelfalles ein ernsthafter Bindungswille der Angehörigen zweifelsfrei abgeleitet werden kann. Dies trifft jedenfalls dann zu, wenn den Angehörigen aufgrund der bestehenden Rechtslage nicht anzulasten ist, dass sie die Formvorschriften zunächst nicht beachtet haben, und wenn sie zeitnah nach dem Auftauchen von Zweifeln alle erforderlichen Maßnahmen ergriffen haben, um die zivilrechtliche Wirksamkeit des Vertrages herbeizuführen. Ist in einem tatsächlich durchgeführten **Pachtvertrag** zwischen einer Personengesellschaft und nahen Angehörigen der beherrschenden Gesellschafter ein angemessener monatlicher Pachtzins vereinbart, kann die Gesellschaft als Pächterin die monatlichen Pachtzahlungen selbst dann als Betriebsausgaben abziehen, wenn außerdem ein Verzicht auf Wertausgleich gem. §§ 812, 951 BGB für die von der Gesellschaft errichteten Bauten vereinbart ist und dieser Verzicht als privat veranlasst zu werten sein sollte *(BFH-Urteil vom 13. 7. 1999 VIII R 29/97, BStBl. 2000 II S. 386)*.

Ein **Scheingeschäft** liegt vor, wenn die Vertragsparteien – offenkundig – die notwendigen Folgerungen aus einem Darlehensvertrag bewusst nicht ziehen, weil das Darlehen von vornherein nicht zurückgezahlt werden soll *(BFH-Urteil vom 7. 11. 2006 IX R 4/06, BStBl. 2007 II S. 372)*.

Zu **Darlehensverträgen** zwischen nahen Angehörigen vgl. *BMF-Schreiben vom 23. 12. 2010, BStBl. I 2011 S. 37.*

Darlehensverträge zwischen nahen Angehörigen (hier: partiarische Darlehen) können zwar auch dann ertragsteuerrechtlich anzuerkennen sein, wenn das Vertragsverhältnis zwischen wirtschaftlich voneinander unabhängigen Angehörigen geschlossen und auf eine Besicherung verzichtet wird. Dies steht jedoch nicht nur unter dem Vorbehalt eines Missbrauchsrechtlicher Gestaltungsmöglichkeiten; darüber hinaus muss der Darlehensvertrag auch zweifelsfrei gegenüber einer verschleierten Schenkung abgrenzbar sein *(BFH-Urteil vom 25. 1. 2000 VIII R 50/97, BStBl. II S. 393)*.

Verpflichtet sich der beherrschende Gesellschafter einer Personengesellschaft in einem notariellen Vertrag, seinen Kindern Geldbeträge unter der Bedingung zuzuwenden, dass sie der Gesellschaft sogleich wieder als Darlehen zur Verfügung zu stellen sind, können die „Zinsen" bei der steuerlichen Gewinnermittlung der Gesellschaft nicht als Betriebsausgaben abgezogen werden *(BFH-Urteil vom 15. 4. 1999 IV R 60/98, BStBl. II S. 524;* Anschl. an *BFH-Urteile vom 10. 4. 1984, BStBl. 1984 II S. 705; vom 12. 2. 1992, X R 121/88, BStBl. 1992 II S. 468)*.

Zinsen für die Nutzung von Darlehensbeträgen, die den Kindern von einem nicht an der Personengesellschaft beteiligten Elternteil geschenkt werden, können als Betriebsausgaben abziehbar sein, soweit die Beträge tatsächlich aus dem Vermögen dieses Elternteiles stammen.

Zur Abgrenzung zwischen Scheingeschäft und Gestaltungsmissbrauch vgl. *BFH-Urteil vom 21. 10. 1988 III R 194/84, BStBl. 1989 II S. 216.*

Auch ein **„Strohmann"** kommt als leistender Unternehmer in Betracht. Dementsprechend können auch dem Strohmann die Leistungen zuzurechnen sein, die der sog. Hintermann als Subunternehmer im Namen des Strohmanns tatsächlich ausgeführt hat (Abgrenzung zum *BFH-Urteil vom 13. 7. 1994 XI R 97/92, BFH/NV 1995, 168*). Unbeachtlich ist das „vorgeschobene" Strohmanngeschäft dann, wenn es zwischen dem Leistungsempfänger und dem Strohmann nur zum Schein abgeschlossen worden ist und der Leistungsempfänger weiß oder davon ausgehen muss, dass der Strohmann keine eigene – ggf. auch durch Subunternehmer auszuführende – Verpflichtung aus dem Rechtsgeschäft übernehmen will und dementsprechend auch keine eigenen Leistungen versteuern will *(BFH-Beschluss vom 31. 1. 2002 V B 108/01, BFH/NV 2002 S. 835)*.

4 **2.** Nach § 41 Abs. 2 AO sind z. B. Scheinarbeitsverhältnisse zwischen Ehegatten/Lebenspartnern oder die Begründung eines Scheinwohnsitzes für die Besteuerung ohne Bedeutung.

5 **3.** Beteiligter ist nicht der Beteiligte i. S. d. § 78 AO, sondern der am Vertrag Beteiligte.

AO

§ 42 Missbrauch von rechtlichen Gestaltungsmöglichkeiten[1]

1 (1) ① **Durch Missbrauch von Gestaltungsmöglichkeiten[2] des Rechts kann das Steuergesetz nicht umgangen werden.** ② **Ist der Tatbestand einer Regelung in einem Einzel-**

---

[1] Missbrauch liegt vor, wenn eine Gestaltung gewählt wurde, die, gemessen an den wirtschaftlichen Tatsachen und Verhältnissen, unangemessen ist und nur der Steuerminderung dient *(BFH-Urteile vom 5. 11. 1980 I R 132/77, BStBl. 1981 II S. 219; vom 3. 2. 1987 IX R 85/85, BStBl. II S. 492).* Ein solcher Missbrauch liegt aber i. d. R. nicht schon deshalb vor, weil die Beteiligten mit der Gestaltung den Zweck verfolgten, eine Steuervergünstigung zu erreichen *(BFH-Beschluss vom 29. 11. 1982 GrS 1/81, BStBl. 1983 II S. 272).*

§ 42 Satz 1 AO stellt weder darauf ab, ob die von dem Stpfl. gewählte Gestaltung (zivil-)rechtlich Bestand hat, noch berührt diese Vorschrift die (zivil-)rechtliche Wirksamkeit der Gestaltung. Die (zivil-)rechtliche Gestaltung bleibt mit ihren jeweiligen Folgen bestehen, auch wenn sie der im Steuergesetz vorgesehenen typischen Gestaltung nicht entspricht. § 42 Satz 1 AO schließt nur aus, dass der Stpfl. sich für steuerrechtliche Zwecke auf die von ihm gewählte Gestaltung beruft *(BFH-Urteil vom 6. 3. 1996 II R 38/93, BStBl. II S. 377).*

Die Nichtigkeit des Rechtsgeschäfts beurteilt sich nach zivilrechtlichen Grundsätzen. Eine nur steuerrechtlich nach § 41 oder § 42 AO zu beachtende Unwirksamkeit des Rechtsgeschäfts rechtfertigt nicht die Anwendung des § 16 Abs. 2 Nr. 2 GrEStG *(BFH-Urteil vom 29. 6. 2016 II R 14/12, BFH/NV 2017 S. 1).*

Die Feststellungslast für einen Gestaltungsmissbrauch trägt allein das FA *(BFH-Urteil vom 29. 1. 1975 I R 135/70, BStBl. II S. 553; BFH-Beschlüsse vom 4. 8. 1987 V B 16/87, BStBl. II S. 756,* und *vom 29. 10. 1987 V B 109/86, BStBl. 1988 II S. 96).*

Dem Abzug von Aufwendungen als Werbungskosten, die ein Anleger, der sich an einem Immobilienfonds beteiligt, als „Gebühren" für in gesonderten Verträgen vereinbarte Dienstleistungen (z. B. Mietgarantie, Treuhänderleistung) entrichtet, steht § 42 AO entgegen, wenn aufgrund der modellimmanenten Verknüpfung aller Verträge diese Aufwendungen in wirtschaftlichem Zusammenhang mit der Erlangung des Eigentums an der bezugsfertigen Immobilie stehen *(BFH-Urteil vom 8. 5. 2001 IX R 10/96, BStBl. II S. 720).*

Ein Missbrauch von Gestaltungsmöglichkeiten kann z. B. vorliegen, wenn eine **Personengesellschaft** nur zum Zwecke des Kaufs und Weiterverkaufs dem Stpfl. gehörender Wohnungen und ausschließlich aus dem Stpfl. nahestehenden Personen gebildet worden ist und einen so hohen Kaufpreis an den Stpfl. zahlt, dass von vornherein nur ein Verlust oder ein unerheblicher Gewinn aus dem Weiterverkauf der Wohnungen zu erwarten ist. Eine andere mögliche Alternative eines Missbrauchs von Gestaltungsmöglichkeiten ist gegeben, wenn die Mittel der zwischengeschalteten Personengesellschaft für den Kaufpreis ganz oder zu einem erheblichen Teil vom Stpfl. selbst stammen oder im Wesentlichen erst aus dem Verkaufserlös für den Weiterverkauf der Wohnungen erbracht werden müssen *(BFH-Beschluss vom 7. 6. 2000 III B 35/97, BFH/NV 2001 S. 138).*

Zwischenvermietungen, die frühzeitig nach Baubeginn abgeschlossen werden, schließen eigene ernsthafte Vermietungsbemühungen des Wohnungsinhabers, wie sie zum Nachweis eines konkreten Erstvermietungs- oder Mietausfallrisikos erforderlich wären, aus. Das gilt auch bei der Zwischenvermietung zu einer über dem Marktzins liegenden Miete *(BFH-Urteil vom 14. 12. 1994 XI R 100/92).*

Die Zwischenvermietung von Altenwohnungen braucht keinen Gestaltungsmissbrauch (§ 42 AO) darzustellen, wenn der Zwischenvermieter – nicht nur unerhebliche – zusätzliche Leistungen an die Mieter der Altenwohnungen erbringt, die, wie z. B. die Pflege der Heimbewohner bei Erkrankungen oder die medizinische Versorgung, über übliche Vermieterleistungen hinausgehen *(BFH-Urteil vom 14. 10. 1993 V R 36/89, BStBl. 1994 II S. 427).*

Haben die Eheleute gemeinsam ein Wohn- und Ärztehaus errichtet und an den Räumlichkeiten für Arztpraxen (und Wohnungen) jeweils Teileigentum begründet, ist dann, wenn beide Eheleute als Ärzte freiberuflich tätig sind (hier: als Internistin und als Gynäkologe), die **kreuzweise steuerpflichtige Vermietung** der Arztpraxen missbräuchlich iSd § 42 AO *(BFH-Urteil vom 1. 4. 1993 V R 85/91, UR 1994 S. 275).* Vermieten zwei Ärzte, die gemeinsam zwei abgeschlossene Räumlichkeiten zur Nutzung als Arztpraxen errichtet und sich gegenseitig jeweils eine zum Teileigentum übertragen haben, wechselseitig diese Praxisräume unter Verzicht auf die Steuerfreiheit der Vermietungsumsätze, so kann dieser Vorgang als Missbrauch von Gestaltungsmöglichkeiten des Rechts iSv. § 42 AO zu beurteilen sein *(BFH-Urteil vom 25. 1. 1994 IX R 97, 98/90, BStBl. II S. 738).* Zur Frage, ob die Übertragung des Eigentums an einer von zwei Eigentumswohnungen auf einen nahen Angehörigen verbunden mit gleichzeitiger wechselseitiger Vermietung dieser Wohnungen einen Missbrauch von Gestaltungsmöglichkeiten des Rechts darstellt, s. *BFH-Urteil vom 12. 9. 1995 IX R 54/93, BStBl. 1996 II S. 158.*

Die zeitlich befristete Übertragung der Einkunftsquelle Vermietung und Verpachtung durch unentgeltliche Bestellung eines befristeten Nießbrauchsrechts ist nicht missbräuchlich, wenn dem Zuwendenden, von der Verlagerung der Einkunftsquelle abgesehen, kein weiterer steuerlicher Vorteil entsteht *(BFH-Urteil vom 20. 6. 2023 IX R 8/22, BFH/NV S. 1308).*

Erwirbt die Ehefrau eines nichtselbständig tätigen Speditionskaufmanns ein Kfz und vermietet sie dieses an den Ehemann, steht ihr wegen Missbrauchs rechtlicher Gestaltungsmöglichkeiten **kein Vorsteuerabzug** zu, wenn sie die Anschaffungskosten sowie die laufenden Aufwendungen für das Kfz ggf. für den Kapitaldienst nicht aus der Miete und sonstigen Einkünften oder aus eigenem Vermögen decken kann und deshalb auf zusätzliche Zuwendungen ihres Ehemannes angewiesen ist *(BFH-Urteil vom 4. 5. 1994 XI R 67/93, BStBl. II S. 829).* Kindergeldzahlungen sind bei der Beurteilung des Gestaltungsmissbrauchs im Zusammenhang mit der Errichtung und Vermietung von Räumen für eine Arztpraxis an den Ehegatten nicht als Einnahmen des vermietenden Ehegatten anrechenbar, mit denen er die Aufwendungen für die Errichtung und Erhaltung der Praxisräume bestreiten kann. Zur Dauer des „überschaubaren Zeitraums" als zeitlicher Rahmen für die Beurteilung der wirtschaftlichen Leistungskraft des Vermieter-Ehegatten *(BFH-Urteil vom 14. 12. 1995 V R 12/95, BStBl. 1996 II S. 252).*

Grds. liegt jedoch ein Gestaltungsmissbrauch nicht allein schon darin, dass der Veräußerer die geschuldete USt nicht entrichten kann *(BFH-Urteil vom 18. 6. 1993 V R 6/91, BStBl. II S. 854, 1994 II S. 487).* Zu Ausnahmen s. *BFH-Urteil vom 6. 6. 1991 V R 70/89, BStBl. II S. 866.* Der Vorsteuerabzug durch den Grundstückserwerber kann rechtsmissbräuchlich sein, wenn ein insolventer Grundstücksveräußerer eine Grundstückslieferung aufgrund einer nachträglich vereinbarten Erhöhung der Gegenleistung als steuerpflichtig behandelt und wenn mit dem zusätzlichen Kaufpreis Gläubiger des Veräußerers befriedigt werden, denen der Erwerber selbst für die auf diese Weise erfüllten Ansprüche einzustehen hatte *(BFH-Urteil vom 7. 3. 1996 V R 14/95, BStBl. II S. 491).*

Gestaltungsmissbrauch liegt vor bei der Einschaltung von **Basisgesellschaften** im niedrig besteuerten Ausland, für deren Einrichtung wirtschaftliche oder sonst beachtliche Gründe fehlen und die keine eigene wirtschaftliche Tätigkeit entfalten *(BFH-Urteile vom 29. 7. 1976 VIII R 142/73, BStBl. 1977 II S. 263; vom 27. 7. 1976 VIII R 55/72, BStBl. 1977 II S. 266;* s. auch *BFH-Urteil vom 28. 1. 1992 VIII R 7/88, BStBl. 1993 II S. 84).* Vgl. auch *BFH-Urteil vom 21. 12. 1994 I R 65/94, DStR 1995 S. 847* (Erwerb und Verpachtung inländ. Grundstücke durch ausländ. Stiftung über zwei ausländ. Kapitalgesellschaften). Werden im Inland erzielte Einnahmen zur Vermeidung inländischer Steuer durch eine ausländische Kapitalgesellschaft „durchgeleitet",

[Fortsetung nächste Seite]

steuergesetz erfüllt, die der Verhinderung von Steuerumgehungen dient, so bestimmen sich die Rechtsfolgen nach jener Vorschrift[1]. ③ Anderenfalls entsteht der Steueran-

[Fortsetzung]

so kann ein Gestaltungsmissbrauch auch dann vorliegen, wenn der Staat, in dem die Kapitalgesellschaft ihren Sitz hat, kein sog. Niedrigbesteuerungsland ist *(BFH-Urteil vom 29. 10. 1997 I R 35/96, BStBl. 1998 II S. 235;* bestätigt durch *BFH-Urteil vom 23. 10. 2002 I R 39/01, BFH/NV 2003 S. 289).*

BFH-Urteil vom 20. 3. 2002 I R 63/99, BStBl. 2003 II S. 50: 1. Die Anwendung von § 42 AO neben der Hinzurechnungsbesteuerung gem. §§ 7 ff. AStG setzt voraus, dass die gewählte Gestaltung auch bei einer Bewertung am Gesetzeszweck der §§ 7 ff. AStG sich als Missbrauch von Gestaltungsmöglichkeiten des Rechts darstellt (Bestätigung der *Senatsurteile vom 10. 6. 1992 I R 105/89, BStBl. II S. 1029; vom 23. 10. 1991 I R 40/89, BStBl. 1992 II S. 1026; vom 19. 1. 2000 I R 94/97, BStBl. 2001 II S. 222).* Diese Einschränkung gilt auch dann, wenn die Zwischenschaltung der Basisgesellschaft nur deswegen nicht der Hinzurechnungsbesteuerung gem. §§ 7 ff. AStG zu unterwerfen ist, weil die Zwischeneinkünfte keiner Niedrigbesteuerung nach § 8 Abs. 3 AStG unterliegen. 2. Sind die tatbestandlichen Voraussetzungen des § 42 Satz 1 AO (§ 42 Abs. 1 Satz 1 AO n. F.) nicht erfüllt, bleibt die Vorschrift unbeschadet des § 42 Abs. 2 AO n. F. unanwendbar. 3. Liegt die Unangemessenheit einer Gestaltung allein in Tatumständen, die die Hinzurechnungsbesteuerung nach §§ 7 ff. AStG auslösen, liegt regelmäßig kein Missbrauch iSv. § 42 AO vor. So verhält es sich auch bei der Einschaltung einer Gesellschaft zur Finanzierung eines konzerneigenen Bauprojektes. 4. Es ist nicht missbräuchlich, wenn eine Tochtergesellschaft ihr Ausschüttungsverhalten gegenüber der Muttergesellschaft danach ausrichtet, dass die Muttergesellschaft einerseits für die Ausschüttungen in den Genuss des abkommensrechtlichen Schachtelprivilegs kommt und ihr andererseits die Möglichkeit erhalten bleibt, die mit der Beteiligung in unmittelbarem wirtschaftlichen Zusammenhang stehenden Kosten als Betriebsausgaben abzuziehen.

Eine ausschließlich im Ausland vollzogene Marktüberlassung zugunsten einer im Ausland ansässigen **Domizilgesellschaft** schließt deren Erzielung von Bruttoerträgen nicht aus. Sie ist nicht notwendigerweise missbräuchlich iSd § 42 AO *(BFH-Urteil vom 6. 12. 1995 I R 40/95, BStBl. 1997 II S. 118).* Eine Domizilgesellschaft ist eine Gesellschaft ohne eigene Büroräume und ohne erkennbare wirtschaftliche Betätigung *(BFH-Urteil vom 30. 8. 1995 I R 126/94, nv).*

Die nicht nur vorübergehende Beteiligung einer inländischen Kapitalgesellschaft an einer Kapitalanlagegesellschaft im niedrig besteuerten Ausland (hier: an einer gemeinschaftsrechtlich geförderten sog. IFS C-Gesellschaft in den irischen Dublin Docks) ist jedenfalls nicht deshalb missbräuchlich i. S. des § 42 Abs. 1 AO weil die Abwicklung der Wertpapiergeschäfte im Ausland durch eine Managementgesellschaft erfolgt *(BFH-Urteil vom 25. 2. 2004 I R 42/02, BStBl. 2005 II S. 14;* Bestätigung der *Senatsurteile vom 19. 1. 2000 I R 94/97, BStBl. II 2001 S. 222* und *I R 117/97, BFH/NV 2000 S. 824).*

BFH-Urteil vom 15. 12. 1999 I R 29/97, BStBl. 2000 II S. 527 **(Dividendenstripping):** „Werden alte Aktien eines Emittenten cum Dividende veräußert, so erlangt der Erwerber auch dann wirtschaftliches Eigentum an diesen Aktien, wenn er am Tag des Erwerbs junge Aktien desselben Emittenten ex Dividende an den Veräußerer der alten Aktien verkauft. Gleiches gilt beim Ankauf von Aktien cum Dividende und beim anschließenden zeitnahen Rückverkauf gleicher oder gleichwertiger Aktien ex Dividende durch voneinander unabhängige Geschäfte."

Zur Annahme eines Gestaltungsmissbrauchs bei sog. „Cum/Cum-Transaktionen" vgl. BMF-Schreiben vom 17. 7. 2017 (BStBl. I S. 986).

Werden Wertpapiere, die innerhalb der Jahresfrist des § 23 Abs. 1 Satz 1 Nr. 2 EStG mit Verlust veräußert werden, am selben Tage in gleicher Art und Anzahl, aber zu unterschiedlichem Kurs wieder gekauft, so liegt hierin kein Gestaltungsmissbrauch i. S. von § 42 AO *(BFH-Urteil vom 25. 8. 2009 IX R 60/07, BStBl. II S. 999).*

Die Veräußerung wertloser Aktien stellt grundsätzlich keinen Gestaltungsmissbrauch i. S. des § 42 AO dar, selbst wenn sich der Verkäufer verpflichtet, vom Käufer wertlose Aktien zu kaufen *(BFH-Urteil vom 29. 9. 2020 VIII R 9/17, BStBl. 2021 II S. 385).*

Erwirbt ein Stpfl. am Ende eines Jahres Bundesobligationen, dann scheitert trotz bestehender Überschusserzielungsabsicht die Berücksichtigung der gezahlten **Stückzinsen** als negative Einnahmen iSd § 20 Abs. 2 Nr. 3 EStG dieses Jahres jedenfalls dann an § 42 AO, wenn bereits im Zeitpunkt des Erwerbs feststeht, dass bis zur Veräußerung zu Beginn des Folgejahres unter Einbeziehung der Vermögensebene ein Verlust eintreten wird und sich dieses Wertpapiergeschäft deshalb nur im Falle seiner steuerlichen Anerkennung aufgrund der Freibetragsregelung in § 20 Abs. 4 EStG für den Stpfl. vorteilhaft auswirken würde *(BFH-Urteil vom 27. 7. 1999 VIII R 79/98, BFH/NV 2000 S. 188).*

Die **entgeltliche Abtretung** einer verzinslichen Forderung an eine im Ausland ansässige Person kann einen Gestaltungsmissbrauch darstellen, wenn sie dazu dient, das Fortbestehen wesentlicher wirtschaftlicher Interessen im Inland und damit den Eintritt der erweiterten beschränkten Steuerpflicht zu vermeiden. Ein Gestaltungsmissbrauch liegt in diesem Fall jedenfalls dann vor, wenn die Abtretung dem Forderungsschuldner gegenüber nicht offengelegt worden ist und das vom Zessionar zu zahlende Entgelt sich nach dem Betrag der vom Schuldner geleisteten Zahlungen abzüglich eines Festbetrags bemisst *(BFH-Urteil vom 8. 7. 1998 I R 112/97, BStBl. 1999 II S. 123).*

Die **Übertragung sämtlicher Anteile** an einer Grundbesitz haltenden GbR kann auch dann als Steuerumgehung der Grunderwerbsteuer unterliegen, wenn sie auf zwei Übertragungsverträge mit Abstand von fünf Monaten verteilt wird; vgl. *BFH-Urteil vom 4. 3. 1987 II R 150/83, BStBl. II S. 394.* Siehe auch *BFH-Urteil vom 13. 9. 1995 II R 80/92, BStBl. II S. 903.*

BFH-Urteil vom 6. 3. 1996 II R 38/93, BStBl. II S. 377: 1. Das Ziel, durch die Übertragung sämtlicher Anteile an einer nur Grundbesitz haltenden Personengesellschaft die Ausübung eines Vorkaufsrechts durch einen Dritten zu vermeiden, rechtfertigt es nicht, von der Erhebung von Grunderwerbsteuer gem. § 1 Abs. 1 Nr. 1 GrEStG i. V. m. § 42 Satz 1 AO abzusehen. 2. § 42 Satz 1 AO stellt weder darauf ab, ob die von dem Stpfl. gewählte Gestaltung (zivil-)rechtlich Bestand hat, noch berührt diese Vorschrift die (zivil-)rechtliche Wirksamkeit der Gestaltung. Die (zivil-)rechtliche Gestaltung bleibt mit ihren jeweiligen Folgen bestehen, auch wenn sie der im Steuergesetz vorgesehenen typischen Gestaltung nicht entspricht. § 42 Satz 1 AO schließt nur aus, dass der Stpfl. sich für steuerrechtliche Zwecke auf die von ihm gewählte Gestaltung beruft.

Werden nach Gründung einer GbR, in die die Gesellschafter Miteigentumsanteile an einem Grundstück (jeweils verbunden mit Sondereigentumseinheiten) einbringen, „Gesellschaftsanteile" veräußert, ohne dass ein Gesellschafterwechsel stattfindet und ohne dass die veräußerten „Gesellschaftsanteile" untrennbar mit einem Miteigentumsanteil am Grundstück verknüpft sind, so liegt in dieser Gestaltung kein Missbrauch von Gestaltungsmöglichkeiten des Rechts iSv. § 42 *(BFH-Urteil vom 6. 3. 1990 II R 88/87, BStBl. II S. 446).*

Die gleichzeitige Auswechslung aller Gesellschafter einer Gesellschaft bürgerlichen Rechts durch Abtretung der Gesellschaftsanteile berührt den Fortbestand (die Identität) der Gesellschaft nicht. Hieran ändert nichts, dass dieser Vorgang der Grunderwerbsteuer unterliegt. Die Gesellschaft bleibt in ihrer jeweiligen Zusammensetzung Schuldnerin der Grunderwerbsteuer, die infolge der Einbringung eines Grundstücks unter der gleichzeitigen Vereinbarung des Ausscheidens des einbringenden Gesellschafters entstanden ist. Der an die Gesellschaft gerichtete Grunderwerbsteuerbescheid kann wirksam nur den im Zeitpunkt der Bekanntgabe vertretungsberechtigten Personen bekanntgegeben werden *(BFH-Urteil vom 12. 12. 1996 II R 61/93, BStBl. 1997 II S. 299).*

Die Einschaltung von Personengemeinschaften beim Erwerb oder bei der Errichtung von **Betriebsgebäuden durch Kreditinstitute** ist anzuerkennen, wenn die Rechtsbeziehungen ernsthaft vereinbart und tatsächlich durchgeführt werden und nicht nur der Steuerersparnis dienen. Gewährt ein Kreditinstitut Darlehen zu marktunüblichen niedrigen Zinsen, gehört

[Fortsetzung nächste Seite]

AO

spruch beim Vorliegen eines Missbrauchs im Sinne des Absatzes 2 so, wie er bei einer den wirtschaftlichen Vorgängen angemessenen rechtlichen Gestaltung entsteht.

[Fortsetzung]

der Zinsvorteil mit zur Gegenleistung. Die Anwendung der Mindestbemessungsgrundlage kommt in Betracht, wenn das Kreditinstitut Gesellschafter der Personengesellschaft ist *(Schreiben des BdF vom 29. 5. 1992 IV A 2 – S 7300 – 63/93, BStBl. I S. 378).* Vgl. auch *BFH-Urteil vom 18. 12. 1996 XI R 12/96, BStBl. 1997 II S. 374:*

Zur Zulässigkeit von **Mehrkontenmodellen** s. *Urteil des Großen Senats des BFH vom 8. 12. 1997 GrS 1 – 2/95, BStBl. 1998 II S. 193.*

BFH-Urteil vom 8. 3. 2017 IX R 5/16, BStBl. II S. 930: Veräußert und erwirbt der Steuerpflichtige an einer Börse mit taggleicher Ausführung Bezugsrechte und kann er aufgrund der Umstände, seiner persönlichen Kenntnisse und seines Einflusses auf die Durchführung des Handels als Börsenmakler davon ausgehen, dieselbe Zahl von Bezugsrechten zum Verkaufspreis sicher wieder erwerben zu können, ohne die Kauforder eines Dritten fürchten zu müssen, kann in der Durchführung des Geschäfts ein Missbrauch von Gestaltungsmöglichkeiten liegen (Abgrenzung zu *BFH-Urteil vom 7. 12. 2010 IX R 40/09, BStBl. 2011 II S. 427,* zur **Anteilsrotation**).

BFH-Urteil vom 20. 9. 2022 IX R 18/21, BStBl. 2023 II S. 315: Ein „Verlust" i. S. des § 17 Abs. 1 Satz 1, Abs. 2 Satz 1 EStG, der im Zuge einer Anteilsrotation lediglich wegen der Vereinbarung eines den Wert des veräußerten Anteils krass verfehlenden Kaufpreises entsteht, führt zu einem gesetzlich nicht vorgesehenen Steuervorteil und stellt einen Missbrauch von Gestaltungsmöglichkeiten des Rechts (§ 42 Abs. 1 Satz 1, Abs. 2 Satz 1 AO) dar (Abgrenzung zum BFH-Urteil vom 7. 12. 2010 IX R 40/09, BStBl. 2011 II S. 427).

Die (nachträgliche) Wahl der getrennten Veranlagung ist nicht bereits dann rechtsmissbräuchlich i. S. des § 42 AO, wenn dies bei dem einen Ehegatten zur Erstattung von einbehaltener Lohnsteuer führt, während bei dem anderen Ehegatten nach Anrechnung von Vorauszahlungen ergebende Zahllasten nicht mehr beigetrieben werden können *(BFH-Urteil vom 30. 8. 2012 III R 40/10, BFH/NV 2013 S. 193).*

Es steht auch Angehörigen frei, ihre Rechtsverhältnisse untereinander steuerlich möglichst günstig zu gestalten. Ein Gestaltungsmissbrauch i. S. von § 42 AO ist aber gegeben, wenn eine rechtliche Gestaltung gewählt wird, die – gemessen an dem angestrebten Ziel – unangemessen ist, der Steuerminderung dienen soll und durch wirtschaftliche oder sonst beachtliche nichtsteuerliche Gründe nicht zu rechtfertigen ist *(BFH-Urteil vom 29. 8. 2007 IX R 17/07, BStBl. 2008 II S. 502).*

Einem Arbeitsverhältnis zwischen Ehegatten darf seine steuerrechtliche Anerkennung nicht allein deswegen versagt werden, weil das Entgelt auf ein Konto geflossen ist, über das jeder der Ehegatten allein verfügen darf („Oder-Konto"; *BVerfG-Beschluss vom 7. 11. 1995 2 BvR 802/90, BStBl. 1996 II S. 34*).

Der Abschluss eines Mietvertrages unter Angehörigen stellt nicht schon deshalb einen Gestaltungsmissbrauch iSv. § 42 AO dar, weil der Mieter das Grundstück zuvor gegen wiederkehrende Leistungen auf den Vermieter übertragen hat *(BFH-Urteil vom 10. 12. 2003 IX R 12/01, BStBl. 2004 II S. 643).*

BFH-Urteil vom 17. 12. 2003 IX R 60/98, BStBl. 2004 II S. 646: Es stellt keinen Gestaltungsmissbrauch iSv. § 42 AO dar, wenn auf die Ausübung eines im Zusammenhang mit einer Grundstücksübertragung eingeräumten unentgeltlichen Wohnungsrechts verzichtet und stattdessen zwischen dem Übertragenden und dem neuen Eigentümer des Grundstücks ein Mietvertrag geschlossen wird; der Fortbestand des dinglichen Wohnungsrechts allein hindert die Wirksamkeit des Mietvertrages nicht (Fortentwicklung des *BFH-Urteils vom 27. 7. 1999 IX R 64/96, BStBl. 1999 II S. 826*).

Es stellt einen Gestaltungsmissbrauch iSv. § 42 AO dar, wenn ein im Zusammenhang mit einer Grundstücksübertragung eingeräumtes, unentgeltliches Wohnungsrecht gegen Vereinbarung einer dauernden Last aufgehoben und gleichzeitig ein Mietverhältnis mit einem Mietzins in Höhe der dauernden Last vereinbart wird *(BFH vom 17. 12. 2003 IX R 56/03, BStBl. 2004 II S. 648).*

Haben Eltern ihrem volljährigen Sohn 130 000 DM geschenkt mit der Auflage, diesen Betrag bei einer Bank im Rahmen eines sog. Sparplans anzulegen und mit den daraus monatlich zufließenden Mitteln von 2000 DM den Lebensunterhalt und die Ausbildungskosten zu bestreiten, steht ihnen kein Ausbildungsfreibetrag nach § 33 a Abs. 2 EStG zu. Den Eltern sind keine Aufwendungen für die Berufsausbildung im Sinne dieser Vorschrift erwachsen. Zahlt der Sohn mit den Mitteln aus dem Sparplan Miete für eine den Eltern gehörende Wohnung, liegt in dem Abschluss des **Mietvertrages zwischen Eltern und Sohn kein Gestaltungsmissbrauch** iSd § 42 AO (Abgrenzung zu dem *BFH-Urteil vom 23. 2. 1988 IX R 157/84, BStBl. II S. 604).* Es ist grundsätzlich nicht rechtsmissbräuchlich, wenn der unterhaltsverpflichtete Sohn seiner Mutter den Unterhalt in Geld auszahlt und wegen der Überlassung einer Wohnung einen Mietvertrag mit ihr abschließt (Abgrenzung zum *BFH-Urteil vom 23. 2. 1988 IX R 157/84, BStBl. 1988 II S. 604; BFH-Urteil vom 19. 12. 1995 IX R 85/93, BStBl. 1997 II S. 52*).

Vermieten Eltern ihrem unterhaltsberechtigten Kind eine ihnen gehörende Wohnung, dann ist dies kein Missbrauch von Gestaltungsmöglichkeiten des Rechts iSd § 42 AO, wenn das Kind neben den Unterhaltsleistungen über eigene Mittel verfügt, aus denen es die Miete zahlen kann. Dies ist z. B. der Fall, wenn die Eltern ihrem Kind zuvor die Mittel, hier einen Betrag von 20 000 DM, geschenkt haben (Anschluss an das *BFH-Urteil vom 23. 2. 1994 X R 131/93, BStBl. II S. 694;* Abgrenzung zum *BFH-Urteil vom 23. 2. 1988 IX R 157/84, BStBl. II S. 604; BFH-Urteil vom 28. 3. 1995 IX R 47/93.*

BFH-Urteil vom 19. 10. 1999 IX R 39/99, BStBl. II S. 244: Vermieten Eltern ihrem unterhaltsberechtigten Kind eine ihnen gehörende Wohnung, dann ist der Mietvertrag nicht deshalb rechtsmissbräuchlich iSd § 42 AO, weil das Kind die Miete aus dem Barunterhalt der Eltern zahlt (Änderung der Rspr. gegenüber *BFH-Urteil vom 23. 2. 1988 IX R 157/84, BStBl. II S. 604*).

Vermietet der Stpfl. sein Haus zu fremdüblichen Bedingungen an seine Eltern, kann er die Werbungskostenüberschüsse bei seinen Einkünften aus Vermietung und Verpachtung auch dann abziehen, wenn er selbst ein Haus seiner Eltern unentgeltlich zu Wohnzwecken nutzt; ein Missbrauch steuerrechtlicher Gestaltungsmöglichkeiten iSd § 42 AO liegt insoweit nicht vor *(BFH-Urteil vom 14. 1. 2003 IX R 5/00, BStBl. II S. 509).*

Der Abschluss eines Mietvertrages mit dem geschiedenen Ehegatten und die Verrechnung der Miete mit dem geschuldeten Barunterhalt stellen grundsätzlich keinen Missbrauch von Gestaltungsmöglichkeiten dar *(BFH-Urteil vom 16. 1. 1996 IX R 13/92, BStBl. II S. 214).*

Ein Missbrauch rechtlicher Gestaltungsmöglichkeiten iSd § 42 AO liegt nicht vor, wenn ein Ehegatte dem anderen seine an dessen Beschäftigungsort belegene Wohnung im Rahmen einer doppelten Haushaltsführung zu fremdüblichen Bedingungen vermietet *(BFH-Urteil vom 11. 3. 2003 IX R 55/01, BStBl. II S. 627).*

Eine **wechselseitige Vermietung** kann Missbrauch von Gestaltungsmöglichkeiten des Rechts iSv. § 42 sein *(BFH-Urteil vom 19. 6. 1991 IX R 134/86, BStBl. II S. 904).* Siehe auch *BFH-Urteil vom 12. 9. 1995 IX R 54/93, BStBl. 1996 II S. 158.*

Verkaufen Eltern ein Grundstück an ihr Kind und versprechen sie gleichzeitig, ihm einen bestimmten **Geldbetrag zu schenken,** so kann darin ein Missbrauch von Gestaltungsmöglichkeiten des Rechts iSd § 42 mit der Folge liegen, dass die Aufrechnung mit der Forderung aus dem Schenkungsversprechen gegen die Kaufpreisforderung steuerrechtlich nicht anerkannt wird. Zinsen, die der Übernehmer für ein Darlehen zahlt, das er im Rahmen der vorweggenommenen Erbfolge mit dem Übergeber vereinbart hat, sind nicht als Sonderausgaben abziehbar, wenn das Darlehen steuerrechtlich nicht anzuerkennen ist *(BFH-Urteil vom 10. 10. 1991 XI R 1/86, BStBl. 1992 II S. 239).* Geht dem Darlehen einer minderjährigen Tochter an einen Elternteil eine Schenkung des anderen Elternteils voraus und liegt diesen Rechtsgeschäften ein Gesamtplan

[Fortsetzung nächste Seite]

(2) ① **Ein Missbrauch liegt vor, wenn eine unangemessene rechtliche Gestaltung gewählt wird, die beim Steuerpflichtigen oder einem Dritten im Vergleich zu einer an-** 2
gemessenen Gestaltung zu einem gesetzlich nicht vorgesehenen Steuervorteil führt. ② **Dies gilt nicht, wenn der Steuerpflichtige für die gewählte Gestaltung außersteuerliche Gründe nachweist, die nach dem Gesamtbild der Verhältnisse beachtlich sind.**

[Fortsetzung]
der Eltern zur Schaffung von Werbungskosten zugrunde, so kann hierin ein Missbrauch von Gestaltungsmöglichkeiten des Rechts (§ 42 AO) liegen *(BFH-Urteil vom 26. 3. 1996 IX R 51/92, BStBl. II S. 443).*

Wird bei dem Abschluss eines Grundstückskaufvertrages zwischen Angehörigen zugleich die (Rück-)Schenkung des Kaufpreises vereinbart, kann eine missbräuchliche Gestaltung iSv. § 42 AO zur Erlangung der Eigenheimzulage vorliegen *(BFH-Urteil vom 27. 10. 2005 IX R 76/03, BStBl. 2006 II S. 359).*

Hat der Steuerpflichtige die Veräußerung eines Grundstücks angebahnt, liegt ein Missbrauch rechtlicher Gestaltungsmöglichkeiten grundsätzlich nicht vor, wenn er das Grundstück unentgeltlich auf seine Kinder überträgt und diese das Grundstück an den Erwerber veräußern; der Veräußerungsgewinn ist dann bei den Kindern nach deren steuerlichen Verhältnissen zu erfassen *(BFH-Urteil vom 23. 4. 2021 IX R 8/20, BStBl. II S. 743).*

BFH-Urteil vom 19. 2. 2002 IX R 32/98, BStBl. II S. 674: Schenkt eine Mutter ihren minderjährigen Kindern einen Geldbetrag, der zeitnah dem Vater zur Finanzierung der Anschaffung eines Grundstücksanteils als Darlehen gewährt wird, überträgt der Vater alsdann die Hälfte des Grundstücks auf die Mutter und investiert diese einen Betrag in die Renovierung des Gebäudes, der dem Wert ihres Anteils entspricht, dann ist die Darlehensgewährung nicht rechtsmissbräuchlich (Abgrenzung zum *BFH-Urteil vom 26. 3. 1996 IX R 51/92, BStBl. II S. 443*).

Die Zwischenschaltung einer nahestehenden Person im Rahmen von Grundstücksaktivitäten des Steuerpflichtigen kann im Falle der beabsichtigten Vermeidung eines gewerblichen Grundstückshandels nach der Rechtsprechung des BFH einen Missbrauch von rechtlichen Gestaltungsmöglichkeiten gemäß § 42 AO begründen *(BFH-Urteil vom 10. 7. 2019 X R 21–22/17, BFH/NV S. 177).*

Bestellen die **Eltern ihrem Kind** unentgeltlich einen zeitlich bis zum 27. Lebensjahr befristeten **Nießbrauch** an einem Grundstück, welches das Kind anschließend an die Eltern zurückvermietet, so stellt eine solche Gestaltung regelmäßig einen Missbrauch von rechtlichen Gestaltungsmöglichkeiten iSd § 42 AO dar *(BFH-Urteil vom 18. 10. 1990 IV R 36/90, BStBl. 1991 II S. 205).* Die gleichzeitige Vereinbarung eines Nießbrauchs und eines Mietvertrages ist jedenfalls dann kein Missbrauch von Gestaltungsmöglichkeiten des Rechts (§ 42 AO), wenn das dingliche Nutzungsrecht lediglich zur Sicherung des Pacht- oder Mietverhältnisses vereinbart und nicht tatsächlich ausgeübt wird *(BFH-Urteil vom 3. 2. 1998 IX R 38/96, BStBl. II S. 539).*

BFH-Urteil vom 19. 12. 2007 VIII R 13/05, BStBl. 2008 II S. 568: Auf die unentgeltliche Abtretung der einem beherrschenden Gesellschafter gegen die GmbH zustehenden Darlehensforderungen an seine minderjährigen, ebenfalls an der GmbH beteiligten Kinder, ist die zur darlehensweisen Rückgewähr zuvor vom beherrschenden Gesellschafter einer Personengesellschaft seinen Kindern geschenkter Geldbeträge ergangene Rechtsprechung nicht übertragbar (Abgrenzung zum *BFH-Urteil vom 22. 1. 2002 VIII R 46/00, BStBl. 2002 II S. 685).*

Die entgeltliche Übertragung von GmbH-Anteilen auf eine neu gegründete GmbH zwecks Verrechnung von künftig auszuschüttenden Beteiligungserträgen mit einer ausschüttungsbedingten Teilwertabschreibung ist dann nicht missbräuchlich iSd § 42 AO, wenn die Anteilsübertragung auf Dauer angelegt ist *(BFH-Urteil vom 23. 10. 1996 – I R 55/95, BStBl. 1998 II S. 90).* Zur Anwendung des BFH-Urteils s. a. *BMF-Schreiben vom 3. 2. 1998 IV B 7 – S 2810 – 4/98, BStBl. I S. 207.*

Der Verkauf aller Anteile an einer GmbH zwecks Vermeidung einer Versteuerung des Liquidationserlöses nach § 20 Abs. 1 Nr. 2 EStG ist rechtsmissbräuchlich iSv. § 42 AO, wenn die GmbH im Zeitpunkt der Veräußerung ihre geschäftliche Tätigkeit bereits eingestellt hat, ihr gesamtes Vermögen faktisch (durch darlehensweise Überlassung) an die Gesellschafter verteilt ist und der mit dem Erwerber der Anteile vereinbarte „Kaufpreis" durch Übernahme der Darlehensverbindlichkeiten der Gesellschafter gegenüber der GmbH zu entrichten ist *(BFH-Urteil vom 7. 7. 1998 VIII R 10/96, BStBl. II S. 729;* Abgrenzung zum *BFH-Urteil vom 23. 10. 1996 I R 55/95, BStBl. 1998 II S. 90).*

Der *BFH* hat mit *Urteil vom 19. 8. 1999 I R 77/96, BStBl. 2001 II S. 43,* entschieden, dass von den Beteiligungsverhältnissen abweichende **inkongruente Gewinnausschüttungen** und inkongruente Wiedereinlagen steuerrechtlich anzuerkennen sind und grundsätzlich auch dann keinen Gestaltungsmissbrauch iSd § 42 AO darstellen, wenn andere als steuerliche Gründe für solche Maßnahmen nicht erkennbar sind.

Überträgt ein als Einzelunternehmer tätiger Handelsvertreter einen Teil der ihm obliegenden Tätigkeiten auf eine von ihm und seiner Ehefrau gegründete GmbH **(Untervertretung),** deren Geschäftsführer er und seine Frau sind, liegt darin kein Gestaltungsmissbrauch. Dies gilt jedenfalls dann, wenn für diese Gestaltung außersteuerliche Gründe maßgebend sind und der Handelsvertreter bei den übertragenen Tätigkeiten nicht im eigenen Namen, sondern als Vertreter der GmbH auftritt. Die Tatsache, dass der Kläger damit unmittelbar keine Gewinne aus dieser Tätigkeit nach § 15 Abs. 1 Nr. 1 EStG mehr zu versteuern hat, liegt in der Systematik der selbständigen Besteuerung der Körperschaft *(BFH-Urteil vom 15. 10. 1998 III R 75/97, BStBl. 1999 II S. 119).*

[2] Die kurzfristige Einlage von Geld stellt einen Missbrauch von Gestaltungsmöglichkeiten des Rechts dar, wenn sie allein dazu dient, die Hinzurechnung nach § 4 Abs. 4 a EStG a. F. nicht abziehbarer Schuldzinsen zu umgehen; in diesem Fall entsteht der Steueranspruch so, wie er entstanden wäre, wenn die Einlage unterblieben wäre *(BFH-Urteil vom 21. 8. 2012 VIII R 32/09, BStBl. 2013 II S. 16.*

Die verlustbringende Veräußerung eines Kapitalgesellschaftsanteils i. S. des § 17 Abs. 1 Satz 1 EStG an einen Mitgesellschafter ist nicht deshalb rechtsmissbräuchlich i. S. des § 42 AO, weil der Veräußerer in engem zeitlichen Zusammenhang von einem anderen Mitgesellschafter dessen in gleicher Höhe bestehenden Gesellschaftsanteil an derselben Gesellschaft erwirbt *(BFH-Urteil vom 7. 12. 2010 IX R 40/09, BStBl. 2011 II S. 427).*

---

[1] § 23 Abs. 1 Satz 3 EStG ist eine Missbrauchsverhinderungsvorschrift i. S. von § 42 Abs. 1 Satz 2 AO; damit ist die Annahme eines Missbrauchs rechtlicher Gestaltungsmöglichkeiten gemäß § 42 Abs. 1 Satz 1, Abs. 2 AO für den Fall der Veräußerung nach unentgeltlicher Übertragung grundsätzlich ausgeschlossen (*BFH-Urteil vom* 23. 4. 2021 IX R 8/20, BStBl. II S. 743).

BFH-Urteil vom 17. 11. 2020 I R 2/18, BStBl. II 2021 S. 580: 1. Einzelsteuergesetzliche Vorschriften zur Verhinderung von Steuerumgehungen, die tatbestandlich nicht einschlägig sind, schließen die Anwendung des § 42 AO nicht aus. 2. Bei der Prüfung des Vorliegens eines Missbrauchs i. S. des § 42 Abs. 2 AO sind diejenigen Wertungen des Gesetzgebers, die den von ihm geschaffenen einzelsteuergesetzlichen Vorschriften zur Verhinderung von Steuerumgehungen zugrunde liegen, zu berücksichtigen.

Aus einer zeitlich nach dem Streitjahr eingeführten spezialgesetzlichen Missbrauchsvermeidungsvorschrift (hier: § 8 b Abs. 10 KStG i. d. F. des Unternehmensteuerreformgesetzes 2008) lässt sich nicht im Wege eines Umkehrschlusses die Folgerung ziehen, dass eine von ihr erfasste Sachverhaltskonstellation vor dem Inkrafttreten den Tatbestand der allgemeinen Missbrauchsvermeidungsvorschrift des § 42 AO nicht erfüllen kann (*BFH-Urteil vom 13. 11. 2024 I R 3/21, BFH/NV S. 538*).

AEAO

Zu § 42 – Missbrauch von rechtlichen Gestaltungsmöglichkeiten:

3 **1.** Bei Anwendung des § 42 Abs. 1 Satz 2 AO ist zunächst zu prüfen, ob das im Einzelfall anzuwendende Einzelsteuergesetz für den vorliegenden Sachverhalt eine Regelung enthält, die der Verhinderung von Steuerumgehungen dient. Ob eine Regelung in einem Einzelsteuergesetz der Verhinderung der Steuerumgehung dient, ist nach dem Wortlaut der Regelung und dem Sinnzusammenhang, nach der systematischen Stellung im Gesetz sowie nach der Entstehungsgeschichte der Regelung zu beurteilen.

Liegt danach eine Regelung vor, die der Verhinderung von Steuerumgehungen dient, gilt Folgendes:

– Ist der Tatbestand der Regelung erfüllt, bestimmen sich die Rechtsfolgen allein nach dieser Vorschrift, nicht nach § 42 Abs. 1 Satz 3 i. V. m. Abs. 2 AO. In diesem Fall ist unerheblich, ob auch die Voraussetzungen des § 42 Abs. 2 AO vorliegen.
– Ist der Tatbestand der Regelung dagegen nicht erfüllt, ist in einem weiteren Schritt zu prüfen, ob ein Missbrauch i. S. d. § 42 Abs. 2 AO vorliegt. Allein das Vorliegen einer einzelgesetzlichen Regelung, die der Verhinderung von Steuerumgehungen dient, schließt die Anwendbarkeit des § 42 Abs. 1 Satz 3 i. V. m. Abs. 2 AO damit nicht aus.

4 **2.** Sofern ein Missbrauch i. S. d. § 42 Abs. 2 AO vorliegt, entsteht der Steueranspruch bei allen vom Sachverhalt Betroffenen so, wie er bei einer den wirtschaftlichen Vorgängen angemessenen rechtlichen Gestaltung entsteht (§ 42 Abs. 1 Satz 3 AO).

2.1. Ein Missbrauch i. S. d. § 42 Abs. 2 AO liegt vor, wenn
– eine rechtliche Gestaltung gewählt wird, die den wirtschaftlichen Vorgängen nicht angemessen ist,
– die gewählte Gestaltung beim Steuerpflichtigen oder einem Dritten im Vergleich zu einer angemessenen Gestaltung zu einem Steuervorteil führt,
– dieser Steuervorteil gesetzlich nicht vorgesehen ist und
– der Steuerpflichtige für die von ihm gewählte Gestaltung keine außersteuerlichen Gründe nachweist, die nach dem Gesamtbild der Verhältnisse beachtlich sind.

2.2. Ob eine rechtliche Gestaltung unangemessen ist, ist für jede Steuerart gesondert nach den Wertungen des Gesetzgebers, die den jeweiligen maßgeblichen steuerrechtlichen Vorschriften zugrunde liegen, zu beurteilen. Das Bestreben, Steuern zu sparen, macht für sich allein eine Gestaltung noch nicht unangemessen. Eine Gestaltung ist aber insbesondere dann auf ihre Angemes-senheit zu prüfen, wenn sie ohne Berücksichtigung der beabsichtigten steuerlichen Effekte unwirtschaftlich, umständlich, kompliziert, schwerfällig, gekünstelt, überflüssig, ineffektiv oder widersinnig erscheint. Die Ungewöhnlichkeit einer Gestaltung begründet allein noch keine Unangemessenheit.

Indizien für die Unangemessenheit einer Gestaltung sind zum Beispiel:
– die Gestaltung wäre von einem verständigen Dritten in Anbetracht des wirtschaftlichen Sachverhalts und der wirtschaftlichen Zielsetzung ohne den Steuervorteil nicht gewählt worden;
– die Vor- oder Zwischenschaltung von Angehörigen oder anderen nahe stehenden Personen oder Gesellschaften war rein steuerlich motiviert;
– die Verlagerung oder Übertragung von Einkünften oder Wirtschaftsgütern auf andere Rechtsträger war rein steuerlich motiviert;

Bei einer grenzüberschreitenden Gestaltung ist nach der Rechtsprechung des EuGH (vgl. z. B. Urteil vom 12. 9. 2006, Rs. C-196/04, EuGHE I 2006, 7995) Unangemessenheit insbesondere dann anzunehmen, wenn die gewählte Gestaltung rein künstlich ist und nur dazu dient, die Steuerentstehung im Inland zu umgehen.

2.3. Bei der Prüfung, ob die gewählte Gestaltung zu Steuervorteilen führt, sind die steuerlichen Auswirkungen der gewählten Gestaltung mit der hypothetischen steuerlichen Auswirkung einer angemessenen Gestaltung zu vergleichen. Dabei sind auch solche Steuervorteile zu berücksichtigen, die nicht beim handelnden Steuerpflichtigen selbst, sondern bei Dritten eintreten. Dritte i. S. d. § 42 Abs. 2 Satz 1 AO sind nur solche Personen, die in einer gewissen Nähe zum Steuerpflichtigen stehen. Dies ist insbesondere dann anzunehmen, wenn die Beteiligten Angehörige des Steuerpflichtigen i. S. d. § 15 AO oder persönlich oder wirtschaftlich mit ihm verbunden sind (z. B. nahe stehende Personen i. S. v. H 8.5 KStH 2015 oder § 1 Abs. 2 AStG).

2.4. Der in § 42 Abs. 2 AO verwendete Begriff des „gesetzlich nicht vorgesehenen Steuervorteils" ist nicht deckungsgleich mit dem „nicht gerechtfertigten Steuervorteil" i. S. d. § 370 Abs. 1 AO. Steuervorteile i. S. d. § 42 Abs. 2 AO sind daher nicht nur Steuervergütungen oder Steuererstattungen, sondern auch geringere Steueransprüche.

2.5. Der durch die gewählte Gestaltung begründete Steuervorteil ist insbesondere dann gesetzlich vorgesehen, wenn der Tatbestand einer Norm erfüllt ist, mit der der Gesetzgeber ein bestimmtes Verhalten durch steuerliche Anreize fördern wollte.

2.6. § 42 Abs. 2 Satz 2 AO eröffnet dem Steuerpflichtigen die Möglichkeit, die bei Vorliegen des Tatbestands des § 42 Abs. 2 Satz 1 AO begründete Annahme eines Missbrauchs durch Nachweis außersteuerlicher Gründe zu entkräften. Die vom Steuerpflichtigen nachgewiesenen außersteuerlichen Gründe müssen allerdings nach dem Gesamtbild der Verhältnisse beachtlich sein. Sind die nachgewiesenen außersteuerlichen Gründe nach dem Gesamtbild der Verhältnisse im Vergleich zum Ausmaß der Unangemessenheit der Gestaltung und den vom Gesetzgeber nicht vorgesehenen Steuervorteilen nicht wesentlich oder sogar nur von untergeordneter Bedeutung, sind sie nicht beachtlich. In diesem Fall bleibt es bei der Annahme eines Missbrauchs nach § 42 Abs. 2 Satz 1 AO.

2.7. Die – nur für Körperschaften geltenden – Mindeststandards der Richtlinie (EU) 2016/1164 vom 12. 7. 2016 (ABl. L 193 vom 19. 7. 2016, S. 1–14) werden durch § 42 AO national erfüllt.

3. Ein Missbrauch von rechtlichen Gestaltungsmöglichkeiten nach § 42 AO ist als solcher nicht strafbar. Eine leichtfertige Steuerverkürzung oder eine Steuerhinterziehung kann aber vorliegen, wenn der Steuerpflichtige pflichtwidrig unrichtige oder unvollständige Angaben macht, um das Vorliegen einer Steuerumgehung zu verschleiern. **5**

4. § 42 AO in der Fassung des Jahressteuergesetzes 2008 ist ab dem 1. 1. 2008 für Kalenderjahre, die nach dem 31. 12. 2007 beginnen, anzuwenden. Für Kalenderjahre, die vor dem 1. 1. 2008 liegen, ist § 42 AO in der am 28. 12. 2007 geltenden Fassung weiterhin anzuwenden. **6**

§ 43 Steuerschuldner, Steuervergütungsgläubiger AO

① Die Steuergesetze bestimmen, wer Steuerschuldner oder Gläubiger einer Steuervergütung ist. ② Sie bestimmen auch, ob ein Dritter die Steuer für Rechnung des Steuerschuldners zu entrichten hat.

§ 44 Gesamtschuldner

(1) **① Personen, die nebeneinander dieselbe Leistung aus dem Steuerschuldverhältnis schulden oder für sie haften oder die zusammen zu einer Steuer zu veranlagen sind, sind Gesamtschuldner. ② Soweit nichts anderes bestimmt ist, schuldet jeder Gesamtschuldner die gesamte Leistung.** **1**

(2) **① Die Erfüllung durch einen Gesamtschuldner wirkt auch für die übrigen Schuldner.[1] ② Das Gleiche gilt für die Aufrechnung[2] und für eine geleistete Sicherheit.[3] ③ Andere Tatsachen wirken nur für und gegen den Gesamtschuldner, in dessen Person sie eintreten. ④ Die Vorschriften der §§ 268 bis 280 über die Beschränkung der Vollstreckung in den Fällen der Zusammenveranlagung bleiben unberührt.** **2**

Zu § 44 – Gesamtschuldner: AEAO

Zur Steuerfestsetzung bei Gesamtschuldnern wird auf § 122 Abs. 6 und 7 AO, § 155 Abs. 3 AO hingewiesen, zur Inanspruchnahme eines Haftungsschuldners auf § 219 AO, wegen der Vollstreckung gegen Gesamtschuldner auf § 342 Abs. 2 AO, wegen einer Beschränkung der Vollstreckung in den Fällen der Zusammenveranlagung auf §§ 268 bis 280 AO, wegen der Erstattung an Gesamtschuldner vgl. AEAO zu § 37, Nr. 2.2.2 und 2.3. **3**

§ 45 Gesamtrechtsnachfolge AO

(1) **① Bei Gesamtrechtsnachfolge gehen die Forderungen und Schulden aus dem Steuerschuldverhältnis auf den Rechtsnachfolger[4] über. ② Dies gilt jedoch bei der Erbfolge nicht für Zwangsgelder.[5]** **1**

---

[1] Zum zivilrechtlichen Ausgleich der Gesamtschuldner s. §§ 421 ff. BGB.

Im Allgemeinen sollen die Leistungen eines Ehegatten an das FA auch die Steuerschuld des anderen, mit ihm zusammen veranlagten Ehepartners begleichen. Ob der andere Ehegatte in seiner Person Tatbestände verwirklicht hat, die zum Entstehen der die Eheleute als Gesamtschuldner treffenden Steuerschuld geführt haben, oder Einkommensteuervorauszahlungen geleistet hat, ist ohne Bedeutung (ständige Rspr.). Dies gilt unabhängig davon, auf welche Weise (Einzelüberweisung oder mittels Einzugsermächtigung) die Tilgung der Steuerschulden bewirkt wird *(BFH-Beschluss vom 4. 11. 2003 VII B 382/02, BFH/NV 2004 S. 314).*

[2] Zur Aufrechnung vgl. § 226 AO.

[3] Zur Sicherheitsleistung s. §§ 241 ff. AO.

[4] Der Gesamtrechtsnachfolger tritt materiell-rechtlich und verfahrensrechtlich in die abgabenrechtliche Stellung des Rechtsvorgängers ein *(BFH-Urteile vom 26. 3. 1981 IV R 130/77, BStBl. II S. 614; vom 15. 8. 1983 IV R 99/80, BStBl. 1984 II S. 31; vom 22. 1. 1993 III R 92/89, BFH/NV 1993 S. 455).* Höchstpersönliche Verhältnisse oder Umstände, die unlösbar mit der Person des Rechtsvorgängers verknüpft sind (z. B. bestimmte für einen Besteuerungs- oder Begünstigungstatbestand erhebliche Eigenschaften), von der Zurechnung ausgeschlossen *(BFH-Urteile vom 11. 11. 1971 V R 111/68, BStBl. 1972 II S. 80; vom 12. 11. 1997 X R 83/94, BStBl. 1998 II S. 148).*

Zur dinglichen Wirkung der Einheitswertfeststellung vgl. §§ 182 Abs. 2, 353 AO.

Hat der Erblasser durch eine Rechtshandlung einen Geschehenslauf ins Werk gesetzt, kraft dessen es nach dem Erbfall und nach Eröffnung des Nachlasskonkurses im Nachlassvermögen zwangsläufig, ohne irgendein Handeln des Erben oder des Nachlasskonkursverwalters, zu einem Güteraustausch gekommen ist, den auch weder Erbe noch Nachlasskonkursverwalter durch eigenes Handeln verhindern konnten, und ist dadurch der Erbe Einkommensteuerschuldner hinsichtlich eines entstandenen Veräußerungsgewinns geworden, so ist dieser Veräußerungsgewinn und die darauf entfallende Steuer nach erbrechtlichen Grundsätzen dem Erblasser zuzurechnen. Der Erbe kann somit im Vollstreckungsverfahren seine Erbenhaftung gegenüber dem FA gem. § 1975 BGB auf den Nachlass beschränken *(BFH-Urteil vom 11. 8. 1998 VII R 118/95, BStBl. II S. 705).*

Einkünfte, die nach dem Tode des Erblassers aus dem Nachlass erzielt werden, sind auch im Falle der Anordnung der Nachlassverwaltung dem Erben zuzurechnen. Bei der auf diese Einkünfte entfallenden ESt handelt es sich um eine Eigenschuld des Erben, für die die Beschränkung der Erbenhaftung nicht geltend gemacht werden kann *(BFH-Urteil vom 28. 4. 1992 VII R 33/91, BStBl. II S. 781).* Die ESt-Bescheide sind an den Erben zu richten und ihm bekanntzugeben *(BFH-Urteil vom 5. 6. 1991 XI R 26/89, BStBl. II S. 820).*

[Fortsetzung nächste Seite]

2 (2) **①Erben haben für die aus dem Nachlass zu entrichtenden Schulden nach den Vorschriften des bürgerlichen Rechts[1] über die Haftung des Erben[2] für Nachlassverbindlichkeiten einzustehen.[3] ②Vorschriften, durch die eine steuerrechtliche Haftung der Erben begründet wird, bleiben unberührt.**

AEAO **Zu § 45 – Gesamtrechtsnachfolge:**

3 **1.** Ob eine Gesamtrechtsnachfolge (der gesetzlich angeordnete Übergang des Vermögens) i. S. d. § 45 Abs. 1 AO vorliegt, ist grundsätzlich nach dem Zivilrecht zu beurteilen. Eine Gesamtrechtsnachfolge i. S. d. § 45 Abs. 1 AO liegt daher beispielsweise vor in Fällen der Erbfolge (§ 1922 Abs. 1 BGB), der Anwachsung des Anteils am Gesellschaftsvermögen bei Ausscheiden eines Gesellschafters (§ 712 Abs. 1 Satz 1 BGB; BFH-Urteile vom 28. 4. 1965, II 9/62 U, BStBl. III S. 422, und vom 18. 9. 1980, V R 175/74, BStBl. 1981 II S. 293), der Verschmelzung von Gesellschaften (§ 1 Abs. 1 Nr. 1, §§ 2 ff. UmwG) und der Vermögensübertragung im Wege der Vollübertragung (§ 1 Abs. 1 Nr. 3, § 174 Abs. 1, §§ 175, 176, 178, 180 ff. UmwG). Abweichend von der zivilrechtlichen Betrachtung gilt aber in den vorgenannten Fällen der Anwachsung, der Verschmelzung und der Vermögensübertragung im Wege der Vollübertragung § 45 Abs. 1 AO nicht in Bezug auf die gesonderte und einheitliche Feststellung von Besteuerungsgrundlagen; zur Pflicht, eine Außenprüfung als Gesamtrechtsnachfolger zu dulden, vgl. aber AEAO zu § 197, Nr. 5.7.3.

4 **2.** Ungeachtet der Anwendung der §§ 15, 16 und 20 ff. UmwStG liegt eine Gesamtrechtsnachfolge i. S. d. § 45 Abs. 1 AO nicht vor in Fällen einer Abspaltung oder Ausgliederung (§ 1 Abs. 1 Nr. 2, §§ 123 ff. UmwG; BFH-Urteile vom 7. 8. 2002, I R 99/00, BStBl. 2003 II S. 835, und vom 5. 11. 2009, IV R 29/08, HFR 2010, S. 233) sowie einer Vermögensübertragung im Wege der Teilübertragung (§ 1 Abs. 1 Nr. 3, § 174 Abs. 2, §§ 175, 177, 179, 184 ff., 189 UmwG). In den Fällen einer Aufspaltung (§ 1 Abs. 1 Nr. 2, § 123 Abs. 1 UmwG) ist jedoch § 45 Abs. 1 AO sinngemäß anzuwenden; dies gilt nicht in Bezug auf die gesonderte und einheitliche Feststellung von Besteuerungsgrundlagen.

5 **3.** Eine formwechselnde Umwandlung (§ 1 Abs. 1 Nr. 4, §§ 190 ff. UmwG) führt grundsätzlich nicht zu einer Gesamtrechtsnachfolge i. S. d. § 45 Abs. 1 AO, da lediglich ein Wechsel der Rechtsform eines Rechtsträgers unter Wahrung seiner rechtlichen Identität vorliegt (§ 202 Abs. 1 Nr. 1 UmwG). Ändert sich aber durch den Formwechsel das Steuersubjekt (z. B. in Fällen der Umwandlung einer rechtsfähigen GbR oder einer Personenhandelsgesellschaft in eine Kapitalgesellschaft oder der Umwandlung einer Kapitalgesellschaft in eine Personenhandelsgesellschaft, eine Partnerschaftsgesellschaft oder eine rechtsfähige GbR), ist § 45 Abs. 1 AO sinngemäß anzuwenden.

6 **4.** Zur Bekanntgabe von Steuerverwaltungsakten in Fällen einer Gesamtrechtsnachfolge sowie bei Abspaltung, Ausgliederung oder Vermögensübertragung im Wege der Teilübertragung vgl. AEAO zu § 122, Nrn. 2.12, 2.15 und 2.16 sowie AEAO zu § 197, Nrn. 8 und 9. Zu den ertragsteuerlichen Auswirkungen einer Umwandlung oder Einbringung vgl. BMF-Schreiben vom 11. 11. 2011, BStBl. I S. 1314, zuletzt geändert durch BMF-Schreiben vom 23. 2. 2018, BStBl. I S. 319.

AO

§ 46 Abtretung, Verpfändung, Pfändung

1 (1) **Ansprüche[4] auf Erstattung von Steuern, Haftungsbeträgen, steuerlichen Nebenleistungen und auf Steuervergütungen können abgetreten, verpfändet und gepfändet werden.**

[Fortsetzung]

Macht das FA eine nach dem Erbfall entstandene Einkommensteuerschuld des Erben gegenüber ihm als Steuerschuldner geltend, sind durch diesen Steuerbescheid rechtliche Interessen des Testamentsvollstreckers selbst dann nicht berührt, wenn und soweit die ESt als Nachlasserbenschuld anzusehen wäre; der Testamentsvollstrecker ist deshalb weder klagebefugt noch befugt, die Aussetzung der Vollziehung dieses Steuerbescheids zu beantragen *(BFH-Beschluss vom 29. 11. 1995 X B 328/94, BStBl. 1996 II S. 322).*

Die Haftungsbeschränkung für Minderjährige nach § 1629 a BGB ist wie die Beschränkung der Erbenhaftung im Wege der Einrede geltend zu machen; die Einrede kann weder im Steuerfestsetzungsverfahren noch gegen das Leistungsgebot im Einkommensteuerbescheid, sondern nur im Zwangsvollstreckungsverfahren erhoben werden. Ein Vorbehalt der Haftungsbeschränkung ist in das die Steuerfestsetzung betreffende Urteil nicht aufzunehmen *(BFH-Urteil vom 1. 7. 2003 VIII R 45/01, BStBl. 2004 II S. 35).*

[5] Zur Höhe des Zwangsgeldes s. § 329 AO.

---

[1] §§ 1967 bis 2017 BGB.

Im Fall der Nachlassverwaltung kommt es für die Beschränkung der Erbenhaftung gemäß § 45 Abs. 2 Satz 1 AO i. V. m. § 1975 GBG allein darauf an, ob zivilrechtlich eine Nachlassverbindlichkeit vorliegt. Dass der Nachlass weder Einkommensteuer- noch Körperschaftsteuersubjekt ist, führt nicht zur Ablehnung einer solchen Nachlassverbindlichkeit. Wird eine Steuerschuld der Erben durch die Tätigkeit des Nachlassverwalters verursacht, liegt zivilrechtlich vielmehr eine Nachlassverbindlichkeit in Form der Erbfallschuld vor *(BFH-Urteil vom 10. 11. 2015 VII R 35/13, BStBl. 2016 II S. 369).*

[2] Zur Berichtigungspflicht von Erklärungen s. § 153 AO, zur Drittwirkung der Steuerfestsetzung s. § 166 AO.

[3] Zur Vollstreckung gegen Erben vgl. § 265 AO.

[4] Zur Entstehung der Ansprüche aus dem Steuerschuldverhältnis s. § 38 AO, zur Fälligkeit vgl. § 220 AO.

Die Pfändung von Steuererstattungs- und Vergütungsansprüchen setzt die **hinreichende Bestimmtheit** der Bezeichnung der Forderung voraus. Ein Pfändungs- und Überweisungsbeschluss, mit dem sinngemäß die angeblichen Steuererstattungs-

[Fortsetzung nächste Seite]

(2) **Die Abtretung[1] wird jedoch erst wirksam,[2] wenn sie der Gläubiger[3] in der nach Absatz 3 vorgeschriebenen Form der zuständigen Finanzbehörde nach Entstehung des Anspruchs anzeigt.** 2

(3) ① **Die Abtretung ist der zuständigen Finanzbehörde unter Angabe des Abtretenden, des Abtretungsempfängers sowie der Art und Höhe des abgetretenen Anspruchs[4] und des Abtretungsgrundes[5] auf einem amtlich vorgeschriebenen Vordruck anzuzeigen.[6]** ② **Die Anzeige ist vom Abtretenden und vom Abtretungsempfänger zu unterschreiben.** 3

(4) ① **Der geschäftsmäßige Erwerb von Erstattungs- oder Vergütungsansprüchen zum Zweck der Einziehung oder sonstigen Verwertung auf eigene Rechnung ist nicht zulässig.[7]** ② **Dies gilt nicht für die Fälle der Sicherungsabtretung.** ③ **Zum geschäftsmäßigen Erwerb und zur geschäftsmäßigen Einziehung der zur Sicherung abgetretenen** 4

[Fortsetzung]

ansprüche des Vollstreckungsschuldners aufgrund der ESt-Veranlagungen „für das abgelaufene Kalenderjahr und alle früheren Kalenderjahre" gepfändet werden sollen, ist nicht wegen inhaltlicher Unbestimmtheit der gepfändeten Forderungen nichtig *(BFH-Urteil vom 1. 4. 1999 VII R 82/98, BFH/NV 1999 S. 1147).*

Ein ESt-Erstattungsanspruch wegen Überzahlung von Vorauszahlungen kann – unabhängig von der Festsetzung der Jahressteuer – mit Ablauf des Veranlagungszeitraums abgetreten und gepfändet werden *(BFH-Urteil vom 6. 2. 1990 VII R 86/88, BStBl. II S. 523).*

Eine vor Ablauf des Verlustentstehungsjahres bei dem FA eingehende Anzeige über die Abtretung der auf einem Verlustrücktrag beruhenden Erstattungsansprüche ist unwirksam *(BFH-Urteil vom 6. 6. 2000 VII R 104/98, BStBl. II S. 491).*

Zusammenveranlagte Ehegatten sind hinsichtlich eines Erstattungsanspruchs nicht Gesamtgläubiger. Der Gläubiger eines Ehegatten kann daher dessen (anteiligen) Erstattungsanspruch pfänden und sich zur Einziehung überweisen lassen. Es bedarf nicht der Pfändung eines Auseinandersetzungsanspruchs *(BFH-Beschluss vom 12. 3. 1991 VII S 30/90, BFH/NV 1992 S. 145).*

Richtet sich die Vollstreckung (Pfändung) bei zusammenveranlagten Ehegatten, die beide dem Lohnsteuerabzug unterliegen, nur gegen einen der Ehegatten, so ist eine Aufteilung der Steuererstattung im Verhältnis der bei den Ehegatten einbehaltenen Lohnsteuerabzugsbeträge erforderlich. Eine Aufteilung der Steuererstattung analog §§ 268 ff. (fiktive getrennte Veranlagung) ist nicht gerechtfertigt. Denn die Belastungen des Drittschuldners müssen über die ihm unmittelbar durch Gesetz übertragenen Pflichten (vgl. § 840 ZPO) hinaus auf das unumgänglich notwendige Maß beschränkt werden *(BFH-Urteil vom 1. 3. 1990 VII R 103/88, BStBl. II S. 520).*

---

[1] Zur Frage der Rückforderung abgetretener Ansprüche s. § 37 Abs. 2 AO.

[2] Eine Abtretung von Steuererstattungsansprüchen ist nur wirksam, wenn die Abtretungsanzeige gegenüber dem amtlich vorgeschriebenen Vordruck keine ihrer Schutzfunktion entgegenstehenden Änderungen enthält. Eine unwiderruflich erteilte Vollmacht des Abtretenden zur Unterzeichnung der Abtretungsanzeige setzt die nachgewiesene Kenntnis des Vollmachtgebers von dem amtlich vorgeschriebenen Anzeigenvordruck voraus. Vgl. *BFH-Urteil vom 27. 10. 1987 VII R 170/84, BStBl. 1988 II S. 178.*

[3] Die Abtretung ist bei Anzeige durch den Zessionar grds. unwirksam. Es gelten jedoch die allgemeinen Vertretungs- bzw. Genehmigungsvorschriften *(BFH-Urteil vom 22. 3. 1994 VII R 117/92, BStBl. II S. 789).*

[4] Ein Pfändungs- und Überweisungsbeschluss über nicht näher konkretisierte Umsatzsteuervergütungsansprüche ist auch dann hinsichtlich der bei seiner Zustellung bereits entstandenen Ansprüche hinreichend bestimmt, wenn der letzte betroffene Vergütungszeitraum nicht benannt ist. Ein solcher Pfändungs- und Überweisungsbeschluss ist dahin auszulegen, dass alle bereits entstandenen Vergütungsansprüche betroffen sind. Sofern er ferner dahin auszulegen ist, dass auch zukünftig entstehende Vergütungsansprüche betroffen sein sollen, und eine solche Pfändung einer unbestimmten Vielzahl von künftigen Ansprüchen mangels Bestimmtheit nichtig sein sollte, wäre er nur insoweit, nicht jedoch insgesamt auch hinsichtlich der schon entstandenen Ansprüche nichtig *(BFH-Urteil vom 13. 11. 2001 VII R 107/00, BStBl. 2002 II S. 402).*

[5] *BFH-Beschluss vom 28. 9. 2011 VII R 52/10, BStBl. 2012 II S. 92:* 1. Die in einer Abtretungsanzeige notwendigen Angaben zum Abtretungsgrund erfordern auch dann eine kurze stichwortartige Kennzeichnung des zugrunde liegenden schuldrechtlichen Lebenssachverhalts, wenn das auf dem amtlichen Vordruck vorgesehene Feld „Sicherungsabtretung" angekreuzt worden ist. 2. Fehlen solche Angaben, leidet die Abtretungsanzeige an einem Formmangel, der zur Unwirksamkeit der Abtretung führt. 3. Dass der Vordruck die gesetzlich geforderten formalen Anforderungen nur unzureichend wiedergibt und zu dem Irrtum verleitet, im Fall einer Sicherungsabtretung seien weitere Angaben zum Abtretungsgrund entbehrlich, ändert daran nichts.

Die vom Gesetz verlangten Angaben zum Abtretungsgrund können jedenfalls dann nicht durch Beifügung einer Anlage zu der vorgeschriebenen Abtretungsanzeige gemacht werden, wenn es auf dem amtlichen Vordruck an jeder Bezugnahme auf eine solche Unterlage fehlt *(BFH-Urteil vom 28. 1. 2014 VII R 10/12, BStBl. II S. 507).*

[6] *BFH-Urteil vom 5. 10. 2004 VII R 37/03, BStBl. 2005 II S. 238:* 1. Die Finanzbehörde verstößt nicht gegen den Grundsatz von Treu und Glauben, wenn sie die Formgültigkeit einer Abtretungsanzeige wegen fehlender Angabe des Abtretungsgrundes in einem Zeitpunkt beanstandet, in dem sie bereits Kenntnis von dem Abtretungsgrund hat. 2. Die Abtretungsanzeige stellt eine einseitige empfangsbedürftige Willenserklärung dar. Bei der Ermittlung des in ihr verkörperten Willens sind nur solche Umstände zu berücksichtigen, die für die Finanzbehörde als Empfänger im Zeitpunkt des Zugangs der Erklärung erkennbar gewesen sind. 3. Die mangelnde Angabe des Abtretungsgrundes kann nicht nachgeholt werden, wenn dessen Bezeichnung gänzlich fehlte.

Wird dem FA die Abtretung angezeigt, so wird es bei Leistung an den Abtretungsempfänger grds. auch dann von seiner Erstattungsverpflichtung frei, wenn die Abtretung nicht der in § 46 Abs. 3 AO vorgeschriebenen Form entspricht *(BFH-Urteil vom 25. 9. 1990 VII R 114/89, BStBl. II S. 201).*

Kein Fall des § 46 AO ist die **Zahlungsanweisung** (§ 362 Abs. 2 BGB; *BFH-Urteil vom 8. 4. 1986 VII B 128/85, BStBl. II S. 511).* Durch die Anweisung des Erstattungsberechtigten an das FA, die Überweisung auf das Konto eines Dritten vorzunehmen (Zahlungsanweisung), entstehen keine Rechtsbeziehungen zwischen dem Angewiesenen und dem Anweisungsempfänger, aus denen Ansprüche (z. B. Rückforderungsansprüche) des Angewiesenen gegen den Zahlungsempfänger geltend gemacht werden könnten. Die Zahlungsanweisung unterliegt nicht dem Formerfordernis des § 46 Abs. 3 AO *(BFH-Beschluss vom 4. 2. 2000 VII B 173/99, BFH/NV S. 1321).*

[7] Bei Verstoß gegen Abs. 4 Satz 1 s. die Bußgeldvorschrift des § 383 AO.

Der geschäftsmäßige Erwerb von Erstattungsansprüchen ist nach § 46 Abs. 4 Satz 1 AO ungeachtet des Rechtsverhältnisses zwischen dem Zedenten und dem Zessionar unzulässig. Die Vorschrift kann auch dann nicht einschränkend ausgelegt werden, wenn der ESt-Erstattungsanspruch des Arbeitnehmers aufgrund eines nach ausländischem Recht zu beurteilenden Arbeitsvertrages (zivilrechtlich) dem Arbeitgeber zusteht *(BFH-Beschluss vom 4. 2. 1999 VII R 112/97, BFH/NV S. 1000).*

Ansprüche sind nur Unternehmen befugt, denen das Betreiben von Bankgeschäften erlaubt ist.

5 (5)[1] **Wird der Finanzbehörde die Abtretung angezeigt, so müssen Abtretender und Abtretungsempfänger der Finanzbehörde gegenüber die angezeigte Abtretung gegen sich gelten lassen, auch wenn sie nicht erfolgt oder nicht wirksam oder wegen Verstoßes gegen Absatz 4 nichtig ist.**

6 (6) ①**Ein Pfändungs- und Überweisungsbeschluss oder eine Pfändungs- und Einziehungsverfügung dürfen nicht erlassen werden, bevor der Anspruch entstanden ist.**[2] ②**Ein entgegen diesem Verbot erwirkter Pfändungs- und Überweisungsbeschluss oder erwirkte Pfändungs- und Einziehungsverfügung sind nichtig.** ③**Die Vorschriften der Absätze 2 bis 5 sind auf die Verpfändung sinngemäß anzuwenden.**

7 (7) **Bei Pfändung eines Erstattungs- oder Vergütungsanspruchs gilt die Finanzbehörde, die über den Anspruch entschieden oder zu entscheiden hat, als Drittschuldner im Sinne der §§ 829, 845 der Zivilprozessordnung.**

AEAO

Zu § 46 – Abtretung, Verpfändung, Pfändung:

8 **1.** Der Gläubiger kann die Abtretung oder Verpfändung der zuständigen Finanzbehörde wirksam nur nach Entstehung des Anspruchs anzeigen. Die Anzeige wirkt nicht auf den Zeitpunkt des Abtretungs- oder Verpfändungsvertrages zurück. Vor Entstehung des Steueranspruchs sind Pfändungen wirkungslos; sie werden auch nicht mit Entstehung des Anspruchs wirksam. Da z. B. der Einkommensteuererstattungsanspruch aus überzahlter Lohnsteuer grundsätzlich mit Ablauf des für die Steuerfestsetzung maßgebenden Erhebungszeitraums entsteht (§ 38 AO i. V. m. § 36 Abs. 1 EStG), sind während des betreffenden Erhebungszeitraums (bis 31. 12.) angezeigte Lohnsteuer-Abtretungen bzw. Verpfändungen oder ausgebrachte Pfändungen wirkungslos. Ein auf einem Verlustrücktrag nach § 10 d Abs. 1 EStG beruhender Erstattungsanspruch ist nur dann wirksam abgetreten, gepfändet oder verpfändet, wenn die Abtretung, Verpfändung oder Pfändung erst nach Ablauf des Verlustentstehungsjahres angezeigt bzw. ausgebracht worden ist (vgl. AEAO zu § 38, Nr. 1 Satz 3). Der Anspruch auf Erstattungszinsen nach § 233 a AO entsteht erst, wenn eine Steuerfestsetzung zu einer Steuererstattung führt und die übrigen Voraussetzungen des § 233 a AO in diesem Zeitpunkt erfüllt sind. Eine vor der Steuerfestsetzung angezeigte Abtretung des Anspruchs auf Erstattungszinsen ist unwirksam (BFH-Urteil vom 14. 5. 2002, VII R 6/01, BStBl. II S. 677).

9 **2.** Der geschäftsmäßige Erwerb und die geschäftsmäßige Einziehung von Erstattungs- oder Vergütungsansprüchen ist nach § 46 Abs. 4 AO nur bei Sicherungsabtretungen und dabei auch nur Bankunternehmen gestattet (BFH-Urteil vom 23. 10. 1985, VII R 196/82, BStBl. 1986 II S. 124).

2.1. Geschäftsmäßig i. S. v. § 46 Abs. 4 AO handelt, wer die Tätigkeit – Erwerb von Erstattungs- oder Vergütungsansprüchen – selbständig und in Wiederholungsabsicht ausübt. Dafür getroffene organisatorische Vorkehrungen indizieren die Wiederholungsabsicht, sie sind indes für deren Annahme keine notwendige Voraussetzung (vgl. BFH-Urteil vom 13. 10. 1994, VII R 3/94, BFH/NV 1995 S. 473). Eine entscheidende Rolle bei der Beurteilung der Geschäftsmäßigkeit kann die Zahl der Erwerbsfälle und der Zeitraum ihres Vorkommens spielen.

Allgemeine Festlegungen oder Beurteilungsmaßstäbe lassen sich hierzu aber nicht aufstellen; insoweit kommt es immer auf die Verhältnisse des Einzelfalls an (vgl. u. a. BFH-Urteile vom 13. 10. 1994, VII R 3/94, a. a. O., und vom 4. 2. 2005, VII R 54/04, BStBl. II 2006 S. 348, jeweils m. w. N.). Für die Annahme der Geschäftsmäßigkeit reicht es indes nicht aus, dass die – vereinzelte – Abtretung im Rahmen eines Handelsgeschäfts vorgenommen wurde.

2.2. Die Abtretung eines Erstattungs- oder Vergütungsanspruchs erfolgt nur dann zur bloßen Sicherung, wenn für beide Beteiligten der Sicherungszweck im Vordergrund steht. Eine Sicherungsabtretung ist daher grundsätzlich dadurch gekennzeichnet, dass der Abtretungsempfänger die Forderung nicht behalten darf. Er soll sie nur vorübergehend für den Abtretenden als Sicherheit für einen Anspruch gegen den Abtretenden innehaben.

Deshalb kann eine Sicherungsabtretung regelmäßig nur dann vorliegen, wenn der Inhaber des Pfandrechts bei Fälligkeit seines Anspruchs zunächst versuchen muss, Befriedigung aus seinem Anspruch selbst zu suchen. Erst wenn dies nicht gelingt, darf er auf die Sicherheit zurückgreifen. Eine Abtretung zur Sicherung ist dagegen nicht gegeben, wenn der Abtretende seine Einwirkungsmöglichkeiten auf die abgetretene Forderung weitgehend aufgibt (vgl. BFH-Urteil vom 3. 2. 1984, VII R 72/82, BStBl. II S. 411).

---

[1] Das FA braucht die Wirksamkeit der Abtretung eines Steuervergütungsanspruchs nicht zu prüfen, sondern kann, wenn ihm die Abtretung angezeigt ist, mit befreiender Wirkung an den Zessionar leisten *(BFH-Beschluss vom 24. 4. 2006 VII B 322/05, BFH/NV S. 1442).*

[2] Vgl. *BFH-Urteil vom 24. 7. 1990 VII R 62/89, BStBl. II S. 946:* 1. Im Verwaltungszwangsverfahren kann die Pfändung eines Erstattungsanspruchs bereits vor Entstehung des Anspruchs vorbereitet werden. 2. Ein Pfändungsbeschluss ist erst dann erlassen (bewirkt), wenn er nach Schlusszeichnung aus dem internen Geschäftsgang zum Zwecke der Beförderung weggegeben worden ist.

§ 46 Abs. 6 Satz 3 i. V. m. Abs. 5 AO betrifft nicht den Fall der hoheitlichen Pfändung; insoweit besteht kein Zusammenhang zu § 46 Abs. 6 Satz 1 und 2 AO *(BFH-Beschluss vom 28. 9. 1999 VII B 35/99, BFH/NV 2000 S. 305).*

Haben Abtretender und Abtretungsempfänger eine direkte Begleichung der Forderung des Abtretungsempfängers durch die Finanzbehörde vereinbart, liegt eine Sicherungsabtretung nur vor, wenn der Sicherungszweck in einem solchen Maß überwiegt, dass andere Beweggründe für die gewählte rechtliche Gestaltung ausscheiden. Die gesamten Umstände des Einzelfalles, unter denen die Geschäftsbeziehung begründet worden ist, sind für die Beurteilung heranzuziehen (vgl. BFH-Urteil vom 21. 2. 1989, VII R 7/86, BFH/NV S. 555 m. w. N.).

2.3. Eine Sicherungsabtretung liegt nicht vor, wenn der Abtretende den Abtretungsempfänger ermächtigt hat, einen Steuerberater oder Lohnsteuerhilfeverein mit der Einlegung von Rechtsbehelfen zu beauftragen und den Anspruch gegen den Steuerberater bzw. Lohnsteuerhilfeverein auf Herausgabe der Steuerunterlagen an den Abtretungsempfänger ebenfalls abgetreten hat (vgl. BFH-Urteil vom 21. 2. 1989, VII R 7/86, a. a. O.). Gegen eine Sicherungsabtretung kann z. B. auch sprechen, dass der Abtretende im Zeitpunkt der Abtretung arbeitslos ist und der Abtretungsempfänger nicht mit einer Zahlung des Abtretenden aus anderen Mitteln rechnen kann.

Eine Sicherungsabtretung liegt auch dann nicht vor, wenn die der Abtretung zugrunde liegende Geschäftsbeziehung zwischen einem Steuerpflichtigen und einem Kreditinstitut nur zum Zweck der Kreditgewährung begründet wurde und das Kreditinstitut die Erstattungsbeträge aufgrund des Darlehensvertrages nach Eingang der Beträge ohne Einwirkungsmöglichkeit des Steuerpflichtigen verrechnen und auf diese Weise das Darlehen tilgen darf. In diesen Fällen liegt eine Abtretung bzw. Verpfändung erfüllungshalber vor.

2.4. Auskünfte darüber, inwieweit einem Unternehmen das Betreiben von Bankgeschäften nach § 32 Abs. 1 KWG erlaubt worden ist, können bei der Bundesanstalt für Finanzdienstleistungsaufsicht (BAFin) oder auch bei der Deutschen Bundesbank und ihren Hauptverwaltungen eingeholt werden.

2.5. Verstöße gegen § 46 Abs. 4 AO können als Steuerordnungswidrigkeit geahndet werden (§ 383 AO).

3. Auch bei einem Verstoß gegen § 46 Abs. 4 Satz 1 AO oder bei sonstiger Unwirksamkeit des **10**
der Abtretung oder Verpfändung zugrunde liegenden Rechtsgeschäfts kann die Finanzbehörde nach erfolgter Anzeige mit befreiender Wirkung an den Abtretungsempfänger zahlen, soweit nicht Rechte anderer Gläubiger entgegenstehen.

4. Mit der wirksamen Abtretung, Verpfändung oder Pfändung geht nicht die gesamte Rechts- **11**
stellung des Steuerpflichtigen über, sondern nur der Zahlungsanspruch (vgl. BFH-Urteile vom 21. 3. 1975, VI R 238/71, BStBl. II S. 669, vom 15. 5. 1975, V R 84/70, BStBl. 1976 II S. 41, vom 25. 4. 1978, VII R 2/75, BStBl. II S. 465, und vom 27. 1. 1993, II S 10/92, BFH/NV S. 350). Auch nach einer Abtretung, Pfändung oder Verpfändung ist der Steuerbescheid nur dem Steuerpflichtigen bekannt zu geben. Nur der Steuerpflichtige kann den Steuerbescheid anfechten. Dem neuen Berechtigten darf nur mitgeteilt werden, ob und ggf. in welcher Höhe sich aus der Veranlagung ein Erstattungsanspruch ergeben hat und ob und ggf. in welcher Höhe aufgrund der Abtretung, Pfändung oder Verpfändung an ihn zu leisten ist; die Verpflichtungen als Drittschuldner im Fall der Pfändung bleiben unberührt. Über etwaige Streitigkeiten ist durch Verwaltungsakt nach § 218 Abs. 2 AO zu entscheiden. Der Abtretungsempfänger sowie der Pfändungs- und Verpfändungsgläubiger sind nicht befugt, einen Antrag auf Einkommensteuerveranlagung gem. § 46 Abs. 2 Nr. 8 EStG zu stellen (vgl. BFH-Urteil vom 18. 8. 1998, VII R 114/97, BStBl. 1999 II S. 84). Die vorstehenden Sätze gelten entsprechend für Fälle einer Überleitung von Steuererstattungsansprüchen gem. § 93 SGB XII. Für die Überleitung von Steuererstattungsansprüchen nach dem Asylbewerberleistungsgesetz ist § 93 SGB XII entsprechend anzuwenden (§ 7 Abs. 4 AsylbLG). Für Fälle des Übergangs von Steuererstattungsansprüchen im Wege des gesetzlichen Forderungsübergangs im Rahmen der Leistungen zur Grundsicherung für Arbeitsuchende nach § 33 SGB II gelten die vorstehenden Sätze entsprechend. Dieser Antrag ist ein von den Rechtswirkungen des § 46 AO nicht erfasstes höchstpersönliches steuerliches Gestaltungsrecht.

5. Fehlt in der Abtretungsanzeige, nach der die Erstattungsansprüche aus der Zusammenveran- **12**
lagung abgetreten worden sind, die Unterschrift eines Ehegatten oder Lebenspartners, so wird dadurch die Wirksamkeit der Abtretung des Anspruchs, soweit er auf den Ehegatten bzw. Lebenspartner entfällt, der die Anzeige unterschrieben hat, nicht berührt (BFH-Urteil vom 13. 3. 1997, VII R 39/96, BStBl. II S. 522). Zum Erstattungsanspruch bei zusammenveranlagten Ehegatten oder Lebenspartnern vgl. zu AEAO § 37, Nr. 2.

6. Für die Anzeige der Abtretung oder Verpfändung eines Erstattungs- oder Vergütungsanspru- **13**
ches wird der in der Anlage abgedruckte Vordruck bestimmt.

7. Die auf einem vollständig ausgefüllten amtlichen Vordruck erklärte, vom Abtretenden und **14**
vom Abtretungsempfänger jeweils eigenhändig unterschriebene Abtretungsanzeige kann der zuständigen Finanzbehörde auch per Telefax übermittelt werden (vgl. BFH-Urteil vom 8. 6. 2010, VII R 39/09, BStBl. II S. 839), sofern die Finanzbehörde für diese Übermittlungsart einen entsprechenden Zugang eröffnet hat und die notwendigen Empfangsgeräte vorhält. Es ist auch möglich, eine Abtretungsanzeige i. S. d. Satzes 1 elektronisch zu übermitteln. Die Anzeige der Abtretung wird wirksam, sobald die Kenntnisnahme durch die Finanzbehörde möglich und nach der Verkehrsanschauung zu erwarten ist (§ 130 Abs. 1 Satz 1 BGB). Dies bedeutet: Eintritt der Wirksamkeit bei Übermittlung

– während der üblichen Dienststunden der Finanzbehörde im Zeitpunkt der vollständigen Übermittlung;
– außerhalb der üblichen Dienststunden der Finanzbehörde zum Zeitpunkt des Dienstbeginns am nächsten Arbeitstag.

15 **8.** Zahlungsanweisungen verpflichten die Finanzbehörden nicht, an den Anweisungsempfänger zu zahlen. Sie können mit befreiender Wirkung auf das ihnen vom Steuerpflichtigen benannte eigene Konto erstatten. Hat er kein eigenes Konto benannt oder sind der Finanzbehörde mehrere eigene Konten des Steuerpflichtigen bekannt, ist die Erstattung bis zur Benennung eines eigenen Kontos durch den Steuerpflichtigen selbst auszusetzen. Sie müssen Zahlungsanweisungen insbesondere in folgenden Fällen nicht beachten:
– Es liegen hinreichende Anhaltspunkte dafür vor, dass die Zahlungsanweisung der Umgehung des § 46 Abs. 4 AO dient. Eine Umgehung des § 46 Abs. 4 AO ist jedoch nicht anzunehmen, wenn Arbeitnehmer im Zusammenhang mit einer Nettolohnvereinbarung eine Zahlungsanweisung zugunsten ihres Arbeitgebers erteilen.
– Die Zahlungsanweisung steht mit einer Dienstleistung zur Erstellung der Steuererklärung oder der Vermittlung einer solchen Dienstleistung im Zusammenhang. Dies gilt nicht, wenn der sich aus dem Steuerbescheid ergebende zu erstattende Betrag unverzüglich und in voller Höhe an den Steuerpflichtigen weitergeleitet wird; hierbei ist ein Einbehalt von dem zu erstattenden Betrag als Vergütung für die Dienstleistung zulässig, wenn dies ausdrücklich vereinbart wurde.

Anlage zu AEAO zu § 46

AEAO 16

ACHTUNG
Beachten Sie unbedingt die Hinweise in Abschnitt V. des Formulars!
Zutreffendes bitte ankreuzen bzw. leserlich ausfüllen!

Eingangsstempel

Finanzamt

Raum für Bearbeitungsvermerke

☐ **Abtretungsanzeige** ☐ **Verpfändungsanzeige**

I. Abtretende(r) / Verpfänder(in)

Familienname bzw. Firma (bei Gesellschaften)	Vorname	Geburtsdatum
	Steuernummer	
Ehegatte/Lebenspartner: Familienname	Vorname	Geburtsdatum
Anschrift(en)		

II. Abtretungsempfänger(in) / Pfandgläubiger(in)

Name / Firma und Anschrift

III. Anzeige

Folgender Erstattungs- bzw. Vergütungsanspruch ist abgetreten / verpfändet worden:

1. Bezeichnung des Anspruchs:

☐ Einkommensteuer-Veranlagung Für Kalenderjahr ____ ☐ Umsatzsteuerfestsetzung für Kalenderjahr ____

☐ ____ Für Zeitraum ____ ☐ Umsatzsteuervoranmeldung für Monat bzw. Quartal / Jahr ____

☐ ____ Für Kalenderjahr ____

☐ ____

2. Umfang der Abtretung bzw. Verpfändung:

☐ VOLL-Abtretung / Verpfändung **Hinweis: Die Vollabtretung umfasst auch Erstattungsansprüche aufgrund künftiger Änderungen der Steuerfestsetzung(en), die nicht auf Verlustrückträgen (§ 10d EStG) oder rückwirkenden Ereignissen (§ 175 AO) aus Zeiträumen nach Eingang der Abtretungsanzeige / Verpfändungsanzeige bei der Finanzbehörde beruhen.**

☐ TEIL-Abtretung / Verpfändung in Höhe von ____ Euro

3. Grund der Abtretung / Verpfändung:

(kurze stichwortartige Kennzeichnung des der Abtretung zugrunde liegenden schuldrechtlichen Lebenssachverhaltes)

4. a) Es handelt sich um eine Sicherungsabtretung oder Verpfändung als Sicherheit:

☐ Ja ☐ Nein

b) Die Abtretung / Verpfändung erfolgte geschäftsmäßig:

☐ Ja ☐ Nein

AEAO

Seite 2

5. **Der Abtretungsempfänger / Pfandgläubiger ist ein Unternehmen, dem das Betreiben von Bankgeschäften erlaubt ist:**

☐ Ja ☐ Nein

IV. Überweisung / Verrechnung

Der abgetretene / verpfändete Betrag soll ausgezahlt werden durch:

☐ **Überweisung** auf Konto **IBAN** (International Bank Account Number; internationale Kontonummer) **BIC** (Business Identifier Code; Internationale Bankleitzahl)

Geldinstitut (Zweigstelle) und Ort

Kontoinhaber, wenn abweichend von Abschnitt II.

☐ **Verrechnung** mit Steuerschulden des / der Abtretungsempfängers(in) / Pfandgläubigers(in)

beim Finanzamt ______ Steuernummer ______

Steuerart ______ Zeitraum ______

(für genauere Anweisungen bitte einen gesonderten Verrechnungsantrag beifügen!)

V. Wichtige Hinweise

Unterschreiben Sie bitte kein Formular, das nicht ausgefüllt ist oder dessen Inhalt Sie nicht verstehen!

Prüfen Sie bitte sorgfältig, ob sich eine Abtretung für Sie überhaupt lohnt! Denn das Finanzamt bemüht sich, Erstattungs- und Vergütungsansprüche schnell zu bearbeiten.

Vergleichen Sie nach Erhalt des Steuerbescheids den Erstattungsbetrag mit dem Betrag, den Sie gegebenenfalls im Wege der Vorfinanzierung erhalten haben.

Denken Sie daran, dass die Abtretung aus unterschiedlichen Gründen unwirksam sein kann, dass das Finanzamt dies aber nicht zu prüfen braucht! Der geschäftsmäßige Erwerb von Steuererstattungsansprüchen ist nur Kreditinstituten (Banken und Sparkassen) im Rahmen von Sicherungsabtretungen gestattet. Die Abtretung an andere Unternehmen und Privatpersonen ist nur zulässig, wenn diese nicht geschäftsmäßig handeln. Haben Sie z.B. Ihren Anspruch an eine Privatperson abgetreten, die den Erwerb von Steuererstattungsansprüchen geschäftsmäßig betreibt, dann ist die Abtretung unwirksam. Hat aber das Finanzamt den Erstattungsbetrag bereits an den / die von Ihnen angegebenen neuen Gläubiger ausgezahlt, dann kann es nicht mehr in Anspruch genommen werden, das heißt: Sie haben selbst dann keinen Anspruch mehr gegen das Finanzamt auf den Erstattungsanspruch, wenn die Abtretung nicht wirksam ist.

Abtretungen / Verpfändungen können gem. § 46 Abs. 2 AO dem Finanzamt erst dann wirksam angezeigt werden, wenn der abgetretene / verpfändete Erstattungsanspruch entstanden ist. Der Erstattungsanspruch entsteht nicht vor Ablauf des Besteuerungszeitraums (bei der Einkommensteuer / Lohnsteuer: grundsätzlich Kalenderjahr; bei der Umsatzsteuer: Monat, Kalendervierteljahr bzw. Kalenderjahr).

Die Anzeige ist an das für die Besteuerung des / der Abtretenden / Verpfändenden zuständige Finanzamt zu richten. So ist z.B. für den Erstattungsanspruch aus der Einkommensteuer-Veranlagung das Finanzamt zuständig, in dessen Bereich der / die Abtretende / Verpfändende seinen / ihren Wohnsitz hat.

Bitte beachten Sie, dass neben den beteiligten Personen bzw. Gesellschaften auch der abgetretene / verpfändete Erstattungsanspruch für die Finanzbehörde zweifelsfrei erkennbar sein muss. Die Angaben in Abschnitt III. der Anzeige dienen dazu, die gewünschte Abtretung / Verpfändung schnell und problemlos ohne weitere Rückfragen erledigen zu können!

Die Abtretungs- / Verpfändungsanzeige ist sowohl von dem / der Abtretenden / Verpfändenden als auch von dem / der Abtretungsempfänger(in) / Pfandgläubiger(in) zu unterschreiben. Dies gilt z.B. auch, wenn der / die zeichnungsberechtigte Vertreter(in) einer abtretenden juristischen Person (z.B. GmbH) oder sonstigen Gesellschaft und der / die Abtretungsempfänger(in) / Pfandgläubiger(in) personengleich sind (2 Unterschriften).

VI. Unterschriften

1. Abtretende(r) / Verpfänder(in) lt. Abschnitt I. – Persönliche Unterschrift –

Ort, Datum

(Werden bei der **Einkommensteuer-Zusammenveranlagung** die Ansprüche beider Ehegatten/Lebenspartner abgetreten, ist unbedingt erforderlich, dass **beide Ehegatten/Lebenspartner** persönlich unterschreiben.)

2. Abtretungsempfänger(in) / Pfandgläubiger(in) lt. Abschnitt II. – Unterschrift unbedingt erforderlich –

Ort, Datum

Übersicht

Rz.

1) Verfügung betr. Pfändung von Erstattungs- und Vergütungsansprüchen nach § 46 AO vom 30. 7. 2018 15–37
2) Verfügung betr. Abtretung und Verpfändung von Erstattungs- und Vergütungsansprüchen nach § 46 AO vom 22. 7. 2021 38–44
3) Verfügung betr. Auszahlung von Erstattungs- und Vergütungsansprüchen an Dritte ohne formelle Abtretung oder Verpfändung vom 7. 11. 2024 45

1) Verfügung betr. Pfändung von Erstattungs- und Vergütungsansprüchen nach § 46 AO

Anl 1

Vom 30. Juli 2018 (BeckVerw 438528)

(LfSt Bayern S 0166.1.1-13/3 St 43)

1. Allgemeines

15 Erstattungs- und Vergütungsansprüche aus dem Steuerschuldverhältnis können gepfändet werden (§ 46 Abs. 1 AO). Für die Pfändung durch private Gläubiger gelten die Vorschriften der §§ 829 ff. ZPO, für behördliche Pfändungs- und Einziehungsverfügungen bei öffentlich-rechtlichen Forderungen die entsprechenden Vollstreckungsgesetze des Bundes bzw. des Landes. Darüber hinaus sind die sich aus § 46 AO ergebenden Einschränkungen zu beachten.

Die Überleitung von Erstattungsansprüchen nach § 90 BSHG hat die Wirkung einer Abtretung (BFH v. 23. 2. 1988, BStBl. II S. 500).

2. Pfändbare Ansprüche

Vgl. entsprechend AO-Kartei BY § 46 AO Karte 1, Tz. 2.[1] 16

3. Wirksamkeit eines Pfändungs- und Überweisungsbeschlusses

Die Pfändung erfolgt durch einen Pfändungsbeschluss des Amtsgerichts (§ 829 ZPO). Dieser bewirkt 17 die Belastung des Erstattungs- oder Vergütungsanspruchs mit einem Pfandrecht. Zur Verwirklichung des Anspruchs muss darüber hinaus der gepfändete Anspruch zur Einziehung oder an Zahlungs statt dem Gläubiger überwiesen werden (§ 835 ZPO). In der Praxis wird die Überweisung regelmäßig mit der Pfändung verbunden (Pfändungs- und Überweisungsbeschluss).

Voraussetzung für die Wirksamkeit ist ein wirksamer Pfändungsbeschluss, dessen wirksame Zustellung, die Erstattungsberechtigung des Pfändungsschuldners und die Verfügbarkeit des gepfändeten Anspruchs.

Ist eine dieser Wirksamkeitsvoraussetzungen nicht erfüllt, so ist der Pfändungsbeschluss unwirksam und nicht geeignet, ein Pfändungspfandrecht zu begründen. In diesen Fällen ist Tz. 6 zu beachten.

3.1. Inhaltliche Voraussetzungen

Der Pfändungsbeschluss muss den Pfändungsgläubiger und Pfändungsschuldner, den Drittschuldner 18 (Tz. 3.2), den vollstreckbaren Anspruch und den gepfändeten Anspruch genau bezeichnen.

Pfändungsgläubiger und -schuldner müssen i. d. R. mit Vor- und Familienname, Beruf oder Gewerbe, Wohnort und Parteistellung bezeichnet werden. Ungenaue oder fehlerhafte Bezeichnungen sind nur dann unschädlich, wenn die Feststellung der Identität dennoch zweifelsfrei gewährleistet ist.

Der vollstreckbare Anspruch des Pfändungsgläubigers muss nach Vollstreckungstitel und Betrag (Hauptforderung zuzüglich Zinsen und Kosten) bezeichnet sein, weil sich danach der Umfang des Pfandrechts und der Einziehungsbefugnis bestimmt.

Zum notwendigen Inhalt eines Pfändungsbeschlusses gehört außerdem das Verbot an den Drittschuldner, an den Schuldner zu zahlen (§ 829 Abs. 1 Satz 1 ZPO), sowie das Gebot an den Schuldner, sich jeder Verfügung über die Forderung, insbesondere ihrer Einziehung, zu enthalten (§ 829 Abs. 1 Satz 2 ZPO).

Zur Bezeichnung des gepfändeten Anspruchs vgl. AO-Kartei BY § 46 AO Karte 1, Tz. 3.1[1].

3.2. Bezeichnung des Drittschuldners/Zuständiges Finanzamt

Nach § 46 Abs. 7 AO gilt die Finanzbehörde, die über den Anspruch zu entscheiden hat, als Dritt- 19 schuldner nach §§ 829, 845 ZPO. Dies ist das nach den steuerlichen Zuständigkeitsbestimmungen sachlich (§ 16 AO, § 17 Abs. 2 FVG i. V. m. der Zuständigkeitsverordnung) und örtlich (§§ 17 ff. AO) für den Pfändungsschuldner zuständige Finanzamt.

Diese Finanzbehörde muss im Beschluss so eindeutig bezeichnet werden, dass eine genaue Bestimmung möglich und eine Verwechslung ausgeschlossen ist. Schreibfehler und ähnliche fehlerhafte Bezeichnungen, die keinen Zweifel am richtigen Empfänger aufkommen lassen, sind unschädlich.

Für die Bestimmung des zuständigen Finanzamts kommt es auf den Zeitpunkt der Zustellung des Pfändungs- und Überweisungsbeschlusses an. War bereits vor diesem Zeitpunkt die Zuständigkeit nach den Vorschriften des § 26 AO auf ein anderes Finanzamt übergegangen oder war das Finanzamt nie zuständig, ist er nicht wirksam geworden und darf auch nicht an das zuständige Finanzamt weitergeleitet werden (vgl. Tz. 5.2). Ändert sich die Zuständigkeit nach der Zustellung des Beschlusses, geht die sich daraus ergebende Verpflichtung auf das neue Finanzamt über. Der Pfändungs- und Überweisungsbeschluss ist mit den Steuerakten an das neu zuständig gewordene Finanzamt abzugeben.

[1] *Vfg. LfSt Bayern vom 22. 7. 2021 Tz.* 2, nachstehend abgedruckt.

Anl 1

3.3. Entstehung des gepfändeten Anspruchs

20 Weitere Voraussetzung für einen wirksamen Pfändungs- und Überweisungsbeschluss ist, dass er nicht erlassen wurde, bevor der zu pfändende Anspruch nach § 38 AO entstanden ist.

Wann ein Erstattungs- oder Vergütungsanspruch entsteht, bestimmt sich nach § 38 AO i. V. m. den entsprechenden Bestimmungen der Einzelsteuergesetze.

a) Ergibt sich der Erstattungsanspruch aus der Überzahlung der Steuer durch Vorauszahlungen, Steuerabzugsbeträge und/oder anrechenbare Körperschaftsteuer, so entsteht er im Zeitpunkt der Entstehung der Steuer, also grundsätzlich mit Ablauf des Veranlagungs- oder Erhebungszeitraums (z. B. § 36 Abs. 1 EStG, § 30 KStG), bei späterer Überzahlung mit dieser.

b) Der Vorsteuerüberhang aus § 16 Abs. 2 UStG (Überschuss der Vorsteuer über die Umsatzsteuer) als Vergütungsanspruch entsteht mit Ablauf des jeweiligen USt-Voranmeldungszeitraums. Dagegen ist der sich aus § 15 UStG ergebende Vorsteuerabzugsanspruch nicht selbständig pfändbar, denn er geht als unselbständige Besteuerungsgrundlage in die Steuerberechnung nach § 16 Abs. 2 UStG ein (BFH-Urteil vom 24. 11. 2011 V R 13/11, BStBl. 2012 II S. 298).

c) Bei einem Verlustrücktrag nach § 10 d EStG entsteht der Erstattungsbetrag insoweit erst mit Ablauf des Veranlagungszeitraums, in dem der anspruchsbegründende Tatbestand der Verlustentstehung verwirklicht wird.

d) Der Anspruch auf Gewährung von Investitionszulagen nach dem Investitionszulagengesetz entsteht mit Ablauf des Wirtschaftsjahres (siehe § 10 InvZulG 2010).

e) Der Anspruch auf Erstattungszinsen nach § 233 a AO entsteht erst, wenn alle Tatbestandsmerkmale dieser Vorschrift erfüllt sind. Dazu gehören insbesondere der Ablauf der Karenzzeit und die Fälligkeit der Steuererstattung.

Die Fälligkeit einer Steuererstattung richtet sich nach den Einzelsteuergesetzen (z. B. § 36 Abs. 4 Satz 2 EStG).

Solange keine Steuerfestsetzung, die tatsächlich zu einer Erstattung führt, erfolgt ist, ist damit auch der Tatbestand für die Entstehung von Erstattungszinsen nicht erfüllt. Wird eine Steuerfestsetzung – ggf. mehrfach – geändert, kann hinsichtlich der Entstehung der jeweiligen Zinsansprüche nach § 233 a AO nur auf den Zeitpunkt der geänderten Festsetzungen abgestellt werden.

Das bedeutet, dass eine Pfändung wirksam nur ausgebracht werden kann, wenn der dem jeweiligen Zinsanspruch zugrundeliegende Steuerbescheid bekannt gegeben worden ist. Andererseits werden Steuerguthaben und Erstattungszinsen grundsätzlich gleichzeitig mit der Bekanntgabe des Steuerbescheides erstattet, so dass eine wirksam ausgebrachte Pfändung in der Regel ins Leere gehen dürfte, weil der Anspruch bereits erfüllt ist.

Ist der Erstattungsanspruch auf eine fehlerhafte Jahres-Steuerfestsetzung zurückzuführen, entsteht der Erstattungsanspruch in dem Zeitpunkt, in dem die zu hoch festgesetzte Steuer aufgrund des unzutreffenden Bescheids beglichen worden ist (vgl. BFH vom 26. 4. 1994, BFH/NV S. 839).

Beispiel:

Die materiell-rechtlich unzutreffende Veranlagung zur Einkommensteuer führt zu einer Steuernachzahlung i. H. v. 2 000 € für den Veranlagungszeitraum 01, die vom Steuerpflichtigen am 10. 8. 2002 beglichen wird. Für den Veranlagungszeitraum 01 liegt seit dem 2. 1. 2002 ein Pfändungs- und Überweisungsbeschluss zur Einkommensteuer für das Jahr 01 in unbegrenzter Höhe vor. Nach Durchführung der Änderungsfestsetzung im November 2002 ergibt sich eine Erstattung i. H. v. 1 000 €.

Der Pfändungs- und Überweisungsbeschluss hindert nicht die Auszahlung der Erstattung an den Steuerpflichtigen bzw. an der Verrechnung mit offenen Steuerrückständen, da im Zeitpunkt des Zugangs des Pfändungs- und Überweisungsbeschluss beim Finanzamt der Erstattungsanspruch noch nicht entstanden war.

Zum Zeitpunkt des Erlasses von vor Entstehung des Anspruchs vorbereiteten, aber nach Entstehung zugestellten Beschlüssen s. BFH v. 24. 7. 1990, BStBl. II S. 946.

3.4. Zustellung des Pfändungs- und Überweisungsbeschlusses

21 Die Pfändung wird bewirkt mit Zustellung des Pfändungs- und Überweisungsbeschlusses (§ 829 Abs. 3 ZPO). Diese erfolgt durch den Gerichtsvollzieher nach Maßgabe der §§ 193 und 194 ZPO (§ 192 Abs. 1 ZPO). Dabei kann der Gerichtsvollzieher selbst zustellen oder sich der Post bedienen.

Wirksam wird die Zustellung mit Übergabe des Pfändungs- und Überweisungsbeschlusses an den Amtsleiter (§ 170 Abs. 2 ZPO). Dies geschieht im Regelfall im Dienstgebäude während der Dienststunden. Der Amtsleiter sollte den Gerichtsvollzieher (Beauftragten des Postdienstleistungsunternehmens) veranlassen, neben dem Datum der Zustellung auch die Uhrzeit auf dem Schriftstück zu vermerken. Soweit dies nicht geschieht, sollte der Amtsleiter diese Vermerke selbst anbringen.

Der Amtsleiter kann auch Bedienstete des Finanzamts zur Entgegennahme von Pfändungs- und Überweisungsbeschlüssen ermächtigen. Ist der Amtsleiter nicht anwesend oder an der Annahme verhindert, ist eine solche Ersatzzustellung auch an einen anderen, nicht besonders ermächtigten Bediensteten möglich (§ 178 Abs. 1 Nr. 2 ZPO).

Pfändungs- und Überweisungsbeschlüsse können dem Amtsleiter auch außerhalb des Dienstgebäudes an jedem Ort – also z. B. auch in seiner Wohnung – übergeben werden (§ 177 ZPO).

Wird der Amtsleiter in seiner Wohnung nicht angetroffen, kann nach § 178 Abs. 1 Nr. 1 ZPO auch einem erwachsenen Familienangehörigen, einer in der Familie beschäftigten Person oder einem erwachsenen ständigen Mitbewohner zugestellt werden.

Ist eine Ersatzzustellung in der Wohnung oder in den Geschäftsräumen (des Finanzamts) nicht ausführbar, ist die Ersatzzustellung durch Einlegen des Schriftstücks in einen zu der Wohnung oder dem Geschäftsraum gehörenden Briefkasten oder eine ähnliche Vorrichtung zulässig (§ 180 ZPO). Mit der Einlegung gilt das Schriftstück als zugestellt.

Anl 1

Eine Ersatzzustellung durch Niederlegung ist erst dann zulässig, wenn die Ersatzzustellung durch Einlegung des Schriftstücks in den Briefkasten nicht ausführbar ist (§ 181 Abs. 1 ZPO). Das Schriftstück gilt dabei mit der Abgabe der schriftlichen Mitteilung über die Niederlegung als zugestellt.

Lässt sich die formgerechte Zustellung eines Schriftstücks nicht nachweisen oder ist es unter Verletzung zwingender Zustellungsvorschriften zugegangen, gilt es in dem Zeitpunkt als zugestellt, in dem das Schriftstück der Person, an die die Zustellung gerichtet war, tatsächlich zugegangen ist (§ 189 ZPO). In diesen Fällen sollte der genaue Zeitpunkt, an dem das Schriftstück tatsächlich vorgelegt worden ist, vermerkt werden.

Zur Zustellung behördlicher Pfändungsverfügungen s. Tz. 8.

3.4.1. Erstattungsberechtigung und Verfügbarkeit

Zur Erstattungsberechtigung des Pfändungsschuldners und zur Verfügbarkeit des gepfändeten Anspruchs vgl. AO-Kartei BY § 46 AO Karte 1, Tz. 3.3 und 3.4[1].

4. Folgen einer wirksamen Pfändung und Überweisung

Die Pfändung verschafft dem Pfändungsgläubiger ein Pfändungspfandrecht an dem gepfändeten An- 22
spruch (§ 804 Abs. 1 ZPO). Die Überweisung ermächtigt den Pfändungsgläubiger, den gepfändeten Anspruch im eigenen Namen geltend zu machen und ggf. einzuziehen (§ 835 Abs. 1 ZPO). Die Einziehungsbefugnis besteht aber nur in Höhe der Forderung des Pfändungsgläubigers (einschl. Zinsen und Kosten).

4.1. Rechtsfolgen

Die Pfändung verschafft dem Pfändungsgläubiger ein Pfändungspfandrecht an dem gepfändeten Er- 23
stattungs- oder Vergütungsanspruch (§ 804 Abs. 1 ZPO). Durch die Überweisung des gepfändeten Anspruchs zur Einziehung (§ 835 Abs. 1 ZPO) ist der Pfändungsgläubiger ermächtigt, den gepfändeten Anspruch in eigenem Namen geltend zu machen. Der Anspruch selbst geht nicht auf den Pfändungsgläubiger über, sondern bleibt Bestandteil des Schuldnervermögens. Die Ermächtigung des Pfändungsgläubigers schließt die Befugnis ein, beim Vorliegen der Voraussetzungen mit dem ihm zur Einziehung überwiesenen Erstattungs- oder Vergütungsanspruch gegen eine eigene Steuerschuld aufzurechnen.

Der Pfändungsgläubiger tritt durch die infolge der Überweisung ausgelöste Einziehungsermächtigung nur insoweit an die Stelle des Steuerpflichtigen (Pfändungsschuldner), als die Geltendmachung des Zahlungsanspruchs betroffen ist. Deshalb gehen die Mitwirkungspflichten der §§ 90 ff. AO nicht über, Verwaltungsakte sind weiterhin dem Steuerpflichtigen bekannt zu geben. Der Pfändungsgläubiger hat weder das Recht, Einspruch einzulegen oder Änderungsanträge zu stellen, noch ist er zu einem Einspruchsverfahren nach § 360 AO hinzuzuziehen.

Der neue Gläubiger des Erstattungsanspruchs ist nicht befugt, einen Antrag auf Einkommensteuerveranlagung gem. § 46 Abs. 2 Nr. 8 EStG zu stellen. Dieser Antrag ist ein von den Rechtswirkungen des § 46 AO nicht erfasstes höchstpersönliches steuerliches Gestaltungsrecht.

Dem neuen Gläubiger des Erstattungsanspruchs muss nach Erteilung der Drittschuldnererklärung (vgl. Tz. 5) auf Anfrage nur mitgeteilt werden, ob und ggf. in welcher Höhe sich aus der Veranlagung ein Erstattungsanspruch ergeben hat und ob und ggf. in welcher Höhe aufgrund der Pfändung an ihn zu leisten ist (vgl. AEAO, Tz. 4 zu § 46).

4.2. Leistung an den Gläubiger/nachträgliche Änderung des Erstattungsanspruchs

Mit Zugang des Pfändungs- und Überweisungsbeschlusses kann das Finanzamt in Höhe der Vollstre- 24
ckungsforderung nicht mehr mit befreiender Wirkung an den Vollstreckungsschuldner leisten. Soweit die Erstattung bereits eingeleitet ist, ist der Zahlungsvorgang zu unterbrechen, wenn dies bei einem vertretbaren Aufwand noch zumutbar ist (max. Rückruf der Erstattung über die StOK vgl. AL-Erhebung Fach 1 Teil 8 Tz. 7.8.2).

Bis zur Höhe des gepfändeten Anspruchs (einschl. Zinsen und Kosten) ist an den Pfändungsgläubiger zu zahlen, sobald der Erstattungsbetrag verfügbar ist.

Zu nachträglichen Erhöhungen des Erstattungsbetrags aufgrund von Rechtsbehelfsverfahren, Änderungen oder Berichtigungen sowie zu Rückforderungen bei Änderungen zuungunsten des Pfändungsschuldners vgl. AOKartei BY § 46 AO Karte 1, Tz. 4.2[2].

4.3. Aufrechnung

Unter den Voraussetzungen des § 392 BGB ist auch gegen einen gepfändeten Erstattungsanspruch 25
eine Aufrechnung möglich. Die Ausführungen in Tz. 4.3 AO-Kartei BY § 46 AO Karte 1[2] gelten hier entsprechend mit dem Unterschied, dass die Aufrechnung gegenüber dem Steuerpflichtigen zu erklären ist, weil er Inhaber der gepfändeten Ansprüche bleibt. Dem Pfändungsgläubiger ist ein Abdruck der Aufrechnungserklärung, für die die Vorlage „Aufrechnung durch FK gegen gepfändete Forderung" (Ordner Finanzkasse/4 für FK Buchhaltung 1 und 2/4 a Aufrechnung) zur Verfügung steht, zu übersenden.

4.4. Versehentliche Auszahlung an den Steuerpflichtigen

Wurde trotz wirksamer Pfändung der Erstattungsbetrag (versehentlich) an den Steuerpflichtigen aus- 26
bezahlt, ist an den Pfändungsgläubiger nochmals zu zahlen und gegen den Steuerpflichtigen ein auf § 37 Abs. 2 AO gestützter Rückforderungsbescheid zu erlassen (BFH-Urteil vom 1. 3. 1990 VII R 103/88, BStBl. II S. 520).

---

[1] *Vfg. LfSt Bayern vom 22. 7. 2021 Tz.* 3.3 und 3.4, nachstehend abgedruckt.
[2] *Vfg. LfSt Bayern vom 22. 7. 2021 Tz.* 4.3, nachstehend abgedruckt.

Anl 1

4.5. Mehrfache Pfändungen bzw. Abtretungen

27 Bei mehrfachen Pfändungen und/oder Abtretungen desselben Erstattungsanspruchs s. Tz. 4.5 der AO-Kartei BY § 46 AO Karte 1[1].

5. Drittschuldnererklärung

5.1. Verpflichtung zur Abgabe der Drittschuldnererklärung

28 Mit dem Pfändungs- und Überweisungsbeschluss ist regelmäßig die Aufforderung an das Finanzamt als Drittschuldner verbunden, nach § 840 Abs. 1 ZPO eine Erklärung darüber abzugeben,
a) ob und inwieweit es die Forderung als begründet anerkennt und Zahlung zu leisten bereit ist,
b) ob und welche Ansprüche andere Personen an die Forderung erheben,
c) ob und wegen welcher Ansprüche die Forderung bereits gepfändet ist.

Die Drittschuldnererklärung ist innerhalb von zwei Wochen abzugeben. Bei einer schuldhaft verspätet, unvollständig, unrichtig oder nicht abgegebenen Drittschuldnererklärung kann das Finanzamt schadensersatzpflichtig werden (§ 840 Abs. 2 Satz 2 ZPO). Die Frist kann vom Gläubiger verlängert werden. Die Drittschuldnererklärung ist kein Verwaltungsakt, sondern eine bloße Mitteilung an den Pfändungsgläubiger. Sie ist deshalb nicht anfechtbar und auch kein bindendes Schuldanerkenntnis (BGH-Urteil vom 10. 10. 1977 VIII ZR 76/76, BB S. 1628).

5.2. Inhalt der Drittschuldnererklärung

29 Die Drittschuldnererklärung ist unter Verwendung der Vorlage „Drittschuldnererklärung" (Ordner Veranlagung/Bearbeitung Verwaltungsakte) abzugeben. Hieraus ergibt sich auch der Inhalt der im Einzelfall abzugebenden Erklärung.

Wird die Pfändung wegen Unzuständigkeit nicht anerkannt (Tz. 3.2), ist es nicht zulässig, dem Pfändungsgläubiger eine neue oder abweichende Anschrift des Steuerpflichtigen oder das zuständige Finanzamt mitzuteilen (§ 30 AO). Es ist jedoch zulässig, mitzuteilen, welches Finanzamt für eine im Pfändungs- und Überweisungsbeschluss angegebene Anschrift zuständig ist.

Äußern muss sich das Finanzamt nur zu den in § 840 Abs. 1 ZPO aufgeführten Fragen. Im Übrigen berechtigt die allgemeine Auskunftspflicht das Finanzamt als Drittschuldner in dem durch die Pfändung gezogenen Rahmen zur Auskunft nur, soweit das Steuergeheimnis nicht verletzt wird. Anfragen eines Gläubigers vor Zustellung eines Pfändungs- und Überweisungsbeschlusses dürfen grundsätzlich nicht beantwortet werden. Liegt ein Pfändungs- und Überweisungsbeschluss nur gegen einen Ehegatten/Lebenspartner vor und ergibt sich der Erstattungsanspruch aus einer Zusammenveranlagung, kann die Pfändung nur teilweise anerkannt werden, wenn beide Ehegatten/Lebenspartner die Steuer gezahlt haben. Die Drittschuldnererklärung ist entsprechend zu ergänzen, nähere Angaben zur Aufteilung des Erstattungsbetrags sind aber wegen § 30 AO nicht zulässig. Zur Aufteilung von Steuererstattungsansprüchen vgl. BMF-Schreiben vom 14. 1. 2015, BStBl. I S. 88[2].

Wird die Pfändung in der Drittschuldnererklärung nicht anerkannt, weil die Veranlagung bereits durchgeführt wurde und Erstattungsansprüche nicht mehr bestehen, bleibt die Pfändung im Hinblick auf eine möglicherweise sich ergebende weitere Erstattung durch eine Änderung der Steuerfestsetzung wirksam.

6. Unwirksamkeit der Pfändung

6.1. Mitteilung in der Drittschuldnererklärung

30 Ist die Pfändung nach Auffassung des Finanzamts unwirksam, teilt es dies dem Pfändungsgläubiger in der Drittschuldnererklärung unter Hinweis auf die Gründe der Unwirksamkeit mit. Weitere Angaben, z. B. über andere Pfändungen oder Abtretungen, sind dann nicht zulässig (§ 30 AO). Hat er einen Antrag auf Veranlagung gestellt (Tz. 4.1), ist dieser nur ihm gegenüber abzulehnen.

Besteht der Pfändungsgläubiger auf Auszahlung des Erstattungsbetrags, ist ihm ein Abrechnungsbescheid nach § 218 Abs. 2 AO zu erteilen (BFH-Urteil vom 14. 7. 1987 VII R 72/83, BStBl. II S. 802). Legt er dagegen Einspruch ein, ist eine Hinzuziehung des Stpfl. nach § 360 AO möglich und oft ratsam, aber nicht notwendig (BFH-Urteil vom 9. 4. 1986, BStBl. II S. 565).

6.2. Erinnerung

31 In Ausnahmefällen kann das Finanzamt gegen den Pfändungs- und Überweisungsbeschluss Erinnerung nach § 766 ZPO einlegen, z. B. bei zweifelhafter zivilrechtlicher Rechtslage oder wenn der Pfändungsgläubiger unter Androhung von Schadensersatzansprüchen auf die Abgabe einer Drittschuldnererklärung in seinem Sinne besteht. Die Erinnerung ist an keine Frist gebunden.

6.3. Hinterlegung

32 Bei Streit über die Wirksamkeit eines Pfändungs- und Überweisungsbeschlusses oder bei mehrfacher Pfändung und/oder Abtretung und Uneinigkeit über die Rangfolge kann der Erstattungsbetrag beim Amtsgericht hinterlegt werden.

6.3.1. Hinterlegung nach § 853 ZPO

Liegen nur Pfändungs- und Überweisungsbeschlüsse vor und besteht Streit über die Rangfolge, kommt eine Hinterlegung nach § 853 ZPO bei demjenigen Amtsgericht in Betracht, dessen Beschluss dem Finanzamt zuerst zugestellt wurde. Die Hinterlegung ist dem Amtsgericht mit einem dort erhältlichen Vordruck anzuzeigen. Die Gründe sind dem Amtsgericht darzulegen und die Pfändungs- und Überweisungsbeschlüsse zu übersenden. Die Hinterlegung hat für das Finanzamt schuldbefreiende Wirkung.

---

[1] *Vfg. LfSt Bayern vom 22. 7. 2021 Tz.* 4.5, nachstehend abgedruckt.
[2] Abgedruckt als Anlage zu § 37.

Anl 1

6.3.2. Hinterlegung nach § 372 BGB

Bei anderen Streitigkeiten oder beim Zusammentreffen eines Pfändungs- und Überweisungsbeschlusses mit einer Abtretungsanzeige ist nur eine Hinterlegung nach den engeren Voraussetzungen des § 372 BGB beim für den Sitz des Finanzamts zuständigen Amtsgericht möglich. Vgl. hierzu Tz. 5.2 der AO Kartei BY § 46 AO Karte 1[1].

6.4. Schutz bei fehlerhaften Pfändungs- und Überweisungsbeschlüssen

Zahlt das Finanzamt aufgrund eines von ihm für wirksam gehaltenen Pfändungs- und Überweisungsbeschlusses an den Pfändungsgläubiger aus und stellt sich danach die Fehlerhaftigkeit des Beschlusses heraus, kann sich das Finanzamt dem Stpfl. gegenüber auf die Schutzwirkung des § 836 Abs. 2 ZPO berufen und eine nochmalige Erstattung an ihn ablehnen. 33

7. Vorpfändung

7.1. Voraussetzungen einer wirksamen Vorpfändung

Schon vor Erlass des Pfändungs- und Überweisungsbeschlusses durch das Gericht kann der Gläubiger selbst nach § 845 Abs. 1 ZPO zur Sicherung seiner Forderung das Finanzamt durch die sog. Vorpfändung über die bevorstehende Pfändung benachrichtigen. Diese Benachrichtigung muss im Wesentlichen den Anforderungen entsprechen, die an den Inhalt eines Pfändungsbeschlusses zu stellen sind (Tz. 3.1), sowie die Aufforderung beinhalten, nicht mehr an den Schuldner zu zahlen. Fehlt eines dieser wesentlichen Merkmale, ist die Vorpfändung unwirksam. 34

Auch die Vorpfändung muss durch den Gerichtsvollzieher zugestellt werden, Tz. 3.4 gilt entsprechend. Eine Zustellung durch den Gläubiger selbst oder eine von ihm beauftragte andere Person ist unwirksam und, da nicht vom Gerichtsvollzieher gewollt, auch nicht nach § 189 ZPO heilbar. Eine vor Entstehung des Anspruchs zugestellte Vorpfändung ist unwirksam. Eine Drittschuldnererklärung ist aufgrund einer Vorpfändung nicht abzugeben. Eine unwirksame Vorpfändung hat auf die Wirksamkeit einer ordnungsgemäßen Pfändung keinen Einfluss. In der Drittschuldnererklärung für den Pfändungs- und Überweisungsbeschluss ist jedoch hierauf im Hinblick auf die unterbliebene rangwahrende Wirkung (Tz. 7.2) hinzuweisen.

7.2. Wirkung der Vorpfändung

Die Vorpfändung hat nach § 845 Abs. 2 ZPO die Wirkung eines Arrests, also einer vorläufigen Beschlagnahme, und beinhaltet das Verbot einer Zahlung des Finanzamts an den Stpfl. Der Gläubiger erwirbt ein auflösend bedingtes Pfandrecht. Die Bedingung entfällt mit der fristgemäßen Pfändung. Wird der Pfändungsbeschluss, gerechnet vom Tag der Zustellung der Vorpfändung, innerhalb der Monatsfrist des § 845 Abs. 2 ZPO zugestellt, so erlangt sie (rückwirkend) den Rang, der der Vorpfändung nach dem Zeitpunkt ihrer Zustellung zukommen würde. Sie geht damit Pfändungen und/oder Abtretungen vor, die nach der Vorpfändung zugestellt wurden. Die Vorpfändung verliert ihre Wirkung, wenn die Pfändung nicht, nicht rechtzeitig oder nicht wirksam vorgenommen wird. Wird die Pfändung nach Fristablauf zugestellt, kommt ihr die rangwahrende Wirkung der Vorpfändung nicht mehr zu und sie erhält den Rang nach dem eigenen Eingang. 35

8. Behördliche Pfändungsverfügungen

Behördliche Pfändungs- und Einziehungsverfügungen sind Verwaltungsakte im Rahmen des Verwaltungsvollstreckungsverfahrens. Auch für sie gilt § 46 Abs. 6 AO, so dass vor Entstehung des Anspruchs erlassene Verfügungen nichtig sind. Zum Zeitpunkt des Erlasses s. BFH-Urteil vom 24. 7. 1990 (BStBl. II S. 946). 36

Wirksam wird eine behördliche Pfändungsverfügung mit ihrer Bekanntgabe, die mit dem Eingang beim Finanzamt bewirkt ist. Danach richtet sich deren Rangfolge in Konkurrenz mit gerichtlichen Pfändungsbeschlüssen und Abtretungen. Nach Art. 5 Abs. 2 Satz 1, 2. Halbsatz i. V. m. Art. 26 Abs. 5 des Bayer. Verwaltungszustellungs- und Vollstreckungsgesetzes (VwZVG) können Gemeinden, Landkreise, Bezirke und Zweckverbände ihre Pfändungs- und Einziehungsverfügungen auch per Telefax zustellen. In diesem Fall ist an die Vollstreckungsbehörde eine mit Datum und Unterschrift versehene Empfangsbestätigung zurückzusenden (Art. 5 Abs. 2 Satz 2 VwZVG).

Im Übrigen gelten die Regelungen über gerichtliche Pfändungs- und Überweisungsbeschlüsse mit Ausnahme der Vorpfändung entsprechend.

9. Eröffnung des Insolvenzverfahrens nach Eingang des Pfändungs- und Überweisungsbeschlusses

Im Insolvenzverfahren berechtigt die Pfändung den Pfandgläubiger zur abgesonderten Befriedigung (§ 50 Abs. 1, § 51 Nr. 1 InsO). Die abgesonderte Befriedigung erfolgt nach Maßgabe der §§ 166 bis 173 InsO. 37

Die abgesonderte Befriedigung setzt ein wirksames und unanfechtbares Recht voraus. Ein Pfändungspfandrecht an einem Erstattungsanspruch, das unter die Rückschlagsperre (§ 88 InsO) fällt, ist unwirksam und für das Finanzamt unbeachtlich. Dies ist dann der Fall, wenn der Pfandgläubiger im letzten Monat vor dem Antrag auf Eröffnung des Insolvenzverfahrens oder nach diesem Antrag durch den Pfändungs- und Überweisungsbeschluss eine Sicherung an dem Erstattungsanspruch erlangt hat. Der Erstattungsanspruch ist in diesem Fall an den Verwalter auszuzahlen, soweit nicht mit Steuerrückständen gem. § 406 BGB aufgerechnet werden kann.

---

[1] *Vfg. LfSt Bayern vom 22. 7. 2021 Tz.* 5.2, nachstehend abgedruckt.

Wurde die Pfändung vom Insolvenzverwalter erfolgreich angefochten (§§ 129 ff. InsO), ist der Pfändungs- und Überweisungsbeschluss für das Finanzamt unbeachtlich.

Anl 2

2) Verfügung betr. Abtretung und Verpfändung von Erstattungs- und Vergütungsansprüchen nach § 46 AO

Vom 22. Juli 2021 (BeckVerw 553711)

(LfSt Bayern S 0166.2.1–16/17 St 43)

(AO-Kartei BY § 46 Karte 1)

38 **1. Allgemeines**

Nach § 46 Abs. 1 AO können Erstattungs- und Vergütungsansprüche aus dem Steuerschuldverhältnis nach ihrer Entstehung abgetreten oder verpfändet werden. Die Abtretung erfolgt nach §§ 398 ff. BGB, die Verpfändung nach den §§ 1273, 1274, 1279 ff. BGB mit den sich aus § 46 AO ergebenden Einschränkungen. Die Absätze 2–4 des § 46 AO enthalten für die Abtretung zusätzliche Anforderungen, durch die der Zedent vor Übereilung geschützt und der Verwaltungsablauf vereinfacht werden soll.

Durch die wirksame Abtretung tritt der neue Gläubiger (Zessionar) an die Stelle des Erstattungsberechtigten (Zedenten) und ist befugt, den abgetretenen Anspruch geltend zu machen und die Forderung einzuziehen, d. h. im eigenen Namen geltend zu machen, insbesondere die Forderung einzuklagen. Die Abtretung führt zum unmittelbaren Wechsel der Gläubigerstellung. Durch eine wirksame Pfändung oder Verpfändung der Forderung erlangt der Pfandgläubiger ein Pfandrecht an der Forderung und ist zur Einziehung der Forderung berechtigt.

Soweit nachfolgend nur die Abtretung angesprochen ist, gelten die Ausführungen für die Verpfändung entsprechend.

39 **2. Abtretbare Erstattungsansprüche und Steuervergütungen**

Steuererstattungsansprüche i. S. d. § 46 Abs. 1 AO sind insbesondere die Ansprüche auf Erstattung der durch Vorauszahlungen und/oder Steuerabzugsbeträge überzahlten Veranlagungssteuern sowie die sonstigen in den Einzelsteuergesetzen geregelten Erstattungsansprüche (z. B. § 36 Abs. 4 EStG). § 46 AO gilt auch für Ansprüche auf Erstattung von Haftungsbeträgen oder steuerlichen Nebenleistungen. Zu den Ansprüchen auf Erstattung von steuerlichen Nebenleistungen gehören auch die Ansprüche auf Erstattung der Kosten i. S. d. §§ 89, 178, 178 a und 337–345 AO; Kostenerstattungsansprüche nach den §§ 135 FGO sind dagegen keine steuerlichen Nebenleistungen und fallen daher nicht unter die Beschränkung des § 46 AO.

Steuervergütungsansprüche sind der Anspruch auf Auszahlung des Überschusses der Vorsteuer über die Umsatzsteuer (§ 16 Abs. 2 UStG), der Anspruch auf Eigenheimzulage, Investitionszulage und Wohnungsbauprämie usw. Als Steuervergütungsanspruch wird auch das Kindergeld behandelt. Ansprüche auf Arbeitnehmersparzulage für vermögenswirksame Leistungen, die nach dem 31. 12. 1993 angelegt wurden, können nicht abgetreten werden (§§ 13 Abs. 3, 17 5. VermBG).

Der Anspruch auf Abzug der Vorsteuer nach § 15 UStG ist nicht selbständig abtretbar oder verpfändbar (BFH-Urteil vom 24. 3. 1983 V R 8/81, BStBl. II S. 612). Zur Auslegung in Zweifelsfällen s. Tz. 3.1.

Besonderheiten bei der Bauabzugsteuer

Der Anspruch des leistenden Unternehmers auf Erstattung der nach Anrechnung gem. § 48 c Abs. 1 EStG verbleibenden Abzugsbeträge entsteht erst nach Durchführung der Veranlagung des Leistenden zur Einkommensteuer bzw. Körperschaftsteuer des Jahres, in dem die Leistung erbracht wurde. Das bedeutet, dass nach § 46 Abs. 6 AO der Erstattungsanspruch nur dann abgetreten bzw. verpfändet werden kann, wenn die Abtretungsanzeige innerhalb des Zeitraums nach Durchführung der Veranlagung und vor Erstattung des restlichen Abzugsbetrags eingeht.

40 **3. Wirksamkeit der Abtretung bzw. Verpfändung**

Neben einem rechtsgültigen Abtretungsvertrag setzt die Abtretung von Ansprüchen i. S. d. § 46 Abs. 1 AO eine Anzeige an die zuständige Finanzbehörde voraus. Diese ist materielle Wirksamkeitsvoraussetzung, d. h., die Abtretung wird erst wirksam, wenn sie in der vorgeschriebenen Form angezeigt wird (§ 46 Abs. 2 AO). Weitere Voraussetzung ist deren Zugang bei der zuständigen Finanzbehörde, die Erstattungsberechtigung des Abtretenden und die Verfügbarkeit des abgetretenen Anspruchs. Auch die Abtretungen von Erstattungs- und Vergütungsansprüchen bei einer Geschäftsveräußerung im Ganzen sind auf amtlichem Vordruck anzuzeigen.

Die Voraussetzungen für die Wirksamkeit der Abtretung im Überblick:

- Abtretungsvertrag
- Abtretungsanzeige
- Zugang der Abtretungsanzeige
- Erstattungsberechtigung des Abtretenden
- Verfügbarkeit des abgetretenen Anspruchs

Ein wirksamer Abtretungsvertrag kann bei Vorliegen der ausgefüllten und unterschriebenen Abtretungsanzeige unterstellt werden.

3.1. Wirksamkeit der Abtretungsanzeige

Die Abtretungsanzeige ist eine einseitige, empfangsbedürftige Willenserklärung (§ 130 BGB), die mit dem Zugang beim Finanzamt wirksam wird. Ein Widerruf ist nur mit Zustimmung des Abtretungsempfängers möglich (§ 409 Abs. 2 BGB).

Die Abtretung kann grundsätzlich nur auf dem amtlich vorgeschriebenen Vordruck – vgl. Anlage zum AEAO zu § 46 – angezeigt werden (§ 46 Abs. 3 Satz 1 AO). Durch diese formalisierte Abtretungsanzeige soll der Abtretende davor geschützt werden, seinen Erstattungsanspruch unüberlegt, zu unangemessenen Bedingungen oder an unseriöse Zessionare abzutreten. Abweichungen vom amtlich vorgeschriebenen Vordruck sind nur zulässig, soweit hierdurch die vorbezeichnete Schutz- und Warnfunktion nicht beeinträchtigt wird. Ablichtungen des amtlichen Vordrucks oder privat hergestellte Vordrucke, die in Form, Inhalt und Aufbau dem amtlichen Muster vollständig entsprechen, sind zulässig. Ebenfalls unschädlich sind Bearbeitungshinweise. Ablichtungen, Computerausdrucke oder privat hergestellte Nachdrucke, die in Form, Inhalt und Aufbau dem amtlichen Vordruck vollständig entsprechen, sind zulässig. Unschädlich sind Bearbeitungshinweise, die das äußere Bild des privat gedruckten Formulars nicht wesentlich verändern, sodass der Schutzzweck des § 46 Abs. 3 AO gewahrt bleibt. Auch ein aus zwei getrennten, einseitig bedruckten und zusammengehefteten Blättern bestehender Ausdruck einer Abtretungsanzeige genügt den gesetzlichen Anforderungen und ist daher formwirksam (FG Niedersachsen vom 30. 11. 2009, EFG 2010 S. 540). Anl 2

Der mit den Formvorschriften des § 46 Abs. 2 und 3 AO bezweckte Schutz ist auch gewahrt, wenn die auf einem vollständig ausgefüllten amtlichen Vordruck erklärte und eigenhändig unterschriebene Abtretungsanzeige durch Telefax übersandt wird (BFH-Urteil vom 8. 6. 2010 VII R 39/09, BStBl. II S. 839). Dies gilt entsprechend, wenn eine Abtretungsanzeige eingescannt per E-Mail übermittelt wird. An der bisherigen Rechtsauffassung, wonach die Abtretungsanzeige nur bei Vorlage des eigenhändig unterschriebenen Originals rechtswirksam ist, wird nicht mehr festgehalten.

Grundsätzlich sollte nur der aktuelle Vordruck verwendet werden. Die Verwendung eines überholten Vordrucks führt jedoch – vor allem, wenn nur unwesentliche Änderungen vorgenommen wurden – nicht automatisch zur Unwirksamkeit der Abtretung. Vielmehr kommt es vor allem darauf an, dass die Warn- und Schutzfunktion für den Steuerpflichtigen erhalten bleibt (vgl. BFH-Urteil vom 26. 9. 1995 VII R 29/95, BFH/NV 1996 S. 385). Die Ablehnung einer nach Verwaltungsauffassung formunwirksamen Abtretungsanzeige stellt einen Verwaltungsakt dar (vgl. auch BFH-Urteil vom 30. 8. 1988 VII R 149/85, BFH/NV 1989 S. 210). Die Ablehnung ist mit einer Rechtsbehelfsbelehrung zu versehen, da sonst die Einspruchsfrist ein Jahr beträgt (§ 356 Abs. 2 AO).

Zum notwendigen Inhalt der Anzeige gehört die genaue Bezeichnung des Abtretenden und des Abtretungsempfängers, sodass sie identifizierbar sind. Der abgetretene Anspruch muss so konkret bezeichnet werden, dass er zweifelsfrei bestimmbar ist. Dies ist dann der Fall, wenn sowohl die Steuerart als auch der Steuerabschnitt genannt sind. Werden Ansprüche aus einer Steuerart für mehrere zurückliegende Jahre abgetreten, ist bei der Benennung der Steuerart die Formulierung „für das abgelaufene Kalenderjahr und alle früheren Kalenderjahre" ausreichend (vgl. BFH-Urteil vom 1. 4. 1999 VII R 82/98, BStBl. II S. 439). Eine Abtretungsanzeige über nicht näher konkretisierte Steuererstattungsansprüche ist auch dann hinsichtlich der bereits entstandenen Ansprüche hinreichend bestimmt, wenn der letzte betroffene Veranlagungszeitraum nicht benannt ist. Sie ist dahin auszulegen, dass alle bereits entstandenen Steuererstattungsansprüche abgetreten werden sollen. Sofern auch zukünftig entstehende Steuererstattungsansprüche betroffen sein sollten und eine solche Abtretung von künftigen Ansprüchen nichtig sein sollte, wäre die Abtretung nur insoweit, nicht jedoch auch hinsichtlich der schon entstandenen Ansprüche nichtig (BFH-Urteil vom 12. 7. 2001, BStBl. 2002 II S. 67).

Wird die Abtretung eines Vorsteuerabzugsanspruchs für einen bestimmten Zeitraum angezeigt, ist i. d. R. eine Auslegung in dem Sinne möglich, dass der sich aus der Umsatzsteuer-Voranmeldung für den entsprechenden Zeitraum ergebende Erstattungsanspruch gemeint ist. Nicht möglich ist diese Auslegung, wenn sich die Anzeige auf eine bestimmte Maßnahme bezieht (BFH-Urteil vom 24. 3. 1983 V R 8/81, BStBl. II S. 612).

Die Abtretung erstreckt sich grundsätzlich auch auf zu erstattende Annexsteuern (z. B. Solidaritätszuschlag) sowie auf Erstattungszinsen nach § 233a AO. Dabei ist zu beachten, dass Erstattungszinsen erst im Zeitpunkt der Festsetzung einer Steuererstattung entstehen (AEAO zu § 46, Tz. 1), sodass diese nach § 46 Abs. 2 AO nur in den seltenen Ausnahmefällen mit abgetreten sind, in denen die Abtretungsanzeige nach der Steuerfestsetzung eingeht. Eine vor der Steuerfestsetzung angezeigte Abtretung des Anspruchs auf Erstattungszinsen ist unwirksam (BFH-Urteil vom 14. 5. 2002 VII R 6/01, BStBl. II S. 677).

Bei Teilabtretungen ist die Höhe des abgetretenen Betrags anzugeben, bei Vollabtretungen ist eine Bezifferung nicht erforderlich. Wird bei Vollabtretungen dennoch ein Betrag genannt, ist die sich ergebende Erstattung jedoch erheblich höher, sind Ermittlungen vorzunehmen, ob nicht lediglich eine Teilabtretung gewollt ist.

Wird im amtlichen Vordruck unter der Tz. III/Nr. 3 kein Abtretungsgrund angegeben, ist die Abtretungsanzeige unwirksam (BFH-Urteil vom 5. 10. 2004 VII R 37/03, BStBl. 2005 II S. 238). Es ist ausreichend, wenn der Abtretungsgrund stichwortartig angegeben wird (vgl. hierzu BFH-Urteil vom 13. 11. 2001 VII R 107/00, BStBl. 2002 II S. 402).

Die Abtretungsanzeige ist grundsätzlich vom Abtretenden und vom Abtretungsempfänger zu unterschreiben. Eine Vollmacht des Abtretenden zur Unterzeichnung der Abtretungsanzeige durch den Abtretungsempfänger setzt voraus, dass dieser bei Erteilung der Vollmacht nachweislich den Inhalt der Abtretungsanzeige gekannt hat (BFH-Urteil v. 26. 11. 1982 VI R 205/81, BStBl. 1983 II S. 123).

Fehlt einer dieser gesetzlich vorgeschriebenen Bestandteile der Anzeige, ist sie unwirksam. Eine Nachholung fehlender Angaben oder eine Umdeutung in eine schlichte Zahlungsanweisung ist nicht möglich. Ist die Abtretung unwirksam oder wird sie nicht formgerecht oder verfrüht angezeigt, hat das Finanzamt die Beteiligten auf die Rechtslage hinzuweisen. Hierbei ist darauf zu achten, dass keine dem Steuergeheimnis unterliegenden Angaben gemacht werden.

3.2. Zugang der Anzeige

Abtretungen werden gemäß § 46 Abs. 2 AO erst wirksam, wenn die Abtretungsanzeige dem zuständigen Finanzamt nach Entstehen des Anspruchs zugeht. Geht die Anzeige bei einem unzuständigen

Anl 2

Finanzamt ein, so hat dieses sie an das zuständige Finanzamt weiterzuleiten; die Anzeige wird erst wirksam, wenn sie dort eingeht. Dem Abtretungsempfänger ist eine Abgabenachricht mit einem entsprechenden Hinweis zu erteilen. Eine förmliche Zustellung ist im Gegensatz zur Pfändung nicht vorgeschrieben.

Der Zugang der Abtretungsanzeige wird regelmäßig durch den Posteingangsstempel nachgewiesen. Bei der Behandlung der in den Amtsbriefkasten eingeworfenen Post ist zwischen der Post der ersten Leerung und der im Laufe des Tages entnommenen Post zu unterscheiden. Dabei ist auf den Abtretungsanzeigen mit zusätzlicher Datumsangabe zu vermerken, dass diese anlässlich der ersten Leerung dem Amtsbriefkasten entnommen wurden. Abtretungsanzeigen, die nach der ersten Leerung des Amtsbriefkastens bei weiteren Leerungen im Laufe des Tages während der Dienststunden entnommen werden, erhalten den Posteingangsstempel des laufenden Tages. Zweifel über den tatsächlichen Tag des Zugangs gibt es in diesen Fällen nicht. Wird auf einer Abtretungsanzeige, die sich bei der ersten Leerung des Hausbriefkastens am ersten Arbeitstag des Jahres im Briefkasten befunden hat, der Vermerk „Frühleerung" angebracht, ist die Abtretungsanzeige so zu behandeln, als sei sie zu Dienstbeginn des 2. Januar in den Briefkasten geworfen worden.

Abtretungsanzeigen, die per Fax oder E-Mail übermittelt werden, werden wirksam, sobald die Kenntnisnahme durch die Finanzbehörde möglich und nach der Verkehrsanschauung zu erwarten ist (§ 130 Abs. 1 Satz 1 BGB). Dies bedeutet: Eintritt der Wirksamkeit bei Übermittlung
– während der üblichen Dienststunden der Finanzbehörde im Zeitpunkt der vollständigen Übermittlung;
– außerhalb der üblichen Dienststunden der Finanzbehörde zum Zeitpunkt des Dienstbeginns am nächsten Arbeitstag.

Eine vor Entstehung des Anspruchs eingehende Anzeige ist unwirksam. Die Unwirksamkeit wird nicht durch die spätere Entstehung des Anspruchs geheilt; die Anzeige muss ggf. wiederholt werden.

In steuerlich nicht geführten Fällen ist bei Eingang einer Pfändungsverfügung, eines Pfändungs- und Überweisungsbeschlusses oder einer Abtretungsanzeige hinsichtlich etwaiger Steuererstattungen ein Überwachungskonto anzulegen (vgl. hierzu Tz. 3.4 im Handbuch für das Überwachungskonto).

3.3. Erstattungsberechtigung

Eine wirksame Abtretung setzt voraus, dass der Abtretende Inhaber des abgetretenen Anspruchs (Erstattungs- oder Vergütungsberechtigter) ist, andernfalls geht die Abtretung ins Leere.

Erstattungsberechtigter ist derjenige, auf dessen Rechnung die Zahlung bewirkt worden ist, auch wenn ein Dritter die Zahlung tatsächlich geleistet hat. Soweit einer von mehreren Gesamtschuldnern gezahlt hat oder für seine Rechnung die Steuer einbehalten und abgeführt worden ist, ist nur er erstattungsberechtigt. Weist bei einem Erstattungsanspruch aus einer Zusammenveranlagung die Abtretungsanzeige nur einen Ehegatten/Lebenspartner als Abtretenden auf oder ist sie nur von einem Ehegatten/Lebenspartner unterschrieben, ist sie nur in Höhe des auf ihn entfallenden Anteils am Erstattungsbetrag wirksam. Zur Aufteilung des Erstattungsbetrags bei zusammenveranlagten Ehegatten/Lebenspartnern vgl. AO-Kartei BY Karte 1 zu § 37 AO.

3.4. Verfügbarkeit

Die Abtretung ist unwirksam, wenn im Zeitpunkt des Zugangs der Anzeige der Erstattungsanspruch nach § 47 AO erloschen ist oder dem Abtretenden wegen einer bevorrechtigten Abtretung oder Pfändung zugunsten eines anderen Gläubigers nicht mehr zusteht.

3.5. Geschäftsmäßigkeit (§ 46 Abs. 4 AO)

Der geschäftsmäßige Erwerb von Erstattungs- und Vergütungsansprüchen zum Zwecke der Einziehung oder sonstigen Verwertung auf eigene Rechnung (Abtretung erfüllungshalber) ist ohne Rücksicht auf das Rechtsverhältnis zwischen dem Zedenten und dem Zessionar unzulässig. Das Verbot soll den Zedenten davor schützen, übervorteilt zu werden. Verbotswidriges Handeln führt zur Nichtigkeit der Übertragung (BFH-Beschluss vom 4. 2. 1999 VII R 112/97, BStBl. II S. 430) und kann nach § 383 Abs. 2 AO mit Geldbuße bis zu 50 000 € geahndet werden.

Geschäftsmäßig handelt, wer die Tätigkeit selbständig in Wiederholungsabsicht ausübt. Hauptberuflichkeit oder Entgeltlichkeit sind nicht erforderlich (BFH-Urteil vom 23. 10. 1985 VII R 196/82, BStBl. 1986 II S. 124). Deshalb reichen entsprechende organisatorische Vorkehrungen, wie z. B. vorbereitete Formulare oder besondere Karten, für die Annahme einer Geschäftsmäßigkeit aus, ohne aber dafür notwendige Voraussetzung zu sein. Auch die Zahl der Erwerbsfälle und der Zeitraum ihres Vorkommens können bedeutsam für die Beurteilung der Frage, ob ein geschäftsmäßiger Erwerb vorliegt (BFH-Urteil vom 13. 10. 1994 VII R 3/94, BFH/NV 1995 S. 473), sein. Es kommt immer auf die Verhältnisse im Einzelfall an; so kann auch ein einzelner Erwerb bereits in selbstständiger Tätigkeit und Wiederholungsabsicht erfolgt sein (BFH-Beschluss vom 10. 7. 2001 V B 209/00, BFH/NV S. 1531). Es reicht für die Geschäftsmäßigkeit des Erwerbs aber nicht aus, dass die vereinzelte Abtretung im Rahmen eines Handelsgeschäfts vorgenommen wurde. Zur Geschäftsmäßigkeit bei Abtretungen an einen Steuerberater zur Sicherung von Honorarforderungen vgl. BFH-Urteil vom 23. 10. 1985 (BStBl. 1986 II S. 124).

Der geschäftsmäßige Erwerb von Steuererstattungsansprüchen ist auch dann unzulässig, wenn der Einkommensteuererstattungsanspruch des Arbeitnehmers aufgrund eines nach ausländischem Recht zu beurteilenden Arbeitsvertrags dem Arbeitgeber zusteht (vgl. BFH-Beschluss vom 4. 2. 1999 VII R 112/97, BStBl. II S. 430).

Zulässig ist jedoch die geschäftsmäßige Sicherungsabtretung, wenn der Abtretungsempfänger ein Unternehmer ist, dem das Betreiben von Bankgeschäften erlaubt ist. Bei der Sicherungsabtretung wird wie bei jeder Abtretung das Vollrecht vom Abtretenden auf den Abtretungsempfänger (Sicherungsnehmer) übertragen. Dieser ist jedoch im Innenverhältnis gegenüber dem Zedenten nach Maßgabe einer schuldrechtlichen Sicherungsabrede oder entsprechend dem Sicherungszweck in der Ausübung des

Rechts beschränkt und darf auf die Sicherheit nur unter bestimmten Voraussetzungen zugreifen, z. B., wenn die zu sichernde Forderung ausgefallen ist oder nicht realisiert werden kann. Eine Sicherungsabtretung liegt nur dann vor, wenn für die Beteiligten der Sicherungszweck im Vordergrund steht. Im Einzelfall kann dieser so weit zurücktreten, dass eine – unzulässige – Abtretung erfüllungshalber anzunehmen ist. Davon kann aus verwaltungsökonomischen Gründen und im Hinblick auf § 46 Abs. 5 AO grundsätzlich ausgegangen werden, wenn der Abtretungsempfänger ein Kreditinstitut ist und das entsprechende Feld in der Abtretungsanzeige angekreuzt ist. Der Erwerber muss die Erlaubnis nach § 23 KWG zum Betrieb von Bankgeschäften haben (BFH-Urteil vom 23.10. 1985 VII R 196/82, BStBl. 1986 II S. 124). Steuerberatern und Steuerberatungsgesellschaften ist es daher nicht gestattet, sich zur Sicherung ihrer Honorarforderungen geschäftsmäßig von ihren Mandanten Steuererstattungsansprüche abtreten zu lassen (BFH-Urteil vom 17. 9. 1987 VII R 168/84, BFH/NV 1988 S. 9). Anl 2

4. Folgen einer wirksamen Abtretung 41

4.1. Rechtsfolgen

Mit der wirksamen Abtretung tritt der Abtretungsempfänger in die Rechtsstellung des Abtretenden als Inhaber des Erstattungs- und Vergütungsanspruchs ein. Die Rechtsposition des Abtretenden als Steuerschuldner wird damit jedoch nicht übertragen, mit der Folge, dass die Mitwirkungspflichten gemäß §§ 90 ff. AO nicht übergehen und Verwaltungsakte weiterhin dem Steuerpflichtigen bekannt zu geben sind. Der Abtretungsempfänger hat weder das Recht, Rechtsbehelfe einzulegen oder Änderungsanträge zu stellen, noch ist er zu einem Einspruchsverfahren nach § 360 AO hinzuzuziehen (BFH-Urteil vom 21. 3. 1975 VI R 238/71, BStBl. II S. 669; BFH-Beschluss vom 27. 1. 1993 II S 10/92, BFH/NV S. 350).

Die steuerrechtlichen Mitwirkungspflichten des Zedenten bleiben ungeachtet der Abtretung des Erstattungs- oder Vergütungsanspruchs bestehen, denn die aus dem Steuerpflichtverhältnis resultierenden Pflichten sind nicht übertragbar und bestehen ohne Rücksicht auf die Existenz eines konkreten Steuerschuldverhältnisses. Die dem Steuerpflichtigen nach §§ 90, 93 ff., 140 ff., 149 ff. AO obliegenden Pflichten werden durch die Abtretung nicht berührt. Der neue Gläubiger des Erstattungsanspruchs ist nicht befugt, einen Antrag auf Einkommensteuerveranlagung gem. § 46 Abs. 2 Nr. 8 EStG zu stellen. Dieser Antrag ist ein von den Rechtswirkungen des § 46 AO nicht erfasstes höchstpersönliches Gestaltungsrecht. Dem neuen Gläubiger des Erstattungsanspruchs muss nur mitgeteilt werden, ob und ggf. in welcher Höhe sich aus der Veranlagung ein Erstattungsanspruch ergeben hat und ob und ggf. in welcher Höhe aufgrund der Abtretung an ihn zu leisten ist (vgl. AEAO, Tz. 4 zu § 46 AO). Beantwortet werden dürfen auch Anfragen des Abtretungsempfängers, die sich auf die Abtretungsanzeige selbst beziehen, z. B. nach dem Zeitpunkt des Eingangs, der Rangstelle und der Wirksamkeit.

Mit Zugang der Abtretungsanzeige kann das Finanzamt den Erstattungsbetrag nicht mehr mit befreiender Wirkung an den Abtretenden leisten. Soweit die Erstattung in diesem Zeitpunkt bereits eingeleitet ist, ist der Zahlungsvorgang zu unterbrechen, wenn dies bei einem vertretbaren Aufwand noch zumutbar ist. Nach Übermittlung der Erstattungsdaten an das Rechenzentrum ist eine Unterbrechung nicht mehr zumutbar.

Bis zur Höhe des abgetretenen Anspruchs hat das Finanzamt die Erstattung an den Abtretungsempfänger zu leisten, sobald der Erstattungsbetrag verfügbar ist.

4.2. Änderung des Erstattungsbetrags/Rückforderungsanspruch nach § 37 Abs. 2 Satz 3 AO

Eine Abtretung erfasst bis zur Höhe des abgetretenen Anspruchs grundsätzlich auch Erhöhungen des Erstattungsbetrags aufgrund eines Rechtsbehelfsverfahrens oder einer Änderung/Berichtigung des Steuerbescheids nach §§ 129, 172 ff. AO. Sie erfasst dagegen nicht Erstattungsansprüche aufgrund von Änderungen, bei denen ein entsprechender Erstattungsanspruch erst nach dem Zeitpunkt des Eingangs der Abtretungsanzeige entstanden ist. So entsteht beim Verlustrücktrag nach § 10 d Abs. 1 EStG der Erstattungsanspruch erst mit Ablauf des Jahres, in dem der Verlust entstanden ist (vgl. BFH-Urteil vom 6. 6. 2000 VII R 104/98, BStBl. II S. 491, und AEAO Tz. 1 Satz 5 zu § 46 AO).

Bei Änderungen zuungunsten des Steuerpflichtigen ist § 37 Abs. 2 Satz 3 AO zu beachten. Nach dieser Vorschrift richtet sich der Rückforderungsanspruch zugleich an den Abtretungsempfänger als Leistungsempfänger der ohne rechtlichen Grund geleisteten Zahlung und an den Abtretenden selbst. Abtretender und Abtretungsempfänger sind Gesamtschuldner des Rückforderungsanspruchs (§ 44 Abs. 1 Satz 1 AO).

Der Steuerbescheid einschließlich Abrechnung ist dem Steuerpflichtigen bekannt zu geben. Nach pflichtgemäßem Ermessen ist grundsätzlich auch das Leistungsgebot gegen ihn zu richten. Kann der Steuerpflichtige den Rückforderungsanspruch nicht erfüllen, ist anschließend der Abtretungsempfänger zur Zahlung aufzufordern. Wendet sich der Abtretungsempfänger gegen die Rückforderung, ist ihm ein Abrechnungsbescheid nach § 218 Abs. 2 Satz 2 AO zu erteilen (BFH-Urteil vom 18. 6. 1986 II R 38/84, BStBl. II S. 704).

Ein Rückforderungsbescheid (vorrangig gegen den Steuerpflichtigen) ist auch zu erteilen, wenn eine im Rang vorgehende Abtretungsanzeige oder ein Pfändungs- und Überweisungsbeschluss nicht beachtet wurde oder wenn aus anderen Gründen der ausgezahlte Betrag zurückgefordert werden muss.

Eine Rückforderung beim Abtretungsempfänger kann auch dann erfolgen, wenn die Vorsteuer beim Abtretenden nach § 17 UStG in einem anderen Voranmeldungszeitraum berichtigt wird (vgl. BFH-Urteil vom 9. 4. 2002 VII R 108/00, BStBl. II S. 562) und die vorrangige Geltendmachung durch Steuerbescheid beim Steuerschuldner nicht zum Erfolg führt.

4.3. Aufrechnung

Das Finanzamt kann gem. § 226 AO i. V. m. § 406 BGB auch nach Abtretung des Erstattungsanspruchs mit einem ihm gegen den Abtretenden zustehenden Anspruch dem Abtretungsempfänger gegenüber

Anl 2

aufrechnen – die Rechtsstellung des Schuldners soll sich durch die Abtretung nicht verschlechtern. Eine Aufrechnung ist nach Maßgabe des § 406 BGB nur in den beiden folgenden Fällen ausgeschlossen:

– Die Forderung gegen den Abtretenden (Gegenforderung) ist erst nach Zugang der Abtretungsanzeige i. S. d. § 38 AO entstanden.

– Die Gegenforderung ist zwar vor Eingang der Abtretungsanzeige entstanden, jedoch erst nach Eingang der Abtretungsanzeige und später als der abgetretene Erstattungsanspruch fällig geworden.

Das Finanzamt verstößt nicht gegen den Grundsatz von Treu und Glauben, wenn es den abgetretenen Erstattungsanspruch zur Wahrung der Aufrechnungsmöglichkeit erst nach der Gegenforderung fällig stellt.

Die Aufrechnung ist gegenüber dem Abtretungsempfänger zu erklären (§ 406 BGB). Hierfür steht die UNIFA-Vorlage „Aufrechnung durch FK gegen abgetretene Forderung" (Ordner Finanzkasse/4 für FK Buchhaltung 1 und 2/4 a Aufrechnung) zur Verfügung. Dem Abtretenden ist eine Abschrift der Aufrechnungserklärung zu übersenden, soweit diesem die Aufrechnung nicht schon im den Erstattungsanspruch festsetzenden Steuerbescheid mitgeteilt wurde. Erklärt der Abtretungsempfänger nach Fälligkeit des Erstattungsanspruchs seinerseits die Aufrechnung mit einer Forderung der Finanzbehörde ihm gegenüber, so kann insoweit das Finanzamt ab diesem Zeitpunkt nicht mehr aufrechnen (BFH-Urteil vom 6. 2. 1990 VII R 86/88, BStBl. II S. 523). Deshalb ist darauf zu achten, dass in Abtretungsfällen die Aufrechnung nicht nur im Steuerbescheid gegenüber dem Abtretenden mitgeteilt, sondern dass sie unverzüglich gegenüber dem Abtretungsempfänger erklärt wird.

Ggf. kann auch mit Steuerforderungen, die gegenüber dem Abtretungsempfänger bestehen, aufgerechnet werden.

Die Prüfung der Frage, ob gegen einen abgetretenen bzw. gepfändeten Erstattungsanspruch aufgerechnet werden kann, wird durch Verwendung der UNIFA-Vorlage „Aufrechnung gegen gepf abgetr Fdg PrüfSchema" (Ordner Finanzkasse/4 für FK Buchhaltung 1 und 2/4 a Aufrechnung) erleichtert.

4.4. Versehentliche Auszahlung an den Abtretenden

Wurde trotz wirksamer Abtretung der Erstattungsbetrag (versehentlich) an den Steuerpflichtigen ausbezahlt, ist an den Abtretungsempfänger nochmals zu zahlen und gegen den Steuerpflichtigen ein auf § 37 Abs. 2 AO gestützter Rückforderungsbescheid zu erlassen (BFH-Urteil vom 1. 3. 1990 VII R 103/88, BStBl. II S. 520).

4.5. Mehrfache Abtretung bzw. Pfändung

Ist ein und derselbe Erstattungsanspruch mehrfach abgetreten oder gepfändet worden, richtet sich die Reihenfolge der Befriedigung nach dem Eingang der (wirksamen) Abtretungsanzeigen bzw. der Zustellung der Pfändungs- und Überweisungsbeschlüsse.

Liegen mehrere gleichrangige Abtretungsanzeigen und/oder Pfändungen vor, ist den (gleichrangigen) Gläubigern vorzuschlagen, den Erstattungsbetrag im Verhältnis der Höhe der zugrundeliegenden Forderungen aufzuteilen. Bei Vollabtretungen ohne Angabe eines Betrags ist zuvor beim Gläubiger die Höhe der zugrundeliegenden Forderung zu ermitteln. Kann eine Einigung mit den Gläubigern nicht herbeigeführt werden, ist der Erstattungsbetrag zu hinterlegen (s. Tz. 5.2). Ebenfalls zu hinterlegen ist, wenn nicht geklärt werden kann, welche Abtretungsanzeige oder welcher Pfändungs- und Überweisungsbeschluss zuerst zugegangen ist. Besteht ein nachrangiger Abtretungsempfänger zu Unrecht auf Auszahlung des Erstattungsbetrags, ist sein Anspruch durch einen Abrechnungsbescheid nach § 218 Abs. 2 AO abzulehnen.

4.6. Anfragen des Abtretungsempfängers vor Anzeige einer wirksamen Abtretung

Anfragen des Abtretungsempfängers zur Höhe des Erstattungsanspruchs können im Hinblick auf § 30 AO nicht beantwortet werden. Er ist insoweit an seinen Vertragspartner, den Abtretenden, zu verweisen. Auf die Abtretungsanzeige selbst bezogene Anfragen, z. B. nach dem Zeitpunkt des Eingangs, der Rangstelle und der Wirksamkeit, können dagegen beantwortet werden.

4.7. Erledigung der Anzeige

In den Fällen des § 46 Abs. 2 Nr. 8 EStG ist eine Abtretungsanzeige nach Ablauf der Festsetzungsfrist (§ 170 Abs. 1 AO i. V. m. § 169 Abs. 2 AO) als erledigt zu betrachten, wenn bis zu diesem Zeitpunkt keine Steuererklärung eingereicht wurde.

42 **5. Unwirksame Abtretungsanzeige**

Ist die Abtretung aus einem der oben genannten Gründe unwirksam, sind die Beteiligten, beim Abtretungsempfänger unter Beachtung von § 30 AO, darauf hinzuweisen. Legt der Abtretungsempfänger dagegen Einspruch ein (BFH- Urteil vom 30. 8. 1988 VII R 149/85, BFH/NV 1989 S. 210) oder besteht er auf Auszahlung des Erstattungsbetrags, ist ihm ein Abrechnungsbescheid nach § 218 Abs. 2 AO zu erteilen (BFH-Urteil vom 14. 7. 1987 VII R 72/83, BStBl. II S. 802). Legt der Abtretungsempfänger Einspruch ein, ist eine Hinzuziehung des Abtretenden nach § 360 AO möglich, aber nicht notwendig (BFH-Urteil vom 9. 4. 1986 I R 62/81, BStBl. II S. 565).

5.1. Streit über die Wirksamkeit der Anzeige

Bei Streit über die Wirksamkeit einer Abtretung, bei mehrfacher Abtretung und/oder Pfändung und Uneinigkeit über die Rangfolge oder bei Widerruf einer Abtretung nach § 409 Abs. 2 BGB kann auch nach § 372 BGB beim für den Sitz des Finanzamts zuständigen Amtsgericht hinterlegt werden. Die Hinterlegung ist beim Amtsgericht unter Verwendung eines dort erhältlichen Vordrucks zu beantragen. Dabei sind die Hinterlegungsgründe darzulegen und die Abtretungsanzeigen bzw. Pfändungs- und Überweisungsbeschlüsse beizufügen. Dem Abtretungsempfänger ist die Hinterlegung unverzüglich anzuzeigen.

Auf das Recht zur Rücknahme ist nach § 376 Abs. 2 Nr. 1 BGB im Hinblick auf die befreiende Wirkung gem. § 378 BGB zu verzichten. Anl 2

Beruhen die Zweifel im Wesentlichen auf steuerlichen Rechtsfragen, z. B. der Auslegung des § 46 AO, soll dem Erlass eines Verwaltungsakts nach § 218 Abs. 2 AO der Vorzug gegenüber einer Hinterlegung gegeben werden. Bei Rangstreitigkeiten ist dagegen stets zu hinterlegen, ebenso i. d. R. bei Streit über andere zivilrechtliche Fragen.

5.2. Schutzwirkung der Anzeige nach § 46 Abs. 5 AO

Wird der Erstattungsbetrag aufgrund einer vom Finanzamt für wirksam gehaltenen Abtretung an den Abtretungsempfänger ausbezahlt, stellt sich diese jedoch als nichtig oder unwirksam heraus, greift die Schutzwirkung des § 46 Abs. 5 AO ein. Eine nochmalige Erstattung ist abzulehnen. Dies gilt auch gegenüber für nachrangig gehaltenen Abtretungsempfängern bzw. Pfändungsgläubigern.

Die Schutzwirkung des § 46 Abs. 5 AO greift nach dem BFH-Beschluss vom 19. 3. 2009 VII B 45/08, BFH/NV S. 1236, nicht, wenn die Abtretung mangels ausreichender Vertretungsbefugnis des Unterzeichners nicht wirksam angezeigt worden ist.

Ist dem Finanzamt die Unwirksamkeit positiv bekannt, tritt zwar zumindest gegenüber dem Abtretungsempfänger die Schutzfunktion des § 46 Abs. 5 AO ein (BFH v. 6. 12. 1988, BStBl. 1989 II S. 223). Weil aber umstritten ist, ob sie auch gegenüber dem Abtretenden und nachrangigen Gläubigern eintritt (BFH v. 25. 9. 1990, BStBl. 1991 II S. 201), soll i. d. R. in diesen Fällen nach Tz. 5.1 verfahren werden. Will dagegen der Abtretungsempfänger den an ihn abgetretenen Anspruch mit eigenen Steuerschulden verrechnen, so z. B. in Fällen der Abtretung eines Erstattungsanspruchs aus der USt-Voranmeldung des Käufers an den Verkäufer, der mit der eigenen USt-Schuld aus dem Verkauf aufrechnen möchte, bestehen keine Bedenken, dies auch bei Unwirksamkeit der Abtretung zuzulassen, wenn keine weiteren Rechte an dem unwirksam abgetretenen Anspruch geltend gemacht werden.

6. Besonderheiten bei Ansprüchen auf Eigenheimzulage 43

Das EigZulG fördert die Herstellung und Anschaffung von Wohnraum innerhalb eines bestimmten Zeitraums und unter Berücksichtigung von Einkunftsgrenzen, soweit eine Nutzung zu eigenen Wohnzwecken vorliegt. Der Anspruch auf Eigenheimzulage entsteht also erst mit Beginn der Nutzung der zu eigenen Wohnzwecken hergestellten oder angeschafften Wohnung (§ 10 Satz 1 EigZulG). Für jedes weitere Jahr des Förderzeitraums entsteht der Anspruch mit Beginn des Kalenderjahres, für das eine Eigenheimzulage festzusetzen ist (§ 10 Satz 2 EigZulG). Die Prüfung, ob der Anspruch auf Eigenheimzulage für das Jahr der Herstellung bzw. der Anschaffung zum Zeitpunkt der Abtretung bereits entstanden ist, erfolgt anhand der Angaben im Antrag auf Eigenheimzulage (Zeile 33). Liegt ein solcher Antrag noch nicht vor, kann das Finanzamt nicht abschließend beurteilen, ob eingehende Abtretungsanzeigen wirksam sind.

Die Abtretung der Ansprüche auf Eigenheimzulage für die sieben folgenden Jahre nach der Herstellung oder Anschaffung ist nur dann wirksam, wenn die Abtretungsanzeige erst nach Beginn des jeweiligen Jahres des Förderzeitraums dem Finanzamt zugegangen ist. Es ist somit nicht möglich, die Ansprüche auf Eigenheimzulage für mehrere Jahre des Förderzeitraums durch nur eine Abtretungsanzeige vorab abzutreten.

Mit Urteil FG Hessen vom 21. 11. 2005 11 K 3142/04 hat das Hessische Finanzgericht entschieden, dass Ehegatten/Lebenspartner entgegen der bisherigen Verwaltungsauffassung nicht Gesamtgläubiger eines ihnen gegenüber festgesetzten gemeinsamen Zulagenbetrags sind. Das Finanzamt kann zwar unter den Voraussetzungen des § 13 Abs. 1 Satz 3 i. V. m. § 11 Abs. 6 Satz 3 EigZulG die Eigenheimzulage an einen Ehegatten/Lebenspartner auch mit Wirkung für den anderen auszahlen, wenn die Ehegatten/Lebenspartner gemeinsam Eigentümer einer Wohnung sind und die Voraussetzungen des § 26 Abs. 1 EStG vorliegen. Trotzdem hat jeder Ehegatte/Lebenspartner einen eigenen und eigenständig zu prüfenden Anspruch auf Eigenheimzulage. Deshalb kann für den Fall, dass lediglich einer der Ehegatten seinen Anspruch auf den Zulagenbetrag abtritt, nicht der gesamte Zulagenbetrag an den Abtretungsempfänger ausgezahlt werden.

7. Eröffnung des Insolvenzverfahrens nach Zugang der Abtretungsanzeige/Verpfändungsanzeige 44

Im Insolvenzverfahren berechtigt die Abtretung bzw. Verpfändung den Abtretungsempfänger/Pfandgläubiger zur abgesonderten Befriedigung (§§ 50 Abs. 1, 51 Nr. 1 InsO), so dass diesem der Erstattungsanspruch weiterhin zusteht. Nach § 166 Abs. 2 InsO darf der Insolvenzverwalter aber Forderungen, die der Steuerpflichtige zur Sicherung eines Anspruchs abgetreten hat, einziehen oder in anderer Weise verwerten. Von einer Sicherungsabtretung ist auszugehen, wenn die Abtretung in der Anzeige als solche bezeichnet worden ist. Vor Auszahlung an den Insolvenzverwalter ist aber zu prüfen, ob eine Aufrechnung mit Steuerrückständen vorgenommen werden kann (§ 406 BGB). Bei Eigenverwaltung ist § 166 InsO unbeachtlich (§ 282 InsO).

Nicht unter § 166 Abs. 2 InsO fällt die Verpfändung. Damit ist der Insolvenzverwalter nicht zur Verwertung einer verpfändeten Forderung berechtigt. Es gilt § 173 Abs. 1 InsO, wonach das Verwertungsrecht des Pfandgläubigers unberührt bleibt. Das Finanzamt zahlt in diesem Fall den Erstattungsbetrag an den Pfandgläubiger aus, soweit es nicht nach § 406 BGB mit Steuerrückständen aufrechnen kann.

Wurde die Abtretung/Verpfändung vom Insolvenzverwalter erfolgreich angefochten (§§ 129 ff. InsO), ist die Abtretung bzw. Verpfändung für das Finanzamt unbeachtlich.

Liegt der Finanzbehörde bereits vor Eröffnung des Insolvenzverfahrens eine wirksame Abtretung oder Pfändung eines Erstattungsanspruchs vor, ist, sofern eine Aufrechnungslage nicht besteht, Folgendes zu beachten:

Gem. § 88 InsO verlieren durch Zwangsvollstreckung erlangte Sicherungen zugunsten einzelner Gläubiger ab den nachfolgend genannten Zeitpunkten ihre Wirksamkeit (Rückschlagsperre):

– im Falle der Regelinsolvenz (Az. des Beschlusses beginnt mit IN): 1 Monat vor dem Eröffnungsantrag;

– im Falle der Verbraucherinsolvenz (Az. des Beschlusses beginnt mit IK): 3 Monate vor dem Eröffnungsantrag (§ 88 Abs. 2 InsO).

Da es sich bei Abtretungen von Steuererstattungsansprüchen nicht um Zwangsvollstreckungsmaßnahmen handelt, fallen diese nicht unter den § 88 InsO, d.h., sie behalten immer ihre Wirksamkeit, wenn sie vor Eröffnung des Insolvenzverfahrens erfolgt sind. Abtretung bzw. Verpfändung berechtigen den Abtretungsempfänger/Pfandgläubiger im Insolvenzverfahren zur abgesonderten Befriedigung (§§ 50 Abs. 1, 51 Nr. 1 InsO), sodass diesem der Erstattungsanspruch weiterhin zusteht.

Nach § 166 Abs. 2 InsO darf der Insolvenzverwalter aber Forderungen, die der Steuerpflichtige zur Sicherung eines Anspruchs abgetreten hat, einziehen oder in anderer Weise verwerten. Von einer Sicherungsabtretung ist auszugehen, wenn die Abtretung in der Anzeige als solche bezeichnet worden ist. Vor Auszahlung an den Insolvenzverwalter ist aber zu prüfen, ob eine Aufrechnung mit Steuerrückständen vorgenommen werden kann (§ 406 BGB). Im Einzelnen ist Folgendes zu beachten:

Abtretung im Regel- und Verbraucherinsolvenzverfahren:

Der Insolvenzverwalter ist schriftlich über die vorliegende Abtretung zu informieren und um Mitteilung zu bitten, ob er von seinem Recht nach § 166 Abs. 2 InsO Gebrauch macht, die Forderung selbst einzuziehen, oder ob er die Forderung freigibt. Die Antwort des Insolvenzverwalters ist für die weitere Vorgehensweise bindend, d.h., die Auszahlung hat entweder an den Insolvenzverwalter oder den Zessionar zu erfolgen.

Pfändungen/Verpfändungen:

Pfändungen bzw. Verpfändungen sind zu bedienen, wenn sie nicht unter die Rückschlagsperre des § 88 InsO fallen und damit unwirksam sind (s. o.). Die Vorschrift des § 166 Abs. 2 InsO (Verwertungsrecht des Insolvenzverwalters, s. o.) gilt weder für Pfändungen (Pfändungspfandrechte nach §§ 803 ff. ZPO) noch für Verpfändungen (Vertragspfandrechte nach §§ 1204–1296 BGB). Das Finanzamt zahlt den Erstattungsbetrag an den Pfandgläubiger aus, soweit es nicht nach § 406 BGB mit Steuerrückständen aufrechnen kann. Ist eine Pfändung/Verpfändung nach § 88 InsO unwirksam, muss der Erstattungsanspruch an den Insolvenzverwalter ausgezahlt werden. Die Erstattung ist durch eine vom VTB erstellte Auszahlungsanordnung auf das vom Insolvenzverwalter angegebene Konto anzuweisen.

Anl 3

3) Verfügung betr. Auszahlung von Erstattungs- und Vergütungsansprüchen an Dritte ohne formelle Abtretung oder Verpfändung

Vom 7. November 2024 (BeckVerw 645482)

(LfSt Bayern S 0166.1.1-8/14 St 43)

45 Auch ohne eine formelle Abtretung oder Verpfändung nach § 46 AO ist eine Auszahlung von Erstattungs- oder Vergütungsansprüchen an Dritte möglich, wenn der Erstattungsberechtigte eine entsprechende Zahlungsanweisung erteilt (AEAO zu § 80 Nr. 2). Für eine solche Zahlungsanweisung gelten die Vorschriften der §§ 783 ff. BGB. Der Anweisungsempfänger (Dritte) wird ermächtigt, die Leistung beim Finanzamt im eigenen Namen zu erheben, und das Finanzamt wird ermächtigt, an den Empfänger für Rechnung des Erstattungsberechtigten zu leisten. Eine besondere Form ist hierfür nicht vorgeschrieben, es genügt die entsprechende Anweisung in der Steuererklärung. Eine unwirksame Abtretung kann jedoch nicht in eine Zahlungsanweisung umgedeutet werden (FG Baden-Württemberg vom 1. 12. 1982 X 363/81, EFG 1983 S. 388). Die Annahme der Anweisung erfolgt konkludent durch Auszahlung an den Dritten. Ein Verstoß gegen § 46 Abs. 4 AO liegt auch bei mehreren Zahlungsanweisungen verschiedener Steuerpflichtiger zugunsten eines Empfängers i.d.R. nicht vor, weil damit kein Erwerb des Erstattungs- oder Vergütungsanspruchs verbunden ist.

Einer Zahlungsanweisung gehen Abtretungen, Verpfändungen oder Pfändungen nach § 46 AO sowie die Aufrechnung der Finanzbehörde mit einer eigenen Forderung vor.

Das Finanzamt ist nicht zur Annahme der Zahlungsanweisung verpflichtet; der Steuerpflichtige und der Anweisungsempfänger haben darauf keinen Rechtsanspruch. Es steht vielmehr im Ermessen der Behörde, ob der Anweisung gefolgt wird (vgl. AEAO zu § 80 Nr. 2). Das Finanzamt kann mit befreiender Wirkung auf das benannte eigene Konto des Steuerpflichtigen erstatten.

Grundsätzlich sollte die Zahlungsanweisung jedoch angenommen werden, es sei denn, dass Anhaltspunkte dafür bestehen, dass hierdurch offensichtlich der Schutzzweck des § 46 AO umgangen werden soll.

Eine Zahlungsanweisung muss insbesondere in folgenden Fällen nicht beachtet werden, es sei denn, es liegt ein nachfolgend genannter Sachverhalt vor, der ihre Beachtung rechtfertigt (vgl. AEAO zu § 46, Nr. 8 in der Fassung des BMF-Schreibens vom 6. 8. 2024, BStBl. I S. 1107):

– Wenn die Zahlungsanweisung mit einer Dienstleistung zur Erstellung von Steuererklärungen oder der Vermittlung einer solchen Dienstleistung im Zusammenhang steht.

Dies gilt nicht, wenn der sich aus dem Steuerbescheid ergebende zu erstattende Betrag unverzüglich und in voller Höhe an den Steuerpflichtigen weitergeleitet wird; hierbei ist ein Einbehalt von dem zu erstattenden Betrag als Vergütung für die Dienstleistung zulässig, wenn dies ausdrücklich vereinbart wurde. Der Ersteller der Steuererklärung muss zur geschäftsmäßigen Hilfeleistung in Steuersachen gem. § 2 ff. StBerG befugt sein (z. B. Eintrag im amtlichen Steuerberatungsverzeichnis nach § 86 b StBerG, Eintrag im Verzeichnis der ausländischen Dienstleister nach § 3 a StBerG bis § 3 b StBerG, Verzeichnis der partiell zugelassenen Personen nach § 3 d StBerG bis § 3 g StBerG, Eintrag im Anwaltsverzeichnis nach § 31 BRAO, im Verzeichnis der Wirtschaftsprüfer nach § 37 WPO; vgl. auch § 3 StBerG). Das Vorliegen eines dortigen Eintrags kann durch Abfrage auf den jeweiligen Homepages (www.bstbk.de; www.wpk.de; www.brak.de) ermittelt werden.

– Wenn hinreichende Anhaltspunkte vorliegen, dass die Zahlungsanweisung der Umgehung des § 46 Abs. 4 AO dient.

Dies gilt nicht, wenn Arbeitnehmer im Zusammenhang mit einer Nettolohnvereinbarung eine Zahlungsanweisung zugunsten ihres Arbeitgebers erteilt haben.

Abzulehnen ist jedoch im Hinblick auf den Verwaltungsaufwand die Auszahlung von Teilbeträgen an verschiedene Empfänger.

Wird einer Zahlungsanweisung nicht entsprochen, ist darauf zu achten, dass die (ggf. auch in Steuererklärungen) angegebene Bankverbindung nicht in den GINSTER-Grunddaten gespeichert wird. Stattdessen ist der Steuerpflichtige aufzufordern, für die Überweisung des Erstattungsbetrags eine Bankverbindung zu benennen. Hat der Steuerpflichtige kein Konto benannt oder sind dem Finanzamt mehrere eigene Konten des Steuerpflichtigen bekannt, so ist die Erstattung bis zur Benennung eines eigenen Kontos durch den Steuerpflichtigen auszusetzen (vgl. AEAO zu § 46 Nr. 8).

Bei fehlender Erstattungsmöglichkeit an den Steuerpflichtigen, z. B. wegen unbekanntem Aufenthaltsort oder bei nicht ermittelbarer Bankverbindung, ist der Erstattungsbetrag von der Finanzkasse auf das Titelkonto „Vermischte Einnahmen (952/11 949)" umzubuchen.

Erkennt das Finanzamt eine Zahlungsanweisung nicht an oder nimmt es einen Antrag auf Verrechnung (Verrechnung einer Forderung mit Steuerschulden eines Dritten z. B. ein öffentlich-rechtlicher Verrechnungsvertrag) nicht an, ist dies dem Dritten zunächst formlos mitzuteilen. Ist er mit dieser Sachbehandlung nicht einverstanden, ist ihm ein Abrechnungsbescheid gemäß § 218 Abs. 2 AO zu erteilen.

§ 47 Erlöschen[1] AO

Ansprüche aus dem Steuerschuldverhältnis erlöschen insbesondere durch Zahlung[2] (§§ 224, 224 a, 225), Aufrechnung (§ 226), Erlass (§§ 163, 227), Verjährung[3] (§§ 169 bis 171, §§ 228 bis 232), ferner durch Eintritt der Bedingung bei auflösend bedingten Ansprüchen. 1

Zu § 47 – Erlöschen: AEAO

Außer in den aufgezählten Fällen können entstandene Ansprüche aus dem Steuerschuldverhältnis auch auf andere Weise erlöschen, z. B. bei Zwangsgeldern durch Erbfolge (§ 45 Abs. 1 AO) oder durch Verzicht auf Erstattung (§ 37 Abs. 2 AO). 2

§ 48 Leistung durch Dritte, Haftung Dritter AO

(1) **Leistungen aus dem Steuerschuldverhältnis gegenüber der Finanzbehörde können auch durch Dritte bewirkt werden.** 1

(2) **Dritte können sich vertraglich verpflichten, für Leistungen im Sinne des Absatzes 1 einzustehen.[4]** 2

Zu § 48 – Leistung durch Dritte, Haftung Dritter: AEAO

Die Vorschrift eröffnet die Möglichkeit, dass alle Leistungen aus dem Steuerschuldverhältnis (§ 37 AO) gegenüber der Finanzbehörde auch durch Dritte bewirkt werden oder sich Dritte hierzu vertraglich verpflichten können. Der Steuerpflichtige wird in diesen Fällen von seiner eigenen Leistungspflicht nicht befreit. Derartige rechtsgeschäftliche Verpflichtungsgeschäfte (z. B. Bürgschaft, Schuldversprechen oder kumulative Schuldübernahme) können auf einem Vertrag zwischen Steuergläubiger und Schuldübernehmer oder auf einem Vertrag zwischen Steuerschuldner und Übernehmer zugunsten des Steuergläubigers beruhen. In beiden Fällen sind die sich hieraus ergebenden Ansprüche der Finanzbehörde privatrechtlicher, nicht öffentlich-rechtlicher Natur und können gem. § 192 AO nur nach den Vorschriften des bürgerlichen Rechts durchgesetzt werden. Diese Vorschriften gelten auch für steuerliche Nebenleistungen (§ 3 Abs. 4 AO). 3

---

[1] Der Grundsatz von Treu und Glauben bringt keine Steueransprüche zum Entstehen oder zum Erlöschen, er kann allenfalls verhindern, dass eine Forderung oder ein Recht geltend gemacht werden kann *(BFH-Urteil vom 29. 3. 2017 VI R 82/14, BFH/NV S. 1314).*

Wird der Fiskus gesetzlicher Erbe, so erledigt sich ein noch offener ESt-Anspruch – auch aus einer Zusammenveranlagung – vollen Umfangs durch die Vereinigung von Forderung und Schuld **(Konfusion).** Es kommt nicht darauf an, ob die Erbschaft bei dem Bundesland des letzten Wohnsitzes oder beim Bund eingetreten ist (§ 1922 i. V. m. § 1936 BGB). Der Fiskalerbe muss sich hinsichtlich des gesamten aus der Einkommensteuerveranlagung herrührenden Anspruchs als Gläubiger behandeln lassen *(BFH-Urteil vom 7. 3. 2006 VII R 12/05, BStBl. II S. 584).*

[2] Zahlungen, die nach Entstehung des abstrakten, materiell-rechtlichen Anspruchs aus dem Steuerschuldverhältnis auf diesen geleistet worden sind, haben Tilgungswirkung (§ 47 AO), auch wenn sie die durch Steuerbescheid festgesetzte Steuer übersteigen *(BFH-Urteil vom 6. 2. 1996 VII R 50/95, BStBl. 1997 II S. 112).*

Entrichtet der Schenker die ihm gegenüber festgesetzte Schenkungsteuer in vollem Umfang, so erlischt diese auch mit Wirkung gegenüber dem Bedachten als weiteren Gesamtschuldner und kann daher diesem gegenüber nicht mehr festgesetzt werden *(BFH-Urteil vom 8. 11. 2023 II R 22/2020, BStBl. II S. 731).*

[3] Anders im Zivilrecht: Dort begründet die Verjährung nur eine Einrede (§ 214 BGB), nicht das Erlöschen der Schuld.

Zur Frage der Verwirkung von Steueransprüchen s. *BFH-Urteil vom 8. 10. 1986 II R 167/84, BStBl. 1987 II S. 12.*

Ist Festsetzungsverjährung eingetreten, ermöglicht es der Grundsatz von Treu und Glauben nicht, dass zu Lasten des Steuerpflichtigen ein erloschener Steueranspruch wieder auflebt; dies gilt unabhängig davon, ob dem Steuerpflichtigen der Eintritt der Verjährung „vorwerfbar" ist oder nicht *(BFH-Urteil vom 11. 11. 2020 XI R 11/18, BStBl. 2021 II S. 415).*

[4] Zur Vertragshaftung vgl. § 192 AO.

Zur Drittbestimmung der Tilgungsfolge s. § 225 AO.

Zum zivilrechtlichen Ersatzanspruch bzw. Forderungsübergang vgl. z. B. §§ 268, 774, 1143 BGB.

AO

§ 49 Verschollenheit[1]

Bei Verschollenheit gilt für die Besteuerung der Tag als Todestag, mit dessen Ablauf der Beschluss über die Todeserklärung des Verschollenen rechtskräftig wird.

§ 50 Erlöschen und Unbedingtwerden der Verbrauchsteuer, Übergang der bedingten Verbrauchsteuerschuld

1 (1) **Werden nach den Verbrauchsteuergesetzen Steuervergünstigungen unter der Bedingung gewährt, dass verbrauchsteuerpflichtige Waren einer besonderen Zweckbestimmung zugeführt werden, so erlischt die Steuer nach Maßgabe der Vergünstigung ganz oder teilweise, wenn die Bedingung eintritt oder wenn die Waren untergehen, ohne dass vorher die Steuer unbedingt geworden ist.**

2 (2) **Die bedingte Steuerschuld geht jeweils auf den berechtigten Erwerber über, wenn die Waren vom Steuerschuldner vor Eintritt der Bedingung im Rahmen der vorgesehenen Zweckbestimmung an ihn weitergegeben werden.**

3 (3) **Die Steuer wird unbedingt,**

1. **wenn die Waren entgegen der vorgesehenen Zweckbestimmung verwendet werden oder ihr nicht mehr zugeführt werden können. ② Kann der Verbleib der Waren nicht festgestellt werden, so gelten sie als nicht der vorgesehenen Zweckbestimmung zugeführt, wenn der Begünstigte nicht nachweist, dass sie ihr zugeführt worden sind,**
2. **in sonstigen gesetzlich bestimmten Fällen.**

Dritter Abschnitt. Steuerbegünstigte Zwecke[2]

§ 51 Allgemeines

1 (1) ① **Gewährt das Gesetz eine Steuervergünstigung, weil eine Körperschaft ausschließlich und unmittelbar**[3] **gemeinnützige, mildtätige oder kirchliche Zwecke (steuerbegünstigte Zwecke) verfolgt, so gelten die folgenden Vorschriften.** ② **Unter Körperschaften sind die Körperschaften, Personenvereinigungen und Vermögensmassen im Sinne des Körperschaftsteuergesetzes zu verstehen.** ③ **Funktionale Untergliederungen (Abteilungen) von Körperschaften gelten nicht als selbstständige Steuersubjekte.**

2 (2) **Werden die steuerbegünstigten Zwecke im Ausland verwirklicht, setzt die Steuervergünstigung voraus, dass natürliche Personen, die ihren Wohnsitz oder ihren gewöhnlichen Aufenthalt im Geltungsbereich dieses Gesetzes haben, gefördert werden oder die Tätigkeit der Körperschaft neben der Verwirklichung der steuerbegünstigten Zwecke auch zum Ansehen der Bundesrepublik Deutschland im Ausland beitragen kann.**

3 (3) ① **Eine Steuervergünstigung setzt zudem voraus, dass die Körperschaft nach ihrer Satzung und bei ihrer tatsächlichen Geschäftsführung keine Bestrebungen im Sinne des § 4 des Bundesverfassungsschutzgesetzes fördert und dem Gedanken der Völkerverständigung nicht zuwiderhandelt.**[4] ② **Bei Körperschaften, die im Verfassungsschutzbericht des Bundes oder eines Landes als extremistische Organisation aufgeführt sind, ist widerlegbar**[5] **davon auszugehen, dass die Voraussetzungen des Satzes 1 nicht erfüllt sind.** ③ **Die Finanzbehörde teilt Tatsachen, die den Verdacht von Bestrebungen im Sinne des § 4 des Bundesverfassungsschutzgesetzes oder des Zuwiderhandelns gegen den Gedanken der Völkerverständigung begründen, der Verfassungsschutzbehörde mit.**

---

[1] Siehe hierzu auch § 39 VerschG.

[2] §§ 51 bis 63 AO sind keine **drittschützenden Normen.** § 5 Abs. 1 Nr. 9 Satz 2 KStG, § 3 Nr. 6 Satz 2 GewStG, § 3 Abs. 1 Nr. 12 Satz 2 VStG jeweils i. V. m. §§ 64 bis 68 AO sind drittschützende Normen *(BFH-Urteil vom 15. 10. 1997 I R 10/92, BStBl. 1998 II S. 63).*

Ist die tatsächliche Geschäftsführung einer gemeinnützigen GmbH nicht während des gesamten Besteuerungszeitraums auf die ausschließliche und unmittelbare Erfüllung der steuerbegünstigten Zwecke gerichtet, führt dies grundsätzlich nur zu einer Versagung der Steuerbefreiung für diesen Besteuerungszeitraum *(BFH-Beschluss vom 12. 10. 2010 I R 59/09, BFH/NV 2011 S. 329).*

[3] Eine von gemeinnützigen Krankenhausträgern gegründete GmbH, die die Laborleistungen für die Krankenhäuser erbringt, verfolgt selbst nicht unmittelbar gemeinnützige oder mildtätige Zwecke *(BFH-Urteil vom 6. 2. 2013 I R 59/11, BStBl. II S. 603).*

[4] Die (widerlegbare) Vermutung des § 51 Abs. 3 Satz 2 AO i. d. F. des JStG 2009 setzt voraus, dass die betreffende Körperschaft (hier: ein islamisch-salafistischer Verein) im Verfassungsschutzbericht des Bundes oder eines Landes für den zu beurteilenden Veranlagungszeitraum ausdrücklich als extremistisch eingestuft wird *(BFH-Urteil vom 11. 4. 2012 I R 11/11, BStBl. 2013 II S. 146).*

[5] Die Anwendung der Vermutungsregel des § 51 Abs. 3 Satz 2 AO erfordert die Feststellung, dass gerade die Körperschaft, deren steuerrechtliche Gemeinnützigkeit versagt werden soll, als selbständiges Steuersubjekt (§ 51 Abs. 1 Satz 2 und 3 AO) in einem Verfassungsschutzbericht ausdrücklich als extremistisch bezeichnet wird und nicht ein hiervon verschiedenes selbständiges Steuersubjekt *(BFH-Urteil vom 5. 9. 2024 V R 36/21, BStBl. 2025 II S. 26).*

BFH-Urteil vom 14. 3. 2018 V R 36/16, BStBl. II S. 423: 1. Die widerlegbare Vermutung des § 51 Abs. 3 Satz 2 AO setzt voraus, dass die betreffende Körperschaft (hier: ein islamischer Verein) im Verfassungsschutzbericht des Bundes oder eines Landes für den zu beurteilenden Veranlagungszeitraum ausdrücklich als extremistisch eingestuft wird (Anschluss an *BFH-Urteil vom 11. 4. 2012 I R 11/11, BFHE 237, 22, BStBl. II 2013 S. 146).* 2. Die Widerlegung dieser Vermutung erfordert den vollen Beweis des Gegenteils; eine Erschütterung ist nicht ausreichend. 3. Im Rahmen des § 51 Abs. 3 Satz 1 AO sind Leistungen des Vereins für das Gemeinwohl nicht im Wege einer Gesamtschau gegen Anhaltspunkte für eine verfassungsfeindliche tatsächliche Geschäftsführung abzuwägen.

Zu § 51 – Allgemeines:

Zu § 51 Abs. 1 AO:

1. Unter Körperschaften i. S. d. § 51, für die eine Steuervergünstigung in Betracht kommen kann, sind Körperschaften, Personenvereinigungen und Vermögensmassen i. S. d. KStG zu verstehen. Dazu gehören auch die juristischen Personen des öffentlichen Rechts mit ihren Betrieben gewerblicher Art (§ 1 Abs. 1 Nr. 6, § 4 KStG), nicht aber die juristischen Personen des öffentlichen Rechts als solche. 4

2. Regionale Untergliederungen (Landes-, Bezirks-, Ortsverbände) von Großvereinen sind als Vereine ohne Rechtspersönlichkeit (§ 1 Abs. 1 Nr. 5 KStG) selbständige Steuersubjekte i. S. d. Körperschaftsteuerrechts, wenn sie 5

a) über eigene satzungsmäßige Organe (Vorstand, Mitgliederversammlung) verfügen und über diese auf Dauer nach außen im eigenen Namen auftreten und

b) eine eigene Kassenführung haben.

Die selbständigen regionalen Untergliederungen können nur dann als gemeinnützig behandelt werden, wenn sie eine eigene Satzung haben, die den gemeinnützigkeitsrechtlichen Anforderungen entspricht. Zweck, Aufgaben und Organisation der Untergliederungen können sich auch aus der Satzung des Hauptvereins ergeben.

3. Über die Befreiung von der Körperschaftsteuer nach § 5 Abs. 1 Nr. 9 KStG wegen Förderung steuerbegünstigter Zwecke ist stets für einen bestimmten Veranlagungszeitraum zu entscheiden (Grundsatz der Abschnittsbesteuerung). Eine Körperschaft kann nur dann nach dieser Vorschrift von der Körperschaftsteuer befreit werden, wenn sie in dem zu beurteilenden Veranlagungszeitraum alle Voraussetzungen für die Steuerbegünstigung erfüllt. Die spätere Erfüllung einer der Voraussetzungen für die Steuerbegünstigung kann nicht auf frühere, abgelaufene Veranlagungszeiträume zurückwirken. 6

4. Wird eine bisher steuerpflichtige Körperschaft nach § 5 Abs. 1 Nr. 9 KStG von der Körperschaftsteuer befreit, ist eine Schlussbesteuerung nach § 13 KStG durchzuführen. 7

5. Für die Steuerbegünstigung einer Körperschaft reichen Betätigungen aus, mit denen die Verwirklichung der steuerbegünstigten Satzungszwecke nur vorbereitet wird. Die Tätigkeiten müssen ernsthaft auf die Erfüllung eines steuerbegünstigten satzungsmäßigen Zwecks gerichtet sein. Die bloße Absicht, zu einem ungewissen Zeitpunkt einen der Satzungszwecke zu verwirklichen, genügt nicht (BFH-Urteil vom 23. 7. 2003, I R 29/02, BStBl. II S. 930). 8

6. Die Körperschaftsteuerbefreiung einer Körperschaft, die nach ihrer Satzung steuerbegünstigte Zwecke verfolgt, endet, wenn die eigentliche steuerbegünstigte Tätigkeit eingestellt und über das Vermögen der Körperschaft das Konkurs- oder Insolvenzverfahren eröffnet wird (BFH-Urteil vom 16. 5. 2007, I R 14/06, BStBl. II S. 808). 9

Die unbeschränkte Körperschaftsteuerpflicht einer Stiftung von Todes wegen beginnt, unabhängig vom Zeitpunkt der zivilrechtlichen Anerkennung, bereits mit dem Tode des Stifters. Die Ausdehnung einer solchen Rückwirkungsfiktion auf die Steuerbegünstigung nach §§ 51 ff. AO kommt aber nicht in Betracht (BFH-Urteil vom 6. 6. 2019 V R 50/17, BStBl. II S. 782). Eine Steuerbegünstigung ab dem Beginn der unbeschränkten Steuerpflicht ist damit nur möglich, falls zum Zeitpunkt des Todes des Stifters eine ordnungsgemäße Satzung vorliegt.

Zu § 51 Abs. 2 AO:

7. Verwirklicht die Körperschaft ihre förderungswürdigen Zwecke nur außerhalb von Deutschland, setzt die Steuerbegünstigung – neben den sonstigen Voraussetzungen der §§ 51 ff. AO – zusätzlich den so genannten Inlandsbezug nach § 51 Abs. 2 AO voraus. Dieser liegt zum einen vor, wenn natürliche Personen, die ihren Wohnsitz oder ihren gewöhnlichen Aufenthalt im Inland haben, gefördert werden. Auf die Staatsangehörigkeit der natürlichen Personen kommt es dabei nicht an. 10

Falls durch die Tätigkeit im Ausland keine im Inland lebenden Personen gefördert werden, ist ein Inlandsbezug gegeben, wenn die Tätigkeit der Körperschaft neben der Verwirklichung der steuerbegünstigten Zwecke auch zur Verbesserung des Ansehens Deutschlands im Ausland beitragen kann. Dabei bedarf es keiner spürbaren oder messbaren Auswirkung auf das Ansehen Deutschlands im Ausland. Bei im Inland ansässigen Körperschaften ist der mögliche Beitrag zum Ansehen Deutschlands im Ausland – ohne besonderen Nachweis – bereits dadurch erfüllt, dass sie sich personell, finanziell, planend, schöpferisch oder anderweitig an der Förderung gemeinnütziger und mildtätiger Zwecke im Ausland beteiligen (Indizwirkung). Der Feststellung der positiven Kenntnis aller im Ausland Begünstigten oder aller Mitwirkenden von der Beteiligung deutscher Organisationen bedarf es dabei nicht.

Ausländische Körperschaften können den Inlandsbezug ebenfalls erfüllen, beispielsweise indem sie ihre steuerbegünstigten Zwecke zum Teil auch in Deutschland verwirklichen oder – soweit sie nur im Ausland tätig sind – auch im Inland lebende natürliche Personen fördern, selbst wenn die Personen sich zu diesem Zweck im Ausland aufhalten. Bei der Tatbestandsalternative des möglichen Ansehensbeitrags zugunsten Deutschlands entfällt zwar bei ausländischen Körperschaften die Indizwirkung, die Erfüllung dieser Tatbestandsalternative durch ausländische Einrichtungen ist aber nicht grundsätzlich ausgeschlossen.

AEAO

Der nach § 51 Abs. 2 AO bei Auslandsaktivitäten zusätzlich geforderte Inlandsbezug wirkt sich nicht auf die Auslegung der weiteren, für die Anerkennung der Gemeinnützigkeit notwendigen Voraussetzungen aus. Deren Vorliegen ist weiterhin unabhängig von der Frage, ob die Tätigkeit im In- oder Ausland ausgeübt wird, zu prüfen. Der Inlandsbezug hat somit insbesondere keine Auswirkung auf Inhalt und Umfang der in den §§ 52 bis 53 AO beschriebenen förderungswürdigen Zwecke. Daher können beispielsweise kirchliche Zwecke weiterhin nur zugunsten inländischer Religionsgemeinschaften, die Körperschaften des öffentlichen Rechts sind, verfolgt werden; andererseits kann die Förderung der Religion nach § 52 Abs. 2 Satz 1 Nr. 2 AO wie bisher auch im Ausland erfolgen; auch kann wie bisher z. B. eine hilflose Person im Ausland unterstützt werden (§ 53 Nr. 1 AO).

Mit der Prüfung des Inlandsbezugs selbst ist keine zusätzliche inhaltliche Prüfung der Tätigkeit der Körperschaft verbunden. Das heißt, es ist weder ein weiteres Mal zu ermitteln, ob die Körperschaft gemeinnützige oder mildtätige Zwecke i. S. d. §§ 52 und 53 AO fördert, noch kommt es darauf an, ob die Tätigkeit mit den im Ausland geltenden Wertvorstellungen übereinstimmt und somit nach ausländischen Maßstäben ein Beitrag zum Ansehen Deutschlands geleistet werden kann. Falls die Verfolgung der in den §§ 52 und 53 AO genannten förderungswürdigen Zwecke zu bejahen ist, ist daher davon auszugehen, dass eine solche Tätigkeit dem Ansehen Deutschlands im Ausland nicht entgegensteht.

Zu § 51 Abs. 3 AO:

11 **8.** Der Ausschluss so genannter extremistischer Körperschaften von der Steuerbegünstigung ist in § 51 Abs. 3 AO gesetzlich geregelt.

12 **9.** Die Ergänzung des § 51 AO soll klarstellen, dass eine Körperschaft nur dann als steuerbegünstigt behandelt werden kann, wenn sie weder nach ihrer Satzung und ihrer tatsächlichen Geschäftsführung Bestrebungen i. S. d. § 4 des BVerfSchG verfolgt noch dem Gedanken der Völkerverständigung zuwiderhandelt. § 4 BVerfSchG ist im Zusammenhang mit § 3 BVerfSchG zu lesen, der die Aufgaben der Verfassungsschutzbehörden des Bundes und der Länder und die Voraussetzungen für ein Tätigwerden des Verfassungsschutzes festlegt. Die Aufgabe besteht in der Sammlung und Auswertung von Informationen über die in § 3 Abs. 1 BVerfSchG erwähnten verfassungsfeindlichen Bestrebungen, die § 4 BVerfSchG zum Teil definiert. So beinhaltet § 4 BVerfSchG im ersten Absatz eine Legaldefinition von Bestrebungen

a) gegen den Bestand des Bundes oder eines Landes
b) gegen die Sicherheit des Bundes oder eines Landes
c) gegen die freiheitliche demokratische Grundordnung.

Im zweiten Absatz des § 4 BVerfSchG werden die grundlegenden Prinzipien der freiheitlichen demokratischen Grundordnung aufgeführt.

Gem. § 51 Abs. 3 Satz 1 AO ist eine Steuervergünstigung auch ausgeschlossen, wenn die Körperschaft dem Gedanken der Völkerverständigung zuwiderhandelt. Diese Regelung nimmt Bezug auf § 3 Abs. 1 Nr. 4 BVerfSchG, der wiederum auf Artikel 9 Abs. 2 GG (gegen den Gedanken der Völkerverständigung gerichtete Bestrebungen) sowie Artikel 26 Abs. 1 GG (Störung des friedlichen Zusammenlebens der Völker) verweist. Im Rahmen des § 51 Abs. 3 Satz 1 AO sind die Leistungen einer Körperschaft für das Gemeinwohl nicht im Wege einer Gesamtschau gegen Anhaltspunkte für eine verfassungsfeindliche tatsächliche Geschäftsführung abzuwägen (BFH-Urteil vom 14. 3. 2018, V R 36/16, BStBl. II S. 422).

13 **10.** Der Tatbestand des § 51 Abs. 3 Satz 2 AO ist nur bei solchen Organisationen erfüllt, die im Verfassungsschutzbericht des Bundes oder eines Landes für den zu beurteilenden Veranlagungszeitraum ausdrücklich als extremistisch eingestuft werden (BFH-Urteil vom 11. 4. 2012, I R 11/11, BStBl. 2013 II S. 146; BFH-Urteile vom 5. 9. 2024, V R 15/22, BStBl. 2025 II S. 72 und V R 36/21, BStBl. 2025 II S. 26). Die Widerlegung der Vermutung erfordert den vollen Beweis des Gegenteils; eine Erschütterung ist nicht ausreichend (BFH-Urteil vom 14. 3. 2018, V R 36/16, BStBl. II S. 422). Hat das Finanzamt die Körperschaft bisher als steuerbegünstigt behandelt und wird später ein Verfassungsschutzbericht veröffentlicht, in dem die Körperschaft als extremistisch aufgeführt wird, kommt ggf. eine Änderung nach § 173 Abs. 1 Nr. 1 AO in Betracht.

14 **11.** Bei Organisationen, die nicht unter § 51 Abs. 3 Satz 2 AO fallen, ist eine Prüfung nach § 51 Abs. 3 Satz 1 AO vorzunehmen (vgl. Nr. 9 des AEAO zu § 51). Insbesondere eine Erwähnung als „Verdachtsfall" oder eine nur beiläufige Erwähnung im Verfassungsschutzbericht, aber auch sonstige Erkenntnisse bieten im Einzelfall Anlass zu weitergehenden Ermittlungen der Finanzbehörde, z. B. auch durch Nachfragen bei den Verfassungsschutzbehörden.

15 **12.** Die Finanzbehörden sind befugt und verpflichtet, den Verfassungsschutzbehörden Tatsachen i. S. d. § 51 Abs. 3 AO unabhängig davon mitzuteilen, welchen Besteuerungszeitraum diese Tatsachen betreffen.

§ 52 Gemeinnützige Zwecke[1]

(1) ① **Eine Körperschaft verfolgt gemeinnützige Zwecke, wenn ihre Tätigkeit darauf gerichtet ist, die Allgemeinheit[2] auf materiellem, geistigem oder sittlichem Gebiet selbstlos[3] zu fördern. ② Eine Förderung der Allgemeinheit ist nicht gegeben, wenn der Kreis der Personen, dem die Förderung zugute kommt, fest abgeschlossen ist, zum Beispiel Zugehörigkeit zu einer Familie oder zur Belegschaft eines Unternehmens, oder infolge seiner Abgrenzung, insbesondere nach räumlichen oder beruflichen Merkmalen, dauernd nur klein sein kann. ③ Eine Förderung der Allgemeinheit liegt nicht allein deswegen vor, weil eine Körperschaft ihre Mittel einer Körperschaft des öffentlichen Rechts zuführt.** 1

(2)[4] ① **Unter den Voraussetzungen des Absatzes 1 sind als Förderung der Allgemeinheit[5] anzuerkennen:** 2

1. **die Förderung von Wissenschaft[6] und Forschung;**
2. **die Förderung der Religion;**
3. **die Förderung des öffentlichen Gesundheitswesens und der öffentlichen Gesundheitspflege[7], insbesondere die Verhütung und Bekämpfung von übertragbaren Krankheiten, auch durch Krankenhäuser im Sinne des § 67, und von Tierseuchen;**
4. **die Förderung der Jugend- und Altenhilfe;[8]**

---

[1] Zur Verwirklichung steuerbegünstigter Zwecke im Ausland, vgl. *Vfg. LfSt Bayern vom 9. 8. 2021,* nachstehend abgedruckt.
Der Antrag, festzustellen, ob und in welchem Umfang ein Verein befugt ist, Spendenbestätigungen auszustellen, kann Gegenstand einer Feststellungsklage sein *(BFH-Urteil vom 23. 9. 1999 XI R 66/98, BStBl. 2000 II S. 533).*

Das FA darf durch eine einstweilige Anordnung verpflichtet werden, eine **Bescheinigung über die vorläufige Anerkennung** des Antragstellers als eine gemeinnützigen Zwecken dienende Körperschaft zu erteilen, sofern der Antragsteller zur Erfüllung seiner satzungsmäßigen und ihrer Art nach gemeinnützigen Zwecke auf den Erhalt steuerbegünstigter Spenden angewiesen und seine wirtschaftliche Existenz ohne eine derartige Regelungsanordnung bedroht ist *(BFH-Beschluss vom 23. 9. 1998 I B 82/98, BStBl. 2000 II S. 320).*

Körperschaften, die schwer vermittelbare und zuvor längere Zeit arbeitslose Personen – insbesondere Suchtkranke, Behinderte oder Arbeitsentwöhnte – arbeitstherapeutisch beschäftigen und berufs- und sozialpädagogisch betreuen, um dadurch deren Eingliederung in den normalen Arbeitsprozess selbstlos zu fördern (arbeitstherapeutische Beschäftigungsgesellschaften), dienen einem gemeinnützigen Zweck *(BFH-Urteil vom 26. 4. 1995 I R 35/93, BStBl. II S. 767).* Eine Körperschaft, die ausschließlich Krankenhauswäsche o. ä. reinigt, ist nicht gemeinnützig *(BFH-Urteil vom 19. 7. 1995 I R 56/94, BStBl. 1996 II S. 28).*

Ein Verein zur Bekämpfung unlauteren Wettbewerbs ist nicht gemeinnützig, wenn seine Satzung nicht ausschließt, dass er vornehmlich zur Wahrung der gewerblichen Interessen seiner unternehmerisch tätigen Mitglieder tätig wird *(BFH-Urteil vom 6. 10. 2009 I R 55/08, BStBl. 2010 II S. 335).*

Ein Verein, dessen tatsächliche Geschäftsführung darauf gerichtet ist, durch Umgehung eines gesetzlichen Verbots Geldmittel zur Förderung kommunaler Einrichtungen zu erlangen, ist nicht gemeinnützig *(BFH-Urteil vom 13. 7. 1994 I R 5/93, BStBl. 1995 II S. 135).*

[2] *BFH-Urteil vom 5. 9. 2024 V R 15/22, BStBl. 2025 II S. 72:* Ob eine "Förderung der Allgemeinheit" gemäß § 52 Abs. 1 Satz 1 AO zu verneinen ist, da eine Körperschaft Bestrebungen verfolgt, die sich gegen die freiheitliche demokratische Grundordnung der Bundesrepublik Deutschland richten, ist ebenso wie bei § 51 Abs. 3 Satz 1 und 2 AO eigenständig und ohne eine die Leistungen der Körperschaft für das Gemeinwohl einbeziehende Abwägung zu entscheiden. Es ist daher keine Gesamtwürdigung mit der Folge einer Anerkennung (auch) extremistischer Körperschaften als gemeinnützig vorzunehmen (Bestätigung des *BFH-Urteils vom 14. 3. 2018 V R 36/16, BStBl. 2018 II S. 422).*

Eine Freimaurerloge, die Frauen von der Mitgliedschaft ausschließt, ist nicht gemeinnützig *(BFH-Urteil vom 17. 5. 2017 V R 52/15, BStBl. 2018 II S. 218).*

Eine Körperschaft, die Kinderbetreuungseinrichtungen betreibt, fördert nicht die Allgemeinheit, wenn sie bei der Belegung der Plätze die Belegungspräferenz ihrer Vertragspartner, bestimmter Unternehmen, in der Weise berücksichtigt, dass sich der geförderte Personenkreis nicht mehr als Ausschnitt der Allgemeinheit darstellt *(BFH-Urteil vom 1. 2. 2022 V R 1/20, BStBl. II S. 629).*

[3] Zur Selbstlosigkeit s. § 55 AO. Zum Organisationszweck vgl. § 59 AO.

[4] Wer politische Zwecke durch Einflussnahme auf politische Willensbildung und Gestaltung der öffentlichen Meinung verfolgt, erfüllt keinen gemeinnützigen Zweck i. S. von § 52 AO. Eine gemeinnützige Körperschaft darf sich in dieser Weise nur betätigen, wenn dies der Verfolgung eines der in § 52 Abs. 2 AO ausdrücklich genannten Zwecke dient *(BFH-Urteil vom 10. 1. 2019 V R 60/17, BStBl. II S. 301 und BFH-Urteil vom 10. 12. 2020 V R 14/20, BStBl. 2021 II S. 739).*

Der Steuerbegünstigung steht es nicht entgegen, wenn eine nach § 52 Abs. 2 AO begünstigte Tätigkeit im Einzelfall zwangsläufig mit einer gewissen politischen Zielsetzung verbunden ist. Die allgemeinpolitische Betätigung im Rahmen des steuerbegünstigten Zwecks darf aber nicht über das hinausgehen, was das Eintreten für diesen jeweiligen Zweck und dessen Verwirklichung erfordert *(BFH-Beschluss vom 18. 8. 2021 V B 25/21 (AdV), BStBl. 2021 II S. 931).*

[5] *BFH-Urteil vom 31. 5. 2005 I R 105/04, BFH/NV S. 1741:* 1. Der Begriff „Förderung der Allgemeinheit" in § 52 Abs. 1 Satz 1 AO wird wesentlich geprägt durch die objektive Wertordnung, wie sie insbesondere im Grundrechtskatalog der Art. 1 bis 19 GG zum Ausdruck kommt. 2. Ein Verein, der sich zur artgemäßen und wesensgemäßen Ungleichheit von Menschen bekennt und dessen Mitglieder sich im Lebenskampf mit anderen „Arten" sehen, steht im Widerspruch zum Wertesystem der Grundrechte und ist daher auch dann nicht gemeinnützig, wenn er eine Religionsgemeinschaft ist. Dies verletzt weder den Gleichheitssatz noch die Religionsfreiheit.

[6] Eine Körperschaft kann durch das sog. wissenschaftliche Editieren im sog. Peer-Review-Verfahren und der damit verbundenen Open-Access-Publikation ihren steuerbegünstigten satzungsmäßigen Zweck der Förderung von Wissenschaft und Forschung selbstlos (§ 55 AO), ausschließlich (§ 56 AO) und unmittelbar (§ 57 AO) verfolgen *(BFH-Urteil vom 12. 5. 2022 V R 37/20, BStBl. II S. 603).*

[7] Eine von gemeinnützigen Krankenhausträgern gegründete GmbH, die die Laborleistungen für die Krankenhäuser erbringt, verfolgt selbst nicht unmittelbar gemeinnützige oder mildtätige Zwecke *(BFH-Urteil vom 6. 2. 2013 I R 59/11, BStBl. II S. 603).*

[8] Seniorenhilfen und Seniorengenossenschaften können gemeinnützig sein; s. *Vfg. OFD Frankfurt vom 3. 1. 2011 S 0171 A 124 – St 53.*

Zur Gemeinnützigkeit von Leistungen im Zusammenhang mit der Durchführung von Jugendfreiwilligendiensten vgl. *Erlass FM Sachsen-Anhalt – 42 – S 0184 – 14 vom 27. 5. 2020 (DStR S. 1740).*

AO

5. die Förderung von Kunst[1] und Kultur;

6. die Förderung des Denkmalschutzes und der Denkmalpflege;

7. die Förderung der Erziehung, Volks-[2] und Berufsbildung einschließlich der Studentenhilfe;

8.[3] die Förderung des Naturschutzes und der Landschaftspflege im Sinne des Bundesnaturschutzgesetzes und der Naturschutzgesetze der Länder, des Umweltschutzes, einschließlich des Klimaschutzes, des Küstenschutzes und des Hochwasserschutzes;

9. die Förderung des Wohlfahrtswesens, insbesondere der Zwecke der amtlich anerkannten Verbände der freien Wohlfahrtspflege[4] (§ 23 der Umsatzsteuer-Durchführungsverordnung), ihrer Unterverbände und ihrer angeschlossenen Einrichtungen und Anstalten;

10. die Förderung der Hilfe für politisch, rassistisch oder religiös Verfolgte, für Flüchtlinge, Vertriebene, Aussiedler, Spätaussiedler, Kriegsopfer, Kriegshinterbliebene, Kriegsbeschädigte und Kriegsgefangene, Zivilbeschädigte und Behinderte sowie Hilfe für Opfer von Straftaten; Förderung des Andenkens an Verfolgte, Kriegs- und Katastrophenopfer; Förderung des Suchdienstes für Vermisste, Förderung der Hilfe für Menschen, die auf Grund ihrer geschlechtlichen Identität oder ihrer geschlechtlichen Orientierung diskriminiert werden;

11. die Förderung der Rettung aus Lebensgefahr;

12. die Förderung des Feuer-, Arbeits-, Katastrophen- und Zivilschutzes sowie der Unfallverhütung;

13. die Förderung internationaler Gesinnung, der Toleranz auf allen Gebieten der Kultur und des Völkerverständigungsgedankens;

14. die Förderung des Tierschutzes;

15. die Förderung der Entwicklungszusammenarbeit;

16. die Förderung von Verbraucherberatung und Verbraucherschutz;

17. die Förderung der Fürsorge für Strafgefangene und ehemalige Strafgefangene;

18. die Förderung der Gleichberechtigung von Frauen und Männern;

19. die Förderung des Schutzes von Ehe und Familie;

20. die Förderung der Kriminalprävention;

21. die Förderung des Sports[5] (Schach und E-Sport gelten als Sport);

22. die Förderung der Heimatpflege, Heimatkunde und der Ortsverschönerung;

23. die Förderung der Tierzucht, der Pflanzenzucht, der Kleingärtnerei, des traditionellen Brauchtums einschließlich des Karnevals, der Fastnacht und des Faschings, der Soldaten- und Reservistenbetreuung, des Amateurfunkens, des Freifunks, des Modellflugs und des Hundesports;

24. die allgemeine Förderung des demokratischen Staatswesens[6] im Geltungsbereich dieses Gesetzes; hierzu gehören nicht Bestrebungen, die nur bestimmte Einzelinteressen staatsbürgerlicher Art verfolgen oder die auf den kommunalpolitischen Bereich beschränkt sind;

---

[1] Werden Kunstwerke in privaten – nicht der Allgemeinheit zugänglichen – Räumlichkeiten untergebracht und nur teilweise gelegentlich öffentlich ausgestellt, verfolgt eine zur Bewahrung und Förderung von bildender Kunst gegründete Stiftung mangels Selbstlosigkeit keine gemeinnützigen Zwecke *(BFH-Urteil vom 23. 2. 2017 V R 51/15, BFH/NV S. 882).*

[2] Bei der Förderung der Volksbildung i. S. von § 52 Abs. 2 Nr. 7 AO hat sich die Einflussnahme auf die politische Willensbildung und Gestaltung der öffentlichen Meinung auf bildungspolitische Fragestellungen zu beschränken. Politische Bildung vollzieht sich in geistiger Offenheit. Sie ist nicht förderbar, wenn sie eingesetzt wird, um die politische Willensbildung und die öffentliche Meinung im Sinne eigener Auffassungen zu beeinflussen (*BFH-Urteil vom 10. 1. 2019 V R 60/17, BStBl. II S. 301*).

Der Träger einer Privatschule fördert mit dem Schulbetrieb nicht die Allgemeinheit, wenn die Höhe der Schulgebühren auch unter Berücksichtigung eines Stipendienangebots zur Folge hat, dass die Schülerschaft sich nicht mehr als Ausschnitt der Allgemeinheit darstellt *(BFH-Beschluss vom 26. 5. 2021 V R 31/19, BStBl. II S. 835).*

[3] Eine Körperschaft fördert schon dann den Umweltschutz (§ 52 Abs. 2 Satz 1 Nr. 8 AO), wenn sie Maßnahmen durchführt, die „darauf gerichtet sind", u. a. die natürlichen Lebensgrundlagen der Menschen zu sichern. Für die Gewährung der Steuerbegünstigung kommt es weder auf den tatsächlichen Erfolg der Maßnahme noch auf die Vollendung der Förderung an *(BFH-Urteil vom 20. 3. 2017 X R 13/15, BStBl. II S. 1110).*

[4] Ein von einem gemeinnützigen Verein betriebenes Familienhotel ist keine steuerbegünstigte Einrichtung der Wohlfahrtspflege, wenn nicht nachgewiesen wird, dass die Leistungen zu mindestens zwei Dritteln den in § 53 AO genannten hilfsbedürftigen Personen zugutekommen *(BFH-Urteil vom 21. 9. 2016 V R 50/15, BFH/NV S. 80).*

[5] *BFH-Urteil vom 9. 2. 2017 V R 69/14, BFH/NV S. 926*: 1. Turnierbridge ist kein Sport i. S. des § 52 Abs. 2 Satz 1 Nr. 21 AO. 2. Turnierbridge wird auch nicht von den in § 52 Abs. 2 Satz 1 Nr. 23 AO genannten sog. privilegierten Freizeitbeschäftigungen umfasst.

[6] Das Staatswesen im Sinne von § 52 Abs. 2 Satz 1 Nr. 24 AO kann durch die Zurverfügungstellung einer Online-Plattform gefördert werden, wenn deren Betreiber die dort zur Abstimmung gestellten Anliegen – auch parteipolitisch – neutral und ohne inhaltliche Wertung fördert und sich dabei innerhalb des allgemeinen Rahmens des Gemeinnützigkeitsrechts bewegt (*BFH-Urteil vom 12. 12. 2024 V R 28/23, BStBl. 2025 II S. 431*).

25. die Förderung des bürgerschaftlichen Engagements zugunsten gemeinnütziger, mildtätiger und kirchlicher Zwecke;

26. die Förderung der Unterhaltung und Pflege von Friedhöfen und die Förderung der Unterhaltung von Gedenkstätten für nichtbestattungspflichtige Kinder und Föten;

27. die Förderung wohngemeinnütziger Zwecke; dies ist die vergünstigte Wohnraumüberlassung an Personen im Sinne des § 53. ② § 53 Nummer 2 ist mit der Maßgabe anzuwenden, dass die Bezüge nicht höher sein dürfen als das Fünffache des Regelsatzes der Sozialhilfe im Sinne des § 28 des Zwölften Buches Sozialgesetzbuch; beim Alleinstehenden oder Alleinerziehenden tritt an die Stelle des Fünffachen das Sechsfache des Regelsatzes. ③ Die Hilfebedürftigkeit muss zu Beginn des jeweiligen Mietverhältnisses vorliegen.

② Sofern der von der Körperschaft verfolgte Zweck nicht unter Satz 1 fällt, aber die Allgemeinheit auf materiellem, geistigem oder sittlichem Gebiet entsprechend selbstlos gefördert wird, kann dieser Zweck für gemeinnützig erklärt werden.[1] ③ Die obersten Finanzbehörden der Länder haben jeweils eine Finanzbehörde im Sinne des Finanzverwaltungsgesetzes zu bestimmen, die für Entscheidungen nach Satz 2 zuständig ist.

Zu § 52 – Gemeinnützige Zwecke: AEAO

3 **1.** Die Gemeinnützigkeit einer Körperschaft setzt voraus, dass ihre Tätigkeit der Allgemeinheit zugutekommt (§ 52 Abs. 1 S. 1 AO). Dies ist nicht gegeben, wenn der Kreis der geförderten Personen infolge seiner Abgrenzung, insbesondere nach räumlichen oder beruflichen Merkmalen, dauernd nur klein sein kann (§ 52 Abs. 1 S. 2 AO). Hierzu gilt Folgendes:

4 **1.1. Allgemeines.** Ein Verein, dessen Tätigkeit in erster Linie seinen Mitgliedern zugutekommt (insbesondere Sportvereine und Vereine, die in § 52 Abs. 2 Satz 1 Nr. 23 AO genannte Freizeitbetätigungen fördern), fördert nicht die Allgemeinheit, wenn er den Kreis der Mitglieder durch hohe Aufnahmegebühren oder Mitgliedsbeiträge (einschließlich Mitgliedsumlagen) klein hält.

Bei einem Verein, dessen Tätigkeit in erster Linie seinen Mitgliedern zugutekommt, ist eine Förderung der Allgemeinheit i. S. d. § 52 Abs. 1 AO anzunehmen, wenn

a) die Mitgliedsbeiträge und Mitgliedsumlagen zusammen im Durchschnitt 1 440 € je Mitglied und Jahr und

b) die Aufnahmegebühren für die im Jahr aufgenommenen Mitglieder im Durchschnitt 2 200 € nicht übersteigen.

5 **1.2. Investitionsumlage.** Es ist unschädlich für die Gemeinnützigkeit eines Vereins, dessen Tätigkeit in erster Linie seinen Mitgliedern zugutekommt, wenn der Verein neben den o. a. Aufnahmegebühren und Mitgliedsbeiträgen (einschließlich sonstiger Mitgliedsumlagen) zusätzlich eine Investitionsumlage nach folgender Maßgabe erhebt:

Die Investitionsumlage darf höchstens 7 200 € innerhalb von zehn Jahren je Mitglied betragen. Die Mitglieder müssen die Möglichkeit haben, die Zahlung der Umlage auf bis zu zehn Jahresraten zu verteilen. Die Umlage darf nur für die Finanzierung konkreter Investitionsvorhaben verlangt werden. Unschädlich ist neben der zeitnahen Verwendung der Mittel für Investitionen auch die Ansparung für künftige Investitionsvorhaben im Rahmen von nach § 62 Abs. 1 Nr. 1 zulässigen Rücklagen und die Verwendung für die Tilgung von Darlehen, die für die Finanzierung von Investitionen aufgenommen worden sind. Die Erhebung von Investitionsumlagen kann auf neu eintretende Mitglieder (und ggf. nachzahlende Jugendliche, vgl. Nr. 1.3.1.2 des AEAO zu § 52) beschränkt werden.

Investitionsumlagen sind keine steuerlich abziehbaren Spenden.

6 **1.3. Durchschnittsberechnung.** Der durchschnittliche Mitgliedsbeitrag und die durchschnittliche Aufnahmegebühr sind aus dem Verhältnis der zu berücksichtigenden Leistungen der Mitglieder zu der Zahl der zu berücksichtigenden Mitglieder zu errechnen.

1.3.1. Zu berücksichtigende Leistungen der Mitglieder

1.3.1.1. Grundsatz. Zu den maßgeblichen Aufnahmegebühren bzw. Mitgliedsbeiträgen gehören alle Geld- und geldwerten Leistungen, die ein Bürger aufwenden muss, um in den Verein aufgenommen zu werden bzw. in ihm verbleiben zu können. Umlagen, die von den Mitgliedern erhoben werden, sind mit Ausnahme zulässiger Investitionsumlagen (vgl. Nr. 1.2 des AEAO zu § 52) bei der Berechnung der durchschnittlichen Aufnahmegebühren oder Mitgliedsbeiträge zu berücksichtigen.

[1] *BFH-Urteil vom 9. 2. 2017 V R 70/14, BStBl. II S. 1107:* 1. Aus der Generalklausel des § 52 Abs. 1 AO und einem Vergleich mit dem in § 52 Abs. 2 Satz 1 Nr. 21 AO genannten Katalogzweck „Schach" ergibt sich, dass auch die Förderung von Turnierbridge für gemeinnützig zu erklären ist. 2. Eine „entsprechende" Förderung i. S. des § 52 Abs. 2 Satz 2 AO verlangt, dass der Zweck die Allgemeinheit in vergleichbarer Weise fördert wie die in § 52 Abs. 2 Satz 1 Nr. 1 bis 25 AO genannten Zwecke. 3. Erfüllt der von einer Körperschaft verfolgte Zweck die Voraussetzungen des § 52 Abs. 2 Satz 2 AO, ist er für gemeinnützig zu erklären; ein Ermessen der Verwaltung besteht nicht. 4. Bei dem Verfahren nach § 52 Abs. 2 Sätze 2 und 3 AO handelt es sich um ein eigenständiges Verfahren mit Verwaltungsaktqualität. 5. Kommt ein Landes-Finanzministerium seiner Verpflichtung zur Bestimmung einer Behörde nach § 52 Abs. 2 Satz 3 AO nicht nach, ist das jeweilige Finanzministerium als oberste Finanzbehörde des Landes zuständig.

AEAO

1.3.1.2. Sonderentgelte und Nachzahlungen. So genannte Spielgeldvorauszahlungen, die im Zusammenhang mit der Aufnahme in den Verein zu entrichten sind, gehören zu den maßgeblichen Aufnahmegebühren. Sonderumlagen und Zusatzentgelte, die Mitglieder z. B. unter der Bezeichnung Jahresplatzbenutzungsgebühren zahlen müssen, sind bei der Durchschnittsberechnung als zusätzliche Mitgliedsbeiträge zu berücksichtigen.

Wenn jugendliche Mitglieder, die zunächst zu günstigeren Konditionen in den Verein aufgenommen worden sind, bei Erreichen einer Altersgrenze Aufnahmegebühren nachzuentrichten haben, sind diese im Jahr der Zahlung bei der Berechnung der durchschnittlichen Aufnahmegebühr zu erfassen.

1.3.1.3. Auswärtige Mitglieder. Mitgliedsbeiträge und Aufnahmegebühren, die auswärtige Mitglieder an andere gleichartige Vereine entrichten, sind nicht in die Durchschnittsberechnungen einzubeziehen. Dies gilt auch dann, wenn die Mitgliedschaft in dem anderen Verein Voraussetzung für die Aufnahme als auswärtiges Mitglied oder die Spielberechtigung in der vereinseigenen Sportanlage ist.

1.3.1.4. Juristische Personen und Unternehmen in anderer Rechtsform. Leistungen, die juristische Personen und Unternehmen in anderer Rechtsform für die Erlangung und den Erhalt der eigenen Mitgliedschaft in einem Verein aufwenden (so genannte Firmenmitgliedschaften), sind bei den Durchschnittsberechnungen nicht zu berücksichtigen (vgl. Nr. 1.3.2 des AEAO zu § 52).

1.3.1.5. Darlehen. Darlehen, die Mitglieder dem Verein im Zusammenhang mit ihrer Aufnahme in den Verein gewähren, sind nicht als zusätzliche Aufnahmegebühren zu erfassen. Wird das Darlehen zinslos oder zu einem günstigeren Zinssatz, als er auf dem Kapitalmarkt üblich ist, gewährt, ist der jährliche Zinsverzicht als zusätzlicher Mitgliedsbeitrag zu berücksichtigen.

Diese Grundsätze gelten auch, wenn Mitgliedsbeiträge oder Mitgliedsumlagen (einschließlich Investitionsumlagen) als Darlehen geleistet werden.

1.3.1.6. Beteiligung an Gesellschaften. Kosten für den zur Erlangung der Spielberechtigung notwendigen Erwerb von Geschäftsanteilen an einer Gesellschaft, die neben dem Verein besteht und die die Sportanlagen errichtet oder betreibt, sind mit Ausnahme des Agios nicht als zusätzliche Aufnahmegebühren zu erfassen.

Ein Sportverein kann aber mangels Unmittelbarkeit dann nicht als gemeinnützig behandelt werden, wenn die Mitglieder die Sportanlagen des Vereins nur bei Erwerb einer Nutzungsberechtigung von einer neben dem Verein bestehenden Gesellschaft nutzen dürfen.

1.3.1.7. Spenden. Wenn Bürger im Zusammenhang mit der Aufnahme in einen Sportverein als Spenden bezeichnete Zahlungen an den Verein leisten, ist zu prüfen, ob es sich dabei um freiwillige unentgeltliche Zuwendungen, d. h. um Spenden, oder um Sonderzahlungen handelt, zu deren Leistung die neu eintretenden Mitglieder verpflichtet sind.

Sonderzahlungen sind in die Berechnung der durchschnittlichen Aufnahmegebühr einzubeziehen. Dies gilt auch, wenn kein durch die Satzung oder durch Beschluss der Mitgliederversammlung festgelegter Rechtsanspruch des Vereins besteht, die Aufnahme in den Verein aber faktisch von der Leistung einer Sonderzahlung abhängt.

Eine faktische Verpflichtung ist regelmäßig anzunehmen, wenn mehr als 75% der neu eingetretenen Mitglieder neben der Aufnahmegebühr eine gleich oder ähnlich hohe Sonderzahlung leisten. Dabei bleiben passive oder fördernde, jugendliche und auswärtige Mitglieder sowie Firmenmitgliedschaften außer Betracht. Für die Beurteilung der Frage, ob die Sonderzahlungen der neu aufgenommenen Mitglieder gleich oder ähnlich hoch sind, sind die von dem Mitglied innerhalb von drei Jahren nach seinem Aufnahmeantrag oder, wenn zwischen dem Aufnahmeantrag und der Aufnahme in den Verein ein ungewöhnlich langer Zeitraum liegt, nach seiner Aufnahme geleisteten Sonderzahlungen, soweit es sich dabei nicht um von allen Mitgliedern erhobene Umlagen handelt, zusammenzurechnen.

Die 75%-Grenze ist eine widerlegbare Vermutung für das Vorliegen von Pflichtzahlungen. Maßgeblich sind die tatsächlichen Verhältnisse des Einzelfalls. Sonderzahlungen sind deshalb auch dann als zusätzliche Aufnahmegebühren zu behandeln, wenn sie zwar von weniger als 75% der neu eingetretenen Mitglieder geleistet werden, diese Mitglieder aber nach den Umständen des Einzelfalls zu den Zahlungen nachweisbar verpflichtet sind.

Die vorstehenden Grundsätze einschließlich der 75 v. H.-Grenze gelten für die Abgrenzung zwischen echten Spenden und Mitgliedsumlagen entsprechend. Pflichtzahlungen sind in diesem Fall in die Berechnung des durchschnittlichen Mitgliedsbeitrags einzubeziehen.

Nicht bei der Durchschnittsberechnung der Aufnahmegebühren und Mitgliedsbeiträge zu berücksichtigen sind Pflichteinzahlungen in eine zulässige Investitionsumlage (vgl. Nr. 1.2 des AEAO zu § 52).

Für Leistungen, bei denen es sich um Pflichtzahlungen (z. B. Aufnahmegebühren, Mitgliedsbeiträge, Ablösezahlungen für Arbeitsleistungen und Umlagen einschließlich Investitionsumlagen) handelt, dürfen keine Zuwendungsbestätigungen i. S. d. § 50 EStDV ausgestellt werden.

1.3.2. Zu berücksichtigende Mitglieder. Bei der Berechnung des durchschnittlichen Mitgliedsbeitrags ist als Divisor die Zahl der Personen anzusetzen, die im Veranlagungszeitraum (Kalenderjahr) Mitglieder des Vereins waren. Dabei sind auch die Mitglieder zu berücksichtigen, die im Laufe des Jahres aus dem Verein ausgetreten oder in ihn aufgenommen worden sind. Voraussetzung ist, dass eine Dauermitgliedschaft bestanden hat bzw. die Mitgliedschaft auf Dauer angelegt ist.

Divisor bei der Berechnung der durchschnittlichen Aufnahmegebühr ist die Zahl der Personen, die in dem Veranlagungszeitraum auf Dauer neu in den Verein aufgenommen worden sind. Bei den Berechnungen sind grundsätzlich auch die fördernden oder passiven, jugendlichen und auswärtigen Mitglieder zu berücksichtigen. Unter auswärtigen Mitgliedern sind regelmäßig Mitglieder zu verstehen, die ihren Wohnsitz außerhalb des Einzugsgebiets des Vereins haben und/oder bereits ordentliches Mitglied in einem gleichartigen anderen Sportverein sind und die deshalb keine oder geringere Mitgliedsbeiträge oder Aufnahmegebühren zu zahlen haben. Nicht zu erfassen sind juristische Personen oder Firmen in anderer Rechtsform sowie die natürlichen Personen, die infolge der Mitgliedschaft dieser Organisationen Zugang zu dem Verein haben.

Die nicht aktiven Mitglieder sind nicht zu berücksichtigen, wenn der Verein ihre Einbeziehung in die Durchschnittsberechnung missbräuchlich ausnutzt. Dies ist z. B. anzunehmen, wenn die Zahl der nicht aktiven Mitglieder ungewöhnlich hoch ist oder festgestellt wird, dass im Hinblick auf die Durchschnittsberechnung gezielt nicht aktive Mitglieder beitragsfrei oder gegen geringe Beiträge aufgenommen worden sind. Entsprechendes gilt für die Einbeziehung auswärtiger Mitglieder in die Durchschnittsberechnung.

2. Gemeinnützige Zwecke. Bei § 52 Abs. 2 AO handelt es sich grundsätzlich um eine abschließende Aufzählung gemeinnütziger Zwecke. Die Allgemeinheit kann allerdings auch durch die Verfolgung von Zwecken, die hinsichtlich der Merkmale, die ihre steuerrechtliche Förderung rechtfertigen, mit den in § 52 Abs. 2 AO aufgeführten Zwecken identisch sind, gefördert werden. 7

2.1. Jugendliche i. S. d. § 52 Abs. 2 Satz 1 Nr. 4 AO bzw. des § 68 Nr. 1 Buchstabe b AO sind alle Personen vor Vollendung des 27. Lebensjahres.

2.2. Die Förderung von Kunst und Kultur umfasst die Bereiche der Musik, der Literatur, der darstellenden und bildenden Kunst und schließt die Förderung von kulturellen Einrichtungen, wie Theater und Museen, sowie von kulturellen Veranstaltungen, wie Konzerte und Kunstausstellungen, ein. Zur Förderung von Kunst und Kultur gehört auch die Förderung der Pflege und Erhaltung von Kulturwerten. Kulturwerte sind Gegenstände von künstlerischer und sonstiger kultureller Bedeutung, Kunstsammlungen und künstlerische Nachlässe, Bibliotheken, Archive sowie andere vergleichbare Einrichtungen. Das Vorführen von Filmen allein ist noch keine gemeinnützige Tätigkeit. Die Gemeinnützigkeit kommunaler Kinos ist jedoch zu bejahen, wenn bestimmte zusätzliche Kriterien erfüllt sind. Hierzu zählt, ob ein kommunaler Kinoverein öffentliche Zuschüsse erhält, ob er in die gesamte Kulturarbeit der Kommune integriert ist, ob sich das Programm inhaltlich, konzeptionell und formal von etwa vorhandenen gewerblichen Kinos am Ort unterscheidet, ob die Filme in bestimmten Sachzusammenhängen gezeigt und ob sie inhaltlich aufbereitet werden, z. B. durch begleitende Vorträge. Dabei reicht es aus, wenn ein kommunaler Kinoverein einige der genannten Kriterien erfüllt. Auf die künstlerische Qualität der einzelnen gezeigten Filme kommt es nicht an.

2.3. Die Förderung der Denkmalpflege bezieht sich auf die Erhaltung und Wiederherstellung von Bau- und Bodendenkmälern, die nach den jeweiligen landesrechtlichen Vorschriften anerkannt sind. Die Anerkennung ist durch eine Bescheinigung der zuständigen Stelle nachzuweisen.

2.4. Vereine, deren satzungsmäßiger Zweck die Förderung der nichtgewerblichen Fischerei ist (Anglervereine), können unter dem Gesichtspunkt der Förderung des Naturschutzes und der Landschaftspflege als gemeinnützig i. S. d. § 52 AO anerkannt werden. Ihre Tätigkeit ist im Wesentlichen auf die einheitliche Ausrichtung und Vertretung der Mitgliederinteressen bei der Hege und Pflege des Fischbestandes in den Gewässern in Verbindung mit Maßnahmen zum Schutz und zur Reinhaltung dieser Gewässer, sowie die Erhaltung der Schönheit und Ursprünglichkeit der Gewässer i. S. d. Naturschutzes und der Landschaftspflege gerichtet. Wettfischveranstaltungen sind grundsätzlich als nicht mit dem Tierschutzgesetz und mit der Gemeinnützigkeit vereinbar anzusehen.

Fischen und Angeln bedarf in jedem Fall einer besonderen Genehmigung, für private Gewässer der des Eigentümers, für öffentliche Gewässer der der zuständigen öffentlichen Körperschaft (z. B. Gemeinde). Der Verkauf von Angelkarten durch Vereine an Vereinsmitglieder wird im Rahmen eines steuerbegünstigten wirtschaftlichen Geschäftsbetriebs (= Zweckbetrieb) durchgeführt. Der Verkauf von Angelkarten an Nichtmitglieder hingegen stellt einen steuerpflichtigen wirtschaftlichen Geschäftsbetrieb dar.

2.5. Zur Förderung des Andenkens an Verfolgte, Kriegs- und Katastrophenopfer gehört auch die Errichtung von Ehrenmalen und Gedenkstätten.

Zur Förderung der Tier- bzw. Pflanzenzucht gehört auch die Förderung der Erhaltung vom Aussterben bedrohter Nutztierrassen und Nutzpflanzen.

Körperschaften, die nationale Minderheiten und Volksgruppen sowie die nachfolgenden Regionalsprachen fördern, können gemeinnützige Zwecke i. S. v. § 52 AO verfolgen. Die Förderung des Einsatzes für nationale Minderheiten i. S. d. durch Deutschland ratifizierten Rahmenabkommens zum Schutz nationaler Minderheiten und die Förderung des Einsatzes für die gem. der von Deutschland ratifizierten Charta der Regional- und Minderheitensprachen geschützten Sprachen sind – je nach Betätigung im Einzelnen – Förderung von Kunst und Kultur, Förderung der

AEAO

Heimatpflege und Heimatkunde oder Förderung des traditionellen Brauchtums. Bei den nach der Charta geschützten Sprachen handelt es sich um die Regionalsprache Niederdeutsch sowie die Minderheitensprachen Dänisch, Friesisch, Sorbisch und das Romanes der deutschen Sinti und Roma.

Für die Gemeinnützigkeit eines Vertriebenenverbands ist es unschädlich, wenn er nach seiner Satzung allgemein – im Sinne einer Wiederherstellung der allgemeinen Gerechtigkeit – auch Zwecke wie „Wiedergutmachung des Vertreibungsunrechts" oder „Rückgabe des konfiszierten Vermögens auf der Basis eines gerechten Ausgleichs" fördert. Bei derartigen Formulierungen in der Satzung kann angenommen werden, dass sich der Verband bei seiner Betätigung im Rahmen des gemeinnützigen Zwecks „Fürsorge für Vertriebene" hält und die Verfolgung individueller Rechtsansprüche der Mitglieder nicht Satzungszweck ist.

Zu beanstanden sind jedoch Formulierungen, die nach Satzungszweck z. B. mit „Anspruch der Volksgruppen und der einzelnen Landsleute auf Rückerstattung des geraubten Vermögens und die sich daraus ergebenden Entschädigungsansprüche zu vertreten" definieren. Vertriebenenverbände mit diesem oder einem ähnlich formulierten Satzungszweck können nicht als gemeinnützig behandelt werden, weil sie gegen die Gebote der Ausschließlichkeit (§ 56 AO) und der Selbstlosigkeit (§ 55 AO) verstoßen.

Satzungszwecke wie „Wiedervereinigung mit den Vertreibungsgebieten" oder „Eingliederung der Vertreibungsgebiete" sind ebenfalls schädlich für die Gemeinnützigkeit eines Vertriebenenverbandes. Die Verfolgung dieser Ziele ist keine Förderung der Allgemeinheit, weil solche Bestrebungen im Widerspruch zu den völkerrechtlich verbindlichen Verträgen der Bundesrepublik Deutschland mit ihren östlichen Nachbarstaaten und zum Grundgesetz stehen (vgl. BFH-Beschluss vom 16. 10. 1991, I B 16/91, BFH/NV 1992 S. 505).

2.6. Zur Förderung der Ortsverschönerung gehören u. a. auch grundlegende Maßnahmen der Landschafts-, Heimat-, und Denkmalpflege sowie des Naturschutzes zur Verbesserung der örtlichen Lebensqualität (z. B. Unterhaltung von öffentlichen Parkanlagen und Lehrpfaden zur Regionalgeschichte). Aspekte der Wirtschafts- und Tourismusförderung fallen nicht darunter.

2.7. Der Begriff Freifunk bezieht sich auf die nichtkommerzielle Förderung der Einrichtung und Unterhaltung von Kommunikationsnetzwerken, die der Allgemeinheit offenstehen. Die Weitergabe oder Verwendung der Nutzerdaten für gewerbliche Zwecke fällt nicht unter den Begriff des steuerlich begünstigten Freifunks.

2.8. Unter dem Begriff „bürgerschaftliches Engagement" versteht man eine freiwillige, nicht auf das Erzielen eines persönlichen materiellen Gewinns gerichtete, auf die Förderung der Allgemeinheit hin orientierte, kooperative Tätigkeit. Die Anerkennung der Förderung des bürgerschaftlichen Engagements zugunsten gemeinnütziger, mildtätiger und kirchlicher Zwecke dient der Hervorhebung der Bedeutung, die ehrenamtlicher Einsatz für unsere Gesellschaft hat. Eine Erweiterung der gemeinnützigen Zwecke ist damit nicht verbunden.

2.9. Soweit eine Körperschaft die Friedhofsverwaltung, einschließlich der Pflege und Unterhaltung des Friedhofsgeländes und seiner Baulichkeiten, selbstlos, ausschließlich und unmittelbar wahrnimmt, kann dies als Förderung der Allgemeinheit im Sinne des § 52 AO eingeordnet werden.

Dazu können auch die Aufgaben des Bestattungswesens zählen, wie etwa der Bestattungsvorgang, die Grabfundamentierung, das Vorhalten aller erforderlichen Einrichtungen und Vorrichtungen sowie die notwendigerweise anfallenden Dienstleistungen wie Wächterdienste, Sargaufbewahrung, Sargtransportdienste im Friedhofsbereich, Totengeleit, Kranzannahme, Graben der Gruft und ähnliche Leistungen. Weiterhin sind auch die Tätigkeiten umfasst, die kraft Herkommens oder allgemeiner Übung allein von der Friedhofsverwaltung erbracht oder allgemein als ein unverzichtbarer Bestandteil einer würdigen Bestattung angesehen werden, wie z. B. Läuten der Glocken, übliche Ausschmückung des ausgehobenen Grabes oder musikalische Umrahmung der Trauerfeier.

Der Zweck umfasst auch die Unterhaltung von Gedenkstätten für sogenannte „Sternenkinder", die nach dem jeweiligen Landesbestattungsgesetz nicht bestattet werden können, als einen Ort der Trauer für die betroffene Familie. Die seelsorgerische Betreuung der Angehörigen ist wie bisher als Förderung mildtätiger Zwecke gemäß § 53 AO anzusehen.

2.10. Durch § 52 Abs. 2 Satz 2 AO wird die Möglichkeit eröffnet, Zwecke auch dann als gemeinnützig anzuerkennen, wenn diese nicht unter den Katalog des § 52 Abs. 2 Satz 1 AO fallen. Die Anerkennung der Gemeinnützigkeit solcher gesellschaftlicher Zwecke wird bundeseinheitlich abgestimmt.

Satz 2 gilt auch für den Fall, dass die zuständige Finanzbehörde den Antrag ablehnen möchte, es sei denn, es ergibt sich aus anderen, nicht aus der Regelung des § 52 Abs. 2 Satz 2 AO resultierenden Gründen, dass der Antragsteller die Voraussetzungen der Gemeinnützigkeit nicht erfüllt.

2.11. Folgende Zwecke wurden als vergleichbare Zwecke i. S. d. § 52 Abs. 2 Satz 2 AO anerkannt:

– Turnierbridge nach dem Regelwerk der World Bridge Federation (BFH-Urteil vom 9. 2. 2017, V R 70/14, BStBl. II S. 1106).

AEAO

3. Internetvereine können wegen Förderung der Volksbildung als gemeinnützig anerkannt werden, sofern ihr Zweck nicht der Förderung der (privat betriebenen) Datenkommunikation durch Zurverfügungstellung von Zugängen zu Kommunikationsnetzwerken sowie durch den Aufbau, die Förderung und den Unterhalt entsprechender Netze zur privaten und geschäftlichen Nutzung durch die Mitglieder oder andere Personen dient. Zur steuerbegünstigten Förderung des Freifunks vgl. Nr. 2.7 des AEAO zu § 52. 8

Freiwilligenagenturen sind Körperschaften, die Menschen für freiwilliges, unentgeltliches Engagement bei steuerbegünstigten Körperschaften oder Körperschaften des öffentlichen Rechts qualifizieren und ihnen die entsprechenden Tätigkeiten vermitteln. Sie treten auch unter anderen Bezeichnungen auf, z. B. Freiwilligenzentren oder Ehrenamtsbörsen. Freiwilligenagenturen können regelmäßig wegen der Förderung der Bildung (§ 52 Abs. 2 Satz 1 Nr. 7 AO) als gemeinnützig behandelt werden, weil das Schwergewicht ihrer Tätigkeit in der Aus- und Weiterbildung der Freiwilligen liegt. Die Vermittlung der Freiwilligen in das gewünschte Betätigungsfeld ist lediglich Endpunkt und Abschluss eines Qualifizierungsprozesses, nicht jedoch der vorrangige und überwiegende Tätigkeitsbereich. Erhält eine Freiwilligenagentur im Zusammenhang mit der Vermittlung von Freiwilligen ein Entgelt für ihre Leistungen, liegt ein wirtschaftlicher Geschäftsbetrieb i. S. d. § 14 AO vor, der sowohl die Ausbildungsleistung als auch die Vermittlung umfasst. Der wirtschaftliche Geschäftsbetrieb ist als Zweckbetrieb (§ 65 AO) zu behandeln, weil das Entgelt für die Gesamtleistung – mit Schwergewicht bei der Ausbildung – gezahlt wird.

4. Erfinderclubs verfolgen in der Regel die Förderung von Bildung nach § 52 Abs. 2 Satz 1 Nr. 7 AO. Eine Anerkennung der Gemeinnützigkeit wegen der Förderung der Forschung nach § 52 Abs. 2 Satz 1 Nr. 1 AO ist nur dann möglich, wenn der Verein selbst forscht (Gebot der Unmittelbarkeit, § 57 AO). 9

Nicht gemeinnützig ist die Förderung einer eigenen gewerblichen Tätigkeit oder die Förderung der gewerblichen Tätigkeit der Mitglieder. Es ist entscheidend, dass es sich bei dem Verein nicht lediglich um einen Zusammenschluss von Personen handelt, die durch Erfindungen, Patente und ihre Verwertung persönliche Einkünfte erzielen wollen. Die für die Gemeinnützigkeit geforderte Selbstlosigkeit eines Erfindervereins schließt zwar ein gewisses Eigeninteresse der Mitglieder an der Vereinstätigkeit nicht aus, allerdings verstößt die Verfolgung von vorwiegend eigenwirtschaftlichen Interessen gegen das Gebot der Selbstlosigkeit nach § 55 Abs. 1 AO. An der gebotenen Selbstlosigkeit fehlt es, wenn der Verein nach seiner Satzung die Patentierung und Verwertung von Erfindungen seiner Mitglieder fördert, sie also bei einer im Grundsatz gewerblichen Tätigkeit unterstützt. Dies gilt auch, wenn der Verein die Patente für seine Mitglieder anmeldet und hält. Unschädlich ist die allgemeine Information der Mitglieder, z. B. durch Lehrveranstaltungen oder Merkblätter zum Patentrecht.

Bei einem Verein, der selbst forscht, ist es unschädlich für die Steuerbegünstigung, wenn er Forschungsergebnisse zum Patent anmeldet. Er muss die Forschungsergebnisse aber veröffentlichen und damit der Allgemeinheit zugänglich machen. Erlegt die Satzung den Mitgliedern eine Geheimhaltungsverpflichtung auf, ist dies ein Indiz dafür, dass nicht die Allgemeinheit, sondern (nur oder in erster Linie) die Mitglieder gefördert werden sollen.

Eine gemeinnützigkeitskonforme Zweckverwirklichung kann beispielhaft durch folgende Maßnahmen erfolgen:

- Förderung des Wissens über den Zusammenhang zwischen Erfindungen, Schutzrechten und Innovationen,
- Förderung des Erfahrungsaustausches im Zusammenhang mit Erfindungen, Innovationen und Patenten sowie
- Öffentlichkeitsarbeit; Durchführung von Veranstaltungen, Fortbildungsmaßnahmen, Vorhaben, Projekten, die den satzungsmäßigen Zwecken (und nicht nur Einzelnen) dienen.

5. Der Träger einer Privatschule fördert mit dem Schulbetrieb nicht die Allgemeinheit, wenn die Höhe der Schulgebühren auch unter Berücksichtigung eines Stipendienangebots zur Folge hat, dass die Schülerschaft sich nicht mehr als Ausschnitt der Allgemeinheit darstellt (BFH-Beschluss vom 26. 5. 2021, V R 31/19, BStBl. S. 835). 10

Bei Körperschaften, die Privatschulen betreiben oder unterstützen, ist zwischen Ersatzschulen und Ergänzungsschulen zu unterscheiden. Die Förderung der Allgemeinheit ist bei Ersatzschulen stets anzunehmen, weil die zuständigen Landesbehörden die Errichtung und den Betrieb einer Ersatzschule nur dann genehmigen dürfen, wenn eine Sonderung der Schüler nach den Besitzverhältnissen der Eltern nicht gefördert wird (Art. 7 Abs. 4 Satz 3 GG und die Privatschulgesetze der Länder). Bei Ergänzungsschulen kann eine Förderung der Allgemeinheit dann angenommen werden, wenn in der Satzung der Körperschaft festgelegt ist, dass bei mindestens 25% der Schüler keine Sonderung nach den Besitzverhältnissen der Eltern i. S. d. Art. 7 Abs. 4 Satz 3 GG und der Privatschulgesetze der Länder vorgenommen werden darf.

Der Träger einer Kinderbetreuungseinrichtung fördert nicht die Allgemeinheit, wenn die Betreuungsplätze vorrangig den Beschäftigten von Vertragspartnern des Trägers zur Verfügung gestellt werden und damit nicht mehr der Allgemeinheit zugutekommen (BFH-Urteil vom 1. 2. 2022, V R 1/20, BStBl. II S. 629). Bei Kinderbetreuungseinrichtungen, kann eine Förderung der Allgemeinheit angenommen werden, wenn in der Satzung der Körperschaft festgelegt ist, dass 25% der Betreuungsplätze nicht an Kinder von Beschäftigten von Vertragspartnern vergeben werden.

AEAO

11 **6.** Nachbarschaftshilfevereine, Tauschringe und ähnliche Körperschaften, deren Mitglieder kleinere Dienstleistungen verschiedenster Art gegenüber anderen Vereinsmitgliedern erbringen (z.B. kleinere Reparaturen, Hausputz, Kochen, Kinderbetreuung, Nachhilfeunterricht, häusliche Pflege) sind grundsätzlich nicht gemeinnützig, weil regelmäßig durch die gegenseitige Unterstützung in erster Linie eigenwirtschaftliche Interessen ihrer Mitglieder gefördert werden und damit gegen den Grundsatz der Selbstlosigkeit (§ 55 Abs. 1 AO) verstoßen wird. Solche Körperschaften können jedoch gemeinnützig sein, wenn sich ihre Tätigkeit darauf beschränkt, alte und hilfsbedürftige Menschen in Verrichtungen des täglichen Lebens zu unterstützen und damit die Altenhilfe gefördert bzw. mildtätige Zwecke (§ 53 AO) verfolgt werden. Soweit sich der Zweck der Körperschaften zusätzlich auf die Erteilung von Nachhilfeunterricht und Kinderbetreuung erstreckt, können sie auch wegen Förderung der Jugendhilfe anerkannt werden. Voraussetzung für die Anerkennung der Gemeinnützigkeit solcher Körperschaften ist, dass die aktiven Mitglieder ihre Dienstleistungen als Hilfspersonen der Körperschaft (§ 57 Abs. 1 Satz 2 AO) ausüben.

Vereine, deren Zweck die Förderung esoterischer Heilslehren ist, z.B. Reiki-Vereine, können nicht wegen Förderung des öffentlichen Gesundheitswesens oder der öffentlichen Gesundheitspflege als gemeinnützig anerkannt werden.

12 **7.** Ein wesentliches Element des Sports (§ 52 Abs. 2 Satz 1 Nr. 21 AO) ist die körperliche Ertüchtigung. Motorsport fällt unter den Begriff des Sports (BFH-Urteil vom 29.10. 1997, I R 13/97, BStBl. 1998 II S. 9), ebenso Ballonfahren. Dagegen sind Skat (BFH-Urteil vom 17. 2. 2000, I R 108, 109/98, BFH/NV S. 1071), Bridge, Gospiel, Gotcha, Paintball und Tipp-Kick kein Sport i. S. d. Gemeinnützigkeitsrechts. Dies gilt auch für Amateurfunk, Modellflug und Hundesport, die jedoch eigenständige gemeinnützige Zwecke sind (§ 52 Abs. 2 Satz 1 Nr. 23 AO). Schützenvereine können auch dann als gemeinnützig anerkannt werden, wenn sie nach ihrer Satzung neben dem Schießsport (als Hauptzweck) auch das Schützenbrauchtum (vgl. Nr. 12 des AEAO zu § 52) fördern. Die Durchführung von volksfestartigen Schützenfesten ist kein gemeinnütziger Zweck.

Die Förderung des IPSC-Schießens (International Practical Shooting Confederation – IPSC) kann gemeinnützig sein (BFH-Urteil vom 27. 9. 2018 V R 48/16, BStBl. 2019 II S. 790). Es ist dabei aber in jedem Einzelfall zu prüfen, ob nach dem konkret vorliegenden Sachverhalt bei Veranstaltungen des betreffenden IPSC-Vereins oder bei Wettkämpfen, zu denen der Verein seine Mitglieder entsendet, das Schießen auf Menschen simuliert wird, bzw. die beim IPSC-Schießen aufgebauten Szenarien als „Häuserkampf" mit der Imitation eines Schusses auf Menschen interpretiert werden müssen. Liegt ein derartiger Sachverhalt vor, ist dem betreffenden IPSC-Verein der Status der Gemeinnützigkeit zu versagen bzw. abzuerkennen.

13 **8.** Die Förderung des bezahlten Sports ist kein gemeinnütziger Zweck, weil dadurch eigenwirtschaftliche Zwecke der bezahlten Sportler gefördert werden. Sie ist aber unter bestimmten Voraussetzungen unschädlich für die Gemeinnützigkeit eines Sportvereins (s. § 58 Nr. 8 AO und § 67 a AO).

14 **9.** Aus dem Begriff der politischen Bildung von § 52 Abs. 2 Nr. 7 AO (Förderung der Volksbildung) und Nr. 24 AO (allgemeine Förderung des demokratischen Staatswesens) ergibt sich kein eigenständiger steuerbegünstigter Zweck der Einflussnahme auf die politische Willensbildung und auf die Gestaltung der öffentlichen Meinung in beliebigen Politikbereichen im Sinne eines „allgemeinpolitischen Mandats" (BFH-Urteil vom 10. 1. 2019 V R 60/17, BStBl. II S. 301 und BFH-Beschluss vom 10. 12. 2020 V R 14/20, BStBl. 2021 II S. 739; Nr. 16 des AEAO zu § 52).

Eine steuerbegünstigte allgemeine Förderung des demokratischen Staatswesens ist nur dann gegeben, wenn sich die Körperschaft umfassend mit den demokratischen Grundprinzipien befasst und diese objektiv und neutral würdigt (BFH-Beschluss vom 18. 8. 2021 V B 25/21 (AdV), BStBl. II S. 931). Ist hingegen Zweck der Körperschaft die politische Bildung, der es auf der Grundlage der Normen und Vorstellungen einer rechtsstaatlichen Demokratie um die Schaffung und Förderung politischer Wahrnehmungsfähigkeit und politischen Verantwortungsbewusstseins in geistiger Offenheit geht, liegt Volksbildung vor. Diese muss nicht nur in theoretischer Unterweisung bestehen, sie kann auch durch den Aufruf zu konkreter Handlung ergänzt werden. Politische Bildung ist nicht förderbar, wenn sie eingesetzt wird, um die politische Willensbildung und die öffentliche Meinung im Sinne eigener Auffassungen zu beeinflussen, z.B. durch einseitige Agitation oder unkritische Indoktrination (BFH-Urteile vom 23. 9. 1999 XI R 63/98, BStBl. 2000 II S. 200 und vom 10. 1. 2019 V R 60/17, BStBl. II S. 301).

15 **10.** Die Förderung von Freizeitaktivitäten außerhalb des Bereichs des Sports ist nur dann als Förderung der Allgemeinheit anzuerkennen, wenn die Freizeitaktivitäten hinsichtlich der Merkmale, die ihre steuerrechtliche Förderung rechtfertigen, mit den im Katalog des § 52 Abs. 2 Satz 1 Nr. 23 AO genannten Freizeitgestaltungen identisch sind. Es reicht nicht aus, dass die Freizeitgestaltung sinnvoll und einer der in § 52 Abs. 2 Satz 1 Nr. 23 AO genannten ähnlich ist (BFH-Urteil vom 14. 9. 1994, I R 153/93, BStBl. 1995 II S. 499). Die Förderung des Baus und Betriebs von Schiffs-, Auto-, Eisenbahn- und Drachenflugmodellen ist identisch im vorstehenden Sinne mit der Förderung des Modellflugs, die Förderung des CB-Funkens mit der Förderung des Amateurfunkens. Diese Zwecke sind deshalb als gemeinnützig anzuerkennen. Nicht identisch im vorstehenden Sinne mit den in § 52 Abs. 2 Satz 1 Nr. 23 AO genannten Freizeitaktivitäten und deshalb nicht als eigenständige gemeinnützige Zwecke anzuerkennen sind z.B. die Förderung des Amateurfilmens und -fotografierens, des Kochens, von Brett- und Kartenspielen und des Sammelns

AEAO

von Gegenständen, wie Briefmarken, Münzen und Autogrammkarten, sowie die Tätigkeit von Reise- und Touristik-, Sauna-, Geselligkeits-, Kosmetik-, und Oldtimer-Vereinen. Bei Vereinen, die das Amateurfilmen und -fotografieren fördern, und bei Oldtimer-Vereinen kann aber eine Steuerbegünstigung wegen der Förderung von Kunst oder (technischer) Kultur in Betracht kommen.

11. Obst- und Gartenbauvereine fördern i. d. R. die Pflanzenzucht i. S. d. § 52 Abs. 2 Satz 1 Nr. 23 AO. Die Förderung der Bonsaikunst ist Pflanzenzucht, die Förderung der Aquarien- und Terrarienkunde ist Tierzucht i. S. d. Vorschrift. **16**

12. Historische Schützenbruderschaften können wegen der Förderung der Brauchtumspflege (vgl. Nr. 6 des AEAO zu § 52), Freizeitwinzervereine wegen der Förderung der Heimatpflege, die Teil der Brauchtumspflege ist, als gemeinnützig behandelt werden. Dies gilt auch für Junggesellen- und Burschenvereine, die das traditionelle Brauchtum einer bestimmten Region fördern, z. B. durch das Setzen von Maibäumen (Maiclubs). Die besondere Nennung des traditionellen Brauchtums als gemeinnütziger Zweck in § 52 Abs. 2 Satz 1 Nr. 23 AO bedeutet jedoch keine allgemeine Ausweitung des Brauchtumsbegriffs i. S. d. Gemeinnützigkeitsrechts. Studentische Verbindungen, z. B. Burschenschaften, ähnliche Vereinigungen, z. B. Landjugendvereine, Country- und Westernvereine und Vereine, deren Hauptzweck die Veranstaltung von örtlichen Volksfesten (z. B. Kirmes, Kärwa, Schützenfest) ist, sind deshalb i. d. R. nicht gemeinnützig. **17**

13. Bei Tier- und Pflanzenzuchtvereinen, Freizeitwinzervereinen sowie Junggesellen- oder Burschenvereinen ist besonders auf die Selbstlosigkeit (§ 55 AO) und die Ausschließlichkeit (§ 56 AO) zu achten. Eine Körperschaft ist z. B. nicht selbstlos tätig, wenn sie in erster Linie eigenwirtschaftliche Zwecke ihrer Mitglieder fördert. Sie verstößt z. B. gegen das Gebot der Ausschließlichkeit, wenn die Durchführung von Festveranstaltungen (z. B. Winzerfest, Maiball) Satzungszweck ist. Bei der Prüfung der tatsächlichen Geschäftsführung von Freizeitwinzer-, Junggesellen- und Burschenvereinen ist außerdem besonders darauf zu achten, dass die Förderung der Geselligkeit nicht im Vordergrund der Vereinstätigkeit steht. **18**

14. Soldaten- und Reservistenvereine verfolgen i. d. R. gemeinnützige Zwecke i. S. d. § 52 Abs. 2 Satz 1 Nr. 23 AO, wenn sie aktive und ehemalige Wehrdienstleistende, Zeit- und Berufssoldaten betreuen, z. B. über mit dem Soldatsein zusammenhängende Fragen beraten, Möglichkeiten zu sinnvoller Freizeitgestaltung bieten oder beim Übergang in das Zivilleben helfen. Die Pflege der Tradition durch Soldaten- und Reservistenvereine ist weder steuerbegünstigte Brauchtumspflege noch Betreuung von Soldaten und Reservisten i. S. d. § 52 Abs. 2 Satz 1 Nr. 23 AO. Die Förderung der Kameradschaft kann neben einem steuerbegünstigten Zweck als Vereinszweck genannt werden, wenn sich aus der Satzung ergibt, dass damit lediglich eine Verbundenheit der Vereinsmitglieder angestrebt wird, die aus der gemeinnützigen Vereinstätigkeit folgt (BFH-Urteil vom 11. 3. 1999, V R 57, 58/96, BStBl. II S. 331). **19**

15. Einrichtungen, die mit ihrer Tätigkeit auf die Erholung arbeitender Menschen ausgerichtet sind (z. B. der Betrieb von Freizeiteinrichtungen wie Campingplätze oder Bootsverleihe), können nicht als gemeinnützig anerkannt werden, es sei denn, dass das Gewähren von Erholung einem besonders schutzwürdigen Personenkreis (z. B. Kranken oder der Jugend) zugutekommt oder in einer bestimmten Art und Weise (z. B. auf sportlicher Grundlage) vorgenommen wird (BFH-Urteile vom 22. 11. 1972, I R 21/71, BStBl. 1973 II S. 251, und vom 30. 9. 1981, III R 2/80, BStBl. 1982 II S. 148). Wegen Erholungsheimen wird auf § 68 Nr. 1 Buchstabe a AO hingewiesen. **20**

16. Politik kein eigenständiger steuerbegünstigter Zweck **21**

Politische Zwecke (Beeinflussung der politischen Meinungs- und Willensbildung, Gestaltung der öffentlichen Meinung oder Förderung politischer Parteien) zählen nicht zu den gemeinnützigen Zwecken i. S. d. § 52 AO (BFH-Urteil vom 10. 1. 2019 V R 60/17, BStBl. II S. 301 und BFH-Beschlüsse vom 10. 12. 2020 V R 14/20, BStBl. 2021 II S. 739 und vom 18. 8. 2021 V B 25/21 (AdV), BStBl. II S. 931). Parteipolitische Betätigung ist immer unvereinbar mit der Gemeinnützigkeit (BFH-Urteil vom 20. 3. 2017 X R 13/15, BStBl. II S. 1110).

Politische Betätigung als Mittel zur Verwirklichung satzungsmäßiger steuerbegünstigter Zwecke

Es ist einer steuerbegünstigten Körperschaft gleichwohl gestattet, auf die politische Meinungs- und Willensbildung und die Gestaltung der öffentlichen Meinung Einfluss zu nehmen, wenn dies der Verfolgung ihrer steuerbegünstigten Zwecke dient und parteipolitisch neutral bleibt (BFH-Urteile vom 29. 8. 1984 I R 203/81, BStBl. II S. 844; vom 23. 11. 1988 I R 11/88, BStBl. 1989 II S. 391; vom 20. 3. 2017 X R 13/15, BStBl. II S. 1110; vom 10. 1. 2019 V R 60/17, BStBl. II S. 301; BFH-Beschlüsse vom 10. 12. 2020 V R 14/20, BStBl. 2021 II S. 739 und vom 18. 8. 2021 V B 25/21 (AdV), a. a. O.).

Die Beschäftigung mit politischen Vorgängen muss im Rahmen dessen liegen, was das Eintreten für die steuerbegünstigten Zwecke und deren Verwirklichung erfordert. Zur Förderung der Allgemeinheit gehört die kritische öffentliche Information und Diskussion dann, wenn ein nach § 52 Abs. 2 AO begünstigtes Anliegen der Öffentlichkeit und auch Politikern nahegebracht werden soll (BFH-Urteil vom 10. 1. 2019 V R 60/17, BStBl. II S. 301; siehe aber zur Förderung der Volksbildung und der allgemeinen Förderung des demokratischen Staatswesens Nr. 9 des AEAO zu § 52). Unschädlich sind danach etwa die Einbringung von Fachwissen auf Aufforderung in parlamentarischen Verfahren oder gelegentliche Stellungnahmen zu tagespolitischen Themen im Rahmen der steuerbegünstigten Satzungszwecke. Eine derart dienende und damit ergänzende Einwirkung muss aber gegenüber der unmittelbaren Förderung des steuerbegünstigten Zwecks in den Hintergrund treten. Bei Verfolgung der eigenen satzungsmäßigen Zwecke darf die Tagespolitik nicht im Mittelpunkt der Tätigkeit der Körperschaft stehen.

Politische Betätigung außerhalb der satzungsmäßigen steuerbegünstigten Zwecke
In Anwendung des Verhältnismäßigkeitsprinzips (vgl. Nr. 6 des AEAO zu § 63) ist es nicht zu beanstanden, wenn eine steuerbegünstigte Körperschaft außerhalb ihrer Satzungszwecke vereinzelt zu tagespolitischen Themen Stellung nimmt (z. B. ein Aufruf eines Sportvereins für Klimaschutz oder gegen Rassismus).

Anl 1

1) Verfügung betr. Verwirklichung steuerbegünstigter Zwecke im Ausland

Vom 14. Juli 2025 (BeckVerw 656137)

(LfSt Bayern S 0170.1.1–3/8 St 31)

Diese Verfügung richtet sich an alle Beschäftigten, die mit der Veranlagung steuerbegünstigter Körperschaften gem. § 5 Abs. 1 Nr. 9 KStG bzw. mit dem Spendenabzug gem. § 10 b EStG, § 9 Abs. 1 Nr. 2 KStG oder § 9 Nr. 5 GewStG befasst sind.

Diese Verfügung ändert die Verfügung LfSt Bayern vom 9. 8. 2021 S 0170.1.1-3/7 St31.

22 **1. Steuerbegünstigte Zwecke im Ausland**

1.1. Allgemeine Grundsätze

Grundsätzlich können steuerbegünstigte Zwecke auch im Ausland verwirklicht werden. Eine Förderung der Allgemeinheit i. S. d. § 52 AO setzt nicht voraus, dass die Fördermaßnahmen Bewohnern oder Staatsangehörigen der Bundesrepublik Deutschland zugutekommen. Erforderlich ist nur, dass natürliche Personen mit Sitz oder gewöhnlichem Aufenthalt im Inland gefördert werden, oder dass die Tätigkeit neben der Verwirklichung der steuerbegünstigten Zwecke auch zum Ansehen der Bundesrepublik Deutschland beitragen kann (sog. Inlandsbezug; vgl. AEAO zu § 51 Abs. 2, Rz. 7). Bei inländischen Körperschaften ist zu unterstellen, dass dieser Inlandsbezug gegeben ist.

1.2. Mittelverwendung im Ausland durch inländische Körperschaften

Es ist zulässig, dass inländische Körperschaften Mittel im Ausland verwenden. Bei einer steuerbegünstigten Körperschaft müssen die Mittel aber auch dann grundsätzlich für die eigenen Satzungszwecke verwendet werden (Ausnahme siehe Tz. 1.2.2).

Die Mittelverwendung kann durch die steuerbegünstigte Körperschaft selbst erfolgen oder durch eine Hilfsperson i. S. d. § 57 Abs. 1 Satz 2 AO. Des Weiteren können Mittel an eine andere Körperschaft gem. § 58 Nr. 1 AO weitergegeben werden.

1.2.1. Einschaltung einer Hilfsperson im Ausland gem. § 57 Abs. 1 Satz 2 AO

Eine Körperschaft kann ihre steuerbegünstigten Zwecke im Ausland auch durch eine Hilfsperson i. S. d. § 57 Abs. 1 Satz 2 AO unmittelbar verwirklichen. Dies können ausländische natürliche oder juristische Personen sein. Zur Beweisvorsorge empfiehlt sich hier insbesondere der Abschluss eines schriftlichen Vertrages zwischen der steuerbegünstigten Körperschaft und der Hilfsperson, der Inhalt und Umfang der Tätigkeiten sowie die Rechenschaftspflichten der Hilfsperson festlegt. Abrechnungs- und Buchführungsunterlagen sind im Inland aufzubewahren (§ 146 Abs. 2 AO).

1.2.2. Mittelweitergabe an eine ausländische Körperschaft (§ 58 Nr. 1 AO)

§ 58 Nr. 1 AO lässt zu, steuerbegünstigte Zwecke dadurch zu fördern, indem Mittel für die Verwirklichung steuerbegünstigter Zwecke an andere Körperschaften oder juristische Personen des öffentlichen Rechts weitergegeben werden. Dies können auch ausländische Körperschaften sein, wenn diese die Mittel für der Art nach steuerbegünstigte Zwecke verwenden und diese Verwendung für steuerbegünstigte Zwecke ausreichend nachgewiesen wird. Hierbei ist zu beachten, dass die Zwecke bei der Empfängerkörperschaft nicht zwingend den Satzungszwecken der Geberkörperschaft entsprechen müssen (vgl. AEAO zu § 58 Nr. 1, Rz. 3 letzter Absatz). Voraussetzung ist jedoch, dass der Empfänger im Ausland einer Körperschaft, Personenvereinigung oder Vermögensmasse im Sinne des KStG entspricht.

Hierzu ist ggf. seine Satzung in deutscher Übersetzung anzufordern. Zum Rechtsformvergleich mit deutschen Körperschaften können die Tabellen 1 und 2 im Anhang des BMF-Schreibens vom 24. 12. 1999 (BStBl. I S. 1076) herangezogen werden. Im Übrigen gelten die Ausführungen in Tz. 1.2.3 zum Nachweis der satzungsmäßigen Mittelverwendung entsprechend.

Es ist allerdings nicht Voraussetzung, dass die ausländische Körperschaft – sofern sie keiner unbeschränkten oder beschränkten Körperschaftsteuerpflicht unterliegt – die Voraussetzungen der §§ 51 ff. AO erfüllt. Sollte aber die ausländische Körperschaft einer beschränkten Körperschaftsteuerpflicht gem. § 5 Abs. 2 Nr. 2 KStG (EU-/EWR-Körperschaften i. S. d. § 5 Abs. 1 Nr. 9 KStG) unterliegen, ist Voraussetzung für die Mittelweitergabe, dass die beschränkt steuerpflichtige Körperschaft selbst steuerbegünstigt ist.

Handelt es sich beim Mittelempfänger um eine EU-/EWR-Körperschaft, kann ab 2025 ohne weitere Überprüfung von einer steuerbegünstigten Körperschaft i. S. d. § 58 Nr. 1 AO ausgegangen werden, wenn die EU-/EWR-Körperschaft im Zuwendungsempfängerregister (ZER) erfasst ist. Für den Nachweis der satzungsmäßigen Mittelverwendung (vgl. Tz. 1.2.3) kann in diesen Fällen z. B. auch die von der EU-/EWR-Körperschaft ausgestellte Zuwendungsbestätigung dienen.

Dem Gebot der Satzungsklarheit entsprechend muss bei der Geberkörperschaft die Mittelweitergabe als Tätigkeit satzungsgemäß verankert werden, wenn es sich um die einzige Art der Zweckverwirklichung des geförderten Zwecks handelt (sog. Förderkörperschaften). Eine steuerbegünstigte Körperschaft, die einen Satzungszweck unmittelbar verfolgt und einen weiteren Satzungszweck ausschließlich durch Mittelweitergabe verwirklicht, muss demnach sowohl die unmittelbare Zweckverfolgung als auch die Mittelweitergabe in der Satzung abbilden. Wird ein Zweck sowohl unmittelbar als auch durch Mittelweitergabe verwirklicht, ist eine Satzungsklausel zur Mittelweitergabe nicht erforderlich (vgl. AEAO zu § 58 Nr. 1, Rz. 3). Anl 1

1.2.3. Nachweis der satzungsmäßigen Mittelverwendung inländischer Körperschaften

Die inländischen Finanzbehörden müssen die zweckentsprechende Verwendung der Zuwendungen prüfen können. Die Verwirklichung steuerbegünstigter Zwecke im Ausland ist deshalb von der steuerbegünstigten Körperschaft durch ordnungsgemäße Aufzeichnungen als Bestandteil ihrer tatsächlichen Geschäftsführung nach § 63 Abs. 3 AO zu belegen.

Als Nachweise der satzungsmäßigen Mittelverwendung im Ausland können beispielsweise folgende – ggf. ins Deutsche übersetzte – Unterlagen dienen:

- Im Zusammenhang mit der Mittelverwendung abgeschlossene Verträge und entsprechende Vorgänge,
- Belege über den Abfluss der Mittel in das Ausland und Bestätigungen des Zahlungsempfängers über den Erhalt der Mittel,
- ausführliche Tätigkeitsbeschreibungen der im Ausland entfalteten Aktivitäten,
- Material über die getätigten Projekte, z. B. Prospekte, Presseveröffentlichungen,
- Gutachten eines Wirtschaftsprüfers o. Ä. bei großen oder andauernden Projekten,
- Zuwendungsbescheide ausländischer Behörden, wenn die Maßnahmen dort durch Zuschüsse o. Ä. gefördert werden und
- Bestätigungen einer deutschen Auslandsvertretung, dass die behaupteten Projekte durchgeführt werden.

Nach Lage und Bedeutung des Falles ist unter Berücksichtigung der Verhältnismäßigkeit zu entscheiden, welche Nachweise gefordert werden. Dabei ist zu berücksichtigen, dass die Körperschaften bei Auslandssachverhalten eine erhöhte Mitwirkungs- und Beweisvorsorgepflicht haben (§ 90 Abs. 2 AO). Sie können sich insbesondere nicht darauf berufen, dass sie die Mittelverwendung nicht aufklären oder Beweismittel nicht beschaffen können, wenn sie bei Gestaltung der Verhältnisse die Möglichkeit dazu gehabt hätten, oder vor Zuwendung der Mittel mit der ausländischen Körperschaft entsprechende Nachweispflichten hätten vereinbaren können.

1.3. Verfolgung steuerbegünstigter Zwecke durch ausländische Körperschaften

Ausländische Körperschaften können den Inlandsbezug ebenfalls erfüllen, beispielsweise indem sie ihre steuerbegünstigten Zwecke zum Teil auch in Deutschland verwirklichen oder – soweit sie nur im Ausland tätig sind – auch im Inland lebende natürliche Personen fördern, selbst wenn die Personen sich zu diesem Zweck im Ausland aufhalten. Bei der Tatbestandsalternative des möglichen Ansehensbeitrags zugunsten Deutschlands entfällt zwar bei ausländischen Körperschaften die Indizwirkung, die Erfüllung dieser Tatbestandsalternative durch ausländische Einrichtungen ist aber nicht grundsätzlich ausgeschlossen (vgl. AEAO zu § 51 Abs. 2, Rz. 7 Abs. 3).

Die Steuerbefreiung des § 5 Abs. 2 Nr. 2 KStG gilt aber nur für beschränkt steuerpflichtige EU-/EWR-Körperschaften i. S. d. § 5 Abs. 1 Nr. 9 KStG.

Die Prüfung, ob diese beschränkt steuerpflichtigen EU-/EWR-Körperschaften steuerbegünstigte Zwecke i. S. d. § 5 Abs. 1 Nr. 9 KStG i. V. m. §§ 51 bis 68 AO verfolgen, ist anhand der Unterlagen vorzunehmen, wie sie auch inländische Körperschaften vorzulegen haben. Auch diese ausländischen Körperschaften müssen nach der Satzung, dem Stiftungsgeschäft oder der sonstigen Verfassung und nach der tatsächlichen Geschäftsführung ausschließlich und unmittelbar steuerbegünstigten Zwecken dienen.

Der Nachweis, dass diese ausländischen Körperschaften die deutschen gemeinnützigkeitsrechtlichen Vorgaben erfüllen, ist durch Vorlage geeigneter Belege zu erbringen. Dies sind insbesondere Satzung, Tätigkeitsbericht, Aufstellung der Einnahmen und Ausgaben, Kassenbericht, Vermögensübersicht mit Nachweisen über die Bildung und Entwicklung der Rücklagen, Aufzeichnung über die Vereinnahmung von Zuwendungen und deren zweckgerechte Verwendung sowie Vorstandsprotokolle.

2. Verfahren zur Überprüfung der Gemeinnützigkeit bei Zuwendungen ins Ausland 23

Für die steuerliche Berücksichtigung von Zuwendungen ins Ausland beim Zuwendenden sind für Zuwendungen, die dem ausländischen Zuwendungsempfänger im EU-/EWR-Ausland vor dem 1. 1. 2025 zugeflossen sind, die Grundsätze des BMF-Schreibens vom 16. 5. 2011 (BStBl. I S. 559) zu beachten. Zudem wird auf die Verfügung des LfSt Bayern vom 9. 7. 2025 S 2223.1.1-8/55 St36, Tzn. 1 bis 5, n. v., verwiesen. Für Zuwendungen, die dem ausländischen Zuwendungsempfänger im EU-/EWR-Ausland nach dem 31. 12. 2024 zufließen, übernimmt das Bundeszentralamt für Steuern (BZSt) die Prüfung der gemeinnützigkeitsrechtlichen Voraussetzungen. Für die Berücksichtigung der Zuwendungen beim Zuwendenden ist vom ausländischen Zuwendungsempfänger nach § 50 Abs. 1 EStDV eine Zuwendungsbestätigung nach amtlich vorgeschriebenem Vordruck erforderlich.

Ausländische Zuwendungsempfänger sind seit dem 1. 1. 2025 berechtigt, Zuwendungsbestätigungen auszustellen, wenn sie im ZER eingetragen sind (§ 50 Abs. 1 Satz 3 EStDV). Die Prüfung zur Aufnahme in das ZER übernimmt – ausschließlich für diese Fälle – das BZSt (§ 5 Abs. 1 Satz 1 Nr. 47 b FVG). Der Antrag auf Aufnahme in das ZER kann online beim BZSt gestellt werden (vgl. auch Verfügung des LfSt Bayern vom 9. 7. 2025 S 2223.1.1-8/55 St36, Tz. 6, n. v.).

Anl 2

2) Erlass betr. gemeinnützige Zwecke gem. § 52 Abs. 2 AO; Verfahren zur Anerkennung weiterer gemeinnütziger Zwecke gem. § 52 Abs. 2 Sätze 2 und 3 AO

Vom 30. Januar 2018 (BeckVerw 353649)

(FM Sachsen-Anhalt 46-S 0171–174)

1. Gemeinnützige Zwecke i. S. d. § 52 Abs. 2 Satz 1 AO

24 Nach § 52 Abs. 1 Satz 1 AO verfolgt eine Körperschaft gemeinnützige Zwecke, wenn ihre Tätigkeit darauf gerichtet ist, die Allgemeinheit auf materiellem, geistigem oder sittlichem Gebiet selbstlos zu fördern.

1.1. Katalogzwecke

Unter den Voraussetzungen des § 52 Abs. 1 AO sind die im Katalog des § 52 Abs. 2 Satz 1 AO aufgeführten Zwecke als gemeinnützig anzuerkennen.

1.2. Identische Zwecke

Gemeinnützig nach § 52 Abs. 2 Satz 1 AO sind auch Zwecke, die hinsichtlich der Merkmale, die ihre steuerliche Förderung rechtfertigen, mit den im Katalog des § 52 Abs. 2 Satz 1 AO genannten Zwecken identisch (nicht nur ähnlich) sind. Als identisch im vorstehenden Sinne wurden bereits bisher die Förderung des Baus und Betriebs von Schiffs-, Auto-, Eisenbahn- und Drachenflugmodellen mit der Förderung des Modellflugs und die Förderung des CB-Funkens mit der Förderung des Amateurfunkens angesehen.

2. Gemeinnützige Zwecke i. S. d. § 52 Abs. 2 Satz 2 AO

2.1. Öffnungsklausel

25 Der grundsätzlich abschließende Katalog des § 52 Abs. 2 Satz 1 AO wird durch die Öffnungsklausel des § 52 Abs. 2 Satz 2 AO ergänzt. Damit wurde die Möglichkeit geschaffen, weitere Zwecke für gemeinnützig zu erklären. Voraussetzung ist, dass der Zweck nicht bereits unter § 52 Abs. 2 Satz 1 AO fällt, aber die Allgemeinheit auf materiellem, geistigem oder sittlichem Gebiet entsprechend fördert. „Entsprechend" bedeutet, dass der gem. § 52 Abs. 2 Satz 2 AO zu prüfende Zweck die Allgemeinheit in vergleichbarer Weise fördert wie einer der in § 52 Abs. 2 Satz 1 Nr. 1 bis 25 AO genannten Zwecke. Erfüllt der von der Körperschaft verfolgte Zweck die Voraussetzungen des § 52 Abs. 2 Satz 2 AO, ist er gemeinnützig und muss als solcher erklärt werden (BFH-Urteil vom 9. 2. 2017 V R 70/14, BStBl. II S. 1106).

Formell sollte ein Antrag auf Anerkennung eines weiteren gemeinnützigen Zwecks nach § 52 Abs. 2 Satz 2 AO mindestens folgende Angaben enthalten:

- Für welchen Zweck begehrt die Körperschaft die Anerkennung der Gemeinnützigkeit?
- Welchen Katalogzweck betrachtet die Körperschaft als vergleichbar?
- Worin soll die Vergleichbarkeit bestehen?
- Beabsichtigt die Körperschaft ernsthaft, den Zweck zu verwirklichen?

2.2. Zuständigkeit

Die obersten Finanzbehörden der Länder haben jeweils eine Finanzbehörde im Sinne des Finanzverwaltungsgesetzes (FVG) zu bestimmen, die für die Entscheidung nach § 52 Abs. 2 Satz 2 zuständig ist.

Für Sachsen-Anhalt ist das Ministerium der Finanzen des Landes Sachsen-Anhalt die für die Entscheidung nach § 52 Abs. 2 Satz 2 AO zuständige Finanzbehörde.

2.3. Anerkennungsverfahren

Die Anerkennung der nach § 52 Abs. 2 Satz 2 AO gemeinnützigen Zwecke wird bundeseinheitlich abgestimmt (vgl. AEAO zu § 52, Nr. 2.6). Das gilt auch für den Fall, dass die zuständige Finanzbehörde den Antrag ablehnen möchte, es sei denn, es ergibt sich aus anderen, nicht aus der Regelung des § 52 Abs. 2 Satz 2 AO resultierenden Gründen, dass der Antragsteller die Voraussetzungen der Gemeinnützigkeit nicht erfüllt.

Das Abstimmungsverfahren ist durchzuführen, wenn über die Anerkennung eines Zwecks als gemeinnützig zu entscheiden ist,

- der nicht dem Zweckkatalog des § 52 Abs. 1 Satz 1 AO zugeordnet werden kann,
- der nicht mit einem der im Zweckkatalog genannten Zweck identisch ist und
- über dessen Gemeinnützigkeit nicht bereits durch Beschluss der KSt-Referatsleiter oder in einem Anerkennungsverfahren nach § 52 Abs. 2 Satz 2 AO entschieden worden ist.

Nach Abschluss der bundeseinheitlichen Abstimmung wird dem Steuerpflichtigen von der für ihn zuständigen Finanzbehörde (in Sachsen-Anhalt vom Ministerium der Finanzen) die Anerkennung oder Ablehnung des Zwecks als gemeinnützig mitgeteilt. Bei dem Verfahren nach § 52 Abs. 2 Satz 2 und 3 AO handelt es sich um ein eigenständiges Verfahren mit Verwaltungsaktqualität (BFH-Urteil vom 9. 2. 2017 V R 70/14, BStBl. II S. 1106).

Im AEAO zu § 52 AO werden die Zwecke aufgelistet, die als vergleichbare Zwecke i. S. d. § 52 Abs. 2 Satz 2 AO anerkannt wurden.

2.4. Verfahren bei den Finanzämtern

Geht bei einem Finanzamt ein entsprechender Antrag auf Anerkennung eines gemeinnützigen Zwecks nach § 52 Abs. 2 Satz 2 AO ein, für dessen Anerkennung nach den obigen Ausführungen ein Anerkennungsverfahren durchzuführen ist, so ist der – hinreichend konkrete – Antrag mit den betreffenden Unterlagen und Angaben an das Ministerium der Finanzen des Landes Sachsen-Anhalt zu übersenden, und dem Steuerpflichtigen ist eine Abgabenachricht zu erteilen.

Nach Abschluss des Abstimmungsverfahrens wird das Finanzamt über das Ergebnis des Abstimmungsverfahrens informiert.

§ 53 Mildtätige Zwecke[1] AO

Eine Körperschaft verfolgt mildtätige Zwecke, wenn ihre Tätigkeit darauf gerichtet ist, Personen selbstlos zu unterstützen,

1. die infolge ihres körperlichen, geistigen oder seelischen Zustands auf die Hilfe anderer angewiesen sind oder 1

2. deren Bezüge nicht höher sind als das Vierfache des Regelsatzes der Sozialhilfe im Sinne des § 28 des Zwölften Buches Sozialgesetzbuch; beim Alleinstehenden oder Alleinerziehenden tritt an die Stelle des Vierfachen das Fünffache des Regelsatzes. ② Dies gilt nicht für Personen, deren Vermögen zur nachhaltigen Verbesserung ihres Unterhalts ausreicht und denen zugemutet werden kann, es dafür zu verwenden. ③ Bezüge im Sinne dieser Vorschrift sind 2
a) Einkünfte im Sinne des § 2 Absatz 1 des Einkommensteuergesetzes und
b) andere zur Bestreitung des Unterhalts bestimmte oder geeignete Bezüge,
aller Haushaltsangehörigen. ④ Zu berücksichtigen sind auch gezahlte und empfangene Unterhaltsleistungen. ⑤ Die wirtschaftliche Hilfebedürftigkeit im vorstehenden Sinne ist bei Empfängern von Leistungen nach dem Zweiten oder Zwölften Buch Sozialgesetzbuch, des Wohngeldgesetzes, bei Empfängern von Leistungen nach § 27 a des Bundesversorgungsgesetzes oder nach § 6 des Bundeskindergeldgesetzes als nachgewiesen anzusehen. ⑥ Die Körperschaft kann den Nachweis mit Hilfe des jeweiligen Leistungsbescheids, der für den Unterstützungszeitraum maßgeblich ist, oder mit Hilfe der Bestätigung des Sozialleistungsträgers führen. ⑦ Auf Antrag der Körperschaft kann auf einen Nachweis der wirtschaftlichen Hilfebedürftigkeit verzichtet werden, wenn auf Grund der besonderen Art der gewährten Unterstützungsleistung sichergestellt ist, dass nur wirtschaftlich hilfebedürftige Personen im vorstehenden Sinne unterstützt werden; für den Bescheid über den Nachweisverzicht gilt § 60 a Absatz 3 bis 5 entsprechend oder

3. deren wirtschaftliche Lage aus besonderen Gründen zu einer Notlage geworden ist. ② Als besondere Gründe gelten insbesondere Katastrophen, die durch Erlass des Bundesministeriums der Finanzen oder einer obersten Finanzbehörde der Länder festgestellt wurden. ③ In diesen Fällen reicht es für den Nachweis der Hilfebedürftigkeit aus, wenn die durch die Katastrophe entstandene Notlage sowie die Mehraufwendungen glaubhaft gemacht werden. 2a

Zu § 53 – Mildtätige Zwecke: AEAO

1. Der Begriff „mildtätige Zwecke" umfasst auch die Unterstützung von Personen, die wegen ihres seelischen Zustands hilfebedürftig sind. Das hat beispielsweise für die Telefonseelsorge Bedeutung. 3

2. Völlige Unentgeltlichkeit der mildtätigen Zuwendung wird nicht verlangt. Die mildtätige Zuwendung darf nur nicht des Entgelts wegen erfolgen. 4

3. Eine Körperschaft, zu deren Satzungszwecken die Unterstützung von hilfebedürftigen Verwandten der Mitglieder, Gesellschafter, Genossen oder Stifter gehört, kann nicht als steuerbegünstigt anerkannt werden. Bei einer derartigen Körperschaft steht nicht die Förderung mildtätiger Zwecke, sondern die Förderung der Verwandtschaft im Vordergrund. Ihre Tätigkeit ist deshalb nicht, wie es § 53 AO verlangt, auf die selbstlose Unterstützung hilfebedürftiger Personen gerichtet. Dem steht bei Stiftungen § 58 Nr. 6 AO nicht entgegen. Diese Vorschrift ist lediglich eine Ausnahme von dem Gebot der Selbstlosigkeit (§ 55 AO), begründet aber keinen eigenständigen gemeinnützigen Zweck. Bei der tatsächlichen Geschäftsführung ist die Unterstützung von hilfebedürftigen Angehörigen grundsätzlich nicht schädlich für die Steuerbegünstigung. Die Verwandtschaft darf jedoch kein Kriterium für die Förderleistungen der Körperschaft sein. 5

4. Hilfen nach § 53 Nr. 1 AO (Unterstützung von Personen, die infolge ihres körperlichen, geistigen oder seelischen Zustands auf die Hilfe anderer angewiesen sind) dürfen ohne Rücksicht auf die wirtschaftliche Unterstützungsbedürftigkeit gewährt werden. Bei der Beurteilung der Bedürftigkeit i. S. d. § 53 Nr. 1 AO kommt es nicht darauf an, dass die Hilfebedürftigkeit dauernd oder für längere Zeit besteht. Hilfeleistungen wie beispielsweise „Essen auf Rädern" können daher 6

---

[1] Der Blaues Kreuz in Deutschland e. V. und seine Untergliederungen fördern ausschließlich mildtätige Zwecke *(Vfg. OFD Münster vom 3. 12. 1993 S 2729 B – 56 – St 13–31, StEK AO 1977 § 53 Nr. 6)*. Durch ihre Tätigkeit, Lebensmittel unentgeltlich an Bedürftige abzugeben, erfüllen die Tafeln mildtätige Zwecke iSd § 53 AO (*Vfg. OFD Niedersachsen vom 9. 2. 2016, DStR 2016 S. 2710)*.

Eine GmbH, die entsprechend ihrer Satzung die ihr gehörenden Wohnungen vorrangig an Personen vermietet, die die Voraussetzungen des § 53 Nr. 1 oder 2 AO erfüllen, kann gem. § 5 Abs. 1 Nr. 9 KStG von der KSt befreit sein. Die Steuerbefreiung wird nicht dadurch ausgeschlossen, dass ein Teil der Wohnungen an nicht oder nicht mehr unterstützungsbedürftige Personen vermietet wird *(BFH-Urteil vom 24. 7. 1996 I R 35/94, BStBl. II S. 583)*.

Ein von einem gemeinnützigen Verein betriebenes Familienhotel ist keine steuerbegünstigte Einrichtung der Wohlfahrtspflege, wenn nicht nachgewiesen wird, dass die Leistungen zu mindestens zwei Dritteln den in § 53 AO genannten hilfsbedürftigen Personen zugutekommen *(BFH-Urteil vom 21. 9. 2016 V R 50/15, BStBl. II 2017 S. 1173)*.

AEAO steuerbegünstigt durchgeführt werden. Bei Personen, die das 75. Lebensjahr vollendet haben, kann körperliche Hilfebedürftigkeit ohne weitere Nachprüfung angenommen werden.

7 **5.** § 53 Nr. 2 AO legt die Grenzen der wirtschaftlichen Hilfebedürftigkeit fest. Danach können ohne Verlust der Steuerbegünstigung Personen unterstützt werden, deren Bezüge das Vierfache, beim Alleinstehenden oder Alleinerziehenden das Fünffache des Regelsatzes der Sozialhilfe i. S. d. § 28 SGB XII (jeweilige Regelbedarfsstufe) nicht übersteigen. Etwaige Mehrbedarfszuschläge zum Regelsatz sind nicht zu berücksichtigen. Leistungen für die Unterkunft werden nicht gesondert berücksichtigt. Für die Begriffe „Einkünfte" und „Bezüge" sind die Ausführungen in R 33 a.1 EStR maßgeblich.

8 **6.** Zu den Bezügen i. S. d. § 53 Nr. 2 AO zählen neben den Einkünften i. S. d. § 2 Abs. 1 EStG auch alle anderen für die Bestreitung des Unterhalts bestimmten oder geeigneten Bezüge aller Haushaltsangehörigen. Hierunter fallen auch solche Einnahmen, die im Rahmen der steuerlichen Einkünfteermittlung nicht erfasst werden, also sowohl nicht steuerbare als auch für steuerfrei erklärte Einnahmen (BFH-Urteil vom 2. 8. 1974, VI R 148/71, BStBl. 1975 II S. 139). Gezahlte und empfangene Unterhaltsleistungen sind bei der Einkommensberechnung zu berücksichtigen.

Bei der Beurteilung der wirtschaftlichen Hilfebedürftigkeit von unverheirateten minderjährigen Schwangeren und minderjährigen Müttern, die ihr leibliches Kind bis zur Vollendung seines 6. Lebensjahres betreuen, und die dem Haushalt ihrer Eltern oder eines Elternteils angehören, sind die Bezüge und das Vermögen der Eltern oder des Elternteils nicht zu berücksichtigen.

9 **7.** Bei Renten zählt der über den von § 53 Nr. 2 Satz 4 Buchstabe a AO erfassten Anteil hinausgehende Teil der Rente zu den Bezügen i. S. d. § 53 Nr. 2 Satz 4 Buchstabe b AO.

10 **8.** Bei der Feststellung der Bezüge i. S. d. § 53 Nr. 2 Satz 4 Buchstabe b AO sind aus Vereinfachungsgründen insgesamt 180 € im Kalenderjahr abzuziehen, wenn nicht höhere Aufwendungen, die in wirtschaftlichem Zusammenhang mit den entsprechenden Einnahmen stehen, nachgewiesen oder glaubhaft gemacht werden.

11 **9.** Als Vermögen, das zur nachhaltigen Verbesserung des Unterhalts ausreicht und dessen Verwendung für den Unterhalt zugemutet werden kann (§ 53 Nr. 2 Satz 2 AO), ist in der Regel ein Vermögen mit einem gemeinen Wert (Verkehrswert) von mehr als 15 500 € anzusehen. Dabei bleiben außer Ansatz:

– Vermögensgegenstände, deren Veräußerung offensichtlich eine Verschleuderung bedeuten würde oder die einen besonderen Wert, z. B. Erinnerungswert, für die unterstützte Person haben oder zu ihrem Hausrat gehören,
– ein angemessenes Hausgrundstück i. S. d. § 90 Abs. 2 Nr. 8 SGB XII, das die unterstützte Person allein oder zusammen mit Angehörigen, denen es nach dem Tod der unterstützten Person weiter als Wohnraum dienen soll, bewohnt.

Die Grenze bezieht sich auch bei einem Mehrpersonenhaushalt auf jede unterstützte Person. H 33 a.1 (Geringes Vermögen – „Schonvermögen") EStH gilt entsprechend.

10. Erbringt eine Körperschaft ihre Leistungen an wirtschaftlich hilfebedürftige Personen, muss sie anhand ihrer Unterlagen nachweisen können, dass die Höhe der Einkünfte und Bezüge sowie das Vermögen der unterstützten Personen die Grenzen des § 53 Nr. 2 AO nicht übersteigen. Eine Erklärung, in der von der unterstützten Person nur das Unterschreiten der Grenzen des § 53 Nr. 2 AO mitgeteilt wird, reicht allein nicht aus. Eine Berechnung der maßgeblichen Einkünfte und Bezüge sowie eine Berechnung des Vermögens sind stets beizufügen.

12 **11.** Auf diesen Nachweis ist zu verzichten, wenn die Leistungsempfänger Leistungen nach dem SGB II, SGB XII, WoGG, § 27 a BVG oder nach § 6 a BKKG beziehen. Bei Beantragung dieser Sozialleistungen prüft die zuständige Sozialbehörde sowohl die Vermögens- als auch die Einkommensverhältnisse der antragstellenden Personen. Verfügen sie über ausreichend finanzielle Mittel (Einkommen oder einzusetzendes Vermögen), dann werden die beantragten Leistungen nicht bewilligt.

Es ist also ausreichend, wenn Empfänger von Leistungen nach dem SGB II oder SGB XII ihren für den Empfangszeitraum maßgeblichen Leistungsbescheid oder eine Bescheinigung des Sozialleistungsträgers über den Leistungsbezug bei der Körperschaft einreichen. Die Körperschaft hat eine Ablichtung des Bescheids oder der Bestätigung aufzubewahren.

13 **12.** Beantragt eine Körperschaft die Befreiung von der Nachweispflicht nach § 53 Nr. 2 Satz 8 AO, muss sie nachweisen, dass aufgrund ihrer besonderen Art der gewährten Unterstützungsleistung sichergestellt ist, dass nur wirtschaftlich hilfebedürftige Personen unterstützt werden.

Auf die Nachweisführung kann verzichtet werden, wenn aufgrund der Art der Unterstützungsleistungen typischerweise davon auszugehen ist, dass nur bedürftige Menschen unterstützt werden. Hierbei sind die besonderen Gegebenheiten vor Ort sowie Inhalte und Bewerbungen des konkreten Leistungsangebotes zu berücksichtigen. Im Regelfall müssen Kleiderkammern, Suppenküchen, Obdachlosenasyle und die sogenannten Tafeln keine Nachweise erbringen.

Dagegen reicht die pauschale Behauptung, dass die Leistungen sowieso nur von Hilfebedürftigen in Anspruch genommen werden, nicht aus. Werden z. B. bei einem Sozialkaufhaus Leistungen an jeden erbracht, der sie in Anspruch nehmen möchte, dann kommt eine Befreiung nicht in Betracht.

Der Bescheid über den Nachweisverzicht kann befristet ergehen oder mit anderen Nebenbestimmungen (§ 120 AO) versehen werden. Treten Änderungen im rechtlichen oder tatsächlichen

Bereich ein, dann gelten die Absätze 3 bis 5 des § 60 a AO entsprechend. Dies gilt auch bei materiell-rechtlich fehlerhaften Bescheiden (vgl. Nrn. 6 bis 8 des AEAO zu § 60 a).

13. Besondere Gründe i. S. d. § 53 Nr. 3 AO sind insbesondere Katastrophen, die durch Erlass 14
des Bundesministeriums der Finanzen oder einer der obersten Finanzbehörden der Länder festgestellt wurden.

Handelt es sich um eine Notlage, sind Personen unabhängig von ihren Einkommens- und Vermögensgrenzen nach § 53 Nr. 2 Satz 1 und 2 AO hilfebedürftig, soweit durch die Katastrophen unvorhersehbare Mehraufwendungen verursacht werden, denen keine Ansprüche auf Leistungen von dritter Seite (beispielsweise Versicherungsleistungen oder staatliche Ansprüche) gegenüberstehen. Die durch die jeweilige Katastrophe entstandene Notlage sowie die Mehraufwendungen sind glaubhaft zu machen.

Sofern Leistungen von dritter Seite, auf die ein Anspruch besteht, zeitlich verzögert geleistet werden, sind die betroffenen Personen für den dadurch entstehenden Überbrückungszeitraum als hilfebedürftig anzusehen. Die dadurch entstehenden Liquiditätseinbußen oder sonstige erlittene Nachteile können somit von steuerbegünstigten Körperschaften, beispielsweise durch die Auszahlung zinsloser Darlehen oder vorübergehende unentgeltliche Nutzungsüberlassungen, ausgeglichen werden.

§ 54 Kirchliche Zwecke[1]

AO

(1) **Eine Körperschaft verfolgt kirchliche Zwecke, wenn ihre Tätigkeit darauf gerichtet ist, eine Religionsgemeinschaft, die Körperschaft des öffentlichen Rechts ist, selbstlos zu fördern.** 1

(2) **Zu diesen Zwecken gehören insbesondere die Errichtung, Ausschmückung und Unterhaltung von Gotteshäusern und kirchlichen Gemeindehäusern, die Abhaltung von Gottesdiensten, die Ausbildung von Geistlichen, die Erteilung von Religionsunterricht, die Beerdigung und die Pflege des Andenkens der Toten, ferner die Verwaltung des Kirchenvermögens, die Besoldung der Geistlichen, Kirchenbeamten und Kirchendiener, die Alters- und Behindertenversorgung für diese Personen und die Versorgung ihrer Witwen und Waisen.** 2

Zu § 54 – Kirchliche Zwecke:

AEAO

Ein kirchlicher Zweck liegt nur vor, wenn die Tätigkeit darauf gerichtet ist, eine Religionsgemeinschaft des öffentlichen Rechts zu fördern. Bei Religionsgemeinschaften, die nicht Körperschaften des öffentlichen Rechts sind, kann wegen Förderung der Religion eine Anerkennung als gemeinnützige Körperschaft in Betracht kommen.[2] 3

§ 55 Selbstlosigkeit

AO

(1)[3] **Eine Förderung oder Unterstützung geschieht selbstlos,[4] wenn dadurch nicht in erster Linie eigenwirtschaftliche Zwecke – zum Beispiel gewerbliche Zwecke oder sonstige Erwerbszwecke – verfolgt werden und wenn die folgenden Voraussetzungen gegeben sind:** 1

1. ① Mittel der Körperschaft dürfen nur für die satzungsmäßigen Zwecke[5] verwendet werden. ② Die Mitglieder oder Gesellschafter (Mitglieder im Sinne dieser Vorschrif- 2

---

[1] Die Steuerbefreiung wegen Verfolgung kirchlicher Zwecke durch Verwaltung von Kirchenvermögen setzt keine gemeinnützige oder mildtätige Verwaltung des Kirchenvermögens voraus *(BFH-Urteil vom 24. 7. 1996 I R 35/94, BStBl. II S. 583).*

[2] Zu privatrechtlichen Religionsgemeinschaften (Sekten) vgl. jedoch § 52 AO.

[3] *BFH-Urteil vom 4. 7. 2007 I R 76/05, BStBl. II S. 631:* 1. Eine Forschungseinrichtung finanziert sich nicht überwiegend aus Zuwendungen der öffentlichen Hand oder Dritter oder aus der Vermögensverwaltung, wenn die Einnahmen aus Auftragsforschung oder Ressortforschung mehr als 50 v. H. der gesamten Einnahmen betragen. 2. Ob in diesem Fall die Auftragsforschung in einem steuerpflichtigen wirtschaftlichen Geschäftsbetrieb zu erfassen ist, oder die Steuerbefreiung insgesamt verloren geht, ist danach zu beurteilen, ob die Auftragsforschung der eigenen Forschung dient oder als eigenständiger Zweck verfolgt wird.

[4] Eine Körperschaft ist dann nicht selbstlos tätig, wenn sie die durch Spenden ihrer Gesellschafter erlangten (nicht gebundenen) Vermögensmittel ausschließlich und von vornherein zur Finanzierung einer von diesen Gesellschaftern beherrschten Personengesellschaft einsetzt *(BFH-Urteil vom 22. 8. 2019 V R 67/16, BStBl. 2020 II S. 40).*

[5] *BFH-Urteil vom 12. 3. 2020 V R 5/17, BStBl. 2021 II S. 55:* Ein Entzug der Gemeinnützigkeit ist bei kleineren Verstößen gegen das Mittelverwendungsgebot des § 55 AO unverhältnismäßig (Bagatellvorbehalt).

„Mittel" sind sämtliche Vermögenswerte der Körperschaft, nicht nur die ihr durch Spenden, Beiträge und Erträge ihres Vermögens und ihrer wirtschaftlichen Zweckbetriebe zur Verfügung stehenden Geldbeträge *(BFH-Urteil vom 23. 10. 1991 I R 19/91, BStBl. 1992 II S. 62).* Das Grundstockvermögen einer Stiftung gehört jedenfalls im Grundsatz nicht zu Mitteln i. S. v. § 55 Abs. 1 Nr. 1 AO; es kann deshalb allenfalls dann, wenn es nach den Satzungsbestimmungen zur Erfüllung des Stiftungszwecks verwendet werden darf, in die Frage einbezogen werden, ob die Stiftung dem Gebot zur satzungsmäßigen Verwendung ihrer Mittel entsprochen hat; hier: zu hohe Verwaltungskosten *(BFH-Beschluss vom 7. 9. 2011 I B 36/11, BFH/NV S. 2013).* Eine Ansammlung über den nach § 58 Nr. 7 zulässigen Rahmen hinaus ist nicht zulässig. Schüttet eine gemeinnützige GmbH die aus der gemeinnützigen Tätigkeit erzielten Gewinne überwiegend verdeckt an ihre steuerpflichtigen Gesellschafter aus, liegt ein schwerwiegender Verstoß gegen § 55 Abs. 1 Nr. 1 bis 3 AO vor, der die Anwendung des § 61 Abs. 3 AO ermöglicht *(BFH-Beschluss vom 12. 10. 2010 I R 59/09, BFH/NV 2011 S. 329).*

[Fortsetzung nächste Seite]

AO

ten) dürfen keine Gewinnanteile und in ihrer Eigenschaft als Mitglieder auch keine sonstigen Zuwendungen aus Mitteln der Körperschaft erhalten.[1] ③ Die Körperschaft darf ihre Mittel weder für die unmittelbare noch für die mittelbare Unterstützung oder Förderung politischer Parteien verwenden.

3 **2. Die Mitglieder dürfen bei ihrem Ausscheiden oder bei Auflösung oder Aufhebung der Körperschaft nicht mehr als ihre eingezahlten Kapitalanteile und den gemeinen Wert ihrer geleisteten Sacheinlagen zurückerhalten.**

4 **3. Die Körperschaft darf keine Person durch Ausgaben, die dem Zweck der Körperschaft fremd sind, oder durch unverhältnismäßig hohe Vergütungen begünstigen.[2]**

5 **4. ① Bei Auflösung oder Aufhebung der Körperschaft oder bei Wegfall ihres bisherigen Zwecks darf das Vermögen der Körperschaft, soweit es die eingezahlten Kapitalanteile der Mitglieder und den gemeinen Wert der von den Mitgliedern geleisteten Sacheinlagen übersteigt, nur für steuerbegünstigte Zwecke verwendet werden (Grundsatz der Vermögensbindung[3]). ② Diese Voraussetzung ist auch erfüllt, wenn das Vermögen einer anderen steuerbegünstigten Körperschaft oder einer juristischen Person[4] des öffentlichen Rechts für steuerbegünstigte Zwecke übertragen werden soll.**

6 **5.[5] ① Die Körperschaft muss ihre Mittel vorbehaltlich des § 62 grundsätzlich zeitnah für ihre steuerbegünstigten satzungsmäßigen Zwecke verwenden. ② Verwendung in**

[Fortsetzung]

Eine Körperschaft verfolgt nicht allein deswegen in erster Linie eigenwirtschaftliche Zwecke iSd § 55 Abs. 1 AO, weil sie einen **wirtschaftlichen Geschäftsbetrieb** unterhält und die unternehmerischen Aktivitäten die gemeinnützigen übersteigen. Dem Gebot, dass Mittel der Körperschaft nur zu steuerbegünstigten Zwecken verwendet werden dürfen (§ 55 Abs. 1 Nr. 1 AO), unterliegen grundsätzlich auch die Gewinne aus einem wirtschaftlichen Geschäftsbetrieb. Das Gebot der steuerbegünstigten Mittelverwendung erfasst aber nur solche Mittel des wirtschaftlichen Geschäftsbetriebs, die bei vernünftiger kaufmännischer Beurteilung nicht zur Sicherung des wirtschaftlichen Erfolgs des wirtschaftlichen Geschäftsbetriebs benötigt werden. Die Körperschaft hat nachzuweisen, dass die betriebliche Mittelverwendung zur Sicherung ihrer Existenz geboten war. Dem Gebot zeitnaher steuerbegünstigter Mittelverwendung stehen notwendige Planungsphasen nicht entgegen. Es ist steuerlich unschädlich, wenn eine Körperschaft in einzelnen Veranlagungszeiträumen ausschließlich anderen, ebenfalls steuerbegünstigten Körperschaften Mittel zuwendet (§ 58 Nr. 2 AO), sie aber in anderen Veranlagungszeiträumen auch selbst (§ 57 AO) ihre steuerbegünstigten satzungsmäßigen Zwecke verfolgt (*BFH-Urteil vom 15. 7. 1998 I R 156/94, BStBl. 2002 II S. 162* s. auch AEAO Nr. 3 zu § 55 Abs. 1 Nr. 1).

Aufwendungen für Mitgliederwerbung eines Vereins zur öffentlichen Gesundheitspflege müssen nach den Umständen des Einzelfalls wirtschaftlich sinnvoll sein. Um Zweckbetrieb zu sein, muss ein Geschäftsbetrieb (hier: Betrieb eines Hotels) in seiner Gesamtrichtung dazu dienen, den steuerbegünstigten Zweck der Körperschaft zu verwirklichen *(BFH-Beschluss vom 23. 2. 1999 XI B 128/98, BFH/NV S. 1055)*.

Ein Sportverein verstößt nicht gegen das Mittelverwendungsgebot des § 55 Abs. 1 Nr. 1 AO, soweit er in Erfüllung eines Anspruchs nachgewiesenen, angemessenen Aufwand eines Mitglieds für den Verein ersetzt. Dies gilt auch dann, wenn das Mitglied unmittelbar vor der Erfüllung des Anspruchs eine Durchlaufspende in derselben Höhe geleistet hat *(BFH-Urteil vom 3. 12. 1996 I R 67/95, BStBl. 1997 II S. 474)*.

Ein Verein, der hilfsbedürftige Menschen unterstützen will und sich durch Spenden finanziert, verliert die Steuervergünstigungen wegen Verfolgung gemeinnütziger Zwecke, wenn seine Aufwendungen für die Verwaltung oder die Spendenwerbung unangemessen hoch sind. Die Angemessenheit der Aufwendungen für die Verwaltung und die Spendenwerbung hängt allerdings davon ab, ob sich der Verein noch in der Aufbauphase befindet, in der er zunächst und oft unvermeidbar einen sehr hohen Anteil der Spenden für die Verwaltung und Spendenwerbung verwenden muss *(BFH-Beschluss vom 23. 9. 1998 I B 82/98, BStBl. 2000 II S. 320)*.

[1] Ein gemeinnützige Zwecke verfolgender Verein verstößt gegen § 55 Abs. 1 Nr. 1 Satz 2 AO, wenn er seinem Mitglied und Vorsitzenden seines Vorstandes für die Vorstandstätigkeit eine Vergütung zahlt, obwohl der Vorstand nach der Vereinssatzung ehrenamtlich, i. S. von unentgeltlich, tätig ist *(BFH-Beschluss vom 8. 8. 2001 I B 40/01, BFH/NV S. 1536)*.

BFH-Urteil vom 27. 11. 2013 I R 17/12, BStBl. 2016 II S. 68: Stehen kommunale Trägerkörperschaft und Eigengesellschaft in vertraglichen Leistungsbeziehungen, ist es als begünstigungsschädliche Gewinnausschüttung i. S. von § 55 Abs. 1 Nr. 1 Satz 2 AO anzusehen, wenn die Eigengesellschaft für die von ihr zu erbringenden Leistungen ein Entgelt erhält, das einem Fremdvergleich (in Gestalt des Kostenausgleichs zzgl. eines marktüblichen Gewinnaufschlags) nicht standhält. Die Voraussetzungen des § 58 Nr. 2 AO sind in diesem Fall nicht erfüllt.

Die Aufnahme von Flüchtlingen als beitragsbefreite Mitglieder in gemeinnützige Vereine ist unschädlich für die Steuerbegünstigung des Vereins *(Vfg. OFD Frankfurt vom 28. 12. 2015 S 0174 A – 34 – St 53)*.

[2] *BFH-Beschluss vom 28. 10. 2004 I B 95/04, BFH/NV 2005 S. 160:* 1. § 55 Abs. 1 Nr. 3 AO ist eine Ausprägung des allgemeinen Mittelverwendungsgebots des § 55 Abs. 1 Nr. 1 Satz 1 AO. Das Verbot des § 55 Abs. 1 Nr. 3 AO bezieht sich deshalb auf sämtliche aus Mitteln der Körperschaft aufzubringende Vergütungen und somit auch auf solche Vergütungen, die eine nach ihrer Satzung steuerbegünstigte Zwecke verfolgende Körperschaft im Rahmen eines wirtschaftlichen Geschäftsbetriebs zahlt. Eine Körperschaft, die eine Steuerbefreiung oder Steuerermäßigung wegen Verfolgung steuerbegünstigter Zwecke begehrt, trägt die Feststellungslast für die Tatsachen, aus denen sich ergibt, dass sie die Voraussetzungen der Steuerbefreiung oder Steuerermäßigung erfüllte.

Zur Feststellung von Mittelfehlverwendungen i. S. von § 55 Abs. 1 Nr. 3 AO durch überhöhte Vergütungen an den Geschäftsführer einer gemeinnützigen Körperschaft sind die Grundsätze der vGA zu berücksichtigen. Maßstab des externen Fremdvergleichs sind dabei die für vergleichbare Tätigkeiten auch von Wirtschaftsunternehmen gewährten Vergütungen *(BFH-Urteil vom 12. 3. 2020 V R 5/17, BStBl. 2021 II S. 55)*.

[3] Zur satzungsmäßigen Vermögensbindung s. § 61 AO.

[4] Zur Anwendung siehe Art. 97 § 1 d Abs. 3 EGAO **(Anhang I Nr. 1)**.

[5] Zur erstmaligen Anwendung siehe Art. 97 § 1 d Abs. 3 EGAO **(Anhang I Nr. 1)**.

Dem Gebot zeitnaher Mittelverwendung (§ 55 Abs. 1 Nr. 5 AO) ist nicht nur dann Genüge getan, wenn das konkrete Guthaben, das auf einem projektbezogenen Bankkonto der gemeinnützigen Körperschaft durch Spendeneingänge entstanden ist, innerhalb der gesetzlichen Mittelverwendungsfrist für die gemeinnützigen Zwecke verwendet wird. Es genügt vielmehr, wenn die projektbezogenen Aufwendungen innerhalb der gesetzlichen Frist von einem anderen Bankkonto der gemeinnützigen Körperschaft bezahlt werden *(BFH-Urteil vom 20. 3. 2017 X R 13/15, BStBl. II S. 1110)*.

diesem Sinne ist auch die Verwendung der Mittel für die Anschaffung oder Herstellung von Vermögensgegenständen, die satzungsmäßigen Zwecken dienen. ③ Eine zeitnahe Mittelverwendung ist gegeben, wenn die Mittel spätestens in den auf den Zufluss folgenden zwei Kalender- oder Wirtschaftsjahren für die steuerbegünstigten satzungsmäßigen Zwecke verwendet werden. ④ Satz 1 gilt nicht für Körperschaften mit jährlichen Einnahmen von nicht mehr als 100 000 Euro.

(2) **Bei der Ermittlung des gemeinen Werts (Absatz 1 Nummer 2 und 4) kommt es auf die Verhältnisse zu dem Zeitpunkt an, in dem die Sacheinlagen geleistet worden sind.** 7

(3) **Die Vorschriften, die die Mitglieder der Körperschaft betreffen (Absatz 1 Nummer 1, 2 und 4), gelten bei Stiftungen für die Stifter und ihre Erben, bei Betrieben gewerblicher Art von juristischen Personen[1] des öffentlichen Rechts für die Körperschaft sinngemäß, jedoch mit der Maßgabe, dass bei Wirtschaftsgütern, die nach § 6 Absatz 1 Nummer 4 Satz 4 des Einkommensteuergesetzes aus einem Betriebsvermögen zum Buchwert entnommen worden sind, an die Stelle des gemeinen Werts der Buchwert der Entnahme tritt.** 8

Zu § 55 – Selbstlosigkeit: AEAO

Zu § 55 Abs. 1 Nr. 1 AO:

1. Eine Körperschaft handelt selbstlos, wenn sie weder selbst noch zugunsten ihrer Mitglieder eigenwirtschaftliche Zwecke verfolgt. Ist die Tätigkeit einer Körperschaft in erster Linie auf Mehrung ihres eigenen Vermögens gerichtet, so handelt sie nicht selbstlos. Eine Körperschaft verfolgt z. B. in erster Linie eigenwirtschaftliche Zwecke, wenn sie ausschließlich durch Darlehen ihrer Gründungsmitglieder finanziert ist und dieses Fremdkapital satzungsgemäß tilgen und verzinsen muss (BFH-Urteile vom 13. 12. 1978, I R 39/78, BStBl. 1979 II S. 482, vom 26. 4. 1989, I R 209/85, BStBl. II S. 670, und vom 28. 6. 1989, I R 86/85, BStBl. 1990 II S. 550). 9

2. Eine Eigengesellschaft einer juristischen Person des öffentlichen Rechts kann nach § 5 Abs. 1 Nr. 9 KStG und § 3 Nr. 6 Satz 1 GewStG steuerbegünstigt sein. Das gilt auch, soweit sie in die Erfüllung hoheitlicher Pflichtaufgaben der Trägerkörperschaft (z. B. Durchführung des bodengebundenen Rettungsdiensts) eingebunden ist. Sie verfolgt keine vordergründig eigennützigen Interessen ihres Gesellschafters. 10

Eine Steuerbegünstigung der Eigengesellschaft kommt aber grundsätzlich nur in Betracht, wenn die von ihr erbrachten Leistungen angemessen vergütet werden. Maßstab ist die Höhe des Entgelts, das von einem ordentlichen und gewissenhaften Geschäftsleiter auch mit einem Nichtgesellschafter als Auftraggeber vereinbart worden wäre. Dazu muss das Entgelt regelmäßig die Kosten ausgleichen und einen marktüblichen Gewinnaufschlag beinhalten (BFH-Urteil vom 27. 11. 2013 I R 17/12, BStBl. 2016 II S. 68). Bei steuerbegünstigten Einrichtungen ist aufgrund der fehlenden Gewinnorientierung die Erhebung eines Gewinnaufschlags in der Regel nicht marktüblich. Dies gilt nicht für Leistungen der steuerbegünstigten Einrichtung aus einem steuerpflichtigen wirtschaftlichen Geschäftsbetrieb (§ 64 AO).

3. Nach § 55 Abs. 1 AO dürfen sämtliche Mittel der Körperschaft nur für die satzungsmäßigen Zwecke verwendet werden (Ausnahmen siehe § 58 AO). Auch der Gewinn aus dem Zweckbetrieb und aus dem steuerpflichtigen wirtschaftlichen Geschäftsbetrieb (§ 64 Abs. 2 AO) sowie der Überschuss aus der Vermögensverwaltung dürfen nur für die satzungsmäßigen Zwecke verwendet werden. Dies schließt die Bildung von Rücklagen im wirtschaftlichen Geschäftsbetrieb und im Bereich der Vermögensverwaltung nicht aus. 11

4. Es ist grundsätzlich nicht zulässig, Mittel des ideellen Bereichs (insbesondere Mitgliedsbeiträge, Spenden, Zuschüsse, Rücklagen), Gewinne aus Zweckbetrieben, Erträge aus der Vermögensverwaltung und das entsprechende Vermögen für einen steuerpflichtigen wirtschaftlichen Geschäftsbetrieb zu verwenden, z. B. zum Ausgleich eines Verlustes. Für das Vorliegen eines Verlustes ist das Ergebnis des einheitlichen steuerpflichtigen wirtschaftlichen Geschäftsbetriebs (§ 64 Abs. 2 AO) maßgeblich. Eine Verwendung von Mitteln des ideellen Bereichs für den Ausgleich des Verlustes eines einzelnen wirtschaftlichen Geschäftsbetriebs liegt deshalb nicht vor, soweit der Verlust bereits im Entstehungsjahr mit Gewinnen anderer steuerpflichtiger wirtschaftlicher Geschäftsbetriebe verrechnet werden kann. Verbleibt danach ein Verlust, ist keine Verwendung von Mitteln des ideellen Bereichs für dessen Ausgleich anzunehmen, wenn dem ideellen Bereich in den sechs vorangegangenen Jahren Gewinne des einheitlichen steuerpflichtigen wirtschaftlichen Geschäftsbetriebs in mindestens gleicher Höhe zugeführt worden sind. Insoweit ist der Verlustausgleich im Entstehungsjahr als Rückgabe früherer, durch das Gemeinnützigkeitsrecht vorgeschriebener Gewinnabführungen anzusehen. 12

5. Ein nach ertragsteuerlichen Grundsätzen ermittelter Verlust eines steuerpflichtigen wirtschaftlichen Geschäftsbetriebs ist unschädlich für die Steuerbegünstigung der Körperschaft, wenn er ausschließlich durch die Berücksichtigung von anteiligen Abschreibungen auf gemischt genutzte Wirtschaftsgüter entstanden ist und wenn die folgenden Voraussetzungen erfüllt sind: 13

[1] Zur Anwendung siehe Art. 97 § 1 d Abs. 3 EGAO **(Anhang I Nr. 1).**

AEAO

– Das Wirtschaftsgut wurde für den ideellen Bereich angeschafft oder hergestellt und wird nur zur besseren Kapazitätsauslastung und Mittelbeschaffung teil- oder zeitweise für den steuerpflichtigen wirtschaftlichen Geschäftsbetrieb genutzt. Die Körperschaft darf nicht schon im Hinblick auf eine zeit- oder teilweise Nutzung für den steuerpflichtigen wirtschaftlichen Geschäftsbetrieb ein größeres Wirtschaftsgut angeschafft oder hergestellt haben, als es für die ideelle Tätigkeit notwendig war.
– Die Körperschaft verlangt für die Leistungen des steuerpflichtigen wirtschaftlichen Geschäftsbetriebs marktübliche Preise.
– Der steuerpflichtige wirtschaftliche Geschäftsbetrieb bildet keinen eigenständigen Sektor eines Gebäudes (z. B. Gaststättenbetrieb in einer Sporthalle).

Diese Grundsätze gelten entsprechend für die Berücksichtigung anderer gemischter Aufwendungen (z. B. zeitweiser Einsatz von Personal des ideellen Bereichs in einem steuerpflichtigen wirtschaftlichen Geschäftsbetrieb) bei der gemeinnützigkeitsrechtlichen Beurteilung von Verlusten.

14 **6.** Der Ausgleich des Verlustes eines steuerpflichtigen wirtschaftlichen Geschäftsbetriebs mit Mitteln des ideellen Bereichs ist außerdem unschädlich für die Steuerbegünstigung, wenn
– der Verlust auf einer Fehlkalkulation beruht,
– die Körperschaft innerhalb von zwölf Monaten nach Ende des Wirtschaftsjahres, in dem der Verlust entstanden ist, dem ideellen Tätigkeitsbereich wieder Mittel in entsprechender Höhe zuführt und
– die zugeführten Mittel nicht aus Zweckbetrieben, aus dem Bereich der steuerbegünstigten Vermögensverwaltung, aus Beiträgen oder aus anderen Zuwendungen, die zur Förderung der steuerbegünstigten Zwecke der Körperschaft bestimmt sind, stammen (BFH-Urteil vom 13. 11. 1996, I R 152/93, BStBl. 1998 II S. 711).

Die Zuführungen zum ideellen Bereich können demnach aus dem Gewinn des (einheitlichen) steuerpflichtigen wirtschaftlichen Geschäftsbetriebs, der in dem Wirtschaftsjahr nach der Entstehung des Verlustes erzielt wird, geleistet werden. Außerdem dürfen für den Ausgleich des Verlustes Umlagen und Zuschüsse, die dafür bestimmt sind, verwendet werden. Derartige Zuwendungen sind jedoch keine steuerbegünstigten Spenden.

15 **7.** Eine für die Steuerbegünstigung schädliche Verwendung von Mitteln für den Ausgleich von Verlusten des steuerpflichtigen wirtschaftlichen Geschäftsbetriebs liegt auch dann nicht vor, wenn dem Betrieb die erforderlichen Mittel durch die Aufnahme eines betrieblichen Darlehens zugeführt werden oder bereits in dem Betrieb verwendete ideelle Mittel mittels eines Darlehens, das dem Betrieb zugeordnet wird, innerhalb der Frist von zwölf Monaten nach dem Ende des Verlustentstehungsjahres an den ideellen Bereich der Körperschaft zurückgegeben werden. Voraussetzung für die Unschädlichkeit ist, dass Tilgung und Zinsen für das Darlehen ausschließlich aus Mitteln des steuerpflichtigen wirtschaftlichen Geschäftsbetriebs geleistet werden.

Die Belastung von Vermögen des ideellen Bereichs mit einer Sicherheit für ein betriebliches Darlehen (z. B. Grundschuld auf einer Sporthalle) führt grundsätzlich zu keiner anderen Beurteilung. Die Eintragung einer Grundschuld bedeutet noch keine Verwendung des belasteten Vermögens für den steuerpflichtigen wirtschaftlichen Geschäftsbetrieb.

16 **8.** Steuerbegünstigte Körperschaften unterhalten steuerpflichtige wirtschaftliche Geschäftsbetriebe regelmäßig nur, um dadurch zusätzliche Mittel für die Verwirklichung der steuerbegünstigten Zwecke zu beschaffen. Es kann deshalb unterstellt werden, dass etwaige Verluste bei Betrieben, die schon längere Zeit bestehen, auf einer Fehlkalkulation beruhen. Bei dem Aufbau eines neuen Betriebs ist eine Verwendung von Mitteln des ideellen Bereichs für den Ausgleich von Verlusten auch dann unschädlich für die Steuerbegünstigung, wenn mit Anlaufverlusten zu rechnen war. Auch in diesem Fall muss die Körperschaft aber i. d. R. innerhalb von drei Jahren nach dem Ende des Entstehungsjahres des Verlustes dem ideellen Bereich wieder Mittel, die gemeinnützigkeitsunschädlich dafür verwendet werden dürfen, zuführen.

17 **9.** Die Regelungen in den Nrn. 4 bis 8 des AEAO zu § 55 gelten entsprechend für die Vermögensverwaltung.

10. Veräußert ein steuerpflichtiger Anteilseigner seine Anteile an einer steuerbegünstigten Kapitalgesellschaft an einen steuerbegünstigten Erwerber, liegt regelmäßig eine Mittelfehlverwendung im Sinne des § 55 Abs. 1 Nr. 1 AO vor, wenn der Veräußerungspreis über dem Wert der eingezahlten Kapitalanteile und dem gemeinen Wert der Sacheinlagen der Anteile liegt (vgl. BFH-Beschluss vom 12. 10. 2010 I R 59/09, BStBl. 2012 II S. 226).

18 **11.** Mitglieder dürfen keine Zuwendungen aus Mitteln der Körperschaft erhalten. Dies gilt nicht, soweit es sich um Annehmlichkeiten handelt, wie sie im Rahmen der Betreuung von Mitgliedern allgemein üblich und nach allgemeiner Verkehrsauffassung als angemessen anzusehen sind.

19 **12.** Keine Zuwendung i. S. d. § 55 Abs. 1 Nr. 1 AO liegt vor, wenn der Leistung der Körperschaft eine Gegenleistung des Empfängers gegenübersteht (z. B. bei Kauf-, Dienst- und Werkverträgen) und die Werte von Leistung und Gegenleistung nach wirtschaftlichen Grundsätzen gegeneinander abgewogen sind.

20 **13.** Ist einer Körperschaft zugewendetes Vermögen mit vor der Übertragung wirksam begründeten Ansprüchen (z. B. Nießbrauch, Grund- oder Rentenschulden, Vermächtnisse aufgrund tes-

AEAO

tamentarischer Bestimmungen des Zuwendenden) belastet, deren Erfüllung durch die Körperschaft keine nach wirtschaftlichen Grundsätzen abgewogene Gegenleistung für die Übertragung des Vermögens darstellt, mindern die Ansprüche das übertragene Vermögen bereits im Zeitpunkt des Übergangs. Wirtschaftlich betrachtet wird der Körperschaft nur das nach der Erfüllung der Ansprüche verbleibende Vermögen zugewendet. Die Erfüllung der Ansprüche aus dem zugewendeten Vermögen ist deshalb keine Zuwendung i. S. d. § 55 Abs. 1 Nr. 1 AO. Dies gilt auch, wenn die Körperschaft die Ansprüche aus ihrem anderen zulässigen Vermögen einschließlich der Rücklage nach § 62 Abs. 1 Nr. 3 AO erfüllt.

14. Soweit die vorhandenen flüssigen Vermögensmittel nicht für die Erfüllung der Ansprüche ausreichen, darf die Körperschaft dafür auch Erträge verwenden. Ihr müssen jedoch ausreichende Mittel für die Verwirklichung ihrer steuerbegünstigten Zwecke verbleiben. Diese Voraussetzung ist als erfüllt anzusehen, wenn für die Erfüllung der Verbindlichkeiten höchstens ein Drittel des Einkommens der Körperschaft verwendet wird. **21**

Die Ein-Drittel-Grenze umfasst bei Rentenverpflichtungen nicht nur die über den Barwert hinausgehenden, sondern die gesamten Zahlungen. Sie bezieht sich auf den Veranlagungszeitraum.

15. § 58 Nr. 5 AO enthält eine Ausnahmeregelung zu § 55 Abs. 1 Nr. 1 für Stiftungen. Diese ist nur anzuwenden, wenn eine Stiftung Leistungen erbringt, die dem Grunde nach gegen § 55 Abs. 1 Nr. 1 AO verstoßen, also z. B. freiwillige Zuwendungen an den in § 58 Nr. 5 AO genannten Personenkreis leistet oder für die Erfüllung von Ansprüchen dieses Personenkreises aus der Übertragung von Vermögen nicht das belastete oder anderes zulässiges Vermögen, sondern Erträge einsetzt. Im Unterschied zu anderen Körperschaften kann eine Stiftung unter den Voraussetzungen des § 58 Nr. 5 AO auch dann einen Teil ihres Einkommens für die Erfüllung solcher Ansprüche verwenden, wenn ihr dafür ausreichende flüssige Vermögensmittel zur Verfügung stehen. Der Grundsatz, dass der wesentliche Teil des Einkommens für die Verwirklichung der steuerbegünstigten Zwecke verbleiben muss, gilt aber auch für Stiftungen. **22**

Daraus folgt, dass eine Stiftung insgesamt höchstens ein Drittel ihres Einkommens für unter § 58 Nr. 5 AO fallende Leistungen und für die Erfüllung von anderen durch die Übertragung von belastetem Vermögen begründeten Ansprüchen verwenden darf. Das dem entgegenstehende BFH-Urteil vom 21.1.1998 II R 16/95, BStBl. II S. 758 ist insoweit über den entschiedenen Einzelfall hinaus nicht anzuwenden.

16. Die Vergabe von Darlehen aus Mitteln, die zeitnah für die steuerbegünstigten Zwecke zu verwenden sind, ist unschädlich für die Gemeinnützigkeit, wenn die Körperschaft damit selbst unmittelbar ihre steuerbegünstigten satzungsmäßigen Zwecke verwirklicht. Dies kann z. B. der Fall sein, wenn die Körperschaft im Rahmen ihrer jeweiligen steuerbegünstigten Zwecke Darlehen im Zusammenhang mit einer Schuldnerberatung zur Ablösung von Bankschulden, Darlehen an Nachwuchskünstler für die Anschaffung von Instrumenten oder Stipendien für eine wissenschaftliche Ausbildung teilweise als Darlehen vergibt. Voraussetzung ist, dass sich die Darlehensvergabe von einer gewerbsmäßigen Kreditvergabe dadurch unterscheidet, dass sie zu günstigeren Bedingungen erfolgt als zu den allgemeinen Bedingungen am Kapitalmarkt (z. B. Zinslosigkeit, Zinsverbilligung). **23**

Die Vergabe von Darlehen aus zeitnah für die steuerbegünstigten Zwecke zu verwendenden Mitteln an andere steuerbegünstigte Körperschaften ist im Rahmen des § 58 Nrn. 1 und 2 AO zulässig (mittelbare Zweckverwirklichung), wenn die andere Körperschaft die darlehensweise erhaltenen Mittel unmittelbar für steuerbegünstigte Zwecke innerhalb der für eine zeitnahe Mittelverwendung vorgeschriebenen Frist verwendet.

Darlehen, die zur unmittelbaren Verwirklichung der steuerbegünstigten Zwecke vergeben werden, sind im Rechnungswesen entsprechend kenntlich zu machen. Es muss sichergestellt und für die Finanzbehörde nachprüfbar sein, dass die Rückflüsse, d. h. Tilgung und Zinsen, wieder zeitnah für die steuerbegünstigten Zwecke verwendet werden.

17. Aus Mitteln, die nicht dem Gebot der zeitnahen Mittelverwendung unterliegen (Vermögen einschließlich der zulässigen Zuführungen und der zulässig gebildeten Rücklagen), darf die Körperschaft Darlehen nach folgender Maßgabe vergeben: **24**

Die Zinsen müssen sich in dem auf dem Kapitalmarkt üblichen Rahmen halten, es sei denn, der Verzicht auf die üblichen Zinsen ist eine nach den Vorschriften des Gemeinnützigkeitsrechts und der Satzung der Körperschaft zulässige Zuwendung (z. B. Darlehen an eine ebenfalls steuerbegünstigte Mitgliedsorganisation oder eine hilfebedürftige Person). Bei Darlehen an Arbeitnehmer aus dem Vermögen kann der (teilweise) Verzicht auf eine übliche Verzinsung als Bestandteil des Arbeitslohns angesehen werden, wenn dieser insgesamt, also einschließlich des Zinsvorteils, angemessen ist und der Zinsverzicht auch von der Körperschaft als Arbeitslohn behandelt wird (z. B. Abführung von Lohnsteuer und Sozialversicherungsbeiträgen).

Maßnahmen, für die eine Rücklage nach § 62 Abs. 1 Nr. 1 AO gebildet worden ist, dürfen sich durch die Gewährung von Darlehen nicht verzögern.

18. Die Vergabe von Darlehen ist als solche kein steuerbegünstigter Zweck. Sie darf deshalb nicht Satzungszweck einer steuerbegünstigten Körperschaft sein. Es ist jedoch unschädlich für die Steuerbegünstigung, wenn die Vergabe von zinsgünstigen oder zinslosen Darlehen nicht als Zweck, sondern als Mittel zur Verwirklichung des steuerbegünstigten Zwecks in der Satzung der Körperschaft aufgeführt ist. **25**

AEAO

26 **19.** Eine Körperschaft kann nicht als steuerbegünstigt behandelt werden, wenn ihre Ausgaben für die allgemeine Verwaltung einschließlich der Werbung um Spenden einen angemessenen Rahmen übersteigen (§ 55 Abs. 1 Nrn. 1 und 3 AO). Dieser Rahmen ist in jedem Fall überschritten, wenn eine Körperschaft, die sich weitgehend durch Geldspenden finanziert, diese – nach einer Aufbauphase – überwiegend zur Bestreitung von Ausgaben für Verwaltung und Spendenwerbung statt für die Verwirklichung der steuerbegünstigten satzungsmäßigen Zwecke verwendet (BFH-Beschluss vom 23. 9. 1998, I B 82/98, BStBl. 2000 II S. 320). Die Verwaltungsausgaben einschließlich Spendenwerbung sind bei der Ermittlung der Anteile ins Verhältnis zu den gesamten vereinnahmten Mitteln (Spenden, Mitgliedsbeiträge, Zuschüsse, Gewinne aus wirtschaftlichen Geschäftsbetrieben usw.) zu setzen.

Für die Frage der Angemessenheit der Verwaltungsausgaben kommt es entscheidend auf die Umstände des jeweiligen Einzelfalls an. Eine für die Steuerbegünstigung schädliche Mittelverwendung kann deshalb auch schon dann vorliegen, wenn der prozentuale Anteil der Verwaltungsausgaben einschließlich der Spendenwerbung deutlich geringer als 50% ist.

27 **20.** Während der Gründungs- und Aufbauphase einer Körperschaft kann auch eine überwiegende Verwendung der Mittel für Verwaltungsausgaben und Spendenwerbung unschädlich für die Steuerbegünstigung sein. Die Dauer der Gründungs- oder Aufbauphase, während der dies möglich ist, hängt von den Verhältnissen des Einzelfalls ab.

Der in dem BFH-Beschluss vom 23. 9. 1998, I B 82/98, BStBl. 2000 II S. 320 zugestandene Zeitraum von vier Jahren für die Aufbauphase, in der höhere anteilige Ausgaben für Verwaltung und Spendenwerbung zulässig sind, ist durch die Besonderheiten des entschiedenen Falles begründet (insbesondere zweite Aufbauphase nach Aberkennung der Steuerbegünstigung). Er ist deshalb als Obergrenze zu verstehen. I. d. R. ist von einer kürzeren Aufbauphase auszugehen.

28 **21.** Die Steuerbegünstigung ist auch dann zu versagen, wenn das Verhältnis der Verwaltungsausgaben zu den Ausgaben für die steuerbegünstigten Zwecke zwar insgesamt nicht zu beanstanden, eine einzelne Verwaltungsausgabe (z.B. das Gehalt des Geschäftsführers oder der Aufwand für die Mitglieder- und Spendenwerbung) aber nicht angemessen ist (§ 55 Abs. 1 Nr. 3 AO).

29 **22.** Bei den Kosten für die Beschäftigung eines Geschäftsführers handelt es sich grundsätzlich um Verwaltungsausgaben. Eine Zuordnung dieser Kosten zu der steuerbegünstigten Tätigkeit ist nur insoweit möglich, als der Geschäftsführer unmittelbar bei steuerbegünstigten Projekten mitarbeitet. Entsprechendes gilt für die Zuordnung von Reisekosten.

30 **23.** Eine Unternehmergesellschaft i. S. d. § 5 a Abs. 1 GmbHG ist gesetzlich verpflichtet, von ihrem um einen Verlustvortrag aus dem Vorjahr geminderten Jahresüberschuss bis zum Erreichen des Stammkapitals von 25 000 € mindestens 25% in eine gesetzliche Rücklage einzustellen (§ 5 a Abs. 3 GmbHG). Mit der Bildung dieser Rücklage verstößt die Unternehmergesellschaft grundsätzlich nicht gegen das Gebot der zeitnahen Mittelverwendung.

Zu § 55 Abs. 1 Nr. 2 und 4 AO:

31 **24.** Die in § 55 Abs. 1 Nr. 2 und 4 AO genannten Sacheinlagen sind Einlagen i. S. d. Handelsrechts, für die dem Mitglied Gesellschaftsrechte eingeräumt worden sind. Insoweit sind also nur Kapitalgesellschaften, nicht aber Vereine angesprochen. Unentgeltlich zur Verfügung gestellte Vermögensgegenstände, für die keine Gesellschaftsrechte eingeräumt sind (Leihgaben, Sachspenden), fallen nicht unter § 55 Abs. 1 Nr. 2 und 4 AO. Soweit Kapitalanteile und Sacheinlagen von der Vermögensbindung ausgenommen werden, kann von dem Gesellschafter nicht die Spendenbegünstigung des § 10 b EStG (§ 9 Abs. 1 Nr. 2 KStG) in Anspruch genommen werden. Eingezahlte Kapitalanteile i. S. d. § 55 Abs. 1 Nr. 2 und 4 AO liegen nicht vor, soweit für die Kapitalerhöhung Gesellschaftsmittel verwendet wurden (z. B. nach § 57 c GmbHG).

Zu § 55 Abs. 1 Nr. 3 AO:

32 **25.** Bei Vorstandsmitgliedern von Vereinen sind Tätigkeitsvergütungen gemeinnützigkeitsrechtlich nur zulässig, wenn eine entsprechende Satzungsregelung besteht. Zu Einzelheiten bei Zahlungen an den Vorstand steuerbegünstigter Vereine siehe BMF-Schreiben vom 21. 11. 2014, BStBl. I S. 1581.

Diese Regelung gilt für Stiftungen entsprechend.

Zur Feststellung von Mittelfehlverwendungen i. S. v. § 55 Abs. 1 Nr. 3 AO durch überhöhte Vergütungen an den Geschäftsführer einer gemeinnützigen Körperschaft ist ein Fremdvergleich anzustellen. Dabei sind die Grundsätze der vGA zu berücksichtigen. „Unverhältnismäßig" in § 55 Abs. 1 Nr. 3 AO hat im Grundsatz dieselbe Bedeutung wie „unangemessen" im Bereich der vGA gemäß § 8 Abs. 3 Satz 2 KStG. Zur Feststellung einer vGA durch überhöhte Vergütungen eines Gesellschafter-Geschäftsführers kann die Vergütung entweder mit den Entgelten verglichen werden, die Geschäftsführer oder Arbeitnehmer des betreffenden Unternehmens beziehen (interner Fremdvergleich), oder mit den Entgelten, die unter gleichen Bedingungen an Fremdgeschäftsführer anderer Unternehmen gezahlt werden (externer Fremdvergleich). Maßstab des externen Fremdvergleichs können dabei auch die für vergleichbare Tätigkeiten von Wirtschaftsunternehmen gewährten Vergütungen sein.

AEAO

Da nicht nur ein bestimmtes Gehalt als „angemessen" angesehen werden kann, sondern der Bereich des Angemessenen sich auf eine gewisse Bandbreite erstreckt, sind unangemessen nur diejenigen Bezüge, die den oberen Rand dieser Bandbreite übersteigen. Eine nur geringfügige Überschreitung der Angemessenheitsgrenze begründet noch keine vGA; diese liegt erst bei einem „krassen Missverhältnis" der Gesamtvergütung vor. Dies ist jedenfalls dann anzunehmen, wenn die Angemessenheitsgrenze um mehr als 20% überschritten wird (BFH-Urteil vom 12. 3. 2020, V R 5/17, BStBl. 2021 II S. 55).

Zu § 55 Abs. 1 Nr. 4 AO:

26. Eine wesentliche Voraussetzung für die Annahme der Selbstlosigkeit bildet der Grundsatz der Vermögensbindung für steuerbegünstigte Zwecke im Falle der Beendigung des Bestehens der Körperschaft oder des Wegfalles des bisherigen Zwecks (§ 55 Abs. 1 Nr. 4 AO). 33

Hiermit soll verhindert werden, dass gemeinnützigkeitsrechtlich gebundenes Vermögen später zu nicht begünstigten Zwecken verwendet wird. Die satzungsmäßigen Anforderungen an die Vermögensbindung sind in § 61 geregelt.

Das Vermögen einer Körperschaft, das vor dem Eintritt in die Steuerbegünstigung nach §§ 51 ff. AO angesammelt wurde, unterliegt ebenso der Vermögensbindung des § 55 Abs. 1 Nr. 4 AO wie das Vermögen, welches seit dem Eintritt in die Steuerbegünstigung gebildet wurde.

27. Eine Körperschaft ist nur dann steuerbegünstigt i. S. d. § 55 Abs. 1 Nr. 4 Satz 2 AO, wenn sie nach § 5 Abs. 1 Nr. 9 KStG von der Körperschaftsteuer befreit ist. Als Empfänger des Vermögens der Körperschaft kommen neben inländischen Körperschaften auch die in § 5 Abs. 2 Nr. 2 KStG aufgeführten Körperschaften in Betracht. 34

Zu § 55 Abs. 1 Nr. 5 AO:

28. Die Körperschaft muss ihre Mittel grundsätzlich zeitnah für ihre steuerbegünstigten satzungsmäßigen Zwecke verwenden. Verwendung in diesem Sinne ist auch die Verwendung der Mittel für die Anschaffung oder Herstellung von Vermögensgegenständen, die satzungsmäßigen Zwecken dienen (z. B. Bau eines Altenheims, Kauf von Sportgeräten oder medizinischen Geräten). 35

Die Bildung von Rücklagen ist nur unter den Voraussetzungen des § 62 AO zulässig. Davon unberührt bleiben Rücklagen in einem steuerpflichtigen wirtschaftlichen Geschäftsbetrieb und Rücklagen im Bereich der Vermögensverwaltung (vgl. Nr. 3 des AEAO zu § 55).

29. Eine zeitnahe Mittelverwendung ist gegeben, wenn die Mittel spätestens in den auf den Zufluss folgenden zwei Kalender- oder Wirtschaftsjahren für die steuerbegünstigten satzungsmäßigen Zwecke verwendet werden. Am Ende des Kalender- oder Wirtschaftsjahrs noch vorhandene Mittel müssen in der Bilanz oder Vermögensaufstellung der Körperschaft zulässigerweise dem Vermögen oder einer zulässigen Rücklage zugeordnet oder als im zurückliegenden Jahr zugeflossene Mittel, die in den folgenden zwei Jahren für die steuerbegünstigten Zwecke zu verwenden sind, ausgewiesen sein. Soweit Mittel nicht schon im Jahr des Zuflusses für die steuerbegünstigten Zwecke verwendet oder zulässigerweise dem Vermögen zugeführt werden, ist ihre zeitnahe Verwendung nachzuweisen, zweckmäßigerweise durch eine Nebenrechnung (Mittelverwendungsrechnung). Der Zweck des Grundsatzes der zeitnahen Mittelverwendung gebietet es, dass bei der Nachprüfung der Mittelverwendung nicht auf die einzelne Zuwendung abzustellen ist, sondern auf die Gesamtheit aller zeitnah zu verwendenden Zuwendungen und sonstigen Einnahmen bzw. Vermögenswerte der Körperschaft (Saldobetrachtung bzw. Globalbetrachtung; BFH-Urteil vom 20. 3. 2017, X R 13/15, BStBl. II S. 1110). 36

30. Die Pflicht zur zeitnahen Mittelverwendung besteht nicht für Körperschaften mit jährlichen Einnahmen von nicht mehr als 45 000 €. 37

Einnahmen im Sinne der Norm sind alle Vermögensmehrungen, die der Körperschaft zufließen. Es gilt das Zuflussprinzip nach § 11 EStG. Dazu zählen die Einnahmen des ideellen Bereichs sowie die Bruttoeinnahmen der Vermögensverwaltung, des Zweckbetriebs und des steuerpflichtigen wirtschaftlichen Geschäftsbetriebs. Zu den Einnahmen in diesem Sinne gehören auch solche Zuflüsse, die grundsätzlich nicht der zeitnahen Mittelverwendung unterliegen, z. B. Zuwendungen in das Vermögen der Körperschaft (§ 62 Abs. 3 AO). Nicht zu den Einnahmen in diesem Sinne gehören solche Mittel, für die die Pflicht zur zeitnahen Mittelverwendung, z. B. wegen eines Sphärenwechsels, grundsätzlich wiederauflebt, ohne dass der Körperschaft insoweit Mittel zufließen.

Die Verpflichtung zur Verwendung für satzungsmäßige steuerbegünstigte Zwecke nach § 55 Abs. 1 Nr. 1 Satz 1 AO bleibt unberührt.

31. In dem Veranlagungszeitraum, in dem die Einnahmen einer Körperschaft unter der 45 000 €-Grenze bleiben, ist für sämtliche vorhandene Mittel die Pflicht zur zeitnahen Mittelverwendung ausgesetzt. Bei Überschreiten dieser Grenze unterliegen die in den Jahren des Unterschreitens angesammelten und die übrigen, zu diesem Zeitpunkt noch vorhandenen Mittel, nicht dem Gebot der zeitnahen Mittelverwendung. 38

32. Nicht dem Gebot der zeitnahen Mittelverwendung unterliegt das Vermögen der Körperschaften, auch soweit es durch Umschichtungen innerhalb des Bereichs der Vermögensverwaltung entstanden ist (z. B. Verkauf eines zum Vermögen gehörenden Grundstücks einschließlich des den 39

Buchwert übersteigenden Teils des Preises). Außerdem kann eine Körperschaft die in § 62 Abs. 3 und 4 AO bezeichneten Mittel ohne für die Gemeinnützigkeit schädliche Folgen ihrem Vermögen zuführen.

Werden Vermögensgegenstände veräußert, die satzungsmäßigen Zwecken dienen und aus zeitnah zu verwendenden Mitteln angeschafft worden sind, sind die Veräußerungserlöse zeitnah i. S. d. § 55 Abs. 1 Nr. 5 AO zu verwenden. Werden derartige Vermögensgegenstände in den Bereich der Vermögensverwaltung oder in den steuerpflichtigen wirtschaftlichen Geschäftsbetrieb überführt, lebt die Pflicht zur zeitnahen Mittelverwendung in Höhe des Verkehrswerts dieser Vermögensgegenstände wieder auf.

Zu § 55 Abs. 2:

40 **33.** Wertsteigerungen bleiben für steuerbegünstigte Zwecke gebunden. Bei der Rückgabe des Wirtschaftsguts selbst hat der Empfänger die Differenz in Geld auszugleichen.

Zu § 55 Abs. 3:

41 **34.** Die Regelung, nach der sich die Vermögensbindung nicht auf die eingezahlten Kapitalanteile der Mitglieder und den gemeinen Wert der von den Mitgliedern geleisteten Sacheinlagen erstreckt, gilt bei Stiftungen für die Stifter und ihre Erben sinngemäß (§ 55 Abs. 3 erster Halbsatz AO). Es ist also zulässig, das Stiftungskapital und die Zustiftungen von der Vermögensbindung auszunehmen und im Falle des Erlöschens der Stiftung an den Stifter oder seine Erben zurückfallen zu lassen. Für solche Stiftungen und Zustiftungen kann aber vom Stifter nicht die Spendenvergünstigung nach § 10b EStG (§ 9 Abs. 1 Nr. 2 KStG) in Anspruch genommen werden.

42 **35.** Die Vorschrift des § 55 Abs. 3 zweiter Halbsatz AO, die sich nur auf Stiftungen und Körperschaften des öffentlichen Rechts bezieht, berücksichtigt die Regelung im EStG, wonach die Entnahme eines Wirtschaftsgutes mit dem Buchwert angesetzt werden kann, wenn das Wirtschaftsgut den in § 6 Abs. 1 Nr. 4 Satz 4 EStG genannten Körperschaften unentgeltlich überlassen wird. Dies hat zur Folge, dass der Zuwendende bei der Aufhebung der Stiftung nicht den gemeinen Wert der Zuwendung, sondern nur den dem ursprünglichen Buchwert entsprechenden Betrag zurückerhält. Stille Reserven und Wertsteigerungen bleiben hiernach für steuerbegünstigte Zwecke gebunden. Bei Rückgabe des Wirtschaftsgutes selbst hat der Empfänger die Differenz in Geld auszugleichen.

AO

§ 56 Ausschließlichkeit

1 **Ausschließlichkeit liegt vor, wenn eine Körperschaft nur ihre steuerbegünstigten satzungsmäßigen Zwecke verfolgt.**[1]

AEAO

Zu § 56 – Ausschließlichkeit:

2 **1.** Das Ausschließlichkeitsgebot des § 56 AO besagt, dass eine Körperschaft nicht steuerbegünstigt ist, wenn sie neben ihrer steuerbegünstigten Zielsetzung weitere Zwecke verfolgt und diese Zwecke nicht steuerbegünstigt sind. Im Zusammenhang mit der Vermögensverwaltung und wirtschaftlichen Geschäftsbetrieben, die Nicht-Zweckbetriebe sind, folgt daraus, dass deren Unterhaltung der Steuerbegünstigung einer Körperschaft entgegensteht, wenn sie in der Gesamtschau zum Selbstzweck wird und in diesem Sinne neben die Verfolgung des steuerbegünstigten Zwecks der Körperschaft tritt. Die Vermögensverwaltung sowie die Unterhaltung eines Nicht-Zweckbetriebs sind gemeinnützigkeitsrechtlich nur dann unschädlich, wenn sie um des steuerbegünstigten Zwecks willen erfolgen, indem sie z. B. der Beschaffung von Mitteln zur Erfüllung der steuerbegünstigten Aufgabe dienen. Ist die Vermögensverwaltung bzw. der wirtschaftliche Geschäftsbetrieb dagegen nicht dem steuerbegünstigten Zweck untergeordnet, sondern ein davon losgelöster Zweck oder gar Hauptzweck der Betätigung der Körperschaft, so scheitert deren Steuerbegünsti-

[1] Eine vermögensverwaltende Tätigkeit verstößt nicht gegen das Ausschließlichkeitsgebot des § 56 *(BFH-Urteil vom 23. 10. 1991 I R 19/91, BStBl. 1992 II S. 62)*.

Die Unterhaltung eines wirtschaftlichen Geschäftsbetriebs um seiner selbst willen verstößt gegen das Ausschließlichkeitsgebot des § 56 AO. Ob eine wirtschaftliche Tätigkeit um ihrer selbst willen ausgeübt wird, kann sich danach richten, wie viel Zeit und Personal im wirtschaftlichen Geschäftsbetrieb eingesetzt wird *(BFH-Beschluss vom 4. 3. 2020 I B 57/18, BFH/NV S. 1236)*.

Eine Körperschaft dient nicht ausschließlich gemeinnützigen Zwecken, wenn die Beschäftigung Behinderter im Rahmen eines Integrationsprojekts nach der Vertragsgestaltung erkennbar dazu dient, den ermäßigten Umsatzsteuersatz zugunsten einer nicht gemeinnützigen Körperschaft zu nutzen *(BFH-Urteil vom 23. 2. 2012 V R 59/09, BStBl. II S. 544)*.

Das Ausschließlichkeitsgebot des § 56 AO ist im Hinblick auf die Grenzen der allgemeinpolitischen Betätigung einer steuerbegünstigten Körperschaft noch gewahrt, wenn die Beschäftigung mit politischen Vorgängen im Rahmen dessen liegt, das das Eintreten für die satzungsmäßigen Ziele und deren Verwirklichung erfordert und zulässt, die von der Körperschaft zu ihren satzungsmäßigen Zielen vertretenen Auffassungen objektiv und sachlich fundiert sind und die Körperschaft sich parteipolitisch neutral verhält *(BFH-Urteil vom 20. 3. 2017 X R 13/15, BStBl. II S. 1110)*.

Bei der Prüfung der Ausschließlichkeit der steuerbegünstigten satzungsmäßigen Zweckverfolgung und der tatsächlichen Geschäftsführung nach §§ 56, 63 AO kann zwischen der Körperschaft als „Träger" eines „Netzwerks" und den Tätigkeiten des unter dem gleichen Namen auftretenden „Netzwerks" zu unterscheiden sein. Dabei sind alle Umstände einschließlich des Internetauftritts der Körperschaft zu berücksichtigen *(BFH-Urteil vom 10. 1. 2019 V R 60/17, BStBl. II S. 301)*.

gung an § 56. In einem solchen Fall kann die Betätigung der Körperschaft nicht in einen steuerfreien und in einen steuerpflichtigen Teil aufgeteilt werden; vielmehr ist dann die Körperschaft insgesamt als steuerpflichtig zu behandeln. Bei steuerbegünstigten Körperschaften, insbesondere Förderkörperschaften, die sich in ihrer tatsächlichen Geschäftsführung an die in ihrer Satzung enthaltene Pflicht zur Verwendung sämtlicher Mittel für die satzungsmäßigen Zwecke halten, ist das Ausschließlichkeitsgebot selbst dann erfüllt, wenn sie sich vollständig aus Mitteln eines steuerpflichtigen wirtschaftlichen Geschäftsbetriebs oder aus der Vermögensverwaltung finanzieren. Auf das BFH-Urteil vom 4. 4. 2007, I R 76/05, BStBl. II, S. 631, wird hingewiesen.

2. Eine Körperschaft darf mehrere steuerbegünstigte Zwecke nebeneinander verfolgen, ohne 3
dass dadurch die Ausschließlichkeit verletzt wird. Die verwirklichten steuerbegünstigten Zwecke müssen jedoch sämtlich satzungsmäßige Zwecke sein. Will demnach eine Körperschaft steuerbegünstigte Zwecke, die nicht in die Satzung aufgenommen sind, fördern, so ist eine Satzungsänderung erforderlich, die den Erfordernissen des § 60 AO entsprechen muss.

§ 57 Unmittelbarkeit[1]

AO

(1) ① **Eine Körperschaft verfolgt unmittelbar ihre steuerbegünstigten satzungsmäßi- 1
gen Zwecke, wenn sie selbst diese Zwecke verwirklicht.** ② **Das kann auch durch Hilfspersonen geschehen, wenn nach den Umständen des Falls, insbesondere nach den rechtlichen und tatsächlichen Beziehungen, die zwischen der Körperschaft und der Hilfsperson bestehen, das Wirken der Hilfsperson wie eigenes Wirken der Körperschaft anzusehen ist.**

(2) **Eine Körperschaft, in der steuerbegünstigte Körperschaften zusammengefasst 2
sind, wird einer Körperschaft, die unmittelbar steuerbegünstigte Zwecke verfolgt, gleichgestellt.**

(3) ① **Eine Körperschaft verfolgt ihre steuerbegünstigten Zwecke auch dann unmittelbar im Sinne des Absatzes 1 Satz 1, wenn sie satzungsgemäß durch planmäßiges Zusammenwirken mit mindestens einer weiteren Körperschaft, die im Übrigen die Voraussetzungen der §§ 51 bis 68 erfüllt, einen steuerbegünstigten Zweck verwirklicht.** ② **Die §§ 14 sowie 65 bis 68 sind mit der Maßgabe anzuwenden, dass für das Vorliegen der Eigenschaft als Zweckbetrieb bei der jeweiligen Körperschaft die Tätigkeiten der nach Satz 1 zusammenwirkenden Körperschaften zusammenzufassen sind.**

(4) **Eine Körperschaft verfolgt ihre steuerbegünstigten Zwecke auch dann unmittelbar im Sinne des Absatzes 1 Satz 1, wenn sie ausschließlich Anteile an steuerbegünstigten Kapitalgesellschaften hält und verwaltet.**

Zu § 57 – Unmittelbarkeit:

AEAO

Zu § 57 Abs. 1 AO:

1. Die Vorschrift stellt in Absatz 1 klar, dass die Körperschaft die steuerbegünstigten satzungs- 3
mäßigen Zwecke selbst verwirklichen muss, damit Unmittelbarkeit gegeben ist (wegen der Ausnahmen Hinweis auf § 58 AO).

2. Das Gebot der Unmittelbarkeit ist gem. § 57 Abs. 1 Satz 2 AO auch dann erfüllt, wenn sich 4
die steuerbegünstigte Körperschaft einer Hilfsperson bedient. Hierfür ist es erforderlich, dass nach den Umständen des Falles, insbesondere nach den rechtlichen und tatsächlichen Beziehungen, die zwischen der Körperschaft und der Hilfsperson bestehen, das Wirken der Hilfsperson wie eigenes Wirken der Körperschaft anzusehen ist, d. h. die Hilfsperson nach den Weisungen der Körperschaft einen konkreten Auftrag ausführt. Hilfsperson kann eine natürliche Person, Personenvereinigung oder juristische Person sein. Die Körperschaft hat durch Vorlage entsprechender Vereinbarungen nachzuweisen, dass sie den Inhalt und den Umfang der Tätigkeit der Hilfsperson im Innenverhältnis bestimmen kann. Die Tätigkeit der Hilfsperson muss den Satzungsbestimmungen der Körperschaft entsprechen. Diese hat nachzuweisen, dass sie die Hilfsperson überwacht. Die weisungsgemäße Verwendung der Mittel ist von ihr sicherzustellen.

Die Steuerbegünstigung einer Körperschaft, die nur über eine Hilfsperson das Merkmal der Unmittelbarkeit erfüllt (§ 57 Abs. 1 Satz 2 AO), ist unabhängig davon zu gewähren, wie die Hilfsperson gemeinnützigkeitsrechtlich behandelt wird.

Die Steuerbegünstigung einer Hilfsperson ist nicht ausgeschlossen, wenn die Körperschaft mit ihrer Hilfspersonentätigkeit nicht nur die steuerbegünstigte Tätigkeit einer anderen Körperschaft unterstützt, sondern zugleich eigene steuerbegünstigte Satzungszwecke verfolgt und ihren Beitrag im Außenverhältnis selbstständig und eigenverantwortlich erbringt.

---

[1] Eine mittelbare Begünstigung reicht für die Annahme der Steuerbefreiung nicht aus. Dies hat der *BFH* mit *Urteil vom 7. 11. 1996 V R 34/96, BStBl. 1997 II S. 366,* für Leistungen zwischen einem DRK-Landesverband und seinen regionalen Untergliederungen bestätigt.

Ein Unternehmen, das kraft Satzung durch wirtschaftsberatende Tätigkeit (hier: Entwicklung eines Krankenhausfinanzierungssystems) für seine Gesellschafter und die von diesen zu verwirklichenden gemeinnützigen Zwecke tätig wird, fördert jene Zwecke nicht unmittelbar i. S. von § 57 Abs. 1 Satz 1 AO. Das gilt auch, wenn die Tätigkeit nach Maßgabe gesetzlicher Vorgaben (hier: § 17b Abs. 2 KHG) erbracht wird *(BFH-Urteil vom 7. 3. 2007 I R 90/04, BStBl. II S. 628).*

AEAO

Zu § 57 Abs. 2 AO:

5 **3.** Ein Zusammenschluss i. S. d. § 57 Abs. 2 AO ist gegeben, wenn die Einrichtung ausschließlich allgemeine, aus der Tätigkeit und Aufgabenstellung der Mitgliederkörperschaften erwachsene Interessen wahrnimmt. Nach § 57 Abs. 2 AO wird eine Körperschaft, in der steuerbegünstigte Körperschaften zusammengefasst sind, einer Körperschaft gleichgestellt, die unmittelbar steuerbegünstigte Zwecke verfolgt. Voraussetzung ist, dass jede der zusammengefassten Körperschaften sämtliche Voraussetzungen für die Steuerbegünstigung erfüllt. Verfolgt eine solche Körperschaft selbst unmittelbar steuerbegünstigte Zwecke, ist die bloße Mitgliedschaft einer nicht steuerbegünstigten Organisation für die Steuerbegünstigung unschädlich. Die Körperschaft darf die nicht steuerbegünstigte Organisation aber nicht mit Rat und Tat fördern (z. B. Zuweisung von Mitteln, Rechtsberatung).

Zu § 57 Abs. 3 AO:

6 **4.** Das planmäßige Zusammenwirken mit mindestens einer weiteren Körperschaft, die im Übrigen die Voraussetzungen der §§ 51 bis 68 AO erfüllt, ist ein Fall der unmittelbaren Zweckverwirklichung. Körperschaften können damit steuerbegünstigt arbeitsteilig vorgehen, um gemeinsam einen steuerbegünstigten Zweck zu verfolgen. Wenn mehrere Körperschaften, die außer dem Unmittelbarkeitsgrundsatz alle Voraussetzungen der §§ 51 bis 68 AO erfüllen, satzungsgemäß durch planmäßiges Zusammenwirken einen gemeinnützigen Zweck verfolgen, ist das Kriterium der Unmittelbarkeit für alle beteiligten Körperschaften erfüllt.

7 **5.** Planmäßiges Zusammenwirken bedeutet das gemeinsame, inhaltlich aufeinander abgestimmte und koordinierte Wirken von zwei oder mehreren steuerbegünstigten Körperschaften, um einen ihrer steuerbegünstigten Satzungszwecke zu verwirklichen.

Zusammenwirken umfasst alle Tätigkeiten, die geeignet sind, die Verwirklichung der eigenen satzungsmäßigen Zwecke in Kooperation mit einer anderen Körperschaft zu erfüllen. Hierzu können neben Dienstleistungen und Warenlieferungen auch Nutzungsüberlassungen gehören. Ein planmäßiges Zusammenwirken liegt z. B. vor, wenn ein Krankenhaus eine zum Zweckbetrieb i. S. d. § 67 AO gehörende Wäscherei auf eine GmbH ausgliedert und die Wäscherei weiterhin Leistungen an das Krankenhaus erbringt.

§ 57 Abs. 3 AO erfordert nicht den Leistungsaustausch zwischen zwei Körperschaften, sondern ein „satzungsmäßiges planmäßiges Zusammenwirken". Dieses Zusammenwirken kann auch in der Weise erfolgen, dass mehrere Körperschaften unterschiedliche Leistungselemente an einen selbst nicht steuerbegünstigten Dritten erbringen, wenn diese Leistungselemente durch ihr Zusammenwirken in die Förderung eines gemeinsamen steuerbegünstigten Zwecks münden.

8 **6.** Die Anforderung an den eigenen Beitrag einer Körperschaft besteht darin, dass sie selbst arbeitsteilig zur Verwirklichung der steuerbegünstigten Zwecke beitragen muss. Eine bloße Vergabe von Aufträgen für ein Projekt, ohne Eigenleistung in diesem Projekt selbst, ist beispielsweise nicht ausreichend.

Das planmäßige Zusammenwirken erfordert keine Wiederholungsabsicht und keine finanzielle Eingliederung, so dass auch Kooperationen zwischen gesellschafts- oder verbandsrechtlich nicht verbundenen Körperschaften möglich sind.

9 **7.** Ein planmäßiges Zusammenwirken kann auch mit steuerbegünstigten Betrieben gewerblicher Art juristischer Personen des öffentlichen Rechts erfolgen, nicht aber mit juristischen Personen des öffentlichen Rechts als solchen.

10 **8.** Das Zusammenwirken mit anderen Körperschaften zur Verwirklichung des eigenen steuerbegünstigten Satzungszwecks muss in der Satzung als Art der Zweckverwirklichung festgehalten sein. Die Körperschaften, mit denen kooperiert wird, und die Art und Weise der Kooperation müssen in den Satzungen der Beteiligten bezeichnet werden.

10a **9.** Bei mehreren Kooperationspartnern genügt es, wenn diese anhand der Satzung konkret nachvollziehbar sind, beispielsweise bei einer Kooperation innerhalb eines Konzern- oder Unternehmensverbundes durch Bezeichnung des Konzerns oder des Unternehmensverbundes. Eine namentliche Benennung der einzelnen Kooperationspartner muss sich dann aus einer Aufstellung ergeben, die der Finanzverwaltung bei Beginn der Kooperation und bei Änderung der Kooperationspartner zusätzlich zur Satzung vorzulegen ist.

Das planmäßige Zusammenwirken kann bereits vor der zivilrechtlichen Wirksamkeit (in der Regel Registereintragung oder Anerkennung/Genehmigung) bei den kooperierenden Körperschaften erfolgen, wenn darüber ein wirksamer Organbeschluss vorliegt, das Verfahren zum Eintritt der zivilrechtlichen Wirksamkeit eingeleitet wurde und diese später auch eintritt. Die zivilrechtliche Wirksamkeit muss aber grundsätzlich zumindest bei der Körperschaft vorliegen, die sich auf § 57 Abs. 3 AO beruft. Bei Neugründungsfällen siehe Nr. 4 des AEAO zu § 60 a.

11 **10.** Eine Körperschaft, die sich auf § 57 Abs. 3 AO beruft, darf darauf vertrauen, dass die Körperschaft, mit der sie zusammenwirkt, steuerbegünstigt nach § 5 Abs. 1 Nr. 9 KStG ist, wenn sie sich deren Satzung und einen der in § 58 a Abs. 2 AO genannten Nachweise hat vorlegen lassen. § 58 a Abs. 3 Nr. 1 AO ist entsprechend anzuwenden.

12 **11.** Leistungen, die in Verwirklichung des gemeinsamen Zwecks im Rahmen eines wirtschaftlichen Geschäftsbetriebs erfolgen, werden innerhalb eines Zweckbetriebs erbracht, wenn die ge-

setzlichen Voraussetzungen der §§ 65 ff. AO erfüllt sind. Für die Prüfung der Voraussetzungen des Zweckbetriebs im Sinne der §§ 65 ff. AO sind die aufgrund des planmäßigen Zusammenwirkens ausgeübten Tätigkeiten aller beteiligten Körperschaften in ihrer Gesamtheit zu beurteilen. Wenn aufgrund des planmäßigen Zusammenwirkens ein Tatbestand der §§ 65 ff. AO erfüllt ist, dann ist diese zweckbetriebliche Beurteilung für alle beteiligten Körperschaften maßgeblich.

Für die Erbringung von Leistungen außerhalb des gemeinsamen steuerbegünstigten Zwecks gelten die allgemeinen Regelungen, sodass beispielsweise Leistungen an steuerpflichtige Dritte weiterhin regelmäßig einen steuerpflichtigen wirtschaftlichen Geschäftsbetrieb begründen.

Ausschlaggebend für die gemeinnützigkeitsrechtliche Beurteilung ist der Charakter der Tätigkeiten aller beteiligten Körperschaften. Eine isolierende Betrachtung darf nicht vorgenommen werden.

Tätigkeiten werden damit dann noch in Verwirklichung des gemeinsamen steuerbegünstigten Zwecks erbracht, wenn diese auch dem steuerbegünstigten Bereich (Zweckbetrieb oder ideelle Tätigkeit) zugeordnet werden könnten, wenn sie alle von einer Körperschaft ausgeübt worden wären. Begünstigt können z. B. gemeinschaftliche Serviceleistungen, wie Buchhaltung oder Beschaffungsstellen sowie Nutzungsüberlassungen und Vermietungen sein.

12. Die beim planmäßigen Zusammenwirken im Zweckbetrieb oder im ideellen Bereich eingesetzten Wirtschaftsgüter (z. B. Grundstücke) sind auch bei den zusammenwirkenden Körperschaften dem Zweckbetrieb bzw. dem ideellen Bereich zuzuordnen. Sie können deshalb mit zeitnah zu verwendenden Mitteln finanziert werden. Eine Körperschaft darf insoweit zeitnah zu verwendende Mittel auch für die Finanzierung von Wirtschaftsgütern verwenden, die sie einer anderen steuerbegünstigten Körperschaft in einer Kooperation nach § 57 Abs. 3 AO zur Nutzung überlässt oder im Zusammenwirken mit einer anderen gemeinnützigen Körperschaft einsetzt. Beteiligungen an anderen kooperierenden steuerbegünstigten Körperschaften sind dem ideellen Bereich zuzuordnen (vgl. Nr. 14 des AEAO zu § 57 Abs. 4 AO). 13

Zu § 57 Abs. 4 AO:

13. Nach Abs 4 wird durch das Halten und Verwalten von Anteilen an steuerbegünstigten Kapitalgesellschaften der Grundsatz der Unmittelbarkeit erfüllt (Holdingstrukturen). Dabei genügt auch die Beteiligung an nur einer steuerbegünstigten Kapitalgesellschaft. Eine Mindestbeteiligungsquote ist nicht erforderlich. Das schließt aber nicht aus, dass eine solche steuerbegünstigte Holdinggesellschaft auch Anteile an steuerpflichtigen Kapitalgesellschaften halten kann. Die übrigen Voraussetzungen der §§ 51 ff. AO (insbesondere Grundsätze der Selbstlosigkeit und der Ausschließlichkeit, §§ 55, 56 AO) müssen dennoch vorliegen. 14

14. Eine Beteiligung, die nach § 57 Abs. 4 AO zur unmittelbaren Verfolgung der eigenen steuerbegünstigten Zwecke an einer steuerbegünstigten Kapitalgesellschaft gehalten und verwaltet wird, ist dem ideellen Bereich zuzuordnen, wenn die steuerbegünstigten Zwecke der gehaltenen Beteiligungsgesellschaft in den eigenen steuerbegünstigten Zwecken enthalten sind. Die Einnahmen aus dieser Beteiligung sind dann keine Einnahmen der Vermögensverwaltung, sondern Einnahmen im ideellen Bereich. 15

15. Bei den Anteilen an den steuerbegünstigten Kapitalgesellschaften handelt es sich um sogenanntes nutzungsgebundenes Vermögen (§ 55 Abs. 1 Nr. 5 Satz 2 AO). Damit wird der Einsatz zeitnah zu verwendender Mittel ermöglicht. Die Ausgliederung von Zweckbetrieben auf eine steuerbegünstigte Kapitalgesellschaft, bei der die übertragende Körperschaft als Gegenleistung Anteile an der übernehmenden Kapitalgesellschaft erhält und die Beteiligung bei der übertragenden Körperschaft dem ideellen Bereich zugeordnet wird, führt damit nicht zu einem Wiederaufleben der Pflicht zur zeitnahen Mittelverwendung. 16

16. Soweit eine Holdinggesellschaft entgeltliche Leistungen, wie z. B. Buchführung, gegenüber den Kapitalgesellschaften ausführt, an denen sie beteiligt ist, sind diese Leistungen grundsätzlich als steuerpflichtiger wirtschaftlicher Geschäftsbetrieb zu qualifizieren. Die Möglichkeit der steuerbegünstigten Leistungserbringung innerhalb einer Kooperation nach § 57 Abs. 3 AO oder einer Dienstleistungserbringung, Nutzungsüberlassung oder Warenlieferung nach § 58 Nr. 1 AO bleibt davon unberührt. 17

§ 58 Steuerlich unschädliche Betätigungen

AO

Die Steuervergünstigung wird nicht dadurch ausgeschlossen, dass

1.[1] **eine Körperschaft einer anderen Körperschaft oder einer juristischen Person des öffentlichen Rechts Mittel für die Verwirklichung steuerbegünstigter Zwecke zuwendet. ② Mittel sind sämtliche Vermögenswerte der Körperschaft. ③ Die Zuwendung von Mitteln an eine beschränkt oder unbeschränkt steuerpflichtige Körperschaft des privaten Rechts setzt voraus, dass diese selbst steuerbegünstigt ist. ④ Beabsichtigt die Körperschaft, als einzige Art der Zweckverwirklichung Mittel anderen Körperschaften oder juristischen Personen des öffentlichen Rechts zuzu-** 1

[1] Zur Unterstützung anderer Körperschaften (§ 58 Nr. 1 bis 5 AO) vgl. *OFD Frankfurt vom 3. 3. 2021 S 0177 A-6-St 53,* nachstehend abgedruckt.

wenden, ist die Mittelweitergabe als Art der Zweckverwirklichung in der Satzung zu benennen,

2 **2.** *(weggefallen)*

3 **3. eine Körperschaft ihre Überschüsse der Einnahmen über die Ausgaben aus der Vermögensverwaltung, ihre Gewinne aus den wirtschaftlichen Geschäftsbetrieben ganz oder teilweise und darüber hinaus höchstens 15 Prozent ihrer sonstigen nach § 55 Absatz 1 Nummer 5 zeitnah zu verwendenden Mittel einer anderen steuerbegünstigten Körperschaft oder einer juristischen Person des öffentlichen Rechts zur Vermögensausstattung zuwendet. ② Die aus den Vermögenserträgen zu verwirklichenden steuerbegünstigten Zwecke müssen den steuerbegünstigten satzungsmäßigen Zwecken der zuwendenden Körperschaft entsprechen. ③ Die nach dieser Nummer zugewandten Mittel und deren Erträge dürfen nicht für weitere Mittelweitergaben im Sinne des ersten Satzes verwendet werden,**

4 **4. eine Körperschaft ihre Arbeitskräfte anderen Personen, Unternehmen, Einrichtungen oder einer juristischen Person des öffentlichen Rechts für steuerbegünstigte Zwecke zur Verfügung stellt,**

5 **5. eine Körperschaft ihr gehörende Räume einer anderen, ebenfalls steuerbegünstigten Körperschaft oder einer juristischen Person des öffentlichen Rechts zur Nutzung zu steuerbegünstigten Zwecken überlässt,**

6 **6.[1] eine Stiftung einen Teil, jedoch höchstens ein Drittel ihres Einkommens dazu verwendet, um in angemessener Weise den Stifter und seine nächsten Angehörigen zu unterhalten, ihre Gräber zu pflegen und ihr Andenken zu ehren,**

7 **7. eine Körperschaft gesellige Zusammenkünfte veranstaltet, die im Vergleich zu ihrer steuerbegünstigten Tätigkeit von untergeordneter Bedeutung sind,**

8 **8. ein Sportverein neben dem unbezahlten auch den bezahlten Sport fördert,**

9 **9. eine von einer Gebietskörperschaft errichtete Stiftung zur Erfüllung ihrer steuerbegünstigten Zwecke Zuschüsse an Wirtschaftsunternehmen vergibt,**

10 **10. eine Körperschaft Mittel zum Erwerb von Gesellschaftsrechten zur Erhaltung der prozentualen Beteiligung an Kapitalgesellschaften im Jahr des Zuflusses verwendet. ② Dieser Erwerb mindert die Höhe der Rücklage nach § 62 Absatz 1 Nummer 3,**

11 **11. eine Körperschaft Mittel für die Errichtung und den Betrieb von Photovoltaikanlagen und anderen Anlagen nach dem Erneuerbare-Energien-Gesetz verwendet, soweit es sich dabei nicht um den Hauptzweck der Körperschaft handelt.**

AEAO

Zu § 58 – Steuerlich unschädliche Betätigungen:

Zu § 58 Nr. 1 AO:

12 **1.** Diese Ausnahmeregelung ermöglicht es, Körperschaften als steuerbegünstigt anzuerkennen, die andere Körperschaften durch die vollständige oder teilweise Weitergabe bzw. Zuwendung eigener Mittel fördern. Mittel sind nicht nur Bar- oder Buchgeld, sondern auch alle anderen Vermögenswerte. Auch Nutzungsüberlassungen, Warenlieferungen und die Erbringung von Dienstleistungen unterfallen dem Begriff der Mittel. Sind diese Gegenstand einer Kooperation nach § 57 Abs. 3 AO, richtet sich deren Behandlung nach § 57 Abs. 3 AO.

13 **2.** Als Mittelempfänger kommen in Betracht
- inländische steuerbegünstigte Körperschaften,
- in § 5 Abs. 2 Nr. 2 KStG aufgeführte Körperschaften (beschränkt steuerpflichtige Körperschaften aus EU/EWR-Staaten),
- inländische und ausländische juristische Personen des öffentlichen Rechts,
- ausländische Körperschaften, die nicht beschränkt steuerpflichtig sind, bei denen die spätere Verwendung der Mittel für steuerbegünstigte Zwecke ausreichend nachgewiesen wird, und
- beschränkt steuerpflichtige Körperschaften aus Nicht-EU/EWR-Staaten, bei denen die spätere Verwendung der Mittel für steuerbegünstigte Zwecke ausreichend nachgewiesen wird.

14 **3.** Bei der Mittelzuwendung handelt es sich um eine Art der Zweckverwirklichung und nicht um einen eigenständigen steuerbegünstigten Zweck. Der steuerbegünstigte Zweck ist in der Sat-

---

[1] Die §§ 55, 56 AO stehen zu § 58 Nr. 5 AO in einem „Regel-Ausnahme-Verhältnis"
Verbindlichkeiten, die in Ausführung des Stiftungsgeschäftes auf die Stiftung übergehen, mindern von vornherein das der Stiftung zugewendete Vermögen; der zur Erfüllung derartiger Ansprüche notwendige Teil des Stiftungsvermögens steht den satzungsmäßigen Zwecken der Stiftung von Anfang an nicht zur Verfügung. Die Erfüllung derartiger Ansprüche stellt keinen Verstoß gegen die Gebote der Selbstlosigkeit und Ausschließlichkeit dar; für die Anwendung des § 58 Nr. 5 AO ist insoweit kein Raum *(BFH-Urteil vom 21. 1. 1998 II R 16/95, BStBl. II S. 758).*
§ 58 Nr. 5 AO begründet keinen eigenständigen gemeinnützigen Zweck, sondern ist lediglich eine Ausnahme von dem Gebot der Selbstlosigkeit (§ 55 AO). Eine Stiftung, zu deren Satzungszwecken die Unterstützung von hilfsbedürftigen (nahen oder entfernten) Verwandten des Stifters gehört, kann nicht als gemeinnützig anerkannt werden. Bei einer derartigen Stiftung steht nicht die Förderung mildtätiger Zwecke, sondern die Förderung der Verwandtschaft im Vordergrund. Ihre Tätigkeit ist deshalb nicht auf die selbstlose Unterstützung hilfsbedürftiger Personen gerichtet *(Erlass FM Niedersachsen vom 3. 2. 2000 S 0177 – 15 – 31, DStR S. 877).*

AEAO

zung weiterhin separat anzugeben. Ist die einzige Art der Zweckverwirklichung die Weitergabe von Mitteln an andere Körperschaften oder juristische Personen des öffentlichen Rechts, muss dies in der Satzung benannt sein (Förderkörperschaft). Es ist nicht erforderlich, die Körperschaften, an die Mittel weitergegeben werden sollen, in der Satzung aufzuführen.

Eine steuerbegünstigte Körperschaft, die einen Satzungszweck unmittelbar verfolgt und einen weiteren Satzungszweck ausschließlich durch Mittelweitergabe verwirklicht, muss sowohl die unmittelbare Zweckverfolgung als auch die Mittelweitergabe in der Satzung abbilden. Beispielsweise muss eine steuerbegünstigte Körperschaft, die satzungsmäßig die Zwecke Sport und Kultur fördert, aber nur den Zweck Sport unmittelbar und den Zweck Kultur durch Mittelweitergabe verwirklicht, auch die Förderung des Zwecks Kultur durch Mittelweitergabe als Art der Zweckverwirklichung in ihre Satzung aufnehmen.

Verwirklicht hingegen eine steuerbegünstigte Körperschaft einen Zweck sowohl unmittelbar als auch durch Mittelweitergabe, ist eine Satzungsklausel zur Mittelweitergabe nicht erforderlich. Beispielsweise muss eine steuerbegünstigte Körperschaft, die satzungsmäßig den Zweck Sport unmittelbar fördert und Mittel an eine andere steuerbegünstigte Körperschaft zur Förderung dieses Zwecks weitergibt, die Mittelweitergabe als Art der Zweckverwirklichung nicht in die Satzung aufnehmen.

Die Zwecke der hingebenden und empfangenden Körperschaft müssen im Übrigen nicht identisch sein. Das bedeutet, dass beispielsweise eine steuerbegünstigte Körperschaft, die satzungsmäßig unmittelbar nur den Zweck Sport fördert, auch Mittel an eine andere steuerbegünstigte Körperschaft, die beispielsweise den Zweck Kultur fördert, weitergeben darf, ohne diesen Zweck und die Mittelweitergabe in ihre Satzung aufnehmen zu müssen.

4. Ausschüttungen und sonstige Zuwendungen einer steuerbegünstigten Körperschaft sind abweichend von § 55 Abs. 1 Nr. 1 Satz 2 AO unschädlich, wenn die Gesellschafter oder Mitglieder als Begünstigte ausschließlich steuerbegünstigte Körperschaften sind. Entsprechendes gilt für Ausschüttungen und sonstige Zuwendungen an juristische Personen des öffentlichen Rechts, die die Mittel für steuerbegünstigte Zwecke verwenden. Zwar ist bei einer Weiterleitung (auch in Form einer verhinderten Vermögensmehrung) an eine juristische Person des öffentlichen Rechts das Tatbestandsmerkmal „zur Verwendung zu steuerbegünstigten Zwecken" nicht erfüllt, wenn die Mittel dem Gesamthaushalt der juristischen Person des öffentlichen Rechts zugutekommen und die juristische Person des öffentlichen Rechts neben den steuerbegünstigten Zwecken auch noch andere Zwecke verfolgt (BFH-Urteil vom 27. 11. 2013, I R 17/12, BStBl. 2016 II S. 68). Dies ist jedoch unschädlich, wenn die Mittel nachweislich für steuerbegünstigte Zwecke verwendet werden. 15

5. Die Verwendung der zugewendeten Mittel hat i. S. d. § 55 Abs. 1 Nr. 5 AO zu erfolgen. Wird dagegen verstoßen, liegt eine Mittelfehlverwendung bei der Empfängerkörperschaft vor. 16

6. Nicht zeitnah zu verwendende Mittel der Geberkörperschaft (z. B. freie Rücklage) unterliegen jedoch auch bei der Empfängerkörperschaft nicht dem Gebot der zeitnahen Mittelverwendung. 17

7. Werden unentgeltlich oder lediglich gegen Kostenübernahme Nutzungen überlassen, Waren geliefert oder Dienstleistungen erbracht und diese Nutzungen, Warenlieferungen und Dienstleistungen bei der Empfängerkörperschaft dem steuerbegünstigten Bereich zugeordnet, sind diese bei der Geberkörperschaft dem ideellen Bereich bzw. dem Zweckbetrieb zuzuordnen. Folglich können die eingesetzten Vermögensgegenstände aus zeitnah zu verwendenden Mitteln finanziert werden. 18

Werden Nutzungsüberlassungen, Warenlieferungen oder Dienstleistungen gegen einen die entstandenen Kosten übersteigenden Betrag erbracht, sind diese grundsätzlich dem steuerpflichtigen wirtschaftlichen Geschäftsbetrieb bzw. der Vermögensverwaltung zuzuordnen und können damit nicht aus zeitnah zu verwendenden Mitteln finanziert werden. In diesem Fall findet § 58 Nr. 1 AO keine Anwendung.

Zu § 58 Nr. 3 AO:

8. Die Weitergabe der Gewinne aus wirtschaftlichen Geschäftsbetrieben (einschließlich Zweckbetriebe), der Überschüsse aus der Vermögensverwaltung sowie höchstens 15% der sonstigen zeitnah zu verwendenden Mittel zur Vermögensausstattung einer anderen Körperschaft ist unschädlich. Maßgebend für die Ermittlung dieser Grenzen sind die Verhältnisse des vorangegangenen Kalender- oder Wirtschaftsjahres. 19

Folgende Voraussetzungen müssen erfüllt sein:

- Bei der Empfängerkörperschaft handelt es sich um eine steuerbegünstigte Körperschaft oder eine juristische Person des öffentlichen Rechts.
- Die aus den Vermögenserträgen zu verwirklichenden steuerbegünstigten Zwecke der Empfängerkörperschaft müssen übereinstimmen mit den steuerbegünstigten satzungsmäßigen Zwecken der gebenden Körperschaft. Der mit den weitergegebenen Mitteln verfolgte Zweck muss sowohl von der Geber- als auch von der Empfängerkörperschaft gefördert werden. Beide Körperschaften können daneben aber auch noch weitere Zwecke fördern.
- Die zugewandten Mittel und deren Erträge dürfen nicht für weitere Mittelweitergaben nach § 58 Nr. 3 AO zur Vermögensausstattung verwendet werden.

AEAO

– Die zugewandten Mittel und Erträge unterliegen bei der Empfängerkörperschaft der steuerbegünstigten Mittelverwendungspflicht. Erfolgt eine Verwendung für andere Zwecke, liegt eine Mittelfehlverwendung bei der Empfängerkörperschaft vor.

In diesem Sinne ist auch die Vermögensausstattung einer steuerbegünstigten Kapitalgesellschaft (z. B. gGmbH), die denselben steuerbegünstigten Zweck verfolgt, durch die Hingabe von Kapital bei Neugründung oder im Rahmen einer Kapitalerhöhung erlaubt, nicht aber der Erwerb von Anteilen an einer bereits bestehenden Körperschaft. In den Fällen des § 57 Abs. 4 AO siehe Nrn. 14 und 15 des AEAO zu § 57 Abs. 4.

Zu § 58 Nr. 4 AO:

20 **9.** Eine steuerlich unschädliche Betätigung liegt auch dann vor, wenn nicht nur Arbeitskräfte, sondern zugleich Arbeitsmittel (z. B. Krankenwagen) zur Verfügung gestellt werden.

Zu § 58 Nr. 5 AO:

21 **10.** Zu den „Räumen" i. S. d. § 58 Nr. 5 AO gehören beispielsweise auch Sportstätten, Sportanlagen und Freibäder.

Zu § 58 Nr. 6 AO:

22 **11.** Eine Stiftung darf einen Teil ihres Einkommens – höchstens ein Drittel – dazu verwenden, die Gräber des Stifters und seiner nächsten Angehörigen zu pflegen und deren Andenken zu ehren. In diesem Rahmen ist auch gestattet, dem Stifter und seinen nächsten Angehörigen Unterhalt zu gewähren.

Unter Einkommen ist die Summe der Einkünfte aus den einzelnen Einkunftsarten des § 2 Abs. 1 EStG zu verstehen, unabhängig davon, ob die Einkünfte steuerpflichtig sind oder nicht. Positive und negative Einkünfte sind zu saldieren. Die Verlustverrechnungsbeschränkungen des EStG sind dabei mit Ausnahme der des § 15 a EStG unbeachtlich.

Bei der Ermittlung der Einkünfte sind von den Einnahmen die damit zusammenhängenden Aufwendungen einschließlich der Abschreibungsbeträge abzuziehen.

Zur steuerrechtlichen Beurteilung von Ausgaben für die Erfüllung von Verbindlichkeiten, die durch die Übertragung von belastetem Vermögen begründet worden sind, wird auf die Nrn. 12 bis 14 des AEAO zu § 55 hingewiesen.

12. Der Begriff des nächsten Angehörigen ist enger als der Begriff des Angehörigen nach § 15. Er umfasst:
- Ehegatten und Lebenspartner,
- Eltern, Großeltern, Kinder, Enkel (auch falls durch Adoption verbunden),
- Geschwister,
- Pflegeeltern, Pflegekinder.

13. Unterhalt, Grabpflege und Ehrung des Andenkens müssen sich in angemessenem Rahmen halten. Damit ist neben der relativen Grenze von einem Drittel des Einkommens eine gewisse absolute Grenze festgelegt. Maßstab für die Angemessenheit des Unterhalts ist der Lebensstandard des Zuwendungsempfängers. Leistungen mit Ausschüttungscharakter, z. B. in Höhe eines Prozentsatzes der Erträge, sind unzulässig.

14. § 58 Nr. 6 AO enthält lediglich eine Ausnahmeregelung zu § 55 Abs. 1 Nr. 1 AO für Stiftungen (vgl. Nr. 15 des AEAO zu § 55), begründet jedoch keinen eigenständigen steuerbegünstigten Zweck. Eine Stiftung, zu deren Satzungszwecken die Unterstützung von hilfebedürftigen Verwandten des Stifters gehört, kann daher nicht unter Hinweis auf § 58 Nr. 6 AO als steuerbegünstigt behandelt werden.

Zu § 58 Nr. 7 AO:

23 **15.** Gesellige Zusammenkünfte, die im Vergleich zur steuerbegünstigten Tätigkeit nicht von untergeordneter Bedeutung sind, schließen die Steuervergünstigung aus.

Zu § 58 Nr. 9 AO:

24 **16.** Diese Ausnahmeregelung ermöglicht es den ausschließlich von einer oder mehreren Gebietskörperschaften errichteten rechtsfähigen und nichtrechtsfähigen Stiftungen, die Erfüllung ihrer steuerbegünstigten Zwecke mittelbar durch Zuschüsse an Wirtschaftsunternehmen zu verwirklichen. Diese mittelbare Zweckverwirklichung muss in der Satzung festgelegt sein. Die Verwendung der Zuschüsse für steuerbegünstigte Satzungszwecke muss nachgewiesen werden.

Zu § 58 Nr. 10 AO:

25 **17.** Die Verwendung von Mitteln zum Erwerb von Gesellschaftsrechten zur Erhaltung der prozentualen Beteiligung an Kapitalgesellschaften schließt die Steuervergünstigungen nicht aus (§ 58 Nr. 10 AO). Die Herkunft der Mittel ist dabei ohne Bedeutung. § 58 Nr. 10 AO ist nicht auf den erstmaligen Erwerb von Anteilen an Kapitalgesellschaften anzuwenden. Hierfür können u. a. freie Rücklagen nach § 62 Abs. 1 Nr. 3 AO eingesetzt werden.

Die Höchstgrenze für die Zuführung zu der freien Rücklage vermindert sich um den Betrag, den die Körperschaft zum Erwerb von Gesellschaftsrechten zur Erhaltung der prozentualen Beteiligung an Kapitalgesellschaften ausgibt oder bereitstellt. Übersteigt der für die Erhaltung der

Beteiligungsquote verwendete oder bereitgestellte Betrag die Höchstgrenze, ist auch in den Folgejahren eine Zuführung zu der freien Rücklage erst wieder möglich, wenn die für eine freie Rücklage verwendbaren Mittel insgesamt die für die Erhaltung der Beteiligungsquote verwendeten oder bereitgestellten Mittel übersteigen.

Beispiel:

Die Körperschaft erzielt im Jahr 01 folgende Überschüsse bzw. vereinnahmt folgende Mittel i. S. d. § 55 Abs. 1 Nr. 5 AO:

Überschuss Vermögensverwaltung:	21 000 €
Mittel i. S. d. § 55 Abs. 1 Nr. 5 AO:	30 000 €

Im Jahr 01 werden 2 500 € für den Erwerb von Anteilen zum Erhalt der prozentualen Beteiligung eingesetzt.

Ermittlung der freien Rücklage im Jahr 01 unter Beachtung des § 62 Abs. 1 Nr. 3 AO

		Freie Rücklage
Überschuss Vermögensverwaltung	21 000 €	7 000 €
Mittel i. S. d. § 55 Abs. 1 Nr. 5 AO	30 000 €	3 000 €
Gesamt		10 000 €

Der Höchstbetrag für die freie Rücklage im Jahr 01 i. H. v. 10 000 € ist um die Mittel zu kürzen, die für den Erwerb der Anteile zum Erhalt der prozentualen Beteiligung eingesetzt wurden.

Im Jahr 01 kann eine freie Rücklage demnach nur in Höhe von 7 500 € gebildet werden.

Zu § 58 Nr. 2 bis 10 AO:

18. Die in § 58 Nrn. 3 bis 8 AO genannten Ausnahmetatbestände können auch ohne entsprechende Satzungsbestimmung verwirklicht werden. Entgeltliche Tätigkeiten nach § 58 Nr. 4, 5 oder 7 AO begründen einen steuerpflichtigen wirtschaftlichen Geschäftsbetrieb oder Vermögensverwaltung (z. B. Raumüberlassung), sofern kein Fall des § 58 Nr. 1 AO (vgl. Nr. 7 des AEAO zu § 58 Nr. 1) oder des § 57 Abs. 3 AO vorliegt. Bei den Regelungen des § 58 Nr. 6 und 9 AO kommt es jeweils nicht auf die Bezeichnung der Körperschaft als Stiftung, sondern auf die tatsächliche Rechtsform an. Dabei ist es unmaßgeblich, ob es sich um eine rechtsfähige oder nichtrechtsfähige Stiftung handelt. 26

Verfügung betr. Unterstützung anderer Körperschaften (§ 58 Nrn. 1 bis 5 AO) Anl

Vom 3. März 2021 (BeckVerw 515234)

OFD Frankfurt S 0177 A – 6 – St 53

Eine steuerbegünstigte Körperschaft kann ihrer Pflicht, sämtliche Mittel für ihre steuerbegünstigten satzungsmäßigen Zwecke zu verwenden (§ 55 Abs. 1 Nr. 1 AO), auf folgende Arten nachkommen: 27

- Die Körperschaft muss ihre steuerbegünstigten Zwecke grundsätzlich selbst verwirklichen, also ihre Mittel unmittelbar dafür verwenden (§ 57 Abs. 1 Satz 1 AO), ggfs. auch durch die Einschaltung einer Hilfsperson (§ 57 Abs. 1 Satz 2 AO). Die steuerbegünstigten Zwecke werden auch dann unmittelbar verfolgt, wenn sie satzungsgemäß durch planmäßiges Zusammenwirken mit mindestens einer weiteren Körperschaft einen steuerbegünstigten Zweck verwirklicht (§ 57 Abs. 3 AO – eingeführt durch das Jahressteuergesetz 2020).
- Die Körperschaft einer anderen Körperschaft oder einer juristischen Person des öffentlichen Rechts wendet Mittel für die Verwirklichung steuerbegünstigter Zwecke zu (§ 58 Nr. 1 AO – geändert durch das Jahressteuergesetz 2020), s. Tz. 1.
- Auch ist es gemeinnützigkeitsrechtlich unschädlich, wenn eine Körperschaft sowohl Mittel zur unmittelbaren Zweckerfüllung verwendet als auch Mittel nach § 58 Nr. 1 AO vergibt.
- Die Körperschaft darf nach § 58 Nr. 3 AO (ab dem 1. 1. 2014) ihre Überschüsse aus der Vermögensverwaltung, ihre Gewinne aus den wirtschaftlichen Geschäftsbetrieben (einschl. Zweckbetriebe) ganz oder teilweise und darüber hinaus höchstens 15 Prozent ihrer sonstigen nach § 55 Abs. 1 Nr. 5 AO zeitnah zu verwendenden Mittel einer anderen steuerbegünstigten Körperschaft oder einer juristischen Person des öffentlichen Rechts zur Vermögensausstattung zuwenden, s. Tz. 3.
- Die Körperschaft kann ihre Arbeitskräfte anderen Personen, Unternehmen, Einrichtungen oder einer juristischen Person des öffentlichen Rechts für steuerbegünstigte Zwecke zur Verfügung stellen (§ 58 Nr. 4 AO ab dem 1. 1. 2014, zuvor: § 58 Nr. 3 AO), s. Tz. 4.
- Es ist auch gemeinnützigkeitsrechtlich unschädlich, wenn eine Körperschaft ihr gehörende Räume einer anderen, ebenfalls steuerbegünstigten Körperschaft oder einer juristischen Person des öffentlichen Rechts zur Nutzung zu steuerbegünstigten Zwecken überlässt (§ 58 Nr. 5 AO ab dem 1. 1. 2014, zuvor: § 58 Nr. 4 AO), s. Tz. 5.

1. § 58 Nr. 1 AO

§ 58 Nr. 1 AO wurde durch das Jahressteuergesetz 2020 grundlegend überarbeitet. Die Änderung trat mit Wirkung zum 29. 12. 2020 in Kraft. 28

1.1. Empfängerkörperschaft

Die Beschaffung und Weiterleitung von Mitteln ist sowohl an Körperschaften des privaten als auch des öffentlichen Rechts zulässig. Die Empfängerkörperschaft muss die Mittel für die Verwirklichung ihrer steuerbegünstigten Zwecke verwenden. Diese Voraussetzung ist auch in den Fällen erfüllt, in denen es sich bei der Empfängerkörperschaft selber um eine steuerbegünstigte sog. Mittelbeschaffungskörperschaft handelt (sog. doppelte Mittelweitergabe). Hier ist bei der ersten Körperschaft, die Mittel beschafft und weiterleitet, kein Verstoß gegen den Grundsatz der Unmittelbarkeit (§ 57 Abs. 1 AO) gegeben, die

Anl Ausnahmeregelung des § 58 Nr. 1 AO gilt auch in diesen Fällen. Dieser Grundsatz ist auch auf längere „Weiterleitungsketten“ mit mehreren steuerbegünstigten sog. Mittelbeschaffungskörperschaften anzuwenden, soweit die Mittel letztlich bei einer Empfängerkörperschaft ankommen, die diese für die Verwirklichung ihrer steuerbegünstigten Zwecke verwendet.

Die Beschaffung von Mitteln für eine beschränkt oder unbeschränkt steuerpflichtige Körperschaft des privaten Rechts setzt voraus, dass die Empfängerkörperschaft selbst steuerbegünstigt ist. Dies bedeutet, dass bereits zu Beginn des Veranlagungszeitraums eine ordnungsgemäße Satzung vorliegen muss.

Die Weiterleitung von Mitteln an eine juristische Person des öffentlichen Rechts zur Verwendung in einem steuerpflichtigen Betrieb gewerblicher Art (BgA) ist unschädlich, wenn die Mittel in dem BgA für einen steuerbegünstigten Zweck verwendet werden. Dies gilt auch für die Weiterleitung von freien sowie gebundenen Zuwendungen, wobei im letzteren Fall die Zuwendung für den bestimmten Zweck verwendet werden muss. Besondere Anforderungen sind an den BgA nicht zu stellen. Entscheidend ist die Verwendung der Zuwendung für einen begünstigten Zweck.

Für die Steuerbegünstigung der Förderkörperschaften eines BgA, z. B. Bibliotheken, Kindergärten, Museen, ist die Steuerbegünstigung der Empfängerkörperschaft nicht Voraussetzung. Die BgA als Empfängerkörperschaften benötigen demzufolge keine eigene Satzung.

An eine nicht beschränkt oder unbeschränkt steuerpflichtige ausländische Körperschaft ist die Weitergabe von Mitteln zulässig, wenn die Mittel tatsächlich für steuerbegünstigte Zwecke verwendet werden. Auf die Verfügung OFD Frankfurt vom 2. 3. 2021 S 0170 A-50-St 53 (ofix HE KStG/5/87) wird hingewiesen.

1.2. Wechsel der Verwendungsarten

Zu der Frage, ob die Mittelverwendungsarten jährlich wechseln dürfen, bitte ich die Auffassung zu vertreten, dass es grundsätzlich nicht schädlich ist für die Steuerbegünstigung einer Körperschaft, die mehrere steuerbegünstigte Satzungszwecke hat und in jedem Jahr mindestens einen davon verfolgt, wenn sie einen oder mehrere andere Satzungszwecke auch über einen längeren Zeitraum hinweg nicht fördert. Als steuerbegünstigter Satzungszweck ist dabei auch die Beschaffung von Mitteln i. S. d. § 58 Nr. 1 AO anzusehen. Eine Satzungsänderung ist erst dann erforderlich, wenn die Körperschaft einen Zweck auf Dauer (endgültig) aufgibt.

2. § 58 Nr. 2 AO

29 § 58 Nr. 2 AO ist durch das Jahressteuergesetz 2020 entfallen. Die Änderung trat mit Wirkung zum 29. 12. 2020 in Kraft.

Bis zum 28. 12. 2020 gelten zu § 58 Nr. 2 AO a. F. noch folgende Ausführungen:

2.1. Zuwendungsabzug

Eine teilweise Weitergabe von Mitteln entsprechend § 58 Nr. 2 AO ist grundsätzlich für alle nach §§ 52 bis 54 AO steuerbegünstigten Zwecke möglich. Dies gilt auch für Förderkörperschaften. Weder die Weitergabe der Mittel noch der steuerbegünstigte Zweck, für den die Mittel von der Empfängerkörperschaft verwendet werden, braucht Satzungszweck der Körperschaft, die die Mittel weitergibt, zu sein.

Einschränkungen bestehen insoweit nur wegen der unterschiedlichen Behandlung von Mitgliedsbeiträgen: Es muss sichergestellt sein, dass Mitgliedsbeiträge, die beim Zuwendenden steuerlich abziehbar sind, auch bei der Weitergabe an eine andere Körperschaft für einen Zweck verwendet werden, der zum Abzug von Mitgliedsbeiträgen berechtigt. Dies kann durch eine Kopie des Freistellungsbescheides der Empfängerkörperschaft nachgewiesen werden. Weitere Nachweise über die zweckentsprechende Verwendung der Zuwendung durch die andere Körperschaft brauchen vom Erstempfänger nicht erbracht zu werden.

Bei Verwendung der weitergeleiteten Mittel durch die andere Körperschaft für Zwecke, die nicht zum Abzug von Mitgliedsbeiträgen berechtigen, ist der Körperschaft, die die Mittel weitergegeben hat, nicht zwangsläufig die Steuerbegünstigung zu versagen. Hierbei handelt es sich nicht um einen schwerwiegenden Verstoß gegen die Vorschriften des Gemeinnützigkeitsrechts, wie z. B. bei der Ausstellung von Gefälligkeitsbestätigungen (vgl. AEAO zu § 63, Nr. 3), der für sich allein zur Versagung der Steuerbegünstigung führt. Von der Frage der Steuerbegünstigung losgelöst ist allerdings die Haftungsinanspruchnahme nach § 10 b Abs. 4 EStG zu prüfen.

2.2. Teilweise Mittelweitergabe

Nach § 58 Nr. 2 AO wird die Steuervergünstigung nicht dadurch ausgeschlossen, dass eine Körperschaft ihre Mittel teilweise einer begünstigten Empfängerkörperschaft zur Verwendung zu steuerbegünstigten Zwecken zuwendet. Der Begriff „Mittel“ beschränkt sich nicht nur auf die der Körperschaft in dem jeweiligen Veranlagungszeitraum zufließenden sowie zeitnah zu verwendenden Mittel. Vielmehr sind sämtliche Vermögenswerte der Körperschaft in die Berechnung mit einzubeziehen. Für die Ermittlung der maximal zulässigen Höhe der Mittelweitergabe ist das Nettovermögen (Vermögenswerte abzüglich Verbindlichkeiten) der Körperschaft im jeweiligen Veranlagungszeitraum maßgebend (AEAO zu § 58 Nr. 2, Nr. 2).

3. § 58 Nr. 3 AO (ab dem 1. 1. 2014)

30 Ergänzend zum AEAO zu § 58 Nr. 3, Tz. 3, gilt Folgendes:

Die Regelung des § 58 Nr. 3 AO wurde mit dem Gesetz zur Stärkung des Ehrenamtes eingeführt und ist für Sachverhalte ab dem 1. 1. 2014 anzuwenden. Daher kann frühestens das Jahr 2013 als Berechnungsgrundlage dienen. Als Mittelempfänger kommen nur inländische steuerbegünstigte Körperschaften, die in § 5 Abs. 2 Nr. 2 KStG aufgeführten Körperschaften sowie juristisch Personen des öffentlichen Rechts in Betracht (vgl. Wortlaut und Regelung zu § 58 Nr. 2 AO). Die Zuwendung von Mitteln zur Vermögensausstattung kann sowohl an bereits bestehende als auch an noch zu gründende steuerbegünstigte Körperschaften erfolgen. Bei § 58 Nr. 3 AO ist von einer kalenderjahrbezogenen Betrachtungsweise auszugehen.

§ 58 Nr. 3 Satz 2 AO fordert eine explizite Übereinstimmung der steuerbegünstigten satzungsmäßigen Zwecke der Überträger in und der aus den Vermögenserträgen des übertragenen Vermögens zu verwirklichenden steuerbegünstigten Zwecken der Empfängerin. Fördert die Überträgerin beispielsweise mildtätige Zwecke sowie die Altenhilfe, die Empfängerkörperschaft aber mildtätige Zwecke sowie den Tierschutz, so dürfen die Vermögenserträge aus dem übertragenen Vermögen bei der Empfängerin nur für mildtätige Zwecke verwendet werden.

Eine beabsichtigte Vermögensausstattung nach § 58 Nr. 3 AO rechtfertigt keine Rücklagenbildung nach § 62 Abs. 1 Nr. 1 AO (AEAO zu § 62 Abs. 1 Nr. 1, Nr. 4). Die Übertragung von Rücklagen i. S. d. § 62 Abs. 1 AO an sich (also in nicht aufgelöster Form) unter Anwendung des § 58 Nr. 3 AO ist nicht zulässig. Bei aus der Auflösung von Rücklagen i. S. d. § 62 Abs. 1 Nrn. 1, 2 und 4 AO freiwerdenden Mitteln handelt es sich weder um sonstige nach § 55 Abs. 1 Nr. 5 AO zeitnah zu verwendende Mittel i. S. v. § 58 Nr. 3 Satz 1 AO (vgl. AEAO zu § 62 Abs. 2, Nr. 14) noch um Überschüsse aus Vermögensverwaltung oder Gewinne aus wirtschaftlichen Geschäftsbetrieben. Diese Mittel können nicht unter Anwendung von § 58 Nr. 3 AO übertragen werden. Gleiches gilt für die in den Jahren 2014 ff. freiwerdenden Mittel, die aus der Auflösung von unzulässig gebildeten Rücklagen resultieren.

Neben dieser Vermögensausstattung gemäß § 58 Nr. 3 AO können weiterhin die Bestände der freien Rücklage (§ 62 Abs. 1 Nr. 3 AO) sowie andere nicht zeitnah zu verwendende Mittel zur Vermögensausstattung einer anderen steuerbegünstigten Körperschaft genutzt werden (vgl. OFD Frankfurt vom 28. 3. 2014 S 0174 A-16-St 53 (ofix HE KStG/5/91) und AEAO zu § 58 Nr. 2, Tz. 2, und AEAO zu § 58 Nr. 10, Tz. 12).

4. § 58 Nr. 4 AO (ab dem 1. 1. 2014, zuvor: § 58 Nr. 3 AO)

Die Körperschaft kann ihre Arbeitskräfte anderen Personen, Unternehmen, Einrichtungen oder einer juristischen Person des öffentlichen Rechts zur Verfügung stellen. Es ist nicht Voraussetzung, dass diese ihrerseits steuerbegünstigt sind. Die überlassenen Arbeitskräfte dürfen jedoch nur für steuerbegünstigte Zwecke eingesetzt werden. 31

Erfolgt die Überlassung der Arbeitskräfte gegen Entgelt, bedeutet die Beurteilung als steuerunschädliche Betätigung nicht, dass diese zwangsläufig als steuerbegünstigter Zweckbetrieb zu beurteilen ist. Die Vorschrift des § 58 Nr. 4 AO begründet weder einen eigenständigen steuerbegünstigten Zweck noch eine Rechtsnorm für die Einstufung als Zweckbetrieb. Die Überlassung ist vielmehr als steuerpflichtiger wirtschaftlicher Geschäftsbetrieb zu beurteilen (vgl. AEAO zu § 58 Nr. 2 bis 10, Tz. 13).

5. § 58 Nr. 5 AO (ab dem 1. 1. 2014, zuvor: § 58 Nr. 4 AO)

Die Steuerunschädlichkeit setzt voraus, dass die Räume einer anderen, ebenfalls steuerbegünstigten Körperschaft oder einer juristischen Person des öffentlichen Rechts überlassen werden. Die Räume dürfen von der Empfängerkörperschaft nur für steuerbegünstigte Zwecke genutzt werden. 32

Erfolgt die Überlassung der Räume gegen Entgelt, bedeutet die Beurteilung als steuerunschädliche Betätigung nicht, dass diese zwangsläufig als steuerbegünstigter Zweckbetrieb zu beurteilen ist. Die Vorschrift des § 58 Nr. 5 AO begründet weder einen eigenständigen steuerbegünstigten Zweck noch eine Rechtsnorm für die Einstufung als Zweckbetrieb. Die Überlassung ist vielmehr als steuerpflichtiger wirtschaftlicher Geschäftsbetrieb oder Vermögensverwaltung zu beurteilen (vgl. AEAO zu § 58 Nr. 2 bis 10, Tz. 13).

§ 58 a Vertrauensschutz bei Mittelweitergaben

AO

(1) Wendet eine steuerbegünstigte Körperschaft Mittel einer anderen Körperschaft zu, darf sie unter den Voraussetzungen des Absatzes 2 darauf vertrauen, dass die empfangende Körperschaft 1

1. nach § 5 Absatz 1 Nummer 9 des Körperschaftsteuergesetzes im Zeitpunkt der Zuwendung steuerbegünstigt ist und

2. die Zuwendung für steuerbegünstigte Zwecke verwendet.

(2) Das Vertrauen der zuwendenden Körperschaft nach Absatz 1 ist nur schutzwürdig, wenn sich die zuwendende Körperschaft zum Zeitpunkt der Zuwendung die Steuerbegünstigung der empfangenden Körperschaft nach § 5 Absatz 1 Nummer 9 des Körperschaftsteuergesetzes hat nachweisen lassen durch eine Ausfertigung 2

1. der Anlage zum Körperschaftsteuerbescheid, deren Datum nicht länger als fünf Jahre zurückliegt oder

2. des Freistellungsbescheids, dessen Datum nicht länger als fünf Jahre zurückliegt oder

3. des Bescheids über die Feststellung der Einhaltung der satzungsmäßigen Voraussetzungen nach § 60 a Absatz 1, dessen Datum nicht länger als drei Jahre zurückliegt, wenn der empfangenden Körperschaft bisher kein Freistellungsbescheid oder keine Anlage zum Körperschaftsteuerbescheid erteilt wurde.

(3) Absatz 1 ist nicht anzuwenden, wenn 3

1. der zuwendenden Körperschaft die Unrichtigkeit eines Verwaltungsakts nach Absatz 2 bekannt ist oder infolge grober Fahrlässigkeit nicht bekannt war oder

2. die zuwendende Körperschaft eine Verwendung für nicht steuerbegünstigte Zwecke durch die empfangende Körperschaft veranlasst hat.

AEAO

AEAO zu § 58 a – Vertrauensschutz bei Mittelweitergaben:

4 **1.** Die Vertrauensschutzregelung gilt für alle Mittelzuwendungen einer steuerbegünstigten Körperschaft an andere, ebenfalls steuerbegünstigte Körperschaften. Sie ist auch auf die Übertragung von Mitteln auf Grundlage der Vermögensbindungsklausel des § 55 Abs. 1 Nr. 4 Satz 2 AO anwendbar.

5 **2.** Bei Zuwendungen an juristische Personen des öffentlichen Rechts für die Verwirklichung steuerbegünstigter Zwecke gilt – unabhängig von § 58 a AO – stets der Vertrauensschutz, weil die Verwaltung nach Art. 20 Abs. 3 des Grundgesetzes an Gesetz und Recht gebunden ist, so dass Zuwendende darauf vertrauen dürfen, dass eine juristische Person des öffentlichen Rechts die zugewendeten Mittel entsprechend ihrer Bestimmung für steuerbegünstigte Zwecke verwendet.

6 **3.** Ausreichend für den Nachweis des geschützten Vertrauens im Sinne des § 58 a Abs. 2 AO ist eine (elektronische) Kopie der in Nr. 1 bis 3 genannten Unterlagen.

AO

§ 59 Voraussetzung der Steuervergünstigung

1 **Die Steuervergünstigung wird gewährt, wenn sich aus der Satzung, dem Stiftungsgeschäft oder der sonstigen Verfassung (Satzung im Sinne dieser Vorschriften) ergibt, welchen Zweck die Körperschaft verfolgt, dass dieser Zweck den Anforderungen der §§ 52 bis 55 entspricht und dass er ausschließlich und unmittelbar[1] verfolgt wird; die tatsächliche Geschäftsführung[2] muss diesen Satzungsbestimmungen entsprechen.**

AEAO

Zu § 59 – Voraussetzung der Steuervergünstigung:

2 **1.** Die Vorschrift bestimmt u. a., dass die Steuervergünstigung nur gewährt wird, wenn ein steuerbegünstigter Zweck (§§ 52 bis 54 AO), die Selbstlosigkeit (§ 55 AO) und die ausschließliche und unmittelbare Zweckverfolgung (§§ 56, 57 AO) durch die Körperschaft aus der Satzung direkt hervorgehen. Eine weitere satzungsmäßige Voraussetzung in diesem Sinn ist die in § 61 AO geforderte Vermögensbindung. Das Unterhalten wirtschaftlicher Geschäftsbetriebe (§ 14 Satz 1 und 2 AO und § 64 AO), die keine Zweckbetriebe (§§ 65 bis 68 AO) sind, und die Vermögensverwaltung (§ 14 Satz 3 AO) dürfen nicht Satzungszweck sein. Die Erlaubnis zur Unterhaltung eines Nichtzweckbetriebs und die Vermögensverwaltung in der Satzung können zulässig sein (BFH-Urteil vom 18. 12. 2002, I R 15/02, BStBl. 2003 II S. 384). Bei Körperschaften, die ausschließlich Mittel anderer Körperschaften oder juristischen Personen des öffentlichen Rechts zuwenden (§ 58 Nr. 1 Satz 4 AO), kann in der Satzung auf das Gebot der Unmittelbarkeit verzichtet werden.

3 **2.** Bei mehreren Betrieben gewerblicher Art einer juristischen Person des öffentlichen Rechts ist für jeden Betrieb gewerblicher Art eine eigene Satzung erforderlich.

4 **3.** Ein besonderes Anerkennungsverfahren ist im steuerlichen Gemeinnützigkeitsrecht nicht vorgesehen. Ob eine Körperschaft steuerbegünstigt ist, entscheidet das Finanzamt im Veranlagungsverfahren durch Steuerbescheid (ggf. Freistellungsbescheid).[3] Die Steuerbefreiung soll spätestens alle drei Jahre überprüft werden. Der erste Prüfungszeitraum bei neu gegründeten steuerbegünstigten Körperschaften soll im Regelfall mindestens sechs Monate, aber maximal 18 Monate betragen. Für im zweiten Halbjahr neu gegründete Körperschaften liegt somit ein jahresübergreifender Prüfungszeitraum vor. Bei der Prüfung hat das Finanzamt von Amts wegen die tatsächlichen und rechtlichen Verhältnisse zu ermitteln, die für die Steuerpflicht und für die Bemessung der Steuer wesentlich sind. Eine Körperschaft, bei der nach dem Ergebnis dieser Prüfung die gesetzlichen Voraussetzungen für die steuerliche Behandlung als steuerbegünstigte Körperschaft vorliegen, muss deshalb auch als solche behandelt werden, und zwar ohne Rücksicht darauf, ob ein entsprechender Antrag gestellt worden ist oder nicht. Ein Verzicht auf die Behandlung als steuerbegünstigte Körperschaft ist somit für das Steuerrecht unbeachtlich.

5 **4.** Wird bei einer Körperschaft, die bereits nach § 5 Abs. 1 Nr. 9 KStG steuerbefreit war, im Rahmen der Veranlagung festgestellt, dass die Satzung nicht den Anforderungen des Gemeinnützigkeitsrechts genügt, dürfen aus Vertrauensschutzgründen hieraus keine nachteiligen Folgerungen für die Vergangenheit gezogen werden. Die Körperschaft ist trotz der fehlerhaften Satzung für abgelaufene Veranlagungszeiträume und für das Kalenderjahr, in dem die Satzung beanstandet wird, als steuerbegünstigt zu behandeln. Dies gilt nicht, wenn bei der tatsächlichen Geschäftsführung gegen Vorschriften des Gemeinnützigkeitsrechts verstoßen wurde.

---

[1] Die formelle Satzungsmäßigkeit nach § 59 AO erfordert hinsichtlich der steuerbegünstigten Zweckverfolgung – werden die Begriffe „ausschließlich" und „unmittelbar" in der Satzung nicht ausdrücklich verwendet –, dass der Satzungstext und dessen Auslegung wenigstens entsprechende Anhaltspunkte bieten (Anschluss an *Senatsurteil vom 20. 12. 2006 I R 94/02, BStBl. 2010 II S. 331).*

[2] Ein Verein, dessen tatsächliche Geschäftsführung darauf gerichtet ist, durch Umgehung eines gesetzlichen Verbots Geldmittel zur Förderung kommunaler Einrichtungen zu erlangen, ist nicht gemeinnützig *(BFH-Urteil vom 13. 7. 1994 I R 5/93, BStBl. 1995 II S. 134).*

[3] Der Freistellungsbescheid wirkt nicht für spätere Veranlagungszeiträume; er ist auch kein Grundlagenbescheid z. B. für die Investitionszulage *(BFH-Urteil vom 10. 1. 1992 III R 201/90, BStBl. II S. 684).*

Die Gemeinnützigkeit ist nicht wegen bloßer Bedenken hinsichtlich des Spendenabzugs zu versagen *(BFH-Urteil vom 3. 12. 1996 I R 67/95, BStBl. 1997 II S. 474).*

Die Vertreter der Körperschaft sind aufzufordern, die zu beanstandenden Teile der Satzung so zu ändern, dass die Körperschaft die satzungsmäßigen Voraussetzungen für die Steuervergünstigung erfüllt. Hierfür ist eine angemessene Frist zu setzen. Vereinen soll dabei in der Regel eine Beschlussfassung in der nächsten ordentlichen Mitgliederversammlung ermöglicht werden. Wird die Satzung innerhalb der gesetzten Frist entsprechend den Vorgaben des Finanzamts geändert, ist die Steuervergünstigung für das der Beanstandung der Satzung folgende Kalenderjahr auch dann anzuerkennen, wenn zu Beginn des Kalenderjahres noch keine ausreichende Satzung vorgelegen hat.

Die vorstehenden Grundsätze gelten nicht, wenn die Körperschaft die Satzung geändert hat und eine geänderte Satzungsvorschrift zu beanstanden ist. In diesen Fällen fehlt es an einer Grundlage für die Gewährung von Vertrauensschutz.

AO

§ 60 Anforderungen an die Satzung[1]

(1) ① **Die Satzungszwecke und die Art ihrer Verwirklichung müssen so genau bestimmt sein, dass auf Grund der Satzung geprüft werden kann, ob die satzungsmäßigen Voraussetzungen für Steuervergünstigungen gegeben sind.**[2] ② **Die Satzung muss die in der Anlage 1 bezeichneten Festlegungen enthalten.** 1

(2) **Die Satzung muss den vorgeschriebenen Erfordernissen bei der Körperschaftsteuer und bei der Gewerbesteuer während des ganzen Veranlagungs- oder Bemessungszeitraums, bei den anderen Steuern im Zeitpunkt der Entstehung der Steuer entsprechen.** 2

AEAO

Zu § 60 – Anforderungen an die Satzung:

1. Die Satzung muss so präzise gefasst sein, dass aus ihr unmittelbar entnommen werden kann, ob die Voraussetzungen der Steuerbegünstigung vorliegen (formelle Satzungsmäßigkeit). Die bloße Bezugnahme auf Satzungen oder andere Regelungen Dritter genügt nicht (BFH-Urteil vom 19. 4. 1989, I R 3/88, BStBl. II S. 595). 3

2. Die Satzung muss die in der Mustersatzung bezeichneten Festlegungen enthalten, soweit sie für die jeweilige Körperschaft im Einzelfall einschlägig sind. 4

Unter anderem sind in folgenden Fällen Abweichungen vom Wortlaut der Mustersatzung möglich:

a) Bei Förderkörperschaften (§ 58 Nr. 1 Satz 4 AO) kann entgegen § 1 der Mustersatzung auf das Gebot der Unmittelbarkeit verzichtet werden (vgl. Nr. 1 des AEAO zu § 59).

b) Insbesondere bei Stiftungen ist der in § 3 der Mustersatzung verwendete Begriff „Mitglieder" durch eine andere geeignete Formulierung zu ersetzen (vgl. § 55 Abs. 3 AO).

c) Körperschaften, deren Gesellschafter oder Mitglieder steuerbegünstigte Körperschaften sind und/oder juristische Personen des öffentlichen Rechts, die die Mittel für steuerbegünstigte Zwecke verwenden, können auf die Regelung in § 3 Satz 2 der Mustersatzung verzichten.

d) § 5 der Mustersatzung kann in Satzungen von Vereinen ohne die Formulierung „Aufhebung" verwendet werden.

e) Bei Körperschaften, die kirchliche Zwecke nach § 54 AO verfolgen, kann der Begriff „kirchliche Zwecke" aus § 1 der Mustersatzung durch eine andere geeignete Formulierung (z. B. „religionsgemeinschaftliche Zwecke im Sinne des § 54 AO") ersetzt werden.

Derselbe Aufbau und dieselbe Reihenfolge der Bestimmungen wie in der Mustersatzung werden nicht verlangt.

3. Die Bestimmung, dass die Satzung die in der Mustersatzung bezeichneten Festlegungen enthalten muss (§ 60 Abs. 1 Satz 2 AO), gilt für Körperschaften, die nach dem 31. 12. 2008 gegründet 5

---

[1] Die in § 60 AO genannten satzungsmäßigen Voraussetzungen für die Steuervergünstigung gelten nur für gemeinnützige Körperschaften. Bei anderen als gemeinnützigen Körperschaften bestimmt sich die Steuerbefreiung insbesondere nach der tatsächlichen Geschäftsführung *(BFH-Urteil vom 13. 3. 2012 I R 46/11, BFH/NV S. 1181).*

[2] Die gesetzlich vorgeschriebene satzungsmäßige Festschreibung der künftigen Vermögensverwendung (§ 60 Abs. 1 AO) hat die Funktion eines Buchnachweises *(BFH-Urteil vom 21. 7. 1999 I R 2/98, BFH/NV 2000 S. 297).*

Eine Satzung, nach der die Körperschaft den satzungsmäßigen Zweck hat, soziale Einrichtungen zu bauen und zu erweitern, erfüllt nicht die Voraussetzungen des § 60 Abs. 1 AO *(BFH-Urteil vom 10. 11. 1998 I R 95/97, BFH/NV 1999 S. 739).* Die Satzung muss auch zweifelsfrei erkennen lassen, dass der Stpfl. ausschließlich gemeinnützige Zwecke verfolgt. Insoweit bestehende Unklarheiten gehen zu Lasten dessen, der sich auf die Steuervergünstigung beruft *(BFH-Urteil vom 26. 2. 1992 I R 47/89, BFH/NV S. 695).*

Der formellen Satzungsmäßigkeit ist Genüge getan, wenn sich steuerbegünstigter Zweck und die Art seiner Verwirklichung im Weg der Satzungsauslegung feststellen lassen. Die Satzung einer gemeinnützigen Körperschaft muss keine ausdrückliche Regelung darüber enthalten, unter welchen Voraussetzungen ein Bewerber um die Mitgliedschaft abgelehnt werden kann. Eine Satzungsbestimmung, wonach jedes Aufnahmegesuch von zwei Vereinsmitgliedern befürwortet werden muss, ist nicht per se gemeinnützigkeitsschädlich *(BFH-Urteil vom 13. 8. 1997 I R 19/96, BStBl. II S. 794).*

Die Änderung der Satzung einer gemeinnützigen Körperschaft dergestalt, dass die formellen Voraussetzungen des § 60 AO nicht mehr gegeben sind, führt zum Verlust der Steuerfreiheit von Beginn an *(Erlass FM Bayern vom 15. 1. 1996 33 – S 0171 – 277/6 – 56 511, StEK AO 1977 § 52 Nr. 106).*

Die Vergabe von Mitteln sowohl nach § 58 Nr. 1 als auch nach Nr. 2 AO ist unschädlich. Neben der unmittelbaren Erfüllung des gemeinnützigen Zwecks können Mittel nach § 58 Nr. 1 und 2 AO vergeben werden. Bei mehreren gemeinnützigen Satzungszwecken kann die Mittelverwendung jährlich wechseln *(Erlass FM Bayern vom 25. 6. 1997 33 – S 0177 – 19/11 – 32 948, DB S. 1746).*

werden oder die ihre Satzung mit Wirkung nach diesem Zeitpunkt ändern. Die Satzung einer Körperschaft, die bereits vor dem 1. 1. 2009 bestanden hat, braucht nicht allein zur Anpassung an die Festlegungen in der Mustersatzung geändert zu werden.

6 **4.** Eine Satzung braucht nicht allein deswegen geändert zu werden, weil in ihr auf Vorschriften des StAnpG oder der GemV verwiesen oder das Wort „selbstlos" nicht verwandt wird.

7 **5.** Ordensgemeinschaften haben eine den Ordensstatuten entsprechende zusätzliche Erklärung nach dem Muster der Anlage zu Nr. 5 des AEAO zu § 60 AO abzugeben, die die zuständigen Organe der Orden bindet.

8 **6.** Die tatsächliche Geschäftsführung (vgl. § 63 AO) muss mit der Satzung übereinstimmen.

9 **7.** Die satzungsmäßigen Voraussetzungen für die Anerkennung der Steuerbegünstigung müssen
- bei der Körperschaftsteuer vom Beginn bis zum Ende des Veranlagungszeitraums,
- bei der Gewerbesteuer vom Beginn bis zum Ende des Erhebungszeitraums,
- bei der Grundsteuer zum Beginn des Kalenderjahres, für das über die Steuerpflicht zu entscheiden ist (§ 9 Abs. 2 GrStG),
- bei der Umsatzsteuer zu den sich aus § 13 Abs. 1 UStG ergebenden Zeitpunkten,
- bei der Erbschaftsteuer zu den sich aus § 9 ErbStG ergebenden Zeitpunkten

erfüllt sein.

10 **8.** Wird bei Neugründungsfällen die Feststellung nach § 60 a AO abgelehnt und wird im gleichen Veranlagungszeitraum eine Satzung vorgelegt, die den gemeinnützigkeitsrechtlichen Bestimmungen genügt, kann die Steuerbegünstigung erst ab dem darauffolgenden Veranlagungszeitraum gewährt werden. Dies gilt nicht, wenn die Körperschaft in der Zwischenzeit keine nach außen gerichteten Tätigkeiten entfaltet und keine Mittelverwendung stattgefunden hat.

Bei Körperschaften, die bereits vor Beginn des laufenden Veranlagungszeitraums existierten und erstmalig die Steuerbegünstigung oder die Feststellung nach § 60 a AO beantragen, kann die Steuerbegünstigung erst ab dem darauffolgenden Veranlagungszeitraum gewährt werden.

11 **9.** Eine steuerbegünstigte Körperschaft, deren Satzung bereits vor dem 29. 12. 2020 bestanden hat, braucht diese nicht allein aufgrund der neuen Regelungen in § 52 Abs. 2 Nr. 8, 10, 22, 23 und 26 AO und § 58 Nr. 1 AO zu ändern, wenn die bisherige satzungsgemäße steuerbegünstigte Tätigkeit weiterhin in gleichem Umfang durchgeführt wird.

Anlage zu Nr. 5 zu § 60

12 **Muster einer Erklärung der Ordensgemeinschaften**

1. Der – Die ....
(Bezeichnung der Ordensgemeinschaft)
mit dem Sitz in ....
ist eine anerkannte Ordensgemeinschaft der Katholischen Kirche.
2. Der – Die ....
verfolgt ausschließlich und unmittelbar kirchliche, gemeinnützige oder mildtätige Zwecke, und zwar insbesondere durch ....
....
3. Überschüsse aus der Tätigkeit der Ordensgemeinschaft werden nur für die satzungsmäßigen Zwecke verwendet. Den Mitgliedern stehen keine Anteile an den Überschüssen zu. Ferner erhalten die Mitglieder weder während der Zeit ihrer Zugehörigkeit zu der Ordensgemeinschaft noch im Fall ihres Ausscheidens noch bei Auflösung oder Aufhebung der Ordensgemeinschaft irgendwelche Zuwendungen oder Vermögensvorteile aus deren Mitteln. Es darf keine Person durch Ausgaben, die den Zwecken der Ordensgemeinschaft fremd sind, oder durch unverhältnismäßig hohe Vergütungen begünstigt werden.
4. Der – Die ....
wird vertreten durch ....

....
(Ort) (Datum)

....
(Unterschrift des Ordensobern)

AO

§ 60 a Feststellung der satzungsmäßigen Voraussetzungen

1 (1) ① **Die Einhaltung der satzungsmäßigen Voraussetzungen nach den §§ 51, 59, 60 und 61 wird gesondert festgestellt.**[1] ② **Die Feststellung der Satzungsmäßigkeit ist**

[1] Gegenstand des Feststellungsverfahrens nach § 60 a Abs. 1 Satz 1 AO ist nur eine bestimmte Satzung, wenn diese in dem Feststellungsbescheid ausdrücklich erwähnt ist (*BFH-Urteil vom 26. 6. 2021 V R 11/20, BStBl. 2022 II S. 202*).

Eine Änderung bei den für die Feststellung der satzungsmäßigen Voraussetzungen nach § 60 a AO erheblichen Verhältnissen tritt mit der Eintragung in das Vereinsregister ein, so dass erst dann die Feststellung nach § 60 a Abs. 4 AO mit Wirkung vom Zeitpunkt der Änderung der Verhältnisse aufzuheben ist (*BFH-Urteil vom 23. 7. 2020 V R 40/18, BStBl. 2021 II S. 3*).

für die Besteuerung der Körperschaft und der Steuerpflichtigen, die Zuwendungen in Form von Spenden und Mitgliedsbeiträgen an die Körperschaft erbringen, bindend.

(2) **Die Feststellung der Satzungsmäßigkeit erfolgt** 2

1. auf Antrag[1] der Körperschaft oder

2. von Amts wegen bei der Veranlagung zur Körperschaftsteuer, wenn bisher noch keine Feststellung erfolgt ist.

(3) **Die Bindungswirkung der Feststellung entfällt ab dem Zeitpunkt, in dem die Rechtsvorschriften, auf denen die Feststellung beruht, aufgehoben oder geändert werden.** 3

(4) **Tritt bei den für die Feststellung erheblichen Verhältnissen eine Änderung ein, ist die Feststellung mit Wirkung vom Zeitpunkt der Änderung der Verhältnisse aufzuheben.** 4

(5) ① **Materielle Fehler im Feststellungsbescheid über die Satzungsmäßigkeit können mit Wirkung ab dem Kalenderjahr beseitigt werden, das auf die Bekanntgabe der Aufhebung der Feststellung folgt.** ② **§ 176 gilt entsprechend, außer es sind Kalenderjahre zu ändern, die nach der Verkündung der maßgeblichen Entscheidung eines obersten Gerichtshofes des Bundes beginnen.** 5

(6)[2] ① **Liegen bis zum Zeitpunkt des Erlasses des erstmaligen Körperschaftsteuerbescheids oder Freistellungsbescheids bereits Erkenntnisse vor, dass die tatsächliche Geschäftsführung gegen die satzungsmäßigen Voraussetzungen verstößt, ist die Feststellung der Einhaltung der satzungsmäßigen Voraussetzungen nach Absatz 1 Satz 1 abzulehnen.** ② **Satz 1 gilt entsprechend für die Aufhebung bestehender Feststellungen nach § 60 a.** 5a

(7) ① **Auf Anfrage der registerführenden Stelle nach § 18 Absatz 2 des Geldwäschegesetzes kann das für die Feststellung nach Absatz 1 zuständige Finanzamt der registerführenden Stelle bestätigen, dass eine Vereinigung, die einen Antrag nach § 24 Absatz 1 Satz 2 des Geldwäschegesetzes gestellt hat, die nach den §§ 52 bis 54 der Abgabenordnung steuerbegünstigten Zwecke verfolgt.** ② **Hierzu hat die registerführende Stelle dem zuständigen Finanzamt zu bestätigen, dass das Einverständnis der Vereinigung auf Auskunftserteilung nach § 24 Absatz 1 Satz 3 des Geldwäschegesetzes vorliegt.** 5b

Zu § 60 a – Feststellung der satzungsmäßigen Voraussetzungen: AEAO

1. Die gesonderte Feststellung der satzungsmäßigen Voraussetzungen nach § 60 a AO hat nicht unter dem Vorbehalt der Nachprüfung (§ 164 AO) zu erfolgen. 6

Zu § 60 a Abs. 1 AO:

2. Hält die Satzung einer Körperschaft die satzungsmäßigen Voraussetzungen nach den §§ 51, 59, 60 und 61 AO ein, wird dies durch einen Bescheid gesondert festgestellt. Diese Feststellung der Satzungsmäßigkeit ist für die Besteuerung der Körperschaft und der Steuerpflichtigen, die Zuwendungen in Form von Spenden und Mitgliedsbeiträgen an die Körperschaft erbringen, bindend. 7

Die Voraussetzungen für die Feststellungen nach § 60 a AO liegen auch dann vor, wenn die Körperschaft bereits vor dem 1. 1. 2009 bestand und daher eine Anpassung an die Mustersatzung (Anlage 1 zu § 60 AO) bisher nicht vornehmen musste (Art. 97 § 1 f EGAO, siehe auch Nr. 3 des AEAO zu § 60).

3. Das Verfahren nach § 60 a AO ist ein Annexverfahren zur Körperschaftsteuerveranlagung. Eine Feststellung nach § 60 a AO ist für Körperschaften ausgeschlossen, die weder unbeschränkt i. S. d. § 1 KStG noch beschränkt i. S. d. § 2 KStG steuerpflichtig sind.

4. Die Feststellung der satzungsmäßigen Voraussetzungen in Neugründungsfällen kann bereits vor einer Registereintragung oder einer Anerkennung/Genehmigung der Körperschaft erfolgen, sofern zu diesem Zeitpunkt bereits eine Körperschaftsteuerpflicht besteht.

Eine Feststellung darf erst nach einem wirksamen Organbeschluss, beispielsweise über die Satzung, erfolgen.

Zu § 60 a Abs. 2 AO:

5. Die Feststellung erfolgt auf Antrag der Körperschaft oder von Amts wegen bei der Veranlagung zur Körperschaftsteuer, wenn bisher noch keine Feststellung erfolgt ist. 8

---

[1] Beantragt eine steuerbegünstigte Körperschaft gemäß § 60 a Abs. 2 Nr. 1 AO die Feststellung der Satzungsmäßigkeit, um Zuwendungsbestätigungen nach § 63 Abs. 5 AO i. V. m. § 50 Abs. 1 EStDV ausstellen zu können, ist einstweiliger Rechtsschutz nicht durch AdV (§ 69 FGO), sondern durch einstweilige Anordnung (§ 114 FGO) zu gewähren *(BFH-Beschluss vom 2. 12. 2020 V B 25/20 (AdV), BStBl. 2021 II S. 263).*

[2] Vertrauensschutzgesichtspunkte sind im Verfahren der erstmaligen negativen Feststellung nach § 60 a Abs. 1 AO nicht zu berücksichtigen (*BFH-Urteil vom 26. 6. 2021 V R 11/20, BStBl. 2022 II S. 202*).

Zu § 60 a Abs. 3 AO:

9 **6.** Werden die Vorschriften, auf denen die Feststellung beruht, aufgehoben oder geändert, dann entfällt die Bindungswirkung des Feststellungsbescheids ab diesem Zeitpunkt.

Zu § 60 a Abs. 4 AO:

10 **7.** Treten bei den Verhältnissen, die für die Feststellung erheblich waren, Änderungen ein, so ist diese Feststellung ab dem Zeitpunkt der Änderung der Verhältnisse aufzuheben. Für die Feststellung erheblich sind alle Bestimmungen, die für das Vorliegen der formellen Voraussetzungen gem. §§ 51, 59, 60 und 61 AO von Bedeutung sind (gemeinnützigkeitsrechtliche Bestimmungen). Dies sind beispielsweise:

– Änderungen der Zwecke
– Anpassung an die Mustersatzung
– Änderung der Vermögensbindung

Ändert eine Körperschaft gemeinnützigkeitsrechtlich relevante Bestimmungen ihrer Satzung, so ist die bisherige Feststellung mit Datum des Inkrafttretens der Satzungsänderung aufzuheben. Zivilrechtliche Änderungen ohne steuerliche Relevanz sind unerheblich. Wird auf Antrag der Körperschaft bei steuerlich nicht relevanten Satzungsänderungen eine Feststellung vorgenommen, scheidet eine Aufhebung der vorherigen Feststellung aus.

Da eine Änderung bei den für die Feststellung der satzungsmäßigen Voraussetzungen nach § 60 a AO erheblichen Verhältnissen mit dem zivilrechtlichen Inkrafttreten (z. B. Eintragung in das Vereinsregister) eintritt, ist erst dann die Feststellung nach § 60 a Abs. 4 AO aufzuheben (BFH-Urteil vom 23. 7. 2020 V R 40/18, BStBl. 2021 II S. 3).

Zu § 60 a Abs. 5 AO:

11 **8.** Beruht die Feststellung der satzungsmäßigen Voraussetzungen auf einem materiellen Fehler, kann sie mit Wirkung für die Zukunft aufgehoben werden. Die Feststellung wird dann ab dem Jahr aufgehoben, das auf die Bekanntgabe der Aufhebungsentscheidung folgt. Stellt sich also beispielsweise im Mai des Jahres 01 heraus, dass der Feststellung der satzungsmäßigen Voraussetzungen ein materieller Fehler zu Grunde liegt, und ergeht der Bescheid zur Aufhebung der Feststellung nach § 60 a AO im August 01, tritt die Aufhebung zum 1. 1. 02 in Kraft. Die Regelung des § 176 AO ist dabei entsprechend anzuwenden. Dies gilt allerdings nicht für die Kalenderjahre, die nach der Verkündung der maßgeblichen Entscheidung eines obersten Gerichtshofes des Bundes beginnen.

Zu § 60 a Abs. 6:

12 **9.** Die tatsächliche Geschäftsführung ist grundsätzlich kein Prüfungsgegenstand im Verfahren zur Feststellung der satzungsmäßigen Voraussetzungen nach § 60 a AO.

13 **10.** Liegen der Finanzverwaltung bis zum Zeitpunkt des Erlasses des erstmaligen Körperschaftsteuerbescheids oder Freistellungsbescheids bereits Erkenntnisse über Verstöße der tatsächlichen Geschäftsführung gegen die satzungsmäßigen Voraussetzungen vor, beispielsweise aufgrund von extremistischen Aktivitäten der Körperschaft, ist der Antrag auf Feststellung der satzungsmäßigen Voraussetzungen abzulehnen. Dies gilt entsprechend auch für die Aufhebung bestehender Feststellungen nach § 60 a Abs. 1 AO.

AO

§ 60 b Zuwendungsempfängerregister

1 (1) **Das Bundeszentralamt für Steuern führt ein Register, in dem Körperschaften und juristische Personen des öffentlichen Rechts geführt werden, an die steuerbegünstigt Zuwendungen nach den §§ 10 b, 34 g des Einkommensteuergesetzes geleistet werden können (Zuwendungsempfängerregister).**

2 (2) **Im Zuwendungsempfängerregister speichert das Bundeszentralamt für Steuern zu Zwecken des Sonderausgabenabzugs nach § 10 b des Einkommensteuergesetzes und der Steuerermäßigung nach § 34 g des Einkommensteuergesetzes automatisiert folgende Daten:**

1. Wirtschafts-Identifikationsnummer,
2. Name,
3. Anschrift,
4. steuerbegünstigte Zwecke nach den §§ 52 bis 54,
5. Datum der Anerkennung als Partei im Sinne des § 2 des Parteiengesetzes,
6. Datum der Anerkennung als Wählervereinigung,
7. Status als juristische Person des öffentlichen Rechts,
8. zuständige Finanzbehörde,
9. Datum der Erteilung des letzten Freistellungsbescheides, der Anlage zum Körperschaftsteuerbescheid oder des Feststellungsbescheides nach § 60 a,
10. Kontoverbindungen bei Banken/Kreditinstituten und Bezahldienstleistern.

(3) **Die für die Besteuerung nach dem Einkommen zuständige Finanzbehörde übermittelt dem Bundeszentralamt für Steuern die Daten nach Absatz 2 sowie unverzüglich jede Änderung dieser Daten.** 3

(4) ① **Das Bundeszentralamt für Steuern ist befugt, die Daten nach Absatz 2 Dritten zu offenbaren.** ② **§ 30 steht dem nicht entgegen.** 4

(5) **Die im Zuwendungsempfängerregister Geführten können Änderungen und Ergänzungen der Eintragungen nach Absatz 2 Nummer 10 mit Hilfe eines amtlich vorgeschriebenen Datensatzes durch Datenfernübertragung bewirken.** 5

AO

§ 61 Satzungsmäßige Vermögensbindung

(1)[1] **Eine steuerlich ausreichende Vermögensbindung (§ 55 Absatz 1 Nummer 4) liegt vor, wenn der Zweck, für den das Vermögen bei Auflösung oder Aufhebung der Körperschaft oder bei Wegfall ihres bisherigen Zwecks verwendet werden soll, in der Satzung so genau bestimmt ist, dass auf Grund der Satzung geprüft werden kann, ob der Verwendungszweck steuerbegünstigt ist.** 1

(2) (weggefallen)

(3) ① **Wird die Bestimmung über die Vermögensbindung nachträglich so geändert,**[2] **dass sie den Anforderungen des § 55 Absatz 1 Nummer 4 nicht mehr entspricht, so gilt sie von Anfang an als steuerlich nicht ausreichend.** ② **§ 175 Absatz 1 Satz 1 Nummer 2 ist mit der Maßgabe anzuwenden, dass Steuerbescheide erlassen, aufgehoben oder geändert werden können, soweit sie Steuern betreffen, die innerhalb der letzten zehn Kalenderjahre vor der Änderung der Bestimmung über die Vermögensbindung entstanden sind.** 2

AEAO

Zu § 61 – Satzungsmäßige Vermögensbindung:

1. Die Vorschrift stellt klar, dass die zu den Voraussetzungen der Selbstlosigkeit zählende Bindung des Vermögens für steuerbegünstigte Zwecke vor allem im Falle der Auflösung der Körperschaft aus der Satzung genau hervorgehen muss (Mustersatzung, § 5). Als Empfänger des Vermögens kommen in Betracht: 3

- inländische steuerbegünstigte Körperschaften,
- die in § 5 Abs. 2 Nr. 2 KStG aufgeführten Körperschaften,
- juristische Personen des öffentlichen Rechts.

Die satzungsmäßige Vermögensbindung nach § 55 Abs. 1 Nr. 4 Satz 2 i. V. m. § 61 Abs. 1 AO ist auch erfüllt, wenn in der Satzung einer Körperschaft als Anfallsberechtigte eine in einem EU-/EWR-Staat ansässige juristische Person des öffentlichen Rechts aufgeführt wird.

2. Wird die satzungsmäßige Vermögensbindung aufgehoben, gilt sie von Anfang an als steuerlich nicht ausreichend. Die Regelung greift auch ein, wenn die Bestimmung über die Vermögensbindung erst zu einem Zeitpunkt geändert wird, in dem die Körperschaft nicht mehr als steuerbegünstigt anerkannt ist. Die entsprechenden steuerlichen Folgerungen sind durch Steuerfestsetzung rückwirkend zu ziehen. 4

3. Bei Verstößen gegen den Grundsatz der Vermögensbindung bildet die Festsetzungsverjährung (§§ 169 ff. AO) keine Grenze. Vielmehr können nach § 175 Abs. 1 Satz 1 Nr. 2 auch Steuerbescheide noch geändert werden, die Steuern betreffen, die innerhalb von zehn Jahren vor der erstmaligen Verletzung der Vermögensbindungsregelung entstanden sind. Es kann demnach auch dann noch zugegriffen werden, wenn zwischen dem steuerfreien Bezug der Erträge und dem Wegfall der Steuerbegünstigung ein Zeitraum von mehr als fünf Jahren liegt, selbst wenn in der Zwischenzeit keine Erträge mehr zugeflossen sind. 5

---

[1] Eine Satzung genügt nur dann dem Grundsatz der satzungsmäßigen Vermögensbindung (§§ 61 Abs. 1, 55 Abs. 1 Nr. 4 AO), wenn sie auch eine ausdrückliche Regelung für den Wegfall des bisherigen Zwecks der Körperschaft enthält (*BFH-Urteil vom 26. 6. 2021 V R 11/20, BStBl. 2022 II S. 202*).

Eine steuerbefreite Körperschaft, die eine andere steuerbefreite Körperschaft bei der Verwirklichung satzungsmäßiger Zwecke gegen Entgelt selbständig und eigenverantwortlich unterstützt, kann einen Zweckbetrieb unterhalten, wenn sie hierdurch zugleich eigene satzungsmäßige Ziele verfolgt *(BFH-Urteil vom 17. 2. 2010 I R 2/08, BStBl. II S. 1006)*.

BFH-Beschluss vom 25. 1. 2005 I R 52/03, BStBl. II S. 514: 1. Beruft sich eine Körperschaft darauf, dass aus zwingenden Gründen der künftige Verwendungszweck ihres Vermögens bei Aufstellung der Satzung noch nicht nach § 61 Abs. 1 AO genau angegeben werden kann, muss sie die zwingenden Gründe substantiiert vortragen, soweit sie sich nicht bereits aus der Satzung ergeben. 2. Die Körperschaft hat die Feststellungslast dafür zu tragen, dass die Gründe im Zeitpunkt der Aufstellung der Satzung oder der Änderung der Satzungsbestimmung über die Vermögensbindung bestanden.

BFH-Urteil vom 20. 12. 2006 I R 94/02, BStBl. 2010 II S. 331: Die satzungsmäßige Vermögensbindung (§ 61 Abs. 1 AO) ist bei einer staatlich beaufsichtigten Stiftung – jedenfalls im Grundsatz und innerhalb der EU – auch dann nach § 62 AO i. d. F. vor Änderung durch das JStG 2007 entbehrlich, wenn es sich um eine Stiftung ausländischen Rechts handelt, die der Stiftungsaufsicht eines EU-Mitgliedstaates unterfällt. Allerdings muss die ausländische Stiftungsaufsicht dem (Mindest-)Standard der Stiftungsaufsicht der deutschen Bundesländer entsprechen.

[2] *BFH-Urteil vom 25. 4. 2001 I R 22/00, BStBl. II S. 518:* 1. Geändert iSd § 61 Abs. 3 Satz 1 AO ist die Bestimmung über die Vermögensbindung in der Satzung einer GmbH oder eines eingetragenen Vereins erst dann, wenn das Änderungsverfahren durch die Eintragung der Satzungsänderung im Handels- bzw. Vereinsregister abgeschlossen ist. 2. § 61 Abs. 3 Satz 2 AO schließt die Anwendung der Vorschriften über die Festsetzungsverjährung nicht aus.

Beispiel:

Eine gemeinnützige Körperschaft hat in den Jahren 01 bis 11 steuerfreie Einnahmen aus einem Zweckbetrieb bezogen und diese teils für gemeinnützige Zwecke ausgegeben und zum Teil in eine Rücklage eingestellt. Eine in 11 vollzogene Satzungsänderung sieht jetzt vor, dass bei Auflösung des Vereins das Vermögen an die Mitglieder ausgekehrt wird. In diesem Fall muss das Finanzamt für die Veranlagungszeiträume 01 ff. Steuerbescheide erlassen, welche die Nachversteuerung aller genannten Einnahmen vorsehen, wobei es unerheblich ist, ob die Einnahmen noch im Vereinsvermögen vorhanden sind.

6 **4.** Verstöße gegen § 55 Abs. 1 bis 3 AO begründen die Möglichkeit einer Nachversteuerung innerhalb der Festsetzungsfrist.

7 **5.** Die Nachversteuerung gem. § 61 Abs. 3 AO greift nicht nur bei gemeinnützigkeitsschädlichen Änderungen satzungsrechtlicher Bestimmungen über die Vermögensbindung ein, sondern erfasst auch die Fälle, in denen die tatsächliche Geschäftsführung gegen die von § 61 AO geforderte Vermögensbindung verstößt (§ 63 Abs. 2 AO).

Beispiel:

Eine gemeinnützige Körperschaft verwendet bei ihrer Auflösung oder bei Aufgabe ihres begünstigten Satzungszweckes ihr Vermögen entgegen der Vermögensbindungsbestimmung in der Satzung nicht für begünstigte Zwecke.

8 **6.** Verstöße der tatsächlichen Geschäftsführung gegen § 55 Abs. 1 Nr. 1 bis 3 AO können so schwerwiegend sein, dass sie einer Verwendung des gesamten Vermögens für satzungsfremde Zwecke gleichkommen. Auch in diesen Fällen ist eine Nachversteuerung nach § 61 Abs. 3 AO möglich (vgl. auch BFH-Urteil vom 12. 10. 2010, I R 59/09, BStBl. 2012 II S. 226).[1]

9 **7.** Bei der nachträglichen Besteuerung ist so zu verfahren, als ob die Körperschaft von Anfang an uneingeschränkt steuerpflichtig gewesen wäre. § 13 Abs. 3 KStG ist nicht anwendbar.

AO

§ 62 Rücklagen und Vermögensbildung

1 (1) **Körperschaften können ihre Mittel ganz oder teilweise**

1. einer Rücklage zuführen, soweit dies erforderlich ist, um ihre steuerbegünstigten, satzungsmäßigen Zwecke nach dem Stand der Planung zum Zeitpunkt der Rücklagenbildung nachhaltig zu erfüllen;

2. einer Rücklage für die beabsichtigte Wiederbeschaffung von Wirtschaftsgütern zuführen, die zur Verwirklichung der steuerbegünstigten, satzungsmäßigen Zwecke erforderlich sind (Rücklage für Wiederbeschaffung). ② Die Höhe der Zuführung bemisst sich nach der Höhe der regulären Absetzungen für Abnutzung eines zu ersetzenden Wirtschaftsguts. ③ Die Voraussetzungen für eine höhere Zuführung sind nachzuweisen;

3. der freien Rücklage zuführen, jedoch höchstens ein Drittel des Überschusses aus der Vermögensverwaltung und darüber hinaus höchstens 10 Prozent der sonstigen nach § 55 Absatz 1 Nummer 5 zeitnah zu verwendenden Mittel. ② Ist der Höchstbetrag für die Bildung der freien Rücklage in einem Jahr nicht ausgeschöpft, kann diese unterbliebene Zuführung in den folgenden zwei Jahren nachgeholt werden;

4. einer Rücklage zum Erwerb von Gesellschaftsrechten zur Erhaltung der prozentualen Beteiligung an Kapitalgesellschaften zuführen, wobei die Höhe dieser Rücklage die Höhe der Rücklage nach Nummer 3 mindert.

2 (2) **① Die Bildung von Rücklagen nach Absatz 1 hat innerhalb der Frist des § 55 Absatz 1 Nummer 5 Satz 3 zu erfolgen. ② Rücklagen nach Absatz 1 Nummer 1, 2 und 4 sind unverzüglich aufzulösen, sobald der Grund für die Rücklagenbildung entfallen ist. ③ Die freigewordenen Mittel sind innerhalb der Frist nach § 55 Absatz 1 Nummer 5 Satz 3 zu verwenden.**

3 (3) **Die folgenden Mittelzuführungen unterliegen nicht der zeitnahen Mittelverwendung nach § 55 Absatz 1 Nummer 5:**

1. Zuwendungen von Todes wegen, wenn der Erblasser keine Verwendung für den laufenden Aufwand der Körperschaft vorgeschrieben hat;

2. Zuwendungen, bei denen der Zuwendende ausdrücklich erklärt, dass diese zur Ausstattung der Körperschaft mit Vermögen oder zur Erhöhung des Vermögens bestimmt sind;

3. Zuwendungen auf Grund eines Spendenaufrufs der Körperschaft, wenn aus dem Spendenaufruf ersichtlich ist, dass Beträge zur Aufstockung des Vermögens erbeten werden;

4. Sachzuwendungen, die ihrer Natur nach zum Vermögen gehören.

4 (4) **Eine Stiftung kann im Jahr ihrer Errichtung und in den drei folgenden Kalenderjahren Überschüsse aus der Vermögensverwaltung und die Gewinne aus wirtschaftlichen Geschäftsbetrieben nach § 14 ganz oder teilweise ihrem Vermögen zuführen.**

[1] Siehe hierzu auch Fn. zu § 61 Abs. 3.

Zu § 62 – Rücklagen und Vermögensbildung: AEAO

1. Im wirtschaftlichen Geschäftsbetrieb können Rücklagen durch Zuführung des Gewinns gebildet werden. Die Rücklagen müssen bei vernünftiger kaufmännischer Beurteilung wirtschaftlich begründet sein (entsprechend § 14 Abs. 1 Nr. 4 KStG). Es muss ein konkreter Anlass gegeben sein, der auch aus objektiver unternehmerischer Sicht die Bildung der Rücklage im wirtschaftlichen Geschäftsbetrieb rechtfertigt (z. B. eine geplante Betriebsverlegung, Werkserneuerung oder Kapazitätsausweitung). Eine fast vollständige Zuführung des Gewinns zu einer Rücklage im wirtschaftlichen Geschäftsbetrieb ist nur dann unschädlich für die Steuerbegünstigung, wenn die Körperschaft nachweist, dass die betriebliche Mittelverwendung zur Sicherung ihrer Existenz geboten war (BFH-Urteil vom 15. 7. 1998, I R 156/94, BStBl. 2002 II S. 162). 5

Im Bereich der Vermögensverwaltung können Rücklagen durch Zuführung der Überschüsse aus der Vermögensverwaltung nur für die Durchführung konkreter Reparatur- oder Erhaltungsmaßnahmen an Vermögensgegenständen i. S. d. § 21 EStG gebildet werden. Die Maßnahmen, für deren Durchführung die Rücklage gebildet wird, müssen notwendig sein, um den ordnungsgemäßen Zustand des Vermögensgegenstandes zu erhalten oder wiederherzustellen, und in einem angemessenen Zeitraum durchgeführt werden können (z. B. geplante Erneuerung eines undichten Daches).

Zu § 62 Abs. 1 AO:

2. Die Bildung einer Rücklage kann nicht damit begründet werden, dass die Überlegungen zur Verwendung der Mittel noch nicht abgeschlossen sind. 6

Zu § 62 Abs. 1 Nr. 1 AO:

3. Bei der Bildung der Rücklage nach § 62 Abs. 1 Nr. 1 und 2 AO kommt es nicht auf die Herkunft der Mittel an. Der Rücklage dürfen also auch zeitnah zu verwendende Mittel wie z. B. Spenden zugeführt werden. 7

4. Voraussetzung für die Bildung einer Rücklage nach § 62 Abs. 1 Nr. 1 AO ist in jedem Fall, dass diese erforderlich ist, um die steuerbegünstigten, satzungsmäßigen Zwecke der Körperschaft nachhaltig erfüllen zu können. Das Bestreben, ganz allgemein die Leistungsfähigkeit der Körperschaft zu erhalten, reicht für eine steuerlich unschädliche Rücklagenbildung nach dieser Vorschrift nicht aus (hierfür können nur freie Rücklagen nach § 62 Abs. 1 Nr. 3 AO gebildet werden, vgl. Nrn. 9 bis 11 des AEAO zu § 62). Vielmehr müssen die Mittel für bestimmte – die steuerbegünstigten Satzungszwecke verwirklichende – Vorhaben angesammelt werden, für deren Durchführung bereits konkrete Zeitvorstellungen bestehen. Besteht noch keine konkrete Zeitvorstellung, ist eine Rücklagenbildung dann zulässig, wenn die Durchführung des Vorhabens glaubhaft und bei den finanziellen Verhältnissen der steuerbegünstigten Körperschaft in einem angemessenen Zeitraum möglich ist. Die Bildung von Rücklagen für periodisch wiederkehrende Ausgaben (z. B. Löhne, Gehälter, Mieten) in Höhe des Mittelbedarfs für eine angemessene Zeitperiode zur Sicherstellung der Liquidität ist zulässig (so genannte Betriebsmittelrücklage). Ebenfalls unschädlich ist die vorsorgliche Bildung einer Rücklage zur Bezahlung von Steuern außerhalb eines steuerpflichtigen wirtschaftlichen Geschäftsbetriebs, solange Unklarheit darüber besteht, ob die Körperschaft insoweit in Anspruch genommen wird. Eine beabsichtigte Vermögensausstattung nach § 58 Nr. 3 AO rechtfertigt keine Rücklagenbildung nach § 62 Abs. 1 Nr. 1 AO.

5. Die Rücklage nach § 62 Abs. 1 Nr. 1 AO kann unabhängig von dem Vorhandensein und der Höhe einer Rücklage nach § 62 Abs. 1 Nr. 3 AO (freie Rücklage) gebildet werden.

Zu § 62 Abs. 1 Nr. 2 AO:

6. Eine Wiederbeschaffungsrücklage für Fahrzeuge und andere Wirtschaftsgüter, für deren Anschaffung die laufenden Einnahmen nicht ausreichen, ist nach § 62 Abs. 1 Nr. 2 AO zulässig. Eine Wiederbeschaffungsabsicht liegt nur vor, wenn tatsächlich eine Neuanschaffung des einzelnen Wirtschaftsguts geplant und in einem angemessenen Zeitraum möglich ist. Im Regelfall ist als Nachweis für die Wiederbeschaffungsabsicht ausreichend, dass die Rücklage gebildet wurde. Diese Nachweiserleichterung gilt nicht für Immobilien. Reicht die Zuführung von Mitteln in Höhe der Abschreibungen für eine beabsichtigte Wiederbeschaffung nicht aus, dann können auch höhere Mittel der Rücklage zugeführt werden. Der Nachweis darüber ist durch die Körperschaft zu erbringen. 8

7. Die Regelungen in den vorstehenden Textziffern zu § 62 Abs. 1 Nr. 1 und 2 AO gelten auch für Förderkörperschaften i. S. d. § 58 Nr. 1 AO (BFH-Urteil vom 13. 9. 1989, I R 19/85, BStBl. 1990 II S. 28). Voraussetzung ist jedoch, dass die Rücklagenbildung innerhalb der Zweckverwirklichung der Weitergabe von Mitteln für die steuerbegünstigten Zwecke einer anderen Körperschaft erfolgt. Diese Voraussetzung ist z. B. erfüllt, wenn die Förderkörperschaft wegen zeitlicher Verzögerung der von ihr zu finanzierenden steuerbegünstigten Maßnahmen angehalten ist, die dafür vorgesehenen Mittel zunächst zu thesaurieren.

8. Unterhält eine steuerbegünstigte Körperschaft einen steuerpflichtigen wirtschaftlichen Geschäftsbetrieb, so können dessen Erträge der Rücklage erst nach Versteuerung zugeführt werden.

AEAO

Zu § 62 Abs. 1 Nr. 3 AO:

9 **9.** Der freien Rücklage (§ 62 Abs. 1 Nr. 3 AO) darf jährlich höchstens ein Drittel des Überschusses der Einnahmen über die Ausgaben aus der Vermögensverwaltung zugeführt werden. Unter Ausgaben sind Aufwendungen zu verstehen, die dem Grunde nach Werbungskosten sind.

10. Darüber hinaus kann die Körperschaft höchstens 10% ihrer sonstigen nach § 55 Abs. 1 Nr. 5 AO zeitnah zu verwendenden Mittel einer freien Rücklage zuführen. Mittel i. S. d. Vorschrift sind die Überschüsse bzw. Gewinne aus steuerpflichtigen wirtschaftlichen Geschäftsbetrieben und Zweckbetrieben sowie die Bruttoeinnahmen aus dem ideellen Bereich. Bei Anwendung der Regelungen des § 64 Abs. 5 und 6 AO können in die Bemessungsgrundlage zur Ermittlung der Rücklage statt der geschätzten bzw. pauschal ermittelten Gewinne die tatsächlichen Gewinne einbezogen werden.

Verluste aus Zweckbetrieben sind mit entsprechenden Überschüssen zu verrechnen; darüber hinaus gehende Verluste mindern die Bemessungsgrundlage nicht. Das gilt entsprechend für Verluste aus dem einheitlichen wirtschaftlichen Geschäftsbetrieb. Ein Überschuss aus der Vermögensverwaltung ist – unabhängig davon, inwieweit er in eine Rücklage eingestellt wurde – nicht in die Bemessungsgrundlage für die Zuführung aus den sonstigen zeitnah zu verwendenden Mitteln einzubeziehen. Ein Verlust aus der Vermögensverwaltung mindert die Bemessungsgrundlage nicht.

11. Wird der jährliche Höchstbetrag der Mittel, die in die freie Rücklage hätten eingestellt werden können, in einem Jahr nicht ausgeschöpft, können Mittel in Höhe des nichtausgeschöpften Betrages zusätzlich in den beiden Folgejahren in die freie Rücklage eingestellt werden.

Eine Körperschaft hätte im Jahr 01 beispielsweise 30 000 € in die freie Rücklage einstellen können. Tatsächlich stellte sie aber nur 25 000 € ein. In den nächsten beiden Jahren kann die Körperschaft zusätzlich zu dem für das jeweilige Jahr zulässigen Betrag nach § 62 Abs. 1 Nr. 3 AO noch weitere 5 000 € in die freie Rücklage des jeweiligen Jahres einstellen. Die Körperschaft kann diesen Betrag auf beide Jahre aufteilen (02: 3 000 €, 03: 2 000 €) oder den ganzen Betrag (entweder 02 oder 03) in die Rücklage einstellen.

Die steuerbegünstigte Körperschaft muss die freie Rücklage während der Dauer ihres Bestehens nicht auflösen. Die in die Rücklage eingestellten Mittel können auch dem Vermögen zugeführt werden.

Zu § 62 Abs. 1 Nr. 4 AO:

10 **12.** Die Ansammlung von Mitteln zum Erwerb von Gesellschaftsrechten zur Erhaltung der prozentualen Beteiligung an Kapitalgesellschaften ist zulässig (§ 62 Abs. 1 Nr. 4 AO). Die Herkunft der Mittel ist dabei ohne Bedeutung. § 62 Abs. 1 Nr. 4 AO ist nicht auf den erstmaligen Erwerb von Anteilen an Kapitalgesellschaften anzuwenden. Hierfür können u. a. freie Rücklagen nach § 62 Abs. 1 Nr. 3 AO eingesetzt werden.

13. Die Höchstgrenze für die Zuführung zu der freien Rücklage mindert sich um den Betrag, den die Körperschaft zum Erwerb von Gesellschaftsrechten zur Erhaltung der prozentualen Beteiligung an Kapitalgesellschaften ausgibt oder in die Rücklage einstellt. Übersteigt der für die Erhaltung der Beteiligungsquote verwendete oder in eine Rücklage eingestellte Betrag die Höchstgrenze, ist auch in den Folgejahren eine Zuführung zu der freien Rücklage erst wieder möglich, wenn die für eine freie Rücklage verwendbaren Mittel insgesamt die für die Erhaltung der Beteiligungsquote verwendeten oder in die Rücklage eingestellten Mittel übersteigen. Die Zuführung von Mitteln zu Rücklagen nach § 62 Abs. 1 Nr. 1 und 2 AO berührt die Höchstgrenze für die Bildung freier Rücklagen dagegen nicht.

Beispiel:

Beispiel für eine Rücklagenbildung nach § 62 Abs. 1 Nrn. 3 und 4 AO:

VZ 01	
Spenden	10 000 €
Einnahmen aus Vermögensverwaltung	12 000 €
Ausgaben in der Vermögensverwaltung	9 000 €
Gewinne aus	
– Zweckbetrieben	2 500 €
– steuerpflichtigen wirtschaftlichen Geschäftsbetrieben:	3 000 €
→ 10% von (10 000 € + 2 500 € + 3 000 €) =	1 550 €
→ 1/3 von (12 000 € – 9 000 €) =	1 000 €
≙ Potenzial zur Rücklagenbildung nach § 62 Abs. 1 Nr. 3 AO	2 550 €
Tatsächliche Rücklagenbildung im VZ 01:	
nach § 62 Abs. 1 Nr. 4 AO:	3 000 €
nach § 62 Abs. 1 Nr. 3 AO:	0 €
Überhang nach § 62 Abs. 1 Nr. 4 im Verhältnis zu Nr. 3 AO:	450 €
VZ 02	
Spenden	20 000 €
Einnahmen aus Vermögensverwaltung	16 000 €
Ausgaben in der Vermögensverwaltung	10 000 €

Gewinne aus	
– Zweckbetrieben	1 000 €
– steuerpflichtigen wirtschaftlichen Geschäftsbetrieben	5 000 €
→ 10% von (20 000 € + 1 000 € + 5 000 €) =	2 600 €
→ ⅓ von (16 000 € – 10 000 €) =	2 000 €
abzgl. Überhang nach § 62 Abs. 1 Nr. 4 im Verhältnis zu Nr. 3 AO	450 €
≙ Potenzial zur Rücklagenbildung nach § 62 Abs. 1 Nr. 3 AO	4 150 €
Tatsächliche Rücklagenbildung im VZ 02:	
nach § 62 Abs. 1 Nr. 4 AO:	1 000 €
nach § 62 Abs. 1 Nr. 3 AO:	3 150 €

Zu § 62 Abs. 2:

14. Rücklagen sind in der Frist des § 55 Abs. 1 Nr. 5 Satz 3 AO zu bilden. Nur tatsächlich vorhandene Mittel können in eine Rücklage eingestellt werden. Ob die Voraussetzungen für die Bildung einer Rücklage vorliegen, hat die steuerbegünstigte Körperschaft dem zuständigen Finanzamt im Einzelnen darzulegen. Weiterhin muss sie die Rücklagen nach § 62 Abs. 1 AO in ihrer Rechnungslegung – ggf. in einer Nebenrechnung – gesondert ausweisen, damit eine Kontrolle jederzeit und ohne besonderen Aufwand möglich ist (BFH-Urteil vom 20. 12. 1978, I R 21/76, BStBl. 1979 II S. 496). 11

Entfällt der Grund für die Bildung einer Rücklage nach § 62 Abs. 1 Nr. 1, 2 und 4 AO, so ist diese unverzüglich aufzulösen. Die dadurch freigewordenen Mittel sind innerhalb der Frist des § 55 Abs. 1 Nr. 5 Satz 3 AO zu verwenden.

Die freigewordenen Mittel können auch in die Rücklagen nach § 62 Abs. 1 Nr. 1, 2 und 4 AO eingestellt werden. Bei diesen Mitteln handelt es sich nicht um sonstige nach § 55 Abs. 1 Nr. 5 AO zeitnah zu verwendende Mittel (§ 58 Nr. 3 AO, § 62 Abs. 1 Nr. 3 AO).

15. Vorstehende Grundsätze gelten für Rücklagen im wirtschaftlichen Geschäftsbetrieb und für Rücklagen im Bereich der Vermögensverwaltung entsprechend.

Zu § 62 Abs. 3:

16. Die in § 62 Abs. 3 AO genannten Zuwendungen können dem Vermögen zugeführt werden. Die Aufzählung ist abschließend. Unter Sachzuwendungen, die ihrer Natur nach zum Vermögen gehören, sind Wirtschaftsgüter zu verstehen, die ihrer Art nach von der Körperschaft im ideellen Bereich, im Rahmen der Vermögensverwaltung oder im wirtschaftlichen Geschäftsbetrieb genutzt werden können. 12

Werden Mittel nach dieser Vorschrift dem Vermögen zugeführt, sind sie aus der Bemessungsgrundlage für Zuführungen von sonstigen zeitnah zu verwendenden Mitteln nach § 62 Abs. 1 Nr. 3 AO herauszurechnen.

Zu § 62 Abs. 4:

17. Stiftungen dürfen im Jahr ihrer Errichtung und in den drei folgenden Kalenderjahren Überschüsse und Gewinne aus der Vermögensverwaltung, aus Zweckbetrieben und aus steuerpflichtigen wirtschaftlichen Geschäftsbetrieben ganz oder teilweise ihrem Vermögen zuführen. Für sonstige Mittel, z. B. Zuwendungen und Zuschüsse, gilt diese Regelung dagegen nicht. 13

Liegen in einem Kalenderjahr positive und negative Ergebnisse aus der Vermögensverwaltung, aus den Zweckbetrieben und dem einheitlichen steuerpflichtigen wirtschaftlichen Geschäftsbetrieb vor, ist eine Zuführung zum Vermögen auf den positiven Betrag begrenzt, der nach der Verrechnung der Ergebnisse verbleibt.

Verfügung betr. Rücklagen und Vermögensbildung bei steuerbegünstigten Körperschaften; Regelung ab dem 1. 1. 2014 Anl

Vom 13. Februar 2014 (BeckVerw 282885)

OFD Frankfurt S 0181 A-2-St 53

Als Ausnahmeregelung zum Gebot der zeitnahen Mittelverwendung (§ 55 Abs. 1 Nr. 5 AO) lässt § 62 Abs. 1 AO zu, dass eine Körperschaft unter bestimmten Voraussetzungen ihre Mittel ganz oder teilweise einer Rücklage zuführt. § 62 Abs. 3 und 4 AO stellt die Fälle der zulässigen Vermögenszuführung dar.

1. Rücklagenbildung 14

Ergänzend zu AEAO zu § 62 Abs. 2 Tz. 14 und 15 weise ich darauf hin, dass bilanzierende Körperschaften die Rücklagen in ihrer Bilanz offen (getrennt vom übrigen Kapital) ausweisen sollten. Es ist allerdings ausreichend, wenn sich die Rücklagen aus einer Nebenrechnung zum Jahresabschluss ergeben. Nicht bilanzierende Körperschaften haben die Rücklagen neben ihren Aufzeichnungen über ihre Einnahmen und Ausgaben (§ 63 Abs. 3 AO) in einer gesonderten Nebenrechnung auszuweisen.

Hat die Körperschaft, ohne dass die Voraussetzungen des § 62 Abs. 1 AO vorliegen, Mittel angesammelt, so entspricht die tatsächliche Geschäftsführung nicht dem Erfordernis des § 55 Abs. 1 Nr. 5 AO. Das Finanzamt kann der Körperschaft gemäß § 63 Abs. 4 AO eine Frist für die Verwendung der Mittel setzen. Die Frist ist nach den Umständen des Einzelfalles zu bemessen, sollte jedoch regelmäßig 2 bis 3 Jahre nicht übersteigen (vgl. auch AEAO zu § 63 Tz. 2).

Anl

1.1. Rücklagen i. S. d. § 62 Abs. 1 Nr. 1 AO

Die Mittel müssen bei der sogenannten „zweckgebundenen Rücklagen" i. S. d. § 62 Abs. 1 Nr. 1 AO für bestimmte Zweckverwirklichungsmaßnahmen angesammelt werden. Für die Durchführung müssen konkrete Zeitvorstellungen bestehen. Kann für ein bestimmtes Vorhaben noch kein genauer Zeitpunkt für die Durchführung festgelegt werden, ist eine Rücklagenbildung nur zulässig, wenn die Durchführung glaubhaft und bei den finanziellen Verhältnissen der Körperschaft in einem angemessenen Zeitraum möglich ist (AEAO zu § 62 Abs. 1 Nr. 1 Tz. 4). Grundsätzlich sollte ein Zeitraum von 6 Jahren nicht überschritten werden. Das Merkmal „erforderlich" ist – hinsichtlich Grund, Höhe und zeitlichem Umfang – nach objektiven Kriterien des konkreten Falles zu überprüfen (vgl. BFH-Urteil vom 13. 9. 1989 I R 19/ 85, BStBl. 1990 II S. 28). Nicht ausreichend ist das Bestreben, ganz allgemein die Leistungsfähigkeit der Körperschaft zu erhalten. Desgleichen ist die erstmalige Bildung einer ertragbringenden Vermögenssubstanz aus den Mitteln der Körperschaft zur nachhaltigen Zweckerfüllung nicht erforderlich (vgl. BFH-Urteil vom 13. 9. 1989, BStBl. 1990 II S. 28). Die Frist des § 55 Abs. 1 Nr. 5 AO für die zeitnahe Verwendung von Mitteln kann nicht mit der Begründung verlängert werden, die Überlegungen zur Verwendung der Mittel seien noch nicht abgeschlossen. Dementsprechend kommt mit einer solchen Begründung auch die Bildung einer Rücklage nach § 62 Abs. 1 Nr. 1 AO nicht in Betracht (AEAO zu § 62 Abs. 1 Tz. 3).

Zu den nach § 62 Abs. 1 Nr. 1 AO zulässigen Rücklagen gehört auch die sog. **Betriebsmittelrücklage** für periodisch wiederkehrende Ausgaben in Höhe des Mittelbedarfs für eine angemessene Zeitspanne. Die Berechnung der Höhe der Rücklage ist davon abhängig, in welchem Umfang die Körperschaft regelmäßige Einnahmen erzielt. Insoweit bestimmt sich die Zeitspanne (höchstens bis zu einem Geschäftsjahr) nach den Verhältnissen des jeweiligen Einzelfalles.

Soweit die Körperschaft mehrere Vorhaben gleichzeitig beabsichtigt, sind nebeneinander mehrere Rücklagen nach § 62 Abs. 1 Nr. 1 AO zulässig. Desgleichen gilt, wenn neben einer Rücklage nach § 62 Abs. 1 Nr. 1 AO eine Rücklage nach § 62 Abs. 1 Nr. 3 AO gebildet wird.

Die Voraussetzungen für die Rücklage nach § 62 Abs. 1 Nr. 1 AO sind in jedem Prüfungszeitraum erneut zu prüfen.

1.2. Wiederbeschaffungsrücklage i. S. d. § 62 Abs. 1 Nr. 2 AO

Die Regelung des § 62 Abs. 1 Nr. 2 AO wurde mit dem Gesetz zur Stärkung des Ehrenamtes zum 1. 1. 2014 eingeführt, zuvor war allerdings eine entsprechende Vorgehensweise in AEAO zu § 58 Nr. 6 Tz. 10 geregelt. Nach AEAO zu § 62 Abs. 1 Nr. 2 Tz. 6 ist es erforderlich, dass tatsächlich eine Neuanschaffung des einzelnen Wirtschaftsguts geplant und in einem angemessenen Zeitraum möglich ist. Eine Einstellung von Mitteln in Höhe der Abschreibungen in die Rücklage wäre z. B. dann nicht gerechtfertigt, wenn ein Fuhrpark verkleinert oder ein Gebäude während unabsehbar langer Zeit nicht durch einen Neubau ersetzt werden soll.

Die Zuführung von Mitteln in Höhe der Abschreibungen dürfte z. B. dann nicht ausreichen, wenn das vorhandene Wirtschaftsgut entweder frühzeitig oder durch ein besseres, größeres und teureres Wirtschaftsgut ersetzt werden soll. Die Zuführung dürfte z. B. dann überhöht sein, wenn die steuerlich zulässigen (Sonder-)Abschreibungen nicht mit dem tatsächlichen Wertverlust übereinstimmen.

1.3. Freie Rücklagen i. S. d. § 62 Abs. 1 Nr. 3 AO

Die Rücklagenbildung nach § 62 Abs. 1 Nr. 3 AO ist für alle Körperschaften möglich.

Die Rücklagenbildung in Höhe bis zu einem Drittel des Überschusses aus Vermögensverwaltung setzt voraus, dass entsprechende Einnahmen erzielt werden. Auf § 14 Satz 3 AO wird hingewiesen. Zu den Einnahmen zählen z. B. neben Zinserträgen aus Spareinlagen und Dividenden aus Wertpapieren auch Miet- und Pachteinnahmen der Körperschaft. Für die Ermittlung der Bemessungsgrundlage sind die Ergebnisse aus den einzelnen Bereichen der Vermögensverwaltung zusammenzurechnen. Ergibt sich hierbei ein Kostenüberhang (Unterdeckung), ist eine Rücklagenbildung in diesem Jahr nicht zulässig. Darüber hinaus ist der Unkostenüberschuss in nachfolgende Jahre vorzutragen und dort zunächst mit Überschüssen aus Vermögensverwaltung zu verrechnen, so dass eine Unterdeckung auch die Möglichkeiten der Bildung freier Rücklagen in den nachfolgenden Jahren einschränkt.

Darüber hinaus ist die Bildung oder Aufstockung einer freien Rücklage bis zu 10% der sonstigen nach § 55 Abs. 1 Nr. 5 AO zeitnah zu verwendenden Mittel zulässig. Zu den sonstigen Mitteln zählen Überschüsse bzw. Gewinne aus steuerpflichtigen wirtschaftlichen Geschäftsbetrieben und Zweckbetrieben sowie die Bruttoeinnahmen aus dem ideellen Bereich (AEAO zu § 62 Abs. 1 Nr. 3 Tz. 10). Zur Vermeidung einer doppelten Begünstigung dürfen die Mittel aus der Vermögensverwaltung nicht in die Bemessungsgrundlage einbezogen werden.

Die Gesamthöhe der freien Rücklage ist unbegrenzt. Während der Dauer des Bestehens braucht die Körperschaft die freie Rücklage nicht aufzulösen. Die angesammelten Mittel unterliegen zwar nicht dem Gebot der zeitnahen Mittelverwendung, sind jedoch auf Dauer für steuerbegünstigte Zwecke zu verwenden. Eine Verwendung im Rahmen eines steuerpflichtigen wirtschaftlichen Geschäftsbetriebes ist gemeinnützigkeitsschädlich. Hiervon unberührt bleibt die Möglichkeit, die freien Rücklagen für die Errichtung eines steuerpflichtigen wirtschaftlichen Geschäftsbetriebes einzusetzen (vgl. ofix: KStG/5/ 90). Die Mittel können jedoch – solange die Rücklage fortbesteht – im Rahmen der Vermögensverwaltung angelegt werden und stehen für Vermögensumschichtungen zur Verfügung. Die in die Rücklage eingestellten Mittel können auch dem eigenen Vermögen zugeführt werden, bzw. Ausstattungskapital für eine andere steuerbegünstigte Körperschaft sein (vgl. AEAO zu § 58 Nr. 2 Tz. 2 und zu § 62 Abs. 1 Nr. 4 Tz. 12).

1.4. Rücklagen zum Erwerb von Gesellschaftsrechten i. S. d. § 62 Abs. 1 Nr. 4 AO

§ 58 Nr. 7 b AO wurde durch das Gesetzt zur Stärkung des Ehrenamtes mit Wirkung zum 1. 1. 2014 aufgespalten in § 58 Nr. 10 AO für die Fälle, in denen im Jahr des Zuflusses eine entsprechende Verwendung stattfindet und in § 62 Abs. 1 Nr. 4 AO für die Fälle, in denen zunächst Mittel angesammelt werden. Inhaltlich haben sich hierdurch aber keine Änderungen ergeben.

Nicht von § 62 Abs. 1 Nr. 4 AO (und § 58 Nr. 10 AO) erfasst ist der erstmalige Erwerb eines Anteils an einer Kapitalgesellschaft sowie der Erwerb von Anteilen zur Erhöhung der prozentualen Beteiligung an einer Kapitalgesellschaft. Eine steuerbegünstigte Körperschaft darf aber ihr Vermögen, das nicht dem Gebot der zeitnahen Mittelverwendung unterliegt (z. B. die in der freien Rücklage nach § 62 Abs. 1 Nr. 3 AO angesammelten Beträge), für eine Erhöhung der Beteiligungsquote verwenden (AEAO zu § 62 Abs. 1 Nr. 4 Tz. 12; AEAO zu § 58 Nr. 10 Tz. 12).

Für die Rücklagenbildung stehen sämtliche Mittel der Körperschaft zur Verfügung. Die Herkunft der Mittel ist unbedeutend. Die Bildung der Rücklage ist jedoch nur zulässig, wenn ein hinreichend konkreter Anlass für eine Kapitalerhöhung gegeben ist. Die Kapitalerhöhung muss sich daher bereits konkret abzeichnen.

Die Ansammlung (bzw. Verwendung) von Mitteln i. S. d. § 62 Abs. 1 Nr. 4 AO (§ 58 Nr. 10 AO) ist der Höhe nach grundsätzlich unbegrenzt möglich, findet ihre Grenze jedoch in dem zu erwartenden Anteil am Kapitalerhöhungsbetrag. Darüber hinaus ist zu beachten, dass der Betrag i. S. d. § 62 Abs. 1 Nr. 4 AO (§ 58 Nr. 10 AO) auf die nach § 62 Abs. 1 Nr. 3 AO in demselben Jahr oder künftig zulässigen Rücklagen anzurechnen ist. Übersteigt der für die Erhaltung der Beteiligungsquote bereitgestellte (bzw. verwendete) Betrag die Höchstgrenze für die Bildung der Rücklage nach § 62 Abs. 1 Nr. 3 AO des laufenden Jahres, ist auch in den Folgejahren eine Zuführung erst wieder möglich, wenn die für eine freie Rücklage verwendbaren Mittel insgesamt die für die Erhaltung der Beteiligungsquote bereitgestellten (bzw. verwendeten) Mittel übersteigen (AEAO zu § 62 Abs. 1 Nr. 4 Tz. 13; AEAO zu § 58 Nr. 10 Tz. 12).

1.5. Sonstige Rücklagen

1.5.1. Rücklagen im steuerpflichtigen wirtschaftlichen Geschäftsbetrieb

Ergänzend zu AEAO zu § 62 Tz. 1 weise ich darauf hin, dass die Mittel, die in diese Rücklage eingestellt werden aus dem steuerpflichtigen wirtschaftlichen Geschäftsbetrieb stammen müssen.

2. Vermögensbildung/Vermögenszuführungen 15

2.1. Vermögenszuführungen bei Stiftungen i. S. d. § 62 Abs. 4 AO

Die Regelung ist auf Stiftungen begrenzt. Auf die Bezeichnung der Körperschaft als Stiftung kommt es dabei nicht an, entscheidend ist die tatsächliche Rechtsform. Dabei ist es unmaßgeblich, ob es sich um eine rechtsfähige oder nichtrechtsfähige Stiftung handelt.

3. Konsequenzen 10

Ich bitte, die Rücklagenbildung und Vermögenszuführung bei den steuerbegünstigten Körperschaften regelmäßig nach den vorstehenden Grundsätzen zu überprüfen und ggfs. die notwendigen Konsequenzen (Fristsetzung nach § 63 Abs. 4 AO, Versagung der Steuerbefreiung) zu ziehen.

§ 63 Anforderungen an die tatsächliche Geschäftsführung

AO

(1)[1] Die tatsächliche Geschäftsführung der Körperschaft muss auf die ausschließliche und unmittelbare Erfüllung der steuerbegünstigten Zwecke gerichtet sein und den Bestimmungen entsprechen, die die Satzung über die Voraussetzungen für Steuervergünstigungen enthält. 1

(2) Für die tatsächliche Geschäftsführung gilt sinngemäß § 60 Absatz 2, für eine Verletzung der Vorschrift über die Vermögensbindung § 61 Absatz 3. 2

(3) Die Körperschaft hat den Nachweis, dass ihre tatsächliche Geschäftsführung den Erfordernissen des Absatzes 1 entspricht, durch ordnungsmäßige Aufzeichnungen über ihre Einnahmen und Ausgaben zu führen. 3

(4) ① Hat die Körperschaft ohne Vorliegen der Voraussetzungen Mittel angesammelt, kann das Finanzamt ihr eine angemessene Frist für die Verwendung der Mittel setzen. ② Die tatsächliche Geschäftsführung gilt als ordnungsgemäß im Sinne des Absatzes 1, wenn die Körperschaft die Mittel innerhalb der Frist für steuerbegünstigte Zwecke verwendet. 4

(5) ① Körperschaften im Sinne des § 10 b Absatz 1 Satz 2 Nummer 2 des Einkommensteuergesetzes dürfen Zuwendungsbestätigungen im Sinne des § 50 Absatz 1 der Einkommensteuer-Durchführungsverordnung nur ausstellen, wenn 5

1. das Datum der Anlage zum Körperschaftsteuerbescheid oder des Freistellungsbescheids nicht länger als fünf Jahre zurückliegt oder

2. die Feststellung der Satzungsmäßigkeit nach § 60 a Absatz 1 nicht länger als drei Kalenderjahre zurückliegt und bisher kein Freistellungsbescheid oder keine Anlage zum Körperschaftsteuerbescheid erteilt wurde.

② Die Frist ist taggenau zu berechnen.

---

[1] Zur tatsächlichen Geschäftsführung iSd § 63 Abs. 1 AO gehören alle der Körperschaft zuzurechnenden Handlungen und somit die Tätigkeiten und Entscheidungen, die der Verwirklichung der Satzungszwecke vorausgehen und sie vorbereiten *(BFH-Urteil vom 23. 7. 2003 I R 29/02, BStBl. II S. 930).*

Ist die tatsächliche Geschäftsführung einer gemeinnützigen GmbH nicht während des gesamten Besteuerungszeitraums auf die ausschließliche und unmittelbare Erfüllung der steuerbegünstigten Zwecke gerichtet, führt dies grundsätzlich nur zu einer Versagung der Steuerbefreiung für diesen Besteuerungszeitraum. Schüttet eine gemeinnützige GmbH jedoch die aus der gemeinnützigen Tätigkeit erzielten Gewinne überwiegend verdeckt an ihre steuerpflichtigen Gesellschafter aus, liegt ein schwerwiegender Verstoß gegen § 55 Abs. 1 Nr. 1 bis 3 AO vor, der die Anwendung des § 61 Abs. 3 AO ermöglicht *(BFH-Beschluss vom 12. 10. 2010 I R 59/09, BStBl. 2012 II S. 226).*

AEAO

Zu § 63 – Anforderungen an die tatsächliche Geschäftsführung:

6 **1.** Den Nachweis, dass die tatsächliche Geschäftsführung den notwendigen Erfordernissen entspricht, hat die Körperschaft durch ordnungsmäßige Aufzeichnungen (insbesondere Aufstellung der Einnahmen und Ausgaben, Tätigkeitsbericht, Vermögensübersicht mit Nachweisen über die Bildung und Entwicklung der Rücklagen) zu führen. Die Vorschriften der AO über die Führung von Büchern und Aufzeichnungen (§§ 140ff.) sind zu beachten. Die Vorschriften des Handelsrechts einschließlich der entsprechenden Buchführungsvorschriften gelten nur, sofern sich dies aus der Rechtsform der Körperschaft oder aus ihrer wirtschaftlichen Tätigkeit ergibt. Bei der Verwirklichung steuerbegünstigter Zwecke im Ausland besteht eine erhöhte Nachweispflicht (§ 90 Abs. 2).

7 **2.** Hat das Finanzamt eine Frist nach § 63 Abs. 4 AO gesetzt, gilt die tatsächliche Geschäftsführung als ordnungsgemäß, wenn die Körperschaft die Mittel innerhalb der gesetzten Frist für steuerbegünstigte Zwecke verwendet.

8 **3.** Die tatsächliche Geschäftsführung umfasst auch die Ausstellung steuerlicher Zuwendungsbestätigungen. Zuwendungsbestätigungen dürfen nur dann ausgestellt werden, wenn die Voraussetzungen des § 63 Abs. 5 AO vorliegen. Die Erlaubnis wird an die Erteilung eines Feststellungsbescheids nach § 60a Abs. 1 AO, eines Freistellungsbescheids oder eine Anlage zum Körperschaftsteuerbescheid geknüpft. Ist der Bescheid nach § 60a AO älter als drei Jahre oder ist der Freistellungsbescheid – beziehungsweise sind die Anlagen zum Körperschaftsteuerbescheid – älter als fünf Jahre, darf die Körperschaft keine Zuwendungsbestätigungen mehr ausstellen.

Bei Missbräuchen auf diesem Gebiet, z.B. durch die Ausstellung von Gefälligkeitsbestätigungen, ist die Steuerbegünstigung zu versagen.

9 **4.** Liegen neuere Erkenntnisse nach Bekanntgabe einer Feststellung nach § 60a AO, eines Freistellungsbescheids oder einer Anlage zum Körperschaftsteuerbescheid vor, dass auf Grund der tatsächlichen Geschäftsführung der Körperschaft die Steuerbegünstigung voraussichtlich nicht gewährt werden kann, kann eine Steuerfestsetzung (ggf. mit 0 €) erfolgen. Für Feststellungen nach § 60a AO wird auf § 60a Abs. 6 AO verwiesen.

Dies kann durch einen Vorauszahlungsbescheid oder einen Körperschaftsteuerbescheid geschehen, in dem jeweils von der vollen Steuerpflicht ausgegangen wird. Dies hat zur Folge, dass die Körperschaft nicht mehr berechtigt ist, Zuwendungsbestätigungen auszustellen.

Die Körperschaft ist auf eine mögliche Haftungsinanspruchnahme nach § 10b Abs. 4 EStG hinzuweisen.

10 **5.** Die tatsächliche Geschäftsführung muss sich im Rahmen der verfassungsmäßigen Ordnung halten, da die Rechtsordnung als selbstverständlich das gesetzestreue Verhalten aller Rechtsunterworfenen voraussetzt. Als Verstoß gegen die Rechtsordnung, der die Steuerbegünstigung ausschließt, kommt auch eine Steuerverkürzung in Betracht (BFH-Urteil vom 27. 9. 2001, V R 17/99, BStBl. 2002 II S. 169). Die verfassungsmäßige Ordnung wird schon durch die Nichtbefolgung von polizeilichen Anordnungen durchbrochen (BFH-Urteil vom 29. 8. 1984, I R 215/81, BStBl. 1985 II S. 106). Gewaltfreier Widerstand, z.B. Sitzblockaden, gegen geplante Maßnahmen des Staates verstößt grundsätzlich nicht gegen die verfassungsmäßige Ordnung (vgl. BVerfG-Beschluss vom 10. 1. 1995, 1 BvR 718/89, 1 BvR 719/89, 1 BvR 722/89, 1 BvR 723/89, BVerfGE 92, S. 1 bis 25).

11 **6.** Da es sich beim Entzug der Gemeinnützigkeit nicht um eine Ermessensentscheidung der Finanzverwaltung handelt, stellen das Verhältnismäßigkeitsprinzip und der ihm innewohnende Bagatellvorbehalt ein unverzichtbares Korrektiv dar, um in Einzelfällen die einschneidende Rechtsfolge des Verlusts der Gemeinnützigkeit auszuschließen (BFH-Urteil vom 12. 3. 2020, V R 5/17, BStBl. 2021 II S. 55). Geringfügige Verstöße, beispielsweise gegen das Mittelverwendungsgebot des § 55 AO, rechtfertigen daher nicht den Entzug der Gemeinnützigkeit.

AO

§ 64 Steuerpflichtige wirtschaftliche Geschäftsbetriebe[1]

1 (1) **Schließt das Gesetz die Steuervergünstigung insoweit aus, als ein wirtschaftlicher Geschäftsbetrieb (§ 14) unterhalten wird, so verliert die Körperschaft die Steuervergünstigung für die dem Geschäftsbetrieb zuzuordnenden Besteuerungsgrundl-**

[1] Die Vermittlung von Standplätzen für Container zur Sammlung von Altkleidern, Werbung für diese Sammlung usw. ist ein wirtschaftlicher Geschäftsbetrieb *(Vfg. OFD Düsseldorf vom 21. 7. 1992 S 2729 A – St 13 H, DStR S. 1364)*.

Zentrale Gehaltsabrechnungsstellen, zentrale Buchstellen und alle artverwandten Tätigkeiten von gemeinnützigen Körperschaften sind als steuerpflichtige wirtschaftliche Geschäftsbetriebe zu behandeln *(Vfg. OFD Frankfurt vom 12. 8. 1992 S 0171 A – 88 – St II 12, DB S. 2064)*.

Beschaffungsstellen steuerbegünstigter Körperschaften sind wirtschaftliche Geschäftsbetriebe *(BFH-Urteil vom 15. 10. 1997 II R 94/94)*.

Die durch Abschreibungen in einem wirtschaftlichen Geschäftsbetrieb entstandenen Verluste sind grundsätzlich gemeinnützigkeitsschädlich *(Erlass FM Baden-Württemberg vom 9. 2. 1996 S 0177/7, DStR S. 427)*.

Die entgeltliche (Mit-)Überlassung eines medizinischen Großgerätes und nichtärztlichen medizinisch-technischen Personals an eine ärztliche Gemeinschaftspraxis durch ein Krankenhaus iSd § 67 Abs. 1 AO stellt einen steuerpflichtigen wirtschaftlichen Geschäftsbetrieb dar *(BFH-Urteil vom 6. 4. 2005 I R 85/04, BStBl. II S. 545)*.

AO

agen[1] (Einkünfte, Umsätze, Vermögen), soweit der wirtschaftliche Geschäftsbetrieb kein Zweckbetrieb (§§ 65 bis 68) ist.

2 (2) **Unterhält die Körperschaft mehrere wirtschaftliche Geschäftsbetriebe, die keine Zweckbetriebe (§§ 65 bis 68) sind, werden diese als ein wirtschaftlicher Geschäftsbetrieb behandelt.**

3 (3) **Übersteigen die Einnahmen einschließlich Umsatzsteuer aus wirtschaftlichen Geschäftsbetrieben, die keine Zweckbetriebe sind, insgesamt nicht 50 000 Euro im Jahr, so unterliegen die diesen Geschäftsbetrieben zuzuordnenden Besteuerungsgrundlagen nicht der Körperschaftsteuer und der Gewerbesteuer. Falls die Einnahmen aus sämtlichen wirtschaftlichen Geschäftsbetrieben (§ 14) die Grenze nach Satz 1 nicht überschreiten und insgesamt ein Gewinn erzielt wird, ist damit eine Prüfung, ob die Voraussetzungen der §§ 65 bis 68 vorliegen, nicht mehr erforderlich.**

4 (4) **Die Aufteilung einer Körperschaft in mehrere selbständige Körperschaften zum Zweck der mehrfachen Inanspruchnahme der Steuervergünstigung nach Absatz 3 gilt als Missbrauch von rechtlichen Gestaltungsmöglichkeiten im Sinne des § 42.**

5 (5) **Überschüsse aus der Verwertung unentgeltlich erworbenen Altmaterials außerhalb einer ständig dafür vorgehaltenen Verkaufsstelle, die der Körperschaftsteuer und der Gewerbesteuer unterliegen, können in Höhe des branchenüblichen Reingewinns geschätzt werden.[2]**

6 (6)[3] **Bei den folgenden steuerpflichtigen wirtschaftlichen Geschäftsbetrieben kann der Besteuerung ein Gewinn von 15 Prozent der Einnahmen zugrunde gelegt werden:**
1. Werbung für Unternehmen, die im Zusammenhang mit der steuerbegünstigten Tätigkeit einschließlich Zweckbetrieben stattfindet[4],
2. Totalisatorbetriebe,
3. Zweite Fraktionierungsstufe der Blutspendedienste.

---

[1] Soweit ein wirtschaftlicher Geschäftsbetrieb unterhalten wird, verliert die Körperschaft die Steuervergünstigungen. Dabei sind dem wirtschaftlichen Geschäftsbetrieb, mit dem etwa ein teilweise von der KSt befreiter *Sportverein* der Besteuerung unterliegt, die Einnahmen und Ausgaben zuzuordnen, deren Entstehen durch die den Geschäftsbetrieb begründende Tätigkeit veranlasst ist *(BFH-Urteil vom 27. 3. 1991 I R 31/89, BStBl. 1992 II S. 103);* Ausgaben für das Training und die Spiele der Vereinsmannschaft (z. B. Aufwendungen für Trainer, Schiedsrichter, Fahrtkosten, Hallenmiete) mindern deshalb nicht die Einkünfte, die der Verein durch Werbung für Dritte während der Spiele seiner Mannschaft erzielt, sofern diese Ausgaben auch ohne die Werbetätigkeit entstanden wären (die Kostenpauschale von 25 v. H. nach Nr. 1/8 AEAO zu § 67 a kann aber weiter abgezogen werden; vgl. BMF-Anmerkung in *BFH-Urteil vom 27. 3. 1991 I R 31/89, BStBl. 1992 II S. 103).* Auch darf das zu versteuernde Einkommen einer teilweise steuerbefreiten Körperschaft nicht durch Spenden gemindert werden, die aus den steuerbefreiten Bereichen der Körperschaft stammen *(BFH-Beschluss vom 29. 4. 1992 I B 12/92, BStBl. II S. 645).* Positive Einkünfte aus einem steuerpflichtigen wirtschaftlichen Geschäftsbetrieb können nicht mit Verlusten aus einem Zweckbetrieb (§ 65) saldiert werden *(BFH-Urteil vom 5. 2. 1992 I R 59/91, BFH/NV 1993 S. 341).*

Der den §§ 14, 64 und 65 AO zugrundeliegende Konkurrenzgedanke erfordert, dass die Grundsätze der Betriebsaufspaltung auch bei gemeinnützigen Einrichtungen Anwendung finden. Sind sowohl das Besitz- als auch das Betriebsunternehmen gemeinnützig, finden die Grundsätze der Betriebsaufspaltung keine Anwendung (*Vfg. OFD Hannover vom 16. 2. 1995 S 2729 – 87 – StO 214, S 2729 – 160 – StH 233, FR S. 293;* vgl. auch Fn. zu § 14 sowie *Vfg. OFD Frankfurt vom 22. 2. 1999).*

Verpflichtet sich der Sponsor eines eingetragenen, wegen Förderung des Sports i. S. v. § 52 AO als gemeinnützig anerkannten Vereins, die Vereinstätigkeit (finanziell und organisatorisch) zu fördern, und räumt der Verein dem Sponsor im Gegenzug u. a. das Recht ein, in einem von dem Verein herausgegebenen Publikationsorgan Werbeanzeigen zu schalten, einschlägige sponsorbezogene Themen darzustellen und bei Vereinsveranstaltungen die Vereinsmitglieder über diese Themen zu informieren und dafür zu werben, dann liegt in diesen Gegenleistungen ein steuerpflichtiger wirtschaftlicher Geschäftsbetrieb *(BFH-Urteil vom 7. 11. 2007 I R 42/06, BStBl. II S. 949).*

Die Aufnahme einer Firmen- oder Markenbezeichnung in den Vereinsnamen gegen Entgelt begründet einen wirtschaftlichen Geschäftsbetrieb *(Vfg. OFD Hannover vom 4. 4. 2000 S 2729 – 67 – StO 214, S 2729 – 76 – StH 233, DB S. 900).*

Ein wirtschaftlicher Geschäftsbetrieb, der kein Zweckbetrieb ist, liegt z. B. vor bei der kommerziellen Werbung bei Sportveranstaltungen, soweit es um die Werbung auf der Sportbekleidung geht. Wegen der Vermietung von Werbeflächen an der Sportstätte (z. B. an der Bande, vgl. dazu *BFH-Urteil vom 13. 3. 1991 I R 8/88, BStBl. 1992 II S. 101:* steuerschädlicher wirtschaftlicher Geschäftsbetrieb; Nr. 1/9 AEAO zu § 67 a – Zuordnung der Verpachtung der Bandenwerbung zur Vermögensverwaltung – soll davon unberührt bleiben; s. BMF-Anmerkung in *BFH-Urteil vom 13. 3. 1991 I R 8/88, BStBl. 1992 II S. 101)* oder von Lautsprecheranlagen s. *Erlass FM Nordrhein-Westfalen v. 17. 10. 1983 S 0171 – 8 – V B 4, BB S. 1969.* Errichtet ein Tennisverein eine Tennishalle, die er zu den gleichen Bedingungen stundenweise sowohl an Mitglieder als auch an Nichtmitglieder vermietet, so kann ihm dafür eine Investitionszulage zustehen. In diesem Falle wird die Halle den Vereinsmitgliedern nicht im Rahmen eines steuerbefreiten Zweckbetriebs iSd § 65 (vgl. Anm. dort), sondern eines einheitlich zu beurteilenden steuerschädlichen wirtschaftlichen Geschäftsbetriebs überlassen *(BFH-Urteil vom 2. 3. 1990 III R 89/87, BStBl. II S. 1012).* Die Verlagerung des Profi-Spielbetriebs auf eine GmbH ist regelmäßig unschädlich. Die Beteiligung an einer derartigen GmbH ist dem wirtschaftlichen Geschäftsbetrieb zuzurechnen. Eine Beurteilung der von den Vereinen gegründeten GmbH & atypisch Still als Gewerbebetrieb kann nicht generell erfolgen *(Erlass FM Baden-Württemberg vom 21. 2. 1996 S 0171/54, DB S. 238).*

Das Veranstalten von Trabrennen kann ein steuerpflichtiger wirtschaftlicher Geschäftsbetrieb sein *(BFH-Urteil vom 22. 4. 2009 I R 15/07, BStBl. 2011 II S. 475,* Änderung der Rspr.; vgl. zur Anwendung durch die Finanzverwaltung *BMF-Schreiben vom 4. 5. 2011, BStBl. I S. 539).*

[2] Steuerbegünstigte Körperschaften, die sich mit Dritten in einer GbR zur Durchführung von Altkleidersammlungen zusammengeschlossen haben, können im Rahmen der einheitlichen und gesonderten Feststellung die Anwendung des § 64 Abs. 5 AO beantragen.

[3] Zur erstmaligen Anwendung siehe Art. 97 § 1 b EGAO **(Anhang I Nr. 1).**

[4] Werbung i. S. von § 64 Abs. 6 Nr. 1 AO ist auch durch die Vermietung von Standflächen bei Kongressen möglich *(BFH-Urteil vom 26. 6. 2019 V R 70/17, BStBl. II S. 654).* Das Gewinnpauschalierungswahlrecht für Werbeeinnahmen nach § 64 Abs. 6 Nr. 1 AO gilt nicht für nicht steuerbegünstigte Körperschaften *(BFH-Urteil vom 15. 1. 2015 I R 48/13, BStBl. 2015 II S. 713).*

AEAO

Zu § 64 – Steuerpflichtige wirtschaftliche Geschäftsbetriebe:

7 **Zu § 64 Abs. 1 AO:**

1. Als Gesetz, das die Steuervergünstigung teilweise, nämlich für den wirtschaftlichen Geschäftsbetrieb (§ 14 Satz 1 und 2 AO), ausschließt, ist das jeweilige Steuergesetz zu verstehen, also § 5 Abs. 1 Nr. 9 KStG, § 3 Nr. 6 GewStG, § 12 Abs. 2 Nr. 8 Satz 2 UStG, § 3 Abs. 1 Nr. 3 b GrStG i. V. m. A 12 Abs. 4 GrStR.

2. Wegen des Begriffs „Wirtschaftlicher Geschäftsbetrieb" wird auf § 14 hingewiesen. Zum Begriff der „Nachhaltigkeit" bei wirtschaftlichen Geschäftsbetrieben siehe BFH-Urteil vom 21. 8. 1985, I R 60/80, BStBl. 1986 II S. 88. Danach ist eine Tätigkeit grundsätzlich nachhaltig, wenn sie auf Wiederholung angelegt ist. Es genügt, wenn bei der Tätigkeit der allgemeine Wille besteht, gleichartige oder ähnliche Handlungen bei sich bietender Gelegenheit zu wiederholen. Wiederholte Tätigkeiten liegen auch vor, wenn der Grund zum Tätigwerden auf einem einmaligen Entschluss beruht, die Erledigung aber mehrere (Einzel-)Tätigkeiten erfordert. Die Einnahmen aus der Verpachtung eines vorher selbst betriebenen wirtschaftlichen Geschäftsbetriebs unterliegen so lange der Körperschaft- und Gewerbesteuer, bis die Körperschaft die Betriebsaufgabe erklärt (BFH-Urteil vom 4. 4. 2007, I R 55/06, BStBl. II S. 725).

3. Ob eine an einer Personengesellschaft oder Gemeinschaft beteiligte steuerbegünstigte Körperschaft gewerbliche Einkünfte bezieht, wird im gesonderten und einheitlichen Gewinnfeststellungsbescheid der Personengesellschaft bindend festgestellt (BFH-Urteil vom 27. 7. 1988, I R 113/84, BStBl. 1989 II S. 134). Ob ein steuerpflichtiger wirtschaftlicher Geschäftsbetrieb oder ein Zweckbetrieb (§§ 65 bis 68 AO) vorliegt, ist dagegen bei der Körperschaftsteuerveranlagung der steuerbegünstigten Körperschaft zu entscheiden. Die Beteiligung einer gemeinnützigen Körperschaft an einer gewerblich geprägten vermögensverwaltenden Personengesellschaft führt nicht zu einem wirtschaftlichen Geschäftsbetrieb (BFH-Urteile vom 25. 5. 2011, I R 60/10, BStBl. 2012 II S. 858 und vom 18. 2. 2016, V R 60/13, BStBl. 2017 II S. 251). Die Beteiligung einer steuerbegünstigten Körperschaft an einer Kapitalgesellschaft ist grundsätzlich Vermögensverwaltung (§ 14 Satz 3 AO). Ein wirtschaftlicher Geschäftsbetrieb ist es dann, wenn mit ihr tatsächlich ein entscheidender Einfluss auf die laufende Geschäftsführung der Kapitalgesellschaft ausgeübt wird oder ein Fall der Betriebsaufspaltung vorliegt (vgl. BFH-Urteil vom 30. 6. 1971, I R 57/70, BStBl. II S. 753; H 15.7 (4) bis H 15.7 (6) EStH). Besteht die Beteiligung an einer Kapitalgesellschaft, die selbst ausschließlich der Vermögensverwaltung dient, so liegt auch bei Einflussnahme auf die Geschäftsführung kein wirtschaftlicher Geschäftsbetrieb vor (vgl. R 4.1 Abs. 2 Satz 5 KStR 2015 i. V. m. R 5.7 Abs. 5 Satz 4 KStR 2015). Dies gilt auch bei Beteiligung an einer steuerbegünstigten Kapitalgesellschaft. Die Grundsätze der Betriebsaufspaltung sind nicht anzuwenden, wenn sowohl das Betriebs- als auch das Besitzunternehmen steuerbegünstigt sind. Dies gilt aber nur insoweit, als die überlassenen wesentlichen Betriebsgrundlagen bei dem Betriebsunternehmen nicht in einem steuerpflichtigen wirtschaftlichen Geschäftsbetrieb eingesetzt werden.

Für Beteiligungen an steuerbegünstigten Kapitalgesellschaften in den Anwendungsfällen des § 57 Abs. 3 und 4 AO wird auf Nr. 12 des AEAO zu § 57 Abs. 3 und Nr. 14 des AEAO zu § 57 Abs. 4 verwiesen.

4. Bei der Ermittlung des Gewinns aus dem wirtschaftlichen Geschäftsbetrieb sind die Betriebsausgaben zu berücksichtigen, die durch den Betrieb veranlasst sind. Dazu gehören Ausgaben, die dem Betrieb unmittelbar zuzuordnen sind, weil sie ohne den Betrieb nicht oder zumindest nicht in dieser Höhe angefallen wären.

Vereinbarte Aushilfslöhne für Vereinsmitglieder müssen den Vermögensbereich des Vereins verlassen haben, um als Betriebsausgaben eines wirtschaftlichen Geschäftsbetriebs des Vereins berücksichtigt zu werden (BFH-Urteil vom 5. 12. 1990, I R 5/88, BStBl. 1991 II S. 308). Bei bedingungslosem Verzicht vor Zufluss können die vereinbarten Aushilfslöhne nicht als Betriebsausgaben anerkannt werden. Von einem Abfluss der vereinbarten Aushilfslöhne der Vereinsmitglieder aus dem Vermögensbereich des Vereins ist auszugehen, wenn sich der Verzicht auf die Aushilfslöhne seinem wirtschaftlichen Gehalt nach als Verwendung zugeflossenen Einkommens erweist. Das ist nach dem vorgenannten BFH-Urteil z. B. der Fall, wenn die Vereinsmitglieder den Verzicht auf ihre Löhne gegenüber dem Verein mit der Bedingung verbunden haben, diese Geldbeträge einem Dritten zuzuwenden.

5. Bei so genannten gemischt veranlassten Kosten, die sowohl durch die steuerfreie als auch durch die steuerpflichtige Tätigkeit veranlasst sind, scheidet eine Berücksichtigung als Betriebsausgaben des steuerpflichtigen wirtschaftlichen Geschäftsbetriebs grundsätzlich aus, wenn sie ihren primären Anlass im steuerfreien Bereich haben. Werden z. B. Werbemaßnahmen bei sportlichen oder kulturellen Veranstaltungen durchgeführt, sind die Veranstaltungskosten, soweit sie auch ohne die Werbung entstanden wären, keine Betriebsausgaben des steuerpflichtigen wirtschaftlichen Geschäftsbetriebs „Werbung" (BFH-Urteil vom 27. 3. 1991, I R 31/89, BStBl. 1992 II S. 103; zur pauschalen Gewinnermittlung bei Werbung im Zusammenhang mit der steuerbegünstigten Tätigkeit einschließlich Zweckbetrieben vgl. Nrn. 32 ff. des AEAO zu § 64).

6. Unabhängig von ihrer primären Veranlassung ist eine anteilige Berücksichtigung von gemischt veranlassten Aufwendungen (einschließlich Absetzung für Abnutzung) als Betriebsausgaben des steuerpflichtigen wirtschaftlichen Geschäftsbetriebs dann zulässig, wenn ein objektiver

Maßstab für die Aufteilung der Aufwendungen (z. B. nach zeitlichen Gesichtspunkten) auf den ideellen Bereich einschließlich der Zweckbetriebe und den steuerpflichtigen wirtschaftlichen Geschäftsbetrieb besteht.

Danach ist z. B. bei der Gewinnermittlung für den steuerpflichtigen wirtschaftlichen Geschäftsbetrieb „Greenfee" von steuerbegünstigten Golfvereinen wegen der Abgrenzbarkeit nach objektiven Maßstäben (z. B. im Verhältnis der Nutzung der Golfanlage durch vereinsfremde Spieler zu den Golf spielenden Vereinsmitgliedern im Kalenderjahr) trotz primärer Veranlassung durch den ideellen Bereich des Golfvereins ein anteiliger Betriebsausgabenabzug der Aufwendungen (z. B. für Golfplatz- und Personalkosten) zulässig (BFH-Urteil vom 15. 1. 2015, I R 48/13, BStBl. II S. 713). Bei gemeinnützigen Musikvereinen sind Aufwendungen, die zu einem Teil mit Auftritten ihrer Musikgruppen bei eigenen steuerpflichtigen Festveranstaltungen zusammenhängen, anteilig als Betriebsausgaben des steuerpflichtigen wirtschaftlichen Geschäftsbetriebs abzuziehen. Derartige Aufwendungen sind z. B. Kosten für Notenmaterial, Uniformen und Verstärkeranlagen, die sowohl bei Auftritten, die unentgeltlich erfolgen oder Zweckbetriebe sind, als auch bei Auftritten im Rahmen eines eigenen steuerpflichtigen Betriebs eingesetzt werden. Als Maßstab für die Aufteilung kommt die Zahl der Stunden, die einschließlich der Proben auf die jeweiligen Bereiche entfallen, in Betracht.

Auch die Personal- und Sachkosten für die allgemeine Verwaltung können grundsätzlich im wirtschaftlichen Geschäftsbetrieb abgezogen werden, soweit sie bei einer Aufteilung nach objektiven Maßstäben teilweise darauf entfallen. Bei Kosten für die Errichtung und Unterhaltung von Vereinsheimen gibt es i. d. R. keinen objektiven Aufteilungsmaßstab.

7. Eine gemeinnützige Körperschaft ist bereits nach § 55 Abs. 1 Nr. 1 AO verpflichtet, ihre Mittel ausschließlich zur Förderung gemeinnütziger Zwecke einzusetzen. Ein steuerlicher Abzug derartiger Aufwendungen als Betriebsausgaben scheidet aus. Nichtabziehbar sind nach § 10 Nr. 1 KStG auch Aufwendungen für die Erfüllung von Zwecken, die in der Satzung vorgeschrieben sind. Die Aufwendungen für gemeinnützige oder satzungsmäßige Zwecke können auch nicht aufgrund einer „Auflage" als abziehbare Betriebsausgaben behandelt werden (Nichtanwendung des BFH-Urteils vom 5. 6. 2003, I R 76/01, BStBl. II 2005 S. 305).

8. Unter Sponsoring wird üblicherweise die Gewährung von Geld oder geldwerten Vorteilen durch Unternehmen zur Förderung von Personen, Gruppen und/oder Organisationen in sportlichen, kulturellen, kirchlichen, wissenschaftlichen, sozialen, ökologischen oder ähnlich bedeutsamen gesellschaftspolitischen Bereichen verstanden, mit der regelmäßig auch eigene unternehmensbezogene Ziele der Werbung oder Öffentlichkeitsarbeit verfolgt werden. Leistungen eines Sponsors beruhen häufig auf einer vertraglichen Vereinbarung zwischen dem Sponsor und dem Empfänger der Leistungen (Sponsoring-Vertrag), in dem Art und Umfang der Leistungen des Sponsors und des Empfängers geregelt sind.

9. Die im Zusammenhang mit dem Sponsoring erhaltenen Leistungen können bei einer steuerbegünstigten Körperschaft steuerfreie Einnahmen im ideellen Bereich, steuerfreie Einnahmen aus der Vermögensverwaltung oder Einnahmen eines steuerpflichtigen wirtschaftlichen Geschäftsbetriebs sein. Die steuerliche Behandlung der Leistungen beim Empfänger hängt grundsätzlich nicht davon ab, wie die entsprechenden Aufwendungen beim leistenden Unternehmen behandelt werden. Für die Abgrenzung gelten die allgemeinen Grundsätze.

10. Danach liegt kein wirtschaftlicher Geschäftsbetrieb vor, wenn die steuerbegünstigte Körperschaft dem Sponsor nur die Nutzung ihres Namens zu Werbezwecken in der Weise gestattet, dass der Sponsor selbst zu Werbezwecken oder zur Imagepflege auf seine Leistungen an die Körperschaft hinweist.

Ein wirtschaftlicher Geschäftsbetrieb liegt auch dann nicht vor, wenn der Empfänger der Leistungen z. B. auf Plakaten, Veranstaltungshinweisen, in Ausstellungskatalogen oder in anderer Weise auf die Unterstützung durch einen Sponsor lediglich hinweist. Dieser Hinweis kann unter Verwendung des Namens, Emblems oder Logos des Sponsors, jedoch ohne besondere Hervorhebung, erfolgen. Entsprechende Sponsoringeinnahmen sind nicht als Einnahmen aus der Vermögensverwaltung anzusehen. Eine Zuführung zur freien Rücklage nach § 62 Abs. 1 Nr. 3 AO ist daher lediglich i. H. v. 10% der Einnahmen, nicht aber i. H. v. einem Drittel des daraus erzielten Überschusses möglich.

11. Ein wirtschaftlicher Geschäftsbetrieb liegt dagegen vor, wenn die Körperschaft an den Werbemaßnahmen mitwirkt. Dies ist z. B. der Fall, wenn die Körperschaft dem Sponsor das Recht einräumt, in einem von ihr herausgegebenen Publikationsorgan Werbeanzeigen zu schalten, einschlägige Sponsor-bezogene Themen darzustellen und bei Veranstaltungen der Körperschaft deren Mitglieder über diese Themen zu informieren und dafür zu werben (vgl. BFH-Urteil vom 7. 11. 2007, I R 42/06, BStBl. 2008 II S. 949). Der wirtschaftliche Geschäftsbetrieb kann kein Zweckbetrieb (§§ 65 bis 68 AO) sein. Soweit Sponsoringeinnahmen unmittelbar in einem aus anderen Gründen steuerpflichtigen wirtschaftlichen Geschäftsbetrieb anfallen, sind sie diesem zuzurechnen.

12. Die Sammlung und Verwertung von Zahngold durch eine steuerbegünstigte Körperschaft im eigenen Namen und auf eigene Rechnung bildet nach den Grundsätzen des BFH-Urteils vom 28. 2. 1992, I R 149/90, BStBl. II S. 693, einen einheitlichen steuerpflichtigen wirtschaftlichen

AEAO

Geschäftsbetrieb (§§ 14, 64 AO). Erklären die Spender, dass das Zahngold von der steuerbegünstigten Körperschaft im Namen der Spender und für Rechnung der Spender verwertet werden soll (treuhänderische Verwertung) und wenden die Spender den Verwertungserlös der steuerbegünstigten Körperschaft zu, liegt kein wirtschaftlicher Geschäftsbetrieb vor, wenn das Mitwirken der steuerbegünstigten Körperschaft sich darauf beschränkt, das Zahngold lediglich in Vertretung des Spenders bei der Scheideanstalt einzureichen. Nehmen Spender anonym an der Zahngoldsammlung teil, begründet die steuerbegünstigte Körperschaft, die das Zahngold sammelt und verwerten lässt, damit einen steuerpflichtigen wirtschaftlichen Geschäftsbetrieb.

13. Unter Beschäftigungsgesellschaften sind Körperschaften zu verstehen, die – gegebenenfalls unter Nutzung arbeitsförderungsrechtlicher Instrumente und sonstiger Förderungsmöglichkeiten – die Hilfe für früher arbeitslose und von Arbeitslosigkeit bedrohte Menschen insbesondere durch Arbeitsbeschaffungsmaßnahmen, berufliche Qualifizierungsmaßnahmen und Umschulungen zum Ziel haben.

Beschäftigungsgesellschaften können in der Regel nicht als gemeinnützig behandelt werden, wenn sie Waren herstellen und vertreiben oder Leistungen an Dritte erbringen, da sie dann wie andere Unternehmen eine wirtschaftliche Tätigkeit ausüben. Dies ist kein gemeinnütziger Zweck. Dass durch die wirtschaftliche Tätigkeit Arbeitsplätze erhalten oder geschaffen werden, rechtfertigt nicht die Anerkennung der Gemeinnützigkeit. Die Erhaltung und Schaffung von Arbeitsplätzen ist mit jeder wirtschaftlichen Tätigkeit verbunden.

Eine Beschäftigungsgesellschaft kann aber dann als gemeinnützig anerkannt werden, wenn das Schwergewicht ihrer Tätigkeit auf der beruflichen Qualifizierung, der Umschulung oder der sozialen Betreuung liegt. Werden dabei Waren hergestellt und vertrieben (z. B. im Rahmen einer Ausbildung angefertigte Sachen) oder Leistungen gegenüber Dritten erbracht, liegt insoweit ein wirtschaftlicher Geschäftsbetrieb (§ 14 Satz 1 und 2 AO) vor. Ist dieser steuerpflichtig, darf er weder Satzungszweck noch nach der tatsächlichen Geschäftsführung Selbst- oder Hauptzweck der Gesellschaft sein. Ob der wirtschaftliche Geschäftsbetrieb steuerpflichtig oder ein steuerbegünstigter Zweckbetrieb ist, richtet sich nach den §§ 65 und 68 AO.

Ein steuerbegünstigter Zweckbetrieb liegt insbesondere vor, wenn die Voraussetzungen des § 68 Nr. 3 AO erfüllt sind. Danach sind Werkstätten für behinderte Menschen, die nach den Vorschriften des SGB III förderungsfähig sind und Personen Arbeitsplätze bieten, die wegen ihrer Behinderung nicht auf dem allgemeinen Arbeitsmarkt tätig sein können, sowie Einrichtungen für Beschäftigungs- und Arbeitstherapie, die der Eingliederung von Behinderten dienen, als Zweckbetriebe zu behandeln.

Die Voraussetzungen des § 65 AO für die Zweckbetriebseigenschaft einer wirtschaftlichen Betätigung sind regelmäßig erfüllt, wenn sich der wirtschaftliche Geschäftsbetrieb in einer aus- oder weiterbildenden Tätigkeit gegen Teilnehmergebühren erschöpft. Sie sind auch erfüllt, soweit als Ausfluss der beruflichen Qualifizierungs- und Umschulungsmaßnahmen Waren hergestellt und veräußert oder Dienstleistungen gegenüber Dritten gegen Entgelt erbracht werden. Dagegen wird ein steuerpflichtiger wirtschaftlicher Geschäftsbetrieb (§ 64 AO) begründet, wenn die Herstellung und Veräußerung von Waren oder die entgeltlichen Dienstleistungen den Umfang überschreiten, der zur Erfüllung der beruflichen Qualifizierungs- und Umschulungsmaßnahmen notwendig ist.

Bei der gemeinnützigkeitsrechtlichen Behandlung von Körperschaften, die ähnliche Zwecke wie die Beschäftigungsgesellschaft fördern, ist nach den gleichen Grundsätzen zu verfahren.

8 **Zu § 64 Abs. 2 AO:**

14. Die Regelung, dass bei steuerbegünstigten Körperschaften mehrere steuerpflichtige wirtschaftliche Geschäftsbetriebe als ein Betrieb zu behandeln sind, gilt auch für die Ermittlung des steuerpflichtigen Einkommens der Körperschaft und für die Beurteilung der Buchführungspflicht nach § 141 Abs. 1 AO. Für die Frage, ob die Grenzen für die Buchführungspflicht überschritten sind, kommt es also auf die Werte (Einnahmen, Überschuss) des Gesamtbetriebs an.

15. § 55 Abs. 1 Nr. 1 Satz 2 und Nr. 3 AO gilt auch für den steuerpflichtigen wirtschaftlichen Geschäftsbetrieb. Das bedeutet u. a., dass Verluste und Gewinnminderungen in den einzelnen steuerpflichtigen wirtschaftlichen Geschäftsbetrieben nicht durch Zuwendungen an Mitglieder oder durch unverhältnismäßig hohe Vergütungen entstanden sein dürfen.

16. – aufgehoben –

17. Bei einer Körperschaft, die mehrere steuerpflichtige wirtschaftliche Geschäftsbetriebe unterhält, ist für die Frage, ob gemeinnützigkeitsschädliche Verluste vorliegen, nicht auf das Ergebnis des einzelnen steuerpflichtigen wirtschaftlichen Geschäftsbetriebs, sondern auf das zusammengefasste Ergebnis aller steuerpflichtigen wirtschaftlichen Geschäftsbetriebe abzustellen. Danach ist die Gemeinnützigkeit einer Körperschaft gefährdet, wenn die steuerpflichtigen wirtschaftlichen Geschäftsbetriebe insgesamt Verluste erwirtschaften (vgl. Nrn. 4 ff. des AEAO zu § 55).

In den Fällen des § 64 Abs. 5 und 6 AO ist nicht der geschätzte bzw. pauschal ermittelte Gewinn, sondern das Ergebnis zu berücksichtigen, das sich bei einer Ermittlung nach den allgemeinen Regelungen ergeben würde (vgl. Nrn. 4 bis 6 des AEAO zu § 64).

Zu § 64 Abs. 3 AO:

18. Die Höhe der Einnahmen aus den steuerpflichtigen wirtschaftlichen Geschäftsbetrieben 9
bestimmt sich nach den Grundsätzen der steuerlichen Gewinnermittlung. Bei steuerbegünstigten Körperschaften, die den Gewinn nach § 4 Abs. 1 oder § 5 EStG ermitteln, kommt es deshalb nicht auf den Zufluss i. S. d. § 11 EStG an, so dass auch Forderungszugänge als Einnahmen zu erfassen sind. Bei anderen steuerbegünstigten Körperschaften sind die im Kalenderjahr zugeflossenen Einnahmen (§ 11 EStG) maßgeblich. Ob die Einnahmen die Besteuerungsgrenze übersteigen, ist für jedes Jahr gesondert zu prüfen. Nicht leistungsbezogene Einnahmen sind nicht den für die Besteuerungsgrenze maßgeblichen Einnahmen zuzurechnen (vgl. Nr. 20 des AEAO zu § 64).

Die Besteuerungsgrenze von 45 000 € ist erstmalig für den Veranlagungszeitraum 2020 anzuwenden. Für Veranlagungszeiträume vor 2020 ist die bisherige Besteuerungsgrenze von 35 000 € maßgebend.

19. Zu den Einnahmen i. S. d. § 64 Abs. 3 AO gehören leistungsbezogene Einnahmen einschließlich Umsatzsteuer aus dem laufenden Geschäft, wie Einnahmen aus dem Verkauf von Speisen und Getränken. Dazu zählen auch erhaltene Anzahlungen.

20. Zu den leistungsbezogenen Einnahmen i. S. d. Nr. 19 des AEAO zu § 64 gehören z. B. nicht
a) der Erlös aus der Veräußerung von Wirtschaftsgütern des Anlagevermögens des steuerpflichtigen wirtschaftlichen Geschäftsbetriebs;
b) Betriebskostenzuschüsse sowie Zuschüsse für die Anschaffung oder Herstellung von Wirtschaftsgütern des steuerpflichtigen wirtschaftlichen Geschäftsbetriebs;
c) Investitionszulagen;
d) der Zufluss von Darlehen;
e) Entnahmen i. S. d. § 4 Abs. 1 EStG;
f) die Auflösung von Rücklagen;
g) erstattete Betriebsausgaben, z. B. Umsatzsteuer;
h) Versicherungsleistungen mit Ausnahme des Ersatzes von leistungsbezogenen Einnahmen.

21. Ist eine steuerbegünstigte Körperschaft an einer Personengesellschaft oder Gemeinschaft beteiligt, sind für die Beurteilung, ob die Besteuerungsgrenze überschritten wird, die anteiligen (Brutto-)Einnahmen aus der Beteiligung – nicht aber der Gewinnanteil – maßgeblich. Bei Beteiligung einer steuerbegünstigten Körperschaft an einer Kapitalgesellschaft sind die Bezüge i. S. d. § 8 b Abs. 1 KStG und die Erlöse aus der Veräußerung von Anteilen i. S. d. § 8 b Abs. 2 KStG als Einnahmen i. S. d. § 64 Abs. 3 AO zu erfassen, wenn die Beteiligung einen steuerpflichtigen wirtschaftlichen Geschäftsbetrieb darstellt (vgl. Nr. 3 des AEAO zu § 64) oder in einem steuerpflichtigen wirtschaftlichen Geschäftsbetrieb gehalten wird.

22. In den Fällen des § 64 Abs. 5 und 6 AO sind für die Prüfung, ob die Besteuerungsgrenze i. S. d. § 64 Abs. 3 AO überschritten wird, die tatsächlichen Einnahmen anzusetzen.

23. Einnahmen aus sportlichen Veranstaltungen, die nach § 67 a Abs. 1 Satz 1 AO oder – bei einer Option – nach § 67 a Abs. 3 AO kein Zweckbetrieb sind, gehören zu den Einnahmen i. S. d. § 64 Abs. 3 AO.

Beispiel:
Ein Sportverein, der auf die Anwendung des § 67 a Abs. 1 Satz 1 (Zweckbetriebsgrenze) verzichtet hat, erzielt im Jahr 01 folgende Einnahmen aus wirtschaftlichen Geschäftsbetrieben:

Sportliche Veranstaltungen, an denen kein bezahlter Sportler teilgenommen hat:	40 000 €
Sportliche Veranstaltungen, an denen bezahlte Sportler des Vereins teilgenommen haben:	20 000 €
Verkauf von Speisen und Getränken:	5 000 €

Die Einnahmen aus wirtschaftlichen Geschäftsbetrieben, die keine Zweckbetriebe sind, betragen 25 000 € (20 000 € + 5 000 €). Die Besteuerungsgrenze von 45 000 € wird nicht überschritten.

24. Eine wirtschaftliche Betätigung verliert durch das Unterschreiten der Besteuerungsgrenze nicht den Charakter des steuerpflichtigen wirtschaftlichen Geschäftsbetriebs. Das bedeutet, dass kein Beginn einer teilweisen Steuerbefreiung i. S. d. § 13 Abs. 5 KStG vorliegt und dementsprechend keine Schlussbesteuerung durchzuführen ist, wenn Körperschaft- und Gewerbesteuer wegen § 64 Abs. 3 AO nicht mehr erhoben werden.

25. Bei Körperschaften mit einem vom Kalenderjahr abweichenden Wirtschaftsjahr sind für die Frage, ob die Besteuerungsgrenze überschritten wird, die in dem Wirtschaftsjahr erzielten Einnahmen maßgeblich.

26. Der allgemeine Grundsatz des Gemeinnützigkeitsrechts, dass für die steuerbegünstigten Zwecke gebundene Mittel nicht für den Ausgleich von Verlusten aus steuerpflichtigen wirtschaftlichen Geschäftsbetrieben verwendet werden dürfen, wird durch § 64 Abs. 3 AO nicht aufgehoben. Unter diesem Gesichtspunkt braucht jedoch bei Unterschreiten der Besteuerungsgrenze der Frage der Mittelverwendung nicht nachgegangen zu werden, wenn bei überschlägiger Prüfung der Aufzeichnungen erkennbar ist, dass in dem steuerpflichtigen wirtschaftlichen Geschäftsbetrieb (§ 64 Abs. 2 AO) keine Verluste entstanden sind.

27. Verluste und Gewinne aus Jahren, in denen die maßgeblichen Einnahmen die Besteuerungsgrenze nicht übersteigen, bleiben bei dem Verlustabzug (§ 10 d EStG) außer Ansatz. Ein rück- und vortragbarer Verlust kann danach nur in Jahren entstehen, in denen die Einnahmen die Besteue-

AEAO rungsgrenze übersteigen. Dieser Verlust wird nicht für Jahre verbraucht, in denen die Einnahmen die Besteuerungsgrenze von 45 000 € nicht übersteigen.

10 **Zu § 64 Abs. 4 AO:**

28. § 64 Abs. 4 AO gilt nicht für regionale Untergliederungen (Landes-, Bezirks-, Ortsverbände) steuerbegünstigter Körperschaften.

11 **Zu § 64 Abs. 5 AO:**

29. § 64 Abs. 5 AO gilt nur für Altmaterialsammlungen (Sammlung und Verwertung von Lumpen, gesammelten Kleidungsstücken, Altpapier, Schrott). Zahngold ist kein Altmaterial (Näheres zu Zahngold: siehe Nr. 12 des AEAO zu § 64 Abs. 1). Die Regelung gilt nicht für den Einzelverkauf gebrauchter Sachen (Gebrauchtwarenhandel). Basare und ähnliche Einrichtungen sind deshalb nicht begünstigt (vgl. BFH-Urteil vom 11. 2. 2009, I R 73/08, BStBl. II S. 516). Zu Kleiderkammern siehe Nr. 9 des AEAO zu § 66.

30. § 64 Abs. 5 AO ist nur anzuwenden, wenn die Körperschaft dies beantragt (Wahlrecht).

31. Der branchenübliche Reingewinn ist bei der Verwertung von Altpapier mit 5% und bei der Verwertung von u. a. Altmaterial mit 20% der Einnahmen anzusetzen.

12 **Zu § 64 Abs. 6 AO:**

32. Bei den genannten steuerpflichtigen wirtschaftlichen Geschäftsbetrieben ist der Besteuerung auf Antrag der Körperschaft ein Gewinn von 15% der Einnahmen zugrunde zu legen. Der Antrag gilt jeweils für alle gleichartigen Tätigkeiten in dem betreffenden Veranlagungszeitraum. Er entfaltet keine Bindungswirkung für folgende Veranlagungszeiträume.

33. Nach § 64 Abs. 6 Nr. 1 AO kann der Gewinn aus Werbemaßnahmen pauschal ermittelt werden, wenn sie im Zusammenhang mit der steuerbegünstigten Tätigkeit einschließlich Zweckbetrieben stattfinden. Beispiele für derartige Werbemaßnahmen sind die Trikot- oder Bandenwerbung bei Sportveranstaltungen, die ein Zweckbetrieb sind, oder die aktive Werbung in Programmheften oder auf Plakaten bei kulturellen Veranstaltungen. Entsprechend begünstigte Werbemaßnahmen können aber auch passive Duldungsleistungen sein, indem beispielsweise eine steuerbegünstigte Körperschaft Standflächen an Unternehmen für deren eigene Werbezwecke vermietet (BFH-Urteil vom 26. 6. 2019, V R 70/17, BStBl. II S. 654). Die vorstehenden Ausführungen gelten auch für Sponsoring i. S. d. Nr. 10 des AEAO zu § 64.

34. Soweit Werbeeinnahmen nicht im Zusammenhang mit der ideellen steuerbegünstigten Tätigkeit oder einem Zweckbetrieb erzielt werden, z. B. Werbemaßnahmen bei einem Vereinsfest oder bei sportlichen Veranstaltungen, die wegen Überschreitens der Zweckbetriebsgrenze des § 67 a Abs. 1 AO oder wegen des Einsatzes bezahlter Sportler ein steuerpflichtiger wirtschaftlicher Geschäftsbetrieb sind, ist § 64 Abs. 6 AO nicht anzuwenden.

35. Das Veranstalten von Trabrennen kann ein steuerpflichtiger wirtschaftlicher Geschäftsbetrieb nach § 64 AO sein, der mit dem Betrieb eines Totalisators einen einheitlichen wirtschaftlichen Geschäftsbetrieb bildet. Diesem Betrieb sind grundsätzlich sämtliche Einnahmen und Ausgaben zuzuordnen, die durch ihn veranlasst sind (BFH-Urteil vom 22. 4. 2009, I R 15/07, BStBl. 2011 II S. 475).

Nach § 64 Abs. 6 Nr. 2 AO kann der Gewinn aus dem Totalisatorbetrieb der Pferderennvereine allerdings mit 15% der Einnahmen angesetzt werden. Die maßgeblichen Einnahmen ermitteln sich insoweit wie folgt:

Wetteinnahmen
abzgl. Rennwettsteuer (Totalisatorsteuer)
abzgl. Auszahlungen an die Wettenden.

36. Nach § 64 Abs. 6 Nr. 3 AO kann bei der Besteuerung aus der Zweiten Fraktionierungsstufe der Blutspendedienste ein Gewinn von 15% der Einnahmen zugrunde gelegt werden.

Einnahmen steuerbegünstigter Körperschaften aus der Weiterveräußerung von im Aphereseverfahren gewonnenen Blutbestandteilen der Ersten Fraktionierungsstufe zur weiteren Fraktionierung sind dem steuerpflichtigen wirtschaftlichen Geschäftsbetrieb zuzuordnen. § 64 Abs. 6 Nr. 3 AO findet in diesem Fall keine Anwendung.

13 **Zu § 64 Abs. 5 und 6 AO:**

37. Wird in den Fällen des § 64 Abs. 5 oder 6 AO kein Antrag auf Schätzung des Überschusses oder auf pauschale Gewinnermittlung gestellt, ist der Gewinn nach den allgemeinen Regeln durch Gegenüberstellung der Betriebseinnahmen und der Betriebsausgaben zu ermitteln (vgl. Nrn. 4 bis 6 des AEAO zu § 64).

38. Wird der Überschuss nach § 64 Abs. 5 AO geschätzt oder nach § 64 Abs. 6 AO pauschal ermittelt, sind dadurch auch die damit zusammenhängenden tatsächlichen Aufwendungen der Körperschaft abgegolten; sie können nicht zusätzlich abgezogen werden.

39. Wird der Überschuss nach § 64 Abs. 5 AO geschätzt oder nach § 64 Abs. 6 AO pauschal ermittelt, muss die Körperschaft die mit diesen Einnahmen im Zusammenhang stehenden Einnahmen und Ausgaben gesondert aufzeichnen. Die genaue Höhe der Einnahmen wird zur Ermittlung des Gewinns nach § 64 Abs. 5 bzw. 6 AO benötigt. Die mit diesen steuerpflichtigen wirtschaftlichen Geschäftsbetrieben zusammenhängenden Ausgaben dürfen das Ergebnis der anderen steuerpflichtigen wirtschaftlichen Geschäftsbetriebe – unabhängig vom Zeitpunkt der steuerlichen Erfassung oder veranlagungszeitraumübergreifend – nicht mindern.

40. Die in den Bruttoeinnahmen ggf. enthaltene Umsatzsteuer gehört nicht zu den maßgeblichen Einnahmen i. S. d. § 64 Abs. 5 und 6 AO.

§ 65 Zweckbetrieb

AO

1 **Ein Zweckbetrieb[1] ist gegeben, wenn**

1. der wirtschaftliche Geschäftsbetrieb[2] in seiner Gesamtrichtung dazu dient, die steuerbegünstigten satzungsmäßigen Zwecke der Körperschaft zu verwirklichen,

2.[3] die Zwecke nur durch einen solchen Geschäftsbetrieb erreicht werden können und

3.[4] der wirtschaftliche Geschäftsbetrieb zu nicht begünstigten Betrieben derselben oder ähnlicher Art nicht in größerem Umfang in Wettbewerb tritt, als es bei Erfüllung der steuerbegünstigten Zwecke unvermeidbar ist.

---

[1] *BFH-Urteil vom 30. 11. 2016 V R 53/15, BFH/NV 2017 S. 510:* 1. Ein von einem gemeinnützigen Karnevalsverein in der Karnevalswoche durchgeführtes Kostümfest ist kein für die Vereinszwecke „unentbehrlicher Hilfsbetrieb" und deshalb kein Zweckbetrieb. 2. Ein Zweckbetrieb liegt nicht vor, wenn der wirtschaftliche Geschäftsbetrieb nur einen finanziellen Beitrag zur gemeinnützigen Tätigkeit leistet und deshalb abstrakt gesehen eine Zweckerreichung auch ohne diesen Geschäftsbetrieb denkbar wäre.

Bei der Sammlung von Altmaterial durch gemeinnützige Körperschaften kommt es darauf an, ob das Altmaterial nachhaltig und von vornherein mit dem Ziel gesammelt wird, es zu veräußern (= steuerpflichtiger wirtschaftlicher Geschäftsbetrieb; vgl. dazu *BFH-Urteile vom 26. 2. 1992 I R 149/90, BStBl. II S. 693; vom 10. 6. 1992 I R 76/90*), oder ob das Material (z. B. Kleider) selbst unmittelbar für steuerbegünstigte Zwecke verwendet wird und dabei anfallende unbrauchbare Stücke verkauft werden (= Zweckbetrieb). Siehe dazu *BMF-Schreiben vom 25. 9. 1995 IV B 7 – S 0183 – 27/95, BStBl. I S. 630.*

Verluste aus einem Zweckbetrieb können nicht mit positiven Einkünften eines steuerpflichtigen wirtschaftlichen Geschäftsbetriebs saldiert werden *(BFH-Urteil vom 5. 2. 1992 I R 59/91, BFH/NV 1993 S. 341).*

Der wirtschaftliche Geschäftsbetrieb einer von entsorgungspflichtigen öffentlich-rechtlichen Körperschaften gegründeten GmbH, die nach ihrer Satzung die Beseitigung und Verwertung von Abfällen „im Dienste des öffentlichen Gesundheitswesens und der Förderung des Umweltschutzes" betreibt, ist kein Zweckbetrieb iSd § 65 AO *(BFH-Urteil vom 15. 12. 1993 X R 115/91, BStBl. 1994 II S. 314).*

Der Betrieb eines Müllheizkraftwerks, das der umweltfreundlichen Beseitigung von Müll dienen soll, ist kein Zweckbetrieb gem. § 65 AO *(BFH-Urteil vom 27. 10. 1993 I R 60/91, BStBl. 1994 II S. 573).*

Eine Müllverbrennungs-GmbH ist nicht gemeinnützig *(BFH-Urteil vom 18. 1. 1995 I R 144/93).*

Umsätze eines als gemeinnützige Körperschaft anerkannten eingetragenen Vereins aus der Tätigkeit als Projektträger und aus der Durchführung von Auftragsforschung sind nicht steuerbegünstigt gem. § 12 Abs. 2 Nr. 8 UStG 1980 *(BFH-Urteil vom 30. 11. 1995 V R 29/91, BStBl. 1997 II S. 189).* Vgl. jetzt § 68 Nr. 9 AO und § 4 Nr. 21 a UStG.

Vereine zur Betreuung von Schülern in Grund- und Sonderschulen vor und nach dem Unterricht („Schule von acht bis eins") können als gemeinnützig anerkannt werden. Die Betreuung ist ein wirtschaftlicher Geschäftsbetrieb, sofern Entgelte erhoben werden. Dieser ist Zweckbetrieb, dessen Umsätze nach § 4 Nr. 23 UStG steuerfrei bleiben.

Beteiligt sich eine steuerbegünstigte Körperschaft vorübergehend an der Unterbringung, Betreuung, Versorgung oder Verpflegung von Bürgerkriegsflüchtlingen oder Asylbewerbern und erhält diese Körperschaft dafür Entgelte aus öffentlichen Kassen oder von anderen steuerbegünstigten Körperschaften, wird es nicht beanstandet, wenn diese Einnahmen dem Zweckbetrieb zugeordnet werden *(BMF-Schreiben vom 9. 2. 2016 III C 3 – S 7130/15/10 001, BStBl. I S. 223).*

[2] *BFH-Urteil vom 18. 8. 2022 V R 49/19, BStBl. 2023 II S. 298:*

Entgeltliche Dienstleistungen einer arbeitstherapeutischen Beschäftigungsgesellschaft begründen einen allgemeinen Zweckbetrieb nur dann, wenn die gegenüber ihren Auftraggebern erbrachten Leistungen das ausschließliche Ergebnis der Arbeitstherapie und somit notwendige Folge der Erfüllung des gemeinnützigen Zwecks sind (Bestätigung der BFH-Rechtsprechung).

[3] Ein gemeinnütziger Verein, zu dessen satzungsmäßigen Zwecken auch der Naturschutz und die Landschaftspflege gehören, begründet mit der Organisation und Durchführung der Jägerprüfung einen allgemeinen Zweckbetrieb *(BFH-Urteil vom 21. 4. 2022 V R 26/20, BStBl. II S. 599).*

Café eines gemeinnützigen Vereins ist kein Zweckbetrieb *(BFH-Urteil vom 11. 4. 1990 I R 122/87, BStBl. II S. 724).* Zu Mensa- und Cafeteria-Betrieben von Studentenwerken s. aber Fußnote zu § 66.

Der zentrale Einkauf von Ausrüstungsmaterial und Hilfsmitteln durch einen als gemeinnützig anerkannten Dachverband der Wohlfahrtspflege und deren Weiterverkauf an die steuerbegünstigten Landes- und Ortsverbände ist kein Zweckbetrieb iSd § 65 AO *(BFH-Urteil vom 15. 10. 1997 II R 94/94, BFH/NV 1998 S. 150).*

Eine steuerbefreite Körperschaft, die eine andere steuerbefreite Körperschaft bei der Verwirklichung satzungsmäßiger Zwecke gegen Entgelt selbständig und eigenverantwortlich unterstützt, kann einen Zweckbetrieb unterhalten, wenn sie hierdurch zugleich eigene satzungsmäßige Ziele verfolgt *(BFH-Urteil vom 17. 2. 2010 I R 2/08, BFH/NV S. 1371).*

[4] Gestattet ein als gemeinnützig anerkannter Eislaufverein sowohl Mitgliedern als auch Nichtmitgliedern die Benutzung seiner Eisbahn gegen Entgelt und vermietet er in diesem Zusammenhang Schlittschuhe, unterliegen diese entgeltlichen Leistungen gem. § 12 Abs. 2 Nr. 8 UStG 1980 dem ermäßigten Umsatzsteuersatz, wenn sie im Rahmen eines Zweckbetriebs ausgeführt werden. Dies setzt u. a. voraus, dass der Eislaufverein mit den Leistungen zu nicht begünstigten Betrieben derselben oder ähnlicher Art nicht in größerem Umfang in Wettbewerb tritt, als es bei Erfüllung seiner steuerbegünstigten Zwecke unvermeidbar ist. Ein **Wettbewerb** in diesem Sinn liegt vor, wenn im Einzugsbereich des Eislaufvereins ein nicht steuerbegünstigter Unternehmer den Nutzern der Eisbahn gleiche Leistungen wie der Eislaufverein anbietet oder anbieten könnte *(BFH-Urteil vom 30. 3. 2000 V R 30/99, BStBl. II S. 705).* Die FinVerw. wendet dieses Urteil nicht über den entschiedenen Einzelfall hinaus an; vgl. AEAO Nr. 4 zu § 65.

Da § 65 Nr. 3 AO dem Schutz des Wettbewerbs dient, ist ein steuerbegünstigter Zweckbetrieb nur dann zu bejahen, wenn der Geschäftsbetrieb (hier: Mahlzeitendienst) nicht nur ein notwendiges Mittel zur Erreichung des ideellen Zwecks der Körperschaft ist, sondern sich auch in seinem Umfang auf den zur Erreichung dieses Zwecks erforderlichen Umfang beschränkt *(BFH-Urteil vom 13. 6. 2012 I R 71/11, BFH/NV 2013 S. 89).*

AEAO

Zu § 65 – Zweckbetrieb:

2 **1.** Der Zweckbetrieb ist ein wirtschaftlicher Geschäftsbetrieb i. S. v. § 14 AO. Jedoch wird ein wirtschaftlicher Geschäftsbetrieb unter bestimmten Voraussetzungen steuerlich dem begünstigten Bereich der Körperschaft zugerechnet.

3 **2.** Ein Zweckbetrieb muss tatsächlich und unmittelbar satzungsmäßige Zwecke der Körperschaft verwirklichen, die ihn betreibt. Es genügt nicht, wenn er begünstigte Zwecke verfolgt, die nicht satzungsmäßige Zwecke der ihn tragenden Körperschaft sind. Ebenso wenig genügt es, wenn er der Verwirklichung begünstigter Zwecke nur mittelbar dient, z. B. durch Abführung seiner Erträge (BFH-Urteil vom 21. 8. 1985, I R 60/80, BStBl. 1986 II S. 88). Ein Zweckbetrieb muss deshalb in seiner Gesamtrichtung mit den ihn begründenden Tätigkeiten und nicht nur mit den durch ihn erzielten Einnahmen den steuerbegünstigten Zwecken dienen (BFH-Urteil vom 26. 4. 1995, I R 35/93, BStBl. II S. 767).

4 **3.** Weitere Voraussetzung eines Zweckbetriebes ist, dass die Zwecke der Körperschaft nur durch ihn erreicht werden können. Die Körperschaft muss den Zweckbetrieb zur Verwirklichung ihrer satzungsmäßigen Zwecke unbedingt und unmittelbar benötigen. Dies ist z. B. nicht der Fall beim Betrieb einer Beschaffungsstelle (zentraler Ein- und Verkauf von Ausrüstungsgegenständen, Auftragsbeschaffung etc.), da dieser weder unentbehrlich noch das einzige Mittel zur Erreichung des steuerbegünstigten Zwecks ist.

5 **4.** Der Wettbewerb eines Zweckbetriebs zu nicht begünstigten Betrieben derselben oder ähnlicher Art muss auf das zur Erfüllung der steuerbegünstigten Zwecke unvermeidbare Maß begrenzt sein. Wettbewerb i. S. d. § 65 Nr. 3 AO setzt nicht voraus, dass die Körperschaft auf einem Gebiet tätig ist, in der sie tatsächlich in Konkurrenz zu steuerpflichtigen Betrieben derselben oder ähnlicher Art tritt. Der Sinn und Zweck des § 65 Nr. 3 AO liegt in einem umfänglichen Schutz des Wettbewerbs, der auch den potentiellen Wettbewerb umfasst (vgl. BFH-Urteile vom 27. 10. 1995, I R 60/91, BStBl. 1994 II S. 573 und vom 29. 1. 2009, V R 46/06, BStBl. II S. 560). Ein Zweckbetrieb ist daher – entgegen dem BFH-Urteil vom 30. 3. 2000, V R 30/99, BStBl. II S. 705 – bereits dann nicht gegeben, wenn ein Wettbewerb mit steuerpflichtigen Unternehmen lediglich möglich wäre, ohne dass es auf die tatsächliche Wettbewerbssituation vor Ort ankommt. Unschädlich ist dagegen der uneingeschränkte Wettbewerb zwischen Zweckbetrieben, die demselben steuerbegünstigten Zweck dienen und ihn in der gleichen oder in ähnlicher Form verwirklichen.

AO

§ 66 Wohlfahrtspflege

1 (1) **Eine Einrichtung der Wohlfahrtspflege ist ein Zweckbetrieb,[1] wenn sie in besonderem Maß den in § 53 genannten Personen dient.**

2 (2) ① **Wohlfahrtspflege ist die planmäßige, zum Wohle der Allgemeinheit und nicht des Erwerbs[2] wegen ausgeübte Sorge für notleidende oder gefährdete Mitmenschen.** ② **Die Sorge kann sich auf das gesundheitliche, sittliche, erzieherische oder wirtschaftliche Wohl erstrecken und Vorbeugung oder Abhilfe bezwecken.**

3 (3) ① **Eine Einrichtung der Wohlfahrtspflege dient in besonderem Maße den in § 53 genannten Personen, wenn diesen mindestens zwei Drittel ihrer Leistungen zugute kommen.** ② **Für Krankenhäuser gilt § 67.**

AEAO

Zu § 66 – Wohlfahrtspflege:

4 **1.** Die Bestimmung enthält eine Sonderregelung für wirtschaftliche Geschäftsbetriebe, die sich mit der Wohlfahrtspflege befassen.

5 **2.** Die Wohlfahrtspflege darf nicht des Erwerbs wegen ausgeübt werden. Eine Einrichtung wird dann „des Erwerbs wegen" betrieben, wenn damit Gewinne angestrebt werden, die den konkreten Finanzierungsbedarf des jeweiligen wirtschaftlichen Geschäftsbetriebs übersteigen, die Wohlfahrtspflege mithin in erster Linie auf Mehrung des eigenen Vermögens gerichtet ist. Dabei kann die Erzielung von Gewinnen in gewissem Umfang – z. B. zum Inflationsausgleich oder zur Finanzie-

[1] Arzneimittellieferungen der Krankenhausapotheke eines gemeinnützigen Krankenhausträgers an andere Krankenhäuser sind keine Tätigkeit, die zu einem Zweckbetrieb iSv. § 66 führt *(BFH-Urteil vom 18. 10. 1990 V R 76/89, BStBl. 1991 II S. 268).*

Verpflichtet sich eine gemäß § 5 Abs. 1 Nr. 9 KStG steuerbefreite Körperschaft gegenüber der steuerpflichtigen Vermieterin von Wohnungen, Leistungen gegen Entgelt im Bereich des altenbetreuten Wohnens zu erbringen, begründet die Körperschaft damit weder einen Betrieb der Wohlfahrtspflege noch einen steuerbefreiten Zweckbetrieb *(BFH-Urteil vom 16. 12. 2009 I R 49/08, BStBl. 2011 II S. 398).*

[2] *BFH-Urteil vom 27. 11 2013 I R 17/12, BFH/NV S. 985:* Ein wirtschaftlicher Geschäftsbetrieb agiert nicht allein deshalb „des Erwerbs wegen" i. S. von § 66 Abs. 2 Satz 1 AO, weil er seine Leistungen zu denselben Bedingungen anbietet, wie private gewerbliche Unternehmen (Abgrenzung zum Senatsbeschluss vom 18. 9. 2007 I R 30/06, BStBl. 2009 II S. 126). Maßgeblich ist, dass mit dem Betrieb keine Gewinne angestrebt werden, die über seinen konkreten Finanzierungsbedarf hinausgehen. Eine Einrichtung der Wohlfahrtspflege gemäß § 66 AO setzt nicht voraus, dass diese in unmittelbaren vertraglichen Beziehungen zu den von ihr betreuten Hilfsbedürftigen steht (Änderung der Rechtsprechung). Maßgeblich ist, dass die Hilfeleistungen in tatsächlicher Hinsicht selbst und unmittelbar gegenüber den Hilfebedürftigen erbracht werden (Änderung der Spruchpraxis des Senats).

AEAO

rung von betrieblichen Erhaltungs- und Modernisierungsmaßnahmen – geboten sein, ohne in Konflikt mit dem Zweck der steuerlichen Begünstigung zu stehen (BFH-Urteil vom 27. 11. 2013 I R 17/12, BStBl. 2016 II S. 68). Werden in drei aufeinanderfolgenden Veranlagungszeiträumen jeweils Gewinne erwirtschaftet, die den konkreten Finanzierungsbedarf der wohlfahrtspflegerischen Gesamtsphäre der Körperschaft übersteigen, ist widerlegbar (z. B. unbeabsichtigte Gewinne aufgrund von Marktschwankungen) von einer zweckbetriebsschädlichen Absicht der Körperschaft auszugehen, den Zweckbetrieb des Erwerbs wegen auszuüben. Gewinne aufgrund staatlich regulierter Preise (z. B. auf Grundlage einer Gebührenordnung nach Maßgabe des § 90 SGB XI) sind kein Indiz dafür, dass der Zweckbetrieb des Erwerbs wegen ausgeübt wird.

Der konkrete Finanzierungsbedarf i. S. d. Satzes 4 umfasst die Erträge, die für den Betrieb und die Fortführung der Einrichtung(en) der Wohlfahrtspflege notwendig sind, und beinhaltet auch die zulässige Rücklagenbildung nach § 62 Abs. 1 Nrn. 1 und 2 AO. Zur wohlfahrtspflegerischen Gesamtsphäre i. S. d. Satzes 4 gehören

a) Wohlfahrtspflegeeinrichtungen i. S. d. § 66 AO,
b) Zweckbetriebe i. S. d. § 68 AO, soweit diese auch die Voraussetzungen des § 66 AO erfüllen,
c) Zweckbetriebe i. S. d. § 67 AO sowie
d) ideelle Tätigkeiten, für die die Voraussetzungen des § 66 AO vorlägen, wenn sie entgeltlich ausgeführt würden.

3. Die Tätigkeit muss auf die Sorge für notleidende oder gefährdete Menschen gerichtet sein. Notleidend bzw. gefährdet sind Menschen, die eine oder beide der in § 53 Nr. 1 und 2 AO genannten Voraussetzungen erfüllen. Auf die Vertragsbeziehung, die der Leistungserbringung zu Grunde liegt, kommt es nicht an. Entscheidend ist, dass die Einrichtung der Wohlfahrtspflege zumindest faktisch unmittelbar gegenüber den in § 53 AO genannten Personen tätig wird. Bei Leistungen, die faktisch nicht gegenüber den in § 53 AO genannten Personen erbracht werden, fehlt es an der Unmittelbarkeit (BFH-Urteil vom 6. 2. 2013, I R 59/11, BStBl. II S. 603). **6**

Es ist auch nicht erforderlich, dass die gesamte Tätigkeit auf die Förderung notleidender bzw. gefährdeter Menschen gerichtet ist. Es genügt, wenn zwei Drittel der Leistungen einer Einrichtung notleidenden bzw. gefährdeten Menschen zugutekommen. Auf das Zahlenverhältnis von gefährdeten bzw. notleidenden und übrigen geförderten Menschen kommt es nicht an.

Werden neben Leistungen an die in § 53 AO genannten Personen noch andere Leistungen für einen Dritten erbracht, sind diese Leistungen, soweit sie nicht zur Organisation des eigentlichen Zweckbetriebes gehören, nicht dem Zweckbetrieb nach § 66 AO zuzurechnen. Wird also z. B. durch eine Körperschaft Personal zur Erfüllung der steuerbegünstigten Zwecke für einen Vertragspartner im Rahmen einer Pflegeeinrichtung zur Verfügung gestellt, so sind die bereitgestellten Pflegekräfte dem Zweckbetrieb nach § 66 AO zuzuordnen. Erbringt das bereitgestellte Personal z. B. nur Verwaltungsleistungen, sind diese Leistungen nicht dem Zweckbetrieb nach § 66 AO zuzuordnen.

4. Eine Einrichtung der Wohlfahrtspflege liegt regelmäßig vor bei häuslichen Pflegeleistungen durch eine steuerbegünstigte Körperschaft i. R. d. SGB VII, SGB XI, SGB XII oder BVG. **7**

5. Die Belieferung von Studentinnen und Studenten mit Speisen und Getränken in Mensa- und Cafeteria-Betrieben von Studentenwerken ist als Zweckbetrieb zu beurteilen. Der Verkauf von alkoholischen Getränken, Tabakwaren und sonstigen Handelswaren darf jedoch nicht mehr als 5% des Gesamtumsatzes ausmachen. Auch bei anderen steuerbegünstigten Körperschaften kann entsprechend der Beurteilung bei den Studentenwerken der Betrieb einer Cafeteria für Studierende auf dem Campus ein Zweckbetrieb der Wohlfahrtspflege sein. Entsprechendes gilt für die Grundversorgung mit Speisen und Getränken von Schülerinnen und Schülern an Schulen bzw. Kindern in einer Kindertagesstätte. **8**

6. Die bloße Beförderung von Personen, für die der Arzt eine Krankenfahrt (Beförderung in Pkws, Taxen oder Mietwagen) verordnet hat, erfüllt nicht die Kriterien nach § 66 Abs. 2 AO. **9**

7. Werden die Leistungen unter gleichen Bedingungen sowohl gegenüber hilfebedürftigen als auch nicht hilfebedürftigen Personen erbracht, ist ein einheitlicher wirtschaftlicher Geschäftsbetrieb „Einrichtung der Wohlfahrtspflege" anzunehmen. Dieser ist als Zweckbetrieb zu behandeln, wenn die Zweidrittelgrenze des § 66 AO erfüllt wird. Die Einhaltung dieser Tatbestandsvoraussetzung ist nachzuweisen. Bei Kleiderkammern, Suppenküchen, Obdachlosenasylen und den sogenannten Tafeln kann auf den Nachweis der Zweidrittelgrenze verzichtet werden, wenn ein Bescheid nach § 53 Nr. 2 Satz 8 AO vorliegt. **10**

8. Gesellige Veranstaltungen sind als steuerpflichtige wirtschaftliche Geschäftsbetriebe zu behandeln. Veranstaltungen, bei denen zwar auch die Geselligkeit gepflegt wird, die aber in erster Linie zur Betreuung behinderter Personen durchgeführt werden, können unter den Voraussetzungen der §§ 65 und 66 AO Zweckbetrieb sein. **11**

9. Der Einzelverkauf gesammelter Kleidungsstücke in einer Kleiderkammer oder einer ähnlichen Einrichtung kann ein Zweckbetrieb i. S. d. § 66 AO sein. Dies setzt voraus, dass mindestens zwei Drittel der Leistungen der Einrichtung hilfebedürftigen Personen i. S. d. § 53 AO zugutekommen. **12**

AO

§ 67 Krankenhäuser[1]

1 **(1) Ein Krankenhaus, das in den Anwendungsbereich des Krankenhausentgeltgesetzes oder der Bundespflegesatzverordnung fällt, ist ein Zweckbetrieb, wenn mindestens 40 Prozent der jährlichen Belegungstage oder Berechnungstage auf Patienten entfallen, bei denen nur Entgelte für allgemeine Krankenhausleistungen (§ 7 des Krankenhausentgeltgesetzes, § 10 der Bundespflegesatzverordnung) berechnet werden.**

2 **(2) Ein Krankenhaus, das nicht in den Anwendungsbereich des Krankenhausentgeltgesetzes oder der Bundespflegesatzverordnung fällt, ist ein Zweckbetrieb, wenn mindestens 40 Prozent der jährlichen Belegungstage oder Berechnungstage auf Patienten entfallen, bei denen für die Krankenhausleistungen kein höheres Entgelt als nach Absatz 1 berechnet wird.**

AEAO

Zu § 67 – Krankenhäuser:

3 Nach § 2 Nr. 1 KHG sind Krankenhäuser Einrichtungen, in denen durch ärztliche und pflegerische Hilfeleistung Krankheiten, Leiden oder Körperschäden festgestellt, geheilt oder gelindert werden sollen oder Geburtshilfe geleistet wird und in denen die zu versorgenden Personen untergebracht und verpflegt werden können. Krankenhausleistungen sind Leistungen, die unter Berücksichtigung der Leistungsfähigkeit des Krankenhauses im Einzelfall nach Art und Schwere der Krankheit für die medizinisch zweckmäßige und ausreichende Versorgung der Patienten notwendig sind. Es handelt sich u. a. um

- ärztliche und pflegerische Behandlung oder
- Versorgung mit Arznei-, Heil- und Hilfsmitteln, die für die Versorgung im Krankenhaus notwendig sind, oder
- Unterkunft und Verpflegung.

4 Zu dem Zweckbetrieb Krankenhaus gehören damit alle Einnahmen und Ausgaben, die mit den ärztlichen und pflegerischen Leistungen an die Patienten als Benutzer des jeweiligen Krankenhauses zusammenhängen (BFH-Urteil vom 6. 4. 2005, I R 85/04, BStBl. II S. 545). Darunter fallen auch die an ambulant behandelte Patienten erbrachten Leistungen, soweit diese Bestandteil des Versorgungsauftrages des Krankenhauses sind. Gleiches gilt für typischerweise von einem Krankenhaus gegenüber seinen Patienten erbrachte Leistungen, soweit das Krankenhaus zur Sicherstellung seines Versorgungsauftrages von Gesetzes wegen zu diesen Leistungen befugt ist und der Sozialversicherungsträger die insoweit entstehenden Kosten trägt (BFH-Urteile vom 31. 7. 2013, I R 82/12, BStBl. 2015 II S. 123; vom 18. 10. 2017, V R 46/16, BStBl. 2018 II S. 672 und vom 6. 6. 2019 V R 39/17, BStBl. II S. 651). Der Versorgungsauftrag eines Krankenhauses (§ 8 Abs. 1 Satz 4 Krankenhausentgeltgesetz) regelt, welche Leistungen ein Krankenhaus, unabhängig von der Art der Krankenversicherungsträger, erbringen darf. Für die gemeinnützigkeitsrechtliche Beurteilung folgt daraus, dass für Leistungen, die außerhalb des Versorgungsauftrages erbracht werden, eine Zuordnung zum Zweckbetrieb Krankenhaus ausscheidet.

5 Für die Zurechnung der Behandlungsleistungen zum Zweckbetrieb Krankenhaus ist es unbeachtlich, wenn die Behandlungen von Patienten des Krankenhauses durch einen ermächtigten Arzt als Dienstaufgabe innerhalb einer nichtselbstständigen Tätigkeit (Einkünfte nach § 19 EStG) erbracht werden. Leistungen, die von einem Krankenhaus an dort selbstständig tätige Ärzte erbracht werden, sind grundsätzlich dem steuerpflichtigen wirtschaftlichen Geschäftsbetrieb des Krankenhauses zuzuordnen. Abweichend davon ist die Abgabe von Zytostatika dem Zweckbetrieb zuzuordnen, wenn sie an einen nach § 116 SGB V ermächtigten selbstständig tätigen Arzt zur unmittelbaren Verabreichung bei der ambulanten Behandlung im Krankenhaus erfolgt (BFH-Urteil vom 6. 6. 2019, V R 39/17, BStBl. II S. 651).

6 Für die Beurteilung eines Krankenhauses als Zweckbetrieb ist allein § 67 AO maßgebend. Es müssen nicht zusätzlich die Voraussetzungen des § 66 AO erfüllt sein.

[1] Zu wirtschaftlichen Geschäftsbetrieben bei Krankenhäusern vgl. *Erlass FM Sachsen-Anhalt vom 11. 6. 2020,* nachstehend abgedruckt.

Zur gemeinnützigkeitsrechtlichen Behandlung der Arzneimittelabgabe durch Krankenhausapotheken, vgl. *Erlass FM Sachsen-Anhalt vom 12. 6. 2020* – 42 – S 0184 – 9, DStR 2020 S. 1681.

Die Abgabe von Medikamenten zur Blutgerinnung (sog. Faktorpräparate) an Hämophiliepatienten ist auch dann dem Zweckbetrieb Krankenhaus (§ 67 AO) zuzuordnen, wenn sich der Patient selbst das Medikament im Rahmen einer ärztlich kontrollierten Heimselbstbehandlung verabreicht *(BFH-Urteil vom 18. 10. 2017 V R 46/16, BStBl. 2018 II S. 672).*

Für die Zurechnung von Behandlungsleistungen mit Abgabe von Zytostatika zum Zweckbetrieb Krankenhaus ist es nicht erforderlich, dass die Behandlung von Patienten des Krankenhauses durch einen ermächtigten Arzt als Dienstaufgabe innerhalb einer nichtselbständigen Tätigkeit erbracht wird *(BFH-Urteil vom 6. 6. 2019 V R 39/17, BStBl. S. 651).*

BFH-Urteil vom 14. 12. 2023 V R 28/21, BStBl. 2024 II S. 425: Einnahmen eines Krankenhauses aus der Personal- und Sachmittelgestellung an nach § 116 des Fünften Buches Sozialgesetzbuch ermächtigte Ärzte – und demgemäß die diesen Einnahmen zuzuordnenden Ausgaben – hängen nicht mit dem Zweckbetrieb „Krankenhaus" (§ 67 Abs. 1 AO) zusammen, sondern gehören zu den Besteuerungsgrundlagen, die einem steuerpflichtigen wirtschaftlichen Geschäftsbetrieb zuzuordnen sind (§ 64 Abs. 1 AO).

Anl

Erlass betr. wirtschaftliche Geschäftsbetriebe bei Krankenhäusern

Vom 11. Juni 2020 (BeckVerw 470179)

(FM Sachsen-Anhalt – 42 – S 0186 – 4)

Krankenhäuser können nur mit ihren ärztlichen oder pflegerischen Leistungen einen Zweckbetrieb i. S. d. § 67 AO begründen. Üben sie darüber hinaus auch andere wirtschaftliche Tätigkeiten aus, die nicht nach § 67 AO (vgl. auch AEAO zu § 67 AO) dem Zweckbetrieb „Krankenhaus" zuzurechnen sind, so ist gesondert zu prüfen, ob insoweit ein eigenständiger steuerpflichtiger wirtschaftlicher Geschäftsbetrieb oder ein weiterer Zweckbetrieb nach Maßgabe der §§ 65, 66 oder 68 AO vorliegt.

Zur steuerlichen Beurteilung von zusätzlichen Leistungen, die von den Krankenhäusern erbracht werden, bitte ich die im Folgenden dargestellte Auffassung zu vertreten.

Grundlage für die hier dargestellten Leistungsbeziehungen werden in den meisten Fällen das Krankenhausentgeltgesetz (KHEntgG) und die Bundespflegesatzverordnung (BPflV) sein.

1. Überlassung von Fernsprecheinrichtungen und Fernsehgeräten durch das Krankenhaus gegen Entgelt an die Patienten

Krankenhäuser stellen den Patienten auf Wunsch gegen Entgelt Telefone und Fernsehgeräte zur Verfügung. Hierdurch wird ein steuerpflichtiger wirtschaftlicher Geschäftsbetrieb begründet. Die Überlassung der Telefone und Fernsehgeräte gegen Entgelt kann nicht über § 67 AO dem Bereich des Zweckbetriebs Krankenhaus zugerechnet werden. 7

Eine Überlassung der Telefone und Fernsehgeräte als Ausfluss der Leistung „Unterbringung" (vgl. AEAO zu § 67 AO) kommt nicht in Betracht, da dieser Service zu den gesondert abzurechnenden Wahlleistungen gem. § 17 KHEntgG gehört.

Ein Zweckbetrieb i. S. d. § 65 AO liegt ebenfalls nicht vor, weil die steuerbegünstigten Satzungszwecke auch ohne eine Überlassung der Gerätschaften erreicht werden können und damit die Voraussetzung des § 65 Nr. 2 AO nicht erfüllt ist. Die Vorschriften des § 66 und § 68 AO sind hier nicht einschlägig.

Die Beurteilung als Wahlleistung i. S. d. § 17 KHEntgG hat keine Konsequenzen für die Beurteilung des Zweckbetriebes Krankenhaus an sich. Die Geräteüberlassung ist im Rahmen der Berechnung der 40%-Grenze als unschädliche Annehmlichkeit anzusehen.

2. Personal- und Sachmittelgestellung an eine private Klinik bzw. an eine ärztliche Gemeinschaftspraxis

Aus der Sicht des Krankenhauses mangelt es an einer eigenen Zweckverwirklichung i. S. d. § 57 Abs. 1 Satz 1 AO. Eine für die Gemeinnützigkeit erforderliche unmittelbare Förderung der Allgemeinheit (Patienten) liegt nicht vor, da das Krankenhaus mit seinen Leistungen lediglich die eigenwirtschaftlichen Interessen der Dritten fördert. Die Dritten sind auch nicht als Hilfsperson i. S. d. § 57 Abs. 1 Satz 2 AO tätig, denn sie können völlig weisungsfrei arbeiten und es besteht grundsätzlich keine Einflussmöglichkeit des Krankenhauses. 8

Hinsichtlich der Frage, ob die Personal- und Sachmittelgestellung an Dritte Auswirkungen auf die Zweckbetriebseigenschaft des eigentlichen Krankenhausbetriebes nach § 67 AO hat, bitte ich Folgendes zu beachten:

Für die Prüfung, ob ein Krankenhaus die Voraussetzungen des § 67 AO erfüllt, sind die Anzahl der Belegungstage der Patienten, die Wahlleistungen in Anspruch nehmen (= schädliche Patienten i. S. d. § 67 AO), in Relation zu der Anzahl der Belegungstage der Patienten, für die lediglich die Fallpauschalen in Rechnung gestellt werden (= unschädliche Patienten i. S. d. § 67 AO), zu setzen.

Ob die Pflegetage, die auf Patienten der Dritten entfallen, in die Berechnung der 40%-Grenze mit einbezogen werden dürfen, muss nun danach beurteilt werden, wie diese die erbrachten ärztlichen Leistungen gegenüber den Patienten bzw. den Kostenträgern abrechnen.

Werden also die ärztlichen Leistungen nach der Gebührenordnung der Ärzte (GOÄ) abgerechnet, steht dies der Inanspruchnahme von Wahlleistungen durch einen Krankenhausarzt gleich. Bei der Berechnung der 40%-Grenze sind diese „schädlich".

Nur wenn die Dritten die ärztlichen Leistungen über Krankenschein oder entsprechend den für Kassenabrechnungen geltenden Vergütungssätzen abrechnen, kommt eine Einbeziehung der Pflegetage in die Berechnung der 40%-Grenze in Betracht.

3. Personal- und Sachmittelgestellung an Belegärzte für die stationäre oder teilstationäre Behandlung durch die Belegärzte

Die Krankenhäuser schließen mit Belegärzten zum Teil folgende Verträge: 9

Dem Belegarzt wird gestattet, im Krankenhaus Patienten seines Fachgebietes stationär oder teilstationär zu behandeln. Eine ambulante Behandlung von Patienten im Krankenhaus ist ihm – abgesehen von Notfällen – nur gestattet, wenn er vorher mit dem Krankenhaus eine entsprechende Vereinbarung zur Durchführung ambulanter Tätigkeiten im Krankenhaus abgeschlossen hat.

Der Belegarzt steht zum Krankenhaus weder in einem Arbeitsverhältnis noch in einem arbeitnehmerähnlichen Verhältnis. Als freiberuflich tätiger Arzt schließt der Belegarzt mit den Patienten den Vertrag über die ärztliche Behandlung. Der Belegarzt ist in seiner ärztlichen Tätigkeit grundsätzlich unabhängig und eigenverantwortlich. Eine feststehende Bettenzahl wird nicht vertraglich vereinbart. Über die Aufnahme und Entlassung von Patienten im Rahmen der zur Verfügung stehenden Betten entscheidet unter ärztlichen Gesichtspunkten und dem Recht der gesetzlichen Krankenversicherung (GKV) der Belegarzt.

Zur Ausübung seiner ärztlichen Tätigkeit ist der Belegarzt berechtigt, die hierfür im Krankenhaus bereitgestellten Dienste, Einrichtungen und Mittel sowie die ärztlichen Mitarbeiter und Schreibkräfte in Anspruch zu nehmen.

Anl

Die ärztlichen Leistungen rechnet der Belegarzt mit den Patienten oder den Kostenträgern unmittelbar ab, die übrigen stationären Leistungen mit dem Krankenhaus. Dem Krankenhaus hat er einen Vorteilsausgleich in Höhe eines bestimmten %-Satzes, bezogen auf seine Bruttoeinnahmen aus stationärer Tätigkeit, zu entrichten. Besteht zudem eine Vereinbarung zur Durchführung ambulanter Tätigkeiten im Krankenhaus, richtet sich die Kostenerstattung nach der im Einzelnen getroffenen Vereinbarung. Bei der Behandlung von ambulanten Notfällen sind die dem Krankenhaus durch die Inanspruchnahme von Krankenhauseinrichtungen und Krankenhauspersonal entstehenden Kosten zu ersetzen.

Mit der Personal- und Sachmittelgestellung an Belegärzte gegen Vorteilsausgleich bzw. Kostenerstattung begründet das Krankenhaus aus den unter Tz. 2. dargestellten Gründen ebenfalls einen steuerpflichtigen wirtschaftlichen Geschäftsbetrieb.

Auch bezüglich der Berechnung der 40%-Grenze gelten die unter Tz. 2. dargelegten Grundsätze.

4. Personal- und Sachmittelgestellung an Chefärzte zur Erbringung von Wahlleistungen gegenüber den Krankenhauspatienten

10 Im Rahmen von Verträgen mit dem Krankenhaus wird den Chefärzten in der Regel das Recht eingeräumt, sog. Wahlleistungen gegenüber stationär aufgenommenen Patienten des Krankenhauses zu erbringen.

Hierbei ergeben sich häufig folgende Rahmendaten:

Den Wahlleistungen liegt eine vertragliche Vereinbarung zwischen dem Krankenhaus und dem Patienten (Wahlleistungsvereinbarung) zu Grunde. Vertragspartner sind der Patient und das Krankenhaus. Die Vertragspartner vereinbaren hierin, dass die ärztlichen Leistungen dem Patienten gegenüber nur von dem jeweiligen Chefarzt der Abteilung oder dessen Vertreter persönlich erbracht werden.

Das Krankenhaus räumt seinen angestellten Ärzten aber das Liquidationsrecht für diese – über die allgemeinen Krankenhausleistungen hinausgehenden – Wahlleistungen der Chefärzte ein. Aufgrund des eigenen Liquidationsrechts der Chefärzte zahlt der Patient oder der Kostenträger das Honorar für die empfangenen Wahlleistungen daher nicht an das Krankenhaus, sondern direkt an den behandelnden Chefarzt.

Von den erzielten Behandlungserlösen führen die Chefärzte ihrerseits Nutzungsentgelte für die Inanspruchnahme von Personal und Inventar an das Krankenhaus ab. Die Höhe der Nutzungsentgelte richtet sich nach § 19 KHEntgG. Danach ist für jede erbrachte ärztliche Leistung, die gegenüber den Patienten nach der GOÄ abgerechnet wird, ein in einem pauschalen Prozentsatz des Gebührensatzes bemessenes Nutzungsentgelt an das Krankenhaus zu entrichten. Außerdem hat der Chefarzt die nachgeordneten Ärzte an dem Einkommen aus dem Liquidationsrecht zu beteiligen.

Die entgeltliche Personal- und Sachmittelgestellung des Krankenhauses an den Chefarzt zur Erbringung von Wahlleistungen gegenüber Krankenhauspatienten ist dem Zweckbetrieb Krankenhaus i. S. d. § 67 AO zuzurechnen.

Der Vertrag über die gesondert berechenbaren ärztlichen Wahlleistungen kommt ausschließlich zwischen dem Patienten und dem Krankenhaus zustande. Der Chefarzt tritt dort nur insoweit in Erscheinung, als vorgesehen ist, dass die vereinbarten Leistungen durch ihn oder unter seiner Leitung erbracht werden. Außerdem gehören die gesondert berechneten wahlärztlichen Leistungen zum dienstlichen Pflichtenkreis des Chefarztes. Er übt auch die Tätigkeit im Liquidationsbereich zu den Zeiten aus, für die er laut Dienstplan eingeteilt ist oder sich eingeteilt hat. Die Urlaubsregelung unterscheidet grds. nicht zwischen der allgemeinen Tätigkeit als Krankenhauschefarzt und der Erbringung der Wahlleistungen.

Organisation und Durchführung der Liquidationstätigkeit ist ihm durch das Krankenhaus sowohl hinsichtlich der Räumlichkeiten als auch bezüglich des ihm zur Seite gestellten ärztlichen und nichtärztlichen Personals weitgehend vorgegeben. Ohne Eingliederung in den Betrieb des Krankenhauses könnte der Chefarzt die Tätigkeit im Liquidationsbereich gar nicht ausüben.

Aufgrund dieser rechtlichen und tatsächlichen Beziehungen zwischen dem Krankenhaus und dem Chefarzt einerseits und den rechtlichen Beziehungen zwischen dem Krankenhaus und den Patienten andererseits ist davon auszugehen, dass das Krankenhaus auch mit der Personal- und Sachmittelgestellung an den Chefarzt unmittelbar seine steuerbegünstigten satzungsmäßigen Zwecke – Förderung der öffentlichen Gesundheitspflege – verfolgt. Da der Vertrag über die stationäre Behandlung zwischen Krankenhaus und Patient getroffen wird, kommen die Leistungen im Ergebnis unmittelbar den Patienten zugute.

Der Chefarzt ist in die Erfüllung des satzungsmäßigen Zwecks als Hilfsperson i. S. d. § 57 Abs. 1 Satz 2 AO eingeschaltet, weil er aufgrund der Dienstvereinbarung mit dem Krankenhaus tätig wird, wonach er einen konkreten Auftrag des Krankenhauses in Form von ärztlichen Wahlleistungen gegenüber dem Patienten erbringt. Dies hat zur Folge, dass dem Krankenhaus das Wirken der Hilfsperson wie eigenes Wirken zuzurechnen ist. Es ist davon auszugehen, dass der Chefarzt im Innenverhältnis an die Weisungen der Körperschaft gebunden ist, denn seine rechtlichen Verpflichtungen werden für das Anstellungsverhältnis als Krankenhauschefarzt und hinsichtlich seines Liquidationsrechts bezüglich der ärztlichen Wahlleistungen in einem einheitlichen Vertrag festgelegt, wobei die beiden Bereiche insoweit nicht unterschieden werden. Es kann daher auch davon ausgegangen werden, dass das Krankenhaus den Chefarzt entsprechend überwacht. Dass die Tätigkeit des Chefarztes als Hilfsperson selbst nicht gemeinnützig ist, ist gem. AEAO Tz. 2 zu § 57 AO unerheblich.

Es würde den vertraglichen und tatsächlichen Gegebenheiten hingegen nicht gerecht, wenn man davon ausginge, dass das Krankenhaus mit der entgeltlichen Personal- und Sachmittelgestellung die eigenwirtschaftlichen Zwecke des Chefarztes fördern würde mit der Folge, dass es an einer selbstlosen Förderung der Allgemeinheit (Patienten) i. S. d. § 55 Abs. 1 Satz AO mangeln würde. Die isolierte Betrachtung der Liquidationsberechtigung und der damit verbundenen Nutzungsentgeltzahlung des Chefarztes an das Krankenhaus ist insoweit nicht zielführend. Aufgrund der rechtlichen Abrechnungsmodalitäten in § 17 KHEntgG i. V. m. § 19 Abs. 2 KHEntgG ergibt sich eine grundsätzliche Liquidationsberechtigung des Chefarztes, verbunden mit der Verpflichtung, dem Krankenhaus ein Nutzungsentgelt für die Personal- und Sachmittelgestellung zu zahlen, welches wiederum zur Kürzung des Budgets und der Pflegesätze führt, die das Krankenhaus selbst gegenüber den Kostenträgern geltend machen kann. Betrachtet man das sich danach ergebende wirtschaftliche Ergebnis, entsprechen die dem Chefarzt verbleibenden Liquidationserlöse im Ergebnis einer variablen Entlohnung für die Erbringung von Wahlleistungen, und das Krankenhaus erhält mit dem Nutzungsentgelt Einnahmen, die ihm ansonsten in Form des Budgets bzw. der Pflegesätze zustehen würden.

Diese Annahme wird noch untermauert durch die Regelung in § 17 Abs. 3 Satz 5 KHEntgG, da nach dieser Vorschrift das Krankenhaus die ärztlichen Wahlleistungen auch selbst liquidieren dürfte. Es wäre dann verpflichtet, die Vergütung nach Abzug der anteiligen Verwaltungskosten und der nach § 19 Abs. 2 KHEntgG zu erstattenden Kosten an den berechtigten Arzt weiterzuleiten.

In neueren Verträgen gehen die Krankenhäuser zum Teil dazu über, dem Chefarzt eine pauschale Vergütung zu zahlen, mit der auch die Verpflichtung abgegolten ist, ärztliche Wahlleistungen gegenüber den stationären Patienten zu erbringen. Ein eigenständiges Liquidationsrecht steht ihm damit nicht mehr zu.

Für die Beurteilung, dass das Krankenhaus auch mit der Personal- und Sachmittelgestellung an den Chefarzt unmittelbar seine steuerbegünstigten satzungsmäßigen Zwecke – Förderung der öffentlichen Gesundheitspflege – verfolgt, kommt es nicht darauf an, ob die Wahlleistungen durch den angestellten Arzt des Krankenhauses innerhalb seiner nichtselbständigen Tätigkeit (Einkünfte nach § 19 EStG) oder innerhalb einer selbständigen Tätigkeit (Einkünfte nach § 18 EStG) erbracht werden. Außerdem ist unbeachtlich, ob die Abrechnung der Wahlleistungen durch den Arzt oder das Krankenhaus erfolgt.

Auch die Frage, ob es sich um eine medizinisch indizierte oder eine nicht erforderliche Wahlleistung handelt, ist für die Beurteilung der Unmittelbarkeit ohne Bedeutung. In beiden Fällen dient die Wahlleistung der Heilung und Genesung bzw. Gesundung des sich in Behandlung des Krankenhauses befindlichen Patienten. Deshalb verfolgt ein Krankenhaus auch bei Erbringung von Wahlleistungen in der Regel seine steuerbegünstigten satzungsmäßigen Zwecke.

Im Rahmen der Berechnung der 40%-Grenze sind Wahlleistungen „schädlich", die gesondert abgerechnet werden.

5. Personal- und Sachmittelgestellung an Chefärzte zum Betrieb einer ambulanten Praxis im Krankenhaus (genehmigte Nebentätigkeit)

Neben der Dienstvereinbarung mit dem Anstellungsvertrag und der Regelung der Liquidationsberechtigung in Hinblick auf die ärztlichen Wahlleistungen gegenüber Krankenhauspatienten ist Gegenstand **11**
der Vereinbarungen zwischen dem Krankenhaus und den Chefärzten häufig eine separate Vereinbarung über sog. „Nebentätigkeiten".

Danach haben die Chefärzte die Möglichkeit, im Rahmen einer von ihnen betriebenen „Ambulanz" im eigenen Namen und auf eigene Rechnung auch solche Patienten zu behandeln, die sich nicht in stationärer Behandlung des Krankenhauses befinden. Das Krankenhaus stellt den Chefärzten hierfür ebenfalls Personal und Sachmittel zur Verfügung. Die Höhe der von den Chefärzten an das Krankenhaus zu entrichtenden Nutzungsentgelte ist in den entsprechenden Verträgen über „Nebentätigkeiten" festgelegt. Sie betragen in der Regel 35–40% der ärztlichen Liquidation.

In diesem Fall begründet die entgeltliche Personal- und Sachmittelgestellung durch das Krankenhaus an den Chefarzt einen steuerpflichtigen wirtschaftlichen Geschäftsbetrieb des Krankenhauses. Das Krankenhaus wird insoweit nicht mehr im Rahmen seines Zweckbetriebs Krankenhaus i. S. d. § 67 AO tätig, weil es an einer unmittelbaren Förderung der steuerbegünstigten satzungsmäßigen Zwecke fehlt und das Krankenhaus im Übrigen auch nicht selbstlos die Allgemeinheit fördert.

Die Leistungen des Krankenhauses kommen nicht unmittelbar i. S. d. § 57 Abs. 1 Satz 1 AO den Krankenhauspatienten zugute, sondern ausschließlich den Chefärzten, die mit dem überlassenen Personal bzw. mit den überlassenen Sachmitteln ihre eigenwirtschaftlichen Zwecke verfolgen, um Einnahmen aus freiberuflicher Tätigkeit zu erzielen. Anders als bei der Erbringung von Wahlleistungen kann die ambulante Tätigkeit des Chefarztes nicht als Hilfstätigkeit angesehen werden, da die ärztlichen Leistungen in diesem Bereich keine ärztliche Leistung des Krankenhauses gegenüber den Krankenhauspatienten darstellen, sondern die Chefärzte im eigenen Namen und für eigene Rechnung gegenüber den Patienten tätig werden. Damit kann das Wirken des Chefarztes nicht wie eigenes Wirken der Körperschaft angesehen werden, was für die Annahme einer Hilfspersonentätigkeit erforderlich wäre.

Mit der Nutzungsüberlassung verfolgt das Krankenhaus eigenwirtschaftliche Zwecke, so dass diese schon dem Grunde nach nicht als Verfolgung steuerbegünstigter Zwecke und damit als dem Zweckbetrieb i. S. d. § 67 AO zugehörig angesehen werden.

Auch der Einwand, dass es sich bei den in der Ambulanz erbrachten ärztlichen Leistungen ausschließlich um solche Leistungen handelt, die außerhalb des Krankenhauses von niedergelassenen Ärzten nicht angeboten werden, und das Krankenhaus dazu verpflichtet sei, die ambulanten ärztlichen Leistungen gegenüber den Patienten zu erbringen, da sich ansonsten bezogen auf diese speziellen Leistungen eine Unterversorgung in Deutschland ergeben könne, führt zu keinem anderen Ergebnis.

Soweit die entgeltliche Überlassung von Personal und Sachmitteln an die Chefärzte einen wirtschaftlichen Geschäftsbetrieb des Krankenhauses bildet, können bei dessen Gewinnermittlung z. B. anteilige Personalkosten für Arzthelfer/Innen, Schreibdienst, Buchhaltung und auf der Grundlage des „Tarifs der Deutschen Krankenhausgesellschaft für die Abrechnung erbrachter Leistungen und für die Kostenerstattungen vom Arzt an das Krankenhaus" ermittelte Sachkosten als Betriebsausgaben berücksichtigt werden. Die Berücksichtigung des anteiligen Grundgehalts des Chefarztes selbst kommt hingegen nicht in Betracht, da die Nebentätigkeit außerhalb der vertraglichen Dienstverpflichtungen stattfindet.

6. Gemeinnützigkeitsrechtliche Behandlung eines Kooperationsvertrages mit einem berufsgenossenschaftlichen Unfallkrankenhaus im Rahmen des § 67 AO

12 Die von einem gemeinnützigen Krankenhaus auf Grundlage eines Kooperationsvertrages mit einem anderen gemeinnützigen Krankenhaus (z. B. einem berufsgenossenschaftlichen Unfallkrankenhaus) eigenständig erbrachten Behandlungsleistungen sind bei der Einhaltung der 40%-Grenze dem Krankenhaus-Zweckbetrieb (§ 67 AO) zuzurechnen.

AO

§ 67 a[1] Sportliche Veranstaltungen

1 (1) ① **Sportliche Veranstaltungen eines Sportvereins sind ein Zweckbetrieb, wenn die Einnahmen einschließlich Umsatzsteuer insgesamt 50 000 Euro im Jahr nicht übersteigen.** ② **Der Verkauf von Speisen und Getränken sowie die Werbung gehören nicht zu den sportlichen Veranstaltungen.**

2 (2) ① **Der Sportverein kann dem Finanzamt bis zur Unanfechtbarkeit des Körperschaftsteuerbescheids erklären, dass er auf die Anwendung des Absatzes 1 Satz 1 verzichtet.** ② **Die Erklärung bindet den Sportverein für mindestens fünf Veranlagungszeiträume.**

3 (3)[2] ① **Wird auf die Anwendung des Absatzes 1 Satz 1 verzichtet, sind sportliche Veranstaltungen eines Sportvereins ein Zweckbetrieb, wenn**

1. **kein Sportler des Vereins teilnimmt, der für seine sportliche Betätigung oder für die Benutzung seiner Person, seines Namens, seines Bildes oder seiner sportlichen Betätigung zu Werbezwecken von dem Verein oder einem Dritten über eine Aufwandsentschädigung hinaus Vergütungen oder andere Vorteile erhält und**
2. **kein anderer Sportler teilnimmt, der für die Teilnahme an der Veranstaltung von dem Verein oder einem Dritten im Zusammenwirken mit dem Verein über eine Aufwandsentschädigung hinaus Vergütungen oder andere Vorteile erhält.**

② **Andere sportliche Veranstaltungen sind ein steuerpflichtiger wirtschaftlicher Geschäftsbetrieb.** ③ **Dieser schließt die Steuervergünstigung nicht aus, wenn die Vergütungen oder andere Vorteile ausschließlich aus wirtschaftlichen Geschäftsbetrieben, die nicht Zweckbetriebe sind, oder von Dritten geleistet werden.**

3a (4) ① **Organisatorische Leistungen eines Sportdachverbandes zur Durchführung von sportlichen Veranstaltungen sind ein Zweckbetrieb, wenn an der sportlichen Veranstaltung überwiegend Sportler teilnehmen, die keine Lizenzsportler sind.** ② **Alle sportlichen Veranstaltungen einer Saison einer Liga gelten als eine sportliche Veranstaltung im Sinne des Satzes 1. 3Absatz 1 Satz 2 gilt entsprechend.**

AEAO

Zu § 67 a – Sportliche Veranstaltungen:

Allgemeines

4 **1.** Sportliche Veranstaltungen eines Sportvereins sind grundsätzlich ein Zweckbetrieb, wenn die Einnahmen einschließlich der Umsatzsteuer aus allen sportlichen Veranstaltungen des Vereins die Zweckbetriebsgrenze von 45 000 € im Jahr nicht übersteigen (§ 67 a Abs. 1 Satz 1 AO). Übersteigen die Einnahmen die Zweckbetriebsgrenze von 45 000 €, liegt grundsätzlich ein steuerpflichtiger wirtschaftlicher Geschäftsbetrieb vor.

Der Verein kann auf die Anwendung der Zweckbetriebsgrenze verzichten (§ 67 a Abs. 2 AO). Die steuerliche Behandlung seiner sportlichen Veranstaltungen richtet sich dann nach § 67 a Abs. 3 AO.

5 **2.** Unter Sportvereinen i. S. d. Vorschrift sind alle gemeinnützigen Körperschaften zu verstehen, bei denen die Förderung des Sports (§ 52 Abs. 2 Satz 1 Nr. 21 AO) Satzungszweck ist; die tatsächliche Geschäftsführung muss diesem Satzungszweck entsprechen (§ 59 AO). § 67 a AO gilt also z. B. auch für Sportverbände. Sie gilt auch für Sportvereine, die Fußballveranstaltungen unter Einsatz ihrer Lizenzspieler nach der „Lizenzordnung Spieler" der Organisation „Die Liga-Fußballverband e. V. – Ligaverband" durchführen.

6 **3.** Als sportliche Veranstaltung ist die organisatorische Maßnahme eines Sportvereins anzusehen, die es aktiven Sportlern (die nicht Mitglieder des Vereins zu sein brauchen) ermöglicht, Sport zu treiben (BFH-Urteil vom 25. 7. 1996, V R 7/95, BStBl. 1997 II S. 154). Eine sportliche Veranstaltung liegt auch dann vor, wenn ein Sportverein in Erfüllung seiner Satzungszwecke im Rahmen einer Veranstaltung einer anderen Person oder Körperschaft eine sportliche Darbietung erbringt. Die Veranstaltung, bei der die sportliche Darbietung präsentiert wird, braucht keine steuerbegünstigte Veranstaltung zu sein (BFH-Urteil vom 4. 5. 1994, XI R 109/90, BStBl. II S. 886).

---

[1] Zur Anwendung vgl. Art. 97 § 1 d EGAO **(Anhang I Nr. 1).**

Zum Begriff der „sportlichen Veranstaltung" s. AEAO zu § 67 a Nr. 3. Die Tätigkeit eines Sport-Dachverbands gehört dazu nicht *(BFH-Urteil vom 24. 6. 2015 I R 13/13, BStBl. 2016 II S. 976).*

[2] Ist mangels ausreichender Aufzeichnungen nicht nachvollziehbar, inwieweit tatsächlich Aufwand bei den einzelnen Sportlern angefallen ist, und ist deshalb nicht überprüfbar, ob bei allen Sportlern die ihnen jeweils geleistete Zahlung nicht über eine Aufwandsentschädigung hinausgeht, schließt dies die Annahme eines Zweckbetriebs nach § 67 a Abs. 3 Satz 1 AO aus *(BFH-Beschluss vom 3. 8. 2022 XI R 11/19, BFH/NV 2023 S. 250).*

AEAO

4. Sportreisen sind als sportliche Veranstaltungen anzusehen, wenn die sportliche Betätigung wesentlicher und notwendiger Bestandteil der Reise ist (z. B. Reise zum Wettkampfort). Reisen, bei denen die Erholung der Teilnehmer im Vordergrund steht (Touristikreisen), zählen dagegen nicht zu den sportlichen Veranstaltungen, selbst wenn anlässlich der Reise auch Sport getrieben wird. 7

5. Die Ausbildung und Fortbildung in sportlichen Fertigkeiten gehört zu den typischen und wesentlichen Tätigkeiten eines Sportvereins. Sportkurse und Sportlehrgänge für Mitglieder und Nichtmitglieder von Sportvereinen (Sportunterricht) sind daher als „sportliche Veranstaltungen" zu beurteilen. Es ist unschädlich für die Zweckbetriebseigenschaft, dass der Verein mit dem Sportunterricht in Konkurrenz zu gewerblichen Sportlehrern (z. B. Reitlehrer, Skilehrer, Tennislehrer, Schwimmlehrer) tritt, weil § 67a AO als die speziellere Vorschrift dem § 65 AO vorgeht. Die Beurteilung des Sportunterrichts als sportliche Veranstaltung hängt nicht davon ab, ob der Unterricht durch Beiträge, Sonderbeiträge oder Sonderentgelte abgegolten wird. 8

6. Der Verkauf von Speisen und Getränken – auch an Wettkampfteilnehmer, Schiedsrichter, Kampfrichter, Sanitäter usw. – und die Werbung gehören nicht zu den sportlichen Veranstaltungen. Diese Tätigkeiten sind gesonderte steuerpflichtige wirtschaftliche Geschäftsbetriebe. Nach § 64 Abs. 2 AO ist es jedoch möglich, Überschüsse aus diesen Betrieben mit Verlusten aus sportlichen Veranstaltungen, die steuerpflichtige wirtschaftliche Geschäftsbetriebe sind, zu verrechnen. 9

7. Wird für den Besuch einer sportlichen Veranstaltung, die Zweckbetrieb ist, mit Bewirtung ein einheitlicher Eintrittspreis bezahlt, so ist dieser – ggf. im Wege der Schätzung – in einen Entgeltsanteil für den Besuch der sportlichen Veranstaltung und in einen Entgeltsanteil für die Bewirtungsleistungen aufzuteilen. 10

8. Zur Zulässigkeit einer pauschalen Gewinnermittlung beim steuerpflichtigen wirtschaftlichen Geschäftsbetrieb „Werbung" wird auf Nrn. 32 bis 34 des AEAO zu § 64 hingewiesen. 11

9. Die entgeltliche Übertragung des Rechts zur Nutzung von Werbeflächen in vereinseigenen oder gemieteten Sportstätten (z. B. an der Bande) sowie von Lautsprecheranlagen an Werbeunternehmer ist als steuerfreie Vermögensverwaltung (§ 14 Satz 3 AO) zu beurteilen.[1] Voraussetzung ist jedoch, dass dem Pächter (Werbeunternehmer) ein angemessener Gewinn verbleibt. Es ist ohne Bedeutung, ob die sportlichen Veranstaltungen, bei denen der Werbeunternehmer das erworbene Recht nutzt, Zweckbetrieb oder wirtschaftlicher Geschäftsbetrieb sind. 12

Die entgeltliche Übertragung des Rechts zur Nutzung von Werbeflächen auf der Sportkleidung (z. B. auf Trikots, Sportschuhen, Helmen) und auf Sportgeräten ist stets als steuerpflichtiger wirtschaftlicher Geschäftsbetrieb zu behandeln.

10. Die Unterhaltung von Club-Häusern, Kantinen, Vereinsheimen oder Vereinsgaststätten ist keine „sportliche Veranstaltung", auch wenn diese Einrichtungen ihr Angebot nur an Mitglieder richten. 13

11. Bei Vermietung von Sportstätten einschließlich der Betriebsvorrichtungen für sportliche Zwecke ist zwischen der Vermietung auf längere Dauer und der Vermietung auf kurze Dauer (z. B. stundenweise Vermietung, auch wenn die Stunden für einen längeren Zeitraum im Voraus festgelegt werden) zu unterscheiden. Zur Vermietung öffentlicher Schwimmbäder an Schwimmvereine und zur Nutzung durch Schulen für den Schwimmunterricht siehe Nr. 13 des AEAO zu § 67a. 14

12. Die Vermietung auf längere Dauer ist dem Bereich der steuerfreien Vermögensverwaltung zuzuordnen, so dass sich die Frage der Behandlung als „sportliche Veranstaltung" i. S. d. § 67a AO dort nicht stellt. 15

Die Vermietung von Sportstätten und Betriebsvorrichtungen auf kurze Dauer schafft lediglich die Voraussetzungen für sportliche Veranstaltungen. Sie ist jedoch selbst keine „sportliche Veranstaltung", sondern ein wirtschaftlicher Geschäftsbetrieb eigener Art. Dieser ist als Zweckbetrieb i. S. d. § 65 AO anzusehen, wenn es sich bei den Mietern um Mitglieder des Vereins handelt. Bei der Vermietung auf kurze Dauer an Nichtmitglieder tritt der Verein dagegen in größerem Umfang in Wettbewerb zu nicht begünstigten Vermietern, als es bei Erfüllung seiner steuerbegünstigten Zwecke unvermeidbar ist (§ 65 Nr. 3 AO). Diese Art der Vermietung ist deshalb als steuerpflichtiger wirtschaftlicher Geschäftsbetrieb zu behandeln.

Indizien für eine Mitgliedschaft, die lediglich darauf gerichtet ist die Nutzung der Sportstätten und Betriebsvorrichtungen eines Vereins zu ermöglichen, sind:
- die Zeit der Mitgliedschaft,
- die Höhe der Beiträge, die die Mitglieder zu entrichten haben, oder auch
- zivilrechtlich eingeschränkte Rechte der Mitglieder.

Für die Zuordnung der entgeltlichen Überlassung der Sportstätten und Betriebsvorrichtungen an ein Gastmitglied zum Zweckbetrieb ist es daher nicht zu beanstanden, wenn die Gastmitgliedschaft wie eine Vollmitgliedschaft ausgestaltet ist und diese nicht nur für einen kurzen Zeitraum eingegangen wird.

---

[1] Anderer Ansicht *BFH-Urteil vom 13. 3. 1991 I R 8/88, BStBl. 1992 II S. 101* m. Anm. BMF, wonach dieses BFH-Urteil Nr. I/9 AEAO zu § 67a nicht berühren soll.

AEAO

Dagegen ist die entgeltliche Überlassung der Sportstätten und Betriebsvorrichtungen an ein Gastmitglied dem steuerpflichtigen wirtschaftlichen Geschäftsbetrieb zuzuordnen, wenn das Gastmitglied per Satzung nur eingeschränkte Rechte eingeräumt bekommt oder die Mitgliedschaft lediglich für einen kurzen Zeitraum (weniger als sechs Monate) eingegangen wird.

16 **13.** Durch den Betrieb eines öffentlichen Schwimmbads werden gemeinnützige Zwecke (öffentliche Gesundheitspflege und Sport) unabhängig davon gefördert, ob das Schwimmbad von einem Verein oder von einer juristischen Person des öffentlichen Rechts als Betrieb gewerblicher Art unterhalten wird.

Die verschiedenen Tätigkeiten eines gemeinnützigen Schwimmvereins sind wie folgt zu beurteilen:

a) Schulschwimmen

Die Vermietung des Schwimmbads auf längere Dauer an die Träger der Schulen ist als Vermögensverwaltung anzusehen. Eine Vermietung auf längere Dauer ist in Anlehnung an Abschnitt 4.12.3 Absatz 2 UStAE bei stundenweiser Nutzungsmöglichkeit des Schwimmbads durch die Schulen anzunehmen, wenn die Nutzung mehr als ein Schulhalbjahr (mindestens sechs Monate) erfolgt. Unselbständige Nebenleistungen des Vereins, wie Reinigung des Schwimmbads, gehören mit zur Vermögensverwaltung.

b) Vereinsschwimmen

Das Vereinsschwimmen und die Durchführung von Schwimmkursen sind nach Maßgabe des § 67 a AO Zweckbetriebe (sportliche Veranstaltungen). Dabei ist es ohne Bedeutung, ob die Teilnehmer an den Schwimmkursen Mitglieder des Vereins oder Vereinsfremde sind.

c) Jedermannschwimmen

Das Jedermannschwimmen ist insgesamt als Zweckbetrieb i. S. d. § 65 AO anzusehen, wenn die nicht unmittelbar dem Schwimmen dienenden Angebote (zum Beispiel Sauna, Solarium) von untergeordneter Bedeutung sind. Schwimmbäder, die danach als Zweckbetriebe begünstigt sind, stehen in keinem schädlichen Wettbewerb zu steuerpflichtigen Schwimmbädern (§ 65 Nr. 3 AO), weil sie i. d. R. anders strukturiert sind (so genannte Spaßbäder) und sich ihre Angebote erheblich von dem im Wesentlichen auf das Schwimmen begrenzten Angebot der Vereinsschwimmbäder unterscheiden.

17 **14.** Werden im Zusammenhang mit der Vermietung von Sportstätten und Betriebsvorrichtungen auch bewegliche Gegenstände, z. B. Tennisschläger oder Golfschläger überlassen, stellt die entgeltliche Überlassung dieser Gegenstände ein Hilfsgeschäft dar, das das steuerliche Schicksal der Hauptleistung teilt (BFH-Urteil vom 30. 3. 2000, V R 30/99, BStBl. II S. 705). Bei der alleinigen Überlassung von Sportgeräten, z. B. eines Flugzeugs, bestimmt sich die Zweckbetriebseigenschaft danach, ob die Sportgeräte Mitgliedern oder Nichtmitgliedern des Vereins überlassen werden.

18 **15.** § 3 Nr. 26 EStG gilt nicht für Einnahmen, die ein nebenberuflicher Übungsleiter etc. für eine Tätigkeit in einem steuerpflichtigen wirtschaftlichen Geschäftsbetrieb „sportliche Veranstaltungen" erhält.

19 **16.** Werden sportliche Veranstaltungen, die im vorangegangenen Veranlagungszeitraum Zweckbetrieb waren, zu einem steuerpflichtigen wirtschaftlichen Geschäftsbetrieb oder umgekehrt, ist grundsätzlich § 13 Abs. 5 KStG anzuwenden.

Zu § 67 a Abs. 1 AO:

20 **17.** Bei der Anwendung der Zweckbetriebsgrenze von 45 000 € sind alle Einnahmen der Veranstaltungen zusammenzurechnen, die in dem maßgeblichen Jahr nach den Regelungen der Nrn. 1 bis 15 des AEAO zu § 67 a als sportliche Veranstaltungen anzusehen sind. Zu diesen Einnahmen gehören insbesondere Eintrittsgelder, Startgelder, Zahlungen für die Übertragung sportlicher Veranstaltungen in Rundfunk und Fernsehen, Lehrgangsgebühren und Ablösezahlungen. Zum allgemeinen Einnahmebegriff wird auf die Nrn. 18 und 19 des AEAO zu § 64 hingewiesen.

21 **18.** Die Bezahlung von Sportlern in einem Zweckbetrieb i. S. d. § 67 a Abs. 1 Satz 1 AO ist zulässig (§ 58 Nr. 8 AO). Dabei ist die Herkunft der Mittel, mit denen die Sportler bezahlt werden, ohne Bedeutung.

22 **19.** Die Zahlung von Ablösesummen ist in einem Zweckbetrieb i. S. d. § 67 a Abs. 1 Satz 1 AO uneingeschränkt zulässig.

23 **20.** Bei Spielgemeinschaften von Sportvereinen ist – unabhängig von der Qualifizierung der Einkünfte im Feststellungsbescheid für die Gemeinschaft – bei der Körperschaftsteuerveranlagung der beteiligten Sportvereine zu entscheiden, ob ein Zweckbetrieb oder ein steuerpflichtiger wirtschaftlicher Geschäftsbetrieb gegeben ist. Dabei ist für die Beurteilung der Frage, ob die Zweckbetriebsgrenze des § 67 a Abs. 1 Satz 1 AO überschritten wird, die Höhe der anteiligen Einnahmen (nicht des anteiligen Gewinns) maßgeblich.

Zu § 67 a Abs. 2 AO:

24 **21.** Ein Verzicht auf die Anwendung des § 67 a Abs. 1 Satz 1 AO ist auch dann möglich, wenn die Einnahmen aus den sportlichen Veranstaltungen die Zweckbetriebsgrenze von 45 000 € nicht übersteigen.

AEAO

22. Die Option nach § 67 a Abs. 2 AO kann bis zur Unanfechtbarkeit des Körperschaftsteuerbescheids widerrufen werden. Die Regelungen in Abschnitt 19.2 Abs. 2 und 6 UStAE sind entsprechend anzuwenden. Der Widerruf ist – auch nach Ablauf der Bindungsfrist – nur mit Wirkung ab dem Beginn eines Kalender- oder Wirtschaftsjahres zulässig. 25

Zu § 67 a Abs. 3 AO:

23. Verzichtet ein Sportverein gem. § 67 a Abs. 2 AO auf die Anwendung der Zweckbetriebsgrenze (§ 67 a Abs. 1 Satz 1 AO), sind sportliche Veranstaltungen ein Zweckbetrieb, wenn an ihnen kein bezahlter Sportler des Vereins teilnimmt und der Verein keinen vereinsfremden Sportler selbst oder im Zusammenwirken mit einem Dritten bezahlt. Auf die Höhe der Einnahmen oder Überschüsse dieser sportlichen Veranstaltungen kommt es bei Anwendung des § 67 a Abs. 3 AO nicht an. Sportliche Veranstaltungen, an denen ein oder mehrere Sportler teilnehmen, die nach § 67 a Abs. 3 Satz 1 Nr. 1 oder 2 AO als bezahlte Sportler anzusehen sind, sind steuerpflichtige wirtschaftliche Geschäftsbetriebe. Es kommt nach dem Gesetz nicht darauf an, ob ein Verein eine Veranstaltung von vornherein als steuerpflichtigen wirtschaftlichen Geschäftsbetrieb angesehen oder ob er – aus welchen Gründen auch immer – zunächst irrtümlich einen Zweckbetrieb angenommen hat. 26

24. Unter Veranstaltungen i. S. d. § 67 a Abs. 3 AO sind bei allen Sportarten grundsätzlich die einzelnen Wettbewerbe zu verstehen, die in engem zeitlichen und örtlichen Zusammenhang durchgeführt werden. Bei einer Mannschaftssportart ist also nicht die gesamte Meisterschaftsrunde, sondern jedes einzelne Meisterschaftsspiel die zu beurteilende sportliche Veranstaltung. Bei einem Turnier hängt es von der Gestaltung im Einzelfall ab, ob das gesamte Turnier oder jedes einzelne Spiel als eine sportliche Veranstaltung anzusehen ist. Dabei ist von wesentlicher Bedeutung, ob für jedes Spiel gesondert Eintritt erhoben wird und ob die Einnahmen und Ausgaben für jedes Spiel gesondert ermittelt werden. 27

25. Sportkurse und Sportlehrgänge für Mitglieder und Nichtmitglieder von Sportvereinen sind bei Anwendung des § 67 a Abs. 3 AO als Zweckbetrieb zu behandeln, wenn kein Sportler als Auszubildender teilnimmt, der wegen seiner Betätigung in dieser Sportart als bezahlter Sportler i. S. d. § 67 a Abs. 3 AO anzusehen ist. Die Bezahlung von Ausbildern berührt die Zweckbetriebseigenschaft nicht. 28

26. Ist ein Sportler in einem Kalenderjahr als bezahlter Sportler anzusehen, sind alle in dem Kalenderjahr durchgeführten sportlichen Veranstaltungen des Vereins, an denen der Sportler teilnimmt, ein steuerpflichtiger wirtschaftlicher Geschäftsbetrieb. Bei einem vom Kalenderjahr abweichenden Wirtschaftsjahr ist das abweichende Wirtschaftsjahr zugrunde zu legen. Es kommt nicht darauf an, ob der Sportler die Merkmale des bezahlten Sportlers erst nach Beendigung der sportlichen Veranstaltung erfüllt. Die Teilnahme unbezahlter Sportler an einer Veranstaltung, an der auch bezahlte Sportler teilnehmen, hat keinen Einfluss auf die Behandlung der Veranstaltung als steuerpflichtiger wirtschaftlicher Geschäftsbetrieb. 29

27. Die Vergütungen oder anderen Vorteile müssen in vollem Umfang aus steuerpflichtigen wirtschaftlichen Geschäftsbetrieben oder von Dritten geleistet werden (§ 67 a Abs. 3 Satz 3 AO). Eine Aufteilung der Vergütungen ist nicht zulässig. Es ist also z. B. steuerlich nicht zulässig, Vergütungen an bezahlte Sportler bis zu 520 € im Monat als Ausgaben des steuerbegünstigten Bereichs und nur die 520 € übersteigenden Vergütungen als Ausgaben des steuerpflichtigen wirtschaftlichen Geschäftsbetriebs „sportliche Veranstaltungen" zu behandeln. 30

28. Auch die anderen Kosten müssen aus dem steuerpflichtigen wirtschaftlichen Geschäftsbetrieb „sportliche Veranstaltungen", anderen steuerpflichtigen wirtschaftlichen Geschäftsbetrieben oder von Dritten geleistet werden. Dies gilt auch dann, wenn an der Veranstaltung neben bezahlten Sportlern auch unbezahlte Sportler teilnehmen. Die Kosten eines steuerpflichtigen wirtschaftlichen Geschäftsbetriebs „sportliche Veranstaltungen" sind also nicht danach aufzuteilen, ob sie auf bezahlte oder auf unbezahlte Sportler entfallen. Etwaiger Aufwandsersatz an unbezahlte Sportler für die Teilnahme an einer Veranstaltung mit bezahlten Sportlern ist als eine Ausgabe dieser Veranstaltung zu behandeln. Aus Vereinfachungsgründen ist es aber nicht zu beanstanden, wenn die Aufwandspauschale (vgl. Nr. 32 des AEAO zu § 67 a) an unbezahlte Sportler nicht als Betriebsausgabe des steuerpflichtigen wirtschaftlichen Geschäftsbetriebs behandelt, sondern aus Mitteln des ideellen Bereichs abgedeckt wird. 31

29. Trainingskosten (z. B. Vergütungen an Trainer), die sowohl unbezahlte als auch bezahlte Sportler betreffen, sind nach den im Einzelfall gegebenen Abgrenzungsmöglichkeiten aufzuteilen. Als solche kommen beispielsweise in Betracht der jeweilige Zeitaufwand oder – bei gleichzeitigem Training unbezahlter und bezahlter Sportler – die Zahl der trainierten Sportler oder Mannschaften. Soweit eine Abgrenzung anders nicht möglich ist, sind die auf das Training unbezahlter und bezahlter Sportler entfallenden Kosten im Wege der Schätzung zu ermitteln. 32

30. Werden bezahlte und unbezahlte Sportler einer Mannschaft gleichzeitig für eine Veranstaltung trainiert, die als steuerpflichtiger wirtschaftlicher Geschäftsbetrieb zu beurteilen ist, sind die gesamten Trainingskosten dafür Ausgaben des steuerpflichtigen wirtschaftlichen Geschäftsbetriebs. Die Vereinfachungsregelung in Nr. 28 letzter Satz des AEAO zu § 67 a gilt entsprechend. 33

AEAO 34 **31.** Sportler des Vereins i. S. d. § 67 a Abs. 3 Satz 1 Nr. 1 AO sind nicht nur die (aktiven) Mitglieder des Vereins, sondern alle Sportler, die für den Verein auftreten, z. B. in einer Mannschaft des Vereins mitwirken. Für Verbände gilt Nr. 38 des AEAO zu § 67 a.

35 **32.** Zahlungen an einen Sportler des Vereins bis zu insgesamt 520 € je Monat im Jahresdurchschnitt sind für die Beurteilung der Zweckbetriebseigenschaft der sportlichen Veranstaltungen – nicht aber bei der Besteuerung des Sportlers – ohne Einzelnachweis als Aufwandsentschädigung anzusehen. Werden höhere Aufwendungen erstattet, sind die gesamten Aufwendungen im Einzelnen nachzuweisen. Dabei muss es sich um Aufwendungen persönlicher oder sachlicher Art handeln, die dem Grunde nach Werbungskosten oder Betriebsausgaben sein können.

Die Regelung gilt für alle Sportarten.

36 **33.** Die Regelung über die Unschädlichkeit pauschaler Aufwandsentschädigungen bis zu 520 € je Monat im Jahresdurchschnitt gilt nur für Sportler des Vereins, nicht aber für Zahlungen an andere Sportler. Einem anderen Sportler, der in einem Jahr nur an einer Veranstaltung des Vereins teilnimmt, kann also nicht ein Betrag bis zu 6 240 € als pauschaler Aufwandsersatz dafür gezahlt werden. Vielmehr führt in den Fällen des § 67 a Abs. 3 Satz 1 Nr. 2 AO jede Zahlung an einen Sportler, die über eine Erstattung des tatsächlichen Aufwands hinausgeht, zum Verlust der Zweckbetriebseigenschaft der Veranstaltung.

37 **34.** Zuwendungen der Stiftung Deutsche Sporthilfe, Frankfurt, und vergleichbarer Einrichtungen der Sporthilfe an Spitzensportler sind i. d. R. als Ersatz von besonderen Aufwendungen der Spitzensportler für ihren Sport anzusehen. Sie sind deshalb nicht auf die zulässige Aufwandspauschale von 520 € je Monat im Jahresdurchschnitt anzurechnen. Weisen Sportler die tatsächlichen Aufwendungen nach, so muss sich der Nachweis auch auf die Aufwendungen erstrecken, die den Zuwendungen der Stiftung Deutsche Sporthilfe und vergleichbarer Einrichtungen gegenüberstehen.

38 **35.** Bei der Beurteilung der Zweckbetriebseigenschaft einer Sportveranstaltung nach § 67 a Abs. 3 AO ist nicht zu unterscheiden, ob Vergütungen oder andere Vorteile an einen Sportler für die Teilnahme an sich oder für die erfolgreiche Teilnahme gewährt werden. Entscheidend ist, dass der Sportler aufgrund seiner Teilnahme Vorteile hat, die er ohne seine Teilnahme nicht erhalten hätte. Auch die Zahlung eines Preisgeldes, das über eine Aufwandsentschädigung hinausgeht, begründet demnach einen steuerpflichtigen wirtschaftlichen Geschäftsbetrieb.

39 **36.** Bei einem so genannten Spielertrainer ist zu unterscheiden, ob er für die Trainertätigkeit oder für die Ausübung des Sports Vergütungen erhält. Wird er nur für die Trainertätigkeit bezahlt oder erhält er für die Tätigkeit als Spieler nicht mehr als den Ersatz seiner Aufwendungen (vgl. Nr. 32 des AEAO zu § 67 a), ist seine Teilnahme an sportlichen Veranstaltungen unschädlich für die Zweckbetriebseigenschaft.

40 **37.** Unbezahlte Sportler werden wegen der Teilnahme an Veranstaltungen mit bezahlten Sportlern nicht selbst zu bezahlten Sportlern. Die Ausbildung dieser Sportler gehört nach wie vor zu der steuerbegünstigten Tätigkeit eines Sportvereins, es sei denn, sie werden zusammen mit bezahlten Sportlern für eine Veranstaltung trainiert, die ein steuerpflichtiger wirtschaftlicher Geschäftsbetrieb ist (vgl. Nr. 30 des AEAO zu § 67 a).

41 **38.** Sportler, die einem bestimmten Sportverein angehören und die nicht selbst unmittelbar Mitglieder eines Sportverbandes sind, werden bei der Beurteilung der Zweckbetriebseigenschaft von Veranstaltungen des Verbandes als andere Sportler i. S. d. § 67a Abs. 3 Satz 1 Nr. 2 AO angesehen. Zahlungen der Vereine an Sportler im Zusammenhang mit sportlichen Veranstaltungen der Verbände (z. B. Länderwettkämpfe) sind in diesen Fällen als „Zahlungen von Dritten im Zusammenwirken mit dem Verein" (hier: Verband) zu behandeln.

42 **39.** Ablösezahlungen, die einem steuerbegünstigten Sportverein für die Freigabe von Sportlern zufließen, beeinträchtigen seine Gemeinnützigkeit nicht. Die erhaltenen Beträge zählen zu den Einnahmen aus dem steuerpflichtigen wirtschaftlichen Geschäftsbetrieb „sportliche Veranstaltungen", wenn der den Verein wechselnde Sportler in den letzten zwölf Monaten vor seiner Freigabe bezahlter Sportler i. S. d. § 67 a Abs. 3 Satz 1 Nr. 1 AO war. Ansonsten gehören sie zu den Einnahmen aus dem Zweckbetrieb „sportliche Veranstaltungen".

43 **40.** Zahlungen eines steuerbegünstigten Sportvereins an einen anderen (abgebenden) Verein für die Übernahme eines Sportlers sind unschädlich für die Gemeinnützigkeit des zahlenden Vereins, wenn sie aus steuerpflichtigen wirtschaftlichen Geschäftsbetrieben für die Übernahme eines Sportlers gezahlt werden, der beim aufnehmenden Verein in den ersten zwölf Monaten nach dem Vereinswechsel als bezahlter Sportler i. S. d. § 67 a Abs. 3 Satz 1 Nr. 1 AO anzusehen ist. Zahlungen für einen Sportler, der beim aufnehmenden Verein nicht als bezahlter Sportler anzusehen ist, sind bei Anwendung des § 67 a Abs. 3 AO nur dann unschädlich für die Gemeinnützigkeit des zahlenden Vereins, wenn lediglich die Ausbildungskosten für den den Verein wechselnden Sportler erstattet werden. Eine derartige Kostenerstattung kann bei Zahlungen bis zur Höhe von 2557 € je Sportler ohne weiteres angenommen werden. Bei höheren Kostenerstattungen sind sämtliche Ausbildungskosten im Einzelfall nachzuweisen. Die Zahlungen mindern nicht den Überschuss des steuerpflichtigen wirtschaftlichen Geschäftsbetriebs „sportliche Veranstaltungen".

Zur steuerlichen Behandlung von Ablösezahlungen bei Anwendung der Zweckbetriebsgrenze des § 67 a Abs. 1 Satz 1 AO vgl. Nrn. 17 und 19 des AEAO zu § 67 a.

Zu § 67 a Abs. 4 AO:

41. § 67 a Abs. 4 AO ist eine spezielle, ab dem 1. 1. 2021 geltende Regelung für Organisationsleistungen von Sportdachverbänden, die die sportlichen Veranstaltungen ihrer Mitgliedsvereine organisatorisch ermöglicht. Hierunter fällt in aller Regel die Organisation des Ligaspielbetriebes durch den zuständigen Sportdachverband. 44

Danach sind organisatorische Leistungen eines Sportdachverbandes ein Zweckbetrieb, wenn an der sportlichen Veranstaltung überwiegend, d. h. zu mehr als 50 %, Amateursportler teilnehmen.

Nicht zu den Amateuren gehören die sogenannten „Lizenzsportler" einer Liga. So ist z. B. im Fußballsport Lizenzspieler, wer das Fußballspiel aufgrund eines mit einem Lizenzverein oder einer Kapitalgesellschaft geschlossenen schriftlichen Vertrages betreibt und durch Abschluss eines schriftlichen Lizenzvertrages mit dem Ligaverband zum Spielbetrieb zugelassen ist. Der Begriff des „Lizenzsportlers" beschreibt also einen Status unabhängig von vereinbarten oder erhaltenen Zahlungen.

Nicht steuerbegünstigt sind organisatorische Leistungen, die überwiegend den Lizenzsportlern zugutekommen. Organisatorische Leistungen für den Verkauf von Speisen und Getränken sowie die Werbung sind ebenfalls nicht steuerbegünstigt.

Bei Sportarten mit Ligabetrieb sind alle sportlichen Veranstaltungen einer Liga, z. B. alle Spiele einer Saison, eine einheitliche sportliche Veranstaltung. Organisatorische Leistungen eines Sportdachverbandes können somit ligaweise dem Zweckbetrieb oder dem steuerpflichtigen wirtschaftlichen Geschäftsbetrieb zugeordnet werden, da die Zusammensetzung der spielberechtigten Sportler nach Amateur- und Lizenzspielern dem Dachverband bekannt ist.

Unberührt von der steuerbegünstigten Einstufung des Ligabetriebs auf Verbandsebene bleibt die steuerliche Behandlung der einzelnen Ligaspiele als sportliche Veranstaltung auf Ebene der beteiligten Sportvereine. Diese richtet sich nach § 67 a Abs. 1 oder Abs. 3 AO.

§ 68 Einzelne Zweckbetriebe[1] AO

Zweckbetriebe sind auch:

1. a) Alten-, Altenwohn- und Pflegeheime, Erholungsheime, Mahlzeitendienste, wenn sie in besonderem Maß den in § 53 genannten Personen dienen (§ 66 Absatz 3), 1

b) Kindergärten, Kinder-, Jugend- und Studentenheime, Schullandheime und Jugendherbergen,

c) Einrichtungen zur Versorgung, Verpflegung und Betreuung von Flüchtlingen. ② Die Voraussetzungen des § 66 Absatz 2 sind zu berücksichtigen,

2. a) landwirtschaftliche Betriebe und Gärtnereien, die der Selbstversorgung von Körperschaften dienen und dadurch die sachgemäße Ernährung und ausreichende Versorgung von Anstaltsangehörigen sichern, 2

b) andere Einrichtungen,[2] die für die Selbstversorgung von Körperschaften erforderlich sind, wie Tischlereien, Schlossereien,

wenn die Lieferungen und sonstigen Leistungen dieser Einrichtungen an Außenstehende dem Wert nach 20 Prozent der gesamten Lieferungen und sonstigen Leistungen des Betriebs – einschließlich der an die Körperschaften selbst bewirkten – nicht übersteigen,

3. a) Werkstätten für behinderte Menschen, die nach den Vorschriften des Dritten Buches Sozialgesetzbuch förderungsfähig sind und Personen Arbeitsplätze bieten, die wegen ihrer Behinderung nicht auf dem allgemeinen Arbeitsmarkt tätig sein können, 3

b) Einrichtungen für Beschäftigungs- und Arbeitstherapie, in denen behinderte Menschen aufgrund ärztlicher Indikationen außerhalb eines Beschäftigungsverhältnisses zum Träger der Therapieeinrichtung mit dem Ziel behandelt werden, körperliche oder psychische Grundfunktionen zum Zwecke der Wiedereingliederung in das Alltagsleben wiederherzustellen oder die besonderen Fähigkeiten und Fertigkeiten auszubilden, zu fördern und zu trainieren, die für eine Teilnahme am Arbeitsleben erforderlich sind, und

c) Inklusionsbetriebe[3] im Sinne des § 215 Absatz 1 des Neunten Buches Sozialgesetzbuch, wenn mindestens 40 Prozent der Beschäftigten besonders betroffene

---

[1] Siehe auch Anm. zu § 65.

§ 68 AO ist gegenüber § 65 AO als vorrangige Vorschrift zu verstehen. Daher setzt die steuerliche Begünstigung eines Betriebes als Zweckbetrieb gem. § 68 Nr. 3 Alternative 2 AO nicht voraus, dass die von ihm ausgehende Wettbewerbswirkung das zur Erfüllung des steuerbegünstigten Zwecks unvermeidbare Maß nicht übersteigt *(BFH-Urteil vom 4. 6. 2003 I R 25/02, BStBl. 2004 II S. 660).*

[2] Zum Blockheizkraftwerk als Selbstversorgungseinrichtung i. S. des § 68 Nr. 2 Buchst. b AO vgl. *OFD Frankfurt S 0187 A – 18 – St 53 vom 1. 10. 2013 (DStR S. 2634).*

[3] Beschäftigte der Werkstatt für behinderte Menschen (§ 136 SGB IX a. F., jetzt § 219 SGB IX) können bei der Bestimmung der für ein Integrationsprojekt als Zweckbetrieb (§ 68 Nr. 3 Buchst. c AO) maßgeblichen Beschäftigungsquote zu berücksichtigen sein *(BFH-Urteil vom 27. 2. 2020 V R 10/18, BFH/NV S. 1246).*

Der Verkauf von Waren ist grundsätzlich eine typische Handelstätigkeit, die nicht die Voraussetzungen eines Zweckbetriebs i. S. von § 68 Nr. 4 AO erfüllt. Der Verkauf von Hilfsmitteln für blinde oder sehbehinderte Menschen über ein Ladengeschäft kann aber ein Zweckbetrieb sein, wenn über eine im Einzelhandel übliche reine Produktberatung hinaus weitere – fürsorgeorientierte – Hilfestellungen gegeben werden *(BFH-Urteil vom 17. 11. 2022 V R 12/20, BStBl. 2023 II S. 367).*

schwerbehinderte Menschen im Sinne des § 215 Absatz 1 des Neunten Buches Sozialgesetzbuch sind; auf die Quote werden psychisch kranke Menschen im Sinne des § 215 Absatz 4 des Neunten Buches Sozialgesetzbuch angerechnet,

4 **4. Einrichtungen, die zur Durchführung der Fürsorge für blinde Menschen, zur Durchführung der Fürsorge für körperbehinderte Menschen und zur Durchführung der Fürsorge für psychische und seelische Erkrankungen beziehungsweise Behinderungen unterhalten werden,**

5 **5. Einrichtungen über Tag und Nacht (Heimerziehung) oder sonstige betreute Wohnformen,**

6 **6.[1] von den zuständigen Behörden genehmigte Lotterien und Ausspielungen, wenn der Reinertrag unmittelbar und ausschließlich zur Förderung mildtätiger, kirchlicher oder gemeinnütziger Zwecke verwendet wird,**

7 **7. kulturelle Einrichtungen, wie Museen, Theater, und kulturelle Veranstaltungen, wie Konzerte, Kunstausstellungen; dazu gehört nicht der Verkauf von Speisen und Getränken,**

8 **8.[2] Volkshochschulen und andere Einrichtungen, soweit sie selbst Vorträge, Kurse und andere Veranstaltungen wissenschaftlicher oder belehrender Art durchführen; dies gilt auch, soweit die Einrichtungen den Teilnehmern dieser Veranstaltungen selbst Beherbergung und Beköstigung gewähren,**

9 **9.[3] Wissenschafts- und Forschungseinrichtungen, deren Träger sich überwiegend aus Zuwendungen der öffentlichen Hand oder Dritter oder aus der Vermögensverwaltung finanziert. ②Der Wissenschaft und Forschung dient auch die Auftragsforschung. ③Nicht zum Zweckbetrieb gehören Tätigkeiten, die sich auf die Anwendung gesicherter wissenschaftlicher Erkenntnisse beschränken, die Übernahme von Projektträgerschaften sowie wirtschaftliche Tätigkeiten ohne Forschungsbezug.**

AEAO

Zu § 68 – Einzelne Zweckbetriebe:

Allgemeines

10 **1.** § 68 AO enthält einen gesetzlichen Katalog einzelner Zweckbetriebe und geht als spezielle Norm der Regelung des § 65 AO vor (BFH-Urteil vom 4. 6. 2003, I R 25/02, BStBl. 2004 II S. 660). Die beispielhafte Aufzählung von Betrieben, die ihrer Art nach Zweckbetriebe sein können, gibt wichtige Anhaltspunkte für die Auslegung der Begriffe Zweckbetrieb (§ 65 AO) im Allgemeinen und Einrichtungen der Wohlfahrtspflege (§ 66 AO) im Besonderen.

Zu § 68 Nr. 1 AO:

11 **2.** Unter die Begriffe „Alten-, Altenwohn- und Pflegeheime" fallen Einrichtungen, die gegenüber denen in § 53 Nr. 1 AO genannten Personen Leistungen der Pflege oder Betreuung sowie der Wohnraumüberlassung erbringen und bei denen die Verträge über die Überlassung von Wohnraum und über die Erbringung von Pflege- oder Betreuungsleistungen voneinander abhängig sind (siehe §§ 1, 2 WBVG). Eine für die Allgemeinheit zugängliche Cafeteria ist ein steuerpflichtiger wirtschaftlicher Geschäftsbetrieb. Für Körperschaften, die nicht die Voraussetzungen des § 68 Nr. 1 Buchstabe a AO erfüllen, kommt eine Förderung unter den Voraussetzungen des § 66 AO in Betracht.

12 **3.** Bei Kindergärten, Kinder-, Jugend- und Studentenheimen sowie bei Schullandheimen und Jugendherbergen müssen die geförderten Personen die Voraussetzungen nach § 53 AO nicht erfüllen. Leistungen, die von Jugendherbergen an allein reisende Erwachsene (= Personen nach Vollendung des 27. Lebensjahres) erbracht werden, begründen einen selbständigen steuerpflichtigen wirtschaftlichen Geschäftsbetrieb nach §§ 14, 64 AO (BFH-Urteil vom 10. 8. 2016, V R 11/15, BStBl. 2018 III S. 113).

12a **4.** Flüchtlinge zählen regelmäßig aufgrund ihrer psychischen, physischen oder wirtschaftlichen Situation zu dem von § 53 AO erfassten Personenkreis. Eine Prüfung der Voraussetzungen des § 53 AO der Flüchtlinge ist deshalb bei Einrichtungen zur Versorgung, Verpflegung und Betreuung von Flüchtlingen nicht erforderlich.

Die Einrichtungen dürfen nicht des Erwerbs wegen betrieben werden (§ 66 Abs. 2 AO).

---

[1] Zur erstmaligen Anwendung von Nr. 6 s. Art. 97 § 1e Abs. 1 EGAO **(Anhang I Nr. 1).**

[2] Kongressveranstaltungen eines Vereins zur Förderung der Open-Source-Software können Zweckbetriebe i. S. von § 68 Nr. 8 AO sein, wenn dabei Vorträge, Kurse und andere Veranstaltungen wissenschaftlicher und belehrender Art durchgeführt werden *(BFH-Urteil vom 21. 6. 2017 V R 34/16, BStBl. 2018 II S. 55).*

[3] Zur erstmaligen Anwendung von Nr. 9 s. Art. 97 § 1e Abs. 2 EGAO **(Anhang I Nr. 1).**

BFH-Urteil vom 26. 9. 2019 V R 16/18, BFH/NV 2020 S. 38: 1. Für die Finanzierung des Trägers einer Wissenschafts- und Forschungseinrichtung i. S. von § 68 Nr. 9 AO kommt es auf den Mitteltransfer an, der ihm ohne eigene Gegenleistung zufließt. Zum Zweckbetrieb nach § 68 Nr. 9 AO gehören nur notwendige Nebentätigkeiten zur Eigen- und Grundlagenforschung.

Zu § 68 Nr. 2 AO:

5. Von § 68 Nr. 2 Buchstabe b AO werden nur solche Selbstversorgungseinrichtungen umfasst, die den darin genannten Handwerksbetrieben vergleichbar sind. Werden auch Leistungen gegenüber Außenstehenden erbracht, sind nur solche Einrichtungen der steuerbegünstigten Körperschaft begünstigt, die nicht regelmäßig ausgelastet sind und deshalb gelegentlich auch Leistungen an Außenstehende erbringen, nicht aber solche, die über Jahre hinweg Leistungen an Außenstehende ausführen und hierfür auch personell entsprechend ausgestattet sind (vgl. BFH-Urteil vom 29. 1. 2009, V R 46/06, BStBl. II, S. 560). Außenstehende im Sinne dieser Regelung sind auch Arbeitnehmer der Körperschaft. Bei Lieferungen und Leistungen an Außenstehende tritt die Körperschaft mit Dritten in Leistungsbeziehung. Solange der Umfang dieser Geschäfte an Dritte, hierzu gehören auch Leistungsempfänger, die selbst eine steuerbegünstigte Körperschaft i. S. d. § 68 Nr. 2 AO sind (BFH-Urteil vom 18. 10. 1990, V R 35/85, BStBl. 1991 II S. 157), nicht mehr als 20% der gesamten Lieferungen und Leistungen der begünstigten Körperschaft ausmachen, bleibt die Zweckbetriebseigenschaft erhalten. 13

Zu § 68 Nr. 3 AO:

6. Der Begriff „Werkstatt für behinderte Menschen" bestimmt sich nach § 219 SGB IX. Werkstätten für behinderte Menschen bedürfen der förmlichen Anerkennung. Anerkennungsbehörde ist die Bundesagentur für Arbeit, die im Einvernehmen mit dem überörtlichen Träger der Sozialhilfe über die Anerkennung einer Einrichtung als Werkstatt für behinderte Menschen durch Anerkennungsbescheid entscheidet (§ 225 SGB IX). 14

Läden oder Verkaufsstellen von Werkstätten für behinderte Menschen sind grundsätzlich als Zweckbetriebe zu behandeln, wenn dort Produkte verkauft werden, die von der – den Laden oder die Verkaufsstelle betreibenden – Werkstatt für behinderte Menschen oder einer anderen Werkstatt für behinderte Menschen i. S. d. § 68 Nr. 3 Buchstabe a AO hergestellt worden sind. Werden von dem Laden oder der Verkaufsstelle der Werkstatt für behinderte Menschen auch zugekaufte Waren, die nicht von ihr oder von anderen Werkstätten für behinderte Menschen hergestellt worden sind, weiterverkauft, liegt insoweit ein gesonderter steuerpflichtiger wirtschaftlicher Geschäftsbetrieb vor.

Zu den Zweckbetrieben gehören auch die von den Trägern der Werkstätten für behinderte Menschen betriebenen Kantinen, weil die besondere Situation der behinderten Menschen auch während der Mahlzeiten eine Betreuung erfordert.

7. Der Umfang eines Inklusionsbetriebs richtet sich nach der sozialrechtlichen Einordnung. Inklusionsbetriebe i. S. d. § 215 SGB IX sind rechtlich und wirtschaftlich selbständige Unternehmen oder unternehmensinterne oder von öffentlichen Arbeitgebern i. S. d. § 154 Abs. 2 SGB IX geführte Betriebe oder Abteilungen zur Beschäftigung von schwerbehinderten oder diesen gleichgestellten Menschen, deren Teilhabe an einer sonstigen Beschäftigung auf dem allgemeinen Arbeitsmarkt aufgrund von Art oder Schwere der Behinderung oder wegen sonstiger Umstände voraussichtlich trotz Ausschöpfens aller Fördermöglichkeiten und des Einsatzes von Integrationsfachdiensten auf besondere Schwierigkeiten stößt. Es ist damit möglich, dass ein Inklusionsbetrieb als rechtlich und wirtschaftlich selbständiges Inklusionsunternehmen, unternehmensinterner Inklusionsbetrieb oder unternehmensinterne Inklusionsabteilung ausgestaltet wird. Davon abhängig sind bei der Quotenberechnung jeweils andere Bezugsgrößen bei der Anzahl der Beschäftigten zugrunde zu legen. Inklusionsbetriebe i. S. d. § 215 SGB IX müssen mindestens 30% und sollen in der Regel nicht mehr als 50% der genannten Personengruppe beschäftigen, um sozialrechtlich als Inklusionsbetrieb anerkannt werden zu können. 15

Für die steuerliche Eignung als Zweckbetrieb bedarf es insgesamt einer Beschäftigungsquote von mindestens 40% der genannten Personengruppen. Auf diese Quoten wird auch die Anzahl der psychisch kranken beschäftigten Menschen angerechnet, die behindert oder von einer Behinderung bedroht sind und deren Teilhabe an einer sonstigen Beschäftigung auf dem allgemeinen Arbeitsmarkt auf Grund von Art und Schwere der Behinderung oder wegen sonstiger Umstände auf besondere Schwierigkeiten stößt. Für Inklusionsbetriebe wird anders als bei Werkstätten für behinderte Menschen kein förmliches Anerkennungsverfahren durchgeführt. Als Nachweis für die Eigenschaft als Inklusionsbetrieb dient in der Regel der Bescheid des zuständigen Integrationsamtes über erbrachte Leistungen nach § 217 SGB IX (Leistungsbescheid) sowie, im Falle einer Beschäftigung psychisch kranker Menschen, der Leistungsbescheid des zuständigen Rehabilitationsträgers. Bei der Ermittlung der Beschäftigungsquote von 40% sind alle schwerbehinderten, gleichgestellten und psychisch kranken Menschen zu berücksichtigen, für die das jeweils zuständige Integrationsamt bzw. der zuständige Rehabilitationsträger Leistungen nach § 217 SGB IX erbringen kann. Schwerbehinderte und diesen gleichgestellte Menschen sowie psychisch kranke Beschäftigte von Inklusionsbetrieben, für die dem Arbeitgeber eine Förderung nach § 61 SGB IX (Budget für Arbeit) oder § 61a SGB IX (Budget für Ausbildung) gewährt wird, gehören regelmäßig zur Zielgruppe des § 215 SGB IX und sind entsprechend bei der Quotenberechnung zu berücksichtigen.

Die Ermittlung der Zahl der Beschäftigten erfolgt mittels Kopfzählung. Dabei gilt der Arbeitsplatzbegriff des § 156 SGB IX. Demnach sind Teilzeitbeschäftigte mit und ohne Behinderung grundsätzlich ab einem wöchentlichen Beschäftigungsumfang von 18 Stunden voll zu berücksich-

AEAO

tigen. Schwerbehinderte oder diesen gleichgestellte Teilzeitbeschäftigte sind bereits ab einem Beschäftigungsumfang von 12 Wochenstunden voll zu berücksichtigen (§ 185 Abs. 2 Satz 3 SGB IX).

Für Altfälle bis einschließlich VZ 2018 wird nicht beanstandet, wenn die bis zum 30. 1. 2019 gültige Fassung der Nr. 6 des AEAO zu § 68 Nr. 3 angewendet wird.

16 **8.** Zusätzliche Beschäftigungsmöglichkeiten für (schwer-)behinderte Menschen schaffen Handelsbetriebe, die als wohnortnahe Einzelhandelsgeschäfte beispielsweise mit einem Lebensmittelvollsortiment und entsprechendem Einsatz von Fachpersonal betrieben werden. Mit dieser Beschäftigungsform soll behinderten Menschen eine Möglichkeit zur Teilhabe am Arbeitsleben auf dem allgemeinen Arbeitsmarkt auch außerhalb von Werkstätten für behinderte Menschen geboten werden.

Handelsbetriebe, die keine Läden oder Verkaufsstellen von Werkstätten für behinderte Menschen i. S. d. Nr. 6 des AEAO zu § 68 darstellen, können als Inklusionsbetrieb (vgl. Nr. 7 des AEAO zu § 68) oder als zusätzlicher Arbeitsbereich, zusätzlicher Betriebsteil oder zusätzliche Betriebsstätte einer (anerkannten) Werkstatt für behinderte Menschen gegründet werden. Im letzteren Fall muss die Werkstatt für behinderte Menschen bei den Anerkennungsbehörden (§ 225 SGB IX) die Erweiterung der anerkannten Werkstatt um den zusätzlichen Arbeitsbereich, den Betriebsteil oder die zusätzliche Betriebsstätte „Handelsbetrieb" anzeigen und um deren Einbeziehung in die Anerkennung nach § 225 SGB IX ersuchen. Die Anerkennungsbehörden prüfen, ob die anerkannte Werkstatt für behinderte Menschen auch mit einer solchen Erweiterung insgesamt noch die Anerkennungsvoraussetzungen als Werkstatt für behinderte Menschen nach § 225 SGB IX erfüllt.

Handelsbetriebe, die von den Sozialbehörden als Inklusionsbetriebe gefördert werden, stellen grundsätzlich einen steuerbegünstigten Zweckbetrieb nach § 68 Nr. 3 Buchstabe c AO dar, wenn die Beschäftigungsquote von 40% der Personengruppe erreicht ist.

Die von den Sozialbehörden vorgenommene sozialrechtliche Einordnung dieser Handelsbetriebe als Teil einer Werkstatt für behinderte Menschen (§ 68 Nr. 3 Buchstabe a AO) oder als Inklusionsbetrieb (§ 68 Nr. 3 Buchstabe c AO) soll von der zuständigen Finanzbehörde regelmäßig übernommen werden. Dem zuständigen Finanzamt obliegt aber die abschließende rechtsverbindliche Entscheidung im Einzelfall. Dabei kommt den Bescheiden der Sozialbehörden (Anerkennungsbescheid nach § 225 SGB IX bzw. Bescheid über erbrachte Leistungen nach § 217 SGB IX) grundsätzlich Tatbestandswirkung zu. Die Bescheide stellen aber keine Grundlagenbescheide i. S. d. § 171 Abs. 10 AO dar.

17 **9.** Einrichtungen für Beschäftigungs- und Arbeitstherapie, die der Eingliederung von behinderten Menschen dienen, sind besondere Einrichtungen, in denen eine Behandlung von behinderten Menschen aufgrund ärztlicher Indikationen erfolgt. Während eine Beschäftigungstherapie ganz allgemein das Ziel hat, körperliche oder psychische Grundfunktionen zum Zwecke der Wiedereingliederung in das Alltagsleben wiederherzustellen, zielt die Arbeitstherapie darauf ab, die besonderen Fähigkeiten und Fertigkeiten auszubilden, zu fördern und zu trainieren, die für eine Teilnahme am Arbeitsleben erforderlich sind. Beschäftigungs- und Arbeitstherapie sind vom medizinischen Behandlungszweck geprägt und erfolgen regelmäßig außerhalb eines Beschäftigungsverhältnisses zum Träger der Therapieeinrichtung. Ob eine entsprechende Einrichtung vorliegt, ergibt sich aufgrund der Vereinbarungen über Art und Umfang der Heilbehandlung und Rehabilitation zwischen dem Träger der Einrichtung und den Leistungsträgern.

Zu § 68 Nr. 4 AO:

18 **10.** Begünstigte Einrichtungen sind insbesondere Werkstätten, die zur Fürsorge von blinden Menschen, Menschen mit körperlichen Behinderungen sowie Menschen mit psychischen und seelischen Erkrankungen beziehungsweise Behinderungen unterhalten werden.

Zu § 68 Nr. 6 AO:

19 **11.** Lotterien und Ausspielungen sind ein Zweckbetrieb, wenn sie von den zuständigen Behörden genehmigt sind oder nach den jeweiligen landesrechtlichen Bestimmungen wegen des geringen Umfangs der Ausspielung oder Lotterieveranstaltung per Verwaltungserlass pauschal als genehmigt gelten. Die sachlichen Voraussetzungen und die Zuständigkeit für die Genehmigung bestimmen sich nach den lotterierechtlichen Verordnungen der Länder. Der Gesetzeswortlaut lässt es offen, in welchem Umfang solche Lotterien veranstaltet werden dürfen. Da eine besondere Einschränkung fehlt, ist auch eine umfangreiche Tätigkeit so lange unschädlich, als die allgemein durch das Gesetz gezogenen Grenzen nicht überschritten werden. Die jährliche Organisation einer Tombola durch eine reine Förderkörperschaft nach § 58 Abs. 1 Satz 4 AO ist im Rahmen der Gesamtbetrachtung selbst dann als steuerbegünstigter Zweckbetrieb nach § 68 Nr. 6 AO zu beurteilen, wenn die Körperschaft die Mittel überwiegend aus der Ausrichtung der Tombola erzielt.

20 **12.** Zur Ermittlung des Reinertrags dürfen den Einnahmen aus der Lotterieveranstaltung oder Ausspielung nur die unmittelbar damit zusammenhängenden Ausgaben gegenübergestellt werden. Führt eine steuerbegünstigte Körperschaft eine Lotterieveranstaltung durch, die nach dem Rennwett- und Lotteriegesetz nicht genehmigungsfähig ist, z. B. eine Ausspielung anlässlich einer geselligen Veranstaltung, handelt es sich insoweit nicht um einen Zweckbetrieb nach § 68 Nr. 6 AO.

AEAO

Zu § 68 Nr. 7 AO:

13. Wegen der Breite des Spektrums, die die Förderung von Kunst und Kultur umfasst, ist die im Gesetz enthaltene Aufzählung der kulturellen Einrichtungen nicht abschließend. 21

14. Kulturelle Einrichtungen und Veranstaltungen i. S. d. § 68 Nr. 7 AO können nur vorliegen, wenn die Förderung der Kultur Satzungszweck der Körperschaft ist. Sie sind stets als Zweckbetrieb zu behandeln. Das BFH-Urteil vom 4. 5. 1994, XI R 109/90, BStBl. II S. 886 zu sportlichen Darbietungen eines Sportvereins (vgl. Nr. 3 des AEAO zu § 67 a) gilt für kulturelle Darbietungen entsprechend. Demnach liegt auch dann eine kulturelle Veranstaltung der Körperschaft vor, wenn diese eine Darbietung kultureller Art im Rahmen einer Veranstaltung präsentiert, die nicht von der Körperschaft selbst organisiert wird und die ihrerseits keine kulturelle Veranstaltung i. S. d. § 68 Nr. 7 AO darstellt. Wenn z. B. ein steuerbegünstigter Musikverein, der der Förderung der volkstümlichen Musik dient, gegen Entgelt im Festzelt einer Brauerei ein volkstümliches Musikkonzert darbietet, gehört der Auftritt des Musikvereins als kulturelle Veranstaltung zum Zweckbetrieb. 22

15. Der Verkauf von Speisen und Getränken und die Werbung bei kulturellen Veranstaltungen gehören nicht zu dem Zweckbetrieb. Diese Tätigkeiten sind gesonderte wirtschaftliche Geschäftsbetriebe. Wird für den Besuch einer kulturellen Veranstaltung mit Bewirtung ein einheitliches Entgelt entrichtet, so ist dieses – ggf. im Wege der Schätzung – in einen Entgeltsanteil für den Besuch der Veranstaltung (Zweckbetrieb) und für die Bewirtungsleistungen (wirtschaftlicher Geschäftsbetrieb) aufzuteilen. 23

Zu § 68 Nr. 8 AO:

16. An Veranstaltungen belehrender Art i. S. d. § 68 Nr. 8 AO sind keine besonderen inhaltlichen Anforderungen zu stellen. Es genügt, dass bei den jeweiligen Veranstaltungen überwiegend Vorträge gehalten werden, die naturgemäß belehrenden Charakter haben (BFH-Urteil vom 21. 6. 2017, V R 34/16, BStBl. 2018 II S. 55). 24

Zu § 68 Nr. 9 AO:

17. Bei der Anwendung des § 68 Nr. 9 AO bestehen keine Unterschiede zwischen Wissenschaftseinrichtungen und Forschungseinrichtungen. Die nachfolgenden Erläuterungen zur steuerlichen Behandlung von Forschungseinrichtungen gelten deshalb auch für Wissenschaftseinrichtungen. 25

18. § 68 Nr. 9 AO gilt nur für Körperschaften, deren satzungsmäßiger Zweck die Förderung von Wissenschaft und Forschung ist. Fördert die Körperschaft daneben nach ihrer Satzung auch andere steuerbegünstigte Zwecke, ist § 68 Nr. 9 AO nur anzuwenden, wenn die Forschungstätigkeit bei der tatsächlichen Geschäftsführung die Förderung der anderen steuerbegünstigten Zwecke überwiegt. 26

Die Sonderregelung in § 68 Nr. 9 AO geht der allgemeinen Regelung über die Zweckbetriebseigenschaft wirtschaftlicher Betätigungen in § 65 AO vor. Die Zweckbetriebseigenschaft der Forschungstätigkeit von Forschungseinrichtungen, auf die § 68 Nr. 9 AO anzuwenden ist, richtet sich deshalb ausschließlich nach dieser Vorschrift. Darauf, ob die Forschungstätigkeit die Voraussetzungen des § 65 AO erfüllt, kommt es nicht an. Dies gilt auch dann, wenn die Forschungseinrichtung die Voraussetzungen des § 68 Nr. 9 AO für die Annahme eines Zweckbetriebs nicht erfüllt. Die gesamte Forschungstätigkeit ist in diesem Fall ein steuerpflichtiger wirtschaftlicher Geschäftsbetrieb.

Die steuerliche Beurteilung der Zweckbetriebseigenschaft von wirtschaftlichen Geschäftsbetrieben, die nicht unmittelbar der Forschung dienen, richtet sich nach den §§ 65 bis 68 Nrn. 1 bis 8 AO. Danach ist z. B. die teilweise Überlassung der Nutzung eines Rechenzentrums für Zwecke Dritter gegen Entgelt ein steuerpflichtiger wirtschaftlicher Geschäftsbetrieb. Zweckbetriebe kommen insbesondere bei der Förderung anderer steuerbegünstigter Zwecke in Betracht (z. B. Unterhaltung eines Museums durch den Träger einer Forschungseinrichtung – § 68 Nr. 7 AO).

Betreibt eine steuerbegünstigte Körperschaft, auf die § 68 Nr. 9 AO nicht anzuwenden ist, auch Forschung, ist die Zweckbetriebseigenschaft der Forschungstätigkeit nach § 65 AO zu beurteilen. Hierbei sind die Grundsätze des BFH-Urteils vom 30. 11. 1995, V R 29/91, BStBl. 1997 II S. 189, zu beachten. Danach ist die Auftragsforschung ein steuerpflichtiger wirtschaftlicher Geschäftsbetrieb. Falls sich die Auftragsforschung nicht von der Grundlagen- oder Eigenforschung abgrenzen lässt, liegt insgesamt ein steuerpflichtiger wirtschaftlicher Geschäftsbetrieb vor.

Eine Körperschaft ist nicht selbstlos tätig und kann deshalb nicht als gemeinnützig behandelt werden, wenn sie in erster Linie nicht steuerbegünstigte, sondern eigenwirtschaftliche Zwecke verfolgt (§ 55 Abs. 1 Satz 1 AO). Zweckbetriebe sind bei dieser Abgrenzung dem ideellen steuerbegünstigten Bereich zuzuordnen. Wenn eine Forschungseinrichtung nach § 68 Nr. 9 AO ein Zweckbetrieb ist, besteht deshalb die unwiderlegbare Vermutung, dass das Schwergewicht ihrer Tätigkeit im steuerbegünstigten Bereich liegt. Bei einer Forschungseinrichtung, auf die § 68 Nr. 9 AO anzuwenden ist, deren Träger die Finanzierungsvoraussetzungen der Vorschrift jedoch nicht erfüllt, kann nicht zwingend davon ausgegangen werden, dass sie in erster Linie eigenwirtschaftliche Zwecke verfolgt. Nach den Grundsätzen des BFH-Urteils vom 4. 4. 2007, I R 76/05, BStBl. II S. 631, ist unter Berücksichtigung der gesamten Umstände des Einzelfalls zu prüfen, ob sich die Auftragsforschung von der steuerbegünstigten Tätigkeit trennen lässt. Ist in diesem Fall die Auf-

AEAO

tragsforschung von untergeordneter Bedeutung, kann der Träger der Einrichtung nach § 5 Abs. 1 Nr. 9 KStG gleichwohl steuerbefreit sein und die Auftragsforschung lediglich einen steuerpflichtigen wirtschaftlichen Geschäftsbetrieb (§ 64 AO) darstellen. Die Steuerbefreiung nach § 5 Abs. 1 Nr. 9 KStG geht nur dann verloren, wenn die Auftragsforschung als eigenständiger Zweck neben die Eigenforschung (Grundlagenforschung) tritt und somit gegen das Gebot der Ausschließlichkeit des § 56 AO verstoßen wird.

27 **19.** Unter „Träger" einer Forschungseinrichtung ist die Körperschaft (z. B. Verein, GmbH) zu verstehen, die die Einrichtung betreibt. Wie sich die Mitglieder oder Gesellschafter der Körperschaft finanzieren, ist ohne Bedeutung.

28 **20.** Die überwiegende Finanzierung des Trägers ergibt sich aus der Gegenüberstellung der Zuwendungen an den Träger von dritter Seite zuzüglich der Einnahmen aus der Vermögensverwaltung einerseits und der übrigen Einnahmen des Trägers andererseits. Zuwendungen von dritter Seite sind nur unentgeltliche Leistungen. Dazu gehören z. B. die Projektförderung von Bund, Ländern und der Europäischen Union, Spenden und echte Mitgliedsbeiträge.

Fördert die Körperschaft auch andere steuerbegünstigte Zwecke als die Wissenschaft und Forschung und geschieht dies durch einen Zweckbetrieb, sind die Einnahmen und Überschüsse aus diesem Zweckbetrieb bei der Beurteilung der Frage, aus welchen Mitteln sich der Träger der Forschungseinrichtung überwiegend finanziert, nicht zu berücksichtigen. Die Einnahmen und Überschüsse anderer Zweckbetriebe sind also weder als Zuwendungen noch als andere (schädliche) Mittelzuflüsse zu erfassen.

In welchem Jahr die Einnahmen anzusetzen sind, bestimmt sich nach den Grundsätzen der steuerlichen Einkünfteermittlung. Bei Körperschaften, die den Gewinn durch Betriebsvermögensvergleich (§ 4 Abs. 1 oder § 5 EStG) ermitteln, sind Forderungszugänge bereits als Einnahmen zu erfassen. Bei anderen Körperschaften sind die im Kalenderjahr zugeflossenen Einnahmen maßgeblich (§ 11 EStG). Der Beurteilung, ob der Träger einer Forschungseinrichtung sich überwiegend aus Zuwendungen und der Vermögensverwaltung finanziert, ist grundsätzlich ein Dreijahreszeitraum zugrunde zu legen. Dieser umfasst den zu beurteilenden und die beiden vorangegangenen Veranlagungszeiträume.

Beispiel

Jahr	Zuwendungen und Vermögensverwaltung	Andere Finanzierung	Gesamtfinanzierung
	€	€	€
01	1 000	1 100	2 100
02	1 400	1 000	2 400
03	1 200	1 300	2 500
Zusammen	3 600	3 400	7 000

Im Jahr 03 (zu beurteilender Veranlagungszeitraum) liegt ein Zweckbetrieb vor, weil sich der Träger der Forschungseinrichtung im maßgeblichen Beurteilungszeitraum (Jahre 01 bis 03) überwiegend aus Zuwendungen und der Vermögensverwaltung finanziert hat. Für die Beurteilung der Zweckbetriebseigenschaft im Jahr 04 ist die Finanzierung des Trägers der Forschungseinrichtung in den Jahren 02 bis 04 zugrunde zu legen.

29 **21.** Die Anfertigung von Prototypen und die Nullserie gehören noch zur Forschungstätigkeit.

Bei Routinemessungen, dem Routineeinsatz eines Ergebnisses und der Fertigung marktfähiger Produkte ist grundsätzlich anzunehmen, dass sich die Tätigkeit auf die Anwendung gesicherter wissenschaftlicher Erkenntnisse beschränkt. Dies ist eine Vermutung, die im Einzelfall von der Forschungseinrichtung widerlegt werden kann.

Bei der Anfertigung von Gutachten kommt es bei der Zuordnung auf Thema und Inhalt an. Gutachten, in denen lediglich gesicherte wissenschaftliche Erkenntnisse verwertet werden, gehören nicht zur Forschungstätigkeit.

„Projektträgerschaften" sind von der „Projektförderung" zu unterscheiden.

„Projektförderung" ist die Vergabe von Zuwendungen für bestimmte, einzeln abgrenzbare Forschungs- und Entwicklungsvorhaben an Forschungseinrichtungen, z. B. durch Bund, Länder und Europäische Union. Bei der Forschungseinrichtung liegen hierbei Zuwendungen i. S. d. § 68 Nr. 9 Satz 1 AO vor.

„Projektträgerschaft" ist die fachliche und verwaltungsmäßige Betreuung und Abwicklung der Projektförderung durch Forschungseinrichtungen (Projektträger) im Auftrag des Bundes oder eines Landes. Zu den Aufgaben der Projektträger gehören u. a. die Prüfung und Beurteilung der Förderanträge der Forschungseinrichtungen, die eine Projektförderung beantragen, mit Entscheidungsvorschlag, Verwaltung der vom Zuwendungsgeber bereitgestellten Mittel, Kontrolle der Abwicklung des Vorhabens, Mitwirkung bei der Auswertung und Veröffentlichung der Arbeitsergebnisse. Die Projektträger erhalten vom Zuwendungsgeber ein Entgelt in Höhe der bei ihnen entstandenen Selbstkosten. Projektträgerschaften sind steuerpflichtige wirtschaftliche Geschäftsbetriebe. Bei der Beurteilung, wie sich die Forschungseinrichtung überwiegend finanziert, gehören die Einnahmen aus Projektträgerschaften zu den Einnahmen, die den Zuwendungen und den Einnahmen aus der Vermögensverwaltung gegenüber zu stellen sind.

Eine Tätigkeit ohne Forschungsbezug ist z. B. der Betrieb einer Kantine.

Vierter Abschnitt. Haftung[1]

§ 69 Haftung der Vertreter[2]

AO

① **Die in den §§ 34 und 35[3] bezeichneten Personen haften[4], soweit[5] Ansprüche aus dem Steuerschuldverhältnis (§ 37) infolge vorsätzlicher oder grob fahrlässiger Verlet-** 1

---

[1] Zum Anwendungsbereich vgl. Art. 97 § 11 EGAO, zur Anwendung in den neuen Bundesländern vgl. Art. 97 a § 2 Nr. 6 EGAO **(Anhang I Nr. 1)**.

[2] Die Geschäftsführerhaftung wird von der Sperrwirkung des § 93 InsO nicht erfasst und kann auch nach der Eröffnung des Insolvenzverfahrens von dem FA mit Haftungsbescheid geltend gemacht werden *(BFH-Beschluss vom 2. 11. 2001 VII B 155/01, BStBl. 2002 II S. 73,* siehe auch *BGH-Urteil vom 4. 7. 2002 IX ZR 265/01, BStBl. II S. 786).*

[3] Zur Haftung des **Vereinsvorsitzenden** vgl. *BFH-Urteil vom 20. 1. 1998 VII R 80/97, BFH/NV S. 814.* Ein ehrenamtlich und unentgeltlich tätiger Vorsitzender eines Vereins, der sich als solcher wirtschaftlich betätigt und zur Erfüllung seiner Zwecke Arbeitnehmer beschäftigt, haftet für die Erfüllung der steuerlichen Verbindlichkeiten des Vereins grundsätzlich nach denselben Grundsätzen wie ein Geschäftsführer einer GmbH *(BFH-Urteil vom 23. 6. 1998 VII R 4/98, BStBl. II S. 761).*

Die für das Verhältnis mehrerer Geschäftsführer entwickelten Grundsätze für die Möglichkeit einer Begrenzung der Verantwortlichkeit des gesetzlichen Vertreters einer juristischen Person durch eine Verteilung der Aufgaben innerhalb derselben gelten auch für die Übertragung steuerlicher Pflichten einer juristischen Person (hier: eines Vereins) auf deren Abteilungen *(BFH-Urteil vom 13. 3. 2003 VII R 46/02, BStBl. II S. 556).*

Sind dem zweiten Vorsitzenden eines Vereins dessen Liquiditätsschwierigkeiten bekannt, wird eine von vornherein schriftlich vereinbarte Aufgabenverteilung dahingehend, dass die steuerlichen Verpflichtungen der erste Vorsitzende wahrzunehmen hat, hinfällig und es gilt der Grundsatz der Gesamtverantwortlichkeit. In diesem Fall ist der zweite Vorsitzende zur Überwachung und Nachprüfung der Einhaltung der steuerlichen Verpflichtungen des Vereins durch den ersten Vorsitzenden verpflichtet *(BFH-Beschluss vom 21. 8. 2000 VII B 260/99, BFH/NV 2001 S. 413).*

Eine Haftung nach § 69 scheidet generell aus, wenn der Vertreter im Zeitpunkt der Fälligkeit der Steuerschuld nicht mehr verfügungsberechtigt ist (z. B. wegen Konkurseröffnung oder Anordnung der Sequestration; *BFH-Urteil vom 17. 11. 1992 VII R 13/92, BStBl. 1993 II S. 471).*

Eine schuldhafte Pflichtverletzung iSv. § 69 AO des Geschäftsführers einer in Insolvenz geratenen GmbH liegt nicht vor, wenn dieser nach Kenntniserlangung von der durch den vorläufigen Insolvenzverwalter veranlassten Stornierung mehrerer Überweisungsaufträge nicht innerhalb von zwei Tagen rechtliche Schritte gegen die Bank oder den Insolvenzverwalter einleitet. Denn es hieße die Pflichten des GmbH-Geschäftsführers zu überspannen, von diesem eine umfassende Kontrolle der Tätigkeit des vom Insolvenzgericht eingesetzten Verwalters zu verlangen *(BFH-Beschluss vom 3. 12. 2004 VII B 178/04, BFH/NV S. 661).*

Eine Inhaftungnahme des nominell bestellten Geschäftsführers für die Steuerschulden der GmbH ist auch dann von der Finanzbehörde in Betracht zu ziehen, wenn dieser lediglich als **„Strohmann"** eingesetzt worden ist *(BFH-Urteil vom 11. 3. 2004 VII R 52/02, BStBl. II S. 579).*

Der **Geschäftsführer einer GmbH** haftet auch dann, wenn nach dem Fälligkeitszeitpunkt, aber vor Ablauf der Schonfrist unerwartet Zahlungsunfähigkeit der GmbH eintritt *(BFH-Urteil vom 11. 12. 1990 VII R 85/88, BStBl. 1991 II S. 282).*

[4] Pflichtverletzung und Verschulden des Haftungsschuldners nach § 69 Satz 1 AO richtet sich bei der Haftung für pauschalierte LSt nach dem Zeitpunkt ihrer Fälligkeit *(BFH-Urteil vom 3. 5. 1990 VII R 108/88, BStBl. II S. 767).*

Zur Geschäftsführerhaftung, wenn trotz ausreichenden Kreditvolumens bei der Hausbank der GmbH die Löhne an die Arbeitnehmer in voller Höhe ausgezahlt, die LSt jedoch zum Fälligkeitszeitpunkt nicht an das FA abgeführt wird, s. *BFH-Urteil vom 16. 7. 1996 VII R 133/95, BFH/NV 1997 S. 4; BFH-Beschluss vom 31. 3. 1998 VII B 293/97, BFH/NV S. 1321.*

Die Nichtabführung von LSt zu den gesetzlichen Fälligkeitszeitpunkten stellt regelmäßig eine zumindest grob fahrlässige Verletzung der Pflichten eines GmbH-Geschäftsführers dar. Zahlungsschwierigkeiten der GmbH ändern weder etwas an der Pflicht noch schließen sie Verschulden bei Nichterfüllung der Pflicht aus *(BFH-Beschluss vom 21. 12. 1998 VII B 175/98, BFH/NV 1999 S. 745).* Das gilt auch im Fall der nachträglichen Pauschalierung der Lohnsteuer *(BFH-Urteil vom 14. 12. 2021 VII R 32/20, BStBl. II S. 537).* Die bloße Erwartung, Lohnsteuerrückstände durch Kredite, Realisierung von Außenständen, öffentliche Fördermittel oder durch die Aufrechnung mit Steuererstattungsansprüchen ausgleichen zu können, entbindet den Geschäftsführer in der Liquiditätskrise nicht von seiner Pflicht, die Löhne zu kürzen, um zumindest die auf die gekürzten Löhne entfallende LSt abführen zu können *(BFH-Beschluss vom 9. 12. 2005 VII B 124–125/05, BFH/NV 2006 S. 897).* An einer schuldhaften Verletzung von Pflichten bei der Auszahlung von Löhnen ohne Einbehaltung von LSt fehlt es nur dann, wenn der Geschäftsführer fest damit rechnen kann, dass die für die LSt benötigten Mittel am Fälligkeitstag zur Verfügung stehen. Dass er erwarten durfte, sie später entrichten zu können, genügt nicht, auch wenn er insoweit auf den Zufluss von Landesmitteln hofft *(BFH-Beschluss vom 5. 5. 1999 VII B 311/98, BFH/NV S. 1445).* Die Erwartung, Lohnsteuerrückstände später ausgleichen zu können, entlastet den Geschäftsführer auch dann nicht ohne weiteres, wenn er meint, die Steuerschulden später aufgrund von einer Behörde gewährter Kredite oder sonstiger Fördermittel ausgleichen zu können *(BFH-Beschluss vom 1. 2. 2000 VII B 256/99, BFH/NV S. 939).*

Auch bei Zahlungen, die ein Gesellschafter-Geschäftsführer auf die von der GmbH geschuldeten Löhne aus seinem eigenen Vermögen ohne unmittelbare Berührung der Vermögenssphäre der Gesellschaft und ohne dieser gegenüber dazu verpflichtet zu sein, selbst erbringt, hat er dafür zu sorgen, dass die LSt einbehalten und an das FA abgeführt wird *(BFH-Urteil vom 22. 11. 2005 VII R 21/05, BStBl. 2006 II S. 397).*

Der gesetzliche Vertreter einer Kapitalgesellschaft haftet auch für nicht abgeführte LSt, die auf den eigenen Arbeitslohn entfällt, wobei grundsätzlich angenommen wird, dass der Gesellschafter/Geschäftsführer einer GmbH über die von der Gesellschaft geschuldete Vergütung einschließlich der darauf entfallenden LSt bei deren Fälligkeit verfügen kann. Eine solche Verfügung kann auch in der Überlassung der Gehaltsanteile als Darlehen an die Gesellschaft liegen *(BFH-Beschluss vom 8. 5. 2001 VII B 252/00, BFH/NV S. 1222).*

BFH-Urteil vom 5. 6. 2007 VII R 65/05, BStBl. 2008 II S. 273: 1. Werden fällig gewordene Steuerbeträge pflichtwidrig nicht an das FA abgeführt, kann die Kausalität dieser Pflichtverletzung für einen dadurch beim Fiskus entstandenen Vermögensschaden nicht durch nachträglich eingetretene Umstände oder durch die Annahme eines hypothetischen Kausalverlaufs beseitigt werden. 2. Die Frage, ob ein hypothetischer Kausalverlauf bei der haftungsrechtlichen Inanspruchnahme Berücksichtigung finden kann, ist im Rahmen der Schadenszurechnung unter Berücksichtigung des Schutzzwecks von § 69 AO zu beantworten. 3. Die Funktion und der Schutzzweck des in § 69 AO normierten Haftungstatbestandes schließen die Berücksichtigung hypothetischer Kausalverläufe aus. Deshalb entfällt die Haftung eines GmbH-Geschäftsführers nicht dadurch, dass der Steuerausfall unter Annahme einer hypothetischen, auf § 130 Abs. 1 InsO gestützten Anfechtung gedachter Steuerzahlungen durch den Insolvenzverwalter ebenfalls entstanden wäre.

[Fortsetzung nächste Seite]

zung der ihnen auferlegten Pflichten nicht oder nicht rechtzeitig festgesetzt oder erfüllt oder soweit infolgedessen Steuervergütungen oder Steuererstattungen ohne recht-

[Fortsetzung]

Kommt es mangels Masse nicht zur Eröffnung des beantragten Insolvenzverfahrens über das Vermögen einer GmbH, können bei der haftungsrechtlichen Inanspruchnahme des GmbH-Geschäftsführers nach § 69 AO hypothetische Betrachtungen über eine mögliche Anfechtung etwaiger Steuerzahlungen durch den Insolvenzverwalter keine Berücksichtigung finden *(BFH-Beschluss vom 23. 4. 2007 VII B 92/06, BStBl. 2009 II S. 622).*

BFH-Urteil vom 23. 9. 2008 VIII R 27/07, BStBl. 2009 II S. 129: 1. Allein der Antrag auf Eröffnung des Insolvenzverfahrens befreit den GmbH-Geschäftsführer nicht von der Haftung wegen Nichtabführung der einbehaltenen Lohnsteuer. 2. Sind im Zeitpunkt der Lohnsteuer-Fälligkeit noch liquide Mittel zur Zahlung der Lohnsteuer vorhanden, besteht die Verpflichtung des Geschäftsführers zu deren Abführung so lange, bis ihm durch Bestellung eines (starken) Insolvenzverwalters oder Eröffnung des Insolvenzverfahrens die Verfügungsbefugnis entzogen wird. 3. Die Haftung ist auch nicht ausgeschlossen, wenn die Nichtzahlung der fälligen Steuern in die dreiwöchige Schonfrist fällt, die dem Geschäftsführer zur Massesicherung ab Feststellung der Zahlungsunfähigkeit gemäß § 64 Abs. 1 Satz 1 GmbHG eingeräumt ist (Fortentwicklung der Senatsrechtsprechung im Hinblick auf die geänderte Rechtsprechung des *BGH im Urteil vom 14. 5. 2007 II ZR 48/06, DStR 2007 S. 1174*).

BFH-Beschluss vom 19. 2. 2010 VII B 190/09, BFH/NV S. 1120: 1. Der Frage, welche rechtlichen Schritte ein Geschäftsführer einer insolventen GmbH in zumutbarer Weise unternehmen muss, um gegen einen **vorläufigen Insolvenzverwalter** vorzugehen, der in den Zahlungsverkehr der GmbH eingreift, kommt deshalb keine grundsätzliche Bedeutung zu, weil es von den konkreten Umständen des Einzelfalls abhängt, ob und welche Maßnahmen der Geschäftsführer in solchen Fällen ergreifen muss. 2. Für den Geschäftsführer einer insolventen GmbH besteht keine Pflicht in umfassender Weise und nicht nur im Wege einer zivilrechtlichen Klage auf einen vorläufigen Insolvenzverwalter einzuwirken. Die Auswahl der angemessenen und effektivsten Mittel bleibt grundsätzlich dem Geschäftsführer überlassen.

Die Verpflichtung eines gesetzlichen Vertreters zur fristgerechten Abführung von Steuern in der finanziellen Krise der von ihm vertretenen Gesellschaft besteht so lange fort, bis ihm durch die Bestellung eines sog. starken vorläufigen Insolvenzverwalters oder durch die Eröffnung des Insolvenzverfahrens die Verfügungsbefugnis entzogen wird *(BFH-Beschluss vom 15. 6. 2009 VII B 196/08, BFH/NV S. 1605).*

BFH-Urteil vom 5. 6. 2007 VII R 19/06, BFH/NV S. 2225: 1. Dem vorläufigen Insolvenzverwalter mit Zustimmungsvorbehalt steht das Recht zu, den Schuldner an der Genehmigung von Belastungsbuchungen im Einzugsermächtigungsverfahren zu hindern. 2. Veranlasst ein vorläufiger Insolvenzverwalter mit Zustimmungsvorbehalt eine Kontosperrung, handelt der Geschäftsführer der insolventen GmbH nicht schuldhaft i. S. v. § 69 AO, wenn er das Verhalten des Insolvenzverwalters nicht vorausschauend bedacht und für die Entrichtung der Lohnsteuer noch vor dem Antrag auf Eröffnung des Insolvenzverfahrens gesorgt hat.

BFH-Urteil vom 21. 7. 2009 VII R 49/08, BStBl. 2010 II S. 13: Jedenfalls nach der Rechtslage bis zum Inkrafttreten des Gesetzes zur Vereinfachung des Insolvenzverfahrens vom 13. 4. 2007 konnte das FA den Insolvenzverwalter über das Vermögen des Geschäftsführers einer GmbH, der nach Eröffnung des Insolvenzverfahrens die von der GmbH geschuldeten Lohnsteuern nicht abgeführt hat, nicht mit Haftungsbescheid in Anspruch nehmen. Die Haftungsschuld war keine Masseverbindlichkeit. Die bloße Duldung der Geschäftsführertätigkeit durch den Insolvenzverwalter erfüllte nicht das Tatbestandsmerkmal des Verwaltens der Insolvenzmasse i. S. des § 55 Abs. 1 Nr. 1 2. Halbsatz InsO.

BFH-Beschluss vom 21. 10. 2003 VII B 353/02, BFH/NV 2004 S. 157: 1. Eine schriftliche Vereinbarung über die Verteilung der Aufgaben innerhalb der Geschäftsführung ist grundlegende Voraussetzung dafür, dass ein Geschäftsführer von der umfassenden Sorge für die ordnungsgemäße Erfüllung der steuerlichen Pflichten der Gesellschaft (teilweise) entlastet ist. 2. Ein nicht mit den steuerlichen Angelegenheiten der Gesellschaft betrauter Geschäftsführer muss sich von dem pflichtgemäßen Verhalten des Mitgeschäftsführers, dem diese Aufgaben übertragen sind, überzeugen. 3. Der Geschäftsführer kann nicht deshalb von der Haftung freigestellt werden, weil er nicht über ausreichende Kenntnisse und Fähigkeiten verfügt, um die ordnungsgemäße Erledigung der steuerlichen Angelegenheiten durch den Mitgeschäftsführer der GmbH wirkungsvoll zu überwachen; er darf dann das Amt eines Geschäftsführers nicht übernehmen oder muss es zumindest sofort niederlegen, sobald er sein eigenes Unvermögen erkennt (ständige Rspr. des BFH).

BFH-Urteil vom 28. 11. 2002 VII R 41/01, BStBl. 2003 II S. 337: 1. Der gesetzliche Vertreter einer GmbH ist auch in Zeiten der Krise nicht verpflichtet, von Geschäften Abstand zu nehmen, weil diese Umsatzsteuer auslösen; das gilt grundsätzlich auch für die Ausübung steuerlicher Gestaltungsrechte wie der Option nach § 9 UStG. Ein Konkursverwalter verletzt jedoch seine steuerlichen Pflichten, wenn er aufgrund einer Vereinbarung mit einem Grundpfandgläubiger ein Grundstück unter Verzicht auf die Umsatzsteuerbefreiung freihändig verkauft und den Kaufpreisanspruch an den Grundpfandgläubiger abtritt, obwohl er weiß, dass Mittel zur Tilgung der Steuerschuld nicht zur Verfügung stehen (Abgrenzung zu *BFH-Urteil vom 9. 1. 1997 VII R 51/96, BFH/NV S. 324).* 2. Der Grundsatz der anteiligen Tilgung wird durch die konkursrechtlichen Vorschriften modifiziert.

Die Mittelvorsorgepflicht des Geschäftsführers wird nicht durch Umsatzsteuer auslösende Dispositionen verletzt. Denn bei ordnungsgemäßer Abwicklung eines Umsatzsteuer auslösenden Verkaufsgeschäftes ist der Geschäftsführer durch die Zahlung des Rechnungsbetrages – unabhängig von der Zahlungsfähigkeit der GmbH im Übrigen – in der Lage, die darin enthaltene Umsatzsteuer abzuführen *(BFH-Beschluss vom 7. 9. 2007 VII B 181/06, BFH/NV S. 2233).*

Eine Pflichtverletzung liegt auch darin, dass er, obwohl ihm dies möglich gewesen wäre, nicht durch eine Nettokaufpreisvereinbarung dafür Sorge trägt, dass die GmbH über den der USt entsprechenden Anteil des vom Erwerber im Hinblick auf die Option gezahlten Kaufpreises verfügen kann *(BFH-Urteil vom 16. 12. 2003 VII R 77/00, BStBl. 2005 II S. 249).*

BFH-Beschluss vom 31. 10. 2005 VII B 66/05, BFH/NV 2006 S. 480: 1. Der Geschäftsführer einer GmbH darf nicht blind auf die ordnungsgemäße Aufgabenerledigung eines für die GmbH tätigen Dritten vertrauen und auf eine Überwachung gänzlich verzichten. Vielmehr hat er sich fortlaufend über den Geschäftsgang zu unterrichten, so dass ihm Unregelmäßigkeiten nicht über einen längeren Zeitraum verborgen bleiben können. 2. Diese Grundsätze gelten auch für einen Geschäftsführer einer in eine Unternehmensgruppe eingebundenen GmbH. Die Übertragung von steuerlichen Pflichten innerhalb einer Holding kann deshalb nicht zu einer Haftungsfreistellung des GmbH-Geschäftsführers führen.

Eine Beschränkung der Geschäftsführerhaftung nach dem **Grundsatz „anteiliger Tilgung"** setzt voraus, dass der Haftende durch Vorlage geeigneter Aufzeichnungen und Belege erkennbar macht, in welchem Umfang die Gesellschaft im Haftungszeitraum Zahlungen an ihre verschiedenen Gläubiger geleistet hat *(BFH-Beschluss vom 11. 7. 2001 I B 2/01 BFH/NV 2002 S. 6).*

Ist eine genaue Ermittlung der Haftungsquote mangels Verfügbarkeit dafür geeigneter betrieblicher Unterlagen unmöglich, ist eine Schätzung der Haftungsquote ungeachtet der Erfüllung oder Nichterfüllung der Mitwirkungspflicht des Haftungsschuldners jedenfalls dann zulässig, wenn die Gründe für die Unaufklärbarkeit der für die Ermittlung der Haftungsquote maßgeblichen Geschäftsvorfälle im Verantwortungsbereich der vom Haftungsschuldner vertretenen GmbH liegen, auch wenn der Haftungsschuldner daran persönlich keine Schuld tragen mag *(BFH-Beschluss vom 27. 12. 2005 VII B 268/04, BFH/NV 2006 S. 708).*

Macht der Haftungsschuldner keine oder nur unvollständige Angaben, kann er sich auf Schätzungsfehler des FA nur in einem eingeschränkten Umfang berufen. Will er eine für ihn günstigere Haftungsquote erreichen, bleibt es ihm vorbehalten,

[Fortsetzung nächste Seite]

lichen Grund gezahlt werden. ② Die Haftung umfasst auch die infolge der Pflichtverletzung zu zahlenden Säumniszuschläge.[1]

Zu § 69 – Haftung der Vertreter: AEAO

1. Bevollmächtigte, Beistände und Vertreter (§§ 80 und 81 AO) haften nur, wenn sie gleichzeitig Vertreter oder Verfügungsberechtigte[2] i. S. d. §§ 34 und 35 AO (z. B. Vermögensverwalter, Konkursverwalter,[3] Insolvenzverwalter, Testamentsvollstrecker) sind. 2

[Fortsetzung]
entsprechende Unterlagen vorzulegen. Das Maß der Verletzung der dem Haftungsschuldner nach § 90 Abs. 1 und § 93 Abs. 1 AO obliegenden Mitwirkungspflicht und Auskunftspflicht hat das FG bei der Ausübung seiner Schätzungsbefugnis zu berücksichtigen *(BFH-Urteil vom 25. 5. 2004 VII R 8/03, BFH/NV S. 1499).*

Bei der Berechnung der Haftungssumme und der Ermittlung der Tilgungsquote muss eine vermeintliche Tilgungsvordringlichkeit bestimmter Zahlungsverpflichtungen unberücksichtigt bleiben. Die anzustellende Vergleichsrechnung soll nicht mit unübersehbaren Ausnahmen und Komplikationen belastet werden *(BFH-Beschluss vom 4. 5. 2004 VII B 318/03, BStBl. 2008 II S. 508).*

Bei der Ermittlung der Haftungsquote für die Umsatzsteuer sind die im Haftungszeitraum getilgten Lohnsteuern weder bei den Gesamtverbindlichkeiten noch bei den geleisteten Zahlungen zu berücksichtigen *(BFH-Urteil vom 27. 2. 2007 VII R 60/05, BFH/NV S. 1731).*

Die Haftung eines GmbH-Geschäftsführers richtet sich auch bei Nichtabgabe der Voranmeldung nach dem Grundsatz anteiliger Tilgung *(BFH-Urteil vom 5. 3. 1991 VII R 93/88, BStBl. II S. 678).* Dieser Grundsatz kann auch dann Anwendung finden, wenn der Geschäftsführer einer GmbH zugleich den Haftungstatbestand des § 71 verwirklicht hat *(BFH-Urteil vom 26. 8. 1992 VII R 50/91, BStBl. 1993 II S. 8).* Der zur Haftung für rückständige USt einer GmbH nach §§ 69, 34 AO herangezogene Geschäftsführer ist im Rahmen seiner Mitwirkungspflicht verpflichtet, dem FA die zur Ermittlung der anteiligen USt-Quote notwendigen Angaben und Unterlagen (über die Verbindlichkeiten und die hierauf geleisteten Zahlungen der Gesellschaft) beizubringen *(BFH-Beschluss vom 3. 5. 1999 VII S 1/99, BFH/NV 2000 S. 1).* Für die Haftung des Geschäftsführers einer GmbH für Verspätungszuschläge gilt der Grundsatz der anteiligen Tilgung auch dann, wenn er die Lohnsteueranmeldungen pflichtwidrig nicht oder nicht rechtzeitig abgegeben hat *(BFH-Urteil vom 1. 8. 2000 VII R 110/99, BStBl. II 2001 S. 271).*

Für die Berechnung der Tilgungsquote zur Ermittlung des Haftungsbetrages für USt genügt die Angabe, welche betrieblichen Verbindlichkeiten innerhalb des Haftungszeitraumes fällig geworden sind, da auf die Verhältnisse des Steuerschuldners während des gesamten Haftungszeitraumes und nicht auf die Liquidität zu den einzelnen Zahlungs- und Fälligkeitszeitpunkten abzustellen ist *(BFH-Beschluss vom 17. 12. 1999 VII B 83/99, BFH/NV 2000 S. 1068).*

Dem Geschäftsführer einer GmbH als Haftungsschuldner kann ein Verschulden des steuerlichen Beraters der GmbH bei der Fertigung von Steuererklärungen nicht zugerechnet werden. Trifft ihn persönlich kein Auswahl- oder Überwachungsverschulden und hat er keinen Anlass, die inhaltliche Richtigkeit der von dem steuerlichen Berater gefertigten Steuererklärung der GmbH zu überprüfen, so haftet er nicht für Steuerverkürzungen, die auf fehlerhaften Steuererklärungen beruhen *(BFH-Urteil vom 30. 8. 1994 VII R 101/92, BStBl. 1995 II S. 278).*

[5] Gehaftet wird nur, soweit die Steueransprüche infolge ihrer Pflichtverletzung nicht oder nicht rechtzeitig festgesetzt oder erfüllt werden. Nur solche Pflichtverletzungen können für den „Erfolg" kausal sein, die allgemein und erfahrungsgemäß geeignet sind, einen derartigen Erfolg zu verursachen (sog. „Adäquanztheorie"; vgl. *BFH-Urteil vom 17. 11. 1992 VII R 13/92, BStBl. 1993 II S. 471* m. w. N.). Der Ursachenzusammenhang darf nicht außerhalb des Wahrscheinlichen liegen. Der Zusammenhang ist entsprechend § 287 ZPO in freier Würdigung festzustellen. Ein etwa mitwirkendes Verschulden des FA schließt die Haftung ganz oder teilweise aus (vgl. z. B. *BFH-Urteil vom 9. 11. 1984 17 R 40/83, BStBl. 1985 II S. 135).*

Zur Begründung der Kausalität bedarf es der Feststellung, dass die Steuerschuldnerin nach Entstehung der Umsatzsteuerschulden zu deren Zahlung in der Lage gewesen ist *(BFH-Urteil vom 6. 3. 2001 VII R 17/00, BFH/NV S. 1100).*

Der Geschäftsführer haftet nur in dem Umfang, als es bei ordnungsgemäßer Auswahl und Überwachung des Erfüllungsgehilfen nicht zu dem Steuerausfall gekommen wäre *(BFH-Beschluss vom 18. 8. 1999 VII B 106/99, BFH/NV 2000 S. 541).*

Pflichtwidrigkeit des Verhaltens des Geschäftsführers indiziert den Schuldvorwurf *(BFH-Beschluss vom 14. 9. 1999 VII B 33/99, BFH/NV 2000 S. 303).*

Der Geschäftsführer einer GmbH kann sich gegenüber der Haftungsinanspruchnahme nicht darauf berufen, dass er aufgrund seiner persönlichen Fähigkeiten nicht in der Lage gewesen sei, den Aufgaben eines Geschäftsführers nachzukommen. Wer den Anforderungen an einen gewissenhaften Geschäftsführer nicht entsprechen kann, muss von der Übernahme der Geschäftsführung absehen bzw. das Amt niederlegen *(BFH-Beschluss vom 15. 11. 2022 VII R 23/19, BStBl. 2023 II S. 549).*

BFH-Urteil vom 30. 8. 2005 VII R 61/04, BFH/NV 2006 S. 232: 1. Eine Minderung oder ein Ausschluss der Haftung aufgrund eines **Mitverschuldens des FA** kommt nur dann in Betracht, wenn das finanzbehördliche Fehlverhalten ein solch erhebliches Ausmaß annimmt, dass demgegenüber das Verschulden des Haftungsschuldners nicht entscheidend ins Gewicht fällt. 2. Eine vorsätzliche Pflichtverletzung des Haftungsschuldners schließt die Berücksichtigung eines etwaigen Mitverschuldens des FA grundsätzlich aus.

Hat das FG die Nichtabführung der Lohnsteuer als eine vorsätzliche Pflichtverletzung des GmbH-Geschäftsführers gewertet, so ist angesichts dieses höchsten Verschuldensgrades ein Mitverschulden des FA von vornherein unbeachtlich. Ein etwaiges Mitverschulden des FA kann nur dann im Rahmen der Ermessensausübung Berücksichtigung finden, wenn es gegenüber dem Verschulden des Haftungsschuldners deutlich überwiegt *(BFH-Beschluss vom 21. 9. 2009 VII B 85/09, BFH/NV 2010 S. 11).*

[1] Zu Säumniszuschlägen s. § 240 AO.

Zum Umfang der Haftung des GmbH-Geschäftsführers für Säumniszuschläge, die während seiner Tätigkeit angefallen sind, vgl. *BFH-Urteil vom 24. 1. 1989 VII B 188/88, BStBl. II S. 315.*

[2] Zur Haftung einer Bank als Verfügungsberechtigte (§§ 35, 69) für die Steuerschulden des Kreditnehmers reicht es grundsätzlich nicht aus, dass sie sich zur Sicherung ihrer Betriebskredite die Forderungen des Kreditnehmers hat abtreten lassen und dass sie in tatsächlicher Hinsicht auf dessen Geschäftsführung und die Vermögensdispositionen Einfluss nehmen kann *(BFH-Urteil vom 16. 3. 1995 VII R 38/94, BStBl. II S. 859).*

[3] Der **Konkursverwalter** haftet für Steuerschulden, die Masseschulden sind, nach § 69 AO.

Ein Konkursverwalter verletzt die ihm nach § 34 Abs. 3 i. V. m. Abs. 1 zu erfüllenden steuerlichen Pflichten schon dadurch, dass er in Kenntnis des Fehlens vorhandener Mittel in dem von ihm verwalteten Vermögen einem anderen eine Rechnung mit offen ausgewiesener USt erteilt, ohne dazu berechtigt zu sein (§ 14 Abs. 3 Satz 2 UStG). Für einen daraus dem Steuergläubiger entstehenden Schaden haftet er uneingeschränkt; der haftungsbegrenzende Grundsatz der anteiligen Tilgung greift unter diesen Umständen nicht ein *(BFH-Urteil vom 21. 6. 1994 VII R 34/92, BStBl. 1995 II S. 230).*

3 2. Die Haftung wird durch Erlass eines Haftungsbescheids gem. § 191 AO geltend gemacht. Wegen der Einwendungen des Haftenden gegen den ursprünglichen Steuerbescheid Hinweis auf § 166 AO, wegen des Leistungsgebots vgl. AEAO zu § 219 AO; wegen der Verpflichtung zur Anhörung der zuständigen Berufskammern vgl. AEAO zu § 191 AO.

AO

§ 70 Haftung des Vertretenen

1 (1) **Wenn die in den §§ 34 und 35 bezeichneten Personen bei Ausübung ihrer Obliegenheiten eine Steuerhinterziehung[1] oder eine leichtfertige Steuerverkürzung[2] begehen oder an einer Steuerhinterziehung teilnehmen und hierdurch Steuerschuldner oder Haftende werden, so haften[3] die Vertretenen, soweit sie nicht Steuerschuldner sind, für die durch die Tat verkürzten Steuern und die zu Unrecht gewährten Steuervorteile.**

2 (2) ① **Absatz 1 ist nicht anzuwenden bei Taten gesetzlicher Vertreter natürlicher Personen, wenn diese aus der Tat des Vertreters keinen Vermögensvorteil erlangt haben.** ② **Das Gleiche gilt, wenn die Vertretenen denjenigen, der die Steuerhinterziehung oder die leichtfertige Steuerverkürzung begangen hat, sorgfältig ausgewählt und beaufsichtigt haben.**

AEAO

Zu § 70 – Haftung des Vertretenen:

3 Die Vorschrift hat vor allem Bedeutung auf dem Gebiet des Zoll- und Verbrauchsteuerrechts, im Bereich der Besitz- und Verkehrsteuern kommt ihre Anwendung insbesondere bei Abzugsteuern in Betracht. Für Handlungen eines Arbeitnehmers wird nur gehaftet, wenn dieser zu dem in den §§ 34 und 35 genannten Personenkreis gehört.

AO

§ 71 Haftung des Steuerhinterziehers[4] und des Steuerhehlers

1 **Wer eine Steuerhinterziehung[5] oder eine Steuerhehlerei[6] begeht oder an einer solchen Tat teilnimmt, haftet[7] für die verkürzten Steuern und die zu Unrecht gewährten Steuervorteile sowie für die Zinsen nach § 235 und die Zinsen nach § 233 a, soweit diese nach § 235 Absatz 4 auf die Hinterziehungszinsen angerechnet werden.**

---

[1] Strafvorschrift gem. § 370 AO.

[2] Bußgeldvorschrift gem. § 378 AO.

[3] Zum Haftungsbescheid s. § 191 AO. Zur Begrenzung der Zahlungspflicht vgl. § 219 AO.

[4] Eine Haftung wegen Steuerhinterziehung scheidet aus, wenn auch ohne die vorsätzliche Tat keine Steuer entstanden wäre *(BFH-Urteil vom 13. 7. 1994 I R 112/93, BStBl. 1995 II S. 198)*. Die Inanspruchnahme des Hinterziehers von Einfuhrumsatzsteuer als Haftungsschuldner ist nicht schon deshalb ermessensfehlerhaft, weil die Steuer im Falle ihrer Entrichtung von dem einführenden Unternehmer als Vorsteuer hätte abgezogen werden können *(BFH-Urteil vom 5. 6. 1985 VII R 57/82, BStBl. II S. 688)*.

Bei Anwendung des § 71 AO ist der Grundsatz in dubio pro reo zu beachten *(BFH-Beschluss vom 4. 3. 1999 II B 52/98, BFH/NV S. 1185 m. w. N.)*.

Die Grundsätze der anteiligen Haftung für die USt können auch dann Anwendung finden, wenn der Geschäftsführer einer GmbH zugleich den Haftungstatbestand des § 71 verwirklicht hat *(BFH-Urteil vom 26. 8. 1992 VII R 50/91, BStBl. 1993 II S. 8)*.

BFH-Urteil vom 12. 2. 2009 VI R 40/07, BStBl. II S. 478: 1. Liegt eine vorsätzlich begangene Steuerstraftat vor, ist das Auswahlermessen des FA insoweit vorgeprägt, als die Haftungsschuld gegen den **Steuerstraftäter** festzusetzen ist und dass es einer besonderen Begründung dieser Ermessensbetätigung nicht bedarf. 2. Diese Vorprägung des Ermessens gilt insbesondere auch dann, wenn sich mehrere Haftungsschuldner einer Steuerhinterziehung schuldig gemacht haben und deshalb bei der Ausübung des Auswahlermessens grundsätzlich gleichrangig nebeneinander stehen. 3. Der jeweils betroffene Haftungsschuldner kann in diesem Fall nicht beanspruchen, dass das FA bei der Ermessensausübung in einer Weise differenziert, dass andere Haftungsschuldner abgabenrechtlich in Anspruch genommen werden, er selbst hingegen nicht.

BFH-Beschluss vom 8. 6. 2007 VII B 280/06, BFH/NV S. 1822: 1. Auf eine ausdrückliche Begründung der Ermessensentscheidung des FA bezüglich der Haftungsinanspruchnahme des Haupttäters einer Steuerstraftat kann verzichtet werden, wenn neben dem Haupttäter auch ein oder mehrere **Gehilfen** bei der Steuerstraftat als Haftungsschuldner in Betracht kommen. Dann kann die Auswahlentscheidung – von Besonderheiten des Einzelfalls, die dem FA bekannt sein müssen, abgesehen – regelmäßig nicht zu dem Ergebnis führen, den Haupttäter nicht in Anspruch zu nehmen. 2. Die Nichtberücksichtigung eines weiteren Haftungsschuldners könnte die Ermessensausübung nur dann als fehlerhaft erscheinen lassen, wenn die Einbeziehung dieses Gesamtschuldners in die vorzunehmende Abwägung wahrscheinlich dazu geführt hätte, dass dieser vorrangig in Anspruch zu nehmen gewesen wäre und dass der eigentliche Haupttäter von einer Haftung hätte freigestellt werden müssen. 3. Sind die Haftungsschuldner prinzipiell gleichrangig (mehrere Täter) oder ist der Herangezogene nachrangig (Gehilfe), kann er nur aufgrund einer einzelfallbezogenen Abwägung gerechtfertigt sein, nur einen der gleichrangig Haftenden bzw. nur den nachrangig Haftenden in Anspruch zu nehmen, den anderen dagegen nicht.

Bei einer vorsätzlichen Beihilfe zur Steuerhinterziehung ist die Inanspruchnahme des Gehilfen als Haftungsschuldner auch ohne nähere Darlegung der Ermessenserwägungen als ermessensgerecht nach § 102 FGO anzusehen; die Vorprägung der Ermessensentscheidung durch die Teilnahme an der Steuerhinterziehung ist nicht nur für die Inanspruchnahme dem Grunde nach, sondern auch für die Inanspruchnahme der Höhe nach gegeben *(BFH-Urteil vom 21. 1. 2004 XI R 3/03, BStBl. I S. 919)*.

Gegen den Mittäter oder Teilnehmer einer Steuerhinterziehung kann ein Haftungsbescheid nach § 71 AO ergehen, wenn wegen Aufteilung der Steuerschuld nach §§ 268, 278 AO gegen diesen nicht als Steuerschuldner vollstreckt werden kann *(BFH-Urteil vom 7. 3. 2006 X R 8/05, BStBl. 2007 II S. 594)*.

BFH-Urteil vom 19. 12. 2013 III R 25/10, BStBl. 2015 II S. 119: Wer einen Subventionsbetrug begeht oder an einer solchen Tat teilnimmt, haftet nicht nach § 71 AO für die zu Unrecht gewährte Investitionszulage (Änderung der Senatsrechtsprechung).

[Fortsetzung nächste Seite]

Zu § 71 – Haftung des Steuerhinterziehers und des Steuerhehlers: AEAO

Zur Frage der Feststellung, ob Steuern hinterzogen worden sind, vgl. AEAO zu § 169, Nr. 2.1 und 2.2. 2

§ 72 Haftung bei Verletzung der Pflicht zur Kontenwahrheit AO

Wer vorsätzlich oder grob fahrlässig der Vorschrift des § 154 Absatz 3 zuwiderhandelt,[1] haftet, soweit dadurch die Verwirklichung von Ansprüchen aus dem Steuerschuldverhältnis beeinträchtigt wird.

§ 72 a Haftung Dritter bei Datenübermittlungen an Finanzbehörden

(1) ① **Der Hersteller von Programmen im Sinne des § 87 c haftet, soweit die Daten infolge einer Verletzung seiner Pflichten nach § 87 c unrichtig oder unvollständig verarbeitet und dadurch Steuern verkürzt oder zu Unrecht steuerliche Vorteile erlangt werden.** ② **Die Haftung entfällt, soweit der Hersteller nachweist, dass die Pflichtverletzung nicht auf grober Fahrlässigkeit oder Vorsatz beruht.** 1

(2) ① **Wer als Auftragnehmer (§ 87 d) Programme zur Verarbeitung von Daten im Auftrag im Sinne des § 87 c einsetzt, haftet, soweit** 2

1. auf Grund unrichtiger oder unvollständiger Übermittlung Steuern verkürzt oder zu Unrecht steuerliche Vorteile erlangt werden oder

2. er seine Pflichten nach § 87 d Absatz 2 verletzt hat und auf Grund der von ihm übermittelten Daten Steuern verkürzt oder zu Unrecht steuerliche Vorteile erlangt werden.

② **Die Haftung entfällt, soweit der Auftragnehmer nachweist, dass die unrichtige oder unvollständige Übermittlung der Daten oder die Verletzung der Pflichten nach § 87 d Absatz 2 nicht auf grober Fahrlässigkeit oder Vorsatz beruht.**

(3) **Die Absätze 1 und 2 gelten nicht für Zusammenfassende Meldungen im Sinne des § 18 a Absatz 1 des Umsatzsteuergesetzes.** 3

(4) **Wer nach Maßgabe des § 93 c Daten an die Finanzbehörden zu übermitteln hat und vorsätzlich oder grob fahrlässig** 4

1. unrichtige oder unvollständige Daten übermittelt oder

2. Daten pflichtwidrig nicht übermittelt,

haftet für die entgangene Steuer.

§ 73 Haftung bei Organschaft

① **Eine Organgesellschaft haftet für solche Steuern des Organträgers, für welche die Organschaft zwischen ihnen steuerlich von Bedeutung ist.[2]** ② **Haftet eine Organgesellschaft, die selbst Organträger ist, nach Satz 1, haften ihre Organgesellschaften neben ihr ebenfalls nach Satz 1.** ③ **Den Steuern stehen die Ansprüche auf Erstattung von Steuervergütungen gleich.** 1

[Fortsetzung]

Es ist ernstlich zweifelhaft, welche Auswirkungen es für die Haftung (§ 71 AO) des Leiters der Wertpapierabteilung eines Kreditinstituts hat, wenn auf seine Initiative und mit seiner Billigung Wertpapiere anonym ins Ausland verlagert worden sind, jedoch die mutmaßlichen Haupttäter einer Steuerhinterziehung nicht ermittelt werden können und folglich nicht individuell festgestellt werden kann, ob eine Steuerhinterziehung überhaupt begangen und welche Steuer dadurch konkret hinterzogen worden ist *(BFH-Beschluss vom 16. 7. 2009 VIII B 64/09, BStBl. 2010 II S. 8).*

[5] Strafvorschrift gem. § 370 AO.

BFH-Urteil vom 15. 1. 2013 VIII R 22/10, BStBl. II S. 526: 1. Die Haftung nach § 71 AO setzt u. a. voraus, dass der Tatbestand einer Steuerhinterziehung erfüllt ist. 2. Im Zusammenhang mit anonymisierten Kapitaltransfers ins Ausland setzt die Feststellung einer Steuerhinterziehung voraus, dass der jeweilige Inhaber des in das Ausland transferierten Kapitals daraus in der Folge Erträge erzielt hat, die der Besteuerung im Inland unterlagen, dass er z. B. unrichtige Angaben in seiner Steuererklärung gemacht, dadurch Steuern hinterzogen und dabei vorsätzlich gehandelt hat. 3. Kann das FG verbleibende Zweifel, ob und in welchem Umfang Steuerhinterziehungen begangen wurden, nicht ausräumen, muss es wegen der insoweit bestehenden Feststellungslast des FA zu dessen Lasten den Haftungstatbestand iSd § 71 AO verneinen.

[6] Strafvorschrift gem. § 374 AO.

[7] Zum Haftungsbescheid s. § 191 AO.

Zur Begrenzung der Zahlungspflicht vgl. § 219 AO.

Für die Haftung des Lieferers in einem Umsatzsteuerkarussell gemäß § 71 der Abgabenordnung bestimmt sich der Vermögensschaden des Fiskus grundsätzlich nach den verkürzten (vorsätzlich nicht angemeldeten) nominalen Steuerbeträgen für die Lieferungen und nicht nach den beim Leistungsempfänger zu dessen Gunsten unberechtigt verrechneten oder an diesen ausgezahlten Vorsteuerbeträgen *(BFH-Urteil vom 5. 8. 2010 V R 13/09, BFH/NV 2011 S. 81).*

---

[1] Zum Begriff s. *BFH-Urteil vom 17. 2. 1989 III R 35/85, BStBl. 1990 II S. 263.*

[2] Der Gegenstand der Haftung (§ 73 Satz 1 AO) ist für eine körperschaftsteuerrechtliche Organschaft (§ 14 Abs. 1 Satz 1 KStG) auf solche Steueransprüche beschränkt, die gegen den durch das konkrete Organschaftsverhältnis bestimmten Organträger gerichtet sind. Dies ist auch bei mehrstufigen Organschaften zu beachten *(BFH-Urteil vom 21. 6. 2017 V R 34/16, BStBl. 2018 II S. 54).*

AEAO

Zu § 73 – Haftung bei Organschaft

2 **1. Art der Haftung und Haftungsschuldner**

§ 73 AO begründet eine persönliche Haftung, die nicht gegenständlich beschränkt ist. Sie ist sachlich beschränkt auf die Steuern und die Ansprüche auf Erstattung von Steuervergütungen, für welche die Organschaft von Bedeutung ist.

Haftungsschuldner ist nach § 73 Satz 1 AO die Organgesellschaft. Bei mehrstufigen Organschaftsverhältnissen haften die (nachrangigen) Organgesellschaften der „obersten" Organgesellschaft ebenfalls für die Steuern des „obersten" Organträgers, für welche die Organschaft zwischen der „obersten" Organgesellschaft und dem „obersten" Organträger steuerlich von Bedeutung ist (§ 73 Satz 2 AO). Sind die nachrangigen Organgesellschaften wiederum selbst Organträger, haften nach § 73 Satz 2 AO auch ihre eigenen Organgesellschaften sowie ggf. deren (ebenfalls nachrangige) Organgesellschaften. Zur Anwendung siehe Nr. 4 des AEAO zu § 73.

Der Organträger und alle nach § 73 Satz 1 und 2 AO in Haftung genommenen Organgesellschaften sind Gesamtschuldner, weshalb die Leistung eines Steuer- oder Haftungsschuldners zugleich schuldbefreiend für alle anderen Gesamtschuldner wirkt.

3 **2. Haftungsvoraussetzungen**

Tatbestandliche Voraussetzung für die Haftung ist das Bestehen eines Organschaftsverhältnisses nach den jeweiligen Steuergesetzen (§§ 14 ff. KStG, § 2 Abs. 2 GewStG sowie § 2 Abs. 2 Nr. 2 UStG).

Der Erlass eines Haftungsbescheides nach § 73 Satz 2 i. V. m. Satz 1 AO setzt das Vorliegen der Tatbestandsmerkmale einer Haftung der „obersten" Organgesellschaft für die haftungsrelevanten Steuern des „obersten" Organträgers nach § 73 Satz 1 AO voraus. Eine tatsächliche Inanspruchnahme der „obersten" Organgesellschaft ist daher nicht erforderlich.

4 **3. Umfang der Haftung**

3.1. Sachliche Beschränkung

Die Haftung ist auf Steuern und Ansprüche auf Erstattung von Steuervergütungen beschränkt, für die die Organschaft steuerlich von Bedeutung ist. Besteht z. B. nur eine umsatzsteuerliche Organschaft, so scheidet eine Haftungsinanspruchnahme der Organgesellschaft für die Körperschaftsteuer des Organträgers aus.

Die Organgesellschaft haftet dem Grunde nach für alle Steuern, die im Organkreis verursacht worden sind; im Rahmen der Ermessensausübung soll die Haftung aber grundsätzlich auf die in ihrem eigenen Betrieb oder im Betrieb des Organträgers verursachten Steuern beschränkt werden.

Eine Begrenzung der Haftungsinanspruchnahme einer (ggf. nachrangigen) Organgesellschaft im Rahmen der Ermessensausübung erfolgt jedoch nicht, wenn der Organträger oder andere Organgesellschaften Vermögenswerte unentgeltlich auf die Organgesellschaft übertragen, unentgeltliche Nutzungen oder Leistungen gewährt haben oder keine Trennung der Vermögenssphären der Organteile möglich ist, sodass die Organgesellschaft auch für Steuern haftet, die durch den Betrieb des Organträgers oder einer anderen Organgesellschaft verursacht worden sind (BFH-Beschluss vom 19. 3. 2014, V B 14/14, BFH/NV 2014 S. 999 und BGH-Urteil vom 29. 1. 2013, II ZR 91/11, ZIP 2013 S. 409).

Die vorstehenden Grundsätze gelten für Ansprüche auf Erstattung von Steuervergütungen, für welche die Organschaft(-en) von Bedeutung ist (sind), entsprechend (§ 73 Satz 3 AO).

Zu den Folgen mangelnder Mitwirkung siehe Nr. 3.3.

Steuerliche Nebenleistungen (§ 3 Abs. 4 AO) sind von der Haftung ausgenommen (BFH-Urteil vom 5. 10. 2004, VII R 76/03, BStBl. 2006 II S. 3).

Der Solidaritätszuschlag ist als Ergänzungsabgabe zur Einkommen- bzw. Körperschaftsteuer in die Haftung miteinzubeziehen (§ 73 i. V. m. § 3 Abs. 1 AO).

3.1.1. Körperschaftsteuer

Bei der körperschaftsteuerlichen Organschaft ist es ermessensgerecht, den Verursachungsbeitrag einer Organgesellschaft für die rückständige Steuer des Organträgers nach dem Verhältnis des zugerechneten positiven Einkommens der Organgesellschaft (originäres Organeinkommen) zu der Summe der gesamten zugerechneten positiven Organeinkommen des Organkreises eines Veranlagungszeitraums zu bestimmen.

Bei der Ermittlung des originären Einkommens der Organgesellschaft sind die auf Ebene des Organträgers nach § 15 Satz 1 Nr. 2 und 3 sowie Satz 2 KStG vorzunehmenden Korrekturen zu berücksichtigen.

Die Inanspruchnahme der Organgesellschaft kann höchstens in Höhe einer fiktiven Steuer auf das originäre Organeinkommen erfolgen. Zusätzlich wird die Inanspruchnahme auf die Körperschaftsteuer beschränkt, die gegen den Organträger festgesetzt wird.

3.1.2. Umsatzsteuer

Bei der umsatzsteuerlichen Organschaft ist es ermessensgerecht, den Verursachungsbeitrag einer Organgesellschaft danach zu bestimmen, wie der Organträger Umsätze der Organgesellschaft zu versteuern hat und Vorsteuerbeträge aus Rechnungen über Leistungsbezüge der Organgesellschaft abziehen kann (BFH-Urteil vom 5. 4. 2022, VII R 18/21, BStBl. 2023 II S. 3).

3.2. Zeitliche Beschränkung

Voraussetzung für die Haftung ist, dass das Organschaftsverhältnis für den steuerlichen Anspruch gegen den Organträger auch unter Beachtung von Umwandlungsvorgängen von Bedeutung ist. Die Steuern müssen während der zeitlichen Dauer der Organschaft verursacht worden sein. Die Haftung der Organgesellschaft für Steuern des Organträgers gemäß § 73 AO beschränkt sich daher nicht notwendig auf solche Steuern, die während der Dauer des Organschaftsverhältnisses entstanden sind (vgl. BFH-Urteil vom 5. 4. 2022, VII R 18/21, BStBl. 2023 II S. 3). Die steuerliche Bedeutung der Organschaft geht nicht dadurch verloren, dass ein Steueranspruch – z. B. bei abweichenden Wirtschaftsjahren im Organkreis – möglicherweise erst nach Beendigung der Organschaft entsteht, sofern dieser durch die Organschaft noch beeinflusst ist. Auf den Zeitpunkt der Festsetzung und der Fälligkeit kommt es nicht an.

Im Falle eines Umwandlungsvorgangs mit Rückwirkung kann ein Gewinnabführungsvertrag nur für die Zukunft Wirkung entfalten, eine Inhaftungnahme kommt daher auch in diesen Fällen nur für die von der Organgesellschaft ab diesem Zeitpunkt mitverursachten Ertragsteuern des Organträgers in Betracht. Wird eine körperschaftsteuerliche Organschaft durch einen Umwandlungsvorgang mit Rückwirkung beendet, scheidet eine Haftungsinanspruchnahme für Steuern, die im Zeitraum der Rückwirkung verursacht wurden, mangels Bestehens eines Organschaftsverhältnisses aus.

3.3. Folgen mangelnder Mitwirkung

Es ist Sache der Organgesellschaft, durch leicht nachprüfbare Unterlagen und Berechnungen darzulegen, welche Steuern sie nicht verursacht hat. Die Organgesellschaft kann für sämtliche Steuern des Organkreises in Anspruch genommen werden, wenn

1. sie keine Angaben macht, die eine Beschränkung ermöglichen, oder
2. die vorgetragenen Berechnungsgrundlagen für die Beschränkung des Haftungsumfangs nicht leicht und eindeutig zuzuordnen sind.

3.4. Mehrstufige Organschaftsverhältnisse

Bei mehrstufigen Organschaftsverhältnissen haften alle Organgesellschaften (das heißt die „obersten" Organgesellschaften und, falls diese ihrerseits Organträgerinnen sind, auch alle nachrangigen Organgesellschaften) nebeneinander dem Grunde nach für alle Steuern, die im gesamten Organkreis verursacht worden sind. Im Rahmen der Ermessensausübung soll die Haftung aber grundsätzlich auf die jeweils im eigenen Betrieb oder im Betrieb der in gerader Linie vorgehenden Organträger verursachten Steuern beschränkt werden. Die in Nr. 3.1 bis 3.3 des AEAO zu § 73 dargestellten Grundsätze gelten hierbei entsprechend und sind dabei auf jeder Stufe der mehrstufigen Organschaft individuell anzuwenden.

Bei der Umsatzsteuer sind mehrstufige Organschaftsverhältnisse ausgeschlossen.

4. Erstmalige Anwendung des § 73 Satz 2 AO n. F. 5

§ 73 Satz 2 AO i. d. F. des Gesetzes vom 12. 12. 2019 (BGBl. I S. 2451) ist nach Art. 97 § 11 Abs. 4 EGAO erstmals anzuwenden, wenn der haftungsbegründende Tatbestand nach dem 17. 12. 2019 verwirklicht worden ist. Haftungsbegründender Tatbestand ist die Entstehung der Steuerschuld bzw. die Entstehung des Anspruchs auf Erstattung von Steuervergütungen, für die die „oberste" Organgesellschaft haftet (Primärschuld) und das gleichzeitige Bestehen der Organschaft zwischen der „obersten" Organgesellschaft und ihren nachrangigen Organgesellschaften.

§ 74 Haftung des Eigentümers von Gegenständen

AO

(1) ① **Gehören Gegenstände, die einem Unternehmen dienen[1], nicht dem Unternehmer, sondern einer an dem Unternehmen wesentlich beteiligten Person, so haftet der Eigentümer der Gegenstände mit diesen für diejenigen Steuern des Unternehmens, bei denen sich die Steuerpflicht auf den Betrieb des Unternehmens gründet.** ② **Die Haftung[2] erstreckt sich jedoch nur auf die Steuern, die während des Bestehens der wesentlichen Beteiligung entstanden sind.** ③ **Den Steuern stehen die Ansprüche auf Erstattung von Steuervergütungen gleich.** 1

(2) ① **Eine Person ist an dem Unternehmen wesentlich beteiligt, wenn sie unmittelbar oder mittelbar zu mehr als einem Viertel am Grund- oder Stammkapital oder am Vermögen des Unternehmens beteiligt ist.** ② **Als wesentlich beteiligt gilt auch, wer auf** 2

---

[1] *BFH-Beschluss vom 6. 8. 2024 VII R 25/21, BStBl. II S. 858:* 1. Dem Unternehmen dienende Gegenstände im Sinne von § 74 Abs. 1 Satz 1 AO sind solche, die für die Führung des Betriebs und die Erzielung steuerbarer Umsätze von wesentlicher Bedeutung sind. 2. Für das Kriterium der wesentlichen Bedeutung der Gegenstände für die Führung des Betriebs und die Erzielung steuerbarer Umsätze sind keine weiteren Voraussetzungen – etwa Gewinnerzielung – oder Anforderungen an die Art der betrieblichen Verwendung der Gegenstände zu verlangen. Vielmehr sind die Gründe für die wesentliche Bedeutung unerheblich.

[2] Eine Verrechnung der Haftungsschuld des an einem Unternehmen wesentlich beteiligten Eigentümers von Gegenständen mit einem diesem zustehenden Steuerguthaben ist unwirksam *(BFH-Urteil vom 28. 1. 2014 VII R 34/12, BStBl. II S. 551).*

das Unternehmen einen beherrschenden Einfluss ausübt und durch sein Verhalten dazu beiträgt, dass fällige Steuern im Sinne des Absatzes 1 Satz 1 nicht entrichtet werden.

AEAO

Zu § 74 – Haftung des Eigentümers von Gegenständen:

3 **1.** Der Eigentümer der Gegenstände haftet persönlich, aber beschränkt auf die dem Unternehmen zur Verfügung gestellten Gegenstände. Das Haftungsobjekt ist dabei nicht auf den (im Zeitpunkt der Haftungsinanspruchnahme noch) im Eigentum des Beteiligten stehenden Gegenstand beschränkt, sondern umfasst auch ein dafür ggf. erhaltenes Surrogat (Veräußerungserlös, Schadenersatz, Tauschgegenstand o. Ä.), wenn der Gegenstand im Zeitraum der Steuerschuldentstehung dem Unternehmen gedient hat (vgl. BFH-Urteil vom 22. 11. 2011, VII R 63/10, BStBl. 2012 II S. 223). Gegenstand der Haftung können auch immaterielle Wirtschaftsgüter sein, wenn in dieses Vermögen vollstreckt werden kann (BFH-Urteil vom 23. 5. 2012, VII R 28/10, BStBl. II S. 763).

Zur Haftung, wenn der Gegenstand nicht im Eigentum des Haftenden, sondern im Eigentum einer Gesellschaft steht, an der der Haftende beteiligt ist, vgl. BFH-Urteile vom 10. 11. 1983, V R 18/79, BStBl. 1984 II S. 127 (GbR) und vom 23. 5. 2012, VII R 28/10, BStBl. II S. 763 (KG).

4 **2.** Der Eigentümer haftet für die Steuern und Ansprüche auf Erstattung von Steuervergütungen, bei denen sich die Steuerpflicht auf den Betrieb des Unternehmens gründet und die während des Bestehens der wesentlichen Beteiligung entstanden sind; auf die Fälligkeit kommt es nicht an. Hierzu gehören die Steuern bzw. Ansprüche, für die der in den Einzelsteuergesetzen bezeichnete Tatbestand an den Betrieb eines Unternehmens geknüpft ist (z. B. Umsatzsteuer – auch bei Eigenverbrauch –, Gewerbesteuer, Verbrauchsteuer bei Herstellungsbetrieben, Rückforderung von Investitionszulage), nicht dagegen z. B. Personensteuern (z. B. Einkommen-, Körperschaft- und Erbschaftsteuer), Zölle, Abschöpfungen oder Steuerabzugsbeträge (z. B. Lohnsteuer). Die Haftung erstreckt sich nicht auf die steuerlichen Nebenleistungen (§ 3 Abs. 4 AO).

5 **3.** Eine wesentliche Beteiligung liegt auch dann vor, wenn der betroffene Eigentümer nur mittelbar, z. B. über eine Tochtergesellschaft oder einen Treuhänder, beteiligt ist. Eine wesentliche Beteiligung i. S. d. § 74 Abs. 2 Satz 1 AO wird aber nicht durch Zusammenrechnung der von mehreren Familienmitgliedern gehaltenen Anteile begründet (vgl. BFH-Urteil vom 1. 12. 2015, VII R 34/14, BStBl. 2016 II S. 375).

6 **4.** Einer wesentlichen Beteiligung steht es gleich, wenn jemand ohne entsprechende Vermögensbeteiligung auf das Unternehmen einen beherrschenden Einfluss tatsächlich und in einer Weise ausübt, die dazu beiträgt, dass fällige Betriebssteuern nicht entrichtet werden; es genügt nicht, wenn eine Person nur die Möglichkeit hat, beherrschenden Einfluss auszuüben. Ein beherrschender Einfluss i. S. d. § 74 Abs. 2 Satz 2 AO kann auch vorliegen, wenn mehrere Familienmitglieder Anteile am Betriebsunternehmen halten und sie als Eigentümer der Gegenstände (Besitzunternehmen) gemeinsam in der Lage sind, ihren Willen im Betriebsunternehmen durchzusetzen. Es ist jedoch ein aktiver und für die Nichtentrichtung fälliger Betriebssteuern kausaler Beitrag erforderlich, ein bloßes Unterlassen bestimmter Handlungen reicht nicht aus. Daher kann allein die Weigerung, weitere Kreditmittel zu gewähren – auch wenn dies zur Abwendung einer Insolvenz geboten wäre –, eine Haftung nach § 74 AO nicht begründen (vgl. BFH-Urteil vom 1. 12. 2015, VII R 34/14, BStBl. 2016 II S. 375).

AO

§ 75 Haftung des Betriebsübernehmers[1]

1 (1) ① **Wird ein Unternehmen oder ein in der Gliederung eines Unternehmens gesondert geführter Betrieb im Ganzen[2] übereignet, so haftet der Erwerber für Steuern, bei**

---

[1] Zum Haftungsbescheid vgl. § 191 AO. Zur Begrenzung der Zahlungspflicht vgl. § 219 AO.

Zweck der Haftung nach § 75 ist es, die Ertragsfähigkeit eines lebenden Unternehmens zur Tilgung betrieblicher Steuerschulden heranzuziehen, unabhängig vom jeweiligen Inhaber.

BFH-Urteil vom 14. 5. 2013 VII R 36/12, BFH/NV S. 1905: 1. Die Haftung des Betriebsübernehmers verletzt nicht den Grundsatz der Verhältnismäßigkeit, auch wenn der Haftungsbescheid (nur) Gegenstände erfasst, die beim Betriebsübergeber unpfändbar waren. 2. Die Frage der Pfändbarkeit der übertragenen Vermögensgegenstände beim Betriebsübernehmer gemäß § 295 AO, § 811 Abs. 1 Nr. 5 ZPO ist kein Gesichtspunkt, den das FA bei seiner Ermessensentscheidung über die Haftungsinanspruchnahme zu berücksichtigen hat. Auch zunächst unpfändbare Gegenstände können in die Haftung einbezogen werden, da im Fall ihrer Veräußerung oder des sonstigen Ausscheidens aus dem Betrieb die Gegenleistung oder der sonstige Ersatz, das Surrogat, von § 75 AO umfasst ist.

[2] Maßgebender Zeitpunkt für die Frage, ob die wesentlichen Grundlagen eines Unternehmens auf den Erwerber übergegangen sind, ist derjenige der Übereignung (Festhaltung an der ständigen Rechtsprechung des Senats). Eine Übereignung eines Unternehmens im Ganzen liegt danach jedenfalls dann vor, wenn die bei Beginn der Übertragung der einzelnen Grundlagen des Unternehmens vorhandenen Betriebsgrundlagen im Wesentlichen vollständig auf den Erwerber übergehen *(BFH-Urteil vom 7. 11. 2002 VII R 11/01, BStBl. 2003 II S. 226).*

Wird ein Unternehmen i. S. des § 75 AO von mehreren Personen zu Miteigentum nach Bruchteilen erworben, so haften aufgrund sie aufgrund der gemeinsamen Tatbestandsverwirklichung als Gesamtschuldner *(BFH-Urteil vom 12. 1. 2011 XI R 11/08, BStBl. II S. 477).*

BFH-Urteil vom 20. 5. 2014 VII R 46/13, BStBl. 2015 II S. 107: 1. Wesentliche Voraussetzung für eine Nachfolgehaftung gemäß § 25 HGB ist – neben der Geschäftsfortführung – die Fortführung der bisherigen Firma. 2. Entscheidendes Merkmal einer Firma ist, dass dieser Name geeignet ist, den Geschäftsinhaber im Rechtsverkehr zu individualisieren. 3. Eine Geschäfts- oder Etablissementbezeichnung, die das Geschäftslokal oder den Betrieb allgemein, nicht aber den Geschäftsinhaber kennzeichnet, ist keine Firma, es sei denn, dass sie im maßgeblichen Rechtsverkehr, in Verträgen, auf Geschäftsbriefen u. ä. „firmenmäßig" verwendet wird.

denen sich die Steuerpflicht auf den Betrieb des Unternehmens gründet, und für Steuerabzugsbeträge, vorausgesetzt, dass die Steuern seit dem Beginn des letzten, vor der Übereignung liegenden Kalenderjahrs entstanden sind und bis zum Ablauf von einem Jahr nach Anmeldung[1] des Betriebs durch den Erwerber festgesetzt oder angemeldet[2] werden. ② Die Haftung beschränkt sich auf den Bestand des übernommenen Vermögens. ③ Den Steuern stehen die Ansprüche auf Erstattung von Steuervergütungen gleich.

(2) **Absatz 1 gilt nicht für Erwerbe aus einer Insolvenzmasse und für Erwerbe im Vollstreckungsverfahren.** 2

AEAO

Zu § 75 – Haftung des Betriebsübernehmers:

1. Art der Haftung 3

§ 75 AO begründet eine persönliche, keine dingliche Haftung, die jedoch ihrem Gegenstand nach auf den Bestand des übereigneten Unternehmens bzw. Teilbetriebes beschränkt ist.

2. Haftungsschuldner 4

Haftungsschuldner ist der an der Geschäftsveräußerung beteiligte Erwerber. Als Erwerber kommt jeder in Betracht, der Träger von Rechten und Pflichten sein kann.

3. Haftungstatbestand 5

Haftungstatbestand ist die Übereignung eines Unternehmens oder eines in der Gliederung eines Unternehmens gesondert geführten Betriebes im Ganzen.

3.1. Übereignung eines Unternehmens oder gesondert geführten Betriebes 6

Unternehmen ist jede wirtschaftliche Einheit oder organisatorische Zusammenfassung persönlicher oder sachlicher Mittel zur Verfolgung wirtschaftlicher Zwecke, d. h. ein Unternehmen i. S. d. § 2 Abs. 1 UStG (BFH-Urteile vom 14. 5. 1970, V R 117/66, BStBl. II S. 676, vom 28. 11. 1973, I R 29/71, BStBl. 1974 II S. 145, vom 27. 11. 1979, VII R 12/79, BStBl. 1980 II S. 258, vom 11. 5. 1993, VII R 86/92, BStBl. II S. 700, und vom 7. 3. 1996, VII B 242/95, BFH/NV S. 726).

Ein gesondert geführter Betrieb i. S. d. § 75 AO ist ein mit gewisser Selbständigkeit ausgestatteter, organisch geschlossener Teil eines Gesamtbetriebes, der für sich allein lebensfähig ist. Fehlt es hieran, so kommt eine Haftung – ohne Rücksicht auf den Umfang der übernommenen Wirtschaftsgüter – nicht in Betracht (BFH-Urteile vom 15. 3. 1984, IV R 189/81, BStBl. II S. 486, vom 3. 12. 1985, VII R 186/83, BFH/NV 1986 S. 315, und vom 29. 4. 1993, IV R 88/92, BFH/NV 1994 S. 694). Ob ein Betriebsteil die für die Annahme eines gesondert geführten Betriebes erforderliche Selbständigkeit besitzt, ist nach dem Gesamtbild der Verhältnisse zu entscheiden. Als Abgrenzungsmerkmale sind u. a. von Bedeutung: Räumliche Trennung vom Hauptbetrieb, gesonderte Buchführung, eigenes Personal, eigene Verwaltung, selbständige Organisation, eigenes Anlagevermögen, ungleichartige betriebliche Tätigkeit und eigener Kundenstamm. Diese Merkmale, die nicht sämtlich vorliegen müssen, haben unterschiedliches Gewicht je nachdem, ob es sich um einen Handels-, Dienstleistungs- oder Fertigungsbetrieb handelt (vgl. BFH-Urteile vom 23. 11. 1988, X R 1/86, BStBl. 1989 II S. 376, und vom 29. 4. 1993, IV R 88/92, a. a. O.). Bei Einzelhandelsfilialen reicht es für die Annahme eines gesondert geführten Betriebes regelmäßig nicht aus, dass die Filiale vom Hauptbetrieb räumlich getrennt ist und über eigenes Personal, eine selbständige Kassenführung und einen eigenen Kundenkreis verfügt. Es muss hinzukommen, dass die Filiale über selbständige Wareneinkaufsbeziehungen und eine selbständige Preisgestaltung verfügt (BFH-Urteile vom 12. 9. 1979, I R 146/76, BStBl. 1980 II S. 51, vom 12. 2. 1992, XI R 21/90, BFH/NV S. 516, und vom 29. 4. 1993, IV R 88/92, a. a. O.).

3.2. Übereignung der wesentlichen Betriebsgrundlagen 7

Die Übereignung des Unternehmens im Ganzen setzt voraus, dass alle wesentlichen Betriebsgrundlagen von dem Veräußerer auf den Erwerber dergestalt übergehen, dass dieser in der Lage ist, wirtschaftlich wie ein Eigentümer darüber zu verfügen und so das Unternehmen fortzuführen (BFH-Urteile vom 18. 3. 1986, VII R 146/81, BStBl. II S. 589, und vom 10. 12. 1991, VII R 57/89, BFH/NV 1992 S. 712). Welche Wirtschaftsgüter wesentliche Betriebsgrundlage sind, hängt letztendlich von der Art des Betriebes ab und ist nach den Umständen des Einzelfalls zu entscheiden; in Betracht kommen z. B. Geschäftsgrundstücke, -räume und -einrichtung, das Warenlager, Maschinen, Nutzungs- und Gebrauchsrechte oder der Kundenstamm. Maßgeblich ist das tatsächliche Ergebnis der Übertragung, nicht etwa vertraglich getroffene Vereinbarungen (BFH-Urteil vom 23. 10. 1985, VII R 142/81, BFH/NV 1986 S. 381). Eine Haftung kommt nicht in Betracht, sofern der frühere Betriebsinhaber eine wesentliche Betriebsgrundlage zurückbehält und später übereignet (BFH-Urteil vom 6. 8. 1985, VII R 189/82, BStBl. II S. 651).

Eine Betriebsübereignung i. S. d. § 75 AO setzt bei Grundstücken, die zu den wesentlichen Grundlagen des Unternehmens gehören und im Eigentum des Betriebsinhabers stehen, voraus, dass sie nach den Vorschriften des BGB an den Erwerber übereignet werden. Die Vermietung oder

[1] Zur Anmeldung des Betriebs s. §§ 138, 139 AO.
[2] Zur Steueranmeldung bzw. -festsetzung s. §§ 150, 155, 167 AO.

AEAO

Verpachtung eines solchen Grundstücks durch den früheren Betriebsinhaber an den fortführenden Unternehmer vermag die Haftung nicht zu begründen (BFH-Urteile vom 18. 3. 1986, VII R 146/81, BStBl. II S. 589, und vom 29. 10. 1985, VII R 194/82, BFH/NV 1987 S. 358). Das Gleiche gilt, wenn der frühere Unternehmer den ihm gehörenden Hälfteanteil des Betriebsgrundstücks als wesentliche Grundlage des Betriebes nicht an die als Haftungsschuldner in Betracht kommende GmbH, sondern an deren Alleingesellschafter und alleinigen Geschäftsführer übereignet (BFH-Urteil vom 16. 3. 1982, VII R 105/79, BStBl. II S. 483).

Umfassen die wesentlichen Betriebsgrundlagen Wirtschaftsgüter, die nicht im bürgerlich-rechtlichen Sinne übereignet werden können (z. B. Erfahrungen, Geheimnisse, Beziehungen zu Kunden, Lieferanten und Mitarbeitern), genügt es, wenn diese lediglich im wirtschaftlichen Sinne übereignet werden, so dass der Erwerber ein eigentümerähnliches Herrschaftsverhältnis erlangt (BFH-Urteile vom 27. 11. 1979, VII R 12/79, BStBl. 1980 II S. 258, vom 16. 3. 1982, VII R 105/79, BStBl. II S. 483, und vom 3. 5. 1994, VII B 265/93, BFH/NV S. 762).

Gehören zu den wesentlichen Betriebsgrundlagen auch Nutzungsrechte, z. B. Miet- oder Pachtrechte, die nicht nach bürgerlich-rechtlichen Grundsätzen übereignet werden können, so reicht es für die Übertragung solcher Rechte aus, dass der Betriebsübernehmer unter Mitwirkung des bisherigen Betriebsinhabers mit dem Vermieter oder Verpächter einen entsprechenden Nutzungsvertrag abschließt. Für die Mitwirkung des bisherigen Betriebsinhabers ist es ausreichend, wenn dieser in irgendeiner tatsächlichen Art und Weise in den Abschluss des neuen Nutzungsvertrages eingeschaltet war, sei es, dass er den Eintritt des Betriebsübernehmers in den alten Vertrag oder den Neuabschluss des Nutzungsvertrages initiierte, vermittelte, befürwortete oder auch nur billigte (BFH-Urteil vom 21. 2. 1989, VII R 164/85, BFH/NV S. 617, und BFH-Beschluss vom 19. 5. 1998, VII B 281/97, BFH/NV 1999 S. 4).

Ein auf fremdem Grundstück unterhaltener Betrieb ist erst dann übereignet, wenn der Pachtvertrag mit dem Grundstückseigentümer auf den Erwerber übergeleitet ist. Dies gilt auch dann, wenn andere Betriebsgrundlagen bereits vorher auf den Erwerber übergegangen sind (BFH-Urteil vom 17. 2. 1988, VII R 97/85, BFH/NV S. 755).

Für die Haftung des Betriebsübernehmers kommt es nur darauf an, dass das wirtschaftliche Eigentum an den wesentlichen Betriebsgrundlagen, d. h. die Möglichkeit, über den Einsatz der Gegenstände allein entscheiden zu können, vom bisherigen Unternehmer auf den Erwerber übergeht. Die Haftung des Betriebsübernehmers kommt daher auch dann in Betracht, wenn der Erwerber das wirtschaftliche Herrschaftsverhältnis über im fremden Sicherungseigentum stehendes Betriebsvermögen durch Vereinbarung mit dem bisherigen Unternehmer erlangt (BFH-Urteil vom 22. 9. 1992, VII R 73–74/91, BFH/NV 1993 S. 215). Eine Haftung des Betriebsübernehmers scheidet dagegen aus, wenn der Erwerber das (wirtschaftliche) Eigentum durch Erwerb vom Sicherungsnehmer erlangt, ohne dass der frühere Betreiber des Unternehmens an dem Geschäft in irgendeiner Weise beteiligt war (BFH-Urteil vom 19. 1. 1988, VII R 74/85, BFH/NV S. 479, und BFH-Beschluss vom 3. 5. 1994, VII B 265/93, BFH/NV S. 762).

Eine Übereignung in mehreren Teilakten ist eine Übertragung im Ganzen, wenn die einzelnen Teile im wirtschaftlichen Zusammenhang stehen und der Wille auf Erwerb des Unternehmens gerichtet ist (BFH-Urteile vom 16. 3. 1982, VII R 105/79, BStBl. II S. 483, vom 17. 2. 1988, VII R 97/85, BFH/NV S. 755, und vom 3. 5. 1994, VII B 265/93, BFH/NV S. 762).

8 **3.3. Lebendes Unternehmen**

Der Haftung des Betriebsübernehmers stehen Überschuldung, Zahlungsunfähigkeit bzw. Insolvenzreife des bisherigen Unternehmens nicht entgegen. Die Haftung des Erwerbers ist davon abhängig, dass er ein lebendes Unternehmen erwirbt. Dazu ist erforderlich, dass der Erwerber das Unternehmen ohne nennenswerte finanzielle Aufwendungen fortführen oder, sofern der Betrieb des Unternehmens vor dem Erwerb bereits eingestellt war, ohne großen Aufwand wieder in Gang setzen kann (BFH-Urteile vom 18. 3. 1986, VII R 146/81, BStBl. II S. 589, vom 11. 5. 1993, VII R 86/92, BStBl. II S. 700, und vom 10. 12. 1991, VII R 57/89, BFH/NV 1992 S. 712).

Die Haftung des Erwerbers wird nicht dadurch ausgeschlossen, dass dieser den Betrieb nur dann in der bisherigen Weise fortführen kann, wenn er an die Stelle des Veräußerers in das Vertragsnetz eines anderen Unternehmens eintritt (BFH-Urteil vom 27. 5. 1986, VII R 183/83, BStBl. II S. 654).

Die Abweisung des Antrags des bisherigen Betriebsinhabers auf Eröffnung des Insolvenzverfahrens mangels Masse kann ein Indiz dafür sein, dass ein lebendes Unternehmen nicht mehr vorhanden ist; sie ist aber kein Kriterium, das eine Haftung des Betriebsübernehmers generell ausschließt (vgl. BFH-Urteile vom 22. 9. 1992, VII R 73–74/91, BFH/NV 1993 S. 215).

9 **3.4. Haftungsausschluss für Erwerbe aus einer Insolvenzmasse und im Vollstreckungsverfahren**

Für Erwerbe aus einer Insolvenzmasse und im Vollstreckungsverfahren scheidet eine Haftung des Betriebsübernehmers aus (§ 75 Abs. 2 AO). Aus einer Insolvenzmasse wird ein Unternehmen erworben, wenn der Erwerb nach Eröffnung und vor Einstellung oder Aufhebung des Insolvenzverfahrens getätigt wird. Ist die Eröffnung des Insolvenzverfahrens mangels Masse abgelehnt worden, so greift der Haftungsausschluss nach § 75 Abs. 2 AO nicht ein (vgl. BFH-Urteil vom 23. 7. 1998, VII R 143/97, BStBl. II S. 765).

AEAO

Ein Erwerb im Vollstreckungsverfahren liegt vor, wenn dieser im Rahmen der Verwertung, also der Zwangsversteigerung (§ 17 ZVG), der besonderen Verwertung (§ 65 ZVG), der Versteigerung (§ 814 ZPO), der anderweitigen Verwertung (§ 825 ZPO) oder der Verwertung nach den §§ 296, 305 AO erfolgt.

Einen darüber hinausgehenden Haftungsausschluss durch private Vereinbarung, etwa vergleichbar dem § 25 Abs. 2 HGB, lässt die öffentlich-rechtliche Natur der Haftung nach § 75 AO nicht zu.

4. Umfang der Haftung

4.1. Sachliche Beschränkung 10

Der Übernehmer eines Unternehmens oder gesondert geführten Betriebes haftet nur

- für die im Betrieb begründeten Steuern (z. B. Umsatzsteuer – ausschließlich der Einfuhrumsatzsteuer gem. § 1 Abs. 1 Nr. 4 UStG und der Umsatzsteuer wegen unberechtigten Steuerausweises gem. § 14 c Abs. 2 UStG –, pauschalierte Lohnsteuer, Gewerbesteuer); er haftet dagegen insbesondere nicht für Einkommensteuer, Körperschaftsteuer, Erbschaftsteuer, Grundsteuer, Grunderwerbsteuer und Kraftfahrzeugsteuer;
- für Ansprüche auf Erstattung von Steuervergütungen sowie Prämien und Zulagen, auf die die Vorschriften für Steuervergütungen entsprechend anwendbar sind, wobei der Erstattungsanspruch aus einer betriebsbedingten Steuervergütung bzw. Prämie oder Zulage resultieren muss (insbesondere Rückforderung der Investitionszulage);
- für Steuerabzugsbeträge, insbesondere Lohnsteuer, Kapitalertragsteuer, Abzugsbeträge nach §§ 48, 50 a EStG.

Nach dem BFH-Urteil vom 28. 1. 1982, V S 13/81, BStBl. II S. 490, umfasst die Haftung auch die durch die Unternehmensveräußerung entstandene Umsatzsteuerschuld. Zwar unterliegt eine Unternehmensveräußerung gem. § 1 Abs. 1 a UStG nicht mehr der Umsatzsteuer. Die Haftung umfasst aber auch die in diesen Fällen unberechtigt ausgewiesene nach § 14 c Abs. 1 UStG geschuldete Umsatzsteuer.

Steuerliche Nebenleistungen (§ 3 Abs. 4 AO) sind von der Haftung ausgenommen.

4.2. Zeitliche Beschränkung 11

Voraussetzung für die Haftung ist, dass die Steuern und Erstattungsansprüche seit dem Beginn des letzten vor der wirtschaftlichen Übereignung liegenden Kalenderjahres entstanden (§ 38 AO) sind und innerhalb eines Jahres nach Anmeldung (§ 138 AO) des Betriebes bei der zuständigen Finanzbehörde durch den Erwerber festgesetzt oder angemeldet worden sind. Die Jahresfrist beginnt frühestens mit dem Zeitpunkt der Betriebsübernahme. Die Fälligkeit der Ansprüche ist unerheblich.

Es reicht aus, wenn die Steuern gegenüber dem Veräußerer innerhalb der Jahresfrist festgesetzt worden sind, der Haftungsbescheid kann später erlassen werden.

4.3. Gegenständliche Beschränkung der Haftung 12

Die Haftung beschränkt sich auf das übernommene Vermögen (einschließlich Surrogate). Darunter ist das übernommene Aktivvermögen zu verstehen; Schulden sind nicht abzuziehen. Der Haftungsschuldner haftet nicht in Höhe des Wertes des übernommenen Vermögens, sondern mit diesem Vermögen.

Der Umfang der Haftung ist ausreichend bestimmt (§ 119 Abs. 1 AO), wenn im Haftungsbescheid der Vermögenswert angegeben wird, auf den die Haftung beschränkt ist (BFH-Urteil vom 22. 9. 1992, VII R 73–74/91, BFH/NV 1993 S. 215). Alternativ können die einzelnen übernommenen Gegenstände aufgeführt werden. Handelt es sich um eine größere Anzahl von Gegenständen, können diese in einer besonderen Anlage zum Haftungsbescheid angegeben werden. Es genügt jedoch auch, im Haftungsbescheid auf den Übergabevertrag Bezug zu nehmen, sofern sich aus diesem die übernommenen Gegenstände in eindeutig abgrenzbarer Weise ergeben.

5. Verjährung 13

Die Festsetzungsfrist beträgt 4 Jahre (§ 191 Abs. 3 Satz 2 AO).

6. Auskunftserteilung bei Betriebsübernahme 14

Ersucht ein Kaufinteressent das Finanzamt um Auskunft über Rückstände an Betriebssteuern und Steuerabzugsbeträgen, für die eine Haftung in Frage kommt, so kann diese Auskunft nur erteilt werden, wenn der Betriebsinhaber zustimmt (§ 30 Abs. 4 Nr. 3 AO). Der anfragende Kaufinteressent ist ggf. auf die erforderliche Zustimmung sowie darauf hinzuweisen, dass der Erwerber auch dann nach § 75 Abs. 1 AO haftet, wenn ihm bei der Übereignung die Steuerschulden des Veräußerers nicht bekannt sind.

Der haftungsbegründende Tatbestand ist mit der Eigentumsübertragung verwirklicht. Da Steuerschuldner und Haftender nach § 44 Abs. 1 AO Gesamtschuldner sind, darf dem Erwerber nach erfolgter Eigentumsübertragung eine Auskunft über etwaige bekannte Steuerrückstände des Veräußerers insoweit erteilt werden, als eine Haftung nach § 75 Abs. 1 AO in Betracht kommt. Es ist nicht erforderlich, dass gegen den Erwerber bereits ein Haftungsbescheid ergangen ist.

AO

§ 76 Sachhaftung

1 **(1) Verbrauchsteuerpflichtige Waren und einfuhr- und ausfuhrabgabenpflichtige Waren dienen ohne Rücksicht auf die Rechte Dritter als Sicherheit[1] für die darauf ruhenden Steuern (Sachhaftung).**

2 **(2) Die Sachhaftung entsteht bei einfuhr- und ausfuhrabgaben- oder verbrauchsteuerpflichtigen Waren, wenn nichts anderes vorgeschrieben ist, mit ihrem Verbringen in den Geltungsbereich dieses Gesetzes, bei verbrauchsteuerpflichtigen Waren auch mit Beginn ihrer Gewinnung oder Herstellung.**

3 **(3) ① Solange die Steuer nicht entrichtet ist, kann die Finanzbehörde die Waren mit Beschlag belegen.[2] ② Als Beschlagnahme genügt das Verbot an den, der die Waren im Gewahrsam hat, über sie zu verfügen.**

4 **(4) ① Die Sachhaftung erlischt mit der Steuerschuld. ② Sie erlischt ferner mit der Aufhebung der Beschlagnahme oder dadurch, dass die Waren mit Zustimmung der Finanzbehörde in einen steuerlich nicht beschränkten Verkehr übergehen.**

5 **(5) Von der Geltendmachung der Sachhaftung wird abgesehen, wenn die Waren dem Verfügungsberechtigten abhanden gekommen sind und die verbrauchsteuerpflichtigen Waren in einen Herstellungsbetrieb aufgenommen oder die einfuhr- und ausfuhrabgabenpflichtigen Waren eine zollrechtliche Bestimmung erhalten.**

§ 77 Duldungspflicht

1 **(1) Wer kraft Gesetzes verpflichtet[3] ist, eine Steuer aus Mitteln, die seiner Verwaltung unterliegen, zu entrichten, ist insoweit verpflichtet, die Vollstreckung in dieses Vermögen zu dulden.[4]**

2 **(2) ① Wegen einer Steuer, die als öffentliche Last auf Grundbesitz ruht,[5] hat der Eigentümer die Zwangsvollstreckung in den Grundbesitz zu dulden. ② Zugunsten der Finanzbehörde gilt als Eigentümer, wer als solcher im Grundbuch eingetragen ist. ③ Das Recht des nicht eingetragenen Eigentümers, die ihm gegen die öffentliche Last zustehenden Einwendungen geltend zu machen, bleibt unberührt.**

AEAO

Zu § 77 – Duldungspflicht:

3 **1.** Eine Duldungspflicht kommt vor allem bei den in den §§ 34 und 35 AO genannten Personen in Betracht. Als öffentliche Last ruht auf dem Grundbesitz die Grundsteuer (§ 12 GrStG).

4 **2.** Zum Erlass eines Duldungsbescheids wird auf § 191 AO hingewiesen, wegen weiterer Vorschriften über die Duldung der Zwangsvollstreckung auf die §§ 262, 264 und 265 AO.

---

[1] Zur Verwertung von Sicherheiten s. § 327 AO.

[2] Zur sachlichen Zuständigkeit für Beschlagnahmen s. *BFH-Urteil vom 26. 7. 1988 VII R 194/85, BStBl. 1989 II S. 3.*

[3] Zu den Pflichten der gesetzlichen Vertreter und Vermögensverwalter s. § 34 AO.
Zu den Pflichten des Verfügungsberechtigten s. § 35 AO.

[4] Der Empfänger eines nach dem Anfechtungsgesetz in anfechtbarer Weise erlangten Gegenstandes hat die Vollstreckung in diesen Gegenstand zu dulden *(BFH-Urteil vom 8. 3. 1984 VII R 43/83, BStBl. II S. 576).* Vgl. auch Abschnitt 21 Abs. 2 Satz 1 VollstrA.
Zur Inanspruchnahme durch Duldungsbescheid vgl. § 191 AO.

[5] Wer ein Grundstück in der Zwangsversteigerung erwirbt, haftet mit diesem Grundstück dinglich für die Grundsteuer, die auf die Zeit vom Zuschlag bis zum Ende des Kalenderjahres entfällt *(BVerwG-Urteil vom 14. 8. 1992 – 8 C 15/90).*

Dritter Teil. Allgemeine Verfahrensvorschriften

Erster Abschnitt. Verfahrensgrundsätze

1. Unterabschnitt. Beteiligung am Verfahren

§ 78 Beteiligte AO

Beteiligte[1] sind 1

1. Antragsteller und Antragsgegner,

2. diejenigen, an die die Finanzbehörde den Verwaltungsakt richten will oder gerichtet hat,

3. diejenigen, mit denen die Finanzbehörde einen öffentlich-rechtlichen Vertrag schließen will oder geschlossen hat.

Zu § 78 – Beteiligte: AEAO

Unter Beteiligten sind i. d. R. die Steuerpflichtigen (§ 33 Abs. 1 AO) zu verstehen. Der Beteiligtenbegriff des § 78 AO gilt nicht im Zerlegungs- und Einspruchsverfahren (§§ 186, 359 AO; vgl. BFH-Beschluss vom 28. 3. 1979, I B 79/78, BStBl. II S. 538). 2

§ 79 Handlungsfähigkeit AO

(1) **Fähig zur Vornahme von Verfahrenshandlungen sind:** 1

1. natürliche Personen, die nach bürgerlichem Recht geschäftsfähig sind,

2. natürliche Personen, die nach bürgerlichem Recht in der Geschäftsfähigkeit beschränkt[2] sind, soweit sie für den Gegenstand des Verfahrens durch Vorschriften des bürgerlichen Rechts als geschäftsfähig oder durch Vorschriften des öffentlichen Rechts als handlungsfähig anerkannt sind,

3. juristische Personen sowie Personenvereinigungen oder Vermögensmassen durch die in § 34 bezeichneten Personen oder durch besonders Beauftragte,

4. Behörden durch ihre Leiter, deren Vertreter oder Beauftragte.

(2) **Betrifft ein Einwilligungsvorbehalt nach § 1825 des Bürgerlichen Gesetzbuchs den Gegenstand des Verfahrens, so ist ein geschäftsfähiger Betreuer nur insoweit zur Vornahme von Verfahrenshandlungen fähig, als er nach den Vorschriften des bürgerlichen Rechts ohne Einwilligung des Betreuers handeln kann oder durch Vorschriften des öffentlichen Rechts als handlungsfähig anerkannt ist.** 2

(3) **Die §§ 53 und 55 der Zivilprozessordnung gelten entsprechend.** 3

Zu § 79 – Handlungsfähigkeit: AEAO

1. Kann ein Volljähriger seine Angelegenheiten ganz oder teilweise rechtlich nicht besorgen und beruht dies auf einer Krankheit oder Behinderung, bestellt das Betreuungsgericht nach § 1814 Abs. 1 BGB für ihn einen rechtlichen Betreuer (Betreuer). 4

Der Beschluss, mit dem die Betreuerbestellung erfolgt (§ 286 FamFG), und der Betreuerausweis (§ 290 FamFG) müssen den Aufgabenkreis unter Benennung der einzelnen Aufgabenbereiche, in dessen Rahmen der Betreuer für den Betreuten tätig werden darf, sowie die Anordnung etwaiger Einwilligungsvorbehalte (§ 1825 BGB) enthalten.

Der Aufgabenkreis bzw. Aufgabenbereich „Vermögenssorge" beinhaltet auch die Erledigung der steuerlichen Angelegenheiten des Betreuten. Die ausdrückliche Erwähnung der Erfüllung der steuerlichen Pflichten ist nicht erforderlich, es genügt, wenn die Wahrnehmung der steuerlichen Belange in einem sachlichen Zusammenhang mit den übertragenen Aufgaben steht.

2. Die Bestellung eines Betreuers lässt die Geschäftsfähigkeit des Betreuten und dessen Handlungsfähigkeit grundsätzlich unberührt, selbst wenn das konkrete Verwaltungsverfahren in den Aufgabenkreis fällt, für den der Betreuer bestellt ist. Da der Betreuer gleichzeitig innerhalb seines Aufgabenkreises die Stellung eines gesetzlichen Vertreters des Betreuten hat (§ 1823 BGB i. V. m. § 34 Abs. 1 AO), besteht eine sog. Doppelzuständigkeit. Sowohl der Betreute als auch der Betreuer können daher unabhängig voneinander steuerliche Verfahrenshandlungen wirksam vornehmen. 5

Soweit der Betreuer in einem Besteuerungsverfahren stellvertretend für den Betreuten rechtswirksame Erklärungen abgeben will, muss er dies der Finanzbehörde mitteilen. Der Betreuer muss dabei nicht ausdrücklich erklären, dass er von seiner Vertretungsbefugnis Gebrauch macht, er muss nur erkennbar als Betreuer für den Betreuten auftreten.

---

[1] Zum Beteiligten im Rechtsbehelfsverfahren vgl. § 359 AO.
Zum Beteiligten im Zerlegungsverfahren vgl. § 186 AO.
Zum Begriff „Beteiligter" vgl. *BFH-Urteil vom 28. 3. 1979 I B 79/78, BStBl. II S. 538.*

[2] Zur beschränkten Geschäftsfähigkeit s. §§ 106, 112, 113 BGB.

6 **3.** Sobald aber das Gericht einen Einwilligungsvorbehalt (§ 1825 BGB i. V. m. § 79 Abs. 2 AO) angeordnet oder der Betreuer gegenüber der Finanzbehörde eine Ausschließlichkeitserklärung (§ 53 Abs. 2 Satz 1 ZPO i. V. m. § 79 Abs. 3 AO) abgegeben hat, kann nur noch der Betreuer Verfahrenshandlungen wirksam vor- und entgegennehmen. Verfahrenshandlungen des Betreuten sind insoweit unwirksam bzw. unzulässig.

7 **4.** Mit Eingang der Ausschließlichkeitserklärung steht der Betreute im weiteren Besteuerungsverfahren einer nicht handlungsfähigen Person gleich. Dadurch verdrängt der Betreuer mit Wirkung für die Zukunft die eigene rechtliche Handlungsfähigkeit des Betreuten. Etwaige bereits zuvor von einem geschäftsfähigen und damit gemäß § 79 Abs. 1 Nr. 1 AO handlungsfähigen Betreuten abgegebenen Erklärungen bleiben hiervon unberührt und wirksam.

Die Ausschließlichkeitserklärung kann jederzeit gegenüber der Finanzbehörde schriftlich abgegeben, nach Maßgabe des § 87 a Abs. 3 AO elektronisch übermittelt oder zur Niederschrift erklärt werden; Nr. 7 des AEAO zu § 46 gilt entsprechend.

Der Betreuer muss den zeitlichen und sachlichen Geltungsbereich der Ausschließlichkeitserklärung bezeichnen; fehlen hierzu eindeutige Angaben, muss ihr Geltungsbereich weiter aufgeklärt werden.

Der Betreuer kann eine von ihm abgegebene Ausschließlichkeitserklärung jederzeit mit Wirkung für die Zukunft wieder zurücknehmen (§ 53 Abs. 2 Satz 3 ZPO).

8 **5.** Eine Ausschließlichkeitserklärung gilt jeweils nur für das betroffene Besteuerungsverfahren, das in der Regel mit dem Steuerbescheid (ggf. bis zum Abschluss eines außergerichtlichen Einspruchsverfahrens) und dessen Vollzug endet, und nach Maßgabe der Erklärung ggf. auch für andere an diesem Verfahren beteiligte Finanzbehörden.

Für ein neues Verwaltungsverfahren, insbesondere für einen neuen Besteuerungszeitraum, oder ein gerichtliches Rechtsbehelfsverfahren wirkt die Ausschließlichkeitserklärung rechtlich nicht fort; der Betreuer hat deshalb in jedem einzelnen Besteuerungs- oder Gerichtsverfahren erneut zu prüfen, ob er eine Ausschließlichkeitserklärung abgibt.

9 **6.** Wegen der Bekanntgabe von Steuerverwaltungsakten in Fällen der Betreuerbestellung nach § 1814 Abs. 1 BGB Hinweis auf den AEAO zu § 122, Nr. 2.2.4.

AO

§ 80 Bevollmächtigte und Beistände

1 (1) ① **Ein Beteiligter kann sich durch einen Bevollmächtigten vertreten lassen.**[1] ② **Die Vollmacht ermächtigt zu allen das Verwaltungsverfahren betreffenden Verfahrenshandlungen, sofern sich aus ihrem Inhalt nicht etwas anderes ergibt;**[2] **sie ermächtigt nicht zum Empfang von Steuererstattungen und Steuervergütungen.**[3] ③ **Ein Widerruf der Vollmacht wird der Finanzbehörde gegenüber erst wirksam, wenn er ihr zugeht; Gleiches gilt für eine Veränderung der Vollmacht.**

2 (2)[4] ① **Bei Personen und Vereinigungen im Sinne der §§ 3 und 4 Nummer 11 des Steuerberatungsgesetzes, die für den Steuerpflichtigen handeln, wird eine ordnungs-**

[1] Zur **Beratungsbefugnis der Lohnsteuerhilfevereine** s. § 4 Nr. 11 StBerG. Ein Lohnsteuerhilfeverein ist zur Hilfeleistung bei der Erstellung der ESt-Erklärung nicht befugt, wenn in dem Einkommen Einkünfte aus Gewerbebetrieb aus einer Beteiligung des Stpfl. als Mitunternehmer (§ 15 Abs. 1 Nr. 2 EStG) enthalten sind (Abgrenzung zum *Urteil des Senats vom 17. 11. 1987 VII R 124/84, BStBl. 1988 II S. 147; BFH Urteil vom 13. 10. 1994 VII R 37/94, BStBl. 1995 II S. 10).*

Die Ausübung geschäftsmäßiger Steuerrechtshilfe nach inländischem Recht für Inländer vom (EU-)Ausland aus durch Inländer mit ausländischer Befugnis ist unzulässig *(Vfg. OFD Düsseldorf vom 6. 10. 1994 S 0821 A – St 313, DB 2215).*

Vertretungsmängel in einem Verwaltungsverfahren können grds. durch spätere Genehmigung des Vertretenen rückwirkend geheilt werden *(BFH-Urteil vom 18. 10. 1988 VII R 123/85, BStBl. 1989 II S. 76).*

[2] Gibt das FA einen Steuerbescheid einem nicht empfangsbevollmächtigten Dritten bekannt, der auch in einem anschließenden Einspruchs- und Klageverfahren als vollmachtloser Vertreter auftritt, kann der Stpfl. die Rechtsbehelfs- und Prozessführung des Dritten genehmigen, ohne zugleich die Empfangnahme des Steuerbescheids durch diesen genehmigen zu müssen *(BFH-Urteil vom 1. 12. 2004 II R 17/04, BFH/NV 2005 S. 735).*

Die schriftlich erteilte Vollmacht ermächtigt nach § 80 Abs. 1 Satz 2 AO zu allen das Verwaltungsverfahren betreffenden Verfahrenshandlungen, sofern sich aus ihrem Inhalt nicht etwas anderes ergibt. Ihr Inhalt ist als verfahrensrechtliche Willenserklärung durch **Auslegung** unter Beachtung des „Empfängerhorizonts" zu ermitteln. Eine nach außen nicht erkennbare Beschränkung des Umfangs der Vollmacht, die für das FA nicht erkennbar ist, wirkt nicht nach außen *(BFH-Beschluss vom 4. 8. 1999 X B 209/98, BFH/NV 2000 S. 163).*

Die unter Bezugnahme auf eine Steuernummer für laufend veranlagte Steuern dem Steuerberater erteilte Empfangsvollmacht erstreckt sich auch dann nicht auf die Einheitsbewertung des Grundvermögens, wenn sie „vor allen Finanzbehörden" gelten soll. Dies gilt erst recht, wenn die Vollmacht den Zusatz enthält, Steuer-, Feststellungs- und Steuermessbescheide, die von Erklärungen und Anträgen abweichen, seien nur dem Bevollmächtigten zuzustellen *(BFH-Urteil vom 20. 9. 2000 II R 65/98, BFH/NV 2001 S. 732).*

[3] Steuererstattungen und Steuervergütungen dürfen nur dann auf ein Konto des steuerlichen Beraters des Stpfl. (Gläubigers) überwiesen werden, wenn der Berater eindeutig zum Empfang der Erstattungs-/Vergütungsbeträge ermächtigt worden ist *(BFH-Urteil vom 16. 10. 1990 VII R 118/89, BStBl. 1991 II S. 3).*

[4] *BFH-Urteil vom 16. 3. 2022 VII R 19/19, BStBl. II S. 459:* 1. Treten Angehörige der steuerberatenden Berufe für einen Steuerpflichtigen gegenüber Finanzbehörden auf, wird auch vor der Einfügung des § 80 Abs. 2 Satz 1 AO i. d. F. des Gesetzes zur Modernisierung des Besteuerungsverfahrens vom 18. 7. 2016 (BGBl. I 2016, 1679) mit Wirkung vom 1. 1. 2017 die ordnungsgemäße Bevollmächtigung ohne Vorlage einer schriftlichen Vollmacht vermutet. 2. Diese Vermutung gilt trotz Vorliegens einer auf bestimmte Zeiträume beschränkten schriftlichen Vollmacht auch für außerhalb der schriftlichen Vollmacht liegende Zeiträume, wenn der Angehörige der steuerberatenden Berufe für diese Zeiträume gegenüber dem FA wie ein Bevollmächtigter auftritt.

AO

gemäße Bevollmächtigung vermutet. ② Für den Abruf von bei den Landesfinanzbehörden zum Vollmachtgeber gespeicherten Daten wird eine ordnungsgemäße Bevollmächtigung nur nach Maßgabe des § 80 a Absatz 2 und 3 vermutet.

(3) **Die Finanzbehörde kann auch ohne Anlass den Nachweis der Vollmacht verlangen.** 3

(4) **① Die Vollmacht wird weder durch den Tod des Vollmachtgebers noch durch eine Veränderung in seiner Handlungsfähigkeit oder durch eine Veränderung seiner gesetzlichen Vertretung aufgehoben. ② Der Bevollmächtigte hat jedoch, wenn er für den Rechtsnachfolger im Verwaltungsverfahren auftritt, dessen Vollmacht auf Verlangen nachzuweisen.** 4

(5) **① Ist für das Verfahren ein Bevollmächtigter bestellt, so soll sich die Finanzbehörde an ihn wenden.**[1] **② Sie kann sich an den Beteiligten selbst wenden, soweit er zur Mitwirkung verpflichtet ist. ③ Wendet sich die Finanzbehörde an den Beteiligten, so soll der Bevollmächtigte verständigt werden. ④ Für die Bekanntgabe von Verwaltungsakten an einen Bevollmächtigten gilt § 122 Absatz 1 Satz 3 und 4.** 5

(6) **① Ein Beteiligter kann zu Verhandlungen und Besprechungen mit einem Beistand erscheinen. ② Das von dem Beistand Vorgetragene gilt als von dem Beteiligten vorgebracht, soweit dieser nicht unverzüglich widerspricht.** 6

(7) **① Soweit ein Bevollmächtigter geschäftsmäßig Hilfe in Steuersachen leistet, ohne dazu befugt zu sein,**[2] **ist er mit Wirkung für alle anhängigen und künftigen Verwaltungsverfahren des Vollmachtgebers im Zuständigkeitsbereich der Finanzbehörde zurückzuweisen. ② Die Zurückweisung ist dem Vollmachtgeber und dem Bevollmächtigten bekannt zu geben. ③ Die Finanzbehörde ist befugt, andere Finanzbehörden über die Zurückweisung des Bevollmächtigten zu unterrichten.** 7

(8)[3] **① Ein Bevollmächtigter kann von einem schriftlichen, elektronischen oder mündlichen Vortrag zurückgewiesen werden, soweit er hierzu ungeeignet ist. ② Dies gilt nicht für die in § 3 Nummer 1, § 4 Nummer 1 und 2 und § 23 Absatz 3 des Steuerberatungsgesetzes bezeichneten natürlichen Personen sowie natürliche Personen, die für eine Landwirtschaftliche Buchstelle tätig und nach § 44 des Steuerberatungsgesetzes berechtigt sind, die Berufsbezeichnung „Landwirtschaftliche Buchstelle" zu führen. ③ Die Zurückweisung ist dem Vollmachtgeber und dem Bevollmächtigten bekannt zu geben.** 8

(9) **① Soweit ein Beistand geschäftsmäßig Hilfe in Steuersachen leistet, ohne dazu befugt zu sein, ist er mit Wirkung für alle anhängigen und künftigen Verwaltungsverfahren des Steuerpflichtigen im Zuständigkeitsbereich der Finanzbehörde zurückzuweisen; Absatz 7 Satz 2 und 3 gilt entsprechend. ② Ferner kann er vom schriftlichen, elektronischen oder mündlichen Vortrag zurückgewiesen werden, falls er zu einem sachgemäßen Vortrag nicht fähig oder willens ist; Absatz 8 Satz 2 und 3 gilt entsprechend.** 9

(10) **Verfahrenshandlungen, die ein Bevollmächtigter oder ein Beistand vornimmt, nachdem ihm die Zurückweisung bekannt gegeben worden ist, sind unwirksam.** 10

---

[1] Erteilt der Stpfl. eine allgemeine Vollmacht, so schließt diese in aller Regel eine Empfangsvollmacht ein, es sei denn, der Bevollmächtigte weist eindeutig darauf hin, dass er zwar namens und in Vollmacht des Stpfl. zur Sache Stellung nehme, nicht aber bevollmächtigt ist, die in diesem Zusammenhang etwa ergehenden Steuerbescheide in Empfang zu nehmen *(BFH-Urteil vom 7. 9. 2005 IV B 67/04, BFH/NV 2006 S. 234).*

Zwangsgeldandrohungen und Zwangsgeldfestsetzungen können bei Vorliegen einer Vollmacht zur Vertretung in steuerlichen Angelegenheiten und zur Entgegennahme rechtsverbindlicher Erklärungen dem Bevollmächtigten bekannt gegeben werden *(BFH-Urteil vom 23. 11. 1999 VII R 38/99, BStBl. 2001 II S. 463).*

[2] Geschäftsmäßig Hilfe in Steuersachen leistet, wer ausdrücklich oder erkennbar die Absicht verfolgt, die Tätigkeit in gleicher Art zu wiederholen und zu einem wiederkehrenden oder dauernden Bestandteil seiner selbständigen Beschäftigung zu machen *(BFH-Beschluss vom 8. 10. 2010 II B 111/10, BFH/NV 2011 S. 74).*

Eine in einem anderen Mitgliedstaat der Europäischen Union registrierte Steuerberatungsgesellschaft Ltd. ist weder nach § 3 a StBerG noch aufgrund der Dienstleistungsfreiheit zur geschäftsmäßigen Hilfeleistung in Steuersachen i. S. des § 80 Abs. 5 AO befugt, wenn sie nicht über eine Berufshaftpflichtversicherung oder einen anderen individuellen oder kollektiven Schutz in Bezug auf die Berufshaftpflicht verfügt *(BFH-Urteil vom 21. 7. 2011 II R 6/10, BStBl. II S. 906).*

Die Zurückweisung eines Bevollmächtigten wegen unbefugter Hilfeleistung in Kindergeldsachen wird nicht rückwirkend rechtswidrig, wenn der Bevollmächtigte später als Rechtsanwalt zugelassen wird *(BFH-Urteil vom 28. 2. 2018 II R 3/16, BFH/NV S. 990).*

Zum **„Fiskalvertreter"** bei der USt vgl. §§ 22 a–e UStG.

[3] Diese Personen sind: Steuerberater, Steuerbevollmächtigte, Rechtsanwälte, Wirtschaftsprüfer, vereidigte Buchprüfer, Notare, Patentanwälte.

Ein Steuerberater darf nicht als Bevollmächtigter zurückgewiesen werden, solange weder seine Bestellung widerrufen oder zurückgenommen noch ein Berufs- oder Vertretungsverbot verhängt ist *(BFH-Beschluss vom 2. 12. 1992 X B 12/92, BStBl. 1993 II S. 243 zu § 62 Abs. 2 FGO).*

Die Zurückweisung eines Bevollmächtigten nach § 80 Abs. 5 AO a. F. durfte sich jedenfalls dann auf alle anhängigen und künftigen Verwaltungsverfahren des Vollmachtgebers im Zuständigkeitsbereich eines Finanzamts beziehen, wenn die Verfahren von der erteilten Vollmacht umfasst wurden *(BFH-Urteil vom 18. 1. 2017 II R 33/16, BStBl. II S. 663).*

AEAO

Zu § 80 – Bevollmächtigte[1] und Beistände:

11 **1.** Die Finanzbehörde kann den Nachweis einer Vollmacht jederzeit ohne besonderen Anlass und ohne Begründung fordern. Dieser Nachweis kann in schriftlicher oder elektronischer Form oder durch mündliche Bestätigung des Vollmachtgebers an Amtsstelle erbracht werden. Bei einer elektronisch erteilten Vollmacht genügt eine Unterzeichnung mittels Signaturpad. Hat ein Bevollmächtigter i. S. d. § 80 Abs. 2 Satz 1 AO die ihm schriftlich erteilte Vollmacht gescannt und bewahrt er den Scan nach den berufsrechtlichen Vorgaben ordnungsgemäß auf, darf die schriftliche Originalvollmacht vernichtet werden. Zum Nachweis der Bevollmächtigung in den Fällen des § 80 a AO vgl. AEAO zu § 80 a, Nr. 1.

Umfasst eine Vertretungsvollmacht auch eine Datenabrufvollmacht, ist die Bevollmächtigung nachzuweisen, sofern die Bevollmächtigung nicht nach § 80 a Abs. 2 oder 3 AO gesetzlich vermutet wird. Zum Nachweis einer Empfangsvollmacht vgl. § 122 Abs. 1 Satz 4 AO.

12 **2.** Eine Vollmacht ermächtigt zwar nicht zum Empfang von Erstattungen oder Vergütungen. Der Bevollmächtigte kann jedoch in anderer Weise über das Guthaben des Steuerpflichtigen verfügen, indem er z. B. namens des Steuerpflichtigen gegenüber der Finanzbehörde aufrechnet (§ 226 AO). Zur Beachtung von Zahlungsanweisungen des Steuerpflichtigen siehe AEAO zu § 46, Nr. 8.

13 **3.** Bei der Unterzeichnung von Steuererklärungen ist, wenn die Einzelsteuergesetze die eigenhändige Unterschrift vorsehen, eine Vertretung durch Bevollmächtigte nur unter den Voraussetzungen des § 150 Abs. 3 AO zulässig.

14 **4.** Der Schriftwechsel und die Verhandlungen im Besteuerungsverfahren sind mit dem Bevollmächtigten zu führen. Nur bei Vorliegen besonderer Gründe soll sich die Finanzbehörde an den Beteiligten selbst wenden, z. B. um ihn um Auskünfte zu bitten, die nur er selbst als Wissensträger geben kann. In diesem Fall ist der Bevollmächtigte zu unterrichten. Inwieweit Verwaltungsakte, insbesondere Steuerbescheide, gegenüber dem Bevollmächtigten bekannt zu geben sind, richtet sich nach § 122 Abs. 1 Satz 3 und 4 AO.

15 **5.** Mit der Bestellung eines Bevollmächtigten verliert der Steuerpflichtige nicht die Möglichkeit, selbst rechtswirksame Erklärungen gegenüber der Finanzbehörde abzugeben. Er kann z. B. auch einen von dem Bevollmächtigten eingelegten Einspruch zurücknehmen.

16 **6.** Verfahrenshandlungen, die ein Bevollmächtigter oder Beistand vor seiner Zurückweisung vorgenommen hat, bleiben wirksam.

Übersicht

	Rz.
1) Schreiben betr. Berechtigungsmanagement für die so genannte vorausgefüllte Steuererklärung; Nutzung der amtlichen Muster für Vollmachten im Besteuerungsverfahren für die ElsterKontoabfrage vom 7. 5. 2014	17
2) Schreiben betr. amtliche Muster für Vollmachten im Besteuerungsverfahren; Neufassung der Muster für Vollmachten zur Vertretung in Steuersachen und des Merkblatts zur Verwendung der amtlichen Muster für Vollmachten zur Vertretung in Steuersachen vom 27. 3. 2025	18–23
3) Gleich lautende Ländererlasse betr. Umfang der Beratungsbefugnis der Lohnsteuerhilfevereine; Befugnis zu beschränkter Hilfeleistung in Steuersachen vom 13. 2. 2023	24–28

Anl 1

1) Schreiben betr. Berechtigungsmanagement für die so genannte vorausgefüllte Steuererklärung; Nutzung der amtlichen Muster für Vollmachten im Besteuerungsverfahren für die ElsterKontoabfrage

Vom 7. Mai 2014 (BeckVerw 285430)

(BMF IV A 3 – S 0202/11/10 001; DOK 2014/0404516)

17 Es ist die Frage aufgeworfen worden, inwieweit Vollmachten, die nach dem mit BMF-Schreiben vom 10. Oktober 2013 (BStBl. I S. 1258)[2] veröffentlichten amtlichen Muster uneingeschränkt erteilt worden sind, auch für die Freischaltung zur ElsterKontoabfrage genutzt werden können. Die ElsterKontoabfrage ermöglicht es, online Auskunft über Sollstellungen, geleistete Zahlungen und offene Forderungen eines Steuerkontos zu erhalten (vgl. https://www.elster.de/steuerb_kontoab.php).

Im Einvernehmen mit den obersten Finanzbehörden der Länder gilt hierzu Folgendes:

1. Hat ein Steuerpflichtiger seinen Steuerberater entsprechend dem amtlichen Vollmacht-Muster gemäß *BMF-Schreiben vom 10. Oktober 2013, BStBl. I S. 1258,*[2] in sachlicher und zeitlicher Hinsicht uneingeschränkt zur Vertretung im Besteuerungsverfahren bevollmächtigt, umfasst diese Bevollmächtigung rechtlich neben der Berechtigung zum Abruf der bei der Finanzbehörde über den Steuerpflichtigen gespeicherten Daten im Rahmen des Serviceangebots „vorausgefüllte Steuererklärung" auch die Berechtigung für die ElsterKontoabfrage. Eine Vollmacht ist in sachlicher und zeitlicher Hinsicht uneingeschränkt erteilt, wenn die Standardvollmacht weder auf einen Veranlagungszeitraum noch auf eine Steuerart begrenzt wurde, die Berechtigung für das Erhebungsverfahren nicht ausgeschlossen und der Vollmachtnehmer berechtigt ist, Untervollmachten zu erteilen.

---

[1] Zum Berechtigungsmanagement für die sog. vorausgefüllte Steuererklärung siehe *BMF-Schreiben vom 7. 5. 2014, Beck Verw 285430,* nachstehend abgedruckt; Bevollmächtigungsmuster siehe auch unter www.formulare-bfinv.de.

[2] Nunmehr *BMF-Schreiben vom 8. 7. 2019, BStBl. I S. 594,* nachstehend abgedruckt.

2. Für die Freischaltung der ElsterKontoabfrage sind allerdings aufgrund länderspezifischer technischer und organisatorischer Rahmenbedingungen in den Landesfinanzverwaltungen unterschiedliche Angaben zu machen und Verfahrensabläufe zu beachten und die in den Landesfinanzverwaltungen benötigten Angaben vollständig an die zur Berechtigungsverwaltung festgelegte (ggf. eingerichtete zentrale) Stelle zu senden (vgl. dazu im Einzelnen: https://www.elster.de/faq_kontoab_nw.php).

   Deshalb sind insoweit weiterhin die länderspezifischen Vorgaben zu beachten und die länderspezifischen Vollmachtmuster zu verwenden, soweit in einem Land hierauf nicht ausdrücklich verzichtet wird (siehe 5.).
3. Soweit länderspezifische Vollmachtmuster erforderlich sind und diese für die Freischaltung eines Steuerberaters zur ElsterKontoabfrage eine eigenhändige Unterschrift des Vollmachtgebers verlangen, kann künftig auf diese Unterschrift verzichtet werden, wenn der Steuerberater zusammen mit der im Übrigen vollständig ausgefüllten und von ihm unterschriebenen Vollmacht für die Freischaltung zur ElsterKontoabfrage eine Ablichtung der ihm auf dem amtlichen Vollmacht-Muster gemäß BMF-Schreiben vom 10. Oktober 2013, BStBl. I S. 1258,[1] in sachlicher und zeitlicher Hinsicht uneingeschränkt erteilten und vom Vollmachtgeber eigenhändig unterzeichneten Vollmacht vorlegt. Bei einer Abrufbevollmächtigung für ein Konto zusammen zu veranlagender Ehegatten/Lebenspartner sind beide Vollmachten in Ablichtung vorzulegen.

   Ist eine auf dem amtlichen Muster erteilte Bevollmächtigung in sachlicher oder zeitlicher Hinsicht eingeschränkt, sind weiterhin die länderspezifischen, vom Vollmachtgeber (ggf. beiden Vollmachtgebern) eigenhändig unterschriebenen Vollmachtmuster für die ElsterKontoabfrage vorzulegen.
4. Entsprechendes gilt für den Fall, dass länderspezifische Vorgaben für den Widerruf der Berechtigung der ElsterKontoabfrage zu beachten sind, insbesondere hinsichtlich der Verwendung länderspezifischer Widerrufsmuster.

   Ist der Widerruf der Berechtigung der ElsterKontoabfrage nach den länderspezifischen Vorgaben gegenüber einer zentralen Stelle anzuzeigen, hat der Steuerberater sicher zu stellen, dass der Vollmachtgeber hierüber informiert ist.
5. Auf die Verwendung der länderspezifischen Vollmachtmuster für die Freischaltung zur ElsterKontoabfrage kann nur verzichtet werden, wenn die jeweilige Landesfinanzverwaltung eine Regelung geschaffen und durch entsprechende Verlautbarung erklärt hat, dass die Freischaltung eines Steuerberaters zur ElsterKontoabfrage auch bei ausschließlicher Nutzung des mit BMF-Schreiben vom 10. Oktober 2013, BStBl. I S. 1258, veröffentlichten amtlichen Musters sichergestellt ist.

2) Schreiben betr. amtliche Muster für Vollmachten im Besteuerungsverfahren; Neufassung der Muster für Vollmachten zur Vertretung in Steuersachen und des Merkblatts zur Verwendung der amtlichen Muster für Vollmachten zur Vertretung in Steuersachen[2] Anl 2

Vom 27. März 2025 (BeckVerw 651225)[3]

(BMF IV D 1 – S 0202/00038/002/001; DOK COO.7005.100.4.11 644 574)

3 Anlagen

Jeder an einem Steuerverwaltungsverfahren Beteiligte kann sich durch einen Bevollmächtigten vertreten lassen (§ 80 Abs. 1 AO). Daten aus einer derartigen Vollmacht zur Vertretung in steuerlichen Verfahren, die nach amtlich bestimmtem Formular erteilt worden sind, können den Landesfinanzbehörden nach amtlich vorgeschriebenem Datensatz über die amtlich bestimmten Schnittstellen übermittelt werden (§ 80 a Abs. 1 Satz 1 AO). In diesem Datensatz ist auch anzugeben, ob der Vollmachtgeber den Bevollmächtigten zum Empfang von für ihn bestimmten Verwaltungsakten oder zum Abruf von bei den Finanzbehörden zu seiner Person gespeicherten Daten ermächtigt hat (§ 80 a Abs. 1 Satz 2 AO).

Im Einvernehmen mit den obersten Finanzbehörden der Länder wird Folgendes bestimmt:

I.

Die mit den Bezugsschreiben veröffentlichten Muster für Vollmachten zur Vertretung in Steuersachen und das Merkblatt zur Verwendung der amtlichen Muster für Vollmachten zur Vertretung in Steuersachen werden im Einvernehmen mit den obersten Finanzbehörden wie aus den Anlagen 1 bis 3 ersichtlich mit sofortiger Wirkung neugefasst. 18

Die neugefassten Muster für Vollmachten zur Vertretung in Steuersachen (Anlagen 1 und 2) sind ab sofort der elektronischen Übermittlung von Vollmachtsdaten an die Finanzverwaltung gemäß § 80 a AO zugrunde zu legen.

Bei Verwendung der amtlichen Muster für Vollmachten zur Vertretung in Steuersachen (Anlagen 1 und 2) sind die Erläuterungen in beiliegendem Merkblatt (Anlage 3) zu beachten.

---

[1] Nunmehr *BMF-Schreiben vom 27. 3. 2025, BStBl. I S. 954,* nachstehend abgedruckt.

[2] *BFH-Urteil vom 8. 11. 2023 II R 19/21, BStBl. 2025 II S. 218*: 1. Für die elektronische Übermittlung von Vollmachtsdaten an die Finanzbehörden sind zwingend die amtlich bestimmten Formulare zu verwenden. 2. Das im Schreiben des Bundesministeriums der Finanzen vom 1. 8. 2016 (BStBl. I 2016, 662, Anlage 3) enthaltene „Beiblatt zur Vollmacht zur Vertretung in Steuersachen" ist nicht Bestandteil des amtlich bestimmten Formulars. Seine Verwendung ist nicht Voraussetzung für die elektronische Übermittlung von Vollmachtsdaten an die Finanzbehörden für die Grunderwerbsteuer.

[3] Die neu gefassten amtlichen Muster für Vollmachten zur Vertretung in Steuersachen sind erst seit dem 17. 12. 2025 für die elektronische Übermittlung von Vollmachtsdaten zugrunde zu legen; zuvor waren die bis zum 26. 3. 2025 geltenden Muster für Vollmachten zur Vertretung in Steuersachen (mit Beiblatt) sowie die entsprechenden Datensätze zur Übermittlung der Vollmachtsdaten weiterhin zu verwenden (vgl. *BMF-Schreiben vom 12. 12. 2025, BStBl. I S. 2067*).

Anl 2

Werden die Vollmachtsdaten nicht gemäß § 80 a AO elektronisch an die Finanzverwaltung übermittelt, ist die Verwendung der amtlichen Muster für Vollmachten zur Vertretung in Steuersachen wie bisher freigestellt.

II.

19 Vollmachten zur Vertretung in Steuersachen, die auf Grundlage der mit den BMF-Schreiben vom 10. Oktober 2013, BStBl. I S. 1258 vom 3. November 2014, BStBl. I S. 1400, vom 1. August 2016, BStBl. I S. 662, vom 8. Juli 2019, BStBl. I S. 594, und vom 11. Dezember 2023, BStBl. 2024 I S. 5, veröffentlichten amtlichen Muster erteilt wurden, gelten grundsätzlich unverändert weiter. Dies gilt unabhängig davon, ob die Daten der Vollmachten gemäß § 80 a AO nach amtlich vorgeschriebenem Datensatz elektronisch an die Finanzverwaltung übermittelt worden sind oder nicht.

Eine nach amtlich vorgeschriebenem Vollmachtsmuster erteilte und nach § 80 a AO angezeigte Vollmacht wirkt nach dem BFH-Urteil vom 8. November 2023 II R 19/21, BStBl. 2025 II S. 218, gegenüber den Finanzämtern – mit Ausnahme ausdrücklich genannter sachlicher und/oder zeitlicher Beschränkungen – für alle Besteuerungsverfahren des Vollmachtgebers. Die Reichweite einer Vollmacht ist danach nicht auf die im bisherigen Beiblatt zur Vollmacht genannten Steuernummern beschränkt.

Solange die Vollmachtsdatenbank der Finanzverwaltung allerdings noch nicht auf die IdNr. nach § 139 b AO und/oder W-IdNr. nach § 139 c AO als Ordnungskriterien umgestellt ist, ist es aus technischen Gründen erforderlich, im Datensatz zur Übermittlung der Vollmachtsdaten gemäß § 80 a AO bis auf Weiteres gleichwohl die Steuernummern aller steuerlichen Verfahren anzugeben, zu denen die Vollmacht automationsgestützt erfasst werden soll. Ohne Angabe der Steuernummer kann es dazu kommen, dass eine Bekanntgabevollmacht bei Erlass von Steuerverwaltungsakten nicht berücksichtigt wird. Die Übermittlung mit einer BUFA-Nummer ist nur für die Fälle vorgesehen, in denen noch keine Steuernummer vergeben wurde.

Soweit der Vollmachtgeber bei den Landesfinanzbehörden unter weiteren, im Datensatz aber nicht benannten Steuernummern geführt wird, ist eine automatisierte Berücksichtigung der nach amtlich vorgeschriebenem Vollmachtsmuster erteilten Vollmacht für den Bevollmächtigten derzeit nicht möglich. Um sicherzustellen, dass die Vollmacht auch in anderen Besteuerungsverfahren berücksichtigt wird, wird darum gebeten, das jeweils zuständige Finanzamt gesondert über die Bevollmächtigung zu informieren.

Kommen nachträglich neue Steuernummern hinzu, können diese jederzeit nachgemeldet werden (Vollmacht-Update).

Die amtlichen Muster für eine Vollmacht zur Vertretung in Steuersachen und das Merkblatt zur Verwendung der amtlichen Muster für Vollmachten zur Vertretung in Steuersachen werden in Kürze auch im Formular-Management-System der Bundesfinanzverwaltung (https://www.formularebfinv.de/) bereitgestellt.

Anlage 1 Anl 2

20

Vollmachtgeber/in[1]

Bei natürlichen Personen: Geburtsdatum

IdNr. / W-IdNr.[2]

Vollmacht[3] zur Vertretung in Steuersachen

Bevollmächtigte/r[4] (Name/Kanzlei)

- in diesem Verfahren vertreten durch die nach bürgerlichem Recht und dem StBerG dazu befugten Personen -

wird hiermit bevollmächtigt, den/die Vollmachtgeber/in in allen steuerlichen und sonstigen Angelegenheiten im Sinne des § 1 StBerG zu vertreten[5].

☐ Der/Die Bevollmächtigte ist berechtigt, Untervollmachten zu erteilen und zu widerrufen.

Diese Vollmacht gilt **nicht** für:

- ☐ Einkommensteuer
- ☐ Umsatzsteuer
- ☐ Gewerbesteuer
- ☐ Feststellungsverfahren nach § 180 Abs. 1 Satz 1 Nr. 2, Abs. 2 AO
- ☐ Körperschaftsteuer
- ☐ Lohnsteuer
- ☐ Grundsteuer
- ☐ Grunderwerbsteuer
- ☐ Erbschaft-/Schenkungsteuer
- ☐ Mindeststeuer
- ☐ das Umsatzsteuervoranmeldungsverfahren
- ☐ das Lohnsteuerermäßigungsverfahren
- ☐ Investitionszulage
- ☐ das Festsetzungsverfahren
- ☐ das Erhebungsverfahren (einschließlich des Vollstreckungsverfahrens)
- ☐ die Vertretung im außergerichtlichen Rechtsbehelfsverfahren
- ☐ die Vertretung im Verfahren der Finanzgerichtsbarkeit
- ☐ die Vertretung im Straf- und Bußgeldverfahren (Steuer)

Bekanntgabevollmacht[6]:

☐ Die Vollmacht erstreckt sich auch auf die Entgegennahme von Steuerbescheiden und sonstigen Verwaltungsakten[7].

☐ Die Vollmacht erstreckt sich auch auf die Entgegennahme von Mahnungen und Vollstreckungsankündigungen.

Die Vollmacht gilt grundsätzlich zeitlich unbefristet,

aber

☐ nicht für Veranlagungszeiträume bzw. Veranlagungsstichtag/e vor __________.

☐ nur für den/die Veranlagungszeitraum/-zeiträume bzw. Veranlagungsstichtag/e __________[8].

Die Vollmacht gilt, solange ihr Widerruf den Verfahrensbeteiligten nicht angezeigt worden ist[9].

Bisher erteilte Vollmachten erlöschen.[10]

oder

☐ Nur dem/der o.a. Bevollmächtigten bisher erteilte Vollmachten erlöschen.

Vollmacht zum Abruf von bei der Finanzverwaltung gespeicherten steuerlichen Daten[11]:

Die Vollmacht erstreckt sich im Ausmaß der Bevollmächtigung nach Zeilen 7 bis 15 und 21 bis 28 auch auf den elektronischen Datenabruf hinsichtlich der bei der Finanzverwaltung zum/zur oder für den/die Vollmachtgeber/in gespeicherten steuerlichen Daten, soweit die Finanzverwaltung den Weg hierfür eröffnet hat.

☐ Diese Abrufbefugnis wird nicht erteilt.

Soweit im Fall einer **sachlichen oder zeitlichen Beschränkung der Bevollmächtigung[12]** die Abrufbefugnis aus technischen Gründen nicht beschränkbar ist, ist ein Datenabruf ausgeschlossen (soweit nicht nachfolgend die Abrufbefugnis ausgedehnt wird).

Anl 2

☐ Ungeachtet der Beschränkung der Bevollmächtigung wird dem/der o.a. Bevollmächtigten eine unbeschränkte Abrufbefugnis erteilt.

Ich bin damit einverstanden, dass alle Daten dieser Vollmacht elektronisch in einer Vollmachtsdatenbank gespeichert und an die Finanzverwaltung übermittelt werden.

Wichtiger Hinweis:
Die Finanzverwaltung bittet darum, im Datensatz zur Übermittlung der Vollmachtsdaten gemäß § 80a AO bis auf weiteres die Steuernummern aller Verfahren anzugeben, zu denen die Vollmacht automationsgestützt erfasst werden soll. Es können jederzeit Steuernummern nachgemeldet werden. Darüber hinaus besteht die Möglichkeit, das jeweils zuständige Finanzamt gesondert über die Bevollmächtigung zu informieren.

__________________, __________________ __________________________
Ort Datum Unterschrift Vollmachtgeber/in[13]

---

[1] Bei Ehegatten/Lebenspartnern sind, auch im Fall der Zusammenveranlagung, zwei eigenständige Vollmachten zu erteilen.

[2] Bei Körperschaften, Vermögensmassen und Personenvereinigungen kann bis zur flächendeckenden Vergabe der W-IdNr. auf die Angabe dieses Identifikationskriteriums verzichtet werden.

[3] Diese Vollmacht regelt das Außenverhältnis zur Finanzbehörde und gilt im Auftragsverhältnis zwischen Bevollmächtigtem und Mandant, soweit nichts anderes bestimmt ist.

[4] Person oder Gesellschaft, die nach § 3 StBerG zur Hilfeleistung in Steuersachen befugt ist.

[5] Die Vollmacht umfasst insbesondere die Berechtigung
- zur Abgabe und Entgegennahme von Erklärungen jeder Art,
- zur Stellung von Anträgen in Haupt-, Neben- und Folgeverfahren,
- zur Einlegung und Rücknahme außergerichtlicher Rechtsbehelfe jeder Art sowie zum Rechtsbehelfsverzicht,
- zu außergerichtlichen Verhandlungen jeder Art.

Die Berechtigung zur Entgegennahme von Steuerbescheiden und sonstigen Verwaltungsakten im Steuerschuldverhältnis ist in der Regel nur gegeben, soweit der/die Vollmachtgeber/in hierzu ausdrücklich bevollmächtigt hat (Hinweis auf § 122 Abs. 1 Satz 4 AO; vgl. Zeilen 16 bis 20).

[6] Sachliche und/oder zeitliche Beschränkungen der Bevollmächtigung in Zeilen 15 und 21 bis 28 gelten auch bei der Bekanntgabevollmacht.

[7] Gilt die Vertretungsvollmacht für die von der Personenvereinigung geschuldeten (Betriebs-)Steuern und wird das Feststellungsverfahren nicht in Zeile 15 abgewählt, wirkt die Vollmacht bei Ankreuzen der Zeile 17 zugleich als Bekanntgabevollmacht für die von der Personenvereinigung geschuldeten (Betriebs-) Steuern nach § 122 AO - bei rechtsfähigen Personenvereinigungen - als Bekanntgabevollmacht nach § 122 AO zur Vertretung der Personenvereinigung als Empfänger nach § 183 AO bzw. - bei nicht rechtsfähigen Personenvereinigungen - als Empfangsvollmacht für das Feststellungsverfahren nach § 183a AO.

[8] Soweit für einen künftigen Veranlagungszeitraum/-stichtag von der Verlängerung der Abgabefristen nach § 149 Abs. 3 AO profitiert werden soll, ist dies nur möglich, wenn erneut ein zur Hilfeleistung in Steuersachen Befugter (§§ 3 und 4 StBerG) mit Erstellung der Steuererklärung beauftragt (und ggf. bevollmächtigt) wird.

[9] Ein Widerruf der Vollmacht wird der Finanzbehörde gegenüber erst wirksam, wenn er ihr zugeht (vgl. § 80 Abs. 1 Satz 3 AO). Bis zu diesem Zeitpunkt kann die Finanzbehörde noch wirksam Verfahrenshandlungen gegenüber dem Bevollmächtigten vornehmen, zum Beispiel ihm Steuerbescheide mit Wirkung für den Inhaltsadressaten bekanntgeben.

[10] Dies gilt auch für Vollmachten, die nicht nach amtlich bestimmtem Formular nach amtlich vorgeschriebenem Datensatz über die amtlich bestimmten Schnittstellen elektronisch übermittelt worden sind. Bislang erteilte Bekanntgabevollmachten und Empfangsvollmachten erlöschen bei Anzeige einer neuen Bekanntgabe- oder Empfangsvollmacht in jedem Fall. Das Erlöschen von Datenabrufvollmachten, die nicht mittels einer Vollmachtsdatenbank der Kammer an das automationsgestützte Berechtigungsmanagement der Finanzverwaltung übermittelt worden sind, ist gesondert anzuzeigen.

[11] Wegen der technisch bedingten Einschränkungen in Bezug auf die Abrufbefugnis bei sachlicher und/oder zeitlicher Beschränkung der Bevollmächtigung Hinweis auf die Zeilen 35 bis 39.

[12] Ein Ausschluss der Bevollmächtigung in Zeile 15 für die Vertretung
- im außergerichtlichen Rechtsbehelfsverfahren,
- in Verfahren der Finanzgerichtsbarkeit und
- im Straf- und Bußgeldverfahren in Steuersachen

ist für den Umfang der Datenabrufbefugnis des/der Bevollmächtigten unerheblich. Eintragungen in Zeile 35 bis 39 sind in diesem Fall nicht erforderlich.

[13] Bei Körperschaften, Vermögensmassen und rechtsfähigen Personenvereinigungen ist die Vollmacht vom gesetzlichen Vertreter zu unterschreiben. Bei nicht rechtsfähigen Personenvereinigungen muss die Vollmacht demselben Bevollmächtigten gleichzeitig von den zur Vertretung der Feststellungsbeteiligten berechtigten Personen für das Feststellungsverfahren und von den zur Vertretung der Personenvereinigung berechtigten Personen für die Festsetzung der von der Personenvereinigung geschuldeten (Betriebs-)Steuern erteilt und unterschrieben werden, sofern nicht in Zeile 15 das Feststellungsverfahren abgewählt wurde.

Anlage 2 Anl 2

____________________ 21

Vollmachtgeber/in[1]

____

Geburtsdatum

____

IdNr.

Vollmacht[2]
zur Vertretung in Steuersachen

____

(Name des Lohnsteuerhilfevereins)[3]

wird hiermit bevollmächtigt den/die Vollmachtgeber/in in allen steuerlichen und sonstigen Angelegenheiten zu vertreten, soweit der Lohnsteuerhilfeverein hierzu nach § 4 StBerG befugt ist[4].

☐ Der/Die Bevollmächtigte ist berechtigt, Untervollmachten zu erteilen und zu widerrufen.

Diese Vollmacht gilt **nicht** für:

☐ Einkommensteuer

☐ Feststellungsverfahren i. S. d. §§ 179 ff. AO

☐ das Lohnsteuerermäßigungsverfahren

☐ das Festsetzungsverfahren

☐ das Erhebungsverfahren (einschließlich des Vollstreckungsverfahrens)

☐ die Vertretung im außergerichtlichen Rechtsbehelfsverfahren

☐ die Vertretung im Verfahren der Finanzgerichtsbarkeit

Bekanntgabevollmacht[5]**:**

☐ Die Vollmacht erstreckt sich auch auf die Entgegennahme von Steuerbescheiden und sonstigen Verwaltungsakten.

☐ Die Vollmacht erstreckt sich auch auf die Entgegennahme von Mahnungen und Vollstreckungsankündigungen.

Die Vollmacht gilt für die Dauer der Mitgliedschaft des Vollmachtgebers im Lohnsteuerhilfeverein, *aber*

☐ nicht für Veranlagungszeiträume vor ____________

☐ nur für den/die Veranlagungszeitraum/-zeiträume __________.

Die Vollmacht gilt, solange ihr Widerruf den Verfahrensbeteiligten nicht angezeigt worden ist[6].

Bisher erteilte Vollmachten erlöschen[7].

oder

☐ Nur dem/der o.a. Bevollmächtigten bisher erteilte Vollmachten erlöschen.

Vollmacht zum Abruf von bei der Finanzverwaltung gespeicherten steuerlichen Daten[8]**:**

Die Vollmacht erstreckt sich im Ausmaß der Bevollmächtigung nach Zeilen 7 bis 15 und 21 bis 28 auch auf den elektronischen Datenabruf hinsichtlich der bei der Finanzverwaltung zum/zur oder für den/die Vollmachtgeber/in gespeicherten steuerlichen Daten, soweit die Finanzverwaltung den Weg hierfür eröffnet hat.

☐ Diese Abrufbefugnis wird nicht erteilt.

Soweit im Fall einer **sachlichen oder zeitlichen Beschränkung der Bevollmächtigung**[9] die Abrufbefugnis aus technischen Gründen nicht beschränkbar ist, ist ein Datenabruf ausgeschlossen (soweit nicht nachfolgend die Abrufbefugnis ausgedehnt wird).

☐ Ungeachtet der Beschränkung der Bevollmächtigung wird dem/der o.a. Bevollmächtigten eine unbeschränkte Abrufbefugnis erteilt.

Ich bin damit einverstanden, dass alle Daten dieser Vollmacht elektronisch gespeichert und an die Finanzverwaltung übermittelt werden.

Wichtiger Hinweis: Die Finanzverwaltung bittet darum, im Datensatz zur Übermittlung der Vollmachtsdaten gemäß § 80a AO bis auf weiteres die Steuernummern aller Verfahren anzugeben, zu

Anl 2

denen die Vollmacht automationsgestützt erfasst werden soll. Es können jederzeit Steuernummern nachgemeldet werden. Darüber hinaus besteht die Möglichkeit, das jeweils zuständige Finanzamt gesondert über die Bevollmächtigung zu informieren.

__________________, ____________ ________________________
Ort Datum Unterschrift Vollmachtgeber/in

---

[1] Bei Ehegatten bzw. Lebenspartnern sind, auch im Fall der Zusammenveranlagung, <u>zwei</u> eigenständige Vollmachten zu erteilen.

[2] Diese Vollmacht regelt das Außenverhältnis zur Finanzbehörde und gilt im Auftragsverhältnis zwischen Bevollmächtigtem und Mandant, soweit nichts anderes bestimmt ist.

[3] Bei Bezeichnung des Vollmachtnehmers kann neben dem Namen des Lohnsteuerhilfevereins auch die jeweils für das Mitglied tätige Beratungsstelle benannt werden (insbesondere bei Erteilung einer Bekanntgabevollmacht).

[4] Die Vollmacht umfasst insbesondere die Berechtigung

- zur Abgabe und Entgegennahme von Erklärungen jeder Art,
- zur Stellung von Anträgen in Haupt-, Neben- und Folgeverfahren,
- zur Einlegung und Rücknahme außergerichtlicher Rechtsbehelfe jeder Art sowie zum Rechtsbehelfsverzicht,
- zu außergerichtlichen Verhandlungen jeder Art.

Die Berechtigung zur Entgegennahme von Steuerbescheiden und sonstigen Verwaltungsakten im Steuerschuldverhältnis ist in der Regel nur gegeben, soweit der/die Vollmachtgeber/in hierzu ausdrücklich bevollmächtigt hat (Hinweis auf § 122 Abs. 1 Satz 4 AO; vgl. Zeilen 16 bis 20).

[5] Sachliche und/oder zeitliche Beschränkungen der Bevollmächtigung in Zeilen 15 und 21 bis 28 gelten auch bei der Bekanntgabevollmacht.

[6] Ein Widerruf der Vollmacht wird der Finanzbehörde gegenüber erst wirksam, wenn er ihr zugeht (vgl. § 80 Abs. 1 Satz 3 AO). Bis zu diesem Zeitpunkt kann die Finanzbehörde noch wirksam Verfahrenshandlungen gegenüber dem Bevollmächtigten vornehmen, zum Beispiel ihm Steuerbescheide mit Wirkung für den Inhaltsadressaten bekanntgeben.

[7] Dies gilt auch für Vollmachten, die nicht nach amtlich bestimmtem Formular nach amtlich vorgeschriebenem Datensatz über die amtlich bestimmten Schnittstellen elektronisch übermittelt worden sind. Bislang erteilte Bekanntgabevollmachten erlöschen bei Anzeige einer neuen Bekanntgabevollmacht in jedem Fall. Das Erlöschen von Datenabrufvollmachten, die nicht an das automationsgestützte Berechtigungsmanagement der Finanzverwaltung übermittelt worden sind, ist gesondert anzuzeigen.

[8] Wegen der technisch bedingten Einschränkungen in Bezug auf die Abrufbefugnis bei sachlicher und/oder zeitlicher Beschränkung der Bevollmächtigung Hinweis auf die Zeilen 35 bis 39.

[9] Ein Ausschluss der Bevollmächtigung in Zeile 15 für die Vertretung in außergerichtlichen Rechtsbehelfsverfahren und in Verfahren der Finanzgerichtsbarkeit ist für den Umfang der Datenabrufbefugnis des/der Bevollmächtigten unerheblich. Eintragungen in Zeile 35 - 39 sind in diesem Fall nicht erforderlich.

Anlage 3 Anl 2

23

Merkblatt
zur Verwendung der amtlichen Muster für Vollmachten zur Vertretung in Steuersachen
(Stand: 27. März 2025)

I. Grundsätze

Die obersten Finanzbehörden des Bundes und der Länder haben
- für Personen und Gesellschaften, die nach § 3 StBerG unbeschränkt zur geschäftsmäßigen Hilfeleistung in Steuersachen befugt sind, und
- für Lohnsteuerhilfevereine i. S. d. § 4 StBerG

amtliche Vollmachtsmuster zur Vertretung in Steuersachen erarbeitet.

Die Verwendung der amtlichen Vollmachtsmuster ist grundsätzlich freiwillig. Sie können gegenüber den Finanzbehörden auch zum schriftlichen Nachweis einer Bevollmächtigung verwendet werden.

Die Nutzung der amtlichen Vollmachtsmuster ist allerdings nach § 80 a Abs. 1 AO unabdingbare Voraussetzung für die elektronische Übermittlung von Vollmachtsdaten nach amtlich vorgeschriebenem Datensatz an die Finanzverwaltung, ggf. über Vollmachtsdatenbanken der Steuerberaterkammern, Wirtschaftsprüferkammer und Anwaltskammern.

Individuelle Änderungen oder Ergänzungen der amtlichen Muster sind grundsätzlich unzulässig. Zulässig ist lediglich die Aufnahme kurzer Ordnungskriterien des Vollmachtnehmers im Kopfteil von Seite 1 der amtlichen Muster; diese Angaben dürfen allerdings nicht in den an die Finanzverwaltung zu übermittelnden Datensatz übernommen werden.

Die Vollmacht ist vom Vollmachtgeber zu unterschreiben. Bei Körperschaften, Vermögensmassen und rechtsfähigen Personenvereinigungen ist die Vollmacht vom gesetzlichen Vertreter zu unterschreiben. Bei nicht rechtsfähigen Personenvereinigungen ist die Vollmacht sowohl von der/den für die Festsetzung der (betrieblichen) Steuern alleinvertretungsberechtigten Person/en als auch von der/den für das Feststellungsverfahren vertretungsberechtigten Person/en zu unterschreiben, wenn die Vertretung für das Feststellungsverfahren nicht ausgeschlossen ist.

Das amtliche Vollmachtsmuster ist am Regelfall orientiert, in dem der Vollmachtgeber eine sachlich und zeitlich unbeschränkte Vertretung in Steuerangelegenheiten durch den Vollmachtnehmer einschließlich einer umfassenden Datenabrufberechtigung erreichen will.

Individuelle Beschränkungen der Bevollmächtigung können aber im Vollmachtsmuster vereinbart und dann der Finanzverwaltung angezeigt bzw. übermittelt werden (s. u.).

Die Vollmacht zur Vertretung in Steuersachen umfasst insbesondere die Berechtigung
- zur Abgabe und Entgegennahme von Erklärungen jeder Art,
- zur Stellung von Anträgen in Haupt-, Neben- und Folgeverfahren,
- zur Einlegung und Rücknahme außergerichtlicher Rechtsbehelfe jeder Art sowie zum Rechtsbehelfsverzicht,
- zu außergerichtlichen Verhandlungen jeder Art.

Ausnahmen:
- Für die Erteilung einer Bekanntgabevollmacht muss nach § 122 Abs. 1 Satz 4 AO ausdrücklich eine gesonderte (positive) Bevollmächtigung erteilt werden (Zeilen 16 bis 20).
- Auch die Bevollmächtigung zur Erteilung und zum Widerruf von Untervollmachten muss ausdrücklich gesondert erteilt werden (Zeile 14).

Mit Unterzeichnung der Vollmacht erklärt sich der Vollmachtgeber damit einverstanden, dass die Daten der Vollmacht elektronisch – z. B. in einer Vollmachtsdatenbank der Kammer – gespeichert und an die Finanzverwaltung übermittelt werden (vgl. Zeilen 40/41). Für die Speicherung und Übermittlung der Daten gelten die entsprechenden Datenschutz- und Geheimhaltungsvorschriften.

Für jeden Steuerpflichtigen ist immer eine gesonderte Vollmacht zu erteilen und anzuzeigen bzw. zu übermitteln. Dies gilt auch bei zusammen veranlagten Ehegatten und Lebenspartnern.

Wurde von der/den zur Vertretung einer nicht rechtsfähigen Personenvereinigung berechtigten Person/en in Zeile 15 der Vollmacht die Vertretung im Feststellungsverfahren ausgeschlossen, ist die Vertretungsvollmacht auf die von der Personenvereinigung geschuldeten (Betriebs-)Steuern beschränkt. Die Erweiterung der Vertretungsvollmacht auf das Feststellungsverfahren nach § 183 a AO kann in diesem Fall entweder im Verfahren nach § 80 a AO durch Übermittlung einer neuen, auch das Feststellungsverfahren umfassenden Vollmacht erfolgen oder – falls dies nicht gewünscht ist – durch Anzeige auf herkömmlichem Wege, d. h. durch Vorlage einer Vollmacht auf Papier oder über die Feststellungserklärung.

II. Beschränkung der Bevollmächtigung in sachlicher oder zeitlicher Hinsicht

II.1. Beschränkung der Bevollmächtigung in sachlicher Hinsicht

Eine Bevollmächtigung kann durch Ankreuzen von Feldern in Zeile 15 in sachlicher Hinsicht beschränkt werden (Negativ-Auswahl).

Hinweis: In allen nicht durch Ankreuzen gekennzeichneten Bereichen gilt die Bevollmächtigung zur Vertretung in Steuersachen.

Anl 2

Nach Zeile 21 gilt die (ggf. nach Zeile 15 sachlich beschränkte) Vollmacht grundsätzlich zeitlich unbefristet.[1] Ein Widerruf der Vollmacht ist jederzeit möglich, entfaltet gegenüber der zuständigen Finanzbehörde jedoch erst Wirkung, wenn er gegenüber der Finanzbehörde gesondert angezeigt oder ein entsprechender Datensatz übermittelt wurde (§ 80 Abs. 1 Satz 3 i. V. m. § 80 a Abs. 1 Satz 4 AO; vgl. Zeile 25 des Vollmachtsmusters). Bis zu diesem Zeitpunkt kann die Finanzbehörde noch wirksam Verfahrenshandlungen gegenüber dem Bevollmächtigten vornehmen, zum Beispiel ihm Steuerbescheide mit Wirkung für den Inhaltsadressaten bekanntgeben.

II.2. Beschränkung der Bevollmächtigung in zeitlicher Hinsicht

In Zeilen 23 und 24 kann die (ggf. bereits nach Zeile 15 sachlich beschränkte) Vollmacht in zeitlicher Hinsicht beschränkt werden.

II.3. Auswirkungen der Beschränkung der Bevollmächtigung in sachlicher oder zeitlicher Hinsicht

Sachliche und/oder zeitliche Beschränkungen der Bevollmächtigung wirken sich auch bei der Bekanntgabevollmacht (siehe Abschnitt IV) und der Datenabrufvollmacht (siehe Abschnitt V) aus.

II.4. Wirkung einer elektronisch übermittelten Vollmacht nur für die im Datensatz benannten Steuernummern

Eine nach amtlich vorgeschriebenem Vollmachtsmuster erteilte und nach § 80 a AO angezeigte Vollmacht wirkt nach dem BFH-Urteil vom 8. November 2023 II R 19/21, BStBl. 2025 II S. 218, gegenüber den Finanzämtern – mit Ausnahme ausdrücklich genannter sachlicher und/oder zeitlicher Beschränkungen – für alle Besteuerungsverfahren des Vollmachtgebers.

Solange die Vollmachtsdatenbank der Finanzverwaltung noch nicht auf die IdNr. nach § 139 b AO und/oder W-IdNr. nach § 139 c AO als Ordnungskriterien umgestellt ist, ist es aus technischen Gründen erforderlich, im **Datensatz** zur Übermittlung der Vollmachtsdaten gemäß § 80 a AO bis auf Weiteres gleichwohl die **Steuernummern** aller steuerlichen Verfahren anzugeben, zu denen die Vollmacht automationsgestützt erfasst werden soll.

Ohne Angabe der Steuernummer kann es deshalb dazu kommen, dass eine Bekanntgabevollmacht bei Erlass von Steuerverwaltungsakten nicht berücksichtigt wird.

Soweit der Vollmachtgeber bei den Landesfinanzbehörden unter weiteren, im Datensatz aber nicht benannten Steuernummern geführt wird, ist eine automationsgestützte Berücksichtigung der nach amtlich vorgeschriebenem Vollmachtsmuster erteilten Vollmacht für den Bevollmächtigten derzeit nicht möglich.

Hinweis:

Um sicherzustellen, dass die Vollmacht auch in anderen Besteuerungsverfahren berücksichtigt wird, ist es ratsam, das jeweils zuständige Finanzamt gesondert über die Bevollmächtigung zu informieren.

Die Änderung oder Ergänzung einer Vollmacht ist der Finanzverwaltung vom Vollmachtnehmer in einem entsprechenden Datensatz zu übermitteln.

Hinweis:

Kommen nachträglich neue Steuernummern hinzu, können diese jederzeit nachgemeldet werden (Vollmacht-Update).

III. Erlöschen früherer Vollmachten/Widerruf von Vollmachten

Mit Erteilung und Anzeige bzw. Übermittlung einer (neuen) Vollmacht erlöschen grundsätzlich alle bisher der zuständigen Finanzbehörde – unabhängig vom Übertragungsweg – angezeigten bzw. übermittelten Vollmachten (Vertretungs-, Bekanntgabe- und Empfangsvollmachten). Dies gilt sowohl für eine inhaltlich abweichende Bevollmächtigung desselben Vollmachtnehmers als auch bei Bevollmächtigung eines anderen Vollmachtnehmers.

In Zeile 28 kann das Erlöschen bisher erteilter und angezeigter bzw. übermittelter Vollmachten auf diejenigen Vollmachten beschränkt werden, die demselben Vollmachtnehmer bislang erteilt worden sind. In diesem Fall bleiben Vollmachten, die ggf. anderen Vollmachtnehmern zur Vertretung in Steuersachen erteilt wurden, unverändert wirksam. Dies ermöglicht die Erteilung und Anzeige bzw. Übermittlung – umfassender wie auch partieller – Doppelvollmachten.

Wegen des Widerrufs einer angezeigten oder – z. B. über eine Vollmachtsdatenbank der Kammer – elektronisch übermittelten Vollmacht Hinweis auf II.1; wegen der Besonderheiten bei Datenabrufvollmachten Hinweis auf V.

Beruht die Änderung der Steuernummer des Vollmachtgebers auf verwaltungsinternen organisatorischen Maßnahmen (z. B. bei einem Wechsel zwischen der Zusammenveranlagung und der Einzelveranlagung, bei finanzamtsinterner Zuständigkeitsverlagerung, bei Neuzuschnitt der Veranlagungsbezirke des unverändert zuständigen Finanzamts oder im Fall einer Behördenzusammenlegung usw.), hat dies keine Auswirkungen auf die Wirksamkeit und den Inhalt einer Vollmacht. In diesem Fall wird von der Finanzverwaltung sichergestellt, dass die ihr elektronisch übermittelte Vollmacht der neuen Steuernummer zugeordnet wird.

Zur Berücksichtigung der Finanzverwaltung bisher im Datensatz nicht benannter Steuernummern Hinweis auf II.4.

[1] **[Amtl. Anm.:]** Bei Lohnsteuerhilfevereinen gilt die Vollmacht im Innenverhältnis für die Dauer der Mitgliedschaft des Vollmachtgebers im Lohnsteuerhilfeverein.

Anl 2

IV. Bekanntgabevollmacht[1]

In Zeilen 16 bis 20 der amtlichen Vollmachtsmuster kann der in Zeile 9 bezeichnete Vollmachtnehmer auch zum Bekanntgabebevollmächtigten bestellt werden. Hierbei ist ausdrücklich anzugeben, für welchen Bereich die Bekanntgabevollmacht gelten soll:

Zeilen 17/18: die Bekanntgabevollmacht gilt bei Ankreuzen dieser Zeilen für Steuerbescheide und sonstige Verwaltungsakte aus dem Steuerfestsetzungs- und -erhebungsverfahren (z. B. Feststellungsbescheide, Stundungsbescheide, Prüfungsanordnungen, Einspruchsentscheidungen, Abrechnungsbescheide).
Gilt die Vollmacht für das Steuerkonto einer Personenvereinigung und ist das Feststellungsverfahren in Zeile 15 nicht ausgeschlossen, wird durch Ankreuzen der Zeilen 17/18 gleichzeitig eine Bekanntgabevollmacht für die betrieblichen Steuern nach § 122 AO und – bei nicht rechtfähigen Personenvereinigungen – eine Empfangsvollmacht nach § 183 a AO für das Feststellungsverfahren angezeigt. Bei rechtsfähigen Personenvereinigungen wird durch Ankreuzen der Zeilen 17/18 zugleich eine Bekanntgabevollmacht nach § 122 AO zur Vertretung der Personenvereinigung als Empfänger nach § 183 AO angezeigt.

Zeilen 19/20: die Bekanntgabevollmacht gilt bei Ankreuzen dieser Zeilen für die Entgegennahme von Mahnungen und Vollstreckungsankündigungen.

Die Zeilen 17/18 und 19/20 können grundsätzlich unabhängig voneinander ausgewählt werden. Aus technischen Gründen kann ein Vollmachtsdatensatz i. S. d. § 80 a AO, der eine Bekanntgabevollmacht in Zeilen 19/20, aber nicht zugleich auch eine Bekanntgabevollmacht in Zeilen 17/18 enthält, derzeit nicht automationsgestützt verarbeitet werden.

Bei einer Vertretung in den Fällen des § 180 Abs. 1 Satz 1 Nr. 2 Buchst. a AO (Feststellungsverfahren in Zeile 15 nicht ausgeschlossen) und Übermittlung der Vollmachtsdaten über die Vollmachtsdatenbanken der Kammern ist jedoch mindestens ein Kreuz in Zeile 17/18 zu setzen; die Erteilung einer „reinen" Bekanntgabe- bzw. Empfangsvollmacht auf diesem Wege ist nicht möglich.

Sachliche und/oder zeitliche Beschränkungen der Bevollmächtigung in Zeilen 15 und 21 bis 28 gelten auch bei der Bekanntgabevollmacht. Wenn eine weitergehende Bekanntgabevollmacht gewünscht ist, ist dies gesondert dem Finanzamt mitzuteilen.

V. Vollmacht zum Abruf von bei der Finanzverwaltung gespeicherten steuerlichen Daten

Der in Zeile 9 bezeichnete Bevollmächtigte[2] ist grundsätzlich auch dazu bevollmächtigt, die von der Finanzverwaltung für – aus dortiger Sicht – externe Berechtigte (Steuerpflichtiger sowie von ihm bevollmächtigte Personen) zum Abruf bereitgestellten Daten elektronisch einzusehen und abzurufen. Dabei werden die zum oder für den Vollmachtgeber gespeicherten Daten dem authentifizierten Berechtigten (vgl. § 9 der Steuerdaten-Abrufverordnung) in einem automatisierten Verfahren im Wege eines Direktzugriffes zugänglich gemacht.

Der Vollmachtgeber kann der Erteilung einer Datenabrufvollmacht durch Ankreuzen in Zeile 34 widersprechen. In diesem Fall darf die Finanzbehörde dem Bevollmächtigten keinerlei Daten zum Vollmachtgeber zur elektronischen Ansicht oder zum Abruf anbieten. Die Möglichkeit des Bevollmächtigten, bei der zuständigen Finanzbehörde im Rahmen seiner allgemeinen Vollmacht einen entsprechenden schriftlichen oder telefonischen Auskunftsantrag zu stellen, bleibt hiervon unberührt.

Sofern keine unbeschränkte Vollmacht erteilt wurde, ist auch die (nicht in Zeile 34 ausgeschlossene) Datenabrufbefugnis entsprechend der sachlichen und/oder zeitlichen Beschränkungen der allgemeinen Vollmacht beschränkt. Soweit allerdings einzelne Datenabrufverfahren der Finanzverwaltung eine entsprechende sachliche oder zeitliche Beschränkung der Abrufmöglichkeiten technisch nicht ermöglichen, kann dem Bevollmächtigten zur Wahrung des Steuergeheimnisses der Datenabruf in diesen Verfahren nicht ermöglicht werden. Falls der Vollmachtgeber seinen Bevollmächtigten vor diesem Hintergrund dennoch in die Lage versetzen will, alle Datenabrufverfahren der Finanzverwaltung ungeachtet der ansonsten zu beachtenden sachlichen oder zeitlichen Beschränkungen nutzen zu können, muss er in Zeilen 38/39 eine für alle Datenabrufverfahren geltende Erweiterung der Bevollmächtigung erklären.

Ein Ausschluss der Bevollmächtigung in Zeile 15 für die Vertretung im außergerichtlichen Rechtsbehelfsverfahren, in Verfahren der Finanzgerichtsbarkeit und im Straf- und Bußgeldverfahren in Steuersachen ist für den Umfang der Datenabrufbefugnis des Bevollmächtigten hinsichtlich der bei der Finanzverwaltung gespeicherten Daten unerheblich. Eintragungen in Zeile 35 bis 39 sind in diesem Fall nicht erforderlich.

Sollen Daten abgerufen werden, die für Ehegatten oder Lebenspartner gemeinsam gespeichert sind und nicht individuell abgerufen werden können, müssen beide Ehegatten oder Lebenspartner den gleichen Bevollmächtigten insoweit mit identischen Datenabrufbefugnissen ausstatten.

Das Erlöschen von Datenabrufvollmachten, die nicht mittels einer Vollmachtsdatenbank der Kammer an das automationsgestützte Berechtigungsmanagement der Finanzverwaltung übermittelt worden sind, ist gesondert anzuzeigen.

VI. Fortgeltung bisher nach § 80 a AO angezeigter Vollmachten

Vollmachten zur Vertretung in Steuersachen, die auf Grundlage der mit den BMF-Schreiben vom 10. Oktober 2013, BStBl. I S. 1258, vom 3. November 2014, BStBl. I S. 1400, vom 1. August 2016,

[1] **[Amtl. Anm.:]** In diesem Zusammenhang ist zu beachten, dass wie bisher mögliche Vollmachtbeschränkungen noch nicht in vollem Umfang in den derzeit genutzten IT-Verfahren abgebildet werden können.

[2] **[Amtl. Anm.:]** Dies gilt ggf. auch für die von dem Vollmachtnehmer mittels zugelassener Untervollmacht bevollmächtigten Personen.

BStBl. I S. 662, vom 8. Juli 2019, BStBl. I S. 594, und vom 11. Dezember 2023, BStBl. 2024 I S. 5, veröffentlichten amtlichen Muster erteilt wurden, gelten grundsätzlich unverändert weiter. Dies gilt unabhängig davon, ob die Daten der Vollmachten gemäß § 80a AO nach amtlich vorgeschriebenem Datensatz elektronisch an die Finanzverwaltung übermittelt worden sind oder nicht.

Anl 3

3) Gleich lautende Ländererlasse betr. Umfang der Beratungsbefugnis der Lohnsteuerhilfevereine; Befugnis zu beschränkter Hilfeleistung in Steuersachen nach § 4 Nr. 11 StBerG

Vom 13. Februar 2023 (BeckVerw 619060)

(Oberste Finanzbehörden der Länder)

I. Allgemein

24 Die Befugnis der Lohnsteuerhilfevereine zu beschränkter geschäftsmäßiger Hilfeleistung in Steuersachen ist in § 4 Nr. 11 des Steuerberatungsgesetzes (StBerG) geregelt.

Lohnsteuerhilfevereine sind Selbsthilfeeinrichtungen von Arbeitnehmerinnen und Arbeitnehmern und daher nur zu beschränkter geschäftsmäßiger Hilfeleistung in Steuersachen gegenüber ihren Mitgliedern befugt (§ 13 Abs. 1 StBerG). Sie bedürfen der Anerkennung durch die Aufsichtsbehörde, in deren Bezirk sie ihren Sitz haben (§ 13 Abs. 2 und § 15 StBerG).

Die beschränkte geschäftsmäßige Hilfeleistung in Steuersachen darf nur unter den in § 4 Nr. 11 StBerG genannten Voraussetzungen erfolgen. Sie schließt die Vertretung vor den Finanzgerichten ein, erstreckt sich jedoch nicht auf die Vertretung vor dem Bundesfinanzhof. Im Zusammenhang mit einer im Rahmen der Befugnis des § 4 Nr. 11 StBerG erbrachten Hilfeleistung in Steuersachen ist auch eine Annexberatung in nichtsteuerlichen Rechtsgebieten als Nebenleistung i. S. d. § 5 Abs. 1 des Gesetzes über außergerichtliche Rechtsdienstleistungen (Rechtsdienstleistungsgesetz – RDG) zulässig.

Soweit Lohnsteuerhilfevereine den Rahmen ihrer Befugnisse überschreiten, verstoßen sie gegen das Verbot der unbefugten Hilfeleistung in Steuersachen (§ 5 Abs. 1 Satz 2 StBerG).

1. Zulässige beschränkte geschäftsmäßige Hilfeleistung in Steuersachen nach § 4 Nr. 11 StBerG

Lohnsteuerhilfevereine dürfen für ihre Mitglieder nur geschäftsmäßig Hilfe in Steuersachen leisten, wenn diese Einkünfte aus nichtselbständiger Arbeit, sonstige Einkünfte aus wiederkehrenden Bezügen (§ 22 Nr. 1 des Einkommensteuergesetzes – EStG), Einkünfte aus Unterhaltsleistungen (§ 22 Nr. 1a EStG) oder Einkünfte aus Leistungen nach § 22 Nr. 5 EStG erzielen (§ 4 Nr. 11 Satz 1 Buchst. a StBerG).

Die beschränkte geschäftsmäßige Hilfeleistung in Steuersachen ist auch zulässig, wenn die Mitglieder (zusätzlich zu den vorgenannten Einkünften) Einnahmen – nicht Einkünfte – aus anderen Einkunftsarten i. S. d. § 4 Nr. 11 Satz 1 Buchst. c StBerG haben, die insgesamt die Höhe von 18000 Euro, im Falle der Zusammenveranlagung von 36000 Euro, nicht übersteigen. Bei der Ermittlung der vorgenannten Betragsgrenzen sind auch solche Einnahmen einzubeziehen, die im Rahmen einer gesonderten und einheitlichen Feststellung von Überschusseinkünften zu berücksichtigen sind. Dabei ist unbeachtlich, ob der Lohnsteuerhilfeverein für das Feststellungsverfahren eine Befugnis zur Hilfeleistung in Steuersachen hat (vgl. Abschn. III.). Einnahmen aus Einkünften, die im Veranlagungsverfahren nicht zu erklären sind und auch nicht auf Grund eines Antrags des Steuerpflichtigen erklärt werden, sind bei der Ermittlung der Betragsgrenze nicht einzubeziehen (vgl. Abschn. V., Beispiel 8).

Sind die Voraussetzungen des § 4 Nr. 11 Satz 1 StBerG erfüllt, so umfasst die Befugnis zu beschränkter geschäftsmäßiger Hilfeleistung in Steuersachen

- die allgemeine Beratung bei den in § 4 Nr. 11 Satz 1 Buchst. a und c StBerG genannten Einkünften und Einnahmen,
- die Hilfeleistung bei der Bildung von Freibeträgen oder sonstigen Angaben für das Lohnsteuerermäßigungsverfahren,
- die Hilfeleistung bei der Erstellung der Einkommensteuererklärung einschließlich der erforderlichen Anlagen,
- die Hilfeleistung bei Anträgen zur Freistellung oder Anrechnung von Kapitalertragsteuer,
- die Hilfeleistung im Einspruchs- und Klageverfahren gegen den Einkommensteuerbescheid einschließlich Aussetzung der Vollziehung und
- die Hilfeleistung im Erhebungsverfahren (Stundung und Erlass, Vollstreckung).

Soweit die beschränkte geschäftsmäßige Hilfeleistung in Steuersachen nach § 4 Nr. 11 Satz 1 StBerG zulässig ist, berechtigt sie nach § 4 Nr. 11 Satz 3 StBerG auch zur Hilfeleistung bei

- der Eigenheimzulage nach dem Eigenheimzulagengesetz (EigZulG),
- mit Kinderbetreuungskosten i. S. v. § 10 Abs. 1 Nr. 5 EStG sowie mit haushaltsnahen Beschäftigungsverhältnissen i. S. d. § 35a Abs. 1 EStG zusammenhängenden Arbeitgeberaufgaben (vgl. Abschn. V., Beispiel 4).
- Sachverhalten des Familienleistungsausgleichs im Sinne des Einkommensteuergesetzes,
- sonstigen Zulagen und Prämien, auf die die Vorschriften der Abgabenordnung (AO) anzuwenden sind, z. B. der Altersvorsorgezulage nach Abschn. XI des Einkommensteuergesetzes.

Mitglieder, die arbeitslos geworden sind, dürfen weiterhin beraten werden (§ 4 Nr. 11 Satz 4 StBerG).

2. Unzulässige Hilfeleistung in Steuersachen nach § 4 Nr. 11 StBerG

Nach § 4 Nr. 11 StBerG ist die beschränkte geschäftsmäßige Hilfeleistung in Steuersachen in folgenden Fällen unzulässig:

- Es werden Einkünfte aus Land- und Forstwirtschaft, Gewerbebetrieb oder selbständiger Arbeit erzielt oder umsatzsteuerpflichtige Umsätze ausgeführt (§ 4 Nr. 11 Satz 1 Buchst. b StBerG; vgl. Abschn. V.,

Anl 3

Beispiel 1), es sei denn, die den Einkünften zugrundeliegenden Einnahmen sind nach § 3 Nr. 12, 26, 26 a, 26 b oder 72 EStG in voller Höhe steuerfrei (vgl. Abschn. II. und V., Beispiele 2 und 3).
- Die Einnahmen aus anderen Einkunftsarten i. S. d. § 4 Nr. 11 Satz 1 Buchst. c StBerG übersteigen die dort genannten Betragsgrenzen (vgl. Abschn. V., Beispiel 8). § 4 Nr. 11 Satz 1 Buchst. c StBerG stellt grundsätzlich auf den Einnahmebegriff des § 8 Abs. 1 EStG ab. In den Fällen des § 20 Abs. 2 EStG und § 22 Nr. 2, § 23 EStG ist der sich nach § 20 Abs. 4 EStG bzw. § 23 Abs. 3 EStG ergebende Betrag maßgebend.

Dem Lohnsteuerhilfeverein ist in diesen Fällen die beschränkte geschäftsmäßige Hilfeleistung in Steuersachen nicht nur für diese (schädlichen) Einkünfte und Einnahmen, sondern insgesamt nicht gestattet. Dies gilt auch für die Beantragung der Forschungszulage nach dem Forschungszulagengesetz (FZulG), da Anspruchsberechtigte ausschließlich solche mit Einkünften aus Land- und Forstwirtschaft, Gewerbebetrieb oder selbständiger Arbeit sind.

Die Befugnis zu beschränkter geschäftsmäßiger Hilfeleistung in Steuersachen kann in diesen Fällen auch nicht teilweise dadurch begründet werden, dass für die Gewinneinkünfte oder umsatzsteuerpflichtigen Umsätze zusätzlich ein Steuerberater tätig wird oder der Arbeitnehmer diese Einkünfte selbst ermittelt und erklärt (Verbot der Mandatsteilung, vgl. BFH-Urteil vom 28. Februar 1989, BStBl. II S. 384).

Die Befugnis zu beschränkter geschäftsmäßiger Hilfeleistung in Steuersachen nach § 4 Nr. 11 StBerG erstreckt sich nur auf die Hilfeleistung bei der Einkommensteuer und ihren Zuschlagsteuern. Somit sind Lohnsteuerhilfevereine insbesondere nicht zur Hilfeleistung befugt:
- beim Steuerabzug von Vergütungen für im Inland erbrachte Bauleistungen (§§ 48 ff. EStG, vgl. Abschn. V Beispiel 6),
- in Fällen der Steuerschuldnerschaft des Leistungsempfängers nach § 13 b des Umsatzsteuergesetzes (UStG) sowie
- bei Erklärungen im Zusammenhang mit dem ab dem Jahr 2025 anzuwendenden Grundsteuerrecht.

II. Steuerfreie Einnahmen nach § 3 Nr. 12, 26, 26 a, 26 b oder 72 EStG

25 Sofern die den Einkünften zugrundeliegenden Einnahmen des Mitglieds des Lohnsteuerhilfevereins nach § 3 Nr. 12, 26, 26 a, 26 b oder 72 EStG in voller Höhe steuerfrei sind, ist der Lohnsteuerhilfeverein befugt, das Mitglied zu beraten, auch wenn es sich um Gewinneinkunftsarten handelt und gegebenenfalls umsatzsteuerpflichtige Umsätze vorliegen. Die Beratungsbefugnis des Lohnsteuerhilfevereins besteht in allen Fällen nur für die Hilfeleistungen bei der Einkommensteuer und ihren Zuschlagsteuern.

Die originäre Befugnis zur Hilfeleistung bei der Einkommensteuer wird in diesem Zusammenhang nicht ausgedehnt, da in den oben genannten Fällen kein Gewinn oder Verlust zu ermitteln und in der Einkommensteuererklärung anzugeben ist.

Die Beratungsbefugnis der Lohnsteuerhilfevereine in Zusammenhang mit steuerfreien Einnahmen nach § 3 Nr. 72 EStG gilt erst für Einnahmen, die nach dem 31. Dezember 2021, also ab dem Veranlagungszeitraum 2022, erzielt werden.

Lohnsteuerhilfevereine sind nicht befugt, eine Umsatzsteuer-Voranmeldung oder eine Umsatzsteuererklärung zu erstellen. Sofern ein Mitglied des Lohnsteuerhilfevereins eine nach § 3 Nr. 72 EStG begünstigte Photovoltaikanlage betreibt, ist es für die Befugnis des Lohnsteuerhilfevereins für die Einkommensteuer unschädlich, wenn dieses Mitglied selbst für diese Photovoltaikanlage eine Umsatzsteuer-Voranmeldung und/oder eine Umsatzsteuererklärung für das Kalenderjahr erstellt oder eine zur unbeschränkten Hilfeleistung in Steuersachen befugte Person oder Gesellschaft hierfür beauftragt. Da im Rahmen der Einkommensteuererklärung keine Einkünfte im Zusammenhang mit der Photovoltaikanlage zu erklären sind, können insoweit keine Wechselwirkungen entstehen.

III. Besonderheiten der Hilfeleistung im Feststellungsverfahren

26 In Feststellungsverfahren i. S. d. §§ 179 ff. AO hinsichtlich Gewinneinkünften sind Lohnsteuerhilfevereine nicht zur Hilfeleistung in Steuersachen befugt. Der Lohnsteuerhilfeverein darf die Gewinneinkünfte auch nicht ungeprüft in die Einkommensteuererklärung übernehmen (§ 4 Nr. 11 Satz 1 Buchst. b StBerG).

Bei der gesonderten und einheitlichen Feststellung von Überschusseinkünften und mit ihnen im Zusammenhang stehenden anderen Besteuerungsgrundlagen, der steuererheblichen Sachumstände nach § 180 Abs. 5 AO sowie des Abzugsbetrags nach § 10 e EStG ist die Hilfeleistung in Steuersachen nur zulässig, wenn alle Beteiligten Mitglieder des die Hilfe leistenden Lohnsteuerhilfevereins sind und jeder Beteiligte die Voraussetzungen des § 4 Nr. 11 Satz 1 StBerG erfüllt (vgl. Abschn. V., Beispiele 9 und 10). Ist dies nicht der Fall, ist die Befugnis des Lohnsteuerhilfevereins zur Hilfeleistung im Feststellungsverfahren gegenüber sämtlichen Beteiligten ausgeschlossen. Der Lohnsteuerhilfeverein darf jedoch den gesondert und einheitlich festgestellten Überschuss bzw. Abzugsbetrag der Beteiligten, gegenüber denen die Hilfeleistung (außerhalb des Feststellungsverfahrens) zulässig ist, nachrichtlich in deren Einkommensteuererklärung übernehmen.

In Feststellungsverfahren i. S. d. §§ 179 ff. AO hinsichtlich der Bemessungsgrundlagen für die Eigenheimzulage nach dem Eigenheimzulagengesetz ist ein Lohnsteuerhilfeverein zur Hilfeleistung in Steuersachen nur dann befugt, wenn alle Anspruchsberechtigten Mitglieder dieses Lohnsteuerhilfevereins sind und jeder Anspruchsberechtigte die Voraussetzungen des § 4 Nr. 11 Satz 1 StBerG erfüllt. Ist dies nicht der Fall, darf der Lohnsteuerhilfeverein lediglich den gesondert und einheitlich festgestellten Betrag der Anspruchsberechtigten, gegenüber denen die Hilfeleistung (außerhalb des Feststellungsverfahrens) zulässig ist, nachrichtlich in deren Eigenheimzulageantrag übernehmen.

IV. Besonderheiten der Hilfeleistung beim Verlustabzug nach § 10 d EStG

27 Liegen die Voraussetzungen des § 4 Nr. 11 Satz 1 StBerG vor, so umfasst die Befugnis zu beschränkter geschäftsmäßiger Hilfeleistung in Steuersachen auch die Übernahme des verbleibenden Verlust-

Anl 3

abzugs nach § 10 d EStG, selbst wenn er aus den in § 4 Nr. 11 Satz 1 Buchst. b StBerG genannten Einkünften resultiert (vgl. Abschn. V., Beispiel 7). Gleiches gilt für die Befugnis zur Hilfeleistung bei der Verteilung des Verlustabzugs.

V. Beispiele

28 Einnahmen aus anderen Einkunftsarten

Beispiel 1:

Ein Arbeitnehmer hat im Kalenderjahr Arbeitslohn bezogen. Daneben hat er für eine schriftstellerische Tätigkeit ein Honorar von 300 Euro (ohne Umsatzsteuer) erhalten.

Stellungnahme:

Der Lohnsteuerhilfeverein ist gegenüber diesem Arbeitnehmer ungeachtet der Höhe der Einkünfte aus selbständiger Arbeit insgesamt nicht zur Hilfeleistung in Steuersachen befugt. Der Lohnsteuerhilfeverein darf diese und andere Gewinneinkünfte (z. B. gewerbliche Einkünfte als atypisch stiller Gesellschafter) auch nicht ungeprüft in die Einkommensteuererklärung übernehmen (§ 4 Nr. 11 Satz 1 Buchst. b StBerG).

Beispiel 2:

Ein Arbeitnehmer hat im Kalenderjahr Arbeitslohn bezogen. Außerdem hat er auf dem Dach seines Einfamilienhauses eine Photovoltaikanlage errichten lassen. Die installierte Bruttoleistung der Photovoltaikanlage beträgt nach dem Marktstammdatenregister nicht mehr als 30 kW.

Stellungnahme:

Der Lohnsteuerhilfeverein darf tätig werden. Die Einnahmen und Entnahmen aus dem Betrieb der Photovoltaikanlagen sind nach § 3 Nr. 72 EStG steuerfrei. Es ist kein Gewinn oder Verlust zu ermitteln und in der Einkommensteuererklärung einzutragen. Es ist unschädlich, wenn der Arbeitnehmer selbst eine Umsatzsteuer-Voranmeldung und/oder eine Umsatzsteuererklärung für das Kalenderjahr erstellt oder eine zur unbeschränkten Hilfeleistung in Steuersachen befugte Person oder Gesellschaft hierfür beauftragt.

Beispiel 3:

Ein Arbeitnehmer hat im Kalenderjahr Arbeitslohn bezogen. Außerdem ist er als ehrenamtlicher Betreuer tätig und erhält hierfür eine Aufwandspauschale (§ 1878 des Bürgerlichen Gesetzbuchs).

Stellungnahme:

Der Lohnsteuerhilfeverein darf tätig werden, wenn die Aufwandspauschale nicht den Freibetrag von 3000 Euro übersteigt (§ 3 Nr. 26 b EStG).

Aufwendungen von Arbeitnehmern

Beispiel 4:

Ein Arbeitnehmer beschäftigt eine Hausangestellte, die für ihre Tätigkeit einen Bruttoarbeitslohn von monatlich 400 Euro erhält. Die Hausangestellte wird mit Reinigungsarbeiten und der Beaufsichtigung der Kinder beauftragt. Der Arbeitnehmer bittet den Lohnsteuerhilfeverein, ihm bei der Lohnsteuer-Anmeldung zu helfen.

Stellungnahme:

Die Arbeitgeberaufgaben stehen im Zusammenhang mit einem haushaltsnahen Beschäftigungsverhältnis i. S. d. § 35 a Abs. 1 EStG und mit Kinderbetreuungskosten i. S. v. § 10 Abs. 1 Nr. 5 EStG. Der Lohnsteuerhilfeverein ist deshalb befugt, dem Mitglied Hilfe bei der Lohnsteuer-Anmeldung für die Hausangestellte zu leisten.

Beispiel 5:

Ein Arbeitnehmer lässt in die von ihm vermietete Wohnung von einem in den Niederlanden ansässigen Unternehmer neue Fenster einbauen. Der Arbeitnehmer bittet seinen Lohnsteuerhilfeverein, ihm bei der Umsatzsteuer-Voranmeldung zu helfen.

Stellungnahme:

Der Lohnsteuerhilfeverein darf nicht tätig werden. Die Befugnis zur Hilfeleistung erstreckt sich nur auf die Einkommensteuer und ihre Zuschlagsteuern, nicht jedoch auf die Umsatzsteuer.

Beispiel 6:

Ein Arbeitnehmer, der drei Eigentumswohnungen geerbt hat, lässt diese zum Zwecke späterer Vermietung für 18 000 Euro renovieren (Erhaltungsaufwendungen). Der Leistende legt keine Freistellungsbescheinigung nach § 48 b EStG vor. Der Arbeitnehmer bittet den Lohnsteuerhilfeverein, ihm bei der Anmeldung des einzubehaltenden Steuerabzugs zu helfen.

Stellungnahme:

Der Lohnsteuerhilfeverein darf nicht tätig werden. Die Befugnis zur Hilfeleistung in Steuersachen erstreckt sich nur auf die Einkommensteuer des jeweiligen Mitglieds. Die Vornahme des Steuerabzugs und die Abführung des Abzugsbetrags erfolgen hingegen für Rechnung des Leistenden.

Verlustabzug nach § 10 d EStG

Beispiel 7:

Die Eheleute beziehen beide Arbeitslöhne. Aus einer früheren Tätigkeit aus Gewerbebetrieb haben sie einen verbleibenden Verlustvortrag nach § 10 d EStG, der gesondert festgestellt wurde.

Stellungnahme:

Der vom Finanzamt gesondert festgestellte Verlustvortrag darf in die Einkommensteuererklärung übernommen werden, obwohl er aus Einkünften aus Gewerbebetrieb resultiert.

Einnahmegrenze

Beispiel 8:

Die Eheleute sind beide Arbeitnehmer und Mitglieder des Lohnsteuerhilfevereins. Neben ihrem Arbeitslohn haben sie im Kalenderjahr Zinseinnahmen von je 1 500 Euro bezogen. Außerdem sind sie Eigentümer eines Mietwohngrundstücks, das ihnen je zur Hälfte gehört. Die hieraus erwirtschafteten Mieteinnahmen betragen insgesamt 35 000 Euro. Gewinneinkünfte wurden nicht erzielt.

Stellungnahme:

Der Lohnsteuerhilfeverein ist insgesamt nicht zur Hilfeleistung in Steuersachen befugt, da die Einnahmen aus dem Mietwohngrundstück (35 000 Euro) zusammen mit den Einnahmen aus Kapitalvermögen (2 × 1 500 Euro ohne Berücksichtigung der Freibeträge nach § 20 Abs. 9 EStG) die Betragsgrenze des § 4 Nr. 11 Satz 1 Buchst. c StBerG (36 000 Euro) übersteigen. Sofern die Einkünfte aus Kapitalvermögen allerdings nach § 32 d Abs. 1 EStG besteuert werden (Abgeltungsteuer) und im Veranlagungsverfahren weder zu erklären sind noch auf Grund eines Antrags des Steuerpflichtigen erklärt werden (§ 32 d Abs. 3 bis 6 EStG), sind die Einnahmen aus Kapitalvermögen bei der Prüfung der Betragsgrenze des § 4 Nr. 11 Satz 1 Buchst. c StBerG nicht einzubeziehen. In diesem Fall wäre im vorliegenden Beispiel die Betragsgrenze nicht überschritten.

Feststellungsverfahren

Beispiel 9:

Wie Beispiel 8, jedoch sind die Arbeitnehmer nicht verheiratet und die Einnahmen aus dem Mietwohngrundstück betragen 5 000 Euro.

Stellungnahme:

Die Einkünfte aus Vermietung und Verpachtung sind gesondert und einheitlich festzustellen (§ 180 Abs. 1 Nr. 2 Buchst. a AO). Der Lohnsteuerhilfeverein ist zur Hilfeleistung bei der gesonderten und einheitlichen Feststellung der Vermietungseinkünfte und der Erstellung der Einkommensteuererklärungen befugt, da alle Beteiligten Mitglieder des Lohnsteuerhilfevereins sind, jeder Beteiligte die Voraussetzungen des § 4 Nr. 11 Satz 1 StBerG erfüllt und die Betragsgrenze des § 4 Nr. 11 Satz 1 Buchst. c StBerG nicht überschritten wird.

Beispiel 10:

Wie Beispiel 9, jedoch sind die Arbeitnehmer Mitglieder unterschiedlicher Lohnsteuerhilfevereine.

Stellungnahme:

Die Einkünfte aus Vermietung und Verpachtung sind gesondert und einheitlich festzustellen (§ 180 Abs. 1 Nr. 2 Buchst. a AO). Der Lohnsteuerhilfeverein ist nicht zur Hilfeleistung bei der gesonderten und einheitlichen Feststellung der Vermietungseinkünfte befugt, da die Beteiligten Mitglieder verschiedener Lohnsteuerhilfevereine sind.

Der Lohnsteuerhilfeverein darf jedoch den gesondert und einheitlich festgestellten Überschuss seines Mitglieds, gegenüber dem die Hilfeleistung zulässig ist, nachrichtlich in dessen Einkommensteuererklärung übernehmen, da die anteiligen Einnahmen aus Vermietung und Verpachtung (2 500 Euro) und die Einnahmen aus Kapitalvermögen (1 500 Euro) die Betragsgrenze des § 4 Nr. 11 Satz 1 Buchst. c StBerG i. H. v. 18 000 Euro nicht übersteigen.

§ 80 a Elektronische Übermittlung von Vollmachtsdaten an Landesfinanzbehörden

AO

1 (1) ① **Daten aus einer Vollmacht zur Vertretung in steuerlichen Verfahren, die nach amtlich bestimmtem Formular erteilt worden sind, können den Landesfinanzbehörden nach amtlich vorgeschriebenem Datensatz über die amtlich bestimmten Schnittstellen übermittelt werden.** ② **Im Datensatz ist auch anzugeben, ob der Vollmachtgeber den Bevollmächtigten zum Empfang von für ihn bestimmten Verwaltungsakten oder zum Abruf von bei den Finanzbehörden zu seiner Person gespeicherten Daten ermächtigt hat.** ③ **Die übermittelten Daten müssen der erteilten Vollmacht entsprechen.** ④ **Wird eine Vollmacht, die nach Satz 1 übermittelt worden ist, vom Vollmachtgeber gegenüber dem Bevollmächtigten widerrufen oder verändert, muss der Bevollmächtigte dies unverzüglich den Landesfinanzbehörden nach amtlich vorgeschriebenem Datensatz mitteilen.**

2 (2) ① **Werden die Vollmachtsdaten von einem Bevollmächtigten, der nach § 3 des Steuerberatungsgesetzes zur geschäftsmäßigen Hilfeleistung in Steuersachen befugt ist, nach Maßgabe des Absatzes 1 übermittelt, so wird eine Bevollmächtigung im mitgeteilten Umfang vermutet, wenn die zuständige Kammer sicherstellt, dass Vollmachtsdaten nur von den Bevollmächtigten übermittelt werden, die zur geschäftsmäßigen Hilfeleistung in Steuersachen befugt sind.** ② **Die für den Bevollmächtigten zuständige Kammer hat den Landesfinanzbehörden in diesem Fall auch den Wegfall einer Zulassung unverzüglich nach amtlich vorgeschriebenem Datensatz mitzuteilen.**

3 (3) **Absatz 2 gilt entsprechend für Vollmachtsdaten, die von einem anerkannten Lohnsteuerhilfeverein im Sinne des § 4 Nummer 11 des Steuerberatungsgesetzes übermittelt werden, sofern die für die Aufsicht zuständige Stelle in einem automatisierten Verfahren die Zulassung zur Hilfe in Steuersachen bestätigt.**

Zu § 80 a – Elektronische Übermittlung von Vollmachtsdaten an Landesfinanzbehörden:

AEAO

4 **1.** Die Finanzbehörde kann den Nachweis über das Vorliegen einer Vollmacht, deren Daten nach § 80 a Abs. 1 AO elektronisch übermittelt wurden, jederzeit ohne besonderen Anlass und ohne Begründung fordern. In diesem Fall kann der Nachweis der Bevollmächtigung und ihres Umfangs durch Vorlage oder Übersendung einer Ausfertigung, einer Ablichtung oder eines Scans der nach amtlichem Formular erteilten Vollmacht geführt werden. Dies gilt auch bei mittels Signaturpad unterzeichneten elektronischen Vollmachten. Hat ein Bevollmächtigter i. S. d. § 80 a Abs. 2 oder 3 AO die ihm schriftlich erteilte Vollmacht i. S. d. § 80 a AO gescannt und bewahrt er den Scan nach den berufsrechtlichen Vorgaben ordnungsgemäß auf, darf die schriftliche Originalvollmacht vernichtet werden.

5 **2.** Der Vollmachtgeber kann eine Vollmacht, deren Daten nach § 80 a Abs. 1 AO elektronisch übermittelt wurden, nicht nur gegenüber dem Bevollmächtigten (vgl. § 80 a Abs. 1 Satz 4 AO), sondern auch schriftlich, elektronisch oder mündlich an Amtsstelle gegenüber der Finanzbehörde widerrufen.

AO

§ 81 Bestellung eines Vertreters von Amts wegen

1 **(1) Ist ein Vertreter nicht vorhanden, so hat das Betreuungsgericht, für einen minderjährigen Beteiligten das Familiengericht auf Ersuchen der Finanzbehörde einen geeigneten Vertreter zu bestellen**

1. für einen Beteiligten, dessen Person unbekannt ist,

2. für einen abwesenden Beteiligten, dessen Aufenthalt unbekannt ist oder der an der Besorgung seiner Angelegenheiten verhindert ist,

3. für einen Beteiligten ohne Aufenthalt

a) im Inland,

b) in einem anderen Mitgliedstaat der Europäischen Union oder

c) in einem anderen Staat, auf den das Abkommen über den Europäischen Wirtschaftsraum anzuwenden ist,

wenn er der Aufforderung der Finanzbehörde, einen Vertreter zu bestellen, innerhalb der ihm gesetzten Frist nicht nachgekommen ist,

4. für einen Beteiligten, der infolge einer psychischen Krankheit oder körperlichen, geistigen oder seelischen Behinderung nicht in der Lage ist, in dem Verwaltungsverfahren selbst tätig zu werden,

5. bei herrenlosen Sachen, auf die sich das Verfahren bezieht, zur Wahrung der sich in Bezug auf die Sache ergebenden Rechte und Pflichten.

2 **(2) Für die Bestellung des Vertreters ist in den Fällen des Absatzes 1 Nummer 4 das Betreuungsgericht, für einen minderjährigen Beteiligten das Familiengericht zuständig, in dessen Bezirk der Beteiligte seinen gewöhnlichen Aufenthalt (§ 272 Absatz 1 Nummer 2 des Gesetzes über das Verfahren in Familiensachen und in den Angelegenheiten der freiwilligen Gerichtsbarkeit) hat; im Übrigen ist das Gericht zuständig, in dessen Bezirk die ersuchende Finanzbehörde ihren Sitz hat.**

3 **(3) ① Der Vertreter hat gegen den Rechtsträger der Finanzbehörde, die um seine Bestellung ersucht hat, Anspruch auf eine angemessene Vergütung und auf die Erstattung seiner baren Auslagen. ② Die Finanzbehörde kann von dem Vertretenen Ersatz ihrer Aufwendungen verlangen. ③ Sie bestimmt die Vergütung und stellt die Auslagen und Aufwendungen fest.**

4 **(4) Im Übrigen gelten für die Bestellung und für das Amt des Vertreters in den Fällen des Absatzes 1 Nummer 4 die Vorschriften über die Betreuung,[1] in den übrigen Fällen die Vorschriften über die Pflegschaft[2] entsprechend.**

AEAO

Zu § 81 – Bestellung eines Vertreters von Amts wegen:

5 Die Finanzbehörden haben im Allgemeinen keinen Anlass, die Bestellung eines Vertreters von Amts wegen zu beantragen. Wegen der Bekanntgabe von Verwaltungsakten an Beteiligte im Ausland vgl. AEAO zu § 122, Nr. 1.8.4.

2. Unterabschnitt. Ausschließung und Ablehnung von Amtsträgern und anderen Personen

AO

§ 82[3] Ausgeschlossene Personen

1 **(1) ① In einem Verwaltungsverfahren darf für eine Finanzbehörde nicht tätig werden,**

1. er selbst Beteiligter ist,

2. wer Angehöriger (§ 15) eines Beteiligten ist,

3. wer einen Beteiligten kraft Gesetzes[4] oder Vollmacht[5] allgemein oder in diesem Verfahren vertritt,

4. wer Angehöriger (§ 15) einer Person ist, die für einen Beteiligten in diesem Verfahren Hilfe in Steuersachen leistet,

5. wer bei einem Beteiligten gegen Entgelt beschäftigt ist oder bei ihm als Mitglied des Vorstands, des Aufsichtsrats oder eines gleichartigen Organs tätig ist; dies gilt nicht für den, dessen Anstellungskörperschaft Beteiligte ist,

---

[1] Zur Betreuung vgl. §§ 1896 ff. BGB.
[2] Zur Pflegschaft vgl. §§ 1909 ff. BGB.
[3] Zur Folge von Verstößen vgl. §§ 125, 127 AO.
[4] Zum gesetzlichen Vertreter s. § 34 AO.
[5] Zum gewillkürten Vertreter s. § 80 AO.

6. wer außerhalb seiner amtlichen Eigenschaft in der Angelegenheit ein Gutachten abgegeben hat oder sonst tätig geworden ist.

② Dem Beteiligten steht gleich, wer durch die Tätigkeit oder durch die Entscheidung einen unmittelbaren Vorteil oder Nachteil erlangen kann. ③ Dies gilt nicht, wenn der Vor- oder Nachteil nur darauf beruht, dass jemand einer Berufs- oder Bevölkerungsgruppe angehört, deren gemeinsame Interessen durch die Angelegenheit berührt werden.

(2) **Wer nach Absatz 1 ausgeschlossen ist, darf bei Gefahr im Verzug unaufschiebbare Maßnahmen treffen.** 2

(3) **① Hält sich ein Mitglied eines Ausschusses für ausgeschlossen oder bestehen Zweifel, ob die Voraussetzungen des Absatzes 1 gegeben sind, ist dies dem Vorsitzenden des Ausschusses mitzuteilen. ② Der Ausschuss entscheidet über den Ausschluss. ③ Die betroffene Person darf an dieser Entscheidung nicht mitwirken. ④ Das ausgeschlossene Mitglied darf bei der weiteren Beratung und Beschlussfassung nicht zugegen sein.** 3

Zu § 82 – Ausgeschlossene Personen: AEAO

1. Wegen der Rechtsfolgen bei einem Verstoß gegen diese Vorschrift wird auf §§ 125 und 127 AO hingewiesen. 4

2. Hilfe in Steuersachen i. S. d. § 82 Abs. 1 Nr. 4 AO leisten nicht nur diejenigen, die nach dem StBerG ausdrücklich dazu befugt sind, sondern auch sonstige Personen, die ohne gesetzliche Befugnis Hilfe in Steuersachen leisten. Zur Hilfe in Steuersachen zählen auch die nicht dem Erlaubnisvorbehalt des § 2 StBerG unterliegenden mechanischen Buchführungsarbeiten und die Erstattung wissenschaftlicher Gutachten (§ 6 StBerG). 5

3. Zum Begriff des Amtsträgers Hinweis auf § 7 AO. 6

§ 83 Besorgnis der Befangenheit[1]

AO

(1) **① Liegt ein Grund vor, der geeignet ist, Misstrauen gegen die Unparteilichkeit[2] des Amtsträgers[3] zu rechtfertigen oder wird von einem Beteiligten das Vorliegen eines solchen Grundes behauptet,[4] so hat der Amtsträger den Leiter der Behörde oder den von ihm Beauftragten zu unterrichten und sich auf dessen Anordnung der Mitwirkung zu enthalten. ② Betrifft die Besorgnis der Befangenheit den Leiter der Behörde, so trifft diese Anordnung die Aufsichtsbehörde, sofern sich der Behördenleiter nicht selbst einer Mitwirkung enthält.** 1

(2) **Bei Mitgliedern eines Ausschusses ist sinngemäß nach § 82 Absatz 3 zu verfahren.** 2

Zu § 83 – Besorgnis der Befangenheit: AEAO

1. Das in § 83 AO vorgeschriebene Verfahren ist nicht nur dann durchzuführen, wenn der Amtsträger tatsächlich befangen ist oder sich für befangen hält, sondern schon dann, wenn ein vernünftiger Grund vorliegt, der den Beteiligten von seinem Standpunkt aus befürchten lassen könnte, dass der Amtsträger nicht unparteiisch sachlich entscheiden werde. 3

2. Die Entscheidung, ob sich ein Amtsträger der Mitwirkung an einem Verwaltungsverfahren zu enthalten hat, trifft der Behördenleiter bzw. der von ihm Beauftragte oder die Aufsichtsbehörde. Über die Zulässigkeit der Mitwirkung des Amtsträgers im Verwaltungsverfahren ist ggf. im Rechtsbehelfsverfahren über den Verwaltungsakt zu entscheiden. 4

§ 84 Ablehnung von Mitgliedern eines Ausschusses

AO

① Jeder Beteiligte kann ein Mitglied eines in einem Verwaltungsverfahren tätigen Ausschusses[5] ablehnen, das in diesem Verwaltungsverfahren nicht tätig werden darf (§ 82) oder bei dem die Besorgnis der Befangenheit besteht (§ 83). ② Eine Ablehnung vor einer mündlichen Verhandlung ist schriftlich oder zur Niederschrift zu erklären. ③ Die Erklärung ist unzulässig, wenn sich der Beteiligte, ohne den ihm bekannten Ablehnungsgrund geltend zu machen, in eine mündliche Verhandlung eingelassen hat.

---

[1] *BFH-Beschluss vom 29. 5. 2012 IV B 70/11, BFH/NV S. 1412:* 1. In der höchstrichterlichen Rechtsprechung ist hinreichend geklärt, dass die Entscheidung des Behördenleiters nach § 83 AO über das Gesuch eines Verfahrensbeteiligten auf Ablehnung eines Amtsträgers kein Verwaltungsakt ist, der mit Rechtsmitteln angegriffen werden kann. 2. Dies gilt auch für Fahndungsprüfer ungeachtet seiner Doppelfunktion im Besteuerungs- und Strafverfahren. Denn auch die ablehnende Entscheidung des Dienstvorgesetzten über das von einem Beteiligten geltend gemachte Ablehnungsgesuch stellt in dem Strafverfahren keinen Justizverwaltungsakt gemäß § 23 Abs. 1 des Einführungsgesetzes zum Gerichtsverfassungsgesetz dar, welcher mit Rechtsmitteln anfechtbar ist.

[2] Zur Rechtsfolge bei Verstoß vgl. § 127 AO.

[3] Zum Begriff des Amtsträgers s. § 7 AO.

[4] Zur Geltendmachung vgl. § 84 Satz 5 in entsprechender Anwendung.

[5] Z. B. Zulassungs- und Prüfungsausschuss für Steuerberater; das Verfahren richtet sich gem. § 164 a StBerG nach der AO; s. *BFH-Urteil vom 1. 2. 1983 VII R 133/82, BStBl. II S. 344.*

④ Für die Entscheidung über die Ablehnung gilt § 82 Absatz 3 Sätze 2 bis 4. ⑤ Die Entscheidung über das Ablehnungsgesuch kann nur zusammen mit der Entscheidung angefochten werden, die das Verfahren vor dem Ausschuss abschließt.

3. Unterabschnitt. Besteuerungsgrundsätze, Beweismittel

I. Allgemeines

AO

§ 85[1] Besteuerungsgrundsätze

1 **① Die Finanzbehörden haben die Steuern nach Maßgabe der Gesetze gleichmäßig festzusetzen und zu erheben. ② Insbesondere haben sie sicherzustellen, dass Steuern nicht verkürzt, zu Unrecht erhoben oder Steuererstattungen und Steuervergütungen nicht zu Unrecht gewährt oder versagt werden.**

AEAO

Zu § 85 – Besteuerungsgrundsätze:

2 **1.** Das Gesetz unterscheidet nicht zwischen dem Steuerermittlungsverfahren, das der Festsetzung der Steuer gegenüber einem bestimmten Steuerpflichtigen dient, und dem Steueraufsichtsverfahren, in dem die Finanzbehörden gegenüber allen Steuerpflichtigen darüber wachen, dass die Steuern nicht verkürzt werden. Die Finanzbehörden können sich sowohl bei Ermittlungen, die sich gegen einen bestimmten Steuerpflichtigen richten, als auch bei der Erforschung unbekannter Steuerfälle der Beweismittel des § 92 AO bedienen. Sie können mit der Aufdeckung und Ermittlung unbekannter Steuerfälle auch die Steuerfahndung beauftragen (§ 208 Abs. 1 Satz 1 Nr. 3 AO).

3 **2.** Die Finanzbehörde hat die Grundlagen der Besteuerung bei jeder Veranlagung ohne Rücksicht auf die Behandlung desselben Sachverhalts in Vorjahren selbstständig festzustellen und die Rechtslage neu zu beurteilen. Sie ist an die Sach- oder Rechtsbehandlung in früheren Veranlagungszeiträumen nicht gebunden. Etwas anderes gilt nur dann, wenn dem Steuerpflichtigen wirksam eine bestimmte Behandlung zugesagt worden ist (vgl. § 89 Abs. 2 AO und §§ 204 ff. AO) oder die Finanzbehörde durch ihr früheres Verhalten außerhalb einer Zusage einen Vertrauenstatbestand geschaffen hat (vgl. BFH-Urteil vom 30. 9. 1997, IX R 80/94, BStBl. 1998 II S. 771, m. w. N.; vgl. auch AEAO zu § 4, Nr. 4). Fehlt es hieran, gebieten es die Grundsätze der Gesetzmäßigkeit der Verwaltung und der Gleichmäßigkeit der Besteuerung, dass die Finanzbehörde eine als falsch erkannte Auffassung vom frühestmöglichen Zeitpunkt an aufgibt, auch wenn der Steuerpflichtige auf sie vertraut haben sollte. Diese Verpflichtung besteht auch, wenn die fehlerhafte Auffassung in einem Prüfungsbericht niedergelegt worden ist oder wenn die Finanzbehörde über eine längere Zeitspanne eine rechtsirrige, für den Steuerpflichtigen günstige Auffassung vertreten hat. Die Finanzbehörde ist selbst dann nicht an eine bei einer früheren Veranlagung zugrunde gelegte Auffassung gebunden, wenn der Steuerpflichtige im Vertrauen darauf disponiert hat (vgl. BFH-Urteil vom 21. 10. 1992, X R 99/88, BStBl. 1993 II S. 289, m. w. N.).

4 **3.** Die Finanzbehörde kann nach pflichtgemäßem Ermessen „betriebsnahe Veranlagungen" durchführen. Die betriebsnahen Veranlagungen gehören zum Steuerfestsetzungsverfahren, wenn sie ohne Prüfungsanordnung mit Einverständnis des Steuerpflichtigen an Ort und Stelle durchgeführt werden; es gelten die allgemeinen Verfahrensvorschriften über Besteuerungsgrundsätze und Beweismittel (§§ 85, 88 und 90 ff. AO). Eine betriebsnahe Veranlagung bewirkt keine Ablaufhemmung nach § 171 Abs. 4 (BFH-Urteil vom 6. 7. 1999, VIII R 17/97, BStBl. 2000 II S. 306).

5 **4.** Der gesetzliche Auftrag „sicherzustellen", dass Steuern nicht verkürzt werden usw., weist auf die Befugnis zu Maßnahmen außerhalb eines konkreten Besteuerungsverfahrens hin. So sind

---

[1] Vereinbarungen über den Steueranspruch als solchen sind wegen §§ 4, 38, 85 grds. unzulässig und nichtig.

Vereinbarungen zwischen dem Stpfl. und der Finanzbehörde über den der Besteuerung zugrunde zu legenden Sachverhalt sind zulässig (Anschluss an *BFH-Urteil vom 11. 12. 1984 VIII R 131/76, BStBl. 1985 II S. 354).* Voraussetzung für die Verbindlichkeit einer solchen Vereinbarung ist u. a., dass auf Seiten der Finanzbehörde ein für die Steuerfestsetzung zuständiger Amtsträger beteiligt ist *(BFH-Urteil vom 5. 10. 1990 III R 19/88, BStBl. 1991 II S. 45).* An eine zulässige und wirksame tatsächliche Verständigung sind die Beteiligten nach dem Grundsatz von Treu und Glauben gebunden, auch wenn die Verständigung nicht sämtliche schwer aufklärbare Umstände des Besteuerungssachverhalts umfasst. Die gegenseitige Bindung ist jeder tatsächlichen Verständigung immanent, ohne dass es einer ausdrücklichen Erklärung der Beteiligten bedarf *BFH-Urteil vom 12. 8. 1999 XI R 27/98, BFH/NV 2000 S.537).* Eine tatsächliche Verständigung über Rechtsfragen ist im Hinblick auf die Gesetzmäßigkeit und Gleichmäßigkeit der Besteuerung im Steuerrecht unzulässig und damit unbeachtlich *(BFH-Urteil vom 14. 9. 1994 I R 125/93).*

Zwar bedürfen tatsächliche Verständigungen keiner besonderen Form, die Nichteinhaltung der Schriftform, die fehlende Protokollierung und der Vorbehalt der Nachprüfung sind Indiz dafür, dass die Beteiligten sich nicht haben binden wollen *(BFH-Beschluss vom 21. 6. 2000 IV B 138/99, BFH/NV 2001 S. 2).*

Eine im Rahmen einer Außenprüfung getroffene zulässige und wirksame „tatsächliche Verständigung" über eine bestimmte Behandlung von Sachfragen bindet die Finanzbehörde bereits vor Erlass der darauf beruhenden Bescheide (Weiterführung der bisherigen Rspr.; *BFH-Urteil vom 31. 7. 1996 XI R 78/95, BStBl. II S. 625*).

Es ist geklärt, dass aufgrund des **Prinzips der Abschnittsbesteuerung** das FA eine rechtliche Beurteilung, die es als falsch erkannt hat, zum frühestmöglichen Zeitpunkt aufgeben darf und muss, und zwar selbst dann, wenn die frühere Auffassung in einem Prüfungsbericht niedergelegt ist *(BFH-Beschluss vom 6. 2. 2003 X B 153/01, BFH/NV S. 621).*

den Finanzbehörden allgemeine Hinweise an die Öffentlichkeit oder ähnliche vorbeugende Maßnahmen gegenüber Einzelnen zur Erfüllung des gesetzlichen Auftrags gestattet. Auf der Grundlage des § 85 AO können auch im Wege der Amtshilfe andere Behörden ersucht werden, Aufträge nur zu erteilen, wenn eine von der Finanzbehörde erteilte Bescheinigung in Steuersachen die Bewertung ermöglicht, dass der Bewerber seinen steuerlichen Pflichten im Wesentlichen nachkommt. Wegen der allgemeinen Mitteilungspflicht von Behörden und Rundfunkanstalten wird auf die Mitteilungsverordnung hingewiesen.[1]

AO

§ 86 Beginn des Verfahrens

① Die Finanzbehörde entscheidet nach pflichtgemäßem Ermessen,[2] ob und wann sie ein Verwaltungsverfahren durchführt. ② Dies gilt nicht, wenn die Finanzbehörde auf Grund von Rechtsvorschriften

1. von Amts wegen oder auf Antrag tätig werden muss,

2. nur auf Antrag tätig werden darf und ein Antrag nicht vorliegt.[3]

§ 87 Amtssprache[4]

(1) **Die Amtssprache ist Deutsch.** 1

(2) **① Werden bei einer Finanzbehörde in einer fremden Sprache Anträge gestellt oder Eingaben, Belege, Urkunden oder sonstige Dokumente vorgelegt, kann die Finanzbehörde verlangen, dass unverzüglich eine Übersetzung vorgelegt wird. ② In begründeten Fällen kann die Vorlage einer beglaubigten oder von einem öffentlich bestellten oder beeidigten Dolmetscher oder Übersetzer angefertigten Übersetzung verlangt werden. ③ Wird die verlangte Übersetzung nicht unverzüglich vorgelegt, so kann die Finanzbehörde auf Kosten des Beteiligten selbst eine Übersetzung beschaffen. ④ Hat die Finanzbehörde Dolmetscher oder Übersetzer herangezogen, erhalten diese eine Vergütung in entsprechender Anwendung des Justizvergütungs- und -entschädigungsgesetzes.[5]** 2

(3) **Soll durch eine Anzeige, einen Antrag oder die Abgabe einer Willenserklärung eine Frist in Lauf gesetzt werden, innerhalb deren die Finanzbehörde in einer bestimmten Weise tätig werden muss, und gehen diese in einer fremden Sprache ein, so beginnt der Lauf der Frist erst mit dem Zeitpunkt, in dem der Finanzbehörde eine Übersetzung vorliegt.** 3

(4) **① Soll durch eine Anzeige, einen Antrag oder eine Willenserklärung, die in fremder Sprache eingehen, zugunsten eines Beteiligten eine Frist gegenüber der Finanzbehörde gewahrt, ein öffentlich-rechtlicher Anspruch geltend gemacht oder eine Leistung begehrt werden, so gelten die Anzeige, der Antrag oder die Willenserklärung als zum Zeitpunkt des Eingangs bei der Finanzbehörde abgegeben, wenn auf Verlangen der Finanzbehörde innerhalb einer von dieser zu setzenden angemessenen Frist[6] eine Übersetzung vorgelegt wird. ② Andernfalls ist der Zeitpunkt des Eingangs der Übersetzung maßgebend, soweit sich nicht aus zwischenstaatlichen Vereinbarungen etwas anderes ergibt. ③ Auf diese Rechtsfolge ist bei der Fristsetzung hinzuweisen.** 4

AEAO

Zu § 87 – Amtssprache:

1. Bei Eingaben in fremder Sprache soll die Finanzbehörde zunächst prüfen, ob eine zur Bearbeitung ausreichende Übersetzung durch eigene Bedienstete oder im Wege der Amtshilfe ohne Schwierigkeiten beschafft werden kann. Übersetzungen sind nur im Rahmen des Notwendigen, nicht aus Prinzip anzufordern. Die Finanzbehörde kann auch Schriftstücke in fremder Sprache entgegennehmen und in einer fremden Sprache verhandeln, wenn der Amtsträger über entsprechende Sprachkenntnisse verfügt. Anträge, die ein Verwaltungsverfahren auslösen, und fristwahrende Eingaben sollen in ihren wesentlichen Teilen in deutscher Sprache aktenkundig gemacht werden. Verwaltungsakte sind grundsätzlich in deutscher Sprache bekannt zu ge-ben. 5

2. Wegen der Führung von Büchern in einer fremden Sprache Hinweis auf § 146 Abs. 3 AO. 6

---

[1] Abgedruckt als Anl. zu § 93 a.

[2] Zum Ermessen s. § 5 AO.

[3] Zur nachträglichen Antragstellung vgl. § 126 Abs. 1 Nr. 1 AO.

[4] Auch ein der deutschen Sprache nicht mächtiger Steuerpflichtiger muss die ihm in eigener Sache obliegenden Sorgfaltspflichten erfüllen. Diese Sorgfaltspflicht besteht für ihn darin, sich in angemessener Zeit eine Übersetzung der ihm zugehenden amtlichen Schriftstücke zu verschaffen und dann entsprechend zu reagieren *(BFH-Beschluss vom 17. 3. 2010 X B 114/09, BFH/NV S. 1239).*

[5] JVEG v. 5. 5. 2004 (BGBl. I S. 718, 776).

[6] Zur Wiedereinsetzung bei Fristversäumnis vgl. § 110 AO.

AO

§ 87 a Elektronische Kommunikation

1 **(1) ① Die Übermittlung elektronischer Dokumente ist zulässig, soweit der Empfänger hierfür einen Zugang eröffnet.[1] ② Die Übermittlung elektronischer Nachrichten und Dokumente an Finanzbehörden mit einer qualifizierten elektronischen Signatur oder über das besondere elektronische Behördenpostfach ist nicht zulässig, soweit für die Übermittlung ein sicheres elektronisches Verfahren der Finanzbehörden zur Verfügung steht, das den Datenübermittler authentifiziert und die Vertraulichkeit und Integrität des Datensatzes gewährleistet; dies gilt nicht für Gerichte und Staatsanwaltschaften sowie in den Fällen, in denen die Übermittlung an Finanzbehörden mit einer qualifizierten elektronischen Signatur oder über das besondere elektronische Behördenpostfach gesetzlich vorgeschrieben ist. ③ Ein elektronisches Dokument ist zugegangen, sobald die für den Empfang bestimmte Einrichtung es in für den Empfänger bearbeitbarer Weise aufgezeichnet hat; § 122 Absatz 2 a sowie die §§ 122 a und 123 Satz 2 und 3 bleiben unberührt. ④ Übermittelt die Finanzbehörde Daten, die dem Steuergeheimnis unterliegen, sind diese Daten mit einem geeigneten Verfahren zu verschlüsseln; soweit alle betroffenen Personen schriftlich eingewilligt haben, kann auf eine Verschlüsselung verzichtet werden. ⑤ Die kurzzeitige automatisierte Entschlüsselung, die beim Versenden einer De-Mail-Nachricht durch den akkreditierten Diensteanbieter zum Zweck der Überprüfung auf Schadsoftware und zum Zweck der Weiterleitung an den Adressaten der De-Mail-Nachricht erfolgt, verstößt nicht gegen das Verschlüsselungsgebot des Satzes 3. ⑥ Eine elektronische Benachrichtigung über die Bereitstellung von Daten zum Abruf oder über den Zugang elektronisch an die Finanzbehörden übermittelter Daten darf auch ohne Verschlüsselung übermittelt werden.**

1 a **(1 a) ① Verhandlungen und Besprechungen können auch elektronisch durch Übertragung in Ton oder Bild und Ton erfolgen. ② Absatz 1 Satz 4 gilt entsprechend.**

2 **(2) ① Ist ein der Finanzbehörde übermitteltes elektronisches Dokument für sie zur Bearbeitung nicht geeignet, hat sie dies dem Absender unter Angabe der für sie geltenden technischen Rahmenbedingungen unverzüglich mitzuteilen. ② Macht ein Empfänger geltend, er könne das von der Finanzbehörde übermittelte elektronische Dokument nicht bearbeiten, hat sie es ihm erneut in einem geeigneten elektronischen Format oder als Schriftstück zu übermitteln.**

3 **(3) ① Eine durch Gesetz für Anträge, Erklärungen oder Mitteilungen an die Finanzbehörden angeordnete Schriftform kann, soweit nicht durch Gesetz etwas anderes bestimmt ist, durch die elektronische Form ersetzt werden. ② Der elektronischen Form genügt ein elektronisches Dokument, das mit einer qualifizierten elektronischen Signatur versehen ist. ③ Bei der Signierung darf eine Person ein Pseudonym nur verwenden, wenn sie ihre Identität der Finanzbehörde nachweist. ④ Die Schriftform kann auch durch unmittelbare Abgabe der Erklärung in einem elektronischen Formular, das von der Finanzbehörde in einem Eingabegerät oder über öffentlich zugängliche Netze zur Verfügung gestellt wird, ersetzt werden. ⑤ Bei einer Eingabe über öffentlich zugängliche Netze muss ein elektronischer Identitätsnachweis nach § 18 des Personalausweisgesetzes, nach § 12 des eID-Karte-Gesetzes oder nach § 78 Absatz 5 des Aufenthaltsgesetzes oder durch ein von der Finanzverwaltung eingerichtetes sicheres Identifizierungsverfahren im Sinne des Absatzes 6 erfolgen. ⑥ Die Finanzbehörde hat dem Erklärenden vor Abgabe der Erklärung nach Satz 4 Gelegenheit zu geben, die gesamte Erklärung auf Vollständigkeit und Richtigkeit zu prüfen; nach der Abgabe ist dem Erklärenden eine elektronische Kopie der Erklärung zu ermöglichen. ⑦ Im Fall der Datenübermittlung im Auftrag nach § 87 d tritt der Auftragnehmer bei Anwendung des Satzes 6 an die Stelle des Erklärenden. ⑧ Die Schriftform kann auch durch elektronische Übermittlung eines von dem Erklärenden signierten Dokuments an die Finanzbehörde mit der Versandart nach § 5 Absatz 5 des De-Mail-Gesetzes ersetzt werden.**

4 **(4) ① Eine durch Gesetz für Verwaltungsakte oder sonstige Maßnahmen der Finanzbehörden angeordnete Schriftform kann, soweit nicht durch Gesetz etwas anderes bestimmt ist, durch die elektronische Form ersetzt werden. ② Der elektronischen Form genügt ein elektronischer Verwaltungsakt, der mit einer qualifizierten elektronischen Signatur oder einem qualifizierten elektronischen Siegel versehen ist oder in einem sicheren Verfahren nach Absatz 7 oder Absatz 8 übermittelt oder zum Abruf bereitgestellt wird. ③ Die Schriftform kann auch ersetzt werden durch Versendung einer De-Mail-Nachricht nach § 5 Absatz 5 des De-Mail-Gesetzes, bei der die Bestätigung des akkreditierten Diensteanbieters die erlassende Finanzbehörde als Nutzer des De-Mail-**

---

[1] Eine Datenübermittlung durch Übergabe eines Datenträgers (z. B. CD oder USB-Stick) ist nicht zulässig, weil die Steuergesetze diese Form der Datenübertragung nicht vorsehen. Der verfassungsrechtliche Grundsatz der Verhältnismäßigkeit gebietet die Zulassung dieses alternativen Übertragungswegs nicht *(BFH-Beschluss vom 17. 8. 2015 I B 133/14, BFH/NV 2016 S. 72).*

Kontos erkennen lässt. ④ Für von der Finanzbehörde aufzunehmende Niederschriften gelten die Sätze 1 und 3 nur, wenn dies durch Gesetz ausdrücklich zugelassen ist.

(5) ① **Ist ein elektronisches Dokument Gegenstand eines Beweises, wird der Beweis durch Vorlegung oder Übermittlung der Datei angetreten; befindet diese sich nicht im Besitz des Steuerpflichtigen oder der Finanzbehörde, gilt § 97 entsprechend. ② Für die Beweiskraft elektronischer Dokumente gilt § 371 a der Zivilprozessordnung entsprechend.** 5

(6) ① **Soweit gesetzlich nichts anderes bestimmt ist, ist bei der elektronischen Übermittlung von amtlich vorgeschriebenen Datensätzen an Finanzbehörden ein sicheres Verfahren zu verwenden, das den Datenübermittler authentifiziert und die Vertraulichkeit und Integrität des Datensatzes gewährleistet. ② Nutzt der Datenübermittler zur Authentisierung seinen elektronischen Identitätsnachweis nach § 18 des Personalausweisgesetzes, nach § 12 des eID-Karte-Gesetzes oder nach § 78 Absatz 5 des Aufenthaltsgesetzes, so dürfen die dazu erforderlichen Daten zusammen mit den übrigen übermittelten Daten gespeichert und verwendet werden.** 6

(7) ① **Wird ein elektronisch erlassener Verwaltungsakt durch Übermittlung nach § 122 Absatz 2 a bekannt gegeben, ist ein sicheres Verfahren zu verwenden, das die übermittelnde Stelle oder Einrichtung der Finanzverwaltung authentifiziert und die Vertraulichkeit und Integrität des Datensatzes gewährleistet. ② Ein sicheres Verfahren liegt insbesondere vor, wenn der Verwaltungsakt** 7

1. **mit einer qualifizierten elektronischen Signatur versehen und mit einem geeigneten Verfahren verschlüsselt ist oder**
2. **mit einer De-Mail-Nachricht nach § 5 Absatz 5 des De-Mail-Gesetzes versandt wird, bei der die Bestätigung des akkreditierten Diensteanbieters die erlassende Finanzbehörde als Nutzer des De-Mail-Kontos erkennen lässt.**

(8) ① **Wird ein elektronisch erlassener Verwaltungsakt durch Bereitstellung zum Abruf nach § 122 a bekannt gegeben, ist ein sicheres Verfahren zu verwenden, das die für die Datenbereitstellung verantwortliche Stelle oder Einrichtung der Finanzverwaltung authentifiziert und die Vertraulichkeit und Integrität des Datensatzes gewährleistet. ② Die abrufberechtigte Person hat sich zu authentisieren. ③ Absatz 6 Satz 2 gilt entsprechend.** 8

AEAO

Zu § 87 a – Elektronische Kommunikation:

1. Zugangseröffnung 9

1.1. Die Übermittlung elektronischer Dokumente an die Finanzbehörden und an die Steuerpflichtigen ist zulässig, soweit der Empfänger hierfür einen Zugang eröffnet (§ 87 a Abs. 1 Satz 1 AO). Die Zugangseröffnung kann durch ausdrückliche Erklärung oder konkludent sowie generell oder nur für bestimmte Fälle erfolgen.

1.2. Bei natürlichen oder juristischen Personen, die eine gewerbliche oder berufliche Tätigkeit selbständig ausüben und die auf einem im Verkehr mit der Finanzbehörde verwendeten Briefkopf, in einer Steuererklärung oder in einem Antrag an die Finanzbehörde ihre E-Mail-Adresse angegeben oder sich per E-Mail an die Finanzbehörde gewandt haben, kann i. d. R. davon ausgegangen werden, dass sie damit konkludent ihre Bereitschaft zur Entgegennahme elektronischer Dokumente erklärt haben. Bei Steuerpflichtigen, die keine gewerbliche oder berufliche Tätigkeit selbständig ausüben (z. B. Arbeitnehmer), ist dagegen derzeit nur bei Vorliegen einer ausdrücklichen, aber nicht formgebundenen Einverständniserklärung von einer Zugangseröffnung i. S. d. § 87 a Abs. 1 Satz 1 AO auszugehen.

Elektronische Nachrichten und Dokumente dürfen nicht mehr mit einer qualifizierten elektronischen Signatur oder über das besondere elektronische Behördenpostfach an Finanzbehörden übermittelt werden, soweit für deren Übermittlung ein sicheres elektronisches Verfahren der Finanzbehörden zur Verfügung steht, das den Datenübermittler authentifiziert und die Vertraulichkeit und Integrität des Datensatzes gewährleistet (§ 87 a Abs. 1 Satz 2 Halbs. 1 AO). Insoweit ist kraft Gesetzes kein Zugang eröffnet. Hiervon ausgenommen sind nur elektronische Nachrichten und Dokumente von Gerichten und Staatsanwaltschaften sowie diejenigen Fälle, in denen die Übermittlung an Finanzbehörden mit einer qualifizierten elektronischen Signatur oder über das besondere elektronische Behördenpostfach gesetzlich vorgeschrieben ist (§ 87 a Abs. 1 Satz 2 Halbs. 2 AO).

1.3. Vorbehaltlich einer ausdrücklichen gesetzlichen Anordnung besteht weder für die Steuerpflichtigen noch für die Finanzbehörden ein Zwang zur Übermittlung elektronischer Dokumente.

1.4. Soweit eine gesetzliche Verpflichtung besteht, Steuererklärungen, Anlagen zur Steuererklärung, Mitteilungen gemäß § 93 c AO oder sonstige für das Besteuerungsverfahren erforderliche Daten nach amtlich vorgeschriebenem Datensatz durch Datenfernübertragung zu übermitteln, eröffnet die Finanzverwaltung jeweils mit Bereitstellung der Schnittstelle (vgl. § 87 b Abs. 2 AO) den Zugang. Die Datensatzbeschreibung (vgl. § 87 b Abs. 1 AO) ist Bestandteil dieser Schnittstelle.

AEAO

1.5. Wegen der elektronischen Übermittlung von amtlich vorgeschriebenen Datensätzen an die Finanzbehörden siehe auch § 87 a Abs. 6 AO, §§ 87 b bis 87 d AO, § 93 c AO und § 150 Abs. 1 Satz 2 AO sowie die Mitteilungsverordnung.

1.6. Bei der elektronischen Übermittlung von Daten, die dem Steuergeheimnis unterliegen, muss die Finanzbehörde grundsätzlich ein geeignetes Verfahren zur Verschlüsselung einsetzen. Eine unverschlüsselte Datenübermittlung dem Steuergeheimnis unterliegender Daten durch eine Finanzbehörde ist nur zulässig,

1. soweit alle betroffenen Personen in die unverschlüsselte Übermittlung eingewilligt haben (§ 87 a Abs. 1 Satz 4 2. Halbsatz AO) oder
2. wenn der Adressat über die Bereitstellung von Daten zum Abruf oder über den Zugang elektronisch an die Finanzbehörden übermittelter Daten benachrichtigt wird (§ 87 a Abs. 1 Satz 6 AO).

In den Fällen der Nr. 1 müssen alle Personen, über die der Datensatz personenbezogene Informationen enthält, in die unverschlüsselte Übermittlung eingewilligt haben. Dazu müssen sie ausdrücklich darüber informiert worden sein, dass mit einer unverschlüsselten Übermittlung ihrer personenbezogenen Daten über das Internet Risiken einhergehen. Die Einwilligung muss schriftlich und freiwillig erfolgt sein; sie ist jederzeit mit Wirkung für die Zukunft widerrufbar. Die schriftliche Einwilligung erfordert eine eigenhändige Unterschrift aller betroffenen Personen und die Übermittlung der Einwilligung an die zuständige Finanzbehörde per Post oder elektronisch. Die Finanzbehörde muss das Vorliegen der schriftlichen Einwilligung in die unverschlüsselte Datenübermittlung nachweisen können.

10 **2. Zugang elektronischer Dokumente**

2.1. Ein elektronisches Dokument ist zugegangen, sobald die für den Empfang bestimmte Einrichtung es in für den Empfänger bearbeitbarer Weise aufgezeichnet hat (§ 87 a Abs. 1 Satz 3 AO). Ob und wann der Empfänger das bearbeitbare Dokument tatsächlich zur Kenntnis nimmt, ist für den Zeitpunkt des Zugangs unbeachtlich.

Elektronische Nachrichten und Dokumente, die entgegen § 87 a Abs. 1 Satz 2 AO (vgl. AEAO zu § 87 a, Nr. 1.2 Abs. 2) mit einer qualifizierten elektronischen Signatur oder über das besondere elektronische Behördenpostfach an eine Finanzbehörde übermittelt wurden, gelten mangels Zugangseröffnung nicht als zugegangen. Sie können insbesondere keine Antrags- oder Einspruchsfrist wahren.

2.2. Zur widerlegbaren Vermutung des Tags des Zugangs elektronischer Verwaltungsakte vgl. § 122 Abs. 2 a AO, § 122 a Abs. 4 AO und § 123 Satz 2 und 3 AO.

2.3. Ein nach § 87 a Abs. 1 Satz 1 und 2 AO zulässigerweise übermitteltes, für den Empfänger aber nicht bearbeitbares Dokument ist nicht i. S. d. § 87 a Abs. 1 Satz 3 AO zugegangen und löst somit noch keine Rechtsfolgen (z. B. die Wahrung einer Antrags- oder Rechtsbehelfsfrist oder das Wirksamwerden eines Verwaltungsakts) aus. Zum Verfahren nach Übermittlung eines nicht bearbeitbaren elektronischen Dokuments vgl. § 87 a Abs. 2 AO.

11 **3. Elektronische Übermittlung bei gesetzlich angeordneter Schriftform**

3.1. Schreibt das Gesetz die Schriftform vor, kann dieser Form auch durch Übermittlung in elektronischer Form entsprochen werden, soweit gesetzlich nichts anderes bestimmt ist (wie z. B. in § 224 a Abs. 2 Satz 1 zweiter Halbsatz AO und in § 309 Abs. 1 Satz 2 AO).

Der elektronischen Form genügt ein elektronisches Dokument, das mit einer qualifizierten elektronischen Signatur versehen ist (§ 87 a Abs. 3 Satz 2 und 3 AO für Anträge, Erklärungen oder Mitteilungen an Finanzbehörden sowie § 87 a Abs. 4 Satz 2 AO für Verwaltungsakte oder sonstige Maßnahmen der Finanzbehörden).

Die Schriftform kann auch durch Übermittlung des elektronischen Dokuments in einem Verfahren nach § 87 a Abs. 3 Sätze 4 bis 8 oder Abs. 4 Satz 3 AO ersetzt werden.

Soweit bei gesetzlich angeordneter Schriftform zudem eine gesetzliche Verpflichtung besteht, Anträge, Erklärungen oder Mitteilungen nach amtlich vorgeschriebenem Datensatz durch Datenfernübertragung zu übermitteln, ist die Verwendung einer qualifizierten elektronischen Signatur ausgeschlossen.

3.2. Falls die einschlägige Norm nicht ausdrücklich den Begriff „Schriftform" verwendet, ist durch Auslegung zu ermitteln, ob das Gesetz die Schriftform anordnet (BFH-Urteil vom 13. 5. 2015, III R 26/14, BStBl. II S. 790). Hierbei ist von Folgendem auszugehen:

3.2.1. Schreibt das Gesetz eine (ggf. sogar eigenhändige) Unterschrift vor, ist stets der Fall einer gesetzlich angeordneten Schriftform gegeben. Eine gesetzliche Verpflichtung zur (ggf. eigenhändigen) Unterzeichnung ist unbeachtlich, wenn der Antrag, die Erklärung oder die Mitteilung zulässigerweise auf elektronischem Weg der Finanzverwaltung nach amtlich vorgeschriebenem Datensatz über die amtlich bestimmte Schnittstelle übermittelt wird, da dann ein Unterschrifterfordernis durch die Verpflichtung zur Authentifizierung des Datenübermittlers verdrängt wird (§ 87 a Abs. 6 AO und § 87 d AO).

3.2.2. Bestimmt das Gesetz ohne eine ausdrückliche Aussage zu einem Unterschrifterfordernis, dass ein Antrag, eine Erklärung oder eine Mitteilung an die Finanzbehörde oder ein Verwaltungsakt oder eine sonstige Maßnahme der Finanzbehörde dem Empfänger „schriftlich" zugehen muss, ist durch Auslegung zu ermitteln, ob eine Unterschrift erforderlich ist. Hierbei ist analog § 126 Abs. 1 BGB grundsätzlich von einem Unterschrifterfordernis auszugehen, es sei denn, es liegen Anhaltspunkte dafür vor, dass der Gesetzgeber eine Unterschrift für entbehrlich hält.

Ist nach dem Ergebnis der Auslegung eine Unterschrift erforderlich, ist im Sinne des § 87 a Abs. 3 Satz 1 bzw. Abs. 4 Satz 1 AO die Schriftform gesetzlich angeordnet.

3.2.3. Eine analoge Anwendung des § 126 Abs. 1 BGB hat für sich allein nicht zur Folge, dass der Steuerpflichtige den Antrag, die Erklärung oder die Mitteilung eigenhändig unterzeichnen muss. Die in § 126 Abs. 1 BGB geforderte „Eigenhändigkeit" der Unterschrift bezieht sich auf den Aussteller der Urkunde, der auch ein gesetzlicher oder gewillkürter Vertreter sein kann. Das für den Steuerpflichtigen grundsätzlich bestehende Recht, sich vertreten zu lassen (§ 80 Abs. 1 Satz 1 AO), wird daher allein durch eine analoge Anwendung des § 126 Abs. 1 BGB nicht beschränkt.

3.2.4. Ist der einschlägigen Norm durch Auslegung zu entnehmen, dass ein schriftlicher Antrag oder eine schriftliche Erklärung oder Mitteilung nicht unterschrieben sein muss, liegt keine gesetzliche Anordnung der Schriftform vor. Bei der elektronischen Übermittlung eines derartigen Antrags oder einer derartigen Erklärung oder Mitteilung kann somit auf eine qualifizierte elektronische Signatur und auch auf ein Verfahren nach § 87 a Abs. 3 Satz 4 bis 8 AO verzichtet werden. Die freiwillige Übermittlung von Nachrichten und Dokumenten an Finanzbehörden mit einer qualifizierten elektronischen Signatur ist allerdings nach § 87 a Abs. 1 Satz 2 AO ausgeschlossen.

3.3. Kein Fall des § 87 a Abs. 3 und 4 AO liegt vor, wenn das Gesetz neben der Schriftform auch die elektronische Übermittlung ausdrücklich zulässt (z. B. durch die Formulierung „schriftlich oder elektronisch") oder zur elektronischen Übermittlung verpflichtet. In diesen Fällen ist die Zugangsbeschränkung nach § 87 a Abs. 1 Satz 2 AO für die Übermittlung von Nachrichten und Dokumenten an Finanzbehörden zu beachten.

3.4. Bei der Signierung darf eine Person ein Pseudonym nur verwenden, wenn sie ihre Identität der Finanzbehörde nachweist (§ 87 a Abs. 3 Satz 3 AO). Die Signierung mit einem Wahlnamen, dem die Funktion des bürgerlichen Namens zukommt, bleibt hiervon unberührt.

4. Telefax kein elektronisches Dokument 12

Ein Telefax, auch ein Computerfax, ist kein elektronisches Dokument i. S. d. § 87 a AO (BFH-Urteile vom 28. 1. 2014, VIII R 28/13, BStBl. II S. 552, und vom 18. 3. 2014, VIII R 9/10, BStBl. II S. 748). Die in § 87 a AO getroffenen Regelungen, insbesondere zum Zeitpunkt des Zugangs (§ 87 a Abs. 1 Satz 3 AO) sowie zur grundsätzlichen Verpflichtung zur Verwendung einer qualifizierten elektronischen Signatur, wenn für den Verwaltungsakt die Schriftform gesetzlich vorgeschrieben ist (§ 87 a Abs. 4 AO), sind daher auf ein Telefax nicht anwendbar.

Ein durch Telefax bekannt gegebener Verwaltungsakt ist aber ein elektronisch übermittelter Verwaltungsakt i. S. d. § 122 Abs. 2 a AO (vgl. AEAO zu § 122, Nr. 1.8.2.2).

Vor §§ 87 b bis 87 e:

§§ 87 b bis 87 e AO sind erstmals anzuwenden, wenn Daten nach dem 31. 12. 2016 auf Grund gesetzlicher Vorschriften nach amtlich vorgeschriebenem Datensatz über amtlich bestimmte Schnittstellen an Finanzbehörden zu übermitteln sind oder freiwillig übermittelt werden. Für Daten im Sinne des Satzes 1, die vor dem 1. 1. 2017 zu übermitteln waren oder freiwillig übermittelt wurden, sind § 150 Abs. 6 und 7 AO und die Vorschriften der StDÜV in der jeweils am 31. 12. 2016 geltenden Fassung weiter anzuwenden (vgl. Art. 97 § 27 Abs. 1 EGAO).

§ 87b Bedingungen für die elektronische Übermittlung von Daten an Finanzbehörden

AO

(1) Sind nicht amtliche Programme dazu bestimmt, für das Besteuerungsverfahren erforderliche Daten zu verarbeiten, so müssen sie im Rahmen des in der Programmbeschreibung angegebenen Programmumfangs die richtige und vollständige Verarbeitung dieser Daten gewährleisten. 1

(2) Auf den Programmumfang sowie auf Fallgestaltungen, in denen eine richtige und vollständige Verarbeitung ausnahmsweise nicht möglich sind, ist in der Programmbeschreibung an hervorgehobener Stelle hinzuweisen. 2

(3) ① Die Programme sind vom Hersteller vor der Freigabe für den produktiven Einsatz und nach jeder für den produktiven Einsatz freigegebenen Änderung daraufhin zu prüfen, ob sie die Anforderungen nach Absatz 1 erfüllen. ② Hierbei sind ein Protokoll über den letzten durchgeführten Testlauf und eine Programmauflistung zu erstellen, die fünf Jahre aufzubewahren sind. ③ Die Aufbewahrungsfrist nach Satz 2 beginnt mit Ablauf des Kalenderjahres der erstmaligen Freigabe für den produktiven Einsatz; im Fall einer Änderung eines bereits für den produktiven Einsatz freigegebenen Programms beginnt die Aufbewahrungsfrist nicht vor Ablauf des Kalenderjahres der erstmaligen Freigabe der Änderung für den produktiven Einsatz. ④ Elektronische, magnetische und optische Speicherverfahren, die eine jederzeitige Wiederherstellung der 3

eingesetzten Programmversion in Papierform ermöglichen, sind der Programmauflistung gleichgestellt.

4 (4) **① Die Finanzbehörden sind berechtigt, die Programme und Dokumentationen zu überprüfen. ② Die Mitwirkungspflichten des Steuerpflichtigen nach § 200 gelten entsprechend. ③ Die Finanzbehörden haben die Hersteller oder Vertreiber eines fehlerhaften Programms unverzüglich zur Nachbesserung oder Ablösung aufzufordern. ④ Soweit eine Nachbesserung oder Ablösung nicht unverzüglich erfolgt, sind die Finanzbehörden berechtigt, die Programme des Herstellers von der elektronischen Übermittlung an Finanzbehörden auszuschließen. ⑤ Die Finanzbehörden sind nicht verpflichtet, die Programme zu prüfen. ⑥ § 30 gilt entsprechend.**

5 (5) **Sind die Programme zum allgemeinen Vertrieb vorgesehen, hat der Hersteller den Finanzbehörden auf Verlangen Muster zum Zwecke der Prüfung nach Absatz 4 kostenfrei zur Verfügung zu stellen.**

6 (6) **Die Pflichten der Programmhersteller gemäß den vorstehenden Bestimmungen sind ausschließlich öffentlich-rechtlicher Art.**

AO

§ 87c Nicht amtliche Datenverarbeitungsprogramme für das Besteuerungsverfahren

(1) **Sind nicht amtliche Programme dazu bestimmt, für das Besteuerungsverfahren erforderliche Daten zu verarbeiten, so müssen sie im Rahmen des in der Programmbeschreibung angegebenen Programmumfangs die richtige und vollständige Verarbeitung dieser Daten gewährleisten.**

(2) **Auf den Programmumfang sowie auf Fallgestaltungen, in denen eine richtige und vollständige Verarbeitung ausnahmsweise nicht möglich sind, ist in der Programmbeschreibung an hervorgehobener Stelle hinzuweisen.**

(3) **① Die Programme sind vom Hersteller vor der Freigabe für den produktiven Einsatz und nach jeder für den produktiven Einsatz freigegebenen Änderung daraufhin zu prüfen, ob sie die Anforderungen nach Absatz 1 erfüllen. ② Hierbei sind ein Protokoll über den letzten durchgeführten Testlauf und eine Programmauflistung zu erstellen, die fünf Jahre aufzubewahren sind. ③ Die Aufbewahrungsfrist nach Satz 2 beginnt mit Ablauf des Kalenderjahres der erstmaligen Freigabe für den produktiven Einsatz; im Fall einer Änderung eines bereits für den produktiven Einsatz freigegebenen Programms beginnt die Aufbewahrungsfrist nicht vor Ablauf des Kalenderjahres der erstmaligen Freigabe der Änderung für den produktiven Einsatz. ④ Elektronische, magnetische und optische Speicherverfahren, die eine jederzeitige Wiederherstellung der eingesetzten Programmversion in Papierform ermöglichen, sind der Programmauflistung gleichgestellt.**

(4) **① Die Finanzbehörden sind berechtigt, die Programme und Dokumentationen zu überprüfen. ② Die Mitwirkungspflichten des Steuerpflichtigen nach § 200 gelten entsprechend. ③ Die Finanzbehörden haben die Hersteller oder Vertreiber eines fehlerhaften Programms unverzüglich zur Nachbesserung oder Ablösung aufzufordern. ④ Soweit eine Nachbesserung oder Ablösung nicht unverzüglich erfolgt, sind die Finanzbehörden berechtigt, die Programme des Herstellers von der elektronischen Übermittlung an Finanzbehörden auszuschließen. ⑤ Die Finanzbehörden sind nicht verpflichtet, die Programme zu prüfen. ⑥ § 30 gilt entsprechend.**

(5) **Sind die Programme zum allgemeinen Vertrieb vorgesehen, hat der Hersteller den Finanzbehörden auf Verlangen Muster zum Zwecke der Prüfung nach Absatz 4 kostenfrei zur Verfügung zu stellen.**

(6) **Die Pflichten der Programmhersteller gemäß den vorstehenden Bestimmungen sind ausschließlich öffentlich-rechtlicher Art.**

§ 87d Datenübermittlungen an Finanzbehörden im Auftrag

1 (1) **Mit der Übermittlung von Daten, die nach amtlich vorgeschriebenem Datensatz durch Datenfernübertragung über die amtlich bestimmten Schnittstellen für steuerliche Zwecke an die Finanzverwaltung zu übermitteln sind oder freiwillig übermittelt werden, können Dritte (Auftragnehmer) beauftragt werden.**

2 (2) **① Der Auftragnehmer muss sich vor Übermittlung der Daten Gewissheit über die Person und die Anschrift seines Auftraggebers verschaffen (Identifizierung) und die entsprechenden Angaben in geeigneter Form festhalten. ② Von einer Identifizierung kann abgesehen werden, wenn der Auftragnehmer den Auftraggeber bereits bei früherer Gelegenheit identifiziert und die dabei erhobenen Angaben aufgezeichnet hat, es sei denn, der Auftragnehmer muss auf Grund der äußeren Umstände bezweifeln, dass die bei der früheren Identifizierung erhobenen Angaben weiterhin zutreffend sind. ③ Der Auftragnehmer hat sicherzustellen, dass er jederzeit Auskunft darüber geben kann, wer Auftraggeber der Datenübermittlung war. ④ Die Aufzeichnungen nach Satz 1 sind fünf Jahre aufzubewahren; die Aufbewahrungsfrist beginnt**

nach Ablauf des Jahres der letzten Datenübermittlung. ⑤ Die Pflicht zur Herstellung der Auskunftsbereitschaft nach Satz 3 endet mit Ablauf der Aufbewahrungsfrist nach Satz 4.

(3) **① Der Auftragnehmer hat dem Auftraggeber die Daten in leicht nachprüfbarer Form zur Zustimmung zur Verfügung zu stellen. ② Der Auftraggeber hat die ihm zur Verfügung gestellten Daten unverzüglich auf Vollständigkeit und Richtigkeit zu überprüfen.** 3

Zu § 87 d – Datenübermittlungen an Finanzbehörden im Auftrag: AEAO

1. Natürliche Person als Auftraggeber

1.1. Bei der Identifizierung einer natürlichen Person als Auftraggeber sind deren Name (d. h. Nachname und mindestens ein Vorname), ihr Geburtsort, ihr Geburtsdatum, ihre Staatsangehörigkeit und ihre Wohnanschrift festzustellen. Besteht kein fester Wohnsitz mit rechtmäßigem Aufenthalt in der Europäischen Union, ist die postalische Anschrift festzustellen, unter der der Auftraggeber erreichbar ist. Ein vorübergehender Wohnsitz (z. B. Hoteladresse) reicht nicht aus. 4

1.2. Die Identifizierung ist anhand eines gültigen amtlichen Ausweises, der ein Lichtbild des Inhabers enthält und mit dem die Pass- und Ausweispflicht im Inland erfüllt wird, insbesondere anhand eines inländischen oder nach ausländerrechtlichen Bestimmungen anerkannten oder zugelassenen Passes, Personalausweises oder Pass- oder Ausweisersatzes oder einer anderen nach § 12 Abs. 1 GwG zugelassenen Methode vorzunehmen.

2. Juristische Personen und rechtsfähige Personenvereinigungen als Auftraggeber

Bei juristischen Personen und rechtsfähigen Personenvereinigungen (einschließlich rechtsfähiger Gesellschaften bürgerlichen Rechts) als Auftraggeber sind festzustellen: 5

- Firma, Name oder Bezeichnung, Rechtsform, Registernummer (soweit vorhanden), Anschrift des Sitzes oder der Hauptniederlassung und Mitglieder des Vertretungsorgans oder gesetzliche Vertreter (vgl. § 34 Abs. 1 AO).
- Ist ein Mitglied des Vertretungsorgans oder der gesetzliche Vertreter eine natürliche Person, sind deren Name (d. h. Nachname und mindestens ein Vorname), ihr Geburtsort, ihr Geburtsdatum, ihre Staatsangehörigkeit und ihre Anschrift (vgl. hierzu Nr. 1.1 des AEAO zu § 87 d) zu erheben.
- Ist ein Mitglied des Vertretungsorgans oder der gesetzliche Vertreter dagegen eine juristische Person, sind deren Firma, Name oder Bezeichnung, Registernummer (soweit vorhanden) und Anschrift des Sitzes oder der Hauptniederlassung zu erheben.
- Unabhängig von der Rechtsform ist es bei mehr als fünf Vertretern ausreichend, dass lediglich Angaben zu fünf Vertretern erhoben werden, soweit diese in öffentliche Register eingetragen sind bzw. bei denen eine Identifizierung gemäß Nr. 1.2 des AEAO zu § 87 d stattgefunden hat.

3. Nicht rechtsfähige Personenvereinigungen als Auftraggeber 6

Bei nicht rechtsfähigen Personenvereinigungen als Auftraggeber sind der Name (d. h. Nachname und mindestens ein Vorname), der Geburtsort, das Geburtsdatum, die Staatsangehörigkeit und die Anschrift (vgl. hierzu Nr. 1.1 des AEAO zu § 87 d) der Mitglieder, Gesellschafter oder Gemeinschafter (vgl. § 34 Abs. 2 AO) festzustellen.

Bei mehr als fünf Mitgliedern, Gesellschaftern oder Gemeinschaftern ist es ausreichend, dass lediglich Angaben zu den fünf Beteiligten mit den größten Beteiligungen bzw. Entscheidungsbefugnissen erhoben werden, soweit bei diesen eine Identifizierung gemäß Nr. 1.2 des AEAO zu § 87 d stattgefunden hat.

Die Überprüfung des Namens der Mitglieder, Gesellschafter oder Gemeinschafter ist anhand der Gründungsdokumente (z. B. Gesellschaftsvertrag) oder gleichwertiger beweiskräftiger Dokumente vorzunehmen.

4. Identifizierung bei juristischen Personen und Personenvereinigungen 7

Die Identifizierung ist in den Fällen der Nrn. 2 und 3 des AEAO zu § 87 d anhand folgender Dokumente vorzunehmen:

- Auszug aus dem Handels- oder Genossenschaftsregister oder einem vergleichbaren amtlichen Register oder Verzeichnis (z. B. Partnerschaftsregister, Gesellschaftsregister, Vereinsregister, Berufsregister) oder
- Einsichtnahme in ein amtliches Register oder Verzeichnis oder
- Gründungsdokumente (z. B. Gesellschaftsvertrag) oder gleichwertige beweiskräftige Dokumente.

5. Aufzeichnungs- und Aufbewahrungspflicht 8

5.1. Die bei der Identifizierung erhobenen Angaben sind aufzuzeichnen und aufzubewahren. Die Aufbewahrungsfrist bestimmt sich nach § 87 d Abs. 2 Satz 4 AO. Für die Dauer der Aufbewahrungsfrist besteht auch eine Pflicht zur Herstellung der Auskunftsbereitschaft, d. h., der Auftragnehmer muss innerhalb der Frist jederzeit in der Lage sein, Auskunft über den Auftraggeber der jeweiligen Datenübermittlung zu geben (§ 87 d Abs. 2 Satz 3 und 5 AO).

5.2. Aus einem Personalausweis oder Reisepass oder anderen vergleichbaren Ausweisen sind Ausweis-/Pass-Nummer und Ausstellungsdatum aufzuzeichnen und aufzubewahren. Die Anfertigung und Aufbewahrung einer Kopie ist dabei nur zulässig, soweit dies nach dem GwG oder einer anderen gesetzlichen Bestimmung zugelassen oder vorgeschrieben ist.

5.3. Bei Auszügen aus dem Handels- oder Gesellschaftsregister genügt eine Anfertigung und Aufbewahrung einer Kopie. Gleiches gilt für die Anfertigung eines Ausdrucks, wenn elektronisch geführte Register- oder Verzeichnisdaten eingesehen werden (z. B. Ausdruck des Registerblatts).

5.4. Die Aufzeichnungen können auch elektronisch gespeichert werden.

§ 87e Ausnahmeregelung für Einfuhr- und Ausfuhrabgaben, Verbrauchsteuern und die Luftverkehrsteuer

1 **Die §§ 72a und 87b bis 87d gelten nicht für Einfuhr- und Ausfuhrabgaben, Verbrauchsteuern und die Luftverkehrsteuer, soweit nichts anderes bestimmt ist.**

§ 88 Untersuchungsgrundsatz

1 (1)[1] **① Die Finanzbehörde ermittelt den Sachverhalt von Amts wegen. ② Dabei hat sie alle für den Einzelfall bedeutsamen, auch die für die Beteiligten günstigen Umstände zu berücksichtigen.**[2]

2 (2) **① Die Finanzbehörde bestimmt Art und Umfang der Ermittlungen[3] nach den Umständen des Einzelfalls sowie nach den Grundsätzen der Gleichmäßigkeit, Gesetzmäßigkeit und Verhältnismäßigkeit; an das Vorbringen und an die Beweisanträge der**

---

[1] Zur Mitwirkungspflicht der Beteiligten vgl. §§ 90, 93 ff. AO.

Zu Kontrollmitteilungen für die Steuerakten des Erblassers und des Erwerbers s. *Gleichlautender Ländererlass vom 12. 3. 2015, BStBl. I S. 225.*

Zur **„tatsächlichen Verständigung"** über den bei der Besteuerung zugrunde zu legenden Sachverhalt s. zu §§ 85, 162, 203 sowie *BMF-Schreiben vom 30. 7. 2008, BStBl. I S. 831,* nachstehend abgedruckt.

Eine im Rahmen einer Außenprüfung getroffene zulässige und wirksame „tatsächliche Verständigung" über eine bestimmte Behandlung von Sachfragen bindet die Finanzbehörde bereits vor Erlass der darauf beruhenden Bescheide (Weiterführung der bisherigen Rechtsprechung; *BFH-Urteil vom 31. 7. 1996 XI R 78/95, BStBl. II S. 625*).

BFH-Urteil vom 31. 3. 2004 I R 71/03, BStBl. II S. 742: Eine „reine Rechtsfrage kann nicht Gegenstand einer das FA bindenden tatsächlichen Verständigung" sein (Bestätigung der Rspr.).

Eine tatsächliche Verständigung zwischen einem Stpfl. und der für seine Besteuerung zuständigen Finanzbehörde, deren Gegenstand die Übernahme von Steuerschulden Dritter ist, bindet die für die Besteuerung der Begünstigten zuständigen Finanzbehörden nicht, wenn diese am Zustandekommen der tatsächlichen Verständigung nicht beteiligt waren *(BFH-Urteil vom 7. 7. 2004 X R 24/03, BStBl. II S. 975).* Ein Außenprüfer kann eine für die Finanzbehörde bindende tatsächliche Verständigung nur dann vereinbaren, wenn er zur Entscheidung über die Steuerfestsetzung befugt ist *(BFH-Beschluss vom 16. 2. 2006 X B 176/05, BFH/NV S. 1052).*

BFH-Urteil vom 20. 9. 2007 IV R 20/05, BFH/NV 2008 S. 532: 1. Eine tatsächliche Verständigung über das Vorliegen der Gewinnerzielungsabsicht ist grundsätzlich zulässig. 2. Eine tatsächliche Verständigung, die mehrere Regelungsgegenstände umfasst, ist regelmäßig als „Paketlösung" zu verstehen. Die Unwirksamkeit eines Regelungsgegenstandes umfasst deshalb die gesamte Vereinbarung.

Eine tatsächliche Verständigung im Steuerfestsetzungsverfahren ist nicht schon deshalb unwirksam, weil sie zu einer von einem Beteiligten nicht vorhergesehenen Besteuerungsfolge führt und dadurch die vor der Verständigung offengelegten Beweggründe des Beteiligten zum Abschluss der Verständigung (hier: die Erwartung der steuerlichen Neutralität des Vereinbarten) entwertet werden *(BFH-Urteil vom 8. 10. 2008 I R 63/07, BStBl. II S. 121).*

BFH-Beschluss vom 12. 6. 2017 III B 144/16, BStBl. II S. 1165: 1. Die Voraussetzungen der Wirksamkeit einer tatsächlichen Verständigung werden im Verfahren über die Anfechtung des hierauf gestützten Festsetzungs- oder Feststellungsbescheids inzident geprüft. 2. Eine tatsächliche Verständigung stellt keinen Verwaltungsakt i. S. der §§ 41 Abs. 2 Satz 2 FGO, 118 Satz 1 AO dar. 3. Hat der Steuerpflichtige die auf eine tatsächliche Verständigung gestützten Festsetzungs- und Feststellungsbescheide mangels Einlegung eines Einspruchs bestandskräftig werden lassen, ist bei einer auf Feststellung der Unwirksamkeit der tatsächlichen Verständigung gerichteten Klage auch dann die Subsidiaritätsklausel des § 41 Abs. 2 Satz 1 FGO zu beachten, wenn der Steuerpflichtige die tatsächliche Verständigung mit einem Einspruch angreift und das Finanzamt diesen als unzulässig verwirft.

[2] Zur **Feststellungslastverteilung,** wenn sich der Sachverhalt nicht aufklären lassen sollte, vgl. *BFH-Urteil vom 15. 2. 1989 X R 16/86, BStBl. II S. 462,* sowie *BFH-Beschluss vom 15. 10. 1986 VIII B 30/86, BFH/NV 1987 S. 44; BFH-Urteil vom 8. 8. 1991, DB 1992 S. 75:* Für steuerbegründende und steuererhöhende Tatsachen trägt die Feststellungslast der Steuergläubiger, für steuerbefreiende und steuermindernde Tatsachen der Stpfl. Im Rahmen der Beweiswürdigung können auch Schlüsse aus der Verletzung von Mitwirkungspflichten gezogen werden. Zur erhöhten Mitwirkungspflicht bei Auslandssachverhalten vgl. § 90 Abs. 2.

Die objektive Feststellungslast für die Voraussetzungen einer vGA obliegt grundsätzlich dem FA (ständige Rechtsprechung). Spricht der festgestellte Sachverhalt dafür, dass die Tatbestandsvoraussetzungen einer vGA erfüllt sind, kann es allerdings Sache des Stpfl. sein, den dadurch gesetzten Anschein zu widerlegen. Es gelten die allgemeinen Grundsätze zur Beweisrisikoverteilung. Erst wenn auch entsprechende Aufklärungsversuche des FG gescheitert sind, dürfen daraus aber dem Stpfl. nachteilige Schlüsse gezogen werden *(BFH-Beschluss vom 4. 4. 2002 I B 140/01, BFH/NV S. 1178).*

BFH-Beschluss vom 26. 2. 2001 VII B 265/00, BStBl. II S. 464: 1. Das Erfassen bestimmter Fernmeldevorgänge durch die Strafverfolgungsbehörden und die Weitergabe der hieraus resultierenden Aufzeichnungen an die FinVerw. zur Durchführung eines Besteuerungsverfahrens greift in den durch Art. 10 Abs. 1 GG geschützten Bereich ein. 2. Das dem Art. 10 Abs. 1 GG zu entnehmende Verwertungsverbot für Erkenntnisse aus Abhörmaßnahmen hat für Zwecke der Besteuerung keine iSd. Art. 10 Abs. 2 Satz 1 GG zulässige Durchbrechung erfahren. § 100a StPO ermächtigt ausschließlich die Strafverfolgungsbehörden zur Telefonüberwachung, wenn der Verdacht besteht, dass eine Katalogstraftat begangen worden ist. Die AO selbst enthält weder eine Befugnisnorm für eine Beschränkung des Fernmeldegeheimnisses noch eine Vorschrift, die die Verwertung von Aufzeichnungen zulässt, die auf der Grundlage des § 100a StPO gewonnen worden sind. 3. Für Aufzeichnungen, die unmittelbar aus einer Telefonüberwachung in einem Strafverfahren resultieren, besteht folglich im Besteuerungsverfahren ein Verwertungsverbot, das gleichermaßen für Sicherungsmaßnahmen – wie den dinglichen Arrest – gilt.

[3] Zu den Folgen bei Verletzung der Ermittlungspflicht vgl. §§ 127, 130, 172 AO sowie *BFH-Urteil vom 12. 1. 1989 IV R 8/88, BStBl. II S. 438* zu § 173 Abs. 1 Nr. 1.

Beteiligten ist sie nicht gebunden. ② Bei der Entscheidung über Art und Umfang der Ermittlungen können allgemeine Erfahrungen der Finanzbehörden sowie Wirtschaftlichkeit und Zweckmäßigkeit berücksichtigt werden.

(3) **① Zur Gewährleistung eines zeitnahen und gleichmäßigen Vollzugs der Steuergesetze können die obersten Finanzbehörden für bestimmte oder bestimmbare Fallgruppen Weisungen über Art und Umfang der Ermittlungen und der Verarbeitung von erhobenen oder erfassten Daten erteilen, soweit gesetzlich nicht etwas anderes bestimmt ist. ② Bei diesen Weisungen können allgemeine Erfahrungen der Finanzbehörden sowie Wirtschaftlichkeit und Zweckmäßigkeit berücksichtigt werden. ③ Die Weisungen dürfen nicht veröffentlicht werden, soweit dies die Gleichmäßigkeit und Gesetzmäßigkeit der Besteuerung gefährden könnte. ④ Weisungen der obersten Finanzbehörden der Länder nach Satz 1 bedürfen des Einvernehmens mit dem Bundesministerium der Finanzen, soweit die Landesfinanzbehörden Steuern im Auftrag des Bundes verwalten.** 3

(4) **① Das Bundeszentralamt für Steuern und die zentrale Stelle im Sinne des § 81 des Einkommensteuergesetzes können auf eine Weiterleitung ihnen zugegangener und zur Weiterleitung an die Landesfinanzbehörden bestimmter Daten an die Landesfinanzbehörden verzichten, soweit sie die Daten nicht oder nur mit unverhältnismäßigem Aufwand einem bestimmten Steuerpflichtigen oder einem bestimmten Finanzamt zuordnen können. ② Nach Satz 1 einem bestimmten Steuerpflichtigen oder einem bestimmten Finanzamt zugeordnete Daten sind unter Beachtung von Weisungen gemäß Absatz 3 des Bundesministeriums der Finanzen weiterzuleiten. ③ Nicht an die Landesfinanzbehörden weitergeleitete Daten sind vom Bundeszentralamt für Steuern für Zwecke von Verfahren im Sinne des § 30 Absatz 2 Nummer 1 Buchstabe a und b bis zum Ablauf des 15. Jahres nach dem Jahr des Datenzugangs zu speichern. ④ Nach Satz 3 gespeicherte Daten dürfen nur für Verfahren im Sinne des § 30 Absatz 2 Nummer 1 Buchstabe a und b sowie zur Datenschutzkontrolle verarbeitet werden.** 4

(5) **① Die Finanzbehörden können zur Beurteilung der Notwendigkeit weiterer Ermittlungen und Prüfungen für eine gleichmäßige und gesetzmäßige Festsetzung von Steuern und Steuervergütungen sowie Anrechnung von Steuerabzugsbeträgen und Vorauszahlungen automationsgestützte Systeme einsetzen (Risikomanagementsysteme). ② Dabei soll auch der Grundsatz der Wirtschaftlichkeit der Verwaltung berücksichtigt werden. ③ Das Risikomanagementsystem muss mindestens folgende Anforderungen erfüllen:** 5

1. die Gewährleistung, dass durch Zufallsauswahl eine hinreichende Anzahl von Fällen zur umfassenden Prüfung durch Amtsträger ausgewählt wird,

2. die Prüfung der als prüfungsbedürftig ausgesteuerten Sachverhalte durch Amtsträger,

3. die Gewährleistung, dass Amtsträger Fälle für eine umfassende Prüfung auswählen können,

4. die regelmäßige Überprüfung der Risikomanagementsysteme auf ihre Zielerfüllung.

④ Einzelheiten der Risikomanagementsysteme dürfen nicht veröffentlicht werden, soweit dies die Gleichmäßigkeit und Gesetzmäßigkeit der Besteuerung gefährden könnte. ⑤ Auf dem Gebiet der von den Landesfinanzbehörden im Auftrag des Bundes verwalteten Steuern legen die obersten Finanzbehörden der Länder die Einzelheiten der Risikomanagementsysteme zur Gewährleistung eines bundeseinheitlichen Vollzugs der Steuergesetze im Einvernehmen mit dem Bundesministerium der Finanzen fest.

Zu § 88 – Untersuchungsgrundsatz: AEAO

1. Die Finanzbehörden haben alle notwendigen Maßnahmen zu ergreifen, um die entscheidungserheblichen Tatsachen aufzuklären. 6

2. Die Ermittlungshandlungen dürfen nach § 88 Abs. 2 Satz 1 AO zu dem angestrebten Erfolg nicht erkennbar außer Verhältnis stehen. Sie sollen so gewählt werden, dass damit unter Berücksichtigung der Verhältnisse des Einzelfalls ein möglichst geringer Eingriff in die Rechtssphäre des Beteiligten oder Dritter verbunden ist. Der Gewährung rechtlichen Gehörs kommt besondere Bedeutung zu. 7

3. Bei der Entscheidung über Art und Umfang der Ermittlungen können nach § 88 Abs. 2 Satz 2 AO allgemeine Erfahrungen der Finanzbehörden sowie Wirtschaftlichkeit und Zweckmäßigkeit berücksichtigt werden. 8

Für die Anforderungen, die an die Aufklärungspflicht der Finanzbehörden zu stellen sind, darf die Erwägung eine Rolle spielen, dass die Aufklärung einen nicht mehr vertretbaren Zeitaufwand erfordert.

Zudem kann auf das Verhältnis zwischen voraussichtlichem Arbeitsaufwand und steuerlichem Erfolg abgestellt werden. Die Finanzämter dürfen auch berücksichtigen, in welchem Maße sie durch ein zu erwartendes finanzgerichtliches Verfahren belastet werden, sofern sie bei vorhandenen tatsächlichen oder rechtlichen Zweifeln dem Begehren des Steuerpflichtigen nicht entsprechen und zu seinem Nachteil entscheiden.

Die Beachtung von Wirtschaftlichkeit und Zweckmäßigkeit darf nicht zu einem Verzicht auf die Überprüfung der Einhaltung von steuerrechtlichen Vorschriften führen. Deshalb muss zur Gewährleistung der Gleichmäßigkeit und Gesetzmäßigkeit der Besteuerung auch immer eine hinreichende Anzahl zufällig ausgewählter Fälle durch Amtsträger der Finanzbehörden vertieft geprüft werden.

9 **4.** In Fällen erschwerter Sachverhaltsermittlung dient es unter bestimmten Voraussetzungen der Effektivität der Besteuerung und allgemein dem Rechtsfrieden, wenn sich die Beteiligten über die Annahme eines bestimmten Sachverhalts und über eine bestimmte Sachbehandlung einigen können (BFH-Urteil vom 11. 12. 1984, VIII R 131/76, BStBl. 1985 II S. 354). Vgl. hierzu BMF-Schreiben vom 30. 7. 2008, BStBl. I S. 831,[1] ergänzt durch BMF-Schreiben vom 15. 4. 2019, BStBl. I S. 447 und vom 23. 6. 2023, BStBl. I S. 1074.

10 **5.** Die Aufklärungspflicht der Finanzbehörden wird außerdem durch die Mitwirkungspflicht der Beteiligten (§ 90 AO) begrenzt. Die Finanzbehörden sind nicht verpflichtet, den Sachverhalt auf alle möglichen Fallgestaltungen zu erforschen. Sie sind auch nicht an Beweisanträge des Steuerpflichtigen gebunden (§ 88 Abs. 2 Satz 1 2. Halbsatz AO).

11 **6.** Für den Regelfall kann davon ausgegangen werden, dass die Angaben des Steuerpflichtigen in der Steuererklärung vollständig und richtig sind (BFH-Urteil vom 17. 4. 1969, V R 21/66, BStBl. II S. 474). Die Finanzbehörde kann den Angaben eines Steuerpflichtigen Glauben schenken, wenn nicht greifbare Umstände vorliegen, die darauf hindeuten, dass seine Angaben falsch oder unvollständig sind (BFH-Urteil vom 11. 7. 1978, VIII R 120/75, BStBl. 1979 II S. 57). Sie verletzt ihre Aufklärungspflicht nur, wenn sie Tatsachen oder Beweismittel außer Acht lässt und offenkundigen Zweifelsfragen nicht nachgeht, die sich ihr den Umständen nach ohne weiteres aufdrängen mussten (BFH-Urteile vom 16. 1. 1964, V 94/61 U, BStBl. III S. 149, und vom 13. 11. 1985, II R 208/82, BStBl. 1986 II S. 241).

12 **7.** Im Rahmen der Prüfung zugunsten des Steuerpflichtigen muss die Finanzbehörde ihrer Pflicht zur Fürsorge für den Steuerpflichtigen (§ 89 Abs. 1 AO) gerecht werden. So ist auch die Verjährung von Amts wegen zu berücksichtigen.

Anl

Schreiben betr. tatsächliche Verständigung über den der Steuerfestsetzung zugrunde liegenden Sachverhalt

Vom 30. Juli 2008 (BeckVerw 125860)

(BMF IV A 3 – S 0223/07/10 002; DOK 2008/0411043)

Geändert durch BMF v. 15. 4. 2019 (BeckVerw 449995) und BMF v. 23. 6. 2023 (BeckVerw 624810)

Unter Bezugnahme auf das Ergebnis der Erörterungen mit den obersten Finanzbehörden der Länder gilt Folgendes:

1. Einleitung

13 Der Untersuchungsgrundsatz in § 88 Abs. 1 Satz 1 AO bestimmt, dass die Finanzbehörde den Sachverhalt von Amts wegen zu ermitteln hat. Nach § 88 Abs. 1 Satz 2 AO bestimmt sie Art und Umfang der Ermittlungen. Die Finanzbehörde ist an das Vorbringen und an die Beweisanträge der Beteiligten nicht gebunden. Der Umfang dieser Pflichten richtet sich nach den Umständen des Einzelfalls.

Unter Zugrundelegung des Prinzips der Gesetzmäßigkeit der Verwaltung und der Gleichmäßigkeit der Besteuerung sind Vergleiche über Steueransprüche nicht möglich. Jedoch ist in Fällen erschwerter Sachverhaltsermittlung unter bestimmten Voraussetzungen zur Förderung der Effektivität der Besteuerung als auch zur Sicherung des Rechtsfriedens eine die Beteiligten bindende Einigung über die Annahme eines bestimmten Sachverhalts und über eine bestimmte Sachbehandlung (AEAO, Nr. 1 zu § 88 AO) möglich. Derartige Vereinbarungen zwischen dem Steuerpflichtigen und der Finanzbehörde werden als „tatsächliche Verständigung" bezeichnet.

Diese tatsächliche Verständigung kann nach ständiger Rechtsprechung des BFH (BFH-Urteile v. 11. 12. 1984 VIII R 131/76, BStBl. 1985 II S. 354; v. 5. 10. 1990 III R 19/88, BStBl. 1991 II S. 45; v. 6. 2. 1991 I R 13/86, BStBl. II S. 673; v. 8. 9. 1994 V R 70/91, BStBl. 1995 II S. 32; v. 13. 12. 1995 XI R 43, 45/89, BStBl. 1996 II S. 232 und v. 31. 7. 1996 XI R 78/95, BStBl. II S. 625) in jedem Stadium des Veranlagungsverfahrens, insbesondere auch anlässlich einer Außenprüfung und während eines anhängigen Rechtsbehelfs- bzw. Rechtsmittelverfahrens (z. B. im Rahmen einer Erörterung nach § 364 a AO) getroffen werden. Von ihr kann auch bei Steuerfahndungsprüfungen bzw. nach Einleitung eines Steuerstrafverfahrens Gebrauch gemacht werden. In solchen Fällen ist frühzeitig die für Straf- und Bußgeldverfahren zuständige Stelle bzw. die Staatsanwaltschaft einzubeziehen.

Beabsichtigen die Beteiligten, sich auf diese Weise über eine bestimmte Sachbehandlung zu verständigen, sind die folgenden Grundsätze zu beachten.

2. Zulässigkeit

14 **2.1.** Die tatsächliche Verständigung ist ausschließlich im Bereich der Sachverhaltsermittlung zulässig.

2.2. Die tatsächliche Verständigung ist nicht zulässig:
– zur Klärung zweifelhafter Rechtsfragen,

[1] Nachstehend abgedruckt.

Anl

– über den Eintritt bestimmter Rechtsfolgen,
– über die Anwendung bestimmter Rechtsvorschriften und
– wenn sie zu einem offensichtlich unzutreffenden Ergebnis führt.

2.3. Eine tatsächliche Verständigung ist aber insoweit möglich, als im Rahmen einer rechtlichen Beurteilung über eine Vorfrage zum Sachverhalt zu entscheiden ist (BFH-Urteil v. 1. 2. 2001 IV R 3/00, BStBl. II S. 520).

3. Voraussetzungen

Voraussetzung für eine tatsächliche Verständigung ist das Vorliegen eines Sachverhalts, der nur unter erschwerten Umständen ermittelt werden kann. Das ist z. B. der Fall, wenn sich einzelne Sachverhalte nur mit einem nicht mehr vertretbaren Arbeits- oder Zeitaufwand ermitteln lassen (vgl. AEAO zu § 88 AO, Nr. 1 Abs. 2). Allein die Kompliziertheit eines Sachverhalts begründet für sich noch nicht die Annahme einer erschwerten Sachverhaltsermittlung. **15**

Bei der Frage, ob eine erschwerte Sachverhaltsermittlung vorliegt, kann auch auf das Verhältnis zwischen voraussichtlichem Arbeitsaufwand und steuerlichem Erfolg abgestellt und ferner berücksichtigt werden, in welchem Maß das Finanzamt durch ein zu erwartendes finanzgerichtliches Verfahren belastet wird, sofern es bei vorhandenen tatsächlichen Zweifeln dem Begehren des Steuerpflichtigen nicht entspricht und zu seinem Nachteil entscheidet.

4. Anwendungsbereich **16**

4.1. Die tatsächliche Verständigung kommt insbesondere in Fällen in Betracht, in denen ein
– Schätzungsspielraum,
– Bewertungsspielraum,
– Beurteilungsspielraum oder
– Beweiswürdigungsspielraum
besteht.

Bei Vorliegen grenzüberschreitender Sachverhalte ist das Instrument der tatsächlichen Verständigung nur zurückhaltend anzuwenden. Auf die bestehenden Instrumente der internationalen Verwaltungszusammenarbeit, z. B. die Möglichkeit einer grenzüberschreitenden Betriebsprüfung, sowie insbesondere § 162 Abs. 2 bis 4 AO wird hingewiesen.

4.2. Im Gegensatz zur verbindlichen Auskunft (§ 89 Abs. 2 AO) bezieht sich die tatsächliche Verständigung ausschließlich auf abgeschlossene Sachverhalte. Wirkt sich der in der tatsächlichen Verständigung festgelegte Sachverhalt auch in die Zukunft aus und sollte sie sich nach dem Willen der Beteiligten auch hierauf erstrecken, tritt – gleich bleibende tatsächliche Verhältnisse vorausgesetzt – insoweit ebenfalls eine Bindung ein. Das ist z. B. der Fall bei der Festlegung der Nutzungsdauer eines Wirtschaftsgutes oder der Abgrenzung von Erhaltungs- und Herstellungsaufwendungen.

4.3. Hinsichtlich der Besteuerungsgrundlagen, die von der tatsächlichen Verständigung nicht umfasst sind, bestehen die gesetzlich festgelegten Pflichten des Finanzamts zur Ermittlung des Sachverhalts von Amts wegen (§§ 85, 88 AO), des Steuerpflichtigen zur Mitwirkung (§ 90 AO) sowie des Finanzamts und des Finanzgerichts zur Schätzung nicht ermittelbarer Besteuerungsgrundlagen (§ 162 AO, § 96 Abs. 1 FGO) fort.

5. Durchführung

Die tatsächliche Verständigung dient der Herstellung des Rechtsfriedens und der Vermeidung von Rechtsbehelfen, indem der Arbeits- und Zeitaufwand für die Ermittlung des maßgeblichen Sachverhalts auf ein vertretbares Maß beschränkt werden soll. In Fällen, denen keine wesentliche Bedeutung zukommt, soll eine Einigung außerhalb einer tatsächlichen Verständigung angestrebt werden. Es kann z. B. eine (ggf. auch fernmündliche) Einigung in Form einer Absprache für die Behandlung im Besteuerungsverfahren mit anschließendem Aktenvermerk getroffen werden. **17**

Die Abgrenzung hat sich an der Bedeutung des Gesamtsteuerfalles zu orientieren; hierbei ist nicht kleinlich zu verfahren.

In anderen Fällen ist bei der Durchführung der tatsächlichen Verständigung Folgendes zu beachten:

5.1. Die Beteiligten müssen zu einer abschließenden Regelung befugt sein.

5.2. Wird der Steuerpflichtige durch einen Bevollmächtigten (§ 80 Abs. 1 Satz 1 AO) vertreten, muss eine entsprechende Vollmacht vorliegen. Eine uneingeschränkte Vollmacht gemäß § 80 Abs. 1 Satz 12 AO umfasst auch die Befugnis zu einer tatsächlichen Verständigung.

5.3. Auf Seiten des FA muss mindestens der für die Entscheidung über die Steuerfestsetzung zuständige, d. h. der zur abschließenden Zeichnung berechtigte Amtsträger beteiligt sein. War an dem Abschluss einer tatsächlichen Verständigung ein für die Entscheidung über die Steuerfestsetzung zuständiger Amtsträger nicht beteiligt, kann dieser Mangel durch ausdrückliche nachträgliche Zustimmung gegenüber allen Beteiligten geheilt werden.

5.4. Eine tatsächliche Verständigung soll sich grundsätzlich nur auf einen einzelnen Sachverhalt beziehen. Sollen tatsächliche Verständigungen über mehrere Sachverhalte herbeigeführt werden, sind in der Regel auch mehrere, voneinander unabhängige tatsächliche Verständigungen anzustreben. Im Hinblick auf den denkbaren Einwand des Wegfalls der Geschäftsgrundlage sollten „Paketlösungen“ (Einzelregelungen, die in ihrem Bestand voneinander abhängig gemacht werden) nur dann in Erwägung gezogen werden, wenn eine Klärung der offenen Sachverhaltsfragen nur auf diesem Wege erreichbar erscheint.

5.5. Der Inhalt der tatsächlichen Verständigung ist in einfacher, aber beweissicherer Form unter Darstellung der Sachlage schriftlich festzuhalten und von den Beteiligten aus Beweisgründen zu unterschreiben. Soll im Einzelfall der Abschluss einer tatsächlichen Verständigung in grenzüberschreitenden Sachverhalten erfolgen (Tz. 4.1. Abs. 2), sollte die tatsächliche Verständigung zusätzlich auch von der (ggf.

Anl

im Ausland ansässigen) Konzernspitze unterzeichnet werden. Es genügt, wenn die Ergebnisse der tatsächlichen Verständigung in dieser Form festgehalten werden. Ausführungen zu den Rechtsfolgen einer tatsächlichen Verständigung sind in der Regel nicht aufzunehmen. In dieser Niederschrift sind die Beteiligten in eindeutiger und zweifelsfreier Form auf die Bindungswirkung der tatsächlichen Verständigung hinzuweisen. Dies dient der Vermeidung von Irrtümern und den sich daraus unter Umständen ergebenden Anfechtungsmöglichkeiten. Das Dokument über den Abschluss der tatsächlichen Verständigung hat in dem Falle, in dem der für die Entscheidung zuständige Amtsträger an ihrem Abschluss ausnahmsweise nicht mitgewirkt hat, zusätzlich einen Hinweis darauf zu enthalten, dass die tatsächliche Verständigung bis zur nachträglichen Zustimmung durch den für die Steuerfestsetzung zuständigen Amtsträger schwebend unwirksam ist. Darüber hinaus muss bis zum Zeitpunkt der nachträglichen Zustimmung auch dem Steuerpflichtigen ein Widerrufsrecht eingeräumt werden. Den Beteiligten ist eine Ausfertigung der Vereinbarung auszuhändigen.

Beispiel einer Niederschrift:

Nach Erörterung der Sachlage erklären das Finanzamt …, vertreten durch …, und der Steuerpflichtige …, vertreten durch …, übereinstimmend und verbindlich, dass [Sachverhalt]. … Die tatsächliche Verständigung ist für alle Beteiligten bindend. Die Beteiligten bzw. ihre durch Vollmacht ausgewiesenen Vertreter haben am [Datum einsetzen] eine Ausfertigung der Niederschrift erhalten. [Unterzeichnung durch die Beteiligten]

6. Rechtsfolgen

18 **6.1.** Die Bindungswirkung[1] ergibt sich nicht erst durch die Berücksichtigung der tatsächlichen Verständigung im Steuerbescheid (BFH v. 6. 2. 1991 I R 13/86, BStBl. II S. 673; BFH v. 31. 7. 1996 XI R 78/95, BStBl. II S. 625). Mit Abschluss der tatsächlichen Verständigung sind die Beteiligten an die vereinbarte Tatsachenbehandlung nach dem Grundsatz von Treu und Glauben gebunden, wenn sie wirksam geworden und unanfechtbar zustande gekommen ist. Eine tatsächliche Verständigung bindet nur die an ihrem Zustandekommen Beteiligten, nicht jedoch Dritte (Ausnahme: Gesamtrechtsnachfolger).

Nachträglich bekannt gewordene Tatsachen, die die tatsächliche Verständigung hätten beeinflussen können, wenn sie vorher bekannt geworden wären, beseitigen die Bindungswirkung der tatsächlichen Verständigung regelmäßig nicht. Insoweit ist das Rechtsschutzbedürfnis für einen Rechtsbehelf bzw. ein Rechtsmittel gegen die entsprechende Steuerfestsetzung entfallen.

Eine im Rahmen einer Außenprüfung getroffene zulässige und wirksame tatsächliche Verständigung über eine bestimmte Behandlung eines Sachverhalts bindet die Finanzbehörde bereits vor Erlass der darauf beruhenden Bescheide (BFH v. 31. 7. 1996 XI R 78/95, BStBl. II S. 625).

6.2. Die Vereinbarung ist dem Verwaltungsakt zugrunde zu legen, für den die tatsächliche Verständigung bestimmt ist. Eine Änderung des die tatsächliche Verständigung enthaltenden Verwaltungsaktes lässt die Bindungswirkung der Vereinbarung grundsätzlich unberührt.

7. Aufhebung/Änderung der tatsächlichen Verständigung

19 **7.1.** Die tatsächliche Verständigung kann von den Beteiligten einvernehmlich aufgehoben oder geändert werden. Im Hinblick auf den Zweck dieses Rechtsinstituts sollte dies jedoch auf Ausnahmefälle beschränkt bleiben.

7.2. Die Aufhebung oder Änderung des Verwaltungsaktes, dessen Bestandteil die tatsächliche Verständigung ist, kommt nur dann in Betracht, wenn dies nach den verfahrensrechtlichen Bestimmungen zulässig ist.

8. Unwirksamkeit der tatsächlichen Verständigung

20 **8.1.** Die tatsächliche Verständigung ist dann unwirksam, wenn sie unter Ausübung unzulässigen Drucks auf den Steuerpflichtigen oder durch dessen unzulässige Beeinflussung zustande gekommen ist.

Andererseits kann eine Willenserklärung des Steuerpflichtigen, die zu einer tatsächlichen Verständigung mit dem FA geführt hat, nicht deshalb angefochten werden, weil die Erklärung nur aus Sorge vor weiteren lästigen Ermittlungen und unter dem Druck eines laufenden Steuerstrafverfahrens abgegeben worden ist.

Eine tatsächliche Verständigung ist außerdem unwirksam, wenn sie zu einem offensichtlich unzutreffenden Ergebnis führt (BFH v. 6. 2. 1991 I R 13/86, BStBl. II S. 673), d. h., wenn die Vereinbarung gegen die Regeln der Logik oder gegen allgemeine Erfahrungssätze verstößt.

8.2. Als weitere Gründe für die Unwirksamkeit der tatsächlichen Verständigung kommen die im BGB über die Willenserklärung aufgeführten Gründe zum Tragen:
- Scheingeschäft, § 117 BGB,
- Anfechtung, §§ 119, 120, 123 BGB,
- offener Einigungsmangel, § 154 BGB,
- Vertretungsmängel, z. B. nach §§ 164 ff. BGB,
- Störung der Geschäftsgrundlage, § 313 BGB.

Unwirksamkeit kann auch bei Vorliegen der Tatbestände des § 130 Abs. 2 AO gegeben sein.

Beispiel:

Wird von einem Steuerpflichtigen bei den zugrunde liegenden Erörterungen bewusst der Sachverhalt verfälscht oder verschleiert und werden für die Besteuerung wesentliche Tatsachen gegenüber der Finanzbehörde verschwiegen, so kann die tatsächliche Verständigung keine Bindungswirkung entfalten.

---

[1] Die Bindungswirkung einer tatsächlichen Verständigung im Steuerfestsetzungsverfahren kann nach den Grundsätzen vom Fehlen oder Wegfall der Geschäftsgrundlage ausnahmsweise entfallen, wenn ihr eine (irrtümlich) von beiden Parteien angenommene Geschäftsgrundlage von vornherein gefehlt hat oder wenn sie nachträglich weggefallen ist und einem der Beteiligten unter Berücksichtigung der Gesamtumstände ein Festhalten an dem Vereinbarten nicht zuzumuten ist *(BFH-Urteil vom 11. 4. 2017 IX R 24/15, BStBl. II S. 1155)*.

8.3. Werden derartige Gründe von einem der Beteiligten geltend gemacht, so ist für die weitere Behandlung der tatsächlichen Verständigung von Bedeutung, ob diese bereits in einem Verwaltungsakt berücksichtigt worden sind oder nicht.

8.3.1. Die tatsächliche Verständigung ist noch nicht in einem Verwaltungsakt berücksichtigt worden:

Variante 1:

Macht der Steuerpflichtige die Unwirksamkeit der tatsächlichen Verständigung mit zutreffenden Gründen geltend, so teilt ihm das FA mit, dass sie einvernehmlich als aufgehoben anzusehen ist.

Geht das FA weiterhin vom Bestehen und der Bindungswirkung der tatsächlichen Verständigung aus, so teilt es dem Steuerpflichtigen mit, dass dessen Rechtsauffassung nicht geteilt wird und berücksichtigt die Vereinbarung bei der entsprechenden Steuerfestsetzung. Der Steuerpflichtige kann seine Rechtsauffassung in einem sich anschließenden Rechtsbehelfsverfahren gegen den Steuerbescheid weiterverfolgen.

Variante 2:

Hält das FA die tatsächliche Verständigung für unwirksam, teilt es dies dem Steuerpflichtigen mit und gibt ihm Gelegenheit zur Stellungnahme. Geht das FA entgegen der Rechtsauffassung des Steuerpflichtigen weiterhin von der Unwirksamkeit der tatsächlichen Verständigung aus, ist sie bei der Steuerfestsetzung nicht zu berücksichtigen. Der Steuerpflichtige kann seine Rechtsauffassung in einem sich anschließenden Rechtsbehelfsverfahren gegen den Steuerbescheid weiterverfolgen.

8.3.2. Die tatsächliche Verständigung ist bereits in einem Verwaltungsakt berücksichtigt worden:

Die Unwirksamkeit der tatsächlichen Verständigung kann sich nur dann steuerlich auswirken, wenn die betreffende Steuerfestsetzung verfahrensrechtlich noch geändert werden kann (z. B. gemäß §§ 164, 172 ff., 367 Abs. 2 Satz 12 AO).

Verschweigt z. B. der Steuerpflichtige dem FA steuererhebliche Tatsachen bei Abschluss der tatsächlichen Verständigung, kann der daraus erwachsene Steuerbescheid gemäß § 173 Abs. 1 Nr. 1 AO geändert werden. Eine Änderung kann auch bei Vorliegen der Voraussetzungen des § 172 Abs. 1 Nr. 2 Buchst. c AO erfolgen.

8.4. Nach Wegfall der tatsächlichen Verständigung sind jedoch regelmäßig weitere Ermittlungen zur Feststellung der Besteuerungsgrundlagen erforderlich. Die hierbei erstmalig bekannt gewordenen Tatsachen oder Beweismittel können z. B. eine Änderung der Steuerfestsetzung nach § 173 AO zur Folge haben.

§ 88a[1] Sammlung von geschützten Daten

AO

① Soweit es zur Sicherstellung einer gleichmäßigen Festsetzung und Erhebung der Steuern erforderlich ist, dürfen die Finanzbehörden nach § 30 geschützte Daten auch für Zwecke künftiger Verfahren im Sinne des § 30 Absatz 2 Nummer 1 Buchstabe a und b, insbesondere zur Gewinnung von Vergleichswerten, in Dateisystemen verarbeiten. ② Eine Verarbeitung ist nur für Verfahren im Sinne des § 30 Absatz 2 Nummer 1 Buchstabe a und b zulässig.

§ 88b Länderübergreifender Abruf und Verwendung von Daten zur Verhütung, Ermittlung und Verfolgung von Steuerverkürzungen

(1) **Für Zwecke eines Verwaltungsverfahrens in Steuersachen, eines Strafverfahrens wegen einer Steuerstraftat oder eines Bußgeldverfahrens wegen einer Steuerordnungswidrigkeit von Finanzbehörden gespeicherte Daten dürfen zum gegenseitigen Datenabruf bereitgestellt und dann von den zuständigen Finanzbehörden zur Verhütung, Ermittlung oder Verfolgung von** 1

1. länderübergreifenden Steuerverkürzungen,

2. Steuerverkürzungen von internationaler Bedeutung oder

3. Steuerverkürzungen von erheblicher Bedeutung

untereinander abgerufen, im Wege des automatisierten Datenabgleichs überprüft, verwendet und gespeichert werden, auch soweit sie durch § 30 geschützt sind.

(2) **Auswertungsergebnisse nach Absatz 1 sind den jeweils betroffenen zuständigen Finanzbehörden elektronisch zur Verfügung zu stellen.** 2

(3) **① Durch Rechtsverordnung der jeweils zuständigen Landesregierung wird bestimmt, welche Finanzbehörden auf Landesebene für die in den Absätzen 1 und 2 genannten Tätigkeiten zuständig sind. ② Die Landesregierung kann diese Verpflichtung durch Rechtsverordnung auf die für die Finanzverwaltung zuständige oberste Landesbehörde übertragen.** 3

[1] *BFH-Urteil vom 30. 7. 2003 VII R 45/02, BStBl. 2004 II S. 387:* 1. Ein Betroffener hat regelmäßig gegenüber dem Bundesamt für Finanzen keinen Anspruch auf die Erteilung einer Auskunft über die zu seiner Person gespeicherten Daten, wenn diese zu dem Zweck gesammelt und ausgewertet werden, um Informationen über Domizilgesellschaften zu erhalten. § 19 Abs. 4 Nr. 1 BDSG erfordert insoweit eine dem Grundsatz der Verhältnismäßigkeit Rechnung tragende Güterabwägung zwischen dem Geheimhaltungsinteresse der speichernden Stelle und dem Auskunftsinteresse des Betroffenen. 2. Die Aufgabennorm des § 5 Abs. 1 Nr. 6 FVG und die Befugnisnorm des § 88 a AO sind verfassungsgemäß.

AO

§ 88c Informationsaustausch über kapitalmarktbezogene Gestaltungen

1 **(1) ① Finanzbehörden haben Tatsachen, die sie dienstlich erfahren haben und aus denen sich nach Würdigung der Gesamtumstände Anhaltspunkte für Steuergestaltungen ergeben, die die Erlangung eines Steuervorteils aus der Erhebung oder Entlastung von Kapitalertragsteuer mit erheblicher Bedeutung zum Gegenstand haben, im Einvernehmen mit der zuständigen obersten Finanzbehörde oder der von ihr bestimmten Finanzbehörde dem Bundeszentralamt für Steuern zu übermitteln. ② Für die Beurteilung der erheblichen Bedeutung ist insbesondere die Höhe des erlangten Steuervorteils und die Möglichkeit der Nutzung der Gestaltung durch andere Schuldner der Kapitalertragsteuer zu berücksichtigen.**

2 **(2) ① Das Bundeszentralamt für Steuern speichert die ihm von den Finanzbehörden nach Absatz 1 übermittelten Informationen und analysiert diese im Hinblick auf missbräuchliche Steuergestaltungsmodelle. ② Benötigt das Bundeszentralamt für Steuern zur weiteren Aufklärung eines Sachverhaltes ergänzende Informationen von der nach Absatz 1 übermittelnden Finanzbehörde, hat diese dem Bundeszentralamt für Steuern die hierzu erforderlichen Informationen auf Ersuchen zu übermitteln. ③ Das Bundeszentralamt für Steuern darf die ihm nach Maßgabe dieser Vorschrift übermittelten personenbezogenen Daten speichern und verwenden, soweit dies zur Erfüllung seiner Aufgaben nach Satz 1 erforderlich ist.**

3 **(3) ① Das Bundeszentralamt für Steuern ist berechtigt, den für die Verwaltung der Kapitalertragsteuer zuständigen Finanzbehörden seine erlangten Sachverhaltserkenntnisse zu übermitteln und im dazu erforderlichen Umfang auch personenbezogene Daten offenzulegen. ② Die empfangende Behörde oder Stelle darf ihr nach Satz 1 übermittelte personenbezogene Daten speichern und verwenden, soweit dies zur Erfüllung ihrer Aufgaben nach diesem Gesetz erforderlich ist.**

4 **(4) Die Verarbeitung personenbezogener Daten durch Finanzbehörden nach Maßgabe der Absätze 1 bis 3 ist ein Verwaltungsverfahren in Steuersachen im Sinne dieses Gesetzes.**

§ 89 Beratung, Auskunft[1]

1 **(1) ① Die Finanzbehörde soll die Abgabe von Erklärungen,[2] die Stellung von Anträgen oder die Berichtigung von Erklärungen oder Anträgen anregen, wenn diese offensichtlich nur versehentlich oder aus Unkenntnis unterblieben oder unrichtig abgegeben oder gestellt worden sind. ② Sie erteilt, soweit erforderlich, Auskunft[3] über die den Beteiligten im Verwaltungsverfahren zustehenden Rechte und die ihnen obliegenden Pflichten.**

2 **(2)[4] ① Die Finanzämter und das Bundeszentralamt für Steuern können auf Antrag verbindliche Auskünfte über die steuerliche Beurteilung von genau bestimmten, noch nicht verwirklichten Sachverhalten erteilen, wenn daran im Hinblick auf die erheblichen steuerlichen Auswirkungen ein besonderes Interesse besteht. ② Zuständig für die Erteilung einer verbindlichen Auskunft ist die Finanzbehörde, die bei Verwirklichung**

---

[1] Der Inhalt einer im Lohnsteuerabzugsverfahren dem Arbeitgeber erteilten **Anrufungsauskunft** bindet die Wohnsitzfinanzämter bei der Einkommensteuerveranlagung der Arbeitnehmer nicht *(BFH-Urteil vom 13. 1. 2011 VI R 61/09, BStBl. II S. 479).*

[2] Zur Unbedenklichkeitsbescheinigung vgl. § 22 GrEStG.

[3] Zu verbindlichen Zusagen nach Außenprüfungen vgl. §§ 204 ff. AO; zur Anrufungsauskunft des Arbeitgebers bei der LSt s. § 42 e EStG. Die Bindung bei der Anrufungsauskunft beschränkt sich auf das LSt-Abzugsverfahren und erstreckt sich nicht auf das ESt-Veranlagungsverfahren *(BFH-Urteil vom 9. 10. 1992 VI R 97/90, BStBl. 1993 II S. 166).*

Aus einer finanzbehördlichen Auskunft können Rechtsfolgen nur abgeleitet werden, wenn der Stpfl. eine verbindliche Auskunft/Zusage beantragt und das FA eine solche ohne Einschränkung oder Vorbehalt erteilt hat *(BFH-Urteil vom 17. 9. 1992 IV R 39/90, BStBl. 1993 II S. 218).* Der Umstand, dass das FA Auskünfte nur mündlich erteilt hat, legt die Annahme nahe, dass keine bindende (verbindliche) Zusage, sondern nur eine unverbindliche Meinungsäußerung erstrebt und gegeben worden ist. Die telefonische Auskunft einer Sachbearbeiterin löst keine Bindungswirkung gegenüber dem Steuerpflichtigen aus *(BFH-Urteil vom 21. 8. 2012 VIII R 33/09, BStBl. 2013 II S. 171).*

[4] Eine Auskunft des FA ist nur dann verbindlich, wenn sie der für die spätere Entscheidung im Verwaltungsverfahren zuständige Beamte oder der Vorsteher erteilt hat. Der zuständige Beamte ist dabei nicht etwa der Sachbearbeiter, sondern der abschließend Zeichnungsberechtigte, also in der Regel der Sachgebietsleiter *(BFH-Urteil vom 26. 11. 1997 III R 109/93, BFH/NV 1998 S. 808).*

Eine außerhalb der Außenprüfung gegebene Auskunft des FA ist nach Treu und Glauben nur dann verbindlich, wenn sie der für die spätere Veranlagung zuständige Beamte oder der Vorsteher erteilt hat (vgl. *BFH-Urteil vom 13. 12. 1989 X R 208/87, BStBl. 1990 II S. 274*); dabei ist als zuständiger Beamter nicht der Sachbearbeiter, sondern in der Regel der Sachgebietsleiter anzusehen *(BFH-Beschluss vom 9. 12. 2004 VII B 129/04, BFH/NV 2005 S. 663).*

BFH-Urteil vom 31. 3. 2004 I R 71/03, BStBl. II S. 742: Ein von einem Sachbearbeiter unterzeichnetes Schreiben kann keine das FA bindende Zusage beinhalten, wenn der Sachbearbeiter nicht für die abschließende Beurteilung des betreffenden Sachverhalts zuständig ist (Bestätigung der Rspr.).

BFH-Urteil vom 30. 3. 2011 XI R 30/09, BStBl. II S. 613: 1. Ändert sich die einer **unverbindlichen Auskunft** zugrunde liegende Rechtslage, ist das Finanzamt nicht nach Treu und Glauben gehindert, einen der geänderten Rechtslage entsprechenden erstmaligen Umsatzsteuerbescheid zu erlassen, es sei denn, es hat anderweitig einen Vertrauenstatbestand geschaffen. 2. Das Finanzamt schafft in der Regel nicht dadurch einen Vertrauenstatbestand, dass es nach Änderung der einer unverbindlichen Auskunft zugrunde liegenden Rechtslage einen entsprechenden Hinweis an den Steuerpflichtigen unterlässt.

des dem Antrag zugrunde liegenden Sachverhalts örtlich zuständig sein würde. ③ Bei Antragstellern, für die im Zeitpunkt der Antragstellung nach den §§ 18 bis 21 keine Finanzbehörde zuständig ist, ist auf dem Gebiet der Steuern, die von den Landesfinanzbehörden im Auftrag des Bundes verwaltet werden, abweichend von Satz 2 das Bundeszentralamt für Steuern zuständig; in diesem Fall bindet die verbindliche Auskunft auch die Finanzbehörde, die bei der Verwirklichung des der Auskunft zugrunde liegenden Sachverhalts zuständig ist. ④ Über den Antrag auf Erteilung einer verbindlichen Auskunft soll innerhalb von sechs Monaten ab Eingang des Antrags bei der zuständigen Finanzbehörde entschieden werden; kann die Finanzbehörde nicht innerhalb dieser Frist über den Antrag entscheiden, ist dies dem Antragsteller unter Angabe der Gründe mitzuteilen. ⑤ Das Bundesministerium der Finanzen wird ermächtigt, mit Zustimmung des Bundesrates durch Rechtsverordnung nähere Bestimmungen zu Form, Inhalt und Voraussetzungen des Antrages auf Erteilung einer verbindlichen Auskunft und zur Reichweite der Bindungswirkung zu treffen. ⑥ In der Rechtsverordnung kann auch bestimmt werden, unter welchen Voraussetzungen eine verbindliche Auskunft gegenüber mehreren Beteiligten einheitlich zu erteilen ist und welche Finanzbehörde in diesem Fall für die Erteilung der verbindlichen Auskunft zuständig ist. ⑦ Die Rechtsverordnung bedarf nicht der Zustimmung des Bundesrates, soweit sie die Versicherungsteuer betrifft.

(3)[1] **① Für die Bearbeitung eines Antrags auf Erteilung einer verbindlichen Auskunft nach Absatz 2 wird eine Gebühr erhoben. ② Wird eine verbindliche Auskunft gegenüber mehreren Antragstellern einheitlich erteilt, ist nur eine Gebühr[2] zu erheben; in diesem Fall sind alle Antragsteller Gesamtschuldner der Gebühr. ③ Die Gebühr ist vom Antragsteller innerhalb eines Monats nach Bekanntgabe ihrer Festsetzung zu entrichten. ④ Die Finanzbehörde kann die Entscheidung über den Antrag bis zur Entrichtung der Gebühr zurückstellen.** 3

(4) **① Die Gebühr wird nach dem Wert berechnet, den die verbindliche Auskunft für den Antragsteller hat (Gegenstandswert).[3] ② Der Antragsteller soll den Gegenstandswert und die für seine Bestimmung erheblichen Umstände in seinem Antrag auf Erteilung einer verbindlichen Auskunft darlegen. ③ Die Finanzbehörde soll der Gebührenfestsetzung den vom Antragsteller erklärten Gegenstandswert zugrunde legen, soweit dies nicht zu einem offensichtlich unzutreffenden Ergebnis führt.** 4

(5) **① Die Gebühr wird in entsprechender Anwendung des § 34 des Gerichtskostengesetzes mit einem Gebührensatz von 1,0 erhoben. ② § 39 Absatz 2 des Gerichtskostengesetzes ist entsprechend anzuwenden. ③ Beträgt der Gegenstandswert weniger als 10 000 Euro, wird keine Gebühr erhoben.** 5

(6) **① Ist ein Gegenstandswert nicht bestimmbar und kann er auch nicht durch Schätzung bestimmt werden, ist eine Zeitgebühr zu berechnen; sie beträgt 50 Euro je angefangene halbe Stunde Bearbeitungszeit. ② Beträgt die Bearbeitungszeit weniger als zwei Stunden, wird keine Gebühr erhoben.** 6

(7) **① Auf die Gebühr kann ganz oder teilweise verzichtet werden, wenn ihre Erhebung nach Lage des einzelnen Falls unbillig wäre. ② Die Gebühr kann insbesondere ermäßigt werden, wenn ein Antrag auf Erteilung einer verbindlichen Auskunft vor Bekanntgabe der Entscheidung der Finanzbehörde zurückgenommen wird.** 7

---

[1] Zu Zweifelsfragen bei der Gebührenberechnung vgl. auch *Verfügung BayLfSt vom 30. 8. 2017,* nachstehend abgedruckt.

Es ist nicht ernstlich zweifelhaft, dass die Gebührenerhebung für die Bearbeitung von Anträgen auf verbindliche Auskünfte gemäß § 89 Abs. 3 bis 5 AO dem Grunde und der Höhe nach verfassungsgemäß ist. Das gilt sowohl für die sog. Zeitgebühr als auch für die sog. Wertgebühr, und zwar für Letztere auch dann, wenn diese auf der Grundlage eines Gegenstandswerts von 30 Mio. € zu bemessen ist *(BFH-Beschluss vom 30. 3. 2011 I B 136/10, BFH/NV S. 1042).*

BFH-Urteil vom 27. 11. 2019 II R 24/17, BStBl. 2020 II S. 528: 1. Für jeden Antrag auf Erteilung einer verbindlichen Auskunft nach § 89 Abs. 2 Satz 1 AO kann eine Gebühr nach § 89 Abs. 3 Satz 1 AO 2011 erhoben werden. 2. Eine Antragsschrift kann mehrere Anträge enthalten. 3. Soll die verbindliche Auskunft Bindungswirkung für mehrere existente oder noch nicht existente Steuerpflichtige entfalten, sind jedenfalls so viele Anträge gestellt, wie Steuerpflichtige von dieser Auskunft umfasst sein sollen.

Beantragen sowohl Organträger als auch Organgesellschaft einer ertragsteuerlichen Organschaft eine verbindliche Auskunft in Bezug auf den gleichen Sachverhalt, fällt bei beiden Antragstellern eine Auskunftsgebühr an *(BFH-Urteil vom 9. 3. 2016 I R 66/14, BStBl. II S. 706).*

[2] *BFH-Urteil vom 3. 7. 2025 IV R 6/23, BFH/NV S. 1488:* 1. Beantragen mehrere Personen die Erteilung einer verbindlichen Auskunft, kommt es für die Beantwortung der Frage, ob ihnen gegenüber gemäß § 89 Abs. 3 Satz 2 der AO nur eine Gebühr festzusetzen ist, deren Gesamtschuldner sie sind, nicht darauf an, ob die Voraussetzungen des § 1 Abs. 2 Satz 1 der Steuer-Auskunftsverordnung gegeben sind. Maßgebend ist vielmehr, ob die verbindliche Auskunft den Antragstellern gegenüber tatsächlich einheitlich erteilt worden ist. 2. Erlässt das Finanzamt gegenüber allen Personen, die die verbindliche Auskunft beantragt haben, einen Gebührenbescheid, in dem es jeweils eine Höchstgebühr für die erteilte verbindliche Auskunft festsetzt, statt gemäß § 89 Abs. 3 Satz 2 AO nur eine Höchstgebühr festzusetzen, deren Gesamtschuldner die Antragsteller sind, können die Antragsteller die Rechtmäßigkeit der Gebührenbescheide im Rahmen einer Anfechtungsklage überprüfen lassen.

[3] Die sog. Wertgebühr, die für die Bearbeitung von Anträgen auf verbindliche Auskunft erhoben wird, ist dem Grunde und der Höhe nach verfassungsgemäß *(BFH-Urteil vom 30. 3. 2011 I R 61/10, BStBl. II S. 536).*

AEAO

Zu § 89 – Beratung, Auskunft:

8 **1. Beratung des Steuerpflichtigen**

1.1. In § 89 Abs. 1 Satz 1 AO sind Erklärungen und Anträge gemeint, die sich bei dem gegebenen Sachverhalt aufdrängen. Im Übrigen ist es Sache des Steuerpflichtigen, sich über die Antragsmöglichkeiten zu unterrichten, ggf. durch Rückfrage beim Finanzamt (§ 89 Abs. 1 Satz 2 AO). Die Finanzämter wären überfordert, wenn sie darauf zu achten hätten, ob der Steuerpflichtige jede sich ihm bietende Möglichkeit, Steuern zu sparen, ausgenutzt hat (BFH-Urteil vom 22. 1. 1960, VI 175/59 U, BStBl. III S. 178).

1.2. Kann bei einem eindeutigen Verstoß der Finanzbehörden gegen die Fürsorgepflicht nach § 89 Abs. 1 Satz 1 AO dem Steuerpflichtigen nicht durch Wiedereinsetzung in den vorigen Stand (§ 110 AO) oder durch Änderung des bestandskräftigen Steuerbescheids nach § 173 Abs. 1 Nr. 2 AO geholfen werden, so kann es geboten sein, die zu Unrecht festgesetzte Steuer wegen sachlicher Unbilligkeit (§ 227 AO) zu erlassen.

9 **2. Auskünfte nach § 89 Abs. 1 Satz 2 AO**

In § 89 Abs. 1 Satz 2 AO sind Auskünfte über das Verfahren (z. B. Fristberechnung, Wiedereinsetzung in den vorigen Stand, Aussetzung der Vollziehung) gemeint. Die Erteilung von Auskünften materieller Art ist den Finanzbehörden gestattet; hierauf besteht jedoch kein Anspruch. Sofern eine Finanzbehörde eine schriftliche Auskunft materieller Art außerhalb des § 89 Abs. 2 AO und der StAuskV erteilt, soll darauf hingewiesen werden, dass die Auskunft unverbindlich ist. Ist dies unterblieben, ist durch Auslegung zu ermitteln, ob der Empfänger in entsprechender Anwendung des § 133 BGB nach den ihm bekannten Umständen unter Berücksichtigung von Treu und Glauben von einer Verbindlichkeit der ihm erteilten Auskunft ausgehen konnte. Hierbei ist im Regelfall davon auszugehen, dass keine Bindungswirkung eintreten sollte.

3. Verbindliche Auskünfte nach § 89 Abs. 2 AO

10 **3.1. Allgemeines**

Die Finanzämter und das BZSt können unter den Voraussetzungen des § 89 Abs. 2 Satz 1 AO und der StAuskV auf Antrag verbindliche Auskünfte über die steuerliche Beurteilung von genau bestimmten, noch nicht verwirklichten Sachverhalten erteilen, wenn daran im Hinblick auf die erheblichen steuerlichen Auswirkungen ein besonderes Interesse besteht.

11 **3.2. Antragsteller**

3.2.1. Antragsteller einer verbindlichen Auskunft i. S. d. § 89 Abs. 2 AO (und zugleich Gebührenschuldner i. S. d. § 89 Abs. 3 bis 5 AO) ist derjenige, in dessen Namen der Antrag gestellt wird. Zur einheitlichen Antragstellung durch mehrere Beteiligte vgl. § 1 Abs. 2 StAuskV. Antragsteller und Steuerpflichtiger müssen nicht identisch sein.

3.2.2. Antragsteller und Steuerpflichtiger sind in der Regel identisch, wenn der Steuerpflichtige, dessen künftige Besteuerung Gegenstand der verbindlichen Auskunft sein soll, bei Antragstellung bereits existiert. Eine dritte Person hat in diesen Fällen im Regelfall kein eigenes berechtigtes Interesse an einer Auskunftserteilung hinsichtlich der Besteuerung eines anderen, bereits existierenden Steuerpflichtigen.

3.2.3. Existiert der Steuerpflichtige bei Antragstellung noch nicht, kann bei berechtigtem Interesse auch ein Dritter Antragsteller sein (§ 1 Abs. 4 StAuskV). Berechtigte/r Antragsteller einer verbindlichen Auskunft über die künftige Besteuerung einer noch nicht existierenden Kapitalgesellschaft kann die Person/können die Personen gemeinsam sein, die diese Kapitalgesellschaft gründen und dann (gemeinsam) zu mindestens 50% an der Gesellschaft beteiligt sein will/wollen. Entsprechendes gilt für Auskunftsanträge einer Vorgründungsgesellschaft. Die einem Dritten wegen seines berechtigten Interesses erteilte verbindliche Auskunft entfaltet gegenüber dem künftigen Steuerpflichtigen auch dann Bindungswirkung, wenn die tatsächlichen Beteiligungsverhältnisse bei Verwirklichung des Sachverhalts von den bei Antragstellung geplanten Beteiligungsverhältnissen abweichen, soweit die Beteiligungsverhältnisse für die steuerrechtliche Beurteilung ohne Bedeutung sind.

3.2.4. § 1 Abs. 4 StAuskV geht der Regelung in § 1 Abs. 2 Nr. 1 StAuskV als lex specialis vor. Deshalb muss ein Auskunftsantrag für eine noch zu gründende Kapitalgesellschaft oder Personengesellschaft nicht von allen künftigen Gesellschaftern gemeinsam gestellt werden.

12 **3.3. Zuständigkeit für die Erteilung verbindlicher Auskünfte**

Nach § 89 Abs. 2 Satz 2 AO ist das Finanzamt für die Erteilung einer verbindlichen Auskunft zuständig, das bei Verwirklichung des dem Antrag zugrunde liegenden Sachverhalts für die Besteuerung örtlich zuständig sein würde. Abweichend hiervon ist allerdings bei Antragstellern, für die im Zeitpunkt der Antragstellung nach §§ 18 bis 21 AO kein Finanzamt zuständig ist, auf dem Gebiet der Steuern, die von den Landesfinanzbehörden im Auftrag des Bundes verwaltet werden, nach § 89 Abs. 2 Satz 3 AO das BZSt für die Auskunftserteilung zuständig. Bezüglich der Zuständigkeit für die Erteilung einer einheitlichen verbindlichen Auskunft gegenüber mehreren Beteiligten nach § 1 Abs. 3 StAuskV siehe AEAO zu § 89, Nr. 3.3.3.

AEAO

3.3.1. Zuständigkeit des BZSt nach § 89 Abs. 2 Satz 3 AO 13

3.3.1.1. Die Sonderregelung des § 89 Abs. 2 Satz 3 AO geht der allgemeinen Regelung in § 89 Abs. 2 Satz 2 AO vor. Sie gilt allerdings nur für Steuern, die von den Landesfinanzbehörden im Auftrag des Bundes verwaltet werden. Für andere von den Finanzämtern verwaltete Steuern sowie für die Gewerbesteuermessbetragsfestsetzung kann das BZSt auch dann keine verbindliche Auskunft erteilen, wenn im Zeitpunkt der Antragstellung nach §§ 18 bis 21 AO kein Finanzamt für die Besteuerung des Antragstellers zuständig ist.

3.3.1.2. § 89 Abs. 2 Satz 3 AO stellt auf die aktuellen Verhältnisse des Antragstellers im Zeitpunkt der Antragstellung ab, während § 89 Abs. 2 Satz 2 AO auf künftige (geplante) Verhältnisse des Steuerpflichtigen (d. h. der Person, deren künftige Besteuerung Gegenstand der verbindlichen Auskunft ist) abstellt.

3.3.1.3. § 89 Abs. 2 Satz 3 AO ist für jede Steuerart gesondert anzuwenden. Bei einem Antragsteller, für den im Zeitpunkt der Antragstellung ein Finanzamt für eine von den Landesfinanzbehörden im Auftrag des Bundes verwaltete Steuer zuständig ist, ist das BZSt für die Auskunftserteilung nur hinsichtlich solcher von den Landesfinanzbehörden im Auftrag des Bundes verwalteten Steuern zuständig, für die im Zeitpunkt der Antragstellung noch kein Finanzamt zuständig ist.

3.3.1.4. Beispiel:

Die im Ausland ansässige natürliche Person A unterliegt im Zeitpunkt der Antragstellung im Inland nur der Umsatzsteuer. Für die Umsatzbesteuerung des A ist in diesem Zeitpunkt nach § 21 Abs. 1 Satz 2 AO i. V. m. der UStZustV[1] das Finanzamt U zuständig. A beantragt eine verbindliche Auskunft nach § 89 Abs. 2 Satz 1 AO über Einkommen- und Umsatzsteuer.

– Für die verbindliche Auskunft über Einkommensteuer ist nach § 89 Abs. 2 Satz 3 AO das BZSt zuständig.
– Für die verbindliche Auskunft über Umsatzsteuer ist nach § 89 Abs. 2 Satz 2 AO das Finanzamt zuständig, das bei Verwirklichung des vorgetragenen Sachverhalts nach § 21 AO (ggf. i. V. m. der UStZustV)[1] für die Umsatzbesteuerung des A örtlich zuständig sein würde.

3.3.1.5. Bei Anwendung des § 89 Abs. 2 Satz 3 AO kommt es nicht darauf an, ob der Antragsteller im Inland bereits bei einem Finanzamt geführt wird. Entscheidend ist, ob nach den Verhältnissen zum Zeitpunkt der Antragstellung ein Finanzamt örtlich zuständig ist, d. h. ob vom Antragsteller bereits steuerrelevante Sachverhalte im Inland verwirklicht wurden, wegen derer ein Steuerverwaltungsverfahren von Amts wegen durchzuführen wäre. Unerheblich ist, ob das örtlich zuständige Finanzamt hiervon bereits Kenntnis hat bzw. ob es bereits ein Steuerverwaltungsverfahren durchgeführt hat. Steuerrelevante Sachverhalte im Inland sind dabei nur solche, für die eine Steuererklärungspflicht im Inland besteht. Nicht zu steuerrelevanten Sachverhalten im Inland führen grundsätzlich

– Einkünfte, die im Inland nicht steuerpflichtig sind,
– Einkünfte, die dem Steuerabzug unterliegen und damit als abgeltend besteuert gelten oder
– Umsätze, für die der Leistungsempfänger der Steuerschuldner ist.

Wird in diesen Fällen dennoch ein Steuerverwaltungsverfahren im Inland durchgeführt und ist dieses noch nicht abgeschlossen, kommt die Sonderzuständigkeitsregelung des § 89 Abs. 2 Satz 3 AO ausnahmsweise nicht zur Anwendung.

3.3.1.6. Das BZSt kann unter den Voraussetzungen des § 89 Abs. 2 Satz 3 AO auch dann eine verbindliche Auskunft erteilen, wenn der Ort, an dem der vorgetragene Sachverhalt im Inland verwirklicht werden soll, noch nicht feststeht.

3.3.1.7. Betrifft eine verbindliche Auskunft mehrere Steuerarten und sind hierfür zum Teil das BZSt und im Übrigen ein oder mehrere Finanzämter zuständig, sollen sich die beteiligten Finanzbehörden untereinander abstimmen, um widersprüchliche verbindliche Auskünfte zu vermeiden.

3.3.2. Zuständigkeit eines Finanzamts nach § 89 Abs. 2 Satz 2 AO 14

3.3.2.1. Die Zuständigkeitsregelung des § 89 Abs. 2 Satz 2 AO gilt bei den von den Landesfinanzbehörden im Auftrag des Bundes verwalteten Steuern nur, soweit nicht das BZSt nach § 89 Abs. 2 Satz 3 AO zuständig ist (vgl. AEAO zu § 89, Nr. 3.3.1). Für andere von den Finanzämtern verwaltete Steuern sowie für die Gewerbesteuermessbetragsfestsetzung richtet sich die Zuständigkeit für die Erteilung einer verbindlichen Auskunft immer nach § 89 Abs. 2 Satz 2 AO.

3.3.2.2. Die Zuständigkeit nach § 89 Abs. 2 Satz 2 AO knüpft an die künftigen steuerlichen Verhältnisse des Steuerpflichtigen bei Verwirklichung des Sachverhaltes an. Das hiernach für die Auskunftserteilung zuständige Finanzamt muss nicht mit dem Finanzamt identisch sein, das zum Zeitpunkt der Antragstellung für die Besteuerung des Steuerpflichtigen zuständig ist. Wird eine verbindliche Auskunft berechtigterweise durch einen Dritten beantragt (vgl. AEAO zu § 89, Nr. 3.2.3), ist ebenso unerheblich, welches Finanzamt für seine Besteuerung zuständig ist.

3.3.2.3. Betrifft eine verbindliche Auskunft mehrere Steuerarten und sind hierfür jeweils unterschiedliche Finanzämter nach § 89 Abs. 2 Satz 2 AO zuständig, soll eine Zuständigkeitsvereinbarung nach § 27 AO herbeigeführt werden, wenn die unterschiedliche Zuständigkeit weder für den Steuerpflichtigen noch für die Finanzbehörden zweckmäßig ist. Eine derartige Zuständigkeitsvereinbarung kann auch schon vor Verwirklichung des geplanten Sachverhaltes getroffen werden. Sofern keine Zuständigkeitsvereinbarung herbeigeführt werden kann, sollen sich die betei-

[1] Abgedruckt als Anl. zu § 21.

AEAO

ligten Finanzämter untereinander abstimmen, um widersprüchliche verbindliche Auskünfte zu vermeiden (vgl. AEAO zu § 89, Nr. 3.3.1.7).

15 **3.3.3. Zuständigkeit eines Finanzamts bei einheitlicher Auskunftserteilung nach § 1 Abs. 3 StAuskV**

3.3.3.1. Die Zuständigkeit für die Erteilung einer einheitlichen verbindlichen Auskunft gegenüber mehreren Beteiligten bestimmt sich nach § 1 Abs. 3 StAuskV. Bei Organschaftsfällen i. S. d. § 1 Abs. 2 Satz 1 Nrn. 2 bis 4 StAuskV und Umwandlungsfälle i. S. d. § 1 Abs. 2 Satz 1 Nr. 5 StAuskV soll das Finanzamt, das für die Erteilung der verbindlichen Auskunft nicht zuständig ist, aber von der Bindungswirkung dieser Auskunft ebenfalls betroffen ist, vorab beteiligt werden.

3.3.3.2. Hat im Fall einer Umsatzsteuer-Organschaft der Organträger seinen Sitz und seine Geschäftsleitung im Ausland, ist entsprechend § 2 Abs. 2 Nr. 2 Satz 4 UStG das Finanzamt der Organgesellschaft bzw. – falls mehrere Organgesellschaften beteiligt sind – das Finanzamt der wirtschaftlich bedeutendsten Organgesellschaft für die Erteilung der verbindlichen Auskunft zuständig.

3.4. Form, Inhalt und Voraussetzungen des Antrags auf Erteilung einer verbindlichen Auskunft

16 **3.4.1.** Der Antrag muss schriftlich gestellt werden und die in § 1 Abs. 1 StAuskV bezeichneten Angaben enthalten. Zusätzlich soll der Antragsteller nach § 89 Abs. 4 Satz 2 AO Angaben zum Gegenstandswert der Auskunft machen.

3.4.2. Der Antragsteller muss sein eigenes steuerliches Interesse darlegen (§ 1 Abs. 1 Nr. 4 StAuskV). Außer in den Fällen des § 1 Abs. 3 StAuskV ist ein Auskunftsantrag mit Wirkung für Dritte nicht zulässig. Denn eine dritte Person hat kein eigenes berechtigtes Interesse an einer Auskunftserteilung hinsichtlich der Besteuerung eines anderen, bereits existierenden Steuerpflichtigen.

3.4.3. Der Antragsteller muss sein eigenes steuerliches Interesse darlegen (§ 1 Abs. 1 Nr. 4 StAuskV). Außer in den Fällen des § 1 Abs. 3 StAuskV ist ein Auskunftsantrag mit Wirkung für Dritte nicht zulässig. Denn eine dritte Person hat kein eigenes berechtigtes Interesse an einer Auskunftserteilung hinsichtlich der Besteuerung eines anderen, bereits existierenden Steuerpflichtigen.

3.4.4. Im Auskunftsantrag sind konkrete Rechtsfragen darzulegen (§ 1 Abs. 1 Nr. 5 StAuskV). Es reicht nicht aus, allgemeine Fragen zu den bei Verwirklichung des geplanten Sachverhalts eintretenden steuerlichen Rechtsfragen darzulegen.

17 **3.5. Erteilung einer verbindlichen Auskunft**

3.5.1. Der Auskunft ist der vom Antragsteller vorgetragene Sachverhalt zugrunde zu legen. Das Finanzamt ist nicht verpflichtet, eigens für die zu erteilende Auskunft Ermittlungen durchzuführen, es soll aber dem Antragsteller Gelegenheit zum ergänzenden Sachvortrag geben, wenn dadurch eine Entscheidung in der Sache ermöglicht werden kann. Die Erteilung einer verbindlichen Auskunft für alternative Gestaltungsvarianten ist nicht zulässig.

3.5.2. Die Erteilung einer verbindlichen Auskunft ist ausgeschlossen, wenn der Sachverhalt im Wesentlichen bereits verwirklicht ist. Über Rechtsfragen, die sich aus einem bereits abgeschlossenen Sachverhalt ergeben, ist ausschließlich im Rahmen des Veranlagungs- oder Feststellungsverfahrens zu entscheiden. Das gilt auch, wenn der Sachverhalt zwar erst nach Antragstellung, aber vor der Entscheidung über den Antrag verwirklicht wird.

3.5.3. Eine Auskunft kann auch erteilt werden, wenn der Antragsteller eine Auskunft für die ernsthaft geplante Umgestaltung eines bereits vorliegenden Sachverhalts begehrt. Das gilt insbesondere bei Sachverhalten, die wesentliche Auswirkungen in die Zukunft haben (z. B. Dauersachverhalte). Bei Dauersachverhalten richtet sich das zeitliche Ausmaß der Bindungswirkung nach dem Auskunftsantrag, soweit die Finanzbehörde nicht aus materiell-rechtlichen Gründen von den zeitlichen Vorstellungen des Antragstellers abweicht (z. B. wegen Verlängerung oder Verkürzung des Abschreibungszeitraumes) und deshalb ihre Auskunft für einen anderen Zeitraum erteilt.

3.5.4. Verbindliche Auskünfte sollen nicht erteilt werden in Angelegenheiten, bei denen die Erzielung eines Steuervorteils im Vordergrund steht (z. B. Prüfung von Steuersparmodellen, Feststellung der Grenzpunkte für das Handeln eines ordentlichen Geschäftsleiters). Die Befugnis, nach pflichtgemäßem Ermessen auch in anderen Fällen die Erteilung verbindlicher Auskünfte abzulehnen, bleibt unberührt (z. B. wenn zu dem Rechtsproblem eine gesetzliche Regelung, eine höchstrichterliche Entscheidung oder eine Verwaltungsanweisung in absehbarer Zeit zu erwarten ist).

Verbindliche Auskünfte sollen ferner nicht erteilt werden, wenn für den maßgeblichen Sachverhalt auch ein Vorabverständigungsverfahren nach § 89a AO in Betracht kommt, insbesondere wenn Verrechnungspreise oder Betriebsstättengewinnabgrenzungen Gegenstand der beantragten verbindlichen Auskunft sind.

3.5.5. Die verbindliche Auskunft nach § 89 Abs. 2 AO ist (auch wenn sie nicht der Rechtsauffassung des Antragstellers entspricht) ebenso wie die Ablehnung der Erteilung einer verbindlichen

Auskunft ein Verwaltungsakt. Sie ist schriftlich oder elektronisch zu erteilen und mit einer Rechtsbehelfsbelehrung zu versehen. Die Bekanntgabe richtet sich nach §§ 122, 122a AO und den Regelungen im AEAO zu § 122 und zu § 122a. AEAO

In den Fällen des § 1 Abs. 2 StAuskV ist die Auskunft allen Beteiligten gegenüber einheitlich zu erteilen und dem von ihnen nach § 1 Abs. 2 Satz 2 StAuskV bestellten gemeinsamen Empfangsbevollmächtigten bekannt zu geben, soweit keine Einzelbekanntgabe erforderlich ist.

3.5.6. Die verbindliche Auskunft hat zu enthalten

- den ihr zugrunde gelegten Sachverhalt; dabei kann auf den im Antrag dargestellten Sachverhalt Bezug genommen werden,
- die Entscheidung über den Antrag, die zugrunde gelegten Rechtsvorschriften und die dafür maßgebenden Gründe; dabei kann auf die im Antrag dargelegten Rechtsvorschriften und Gründe Bezug genommen werden,
- eine Angabe darüber, für welche Steuern und für welchen Zeitraum die verbindliche Auskunft gilt.

3.5.7. Die verbindliche Auskunft regelt dabei lediglich, wie die Finanzbehörde eine ihr zur Prüfung gestellte hypothetische Gestaltung gegenwärtig beurteilt. Es besteht kein Anspruch auf einen bestimmten rechtmäßigen Inhalt einer verbindlichen Auskunft (vgl. BFH-Urteil vom 29. 2. 2012, IX R 11/11, BStBl. II S. 651).

3.5.8. Ist vor einer Entscheidung über die Erteilung einer verbindlichen Auskunft die Anhörung eines Beteiligten oder die Mitwirkung einer anderen Behörde oder eines Ausschusses vorgesehen, so darf die verbindliche Auskunft erst nach Anhörung der Beteiligten oder nach Mitwirkung dieser Behörde oder des Ausschusses erteilt werden.

3.5.9. Die Bearbeitungsfrist für Auskunftsanträge nach § 89 Abs. 2 Satz 4 AO gilt erstmals für Anträge, die nach dem 31. 12. 2016 bei der zuständigen Finanzbehörde eingegangen sind (Art. 97 § 25 Abs. 2 EGAO). Aus dem bloßen Verstreichen der Bearbeitungsfrist kann nicht abgeleitet werden, dass die Auskunft als im beantragten Sinn erteilt gilt. Dies gilt unabhängig davon, ob die Finanzbehörde hinreichende Gründe für die nicht fristgerechte Auskunftserteilung mitgeteilt hat oder nicht.

3.6. Bindungswirkung einer verbindlichen Auskunft 18

3.6.1. Die von der nach § 89 Abs. 2 Satz 2 und 3 AO zuständigen Finanzbehörde erteilte verbindliche Auskunft ist für die Besteuerung des Antragstellers nur dann bindend, wenn der später verwirklichte Sachverhalt von dem der Auskunft zugrunde gelegten Sachverhalt nicht oder nur unwesentlich abweicht (§ 2 Abs. 1 Satz 1 StAuskV). Eine vom BZSt nach § 89 Abs. 2 Satz 3 AO rechtmäßig erteilte verbindliche Auskunft bindet auch das Finanzamt, das bei Verwirklichung des der Auskunft zugrunde liegenden Sachverhalts zuständig ist. In den Fällen des § 1 Abs. 2 StAuskV ist die Auskunft gegenüber allen Beteiligten einheitlich verbindlich (§ 2 Abs. 2 Satz 1 StAuskV).

Die Bindungswirkung tritt nicht ein, wenn der tatsächlich verwirklichte Sachverhalt mit dem bei der Beantragung der verbindlichen Auskunft vorgetragenen Sachverhalt in wesentlichen Punkten nicht übereinstimmt. Wird ein Dauersachverhalt innerhalb der zeitlichen Bindungswirkung der verbindlichen Auskunft (vgl. Nr. 3.5.3 des AEAO zu § 89) dergestalt verändert, dass er mit dem der verbindlichen Auskunft zugrunde gelegten Sachverhalt in wesentlichen Punkten nicht mehr übereinstimmt, entfällt die Bindungswirkung der verbindlichen Auskunft ohne Zutun der Finanzverwaltung ab dem Zeitpunkt der Sachverhaltsänderung. Entsprechendes gilt für eine von der nach § 1 Abs. 3 StAuskV zuständigen Finanzbehörde gegenüber mehreren Antragstellern einheitlich erteilte verbindliche Auskunft.

3.6.2. Im Fall der Gesamtrechtsnachfolge geht die Bindungswirkung entsprechend § 45 AO auf den Rechtsnachfolger über. Bei Einzelrechtsnachfolge erlischt die Bindungswirkung. Die Bindungswirkung tritt daher nicht ein, wenn der Sachverhalt nicht durch den Antragsteller, sondern durch einen Dritten verwirklicht wurde, der nicht Gesamtrechtsnachfolger des Antragstellers ist.

3.6.3. Ist die verbindliche Auskunft zuungunsten des Steuerpflichtigen rechtswidrig, tritt nach § 2 Abs. 1 Satz 2 StAuskV keine Bindungswirkung ein. In diesem Fall ist die Steuer nach Maßgabe der Gesetze und den in diesem Zeitpunkt geltenden Verwaltungsanweisungen zutreffend festzusetzen. Die Frage, ob sich die (rechtswidrige) verbindliche Auskunft zuungunsten des Steuerpflichtigen auswirkt, ist durch einen Vergleich zwischen zugesagter und rechtmäßiger Behandlung zu beantworten und kann sich nur auf die konkret erteilte Auskunft beziehen.

Widerspricht eine nach § 2 Abs. 2 Satz 1 StAuskV einheitlich erteilte verbindliche Auskunft dem geltenden Recht und beruft sich mindestens ein Beteiligter darauf, entfällt die Bindungswirkung der verbindlichen Auskunft einheitlich gegenüber allen Beteiligten (§ 2 Abs. 2 Satz 2 StAuskV).

3.6.4. Die Bindungswirkung der verbindlichen Auskunft entfällt nach § 2 Abs. 2 StAuskV ohne Zutun der zuständigen Finanzbehörde ab dem Zeitpunkt, in dem die Rechtsvorschriften, auf denen die Auskunft beruht, aufgehoben oder geändert werden. Wird die verbindliche Auskunft in diesem Fall zur Klarstellung aufgehoben, hat dies nur deklaratorische Wirkung.

3.6.5. Eine verbindliche Auskunft nach § 89 Abs. 2 AO kann unter den Voraussetzungen der §§ 129 bis 131 AO berichtigt, zurückgenommen und widerrufen werden. In den Fällen des § 2

AEAO

Abs. 2 Satz 1 StAuskV ist die Berichtigung, die Rücknahme oder der Widerruf gegenüber den Antragstellern einheitlich vorzunehmen.

Die Korrektur einer verbindlichen Auskunft mit Wirkung für die Vergangenheit kommt danach insbesondere in Betracht, wenn

- die Auskunft durch unlautere Mittel wie arglistige Täuschung, Drohung oder Bestechung erwirkt worden ist oder
- die Rechtswidrigkeit der Auskunft dem Begünstigten bekannt oder infolge grober Fahrlässigkeit nicht bekannt war.

Ist die verbindliche Auskunft von einer sachlich oder örtlich unzuständigen Behörde erlassen worden, entfaltet sie von vornherein keine Bindungswirkung.

3.6.6. Über die Fälle der §§ 129 bis 131 AO hinaus kann eine verbindliche Auskunft nach § 2 Abs. 4 StAuskV auch mit Wirkung für die Zukunft aufgehoben oder geändert werden, wenn sich herausstellt, dass die erteilte Auskunft unrichtig war.

Eine verbindliche Auskunft ist materiell rechtswidrig und damit rechtswidrig i. S. d. § 2 Abs. 4 StAuskV, wenn sie ohne Rechtsgrundlage oder unter Verstoß gegen materielle Rechtsnormen erlassen wurde oder ermessensfehlerhaft ist. Für die Beurteilung der Rechtmäßigkeit oder Rechtswidrigkeit kommt es auf den Zeitpunkt des Wirksamwerdens, also der Bekanntgabe der verbindlichen Auskunft an.

Eine Änderung der Rechtsprechung stellt keine Änderung der Rechtslage dar, weil sie die bisherige Rechtsauffassung nur richtigstellt, also die von Anfang an bestehende Rechtslage klarstellt. Daher ist eine verbindliche Auskunft von vornherein unrichtig i. S. d. § 2 Abs. 4 StAuskV, wenn sie von einem nach ihrer Bekanntgabe ergangenen FG- oder BFH-Urteil oder einer später ergangenen Verwaltungsanweisung abweicht. Sie ist nicht unrichtig geworden, ihre Unrichtigkeit wurde lediglich erst nachträglich erkannt.

Die Aufhebung oder Änderung nach § 2 Abs. 4 StAuskV steht im Ermessen der Finanzbehörde. Eine Aufhebung oder Änderung mit Wirkung für die Zukunft ist z. B. sachgerecht, wenn sich die steuerrechtliche Beurteilung des der verbindlichen Auskunft zugrunde gelegten Sachverhalts durch die Rechtsprechung oder durch eine Verwaltungsanweisung zum Nachteil des Steuerpflichtigen geändert hat.

Dem Vertrauensschutz wird dadurch Rechnung getragen, dass die Aufhebung oder Änderung nur mit Wirkung für die Zukunft erfolgen darf. War der Sachverhalt im Zeitpunkt der Bekanntgabe der Aufhebung oder Änderung bereits im Wesentlichen verwirklicht, bleibt die Bindungswirkung bestehen, wenn der später verwirklichte Sachverhalt von dem der Auskunft zugrunde gelegten Sachverhalt nicht oder nur unwesentlich abweicht.

In den Fällen des § 2 Abs. 2 Satz 1 StAuskV ist die Aufhebung oder Änderung gegenüber den Antragstellern einheitlich vorzunehmen.

3.6.7. Der Steuerpflichtige ist vor einer Korrektur der verbindlichen Auskunft zu hören (§ 91 Abs. 1 AO). In den Fällen des § 2 Abs. 2 Satz 1 StAuskV sind alle Antragsteller über den gemeinsamen Empfangsbevollmächtigten (§ 1 Abs. 2 Satz 2 StAuskV) zu hören.

3.6.8. Im Einzelfall kann es aus Billigkeitsgründen gerechtfertigt sein, von einem Widerruf der verbindlichen Auskunft abzusehen oder die Wirkung des Widerrufs zu einem späteren Zeitpunkt eintreten zu lassen. Eine solche Billigkeitsmaßnahme wird in der Regel jedoch nur dann geboten sein, wenn sich der Steuerpflichtige nicht mehr ohne erheblichen Aufwand bzw. unter beträchtlichen Schwierigkeiten von den im Vertrauen auf die Auskunft getroffenen Dispositionen oder eingegangenen vertraglichen Verpflichtungen zu lösen vermag.

In den Fällen des § 2 Abs. 2 Satz 1 StAuskV ist diese Billigkeitsmaßnahme gegenüber allen Beteiligten einheitlich zu treffen.

3.6.9. Die Regelungen in Nrn. 3.6.1 bis 3.6.8 des AEAO zu § 89 gelten in den Fällen des § 1 Abs. 3 StAuskV für die Person, Personenvereinigung oder Vermögensmasse, die den Sachverhalt verwirklicht hat, entsprechend.

19 **3.7. Rechtsbehelfsmöglichkeiten**[1]

3.7.1. Gegen die erteilte verbindliche Auskunft wie auch gegen die Ablehnung der Erteilung einer verbindlichen Auskunft ist der Einspruch gegeben (§ 347 AO).

3.7.2. Im außergerichtlichen Rechtsbehelfsverfahren ist die Sache in vollem Umfang, d. h. auch in materiell-rechtlicher Hinsicht, zu prüfen (§ 367 Abs. 2 AO). Weicht die Finanzbehörde bei der Erteilung der verbindlichen Auskunft vom Rechtsstandpunkt des Antragstellers ab (sog. Negativauskunft), ist der Inhalt der erteilten verbindlichen Auskunft im gerichtlichen Rechtsbehelfsverfahren nur auf seine sachliche Richtigkeit hin zu prüfen, d. h. darauf, ob die Finanzbehörde den zur Prüfung gestellten Sachverhalt zutreffend erfasst hat und die gegenwärtige rechtliche Einordnung des zur Prüfung gestellten Sachverhalts in sich schlüssig und nicht evident rechtsfehlerhaft ist. Eine materiell-rechtliche Überprüfung der finanzbehördlichen Auffassung durch das Gericht bleibt mangels Bindungswirkung der Negativauskunft (vgl. Nr. 3.6.3 des AEAO zu § 89) einem

[1] Das FG prüft den Inhalt einer erteilten verbindlichen Auskunft nur darauf, ob die gegenwärtige rechtliche Einordnung des – zutreffend erfassten – zur Prüfung gestellten Sachverhalts in sich schlüssig und nicht evident rechtsfehlerhaft ist *(BFH-Urteil vom 29. 2. 2012 IX R 11/11, BStBl. II S. 651)*.

AEAO

Rechtsbehelfsverfahren gegen den späteren Steuerbescheid/Feststellungsbescheid vorbehalten (vgl. BFH-Urteil vom 29. 2. 2012 IX R 11/11, BStBl. II S. 651).

3.7.3. Legt in den Fällen des § 2 Abs. 2 Satz 1 StAuskV nur ein Beteiligter Einspruch ein, sind die übrigen Beteiligten nach § 360 Abs. 3 Satz 1 AO zum Einspruchsverfahren hinzuziehen.

4. Gebühren für die Bearbeitung von Anträgen auf Erteilung einer verbindlichen Auskunft (§ 89 Abs. 3 bis 7 AO)

4.1. Gebührenpflicht 20

4.1.1. Gebühren sind nicht nur zu erheben, wenn die beantragte Auskunft erteilt wird. § 89 Abs. 3 Satz 1 AO ordnet eine Gebührenpflicht für die Bearbeitung eines Auskunftsantrags an. Gebühren sind daher grundsätzlich auch dann zu entrichten, wenn die Finanzbehörde in ihrer verbindlichen Auskunft eine andere Rechtsauffassung als der Antragsteller vertritt, wenn sie die Erteilung einer verbindlichen Auskunft ablehnt oder wenn der Antrag zurückgenommen wird. Zur Möglichkeit einer Gebührenermäßigung vgl. AEAO zu § 89, Nr. 4.5.

4.1.2. Die Gebühr wird für jeden Antrag auf verbindliche Auskunft festgesetzt. Es handelt sich jeweils um einen Antrag, soweit sich die rechtliche Beurteilung eines Sachverhalts auf einen Steuerpflichtigen bezieht. Dieser Sachverhalt kann sich auf mehrere Steuerarten auswirken. In den Fällen des § 1 Abs. 2 StAuskV wird nur eine Gebühr erhoben; die Beteiligten sind Gesamtschuldner der Gebühr (§ 89 Abs. 3 Satz 2 AO).

Ist in Fällen des § 1 Abs. 2 Nr. 1 StAuskV hinsichtlich des der Auskunft zugrunde liegenden Sachverhalts teilweise auch die Gesellschaft Steuerschuldnerin (vgl. AEAO zu § 122, Nr. 2.4.1), wird gegenüber den Gesellschaftern und der Gesellschaft nur eine Gebühr erhoben.

4.1.3. Die Gebührenpflicht gilt nicht für Anträge auf verbindliche Zusagen auf Grund einer Außenprüfung nach §§ 204 ff. AO oder für Lohnsteueranrufungsauskünfte nach § 42 e EStG. Sie gilt auch nicht für Anfragen, die keine verbindliche Auskunft des Finanzamts i. S. d. § 89 Abs. 2 AO zum Ziel haben.

4.2. Gegenstandswert[1] 21

4.2.1. Die Gebühr richtet sich grundsätzlich nach dem Wert, den die Auskunft für den Antragsteller hat (Gegenstandswert; § 89 Abs. 4 Satz 1 AO).

4.2.2. Maßgebend für die Bestimmung des Gegenstandswerts ist die steuerliche Auswirkung des vom Antragsteller dargelegten Sachverhalts. Die steuerliche Auswirkung ist in der Weise zu ermitteln, dass der Steuerbetrag, der bei Anwendung der vom Antragsteller vorgetragenen Rechtsauffassung entstehen würde, dem Steuerbetrag gegenüberzustellen ist, der entstehen würde, wenn die Finanzbehörde eine entgegengesetzte Rechtsauffassung vertreten würde.

Für diese Ermittlung der steuerlichen Auswirkung sind die Grundsätze der gerichtlichen Streitwertermittlung für ein Hauptsacheverfahren entsprechend anzuwenden (BFH-Urteil vom 22. 4. 2015 IV R 13/12, BStBl. II S. 989).

Steuerliche Auswirkungen, die sich mittelbar ergeben können, die jedoch nicht selbst zum Gegenstand des Antrags gemacht worden sind, werden bei Bemessung des Gegenstandswerts nicht berücksichtigt (vgl. BFH-Urteil vom 22. 4. 2015 IV R 13/12, a. a. O.). Betrifft die beantragte Auskunft ertragsteuerliche Fragen, sind danach Annexsteuern (Kirchensteuer, Solidaritätszuschlag) nicht in die Ermittlung des Gegenstandswerts einzubeziehen. Gewerbesteuerliche Auswirkungen sind bei der Ermittlung des Gegenstandswerts einzubeziehen, es sei denn, die gewerbesteuerliche Beurteilung ist ausdrücklich von der beantragten Auskunft ausgenommen.

4.2.3. Bei Dauersachverhalten ist auf die durchschnittliche steuerliche Auswirkung eines Jahres abzustellen (vgl. auch AEAO zu § 89, Nr. 3.5.3).

4.2.4. Die Gebühr wird nach § 89 Abs. 5 Satz 1 AO in entsprechender Anwendung des § 34 GKG mit einem Gebührensatz von 1,0 erhoben. § 34 GKG in der Fassung des Kosten- und Betreuervergütungsrechtsänderungsgesetz 2025 vom 7. 4. 2025 (BGBl. 2025 I Nr. 109) ist dabei in entsprechender Anwendung des § 71 Abs. 1 GKG auf alle Anträge anzuwenden, die nach dem 31. 5. 2025 bei der zuständigen Finanzbehörde eingegangen sind. Für Anträge, die vor dem 1. 6. 2025 bei der zuständigen Finanzbehörde eingegangen sind, ist § 34 GKG in der bis zum 31. 5. 2025 geltenden Fassung weiterhin entsprechend anzuwenden.

Der Gegenstandswert ist in entsprechender Anwendung des § 39 Abs. 2 GKG auf 30 Mio. € begrenzt (§ 89 Abs. 5 Satz 2 AO). Die Gebühr beträgt damit bei bis zum 31. 5. 2025 eingegangenen Anträgen höchstens 120 721 €, bei ab dem 1. 6. 2025 eingegangenen Anträgen höchstens 128 038 €. Beträgt der Gegenstandswert weniger als 10 000 €, wird keine Gebühr erhoben (§ 89 Abs. 5 Satz 3 AO).

---

[1] *BFH-Urteil vom 22. 4. 2015 IV R 13/12, BStBl. II S. 989:* 1. Der Gegenstandswert einer erteilten Auskunft richtet sich nach dem gestellten Antrag und den sich daraus ergebenden steuerlichen Auswirkungen. Dafür ist auf die Differenz zwischen dem Steuerbetrag, der aufgrund der von dem Antragsteller vorgetragenen Rechtsauffassung entstehen würde, und dem Steuerbetrag abzustellen, der sich bei einer von der Finanzbehörde vertretenen entgegengesetzten Rechtsauffassung ergeben würde. 2. Steuerliche Auswirkungen, die sich mittelbar ergeben können, die jedoch nicht selbst zum Gegenstand des Antrags auf verbindliche Auskunft gemacht worden sind, werden bei der Bemessung der Auskunftsgebühr nicht berücksichtigt. 3. Der Gegenstandswert wird nach den Grundsätzen der gerichtlichen Streitwertermittlung für ein Hauptsacheverfahren berechnet.

AEAO

4.2.5. Der Antragsteller soll den Gegenstandswert und die für seine Bestimmung maßgeblichen Umstände bereits in seinem Auskunftsantrag darlegen (§ 89 Abs. 4 Satz 2 AO). Diese Darlegung erfordert schlüssige und nachvollziehbare Angaben; fehlen derartige Angaben oder sind sie unzureichend, ist der Antragsteller hierauf hinzuweisen und um entsprechende Ergänzung seines Antrags oder um Erläuterung zu bitten, warum er keine Angaben machen kann.

4.2.6. Den Angaben des Antragstellers ist im Regelfall zu folgen. Bei seiner Darlegung des Gegenstandswerts muss sich der Antragsteller allerdings an die Grundsätze der gerichtlichen Streitwertermittlung halten (vgl. AEAO zu § 89, Nr. 4.2.2). Eine davon abweichende Bemessung des Gegenstandswerts führt regelmäßig zu einem offensichtlich unzutreffenden Ergebnis und ist deshalb vom Finanzamt nicht zu berücksichtigen (BFH-Urteil vom 22. 4. 2015 IV R 13/12, BStBl. II S. 989). Eine Ermittlung des Gegenstandswerts durch das Finanzamt ist im Übrigen nur dann geboten, wenn der Antragsteller keine Angaben machen kann oder wenn seine Angaben anderweitig zu einem offensichtlich unzutreffenden Ergebnis führen würden (§ 89 Abs. 4 Satz 3 AO).

4.2.7. Will das Finanzamt von dem erklärten Gegenstandswert abweichen oder konnte der Antragsteller keine Angaben zum Gegenstandswert machen, ist dem Antragsteller vor Erlass des Gebührenbescheids rechtliches Gehör (§ 91) zu gewähren. Die Bearbeitung des Auskunftsantrags soll bis zum Eingang der Stellungnahme des Antragstellers, höchstens aber bis zum Ablauf der (regelmäßig einmonatigen) Frist zur Stellungnahme zurückgestellt werden.

22 **4.3. Zeitgebühr**

4.3.1. Beziffert der Antragsteller den Gegenstandswert nicht und ist der Gegenstandswert auch nicht durch Schätzung bestimmbar, ist eine Zeitgebühr zu berechnen (§ 89 Abs. 6 Satz 1 1. Halbsatz AO). Die Zeitgebühr beträgt 50 € je angefangene halbe Stunde Bearbeitungszeit (§ 89 Abs. 6 Satz 1 2. Halbsatz AO). Beträgt bei der Gebührenbemessung nach dem Zeitwert die Bearbeitungszeit weniger als zwei Stunden, wird keine Gebühr erhoben (§ 89 Abs. 6 Satz 2 AO).

4.3.2. Wird eine solche Zeitgebühr erhoben, ist der zeitliche Aufwand für die Bearbeitung des Antrags auf verbindliche Auskunft zu dokumentieren. Zur Bearbeitungszeit rechnen nur die Zeiten, in denen der vorgetragene Sachverhalt ermittelt und dessen rechtliche Würdigung geprüft wurde. Waren vorgesetzte Finanzbehörden wegen der besonderen Bedeutung des Einzelfalls oder der grundsätzlichen Bedeutung entscheidungserheblicher Rechtsfragen hinzuzuziehen, ist die dortige Bearbeitungszeit ebenfalls zu berücksichtigen, soweit sie dem konkreten Auskunftsantrag individuell zuzuordnen ist.

23 **4.4. Gebührenfestsetzung**

4.4.1. Die Gebühr ist durch schriftlichen Bescheid gegenüber dem Antragsteller festzusetzen; Bekanntgabevollmachten sind zu beachten. Der Antragsteller hat die Gebühr innerhalb eines Monats nach Bekanntgabe dieses Bescheids zu entrichten (§ 89 Abs. 3 Satz 3 AO).

Auf die Gebühr sind die Vorschriften der AO grundsätzlich sinngemäß anzuwenden (vgl. im Einzelnen AEAO zu § 1, Nr. 3). Die Gebührenfestsetzung kann nach §§ 129 bis 131 AO korrigiert werden. Gegen die Gebührenfestsetzung ist der Einspruch gegeben (§ 347 AO).

4.4.2. Die Entscheidung über den Antrag auf verbindliche Auskunft soll bis zur Zahlung der Gebühr zurückgestellt werden, wenn der Zahlungseingang nicht gesichert erscheint. In derartigen Fällen ist im Gebührenbescheid darauf hinzuweisen, dass über den Antrag auf Erteilung einer verbindlichen Auskunft erst nach Zahlungseingang entschieden wird.

24 **4.5. Ermäßigung der Gebühr**

4.5.1. Die Gebühr nach § 89 Abs. 3 bis 6 AO entsteht auch für die Bearbeitung eines Antrags auf verbindliche Auskunft, der die formalen Voraussetzungen nicht erfüllt (Beispiel: der Antrag beinhaltet keine ausführliche Darlegung des Rechtsproblems oder keine eingehende Begründung des Rechtsstandpunkts des Antragstellers). Vor einer Ablehnung eines Antrags aus formalen Gründen hat die Finanzbehörde den Antragsteller auf diese Mängel und auf die Möglichkeit der Ergänzung oder Rücknahme des Antrags hinzuweisen.

4.5.2.[1] Wird ein Antrag vor Bekanntgabe der Entscheidung über den Antrag auf verbindliche Auskunft zurückgenommen, kann die Gebühr ermäßigt werden (§ 89 Abs. 7 Satz 2 AO). Hierbei ist wie folgt zu verfahren:

– Hat die Finanzbehörde noch nicht mit der Bearbeitung des Antrags begonnen, ist die Gebühr auf Null zu ermäßigen. In diesem Fall kann aus Vereinfachungsgründen bereits von der Erteilung eines Gebührenbescheids abgesehen werden.
– Hat die Finanzbehörde bereits mit der Bearbeitung des Antrags begonnen, ist der bis zur Rücknahme des Antrags angefallene Bearbeitungsaufwand angemessen zu berücksichtigen und die Gebühr anteilig zu ermäßigen. Die Gebührenermäßigung muss sich hierbei nicht an der Bemessung einer Zeitgebühr orientieren. Es kann auch eine anteilige Reduzierung der Wertge-

[1] Im Fall der Rücknahme eines Antrags auf verbindliche Auskunft führt AEAO zu § 89 Nr. 4.5.2 nicht zu einer Ermessensreduzierung auf Null in der Weise, dass die Gebührenermäßigung (§ 89 Abs. 7 Satz 2 AO) nach den Maßgaben der Bemessung einer Zeitgebühr auszurichten ist *(BFH-Urteil vom 4. 5. 2022 I R 46/18, BFH/NV S. 1079).*

bühr vorgenommen werden, wenn trotz Antragsrücknahme der Gebührenzweck der Vorteilsabschöpfung nicht vollständig entfallen ist (vgl. BFH-Urteil vom 4. 5. 2022, I R 46/18, BStBl. 2023 II S. 467).

5. Anwendung der StAuskV 25

5.1. Die StAuskV gilt grds. für alle verbindlichen Auskünfte, die ab Inkrafttreten des § 89 Abs. 2 AO (12. 9. 2006) erteilt worden sind. Für Auskünfte mit Bindungswirkung nach Treu und Glauben, die bis zum 11. 9. 2006 erteilt worden sind, sind die Regelungen in Nrn. 4 und 5 des BMF-Schreibens vom 29. 12. 2003, BStBl. I S. 742, weiter anzuwenden.

5.2. § 1 Abs. 2 Satz 1, Abs. 3 und 4 und § 2 Abs. 2 bis 4 StAuskV in der am 20. 7. 2017 geltenden Fassung sind erstmals auf nach dem 1. 9. 2017 bei der zuständigen Finanzbehörde eingegangene Anträge auf Erteilung einer verbindlichen Auskunft anzuwenden. Die neuen Regelungen sind nach Ablauf der Übergangsfrist auf alle Anträge anzuwenden, die ab diesem Zeitpunkt bei der zuständigen Finanzbehörde eingehen.

5.3. § 1 Abs. 2 Satz 1 Nr. 3 bis 5 und Abs. 3 Satz 1 Nr. 4 und 5 StAuskV in der am 23. 12. 2022 geltenden Fassung ist erstmals auf Anträge auf Erteilung einer verbindlichen Auskunft anzuwenden, die nach dem 31. 12. 2022 bei der zuständigen Finanzbehörde eingegangen sind (§ 3 Satz 2 StAuskV). In Umwandlungsfällen ist die Erteilung einheitlicher Auskünfte daher nur aufgrund von Auskunftsanträgen möglich, die nach dem 31. 12. 2022 bei der zuständigen Finanzbehörde eingegangen sind.

Übersicht

	Rz.
1) Verordnung zur Durchführung von § 89 Abs. 2 der Abgabenordnung (Steuer-Auskunftsverordnung) vom 30. 11. 2007	26–28
2) Verfügung betr. Erteilung verbindlicher Auskünfte i. S. d. § 89 Abs. 2 AO vom 23. 12. 2025	29–38
3) Verfügung betr. verbindliche Auskunft nach § 89 Abs. 2 AO vom 30. 8. 2017	39, 40

1) Verordnung zur Durchführung von § 89 Abs. 2 der Abgabenordnung (Steuer-Auskunftsverordnung – StAuskV)

Anl 1

Vom 30. November 2007

(BGBl. I S. 2783)

Geändert durch VO vom 18. 7. 2016 (BGBl. I S. 1722), VO vom 12. 7. 2017 (BGBl. I S. 2360) und VO vom 19. 12. 2022 (BGBl. I S. 2432)

Auf Grund des § 89 Abs. 2 Satz 4 der Abgabenordnung in der Fassung der Bekanntmachung vom 1. Oktober 2002 (BGBl. I S. 3866, 2003 I S. 61), der zuletzt durch Artikel 10 Nr. 9 des Gesetzes vom 13. Dezember 2006 (BGBl. I S. 2878) geändert worden ist, verordnet das Bundesministerium der Finanzen:

§ 1 Form und Inhalt des Antrags auf Erteilung einer verbindlichen Auskunft 26

(1) Der Antrag auf Erteilung einer verbindlichen Auskunft ist schriftlich oder elektronisch bei der nach § 89 Abs. 2 Satz 2 oder Satz 3 der Abgabenordnung zuständigen Finanzbehörde zu stellen. Der Antrag hat Folgendes zu enthalten:

1. die genaue Bezeichnung des Antragstellers (Name, bei natürlichen Personen Wohnsitz oder gewöhnlicher Aufenthalt, bei Körperschaften, Personenvereinigungen und Vermögensmassen Sitz oder Ort der Geschäftsleitung, soweit vorhanden Steuernummer),
2. eine umfassende und in sich abgeschlossene Darstellung des zum Zeitpunkt der Antragstellung noch nicht verwirklichten Sachverhalts,
3. die Darlegung des besonderen steuerlichen Interesses des Antragstellers,
4. eine ausführliche Darlegung des Rechtsproblems mit eingehender Begründung des eigenen Rechtsstandpunktes des Antragstellers,
5. die Formulierung konkreter Rechtsfragen,
6. die Erklärung, dass über den zur Beurteilung gestellten Sachverhalt bei keiner anderen der in § 89 Abs. 2 Satz 2 und 3 der Abgabenordnung genannten Finanzbehörden (Finanzämter oder Bundeszentralamt für Steuern) eine verbindliche Auskunft beantragt wurde, sowie
7. die Versicherung, dass alle für die Erteilung der Auskunft und für die Beurteilung erforderlichen Angaben gemacht wurden und der Wahrheit entsprechen.

(2) Eine verbindliche Auskunft kann von allen Beteiligten nur gemeinsam beantragt werden, wenn sie sich auf einen Sachverhalt bezieht, der

1. mehreren Personen steuerlich zuzurechnen ist (§ 179 Absatz 2 Satz 2 der Abgabenordnung),
2. zur Begründung oder Beendigung einer Organschaft im Sinne
   a) des § 2 Absatz 2 Nummer 2 des Umsatzsteuergesetzes,
   b) der §§ 14 und 17 des Körperschaftsteuergesetzes oder
   c) des § 2 Absatz 2 Satz 2 des Gewerbesteuergesetzes

   führen kann,

Anl 1

3. von einer Organgesellschaft verwirklicht werden soll und über
   a) die gesonderte und einheitliche Feststellung nach § 14 Absatz 5 des Körperschaftsteuergesetzes oder
   b) den dem Organträger zuzurechnenden Gewerbeertrag
   Auswirkungen auf die Besteuerungsgrundlagen des Organträgers haben kann,
4. zur Verwirklichung eines Erwerbsvorgangs im Sinne von § 1 Absatz 3 Nummer 1 und 2 in Verbindung mit Absatz 4 Nummer 2 des Grunderwerbsteuergesetzes (grunderwerbsteuerliche Organschaft) führen kann oder
5. sich nach den §§ 20, 21, 24 oder 25 des Umwandlungssteuergesetzes bei verschiedenen Rechtsträgern steuerlich auswirkt und der steuerliche Wertansatz beim einbringenden oder übertragenden Rechtsträger vom steuerlichen Wertansatz beim übernehmenden Rechtsträger abhängt.

Die Beteiligten sollen einen gemeinsamen Empfangsbevollmächtigten bestellen, der ermächtigt ist, für sie alle Verwaltungsakte und Mitteilungen in Empfang zu nehmen.

(3) Für die Erteilung der verbindlichen Auskunft nach Absatz 2 Satz 1 ist zuständig

1. nach Absatz 2 Satz 1 Nummer 1:
   das Finanzamt, das für die gesonderte und einheitliche Feststellung örtlich zuständig ist;
2. nach Absatz 2 Satz 1 Nummer 2 Buchstabe a:
   das Finanzamt, das für die Umsatzbesteuerung des Organträgers örtlich zuständig ist;
3. nach Absatz 2 Satz 1 Nummer 2 Buchstabe b und c sowie Nummer 3:
   das Finanzamt, das für die gesonderte und einheitliche Feststellung nach § 14 Absatz 5 des Körperschaftsteuergesetzes örtlich zuständig ist;
4. nach Absatz 2 Satz 1 Nummer 4:
   das Finanzamt, das für die Festsetzung der Grunderwerbsteuer zuständig ist; ist der verwirklichte Sachverhalt Gegenstand einer gesonderten Feststellung nach § 17 Absatz 3 Satz 1 Nummer 2 oder Satz 2 in Verbindung mit Absatz 2 des Grunderwerbsteuergesetzes, ist das Finanzamt zuständig, das für die gesonderte Feststellung zuständig ist;
5. nach Absatz 2 Satz 1 Nummer 3 bis 5 und Absatz 3 Satz 1 Nummer 4 und 5 in der am 23. Dezember 2022 geltenden Fassung ist erstmals auf Anträge auf Erteilung einer verbindlichen Auskunft anzuwenden, die nach dem 31. Dezember 2022 bei der zuständigen Finanzbehörde eingegangen sind.

In den Fällen des Absatzes 2 Satz 1 Nummer 2 wird für die Bestimmung der Zuständigkeit stets von einer bestehenden Organschaft ausgegangen. In den Fällen des Absatzes 2 Satz 1 Nummer 4 wird für die Bestimmung der Zuständigkeit davon ausgegangen, dass ein Erwerbsvorgang im Sinne des § 1 Absatz 3 Nummer 1 und 2 in Verbindung mit Absatz 4 Nummer 2 des Grunderwerbsteuergesetzes verwirklicht wurde.

(4) Soll der dem Antrag zugrunde liegende Sachverhalt durch eine Person, Personenvereinigung oder Vermögensmasse verwirklicht werden, die im Zeitpunkt der Antragstellung noch nicht existiert, kann der Antrag auf Erteilung einer verbindlichen Auskunft auch durch einen Dritten gestellt werden, sofern er ebenfalls ein eigenes berechtigtes Interesse an der Auskunftserteilung darlegen kann. In diesem Fall sind die in Absatz 1 Nr. 1 und 3 genannten Angaben auch hinsichtlich der Person, Personenvereinigung oder Vermögensmasse zu machen, die den der Auskunft zugrunde liegenden Sachverhalt verwirklichen soll.

27 **§ 2 Bindung einer verbindlichen Auskunft**

(1) Die von der nach § 89 Abs. 2 Satz 2 und 3 der Abgabenordnung zuständigen Finanzbehörde erteilte verbindliche Auskunft ist für die Besteuerung des Antragstellers oder in den Fällen des § 1 Absatz 4 für die Besteuerung der Person, Personenvereinigung oder Vermögensmasse, die den Sachverhalt verwirklicht[1] hat, bindend, wenn der später verwirklichte Sachverhalt von dem der Auskunft zugrunde gelegten Sachverhalt nicht oder nur unwesentlich abweicht. Die verbindliche Auskunft ist nicht bindend, wenn sie zuungunsten des Steuerpflichtigen dem geltenden Recht widerspricht.

(2) Eine nach § 1 Absatz 3 erteilte verbindliche Auskunft ist für die Besteuerung aller Beteiligten einheitlich bindend, wenn der später verwirklichte Sachverhalt von dem Sachverhalt, der der Auskunft zugrunde gelegt wurde, nicht oder nur unwesentlich abweicht. Widerspricht die einheitlich erteilte verbindliche Auskunft dem geltenden Recht und beruft sich mindestens ein Beteiligter hierauf, entfällt die Bindungswirkung der verbindlichen Auskunft einheitlich gegenüber allen Beteiligten.

(3) Die Bindungswirkung der verbindlichen Auskunft entfällt ab dem Zeitpunkt, in dem die Rechtsvorschriften, auf denen die Auskunft beruht, aufgehoben oder geändert werden.

(4) Unbeschadet der §§ 129 bis 131 der Abgabenordnung kann eine verbindliche Auskunft mit Wirkung für die Zukunft aufgehoben oder geändert werden, wenn sich herausstellt, dass die erteilte Auskunft unrichtig war.[2]

---

[1] Die „Verwirklichung des Sachverhaltes" i. S. des § 2 Abs. 1 Satz 1 StAuskV bezieht sich auf den der Auskunft zugrunde liegenden tatbestandsrelevanten Sachverhalt, der die fragliche steuerliche Rechtsfolge auslöst. Dass die Auskunftserteilung für die spätere Sachverhaltsverwirklichung ursächlich wäre, wird von § 89 Abs. 2 Satz 1 AO i. V. m. § 2 Abs. 1 StAuskV nicht verlangt *(BFH-Urteil vom 12. 8. 2015 I R 45/14, BFH/NV 2016 S. 261).*

[2] Der Widerruf einer verbindlichen Auskunft mit Wirkung für die Zukunft ist in der Regel ermessensgerecht, wenn sich der Inhalt der Auskunft als materiell-rechtlich unzutreffend und damit als rechtswidrig erweist *(BFH-Urteil vom 2. 9. 2009 I R 20/09, BFH/NV 2010 S. 391).*

Widerruft das FA eine verbindliche Auskunft, ist das Klageverfahren gegen eine Steuerfestsetzung, für die die verbindliche Auskunft ohne den Widerruf bindend wäre, bis zum Abschluss des Rechtsbehelfsverfahrens gegen den Widerruf gemäß § 74 FGO auszusetzen *(BFH-Urteil vom 16. 5. 2013 V R 23/12, BFH/NV S. 1723).*

§ 3 Anwendungsvorschrift 28

§ 1 Absatz 2 Satz 1, Absatz 3 und § 2 Absatz 2 in der am 20. Juli 2017 geltenden Fassung sind erstmals auf Anträge auf Erteilung einer verbindlichen Auskunft anzuwenden, die nach dem 1. September 2017 bei der zuständigen Finanzbehörde eingegangen sind. § 1 Absatz 2 Satz 1 Nummer 3 bis 5 und Absatz 3 Satz 1 Nummer 4 und 5 in der am 23. Dezember 2022 geltenden Fassung ist erstmals auf Anträge auf Erteilung einer verbindlichen Auskunft anzuwenden, die nach dem 31. Dezember 2022 bei der zuständigen Finanzbehörde eingegangen sind.

2) Verfügung betr. Erteilung verbindlicher Auskünfte i. S. d. § 89 Abs. 2 AO Anl 2

Vom 23. Dezember 2025 (nv)

(S 0224.2.1-21/17 St43)

Ergänzend zu den Ausführungen im AEAO zu § 89 und der Verfügung LfSt Bayern vom 30. 8. 2017 S 0224.1.1-5/24 St42 wird auf Folgendes hingewiesen:

1. Antragstellung

Als Anträge auf Erteilung einer verbindlichen Auskunft sind nur diejenigen Schreiben zu werten, die ausdrücklich als solche bezeichnet sind und alle in der Steuerauskunftsverordnung aufgeführten Angaben enthalten. Bei unvollständigen Anträgen – insbesondere in Fällen von erkennbar unvollständiger Sachverhaltsdarstellung – ist dem Antragsteller mit dem Hinweis einer ansonsten erfolgenden Ablehnung der Erteilung der Auskunft Gelegenheit zu geben, fehlende Angaben nachzuholen bzw. zu ergänzen. 29

2. Besonderes steuerliches Interesse

Ein besonderes steuerliches Interesse für die Erteilung von verbindlichen Auskünften ist nur gegeben 30

- bei Sachverhalten, die schwierig zu lösende steuerliche Fragen aufwerfen,
- bei Fragestellungen, die nicht bereits durch ein im BStBl. I veröffentlichtes BMF-Schreiben bzw. durch im BStBl. II veröffentlichte BFH-Rechtsprechung geklärt worden sind. Eine Ablehnung der verbindlichen Auskunft ist jedoch nur dann gerechtfertigt, wenn eindeutig erkennbar ist, dass auf den geschilderten Sachverhalt das BMF-Schreiben bzw. das BFH-Urteil angewendet werden kann.

3. Zuständigkeitsfragen und Zeichnung

Zuständig für die Erteilung einer verbindlichen Auskunft ist die für die Festsetzung oder Feststellung zuständige Stelle. In besonders gelagerten Fällen ist der zuständige Hauptsachgebietsleiter zu beteiligen (Abschnitt 2.4 und 4.2 Abs. 2 FAGO 2010). Sind mehrere Stellen eines Finanzamts befasst, ist eine einheitliche Entscheidung herbeizuführen. Da das Finanzamt nicht verpflichtet ist, für die zu erteilende Auskunft Ermittlungen durchzuführen, sind die Außendienste vor Beantwortung der Auskunft nicht mit Sachverhaltsaufklärungen zu beauftragen. Soweit für einen Teil der erbetenen verbindlichen Auskunft ein anderes Finanzamt zuständig ist, ist der Antragsteller an dieses zu verweisen; erforderlichenfalls haben sich die Finanzämter abzusprechen. 31

Verbindliche Auskünfte stehen unter dem Zeichnungsvorbehalt des Sachgebietsleiters (vgl. Verfügung vom 21. 12. 2015, O 1543.2.1-3/12 St11 Tz. 1.4.1 der Anlage 2 zum Zeichnungsrecht in den Finanzämtern).

4. Beteiligung der Betriebsprüfung

Begehrt ein Steuerpflichtiger, der ständig der Außenprüfung unterliegt, eine verbindliche Auskunft, ist diese nur nach Rücksprache mit der für die Durchführung der Prüfung zuständigen Stelle zu erteilen. 32

5. Zuständigkeit für die Erteilung verbindlicher Auskünfte in Einbringungsfällen gemäß § 20 UmwStG

Für die Erteilung der verbindlichen Auskünfte in Einbringungsfällen nach § 20 UmwStG ist stets das Körperschaftsteuer-Finanzamt zuständig. Wird ein Betrieb oder Teilbetrieb oder ein Mitunternehmeranteil in eine unbeschränkt körperschaftsteuerpflichtige Kapitalgesellschaft i. S. des § 1 Abs. 1 Nr. 1 KStG eingebracht und erhält der Einbringende dafür neue Anteile an der Gesellschaft (Sacheinlage), so darf die Kapitalgesellschaft das eingebrachte Betriebsvermögen mit seinem Buchwert oder mit einem höheren Wert ansetzen. Gemäß § 20 Abs. 3 UmwStG gilt der Wert, mit dem die Kapitalgesellschaft das Betriebsvermögen in Ausübung dieses Wahlrechts ansetzt, für den Einbringenden als Veräußerungspreis der eingebrachten Wirtschaftsgüter und als Anschaffungskosten der Gesellschaftsanteile. Daraus folgt, dass zunächst über den Wertansatz bei der aufnehmenden Kapitalgesellschaft zu entscheiden ist und dieser Wert dann auf die Besteuerungsebene des Einbringenden durchschlägt. 33

Auch wenn für die Prüfung des Wertansatzes bei der Kapitalgesellschaft überwiegend auf Faktoren abzustellen ist, die nur aus der Sicht des Einbringenden beurteilt werden können (z. B. das Erfordernis der Teilbetriebseigenschaft), ändert dieser Umstand nichts an der Primärzuständigkeit des Körperschaftsteuer-Finanzamts für die Erteilung verbindlicher Auskünfte in Einbringungsfällen. Das Finanzamt des Einbringenden sollte aber im Wege der Amtshilfe bei der Erteilung der verbindlichen Auskunft mitwirken.

Die Ausführungen hinsichtlich der Zuständigkeit zu Einbringungsfällen gelten ebenso für den Formwechsel in eine GmbH.

6. Zuständigkeit für die Erteilung einer verbindlichen Auskunft in Fällen der Betriebsaufspaltung

Im Falle einer Betriebsaufspaltung ist hinsichtlich der Zuständigkeit für die Erteilung einer verbindlichen Auskunft maßgebend, bei welchem Unternehmen sich die unmittelbaren steuerlichen Auswirkun- 34 gen zeigen. Ggf. hat sich das für das Besitzunternehmen zuständige Finanzamt mit dem für das Betriebsunternehmen zuständigen Finanzamt abzustimmen.

7. Fälle von grundsätzlicher Bedeutung

35 Anträge auf Erteilung einer verbindlichen Auskunft sind vorzulegen, wenn der Verdacht auf missbräuchliche Antragstellungen bei mehreren Finanzämtern besteht. Damit in diesen Fällen das Bayerische Staatsministerium der Finanzen und für Heimat und das Bundesministerium der Finanzen zeitnah informiert werden können, sind diese Fälle vor einer Entscheidung durch das Finanzamt zu übersenden.

Eine generelle Vorlage von Fällen, denen in materieller Hinsicht grundsätzliche Bedeutung zukommt, ist nicht erforderlich. Davon unberührt bleibt die Möglichkeit, in rechtlich schwierigen Fällen bzw. in Fällen von erheblicher Bedeutung an das Bayerische Landesamt für Steuern heranzutreten.

8. Fälle betreffend Beschaffungsvorhaben der Bundeswehr oder supranationaler Einrichtungen

36 Soweit es sich bei dem zugrundeliegenden Sachverhalt um ein Beschaffungsvorhaben der Bundeswehr oder supranationaler Einrichtungen mit einem Auftragsvolumen in Höhe von mindestens 50 Mio. Euro handelt, informieren sich die Finanzbehörden der Länder gegenseitig und das Bundesministerium der Finanzen nachrichtlich vor Erteilung einer verbindlichen Auskunft mit kurzer Einlassungsfrist. So sollen widerstreitende Auskünfte der einzelnen Finanzämter vermieden werden. Solche Fälle sind daher vor Erteilung der verbindlichen Auskunft vorzulegen.

9. Aufzeichnung der erteilten verbindlichen Auskünfte

37 Im Finanzamt ist sicherzustellen, dass für jedes Jahr eine gesonderte Liste geführt wird, in der die Anträge auf verbindliche Auskunft einzeln eingetragen werden. In der Liste sind die Steuernummer, das Eingangsdatum, der Zeitpunkt und die Art der Erledigung, der Gegenstandswert und die Höhe der festgesetzten Gebühr sowie der Gegenstand der verbindlichen Auskunft mit einem Stichwort zu dokumentieren. Die im Finanzamt (z. B. beim HSL-AO, HSL-KöSt) zu führende Excel-Liste ist ab dem 1. 1. 2026 in der eHa in einem vom Finanzamt anzulegenden Teamroom „Anträge auf verbindliche Auskünfte" zu verwalten. Es ist darauf zu achten, dass im Teamroom unter „Berechtigungen" die erforderlichen Rechte für die zuständigen Vertreter/innen eingetragen werden. Diese Excel-Listen sind jeweils für einen Zeitraum von 10 Jahren zu speichern. Für jedes Kalenderjahr ist eine gesonderte Liste anzulegen.

10. Jährliche Meldung an das Bayerische Landesamt für Steuern

38 Die statistischen Erhebungen über die Anzahl der bearbeiteten Anträge auf Erteilung verbindlicher Auskünfte nach § 89 Abs. 2 AO (unterteilt in: Anzahl der Antragseingänge insgesamt im entsprechenden Kalenderjahr, davon erteilte Auskünfte, abgelehnte Auskünfte und Antragsrücknahmen und zusätzlich das gesamte Gebührenaufkommen) sind jährlich zum 31. Dezember zusammenzustellen und dem Bayerischen Landesamt für Steuern bis 20. Januar des Folgejahres über eHa (Aktenzeichen: S 0224.2.1-40) zu übersenden.

Anl 3

3) Verfügung betr. verbindliche Auskunft nach § 89 Abs. 2 AO; Änderung der Steuer-Auskunftsverordnung nach Zweifelsfragen zur Gebührenberechnung nach § 89 Abs. 3 bis 7 AO

Vom 30. August 2017 (BeckVerw 351152)

(LfSt Bayern S 0224.1.1-5/24 St 42)

39 **1. Änderung der Steuer-Auskunftsverordnung**

Am 19. Juli 2017 (BGBl. I S. 2360) wurde die „Vierte Verordnung zur Änderung steuerlicher Verordnungen" verkündet. Im Rahmen dieser Verordnung wird die einheitliche Antragstellung durch mehrere Personen auf Erteilung einer verbindlichen Auskunft (§ 1 Abs. 2 Satz 1 StAuskV) auf weitere Fallgestaltungen erweitert.

Nach der Neuregelung kann eine verbindliche Auskunft von allen Beteiligten nur einheitlich beantragt werden, wenn sie sich auf einen Sachverhalt bezieht, der

- einer gesonderten und einheitlichen Feststellung unterliegt (wie bisher),
- zur Begründung oder Beendigung einer umsatzsteuerlichen, körperschaftsteuerlichen oder gewerbesteuerlichen Organschaft führen kann (neu),
- von einer Organgesellschaft verwirklicht werden soll und über eine gesonderte und einheitliche Feststellung nach § 14 Abs. 5 KStG oder den dem Organträger zuzurechnenden Gewerbeertrag Auswirkungen auf die Besteuerungsgrundlagen des Organträgers haben kann (neu), oder
- zur Verwirklichung eines Erwerbsvorgangs i. S. v. § 1 Abs. 3 Nr. 1 und 2 i. V. m. Abs. 4 Nr. 2 GrEStG (grunderwerbsteuerliche Organschaft) führen kann (neu).

In einem neuen § 1 Abs. 3 StAuskV wird die Zuständigkeit für die Erteilung dieser Auskünfte geregelt. Danach ist zuständig

- das Finanzamt, das für die gesonderte und einheitliche Feststellung zuständig ist,
- das Finanzamt, das für die Umsatzbesteuerung des Organträgers zuständig ist, bzw. das Finanzamt, das für die gesonderte und einheitliche Feststellung nach § 14 Abs. 5 KStG zuständig ist,
- das Finanzamt, das für die Festsetzung der GrESt zuständig ist. In den Fällen einer gesonderten Feststellung nach § 17 Abs. 3 Satz 1 Nr. 2 und Satz 2 i. V. m. Abs. 2 GrEStG ist das Finanzamt zuständig, das für die gesonderte Feststellung zuständig ist.

Nach dem neuen § 2 Abs. 2 StAuskV ist eine einheitlich erteilte Auskunft grundsätzlich für die Besteuerung aller Beteiligten bindend. Widerspricht jedoch die erteilte verbindliche Auskunft dem geltenden Recht und beruft sich mindestens ein Beteiligter hierauf, entfällt die Bindungswirkung einheitlich gegenüber allen Beteiligten.

Die Neuregelungen sind erstmals auf Anträge anzuwenden, die nach dem 1. September 2017 bei der zuständigen Finanzbehörde eingehen (§ 3 StAuskV). Anl 3

2. Zweifelsfragen zur Gebührenberechnung nach § 89 Abs. 3 bis 7 AO

2.1. Keine Gebührenpflicht bei Beantwortung einfacher an das Finanzamt gerichteter Anfragen?

Nur ein ausdrücklich als solcher bezeichneter Antrag auf Erteilung einer verbindlichen Auskunft i. S. d. § 89 Abs. 2 AO zieht eine Gebührenpflicht nach § 89 Abs. 3 bis 7 AO nach sich. 40

Die (grundsätzlich unverbindliche) Beantwortung sonstiger Anfragen an die Finanzbehörden richtet sich nach den Bestimmungen des § 89 Abs. 1 AO und der Nr. 2 des AEAO zu § 89.

Nach Nr. 2 Satz 2 des AEAO zu § 89 ist die Erteilung von Auskünften materieller Art den Finanzbehörden gestattet; der Steuerpflichtige hat jedoch keinen Anspruch auf entsprechende Auskünfte. Werden „unverbindliche" Auskünfte i. S. v. Nr. 2 Satz 2 des AEAO zu § 89 erteilt, wird dafür keine Gebühr erhoben.

Sofern eine Finanzbehörde eine schriftliche Auskunft materieller Art außerhalb des § 89 Abs. 2 AO und der StAuskV erteilt, soll darauf hingewiesen werden, dass die Auskunft unverbindlich ist. Ist dies unterblieben, ist durch Auslegung zu ermitteln, ob der Empfänger in entsprechender Anwendung des § 133 BGB nach den ihm bekannten Umständen unter Berücksichtigung von Treu und Glauben von einer Verbindlichkeit der ihm erteilten Auskunft ausgehen konnte. Hierbei ist im Regelfall davon auszugehen, dass keine Bindungswirkung eintreten sollte.

2.2. Keine Gebührenpflicht bei Auskünften zu Umsatzsteuern?

Die Umsatzsteuer (mit Ausnahme der Einfuhrumsatzsteuer) ist keine Verbrauchsteuer im Sinne des steuerlichen Verfahrensrechts (vgl. auch die Differenzierung in §§ 21 und 23 AO). Für den Anwendungsbereich der AO und mithin auch bei der Anwendung der Gebührenregelung in § 89 Abs. 3 bis 7 AO ist die Umsatzsteuer demnach als Verkehrsteuer zu behandeln, mit der Folge, dass für verbindliche Auskünfte zu umsatzsteuerlichen Fragen Gebühren zu erheben sind.

2.3. Keine Gebührenpflicht bei Auskünften zu Quellensteuern?

Auch verbindliche Auskünfte zu Fragen der Quellensteuern unterliegen grundsätzlich der Gebührenpflicht.

Eine Ausnahme stellt die in § 42e EStG eigenständig geregelte LohnsteuerAnrufungsauskunft dar (vgl. AEAO zu § 89, Nr. 4.1.4 und auch R 42 e Abs. 1 Satz 1 LStR 2017).

2.4. Probleme bei der Ermittlung des Gegenstandswerts

Nach § 89 Abs. 4 Satz 3 AO soll das Finanzamt den vom Antragsteller bezifferten Gegenstandswert übernehmen. Wann der vom Antragsteller vorgetragene Gegenstandswert offensichtlich unzutreffend ist, muss im Einzelfall entschieden werden. Eine allgemeine Aussage dazu ist nicht möglich. Will das Finanzamt von den Angaben des Antragstellers abweichen, ist zuvor rechtliches Gehör zu gewähren (vgl. AEAO zu § 89, Nr. 4.2.6 und 4.2.7).

2.5. Begehren auf Ansatz der Zeitgebühr

Wird vom Antragsteller der Ansatz der (günstigeren) Zeitgebühr begehrt, weil die Ermittlung des Gegenstandswerts schwierig oder aufwändig sei, kann diesem Begehren grundsätzlich nicht entsprochen werden. Das Gesetz sieht ausdrücklich die Möglichkeit vor, den Gegenstandswert zu schätzen, um schwierige und aufwändige Ermittlungen zu vermeiden (vgl. auch AEAO zu § 89, Nr. 4.3.1).

2.6. Begehren auf Ermäßigung der Gebühr bei „einfacher" Fragestellung

Wird vom Antragsteller unter Hinweis auf den Verhältnismäßigkeitsgrundsatz die Ermäßigung der Gebühr verlangt, weil die Fragestellung „relativ einfach und überschaubar" sei, kann dem nicht gefolgt werden. Mit der Bemessung der Gebühr nach dem Gegenstandswert hat sich der Gesetzgeber bewusst gegen eine Bemessung nach dem tatsächlichen Aufwand im Finanzamt oder dem Schwierigkeitsgrad der rechtlichen Fragen entschieden.

2.7. Keine Gebührenpflicht bei der Verletzung von Hinweispflichten der Finanzverwaltung in Fällen einer möglichen Antragsrücknahme?

Da das Finanzamt etwaige formelle Mängel eines Auskunftsantrages zum Teil erst erkennen kann, wenn mit der Bearbeitung des Antrages begonnen wurde, kann auch die Verpflichtung zum Hinweis auf die Möglichkeit zur Ergänzung oder Rücknahme des Antrages erst entstehen, nachdem mit der Bearbeitung des Antrages begonnen und ein gewisser Arbeitsaufwand bereits geleistet worden ist. Zumindest für den bis zu diesem Zeitpunkt geleisteten Aufwand ist daher die Erhebung der Gebühr auch gerechtfertigt (vgl. Nr. 4.5.2 des AEAO zu § 89).

Da die Zeitgebühr gegenüber der Gebührenbemessung nach dem Gegenstandswert nach § 89 Abs. 4 AO subsidiär ist, ist auch für die ermäßigte Gebühr grundsätzlich vom Gegenstandswert auszugehen, der in der Regel vom Antragsteller im Auskunftsantrag angegeben wird. Die Ermäßigung richtet sich dann nach dem geschätzten Zeitanteil für den Arbeitsaufwand, den das Finanzamt noch bis zur Entscheidung über den Antrag gehabt hätte, im Verhältnis zum geschätzten gesamten Arbeitsaufwand.

2.8. Gebührenfestsetzung bei Geltendmachung der formalen Unzulässigkeit des Antrags durch den Antragsteller nach Erteilung der verbindlichen Auskunft

Legt der Antragsteller nach Erteilung der verbindlichen Auskunft gegen den Gebührenbescheid Einspruch ein mit der Begründung, der Antrag sei bereits formal unzulässig gewesen und das Finanzamt

Anl 3

hätte aufgrund der formalen Mängel auf die (gebührenreduzierende) Möglichkeit der Antragsrücknahme hinweisen müssen, ist der Einspruch als unbegründet abzulehnen (vgl. auch AEAO zu § 89, Nr. 4.5.1 Satz 2).

2.9. Gebührenermäßigung bei Antragsrücknahme – Ist mindestens eine Zeitgebühr festzusetzen?

Wird ein Antrag auf Erteilung einer verbindlichen Auskunft zurückgenommen, kann die Gebühr ermäßigt werden (§ 89 Abs. 7 Satz 2 AO). Für die Ermäßigung gelten die Regelungen im AEAO zu § 89, Nr. 4.5.2.

2.10. Der formal unzulässige Antrag wird nicht weiter betrieben, aber auch nicht ausdrücklich zurückgenommen. Ist in diesem Fall überhaupt eine Gebühr festzusetzen?

Nicht die Erteilung der verbindlichen Auskunft, sondern die Bearbeitung des Antrags begründet eine Gebührenpflicht. Die Gebühr nach § 89 Abs. 3 bis 7 AO entsteht auch für die Bearbeitung eines Antrags auf verbindliche Auskunft, der die formalen Voraussetzungen nicht erfüllt (vgl. AEAO zu § 89, Nr. 4.5.1 Satz 1). Die Möglichkeit der Gebührenermäßigung ist gesetzlich auf den Fall der Antragsrücknahme beschränkt (§ 89 Abs. 7 Satz 2 AO). Nimmt der Antragsteller den Antrag nicht zurück, ist der Antrag abzulehnen. Eine Gebührenermäßigung kommt nicht in Betracht.

2.11. Ermittlung des Gegenstandswerts, wenn mehrere Steuerarten betroffen sind

Beispiel:

Ein Antrag enthält Rechtsfragen zur ESt (steuerliche Auswirkung 41 000 €) und zur USt (12 000 €). Folgende Berechnungen der Gebühren sind denkbar:

Steuerarten	Gegenstandswerte	Gebühren	
ESt	41 000 €		427 €
USt	12 000 €		219 €
			646 €
Summe/Ergebnis	53 000 €	556 €	

Würden zunächst anhand der jeweiligen Gegenstandswerte die Gebühren ermittelt und diese dann zu einer Gesamtgebühr addiert, ergeben sich gegenüber der Ermittlung anhand addierter Gegenstandswerte höhere Gebühren. Die Auswirkung wird bei der Kombination von hohen Gegenstandswerten besonders deutlich.

Maßgebend für die Bestimmung des Gegenstandswerts ist die steuerliche Auswirkung des vom Antragsteller dargelegten Sachverhalts (vgl. AEAO zu § 89, Nr. 4.2.2). Die Gebühr ist aus der Summe der Gegenstandswerte zu ermitteln, wenn es sich um einen Sachverhalt handelt, der Auswirkung auf verschiedene Steuerarten hat.

Die Gebührenbemessung für einen Sachverhalt kann nur nach dem Gegenstandswert oder nach dem Zeitwert erfolgen. Davon zu unterscheiden sind solche Fälle, in denen der Steuerpflichtige mehrere (voneinander unabhängige) Sachverhalte in einem Antrag auf verbindliche Auskunft zusammenfasst. Hier sind die Gebühren für jeden Sachverhalt eigenständig zu ermitteln.

Nach dem AEAO zu § 89, Nr. 4.1.3 wird die Gebühr für jeden Antrag festgesetzt. Dabei handelt es sich jeweils um einen Antrag, soweit sich die rechtliche Beurteilung eines Sachverhalts auf einen Steuerpflichtigen bezieht. Ein Sachverhalt kann sich dabei auf mehrere Steuerarten auswirken. In den Fällen des § 1 Abs. 2 StAuskV wird nur eine Gebühr erhoben; die Gesellschafter sind Gesamtschuldner der Gebühr (§ 89 Abs. 3 Satz 2 AO in der ab 23. 7. 2016 geltenden Fassung). Ist in derartigen Fällen hinsichtlich des der Auskunft zugrunde liegenden Sachverhalts teilweise auch die Gesellschaft Steuerschuldnerin (vgl. AEAO zu § 122, Nr. 2.4.1), wird gegenüber den Gesellschaftern und der Gesellschaft nur eine Gebühr erhoben. In Umwandlungsfällen ist jeder abgebende, übernehmende oder entstehende Rechtsträger eigenständig zu beurteilen.

2.12. Keine Gebührenreduzierung bei mehreren gleichartigen Auskunftsanträgen

Beispiel:

Zwei Personengesellschaften mit demselben Gesellschaftszweck und sich nahe stehenden Gesellschaftern beabsichtigen, gleichartige Sachverhalte nach Erhalt einer in ihrem Sinne erteilten verbindlichen Auskunft zu verwirklichen. Der Gegenstandswert beträgt jeweils knapp 30 Mio. EUR. Die steuerlichen Berater argumentieren, dass die Finanzverwaltung die gestellten Rechtsfragen nur einmal klären muss und der hierdurch entstehende Aufwand den Erlass von zwei Gebührenbescheiden nicht rechtfertigen würde.

Bei den Personengesellschaften handelt es sich um voneinander unabhängige Steuersubjekte bzw. Steuerpflichtige, so dass zwei (rechtlich eigenständige) Auskunftsanträge zu stellen sind, die folglich auch zwei Gebührenfestsetzungen nach sich ziehen. Eine lediglich gegenüber einer Personengesellschaft erteilte Auskunft entfaltet keine Bindungswirkung gegenüber der anderen Personengesellschaft.

2.13. Bemessung des Gegenstandswerts in Feststellungsfällen und bei Änderungen des Verlustvortrags

Sowohl im Feststellungsverfahren als auch bei Änderungen eines Verlustvortrags sind die steuerlichen Auswirkungen im Zeitpunkt der Antragsstellung noch nicht absehbar. Daher soll entsprechend der Ermittlung des Streitwerts im finanzgerichtlichen Verfahren von einer steuerlichen Auswirkung von 25% des strittigen Betrags (Gewinn bzw. Besteuerungsgrundlagen) ausgegangen werden. Dies soll auch dann gelten, wenn sich bei überschlägiger Berechnung infolge der Höhe des Gewinnanteils des Gesellschafters ein deutlich höherer Durchschnittssteuersatz als 25 v. H. ergibt.

Anl 3

2.14. Wie berechnet sich die Höhe des Gegenstandswerts, wenn ein Verlustrücktrag besteht, der die strittige Bemessungsgrundlage ausgleicht?

Die Gebühr ist anhand des Gegenstandswerts und nicht anhand der Zeitgebühr festzusetzen, da sich die steuerliche Auswirkung aufgrund der Minderung des Verlustvortrags in den Folgejahren ergibt. Die steuerliche Auswirkung soll ohne Berücksichtigung des Verlustvortrags ermittelt werden.

2.15. Bemessung des Gegenstandswerts in Umwandlungsfällen

Nach § 89 Abs. 6 AO ist eine Zeitgebühr anzusetzen, wenn der Gegenstandswert auch durch Schätzung nicht bestimmbar ist. Insbesondere in Umwandlungsfällen wird seitens der Steuerberater vielfach behauptet, dass ein Gegenstandswert „nicht bestimmbar" sei, da der Unternehmenswert bzw. die stillen Reserven nicht genau geschätzt werden könnten.

Den Einschätzungen eines Antragstellers soll nicht in jedem Fall gefolgt werden. Das Finanzamt soll vielmehr in eigener Zuständigkeit prüfen, ob ein Gegenstandswert (ggf. im Schätzungsweg) ermittelt werden kann. Nur soweit keine unmittelbare steuerliche Auswirkung vorhanden ist (z. B. verbindliche Auskunft über den Besteuerungszeitpunkt), soll die Gebühr nach dem Zeitwert berechnet werden.

2.16. Ist bei Ermittlung des Gegenstandswerts nur auf einen Veranlagungszeitraum oder auf einen Gesamtzeitraum abzustellen?

Nach dem AEAO zu § 89, Nr. 4.2.2 ist die steuerliche Auswirkung bzw. der Gegenstandswert in der Weise zu ermitteln, dass der Steuerbetrag, der bei Anwendung der vom Antragsteller vorgetragenen Rechtsauffassung entstehen würde, dem Steuerbetrag gegenüberzustellen ist, der entstehen würde, wenn die Finanzbehörde eine entgegengesetzte Rechtsauffassung vertreten würde. Es stellt sich die Frage, ob bei dieser Betrachtungsweise nur auf die steuerlichen Auswirkungen im ersten Veranlagungszeitraum oder auf einen Gesamtzeitraum abzustellen ist. Dies richtet sich nach dem der Auskunft zugrunde gelegten Sachverhalt (Einmalsachverhalt oder Dauersachverhalt) und ggf. der zeitlichen Bindungswirkung der Auskunft.

Beispiel:

Den aufgedeckten stillen Reserven in einem Veranlagungszeitraum steht ein entsprechendes Abschreibungsvolumen in den Folgejahren gegenüber. Der Steuerpflichtige stellt einen Antrag auf verbindliche Auskunft, in welcher Höhe die stillen Reserven aufgedeckt werden. Gegenstandswert ist die Steuer auf die aufgedeckten stillen Reserven, eine Minderung um das Abschreibungsvolumen in den Folgejahren darf nicht erfolgen.

2.17. Kann eine (noch) nicht existierende Person Gebührenschuldner der Gebühr nach § 89 AO sein?

Antragsteller einer verbindlichen Auskunft i. S. d. § 89 Abs. 2 AO ist derjenige, in dessen Namen der Antrag gestellt wird. Antragsteller und Steuerpflichtiger sind in der Regel identisch, wenn der Steuerpflichtige, dessen künftige Besteuerung Gegenstand der verbindlichen Auskunft sein soll, bei Antragstellung bereits existiert (vgl. AEAO zu § 89, Nr. 3.2.2). Existiert der Steuerpflichtige bei Antragstellung hingegen noch nicht, kann ein Dritter ein berechtigtes Interesse an der Auskunftserteilung haben; daher kann in diesen Fällen auch ein Dritter antragsberechtigt sein (vgl. AEAO zu § 89, Nr. 3.2.3). Wenn ein Dritter in zulässiger Weise einen Antrag auf verbindliche Auskunft für eine noch nicht existierende Person stellt, ist er (und nicht der noch nicht existierende Steuerpflichtige) auch Gebührenschuldner.

2.18. Ermittlung des Gegenstandswerts in besonderen Umsatzsteuerfällen

Maßgebend für die Bestimmung des Gegenstandswerts ist die steuerliche Auswirkung des vom Antragsteller dargelegten Sachverhalts. Die steuerliche Auswirkung ist in der Weise zu ermitteln, dass der Steuerbetrag, der bei Anwendung der vom Antragsteller vorgetragenen Rechtsauffassung entstehen würde, dem Steuerbetrag gegenüberzustellen ist, der entstehen würde, wenn die Finanzbehörde eine entgegengesetzte Rechtsauffassung vertreten würde (vgl. AEAO zu § 89, Nr. 4.2.2). In den Fällen, in denen sich infolge einer abweichenden rechtlichen Beurteilung des Sachverhalts durch die Finanzbehörde neben der steuerlichen Auswirkung hinsichtlich der bestehenden Umsatzsteuerpflicht korrespondierend auch eine (gegenteilige) steuerliche Auswirkung hinsichtlich der Abzugsfähigkeit von Vorsteuern ergeben würde, sind Steuerbetrag und Vorsteuerbetrag daher für die Bemessung des Gegenstandswerts jeweils zu saldieren. In diesem Zusammenhang ist allerdings zu beachten, dass ggf. (auch) ein Zinsnachteil im Raum stehen könnte, der bei der Bemessung des Gegenstandswerts ebenfalls zu berücksichtigen wäre. Dies kann z. B. dann der Fall sein, wenn der Antrag auf Erteilung einer verbindlichen Auskunft zur Vermeidung eines Steuerausweises nach § 14 c UStG gestellt wird.

2.19. Abzugsfähigkeit der Gebühren für die Bearbeitung von Anträgen nach § 89 Abs. 3 bis 7 AO

Nach § 12 Nr. 3 EStG dürfen Steuern vom Einkommen und sonstige Personensteuern sowie die Umsatzsteuer auf dort näher bestimmte Umsätze nicht von den Einkünften oder vom Gesamtbetrag der Einkünfte abgezogen werden. Steuerliche Nebenleistungen dürfen ebenfalls nicht abgezogen werden, soweit sie auf nicht abziehbare Steuern entfallen (§ 12 Nr. 3 letzter Halbsatz EStG). Da die Gebühren für verbindliche Auskünfte steuerliche Nebenleistungen i. S. d. § 3 Abs. 4 AO darstellen, unterliegen sie den Abzugsbeschränkungen des § 12 Nr. 3 letzter Halbsatz EStG. Eine vom eindeutigen Wortlaut des Gesetzes abweichende Auslegung ist nicht möglich. Entsprechende Aufwendungen des Steuerpflichtigen können daher nicht abgezogen werden.

2.20. Wann ist die Gebühr zu entrichten? Bis wann ist über den Antrag nach § 89 Abs. 2 AO zu entscheiden?

Der Antragsteller hat die Gebühr innerhalb eines Monats nach Bekanntgabe des Bescheids zu entrichten (§ 89 Abs. 3 Satz 2 AO). Nach § 89 Abs. 2 Satz 4 AO soll innerhalb von sechs Monaten ab Eingang des Antrages bei der zuständigen Finanzbehörde über den Antrag auf Erteilung einer verbindlichen

Anl 2

Auskunft entschieden werden. Diese Bearbeitungsfrist für die Auskunftsanträge gilt erstmals für Anträge, die nach dem 31. 12. 2016 bei der zuständigen Finanzbehörde eingegangen sind (Art. 97 § 25 Abs. 2 EGAO). Aus dem bloßen Verstreichen der Bearbeitungsfrist kann nicht abgeleitet werden, dass die Auskunft als im beantragten Sinn erteilt gilt. Dies gilt unabhängig davon, ob die Finanzbehörde hinreichende Gründe für die nicht fristgerechte Auskunftserteilung mitgeteilt hat oder nicht (vgl. AEAO zu § 89, Nr. 3.5.9).

AO

§ 89 a Vorabverständigungsverfahren

1 (1) ① **Bei Anwendbarkeit eines Abkommens zur Vermeidung der Doppelbesteuerung, welches ein Verständigungsverfahren zur Vermeidung der Doppelbesteuerung zwischen der Bundesrepublik Deutschland und einem anderen Staat oder Hoheitsgebiet (Vertragsstaat) vorsieht, kann die zuständige Behörde nach § 5 Absatz 1 Satz 1 Nummer 5 des Finanzverwaltungsgesetzes im Einvernehmen mit der zuständigen obersten Landesfinanzbehörde oder der von dieser beauftragten Behörde nach den Bestimmungen dieser Vorschrift auf Antrag eines Abkommensberechtigten (Antragsteller) ein zwischenstaatliches Verfahren über die steuerliche Beurteilung von genau bestimmten, im Zeitpunkt der Antragstellung noch nicht verwirklichten Sachverhalten für einen bestimmten Geltungszeitraum, der in der Regel fünf Jahre nicht überschreiten soll, mit der zuständigen Behörde des anderen Vertragsstaates einleiten (Vorabverständigungsverfahren).** ② **Satz 1 gilt nur, wenn**

1. die Gefahr einer Doppelbesteuerung bezüglich des bestimmten Sachverhalts besteht und

2. es wahrscheinlich ist,

a) die Doppelbesteuerung durch das Vorabverständigungsverfahren zu vermeiden und

b) eine übereinstimmende Abkommensauslegung mit der zuständigen Behörde des anderen Vertragsstaates zu erreichen.

③ **Die Einleitung setzt eine nach Absatz 7 unanfechtbar gewordene Gebührenfestsetzung und die Entrichtung der Gebühr voraus.** ④ **Betrifft ein Sachverhalt mehrere Abkommensberechtigte und kann der Sachverhalt nur einheitlich steuerlich beurteilt werden, kann das Vorabverständigungsverfahren nur von allen betroffenen Abkommensberechtigten gemeinsam beantragt werden; Verfahrenshandlungen können in diesen Fällen nur gemeinsam vorgenommen werden.** ⑤ **Hierfür benennen die Antragsteller einen Vertreter.** ⑥ **Die Antragsteller bestellen in den Fällen des Satzes 4 einen gemeinsamen Empfangsbevollmächtigten, der ermächtigt ist, für sie alle Verwaltungsakte und Mitteilungen in Empfang zu nehmen.** ⑦ **Ist ein Steuerabzugsverfahren Gegenstand der steuerlichen Beurteilung, kann auch der Abzugsverpflichtete den Antrag auf Einleitung eines Vorabverständigungsverfahrens stellen.** ⑧ **Betrifft ein Sachverhalt die steuerliche Beurteilung im Verhältnis zu mehreren Vertragsstaaten, kann der Antragsteller einen zusammengefassten Antrag auf Einleitung mehrerer Vorabverständigungsverfahren stellen.**

2 (2) ① **Der Antrag nach Absatz 1 hat zu enthalten:**

1. die genaue Bezeichnung des Antragstellers und aller anderen Beteiligten,

2. die Bezeichnung der örtlich zuständigen Finanzbehörde sowie die maßgebliche Steuernummer,

3. die Identifikationsnummer nach § 139 b oder die Wirtschafts-Identifikationsnummer nach § 139 c; wenn die Wirtschafts-Identifikationsnummer noch nicht vergeben wurde, die Steuernummer,

4. die betroffenen Vertragsstaaten,

5. eine umfassende und in sich abgeschlossene Darstellung des Sachverhalts einschließlich des erwünschten Geltungszeitraums der Vorabverständigungsvereinbarung,

6. die Darlegung, weshalb eine Gefahr der Doppelbesteuerung besteht, sowie

7. die Erklärung, ob über den zur Beurteilung gestellten Sachverhalt eine verbindliche Auskunft nach § 89, eine verbindliche Zusage nach § 204, eine Anrufungsauskunft nach § 42 e des Einkommensteuergesetzes oder in dem anderen betroffenen Vertragsstaat eine vergleichbare Auskunft oder Zusage beantragt oder erteilt wurde.

② **Dem Antrag sind die erforderlichen Unterlagen beizufügen, insbesondere solche, die zur Würdigung des Sachverhalts erforderlich sind.** ③ **Der Antrag ist bei der nach Absatz 1 Satz 1 zuständigen Behörde schriftlich oder elektronisch zu stellen.**

3 (3) ① **Im Einvernehmen mit der zuständigen obersten Landesfinanzbehörde unterzeichnet die nach Absatz 1 Satz 1 zuständige Behörde die Vorabverständigungsvereinbarung mit dem anderen Vertragsstaat nur, wenn die Vereinbarung mindestens unter der Bedingung steht, dass der Antragsteller**

1. dem Inhalt der Vorabverständigungsvereinbarung zustimmt und

2. im Geltungsbereich dieses Gesetzes auf die Einlegung von Rechtsbehelfen gegen Steuerbescheide verzichtet, soweit diese die Ergebnisse der Vorabverständigungsvereinbarung für den bestimmten Geltungszeitraum zutreffend umsetzen (Rechtsbehelfsverzicht).

② Nach der Unterzeichnung teilt die nach Absatz 1 Satz 1 zuständige Behörde dem Antragsteller den Inhalt der Einigung mit und setzt ihm eine Frist zur Erfüllung der Bedingungen nach Satz 1. ③ Der Rechtsbehelfsverzicht des Antragstellers hat mit gesondertem Schreiben schriftlich oder zur Niederschrift gegenüber der nach Absatz 1 Satz 1 zuständigen Behörde zu erfolgen. ④ Wird keine Vorabverständigungsvereinbarung unterzeichnet, scheitert das Vorabverständigungsverfahren. ⑤ Dies ist insbesondere der Fall, wenn die zuständige Behörde des anderen Vertragsstaates ein Verfahren nicht einleitet oder die zuständigen Behörden zu keiner übereinstimmenden Abkommensauslegung gelangen. ⑥ Das Verfahren scheitert auch, wenn der Antragsteller die Bedingungen nach Satz 1 nicht fristgemäß erfüllt. ⑦ Ein Vorabverständigungsverfahren wird im Einvernehmen mit der zuständigen obersten Landesfinanzbehörde oder der von dieser beauftragten Behörde geführt.

(4) **① Die örtlich zuständige Finanzbehörde ist an die unterzeichnete Vorabverständigungsvereinbarung nicht gebunden, wenn** 4

1. die in der Vorabverständigungsvereinbarung enthaltenen Bedingungen nicht oder nicht mehr erfüllt werden,

2. der andere beteiligte Vertragsstaat die Vorabverständigungsvereinbarung nicht einhält oder

3. die Rechtsvorschriften, auf denen die Vorabverständigungsvereinbarung beruht, aufgehoben oder geändert werden.

② Die Prüfung der Voraussetzungen nach Satz 1 obliegt der nach Absatz 1 Satz 1 zuständigen Behörde im Einvernehmen mit der zuständigen obersten Landesfinanzbehörde oder der von dieser beauftragten Behörde. ③ Die Bindungswirkung der Vorabverständigungsvereinbarung entfällt in dem Zeitpunkt, in dem eine der Voraussetzungen nach Satz 1 vorliegt.

(5) **① Steht der Vorabverständigungsvereinbarung eine bereits erteilte verbindliche Auskunft nach § 89, eine bereits erteilte verbindliche Zusage nach § 204 oder eine Anrufungsauskunft nach § 42 e des Einkommensteuergesetzes entgegen, kann die nach § 131 Absatz 4 zuständige Finanzbehörde im Einvernehmen mit der nach Absatz 1 Satz 1 zuständigen Behörde die verbindliche Auskunft, die verbindliche Zusage oder die Anrufungsauskunft widerrufen. ② Erfolgt kein Widerruf nach Satz 1 und wurde bereits eine Vorabverständigungsvereinbarung unterzeichnet, kann die örtlich zuständige Finanzbehörde im Einvernehmen mit der nach Absatz 1 Satz 1 zuständigen Behörde gegenüber dem Antragsteller erklären, dass sie an die unterzeichnete Vorabverständigungsvereinbarung nicht gebunden ist.** 5

(6) **① Eine unterzeichnete Vorabverständigungsvereinbarung kann von der nach Absatz 1 Satz 1 zuständigen Behörde über den bestimmten Geltungszeitraum hinaus auf Antrag verlängert werden. ② Die Vorabverständigungsvereinbarung kann auf Antrag auf Veranlagungszeiträume, die dem Geltungszeitraum der Vereinbarung vorangehen, angewendet werden; die Fristen für Verständigungsverfahren des jeweils maßgebenden Abkommens zur Vermeidung der Doppelbesteuerung sind zu beachten. ③ Die Sätze 1 und 2 setzen das Einvernehmen mit der zuständigen obersten Landesfinanzbehörde oder mit der von dieser beauftragten Behörde und der zuständigen Behörde des anderen Vertragsstaates voraus.** 6

(7) **① Die nach Absatz 1 Satz 1 zuständige Behörde erhebt für die Bearbeitung eines Antrags nach Absatz 1 oder Absatz 6 Satz 1 Gebühren, die vor Einleitung des Vorabverständigungsverfahrens oder der Bearbeitung eines Verlängerungsantrags festzusetzen sind. ② Die Einleitung des Vorabverständigungsverfahrens oder die Bearbeitung eines Verlängerungsantrags erfolgt durch die Versendung des ersten Schriftsatzes an den anderen Vertragsstaat. ③ Die Gebühr ist vom Antragsteller innerhalb eines Monats nach Bekanntgabe ihrer Festsetzung zu entrichten. ④ Das Vorabverständigungsverfahren oder die Bearbeitung eines Verlängerungsantrags wird erst eingeleitet, wenn die Gebührenfestsetzung unanfechtbar geworden und die Gebühr entrichtet ist. ⑤ Die Gebühr beträgt 30 000 Euro für jeden Antrag im Sinne des Absatzes 1 sowie 15 000 Euro für jeden Verlängerungsantrag nach Absatz 6 Satz 1. ⑥ Sofern es sich bei dem Antrag nicht um einen Verrechnungspreisfall handelt, beträgt die Gebühr für jeden Antrag ein Viertel der Gebühren nach Satz 5; Verrechnungspreisfälle sind Fälle, die die grenzüberschreitende Gewinnabgrenzung zwischen nahestehenden Personen und die Gewinnzuordnung zu Betriebsstätten betreffen. ⑦ Bezieht sich der Antrag auf einen Sachverhalt, für dessen steuerliche Beurteilung im Zeitpunkt der Antragstellung bereits** 7

eine koordinierte bilaterale oder multilaterale steuerliche Außenprüfung durchgeführt wurde, die zu einem übereinstimmend festgestellten Sachverhalt und zu einer übereinstimmenden steuerlichen Würdigung geführt hat, wird die Gebühr um 75 Prozent reduziert. ⑧ Sofern die Summe der von dem Vorabverständigungsverfahren erfassten Geschäftsvorfälle eines Verrechnungspreisfalls die Beträge des § 6 Absatz 2 Satz 1 der Gewinnabgrenzungsaufzeichnungs-Verordnung vom 12. Juli 2017 (BGBl. I S. 2367) voraussichtlich nicht überschreitet, beträgt die Gebühr 10 000 Euro für jeden Antrag im Sinne des Absatzes 1 und 7 500 Euro für jeden Antrag nach Absatz 6 Satz 1. ⑨ In den Fällen des Absatzes 1 Satz 4 und 7 liegt ein Antrag vor, für den nur eine Gebühr festzusetzen und zu entrichten ist. ⑩ In den Fällen des Absatzes 1 Satz 8 ist für jedes Vorabverständigungsverfahren eine gesonderte Gebühr festzusetzen und zu entrichten.

8 (8) ① **Nimmt der Antragsteller seinen Antrag nach Absatz 1 Satz 1 vor Bekanntgabe der Gebührenfestsetzung zurück, kann von einer Gebührenfestsetzung abgesehen werden. ② Wird der Antrag zurückgenommen oder abgelehnt, wird eine zu diesem Zeitpunkt unanfechtbar festgesetzte Gebühr nicht erstattet; dies gilt auch im Fall des Scheiterns des Vorabverständigungsverfahrens.**

AEAO

Zu § 89 a – Vorabverständigungsverfahren:

Inhaltsübersicht

1. Eröffnung des Vorabverständigungsverfahrens
2. Inhalt und Umfang des Antrags
3. Abschluss oder anderweitige Beendigung des Vorabverständigungsverfahrens
4. Bindungswirkung der Vorabverständigungsvereinbarung
5. Widerruf
6. Geltungszeitraum und Roll Back
7. Gebühren

1. Eröffnung des Vorabverständigungsverfahrens

Zuständigkeiten

9 **1.1.** Zuständig für die Durchführung eines Vorabverständigungsverfahrens ist das BZSt als zuständige Behörde gemäß § 5 Abs. 1 Satz 1 Nr. 5 FVG in Verbindung mit der Delegation durch das BMF-Schreiben vom 23. 5. 2022, BStBl. I S. 838. Das BZSt handelt gemäß § 89 a Abs. 1 Satz 1 AO im Einvernehmen mit der zuständigen obersten Landesfinanzbehörde oder der von dieser beauftragten Behörde (zuständige Landesfinanzbehörde). Dies gilt für die gesamte Dauer des Vorabverständigungsverfahrens (vgl. AEAO zu § 89 a, Nr. 1.3, 1.19, 2.3, 2.7, 3.5, 5.1 und 7.3). Ist in diesem Abschnitt von „den Finanzbehörden" die Rede, sind das BZSt und die zuständige Landesfinanzbehörde gemeinsam gemeint.

Antragstellung

1.2. Das Vorabverständigungsverfahren bezieht sich auf die steuerliche Beurteilung eines im Zeitpunkt der Antragstellung noch nicht verwirklichten Sachverhalts auf Grundlage anwendbarer DBA mit einem oder mehreren Staaten. Es wird nur unter den Voraussetzungen des § 89 a AO geführt.

1.3. In grenzüberschreitenden Fällen, in denen die Auslegung und Anwendung von DBA in Rede steht, soll das Vorabverständigungsverfahren nach § 89 a AO grundsätzlich vorrangig gegenüber einer verbindlichen Auskunft (§ 89 AO), einer verbindlichen Zusage (§ 204 AO) oder einer Anrufungsauskunft (§ 42 e EStG) beantragt werden. Wird ein Antrag nach § 89, § 204 AO oder § 42 e EStG gestellt und kommt nach summarischer Prüfung auch ein Vorabverständigungsverfahren nach § 89 a AO in Betracht, soll der Antragsteller in der Regel auf das antragsgebundene Vorabverständigungsverfahren verwiesen werden.

1.4. Die Entscheidung über einen Antrag nach § 89, § 204 AO oder § 42 e EStG ist bis zum Abschluss einer Vorabverständigungsvereinbarung oder der Ablehnung eines Vorabverständigungsverfahrens durch den anderen Staat zurückzustellen, soweit er denselben Sachverhalt oder dieselbe Rechtsfrage betrifft. Kommt es mit dem anderen Staat zum Abschluss einer Vorabverständigungsvereinbarung, ist ein Antrag nach § 89, § 204 AO oder § 42 e EStG, der denselben Sachverhalt oder dieselbe Rechtsfrage betrifft, mangels berechtigten Interesses abzulehnen. Vor der Ablehnung ist der Antragsteller auf die Möglichkeit der Antragsrücknahme hinzuweisen.

1.5. Wird die Eröffnung des Vorabverständigungsverfahrens durch den anderen Staat abgelehnt, kann – auf Antrag des Steuerpflichtigen – eine verbindliche Auskunft (§ 89 AO), eine verbindliche Zusage (§ 204 AO) oder eine Anrufungsauskunft (§ 42 e EStG) in Betracht kommen. Zu Fragen der grenzüberschreitenden Gewinnabgrenzung und Fragen der Betriebsstättengewinnaufteilung sollen unilateral keine verbindlichen Auskünfte erteilt werden.

1.6. Gegenstand eines Vorabverständigungsverfahrens können sämtliche Fragen der Auslegung und Anwendung von DBA sein, die im Zeitpunkt der Antragstellung noch nicht verwirklichte

AEAO

Sachverhalte betreffen. Damit kommen neben Fragen der grenzüberschreitenden Gewinnabgrenzung zwischen einander nahestehenden Personen oder der Gewinnzuordnung zu Betriebsstätten weitere Sachverhalte als Verfahrensgegenstand in Betracht, sofern in diesen Fällen nach dem Recht anderer beteiligter Staaten Vorabverständigungsverfahren möglich sind.

1.7. Nur Abkommensberechtigte nach dem zwischen den betroffenen Vertragsstaaten anzuwendenden DBA sind berechtigt, beim BZSt einen Antrag auf Durchführung eines Vorabverständigungsverfahrens zu stellen.

1.8. Personengesellschaften sind nach Art. 4 Abs. 1 OECD-MA keine in Deutschland ansässigen Personen, da sie nicht aufgrund ihres Wohnsitzes, ihres ständigen Aufenthalts oder eines anderen steuerlichen Merkmals steuerpflichtig sind, und können daher im Regelfall keine Anträge auf die Durchführung eines Vorabverständigungsverfahrens stellen. Abkommens- und damit antragsberechtigt sind jedoch Personengesellschaften, die gemäß § 1a KStG zur Körperschaftsbesteuerung optiert haben. Haben Personengesellschaften nicht zur Körperschaftsbesteuerung optiert, ist im Regelfall jeder einzelne Gesellschafter einer Personengesellschaft abkommensberechtigt, wenn er in einem der Vertragsstaaten ansässig ist. Die Abkommensberechtigung richtet sich nach dem antragsgegenständlichen DBA (vgl. AEAO zu § 89a, Nr. 1.6). Für die Mitunternehmer von Personengesellschaften gilt, insbesondere mit Blick auf die gesonderte und einheitliche Feststellung nach § 180 AO, § 89a Abs. 1 Satz 4 AO.

1.9. Bei einer ertragsteuerlichen Organschaft ist die Abkommensberechtigung i. S. d. Art. 1 Abs. 1 OECD-MA in Bezug auf den Organträger und die Organgesellschaft jeweils gesondert nach dem antragsgegenständlichen DBA zu prüfen. Ein Organträger genießt in Bezug auf die von der Organgesellschaft erzielten Einkünfte sowie das ihm zugerechnete Einkommen der Organgesellschaft keinen Abkommensschutz; in den Fällen des § 15 Satz 2 KStG gilt § 89a Abs. 1 Satz 4 AO. Soweit der Antrag des Organträgers Geschäftsvorfälle der Organgesellschaft betrifft, kann sich dieser auf das Abkommen nur berufen, soweit die betreffenden Geschäftsvorfälle der Organgesellschaft ihn unmittelbar betreffen und bei ihm zu eigenen Einkünften führen. Zur Gebührenfolge von Anträgen, die mehrere Organgesellschaften betreffen, vgl. AEAO zu § 89a, Nr. 7.3.

1.10. Auch der zum Steuerabzug verpflichtete Arbeitgeber ist berechtigt, einen Antrag auf Einleitung eines Vorabverständigungsverfahrens zu stellen (vgl. auch BMF-Schreiben vom 12. 12. 2023, BStBl. I S. 2179, Rn. 425). Das Antragsrecht eines abkommensberechtigten Arbeitnehmers bleibt hiervon unberührt. Betrifft der gleiche Sachverhalt eine Vielzahl von Arbeitnehmern, ist es ausreichend, wenn der Arbeitgeber einen zusammengefassten Antrag stellt. Die Bindungswirkung einer allein vom Arbeitgeber beantragten Vorabverständigungsvereinbarung erstreckt sich ausschließlich auf das Lohnsteuerabzugsverfahren und nicht auch auf das Einkommensteuerveranlagungsverfahren der Arbeitnehmer.

1.11. Der Antrag bestimmt den Gegenstand des Verfahrens. Der Antrag hat den genau bestimmten, im Zeitpunkt der Antragstellung noch nicht verwirklichten Sachverhalt sowie den zeitlichen Anwendungsbereich, auf den sich das Vorabverständigungsverfahren beziehen soll, darzustellen (vgl. auch § 89a Abs. 2 Satz 1 Nr. 5 AO und AEAO zu § 89a, Nr. 2ff.). Die Ausführungen im AEAO zu § 89, Nr. 3.4.2 Satz 2 zu noch nicht verwirklichten Sachverhalten gelten entsprechend. Bei Dauersachverhalten ist ein Vorabverständigungsverfahren möglich, sofern im Zeitpunkt der Antragstellung noch Dispositionen möglich sind. Unter den Voraussetzungen des § 89a Abs. 6 Satz 2 und 3 AO kann die Vorabverständigungsvereinbarung auch auf den bereits verwirklichten Teil eines Dauersachverhalts angewendet werden (sog. Roll Back). Ferner kann der Geltungszeitraum der Vorabverständigungsvereinbarung für Dauersachverhalte mit dem Beginn des antragsgegenständlichen Veranlagungszeitraums beginnen (zur Abgrenzung zum Roll Back-Zeitraum vgl. AEAO zu § 89a, Nr. 6ff.).

1.12. Für die Bestimmung einer angemessenen Geltungsdauer sind u. a. die folgenden Gesichtspunkte zu berücksichtigen:

- die Dauerhaftigkeit und Stabilität der erfassten Geschäftsbeziehungen,
- das Interesse des Antragstellers an und ggf. die Bedenken der Finanzbehörden gegenüber einer langfristigen Bindung,
- die Praxis des beteiligten anderen Staates.

Der Geltungszeitraum soll in der Regel fünf Jahre nicht überschreiten, § 89a Abs. 1 Satz 1 AO.

1.13. Die Vorabverständigungsvereinbarung kann nur auf den in der Vorabverständigungsvereinbarung bezeichneten Abkommensberechtigten angewandt werden. Eine Anwendung etwa auf vergleichbare Geschäftsvorfälle eines anderen Abkommensberechtigten im gleichen Staat oder bei Übergang der Geschäftsvorfälle auf einen anderen Abkommensberechtigten im gleichen Staat durch Umstrukturierung (vgl. jedoch AEAO zu § 89a, Nr. 3.4) ist nicht möglich. Vielmehr ist in solchen Fällen ein neuer Antrag nach § 89a AO zu stellen. Für Fälle der Gesamtrechtsnachfolge vgl. AEAO zu § 89a, Nr. 3.7.

1.14. Ein Anspruch des Antragstellers auf Einleitung des Vorabverständigungsverfahrens sowie auf einen Abschluss des Vorabverständigungsverfahrens besteht nicht. Die Einleitung des Vorabverständigungsverfahrens steht im Ermessen des BZSt, das dieses im Einvernehmen mit der zuständigen Landesfinanzbehörde ausübt (siehe AEAO zu § 89a, Nr. 1.1). Vorabverständigungsverfahren sind Ausdruck einer kooperativen Zusammenarbeit zwischen Steuerpflichtigen und der Finanz-

AEAO verwaltung. Das BZSt soll die Einleitung eines Vorabverständigungsverfahrens insbesondere ablehnen, wenn bei dem dargestellten Sachverhalt die Erzielung eines ungerechtfertigten Steuervorteils (etwa einer doppelten Nichtbesteuerung, einer doppelten Verlustnutzung oder der Inanspruchnahme von steuerlichen Präferenzregimen) verfolgt wird. Eine Einleitung kann auch versagt werden, wenn für das BZSt erkennbar ist, dass mit der zuständigen Behörde eines anderen Staates keine übereinstimmende Abkommensauslegung erzielt werden kann oder in Verrechnungspreisfällen die beantragte Methode aus Sicht der deutschen Finanzverwaltung nicht geeignet ist. Zudem kann die Einleitung abgelehnt werden, wenn der inländische Antragsteller als Steuerpflichtiger im Besteuerungsverfahren, insbesondere im Rahmen von Außenprüfungen, seinen Mitwirkungspflichten nicht nachgekommen ist. Die Ablehnung der Einleitung eines Vorabverständigungsverfahrens erfolgt durch einen Verwaltungsakt (§ 118 AO).

1.15. Da der Antragsteller kein Verfahrensbeteiligter des Vorabverständigungsverfahrens ist, entscheidet das BZSt bei Bedarf gemeinsam mit den anderen beteiligten Vertragsstaaten über die persönliche Anwesenheit des Antragstellers oder seines Vertreters bei Vorabverständigungsgesprächen für Zwecke der Sachverhaltsdarstellung bzw. -aufklärung sowie einer persönlichen Darstellung der durch den Antragsteller vertretenen Position.

1.16. Ein Antrag auf ein Vorabverständigungsverfahren hat keine unmittelbare Auswirkung auf gerichtliche und außergerichtliche Verfahren (z.B. Rechtsbehelfsverfahren oder Aussetzung der Vollziehung). Das Ruhenlassen eines Einspruchsverfahrens mit Zustimmung des Antragstellers nach § 363 Abs. 2 Satz 1 AO kann jedoch zweckmäßig sein, wenn die Ergebnisse des Vorabverständigungsverfahrens (ggf. nach einem Roll Back nach § 89a Abs. 6 Satz 2 AO) auch Bedeutung für das Einspruchsverfahren haben.

1.17. Der Durchführung eines Vorabverständigungsverfahrens steht es nicht entgegen, wenn die steuerliche Beurteilung eines Sachverhalts, der Gegenstand des Antrags ist, zugleich Gegenstand einer Außenprüfung ist. Die Durchführung, Fortsetzung oder Beendigung einer Außenprüfung wird durch die Beantragung, Einleitung oder Durchführung eines Vorabverständigungsverfahrens nicht verhindert. Im Einzelfall kann aber eine Unterbrechung der Außenprüfung hinsichtlich des vom Vorabverständigungsverfahren betroffenen Sachverhalts sinnvoll sein, wenn die Ergebnisse des Vorabverständigungsverfahrens (ggf. nach einem Roll Back nach § 89a Abs. 6 Satz 2) auch Bedeutung für die Außenprüfung haben und der Steuerpflichtige die Unterbrechung beantragt.

Vorgespräch (Prefiling Meeting)

1.18. Abkommensberechtigte (Antragsteller) können vor einem Antrag auf ein Vorabverständigungsverfahren die Durchführung eines unverbindlichen Vorgesprächs (sog. Prefiling Meeting) gegenüber dem BZSt formlos anregen, um das Verfahren, beispielsweise im Hinblick auf die Voraussetzungen und den Inhalt des Antrags, zu erörtern. Die vom BZSt erbetenen Unterlagen (z.B. Präsentation des Sachverhalts sowie steuerrechtliche Darstellung und Beurteilung) sind rechtzeitig vor dem Prefiling Meeting einzureichen. Im Prefiling Meeting kann erörtert werden, wie die Verwaltung die Aussichten auf eine erfolgreiche Antragstellung sowie eine Einigung mit den zuständigen Behörden anderer in Betracht kommender Vertragsstaaten im Vorabverständigungsverfahren einschätzt.

2. Inhalt und Umfang des Antrags

Allgemeines

10 **2.1.** Die in § 89a Abs. 2 Satz 1 AO aufgezählten Antragsinhalte stellen eine Mindestvoraussetzung dar. Die Finanzbehörden können jederzeit zusätzliche Fragen stellen und weitere Informationen und Unterlagen zum Antrag anfordern. Ergeben sich nach Antragstellung Änderungen im zugrunde gelegten Sachverhalt oder in der betreffenden Planung des Antragstellers, hat dieser das BZSt unverzüglich zu informieren. Eine wesentliche Änderung führt dazu, dass der ursprünglich gestellte Antrag ganz oder teilweise hinfällig wird. Die Mitteilung über die Änderung kann nach Rücksprache mit dem Antragsteller als Rücknahme oder Beschränkung des Antrags und Neuantrag angesehen werden. Die Finanzbehörden können einen entsprechenden Neuantrag auch ablehnen, wenn Grund für die Annahme besteht, dass der Antragsteller das Verfahren nicht ernsthaft betreibt oder dass außerhalb des Verfahrens liegende Zwecke (vgl. z.B. AEAO zu § 89a, Nr. 1.14) verfolgt werden.

Vorzulegende Unterlagen und Aufzeichnungen

2.2. Der Antragsteller muss seinen Antrag auch i.S.d. § 90 AO umfassend erläutern und alle erforderlichen Aufzeichnungen und Unterlagen beifügen. Welche Unterlagen bzw. Aufzeichnungen vorzulegen sind, hängt von den Umständen des jeweiligen Einzelfalles ab. Der Antragsteller hat z.B. auf Aufforderung des BZSt die Aufzeichnungen nach § 90 Abs. 3 AO für Zeiträume, die dem beantragten Geltungszeitraum der Vorabverständigung vorangehen, einzureichen, sofern dies für die Beurteilung des Sachverhaltes von Bedeutung ist. Werden keine über die Jahre hinweg inhaltlich konsistenten Aufzeichnungen vorgelegt oder bessert der Antragsteller diese auf Aufforderung durch das BZSt nicht nach, kann das BZSt die Einleitung des Verfahrens ablehnen oder das Verfahren beenden (vgl. auch AEAO zu § 89a, Nr. 2.7).

AEAO

2.3. Der Antrag ist grundsätzlich in deutscher Sprache zu stellen. Der Antragsteller kann den Antrag, insbesondere in Verrechnungspreisfällen, auch nur auf Englisch stellen, wenn die gemeinsame Arbeitssprache der zuständigen Behörden der beteiligten Staaten nicht Deutsch ist. Auf Anforderung der Finanzbehörden hat der Antragsteller in jeder Phase des Verfahrens von ihm eingereichte Unterlagen und Schreiben (oder ggf. Teile davon) auf seine Kosten zu übersetzen (§ 87 Abs. 2 AO). Reicht der Antragsteller einen Antrag in deutscher Sprache ein, sollte er zusätzlich eine Übersetzung in eine gemeinsame Arbeitssprache der zuständigen Behörden der beteiligten Staaten, zwischen denen das Vorabverständigungsverfahren geführt werden soll, zur Verfügung stellen. Die gemeinsame Arbeitssprache der zuständigen Behörden der beteiligten Staaten ist regelmäßig Englisch; das BZSt teilt dem Antragsteller auf Nachfrage vor Antragstellung die gemeinsame Arbeitssprache formlos mit, insbesondere im Rahmen eines Prefiling Meetings (vgl. AEAO zu § 89 a, Nr. 1.18).

2.4. Ein nur im Ausland gestellter Antrag auf Durchführung eines Vorabverständigungsverfahrens stellt keinen wirksamen Antrag nach § 89 a Abs. 1 AO dar. Vielmehr ist in einem solchen Fall im Inland ebenfalls ein eigener inhaltsgleicher Antrag zu stellen. Sofern im Ausland bereits unilateral über den Sachverhalt entschieden wurde, ist dies im Antrag anzugeben und zu erläutern.

2.5. Informationen, die im Vorabverständigungsverfahren erteilt werden, muss der Antragsteller den zuständigen Behörden der beteiligten Staaten zur Verfügung stellen. Hierbei ist nicht zu unterscheiden zwischen Informationen, die der Antragsteller auf eigene Veranlassung oder auf Nachfrage einer der zuständigen Behörden der beteiligten Staaten erteilt. Auf diese Weise werden eine umfassende Informationstransparenz sowie der gleiche Informationsstand der zuständigen Behörden der beteiligten Staaten sichergestellt.

2.6. Im Rahmen eines Vorabverständigungsverfahrens gewonnene Erkenntnisse können auch im Rahmen anderer Besteuerungsverfahren verwendet werden (§ 88 AO).

2.7. Informationen, die im Laufe koordinierter steuerlicher Außenprüfungen über bestimmte Sachverhalte gewonnen werden, sollen auch im Vorabverständigungsverfahren beachtet werden. Dies insbesondere dann, wenn für den Prüfungszeitraum
- der Sachverhalt bereits hinreichend aufgeklärt ist,
- die Angemessenheit von Verrechnungspreisen hinreichend dokumentiert ist und
- für den von der beantragten Vorabverständigungsvereinbarung umfassten Zeitraum keine wesentliche Änderung zu erwarten ist.

Verfügt der Abkommensberechtigte im Zeitpunkt der Antragstellung über das Protokoll über die Ergebnisse der gemeinsamen steuerlichen Außenprüfung (vgl. BMF-Schreiben vom 9. 1. 2017, BStBl. I S. 89, Tz. 3.10), ist dieses zur Beschleunigung des Verfahrens dem Antrag beizufügen.

Verletzung Mitwirkungspflichten

2.8. Kommt der Antragsteller seinen Mitwirkungspflichten nach § 90 AO nicht, nicht vollständig oder nicht rechtzeitig nach, kann das BZSt das Verfahren im Einvernehmen mit der zuständigen Landesfinanzbehörde beenden. Die Entscheidung über die Beendigung des Verfahrens stellt einen Verwaltungsakt (§ 118 AO) dar.

3. Abschluss oder anderweitige Beendigung des Vorabverständigungsverfahrens

Allgemeines

3.1. Eine Vorabverständigungsvereinbarung wird im Einvernehmen mit der zuständigen Landesfinanzbehörde zwischen dem BZSt und der zuständigen Behörde des anderen Vertragsstaates oder aller anderen Vertragsstaaten unter den aufschiebenden Bedingungen der fristgerechten Zustimmung des Antragstellers und ggf. der Zustimmung von Antragstellern in anderen beteiligten Staaten sowie des form- und fristgerecht erklärten wirksamen Rechtsbehelfsverzichts nach § 89 a Abs. 3 Satz 1 Nr. 2 AO (siehe AEAO zu § 89 a, Nr. 3.2) geschlossen; vgl. zu weiteren, auflösenden Gültigkeitsbedingungen AEAO zu § 89 a, Nr. 4.4. Stimmt der Antragsteller nicht oder nicht fristgerecht zu oder erklärt er keinen wirksamen Rechtsbehelfsverzicht, wird die Vorabverständigungsvereinbarung ihm gegenüber nicht wirksam. Eine verbindliche Vorabzusage durch die örtlich zuständige Finanzbehörde, die den Inhalt einer Vorabverständigungsvereinbarung wiedergibt, ist nicht notwendig. 11

3.2. Die Mitteilung über den Inhalt der Vorabverständigungsvereinbarung ist kein Verwaltungsakt gemäß § 118 AO. Es handelt sich um eine reine Wissensmitteilung ohne Regelungsgehalt. Die Mitteilung kann deshalb nicht mit einem Einspruch angefochten werden. Es bleibt dem Abkommensberechtigten jedoch unbenommen, der Vereinbarung nicht zuzustimmen.

Fristen

3.3. Mit der Mitteilung über den Inhalt der Vorabverständigungsvereinbarung setzt das BZSt dem Antragsteller eine angemessene Frist für die Erfüllung der Bedingungen nach § 89 a Abs. 3 Satz 1 AO. In der Regel ist eine Frist von zwei Monaten angemessen. Wird die Frist versäumt, gelten die Bedingungen als nicht erfüllt, und der andere Staat wird vom BZSt zeitnah über das Scheitern des Verfahrens unterrichtet. Diese Frist kann in begründeten Ausnahmefällen gemäß § 109 Abs. 1 Satz 1 AO verlängert werden; eine rückwirkende Verlängerung gemäß § 109 Abs. 1

AEAO

Satz 2 AO ist nach der Unterrichtung des anderen Staats über das Scheitern des Verfahrens grundsätzlich ausgeschlossen. Der Rechtsbehelfsverzicht nach § 89 a Abs. 3 Satz 1 Nr. 2 AO des Antragstellers hat mit gesondertem Schreiben schriftlich oder zur Niederschrift gegenüber dem BZSt zu erfolgen. Die Zustimmung ist dem BZSt zu erklären und bedarf keiner Form. Sie kann mit dem Rechtsbehelfsverzicht nach § 89 a Abs. 3 Satz 1 Nr. 2 AO verbunden werden.

Rechtsbehelfsverzicht

3.4. Der Verzicht nach § 89 a Abs. 3 Satz 1 Nr. 2 AO gilt nur, soweit die Ergebnisse des Vorabverständigungsverfahrens für den bestimmten Geltungszeitraum mit dem Steuerbescheid zutreffend umgesetzt werden. Aufgrund des durch den Antragsteller erklärten Rechtsbehelfsverzichts ist ein Rechtsbehelf gegen den die Vereinbarung umsetzenden Bescheid hinsichtlich der Sachverhalte, die Gegenstand der Vorabverständigungsvereinbarung sind, nur insoweit möglich, als eine fehlerhafte Umsetzung der Vereinbarung gerügt wird.

3.5. Kann ein einer Vorabverständigungsvereinbarung zu Grunde gelegter Sachverhalt gegenüber mehreren Personen nur einheitlich steuerlich beurteilt werden, ist der Rechtsbehelfsverzicht durch alle zum Rechtsbehelf Befugten zu erklären. Im Falle einer Organschaft nach § 14 KStG ist der Rechtsbehelfsverzicht nach § 89 a Abs. 3 Satz 1 Nr. 2 AO daher sowohl vom Organträger als auch von der antragstellenden Organgesellschaft zu erklären, da die Feststellung gemäß § 14 Abs. 5 KStG gegenüber beiden erfolgt.

Scheitern des Vorabverständigungsverfahrens, Gründe des Scheiterns

3.6. Der andere Staat ist nicht zur Durchführung eines Vorabverständigungsverfahrens verpflichtet. Wird die Einleitung des Verfahrens daher seitens dieses Staates versagt, ist das Verfahren von Seiten der deutschen zuständigen Behörde zu beenden. Das Verfahren kann auch beendet werden, wenn sich zu einem späteren Zeitpunkt herausstellt, dass ein Grund vorgelegen hätte, das Verfahren nicht einzuleiten (vgl. AEAO zu § 89 a, Nr. 1.14). Die Herbeiführung eines einvernehmlichen Abschlusses des Vorabverständigungsverfahrens kann ebenfalls nicht erzwungen werden. Demzufolge kann ein Vorabverständigungsverfahren auch ohne den Abschluss einer Vorabverständigungsvereinbarung enden. Ferner kann ein Vorabverständigungsverfahren auch scheitern, wenn in der Vorabverständigungsvereinbarung aufschiebende Bedingungen hinsichtlich einer betroffenen Person gegenüber der zuständigen Behörde eines anderen beteiligten Vertragsstaates vereinbart wurden und die zuständige Behörde des anderen beteiligten Vertragsstaates das BZSt darüber unterrichtet, dass diese nicht oder nicht fristgerecht erfüllt wurden. Für die Mitteilung über das Scheitern des Verfahrens gilt Nr. 3.2 entsprechend.

Fortgeltung der Vorabverständigungsvereinbarung

3.7. In den Fällen der Gesamtrechtsnachfolge (§ 45 AO, vgl. auch AEAO zu § 45, Nr. 1 bis 3) oder einer Änderung der Rechtsform der in der Vorabverständigungsvereinbarung bezeichneten Abkommensberechtigten gilt die Vorabverständigungsvereinbarung regelmäßig unverändert fort. Maßgeblich dafür ist, dass das rechtliche und tatsächliche Verhältnis, für das die Vorabverständigungsvereinbarung abgeschlossen wurde (in Verrechnungspreisfällen die Transaktion) von den Rechtsnachfolgern bzw. nach der Rechtsformänderung fortgeführt wird und die Gültigkeitsbedingungen nach § 89 a Abs. 4 Satz 1 Nr. 1 AO (dazu AEAO zu § 89 a, Nr. 4.4) eingehalten werden.

4. Bindungswirkung der Vorabverständigungsvereinbarung

Bindungswirkung

12 **4.1.** Die örtlich zuständige Finanzbehörde ist an die unterzeichnete Vorabverständigungsvereinbarung nicht gebunden, wenn das BZSt im Einvernehmen mit der zuständigen Landesfinanzbehörde aufgrund einer Überprüfung der Vorabverständigungsvereinbarung zu dem Ergebnis kommt, dass eine der Voraussetzungen nach § 89 a Abs. 4 Satz 1 AO erfüllt ist. Die Bindungswirkung der Vorabverständigungsvereinbarung entfällt in dem Zeitpunkt, in dem mindestens eine der Voraussetzungen nach § 89 a Abs. 4 Satz 1 AO vorliegt.

Compliance Report

4.2. Bestandteil der Vorabverständigungsvereinbarung mit dem anderen Staat ist in der Regel die Verpflichtung der Steuerpflichtigen, einen jährlichen Bericht („Compliance Report") zu erstellen und vorzulegen. In diesem ist darzulegen, dass der der Vereinbarung zu Grunde gelegte Sachverhalt im betreffenden Wirtschaftsjahr verwirklicht worden ist und dass insbesondere die Bedingungen nach § 89 a Abs. 4 Satz 1 AO eingehalten wurden. Dabei müssen die Steuerpflichtigen auf jede Abweichung ausdrücklich hinweisen und mitteilen, ob und welche Anpassungen sie vorgenommen haben. In diesem Zusammenhang gestellte, ergänzende Fragen der Finanzbehörden haben die Steuerpflichtigen fristgerecht zu beantworten. Der Bericht ist innerhalb der vertraglich vereinbarten Frist gleichzeitig beim BZSt und der örtlich zuständigen Finanzbehörde in deutscher Sprache oder in anderer Sprache mit deutscher Übersetzung abzugeben. Er ist jedenfalls mit der Vorlage im anderen Staat abzugeben.

4.3. Der örtlich zuständigen Finanzbehörde bleibt es unbenommen, auch unabhängig vom Vorliegen eines Compliance Reports zu prüfen, ob die Gültigkeitsbedingungen nach § 89 a Abs. 4

AEAO

Satz 1 AO eingehalten wurden, insbesondere ob der Sachverhalt verwirklicht wurde. Stellt die örtlich zuständige Finanzbehörde einen Fall i. S. d. § 89 a Abs. 4 Satz 1 AO fest, unterrichtet sie das BZSt über die zuständige Landesfinanzbehörde mit der Bitte um Prüfung gemäß § 89 a Abs. 4 Satz 2 AO.

Gültigkeitsbedingungen

4.4. Der Vorabverständigungsvereinbarung werden regelmäßig bestimmte Annahmen zu Grunde gelegt, die als Gültigkeitsbedingungen nach § 89 a Abs. 4 Satz 1 Nr. 1 AO die Geschäftsbeziehungen maßgeblich beeinflussen. Solche Gültigkeitsbedingungen stellen zwischen den Vertragspartnern der Vorabverständigungsvereinbarung eine ausdrücklich vereinbarte Vertragsgrundlage dar.

Beispiel:

Im Falle von Vereinbarungen betreffend die Gewinnabgrenzung zwischen einander nahestehenden Personen oder die Gewinnzuordnung zu Betriebsstätten wird üblicherweise vereinbart, dass die geschäftlichen Aktivitäten, ausgeübten Funktionen, übernommenen Risiken sowie eingesetzten Vermögenswerte grundlegend dem Antrag und ggf. den im Laufe des Verfahrens vorgebrachten weiteren Informationen entsprechen. In solchen Fällen kann es sinnvoll sein, weitere (ergänzende) Gültigkeitsbedingungen zu vereinbaren, wie etwa:

- vergleichbare Verhältnisse bezüglich Marktbedingungen, Marktanteil, Geschäftsvolumen, Verkaufspreise, jeweils unter Vorgabe eines Rahmens;
- vergleichbare Verhältnisse, z. B. im Hinblick auf Aufsichtsrecht, Zölle, Import- und Exportbeschränkungen, internationalen Zahlungsverkehr;
- vergleichbare Verhältnisse bezüglich Währungskurse und Zinssätze;
- Durchführung der Besteuerung entsprechend der Vorabverständigungsvereinbarung in anderen beteiligten Staaten;
- keine wesentlichen Änderungen der steuerlichen Rahmenbedingungen im anderen Staat (z. B. Einführung oder Ausweitung von steuerlichen Präferenzregelungen);
- Verrechnungspreiskorrekturen eines an der Vorabverständigungsvereinbarung nicht beteiligten Drittstaates, die Auswirkungen auf die Vorabverständigungsvereinbarung haben.

4.5. Die Rechtsvorschriften i. S. d. § 89 a Abs. 4 Satz 1 Nr. 3 AO können sowohl das deutsche Recht, einschließlich des Abkommensrechts, als auch das Recht der anderen beteiligten Staaten sowie internationale Rechtsvorschriften, die die beteiligten Vertragsstaaten unmittelbar binden, umfassen. Rechtsvorschriften sind nur solche, die alle staatlichen Gewalten zugleich binden. Die Vorabverständigungsvereinbarung beruht auf einer Rechtsvorschrift, wenn diese für den zu beurteilenden Sachverhalt sowie für die Auslegung des verfahrensgegenständlichen DBA maßgeblich war. Die Änderung einer Rechtsvorschrift liegt insbesondere vor, wenn hierdurch eine andere Rechtsfolge eintritt.

4.6. Zeigt sich, dass der zugrundeliegende Sachverhalt anders verwirklicht werden wird als im Antrag dargelegt, bleibt es dem Abkommensberechtigten unbenommen, den eingereichten Antrag anzupassen bzw. einen neuen Antrag zu stellen. Der Antragsteller ist nicht dazu verpflichtet, den zugrunde gelegten Sachverhalt der Vorabverständigungsvereinbarung zu verwirklichen. Er kann sich im Fall der Verwirklichung eines anderen Sachverhalts allerdings nicht auf den Inhalt der Vorabverständigungsvereinbarung berufen.

5. Widerruf

5.1. Die Widerrufsmöglichkeit nach § 89 a Abs. 5 Satz 1 AO ist eine durch Rechtsvorschrift zugelassene Widerrufsmöglichkeit i. S. d. § 131 Abs. 2 Satz 1 Nr. 1 AO. Ein Widerruf nach § 89 a Abs. 5 AO sollte vor der Unterzeichnung der Vorabverständigungsvereinbarung erfolgen und unter der aufschiebenden Bedingung stehen, dass die Vorabverständigungsvereinbarung gegenüber dem Antragsteller wirksam wird (vgl. dazu AEAO zu § 89 a, Nr. 3.1); er ist jedoch auch noch nach dem Abschluss einer Vorabverständigungsvereinbarung möglich. 13

5.2. Die Erklärung nach § 89 a Abs. 5 Satz 2 AO stellt keinen Verwaltungsakt dar, sondern ist eine Wissensmitteilung, die keine eigenständige Regelung enthält.

6. Geltungszeitraum und Roll Back

Geltungszeitraum

6.1. Der Geltungszeitraum einer Vorabverständigungsvereinbarung kann in Dauersachverhalten den gesamten Veranlagungszeitraum der Antragstellung umfassen (vgl. auch AEAO zu § 89 a, Nr. 1.11). 14

6.2. Eine Verlängerung der wirksamen Vorabverständigungsvereinbarung über den bestimmten Geltungszeitraum nach § 89 a Abs. 6 Satz 1 AO ist mit Zustimmung des anderen Staates und im Einvernehmen mit der zuständigen Landesfinanzbehörde möglich. Voraussetzung hierfür ist, dass, sofern keine anderslautende vertragliche Vereinbarung getroffen wurde, vor Ablauf des bestimmten Geltungszeitraums ein entsprechender Antrag beim BZSt gestellt und glaubhaft gemacht wird, dass der zukünftig zu verwirklichende Sachverhalt dem Sachverhalt entspricht, der dem Vorabverständigungsverfahren zu Grunde gelegt wurde. In solchen Fällen kann in einem informellen Vorgespräch mit den zuständigen Behörden der beteiligten Staaten geklärt werden, ob die Verlängerung (ggf. mit gewissen Anpassungen) in einem einfachen und schnellen Verfahren durchgeführt werden kann.

Roll Back

6.3. Beantragt der Abkommensberechtigte ein Roll Back nach § 89a Abs. 6 Satz 2 AO (vgl. auch AEAO zu § 89a, Nr. 1.11), kann diesem Antrag im Einvernehmen mit der zuständigen Landesfinanzbehörde und der zuständigen Behörde des anderen Vertragsstaates unter Beachtung der Fristen für Verständigungsverfahren der jeweils maßgebenden DBA gefolgt werden, wenn der Antragsteller nachweist, dass der verwirklichte Sachverhalt in den betreffenden Vorjahren (möglicher Roll-Back-Zeitraum) dem Sachverhalt, der der Vorabverständigungsvereinbarung zugrunde liegt, im Wesentlichen entspricht (vgl. auch AEAO zu § 89a, Nr. 1.11). Zudem sind Aufzeichnungen und Unterlagen zur Beurteilung dieser Jahre vorzulegen. Das Roll Back erfolgt durch Verständigungsvereinbarungen, mit denen die Vorabverständigungsvereinbarung auf den Roll-Back-Zeitraum angewendet wird. Eine Erweiterung der Vorabverständigungsvereinbarung ist mangels Erfüllung der dafür erforderlichen gesetzlichen Voraussetzungen (die Sachverhalte sind im Zeitpunkt des Antrags für ein Roll Back bereits verwirklicht, vgl. § 89a Abs. 1 Satz 1 AO) nicht möglich. Trotzdem können das Roll Back und die Vorabverständigung gemeinsam vereinbart werden. In diesem Fall können die Zustimmung und der Rechtsbehelfsverzicht der betroffenen Personen nach § 89a Abs. 3 Satz 1 AO sowie ein Rechtsbehelfsverzicht nach § 354 Abs. 1b AO nur einheitlich erfolgen.

7. Gebühren

Allgemeines

15 **7.1.** Soweit sich die rechtliche Beurteilung auf einen Sachverhalt bezieht, handelt es sich um einen Antrag nach § 89a Abs. 1 Satz 1 oder Abs. 6 Satz 1 AO. Dieser Sachverhalt kann sich auch auf mehrere Steuerarten auswirken und mehrere Jahre umfassen.

7.2. Kann gemäß § 89a Abs. 1 Satz 4 AO ein Sachverhalt nur einheitlich steuerlich beurteilt werden und das Vorabverständigungsverfahren deshalb nur von allen Abkommensberechtigten gemeinsam beantragt und betrieben werden, liegt gemäß § 89a Abs. 7 Satz 9 AO nur ein Antrag vor, für den nur eine Gebühr festzusetzen und zu entrichten ist.

7.3. Stellen hingegen mehrere Abkommensberechtigte einen Antrag gemeinsam und kann der zugrundeliegende Sachverhalt nicht nur einheitlich steuerlich beurteilt werden, liegen rechtlich mehrere Anträge vor, auch wenn die Abkommensberechtigten gleiche Geschäftsbeziehungen zu einer nahestehenden Person im anderen Staat unterhalten. Dies gilt auch, wenn die Abkommensberechtigten eine ertragsteuerliche Organschaft bilden (außer in den Fällen des § 15 Satz 2 KStG; hier gilt § 89a Abs. 1 Satz 4 AO, vgl. AEAO zu § 89a, Nr. 1.9 und 7.2).

Gebührenfestsetzung und Folgen bei Nichtzahlung

7.4. Die Gebühr ist durch schriftlichen Bescheid gegenüber dem Antragsteller oder den Antragstellern festzusetzen; die Bekanntgabevollmachten sind zu beachten.

7.5. Solange die Gebühr nicht unanfechtbar festgesetzt und entrichtet wurde, wird der Antrag nicht bearbeitet (§ 89a Abs. 7 Satz 4 AO). Die Nichtentrichtung der Gebühr innerhalb eines Monats nach der Bekanntgabe ihrer Festsetzung führt in der Regel zur Ablehnung des Antrags auf Durchführung eines Vorabverständigungsverfahrens im Rahmen der Ermessensentscheidung über die Einleitung gemäß § 89a Abs. 1 Satz 1 AO. Für zu spät gezahlte Gebühren vgl. auch AEAO zu § 89a, Nr. 7.7.

7.6. Eine spezifische Gebühr für Anträge, die die Änderung eines schon gestellten Antrags zum Gegenstand haben, ist in § 89a Abs. 7 AO nicht vorgesehen. Bei einer wesentlichen Änderung (vgl. AEAO zu § 89a, Nr. 2.1) ist von einem neuen Antrag auszugehen. Wenn eine Änderung nur unwesentlich ist und keine Qualität hat, die es rechtfertigt, sie als neuen Antrag gemäß § 89a Abs. 1 AO zu werten, ist keine weitere Gebühr festzusetzen.

Antragsrücknahme und Antragsablehnung

7.7. Wird der Antrag auf Einleitung eines Vorabverständigungsverfahrens zurückgenommen oder abgelehnt oder scheitert das Vorabverständigungsverfahren, nachdem die Festsetzung einer Gebühr unanfechtbar geworden ist, ist die bis zu diesem Zeitpunkt nicht entrichtete Gebühr trotz der Ablehnung, der Rücknahme oder des Scheiterns zu zahlen; eine bereits entrichtete Gebühr wird nicht erstattet (§ 89a Abs. 8 Satz 2 AO). Dasselbe gilt für den Fall, dass das Vorabverständigungsverfahren vorzeitig beendet wird (vgl. Nr. 2.8).

AO

§ 89b Internationale Risikobewertungsverfahren

1 (1) **Soweit in einem internationalen Risikobewertungsverfahren nach Absatz 2 das Risiko eines Steuerausfalls unter Beibehaltung der erklärten oder im Rahmen des internationalen Risikobewertungsverfahrens angepassten Angaben in Bezug auf die bewerteten Sachverhalte als gering eingeschätzt wird, kann die Ermittlung der steuerlichen Verhältnisse des Steuerpflichtigen im Rahmen einer Außenprüfung unterbleiben.**

2 (2) ① **Ein internationales Risikobewertungsverfahren ist eine gemeinsame Einschätzung von steuerlichen Risiken von bereits verwirklichten Sachverhalten mit einem oder mehreren Staaten oder Hoheitsgebieten in einem auf Kooperation und Transpa-**

renz angelegten Verfahren. ② Die steuerlichen Risiken sind dabei nur unter Würdigung des Umfangs und der Plausibilität der vom Steuerpflichtigen vorgelegten Unterlagen und Informationen, der zu erwartenden steuerlichen Auswirkungen und des zu erwartenden zeitlichen und personellen Aufwands einer vertieften Sachverhaltsprüfung zu bewerten.

(3) **① Ein internationales Risikobewertungsverfahren kann auf schriftlichen oder elektronischen Antrag des Steuerpflichtigen bei dem für seine Besteuerung nach dem Einkommen zuständigen Finanzamt oder auf Anregung eines anderen Staates oder Hoheitsgebietes geführt werden. ② Antragsbefugt ist ein Steuerpflichtiger, sofern es sich bei ihm um eine inländische Konzernobergesellschaft im Sinne des § 138 a Absatz 1 Satz 1, die zur Erstellung eines länderbezogenen Berichts verpflichtet ist, oder um die beherrschende inländische Gesellschaft einer multinationalen Unternehmensgruppe, für die nach § 90 Absatz 3 Satz 3 eine Stammdokumentation (§ 5 der Gewinnabgrenzungsaufzeichnungs-Verordnung) zu erstellen ist, handelt. ③ Im Antrag hat der antragsbefugte Steuerpflichtige** 3

1. **alle für die Prüfung, ob das jeweilige internationale Risikobewertungsverfahren in Betracht kommt, erforderlichen Unterlagen beizufügen,**
2. **zuzusichern, alle Mitwirkungspflichten einschließlich der Pflichten des jeweiligen internationalen Risikobewertungsverfahrens zu erfüllen,**
3. **die Einwilligung in die Offenbarung und den Austausch personen- und unternehmensbezogener Daten im Rahmen des internationalen Risikobewertungsverfahrens entsprechend den jeweiligen internationalen und nationalen Verfahrensgrundsätzen sowie die Einwilligung nach § 87 a Absatz 1 Satz 4 zweiter Halbsatz bezogen auf unternehmensbezogene Daten für alle betroffenen Unternehmen der Unternehmensgruppe zu erteilen und**
4. **zuzusichern, die für das Verfahren notwendige technische Infrastruktur für alle beteiligten in- und ausländischen Finanzbehörden unter Einhaltung der gesetzlichen Regelungen zum Datenschutz und zur Informationssicherheit bei der Verarbeitung von personenbezogenen Daten zur Verfügung zu stellen, sofern nicht eine geeignete technische Infrastruktur von diesen Finanzbehörden bereitgestellt wird.**

④ Bei durch einen anderen Staat oder ein anderes Hoheitsgebiet angeregten internationalen Risikobewertungsverfahren gilt Satz 3 Nummer 3 entsprechend für das ausländische leitende Unternehmen.

(4) **① Die Durchführung eines internationalen Risikobewertungsverfahrens ist ausgeschlossen, wenn auf Grund der bestehenden Erfahrungen, insbesondere bei Außenprüfungen, bei dem betroffenen Steuerpflichtigen und den seiner Unternehmensgruppe angehörigen Unternehmen oder auf Grund der im Zusammenhang mit dem Antrag gemachten Angaben und eingereichten Unterlagen nicht zu erwarten ist, dass das Verfahren zeitnah, kooperativ, wirtschaftlich und mit einer Einschätzung der Risiken abgeschlossen werden kann. ② Das ist insbesondere dann der Fall, wenn** 4

1. **der Steuerpflichtige oder ein der Unternehmensgruppe angehöriges Unternehmen von den Finanzbehörden als nicht kooperativ eingeschätzt wird,**
2. **das leitende Unternehmen im Sinne des Absatzes 7 Satz 3 sich nicht bereit erklärt, die zusätzlichen Pflichten des jeweiligen Verfahrens zu erfüllen und die für das Verfahren notwendige technische Infrastruktur für alle beteiligten Finanzbehörden zur Verfügung zu stellen,**
3. **der Grundsatz der Wirtschaftlichkeit der Verwaltung nicht gewahrt wird,**
4. **es unwahrscheinlich ist, eine übereinstimmende Risikoeinschätzung mit der zuständigen Behörde des anderen Staates oder Hoheitsgebietes zu erzielen, oder**
5. **sich nicht genügend Staaten oder Hoheitsgebiete an einem internationalen Risikobewertungsverfahren beteiligen oder die wirtschaftliche Tätigkeit der inländischen Unternehmen in den Staaten, die sich beteiligen wollen, unbedeutend ist.**

③ An einem kooperativen Verhalten im Sinne des Satzes 1 Nummer 1 fehlt es insbesondere, wenn steuerliche Mitwirkungspflichten schuldhaft nicht, nicht hinreichend oder nicht fristgerecht erfüllt wurden. ④ Das ist insbesondere dann der Fall, wenn innerhalb der letzten fünf Jahre

1. **Steuererklärungen, länderbezogene Berichte im Sinne des § 138 a oder Stammdokumentationen im Sinne des § 90 Absatz 3 Satz 3 nicht oder nicht rechtzeitig abgegeben wurden,**
2. **ein Mitwirkungsverzögerungsgeld nach § 200 a Absatz 2 oder ein Zuschlag nach § 162 Absatz 4 oder 4 a festgesetzt worden ist oder**
3. **der inländische Steuerpflichtige oder eine ihn nach § 34 vertretende oder nach § 79 für ihn handelnde Person rechtskräftig wegen einer das Unternehmen betreffenden Steuerstraftat rechtskräftig verurteilt worden ist.**

(5) ①Über das Ergebnis der Prüfung nach Absatz 4, ob ein internationales Risikobewertungsverfahren erfolgen kann, und die Einleitung des Verfahrens ist der
5 **Antragsteller zu informieren, insbesondere über die teilnehmenden Staaten und Hoheitsgebiete und die zu bewertenden Sachverhalte. ②Das internationale Risikobewertungsverfahren wird durch Übersendung des Risikobewertungsberichts im Sinne des Absatzes 6 beendet. ③Es wird auch beendet, wenn der inländische Steuerpflichtige vom Verfahren zurücktritt oder die Finanzbehörde das Verfahren vor dessen Abschluss beendet. ④Eine Beendigung ist möglich, wenn nicht mehr zu erwarten ist, dass eine Einigung über das weitere Vorgehen im Verfahren erzielt wird oder die Mitwirkung der beteiligten Unternehmen eine angemessene Fortführung ermöglicht, insbesondere weil**

1. über den Umfang der vorzulegenden Unterlagen oder zu erteilenden Auskünfte keine Einigung erzielt wird oder

2. die erforderlichen technischen und rechtlichen Voraussetzungen für ein elektronisches Bereitstellen von und Zugreifen auf Unterlagen im Verfahren fehlen.

⑤Über die Beendigung werden der Antragsteller und die ausländische zuständige Behörde informiert.

6 **(6) ①Die Bewertung nach Absatz 2, einschließlich ihres Ergebnisses, wird mit den an dem internationalen Risikobewertungsverfahren beteiligten Staaten oder Hoheitsgebieten abgestimmt. ②Es soll ein Risikobewertungsbericht erstellt werden, der**

1. alle bewerteten Sachverhalte beschreibt,

2. die beteiligten Unternehmen sowie die an dem internationalen Risikobewertungsverfahren beteiligten Staaten und Hoheitsgebiete bezeichnet,

3. die steuerlichen Risiken der bewerteten Sachverhalte einschätzt und

4. darlegt, für welche Zeiträume die Bewertung vorgenommen wurde.

③Der Risikobewertungsbericht ist dem Antragsteller oder dem leitenden Unternehmen im Sinne des Absatzes 7 Satz 3 zu übersenden; auf die Anwendung des § 194 Absatz 1 a ist hinzuweisen.

7 **(7) ①Über den Eingang eines Antrags auf ein internationales Risikobewertungsverfahren ist das Bundeszentralamt für Steuern unverzüglich in Kenntnis zu setzen. ②Geht beim Bundeszentralamt für Steuern eine Anregung eines anderen Staates oder Hoheitsgebietes auf ein internationales Risikobewertungsverfahren ein, informiert es das Finanzamt, das für die Besteuerung des Unternehmens nach dem Einkommen zuständig ist, welches am Verfahren beteiligt sein soll. ③Handelt es sich um mehrere Unternehmen, ist das Unternehmen maßgeblich, das den gesamten inländischen Teil der Unternehmensgruppe leitet. ④Fehlt es an einem solchen, sind vom Bundeszentralamt für Steuern alle betroffenen Finanzämter zu informieren und ist darauf hinzuwirken, dass eine Zuständigkeitsvereinbarung für die Durchführung des internationalen Risikobewertungsverfahrens getroffen wird. ⑤Über die Durchführung eines internationalen Risikobewertungsverfahrens entscheidet das Bundeszentralamt für Steuern im Einvernehmen mit der zuständigen obersten Landesfinanzbehörde. ⑥Das Bundeszentralamt für Steuern ist insbesondere dafür zuständig, das internationale Risikobewertungsverfahren zu koordinieren und die zwischenstaatliche Amtshilfe durchzuführen. ⑦Die Risikobewertung und die Durchführung erfolgen durch die örtlich zuständige Finanzbehörde unter Mitwirkung und in Abstimmung mit dem Bundeszentralamt für Steuern.**

§ 90 Mitwirkungspflichten der Beteiligten[1]

1 **(1) ①Die Beteiligten sind zur Mitwirkung bei der Ermittlung des Sachverhalts verpflichtet. ②Sie kommen der Mitwirkungspflicht insbesondere dadurch nach, dass sie die für die Besteuerung erheblichen Tatsachen vollständig und wahrheitsgemäß offen legen und die ihnen bekannten Beweismittel angeben. ③Der Umfang dieser Pflichten richtet sich nach den Umständen des Einzelfalls.**

---

[1] Der Untersuchungsgrundsatz in § 88 wird ergänzt durch die Mitwirkungspflichten des Stpfl. Die wichtigste Mitwirkungspflicht ist die Steuererklärungspflicht.

Es ist durch die bereits vorliegende Rspr. geklärt, dass die Verletzung von Mitwirkungspflichten zur Folge haben kann, dass die FinBeh. im Rahmen der Beweiswürdigung zum Nachteil des Stpfl. von einem Sachverhalt ausgehen kann, für den die größte Wahrscheinlichkeit spricht. Weiter ist höchstrichterlich geklärt, dass bei der Prüfung, ob Einlagen gegeben sind bzw. wo die hierzu verwendeten Mittel herkommen, der Stpfl. wegen der von ihm selbst hergestellten Verbindung zwischen Privatvermögen und Betriebsvermögen verstärkt zur Mitwirkung verpflichtet ist *(BFH-Beschluss vom 9. 5. 2006 XI B 104/05, BFH/NV S. 1801).*

Zur Schätzung von Besteuerungsgrundlagen bei formell ordnungsmäßiger Buchführung und zur objektiven Beweislast bei unaufklärbarem privaten Vermögenszuwachs vgl. *BFH-Urteil vom 28. 5. 1986 I R 265/83, BStBl. II S. 732.*

(2) ①**Ist ein Sachverhalt zu ermitteln und steuerrechtlich zu beurteilen, der sich auf Vorgänge außerhalb des Geltungsbereichs dieses Gesetzes**[1] **beziehti, so haben die Beteiligten diesen Sachverhalt aufzuklären und die erforderlichen Beweismittel zu beschaffen.** 2
②Sie haben dabei alle für sie bestehenden rechtlichen und tatsächlichen Möglichkeiten auszuschöpfen. ③Ein Beteiligter kann sich nicht darauf berufen, dass er Sachverhalte nicht aufklären oder Beweismittel nicht beschaffen kann, wenn er sich nach Lage des Falls bei der Gestaltung seiner Verhältnisse die Möglichkeit dazu hätte beschaffen oder einräumen lassen können.[2]

(3)[3] ①**Ein Steuerpflichtiger hat über die Art und den Inhalt seiner Geschäftsbeziehungen im Sinne des § 1 Absatz 4 des Außensteuergesetzes Aufzeichnungen zu erstellen. ②Die Aufzeichnungspflicht umfasst** 3

1. **eine Übersicht über die Geschäftsvorfälle (Transaktionsmatrix)**[4]**,**
2. **eine Darstellung der Geschäftsvorfälle (Sachverhaltsdokumentation) und**
3. **eine Darstellung der wirtschaftlichen und rechtlichen Grundlagen für eine den Fremdvergleichsgrundsatz beachtende Vereinbarung von Bedingungen, insbesondere Preisen (Verrechnungspreisen), sowie Informationen zum Zeitpunkt der Verrechnungspreisbestimmung, zur verwendeten Verrechnungspreismethode und zu den verwendeten Fremdvergleichsdaten (Angemessenheitsdokumentation).**

③Hat ein Steuerpflichtiger Aufzeichnungen im Sinne des Satzes 1 für ein Unternehmen zu erstellen, das Teil einer multinationalen Unternehmensgruppe ist, so gehört zu den Aufzeichnungen auch ein Überblick über die Art der weltweiten Geschäftstätigkeit der Unternehmensgruppe und über die von ihr angewandte Systematik der Verrechnungspreisbestimmung, es sei denn, der Umsatz des Unternehmens hat im vorangegangenen Wirtschaftsjahr weniger als 100 Millionen Euro betragen. ④Eine multinationale Unternehmensgruppe besteht aus mindestens zwei in verschiedenen Staaten ansässigen, im Sinne des § 1 Absatz 2 des Außensteuergesetzes einander nahestehenden Unternehmen oder aus mindestens einem Unternehmen mit mindestens einer Betriebsstätte in einem anderen Staat. ⑤Zu außergewöhnlichen Geschäftsvorfällen sind zeitnah Aufzeichnungen zu erstellen. ⑥Die Aufzeichnungen im Sinne dieses Absatzes sind auf Anforderung der Finanzbehörde zu ergänzen.

(4) ①**Die Finanzbehörde kann jederzeit die Vorlage der Aufzeichnungen nach Absatz 3 verlangen; die Vorlage richtet sich nach § 97. ②Die Aufzeichnungen sind innerhalb einer Frist von 30 Tagen nach Anforderung vorzulegen. ③Im Fall einer Außenprüfung sind die Transaktionsmatrix nach Absatz 3 Satz 2 Nummer 1, eine nach Absatz 3 Satz 3 zu erstellende Stammdokumentation und die Aufzeichnungen über die außergewöhnlichen Geschäftsvorfälle ohne gesondertes Verlangen innerhalb von 30 Tagen nach Bekanntgabe der Prüfungsanordnung vorzulegen; hiervon bleibt** 4

---

[1] Zur erhöhten Mitwirkungspflicht nach § 90 Abs. 2 bei Einschaltung einer ausländischen Domizilgesellschaft vgl. *BFH-Beschlüsse vom 25. 8. 1986 IV B 76/86, BStBl. 1987 II S. 481; vom 9. 7. 1986 I B 36/86, BStBl. 1987 II S. 487.*

Hat das FG im Streit um die Berücksichtigung eines auslandsbezogenen Aufwands nach § 4 Abs. 4 EStG zwar die Tatsache des in Frage stehenden Zahlungsvorgangs bejaht, dessen betriebliche Veranlassung aber mangels entsprechenden Nachweises und unter Hinweis auf die besonderen Mitwirkungspflichten gem. § 90 Abs. 2 AO verneint, so stellt es keinen Verfahrensmangel iSd. § 115 Abs. 2 Nr. 3 FGO dar, wenn ein im Ausland wohnhafter Zeuge nicht gehört wurde, den der Kläger allein für die Tatsache der Zahlung benannt, aber nicht in die Sitzung gestellt hatte, zumal dann, wenn der Kläger selbst bekundet, dass andere Beweismittel nicht zur Verfügung stehen *(BFH-Beschluss vom 29. 3. 2000 X B 95/99, BFH/NV S. 1222).*

[2] Die Verletzung einer Pflicht zur Beschaffung von Beweismitteln kann nur dann zu nachteiligen Rechtsfolgen führen, wenn zumindest Anhaltspunkte dafür bestehen, dass mit Hilfe der betreffenden Beweismittel eine weitere Sachverhaltsaufklärung möglich gewesen wäre *(BFH-Urteil vom 7. 11. 2001 I R 14/02, BStBl. 2002 II S. 861).*

BFH-Urteil vom 2. 12. 2004 III R 49/03, BStBl. 2005 II S. 483: 1. Macht ein Stpfl. Unterhaltszahlungen an im Ausland lebende Angehörige steuermindernd geltend, trifft ihn nach § 90 Abs. 2 AO eine erhöhte Mitwirkungspflicht zur Aufklärung des Sachverhalts sowie zur Vorsorge und Beschaffung von Beweismitteln. Da die Erfüllung dieser Mitwirkungspflichten erforderlich, möglich, zumutbar und verhältnismäßig sein muss, können hinsichtlich der Beschaffung amtlicher Bescheinigungen aus Krisengebieten Beweiserleichterungen in Betracht kommen. 2. Auch wenn das FG nach seiner freien, aus dem Gesamtergebnis des Verfahrens gewonnenen Überzeugung entscheidet und ihm als Tatsacheninstanz die Auswahl und Gewichtung der erforderlichen Beweismittel obliegt, hat es die erhöhte Mitwirkungspflicht des Stpfl. nach § 90 Abs. 2 AO zu berücksichtigen. Die Entscheidung, welche Anforderungen an den Nachweis von Unterhaltszahlungen an im Ausland lebende, unterstützungsbedürftige Angehörige zu stellen sind und welche Beweismittel der Stpfl. zu beschaffen hat, gehört zur Rechtsanwendung und kann daher vom BFH überprüft werden.

Die Regelung des § 90 Abs. 2 AO bezieht sich auf alle Sachverhalte, die für die Anwendung der einzelnen steuerrechtlichen Norm relevant sind. Dass der für die Anwendung der Steuerrechtsnorm maßgebliche Sachverhalt nur zum Teil Auslandsbezug hat, ist für die Anwendung des § 90 Abs. 2 AO ohne Bedeutung *(BFH-Beschluss vom 6. 6. 2006 XI B 162/05, BFH/NV S. 1785).*

[3] Zur Prüfung der Einkunftsabgrenzung zwischen international verbundenen Unternehmen in Bezug auf Mitwirkungspflichten sowie Schätzung von Besteuerungsgrundlagen und Zuschlägen, vgl. *BMF-Schreiben „Verwaltungsgrundsätze 2020" vom 3. 12. 2020,* nachstehend abgedruckt.

Die Verpflichtung, bei Sachverhalten, die Vorgänge mit Auslandsbezug betreffen, über die Art und den Inhalt seiner Geschäftsbeziehungen mit nahestehenden Personen i. S. des § 1 Abs. 2 AStG Aufzeichnungen zu erstellen und diese auf Verlangen der Finanzbehörde vorzulegen (§ 90 Abs. 3 AO), ist mit der Dienstleistungsfreiheit des Art. 49 EG vereinbar *(BFH-Urteil vom 10. 4. 2013 I R 45/11, BStBl. II S. 771).*

[4] Vgl. hierzu auch Merkblatt zur Transaktionsmatrix des *BMF vom 2. 4. 2025, nachstehend abgedruckt.*

AO

das Recht der Finanzbehörde unberührt, im Rahmen der Außenprüfung jederzeit die Vorlage der Aufzeichnungen nach Absatz 3 entsprechend der Frist nach Satz 2 zu verlangen. ④ In begründeten Einzelfällen kann die Vorlagefrist verlängert werden.

5 (5) **Um eine einheitliche Rechtsanwendung sicherzustellen, wird das Bundesministerium der Finanzen ermächtigt, mit Zustimmung des Bundesrates durch Rechtsverordnung Art, Inhalt und Umfang der nach den Absätzen 3 und 4 zu erstellenden Aufzeichnungen zu bestimmen.**

AEAO

Zu § 90 – Mitwirkungspflichten der Beteiligten:

4 Wegen der erhöhten Mitwirkungs- und Dokumentationspflichten nach § 90 Abs. 2 und 3 AO bei Auslandssachverhalten, der Grundsätze für die Prüfung der Einkunftsabgrenzung zwischen international verbundenen Unternehmen sowie der Folgen etwaiger Pflichtverletzungen wird auf das BMF-Schreiben vom 3. 12. 2020, BStBl. I S. 1325 verwiesen.

Übersicht

Rz.
1) Verordnung zu Art, Inhalt und Umfang von Aufzeichnungen im Sinne des § 90 Absatz 3 der Abgabenordnung vom 12. 7. 2017 5–12
2) Schreiben betr. Verwaltungsgrundsätze 2020 vom 3. 12. 2020 13–22
3) Verfügung betr. Merkblatt zur Transaktionsmatrix i. S. d. § 90 Abs. 3 Satz 2 Nr. 1 AO vom 2. 4. 2025 23–26

Anl 1

1) Verordnung zu Art, Inhalt und Umfang von Aufzeichnungen im Sinne des § 90 Absatz 3 der Abgabenordnung (Gewinnabgrenzungsaufzeichnungs-Verordnung – GAufzV)

Vom 12. Juli 2017

(BGBl. I S. 2367)

Auf Grund des § 90 Absatz 3 Satz 11 der Abgabenordnung, der durch Artikel 1 Nummer 2 des Gesetzes vom 20. Dezember 2016 (BGBl. I S. 3000) neu gefasst worden ist, verordnet das Bundesministerium der Finanzen:

5 **§ 1 Grundsätze der Aufzeichnungspflicht**

(1) Der Steuerpflichtige hat in den Aufzeichnungen, die über die Geschäftsbeziehungen im Sinne des § 1 Absatz 4 des Außensteuergesetzes zu erstellen sind, sämtliche Tatsachen anzugeben, die für die Vereinbarung von Bedingungen für Geschäftsvorfälle, insbesondere von Verrechnungspreisen, steuerliche Bedeutung haben. Die Aufzeichnungspflicht beschränkt sich nicht auf die zivilrechtlichen Beziehungen. Die Aufzeichnungspflicht bezieht sich auch auf Geschäftsvorfälle, die keinen Leistungsaustausch zum Gegenstand haben, wie Vereinbarungen über Arbeitnehmerentsendungen. Aufzeichnungen, die im Wesentlichen unverwertbar sind (§ 162 Absatz 3 und 4 der Abgabenordnung), sind als nicht erstellt zu behandeln.

(2) Für die Sachverhaltsdokumentation nach § 90 Absatz 3 Satz 2 der Abgabenordnung sind Aufzeichnungen über die Art, den Umfang und die Abwicklung sowie über die wirtschaftlichen und die rechtlichen Rahmenbedingungen der Geschäftsvorfälle erforderlich.

(3) Für die Angemessenheitsdokumentation nach § 90 Absatz 3 Satz 2 der Abgabenordnung hat der Steuerpflichtige für jeden Geschäftsvorfall entsprechend der von ihm gewählten Verrechnungspreismethode Aufzeichnungen zu erstellen und Vergleichsdaten heranzuziehen, soweit solche Daten im Zeitpunkt der Vereinbarung des jeweiligen Geschäftsvorfalls bei ihm oder bei ihm nahestehenden Personen vorhanden sind oder soweit er sich solche Daten mit zumutbarem Aufwand aus ihm frei zugänglichen Quellen beschaffen kann. Zu den Vergleichsdaten im Sinne des Satzes 1 gehören insbesondere Daten zu vergleichbaren Geschäftsvorfällen, die der Steuerpflichtige oder eine ihm nahestehende Person mit fremden Dritten abgeschlossen hat, und zu vergleichbaren Geschäftsvorfällen zwischen fremden Dritten, zum Beispiel Preise und Geschäftsbedingungen, Kostenaufteilungen, Gewinnaufschläge, Bruttospannen, Nettospannen, Gewinnaufteilungen. Zusätzlich sind Aufzeichnungen über innerbetriebliche Daten zu erstellen, die eine Plausibilitätskontrolle der vom Steuerpflichtigen vereinbarten Verrechnungspreise ermöglichen, wie zum Beispiel Prognoserechnungen und Daten zur Absatz-, Gewinn- und Kostenplanung. Hat der Steuerpflichtige die von ihm und den ihm nahestehenden Personen ausgeübten Funktionen, übernommenen Risiken und eingesetzten wesentlichen Vermögenswerte in ihrer Bedeutung für einen Geschäftsvorfall gewichtet, muss diese Gewichtung widerspruchsfrei sein; in solchen Fällen müssen für jeden am Geschäftsvorfall Beteiligten die ausgeübten Funktionen, das Ausmaß der tatsächlich übernommenen Risiken und die Höhe der tatsächlich eingesetzten wesentlichen Vermögenswerte quantitativ nachvollziehbar dargestellt werden.

6 **§ 2 Art, Inhalt und Umfang der Aufzeichnungen**

(1) Aufzeichnungen über Geschäftsbeziehungen können in Papierform oder elektronisch erstellt werden. Sie sind ordnungsmäßig zu führen und aufzubewahren. Sie müssen das ernsthafte Bemühen des

Steuerpflichtigen belegen, seine Geschäftsbeziehungen unter Beachtung des Fremdvergleichsgrundsatzes zu gestalten. Die Aufzeichnungen müssen es daher einem sachverständigen Dritten ermöglichen, innerhalb einer angemessenen Frist festzustellen, welche Sachverhalte der Steuerpflichtige im Zusammenhang mit seinen Geschäftsbeziehungen verwirklicht hat und ob und inwieweit er dabei den Fremdvergleichsgrundsatz beachtet hat. Anl 1

(2) Art, Inhalt und Umfang der zu erstellenden Aufzeichnungen bestimmen sich nach den Umständen des Einzelfalls, insbesondere nach der vom Steuerpflichtigen angewandten Verrechnungspreismethode. Der Steuerpflichtige ist nicht verpflichtet, Aufzeichnungen für mehr als eine geeignete Verrechnungspreismethode zu erstellen.

(3) Aufzeichnungen sind grundsätzlich geschäftsvorfallbezogen zu erstellen. Geschäftsvorfälle, die gemessen an Funktionen und Risiken wirtschaftlich vergleichbar sind, können für die Erstellung von Aufzeichnungen zu Gruppen zusammengefasst werden, wenn

1. die Gruppenbildung nach vorher festgelegten und nachvollziehbaren Regeln vorgenommen wurde und die Geschäftsvorfälle gleichartig oder gleichwertig sind oder
2. die Zusammenfassung auch bei Geschäftsvorfällen zwischen fremden Dritten üblich ist.

Eine Zusammenfassung ist auch zulässig bei ursächlich zusammenhängenden Geschäftsvorfällen und bei Teilleistungen im Rahmen eines Gesamtgeschäfts, wenn es für die Prüfung der Angemessenheit weniger auf den einzelnen Geschäftsvorfall, sondern mehr auf die Beurteilung des Gesamtgeschäfts ankommt. Werden Aufzeichnungen für Gruppen von Geschäftsvorfällen erstellt, sind die Regeln für deren Abwicklung und die Kriterien für die Gruppenbildung darzustellen. Bestehen für eine Gruppe verbundener Unternehmen dem Fremdvergleichsgrundsatz genügende innerbetriebliche Verrechnungspreisrichtlinien, die für die einzelnen Unternehmen eine geeignete Verrechnungspreismethode oder mehrere geeignete Verrechnungspreismethoden vorgeben, können diese Verrechnungspreisrichtlinien als Bestandteil der Aufzeichnungen verwendet werden. Soweit solche Verrechnungspreisrichtlinien die Preisermittlung regeln und tatsächlich befolgt werden, kann auf geschäftsvorfallbezogene Einzelaufzeichnungen im Sinne des Satzes 1 verzichtet werden.

(4) Ergibt sich bei Dauersachverhalten eine Änderung der Umstände, die für die Angemessenheit vereinbarter Preise von wesentlicher Bedeutung ist, hat der Steuerpflichtige auch nach dem Geschäftsabschluss Informationen zu sammeln und aufzuzeichnen, die einer Finanzbehörde die Prüfung ermöglichen, ob und ab welchem Zeitpunkt fremde Dritte eine Anpassung der Geschäftsbedingungen für spätere Geschäftsvorfälle vereinbart hätten. Dies gilt insbesondere, wenn in einem Geschäftsbereich steuerliche Verluste erkennbar werden, die ein fremder Dritter nicht hingenommen hätte, oder wenn Preisanpassungen zu Lasten des Steuerpflichtigen vorgenommen werden.

(5) Aufzeichnungen sind grundsätzlich in deutscher Sprache zu erstellen. Die Finanzbehörde kann auf Antrag des Steuerpflichtigen Ausnahmen hiervon zulassen. Der Antrag kann vor der Anfertigung der Aufzeichnungen gestellt werden, er ist aber spätestens unverzüglich nach Anforderung der Aufzeichnungen durch die Finanzbehörde zu stellen. Erforderliche Übersetzungen von Verträgen und ähnlichen Dokumenten im Sinne der §§ 4 und 5 gehören zu den Aufzeichnungen. § 87 Absatz 2 der Abgabenordnung bleibt unberührt.

(6) Aufzeichnungen sollen im Regelfall nur für die Zwecke der Durchführung einer Außenprüfung angefordert werden. Die Anforderung soll die Geschäftsbereiche und die Geschäftsbeziehungen des Steuerpflichtigen bezeichnen, die Gegenstand der Außenprüfung sein sollen. In der Anforderung sollen auch die Art und der Umfang der angeforderten Aufzeichnungen inhaltlich hinreichend bestimmt werden. Die Anforderung kann zusammen mit der Prüfungsanordnung erfolgen und jederzeit nachgeholt, ergänzt oder geändert werden (§ 90 Absatz 3 Satz 10 der Abgabenordnung).

§ 3 Zeitnahe Erstellung von Aufzeichnungen bei außergewöhnlichen Geschäftsvorfällen 7

(1) Aufzeichnungen über außergewöhnliche Geschäftsvorfälle im Sinne des § 90 Absatz 3 Satz 8 der Abgabenordnung sind zeitnah erstellt, wenn sie im engen zeitlichen Zusammenhang mit dem Geschäftsvorfall gefertigt werden. Sie gelten als noch zeitnah erstellt, wenn sie innerhalb von sechs Monaten nach Ablauf des Wirtschaftsjahres gefertigt werden, in dem sich der Geschäftsvorfall ereignet hat.

(2) Als außergewöhnliche Geschäftsvorfälle sind insbesondere anzusehen:

1. der Abschluss und die Änderung langfristiger Verträge, die sich erheblich auf die Höhe der Einkünfte des Steuerpflichtigen aus seinen Geschäftsbeziehungen auswirken,
2. Vermögensübertragungen im Zuge von Umstrukturierungsmaßnahmen,
3. die Übertragung und die Überlassung von Vermögenswerten im Zusammenhang mit wesentlichen Funktions- und Risikoänderungen im Unternehmen,
4. Geschäftsvorfälle im Zusammenhang mit einer für die Verrechnungspreisbildung erheblichen Änderung der Geschäftsstrategie sowie
5. der Abschluss von Umlageverträgen.

§ 4 Landesspezifische, unternehmensbezogene Dokumentation 8

(1) Der Steuerpflichtige hat nach Maßgabe der §§ 1 bis 3 folgende Aufzeichnungen, soweit sie für die Prüfung von Geschäftsbeziehungen des Steuerpflichtigen im Sinne des § 90 Absatz 3 Satz 1 und 2 der Abgabenordnung steuerlich von Bedeutung sind, zu erstellen:

Anl 1

1. allgemeine Informationen über die Beteiligungsverhältnisse, den Geschäftsbetrieb und den Organisationsaufbau:
   a) die Darstellung der Beteiligungsverhältnisse zwischen dem Steuerpflichtigen und ihm nahestehenden Personen im Sinne des § 1 Absatz 2 Nummer 1 und 2 des Außensteuergesetzes, mit denen der Steuerpflichtige unmittelbar oder über Zwischenpersonen Geschäftsbeziehungen unterhält, zu Beginn des Prüfungszeitraums und die Darstellung der Veränderungen dieser Beteiligungsverhältnisse innerhalb des Prüfungszeitraums,
   b) die Darstellung der sonstigen Umstände, die das Nahestehen im Sinne des § 1 Absatz 2 Nummer 3 des Außensteuergesetzes begründen können,
   c) die Darstellung der organisatorischen und operativen Konzernstruktur, einschließlich Betriebsstätten und Beteiligungen an Personengesellschaften, zu Beginn des Prüfungszeitraums sowie die Darstellung der Veränderungen der Konzernstruktur innerhalb des Prüfungszeitraums,
   d) die Beschreibung der Managementstruktur sowie der Organisationsstruktur des inländischen Unternehmens des Steuerpflichtigen,
   e) die Beschreibung der Tätigkeitsbereiche des Steuerpflichtigen und der Geschäftsstrategie zu Beginn des Prüfungszeitraums sowie die Beschreibung der Veränderungen der Tätigkeitsbereiche und der Geschäftsstrategie innerhalb des Prüfungszeitraums;
2. Aufzeichnungen über Geschäftsbeziehungen des Steuerpflichtigen:
   a) die Darstellung der Geschäftsbeziehungen des Steuerpflichtigen, Übersicht über Art und Umfang dieser Geschäftsbeziehungen, zum Beispiel Wareneinkauf, Dienstleistungen, Darlehensverhältnisse und andere Nutzungsüberlassungen sowie Kostenumlagen, und Übersicht über die den Geschäftsbeziehungen zugrunde liegenden Verträge und der Veränderungen innerhalb des Prüfungszeitraums,
   b) die Auflistung der wesentlichen immateriellen Werte, die dem Steuerpflichtigen gehören und die er im Rahmen seiner Geschäftsbeziehungen nutzt oder zur Nutzung überlässt;
3. Funktions- und Risikoanalyse:
   a) Informationen über
      aa) die im Rahmen der Geschäftsbeziehungen ausgeübten Funktionen und übernommenen Risiken zu Beginn des Prüfungszeitraums sowie über die Veränderungen dieser Funktionen und Risiken innerhalb des Prüfungszeitraums,
      bb) die eingesetzten wesentlichen Vermögenswerte,
      cc) die vereinbarten Vertragsbedingungen,
      dd) gewählte Geschäftsstrategien sowie
      ee) die Markt- und Wettbewerbsverhältnisse, die für die Besteuerung von Bedeutung sind,
   b) Beschreibung der Wertschöpfungskette und Darstellung der Wertschöpfungsbeiträge des Steuerpflichtigen; § 1 Absatz 3 Satz 4 ist zu beachten;
4. Verrechnungspreisanalyse:
   a) Zeitpunkt der Verrechnungspreisbestimmung,
   b) Aufzeichnung der im Zeitpunkt der Verrechnungspreisbestimmung verfügbaren und zur Preisbestimmung verwendeten Informationen, die für die Besteuerung von Bedeutung sind,
   c) Darstellung der angewandten Verrechnungspreismethode,
   d) Begründung der Auswahl und der Geeignetheit der angewandten Verrechnungspreismethode,
   e) Unterlagen über die Berechnungen bei der Anwendung der gewählten Verrechnungspreismethode,
   f) Auflistung und Beschreibung verwendeter vergleichbarer interner oder externer Geschäftsvorfälle.

(2) Zu den in Absatz 1 genannten Aufzeichnungen gehören nach den Verhältnissen des Einzelfalls folgende weitere Aufzeichnungen:

1. Informationen über Sonderumstände wie Maßnahmen zum Vorteilsausgleich, soweit sie die Bestimmung der Verrechnungspreise des Steuerpflichtigen beeinflussen können;
2. bei Umlagen die Verträge, gegebenenfalls in Verbindung mit den Anhängen, den Anlagen und den Zusatzvereinbarungen, die Unterlagen über die Anwendung des Aufteilungsschlüssels und über den erwarteten Nutzen für alle Beteiligten sowie die Unterlagen über die Art und den Umfang der Rechnungskontrolle, über die Anpassung an veränderte Verhältnisse, über die Zugriffsberechtigung auf die Unterlagen des leistungserbringenden Unternehmens und über die Zuordnung von Nutzungsrechten;
3. Informationen über beantragte oder abgeschlossene Verständigungs- oder Schiedsstellenverfahren anderer Staaten sowie über unilaterale Verrechnungspreiszusagen und sonstige steuerliche Vorabzusagen ausländischer Steuerverwaltungen, die die Geschäftsbeziehungen des Steuerpflichtigen berühren;
4. Aufzeichnungen über Preisanpassungen beim Steuerpflichtigen, auch wenn diese die Folge von Verrechnungspreiskorrekturen oder Vorabzusagen ausländischer Finanzbehörden bei dem Steuerpflichtigen nahestehenden Personen sind;
5. Aufzeichnungen über die Ursachen von Verlusten und über Vorkehrungen des Steuerpflichtigen oder ihm nahestehender Personen zur Beseitigung der Verlustsituation, wenn der Steuerpflichtige in mehr als drei aufeinander folgenden Wirtschaftsjahren aus Geschäftsbeziehungen einen steuerlichen Verlust ausweist;
6. in Fällen von Funktions- und Risikoänderungen im Sinne des § 3 Absatz 2 Aufzeichnungen über Forschungsvorhaben und laufende Forschungstätigkeiten, die im Zusammenhang mit einer Funktions-

Anl 1

änderung stehen können und in den drei Jahren vor Durchführung der Funktionsänderung stattfanden oder abgeschlossen worden sind; die Aufzeichnungen müssen mindestens Angaben über den genauen Gegenstand der Forschungen und die insgesamt jeweils zuzuordnenden Kosten enthalten. Dies gilt nur, soweit ein Steuerpflichtiger Forschung und Entwicklung betreibt und Unterlagen über seine Forschungs- und Entwicklungsarbeiten erstellt, aus denen die genannten Aufzeichnungen abgeleitet werden können.

(3) Verwendet der Steuerpflichtige für die Bestimmung seiner Verrechnungspreise Datenbanken, muss er die von ihm dabei verwendete Suchstrategie, die dabei verwendeten Suchkriterien, das Suchergebnis und den außerhalb der Datenbank durchgeführten weiteren Selektionsprozess (Suchprozess) umfassend offenlegen. Der gesamte Suchprozess des Steuerpflichtigen muss nachvollziehbar und zum Zeitpunkt der Außenprüfung prüfbar sein. Die Konfiguration der Datenbank, mit der der konkrete Suchprozess durchgeführt wurde, ist vollständig zu dokumentieren. § 147 Absatz 6 der Abgabenordnung gilt sinngemäß.

§ 5 Stammdokumentation 9

(1) Steuerpflichtige, die nach § 90 Absatz 3 Satz 3 und 4 der Abgabenordnung eine Stammdokumentation zu erstellen haben, haben die in der Anlage zu dieser Verordnung aufgeführten Aufzeichnungen zu erstellen und entsprechende Unterlagen vorzulegen, um der Finanzbehörde einen Überblick über die Art der weltweiten Geschäftstätigkeit der Unternehmensgruppe und über die Systematik der Verrechnungspreisbestimmung, die die Unternehmensgruppe anwendet, zu ermöglichen. Der Steuerpflichtige kann auch Aufzeichnungen verwenden, die von einem anderen Unternehmen derselben Unternehmensgruppe erstellt wurden. Soweit erforderlich, sind diese Aufzeichnungen um weitere Angaben entsprechend der Anlage zu dieser Verordnung zu ergänzen. § 2 Absatz 5 bleibt unberührt.

(2) Der Steuerpflichtige soll bei der Erstellung der Stammdokumentation eine vernünftige kaufmännische Beurteilung zugrunde legen, um die mit der Stammdokumentation verbundenen Ziele mit angemessenem Aufwand zu erreichen.

§ 6 Anwendungsregelungen für kleinere Unternehmen und für Steuerpflichtige mit anderen als Gewinneinkünften 10

(1) Für Steuerpflichtige, die aus Geschäftsbeziehungen andere Einkünfte als Gewinneinkünfte beziehen, und für kleinere Unternehmen gelten die in § 90 Absatz 3 Satz 1 bis 4 und 8 der Abgabenordnung und die in dieser Verordnung bezeichneten Aufzeichnungspflichten vorbehaltlich Satz 2 als erfüllt, soweit die gegenüber den Finanzbehörden zu erteilenden Auskünfte den Anforderungen des § 2 Absatz 1 entsprechen und durch die Vorlage vorhandener Unterlagen auf Anforderung des Finanzamts belegt werden. Die in § 90 Absatz 3 Satz 7 und 8 der Abgabenordnung genannten Fristen sind einzuhalten.

(2) Kleinere Unternehmen im Sinne des Absatzes 1 sind Unternehmen, bei denen im laufenden Wirtschaftsjahr

1. die Summe der Entgelte für die Lieferung von Gütern oder Waren aus Geschäftsbeziehungen mit nahestehenden Personen im Sinne des § 1 Absatz 2 des Außensteuergesetzes sechs Millionen Euro nicht übersteigt und
2. die Summe der Vergütungen für andere Leistungen als die Lieferung von Gütern oder Waren aus Geschäftsbeziehungen mit nahestehenden Personen im Sinne des § 1 Absatz 2 des Außensteuergesetzes nicht mehr als 600 000 Euro beträgt.

Werden die in Satz 1 genannten Beträge in einem Wirtschaftsjahr überschritten, ist Absatz 1 ab dem darauf folgenden Wirtschaftsjahr nicht mehr anzuwenden. Unterschreitet ein Unternehmen, das nicht nach Absatz 1 begünstigt ist, die genannten Beträge in einem Wirtschaftsjahr, ist es im darauf folgenden Wirtschaftsjahr als kleineres Unternehmen im Sinne des Satzes 1 zu behandeln.

(3) Zusammenhängende inländische Unternehmen im Sinne der §§ 13, 18 und 19 der Betriebsprüfungsordnung vom 15. März 2000 (BStBl. I S. 368) in der jeweils geltenden Fassung und inländische Betriebsstätten von dem Steuerpflichtigen nahestehenden Personen sind für die Prüfung der Betragsgrenzen nach Absatz 2 zusammenzurechnen.

§ 7 Schlussvorschrift 11

Diese Verordnung ist erstmals für Wirtschaftsjahre anzuwenden, die nach dem 31. Dezember 2016 beginnen.

§ 8 Inkrafttreten, Außerkrafttreten 12

Diese Verordnung tritt am Tag nach der Verkündung in Kraft. Gleichzeitig tritt die Gewinnabgrenzungsaufzeichnungsverordnung vom 13. November 2003 (BGBl. I S. 2296), die zuletzt durch Artikel 7 des Gesetzes vom 26. Juni 2013 (BGBl. I S. 1809) geändert worden ist, außer Kraft.

Anl 1

Anlage
(zu § 5)

Umfang der Stammdokumentation

Die Stammdokumentation umfasst Folgendes:

1. grafische Darstellung des Organisationsaufbaus (Rechts- und Eigentümerstruktur) sowie der geografischen Verteilung der Gesellschaften und Betriebsstätten, die zur Unternehmensgruppe im Sinne des § 90 Absatz 3 der Abgabenordnung gehören;
2. Übersicht über bedeutende Faktoren für den Gesamtgewinn der Unternehmensgruppe;
3. Beschreibung der Lieferketten für die fünf Produkte oder Dienstleistungen der Unternehmensgruppe, die die höchsten Umsatzerlöse erzielen (eine aussagefähige Grafik oder ein entsprechendes Diagramm reicht aus);
4. Beschreibung der Lieferketten für alle weiteren Produkte oder Dienstleistungen, auf die jeweils mehr als 5 Prozent der Umsatzerlöse der Unternehmensgruppe entfallen (eine aussagefähige Grafik oder ein entsprechendes Diagramm reicht aus);
5. Auflistung und zusammenfassende Beschreibung wichtiger Dienstleistungsvereinbarungen zwischen Unternehmen der Unternehmensgruppe (ohne Forschungs- und Entwicklungsleistungen), einschließlich einer Beschreibung der Kapazitäten der Hauptstandorte, die bedeutende Dienstleistungen erbringen, sowie der Verrechnungspreispolitik für die Zuordnung der Dienstleistungskosten und für die Bestimmung der für konzerninterne Dienstleistungen zu zahlenden Preise;
6. Beschreibung der wichtigsten geografischen Märkte für die Produkte oder Dienstleistungen der Unternehmensgruppe (vgl. die Nummern 3 und 4);
7. zusammenfassende Funktionsanalyse, die die Hauptbeiträge beschreibt, die die einzelnen Unternehmen der Unternehmensgruppe zur Wertschöpfung leisten, das heißt die ausgeübten Schlüsselfunktionen, die wichtigen übernommenen Risiken und die wichtigen genutzten Vermögenswerte;
8. zusammenfassende Beschreibung bedeutender, während des Wirtschaftsjahres erfolgter Umstrukturierungen der Geschäftstätigkeit der Unternehmensgruppe sowie eine Auflistung und zusammenfassende Beschreibung der von der Unternehmensgruppe während des Wirtschaftsjahres vorgenommenen bedeutender Unternehmenskäufe und -verkäufe;
9. allgemeine Beschreibung der Gesamtstrategie der Unternehmensgruppe für immaterielle Werte (Entwicklung, Eigentum, Schutz und Verwertung), einschließlich einer Auflistung der Standorte der wichtigsten Forschungs- und Entwicklungseinrichtungen und der Standorte des Forschungs- und Entwicklungsmanagements;
10. Auflistung der immateriellen Werte oder der Gruppen immaterieller Werte der Unternehmensgruppe, die für die Verrechnungspreisbestimmung von Bedeutung sind, sowie der Unternehmen, die rechtliche Eigentümer oder Inhaber dieser immateriellen Werte sind;
11. Auflistung wichtiger Vereinbarungen zwischen den Unternehmen der Unternehmensgruppe mit Bezug zu den immateriellen Werten, einschließlich Kostenumlagevereinbarungen sowie wesentlicher Forschungsdienstleistungsvereinbarungen und Lizenzvereinbarungen;
12. allgemeine Beschreibung der Verrechnungspreispolitik der Unternehmensgruppe in Bezug auf Forschung und Entwicklung sowie auf immaterielle Werte;
13. allgemeine Beschreibung aller wichtigen Übertragungen von Rechten an immateriellen Werten zwischen den Unternehmen der Unternehmensgruppe während des betreffenden Wirtschaftsjahres, einschließlich der entsprechenden Unternehmen, Staaten und Vergütungen;
14. allgemeine Beschreibung, wie die Unternehmensgruppe finanziert wird, einschließlich der Darstellung bedeutender Finanzierungsbeziehungen zu fremden Dritten;
15. Angabe derjenigen Unternehmen der Unternehmensgruppe, die eine zentrale Finanzierungs-, Cashmanagement- oder Assetmanagementfunktion ausüben, mit der Angabe, nach welchem Recht das jeweilige Unternehmen organisiert ist, und mit der Angabe des Orts der tatsächlichen Geschäftsleitung des jeweiligen Unternehmens;
16. allgemeine Beschreibung der Verrechnungspreisstrategie der Unternehmensgruppe in Bezug auf Finanzierungsbeziehungen innerhalb dieser Unternehmensgruppe;
17. Konzernabschluss der Unternehmensgruppe für das betreffende Wirtschaftsjahr, sofern ein solcher erstellt wurde;
18. Auflistung und kurze Beschreibung der bestehenden unilateralen Vorabverständigungen über die Verrechnungspreisgestaltung der Unternehmensgruppe sowie anderer Vorabzusagen im Zusammenhang mit der Aufteilung der Erträge zwischen den Staaten.

Soweit in Satz 1 unbestimmte Rechtsbegriffe verwendet werden, wird dem Unternehmen ein eigenständiger Beurteilungsspielraum eingeräumt unter der Voraussetzung, dass der Beurteilungsspielraum international einheitlich und nach offengelegten Kriterien sowie über das jeweilige Wirtschaftsjahr hinaus konsistent genutzt wird.

Anl 2

2) Schreiben betr. Verwaltungsgrundsätze 2020

Vom 3. Dezember 2020 (BeckVerw 499235)

(BMF GZ IV B 5 – S 1341/19/10018 :001; DOK 2020/1174240)

Unter Bezugnahme auf das Ergebnis der Erörterung mit den Vertretern der obersten Finanzbehörden der Länder gilt für die Prüfung der Einkunftsabgrenzung zwischen international verbundenen Unternehmen in Bezug auf Mitwirkungspflichten sowie Schätzung von Besteuerungsgrundlagen und Zuschlägen Folgendes:

1. Mitwirkungspflichten der Beteiligten (§ 90 AO)

1.1. Allgemeines zu den Mitwirkungspflichten

1 Die Amtsermittlungspflicht der Finanzbehörde und die Mitwirkungspflicht der Beteiligten stehen nebeneinander (BFH-Urteil vom 15. 2. 1989 X R 16/86, BStBl. II S. 462). Die Pflicht des Beteiligten zur Mitwirkung an der Sachverhaltsaufklärung hängt nicht davon ab, dass die Finanzbehörde diesen zur Mitwirkung auffordert. 13

2 Die allgemeine Mitwirkungspflicht des § 90 Abs. 1 Satz 1 AO betrifft die Ermittlung des Sachverhalts und wird für bestimmte Sachverhaltskonstellationen in § 90 Abs. 2 und Abs. 3 AO erweitert. Die Mitwirkungspflicht wird zudem durch gesonderte verfahrensrechtliche (z. B. in §§ 93 bis 100, 140 ff., 149, 150, 153, 154, 160, 200, 210 ff. AO) und einzelsteuergesetzliche Regelungen (z. B. in §§ 16, 17 AStG; §§ 33, 34 ErbStG; §§ 18, 19 GrEStG und § 22 UStG) ausgestaltet.

3 § 200 AO tritt im Rahmen der Außenprüfung neben § 90 AO und ergänzt und erweitert die gemäß §§ 90 ff. AO bereits bestehenden allgemeinen Mitwirkungspflichten für die Außenprüfung (BFH-Urteil vom 6. 6. 2012 I R 99/10, BStBl. 2013 II S. 196; BFH-Urteil vom 4. 11. 2003 VII R 28/01, BStBl. 2004 II S. 1032). Auch die Pflichten des Steuerpflichtigen mit Bezug zum Datenzugriff gemäß § 147 Abs. 6 AO werden durch § 200 Abs. 1 Satz 2 AO erweitert. Die Vorlagepflicht gemäß § 200 Abs. 1 Satz 2 AO erfasst ferner auch solche Urkunden, für welche den Steuerpflichtigen zwar keine gesetzliche Aufbewahrungspflicht gemäß § 147 Abs. 1 AO trifft, diese Urkunden aber vorhanden sind und folglich vorgelegt werden können (BFH-Urteil vom 28. 10. 2009 VIII R 78/05, BStBl. 2010 II S. 455).

4 Hinsichtlich des durch § 393 AO geregelten Verhältnisses des Strafverfahrens zum Besteuerungsverfahren und den damit einhergehenden Pflichten zur Mitwirkung des Steuerpflichtigen, vgl. Nr. 16 der AStBV (St) 2020.

5 Der Umfang der Mitwirkungspflicht richtet sich nach den Umständen des Einzelfalls. Die Verantwortung des Beteiligten für die Aufklärung des Sachverhalts ist umso größer, je mehr Tatsachen und Beweismittel der von ihm beherrschten Informations- oder Tätigkeitssphäre angehören (BFH-Urteil vom 15. 2. 1989 X R 16/86, BStBl. II S. 462). Der Umfang der allgemeinen Mitwirkungspflicht wird durch den Verhältnismäßigkeitsgrundsatz begrenzt.

6 Ist ein Bevollmächtigter bestellt, so soll sich die Finanzbehörde an ihn wenden. Nur bei Vorliegen besonderer Gründe soll sich die Finanzbehörde an den Beteiligten selbst wenden, z. B. um ihn um Auskünfte zu bitten, die nur er selbst als Wissensträger geben kann. In diesem Fall ist der Bevollmächtigte zu unterrichten (vgl. AEAO zu § 80).

7 Ein Mitwirkungsverweigerungsrecht für Beteiligte besteht nicht. Ein Mitwirkungsverweigerungsrecht steht nach §§ 101 bis 106 AO nur Dritten zu.

8 Die Möglichkeit der Durchführung eines Verständigungsverfahrens nach den DBA, der EU-Schiedskonvention (EWG/90/463; ABl. L 225 vom 20. 8. 1990, S. 10) oder dem Streitbeilegungsgesetz (12. 12. 2019, BGBl. I S. 2103) oder der Antrag auf Eröffnung oder die tatsächliche Eröffnung eines Verständigungs- oder Schiedsverfahrens im Laufe einer Außenprüfung entbindet die Beteiligten nicht von ihren Mitwirkungspflichten gemäß § 90 AO.

1.2. Erhöhte Mitwirkungspflichten bei Auslandssachverhalten (§ 90 Abs. 2 AO)

9 § 90 Abs. 2 AO bestimmt eine gegenüber § 90 Abs. 1 AO erhöhte Mitwirkungs- und Aufklärungspflicht bei Sachverhalten mit Auslandsbezug (Auslandssachverhalte). § 90 Abs. 2 AO soll insbesondere verhindern, dass die Aufklärung von Auslandssachverhalten an der Beschränkung der Hoheitsrechte der deutschen Gerichte und Behörden auf das Inland scheitert oder durch sie erschwert wird. Der Beteiligte hat den Auslandssachverhalt aufzuklären und die erforderlichen Beweismittel zu beschaffen (BFH-Urteil vom 16. 4. 1980 I R 75/78, BStBl. 1981 II S. 492). Dies verlangt eine vollständige und wahrheitsgemäße Darstellung des gesamten besteuerungsrelevanten Sachverhalts, und zwar unabhängig davon, ob sich die einzelnen Umstände und Tatsachen zugunsten oder zuungunsten des Beteiligten auswirken. Die Erforderlichkeit eines Beweismittels hängt vom jeweiligen Einzelfall ab (BFH-Urteil vom 3. 6. 1987 III R 205/81, BStBl. II S. 675; BFH-Urteil vom 2. 12. 2004 III R 49/03, BStBl. 2005 II S. 483). 14

10 Der Beteiligte ist bei Auslandssachverhalten insbesondere zur Sachverhaltsaufklärung, Beweismittelbeschaffung und Beweisvorsorge verpflichtet. Im Verfahren vor den Finanzgerichten gelten diese Pflichten nach § 76 Abs. 1 Satz 4 FGO sinngemäß.

11 Der Beteiligte muss deshalb unter anderem zum Zweck der Beweisvorsorge im Rahmen seiner rechtlichen und tatsächlichen Möglichkeiten (§ 90 Abs. 2 Satz 2 AO) sicherstellen, dass Aufzeichnungen, Unterlagen und Daten einer ausländischen nahestehenden Person, welche für seine Besteuerung relevant sind, nicht vor Ablauf der inländischen Aufbewahrungsfristen vernichtet werden.

12 Bei der Sachverhaltsaufklärung und Beweismittelbeschaffung genügt es nicht, wenn der Beteiligte solche im Ausland befindlichen bzw. verfügbaren Beweismittel nur benennt. Der Beteiligte hat alle für ihn bestehenden rechtlichen und tatsächlichen Möglichkeiten auszuschöpfen. Danach hat der Beteiligte

Anl 2

den zur Aufklärung des Auslandssachverhalts und Beschaffung der erforderlichen Beweismittel im jeweiligen Einzelfall zumutbaren Aufwand zu betreiben. Die erhöhte Mitwirkungspflicht bei der Aufklärung von Auslandssachverhalten unterliegt dem Grundsatz der Verhältnismäßigkeit.

13 Zu den Beweismitteln gehören auch die Bücher, Aufzeichnungen, Geschäftspapiere oder andere Unterlagen sowie Daten ausländischer nahestehender Personen, ohne die eine vollständige Ermittlung des Sachverhalts nicht möglich ist. Dies gilt auch für die Unterlagen und Daten nahestehender Personen, die der Finanzbehörde unabhängig von der vom Beteiligten angewandten Methode eine Verprobung der Angemessenheit der Preise bzw. Ergebnisse von Geschäftsvorfällen ermöglichen. Die Vorlagepflicht gilt auch für Gutachten und Stellungnahmen zu Verrechnungspreisen (vgl. § 1 Abs. 1 Satz 1 AStG), soweit sie für die Festsetzung von Verrechnungspreisen oder für die Einkünfteermittlung in Zusammenhang mit Verrechnungspreisen für bedeutsam erachtet werden, sowie für E-Mails, Messengerdienstnachrichten oder Nachrichten mittels anderer elektronischer Kommunikationsmedien, soweit diese geschäftliche Inhalte mit steuerlichem Bezug aufweisen und damit insbesondere als Handels- oder Geschäftsbrief anzusehen sind.

14 Bei Auslandssachverhalten hat der Beteiligte Beweisvorsorge zu treffen, damit er seine erhöhte Mitwirkungspflicht erfüllen kann. Er kann sich daher nicht darauf berufen, einen entsprechenden Sachverhalt nicht aufklären oder Beweismittel nicht beschaffen zu können, wenn er sich bei der Gestaltung seiner Verhältnisse die Möglichkeit dazu hätte einräumen lassen können (§ 90 Abs. 2 Satz 4 AO). Der Beteiligte ist während und nach der Verwirklichung eines Auslandssachverhalts verpflichtet, alle Möglichkeiten auszuschöpfen, um im Verwaltungsverfahren seiner erhöhten Mitwirkungspflicht nachkommen zu können (BFH-Urteil vom 14. 5. 1982 VI R 266/80, BStBl. II S. 772). Die Verpflichtung zur Beweismittelvorsorge beschränkt sich auf das im Einzelfall für den Beteiligten zumutbare Maß sowie die rechtliche und tatsächliche Möglichkeit der Vorsorge. Der Beteiligte muss daher z. B. schon bei Abschluss eines Vertrages durch entsprechende vertragliche Regelungen dafür Sorge tragen, dass er auch später auf die im Ausland befindlichen Beweismittel zugreifen kann, um diese der Finanzbehörde vorlegen zu können. Dies gilt insbesondere dann, wenn Geschäftsbeziehungen zwischen nahestehenden Personen vereinbart werden, da die Vorlage der im Ausland befindlichen Beweismittel eine notwendige Voraussetzung dafür ist, die Angemessenheit der der Geschäftsbeziehung zugrunde liegenden Verrechnungspreise zu prüfen und eine derartige Beweisvorsorge auch für die Beteiligten rechtlich und tatsächlich möglich ist. Der Beteiligte kann im Einzelfall zur Vorlage derjenigen Unterlagen eines Dritten verpflichtet sein, auf deren Überlassung er zwar keinen Anspruch hat, welche er sich aber tatsächlich mit zumutbarem Aufwand beschaffen kann. Ein ordentlicher Geschäftsleiter würde sich beispielsweise in folgenden Fällen eine Vorlage der Unterlagen vertraglich vorbehalten:

a) Nachweise über Abgabepreise einer nahestehenden Vertriebsgesellschaft gegenüber fremden Dritten bei Anwendung der Wiederverkaufspreismethode,
b) Kalkulationsunterlagen einer ausländischen Dienstleistungsgesellschaft bei Anwendung der Kostenaufschlagsmethode,
c) Nachweise über die geleisteten Beiträge der zusammenwirkenden Unternehmen bei Beteiligung an einer Kostenumlagevereinbarung,
d) Nachweise über die vom Lizenznehmer mit diesen Werten erwirtschafteten Umsatzerlöse bei Überlassung von immateriellen Werten gegen umsatzabhängige Lizenzgebühren oder
e) Unterlagen über den Gesamtgewinn bzw. -verlust sowie den Aufteilungsschlüssel bei Anwendung der geschäftsvorfallbezogenen Gewinnaufteilungsmethode.

15 Ist der Beteiligte unmittelbar oder mittelbar Mehrheitsgesellschafter einer Gesellschaft oder kontrolliert er die Mehrheit der Stimmrechte einer Gesellschaft, ist davon auszugehen, dass er über (gesellschafts-)rechtliche Möglichkeiten der Informations- und Beweismittelbeschaffung von dieser ihm nahestehenden Gesellschaft verfügt. Er kann sich in diesen Fällen nicht mit Erfolg auf eine Verweigerung der Mitwirkung der ihm nahestehenden Gesellschaft berufen.

16 Beruft sich ein Beteiligter darauf, dass er Informationen nicht erteilen oder Beweismittel nicht vorlegen kann, weil ausschließlich eine nahestehende Person darüber verfügt und diese die Herausgabe verweigert, liegt nur insoweit kein Verstoß des Beteiligten gegen seine Mitwirkungspflichten vor, als er weder rechtlich (z. B. gesellschaftsrechtlich) noch tatsächlich die Möglichkeiten hat, die Informationen oder Unterlagen bei dem Nahestehenden zu beschaffen und ihm auch eine Beweisvorsorge nicht möglich oder nicht zumutbar war. Die Verweigerung der Mitwirkung einer nahestehenden Person kann durch Vorlage des entsprechenden Schriftverkehrs glaubhaft gemacht werden. Verweigert eine nahestehende Person nachweislich ihre Mitwirkung, hat der Steuerpflichtige seine erhöhten Mitwirkungspflichten dennoch zu erfüllen, soweit ihm dies möglich ist. Die Möglichkeiten der internationalen Rechts- und Amtshilfe bleiben davon unberührt.

17 Sind in einer inländischen Gesellschaft und einer ihr nahestehenden ausländischen Gesellschaft, zwischen denen Geschäftsbeziehungen bestehen, dieselben natürlichen Personen als Geschäftsführer tätig (Personalunion), kann davon ausgegangen werden, dass diese Personen über tatsächliche Möglichkeiten zur Auskunftserteilung und zur Nachweisbeschaffung verfügen. Ist in solchen Fällen eine Prüfungsanordnung nicht nur gegen die inländische Gesellschaft, sondern auch gegen die ausländische Gesellschaft erlassen worden, können die inländische Gesellschaft und die ausländische Gesellschaft jeweils in ihren eigenen Steuerangelegenheiten (einschließlich der steuerlichen Aspekte der Geschäftsbeziehung zur jeweils anderen Gesellschaft) als Beteiligte nach § 93 Abs. 1 Satz 1 AO um Auskunft ersucht werden; dabei ist unerheblich, ob die beiden Gesellschaften durch dieselbe Person als Geschäftsführer vertreten werden.

18 Ist die Erteilung bestimmter Auskünfte an die Behörden nach den Vorschriften anderer Staaten unzulässig oder sogar strafbewehrt, entbindet dieses Verbot den Beteiligten nicht von seiner Mitwirkungspflicht nach § 90 Abs. 2 AO (BFH-Urteil vom 16. 4. 1980 I R 75/78, BStBl. 1981 II S. 492; BFH-Urteil vom 31. 5. 2006 II R 66/04, BStBl. 2007 II S. 49). Die den Beteiligten treffende Pflichtenkollision ist von der Finanzbehörde im Rahmen der Schätzung nach § 162 Abs. 1 AO zu berücksichtigen. Anl 2

19 Die Berücksichtigung des ausländischen Rechts sowie die Auslegung von Verträgen oder ähnlichen Dokumenten und deren Würdigung obliegen der Finanzbehörde. Das ausländische Recht ist dabei so anzuwenden, wie es der ausländische Staat auslegt und anwendet. Die erhöhte Mitwirkungspflicht gemäß § 90 Abs. 2 AO trifft den Beteiligten aber insoweit, als er nachzuweisen hat, dass er die Voraussetzungen der ausländischen Rechtsnorm erfüllt oder aber nicht.

20 § 90 Abs. 2 AO bezieht sich auf sämtliche Sachverhalte, die für die Festsetzung von Steuern oder steuerlichen Nebenleistungen i. S. d. § 3 AO relevant sind. Dass ein für die Anwendung einer steuerlichen Norm maßgeblicher Sachverhalt nur zum Teil Auslandsbezug hat, ist für die Anwendung von § 90 Abs. 2 AO ohne Bedeutung.

21 Die Finanzbehörde hat dem Beteiligten für die Sachverhaltsaufklärung und die Nachweisbeschaffung eine angemessene Frist einzuräumen.

22 Die Finanzbehörde kann Dokumente in fremder Sprache entgegennehmen. Auf Anforderung sind diese unabhängig von ihrer Form in die deutsche Sprache zu übersetzen. Ein Übersetzungsverlangen ist auf das notwendige Maß zu beschränken. Ist bei umfangreichen Dokumenten eine Übersetzung ins Deutsche tatsächlich notwendig, ist eine Anforderung von Übersetzungen regelmäßig auf die wesentlichen Teile zu beschränken.

Wurden Dokumente nur teilweise übersetzt, führt dies nicht dazu, dass der Finanzbehörde Informationen aus den nicht übersetzten Teilen der vorgelegten Unterlagen als bekannt gelten müssen.

In begründeten Fällen kann die Vorlage einer beglaubigten oder von einem öffentlich bestellten oder vereidigten Dolmetscher oder Übersetzer angefertigte Übersetzung verlangt werden. Wird eine angeforderte und für die Prüfung notwendige Übersetzung nicht unverzüglich vorgelegt, kann die Finanzbehörde eine Übersetzung auf Kosten des Beteiligten anfertigen lassen (§ 87 Abs. 2 Satz 3 AO) oder die Unterlagen als unbeachtlich behandeln. Die Finanzbehörde soll den Beteiligten vorher auf diese Folgen hinweisen.

Die Amtssprache ist Deutsch. Die Finanzbehörde äußert sich gegenüber ausländischen Beteiligten oder deren Bevollmächtigten oder Beiständen grundsätzlich nicht in einer anderen Sprache. Die Finanzbehörde zieht bei Verhandlungen mit dem Beteiligten deshalb auch keinen Dolmetscher auf eigene Kosten hinzu.

23 Verletzt ein Steuerpflichtiger seine Pflichten gemäß § 90 Abs. 2 AO und ist der Sachverhalt nicht anderweitig aufklärbar, so kann zu seinem Nachteil von einem Sachverhalt ausgegangen werden, für den unter Berücksichtigung der Beweisnähe des Steuerpflichtigen und seiner Verantwortung für die Aufklärung des Sachverhalts eine gewisse Wahrscheinlichkeit spricht. Insbesondere dann, wenn die Mitwirkungspflicht sich auf Tatsachen und Beweismittel aus dem alleinigen Verantwortungsbereich des Steuerpflichtigen bezieht, können aus seiner Pflichtverletzung für ihn nachteilige Schlussfolgerungen gezogen werden. Siehe insbesondere § 162 Abs. 2 AO zur Schätzung (vgl. AEAO zu § 162).

24 Bei Nichterfüllung der Mitwirkungspflicht können Zwangsmittel (§ 328 AO) oder ein Verzögerungsgeld (§ 146 Abs. 2 b AO) festgesetzt werden.

1.3. Besondere Mitwirkungspflichten (§ 90 Abs. 3 AO)

1.3.1. Grundsätze der Aufzeichnungspflicht (§ 90 Abs. 3 Satz 1 AO)

25 Die Verordnung zu Art, Inhalt und Umfang von Aufzeichnungen i. S. d. § 90 Abs. 3 der Abgabenordnung (Gewinnabgrenzungsaufzeichnungs-Verordnung – GAufzV; 12. 7. 2017, BGBl. I S. 2367) bestimmt Art, Inhalt und Umfang der zu erstellenden Aufzeichnungen. Ergänzend hierzu enthalten die Anhänge I und II zu Kapitel V der OECD-Verrechnungspreisleitlinien für multinationale Unternehmen Steuerverwaltungen 2017 (OECD-Verrechnungspreisleitlinien 2017) eine Auflistung von Informationen, die regelmäßig in der Verrechnungspreisdokumentation enthalten sein sollten. 15

26 Die Aufzeichnungspflicht als besondere Ausprägung der allgemeinen Mitwirkungspflichten zielt insbesondere darauf ab (vgl. auch Tz. 5.5 ff. OECD-Verrechnungspreisleitlinien 2017), dass

a) sichergestellt wird, dass der Steuerpflichtige die Anforderungen des Fremdvergleichsgrundsatzes berücksichtigt,
b) die Steuerverwaltung die notwendigen Informationen erhält, um eine sachverständige Risikobeurteilung vornehmen zu können, und
c) die Steuerverwaltung die steuerlich relevanten Informationen erhält, die sie bei der Durchführung einer Prüfung der grenzüberschreitenden Geschäftsbeziehungen zwischen einander nahestehenden Personen (Verrechnungspreisprüfungen) benötigt.

Demzufolge tragen die Aufzeichnungen gemäß § 90 Abs. 3 AO (sog. Verrechnungspreisdokumentation) dazu bei, dass es einem sachverständigen Dritten ermöglicht wird, innerhalb einer angemessenen Frist festzustellen, welche Sachverhalte der Steuerpflichtige im Zusammenhang mit seinen Geschäftsbeziehungen tatsächlich verwirklicht hat und ob und inwieweit er dabei den Fremdvergleichsgrundsatz beachtet hat (siehe auch BT-Drs. 15/119, S. 52).

27 Die Aufzeichnungspflicht ist mit dem Unionsrecht vereinbar (BFH-Urteil vom 10. 4. 2013 I R 45/11, BStBl. II S. 771).

28 Unter § 90 Abs. 3 AO fallen die Geschäftsbeziehungen i. S. d. § 1 Abs. 4 AStG eines Steuerpflichtigen. Im Einklang mit § 1 AStG ist ein Steuerpflichtiger in diesem Sinne auch eine Personengesellschaft oder eine Mitunternehmerschaft.

29 Gesellschaftsvertragliche Vereinbarungen (z. B. Vermögenseinlagen) gehören nicht zu den Geschäftsbeziehungen. Damit die Finanzbehörde prüfen kann, ob ein Vorgang als gesellschaftsrechtliche

Anl 2

Vereinbarung oder als Geschäftsbeziehung anzusehen ist, hat der Steuerpflichtige entsprechende Unterlagen aller Beteiligten (z. B. Bilanzen) vorzulegen.

30 Die Aufzeichnungspflichten gelten auch für anzunehmende schuldrechtliche Beziehungen zwischen einer Betriebsstätte und dem übrigen Unternehmen gemäß § 1 Abs. 4 Nr. 2 AStG.

31 Die Aufzeichnungspflicht nach § 90 Abs. 3 AO ersetzt nicht die Pflicht zu Erstellung einer Hilfs- und Nebenrechnung gemäß § 3 Betriebsstättengewinnaufteilungsverordnung (BsGaV; 13. 10. 2014, BGBl. I S. 1603, die zuletzt durch Art. 5 der Verordnung vom 12. 7. 2017, BGBl. I S. 23 603 geändert worden ist) und umgekehrt.

32 Auf grenzüberschreitende Geschäftsbeziehungen einer Personengesellschaft oder Mitunternehmerschaft mit ihr nahestehenden Personen ist der Fremdvergleichsgrundsatz anzuwenden; entsprechend sind Aufzeichnungen i. S. d. § 90 Abs. 3 AO und der GAufzV vorzulegen. Dies gilt für grenzüberschreitende Beziehungen im Bereich des Sonderbetriebsvermögens gleichermaßen.

33 Für Geschäftsbeziehungen einer nicht buchführungspflichtigen Personengesellschaft ist auch die Personengesellschaft oder Mitunternehmerschaft selbst aufzeichnungspflichtig. Ist für die inländischen Gesellschafter der Personengesellschaft ein Treuhänder oder ein anderer Vertreter bestellt, reicht es aus, wenn die Aufzeichnungen von dieser Person erstellt werden und der inländische Gesellschafter die fristgerechte Vorlage sicherstellt.

34 Aufzeichnungen sind grundsätzlich in deutscher Sprache vorzulegen. Auf Antrag des Steuerpflichtigen kann die Finanzbehörde die Vorlage der Aufzeichnungen in einer anderen lebenden Sprache (insbesondere in englischer Sprache) zulassen, wenn ein sachgerechtes Verständnis innerhalb eines angemessenen Zeitraums sichergestellt werden kann. Bei Aufzeichnungen gemäß § 90 Abs. 3 Satz 3 AO (Stammdokumentation – master file) gilt dies im Besonderen.

Einem solchen Antrag ist jedoch nur unter der Bedingung zu entsprechen, dass von einer Finanzbehörde später angeforderte Übersetzungen innerhalb einer angemessenen Frist vorgelegt werden. Über den Antrag hat die im Zeitpunkt des Eingangs des Antrags für die Festsetzung oder Feststellung der Einkünfte, auf die der Antrag sich bezieht, örtlich und sachlich zuständige Finanzbehörde unverzüglich zu entscheiden. Wird der Antrag nach Bekanntgabe der Prüfungsanordnung gestellt, entscheidet die für die Prüfung zuständige Finanzbehörde. Wird dem Antrag entsprochen, befreit dies den Steuerpflichtigen nicht davon, in einem etwaigen finanzgerichtlichen Verfahren die Aufzeichnungen in deutscher Sprache vorzulegen (§ 52 Abs. 1 FGO, § 184 GVG).

Der Antrag kann bereits vor der Anfertigung der Aufzeichnungen gestellt werden. Er ist vom Steuerpflichtigen spätestens unverzüglich nach der Anforderung von Aufzeichnungen durch die Finanzbehörde zu stellen. Die Antragstellung hat keine Auswirkung auf den Fristlauf des § 90 Abs. 3 Satz 7 und 8 AO.

Bei der Anforderung von Übersetzungen ist der Grundsatz der Verhältnismäßigkeit zu beachten. Aufzeichnungen, die in fremder Sprache vorgelegt werden, können unverwertbar sein. So ist z. B. eine Verrechnungspreisdokumentation im Wesentlichen unverwertbar, wenn die Aufzeichnungen ohne Zustimmung der Finanzbehörde in fremder Sprache vorgelegt werden und der Steuerpflichtige diese trotz Aufforderung nicht übersetzt.

35 Für die Erstellung der Aufzeichnungen sind die wirtschaftlichen und rechtlichen Verhältnisse in dem Zeitpunkt maßgeblich, in dem der Vertrag (Verpflichtungsgeschäft) für den Geschäftsvorfall abgeschlossen worden ist bzw. in dem sich die wirtschaftlichen Bedingungen ggf. so wesentlich geändert haben, dass fremde Dritte eine Anpassung der Geschäftsbedingungen vereinbart oder den Vertrag gekündigt hätten. Hierbei ist unerheblich, ob der Vertrag mündlich, schriftlich oder durch konkludentes Handeln geschlossen wurde.

36 Die Aufzeichnungen gemäß § 90 Abs. 3 AO müssen das ernsthafte Bemühen des Steuerpflichtigen belegen, seine Geschäftsbeziehungen unter Beachtung des Fremdvergleichsgrundsatzes zu gestalten (§ 2 Abs. 1 GAufzV). Das ernsthafte Bemühen ist anhand objektivierter Umstände glaubhaft zu machen.

37 Hinsichtlich der Folgen der Verletzung der Aufzeichnungspflicht wird auf § 162 Abs. 3 und 4 AO verwiesen (Rn. 80 ff.).

38 Die Erleichterungen des § 6 Abs. 1 GAufzV bestehen in erster Linie darin, dass die Verpflichtung zur Vorlage von Aufzeichnungen auch dadurch erfüllt werden kann, fristgerecht (§ 90 Abs. 3 Satz 7 AO) mündliche Auskünfte zu erteilen und bereits vorhandene Unterlagen vorzulegen. § 93 Abs. 4 Satz 2 AO bleibt davon unberührt.

39 Bei der Prüfung, ob die Betragsgrenzen i. S. d. § 6 Abs. 2 GAufzV überschritten werden, sind die Entgelte für die von ausländischen nahestehenden Personen empfangenen und für die an sie erbrachten Lieferungen bzw. Leistungen aller zusammenhängenden inländischen Unternehmen i. S. d. §§ 13, 18 und 19 der allgemeinen Verwaltungsvorschrift für die Betriebsprüfung – Betriebsprüfungsordnung (BpO 2000 vom 15. 3. 2000, BStBl. I S. 368, zuletzt geändert durch die allgemeine Verwaltungsvorschrift vom 20. 7. 2011, BStBl. I S. 710) zusammenzurechnen. Güter und Waren i. S. d. Vorschrift können alle materiellen Wirtschaftsgüter und immateriellen Werte sein. Geschäftsbeziehungen zu inländischen nahestehenden Personen bleiben bei der Berechnung unberücksichtigt.

1.3.2. Sachverhalts- und Angemessenheitsdokumentation (§ 90 Abs. 3 Satz 2 AO)

1.3.2.1. Sachverhaltsdokumentation

40 Für die Sachverhaltsdokumentation hat der Steuerpflichtige Aufzeichnungen über Art, Inhalt und Umfang seiner Geschäftsbeziehungen zu nahestehenden Personen sowie über die wirtschaftlichen und rechtlichen Rahmenbedingungen zu erstellen (vgl. § 1 Abs. 2 und § 4 GAufzV).

41 Zum Beispiel können folgende Informationen in Abhängigkeit von der Art der Geschäftsbeziehung von besonderer Bedeutung sein:

Anl 2

Aktivität	Funktionen	Eingesetzte Vermögenswerte	Risiken
Forschung und Entwicklung (als eigenständige Aktivität)	Grundlagenforschung, Produktentwicklung, Produktdesign, Lizenzierung, Patententwicklung, Kontrolle und Management der Risiken	Patente, Lizenzen, wesentliche immaterielle Werte	Fehlgeschlagene Forschung, Marktvorteile aus erfolgreicher Forschung, Chance auf Lizenzeinnahme, Substitutionsrisiko, Marktrisiko, Patentrisiken
Herstellung von Produkten	Design, Forschung und Entwicklung, Produktmanagement, Produktionsplanung, Einkauf Rohstoffe etc., Lagerhaltung Rohstoffe etc., Fertigung, Verpackung, Montage, Qualitätssicherung, Beschaffung, Lagerhaltung Produkte, Logistik, ggf. Vertrieb, Verwaltung, Kontrolle und Management der Risiken	Lizenzen, Produkt- und/oder Prozess-Know-how, Marken, Grundstücke, Fertigungsanlagen, Abnahmegarantien	Investitionsrisiko, Kapazitäts- oder Auslastungsrisiko, Qualitätsrisiken, Umweltrisiken, Produkthaftungsrisiken, Risiko staatlicher Eingriffe (z. B. Umweltschutzbestimmungen, Mindestlöhne), Gewährleistungsrisiko
Vertrieb	Lagerhaltung, Werbung, Vertrieb, Finanzierung, Transport, Verzollung, Montage, technische Unterstützung, Kundendienst, Preisgestaltung, Kontrolle und Management der Risiken	Vertriebsrecht, Markenrecht, Kundenstamm, Fahrzeuge, Lagervorrichtung	Absatzrisiko (Änderung des Publikumsgeschmacks, Konjunkturschwäche), Chance auf einen Reingewinn aus Handels- bzw. Vertriebstätigkeit, Marktpreisrisiko, Inkassorisiko, Wechselkursrisiko, Transportrisiko, Lagerrisiko
Unternehmensverwaltung	Leitung, Koordination, Strategieentwicklung, Controlling, Finanzierung, Rechnungslegung, Mitarbeitersuche und -schulung, Kontrolle und Management der Risiken	spezifische Software, Know-how, Grundstücke, Gebäude	Geschäftsrisiko, Liquiditätsrisiko
Finanzierung	Kreditgeschäft, Diskontgeschäft, Garantiegeschäft, Kryptoverwahrgeschäft, Factoring, Leasing, Kontrolle und Management der Risiken	Sicherungsübereignete Vermögenswerte, Know-how	Wechselkursrisiko, Fristentransformationsrisiko, Liquiditätsrisiko, Debitorenrisiko
Versicherung	Absicherung Risiken, Vermittlung, Kontrolle und Management der Risiken		Risikotransfer, versicherungstechnisches Risiko

Anl 2

42 Die Aufzeichnungen müssen einem sachverständigen Dritten in angemessener Zeit ein grundlegendes Verständnis der Wertschöpfung innerhalb der Unternehmensgruppe (vgl. Tz. 1.51 OECD-Verrechnungspreisleitlinien 2017) bzw. innerhalb des einheitlichen Unternehmens (Rn. 30), des Geschäftsmodells und des Funktions- und Risikoprofils der Transaktionspartner vermitteln. Nur dann ist eine Beurteilung der Angemessenheit des Verrechnungspreises möglich.

43 Die mit den einzelnen nahestehenden Personen abgewickelten Geschäftsbeziehungen sind in einer Übersicht hinsichtlich ihrer Art und des betragsmäßigen Umfangs der Entgelte darzustellen (Transaktionsübersicht). Bei Darlehensverhältnissen ist auch die Darlehenssumme aufzuzeichnen. Die Vorlage der zugrunde liegenden Verträge ist zur Beurteilung grundsätzlich erforderlich.

1.3.2.2. Angemessenheitsdokumentation

44 Daneben sind Aufzeichnungen über die Angemessenheit der Verrechnungspreise zu erstellen (Angemessenheitsdokumentation; vgl. § 1 Abs. 3 und § 4 GAufzV). Diese beziehen sich auf die wirtschaftlichen und rechtlichen Grundlagen, aus denen sich ergibt, dass der Steuerpflichtige den Fremdvergleichsgrundsatz beachtet hat.

Die Angemessenheitsdokumentation muss das ernsthafte Bemühen des Steuerpflichtigen belegen, für Zwecke der steuerlichen Einkünfteermittlung den Fremdvergleichsgrundsatz zu beachten. Die Aufzeichnungen haben die angestellten Überlegungen widerzuspiegeln und für einen sachverständigen Dritten innerhalb einer angemessenen Frist nachvollziehbar zu machen.

45 Hierfür muss der Steuerpflichtige die Eignung der tatsächlich angewendeten Verrechnungspreismethode bzw. des hypothetischen Fremdvergleichs sowie die Angemessenheit der steuerlich zugrunde gelegten Preise bzw. des Ergebnisses begründen (§ 4 Abs. 1 Nr. 4 Buchst. d GAufzV). Der Steuerpflichtige ist daher verpflichtet, aufzuzeichnen, weshalb er die von ihm jeweils angewandte Verrechnungspreismethode für die am besten geeignete Methode hält bzw. weshalb der hypothetische Fremdvergleich anzuwenden ist. Zu einer Verprobung seiner Ergebnisse nach anderen Methoden ist der Steuerpflichtige nicht verpflichtet.

46 Die Finanzbehörden wählen die richtige Verrechnungspreismethode selbst aus, und zwar diejenige, die sich als geeignetste Methode erweist. Verwendet die Finanzbehörde bei ihrer Prüfung eine andere Methode als der Steuerpflichtige, kann dies nur zu einer Berichtigung führen, wenn die Ergebnisse der Alternativmethode wahrscheinlicher sind. Die hierfür erforderlichen Informationen sind vom Steuerpflichtigen der Finanzbehörde gegenüber vorzulegen. Können beispielsweise Unsicherheiten über die Vergleichbarkeit von Daten im Zuge einer Außenprüfung nicht beseitigt werden, kann die Finanzbehörde ihrerseits Verprobungsrechnungen durchführen, um zu beurteilen, ob das Ergebnis des Steuerpflichtigen anzuerkennen oder zu verwerfen ist. Die Zulässigkeit und das Erfordernis, die Ergebnisse einer Methode mit Hilfe des Einsatzes einer anderen Methode zu ermitteln, zu konkretisieren bzw. zu verproben, ergibt sich auch aus der ständigen Rechtsprechung (BFH-Urteil vom 17. 10. 2001 I R 103/00, BStBl. 2004 II S. 171; BFH-Urteil vom 6. 4. 2005 I R 22/04, BStBl. 2007 II S. 658).

47 Bei der Anwendung des hypothetischen Fremdvergleichs ist aufgrund der Bedeutung der zugrunde gelegten Annahmen und Bewertungsparameter eine sachgerechte Beurteilung der Bewertung nur dann möglich, wenn alle bei der Erstellung des Bewertungsmodells zugrunde gelegten relevanten Annahmen genau dargelegt und die Basis für die Auswahl der Bewertungsparameter beschrieben werden. Die Angemessenheit dieser Annahmen und Bewertungsparameter für den konkreten Geschäftsvorfall ist darzulegen. Darüber hinaus sollten Sensitivitätsanalysen Aufschluss darüber geben, wie sich der ermittelte Wert des Bewertungsobjekts verändert, wenn für das Modell alternative Annahmen und Parameter gewählt werden (siehe auch Tz. 6.160 OECD-Verrechnungspreisleitlinien 2017).

48 Die Angemessenheitsdokumentation hat sich auf die tatsächlich abgeschlossene und durchgeführte Vereinbarung des Steuerpflichtigen mit der ihm nahestehenden Person zu beziehen. Hat der Steuerpflichtige beispielsweise einen anderen als den zivilrechtlich vereinbarten Preis der Besteuerung zugrunde gelegt, müssen die Aufzeichnungen den für die Besteuerung angesetzten Verrechnungspreis darstellen. Hat der Steuerpflichtige Verträge geschlossen, diese aber nicht entsprechend dem Vereinbarten durchgeführt, haben sich die Aufzeichnungen auf die tatsächlichen Verhältnisse und damit die tatsächlich durchgeführte Geschäftsbeziehung zu beziehen.

49 Maßgebender Zeitpunkt für den Fremdvergleich ist grundsätzlich der Abschluss des Vertrages, nicht der Erfüllungszeitpunkt (BFH-Urteil vom 9. 3. 1983 I R 182/78, BStBl. II S. 744). Abzustellen ist daher auf die Verhältnisse zum Zeitpunkt der Vereinbarung des Geschäftsvorfalls. Der Steuerpflichtige kann sich auf nachträglich bekannt gewordene externe Fremdvergleichsdaten stützen, soweit sich diese auf den Zeitpunkt der Vereinbarung des Geschäftsvorfalls beziehen. Maßgebend bleiben daher die Verhältnisse zum Zeitpunkt der Vereinbarung des Geschäftsvorfalls. Entsprechend soll die Angabe über den Zeitpunkt der Verrechnungspreisbestimmung der Finanzverwaltung die Möglichkeit eröffnen, eine bessere Einschätzung vornehmen zu können, mit welcher zeitlichen Distanz die tatsächlich durchgeführten Geschäftsbeziehungen auf ihre Fremdüblichkeit hin überprüft wurden.

50 Eine Angemessenheitsdokumentation, welche auf Planrechnungen zurückgreift, ist soweit wie möglich auf Vergleichsdaten, wie fremdübliche Gewinnaufschläge oder eine marktübliche Kapitalverzinsung, zu stützen. Die zugrunde gelegten Planannahmen sind anhand der Erfahrungen aus bereits abgelaufenen Zeiträumen und auf Basis kaufmännischer, betriebswirtschaftlich fundierter, vorsichtiger Prognosen im Einzelnen zu begründen (BFH-Urteil vom 17. 2. 1993 I R 3/92, BStBl. II S. 457). Der Steuerpflichtige hat regelmäßig einen Abgleich zwischen den Planzahlen und den tatsächlichen Zahlen durchzuführen, um rechtzeitig auf einen geänderten Geschäftsverlauf reagieren zu können. Dazu getroffene Maßnahmen sind zu begründen und aufzuzeichnen. Weicht die tatsächlich eingetretene Entwicklung erheblich von der erstellten Prognose ab, hat der Steuerpflichtige die Abweichungen aufzu-

Anl 2

zeichnen und darzulegen, dass diese auf unerwarteten Umständen (z. B. außergewöhnlichen Kosten, Wirtschaftskrisen, Naturkatastrophen) beruhen, die er in seiner vorsichtigen kaufmännischen Prognose nicht berücksichtigen konnte.

51 Für die Durchführung der Angemessenheitsprüfung sind die steuerlich relevanten Unterlagen und Bilanzen aller Beteiligten unter Einschluss der konsolidierungsfähigen Einzelabschlüsse (sog. Handelsbilanzen II) vorzulegen.

52 Verrechnungspreisrichtlinien des Steuerpflichtigen und der Unternehmensgruppe, zu der dieser gehört, sind Bestandteil der Aufzeichnungen (§ 2 Abs. 3 Satz 5 GAufzV). Für sie gelten die entsprechenden Anforderungen. Weicht der Steuerpflichtige im Einzelfall von der Verrechnungspreisrichtlinie ab, muss er die Abweichung begründen und die Gründe bezogen auf den jeweiligen Geschäftsvorfall aufzeichnen und die Angemessenheit der abweichenden Preisbestimmung darlegen.

53 Werden Informationen aus Datenbanken herangezogen, ist Voraussetzung für eine Prüfung durch die Finanzbehörde, dass der in einer Datenbank vorgenommene Suchprozess im Rahmen des technisch Möglichen nachvollziehbar und prüfbar ist. Es muss der Finanzbehörde ermöglicht werden, auf Basis der vom Steuerpflichtigen genutzten Daten selbständig Alternativrechnungen vornehmen und feststellen zu können, ob der Steuerpflichtige alle relevanten Informationen unter Verwendung verschiedener, angemessener Suchkriterien berücksichtigt hat. Da Ergebnisse eines reinen Datenbankscreenings für die Prüfung der Vergleichbarkeit der Sachverhalte und somit der Angemessenheitsdokumentation regelmäßig nicht ausreichen, sind ergänzende Suchschritte und Auswahlverfahren entsprechend aufzuzeichnen und zu dokumentieren (vgl. § 4 Abs. 3 GAufzV). Die hierzu vom Steuerpflichtigen erstellten und zusammengetragenen Daten sind der Finanzbehörde im Rahmen des § 147 Abs. 5 und 6 AO in elektronischer Form zugänglich zu machen.

1.3.3. Stammdokumentation (§ 90 Abs. 3 Satz 3 und 4 AO)

54 Im Rahmen der Verrechnungspreisdokumentation hat der Steuerpflichtige nach § 90 Abs. 3 Satz 3 AO unter bestimmten Voraussetzungen eine sog. Stammdokumentation („master file") für ein Unternehmen zu erstellen. Mit dieser Regelung hat Deutschland die Empfehlungen des OECD/G20-Abschlussberichtes zu Aktionspunkt 13 des BEPS-Projekts vom 5. Oktober 2015 in nationales Recht umgesetzt. Die Inhalte dieses Abschlussberichtes wurden in das Kapitel V und den Anhang I zu Kapitel V der OECD-Verrechnungspreisleitlinien 2017 übernommen. Das Ziel und der Zweck der Stammdokumentation besteht darin, den Steuerverwaltungen einen Überblick über die Art der weltweiten Geschäftstätigkeit und über die Systematik der Verrechnungspreisbestimmung der multinationalen Unternehmensgruppe zu geben.

55 Für die Voraussetzungen zur Erstellung der Stammdokumentation gilt Folgendes:

a) Das Unternehmen ist Teil einer multinationalen Unternehmensgruppe.
b) Als Unternehmen im Sinne dieser Vorschrift sind Betriebe zu verstehen, die Einkünfte aus Gewerbebetrieb gemäß § 15 Abs. 1 Satz 1 Nr. 1 EStG erzielen.
c) Der Umsatz des Unternehmens betrug im vorangegangenen Wirtschaftsjahr mindestens 100 Millionen Euro. Der Umsatzbegriff richtet sich nach § 277 Abs. 1 HGB. Maßgeblich sind die nicht-konsolidierten Inlands- und Auslandsumsätze des Unternehmens mit fremden Dritten sowie mit nahestehenden Personen i. S. d. § 1 Abs. 2 AStG. Innenumsätze zwischen dem Unternehmen und seiner Betriebsstätte sind nicht einzubeziehen. Für die Überschreitung der Umsatzgrenze von 100 Millionen Euro ist es unerheblich, wie hoch der Anteil der Auslandsumsätze an den Gesamtumsätzen ist. Eine Stammdokumentation ist auch zu erstellen, wenn die Auslandsumsätze nur einen geringfügigen Teil der relevanten Gesamtumsätze ausmachen.

56 Der Umfang der Stammdokumentation ist in § 5 Abs. 1 Satz 1 GAufzV und der Anlage zu § 5 GAufzV geregelt. Die Anlage listet die vorzulegenden Aufzeichnungen und Unterlagen im Einzelnen auf. Die Liste ist abschließend, § 90 Abs. 3 Satz 10 AO (Rn. 66) und § 2 Abs. 5 GAufzV sind dennoch zu beachten.

57 Nach § 5 Abs. 2 GAufzV soll das Ziel der Stammdokumentation mit angemessenem Aufwand für den Steuerpflichtigen erreicht werden können (Verhältnismäßigkeitsgrundsatz). Der Überblickscharakter der Stammdokumentation soll gewahrt werden. Unterlagen, die im Rahmen der Stammdokumentation gefordert sind, den Finanzbehörden aber bereits vorliegen, müssen vom Steuerpflichtigen daher nicht erneut eingereicht werden (z. B. der Konzernabschluss); ein entsprechender Verweis in der Stammdokumentation genügt.

58 Der in Satz 2 der Anlage zu § 5 GAufzV eingeräumte Beurteilungsspielraum bei der Auslegung der unbestimmten Rechtsbegriffe, die in der Anlage enthalten sind, soll sich an den Empfehlungen des OECD/G20-Abschlussberichtes zu Aktionspunkt 13 des BEPS-Projekts und Kapitel V der OECD-Verrechnungspreisleitlinien 2017 orientieren. Dadurch wird eine international einheitliche Umsetzung der Stammdokumentation gewährleistet.

59 Die Stammdokumentation nach § 90 Abs. 3 Satz 3 AO ergänzt zwar inhaltlich die landesspezifische unternehmensbezogene Verrechnungspreisdokumentation nach § 90 Abs. 3 Satz 1 und Satz 2 AO. Für die Stammdokumentation nach § 90 Abs. 3 Satz 3 AO ist aber ein gesonderter Bericht oder Berichtsteil zu erstellen, in welchem ggf. auf die länderspezifische, unternehmensbezogene Verrechnungspreisdokumentation und bei der Finanzbehörde bereits vorliegende Unterlagen verwiesen werden kann.

60 Bei Nichterfüllung der Aufzeichnungspflicht gemäß § 90 Abs. 3 Satz 3 AO können Zwangsmittel (§ 328 AO) oder ein Verzögerungsgeld (§ 146 Abs. 2 b AO) festgesetzt werden.

1.3.4. Vorlageverlangen (§ 90 Abs. 3 Satz 5 und 6 AO, § 2 Abs. 6 GAufzV)

61 Nach § 90 Abs. 3 Satz 5 AO i. V. m. § 2 Abs. 6 GAufzV liegt es im Ermessen der Finanzbehörde, ob und wann sie die Vorlage der Aufzeichnungen verlangt. In der Regel soll dies nur für die Durchführung

Anl 2 einer Außenprüfung erfolgen. In begründeten Einzelfällen können die Aufzeichnungen auch außerhalb der Außenprüfung angefordert werden. So kann die Durchführung eines Verständigungsverfahrens Anlass sein, i. S. v. § 90 Abs. 3 Satz 5 AO die Vorlage von Aufzeichnungen auch außerhalb einer Außenprüfung zu verlangen.

62 Zur Beschleunigung eines etwaigen Verständigungsverfahrens kann der Steuerpflichtige der hierfür zuständigen Behörde bereits vorab mitteilen, dass bei einer nahestehenden Person oder einer Betriebsstätte im Ausland eine Einkünftekorrektur vorgenommen wurde. Es ist seitens dieser Behörde dann anzuregen, dass der Steuerpflichtige alle erforderlichen Unterlagen (§ 90 Abs. 2 AO) vorlegt und Aufzeichnungen nach § 90 Abs. 3 AO auch außerhalb einer Außenprüfung erstellt.

1.3.5. Vorlagefrist und Verlängerung (§ 90 Abs. 3 Satz 7 und 9 AO)

16 **63** Die Vorlagefrist beginnt mit der Bekanntgabe der Anforderung, nicht mit dem Prüfungsbeginn im Unternehmen des Steuerpflichtigen. Die Finanzbehörde kann die Vorlage auch dann innerhalb der Frist verlangen, wenn die Außenprüfung auf Antrag des Steuerpflichtigen verschoben wird.

64 Es obliegt dem Steuerpflichtigen, die erforderlichen Vorkehrungen zu treffen, um die Vorlagefrist einhalten zu können. Die Finanzbehörde geht davon aus, dass der Steuerpflichtige die für die Verrechnungspreisbestimmung wesentlichen Daten und Fakten regelmäßig und zeitnah sammelt sowie sachgerecht und geordnet verfügbar hält.

65 Zeichnen sich im konkreten Fall bei den Bemühungen des Steuerpflichtigen, sich auf die Erfüllung der Aufzeichnungspflichten vorzubereiten, erhebliche Schwierigkeiten ab, können diese im Vorhinein mit der für die Außenprüfung zuständigen Finanzbehörde erörtert werden. Eine Anerkennung der vom Steuerpflichtigen angesetzten Verrechnungspreise ist damit nicht verbunden.

1.3.6. Ergänzung auf Anforderung (§ 90 Abs. 3 Satz 10 AO)

17 **66** Die Finanzbehörde kann den Steuerpflichtigen gemäß § 90 Abs. 3 Satz 10 AO dazu auffordern, die vorgelegten Aufzeichnungen innerhalb einer angemessenen Frist um detailliertere oder weitere Unterlagen zu ergänzen. Eine Ergänzung ist insbesondere dann notwendig, wenn sich aus Sicht der Finanzbehörde aufgrund der bereits vorgelegten Aufzeichnungen Anhaltspunkte für weitere Nachfragen ergeben.

2. Schätzung von Besteuerungsgrundlagen und Zuschläge (§ 162 AO)

2.1. Allgemeines

18 **67** Die Mitwirkungspflichten nach §§ 90 Abs. 1 bis 3 Satz 1 und 2, 200 AO sind insbesondere verletzt, wenn ein Beteiligter Tatsachen, die ausschließlich oder überwiegend seiner Wissenssphäre zugehören, nicht gegenüber der Finanzbehörde offenlegt. Die Finanzbehörde ist dann befugt zu schätzen. Der „Beweisverderber" soll aus seinem Verhalten keinen Vorteil ziehen (BFH-Urteil vom 15. 2. 1989 X R 16/86, BStBl. II S. 462).

68 Grundsätzlich trägt die Finanzbehörde die Feststellungslast für diejenigen Tatsachen, die einen Steueranspruch begründen bzw. erhöhen. Die Frage der Feststellungslast stellt sich, wenn ein entscheidungserheblicher Sachverhalt trotz Ausschöpfung aller zugänglichen und zumutbaren Ermittlungsmöglichkeiten nicht vollständig aufgeklärt werden kann. Aus der gemeinsamen Verantwortung des Steuerpflichtigen einerseits und der Finanzbehörde andererseits für die vollständige Sachaufklärung folgt u. a., dass sich dann, wenn ein Steuerpflichtiger ihm obliegende allgemeine oder besondere Mitwirkungs-, Informations- oder Nachweispflichten verletzt, grundsätzlich die Ermittlungspflicht der Finanzbehörde entsprechend reduziert. Kriterien und Ausmaß der Reduzierung von Sachaufklärungspflicht und Beweismaß lassen sich nicht generell festlegen, sondern nur im Einzelfall bestimmen. Die Verletzung der Mitwirkungspflichten kann insbesondere dann, wenn sie Tatsachen oder Beweismittel aus dem alleinigen Verantwortungsbereich des Steuerpflichtigen betrifft, dazu führen, dass aus seinem Verhalten für ihn nachteilige Schlüsse gezogen werden. Besondere Bedeutung kommt in diesem Zusammenhang dem Gedanken der Beweisnähe zu: Die Verantwortung des Steuerpflichtigen für die Aufklärung des Sachverhalts ist umso größer, je mehr Tatsachen oder Beweismittel der von ihm beherrschten Informations- und/oder Tätigkeitssphäre angehören (BFH-Urteil vom 15. 2. 1989 X R 16/86, BStBl. II S. 462). Die Finanzbehörde hat dennoch auch in diesen Fällen den Sachverhalt aufzuklären, soweit ihr dies zumutbar ist.

69 Wirkt sich die Verletzung der Mitwirkungspflichten auf mehrere Tatbestandsmerkmale einer Einkünftekorrekturvorschrift aus, tritt eine Beweismaßreduzierung für alle betroffenen Tatbestandsmerkmale der Berichtigungsvorschrift ein.

70 Grundlage der Schätzung ist es, in einem Akt wertenden Schlussfolgerns (BFH-Urteil vom 26. 2. 2002 X R 59/98, BStBl. II S. 450) von dem Sachverhalt auszugehen, der der Wirklichkeit am nächsten kommt. Das Schätzungsergebnis soll dem wahren Sachverhalt möglichst nahekommen (BFH-Urteil vom 11. 3. 1999 V R 78/98, BFHE 188 S. 160). Die Schätzergebnisse müssen daher schlüssig, wirtschaftlich möglich und vernünftig sein (BFH-Urteil vom 20. 3. 2017 X R 11/16, BStBl. II S. 992). Unschärfen aufgrund der Schätzung gehen zulasten des Steuerpflichtigen.

71 Für die Überprüfung des tatsächlich vereinbarten Verrechnungspreises und als Grundlage für die Schätzung nach § 162 Abs. 1 AO kann im konkreten Einzelfall der Fremdvergleichspreis mittels einer geeigneten Verrechnungspreismethode mit der größtmöglichen Wahrscheinlichkeit der Richtigkeit ermittelt werden (BFH-Urteil vom 17. 10. 2001 I R 103/00, BStBl. 2004 II S. 171).

72 Datenbankstudien sind eine zulässige Schätzungsmethode i. S. d. § 162 AO. Bei Vergleichsunternehmen handelt es sich um einzeln festzustellende Grundlagen. Schätzungen müssen insoweit insgesamt in sich schlüssig sein.

73 Die Vorlage verwertbarer Aufzeichnungen schließt Einkünfteberichtigungen nicht aus. Die Finanzbehörde kann über solche Aufzeichnungen hinaus weitere Auskünfte und Unterlagen anfordern (§ 88 AO) und Verprobungen nach anderen Methoden vornehmen. Dabei kann die Finanzbehörde die Verprobung im Einklang mit Rn. 49 auch auf nachträglich bekannt gewordene externe Fremdvergleichsdaten stützen. Verwertbare Aufzeichnungen sind lediglich Ausgangspunkt für die Prüfung. Die Vorlage verwertbarer Aufzeichnungen schließt daher auch die Schätzungsbefugnis der Finanzbehörde gemäß § 162 Abs. 1 und 2 AO nicht aus. Für eine Einkünfteberichtigung reichen allein Mängel in der Begründung für deren Angemessenheit seitens des Steuerpflichtigen nicht aus. Voraussetzung einer Einkünfteberichtigung ist vielmehr, dass die vom Steuerpflichtigen angewandten Verrechnungspreise mit hoher Wahrscheinlichkeit nicht dem Fremdvergleich entsprechen und dass der von der Finanzbehörde ermittelte Verrechnungspreis zumindest wahrscheinlicher ist. Anl 2

74 Die Finanzverwaltung des Staates, die die Erstkorrektur vornimmt, trägt die Feststellungslast im Verständigungsverfahren (vgl. Tz. 4.17 OECD-Verrechnungspreisleitlinien 2017).

2.2. Schätzungen nach § 162 Abs. 1 AO

75 Eine Schätzung ist nicht schon deswegen unrechtmäßig, weil sie nicht den tatsächlichen Verhältnissen entspricht. Abweichungen von den tatsächlichen Verhältnissen sind nicht zu vermeiden, weil die volle Kenntnis der wahren Gegebenheiten fehlt. Eine Schätzung ist erst dann rechtswidrig, wenn der Schätzungsrahmen überschritten wird, der durch die Kenntnisse der Finanzbehörde über den Fall vorgegeben ist. Schätzt die Finanzbehörde bewusst und willkürlich zum Nachteil des Steuerpflichtigen (Strafschätzung), kann dies zur Nichtigkeit des Schätzungsbescheides führen (BFH-Urteil vom 1. 10. 1992 IV R 34/90, BStBl. 1993 II S. 259; BFH-Urteil vom 20. 12. 2000 I R 50/00, BStBl. 2001 II S. 381). **19**

2.3. Schätzungen nach § 162 Abs. 2 AO

76 Hat es der Steuerpflichtige zu vertreten, dass die Besteuerungsgrundlagen geschätzt werden müssen, weil er z. B. seine Mitwirkungspflichten nach § 90 Abs. 2 AO verletzt, gehen Unsicherheiten zu seinen Lasten (gemindertes Beweismaß). Bei groben Verstößen des Steuerpflichtigen, die erhebliche Änderungen gegenüber seinen Angaben in der Steuererklärung notwendig machen, ist die Finanzbehörde im Allgemeinen berechtigt und verpflichtet, die Besteuerungsgrundlagen nach dem für den Steuerpflichtigen ungünstigsten, aber noch möglichen Sachverhalt festzustellen (BFH-Urteil vom 9. 3. 1967 IV 184/63, BStBl. II S. 349). Strafschätzungen sind auch in diesen Fällen nicht zulässig. **20**

77 In Verrechnungspreisfällen soll eine Schätzung nach § 162 Abs. 2 AO zur Besteuerung des Gewinns führen, der erzielt worden wäre, wenn dem Fremdvergleich entsprechende Verrechnungspreise angesetzt worden wären. An die Nachweise, die von der Finanzbehörde dafür zu erbringen sind, dürfen keine überspitzten Anforderungen gestellt werden (BFH-Urteil vom 23. 6. 1993 I R 72/92, BStBl. II S. 801).

78 Sind die Voraussetzungen für eine Schätzung nach § 162 Abs. 2 AO erfüllt, dürfen die Besteuerungsgrundlagen nach Methoden und aufgrund von Daten geschätzt werden, deren Beweiswert außerhalb einer solchen Schätzung nicht für eine Einkünfteberichtigung ausreicht (z. B. Richtsatzvergleich, Branchendurchschnittswerte).

79 Die Berechtigung zur Vornahme einer Schätzung ist nicht davon abhängig, dass die Finanzbehörde vorher die internationale Rechts- und Amtshilfe in Anspruch genommen hat.

2.4. Schätzungen nach § 162 Abs. 3 AO und Zuschlag nach § 162 Abs. 4 AO

80 Verstößt der Steuerpflichtige dadurch gegen seine Aufzeichnungspflichten nach § 90 Abs. 3 AO, dass er **21**

a) trotz Anforderung durch die Finanzbehörde keine Aufzeichnungen oder im Wesentlichen unverwertbare Aufzeichnungen vorlegt oder
b) verwertbare Aufzeichnungen für außergewöhnliche Geschäftsvorfälle nicht zeitnah (§ 3 GAufzV) erstellt hat,

wird nach § 162 Abs. 3 Satz 1 AO widerlegbar vermutet, dass die Einkünfte aus Geschäftsbeziehungen i. S. d. § 1 Abs. 4 AStG durch eine nicht fremdübliche Gestaltung gemindert worden sind. In diesen Fällen trifft den Steuerpflichtigen die Beweisführungslast, dass es zu keiner Einkünfteminderung gekommen ist.

81 Im Fall der verspäteten Erstellung von Aufzeichnungen für außergewöhnliche Geschäftsvorfälle ist deren Beweiswert unter Berücksichtigung der Tatsache der Verspätung (Indiz) zu würdigen.

82 Im Wesentlichen unverwertbar sind die Aufzeichnungen dann, wenn sie es einem sachverständigen Dritten innerhalb eines angemessenen Zeitraums nicht ermöglichen, festzustellen und zu prüfen, welchen Sachverhalt der Steuerpflichtige verwirklicht und ob er dabei den Fremdvergleichsgrundsatz beachtet hat. Die Frage der Verwertbarkeit bezieht sich damit sowohl auf die Sachverhalts- als auch auf die Angemessenheitsdokumentation. Die Maßstäbe für eine ordnungsmäßige Buchführung (vgl. AEAO zu § 158) gelten entsprechend. Unverwertbar sind die Aufzeichnungen insbesondere dann, wenn

a) eine Sachverhaltsdokumentation fehlt oder ein unzutreffender Sachverhalt dargestellt wird (verbunden mit erheblichen Auswirkungen auf das Funktions- und Risikoprofil, z. B. Entrepreneur wird als Routineunternehmen beschrieben, Beschreibung der vertraglichen Situation anstelle des tatsächlich abweichend Verwirklichten),
b) eine Angemessenheitsdokumentation fehlt oder die vorgelegten Fremddaten nicht zum Funktions- und Risikoprofil passen,
c) die Angemessenheitsanalyse keine hinreichende Begründung der Vergleichbarkeit der verwendeten Fremddaten (z. B. Fremdpreise oder Fremdunternehmen) enthält (Vergleichbarkeitsanalyse, Tz. 3.1 ff. OECD-Verrechnungspreisleitlinien 2017), oder
d) die Anwendung der gewählten Verrechnungspreismethode nicht dargestellt wird.

Anl 2

Aufzeichnungen sind nicht deshalb in jedem Fall im Wesentlichen unverwertbar, weil sich die Angemessenheitsdokumentation auf eine geringe Anzahl von Fremdvergleichsdaten stützt. Für die Entscheidung im Allgemeinen kommt es nicht auf die Quantität der vorgelegten Aufzeichnungen, sondern auf ihre Qualität an. Die Unvollständigkeit oder Fehlerhaftigkeit von Aufzeichnungen in einzelnen Punkten allein führt regelmäßig nicht dazu, dass Aufzeichnungen im Wesentlichen unverwertbar sind.

83 Von einer Entscheidung über die Verwertbarkeit bestimmter Aufzeichnungen sind die Aufzeichnungen zu anderen Prüfungsgegenständen nicht betroffen.

84 Stellt die Finanzbehörde fest, dass Aufzeichnungen im Wesentlichen unverwertbar sind, hat sie den Steuerpflichtigen unverzüglich darauf hinzuweisen und ihm Gelegenheit zur Nachbesserung zu geben. Unabhängig davon ist im Einzelfall zu prüfen, ob es der Finanzbehörde möglich und zumutbar ist, die Verwertbarkeit ohne weitere Mitwirkung des Steuerpflichtigen herbeizuführen, um Steuerzuschläge zu vermeiden oder so gering wie möglich zu halten (Verhältnismäßigkeitsgrundsatz).

85 Die Rechtsfolgen der Verletzung der Aufzeichnungspflicht nach § 90 Abs. 3 Satz 1 und 2 AO treten gemäß § 162 Abs. 3 und 4 AO geschäftsvorfallbezogen ein. Damit lösen die nicht zeitnah erfolgte Aufzeichnung eines außergewöhnlichen Geschäftsvorfalls, die Nichtvorlage von Aufzeichnungen oder die Unverwertbarkeit von Aufzeichnungen über einen Geschäftsvorfall keine Rechtsfolgen bezüglich anderer Geschäftsvorfälle aus. Die grundsätzlich zulässige Zusammenfassung von Geschäftsvorfällen ist zu beachten (§ 3 GAufzV). Kommt der Steuerpflichtige dem Ergänzungsverlangen der Finanzbehörde entsprechend § 90 Abs. 3 Satz 10 AO (Rn. 66) nicht nach oder sind die dann vorgelegten Aufzeichnungen im Wesentlichen unverwertbar, greifen § 162 Abs. 3 und 4 AO ebenfalls geschäftsvorfallbezogen. § 162 Abs. 3 und 4 AO gelten nicht für die Aufzeichnungspflicht nach § 90 Abs. 3 Satz 3 AO.

86 Wird wegen der in § 162 Abs. 3 Satz 1 AO genannten Verstöße des Steuerpflichtigen eine Schätzung nach § 162 Abs. 3 Satz 2 AO notwendig und hat die Finanzbehörde einen Schätzungsrahmen festgestellt, kann sie diesen Rahmen zu Lasten des Steuerpflichtigen ausschöpfen.

87 Eine Schätzung kann in einem sich anschließenden Verständigungs- oder Schiedsverfahren (EU) überprüft und berichtigt werden. Dem Steuerpflichtigen obliegt es dabei jedoch, durch die Darlegung seiner Verhältnisse, Bezeichnung und ggf. Beibringung seiner Beweisunterlagen zu dem Verfahren beizutragen.

88 § 162 Abs. 3 und 4 sind auch anwendbar, wenn der Steuerpflichtige die Voraussetzungen des § 6 GAufzV erfüllt, aber seine hieraus resultierenden Pflichten verletzt.

89 Bei der Festsetzung und der rechtlichen Beurteilung des Zuschlags ist Folgendes zu beachten:

a) Der Zuschlag ist eine steuerliche Nebenleistung gemäß § 3 Abs. 4 AO, der auf die Einkommen- bzw. Körperschaftsteuer entfällt. Er ist nicht abzugsfähig (§ 12 Nr. 3 EStG und § 10 Nr. 2 KStG).

b) Die Festsetzung eines Zuschlags nach § 162 Abs. 4 AO schließt weder die Festsetzung eines Verspätungszuschlags (§ 152 AO) noch die Durchführung eines Straf- oder Ordnungswidrigkeitsverfahrens (§§ 369 ff. AO) aus.

c) Der Zuschlag kann gegen jeden durch § 90 Abs. 3 AO Verpflichteten festgesetzt werden, von dem die Finanzbehörde die Vorlage der Aufzeichnungen verlangt hat, auf die sich § 162 Abs. 4 Satz 1 AO bezieht, nicht aber für denselben Sachverhalt doppelt, z. B. gegen eine Personengesellschaft und gegen die an ihr beteiligten Gesellschafter, wenn Aufzeichnungen für denselben Sachverhalt sowohl von der Personengesellschaft als auch von deren Gesellschaftern angefordert worden sind. In solchen Fällen besteht ein Gesamtschuldverhältnis i. S. d. § 44 AO.

d) Der Zuschlag ist einheitlich für jeden Veranlagungszeitraum, für den Aufzeichnungen angefordert wurden, festzusetzen. Die Anforderung kann sich z. B. auf Aufzeichnungen für das von der Finanzbehörde ausgewählte Prüfungsfeld und letztlich auf Aufzeichnungen für einen einzelnen (z. B. außergewöhnlichen) Geschäftsvorfall beziehen. Die grundsätzlich zulässige Zusammenfassung von Geschäftsvorfällen ist zu beachten (§ 3 GAufzV). Deswegen kann der Zuschlag nebeneinander und jeweils in Bezug zu verschiedenen Anforderungen der Finanzbehörde auf mehreren Pflichtverletzungen beruhen: auf der Nichtvorlage von Aufzeichnungen, auf der Vorlage unverwertbarer Aufzeichnungen, auf der verspäteten Vorlage verwertbarer Aufzeichnungen. Die Zusammensetzung des Zuschlags ist bei der Festsetzung jeweils im Einzelnen darzulegen. Die Ermessensausübung ist jeweils zu begründen. Dabei sind vor allem das Verschulden des Steuerpflichtigen, die Dauer der Fristüberschreitung und insbesondere die vom Steuerpflichtigen gezogenen Vorteile zu berücksichtigen.

e) Soweit ein nach § 162 Abs. 4 Satz 1 und 2 AO festgesetzter Zuschlag darauf beruht, dass der Steuerpflichtige in einer Außenprüfung keine bzw. nur im Wesentlichen unverwertbare Aufzeichnungen vorgelegt hat und dass eine Einkünfteerhöhung aufgrund einer rechtmäßigen Schätzung nach § 162 Abs. 3 AO vorgenommen wurde, können im Rahmen der §§ 130 ff. AO Änderungen des Zuschlags möglich sein, wenn die betreffenden Einkünfte in einem Rechtsbehelfsverfahren, in einem Verständigungsverfahren oder in einem Schiedsverfahren (EU) niedriger angesetzt werden als aufgrund der Außenprüfung. Eine Änderung des Zuschlags (Neuberechnung) kommt in diesen Fällen nur in Betracht, soweit der Steuerpflichtige verwertbare Aufzeichnungen vorlegt. Werden in den genannten Verfahren nachträglich verwertbare Aufzeichnungen vorgelegt, ist der Zuschlag als solcher aufgrund des § 162 Abs. 4 Satz 3 und 4 AO wegen verspäteter Vorlage neu zu berechnen, wenn im Rahmen der §§ 130 ff. AO Änderungen des Zuschlags möglich sind.

f) Der Zuschlag nach § 162 Abs. 4 Satz 3 AO wegen verspäteter Vorlage kann höher sein als der Zuschlag nach § 162 Abs. 4 Satz 1 AO bei einer Nichtvorlage oder einer Vorlage im Wesentlichen unverwertbarer Unterlagen.

90 § 162 Abs. 4 Satz 1 bis 3 AO sind nicht anwendbar, wenn die Nichterfüllung der Pflichten nach § 90 Abs. 3 AO entschuldbar erscheint oder nur ein geringfügiges Verschulden vorliegt. Ein solcher Fall kann z. B. vorliegen, wenn Aufzeichnungen deswegen erst nach Ablauf der 60-Tage-Frist in deutscher Sprache vorgelegt werden, weil die Finanzbehörde nach Anforderung der Aufzeichnungen nicht unverzüglich über einen Antrag auf Erstellung und Vorlage in fremder Sprache entschieden hat oder höhere Gewalt es dem Steuerpflichtigen unmöglich gemacht hat, seine Pflichten rechtzeitig zu erfüllen.

3. Aufhebung von Verwaltungsregelungen

91 Das BMF-Schreiben vom 12. April 2005 (BStBl. I S. 570) ist weiterhin anzuwenden, soweit nicht Fragen der Anwendung der §§ 90 und 162 AO betroffen sind. Dies gilt insbesondere bezüglich der Textziffern 22

a) 1 (entsprechende Anwendung des BMF-Schreibens auf Betriebsstätten),
b) 2 (Pflichten der Finanzbehörden),
c) 3.4.10.2 (Unternehmenscharakterisierung und Verrechnungspreisbildung),
d) 3.4.10.3 (Verrechnungspreismethoden),
e) 3.4.12.5 (Bandbreiten und ihre Einengung),
f) 3.4.12.7 (Vergleichbarkeit),
g) 3.4.12.8 (Nachträgliche Preisfestlegungen bzw. -anpassungen),
h) 3.4.12.9 (Mehrjahresanalysen),
i) 5 (Durchführung von Berichtigungen und ihre steuerliche Behandlung),
j) 6 (Abwicklung von Verrechnungspreisberichtigungen und Verständigungs- bzw. Schiedsverfahren) und
k) 7 (Aufhebung von Verwaltungsregelungen).

3) Schreiben betr. Anl 3

Merkblatt zur Transaktionsmatrix i. S. d. § 90 Abs. 3 Satz 2 Nr. 1 AO

Vom 2. April 2025 (BeckVerw 651570)

(BMF IV B 3 – S 0225/00019/004/009; DOK COO.7005.100.3.11712624)

Unter Bezugnahme auf das Ergebnis der Erörterung mit den obersten Finanzbehörden der Länder gilt für die Transaktionsmatrix i. S. d. § 90 Abs. 3 Satz 2 Nr. 1 AO Folgendes:

I. Allgemeines

Mit dem vierten Gesetz zur Entlastung der Bürgerinnen und Bürger, der Wirtschaft sowie der Verwaltung von Bürokratie (sogenanntes Viertes Bürokratieentlastungsgesetz – BEG IV, BGBl. 2024 I Nr. 323) wurden die Aufzeichnungspflichten für Verrechnungspreiszwecke in § 90 Abs. 3 und 4 AO angepasst und neu strukturiert. In § 90 Abs. 3 AO sind die einzelnen Aufzeichnungspflichten (Transaktionsmatrix, Sachverhaltsdokumentation und Angemessenheitsdokumentation) numerisch untergliedert. Ein neuer Bestandteil der Aufzeichnungen ist die Transaktionsmatrix (§ 90 Abs. 3 Satz 2 Nr. 1 AO), die in der Betriebsprüfungspraxis bereits teilweise zur Anwendung kam. 23

Die Transaktionsmatrix ist eine strukturierte, tabellarische Übersicht, die relevante Informationen zu grenzüberschreitenden Geschäftsbeziehungen des Steuerpflichtigen mit nahestehenden Personen und Betriebsstätten enthält. Sie unterstützt insbesondere die risikoorientierte Fall- und Prüffeldauswahl im Rahmen von Außenprüfungen.

II. Bestandteile einer Transaktionsmatrix

In der Transaktionsmatrix sind anzugeben: 24

a) der Gegenstand und die Art der Geschäftsvorfälle (beispielsweise Warenlieferung und Dauersachverhalt),
b) die an den Geschäftsvorfällen Beteiligten unter Kennzeichnung von Leistungsempfänger und Leistungserbringer,
c) das Volumen und das Entgelt (in Euro) der Geschäftsvorfälle (beispielsweise Darlehensvolumen und Zins oder Entgelt für eine Warenlieferung oder Dienstleistung),
d) die vertragliche Grundlage (Benennung der Vertragsunterlage),
e) die angewandte Verrechnungspreismethode (zum Beispiel Kostenaufschlagsmethode oder Preisvergleichsmethode),
f) die betroffenen Steuerhoheitsgebiete und
g) ob Geschäftsvorfälle nicht der Regelbesteuerung im betreffenden Steuerhoheitsgebiet unterliegen.

Hierbei ist darauf hinzuweisen, dass vorhandene Verträge nur zu benennen und nicht der Transaktionsmatrix beizufügen sind. Geschäftsvorfälle unterliegen beispielsweise nicht der Regelbesteuerung, wenn im Zusammenhang mit dem entsprechenden Geschäftsvorfall im betreffenden Steuerhoheitsgebiet ein steuerliches Präferenzregime (zum Beispiel Lizenzbox) zur Anwendung kommt. Geschäftsvorfälle gegenüber einer nahestehenden Person oder Betriebsstätte in Bezug auf ein Steuerhoheitsgebiet, die gemessen an Funktionen und Risiken wirtschaftlich vergleichbar sind, können für die Erstellung von Aufzeichnungen zu Gruppen zusammengefasst werden und sind entsprechend in der Transaktionsmatrix einzutragen (siehe § 2 Abs. 3 GAufzV).

Die Finanzbehörde kann Abweichungen in Form, Inhalt oder Umfang der Transaktionsmatrix zulassen. Damit wird eine an den Einzelfall angepasste Anwendung in der Praxis ermöglicht, insbesondere in Fällen, in denen bereits in der Vergangenheit eine Verständigung mit der Finanzbehörde über die Ausgestaltung einer Transaktionsmatrix für Verrechnungspreiszwecke erzielt wurde (zum Beispiel Anschlussprüfung). Wenn eine abweichende Darstellung der Transaktionsmatrix vom Steuerpflichtigen begehrt wird, muss er diese, frühzeitig im Vorfeld, spätestens innerhalb der 30-Tage-Frist kommunizieren und begründen.

Als Anlage sind zwei exemplarische Beispiele einer Transaktionsmatrix angefügt.

Anl 3

III. Zeitliche Anwendung

25 Die Neuregelungen des § 90 AO gelten ab dem 1. Januar 2025 (vergleiche Art. 97 § 37 EGAO).

Der Regelfall wird die Vorlage von Verrechnungspreisaufzeichnungen im Rahmen einer Außenprüfung sein; entsprechend verhält es sich mit der Vorlage einer Transaktionsmatrix. Daher sind gemäß § 90 Abs. 4 Satz 2 AO ab dem 1. 1. 2025 im Fall einer Außenprüfung ohne gesondertes Verlangen innerhalb von 30 Tagen nach Bekanntgabe der Prüfungsanordnung
a) die Stammdokumentation bei Überschreiten der Größenklassen,
b) Aufzeichnungen über außergewöhnliche Geschäftsvorfälle sowie
c) die Transaktionsmatrix
vorzulegen.

Da eine Prüfungsanordnung, die in 2025 ergeht, regelmäßig auch Prüfungszeiträume vor 2025 umfasst, muss eine Transaktionsmatrix in diesen Fällen auch für die Vorjahre erstellt werden. Die Neuregelungen (die 30-Tage-Frist) gelten für ein im Jahr 2025 gestelltes Vorlageverlangen hinsichtlich der Transaktionsmatrix, auch wenn die Prüfungsanordnung vor dem 1. Januar 2025 ergangen ist.

Die Finanzbehörde kann nach § 90 Abs. 4 Satz 1 AO jederzeit die Vorlage der Verrechnungspreisaufzeichnungen nach § 90 Abs. 3 AO verlangen (das heißt auch außerhalb einer Außenprüfung, zum Beispiel für Zwecke eines Vorabverständigungsverfahrens gemäß § 89a AO).

Beispiel:

Es ist bei dem Unternehmen X in 2025 eine Außenprüfung für die Jahre 2019 bis 2022 angedacht. Bei einer Prüfungsanordnung, die am 10. 3. 2025 für die Jahre 2019 bis 2022 bekanntgegeben wird, ist sodann die Transaktionsmatrix (sowie gegebenenfalls die Stammdokumentation und Aufzeichnungen über außergewöhnliche Geschäftsvorfälle) innerhalb von 30 Tagen für diesen Prüfungszeitraum ohne gesondertes Verlangen bis zum 9. 4. 2025 vorzulegen.

Bei Außenprüfungen, bei denen keine ertragsteuerlichen Auslandssachverhalte geprüft werden (insbesondere Umsatzsteuersonderprüfungen, Lohnsteueraußenprüfungen oder Prüfungen der Versicherungsteuer), sind die Transaktionsmatrix, die Stammdokumentation sowie die Aufzeichnungen über außergewöhnliche Geschäftsvorfälle nur auf gesondertes Verlangen vorzulegen und sonach nicht automatisch 30 Tage nach Bekanntgabe der Prüfungsanordnung vorlagepflichtig.

IV. Sanktion bei der Nichtabgabe der Transaktionsmatrix

26 Bei Nichtvorlage der Transaktionsmatrix ist nach § 162 Abs. 4 Satz 1 AO ein Zuschlag in Höhe von 5 000 Euro festzusetzen.

Anlage

Transaktionsmatrix

(Beispiel 1)

Steuerpflichtiger[1]): ____________

Wirtschaftsjahr: ________

Lfd. Nr.	Transaktionspartner[2])	Gegenstand und Art des Geschäftsvorfalls	Volumen	Entgelt (Euro)	Vertragliche Grundlage	Verrechnungspreismethode	Steuerhoheitsgebiet des Transaktionspartners	Abweichung von der Regelbesteuerung beim Transaktionspartner

[1]) Kennzeichnung, ob der Steuerpflichtige Leistungsempfänger oder Leistungserbringer ist. Gegebenenfalls (ggf.) für beide Fälle getrennte Tabellen erstellen.
[2]) Kennzeichnung, ob der Transaktionspartner (Beteiligte am Geschäftsvorfall), Leistungsempfänger oder Leistungserbringer ist. Ggf. für beide Fälle getrennte Tabellen erstellen.

Transaktionsmatrix
(Beispiel 2)

Steuerpflichtiger: ____________________

Lfd. Nr.	Leistungserbringer		Leistungsempfänger		Gegenstand und Art der Geschäftsbeziehung	Volumen			Entgelt (Euro)			Vertragliche Grundlage	Verrechnungspreismethode	Steuerhoheitsgebiet des Transaktionspartners	Abweichung von der Regelbesteuerung beim Transaktionspartner
	Name	Funktion	Name	Funktion		Wj1	Wj2	Wj3	Wj1	Wj2	Wj3				

AO

§ 91 Anhörung Beteiligter[1]

(1) ① **Bevor ein Verwaltungsakt erlassen wird, der in Rechte eines Beteiligten eingreift, soll diesem Gelegenheit gegeben werden, sich zu den für die Entscheidung erheblichen Tatsachen zu äußern.**[2] ② **Dies gilt insbesondere, wenn von dem in der Steuererklärung erklärten Sachverhalt zuungunsten des Steuerpflichtigen wesentlich abgewichen werden soll.** 1

(2) **Von der Anhörung kann abgesehen werden, wenn sie nach den Umständen des Einzelfalls nicht geboten ist, insbesondere wenn** 2

1. **eine sofortige Entscheidung wegen Gefahr im Verzug oder im öffentlichen Interesse notwendig erscheint,**
2. **durch die Anhörung die Einhaltung einer für die Entscheidung maßgeblichen Frist in Frage gestellt würde,**
3. **von den tatsächlichen Angaben eines Beteiligten, die dieser in einem Antrag oder einer Erklärung gemacht hat, nicht zu seinen Ungunsten abgewichen werden soll,**
4. **die Finanzbehörde eine Allgemeinverfügung oder gleichartige Verwaltungsakte in größerer Zahl oder Verwaltungsakte mit Hilfe automatischer Einrichtungen erlassen will,**
5. **Maßnahmen in der Vollstreckung getroffen werden sollen.**

(2a) ① **Von der Anhörung soll abgesehen werden, wenn die Finanzbehörde bei Erlass eines Verwaltungsakts anstelle der in der Steuererklärung angegebenen Daten die auf Grund gesetzlicher Vorschriften von einer mitteilungspflichtigen Stelle (§ 93c Absatz 1) elektronisch übermittelten und dem Steuerpflichtigen gemäß § 93c Absatz 1 Nummer 3 mitzuteilenden Daten verwendet; auf die Abweichung von den erklärten Daten ist im Verwaltungsakt hinzuweisen.** ② **§ 150 Absatz 7 Satz 1 bleibt unberührt.** 2a

(3) **Eine Anhörung unterbleibt, wenn ihr ein zwingendes öffentliches Interesse entgegensteht.** 3

---

[1] Zur Anhörung Beteiligter vor Erlass eines Verwaltungsakts, s. Verfügung der *OFD Karlsruhe vom 22. 3. 2024 (DStR 2024 S. 1191)*, nachstehend abgedruckt.

BFH-Urteil vom 23. 2. 2010 VII R 19/09, BStBl. II S. 729: 1. Einen Anspruch auf Überlassung von Kopien der von Kreditinstituten gemäß § 33 ErbStG eingereichten Anzeigen haben Erben nicht, wenn das Finanzamt die Akte mit dem Vermerk „steuerfrei" geschlossen hat, ohne die Erben an dem Verfahren zu beteiligen. 2. Auch aus Treu und Glauben ergibt sich kein Informationsanspruch gegen das Finanzamt, wenn die Auskunft nicht der Wahrnehmung von Rechten im Besteuerungsverfahren dienen kann.

[2] Zur Anhörung bei Außenprüfungen s. §§ 199 Abs. 2, 201, 202 AO.

Zur Heilung bei Verstoß vgl. § 126 AO. Zur Folge bei unterbliebener Heilung vgl. § 127 AO.

Ein Akteneinsichtsrecht gibt es nach der AO nicht (anders § 29 VwVfG); über ein Begehren auf Akteneinsicht ist nach pflichtgemäßem Ermessen zu entscheiden *(BFH-Urteil vom 7. 5. 1985 VII R 25/82, BStBl. II S. 571);* s. auch AEAO zu § 91 Nr. 4.

BFH-Beschluss vom 10. 2. 2011 VII B 183/10, BFH/NV S. 992: 1. Zumindest in den Fällen, in denen der Insolvenzverwalter allgemeine Einsicht in die beim FA über den Schuldner geführten Vollstreckungsakten begehrt, handelt es sich um eine Streitigkeit nach § 33 Abs. 1 FGO, so dass der Finanzrechtsweg eröffnet ist. 2. Von einer unspezifischen Einsichtnahme in Vollstreckungsakten ist nicht nur die Vollstreckung, sondern auch die Steuererhebung betroffen. 3. Dagegen ist der Rechtsweg zu den Zivilgerichten eröffnet, wenn der Insolvenzverwalter zur Prüfung der Voraussetzungen eines dem Grunde nach bestehenden Anfechtungsrechts nach der InsO Einsicht in die Vollstreckungsakten nehmen will.

BFH-Urteil vom 19. 3. 2013 II R 17/11, BStBl. II S. 639: 1. Ein Insolvenzverwalter, der nach § 80 Abs. 1 InsO i. V. m. § 34 Abs. 3 und 1 AO die steuerlichen Pflichten des Insolvenzschuldners (Steuerpflichtigen) zu erfüllen hat und im Besteuerungsverfahren die Erteilung eines Kontoauszugs für den Insolvenzschuldner beantragt, hat Anspruch darauf, dass das FA darüber nach pflichtgemäßem Ermessen entscheidet. 2. Im Rahmen der Ermessensentscheidung hat das FA das Interesse des Insolvenzverwalters an der Auskunft und den steuerrechtlichen Charakter dieser Auskunft, also den unmittelbaren Zusammenhang mit der Erfüllung steuerlicher Pflichten oder mit der Prüfung der vom FA angemeldeten Insolvenzforderungen zu berücksichtigen.

AEAO

Zu § 91 – Anhörung Beteiligter:

4 **1.** Im Besteuerungsverfahren äußert sich der Beteiligte zu den für die Entscheidung erheblichen Tatsachen regelmäßig in der Steuererklärung. Will die Finanzbehörde von dem erklärten Sachverhalt zuungunsten des Beteiligten wesentlich abweichen, so muss sie den Beteiligten hiervon vor Erlass des Steuerbescheids oder sonstigen Verwaltungsakts unterrichten. Der persönlichen (ggf. fernmündlichen) Kontaktaufnahme mit dem Steuerpflichtigen kommt hierbei besondere Bedeutung zu. Sind die steuerlichen Auswirkungen der Abweichung nur gering, so genügt es, die Abweichung im Steuerbescheid zu erläutern.

5 **2.** Eine versehentlich unterbliebene Anhörung der Beteiligten kann nach Erlass des Steuerbescheids nachgeholt und die Fehlerhaftigkeit des Bescheids dadurch geheilt werden (§ 126 Abs. 1 Nr. 3 AO).

6 **3.** Ist die erforderliche Anhörung eines Beteiligten unterblieben und dadurch die rechtzeitige Anfechtung des Verwaltungsakts versäumt worden, so ist Wiedereinsetzung in den vorigen Stand zu gewähren (§ 126 Abs. 3 i. V. m. § 110 AO). Die unterlassene Anhörung ist im Allgemeinen nur dann für die Versäumung der Einspruchsfrist ursächlich, wenn die notwendigen Erläuterungen auch im Verwaltungsakt selbst unterblieben sind (BFH-Urteil vom 13. 12. 1984, VIII R 19/81, BStBl. 1985 II S. 601).

7 **4.** Wegen des zwingenden öffentlichen Interesses (§ 91 Abs. 3 AO) Hinweis auf § 30 Abs. 4 Nr. 5 und § 106, deren Grundsätze entsprechend anzuwenden sind.

Anl

Verfügung betr. Anhörung Beteiligter vor Erlass eines Verwaltungsakts

Vom 22. März 2024 (BeckVerw 635717)

(OFD Karlsruhe S 0226 Karte 1)

8 **1.** Zur Wahrung der Belange der Steuerbürgerin/des Steuerbürgers und zur Vermeidung von Rechtsbehelfen ist die Beachtung der Vorschriften der §§ 91 und 121 AO über das rechtliche Gehör und die Begründung von Verwaltungsakten unerlässlich.

Eine Anhörung ist gemäß § 91 Abs. 1 Satz 2 AO vorgeschrieben, wenn von den tatsächlichen Angaben der Steuerbürgerin/des Steuerbürgers („erklärter Sachverhalt") zuungunsten der Steuerbürgerin/des Steuerbürgers wesentlich abgewichen werden soll. Der Fall der Abweichung von der Rechtsauffassung der Steuerbürgerin/des Steuerbürgers wird nicht von § 91 Abs. 1 AO erfasst.

Beispiele:

a) Abweichung vom erklärten Sachverhalt (Anhörung grundsätzlich erforderlich)
- Nichtanerkennung von geltend gemachten steuermindernden Tatsachen ohne rechtliche Überlegungen (z. B. wesentliche Abweichung von in der Steuererklärung geltend gemachten Erhaltungsaufwendungen zu Erhaltungsaufwendungen laut vorgelegten Rechnungen)
- Abweichung aufgrund von widersprüchlichen Angaben in der Steuererklärung, z. B. Abweichung von der Anzahl der Arbeitstage für Wege zwischen Wohnung und erster Tätigkeitsstätte aufgrund von gleichzeitiger Geltendmachung von ganztägigen Auswärtstätigkeiten, der Tagespauschale nach § 4 Abs. 5 Satz 1 Nr. 6 c Satz 1 EStG und/oder erhaltenen Lohnersatzleistungen für die betroffenen Arbeitstage

b) Abweichung von der Rechtsauffassung der Steuerbürgerin/des Steuerbürgers (keine Anhörung nach § 91 Abs. 1 AO vorgeschrieben)
- Abweichung von geltend gemachten steuermindernden Tatsachen, wenn nach der rechtlichen Würdigung die Voraussetzungen der jeweiligen Vorschrift nicht erfüllt sind (z. B. keine doppelte Haushaltsführung mangels eigenem Hausstand i. S. d. § 9 Abs. 1 Satz 3 Nr. 5 EStG; keine Berücksichtigung als außergewöhnliche Belastungen aufgrund fehlenden Nachweises der Zwangsläufigkeit i. S. d. § 64 EStDV; keine Berücksichtigung als Handwerkerleistungen nach § 35 a EStG aufgrund Barzahlung)
- Berücksichtigung der erklärten Aufwendungen nach einer anderen Vorschrift (z. B. Abgrenzung Erhaltungsaufwand und Herstellungskosten)

9 **2.** Ob eine „wesentliche Abweichung" vom erklärten Sachverhalt im Sinne des Gesetzes vorliegt und damit rechtliches Gehör zu gewähren ist, muss jeweils nach den Verhältnissen des Einzelfalls entschieden werden. Eine beabsichtigte Abweichung vom erklärten Sachverhalt ist regelmäßig wesentlich, wenn
- steuermindernd geltend gemachte Umstände erkennbar von besonderer Bedeutung für die Steuerbürgerin/den Steuerbürger sind (z. B. weil die Steuerbürgerin/der Steuerbürger ausdrücklich darum gebeten hat, ihm beabsichtigte Abweichungen vom erklärten Sachverhalt vorher mitzuteilen),
- die Abweichung, z. B. auf Grund der Komplexität oder des Umfanges, nicht hinreichend nachvollziehbar im Steuerbescheid erläutert werden kann, oder
- es sich um Sachverhalte handelt, die auch in die Zukunft wirken (Dauersachverhalte).

Eine wesentliche Abweichung liegt grundsätzlich auch dann vor, wenn das Finanzamt Besteuerungsgrundlagen berücksichtigen will, zu denen die bzw. der Beteiligte keine Angaben gemacht hat. Eine diesbezügliche Anhörung ist jedoch ausschließlich dann vorzunehmen, wenn sich dies nicht aus steuerstrafrechtlichen Erwägungen verbietet.

Eine Anhörung ist nicht erforderlich, sofern die beabsichtigte Abweichung von den Angaben der Steuerbürgerin/des Steuerbürgers nicht wesentlich ist oder die Anhörung ausnahmsweise nach § 91 Abs. 2 und 3 AO unterbleiben kann.

Bei der Veranlagung zur Einkommensteuer kann von einer vorherigen Anhörung im Allgemeinen abgesehen werden, wenn die Summe der beabsichtigten Abweichungen von den erklärten Besteuerungsgrundlagen weniger als 1 500 Euro beträgt.

3. Rechtliches Gehör kann telefonisch, mündlich oder schriftlich gewährt werden. Soweit eine Bevollmächtigte/ein Bevollmächtigter mitwirkt, ist zunächst mit diesem Verbindung aufzunehmen (vgl. AEAO zu § 80, Nr. 4). Bei telefonischer oder mündlicher Anhörung ist eine Aktennotiz zu fertigen. 10

Für schriftliche Stellungnahmen zu den beabsichtigten Abweichungen ist der Steuerbürgerin/dem Steuerbürger bzw. ihrem/seinem steuerlichen Berater eine angemessene Frist – im Regelfall ein Monat – einzuräumen.

4. Kann von der Anhörung der Steuerbürgerin/des Steuerbürgers oder ihres/seines Bevollmächtigten abgesehen werden, bleibt die Verpflichtung, die Abweichung im Steuerbescheid zu erläutern (§ 121 Abs. 1 AO, AEAO zu § 121, Nr. 2). Diese Pflicht zur Begründung des Verwaltungsakts besteht uneingeschränkt auch dann, wenn die Abweichung von den erklärten Besteuerungsgrundlagen nur von geringer steuerlicher Auswirkung ist. Die Erläuterung muss die Abweichung der Höhe nach genau bezeichnen und unter Angabe der Rechtsgrundlagen ausreichend begründen. Die Möglichkeit, standardisierte Erläuterungstexte zu verwenden, ist auszuschöpfen. 11

5. Zur Wiedereinsetzung in den vorigen Stand nach unterlassener Anhörung einer/eines Beteiligten bzw. wegen fehlender Begründung des Verwaltungsakts (§ 126 Abs. 3 i. V. m. § 110 AO) vgl. AEAO zu § 91, Nr. 3 und zu § 121, Nr. 3. 12

§ 92 Beweismittel

AO

① Die Finanzbehörde bedient sich der Beweismittel, die sie nach pflichtgemäßem Ermessen zur Ermittlung des Sachverhalts für erforderlich hält. ② Sie kann insbesondere 1

1. Auskünfte jeder Art von den Beteiligten und anderen Personen einholen,
2. Sachverständige zuziehen,
3. Urkunden und Akten beiziehen,
4. den Augenschein einnehmen.

Zu § 92 – Beweismittel:

AEAO

Die Finanzbehörden sind verpflichtet, die Steuern nach Maßgabe der Gesetze gleichmäßig festzusetzen und zu erheben (§ 85 AO). Sie müssen dazu den steuererheblichen Sachverhalt von Amts wegen aufklären (§ 88 AO). Hierbei sind sie auf die gesetzlich vorgeschriebene Mitwirkung der Beteiligten (§ 90 AO) angewiesen. 2

Es besteht dabei zwar keine Verpflichtung der Finanzbehörden, in jedem Fall alle Angaben des Beteiligten auf Vollständigkeit und Richtigkeit zu prüfen (vgl. AEAO zu § 88); soweit die Finanzbehörde im Einzelfall jedoch Anlass dazu sieht, hat sie die Angaben des Beteiligten zu überprüfen. Anderenfalls ergäbe sich eine Steuerbelastung, die nahezu allein auf der Erklärungsbereitschaft und der Ehrlichkeit des einzelnen Beteiligten beruhte (vgl. BVerfG-Urteil vom 27. 6. 1991, 2 BvR 1493/89, BStBl. II S. 654).

Die Finanzbehörde kann sich zur Ermittlung des steuerrelevanten Sachverhalts aller Beweismittel bedienen, die sie nach pflichtgemäßem Ermessen zur Ermittlung des Sachverhalts für erforderlich hält (§ 92 AO). Die Erforderlichkeit der Beweiserhebung ist von der Finanzbehörde nach den Umständen des jeweiligen Einzelfalles im Wege der Prognose zu beurteilen.

II. Beweis durch Auskünfte und Sachverständigengutachten

AO

§ 93 Auskunftspflicht[1, 2] der Beteiligten und anderer Personen

(1) **① Die Beteiligten und andere Personen haben der Finanzbehörde die zur Feststellung eines für die Besteuerung erheblichen Sachverhalts erforderlichen Auskünfte** 1

[1] Zur Auskunftspflicht bei Fahndung vgl. § 208 Abs. 1 AO.

Beruht der Sachaufklärungsmangel auf der unzureichenden Mitwirkung des Stpfl., so verringert sich das Beweismaß entsprechend der Pflichtverletzung auf eine größtmögliche Wahrscheinlichkeit und die Besteuerungsgrundlagen sind in der Höhe anzusetzen, die der Wirklichkeit am nächsten kommt *(BFH-Beschluss vom 7. 5. 2004 IV B 221/02, BFH/NV S. 1367).*

Es bestehen keine verfassungsrechtlichen Bedenken dagegen, dass der Stpfl. im Besteuerungsverfahren zur Mitwirkung verpflichtet bleibt, wenn gegen ihn ein Strafverfahren läuft. Der Stpfl. wird dadurch nicht gezwungen, sich selbst zu belasten. Er muss nur als Folge seiner mangelnden Mitwirkung hinnehmen, dass die Besteuerungsgrundlagen geschätzt werden *(BFH-Beschluss vom 9. 12. 2004 III B 83/04, BFH/NV 2005 S. 503).*

BFH-Urteil vom 19. 12. 2006 VII R 46/05, BStBl. 2007 II S. 365: 1. Die Finanzbehörden sind grundsätzlich berechtigt, von einer Rechtsanwaltskammer Auskünfte über für die Besteuerung erhebliche Sachverhalte eines Kammermitglieds einzuholen; die Vorschriften der Berufsordnung über die Verschwiegenheitspflicht des Kammervorstandes stehen dem nicht entgegen. 2. Ein solches Auskunftsersuchen ist auch im Vollstreckungsverfahren zulässig. 3. Es ist nicht unverhältnismäßig oder unzumutbar, wenn das FA für Zwecke der Zwangsvollstreckung eine Rechtsanwaltskammer zur Auskunft über die Bankverbindung eines Kammermitglieds auffordert, sofern diesbezügliche Aufklärungsbemühungen beim Vollstreckungsschuldner erfolglos waren.

BFH-Beschluss vom 26. 2. 2001 VII B 265/00, BStBl. II S. 464: 1. Das Erfassen bestimmter Fernmeldevorgänge durch die Strafverfolgungsbehörden und die Weitergabe der hieraus resultierenden Aufzeichnungen an die Finanzverwaltung zur Durchführung eines Besteuerungsverfahrens greift in den durch Art. 10 Abs. 1 GG geschützten Bereich ein. 2. Das dem Art. 10 Abs. 1 GG zu entnehmende **Verwertungsverbot** für Erkenntnisse aus Abhörmaßnahmen hat für Zwecke der Besteuerung keine iSd. Art. 10 Abs. 2 Satz 1 GG zulässige Durchbrechung erfahren. § 100 a StPO ermächtigt ausschließlich die Strafverfolgungsbehörden zur Telefonüberwachung, wenn der Verdacht besteht, dass eine Katalogstraftat begangen worden ist. Die

[Fortsetzung nächste Seite]

AO **zu erteilen.[1] ② Dies gilt auch für nicht rechtsfähige Vereinigungen, Vermögensmassen, Behörden und Betriebe gewerblicher Art der Körperschaften des öffentlichen Rechts. ③ Andere Personen[2] als die Beteiligten sollen erst dann zur Auskunft angehalten werden, wenn die Sachverhaltsaufklärung durch die Beteiligten nicht zum Ziel führt oder keinen Erfolg verspricht.**

1a (1 a) ① **Die Finanzbehörde darf an andere Personen als die Beteiligten Auskunftsersuchen über eine ihr noch unbekannte Anzahl von Sachverhalten mit dem Grunde nach bestimmbaren, ihr noch nicht bekannten Personen stellen (Sammelauskunftsersuchen). ② Voraussetzung für ein Sammelauskunftsersuchen ist, dass ein hinreichender Anlass für die Ermittlungen besteht und andere zumutbare Maßnahmen zur Sachverhaltsaufklärung keinen Erfolg versprechen. ③ Absatz 1 Satz 3 ist nicht anzuwenden.**

2 (2) ① **In dem Auskunftsersuchen ist anzugeben, worüber Auskünfte erteilt werden sollen und ob die Auskunft für die Besteuerung des Auskunftspflichtigen oder für die Besteuerung anderer Personen angefordert wird. ② Auskunftsersuchen haben auf Verlangen des Auskunftspflichtigen schriftlich zu ergehen.**

3 (3) ① **Die Auskünfte sind wahrheitsgemäß nach bestem Wissen und Gewissen zu erteilen. ② Auskunftspflichtige, die nicht aus dem Gedächtnis Auskunft geben können, haben Bücher, Aufzeichnungen, Geschäftspapiere und andere Urkunden, die ihnen zur Verfügung stehen, einzusehen und, soweit nötig, Aufzeichnungen daraus zu entnehmen.**

4 (4) ① **Der Auskunftspflichtige kann die Auskunft schriftlich, elektronisch, mündlich oder fernmündlich erteilen. ② Die Finanzbehörde kann verlangen, dass der Auskunftspflichtige schriftlich Auskunft erteilt, wenn dies sachdienlich ist.**

5 (5)[3] ① **Die Finanzbehörde kann anordnen,[4] dass der Auskunftspflichtige[5] eine mündliche Auskunft an Amtsstelle erteilt. ② Hierzu ist sie insbesondere dann befugt, wenn trotz Aufforderung eine schriftliche Auskunft nicht erteilt worden ist oder eine schriftliche Auskunft nicht zu einer Klärung des Sachverhalts geführt hat. ③ Absatz 2 Satz 1 gilt entsprechend.**

6 (6) ① **Auf Antrag des Auskunftspflichtigen ist über die mündliche Auskunft an Amtsstelle eine Niederschrift aufzunehmen. ② Die Niederschrift soll den Namen der anwesenden Personen, den Ort, den Tag und den wesentlichen Inhalt der Auskunft enthalten. ③ Sie soll von dem Amtsträger, dem die mündliche Auskunft erteilt wird, und**

[Fortsetzung]

AO selbst enthält weder eine Befugnisnorm für eine Beschränkung des Fernmeldegeheimnisses noch eine Vorschrift, die die Verwertung von Aufzeichnungen zulässt, die auf der Grundlage des § 100 a StPO gewonnen worden sind. 3. Für Aufzeichnungen, die unmittelbar aus einer Telefonüberwachung in einem Strafverfahren resultieren, besteht folglich im Besteuerungsverfahren ein Verwertungsverbot, das gleichermaßen für Sicherungsmaßnahmen – wie den dinglichen Arrest – gilt.

Zum Umfang der Auskunftspflicht eines GmbH-Geschäftsführers zur Feststellung eines Haftungsumfangs vgl. *BFH-Urteil vom 11. 7. 1989 VII R 81/87, BStBl. 1990 II S. 357.*

Zur Frage der Zulässigkeit eines Auskunftsersuchens an eine Sparkasse bei hohen Entnahmen zur Überprüfung privater Kontenbewegungen vgl. *BFH-Urteil vom 23. 10. 1990 VII R 1/86, BStBl. 1991 II S. 277.*

Zur Durchführung eines Verfahrens wegen unbefugter Hilfeleistung in Steuersachen ist das Finanzamt befugt, eine Zeitung um Auskunft über die Identität des Inserenten einer Chiffreanzeige zu ersuchen *(BFH-Urteil vom 7. 8. 1990 VII R 106/89, BStBl. II S. 1010).*

BFH-Urteil vom 12. 5. 2016 II R 17/14, BStBl. II S. 822: 1. Ein **Sammelauskunftsersuchen** der Steuerfahndung, das an ein Presseunternehmen wegen Übermittlung von Personen- und Auftragsdaten zu Anzeigenauftraggebern einer bestimmten Anzeigenrubrik gerichtet ist, kann auch unter Berücksichtigung der wirtschaftlichen Bedeutung des Anzeigenteils für das Presseerzeugnis mit Art. 5 Abs. 1 Satz 2 GG vereinbar sein. Dies gilt jedenfalls dann, wenn relativ wenige Anzeigen von dem Auskunftsersuchen betroffen und die Anzeigen nicht bedeutsam für die öffentliche Meinungsbildung sind. 2. Die in die Zukunft gerichtete Verpflichtung, laufende Auskünfte zu erteilen, bedarf einer besonderen Begründung der Ermessensentscheidung.

[2] Zur Auskunftspflicht bei Außenprüfung vgl. § 200 Abs. 1 AO.

---

[1] Das FA ist bereits dann zu einem Auskunftsersuchen berechtigt, wenn es mit vertretbaren rechtlichen Erwägungen zu dem Ergebnis gelangt, dass der Sachverhalt steuerliche Auswirkungen haben kann. Ob seine materiell-rechtliche Auffassung zutreffend ist, ist ggf. in einem anschließenden Rechtsbehelfsverfahren gegen die Steuerbescheide zu entscheiden *(BFH-Beschluss vom 29. 2. 2012 I B 88/11, BFH/NV S. 1089).*

Die Beantwortung eines Sammelauskunftsersuchens der Steuerfahndung zu Daten der Nutzer einer Internethandelsplattform kann nicht wegen einer privatrechtlich vereinbarten Geheimhaltung dieser Daten abgelehnt werden *(BFH-Urteil vom 16. 5. 2013 II R 15/12, BStBl. 2014 II S. 225).*

[2] *BFH-Urteil vom 28. 10. 2020 X R 37/18, BStBl. 2021 II S. 365:* 1. Um ein Auskunftsersuchen an andere Personen als die Beteiligten richten zu dürfen, muss entweder die Sachverhaltsaufklärung durch die Beteiligten nicht zum Ziel führen (Alternative 1) oder diese keinen Erfolg versprechen (Alternative 2). 2. Um eine Prognose zu den fehlenden Erfolgsaussichten einer Auskunft durch die Beteiligten machen zu können, bedarf es eines klar umrissenen und für die Besteuerung des Steuerpflichtigen erheblichen Sachverhalts; Ermittlungszweck und potenzielles Ermittlungsergebnis müssen erkennbar sein.

Gegen die Androhung eines Auskunftsersuchens an Dritte gemäß § 93 Abs. 1 Satz 3 AO ist sowohl eine vorbeugende Unterlassungsklage als auch einstweiliger Rechtsschutz nach § 114 FGO möglich. Ein Auskunftsersuchen der Finanzbehörde gemäß § 93 Abs. 1 Satz 3 AO ist bereits möglich, wenn es aufgrund konkreter Umstände angezeigt ist, weitere Auskünfte auch bei Dritten einzuholen (*BFH-Urteil vom 14. 4. 2021 X R 25/19, BStBl. 2024 II S. 87*).

[3] Zur Anwendung im Rechtsbehelfsverfahren vgl. § 365 AO.

[4] Zur Erzwingung der Auskunft s. §§ 328 ff. AO; vgl. jedoch § 95 Abs. 6 AO.

[5] Zum Verweigerungsrecht der Angehörigen vgl. §§ 101 ff. AO. Zur Entschädigung Dritter vgl. § 107 AO.

AO

dem Auskunftspflichtigen unterschrieben werden. ④ Den Beteiligten ist eine Abschrift der Niederschrift zu überlassen.

(7)[1] **① Ein automatisierter Abruf von Kontoinformationen nach § 93 b ist nur zulässig, soweit** 7

1. der Steuerpflichtige eine Steuerfestsetzung nach § 32 d Absatz 6 des Einkommensteuergesetzes beantragt oder

2. *(weggefallen)*

und der Abruf in diesen Fällen zur Festsetzung der Einkommensteuer erforderlich ist oder er erforderlich ist

3. zur Feststellung von Einkünften nach den §§ 20 und 23 Absatz 1 des Einkommensteuergesetzes in Veranlagungszeiträumen bis einschließlich des Jahres 2008 oder

4. zur Erhebung von bundesgesetzlich geregelten Steuern oder Rückforderungsansprüchen bundesgesetzlich geregelter Steuererstattungen und Steuervergütungen oder

4 a. zur Ermittlung, in welchen Fällen ein inländischer Steuerpflichtiger im Sinne des § 138 Absatz 2 Satz 1 Verfügungsberechtigter oder wirtschaftlich Berechtigter im Sinne des Geldwäschegesetzes eines Kontos oder Depots einer natürlichen Person, Körperschaft, Personenvereinigung oder Vermögensmasse mit Wohnsitz, gewöhnlichem Aufenthalt, Sitz, Hauptniederlassung oder Geschäftsleitung außerhalb des Geltungsbereichs dieses Gesetzes ist, oder

4 b. zur Ermittlung der Besteuerungsgrundlagen in den Fällen des § 208 Absatz 1 Satz 1 Nummer 3 oder

4 c. zur Durchführung der Amtshilfe für andere Mitgliedstaaten der Europäischen Union nach § 3 a des EU-Amtshilfegesetzes oder

4 d. zur Verifizierung der Kontoverbindung des Zuwendungsempfängers nach § 60 b Absatz 2 Nummer 10, wenn dieser eine Änderung oder Ergänzung von Kontoverbindungen nach § 60 b Absatz 5 beantragt,

oder

5. der Steuerpflichtige zustimmt oder die von ihm oder eine für ihn nach § 139 b Absatz 10 Satz 1 an das Bundeszentralamt für Steuern übermittelte Kontoverbindung verifiziert werden soll.

② In diesen Fällen darf die Finanzbehörde oder in den Fällen des § 1 Absatz 2 die Gemeinde das Bundeszentralamt für Steuern ersuchen, bei den Kreditinstituten einzelne Daten aus den nach § 93 b Absatz 1 und 1 a zu führenden Dateisystemen abzurufen; in den Fällen des Satzes 1 Nummer 1 bis 4 b darf ein Abrufersuchen nur dann erfolgen, wenn ein Auskunftsersuchen an den Steuerpflichtigen nicht zum Ziel geführt hat oder keinen Erfolg verspricht.

(8) **① Das Bundeszentralamt für Steuern erteilt auf Ersuchen Auskunft über die in § 93 b Absatz 1 und 1 a bezeichneten Daten, ausgenommen die Identifikationsnummer nach § 139 b,** 8

1. den für die Verwaltung
   a) der Grundsicherung für Arbeitsuchende nach dem Zweiten Buch Sozialgesetzbuch,
   b) der Sozialhilfe nach dem Zwölften Buch Sozialgesetzbuch,
   c) der Ausbildungsförderung nach dem Bundesausbildungsförderungsgesetz,
   d) der Aufstiegsfortbildungsförderung nach dem Aufstiegsfortbildungsförderungsgesetz,
   e) des Wohngeldes nach dem Wohngeldgesetz,
   f) der Leistungen nach dem Asylbewerberleistungsgesetz und
   g) des Zuschlags an Entgeltpunkten für langjährige Versicherung nach dem Sechsten Buch Sozialgesetzbuch

   zuständigen Behörden, soweit dies zur Überprüfung des Vorliegens der Anspruchsvoraussetzungen erforderlich ist und ein vorheriges Auskunftsersuchen an die betroffene Person nicht zum Ziel geführt hat oder keinen Erfolg verspricht;

2. den Polizeivollzugsbehörden des Bundes und der Länder, soweit dies zur Abwehr einer erheblichen Gefahr für die öffentliche Sicherheit erforderlich ist, und

3. den Verfassungsschutzbehörden der Länder, soweit dies für ihre Aufgabenerfüllung erforderlich ist und durch Landesgesetz ausdrücklich zugelassen ist.

② Die für die Vollstreckung nach dem Verwaltungs-Vollstreckungsgesetz und nach den Verwaltungsvollstreckungsgesetzen der Länder zuständigen Behörden dürfen zur Durchführung der Vollstreckung das Bundeszentralamt für Steuern ersuchen, bei den

[1] Vgl. hierzu auch Verfügung der *OFD Karlsruhe vom 22. 3. 2024 (DStR 2024 S. 1818),* nachstehend abgedruckt.

Kreditinstituten die in § 93 b Absatz 1 und 1 a bezeichneten Daten, ausgenommen die Identifikationsnummer nach § 139 b, abzurufen, wenn

1. die Ladung zu dem Termin zur Abgabe der Vermögensauskunft an den Vollstreckungsschuldner nicht zustellbar ist und
   a) die Anschrift, unter der die Zustellung ausgeführt werden sollte, mit der Anschrift übereinstimmt, die von einer der in § 755 Absatz 1 und 2 der Zivilprozessordnung genannten Stellen innerhalb von drei Monaten vor oder nach dem Zustellungsversuch mitgeteilt wurde, oder
   b) die Meldebehörde nach dem Zustellungsversuch die Auskunft erteilt, dass ihr keine derzeitige Anschrift des Vollstreckungsschuldners bekannt ist, oder
   c) die Meldebehörde innerhalb von drei Monaten vor Erlass der Vollstreckungsanordnung die Auskunft erteilt hat, dass ihr keine derzeitige Anschrift des Vollstreckungsschuldners bekannt ist;

2. der Vollstreckungsschuldner seiner Pflicht zur Abgabe der Vermögensauskunft in dem dem Ersuchen zugrundeliegenden Vollstreckungsverfahren nicht nachkommt oder

3. bei einer Vollstreckung in die in der Vermögensauskunft aufgeführten Vermögensgegenstände eine vollständige Befriedigung der Forderung nicht zu erwarten ist.

③ Für andere Zwecke ist ein Abrufersuchen an das Bundeszentralamt für Steuern hinsichtlich der in § 93 b Absatz 1 und 1 a bezeichneten Daten, ausgenommen die Identifikationsnummer nach § 139 b, nur zulässig, soweit dies durch ein Bundesgesetz ausdrücklich zugelassen ist.

8a (8 a) **① Kontenabrufersuchen an das Bundeszentralamt für Steuern sind nach amtlich vorgeschriebenem Datensatz über die amtlich bestimmten Schnittstellen zu übermitteln; § 87 a Absatz 6 und § 87 b Absatz 1 und 2 gelten entsprechend. ② Das Bundeszentralamt für Steuern kann Ausnahmen von der elektronischen Übermittlung zulassen. ③ Das Bundeszentralamt für Steuern soll der ersuchenden Stelle die Ergebnisse des Kontenabrufs elektronisch übermitteln; § 87 a Absatz 7 und 8 gilt entsprechend.**

9 (9) **① Vor einem Abrufersuchen nach Absatz 7 oder Absatz 8 ist die betroffene Person auf die Möglichkeit eines Kontenabrufs hinzuweisen; dies kann auch durch ausdrücklichen Hinweis in amtlichen Vordrucken und Merkblättern geschehen. ② Nach Durchführung eines Kontenabrufs ist die betroffene Person vom Ersuchenden über die Durchführung zu benachrichtigen. ③ Ein Hinweis nach Satz 1 erster Halbsatz und eine Benachrichtigung nach Satz 2 unterbleiben,**

1. soweit die Voraussetzungen des § 32 b Absatz 1 vorliegen,

2. wenn die Überprüfung der Kontoverbindung ergibt, dass die betroffene Person über das nach § 139 b Absatz 10 übermittelte Konto verfügungsberechtigt ist, oder

3. wenn die Information der betroffenen Person anderweitig gesetzlich ausgeschlossen ist.

④ § 32 c Absatz 5 ist entsprechend anzuwenden. ⑤ In den Fällen des Absatzes 8 gilt Satz 4 entsprechend, soweit gesetzlich nichts anderes bestimmt ist. ⑥ Die Sätze 1 und 2 sind nicht anzuwenden in den Fällen des Absatzes 8 Satz 1 Nummer 2 oder 3 oder soweit dies bundesgesetzlich ausdrücklich bestimmt ist.

10 (10) **Ein Abrufersuchen nach Absatz 7 oder Absatz 8 und dessen Ergebnis sind vom Ersuchenden zu dokumentieren.**

AEAO

Zu § 93 – Auskunftspflicht der Beteiligten und anderer Personen:

11 **1. Auskunftsersuchen nach § 93 Abs. 1 Satz 1 und Abs. 1 a AO**

Auskunftsersuchen sind im gesamten Besteuerungsverfahren, d. h. auch im Rechtsbehelfsverfahren oder im Vollstreckungsverfahren (§ 249 Abs. 2 Satz 1 AO; BFH-Urteil vom 22. 2. 2000 VII R 73/98, BStBl. II S. 366), möglich. Im Rahmen der Außenprüfung und der Steuerfahndung sind die Regelungen in §§ 200, 208, 210 und 211 AO zu beachten. Im Steuerstraf- und -bußgeldverfahren gelten nach § 385 Abs. 1 und § 410 Abs. 1 AO die Vorschriften der StPO und des OWiG.

1.1. Allgemeines/Voraussetzungen

1.1.1. Voraussetzung für ein Auskunftsersuchen ist, dass die Heranziehung eines Auskunftspflichtigen im Einzelfall aufgrund hinreichender konkreter Umstände oder aufgrund allgemeiner Erfahrungen geboten ist (vgl. BFH-Urteile vom 29. 10. 1986 VII R 82/85, BStBl. 1988 II S. 359, und vom 18. 3. 1987 II R 35/86, BStBl. II S. 419). Unzulässig sind Auskunftsersuchen „ins Blaue hinein" (vgl. BFH-Urteile vom 23. 10. 1990 VIII R 1/86, BStBl. 1991 II S. 277, und vom 12. 5. 2016 II R 17/14, BStBl. II S. 822). Darüber hinaus müssen die Auskunft zur Sachverhaltsaufklärung geeignet und notwendig, die Pflichterfüllung für den Betroffenen möglich und dessen Inanspruchnahme geeignet, erforderlich und zumutbar sein (vgl. BFH-Urteile vom 29. 10. 1986

VII R 82/85, BStBl. 1988 II S. 359, und vom 24. 10. 1989 VII R 1/87, BStBl. 1990 II S. 198). Die Erforderlichkeit eines Auskunftsersuchens ist von der zuständigen Finanzbehörde nach den Umständen des Einzelfalles und unter Berücksichtigung allgemeiner Erfahrungen im Wege der Prognose zu beurteilen. Die Erforderlichkeit setzt keinen begründeten Verdacht voraus, dass steuerrechtliche Unregelmäßigkeiten vorliegen; es genügt, wenn aufgrund konkreter Momente oder aufgrund allgemeiner Erfahrungen ein Auskunftsersuchen angezeigt ist (vgl. BFH-Urteil vom 17. 3. 1992 VII R 122/91, BFH/NV S. 791). Nur wenn klar und eindeutig jeglicher Anhaltspunkt für die Steuererheblichkeit fehlt, ist ein Auskunftsverlangen rechtswidrig (BFH-Urteil vom 29. 7. 2015 X R 4/14, BStBl. 2016 II S. 135). AEAO

1.1.2. Die Finanzämter können Auskunftsersuchen an die Beteiligten (§ 78 AO), aber auch an andere Personen richten, wenn das Ersuchen zur Feststellung eines für die Besteuerung erheblichen Sachverhalts erforderlich ist.

1.1.3. Die Finanzbehörde darf außerdem unter den Voraussetzungen des § 93 Abs. 1 a AO Auskunftsersuchen über eine ihr noch unbekannte Anzahl von Sachverhalten mit dem Grunde nach bestimmbaren, ihr noch nicht bekannten Personen an Dritte stellen (Sammelauskunftsersuchen).

1.1.4. Im Auskunftsersuchen ist anzugeben, worüber Auskunft erteilt werden soll und für die Besteuerung welcher Person die Auskunft angefordert wird (§ 93 Abs. 2 Satz 1 AO). Zur Begründung des Ersuchens reicht im Allgemeinen die Angabe der Rechtsgrundlage sowie bei einem Auskunftsersuchen an einen Dritten der Hinweis aus, dass die Sachverhaltsaufklärung durch die Beteiligten nicht zum Ziele geführt hat oder keinen Erfolg verspricht. Eine Begründung des Auskunftsersuchens hinsichtlich der Frage, warum die Finanzbehörde einen bestimmten Auskunftspflichtigen vor einem anderen Auskunftsverpflichteten in Anspruch nimmt, ist nur erforderlich, wenn gewichtige Anhaltspunkte dafür bestehen, dass der andere vorrangig in Anspruch zu nehmen sein könnte (BFH-Urteil vom 22. 2. 2000, VII R 73/98, BStBl. II S. 366).

1.1.5. Auskunftsersuchen nach § 93 Abs. 1 Satz 1 und Abs. 1 a AO sind Verwaltungsakte i. S. d. § 118 AO. Für Auskunftsersuchen ist keine bestimmte Form vorgesehen (§ 119 Abs. 2 AO). Regelmäßig ist jedoch Schriftform angebracht (vgl. § 93 Abs. 2 Satz 2 AO). Im Auskunftsersuchen ist eine angemessene Frist zur Auskunftserteilung zu bestimmen sowie anzugeben, in welcher Form die Auskunft erteilt werden soll (vgl. § 93 Abs. 4 AO).

1.2. Zulässigkeit von Auskunftsersuchen an Dritte

1.2.1. Die Auskunftspflicht anderer Personen ist wie die prozessuale Zeugenpflicht eine allgemeine Staatsbürgerpflicht und verfassungsrechtlich unbedenklich (vgl. BFH-Urteil vom 22. 2. 2000, VII R 73/98, BStBl. II S. 366, und Beschluss des BVerfG vom 15. 11. 2000, 1 BvR 1213/00, BStBl. 2002 II S. 142). Eine Auskunftspflicht besteht nicht, soweit dem Dritten ein Auskunftsverweigerungsrecht zusteht (vgl. §§ 101 bis 103). Zu Auskunftsersuchen gegenüber Telekommunikationdienstleistern vgl. AEAO zu § 93, Nr. 1.2.7.

1.2.2. Vor dem Auskunftsersuchen an Dritte ist im Regelfall der Steuerpflichtige zu befragen. Dieses Subsidiaritätsprinzip ist eine spezielle Ausprägung des Verhältnismäßigkeitsgrundsatzes. Es soll zum einen vermieden werden, dass Nichtbeteiligte Einblick in die steuerlich relevanten Verhältnisse des Beteiligten erhalten, zum anderen sollen dem Dritten die mit der Auskunft verbundenen Mühen erspart werden.

Die Finanzbehörde darf folglich – außerhalb des Steuerfahndungsverfahrens (vgl. § 208 Abs. 1 Satz 1 Nr. 2 und Nr. 3 i. V. m. Satz 3 AO) und von Sammelauskunftsersuchen nach § 93 Abs. 1 a AO (vgl. dazu AEAO zu § 93, Nr. 1.2.5) – nur in atypischen Fällen vom Subsidiaritätsprinzip abweichen, wobei am Zweck der Vorschrift zu messen ist, ob ein solcher atypischer Fall vorliegt (vgl. BFH-Urteil vom 24. 10. 1989 VII R 1/87, BStBl. 1990 II S. 198, m. w. N.).

Atypische Fälle liegen insbesondere vor, wenn

- der Beteiligte unbekannt ist (z. B. BFH-Urteil vom 4. 10. 2006, VIII R 53/04, BStBl. 2007 II S. 227),
- der Beteiligte nicht mitwirkt (z. B. BFH-Urteil vom 30. 3. 1989, VII R 89/88, BStBl. II S. 537) oder
- wenn die Finanzbehörde es im Rahmen einer vorweggenommenen Beweiswürdigung (Prognoseentscheidung) aufgrund offenkundiger oder konkret nachweisbarer Tatsachen als zwingend ansieht, dass der Versuch der Sachverhaltsaufklärung durch den Beteiligten erfolglos bleiben wird (vgl. BFH-Urteil vom 29. 7. 2015, X R 4/14, BStBl. 2016 II S. 135); siehe dazu auch AEAO zu § 93, Nrn. 1.2.3 und 1.2.4.

1.2.3. Auskunftsersuchen an Dritte können insbesondere geboten sein, wenn die Beteiligten offenkundig keine eigenen Kenntnisse über den relevanten Sachverhalt besitzen und eine Auskunft daher ohne Hinzuziehung Dritter nicht erteilt werden kann; in diesem Fall ist das Auskunftsersuchen unmittelbar an denjenigen zu richten, der über die entsprechenden Kenntnisse verfügt.

1.2.4. Ein Auskunftsersuchen an einen Dritten kann aber auch geboten sein, wenn eine Auskunft des Beteiligten aufgrund offenkundiger oder konkret nachweisbarer Umstände von vorneherein als unwahr zu werten wäre oder wenn von vornherein feststeht, dass der Beteiligte nicht mitwirken wird (BFH-Urteil vom 29. 7. 2015, X R 4/14, a. a. O.).

AEAO **1.2.5.** Ein Sammelauskunftsersuchen gegenüber einem Dritten (§ 93 Abs. 1 a AO) ist nur zulässig, wenn ein hinreichender Anlass für diese Form der Ermittlung besteht und die betroffenen Steuerpflichtigen nicht namentlich bekannt sind. Ein hinreichender Anlass für ein Sammelauskunftsersuchen liegt insbesondere vor, wenn konkrete Anhaltspunkte für eine Steuerverkürzung oder für das Erlangen nicht gerechtfertigter Steuervorteile vorliegen. Das Gleiche gilt, wenn Erfahrungen aus vergleichbaren Sachverhalten eine Steuerverkürzung oder das Erlangen nicht gerechtfertigter Steuervorteile naheliegend erscheinen lassen. Ein strafrechtlicher Anfangsverdacht muss aber noch nicht vorliegen. Ermittlungen „ins Blaue hinein" sind auch hier unzulässig. Das Sammelauskunftsersuchen muss darüber hinaus auch verhältnismäßig und zumutbar sein. Der durch ein Sammelauskunftsersuchen ausgelöste Ermittlungsaufwand muss bei der Auskunftsperson in einem angemessenen Verhältnis zu der Bedeutung der Angelegenheit stehen.

1.2.6. Ein Dritter kann sich seinen Auskunftspflichten nicht mit dem Hinweis auf die Möglichkeit entziehen, auch andere seien zur gewünschten Auskunft in der Lage. § 93 Abs. 1 Satz 3 AO sieht keine Rangfolge vor, welche von mehreren – möglicherweise – als Auskunftspflichtige in Betracht kommenden Personen in Anspruch zu nehmen ist (vgl. BFH-Urteil vom 22. 2. 2000, VII R 73/98, BStBl. II S. 366).

Die Auswahl hat nach pflichtgemäßem Ermessen zu erfolgen. Dabei ist auch eine Interessenabwägung zwischen den besonderen Belastungen, denen ein Auskunftsverpflichteter ausgesetzt ist, und dem Interesse der Allgemeinheit an der möglichst gleichmäßigen Festsetzung und Erhebung der Steueransprüche vorzunehmen. Die Beantwortung eines Auskunftsersuchens ist i. d. R. auch dann zumutbar, wenn mit dessen Befolgung eine nicht unverhältnismäßige Beeinträchtigung eigenwirtschaftlicher Interessen verbunden ist (vgl. BVerfG-Beschluss vom 15. 11. 2000, 1 BvR 1213/00, BStBl. 2002 II S. 142).

1.2.7. Vor Befragung eines Dritten soll der Beteiligte, falls der Ermittlungszweck nicht gefährdet wird, über die Möglichkeit eines Auskunftsersuchens gegenüber Dritten informiert werden, um es gegebenenfalls abwenden zu können und damit zu verhindern, dass seine steuerlichen Verhältnisse Dritten bekannt werden. Falls der Ermittlungszweck nicht gefährdet wird, ist der Beteiligte über das Auskunftsersuchen zu informieren. Dies gilt nicht für Sammelauskunftsersuchen (vgl. § 93 Abs. 1 a Satz 3 AO).

1.2.8. Bestandsdaten gem. § 3 Nr. 3 TKG wie Name, Anschrift, Bankverbindung und Rufnummer des Anschlussinhabers unterliegen – im Gegensatz zu Verbindungsdaten – nicht dem Fernmeldegeheimnis nach § 88 TKG. § 88 Abs. 3 Satz 3 TKG steht daher einer Auskunftserteilung aufgrund von Auskunftsersuchen der Finanzbehörden nicht entgegen.

Richten die Finanzbehörden im Besteuerungsverfahren derartige Auskunftsersuchen an Unternehmen und Personen, die geschäftsmäßig Telekommunikationsdienste erbringen oder an der Erbringung solcher Dienste mitwirken, sind diese Unternehmen daher zur Auskunftserteilung verpflichtet. Art und Umfang der Auskunftserteilung bestimmt sich dabei ausschließlich nach § 93 AO (ggf. i. V. m. § 208 Abs. 1 Satz 1 Nr. 3 und Satz 3 AO). Entgegenstehende Regelungen in Allgemeinen Geschäftsbedingungen der o. g. Unternehmen und Personen treten demgegenüber zurück.

1.2.9. Können Bank- und Depotverbindungen des Steuerpflichtigen sowohl durch einen Kontenabruf als auch durch ein Auskunftsersuchen an Dritte ermittelt werden, ist bei der Auswahl des Ermittlungsinstruments auch zu berücksichtigen, dass ein Kontenabruf den Betroffenen im Einzelfall weniger beeinträchtigen kann als Auskunftsersuchen gegenüber Dritten. Denn anders als bei Auskunftsersuchen nach § 93 Abs. 1 AO erfährt bei Kontenabrufen kein Dritter von den steuerlichen Verhältnissen des Betroffenen, insbesondere vom Vorliegen von Steuerrückständen. Die Kreditinstitute dürfen von der Durchführung eines Kontenabrufs keine Kenntnis erlangen (§ 93 b Abs. 4 AO i. V. m. § 24 c Abs. 1 Satz 6 KWG). Daher kann ein Kontenabruf auch nicht zu negativen Folgen für einen Bankkunden führen.

12 **2. Kontenabruf nach § 93 Abs. 7 AO in der ab dem 1. 1. 2018 geltenden Fassung**

2.1. Die Finanzbehörde kann unter den Voraussetzungen des § 93 Abs. 7 AO bei den Kreditinstituten über das BZSt folgende Bestandsdaten zu Konten- und Depotverbindungen sowie Schließfächern abrufen:

- die Nummer eines Kontos, das der Verpflichtung zur Legitimationsprüfung i. S. d. § 154 Abs. 2 Satz 1 AO unterliegt, eines Depots oder eines Schließfachs,
- der Tag der Errichtung und der Tag der Beendigung oder Auflösung des Kontos, Depots oder Schließfachs,
- der Name sowie bei natürlichen Personen der Tag der Geburt des Inhabers und eines Verfügungsberechtigten sowie
- der Name und eine erhobene Anschrift eines abweichend wirtschaftlich Berechtigten (§ 3 GwG).

Kontenbewegungen und Kontenstände können auf diesem Weg nicht ermittelt werden.

Die Verpflichtung der Kreditinstitute, Daten für einen Kontenabruf durch das BZSt für Steuern bereitzuhalten, ergibt sich unmittelbar aus § 93 b AO i. V. m. § 24 c KWG und bedarf daher keines Verwaltungsaktes.

2.2. Ein Kontenabruf nach § 93 Abs. 7 AO ist nur in den gesetzlich abschließend aufgezählten Fällen möglich.

2.2.1. Steuerpflichtige, deren persönlicher Steuersatz niedriger ist als der Abgeltungsteuersatz, können nach § 32d Abs. 6 EStG beantragen, dass ihre Einkünfte nach § 20 EStG im Rahmen einer Einkommensteuerveranlagung ihrem individuellen niedrigeren Steuersatz unterworfen werden (Günstigerprüfung). In diesem Fall muss der Steuerpflichtige sämtliche Kapitalerträge erklären (§ 32d Abs. 6 Satz 2 und 3 EStG). Die Finanzbehörden müssen daher prüfen können, ob neben den erklärten Einkünften noch andere Einkünfte nach § 20 EStG vorliegen (vgl. § 93 Abs. 7 Satz 1 Nr. 1 AO).

2.2.2. In den Fällen des § 2 Abs. 5b Satz 2 EStG ist – letztmals für den Veranlagungszeitraum 2011 – die Kenntnis aller vom Steuerpflichtigen erzielten Kapitalerträge i. S. d. § 32d Abs. 1 und § 43 Abs. 5 EStG erforderlich. Die Finanzbehörden müssen deshalb prüfen können, ob neben erklärten Einnahmen bisher nicht erklärte Kapitalerträge vorliegen (vgl. § 93 Abs. 7 Satz 1 Nr. 2 AO in der bis 31. 12. 2011 geltenden Fassung). Die am 31. 12. 2011 geltende Fassung des § 93 Abs. 7 Satz 1 Nr. 2 AO ist nach Art. 97 § 26 EGAO für Veranlagungszeiträume vor 2012 weiterhin anzuwenden.

2.2.3. § 93 Abs. 7 Satz 1 Nr. 3 AO dient der Verifikation von Einkünften nach § 20 und § 23 Abs. 1 EStG für die Veranlagungszeiträume bis einschließlich 2008.

2.2.4. Nach § 93 Abs. 7 Satz 1 Nr. 4 AO ist ein Kontenabruf zulässig, wenn er zur Erhebung (einschließlich der Vollstreckung) von bundesgesetzlich geregelten Steuern oder Rückforderungsansprüchen bundesgesetzlich geregelter Steuererstattungen und Steuervergütungen, mithin auch von Landessteuern, die durch Bundesgesetz geregelt sind, erforderlich ist (zur Erforderlichkeit vgl. AEAO zu § 93, Nr. 2.3). Bei der Geltendmachung von Haftungsansprüchen ist ein Kontenabruf nach § 93 Abs. 7 Satz 1 Nr. 4 AO nur zur Erhebung (einschließlich der Vollstreckung) von Haftungsansprüchen zulässig, nicht zur Vorbereitung der Festsetzung eines Haftungsanspruchs.

2.2.5. Nach § 93 Abs. 7 Satz 1 Nr. 4a AO ist ein Kontenabruf zulässig zur Ermittlung, in welchen Fällen ein inländischer Steuerpflichtiger, der Aktivitäten i. S. d. § 138 Abs. 2 Satz 1 AO entfaltet, Verfügungsberechtigter oder wirtschaftlich Berechtigter (§ 3 GwG) eines Kontos oder Depots einer natürlichen Person, Personengesellschaft, Körperschaft, Personenvereinigung oder Vermögensmasse mit Wohnsitz, gewöhnlichem Aufenthalt, Sitz, Hauptniederlassung oder Geschäftsleitung außerhalb des Geltungsbereichs der AO ist.

2.2.6. Nach § 93 Abs. 7 Satz 1 Nr. 4b AO ist ein Kontenabruf zur Ermittlung der Besteuerungsgrundlagen in Verfahren nach § 208 Abs. 1 Satz 1 Nr. 3 AO (Aufdeckung unbekannter Steuerfälle) zulässig.

2.2.7. In den Fällen der Nrn. 2.2.1 bis 2.2.3 des AEAO zu § 93 ist ein Kontenabruf nur zulässig, wenn er im Einzelfall zur Festsetzung der Einkommensteuer erforderlich ist (vgl. dazu AEAO zu § 93, Nr. 2.3).

Des Weiteren darf in den Fällen der Nrn. 2.2.1 bis 2.2.6 des AEAO zu § 93 ein Abrufersuchen nur dann erfolgen, wenn ein Auskunftsersuchen an den Steuerpflichtigen nicht zum Ziel geführt hat oder keinen Erfolg verspricht (§ 93 Abs. 7 Satz 2 AO).

Da im Vollstreckungsverfahren eine Gefährdung der Ermittlungszwecke zu befürchten ist, wenn der säumige Steuerschuldner vor einem Kontenabruf individuell informiert würde, muss eine Information des Betroffenen vor Durchführung eines Kontenabrufs nach § 93 Abs. 7 Satz 1 Nr. 4 AO unterbleiben (vgl. § 93 Abs. 9 Satz 3 AO). Es reicht aus, dass säumige Steuerschuldner in der Zahlungserinnerung auf die Möglichkeiten der Zwangsvollstreckung (einschließlich der Möglichkeit eines Kontenabrufs) hingewiesen werden (§ 93 Abs. 9 Satz 1 zweiter Halbsatz AO).

Bei der Ermittlung unbekannter Steuerfälle nach § 208 Abs. 1 Satz 1 Nr. 3 AO kann sich durch eine vorherige Information eines möglicherweise Betroffenen ebenfalls eine Gefährdung der Ermittlungen ergeben. In diesem Fall muss eine Information des Verfügungsberechtigten oder wirtschaftlich Berechtigten vor Durchführung eines Kontenabrufs gem. § 93 Abs. 9 Satz 3 AO unterbleiben.

2.2.8. Darüber hinaus ist ein Kontenabruf nur mit Zustimmung des Steuerpflichtigen zulässig (§ 93 Abs. 7 Satz 1 Nr. 5 AO). Der Steuerpflichtige kann seine Zustimmung zu einem Kontenabruf auf Aufforderung der Finanzverwaltung oder unaufgefordert erteilen.

Wenn die Finanzbehörde eine Überprüfung der Angaben des Steuerpflichtigen mittels eines Kontenabrufs für erforderlich hält, weil sie Zweifel daran hat, ob die Angaben des Steuerpflichtigen vollständig und richtig sind, kann sie ihn nach § 93 Abs. 7 Satz 1 Nr. 5 AO auffordern, zur Aufklärung des Sachverhalts einem Kontenabruf zuzustimmen.

In Betracht kommen insbesondere Fälle, in denen aufgeklärt werden soll, ob der Steuerpflichtige betriebliche Erlöse zutreffend in seiner Buchführung erfasst hat oder ob steuerpflichtige Einnahmen auf „private" Konten geflossen sind. Die Finanzbehörden können den Steuerpflichtigen auch dann zur Zustimmung zu einem Kontenabruf auffordern, wenn noch kein strafrechtlicher Anfangsverdacht vorliegt.

Erteilt der Steuerpflichtige trotz Aufforderung die Zustimmung zu einem Kontenabruf nicht und bestehen tatsächliche Anhaltspunkte für die Unrichtigkeit oder Unvollständigkeit der vom Steuerpflichtigen gemachten Angaben zu steuerpflichtigen Einnahmen oder Betriebsvermögensmehrungen, sind die Besteuerungsgrundlagen nach § 162 Abs. 2 Satz 2 AO zu schätzen (vgl. auch AEAO zu § 162, Nr. 6).

AEAO

2.2.9. Für Besteuerungsverfahren, auf die die AO nach § 1 AO nicht unmittelbar anwendbar ist, ist ein Kontenabruf nach § 93 Abs. 7 AO nicht zulässig. Für strafrechtliche Zwecke kann ein Kontenabruf nur nach § 24c KWG erfolgen. Der Kontenabruf entspricht einer elektronischen Einnahme des Augenscheins und stellt einen Realakt dar.

2.3. Ein Kontenabruf steht im Ermessen der Finanzbehörde und kann nur anlassbezogen und zielgerichtet erfolgen und muss sich auf eine eindeutig bestimmte Person beziehen. Bei der Ausübung des Ermessens sind die Grundsätze der Gleichmäßigkeit der Besteuerung, der Verhältnismäßigkeit der Mittel, der Erforderlichkeit, der Zumutbarkeit, der Billigkeit und von Treu und Glauben sowie das Willkürverbot und das Übermaßverbot zu beachten (vgl. AEAO zu § 5, Nr. 1).

Die Erforderlichkeit, die von der Finanzbehörde im Einzelfall im Wege einer Prognose zu beurteilen ist, setzt keinen begründeten Verdacht dafür voraus, dass steuerrechtliche Unregelmäßigkeiten vorliegen. Es genügt vielmehr, wenn aufgrund konkreter Momente oder aufgrund allgemeiner Erfahrungen ein Kontenabruf angezeigt ist (vgl. BVerfG-Beschluss vom 13. 6. 2007, 1 BvR 1550/03, 1 BvR 2357/04, 1 BvR 603/05, BStBl. II S. 896).

2.4. Die Verantwortung für die Zulässigkeit des Datenabrufs und der Datenübermittlung trägt die ersuchende Finanzbehörde (§ 93b Abs. 3 AO). Das BZSt darf lediglich prüfen, ob das Ersuchen plausibel ist.

2.5. Ein Kontenabruf nach § 93 Abs. 7 AO ist auch zulässig, um Konten oder Depots zu ermitteln, hinsichtlich derer der Steuerpflichtige zwar nicht Verfügungsberechtigter, aber wirtschaftlich Berechtigter ist. Dies gilt auch dann, wenn der Verfügungsberechtigte nach § 102 AO die Auskunft verweigern könnte (z. B. im Fall von Anderkonten von Anwälten). Denn ein Kontenabruf erfolgt bei dem Kreditinstitut und nicht bei dem Berufsgeheimnisträger. Das Kreditinstitut hat aber kein Auskunftsverweigerungsrecht und muss daher auch nach § 93 Abs. 1 Satz 1 AO Auskunft geben darüber, ob bei festgestellten Konten eines Berufsgeheimnisträgers eine andere Person wirtschaftlich Berechtigter ist. Das Vertrauensverhältnis zwischen dem Berufsgeheimnisträger und seinem Mandanten bleibt dadurch unberührt.

Ein Kontenabruf nach § 93 Abs. 7 AO ist auch im Besteuerungsverfahren eines Berufsgeheimnisträgers i. S. d. § 102 AO grundsätzlich zulässig. Bei der gebotenen Ermessensentscheidung (vgl. AEAO zu § 93, Nr. 2.3) ist in diesem Fall zusätzlich eine Güterabwägung zwischen der besonderen Bedeutung der Verschwiegenheitspflicht des Berufsgeheimnisträgers und der Bedeutung der Gleichmäßigkeit der Besteuerung unter Berücksichtigung des Verhältnismäßigkeitsprinzips vorzunehmen (vgl. BVerfG-Urteil vom 30. 3. 2004 2 BvR 1520/01, 2 BvR 1521/01, BVerfGE 110 S. 226, und BFH-Urteil vom 26. 2. 2004, IV R 50/01, BStBl. II S. 502). Über Anderkonten eines Berufsgeheimnisträgers i. S. d. § 102 AO, die durch einen Kontenabruf im Besteuerungsverfahren des Berufsgeheimnisträgers festgestellt werden, sind keine Kontrollmitteilungen zu fertigen.

2.6. Ob die Sachaufklärung durch den Beteiligten zum Ziel führt oder Erfolg verspricht oder ob dies nicht zutrifft, ist eine Frage der Beweiswürdigung (vgl. AEAO zu § 93, Nrn. 1.2.2 und 1.2.3). Diese Beweiswürdigung obliegt der Finanzbehörde.

Die Finanzbehörde soll zunächst dem Beteiligten Gelegenheit geben, Auskunft über seine Konten und Depots zu erteilen und ggf. entsprechende Unterlagen (z. B. Konto- oder Depotauszüge) vorzulegen, es sei denn, der Ermittlungszweck würde dadurch gefährdet. Hierbei soll auch bereits darauf hingewiesen werden, dass die Finanzbehörde unter den Voraussetzungen des § 93 Abs. 7 AO einen Kontenabruf durchführen lassen oder bei Verweigerung der Zustimmung zu einem Kontenabruf nach § 93 Abs. 7 Satz 1 Nr. 5 AO die Besteuerungsgrundlagen nach § 162 Abs. 2 Satz 2 AO schätzen kann, wenn die Sachaufklärung durch den Beteiligten nicht zum Ziel führt.

2.7. Hat sich durch einen Kontenabruf herausgestellt, dass Konten oder Depots vorhanden sind, die der Beteiligte auf Nachfrage (vgl. AEAO zu § 93, Nr. 2.6) nicht angegeben hat, ist er über das Ergebnis des Kontenabrufs zu informieren (§ 93 Abs. 9 Satz 2 AO). Hierbei ist der Beteiligte darauf hinzuweisen, dass die Finanzbehörde das betroffene Kreditinstitut nach § 93 Abs. 1 Satz 1 AO um Auskunft ersuchen kann, wenn ihre Zweifel durch die Auskunft des Beteiligten nicht ausgeräumt werden.

Würde durch eine vorhergehende Information des Beteiligten der Ermittlungszweck gefährdet (§ 93 Abs. 9 Satz 3 AO) oder ergibt sich aus den Umständen des Einzelfalles, dass eine Aufklärung durch den Beteiligten selbst nicht zu erwarten ist, kann sich die Finanzbehörde nach § 93 Abs. 1 Satz 1 AO unmittelbar an die betreffenden Kreditinstitute wenden bzw. andere erforderliche Maßnahmen ergreifen. In diesen Fällen ist der Beteiligte nachträglich über die Durchführung des Kontenabrufs zu informieren.

2.8. Wurden die Angaben des Beteiligten durch einen Kontenabruf bestätigt, ist der Beteiligte gleichwohl über die Durchführung des Kontenabrufs zu informieren, z. B. durch eine Erläuterung im Steuerbescheid: „Es wurde ein Kontenabruf nach § 93 Abs. 7 AO durchgeführt."

2.9. Die Rechtmäßigkeit eines Kontenabrufs nach § 93 Abs. 7 kann vom Finanzgericht im Rahmen der Überprüfung des Steuerbescheids oder eines anderen Verwaltungsakts, zu dessen Vorbereitung der Kontenabruf vorgenommen wurde, oder isoliert im Wege der Leistungs- oder (Fortsetzungs-)Feststellungsklage überprüft werden (vgl. BVerfG-Beschluss vom 4. 2. 2005, 2 BvR 308/04, NJW 2005 S. 1637, unter Absatz-Nr. 19).

Anl

Verfügung betr. Kontenabrufe nach § 93 Abs. 7 i. V. m. § 93 b AO – Elektronisches Kontenabrufverfahren

Vom 22. März 2024 (BeckVerw 635718)

(OFD Karlsruhe S 0230 Karte 3)

Bei der Durchführung von Kontenabrufen sind die rechtlichen Vorgaben (§ 93 Abs. 7, 9, 10 AO) und die hierzu ergangenen Verwaltungsanweisungen (AEAO zu § 93, Nr. 2) zu beachten. Ergänzend hierzu gelten die nachfolgenden Regelungen.

1. Zuständigkeit

Kontenabrufe nach § 93 Abs. 7 AO sind jeweils von dem für die Besteuerung der bzw. des Betroffenen sachlich (§ 16 AO) und örtlich (§§ 17 ff. AO) zuständigen Finanzamt durchzuführen. 13

Für Kontenabrufe im Rahmen einer Betriebsprüfung ist das für die Steuerfestsetzung zuständige Finanzamt verantwortlich, nicht das Betriebsprüfungsfinanzamt.

Kontenabrufe der Steuerfahndung außerhalb eines Strafverfahrens auf Grundlage von § 93 Abs. 7 Satz 1 Nr. 4 b AO werden von der Steuerfahndung in eigener Zuständigkeit durchgeführt.

2. Überprüfung und Durchführung eines Kontenabrufs (allgemein)

2.1. Überprüfung der Zulässigkeit eines Kontenabrufs

Vor Durchführung eines Kontenabrufs hat die beantragende Stelle des Finanzamts (z. B. Veranlagung, Außenprüfung) das ausgefüllte TVS-Formular S1-109 (Aktenvermerk zum Kontenabrufersuchen nach § 93 Abs. 7 i. V. m. § 93 b AO) in zweifacher Ausfertigung der Hauptsachgebietsleitung AO zur abschließenden Zeichnung vorzulegen. Diese prüft, ob die Voraussetzungen für einen Kontenabruf nach § 93 Abs. 7 AO vorliegen. 14

Nach erfolgter Prüfung der Zulässigkeit und Erforderlichkeit des Kontenabrufs ist eine Ausfertigung des Aktenvermerks S1-109 an die Vollstreckungs- bzw. Erhebungsstelle oder an die andere hierfür bestimmte Stelle (vgl. 2.2) zur Durchführung des Kontenabrufs weiterzuleiten. Bei Zurückweisung des Kontenabrufs ist eine Ausfertigung des Aktenvermerks an die anfragende Stelle zurückzugeben. Eine zweite Ausfertigung des Aktenvermerks S1-109 hat stets bei der Hauptsachgebietsleitung AO zu verbleiben. Diese Ausfertigung ist mit einer fortlaufenden Nummer (1 ff./2024 ff.) versehen in einem zentralen Register/Ordner abzulegen.

2.2. Durchführung des Kontenabrufs über das BZSt-Online-Portal

Erst nachdem die Zulässigkeit eines Kontenabrufs von der AO-HSGL geprüft und befürwortet wurde, darf der Kontenabruf durchgeführt werden.

Kontenabrufersuchen sind zentral durch bis zu zwei (beim Finanzamt Stuttgart IV bis zu vier) hierzu bestimmte Sachbearbeiter(innen) der Vollstreckungs- bzw. Erhebungsstelle vorzunehmen. Bei Finanzämtern ohne Vollstreckungs- bzw. Erhebungsstelle ist eine andere Person als zentrale Beauftragte für den Kontenabruf zu bestimmen (z. B. HSB AO). Zusätzlich kann noch eine Vertretungsperson bestimmt werden.

2.3. Rücklauf und Auswertung

Die Ergebnisse eines Kontenabrufs werden als elektronisches Dokument im BOP-Postfach zum Download bereitgestellt. Dieses Dokument ist von einer der zum Abruf berechtigten Personen (vgl. 2.2) auszudrucken und zusammen mit dem Aktenvermerk S1-109 zur Auswertung an die anfragende Stelle weiterzuleiten. Der Ausdruck und der Aktenvermerk S1-109 sind von der anfragenden Stelle (ggf. eingescannt) zu den Akten zu nehmen.

Bei der Auswertung der Ergebnisse eines Kontenabrufs ist zu beachten, dass zur Ermittlung von Konteninhabern oder Verfügungsberechtigten nur der Name, Vorname und das Geburtsdatum herangezogen werden, nicht aber die angegebene Adresse. Deshalb kann die ersuchende Stelle des Finanzamts vom Abfrageergebnis nicht zwingend auf eine Übereinstimmung mit der angegebenen Adresse schließen. Die Auswertung der Abfrageergebnisse muss daher mit besonderer Sorgfalt – insbesondere bei Namensgleichheit – erfolgen.

3. Überprüfung und Durchführung eines Kontenabrufs im Bereich Vollstreckung

3.1. Überprüfung der Zulässigkeit eines Kontenabrufs

Vor Durchführung eines Kontenabrufs hat die bzw. der jeweilige Bedienstete der Vollstreckungs- bzw. Erhebungsstelle das im Programm VoSystem erstellte und ausgefüllte Formular BV_BASIS_BZST_Aktenvermerk in einfacher Ausfertigung der zuständigen Sachgebietsleitung der Vollstreckungs- bzw. Erhebungsstelle zur abschließenden Zeichnung vorzulegen. Diese prüft, ob die Voraussetzungen für einen Kontenabruf nach § 93 Abs. 7 AO vorliegen. 15

Da im Vollstreckungsverfahren eine Gefährdung der Ermittlungszwecke zu befürchten ist, wenn der säumige Steuerschuldner vor einem Kontenabruf individuell informiert würde, muss eine Information des Betroffenen vor Durchführung eines Kontenabrufs nach § 93 Abs. 7 Satz 1 Nr. 4 AO unterbleiben (vgl. § 93 Abs. 9 Satz 3 AO). Es reicht aus, dass säumige Steuerschuldner in der Zahlungserinnerung auf die Möglichkeiten der Zwangsvollstreckung (einschließlich der Möglichkeit eines Kontenabrufs) hingewiesen werden (§ 93 Abs. 9 Satz 1 zweiter Halbsatz AO).

3.2. Durchführung des Kontenabrufs über das BZSt-Online-Portal

Erst nachdem die Zulässigkeit eines Kontenabrufs von der SGL der Vollstreckungs- bzw. Erhebungsstelle geprüft und befürwortet wurde, darf der Kontenabruf durchgeführt werden.

Anl

Der im Programm VoSystem erstellte und ausgefüllte Aktenvermerk (BV_BASIS_BZST_Aktenvermerk) ist nach Durchführung bzw. Ablehnung des Kontenabrufs zu der von der Vollstreckungs- bzw. Erhebungsstelle geführten Vollstreckungsakte zu nehmen.

3.3. Ausdruck und Ablage des Ergebnisses eines Kontenabrufs

Die Ergebnisse eines Kontenabrufs werden als elektronisches Dokument im BOP-Postfach zum Download bereitgestellt. Dieses Dokument ist von einer der zum Abruf berechtigten Personen (vgl. 2.2) auszudrucken und zu der von der Vollstreckungs- bzw. Erhebungsstelle geführten Vollstreckungsakte zu nehmen.

3.4. Einzelfragen

Ein Kontenabruf für Vollstreckungszwecke ist auch nach Eröffnung eines Insolvenzverfahrens zulässig. Nach Eröffnung eines Insolvenzverfahrens sind Einzelzwangsmaßnahmen zwar nicht mehr zulässig (§ 89 InsO). Allerdings ist die Vollstreckung gehalten, dem Insolvenzverwalter Informationen zur Anreicherung der Masse zukommen zu lassen, mit dem Ziel, eine höhere Quote für die Finanzverwaltung zu erreichen (Vollstreckungskartei BW, Insolvenzordnung, Karte 16, Tz. 1). Die Durchbrechung des Steuergeheimnisses ist durch § 30 Abs. 4 Nr. 1 AO gedeckt.

4. Überprüfung und Durchführung eines Kontenabrufs im Bereich Steuerfahndung (§ 93 Abs. 1 Satz 1 Nr. 4 b AO)

4.1. Überprüfung der Zulässigkeit eines Kontenabrufs

16 Vor Durchführung eines Kontenabrufs hat die bzw. der jeweilige Bedienstete der Steuerfahndung das ausgefüllte TVS-Formular S1-612 E (Aktenvermerk zum Kontenabrufersuchen nach § 93 Abs. 7 i. V. m. § 93 b AO) in zweifacher Ausfertigung der zuständigen Sachgebietsleitung der Steuerfahndungsstelle zur abschließenden Zeichnung vorzulegen. Diese prüft, ob die Voraussetzungen für einen Kontenabruf nach § 93 Abs. 7 AO vorliegen.

Das nach § 93 Abs. 7 Satz 2 2. Halbsatz AO zunächst erforderliche Auskunftsersuchen an die/den Steuerpflichtigen ist nicht erforderlich, wenn der Ermittlungszweck dadurch gefährdet würde (vgl. AEAO zu § 93, Nr. 2.2.7, 4. Absatz). Dies gilt ebenso für die vorherige Anhörung der bzw. des Betroffenen nach § 93 Abs. 9 Satz 1 erster Halbsatz und Satz 3 i. V. m. § 32 b Abs. 1 Satz 1 Nr. 1 Buchst. a AO.

4.2. Durchführung des Kontenabrufs über das BZSt-Online-Portal

Erst nachdem die Zulässigkeit eines Kontenabrufs von der SGL der Steuerfahndungsstelle geprüft und befürwortet wurde, darf der Kontenabruf durchgeführt werden.

Kontenabrufersuchen sind zentral durch bis zu zwei hierzu bestimmte Bedienstete der Steuerfahndungsstelle eines Finanzamts vorzunehmen.

Eine Ausfertigung des Aktenvermerks S1-612 E ist mit einer fortlaufenden Nummer (1 ff./2024 ff.) versehen in einem zentralen Register/Ordner bei der Steuerfahndung abzulegen. Eine weitere Ausfertigung des Aktenvermerks ist nach Durchführung bzw. Ablehnung des Kontenabrufs zu der von der Steuerfahndungsstelle geführten Ermittlungsakte zu nehmen.

4.3. Ausdruck und Ablage des Ergebnisses eines Kontenabrufs

Die Ergebnisse eines Kontenabrufs werden als elektronisches Dokument im BOP-Postfach zum Download bereitgestellt. Dieses Dokument ist von einer der zum Abruf berechtigten Personen (vgl. 4.2) auszudrucken und zu der von der Steuerfahndungsstelle geführten Ermittlungsakte zu nehmen.

4.4. Kontenabruf für strafrechtliche Zwecke (§ 24 c KWG)

Das Verfahren zur Durchführung eines Kontenabrufs für strafrechtliche Zwecke nach § 24 c Abs. 3 Nr. 2 KWG bei der Bundesanstalt für Finanzdienstleistungsaufsicht (BaFin) bleibt von den vorgenannten Regelungen unberührt

5. Unterrichtung über durchgeführte Kontenabrufe

17 Über ein durchgeführtes Kontenabrufverfahren ist die bzw. der Betroffene gemäß § 93 Abs. 9 Satz 2 AO stets zu informieren, es sei denn, im Einzelfall liegt einer der Ausnahmetatbestände des § 93 Abs. 9 Sätze 3 und 6 AO vor. Ein solcher Einzelfall liegt insbesondere dann vor, wenn und solange die Information über den Kontenabruf die ordnungsgemäße Aufgabenerfüllung des Finanzamtes nach § 32 b Abs. 1 Satz 1 i. V. m. § 32 a Abs. 2 AO gefährden würde. Insbesondere in den Fällen des § 208 Abs. 1 Satz 1 Nr. 3 AO kann diese Situation ggf. länger fortbestehen. Die spätere Benachrichtigung (vgl. AEAO zu § 93, Nr. 2.7, 2. Absatz) ist in geeigneter Weise durch die veranlassende Stelle zu überwachen.

Die Unterrichtung über den Kontenabruf kann u. a. erfolgen

- durch gesondertes Anschreiben
- im Rahmen der nach Auswertung des Kontenabrufs veranlassten Maßnahme (z. B. Mitteilung des Vollstreckungsschuldners über die Pfändungs- und Einziehungsverfügung)
- durch bloße Erläuterung im Steuerbescheid
- im Rahmen des Schlussgesprächs einer Außenprüfung

6. Aufbewahrungsfrist für die in zentralen Registern/Ordnern abgelegten Ausfertigungen der Aktenvermerke über Kontenabrufe

18 Die in zentralen Registern/Ordnern abgelegten Ausfertigungen der Aktenvermerke über Kontenabrufe (vgl. 2.1 bzw. 4.2) können nach Ablauf von zwei Jahren vernichtet werden. Die Aufbewahrungsfrist beginnt mit Ablauf des Jahres, in dem der jeweilige Kontenabruf getätigt bzw. zurückgewiesen wurde.

7. Statistische Erhebungen des BZSt

Das Bundeszentralamt für Steuern erhebt für statistische Zwecke Daten über die durchgeführten Datenabrufe und Übermittlungen (§ 93 b Abs. 2 AO). Die statistische Erhebung des BZSt differenziert nach den Bereichen Veranlagung, Vollstreckung und Außenprüfung (Auffangkategorie: Keine Angabe). Bei der Durchführung der Kontenabrufe über das BZSt-Online-Portal (vgl. 2.2, 3.2, 4.2) ist sicherzustellen, dass dem Bundeszentralamt für Steuern die notwendigen Angaben für deren statistische Erfassung übermittelt werden. 19

§ 93 a Allgemeine Mitteilungspflichten

AO

(1) ① **Zur Sicherung der Besteuerung nach § 85 kann die Bundesregierung durch Rechtsverordnung mit Zustimmung des Bundesrates Behörden und andere öffentliche Stellen einschließlich öffentlich-rechtlicher Rundfunkanstalten (§ 6 Absatz 1 bis 1 c) verpflichten,** 1

1. den Finanzbehörden Folgendes mitzuteilen:
   a) den Empfänger gewährter Leistungen sowie den Rechtsgrund, die Höhe, den Zeitpunkt dieser Leistungen und bei unbarer Auszahlung die Bankverbindung, auf die die Leistung erbracht wurde,
   b) Verwaltungsakte und öffentlich-rechtliche Verträge, die für die betroffene Person die Versagung oder Einschränkung einer steuerlichen Vergünstigung zur Folge haben oder die der betroffenen Person steuerpflichtige Einnahmen ermöglichen,
   c) vergebene Subventionen und ähnliche Förderungsmaßnahmen sowie
   d) Anhaltspunkte für Schwarzarbeit, unerlaubte Arbeitnehmerüberlassung oder unerlaubte Ausländerbeschäftigung,
   e) die Adressaten und die Höhe von im Verfahren nach § 335 des Handelsgesetzbuchs festgesetzten Ordnungsgeldern;

2. den Empfänger im Sinne der Nummer 1 Buchstabe a über die Summe der jährlichen Leistungen sowie über die Auffassung der Finanzbehörden zu den daraus entstehenden Steuerpflichten zu unterrichten.

② **In der Rechtsverordnung kann auch bestimmt werden, inwieweit die Mitteilungen nach Maßgabe des § 93 c zu übermitteln sind oder übermittelt werden können; in diesem Fall ist § 72 a Absatz 4 nicht anzuwenden.** ③ **Die Verpflichtung der Behörden, anderer öffentlicher Stellen und der öffentlich-rechtlichen Rundfunkanstalten zu Mitteilungen, Auskünften, Anzeigen und zur Amtshilfe auf Grund anderer Vorschriften bleibt unberührt.**

(2) ① **Schuldenverwaltungen, Kreditinstitute, Betriebe gewerblicher Art von juristischen Personen des öffentlichen Rechts im Sinne des Körperschaftsteuergesetzes, öffentliche Beteiligungsunternehmen ohne Hoheitsbefugnisse, Berufskammern und Versicherungsunternehmen sind von der Mitteilungspflicht ausgenommen.** ② **Dies gilt nicht, soweit die in Satz 1 genannten Stellen Aufgaben der öffentlichen Verwaltung wahrnehmen.** 2

(3) ① **In der Rechtsverordnung sind die mitteilenden Stellen, die Verpflichtung zur Unterrichtung der betroffenen Personen, die mitzuteilenden Angaben und die für die Entgegennahme der Mitteilungen zuständigen Finanzbehörden näher zu bestimmen sowie der Umfang, der Zeitpunkt und das Verfahren der Mitteilung zu regeln.** ② **In der Rechtsverordnung können Ausnahmen von der Mitteilungspflicht, insbesondere für Fälle geringer steuerlicher Bedeutung, zugelassen werden.** 3

(4) ① **Ist die mitteilungspflichtige Stelle nach der Mitteilungsverordnung verpflichtet, in der Mitteilung die Identifikationsnummer nach § 139 b oder ein anderes steuerliches Ordnungsmerkmal** 3a

1. des Empfängers der gewährten Leistung im Sinne des Absatzes 1 Satz 1 Nummer 1 Buchstabe a,

2. des Inhaltsadressaten des Verwaltungsakts im Sinne des Absatzes 1 Satz 1 Nummer 1 Buchstabe b oder e,

3. des Empfängers der vergebenen Subvention im Sinne des Absatzes 1 Satz 1 Nummer 1 Buchstabe c oder

4. der betroffenen Personen im Sinne des Absatzes 1 Satz 1 Nummer 1 Buchstabe d

anzugeben, haben die Mitwirkungspflichtigen (§ 90) nach den Nummern 1 bis 4 der mitteilungspflichtigen Stelle diese Daten zu übermitteln. ② **Wird der Mitwirkungspflicht nach Satz 1 nicht innerhalb von zwei Wochen nach Aufforderung durch die mitteilungspflichtige Stelle entsprochen und weder die Identifikationsnummer noch ein anderes steuerliches Ordnungsmerkmal übermittelt, hat die mitteilungspflichtige Stelle die Möglichkeit, die Identifikationsnummer der betroffenen Mitwirkungspflichtigen nach Satz 1 Nummer 1 bis 4 nach amtlich vorgeschriebenem Datensatz beim**

Bundeszentralamt für Steuern abzufragen. ③ Die Abfrage ist mindestens zwei Wochen vor dem Zeitpunkt zu stellen, zu dem die Mitteilung nach der Mitteilungsverordnung zu übermitteln ist. ④ In der Abfrage dürfen nur die in § 139 b Absatz 3 genannten Daten der betroffenen Mitwirkungspflichtigen nach Satz 1 Nummer 1 bis 4 angegeben werden. ⑤ Das Bundeszentralamt für Steuern entspricht dem Ersuchen, wenn die übermittelten Daten den beim Bundeszentralamt für Steuern hinterlegten Daten entsprechen.

AEAO

Zu § 93 a – Allgemeine Mitteilungspflichten:

4 Wegen der allgemeinen Mitteilungspflichten (Kontrollmitteilungen) der Behörden und der Rundfunkanstalten an die Finanzbehörden Hinweis auf die Mitteilungsverordnung. Die Verpflichtung der Behörden und der Rundfunkanstalten zu Mitteilungen, Auskünften (insbesondere Einzelauskünften nach § 93 AO), Anzeigen (z. B. gem. § 116 AO) und zur Amtshilfe (§§ 111 ff. AO) aufgrund anderer Vorschriften bleibt unberührt. Mitteilungspflichten, die sich aus Verträgen oder Auflagen in Verwaltungsakten ergeben (z. B. besondere Bedingungen in Zuwendungsbescheiden nach Maßgabe des Haushaltsrechts), bleiben ebenfalls unberührt.

Die Mitteilungspflichten für Zwecke der Feststellung von Einheitswerten des Grundbesitzes sowie für Zwecke der Grundsteuer sind in § 29 Abs. 3 BewG und die Mitteilungspflichten für Zwecke der Feststellung von Grundsteuerwerten sind in § 229 Abs. 3 BewG geregelt.

Anl 1

1) Verordnung über Mitteilungen an die Finanzbehörden durch andere Behörden und öffentlich-rechtliche Rundfunkanstalten (Mitteilungsverordnung – MV)

in der Fassung der Bekanntmachung vom 14. Januar 2025 (BGBl. I 2025 Nr. 14)

Auf Grund des § 93 a der Abgabenordnung vom 16. März 1976 (BGBl. I S. 613, 1977 I S. 269), der durch Artikel 1 Nr. 10 des Gesetzes vom 19. Dezember 1985 (BGBl. I S. 2436) eingefügt worden ist, verordnet die Bundesregierung:

1. Teil. Allgemeine Vorschriften

5 **§ 1 Grundsätze**

(1) Behörden und andere öffentliche Stellen einschließlich öffentlich-rechtlicher Rundfunkanstalten (§ 6 Absatz 1 bis 1 c der Abgabenordnung) sind verpflichtet, Mitteilungen an die Finanzbehörden nach Maßgabe der folgenden Vorschriften ohne Ersuchen zu übersenden. Dies gilt nicht, wenn die Finanzbehörden bereits auf Grund anderer Vorschriften über diese Tatbestände Mitteilungen erhalten. Eine Verpflichtung zur Mitteilung besteht auch dann nicht, wenn die Gefahr besteht, dass das Bekanntwerden des Inhalts der Mitteilung dem Wohl des Bundes oder eines deutschen Landes Nachteile bereiten würde. Ist eine mitteilungspflichtige Behörde einer obersten Dienstbehörde nachgeordnet, muss die oberste Behörde dem Unterlassen der Mitteilung zustimmen; die Zustimmung kann für bestimmte Fallgruppen allgemein erteilt werden.

(2) Auf Grund dieser Verordnung sind personenbezogene Daten, die dem Sozialgeheimnis unterliegen (§ 35 des Ersten Buches Sozialgesetzbuch), und nach Landesrecht zu erbringende Sozialleistungen nicht mitzuteilen.

6 **§ 2 Allgemeine Zahlungsmitteilungen**

(1) Behörden und andere öffentliche Stellen mit Ausnahme öffentlich-rechtlicher Rundfunkanstalten haben den Finanzbehörden alle Zahlungen mitzuteilen. Satz 1 gilt nicht, sofern

1. der Zahlungsempfänger zweifelsfrei im Rahmen einer land- und forstwirtschaftlichen, gewerblichen oder freiberuflichen Haupttätigkeit gehandelt hat und die Zahlung zweifelsfrei auf das Geschäftskonto des Zahlungsempfängers erfolgt,
2. ein Steuerabzug durchgeführt wird oder,
3. die Zahlungen aufgrund anderweitiger Rechtsvorschriften den Finanzbehörden mitzuteilen sind.

Satz 2 Nummer 1 gilt nicht für Zahlungen an Berufsbetreuer im Sinne von § 292 des Gesetzes über das Verfahren in Familiensachen und in den Angelegenheiten der freiwilligen Gerichtsbarkeit sowie für Vergütungen an Sachverständige, Dolmetscher und Übersetzer im Sinne von Abschnitt 3 des Justizvergütungs- und -entschädigungsgesetzes.

(2) Die Finanzbehörden können Ausnahmen von der Mitteilungspflicht zulassen, wenn die Zahlungen geringe oder keine steuerliche Bedeutung haben.

(3) (weggefallen)

7 **§ 3 Honorare der Rundfunkanstalten**

(1) Die öffentlich-rechtlichen Rundfunkanstalten haben Honorare für Leistungen freier Mitarbeiter mitzuteilen, die in unmittelbarem Zusammenhang mit der Vorbereitung, Herstellung oder Verbreitung von Hörfunk- und Fernsehsendungen erbracht werden. Das gilt nicht, wenn die Besteuerung den Regeln eines Abzugsverfahrens unterliegt oder wenn die Finanzbehörden auf Grund anderweitiger Regelungen Mitteilungen über die Honorare erhalten.

Anl 1

(2) Honorare im Sinne des Absatzes 1 sind alle Güter, die in Geld oder Geldeswert bestehen und dem Steuerpflichtigen für eine persönliche Leistung oder eine Verwertung im Sinne des Urheberrechtsgesetzes zufließen.

§ 4 Wegfall oder Einschränkung einer steuerlichen Vergünstigung 8

Behörden und andere öffentliche Stellen mit Ausnahme öffentlich-rechtlicher Rundfunkanstalten haben Verwaltungsakte und öffentlich-rechtliche Verträge mitzuteilen, die den Wegfall oder die Einschränkung einer steuerlichen Vergünstigung zur Folge haben können.

§ 4 a Ordnungsgelder nach § 335 des Handelsgesetzbuchs

(1) Das Bundesamt für Justiz hat als mitteilungspflichtige Stelle im Sinne des § 93 c Absatz 1 der Abgabenordnung den Finanzbehörden die Höhe von nach dem 31. Dezember 2021 in Verfahren nach § 335 des Handelsgesetzbuchs festgesetzten Ordnungsgeldern sowie die Daten zur Identifizierung des betroffenen publizitätsverpflichteten Unternehmens mitzuteilen, sofern das festgesetzte Ordnungsgeld mindestens 5 000 Euro beträgt. Abweichend von § 93 c Absatz 1 Nummer 2 Buchstabe d der Abgabenordnung sind die Wirtschafts-Identifikationsnummer oder die Steuernummer in den Fällen nach Satz 1 dabei nur mitzuteilen, wenn sie dem Bundesamt für Justiz bekannt sind. 9

(2) Die den Finanzbehörden übermittelten Daten sind abweichend von § 93 c Absatz 1 Nummer 4 der Abgabenordnung fünf Jahre aufzubewahren; die Frist beginnt mit dem Tag der Festsetzung des Ordnungsgelds. Weitergehende Aufbewahrungsbestimmungen aufgrund anderer Rechtsvorschriften bleiben unberührt. Wird die Festsetzung eines Ordnungsgelds in einem späteren Kalenderjahr ganz oder teilweise widerrufen, zurückgenommen oder aufgehoben, ist § 93 c Absatz 3 der Abgabenordnung nicht anzuwenden.

§ 5 Ausgleichs- und Abfindungszahlungen nach dem Flurbereinigungsgesetz 10

Die Flurbereinigungsbehörden haben Ausgleichs- und Abfindungszahlungen nach dem Flurbereinigungsgesetz mitzuteilen.

§ 6 Gewerberechtliche Erlaubnisse und Gestattungen 11

(1) Behörden und andere öffentliche Stellen mit Ausnahme öffentlich-rechtlicher Rundfunkanstalten haben mitzuteilen

1. die Erteilung von Reisegewerbekarten,
2. zeitlich befristete Erlaubnisse sowie Gestattungen nach dem Gaststättengesetz,
3. Bescheinigungen über die Geeignetheit der Aufstellungsorte für Spielgeräte (§ 33 c der Gewerbeordnung),
4. Erlaubnisse zur Veranstaltung anderer Spiele mit Gewinnmöglichkeit (§ 33 d der Gewerbeordnung),
5. Festsetzungen von Messen, Ausstellungen, Märkten und Volksfesten (§ 69 der Gewerbeordnung),
6. Genehmigungen nach dem Personenbeförderungsgesetz zur Beförderung von Personen mit Kraftfahrzeugen im Linienverkehr, die Unternehmern mit Wohnsitz oder Sitz außerhalb des Geltungsbereichs des Personenbeförderungsgesetzes erteilt werden,
7. Erlaubnisse zur gewerbsmäßigen Arbeitnehmerüberlassung und
8. die gemäß der Verordnung (EWG) Nr. 2408/92 des Rates vom 23. Juli 1992 über den Zugang von Luftfahrtunternehmen der Gemeinschaft zu Strecken des innergemeinschaftlichen Flugverkehrs (ABl. EG Nr. L 240 S. 8) erteilten Genehmigungen, Verkehrsrechte auszuüben.

(2) Abweichend von § 1 Absatz 2 teilt die Bundesagentur für Arbeit nach Erteilung der erforderlichen Zusicherung folgende Daten der ausländischen Unternehmen mit, die auf Grund bilateraler Regierungsvereinbarungen über die Beschäftigung von Arbeitnehmern zur Ausführung von Werkverträgen tätig werden:

1. die Namen und Anschriften der ausländischen Vertragspartner des Werkvertrages,
2. den Beginn und die Ausführungsdauer des Werkvertrages und
3. den Ort der Durchführung des Werkvertrages.

§ 7 Ausnahmen von der Mitteilungspflicht über Zahlungen 12

(1) Zahlungen an Behörden und andere öffentliche Stellen, Betriebe gewerblicher Art von Körperschaften des öffentlichen Rechts oder Körperschaften, die steuerbegünstigte Zwecke im Sinne des Zweiten Teils Dritter Abschnitt der Abgabenordnung verfolgen, sind nicht mitzuteilen; maßgebend sind die Verhältnisse zum Zeitpunkt der Zahlung. Das gilt auch für Mitteilungen über Leistungen, die von Körperschaften des öffentlichen Rechts im Rahmen ihrer Beteiligungen an Unternehmen oder Einrichtungen des privaten Rechts erbracht werden.

(2) Mitteilungen über Zahlungen sind nicht zu übermitteln, wenn die von derselben mitteilungspflichtigen Stelle an denselben Empfänger geleisteten Zahlungen einschließlich von Vorauszahlungen im Kalenderjahr weniger als 3 000 Euro betragen. Zahlungen, die nach § 1 Absatz 2 oder § 2 nicht mitzuteilen sind, sind dabei nicht zu berücksichtigen.

2. Teil. Mitteilungen

§ 8 Form, Inhalt und Zeitpunkt der Mitteilungen 13

(1) Die Mitteilungen sind den Finanzbehörden nach Maßgabe des § 93 c der Abgabenordnung nach amtlich vorgeschriebenem Datensatz über die amtlich bestimmte Schnittstelle zu übermitteln. Zur

Anl 1

Sicherstellung der Besteuerung sind neben den in § 93c Absatz 1 Nummer 2 der Abgabenordnung genannten Angaben auch folgende Angaben zu übermitteln:

1. bei Mitteilungen über Zahlungen:
   a) der Grund der Zahlung oder die Art des der Zahlung zugrundeliegenden Anspruchs,
   b) die Höhe der jeweils gewährten Zahlung,
   c) der Zeitraum oder Zeitpunkt, für den die Zahlung gewährt wird,
   d) das Datum der Zahlung oder der Zahlungsanordnung sowie
   e) bei unbarer Zahlung die Bankverbindung für das Konto, auf das die Leistung erbracht wurde.
2. bei Mitteilungen über Verwaltungsakte der Gegenstand und der Umfang der Genehmigung, Erlaubnis oder gewährten Leistung.

Werden mitzuteilende Zahlungen in einem späteren Kalenderjahr ganz oder teilweise zurückerstattet, ist die Rückzahlung abweichend von § 93c Absatz 3 der Abgabenordnung eigenständig und unter Angabe des Datums, an dem die Zahlung bei der mitteilungspflichtigen Stelle eingegangen ist, mitzuteilen.

(2) Mitteilungen nach § 6 Absatz 2 sind abweichend von § 93c Absatz 1 Nummer 1 der Abgabenordnung unverzüglich zu übermitteln. Mitteilungen nach den §§ 4 und 6 Absatz 1 sind abweichend von § 93c Absatz 1 Nummer 1 der Abgabenordnung mindestens vierteljährlich zu übermitteln.

(3) Mitteilungen nach den §§ 2 bis 6 für das Kalenderjahr 2024 sind bis 2. März 2026 elektronisch zu übermitteln. Liegen die Voraussetzungen für die elektronische Übermittlung von Mitteilungen nach den §§ 2 bis 6 für die Kalenderjahre 2024 und 2025 bei der mitteilungspflichtigen Stelle am 2. März 2026 noch nicht vor, kann die oberste Finanzbehörde des Landes, in dem die mitteilungspflichtige Stelle ihren Sitz hat, auf begründeten Antrag die Frist zur elektronischen Übermittlung der Mitteilungen höchstens bis 1. März 2027 verlängern. Soweit die mitteilungspflichtige Stelle Mitteilungen nach den §§ 2 bis 6 nicht elektronisch übermitteln kann, weil sie die nach dem amtlich vorgeschriebenen Datensatz zwingend erforderlichen Daten auch nach Ausschöpfung der ihr zumutbaren Ermittlungsmöglichkeiten nicht beschaffen kann, kann die oberste Finanzbehörde des Landes, in dem die mitteilungspflichtige Stelle ihren Sitz hat, auf begründeten Antrag unter Vorbehalt des Widerrufs mit Wirkung für die Zukunft gestatten, Mitteilungen nach den §§ 2 bis 6 für die Kalenderjahre ab 2024 nach amtlich vorgeschriebenem Formular an die oberste Landesfinanzbehörde oder die von ihr bestimmte Finanzbehörde schriftlich zu übersenden. Das Bundesministerium der Finanzen ist über eine Maßnahme nach Satz 2 oder Satz 3 zu unterrichten.

14 **§ 9** (weggefallen)

15 **§ 10** (weggefallen)

3. Teil. Unterrichtung des Betroffenen

16 **§ 11** (weggefallen)

17 **§ 12** (weggefallen)

4. Teil. Anwendungsbestimmung und Besondere Vorschriften

18 **§ 13 Anwendungszeitpunkt**

(1) Den Zeitpunkt der erstmaligen Anwendung des § 8 in der am 1. Januar 2025 geltenden Fassung bestimmt das Bundesministerium der Finanzen im Einvernehmen mit den obersten Finanzbehörden der Länder durch ein im Bundessteuerblatt zu veröffentlichendes Schreiben. Bis zu diesem Zeitpunkt sind die §§ 8 bis 12 in der am 31. Dezember 2024 geltenden Fassung weiter anzuwenden.

(2) § 4a in der am 1. Januar 2025 geltenden Fassung ist erstmals ab 1. Januar 2027 anzuwenden; bis 31. Dezember 2026 ist § 4a in der am 31. Dezember 2024 geltenden Fassung weiterhin anzuwenden. Wenn die technischen und organisatorischen Voraussetzungen für die Anwendung von § 4a in der am 1. Januar 2025 geltenden Fassung bereits zu einem früheren Zeitpunkt vorliegen, kann das Bundesministerium der Finanzen im Benehmen mit dem Bundesministerium der Justiz einen früheren erstmaligen Anwendungszeitpunkt bestimmen. Ein nach Satz 2 bestimmter Anwendungszeitpunkt ist im Bundessteuerblatt Teil I bekanntzugeben.

[bis 31. 12. 2029:

19 **§ 13a Mitteilungen über Billigkeitsleistungen zur temporären Kostendämpfung des Erdgas- und Strompreisanstiegs nach dem Energiekostendämpfungsprogramm**

(1) Das Bundesamt für Wirtschaft und Ausfuhrkontrolle hat als mitteilungspflichtige Stelle (§ 93c Absatz 1 der Abgabenordnung) den Finanzbehörden aus Anlass des Erdgas- und Strompreisanstiegs nach dem Energiekostendämpfungsprogramm bewilligte Leistungen nach amtlich vorgeschriebenem Datensatz über die amtlich bestimmte Schnittstelle nach Maßgabe des § 93c der Abgabenordnung mitzuteilen.

(2) Zur Sicherstellung der Besteuerung sind neben den in § 93c Absatz 1 Nummer 2 der Abgabenordnung genannten Angaben folgende Angaben mitzuteilen:

1. die Art und die Höhe der jeweils gewährten Zahlung,
2. das Datum, an dem die Zahlung bewilligt wurde,
3. das Datum der Zahlung und
4. bei unbarer Zahlung die Bankverbindung für das Konto, auf das die Zahlungen geleistet wurden.

Anl 1

Werden nach Satz 1 mitzuteilende Zahlungen in einem späteren Kalenderjahr ganz oder teilweise zurückerstattet, ist die Rückzahlung abweichend von § 93 c Absatz 3 der Abgabenordnung vom Bundesamt für Wirtschaft und Ausfuhrkontrolle unter Angabe des Datums, an dem die Zahlung bei ihm eingegangen ist, mitzuteilen.

(3) Mitteilungen über im Kalenderjahr 2022 ausgezahlte Leistungen sind abweichend von § 93 c Absatz 1 Nummer 1 der Abgabenordnung nach Veröffentlichung des amtlich vorgeschriebenen Datensatzes und der Freigabe der amtlich bestimmten Schnittstelle bis zum 31. Dezember 2025 zu übermitteln. Das Bundesministerium der Finanzen kann im Einvernehmen mit den obersten Finanzbehörden der Länder die Frist nach Satz 1 durch ein im Bundessteuerblatt Teil I zu veröffentlichendes Schreiben verlängern, sofern die technischen Voraussetzungen für die Annahme der Mitteilungen nicht rechtzeitig vorliegen. Auf begründeten Antrag des Bundesamts für Wirtschaft und Ausfuhrkontrolle kann die oberste Finanzbehörde desjenigen Landes, in dem das Bundesamt für Wirtschaft und Ausfuhrkontrolle seinen Sitz hat, diesem die Frist nach den Sätzen 1 oder 2 um längstens zehn Monate verlängern, sofern die technischen Voraussetzungen für die Übersendung der Mitteilungen bei dem Bundesamt für Wirtschaft und Ausfuhrkontrolle nicht rechtzeitig vorliegen; das Bundesministerium der Finanzen ist über eine gewährte Fristverlängerung zu unterrichten.

(4) Von den Absätzen 1 bis 3 abweichende Bestimmungen dieser Verordnung sind nicht anzuwenden. § 1 Absatz 2 und § 2 Absatz 2 bleiben unberührt. Mitteilungspflichten über Leistungen im Sinne des Absatzes 1 Satz 1, die sich nach anderen Bestimmungen dieser Verordnung ergeben, sind nicht anzuwenden.]

[bis 31. 12. 2029:

§ 14 Mitteilungen über öffentliche Hilfsleistungen aus Anlass der Starkregen- und Hochwasserkatastrophe im Juli 2021 20

(1) Behörden und andere öffentliche Stellen haben als mitteilungspflichtige Stellen (§ 93 c Absatz 1 der Abgabenordnung) den Finanzbehörden aus Anlass der Starkregen- und Hochwasserkatastrophe im Juli 2021 als Aufbauhilfen des Bundes und der Länder aus den Mitteln des Fonds „Aufbauhilfe 2021" bewilligte Leistungen nach amtlich vorgeschriebenem Datensatz über die amtlich bestimmte Schnittstelle nach Maßgabe des § 93 c der Abgabenordnung mitzuteilen; mitzuteilen sind Leistungen an

1. Privathaushalte,
2. gewerbliche Unternehmen, Selbständige und Angehörige der freien Berufe,
3. Wohnungsunternehmen und Vermieter von Wohnraum,
4. Vermieter und Verpächter von ganz oder teilweise für eine gewerbliche, selbständige oder freiberufliche Tätigkeit genutzten Gebäuden oder Gebäudeteilen,
5. Betriebe der Land- und Forstwirtschaft und ähnliche Betriebe, Betriebe der Fischerei und Aquakultur.

(2) Zur Sicherstellung der Besteuerung sind neben den in § 93 c Absatz 1 Nummer 2 der Abgabenordnung genannten Angaben folgende Angaben mitzuteilen:

1. die Art und die Höhe der im jeweils vorangegangenen Kalenderjahr gewährten Zahlung,
2. soweit vorhanden, das Objekt, für das die Zahlung bewilligt wurde,
3. das Datum, an dem die Zahlung bewilligt wurde,
4. das Datum der Zahlung und
5. bei unbarer Zahlung die Bankverbindung für das Konto, auf das die Zahlung geleistet wurde.

Werden nach Satz 1 mitzuteilende Zahlungen in einem späteren Kalenderjahr ganz oder teilweise zurückerstattet, ist die Rückzahlung abweichend von § 93 c Absatz 3 der Abgabenordnung von der mitteilungspflichtigen Stelle unter Angabe des Datums, an dem die Zahlung bei der mitteilungspflichtigen Stelle eingegangen ist, mitzuteilen.

(3) Abweichend von § 93 c Absatz 1 Nummer 1 der Abgabenordnung sind Mitteilungen nach Absatz 1 nach Veröffentlichung des amtlich vorgeschriebenen Datensatzes und der Freigabe der amtlich bestimmten Schnittstelle für im Kalenderjahr 2021 ausgezahlte Leistungen bis zum 31. Dezember 2022 sowie für in den Folgejahren ausgezahlte Leistungen bis zum 30. April des auf das Jahr der Auszahlung folgenden Jahres zu übermitteln. Das Bundesministerium der Finanzen kann im Einvernehmen mit den obersten Finanzbehörden der Länder die Frist nach Satz 1 durch ein im Bundessteuerblatt Teil I zu veröffentlichendes Schreiben verlängern, sofern die technischen Voraussetzungen für die Annahme der Mitteilungen nicht rechtzeitig vorliegen. Auf begründeten Antrag einer mitteilungspflichtigen Stelle kann die oberste Finanzbehörde desjenigen Landes, in dem die mitteilungspflichtige Stelle ihren Sitz hat, dieser die Frist nach Satz 1 oder Satz 2 für im Kalenderjahr 2021 ausgezahlte Leistungen um längstens zehn Monate und für im Kalenderjahr 2022 ausgezahlte Leistungen um längstens sechs Monate verlängern, sofern die technischen Voraussetzungen für die Übersendung der Mitteilungen bei der mitteilungspflichtigen Stelle nicht rechtzeitig vorliegen; das Bundesministerium der Finanzen ist über eine gewährte Fristverlängerung zu unterrichten.

(4) Von den Absätzen 1 bis 3 abweichende Bestimmungen oder andere Mitteilungspflichten nach dieser Verordnung sind nicht anzuwenden. § 1 Absatz 2 bleibt unberührt. Das Bundesministerium der Finanzen oder die obersten Finanzbehörden der Länder können Ausnahmen von der Mitteilungspflicht nach Absatz 1 zulassen.]

Anl 2

2) Schreiben betr. Anwendung der Mitteilungsverordnung (MV) ab 1. Januar 2025; Anpassung an die Änderung der §§ 2, 4 a, 7 und 13 MV durch die Siebte Verordnung zur Änderung der Mittelungsverordnung und die Änderung des § 4 MV durch das Jahresteuergesetz 2024

Vom 12. Dezember 2024 (BeckVerw 646506)
(BMF IV D 1 – S 0229/22/10 002 :005; DOK 2024/1102547)

Geändert durch BMF-Schreiben vom 7. 7. 2025 (BeckVerw 655498)

3 Anlagen[1]

22 Aufgrund der Ermächtigung in § 93 a Abs. 1 AO hat die Bundesregierung am 7. September 1993 die Mitteilungsverordnung erlassen (BGBl. I S. 1554). Diese Verordnung wurde zuletzt durch die Siebte Verordnung zur Änderung der Mitteilungsverordnung vom 25. November 2024 (BGBl. 2024 I Nr. 364) und Art. 23 des Jahressteuergesetzes 2024 vom 2. Dezember 2024 (BGBl. 2024 I Nr. 387) geändert.

Nach der Erörterung mit den obersten Finanzbehörden der Länder gelten für die Anwendung der Mitteilungsverordnung (MV) ab dem 1. Januar 2025 die nachfolgenden Regelungen.

Hinweis: Die nachfolgenden Ausführungen gelten auch für in 2024 verwirklichte und ab 1. Januar 2025 mitzuteilende Zahlungen, Honorare, Verwaltungsakte und sonstige mitteilungspflichtige Sachverhalte, soweit im BMF-Schreiben nichts anderes bestimmt ist.

1. Zweck der Verordnung

23 Die MV, die ihre Ermächtigungsgrundlage in § 93 a AO hat, regelt die Übermittlung von Mitteilungen von Behörden und anderen öffentlichen Stellen einschließlich den öffentlich-rechtlichen Rundfunkanstalten an die Finanzbehörden ohne Ersuchen. Sie enthält genaue Anweisungen für die mitteilungspflichtigen Stellen, was zu welchem Zeitpunkt und in welchem Umfang sowie in welcher Form der Finanzverwaltung mitzuteilen ist. Damit geht sie über § 93 AO hinaus, wonach – abgesehen von Sammelauskunftsersuchen nach § 93 Abs. 1 a AO – Mitteilungen im konkreten Einzelfall nur auf Anfrage (Auskunftsersuchen) zu erteilen sind.

2. Mitteilungsverpflichtete (§ 1 MV)

24 § 1 MV bestimmt, dass Behörden und andere öffentliche Stellen einschließlich öffentlich-rechtlicher Rundfunkanstalten (§ 6 Abs. 1 bis 1 c AO) den Finanzbehörden Mitteilungen in den in der MV bestimmten Fällen zu übermitteln haben.

2.1. Behörden und andere öffentliche Stellen

Unter einer Behörde i. S. d. § 6 Abs. 1 AO ist jede in den Organismus der Staatsverwaltung eingeordnete, organisatorische Einheit von Personen und sächlichen Mitteln zu verstehen, die mit einer gewissen Selbstständigkeit ausgestattet dazu berufen ist, unter öffentlicher Autorität für die Erreichung der Zwecke des Staates oder von ihm geförderter Zwecke tätig zu sein. Um Behörde zu sein, muss diese öffentliche Stelle Aufgaben der öffentlichen Verwaltung wahrnehmen; hierbei handelt es sich um die Aufgaben, die nach dem öffentlichen Recht dem Staat zugewiesen sind.

Zu den Behörden i. S. d. § 6 Abs. 1 AO und der MV gehören auch sogenannte beliehene Unternehmen, wenn das Unternehmen die ihm aufgrund einer öffentlich-rechtlichen Regelung übertragene Aufgabe öffentlicher Verwaltung selbstständig im eigenen Namen wahrnimmt (Behörde im funktionalen Sinn).

Öffentliche Stellen des Bundes sind nach § 6 Abs. 1 a AO neben den Bundesbehörden auch die Organe der Rechtspflege und andere öffentlich-rechtlich organisierte Einrichtungen des Bundes, der bundesunmittelbaren Körperschaften, der Anstalten und Stiftungen des öffentlichen Rechts sowie deren Vereinigungen ungeachtet ihrer Rechtsform.

Öffentliche Stellen der Länder sind nach § 6 Abs. 1 b AO neben den Landesbehörden auch die Organe der Rechtspflege und andere öffentlich-rechtlich organisierte Einrichtungen eines Landes, einer Gemeinde, eines Gemeindeverbandes oder sonstiger der Aufsicht des Landes unterstehender juristischer Personen des öffentlichen Rechts sowie deren Vereinigungen ungeachtet ihrer Rechtsform.

Öffentlich-rechtliche Religionsgemeinschaften unterliegen nicht der Mitteilungspflicht nach der MV.

2.2. Öffentlich-rechtliche Rundfunkanstalten

Auch öffentlich-rechtliche Rundfunkanstalten unterliegen der Verpflichtung, unter den sie betreffenden Voraussetzungen der MV Mitteilungen an die Finanzbehörden zu übersenden (§ 1 Abs. 1 Satz 1 i. V. m. § 3 MV).

3. Ausnahmen von der Mitteilungspflicht

3.1. Ausnahmen von der Mitteilungspflicht nach § 93 a Abs. 2 AO

25 Nach § 93 a Abs. 2 Satz 1 AO sind folgende öffentlichen Stellen grundsätzlich von der Mitteilungspflicht ausgenommen:
– Schuldenverwaltungen,
– Kreditinstitute (auch Sparkassen- und Giroverbände),
– Betriebe gewerblicher Art von juristischen Personen des öffentlichen Rechts im Sinne des KStG,
– öffentliche Beteiligungsunternehmen ohne Hoheitsbefugnisse,
– Berufskammern (auch Industrie- und Handelskammern) und
– Versicherungsunternehmen.

[1] Hier nur Anlage 1 und 2 abgedruckt.

Anl 2

Unter die Befreiung fallen nicht nur typische, sondern sämtliche Zahlungen (z. B. auch Zuschüsse eines Kreditinstitutes zum Wohnungsbau).

Die Befreiung von der Mitteilungspflicht gilt allerdings nicht, soweit die vorgenannten Stellen Aufgaben der öffentlichen Verwaltung, z. B. die Verwaltung öffentlicher Subventionen und vergleichbarer Fördermaßnahmen, wahrnehmen (§ 93 a Abs. 2 Satz 2 AO).

3.2. Ausnahmen von der Mitteilungspflicht nach §§ 1 und 7 Abs. 1 und Abs. 2 MV

Zu den besonderen Ausnahmen von den allgemeinen Zahlungsmitteilungspflichten der Behörden (§ 2 MV) s. Tz. 4.1.1.2, zu den besonderen Ausnahmen von den Mitteilungspflichten der öffentlich-rechtlichen Rundfunkanstalten (§ 3 MV) s. Tz. 4.2.2.

3.3. Mitteilungen aufgrund anderer Vorschriften (§ 1 Abs. 1 Satz 2 MV)

Zur Vermeidung von Doppelmitteilungen entfällt die Mitteilungspflicht nach der MV, wenn personenbezogene Daten Dritter bereits aufgrund anderer steuerlicher Vorschriften den Finanzbehörden (ggf. nach Maßgabe des § 93 c AO) mitzuteilen sind.

3.4. Nachteile für das Wohl des Bundes oder eines deutschen Landes (§ 1 Abs. 1 Sätze 3 und 4 MV)

Eine Mitteilungspflicht besteht auch dann nicht, wenn die Gefahr besteht, dass das Bekanntwerden des Inhalts der Mitteilung dem Wohl des Bundes oder eines deutschen Landes (z. B. Verbrechensbekämpfung) Nachteile bereiten würde (§ 1 Abs. 1 Satz 3 MV).

Um hierbei eine einheitliche Rechtsanwendung sicherzustellen und Missbräuchen vorzubeugen, ist bei nachgeordneten Behörden die Zustimmung der obersten Dienstbehörde erforderlich (§ 1 Abs. 1 Satz 4 MV).

3.5. Sozialgeheimnis; nach Landesrecht zu erbringende Sozialleistungen (§ 1 Abs. 2 MV)

Soweit die dem Grunde nach mitteilungspflichtigen Angaben zu den durch § 35 Abs. 1 SGB I geschützten personenbezogenen Daten gehören, sind sie ebenfalls nicht mitzuteilen (Sozialgeheimnis; Ausnahme: § 6 Abs. 2 MV, s. Tz. 4.1.5.2). Dies gilt auch für nach Landesrecht zu erbringende Sozialleistungen. Nicht mitteilungspflichtige Sozialdaten sind personenbezogene Daten (Art. 4 Nr. 1 DSGVO), die von einer in § 35 SGB I genannten Stelle im Hinblick auf ihre Aufgaben nach dem SGB verarbeitet werden (§ 67 Abs. 1 Satz 1 SGB X), also insbesondere:

- Leistungen der Ausbildungsförderung,
- Leistungen der Arbeitsförderung,
- Leistungen der Grundsicherung für Arbeitsuchende,
- Leistungen bei gleitendem Übergang älterer Arbeitnehmer in den Ruhestand,
- Leistungen der gesetzlichen Krankenversicherung,
- Leistungen der sozialen Pflegeversicherung,
- Leistungen bei Schwangerschaftsabbrüchen,
- Leistungen der gesetzlichen Unfallversicherung,
- Leistungen der gesetzlichen Rentenversicherung einschließlich der Alterssicherung der Landwirte,
- Leistungen der Sozialen Entschädigung,
- Kindergeld nach dem BKGG, Kinderzuschlag, Elterngeld und Leistungen für Bildung und Teilhabe,
- Wohngeld,
- Leistungen der Kinder- und Jugendhilfe,
- Leistungen der Sozialhilfe,
- Leistungen der Eingliederungshilfe und
- Leistungen zur Rehabilitation und Teilhabe behinderter Menschen.

Nicht unter den Sozialdatenschutz fallen andere personenbezogene Daten, die die in § 35 SGB I genannte Stelle bspw. als Arbeitgeber oder für fiskalische Handlungen (z. B. Honorarzahlungen, die von Sozialbehörden an Leistungserbringer erbracht werden, und Zahlungen an ehrenamtlich Tätige) verarbeitet.

3.6. Besondere Zahlungsempfänger (§ 7 Abs. 1 MV)

Nach § 7 Abs. 1 Satz 1 Halbsatz 1 MV sind Zahlungen an Behörden und andere öffentliche Stellen, an Betriebe gewerblicher Art von Körperschaften des öffentlichen Rechts oder an Körperschaften, die steuerbegünstigte Zwecke im Sinne des Zweiten Teils Dritter Abschnitt der AO verfolgen, nicht mitzuteilen. Insoweit besteht kein erhöhtes steuerliches Aufsichts- und Kontrollbedürfnis. Bei der Prüfung, ob diese Ausnahmeregelung greift, sind die Verhältnisse zum Zeitpunkt der Zahlung maßgebend (§ 7 Abs. 1 Satz 1 Halbsatz 2 MV).

Gleiches gilt auch für Mitteilungen über Leistungen, die von Körperschaften des öffentlichen Rechts im Rahmen ihrer Beteiligungen an Unternehmen oder Einrichtungen des privaten Rechts erbracht werden (§ 7 Abs. 1 Satz 2 MV).

Bestehen Zweifel, ob der Zahlungsempfänger zum Zeitpunkt der Zahlung eine steuerbegünstigte Zwecke verfolgende Körperschaft ist, ist die Vorlage des vom zuständigen Finanzamt erteilten Freistellungsbescheids bzw. bei neugegründeten Vereinen die Vorlage des vom zuständigen Finanzamt erteilten Feststellungsbescheids nach § 60 a AO zu verlangen. Dabei ist darauf zu achten, dass das Datum des vorgelegten Freistellungsbescheids nicht länger als fünf Jahre bzw. das Datum des jeweiligen Feststellungsbescheids nicht länger als drei Jahre seit dem Tag der Zahlung zurückliegt. Es genügt grundsätzlich, eine elektronische Kopie des Freistellungs- oder Feststellungsbescheids vorzulegen.

3.7. Bagatellgrenze (§ 7 Abs. 2 Satz 1 MV)

Nach § 7 Abs. 2 MV sind Zahlungen derselben mitteilungspflichtigen Stelle an denselben Zahlungsempfänger nicht mitteilungspflichtig, wenn sie pro Kalenderjahr weniger als 3 000 Euro betragen (Bagatellgrenze).

Anl 2 Es ist darauf zu achten, dass bei der gebündelten Auszahlung von Zahlungen verschiedener mitteilungspflichtiger Stellen durch eine öffentliche Kasse die jeweilige mitteilungspflichtige Stelle als leistende Stelle anzugeben und das Überschreiten der Bagatellgrenze jeweils gesondert zu prüfen ist.

Bei der Anwendung der Bagatellgrenze sind sämtliche von einer mitteilungspflichtigen Stelle an einen Empfänger innerhalb eines Kalenderjahres geleisteten Zahlungen in einer Summe zu betrachten. Zahlungen, die nach § 1 Abs. 2 MV oder § 2 MV nicht mitzuteilen sind, sind dabei nicht zu berücksichtigen.

Bei der Berechnung des mitzuteilenden Betrages sind auch im gleichen Kalenderjahr geleistete Vorauszahlungen zu berücksichtigen.

4. Mitteilungen nach §§ 2 bis 6 MV

26 §§ 2 bis 6 MV regeln, über welche Vorgänge Behörden und öffentlich-rechtliche Rundfunkanstalten Mitteilungen an die Finanzverwaltung übermitteln müssen, sofern keine Ausnahme von der Mitteilungspflicht (s. Tz. 3, 4.1.1.2 und 4.2.2) greift.

4.1. Mitteilungen von Behörden

4.1.1. Allgemeine Zahlungsmitteilungen (§ 2 MV)

4.1.1.1. Mitteilungen nach § 2 Abs. 1 Sätze 1 und 2 MV

Diese Mitteilungspflicht gilt nach § 2 Abs. 1 Satz 2 Nr. 1 MV grundsätzlich nicht,

- wenn der Zahlungsempfänger zweifelsfrei im Rahmen einer land- und forstwirtschaftlichen, gewerblichen oder freiberuflichen Haupttätigkeit gehandelt hat und
- die Zahlung zweifelsfrei auf das Geschäftskonto des Zahlungsempfängers erfolgt ist. Als Geschäftskonto kann in der Regel das auf den Geschäftsbriefen angegebene Konto angesehen werden.

Die Ausnahmeregelung des § 2 Abs. 1 Satz 2 Nr. 1 MV gilt auch, wenn ein hauptberuflich tätiger Freiberufler mit dieser Tätigkeit organisatorisch zusammenhängend sonstige selbständige Einkünfte erzielt (z. B. selbständiger Rechtsanwalt ist zugleich auch als Insolvenzverwalter, Sachwalter oder Treuhänder tätig) und die Zahlungen auf sein Geschäftskonto geleistet werden; § 2 Abs. 1 Satz 3 MV bleibt hiervon unberührt.

Gleiches gilt, wenn im sachlichen Zusammenhang mit einer hauptberuflichen land- und forstwirtschaftlichen oder gewerblichen Tätigkeit eine nebenberufliche land- und forstwirtschaftliche oder gewerbliche Tätigkeit ausgeübt wird.

Mitzuteilen sind vor allem Zahlungen

- an Privatpersonen/Nichtunternehmer oder
- an Unternehmer, wenn sie nicht im Rahmen ihres Unternehmens gehandelt haben oder die Zahlung nicht auf ihr Geschäftskonto vereinnahmt haben (z. B. Zahlungen auf ein Konto, das nicht in den Geschäftsbriefen angegeben wurde, Zahlung durch Aufrechnung).

Betroffen sind insbesondere Zahlungen an Arbeitnehmer i. S. d. § 1 der Lohnsteuer-Durchführungsverordnung (LStDV), die diesen nicht für eine Leistung im Rahmen ihrer Arbeitnehmertätigkeit (für die mitteilungspflichtige Stelle) zufließen, Mietzahlungen für Gebäude und Grundstücke an Privatpersonen, Zahlungen für ehrenamtliche und nebenberufliche Tätigkeiten. Damit wird dem Umstand Rechnung getragen, dass die steuerliche Erfassung von Zahlungen im nichtunternehmerischen Bereich nicht in dem Maße abgesichert ist, wie dies im unternehmerischen Bereich – insbesondere aufgrund der Kontrollmöglichkeiten im Rahmen von Außenprüfungen – möglich ist.

Bestehen bei der mitteilungspflichtigen Stelle Zweifel, ob der Zahlungsempfänger im Rahmen einer land- und forstwirtschaftlichen, gewerblichen oder freiberuflichen Haupttätigkeit gehandelt hat und die Zahlung auf das Geschäftskonto erfolgt ist, ist eine Mitteilung vorzunehmen.

Als Zahlung i. S. d. § 2 MV ist jedwede Vermögensmehrung des Zahlungsempfängers zu verstehen. Dies ist nicht auf Zahlungen beschränkt, die auf fiskalisches Handeln der öffentlichen Stelle zurückzuführen sind. Woher die Mittel für die Zahlung stammen, ist grundsätzlich unerheblich. Rückzahlungen oder Rückerstattungen durch die öffentliche Stelle von Beträgen, die zuvor von einem Dritten oder dem betroffenen (Rück-)Zahlungsempfänger selbst an die mitteilungspflichtige Stelle gezahlt wurden, stellen dagegen grundsätzlich keine Zahlung i. S. d. § 2 MV dar.

Die Mitteilungspflicht erfasst auch Zahlungen, die keiner konkreten Gegenleistung an die mitteilungspflichtige Stelle zugeordnet werden können, da die Mitteilungspflicht keinen Leistungsaustausch zwischen der mitteilungspflichtigen Stelle und dem Zahlungsempfänger voraussetzt (z. B. Subventionen und ähnliche Fördermaßnahmen, wie z. B. für private Bau- und Sanierungsmaßnahmen; Zahlungen an Abgeordnete und Ratsmitglieder, siehe aber auch die allgemeinen Ausnahmen von der Mitteilungspflicht nach § 2 Abs. 2 MV in Anlage 1).

Zu den Zahlungen, die keiner konkreten Gegenleistung an die mitteilungspflichtige Stelle zugeordnet werden können, gehören auch Schadensersatzleistungen. Für bestimmte Entschädigungszahlungen sind jedoch nach § 2 Abs. 2 MV Ausnahmen von der Mitteilungspflicht zugelassen worden, soweit sie auf einer gesetzlichen oder vertraglichen Verpflichtung beruhen und nicht der Kompensation entgangener Einnahmen oder Gewinne dienen („echter Schadensersatz“). Insoweit wird auf Anlage 1 verwiesen.

Eine Zahlung i. S. d. § 2 MV liegt allerdings vor, soweit und sobald ein Tilgungsnachlass/-zuschuss gewährt wird.

Wurde bei einer Darlehensgewährung (ohne Tilgungsnachlass/-zuschuss) ein Zinsverzicht oder eine Zinsvergünstigung zugesagt, ist dieser Vorteil nur mitzuteilen, wenn die Darlehensgewährung durch einen Verwaltungsakt oder durch öffentlich-rechtlichen Vertrag i. S. d. § 4 MV erfolgt ist.

Zahlungen sind immer in vollem Umfang mitteilungspflichtig, und zwar unabhängig von etwaigen Steuerbefreiungen. Die Steuerfreiheit von Zahlungen entbindet die mitteilungspflichtige Stelle nur dann von ihrer Mitteilungspflicht, wenn die Finanzbehörde eine Ausnahme von der Mitteilungspflicht nach § 2 Abs. 2 MV zugelassen hat (Tz. 4.1.1.2.2) und in den Fällen der Tz. 4.1.1.2.1 letzter Absatz. Die steuerrechtliche Qualifikation von Zahlungen ist nicht Aufgabe der mitteilungspflichtigen Stelle, sondern der zuständigen Finanzbehörde und erfolgt grundsätzlich erst im Besteuerungsverfahren.

Sind Ehegatten oder Lebenspartner die Empfänger der Zahlung, ist die Zahlung entsprechend der jeweiligen Anteile auf die Ehegatten oder Lebenspartner aufzuteilen und es ist für jeden Ehegatten oder Lebenspartner eine Mitteilung zu übermitteln (s. Tz. 5.2.2). Ist die Aufteilung zwischen den Ehegatten oder Lebenspartnern nicht bekannt, sind die Zahlungen hilfsweise hälftig auf die Ehegatten oder Lebenspartner aufzuteilen.

Sonderregelung für Zahlungen an Berufsbetreuer, Sachverständige, Dolmetscher und Übersetzer

Nach § 2 Abs. 1 Satz 3 MV gilt die Ausnahmeregelung in Satz 2 Nr. 1 nicht für Zahlungen an Berufsbetreuer i. S. v. § 292 des Gesetzes über das Verfahren in Familiensachen und in den Angelegenheiten der freiwilligen Gerichtsbarkeit sowie für Vergütungen an Sachverständige, Dolmetscher und Übersetzer i. S. v. Abschn. 3 des Justizvergütungs- und -entschädigungsgesetzes. Solche Zahlungen sind deshalb auch dann mitzuteilen, wenn sie der Zahlungsempfänger aufgrund einer hauptberuflichen Tätigkeit erhalten hat und sie auf das Geschäftskonto des Zahlungsempfängers überwiesen werden. Diese Mitteilungspflicht gilt allerdings erstmals für nach dem 31. Dezember 2024 geleistete Zahlungen.

4.1.1.2. Besondere Ausnahmen nach § 2 Abs. 1 Satz 2 Nr. 2 und 3 und Abs. 2 MV

Von den allgemeinen Zahlungsmitteilungspflichten der mitteilungspflichtigen Stellen bestehen – über die in Tz. 3 genannten Ausnahmen hinaus – folgende besondere Ausnahmen:

4.1.1.2.1. Steuerabzug oder anderweitige Mitteilungspflicht (§ 2 Abs. 1 Satz 2 Nr. 2 und 3 MV)

Eine Mitteilungspflicht besteht nicht, wenn ein Steuerabzug durchgeführt wird oder wenn die Zahlungen bereits aufgrund anderweitiger Rechtsvorschriften den Finanzbehörden mitzuteilen sind.

Somit entfällt eine Mitteilung z. B. in den Fällen des Lohnsteuerabzugs durch den Arbeitgeber im Rahmen eines Dienstverhältnisses einschließlich der Lohnsteuer-Pauschalierung für Teilzeitbeschäftigte nach § 40 a des Einkommensteuergesetzes (EStG) sowie in den Fällen des Steuerabzugs bei beschränkt Steuerpflichtigen nach § 50 a EStG.

Von der Ausnahme sind auch Zahlungen erfasst, bei denen der Steuerabzug allein wegen der Steuerfreiheit nicht durchzuführen ist, wie zum Beispiel bei Zahlungen von Beihilfebezügen i. S. d. § 3 Nr. 11 EStG oder Reisekostenvergütungen i. S. d. § 3 Nr. 13 EStG. Dies bedingt, dass die Zahlung im Lohnkonto des Arbeitnehmers erfasst und dort als steuerfrei ausgewiesen wird.

4.1.1.2.2. Geringe oder keine steuerliche Bedeutung (§ 2 Abs. 2 MV)

Nach § 2 Abs. 2 MV können die Finanzbehörden Ausnahmen von der Mitteilungspflicht zulassen, wenn die Zahlungen geringe oder keine steuerliche Bedeutung haben. Ob Zahlungen geringe oder keine steuerliche Bedeutung haben, ist bei an denselben Empfänger im Kalenderjahr geleisteten Zahlungen ab 3000 Euro von der jeweils zuständigen obersten Landesfinanzbehörde nach Abstimmung mit den obersten Finanzbehörden des Bundes und der Länder zu entscheiden.

Entsprechende Anträge sind an die oberste Finanzbehörde des Landes zu richten, in dessen Bezirk die mitteilungspflichtige Behörde ihren Sitz hat.

Die bundeseinheitlich zugelassenen Ausnahmen von der Mitteilungspflicht ergeben sich aus der Anlage 1.

4.1.2. Wegfall oder Einschränkung einer steuerlichen Vergünstigung (§ 4 MV)

Nach § 4 MV haben Behörden und andere öffentliche Stellen (mit Ausnahme öffentlich-rechtlicher Rundfunkanstalten) Verwaltungsakte und öffentlich-rechtliche Verträge mitzuteilen, die den Wegfall oder die Einschränkung einer steuerlichen Vergünstigung zur Folge haben können.

Sinn dieser Regelung ist es, den Finanzbehörden durch frühzeitige Kenntnis von Verwaltungsakten und öffentlich-rechtlichen Verträgen, die in der Regel Steuernachforderungen zur Folge haben, die Möglichkeit zu geben, Maßnahmen ergreifen zu können, um zum Teil erhebliche und für den Betroffenen zumeist nicht im Voraus erkennbare Steuernachzahlungen, z. B. durch Anpassung der Vorauszahlungen, zu vermeiden.

Die mitteilungspflichtige Stelle ist bereits dann zur Mitteilung verpflichtet, wenn nur die Möglichkeit einer steuerlichen Auswirkung besteht.

Anwendungsbeispiele können sich in den Fällen ergeben, in denen die Gewährung einer steuerlichen Vergünstigung die Vorlage einer Bescheinigung, Genehmigung oder Anerkennung einer anderen Behörde voraussetzt (z. B. § 4 Nr. 20 Buchst. a UStG, § 4 Nr. 21 UStG, § 3 Nr. 23 GewStG, §§ 7 h, 7 i, 10 f, 10 g, 11 b EStG und § 82 i EStDV).

Bei den entsprechenden Bescheinigungen handelt es sich um Verwaltungsakte, die als Grundlagenbescheide i. S. d. § 171 Abs. 10 AO Bindungswirkung für die entsprechenden steuerlichen Folgebescheide entfalten. Wird die Bescheinigung von der zuständigen öffentlichen Stelle zurückgenommen oder widerrufen, entfällt die Steuerbefreiung oder sonstige steuerliche Vergünstigung, und die Folgebescheide sind gemäß § 175 Abs. 1 Satz 1 Nr. 1 AO zu erlassen, aufzuheben oder zu ändern.

Die Festsetzung der Gewerbesteuer ist Grundlagenbescheid für die Ermittlung der Steuerermäßigung nach § 35 Abs. 1 EStG. Jede Herabsetzung der Gewerbesteuerfestsetzung ist deshalb nach § 4 MV dem Finanzamt mitzuteilen.

4.1.3. Ordnungsgelder nach § 335 HGB (§ 4 a MV)

Das Bundesamt für Justiz (BfJ) hat den Finanzbehörden als mitteilungspflichtige Stelle (§ 93 c Abs. 1 AO) die Adressaten und die Höhe von im Verfahren nach § 335 HGB festgesetzten Ordnungsgeldern mitzuteilen, sofern das festgesetzte Ordnungsgeld mindestens 5000 Euro beträgt (§ 4 a Abs. 1 MV). Zur Rechtslage nach § 4 a MV in der Fassung der Siebten Verordnung zur Änderung der Mitteilungsverordnung s. Tz. 6.2.

Anl 2

Die Mitteilungen sind sowohl im Veranlagungsverfahren als auch bei Außenprüfungen eine Grundlage zur Feststellung, ob die Betroffenen diese Beträge zu Unrecht als Betriebsausgabe berücksichtigt haben.

Zu Besonderheiten des Mitteilungsverfahrens s. Tz. 6.

4.1.4. Ausgleichs- und Abfindungszahlungen nach dem Flurbereinigungsgesetz (§ 5 MV)

Die Flurbereinigungsbehörden haben den Finanzbehörden Ausgleichs- und Abfindungszahlungen nach dem Flurbereinigungsgesetz mitzuteilen. Unerheblich ist dabei, ob der Zahlungsempfänger im Rahmen einer land- und forstwirtschaftlichen, gewerblichen oder freiberuflichen Haupttätigkeit gehandelt hat und die Zahlung auf dessen Geschäftskonto erfolgt ist.

Bei diesen Leistungen handelt es sich regelmäßig um steuerpflichtige Einkünfte. Den Empfängern der Leistungen ist jedoch oftmals nicht bekannt, welche steuerlichen Folgerungen zu ziehen sind. Es besteht deshalb Gefahr, dass die Einkünfte aus Unwissenheit nicht ordnungsgemäß erklärt werden.

4.1.5. Gewerberechtliche Erlaubnisse und Gestattungen (§ 6 MV)

4.1.5.1. Mitteilungen nach § 6 Abs. 1 MV

Die Mitteilungspflicht nach § 6 Abs. 1 MV stellt eine Ergänzung zu § 138 AO dar.

Nach § 6 Abs. 1 MV haben Behörden und andere öffentliche Stellen (mit Ausnahme öffentlich-rechtlicher Rundfunkanstalten) mitzuteilen:
- die Erteilung von Reisegewerbekarten,
- zeitlich befristete Erlaubnisse sowie Gestattungen nach dem Gaststättengesetz,
- Bescheinigungen über die Geeignetheit der Aufstellungsorte für Spielgeräte,
- Erlaubnisse zur Veranstaltung anderer Spiele mit Gewinnmöglichkeit,
- Festsetzungen von Messen, Ausstellungen und Märkten sowie Volksfesten,
- Genehmigungen nach dem Personenbeförderungsgesetz zur Beförderung von Personen mit Kraftfahrzeugen im Linienverkehr, die Unternehmern mit Wohnsitz oder Sitz außerhalb des Geltungsbereichs des Personenbeförderungsgesetzes erteilt werden,
- Erlaubnisse zur gewerbsmäßigen Arbeitnehmerüberlassung und
- die gemäß der Verordnung (EWG) Nr. 2408/92 des Rates vom 23. Juli 1992 über den Zugang von Luftfahrtunternehmen der Gemeinschaft zu Strecken des innergemeinschaftlichen Flugverkehrs erteilten Genehmigungen, Verkehrsrechte auszuüben.

4.1.5.2. Mitteilungen der Bundesagentur für Arbeit nach § 6 Abs. 2 MV

Nach § 6 Abs. 2 MV hat die Bundesagentur für Arbeit – abweichend von § 1 Abs. 2 MV (s. Tz. 3.5) – nach Erteilung der erforderlichen Zusicherung folgende Daten der ausländischen Unternehmen mitzuteilen, die aufgrund bilateraler Regierungsvereinbarungen über die Beschäftigung von Arbeitnehmern zur Ausführung von Werkverträgen tätig werden:
- die Namen und Anschriften der ausländischen Vertragspartner des Werkvertrages,
- den Beginn und die Ausführungsdauer des Werkvertrages und
- den Ort der Durchführung des Werkvertrages.

Die Mitteilungen erfolgen unter Durchbrechung des Sozialgeheimnisses nach § 35 des Sozialgesetzbuches I (SGB I; s. Tz. 3.5). Die Zulässigkeit dieser Durchbrechung ergibt sich aus § 71 Abs. 1 Satz 1 Nr. 3 SGB X.

4.2. Mitteilungen öffentlich-rechtlicher Rundfunkanstalten (§ 3 MV)

4.2.1. Mitteilungen nach § 3 Abs. 1 Satz 1 i. V. m. Abs. 2 MV

Die öffentlich-rechtlichen Rundfunkanstalten haben Honorare für Leistungen freier Mitarbeiter (z. B. freiberuflich tätige Mitarbeiter, Sportler und Künstler) mitzuteilen, die in unmittelbarem Zusammenhang mit der Vorbereitung, Herstellung oder Verbreitung von Hörfunk- oder Fernsehsendungen erbracht werden (§ 3 Abs. 1 Satz 1 MV). Keine Hörfunk- oder Fernsehsendungen im Sinne dieser Vorschrift sind Beiträge, die ausschließlich in sozialen Medien oder Printmedien verbreitet werden.

Honorare in diesem Sinne sind alle Güter, die in Geld oder Geldeswert (Sachleistungen) bestehen und dem Steuerpflichtigen für eine persönliche Leistung oder eine Verwertung im Sinne des Urheberrechtsgesetzes zufließen (§ 3 Abs. 2 MV).

4.2.2. Besondere Ausnahmen nach § 3 Abs. 1 Satz 2 MV

Von den Mitteilungspflichten der öffentlich-rechtlichen Rundfunkanstalten bestehen – über die in Tz. 3 genannten Ausnahmen hinaus – folgende besondere Ausnahmen:

Die Pflicht zur Mitteilung besteht nicht, wenn
- die Besteuerung den Regeln eines Abzugsverfahrens (s. Tz. 4.1.1.2.2.1) unterliegt oder
- die Finanzbehörde aufgrund anderweitiger Regelungen Mitteilungen über die Honorare erhält (s. a. Tz. 3.3).

5. Verfahren bei Mitteilungen nach §§ 2, 3, 4, 5 und 6 MV

5.1. Form der Mitteilungen (§ 8 Abs. 1 MV)

27 Die Mitteilungen sind den Finanzbehörden ab dem 1. Januar 2025 (vgl. § 13 MV) nach Maßgabe des § 93c AO nach amtlich vorgeschriebenem Datensatz über die amtlich bestimmte Schnittstelle elektronisch zu übermitteln, getrennt nach den jeweiligen Empfängern (§ 8 Abs. 1 Satz 1 MV). Die Pflicht zur elektronischen Übermittlung gilt in allen Fällen, in denen eine Mitteilung nach dem 31. Dezember 2024 erfolgt. Dabei ist unerheblich, zu welchem Zeitpunkt der mitzuteilende Sachverhalt verwirklicht wurde. Soweit einzelne Regelungen der MV am 1. Januar 2025 außer Kraft treten, sind vor dem 1. Januar 2025

verwirklichte Sachverhalte (Zahlungen) auch noch nach 2024 weiterhin gemäß den bisherigen Bestimmungen der Finanzverwaltung elektronisch mitzuteilen. Anl 2

Zur Bestimmung des amtlich vorgeschriebenen Datensatzes vgl. § 87 b Abs. 1 AO.

Zur Bestimmung der Schnittstelle vgl. § 87 b Abs. 2 AO.

Der amtlich bestimmte Datensatz ist unter www.eSteuer.de veröffentlicht. Die mitteilungspflichtigen Stellen können den Datensatz hier einsehen. Außerdem wird es mitteilungspflichtigen Stellen ermöglicht, die Mitteilungen nach entsprechender Anmeldung durch Eingabe in ein formularbasiertes Portal der Finanzverwaltung zu erstatten (sogenannte „Kleinmelderlösung").

5.2. Inhalt der Mitteilungen (§ 8 Abs. 1 MV)

Nach § 8 Abs. 1 Satz 2 MV i. V. m. § 93 c Abs. 1 Nr. 2 AO sind die nachfolgenden Daten elektronisch zu übermitteln, wobei sich der konkrete Umfang und das Format der Daten nach dem amtlich bestimmten Datensatz richtet.

5.2.1. Daten zur mitteilungspflichtigen Stelle (§ 93 c Abs. 1 Nr. 2 Buchst. a und b AO)

Folgende Daten zur mitteilungspflichtigen Stelle sind zu übermitteln:
- Name, Anschrift, Ordnungsmerkmal (z. B. eine Behördennummer, Aktenzeichen) und Kontaktdaten der mitteilungspflichtigen Stelle (z. B. Bearbeiter, Telefonnummer, E-Mail-Adresse),
- Identifikationsmerkmal nach §§ 139 a bis 139 c AO oder – sofern dieses nicht vergeben ist – die Steuernummer sowie
- entsprechende Angaben zu einem etwaigen Auftragsdatenverarbeiter.

5.2.2. Daten zur Identifizierung des von der Mitteilung betroffenen Steuerpflichtigen (§ 93 c Abs. 1 Nr. 2 Buchst. c und d AO)

Folgende Daten sind zur Identifizierung des von der Mitteilung betroffenen Steuerpflichtigen zu übermitteln:
- bei natürlichen Personen: Familienname, Vorname, Geburtsdatum, Anschrift und Identifikationsnummer nach § 139 b AO,
- bei juristischen Personen, Personenvereinigungen oder Vermögensmassen: Firma oder Name, Anschrift und Wirtschafts-Identifikationsnummer nach § 139 c AO bzw. Steuernummer, sofern die Wirtschafts-Identifikationsnummer noch nicht vergeben wurde.

Maßgebend ist der von dem mitteilungspflichtigen Vorgang Betroffene. Bei Mitteilungen über Zahlungen ist dies der ursprüngliche Gläubiger der Zahlung, wenn der Anspruch abgetreten, gepfändet oder verpfändet wurde. Bei Zahlungen für Leistungen von Personen, die unter der Anschrift einer öffentlichen Einrichtung oder eines Unternehmens tätig werden (z. B. Arzt eines Universitätsklinikums, der als Sachverständiger bestellt wird), ist festzustellen, wem die Zahlung wirtschaftlich zuzurechnen ist. Lässt sich dies nicht zweifelsfrei feststellen, ist in der Mitteilung die Person anzugeben, die tätig geworden ist.

Sind Ehegatten oder Lebenspartner die Empfänger der Zahlung, ist für jeden Ehegatten oder Lebenspartner eine Mitteilung unter Angabe der jeweiligen Identifikationsnummer zu übermitteln. Sind die Ehegatten oder Lebenspartner im Einzelfall als GbR aufgetreten und ist die Zahlung an die GbR erfolgt, liegt eine Zahlung an eine nicht natürliche Person vor. In diesem Fall ist die Zahlung unter Angabe der Wirtschafts-Identifikationsnummer oder Steuernummer der Ehegatten-GbR oder Lebenspartner-GbR mitzuteilen.

Bei Bekanntgabe von Verwaltungsakten an Bevollmächtigte ist der Inhaltsadressat des Verwaltungsaktes anzugeben.

Die mitteilungspflichtige Stelle hat sicherzustellen, dass die Identifikationsnummer bei natürlichen Personen und die Wirtschafts-Identifikationsnummer oder Steuernummer bei juristischen Personen, Personenvereinigungen oder Vermögensmassen bei den Betroffenen erhoben werden.

Sofern im Einzelfall der Betroffene seine Identifikationsnummer auf Anforderung nicht innerhalb von zwei Wochen mitteilt, kann diese beim Bundeszentralamt für Steuern nach § 93 a Abs. 4 Satz 2 AO abgerufen werden. Für diesen Abruf wird das Geburtsdatum benötigt, welches ebenfalls beim Betroffenen zu erfragen oder ggf. durch Rückfrage bei den Meldebehörden zu ermitteln ist.

5.2.3. Daten zur Einordnung der übermittelten Daten (§ 93 c Abs. 1 Nr. 2 Buchst. e AO)

Folgende Daten zur Einordnung der Mitteilungen sind zu übersenden:
- Zeitpunkt der Erstellung des Datensatzes (oder anderes Ereignis, anhand dessen Daten in zeitlicher Reihenfolge geordnet werden können),
- Angaben zur Art der Mitteilung (z. B. Mitteilung über Zahlungen nach § 2 MV),
- Angaben zum betroffenen Besteuerungszeitraum oder Besteuerungszeitpunkt (z. B. bei Mitteilungen über Zahlungen, die im Jahr 2025 geleistet wurden: 2025),
- Angabe, ob es sich um eine erstmalige, korrigierte oder stornierende Mitteilung bzw. um eine Mitteilung gemäß § 8 Abs. 1 Satz 3 MV handelt.

5.2.4. Daten zum mitteilungspflichtigen Vorgang (§ 93 c Abs. 1 Nr. 2 AO i. V. m. § 8 Abs. 1 Satz 2 MV)

Neben den in § 93 c Abs. 1 Nr. 2 AO genannten Angaben sind nach § 8 Abs. 1 Satz 2 MV folgende Angaben zu übermitteln:
1. bei Mitteilungen über Zahlungen (§§ 2, 3 und 5 MV):
   a) der Grund der Zahlung oder die Art des der Zahlung zugrundeliegenden Anspruchs,
   b) die Höhe der jeweils gewährten Zahlung,
   c) der Zeitraum oder Zeitpunkt, für den die Zahlung gewährt wird,
   d) das Datum der Zahlung oder der Zahlungsanordnung sowie

Anl 2

e) bei unbarer Zahlung die Bankverbindung für das Konto, auf das die Leistung erbracht wurde. Werden mitzuteilende Zahlungen in einem späteren Kalenderjahr ganz oder teilweise zurückerstattet, ist die Rückzahlung abweichend von § 93 c Abs. 3 AO eigenständig und unter Angabe des Datums, an dem die Zahlung bei der mitteilungspflichtigen Stelle eingegangen ist, mitzuteilen (§ 8 Abs. 1 Satz 3 MV).

Für Mitteilungen über Zahlungen, insbesondere für Mitteilungen nach § 2 MV, gilt zudem: Wurden in einem Kalenderjahr mehrere gleichartige Zahlungen (d. h. mit demselben Rechts- bzw. Zahlungsgrund) angewiesen, können diese in einem Datensatz gebündelt übermittelt werden. Dabei ist jede Zahlung einzeln aufzuführen und gemäß § 8 Abs. 1 Satz 2 MV sind zu jeder Zahlung die o. g. Angaben zu übermitteln. Mitteilungen über geleistete Zahlungen, die auf unterschiedlichen Gründen beruhen, müssen in separaten Datensätzen übermittelt werden.

2. bei Mitteilungen über Verwaltungsakte (§§ 4 und 6 MV) der Gegenstand und der Umfang der Genehmigung, Erlaubnis oder gewährten Leistung.

5.3. Zeitpunkt der Mitteilung

Die mitteilungspflichtige Stelle muss die Daten grundsätzlich nach Ablauf des Besteuerungszeitraums bis zum letzten Tag des Monats Februar des folgenden Jahres nach amtlich vorgeschriebenem Datensatz durch Datenfernübertragung über die amtlich bestimmte Schnittstelle übermitteln (§ 93 c Abs. 1 Nr. 1 AO). Hiervon gelten folgende Ausnahmen:

- Mitteilungen nach § 6 Abs. 2 MV sind unverzüglich zu übermitteln (§ 8 Abs. 2 Satz 1 MV).
- Mitteilungen nach den §§ 4 und 6 Abs. 1 MV sind mindestens vierteljährlich zu übermitteln (§ 8 Abs. 2 Satz 2 MV).

5.4. Berichtigung der elektronischen Mitteilungen

Werden Mitteilungen an die Finanzbehörden versandt, die in tatsächlicher Hinsicht unrichtig sind, müssen diese nach § 93 c Abs. 3 Nr. 1 AO korrigiert werden.

5.5. Übergangsregelung

Mitteilungen nach den §§ 2 bis 6 MV für das Kalenderjahr 2024 sind bis zum 2. März 2026 elektronisch zu übermitteln (§ 8 Abs. 3 Satz 1 MV). Ein Antrag auf Fristverlängerung ist nicht erforderlich. Die verlängerte Frist gilt auch in den Fällen des § 8 Abs. 2 Satz 1 und 2 MV.

Liegen die Voraussetzungen für die elektronische Übermittlung von Mitteilungen nach den §§ 2 bis 6 MV für die Kalenderjahre 2024 und 2025 bei der mitteilungspflichtigen Stelle am 2. März 2026 immer noch nicht vor, kann die oberste Finanzbehörde des Landes, in dem die mitteilungspflichtige Stelle ihren Sitz hat, die Frist zur elektronischen Übermittlung der Mitteilungen auf begründeten Antrag höchstens bis zum 1. März 2027 verlängern (§ 8 Abs. 3 Satz 2 MV).

Soweit die mitteilungspflichtige Stelle Mitteilungen nach den §§ 2 bis 6 MV nicht elektronisch übermitteln kann, weil sie die nach dem amtlich vorgeschriebenen Datensatz zwingend erforderlichen Daten auch nach Ausschöpfung der ihr zumutbaren Ermittlungsmöglichkeiten nicht beschaffen kann, kann die oberste Finanzbehörde des Landes, in dem die mitteilungspflichtige Stelle ihren Sitz hat, außerdem auf begründeten Antrag unter Vorbehalt des Widerrufs mit Wirkung für die Zukunft gestatten, Mitteilungen nach den §§ 2 bis 6 MV für die Kalenderjahre ab 2024 nach amtlich vorgeschriebenem Formular an die oberste Landesfinanzbehörde oder die von ihr bestimmte Finanzbehörde schriftlich zu übersenden (§ 8 Abs. 3 Satz 3 MV).

5.6. Unterrichtung der Betroffenen

Die mitteilungspflichtige Stelle hat den betroffenen Steuerpflichtigen darüber zu informieren, welche für seine Besteuerung relevanten Daten sie an die Finanzbehörden übermittelt hat oder übermitteln wird (§ 93 c Abs. 1 Nr. 3 Satz 1 AO). Diese Information hat in geeigneter Weise, mit Zustimmung des Steuerpflichtigen elektronisch, und binnen angemessener Frist zu erfolgen (§ 93 c Abs. 1 Nr. 3 Satz 2 AO).

6. Elektronische Mitteilungen des Bundesamts für Justiz nach § 4 a MV

6.1. Form und Empfänger der Mitteilung

28 Das BfJ hat die in § 4 a Abs. 1 MV bezeichneten Daten (Adressaten und Höhe im Verfahren nach § 335 HGB festgesetzter Ordnungsgelder) den Finanzbehörden elektronisch nach Maßgabe des § 93 c AO nach amtlich vorgeschriebenem Datensatz über die amtlich bestimmte Schnittstelle zu übermitteln (siehe § 8 Abs. 1 Satz 1 MV). Zur Bestimmung des amtlich vorgeschriebenen Datensatzes vgl. § 87 b Abs. 1 AO. Zur Bestimmung der Schnittstelle vgl. § 87 b Abs. 2 AO.

6.2. Inhalt der Mitteilung

Die Mitteilung an die Finanzverwaltung hat grundsätzlich die in § 93 c Abs. 1 Nr. 2 AO genannten Daten zu enthalten (insbes. Angaben zur mitteilungspflichtigen Stelle sowie Angaben zur Identifizierung des Betroffenen). Außerdem sind die Angaben nach § 8 Abs. 1 Satz 2 MV zu übermitteln.

Die in § 93 c Abs. 1 Nr. 2 Buchst. c und d AO bezeichneten Daten (insbesondere Identifikationsnummer natürlicher Personen sowie Wirtschafts-Identifikationsnummer nicht natürlicher Personen) sind den Finanzbehörden nach § 4 a Abs. 2 Satz 1 MV allerdings nur mitzuteilen, soweit sie dem BfJ bei Festsetzung des Ordnungsgelds bekannt sind. Sind ihm nicht alle diese Daten bekannt, soll es den Finanzbehörden aber andere ihm bekannte und zur automationsgestützten Identifizierung des Adressaten der Ordnungsgeldfestsetzung durch die Finanzbehörden geeignete Daten übermitteln. Insoweit kommt insbesondere die Mitteilung der Handelsregisternummer in Betracht.

Darüber hinaus sind die in § 4 a MV genannten Daten aufzunehmen. Hierzu wird auf die Ausführungen unter Tz. 4.1.3 verwiesen.

Anl 2

§ 4 a MV in der Fassung der Siebten Verordnung zur Änderung der Mitteilungsverordnung vom 25. November 2024, BGBl. 2024 I Nr. 364, ist erstmals ab 1. Januar 2027 anzuwenden. Bis 31. Dezember 2026 ist § 4 a MV in der am 31. Dezember 2024 geltenden Fassung weiterhin anzuwenden. Wenn die technischen und organisatorischen Voraussetzungen für die Anwendung von § 4 a MV in der Fassung der Siebten Verordnung zur Änderung der Mitteilungsverordnung bereits zu einem früheren Zeitpunkt vorliegen, kann das Bundesministerium der Finanzen im Benehmen mit dem Bundesministerium der Justiz einen früheren erstmaligen Anwendungszeitpunkt bestimmen (§ 13 Abs. 2 MV).

6.3. Zeitpunkt der Mitteilung

Die Mitteilung hat nach § 93 c Abs. 1 Nr. 1 AO spätestens bis zum letzten Tag des Monats Februar des auf die Festsetzung des Ordnungsgelds folgenden Kalenderjahres zu erfolgen (siehe § 8 Abs. 1 Satz 1 MV i. V. m. § 93 c Abs. 1 Nr. 1 AO). Zur verlängerten Übermittlungsfrist für 2024 nach § 8 Abs. 3 MV siehe Tz. 5.5.

6.4. Unterrichtung des Betroffenen

Das BfJ hat den betroffenen Steuerpflichtigen darüber zu informieren, welche für seine Besteuerung relevanten Daten es an die Finanzbehörden übermittelt hat oder übermitteln wird (§ 93 c Abs. 1 Nr. 3 Satz 1 AO). Diese Information hat in geeigneter Weise, mit Zustimmung des Steuerpflichtigen elektronisch, und binnen angemessener Frist zu erfolgen (§ 93 c Abs. 1 Nr. 3 Satz 2 AO). Die Information kann danach auch mit der Festsetzung des Ordnungsgeldes verbunden werden

6.5. Sonstiges

Das BfJ muss die den Finanzbehörden übermittelten Daten abweichend von § 93 c Abs. 1 Nr. 4 AO mindestens bis zum Ablauf des fünften auf das Kalenderjahr der Festsetzung des Ordnungsgelds folgenden Kalenderjahrs aufbewahren; weitergehende Aufbewahrungsbestimmungen aufgrund anderer Rechtsvorschriften bleiben unberührt (§ 4 a Abs. 2 Satz 2 und 3 MV).

Wird die Festsetzung eines Ordnungsgelds in einem späteren Kalenderjahr ganz oder teilweise widerrufen, zurückgenommen oder aufgehoben, ist § 93 c Abs. 3 AO nicht anzuwenden (§ 4 a Abs. 2 Satz 4 MV).

7. Elektronische Mitteilungen über Billigkeitsleistungen zur temporären Kostendämpfung des Erdgas- und Strompreisanstiegs nach dem Energiekostendämpfungsprogramm (§ 13 a MV)

7.1. Form und Empfänger der Mitteilung

Aus Anlass des Erdgas- und Strompreisanstiegs nach dem Energiekostendämpfungsprogramm bewilligte Leistungen hat das Bundesamt für Wirtschaft und Ausfuhrkontrolle nach amtlich vorgeschriebenem Datensatz (§ 87 b Abs. 1 AO) über die amtlich bestimmte Schnittstelle (§ 87 b Abs. 2 AO) nach Maßgabe des § 93 c AO den Finanzbehörden mitzuteilen (§ 13 a Abs. 1 Satz 1 MV). Zur Bestimmung der Schnittstelle vgl. § 87 b Abs. 2 AO. 29

7.2. Inhalt der Mitteilung

Die Mitteilung an die Finanzverwaltung hat die in § 93 c Abs. 1 Nr. 2 AO genannten Daten zu enthalten (insbes. Angaben zur mitteilenden Stelle sowie Angaben zur Identifizierung des betroffenen Steuerpflichtigen).

Neben den in § 93 c Abs. 1 Nr. 2 AO genannten Angaben sind nach § 13 a Abs. 2 Satz 1 MV auch folgende Angaben mitzuteilen:

1. die Art und die Höhe der jeweils gewährten Zahlung,
2. das Datum, an dem die Zahlung bewilligt wurde,
3. das Datum der Zahlung und
4. bei unbarer Zahlung die Bankverbindung für das Konto, auf das die Zahlung geleistet wurde.

Werden nach § 13 a Abs. 2 Satz 1 MV mitzuteilende Zahlungen im Kalenderjahr ihrer Auszahlung ganz oder teilweise (freiwillig oder aufgrund einer geltend gemachten Rückforderung) an die mitteilungspflichtige Stelle zurückerstattet, ist diese Minderung der mitzuteilenden Zahlungen bereits bei Erstellung des Datensatzes zu berücksichtigen. Wurde der Datensatz aber bereits übermittelt, ist er nach § 93 c Abs. 3 AO zu korrigieren.

Werden nach § 13 a Abs. 2 Satz 1 MV mitzuteilende Zahlungen dagegen erst in einem späteren Kalenderjahr ganz oder teilweise zurückerstattet, ist die Rückzahlung abweichend von § 93 c Abs. 3 AO eigenständig und unter Angabe des Datums, an dem die Zahlung bei der mitteilungspflichtigen Stelle eingegangen ist, mitzuteilen (§ 13 a Abs. 2 Satz 2 MV).

7.3. Zeitpunkt der Mitteilung

Mitteilungen nach § 13 a Abs. 1 MV sind abweichend von § 93 c Abs. 1 Nr. 1 AO erst nach Veröffentlichung des amtlich vorgeschriebenen Datensatzes und der Freigabe der amtlich bestimmten Schnittstelle

- für im Kalenderjahr 2022 ausgezahlte Leistungen bis zum 31. Dezember 2025 (§ 13 a Abs. 3 Satz 1 MV),
- für im Kalenderjahr 2023 und 2024 ausgezahlte Leistungen ebenfalls bis zum 31. Dezember 2025 (§ 13 a Abs. 3 Satz 2 MV) sowie
- für in den Folgejahren ausgezahlte Leistungen jeweils bis zum letzten Tag des Monats Februar des auf das Jahr der Auszahlung folgenden Jahres (§ 93 c Abs. 1 Nr. 1 AO)

zu übermitteln.

Das BMF kann im Einvernehmen mit den obersten Finanzbehörden der Länder die Frist für in 2022 ausgezahlte Leistungen durch ein im BStBl. Teil I zu veröffentlichendes Schreiben verlängern, sofern die

Anl 2 technischen Voraussetzungen für die Annahme der Mitteilungen nicht rechtzeitig vorliegen (§ 13a Abs. 3 Satz 2 MV).

Auf begründeten Antrag des Bundesamtes für Wirtschaft und Ausfuhrkontrolle kann die oberste Finanzbehörde des Landes, in dem das Bundesamt für Wirtschaft und Ausfuhrkontrolle seinen Sitz hat, diesem die nach § 13a Abs. 3 Satz 1 oder Satz 2 MV geltende Frist zur Übersendung der Mitteilungen für im Kalenderjahr 2022 ausgezahlte Leistungen um längstens zehn Monate verlängern, wenn die technischen Voraussetzungen für die Übersendung der Mitteilungen an die Finanzbehörden nicht rechtzeitig vorliegen (§ 13a Abs. 3 Satz 3 MV).

7.4. Unterrichtung des Betroffenen

Das Bundesamt für Wirtschaft und Ausfuhrkontrolle hat den betroffenen Steuerpflichtigen darüber zu informieren, welche für seine Besteuerung relevanten Daten an die Finanzbehörden übermittelt wurden oder noch übermittelt werden (§ 93c Abs. 1 Nr. 3 Satz 1 AO). Diese Information hat in geeigneter Weise, mit Zustimmung des Steuerpflichtigen elektronisch, und binnen angemessener Frist zu erfolgen (§ 93c Abs. 1 Nr. 3 Satz 2 AO).

8. Elektronische Mitteilungen über öffentliche Hilfsleistungen aus Anlass der Starkregen- und Hochwasserkatastrophe im Juli 2021 (§ 14 MV)

8.1. Form und Empfänger der Mitteilung

30 An bestimmte Empfänger aus Anlass der Starkregen- und Hochwasserkatastrophe im Juli 2021 als Aufbauhilfen des Bundes und der Länder aus den Mitteln des Fonds „Aufbauhilfe 2021" bewilligte Leistungen sind nach amtlich vorgeschriebenem Datensatz (§ 87b Abs. 1 AO) über die amtlich bestimmte Schnittstelle (§ 87b Abs. 2 AO) nach Maßgabe des § 93c AO den Finanzbehörden mitzuteilen (§ 14 Abs. 1 Halbsatz 1 MV). Zur Bestimmung der Schnittstelle vgl. § 87b Abs. 2 AO.

Mitzuteilen sind nach § 14 Abs. 1 Halbsatz 2 MV allerdings nur Leistungen an

1. Privathaushalte,
2. gewerbliche Unternehmen, Selbständige und Angehörige der freien Berufe,
3. Wohnungsunternehmen und Vermieter von Wohnraum,
4. Vermieter und Verpächter von ganz oder teilweise für eine gewerbliche, selbständige oder freiberufliche Tätigkeit genutzte Gebäude oder Gebäudeteile,
5. Betriebe der Land- und Forstwirtschaft und ähnliche Betriebe, Betriebe der Fischerei und Aquakultur.

Nach § 14 Abs. 4 Satz 3 MV können das BMF oder die obersten Finanzbehörden der Länder – über § 2 Abs. 2 MV hinaus – Ausnahmen von der Mitteilungspflicht nach § 14 Abs. 1 MV zulassen. Vgl. hierzu Anlage 2.

8.2. Inhalt der Mitteilung

Die Mitteilung an die Finanzverwaltung hat die in § 93c Abs. 1 Nr. 2 AO genannten Daten zu enthalten (insbes. Angaben zur mitteilenden Stelle sowie Angaben zur Identifizierung des betroffenen Steuerpflichtigen).

Neben den in § 93c Abs. 1 Nr. 2 AO genannten Angaben sind nach § 14 Abs. 2 Satz 1 MV auch folgende Angaben mitzuteilen:

1. die Art und die Höhe der im jeweils vorangegangenen Kalenderjahr gewährten Zahlung,
2. soweit vorhanden, das Objekt, für das die Zahlung bewilligt wurde,
3. das Datum, an dem die Zahlung bewilligt wurde,
4. das Datum der Zahlung und
5. bei unbarer Zahlung die Bankverbindung für das Konto, auf das die Zahlung geleistet wurde.

Werden nach § 14 Abs. 2 Satz 1 MV mitzuteilende Zahlungen im Kalenderjahr ihrer Auszahlung ganz oder teilweise (freiwillig oder aufgrund einer geltend gemachten Rückforderung) an die mitteilungspflichtige Stelle zurückerstattet, ist diese Minderung der mitzuteilenden Zahlungen bereits bei Erstellung des Datensatzes zu berücksichtigen. Wurde der Datensatz aber bereits übermittelt, ist er nach § 93c Abs. 3 AO zu korrigieren.

Werden nach § 14 Abs. 2 Satz 1 MV mitzuteilende Zahlungen dagegen erst in einem späteren Kalenderjahr ganz oder teilweise zurückerstattet, ist die Rückzahlung abweichend von § 93c Abs. 3 AO eigenständig und unter Angabe des Datums, an dem die Zahlung bei der mitteilungspflichtigen Stelle eingegangen ist, mitzuteilen (§ 14 Abs. 2 Satz 2 MV).

8.3. Zeitpunkt der Mitteilung

Mitteilungen nach § 14 Abs. 1 MV sind abweichend von § 93c Abs. 1 Nr. 1 AO erst nach Veröffentlichung des amtlich vorgeschriebenen Datensatzes und der Freigabe der amtlich bestimmten Schnittstelle

- für im Kalenderjahr 2021 ausgezahlte Leistungen bis zum 31. Dezember 2022 sowie
- für in den Folgejahren ausgezahlte Leistungen jeweils bis zum 30. April des auf das Jahr der Auszahlung folgenden Jahres

zu übermitteln (§ 14 Abs. 3 Satz 1 MV).

Das BMF kann im Einvernehmen mit den obersten Finanzbehörden der Länder diese Frist durch ein im BStBl. Teil I zu veröffentlichendes Schreiben verlängern, sofern die technischen Voraussetzungen für die Annahme der Mitteilungen nicht rechtzeitig vorliegen (§ 14 Abs. 3 Satz 2 MV).

Auf begründeten Antrag einer mitteilungspflichtigen Stelle kann ihr die oberste Finanzbehörde des Landes, in dem die Stelle ihren Sitz hat, die nach § 14 Abs. 3 Satz 1 oder Satz 2 MV geltende Frist zur Übersendung der Mitteilungen

– für im Kalenderjahr 2021 ausgezahlte Leistungen um längstens zehn Monate und
– für im Kalenderjahr 2022 ausgezahlte Leistungen um längstens sechs Monate

verlängern, wenn die technischen Voraussetzungen für die Übersendung der Mitteilungen an die Finanzbehörden nicht rechtzeitig vorliegen (§ 14 Abs. 3 Satz 3 MV).

8.4. Unterrichtung des Betroffenen

Die mitteilungspflichtige Stelle hat den betroffenen Steuerpflichtigen darüber zu informieren, welche für seine Besteuerung relevanten Daten sie an die Finanzbehörden übermittelt hat oder noch übermitteln wird (§ 93 c Abs. 1 Nr. 3 Satz 1 AO). Diese Information hat in geeigneter Weise, mit Zustimmung des Steuerpflichtigen elektronisch, und binnen angemessener Frist zu erfolgen (§ 93 c Abs. 1 Nr. 3 Satz 2 AO).

Dieses Schreiben tritt mit sofortiger Wirkung an die Stelle des BMF-Schreibens vom 26. September 2023 IV D 1 – S 0229/22/10002 :003, BStBl. I S. 1663.

Anlage 1

Bundeseinheitlich zugelassene Ausnahmen von der Mitteilungspflicht nach § 2 Abs. 2 MV 31

Abgeordnete

– Steuerfreie Aufwandsentschädigungen nach § 3 Nr. 12 Satz 1 EStG,
– steuerfreier Reisekostenersatz nach § 3 Nr. 13 EStG,
– steuerfreie Beihilfe nach § 3 Nr. 11 EStG.

Arbeitsentgelt an Strafgefangene im Justizvollzug

Zahlungen nach § 43 StVollzG oder vergleichbaren landesrechtlichen Regelungen an Strafgefangene, wenn sie einen Betrag von 10 000 EUR pro Kalenderjahr nicht übersteigen.

Entschädigungsgesetze

– Gesetz über die Entschädigung nach dem Gesetz zur Regelung offener Vermögensfragen (Entschädigungsgesetz)
– Gesetz über staatliche Ausgleichsleistungen für Enteignungen auf besatzungsrechtlicher oder besatzungshoheitlicher Grundlage, die nicht mehr rückgängig gemacht werden können (Ausgleichsleistungsgesetz)
– NS-Verfolgtenentschädigungsgesetz

Zahlungen nach diesen Gesetzen; dies gilt nicht, soweit die Zahlungen Kapitalerträge i. S. d. § 20 Abs. 1 Nr. 7 oder Abs. 2 EStG sind und an eine unbeschränkt steuerpflichtige Person geleistet werden.

Fremdsprachenassistenten

Zuwendungen aufgrund des Fulbright-Abkommens (§ 3 Nr. 42 EStG) sowie Stipendien i. S. d. § 3 Nr. 44 EStG an ausländische Fremdsprachenassistenten.

Gesetz über die Rehabilitierung und Entschädigung von Opfern rechtsstaatswidriger Strafverfolgungsmaßnahmen im Beitrittsgebiet (Strafrechtliches Rehabilitierungsgesetz)

Zahlungen an den Betroffenen nach diesem Gesetz.

Härtefallhilfen für Privathaushalte wegen stark gestiegener Energiekosten für nicht leitungsgebundene Energieträger

Justizvergütungs- und -entschädigungsgesetz (JVEG)

Zahlungen für die Entschädigung von Zeuginnen und Zeugen nach § 19 JVEG sowie von Dritten nach § 23 Abs. 2 JVEG.

Reisekostenerstattung für ausländische Vortragende oder Gastdozenten, wenn zusätzlich kein Honorar gezahlt wird (reine Auslagenerstattung)

Rückerstattung bei Überzahlung oder nachträglicher Ermäßigung von Gerichtskosten oder Prüfungsgebühren

Unterhaltssicherungsgesetz (USG)

Zahlungen nach § 6 USG, die für einen Zeitraum von nicht mehr als einem Kalenderjahr geleistet werden und weniger als 3 000 EUR betragen.

Zahlungen im Bereich der Justiz

– Zahlungen nach § 43 StVollzG oder vergleichbaren landesrechtlichen Regelungen an Strafgefangene, wenn sie einen Betrag von 10 000 EUR pro Kalenderjahr nicht übersteigen,
– Erstattung der notwendigen Auslagen des Angeklagten bei einem Freispruch, Ablehnung der Eröffnung der Hauptverhandlung oder bei Einstellung des Verfahrens (§§ 467, 467 a StPO),
– Auszahlung von im Rahmen der Vermögensabschöpfung eingezogenen Vermögenswerten,
– Weiterleitung oder Rückzahlung einer Sicherheitsleistung bzw. Hinterlegungen,
– Weiterleitung der durch den Gerichtsvollzieher durchgesetzten Zahlungen des Schuldners an den Gläubiger,
– Auszahlung von Zwangsversteigerungserlösen durch das Vollstreckungsgericht,
– steuerfreie Aufwandsentschädigungen nach § 3 Nr. 12 Satz 1 EStG, die von den Gerichten an ihre Mitglieder und deren Stellvertreter gezahlt werden,
– Zahlungen im Rahmen der Bewährungshilfe an Probanden und Probandinnen,

– Entschädigungszahlungen, die echten Schadenersatz darstellen:
– Schadensersatzansprüche aus öffentlich-rechtlichem Verwahrvertrag (§§ 280, 688 BGB),
– Entschädigungszahlungen wegen konventionswidriger Haft (Art. 5 EMRK),
– Entschädigungsansprüche wegen der überlangen Dauer von Gerichtsverfahren (§ 198 GVG) und
– Entschädigungen nach dem Gesetz über die Entschädigung für Strafverfolgungsmaßnahmen (StrEG).

Anlage 2

32 **Bundeseinheitlich zugelassene Ausnahmen von der Mitteilungspflicht nach § 14 Abs. 4 Satz 3 MV**

Soweit folgende, anlässlich der Flutkatastrophe im Juli 2021 aus den Mitteln des Fonds „Aufbauhilfe 2021" bewilligte Leistungen der Mitteilungspflicht nach § 14 Abs. 1 MV unterliegen, sind gemäß § 14 Abs. 4 Satz 3 MV keine Mitteilungen an die Finanzbehörden zu übermitteln:
– Zahlungen an Vereine,
– Zahlungen an Stiftungen,
– Zahlungen an Religionsgemeinschaften in der Rechtsform einer Körperschaft des öffentlichen Rechts,
– Zahlungen an Körperschaften und Anstalten des öffentlichen Rechts (z. B. Land, Kommune) und
– Zahlungen an sonstige Träger öffentlicher Infrastruktur, an der die öffentliche Hand unmittelbar oder mittelbar mehrheitlich beteiligt ist (z. B. Stadtwerke GmbH).

AO

§ 93b Automatisierter Abruf von Kontoinformationen

1 (1) **Kreditinstitute haben das nach § 24 c Absatz 1 des Kreditwesengesetzes zu führende Dateisystem auch für Abrufe nach § 93 Absatz 7 und 8 zu führen.**

1 a (1 a) ① **Kreditinstitute haben für Kontenabrufersuchen nach § 93 Absatz 7 oder 8 zusätzlich zu den in § 24 c Absatz 1 des Kreditwesengesetzes bezeichneten Daten für jeden Verfügungsberechtigten und jeden wirtschaftlich Berechtigten im Sinne des Geldwäschegesetzes auch die Adressen sowie die in § 154 Absatz 2 a bezeichneten Daten zu speichern.** ② **§ 154 Absatz 2 d und Artikel 97 § 26 Absatz 5 Nummer 3 und 4 des Einführungsgesetzes zur Abgabenordnung bleiben unberührt.**

2 (2) ① **Das Bundeszentralamt für Steuern darf in den Fällen des § 93 Absatz 7 und 8 auf Ersuchen bei den Kreditinstituten einzelne Daten aus den nach den Absätzen 1 und 1 a zu führenden Dateisystemen im automatisierten Verfahren abrufen und sie an den Ersuchenden übermitteln.** ② **Die Identifikationsnummer nach § 139 b eines Verfügungsberechtigten oder eines wirtschaftlich Berechtigten darf das Bundeszentralamt für Steuern nur Finanzbehörden mitteilen.**

3 (3) **Die Verantwortung für die Zulässigkeit des Datenabrufs und der Datenübermittlung trägt der Ersuchende.**

4 (4) **§ 24 c Absatz 1 Satz 2 bis 6, Absatz 4 bis 8 des Kreditwesengesetzes gilt entsprechend.**

§ 93c Datenübermittlung durch Dritte

1 (1) **Sind steuerliche Daten eines Steuerpflichtigen auf Grund gesetzlicher Vorschriften von einem Dritten (mitteilungspflichtige Stelle) an Finanzbehörden elektronisch zu übermitteln, so gilt vorbehaltlich abweichender Bestimmungen in den Steuergesetzen Folgendes:**

1. Die mitteilungspflichtige Stelle muss die Daten nach Ablauf des Besteuerungszeitraums bis zum letzten Tag des Monats Februar des folgenden Jahres nach amtlich vorgeschriebenem Datensatz durch Datenfernübertragung über die amtlich bestimmte Schnittstelle übermitteln; bezieht sich die Übermittlungspflicht auf einen Besteuerungszeitpunkt, sind die Daten bis zum Ablauf des zweiten Kalendermonats nach Ablauf des Monats zu übermitteln, in dem der Besteuerungszeitpunkt liegt.

2. Der Datensatz muss folgende Angaben enthalten:

a) den Namen, die Anschrift, das Ordnungsmerkmal und die Kontaktdaten der mitteilungspflichtigen Stelle sowie ihr Identifikationsmerkmal nach den §§ 139 a bis 139 c oder, soweit dieses nicht vergeben wurde, ihre Steuernummer;

b) hat die mitteilungspflichtige Stelle einen Auftragnehmer im Sinne des § 87 d mit der Datenübermittlung beauftragt, so sind zusätzlich zu den Angaben nach Buchstabe a der Name, die Anschrift und die Kontaktdaten des Auftragnehmers sowie dessen Identifikationsmerkmal nach den §§ 139 a bis 139 c oder, wenn dieses nicht vergeben wurde, dessen Steuernummer anzugeben;

c) den Familiennamen, den Vornamen, den Tag der Geburt, die Anschrift des Steuerpflichtigen und dessen Identifikationsnummer nach § 139 b;

d) handelt es sich bei dem Steuerpflichtigen nicht um eine natürliche Person, so sind dessen Firma oder Name, Anschrift und Wirtschafts-Identifikationsnummer

nach § 139 c oder, wenn diese noch nicht vergeben wurde, dessen Steuernummer anzugeben;

e) den Zeitpunkt der Erstellung des Datensatzes oder eines anderen Ereignisses, anhand dessen die Daten in der zeitlichen Reihenfolge geordnet werden können, die Art der Mitteilung, den betroffenen Besteuerungszeitraum oder Besteuerungszeitpunkt und die Angabe, ob es sich um eine erstmalige, korrigierte oder stornierende Mitteilung handelt.

3. ① Die mitteilungspflichtige Stelle hat den Steuerpflichtigen darüber zu informieren, welche für seine Besteuerung relevanten Daten sie an die Finanzbehörden übermittelt hat oder übermitteln wird. ② Diese Information hat in geeigneter Weise, mit Zustimmung des Steuerpflichtigen elektronisch, und binnen angemessener Frist zu erfolgen. ③ Auskunftspflichten nach anderen Gesetzen bleiben unberührt.

4. Die mitteilungspflichtige Stelle hat die übermittelten Daten aufzuzeichnen und diese Aufzeichnungen sowie die der Mitteilung zugrunde liegenden Unterlagen bis zum Ablauf des siebten auf den Besteuerungszeitraum oder Besteuerungszeitpunkt folgenden Kalenderjahres aufzubewahren; die §§ 146 und 147 Absatz 2, 5 und 6 gelten entsprechend.

(2) **Die mitteilungspflichtige Stelle soll Daten nicht übermitteln, wenn sie erst nach Ablauf des siebten auf den Besteuerungszeitraum oder Besteuerungszeitpunkt folgenden Kalenderjahres erkennt, dass sie zur Datenübermittlung verpflichtet war.** 2

(3) **① Stellt die mitteilungspflichtige Stelle bis zum Ablauf des siebten auf den Besteuerungszeitraum oder Besteuerungszeitpunkt folgenden Kalenderjahres fest, dass** 3

1. die nach Maßgabe des Absatzes 1 übermittelten Daten unzutreffend waren oder

2. ein Datensatz übermittelt wurde, obwohl die Voraussetzungen hierfür nicht vorlagen,

so hat die mitteilungspflichtige Stelle dies vorbehaltlich abweichender Bestimmungen in den Steuergesetzen unverzüglich durch Übermittlung eines weiteren Datensatzes zu korrigieren oder zu stornieren. ② Absatz 1 Nummer 2 bis 4 gilt entsprechend.

(4) **① Die nach den Steuergesetzen zuständige Finanzbehörde kann ermitteln, ob die mitteilungspflichtige Stelle** 4

1. ihre Pflichten nach Absatz 1 Nummer 1, 2 und 4 und Absatz 3 erfüllt und

2. den Inhalt des Datensatzes nach den Vorgaben des jeweiligen Steuergesetzes bestimmt hat.

② Die Rechte und Pflichten der für die Besteuerung des Steuerpflichtigen zuständigen Finanzbehörde hinsichtlich der Ermittlung des Sachverhalts bleiben unberührt.

(5) **Soweit gesetzlich nichts anderes bestimmt ist, ist die nach den Steuergesetzen für die Entgegennahme der Daten zuständige Finanzbehörde auch für die Anwendung des Absatzes 4 und des § 72 a Absatz 4 zuständig.** 5

(6) **Die Finanzbehörden dürfen von den mitteilungspflichtigen Stellen mitgeteilte Daten im Sinne der Absätze 1 und 3 verarbeiten, wenn dies zur Erfüllung der ihnen obliegenden Aufgaben oder in Ausübung öffentlicher Gewalt, die ihnen übertragen wurde, erforderlich ist.** 6

(7) **Soweit gesetzlich nichts anderes bestimmt ist, darf die mitteilungspflichtige Stelle die ausschließlich zum Zweck der Übermittlung erhobenen und gespeicherten Daten des Steuerpflichtigen nur für diesen Zweck verwenden.** 7

(8) **Die Absätze 1 bis 7 sind nicht anzuwenden auf** 8

1. Datenübermittlungspflichten nach § 51 a Absatz 2 c oder Abschnitt XI des Einkommensteuergesetzes,

2. Datenübermittlungspflichten gegenüber den Zollbehörden,

3. Datenübermittlungen zwischen Finanzbehörden und

4. Datenübermittlungspflichten ausländischer öffentlicher Stellen.

Zu § 93 c – Datenübermittlung durch Dritte: AEAO

1. § 93 c AO enthält die grundsätzlich für alle elektronischen Datenübermittlungspflichten Dritter einheitlich geltenden Verfahrensvorschriften. 9

2. Zur Haftung der mitteilungspflichtigen Stelle bei vorsätzlicher oder grob fahrlässiger Pflichtverletzung vgl. § 72 a Abs. 4 AO. Zur Außenprüfung bei der mitteilungspflichtigen Stelle vgl. § 203 a AO. 10

3. § 93 c AO ist erstmals anzuwenden, wenn steuerliche Daten eines Steuerpflichtigen für Besteuerungszeiträume nach 2016 oder Besteuerungszeitpunkte nach dem 31. 12. 2016 auf Grund gesetzlicher Vorschriften von einem Dritten als mitteilungspflichtiger Stelle elektronisch an Finanzbehörden zu übermitteln sind (Art. 97 § 27 Abs. 2 EGAO). 11

§ 93 d Verordnungsermächtigung

① Das Bundesministerium der Finanzen kann durch Rechtsverordnung mit Zustimmung des Bundesrates bestimmen, dass Daten im Sinne des § 93 c vor der erstmaligen Übermittlung für Zwecke der Erprobung erhoben werden, soweit dies zur Entwicklung, Überprüfung oder Änderung von automatisierten Verfahren erforderlich ist. ② Die Daten dürfen in diesem Fall ausschließlich für Zwecke der Erprobung verarbeitet und müssen innerhalb eines Jahres nach Beendigung der Erprobung gelöscht werden.

§ 94 Eidliche Vernehmung[1]

1 (1) **① Hält die Finanzbehörde mit Rücksicht auf die Bedeutung der Auskunft oder zur Herbeiführung einer wahrheitsgemäßen Auskunft die Beeidigung einer anderen Person als eines Beteiligten[2] für geboten, so kann sie das für den Wohnsitz oder den Aufenthaltsort der zu beeidigenden Person zuständige Finanzgericht um die eidliche Vernehmung ersuchen. ② Befindet sich der Wohnsitz oder der Aufenthaltsort der zu beeidigenden Person nicht am Sitz eines Finanzgerichts oder eines besonders errichteten Senats, so kann auch das zuständige Amtsgericht um die eidliche Vernehmung ersucht werden.**

2 (2) **① In dem Ersuchen hat die Finanzbehörde den Gegenstand der Vernehmung sowie die Namen und Anschriften der Beteiligten[2] anzugeben. ② Das Gericht hat die Beteiligten und die ersuchende Finanzbehörde von den Terminen zu benachrichtigen. ③ Die Beteiligten und die ersuchende Finanzbehörde sind berechtigt, während der Vernehmung Fragen zu stellen.**

3 (3) **Das Gericht entscheidet über die Rechtmäßigkeit der Verweigerung[3] des Zeugnisses oder der Eidesleistung.**

§ 95 Versicherung an Eides statt

1 (1) **① Die Finanzbehörde kann den Beteiligten auffordern, dass er die Richtigkeit von Tatsachen, die er behauptet, an Eides statt[4] versichert. ② Eine Versicherung an Eides statt soll nur gefordert werden, wenn andere Mittel[5] zur Erforschung der Wahrheit nicht vorhanden sind, zu keinem Ergebnis geführt haben oder einen unverhältnismäßigen Aufwand erfordern. ③ Von eidesunfähigen Personen im Sinne des § 393 der Zivilprozessordnung darf eine eidesstattliche Versicherung nicht verlangt werden.**

2 (2) **① Die Versicherung an Eides statt wird von der Finanzbehörde zur Niederschrift aufgenommen. ② Zur Aufnahme sind der Behördenleiter, sein ständiger Vertreter sowie Angehörige des öffentlichen Dienstes befugt, welche die Befähigung zum Richteramt haben. ③ Andere Angehörige des öffentlichen Dienstes kann der Behördenleiter oder sein ständiger Vertreter hierzu allgemein oder im Einzelfall schriftlich ermächtigen.**

3 (3) **① Die Angaben, deren Richtigkeit versichert werden soll, sind schriftlich festzustellen und dem Beteiligten mindestens eine Woche vor Aufnahme der Versicherung mitzuteilen. ② Die Versicherung besteht darin, dass der Beteiligte unter Wiederholung der behaupteten Tatsachen erklärt: „Ich versichere an Eides statt, dass ich nach bestem Wissen die reine Wahrheit gesagt und nichts verschwiegen habe". ③ Bevollmächtigte und Beistände des Beteiligten sind berechtigt, an der Aufnahme der Versicherung an Eides statt teilzunehmen.**

4 (4) **① Vor der Aufnahme der Versicherung an Eides statt ist der Beteiligte über die Bedeutung der eidesstattlichen Versicherung und die strafrechtlichen Folgen einer unrichtigen oder unvollständigen eidesstattlichen Versicherung zu belehren. ② Die Belehrung ist in der Niederschrift zu vermerken.**

5 (5) **① Die Niederschrift hat ferner die Namen der anwesenden Personen sowie den Ort und den Tag der Niederschrift zu enthalten. ② Die Niederschrift ist dem Beteiligten, der die eidesstattliche Versicherung abgibt, zur Genehmigung vorzulesen oder auf Verlangen zur Durchsicht vorzulegen. ③ Die erteilte Genehmigung ist zu vermerken und von dem Beteiligten zu unterschreiben. ④ Die Niederschrift ist sodann von dem Amtsträger, der die Versicherung an Eides statt aufgenommen hat, sowie von dem Schriftführer zu unterschreiben.**

6 (6) **Die Versicherung an Eides statt kann nicht nach § 328 erzwungen werden.**

---

[1] Zum Verfahren vgl. § 82 FGO **(Anhang II Nr. 1)**.
[2] Zum Beteiligten (§ 78 AO) s. auch § 95 AO.
[3] Zum Verweigerungsrecht s. §§ 101 ff. AO.
[4] Zur Strafbarkeit einer falschen Versicherung an Eides statt vgl. § 156 StGB.
[5] Vgl. § 94 AO.

Zu § 95 – Versicherung an Eides statt: AEAO

Aus der Weigerung eines Steuerpflichtigen, eine Tatsachenbehauptung durch eidesstattliche Versicherung zu bekräftigen, können für ihn nachteilige Folgerungen gezogen werden. Im Übrigen wird auf § 162 AO hingewiesen. 7

§ 96 Hinzuziehung von Sachverständigen AO

(1) ① **Die Finanzbehörde bestimmt, ob ein Sachverständiger zuzuziehen ist.** ② **Soweit nicht Gefahr im Verzug vorliegt, hat sie die Person, die sie zum Sachverständigen ernennen will, den Beteiligten vorher bekannt zu geben.** 1

(2) ① **Die Beteiligten können einen Sachverständigen wegen Besorgnis der Befangenheit ablehnen, wenn ein Grund vorliegt, der geeignet ist, Zweifel an seiner Unparteilichkeit zu rechtfertigen oder wenn von seiner Tätigkeit die Verletzung eines Geschäfts- oder Betriebsgeheimnisses oder Schaden für die geschäftliche Tätigkeit eines Beteiligten zu befürchten ist.** ② **Die Ablehnung ist der Finanzbehörde gegenüber unverzüglich nach Bekanntgabe der Person des Sachverständigen, jedoch spätestens innerhalb von zwei Wochen unter Glaubhaftmachung der Ablehnungsgründe geltend zu machen.** ③ **Nach diesem Zeitpunkt ist die Ablehnung nur zulässig, wenn glaubhaft gemacht wird, dass der Ablehnungsgrund vorher nicht geltend gemacht werden konnte.** ④ **Über die Ablehnung entscheidet die Finanzbehörde, die den Sachverständigen ernannt hat oder ernennen will.** ⑤ **Das Ablehnungsgesuch hat keine aufschiebende Wirkung.** 2

(3) ① **Der zum Sachverständigen Ernannte hat der Ernennung Folge zu leisten, wenn er zur Erstattung von Gutachten der erforderlichen Art öffentlich bestellt ist oder wenn er die Wissenschaft, die Kunst oder das Gewerbe, deren Kenntnis Voraussetzung der Begutachtung ist, öffentlich zum Erwerb ausübt oder wenn er zur Ausübung derselben öffentlich bestellt oder ermächtigt ist.** ② **Zur Erstattung des Gutachtens ist auch derjenige verpflichtet, der sich hierzu der Finanzbehörde gegenüber bereit erklärt hat.** 3

(4) **Der Sachverständige kann die Erstattung des Gutachtens unter Angabe der Gründe wegen Besorgnis der Befangenheit ablehnen.**[1] 4

(5) **Angehörige des öffentlichen Dienstes sind als Sachverständige nur dann zuzuziehen, wenn sie die nach dem Dienstrecht erforderliche Genehmigung erhalten.** 5

(6) **Die Sachverständigen**[2] **sind auf die Vorschriften über die Wahrung des Steuergeheimnisses**[3] **hinzuweisen.** 6

(7) ① **Das Gutachten ist regelmäßig schriftlich zu erstatten.** ② **Die mündliche Erstattung des Gutachtens kann zugelassen werden.**[4] ③ **Die Beeidigung des Gutachtens darf nur gefordert werden, wenn die Finanzbehörde dies mit Rücksicht auf die Bedeutung des Gutachtens für geboten hält.** ④ **Ist der Sachverständige für die Erstattung von Gutachten der betreffenden Art im Allgemeinen beeidigt, so genügt die Berufung auf den geleisteten Eid; sie kann auch in einem schriftlichen Gutachten erklärt werden.** ⑤ **Anderenfalls gilt für die Beeidigung § 94 sinngemäß.** 7

III. Beweis durch Urkunden und Augenschein

§ 97 Vorlage von Urkunden

(1) ① **Die Beteiligten und andere Personen haben der Finanzbehörde auf Verlangen**[5] **Bücher, Aufzeichnungen, Geschäftspapiere und andere Urkunden zur Einsicht und Prüfung vorzulegen.** ② **Im Vorlageverlangen ist anzugeben, ob die Urkunden für die Besteuerung des zur Vorlage Aufgeforderten oder für die Besteuerung anderer Personen benötigt werden.** ③ **§ 93 Absatz 1 Satz 2 und 3 gilt entsprechend.** 1

(2)[6] ① **Die Finanzbehörde kann die Vorlage der in Absatz 1 genannten Urkunden an Amtsstelle verlangen oder sie bei dem Vorlagepflichtigen einsehen, wenn dieser einverstanden ist oder die Urkunden für eine Vorlage an Amtsstelle ungeeignet sind.** ② **§ 147 Absatz 5 gilt entsprechend.** 2

---

[1] Zum Verweigerungsrecht s. § 104 AO.
[2] Zur Entschädigung vgl. § 107 AO.
[3] Zum Steuergeheimnis s. § 30 AO.
[4] Zur Anwendung im Rechtsbehelfsverfahren vgl. § 365 AO.
[5] *BFH-Urteil vom 13. 8. 2024 IX R 6/23, BFH/NV S. 1433*: 1. Die Anforderung unter anderem von Mietverträgen durch das FA beim Vermieter (Steuerpflichtigen) nach § 97 AO muss die Vorgaben der DSGVO beachten. 2. Eine Einwilligung der Mieter in die Weitergabe an das FA ist nicht erforderlich, weil die Verarbeitung nach Art. 6 Abs. 1 Unterabs. 1 Buchst. c DSGVO gerechtfertigt ist. 3. Die Übersendung der Mietverträge an das FA ist als Zweckänderung nach Art. 6 Abs. 4 DSGVO regelmäßig zulässig.
[6] Zur Vorlagepflicht bei Außenprüfung bzw. Fahndung vgl. §§ 200 Abs. 1 bzw. 208 Abs. 1 AO.

AO

§ 98[1] Einnahme des Augenscheins

1 (1) **Führt die Finanzbehörde einen Augenschein durch, so ist das Ergebnis aktenkundig zu machen.**

2 (2) **Bei der Einnahme des Augenscheins können Sachverständige zugezogen werden.**

§ 99[2] Betreten von Grundstücken und Räumen

1 (1) ① **Die von der Finanzbehörde mit der Einnahme des Augenscheins betrauten Amtsträger und die nach den §§ 96 und 98 zugezogenen Sachverständigen sind berechtigt, Grundstücke, Räume, Schiffe, umschlossene Betriebsvorrichtungen und ähnliche Einrichtungen während der üblichen Geschäfts- und Arbeitszeit zu betreten, soweit dies erforderlich ist, um im Besteuerungsinteresse Feststellungen zu treffen.** ② **Die betroffenen Personen sollen angemessene Zeit vorher benachrichtigt werden.** ③ **Wohnräume dürfen gegen den Willen[3] des Inhabers nur zur Verhütung dringender Gefahren für die öffentliche Sicherheit und Ordnung betreten werden.**

2 (2) **Maßnahmen nach Absatz 1 dürfen nicht zu dem Zweck angeordnet werden, nach unbekannten Gegenständen zu forschen.**

AEAO

Zu § 99 – Betreten von Grundstücken und Räumen:

3 Es dürfen auch Grundstücke, Räume usw. betreten werden, die nicht dem Steuerpflichtigen gehören, sondern im Eigentum oder Besitz einer anderen Person stehen. Von der Besichtigung „betroffene" Personen sind alle, die an dem Grundstück usw. entweder Besitzrechte haben, sie tatsächlich nutzen oder eine sonstige tatsächliche Verfügungsbefugnis haben. Wohnräume dürfen im Besteuerungsverfahren nicht gegen den Willen des Inhabers betreten werden (siehe aber § 210 Abs. 2 und § 287 AO).

AO

§ 100[4] Vorlage von Wertsachen

1 (1) ① **Der Beteiligte und andere Personen haben der Finanzbehörde auf Verlangen Wertsachen (Geld, Wertpapiere, Kostbarkeiten) vorzulegen, soweit dies erforderlich ist, um im Besteuerungsinteresse Feststellungen über ihre Beschaffenheit und ihren Wert zu treffen.** ② **§ 98 Absatz 2 ist anzuwenden.**

2 (2) **Die Vorlage von Wertsachen darf nicht angeordnet werden, um nach unbekannten Gegenständen zu forschen.**

IV. Auskunfts- und Vorlageverweigerungsrechte

§ 101 Auskunfts- und Eidesverweigerungsrecht der Angehörigen

1 (1) ① **Die Angehörigen (§ 15) eines Beteiligten können die Auskunft verweigern, soweit sie nicht selbst als Beteiligte über ihre eigenen steuerlichen Verhältnisse auskunftspflichtig sind oder die Auskunftspflicht für einen Beteiligten zu erfüllen haben.** ② **Die Angehörigen sind über das Auskunftsverweigerungsrecht zu belehren.** ③ **Die Belehrung ist aktenkundig zu machen.**

2 (2) ① **Die in Absatz 1 genannten Personen haben ferner das Recht, die Beeidigung[5] ihrer Auskunft zu verweigern.[6]** ② **Absatz 1 Sätze 2 und 3 gelten entsprechend.**

AEAO

Zu § 101 – Auskunfts- und Eidesverweigerungsrecht der Angehörigen:

3 **1.** Der Beteiligte (Steuerpflichtige) selbst hat kein Auskunftsverweigerungsrecht; § 393 Abs. 1 AO ist zu beachten.

4 **2.** Ist die nach § 101 Abs. 1 Satz 2 AO erforderliche Belehrung unterblieben, dürfen die auf der Aussage des Angehörigen beruhenden Kenntnisse nicht verwertet werden (BFH-Urteil vom

---

[1] Zur Anwendung im Rechtsbehelfsverfahren vgl. § 365 AO. Vgl. auch § 81 Abs. 1 FGO **(Anhang II Nr. 1)** und §§ 371, 372 ZPO.

[2] Zur Anwendung im Steueraufsichtsverfahren vgl. § 210 AO.

BFH-Urteil vom 12. 7. 2022 VIII R 8/19, BFH/NV S. 1266: 1. Die unangekündigte Wohnungsbesichtigung durch einen Beamten der Steuerfahndung als sog. Flankenschutzprüfer zur Überprüfung der Angaben des Steuerpflichtigen zu einem häuslichen Arbeitszimmer im Besteuerungsverfahren ist wegen Verstoßes gegen den Verhältnismäßigkeitsgrundsatz rechtswidrig, wenn der Steuerpflichtige bei der Aufklärung des Sachverhalts mitwirkt. 2. Dies gilt auch dann, wenn der Steuerpflichtige der Ortsbesichtigung zustimmt und deshalb kein schwerer Grundrechtseingriff in Art. 13 Abs. 1 GG vorliegt.

Zur Anwendung im Rechtsbehelfsverfahren vgl. § 365 AO.

[3] Zur Grundrechtseinschränkung (Art. 13 Abs. 3 GG) vgl. § 413 AO. Vgl. auch § 29 Abs. 2 BewG.

[4] Zur Anwendung im Rechtsbehelfsverfahren vgl. § 365 AO.

[5] Zur Beeidigung s. § 94 AO.

[6] Zu den Folgerechten vgl. § 104 AO.

Auch gegen gesetzlich zur Verschwiegenheit verpflichtete und zur Verweigerung von Auskünften berechtigte Personen, wie Steuerberater und Wirtschaftsprüfer, kann eine Außenprüfung angeordnet werden *(BFH-Urteil vom 8. 4. 2008 VIII R 61/06, BStBl. 2009 II S. 579)*.

31. 10. 1990, II R 180/87, BStBl. 1991 II S. 204), es sei denn, der Angehörige stimmt nachträglich zu oder wiederholt nach Belehrung seine Aussage (vgl. auch BFH-Urteil vom 7. 11. 1985, IV R 6/85, BStBl. 1986 II S. 435).

§ 102 Auskunftsverweigerungsrecht zum Schutz bestimmter Berufsgeheimnisse

AO

(1) **Die Auskunft können ferner verweigern:**[1] 1

1. Geistliche über das, was ihnen in ihrer Eigenschaft als Seelsorger anvertraut worden oder bekannt geworden ist,

2. Mitglieder des Bundestages, eines Landtages oder einer zweiten Kammer über Personen, die ihnen in ihrer Eigenschaft als Mitglieder dieser Organe oder denen sie in dieser Eigenschaft Tatsachen anvertraut haben, sowie über diese Tatsachen selbst,

3.[2] **a) Verteidiger,**
b) Rechtsanwälte, Patentanwälte, Notare, Steuerberater, Wirtschaftsprüfer, Steuerbevollmächtigte, vereidigte Buchprüfer,
c) Ärzte, Zahnärzte, Psychotherapeuten, Psychologische Psychotherapeuten, Kinder- und Jugendlichenpsychotherapeuten, Apotheker und Hebammen,
über das, was ihnen in dieser Eigenschaft anvertraut worden oder bekannt geworden ist,

4. Personen, die bei der Vorbereitung, Herstellung oder Verbreitung von periodischen Druckwerken oder Rundfunksendungen berufsmäßig mitwirken oder mitgewirkt haben,[3] **über die Person des Verfassers, Einsenders oder Gewährsmanns von Beiträgen und Unterlagen sowie über die ihnen im Hinblick auf ihre Tätigkeit gemachten Mitteilungen, soweit es sich um Beiträge, Unterlagen und Mitteilungen für den redaktionellen Teil handelt; § 160 bleibt unberührt.**

(2) ① **Den im Absatz 1 Nummer 1 bis 3 genannten Personen stehen ihre Gehilfen und die Personen gleich, die zur Vorbereitung auf den Beruf an der berufsmäßigen Tätigkeit teilnehmen.** ② **Über die Ausübung des Rechts dieser Hilfspersonen, die Auskunft zu verweigern, entscheiden die im Absatz 1 Nummer 1 bis 3 genannten Personen, es sei denn, dass diese Entscheidung in absehbarer Zeit nicht herbeigeführt werden kann.** 2

(3) ① **Die in Absatz 1 Nummer 3 genannten Personen dürfen die Auskunft nicht verweigern, wenn sie von der Verpflichtung zur Verschwiegenheit entbunden sind.** ② **Die Entbindung von der Verpflichtung zur Verschwiegenheit gilt auch für die Hilfspersonen.** 3

(4) ① **Die gesetzlichen Anzeigepflichten der Notare und die Mitteilungspflichten der in Absatz 1 Nummer 3 Buchstabe b bezeichneten Personen nach der Zinsinformationsverordnung vom 26. Januar 2004 (BGBl. I S. 128), die zuletzt durch Artikel 4 Absatz 28 des Gesetzes vom 22. September 2005 (BGBl. I S. 2809) geändert worden ist, in der jeweils geltenden Fassung bleiben unberührt.** ② **Soweit die Anzeigepflichten bestehen, sind die Notare auch zur Vorlage von Urkunden und zur Erteilung weiterer Auskünfte verpflichtet.** ③ **Die Mitteilungspflichten der in Absatz 1 Nummer 3 Buchstabe b bezeichneten Personen hinsichtlich der in § 138f Absatz 3 Satz 1 Nummer 1 und 4 bis 9 bezeichneten Angaben bestehen auch dann, wenn mit diesen Angaben betroffene Nutzer identifizierbar sein sollten.** 4

---

[1] *BFH-Urteil vom 14. 5. 2002 IX R 31/00, BStBl. II S. 712:* Die Befugnis des Steuerberaters zur Zeugnisverweigerung nach § 84 Abs. 1 FGO i. V. m. § 102 Abs. 1 Nr. 3 Buchst. b AO bezieht sich auch auf die Identität des Mandanten und die Tatsache seiner Beratung.

Ergeben sich solche Tatsachen aus vorzulegenden Urkunden (Postausgangsbuch, Fahrtenbuch), so erstreckt sich das Zeugnisverweigerungsrecht auch darauf (§ 85 FGO i. V. m. § 104 Abs. 1 AO).

[2] *BFH-Urteil vom 14. 5. 2002 IX R 31/00, BStBl. II S. 712:* Die Befugnis des Steuerberaters zur Zeugnisverweigerung nach § 84 Abs. 1 FGO i. V. m. § 102 Abs. 1 Nr. 3 Buchst. b AO bezieht sich auch auf die Identität des Mandanten und die Tatsache seiner Beratung.

Ergeben sich solche Tatsachen aus vorzulegenden Urkunden (Postausgangsbuch, Fahrtenbuch), so erstreckt sich das Zeugnisverweigerungsrecht auch darauf (§ 85 FGO i. V. m. § 104 Abs. 1 AO).

[3] Die Regelung eines Auskunftsverweigerungsrechts für die **Presse** nur hinsichtlich des redaktionellen Teils ist verfassungsmäßig. Vgl. *BFH-Urteil VII R 42/80 vom 26. 8. 1980, BStBl. II S. 699* und *BVerfG-Beschluss BvR 385/82 vom 10. 5. 1983, BVerfGE 64, 108.*

Journalisten können die nach § 4 Abs. 5 Satz 1 Nr. 2 Satz 1 EStG geforderten Angaben zu Teilnehmern und Anlass einer Bewirtung in der Regel nicht unter Berufung auf das Pressegeheimnis verweigern *(BFH-Urteil vom 15. 1. 1998 IV R 81/96, BStBl. II S. 263).*

Anl 1

1) Merkblatt über die steuerlichen Beistandspflichten der Notare auf den Gebieten der Grunderwerbsteuer, der Erbschaftsteuer (Schenkungsteuer) und der Ertragsteuern

Vom 29. Dezember 2017 (BeckVerw 351380)

(FBeh Hamburg S 3844-015/001-53)

Teil A. Vorbemerkungen

5 **1.** Aus Gründen der Übersichtlichkeit berücksichtigt dieses Merkblatt nur die wesentlichen gesetzlichen Regelungen.

2. Geschlechterspezifische Bezeichnungen werden aus Vereinfachungsgründen ausschließlich in der männlichen Form verwendet.

3. Die aktuelle Fassung dieses Merkblattes kann auf der Internetseite der Finanzbehörde Hamburg (www.hamburg.de/fb/formulare/ > Steuerberater/Lohnsteuerhilfevereine und Notare) abgerufen werden.

4. Ein bundesweites Verzeichnis der örtlich zuständigen Finanzämter kann auf den Internetseiten des Bundeszentralamtes für Steuern unter www.bzst.bund.de > Online Dienste > Finanzamtsuche abgefragt werden. Hier steht eine Suchfunktion zur Verfügung, mit der neben dem örtlich zuständigen Finanzamt weitere Angaben, wie z. B. abgegebene Aufgaben einzelner Finanzämter und besondere Zuständigkeitsregelungen, ermittelt werden können. Außerdem steht ein bundesweites Finanzamtsverzeichnis – nach Bundesländern sortiert – unter www.steuerliches-info-center.de > Navigation > Finanzverwaltung der Länder zur Verfügung.

Teil B. Grunderwerbsteuer

1. Maßgebende Vorschriften

6 Die steuerlichen Anzeigepflichten und sonstigen Beistandspflichten der Notare ergeben sich aus folgenden Vorschriften:

– §§ 18, 20, 21 und 22 a des Grunderwerbsteuergesetzes (GrEStG) i. d. F. der Bekanntmachung vom 26. 2. 1997 (BGBl. I S. 418, BStBl. I S. 313), zuletzt geändert durch Art. 18 des Gesetzes zur Modernisierung des Besteuerungsverfahrens vom 18. 7. 2016 (BGBl. I S. 1679), sowie

– § 102 Abs. 4 der Abgabenordnung (AO).

2. Anzeigepflichtige Vorgänge

7 **2.1.** Dem zuständigen Finanzamt ist – ab 1. Januar 2018 nach dem bundeseinheitlichen Vordruck „Veräußerungsanzeige" – Anzeige über die folgenden Rechtsvorgänge zu erstatten, die der Notar beurkundet oder über die er eine Urkunde entworfen und darauf eine Unterschrift beglaubigt hat, wenn die Rechtsvorgänge unmittelbar oder mittelbar das Eigentum an einem inländischen Grundstück (Tz. 2.5) betreffen:

2.1.1. Kaufverträge und andere Rechtsgeschäfte, die den Anspruch auf Übereignung begründen (z. B. Tauschverträge, Einbringungsverträge, Übergabeverträge, Auseinandersetzungsverträge, Treuhandverträge, Annahme von Kauf- und Verkaufsangeboten, Ausübung von Optionen bzw. Vor- und Wiederkaufsrechten).

Dazu zählen auch die Umwandlungen nach dem Umwandlungsgesetz, sofern dadurch Grundstückseigentum auf einen anderen Rechtsträger übergeht (z. B. Verschmelzungen, Spaltungen, Vermögensübertragungen);

2.1.2. Auflassungen, wenn kein Rechtsgeschäft vorausgegangen ist, das den Anspruch auf Übereignung begründet;

2.1.3. Rechtsgeschäfte, die den Anspruch auf Abtretung eines Übereignungsanspruchs oder der Rechte aus einem Meistgebot begründen;

2.1.4. Rechtsgeschäfte, die den Anspruch auf Abtretung der Rechte aus einem Kaufangebot begründen, oder auf Abtretung der Rechte aus einem Angebot zum Abschluss eines anderen Vertrags, kraft dessen die Übereignung verlangt werden kann;

2.1.5. Abtretungen der unter Tz. 2.1.3 und 2.1.4 bezeichneten Rechte, wenn kein Rechtsgeschäft vorausgegangen ist, das den Anspruch auf Abtretung der Rechte begründet;

2.1.6. Rechtsvorgänge, die es ohne Begründung eines Anspruchs auf Übereignung einem anderen rechtlich oder wirtschaftlich ermöglichen, ein Grundstück auf eigene Rechnung zu verwerten (z. B. Begründung sowie Auflösung eines Treuhandverhältnisses, Wechsel des Treugebers, Auftrag bzw. Geschäftsbesorgungsvertrag zum Erwerb, Erteilung einer Verkaufsvollmacht);

2.1.7. Rechtsgeschäfte, die den Anspruch auf Übertragung eines, mehrerer oder aller Anteile an einer Kapitalgesellschaft, einer Personenhandelsgesellschaft oder einer Gesellschaft bürgerlichen Rechts begründen, wenn zum Vermögen der Gesellschaft unmittelbar oder mittelbar ein Grundstück gehört;

2.1.8. Übergang von unter Tz. 2.1.7 bezeichneten Gesellschaftsanteilen, wenn kein schuldrechtliches Geschäft vorausgegangen ist, das den Anspruch auf Übertragung begründet;

2.1.9. Übertragungen von Anteilen an einem Nachlass (Erbteilsübertragungen), zu dem ein Grundstück oder ein Anteil an einem anderen Nachlass gehört, der ein Grundstück enthält;

2.1.10. Vorverträge, Optionsverträge sowie Kauf- und Verkaufsangebote; die Einräumung eines Vorkaufsrechts ist nicht anzeigepflichtig.

2.1.11. Verträge, die mit dem Grundstücksveräußerungsvertrag eine rechtliche Einheit bilden, unabhängig davon, ob sie in derselben Niederschrift oder einer anderen Niederschrift beurkundet worden sind, sowie Verträge, die in sonstiger Hinsicht mit dem Grundstücksveräußerungsvertrag im Wege einer Verknüpfungsabrede rechtlich verbunden sind, es sei denn, die grunderwerbsteuerliche Relevanz kann mit Gewissheit ausgeschlossen werden (z. B. Treuhandverträge, Baubetreuungsverträge, Generalunternehmerverträge, Bauverträge). Anl 1

2.2. Der Notar hat auch Anzeige zu erstatten über:

2.2.1. Anträge auf Berichtigung des Grundbuchs, die er beurkundet oder über die er eine Urkunde entworfen und darauf eine Unterschrift beglaubigt hat, wenn der Antrag darauf gestützt wird, dass der Grundstückseigentümer gewechselt hat;

2.2.2. nachträgliche Änderungen oder Berichtigungen der oben aufgeführten Vorgänge. Änderung in diesem Sinne ist auch die Vertragsaufhebung oder die Ausübung eines Rücktrittsrechts durch eine Vertragspartei.

2.3. Die Anzeigen sind auch dann zu erstatten, wenn der Rechtsvorgang von der Besteuerung ausgenommen ist, wenn nach den bestehenden Verwaltungsanweisungen eine Unbedenklichkeitsbescheinigung i. S. v. § 22 GrEStG nicht zu erteilen ist oder wenn der Rechtsvorgang vom Eintritt einer Bedingung, einer Genehmigung oder dem Ablauf einer Frist abhängt.

2.4. In Fällen der Übertragung von Gesellschaftsanteilen (Tz 2.1.7 und 2.1.8) ist die Urkundsperson der Verpflichtung enthoben, im Einzelfall zu ermitteln, ob ein Steuertatbestand erfüllt ist.

2.5. Wird das zugrunde liegende Rechtsgeschäft erst nach Einreichung der Anzeige beim Finanzamt rechtswirksam, ist dieser Sachverhalt dem Finanzamt gesondert anzuzeigen.

2.6. Als Grundstücke im Sinne des GrEStG sind unbebaute und bebaute Grundstücke im Sinne des bürgerlichen Rechts einschließlich noch nicht vermessener Teilflächen, Miteigentumsanteile, Wohnungseigentum und Teileigentum (§ 2 Abs. 1 GrEStG) anzusehen. Zu den Grundstücken rechnen sowohl solche des Anlagevermögens als auch solche des Umlaufvermögens. Den Grundstücken stehen Erbbaurechte, Gebäude auf fremdem Boden sowie dinglich gesicherte Sondernutzungsrechte i. S. d. § 15 des Wohnungseigentumsgesetzes und des § 1010 des Bürgerlichen Gesetzbuchs gleich (§ 2 Abs. 2 GrEStG).

3. Zuständiges Finanzamt

3.1. Die Anzeigen sind an das für die Besteuerung bzw. in den Fällen des § 17 Abs. 2 und 3 GrEStG an das für die gesonderte Feststellung der Besteuerungsgrundlagen zuständige Finanzamt zu richten (§ 18 Abs. 5 GrEStG). 8

3.2. Die Anzeigen sind an das für die Besteuerung zuständige Finanzamt zu richten, d. h. an das Finanzamt, in dessen Bezirk das Grundstück oder der wertvollste Teil des Grundstücks liegt (§ 17 Abs. 1 Satz 1 GrEStG),

– wenn sich ein Rechtsvorgang auf ein Grundstück oder mehrere Grundstücke bezieht, die im Bezirk nur eines Finanzamts liegen,
– wenn sich ein Rechtsvorgang auf ein Grundstück bzw. eine wirtschaftliche Einheit von Grundstücken (§ 2 Abs. 3 Satz 1 GrEStG) bezieht, das bzw. die in den Bezirken verschiedener Finanzämter eines Landes liegt,
– wenn bei Grundstückserwerben durch Umwandlung nach dem Umwandlungsgesetz oder in den Fällen des § 1 Abs. 2 a, 3 und 3 a GrEStG nicht die Voraussetzungen für eine gesonderte Feststellung der Besteuerungsgrundlagen (Tz. 3.3.2) erfüllt sind.

3.3.1. Die Besteuerungsgrundlagen werden gesondert festgestellt

– in Fällen, in denen sich ein Rechtsvorgang auf mehrere Grundstücke bezieht, die in den Bezirken verschiedener Finanzämter liegen, sowie
– in Fällen, in denen ein Grundstück bzw. eine wirtschaftliche Einheit von Grundstücken in den Bezirken von Finanzämtern verschiedener Länder liegt,

durch das Finanzamt, in dessen Bezirk der wertvollste Grundstücksteil oder das wertvollste Grundstück oder der wertvollste Bestand an Grundstücksteilen oder Grundstücken liegt (§ 17 Abs. 2 GrEStG).

3.3.2 Die Besteuerungsgrundlagen werden ferner gesondert festgestellt

– bei Grundstückserwerben durch Umwandlung nach dem Umwandlungsgesetz durch das Finanzamt, in dessen Bezirk sich die Geschäftsleitung des Erwerbers befindet, sowie
– in den Fällen den § 1 Abs. 2 a, 3 und 3 a GrEStG durch das Finanzamt, in dessen Bezirk sich die Geschäftsleitung der Gesellschaft befindet,

wenn ein außerhalb des Bezirks dieser Finanzämter liegendes Grundstück oder ein auf das Gebiet eines anderen Landes sich erstreckender Teil eines im Bezirk dieser Finanzämter liegenden Grundstücks betroffen ist (§ 17 Abs. 3 Satz 1 GrEStG).

Befindet sich die Geschäftsleitung nicht im Geltungsbereich des GrEStG und werden in verschiedenen Finanzamtsbezirken liegende Grundstücke oder in verschiedenen Ländern liegende Grundstücksteile betroffen, so stellt das nach Tz. 3.3.1 zuständige Finanzamt die Besteuerungsgrundlagen gesondert fest (§ 17 Abs. 3 Satz 2 GrEStG).

3.4. Beim Erwerb mehrerer selbständiger Grundstücke in verschiedenen Finanzamtsbezirken in einer notariellen Urkunde erfolgt grundsätzlich eine gesonderte Feststellung der Besteuerungsgrundlagen, auch wenn Einzelkaufpreise ausgewiesen sind.

3.5. Dasselbe gilt auch für einen Tauschvertrag, durch den zwei Grundstücke in verschiedenen Finanzamtsbezirken wechselseitig übertragen werden. In beiden Fällen ist an jedes Finanzamt Anzeige zu erstatten.

Anl 1

3.6. Die Verwaltung der Grunderwerbsteuer ist in Hamburg zentral dem nachfolgenden Finanzamt übertragen:

Finanzamt für Verkehrsteuern und Grundbesitz in Hamburg
Gorch-Fock-Wall 11, 20355 Hamburg
Postfach 301721, 20306 Hamburg
Tel. 42843 + Durchwahl – Telefax: 4273 13107

4. Form und Inhalt der Anzeigen

9 **4.1.** Die Anzeigen sind schriftlich nach amtlich vorgeschriebenem Vordruck zu erstatten. Hierfür ist ab 1. Januar 2018 der bundeseinheitliche Vordrucksatz „Veräußerungsanzeige" zu verwenden, der auf der Internetseite der Finanzbehörde Hamburg unter www.hamburg.de/ fb/formulare/ > Steuerberater/ Lohnsteuerhilfevereine und Notare abgerufen und ausgefüllt werden kann. Eine elektronische Übermittlung der Anzeige ist erst möglich, wenn die technischen Voraussetzungen geschaffen und das Verfahren durch Rechtsverordnung geregelt worden ist.

4.2. Die Anzeigen müssen folgende Angaben enthalten (§ 20 Abs. 1 GrEStG):

4.2.1. Vorname, Zuname, Anschrift sowie die steuerliche Identifikationsnummer gemäß § 139 b AO bzw. die Wirtschafts-Identifikationsnummer gemäß § 139 c AO des Veräußerers und des Erwerbers, ggf. auch, ob und um welche begünstigte Person i. S. d. § 3 Nrn. 3 bis 7 GrEStG es sich bei dem Erwerber handelt;

4.2.2. die Bezeichnung des Grundstücks nach Grundbuch, Kataster, Straße und Hausnummer;

4.2.3. die Größe des Grundstücks und bei bebauten Grundstücken die Art der Bebauung;

4.2.4. die Bezeichnung des anzeigepflichtigen Vorgangs und den Tag der Beurkundung, bei einem Vorgang, der einer Genehmigung bedarf, auch die Bezeichnung desjenigen, dessen Genehmigung erforderlich ist;

4.2.5. den Kaufpreis oder die sonstige Gegenleistung (§ 9 GrEStG);

4.2.6. den Namen der Urkundsperson.

4.3. Anzeigen, die sich auf Anteile an einer Gesellschaft beziehen, müssen außerdem enthalten (§ 20 Abs. 2 GrEStG):

4.3.1. die Firma, den Ort der Geschäftsleitung sowie die Wirtschafts-Identifikationsnummer gemäß § 139 c AO der Gesellschaft;

4.3.2. die Bezeichnung des Gesellschaftsanteils oder der Gesellschaftsanteile

4.3.3. bei mehreren beteiligten Rechtsträgern eine Beteiligungsübersicht (Organigramm).

4.3.4. Bei der Veräußerung von Gesellschaftsanteilen besteht für den Notar bezüglich des Vorhandenseins von Grundstücken, die der Gesellschaft grunderwerbsteuerlich unmittelbar oder mittelbar zuzurechnen sind, eine Erkundigungspflicht. Eine besondere Nachforschungspflicht besteht nicht, so dass er sich im Rahmen seiner Mitwirkungspflicht auf die Angaben der Beteiligten beschränken kann. In der Urkunde sollte vermerkt werden, dass der Notar sich erkundigt hat, ob Grundbesitz vorhanden ist, und dass die Beteiligten auf eventuell bestehende grunderwerbsteuerliche Anzeigepflichten hingewiesen worden sind.

4.4. Der Anzeige ist eine Abschrift der Urkunde über den Rechtsvorgang oder des Antrags beizufügen. Die Anzeige ist mit o. g. Inhalt zu erstatten. Ein bloßer Verweis auf die beiliegende Urkunde ist nicht ausreichend, da die Veräußerungsanzeige zur Weiterleitung an andere Finanzämter und zur Erteilung der Unbedenklichkeitsbescheinigung vorgesehen ist. Die Finanzämter sind gehalten, bei unvollständigen Angaben die Anzeigen zur Ergänzung zurückzusenden. Dadurch wird ein Zeitverlust bei der abschließenden Bearbeitung eintreten, der sich auf die Ausstellung der Unbedenklichkeitsbescheinigung und die Eintragung des Erwerbers in das Grundbuch auswirkt.

5. Anzeigefrist

10 Die Anzeigen sind innerhalb von zwei Wochen nach der Beurkundung oder der Unterschriftsbeglaubigung zu erstatten, und zwar auch dann, wenn die Wirksamkeit des Rechtsvorgangs vom Eintritt einer Bedingung, vom Ablauf einer Frist oder von einer Genehmigung abhängig ist (§ 18 Abs. 3 S. 1 GrEStG).

6. Absendevermerk des Notars

11 **6.1.** Die Absendung der Anzeige ist auf der Urschrift der Urkunde, in den Fällen, in denen eine Urkunde entworfen und darauf eine Unterschrift beglaubigt worden ist, auf der zurückbehaltenen beglaubigten Abschrift zu vermerken (§ 18 Abs. 4 GrEStG).

6.2. Eine Empfangsbestätigung des Finanzamts über den Erhalt der Anzeige erfolgt nicht.

7. Bedeutung der Anzeigen

12 **7.1.** Notare dürfen Urkunden, die einen anzeigepflichtigen Vorgang betreffen, den Beteiligten erst aushändigen und Ausfertigungen oder beglaubigte Abschriften den Beteiligten erst erteilen, wenn sie die Anzeigen in allen Teilen vollständig an das Finanzamt abgesandt haben (§ 21 GrEStG).

7.2. Die Anzeigepflicht durch Dritte führt zu keiner Anlaufhemmung der Festsetzungsfrist nach § 170 Abs. 2 Satz 1 Nr. 1 AO (BFH-Urteil vom 16. 2. 1994, BStBl. II S. 866). Bei Nichterfüllung der Anzeigepflicht durch den Notar verjährt der Steueranspruch in der Regel innerhalb der regulären vierjährigen Festsetzungsfrist.

Anl 1

7.3. Die Vorschriften des § 16 Abs. 1 bis 4 GrEStG, die für bestimmte Fallgestaltungen die Nichtfestsetzung der Steuer, die Aufhebung oder Änderung der Steuerfestsetzung regeln, gelten nicht, wenn einer der in § 1 Abs. 2, 2a, 3 und 3a GrEStG bezeichneten Erwerbsvorgänge rückgängig gemacht wird, der nicht fristgerecht und in allen Teilen vollständig angezeigt war (§ 16 Abs. 5 GrEStG).

Teil C. Erbschaftsteuer (Schenkungsteuer)

1. Maßgebende Vorschriften

Die steuerlichen Anzeigepflichten und sonstigen Beistandspflichten der Notare ergeben sich aus folgenden Vorschriften: 13
- § 34 des Erbschaftsteuer- und Schenkungsteuergesetzes (ErbStG) i. d. F. der Bekanntmachung vom 27. 2. 1997 (BGBl. I S. 378, BStBl. I S. 298), zuletzt geändert durch Art. 17 des Gesetzes zum Internationalen Erbrecht und zur Änderung von Vorschriften zum Erbschein sowie zur Änderung sonstiger Vorschriften (IntErbRVG) vom 29. 6. 2015 (BGBl. I 2015 S. 1042),
- §§ 7 und 8 der Erbschaftsteuer-Durchführungsverordnung (ErbStDV) vom 8. 9. 1998 (BGBl. I S. 2658, BStBl. I S. 1183), zuletzt geändert durch Art. 17 des Gesetzes zum Internationalen Erbrecht und zur Änderung von Vorschriften zum Erbschein sowie zur Änderung sonstiger Vorschriften (IntErbRVG) vom 29. 6. 2015 (BGBl. I 2015 S. 1042),
- § 102 Abs. 4 der Abgabenordnung (AO).

2. Anzeigepflichtige Rechtsvorgänge

2.1. Die Notare haben dem für die Verwaltung der Erbschaftsteuer zuständigen Finanzamt diejenigen Beurkundungen, Zeugnisse und Anordnungen anzuzeigen, die für die Festsetzung einer Erbschaftsteuer (Schenkungsteuer) von Bedeutung sein können (§ 34 ErbStG). 14

2.2. Es sind insbesondere anzuzeigen:
- Erbauseinandersetzungen,
- Schenkungen und Schenkungsversprechen,
- Zweckzuwendungen,
- Rechtsgeschäfte, die zum Teil oder der Form nach entgeltlich sind, bei denen aber Anhaltspunkte dafür vorliegen, dass eine Schenkung oder Zweckzuwendung unter Lebenden vorliegt (§ 8 Abs. 2 ErbStDV).

2.3. Um dem Finanzamt in jedem Fall die Prüfung der Steuerpflicht zu ermöglichen, sind derartige Rechtsgeschäfte stets schon dann anzuzeigen, wenn nur eine Vermutung für eine freigebige Zuwendung besteht. Folglich sind insbesondere anzeigepflichtig:

2.3.1. Grundstücksüberlassungsverträge oder die Übertragung sonstiger Vermögensgegenstände zwischen Eheleuten/eingetragenen Lebenspartnern, Eltern und Kindern oder sonstigen Angehörigen (in Frage kommen z. B. Teilschenkungen in der Form von Veräußerungsverträgen, wenn das Entgelt unter dem Verkehrswert des veräußerten Gegenstandes liegt, oder als Gegenleistung ein Wohn- oder Verpflegungsrecht usw. eingeräumt wird);

2.3.2. Vereinbarungen zur Regelung güterrechtlicher Verhältnisse (Eheverträge § 1408 BGB, Lebenspartnerschaftsverträge § 7 LPartG), die eine Bereicherung eines Ehegatten/Lebenspartners bewirken (z. B. Vereinbarung der Gütergemeinschaft);

2.3.3. Zuwendungen unter Ehegatten/eingetragenen Lebenspartnern, wenn als Rechtsgrund auf die Ehe/Lebenspartnerschaft Bezug genommen wird (sog. unbenannte oder ehebedingte Zuwendungen),

2.3.4. vorgezogene Erbregelungen und Rechtsgeschäfte, welche
- die vorzeitige Befriedigung von Pflichtteilsansprüchen oder Anwartschaften auf eine Nacherbfolge,
- die Abfindung für die Ausschlagung einer Erbschaft oder eines Vermächtnisses, für einen Erbverzicht oder für den Verzicht auf einen entstandenen Pflichtteilsanspruch,
- die Abfindung für den Verzicht auf eine Geltendmachung zunächst behaupteter Rechtsstellungen, Rechte oder Ansprüche gegen Erben oder Vermächtnisnehmer (z. B. Erbprätendent),
- die Abfindung für die Zurückweisung eines Rechts aus einem Vertrag des Erblassers zugunsten Dritter auf den Todesfall,
- die entgeltliche Übertragung der Anwartschaftsrechte von Nacherben zum Gegenstand haben;

2.3.5. die Beteiligung naher Angehöriger an einem Unternehmen (Familiengesellschaft – OHG, KG usw.);

2.3.6. die Übertragung von GmbH-Anteilen oder anderen Anteilen an Kapitalgesellschaften, insbesondere unter Angehörigen, wenn Anhaltspunkte dafür bestehen, dass ein etwaiges Entgelt unter dem gemeinen Wert (Verkehrswert) des Geschäftsanteils liegt;

2.3.7. die Bestellung von Hypotheken oder sonstigen Grundpfandrechten und deren Abtretung zugunsten naher Angehöriger, falls der Schuldgrund nicht einwandfrei ersichtlich ist;

2.3.8. Leistungen zwischen Kapitalgesellschaften, insbesondere Familiengesellschaften, und Gesellschaftern (z. B. verdeckte Einlagen, Kapitalerhöhungen gegen zu geringes oder zu hohes Aufgeld);

2.3.9. Zuwendungen und dgl. an Personen, die nach Angaben der Beteiligten jahrelang im Geschäft oder im Haushalt ohne oder gegen zu geringes Entgelt Dienste geleistet haben.

2.4. Im Einzelnen ergeben sich die anzeigepflichtigen Rechtsvorgänge aus den §§ 1, 3, 4, 7, 8 und 34 ErbStG sowie aus §§ 7 und 8 ErbStDV. Zu beachten ist, dass nach § 7 Abs. 4 ErbStG die Steuerpflicht einer Schenkung nicht dadurch ausgeschlossen wird, dass sie zur Belohnung oder unter einer Auflage gemacht oder in die Form eines lästigen Vertrages gekleidet worden ist.

2.5. Von Anzeigen kann abgesehen werden, wenn die Annahme berechtigt ist, dass außer Hausrat (einschließlich Wäsche und Kleidungsstücke) im Wert von höchstens 12 000 EUR nur noch anderes

Anl 1

Vermögen im reinen Wert von höchstens 20 000 EUR vorhanden oder Gegenstand der Schenkung ist (§ 7 Abs. 4, § 8 Abs. 3 ErbStDV).

3. Zuständiges Finanzamt

15 Die Anzeigen der unter das Erbschaft- und Schenkungsteuergesetz fallenden Rechtsvorgänge sind an das für die Verwaltung der Erbschaftsteuer (Schenkungsteuer) zuständige Finanzamt zu richten, in dessen Bezirk der (letzte) Wohnsitz oder der (letzte) gewöhnliche Aufenthalt des Erblassers oder Schenkers, hilfsweise der des Erwerbers, liegt (§ 35 ErbStG).

War der Erblasser zur Zeit seines Todes oder der Schenker zur Zeit der Ausführung der Schenkung kein Inländer oder ist bei einer Schenkung unter Lebenden der Erwerber eine Körperschaft, Personenvereinigung oder Vermögensmasse, bestimmt sich die Zuständigkeit nach den Verhältnissen des Erwerbers (§ 35 Abs. 2 ErbStG).

Die Verwaltung der Erbschaft- und Schenkungsteuer ist in Hamburg zentral dem nachfolgenden Finanzamt übertragen:

Finanzamt für Verkehrsteuern und Grundbesitz in Hamburg
Gorch-Fock-Wall 11, 20 355 Hamburg
Postfach 301 721, 20 306 Hamburg
Tel. 42 843 + Durchwahl – Telefax: 4273 13 107

Zur Ermittlung des zuständigen Finanzamts in anderen Bundesländern vgl. Teil A.

4. Form und Inhalt der Anzeigen

16 **4.1.** Die Anzeige der Erbschaft- und Schenkungsteuervorgänge erfolgt durch die Übersendung einer beglaubigten Abschrift der Urkunde, die der Notar aufgenommen oder die er entworfen und auf der er eine Unterschrift beglaubigt hat (§§ 7 und 8 ErbStDV).

Die beglaubigten Abschriften der in § 7 Abs. 1 ErbStDV genannten Verfügungen und Schriftstücke sowie die beglaubigten Abschriften der Urkunden über eine Schenkung oder eine Zweckzuwendung unter Lebenden sind jeweils mit einem Vordruck nach Muster 5 bzw. 6 der ErbStDV dem zuständigen Finanzamt zu übersenden (§ 7 Abs. 1 und § 8 Abs. 1 ErbStDV). Die genannten Vordrucke werden nicht von der Finanzverwaltung zur Verfügung gestellt, sondern sind von den Anzeigepflichtigen selbst aufzulegen.

Es ist darauf zu achten, dass bei der Übersendung der beglaubigten Abschriften gleichzeitig auch die für die Erbschaftsteuer (Schenkungsteuer) erheblichen Umstände mitgeteilt werden, soweit sie sich nicht schon aus dem Inhalt der Beurkundungen ergeben, insbesondere

- Name, letzter Wohnsitz, Identifikationsnummer gem. § 139 b AO, Sterbeort, Geburtstag und Todestag des Erblassers,
- Name, Identifikationsnummer gem. § 139 b AO, Geburtstag und Anschrift des Schenkers,
- Namen, Identifikationsnummern gem. § 139 b AO und Anschriften der Erwerber und sonstigen Beteiligten,
- das Verwandtschafts- bzw. Schwägerschaftsverhältnis des Erwerbers zum Erblasser oder Schenker,
- der Güterstand bei Ehegatten/eingetragenen Lebenspartnern,
- Zusammensetzung und Wert des Nachlasses oder der Zuwendung (u. a. bei Grundbesitz zuletzt festgestellter Einheitswert bzw. Grundbesitzwert),
- der der Kostenberechnung zugrunde gelegte Wert.

Der Notar ist verpflichtet, die Beteiligten über diese Umstände zu befragen. Näheres über die mitzuteilenden Umstände ergibt sich aus §§ 7 und 8 ErbStDV sowie aus den Mustern 5 (zu § 7 ErbStDV) und 6 (zu § 8 ErbStDV). Die Angaben dienen auch dazu, unnötige Erklärungsaufforderungen gegenüber den Beteiligten zu vermeiden.

4.2. Bei Erbauseinandersetzungen oder Grundstücksüberlassungsverträgen ist insbesondere dafür zu sorgen, dass sich aus der Beurkundung oder Mitteilung ergibt, auf wessen Namen die den Gegenstand der Auseinandersetzung oder Übertragung bildenden Grundstücke im Grundbuch eingetragen sind und welchen Wert sie im Einzelnen haben. Bei Bezugnahme auf frühere Erbfälle ist die Angabe des Datums und des Geschäftszeichens des Erbscheins nicht ausreichend. In diesem Fall sind folgende zusätzliche Angaben erforderlich:

- Todestag, letzter Wohnsitz und Sterbeort des Erblassers,
- die Namen der Erben und die auf sie nach dem Erbschein entfallenden Erbteile.

4.3. Eine elektronische Übermittlung der Anzeige ist ausgeschlossen (§ 7 Abs. 1 Satz 2, § 8 Abs. 1 Satz 2 ErbStDV).

5. Frist für die Anzeigen, steuerfreie Rechtsvorgänge

17 **5.1.** Die Anzeigen sind unverzüglich nach der Beurkundung oder der Unterschriftsbeglaubigung zu erstatten, und zwar auch dann, wenn die Wirksamkeit des Erwerbsvorgangs vom Eintritt einer Bedingung, vom Ablauf einer Frist oder von einer Genehmigung abhängt (§§ 7 Abs. 1 Satz 3 und 8 Abs. 1 Satz 4 ErbStDV).

5.2. Die Anzeige ist auch dann zu erstatten, wenn der Vorgang von der Besteuerung ausgenommen ist.

6. Absendevermerk des Notars

18 Bei Absendung der Anzeige ist auf der Urschrift der Mitteilung oder Anzeige zu vermerken:

- der Absendetag,
- das Finanzamt/die Finanzämter, an das/die die Anzeige übermittelt wurde (§§ 7 Abs. 1 und 5, 8 Abs. 1 und 4 ErbStDV).

7. Empfangsbestätigung des Finanzamts Anl 1

Eine Empfangsbestätigung des Finanzamts über den Erhalt der Anzeige erfolgt nicht. 19

Teil D. Ertragsteuern

1. Maßgebende Vorschrift

Die steuerlichen Anzeigepflichten und sonstigen Beistandspflichten der Notare ergeben sich aus § 54 der Einkommensteuer-Durchführungsverordnung (EStDV) in der jeweils gültigen Fassung. 20

2. Anzeigepflichtige Rechtsvorgänge

Dem zuständigen Finanzamt ist Anzeige über alle auf Grund gesetzlicher Vorschrift aufgenommenen oder beglaubigten Urkunden zu erstatten, die die Gründung, Kapitalerhöhung oder -herabsetzung, Umwandlung oder Auflösung von Kapitalgesellschaften oder die Verfügung über Anteile an Kapitalgesellschaften zum Gegenstand haben. Gleiches gilt für Dokumente, die im Rahmen einer Anmeldung einer inländischen Zweigniederlassung einer Kapitalgesellschaft mit Sitz im Ausland zur Eintragung in das Handelsregister anfallen (§ 54 Abs. 1 EStDV). 21

Im Fall der Verfügung über Anteile an Kapitalgesellschaften durch einen Anteilseigner, der nicht nach § 1 Abs. 1 EStG unbeschränkt steuerpflichtig ist, ist zusätzlich bei dem Finanzamt Anzeige zu erstatten, das bei Beendigung einer zuvor bestehenden unbeschränkten Steuerpflicht des Anteilseigners oder bei unentgeltlichem Erwerb dessen Rechtsvorgängers nach § 19 AO für die Besteuerung des Anteilseigners zuständig war (§ 54 Abs. 4 EStDV).

Die Anzeige ist auch dann zu erstatten, wenn der Vorgang von der Besteuerung ausgenommen ist.

3. Zuständiges Finanzamt

Die unter § 54 EStDV fallenden Urkunden sind – entsprechend der Zuständigkeitsregelung in § 20 AO für die Durchführung der Ertragsbesteuerung – dem Finanzamt zu übersenden, in dessen Bezirk sich die Geschäftsleitung der Kapitalgesellschaft, hilfsweise deren Sitz, befindet. 22

4. Form und Inhalt der Anzeigen

Anzeigepflichtige Vorgänge werden mitgeteilt durch Übersendung einer beglaubigten Abschrift der Urkunde, die der Notar aufgenommen oder beglaubigt hat. Die Steuernummer, unter der die Kapitalgesellschaft beim Finanzamt geführt wird, soll auf der Abschrift vermerkt werden (§ 54 Abs. 2 Satz 2 EStDV). 23

5. Frist für die Anzeigen

Die Anzeigen sind binnen zwei Wochen, von der Aufnahme oder Beglaubigung der Urkunde ab gerechnet, zu erstatten (§ 54 Abs. 2 Satz 1 EStDV). Den Beteiligten dürfen die Urschrift, eine Ausfertigung oder beglaubigte Abschrift der Urkunde erst ausgehändigt werden, wenn die Abschrift der Urkunde an das Finanzamt abgesandt ist (§ 54 Abs. 3 EStDV). 24

6. Absendevermerk des Notars

Die Absendung der Anzeige ist auf der zurückbehaltenen Urschrift der Urkunde oder auf einer zurückbehaltenen Abschrift zu vermerken (§ 54 Abs. 2 Satz 3 EStDV). 25

7. Empfangsbestätigung des Finanzamts

Eine Empfangsbestätigung des Finanzamts über den Erhalt der Anzeige erfolgt nicht. 26

Teil E. Mehrfache Anzeigepflicht bei mehrfacher Steuerpflicht

1. Derselbe Rechtsvorgang kann für mehrere Steuern Bedeutung haben, z. B. 27

1.1. Erbauseinandersetzung über Grundstücke:
→ für die Grunderwerbsteuer und die Erbschaftsteuer (Schenkungsteuer);

1.2. Grundstücksschenkung unter einer Auflage und gemischte Grundstücksschenkung:
→ für die Grunderwerbsteuer und die Schenkungsteuer;

1.3. Umwandlung einer Kapitalgesellschaft:
→ für die Grunderwerbsteuer und die Ertragsteuern;

1.4. Kapitalerhöhung oder -herabsetzung:
→ für die Grunderwerbsteuer und die Ertragsteuern;

1.5. Kapitalerhöhung gegen zu hohes oder zu geringes Aufgeld:
→ für die Erbschaftsteuer (Schenkungsteuer) und die Ertragsteuern;

1.6. Unentgeltliche oder teilweise unentgeltliche Übertragung von Beteiligungen an Personengesellschaften oder Anteilen an Kapitalgesellschaften:
→ für die Schenkungsteuer, die Ertragsteuern und ggf. die Grunderwerbsteuer;

1.7. Entgeltliche Übertragung von Anteilen an Kapitalgesellschaften:
→ für die Ertragsteuern und ggf. die Grunderwerbsteuer.

2.

In diesen Fällen ist der Rechtsvorgang jedem Finanzamt anzuzeigen, das für eine der in Betracht kommenden Steuern zuständig ist. Sind mehrere Stellen desselben Finanzamts zuständig, ist entsprechend zu verfahren. Die zuständige Stelle, für die die Anzeige bestimmt ist, ist auf der Anzeige zu bezeichnen.

Anl 2

2) Verfügung betr. Auskunftsverweigerungsrecht von Berufsgeheimnisträgern

Vom 28. März 2012 (BeckVerw 260666)

(BayLfSt S 0251.1.1 – 2/1 St 42)

1. Grundsatz

28 Der BFH hat in einem Grundsatzurteil Leitlinien zum Auskunftsverweigerungsrecht ausgeführt (BFH v. 28. 10. 2009 VIII R 78/05, BStBl. 2010 II S. 455): Nach § 102 Abs. 1 Nr. 3 AO können u. a. Rechtsanwälte, Notare,[1] Steuerberater und Ärzte die Auskunft über das verweigern, was ihnen in dieser Eigenschaft anvertraut oder bekannt geworden ist. Nach § 104 Abs. 1 S. 1 AO können diejenigen Personen, die die Auskunft verweigern dürfen, auch die Vorlage von Urkunden verweigern. Dabei besteht allerdings kein umfassendes Verweigerungsrecht, sondern nur ein jeweils auf die einzelne Unterlage bezogenes.

Geschützt sind alle mandanten- bzw. patientenbezogenen Daten, insbesondere die Identität des Mandanten bzw. Patienten und die Tatsache seiner Beratung. Das Gesetz schützt das Vertrauensverhältnis zwischen dem Berufsgeheimnisträger und seinem Mandanten bzw. Patienten. Für den Schutz des Vertrauensverhältnisses oder seine Gefährdung macht es keinen Unterschied, in welchem Steuerrechtsverhältnis es zu einer Offenbarung der mandanten- bzw. patientenbezogenen Informationen gegenüber der Finanzverwaltung kommt. § 102 AO gilt deshalb für eigene Steuersachen des Berufsträgers sowie für gegen ihn gerichtete Auskunftsersuchen im Besteuerungsverfahren eines Dritten.

Allerdings darf eine Auskunftsverweigerung nicht soweit führen, dass die Finanzverwaltung an einer ordnungsgemäßen und einheitlichen Besteuerung (Art. 3 GG i. V. m. § 85 AO) gehindert ist. Das Gebot einer gleichmäßigen Besteuerung könnte nämlich beeinträchtigt sein, wenn sich Angehörige bestimmter Berufsgruppen unter Berufung auf eine bestehende Verschwiegenheitspflicht generell der Überprüfung ihrer im Besteuerungsverfahren gemachten Angaben entziehen könnten (BFH-Urteil vom 8. 4. 2008 VIII R 61/06, BStBl. 2009 II S. 579).

2. Ausnahmen vom Auskunftsverweigerungsrecht des Berufsgeheimnisträgers

29
- Vorlage von Unterlagen, die keine Vorgänge betreffen, die im Zusammenhang mit der beruflichen Tätigkeit stehen (z. B. Einkünfte aus Kapitalvermögen und aus Vermietung und Verpachtung).
- Vorlage von Unterlagen ohne Hinweis auf die Identität der Mandanten bzw. Patienten und deren Beratung bzw. Behandlung (z. B. Eingangsrechnungen, Gehaltsabrechnungen).
- Erteilung von Auskünften und Vorlage von Unterlagen nach Entbindung von der Schweigepflicht (§ 102 Abs. 3 AO).
- Rechtsanwälte dürfen die nach § 4 Abs. 5 S. 1 Nr. 2 EStG erforderlichen Angaben zu Teilnehmern und Anlass einer Bewirtung in der Regel nicht unter Berufung auf die anwaltliche Schweigepflicht verweigern (BFH-Urteil vom 26. 2. 2004 IV R 50/01, BStBl. 2004 II S. 502). Die Entscheidung ist auf andere Berufsträger im Sinne des § 102 Nr. 3 AO übertragbar.
- Auch die in § 102 AO genannten Berufsgruppen müssen im eigenen Besteuerungsverfahren zur Klärung von Treuhandverhältnissen alles Zumutbare unternehmen, um den Nachweis zu erbringen, dass es sich bei den von ihnen verwahrten Rechten oder Sachen nicht um eigenes, sondern um fremdes Vermögen handelt (BFH-Beschluss vom 23. 2. 2011 VIII B 126/10, BFH/NV 2011 S. 1283; BFH-Urteil vom 27. 9. 2006 IV R 45/04, BStBl. 2007 II S. 39).
- Vorlage von Nachweisen unter Wahrung der berufsrechtlichen Verschwiegenheitspflicht, das heißt in neutralisierter Form. Dies kann z. B. durch Schwärzung mandanten- bzw. patientenbezogener Daten erfolgen. Der Berufsträger kann jedoch auch andere Mittel wählen. Die Anonymisierung darf allerdings nicht dazu führen, dass der Finanzverwaltung eine Überprüfung der steuerlichen Verhältnisse des Berufsträgers auf Vollständigkeit und Richtigkeit unmöglich wird (vgl. hierzu Tz. 4).

3. Datenzugriff nach § 147 Abs. 6 AO

30 Enthalten Datenbestände – unabhängig ob in Papierform oder elektronisch – dem Auskünfte- und Vorlageverweigerungsrecht unterliegende Daten, obliegt es dem Berufsgeheimnisträger, durch entsprechende Maßnahmen eine geeignete Zugriffsbeschränkung sicherzustellen. Wie bzw. in welchem Umfang diese Einschränkung vorgenommen werden kann, ist im jeweiligen Einzelfall zu entscheiden. Es liegt ausschließlich in der Entscheidungssphäre des Berufsträgers, welches Datenverarbeitungssystem er einsetzt und welche steuerlich relevanten Unterlagen er damit erstellt bzw. darin verarbeitet. Damit liegt es auch in seiner Verantwortung, das System so auszuwählen und einzusetzen, dass einerseits seine Geheimhaltungspflichten gewahrt sind und andererseits der Finanzverwaltung der gesetzlich eingeräumte Zugriff nach § 147 Abs. 6 AO, insbesondere auch der unmittelbare und mittelbare Zugriff, auf alle steuerlich relevanten Daten, die keinem Auskunftsverweigerungsrecht unterliegen, möglich ist und unter anderem auch die Zugriffsberechtigung („Prüferrolle") im Datenverarbeitungssystem entsprechend ausgestaltet werden kann.

Als Mittel der Anonymisierung kommen insoweit beispielhaft Zugriffsberechtigungskonzepte, die eine hinreichende Datentrennung gewährleisten und mit eindeutigen Ordnungs- bzw. Identifikationsmerkmalen arbeiten in Betracht, die keine Rückschlüsse auf die die Identität des Mandanten zulassen.

Nimmt ein Berufsgeheimnisträger in seiner Datenverarbeitung die für die Erfüllung seiner Verpflichtungen erforderliche Trennung seiner Daten nicht vor, hindert das die Finanzbehörde nicht, den Zugriff auf die Daten im vorliegenden Bestand zu verlangen (FG Baden-Württemberg v. 16. 11. 2011 4 K 4819/08 und FG Rheinland-Pfalz v. 20. 1. 2005 4 K 2167/04, EFG S. 667).

[1] Zur zusammenfassenden Meldung und Verschwiegenheitspflicht von Notaren siehe auch *OFD Frankfurt vom 14. 6. 2010 S 7427 a A – 4 – St 16, DB S. 2081.*

4. Beweislast

Ist dem Finanzamt die Prüfung steuermindernder Tatsachen verwehrt, weil der Berufsgeheimnisträger die Einsicht in seine Unterlagen unter Hinweis auf seine Verschwiegenheitspflicht verweigert, so geht dies zu Lasten des Berufsträgers (BFH-Urteil vom 14. 5. 2002 IX R 31/00, BStBl. II S. 712 zur Vorlage eines Fahrtenbuchs). 31

Verweigert z. B. ein Arzt jedwede Auskunft über Diagnosen und Behandlungsmethoden, kann nach den Grundsätzen der objektiven Feststellungslast die Umsatzsteuerbefreiung nicht gewährt werden, soweit Anhaltspunkte für steuerpflichtige Leistungen an Patienten gegeben sind (BFH-Beschluss vom 18. 2. 2008 V B 35/06, BFH/NV S. 1001).

5. Kontrollmitteilungen

Wird beabsichtigt im Rahmen der Außenprüfung eines Berufsgeheimnisträgers Kontrollmitteilungen zu fertigen, ist der Steuerpflichtige hierüber rechtzeitig vorher zu informieren, um ihm die Möglichkeit eines gerichtlichen Rechtsschutzes zu eröffnen (BFH-Urteil vom 8. 4. 2008 VIII R 61/06, BStBl. 2009 II S. 579). 32

6. Kein Verwertungsverbot

§ 102 AO gibt bestimmten Berufsträgern das Recht, Auskünfte zu verweigern. Ob das Recht ausgeübt wird, steht dem Berufsträger frei. Erteilt der Berufsträger freiwillig Auskünfte, so besteht kein Verwertungsverbot. Ein Hinweis auf das Auskunftsverweigerungsrecht ist nicht erforderlich (BFH-Beschluss vom 1. 2. 2001 XI B 11/00, BFH/NV S. 811). 33

§ 103 Auskunftsverweigerungsrecht bei Gefahr der Verfolgung wegen einer Straftat oder einer Ordnungswidrigkeit

AO

① Personen, die nicht Beteiligte und nicht für einen Beteiligten auskunftspflichtig sind, können die Auskunft auf solche Fragen verweigern, deren Beantwortung sie selbst oder einen ihrer Angehörigen (§ 15) der Gefahr aussetzen[1] würde, wegen einer Straftat oder einer Ordnungswidrigkeit verfolgt zu werden. ② Über das Recht, die Auskunft zu verweigern, sind sie zu belehren. ③ Die Belehrung ist aktenkundig zu machen.

§ 104 Verweigerung der Erstattung eines Gutachtens und der Vorlage von Urkunden

(1)[2] **① Soweit die Auskunft verweigert werden darf, kann auch die Erstattung eines Gutachtens und die Vorlage von Urkunden oder Wertsachen verweigert werden. ② § 102 Absatz 4 Satz 2 bleibt unberührt.** 1

(2) **① Nicht verweigert werden kann die Vorlage von Urkunden und Wertsachen, die für den Beteiligten aufbewahrt werden, soweit der Beteiligte bei eigenem Gewahrsam zur Vorlage verpflichtet wäre. ② Für den Beteiligten aufbewahrt werden auch die für ihn geführten Geschäftsbücher und sonstigen Aufzeichnungen.** 2

Zu § 104 – Verweigerung der Erstattung eines Gutachtens und der Vorlage von Urkunden:

AEAO

Trotz ihres Auskunftsverweigerungsrechts sind die Angehörigen der steuerberatenden Berufe verpflichtet, alle Urkunden und Wertsachen, insbesondere Geschäftsbücher und sonstige Aufzeichnungen, die sie für den Steuerpflichtigen aufbewahren oder führen, auf Verlangen der Finanzbehörde unter den gleichen Voraussetzungen vorzulegen wie der Steuerpflichtige selbst. 3

§ 105[3] Verhältnis der Auskunfts- und Vorlagepflicht zur Schweigepflicht öffentlicher Stellen

AO

(1) **Die Verpflichtung der Behörden oder sonstiger öffentlicher Stellen einschließlich der Deutschen Bundesbank, der Staatsbanken und der Schuldenverwaltungen sowie der Organe und Bediensteten dieser Stellen zur Verschwiegenheit gilt nicht für ihre Auskunfts- und Vorlagepflicht gegenüber den Finanzbehörden.** 1

(2) **Absatz 1 gilt nicht, soweit die Behörden und die mit postdienstlichen Verrichtungen betrauten Personen gesetzlich verpflichtet sind, das Brief-, Post- und Fernmeldegeheimnis zu wahren.** 2

---

[1] Zur Selbstanzeige vgl. §§ 371, 378 AO.

Das Auskunftsverweigerungsrecht bezieht sich nur auf die Fragen, bei deren Beantwortung sich die Auskunftsperson der Strafverfolgung wegen einer zuvor begangenen Tat aussetzen würde *(BFH-Beschluss vom 21. 12. 1992 XI B 55/92, BStBl. 1993 II S. 451)*.

Angestellte einer öffentlich-rechtlichen Sparkasse sind nicht berechtigt, über die bei ihrer Tätigkeit erlangten Kenntnisse das Zeugnis zu verweigern. Die Zeugnispflicht geht der Amtsverschwiegenheitspflicht vor (BFH a. a. O.).

[2] Vorlageverweigerungsrechte aus § 104 Abs. 1 AO bestehen auch in der beim Berufsgeheimnisträger (Rechtsanwalt, Steuerberater usw.) selbst stattfindenden Außenprüfung, jedoch kann das FA grundsätzlich die Vorlage der zur Prüfung erforderlich erscheinenden Unterlagen in neutralisierter Form verlangen *(BFH-Urteil vom 28. 10. 2009 VIII R 78/05, BStBl. 2010 II S. 455)*.

[3] Zur Amtshilfepflicht vgl. § 111 AO.

AO

§ 106[1] Beschränkung der Auskunfts- und Vorlagepflicht bei Beeinträchtigung des staatlichen Wohls

Eine Auskunft oder die Vorlage von Urkunden darf nicht gefordert werden, wenn die zuständige oberste Bundes- oder Landesbehörde erklärt, dass die Auskunft oder Vorlage dem Wohl des Bundes oder eines Landes erhebliche Nachteile bereiten würde.

V. Entschädigung der Auskunftspflichtigen und der Sachverständigen

§ 107 Entschädigung der Auskunftspflichtigen und der Sachverständigen[2]

1 **① Auskunftspflichtige,[3] Vorlagepflichtige und Sachverständige,[4] die die Finanzbehörde zu Beweiszwecken herangezogen hat, erhalten auf Antrag eine Entschädigung oder Vergütung in entsprechender Anwendung des Justizvergütungs- und -entschädigungsgesetzes.[5] ② Dies gilt nicht für die Beteiligten und für die Personen, die für die Beteiligten die Auskunfts- oder Vorlagepflicht zu erfüllen haben.[6]**

AEAO

Zu § 107 – Entschädigung der Auskunftspflichtigen und Sachverständigen:

2 **1.** Die Entschädigungspflicht wird nur ausgelöst, wenn die Finanzbehörde Auskunftspflichtige, Vorlagepflichtige oder Sachverständige durch Verwaltungsakt zu Beweiszwecken herangezogen hat. Freiwillig erteilte Auskünfte oder vorgelegte Unterlagen und Sachverständigengutachten führen selbst dann nicht zu einer Entschädigung, wenn die Finanzbehörde sie verwertet.

3 **2.** Für die Duldung der Einnahme des Augenscheins (§ 98 AO) besteht kein Anspruch auf eine Entschädigung nach § 107 AO.

4 **3.** Für die Vorlage von Urkunden (§ 97 AO) besteht in entsprechender Anwendung des § 24 des Justizvergütungs- und -entschädigungsgesetzes nur dann ein Anspruch auf Entschädigung nach § 107 AO, wenn das Vorlageersuchen ab dem 30. 6. 2013 gestellt wurde.

5 **4.** Bei Vorlageersuchen, die vor dem 30. 6. 2013 gestellt wurden, gilt zur Entschädigung des Vorlagepflichtigen Folgendes:

Bei einem kombinierten Auskunfts- und Vorlageersuchen hat der ersuchte Dritte nach § 107 AO a. F. Anspruch auf Ersatz aller seiner mit dem Ersuchen zusammenhängenden Aufwendungen, d. h. auch jener, die ihm im Zusammenhang mit der Vorlage von Urkunden entstanden sind (BFH-Urteil vom 24. 3. 1987, VII R 113/84, BStBl. 1988 II S. 163).

Ein (reines) Vorlageverlangen i. S. d. § 97 AO, das nach § 107 a. F. AO keinen Kostenerstattungsanspruch auslöst, liegt vor, wenn die Finanzbehörde die vorzulegenden Unterlagen so konkret und eindeutig benennt, dass sich die geforderte Tätigkeit des Vorlageverpflichteten auf rein mechanische Hilfstätigkeiten wie das Heraussuchen und Lesbarmachen der angeforderten Unterlagen beschränkt. Das setzt bei der Anforderung von Bankunterlagen voraus, dass die Finanzbehörde die Konten- und Depotnummern benennt oder vergleichbar konkrete Angaben zu sonstigen Bankverbindungen macht (BFH-Urteil vom 8. 8. 2006, VII R 29/05, BStBl. 2007 II S. 80).

Anl

Verfügung betr. Entschädigung von Auskunfts- und Vorlagepflichtigen sowie Sachverständigen im Besteuerungsverfahren

Vom 20. August 2014 (BeckVerw 289168)

(LfSt Bayern S 0256.1.1–1/12 St42)

1. Geltungsbereich

6 Werden im Besteuerungsverfahren Auskünfte von Dritten und Sachverständigen eingeholt bzw. von Dritten die Vorlage von Büchern, Aufzeichnungen, Geschäftspapiere und andere Urkunden gefordert, bestimmt sich ihre Entschädigung nach § 107 AO in Verbindung mit dem Justizvergütungs- und -entschädigungsgesetz (JVEG). Gleiches gilt für kombinierte Auskunfts- und Vorlageersuchen. § 107 AO gilt in allen Abschnitten des Besteuerungsverfahrens einschließlich des Außenprüfungs-, Erhebungs-, Vollstreckungs- und Einspruchsverfahrens.

In Steuerstraf- oder in Bußgeldverfahren, in denen das Finanzamt die Ermittlungen selbständig durchführt, sind die zu Beweiszwecken herangezogenen Zeugen und Sachverständigen entsprechend § 405 AO zu vergüten.

---

[1] Zur Anwendung im Finanzgerichtsverfahren vgl. § 86 Abs. 2 FGO, abgedruckt in **Anhang II Nr. 1.**

[2] Zur Entschädigung der Zeugen und Sachverständigen im Straf- und im Bußgeldverfahren s. §§ 405, 410 Abs. 1 Nr. 10 i. V. m. § 405 AO.

[3] Auskunftspflichtiger gem. § 93 AO.

[4] Sachverständiger gem. § 96 AO.

[5] JVEG v. 5. 5. 2004 (BGBl. I S. 718, 776).

[6] Zur Entschädigung der Treuhänder vgl. § 318 Abs. 5 AO.

Anl

2. Anspruchsberechtigte

Die von einem Finanzamt zu Beweiszwecken herangezogenen Auskunfts- bzw. Vorlagepflichtigen (§ 93 AO) und Sachverständigen (§ 96 AO) erhalten auf Antrag eine Entschädigung bzw. Vergütung in entsprechender Anwendung des JVEG, soweit sie weder Beteiligte sind noch die Auskunfts- bzw. Vorlagepflicht für einen Beteiligten zu erfüllen haben (wie z. B. die gesetzlichen Vertreter und die Verfügungsberechtigten i. S. der §§ 34, 35 AO sowie die Bevollmächtigten und die von Amts wegen bestellten Vertreter der Beteiligten i. S. der §§ 80, 81 AO). Anspruchsberechtigte können natürliche Personen, juristische Personen und Personengesellschaften sein. 7

Nimmt ein Auskunfts- bzw. Vorlagepflichtiger oder ein Sachverständiger eine Hilfsperson in Anspruch, so hat diese keinen eigenen Entschädigungsanspruch.

Die dem Drittschuldner durch die Erfüllung seiner Erklärungspflicht gem. § 316 AO entstehenden Kosten sind nicht nach § 107 AO zu erstatten. Dies gilt auch, wenn das Finanzamt die Angaben in der Drittschuldnererklärung für unzureichend hält und deshalb um Ergänzung oder Vervollständigung nachsucht. Eine Entschädigung kommt aber in Betracht, wenn das Finanzamt den Drittschuldner um Auskünfte ersucht, die über dessen Erklärungspflicht gem. § 316 AO hinausgehen.

3. Anspruch auf Entschädigung oder Vergütung

Die Entscheidung darüber, ob ein Auskunfts- bzw. Vorlagepflichtiger oder Sachverständiger eine Entschädigung oder Vergütung erhält, liegt nicht im Ermessen des Finanzamts. Bei Vorliegen der gesetzlichen Voraussetzungen besteht auf die Entschädigung ein Rechtsanspruch (BFH-Urteil vom 23. 12. 1980 VII R 91/79, BStBl. 1981 II S. 392), es sei denn, der Anspruch auf Vergütung entfällt oder wird beschränkt (vgl. § 8 a JVEG). 8

4. Fürsorgepflicht des Finanzamts

Handelt es sich bei dem Anspruchsberechtigten um eine Person, bei der Kenntnisse über den Entschädigungsanspruch nicht vorausgesetzt werden können und ist ersichtlich, dass dem Verpflichteten durch die Auskunftserteilung bzw. die Vorlage von Unterlagen nicht nur ganz unbedeutende Kosten erwachsen werden, ist er auf die Entschädigungsmöglichkeit gem. § 107 AO und das Erfordernis der Antragstellung hinzuweisen (vgl. § 89 AO). Die Vorlage „Auskunfts- bzw. Vorlageersuchen an Dritte" (Ordner Allgemein) bietet die Möglichkeit, einen entsprechenden Hinweis zu erteilen. 9

5. Umfang der Entschädigung

5.1. Auskunfts- und Vorlagepflichtige

Erledigt der Auskunfts- bzw. Vorlagepflichtige das Ersuchen selbst oder beauftragt er Personen, die in seinem Betrieb beschäftigt sind, so werden der Verdienstausfall bzw. die Personalkosten mit dem Betrag erstattet, den ein Zeuge nach § 22 JVEG beanspruchen könnte. Der Zeitaufwand darf jedoch höchstens mit 21 Euro je Stunde angesetzt werden. Dabei ist unbeachtlich, ob dem Antragsteller durch Zahlung von Überstundenvergütungen oder Neueinstellungen ein Mehraufwand entstanden ist. Soweit die Entschädigung nach Stunden bemessen ist, wird sie für höchstens 10 Stunden je Tag gewährt. Die letzte begonnene Stunde wird voll angerechnet, wenn insgesamt mehr als 30 Minuten auf die Heranziehung entfallen; anderenfalls beträgt die Entschädigung die Hälfte (§ 19 Abs. 2 JVEG). Die letzte bereits begonnene Stunde wird voll gerechnet. 10

Werden keine Fachkräfte beschäftigt und kann auch kein Verdienstausfall nachgewiesen werden, kann nach § 20 JVEG nur eine Entschädigung für Zeitversäumnis von 3,50 Euro je Stunde gewährt werden. Dies gilt nicht, wenn durch die Auskunftserteilung ersichtlich kein Nachteil entstanden ist. Anspruchsberechtigte, die nicht erwerbstätig sind und einen Haushalt für mehrere Personen führen, erhalten eine Entschädigung von 14 Euro je Stunde (§ 21 ***Satz*** 1 JVEG). Das gleiche gilt für Teilzeitbeschäftigte, die außerhalb ihrer vereinbarten regelmäßigen Arbeitszeit herangezogen werden (§ 21 ***Satz*** 1 2. Halbsatz JVEG). Die Entschädigung von Teilzeitbeschäftigten wird für höchstens 10 Stunden je Tag gewährt abzüglich der Zahl an Stunden, die der vereinbarten regelmäßigen täglichen Arbeitszeit entspricht. In allen Fällen der Geltendmachung von Verdienstausfall oder Personalkosten ist zu prüfen, ob der geltend gemachte Arbeitsaufwand in einem angemessenen Verhältnis zu der erteilten Auskunft steht.

Anspruchsberechtigte können auch Fahrtkostenersatz gem. § 5 JVEG und Aufwandsentschädigung (Tagegeld) gem. § 6 JVEG erhalten. Derartige Entschädigungen kommen im Rahmen des § 107 AO jedoch nur in Ausnahmefällen in Betracht. Bei Geltendmachung ist auf die detaillierten Regelungen im Gesetz zurückzugreifen.

Für die Praxis bedeutsam ist der Ersatz für sonstige Aufwendungen, insbesondere die Kosten für die Anfertigung von Kopien (§ 7 Abs. 2 JVEG). Danach wird für die ersten 50 Seiten 0,50 Euro, für jede weitere Seite 0,15 Euro und für die Anfertigung von Farbkopien jeweils das Doppelte ersetzt. Aufwendungen für unaufgefordert eingereichte Abschriften und Ablichtungen werden nicht erstattet.

Für die Überlassung von elektronisch gespeicherten Dateien anstelle von Fotokopien werden 1,50 Euro je Datei erstattet. Für die in einem Arbeitsgang überlassenen oder in einem Arbeitsgang auf denselben Datenträger übertragenen Dokumente werden höchstens 5 Euro ersetzt (§ 7 Abs. 3 JVEG).

§ 147 Abs. 5 AO ist in den Fällen einer sich aus §§ 93, 107 AO ergebenden Entschädigungsverpflichtung nicht anwendbar (BFH-Urteil vom 23. 12. 1980, BStBl. 1981 II S. 392).

Das JVEG sieht grundsätzlich keine Vergütung für die Benutzung von Werkzeugen, Geräten oder technischen Einrichtungen vor, die der Auskunftspflichtige bei der Ausübung seines Berufs oder Gewerbes ohnehin benötigt. Abnutzung im üblichen Rahmen begründet keinerlei Ersatzanspruch. Deshalb können z. B. bei Geldinstituten nur die Aufwendungen für den Arbeitseinsatz von Mitarbeitern ersetzt werden, die das gewünschte Zuordnen der in Betracht kommenden Mikrofilme zu den entsprechenden Kontounterlagen, das Heraussuchen der Mikrofilme, das Ausfindigmachen des richtigen Bildes, dessen Ver-

Anl

größerung und Fotokopie sowie das Rückeinordnen der Filme vorgenommen haben. Hierfür wird ein Zeitaufwand von durchschnittlich 8 Minuten pro Bild als realistisch (vgl. Beschluss des OLG Düsseldorf vom 13. 6. 1989 3 Ws 375/89) angesehen.

Die Entschädigung des Auskunfts- und Vorlagepflichtigen stellt einen sog. „echten" Schadensersatz dar. Dieser unterliegt nicht der Umsatzsteuer (vgl. Abschn. Nr. 1.3. Abs. 9 Nr. 1 UStAE). Soweit Umsatzsteuer in Rechnung gestellt wird, ist sie somit nicht zu erstatten (vgl. aber Tz. 5.2 letzter Absatz).

5.2. Sachverständige, Dolmetscher und Übersetzer

11 Der Einsatz unabhängiger Sachverständiger gem. § 96 AO kommt im Besteuerungsverfahren nur in Ausnahmefällen in Betracht. Soweit dies erforderlich ist, sind die jeweils zuständigen Sachverständigen der Finanzverwaltung einzuschalten. Der Entschädigungsnorm des § 107 AO kommt in diesem Bereich daher keine große Bedeutung zu.

In den wenigen in Betracht kommenden Fällen sind insbesondere folgende Vorschriften des JVEG zu beachten:

- §§ 8, 9 JVEG: Danach erhalten Sachverständige für ihre Leistungen ein Honorar nach Stundensätzen zwischen 65 und 120 Euro abhängig von der Honorargruppe. Die Abrechnung erfolgt auch für Reise- und Wartezeiten bis zur jeweils angefangenen halben Stunde.
- § 9 Abs. 3 JVEG: Das Honorar eines Dolmetschers beträgt für jede Stunde 70 Euro.
- § 10 JVEG: Honorar für besondere Leistungen
- § 11 JVEG: Das Honorar für eine Übersetzung beträgt 1,55 Euro für jeweils angefangene 55 Anschläge des schriftlichen Textes (Grundhonorar). Bei nicht elektronisch zur Verfügung gestellten editierbaren Texten erhöht sich das Honorar auf 1,75 Euro für jeweils angefangene 55 Anschläge (erhöhtes Honorar). Ist die Übersetzung wegen der besonderen Umstände des Einzelfalls, insbesondere wegen der häufigen Verwendung von Fachausdrücken, der schweren Lesbarkeit des Textes, einer besonderen Eilbedürftigkeit oder weil es sich um eine in Deutschland selten vorkommende Fremdsprache handelt, besonders erschwert, beträgt das Grundhonorar 1,85 Euro und das erhöhte Honorar 2,05 Euro. Maßgebend für die Anzahl der Anschläge ist der Text in der Zielsprache; werden jedoch nur in der Ausgangssprache lateinische Schriftzeichen verwendet, ist die Anzahl der Anschläge des Textes in der Ausgangssprache maßgebend. Wäre eine Zählung der Anschläge mit unverhältnismäßigem Aufwand verbunden, wird deren Anzahl unter Berücksichtigung der durchschnittlichen Anzahl der Anschläge je Zeile nach der Anzahl der Zeilen bestimmt. Für eine oder für mehrere Übersetzungen aufgrund desselben Auftrags beträgt das Honorar mindestens 15 Euro.
- § 12 JVEG: Ersatz für besondere Aufwendungen
- §§ 5, 6, 7 JVEG: Fahrkostenersatz, Aufwandsentschädigungen und Ersatz für sonstige Aufwendungen.

Im Gegensatz zur Entschädigung des Auskunfts- bzw. Vorlagepflichtigen ist die auf die Entschädigung des Sachverständigen entfallende Umsatzsteuer erstattungsfähig (§ 12 Abs. 1 ***Satz*** 2 Nr. 4 JVEG).

Die Vergütung von Sachverständigen, Dolmetschern und Übersetzern nach Abschnitt 3 JVEG ist Entgelt für eine Leistung. Ob jemand als Zeuge, sachverständiger Zeuge oder Sachverständiger anzusehen ist, richtet sich nach den tatsächlich erbrachten Tätigkeiten (vgl. Abschn. Nr. 1.3. Abs. 15 UStAE).

6. Geltendmachung und Erlöschen des Anspruchs, Verjährung

12 Von Auskunfts- und Vorlagepflichtigen und Sachverständigen ist der Entschädigungs- bzw. Vergütungsanspruch innerhalb einer Ausschlussfrist von drei Monaten geltend zu machen, wenn der Berechtigte über den Beginn der Frist belehrt worden ist. Die Frist beginnt mit der Abgabe der erbetenen Auskunft bzw. Vorlage der angeforderten Unterlagen bzw. mit Eingang des Gutachtens/der Übersetzung. (§ 2 Abs. 1 Sätze 1 und 2 JVEG). Die Frist ist verlängerbar (§ 2 Abs. 1 ***Satz*** 4 JVEG). Zur Wiedereinsetzung in den vorigen Stand bei Fristversäumnis ohne Verschulden des Berechtigten vgl. § 2 Abs. 2 JVEG. Bei der Fristberechnung ist § 108 AO anzuwenden.

Ist die Belehrung unterblieben, verjähren die Entschädigungsansprüche der Auskunftspflichtigen und Sachverständigen drei Jahre nach Ablauf des Kalenderjahres, in dem die Pflicht erfüllt wurde (§ 2 Abs. 3 JVEG i. V. m. § 195 BGB). Die Vorschriften der Abgabenordnung über die Zahlungsverjährung (§§ 228 ff. AO) sind nicht anwendbar, weil es sich bei den Entschädigungsansprüchen nach § 107 AO nicht um Ansprüche aus dem Steuerschuldverhältnis (§ 37 Abs. 1 AO) handelt.

7. Festsetzung der Entschädigung

13 Für die Überprüfung und Entscheidung über die Entschädigungsansprüche nach § 107 AO ist die Geschäftsstelle des Finanzamts zuständig. In die Überprüfung und Entscheidung über die Entschädigungsansprüche soll die Dienststelle im Finanzamt einbezogen werden, die die Auskunft bzw. Vorlage verlangt oder das Gutachten angefordert hat. Kann dem Antrag auf Entschädigung in vollem Umfang entsprochen werden, wird der Antrag durch Anordnung der Zahlung in entsprechender Höhe konkludent erledigt.

8. Rechtsbehelf

14 Lehnt das Finanzamt den Entschädigungsantrag ganz oder teilweise ab, so ist ein Verwaltungsakt zu erteilen; gegen diesen ist der Rechtsschutz nach der AO/FGO gegeben (Einspruch, Verpflichtungsklage).

4. Unterabschnitt. Fristen,[1] Termine, Wiedereinsetzung

§ 108 Fristen und Termine

AO

(1) **Für die Berechnung von Fristen und für die Bestimmung von Terminen gelten die §§ 187 bis 193 des Bürgerlichen Gesetzbuchs[2] entsprechend, soweit nicht durch die Absätze 2 bis 5 etwas anderes bestimmt ist.** 1

(2) **Der Lauf einer Frist, die von einer Behörde gesetzt wird, beginnt mit dem Tag, der auf die Bekanntgabe der Frist folgt, außer wenn der betroffenen Person etwas anderes mitgeteilt wird.** 2

(3)[3] **Fällt das Ende einer Frist auf einen Sonntag, einen gesetzlichen Feiertag oder einen Sonnabend, so endet die Frist mit dem Ablauf des nächstfolgenden Werktags.** 3

(4) **Hat eine Behörde Leistungen nur für einen bestimmten Zeitraum zu erbringen, so endet dieser Zeitraum auch dann mit dem Ablauf seines letzten Tages, wenn dieser auf einen Sonntag, einen gesetzlichen Feiertag oder einen Sonnabend fällt.** 4

(5) **Der von einer Behörde gesetzte Termin ist auch dann einzuhalten, wenn er auf einen Sonntag, gesetzlichen Feiertag oder Sonnabend fällt.** 5

(6) **Ist eine Frist nach Stunden bestimmt, so werden Sonntage, gesetzliche Feiertage oder Sonnabende mitgerechnet.** 6

Zu § 108 – Fristen und Termine:

AEAO

1. Fristen sind abgegrenzte, bestimmte oder jedenfalls bestimmbare Zeiträume (BFH-Urteil vom 14. 10. 2003, IX R 68/98, BStBl. II S. 898). Termine sind bestimmte Zeitpunkte, an denen etwas geschehen soll oder zu denen eine Wirkung eintritt. „Fälligkeitstermine" geben das Ende einer Frist an. 7

2. § 108 Abs. 3 AO gilt auch für die Viertage-Regelungen (§ 122 Abs. 2 Nr. 1, Abs. 2 a, § 122 a Abs. 4, § 123 Satz 2 AO; § 4 Abs. 2 VwZG), die Monats-Regelungen (§ 122 Abs. 2 Nr. 2, § 123 Satz 2 AO), die Zweiwochen-Regelung (§ 122 Abs. 4 Satz 3 AO) zum Zeitpunkt der Bekanntgabe eines Verwaltungsakts (BFH-Urteil vom 14. 10. 2003, IX R 68/98, BStBl. II S. 898), die Erklärungsfrist (§ 149 AO) und für die Festsetzungsfrist (vgl. BFH-Urteil vom 20. 1. 2016, VI R 14/15, BStBl. II S. 380). 8

---

[1] Vgl. Art. 97 § 2 EGAO, abgedruckt im **Anhang I Nr. 1.**

[2] §§ 187 bis 193 BGB lauten:

„**§ 187 Fristbeginn.** (1) Ist für den Anfang einer Frist ein Ereignis oder ein in den Lauf eines Tages fallender Zeitpunkt maßgebend, so wird bei der Berechnung der Frist der Tag nicht mitgerechnet, in welchen das Ereignis oder der Zeitpunkt fällt.

(2) Ist der Beginn eines Tages der für den Anfang einer Frist maßgebende Zeitpunkt, so wird dieser Tag bei der Berechnung der Frist mitgerechnet. Das Gleiche gilt von dem Tage der Geburt bei der Berechnung des Lebensalters.

§ 188 Fristende. (1) Eine nach Tagen bestimmte Frist endigt mit dem Ablauf des letzten Tages der Frist.

(2) Eine Frist, die nach Wochen, nach Monaten oder nach einem mehrere Monate umfassenden Zeitraum – Jahr, halbes Jahr, Vierteljahr – bestimmt ist, endigt im Falle des § 187 Abs. 1 mit dem Ablauf desjenigen Tages der letzten Woche oder des letzten Monats, welcher durch seine Benennung oder seine Zahl dem Tage entspricht, in den das Ereignis oder der Zeitpunkt fällt, im Falle des § 187 Abs. 2 mit dem Ablauf desjenigen Tages der letzten Woche oder des letzten Monats, welcher dem Tage vorhergeht, der durch seine Benennung oder seine Zahl dem Anfangstag der Frist entspricht.

(3) Fehlt bei einer nach Monaten bestimmten Frist in dem letzten Monat der für ihren Ablauf maßgebende Tag, so endigt die Frist mit dem Ablaufe des letzten Tages dieses Monats.

§ 189 Berechnung einzelner Fristen. (1) Unter einem halben Jahr wird eine Frist von sechs Monaten, unter einem Vierteljahr eine Frist von drei Monaten, unter einem halben Monat eine Frist von 15 Tagen verstanden.

(2) Ist eine Frist auf einen oder mehrere ganze Monate und einen halben Monat gestellt, so sind die 15 Tage zuletzt zu zählen.

§ 190 Fristverlängerung. Im Falle der Verlängerung einer Frist wird die neue Frist von dem Ablauf der vorigen Frist an berechnet.

§ 191 Berechnung von Zeiträumen. Ist ein Zeitraum nach Monaten oder nach Jahren in dem Sinne bestimmt, dass er nicht zusammenhängend zu verlaufen braucht, so wird der Monat zu 30, das Jahr zu 365 Tagen gerechnet.

§ 192 Anfang, Mitte, Ende des Monats. Unter Anfang des Monats wird der erste, unter Mitte des Monats der 15., unter Ende des Monats der letzte Tag des Monats verstanden.

§ 193 Sonn- und Feiertag; Sonnabend. Ist an einem bestimmten Tage oder innerhalb einer Frist eine Willenserklärung abzugeben oder eine Leistung zu bewirken und fällt der bestimmte Tag oder der letzte Tag der Frist auf einen Sonntag, einen am Erklärungs- oder Leistungsort staatlich anerkannten allgemeinen Feiertag oder einen Sonnabend, so tritt an die Stelle eines solchen Tages der nächste Werktag."

[3] Der 31. Dezember ist bei der Fristberechnung nicht einem gesetzlichen Feiertag gleichzustellen *(BFH-Beschluss vom 20. 3. 2018 III B 135/17, BFH/NV S. 705).*

Anl

9

Übersicht über die gesetzlichen Feiertage in der Bundesrepublik Deutschland

(Stand: 1. 1. 2026)

Feiertage	BW	BY[1)]	BE[2)]	BB	HB	HH	HE	MV	NI	NW	RP	SL	SN	ST	SH	TH[3)]
Neujahrstag (1. 1.)	X	X	X	X	X	X	X	X	X	X	X	X	X	X	X	X
Hl. Drei Könige (6. 1.)	X	X												X		
Karfreitag	X	X	X	X	X	X	X	X	X	X	X	X	X	X	X	X
Ostersonntag				X												
Ostermontag	X	X	X	X	X	X	X	X	X	X	X	X	X	X	X	X
Tag der Arbeit (1. 5.)	X	X	X	X	X	X	X	X	X	X	X	X	X	X	X	X
Christi Himmelfahrt	X	X	X	X	X	X	X	X	X	X	X	X	X	X	X	X
Pfingstsonntag				X												
Pfingstmontag	X	X	X	X	X	X	X	X	X	X	X	X	X	X	X	X
Fronleichnam	X	X					X			X	X	X	4)			5)
Friedensfest (8.8.)		A														
Mariä Himmelfahrt (15. 8.)		k										X				
Tag der Deutschen Einheit (3. 10.)	X	X	X	X	X	X	X	X	X	X	X	X	X	X	X	X
Reformationstag (31. 10.)				X	X	X		X	X				X	X	X	X
Allerheiligen (1. 11.)	X	X								X	X	X				
Buß- u. Bettag													X			
1. u. 2. Weihnachtstag (25. u. 26. 12.)	X	X	X	X	X	X	X	X	X	X	X	X	X	X	X	X

X bedeutet gesetzlicher Feiertag
k bedeutet gesetzlicher Feiertag in Gemeinden mit überwiegend **katholischer** Bevölkerung
A in der Stadt Augsburg

Länderabkürzungen

BW = Baden-Württemberg
BY = Bayern
BE = Berlin
BB = Brandenburg
HB = Bremen
HH = Hamburg
HE = Hessen
MV = Mecklenburg-Vorpommern
NI = Niedersachsen
NW = Nordrhein-Westfalen
RP = Rheinland-Pfalz
SL = Saarland
SN = Sachsen
ST = Sachsen-Anhalt
SH = Schleswig-Holstein
TH = Thüringen

Erläuterungen:

1) In der Stadt Augsburg ist außerdem der 8. August (Friedensfest) gesetzlicher Feiertag.
2) Der 8. März (Weltfrauentag) ist seit 2019 gesetzlicher Feiertag in Berlin und seit 2023 in Mecklenburg-Vorpommern.
3) Der 20. September (Weltkindertag) ist seit 2019 gesetzlicher Feiertag in Thüringen.
4) Fronleichnam ist gesetzlicher Feiertag nur in den vom Staatsministerium des Innern durch Rechtsverordnung bestimmten Gemeinden.
5) Fronleichnam ist gesetzlicher Feiertag nur in den vom Thüringer Ministerium für Inneres und Kommunales durch Rechtsverordnung bestimmten Gemeinden.

10

Anlage zur Übersicht über die gesetzlichen Feiertage in der Bundesrepublik Deutschland

Feiertage in der Bundesrepublik Deutschland

	2024	2025	2026	2027	2028	2029	2030	2031	2032
Neujahr	1. 1.	1. 1.	1. 1.	1. 1.	1. 1.	1. 1.	1. 1.	1. 1.	1. 1.
Hl. Drei Könige	6. 1.	6. 1.	6. 1.	6. 1.	6. 1.	6. 1.	6. 1.	6. 1.	6. 1.
Karfreitag	29. 3.	18. 4.	3. 4.	26. 3.	14. 4.	30. 3.	19. 4.	11. 4.	26. 3.
Ostermontag	1. 4.	21. 4.	6. 4.	29. 3.	17. 4.	2. 4.	22. 4.	14. 4.	29. 3.
Tag der Arbeit	1. 5.	1. 5.	1. 5.	1. 5.	1. 5.	1. 5.	1. 5.	1. 5.	1. 5.
Christi Himmelfahrt	9. 5.	29. 5.	14. 5.	6. 5.	25. 5.	10. 5.	30. 5.	22. 5.	6. 5.
Pfingstmontag	20. 5.	9. 6.	25. 5.	17. 5.	5. 6.	21. 5.	10. 6.	2. 6.	17. 5.
Fronleichnam	30. 5.	19. 6.	4. 6.	27. 5.	15. 6.	31. 5.	20. 6.	12. 6.	27. 5.
Mariä Himmelfahrt	15. 8.	15. 8.	15. 8.	15. 8.	15. 8.	15. 8.	15. 8.	15. 8.	15. 8.
Tag der Deutschen Einheit	3. 10.	3. 10.	3. 10.	3. 10.	3. 10.	3. 10.	3. 10.	3. 10.	3. 10.
Reformationstag	31. 10.	31. 10.	31. 10.	31. 10.	31. 10.	31. 10.	31. 10.	31. 10.	31. 10.

	2024	2025	2026	2027	2028	2029	2030	2031	2032
Allerheiligen	1. 11.	1. 11.	1. 11.	1. 11.	1. 11.	1. 11.	1. 11.	1. 11.	1. 11.
Buß- und Bettag	20. 11.	19. 11.	18. 11.	17. 11.	22. 11.	21. 11.	20. 11.	19. 11.	17. 11.
1. Weihnachtsfeiertag	25. 12.	25. 12.	25. 12.	25. 12.	25. 12.	25. 12.	25. 12.	25. 12.	25. 12.
2. Weihnachtsfeiertag	26. 12.	26. 12.	26. 12.	26. 12.	26. 12.	26. 12.	26. 12.	26. 12.	26. 12.

Wegen der gesetzlichen Regelung in den einzelnen Ländern – insbesondere zu Buß- und Bettag – siehe Übersicht.

§ 109 Verlängerung von Fristen

AO

(1) ① Fristen zur Einreichung von Steuererklärungen[1] und Fristen, die von einer Finanzbehörde gesetzt sind, können vorbehaltlich des Absatzes 2 verlängert werden. ② Sind solche Fristen bereits abgelaufen, können sie vorbehaltlich des Absatzes 2 rückwirkend verlängert[2] werden, insbesondere wenn es unbillig wäre, die durch den Fristablauf eingetretenen Rechtsfolgen bestehen zu lassen.

(2) ① Absatz 1 ist 2

1. in den Fällen des § 149 Absatz 3 auf Zeiträume nach dem letzten Tag des Monats Februar[3] des zweiten auf den Besteuerungszeitraum folgenden Kalenderjahres und

2. in den Fällen des § 149 Absatz 4 auf Zeiträume nach dem in der Anordnung bestimmten Zeitpunkt

nur anzuwenden, falls der Steuerpflichtige ohne Verschulden verhindert ist oder war, die Steuererklärungsfrist einzuhalten. ② Bei Steuerpflichtigen, die ihren Gewinn aus Land- und Forstwirtschaft nach einem vom Kalenderjahr abweichenden Wirtschaftsjahr ermitteln, tritt an die Stelle des letzten Tages des Monats Februar der 31. Juli[4] des zweiten auf den Besteuerungszeitraum folgenden Kalenderjahres. ③ Das Verschulden eines Vertreters oder eines Erfüllungsgehilfen ist dem Steuerpflichtigen zuzurechnen.

(3) Die Finanzbehörde kann die Verlängerung der Frist mit einer Nebenbestimmung versehen, insbesondere von einer Sicherheitsleistung[5] abhängig machen. 3

(4) Fristen zur Einreichung von Steuererklärungen und Fristen, die von einer Finanzbehörde gesetzt sind, können ausschließlich automationsgestützt verlängert werden, sofern zur Prüfung der Fristverlängerung ein automationsgestütztes Risikomanagementsystem nach § 88 Absatz 5 eingesetzt wird und kein Anlass dazu besteht, den Einzelfall durch Amtsträger zu bearbeiten. 4

Zu § 109 – Verlängerung von Fristen:

AEAO

§ 109 AO i. d. F. des StModernG ist erstmals anzuwenden für Besteuerungszeiträume, die nach dem 31. 12. 2017 beginnen, und Besteuerungszeitpunkte, die nach dem 31. 12. 2017 liegen. 5

Für die Besteuerungszeiträume 2020 bis 2024 bestehen in Bezug auf § 109 Abs. 2 AO Sonderregelungen; hier gelten die folgenden abweichenden Termine (vgl. Art. 97 § 36 Abs. 3 EGAO; s. auch BMF-Schreiben vom 23. 6. 2022, BStBl. I S. 938):

Besteuerungszeitraum	Termin gem. § 109 Abs. 2 Satz 1 Nr. 1 AO	Termin gem. § 109 Abs. 2 Satz 2 AO
2020	31.8.2022	31.1.2023
2021	31.8.2023	31.1.2024
2022	31.7.2024	31.12.2024
2023	2.6.2025	31.10.2025[1)]
2024	30.4.2026	30.9.2026

1) **[Amtl. Anm.:]** Soweit dieser Tag in dem Land, zu dem das Finanzamt gehört, ein gesetzlicher Feiertag ist: 3. 11. 2025.

[1] Zur Steuererklärung s. §§ 149 ff. AO.
[2] Zur Verlängerung von Zahlungsfristen s. §§ 222, 223 AO.
[3] Vgl. hierzu Art. 97 § 36 Abs. 3 EGAO.
[4] Vgl. hierzu Art. 97 § 36 Abs. 3 EGAO.
[5] Zur Sicherheitsleistung s. §§ 241 ff. AO.

AO

§ 110 Wiedereinsetzung in den vorigen Stand[1]

1 (1) ① **War jemand ohne Verschulden[2] verhindert, eine gesetzliche Frist[3] einzuhalten, so ist ihm auf Antrag Wiedereinsetzung in den vorigen Stand zu gewähren.** ② **Das Verschulden eines Vertreters ist dem Vertretenen zuzurechnen.[4]**

---

[1] Nicht wiedereinsetzungsfähig sind die gesetzlichen Fristen, die von den Finanzbehörden als Verwaltungsträger im Verwaltungsverfahren zu beachten sind, wie z. B. die Fristen des § 169 AO *(BFH-Urteil vom 19. 8. 1999 III R 57/98, BStBl. 2000 II S. 330)*. Die Regelungen über die Wiedereinsetzung sind regelmäßig nicht anwendbar, wenn das Hindernis noch vor Fristende wegfällt und die fristgebundene Handlung zumutbarerweise innerhalb der verbliebenen Frist noch rechtzeitig vorgenommen werden kann *(BFH-Beschluss vom 21. 5. 1999 IX B 60/99, BFH/NV S. 1313)*.

Über die Gewährung von Wiedereinsetzung gegen die Versäumung der Einspruchsfrist wird erst in der Einspruchsentscheidung befunden. Das FA ist dabei an frühere Äußerungen zu dieser Frage im Einspruchsverfahren nicht gebunden. Die Entscheidung des FA ist vom FG uneingeschränkt überprüfbar (*BFH-Urteil vom 26. 10. 1989 IV R 82/88, BStBl. 1990 II S. 277.*

Sowohl die Unkenntnis des Antragsrechts gemäß § 32 d Abs. 2 Nr. 3 EStG als auch die Unkenntnis, einen solchen Antrag neben einem Antrag auf Günstigerprüfung stellen zu können bzw. zu müssen, können bei einem nicht fachkundig beratenen Steuerpflichtigen unverschuldet sein und zur Wiedereinsetzung in die Antragsfrist gemäß § 32 d Abs. 2 Nr. 3 Satz 4 EStG berechtigen. Dies kann selbst dann gelten, wenn die in Bezug auf die Antragsrechte unzureichende Anleitung zur Anlage KAP bei Anfertigung der Steuererklärung nicht vollständig gelesen wurde *(BFH-Urteil vom 29. 8. 2017 VIII R 33/15, BStBl. 2018 II S. 69)*.

Irrtum über die Erfolgsaussichten eines Rechtsbehelfs ist kein Wiedereinsetzungsgrund *(BFH-Urteil vom 14. 7. 1989 III R 54/84, BStBl. II S. 1024)*. Bei einem rechtsunkundigen Steuerpflichtigen kann ein Rechtsirrtum über Verfahrensfragen zur Wiedereinsetzung führen. Voraussetzung ist aber, dass der Steuerpflichtige Zweifel, die bei ihm hätten aufkommen müssen, rechtzeitig klärt *(BFH-Beschluss vom 17. 3. 2010 X B 114/09, BFH/NV S. 1239)*.

[2] Siehe § 126 Abs. 3, wenn dem Verwaltungsakt die erforderliche Begründung fehlt.

Nach der Rspr. des BFH wird Wiedereinsetzung nicht nur durch grobes Verschulden, sondern bereits durch einfache Fahrlässigkeit ausgeschlossen. Eine Fristversäumung ist deshalb nur dann als entschuldigt anzusehen, wenn sie durch die äußerste, den Umständen des Falles angemessene und vernünftigerweise zu erwartende Sorgfalt nicht verhindert werden konnte *(BFH-Urteil vom 13. 7. 1995 V R 51/94, BFH/NV 1996 S. 193)*. Wegen unverschuldeten Rechtsirrtums kann Wiedereinsetzung in den vorigen Stand nur dann gewährt werden, wenn sich der Irrtum auf die Frist selbst oder die Form der Fristwahrung bezieht. Irrtümer über materielles Recht begründen grundsätzlich keine Wiedereinsetzung. Hier wird dem Steuerpflichtigen zugemutet, sich ausreichend zu informieren *(BFH-Urteil vom 3. 7. 1986 IV R 133/84, BFH/NV 1986 S. 717, BFH/NV 1999 S. 65)*.

Für die Wirksamkeit einer Ersatzzustellung kommt es nicht darauf an, ob und gegebenenfalls wann der Adressat die Mitteilung über die Niederlegung seinem Briefkasten entnommen oder ob er sie tatsächlich vorgefunden hat; die Behauptung eines Beteiligten, die Mitteilung über die Zustellung eines Bescheids nicht vorgefunden zu haben, reicht allein nicht aus, um die unverschuldete Unkenntnis von der Zustellung glaubhaft zu machen *(BFH-Beschluss vom 15. 3. 2001 X B 101/00, BFH/NV S. 1359)*.

Wird die Einspruchsfrist deshalb versäumt, weil der (geschäftsgewandte) Stpfl. seinen Bevollmächtigten nicht über die Tatsachen der Zustellung des Steuerbescheids mittels Postzustellungsurkunde informiert hat, kann Wiedereinsetzung in den vorigen Stand nicht gewährt werden (Verletzung der Informationspflicht; *BFH-Urteil vom 4. 3. 1998 XI R 44/97, BFH/NV S. 1056)*.

Kennt der Adressat eines wirksam zugestellten Bescheides die Ursache dafür, dass ihn der Bescheid nicht tatsächlich erreicht hat, nicht, so kann er seinen Wiedereinsetzungsantrag damit begründen, dass er den Bescheid nicht erhalten hat und dass er nicht angeben kann, auf welche Weise dieser zwischen dem Zeitpunkt der Zustellung und dem Zeitpunkt, in dem er ihn normalerweise tatsächlich hätte erhalten müssen, verlorengegangen ist. Er muss dann aber dem Tatrichter glaubhaft machen, dass ein ihm anzulastendes Missgeschick bei der fehlgeschlagenen Kenntnisnahme von dem Schriftstück u. a. etwa wegen seiner Sorgfalt bei der Durchsicht der Post und seiner Vertrautheit mit der Behandlung von zugestellten Schriftstücken auszuschließen ist *(BFH-Beschluss vom 15. 3. 1999 VII B 243/98, BFH/NV S. 1059)*.

Wird ein Wiedereinsetzungsantrag auf die Behauptung der fristgerechten Absendung eines beim Adressaten nicht eingegangenen Schriftsatzes gestützt, sind zum einen Angaben dazu erforderlich, wann, in welcher Weise und von welcher Person der Schriftsatz zur Post gegeben worden ist. Ferner ist die Organisation der Fristenkontrolle nach Art und Umfang darzulegen. Schließlich sind diese Angaben durch geeignete Beweismittel glaubhaft zu machen. Dazu ist sowohl die Abgabe detaillierter eidesstattlicher Versicherungen der mit der Anfertigung und Absendung des Schriftsatzes unmittelbar befassten Personen als auch die Vorlage von Auszügen aus dem Fristenkontrollbuch und dem Postausgangsbuch erforderlich *(BFH-Beschluss vom 14. 8. 2006 VI B 54/06, BFH/NV S. 2282)*.

Es ist in der Rechtsprechung des BFH geklärt, dass der Vortrag, der Bevollmächtigte habe ein Einspruchsschreiben an einem bestimmten Tag zu einer bestimmten Uhrzeit selbst in einen bestimmten Briefkasten eingeworfen, nicht allein durch dessen eidesstattliche Versicherung glaubhaft gemacht sein kann, sondern vom FA zur Glaubhaftmachung zusätzliche objektive Beweismittel verlangt werden können *(BFH-Beschluss vom 4. 5. 2021 VIII B 121/20, BFH/NV S. 1329)*.

BFH-Beschluss vom 11. 8. 2005 VII B 319/04, BFH/NV 2006 S. 79: 1. Wird eine Fristversäumung mit einer **Erkrankung** begründet, kommt eine Wiedereinsetzung in den vorigen Stand nur dann in Betracht, wenn die Krankheit plötzlich eingetreten ist und so schwer war, dass der Erkrankte zur Fristwahrung außer Stande gewesen ist. Diese besonderen Umstände sind in der Begründung des Antrages auf Wiedereinsetzung glaubhaft zu machen. 2. Wird zur Glaubhaftmachung des Wiedereinsetzungsgrundes ein ärztliches Attest vorgelegt, müssen die darin gemachten Angaben geeignet sein, dem Gericht die Gewissheit zu vermitteln, dass der Erkrankte ohne Verschulden an der Wahrung der Frist gehindert war. 3. Ein Attest, das keine näheren Angaben über die Art und Schwere der Erkrankung enthält und aus dem lediglich hervorgeht, dass der Erkrankte über mehrere Tage das Haus nicht verlassen konnte, vermag dem Gericht nicht die erforderlich Überzeugung zu vermitteln, dass die Frist ohne eigenes Verschulden versäumt worden ist.

Der unverschuldete Rechtsirrtum eines nicht fachkundig beratenen Stpfl. über Verfahrensrecht kann gem. § 110 Abs. 1 AO die Wiedereinsetzung in den vorigen Stand rechtfertigen *(BFH-Urteil vom 20. 2. 2001 IX R 48/98, BFH/NV S. 1010)*.

Kann eine Behörde leicht und einwandfrei erkennen, dass sie für einen bei ihr eingegangenen Einspruch nicht und welche Finanzbehörde zuständig ist, hat sie diesen Einspruch unverzüglich an die zuständige Finanzbehörde weiterzuleiten. Geschieht dies nicht und wird dadurch die Einspruchsfrist versäumt, kommt Wiedereinsetzung in den vorigen Stand in Betracht *(BVerfG-Beschluss vom 2. 9. 2002 1 BvR 476/01, BStBl. II S. 835* unter Aufhebung des *BFH-Urteils vom 19. 12. 2000 VII R 7/99, BStBl. 2001 II S. 158)*.

Wer gegen einen Bescheid, mit dem der verbleibende Verlustvortrag auf 0 € festgestellt wurde, nicht fristgerecht Einspruch einlegt, kann keine Wiedereinsetzung in den vorigen Stand verlangen, wenn seine fehlende Beschwer daher rührt, dass er abziehbare Aufwendungen früherer Jahre, die sich auf den Abzugsbetrag im Sinne des § 10 d Abs. 2, Abs. 4 Satz 2 EStG auswirken, bislang entgegen gebotener Sorgfalt nicht geltend gemacht hat *(BFH-Urteil vom 29. 2. 2012 IX R 3/11, BFH/NV S. 915)*.

[3] Die (fesetzliche) Festsetzungsfrist i. S. des § 169 AO gehört nicht zu den wiedereinsetzungsfähigen Fristen gemäß § 110 AO; Gleiches gilt für die (gesetzliche) Feststellungsfrist *(BFH-Beschluss vom 25. 2. 2010 IX B 156/09, BFH/NV 2012 S. 176)*.

[Fortsetzung nächste Seite)

(2)[1] ① **Der Antrag ist innerhalb eines Monats nach Wegfall des Hindernisses zu stellen. ② Die Tatsachen zur Begründung des Antrags sind bei der Antragstellung oder im Verfahren über den Antrag glaubhaft zu machen. ③ Innerhalb der Antragsfrist ist die versäumte Handlung nachzuholen. ④ Ist dies geschehen, so kann Wiedereinsetzung auch ohne Antrag gewährt werden.** 2

(3) **Nach einem Jahr seit dem Ende der versäumten Frist kann die Wiedereinsetzung nicht mehr beantragt oder die versäumte Handlung nicht mehr nachgeholt werden, außer wenn dies vor Ablauf der Jahresfrist infolge höherer Gewalt[2] unmöglich war.** 3

(4) **Über den Antrag auf Wiedereinsetzung entscheidet die Finanzbehörde, die über die versäumte Handlung zu befinden hat.** 4

Zu § 110 – Wiedereinsetzung in den vorigen Stand: AEAO

1. § 110 Abs. 1 AO erfasst nur verfahrensrechtliche und materiell-rechtliche Fristen, die „einzuhalten" sind; das sind Handlungs- und Erklärungsfristen, die Beteiligte (§ 78 AO) oder Dritte gegenüber der Finanzbehörde zu wahren haben. Nicht wiedereinsetzungsfähig sind dagegen die gesetzlichen Fristen, die von den Finanzbehörden als Verwaltungsträger im Verwaltungsverfahren zu beachten sind. So fällt unter § 110 AO nicht der Ablauf von Festsetzungsfristen (BFH-Urteil vom 24. 1. 2008, VII R 3/07, BStBl. II S. 462). Soweit das Gesetz eine Fristverlängerung vorsieht (§ 109 Abs. 1), kommt nicht Wiedereinsetzung, sondern rückwirkende Fristverlängerung in Betracht. 5

2. Zur Wiedereinsetzung in den vorigen Stand nach unterlassener Anhörung eines Beteiligten bzw. wegen fehlender Begründung des Verwaltungsakts (§ 126 Abs. 3 AO) vgl. AEAO zu § 91, 6

[Fortsetzung]

Fällt der Ablauf der Frist für die Beantragung einer Steuervergütung mit dem Ablauf der Festsetzungsfrist zusammen und wird ein entsprechender Antrag erst nach Ablauf der Festsetzungsfrist und damit nach dem Erlöschen des Vergütungsanspruchs gestellt, kommt eine Wiedereinsetzung in den vorigen Stand nach § 110 Abs. 1 AO mit der Folge einer rückwirkenden Ablaufhemmung nach § 171 Abs. 3 AO nicht in Betracht *(BFH-Urteil vom 24. 1. 2008 VII R 3/07, BStBl. 2008 II S. 462).*

[4] Nicht zuzurechnen ist dem Erben das Verhalten des Testamentsvollstreckers *(BFH-Urteil vom 14. 11. 1990 II R 58/86, BStBl. 1991 II S. 52).*

Bedient sich der Stpfl. oder der Vertreter (z. B. Steuerberater) zur Erfüllung seiner steuerlichen Pflichten (bzw. der Pflichten des Vertretenen) der Hilfe Dritter (Erfüllungsgehilfen), muss er sich deren Verschulden zurechnen lassen, wenn sich die Fristversäumnis bei ordnungsgemäßer Auswahl, Überwachung oder Organisation hätte vermeiden lassen (st. Rspr.; vgl. z. B. *BFH-Urteil vom 7. 12. 1988 X R 80/87, BStBl. 1989 II S. 266).*

Familienangehörige, die nicht mit der Vornahme fristwahrender Handlungen, sondern nur mit der Entgegennahme eingehender Post beauftragt sind, sind keine Vertreter iSd § 110 Abs. 1 Satz 2 AO oder des § 85 Abs. 2 ZPO, sondern nur „Hilfspersonen", deren Verschulden der Stpfl. sich nicht zurechnen lassen muss *(BFH-Beschluss vom 23. 10. 2001 VIII B 51/01, BFH/NV 2002 S. 162).*

Beruft sich ein berufsmäßiger Berater auf ein von ihm nicht zu vertretendes Büroversehen, so muss er darlegen, dass kein Organisationsfehler vorliegt, d. h., dass er alle Vorkehrungen getroffen hat, die nach vernünftigem Ermessen die Nichtbeachtung von Fristen auszuschließen geeignet sind, und dass er durch regelmäßige Belehrung und Überwachung seiner Bürokräfte für die Einhaltung seiner Anordnungen Sorge getragen hat.

Der berufsmäßige Berater muss durch geeignete Anordnungen dafür Sorge tragen, dass er selbst die Fristberechnung in ungewöhnlichen und zweifelhaften Fällen selbst kontrolliert *(BFH-Urteil vom 25. 2. 1999 X R 102/98, BFH/NV S. 1221).*

Zur Bedeutung der mangelhaften Führung des Postausgangsbuchs, wenn der (Prozess-)Vertreter des Klägers behauptet, er habe das fristwahrende Schreiben persönlich zur Post aufgegeben, s. *BFH-Beschluss vom 4. 11. 1999 X B 81/99, BFH/NV 2000 S. 546.*

Beruht die Versäumung der Frist auf einer Postlaufzeitverzögerung wegen falscher Postleitzahl auf dem Briefumschlag, kann Wiedereinsetzung in den vorigen Stand gewährt werden, wenn der Fehler dem ansonsten zuverlässig arbeitenden Büropersonal unterlaufen ist und für den Prozessbevollmächtigten nicht leicht erkennbar war *(BFH-Zwischenurteil vom 10. 6. 1999 V R 33/97, BStBl. 2000 II S. 235).*

Die Grundsätze für die Entschuldbarkeit von Büroversehen in gut organisierten Büros von Rechtsanwälten oder Angehörigen der steuerberatenden Berufe gelten nicht für gewerbliche Betriebe. Für gewerbliche Betriebe lassen sich daher regelmäßig keine allgemeinen Grundsätze für die Entscheidung der Frage aufstellen, wann den Betriebsinhaber oder Geschäftsführer des Betriebes bei der Einschaltung einer Hilfsperson in eine Fristsache ein Verschulden an der Versäumung der Frist trifft. Die Entscheidung hängt jeweils von den Verhältnissen und Umständen des einzelnen Falles ab *(BFH-Beschluss vom 3. 8. 2000 III B 33/97, BFH/NV 2001 S. 292).*

[1] Zur Anwendung bei Verfahrensfehlern vgl. § 126 Abs. 3 AO.

Lehnt das FA eine Antragsveranlagung unter Hinweis auf den Ablauf der Zwei-Jahres-Frist (§ 46 Abs. 2 Nr. 8 EStG) ab, beginnt die Frist zur Stellung eines Wiedereinsetzungsantrages iSd § 110 Abs. 2 Satz 1 AO mit Erhalt des Ablehnungsbescheides *(BFH-Beschluss vom 4. 11. 2004 VI B 104/04, BFH/NV 2005 S. 326).*

Eine Pflicht zur Amtsermittlung hinsichtlich des Kerns eines Wiedereinsetzungsgrundes besteht für die Finanzbehörde nicht. Es ist insoweit allein Sache desjenigen, der die Wiedereinsetzung in den vorigen Stand begehrt, sein mangelndes Verschulden an der Fristversäumnis darzulegen *(BFH-Beschluss vom 28. 1. 2000 VII B 281/99, BFH/NV S. 823).*

BFH-Beschluss vom 17. 10. 2003 II B 109/02, BFH/NV 2004 S. 156: 1. Wird unter Übersendung einer Abschrift des Einspruchsschreibens die versäumte Rechtshandlung nachgeholt und dabei ausdrücklich darauf hingewiesen, dass Einspruch eingelegt worden ist, so kann darin die stillschweigende Erklärung liegen, das Einspruchsschreiben sei möglicherweise auf dem Postwege verloren gegangen und es sei demgemäß Wiedereinsetzung in den vorigen Stand zu gewähren. 2. Wiedereinsetzungsgründe sind innerhalb der Frist des § 110 Abs. 2 Satz 1 AO darzulegen; weitere Erläuterungen, Vervollständigungen und Ergänzungen sowie die Glaubhaftmachung der Gründe sind auch nach Ablauf dieser Frist und selbst noch im finanzgerichtlichen Verfahren zuzulassen.

[2] Eine Fristversäumung aufgrund höherer Gewalt kann nach der Rspr. des BVerfG vorliegen, wenn der Antragsteller durch das Verhalten der Behörde von der fristgerechten Antragstellung abgehalten wird, sofern er selbst die größtmögliche zumutbare Sorgfalt hat walten lassen *(BFH-Beschluss vom 22. 11. 2004 III B 81/04, BFH/NV 2005 S. 327).*

Nr. 3 und AEAO zu § 121, Nr. 3. Zur Wiedereinsetzung in den vorigen Stand nach Einspruchseinlegung bei einer unzuständigen Behörde vgl. AEAO zu § 357, Nr. 2.

7 **3.** Das Hindernis i. S. d. § 110 Abs. 2 Satz 1 AO ist weggefallen, wenn der Betroffene von der Fristversäumung Kenntnis erlangt hat oder bei Anwendung der gebotenen Sorgfalt hätte erlangen können und müssen.

7a **4.** Die Monatsfrist für den Antrag auf Wiedereinsetzung ist eine gesetzliche Frist i. S. d. § 108 AO und kann deshalb nicht nach § 109 AO verlängert werden.

7b **5.** Wiedereinsetzungsgründe sind im Kern innerhalb der Antragsfrist gem. § 110 Abs. 2 Satz 1 AO vorzutragen. Das erfordert eine substantiierte, in sich schlüssige Darstellung aller entscheidungserheblichen Umstände und Tatsachen, aus denen sich die schuldlose Verhinderung ergeben soll, innerhalb dieser Frist. Es ist zulässig, dass unklare oder unvollständige Angaben nach Ablauf der Antragsfrist noch erläutert oder ergänzt werden, sofern der Kern der Wiedereinsetzungsgründe innerhalb der Antragsfrist schlüssig vorgetragen wurde. Insbesondere können auch Nachweise zur Glaubhaftmachung der geltend gemachten Wiedereinsetzungsgründe nach Fristablauf beigebracht werden. Nach Ablauf der Antragsfrist dürfen aber keine neuen Wiedereinsetzungsgründe mehr nachgeschoben und wesentliche Lücken in der Sachverhaltsdarstellung geschlossen werden (vgl. BFH-Urteil vom 31. 1. 2017, IX R 19/16, BFH/NV S. 885, m. w. N.).

7c **6.** Abweichend von § 110 Abs. 2 AO beträgt im finanzgerichtlichen Verfahren die Frist für den Antrag auf Wiedereinsetzung und die Nachholung der versäumten Rechtshandlung zwei Wochen (§ 56 Abs. 2 FGO).

Anl

Verfügung betr. Wiedereinsetzung in den vorigen Stand

Vom 22. März 2021 (BeckVerw 516227)

(OFD Frankfurt S 0262 A-1-St 611)

Zu Besonderheiten bei der Bearbeitung von Rechtsbehelfen in Zusammenhang mit der Corona-Krise vgl. ofix HE AO/347/13.

Ergänzend zu dem AEAO zu § 110 AO weise ich auf Folgendes hin:

8 **1. Ausführungen zu den Tatbestandsvoraussetzungen des § 110 AO**

1.1. Gesetzliche Frist

Gesetzliche Fristen sind Fristen, deren Dauer im Gesetz bestimmt ist.

In den Anwendungsbereich von § 110 AO fallen daher beispielsweise
- die Einspruchsfrist (§ 355 AO),
- Antragsfristen aller Art (z. B. Wiedereinsetzungsfrist nach § 110 Abs. 2 Satz 1 und 3 AO),
- Erklärungsfristen (z. B. § 19 Abs. 2 Satz 1 und 4 UStG).

Keine gesetzlichen Fristen i. S. d. § 110 AO sind u. a.
- Festsetzungs- (§§ 169 ff. AO) und
- Zahlungsverjährungsfristen (§§ 228 ff. AO).

1.2. Verhinderung, die Frist zu wahren

Verhindert am Einhalten einer gesetzlichen Frist ist, wer auf Grund von außen einwirkenden Umständen am Tätigwerden oder durch psychische oder physische Einflüsse in der Freiheit der Willensentschließung gehindert wird. Eine bloße Erschwernis genügt dabei nicht.

Als Verhinderungsgründe können bspw. Erkrankung, Abwesenheit, Unfall, Unkenntnis in Betracht kommen.

Wer bewusst eine Frist verstreichen lässt, ist nicht verhindert gewesen, die Frist zu wahren.

1.3. Ohne Verschulden

Die Verhinderung am Einhalten der Frist muss ohne Verschulden erfolgt sein, um Wiedereinsetzung zu erlangen (vgl. § 110 Abs. 1 Satz 1 AO). Der Verschuldensbegriff i. S. d. § 110 AO umfasst Vorsatz und Fahrlässigkeit. Es reicht bereits einfache Fahrlässigkeit aus.

Fahrlässig handelt, wer die nach den vorliegenden besonderen Umständen und den personellen Verhältnissen gebotene und ihm zumutbare Sorgfalt außer Acht lässt.

Bei der Würdigung des Tatbestandsmerkmals „ohne Verschulden“ ist Folgendes zu beachten:
- Es können mehrere möglicherweise schädliche Unterarten von Verschulden (z. B. Organisationsverschulden, Auswahlverschulden, Überwachungsverschulden usw.) in Betracht kommen.
- Die persönlichen Verhältnisse des Steuerpflichtigen, wie Sach- und Rechtskunde, sind zu berücksichtigen.
- Das Verschulden eines Vertreters ist dem Vertretenen zuzurechnen (vgl. § 110 Abs. 1 Satz 2 AO).
- Fehlt einem Verwaltungsakt die erforderliche Begründung oder ist die erforderliche Anhörung eines Beteiligten vor Erlass des Verwaltungsaktes unterblieben und ist dadurch die rechtzeitige Anfechtung des Verwaltungsaktes versäumt worden, so gilt die Versäumung der Einspruchsfrist als nicht verschuldet (§ 126 Abs. 3 Satz 1 AO).

1.4. Antrag auf Wiedereinsetzung und Nachholung der versäumten Handlung

Grundsätzlich ist Wiedereinsetzung nur auf Antrag zu gewähren. Der Antrag kann schriftlich, mündlich – auch telefonisch – oder zur Niederschrift an Amtsstelle erfolgen.

Nach § 110 Abs. 2 Satz 3 AO ist zudem auch die versäumte Handlung innerhalb der Antragsfrist nachzuholen.

Der Antrag auf Wiedereinsetzung ist gemäß § 110 Abs. 2 Satz 4 AO entbehrlich, wenn die versäumte Handlung gemäß § 110 Abs. 2 Satz 3 AO innerhalb der Nachholungsfrist nachgeholt worden ist.

1.5. Innerhalb der Antrags- bzw. Nachholungsfrist

Die Antrags- bzw. Nachholungsfrist beträgt einen Monat ab Wegfall des Hindernisses (§ 110 Abs. 2 Satz 1 AO). Hierbei handelt es sich um eine gesetzliche Frist i. S. d. § 108 AO, die nicht nach § 109 AO verlängert werden kann.

Das Hindernis i. S. d. § 110 Abs. 2 Satz 1 AO ist weggefallen, wenn der Betroffene von der Fristversäumung Kenntnis erlangt hat oder bei Anwendung der gebotenen Sorgfalt hätte erlangen können und müssen.

Ist das Hindernis noch während der einzuhaltenden Frist (z. B. Rechtsbehelfsfrist) weggefallen, so ist grundsätzlich keine Wiedereinsetzung möglich, weil es bereits an einem ausreichenden Hindernis fehlt.

Bei Unkenntnis der Betroffenen von der Fristversäumnis fällt das Hindernis spätestens mit der Kenntniserlangung weg, z. B. im Augenblick der Belehrung oder Information durch Mitteilung der Finanzbehörde, dass der Einspruch verspätet eingegangen ist (BFH vom 31. 10. 1996 VI B 108/96, BFH/NV 1997 S. 300, und BFH vom 21. 10. 2008 V R 19/08, BFH/NV 2009 S. 396).

Ist innerhalb der Festsetzungsfrist kein Antrag des Steuerpflichtigen eingegangen, kann keine Wiedereinsetzung in den vorherigen Stand nach § 110 Abs. 1 AO mit dem Ziel einer rückwirkenden Ablaufhemmung nach § 171 Abs. 3 AO gewährt werden (vgl. BFH vom 24. 1. 2008 VII R 3/07, BStBl. II S. 462).

Wiedereinsetzung ist nicht mehr möglich, wenn seit dem Ablauf der versäumten Frist ein Jahr verstrichen ist (Jahresfrist), es sei denn, es liegt ein Fall höherer Gewalt vor (§ 110 Abs. 3 AO). Nach Ablauf dieses Jahres kann also auch dann keine Wiedereinsetzung mehr beantragt werden, wenn das Hindernis über das Jahr hinaus bestanden hat. Ist der Antrag auf Wiedereinsetzung noch vor Ablauf des Jahres gestellt worden und wurden die Wiedereinsetzungsvoraussetzungen glaubhaft gemacht, so muss auch nach Ablauf des Jahres Wiedereinsetzung gewährt werden, wenn die Antragsfrist eingehalten worden ist.

1.6. Begründung des Antrags auf Wiedereinsetzung

Ein Antrag auf Wiedereinsetzung in den vorigen Stand ist zu begründen (§ 110 Abs. 2 Satz 2 AO).

Wiedereinsetzungsgründe sind im Kern innerhalb der Antragsfrist gem. § 110 Abs. 2 Satz 1 AO vorzutragen. Das erfordert eine substantiierte, in sich schlüssige Darstellung aller entscheidungserheblichen Umstände und Tatsachen, aus denen sich die schuldlose Verhinderung ergeben soll, innerhalb dieser Frist.

Ohne eine solche fristgerechte und vollständige Darstellung der Ereignisse, die zur Fristversäumung geführt haben sollen, ist die Wiedereinsetzung ausgeschlossen (BFH vom 13. 7. 1989 VIII R 64/88, BFH/NV 1990 S. 577). Die Begründung eines Wiedereinsetzungsantrags ist ausschließlich Sache des Antragstellers.

Die Finanzbehörde muss den Beteiligten allerdings zur Begründung „anhalten", beispielsweise falls der Antragsteller irrtümlich meint, bereits alles seinerseits Erforderliche getan zu haben, bzw. auf eine unvollständige und ergänzungsbedürftige oder mangelhafte Antragsbegründung hinweisen.

Ein Nachschieben von weiteren tragenden Wiedereinsetzungsgründen nach Ablauf der einmonatigen Antragsfrist ist unzulässig; dies gilt auch für wesentliche Lücken in der Sachverhaltsdarstellung (vgl. BFH-Urteil vom 31. 1. 2017 IX R 19/16, BFH/NV S. 885, m. w. N.). Dagegen können Vertiefungen und Erläuterungen unklarer oder unvollständiger Angaben zu fristgerecht vorgetragenen Wiedereinsetzungsgründen auch nach Ablauf der Antragsfrist noch zulässig sein. Insbesondere können auch Nachweise zur Glaubhaftmachung der geltend gemachten Wiedereinsetzungsgründe nach Fristablauf beigebracht werden.

Beispiel:

Innerhalb der Antragsfrist begründet der Steuerpflichtige die Wiedereinsetzung mit einem längeren Urlaub. Nach Ablauf der Antragsfrist beschreibt er seine Rundreise im Detail und teilt zudem mit, dass er auch schon lange krank sei. Die nach der Antragsfrist vertiefende Darstellung des Urlaubs ist zulässig und muss bei der Würdigung der Umstände berücksichtigt werden. Die Aussage, er sei schon länger krank, muss jedoch außen vor bleiben, da diese einen neuen Wiedereinsetzungsgrund darstellt, der erst nach der Antragsfrist vorgebracht wurde.

2. Entschiedene Einzelfälle 9

Die nachfolgenden Urteile und Beschlüsse des BFH sind in vergleichbaren Fällen anzuwenden.

2.1. Abwesenheit bei Geschäftsreisen

Ein Steuerpflichtiger, der des Öfteren oder länger auf Geschäftsreisen ist, muss es sich als Verschulden anrechnen lassen, wenn er keine Vorkehrungen dafür trifft, dass ihn Zustellungen verlässlich rechtzeitig erreichen oder erforderlichenfalls Termine ordnungsgemäß wahrgenommen werden können (vgl. BFH-Beschluss vom 17. 11. 1970, BStBl. 1971 II S. 143).

2.2. Arbeitsüberlastung

Die allgemein vorhandene Arbeitsüberlastung stellt keinen Wiedereinsetzungsgrund dar, unabhängig davon, ob sie durch Beruf, politisches Engagement, Ehrenämter, starke familiäre Beanspruchung oder die Schwierigkeit der Rechtsmaterie bedingt ist. Sofern besondere Umstände vorliegen, sind diese zu berücksichtigen (BFH-Beschluss vom 22. 2. 1968, BStBl. II S. 312).

2.3. Erkrankung

Nach ständiger Rechtsprechung des BFH entschuldigt Krankheit eine Fristversäumnis nur dann, wenn sie plötzlich auftritt und mit ihr nicht gerechnet werden musste und wenn sie so schwer war, dass weder

Anl

die Wahrung der laufenden Fristen noch die Bestellung eines Dritten, der sich um sie kümmern konnte, möglich war (vgl. BFH-Beschluss vom 9. 11. 1999, BFH/NV 2000 S. 583).

So hat der BFH mit Urteil vom 23. 2. 1983, BFH/NV 1987 S. 246, entschieden, dass ein ärztliches Attest (z. B. mit dem Inhalt „... kann sich nicht mit betrieblichen und steuerlichen sowie sonstigen rechtlichen Belangen für den Zeitraum ... befassen") ausreichend ist, um ein Verschulden an der Fristversäumnis zu verneinen. Das Gleiche gilt bei Schlaganfällen oder erstmaligem Diabetesschock (BFH-Beschluss vom 13. 12. 2005, BFH/NV 2006 S. 765).

Bei längerer Erkrankung des Prozessbevollmächtigten ist darzulegen, warum kein Vertreter rechtzeitig bestellt werden konnte. Der Nachweis kann in Form einer eidesstattlichen Versicherung einer dritten Person über Art und Dauer der Erkrankung erbracht werden (BFH-Beschluss vom 23. 10. 2000, BFH/NV 2001 S. 468).

2.4. Hinzuziehung von Hilfspersonen

Wird eine Hilfsperson, d. h. eine nicht zur Vertretung bestellte oder beauftragte Person, bei fristwahrenden Maßnahmen tätig, wird deren Verschulden dem Beteiligten nicht zugerechnet. Die Hinzuziehung muss aber sachgerecht sein und der Beteiligte muss die Hilfspersonen in zumutbarer Weise unterweisen und beaufsichtigen (BFH-Urteil vom 11. 1. 1983, BStBl. II S. 334).

2.5. Organisationsverschulden

Der BFH hat mit Urteil vom 7. 12. 1988, BStBl. 1989 II S. 266, entschieden, dass ein Bevollmächtigter verpflichtet ist, seinen Bürobetrieb so zu organisieren, dass Fristversäumnisse ausgeschlossen sind. Dazu ist grundsätzlich unerlässlich, dass ein Fristenkontrollbuch (Fristenkalender oder eine vergleichbare Einrichtung) geführt wird. Im Fristenkalender muss der Fristablauf für jede einzelne Sache vermerkt sein. Die Einhaltung der laufenden Fristen muss durch tägliche Einsichtnahme in den Fristenkalender gesichert werden (BFH-Urteil vom 9. 5. 1961, BStBl. III S. 445). Zur Organisationspflicht gehört es, eine Ausgangskontrolle zu schaffen, die ausreichende Gewähr dafür bietet, dass fristwahrende Schriftstücke nicht über den Fristablauf hinaus im Büro liegenbleiben. Zu der hiernach geforderten Endkontrolle gehört die Anweisung, Fristen erst dann zu löschen, wenn das fristwahrende Schriftstück tatsächlich gefertigt und abgesandt ist oder zumindest „postfertig" (postausgangsbereit) vorliegt.

Das Fehlen einer ordnungsmäßigen Ausgangskontrolle ist nur dann nicht ursächlich für eine Fristversäumnis, wenn die mit der Versendung beauftragte Hilfsperson ausdrücklich auf die Bedeutung und Eilbedürftigkeit des Schriftstücks hingewiesen wurde.

2.6. Tod eines nahen Angehörigen

Der BFH hat mit Beschluss vom 29. 9. 1971, BStBl. 1972 II S. 19, entschieden, dass die Versäumung der Frist nicht unverschuldet ist, wenn sie darauf beruht, dass sich der Prozessbevollmächtigte nach dem plötzlichen Tod eines nahen Angehörigen zwei Wochen lang nicht um seine Kanzlei gekümmert und keinen Vertreter bestellt hat.

Im vorliegenden Fall hat der Bevollmächtigte in der Zeit, in der er die Berufstätigkeit nicht ausübte, dringende persönliche mit dem Todesfall zusammenhängende Schriftsachen erledigt. Es konnte ihm deshalb – auch unter Berücksichtigung der mit einem solchen Todesfall verbundenen seelischen Belastung – zugemutet werden, dass er nach einigen Tagen die nötigsten Anordnungen traf. Da zudem zu diesem Zeitpunkt bereits mehr als zwei Wochen seit seiner Rückkehr aus dem Urlaub vergangen waren, ohne dass er in solcher Weise tätig wurde, hat der Bevollmächtigte nicht die äußerste den Umständen angemessene Sorgfalt angewendet.

2.7. Verzögerungen bei der Briefbeförderung oder -zustellung

Bei der Briefbeförderung oder -zustellung, die der Rechtsmittelführer nicht zu vertreten hat und auf die er auch keinen Einfluss besitzt, dürfen Verzögerungen nicht als dessen Verschulden gewertet werden. In Fällen der Postlaufzeiten bei Inlandsbeförderung kann darauf vertraut werden, dass die von der Deutschen Post AG nach ihren organisatorischen und betrieblichen Vorkehrungen für den Normalfall festgelegten Postlaufzeiten auch eingehalten werden (vgl. auch BVerfG-Beschluss vom 25. 9. 2001 BvR 2104/99, HFR 2001 S. 283).

In der Verantwortung des Beteiligten liegt es nur, das zu befördernde Schriftstück den postalischen Bestimmungen entsprechend und so rechtzeitig zur Post zu geben, dass es nach diesen organisatorischen und betrieblichen Vorkehrungen der Deutschen Post AG bei regelmäßigem Dienstablauf den Empfänger fristgerecht erreicht.

Die Dauer einer Inlandsbeförderung ist nach den amtlichen Verlautbarungen der Deutschen Post AG und dem Erfahrungswissen der Gerichte grundsätzlich gerichtsbekannt (vgl. BFH-Urteil vom 7. 5. 1996, BFH/NV 1997 S. 34, und BFH-Beschluss vom 9. 2. 1998 VIII B 20/97, BFH/NV S. 988).

Die Beteiligten können grundsätzlich Rechtsmittelfristen bis zum letzten Tag ausschöpfen, ohne sich insoweit rechtfertigen zu müssen. Sie sind im Rahmen der von der Deutschen Post AG verlautbarten Regellaufzeiten auch nicht gehalten, zusätzliche Vorkehrungen zur Fristwahrung zu treffen. Gegen Ende der Rechtsmittelfrist obliegt es ihnen lediglich, bei Inanspruchnahme der Post eine Beförderungsart zu wählen, die – unter Berücksichtigung der normalen Postlaufzeiten – die Einhaltung der Frist gewährleistet (BFH-Urteil vom 11. 7. 2006, BStBl. 2007 II S. 96).

2.8. Verfrühte Absendung vordatierter Steuerbescheide

Ein Steuerbescheid, der vor dem aufgedruckten Bescheiddatum dem Empfänger zugestellt wird, ist wirksam bekannt gegeben, so dass die Einspruchsfrist mit der Bekanntgabe des Bescheids beginnt. Versäumt der Empfänger jedoch die Einspruchsfrist, weil er darauf vertraut, dass diese nicht vor Ablauf eines Monats nach dem Datum des Bescheids endet, so ist regelmäßig Wiedereinsetzung in den vorigen Stand zu gewähren (BFH-Urteil vom 20. 11. 2008, BStBl. 2009 II S. 185). In dem entschiedenen Fall hatte das Finanzamt Kenntnis von der verfrühten Bekanntgabe, da diese mittels Postzustellungsurkunde erfolgt ist.

3. Entscheidung über den Antrag auf Wiedereinsetzung 10

Nach § 110 Abs. 4 AO entscheidet das Finanzamt über den Antrag auf Wiedereinsetzung. Dies erfolgt im Rahmen der Entscheidung über die Hauptsache, bspw. im Rahmen einer Einspruchsentscheidung wegen des verspäteten Einspruchs. Die Entscheidung über die Wiedereinsetzung ist ein unselbstständiger Bestandteil der Entscheidung in der Hauptsache (vgl. BFH vom 8. 11. 1996 VI R 24/96, BFH/NV 1997 S. 363).

Die Frage der Gewährung oder Ablehnung der Wiedereinsetzung in den vorherigen Stand ist untrennbar mit der Frage der fristgerechten Handlung verbunden, also bspw. bei der Einlegung von Rechtsbehelfen mit der Frage der Zulässigkeit (BFH vom 2. 10. 1986 IV R 39/83, BStBl. 1987 II S. 7). Demnach wird in diesem Fall erst mit der Einspruchsentscheidung endgültig über die Gewährung der Wiedereinsetzung entschieden (BFH vom 26. 10. 1989 IV R 82/88, BStBl. 1990 II S. 277).

Die Gewährung oder Versagung von Wiedereinsetzung ist daher kein selbstständig anfechtbarer Verwaltungsakt (BFH vom 14. 11. 1995 IX R 36/94, BFH/NV 1996 S. 347).

Dementsprechend ist auf die Frage der Wiedereinsetzung etwa in einer Einspruchsentscheidung wegen des verspäteten Einspruchs einzugehen und kein zusätzlicher Bescheid über die Ablehnung der Wiedereinsetzung zu erlassen.

4. Prüfungsschema 11

Zur Prüfung der Wiedereinsetzung in den vorigen Stand nach § 110 AO wurde ein Prüfungsschema entwickelt (vgl. Anlage[1]). Das Prüfungsschema kann die Berücksichtigung der vorgenannten Grundsätze und Rechtsprechungshinweise erleichtern, jedoch eine einzelfallbezogene Prüfung nicht ersetzen.

5. Unterabschnitt. Rechts- und Amtshilfe

§ 111 Amtshilfepflicht

AO

(1) ① **Alle Gerichte und Behörden haben die zur Durchführung der Besteuerung erforderliche Amtshilfe[2] zu leisten.** ② **§ 102 bleibt unberührt.** 1

(2) **Amtshilfe liegt nicht vor, wenn** 2

1. Behörden einander innerhalb eines bestehenden Weisungsverhältnisses Hilfe leisten,

2. die Hilfeleistung in Handlungen besteht, die der ersuchten Behörde als eigene Aufgabe obliegen.

(3) **Schuldenverwaltungen, Kreditinstitute sowie Betriebe gewerblicher Art der Körperschaften des öffentlichen Rechts fallen nicht unter diese Vorschrift.** 3

(4) **Auf dem Gebiet der Zollverwaltung erstreckt sich die Amtshilfepflicht auch auf diejenigen dem öffentlichen Verkehr oder dem öffentlichen Warenumschlag dienenden Unternehmen, die das Bundesministerium der Finanzen als Zollhilfsorgane besonders bestellt hat, und auf die Bediensteten dieser Unternehmen.** 4

(5) **Die §§ 105 und 106 sind entsprechend anzuwenden.** 5

Zu § 111 – Amtshilfepflicht:

AEAO

1. Die §§ 111 ff. AO sind auch dann anzuwenden, wenn sich Finanzbehörden untereinander Amtshilfe leisten. 6

2. Für Verbände und berufsständische Vertretungen besteht, soweit sie nicht Behörden sind oder unterhalten, keine Beistandspflicht. Sie sind jedoch ebenso wie die in § 111 Abs. 3 AO erwähnten Institutionen im Rahmen der §§ 88, 92 ff. AO zur Auskunftserteilung und Vorlage von Urkunden verpflichtet. 7

Verfügung betr. Erteilung von steuerlichen Bescheinigungen und von Apostillen

Anl

Vom 5. August 2020 (nv)

(LfSt Bayern S 0270.1.1–4/20)

1. Unbedenklichkeitsbescheinigung gemäß § 22 GrESt

Der Erwerber eines Grundstücks darf nach § 22 GrESt erst nach Vorlage der Unbedenklichkeitsbescheinigung als Eigentümer im Grundbuch eingetragen werden (Grundbuchsperre). Die Grundbuchsperre gilt – mit Ausnahme der in § 22 Abs. 1 S. 2 GrESt geregelten Tatbestände – grundsätzlich für alle Arten von Eigentumsübergängen. 8

Die Unbedenklichkeitsbescheinigung ist von dem Finanzamt auszustellen, das für die Besteuerung nach § 17 Abs. 1 GrESt örtlich zuständig ist (Lage-Finanzamt). Für die Erteilung der Bescheinigung durch

[1] Hier nicht abgedruckt.
[2] Zur zwischenstaatlichen Amtshilfe vgl. § 117 AO.
Zur Beschränkung der Schweigepflicht vgl. §§ 105, 106 AO.
Zur Anwendung bei Meinungsverschiedenheiten über Amtshilfepflicht vgl. § 112 Abs. 5 AO.
Zur Amtshilfe im Vollstreckungsverfahren vgl. § 250 AO.

Anl

die Grunderwerbsteuerstelle steht die Unifa-WORD-Vorlage „Unbedenklichkeitsbescheinigung GrESt" im Ordner Zentral/GrESt zur Verfügung. Mit dieser wird bescheinigt, dass der Eintragung des Erwerbers in das Grundbuch steuerliche Bedenken nicht entgegenstehen. Sie kann entweder dem Steuerschuldner selbst oder auch Dritten (z. B. Urkundspersonen, Amtsgericht, Grundbuchamt) übersandt werden.

Gegen die Ablehnung eines Antrags auf Erteilung einer UB zur Eintragung oder Änderung einer Eintragung im Grundbuch ist der Einspruch (§ 347 AO) gegeben.

2. Bescheinigungen aufgrund von Vorgaben in Steuergesetzen, steuerlichen Verordnungen oder steuerlichen Verwaltungsanweisungen

9 Liegen die für die Erteilung der Bescheinigung erforderlichen Voraussetzungen vor (z. B. Bescheinigung für die Vergütung von Vorsteuer im Drittland – Muster USt 1 TN –, Bescheinigung über die Ansässigkeit im Inland nach § 13 b Abs. 7 Satz 4 UStG – Muster USt 1 TS – oder Bescheinigung nach §§ 4, 5 der Zinsinformationsverordnung – ZIV –), sind diese stets zu erteilen. Gleiches gilt, wenn für DBA-Zwecke eine Ansässigkeitsbescheinigung unter Bezugnahme auf ein Doppelbesteuerungsabkommen beantragt wird. Auf die Verfügung S 1301.1–12/3 St32 vom 18. 6. 2009 (AIS: Steuerrecht > Ertragsteuern und Nebengesetze > Internationales Steuerrecht) wird hingewiesen.

3. Unternehmerbescheinigungen

10 Unternehmerbescheinigungen sind grundsätzlich nicht auszustellen. Diese Bescheinigungen werden von Unternehmern als Nachweis darüber angefordert, dass der Vorsteuerabzug aus Rechnungen oder erteilten Gutschriften zulässig ist bzw. Unternehmer in den übrigen Mitgliedstaaten der EU unbedenklich umsatzsteuerfrei liefern können. Die Antragsteller sind auf die Möglichkeit der Bestätigungsabfrage von USt-IdNrn. im Internet (https://evatr.bff-online.de/eVatR oder http://ec.europa.eu/taxation-customs/vies/vatRequest.html zu verweisen.

In folgenden Ausnahmefällen werden Unternehmern auf Antrag die steuerliche Erfassung und die Unternehmereigenschaft bescheinigt:

- Bei Neuaufnahmen zur Vorlage beim BZSt zur beschleunigten Zuteilung einer USt-IdNr. (Wordvorlage „Unternehmerbescheinigung BZSt" im Ordner Allgemein/Umsatzsteuer)
- Zur Vorlage bei zentralen Erstattungsbehörden im Vorsteuervergütungsverfahren in Drittstaaten (Vordruck USt 1 TN)

Die Bescheinigung gilt nur im Original, ohne Streichungen, mit Dienstsiegel und Unterschrift oder als beglaubigte Fotokopie.

4. Vergabe öffentlicher Aufträge

11 Die Bescheinigung in Steuersachen (ehemals „steuerliche Unbedenklichkeitsbescheinigung") dient nicht unmittelbar dem Sicherungsinteresse der Finanzbehörde, sondern vielmehr anderen Behörden und Auftraggebern, die bei ihrer Entscheidung/Genehmigung u. a. auch auf die steuerliche Zuverlässigkeit des Antragstellers abstellen, oder abzustellen haben.

Derartige steuerliche Bescheinigungen sind bei der Vergabe öffentlicher Aufträge grundsätzlich nicht zu erteilen (vgl. Bekanntmachung des Bayer. Staatsministeriums der Finanzen vom 11. 2. 1993). Mit Zustimmung des Bewerbers kann der öffentliche Auftraggeber ausnahmsweise eine formlose Bescheinigung des zuständigen Finanzamts einholen, wenn Zweifel an der Richtigkeit der Erklärung des Bewerbers bestehen, mit fälligen Steuern nicht im Rückstand zu sein (vgl. Tz. 1.7 der Bekanntmachung des Bayer. Staatsministeriums der Finanzen).

Solche Bescheinigungen sind nur dann auszustellen, wenn sie der öffentliche Auftraggeber selbst bei der Finanzbehörde anfordert und eine schriftliche Zustimmungserklärung des Bewerbers mit vorlegt.

Zur Vermeidung von Wettbewerbsnachteilen bayerischer Bewerber sind Bescheinigungen entsprechend der Tz. 1.7 der Bekanntmachung auch auszustellen, wenn die Bescheinigung von einer außerbayerischen Behörde beantragt wird. Die Bescheinigung bitte ich in diesem Fall ausschließlich dem Bewerber selbst zu übersenden. Soweit vom Bewerber beantragt, kann in diesen Fällen ein entsprechender Hinweis in die Bescheinigung aufgenommen werden, wenn z. B. bei einem Rückstand fälliger Steuern Vollstreckungsaufschub gewährt wurde, ein Rechtsstreit wegen einer Aussetzung der Vollziehung geführt wird oder eine Zahlungsvereinbarung mit der Vollstreckungsstelle getroffen wurde.

5. Gewerberechtliche Zugangsverfahren

12 Bei der Erteilung gewerberechtlicher Genehmigungen werden von den Gewerbebehörden weiterhin Unbedenklichkeitsbescheinigungen gefordert. Hierunter fallen z. B. Unbedenklichkeitsbescheinigungen

- nach der Berufszugangsverordnung für den Güterkraftverkehr (§ 2 Abs. 2 GBZugV vom 21. 6. 2000, BGBl. I S. 918) und
- nach der Berufszugangsverordnung für den Straßenpersonenverkehr (§ 2 Abs. 2 PBZugV vom 15. 6. 2000, BGBl. I S. 851).

In den oben genannten Fällen sowie in weiteren Fällen gewerberechtlicher Genehmigungen (z. B. § 34 c GewO für Makler, § 34 a GewO für Bewachungsbetriebe, § 4 Abs. 1 GastG für Gaststättenbetreiber) liegen aber keine ausdrücklichen gesetzlichen Befreiungen vom Steuergeheimnis vor (§ 30 Abs. 4 Nr. 2 AO). Derartige Bescheinigungen können aber regelmäßig erteilt werden, wenn sie der Steuerpflichtige selbst beantragt oder er der Auskunft durch das Finanzamt zustimmt (§ 30 Abs. 4 Nr. 3 AO).

6. Bescheinigungen zur Vorlage bei Behörden

12a Werden steuerliche Bescheinigungen von Behörden oder Privatpersonen bzw. Körperschaften des Privatrechts für andere als in den in Tz. 4 und 5 genannten Fällen angefordert, entscheidet das Finanzamt im Wege des pflichtgemäßen Ermessens, ob eine derartige Bescheinigung erteilt werden kann. Eine Bescheinigung soll immer dann erteilt werden, wenn ein Nachweis der Zuverlässigkeit durch gesetzliche Regelung ausdrücklich gefordert wird (z. B. § 34 a der Gewerbeordnung (GewO)

Anl

für Bewachungsbetriebe, § 34 c GewO für Makler, § 4 Abs. 1 des Gaststättengesetzes für Gaststättenbetreiber). Damit eine Entscheidung darüber getroffen werden kann, ob die Bescheinigung zu erteilen ist, hat der Steuerpflichtige in dem Antrag auf Erteilung der Bescheinigung mitzuteilen, für welchen Zweck die Bescheinigung begehrt wird.

Eine Bescheinigung ist immer dann zu erteilen, wenn eine Bescheinigung des Finanzamts durch gesetzliche Regelung ausdrücklich gefordert wird. Damit eine Entscheidung darüber getroffen werden kann, ob die Bescheinigung zu erteilen ist, ist in dem Antrag auf Erteilung der Bescheinigung exakt mitzuteilen, für welchen Zweck die Bescheinigung begehrt wird.

Ohne ausdrückliche gesetzliche Vorgabe sollte eine Bescheinigung erteilt werden, wenn sie von erheblichem Interesse für denjenigen ist, über dessen steuerliche Verhältnisse Auskunft erteilt werden soll. Dies kann z. B. dann der Fall sein, wenn vor einer Betriebsübernahme der Übernehmer eine Bescheinigung über Rückstände von Betriebssteuern zur Abschätzung des mit der Übernahme verbundenen Haftungsrisikos (§§ 75 AO, 25 HGB) anfordert oder ein privater Auftraggeber im Rahmen seiner Entscheidung über die Auftragsvergabe auf die steuerliche Zuverlässigkeit des Steuerpflichtigen abstellt. Die Bescheinigung ist in diesen Fällen ausschließlich der Person zuzuleiten, über deren steuerliche Verhältnisse Auskunft erteilt wird. Ggf. hat die antragstellende Person ihr erhebliches Interesse in geeigneter Form nachzuweisen.

Ebenso sollte eine Bescheinigung ohne gesetzliche Vorgabe ereilt werden, wenn deren Inhalt geeignet sein kann, der anfordernden Behörde eine Verwaltungsentscheidung zu erleichtern, z. B. bei der Beurteilung der Leistungsfähigkeit des Ausländers als Voraussetzung für die Erteilung und Verlängerung einer Aufenthaltserlaubnis nach dem Aufenthaltsgesetz.

7. Bescheinigungen in sonstigen Fällen

Eine Bescheinigung in Steuersachen kann in begründeten Fällen zur Vorlage bei nicht öffentlichen Auftraggebern erteilt werden, z. B. wenn diese im Rahmen ihrer Entscheidung auf die steuerliche Zuverlässigkeit abstellen. **13**

8. Inhalt und Form der Bescheinigungen

Der Inhalt der Bescheinigung in Steuersachen beschränkt sich auf die wertungsfreie Angabe steuerlicher Fakten, sie stellt daher lediglich eine Wissenserklärung des Finanzamts dar. Die Wertung des bescheinigten steuerlichen Verhaltens bleibt demjenigen überlassen, der die vom Steuerpflichtigen begehrte Maßnahme treffen soll (z. B. Erteilung einer Gewerbeerlaubnis, einer Güterkraftverkehrskonzession oder eines Auftrags). Die Bescheinigung stellt daher keinen Verwaltungsakt (§ 118 AO) dar. Folglich ist gegen eine Bescheinigung mit dem Inhalt, dass der Steuerpflichtige seinen steuerlichen Pflichten nicht nachkommt, der Rechtsbehelf des Einspruchs nach § 347 AO nicht statthaft. Die Ablehnung des Antrags auf Erteilung einer Bescheinigung in Steuersachen (mangels erheblichem Interesse) ist dagegen ein Verwaltungsakt, der mit dem Einspruch angefochten werden kann. **14**

Eine Beschränkung der Gültigkeitsdauer ist für die Bescheinigung in Steuersachen nicht vorgesehen; es werden lediglich die aktuellen steuerlichen Fakten im Zeitpunkt der Erteilung bescheinigt. Es ist Sache der entgegennehmenden Behörde bzw. des Auftraggebers zu entscheiden, für welchen Zeitraum sie die Bescheinigung als Grundlage ihrer Entscheidung gelten lassen.

Die Bescheinigung ist auf formlosen Antrag gebührenfrei unter Verwendung der Wordvorlage „Bescheinigung in Steuersachen" im Ordner Zentral/Veranlagung bzw. Körperschaftsteuerstelle/Bearbeitung Verwaltungsakte auszustellen und dem Steuerpflichtigen bzw. seinem Bevollmächtigten auszuhändigen oder zu übersenden. Bei Bescheinigungen, die zur Vorlage bei einer anderen Behörde bestimmt sind, bleibt es dem Steuerpflichtigen überlassen, die Bescheinigung an die betreffende Behörde weiterzuleiten. Einer unmittelbaren Unterrichtung der Behörde durch das Finanzamt wird regelmäßig das Steuergeheimnis entgegenstehen. Sollte eine andere Behörde eine Anfrage unmittelbar an das Finanzamt richten, ist sie lediglich auf das vorgesehene Verfahren hinzuweisen. Etwas anderes gilt nur dann, wenn der Steuerpflichtige der ersuchenden Behörde schriftlich erklärt hat, dass er das Finanzamt von der Verpflichtung zur Wahrung des Steuergeheimnisses entbindet (§ 30 Abs. 4 Nr. 3 AO) und die Erklärung dem Ersuchen beigefügt ist oder ein sonstiger Offenbarungstatbestand i. S. d. § 30 Abs. 4 AO gegeben ist.

9. Erteilung einer Apostille

Von ausländischen Steuerverwaltungen, wird häufig bei Bescheinigungen der Finanzämter zusätzlich die Erteilung einer Apostille (Bestätigung der Echtheit einer öffentlichen Urkunde) nach Art. 3 Abs. 1 und Art. 6 des Haager Übereinkommens vom 5. 10. 1961 zur Befreiung ausländischer öffentlicher Urkunden von der Legalisation verlangt. Mit dieser internationalen Beglaubigung wird den ausländischen Behörden neben der Echtheit der Unterschrift auch die Eigenschaft, in welcher der Unterzeichner gehandelt hat (Dienstbezeichnung) sowie die Echtheit des Dienstsiegels des unterzeichnenden Finanzamtsbediensteten bestätigt. Für diese besondere Form der Beglaubigung ist in Bayern – je nach Belegenheit des Finanzamts – die jeweilige Bezirksregierung zuständig (siehe Bayer. Gesetz- und Verordnungsblatt Nr. 18/1966 S. 404). Diese prüft in eigener Zuständigkeit, in welchem Umfang Bescheinigungen der Finanzämter beglaubigt werden können. **15**

Durch die Verordnung (EU) 2016/1191 vom 6. 7. 2016, die ab 16. 2. 2019 in allen EU-Mitgliedstaaten gilt, wird der Verkehr bestimmter öffentlicher Urkunden innerhalb der Europäischen Union vereinfacht. *Dies gilt ausschließlich für öffentliche Urkunden, die dazu dienen einen oder mehrere der folgenden Sachverhalte zu belegen:*

– Geburt
– die Tatsache, dass eine Person am Leben ist
– Tod
– Namen Eheschließung

– Eingetragene Partnerschaft
– Abstammung
– Adoption
– Staatsangehörigkeit
– Vorstrafenfreiheit

Öffentliche Urkunden und beglaubigte Kopien zu vorgenannten Sachverhalten, die von den Behörden eines EU-Mitgliedstaats ausgestellt worden sind, müssen entsprechend der Verordnung (EU) 2016/1191 von den Behörden eines anderen EU-Mitgliedstaats als echt anerkannt werden, ohne dass es eines Echtheitsstempels (d. h. der Apostille) bedarf. *Bescheinigungen der Finanzämter fallen somit nicht in den Anwendungsbereich der Verordnung (EU) 2016/1191.*

Hinweis

Die bisherige Karte 1 zu § 111 (Kontroll-Nr. 7/2019) ist auszureihen.

AO

§ 112 Voraussetzungen und Grenzen der Amtshilfe

1 **(1) Eine Finanzbehörde kann um Amtshilfe insbesondere dann ersuchen, wenn sie**
1. aus rechtlichen Gründen die Amtshandlung nicht selbst vornehmen kann,
2. aus tatsächlichen Gründen, besonders weil die zur Vornahme der Amtshandlung erforderlichen Dienstkräfte oder Einrichtungen fehlen, die Amtshandlung nicht selbst vornehmen kann,
3. zur Durchführung ihrer Aufgaben auf die Kenntnis von Tatsachen angewiesen ist, die ihr unbekannt sind und die sie selbst nicht ermitteln kann,
4. zur Durchführung ihrer Aufgaben Urkunden oder sonstige Beweismittel benötigt, die sich im Besitz der ersuchten Behörde befinden,
5. die Amtshandlung nur mit wesentlich größerem Aufwand vornehmen könnte als die ersuchte Behörde.

2 **(2) Die ersuchte Behörde darf Hilfe nicht leisten, wenn sie hierzu aus rechtlichen Gründen nicht in der Lage ist.**

3 **(3) Die ersuchte Behörde braucht Hilfe nicht zu leisten, wenn**
1. eine andere Behörde die Hilfe wesentlich einfacher oder mit wesentlich geringerem Aufwand leisten kann,
2. sie die Hilfe nur mit unverhältnismäßig großem Aufwand leisten könnte,
3. sie unter Berücksichtigung der Aufgaben der ersuchenden Finanzbehörde durch den Umfang der Hilfeleistung die Erfüllung ihrer eigenen Aufgaben ernstlich gefährden würde.

4 **(4) Die ersuchte Behörde darf die Hilfe nicht deshalb verweigern, weil sie das Ersuchen aus anderen als den in Absatz 3 genannten Gründen oder weil sie die mit der Amtshilfe zu verwirklichende Maßnahme für unzweckmäßig hält.**

5 **(5) ① Hält die ersuchte Behörde sich zur Hilfe nicht für verpflichtet, so teilt sie der ersuchenden Finanzbehörde ihre Auffassung mit. ② Besteht diese auf der Amtshilfe, so entscheidet über die Verpflichtung zur Amtshilfe die gemeinsame fachlich zuständige Aufsichtsbehörde oder, sofern eine solche nicht besteht, die für die ersuchte Behörde fachlich zuständige Aufsichtsbehörde.**

AEAO

Zu § 112 – Voraussetzungen und Grenzen der Amtshilfe:

6 Andere Behörden, die von den Finanzbehörden im Besteuerungsverfahren um Amtshilfe ersucht werden, können die Amtshilfe nur unter den Voraussetzungen dieser Vorschrift ablehnen. Die Bestimmungen des Verwaltungsverfahrensgesetzes und des SGB X über die Amtshilfe sind insoweit nicht anwendbar.

AO

§ 113 Auswahl der Behörde

Kommen für die Amtshilfe mehrere Behörden in Betracht, so soll nach Möglichkeit eine Behörde der untersten Verwaltungsstufe des Verwaltungszweigs ersucht werden, dem die ersuchende Finanzbehörde angehört.

§ 114 Durchführung der Amtshilfe

1 **(1) Die Zulässigkeit der Maßnahme, die durch die Amtshilfe verwirklicht werden soll, richtet sich nach dem für die ersuchende Finanzbehörde, die Durchführung der Amtshilfe nach dem für die ersuchte Behörde geltenden Recht.**

2 **(2) ① Die ersuchende Finanzbehörde trägt gegenüber der ersuchten Behörde die Verantwortung für die Rechtmäßigkeit der zu treffenden Maßnahme. ② Die ersuchte Behörde ist für die Durchführung der Amtshilfe verantwortlich.**

§ 115 Kosten der Amtshilfe

(1) ① Die ersuchende Finanzbehörde hat der ersuchten Behörde für die Amtshilfe keine Verwaltungsgebühr zu entrichten. ② Auslagen hat sie der ersuchten Behörde auf Anforderung zu erstatten, wenn sie im Einzelfall 25 Euro übersteigen. ③ Leisten Behörden desselben Rechtsträgers einander Amtshilfe, so werden die Auslagen nicht erstattet. 1

(2) Nimmt die ersuchte Behörde zur Durchführung der Amtshilfe eine kostenpflichtige Amtshandlung vor, so stehen ihr die von einem Dritten hierfür geschuldeten Kosten (Verwaltungsgebühren, Benutzungsgebühren und Auslagen) zu. 2

§ 116 Anzeige von Steuerstraftaten[1]

(1) ① Gerichte und die Behörden von Bund, Ländern und kommunalen Trägern der öffentlichen Verwaltung, die nicht Finanzbehörden sind, haben Tatsachen, die sie dienstlich erfahren und die auf eine Steuerstraftat schließen lassen, dem Bundeszentralamt für Steuern oder, soweit bekannt, den für das Steuerstrafverfahren zuständigen Finanzbehörden mitzuteilen. ② Soweit die für das Steuerstrafverfahren zuständigen Finanzbehörden nicht bereits erkennbar unmittelbar informiert worden sind, teilt das Bundeszentralamt für Steuern ihnen diese Tatsachen mit. ③ Die für das Steuerstrafverfahren zuständigen Finanzbehörden, ausgenommen die Behörden der Bundeszollverwaltung, übermitteln die Mitteilung an das Bundeszentralamt für Steuern, soweit dieses nicht bereits erkennbar unmittelbar in Kenntnis gesetzt worden ist. 1

(2) § 105 Absatz 2 gilt entsprechend. 2

§ 117 Zwischenstaatliche Rechts- und Amtshilfe in Steuersachen

(1) Die Finanzbehörden können zwischenstaatliche Rechts- und Amtshilfe[2] nach Maßgabe des deutschen Rechts in Anspruch nehmen. 1

(2) Die Finanzbehörden können zwischenstaatliche Rechts- und Amtshilfe auf Grund innerstaatlich anwendbarer völkerrechtlicher Vereinbarungen,[3] innerstaatlich anwendbarer Rechtsakte der Europäischen Union sowie des EU-Amtshilfegesetzes[4] leisten. 2

(3) ① Die Finanzbehörden können nach pflichtgemäßem Ermessen zwischenstaatliche Rechts- und Amtshilfe auf Ersuchen auch in anderen Fällen leisten, wenn 3

1. die Gegenseitigkeit verbürgt ist,

2. der ersuchende Staat gewährleistet, dass die übermittelten Auskünfte und Unterlagen nur für Zwecke seines Besteuerungs- oder Steuerstrafverfahrens (einschließlich Ordnungswidrigkeitenverfahren) verwendet werden, und dass die übermittelten Auskünfte und Unterlagen nur solchen Personen, Behörden oder Gerichten zugänglich gemacht werden, die mit der Bearbeitung der Steuersache oder Verfolgung der Steuerstraftat befasst sind,

---

[1] Steuerstraftat iSv § 369 AO.

[2] Zur nationalen Amtshilfe vgl. § 111 AO.

Neufassung des Gesetzes über die internationale Rechtshilfe in Strafsachen vom 27. 6. 1994, BGBl. I S. 1537.

[3] *BFH-Beschluss vom 15. 2. 2006 I B 87/05, BStBl. II S. 616:* Eine Spontanauskunft an die Steuerverwaltung eines anderen Mitgliedstaats der EU setzt tatsächliche Anhaltspunkte für die Vermutung voraus, dass Steuern gerade dieses Mitgliedstaats verkürzt worden sind oder werden könnten.

Eine Spontanauskunft an die Steuerverwaltung der USA ist schon dann zulässig, wenn die ernstliche Möglichkeit besteht, dass ein bestimmter Vorgang zu einem abkommensrechtlichen Besteuerungsrecht der USA führt und dass die dortigen Behörden ohne die Auskunft von dem Vorgang keine Kenntnis erhalten *(BFH-Beschluss vom 10. 5. 2005 I B 218/04, BFH/NV S. 1503).*

Zur Anwendung des Abkommens über den steuerlichen Informationsaustausch (Tax Information Exchange Agreement – TIEA) vgl. *BMF-Schreiben vom 10. 11. 2015, BStBl. I S. 138,* nachstehend abgedruckt.

Zum automatischen Austausch von Informationen über Finanzkonten in Steuersachen nach dem Finanzkonten-Informationsaustauschgesetz – FKAustG vgl. *BMF-Schreiben vom 13. 6. 2024, BStBl. I S. 1037,* nachstehend abgedruckt.

[4] **EU-Amtshilfegesetz** vom 26. 6. 2013 (BGBl. I S. 1809). **Merkblatt des BMF zur zwischenstaatlichen Amtshilfe durch Informationsaustausch** in Steuersachen vom 29. 5. 2019 (BStBl. I S. 480), abgedruckt in der Loseblatt-Textausgabe „Steuererlasse" Nr. **800** § 117/1.

Zur Absprache zwischen den zuständigen Behörden der Bundesrepublik und Frankreichs über den Auskunftsaustausch vgl. *BMF-Schreiben vom 12. 11. 2001 IV B 4 – S 1323 Fra – 1/01, BStBl. I S. 801.*

BFH-Beschluss vom 4. 9. 2000 I B 17/00, BFH/NV S. 1522: Ist dem BfF der Inhalt einer weiterzugebenden Auskunft bereits bekannt, so erfordert die Auskunftserteilung an eine ausländische Finanzbehörde keine Amtshandlung in einem Besteuerungsverfahren nach der AO iSd § 3 Abs. 1 Nr. 1 EGAHG. Es kommt auch nicht darauf an, ob das BfF sich die vorhandenen Informationen in einem Besteuerungsverfahren rechtmäßigerweise hätte beschaffen können, wenn es sie noch nicht hätte (Bestätigung des *Senatsbeschlusses vom 17. 5. 1995 I B 118/94, BStBl. II S. 497).* Die FG haben in einem Verfahren nach § 2 Abs. 2 Nr. 5 EGAHG zu prüfen, ob die weiterzugebenden Informationen über legitimationsgeprüfte Konten iSv. § 154 Abs. 2 AO im Rahmen einer vorangegangenen Steuerfahndungsprüfung bei einem Kreditinstitut unter Verstoß gegen § 30 a Abs. 3 AO erlangt worden sind (Abgrenzung zum *Senatsbeschluss a. a. O., BStBl. II S. 497).*

Merkblatt des BMF zur zwischenstaatlichen Amtshilfe bei der Steuererhebung – Beitreibung – vom 23. 1. 2014 (BStBl. I S. 188), abgedruckt in der Loseblatt-Textausgabe „Steuererlasse" Nr. **800** § 117/2.

3. der ersuchende Staat zusichert, dass er bereit ist, bei den Steuern vom Einkommen, Ertrag und Vermögen eine mögliche Doppelbesteuerung im Verständigungswege durch eine sachgerechte Abgrenzung der Besteuerungsgrundlagen zu vermeiden und

4. die Erledigung des Ersuchens die Souveränität, die Sicherheit, die öffentliche Ordnung oder andere wesentliche Interessen des Bundes oder seiner Gebietskörperschaften nicht beeinträchtigt und keine Gefahr besteht, dass ein Handels-, Industrie-, Gewerbe- oder Berufsgeheimnis oder ein Geschäftsverfahren, das auf Grund des Ersuchens offenbart werden soll, preisgegeben wird.

② Soweit die zwischenstaatliche Rechts- und Amtshilfe Steuern betrifft, die von den Landesfinanzbehörden verwaltet werden, entscheidet das Bundesministerium der Finanzen im Einvernehmen mit der zuständigen obersten Landesbehörde.

4 (4) **① Bei der Durchführung der Rechts- und Amtshilfe richten sich die Befugnisse der Finanzbehörden sowie die Rechte und Pflichten der Beteiligten und anderer Personen nach den für Steuern im Sinne von § 1 Absatz 1 geltenden Vorschriften. ② § 114 findet entsprechende Anwendung. ③ Bei der Übermittlung von Auskünften und Unterlagen gilt für inländische Beteiligte § 91 entsprechend; soweit die Rechts- und Amtshilfe Steuern betrifft, die von den Landesfinanzbehörden verwaltet werden, hat eine Anhörung des inländischen Beteiligten abweichend von § 91 Absatz 1 stets stattzufinden, es sei denn, die Umsatzsteuer ist betroffen, es findet ein Informationsaustausch auf Grund des EU-Amtshilfegesetzes statt oder es liegt eine Ausnahme nach § 91 Absatz 2 oder 3 vor.**

5 (5) **Das Bundesministerium der Finanzen wird ermächtigt, zur Förderung der zwischenstaatlichen Zusammenarbeit durch Rechtsverordnung mit Zustimmung des Bundesrates völkerrechtliche Vereinbarungen über die gegenseitige Rechts- und Amtshilfe auf dem Gebiete des Zollwesens in Kraft zu setzen, wenn sich die darin übernommenen Verpflichtungen im Rahmen der nach diesem Gesetz zulässigen zwischenstaatlichen Rechts- und Amtshilfe halten.**

6 (6) **§ 2 a Absatz 5 Nummer 2 gilt nicht, soweit seine Anwendung der Inanspruchnahme oder der Leistung der zwischenstaatlichen Amtshilfe entgegensteht; die Pflicht zur Wahrung des Steuergeheimnisses bleibt unberührt.**

AEAO

Zu § 117 – Zwischenstaatliche Rechts- und Amtshilfe in Steuersachen:

6 **1.** Die Voraussetzungen, unter denen die Finanzbehörden für deutsche Besteuerungszwecke die Hilfe ausländischer Behörden in Anspruch nehmen dürfen, richten sich nach deutschem Recht, insbesondere den §§ 85 ff. AO.

7 **2.** Gem. § 117 Abs. 2 AO können die Finanzbehörden zwischenstaatliche Rechts- und Amtshilfe leisten aufgrund

a) innerstaatlich anwendbarer völkerrechtlicher Vereinbarungen. Derartige Vereinbarungen enthalten vor allem die Doppelbesteuerungsabkommen und die Abkommen im Zollbereich. Über den Stand der Doppelbesteuerungsabkommen veröffentlicht das BMF jährlich im BStBl. Teil I eine Übersicht.

b) innerstaatlich anwendbarer Rechtsakte der Europäischen Union (im Zollbereich und im Bereich der indirekten Steuern). Als Rechtsgrundlagen kommen unmittelbar geltende Verordnungen in Betracht. Hinweis auf die Verordnung (EU) Nr. 904/2010 des Rates vom 7. 10. 2010 über die Zusammenarbeit der Verwaltungsbehörden und die Betrugsbekämpfung auf dem Gebiet der Mehrwertsteuer (Amtsblatt Nr. L 268 vom 12. 10. 2010, S. 1).[1]

c) des EU-Amtshilfegesetzes und des EU-Beitreibungsgesetzes.

8 **3.** Wegen der Voraussetzungen und der Durchführung der zwischenstaatlichen Amtshilfe wird auf folgende Merkblätter verwiesen:

– Merkblatt zur zwischenstaatlichen Amtshilfe durch Informationsaustausch in Steuersachen (BMF-Schreiben vom 29. 5. 2019, BStBl. I S. 480);

– Merkblatt zur zwischenstaatlichen Amtshilfe bei der Steuererhebung (Beitreibung) (BMF-Schreiben vom 23. 1. 2014, BStBl. I S. 188).[2]

Anl 1

1) Schreiben betr. Anwendung der Abkommen über den steuerlichen Informationsaustausch (Tax Information Exchange Agreement – TIEA)

Vom 10. November 2015 (BeckVerw 320185)

(BMF IV B 6 – S 1301/11/10 002; DOK 2015/0811184)

Unter Bezugnahme auf das Ergebnis der Erörterungen mit den Vertretern der obersten Finanzbehörden der Länder gelten in Ergänzung der BMF-Schreiben vom 25. Mai 2012 (BStBl. I S. 599) und vom

[1] Abgedruckt in der Loseblatt-Textausgabe „Zölle und Verbrauchsteuern" Nr. 530.
[2] Abgedruckt in der Loseblatt-Textausgabe „Steuererlasse" Nr. 800 § 117/2.

16. November 2006 (BStBl. I S. 698) für die Anwendung der Abkommen über den steuerlichen Informationsaustausch die nachfolgenden Grundsätze. Anl 1

Allgemeines 9

Die von Deutschland geschlossenen Abkommen über den steuerlichen Informationsaustausch (Tax Information Exchange Agreement – TIEA) bieten die Möglichkeit, behördliche Unterstützung durch Informationsaustausch auf Ersuchen im Einzelfall für Zwecke des Besteuerungsverfahrens oder des Steuerstraf- und Bußgeldverfahrens in Anspruch zu nehmen. Ein spontaner oder automatischer Informationsaustausch ist in diesen Abkommen nicht vorgesehen. Der Inhalt und Aufbau der Abkommen entsprechen weitgehend dem OECD-Musterabkommen für Informationsaustausch in Steuersachen aus dem Jahr 2002.

Amtshilfe wird auf Ersuchen durch Übermittlung von steuerlich voraussichtlich erheblichen Informationen regelmäßig für die Einkommensteuer, die Körperschaftsteuer, Gewerbesteuer, Vermögensteuer, Umsatzsteuer, Versicherungsteuer, Erbschaftsteuer und die darauf erhobenen Zuschläge gewährt. Einzelheiten sind in der Übersicht (Anlage 1[1]) enthalten. Darüber hinaus sieht eine Reihe von Abkommen die Möglichkeit vor, dass Bedienstete der ersuchenden Vertragspartei in das Gebiet der ersuchten Vertragspartei einreisen und mit Zustimmung der von dem Ersuchen betroffenen Personen diesen Fragen stellen und Dokumente einsehen können. Zudem dürfen ausländische Bedienstete mit Zustimmung der ersuchten Vertragspartei bei steuerlichen Außenprüfungen anwesend sein.

Die TIEAs stellen zugleich auch bilaterale Verträge auf dem Gebiet der justiziellen Rechtshilfe in Steuerstrafsachen dar. Insoweit gelten auch die Grundsätze der justiziellen Rechtshilfe. Die Rechtshilfe, die nach diesen Abkommen gewährt wird, ist auf die Übermittlung von Informationen, die der Förderung eines Steuerstraf- oder Bußgeldverfahrens dienen, beschränkt („Informationsrechtshilfe"). Dabei schließt die Rechtshilfe die Beschaffung der erbetenen Informationen durch die ersuchte Vertragspartei ein. Die ersuchte Vertragspartei bestimmt, inwieweit sie zur Aufklärung des strafrechtlich relevanten Sachverhalts strafprozessuale Maßnahmen, wie z. B. Durchsuchungen oder Zeugenvernehmungen, anwendet.

Die nachfolgenden Ausführungen berühren nicht die Möglichkeiten, Rechtshilfe auf der Grundlage anderer Abkommen oder vertragslose Rechtshilfe in Anspruch zu nehmen.

Amtshilfe für Zwecke des Besteuerungsverfahrens 10

Für den Amtshilfeweg gelten die im BMF-Schreiben vom 25. Mai 2012 (BStBl. I S. 599) festgelegten Grundsätze sowie die Dienstwegregelungen der Länder.

Die Anforderungen an ein Auskunftsersuchen nach TIEA, insbesondere an Form und Inhalt, sind in dem Art. 5 des OECD-Musterabkommens für Informationsaustausch in Steuersachen entsprechenden Bestimmungen der jeweiligen Abkommen definiert (siehe Texte der Abkommen auf http://www.bundesfinanzministerium.de/Web/DE/Themen/Steuern/Internationales_Steuer-recht/Staatenbezogene_Informationen/staatenbezogene_info.html).

Für Auskunftsersuchen nach den Abkommen über den steuerlichen Informationsaustausch ist das Standardformblatt, das im Wesentlichen dem von der OECD entwickelten Standardformblatt entspricht, zu verwenden (Anlage 2[1]). Das Standardformblatt erfüllt sämtliche Formerfordernisse und abzugebende Erklärungen. Der dem Ersuchen zugrunde liegende Sachverhalt ist ausführlich und umfassend darzustellen. Auf die Verwendung komplizierter Fachausdrücke und von Gesetzeszitaten sollte jedoch verzichtet werden. Hierdurch werden unter anderem zu Verzögerungen führende Rückfragen der zuständigen Behörden der anderen Vertragspartei vermieden. Fragen sind so detailliert wie möglich zu stellen. Sollen zum Beispiel Kontoinformationen über einen Steuerpflichtigen angefordert werden, sollten auch die gemeinsam mit Dritten geführten Konten und sämtliche Konten, für die der Steuerpflichtige Zeichnungsberechtigter oder Endbegünstigter ist, abgefragt werden. Weitere Beispiele für Fragen für die Formulierung von Ersuchen bezogen auf bestimmte Sachverhalte sind auf dem KTZ-Server erhältlich (http://wiki.ktz.testa-de.net/cgibin/twiki/view/TIEA/WebStartseite).

Um Auskünfte für das Besteuerungsverfahren kann nur für Besteuerungszeiträume ersucht werden, die am Tag oder nach dem Tag des Inkrafttretens des Abkommens beginnen. Wenn es keine Besteuerungszeiträume gibt, sind die Abkommen für Steuerbeträge anwendbar, die am oder ab dem Tag des Inkrafttretens entstehen. Es kann aber auch um Informationen ersucht werden, die in der Zeit vor dem Inkrafttreten und der erstmaligen Anwendung des Abkommens angefallen sind, sofern die erbetenen Informationen sich auf Besteuerungszeiträume beziehen bzw. für diese relevant sind, für die das Abkommen zeitlich anwendbar ist. Die nach diesen Abkommen erhaltenen Informationen dürfen auch für Besteuerungszeiträume verwendet werden, die vor dem Tag des Inkrafttretens liegen.

Amtshilfe und Steuerstrafverfahren 11

Die Steuerfahndung kann im Zusammenhang mit Steuerstraftaten und Steuerordnungswidrigkeiten sowohl im Steuerstraf- als auch im Besteuerungsverfahren tätig werden.

Ein anhängiges Steuerstrafverfahren sperrt nicht den Amtshilfeweg. Ob der Amtshilfeweg oder der Rechtshilfeweg beschritten wird, richtet sich nach den folgenden Grundsätzen.

Haben sich erste Anhaltspunkte für die Begehung einer Steuerstraftat oder -ordnungswidrigkeit zu einem Anfangsverdacht verdichtet und ist daher ein Steuerstraf- oder Bußgeldverfahren eingeleitet worden, ist der Rechtshilfeweg zu beschreiten, wenn das Steuerstrafverfahren gefördert werden soll. Dies gilt auch dann, wenn im Zusammenhang mit dem steuerstrafrechtlichen bzw. bußgeldrechtlichen Ermittlungsverfahren die Besteuerungsgrundlagen ermittelt werden sollen (BFH vom 6. Februar 2001 VII B 277/00, BStBl. II S. 306). Die so erlangten Auskünfte können unmittelbar im Besteuerungsverfahren verwendet werden.

[1] Im BStBl. nicht abgedruckt.

Anl 1

Die Finanzbehörden können nach den TIEAs auch nach Einleitung eines Steuerstrafverfahrens unter Beachtung des § 393 AO (i. V. m. §§ 77 Abs. 1, 1 Abs. 3 IRG) um Informationen im Wege der Amtshilfe ersuchen, wenn mit der im Ersuchen begehrten Auskunft das Besteuerungsverfahren gefördert werden soll, insbesondere durch die Feststellung der steuerlich relevanten Sachverhalte und Besteuerungsgrundlagen. Nach Einleitung des Steuerstrafverfahrens kann damit nur im Wege der Amtshilfe um die Erteilung von Auskünften ersucht werden, soweit/sofern die Ermittlungsmaßnahme objektiv nicht der Verfolgung der Steuerstraftat dient.

Für Verfahrensabschnitte **vor** Einleitung des Steuerstrafverfahrens (z. B. Vorfeldermittlungen der Steuerfahndung nach § 208 Abs. 1 Nr. 3 AO) kann um zwischenstaatliche Unterstützung durch Informationsaustausch nur auf dem Amtshilfeweg ersucht werden (siehe auch AStBV (St) 2014 Nr. 12), d. h. über das Bundeszentralamt für Steuern.

12 **Amtshilfeersuchen für Zeiträume vor dem Inkrafttreten der Abkommen zwecks Feststellung der Besteuerungsgrundlagen, soweit Steuern hinterzogen wurden**

In Fällen, in denen davon auszugehen ist, dass Steuern hinterzogen wurden und die Besteuerungsgrundlagen im Wege der Amtshilfe ermittelt werden sollen (§ 169 Abs. 2 Satz 2 AO), kann das Ersuchen, da es sich auf eine „Steuerstrafsache" im Sinne der Abkommen bezieht, auch für Zeiträume vor dem Inkrafttreten der Abkommen gestellt werden (Ausnahmen: Abkommen mit Liechtenstein, Bermuda und Bahamas). Dies sind insbesondere Fälle, in denen ein Steuerstrafverfahren aufgrund von Strafverfolgungshindernissen nicht mehr betrieben werden kann, jedoch die Besteuerungsgrundlagen im Hinblick auf die noch mögliche Steuerfestsetzung ermittelt werden sollen (BFH vom 29. Oktober 1986 I B 28/86 BStBl. 1987 II S. 440; BFH vom 16. Dezember 1997 VII B 45/97, BStBl. 1998 II S. 231).

13 **Rechtshilfe im Steuerstraf- und Bußgeldverfahren**

Nach den TIEAs kann um Rechtshilfe zur Förderung des Steuerstraf- oder Bußgeldverfahrens ersucht werden. Rechtshilfe wird nach den TIEAs durch Übermittlung von Informationen gewährt, die der Förderung des Steuerstraf- oder Bußgeldverfahrens dienen („Informationsrechtshilfe"). Wie sich der ersuchte Staat die erbetenen Informationen verschafft, hängt vom dortigen innerstaatlichen Recht ab.

Das Ersuchen ist durch die zuständigen Stellen der Finanzverwaltung auf dem jeweils vorgesehenen Dienstweg an das Bundesamt für Justiz als Bewilligungsbehörde zu leiten (§ 74 Abs. 2 IRG i. V. m. Nr. 5 Buchst. c Zuständigkeitsvereinbarung 2004[1], Nrn. 7, 30, 127 RiVASt). Die jeweils einschlägigen Landesbestimmungen über die Ausübung der Befugnisse für die Rechtshilfe in strafrechtlichen Angelegenheiten und über den Geschäftsweg bei Erstellung von Ersuchen sind zu beachten.

Führen die Finanzbehörden das Ermittlungsverfahren selbständig durch (§ 399 Abs. 1 AO i. V. m. § 386 Abs. 2 AO) und leiten sie das Ersuchen dem Bundesamt für Justiz direkt zu, soll gegenüber dem Bundesamt für Justiz eine für dieses Land zuständige Finanzbehörde festgelegt werden.

Die erforderlichen Übersetzungen sind von der Behörde zu beschaffen, die das dem Ersuchen zugrunde liegende Verfahren betreibt (Nr. 14 RiVASt). Ersuchen können auch für Zeiträume gestellt werden, die vor dem Inkrafttreten des TIEAs liegen. Dies gilt jedoch nicht für die Abkommen mit Liechtenstein, Bermuda und Bahamas. Um Auskünfte im Wege der Rechtshilfe kann die zuständige Liechtensteinische Behörde nur für Zeiträume beginnend ab dem 1. Januar 2010, die zuständige Behörde Bermudas für Zeiträume ab dem 1. Januar 2013 und die zuständige Behörde Bahamas für Zeiträume ab dem 1. Januar 2012 ersucht werden. Alle nach den Abkommen erhaltenen Auskünfte können auch für die Beurteilung von Zeiträumen herangezogen werden, die vor dem Inkrafttreten oder der erstmaligen Anwendung des Abkommens liegen.

14 **Anwesenheit in- oder ausländischer Bediensteter bei Ermittlungshandlungen im anderen Vertragsstaat im Wege der Amtshilfe**

Die von Deutschland geschlossenen Abkommen über den Informationsaustausch in Steuersachen sehen entsprechend Art. 6 Abs. 1 OECD-Musterabkommen über den Informationsaustausch die Möglichkeit vor, dass Bedienstete der ersuchenden Vertragspartei in das Gebiet der ersuchten Vertragspartei einreisen und dort zur besseren Kommunikation mit dem Ziel einer leichteren und schnelleren Sachverhaltsaufklärung bestimmte eigenständige Ermittlungshandlungen vornehmen können. Danach dürfen Bedienstete der ersuchenden Vertragspartei im Hoheitsgebiet der ersuchten Vertragspartei Beteiligte mit deren Zustimmung befragen und Unterlagen prüfen. Voraussetzung hierfür ist, dass diese Vorgehensweise nach dem Recht der ersuchten Vertragspartei zulässig ist und die zuständige Behörde der ersuchten Vertragspartei die Einreise zum Zwecke der vorgenannten Ermittlungshandlungen gestattet hat.

Wird ein solches Ersuchen an die deutsche Steuerverwaltung gerichtet, wird das Bundeszentralamt für Steuern in Absprache mit der zuständigen obersten Landesfinanzbehörde die betroffenen inländischen Beteiligten unterrichten und um Abgabe einer schriftlichen Einwilligungserklärung bitten. Diese Einwilligungserklärung kann inhaltlich begrenzt werden. Weitere Voraussetzung ist die Zustimmung des Bundeszentralamtes für Steuern und der zuständigen obersten Landesfinanzbehörde, die Ermittlungshandlungen der ausländischen Bediensteten zu dulden. Die Zustimmung wird nur unter der Bedingung erteilt, dass inländische Bedienstete während der gesamten Dauer der Befragung und der Einsichtnahme der Unterlagen anwesend sind.

[1] **[Amtl. Anm.:]** Vereinbarung zwischen der Bundesregierung und den Landesregierungen über die Zuständigkeit im Rechtshilfeverkehr mit dem Ausland in strafrechtlichen Angelegenheiten vom 28. April 2004 (BAnz. Nr. 100 vom 29. Mai 2005, S. 11 494).

Darüber hinaus kann die Anwesenheit ausländischer Bediensteter bei den für die Informationsbeschaffung relevanten Abschnitten steuerlicher Prüfungshandlungen gestattet werden. Hierzu zählen insbesondere steuerliche Außenprüfungen, Inaugenscheinnahme und Befragungen von Personen. Diese Anwesenheit ist jedoch nicht als Vornahme von Prüfungshandlungen zu verstehen. Der hinzugezogene ausländische Bedienstete darf lediglich während der relevanten Abschnitte der Prüfungshandlungen anwesend sein und Beweismittel, die ihm durch Vermittlung der Vertreter der ersuchten Vertragspartei zugängig gemacht werden, selbst würdigen. § 117 Abs. 4 AO ist zu beachten. Erforderlich hierfür ist ebenso die Zustimmung des Bundeszentralamtes für Steuern und der zuständigen obersten Landesfinanzbehörde.

Will die deutsche Finanzbehörde, dass Bedienstete ihrer Verwaltung bei Ermittlungshandlungen der ersuchten Behörde im Ausland anwesend sind, ist ein entsprechendes Ersuchen dem Bundeszentralamt für Steuern auf dem Dienstweg zuzuleiten. Das Bundeszentralamt für Steuern koordiniert das weitere Verfahren.

Anwesenheit in- oder ausländischer Bediensteter zum Zwecke der Strafverfolgung 15

Soll durch die Anwesenheit in- oder ausländischer Bediensteter, insbesondere Angehörige der Steuerfahndung, das Strafverfahren gefördert werden, kann dies nicht auf die in Art. 6 des OECD-Musterabkommens für Informationsaustausch in Steuersachen entsprechenden Bestimmungen der Abkommen gestützt werden. Es sind die übrigen Regelungen über die internationale Rechtshilfe in Strafsachen zu beachten und gegebenenfalls das Einvernehmen innerhalb der Bundesregierung herzustellen.

Anl 2

2) Schreiben betr. automatischer Austausch von Informationen über Finanzkonten in Steuersachen nach dem Finanzkonten-Informationsaustauschgesetz – FKAustG; Bekanntmachung einer finalen Staatenaustauschliste 2025 i. S. d. § 1 Abs. 1 FKAustG für den automatischen Austausch von Informationen über Finanzkonten in Steuersachen zum 30. September 2025

Vom 3. Juni 2025 (BeckVerw 050762)

BMF IV D 3 – S 1315/00304/070/025; DOK COO.7005.100.2.12160629

Nach dem Gesetz zum automatischen Austausch von Informationen über Finanzkonten in Steuersachen (Finanzkonten-Informationsaustauschgesetz – FKAustG) werden Informationen über Finanzkonten in Steuersachen zwischen dem Bundeszentralamt für Steuern (BZSt) und der zuständigen Behörde des jeweils anderen Staates i. S. d. § 1 Abs. 1 FKAustG automatisch ausgetauscht (§ 27 Abs. 1 FKAustG). 16

Dem BZSt sind hierfür von den meldenden Finanzinstituten die Finanzkontendaten zu den meldepflichtigen Konten für den Meldezeitraum 2024 nach amtlich vorgeschriebenem Datensatz elektronisch im Wege der Datenfernübertragung zum 31. Juli 2025 zu übermitteln (§ 27 Abs. 2 FKAustG).

Zu den Staaten i. S. d. § 1 Abs. 1 FKAustG, bei denen die Voraussetzungen für einen automatischen Austausch von Informationen über Finanzkonten in Steuersachen vorliegen, zählen

1. Mitgliedstaaten der Europäischen Union aufgrund der Richtlinie 2011/16/EU des Rates vom 15. Februar 2011 über die Zusammenarbeit der Verwaltungsbehörden im Bereich der Besteuerung und zur Aufhebung der Richtlinie 77/799/EWG (ABl. L 64 vom 11. März 2011, S. 1; Amtshilferichtlinie) in der Fassung der Richtlinie 2014/107/EU (ABl. L 359 vom 16. Dezember 2014, S. 1),
2. Drittstaaten, die Vertragsparteien der von der Bundesrepublik Deutschland unterzeichneten Mehrseitigen Vereinbarung vom 29. Oktober 2014 zwischen den zuständigen Behörden über den automatischen Austausch von Informationen über Finanzkonten (BGBl. 2015 II S. 1630, 1632) sind und diese in ihr nationales Recht verpflichtend aufgenommen haben sowie Vertragsparteien des Übereinkommens über die gegenseitige Amtshilfe in Steuersachen (BGBl. 2015 II S. 966, 967) sind und die gewährleisten, dass sie die Voraussetzungen des § 7 Abs. 1, insbesondere Buchst. e der Mehrseitigen Vereinbarung vom 29. Oktober 2014 zwischen den zuständigen Behörden über den automatischen Austausch von Informationen über Finanzkonten erfüllen,
3. Drittstaaten, die Verträge mit der Europäischen Union zur Vereinbarung des automatischen Austauschs von Informationen über Finanzkonten im Sinne der unter Nr. 1 angeführten Richtlinie 2014/107/EU (ABl. L 359 vom 16. Dezember 2014, S. 1) geschlossen haben, sowie
4. Drittstaaten, mit denen die Bundesrepublik Deutschland ein Abkommen über den steuerlichen Informationsaustausch geschlossen hat, nach dem ein automatischer Austausch von Informationen vereinbart werden kann.

Hiermit werden die Staaten i. S. d. § 1 Abs. 1 FKAustG bekanntgegeben, bei denen die Voraussetzungen für den automatischen Austausch von Informationen über Finanzkonten mit Stand vom 14. Mai 2025 vorliegen, mit denen der automatische Datenaustausch zum 30. September 2025 erfolgt und für welche die meldenden Finanzinstitute Finanzkontendaten zum 31. Juli 2025 an das BZSt zu übermitteln haben (finale FKAustG-Staatenaustauschliste 2025).

Für den Datenaustausch zum 30. September 2026 wird eine neue FKAustG-Staatenaustauschliste 2026 im Rahmen eines weiteren BMF-Schreibens bekanntgegeben.

Die finale FKAustG-Staatenaustauschliste 2025 wird nachfolgend dargestellt und steht auf den Internetseiten des BZSt unter www.bzst.bund.de zur Ansicht und zum Abruf bereit.

Anl 2

Finale FKAustG-Staatenaustauschliste 2025

Nr.	Staaten nach § 1 Abs. 1 FKAustG mit automatischem Informationsaustausch zum 30. September 2025	Rechtsgrundlage nach § 1 Abs. 1 FKAustG
1.	Albanien	§ 1 Abs. 1 Nr. 2 FKAustG
2.	Andorra	§ 1 Abs. 1 Nr. 3 FKAustG
3.	Anguilla[1]	§ 1 Abs. 1 Nr. 2 FKAustG
4.	Antigua und Barbuda	§ 1 Abs. 1 Nr. 2 FKAustG
5.	Argentinien	§ 1 Abs. 1 Nr. 2 FKAustG
6.	Armenien	§ 1 Abs. 1 Nr. 2 FKAustG
7.	Aruba	§ 1 Abs. 1 Nr. 2 FKAustG
8.	Aserbaidschan	§ 1 Abs. 1 Nr. 2 FKAustG
9.	Australien	§ 1 Abs. 1 Nr. 2 FKAustG
10.	Bahamas[1]	§ 1 Abs. 1 Nr. 2 FKAustG
11.	Bahrain[1]	§ 1 Abs. 1 Nr. 2 FKAustG
12.	Barbados	§ 1 Abs. 1 Nr. 2 FKAustG
13.	Belgien	§ 1 Abs. 1 Nr. 1 FKAustG
14.	Belize	§ 1 Abs. 1 Nr. 2 FKAustG
15.	Bermuda[1]	§ 1 Abs. 1 Nr. 2 FKAustG
16.	Brasilien	§ 1 Abs. 1 Nr. 2 FKAustG
17.	Britische Jungferninseln[1]	§ 1 Abs. 1 Nr. 2 FKAustG
18.	Brunei Darussalam[1]	§ 1 Abs. 1 Nr. 2 FKAustG
19.	Bulgarien	§ 1 Abs. 1 Nr. 1 FKAustG
20.	Chile	§ 1 Abs. 1 Nr. 2 FKAustG
21.	China	§ 1 Abs. 1 Nr. 2 FKAustG
22.	Cookinseln	§ 1 Abs. 1 Nr. 2 FKAustG
23.	Costa Rica	§ 1 Abs. 1 Nr. 2 FKAustG
24.	Curaçao	§ 1 Abs. 1 Nr. 2 FKAustG
25.	Dänemark	§ 1 Abs. 1 Nr. 1 FKAustG
26.	Dominica[2]	§ 1 Abs. 1 Nr. 2 FKAustG
27.	Ecuador	§ 1 Abs. 1 Nr. 2 FKAustG
28.	Estland	§ 1 Abs. 1 Nr. 1 FKAustG
29.	Färöer	§ 1 Abs. 1 Nr. 2 FKAustG
30.	Finnland	§ 1 Abs. 1 Nr. 1 FKAustG
31.	Frankreich[3]	§ 1 Abs. 1 Nr. 1 FKAustG
32.	Georgien	§ 1 Abs. 1 Nr. 2 FKAustG
33.	Ghana	§ 1 Abs. 1 Nr. 2 FKAustG
34.	Gibraltar	§ 1 Abs. 1 Nr. 2 FKAustG
35.	Grenada	§ 1 Abs. 1 Nr. 2 FKAustG
36.	Griechenland	§ 1 Abs. 1 Nr. 1 FKAustG
37.	Grönland	§ 1 Abs. 1 Nr. 2 FKAustG
38.	Guernsey	§ 1 Abs. 1 Nr. 2 FKAustG

[1] **[Amtl. Anm.:]** Aufgrund einer Notifikation dieses Staates gemäß § 7 Abs. 1 Buchst. b der Mehrseitigen Vereinbarung vom 29. Oktober 2014 zwischen den zuständigen Behörden über den automatischen Austausch von Informationen über Finanzkonten übermittelt die Bundesrepublik Deutschland nach § 2 Abs. 1.2 dieser Mehrseitigen Vereinbarung keine Finanzkonteninformationen an diesen Staat, erhält jedoch Finanzkonteninformationen von diesem. Deshalb sind auch in diesem Fall bis auf Weiteres dem BZSt keine Finanzkontendaten durch meldende Finanzinstitute gemäß § 5 Abs. 1 FKAustG zu übermitteln.

[2] **[Amtl. Anm.:]** Aufgrund einer Notifikation dieses Staates gemäß § 7 Abs. 1 Buchst. b der Mehrseitigen Vereinbarung vom 29. Oktober 2014 zwischen den zuständigen Behörden über den automatischen Austausch von Informationen über Finanzkonten übermittelt die Bundesrepublik Deutschland nach § 2 Abs. 1.2 dieser Mehrseitigen Vereinbarung keine Finanzkonteninformationen an diesen Staat, erhält jedoch Finanzkonteninformationen von diesem. Deshalb sind auch in diesem Fall bis auf weiteres keine Finanzkontendaten durch meldende Finanzinstitute dem BZSt gemäß § 5 Abs. 1 FKAustG zu übermitteln.

[3] **[Amtl. Anm.:]** Hierzu zählen auch Französisch-Guayana, Guadeloupe, Martinique, Mayotte, Réunion und Saint-Barthélemy.

AO

§ 117a Umsetzung innerstaatlich anwendbarer völkerrechtlicher Vereinbarungen zur Förderung der Steuerehrlichkeit bei internationalen Sachverhalten; Verordnungsermächtigung

(1) ① Das Bundesministerium der Finanzen wird ermächtigt, zur Erfüllung der Verpflichtungen aus innerstaatlich anwendbaren völkerrechtlichen Vereinbarungen, die der Förderung der Steuerehrlichkeit durch systematische Erhebung und Übermittlung steuerlich relevanter Daten dienen, durch Rechtsverordnungen mit Zustimmung des Bundesrates Regelungen zu treffen über 1

1. die Erhebung der nach diesen Vereinbarungen erforderlichen Daten durch in diesen Vereinbarungen dem Grunde nach bestimmte Dritte,

2. die Übermittlung dieser Daten nach amtlich vorgeschriebenem Datensatz im Wege der Datenfernübertragung an das Bundeszentralamt für Steuern,

3. die Weiterleitung dieser Daten an die zuständige Behörde des anderen Vertragsstaates sowie

4. die Entgegennahme entsprechender Daten von dem anderen Vertragsstaat und deren Weiterleitung nach Maßgabe des § 88 Absatz 3 und 4 an die zuständige Landesfinanzbehörde.

② In einer Rechtsverordnung nach Satz 1 kann dem Bundeszentralamt für Steuern das Recht eingeräumt werden, die Daten und Meldungen nach § 9 Absatz 1 und 2 der FATCA-USA-Umsetzungsverordnung zur Erfüllung der dem Bundeszentralamt für Steuern gesetzlich übertragenen Aufgaben auszuwerten. ③ Auswertungen der Meldungen nach § 9 Absatz 2 der FATCA-USA-Umsetzungsverordnung durch die jeweils zuständige Landesfinanzbehörde bleiben hiervon unberührt.

(2) Bei der Übermittlung von Daten durch das Bundeszentralamt für Steuern an die zuständige Finanzbehörde des anderen Vertragsstaates nach einer auf Grund des Absatzes 1 Satz 1 erlassenen Rechtsverordnung findet eine Anhörung der Beteiligten nicht statt. 2

(3) ① Das Bundeszentralamt für Steuern ist berechtigt, Verhältnisse, die für die Erfüllung der Pflichten zur Erhebung und Übermittlung von Daten nach einer auf Grund des Absatzes 1 erlassenen Rechtsverordnung von Bedeutung sind oder der Aufklärung bedürfen, bei den zur Erhebung dieser Daten und deren Übermittlung an das Bundeszentralamt für Steuern Verpflichteten zu prüfen. ② Die §§ 193 bis 203 gelten sinngemäß. 3

(4) ① Die auf Grund einer Rechtsverordnung nach Absatz 1 oder im Rahmen einer Prüfung nach Absatz 3 vom Bundeszentralamt für Steuern erhobenen Daten dürfen nur für die in den zugrunde liegenden völkerrechtlichen Vereinbarungen festgelegten Zwecke verwendet werden. ② Bei der Übermittlung der länderbezogenen Berichte durch das Bundeszentralamt für Steuern gemäß § 138 a Absatz 7 Satz 1 bis 3 findet keine Anhörung der Beteiligten statt. 4

§ 117b Besondere Formen der Amtshilfe mit Drittstaaten

(1) ① Die Finanzbehörden können im Verhältnis zu Staaten und Hoheitsgebieten, die nicht Mitgliedstaaten der Europäischen Union sind (Drittstaaten), in entsprechender Anwendung von § 2 Absatz 1 und 13, § 3 Absatz 2 Satz 3 und 4 und Absatz 3 a sowie der §§ 10 bis 12 a des EU-Amtshilfegesetzes nach Maßgabe des Absatzes 2 besondere Formen der zwischenstaatlichen Amtshilfe in Anspruch nehmen und unter der Voraussetzung der Gegenseitigkeit leisten. ② § 117 bleibt unberührt, soweit diese Vorschrift nichts anderes bestimmt. 1

(2) ① Abweichend von 2

1. § 10 Absatz 1 Satz 2 erster Halbsatz des EU-Amtshilfegesetzes kann die Teilnahme an behördlichen Ermittlungen mittels elektronischer Kommunikation gestattet werden,

2. § 10 Absatz 1 Satz 3 und § 12 Absatz 5 Satz 2 des EU-Amtshilfegesetzes soll die Bestätigung oder die Ablehnung innerhalb von 60 Tagen nach Erhalt des Ersuchens übermittelt werden,

3. § 10 Absatz 2 Satz 1 und § 12 Absatz 2 Satz 2 bis 5 des EU-Amtshilfegesetzes bestimmt sich die Zulässigkeit des Austausches von Informationen nach den im Einzelfall innerstaatlich anwendbaren völkerrechtlichen Vereinbarungen oder, in Ermangelung solcher, nach § 117 Absatz 3,

4. § 12 a Absatz 4 Satz 2 erster Halbsatz des EU-Amtshilfegesetzes sollen die Feststellungen in einem gemeinsamen Prüfbericht festgehalten werden,

5. § 12 a Absatz 4 Satz 4 des EU-Amtshilfegesetzes können die beteiligten Behörden, sofern die Gegenseitigkeit verbürgt ist, mit der zuständigen Behörde des Drittstaates

vereinbaren, die Beweisführung der entsprechenden Behörde des Drittstaates zu unterstützen.

② An die Stelle des zentralen Verbindungsbüros treten im Inland das Bundeszentralamt für Steuern und im Drittstaat die jeweils zuständige Behörde. ③ § 12 Absatz 7 des EU-Amtshilfegesetzes gilt nicht; zielen die behördlichen Ermittlungen im Inland auf ein Verfahren nach den §§ 193 bis 207, kann auf die Anhörung des inländischen Beteiligten bis zur Bekanntgabe der Prüfungsanordnung verzichtet werden, sofern andernfalls der Erfolg der gleichzeitigen oder gemeinsamen Prüfung gefährdet würde.

3 (3) Hinsichtlich der Einfuhr- und Ausfuhrabgaben nach Artikel 5 Nummer 20 und 21 des Zollkodex der Union sowie hinsichtlich der Verbrauch- und Verkehrsteuern kann das Zollkriminalamt als Zentralstelle gemäß § 3 Absatz 7 Satz 1 Nummer 1 des Zollfahndungsdienstgesetzes entsprechend den Absätzen 1 und 2 zwischenstaatliche Amtshilfe für den Zuständigkeitsbereich der Zollverwaltung bewilligen und ersuchen, soweit das Bundesministerium der Finanzen die Aufgabe nicht selbst wahrnimmt oder eine abweichende Zuweisung vorsieht.

§ 117c Übermittlung von Informationen einschließlich personenbezogener Daten auf Ersuchen an einen anderen Mitgliedstaat der Europäischen Union zur Verhütung von Straftaten

1 (1) Auf ein Ersuchen einer Strafverfolgungsbehörde eines Mitgliedstaates der Europäischen Union, das nach Maßgabe der Richtlinie (EU) 2023/977 gestellt worden ist, oder auf Ersuchen einer nach Artikel 14 dieser Richtlinie benannten zentralen Kontaktstelle eines anderen Mitgliedstaates der Europäischen Union dürfen die mit der Steuerfahndung betrauten Dienststellen der Finanzbehörden dem ersuchenden Mitgliedstaat der Europäischen Union verfügbare Informationen einschließlich personenbezogener Daten zum Zweck der Verhütung von Straftaten übermitteln.

2 (2) Eine Information ist im Sinne des Absatzes 1 verfügbar,

1. wenn sie in einer Datenbank verfügbar ist, auf die die ersuchte mit der Steuerfahndung betraute Dienststelle der Finanzbehörde unmittelbar zugreifen kann, oder
2. wenn die ersuchte mit der Steuerfahndung betraute Dienststelle der Finanzbehörde nach Maßgabe von Bundes- und Landesrecht von anderen Behörden oder privaten Parteien, die in der Bundesrepublik Deutschland ansässig sind, diese ohne Zwangsmaßnahmen einholen kann.

3 (3) ① Die Übermittlung nach Absatz 1 erfolgt unter den gleichen gesetzlichen Voraussetzungen, unter denen die Übermittlung auch ohne Ersuchen an deutsche Polizei-, Finanz- oder Zollbehörden, ein deutsches Gericht oder eine deutsche Staatsanwaltschaft zulässig wäre. ② Eine Anhörung des inländischen Beteiligten erfolgt nicht. ③ Die Regelungen des § 3 des Bundeskriminalamtgesetzes über den internationalen Dienstverkehr der Polizeien des Bundes und der Länder bleiben unberührt.

4 (4) ① Bei der Übermittlung von Daten ist mitzuteilen, dass die Verwendung als Beweismittel in einem Gerichtsverfahren unzulässig ist, es sei denn,

1. die nach § 92 Absatz 4 des Gesetzes über die internationale Rechtshilfe in Strafsachen zuständige Stelle hat ihre Zustimmung zur Verwendung als Beweismittel erteilt oder
2. die Verwendung als Beweismittel ist durch eine anwendbare völkerrechtliche Vereinbarung oder einen unmittelbar anwendbaren Rechtsakt der Europäischen Union zugelassen.

② Die Zuständigkeit für die Zustimmung zu einer Verwendung als Beweismittel nach Satz 1 Nummer 1 richtet sich nach den Vorschriften des Gesetzes über die internationale Rechtshilfe in Strafsachen.

5 (5) ① Die ersuchten Informationen werden in der Sprache übermittelt, in der das Ersuchen übermittelt wurde, wenn es in einer der Bundesrepublik Deutschland nach Artikel 11 der Richtlinie (EU) 2023/977 benannten Sprache übermittelt wurde. ② Die Informationen können in einer der Sprachen übermittelt werden, die der ersuchende Mitgliedstaat der Europäischen Union nach Artikel 11 der Richtlinie (EU) 2023/977 benannt hat. ③ Satz 1 gilt entsprechend für andere Mitteilungen der Europäischen Union, einschließlich der begründeten Ablehnung von Ersuchen, Bitten um ergänzende Informationen und Mitteilungen.

§ 117d Inhalt des Ersuchens

1 Ein Ersuchen nach § 117c Absatz 1 soll Angaben zu Folgendem enthalten:

1. eine Präzisierung der angeforderten Informationen, die so detailliert ist, wie dies unter den gegebenen Umständen in angemessener Weise möglich ist,

2. die Beschreibung des Sachverhalts und der dem Ersuchen zugrunde liegenden Straftat,
3. die Benennung des Zwecks, zu dem die Informationen erbeten werden,
4. Einzelheiten zur Identität der betroffenen Person, sofern sich das Ersuchen auf eine bekannte Person bezieht,
5. soweit angemessen, eine Erläuterung des Zusammenhangs zwischen dem Zweck, zu dem die Informationen angefordert werden, und allen natürlichen oder juristischen Personen oder Organisationen, auf die sich die Informationen beziehen,
6. etwaige Beschränkungen einer Verwendung der in dem Ersuchen enthaltenen Informationen zu anderen Zwecken als denen, für die sie übermittelt wurden.

§ 117e Ablehnungsgründe

(1) **Die Übermittlung von Informationen einschließlich personenbezogener Daten nach § 117 c ist unzulässig, soweit** 1
1. eine nach deutschem Recht erforderliche Genehmigung durch die zuständige Staatsanwaltschaft oder das zuständige Gericht verweigert wurde,
2. die angeforderten Informationen bei der ersuchten mit der Steuerfahndung betrauten Dienststelle der Finanzbehörde nicht nach § 117 c Absatz 2 verfügbar sind und nur durch Ergreifen von Zwangsmaßnahmen erlangt werden können,
3. die Übermittlung der Informationen unverhältnismäßig wäre oder die Informationen für die Zwecke, für die sie übermittelt werden sollen, nicht erforderlich sind,
4. es sich bei den ersuchten Informationen um andere personenbezogene Daten handelt als jene, die unter die in Anhang II Abschnitt B zu der Verordnung (EU) 2016/794 genannten Kategorien personenbezogener Daten fallen,
5. die ersuchten Informationen sich als unrichtig, unvollständig oder nicht mehr aktuell erwiesen haben,
6. objektive Anhaltspunkte dafür vorliegen, dass die Bereitstellung der ersuchten Informationen
a) den grundlegenden Sicherheitsinteressen des Bundes oder der Länder zuwiderlaufen oder sie schädigen würde,
b) den Erfolg eines laufenden strafrechtlichen Ermittlungsverfahrens oder die Sicherheit einer Person gefährden würde,
7. die ersuchten Informationen ursprünglich von einem anderen Mitgliedstaat der Europäischen Union oder einem Drittstaat erlangt wurden und dieser Staat der Übermittlung der Informationen nicht zugestimmt hat.

(2) **Die Übermittlung von Informationen einschließlich personenbezogener Daten kann unterbleiben, soweit** 2
1. die angeforderten Informationen bei der ersuchten mit der Steuerfahndung betrauten Dienststelle der Finanzbehörde nicht nach § 117 c Absatz 2 Nummer 1 verfügbar sind, jedoch ohne das Ergreifen von Zwangsmaßnahmen nach § 117 c Absatz 2 Nummer 2 eingeholt werden können,
2. das Ersuchen
a) eine Straftat betrifft, die nach deutschem Recht mit Freiheitsstrafe von höchstens einem Jahr oder weniger geahndet werden kann, oder
b) eine Angelegenheit betrifft, die nach deutschem Recht keine Straftat darstellt,
3. das Ersuchen nicht den Anforderungen des § 117 d entspricht.

(3) **Ein Ersuchen, das in einer anderen Sprache als den Sprachen, die von der Bundesrepublik Deutschland nach Artikel 11 der Richtlinie (EU) 2023/977 benannt werden, abgefasst ist, kann abgelehnt werden.** 3

(4) **Vor Ablehnung eines Ersuchens soll den ersuchenden Behörden die Möglichkeit gegeben werden, ergänzende Klarstellungen oder Präzisierungen beizubringen.** 4

(5) **Soweit die Übermittlung von Informationen die Genehmigung der Staatsanwaltschaft oder eines Gerichtes voraussetzt, unternimmt die zuständige mit der Steuerfahndung betraute Dienststelle der Finanzbehörde unverzüglich alle erforderlichen Schritte, um diese Genehmigung so schnell wie möglich einzuholen.** 5

§ 117f Zusammenarbeit mit zentralen Kontaktstellen

(1) **Auf ein Ersuchen hin, das bei der nach Artikel 14 der Richtlinie (EU) 2023/977 für die Bundesrepublik Deutschland benannten nationalen zentralen Kontaktstelle eingegangen ist, haben die mit der Steuerfahndung betrauten Dienststellen der Finanzbehörden der zentralen Kontaktstelle verfügbare Informationen im Sinne des § 117 c Absatz 2 nach § 117 c Absatz 3 zu übermitteln.** 1

AO

2 (2) ① Nach § 117 c übermittelte Informationen werden in Kopie auch der für die Bundesrepublik Deutschland benannten nationalen zentralen Kontaktstelle übermittelt. ② Wenn die nach § 117 c ersuchten Informationen zur Beantwortung nicht der nach Artikel 14 der Richtlinie (EU) 2023/977 benannten zentralen Kontaktstelle des ersuchenden Mitgliedstaates der Europäischen Union übermittelt wurden, wird auch dieser zentralen Kontaktstelle eine Kopie der Informationen übermittelt.

3 (3) Die Übermittlung an die zentrale Kontaktstelle des ersuchenden Mitgliedstaates nach Absatz 2 Satz 2 unterbleibt, wenn dadurch Folgendes gefährdet wird:

1. eine laufende hochsensible Ermittlung, bei der die Verarbeitung von Informationen ein angemessenes Maß an Vertraulichkeit erfordert,
2. Terrorismusfälle, bei denen es sich nicht um Not- oder Krisenmanagementsituationen handelt, oder
3. die Sicherheit einer oder mehrerer Personen.

§ 117g Informationsübermittlung ohne Ersuchen

1 (1) ① Nach Maßgabe der Richtlinie (EU) 2023/977 dürfen die mit der Steuerfahndung betrauten Dienststellen der Finanzbehörden gemäß § 117 c Absatz 2 verfügbare Informationen einschließlich personenbezogener Daten, ohne Ersuchen an die zuständigen Strafverfolgungsbehörden anderer Mitgliedstaaten der Europäischen Union aus eigener Initiative übermitteln, wenn objektive Anhaltspunkte dafür vorliegen, dass die Informationen für den anderen Mitgliedstaat der Europäischen Union zum Zweck der Verhütung von Straftaten relevant sein könnten. ② Satz 1 gilt auch für die Übermittlung an nach Artikel 14 der Richtlinie (EU) 2023/977 benannte zentrale Kontaktstellen anderer Mitgliedstaaten der Europäischen Union.

2 (2) ① Die Übermittlung nach Absatz 1 erfolgt unter den gleichen gesetzlichen Voraussetzungen, unter denen die Übermittlung auch ohne Ersuchen an deutsche Polizei-, Finanz- oder Zollbehörden, ein deutsches Gericht oder eine deutsche Staatsanwaltschaft zulässig wäre. ② § 117 e Absatz 1 und 2 ist entsprechend anzuwenden.

3 (3) ① Die Regelungen des § 3 des Bundeskriminalamtgesetzes über den internationalen Dienstverkehr der Polizeien des Bundes und der Länder bleiben unberührt. ② Wenn die Übermittlung an die zentrale Kontaktstelle eines anderen Mitgliedstaates der Europäischen Union erfolgt, sind die Informationen in einer der Sprachen zu übermitteln, die von diesem Mitgliedstaat der Europäischen Union nach Artikel 11 der Richtlinie (EU) 2023/977 benannt wurden.

4 (4) § 117 c Absatz 3 Satz 2 und § 117 f sind entsprechend anzuwenden.

§ 117h Verpflichtung zur Übermittlung von Informationen ohne Ersuchen

1 (1) Nach Maßgabe der Richtlinie (EU) 2023/977 sind die mit der Steuerfahndung betrauten Dienststellen der Finanzbehörden verpflichtet, ohne Ersuchen von ihnen selbst erhobene Informationen einschließlich personenbezogener Daten an die zentrale Kontaktstelle nach Artikel 14 der Richtlinie (EU) 2023/977 oder die zuständigen Strafverfolgungsbehörden anderer Mitgliedstaaten der Europäischen Union aus eigener Initiative zu übermitteln, wenn objektive Anhaltspunkte dafür vorliegen, dass die Informationen für den anderen Mitgliedstaat der Europäischen Union zum Zweck der Verhütung von schweren Straftaten im Sinne von Artikel 2 Absatz 3 der Richtlinie (EU) 2023/977 relevant sein könnten.

2 (2) ① Die Übermittlung nach Absatz 1 erfolgt unter den gleichen gesetzlichen Voraussetzungen, unter denen die Übermittlung auch ohne Ersuchen an deutsche Polizei-, Finanz- oder Zollbehörden, ein deutsches Gericht oder eine deutsche Staatsanwaltschaft zulässig wäre. ② § 117 c Absatz 3 Satz 2 ist entsprechend anzuwenden.

3 (3) § 117 e Absatz 1, die §§ 117 f und 117 g Absatz 3 finden entsprechende Anwendung.

§ 117i Informationsübermittlung an Schengen-assoziierte Staaten

1 Die §§ 117 c bis 117 h gelten für die Übermittlung von Informationen an Strafverfolgungsbehörden von Staaten, die die Bestimmungen des Schengen-Besitzstandes aufgrund eines Assoziierungsabkommens mit der Europäischen Union über die Umsetzung, Anwendung und Entwicklung des Schengen-Besitzstandes anwenden, entsprechend.

AO

§ 117j Ausgehende Ersuchen um Übermittlung von Informationen einschließlich personenbezogener Daten an Strafverfolgungsbehörden eines anderen Mitgliedstaates der Europäischen Union

(1) ① **Die mit der Steuerfahndung betrauten Dienststellen der Finanzbehörden dürfen Ersuchen um Übermittlung von Informationen einschließlich personenbezogener Daten an die Strafverfolgungsbehörden eines anderen Mitgliedstaates der Europäischen Union zum Zweck der Verhütung von Straftaten richten.** ② **Die Regelungen des § 3 des Bundeskriminalamtgesetzes über den internationalen Dienstverkehr der Polizeien des Bundes und der Länder bleiben unberührt.** 1

(2) ① **Eine Kopie eines Ersuchens nach Absatz 1 wird der für die Bundesrepublik Deutschland nach Artikel 14 der Richtlinie (EU) 2023/977 benannten nationalen zentrale Kontaktstelle sowie der nach Artikel 14 der Richtlinie (EU) 2023/977 benannten zentralen Kontaktstelle des ersuchten Mitgliedstaates der Europäischen Union übermittelt.** ② **Für die Übermittlung nach Satz 1 gilt § 117f Absatz 3 entsprechend.** 2

(3) **Bei Ersuchen nach Absatz 1 sollen die Anforderungen des § 117d eingehalten werden.** 3

§ 117k Verwendung von nach der Richtlinie (EU) 2023/977 übermittelten Informationen

① **Informationen einschließlich personenbezogener Daten, die nach der Richtlinie (EU) 2023/977 an eine mit der Steuerfahndung betraute Dienststelle der Finanzbehörden übermittelt worden sind, dürfen nur für die Zwecke, für die sie übermittelt wurden, oder zur Abwehr einer gegenwärtigen und erheblichen Gefahr für die öffentliche Sicherheit verwendet werden.** ② **Für einen anderen Zweck oder als Beweismittel in einem gerichtlichen Verfahren dürfen sie nur verwendet werden, wenn der übermittelnde Staat zugestimmt hat oder diese auf Ersuchen nachträglich genehmigt.** ③ **Von dem übermittelnden Staat für die Verwendung der Informationen gestellte Bedingungen sind zu beachten.** 1

§ 117l Statistiken über die zwischenstaatliche Amts- und Rechtshilfe

① **Informationen, die im Zuge der zwischenstaatlichen Amts- und Rechtshilfe verarbeitet werden, dürfen statistisch pseudonymisiert oder anonymisiert aufbereitet werden.** ② **Diese statistischen Daten dürfen öffentlich zugänglich gemacht werden.** 1

Zweiter Abschnitt. Verwaltungsakte

§ 118 Begriff des Verwaltungsakts

① **Verwaltungsakt[1] ist jede Verfügung, Entscheidung oder andere hoheitliche Maßnahme, die eine Behörde zur Regelung eines Einzelfalls auf dem Gebiet des öffentlichen Rechts trifft und die auf unmittelbare Rechtswirkung nach außen gerichtet ist.** ② **Allgemeinverfügung ist ein Verwaltungsakt, der sich an einen nach allgemeinen Merkmalen bestimmten oder bestimmbaren Personenkreis richtet oder die öffentlich-rechtliche Eigenschaft einer Sache oder ihre Benutzung durch die Allgemeinheit betrifft.** 1

AEAO

Zu § 118 – Begriff des Verwaltungsaktes:

Da auch die Steuerbescheide Verwaltungsakte sind, gelten die §§ 118 ff. AO auch für die Steuerbescheide, soweit in den §§ 155 ff. AO nichts anderes bestimmt ist. Ausgenommen sind insbe- 2

[1] *BFH-Urteil vom 1. 9. 2021 VI R 38/19, BFH/NV 2022 S. 321:* 1. Der Regelungsgehalt eines Verwaltungsakts richtet sich maßgeblich nach dessen Tenor und nicht nach der (fehlerhaften) Überschrift. 2. Bei der Auslegung können auch vom Steuerpflichtigen eingereichte Unterlagen herangezogen werden, wenn das Finanzamt klar zum Ausdruck bringt, dass es sich deren Inhalt zu eigen gemacht hat.

Ob eine behördliche Äußerung eine unmittelbare Regelungswirkung hat oder ob es sich nur um einen nachrichtlichen Hinweis handelt, ist durch Auslegung des betreffenden behördlichen Schreibens zu ermitteln. Dabei muss, wenn in einem Steuerbescheid auf „weitere Feststellungen" in einer Anlage zum Bescheid verwiesen wird, den in der Anlage enthaltenen Angaben in der Regel ein eigenständiger Regelungsgehalt beigemessen werden. Diese stellen sodann mit Rechtsbehelfen anfechtbare Verwaltungsakte dar. Etwas anderes gilt z. B. für Angaben, die erkennbar nur einen von der Behörde beschrittenen Rechenweg darstellen *(BFH-Urteil vom 25. 4. 2001 I R 80/97, BFH/NV S. 1541).*

BFH-Urteil vom 8. 2. 2007 IV R 65/01, BStBl. 2009 II S. 699: Die Beantwortung der Frage, ob ein Verwaltungsakt mehrdeutig ist, richtet sich danach, wie ein außenstehender Dritter die Erklärung der Behörde auffassen musste; demgegenüber ist für die **Auslegung** eines Verwaltungsaktes maßgeblich, wie der Betroffene selbst nach den ihm bekannten Umständen den materiellen Gehalt der Erklärung unter Berücksichtigung von Treu und Glauben verstehen konnte (Bestätigung des *Senatsurteils vom 13. 10. 2005 IV R 55/04, BStBl. 2006 II S. 404).*

Die wiederholende Verfügung eines Verwaltungsakts ist kein neuer Verwaltungsakt, auch wenn sie die Form eines solchen hat und mit einer Rechtsmittelbelehrung versehen ist *(BFH-Beschluss vom 20. 7. 2012 VI B 21/12, BFH/NV S. 1764).*

BFH-Beschluss vom 19. 7. 2005 VI B 4/05, BFH/NV S. 1755: 1. Die in den Erläuterungen zum Einkommensteuerbescheid ausgesprochene Bitte, für die Zukunft ein Fahrtenbuch zu führen, ist keine Regelung eines Einzelfalles iSd § 118 Satz 1 AO. 2. Bei dieser „Fahrtenbuchauflage" handelt es sich lediglich um eine Vorbereitungsmaßnahme für künftige Steuerbescheide bzw. um den Hinweis auf Nachweis-Obliegenheiten für künftige Veranlagungsverfahren.

sondere die §§ 130 und 131 AO, die kraft ausdrücklicher Regelung (§ 172 Abs. 1 Satz 1 Nr. 2 Buchst. d AO) als Rechtsgrundlage für die Aufhebung oder Änderung von Steuerbescheiden ausgeschlossen sind.

AO

§ 119 Bestimmtheit und Form[1] des Verwaltungsakts[2]

1 (1) **Ein Verwaltungsakt muss inhaltlich[3] hinreichend bestimmt sein.**[4]

2 (2) ① **Ein Verwaltungsakt kann schriftlich, elektronisch, mündlich oder in anderer Weise erlassen werden.** ② **Ein mündlicher Verwaltungsakt ist schriftlich oder elektronisch zu bestätigen, wenn hieran ein berechtigtes Interesse besteht und die betroffene Person dies unverzüglich verlangt.**

---

[1] Zu den Folgen bei Formverstößen vgl. §§ 125, 127 AO.

[2] *BFH-Urteil vom 22. 8. 2019 V R 21/18, BStBl. 2020 II S. 35:* 1. Teilt das FA dem Drittschuldner (Bauträger) mit, dass es im Wege der zivilrechtlichen Abtretung eine Forderung gegen ihn erworben hat, liegt kein vom Bauträger anfechtbarer Verwaltungsakt i. S. von § 118 AO vor. 2. Die Zulassung der Abtretung nach § 27 Abs. 19 Satz 3 UStG ist mangels eigener Beschwer (§ 40 Abs. 2 FGO) kein vom Drittschuldner (hier: Bauträger) anfechtbarer Verwaltungsakt.

[3] Ob ein Verwaltungsakt inhaltlich hinreichend bestimmt ist, ist im Wege der Auslegung unter Berücksichtigung der Auslegungsregeln der §§ 133, 157 BGB zu ermitteln. Hierbei ist nicht allein auf den Tenor des Bescheids abzustellen, sondern auch auf den materiellen Regelungsinhalt einschließlich der für den Bescheid gegebenen Begründung *(BFH-Beschluss vom 4. 9. 2017 XI B 107/16, BFH/NV S. 1412).*

BFH-Urteil vom 16. 9. 2020 II R 24/18, BStBl. II 2021 S. 621: Zur Erbschaft- und Schenkungsteuer: Mehrere Steuerfälle erfordern grundsätzlich entweder eine Festsetzung in getrennten Steuerbescheiden oder – bei körperlicher Zusammenfassung in einem Schriftstück – die genaue Angabe, welche Lebenssachverhalte (Besteuerungstatbestände) dem Steuerbescheid zugrunde liegen, sowie eine gesonderte Steuerfestsetzung für jeden einzelnen Lebenssachverhalt (Steuerfall).

Der falsch geschriebene Name des Adressaten führt nicht zur Nichtigkeit des Verwaltungsakts, sofern der Adressat durch Auslegung anhand der den Betroffenen bekannten Umstände hinreichend sicher bestimmt werden kann *(BFH-Beschluss vom 26. 3. 2012 VII B 191/11, BFH/NV S. 1410).*

BFH-Urteil vom 16. 1. 2020 V R 56/17, BFH/NV S. 536: 1. Ein Umsatzsteuerbescheid ist nichtig, wenn aus ihm nicht klar ersichtlich wird, ob der Inhaltsadressat (Steuerschuldner) eine GmbH oder deren Geschäftsführer bzw. Liquidator ist. 2. Der Inhaltsadressat (Steuerschuldner) muss nicht ausdrücklich als solcher bezeichnet werden; ausreichend ist vielmehr, dass er sich nach dem objektiven Erklärungsgehalt des Bescheids aus Sicht des Empfängers im Wege der Auslegung zweifelsfrei bestimmen lässt.

BFH-Urteil vom 17. 6. 2020 II R 40/17, BStBl. II S. 850: 1. Die Festsetzung von Erbschaftsteuer gegen unbekannte Erben ist zulässig, wenn hinreichend Zeit zur Verfügung stand, die Erben zu ermitteln. 2. Für eine Erbenermittlung, die keine besonderen Schwierigkeiten aufweist, ist ein Zeitraum von einem Jahr ab dem Erbfall in der Regel angemessen. Jedenfalls nach Ablauf von drei Jahren und fünf Monaten ist es auch bei besonders schwierigen Erbenermittlungen nicht zu beanstanden, Erbschaftsteuer gegen unbekannte Erben festzusetzen. 3. Der Bescheid ist dem Nachlasspfleger bekanntzugeben.

BFH-Beschluss vom 11. 8. 2006 V B 205/04, BFH/NV 2007 S. 5: 1. Für wen ein Verwaltungsakt bestimmt ist, muss gegebenenfalls durch Auslegung ermittelt werden. 2. Dabei kommt es darauf an, wie der Empfänger nach den ihm bekannten Umständen den materiellen Gehalt der Erklärung unter Berücksichtigung von Treu und Glauben verstehen konnte. 3. Nur wenn sich auch durch Auslegung nicht klar und eindeutig ermitteln lässt, für wen der Verwaltungsakt bestimmt ist, oder wer von ihm betroffen sein soll, ist der Verwaltungsakt nichtig.

Erwerben beide Ehegatten ein Grundstück zu gemeinschaftlichem Eigentum, so ist jeder Ehegatte grunderwerbsteuerrechtlich als Erwerber der Hälfte des Grundstücks anzusehen. Jeder Ehegatte ist Schuldner nur der auf ihn entfallenden GrESt, ohne dass Gesamtschuldnerschaft besteht. Ein GrESt-Bescheid, der in einem derartigen Fall ohne sonstige Erläuterung an beide Ehegatten gerichtet ist, genügt nicht dem Erfordernis der hinreichenden Bestimmtheit *(BFH-Urteil vom 12. 10. 1994 II R 63/93, BStBl. 1995 II S. 174).*

Werden durch einen Vertrag mehrere Grundstücke sowie nicht der GrESt unterliegende Gegenstände erworben, so verstößt es – wenn nicht im Einzelfall besondere Umstände vorliegen – grundsätzlich nicht gegen das Bestimmtheitsgebot, wenn die GrESt dafür in nur einem Bescheid in einem Betrag festgesetzt wird *(BFH-Urteil vom 22. 11. 1995 II R 26/92, BStBl. 1996 II S. 162).*

Wenn Gewerbesteuermessbescheide für mehrere Betriebe desselben Inhabers ergehen, setzt ihre hinreichende inhaltliche Bestimmtheit in der Regel voraus, dass sie einen Hinweis auf den jeweiligen Betrieb (Steuergegenstand) enthalten *(BFH-Urteil vom 17. 6. 2020 X R 15/18, BStBl. 2021 II S. 157).*

Wird eine KG formwechselnd in eine GmbH umgewandelt, ist ein nach dem Formwechsel noch an die KG adressierter Grunderwerbsteuerbescheid wirksam. Bei einem Formwechsel ändert sich nur die Rechtsform, während die rechtliche und wirtschaftliche Identität der Gesellschaft unverändert bleibt. Bei einer falschen Adressierung handelt es sich allenfalls um die unrichtige Bezeichnung ein und derselben Rechtsperson *(BFH-Urteil vom 19. 3. 2024 II R 33/22, BStBl. II S. 589).*

Die Bezeichnung einer **GbR** in einem Steuerbescheid mit den Namen ihrer früheren Gesellschafter führt nicht zur Nichtigkeit des Bescheides wegen inhaltlicher Unbestimmtheit, wenn aufgrund fortbestehender Identität der GbR eine Verwechslungsgefahr ausgeschlossen ist und der Inhaltsadressat des Bescheides für den Bekanntgabeadressaten sicher erkennbar ist *(BFH-Urteil vom 8. 11. 1995 V R 64/94, BStBl. 1996 II S. 256).*

Ein Haftungsbescheid ist nur dann nichtig iSd § 125 Abs. 1 AO, wenn er nicht die ihn erlassende Behörde, den Haftungsschuldner und/oder die Art der Steuer angibt, für die der Haftungsschuldner haften soll. Die fehlende Angabe des Steuerschuldners ist kein schwerer Fehler iSd § 125 Abs. 1 AO, solange die Haftungsschuld in tatsächlicher und rechtlicher Hinsicht in anderer Weise ausreichend konkretisiert werden kann. Die Inanspruchnahme eines inländischen Haftungsschuldners bedarf dann keiner besonderen Begründung bezüglich der Ermessensausübung, wenn ein gegen den Steuerschuldner zu richtender Nachforderungsbescheid im Ausland vollstreckt werden muss *(BFH-Beschluss vom 3. 12. 1996 I B 44/96, BStBl. 1997 II S. 306).* Ein Haftungsbescheid ist auch dann wirksam, wenn in ihm der Vorname des Haftungsschuldners nur mit einem von zwei Teilen eines Doppelnamens angegeben ist, für den Adressaten aber zweifelsfrei feststeht, wer gemeint ist *(BFH-Beschluss vom 25. 11. 1999 VII S 19/99, BFH/NV 2000 S. 551).*

Ein unaufgegliederter Grunderwerbsteuerbescheid über den Erwerb mehrerer Grundstücke aufgrund eines Gesamtausgebots in einem Zwangsversteigerungsverfahren ist hinreichend bestimmt, wenn die Grunderwerbsteuer für jedes Grundstück anhand des Bescheids und ggf. weiterer dem Steuerpflichtigen bekannter Unterlagen zweifelsfrei ermittelt werden kann *(BFH-Urteil vom 13. 12. 2007 II R 28/07, BStBl. 2008 II S. 487).*

Ein mehrere freigebige Zuwendungen zusammenfassender Schenkungsteuerbescheid, der die einzelnen der Besteuerung unterworfenen Lebenssachverhalte nicht konkret bezeichnet, ist mangels hinreichender inhaltlicher Bestimmtheit nichtig *(BFH-Urteil vom 15. 3. 2007 II R 5/04, BStBl. II S. 472).*

[4] Zum Begründungszwang vgl. § 121 AO.

(3) ① **Ein schriftlich oder elektronisch erlassener Verwaltungsakt muss die erlassende Behörde erkennen lassen.** ② **Ferner muss er die Unterschrift oder die Namenswiedergabe des Behördenleiters, seines Vertreters oder seines Beauftragten enthalten; dies gilt nicht für einen Verwaltungsakt, der formularmäßig oder mit Hilfe automatischer Einrichtungen erlassen wird.** ③ **Wird für einen Verwaltungsakt, für den gesetzlich die Schriftform angeordnet ist, nach § 87 a Absatz 4 Satz 2 die elektronische Form mit einer qualifizierten elektronischen Signatur verwendet, muss das der Signatur zugrunde liegende qualifizierte Zertifikat oder ein zugehöriges qualifiziertes Attributzertifikat die erlassende Behörde erkennen lassen.** ④ **Im Falle des § 87 a Absatz 4 Satz 3 muss die Bestätigung nach § 5 Absatz 5 des De-Mail-Gesetzes die erlassende Finanzbehörde als Nutzer des De-Mail-Kontos erkennen lassen.** 3

(4) **Wird für einen Verwaltungsakt die elektronische Form mit einer qualifizierten elektronischen Signatur oder einem qualifizierten elektronischen Siegel verwendet, muss sie oder muss es so lange überprüfbar sein, wie der Verwaltungsakt von der Finanzbehörde gespeichert wird.** 4

§ 120 Nebenbestimmungen zum Verwaltungsakt

(1) **Ein Verwaltungsakt, auf den ein Anspruch besteht, darf mit einer Nebenbestimmung nur versehen werden, wenn sie durch Rechtsvorschrift zugelassen ist oder wenn sie sicherstellen soll, dass die gesetzlichen Voraussetzungen des Verwaltungsakts erfüllt werden.** 1

(2) **Unbeschadet des Absatzes 1 darf ein Verwaltungsakt nach pflichtgemäßem Ermessen erlassen werden mit** 2

1. **einer Bestimmung, nach der eine Vergünstigung oder Belastung zu einem bestimmten Zeitpunkt beginnt, endet oder für einen bestimmten Zeitraum gilt (Befristung),**
2. **einer Bestimmung, nach der der Eintritt oder der Wegfall einer Vergünstigung oder einer Belastung von dem ungewissen Eintritt eines zukünftigen Ereignisses abhängt (Bedingung),**[1]
3. **einem Vorbehalt des Widerrufs**
   oder verbunden werden mit
4. [2] **einer Bestimmung, durch die dem Begünstigten ein Tun, Dulden oder Unterlassen vorgeschrieben wird (Auflage),**
5. **einem Vorbehalt der nachträglichen Aufnahme, Änderung oder Ergänzung einer Auflage.**

(3) **Eine Nebenbestimmung darf dem Zweck des Verwaltungsakts nicht zuwiderlaufen.** 3

Zu § 120 – Nebenbestimmungen zum Verwaltungsakt: AEAO

1. Nebenbestimmungen sind zulässig bei Verwaltungsakten, die auf einer Ermessensentscheidung der Finanzbehörden beruhen (z. B. Fristverlängerung, Stundung, Erlass, Aussetzung der Vollziehung). Bei gebundenen Verwaltungsakten (z. B. Steuerbescheiden) sind gesetzlich ausdrücklich zugelassene Nebenbestimmungen der Vorbehalt der Nachprüfung (§ 164 AO), die Vorläufigkeitserklärung (§ 165 AO) und die Sicherheitsleistung (§ 165 Abs. 1 Satz 4 AO). 4

2. Nebenbestimmungen müssen inhaltlich hinreichend bestimmt sein (§ 119 Abs. 1 AO). Andernfalls sind sie nichtig. Wegen der Rechtsfolgen bei Nichtigkeit der Nebenbestimmung Hinweis auf § 125 Abs. 4 AO. 5

3. Wegen der unterschiedlichen Folgen, die sich aus der Nichterfüllung einer Nebenbestimmung ergeben können, ist die Nebenbestimmung im Verwaltungsakt genau zu bezeichnen (z. B. „unter der aufschiebenden Bedingung", „unter dem Vorbehalt des Widerrufs"). 6

4. Der Widerrufsvorbehalt ermöglicht den Widerruf rechtmäßiger Verwaltungsakte nach § 131 Abs. 2 Nr. 1 AO. Er ist aber für sich allein kein hinreichender Grund zum Widerruf, sondern lässt den Widerruf nur im Rahmen pflichtgemäßen Ermessens zu. 7

---

[1] Ein auflösend bedingt erlassener begünstigender Verwaltungsakt kann nicht wegen Nichteinhaltung der Begünstigungsvoraussetzungen aufgehoben werden, wenn sich die Umstände seit Erlass des Verwaltungsakts nicht geändert haben, sondern die Voraussetzungen für die Begünstigung von vornherein nicht vorlagen. Ob eine Rücknahme möglich ist, richtet sich nach den Voraussetzungen des § 130 AO *(BFH-Urteil vom 16. 6. 1994 IV R 48/93, BStBl. 1996 II S. 82).*

[2] Wegen der bußgeldrechtlichen Folgen von Zuwiderhandlungen gegen Auflagen vgl. § 379 Abs. 3 AO.
Zum Widerrufsrecht bei Zuwiderhandlungen gegen Auflagen vgl. § 131 Abs. 2 AO.

AO

§ 121 Begründung des Verwaltungsakts[1]

1 **(1) Ein schriftlicher, elektronischer sowie ein schriftlich oder elektronisch bestätigter Verwaltungsakt ist mit einer Begründung zu versehen, soweit dies zu seinem Verständnis erforderlich ist.[2]**

2 **(2) Einer Begründung bedarf es nicht,**

1. soweit die Finanzbehörde einem Antrag entspricht oder einer Erklärung folgt und der Verwaltungsakt nicht in Rechte eines anderen eingreift,

2. soweit demjenigen, für den der Verwaltungsakt bestimmt ist oder der von ihm betroffen wird, die Auffassung der Finanzbehörde über die Sach- und Rechtslage bereits bekannt oder auch ohne Begründung für ihn ohne weiteres erkennbar ist,

3. wenn die Finanzbehörde gleichartige Verwaltungsakte in größerer Zahl oder Verwaltungsakte mit Hilfe automatischer Einrichtungen erlässt und die Begründung nach den Umständen des Einzelfalls nicht geboten ist,

4. wenn sich dies aus einer Rechtsvorschrift ergibt,

5. wenn eine Allgemeinverfügung öffentlich bekannt gegeben wird.

AEAO

Zu § 121 – Begründung des Verwaltungsakts:

3 **1.** Die Vorschrift gilt für alle Verwaltungsakte einschließlich der Steuerbescheide.

4 **2.** Besteht eine Pflicht, den Verwaltungsakt zu begründen, so muss die Begründung nur den Umfang haben, der erforderlich ist, damit der Adressat des Verwaltungsakts die Gründe für die Entscheidung der Finanzbehörde verstehen kann. Die Begründung von Ermessensentscheidungen soll erkennen lassen, dass die Finanzbehörde ihr Ermessen ausgeübt hat und von welchen Gesichtspunkten sie bei ihrer Entscheidung ausgegangen ist.

5 **3.** Das Fehlen der vorgeschriebenen Begründung macht den Verwaltungsakt fehlerhaft. Dieser Mangel kann nach § 126 Abs. 1 und 2 AO geheilt werden oder gem. § 127 AO unbeachtlich sein. Wurde wegen der fehlenden Begründung die rechtzeitige Anfechtung des Verwaltungsakts versäumt, so ist auf Antrag Wiedereinsetzung in den vorigen Stand zu gewähren (§ 126 Abs. 3 i. V. m. § 110 AO; vgl. auch AEAO zu § 91, Nr. 3).

AO

§ 122 Bekanntgabe des Verwaltungsakts[3]

§ 17 Abs. 2 VwZG

1 **(1) ①Ein Verwaltungsakt ist demjenigen Beteiligten bekannt zu geben,[4] für den er bestimmt ist oder der von ihm betroffen wird. ② § 34 Absatz 2 ist entsprechend anzu-**

[1] Zur Anhörungspflicht vgl. § 91 AO.

[2] Zu den Folgen bei Verstoß gegen den Begründungszwang vgl. §§ 126, 127 AO.
Zur Begründung bei Rechtsbehelfsentscheidungen vgl. § 366 AO.
Ein Haftungsbescheid ist nicht schon deshalb rechtswidrig iSd § 121 AO, weil er in der Begründung nicht den Namen des Steuerschuldners nennt *(BFH-Beschluss vom 3. 12. 1996 I B 44/96, BStBl. 1997 II S. 306).*

[3] *BFH-Urteil vom 18. 3. 2014 VIII R 9/10, BStBl. II S. 748:* 1. Die gesetzlich gebotene Schriftform für behördliche und gerichtliche Entscheidungen wird auch durch Übersendung per Telefax gewahrt (ständige Rechtsprechung; BFH-Urteile vom 4. 7. 2002 VR 31/01, BStBl. 2003 S. 45; vom 18. 8. 2009 X R 25/06, BStBl. 2009 II S. 965). 2. Dies gilt auch für die Übersendung im sog. Ferrari-Fax-Verfahren; die auf diesem Weg übersandten Bescheide sind keine elektronischen Dokumente i. S. des § 87 a AO und bedürfen deshalb zu ihrer Wirksamkeit keiner elektronischen Signatur. 3. Per Telefax übersandte Bescheide sind erst mit ihrem Ausdruck durch das – auf automatischen Ausdruck eingestellte – Empfangsgerät wirksam „schriftlich erlassen" (Anschluss an das *BFH-Urteil vom 8. 7. 1998 I R 17/96, BStBl. 1999 II S. 48,* sowie die *BGH-Beschlüsse vom 15. 7. 2008 X ZB 8/08, NJW 2008 S. 2649, und vom 4. 12. 2008 IX ZB 41/08, WM 2009 S. 331).* Hat das Empfangsgerät nach dem unwiderleglichen Vortrag des Adressaten den Bescheid nicht ausgedruckt, gehen die sich daraus ergebenden Zweifel an der wirksamen Bekanntgabe zu Lasten der Finanzbehörde.

Ein USt-Bescheid kann nach dem *BFH-Urteil vom 17. 12. 1992 V R 135/89,* nicht mehr rechtswirksam an die PersGes oder die für sie handelnden Personen bekanntgegeben werden, wenn ein Gesellschafter das Vermögen der Gesellschafter (mit Aktiven und Passiven) **ohne Liquidation** durch das Ausscheiden der übrigen Gesellschafter übernimmt. Der Bescheid ist vielmehr an den übernehmenden Gesellschafter als Gesamtrechtsnachfolger zu richten (Festhaltung an *BFH-Urteil vom 18. 9. 1980 V R 175/74, BStBl. 1981 II S. 293).*

Ein Gewerbesteuermessbescheid ist selbst nach Auskehrung des Aktivvermögens (weiterhin) an die Personengesellschaft als Schuldnerin der Gewerbesteuer zu richten. Er ist in einem solchen Fall aber nicht der Gesellschaft, sondern ihren Gesellschaftern bekannt zu geben *(BFH-Beschluss vom 5. 11. 2007 IV B 166/06, BFH/NV 2008 S. 248).*

Ein **Bekanntgabemangel** eines Steuerbescheides wird durch die fehlerfreie Bekanntgabe der Einspruchsentscheidung geheilt *(BFH-Urteil vom 12. 11. 1992 XI B 69/92, BStBl. 1993 II S. 263).*

Im Fall der **Nachlassverwaltung** sind ESt-Bescheide, denen mit Mitteln des Nachlasses erzielte Einkünfte zugrunde liegen, an die Erben zu richten und ihnen bekanntzugeben *(BFH-Urteil vom 5. 6. 1991 XI R 26/89, BStBl. II S. 820).*

BFH-Beschluss vom 10. 5. 2007 VIII B 125/06, BFH/NV S. 1630: Zustellungen sind, soweit der Aufgabenkreis des **Betreuers** reicht, an den bestellten Betreuer vorzunehmen. Gehört die Erfüllung steuerlicher Pflichten zum Aufgabenkreis des Betreuers, so ist dieser auch Zustellungsempfänger für Steuerbescheide gemäß § 6 Abs. 1 Satz 2 VwZG. Die Regelung in § 6 Abs. 1 Satz 2 VwZG ist entsprechend auf einfache Bekanntgaben nach § 122 Abs. 1 AO anzuwenden.

Verwaltungsakte, die sich an einen **Verstorbenen** richten, sind **nichtig;** der Zusatz „z. Hd. ..." (des Bevollmächtigten) ändert hieran nichts *(BFH-Urteil vom 17. 6. 1992 X R 47/88, BStBl. 1993 II S. 174).*

Ein Erbschaftsteuerbescheid gegen einen Erben wird mit der Bekanntgabe an den **Testamentsvollstrecker** dem Erben gegenüber wirksam, und zwar auch dann, wenn sich der Steueranspruch nicht nur auf die Erbschaft gründet *(BFH-Urteil vom 14. 11. 1990 II R 58/86, BStBl. 1991 II S. 52).*

[Fortsetzung nächste Seite]

AO

wenden. ③ Der Verwaltungsakt kann auch gegenüber einem Bevollmächtigten[1] bekannt gegeben werden. ④ Er soll dem Bevollmächtigten bekannt gegeben werden, wenn der Finanzbehörde eine schriftliche oder eine nach amtlich vorgeschriebenem Datensatz elektronisch übermittelte Empfangsvollmacht vorliegt, solange dem Bevollmächtigten nicht eine Zurückweisung nach § 80 Absatz 7 bekannt gegeben worden ist.

(2) Ein schriftlicher Verwaltungsakt, der durch die Post übermittelt wird, gilt als bekannt gegeben 2

1. bei einer Übermittlung im Inland am vierten Tage nach der Aufgabe zur Post,[2]

2. bei einer Übermittlung im Ausland einen Monat nach der Aufgabe zur Post,

[Fortsetzung]

Eine wegen **Formmangels** unwirksame, von der Finanzbehörde angeordnete Zustellung eines Steuerbescheides kann nicht in eine schlichte Bekanntgabe umgedeutet werden. Die unwirksame Bekanntgabe eines Steuerbescheides wird nicht durch die ordnungsgemäß zugestellte, den Einspruch jedoch als unzulässig verwerfende Rechtsbehelfsentscheidung geheilt *(BFH-Urteil vom 25. 1. 1994 VIII R 45/92, BStBl. II S. 603).*

[4] **Bekanntgabe** ist die mit Willen der Behörde erfolgte Mitteilung des Inhalts eines Verwaltungsaktes an denjenigen, für den er bestimmt ist oder der von ihm betroffen ist; der Bekanntgabewille muss in dem Zeitpunkt vorliegen, in dem der Verwaltungsakt die Behörde verlässt; bis zu diesem Zeitpunkt kann er auch wieder aufgegeben werden (vgl. dazu *Vfg. OFD München/Nürnberg vom 3. 9. 2002* S 0284 – 10 St 312).

Für die Bekanntgabe eines **zusammengefassten Bescheids** an Ehegatten reicht es aus, dass eine Ausfertigung an sie unter ihrer gemeinsamen Anschrift adressiert und von der Post in das Postfach eines Ehegatten eingelegt wird. Haben sich Ehegatten gegenseitig zum Empfang eines zusammengefassten Steuerbescheids bevollmächtigt, ist auch die Bekanntgabe eines zusammengefassten Bescheids über Hinterziehungszinsen auf den Zinsbescheid erstreckt *(BFH-Urteil vom 13. 10. 1994 IV R 100/93, BStBl. 1995 II S. 484).* Bei förmlicher Zustellung zusammengefasster, mehrere Personen betreffender ESt-Bescheids kann den zusammenveranlagten Ehegatten nicht in einer Ausfertigung unter ihrer gemeinsamen Anschrift bekanntgegeben werden, wenn nur einer der Ehegatten ein Rechtsmittel gegen den ESt-Bescheid eingelegt hat *(BFH-Urteil vom 14. 1. 1997 VII R 66/96, DB S. 1163).*

Der an eine Gesellschaft gerichtete Steuerbescheid kann wirksam nur den im Zeitpunkt der Bekanntgabe vertretungsberechtigten Personen bekanntgegeben werden *(BFH-Urteil vom 12. 12. 1996 II R 61/93, BStBl. 1997 II S. 299).*

[1] Zum Bevollmächtigten für Feststellungsbescheide vgl. §§ 183, 183 a AO.

BFH-Urteil vom 11. 6. 2024 IX R 30/23, BFH/NV 2024 S. 1409: Die wirksame Bekanntgabe eines an einen Bevollmächtigten adressierten schriftlichen Verwaltungsakts, der im Inland durch die Post übermittelt wird und diesem tatsächlich zugeht, ist nicht davon abhängig, dass die Außenvollmacht des Bevollmächtigten im Bekanntgabezeitpunkt noch besteht (Anschluss an *BFH-Urteil VI R 25/21 vom 8. 2. 2024*).

Wird ein ESt-Bescheid dem betroffenen Stpfl. bekanntgegeben und dadurch eine von ihm erteilte Bekanntgabevollmacht zugunsten seines Steuerberaters nicht beachtet, wird der Bekanntgabemangel durch die Weiterleitung des ESt-Bescheids an den Bevollmächtigten geheilt. Die Einspruchsfrist beginnt mit dem Erhalt des Bescheids durch den Bevollmächtigten *(BFH-Urteil vom 8. 12. 1988 IV R 24/87, BStBl. 1989 II S. 346).* Benennt der Stpfl. in einem Schreiben an das FA seinen Steuerberater nur als Ansprechpartner für weitere Rückfragen, stellt dies keine Empfangsvollmacht dar *(BFH-Beschluss vom 9. 12. 1998 II B 75/98, BFH/NV 1999 S. 1053).* Bei der nach § 122 Abs. 1 Satz 3 AO gebotenen Ermessensentscheidung (Bekanntgabe an Beteiligten selbst oder an den Bevollmächtigten) hat die Finanzbehörde kein Wahlrecht mehr, wenn der Stpfl. ihr ausdrücklich mitteilt, dass er einen bestimmten Vertreter auch zur Entgegennahme von Verwaltungsakten ermächtige. Die Bekanntgabe des Steuerbescheides an den Stpfl. selbst ist in diesen Fällen unwirksam *(BFH-Beschluss vom 12. 3. 1998 IX B 112/97, BFH/NV S. 941).*

Liegt keine schriftliche Empfangsvollmacht vor, ist der Prozessbevollmächtigte aber für den Kläger im Veranlagungs- bzw. Einspruchsverfahren aufgetreten, lässt die Bekanntgabe der Einspruchsentscheidung gegenüber dem Prozessbevollmächtigten regelmäßig keinen Ermessensfehler des FA erkennen *(BFH-Beschluss vom 8. 10. 2021 IX B 48/21, BFH/NV 2022 S. 4).*

Eine Einspruchsentscheidung, die sich an eine voll beendete Personengesellschaft richtet, kann dem Bevollmächtigten bekannt gegeben werden, der den Einspruch für die Gesellschaft eingelegt hat *(BFH-Urteil vom 28. 3. 2000 VIII R 6/99, BFH/NV S. 1074).*

[2] *BFH-Urteil vom 14. 6. 2018 III R 27/17, BStBl. II 2019 S. 16:* 1. Unter „Aufgabe zur Post" i. S. des § 122 Abs. 2 Nr. 1 AO wird auch die Übermittlung eines Verwaltungsakts durch einen privaten Postdienstleister erfasst. 2. Die Einschaltung eines privaten Postdienstleisters sowie die weitere Einschaltung eines Subunternehmers können für die Zugangsvermutung innerhalb der Dreitagesfrist von Bedeutung sein, weil hierdurch möglicherweise ein längerer Postlauf gegeben ist. In diesen Fällen ist zu prüfen, ob nach den bei den privaten Dienstleistern vorgesehenen organisatorischen und betrieblichen Vorkehrungen regelmäßig von einem Zugang des zu befördernden Schriftstücks innerhalb von drei Tagen ausgegangen werden kann.

Nach der Rspr. des BFH kann die Tatsache der Absendung eines Bescheids durch das FA beim Fehlen eines Absendevermerks in den Akten des FA nicht nach den Regeln des Anscheinsbeweises geführt werden. Das Fehlen eines Absendevermerks schließt es nach der BFH-Rspr. jedoch nicht aus, den Beweis durch Indizienbeweis zu führen *(BFH-Beschluss vom 14. 6. 2002 II B 82/01, BFH/NV S. 1329).*

BFH-Beschluss vom 26. 2. 2021 X B 108/20, BFH/NV S. 929: 1. Die Drei-Tages-Bekanntgabefiktion des § 122 Abs. 2 Nr. 1 AO findet nur dann Anwendung, wenn feststeht, wann der Verwaltungsakt durch die Finanzbehörde zur Post aufgegeben wurde. Hierzu bedarf es der vollen richterlichen Überzeugungsbildung (§ 96 Abs. 1 Satz 1 Halbsatz 1 FGO). 2. Versäumnisse des Steuerpflichtigen bei der Substantiierung seines Vorbringens zu einem von der Fiktion des § 122 Abs. 2 Nr. 1 AO abweichenden späteren Zugang des Verwaltungsakts beeinflussen den Grad der Überzeugungsbildung über den Zeitpunkt der Postaufgabe des Verwaltungsakts nicht.

BFH-Urteil vom 27. 11. 2002 X R 17/01, BFH/NV 2003 S. 586: 1. Bestreitet der Kläger nicht den Zugang der Einspruchsentscheidung überhaupt, sondern behauptet er lediglich, sie nicht innerhalb des Dreitageszeitraums des § 122 Abs. 2 Nr. 1 AO erhalten zu haben, so hat er sein Vorbringen im Rahmen des Möglichen zu substantiieren, um Zweifel an der Dreitagesvermutung zu begründen. Das FG ist anschließend unter Berücksichtigung dieses Vortrags zu angemessener Sachverhaltsaufklärung verpflichtet. 2. Entsprechendes gilt, wenn der Kläger die Richtigkeit des aus den Akten des FA ersichtlichen Postaufgabedatums in Zweifel ziehen will. 3. Das durch die Rechtsbehelfsstelle des FA gefertigte Postaufgabedatum rechtfertigt nicht ohne weiteres die Annahme, dass damit allenfalls die Übergabe an die Poststelle dokumentiert werden soll. Das FG darf deshalb nicht allein auf Grund der denkbaren Möglichkeit, das Postaufgabedatum und der Absendetag könnten auseinanderfallen, davon ausgehen, der Kläger habe die Einspruchsentscheidung erst an dem von ihm behaupteten Tag erhalten.

Vereinbart ein als Prozessbevollmächtigter tätiger Rechtsanwalt mit einem in seinem Zustellbezirk eingesetzten Postzusteller, an Samstagen die an sein Büro adressierten Postsendungen wieder mitzunehmen, falls das Büro nicht besetzt ist, und sie erst am darauf folgenden Werktag auszuliefern, kann er sich als eine geschäftlich für Dritte Rechtsangelegenheiten wahr-

[Fortsetzung nächste Seite]

außer wenn er nicht oder zu einem späteren Zeitpunkt zugegangen ist; im Zweifel hat die Behörde den Zugang des Verwaltungsakts und den Zeitpunkt des Zugangs nachzuweisen.[1]

2a (2 a) **Ein elektronisch übermittelter Verwaltungsakt gilt am vierten Tage nach der Absendung als bekannt gegeben, außer wenn er nicht oder zu einem späteren Zeitpunkt zugegangen ist; im Zweifel hat die Behörde den Zugang des Verwaltungsakts und den Zeitpunkt des Zugangs nachzuweisen.**

3 (3) ① **Ein Verwaltungsakt darf öffentlich bekannt gegeben werden, wenn dies durch Rechtsvorschrift zugelassen ist.** ② **Eine Allgemeinverfügung darf auch dann öffentlich bekannt gegeben werden, wenn eine Bekanntgabe an die Beteiligten untunlich ist.**

4 (4) ① **Die öffentliche Bekanntgabe eines Verwaltungsakts wird dadurch bewirkt, dass sein verfügender Teil ortsüblich bekannt gemacht wird.** ② **In der ortsüblichen Bekanntmachung ist anzugeben, wo der Verwaltungsakt und seine Begründung eingesehen werden können.** ③ **Der Verwaltungsakt gilt zwei Wochen nach dem Tag der ortsüblichen Bekanntmachung als bekannt gegeben.** ④ **In einer Allgemeinverfügung kann ein hiervon abweichender Tag, jedoch frühestens der auf die Bekanntmachung folgende Tag bestimmt werden.**

5 (5) ① **Ein Verwaltungsakt wird zugestellt,**[2] **wenn dies gesetzlich vorgeschrieben ist oder behördlich angeordnet wird.** ② **Die Zustellung richtet sich vorbehaltlich der**

[Fortsetzung]

nehmende Person nicht darauf berufen, ihm sei eine mit einfachem Brief bekannt gegebene Einspruchsentscheidung nicht innerhalb der Drei-Tages-Frist des § 122 Abs. 2 Nr. 1 AO zugegangen *(BFH-Urteil vom 9. 12. 1999 III R 37/97, BStBl. 2000 II S. 175).*

Bestreitet ein Steuerberater, den Steuerbescheid eines Mandanten erhalten zu haben, ist die Zugangsvermutung des § 122 Abs. 2 Nr. 1 AO auch dann widerlegt, wenn er kein Fristenkontrollbuch führt, sofern nicht weitere Indizien für den Zugang des Bescheides sprechen *(BFH-Urteil vom 31. 5. 2005 I R 103/04, BStBl. II S. 623).*

[1] *BFH-Beschluss vom 22. 5. 2019 X B 109/18, BFH/NV S. 900:* 1. Bestreitet der Steuerpflichtige den Zugang des Bescheids innerhalb des gesetzlich vermuteten Zeitraums, muss er substantiiert Tatsachen vortragen, die schlüssig auf einen späteren Zugang hindeuten und deshalb Zweifel am Zugang zum gesetzlich vermuteten Zeitpunkt begründen. 2. Hat der Steuerpflichtige seinen Vortrag im Rahmen des ihm Möglichen substantiiert, hat das FG den Sachverhalt unter Berücksichtigung dieses Vorbringens aufzuklären und die festgestellten oder unstreitigen Umstände im Wege freier Beweiswürdigung nach § 96 Abs. 1 FGO gegeneinander abzuwägen. Dies gilt auch, wenn der Steuerpflichtige den betreffenden Briefumschlag mit Poststempel nicht vorlegen kann.

Der Nachweis des Zugangs eines schriftlichen Verwaltungsakts nach § 122 Abs. 2 AO kann von der Finanzbehörde nicht nach den Grundsätzen des **Anscheinsbeweises** (prima-facie-Beweis) geführt werden. Es gelten vielmehr die allgemeinen Beweisregeln, insbesondere die des Indizienbeweises *(BFH-Urteile vom 14. 3. 1989 VII R 75/85, BStBl. II S. 534,* sowie *vom 15. 9. 1994 XI R 31/94, BStBl. 1995 II S. 41).* Vgl. aber *BFH-Beschluss vom 10. 8. 1994 II R 29/94, BStBl. II S. 862,* zum finanzgerichtlichen Verfahren. Dies gilt ebenso für den Nachweis des Zugangs einer durch Telefax übermittelten Einspruchsentscheidung *(BFH-Beschluss vom 31. 3. 1998 I 58/97, BFH/NV S. 1318).* Gibt ein steuerlicher Berater im Briefkopf seiner Schriftsätze eine Telefaxnummer an, ohne ausdrücklich darauf hinzuweisen, dass nicht er, sondern ein Dritter Inhaber des Telefaxanschlusses ist, muss er sich aufgrund des von ihm geschaffenen Rechtsscheins so behandeln lassen, als habe er den Dritten zu seinem Empfangsbevollmächtigten für Telefaxsendungen bestellt *(BFH-Urteil vom 8. 7. 1998 I R 17/96, BStBl. 1999 II S. 48).* Die Überprüfung und Würdigung bestimmter Verhaltensweisen des Stpfl. innerhalb eines längeren Zeitraumes nach Absendung des Schriftstücks kann geeignet sein, den Nachweis seines Zugangs zu erbringen (Indizienbeweis). Bestimmte Verhaltensweisen, die die Glaubwürdigkeit des behaupteten Nichtzugangs erschüttern, können dazu führen, dass der Zugang mit hinreichender Wahrscheinlichkeit als erwiesen angesehen werden kann *(BFH-Beschluss vom 6. 4. 1999 VII B 207/98, BFH/NV S. 1581).*

BFH-Urteil vom 3. 5. 2001 III R 56/98, BFH/NV S. 1365: Das Datum des Bescheides kann, muss aber nicht mit dem Tag der Aufgabe zur Post iSd § 122 Abs. 2 Nr. 1 AO identisch sein. Das FG hat den Sachverhalt insoweit aufzuklären. Bestreitet der Stpfl. nicht den Zugang eines Schriftstücks überhaupt, sondern behauptet er lediglich, es nicht innerhalb des Dreitageszeitraums des § 122 Abs. 2 Nr. 1 AO erhalten zu haben, so hat er sein Vorbringen im Rahmen des Möglichen zu substantiieren, um Zweifel an der Dreitagesvermutung zu begründen. Die Anforderungen an eine hinreichende Substantiierung dürfen allerdings nicht dazu führen, dass die Regelung des § 122 Abs. 2 2. Halbsatz AO, wonach die Finanzbehörde die objektive Beweislast trifft, wenn der Zeitpunkt des Zugangs nicht aufgeklärt werden kann, zu Lasten des Stpfl. umgekehrt wird. *BFH-Urteil vom 9. 11. 2005 I R 111/04, BStBl. 2006 II S. 256:* Wird ein Steuerbescheid mit der Post übermittelt und wird die betreffende Postsendung später als drei Tage nach Absendung in den Hausbriefkasten des Empfängers geworfen, so beginnt die Einspruchsfrist am Tag des Einwurfs. Das gilt auch dann, wenn der Empfänger des Steuerbescheids ein Unternehmen ist, der Einwurf an einem Sonnabend erfolgt und in dem betreffenden Unternehmen sonnabends nicht gearbeitet wird (Abgrenzung zum *BFH-Urteil vom 14. 10. 2003 IX R 68/98, BStBl. II S. 898).*

[2] Zur Zustellung im Arrestverfahren vgl. § 324 Abs. 2 AO.

Zu den Fristen vgl. § 108 AO.

BFH-Urteil vom 20. 11. 2008 III R 66/07, BStBl. 2009 II S. 185: 1. Ein Steuerbescheid, der vor dem Datum des Bescheids zugestellt wird, ist wirksam bekanntgegeben, so dass die Einspruchsfrist mit Bekanntgabe des Bescheids zu laufen beginnt. 2. Versäumt der Empfänger die Einspruchsfrist, weil er darauf vertraut hat, die Frist ende nicht vor Ablauf eines Monats nach dem Datum des Bescheids, ist regelmäßig Wiedereinsetzung in den vorigen Stand zu gewähren.

Zur Heilung bei Formverstoß vgl. § 8 VwZG **(Anhang I Nr. 2).**

1. Die öffentliche Zustellung von Steuerbescheiden muss den Mindestanforderungen genügen, die auch an die allgemeinen Formen der Zustellung von Steuerbescheiden zu stellen sind. 2. Das ist § 14 Abs. 4 VwZG genannten Zustellungszeugnis muss nicht nur angeben, an wen und in welcher Form zugestellt würde. Es muss auch den Nämlichkeitsnachweis erbringen, d. h. die zugestellte Sendung konkretisieren. 3. Aus dem Zustellungszeugnis muss sich der öffentlich zugestellte Steuerbescheid in einer Weise ergeben, dass keine Zweifel an seiner Nämlichkeit bestehen. Vernünftigerweise gehört dazu die Angabe des Datums des Bescheids *(BFH-Urteil vom 25. 10. 1995 I R 16/95, BStBl. 1996 II S. 301).*

[Fortsetzung nächste Seite]

Sätze 3 und 4 nach den Vorschriften des Verwaltungszustellungsgesetzes.[1] **③ Für die Zustellung an einen Bevollmächtigten gilt abweichend von § 7 Absatz 1 Satz 2 des Verwaltungszustellungsgesetzes Absatz 1 Satz 4 entsprechend. ④ Erfolgt die öffentliche Zustellung durch Bekanntmachung einer Benachrichtigung auf der Internetseite oder in einem elektronischen Portal der Finanzbehörden, können die Anordnung und die Dokumentation nach § 10 Absatz 1 Satz 2 und Absatz 2 Satz 5 des Verwaltungszustellungsgesetzes elektronisch erfolgen.**

(6) **Die Bekanntgabe eines Verwaltungsakts an einen Beteiligten zugleich mit Wirkung für und gegen andere Beteiligte ist zulässig, soweit die Beteiligten einverstanden sind; diese Beteiligten können nachträglich eine Abschrift des Verwaltungsakts verlangen.** 6

(7) ① **Betreffen Verwaltungsakte** 7

1. Ehegatten oder Lebenspartner oder

2. Ehegatten mit ihren Kindern, Lebenspartner mit ihren Kindern oder Alleinstehende mit ihren Kindern,

so reicht es für die Bekanntgabe an alle Beteiligten aus, wenn ihnen eine Ausfertigung unter ihrer gemeinsamen Anschrift übermittelt wird. ② Betreffen Verwaltungsakte Ehegatten oder Lebenspartner mit gemeinsamer Anschrift, so reicht es für die Bekanntgabe durch Bereitstellung zum Datenabruf nach § 122 a an alle Beteiligten aus, wenn einem der Beteiligten eine Ausfertigung zum Datenabruf nach § 122 a bereitgestellt wird und dieser Beteiligte nach § 122 a Absatz 1 Satz 3 informiert wurde, sofern nicht einer der Beteiligten einen Antrag nach § 122 a Absatz 2 gestellt hat. ③ Die Verwaltungsakte sind den Beteiligten einzeln bekannt zu geben, soweit sie dies beantragt haben oder soweit der Finanzbehörde bekannt ist, dass zwischen ihnen ernstliche Meinungsverschiedenheiten bestehen.

Zu § 122 – Bekanntgabe des Verwaltungsakts: AEAO

1. Allgemeines

1.1. Bekanntgabe von Verwaltungsakten 8

1.1.1. Voraussetzung für die **Wirksamkeit** eines Verwaltungsakts ist, dass er inhaltlich hinreichend bestimmt ist (§ 119 Abs. 1 AO) und dass er demjenigen, für den er bestimmt ist oder der von ihm betroffen wird, bekannt gegeben wird (§ 124 Abs. 1 AO). Deshalb ist beim Erlass eines Verwaltungsakts festzulegen,
- an wen er sich richtet (AEAO zu § 122, Nr. 1.3 – **Inhaltsadressat**),
- wem er bekannt gegeben werden soll (AEAO zu § 122, Nr. 1.4 – **Bekanntgabeadressat**),
- welcher Person er zu übermitteln ist (AEAO zu § 122, Nr. 1.5 – **Empfänger**) und
- ob eine besondere Form der Bekanntgabe erforderlich oder zweckmäßig ist (AEAO zu § 122, Nr. 1.8).

1.1.2. Verfahrensrechtlich ist zu unterscheiden zwischen dem Rechtsbegriff der **Bekanntgabe** als Wirksamkeitsvoraussetzung, den Formen der Bekanntgabe (mündliche, schriftliche, elektronische oder öffentliche Bekanntgabe oder Bekanntgabe in anderer Weise) und den technischen Vorgängen bei der Übermittlung des Inhalts eines Verwaltungsakts. Die Bekanntgabe setzt den Bekanntgabewillen des für den Erlass des Verwaltungsakts zuständigen Bediensteten voraus (BFH-Urteile vom 27. 6. 1986, VI R 23/83, BStBl. II S. 832, und vom 24. 11. 1988, V R 123/83, BStBl. 1989 II S. 344). Zur Aufgabe des Bekanntgabewillens vgl. AEAO zu § 124, Nrn. 5 und 6.

1.1.3. Mit dem Rechtsbegriff „Bekanntgabe" nicht gleichbedeutend sind die Bezeichnungen für die **technischen Vorgänge** bei der Übermittlung eines verfügten Verwaltungsaktes (z. B. „Aufgabe zur Post", „Zusendung", „Zustellung", „ortsübliche Bekanntmachung", „Zugang"), auch wenn diese Begriffe zugleich eine gewisse rechtliche Bedeutung haben. Die technischen Vorgänge bedürfen, soweit das Gesetz daran Rechtsfolgen knüpft, einer Dokumentation, um nachweisen zu können, dass, wann und wie die Bekanntgabe erfolgt ist.

1.1.4. Die nachfolgenden Grundsätze über die Bekanntgabe von Steuerbescheiden (vgl. AEAO zu § 122, Nr. 1.2) gelten entsprechend für andere Verwaltungsakte (z. B. Haftungsbescheide, Prüfungsanordnungen, Androhungen und Festsetzungen von Zwangsgeldern; vgl. AEAO zu § 122, Nr. 1.8.1). Zur Adressierung und Bekanntgabe von Prüfungsanordnungen vgl. AEAO zu § 197, zur Adressierung und Bekanntgabe von Zwangsgeldandrohungen und Zwangsgeldfestsetzungen vgl. BFH-Urteil vom 23. 11. 1999, VII R 38/99, BStBl. 2001 II S. 463.

[Fortsetzung]

Die Zustellung eines Steuerbescheids an eine ohne Liquidation von Amts wegen gem. § 31 Abs. 2 HGB i. V. m. § 141 FGG im Handelsregister gelöschte KG kann, sofern der Gesellschaftervertrag oder Gesellschafterbeschlüsse nicht entgegenstehen, an einen der Kommanditisten erfolgen, die nach §§ 161 Abs. 2, 146 Abs. 1 HGB geborene Liquidatoren sind (§ 150 Abs. 1 und 2 Satz 2 i. V. m. § 125 Abs. 2 Satz 3 HGB). Die gerichtliche Bestellung eines Liquidators wird in der Regel nicht erforderlich sein *(Beschluss OLG Hamm vom 5. 9. 1996 – 15 W 125/96, DB S. 2326).*

[1] Abgedruckt im **Anhang I Nr. 2.**

AEAO

1.1.5. Lebenspartner

Die nachfolgenden Grundsätze über die Bekanntgabe von Steuerverwaltungsakten an Ehegatten und Ehegatten mit ihren Kindern gelten gleichermaßen für die Bekanntgabe von Steuerverwaltungsakten an Lebenspartner und Lebenspartner mit ihren Kindern.

9 **1.2. Steuerbescheide**

Steuerfestsetzungen sind nur dann eine Grundlage für die Verwirklichung von Ansprüchen aus dem Steuerschuldverhältnis, wenn sie gem. § 122 Abs. 1 Satz 1 AO als Steuerbescheid demjenigen Beteiligten bekannt gegeben worden sind, für den sie bestimmt sind oder der von ihnen betroffen wird. Die folgenden Grundsätze regeln, wie der Steuerschuldner als Inhaltsadressat und ggf. der Bekanntgabeadressat und der Empfänger zu bezeichnen sind und wie der Bescheid zu übermitteln ist.

10 **1.3. Bezeichnung des Inhaltsadressaten**

1.3.1. Der Inhaltsadressat muss im Bescheid so eindeutig bezeichnet werden, dass Zweifel über seine Identität nicht bestehen. Inhaltsadressat eines Steuerbescheids ist der Steuerschuldner.

1.3.2. Im Allgemeinen wird eine natürliche Person als Inhaltsadressat durch Vornamen und Familiennamen genügend bezeichnet. Nur bei Verwechslungsmöglichkeiten, insbesondere bei häufiger vorkommenden Namen, sind weitere Angaben erforderlich (z. B. Wohnungsanschrift, Geburtsdatum, Berufsbezeichnung, Namenszusätze wie „senior" oder „junior").

Bei juristischen Personen und rechtsfähigen Personenvereinigungen (vgl. § 14a Abs. 2 AO) ergibt sich der zutreffende „Name" aus Gesetz, Satzung, Register, Vertrag oder ähnlichen Quellen (bei Handelsgesellschaften Firma gem. § 17 HGB, bei eingetragenen GbR Name gem. § 707 Abs. 2 Nr. 1 Buchst. a BGB).

Wegen der Bezeichnung von Ehegatten vgl. AEAO zu § 122, Nr. 2.1.2.

Wegen der Bezeichnung der nicht rechtsfähigen Personenvereinigungen vgl. AEAO zu § 122, Nrn. 2.4, 2.4.1.2.

11 **1.4. Bezeichnung des Bekanntgabeadressaten**

1.4.1. Die Person, der ein Verwaltungsakt bekannt zu geben ist, wird als Bekanntgabeadressat bezeichnet. Bei Steuerfestsetzungen ist dies i. d. R. der Steuerschuldner als Inhaltsadressat, weil der Steuerbescheid seinem Inhalt nach für ihn bestimmt ist oder er von ihm betroffen wird (§ 122 Abs. 1 Satz 1 AO).

1.4.2. Als Bekanntgabeadressat kommen jedoch auch Dritte in Betracht, wenn sie für den Inhaltsadressaten (Steuerschuldner) steuerliche Pflichten zu erfüllen haben. Dabei handelt es sich in erster Linie um Fälle, in denen die Bekanntgabe an den Steuerschuldner nicht möglich oder nicht zulässig ist (§ 79 AO).

Die Bekanntgabe ist insbesondere an folgende Dritte erforderlich:

a) Eltern (§ 1629 BGB), Vormund (§ 1793 BGB), Pfleger (§§ 1909 ff. BGB) als gesetzliche Vertreter natürlicher Personen (§ 34 Abs. 1 AO),
b) Gesellschafter/Gemeinschafter/Mitglieder nicht rechtsfähiger Personenvereinigungen und einer nicht rechtsfähigen GbR (§ 34 Abs. 2 i. V. m. § 14a Abs. 3 und 4 AO),
c) Geschäftsführer von Vermögensmassen (z. B. nichtrechtsfähige Stiftungen, §§ 86, 26 BGB),
d) Vermögensverwalter i. S. d. § 34 Abs. 3 AO (z. B. Insolvenzverwalter, Zwangsverwalter, gerichtlich bestellte Liquidatoren, Nachlassverwalter),
e) Verfügungsberechtigte i. S. d. § 35 AO,
f) für das Besteuerungsverfahren bestellte Vertreter i. S. d. § 81 AO.

1.4.3. Ist der Bekanntgabeadressat nicht mit dem Inhaltsadressaten identisch (vgl. AEAO zu § 122, Nr. 1.4.2), so ist er zusätzlich zum Inhaltsadressaten anzugeben. Hinsichtlich der eindeutigen Bezeichnung gelten dieselben Grundsätze wie für die Bezeichnung des Inhaltsadressaten (vgl. AEAO zu § 122, Nr. 1.3.2). Das Vertretungsverhältnis (vgl. AEAO zu § 122, Nr. 1.4.2) ist im Bescheid anzugeben (vgl. AEAO zu § 122, Nr. 1.6).

12 **1.5. Bezeichnung des Empfängers**

1.5.1. Als Empfänger wird derjenige bezeichnet, dem der Verwaltungsakt tatsächlich zugehen soll, damit er durch Bekanntgabe wirksam wird. I. d. R. ist der Inhaltsadressat nicht nur Bekanntgabeadressat, sondern auch „Empfänger" des Verwaltungsakts.

1.5.2. Es können jedoch auch andere Personen Empfänger sein, wenn für sie eine **Empfangsvollmacht** des Bekanntgabeadressaten vorliegt oder wenn die Finanzbehörde nach ihrem Ermessen den Verwaltungsakt einem Bevollmächtigten übermitteln will (vgl. AEAO zu § 122, Nr. 1.7).

Beispiel:

Die gesetzlichen Vertreter (Bekanntgabeadressaten) eines Minderjährigen (Steuerschuldner und damit Inhaltsadressat) haben einen Dritten (Empfänger) bevollmächtigt.

Inhaltsadressat (Steuerschuldner):
Hans Huber

Bekanntgabeadressaten:
Herrn Anton Huber, Frau Maria Huber
als gesetzliche Vertreter des Hans Huber, Moltkestraße 5, 12 203 Berlin

AEAO

Empfänger (Anschriftenfeld):
Herrn
Steuerberater
Anton Schulz
Postfach 11 48
80 335 München

Darstellung im Bescheid:
(Die Angaben in Klammern werden im Bescheid nicht ausgedruckt. Dies gilt auch für die übrigen Beispiele.)
Anschriftenfeld (Empfänger):
Herrn
Steuerberater
Anton Schulz
Postfach 11 48
80 335 München

Bescheidkopf:
Für
Herrn Anton Huber und Frau Maria Huber (Bekanntgabeadressaten) als gesetzliche Vertreter des Hans Huber (Steuerschuldner und Inhaltsadressat), Moltkestraße 5, 12 203 Berlin

1.5.3. Eine Empfangsvollmacht ist auch erforderlich, wenn der Verwaltungsakt nur namentlich benannten Geschäftsführern oder anderen Personen (z. B. dem Steuerabteilungsleiter) zugehen soll.

Beispiel:
Anschriftenfeld (Empfänger):
Herrn
Steuerabteilungsleiter
Fritz Schulz
i. Hs. der Meyer GmbH
Postfach 10 01
50 859 Köln

Bescheidkopf:
Für die Meyer GmbH (Inhalts- und Bekanntgabeadressat)

1.5.4. Zur Bekanntgabe nach § 122 Abs. 6 AO vgl. AEAO zu § 122, Nr. 2.1.3, zur Bekanntgabe an einen gemeinsamen Empfangsbevollmächtigten i. S. v. § 183 Abs. 1 AO vgl. AEAO zu § 122, Nr. 2.5.2.

1.6. Anschriftenfeld 13

Der Empfänger ist im Anschriftenfeld des Steuerbescheids mit seinem Namen und **postalischer Anschrift** zu bezeichnen. Es reicht nicht aus, den Empfänger nur auf dem Briefumschlag und in den Steuerakten anzugeben, weil sonst die ordnungsmäßige Bekanntgabe nicht einwandfrei nachgewiesen werden kann. Sind Inhaltsadressat (Steuerschuldner), Bekanntgabeadressat und Empfänger nicht dieselbe Person, muss jeder im Steuerbescheid benannt werden: Der Empfänger ist im Anschriftenfeld anzugeben, der Inhalts- und ggf. der Bekanntgabeadressat sowie das Vertretungsverhältnis müssen an anderer Stelle des Steuerbescheids aufgeführt werden (vgl. z. B. bei Bekanntgabe an Minderjährige AEAO zu § 122, Nr. 2.2.2).

1.7. Übermittlung an Bevollmächtigte 14

1.7.1. Der einem Angehörigen der steuerberatenden Berufe erteilte Auftrag zur Erstellung und Einreichung der Steuererklärungen schließt i. d. R. seine Bestellung als Empfangsbevollmächtigter nicht ein (BFH-Urteil vom 30. 7. 1980, I R 148/79, BStBl. 1981 II S. 3). Aus der Mitwirkung eines Steuerberaters bei der Steuererklärung folgt daher nicht, dass die Finanzbehörde einen Steuerbescheid dem Steuerberater zu übermitteln hat. Dasselbe gilt in Bezug auf die anderen zur Hilfe in Steuersachen befugten Personen und Vereinigungen (§§ 3, 4 StBerG).

1.7.2. Bevollmächtigter kann u. a. auch der Vollmachtnehmer einer sog. Vorsorgevollmacht sein. Eine Vorsorgevollmacht ist eine allgemeine rechtsgeschäftliche Vollmacht. Durch die Vorlage der Vorsorgevollmacht beim Finanzamt, in der die Befugnis zur Vertretung gegenüber Behörden eingeräumt ist, ist der Vollmachtnehmer für das Besteuerungsverfahren Bevollmächtigter i. S. d. § 80 AO. Die Vorsorgevollmacht bleibt in Kraft, wenn der Vollmachtgeber nach Erteilung der Vollmacht geschäftsunfähig geworden ist. Bescheide sind grundsätzlich dem in der Vorsorgevollmacht bestimmten Vollmachtnehmer als Empfänger zu übermitteln.

1.7.3. Es liegt im Ermessen des Finanzamts, ob es einen Steuerbescheid an den Steuerpflichtigen selbst oder an dessen Bevollmächtigten bekannt gibt (§ 122 Abs. 1 Satz 3 AO). Da das Gesetz eine „Soll-Regelung" enthält, gilt bei Ausübung des Ermessens Folgendes:

Hat der Steuerpflichtige dem Finanzamt ausdrücklich mitgeteilt, dass er seinen Vertreter auch zur Entgegennahme von Steuerbescheiden ermächtigt, sind diese grundsätzlich dem Bevollmächtigten bekannt zu geben (BFH-Urteil vom 5. 10. 2000, VII R 96/99, BStBl. 2001 II S. 86). Dies gilt auch, wenn der Steuerpflichtige dem Finanzamt eine Vollmacht vorgelegt hat, nach der der Bevollmächtigte berechtigt ist, für den Steuerpflichtigen „rechtsverbindliche Erklärungen" entgegen zu nehmen (BFH-Urteil vom 23. 11. 1999, VII R 38/99, BStBl. 2001 II S. 463).

Nur wenn im Einzelfall besondere Gründe gegen die Bekanntgabe des Steuerbescheids an den Bevollmächtigten sprechen, kann der Steuerbescheid unmittelbar dem Steuerpflichtigen selbst be-

AEAO kannt gegeben (§ 122 Abs. 1 Satz 4 AO) oder förmlich zugestellt werden (§ 122 Abs. 5 Satz 3 i. V. m. Abs. 1 Satz 4 AO). Derartige Gründe können auch technischer Natur sein. Der Steuerbescheid ist auch nach Vorlage einer Empfangsvollmacht dem Steuerpflichtigen bekannt zu geben, soweit der Bevollmächtigte wegen unbefugter Hilfeleistung in Steuersachen nach § 80 Abs. 7 AO zurückgewiesen wurde oder wenn ihm die Hilfeleistung in Steuersachen nach § 7 StBerG untersagt wurde. Dies gilt auch, wenn die Zurückweisungsverfügung in der Vollziehung ausgesetzt wurde oder wenn gegen eine Untersagung nach § 7 StBerG Einspruch eingelegt oder Klage erhoben wurde und dieser Rechtsbehelf hemmende Wirkung hat (§ 361 Abs. 4 AO, § 69 Abs. 5 FGO).

Fehlt es an einer ausdrücklichen Benennung eines Empfangsbevollmächtigten, hat das Finanzamt aber bisher Verwaltungsakte dem Vertreter des Steuerpflichtigen übermittelt, so darf es sich nicht in Widerspruch zu seinem bisherigen Verhalten setzen und sich bei gleichliegenden Verhältnissen ohne ersichtlichen Grund an den Steuerpflichtigen selbst wenden (vgl. BFH-Urteile vom 11. 8. 1954, II 239/53 U, BStBl. III S. 327, und vom 13. 4. 1965, I 36/64 U, I 37/64 U, BStBl. III S. 389). In diesen Fällen ist jedoch eine schriftliche Vollmacht nachzufordern; der Vollmachtsnachweis kann auch in elektronischer Form (§ 87 a Abs. 3 AO) erbracht werden.

Die im Einkommensteuererklärungsvordruck erteilte Empfangsvollmacht gilt nur für Bescheide des betreffenden Veranlagungszeitraums (vgl. BFH-Beschluss vom 16. 1. 2001, XI B 14/99, BFH/NV S. 888) und umfasst auch Änderungsbescheide (BFH-Urteil vom 29. 5. 1996, I R 42/95, BFH/NV 1997 S. 1). Dagegen entfaltet die im Erklärungsvordruck zur gesonderten und einheitlichen Feststellung erteilte Empfangsvollmacht nicht lediglich Wirkung für das Verfahren des entsprechenden Feststellungszeitraums, sondern ist solange zu beachten, bis sie durch Widerruf entfällt (vgl. BFH-Urteil vom 18. 1. 2007, IV R 53/05, BStBl. II S. 369).

Ein während eines Klageverfahrens ergehender Änderungsbescheid ist i. d. R. dem Prozessbevollmächtigten bekannt zu geben (BFH-Urteile vom 5. 5. 1994, VI R 98/93, BStBl. II S. 806, und vom 29. 10. 1997, X R 37/95, BStBl. 1998 II S. 266).

1.7.4. Wird ein Verwaltungsakt dem betroffenen Steuerpflichtigen bekannt gegeben und hierdurch eine von ihm erteilte Bekanntgabevollmacht zugunsten seines Bevollmächtigten ohne besondere Gründe nicht beachtet, wird der Bekanntgabemangel durch die Weiterleitung des Verwaltungsakts an den Bevollmächtigten geheilt. Die Frist für einen außergerichtlichen Rechtsbehelf beginnt in dem Zeitpunkt, in dem der Bevollmächtigte den Verwaltungsakt nachweislich erhalten hat (BFH-Urteil vom 8. 12. 1988, IV R 24/87, BStBl. 1989 II S. 346).

1.7.5. Wegen der Zustellung an Bevollmächtigte vgl. AEAO zu § 122, Nr. 3.3.

1.7.6. Hat der Steuerpflichtige einen Bevollmächtigten benannt, bleibt die Vollmacht so lange wirksam, bis der Finanzbehörde ein Widerruf zugeht (§ 80 Abs. 1 AO). Die wirksame Bekanntgabe eines an einen Bevollmächtigten adressierten Verwaltungsaktes ist nicht davon abhängig, dass die Außenvollmacht des Bevollmächtigten im Bekanntgabezeitpunkt noch besteht. Maßgeblich ist, dass die Vollmacht zum Zeitpunkt der letzten Behördenhandlung – Aufgabe des Verwaltungsaktes zur Post oder Bereitstellung zum Datenabruf – vorliegt oder deren Vorliegen vermutet wird. Ist das der Fall und geht der Verwaltungsakt dem Bevollmächtigten auch zu, kann die Wirksamkeit der Bekanntgabe durch einen Widerruf der Vollmacht nicht mehr verhindert werden (vgl. BFH-Urteil vom 8. 2. 2024, VI R 25/21, BStBl. 2025 II S. 143).

Die Wirksamkeit einer Vollmacht ist nur dann auf einen Besteuerungszeitraum oder einen einzelnen Bearbeitungsvorgang begrenzt, wenn dies ausdrücklich in der Vollmacht erwähnt ist oder sich aus den äußeren Umständen ergibt (z.B. bei Einzelsteuerfestsetzungen); vgl. aber auch AEAO zu § 122, Nr. 1.7.3 Abs. 5.

1.7.7. Wendet sich die Finanzbehörde aus besonderem Grund an den Beteiligten selbst (z. B. um ihn um Auskünfte zu bitten, die nur er selbst als Wissensträger geben kann, oder um die Vornahme von Handlungen zu erzwingen), so soll der Bevollmächtigte unterrichtet werden (§ 80 Abs. 5 Satz 3 AO).

15 **1.8. Form der Bekanntgabe**

Schriftliche Verwaltungsakte, insbesondere Steuerbescheide, sind grundsätzlich durch die Post zu übermitteln (vgl. AEAO zu § 122, Nr. 1.8.2), sofern der Empfänger im Inland wohnt oder soweit der ausländische Staat mit der Postübermittlung einverstanden ist (vgl. AEAO zu § 122, Nr. 1.8.4). Ein Verwaltungsakt kann ferner durch Telefax (vgl. AEAO zu § 122, Nr. 1.8.2) wirksam bekannt gegeben werden, auch wenn für ihn die Schriftform gesetzlich vorgeschrieben ist (BFH-Urteil vom 8. 7. 1998, I R 17/96, BStBl. 1999 II S. 48). Eine förmliche Zustellung ist nur erforderlich, wenn dies gesetzlich vorgeschrieben ist oder die Finanzbehörde von sich aus die Zustellung anordnet (vgl. AEAO zu § 122, Nr. 1.8.3). Die Zustellung erfolgt nach den Vorschriften des Verwaltungszustellungsgesetzes (vgl. AEAO zu § 122, Nr. 3.1). Unter den Voraussetzungen des § 87 a AO können Verwaltungsakte auch elektronisch übermittelt werden.

1.8.1. Schriftform

1.8.1.1. Grundsätzlich ist die **schriftliche Bekanntgabe** eines Verwaltungsakts nur erforderlich, wenn das Gesetz sie ausdrücklich vorsieht (für Steuerbescheide, § 157 AO; für die Aufhebung des Vorbehalts der Nachprüfung, § 164 Abs. 3 AO; für Haftungs- und Duldungsbescheide, § 191 Abs. 1 AO; für Prüfungsanordnungen, § 196 AO; für verbindliche Zusagen, § 205 Abs. 1 AO; für

Pfändungsverfügungen, § 309 Abs. 2 AO; für Androhung von Zwangsmitteln, § 332 Abs. 1 AO; für Einspruchsentscheidungen, § 366 AO). Im Übrigen reicht die **mündliche Bekanntgabe** eines steuerlichen Verwaltungsakts aus (z. B. bei Fristverlängerungen, Billigkeitsmaßnahmen, Stundungen). Aus Gründen der Rechtssicherheit sollen Verwaltungsakte aber im Allgemeinen schriftlich erteilt werden. Ein mündlicher Verwaltungsakt ist ggf. schriftlich zu bestätigen (§ 119 Abs. 2 AO). AEAO

1.8.1.2. Ist für einen Verwaltungsakt die Schriftform gesetzlich vorgeschrieben, wird diese auch durch Übersendung per **Telefax,** auch per Computerfax, gewahrt (BFH-Urteile vom 28. 1. 2014 VIII R 28/13, BStBl. II S. 552, und vom 18. 3. 2014 VIII R 9/10, BStBl. II S. 748). Der Verwaltungsakt wird in diesem Fall nicht bereits mit vollständiger Speicherung im Empfangsgerät, sondern erst mit dem Ausdruck beim Empfänger wirksam (BFH-Urteil vom 18. 3. 2014 VIII R 9/10, BStBl. II S. 748). Erfolgt der Ausdruck vor Ablauf der viertägigen Frist i. S. d. § 122 Abs. 2 a AO (vgl. AEAO zu § 122, Nr. 1.8.2.2), bleibt der Ablauf dieser Frist für den Zeitpunkt des Wirksamwerdens des Verwaltungsakts maßgebend.

1.8.2. Übermittlung durch die Post oder durch Telefax

1.8.2.1. Der in § 122 Abs. 2 AO verwendete Begriff der „Post" ist nicht auf die Deutsche Post AG (als Nachfolgeunternehmen der Deutschen Bundespost) beschränkt, sondern umfasst alle Unternehmen, soweit sie Postdienstleistungen erbringen. Wird ein schriftlicher Verwaltungsakt durch die Post übermittelt, so hängt die Wirksamkeit der Bekanntgabe nicht davon ab, dass der Tag der Aufgabe des Verwaltungsakts zur Post in den Akten vermerkt wird. Um den Bekanntgabezeitpunkt berechnen zu können und im Hinblick auf die Regelung in § 169 Abs. 1 Satz 3 Nr. 1 AO ist jedoch der Tag der Aufgabe zur Post in geeigneter Weise festzuhalten.

1.8.2.2. Ein **Telefax,** auch ein Computerfax, ist kein elektronisches Dokument. i. S. d. § 87 a AO (vgl. AEAO zu § 87 a, Nr. 4), aber ein elektronisch übermittelter Verwaltungsakt i. S. d. § 122 Abs. 2 a AO (Bundestagsdrucksache 14/9000 S. 32, Begründung zu § 15 VwVfG).

1.8.3. Förmliche Bekanntgabe (Zustellung)

Zuzustellen sind:
- die Ladung zu dem Termin zur Abgabe der Vermögensauskunft (§ 284 Abs. 6 AO),
- die Verfügung über die Pfändung einer Geldforderung (§ 309 Abs. 2 AO),
- die Arrestanordnung (§ 324 Abs. 2, § 326 Abs. 4 AO).

Darüber hinaus kann die Finanzbehörde die Zustellung anordnen (§ 122 Abs. 5 Satz 1 AO). Diese Anordnung stellt keinen Verwaltungsakt dar (BFH-Urteil vom 16. 3. 2000, III R 19/99, BStBl. II S. 520).

Wegen der Besonderheiten des Zustellungsverfahrens vgl. Nr. 3; wegen der Zustellung von Einspruchsentscheidungen vgl. AEAO zu § 366, Nr. 2.

1.8.4. Bekanntgabe an Empfänger im Ausland

Mit Ausnahme der in Nr. 3.1.4.1 angeführten Staaten kann davon ausgegangen werden, dass an Empfänger (einschließlich der Bevollmächtigten; BFH-Urteil vom 1. 2. 2000, VII R 49/99, BStBl. II S. 334) im Ausland Steuerverwaltungsakte durch einfachen Brief, durch Telefax oder – unter den Voraussetzungen des § 87 a AO – durch elektronische Übermittlung bekannt gegeben werden können. Eine elektronische Bekanntgabe nach § 122 a AO ist in allen Fällen zulässig (vgl. AEAO zu § 122 a, Nr. 3).

Ansonsten muss nach § 123 AO, § 9 VwZG (vgl. AEAO zu § 122, Nr. 3.1.4) oder § 10 VwZG (vgl. AEAO zu § 122, Nr. 3.1.5) verfahren werden, wenn ein Verwaltungsakt an einen Empfänger im Ausland bekannt zu geben ist.

Welche der bestehenden Möglichkeiten einer Auslandsbekanntgabe gewählt wird, liegt im pflichtgemäßen Ermessen (§ 5 AO) der Finanzbehörde. Die Auswahl ist u. a. abhängig von den gesetzlichen Erfordernissen (z. B. Zustellung, vgl. AEAO zu § 122, Nr. 1.8.3) und von dem Erfordernis, im Einzelfall einen einwandfreien Nachweis des Zugangs des amtlichen Schreibens zu erhalten.

2. Bekanntgabe von Bescheiden

2.1. Bekanntgabe von Bescheiden an Ehegatten 16

2.1.1. Allgemeines

Ehegatten sind im Fall der ESt-Zusammenveranlagung stets Gesamtschuldner (§ 44 AO). Gem. § 155 Abs. 3 Satz 1 AO kann daher gegen sie ein zusammengefasster Steuerbescheid erlassen werden. Dabei handelt es sich formal um die Zusammenfassung zweier Bescheide zu einer nur äußerlich gemeinsamen Festsetzung. Dies gilt auch für die Festsetzung von Verspätungszuschlägen gegenüber zusammen veranlagten Ehegatten (BFH-Urteil vom 28. 8. 1987, III R 230/83, BStBl. II S. 836).

Bei anderen Steuerarten sind gegenüber Ehegatten zusammengefasste Steuerbescheide nur zulässig, wenn tatsächlich Gesamtschuldnerschaft vorliegt. Gesamtschuldnerschaft liegt nicht vor, wenn es sich lediglich um gleichgeartete Steuervorgänge handelt. So liegen z. B. für die Grunderwerbsteuer zwei Steuerfälle vor, wenn Ehegatten gemeinschaftlich ein Grundstück erwerben. An jeden Ehegatten ist für den auf ihn entfallenden Steuerbetrag ein gesonderter Steuerbescheid zu erteilen (BFH-Urteil vom 12. 10. 1994, II R 63/93, BStBl. 1995 II S. 174).

AEAO

Leben Eheleute in einer konfessions- oder einer glaubensverschiedenen Ehe, darf ein Kirchensteuerbescheid nur an den kirchensteuerpflichtigen Ehegatten gerichtet werden (BFH-Urteil vom 29. 6. 1994, II R 63/93, BStBl. 1995 II S. 510).

2.1.2. Bekanntgabe nach § 122 Abs. 7 AO

Bei Zusammenveranlagung von Ehegatten reicht es für die wirksame Bekanntgabe an beide Ehegatten aus, wenn ihnen eine Ausfertigung des Steuerbescheids an die gemeinsame Anschrift übermittelt wird. Ebenso genügt es, wenn der Steuerbescheid in das Postfach eines Ehegatten eingelegt wird (BFH-Urteil vom 13. 10. 1994, IV R 100/93, BStBl. 1995 II S. 484).

Es handelt sich nicht um eine Bekanntgabe an einen der Ehegatten mit Wirkung für und gegen den anderen (vgl. AEAO zu § 122, Nr. 2.1.3). Beide Ehegatten sind Empfänger des Steuerbescheids und daher im Anschriftenfeld aufzuführen. Diese vereinfachte Bekanntgabe ist auch dann möglich, wenn eine gemeinsam abzugebende Erklärung nicht eingereicht worden ist (z. B. bei Schätzung von Besteuerungsgrundlagen).

Beispiel für die Bekanntgabe eines Bescheides an Eheleute, die eine gemeinsame Anschrift haben und zusammen zu veranlagen sind:

Anschriftenfeld:

Herrn Adam Meier	oder	Herrn und Frau
Frau Eva Meier		Adam u. Eva Meier
Hauptstraße 100		Hauptstraße 100
67 433 Neustadt		67 433 Neustadt

Die Angabe von besonderen Namensteilen eines der Eheleute (z. B. eines akademischen Grades oder eines Geburtsnamens) ist namensrechtlich geboten (vgl. AEAO zu § 122, Nr. 4.2.3).

Beispiel:

Herrn Adam Meier
Frau Dr. Eva Schulze-Meier

2.1.3. Bekanntgabe nach § 122 Abs. 6 AO

Nach dieser Vorschrift ist die Übermittlung des Steuerbescheids an einen der Ehegatten zugleich mit Wirkung für und gegen den anderen Ehegatten zulässig, soweit die Ehegatten einverstanden sind.

Eine Bekanntgabe nach dieser Vorschrift kommt insbesondere in den Fällen in Betracht, in denen die Bekanntgabe nicht nach § 122 Abs. 7 AO erfolgen kann, weil die Ehegatten keine gemeinsame Anschrift haben.

Im Bescheidkopf ist darauf hinzuweisen, dass der Verwaltungsakt an den einen Ehegatten zugleich mit Wirkung für und gegen den anderen Ehegatten ergeht.

Beispiel für die Bekanntgabe an einen der Ehegatten mit Einverständnis beider:

Anschriftenfeld:
Herrn Adam Meier
Hauptstraße 100
67 433 Neustadt

Bescheidkopf:
Dieser Bescheid ergeht an Sie zugleich mit Wirkung für und gegen Ihre Ehefrau Eva Meier.

2.1.4. Einzelbekanntgabe

Einzelbekanntgabe ist insbesondere erforderlich, wenn
- keine gemeinsame Anschrift besteht und kein Einverständnis zur Bekanntgabe nach § 122 Abs. 6 AO vorliegt,
- bekannt ist, dass zwischen den Ehegatten ernstliche Meinungsverschiedenheiten bestehen (z. B. bei offenbarer Interessenkollision der Eheleute, bei getrennt lebenden oder geschiedenen Ehegatten),
- dies nach § 122 Abs. 7 Satz 2 AO beantragt worden ist.

Bei Einzelbekanntgabe ist der Empfänger in dem jeweiligen Anschriftenfeld mit seinem Vor- und Familiennamen genau zu bezeichnen. Dies gilt auch bei förmlichen Zustellungen (vgl. AEAO zu § 122, Nr. 3.2). Dabei ist darauf zu achten, dass nicht versehentlich eine nur für einen Ehegatten geltende Postanschrift (z. B. Firma oder Praxis) verwandt wird, sondern für jeden Ehegatten seine persönliche Anschrift. Auch die kassenmäßige Abrechnung und ggf. das Leistungsgebot sind doppelt zu erteilen.

Beispiel für die Bekanntgabe an den Ehemann:

Anschriftenfeld (Empfänger und Bekanntgabeadressat):
Herrn
Adam Meier
Hauptstraße 100
67 433 Neustadt

Bescheidkopf (Inhaltsadressaten):
Für
Herrn Adam Meier und Frau Eva Meier
In jede Bescheidausfertigung ist als Erläuterung aufzunehmen:
„Ihrem Ehegatten wurde ein Bescheid gleichen Inhalts erteilt."

AEAO

2.1.5. Sonderfälle

Betreiben beide Ehegatten gemeinsam einen Gewerbebetrieb oder sind sie gemeinsam Unternehmer i. S. d. Umsatzsteuergesetzes, so gelten für Bescheide über Betriebsteuern die Grundsätze zu Nrn. 2.4 und 2.5 des AEAO zu § 122. Sind Ehegatten z. B. Miteigentümer eines Grundstücks oder eines selbständigen Wirtschaftsguts, für das ein Einheitswert oder Grundsteuerwert festgestellt wird, so ist nach Nr. 2.5.4 des AEAO zu § 122 zu verfahren.

Betreibt nur ein Ehegatte ein Gewerbe (oder eine Praxis als Freiberufler usw.), so ist nur dieser Inhaltsadressat für Verwaltungsakte, die ausschließlich den Geschäftsbetrieb betreffen.

2.2. Bekanntgabe an gesetzliche Vertreter natürlicher Personen 17

2.2.1. Ist ein **Inhaltsadressat** (Steuerschuldner) bei Bekanntgabe des Bescheids **geschäftsunfähig oder beschränkt geschäftsfähig,** so ist Bekanntgabeadressat der gesetzliche Vertreter (Ausnahme vgl. AEAO zu § 122, Nr. 2.2.3). Das Vertretungsverhältnis muss aus dem Bescheid hervorgehen (BFH-Beschluss vom 14. 5. 1968, II B 41/67, BStBl. II S. 503). Der Inhaltsadressat (Steuerschuldner) ist dabei i. d. R. durch Angabe seines Vor- und Familiennamens eindeutig genug bezeichnet (vgl. AEAO zu § 122, Nr. 1.3.2). Das Vertretungsverhältnis ist ausreichend gekennzeichnet, wenn Name und Anschrift des Vertreters genannt werden und angegeben wird, dass ihm der Bescheid „als gesetzlicher Vertreter" für den Inhaltsadressaten (Steuerschuldner) bekannt gegeben wird. Ist der gesetzliche Vertreter nicht gleichzeitig auch der Empfänger, so braucht er i. d. R. nur mit seinem Vor- und Familiennamen bezeichnet zu werden.

2.2.2. Soweit nicht ausnahmsweise die gesetzliche Vertretung nur einem Elternteil zusteht, sind die Eltern Bekanntgabeadressaten des Steuerbescheids für ihr **minderjähriges Kind.** Die Bekanntgabe an einen von beiden reicht jedoch aus, um den Verwaltungsakt wirksam werden zu lassen. Für die Zustellung von Verwaltungsakten ist es gem. § 6 Abs. 3 VwZG ausreichend, wenn der Verwaltungsakt einem von beiden Ehegatten zugestellt wird (BFH-Beschluss vom 19. 6. 1974, VI B 27/74, BStBl. II S. 640, und BFH-Urteil vom 22. 10. 1976, VI R 137/74, BStBl. II S. 762). Diese vom BFH für die förmliche Zustellung von Verwaltungsakten aufgestellten Grundsätze sind auch bei der Bekanntgabe mit einfachem Brief anzuwenden.

Wenn die Eltern bereits beide als Empfänger des Steuerbescheids im Anschriftenfeld aufgeführt sind, kann darauf verzichtet werden, sie im Text des Bescheids noch einmal mit vollem Namen und in voller Anschrift als Bekanntgabeadressaten zu bezeichnen.

Beispiel:

Den Eltern Anton und Maria Huber steht gesetzlich gemeinsam die Vertretung für den minderjährigen Steuerschuldner Hans Huber zu. Sie sind die Bekanntgabeadressaten für den Steuerbescheid an Hans Huber.

Der Steuerbescheid ist zu übermitteln an:

Anschriftenfeld (Empfänger):
Herrn Anton Huber
Frau Maria Huber
Moltkestraße 5
12 203 Berlin

Bescheidkopf:
Als gesetzliche Vertreter (Bekanntgabeadressaten) von Hans Huber (Steuerschuldner und Inhaltsadressat)

Bei Empfangsvollmacht vgl. das Beispiel bei AEAO zu § 122, Nr. 1.5.2.

2.2.3. Ermächtigt der gesetzliche Vertreter mit Genehmigung des Vormundschaftsgerichts den **Minderjährigen** zum selbständigen **Betrieb eines Erwerbsgeschäfts,** so ist der Minderjährige für diejenigen Rechtsgeschäfte unbeschränkt geschäftsfähig, die der Geschäftsbetrieb mit sich bringt (§ 112 BGB). Steuerbescheide, die ausschließlich diesen Geschäftsbetrieb betreffen, sind daher nur dem Minderjährigen bekannt zu geben (vgl. AEAO zu § 122, Nr. 1.4 – Bekanntgabeadressat –). Das Gleiche gilt bei einer Veranlagung nach § 46 EStG, wenn das Einkommen ausschließlich aus Einkünften aus nichtselbständiger Arbeit besteht und der gesetzliche Vertreter den Minderjährigen zur Eingehung des Dienstverhältnisses ermächtigt hat (§ 113 BGB). Von der Ermächtigung kann im Regelfall ausgegangen werden.

Hat der Minderjährige noch weitere Einkünfte oder Vermögenswerte und werden diese in die Festsetzung einbezogen, so kann der Steuerbescheid nicht durch Bekanntgabe gegenüber dem minderjährigen Steuerschuldner wirksam werden. Bekanntgabeadressat des Bescheids ist der gesetzliche Vertreter.

2.2.4. Kann ein Volljähriger seine Angelegenheiten ganz oder teilweise rechtlich nicht besorgen und beruht dies auf einer Krankheit oder Behinderung, so bestellt das Betreuungsgericht nach § 1814 Abs. 1 BGB für ihn einen rechtlichen Betreuer (Betreuer). Der Betreuer ist gesetzlicher Vertreter des Betreuten i. S. d. § 34 Abs. 1 AO.

Soweit bzw. solange der Betreuer gegenüber der Finanzbehörde noch keine Erklärungen nach § 1823 BGB und/oder § 53 Abs. 2 ZPO abgegeben hat, ist ein dem Betreuten selbst bekannt gegebener Bescheid wirksam.

Hat der Betreuer entweder von seiner Vertretungsmacht nach § 1823 BGB Gebrauch gemacht oder eine Ausschließlichkeitserklärung nach § 53 Abs. 2 ZPO i. V. m. § 79 Abs. 3 AO abgegeben, sind Bescheide ab diesem Zeitpunkt ausschließlich dem Betreuer als Bekanntgabeadressaten be-

AEAO

kannt zu geben. Inhaltsadressat bleibt der Betreute (BFH-Beschluss vom 10. 5. 2007 VIII B 125/06, BFH/NV S. 1630).

Wird der Bescheid nach Abgabe einer Ausschließlichkeitserklärung dem Betreuten bekannt gegeben, ist er unwirksam; eine Heilung des Bekanntgabemangels ist nicht möglich (vgl. Nr. 4.1.3 des AEAO zu § 122).

18 **2.3. Bescheide an Ehegatten mit Kindern oder Alleinstehende mit Kindern**

2.3.1. Allgemeines

Sofern Ehegatten mit ihren Kindern oder Alleinstehende mit ihren Kindern Gesamtschuldner sind, gelten für die Bekanntgabe von Bescheiden an diese Personen die Nrn. 2.1 und 2.2 des AEAO zu § 122 entsprechend. Insbesondere kann auch nach § 122 Abs. 7 AO (gleichzeitige Bekanntgabe; vgl. hierzu AEAO zu § 122, Nr. 2.1.2) und § 122 Abs. 6 AO (einverständliche Bekanntgabe an einen der Beteiligten; vgl. AEAO zu § 122, Nr. 2.1.3) bekannt gegeben werden. Hierbei sind die nachfolgenden Besonderheiten zu beachten.

2.3.2. Bekanntgabe nach § 122 Abs. 7 AO

Hat ein Familienmitglied Einzelbekanntgabe beantragt, so ist für die übrigen Familienmitglieder gleichwohl eine Bekanntgabe nach § 122 Abs. 7 AO möglich. In diesem Fall ist eine Ausfertigung des zusammengefassten Bescheids an den Antragsteller und eine weitere Ausfertigung an die übrigen Familienmitglieder bekannt zu geben. Im Bescheidkopf sind alle Steuerschuldner/Beteiligten als Inhaltsadressaten namentlich aufzuführen.

19 **2.4. Personenvereinigungen**

Zu den Personenvereinigungen i. S. dieser Regelung zählen die rechtsfähigen Personenvereinigungen (vgl. § 14 a Abs. 2 AO und AEAO zu § 122, Nr. 2.4.1.1) und die nicht rechtsfähigen Personenvereinigungen und nicht rechtsfähigen GbR (vgl. § 14 a Abs. 3 und 4 AO und AEAO zu § 122, Nr. 2.4.1.2 und 2.4.1.3).

Es ist zu unterscheiden zwischen Bescheiden, die sich an die Personenvereinigung richten, und Bescheiden, die sich an die Gesellschafter oder Gemeinschafter richten.

2.4.1. Bescheide an die Personenvereinigung

Steuerbescheide und Steuermessbescheide sind an die Personenvereinigung selbst zu richten, wenn sie Steuerschuldner ist. Dies gilt z. B. für

a) die Umsatzsteuer (§ 13 a UStG),
b) die Gewerbesteuer einschließlich der Festsetzung des Messbetrags und der Zerlegung (§ 5 Abs. 1 Satz 3 GewStG),
c) die Kraftfahrzeugsteuer, wenn das Fahrzeug für die rechtsfähige Personenvereinigung zum Verkehr zugelassen ist (§ 7 KraftStG; BFH-Urteil vom 24. 7. 1963, II 8/62, HFR 1964 S. 20),
d) die pauschale Lohnsteuer (§ 40 Abs. 3, § 40 a Abs. 5 und § 40 b Abs. 5 EStG),
e) die Festsetzung des Grundsteuermessbetrags, wenn der rechtsfähigen Personenvereinigung der Steuergegenstand zugerechnet worden ist (§ 10 Abs. 1 GrStG),
f) die Grunderwerbsteuer, soweit zivilrechtlich (bei ungeteilter Erbengemeinschaft) oder gemäß § 24 GrEStG steuerlich Gesamthandseigentum besteht (insbesondere bei GbR, OHG und KG),
g) die Körperschaftsteuer bei körperschaftsteuerpflichtigen Personenvereinigungen (z. B. Vereine ohne Rechtspersönlichkeit)

und entsprechend für

h) Haftungsbescheide für Steuerabzugsbeträge.

Da eine typisch oder atypisch stille Gesellschaft (§§ 230 ff. HGB) nicht selbst Steuerschuldnerin ist, sind Steuerbescheide und Steuermessbescheide an den Inhaber des Handelsgeschäfts zu richten (BFH-Urteil vom 12. 11. 1985, VIII R 364/83, BStBl. 1986 II S. 311; R 5.1 Abs. 2 GewStR 2009). Entsprechendes gilt bei einer verdeckten Mitunternehmerschaft (BFH-Urteil vom 16. 12. 1997, VIII R 32/90, BStBl. 1998 II S. 480).

Eine Europäische wirtschaftliche Interessenvereinigung (EWIV) kann selbst Steuerschuldnerin sein. Dies gilt jedoch nicht für die Gewerbesteuer. Schuldner der Gewerbesteuer sind die Mitglieder der Vereinigung (§ 5 Abs. 1 Satz 4 GewStG), bei einer Bruchteilsgemeinschaft die Gemeinschafter; an diese sind Gewerbesteuermessbescheide und Gewerbesteuerbescheide zu richten.

2.4.1.1. Rechtsfähige Personenvereinigungen

Rechtsfähige Personenvereinigungen sind insbesondere:

– Vereine ohne Rechtspersönlichkeit (§ 54 BGB) sowie
– rechtsfähige Personengesellschaften einschließlich der am Rechtsverkehr teilnehmenden GbR (§ 705 Abs. 2 BGB), Personenhandelsgesellschaften (OHG und KG), Partnerschaftsgesellschaften, Partenreedereien und Europäische wirtschaftliche Interessenvereinigungen.

Ist eine Personenhandelsgesellschaft selbst Steuerschuldner, sind Steuerbescheide ihr als Inhaltsadressat unter ihrer Firma bekannt zu geben. Die Personenhandelsgesellschaft kann im Wirtschaftsleben mit ihrer Firma eindeutig bezeichnet werden; bei Zweifeln über die zutreffende Bezeichnung ist das Handelsregister maßgebend (vgl. BFH-Urteil vom 16. 12. 1997, VIII R 32/90, BStBl. 1998 II S. 480). Ein zusätzlicher Hinweis auf Vertretungsbefugnisse (vgl. § 79 Abs. 1 Nr. 3 i. V. m.

§ 34 AO) oder die Nennung der Gesellschafter ist zur Bezeichnung der Personenhandelsgesellschaft nicht erforderlich. AEAO

Beispiel:
Ein Umsatzsteuerbescheid für die Firma Schmitz & Söhne KG muss folgende Angaben enthalten:

Steuerschuldner und Inhaltsadressat
(zugleich Bekanntgabeadressat und Empfänger):
Firma
Schmitz & Söhne KG
Postfach 11 47
50 853 Köln

Für die Bekanntgabe von Steuerbescheiden an Vereine ohne Rechtspersönlichkeit (§ 54 BGB), rechtsfähige GbR (§ 705 BGB) einschließlich eingetragener Gesellschaften (§§ 707 ff. BGB) und Arbeitsgemeinschaften (ARGE), Partnerschaftsgesellschaften, Partenreedereien und Europäische wirtschaftliche Interessenvereinigungen gelten diese Regelungen entsprechend. Die Identität des Inhaltsadressaten (Steuerschuldners) ist durch Angabe des geschäftsüblichen Namens, unter dem die rechtsfähige Personenvereinigung am Rechtsverkehr teilnimmt, ausreichend gekennzeichnet.

Beispiel:
Ein Umsatzsteuerbescheid für die Brennstoffhandlung Josef Müller Erben GbR muss folgende Angaben enthalten:

Steuerschuldner und Inhaltsadressat
(zugleich Bekanntgabeadressat und Empfänger):
Brennstoffhandlung
Josef Müller Erben GbR
Postfach 11 11
54 290 Trier

Bei einer im Gesellschaftsregister eingetragenen GbR ist der im Register eingetragene Name (§ 707 Abs. 2 Nr. 1 Buchst. a BGB) anzugeben. Mit der Eintragung ist die GbR verpflichtet, als Namenszusatz die Bezeichnungen „eingetragene Gesellschaft bürgerlichen Rechts" oder „eGbR" zu führen (§ 707 a Abs. 2 Satz 1 BGB). Wenn in einer eingetragenen Gesellschaft keine natürliche Person als Gesellschafter haftet, muss der Name eine Bezeichnung enthalten, welche die Haftungsbeschränkung kennzeichnet (§ 707 a Abs. 2 Satz 2 BGB).

Beispiel:
Ein Umsatzsteuerbescheid für die im Gesellschaftsregister eingetragene Bauhandlung Hans Meier GbR muss folgende Angaben enthalten:

Steuerschuldner und Inhaltsadressat
(zugleich Bekanntgabeadressat und Empfänger):
Baustoffhandlung
Hans Meier eGbR
Postfach 2024
54 290 Trier

Ein an eine im Gesellschaftsregister eingetragene GbR gerichteter Verwaltungsakt, bei dem im Adressfeld kein Hinweis auf die Registereintragung erfolgt ist, ist nur dann wirksam, wenn keine Verwechslungsgefahr besteht.

Bei Arbeitsgemeinschaften (ARGE) sind Umsatzsteuerbescheide an diese zu richten. Es ist aber ausreichend und zweckmäßig, wenn der Bescheid der geschäftsführenden Firma als der Bevollmächtigten übermittelt wird (BFH-Urteil vom 21. 5. 1971, V R 117/67, BStBl. II S. 540).

Beispiel:
Anschriftenfeld (Empfänger):
Firma
Rheinische Betonbau GmbH & Co. KG
Postfach 90 11
50 890 Köln
Bescheidkopf
Für
ARGE Rheinbrücke Bonn (Inhalts- und Bekanntgabeadressat)

Wenn kein geschäftsüblicher Name vorhanden oder feststellbar ist, ist die rechtsfähige Personenvereinigung durch Nennung ihrer Gesellschafter oder Gemeinschafter zu bezeichnen.

Zur Bekanntgabe von Feststellungsbescheiden vgl. AEAO zu § 122, Nr. 2.5.

2.4.1.2. Nicht rechtsfähige Personenvereinigungen

Zu den nicht rechtsfähigen Personenvereinigungen gehören insbesondere Erbengemeinschaften und Bruchteilsgemeinschaften (vgl. § 14 a Abs. 3 AO).

Ist eine nicht rechtsfähige Personenvereinigung selbst steuerpflichtig, sind die Bescheide mangels geschäftsüblichen Namens an alle Mitglieder (Gemeinschafter, Gesellschafter) zu richten (BFH-Urteil vom 17. 3. 1970, II 65/63, BStBl. II S. 598; zur Erbengemeinschaft: BFH-Urteil vom 29. 11. 1972, II R 42/67, BStBl. 1973 II S. 372). Ist die Bezeichnung der Mitglieder der nicht

AEAO

rechtsfähigen Personenvereinigung durch die Aufzählung aller Namen im Kopf des Bescheids aus technischen Gründen nicht möglich, kann so verfahren werden, dass neben einer Kurzbezeichnung im Bescheidkopf (Beispiel: „Erbengemeinschaft Max Meier", „Bruchteilsgemeinschaft Goethestraße 100") die einzelnen Mitglieder in den Bescheiderläuterungen oder in einer Anlage zum Bescheid aufgeführt werden.

Die Bescheide werden durch Bekanntgabe an ein Mitglied gegenüber der nicht rechtsfähigen Personenvereinigung wirksam. Bei mehreren Mitgliedern reicht die Bekanntgabe an eines von ihnen (vgl. BFH-Urteile vom 11. 2. 1987, II R 103/84, BStBl. II S. 325, vom 27. 4. 1993, VIII R 27/92, BStBl. 1994 II S. 3, und vom 8. 11. 1995, V R 64/94, BStBl. 1996 II S. 256). Es genügt, wenn dem Bekanntgabeadressaten eine Ausfertigung des Steuerbescheids zugeht. Ausfertigungen für alle Mitglieder sind i. d. R. nicht erforderlich.

Als Bekanntgabeadressat kommen vor allem diejenigen Mitglieder oder Gemeinschafter in Betracht, die als Verfügungsberechtigte auftreten (§ 35 AO). Der Bescheid kann nach Wahl des Finanzamts aber auch einem anderen Mitglied oder Gemeinschafter bekannt gegeben werden (§ 34 Abs. 2 AO).

In den Bescheid ist dann folgender Erläuterungstext aufzunehmen: „Der Bescheid ergeht an Sie als Mitglied der Gemeinschaft/Gesellschaft mit Wirkung für und gegen die Gemeinschaft/ Gesellschaft".

Im Bescheid ist zum Ausdruck zu bringen, dass er dieser Person als Vertreter der nicht rechtsfähigen Personenvereinigung bzw. ihrer Mitglieder zugeht (§§ 34, 35 AO). Der Bekanntgabeadressat muss sich dabei aus dem Bescheid selbst ergeben, die Angabe auf dem Briefumschlag der Postsendung reicht nicht aus (BFH-Urteil vom 8. 2. 1974, III R 27/73, BStBl. II S. 367).

Beispiel:

Bekanntgabeadressat

a) Herrn Peter Meier
als Geschäftsführer der
Erbengemeinschaft Max Meier

b) Herrn Emil Krause
für die Bruchteilsgemeinschaft
Goethestraße 100

Ist für die Mitglieder einer nicht rechtsfähigen Personenvereinigung kein gemeinsamer Bekanntgabeadressat vorhanden oder wird von der Bestimmung eines Bekanntgabeadressaten abgesehen, ist jedem der Mitglieder eine Ausfertigung des Steuerbescheids bekannt zu geben. Soll auch in das Vermögen einzelner Mitglieder vollstreckt werden, vgl. Abschn. 33 VollstrA.

2.4.1.3. Nicht rechtsfähige GbR (Innengesellschaft)

Auf eine nicht rechtsfähige GbR (§ 705 Abs. 2 i. V. m. § 740 BGB) sind nach § 14 a Abs. 4 AO die für nicht rechtsfähige Personenvereinigungen geltenden Vorschriften – ausgenommen § 267 Abs. 1 Satz 1 AO – sinngemäß anzuwenden (siehe Nr. 2.4.1.2 des AEAO zu § 122).

2.4.2. Bescheide an Gesellschafter (Mitglieder)

Steuerbescheide und Feststellungsbescheide sind an die Gesellschafter (Mitglieder, Gemeinschafter) zu richten, wenn die einzelnen Beteiligten unmittelbar aus dem Steuerschuldverhältnis in Anspruch genommen werden sollen oder ihnen der Gegenstand der Feststellung zugerechnet wird (vgl. AEAO zu § 122, Nrn. 2.5 und 2.6).

20 **2.5. Bescheide über gesonderte und einheitliche Feststellungen[1]**

2.5.1. Bescheide über gesonderte und einheitliche Feststellungen richten sich inhaltlich nicht an die Personenvereinigung, sondern an die einzelnen Gesellschafter oder Gemeinschafter, die den Gegenstand der Feststellung (z. B. Einkünfte oder Vermögenswerte als Einheitswert/Grundsteuerwert) anteilig zu versteuern haben und denen er deshalb insbesondere bei Feststellungen nach § 180 Abs. 1 Satz 1 Nr. 1, Nr. 2 Buchst. a und Abs. 2 AO zuzurechnen ist (§ 179 Abs. 2 AO).

Es genügt i. d. R., wenn im Bescheidkopf die Personenvereinigung als solche bezeichnet wird (Sammelbezeichnung) und sich alle Gesellschafter oder Gemeinschafter eindeutig als Betroffene (Inhaltsadressaten) aus dem für die Verteilung der Besteuerungsgrundlagen vorgesehenen Teil des Bescheids ergeben (BFH-Urteil vom 7. 4. 1987, VIII R 259/84, BStBl. II S. 766). Aus einem kombinierten positiv-negativen Feststellungsbescheid muss eindeutig hervorgehen, welchen Beteiligten Besteuerungsgrundlagen zugerechnet werden und für welche Beteiligte eine Feststellung abgelehnt wird (BFH-Urteil vom 7. 4. 1987, VIII R 259/84, a. a. O.).

Der gesonderte und einheitliche Feststellungsbescheid erlangt volle Wirksamkeit, wenn er allen Feststellungsbeteiligten (i. d. R. vertreten durch die rechtsfähige Personenvereinigung nach § 183 Abs. 1 AO oder durch einen Empfangsbevollmächtigten nach § 183 a Abs. 1 AO) bekanntgegeben wird.

Bei einer Einzelbekanntgabe an einzelne Feststellungsbeteiligte (vgl. § 183 Abs. 2 oder § 183 a Abs. 2 AO) entfaltet er nur diesen Feststellungsbeteiligten gegenüber Wirksamkeit (BFH-Urteile

[1] Zu Feststellungen nach § 151 Abs. 1 und 2 Nr. 2 BewG sowie § 13 a Abs. 1 a ErbStG und § 13 b Abs. 2 a ErbStG im Fall einer Erbengemeinschaft vgl. *gleichlautender Ländererlass vom 15. 6. 2016 (BStBl. I S. 758),* nachstehend abgedruckt.

vom 7. 4. 1987, VIII R 259/84, a. a. O., vom 25. 11. 1987, II R 227/84, BStBl. 1988 II S. 410, und vom 23. 6. 1988, IV R 33/86, BStBl. II S. 979).

Eine unterlassene oder unwirksame Bekanntgabe gegenüber einzelnen Feststellungsbeteiligten kann noch im Klageverfahren nachgeholt werden (vgl. BFH-Urteil vom 19. 5. 1983, IV R 125/82, BStBl. 1984 II S. 15). Der Bescheid ist diesen mit unverändertem Inhalt bekannt zu geben (vgl. AEAO zu § 122, Nr. 4.7.1).

2.5.2. Bekanntgabe des gesonderten und einheitlichen Feststellungsbescheids bei rechtsfähigen Personenvereinigungen (§ 183 AO)

2.5.2.1. Bilden die Feststellungsbeteiligten eine rechtsfähige Personenvereinigung, sind alle Verwaltungsakte und Mitteilungen, die nach der AO und den Steuergesetzen mit der gesonderten und einheitlichen Feststellung zusammenhängen, grundsätzlich der rechtsfähigen Personenvereinigung bekannt zu geben (§ 183 Abs. 1 Satz 1 AO). Es handelt sich hierbei um eine gesetzliche Bekanntgabe-Vertretung. Sie gilt nicht nur für erstmalige oder geänderte Feststellungsbescheide, sondern auch für Einspruchsentscheidungen, Abrechnungsbescheide und andere Verwaltungsakte und Mitteilungen.

Bei der Bekanntgabe an die rechtsfähige Personenvereinigung ist darauf hinzuweisen, dass die Bekanntgabe mit Wirkung für und gegen alle Feststellungsbeteiligten erfolgt (§ 183 Abs. 1 Satz 2 AO).

2.5.2.2. Zur Einzelbekanntgabe und zur Fortgeltung der Bekanntgabe-Vertretung in Ausnahmefällen siehe AEAO zu § 183, Nr. 2.

2.5.2.3. Zur Zustellung an die rechtsfähige Personenvereinigung vgl. AEAO zu § 122, Nr. 3.3.3.

2.5.2.4. § 183 AO ist ab dem 1. 1. 2024 in allen offenen Fällen (d. h. auch für zurückliegende Feststellungszeiträume) anzuwenden. Nach Art. 97 § 39 Abs. 3 EGAO können die in § 183 Abs. 1 AO genannten Verwaltungsakte und Mitteilungen in den Kalenderjahren 2024 und 2025 allerdings auch noch dem bisher bestellten Empfangsbevollmächtigten (§ 183 AO a. F.) wirksam bekannt gegeben werden.

2.5.3. Bekanntgabe des gesonderten und einheitlichen Feststellungsbescheids bei nicht rechtsfähigen Personenvereinigungen und in sonstigen Fällen (§ 183 a AO)

2.5.3.1. Bilden die Feststellungsbeteiligten keine rechtsfähige Personenvereinigung (weshalb § 183 AO nicht anwendbar ist), sollen sie nach § 183 a Abs. 1 Satz 1 AO einen gemeinsamen Empfangsbevollmächtigten bestellen, der ermächtigt ist, für sie alle Verwaltungsakte und Mitteilungen in Empfang zu nehmen, die nach der AO und den Steuergesetzen mit der gesonderten und einheitlichen Feststellung zusammenhängen.

Die Empfangsvollmacht nach § 183 a Abs. 1 Satz 1 AO gilt fort auch bei Ausscheiden eines Feststellungsbeteiligten aus der Gesellschaft oder bei ernstlichen Meinungsverschiedenheiten, bis sie gegenüber dem Finanzamt widerrufen oder der Bekanntgabe an den Empfangsbevollmächtigten widersprochen wird (§ 183 a Abs. 2 Satz 3 AO).

Bei der Bekanntgabe an den gemeinsamen Empfangsbevollmächtigten ist im Feststellungsbescheid darauf hinzuweisen, dass die Bekanntgabe an ihn mit Wirkung für und gegen alle Feststellungsbeteiligten erfolgt (§ 183 a Abs. 1 Satz 4 AO).

Zur Zustellung an einen gemeinsamen Empfangsbevollmächtigten vgl. AEAO zu § 122, Nr. 3.3.3.

2.5.3.2. Ist kein gemeinsamer Empfangsbevollmächtigter i. S. d. § 183 a Abs. 1 Satz 1 AO vorhanden, kann das Finanzamt die Beteiligten zur Benennung eines Empfangsbevollmächtigten auffordern (§ 183 a Abs. 1 Satz 2 AO). Die Aufforderung ist an jeden Feststellungsbeteiligten zu richten. Mit der Aufforderung ist gleichzeitig ein Feststellungsbeteiligter als Empfangsbevollmächtigter vorzuschlagen und darauf hinzuweisen, dass Verwaltungsakte und Mitteilungen künftig dem vom Finanzamt vorgeschlagenen Empfangsbevollmächtigten mit Wirkung für und gegen alle Feststellungsbeteiligten bekannt gegeben werden, soweit nicht ein anderer Empfangsbevollmächtigter benannt wird (§ 183 a Abs. 1 Satz 3 AO). Die Sonderregelung des § 183 a Abs. 2 Satz 2 AO gilt in diesen Fällen nicht.

Bei der Bekanntgabe an den von der Finanzbehörde vorgeschlagenen Empfangsbevollmächtigten ist im Feststellungsbescheid darauf hinzuweisen, dass die Bekanntgabe an ihn mit Wirkung für und gegen alle Feststellungsbeteiligten erfolgt (§ 183 a Abs. 1 Satz 4 AO).

2.5.3.3. Ist nach § 183 a Abs. 2 Satz 1 Nr. 2 und Satz 2 AO Einzelbekanntgabe erforderlich, kann jeder betroffene Feststellungsbeteiligte einen Bekanntgabe-Bevollmächtigten als Empfänger (vgl. AEAO zu § 122, Nr. 1.5.2) bestellen.

2.5.4. Einheitswertbescheide oder Grundsteuerwertbescheide an Eheleute, Eltern mit Kindern und Alleinstehende mit Kindern

Bei der Bekanntgabe eines Bescheids über Einheitswerte des Grundbesitzes oder Grundsteuerwerte an Eheleute, die gemeinsam Eigentümer sind (Bruchteilsgemeinschaft), sind die Eheleute einzeln als Feststellungsbeteiligte anzugeben (vgl. AEAO zu § 122, Nr. 2.5.1). Haben die Eheleute eine gemeinsame Anschrift und haben sie keinen gemeinsamen Empfangsbevollmächtigten bestellt, kann der Einheitswertbescheid oder Grundsteuerwertbescheid beiden in einer Ausfertigung bekannt gegeben werden (§ 183 a Abs. 4 i. V. m. § 122 Abs. 7 AO).

AEAO

Haben die Eheleute als Bruchteils-Gemeinschafter gem. § 183a Abs. 1 Satz 1 AO einen gemeinsamen Empfangsbevollmächtigten bestellt, ist der Bescheid an diesen bekannt zu geben. Im Bescheid ist darauf hinzuweisen, dass die Bekanntgabe mit Wirkung für und gegen beide Ehegatten erfolgt.

In den übrigen Fällen ist der Bescheid beiden Ehegatten getrennt bekannt zu geben.

Dies gilt für Eheleute mit Kindern und Alleinstehende mit Kindern entsprechend.

2.5.5. Ausnahmen von der Bekanntgabe an die rechtsfähige Personenvereinigung oder an Empfangsbevollmächtigte

2.5.5.1. Die in § 183 Abs. 1 und § 183a Abs. 1 AO gesetzlich vorgesehene Vereinfachung darf nicht so weit gehen, dass die Feststellungsbeteiligten in ihren Rechten eingeschränkt werden.

2.5.5.2. Bei rechtsfähigen Personenvereinigungen ist die Bekanntgabe des Feststellungsbescheids und anderer mit der gesonderten und einheitlichen Feststellung zusammenhängender Verwaltungsakte und Mitteilungen (vgl. Nr. 2.5.2.1 des AEAO zu § 122) an die Personenvereinigung mit Wirkung für und gegen alle Feststellungsbeteiligten nach § 183 Abs. 2 Satz 1 AO grundsätzlich nicht zulässig,

a) wenn die Personenvereinigung steuerlich vollbeendet ist (vgl. bspw. Nr. 2.7.1 des AEAO zu § 122),

b) wenn der Finanzbehörde bekannt ist, dass die Personenvereinigung nicht mehr rechtsfähig ist, oder

c) soweit ein Feststellungsbeteiligter aus der Personenvereinigung ausgeschieden ist oder zwischen den Feststellungsbeteiligten ernstliche Meinungsverschiedenheiten bestehen.

Ab Vollbeendigung der rechtsfähigen Personengesellschaft (Buchst. a) ist die Einzelbekanntgabe der relevanten Verwaltungsakte und Mitteilungen an alle Feststellungsbeteiligten ausnahmslos geboten.

Besteht die Personenvereinigung zwar noch, ist dem Finanzamt aber im Zeitpunkt der Willensbildung über den Erlass und die Bekanntgabe des Feststellungsbescheids bereits bekannt, dass sie vor Erlass des Verwaltungsakts ihre Rechtsfähigkeit verloren hat (Buchst. b), richtet sich die Bekanntgabe des Feststellungsbescheids nach § 183a AO. Ein Übergang von einer rechtsfähigen GbR zu einer nicht rechtsfähigen GbR ist nur denkbar, wenn die GbR über kein Gesellschaftsvermögen (mehr) verfügt und die Gesellschafter den Willen aufgegeben haben, als GbR am Rechtsverkehr teilzunehmen.

In den Fällen von Buchst. c können die Verwaltungsakte und Mitteilungen der Personenvereinigung weiterhin mit Wirkung für und gegen einen hier genannten Feststellungsbeteiligten bekannt gegeben werden, soweit und solange dieser Feststellungsbeteiligte dem nicht widersprochen hat (§ 183 Abs. 2 Satz 2 AO). Ein solcher Widerspruch wird der Finanzbehörde gegenüber erst mit Zugang wirksam (§ 183 Abs. 2 Satz 3).

2.5.5.3. In den Fällen des § 183a AO ist die Bekanntgabe an den von den Feststellungsbeteiligten gemeinsam bestellten oder von der Finanzbehörde vorgeschlagenen Empfangsbevollmächtigten mit Wirkung für und gegen alle Feststellungsbeteiligten grundsätzlich nicht zulässig, soweit der Finanzbehörde bekannt ist, dass

a) die Personenvereinigung nicht mehr besteht,

b) die Personenvereinigung rechtsfähig geworden ist oder

c) ein Feststellungsbeteiligter aus der Personenvereinigung ausgeschieden ist oder zwischen den Feststellungsbeteiligten ernstliche Meinungsverschiedenheiten bestehen.

Besteht die Personenvereinigung nicht mehr (Buchst. a), ist die Einzelbekanntgabe aller mit der gesonderten und einheitlichen Feststellung zusammenhängenden Verwaltungsakte und Mitteilungen an alle Feststellungsbeteiligten geboten. Maßgebend ist hierbei die steuerliche Vollbeendigung, nicht das zivilrechtliche Erlöschen der Personenvereinigung.

Hat die Personenvereinigung vor Erlass des Verwaltungsakts Rechtsfähigkeit erlangt (Buchst. b), richtet sich die Bekanntgabe des Feststellungsbescheids ab diesem Zeitpunkt nach § 183 AO.

In den Fällen von Buchst. c ist zu prüfen, ob eine Einzelbekanntgabe erforderlich ist oder ob die relevanten Verwaltungsakte und Mitteilungen nach § 183a Abs. 2 Satz 2 AO weiterhin dem gemeinsam bestellten Empfangsbevollmächtigten (§ 183a Abs. 1 Satz 1 AO) bekannt gegeben werden können.

Wird das Bestehen oder Nichtbestehen einer nicht rechtsfähigen Personenvereinigung erstmals mit steuerlicher Wirkung festgestellt, ist die Einzelbekanntgabe erforderlich, solange die Gesellschafter oder die Finanzbehörde noch keinen Empfangsbevollmächtigten i. S. d. § 183a Abs. 1 AO bestimmt oder vorgeschlagen haben.

2.5.6. Soweit nach § 183 Abs. 2 oder § 183a Abs. 2 AO Einzelbekanntgabe erforderlich ist, ist grundsätzlich ein verkürzter Feststellungsbescheid bekannt zu geben (§ 183 Abs. 3 Satz 1 und § 183a Abs. 3 AO). Bei berechtigtem Interesse ist den Beteiligten allerdings der gesamte Inhalt des Feststellungsbescheids mitzuteilen (§ 183 Abs. 3 Satz 2 und § 183a Abs. 3 AO).

21 **2.6. Grundsteuermessbescheide, Grunderwerbsteuerbescheide**

2.6.1. Grundsteuermessbescheide sind in gleicher Weise bekannt zu geben wie Feststellungsbescheide über Einheitswerte des Grundbesitzes oder über Grundsteuerwerte (§ 184 Abs. 1 AO); vgl. AEAO zu § 122, Nr. 2.4.1 Buchst. e.

AEAO

2.6.2. Zur Grunderwerbsteuer, soweit Bruchteilseigentum besteht (z.B. geteilte Erbengemeinschaft), vgl. AEAO zu § 122, Nr. 2.1.1; zur Grunderwerbsteuer, soweit Gesamthandseigentum besteht, vgl. AEAO zu § 122, Nr. 2.4.1, Buchstabe f.

2.7. Personengesellschaften (Gemeinschaften) in Liquidation 22

2.7.1. Bei der Liquidation einer Personengesellschaft (Personenhandelsgesellschaft oder rechtsfähige GbR) ist zwischen der gesellschaftsrechtlichen und der steuerrechtlichen Vollbeendigung zu unterscheiden.

– Bei der gesellschaftsrechtlichen Liquidation (§§ 735 ff. BGB, §§ 145 HGB ff.) ist die Personengesellschaft vollständig abgewickelt mit der Realisierung des Gesellschaftsvermögens (= Verteilung an die Gläubiger und Ausschüttung des Restes an die Gesellschafter).
– Steuerrechtlich ist die Personengesellschaft dagegen erst dann vollständig abgewickelt und damit vollbeendet, wenn auch alle Rechtsbeziehungen zwischen der Personengesellschaft und dem Finanzamt beseitigt sind (vgl. BFH-Urteil vom 1. 10. 1992, IV R 60/91, BStBl. 1993 II S. 82).

2.7.2. Befindet sich eine Personenhandelsgesellschaft (OHG, KG) oder eine rechtsfähige GbR in der gesellschaftsrechtlichen Liquidation, so sind nur die Liquidatoren zur Geschäftsführung und Vertretung befugt (§ 144, § 146 Abs. 1 HGB, ggf. i. V. m. § 161 Abs. 2 HGB; §§ 736, 736 b BGB); bei der KG gilt dies allerdings – sofern durch Gesellschaftsvertrag oder Gesellschafterbeschluss nichts anderes bestimmt ist – nur für die Komplementäre (§ 178 HGB). Die Löschung im Handelsregister wirkt nur deklaratorisch (BFH-Urteil vom 22. 1. 1985, VIII R 37/84, BStBl. II S. 501); das Gleiche gilt für die Löschung einer GbR im Gesellschaftsregister.

Verwaltungsakte sind den Liquidatoren unter Angabe des Vertretungsverhältnisses bekannt zu geben (vgl. AEAO zu § 122, Nr. 1.4; BFH-Urteile vom 16. 6. 1961, III 329/58 U, BStBl. III S. 349, und vom 24. 3. 1987, X R 28/80, BStBl. 1988 II S. 316). Bei mehreren Liquidatoren genügt die Bekanntgabe an einen von ihnen (BFH-Urteil vom 8. 11. 1995, V R 64/94, BStBl. 1996 II S. 256; siehe auch § 6 Abs. 3 VwZG).

Sind gegenüber einer GmbH & Co. KG, bei der allein die GmbH Komplementärin war, nach Löschung der GmbH im Handelsregister noch Verwaltungsakte zu erlassen, gelten die Ausführungen in Nr. 2.8.3.2 des AEAO zu § 122 entsprechend, weil grundsätzlich nur die GmbH als ehemalige Komplementärin zur Vertretung befugt ist bzw. war (§ 161 Abs. 2 i. V. m. § 146 Abs. 1 Satz 1 und § 178 HGB).

2.7.3. Nach Beendigung der gesellschaftsrechtlichen Liquidation (vollständige Abwicklung) ist es i. d. R. unzweckmäßig, Verwaltungsakte noch gegenüber der Personenvereinigung zu erlassen (z. B. Gewerbesteuermessbescheide). In diesen Fällen sind Ansprüche aus dem Steuerschuldverhältnis gegenüber jedem einzelnen Gesellschafter (Gemeinschafter) durch Haftungsbescheid geltend zu machen. Zur Bekanntgabe eines gesonderten und einheitlichen Feststellungsbescheids siehe AEAO zu § 122, Nr. 4.4.2.

2.7.4. Wird eine Personenhandelsgesellschaft oder eine rechtsfähige GbR ohne Liquidation durch Ausscheiden ihres vorletzten Gesellschafters beendet, gehen in der Gesellschaft entstandene Ansprüche aus dem Steuerschuldverhältnis (z. B. Umsatzsteuer, Gewerbesteuer) auf den Gesamtrechtsnachfolger über (§ 712 a Abs. 1 Satz 2 BGB; vgl. AEAO zu § 122, Nr. 2.12.2). In Bezug auf die gesonderte und einheitliche Feststellung von Besteuerungsgrundlagen (vgl. AEAO zu § 122, Nr. 2.5) tritt jedoch keine Gesamtrechtsnachfolge i. S. d. § 45 Abs. 1 AO ein (vgl. AEAO zu § 45, Nr. 1).

2.8. Bekanntgabe an juristische Personen[1] 23

2.8.1.1. Der Steuerbescheid ist an die juristische Person zu richten und ihr unter ihrer Geschäftsanschrift bekannt zu geben. Die Angabe des gesetzlichen Vertreters als Bekanntgabeadressat ist nicht erforderlich (BFH-Beschluss vom 7. 8. 1970, VI R 24/67, BStBl. II S. 814). Gleiches gilt für Körperschaften i. S. d. § 14 b Abs. 1 Satz 2 AO.

Beispiel:

Anschriftenfeld
(Steuerschuldner als Inhaltsadressat,
Bekanntgabeadressat und Empfänger):
Müller GmbH
Postfach 67 00
40 210 Düsseldorf

(Angaben wie „z. H. des Geschäftsführers Müller" o. Ä. sind nicht erforderlich.)

Zur Bekanntgabe an namentlich genannte Vertreter vgl. AEAO zu § 122, Nrn. 1.5.2 und 1.5.3.

2.8.1.2. Eine führungslose GmbH, die sich nicht in Liquidation oder im Insolvenzverfahren befindet, wird nach § 35 Abs. 1 GmbHG durch ihre Gesellschafter vertreten, soweit ihr gegenüber u. a. Steuerverwaltungsakte bekannt gegeben oder zugestellt werden. Eine führungslose AG, die sich nicht in Liquidation oder im Insolvenzverfahren befindet, wird nach § 78 Abs. 1 AktG durch

[1] Zur Bekanntgabe eines Steuerverwaltungsaktes an sowie Vollstreckung gegen eine Gesellschaft in der Rechtsform einer Britischen Limited mit Verwaltungssitz (Ort der Geschäftsleitung) im Inland sowie deren Rechtsnachfolger nach dem 31. 12. 2020 vgl. *BMF-Schreiben vom 12. 1. 2024, BStBl. I S. 175,* nachstehend abgedruckt.

AEAO

ihren Aufsichtsrat vertreten, soweit ihr gegenüber u. a. Steuerverwaltungsakte bekannt gegeben oder zugestellt werden. Vgl. AEAO zu § 34, Nr. 3. Solange die führungslose Gesellschaft über eine Geschäftsadresse verfügt, können ihr Steuerbescheide weiterhin unter dieser Anschrift bekannt gegeben werden. Ein Hinweis auf die besondere gesetzliche Vertretung der Gesellschaft durch die Gesellschafter bzw. den Vorstand ist nur erforderlich, wenn keine Geschäftsanschrift mehr besteht und die Bekanntgabe an die Gesellschafter bzw. die Aufsichtsratsmitglieder unter ihrer persönlichen Anschrift erfolgen soll.

2.8.2. Bekanntgabe an juristische Personen des öffentlichen Rechts

Die Grundsätze zu Nr. 2.8.1 gelten auch für die Bekanntgabe von Steuerbescheiden an Körperschaften des öffentlichen Rechts (BFH-Urteil vom 18. 8. 1988, V R 194/83, BStBl. II S. 932).

Juristische Personen des öffentlichen Rechts sind wegen jedes einzelnen von ihnen unterhaltenen Betriebs gewerblicher Art oder mehrerer zusammengefasster Betriebe gewerblicher Art Körperschaftsteuersubjekt (BFH-Urteile vom 13. 3. 1974, I R 7/71, BStBl. II S. 391, und vom 8. 11. 1989, I R 187/85, BStBl. 1990 II S. 242). Gegenstand der Gewerbesteuer ist gem. § 2 Abs. 1 GewStG i. V. m. § 2 Abs. 1 GewStDV der einzelne Betrieb gewerblicher Art, sofern er einen Gewerbebetrieb i. S. d. Einkommensteuergesetzes darstellt; Steuerschuldner ist die juristische Person des öffentlichen Rechts (§ 5 Abs. 1 Sätze 1 und 2 GewStG). Im Gegensatz zur Umsatzsteuer sind daher für jeden Betrieb gewerblicher Art gesonderte Körperschaftsteuer- und Gewerbesteuer(mess)bescheide erforderlich. Damit eine entsprechende Zuordnung erleichtert wird, ist es zweckmäßig, aber nicht erforderlich, im Anschriftenfeld der Körperschaftsteuer- und Gewerbesteuer(mess)bescheide einen Hinweis auf den jeweils betroffenen Betrieb gewerblicher Art anzubringen.

Beispiel:

Anschriftenfeld (Steuerschuldner als Inhaltsadressat, Bekanntgabeadressat und Empfänger):

Gemeinde Mainwiesen
– Friedhofsgärtnerei –
Postfach 12 34
61 116 Mainwiesen

Der Hinweis auf den betroffenen Betrieb gewerblicher Art kann auch in den Erläuterungen zum Steuer(mess)bescheid angebracht werden.

2.8.3. Juristische Personen in und nach Liquidation (Abwicklung)

2.8.3.1. Bei einer in Liquidation (bei Aktiengesellschaften: Abwicklung) befindlichen Gesellschaft ist der Steuerbescheid der Gesellschaft, z. H. des Liquidators (Abwicklers), bekannt zu geben.

Beispiel:

Für die in Liquidation befindliche Müller GmbH (Inhaltsadressat) ist der Steuerberater Hans Schmidt als Liquidator (Bekanntgabeadressat) bestellt worden.

Anschriftenfeld
Müller GmbH i. L.
z. H. des Liquidators
Herrn Steuerberater Hans Schmidt
...

2.8.3.2. Steuerrechtlich wird auch eine im Handelsregister bereits gelöschte juristische Person so lange als fortbestehend angesehen, wie sie noch steuerrechtliche Pflichten zu erfüllen hat (BFH-Urteil vom 1. 10. 1992, IV R 60/91, BStBl. 1993 II S. 82). Zu ihrer steuerrechtlichen Vertretung bedarf es eines Liquidators, der insoweit auch die steuerlichen Pflichten zu erfüllen hat (§ 34 Abs. 3 AO). Ein Liquidator kann auch nur zum Zweck der Entgegennahme eines Steuerbescheids für die gelöschte GmbH bestellt werden (BayObLG-Beschluss vom 2. 2. 1984, BReg III Z 192/83, DB S. 870). Das Finanzamt hat ggf. die Neubestellung eines Liquidators beim Registergericht zu beantragen, weil mit dem Erlöschen der Firma auch das Amt des zunächst bestellten Liquidators endet (BFH-Urteile vom 2. 7. 1969, I R 190/67, BStBl. II S. 656, und vom 6. 5. 1977, III R 19/75, BStBl. II S. 783). Die Neubestellung eines Liquidators ist nicht erforderlich, wenn eine gelöschte Kapitalgesellschaft durch einen Bevollmächtigten vertreten wird, der bereits vor Löschung bestellt wurde und dessen Bevollmächtigung die Entgegennahme von Entscheidungen der Finanzbehörde umfasst. Eine vor Löschung erteilte Vollmacht wirkt insoweit fort (§ 80 Abs. 2 AO; vgl. BFH-Urteil vom 27. 4. 2000, I R 65/98, BStBl. II S. 500 zu § 86 ZPO)[1]. Wegen § 80 Abs. 1 Satz 2 zweiter Halbsatz AO ist jedoch für etwaige Zahlungen an die im Handelsregister gelöschte Gesellschaft die nachträgliche Bestellung eines Liquidators erforderlich, wenn nicht der Bevollmächtigte bereits vor Löschung ausdrücklich zur Entgegennahme von Zahlungen für die Gesellschaft ermächtigt worden ist (vgl. AEAO zu § 80, Nr. 2).

24 **2.9.** Wegen der Bekanntgabe von Verwaltungsakten in Insolvenzfällen vgl. AEAO zu § 251, Nrn. 4.3, 4.4, 6.1, 13.2 und 15.1.

25 **2.10.** Wegen der Bekanntgabe von Verwaltungsakten im Verbraucherinsolvenzverfahren siehe AEAO zu § 251, Nrn. 12.2 und 12.3.

[1] Vgl. auch *BFH-Beschluss vom 18. 7. 2024 V B 68/23, BFH/NV S. 1145.*

AEAO

2.11. Zwangsverwaltung 26

Mit Anordnung der Zwangsverwaltung verliert der Grundstückseigentümer (Schuldner) die Befugnis, über das beschlagnahmte Grundstück zu verfügen. Bekanntgabeadressat von Verwaltungsakten, die das beschlagnahmte Grundstück betreffen, ist daher der Zwangsverwalter. Dies gilt insbesondere für einen Grundsteuermessbescheid, einen Grundsteuerbescheid sowie für einen Umsatzsteuerbescheid, der die Verwaltung des Grundstücks betreffende Umsätze und Vorsteuern erfasst. Zur Bekanntgabe von Einkommensteuerbescheiden, Körperschaftsteuerbescheiden und Feststellungsbescheiden während einer Zwangsverwaltung sowie zu weiteren ertragsteuerlichen Folgen einer Zwangsverwaltung (vgl. BMF-Schreiben vom 3. 5. 2017, BStBl. I S. 718).

Der dem Zwangsverwalter bekannt zu gebende Verwaltungsakt muss neben der Bezeichnung der der Zwangsverwaltung unterliegenden Grundstücke auch die Person des Grundstückseigentümers (Inhaltsadressat) angeben (BFH-Urteil vom 23. 6. 1988 V R 203/83, BStBl. II S. 920).

Soweit die Wirkung von Steuerbescheiden über die Zwangsverwaltung hinausgeht, sind sie auch dem Grundstückseigentümer (Inhaltsadressat) bekannt zu geben. Einheitswertbescheide oder Grundsteuerwertbescheide über zwangsverwaltete Grundstücke sind sowohl dem Zwangsverwalter als auch dem Grundstückseigentümer (Inhaltsadressat) bekannt zu geben.

Beispiel für die Bekanntgabe eines Einheitswertbescheids oder Grundsteuerwertbescheids:

Bekanntgabeadressaten

sind sowohl der *Schuldner*	als auch der *Zwangsverwalter*
Anschriftenfeld (Empfänger):	
Herrn Josef Meier Sophienstraße 20 80 799 München	Herrn Rechtsanwalt Helmut Müller Schellingstraße 40 80 799 München

Bescheidkopf
Als Zwangsverwalter des Grundstücks
Sophienstraße 20
(Grundstückseigentümer Josef Meier)

2.12. Gesamtrechtsnachfolge (z. B. Erbfolge) 27

2.12.1. Zur Frage, wann eine Gesamtrechtsnachfolge i. S. d. § 45 Abs. 1 AO vorliegt, vgl. AEAO zu § 45. Bescheide, die bereits vor Eintritt der Gesamtrechtsnachfolge an den Rechtsvorgänger gerichtet und ihm zugegangen waren, wirken auch gegen den Gesamtrechtsnachfolger. Er kann nur innerhalb der für den Rechtsvorgänger maßgeblichen Rechtsbehelfsfrist Einspruch einlegen. § 353 AO, schreibt dies für Bescheide mit dinglicher Wirkung ausdrücklich auch vor, soweit es sich um Einzelrechtsnachfolge handelt. Die Regelung in § 166 AO, wonach unanfechtbare Steuerfestsetzungen auch gegenüber einem Gesamtrechtsnachfolger gelten, bedeutet nicht, dass gegenüber einem Gesamtrechtsnachfolger die Bekanntgabe zu wiederholen ist oder dass eine neue Rechtsbehelfsfrist läuft. Hat der Rechtsvorgänger zwar den Steuertatbestand verwirklicht, wurde ihm aber der Bescheid vor Eintritt der Rechtsnachfolge nicht mehr bekannt gegeben, so ist der Bescheid an den Gesamtrechtsnachfolger zu richten (BFH-Urteil vom 16. 1. 1974, I R 254/70, BStBl. II S. 388).

2.12.2. Bei einer Gesamtrechtsnachfolge i. S. d. § 45 Abs. 1 AO geht die Steuerschuld des Rechtsvorgängers auf den Rechtsnachfolger über. In den Bescheidkopf ist der Hinweis aufzunehmen, dass der Steuerschuldner als Gesamtrechtsnachfolger des Rechtsvorgängers in Anspruch genommen wird. Entsprechendes gilt, wenn der Steuerschuldner zugleich aufgrund eines eigenen Steuerschuldverhältnisses und als Gesamtrechtsnachfolger in Anspruch genommen wird.

Beispiel:

Der Ehemann ist 08 verstorben. Die Ehefrau ist Alleinerbin. Für den Veranlagungszeitraum 07 soll ein zusammengefasster ESt-Bescheid bekannt gegeben werden.

Anschriftenfeld
(Steuerschuldner als Inhaltsadressat, Bekanntgabeadressat und Empfänger):
Frau
Eva Meier
Hauptstraße 100
67 433 Neustadt

Bescheidkopf
Dieser Steuerbescheid ergeht an Sie zugleich als Alleinerbin nach Ihrem Ehemann.

Beispiel:

Die Meier-OHG mit den Gesellschaftern Max und Emil Meier ist durch Austritt des Gesellschafters Emil Meier aus der OHG und gleichzeitige Übernahme des Gesamthandsvermögens durch Max Meier ohne Liquidation erloschen (vollbeendet). Nach dem Ausscheiden des vorletzten Gesellschafters soll ein Umsatzsteuerbescheid für einen Zeitraum vor dem Ausscheiden für die erloschene OHG ergehen.

Anschriftenfeld
(Steuerschuldner als Inhaltsadressat, Bekanntgabeadressat und Empfänger):
Herrn
Max Meier
Hauptstraße 101
67 433 Neustadt

Bescheidkopf
Dieser Bescheid ergeht an Sie als Gesamtrechtsnachfolger der Meier-OHG.

AEAO

Beispiel:

Die A-GmbH ist unter Auflösung ohne Abwicklung auf die B-GmbH verschmolzen worden.

Anschriftenfeld

(Steuerschuldner als Inhaltsadressat, Bekanntgabeadressat und Empfänger):
B-GmbH
Hauptstraße 101
67 433 Neustadt

Bescheidkopf

Dieser Bescheid ergeht an Sie als Gesamtrechtsnachfolgerin der A-GmbH.

2.12.3. Das Finanzamt kann gegen Gesamtrechtsnachfolger (z. B. mehrere Erben) Einzelbescheide nach § 155 Abs. 1 AO oder einen nach § 155 Abs. 3 AO zusammengefassten Steuerbescheid erlassen (BFH-Urteile vom 24. 11. 1967, III 2/63, BStBl. 1968 II S. 163, und vom 28. 3. 1973, I R 100/71, BStBl. II S. 544). Grundsätzlich ist ein zusammengefasster Bescheid zu erlassen, der an die Gesamtrechtsnachfolger als Gesamtschuldner zu richten und jedem von ihnen bekannt zu geben ist, soweit nicht nach § 122 Abs. 6 AO (vgl. AEAO zu § 122, Nr. 2.1.3) verfahren werden kann (§ 122 Abs. 1 AO). Der Steuerbescheid ist nur wirksam, wenn die Gesamtrechtsnachfolger, an die sich der Bescheid richtet, namentlich als Inhaltsadressaten aufgeführt sind.

Im Einzelfall können sich die Gesamtrechtsnachfolger, gegen die sich der Bescheid als Inhaltsadressaten richtet, auch durch Auslegung des Bescheids ergeben, z. B. durch die Bezugnahme auf einen den Betroffenen bekannten Betriebsprüfungsbericht (BFH-Urteil vom 17. 11. 2005, III R 8/03, BStBl. 2006 II S. 287). Die Ermittlung des Inhaltsadressaten durch Auslegung kann jedoch einen Mangel der fehlenden Bestimmtheit des Steuerschuldners nicht heilen. Für eine Auslegung, an wen der Steuerbescheid sich richtet, ist z. B. dann kein Raum, wenn in einem Einkommensteuerbescheid ohne namentliche Anführung der Beteiligten eine Erbengemeinschaft als Inhaltsadressat benannt (z. B. „Erbengemeinschaft nach Herrn Adam Meier") und zugleich der Hinweis auf die Gesamtrechtsnachfolge unterblieben ist (vgl. AEAO zu § 122, Nr. 2.12.2). Die Angabe, wer die Steuer schuldet (§ 157 Abs. 1 Satz 2 AO), fehlt hier, denn eine Erbengemeinschaft kann nicht Schuldnerin der Einkommensteuer sein.

Aus Gründen der Rechtsklarheit sind die Inhaltsadressaten grundsätzlich namentlich aufzuführen (vgl. die Beispiele zum AEAO zu § 122, Nr. 2.12.4); von dem Verweis auf für die Betroffenen bekannte Umstände ist nur ausnahmsweise Gebrauch zu machen.

Es ist unschädlich, nur einen oder mehrere aus einer größeren Zahl von Gesamtrechtsnachfolgern auszuwählen, weil es nicht zwingend erforderlich ist, einen Steuerbescheid an alle Gesamtrechtsnachfolger zu richten (vgl. AEAO zu § 122, Nr. 4.4.5). Betrifft der zusammengefasste Bescheid Eheleute, Eheleute mit Kindern oder Alleinstehende mit Kindern, kann auch von der Sonderregelung des § 122 Abs. 7 AO (vgl. AEAO zu § 122, Nr. 2.1.2) Gebrauch gemacht werden.

2.12.4. Beispiele:

1.1 Der Steuerschuldner Adam Meier ist im Jahr 08 verstorben.

Erben sind seine Kinder Konrad, Ludwig und Martha Meier zu gleichen Teilen. Die Steuerbescheide für das Jahr 07 (ESt, USt, GewSt) können erst im Jahr 09, d. h. nach dem Tode des Adam Meier ergehen.

Die Erben Konrad, Ludwig und Martha Meier sind durch Gesamtrechtsnachfolge Steuerschuldner (Inhaltsadressaten) geworden (§ 45 Abs. 1 AO); sie haben jeder für sich für die gesamte Steuerschuld einzustehen (§ 45 Abs. 2 AO, § 44 Abs. 1 AO).

Gegen die Miterben können zusammengefasste Bescheids nach § 155 Abs. 3 AO ergehen. Jedem Erben ist eine Ausfertigung des zusammengefassten Bescheids an die Wohnanschrift zu übermitteln. Die Bekanntgabe an einen Erben mit Wirkung für und gegen alle anderen Erben ist in diesem Fall nur unter den Voraussetzungen des § 122 Abs. 6 AO (vgl. Beispiel 1.2) möglich. Der Bescheid wird gegenüber dem Erben, dem er bekannt gegeben wurde, auch wirksam, wenn er dem oder den anderen Miterben nicht bekannt gegeben wurde. Um eine Zwangsvollstreckung in den ungeteilten Nachlass zu ermöglichen, ist aber die Bekanntgabe des Bescheids an jeden einzelnen Miterben notwendig (§ 265 AO i. V. m. § 747 ZPO).

Anschriftenfeld

(jeweils in gesonderten Ausfertigungen):

Herrn
Konrad Meier
Sternstraße 15
53 111 Bonn

Herrn
Ludwig Meier
Königstraße 200
40 212 Düsseldorf

Frau
Martha Meier
Sophienstraße 3
80 333 München

Bescheidkopf

Für Konrad, Ludwig und Martha Meier als Miterben nach Adam Meier. Den anderen Miterben wurde ein Bescheid gleichen Inhalts erteilt. Die Erben sind Gesamtschuldner (§ 44 AO).

1.2 Wie Beispiel 1.1, jedoch ist Konrad Meier mit Einverständnis von Ludwig und Martha Meier Empfänger des Steuerbescheids (einverständliche Bekanntgabe nach § 122 Abs. 6 AO).

Anschriftenfeld

Herrn
Konrad Meier
Sternstraße 15
53 111 Bonn

AEAO

Bescheidkopf
Der Steuerbescheid ergeht an Sie als Miterben nach Adam Meier zugleich mit Wirkung für und gegen die Miterben Ludwig und Martha Meier. Die Erben sind Gesamtschuldner (§ 44 AO).

1.3 Wie Beispiel 1.1, jedoch sind die Erben Eheleute oder nahe Familienangehörige unter gemeinschaftlicher Anschrift i. S. d. § 122 Abs. 7 AO. Es genügt die Bekanntgabe einer Ausfertigung des Steuerbescheids an die gemeinsame Anschrift.

Anschriftenfeld
Konrad Meier
Ludwig Meier
Martha Meier
Sternstraße 15
53 111 Bonn

Bescheidkopf
Der Steuerbescheid ergeht an Sie als Miterben nach Adam Meier. Die Erben sind Gesamtschuldner (§ 44 AO).

2.1 Der Steuerschuldner Herbert Müller ist im Jahr 08 verstorben. Erben sind seine Ehefrau Anna Müller und die gemeinsamen Kinder Eva Müller und Thomas Müller. Der ESt-Bescheid für das Jahr 07 kann erst nach dem Tod des Herbert Müller ergehen. Herbert und Anna Müller sind zusammen zu veranlagen.

Anna Müller ist Gesamtschuldner zunächst als zusammenveranlagter Ehegatte (§ 26 b EStG i. V. m. § 44 AO) sowie gemeinsam mit den Kindern Eva und Thomas Müller als Erben des verstorbenen Herbert Müller (§ 45 Abs. 1 AO). Sie haben jeder für sich für die gesamte Steuerschuld einzustehen (§ 45 Abs. 2 AO, § 44 Abs. 1 AO).

Gegen die Beteiligten Anna Müller, Eva Müller und Thomas Müller können zusammengefasste Bescheide nach § 155 Abs. 3 AO ergehen. Jedem Beteiligten ist eine Ausfertigung des zusammengefassten Bescheides an seine Wohnanschrift zu übermitteln. Der Bescheid wird gegen einen Beteiligten, dem er bekannt gegeben wurde, auch wirksam, wenn er einem oder mehreren anderen Beteiligten nicht bekannt gegeben wurde (siehe aber § 265 AO i. V. m. § 747 ZPO, vgl. Beispiel 1.1).

Anschriftenfeld
(jeweils in gesonderten Ausfertigungen):

Frau
Anna Müller
Hohe Straße 27
50 667 Köln

Frau
Eva Müller
Wilhelmstraße 19
53 111 Bonn

Herrn
Thomas Müller
Sophienstraße 35
80 333 München

Bescheidkopf
Für Anna Müller und die Erben nach Herbert Müller: Anna Müller, Eva Müller und Thomas Müller. Alle Beteiligten sind Gesamtschuldner (§ 44 AO).

2.2 Wie Beispiel 2.1, jedoch ist Anna Müller mit Einverständnis von Eva und Thomas Müller Empfänger des Bescheids (§ 122 Abs. 6 AO).

Anschriftenfeld
Frau
Anna Müller
Hohe Straße 27
50 667 Köln

Bescheidkopf
Für Anna Müller und die Erben nach Herbert Müller: Anna Müller, Eva Müller und Thomas Müller. Der Bescheid ergeht an Sie zugleich mit Wirkung für und gegen die Miterben. Alle Beteiligten sind Gesamtschuldner (§ 44 AO).

2.3 Wie Beispiel 2.1, jedoch leben alle Beteiligten unter gemeinsamer Anschrift i. S. v. § 122 Abs. 7 AO (in Köln, Hohe Straße 27). Es genügt die Bekanntgabe einer Ausfertigung des Steuerbescheids an die gemeinsame Anschrift.

Anschriftenfeld
Anna Müller
Eva Müller
Thomas Müller
Hohe Straße 27
50 667 Köln

Bescheidkopf
Für Anna Müller und die Erben nach Herbert Müller: Anna Müller, Eva Müller und Thomas Müller. Alle Beteiligten sind Gesamtschuldner (§ 44 AO).

2.12.5. Zur Bekanntgabe von Bescheiden bei unbekannten Erben vgl. AEAO zu § 122, Nr. 2.13.2.

2.12.6. Ist eine Erbengemeinschaft Unternehmer oder selbständiger Rechtsträger, so ist ein Steuerbescheid (z. B. über Umsatzsteuer oder Grunderwerbsteuer) an sie als Erbengemeinschaft zu richten (vgl. AEAO zu § 122, Nrn. 2.4 und 2.4.1.2). Hat die Erbengemeinschaft keinen Namen und keinen gesetzlichen Vertreter, muss sie zur zweifelsfreien Identifizierung der Gemeinschaft und ihrer Gemeinschafter grundsätzlich durch den Namen des Erblassers und der einzelnen Miterben charakterisiert werden (BFH-Urteil vom 29. 11. 1972, II R 42/67, BStBl. 1973 II S. 372). Zur Ermittlung der Inhaltsadressaten durch Auslegung gelten die Ausführungen in Nr. 2.12.3 des AEAO zu § 122, entsprechend.

AEAO

2.12.7. Vollstreckung in den Nachlass

Ist ein Steuerbescheid bereits zu Lebzeiten des Erblassers wirksam geworden und will die Finanzbehörde wegen der Steuerschuld vollstrecken, muss sie vor Beginn der Vollstreckung ein Leistungsgebot erlassen (vgl. im Einzelnen Abschn. 29 ff. VollstrA).

2.12.8. Umwandlung von Gesellschaften

Zum Erlass von Steuerverwaltungsakten in Spaltungsfällen und in Fällen eines Formwechsels vgl. AEAO zu § 122, Nrn. 2.15 und 2.16 sowie AEAO zu § 45, Nrn. 2 und 3.

28 **2.13. Testamentsvollstreckung, Nachlasspflegschaft, Nachlassverwaltung**

2.13.1. Der **Testamentsvollstrecker** ist nicht Vertreter der Erben, sondern Träger eines durch letztwillige Verfügung des Erblassers begründeten privaten Amts, dessen Inhalt durch die letztwillige Verfügung bestimmt wird (§§ 2197 ff. BGB; BFH-Urteil vom 11. 6. 2013, II R 10/11, BStBl. II S. 924). Soweit die Verwaltungsbefugnis des Testamentsvollstreckers reicht, ist dem Erben die Verfügungsbefugnis entzogen (§ 2211 BGB). Der Testamentsvollstrecker kann den Erben nicht persönlich verpflichten und hat auch nicht dessen persönliche Pflichten gegenüber den Finanzbehörden zu erfüllen (BFH-Urteil vom 16. 4. 1980, VII R 81/79, BStBl. II S. 605).

2.13.1.1. Hat der Erblasser selbst noch den Steuertatbestand verwirklicht, ist aber gegen ihn kein Steuerbescheid mehr ergangen, so ist der Steuerbescheid an den Erben als Inhaltsadressaten zu richten und diesem bekannt zu geben (vgl. Beispiele in Nr. 2.12.4 des AEAO zu § 122; BFH-Urteile vom 15. 2. 1978, I R 36/77, BStBl. II S. 491, und vom 8. 3. 1979, IV R 75/76, BStBl. II S. 501), es sei denn, der Testamentsvollstrecker ist zugleich Empfangsbevollmächtigter des Erben (§ 122 Abs. 1 Satz 3 AO). Ist der Testamentsvollstrecker im Rahmen seiner Verwaltung des gesamten Nachlassvermögens nach § 2213 Abs. 1 BGB zur Erfüllung von Nachlassverbindlichkeiten verpflichtet und soll er zur Erfüllung der Steuerschuld aus dem von ihm verwalteten Nachlass herangezogen werden, kann der Steuerbescheid – auch – an ihn gerichtet werden (BFH-Urteil vom 30. 9. 1987, II R 42/84, BStBl. 1988 II S. 120). Geschieht dies nicht, ist er durch Übersendung einer Ausfertigung des dem Erben oder dem Nachlasspfleger bekannt gegebenen Steuerbescheids in Kenntnis zu setzen. Ggf. ist er durch Duldungsbescheid (§ 191 Abs. 1 AO) in Anspruch zu nehmen. Seine persönliche Haftung nach § 69 i. V. m. § 34 Abs. 3 AO bleibt davon unberührt.

2.13.1.2. Betrifft die Steuerpflicht Tatbestände nach dem Erbfall, so ist der Erbe Steuerschuldner auch für Steuertatbestände, die das Nachlassvermögen betreffen. Steuerbescheide über Einkünfte, die dem Erben aus dem Nachlassvermögen zufließen, sind dem Erben als Inhaltsadressaten und nicht dem Testamentsvollstrecker bekannt zu geben (BFH-Urteil vom 7. 10. 1970, I R 145/68, BStBl. 1971 II S. 119; BFH-Beschluss vom 29. 11. 1995, X B 328/94, BStBl. 1996 II S. 322). Dies gilt auch, wenn der Testamentsvollstrecker ein Unternehmen im eigenen Namen weiterführt (BFH-Urteil vom 16. 2. 1977, I R 53/74, BStBl. II S. 481, für GewSt-Messbescheide). Steht dem Testamentsvollstrecker nach § 2213 Abs. 1 BGB die Verwaltung des gesamten Nachlasses zu, sind die drei letzten Sätze der Nr. 2.13.1.1 des AEAO zu § 122 entsprechend anzuwenden.

2.13.2. Sind der oder die Erben (noch) unbekannt, so ist der Steuerbescheid, gleichgültig ob der Steuertatbestand vom Erblasser selbst noch verwirklicht worden ist oder erst nach Eintritt des Erbfalls, einem zu bestellenden **Nachlasspfleger** bekannt zu geben. Die Vertretungsbefugnis des Nachlasspflegers endet auch dann erst mit Aufhebung der Nachlasspflegschaft durch das Nachlassgericht, wenn die Erben zwischenzeitlich bekannt wurden (BFH-Urteil vom 30. 3. 1982, VIII R 227/80, BStBl. II S. 687).

Der Nachlasspfleger ist gesetzlicher Vertreter des Erben, falls dieser noch unbekannt ist oder die Annahme der Erbschaft noch ungewiss ist. Er wird von Amts wegen oder auf Antrag eines Nachlassgläubigers vom Nachlassgericht bestellt (siehe §§ 1960, 1961 BGB, § 81 AO). Nr. 2.2 des AEAO zu § 122 ist entsprechend anzuwenden. Der Testamentsvollstrecker ist nicht bereits kraft Amtes Vertreter des unbekannten Erben, kann aber zum Nachlasspfleger bestellt werden.

2.13.3. Nachlassverwaltung ist die Nachlasspflegschaft zum Zwecke der Befriedigung der Nachlassgläubiger (§ 1975 BGB). Die Stellung des Nachlassverwalters ist derjenigen des Testamentsvollstreckers vergleichbar. Die Ausführungen in Nr. 2.13.1.1 und Nr. 2.13.1.2 des AEAO zu § 122 gelten daher entsprechend (vgl. BFH-Urteil vom 5. 6. 1991, XI R 26/89, BStBl. II S. 820).

2.13.4. Erbschaftsteuerbescheide

2.13.4.1. Ein Erbschaftsteuerbescheid ist nach § 32 Abs. 1 ErbStG dem **Testamentsvollstrecker** mit Wirkung für und gegen die Erben bekannt zu geben, wenn er nach § 31 Abs. 5 ErbStG zur Abgabe der Erbschaftsteuererklärung verpflichtet war. Dies ist nur dann der Fall, wenn sich die Testamentsvollstreckung auf den Gegenstand des Erwerbs oder im Fall eines Vermächtnisses auch auf die anschließende Verwaltung des vermachten Gegenstandes, insbesondere im Rahmen einer Dauervollstreckung (§§ 2209, 2210 BGB), bezieht und das Finanzamt die Abgabe der Erbschaftsteuererklärung vom Testamentsvollstrecker verlangt hat (vgl. BFH-Urteil vom 11. 6. 2013, II R 10/11, BStBl. II S. 924). Soweit nach diesen Grundsätzen der Erbschaftsteuerbescheid dem Testamentsvollstrecker bekannt zu geben ist, gilt dies auch dann, wenn der Testamentsvollstrecker zur Abgabe der Erbschaftsteuererklärung aufgefordert worden war, diese aber tatsächlich nicht abgegeben hat und daher die Besteuerungsgrundlagen geschätzt wurden.

AEAO

Ein Erbschaftsteuerbescheid, mit dem lediglich Erbschaftsteuer aufgrund des Erwerbs eines schuldrechtlichen Anspruchs erbrechtlicher Natur (z. B. Pflichtteilsrecht, Erbersatzanspruch) und/oder aufgrund Erwerbs infolge eines Vertrages des Erblassers zugunsten des Erwerbers auf den Todesfall festgesetzt wird, kann dem Testamentsvollstrecker nicht mit Wirkung für und gegen den Steuerschuldner bekannt gegeben werden (BFH-Urteile vom 14. 11. 1990, II R 255/85, BStBl. 1991 II S. 49, und II R 58/86, BStBl. 1991 II S. 52).

Ist der Erbschaftsteuerbescheid nach den vorgenannten Grundsätzen dem Testamentsvollstrecker bekannt zu geben, muss der Bescheid mit hinreichender Bestimmtheit erkennen lassen, dass er sich – ungeachtet der Verpflichtung des Testamentsvollstreckers, für die Zahlung der Steuer zu sorgen (§ 32 Abs. 1 Satz 2 ErbStG) – an den Erben als Steuerschuldner richtet (BFH-Urteil vom 10. 7. 1991, VIII R 16/90, BFH/NV 1992 S. 223).

Beispiel:
Anschriftenfeld
Name und Anschrift des Testamentsvollstreckers
Bescheidkopf
Erbschaftsteuerbescheid über den Erwerb des ...
(Name des Erben/Miterben)
aufgrund des Ablebens von ...

Erläuterungen
Der Bescheid wird Ihnen nach § 32 Abs. 1 Satz 1 ErbStG mit Wirkung für und gegen den oben bezeichneten Erben bekannt gegeben. Dieser ist Steuerschuldner.

2.13.4.2. Die Ausführungen in Nr. 2.13.4.1 des AEAO zu § 122 gelten entsprechend für Fälle der **Nachlasspflegschaft** und der **Nachlassverwaltung** (§ 31 Abs. 6, § 32 Abs. 2 ErbStG).

2.13.4.3. Die Bekanntgabe des Erbschaftsteuerbescheids an den Testamentsvollstrecker, den Nachlasspfleger oder den Nachlassverwalter setzt auch die Einspruchsfrist für die Anfechtung durch den Erben in Lauf. Dem Erben ist bei verspäteter Unterrichtung durch den Testamentsvollstrecker oder den Nachlassverwalter Wiedereinsetzung in den vorigen Stand zu gewähren, wenn die Jahresfrist gem. § 110 Abs. 3 AO noch nicht abgelaufen ist. Dem Erben ist ein etwaiges Verschulden des Testamentsvollstreckers oder des Nachlassverwalters nicht zuzurechnen, da diese keine Vertreter i. S. d. § 110 Abs. 1 Satz 2 AO sind (vgl. BFH-Urteil vom 14. 11. 1990, II R 58/86, BStBl. 1991 II S. 52). Dagegen ist ein Nachlasspfleger gesetzlicher Vertreter des unbekannten Erben (vgl. AEAO zu § 122, Nr. 2.13.2) mit der Folge, dass sein Verschulden dem Erben zuzurechnen ist.

2.14. Haftende 29

2.14.1. Der Steuerschuldner und der Haftende sind nach § 44 Abs. 1 AO zwar Gesamtschuldner, diese Bestimmung führt aber nicht zu einer völligen Gleichstellung. Der Steuerbescheid ist an den Steuerschuldner zu richten. Über die Haftung ist durch selbständigen Haftungsbescheid zu entscheiden (§ 191 AO) und der Haftende durch Zahlungsaufforderung in Anspruch zu nehmen (§ 219 AO). Beide Maßnahmen können auch getrennt voneinander ausgeführt werden. Die Zusendung einer Ausfertigung des Steuerbescheids reicht zur Inanspruchnahme des Haftenden nicht aus.

2.14.2. Der Haftungsbescheid muss eindeutig erkennen lassen, gegen wen sich der Haftungsanspruch richtet.

Beispiele für Lohnsteuerhaftungsbescheide bei Inanspruchnahme:

a) des Arbeitgebers:	*b) des Geschäftsführers des Arbeitgebers:*
Haftungsschuldner als Inhaltsadressat, Bekanntgabeadressat und Empfänger:	Haftungsschuldner als Inhaltsadressat, Bekanntgabeadressat und Empfänger:
Meier GmbH Sophienstraße 2 a 80 333 München	Herrn Josef Meier (Geschäftsführer der Meier-GmbH) Hansastr. 100 81 373 München
(jeweils mit Angabe des Haftungsgrundes in der Erläuterung)	(jeweils mit Angabe des Haftungsgrundes in der Erläuterung)

Bei der Inanspruchnahme des Geschäftsführers als Haftungsschuldner für Steuerschulden der von ihm vertretenen juristischen Person oder nichtrechtsfähigen Personenvereinigung ist darauf zu achten, dass die persönliche Inanspruchnahme in der Adressierung und auch sonst im Bescheid eindeutig zum Ausdruck kommt. Als postalische Anschrift ist im Haftungsbescheid i. d. R. die von der Firmenanschrift abweichende Wohnanschrift des Geschäftsführers zu verwenden. Wird ein Haftungsbescheid an den Geschäftsführer durch die Post mit Zustellungsurkunde (vgl. AEAO zu § 122, Nr. 3.1.1) ausnahmsweise unter der Firmenanschrift zugestellt, ist im Kopf des Vordrucks „Zustellungsurkunde" in roter Schrift oder durch rotes Unterstreichen zu vermerken: „Keine Ersatzzustellung".

2.14.3. Sollen wegen desselben Anspruchs mehrere Haftungsschuldner herangezogen werden, kann in entsprechender Anwendung des § 155 Abs. 3 AO ein zusammengefasster Haftungsbescheid erlassen werden. Für jeden Haftungsschuldner ist jedoch ein gesonderter Bescheid auszufertigen und bekannt zu geben, um ihm gegenüber Wirksamkeit zu erlangen. Dies gilt auch

AEAO

dann, wenn der zusammengefasste Haftungsbescheid gegen Ehegatten gerichtet ist (BFH-Beschluss vom 22. 10. 1975, I B 38/75, BStBl. 1976 II S. 136).

Bei der Inanspruchnahme von mehreren Haftungsschuldnern wegen desselben Anspruchs sind im Haftungsbescheid alle als Haftungsschuldner herangezogenen Personen zu benennen. Eine fehlende Angabe der übrigen Haftungsschuldner führt aber nicht ohne weiteres zur Unwirksamkeit der Haftungsbescheide (BFH-Urteil vom 5. 11. 1980, II R 25/78, BStBl. 1981 II S. 176), sondern kann im Rahmen des § 126, nachgeholt werden. Die einzelnen Haftungsschuldner werden durch die gemeinsame Inanspruchnahme zu Gesamtschuldnern (§ 44 AO); die Erfüllung durch einen der Gesamtschuldner wirkt auch für die übrigen.

30 **2.15. Spaltung**

In den Fällen einer **Abspaltung, Ausgliederung** oder **Vermögensübertragung** nach dem UmwG liegt mit Ausnahme der Vermögensübertragung im Wege der Vollübertragung keine Gesamtrechtsnachfolge i. S. d. § 45 Abs. 1 AO vor (vgl. AEAO zu § 45, Nr. 2). Die an einer Spaltung beteiligten Rechtsträger sind aber Gesamtschuldner für die Verbindlichkeiten des übertragenden Rechtsträgers, die vor dem Wirksamwerden der Spaltung begründet worden sind (§ 133 Abs. 1 Satz 1 UmwG). Der übernehmende Rechtsträger kann daher durch Haftungsbescheid (im Falle der Vermögensübertragung im Wege der Vollübertragung durch Steuerbescheid) in Anspruch genommen werden.

Bei einer Aufspaltung erlischt der übertragende Rechtsträger mit der Registereintragung der Spaltung (§ 131 Abs. 1 Nr. 2 UmwG). Die Regelung über die steuerliche Gesamtrechtsnachfolge (§ 45 Abs. 1 AO) ist sinngemäß anzuwenden; dies gilt nicht in Bezug auf die gesonderte und einheitliche Feststellung von Besteuerungsgrundlagen (vgl. AEAO zu § 45, Nr. 2).

Bei der Entscheidung, ob ein übernehmender Rechtsträger für Steuerverbindlichkeiten des übertragenden Rechtsträgers in Anspruch zu nehmen ist, soll i. d. R. eine im Spaltungs- und Übernahmevertrag getroffene Zuweisung der Steuerverbindlichkeiten berücksichtigt werden. Enthält der Spaltungs- und Übernahmevertrag keine Zuweisung der Steuerverbindlichkeiten, soll in Fällen der Abspaltung oder Ausgliederung i. d. R. zunächst nur der übertragende Rechtsträger in Anspruch genommen werden.

Beispiel 1:
Vom Vermögen der Spalt-GmbH wurde ein Teil abgespalten und an die A-GmbH übertragen. Der Spaltungs- und Übernahmevertrag enthält keine Regelungen zur Zuweisung der Steuerverbindlichkeiten.

Steuerbescheid an Spalt-GmbH:
Anschriftenfeld (Steuerschuldner als Inhaltsadressat, Bekanntgabeadressat und Empfänger):
Spalt-GmbH
Moltkestraße 5
12 203 Berlin

Beispiel 2:
Wie Beispiel 1, jedoch sollen die Spalt-GmbH und die A-GmbH als Gesamtschuldner in Anspruch genommen werden.

Steuerbescheid an Spalt-GmbH:
Anschriftenfeld (Steuerschuldner als Inhaltsadressat, Bekanntgabeadressat und Empfänger):
Spalt-GmbH
Moltkestraße 5
12 203 Berlin

Bescheidkopf
Der A-GmbH wurde ein Haftungsbescheid erteilt. Die an der Abspaltung beteiligten Rechtsträger sind Gesamtschuldner (§ 44 AO, § 133 Abs. 1 Satz 1 UmwG).

Haftungsbescheid an A-GmbH:
Anschriftenfeld (Haftungsschuldner als Inhaltsadressat, Bekanntgabeadressat und Empfänger):
A-GmbH
Meiserstraße 4
80 284 München

Bescheidkopf
Dieser Bescheid ergeht an Sie als partielle Nachfolgerin der Spalt-GmbH. Der Spalt-GmbH wurde ein Steuerbescheid erteilt. Die an der Abspaltung beteiligten Rechtsträger sind Gesamtschuldner (§ 44 AO, § 133 Abs. 1 Satz 1 UmwG).

Beispiel 3:
Die Spalt-GmbH wurde in die A-GmbH und die B-GmbH aufgespalten. Im Spaltungs- und Übernahmevertrag wurden die Steuerverbindlichkeiten der erloschenen Spalt-GmbH der A-GmbH zugewiesen.

Steuerbescheid an A-GmbH:
Anschriftenfeld (Steuerschuldner als Inhaltsadressat, Bekanntgabeadressat und Empfänger):
A-GmbH
Meiserstraße 4
80 284 München

Bescheidkopf
Dieser Bescheid ergeht an Sie als Nachfolgerin der durch Aufspaltung erloschenen Spalt-GmbH.

Beispiel 4:
Die Spalt-GmbH wurde in die A-GmbH und die B-GmbH aufgespalten. Der Spaltungs- und Übernahmevertrag enthält keine Regelungen zur Zuweisung der Steuerverbindlichkeiten der Spalt-GmbH. Die A-GmbH und die B-GmbH sollen als Gesamtschuldner in Anspruch genommen werden.

AEAO

Steuerbescheid an A-GmbH:
Anschriftenfeld (Steuerschuldner als Inhaltsadressat, Bekanntgabeadressat und Empfänger):

A-GmbH
Meiserstraße 4
80 284 München

Bescheidkopf
Dieser Bescheid ergeht an Sie als Nachfolgerin der durch Aufspaltung erloschenen Spalt-GmbH. Der B-GmbH wurde ein Bescheid gleichen Inhalts erteilt. Die an der Spaltung beteiligten Rechtsträger sind Gesamtschuldner (§ 44 AO, § 133 Abs. 1 Satz 1 UmwG).

Steuerbescheid an B-GmbH:
Anschriftenfeld (Steuerschuldner als Inhaltsadressat, Bekanntgabeadressat und Empfänger):

B-GmbH
Hauptstr. 101
67 433 Neustadt

Bescheidkopf
Dieser Bescheid ergeht an Sie als Nachfolgerin der durch Aufspaltung erloschenen Spalt-GmbH. Der A-GmbH wurde ein Bescheid gleichen Inhalts erteilt. Die an der Spaltung beteiligten Rechtsträger sind Gesamtschuldner (§ 44 AO, § 133 Abs. 1 Satz 1 UmwG).

2.16. Formwechselnde Umwandlung 31

Bei einer formwechselnden Umwandlung (§ 1 Abs. 1 Nr. 4, §§ 190ff. UmwG) liegt lediglich ein Wechsel der Rechtsform eines Rechtsträgers unter Wahrung seiner rechtlichen Identität vor. Ist ein Bescheid nach einem Formwechsel noch an den formwechselnden Rechtsträger und nicht an den Rechtsträger neuer Rechtsform adressiert worden, ist dieser gleichwohl wirksam (vgl. BFH-Urteil vom 19. 3. 2024, II R 33/22, BStBl. II S. 589). Ändert sich allerdings durch den Formwechsel das Steuersubjekt, ist die Regelung des § 45 Abs. 1 AO über die steuerliche Gesamtrechtsnachfolge sinngemäß anzuwenden (vgl. AEAO zu § 45, Nr. 3).

Wird eine eingetragene GbR, eine Personenhandelsgesellschaft (OHG oder KG) oder eine Partnerschaftsgesellschaft in eine Kapitalgesellschaft umgewandelt, sind Bescheide über Steuern, für die diese Personenvereinigung Steuerschuldnerin war (vgl. AEAO zu § 122, Nr. 2.4.1), nach der Umwandlung an die Kapitalgesellschaft zu richten und dieser bekannt zu geben. Bescheide über die gesonderte und einheitliche Feststellung von Besteuerungsgrundlagen sind an die Gesellschafter der ehemaligen Personenvereinigung zu richten (vgl. AEAO zu § 122, Nr. 2.5).

Wird eine Kapitalgesellschaft in eine rechtsfähige Personenvereinigung umgewandelt, sind Bescheide über Steuern, für die die Kapitalgesellschaft Steuerschuldnerin war, an die Personenvereinigung zu richten.

3. Besonderheiten des Zustellungsverfahrens

3.1. Zustellungsarten 32

Die Zustellung richtet sich nach dem VwZG[1] (§ 122 Abs. 5 Satz 2 AO). Die vom Amtsgericht zu erlassende Anordnung eines persönlichen Sicherheitsarrestes ist nach den Vorschriften der ZPO zuzustellen (§ 326 Abs. 4 AO).

Das VwZG sieht die folgenden Zustellungsarten vor:

- Zustellung durch die Post mit Zustellungsurkunde (§ 3 VwZG; vgl. AEAO zu § 122, Nr. 3.1.1),
- Zustellung durch die Post mittels Einschreiben (§ 4 VwZG; vgl. AEAO zu § 122, Nr. 3.1.2),
- Zustellung (auch eines elektronischen Dokuments) durch die Behörde gegen Empfangsbekenntnis (§ 5 VwZG; vgl. AEAO zu § 122, Nr. 3.1.3),
- Zustellung (auch eines elektronischen Dokuments) im Ausland (§ 9 VwZG; vgl. AEAO zu § 122, Nr. 3.1.4),
- Öffentliche Zustellung (§ 10 VwZG; vgl. AEAO zu § 122, Nr. 3.1.5).

Kommen mehrere Zustellungsarten in Betracht, soll die kostengünstigste gewählt werden, sofern nicht besondere Umstände (z. B. Zweifel an der Annahmebereitschaft des Empfängers; vgl. Nr. 3.1.2) für eine Zustellung durch die Post mit Zustellungsurkunde sprechen.

Die Allgemeinen Verwaltungsvorschriften zum VwZG vom 13. 12. 1966 (BStBl. I S. 969), geändert durch die Allgemeine Verwaltungsvorschrift vom 27. 4. 1973 (BStBl. I S. 220), sind überholt.

3.1.1. Zustellung durch die Post mit Zustellungsurkunde (§ 3 VwZG)

Soll ein Verwaltungsakt durch die Post mit Zustellungsurkunde zugestellt werden, sind § 3 VwZG sowie die dort angeführten Vorschriften der §§ 177 bis 182 ZPO zu beachten. „Post" ist jeder Erbringer von Postdienstleistungen (§ 2 Abs. 2 Satz 1 VwZG; siehe auch § 33 des Postgesetzes vom 22. 12. 1997, BGBl. I S. 3294).

Die Finanzbehörde hat der Post den Zustellungsauftrag, das zuzustellende Dokument in einem verschlossenen Umschlag und einen vorbereiteten Vordruck einer Zustellungsurkunde zu übergeben (§ 3 Abs. 1 VwZG). Für die Zustellungsurkunde, den Zustellungsauftrag und den verschlossenen Umschlag sind die in der Zustellungsvordruckverordnung vom 12. 2. 2002 (BGBl. I S. 671, 1019), geändert durch Verordnung vom 23. 4. 2004 (BGBl. I S. 619), bestimmten Vordrucke

[1] **Anhang I Nr. 2.**

AEAO

zu verwenden (§ 3 Abs. 2 Satz 3 VwZG). Der vorbereitete Vordruck der Zustellungsurkunde muss den Empfänger (vgl. AEAO zu § 122, Nrn. 1.5 und 1.6) und das Aktenzeichen (vgl. AEAO zu § 122, Nr. 3.1.1.1) des zuzustellenden Dokuments sowie die Anschrift der auftraggebenden Finanzbehörde enthalten. Fehlen diese Angaben auf der zuzustellenden Sendung ganz oder teilweise, ist die Zustellung unwirksam, auch wenn die Zustellungsurkunde den Anforderungen des § 182 ZPO genügt. Gleiches gilt, wenn auf der Sendung ein falsches Aktenzeichen angegeben ist.

Ausnahmsweise kann als Zustellungsanschrift eine Postfachnummer gewählt werden. In diesem Fall ist aber die tatsächliche Zustellung beim Rücklauf der Zustellungsurkunde zu überwachen (BFH-Urteil vom 9. 2. 1983, II R 10/79, BStBl. II S. 698). Bei Ersatzzustellung durch Niederlegung ist die Zustellung nicht wirksam, wenn die Mitteilung über die Niederlegung in das Postfach des Empfängers eingelegt wird (BFH-Urteil vom 17. 2. 1983,V R 76/77, BStBl. II S. 528).

3.1.1.1. Das auf der vorbereiteten Zustellungsurkunde und auf dem verschlossenen Umschlag anzugebende Aktenzeichen (vgl. AEAO zu § 122, Nr. 3.1.1) ist mit Abkürzungen zu bilden. Anhand des Aktenzeichens muss einerseits der Inhalt des zuzustellenden Dokuments einwandfrei zu identifizieren sein (BFH-Urteil vom 18. 3. 2004,V R 11/02, BStBl. II S. 540), andererseits muss das Aktenzeichen so gewählt werden, dass es einem Dritten möglichst keinen Rückschluss auf den Inhalt der Sendung zulässt. Die bloße Angabe der Steuernummer reicht nicht aus (BFH-Urteil vom 13. 10. 2005, IV R 44/03, BStBl. 2006 II S. 214).

Neben der Steuernummer und grundsätzlich neben dem Datum des zuzustellenden Verwaltungsakts sind die folgenden verwaltungsüblichen Abkürzungen und Listennummern zu verwenden.

Beispiele:

Abkürzung	Inhalt der Sendung
210/50 108, EStB 2005 vom xx. xx. xxxx	StNr. 210/50 108, ESt-Bescheid 2005 vom xx. xx. xxxx
210/50 108,VZB ESt 2006 vom xx. xx. xxxx	StNr. 210/50 108,Vorauszahlungsbescheid für ESt 2006 vom xx. xx. xxxx
210/50 108, HaB LSt 2005 vom xx. xx. xxxx	StNr. 210/50 108, Haftungsbescheid für LSt 2005 vom xx. xx. xxxx
210/50 108, NachB LSt 2005 vom xx. xx. xxxx	StNr. 210/50 108, Nachforderungsbescheid für LSt 2005 vom xx. xx. xxxx
210/50 108 EE EStB 2005	StNr. 210/50 108, Einspruchsentscheidung in Sachen ESt-Bescheid 2005
210/50 108 EE RbL 150/2006	StNr. 210/50 108, Einspruchsentscheidung für den in die Rechtsbehelfsliste 2006 unter Nr. 150 eingetragenen Einspruch
210/50 108 PrA vom xx. xx. xxxx	StNr. 210/50 108 Prüfungsanordnung vom xx. xx. xxxx
210/50 108 Mitteilung 141 Abs. 2 AO vom xx. xx. xxxx	StNr. 210/50 108 Mitteilung vom xx. xx. xxxx über den Beginn der Buchführungspflicht
210/50 108 ZgA (alternativ ZG.-A.) vom xx. xx. xxxx	StNr. 210/50 108 Verwaltungsakt über die Androhung eines Zwangsgeldes vom xx. xx. xxxx

Bei der Zustellung eines Bescheids über die gesonderte Feststellung von Besteuerungsgrundlagen muss sich aus dem Aktenzeichen auch der Gegenstand der Feststellung ergeben (BFH-Urteil vom 13. 10. 2005, IV R 44/03, BStBl. 2006 II S. 214). Für die hinreichende Unterscheidung von gesonderten Feststellungen sind – neben den übrigen Angaben, wie Steuernummer und Datum des zuzustellenden Verwaltungsakts (vgl. die vorstehenden Beispiele) – zweckmäßigerweise die folgenden Kürzel zu verwenden:

Beispiele:

Kürzel	Gegenstand
VF-ESt 31. 12. 05	Feststellung des verbleibenden Verlustvortrages zur ESt auf den 31. 12. 2005
VF-KSt 31. 12. 05	Feststellung des verbleibenden Verlustvortrages zur KSt auf den 31. 12. 2005
VF-Gew 31. 12. 05	Feststellung des vortragsfähigen Gewerbeverlustes auf den 31. 12. 2005
Fest2 B 2005	Feststellung der negativen Einkünfte aus der Beteiligung an Verlustzuweisungsgesellschaften nach § 2 b EStG i. V. m. § 10 d Abs. 4 EStG für 2005
ges. Fest 2005	Gesonderte Feststellung gem. § 180 Abs. 1 Nr. 2 Buchstabe b AO für 2005
ges. + einh. Fest 2005	Gesonderte und einheitliche Feststellung i. S. v. § 180 Abs. 1 Satz 1 Nr. 2 Buchstabe a AO für 2005

3.1.1.2. Sollen **mehrere Verwaltungsakte** (z. B. Einspruchsentscheidungen) verschiedenen Inhalts in einer Postsendung zugestellt werden, müssen die gesetzlichen Form- und Beurkundungserfordernisse in Bezug auf jedes einzelne Schriftstück gewahrt werden. Das Aktenzeichen muss aus Angaben über die einzelnen Schriftstücke bestehen (BFH-Urteil vom 7. 7. 2004, X R 33/02, BFH/NV 2005 S. 66). Enthält die Sendung mehr Schriftstücke als durch Aktenzeichen auf der Zustellungsurkunde und/oder dem Umschlag bezeichnet, ist nur die Zustellung des nicht bezeichneten Schriftstücks unwirksam. Der Zustellungsmangel kann jedoch nach § 8 VwZG geheilt werden (vgl. AEAO zu § 122, Nr. 4.5.2).

3.1.1.3. Eine wirksame Zustellung an mehrere Personen gemeinsam ist nicht möglich, sondern nur die Zustellung an einen bestimmten Zustellungsempfänger. In der Anschrift auf dem Briefumschlag und dementsprechend in der Zustellungsurkunde darf daher als Empfänger nur eine Person angesprochen werden. Das gilt auch für die Zustellung an Ehegatten (BFH-Urteil vom 8. 6. 1995, IV R 104/94, BStBl. II S. 681). Eine mit der Anschrift „Herrn Adam und Frau Eva Meier" versehene Sendung kann daher nicht wirksam zugestellt werden (vgl. AEAO zu § 122, Nr. 3.4).

3.1.1.4. Die Zustellungsurkunde ist eine öffentliche Urkunde i. S. d. § 418 Abs. 1 ZPO (vgl. § 182 Abs. 1 Satz 2 ZPO) und erbringt daher den vollen Beweis für die in ihr bezeugten Tatsachen. Dieser ist aber nach § 418 Abs. 2 ZPO durch Gegenbeweis widerlegbar. Dies erfordert den vollen Nachweis eines anderen Geschehensablaufs; durch bloße Zweifel an der Richtigkeit der urkundlichen Feststellungen ist der Gegenbeweis nicht erbracht (BFH-Urteil vom 28. 9. 1993, II R 34/92, BFH/NV 1994 S. 291).

3.1.2. Zustellung durch die Post mittels Einschreiben (§ 4 VwZG)

Die durch § 4 VwZG eröffnete Zustellungsmöglichkeit ist auf die Varianten „Einschreiben mittels Übergabe" und „Einschreiben mit Rückschein" beschränkt. Die Zustellung mittels eines „Einwurf-Einschreibens" ist somit nicht möglich. Nicht nur Briefe, sondern auch umfangreichere Sendungen, z. B. Pakete, können mittels Einschreiben zugestellt werden, soweit die Post (zum Begriff der „Post" vgl. AEAO zu § 122, Nr. 3.1.1) dies ermöglicht.

Eine Zustellung durch **Einschreiben mit Rückschein** gilt an dem Tag als bewirkt, den der Rückschein angibt. Zum Nachweis der Zustellung genügt der Rückschein (§ 4 Abs. 2 Satz 1 VwZG). Im Gegensatz zu der bei einer Zustellung nach § 3 VwZG (vgl. AEAO zu § 122, Nr. 3.1.1) errichteten Zustellungsurkunde ist der Rückschein keine öffentliche Urkunde i. S. d. § 418 ZPO. Der von dem Rückschein ausgehende Nachweis der Zustellung ist somit auf das Maß eines normalen Beweismittels eingeschränkt. Geht der Rückschein nicht bei der die Zustellung veranlassenden Behörde ein oder enthält er kein Datum, gilt die Zustellung am vierten Tag nach der Aufgabe zur Post als bewirkt, es sei denn, dass der Verwaltungsakt nicht oder zu einem späteren Zeitpunkt zugegangen ist; im Zweifel hat die Behörde den Zugang und dessen Zeitpunkt nachzuweisen (§ 4 Abs. 2 Sätze 2 und 3 VwZG).

Eine Zustellung mittels **Einschreiben durch Übergabe** gilt am vierten Tag nach der Aufgabe zur Post als bewirkt, es sei denn, dass der Verwaltungsakt nicht oder zu einem späteren Zeitpunkt zugegangen ist. Auch insoweit hat im Zweifel die Behörde den Zugang und dessen Zeitpunkt nachzuweisen (§ 4 Abs. 2 Sätze 2 und 3 VwZG). Der Tag der Aufgabe zur Post ist in den Akten zu vermerken (§ 4 Abs. 2 Satz 4 VwZG).

Für eine eventuelle Ersatzzustellung gelten nicht die §§ 178 bis 181 ZPO, sondern die einschlägigen allgemeinen Geschäftsbedingungen des in Anspruch genommenen Postdienstleisters. Verweigert der Empfänger oder der Ersatzempfänger die Annahme der eingeschriebenen Sendung, wird sie als unzustellbar an den Absender zurückgeschickt. Im Gegensatz zur Zustellung durch die Post mit Zustellungsurkunde (vgl. AEAO zu § 122, Nr. 3.1.1) kann daher gegen den Willen des Empfängers bzw. Ersatzempfängers eine Zustellung mittels Einschreiben nicht bewirkt werden.

3.1.3. Zustellung gegen Empfangsbekenntnis (§ 5 VwZG)

Gegen Empfangsbekenntnis kann zugestellt werden,

- indem die Behörde den zuzustellenden Verwaltungsakt dem Empfänger aushändigt (§ 5 Abs. 1 bis 3 VwZG; vgl. AEAO zu § 122, Nr. 3.1.3.1),
- durch Übermittlung auf andere Weise an Behörden, Körperschaften, Anstalten und Stiftungen des öffentlichen Rechts sowie an Angehörige bestimmter Berufe (§ 5 Abs. 4 VwZG; vgl. AEAO zu § 122, Nrn. 3.1.3.2, 3.1.3.4 und 3.1.3.5),
- durch elektronische Übermittlung an andere Empfänger unter den Voraussetzungen des § 5 Abs. 5 VwZG (vgl. AEAO zu § 122, Nrn. 3.1.3.3 bis 3.1.3.5).

3.1.3.1. In den Fällen des § 5 Abs. 1 VwZG ist das zuzustellende Dokument grundsätzlich in einem verschlossenen Umschlag auszuhändigen. Nur wenn keine schutzwürdigen Interessen des Empfängers entgegenstehen, kann das Dokument auch offen ausgehändigt werden. Dies ist z. B. der Fall, wenn das Dokument durch den fachlich zuständigen Bediensteten selbst – etwa bei Erscheinen des Empfängers in den Diensträumen – ausgehändigt wird.

Bei einer Ersatzzustellung gem. § 5 Abs. 2 Nr. 3 VwZG ist wegen des Verweises auf § 181 ZPO für die Mitteilung über die Niederlegung der Vordruck gem. Anlage 4 der Zustellungsvordruckverordnung vom 12. 2. 2002 (BGBl. I S. 671) zu verwenden.

3.1.3.2. Nach § 5 Abs. 4 VwZG kann an Behörden, Körperschaften, Anstalten und Stiftungen des öffentlichen Rechts, an Rechtsanwälte, Patentanwälte, Notare, Steuerberater, Steuerbevollmächtigte, Wirtschaftsprüfer, vereidigte Buchprüfer, Steuerberatungsgesellschaften, Wirtschaftsprüfungsgesellschaften und Buchprüfungsgesellschaften auch auf andere Weise, somit z. B. durch einfachen Brief oder elektronisch (auch durch Telefax), zugestellt werden. § 5 Abs. 4 VwZG enthält eine abschließende Aufzählung des in Betracht kommenden Empfängerkreises. Abweichend von § 174 Abs. 1 ZPO darf daher an andere Personen, bei denen aufgrund ihres Berufs von einer erhöhten Zuverlässigkeit ausgegangen werden kann, nicht nach § 5 Abs. 4 VwZG zugestellt werden; in Be-

AEAO tracht kommt aber eine elektronische Zustellung gem. § 5 Abs. 5 VwZG (vgl. AEAO zu § 122, Nr. 3.1.3.3).

Ob eine elektronische Zustellung die Verwendung einer qualifizierten elektronischen Signatur erfordert, bestimmt sich danach, ob für den zuzustellenden Verwaltungsakt die Schriftform gesetzlich vorgeschrieben ist (§ 87 a Abs. 4 AO). Das elektronisch zuzustellende Dokument ist mit einem geeigneten Verfahren zu verschlüsseln (§ 87 a Abs. 1 Satz 4 AO). Die Regelungen des § 87 a AO sind jedoch nicht anwendbar, wenn die elektronische Zustellung durch Telefax erfolgt (vgl. AEAO zu § 122, Nr. 1.8.2). Die Formerfordernisse der folgenden Nr. 3.1.3.3 des AEAO zu § 122 gelten daher insoweit nicht.

3.1.3.3. Gem. § 5 Abs. 5 VwZG kann ein Dokument auch an einen nicht in § 5 Abs. 4 VwZG genannten Empfänger **elektronisch** zugestellt werden, soweit der Empfänger hierfür einen Zugang eröffnet hat (zur „Zugangseröffnung" vgl. AEAO zu § 87 a, Nr. 1). Für die Übermittlung ist das Dokument mit einer qualifizierten elektronischen Signatur zu versehen (§ 5 Abs. 5 Satz 3 VwZG), also auch dann, wenn für den zuzustellenden Verwaltungsakt die Schriftform nicht gesetzlich vorgeschrieben ist. Es ist gegen unbefugte Kenntnisnahme Dritter zu schützen (§ 5 Abs. 5 Satz 3 VwZG) und mit einem geeigneten Verfahren zu verschlüsseln (§ 87 a Abs. 1 Satz 4 AO).

3.1.3.4. Bei der elektronischen Zustellung nach § 5 Abs. 4 oder Abs. 5 VwZG ist die Übermittlung mit dem Hinweis „Zustellung gegen Empfangsbekenntnis" einzuleiten. Die Übermittlung muss die absendende Behörde, den Namen und die Anschrift des Zustellungsadressaten („Empfänger" i. S. d. Nr. 1.5 des AEAO zu § 122) sowie den Namen des Bediensteten erkennen lassen, der das Dokument zur Übermittlung aufgegeben hat (§ 5 Abs. 6 VwZG). Beizufügen ist ein vorbereitetes Formular für das Empfangsbekenntnis (vgl. AEAO zu § 122, Nr. 3.1.3.5).

3.1.3.5. Zum Nachweis der Zustellung in den Fällen des § 5 Abs. 4 und 5 VwZG genügt das mit Datum und Unterschrift versehene **Empfangsbekenntnis,** das an die Behörde durch die Post oder elektronisch zurückzusenden ist (§ 5 Abs. 7 VwZG). Wird das Empfangsbekenntnis als elektronisches Dokument erteilt, bedarf es einer qualifizierten elektronischen Signatur, die in diesem Fall die Unterschrift ersetzt.

Das datierte und unterschriebene Empfangsbekenntnis erbringt den vollen Beweis dafür, dass das darin bezeichnete Dokument an dem vom Empfänger bezeichneten Tag tatsächlich zugestellt worden ist; ein Gegenbeweis ist aber zulässig (BFH-Urteil vom 31. 10. 2000, VIII R 14/00, BStBl. 2001 II S. 156). Das Fehlen des Datums auf dem vom Empfänger unterschriebenen Empfangsbekenntnis ist für die Rechtswirksamkeit der Zustellung unschädlich. Maßgebend für den durch die Zustellung ausgelösten Beginn einer Frist ist der Zeitpunkt, in dem der Aussteller des Empfangsbekenntnisses das Dokument als zugestellt entgegengenommen hat (BFH-Beschluss vom 20. 8. 1982, VIII R 58/82, BStBl. 1983 II S. 63).

Der Rücklauf der Empfangsbekenntnisse ist in geeigneter Weise zu überwachen. Werden Empfangsbekenntnisse nicht zurückgesandt, ist zunächst an die Rückgabe zu erinnern. Bleibt diese Erinnerung erfolglos, ist der Verwaltungsakt auf andere Weise erneut zuzustellen, es sei denn, der Empfänger hat das zuzustellende Dokument in Kenntnis der Zustellungsabsicht nachweislich entgegengenommen und behalten (BFH-Urteil vom 6. 3. 1990, II R 131/87, BStBl. II S. 477); dies gilt aber nicht bei einer Zustellung nach § 5 Abs. 5 VwZG (vgl. § 8 VwZG).

3.1.4. Zustellung im Ausland (§ 9 VwZG)

3.1.4.1. Soweit ein Verwaltungsakt im Ausland zuzustellen ist und nicht ein Fall des § 9 Abs. 1 Nr. 3 VwZG (vgl. AEAO zu § 122, Nr. 3.1.4.2) vorliegt, sollte vorrangig von der Möglichkeit der Zustellung durch Einschreiben mit Rückschein (§ 9 Abs. 1 Nr. 1 VwZG) bzw. der Zustellung elektronischer Dokumente (§ 9 Abs. 1 Nr. 4 VwZG) Gebrauch gemacht werden. Beide Zustellungsarten setzen aber voraus, dass sie „völkerrechtlich zulässig" sind. Diese Formulierung umfasst nicht nur völkerrechtliche Übereinkünfte, sondern auch etwaiges Völkergewohnheitsrecht, ausdrückliches nichtvertragliches Einverständnis, aber auch Tolerierung einer entsprechenden Zustellungspraxis durch den Staat, in dem zugestellt werden soll. Es kann davon ausgegangen werden, dass eine Zustellung durch Einschreiben mit Rückschein oder eine Zustellung elektronischer Dokumente zumindest toleriert wird und daher völkerrechtlich zulässig ist; dies gilt nicht hinsichtlich folgender Staaten: Ägypten, Brasilien, China, Mexiko, Sri Lanka und Venezuela.

Nach dem DBA mit Liechtenstein (BStBl. 2013 I S. 488) ist eine Zustellung von deutschen Steuerverwaltungsakten durch die Post für Besteuerungszeiträume ab dem 1. 1. 2013 für folgende Steuerarten und deren steuerliche Nebenleistungen zulässig:

Einkommensteuer (einschließlich Lohnsteuer, Kapitalertragsteuer, Zinsabschlag, Steuerabzug bei Bauleistungen und besondere Erhebungsformen nach § 50 a EStG), Körperschaftsteuer, Gewerbesteuer, Solidaritätszuschlag, Grundsteuer, Vermögensteuer sowie gesonderte und gesonderte und einheitliche Feststellungen von Besteuerungsgrundlagen für Zwecke der vorgenannten Steuern.

In die Staaten Argentinien, Republik Korea, Kuwait, San Marino und die Schweiz ist eine postalische Zustellung von deutschen Steuerverwaltungsakten nach dem Übereinkommen über die gegenseitige Amtshilfe in Steuersachen in eingeschränktem Umfang bezüglich der jeweils hinterlegten Steuerarten und deren steuerliche Nebenleistungen wie folgt möglich:

AEAO

Argentinien[1]

Eine Zustellung von deutschen Steuerverwaltungsakten durch die Post ist für Besteuerungszeiträume ab dem 1. 1. 2016 für die folgenden Steuerarten zulässig:

Einkommensteuer (einschließlich Lohnsteuer, Kapitalertragsteuer, Zinsabschlag, Steuerabzug bei Bauleistungen und besondere Erhebungsformen nach § 50 a EStG), Körperschaftsteuer, Solidaritätszuschlag, Erbschaftsteuer, Schenkungsteuer, Ersatzerbschaftsteuer, Einfuhrumsatzsteuer, Umsatzsteuer, Branntweinsteuer (ab 1. 1. 2018 Alkoholsteuer), Energiesteuer, Tabaksteuer, Luftverkehrsteuer, Rennwett- und Lotteriesteuer, Steuern auf Versicherungsprämien sowie gesonderte und gesonderte und einheitliche Feststellungen von Besteuerungsgrundlagen für Zwecke der vorgenannten Steuern.

Republik Korea[1]

Eine Zustellung von deutschen Steuerverwaltungsakten durch die Post ist für Besteuerungszeiträume ab dem 1. 1. 2016 für die folgenden Steuerarten zulässig:

Einkommensteuer (einschließlich Lohnsteuer, Kapitalertragsteuer, Zinsabschlag, Steuerabzug bei Bauleistungen und besondere Erhebungsformen nach § 50 a EStG), Körperschaftsteuer, Solidaritätszuschlag, Erbschaftsteuer, Schenkungsteuer, Ersatzerbschaftsteuer, Grundsteuer, Grunderwerbsteuer, Einfuhrumsatzsteuer, Umsatzsteuer, Branntweinsteuer (ab 1. 1. 2018 Alkoholsteuer), Energiesteuer, Tabaksteuer sowie gesonderte und gesonderte und einheitliche Feststellungen von Besteuerungsgrundlagen für Zwecke der vorgenannten Steuern.

Kuwait[1]

Eine Zustellung von deutschen Steuerverwaltungsakten durch die Post ist für Besteuerungszeiträume ab dem 1. 1. 2019 für die folgenden Steuerarten zulässig:

Einkommensteuer (einschließlich Lohnsteuer, Kapitalertragsteuer, Zinsabschlag, Steuerabzug bei Bauleistungen und besondere Erhebungsformen nach § 50 a EStG), Körperschaftsteuer, Solidaritätszuschlag, Vermögensteuer sowie gesonderte und gesonderte und einheitliche Feststellungen von Besteuerungsgrundlagen für Zwecke der vorgenannten Steuern.

San Marino[1]

Eine Zustellung von deutschen Steuerverwaltungsakten durch die Post ist für Besteuerungszeiträume ab dem 1. 1. 2016 für die folgenden Steuerarten zulässig:

Einkommensteuer (einschließlich Lohnsteuer, Kapitalertragsteuer, Zinsabschlag, Steuerabzug bei Bauleistungen und besondere Erhebungsformen nach § 50 a EStG), Körperschaftsteuer, Solidaritätszuschlag sowie gesonderte und gesonderte und einheitliche Feststellungen von Besteuerungsgrundlagen für Zwecke der vorgenannten Steuern.

Schweiz[1, 2]

Eine Zustellung von deutschen Steuerverwaltungsakten durch die Post ist für Besteuerungszeiträume ab dem 1. 1. 2018 für die folgenden Steuerarten zulässig:

Einkommensteuer (einschließlich Lohnsteuer, Kapitalertragsteuer, Zinsabschlag, Steuerabzug bei Bauleistungen und besondere Erhebungsformen nach § 50 a EStG), Körperschaftsteuer, Solidaritätszuschlag, Vermögensteuer, Gewerbesteuer sowie gesonderte und gesonderte und einheitliche Feststellungen von Besteuerungsgrundlagen für Zwecke der vorgenannten Steuern.

Zum Beweiswert eines Rückscheins bei der Zustellung durch Einschreiben vgl. § 9 Abs. 2 Satz 1 VwZG sowie AEAO zu § 122, Nr. 3.1.2.

Bei einer Zustellung durch Übermittlung elektronischer Dokumente sind neben der völkerrechtlichen Zulässigkeit die Regelungen des § 5 Abs. 5 VwZG, insbesondere die Erfordernisse einer „Zugangseröffnung" und einer qualifizierten elektronischen Signatur, zu beachten; vgl. AEAO zu § 122, Nr. 3.1.3.3. Zum Empfangsbekenntnis vgl. § 9 Abs. 2 Satz 3 VwZG sowie AEAO zu § 122, Nr. 3.1.3.5.

3.1.4.2. Zustellungsersuchen nach § 9 Abs. 1 Nr. 2 VwZG (**Zustellung durch** die **Behörde des fremden Staates** oder durch die zuständige **diplomatische** oder **konsularische Vertretung** der Bundesrepublik Deutschland) oder nach § 9 Abs. 1 Nr. 3 VwZG **(Zustellung durch das Auswärtige Amt)** sind auf dem Dienstweg dem **BZSt** zuzuleiten. Hierbei ist die Staatsangehörigkeit des Empfängers anzugeben, weil diese für die Ausführung der Zustellung maßgeblich sein kann. Ist die Staatsangehörigkeit nicht bekannt, so ist dies zu vermerken. Ferner ist Folgendes zu beachten:

– Der zuzustellende Verwaltungsakt muss in Maschinenschrift gefertigt sein und die vollständige ausländische Anschrift des Empfängers enthalten.
– In dem Zustellungsersuchen sind die zuzustellenden Schriftstücke einzeln aufzuführen. Sie sind genau und mit Datum zu bezeichnen.

---

[1] **[Amtl. Anm.:] = Keine Zustellung zum Zwecke der Vollstreckung**
Eine Zustellung von deutschen Steuerverwaltungsakten zum Zwecke der Vollstreckung von Steuerforderungen oder von Geldbußen ist nach dem Übereinkommen über die gegenseitige Amtshilfe in Steuersachen in keinem Fall und zu keinem Vertragsstaat zulässig.

[2] **[Red. Anm.:]** Eine Zustellung von Einkommensteuerbescheiden an einen in der Schweiz wohnhaften Steuerpflichtigen unmittelbar durch die Post ist völkerrechtlich erstmals für Besteuerungszeiträume ab dem 1. 1. 2018 zulässig *(BFH-Urteil vom 8. 3. 2022 VI R 37/19, BStBl. 2023 II S. 547).*

AEAO

– Steuer- oder Haftungsbescheide müssen abgerechnet sein und erforderlichenfalls ein Leistungsgebot enthalten. Wegen der Ungewissheit über die Dauer des Zustellungsverfahrens sind etwaige Zahlungsfristen nicht datumsmäßig zu bestimmen, sondern vom Tag der Zustellung abhängig zu machen (z. B. durch die Formulierung „einen Monat nach dem Tag der Zustellung dieses Bescheids").
– In der Rechtsbehelfsbelehrung ist – ggf. unter Änderung eines vorgedruckten Textes – darüber zu belehren, dass der für den Beginn der Rechtsbehelfsfrist maßgebliche Tag der Bekanntgabe der Tag der Zustellung ist.
– Sind Verwaltungsakte an mehrere Empfänger zuzustellen, müssen jeweils gesonderte Zustellungsersuchen gestellt werden (vgl. AEAO zu § 122, Nr. 3.2). Dies gilt auch bei Zustellungen an Ehegatten (vgl. AEAO zu § 122, Nr. 3.4).

3.1.4.3. Von der durch § 9 Abs. 3 VwZG eingeräumten Möglichkeit, bei einer Zustellung nach § 9 Abs. 1 Nr. 2 oder Nr. 3 VwZG anzuordnen, dass ein inländischer Zustellungsbevollmächtigter benannt wird, sollte nur Gebrauch gemacht werden, wenn zu erwarten ist, dass künftig Verwaltungsakte erlassen werden, für die das Gesetz die förmliche Zustellung vorschreibt (vgl. AEAO zu § 122, Nr. 1.8.3). Ansonsten ist vorrangig nach § 123 AO zu verfahren, soweit die Benennung eines inländischen Empfangsbevollmächtigten für erforderlich oder zweckmäßig gehalten wird.

3.1.5. Öffentliche Zustellung (§ 10 VwZG)

Die öffentliche Zustellung kommt nur als „letztes Mittel" der Bekanntgabe in Betracht, wenn alle Möglichkeiten erschöpft sind, das Dokument dem Empfänger in anderer Weise zu übermitteln.

3.1.5.1. Eine öffentliche Zustellung wegen eines **unbekannten Aufenthaltsortes** des Empfängers (§ 10 Abs. 1 Satz 1 Nr. 1 VwZG) ist nicht bereits dann zulässig, wenn die Finanzbehörde die Anschrift nicht kennt oder Briefe als unzustellbar zurückkommen. Die Anschrift des Empfängers muss vielmehr allgemein unbekannt sein (BFH-Urteil vom 9. 12. 2009, X R 54/06, BStBl. 2010 II S. 732). Dies ist durch eine Erklärung der zuständigen Meldebehörde oder auf andere Weise zu belegen. Die bloße Feststellung, dass sich der Empfänger bei der Meldebehörde abgemeldet hat, ist nicht ausreichend. Die Finanzbehörde muss daher, bevor sie durch öffentliche Bekanntmachung zustellt, die nach Sachlage gebotenen und zumutbaren Ermittlungen anstellen. Dazu gehören insbesondere Nachforschungen bei der Meldebehörde, u. U. auch die Befragung von Angehörigen oder des bisherigen Vermieters des Empfängers. Auch Hinweisen auf den mutmaßlichen neuen Aufenthaltsort des Empfängers muss durch Rückfrage bei der dortigen Meldebehörde nachgegangen werden.

Eine Rechtspflicht der zustellenden Behörde, Anschriften im **Ausland** zu ermitteln, ist regelmäßig zu verneinen, wenn ein Fall der „Auslandsflucht" vorliegt oder wenn sich der Empfänger beim inländischen Melderegister „ins Ausland" ohne Angabe einer Anschrift abgemeldet hat oder sich in einer Weise verhält, die auf seine Absicht schließen lässt, seinen Aufenthaltsort zu verheimlichen. Die Finanzbehörde ist in diesen Fällen vorrangig nur zu Ermittlungsmaßnahmen im Inland verpflichtet, z. B. durch Nachfragen beim Einwohnermeldeamt und bei Kontaktpersonen des Empfängers (BFH-Urteil vom 9. 12. 2009, X R 54/06 a. a. O.). Ist aber zu vermuten, dass sich der Steuerpflichtige in einem bestimmten anderen Land aufhält, sind die Ermittlungsmöglichkeiten des zwischenstaatlichen Auskunftsaustauschs nach dem BMF-Schreiben vom 25. 1. 2006, BStBl. I S. 26 auszuschöpfen (BFH-Urteil vom 9. 12. 2009, X R 54/06, a. a. O.).

Nicht zulässig ist es beispielsweise, eine öffentliche Zustellung bereits dann anzuordnen, wenn eine versuchte Bekanntgabe unter einer Adresse, die der Empfänger angegeben hat, einmalig fehlgeschlagen ist oder wenn lediglich die Vermutung besteht, dass eine Adresse, an die sich der Empfänger bei der Meldebehörde abgemeldet hat, eine Scheinadresse ist (BFH-Urteil vom 6. 6. 2000, VII R 55/99, BStBl. II S. 560, und BFH-Beschluss vom 13. 3. 2003 VII B 196/02, BStBl. II S. 609). Eine öffentliche Zustellung ist aber wirksam, wenn die Finanzbehörde durch unrichtige Auskünfte Dritter zu der unrichtigen Annahme verleitet wurde, der Empfänger sei unbekannten Aufenthaltsortes, sofern die Finanzbehörde auf die Richtigkeit der ihr erteilten Auskunft vertrauen konnte (BFH-Beschluss vom 13. 3. 2003, VII B 196/02, a. a. O.).

3.1.5.2. Nach § 10 Abs. 1 Satz 1 Nr. 2 VwZG kann öffentlich zugestellt werden, wenn bei **juristischen Personen,** die **zur Anmeldung einer inländischen Geschäftsanschrift zum Handelsregister verpflichtet** sind, eine Zustellung weder unter der eingetragenen Anschrift noch unter einer im Handelsregister eingetragenen Anschrift einer für Zustellungen empfangsberechtigten Person oder einer ohne Ermittlungen bekannten anderen inländischen Anschrift möglich ist.

3.1.5.3. Nach § 10 Abs. 1 Satz 1 Nr. 3 VwZG kommt eine öffentliche Zustellung in Betracht, wenn eine Zustellung im Ausland (§ 9 VwZG; vgl. AEAO zu § 122, Nr. 3.1.4) nicht möglich ist oder keinen Erfolg verspricht. Eine Zustellung im Ausland verspricht keinen Erfolg, wenn sie grundsätzlich möglich wäre, ihre Durchführung aber etwa wegen Kriegs, Abbruchs der diplomatischen Beziehungen, Verweigerung der Amtshilfe oder unzureichender Vornahme durch die örtlichen Behörden nicht zu erwarten ist. Der Umstand, dass die Ausführung eines Zustellungsersuchens längere Zeit in Anspruch nehmen wird, rechtfertigt aber nicht die Anordnung einer öffentlichen Zustellung (BFH-Urteil vom 6. 6. 2000, VII R 55/99, BStBl. II S. 560).

Sobald die ausländische Anschrift des Steuerpflichtigen bekannt ist und eine Postverbindung besteht, sind nach erfolgter öffentlicher Zustellung dem Steuerpflichtigen die Tatsache der öffentlichen Zustellung und der Inhalt des Verwaltungsakts (z. B. durch Beifügen einer Ablichtung) mit einfachem Brief mitzuteilen. Diese Mitteilung ist an Empfänger in sämtlichen Staaten zulässig, da es sich hierbei mangels rechtlicher Regelung nicht um einen Verwaltungsakt handelt. Wird der Mitteilung eine Kopie des Verwaltungsakts beigefügt, ist der Steuerpflichtige darauf hinzuweisen, dass mit der Beifügung dieser Kopie der Verwaltungsakt nicht erneut bekannt gegeben wird und die Rechtsfolgen des Verwaltungsakts (insbesondere der Beginn der Einspruchsfrist) bereits mit der öffentlichen Zustellung eingetreten sind. AEAO

3.1.5.4. Zur Durchführung der öffentlichen Zustellung ist nicht der Inhalt (auch nicht der verfügende Teil) des zuzustellenden Verwaltungsakts öffentlich bekannt zu geben, sondern lediglich eine Benachrichtigung mit weitgehend neutralem Inhalt (§ 10 Abs. 2 VwZG). Die Benachrichtigung muss die Behörde, für die zugestellt wird, den Namen und die letzte bekannte Anschrift des Zustellungsempfängers, das Datum und das Aktenzeichen des Dokuments sowie die Stelle, wo das Dokument eingesehen werden kann, erkennen lassen (§ 10 Abs. 2 Satz 2 VwZG). Für das in der Benachrichtigung anzugebende Aktenzeichen des zuzustellenden Dokuments (§ 10 Abs. 2 Satz 2 Nr. 3 VwZG) gelten die Ausführungen in Nr. 3.1.1.1 des AEAO zu § 122, entsprechend. Die Benachrichtigung muss ferner den Hinweis enthalten, dass das Dokument öffentlich zugestellt wird und Fristen in Lauf gesetzt werden können, nach deren Ablauf Rechtsverluste eintreten können (§ 10 Abs. 2 Satz 3 VwZG). Bei der Zustellung einer Ladung muss die Benachrichtigung den Hinweis enthalten, dass das Dokument eine Ladung zu einem Termin enthält, dessen Versäumung Rechtsnachteile zur Folge haben kann (§ 10 Abs. 2 Satz 4 VwZG). Die Benachrichtigung ist an der Stelle bekannt zu machen, die von der Behörde hierfür allgemein bestimmt ist (z. B. durch Aushang im Dienstgebäude). Alternativ hierzu kann die Benachrichtigung auch durch Veröffentlichung im Bundesanzeiger bekannt gemacht werden (§ 10 Abs. 2 Satz 1 VwZG). In den Akten ist zu vermerken, wann und in welcher Weise die Benachrichtigung bekannt gemacht wurde (§ 10 Abs. 2 Satz 5 VwZG).

Wird die Benachrichtigung über die öffentliche Zustellung durch Aushang bekannt gemacht, ist sie stets bis zu dem Zeitpunkt auszuhängen, zu dem die Zustellung nach § 10 Abs. 2 Satz 6 VwZG als bewirkt anzusehen ist. Das gilt auch dann, wenn der Empfänger vor Fristablauf bei der Finanzbehörde erscheint und ihm das zuzustellende Schriftstück ausgehändigt wird (vgl. AEAO zu § 122, Nr. 3.1.5.5). Die Aushändigung ist in den Akten zu vermerken.

3.1.5.5. Der Verwaltungsakt gilt zwei Wochen nach dem Tag der Bekanntmachung der Benachrichtigung als zugestellt (§ 10 Abs. 2 Satz 6 VwZG). Dies gilt auch, wenn dem Empfänger vor Ablauf dieser zweiwöchigen Frist der Verwaltungsakt ausgehändigt wurde. Die Frist gem. § 10 Abs. 2 Satz 6 VwZG bestimmt sich nach § 108 Abs. 1 AO i. V. m. §§ 187 Abs. 1, 188 Abs. 2 BGB. Danach ist bei der Berechnung einer Aushangfrist der Tag des Aushangs nicht mitzurechnen. Die Frist endet mit Ablauf des Tages, der dem Aushangtag kalendermäßig entspricht. Bei der Berechnung der Frist ist ggf. § 108 Abs. 3 AO zu beachten (vgl. AEAO zu § 108, Nr. 1).

3.2. Zustellung an mehrere Beteiligte 33

Soll ein Verwaltungsakt mehreren Beteiligten zugestellt werden, so ist – soweit kein gemeinsamer Bevollmächtigter vorhanden ist (vgl. AEAO zu § 122, Nr. 3.3) – das Dokument jedem einzelnen gesondert zuzustellen (vgl. AEAO zu § 122, auch Nrn. 3.1.1.3 und 3.1.4.2). Zur Zustellung an Ehegatten vgl. AEAO zu § 122, Nr. 3.4.

3.3. Zustellung an Bevollmächtigte (§ 7 VwZG) 34

3.3.1. Ist für das Verfahren ein Bevollmächtigter bestellt, kann an diesen zugestellt werden (§ 7 Abs. 1 Satz 1 VwZG). Hat der Bevollmächtigte eine schriftliche Vollmacht vorgelegt, soll an diesen zugestellt werden (§ 122 Abs. 5 Satz 3 i. V. m. Abs. 1 Satz 4 AO verdrängt § 7 Abs. 1 Satz 2 VwZG); dies gilt auch, wenn die Vollmacht in elektronischer Form (§ 80 a oder § 87 a Abs. 3 AO) vorgelegt wurde. Eine Zustellung direkt an den/die Beteiligten ist in diesem Falle nur wirksam, wenn im Einzelfall besondere Gründe gegen die Zustellung an den Bevollmächtigten sprechen. Derartige Gründe können auch technischer Natur sein. Ein Verwaltungsakt darf einem Verfahrensbevollmächtigten, der nach § 80 Abs. 7 AO zurückgewiesen worden ist, nicht zugestellt werden (§ 122 Abs. 5 Satz 3 i. V. m. Abs. 1 Satz 4 AO).

Haben mehrere Beteiligte einen gemeinsamen Verfahrensbevollmächtigten bestellt, genügt es, dem Bevollmächtigten eine Ausfertigung des Dokuments mit Wirkung für alle Beteiligten zuzustellen (§ 7 Abs. 1 Satz 3 VwZG; BFH-Urteil vom 13. 8. 1970, IV 48/65, BStBl. II S. 839). Dies gilt auch, wenn der Verfahrensbevollmächtigte selbst Beteiligter ist und zugleich andere Beteiligte vertritt.

3.3.2. Einem **Zustellungsbevollmächtigten** mehrerer Beteiligter sind so viele Ausfertigungen oder Abschriften zuzustellen, als Beteiligte vorhanden sind (§ 7 Abs. 2 VwZG).

3.3.3. Werden mehrere Personen im Feststellungsverfahren bei der Bekanntgabe von Verwaltungsakten durch die rechtsfähige Personenvereinigung oder durch einen Empfangsbevollmächtigten vertreten (§ 183 Abs. 1 und § 183 a Abs. 1 AO; § 6 der V zu § 180 Abs. 2 AO), vertritt die Personenvereinigung oder der Empfangsbevollmächtigte die Feststellungsbeteiligten auch bei Zustellungen (§ 7 Abs. 3 VwZG).

AEAO

Der Personenvereinigung oder dem Empfangsbevollmächtigten ist eine Ausfertigung des Dokuments zuzustellen und dabei darauf hinzuweisen, dass die Bekanntgabe mit Wirkung für und gegen alle vertretenen Feststellungsbeteiligten erfolgt (§ 183 Abs. 1 Satz 2 AO; § 183a Abs. 1 Satz 4 AO; § 6 Abs. 1 Satz 5 der V zu § 180 AO; vgl. AEAO zu § 122, Nr. 2.5.2 und 2.5.3).

3.3.4. Soll eine **Einspruchsentscheidung** zugestellt werden (vgl. AEAO zu § 366, Nr. 2), hat die Finanzbehörde diese dem Verfahrensbevollmächtigten (vgl. AEAO zu § 122, Nr. 3.3.1) auch ohne Nachweis einer Vollmacht zuzustellen, wenn dieser den Einspruch eingelegt und die Finanzbehörde ihn als Bevollmächtigten in der Einspruchsentscheidung aufgeführt hat (BFH-Urteil vom 25. 10. 1963, III 7/60 U, BStBl. III S. 600). Hat der Steuerpflichtige den Einspruch selbst eingelegt, ist jedoch im weiteren Verlauf des Einspruchsverfahrens ein Bevollmächtigter für den Steuerpflichtigen aufgetreten, ist die Einspruchsentscheidung nur dann dem Bevollmächtigten zuzustellen, wenn eine Empfangsvollmacht vorliegt oder das Interesse des Steuerpflichtigen an einer Bekanntgabe gegenüber dem Bevollmächtigten nach den Umständen des Einzelfalls eindeutig erkennbar ist (BFH-Urteil vom 29. 7. 1987, I R 367, 379/83, BStBl. 1988 II S. 242).

35 **3.4. Zustellung an Ehegatten**

Der Grundsatz der Nr. 3.2 des AEAO zu § 122 ist auch bei der Zustellung an Ehegatten zu beachten.

Haben beide Ehegatten gegen einen zusammengefassten Steuerbescheid (vgl. AEAO zu § 122, Nr. 2.1.1) Einspruch eingelegt, so ist – falls die Finanzbehörde die förmliche Zustellung angeordnet hat (vgl. AEAO zu § 122, Nr. 1.8.3 und zu § 366, Nr. 2) – grundsätzlich jedem der Ehegatten je eine Ausfertigung der an beide zu richtenden einheitlichen Einspruchsentscheidung zuzustellen (BFH-Urteil vom 8. 6. 1995, IV R 104/94, BStBl. II S. 681; vgl. AEAO zu § 122, Nr. 3.1.1.3). Dies gilt unabhängig davon, in welcher Weise (vgl. AEAO zu § 122, Nrn. 2.1.1 bis 2.1.5) der angefochtene Bescheid bekannt gegeben worden ist. Bei einer Zustellung mittels Einschreiben (vgl. AEAO zu § 122, Nr. 3.1.2) können aber beide Ausfertigungen in einer an beide Eheleute gemeinsam adressierten Sendung zur Post gegeben werden (Urteil des FG Bremen vom 23. 6. 1992, II 87/91 K, EFG S. 758).

Tritt gegenüber der Finanzbehörde nur einer der Ehegatten im Einspruchsverfahren auf, so ist im Zweifel zu klären, ob dieser den Einspruch nur im eigenen Namen oder auch für den anderen Ehegatten führt. Bei Vorliegen einer „Vollmacht" ist zu unterscheiden, ob der Einspruchsführer **Zustellungsbevollmächtigter** (vgl. AEAO zu § 122, Nr. 3.3.2) oder **Verfahrensbevollmächtigter** (vgl. AEAO zu § 122, Nr. 3.3.1) ist. Dem Ehegatten als Zustellungsbevollmächtigten **darf** mit Wirkung auch für den anderen Ehegatten zugestellt werden, wobei an ihn **je eine Ausfertigung** der Entscheidung für jeden Ehegatten zuzustellen ist. Dem Ehegatten als Verfahrensbevollmächtigten **muss** mit Wirkung für den anderen Ehegatten zugestellt werden, wobei **eine Ausfertigung** genügt.

35a **3.5. Zustellung bei gerichtlich bestellter Betreuung**

Die Zustellung hat gemäß § 6 Abs. 1 Satz 2 VwZG an den gerichtlich bestellten Betreuer zu erfolgen. Dem Betreuten ist eine Zweitschrift des zugestellten Dokuments zu übermitteln (§ 6 Abs. 1 Satz 3 VwZG).

4. Folgen von Verfahrens- und Formfehlern

36 **4.1. Unwirksamkeit des Verwaltungsakts wegen inhaltlicher Mängel**

Fehlen in einem Verwaltungsakt unverzichtbare wesentliche Bestandteile (siehe zum Steuerbescheid § 157 Abs. 1 Satz 2 AO), die dazu führen, dass dieser inhaltlich nicht hinreichend bestimmt ist (§ 119 Abs. 1 AO), so ist ein solcher Verwaltungsakt gem. § 125 Abs. 1 AO nichtig und damit unwirksam (§ 124 Abs. 3 AO). Eine Heilung derartiger Fehler ist nicht möglich, vielmehr ist ein neuer Verwaltungsakt zu erlassen (BFH-Urteil vom 17. 7. 1986, V R 96/85, BStBl. II S. 834).

4.1.1. Wird der Steuerschuldner (Inhaltsadressat) im Steuerbescheid gar nicht, falsch oder so ungenau bezeichnet, dass Verwechslungen möglich sind, ist der Verwaltungsakt wegen inhaltlicher Unbestimmtheit nichtig und damit unwirksam. Eine Heilung im weiteren Verfahren gegen den tatsächlichen Schuldner ist nicht möglich, es muss ein neuer Steuerbescheid mit richtiger Bezeichnung des Steuerschuldners (Inhaltsadressaten) verfügt und bekannt gegeben werden (BFH-Urteil vom 17. 3. 1970, II 65/63, BStBl. II S. 598).

Ist dagegen im Steuerbescheid eine falsche Person eindeutig und zweifelsfrei als Steuerschuldner (Inhaltsadressat) angegeben und wurde der Bescheid dieser Person bekannt gegeben, so ist der Bescheid nicht nichtig, sondern rechtswidrig und damit lediglich anfechtbar (BFH-Beschluss vom 17. 11. 1987, V B 111/87, BFH/NV 1988 S. 682).

4.1.2. Konnte im Fall einer Gesamtrechtsnachfolge ein Steuerbescheid dem Rechtsvorgänger (Erblasser) nicht mehr rechtswirksam bekannt gegeben werden, ist der Bescheid an den Gesamtrechtsnachfolger als Steuerschuldner (Inhaltsadressaten) zu richten. Ein gleichwohl an den Rechtsvorgänger gerichteter Bescheid ist unwirksam (BFH-Urteil vom 24. 3. 1970, I R 141/69, BStBl. II S. 501, vgl. AEAO zu § 122, Nr. 2.12.1).

4.1.3. Ein Verwaltungsakt, der dem Inhaltsadressaten selbst bekannt gegeben wird, obwohl eine andere Person der zutreffende Bekanntgabeadressat ist (vgl. AEAO zu § 122, Nr. 1.4.3), ist unwirksam (BFH-Beschluss vom 14. 5. 1968, II B 41/67, BStBl. II S. 503). Eine Heilung ist nicht möglich; vielmehr ist ein neuer Verwaltungsakt mit Bezeichnung des zutreffenden Bekanntgabeadressaten (vgl. AEAO zu § 122, Nr. 1.4.3) zu erlassen. Zu den Folgen einer nur fehlerhaften Bezeichnung des Bekanntgabeadressaten vgl. AEAO zu § 122, Nr. 4.2.3. AEAO

4.2. Wirksamkeit des Verwaltungsaktes trotz inhaltlicher Mängel 37

4.2.1. Wird der richtige Steuerschuldner (Inhaltsadressat) lediglich ungenau bezeichnet, ohne dass Zweifel an der Identität bestehen (z. B. falsche Bezeichnung der Rechtsform einer Gesellschaft: OHG statt KG, GbR statt OHG o. Ä.), so liegt kein Fall der inhaltlichen Unbestimmtheit vor. Der Steuerbescheid ist daher nicht unwirksam; die falsche Bezeichnung kann berichtigt werden (BFH-Urteile vom 26. 6. 1974, II R 199/72, BStBl. II S. 724, und vom 26. 9. 1974, IV R 24/71, BStBl. 1975 II S. 311, BFH-Beschluss vom 18. 3. 1998, IV B 50/97, BFH/NV S. 1255).

4.2.2. Ist in einem Feststellungsbescheid ein Beteiligter falsch bezeichnet, weil Rechtsnachfolge eingetreten ist, kann dies durch besonderen Bescheid gegenüber den Betroffenen berichtigt werden (§ 182 Abs. 3 AO).

4.2.3. Die fehlerhafte Bezeichnung des Bekanntgabeadressaten macht den Bescheid nicht in jedem Fall unwirksam, die Bekanntgabe kann aber fehlerhaft sein. Die aus einer formell fehlerhaften Bezeichnung herrührenden Mängel können geheilt werden, wenn der von der Finanzbehörde zutreffend bestimmte, aber fehlerhaft bezeichnete Bekanntgabeadressat tatsächlich vom Inhalt des Bescheids Kenntnis erhält.

Beispiel:

Der gesetzliche Vertreter (Bekanntgabeadressat) eines Minderjährigen (Steuerschuldner und Inhaltsadressat) wird irrtümlich als Adam Meier bezeichnet, obwohl es sich um Alfred Meier handelt, dem der Verwaltungsakt auch tatsächlich zugeht.

Aus Gründen der Rechtssicherheit soll im Zweifel die Bekanntgabe des Verwaltungsakts unter richtiger Angabe des Bekanntgabeadressaten wiederholt werden.

4.2.4. Geringfügige Abweichungen bei der Bezeichnung des Inhaltsadressaten, des Bekanntgabeadressaten oder des Empfängers, die insbesondere bei ausländischen Namen auf technischen Schwierigkeiten, Lesefehlern usw. beruhen, machen den Bescheid weder unwirksam noch anfechtbar. Dies gilt auch, wenn bei einer juristischen Person ein unwesentlicher Namensbestandteil weggelassen oder abgekürzt wird oder eine allgemein übliche Kurzformel eines eingetragenen Namens verwendet wird. Bei einem Verstoß gegen das Namensrecht (z. B. Abkürzung überlanger Namen, Übersehen von Adelsprädikaten oder akademischen Graden) wird der Steuerbescheid dennoch durch Bekanntgabe wirksam, wenn der Steuerschuldner (Inhaltsadressat) durch die verwendeten Angaben unverwechselbar bezeichnet wird.

4.3. Unwirksamkeit des Verwaltungsakts wegen eines Bekanntgabemangels 38

Ein Verwaltungsakt wird erst mit ordnungsmäßiger Bekanntgabe wirksam (§ 122 Abs. 1, § 124 AO). Zur Heilung von Bekanntgabemängeln vgl. AEAO zu § 122, Nr. 4.4.4; zu Mängeln bei der förmlichen Zustellung vgl. AEAO zu § 122, Nr. 4.5.

Wird ein inhaltlich richtiger Verwaltungsakt einem auf der Postsendung unrichtig ausgewiesenen Empfänger übermittelt (z. B. Briefumschläge werden vertauscht), ist der Verwaltungsakt weder gegenüber dem richtigen noch gegenüber dem falschen Empfänger wirksam.

Beispiel:

Das FA erlässt einen für Herrn Konrad Meier, Sternstraße 15, 53 111 Bonn, bestimmten Einkommensteuerbescheid. Der Bescheid weist im Anschriftenfeld die vorstehende Adresse aus, wird aber in einen Briefumschlag eingelegt, der an Herrn Ludwig Meier, Königstraße 200, 40 212 Düsseldorf, adressiert ist.

Der Bescheid ist nicht wegen fehlender inhaltlicher Bestimmtheit nichtig, weil aus ihm eindeutig hervorgeht, wer Steuerschuldner (Inhaltsadressat) ist. Er wurde jedoch nicht dem Beteiligten, für den er bestimmt ist, bekannt gegeben und ist damit nicht wirksam. Die Unwirksamkeit des Bescheids kann unter entsprechender Anwendung des § 125 Abs. 5 AO förmlich festgestellt werden. Gegenüber dem richtigen Bekanntgabeadressaten/Empfänger wird er erst wirksam, wenn die Bekanntgabe an diesen nachgeholt wird. Leitet der falsche Empfänger die Ausfertigung des Verwaltungsakts an den richtigen Empfänger (Bekanntgabeadressaten) weiter, wird der zunächst vorliegende Bekanntgabemangel geheilt und der Verwaltungsakt wirksam (vgl. AEAO zu § 122, Nrn. 4.4.1, 4.4.4 und 1.7.3).

4.4. Wirksame Bekanntgabe 39

4.4.1. Fehler beim technischen Ablauf der Übermittlung des Verwaltungsakts und Verletzungen von Formvorschriften können unbeachtlich sein (§ 127 AO), wenn der Betroffene den für ihn bestimmten Verwaltungsakt tatsächlich zur Kenntnis genommen hat (vgl. AEAO zu § 122, Nrn. 4.2.3 und 4.4.4 zweiter Absatz). Andererseits kann eine Bekanntgabe im Rechtssinne unter bestimmten Voraussetzungen auch wirksam sein, wenn der Betroffene selbst den Verwaltungsakt tatsächlich nicht erhalten, zur Kenntnis genommen oder verstanden hat. Das Gesetz fingiert in diesen Fällen die Bekanntgabe (z. B. bei Übermittlung an einen für den Betroffenen handelnden Bekanntgabeadressaten). Zu den Folgen der Nichtbeachtung einer Empfangsvollmacht vgl. AEAO zu § 122, Nr. 1.7.3.

4.4.2. Ein Feststellungsbescheid, der im Anschriftenfeld eine im Zeitpunkt seines Erlasses bereits steuerlich vollbeendete Personenvereinigung als Bekanntgabeadressat benennt, ist unwirksam (vgl. § 183 Abs. 2 Satz 1 Nr. 1 AO). Ist die Personenvereinigung zivilrechtlich aufgelöst, aber noch nicht

AEAO steuerlich vollbeendet, ist der Feststellungsbescheid dem Liquidator unter Angabe des Vertretungsverhältnisses bekannt zu geben.

4.4.3. Ist ein Feststellungsbeteiligter aus einer weiter bestehenden rechtsfähigen Personenvereinigung ausgeschieden, können die mit dem gesonderten und einheitlichen Feststellungsverfahren zusammenhängenden Verwaltungsakte und Mitteilungen der Personenvereinigung weiterhin mit Wirkung für und gegen den ausgeschiedenen Feststellungsbeteiligten wirksam bekannt gegeben werden, soweit und solange dieser dem nicht widersprochen hat (§ 183 Abs. 2 Satz 1 und 2 AO). Der Widerspruch wird der Finanzbehörde gegenüber erst mit Zugang wirksam (§ 183 Abs. 2 Satz 3 AO).

4.4.4. Heilung von Bekanntgabemängeln

Bekanntgabemängel können unter den Voraussetzungen des entsprechend anwendbaren § 8 VwZG (vgl. AEAO zu § 122, Nr. 4.5.1) geheilt werden (BFH-Urteil vom 29. 10. 1997, X R 37/95, BStBl. 1998 II S. 266).

Ein Verwaltungsakt kann trotz unrichtig angegebener Anschrift wirksam sein, wenn der Bekanntgabeadressat die Sendung tatsächlich erhält (BFH-Urteil vom 1. 2. 1990, V R 74/89, BFH/NV 1991 S. 2, für den Fall der Angabe einer unzutreffenden Hausnummer).

Wird dem Bekanntgabeadressaten eines Verwaltungsakts die Einspruchsentscheidung ordnungsgemäß bekannt gegeben, so kommt es auf Bekanntgabemängel des ursprünglichen Bescheids grundsätzlich nicht mehr an (BFH-Urteile vom 28. 10. 1988, III R 52/86, BStBl. 1989 II S. 257, und vom 16. 5. 1990, X R 147/87, BStBl. II S. 942). Der Fehler bei der Bekanntgabe wird jedoch nicht geheilt, wenn der Einspruch in der Einspruchsentscheidung als unzulässig verworfen wird (BFH-Urteil vom 25. 1. 1994, VIII R 45/92, BStBl. II S. 603).

4.4.5. Zusammengefasste Steuerbescheide

Zusammengefasste Steuerbescheide (§ 155 Abs. 3 AO) können gegenüber mehreren Beteiligten zu verschiedenen Zeitpunkten bekannt gegeben werden. Eine unterlassene oder unwirksame Bekanntgabe kann jederzeit nachgeholt werden (BFH-Urteil vom 25. 5. 1976, VIII R 66/74, BStBl. II S. 606); der Ablauf der Festsetzungsfrist ist zu beachten. Die Wirksamkeit eines Steuerbescheides gegenüber einem Beteiligten wird nicht dadurch berührt, dass dieser Bescheid gegenüber einem anderen Beteiligten unwirksam ist. Zur Bekanntgabe an Ehegatten vgl. AEAO zu § 122, Nr. 2.1.

40 **4.5. Fehler bei förmlichen Zustellungen**

4.5.1. Lässt sich die formgerechte Zustellung eines Dokuments nicht nachweisen oder ist es unter Verletzung zwingender Zustellungsvorschriften zugegangen, gilt es als in dem Zeitpunkt zugestellt, in dem es dem Empfangsberechtigten tatsächlich zugegangen ist. Im Fall der Zustellung eines Schriftstücks ist dies der Zeitpunkt, in dem der Empfänger das Dokument in die Hand bekommt" und nicht bereits der Zeitpunkt, zu dem nach dem gewöhnlichen Geschehensablauf mit einer Kenntnisnahme gerechnet werden konnte (vgl. BFH-Beschluss vom 6. 5. 2014, GrS 2/13, BStBl. II S. 645 zu § 189 ZPO). Im Fall des § 5 Abs. 5 VwZG (Zustellung eines elektronischen Dokuments; vgl. AEAO zu § 122, Nrn. 3.1.3.3 und 3.1.3.5) gilt das Dokument in dem Zeitpunkt als zugestellt, in dem der Empfänger das Empfangsbekenntnis zurückgesendet hat (§ 8 VwZG). Ein Zustellungsmangel ist nach § 8 VwZG auch dann geheilt, wenn durch die Zustellung eine Klagefrist in Lauf gesetzt wird (z. B. in den Fällen der behördlich angeordneten förmlichen Zustellung einer Einspruchsentscheidung), ferner auch dann, wenn der Empfänger nachweislich nur eine Fotokopie oder eine Mehrausfertigung des Verwaltungsakts erhalten hat (vgl. BFH-Urteil vom 15. 1. 1991, VII R 86/89, BFH/NV 1992 S. 81).

4.5.2. Zwingende Zustellungsvorschriften sind insbesondere bei der Zustellung durch die Post mit Zustellungsurkunde (vgl. AEAO zu § 122, Nr. 3.1.1) zu beachten. Es müssen sowohl die Zustellungsart (z. B. Ersatzzustellung) als auch der Zustellungsort (Wohnung, Geschäftsraum) richtig durch den Postbediensteten beurkundet werden (BFH-Urteil vom 10. 10. 1978, VIII R 197/74, BStBl. 1979 II S. 209). Das Aktenzeichen (vgl. AEAO zu § 122, Nr. 3.1.1.1) muss sowohl auf dem Briefumschlag als auch auf der Zustellungsurkunde angegeben sein (BFH-Urteil vom 24. 11. 1977, IV R 113/75, BStBl. 1978 II S. 467). Auch ein Verstoß gegen § 10 VwZG bei der Anordnung einer öffentlichen Zustellung (vgl. AEAO zu § 122, Nr. 3.1.5) kann unter den Voraussetzungen des § 8 VwZG geheilt werden (BFH-Urteil vom 6. 6. 2000, VII R 55/99, BStBl. II S. 560).

4.5.3. Eine wegen Formmangels unwirksame, von der Finanzbehörde angeordnete Zustellung eines Verwaltungsakts kann nicht in eine wirksame „schlichte" Bekanntgabe i. S. d. § 122 Abs. 1 AO umgedeutet werden (BFH-Urteile vom 25. 1. 1994, VIII R 45/92, BStBl. II S. 603, und vom 8. 6. 1995, IV R 104/94, BStBl. II S. 681).

41 **4.6. Fehlerhafte Bekanntgabe von Grundlagenbescheiden**

Da ein Folgebescheid gem. § 155 Abs. 2 AO vor Erlass eines notwendigen Grundlagenbescheids ergehen kann, ist die Unwirksamkeit der Bekanntgabe eines Grundlagenbescheids für den bereits vorliegenden Folgebescheid ohne Bedeutung. Erst wenn der Grundlagenbescheid wirksam bekannt gegeben worden ist, sind daraus für den Folgebescheid Folgerungen zu ziehen (§ 175 Abs. 1 Satz 1 Nr. 1 AO).

4.7. Bekanntgabe von gesonderten und einheitlichen Feststellungen an einzelne Beteiligte 42

4.7.1. Ein Verwaltungsakt, der an mehrere Beteiligte gerichtet ist (z. B. gesonderte und einheitliche Feststellung), aber nicht allen Beteiligten bekannt gegeben wird, ist dadurch nicht unwirksam. Mit der Bekanntgabe an einzelne Beteiligte ist der Verwaltungsakt als entstanden anzusehen; er hat gegenüber diesen Beteiligten Wirksamkeit erlangt und kann insgesamt nicht mehr frei, sondern nur bei Vorliegen der gesetzlichen Änderungsvorschriften geändert werden (BFH-Urteile vom 31. 5. 1978, I R 76/76, BStBl. II S. 600, und vom 25. 11. 1987, II R 227/84, BStBl. 1988 II S. 410). Zur Nachholung der Bekanntgabe an die übrigen Beteiligten vgl. AEAO zu § 122, Nr. 2.5.1.

4.7.2. Die einzelnen Gesellschafter sind nicht in ihren Rechten verletzt, wenn ein gesonderter und einheitlicher Feststellungsbescheid anderen Gesellschaftern nicht oder nicht ordnungsgemäß bekannt gegeben worden ist (BFH-Urteil vom 12. 12. 1978, VIII R 10/76, BStBl. 1979 II S. 440).

Anl 1

1) Gleich lautende Erlasse betr. Feststellung nach § 151 Abs. 1 und 2 Nr. 2 BewG sowie § 13 a Abs. 1 a ErbStG und § 13 b Abs. 2 a ErbStG im Fall einer Erbengemeinschaft

Vom 15. Juni 2016 (BeckVerw 330818)

(Oberste Finanzbehörden der Länder)

Werte nach § 151 Abs. 1 BewG sind gegenüber einer Erbengemeinschaft in Vertretung der Miterben gesondert und einheitlich festzustellen (BFH-Urteil vom 30. September 2015, BStBl. 2016 II S. 637). An den hiervon abweichenden Regelungen in R B 151.2 Abs. 2 Nr. 2 Satz 1 ErbStR 2011 und H B 154 „Feststellungsbeteiligte und Bekanntgabe der Feststellungsbescheide bei Unterbeteiligungen" Beispiel 3 ErbStH 2011 wird insoweit nicht mehr festgehalten. 43

Die Bekanntgabe richtet sich nach §§ 122, 183 AO. Inhaltsadressaten der Feststellung sind die Miterben, für deren Besteuerung die Werte nach § 151 Abs. 1 BewG von Bedeutung sind (BFH-Urteil vom 30. September 2015, BStBl. 2016 II S. 637). Im Bescheid über die gesonderte und einheitliche Feststellung sind alle Miterben namentlich aufzuführen (AEAO zu § 122, Nr. 2.5.1). Dabei reicht es aus, neben einer Kurzbezeichnung im Bescheidkopf (Beispiel: Erbengemeinschaft Max Meier) die einzelnen Miterben in den Bescheiderläuterungen oder in einer Anlage zum Bescheid aufzuführen.

Die vorstehenden Grundsätze sind auch bei den Feststellungen nach § 13 a Abs. 1 a ErbStG und nach § 13 b Abs. 2 a ErbStG anzuwenden.

Dieser Erlass ergeht im Einvernehmen mit den obersten Finanzbehörden des Bundes und der anderen Länder.

Anl 2

2) Schreiben betr. Bekanntgabe eines Steuerverwaltungsaktes an sowie Vollstreckung gegen eine Gesellschaft in der Rechtsform einer Britischen Limited mit Verwaltungssitz im Inland; Rechtsfolgen des § 14 b AO

Vom 12. Januar 2024 (BeckVerw 632256)

(BMF GZ IV A 3 – S 0284/20/10006 :003; DOK 2024/0027626)

Mit Artikel 23 Nummer 3 des Kreditzweitmarktförderungsgesetzes vom 22. Dezember 2023, BGBl. I 2023 Nr. 411, wurde mit Wirkung ab 1. Januar 2024 folgender § 14 b AO eingeführt: 44

„§ 14 b – Körperschaften mit Sitz im Ausland

(1) Ist eine Körperschaft mit Sitz (§ 11) im Ausland und Ort der Geschäftsleitung (§ 10) im Geltungsbereich dieses Gesetzes nach dem Recht des Staates, in dem sie ihren Sitz hat, rechtsfähig, sind Verwaltungsakte an sie zu richten, soweit sie nach den Steuergesetzen Steuerschuldner ist. Dies gilt auch dann, wenn sie nach inländischem Gesellschaftsrecht mangels Rechtsfähigkeit nicht als juristische Person zu behandeln ist.

(2) Auf Körperschaften im Sinne des Absatzes 1 Satz 2 sind die für juristische Personen geltenden Regelungen der §§ 34 und 79 entsprechend anzuwenden.

(3) Für die Vollstreckung in das Vermögen einer Körperschaft im Sinne des Absatzes 1 genügt ein an sie gerichteter vollstreckbarer Verwaltungsakt.

(4) Die Anteilseigner einer Körperschaft im Sinne des Absatzes 1 Satz 2 haften für die von der Körperschaft geschuldeten Ansprüche aus dem Steuerschuldverhältnis unbeschränkt."

Steuerverwaltungsakte an eine Britische Limited mit Verwaltungssitz im Inland sind daher ab 1. Januar 2024 an die Limited selbst zu richten, soweit die Limited nach materiellem Recht Steuerschuldner ist. Steuerforderungen, die auf einem gegen die Limited ergangenen Leistungsgebot beruhen, sind ab 1. Januar 2024 ihr gegenüber geltend zu machen.

Im Einvernehmen mit den obersten Finanzbehörden der Länder wird das BMF-Schreiben vom 30. Dezember 2020 – IV A 3 – S 0284/20/10006 :003 (BStBl. I 2021 S. 46) – mit Wirkung ab 1. Januar 2024 aufgehoben.

AO

§ 122 a Bekanntgabe von Verwaltungsakten durch Bereitstellung zum Datenabruf

1 **(1) ① Verwaltungsakte können dem Beteiligten oder der von ihm bevollmächtigten Person bekannt gegeben werden, indem sie nach § 87 a Absatz 8 zum Datenabruf bereitgestellt werden. ② Mittels Bereitstellung soll insbesondere bekannt gegeben werden, wenn ein Steuerbescheid, Steuermessbescheid oder Feststellungsbescheid auf einer nach § 87 a Absatz 6 elektronisch übermittelten Steuererklärung oder Feststellungserklärung beruht und sie**

1. vom Beteiligten selbst über ein von der Finanzverwaltung bereitgestelltes Nutzerkonto übermittelt wurde oder

2. durch eine Person im Sinne des § 80 Absatz 2 übermittelt wurde, der gegenüber der Bescheid nach § 122 Absatz 1 Satz 4 bekanntzugeben ist.

③ Die abrufberechtigte Person ist am Tag der Bereitstellung elektronisch über die Abrufmöglichkeit und ihre Rechtswirkungen zu benachrichtigen.

2 **(2) ① Absatz 1 ist nicht anzuwenden, wenn der Beteiligte eine einmalige oder dauerhafte postalische Bekanntgabe nach § 122 Absatz 2 beantragt hat. ② Der Antrag wirkt, ebenso wie dessen Widerruf, nur für die Zukunft; sie werden der Finanzbehörde gegenüber erst wirksam, wenn sie ihr zugehen.**

3 **(3) Für den Datenabruf hat sich die abrufberechtigte Person nach Maßgabe des § 87 a Absatz 8 zu authentisieren.**

4 **(4) ① Ein zum Abruf bereitgestellter Verwaltungsakt gilt am vierten Tag nach der Bereitstellung zum Abruf als bekannt gegeben. ② Im Zweifel hat die Behörde den Zeitpunkt der Bereitstellung zum Abruf nachzuweisen.**

5 **(5) Die Absätze 1 bis 4 sind auch dann anzuwenden, wenn die Finanzbehörde den Verwaltungsakt im Postfach des Nutzerkontos nach dem Onlinezugangsgesetz zum Abruf bereitstellen will.**

AEAO

Zu § 122 a – Bekanntgabe von Verwaltungsakten durch Bereitstellung zum Datenabruf:

5 **1.** Durch die Datenbereitstellung von Verwaltungsakten der Landesfinanzbehörden nach § 122 a AO über die Kommunikationsplattform ELSTER im Format PDF/A wird ein sicheres Verfahren verwendet, das die Vertraulichkeit und Integrität des Datensatzes gewährleistet (§ 87 a Abs. 8 AO). Die elektronische Benachrichtigung an die abrufberechtigte Person über die Bereitstellung der Daten zum Abruf bedarf keiner Verschlüsselung (§ 87 a Abs. 1 Satz 6 AO).

6 **2.** Wird eine Steuer- oder Feststellungserklärung elektronisch übermittelt (§ 122 a Abs. 1 Satz 2 AO) ist grundsätzlich davon auszugehen, dass der Beteiligte oder die Person im Sinne des § 80 Abs. 2 AO – unabhängig von einer elektronischen Abgabeverpflichtung oder einer freiwilligen elektronischen Übermittlung – über die technischen Möglichkeiten zum Abruf des Verwaltungsakts verfügt (z. B. ELSTER-Nutzerkonto). Daher soll in diesen Fällen insbesondere von der Möglichkeit der Bekanntgabe durch Bereitstellung zum Datenabruf Gebrauch gemacht werden.

7 **3.** § 122 a Abs. 1 Satz 2 AO ist erst auf Verwaltungsakte anzuwenden, die nach dem 31. 12. 2026 bekanntgegeben werden (vgl. Art. 97 § 28 Abs. 2 EGAO in der Fassung des Gesetzes vom 22. 12. 2025, BGBl. 2025 I Nr. 353).

Eine elektronischen Bekanntgabe nach § 122 a Abs. 1 Satz 1 AO erfolgt grundsätzlich, wenn der Steuerpflichtige oder sein Empfangsbevollmächtigter seine Einwilligung in die elektronische Bekanntgabe gemäß dem vor dem 1. 1. 2026 geltenden Recht erteilt oder auf andere Weise zu erkennen gegeben hat, dass eine elektronische Bekanntgabe akzeptiert wird.

8 **4.** Für die Bekanntgabe nach § 122 a AO kommt es – wie bei der postalischen Bekanntgabe von Verwaltungsakten (§ 122 Abs. 2 AO) – auf eine tatsächliche Kenntnisnahme des Inhalts des Verwaltungsakts nicht an.

Der Benachrichtigung i. S. d. § 122 a Abs. 1 Satz 3 AO kommt ausschließlich eine Hinweisfunktion zu; sie ist abweichend von der bis zum 31. 12. 2025 geltenden Rechtslage nicht mehr Anknüpfungspunkt für die gesetzliche Bekanntgabefiktion (vgl. § 122 a Abs. 4 Satz 1 AO).

9 **5.** Bei dem Antrag auf postalische Bekanntgabe nach § 122 a Abs. 2 AO handelt es sich nicht um ein höchstpersönliches Recht des Steuerpflichtigen, sodass auch der Bevollmächtigte diesen Antrag für den Beteiligten stellen kann.

10 **6.** In Zweifelsfällen hat die Finanzbehörde den Zeitpunkt der Bereitstellung zum Datenabruf nachzuweisen (§ 122 a Abs. 4 Satz 2 AO). Trägt die abrufberechtigte Person unwiderlegbar vor, die Information über die Bereitstellung nach § 122 a Abs. 1 Satz 3 AO nicht erhalten zu haben, und hat sie den Verwaltungsakt auch nicht aus anderem Grund abgerufen, kann ihr unter den Voraussetzungen des § 110 AO Wiedereinsetzung in den vorigen Stand gewährt werden.

11 **7.** Eine elektronische Bekanntgabe nach § 122 a AO an im Ausland ansässige Empfänger ist auch in den Fällen zulässig, in denen der Ansässigkeitsstaat in der Negativliste der Nr. 3.1.4.1 des AEAO zu § 122 aufgeführt ist.

§ 123 Bestellung eines Empfangsbevollmächtigten AO

**①Ein Beteiligter ohne Wohnsitz oder gewöhnlichen Aufenthalt, Sitz oder Geschäfts- 1
leitung im Inland, in einem anderen Mitgliedstaat der Europäischen Union oder in einem Staat, auf den das Abkommen über den Europäischen Wirtschaftsraum anwendbar ist, hat der Finanzbehörde auf Verlangen innerhalb einer angemessenen Frist einen Empfangsbevollmächtigten[1] im Inland zu benennen.[2] ②Unterlässt er dies, so gilt ein an ihn gerichtetes Schriftstück einen Monat nach der Aufgabe zur Post und ein elektronisch übermitteltes Dokument am vierten Tage nach der Absendung als zugegangen. ③Dies gilt nicht, wenn feststeht, dass das Schriftstück oder das elektronische Dokument den Empfänger nicht oder zu einem späteren Zeitpunkt erreicht hat. ④Auf die Rechtsfolgen der Unterlassung ist der Beteiligte hinzuweisen.**

Zu § 123 – Bestellung eines Empfangsbevollmächtigten: AEAO

1. Ein Beteiligter mit Wohnsitz, gewöhnlichem Aufenthalt, Sitz oder Geschäftsleitung im In- 2
land, in einem anderen Mitgliedstaat der Europäischen Union oder in einem Staat, auf den das Abkommen über den Europäischen Wirtschaftsraum anwendbar ist, darf nicht zur Benennung eines inländischen Empfangsbevollmächtigten aufgefordert werden. Der Europäische Wirtschaftsraum umfasst neben den Staaten der Europäischen Union die Staaten Island, Liechtenstein und Norwegen.

2. Von der Möglichkeit des § 123 AO ist grundsätzlich kein Gebrauch zu machen, soweit Ver- 3
waltungsakte einem Empfänger im Ausland unmittelbar zugestellt (vgl. AEAO zu § 122, Nr. 3.1.4.1) oder durch einfachen Brief bekannt gegeben werden dürfen (vgl. AEAO zu § 122, Nr. 1.8.4). Eine Ausnahme kommt insbesondere in Betracht, wenn dem Steuerpflichtigen in der Vergangenheit wiederholt Verwaltungsakte nicht mittels einfachen Briefs oder förmlicher Zustellung bekannt gegeben werden konnten, weil dieser die Annahme verweigert oder bereits mehrfach den Zugang von Steuerverwaltungsakten bestritten hat.

3. Abweichend von § 122 Abs. 2 und 2a AO ist die Zugangsvermutung gem. § 123 Satz 3 AO 4
nur dann widerlegt, wenn feststeht, dass das Schriftstück oder das elektronische Dokument den Empfänger nicht oder zu einem späteren Zeitpunkt erreicht hat. Zweifel gehen zu Lasten des Empfängers.

§ 124 Wirksamkeit des Verwaltungsakts AO

(1) **①Ein Verwaltungsakt wird gegenüber demjenigen, für den er bestimmt ist oder 1
der von ihm betroffen wird, in dem Zeitpunkt wirksam, in dem er ihm bekannt gegeben wird.[3] ②Der Verwaltungsakt wird mit dem Inhalt wirksam, mit dem er bekannt gegeben wird.[4]**

(2) **Ein Verwaltungsakt bleibt wirksam, solange und soweit er nicht zurückgenom- 2
men, widerrufen, anderweitig aufgehoben oder durch Zeitablauf oder auf andere Weise[5] erledigt ist.**

(3) **Ein nichtiger Verwaltungsakt ist unwirksam.** 3

---

[1] Zur Vertreterbestellung durch das Vormundschaftsgericht vgl. § 81 Abs. 1 AO.

[2] Zur alternativen Zustellung im Ausland vgl. § 9 VwZG **(Anhang I Nr. 2).**

[3] Die Frage, ob die durch eine fehlerhafte Bekanntgabe hervorgerufene Unwirksamkeit eines Verwaltungsakts mit einer Anfechtungsklage oder auch mit einer Feststellungsklage geltend gemacht werden kann, ist bereits dahingehend höchstrichterlich geklärt, dass die Feststellungsklage wahlweise neben der Anfechtungsklage gegeben ist *(BFH-Beschluss vom 16. 9. 2004 VII B 20/04, BFH/NV 2005 S. 231).*

[4] Der Regelungsgehalt eines Bescheids ist erforderlichenfalls durch Auslegung entsprechend der §§ 133, 147 BGB zu ermitteln. Entscheidend ist danach der objektive Erklärungsinhalt der Regelung, wie ihn der Steuerpflichtige nach den ihm bekannten Umständen unter Berücksichtigung von Treu und Glauben verstehen konnte *(BFH-Urteil vom 15. 3. 2007 III R 39/06, BFH/NV S. 1459).*

Soweit in der Rechtsprechung gelegentlich die Aussage zu finden ist, bei der Auslegung behördlicher Erklärungen sei im Zweifel das den Betroffenen weniger belastende Ergebnis vorzuziehen, kann dies nur gelten, wenn überhaupt mehrere Auslegungsmöglichkeiten in Betracht kommen. Ist hingegen nur ein einziges – wenn auch vom buchstäblichen Ausdruck (§ 133 BGB) abweichendes – Auslegungsergebnis denkbar, ist dies auch dann zugrunde zu legen, wenn es dem Erklärungsempfänger nachteilig ist *(BFH-Beschluss vom 15. 1. 2015 X B 104/14, NFH/NV 2015 S. 466).*

Die Bindungswirkung eines bestandskräftigen Verwaltungsakts geht der materiellen Gerechtigkeit auch dann vor, wenn in dem Zeitpunkt, in dem seine Rechtswidrigkeit bemerkt wird, die Vollziehung noch fortdauert *(BFH-Beschluss vom 12. 8. 2011 III B 57/11, BFH/NV S. 2004).*

[5] Ergeht der ESt-Bescheid, ist der Vorauszahlungsbescheid iSd § 124 Abs. 2 AO „auf andere Weise" erledigt *(Beschluss des Großen Senats des BFH GrS 3/93 vom 3. 7. 1995, BStBl. II S. 730).*

Hat sich der Verwaltungsakt vor der Einlegung des Einspruchs durch Zeitablauf oder in sonstiger Weise gemäß § 124 Abs. 2 AO erledigt, ist eine Heilung nach § 126 Abs. 1 Nr. 2, Abs. 2 AO nicht mehr möglich *(BFH-Urteil vom 17. 1. 2017 VIII R 52/14, BStBl. 2018 II S. 740).*

Kein Wiederaufleben der Vorauszahlungsfestsetzung nach Aufhebung der Jahresfestsetzung mangels Steuerschuldnerschaft; werden von einem Unternehmer geleistete Umsatzsteuervorauszahlungen unter Aufhebung der gegen ihn ergangenen Jahressteuerbescheide auf das Steuerkonto einer angeblich bestehenden GbR, deren Gesellschafter er sei, umgebucht, später jedoch unter erneutem Erlass gegen ihn gerichteter Umsatzsteuerbescheide wieder zurückgebucht, so steht einem vom Unternehmer nach Aufhebung dieser Umsatzsteuerbescheide wegen Festsetzungsverjährung geltend gemachten Erstattungsanspruch Zahlungsverjährung nicht entgegen *(BFH-Urteil vom 22. 5. 2012 VII R 47/11, BStBl. 2013 II S. 3).*

AEAO

Zu § 124 – Wirksamkeit des Verwaltungsakts:

4 **1.** Der Verwaltungsakt wird mit dem Inhalt wirksam, mit dem er bekannt gegeben wird. Maßgebend ist nicht die Aktenverfügung der Finanzbehörde, sondern die Fassung, die dem Beteiligten zugegangen ist.

Bei der Auslegung des Verwaltungsakts kommt es gem. dem entsprechend anzuwendenden § 133 BGB nicht darauf an, was die Finanzbehörde mit ihren Erklärungen gewollt hat, sondern darauf, wie der Betroffene nach den ihm bekannten Umständen den materiellen Gehalt der Erklärungen unter Berücksichtigung von Treu und Glauben verstehen konnte. Im Zweifel ist das den Steuerpflichtigen weniger belastende Auslegungsergebnis vorzuziehen (BFH-Urteil vom 27. 11. 1996, X R 20/95, BStBl. 1997 II S. 791).

5 **2.** Weicht der bekannt gegebene Verwaltungsakt von der Aktenverfügung ab, so liegt i. d. R. ein Schreib- oder Übertragungsfehler vor, der gem. § 129 AO berichtigt werden kann. Sind die Voraussetzungen des § 129 AO nicht gegeben, hat die Finanzbehörde alle Möglichkeiten einer Rücknahme, des Widerrufs, der Aufhebung oder Änderung des Verwaltungsakts zu prüfen.

6 **3.** Bis zur Bekanntgabe wird der Verwaltungsakt nicht wirksam. Er kann daher bis zu diesem Zeitpunkt rückgängig gemacht oder abgeändert werden, ohne dass die Voraussetzungen der §§ 130, 131 AO oder der §§ 172 ff. AO vorliegen müssen.

7 **4.** Eine wirksame Bekanntgabe setzt voraus, dass der zum Erlass befugte Bedienstete diese veranlasst und dass er mit dem Willen handelt, den Bescheid bekannt zu geben (BFH-Urteil vom 24. 11. 1988, V R 123/83, BStBl. 1989 II S. 344). Der Bekanntgabewille wird dadurch gebildet, dass der zeichnungsberechtigte Bedienstete die Aktenverfügung des Verwaltungsakts abschließend zeichnet und den Versand des Verwaltungsakts veranlasst oder dass die Bescheiderteilung in anderer Form abschließend veranlasst und die Versendung des Bescheids angewiesen wird.

8 **5.** Der Bekanntgabewille kann aufgegeben werden. Die Aufgabe des Willens der Finanzbehörde zur Bekanntgabe eines Verwaltungsakts führt aber nur dann zu dessen Unwirksamkeit, wenn der Wille aufgegeben wird, bevor der Bescheid den Herrschaftsbereich der Verwaltung verlassen hat; die Rechtzeitigkeit der Aufgabe des Bekanntgabewillens muss in den Akten hinreichend klar und eindeutig dokumentiert sein (BFH-Urteil vom 23. 8. 2000, X R 27/98, BStBl. 2001 II S. 662). Der Empfänger des Verwaltungsakts ist unverzüglich schriftlich über die Aufgabe des Bekanntgabewillens zu unterrichten. Es ist unerheblich, wenn der Empfänger diese Mitteilung erst nach Zugang des Verwaltungsakts erhält. Der Aufgabe des Bekanntgabewillens kommt keine Bedeutung mehr zu, wenn der Verwaltungsakt den Herrschaftsbereich der Finanzbehörde bereits verlassen hat (BFH-Urteil vom 12. 8. 1996, VI R 18/94, BStBl. 1996 II S. 627).

9 **6.** Unabhängig vom Zeitpunkt der Aufgabe des Bekanntgabewillens (vgl. AEAO zu § 122, Nr. 5) wird ein Verwaltungsakt aber auch dann nicht wirksam, wenn die Finanzbehörde dem Empfänger vor oder spätestens mit der Bekanntgabe des Verwaltungsakts mitteilt, dieser Bescheid solle nicht gelten (vgl. BFH-Urteil vom 28. 5. 2009, III R 84/06, BStBl. II S. 949). Wurde der Verwaltungsakt mit einfachem Brief versandt, ist ein solcher Widerruf auch dann bis zum Ablauf des nach § 122 Abs. 2 AO fingierten Bekanntgabetages möglich, wenn der Verwaltungsakt dem Empfänger tatsächlich früher zugegangen sein sollte (vgl. BFH-Urteil vom 18. 8. 2009, X R 25/06, BStBl. II S. 965). Der Widerruf bedarf nicht der Schriftform, er muss aber in den Akten hinreichend klar und eindeutig dokumentiert sein.

AO

§ 125 Nichtigkeit des Verwaltungsakts

1 (1) **Ein Verwaltungsakt ist nichtig, soweit er an einem besonders schwerwiegenden Fehler leidet und dies bei verständiger Würdigung aller in Betracht kommenden Umstände offenkundig ist.**[1]

[1] Zur Zurücknahme eines nichtigen Steuerverwaltungsaktes als rechtswidrig vgl. *BFH-Urteil vom 9. 5. 1985 IV R 172/83, BStBl. II S. 579.*

Lässt sich der Inhaltsadressat eines Verwaltungsakts auch durch Auslegung anhand der dem Betroffenen bekannten Umstände nicht hinreichend sicher bestimmen, ist der Verwaltungsakt nichtig *(BFH-Urteil vom 19. 8. 1999 IV R 34/98, BFH/NV 2001 S. 409).*

Ein Bescheid, der sich an einen **verstorbenen Steuerschuldner** richtet, ist mangels inhaltlicher Bestimmtheit nichtig *(BFH-Urteil vom 17. 6. 1992 X R 47/88, BStBl. 1993 II S. 174).*

Ein Steuerbescheid, der an eine Person gerichtet ist, die materiell-rechtlich nicht Steuerschuldner ist, ist nicht nichtig, sondern nur rechtswidrig *(BFH-Beschluss vom 14. 2. 2006 II B 2/05, BFH/NV S. 1245).*

Ein ESt-Bescheid ist wegen fehlender hinreichender Bestimmtheit nichtig, wenn er für einen Veranlagungszeitraum ergeht, für den bereits ein – wirksamer – ESt-Bescheid gegenüber demselben Adressaten erlassen wurde, ohne das Verhältnis zu diesem Bescheid klarzustellen *(BFH-Urteil vom 23. 8. 2001 X R 27/98, BStBl. II S. 662).*

Zwischen einem besonders schwerwiegenden Fehler i. S. des § 125 Abs. 1 AO und einem **groben Schätzungsfehler** i. S. jener Rechtsprechung besteht ein gradueller Unterschied. Während der besonders schwerwiegende Fehler lediglich offenkundig sein muss, führt der grobe Schätzungsfehler nur dann zur Nichtigkeit, wenn er bewusst und willkürlich begangen worden ist *(BFH-Beschluss vom 30. 8. 2007 II B 90/06, BFH/NV 2008 S. 14).*

Ein Verwaltungsakt ist nicht nichtig, wenn ihm zwar eine **unrichtige Rechtsauffassung** zugrunde liegt, diese aber über längere Zeit und auch noch im Zeitpunkt der Bekanntgabe des Verwaltungsakts praktiziert wurde, ohne dass die h. M. in Rspr., Verwaltung und Literatur dies für rechtsfehlerhaft hielt.

[Fortsetzung nächste Seite]

(2) Ohne Rücksicht auf das Vorliegen der Voraussetzungen des Absatzes 1 ist ein Verwaltungsakt nichtig, 2

1. der schriftlich oder elektronisch erlassen worden ist, die erlassende Finanzbehörde aber nicht erkennen lässt,

2. den aus tatsächlichen Gründen niemand befolgen kann,

3. der die Begehung einer rechtswidrigen Tat verlangt, die einen Straf- oder Bußgeldtatbestand verwirklicht,

4. der gegen die guten Sitten verstößt.

(3) Ein Verwaltungsakt ist nicht schon deshalb nichtig, weil 3

1. Vorschriften über die örtliche Zuständigkeit nicht eingehalten worden sind,

2. eine nach § 82 Absatz 1 Satz 1 Nummer 2 bis 6 und Satz 2 ausgeschlossene Person mitgewirkt hat,

3. ein durch Rechtsvorschrift zur Mitwirkung berufener Ausschuss den für den Erlass des Verwaltungsakts vorgeschriebenen Beschluss nicht gefasst hat oder nicht beschlussfähig war,

4. die nach einer Rechtsvorschrift erforderliche Mitwirkung einer anderen Behörde unterblieben ist.

(4) Betrifft die Nichtigkeit nur einen Teil des Verwaltungsakts, so ist er im Ganzen nichtig, wenn der nichtige Teil so wesentlich ist, dass die Finanzbehörde den Verwaltungsakt ohne den nichtigen Teil nicht erlassen hätte.[1] 4

(5)[2] **Die Finanzbehörde kann die Nichtigkeit jederzeit von Amts wegen feststellen; auf Antrag ist sie festzustellen, wenn der Antragsteller hieran ein berechtigtes Interesse hat.** 5

Zu § 125 – Nichtigkeit des Verwaltungsakts: AEAO

1. Der nichtige Verwaltungsakt entfaltet keine Rechtswirkungen; aus ihm darf nicht vollstreckt werden. 6

2. Fehler bei der Anwendung des materiellen Rechts führen i. d. R. nicht zur Nichtigkeit, sondern nur zur Rechtswidrigkeit des Verwaltungsakts. 7

3. Der Betroffene kann die Nichtigkeit des Verwaltungsakts jederzeit, auch noch nach Ablauf der Rechtsbehelfsfristen, geltend machen. Dies gilt nicht, wenn über die Nichtigkeit des Verwaltungsakts bereits durch eine Feststellung nach § 125 Abs. 5 AO in der Form eines Verwaltungsakts (vgl. AEAO zu § 125, Nr. 4) entschieden wurde. 8

4. Die Feststellung der Nichtigkeit eines Verwaltungsakts (§ 125 Abs. 5 AO) kann durch einen Verwaltungsakt getroffen werden (vgl. BFH-Urteil vom 20. 8. 2014 X R 15/10, BStBl. 2015 II S. 109). Im Interesse der Rechtssicherheit soll von dieser Möglichkeit Gebrauch gemacht werden. In diesem Fall ist zu verdeutlichen, dass ein Verwaltungsakt und nicht nur eine unverbindliche Äußerung der Finanzbehörde vorliegt. Das Schreiben ist als „Bescheid über die Feststellung der Nichtigkeit (§ 125 Abs. 5 AO) des Verwaltungsakts …" zu bezeichnen, zu begründen und mit einer Rechtsbehelfsbelehrung zu versehen. 9

[Fortsetzung]

Ein Bescheid, der auf einer von der Rechtsprechung des BVerfG abweichenden Auslegung einer Rechtsnorm beruht, ist nicht gemäß § 125 Abs. 1 AO nichtig *(BFH-Beschluss vom 17. 3. 2010 III B 177/09, BFH/NV S. 1238)*.

Ein Erstbescheid, der in der unzutreffenden Annahme der Nichtigkeit eines vorangegangenen nach § 165 AO vorläufigen Bescheides ergeht, kann gemäß § 128 AO auch noch im Revisionsverfahren in einen Änderungsbescheid i. S. des § 165 Abs. 2 AO umgedeutet werden, sofern die das Revisionsgericht bindenden tatsächlichen Feststellungen (§ 118 Abs. 2 FGO) ausreichen, den Beteiligten hierzu rechtliches Gehör gewährt worden ist und sie in ihrer Rechtsverteidigung hierdurch nicht beeinträchtigt sind *(BFH-Urteil vom 22. 8. 2007 II R 44/05, BFH/NV 2007 S. 2379)*.

Die FinVerw. verstößt gegen Treu und Glauben, wenn sie sich nach Jahren auf die von ihr selbst verursachte Nichtigkeit beruft *(Vfg. FM Mecklenburg-Vorpommern vom 3. 7. 1995 IV 300 – S 0065 – 1/92, DStR S. 1272)*.

Ein **Haftungsbescheid** ist nur dann nichtig iSd § 125 Abs. 1 AO, wenn er nicht die ihn erlassende Behörde, den Haftungsschuldner und/oder die Art der Steuer angibt, für die der Haftungsschuldner haften soll. Die fehlende Angabe des Steuerschuldners ist kein schwerer Fehler iSd § 125 Abs. 1 AO, solange die Haftungsschuld in tatsächlicher und rechtlicher Hinsicht in anderer Weise ausreichend konkretisiert werden kann *(BFH-Beschluss vom 3. 12. 1996 I B 44/96 BStBl. 1997 II S. 306)*.

Ein USt-Bescheid ist nicht deshalb nichtig, weil die deutsche Umsetzungsnorm von der entsprechenden EG-Richtlinie abweicht *(BFH-Urteil vom 21. 3. 1996 XI R 36/95, BStBl. II S. 399)*.

---

[1] Ist der **Umfang der Vorläufigkeit** (§ 165) eines Steuerbescheides nicht hinreichend bestimmt (§ 119) und lässt er sich auch nicht durch Auslegung ermitteln, ist der Vorläufigkeitsvermerk nichtig, der Steuerbescheid ergeht insoweit endgültig; die fehlende Angabe des Grundes der Vorläufigkeit führt hingegen lediglich zur Rechtswidrigkeit (heilbarer Begründungsmangel, § 126 Abs. 1 Nr. 2. Vgl. *BFH-Urteil vom 11. 12. 1991 III R 59/89, BFH/NV 1992 S. 464*). Ebenfalls nur zur Rechtswidrigkeit führt die Aufnahme eines Vorläufigkeitsvermerks, wenn die Voraussetzungen des § 165 Abs. 1 nicht vorliegen *(BFH-Beschluss vom 5. 2. 1992 V B 60/91, BFH/NV S. 579)*.

[2] *BFH-Urteil vom 20. 8. 2014 X R 15/10*, BStBl. 2015 II S. 109: 1. Auch die Feststellung der Nichtigkeit eines Verwaltungsakts durch die Finanzbehörde (§ 125 Abs. 5 AO) kann Regelungswirkung haben und daher ihrerseits einen der Bestandkraft fähigen Verwaltungsakt darstellen (Änderung der Rechtsprechung). 2. Stellt die Finanzbehörde durch Verwaltungsakt die Nichtigkeit eines Grundlagenbescheids fest, ist der Folgebescheid gemäß § 175 Abs. 1 Satz 1 Nr. 1 AO zu ändern. Zugleich bewirkt die Nichtigkeitsfeststellung die Hemmung des Ablaufs der Festsetzungsfrist für den Folgebescheid.

Eine durch Verwaltungsakt vorgenommene und bestandskräftig gewordene Feststellung der Nichtigkeit eines Verwaltungsakts hat zur Folge, dass der Steuerpflichtige und die Finanzbehörde die Nichtigkeit des Verwaltungsakts nicht mehr in Frage stellen können. Dies gilt auch für den Fall einer inhaltlich unzutreffenden Nichtigkeitsfeststellung (BFH-Urteil vom 20. 8. 2014 X R 15/10, BStBl. 2015 II S. 109).

10 **5.** In entsprechender Anwendung des § 125 Abs. 5 AO kann auch festgestellt werden, dass ein Verwaltungsakt wegen eines Bekanntgabe mangels nicht wirksam geworden ist.

Anl

Erlass betr. Nichtigkeit des Verwaltungsakts

Vom 29. April 2019 (BeckVerw 451780)

(FM Nordrhein-Westfalen S 0291)

11 **1. Allgemeines**

Gemäß § 125 Abs. 1 AO ist ein Verwaltungsakt nichtig, soweit er an einem besonders schwerwiegenden Mangel leidet, und dies bei verständiger Würdigung aller in Betracht kommenden Umstände offenkundig ist.

Nichtige Verwaltungsakte sind gemäß § 124 Abs. 3 AO unwirksam. Sie erzeugen keinerlei Rechtswirkungen. Aus ihnen darf nicht vollstreckt werden. Nichtige Verwaltungsakte sind auch nicht heilbar gemäß § 126 Abs. 1 AO. So kann ein infolge inhaltlicher Unbestimmtheit nichtiger Verwaltungsakt nicht dadurch geheilt werden, dass der Steuerschuldner in der Einspruchsentscheidung erstmals zutreffend bezeichnet wird (BFH-Urteil vom 17. 8. 1995, BFH/NV 1996 S. 196).

12 **2. Anfechtung eines nichtigen Verwaltungsakts**

Wegen des Rechtsscheins, den auch ein nichtiger Verwaltungsakt entfalten kann, ist auch ein Einspruch gegen einen nichtigen Verwaltungsakt zulässig. Auf die Nichtigkeit eines Verwaltungsakts kann sich der Steuerpflichtige jederzeit berufen. Zur Anfechtung eines nichtigen Verwaltungsakts braucht die Rechtsbehelfsfrist des § 355 Abs. 1 AO nicht gewahrt zu werden (BFH-Urteil vom 17. 7. 1986, BStBl. II S. 834).

Die zur Beseitigung des Rechtsscheins eines nichtigen Steuerbescheides vorgenommene Anfechtung hat keine den Ablauf der Verjährungsfrist hemmende Wirkung (BFH-Urteile vom 17. 8. 1995, BFH/NV 1996 S. 196, und vom 27. 2. 1997, BFH/NV S. 388).

13 **3. Feststellung der Nichtigkeit eines Verwaltungsakts**

Nach § 125 Abs. 5 AO kann die Nichtigkeit eines Verwaltungsakts jederzeit von Amts wegen festgestellt werden, auf Antrag ist sie festzustellen, wenn der Antragsteller hieran ein berechtigtes Interesse hat.

Die Feststellung der Nichtigkeit eines Verwaltungsakts kann durch einen Verwaltungsakt getroffen werden (vgl. BFH-Urteil vom 20. 8. 2014, BStBl. 2015 II S. 109). Die Finanzbehörde hat jedoch auch die Möglichkeit, nur unverbindlich ihre Rechtsmeinung zur Wirksamkeit eines Verwaltungsakts zu äußern. Im Interesse der Rechtssicherheit soll von der Möglichkeit der Feststellung durch Verwaltungsakt Gebrauch gemacht werden. Hierzu bedarf es eines entsprechenden Regelungswillens der Finanzbehörde, der – zur Abgrenzung von einer nur unverbindlichen Äußerung – in dem Schreiben an den Steuerpflichtigen zum Ausdruck zu bringen ist. Das Schreiben ist daher als „Bescheid über die Feststellung der Nichtigkeit (§ 125 Abs. 5 AO) des Verwaltungsakts …" zu bezeichnen, zu begründen und mit einer Rechtsbehelfsbelehrung zu versehen.

Diese durch Verwaltungsakt vorgenommene Feststellung der Nichtigkeit eines Verwaltungsakts ist innerhalb der Rechtsbehelfsfrist mit dem Einspruch anfechtbar. Nach Eintritt der Bestandskraft kann die Nichtigkeit des Verwaltungsakts nicht mehr in Frage gestellt werden.

14 **4. Treu und Glauben**

Zu den nicht generell und abstrakt festgelegten Rechtsfolgen, die einen Beteiligten am Steuerrechtsverhältnis aus treuwidrigem Verhalten treffen können, kann es auch gehören, dass er die Befugnis verliert, aus der Nichtigkeit eines Steuerverwaltungsakts abgeleitete Rechte, wie vor allem Erstattungsansprüche, geltend zu machen. Eine solche Begrenzung kann sich, und zwar für beide Seiten eines konkreten Steuerrechtsverhältnisses, aus den allgemeinen Rechtsgrundsätzen von Treu und Glauben ausnahmsweise dann ergeben, wenn die Berufung auf die Nichtigkeit zu einem schlechthin untragbaren Ergebnis führen würde (BFH-Urteil vom 17. 6. 1992, BStBl. 1993 II S. 174).

So kann es rechtsmissbräuchlich sein, wenn ein Steuerpflichtiger sich erst nach mehreren Jahren allein zu Erstattungszwecken auf einen von ihm mitzuverantwortenden Bestimmtheitsmangel beruft, der bei ihm selbst tatsächlich keinerlei Unklarheiten bewirkt hatte (BFH-Urteil vom 17. 6. 1992, BStBl. 1993 II S. 174).

Es ist ebenfalls rechtsmissbräuchlich und deshalb ein Verstoß gegen Treu und Glauben, wenn sich die Finanzverwaltung nach jahrelangem Rechtsfrieden auf die von ihr selbst verursachte Nichtigkeit beruft, um nunmehr – ohne dass die Voraussetzungen von Änderungsvorschriften vorliegen – „verbösernde" Erstbescheide zu erlassen (FG Köln vom 22. 9. 1994, EFG 1995 S. 240).

15 **5. Einzelfälle aus der Rechtsprechung**

5.1. Inhaltliche Bestimmtheit

Ein Verwaltungsakt ist nichtig, wenn

– aus einem Steuerbescheid nicht eindeutig hervorgeht, von wem was gefordert wird, der Steuerschuldner im Hinblick auf die gegen ihn festgesetzte Steuerschuld nicht klar ersichtlich ist (BFH-Urteil vom 17. 8. 1995, BFH/NV 1996 S. 196),

Anl

- ein Steuerbescheid die festgesetzte Steuer ihrer Art nach nicht bezeichnet (BFH-Urteil vom 7. 8. 1985, BStBl. 1986 II S. 42),
- ein Vorauszahlungsbescheid lediglich den Minderungsbetrag gegenüber der bisherigen Festsetzung ausweist, nicht aber den neu festgesetzten Betrag (FG Brandenburg vom 18. 12. 1996, EFG 1997 S. 585),
- dem Bescheid über die gesonderte und einheitliche Feststellung des Grundbesitzwertes bei mehreren Miterben nicht klar und eindeutig entnommen werden kann, gegen welche Beteiligten der Erbengemeinschaft sich die Feststellungen richten. Dabei ist es zur Vermeidung der Nichtigkeit ausreichend, wenn sich die Beteiligten zwar nicht aus dem Adressfeld, wohl aber aus dem weiteren Inhalt des Bescheids ergeben (BFH-Urteil vom 30. 9. 2015, BStBl. 2016 II S. 637).

Hingegen ist ein Verwaltungsakt nicht allein deshalb nichtig, weil

- der Steuer- oder Haftungsbetrag wesentlich überhöht festgesetzt worden ist (BFH-Urteil vom 14. 1. 1992, BFH/NV S. 365),
- in einem Haftungsbescheid die Angabe des Steuerschuldners fehlt, solange die Haftungsschuld in tatsächlicher und rechtlicher Hinsicht in anderer Weise ausreichend konkretisiert werden kann (BFH-Urteil vom 3. 12. 1996, BStBl. 1997 II S. 306),
- in einem Lohnsteuerhaftungsbescheid die Aufgliederung der Haftungssumme nach Steuerarten und Erhebungszeiträumen fehlt, wenn der Haftungsschuldner aus dem gesamten Inhalt des Bescheides, aus dem Zusammenhang, der von der Finanzbehörde gegebenen Begründung oder aus den den Beteiligten bekannten näheren Umständen im Wege der Auslegung hinreichende Klarheit gewinnen kann (BFH-Urteil vom 24. 4. 1990, BFH/NV 1991 S. 137),
- der Name des Adressaten falsch geschrieben wurde, sofern der Adressat durch Auslegung anhand der den Betroffenen bekannten Umstände hinreichend sicher bestimmt werden kann (BFH-Urteil vom 26. 3. 2012, BFH/NV S. 1410).

5.2. Falsche oder fehlende Begründung 16

Nach der Rechtsprechung ist ein Verwaltungsakt nicht allein deshalb nichtig, weil

- das Recht unrichtig angewandt worden oder eine gesetzliche Grundlage zu Unrecht angenommen worden ist, solange er die an eine ordnungsgemäße Verwaltung zu stellenden Anforderungen nicht in einem so erheblichen Maße verletzt, dass von niemandem mehr erwartet werden kann, den Verwaltungsakt als verbindlich anzuerkennen (BFH-Beschluss vom 1. 10. 1981, BStBl. 1982 II S. 133),
- einem Verwaltungsakt zwar eine unrichtige Rechtsauffassung zugrunde liegt, diese aber über längere Zeit und auch noch im Zeitpunkt der Bekanntgabe des Verwaltungsakts praktiziert wurde, ohne dass die h. M. in Rechtsprechung, Verwaltung und Literatur dies für rechtsfehlerhaft hielt (BFH-Urteil vom 10. 11. 1993, BStBl. 1994 II S. 327),
- dem Verwaltungsakt die erforderliche Begründung fehlt (BFH-Urteil vom 26. 11. 1996, BStBl. 1997 II S. 422),
- die Begründung einer Einspruchsentscheidung unzutreffend oder zu dürftig ist (BFH-Beschluss vom 9. 5. 1996, BFH/NV S. 871),
- in einem Änderungsbescheid die falsche Änderungsvorschrift angegeben worden ist (BFH-Urteil vom 25. 11. 1980, BStBl. 1981 II S. 419),
- einem Bescheid ein Vorläufigkeitsvermerk beigefügt worden ist, obwohl die Voraussetzungen des § 165 Abs. 1 AO nicht erfüllt waren (BFH-Urteil vom 5. 2. 1992, BFH/NV S. 579),
- ein Änderungsbescheid erlassen wurde, obwohl die Voraussetzungen für die Änderung oder Berichtigung nicht gegeben waren (FG München vom 24. 4. 1996, EFG S. 960),
- ein Schätzungsbescheid grobe Schätzungsfehler enthält, es sei denn, das Finanzamt hat bewusst zum Nachteil des Steuerpflichtigen geschätzt (BFH-Urteil vom 1. 10. 1992, BStBl. 1993 II S. 259, und vom 20. 12. 2000, BStBl. 2001 II S. 381).

5.3. Folgen von Verfahrens- und Formfehlern 17

Diese können sowohl zur Nichtigkeit gem. § 125 AO führen als auch zur Folge haben, dass der Verwaltungsakt nicht gem. § 124 Abs. 1 AO wirksam wird. Hierzu wird auf den AEAO zu § 122 AO, Nr. 4 verwiesen.

5.4. Sonstiges 18

Nach der Rechtsprechung führt es nicht zur Nichtigkeit des Verwaltungsaktes, wenn

- eine Aussetzungsverfügung ergangen ist, ohne dass der Steuerbescheid, dessen Aussetzung verfügt wurde, angefochten worden ist (FG Düsseldorf vom 26. 2. 1997, EFG S. 1087),
- die dem Bescheid zugrunde liegende Steuererklärung oder der zugrunde liegende Antrag entgegen der gesetzlichen Vorschrift vom Steuerpflichtigen nicht eigenhändig unterschrieben wurde, wenn der Antrag durch den Steuerpflichtigen oder für ihn mit seinem Wissen und Wollen beim Finanzamt eingereicht worden ist (BFH-Urteil vom 15. 11. 1991, BStBl. 1992 II S. 224),
- der den Verwaltungsakt unterzeichnende Bedienstete seine Zeichnungsbefugnis überschritten hat (BFH-Urteil vom 13. 5. 1987, BStBl. II S. 592),
- ein Folgebescheid auf einem nichtigen Grundlagenbescheid beruht (BFH-Urteil vom 20. 8. 2014, BStBl. 2015 II S. 109),
- ein Steuerbescheid nach Ablauf der Festsetzungsfrist ergeht (AEAO vor §§ 169–171, Nr. 4),
- das Finanzamt § 91 AO (Anhörung des Steuerpflichtigen vor Erlass des Bescheides) nicht beachtet hat (BFH-Beschluss vom 15. 3. 1995 IX B 158/94, n. v.),
- eine im außergerichtlichen Rechtsbehelfsverfahren notwendige Hinzuziehung vor Erlass der Einspruchsentscheidung unterlassen worden ist (BFH-Urteil vom 16. 3. 1984 III R 107/83, n. v.),
- Steuer- oder Haftungsbescheide aufgrund einer Betriebsprüfung ergangen sind, ohne dass eine (wirksame) Prüfungsanordnung erlassen wurde (BFH-Urteil vom 11. 12. 1987, BFH/NV 1988 S. 284),

– ein Verstoß gegen die Formvorschrift des § 119 Abs. 3 AO vorliegt, wonach ein schriftlicher Verwaltungsakt unterschrieben oder mit dem Namen eines bestimmten Beamten versehen sein muss (BFH-Urteil vom 18. 7. 1985, BStBl. 1986 II S. 169),
– ein Feststellungsbescheid ergangen ist ohne dass die Voraussetzungen für die gesonderte Feststellung vorlagen (FG Rheinland-Pfalz vom 30. 1. 1987 6 K 62/85, n. v.),
– ein Einkommensteuerbescheid über eine Zusammenveranlagung gem. §§ 26, 26 b EStG lediglich an einen der beiden Ehegatten adressiert wird und auch der andere Ehegatte in dem Einzelbescheid nicht benannt wird (BFH-Urteil vom 30. 11. 1999, BFH/NV 2000 S. 678).

AO

§ 126[1] Heilung von Verfahrens- und Formfehlern

1 **(1) Eine Verletzung von Verfahrens- oder Formvorschriften, die nicht den Verwaltungsakt nach § 125 nichtig[2] macht, ist unbeachtlich, wenn**

1. der für den Verwaltungsakt erforderliche Antrag nachträglich gestellt wird,

2. die erforderliche Begründung nachträglich gegeben wird,

3. die erforderliche Anhörung eines Beteiligten[3] nachgeholt wird,

4. der Beschluss eines Ausschusses, dessen Mitwirkung für den Erlass des Verwaltungsakts erforderlich ist, nachträglich gefasst wird,

5. die erforderliche Mitwirkung einer anderen Behörde nachgeholt wird.

2 **(2) Handlungen nach Absatz 1 Nummer 2 bis 5 können bis zum Abschluss der Tatsacheninstanz eines finanzgerichtlichen Verfahrens nachgeholt werden.**

3 **(3)[4] ① Fehlt einem Verwaltungsakt die erforderliche Begründung oder ist die erforderliche Anhörung eines Beteiligten vor Erlass des Verwaltungsakts unterblieben und ist dadurch die rechtzeitige Anfechtung des Verwaltungsakts versäumt worden, so gilt die Versäumung der Einspruchsfrist als nicht verschuldet. ② Das für die Wiedereinsetzungsfrist nach § 110 Absatz 2 maßgebende Ereignis tritt im Zeitpunkt der Nachholung der unterlassenen Verfahrenshandlung ein.**

AEAO

Zu § 126 – Heilung von Verfahrens- und Formfehlern:

4 **1.** Ein nachträglich gestellter, fristgebundener Antrag heilt den Verwaltungsakt nur, wenn er innerhalb der für die Antragstellung vorgeschriebenen Frist nachgeholt wird.

5 **2.** Wegen § 126 Abs. 1 Nr. 3 AO wird auf § 91 AO hingewiesen.

6 **3.** Zur Wiedereinsetzung in den vorigen Stand nach unterlassener Anhörung eines Beteiligten bzw. wegen fehlender Begründung des Verwaltungsakts (§ 126 Abs. 3 i. V. m. § 110 AO) vgl. AEAO zu § 91, Nr. 3 und AEAO zu § 121, Nr. 3.

AO

§ 127 Folgen von Verfahrens- und Formfehlern

1 **Die Aufhebung[5] eines Verwaltungsakts, der nicht nach § 125 nichtig ist, kann nicht allein deshalb beansprucht werden, weil er unter Verletzung von Vorschriften über das Verfahren, die Form oder die örtliche Zuständigkeit zustande gekommen ist, wenn keine andere Entscheidung in der Sache hätte getroffen werden können.[6]**

AEAO

Zu § 127 – Folgen von Verfahrens- und Formfehlern:

2 **1.** Die Vorschrift gilt nur für die gesetzesgebundenen Verwaltungsakte. Sie verhindert, dass der Steuerpflichtige die Aufhebung eines Steuerbescheids allein deshalb beanspruchen kann, weil der Finanzbehörde bei der Steuerfestsetzung ein Verfahrensfehler (z. B. unterlassene Anhörung) oder ein Formfehler (z. B. fehlende Begründung) unterlaufen ist oder weil die Finanzbehörde Vorschrif-

[1] Der Heilungstatbestand des § 126 AO erfasst nicht den Mangel der fehlenden sachlichen Zuständigkeit (*BFH-Urteil vom 19. 1. 2023 III R 2/22, BStBl. II S. 626*).

[2] Ein infolge inhaltlicher Unbestimmtheit (z. B. Adressierungsmangel) nichtiger Verwaltungsakt kann nicht erstmalig mittels Einspruchsentscheidung wirksam erlassen werden (*BFH-Urteil vom 26. 3. 1991 VIII R 210/85, BFH/NV 1992 S. 73*).

[3] Zur Anhörung von Beteiligten s. § 91 AO.

[4] Weicht das FA bei Erlass eines Steuerbescheids von der Steuererklärung ab und unterlässt es die nach § 91 AO erforderliche Anhörung, wird dieser Verfahrensfehler gemäß § 126 Abs. 1 Nr. 3 AO geheilt, wenn es im Steuerbescheid mit hinreichender Deutlichkeit auf die Abweichung hinweist. Enthält der Steuerbescheid einen solchen Hinweis, kann eine Versäumung der Einspruchsfrist nicht gemäß § 126 Abs. 3 AO auf die unterbliebene Anhörung zurückgeführt werden (*BFH-Beschluss vom 30. 4. 2014, X B 244/13, BFH/NV S. 1350*).

Hat der Stpfl. im Formular für die ESt-Erklärung in der „Anlage Kinder" die Geburtsdaten, das erhaltene Kindergeld, die Zeiten der Berufsausbildung und die Bruttoarbeitslöhne der Kinder angegeben, hat er damit konkludent Ausbildungsfreibeträge für die Kinder beantragt, auch wenn er die Rubrik „Ausbildungsfreibetrag" nicht ausgefüllt hat. Übergeht das FA derartige Anträge, ohne darauf im ESt-Bescheid hinzuweisen, kann wegen der versäumten Einspruchsfrist Wiedereinsetzung in den vorigen Stand in Betracht kommen (*BFH vom 30. 10. 2003 III R 24/02, BStBl. 2004 II S. 394*).

[5] Zur Änderung von Amts wegen vgl. §§ 130, 172 ff. AO.

[6] § 127 erstreckt sich nicht auf Ermessensentscheidungen (z. B. Erlass oder Stundung von Steuern, §§ 227, 222; Anordnung einer Außenprüfung, § 196; Übertragung einer Außenprüfung auf ein anderes FA, § 195 S. 2). Eine von einem örtlich unzuständigen FA erlassene Prüfungsanordnung ist daher i. d. R. als rechtswidrig aufzuheben (*BFH-Urteil vom 25. 1. 1989 X R 158/87, BStBl. II S. 483*). Ist der Ermessensspielraum jedoch „auf null reduziert", greift auch hier § 127. § 127 wirkt auch in das Rechtsbehelfsverfahren (*BFH-Urteil vom 2. 7. 1980 I R 74/77, BStBl. II S. 684*).

ten über die örtliche Zuständigkeit nicht beachtet hat. Die Vorschrift ist auch anwendbar, wenn die Besteuerungsgrundlagen für einen Steuerbescheid geschätzt worden sind (BFH-Urteile vom 19. 2. 1987, IV R 143/84, BStBl. II S. 412, vom 17. 9. 1997, II R 15/95, BFH/NV 1998 S. 416, und vom 11. 2. 1999, V R 40/98, BStBl. II S. 382, sowie BFH-Beschluss vom 18. 8. 1999, IV B 108/98, BFH/NV 2000 S. 165). Sie ist nicht anwendbar bei Verletzung der Vorschriften über die sachliche Zuständigkeit (BFH-Urteil vom 21. 4. 1993, X R 112/91, BStBl. II S. 649).

2. § 127 AO gilt nicht für Ermessensentscheidungen (BFH-Urteile vom 20. 6. 1990, I R 157/87, BStBl. 1992 II S. 43, vom 18. 5. 1994, I R 21/93, BStBl. II S. 697, und vom 15. 10. 1998, V R 77/97, BFH/NV 1999 S. 585). Wenn diese mit einem Verfahrens- oder Formfehler behaftet sind, der nicht geheilt werden kann (§ 126 AO), müssen sie aufgehoben und – nach erneuter Ausübung des Ermessens – nochmals erlassen werden, falls der Beteiligte rechtzeitig einen Rechtsbehelf eingelegt hat. Dies gilt nur dann nicht, wenn der mit dem Rechtsbehelf gerügte Fehler die Entscheidung durch die zuständige Finanzbehörde unter keinen Umständen beeinflusst haben kann (BFH-Urteil vom 18. 7. 1985, VI R 41/81, BStBl. 1986 II S. 169). 3

3. Die Aufhebung eines Gewerbesteuermessbescheids kann regelmäßig nicht allein deswegen beansprucht werden, weil er von einem örtlich unzuständigen Finanzamt erlassen worden ist (BFH-Urteil vom 19. 11. 2003, I R 88/02, BStBl. 2004 II S. 751). Ein Bescheid über die gesonderte Feststellung, der unter Verletzung der in § 180 Abs. 1 Nr. 2 Buchstabe b AO herangezogenen Vorschriften über die örtliche Zuständigkeit ergangen ist, muss aufgehoben werden, weil die Verletzung der §§ 18, 19 AO in der gem. § 180 Abs. 1 Satz 1 Nr. 2 Buchstabe b AO getroffenen Zuordnung ein nicht heilbarer Rechtsfehler ist (BFH-Urteile vom 15. 4. 1986, VIII R 325/84, BStBl. 1987 II S. 195, und vom 10. 6. 1999, IV R 69/98, BStBl. II S. 691). 4

AO

§ 128 Umdeutung eines fehlerhaften Verwaltungsakts[1]

(1) **Ein fehlerhafter Verwaltungsakt kann in einen anderen Verwaltungsakt umgedeutet werden, wenn er auf das gleiche Ziel gerichtet ist, von der erlassenden Finanzbehörde in der geschehenen Verfahrensweise und Form rechtmäßig hätte erlassen werden können und wenn die Voraussetzungen für dessen Erlass erfüllt sind.** 1

(2) ① **Absatz 1 gilt nicht, wenn der Verwaltungsakt, in den der fehlerhafte Verwaltungsakt umzudeuten wäre, der erkennbaren Absicht der erlassenden Finanzbehörde widerspräche oder seine Rechtsfolgen für die betroffene Person ungünstiger wären als die des fehlerhaften Verwaltungsakts.** ② **Eine Umdeutung ist ferner unzulässig, wenn der fehlerhafte Verwaltungsakt nicht zurückgenommen werden dürfte.** 2

(3) **Eine Entscheidung, die nur als gesetzlich gebundene Entscheidung ergehen kann, kann nicht in eine Ermessensentscheidung umgedeutet werden.** 3

(4) **§ 91 ist entsprechend anzuwenden.** 4

§ 129 Offenbare[2] Unrichtigkeiten beim Erlass eines Verwaltungsakts

① **Die Finanzbehörde kann Schreibfehler, Rechenfehler und ähnliche offenbare Unrichtigkeiten, die beim Erlass[3] eines Verwaltungsakts unterlaufen sind, jederzeit berich-** 1

---

[1] Ein Erstbescheid, der in der unzutreffenden Annahme der Nichtigkeit eines vorangegangenen nach § 165 AO vorläufigen Bescheides ergeht, kann gemäß § 128 AO auch noch im Revisionsverfahren in einen Änderungsbescheid i. S. des § 165 Abs. 2 AO umgedeutet werden, sofern die das Revisionsgericht bindenden tatsächlichen Feststellungen (§ 118 Abs. 2 FGO) ausreichen, den Beteiligten hierzu rechtliches Gehör gewährt worden ist und sie in ihrer Rechtsverteidigung hierdurch nicht beeinträchtigt sind *(BFH-Urteil vom 22. 8. 2007 II R 44/05, BStBl. 2009 II S. 754).*

[2] *BFH-Urteil vom 29. 1. 2003 I R 20/02, BFH/NV S. 1139:* 1. Offenbar iSd § 129 AO ist ein Fehler immer nur dann, wenn er als solcher „auf der Hand liegt" und aus sich heraus offen zutage tritt, nicht aber, wenn er erst durch Abfrage subjektiver Einschätzungen seinerzeit Beteiligter ermittelt und damit „offenbart" wird. Etwaige entgegenstehende innere Absichten des beteiligten Verwaltungsbeamten müssen sich sonach in einer irgendwie nach außen tretenden, „offenbaren" Handlungsweise „beim Erlass" (vgl. § 129 AO) des betreffenden Bescheides niederschlagen; spätere Bekundungen des Beamten können dies nur verifizieren. 2. Eine Unrichtigkeit, welche auf die Eintragung einer falschen Kennziffer in den Eingabewertbogen zurückführen ist, kann eine offenbare iSd § 129 AO sein. Es muss aber auch in diesem Fall praktisch ausgeschlossen sein, dass es sich um einen Rechts- oder Tatsachenirrtum handelt.

Offenbare Unrichtigkeiten im Sinne der Vorschrift sind mechanische Fehler, die ebenso mechanisch, d. h. ohne weitere Prüfung erkannt und berichtigt werden können, wie z. B. Übertragungsfehler. Eine Berichtigung nach § 129 AO ist ausgeschlossen, wenn die nicht nur theoretische Möglichkeit eines Fehlers in der Tatsachenwürdigung oder bei der Anwendung einer Rechtsnorm besteht (ständige Rspr.; vgl. z. B. *BFH-Urteil vom 3. 12. 1998 V R 29/98, BStBl. 1999 II S. 158).*

Zumindest in denjenigen Fällen, in denen die offenbare Unrichtigkeit auf der versehentlichen Nichtangabe eines Werts in der Steuererklärung beruht, ist § 129 Satz 1 AO bereits dann anwendbar, wenn für jeden unvoreingenommenen Dritten klar und deutlich erkennbar ist, dass die Nichtangabe fehlerhaft ist (Anschluss an das *BFH-Urteil vom 22. 5. 2019, XI R 9/18, BStBl. 2020 II S. 37*). Entsprechendes muss gelten, wenn (nur) die Angabe einer Endsumme mit 0 € erfolgt und dies erkennbar unrichtig ist *(BFH-Urteil vom 8. 12. 2021 I R 47/18, BStBl. 2022 II S. 827).*

BFH-Urteil vom 22. 10. 2024 VIII R 33/21, BFH/NV 2025 S. 145: Allein der Umstand, dass zur Bestimmung der zutreffenden Höhe des steuerlichen Einlagekontos nicht die mechanische Übernahme der im Jahresabschluss angegebenen Kapitalrücklage ausreicht, sondern auf einer zweiten Stufe noch weitere Sachverhaltsermittlungen zur Höhe des steuerlichen Einlagekontos erforderlich sind, schließt eine offenbare Unrichtigkeit im Sinne des § 129 Satz 1 AO nicht aus (Bestätigung des *BFH-Urteils vom 8. 12. 2021 I R 47/18, BStBl. II 2022 S. 827*).

[Fortsetzung nächste Seite]

AO

tigen.[1] ② **Bei berechtigtem Interesse des Beteiligten ist zu berichtigen.** ③ **Wird zu einem schriftlich ergangenen Verwaltungsakt die Berichtigung begehrt, ist die Finanz-**

[Fortsetzung]

Für die Berichtigung nach § 129 AO ist es nicht erforderlich, dass die offenbare Unrichtigkeit aus dem Bescheid erkennbar ist *(BFH-Urteile vom 31. 3. 1987 VIII R 46/83, BStBl. II S. 588,* und *vom 25. 2. 1992 VII R 8/91, BStBl. II S. 713).*

Der Begriff der „Berichtigung einer ähnlichen offenbaren Unrichtigkeit" i. S. von § 129 Satz 1 AO erfasst auch sprachliche Klarstellungen und Präzisierungen, mittels derer ein bisher auslegungsbedürftiger Verfügungssatz in einem nunmehr zweifelsfreien Sinne zum Ausdruck gebracht wird *(BFH-Urteil vom 25. 2. 2010 IV R 49/08, BStBl. II S. 726).*

§ 129 AO ist nicht von Verschuldenserwägungen abhängig; für die Anwendbarkeit dieser Vorschrift kommt es daher nicht darauf an, ob der Bearbeiter bei gehöriger Sorgfalt sein Versehen hätte erkennen und die offenbare Unrichtigkeit bei der Steuerfestsetzung hätte vermeiden können *(BFH-Urteil vom 21. 1. 2010 III R 22/08, BFH/NV S. 1410).*

BFH-Urteil vom 21. 1. 2010 III R 22/08, BFH/NV S. 1410: Die Entscheidung des FG bei der Annahme einer offenbaren Unrichtigkeit, dass jede Möglichkeit eines Rechtsirrtums, eines Denkfehlers oder einer unvollständigen Sachaufklärung bzw. fehlerhaften Tatsachenwürdigung auszuschließen sei, ist im Wesentlichen eine Tatfrage, die revisionsrechtlich nur eingeschränkt überprüfbar ist (§ 118 Abs. 2 FGO).

Die Nichtberücksichtigung einer einzelnen Umsatzsteuervorauszahlung als Betriebsausgabe ist nicht „offenbar" i. S. von § 129 Satz 1 AO, wenn das betreffende Steuererklärungsformular (hier: „Anlage EÜR" zur Gewinnfeststellungserklärung) lediglich eine Gesamtbetragsangabe enthält. Die Möglichkeit eines „schlichten" Abgleichs mit der zeitgleich abgegebenen Umsatzsteuererklärung des nämlichen Jahres ändert hieran aufgrund der systematischen Unterschiede zwischen Einkommen- und Umsatzsteuererhebung nichts *(BFH-Urteil vom 3. 5. 2017 X R 4/16, BFH/NV S. 1415).*

[3] Eine die Berichtigung nach § 129 AO ermöglichende offenbare Unrichtigkeit kann auch vorliegen, wenn das FA eine in der Steuererklärung enthaltene offenbare Unrichtigkeit des Steuerpflichtigen als eigene übernimmt. Die Unrichtigkeit ist offenbar, wenn sie sich ohne weiteres aus der Steuererklärung des Steuerpflichtigen, deren Anlagen sowie den in den Akten befindlichen Unterlagen für das betreffende Veranlagungsjahr ergibt *(BFH-Urteil vom 27. 5. 2009 X R 47/08, BStBl. II S. 946).*

§ 129 AO ermöglicht auch dann nicht die Berichtigung „vermeintlicher" mechanischer Fehler des Steuerpflichtigen, welche tatsächlich auf der unzutreffenden Anwendung einer Rechtsnorm beruhen, wenn sie aus der Sicht der den Fehler übernehmenden Finanzbehörde als offenbare Unrichtigkeiten erscheinen mögen *(BFH-Urteil vom 16. 9. 2015 IX R 37/14, BStBl. II S. 1040).*

Ein Körperschaftsteuerbescheid ist offenbar unrichtig, wenn die Steuerpflichtige die Zeile 44 a der Körperschaftsteuererklärung nicht ausgefüllt hat, obwohl sich aus den dem FA vorliegenden Steuerbescheinigungen und der Anlage WA zur Körperschaftsteuererklärung ergibt, dass die Steuerpflichtige eine Gewinnausschüttung einer GmbH erhalten und das FA in der Anrechnungsverfügung zum Körperschaftsteuerbescheid die Kapitalertragsteuer auf die Körperschaftsteuer angerechnet hat *(BFH-Urteil vom 22. 5. 2019 XI R 9/18, BFH/NV S. 937).*

---

[1] Zur zeitlichen Berichtigungsgrenze für Steuerbescheide vgl. §§ 169 Abs. 1, 171 Abs. 2 AO.

§ 129 gilt für **alle Arten von Verwaltungsakten,** auch für Steuerbescheide (vgl. § 172 Abs. 1 Nr. 2 Buchst. d) und für Abrechnungsbescheide (§ 218 Abs. 2), auch wenn es sich um einen begünstigenden deklaratorischen Verwaltungsakt handelt, der sonst nur unter den Voraussetzungen des § 130 Abs. 2 zurückgenommen werden kann *(BFH-Beschluss vom 14. 1. 1992 VII B 161/91, BFH/NV 1993 S. 1).*

Die in der Rechtsprechung des BFH zu § 129 AO entwickelten Grundsätze gelten auch bei der Einreichung elektronischer Steuererklärungen *(BFH-Urteil vom 22. 5. 2019 XI R 9/18, BStBl. 2020 II S. 37).*

Die objektive Beweislast für das Vorliegen einer offenbaren Unrichtigkeit trägt derjenige, der sich darauf beruft. Ein Anscheinsbeweis genügt *(BFH-Urteil vom 19. 3. 2009 IV R 84/06, BFH/NV S. 1394).*

Indizieren die bekannten objektiven Umstände ein mechanisches Versehen und ist ein Fehler bei der Rechtsanwendung oder der Sachverhaltsermittlung oder -würdigung ausgeschlossen, kann eine offenbare Unrichtigkeit ohne weitere diesbezügliche Sachaufklärung nicht allein deshalb verneint werden, weil die abstrakte Möglichkeit besteht, dass die Indizien erst nach Erlass des Bescheids geschaffen wurden *(BFH-Urteil vom 6. 11. 2012 VIII R 15/10, BStBl. 2013 II S. 307).*

Teilt das Finanzamt dem Steuerpflichtigen schriftlich mit, sein Steuerfall sei abschließend geprüft, ist das Finanzamt deswegen nicht nach Treu und Glauben gehindert, offenkundige Fehler bei der Veranlagung auch weiterhin zu Lasten des Steuerpflichtigen zu korrigieren *(BFH-Beschluss vom 13. 12. 2011 VIII B 136/11, BFH/NV 2012 S. 550).*

Ein aufgrund einer **Außenprüfung ergangener Änderungsbescheid** kann grds. auch dann nach § 129 AO berichtigt werden, wenn das FA im Änderungsbescheid eine offenbare Unrichtigkeit des Erstbescheids übernommen hat und auszuschließen ist, dass die Übernahme der Unrichtigkeit auf fehlerhafter Anwendung materiellen Steuerrechts beruht *(BFH-Urteil vom 10. 9. 1987 V R 69/84, BStBl. II S. 834).* Eine Berichtigung gem. § 129 AO ist auch dann möglich, wenn ein mechanisches Versehen des Außenprüfers zur Unrichtigkeit des Außenprüfungsberichts geführt hat und dieser Fehler von dem Veranlagungsbeamten bei der Auswertung des Berichts lediglich unbemerkt übernommen worden ist *(BFH-Urteil vom 18. 8. 1999 I R 93/98, BFH/NV 2000 S. 539).*

Hat der für die Veranlagung zuständige Finanzbeamte bei Erlass eines Steuerbescheides **Teile eines Prüfungsberichts nicht ausgewertet** und kann ausgeschlossen werden, dass dies aufgrund rechtlicher Überlegungen geschah, ist der Steuerbescheid offenbar unrichtig iSd § 129 AO *(BFH-Urteil vom 27. 11. 2003 V R 52/02, BFH/NV 2004 S. 605).*

BFH-Urteil vom 16. 7. 2003 X R 37/99, BStBl. II S. 867: Beachtet das FA beim Erlass eines Steuerbescheids einen bei ihm bereits vorliegenden Grundlagenbescheid nur versehentlich nicht, so führt dies zu einer offenbaren Unrichtigkeit (Abweichung vom *BFH-Urteil vom 14. 6. 1991 III R 64/89, BStBl. 1992 II S. 52).*

Nicht jede versehentlich nicht berücksichtigte Tatsache ist einer **unvollständigen Sachverhaltsaufklärung** gleichzusetzen, die eine Berichtigung eines Verwaltungsakts nach § 129 AO ausschließt. Ist ohne weiteres erkennbar, dass ein Teil des bekannten Sachverhalts aus Unachtsamkeit bei der Steuerfestsetzung nicht erfasst worden ist, darf diese offenbare Unrichtigkeit zugunsten und zuungunsten des Stpfl. durch Berichtigung der versehentlich fehlerhaften Steuerfestsetzung korrigiert werden *(BFH-Urteil vom 13. 11. 1997 V R 138/92, BFH/NV 1998 S. 419).*

Allein der Umstand, dass zur Bestimmung der zutreffenden Höhe des steuerlichen Einlagekontos nicht die mechanische Übernahme der im Jahresabschluss angegebenen Kapitalrücklage ausreicht, sondern auf einer zweiten Stufe noch weitere Sachverhaltsermittlungen zur tatsächlichen Höhe des steuerlichen Einlagekontos erforderlich sind, schließt eine offenbare Unrichtigkeit i. S. des § 129 Satz 1 AO nicht aus *(BFH-Urteil vom 8. 12. 2021 I R 47/18, BStBl. 2022 II S. 827).*

BFH-Urteil vom 14. 1. 2020 VIII R 4/17, BStBl. 2020 II S. 429: 1. Sind vom Steuerpflichtigen in seiner Steuererklärung angegebene Einkünfte im Einkommensteuerbescheid nicht berücksichtigt worden, weil die Anlage S zur Einkommensteuererklärung versehentlich nicht eingescannt und die angegebenen Einkünfte somit nicht in das elektronische System übernommen wurden, liegt ein mechanisches Versehen und somit grundsätzlich eine offenbare Unrichtigkeit i. S. des § 129 Satz 1 AO vor. 2. Ein mechanisches Versehen ist nicht mehr gegeben, sondern es liegt ein Fehler im Bereich der Sachverhaltsermittlung nach § 88 AO vor, wenn der Sachbearbeiter eine weitere Sachverhaltsermittlung unterlässt, obwohl sich ihm aufgrund der im Rahmen des **Risikomanagementsystems** ergangenen Prüf- und Risikohinweise eine weitere Prüfung des Falles hätte aufdrängen müssen.

[Fortsetzung nächste Seite]

behörde berechtigt, die Vorlage des Schriftstücks zu verlangen, das berichtigt werden soll.

AEAO

Zu § 129 – Offenbare Unrichtigkeit beim Erlass eines Verwaltungsakts:

1. Ähnliche offenbare Unrichtigkeiten i. S. d. § 129 AO sind mechanische Versehen, wie beispielsweise Eingabe- oder Übertragungsfehler. Eine offenbare Unrichtigkeit kann daher auch vorliegen, wenn der Sachbearbeiter den Eingabewertbogen falsch ausfüllt oder Daten versehentlich nicht oder falsch in ein Computerprogramm eingibt. 2

Ein mechanisches Versehen wird ferner angenommen, wenn der Sachbearbeiter es versehentlich unterlassen hat, die für die Veranlagung eines Jahres vorliegenden Unterlagen auszuwerten, die ihm vom Steuerpflichtigen unterjährig übersandt wurden (vgl. BFH-Urteil vom 27. 5. 2009, X R 47/08, BStBl. II S. 946). Gleiches gilt für das Übersehen einer für den Veranlagungszeitraum einschlägigen Kontrollmitteilung, eines relevanten Grundlagenbescheids (vgl. dazu auch AEAO zu § 175, Nr. 1.2 2. Tiret) oder von Punkten eines Betriebsprüfungsberichts bzw. dessen widersprüchliche oder gar unterlassene Auswertung (vgl. u. a. BFH-Urteil vom 27. 11. 2003, V R 52/02, BFH/NV 2004 S. 605).

2. Keine offenbaren Unrichtigkeiten i. S. v. § 129 AO sind Fehler bei der Auslegung oder (Nicht-)Anwendung einer Rechtsnorm, eine unrichtige Tatsachenwürdigung, die unzutreffende Annahme eines in Wirklichkeit nicht vorliegenden Sachverhalts sowie Fehler, die auf mangelnder Sachaufklärung beruhen. Eine Berichtigung nach § 129 AO ist bereits dann ausgeschlossen, wenn auch nur die ernsthafte und nicht nur theoretische Möglichkeit besteht, dass ein derartiger Fehler vorliegt. 3

[Fortsetzung]

Einigen sich der Stpfl. und das FA auf die zusätzliche Berücksichtigung von Werbungskosten bei den Einkünften aus nichtselbständiger Arbeit innerhalb eines Rechtsbehelfsverfahrens und übersehen sie bei ihrer Einigung, dass der streitige Betrag in dem angefochtenen Bescheid bereits als Verlust bei den Einkünften aus Gewerbebetrieb berücksichtigt war, so liegt eine Verletzung der Amtsermittlungspflicht des FA nicht außerhalb aller Wahrscheinlichkeit, was die Annahme einer ähnlichen offenbaren Unrichtigkeit ausschließt *(BFH Urteil vom 16. 3. 2000 IV R 3/99, BStBl. II S. 372).*

BFH-Urteil vom 16. 1. 2018 VI R 41/16, BStBl. II S. 378: 1. Gleicht das FA bei einer Papiererklärung den elektronisch übermittelten und der Steuererklärung beigestellten Arbeitslohn generell nicht mit dem vom Steuerpflichtigen in der Einkommensteuererklärung erklärten Arbeitslohn ab und werden die Einnahmen aus nichtselbständiger Arbeit im Einkommensteuerbescheid infolgedessen unzutreffend erfasst, liegt darin keine offenbare Unrichtigkeit i. S. des § 129 AO. 2. Stimmen der vom Steuerpflichtigen erklärte und der der Einkommensteuererklärung beigestellte Arbeitslohn nicht überein, hat der Sachbearbeiter regelmäßig – ggf. in weiteren Datenbanken – zu ermitteln, welches der zutreffende Arbeitslohn ist.

BFH-Urteil vom 11. 7. 2007 XI R 17/05, BFH/NV S. 1810: 1. Bei der Nichtbeachtung einer für das maschinelle Veranlagungsverfahren geltenden Dienstanweisung kann es sich um ein mechanisches Versehen i. S. von § 129 AO handeln. 2. Die Grundsätze, die die Rechtsprechung in Bezug auf Eintragungen in Eingabewertbögen für die automatische Datenverarbeitung entwickelt hat, gelten entsprechend, wenn Daten direkt in die automatische Datenverarbeitung eingegeben werden. 3. Eine oberflächliche Behandlung des Steuerfalls durch die Finanzbehörde hindert eine Berichtigung nach § 129 AO nicht. 4. Eine im konkreten Fall festgestellte offenbare Unrichtigkeit wird nicht dadurch zu einem die Berichtigung nach § 129 AO ausschließenden Tatsachenirrtum oder Rechtsirrtum, dass der gleiche Fehler noch in zahlreichen anderen Fällen vorgekommen ist.

BFH-Urteil vom 10. 3. 2020 IX R 29/18, BStBl. II S. 698: 1. Steht nach Aktenlage nicht fest, ob ein mechanisches Versehen oder ob ein anderer die Anwendung von § 129 Satz 1 AO ausschließender Fehler zu einer offenbaren Unrichtigkeit des Bescheids geführt hat, muss das FG den Sachverhalt insoweit aufklären und gegebenenfalls auch Beweis erheben. 2. Lässt sich nicht abschließend klären, wie es zu der Unrichtigkeit im Bescheid gekommen ist und stehen sich zwei nicht nur theoretisch denkbare hypothetische Geschehensabläufe gegenüber, von denen einer eine Berichtigung ausschließt, darf nicht berichtigt werden. 3. Eine Berichtigung nach § 129 Satz 1 AO ist auch ausgeschlossen, wenn das FA feststehenden Akteninhalt (6 Seiten Anlagen zur Anlage G) bewusst nicht zur Kenntnis nimmt und wenn sicher anzunehmen ist, dass bei gebotener Kenntnisnahme ein mechanischer Übertragungsfehler bemerkt und/oder vermieden worden wäre. Dann ist nicht allein der mechanische Übertragungsfehler für die Unrichtigkeit des Bescheids ursächlich geworden, sondern zugleich ein die Willensbildung betreffender Fehler. 4. Die objektive Feststellungslast trifft das FA, wenn es sich auf die Berichtigungsvorschrift beruft.

BFH-Urteil vom 10. 12. 2019 IX R 23/18, BStBl. 2020 II S. 371: 1. § 129 AO ist nicht anwendbar, wenn auch nur die ernsthafte Möglichkeit besteht, dass die Nichtbeachtung einer feststehenden Tatsache in einer fehlerhaften Tatsachenwürdigung oder einem sonstigen sachverhaltsbezogenen Denk- oder Überlegungsfehler begründet ist oder auf mangelnder Sachverhaltsaufklärung beruht. 2. Ob ein mechanisches Versehen oder ein die Berichtigung nach § 129 AO ausschließender Tatsachen- oder Rechtsirrtum vorliegt, muss nach den Verhältnissen des Einzelfalls und dabei insbesondere nach der Aktenlage beurteilt werden. Dabei handelt es sich im Wesentlichen um eine Tatfrage; die revisionsrechtliche Prüfung beschränkt sich darauf, ob das FG im Rahmen der Gesamtwürdigung von zutreffenden Kriterien ausgegangen ist, alle maßgeblichen Beweisanzeichen in seine Beurteilung einbezogen und dabei nicht gegen Denkgesetze oder Erfahrungssätze verstoßen hat.

Der Änderungsbefugnis (§ 164 Abs. 2 AO) steht eine gegenüber den Steuerberechtigten unterbliebene Vorbehaltskennzeichnung nicht entgegen, wenn sie gem. § 129 AO nachgeholt werden kann *(BFH-Urteil vom 27. 3. 1996 I R 83/94, BStBl. II S. 509).*

Wird eine Eintragung in einem Steuererklärungsformular in einer falschen Zeile vorgenommen, so kommt eine offenbare Unrichtigkeit nach § 129 AO nur in Betracht, wenn ein **Rechtsfehler** ausgeschlossen ist *(BFH-Urteil vom 26. 10. 2016 X R 1/14, BFH/NV 2017 S. 257).*

Die Entscheidung über die Anwendung oder Nichtanwendung des Halbeinkünfteverfahrens im Folgebescheid setzt eine rechtliche Würdigung voraus, die eine Berichtigung nach § 129 AO wegen einer offenbaren Unrichtigkeit ausschließt *(BFH-Urteil vom 10. 5. 2016 IX R 4/15, BFH/NV S. 1425).*

Bei der Unterlassung der Übernahme des Vorbehaltsvermerks aus der Aktenverfügung in den Bescheid handelt es sich um eine gem. § 129 AO jederzeit zu berichtigende offenbare Unrichtigkeit. Es ist nicht erforderlich, dass die Unrichtigkeit aus dem Bescheid erkennbar ist. Anhaltspunkte für die Möglichkeit eines Fehlers in der Tatsachenwürdigung oder bei der Anwendung einer Rechtsnorm, der eine Berichtigung wegen offenbarer Unrichtigkeit ausschließt, liegen nicht vor *(BFH-Urteil vom 17. 11. 1998 III R 2/97, BStBl. 1999 II S. 62).*

AEAO

4 **3.** Ein Fehler ist dann „offenbar" i. S. d. § 129 AO, wenn er auf der Hand liegt, durchschaubar, eindeutig oder augenfällig ist, d. h. sich für einen unvoreingenommenen Dritten ohne weiteres aus der Steuererklärung, deren Anlagen sowie den in den Akten befindlichen Unterlagen für das betreffende Veranlagungsjahr ergibt (vgl. BFH-Urteil vom 27. 5. 2009, X R 47/08, BStBl. II S. 946). In den objektivierten Erkenntnishorizont des Dritten sind daneben regelmäßig aber auch im konkreten Fall einschlägige interne Arbeits- und Dienstanweisungen einzubeziehen (vgl. u. a. BFH-Urteil vom 13. 6. 2012, VI R 85/10, BStBl. 2013 II S. 5). Es kommt nicht darauf an, ob der Steuerpflichtige die Unrichtigkeit anhand des Bescheids und der ihm vorliegenden Unterlagen erkennen konnte.

5 **4.** Die offenbare Unrichtigkeit muss beim Erlass des Verwaltungsakts unterlaufen sein. Daher können nur Fehler berichtigt werden, die der Finanzbehörde unterlaufen sind. Eine offenbare Unrichtigkeit kann aber auch dann vorliegen, wenn das Finanzamt eine in der Steuererklärung oder dieser beigefügten Anlagen enthaltene offenbare, d. h. für das Finanzamt erkennbare Unrichtigkeit als eigene übernimmt. Übersieht das Finanzamt bei der Einkommensteuerveranlagung, dass der Steuerpflichtige in seiner vorgelegten Gewinnermittlung die bei der Umsatzsteuererklärung für denselben Veranlagungszeitraum erklärten und erklärungsgemäß berücksichtigten Umsatzsteuerzahlungen in Gänze nicht als Betriebsausgabe erfasst hat, liegt insoweit eine von Amts wegen zu berichtigende offenbare Unrichtigkeit nach § 129 AO vor, auch wenn in diesem Fall noch Ermittlungen zur Höhe des tatsächlich zu berücksichtigenden Betrags erforderlich sind (vgl. BFH-Urteil vom 27. 8. 2013, VIII R 9/11, BStBl. 2014 II S. 439). Eine offenbare Unrichtigkeit liegt dagegen nicht vor, wenn der Steuerpflichtige nicht sämtliche Umsatzsteuer-Vorauszahlungen bei den Betriebsausgaben außer Acht gelassen, sondern im Rahmen seiner Steuererklärung einen Gesamtbetrag eingesetzt hat, der nicht von vornherein unrealistisch war (vgl. BFH-Urteile vom 3. 5. 2017, X R 4/16, BFH/NV S. 1415, und vom 17. 5. 2017, X R 45/16, BFH/NV 2018 S. 10).

Bei Fehlern des Steuerpflichtigen bei Erstellung seiner Steuererklärung ist zwischen der Rechtslage bis 2016 und ab 2017 zu unterscheiden:

– Soweit der Steuerbescheid nach dem 31. 12. 2016 erlassen wurde, vgl. AEAO zu § 173 a.
– Soweit der Steuerbescheid vor dem 1. 1. 2017 erlassen wurde, gilt Folgendes:
  Sind dem Steuerpflichtigen bei Erstellung seiner Steuererklärung Fehler (insbesondere Schreib- oder Rechenfehler) unterlaufen und hat er demzufolge dem Finanzamt bestimmte Tatsachen nicht oder mit einem unzutreffenden Wert mitgeteilt, kann der Steuerbescheid nicht nach § 129 AO berichtigt werden, da das Finanzamt den Fehler nicht erkennen und diesen sich somit auch nicht zu eigen machen konnte. Allerdings kommt bei steuerermäßigenden Tatsachen eine Änderung nach § 173 Abs. 1 Nr. 2 AO in Betracht, wenn den Steuerpflichtigen kein grobes Verschulden am nachträglichen Bekanntwerden der zutreffenden Tatsachen trifft (vgl. AEAO zu § 173, Nr. 5) und diese Tatsachen auch bei Erlass des ursprünglichen Steuerbescheids rechtserheblich waren (vgl. AEAO zu § 173, Nr. 3). Dafür, dass die ursprüngliche Nichterklärung auf einem mechanischen Versehen beruht, trägt der Steuerpflichtige die Beweislast (vgl. AEAO zu § 173, Nr. 5.1 und 5.1.3). Die Form der Steuererklärung ist hierbei unerheblich (vgl. AEAO zu § 173, Nr. 5.6).

6 **5.** Bei einer Berichtigung nach § 129 AO können im Wege pflichtgemäßer Ermessensausübung unter sinngemäßer Anwendung des § 177 AO materielle Fehler korrigiert werden (BFH-Urteil vom 8. 3. 1989, X R 116/87, BStBl. II S. 531).

7 **6.** Die Berichtigung zugunsten und zuungunsten des Steuerpflichtigen ist
– bei Steuerfestsetzungen und Zinsbescheiden nur innerhalb der Festsetzungsfrist (§ 169 Abs. 1 Satz 2 und § 239 Abs. 1 AO),
– bei Aufteilungsbescheiden nur bis zur Beendigung der Vollstreckung (§ 280 AO),
– bei Verwaltungsakten, die sich auf Zahlungsansprüche richten, bis zum Ablauf der Zahlungsverjährung (§ 228 AO),
– bei anderen Verwaltungsakten zeitlich unbeschränkt

zulässig. Auf die besondere Ablaufhemmung der Festsetzungsfrist nach § 171 Abs. 2 Satz 1 AO wird hingewiesen.

7. Zur Korrektur von Haftungs- und Duldungsbescheiden vgl. AEAO zu § 191. Zur Anfechtungsbeschränkung vgl. AEAO zu § 351, Nr. 3.

Vor §§ 130, 131 – Rücknahme und Widerruf von Verwaltungsakten:

1 **1.** Die §§ 130 bis 133 AO gelten für Rücknahme oder Widerruf von Verwaltungsakten nur, soweit keine Sonderregelungen bestehen (Hinweis auf §§ 172 ff. AO für Steuerbescheide; §§ 206, 207 AO für verbindliche Zusagen; § 280 AO für Aufteilungsbescheide). Dabei bestehen hinsichtlich der Bestandskraft unanfechtbarer Verwaltungsakte Unterschiede zwischen begünstigenden Verwaltungsakten und nicht begünstigenden Verwaltungsakten.

2 **2.** Begünstigende Verwaltungsakte sind insbesondere
– Gewährung von Entschädigungen (§ 107 AO),
– Fristverlängerungen (§ 109 AO),
– Gewährung von Buchführungserleichterungen (§ 148 AO),
– Billigkeitsmaßnahmen (§§ 163, 227, 234 Abs. 2 AO),

– Verlegung des Beginns einer Außenprüfung (§ 197 Abs. 2 AO),
– Stundungen (§ 222 AO),
– Einstellung oder Beschränkung der Vollstreckung (§§ 257, 258 AO),
– Aussetzung der Vollziehung (§ 361 AO, § 69 Abs. 2 FGO).

3. Nicht begünstigende Verwaltungsakte sind insbesondere 3
– Ablehnung beantragter begünstigender Verwaltungsakte,
– Festsetzung von steuerlichen Nebenleistungen (§ 3 Abs. 4, § 218 Abs. 1 AO),
– Ablehnung einer Erstattung von Nebenleistungen (§ 37 Abs. 2, § 218 Abs. 2 AO),
– Auskunftsersuchen (§§ 93 ff. AO),
– Aufforderung zur Buchführung (§ 141 Abs. 2 AO),
– Haftungsbescheide (§ 191 AO),
– Duldungsbescheide (§ 191 AO),
– Prüfungsanordnungen (§ 196 AO),
– Anforderung von Säumniszuschlägen (§ 240 AO),
– Pfändungen (§ 281 AO).

4. In Fällen der Korrektur von Verspätungszuschlagfestsetzungen infolge von Korrekturen der Steuerfestsetzung, der Feststellung von Besteuerungsgrundlagen oder der Anrechnung von Vorauszahlungen oder Steuerabzugsbeträgen gilt § 152 Abs. 12 AO (AEAO zu § 152, Nr. 12). Zur Korrektur von Haftungs- und Duldungsbescheiden vgl. AEAO zu § 191. 4

5. Verwaltungsakte über Billigkeitsmaßnahmen nach § 163 Abs. 1 AO stehen in den Fällen des § 163 Abs. 3 AO kraft Gesetzes unter Widerrufsvorbehalt. Die Rücknahme eines rechtswidrigen Verwaltungsakts richtet sich in diesen Fällen nach § 163 Abs. 4 Satz 1 AO. 5

§ 130[1] Rücknahme eines rechtswidrigen Verwaltungsakts AO

(1) **Ein rechtswidriger Verwaltungsakt kann, auch nachdem er unanfechtbar geworden ist, ganz oder teilweise mit Wirkung für die Zukunft oder für die Vergangenheit zurückgenommen werden.**[2] 1

(2)[3] **Ein Verwaltungsakt, der ein Recht oder einen rechtlich erheblichen Vorteil begründet oder bestätigt hat (begünstigender Verwaltungsakt), darf nur dann zurückgenommen werden, wenn** 2

[1] Keine Anwendung auf Steuerbescheide; s. § 172 Abs. 1 Nr. 2 Buchst. d 2. Halbsatz.

[2] Vgl. *BFH-Urteil vom 9. 5. 1985 IV R 172/83, BStBl. II S. 579:* 1. Auch ein nichtiger Steuerverwaltungsakt kann seitens der Finanzbehörde als rechtswidrig gem. § 130 Abs. 1 AO zurückgenommen werden. 2. Im Falle der Zurücknahme einer Prüfungsanordnung gem. § 130 Abs. 1 AO besteht i. d. R. kein berechtigtes Interesse für eine Fortsetzungsfeststellungsklage gem. § 100 Abs. 1 Satz 4 FGO.

Die Ablehnung einer nach § 130 Abs. 1 beantragten Zurücknahme eines rechtswidrigen bestandskräftigen VAs ist i. d. R. dann ermessensfehlerfrei, wenn der Betroffene zur Begründung seines Antrags nur solche Umstände vorträgt, die er bei fristgerechter Einlegung des statthaften Rechtsbehelfs hätte vorbringen können *(BFH-Urteil vom 26. 3. 1991 VII R 15/89, BStBl. II S. 552).*

Die Finanzbehörde muss bei ihrer Entscheidung über die Rücknahme eines rechtswidrigen bestandskräftigen Verwaltungsakts nach § 130 Abs. 1 AO nur bei offensichtlichen und schwerwiegenden Rechtsverstößen in eine erneute Sachprüfung eintreten. In einem solchen Fall darf sie den Antrag auf Rücknahme nicht mit dem bloßen Hinweis auf die Bestandskraft des Verwaltungsakts ablehnen *(BFH-Beschluss vom 12. 4. 2005 VII B 81/04, BFH/NV S. 1478).*

Ein auflösend bedingt erlassener begünstigender Verwaltungsakt kann nicht wegen Nichteinhaltung der Begünstigungsvoraussetzungen aufgehoben werden, wenn sich die Umstände seit Erlass des Verwaltungsaktes nicht geändert haben, sondern die Voraussetzungen für die Begünstigung von vornherein nicht vorlagen. Ob eine Rücknahme möglich ist, richtet sich nach den Voraussetzungen des § 130 AO *(BFH-Urteil vom 16. 6. 1994 IV R 48/93, BStBl. 1996 II S. 82).*

Entscheidendes Kriterium für die Ermessensentscheidung, ob ein Bescheid nach § 130 Abs. 1 AO zurückgenommen wird, ist nach der insoweit einhelligen Rspr. des BFH die Zumutbarkeit der Durchführung eines Rechtsbehelfsverfahrens für den Betroffenen. Der Aspekt der „Schwere und Offensichtlichkeit des Rechtsverstoßes" *(BFH-Urteil vom 9. 3. 1989 VI R 101/84, BStBl. II S. 749)* kann nur dann als zusätzliches, eigenständiges Kriterium bei der Ermessensprüfung relevant werden, wenn der Betroffene in der Begründung seines Antrags auf Rücknahme des Bescheids substantiiert dazu Tatsachen vorgetragen und schlüssig die Rechtswidrigkeit des Verwaltungsakts (in diesem qualifizierten Sinne) dargelegt hat. Nur dann ist die Behörde zum Eintritt in eine Sachprüfung gezwungen und darf sich nicht auf den Hinweis auf die Bestandskraft des Bescheids beschränken *(BFH-Beschluss vom 22. 6. 1999 VII B 244/98, BFH/NV S. 1583).*

[3] Zur Anwendung im Rechtsbehelfsverfahren vgl. § 132 AO.

§ 130 Abs. 2 Nr. 4 AO enthält ermessenslenkende Vorgaben **(intendiertes Ermessen).** Deshalb ist eine Anrechnungsverfügung im Allgemeinen im Interesse von Gesetzmäßigkeit und Gleichmäßigkeit der Besteuerung zurückzunehmen, wenn der Begünstigte deren Rechtswidrigkeit erkannt oder lediglich infolge grober Fahrlässigkeit nicht erkannt hat. Diese Regelfolge des § 130 Abs. 2 Nr. 4 AO ist grundsätzlich nicht begründungsbedürftig *(BFH-Urteil vom 26. 6. 2007 VII R 35/06, BStBl. II S. 743).*

Nach Zurücknahme eines Haftungsbescheids liegt in dem späteren Erlass eines erneuten Bescheids für denselben Sachverhalt die Rücknahme eines begünstigenden Verwaltungsakts *(BFH-Urteil vom 22. 1. 1985 VII R 112/81, BStBl. II S. 562).*

Unter Abs. 2 fällt auch eine **Nichtveranlagungsbescheinigung** nach §§ 36 Abs. 2 und 44 a EStG *(BFH-Urteil vom 16. 10. 1991 I R 65/90, BStBl. 1992 II S. 322).*

Abs. 2 ist auch anzuwenden auf **deklaratorische (bestätigende) Verwaltungsakte,** z. B. rechtsbestätigende Anrechnungsverfügungen, wie die Anrechnung der Vorauszahlungen und der Steuerabzugsbeträge bei der ESt und Abrechnung der USt-Vz. im Zusammenhang mit der USt-Jahresveranlagung. Eine zu hohe Anrechnung von Vorauszahlungen kann also vom FA nur berichtigt werden, wenn die Voraussetzungen des Abs. 2 vorliegen *(BFH-Urteile vom 16. 10. 1986 VII R 159/83, BStBl. 1987 II S. 405; vom 15. 4. 1997 VII R 100/96, BStBl. II S. 787).* Siehe auch Anm. zu § 218.

Über § 130 Abs. 2 hinaus ist die Rücknahme eines begünstigenden Verwaltungsaktes auch in den Fällen des § 131 Abs. 2 Nr. 1 u. 2 möglich *(BFH-Urteil vom 30. 11. 1982 VIII R 9/80, BStBl. 1983 II S. 187).*

1. er von einer sachlich unzuständigen Behörde erlassen worden ist,

2. er durch unlautere Mittel wie arglistige Täuschung, Drohung oder Bestechung erwirkt worden ist,

3. ihn der Begünstigte durch Angaben erwirkt hat, die in wesentlicher Beziehung unrichtig oder unvollständig waren,[1]

4. seine Rechtswidrigkeit dem Begünstigten bekannt oder infolge grober Fahrlässigkeit nicht bekannt war.

3 (3) ① **Erhält die Finanzbehörde von Tatsachen Kenntnis, welche die Rücknahme eines rechtswidrigen begünstigenden Verwaltungsakts rechtfertigen, so ist die Rücknahme nur innerhalb eines Jahres seit dem Zeitpunkt der Kenntnisnahme zulässig.** ② **Dies gilt nicht im Fall des Absatzes 2 Nummer 2.**

4 (4) **Über die Rücknahme entscheidet nach Unanfechtbarkeit des Verwaltungsakts die nach den Vorschriften über die örtliche Zuständigkeit[2] zuständige Finanzbehörde; dies gilt auch dann, wenn der zurückzunehmende Verwaltungsakt von einer anderen Finanzbehörde erlassen worden ist; § 26 Satz 2 bleibt unberührt.**

AEAO

Zu § 130 – Rücknahme eines rechtswidrigen Verwaltungsakts:

5 **1.** Ein Verwaltungsakt ist rechtswidrig, wenn er im Zeitpunkt seines Erlasses ganz oder teilweise gegen zwingende gesetzliche Vorschriften (§ 4 AO) verstößt, ermessensfehlerhaft ist (vgl. AEAO zu § 5) oder eine Rechtsgrundlage überhaupt fehlt. Eine nachträgliche Änderung der Sach- oder Rechtslage hingegen macht einen ursprünglich rechtmäßigen Verwaltungsakt grundsätzlich nicht i. S. d. § 130 AO rechtswidrig, es sei denn, es läge ein Fall steuerrechtlicher Rückwirkung vor, welche den Verwaltungsakt erfasst (vgl. BFH-Urteil vom 9. 12. 2008, VII R 43/07, BStBl. 2009 II S. 344). Besonders schwerwiegende Fehler haben die Nichtigkeit und damit die Unwirksamkeit zur Folge (§ 125 i. V. m. § 124 Abs. 3 AO). Liegt kein Fall der Nichtigkeit vor, so wird der rechtswidrige Verwaltungsakt zunächst wirksam.

6 **2.** Die Finanzbehörde entscheidet im Rahmen ihres Ermessens, ob sie eine Überprüfung eines rechtswidrigen, unanfechtbaren Verwaltungsakts vornehmen soll. Die Finanzbehörde braucht nicht in die Überprüfung einzutreten, wenn der Steuerpflichtige nach Ablauf der Einspruchsfrist die Rechtswidrigkeit lediglich behauptet und Gründe, aus denen sich schlüssig die Rechtswidrigkeit des belastenden Verwaltungsakts ergibt, nicht näher bezeichnet (vgl. BFH-Urteil vom 9. 3. 1989, VI R 101/84, BStBl. II S. 749). Ist die Fehlerhaftigkeit eines Verwaltungsakts festgestellt, so ist zunächst die mögliche Nichtigkeit (§ 125 AO), danach die Möglichkeit der Berichtigung offenbarer Unrichtigkeiten (§ 129 AO), danach die Möglichkeit der Heilung von Verfahrens- und Formfehlern (§§ 126, 127 AO), danach die Möglichkeit der Umdeutung (§ 128 AO) und danach die Rücknahme zu prüfen.

7 **3.** Nicht begünstigende rechtswidrige Verwaltungsakte können jederzeit zurückgenommen werden, auch wenn die Einspruchsfrist abgelaufen ist. Eine teilweise Rücknahme ist zulässig.

Beispiel:

Ein Verspätungszuschlag ist mit einem Betrag festgesetzt worden, der mehr als 10% der festgesetzten Steuer ausmacht (Verstoß gegen § 152 Abs. 2 AO a. F.). Die Festsetzung kann insoweit zurückgenommen werden, wie sie 10% übersteigt; sie bleibt im Übrigen bestehen.

8 **4.** Die Rücknahme eines begünstigenden rechtswidrigen Verwaltungsakts ist nur unter Einschränkungen möglich (§ 130 Abs. 2 und 3 AO). Unter einer Begünstigung i. S. d. Vorschriften ist jede Rechtswirkung zu verstehen, an deren Aufrechterhaltung der vom Verwaltungsakt Betroffene ein schutzwürdiges Interesse hat (BFH-Urteil vom 16. 10. 1986, VII R 159/83, BStBl. 1987 II S. 405). Sofern die Rücknahme zulässig und wirksam ist, kann die Finanzbehörde aufgrund des veränderten Sachverhalts oder der veränderten Rechtslage einen neuen Verwaltungsakt erlassen, der für den Beteiligten weniger vorteilhaft ist.

Beispiele:

a) Ein Verspätungszuschlag ist unter Abweichung von der sonst beim Finanzamt üblichen Anwendung der Grundsätze des § 152 AO a. F. auf 500 € festgesetzt worden. Eine Überprüfung des Falles ergibt, dass eine Festsetzung i. H. v. 1 000 € richtig gewesen wäre. Die Rücknahme der Festsetzung, verbunden mit einer neuen höheren Festsetzung, ist rechtlich zulässig, wenn die niedrige Festsetzung auf unrichtigen oder unvollständigen Angaben des Steuerpflichtigen beruhte (§ 130 Abs. 2 Nr. 3 AO).

b) Der Steuerpflichtige hat durch arglistige Täuschung über seine Vermögens- und Liquiditätslage eine Stundung ohne Sicherheitsleistung erwirkt. Die Finanzbehörde kann die Stundungsverfügung mit Wirkung für die Vergangenheit zurücknehmen (§ 130 Abs. 2 Nr. 2 AO), für die Vergangenheit Säumniszuschläge anfordern und eine in die Zukunft wirkende neue Stundung von einer Sicherheitsleistung abhängig machen.

---

[1] § 130 Abs. 2 Nr. 3 AO enthält ermessenslenkende Vorgaben; eine abwägende Stellungnahme des Finanzamts zur Rücknahme des durch falsche Angaben erwirkten rechtswidrigen begünstigenden Verwaltungsakts ist nicht erforderlich, wenn der Begünstigte von der Unrichtigkeit seiner Angaben wusste oder zumindest hätte wissen können und müssen (*BFH-Urteil vom 11. 11. 2020 XI R 41/18, BStBl. 2023 II S. 288*).

Eine Verlängerung der Frist zur Abgabe einer Steuererklärung ist in der Regel mit Wirkung für die Vergangenheit zurückzunehmen, wenn die Fristverlängerung auf unzutreffenden Angaben des Stpfl. beruht *(BFH-Urteil vom 18. 4. 1991 IV R 127/89, BStBl. II S. 675)*.

[2] Zum Wechsel der örtlichen Zuständigkeit vgl. § 26 AO.

5. § 130 Abs. 3 AO normiert keine Prüfungsfrist, innerhalb derer die Finanzbehörde ihr bekannte Tatsachen rechtlich zu bewerten und aus ihnen die gebotenen Schlussfolgerungen zu ziehen hätte, sondern lediglich eine Entscheidungsfrist. Deshalb beginnt die Jahresfrist erst dann, wenn die Finanzbehörde tatsächlich die Erkenntnis gewonnen hat, dass ein Verwaltungsakt zurückgenommen bzw. widerrufen werden kann (vgl. BVerwG-Beschluss vom 19. 12. 1984, GrS 1 und 2/84, BVerwGE 70 S. 356, und daran anschließend die ständige Rechtsprechung des BFH, vgl. u. a. Urteil vom 9. 12. 2008, VII R 43/07, BStBl. 2009 II S. 344). Dies ist der Fall, wenn die Finanzbehörde ohne weitere Sachaufklärung objektiv in der Lage ist, unter sachgerechter Ausübung ihres Ermessens über Rücknahme bzw. Widerruf des Verwaltungsakts zu entscheiden. 9

§ 131[1, 2] Widerruf eines rechtmäßigen Verwaltungsakts

AO

(1) **Ein rechtmäßiger nicht begünstigender Verwaltungsakt kann,[3] auch nachdem er unanfechtbar geworden ist, ganz oder teilweise mit Wirkung für die Zukunft widerrufen werden, außer wenn ein Verwaltungsakt gleichen Inhalts erneut erlassen werden müsste oder aus anderen Gründen ein Widerruf unzulässig ist.** 1

(2) ① **Ein rechtmäßiger begünstigender Verwaltungsakt darf, auch nachdem er unanfechtbar geworden ist, ganz oder teilweise mit Wirkung für die Zukunft nur widerrufen werden,** 2

1. wenn der Widerruf durch Rechtsvorschrift zugelassen oder im Verwaltungsakt vorbehalten ist,

2. wenn mit dem Verwaltungsakt eine Auflage verbunden ist und der Begünstigte diese nicht oder nicht innerhalb einer ihm gesetzten Frist erfüllt hat,

3.[4] wenn die Finanzbehörde auf Grund nachträglich eingetretener Tatsachen berechtigt wäre, den Verwaltungsakt nicht zu erlassen, und wenn ohne den Widerruf das öffentliche Interesse gefährdet würde.

② **§ 130 Abs. 3 gilt entsprechend.**

(3) **Der widerrufene Verwaltungsakt wird mit dem Wirksamwerden des Widerrufs unwirksam, wenn die Finanzbehörde keinen späteren Zeitpunkt bestimmt.** 3

(4) **Über den Widerruf entscheidet nach Unanfechtbarkeit des Verwaltungsakts die nach den Vorschriften über die örtliche Zuständigkeit[5] zuständige Finanzbehörde; dies gilt auch dann, wenn der zu widerrufende Verwaltungsakt von einer anderen Finanzbehörde erlassen worden ist.** 4

Zu § 131 – Widerruf eines rechtmäßigen Verwaltungsakts:

AEAO

1. Ein Verwaltungsakt ist rechtmäßig, wenn er zum Zeitpunkt des Wirksamwerdens (Bekanntgabe) dem Gesetz (§ 4 AO) entspricht. Ändert sich der Sachverhalt durch nachträglich eingetretene Tatsachen oder lässt das Gesetz in derselben Sache unterschiedliche Verwaltungsakte zu (Ermessensentscheidungen), so kann der rechtmäßige Verwaltungsakt unter bestimmten Voraussetzungen mit Wirkung für die Zukunft widerrufen werden. 5

2. § 131 Abs. 2 Nr. 3 AO betrifft nur die Änderung tatsächlicher, nicht rechtlicher Verhältnisse. Der Begriff „Tatsache" bezeichnet in dieser Vorschrift dasselbe wie in § 173 AO (vgl. AEAO zu § 173, Nr. 1). „Tatsache" ist auch die steuerrechtliche Beurteilung eines Sachverhalts in einem anderen Bescheid, soweit dieser Bescheid Bindungswirkung für den zu widerrufenden Bescheid hat (vgl. BFH-Urteile vom 13. 1. 2005, II R 48/02, BStBl. II S. 451, und vom 9. 12. 2008, VII R 43/07, BStBl. 2009 II S. 344). Das öffentliche Interesse i. S. d. Vorschrift ist immer dann gefährdet, wenn bei einem Festhalten an der getroffenen Entscheidung der Betroffene gegenüber anderen Steuerpflichtigen bevorzugt würde. 6

3. Ein Steuererlass kann nicht widerrufen werden. Die nachträgliche Verbesserung der Liquiditäts- oder Vermögenslage ist unbeachtlich. Für die Rücknahme gilt § 130 Abs. 2 und 3 AO. 7

4. Ein rechtmäßiger begünstigender Verwaltungsakt darf jederzeit um einen weiteren rechtmäßigen Verwaltungsakt ergänzt werden. 8

Beispiele:

a) Verlängerung oder Erhöhung einer Stundung,
b) weitere Fristverlängerung,
c) Gewährung ergänzender Buchführungserleichterungen,
d) Erhöhung des zu erlassenden Steuerbetrages.

---

[1] Siehe auch AEAO vor §§ 130, 131.

[2] Keine Anwendung auf Steuerbescheide; s. § 172 Abs. 1 Nr. 2 Buchst. d 2. Halbsatz.

[3] Für die gerichtliche Überprüfung einer behördlichen Ermessensentscheidung sind die tatsächlichen Verhältnisse im Zeitpunkt der letztinstanzlichen Verwaltungsentscheidung auch dann maßgebend, wenn der angefochtene Verwaltungsakt im Zeitpunkt der gerichtlichen Entscheidung noch nicht vollzogen ist *(BFH-Urteil vom 26. 3. 1991 VII R 66/90, BStBl. II S. 545).*

[4] *BFH-Urteil vom 12. 11. 2013, VII R 28/12, BFH/NV 2014 S. 339:* 1. Der gegen den Steuerpflichtigen erlassene Steuerbescheid hat für die Anrechnungsverfügung ähnlich einem Grundlagenbescheid bindende Wirkung. Steuerabzüge, die auf Einkunftsteile entfallen, die bei der Veranlagung nicht erfasst worden sind, sind von der Anrechnung ausgeschlossen. 2. Wird die Steuerfestsetzung geändert, ist die Anrechnungsverfügung ggf. gemäß § 131 Abs. 2 Nr. 3 AO zu ändern.

[5] Zum Wechsel der örtlichen Zuständigkeit vgl. § 26 AO.

9 **5.** Dementsprechend bedarf es bei demselben Sachverhalt nicht des Widerrufs, wenn zu einem nicht begünstigenden rechtmäßigen Verwaltungsakt lediglich ein weiterer rechtmäßiger Verwaltungsakt hinzutritt.

Beispiele:

a) Wegen einer Steuerschuld von 2 500 € sind Wertpapiere im Werte von 1 500 € gepfändet worden. Es wird eine weitere Pfändung über 1 000 € verfügt.

b) Die Prüfungsanordnung für eine Außenprüfung umfasst den Prüfungszeitraum 1993 bis 1995. Die Prüfungsanordnung wird auf den Besteuerungszeitraum 1996 ausgedehnt.

c) Zur Klärung eines steuerlich bedeutsamen Sachverhalts wird das Kreditinstitut X um Auskunft über die Kontenstände des Steuerpflichtigen gebeten. Im Zuge der Ermittlungen wird auch die Angabe aller baren Einzahlungen über 5 000 € verlangt.

AO

§ 132 Rücknahme, Widerruf, Aufhebung und Änderung im Rechtsbehelfsverfahren

1 **① Die Vorschriften über Rücknahme, Widerruf, Aufhebung und Änderung von Verwaltungsakten gelten auch während eines Einspruchsverfahrens und während eines finanzgerichtlichen Verfahrens.[1] ② § 130 Absatz 2 und 3 und § 131 Absatz 2 und 3 stehen der Rücknahme und dem Widerruf eines von einem Dritten angefochtenen begünstigenden Verwaltungsakts während des Einspruchsverfahrens oder des finanzgerichtlichen Verfahrens nicht entgegen, soweit dadurch dem Einspruch oder der Klage abgeholfen wird.**

§ 133 Rückgabe von Urkunden und Sachen

1 **① Ist ein Verwaltungsakt unanfechtbar widerrufen oder zurückgenommen oder ist seine Wirksamkeit aus einem anderen Grund nicht oder nicht mehr gegeben, so kann die Finanzbehörde die auf Grund dieses Verwaltungsakts erteilten Urkunden oder Sachen, die zum Nachweis der Rechte aus dem Verwaltungsakt oder zu deren Ausübung bestimmt sind, zurückfordern. ② Der Inhaber und, sofern er nicht der Besitzer ist, auch der Besitzer dieser Urkunden oder Sachen sind zu ihrer Herausgabe verpflichtet. ③ Der Inhaber oder der Besitzer kann jedoch verlangen, dass ihm die Urkunden oder Sachen wieder ausgehändigt werden, nachdem sie von der Finanzbehörde als ungültig gekennzeichnet sind; dies gilt nicht bei Sachen, bei denen eine solche Kennzeichnung nicht oder nicht mit der erforderlichen Offensichtlichkeit oder Dauerhaftigkeit möglich ist.**

[1] Zur Anwendung im Finanzprozess s. §§ 68, 127 FGO sowie Anm. zu § 172 AO.

Zur Änderung von Verwaltungsakten während des finanzgerichtlichen Verfahrens (insbes. zur Problematik des § 68 FGO) s. *Vfg. OFD München vom 21. 7. 2015,* abgedr. im **Anhang II Nr. 1 a.**

Besonders zu beachten ist, dass ein im Laufe des finanzgerichtlichen Verfahrens ergehender Änderungsbescheid nicht dem Stpfl., sondern seinem Prozessbevollmächtigten bekanntzugeben ist, soweit ein solcher bestellt ist *(BFH-Urteil vom 5. 5. 1994 VI R 98/33, BStBl. II S. 806).*

Die Rechtsfrage, ob das FA im finanzgerichtlichen Verfahren einen angefochtenen Bescheid für endgültig erklären darf, ist nicht von grundsätzlicher Bedeutung. Stellt das FA im Klageverfahren fest, dass der angefochtene Bescheid ganz oder teilweise rechtswidrig ist, ist es berechtigt und verpflichtet, einen entsprechenden Änderungsbescheid zu erlassen. Dies gilt auch dann, soweit das FA erkennt, dass die gesetzlichen Voraussetzungen für die Beifügung eines Vorläufigkeitvermerks nicht bestehen *(BFH-Beschluss vom 14. 7. 2003 II B 121/01, BFH/NV 2004 S. 2).*

AO

Vierter Teil. Durchführung der Besteuerung

Erster Abschnitt. Erfassung der Steuerpflichtigen

1. Unterabschnitt. Personenstands- und Betriebsaufnahme

§§ 134–136 (weggefallen)

2. Unterabschnitt. Anzeigepflichten

§ 137 Steuerliche Erfassung von Körperschaften, Vereinigungen und Vermögensmassen

1 **(1) Steuerpflichtige, die nicht natürliche Personen sind, haben dem nach § 20 zuständigen Finanzamt und den für die Erhebung der Realsteuern zuständigen Gemeinden die Umstände anzuzeigen, die für die steuerliche Erfassung von Bedeutung sind, insbesondere die Gründung, den Erwerb der Rechtsfähigkeit, die Änderung der Rechtsform, die Verlegung der Geschäftsleitung oder des Sitzes und die Auflösung.**

2 **(2) Die Mitteilungen sind innerhalb eines Monats seit dem meldepflichtigen Ereignis zu erstatten.**

§ 138 Anzeigen über die Erwerbstätigkeit

1 **(1) ① Wer einen Betrieb der Land- und Forstwirtschaft, einen gewerblichen[1] Betrieb oder eine Betriebstätte eröffnet, hat dies nach amtlich vorgeschriebenem Vordruck der Gemeinde mitzuteilen, in der der Betrieb oder die Betriebstätte eröffnet wird; die Gemeinde unterrichtet unverzüglich das nach § 22 Absatz 1 zuständige Finanzamt von dem Inhalt der Mitteilung. ② Ist die Festsetzung der Realsteuern den Gemeinden nicht übertragen worden, so tritt an die Stelle der Gemeinde das nach § 22 Absatz 2 zuständige Finanzamt. ③ Wer eine freiberufliche Tätigkeit aufnimmt, hat dies dem nach § 19 zuständigen Finanzamt mitzuteilen. ④ Das Gleiche gilt für die Verlegung und die Aufgabe eines Betriebs, einer Betriebstätte oder einer freiberuflichen Tätigkeit. ⑤ Unternehmer im Sinne des § 21 Absatz 1 Satz 2 haben die Aufnahme einer im Geltungsbereich des Gesetzes umsatzsteuerbaren Tätigkeit dem nach der Umsatzsteuer-Zuständigkeitsverordnung zuständigen Finanzamt anzuzeigen, es sei denn, diese Unternehmer erbringen in Deutschland ausschließlich steuerbare und steuerpflichtige Umsätze, die in den besonderen Besteuerungsverfahren nach den §§ 18 i bis 18 k des Umsatzsteuergesetzes zu erklären sind.**

2 **(1 a) Unternehmer im Sinne des § 2 des Umsatzsteuergesetzes können ihre Anzeigepflichten nach Absatz 1 zusätzlich bei der für die Umsatzbesteuerung zuständigen Finanzbehörde elektronisch erfüllen.**

3 **(1 b) ① Sofern Steuerpflichtige gemäß Absatz 1 Satz 1 bis 3 verpflichtet sind, eine Betriebseröffnung oder Aufnahme einer freiberuflichen Tätigkeit mitzuteilen, haben sie dem in Absatz 1 bezeichneten Finanzamt weitere Auskünfte über die für die Besteuerung erheblichen rechtlichen und tatsächlichen Verhältnisse zu erteilen. ② Die Auskünfte im Sinne des Satzes 1 sind nach amtlich vorgeschriebenem Datensatz über die amtlich bestimmte Schnittstelle zu übermitteln.[2] ③ Auf Antrag kann das Finanzamt zur Vermeidung unbilliger Härten auf eine Übermittlung gemäß Satz 2 verzichten; in diesem Fall sind die Auskünfte im Sinne des Satzes 1 nach amtlich vorgeschriebenem Vordruck zu erteilen. ④ Die Sätze 1 bis 3 gelten entsprechend für Steuerpflichtige im Sinne des § 137, die nicht nach Absatz 1 zur Anzeige verpflichtet sind.**

(1 c) Das Bundesministerium der Finanzen kann im Einvernehmen mit den obersten Finanzbehörden der Länder durch ein im Bundessteuerblatt zu veröffentlichendes Schreiben Ausnahmen von der Verpflichtung zur Anzeige einer Erwerbstätigkeit nach Absatz 1 und der Auskunftspflicht nach Absatz 1 b gegenüber dem zuständigen Finanzamt bestimmen, soweit die anzuzeigende Tätigkeit keine oder nur geringfügige steuerliche Auswirkung hat.

4 **(2)[3] ① Steuerpflichtige mit Wohnsitz, gewöhnlichem Aufenthalt, Geschäftsleitung oder Sitz im Geltungsbereich dieses Gesetzes (inländische Steuerpflichtige) haben dem für sie nach den §§ 18 bis 20 zuständigen Finanzamt mitzuteilen:**

1. die Gründung und den Erwerb von Betrieben und Betriebstätten im Ausland;

---

[1] Zur gewerblichen Anzeigepflicht s. § 14 GewO.

[2] Zum Zeitpunkt der erstmaligen Anwendung des § 138 Abs. 1 b Satz 2 (Verpflichtung zur elektronischen Übermittlung) vgl. *BMF-Schreiben vom 17. 9. 2021, BStBl. I S. 1762,* nachstehend abgedruckt.

[3] Siehe hierzu auch *BMF-Schreiben vom 26. 4. 2022, BStBl. I S. 576,* aktuelle Fassung nachstehend abgedruckt.

2. den Erwerb, die Aufgabe oder die Veränderung einer Beteiligung an ausländischen Personengesellschaften;
3. den Erwerb oder die Veräußerung von Beteiligungen an einer Körperschaft, Personenvereinigung oder Vermögensmasse mit Sitz und Geschäftsleitung außerhalb des Geltungsbereichs dieses Gesetzes, wenn
   a) damit eine Beteiligung von mindestens 10 Prozent am Kapital oder am Vermögen der Körperschaft, Personenvereinigung oder Vermögensmasse erreicht wird oder
   b)[1] die Summe der Anschaffungskosten aller Beteiligungen mehr als 150 000 Euro beträgt. ② Dies gilt nicht für den Erwerb und die Veräußerung von Beteiligungen von weniger als 1 Prozent am Kapital oder am Vermögen der Körperschaft, Personenvereinigung oder Vermögensmasse, wenn mit der Hauptgattung der Aktien der ausländischen Gesellschaft ein wesentlicher und regelmäßiger Handel an einer Börse in einem Mitgliedstaat der Europäischen Union oder in einem Vertragsstaat des EWR-Abkommens stattfindet oder an einer Börse, die in einem anderen Staat nach § 193 Absatz 1 Satz 1 Nummer 2 und 4 des Kapitalanlagegesetzbuchs von der Bundesanstalt für Finanzdienstleistungsaufsicht zugelassen ist. ③ Für die Ermittlung der Beteiligungshöhe im Sinne des Satzes 2 sind alle gehaltenen Beteiligungen zu berücksichtigen. ④ Nicht mitteilungspflichtige Erwerbe und nicht mitteilungspflichtige Veräußerungen im Sinne des Satzes 2 sind bei der Ermittlung der Summe der Anschaffungskosten im Sinne des Satzes 1 außer Betracht zu lassen;
4. die Tatsache, dass sie allein oder zusammen mit nahestehenden Personen im Sinne des § 1 Absatz 2 des Außensteuergesetzes erstmals unmittelbar oder mittelbar einen beherrschenden oder bestimmenden Einfluss auf die gesellschaftsrechtlichen, finanziellen oder geschäftlichen Angelegenheiten einer Drittstaat-Gesellschaft ausüben können.

② In den Fällen des Satzes 1 Nummer 1 bis 4 ist auch die Art der wirtschaftlichen Tätigkeit des Betriebs, der Betriebsstätte, der Körperschaft, Personenvereinigung, Vermögensmasse oder der Drittstaat-Gesellschaft mitzuteilen. ③ In den Fällen des Satzes 1 Nummer 3 sind unmittelbare und mittelbare Beteiligungen zusammenzurechnen.

5 (3) Drittstaat-Gesellschaft ist eine Körperschaft, Personenvereinigung oder Vermögensmasse mit Sitz oder Geschäftsleitung in Staaten oder Territorien, die nicht Mitglieder der Europäischen Union oder der Europäischen Freihandelsassoziation sind.

6 (4) Mitteilungen nach den Absätzen 1, 1 a und 1 b sind innerhalb eines Monats nach dem meldepflichtigen Ereignis zu erstatten.

7 (5) ① Mitteilungen nach Absatz 2 sind zusammen mit der Einkommensteuer-, Körperschaftsteuer- oder Feststellungserklärung für den Besteuerungszeitraum, in dem der mitzuteilende Sachverhalt verwirklicht wurde, spätestens jedoch bis zum Ablauf von 14 Monaten nach Ablauf dieses Besteuerungszeitraums, nach amtlich vorgeschriebenem Datensatz über die amtlich bestimmten Schnittstellen zu erstatten. ② Inländische Steuerpflichtige, die nicht dazu verpflichtet sind, ihre Einkommensteuer-, Körperschaftsteuer- oder Feststellungserklärung nach amtlich vorgeschriebenem Datensatz über die amtlich bestimmte Schnittstelle abzugeben, haben die Mitteilungen nach amtlich vorgeschriebenem Vordruck zu erstatten, es sei denn, sie geben ihre Einkommensteuer-, Körperschaftsteuer- oder Feststellungserklärung freiwillig nach amtlich vorgeschriebenem Datensatz über die amtlich bestimmte Schnittstelle ab. ③ Inländische Steuerpflichtige, die nicht dazu verpflichtet sind, eine Einkommensteuer-, Körperschaftsteuer- oder Feststellungserklärung abzugeben, haben die Mitteilungen nach amtlich vorgeschriebenem Vordruck bis zum Ablauf von 14 Monaten nach Ablauf des Kalenderjahrs zu erstatten, in dem der mitzuteilende Sachverhalt verwirklicht worden ist.

AEAO

Zu § 138 – Anzeigen über die Erwerbstätigkeit:

8 **1.** Die Verpflichtung, die Eröffnung eines Betriebs der Land- und Forstwirtschaft, eines gewerblichen Betriebs oder einer Betriebstätte anzuzeigen, besteht nach § 138 Abs. 1 AO nur gegenüber der Gemeinde, in der dieser Betrieb oder die Betriebstätte eröffnet wird; diese hat unverzüglich das zuständige Finanzamt zu unterrichten. Freiberuflich Tätige haben die Aufnahme ihrer Erwerbstätigkeit dem Wohnsitzfinanzamt (§ 19 Abs. 1 AO, ggf. Tätigkeitsfinanzamt nach § 19 Abs. 3 AO) mitzuteilen. Unter Eröffnung ist auch die Fortführung eines Betriebs oder einer Betriebstätte durch den Rechtsnachfolger oder Erwerber zu verstehen (Hinweis auf § 75 AO).

Die Meldefrist beträgt einen Monat. Gewerbetreibende, die nach § 14 der GewO gegenüber der zuständigen Behörde (Ordnungs- bzw. Gewerbeamt) anzeigepflichtig sind, genügen mit dieser

[1] § 138 Abs. 2 Satz 1 Nr. 3 Buchst. b Sätze 2 bis 4 angef. durch G v. 21. 12. 2020 (BGBl. I S. 3096); zur Anwendung siehe Art. 97 § 32 Abs. 3 EGAO.

Anzeige gleichzeitig ihrer steuerlichen Anzeigepflicht nach § 138 Abs. 1 AO. Die Anzeige ist auf einem Vordruck zu erstatten, dessen Muster durch die Anlagen 1, 2 und 3 zu § 1 Satz 1 der GewAnzV vom 22. 7. 2014 (BGBl. I S. 1208), zuletzt geändert durch Verordnung vom 17. 4. 2023 (BGBl. I Nr. 103), bestimmt worden ist. Steuerpflichtige, die nicht unter die Anzeigepflicht nach der GewO fallen, können die Anzeige formlos gegenüber dem zuständigen Finanzamt erstatten. Sie können sich auch des Vordrucks gem. der GewAnzV bedienen.

2. Sofern die Eröffnung eines Betriebs der Land- und Forstwirtschaft, eines gewerblichen Betriebs oder einer Betriebstätte oder die Aufnahme einer freiberuflichen Tätigkeit nach § 138 Abs. 1 AO anzuzeigen ist, ist der von der Finanzverwaltung bereitgestellte Vordruck „Fragebogen zur steuerlichen Erfassung" zu verwenden (§ 138 Abs. 1 b AO); zur elektronischen Übermittlungspflicht vgl. Art. 97 § 27 Abs. 4 EGAO, BMF-Schreiben vom 17. 9. 2021, BStBl. I S. 1762. Die Frist zur Übermittlung des Fragebogens zur steuerlichen Erfassung beträgt nach § 138 Abs. 4 AO einen Monat. **9**

3. Zur Anzeige über die Erwerbstätigkeit nach § 138 Abs. 1 und 1 b AO bei Betreiberinnen und Betreibern bestimmter kleiner Photovoltaikanlagen vgl. BMF-Schreiben vom 12. 6. 2023, BStBl. I S. 990. **9a**

4. § 138 Abs. 2 AO verpflichtet alle Steuerpflichtigen, Auslandsbeziehungen, insbesondere Auslandsbeteiligungen innerhalb der Fristen nach § 138 Abs. 5 AO dem Finanzamt mitzuteilen. Eine Verletzung dieser Verpflichtung kann als Steuergefährdung mit einem Bußgeld geahndet werden (§ 379 Abs. 2 Nr. 1 und Abs. 7 AO). Näheres zu Inhalt und Form der Mitteilungen regelt das BMF-Schreiben vom 26. 4. 2022, BStBl. I S. 576. **9b**

Anl 1

1) Schreiben betr. Auskunftspflicht nach § 138 Abs. 1 b AO bei Betriebseröffnung oder Aufnahme einer freiberuflichen Tätigkeit (Fragebogen zur steuerlichen Erfassung); Zeitpunkt der erstmaligen Anwendung des § 138 Abs. 1 b Satz 2 AO (Verpflichtung zur elektronischen Übermittlung)

Vom 17. September 2021 (BookVerw 562075)

BMF IV A 5 – O1561/19/10 003 :005; DOK 2021/653399

Bezug: BMF-Schreiben vom 4. Dezember 2020, BStBl. I S. 1209

Innerhalb eines Monats nach Eröffnung eines land- und forstwirtschaftlichen oder gewerblichen Betriebes oder Aufnahme einer freiberuflichen Tätigkeit müssen Steuerpflichtige dem zuständigen Finanzamt weitere Auskünfte über die für die Besteuerung erheblichen rechtlichen und tatsächlichen Verhältnisse erteilen (§ 138 Abs. 1 b Satz 1 und Abs. 4 AO). **10**

Diese Auskünfte sind elektronisch nach amtlich vorgeschriebenem Datensatz über die amtlich bestimmte Schnittstelle zu übermitteln (§ 138 Abs. 1 b Satz 2 AO), sofern das Finanzamt nicht zur Vermeidung unbilliger Härten die Auskunftserteilung nach amtlich vorgeschriebenem Vordruck zulässt (§ 138 Abs. 1 b Satz 3 AO).

Die erstmalige Anwendung des § 138 Abs. 1 b Satz 2 AO wird durch ein im Bundessteuerblatt zu veröffentlichendes BMF-Schreiben bestimmt (Art. 97 § 27 Abs. 4 Satz 1 EGAO).

Nach Erörterung mit den obersten Finanzbehörden der Länder gilt hierbei Folgendes:

1. Fragebogen zur steuerlichen Erfassung

1 Bei Eröffnung eines land- und forstwirtschaftlichen oder gewerblichen Betriebes oder Aufnahme einer freiberuflichen Tätigkeit sind die für die Besteuerung erheblichen rechtlichen und tatsächlichen Verhältnisse im „Fragebogen zur steuerlichen Erfassung" zu erklären. **11**

2 Folgende Fragebögen werden dabei unterschieden:
- Aufnahme einer gewerblichen, selbständigen (freiberuflichen) oder land- und forstwirtschaftlichen Tätigkeit (Einzelunternehmen);
- Gründung einer Personengesellschaft/-gemeinschaft;
- Gründung einer Kapitalgesellschaft bzw. Genossenschaft;
- Gründung einer Körperschaft nach ausländischem Recht;
- Gründung eines Vereins oder einer anderen Körperschaft des privaten Rechts i. S. d. § 1 Abs. 1 Nr. 4 und 5 KStG oder Aufnahme einer wirtschaftlichen/unternehmerischen Tätigkeit.

2. Zeitpunkt der erstmaligen Anwendung des § 138 Abs. 1 b Satz 2 AO (Verpflichtung zur elektronischen Übermittlung)

3 Die folgenden Fragebögen zur steuerlichen Erfassung sind ab dem genannten Zeitpunkt elektronisch nach Maßgabe des § 138 Abs. 1 b Satz 2 AO zu übermitteln, sofern die Auskunftserteilung nicht aufgrund eines Härtefalls nach amtlich vorgeschriebenem Vordruck zugelassen wurde (§ 138 Abs. 1 b Satz 3 AO): **12**

4 a) Ab dem 1. Januar 2021:
- Aufnahme einer gewerblichen, selbständigen (freiberuflichen) oder land- und forstwirtschaftlichen Tätigkeit (Einzelunternehmen);
- Gründung einer Personengesellschaft/-gemeinschaft;
- Gründung einer Kapitalgesellschaft bzw. Genossenschaft.

5 b) Ab dem 1. Januar 2022:
- Gründung einer Körperschaft nach ausländischem Recht.

6 Elektronische Fragebögen zur steuerlichen Erfassung sowie weitere Informationen zur Übermittlung werden im Online-Finanzamt „Mein ELSTER" (www.elster.de) zur Verfügung gestellt.

7 In dem folgenden Fall sind die Auskünfte bis auf Weiteres nach amtlich vorgeschriebenem Vordruck zu erteilen (Art. 97 § 27 Abs. 4 Satz 2 EGAO):

– Gründung eines Vereins oder einer anderen Körperschaft des privaten Rechts i. S. d. § 1 Abs. 1 Nr. 4 und 5 KStG oder Aufnahme einer wirtschaftlichen/unternehmerischen Tätigkeit.

8 Dieser Fragebogen zur steuerlichen Erfassung wird auf www.formulare-bfinv.de veröffentlicht.

3. Schlussbestimmungen

13 Dieses Schreiben ersetzt das BMF-Schreiben vom 4. Dezember 2020, BStBl. I S. 1209.

Anl 2

2) Schreiben betr. Mitteilungspflichten bei Auslandsbeziehungen nach § 138 Abs. 2 AO und § 138 b AO in der Fassung des Steuerumgehungsbekämpfungsgesetzes (StUmgBG)

Vom 26. April 2022 (BeckVerw 569805)

(BMF IV B 5 – S 0301/19/10009 :001; DOK 2022/391038)

Nach Erörterung mit den obersten Finanzbehörden der Länder gilt für die Mitteilungspflicht der Steuerpflichtigen nach § 138 Abs. 2 AO und die Mitteilungspflicht Dritter nach § 138 b AO Folgendes:

14 **1. Anwendungsregelungen**

1 Nach Art. 97 § 32 EGAO gelten folgende Anwendungsregelungen:

1. § 138 Abs. 2 bis 5, § 138 b und § 379 Abs. 2 Nr. 1 d AO in der Fassung des StUmgBG sind erstmals auf mitteilungspflichtige Sachverhalte anzuwenden, die nach dem 31. Dezember 2017 verwirklicht worden sind.
2. Auf Sachverhalte, die vor dem 1. Januar 2018 verwirklicht worden sind, ist § 138 Abs. 2 und 3 AO alte Fassung weiterhin anzuwenden.
3. Inländische Steuerpflichtige (§ 138 Abs. 2 Satz 1 AO), die vor dem 1. Januar 2018 erstmals unmittelbar oder mittelbar einen beherrschenden oder bestimmenden Einfluss auf die gesellschaftsrechtlichen, finanziellen oder geschäftlichen Angelegenheiten einer Drittstaat-Gesellschaft i. S. d. § 138 Abs. 3 AO ausüben konnten, ohne dass bisher eine Mitteilungspflicht nach § 138 Abs. 2 AO alte Fassung bestand, haben das Bestehen des beherrschenden oder bestimmenden Einflusses dem für sie nach den §§ 18 bis 20 AO zuständigen Finanzamt mitzuteilen, wenn dieser Einfluss auch noch am 1. Januar 2018 fortbesteht. § 138 Abs. 5 AO in der Fassung des StUmgBG gilt in diesem Fall entsprechend.

2 Dieses Schreiben ersetzt die BMF-Schreiben vom 5. Februar 2018 (BStBl. I S. 289), vom 18. Juli 2018 (BStBl. I S. 815), vom 18. September 2020 (BStBl. I S. 971) und vom 28. Dezember 2020 (BStBl. I 2021 S. 55) mit Wirkung vom 1. Januar 2022. Es wird auf den Internetseiten des BMF zur Ansicht und zum Herunterladen bereitgestellt. Der dem BMF-Schreiben vom 5. Februar 2018 (BStBl. I S. 289) als Anlage 2 beigefügte Vordruck „Mitteilung nach § 138 b der Abgabenordnung (AO)" gilt unverändert fort.

15 **2. Mitteilungspflicht nach § 138 Abs. 2 AO**

2.1. Allgemeines

3 Nach § 138 Abs. 2 Satz 1 AO haben Steuerpflichtige mit Wohnsitz, gewöhnlichem Aufenthalt, Geschäftsleitung oder Sitz im Inland (inländische Steuerpflichtige) dem für sie nach den §§ 18 bis 20 AO zuständigen Finanzamt mitzuteilen, wenn sie einen der in § 138 Abs. 2 Satz 1 Nr. 1 bis 4 AO genannten Tatbestände erfüllen. Daneben haben sie die Art der wirtschaftlichen Tätigkeit des Betriebs, der Betriebsstätte, der Personengesellschaft, Körperschaft, Personenvereinigung, Vermögensmasse oder der Drittstaat-Gesellschaft anzugeben (§ 138 Abs. 2 Satz 1 Nr. 5 AO).

4 Steuerpflichtige im Sinne der Vorschrift sind auch Personengesellschaften.

2.2. Mitteilungspflicht in den Fällen des § 138 Abs. 2 Satz 1 Nr. 2 AO

5 Sind im Falle des Erwerbs, der Aufgabe oder der Veränderung einer Beteiligung i. S. d. § 138 Abs. 2 Satz 1 Nr. 2 AO die Einkünfte der inländischen Beteiligten aus einer ausländischen Personengesellschaft gesondert und einheitlich festzustellen, bestehen keine Bedenken, wenn die Mitteilungspflicht von der ausländischen Personengesellschaft, einem Treuhänder oder einer anderen die Interessen der inländischen Beteiligten vertretenden Person wahrgenommen wird. Voraussetzung ist, dass die ausländische Personengesellschaft, der Treuhänder oder die andere Person dem für die gesonderte und einheitliche Feststellung der Einkünfte zuständigen Finanzamt innerhalb der nach § 138 Abs. 5 AO genannten Frist Namen, Anschrift, Eintritts- oder Austrittsdatum, Wohnsitzfinanzamt, Steuernummer und Identifikationsnummer nach § 139 b AO bzw. Wirtschafts-Identifikationsnummer nach § 139 c AO sowie die Höhe der Beteiligung des inländischen Steuerpflichtigen mitteilt. Die Mitteilung ist auf die meldepflichtigen Ereignisse zu beschränken (keine Übersendung fortgeschriebener Listen). Unterlässt die ausländische Personengesellschaft, der Treuhänder oder die andere Person die Mitteilung, treffen die Rechtsfolgen den Beteiligten persönlich (vergleiche Textziffer 4). Zur Zuständigkeit der Finanzämter für Personengesellschaften vergleiche Nr. 6 des Anwendungserlasses zu § 18 AO.

2.3. Mitteilungspflicht in den Fällen des § 138 Abs. 2 Satz 1 Nr. 3 AO

2.3.1. Erwerb von Beteiligungen

6 Der Ausdruck „Vermögensmasse" schließt ausländische Investmentfonds und Spezial-Investmentfonds (§ 6 Abs. 1 InvStG) ein. Der Ausdruck „Körperschaft" umfasst auch inländische Investmentfonds, bei denen sich die Geschäftsleitung des gesetzlichen Vertreters außerhalb des Geltungsbereichs dieses Gesetzes befindet (§ 4 Abs. 2 InvStG). Unmittelbare und mittelbare Beteiligungen sind zusammenzurechnen (§ 138 Abs. 2 Satz 2 AO).

2.3.1.1. Mitteilung bei Überschreiten der Beteiligungsgrenze

7 Die Mitteilungspflicht nach § 138 Abs. 2 Satz 1 Nr. 3 AO besteht nur dann, wenn beim Erwerb einer Beteiligung die maßgebenden Beteiligungsgrenzen (erstmalig oder nach zwischenzeitlichem Unterschreiten der Grenze erneut) erreicht bzw. überschritten werden. Die Mitteilungspflicht besteht bei Vorliegen der Voraussetzungen nur für die Beteiligungen, die der inländische Steuerpflichtige selbst entgeltlich oder unentgeltlich erworben hat. Eine mittelbare Beteiligung ist immer dann mitzuteilen, wenn sie gleichzeitig durch den Erwerb einer unmittelbaren Beteiligung an einer Körperschaft, Personenvereinigung oder Vermögensmasse miterworben wurde, soweit die übrigen Voraussetzungen für die Mitteilungspflicht vorliegen; dies gilt auch bei Beteiligung an einer Personengesellschaft.

Beispiel 1:

Die B-Inc. ist seit Jahren an der C-Inc. zu 100 Prozent beteiligt. Im Jahr 2018 erwirbt die A-GmbH sämtliche Anteile an der B-Inc. Somit erwirbt die A-GmbH unmittelbar 100 Prozent der Anteile an der B-Inc. und ist mitteilungspflichtig. Sie erwirbt aber auch mittelbar 100 Prozent der Anteile an der C-Inc., wofür sie ebenfalls mitteilungspflichtig ist.

Beispiel 2:

Im Jahr 2019 erwirbt die B-Inc. 100 Prozent der Anteile an der D-Inc. Eine Mitteilungspflicht für die A-GmbH ergibt sich hieraus jedoch nicht, da die A-GmbH als inländischer Steuerpflichtiger die Beteiligung nicht selbst entgeltlich oder unentgeltlich erworben hat.

2.3.1.2.10-Prozent-Grenze

8 Für die Ermittlung der 10-Prozent-Grenze sind die unmittelbaren und mittelbaren Beteiligungen zusammenzurechnen.

Beispiel:

Die A-GmbH ist seit Jahren an der B-Inc. zu 100 Prozent beteiligt. Die B-Inc. hält 5 Prozent der Anteile an der C-Inc. Im Jahr 2018 erwirbt die A-GmbH unmittelbar 5 Prozent der Anteile an der C-Inc. Sie ist damit unmittelbar und mittelbar an der C-Inc. zu insgesamt 10 Prozent beteiligt und damit mitteilungspflichtig.

2.3.1.3. 150 000-Euro-Grenze

9 Für die Ermittlung der 150 000-Euro-Grenze sind die Anschaffungskosten aller – also auch mittelbarer – Beteiligungen i. S. d. § 138 Abs. 2 Satz 1 Nr. 3 AO zu berücksichtigen. Die 150 000-Euro-Grenze ist gesellschaftsbezogen zu ermitteln. Die Anschaffungskosten früher erworbener Beteiligungen sind ebenfalls in die Berechnung einzubeziehen. Aus Vereinfachungsgründen kann auf die Anschaffungskosten der unmittelbaren Beteiligung des Mitteilungspflichtigen abgestellt werden, wenn der Erwerb einer weiteren mittelbaren Beteiligung an der Gesellschaft innerhalb eines Jahres erfolgt.

Beispiel:

Der Steuerpflichtige A ist zu 8 Prozent an einer ausländischen Kapitalgesellschaft B unmittelbar beteiligt (Anschaffungskosten = 100 000 Euro). Ferner erwirbt A eine weitere unmittelbare Beteiligung von ebenfalls 8 Prozent an der ausländischen Kapitalgesellschaft C zu Anschaffungskosten i. H. v. 60 000 Euro, die ihrerseits mit 4 Prozent an der Kapitalgesellschaft B beteiligt ist. Der Steuerpflichtige A ist somit unmittelbar zu 8 Prozent und mittelbar zu 0,32 Prozent (8 Prozent × 4 Prozent/100 Prozent) beteiligt. Die unmittelbare und mittelbare Beteiligung des Steuerpflichtigen A an der B beträgt somit insgesamt 8,32 Prozent.

Für die Berechnung der Anschaffungskosten muss folgerichtig auf die mittelbaren Anschaffungskosten des Steuerpflichtigen A an der B abgestellt werden. Dieser Wert lässt sich aus den vorliegenden Angaben jedoch nicht ableiten. Aus Vereinfachungsgründen kann der Wert der mittelbaren Beteiligung des Steuerpflichtigen A an der B somit aus den Anschaffungskosten für die 8-prozentige Beteiligung des A an der B i. H. v. 100 000 Euro bei unterstelltem Erwerb innerhalb eines Jahres ermittelt werden und beträgt demzufolge 0,32 Prozent/8 Prozent von 100 000 Euro = 4 000 Euro.

10 Der Erwerb oder die Veräußerung von Beteiligungen an einer Gesellschaft von weniger als 1 Prozent muss trotz Überschreitens der 150 000-Euro-Grenze nicht mitgeteilt werden, wenn mit der Hauptgattung der Aktien der ausländischen Gesellschaft ein wesentlicher und regelmäßiger Handel an einer Börse in einem EU-/EWR-Staat oder an einer in einem anderen Staat nach § 193 Abs. 1 Satz 1 Nr. 2 und 4 KAGB von der Bundesanstalt für Finanzdienstleistungsaufsicht (BaFin) zugelassenen Börse stattfindet. Ein wesentlicher und regelmäßiger Handel an einer Börse liegt vor, wenn der Handel aktiv erfolgt und in kurzen Zeitabständen wiederholt stattfindet; die bloße Notierung an der Börse und nur vereinzelte Aktienübertragungen reichen hierfür nicht aus. Für die Ermittlung der 1-Prozent-Grenze sind alle gehaltenen Beteiligungen zu berücksichtigen. Wird die 150 000-Euro-Grenze mittels börsennotiertem Erwerb bzw. Veräußerung überschritten, so dass deshalb keine Meldepflicht besteht, und folgt darauf ein Erwerb bzw. eine Veräußerung, der bzw. die nicht unter die sogenannte Börsenklausel fällt, ist der vorangegangene börsennotierte Erwerb bzw. die Veräußerung hinsichtlich der 150 000-Euro-Grenze außer Betracht zu lassen. Die sogenannte Börsenklausel gilt sinngemäß auch für Investmentanteile, wenn deren übrige Voraussetzungen erfüllt sind. Die aktuelle Liste der nach § 193 Abs. 1 Satz 1 Nr. 2 und 4 KAGB zugelassenen Börsen ist auf der Internetseite der BaFin abrufbar (derzeit https://www.bafin.de/SharedDocs/Veroeffentlichungen/DE/Auslegungsentscheidung/WA/ae_080208_boersenInvG.html).

2.3.2. Veräußerung von Beteiligungen

11 Die Veräußerung einer Beteiligung ist nach § 138 Abs. 2 Satz 1 Nr. 3 AO mitteilungspflichtig, wenn die Anschaffungskosten aller veräußerten Beteiligungen an einer ausländischen Körperschaft, Personenvereinigung oder Vermögensmasse 150 000 Euro überschreiten oder mindestens eine 10-prozentige Beteiligung veräußert wird. Die Mitteilungspflicht besteht bei Vorliegen dieser Voraussetzungen nur für

Anl 2

die unmittelbaren Beteiligungen, die der Steuerpflichtige selbst veräußert hat. Im Fall der Veräußerung einer unmittelbaren Beteiligung an einer Körperschaft, Personenvereinigung oder Vermögensmasse hat der inländische Steuerpflichtige auch die hierdurch gleichzeitig mitveräußerten mittelbaren Beteiligungen mitzuteilen, soweit die übrigen Voraussetzungen hierfür vorliegen; dies gilt auch bei der Beteiligung an einer Personengesellschaft.

2.3.3. Mitteilungspflichten der Kreditinstitute und Finanzdienstleistungsinstitute

12 Die Mitteilungspflichten nach § 138 Abs. 2 Satz 1 Nr. 3 AO gelten nicht für Anteile an Kapitalgesellschaften, die bei Kreditinstituten und Finanzdienstleistungsinstituten im Sinne des Gesetzes über das Kreditwesen (KWG) dem Handelsbuch zuzurechnen sind.

2.3.4. Mitteilungspflichten der Versicherungsunternehmen und der berufsständischen Versorgungseinrichtungen

13 Die Mitteilungspflichten nach § 138 Abs. 2 Satz 1 Nr. 3 AO gelten nicht für Anteile an Kapitalgesellschaften, die auf der Aktivseite der Bilanz der Versicherungsunternehmen entsprechend Formblatt 1 zu § 2 der Verordnung über die Rechnungslegung von Versicherungsunternehmen vom 8. November 1994 (BGBl. I S. 3378), die zuletzt durch Art. 2 Abs. 5 des Gesetzes vom 1. April 2015 (BGBl. I S. 434) geändert worden ist, in der jeweils geltenden Fassung unter C Nr. III 1 und D auszuweisen sind.

14 Ausgenommen von der Mitteilungspflicht nach § 138 Abs. 2 Satz 1 Nr. 3 AO sind auch die in § 341 b Abs. 4 HGB aufgeführten Verträge, die von Pensionsfonds bei Lebensversicherungsunternehmen zur Deckung von Verpflichtungen gegenüber Versorgungsberechtigten eingegangen werden, sowie Anteile an Kapitalgesellschaften, die berufsständische Versorgungseinrichtungen unter der Bilanzposition „Aktien, Investmentanteile und andere nicht rechtsverzinsliche Wertpapiere" ausweisen.

2.3.5. Mitteilungspflicht eines Anlegers in Bezug auf die vom Investmentfonds und vom Spezial-Investmentfonds gehaltenen ausländischen Beteiligungen

15 Die Mitteilungspflicht nach § 138 Abs. 2 Satz 1 Nr. 3 AO besteht für Anleger in- und ausländischer Investmentfonds und Spezial-Investmentfonds nicht in Bezug auf die mittelbar über diese Investmentfonds bzw. Spezial-Investmentfonds erworbenen und veräußerten Beteiligungen; sie besteht bei Vorliegen der Voraussetzungen dieser Vorschrift jedoch für Erwerbe und Veräußerungen unmittelbarer und mittelbarer Beteiligungen an ausländischen Investmentfonds und Spezial-Investmentfonds.

2.3.6. Mitteilungspflicht inländischer Investmentfonds und Spezial-Investmentfonds

16 Inländische Investmentfonds und Spezial-Investmentfonds i. S. d. § 6 Abs. 1 Satz 1 InvStG sind als inländische Steuerpflichtige i. S. d. § 138 Abs. 2 Satz 1 AO mitteilungspflichtig.

2.4. Mitteilungspflicht in den Fällen des § 138 Abs. 2 Satz 1 Nr. 4 AO

2.4.1. Drittstaat-Gesellschaft

17 Drittstaat-Gesellschaft ist nach § 138 Abs. 3 AO eine Personengesellschaft, Körperschaft, Personenvereinigung oder Vermögensmasse mit Sitz oder Geschäftsleitung in Staaten oder Territorien, die nicht Mitglieder der Europäischen Union (EU) oder der Europäischen Freihandelsassoziation (EFTA) sind. Dementsprechend gilt als Drittstaat-Gesellschaft auch eine Personengesellschaft, Körperschaft, Personenvereinigung oder Vermögensmasse, die zwar ihren Sitz in Deutschland, ihre Geschäftsleitung aber in einem Staat oder Territorium hat, der oder das nicht Mitglied der EU oder der EFTA ist (und umgekehrt).

2.4.2. Beherrschender oder bestimmender Einfluss

18 Die Mitteilungspflicht besteht, wenn der Steuerpflichtige allein oder zusammen mit Personen i. S. d. § 1 Abs. 2 AStG unmittelbar oder mittelbar einen beherrschenden oder bestimmenden Einfluss auf die gesellschaftsrechtlichen, finanziellen oder geschäftlichen Angelegenheiten einer Drittstaat-Gesellschaft ausüben kann. Ein beherrschender oder bestimmender Einfluss kann auf rechtlicher oder tatsächlicher Grundlage beruhen oder auf dem Zusammenwirken beider. Rechtlicher Einfluss kann insbesondere auf beteiligungsähnlichen Rechten beruhen (Kapitalbeteiligung, Stimmrechte) oder auf vertraglichen Beziehungen, z. B. einem Treuhandvertrag. Einfluss außerhalb rechtlicher Einflussmöglichkeiten kann z. B. aufgrund der finanziellen Abhängigkeit der Drittstaat-Gesellschaft bestehen oder aufgrund anderer tatsächlicher Abhängigkeiten der Gesellschaft bzw. ihrer Geschäftsführung.

19 Ein beherrschender oder bestimmender Einfluss auf die gesellschaftsrechtlichen, finanziellen oder geschäftlichen Angelegenheiten einer Gesellschaft äußert sich insbesondere in der Möglichkeit, alle wesentlichen Entscheidungen der Geschäftsführung, der Geschäftspolitik sowie sonstige wesentliche unternehmerische Entscheidungen zu treffen, und zwar auch unabhängig vom Bestehen einer unmittelbaren oder mittelbaren Beteiligung am Kapital oder am Vermögen oder dem Innehaben von Stimmrechten der Drittstaat-Gesellschaft.

20 Die Einflussnahmemöglichkeiten von Personen, die dem inländischen Steuerpflichtigen i. S. d. § 1 Abs. 2 AStG nahestehen, sind dem inländischen Steuerpflichtigen zuzurechnen.

21 Es ist nicht erforderlich, dass der inländische Steuerpflichtige tatsächlich beherrschenden oder bestimmenden Einfluss nimmt oder genommen hat; die objektive Möglichkeit einer solchen Einflussnahme reicht aus.

2.5. Form und Frist für die Mitteilungen

22 Die Mitteilungen nach § 138 Abs. 2 AO sind grundsätzlich zusammen mit der Einkommensteuer-, Körperschaftsteuer- oder Feststellungserklärung für den Besteuerungszeitraum, in dem der mitzuteilende Sachverhalt verwirklicht wurde, spätestens jedoch bis zum Ablauf von 14 Monaten nach Ablauf dieses Besteuerungszeitraums, nach amtlich vorgeschriebenem Datensatz über die amtlich bestimmten

Schnittstellen zu erstatten (§ 138 Abs. 5 Satz 1 AO). Diese Frist ist nicht nach § 109 AO verlängerbar, da es sich weder um eine behördlich bestimmte Frist noch um eine Steuererklärungsfrist handelt. Anl 2

23 Inländische Steuerpflichtige, die nicht verpflichtet sind, ihre Einkommensteuer-, Körperschaftsteuer- oder Feststellungserklärung nach amtlich vorgeschriebenem Datensatz über die amtlich bestimmte Schnittstelle abzugeben, haben die Mitteilungen nach § 138 Abs. 2 AO nach amtlich vorgeschriebenem Vordruck zu erstatten (Vordruck BZSt 2), es sei denn, sie geben ihre Einkommensteuer-, Körperschaftsteuer- oder Feststellungserklärung freiwillig nach amtlich vorgeschriebenem Datensatz über die amtlich bestimmte Schnittstelle ab (§ 138 Abs. 5 Satz 2 AO).

24 Inländische Steuerpflichtige, die nicht zur Abgabe einer Einkommensteuer-, Körperschaftsteuer- oder Feststellungserklärung verpflichtet sind, haben die Mitteilungen nach § 138 Abs. 2 AO nach amtlich vorgeschriebenem Vordruck (BZSt 2) bis zum Ablauf von 14 Monaten nach Ablauf des Kalenderjahrs zu erstatten, in dem der mitzuteilende Sachverhalt verwirklicht worden ist (§ 138 Abs. 5 Satz 3 AO). Diese Frist ist nicht nach § 109 AO verlängerbar, da es sich weder um eine behördlich bestimmte Frist noch um eine Steuererklärungsfrist handelt.

25 Die alleinige Übersendung von Depotauszügen bzw. Transaktionslisten reicht zur Erfüllung der Mitteilungspflicht nach § 138 Abs. 2 AO nicht aus. Sind die den Steuerpflichtigen zur Verfügung stehenden Informationen zu den meldepflichtigen Beteiligungen in dem amtlich vorgeschriebenen Datensatz bzw. Vordruck nicht ordnungsgemäß darstellbar, können Depotauszüge bzw. Transaktionslisten im Anhang des elektronischen Datensatzes bzw. als Anlage zu dem amtlich vorgeschriebenen Vordruck (BZSt 2) übersandt werden. Die Pflichtfelder in dem amtlich vorgeschriebenen Datensatz sind stets auszufüllen.

3. Mitteilungspflicht nach § 138b AO 16

3.1. Allgemeines

26 Verpflichtete i. S. d. § 2 Abs. 1 Nr. 1 bis 3 und 6 Geldwäschegesetz (GwG) in der ab 26. Juni 2017 geltenden Fassung (mitteilungspflichtige Stelle) haben dem für sie nach den §§ 18 bis 20 AO zuständigen Finanzamt von ihnen hergestellte oder vermittelte Beziehungen inländischer Steuerpflichtiger i. S. d. § 138 Abs. 2 Satz 1 AO zu Drittstaat-Gesellschaften i. S. d. § 138 Abs. 3 AO mitzuteilen.

27 Mitteilungspflichtige Stellen sind damit:

- Kreditinstitute nach § 1 Abs. 1 KWG, mit Ausnahme der in § 2 Abs. 1 Nr. 3 bis 8 KWG genannten Unternehmen, und im Inland gelegene Zweigstellen und Zweigniederlassungen von Kreditinstituten mit Sitz im Ausland,
- Finanzdienstleistungsinstitute nach § 1 Abs. 1a KWG, mit Ausnahme der in § 2 Abs. 6 Satz 1 Nr. 3 bis 10 und 12 und Abs. 10 des KWG genannten Unternehmen, und im Inland gelegene Zweigstellen und Zweigniederlassungen von Finanzdienstleistungsinstituten mit Sitz im Ausland,
- Zahlungsinstitute und E-Geld-Institute nach § 1 Abs. 2a des Zahlungsdiensteaufsichtsgesetzes (ZAG) und im Inland gelegene Zweigstellen und Zweigniederlassungen von Instituten i. S. d. § 1 Abs. 2a ZAG mit Sitz im Ausland,
- Finanzunternehmen nach § 1 Abs. 3 KWG, die nicht unter § 2 Abs. 1 Nr. 1 oder Nr. 4 GwG fallen und deren Haupttätigkeit einer der in § 1 Abs. 3 Satz 1 KWG genannten Haupttätigkeiten oder einer Haupttätigkeit eines durch Rechtsverordnung nach § 1 Abs. 3 Satz 2 KWG bezeichneten Unternehmens entspricht, und im Inland gelegene Zweigstellen und Zweigniederlassungen solcher Unternehmen mit Sitz im Ausland.

28 Die Mitteilungspflicht gilt nach § 138b Abs. 1 Satz 2 AO allerdings nur für solche Fälle, in denen

1. der mitteilungspflichtigen Stelle bekannt ist, dass der inländische Steuerpflichtige auf Grund der von ihr hergestellten oder vermittelten Beziehung allein oder zusammen mit nahestehenden Personen i. S. d. § 1 Abs. 2 AStG erstmals unmittelbar oder mittelbar einen beherrschenden oder bestimmenden Einfluss auf die gesellschaftsrechtlichen, finanziellen oder geschäftlichen Angelegenheiten einer Drittstaat-Gesellschaft ausüben kann (vgl. dazu Tz. 2.4.2),
   oder
2. der inländische Steuerpflichtige eine von der mitteilungspflichtigen Stelle hergestellte oder vermittelte Beziehung zu einer Drittstaat-Gesellschaft erlangt, wodurch eine unmittelbare Beteiligung von insgesamt mindestens 30 Prozent am Kapital oder am Vermögen der Drittstaat-Gesellschaft erreicht wird. Anderweitige Erwerbe des inländischen Steuerpflichtigen hinsichtlich der gleichen Drittstaat-Gesellschaft sind hierbei miteinzubeziehen, soweit sie der mitteilungspflichtigen Stelle bekannt sind oder bekannt sein mussten.

29 Die Mitteilungspflicht umfasst die Herstellung und Vermittlung von Beziehungen sowohl im Rahmen eines persönlichen Kontakts zwischen inländischem Steuerpflichtigen und mitteilungspflichtiger Stelle als auch im Rahmen des Onlinegeschäftes. Voraussetzung sind aktive Tätigkeiten der mitteilungspflichtigen Stellen. Darunter fallen z. B. die Anschaffung und die Veräußerung von Anteilen und Beteiligungen an Drittstaat-Gesellschaften im eigenen Namen und auf eigene Rechnung, die Anschaffung und die Veräußerung von Anteilen und Beteiligungen an Drittstaat-Gesellschaften im eigenen Namen und auf fremde Rechnung sowie die Vermittlung von Geschäften über die Anschaffung und Veräußerung von Anteilen und Beteiligungen an Drittstaat-Gesellschaften.

30 Mitteilungen nach § 138b AO sind für jeden inländischen Steuerpflichtigen und jeden mitteilungspflichtigen Sachverhalt gesondert zu erstatten (§ 138b Abs. 2 AO).

31 Das für die mitteilungspflichtige Stelle zuständige Finanzamt hat die Mitteilung an das für den inländischen Steuerpflichtigen nach den §§ 18 bis 20 AO zuständige Finanzamt weiterzuleiten (§ 138b Abs. 5 Satz 1 AO).

3.2. Inhalt der Mitteilung und Mitwirkungspflicht der inländischen Steuerpflichtigen

32 Die mitteilungspflichtige Stelle hat bei Vorliegen der Voraussetzungen des § 138b Abs. 1 Satz 2 AO nach § 138b Abs. 3 AO anzugeben:

1. die Identifikationsnummer des inländischen Steuerpflichtigen nach § 139 b AO und
2. die Wirtschafts-Identifikationsnummer des inländischen Steuerpflichtigen nach § 139 c AO oder, solange noch keine Wirtschafts-Identifikationsnummer vergeben wurde und es sich bei dem inländischen Steuerpflichtigen nicht um eine natürliche Person handelt, die für die Besteuerung des inländischen Steuerpflichtigen nach dem Einkommen geltende Steuernummer.

33 Der inländische Steuerpflichtige hat der mitteilungspflichtigen Stelle nach § 138 b Abs. 6 AO diese Daten mitzuteilen.

34 Kann die mitteilungspflichtige Stelle die Identifikationsnummer und die Wirtschafts-Identifikationsnummer oder die Steuernummer des inländischen Steuerpflichtigen nicht in Erfahrung bringen, hat sie nach § 138 b Abs. 3 Satz 2 AO in der Mitteilung ein amtlich bestimmtes Ersatzmerkmal anzugeben.

Das Ersatzmerkmal ist bei natürlichen Personen wie folgt zu bilden:

1. bis 4. Stelle: Erste vier Buchstaben des Familiennamens des inländischen Steuerpflichtigen
– Hat ein Name weniger als vier Buchstaben, sind fehlende Stellen mit „X" aufzufüllen.
– Statt Ä, Ö und Ü ist AE, OE oder UE zu verwenden.

5. bis 8. Stelle: Erste vier Buchstaben des Vornamens des inländischen Steuerpflichtigen
– Hat ein Vorname weniger als vier Buchstaben, sind fehlende Stellen mit „X" aufzufüllen.
– Statt Ä, Ö und Ü ist AE, OE oder UE zu verwenden.

9. und 10. Stelle: Geburtsjahr des inländischen Steuerpflichtigen
– Es sind nur die beiden letzten Ziffern zu verwenden (Beispiel: aus 1960 wird 60).

11. und 12. Stelle: Geburtsmonat des inländischen Steuerpflichtigen in Ziffern (immer zweistellig, ggf. mit führender „0")

13. und 14. Stelle: Geburtstag des inländischen Steuerpflichtigen in Ziffern (immer zweistellig, ggf. mit führender „0")

15. bis 19. Stelle: fünfstellige Postleitzahl der Adresse des inländischen Steuerpflichtigen.

35 Handelt es sich bei dem inländischen Steuerpflichtigen nicht um eine natürliche Person, ist kein Ersatzmerkmal zu bilden. In diesem Fall sind lediglich die vollständigen Angaben zum inländischen Steuerpflichtigen entsprechend dem Vordruck „Mitteilung nach § 138 b der Abgabenordnung (AO)" anzugeben.

3.3. Form und Frist für die Mitteilungen

36 Die Mitteilungen sind dem Finanzamt nach dem amtlich vorgeschriebenen Vordruck „Mitteilung nach § 138 b der Abgabenordnung (AO)" bis zum Ablauf des Monats Februar des Jahres, das auf das Kalenderjahr folgt, in dem der mitzuteilende Sachverhalt verwirklicht wurde, zu erstatten (§ 138 b Abs. 4 AO).

17 ### 4. Rechtsfolgen bei Verstößen gegen die Mitteilungspflichten nach § 138 Abs. 2 und § 138 b AO

37 Wer vorsätzlich oder leichtfertig seiner Mitteilungspflicht nach § 138 Abs. 2 Satz 1 AO oder § 138 b Abs. 1 bis 3 AO nicht, nicht vollständig oder nicht rechtzeitig nachkommt, begeht eine Ordnungswidrigkeit i. S. d. § 379 Abs. 2 Nr. 1 oder 1 d AO, die vorbehaltlich des § 378 AO mit einer Geldbuße bis zu 25 000 Euro geahndet werden kann (§ 379 Abs. 7 AO).

38 Die Verfolgungsverjährung infolge Unterlassens der Mitteilung nach § 138 Abs. 2 AO und § 138 b Abs. 1 bis 3 AO beginnt nicht mit dem Ablauf der Frist nach § 138 Abs. 5 AO bzw. der Frist nach § 138 b Abs. 4 Satz 1 AO, sondern gewöhnlich zu dem Zeitpunkt, zu dem an der Erfüllung kein Interesse mehr besteht, zum Beispiel, weil im Rahmen einer Betriebsprüfung die entsprechenden Feststellungen getroffen worden sind.

39 Bei Verstößen gegen diese Mitteilungspflichten ist im Regelfall die zuständige Bußgeld- und Strafsachenstelle einzuschalten.

18 ### 5. Beachtung und Auswertung der Mitteilungen nach § 138 Abs. 2 und § 138 b AO

40 Die Mitteilungspflichten dienen der zutreffenden steuerlichen Erfassung und Überwachung grenzüberschreitender Sachverhalte. Auf die Erfüllung der Mitteilungspflichten ist nachdrücklich zu achten.

41 Die für die inländischen Steuerpflichtigen zuständigen Finanzämter werten Mitteilungen nach § 138 Abs. 2 und § 138 b AO aus und leiten diese bzw. einen Abdruck hiervon bei einer Meldung in Papierform dem BZSt, Informationszentrale für steuerliche Auslandsbeziehungen – IZA zu.

42 Das BZSt sammelt die Informationen und wertet sie aus (§ 5 Abs. 1 Satz 1 Nr. 6 Finanzverwaltungsgesetz).

Anl 3

3) Verfügung betr. Anzeigepflicht bei Auslandsbeteiligungen nach § 138 Abs. 2 AO; Beginn des Laufs der Verfolgungsverjährung

Vom 11. November 2020 (BeckVerw 496252)

(LSF Sachsen 216-S 0711/1/1-2020/55661)

19 Nach § 138 Abs. 5 AO sind die in § 138 Abs. 2 AO genannten Gründungs-, Beteiligungs- und Erwerbsvorgänge dem zuständigen Finanzamt zusammen mit der Einkommensteuer- oder Körperschaftsteuererklärung für den Besteuerungszeitraum, in dem der mitzuteilende Sachverhalt verwirklicht wurde, spätestens jedoch bis zum Ablauf von 14 Monaten nach Ablauf des Besteuerungszeitraums zu melden. Wer vorsätzlich oder leichtfertig seiner Anzeigepflicht nicht, nicht vollständig oder nicht rechtzeitig nachkommt, begeht eine Ordnungswidrigkeit (§ 379 Abs. 2 Nr. 1 AO), die vorbehaltlich des § 378 AO mit einer Geldbuße (§ 379 Abs. 7 AO) geahndet werden kann.

Die Verfolgungsverjährung beträgt fünf Jahre (§ 384 AO). Der Lauf der Verjährung beginnt mit dem Ende der Handlungspflicht (§ 31 Abs. 3 OWiG).

Dass der Handlungspflicht innerhalb einer bestimmten Frist nachgekommen werden muss, bedeutet nicht, dass sie mit Ablauf dieser Frist hinfällig wird und die Ordnungswidrigkeit damit beendet ist. Diese Bedeutung kommt einer Frist nur ausnahmsweise zu, nämlich dann, wenn an der Nachholung der versäumten Handlung zu diesem Zeitpunkt kein Interesse mehr besteht. Ist dies jedoch nicht der Fall, überdauert die Rechtspflicht zum Handeln den Zeitraum, innerhalb dessen die Handlung vorzunehmen ist, d. h., die Verjährung beginnt erst, wenn die Handlungspflicht entfällt.

Ein früherer Verjährungsbeginn kann aber bei unbewusst fahrlässiger Unterlassung der Anzeigepflicht (die auch bei Leichtfertigkeit vorliegen kann) in Betracht kommen, wenn die Unterlassung der Anzeige dem Anzeigepflichtigen nicht mehr vorgeworfen werden kann, z. B., wenn er die ihm obliegende Pflicht nicht mehr im Gedächtnis haben kann (BayObLG vom 28. August 1990 RReg 4 St 103/90, NJW 1991 S. 711; OLG Stuttgart vom 27. 5. 1983 1 Ss (25) 391/83, GewArch 1984 S. 84).

Hiernach beginnt die Verfolgungsverjährung infolge Unterlassens der Mitteilung nach § 138 Abs. 2 AO nicht mit dem Ablauf der Frist nach § 138 Abs. 5 AO. Vielmehr beginnt die Frist, soweit die Anzeigepflicht nicht erfüllt wird, gewöhnlich zu dem Zeitpunkt, zu dem an der Erfüllung kein Interesse mehr besteht, z. B., weil im Rahmen einer Betriebsprüfung die entsprechenden Feststellungen getroffen worden sind.

Diese Auffassung wird bundesmehrheitlich vertreten und ist entsprechend anzuwenden.

4) Schreiben betr. Anzeigen über die Erwerbstätigkeit nach § 138 Abs. 1 und 1 b AO; Steuerliche Erfassung von Betreiberinnen und Betreibern bestimmter kleiner Photovoltaikanlagen

Anl 4

Vom 12. Juni 2023 (BeckVerw 623756)

(BMF IV A 3 – S 0301/19/10007 :012; DOK 2023/0554119)

Durch das Jahressteuergesetz 2022 vom 16. Dezember 2022 (BGBl. I S. 2294) wurden eine ab 1. Januar 2022 anzuwendende ertragsteuerliche Steuerbefreiung (vgl. § 3 Nr. 72 i. V. m. § 52 Abs. 4 Satz 6 Einkommensteuergesetz – EStG –) für bestimmte kleine Photovoltaikanlagen sowie ein ab 1. Januar 2023 anzuwendender umsatzsteuerlicher Nullsteuersatz für die Lieferung und Installation bestimmter Photovoltaikanlagen eingeführt (vgl. § 12 Abs. 3 Umsatzsteuergesetz – UStG –). 20

Auch in Fällen, in denen die Einnahmen und Entnahmen aus dem Betrieb von Photovoltaikanlagen nach § 3 Nr. 72 EStG steuerfrei sind und die Umsatzsteuer auf Umsätze aus dem Betrieb von Photovoltaikanlagen auf Grund der Kleinunternehmerregelung nach § 19 UStG nicht erhoben wird, sind Betreiberinnen und Betreiber (natürliche und juristische Personen sowie Personenvereinigungen) von Photovoltaikanlagen nach § 138 Abs. 1 und 1 b der Abgabenordnung – AO – grundsätzlich zur Anzeige der Eröffnung eines gewerblichen Betriebs oder einer Betriebsstätte und zur Übermittlung eines Fragebogens zur steuerlichen Erfassung verpflichtet.

Nach Erörterung mit den obersten Finanzbehörden der Länder wird es aus Gründen des Bürokratieabbaus und der Verwaltungsökonomie nicht beanstandet, wenn Betreiberinnen und Betreiber von Photovoltaikanlagen, die

- Gewerbetreibende i. S. d. § 15 EStG sind, bei Eröffnung eines Betriebs, der sich auf das Betreiben von nach § 3 Nr. 72 EStG begünstigten Photovoltaikanlagen beschränkt, und
- in umsatzsteuerlicher Hinsicht Unternehmer sind, deren Unternehmen sich ausschließlich auf den Betrieb einer Photovoltaikanlage i. S. d. § 12 Abs. 3 Nr. 1 Satz 1 UStG sowie ggf. eine steuerfreie Vermietung und Verpachtung nach § 4 Nr. 12 UStG beschränkt und die die Kleinunternehmerregelung nach § 19 UStG anwenden,

auf die steuerliche Anzeige über die Aufnahme einer Erwerbstätigkeit nach § 138 Abs. 1 AO und die Übermittlung des Fragebogens zur steuerlichen Erfassung nach § 138 Abs. 1 b AO an das zuständige Finanzamt verzichten. Die vorstehende Bestimmung gilt mit sofortiger Wirkung in allen Fällen, in denen die diesbezügliche Erwerbstätigkeit ab dem 1. Januar 2023 aufgenommen wurde.

Sollte es aus den weiteren Umständen des Einzelfalls erforderlich werden, können die örtlich zuständigen Finanzämter in diesen Fällen gesondert zur Übermittlung eines Fragebogens zur steuerlichen Erfassung nach § 138 Abs. 1 b AO auffordern.

§ 138 a Länderbezogener Bericht multinationaler Unternehmensgruppen

AO

1 (1) ① **Ein Unternehmen mit Sitz oder Geschäftsleitung im Inland (inländisches Unternehmen), das einen Konzernabschluss aufstellt oder nach anderen Regelungen als den Steuergesetzen aufzustellen hat (inländische Konzernobergesellschaft), hat nach Ablauf eines Wirtschaftsjahres für dieses Wirtschaftsjahr einen länderbezogenen Bericht[1] dieses Konzerns zu erstellen und dem Bundeszentralamt für Steuern zu übermitteln, wenn**

1. **der Konzernabschluss mindestens ein Unternehmen mit Sitz und Geschäftsleitung im Ausland (ausländisches Unternehmen) oder eine ausländische Betriebsstätte umfasst und**
2. **die im Konzernabschluss ausgewiesenen, konsolidierten Umsatzerlöse im vorangegangenen Wirtschaftsjahr mindestens 750 Millionen Euro betragen.**

[1] Zu den Anforderungen an den länderbezogenen Bericht multinationaler Unternehmensgruppen (Country-by-Country Report), vgl. *BMF-Schreiben vom 11. 7. 2017, BStBl. I S. 974,* nachstehend abgedruckt.

AO

② Die Verpflichtung nach Satz 1 besteht vorbehaltlich der Absätze 3 und 4 nicht, wenn das inländische Unternehmen im Sinne des Satzes 1 in den Konzernabschluss eines anderen Unternehmens einbezogen wird.

2 (2) **Der länderbezogene Bericht im Sinne von Absatz 1 enthält**

1. eine nach Steuerhoheitsgebieten gegliederte Übersicht, wie sich die Geschäftstätigkeit des Konzerns auf die Steuerhoheitsgebiete verteilt, in denen der Konzern durch Unternehmen oder Betriebsstätten tätig ist; zu diesem Zweck sind in der Übersicht folgende Positionen auszuweisen:
   a) die Umsatzerlöse und sonstigen Erträge aus Geschäftsvorfällen mit nahestehenden Unternehmen,
   b) die Umsatzerlöse und sonstigen Erträge aus Geschäftsvorfällen mit fremden Unternehmen,
   c) die Summe aus den Umsatzerlösen und sonstigen Erträgen gemäß den Buchstaben a und b,
   d) die im Wirtschaftsjahr gezahlten Ertragsteuern,
   e) die im Wirtschaftsjahr für dieses Wirtschaftsjahr gezahlten und zurückgestellten Ertragsteuern,
   f) das Jahresergebnis vor Ertragsteuern,
   g) das Eigenkapital,
   h) der einbehaltene Gewinn,
   i) die Zahl der Beschäftigten und
   j) die materiellen Vermögenswerte;

2. eine nach Steuerhoheitsgebieten gegliederte Auflistung aller Unternehmen und Betriebsstätten, zu denen Angaben in der Übersicht nach Nummer 1 erfasst sind, jeweils unter Angabe deren wichtigster Geschäftstätigkeiten sowie

3. zusätzliche Informationen, die nach Ansicht der inländischen Konzernobergesellschaft zum Verständnis der Übersicht nach Nummer 1 und der Auflistung nach Nummer 2 erforderlich sind.

3 (3) **Umfasst der Konzernabschluss eines ausländischen Unternehmens, das nach Absatz 1 zur Abgabe des länderbezogenen Berichts verpflichtet wäre, wenn es Sitz oder Geschäftsleitung im Inland hätte (ausländische Konzernobergesellschaft), ein inländisches Unternehmen (einbezogene inländische Konzerngesellschaft) und beauftragt die ausländische Konzernobergesellschaft die einbezogene inländische Konzerngesellschaft damit, einen länderbezogenen Bericht für den Konzern abzugeben (beauftragte Gesellschaft), so hat die beauftragte Gesellschaft den länderbezogenen Bericht dem Bundeszentralamt für Steuern zu übermitteln.**

4 (4) **① Eine einbezogene inländische Konzerngesellschaft ist im Regelfall verpflichtet, den länderbezogenen Bericht für einen Konzern mit einer ausländischen Konzernobergesellschaft, die nach Absatz 1 zur Übermittlung des länderbezogenen Berichts verpflichtet wäre, wenn sie Sitz oder Geschäftsleitung im Inland hätte, dem Bundeszentralamt für Steuern zu übermitteln, wenn das Bundeszentralamt für Steuern keinen länderbezogenen Bericht erhalten hat. ② Übermittelt eine einbezogene inländische Konzerngesellschaft den länderbezogenen Bericht, entfällt die Verpflichtung für alle anderen einbezogenen inländischen Konzerngesellschaften dieses Konzerns. ③ Kann eine einbezogene inländische Konzerngesellschaft die Übermittlung innerhalb der Frist des Absatzes 6 Satz 1 nicht sicherstellen, insbesondere weil sie den länderbezogenen Bericht weder beschaffen noch erstellen kann, so hat sie dies innerhalb der Frist des Absatzes 6 Satz 1 dem Bundeszentralamt für Steuern mitzuteilen und dabei alle Angaben im Sinne von Absatz 2 zu machen, über die sie verfügt oder die sie beschaffen kann. ④ Konnte eine einbezogene inländische Konzerngesellschaft davon ausgehen, dass der länderbezogene Bericht fristgerecht übermittelt wird, und stellt sich nachträglich heraus, dass dies ohne Verschulden der einbezogenen inländischen Konzerngesellschaft nicht geschehen ist, so hat diese ihre Pflichten nach Satz 1 oder Satz 3 innerhalb eines Monats nach Bekanntwerden der Nichtübermittlung zu erfüllen. ⑤ Die Sätze 1 bis 4 gelten entsprechend für die inländische Betriebsstätte eines ausländischen Unternehmens, das als ausländische Konzernobergesellschaft oder als einbezogene ausländische Konzerngesellschaft in einen Konzernabschluss einbezogen wird.**

5 (5) **① Ein inländisches Unternehmen hat in der Steuererklärung anzugeben, ob es**

1. eine inländische Konzernobergesellschaft im Sinne von Absatz 1 ist,

2. eine beauftragte Gesellschaft ist oder

3. eine einbezogene inländische Konzerngesellschaft eines Konzerns mit ausländischer Konzernobergesellschaft ist.

② In den Fällen von Satz 1 Nummer 3 ist auch anzugeben, bei welcher Finanzbehörde und von welchem Unternehmen der länderbezogene Bericht des Konzerns abgegeben wird. ③ Fehlt diese Angabe, ist die einbezogene inländische Konzerngesellschaft selbst

zur fristgerechten Übermittlung des länderbezogenen Berichts verpflichtet. ④ Die Sätze 1 bis 3 gelten entsprechend für die inländische Betriebsstätte eines ausländischen Unternehmens, das als ausländische Konzernobergesellschaft oder als einbezogene ausländische Konzerngesellschaft in einen Konzernabschluss einbezogen wird.

(6) **① Die Übermittlung des länderbezogenen Berichts an das Bundeszentralamt für Steuern hat spätestens ein Jahr nach Ablauf des Wirtschaftsjahres zu erfolgen, für das der länderbezogene Bericht zu erstellen ist. ② Abweichend von Satz 1 gilt in den Fällen von Absatz 4 Satz 4 die dort genannte Frist für die Übermittlung des länderbezogenen Berichts. ③ Die Übermittlung hat nach amtlich vorgeschriebenem Datensatz durch Datenfernübertragung zu erfolgen.** 6

(7) **① Das Bundeszentralamt für Steuern übermittelt alle ihm zugegangenen länderbezogenen Berichte an die jeweils zuständige Finanzbehörde. 2Enthält ein länderbezogener Bericht Angaben im Sinne von Absatz 2 für einen Vertragsstaat der völkerrechtlichen Vereinbarungen, übermittelt das Bundeszentralamt für Steuern auf Grundlage dieser völkerrechtlichen Vereinbarungen den ihm zugegangenen länderbezogenen Bericht an die zuständige Behörde des jeweiligen Vertragsstaates. ③ Das Bundeszentralamt für Steuern nimmt die länderbezogenen Berichte entgegen, die ihm von den zuständigen Behörden der in Satz 2 genannten Vertragsstaaten übermittelt worden sind, und übermittelt diese an die jeweils zuständige Finanzbehörde. ④ Das Bundeszentralamt für Steuern kann länderbezogene Berichte im Rahmen der ihm gesetzlich übertragenen Aufgaben auswerten. ⑤ Das Bundeszentralamt für Steuern speichert die länderbezogenen Berichte und löscht sie mit Ablauf des 15. Jahres, das dem Jahr der Übermittlung folgt.** 7

Zu § 138 a – Länderbezogener Bericht multinationaler Unternehmensgruppen: AEAO

Auf das BMF-Schreiben vom 11. 7. 2017, BStBl. I S. 974 wird verwiesen. 8

Datenquellen

Das berichtende Unternehmen verwendet beim Ausfüllen des Formblatts Jahr für Jahr konsistent die gleichen Datenquellen. Dem berichtenden Unternehmen ist es freigestellt, Daten aus seiner konsolidierten Unternehmensberichterstattung, aus den gesetzlich vorgesehenen Jahresabschlüssen der einzelnen Unternehmen, aus für aufsichtsrechtliche Zwecke erstellten Abschlüssen oder aus seiner internen Rechnungslegung zu verwenden. 9

Sekundärmechanismus

Ergänzend hierzu besteht die Verpflichtung zur Abgabe des länderbezogenen Berichts für die einbezogene inländische Konzerngesellschaft nur, sofern die folgenden Voraussetzungen erfüllt sind: 10

1. Die einbezogene Konzerngesellschaft hat ihre Geschäftsleitung oder ihren Sitz im Inland und
2. eine der folgenden Voraussetzungen ist erfüllt:
   a) die ausländische Konzernobergesellschaft ist in ihrem Ansässigkeitsstaat nicht zur Vorlage eines länderbezogenen Berichts verpflichtet,
   b) der Ansässigkeitsstaat der ausländischen Konzernobergesellschaft verfügt über eine geltende internationale Übereinkunft, dessen Vertragspartei die Bundesrepublik Deutschland ist, jedoch über keine geltende Vereinbarung über den Austausch der länderbezogenen Berichte zwischen den zuständigen Behörden zu dem in § 138 a Abs. 6 Satz 1 AO festgelegten Zeitpunkt für die Vorlage des länderbezogenen Berichts für das Wirtschaftsjahr, oder
   c) es zu einem systemischen Versagen des Ansässigkeitsstaates der ausländischen Konzernobergesellschaft gekommen ist, über welches die einbezogene inländische Konzerngesellschaft vom Bundeszentralamt für Steuern unterrichtet wurde.

Systemisches Versagen bedeutet entweder, dass ein Staat zwar über eine geltende Vereinbarung über den Austausch der länderbezogenen Berichte zwischen den zuständigen Behörden mit der Bundesrepublik Deutschland verfügt, den automatischen Informationsaustausch (aus anderen als den in den Bestimmungen dieser Vereinbarung vorgesehenen Gründen) jedoch ausgesetzt hat, oder dass ein Staat auf andere Weise über einen längeren Zeitraum hinweg versäumt hat, die in seinem Besitz befindlichen länderbezogenen Berichte über einbezogene inländische Konzerngesellschaften der Bundesrepublik Deutschland automatisch zu übermitteln. 11

Die einbezogene inländische Konzerngesellschaft ist nicht zur Vorlage eines länderbezogenen Berichts verpflichtet, sofern die ausländische Konzernobergesellschaft in ihrem Ansässigkeitsstaat nicht zur Vorlage eines länderbezogenen Berichts verpflichtet ist, da die konsolidierten Umsatzerlöse im vorangegangenen Wirtschaftsjahr die in diesem anderen Staat geltende Umsatzschwelle, die im Januar 2015 etwa 750 Millionen € entsprach, nicht überstieg. 12

Anl

Schreiben betr. Anforderungen an den länderbezogenen Bericht multinationaler Unternehmensgruppen (Country-by-Country Report)

Vom 11. Juli 2017 (BeckVerw 343526)

(BMF IV B 5 – S 1300/16/10010 :002; DOK 2017/558036)

1 Anlage

13 Nach dem Ergebnis der Erörterung mit den obersten Finanzbehörden der Länder gilt für die Erstellung und Abgabe von länderbezogenen Berichten i. S. d. § 138 a der AO Folgendes:

Durch das Gesetz zur Umsetzung der Änderungen der EU-Amtshilferichtlinie und von weiteren Maßnahmen gegen Gewinnkürzungen und -verlagerungen vom 20. Dezember 2016 (BGBl. I S. 3000)[1] wurde unter anderem die Verpflichtung multinational tätiger Unternehmensgruppen zur Erstellung und Abgabe von länderbezogenen Berichten in einem neu eingefügten

§ 138 a AO geregelt. Soweit die dort genannten Voraussetzungen vorliegen, ist der länderbezogene Bericht erstmals für Wirtschaftsjahre, die nach dem 31. Dezember 2015 beginnen, zu übermitteln. Eine Übermittlung an das BZSt hat in der von der OECD vorgegebenen XML-Dokumentenversion zu erfolgen. Technische Details ergeben sich aus dem auf der OECD-Internetseite unter „Tax" veröffentlichten „User Guide", derzeit zu finden unter: http:// www.oecd.org/tax/country-by-country-reporting-xml-schema-user-guide-for-tax-administrations-and-taxpayers.htm.

Unter Beachtung der internationalen Vereinbarungen und der entsprechenden Umsetzung in § 138 a AO sind die in der Anlage aufgeführten Angaben im Rahmen der länderbezogenen Berichte zu machen. Dieses ergibt sich aus dem BEPS-Bericht „Verrechnungspreisdokumentation und länderbezogene Berichterstattung – Aktionspunkt 13" sowie der Richtlinie (EU) 2016/881 des Rates vom 25. Mai 2016 (ABl. L 146/8 vom 3. 6. 2016) zur Änderung der Richtlinie 2011/16/EU bezüglich der Verpflichtung zum automatischen Austausch von Informationen im Bereich der Besteuerung.

Der länderbezogene Bericht ist nach einem amtlich vorgeschriebenen Datenformat (XML-Format) zu erstellen und dem BZSt durch Datenfernübertragung zu übermitteln. Das XML-Format entspricht nicht den in der Anlage aufgeführten Tabellen. Diese dienen lediglich der Veranschaulichung. Der länderbezogene Bericht kann insgesamt in englischer Sprache übermittelt werden. Die in Tabelle 3 enthaltenen Informationen oder Erläuterungen sind gemäß Art. 2 b der Durchführungsverordnung (EU) 2015/2378 (eingefügt durch die Durchführungsverordnung (EU) 2016/1963 vom 9. November 2016 (ABl. L 303/4)) verpflichtend in englischer Sprache zu übermitteln.

Informationen zur Übermittlung des länderbezogenen Berichts, zu Rechtsgrundlagen und über aktuelle internationale Entwicklungen, insbesondere auch im Hinblick auf ein international einheitliches Begriffsverständnis der geforderten Angaben, ergeben sich aus den vorgesehenen Veröffentlichungen des BZSt auf der Internetseite (Rubrik „CbCR"): http://www.bzst.de/DE/ Steuern_International/CbCR/cbcr_node.html.

Anlage

14

Tabelle 1 Übersicht über die Aufteilung der Einkünfte, Steuern und Geschäftstätigkeiten nach Steuerhoheitsgebieten

Tabelle 1 sieht im Einzelnen entsprechend § 138 a Abs. 2 Nr. 1 AO – jeweils gegliedert nach Steuerhoheitsgebiet – Angaben vor zu:

- den Umsatzerlösen und sonstigen Erträgen aus Geschäftsvorfällen mit nahestehenden und fremden Unternehmen sowie die Summe hieraus,
- den im Wirtschaftsjahr gezahlten Ertragsteuern,
- den im Wirtschaftsjahr für dieses Wirtschaftsjahr gezahlten und zurückgestellten Ertragsteuern,
- dem Jahresergebnis vor Ertragsteuern,
- dem Eigenkapital,
- dem einbehaltenen Gewinn,
- der Zahl der Beschäftigten und
- den materiellen Vermögenswerten.

[1] **[Amtl. Anm.:]** BStBl. 2017 I S. 5.

Anl 15

Name des multinationalen Konzerns:
Betrachtetes Wirtschaftsjahr:
Währung der angegebenen Beträge:

Steuerhoheitsgebiet	Umsatzerlöse und sonstige Erträge			Jahresergebnis vor Ertragsteuern	Im Wirtschaftsjahr gezahlte Ertragsteuern	Die im Wirtschaftsjahr für dieses Wirtschaftsjahr gezahlten und zurückgestellten Ertragsteuern	Eigenkapital	Einbehaltener Gewinn	Zahl der Beschäftigten	Materielle Vermögenswerte
	Fremde Unternehmen	Nahestehende Unternehmen	Summe							

Anl

Tabelle 2. Auflistung aller Unternehmen und Betriebsstätten des Konzerns nach Steuerhoheitsgebieten unter Angabe deren wichtigster Geschäftstätigkeiten

Die nachfolgend abgedruckte Tabelle 2 beinhaltet entsprechend § 138a Abs. 2 Nr. 2 AO eine nach Steuerhoheitsgebieten gegliederte Auflistung aller Unternehmen und Betriebsstätten, zu denen Angaben in der Übersicht nach § 138a Abs. 2 Nr. 1 AO erfasst sind, jeweils unter Angabe deren wichtigster Geschäftstätigkeiten.

Name des multinationalen Konzerns: Betrachtetes Wirtschaftsjahr:															
Steuerhoheitsgebiet	Im Steuerhoheitsgebiet ansässige Unternehmen und Betriebsstätten des Konzerns	Wichtigste Geschäftstätigkeit(en)													
		Forschung und Entwicklung	Besitz oder Verwaltung von geistigem Eigentum	Einkauf oder Beschaffung	Verarbeitung oder Produktion	Verkauf, Marketing oder Vertrieb	Verwaltungs-, Management- oder Supportleistungen	Erbringung von Dienstleistungen für unverbundene Dritte	Konzerninterne Finanzierung	Regulierte Finanzdienstleistungen	Versicherungen	Besitz von Aktien oder anderen Wertpapieren mit Beteiligungscharakter	Ruhende Tätigkeit	Sonstige (Bitte geben Sie die Art der Tätigkeit der Geschäftseinheit in Tabelle 3 „Zusätzliche Informationen" an).

Tabelle 3 Zusätzliche Informationen 16

In Tabelle 3 können gemäß § 138 a Abs. 2 Nr. 3 AO zusätzliche Informationen aufgenommen werden, die nach Ansicht der inländischen Konzernobergesellschaft zum Verständnis der Übersicht nach § 138 a Abs. 2 Nr. 1 AO und der Auflistung nach § 138 a Abs. 2 Nr. 2 AO erforderlich sind.

Name des multinationalen Konzerns: Betrachtetes Wirtschaftsjahr:
Bitte geben Sie hier kurz alle weiteren Angaben oder Erläuterungen an, die Sie für notwendig erachten oder die das Verständnis der vorgeschriebenen Informationen im länderbezogenen Bericht erleichtern können.

§ 138 b Mitteilungspflicht Dritter über Beziehungen inländischer Steuerpflichtiger zu Drittstaat-Gesellschaften

(1) ① **Verpflichtete im Sinne des § 2 Absatz 1 Nummer 1 bis 3 und 6 des Geldwäschegesetzes (mitteilungspflichtige Stelle) haben dem für sie nach den §§ 18 bis 20 zuständigen Finanzamt von ihnen hergestellte oder vermittelte Beziehungen von inländischen Steuerpflichtigen im Sinne des § 138 Absatz 2 Satz 1 zu Drittstaat-Gesellschaften im Sinne des § 138 Absatz 3 mitzuteilen.** ② **Dies gilt für die Fälle, in denen** 1

1. **der mitteilungspflichtigen Stelle bekannt ist, dass der inländische Steuerpflichtige auf Grund der von ihr hergestellten oder vermittelten Beziehung allein oder zusammen mit nahestehenden Personen im Sinne des § 1 Absatz 2 des Außensteuergesetzes erstmals unmittelbar oder mittelbar einen beherrschenden oder bestimmenden Einfluss auf die gesellschaftsrechtlichen, finanziellen oder geschäftlichen Angelegenheiten einer Drittstaat-Gesellschaft ausüben kann, oder**
2. **der inländische Steuerpflichtige eine von der mitteilungspflichtigen Stelle hergestellte oder vermittelte Beziehung zu einer Drittstaat-Gesellschaft erlangt, wodurch eine unmittelbare Beteiligung von insgesamt mindestens 30 Prozent am Kapital oder am Vermögen der Drittstaat-Gesellschaft erreicht wird; anderweitige Erwerbe hinsichtlich der gleichen Drittstaat-Gesellschaft sind miteinzubeziehen, soweit sie der mitteilungspflichtigen Stelle bekannt sind oder bekannt sein mussten.**

(2) **Die Mitteilungen sind für jeden inländischen Steuerpflichtigen und jeden mitteilungspflichtigen Sachverhalt gesondert zu erstatten.** 2

(3) ① **Zu jedem inländischen Steuerpflichtigen ist anzugeben:** 3

1. **die Identifikationsnummer nach § 139 b und**
2. **die Wirtschafts-Identifikationsnummer nach § 139 c oder, wenn noch keine Wirtschafts-Identifikationsnummer vergeben wurde und es sich nicht um eine natürliche Person handelt, die für die Besteuerung nach dem Einkommen geltende Steuernummer.**

② **Kann die mitteilungspflichtige Stelle die Identifikationsnummer und die Wirtschafts-Identifikationsnummer oder die Steuernummer nicht in Erfahrung bringen, so hat sie stattdessen ein Ersatzmerkmal anzugeben, das vom Bundesministerium der Finanzen im Einvernehmen mit den obersten Finanzbehörden der Länder bestimmt worden ist.**

(4) ① **Die Mitteilungen sind dem Finanzamt nach amtlich vorgeschriebenem Vordruck zu erstatten, und zwar bis zum Ablauf des Monats Februar des Jahres, das auf das Kalenderjahr folgt, in dem der mitzuteilende Sachverhalt verwirklicht wurde.** ② **§ 72 a Absatz 4, § 93 c Absatz 1 Nummer 3 und Absatz 4 bis 7, § 171 Absatz 10 a, § 175 b Absatz 1 und § 203 a gelten entsprechend.** 4

(5) ① **Das für die mitteilungspflichtige Stelle zuständige Finanzamt hat die Mitteilungen an das für den inländischen Steuerpflichtigen nach den §§ 18 bis 20 zuständige Finanzamt weiterzuleiten.** ② **§ 31 b bleibt unberührt.** 5

(6) **Der inländische Steuerpflichtige hat der mitteilungspflichtigen Stelle** 6

1. **seine Identifikationsnummer nach § 139 b mitzuteilen und**
2. **seine Wirtschafts-Identifikationsnummer nach § 139 c oder, wenn diese noch nicht vergeben wurde und er keine natürliche Person ist, seine für die Besteuerung nach dem Einkommen geltende Steuernummer mitzuteilen.**

§ 138 c Verordnungsermächtigung

(1) ① **Das Bundesministerium der Finanzen kann durch Rechtsverordnung mit Zustimmung des Bundesrates bestimmen, dass Mitteilungen gemäß § 138 b nach amtlich vorgeschriebenem Datensatz über amtlich bestimmte Schnittstellen zu erstatten sind.** ② **In der Rechtsverordnung nach Satz 1 kann auch bestimmt werden, dass die Mitteilungen abweichend von § 138 b Absatz 1 Satz 1 an eine andere Finanzbehörde zu über-** 1

mitteln und von dieser Finanzbehörde an das für den inländischen Steuerpflichtigen nach den §§ 18 bis 20 zuständige Finanzamt weiterzuleiten sind.

2 (2) ①Hat das Bundesministerium der Finanzen eine Rechtsverordnung nach Absatz 1 erlassen, dürfen die mitteilungspflichtigen Stellen beim Bundeszentralamt für Steuern die Identifikationsnummer des Steuerpflichtigen nach § 139 b oder seine Wirtschafts-Identifikationsnummer nach § 139 c erfragen. ②In der Anfrage dürfen nur die in § 139 b Absatz 3 oder § 139 c Absatz 3 bis 5 a genannten Daten des inländischen Steuerpflichtigen angegeben werden, soweit sie der mitteilungspflichtigen Stelle bekannt sind. ③Das Bundeszentralamt für Steuern teilt der mitteilungspflichtigen Stelle die Identifikationsnummer oder die Wirtschafts-Identifikationsnummer mit, sofern die übermittelten Daten mit den nach § 139 b Absatz 3 oder § 139 c Absatz 3 bis 5 a bei ihm gespeicherten Daten übereinstimmen. ④Die mitteilungspflichtige Stelle darf die Identifikationsmerkmale nur verwenden, soweit dies zur Erfüllung von steuerlichen Pflichten erforderlich ist. ⑤Weitere Einzelheiten dieses Verfahrens kann das Bundesministerium der Finanzen durch Rechtsverordnung mit Zustimmung des Bundesrates bestimmen.

§ 138 d Pflicht zur Mitteilung grenzüberschreitender Steuergestaltungen

1 (1) Wer eine grenzüberschreitende Steuergestaltung im Sinne des Absatzes 2 vermarktet, für Dritte konzipiert, organisiert oder zur Nutzung bereitstellt oder ihre Umsetzung durch Dritte verwaltet (Intermediär), hat die grenzüberschreitende Steuergestaltung dem Bundeszentralamt für Steuern nach Maßgabe der §§ 138 f und 138 h mitzuteilen.

2 (2) ①Eine grenzüberschreitende Steuergestaltung ist jede Gestaltung,

1. die eine oder mehrere Steuern zum Gegenstand hat, auf die das EU-Amtshilfegesetz anzuwenden ist,
2. die entweder mehr als einen Mitgliedstaat der Europäischen Union oder mindestens einen Mitgliedstaat der Europäischen Union und einen oder mehrere Drittstaaten betrifft, wobei mindestens eine der folgenden Bedingungen erfüllt ist:
   a) nicht alle an der Gestaltung Beteiligten sind im selben Steuerhoheitsgebiet ansässig;
   b) einer oder mehrere der an der Gestaltung Beteiligten sind gleichzeitig in mehreren Steuerhoheitsgebieten ansässig;
   c) einer oder mehrere der an der Gestaltung Beteiligten gehen in einem anderen Steuerhoheitsgebiet über eine dort gelegene Betriebstätte einer Geschäftstätigkeit nach und die Gestaltung ist Teil der Geschäftstätigkeit der Betriebstätte oder macht deren gesamte Geschäftstätigkeit aus;
   d) einer oder mehrere der an der Gestaltung Beteiligten gehen in einem anderen Steuerhoheitsgebiet einer Tätigkeit nach, ohne dort ansässig zu sein oder eine Betriebstätte zu begründen;
   e) die Gestaltung ist geeignet, Auswirkungen auf den automatischen Informationsaustausch oder die Identifizierung des wirtschaftlichen Eigentümers zu haben, und
3. die mindestens
   a) ein Kennzeichen im Sinne des § 138 e Absatz 1 aufweist und von der ein verständiger Dritter unter Berücksichtigung aller wesentlichen Fakten und Umstände vernünftigerweise erwarten kann, dass der Hauptvorteil oder einer der Hauptvorteile die Erlangung eines steuerlichen Vorteils im Sinne des Absatzes 3 ist, oder
   b) ein Kennzeichen im Sinne des § 138 e Absatz 2 aufweist.

②Besteht eine Steuergestaltung aus einer Reihe von Gestaltungen, gilt sie als grenzüberschreitende Steuergestaltung, wenn mindestens ein Schritt oder Teilschritt der Reihe grenzüberschreitend im Sinne des Satzes 1 Nummer 2 ist; in diesem Fall hat die Mitteilung nach Absatz 1 die gesamte Steuergestaltung zu umfassen.

3 (3) ①Ein steuerlicher Vorteil im Sinne des Absatzes 2 Satz 1 Nummer 3 Buchstabe a liegt vor, wenn

1. durch die Steuergestaltung Steuern erstattet, Steuervergütungen gewährt oder erhöht oder Steueransprüche entfallen oder verringert werden sollen,
2. die Entstehung von Steueransprüchen verhindert werden soll oder
3. die Entstehung von Steueransprüchen in andere Besteuerungszeiträume oder auf andere Besteuerungszeitpunkte verschoben werden soll.

②Ein steuerlicher Vorteil liegt auch dann vor, wenn er außerhalb des Geltungsbereichs dieses Gesetzes entstehen soll. ③Das Bundesministerium der Finanzen kann im Einvernehmen mit den obersten Finanzbehörden der Länder in einem im Bundessteuerblatt zu veröffentlichenden Schreiben für bestimmte Fallgruppen bestimmen, dass kein steuerlicher Vorteil im Sinne der Sätze 1 und 2 anzunehmen ist, insbesondere weil sich

der steuerliche Vorteil einer grenzüberschreitenden Steuergestaltung ausschließlich im Geltungsbereich dieses Gesetzes auswirkt und unter Berücksichtigung aller Umstände der Steuergestaltung gesetzlich vorgesehen ist.

(4) **Betriebstätte im Sinne des Absatzes 2 Satz 1 Nummer 2 Buchstabe c und d ist sowohl eine Betriebstätte im Sinne des § 12 als auch eine Betriebsstätte im Sinne eines im konkreten Fall anwendbaren Abkommens zur Vermeidung der Doppelbesteuerung.** 4

(5) **Nutzer einer grenzüberschreitenden Steuergestaltung ist jede natürliche oder juristische Person, Personenvereinigung oder Vermögensmasse,** 5

1. der die grenzüberschreitende Steuergestaltung zur Umsetzung bereitgestellt wird,

2. die bereit ist, die grenzüberschreitende Steuergestaltung umzusetzen, oder

3. die den ersten Schritt zur Umsetzung der grenzüberschreitenden Steuergestaltung gemacht hat.

(6) **Hat ein Nutzer eine grenzüberschreitende Steuergestaltung für sich selbst konzipiert, so sind für ihn auch die für Intermediäre geltenden Regelungen entsprechend anzuwenden.** 6

(7) **Übt ein Intermediär im Zusammenhang mit der grenzüberschreitenden Steuergestaltung ausschließlich die in Absatz 1 aufgeführten Tätigkeiten aus, so gilt er nicht als an der Gestaltung Beteiligter.** 7

Anl

Schreiben betr. Anwendung der Vorschriften über die Pflicht zur Mitteilung grenzüberschreitender Steuergestaltungen

Vom 29. März 2021 (BeckVerw 515240)

BMF IV A 3 – S 0304/19/10 006 :010; IV B 1 – S 1317/19/10 058 :011; DOK 2021/289747

Geändert durch BMF v. 23. 1. 2023 (BeckVerw 579220) und BMF v. 7. 6. 2024 (BeckVerw 637350)

2 Anlagen[1]

Durch das Gesetz zur Einführung einer Pflicht zur Mitteilung grenzüberschreitender Steuergestaltungen vom 21. Dezember 2019 (BGBl. I S. 2875)[2] wurde die Richtlinie (EU) 2018/822 vom 25. Mai 2018 (ABl. L 139 vom 5. 6. 2018, S. 1) zur Änderung der EU-Amtshilferichtlinie in nationales Recht umgesetzt.

Für die Anwendung der mit diesem Gesetz eingeführten und geänderten Vorschriften gilt im Einvernehmen mit den obersten Finanzbehörden der Länder Folgendes:

I. Sachlicher und persönlicher Anwendungsbereich der Mitteilungspflicht

1. Allgemeines

1 Die Richtlinie (EU) 2018/822 sieht vor, dass die Mitgliedstaaten der Europäischen Union (EU-Mitgliedstaaten) bis zum 31. Dezember 2019 eine Pflicht zur Mitteilung grenzüberschreitender Steuergestaltungen sowie einen diesbezüglichen zwischenstaatlichen Informationsaustausch einführen müssen. Die Richtlinie (EU) 2018/822 ist ab dem 1. Juli 2020 anzuwenden. Danach sind auch solche Fälle mitzuteilen, bei denen der erste Schritt der Umsetzung nach dem 24. Juni 2018 erfolgt ist. 8

2 Deutschland hat zu diesem Zweck mit dem Gesetz zur Einführung einer Pflicht zur Mitteilung grenzüberschreitender Steuergestaltungen vom 21. Dezember 2019 (BGBl. I S. 2875) die Abgabenordnung (AO), das Einführungsgesetz zur Abgabenordnung (EGAO), das EU-Amtshilfegesetz (EUAHiG) und das Finanzverwaltungsgesetz (FVG) mit Wirkung ab dem 1. Januar 2020 ergänzt und geändert.

3 Ziel der Richtlinie (EU) 2018/822 und der sie umsetzenden nationalen Rechtsvorschriften ist zum einen, die nationalen Gesetzgeber in die Lage zu versetzen, im Interesse einer gerechten Besteuerung im Binnenmarkt auf unerwünschte Steuergestaltungen früher als bisher reagieren zu können (rechtspolitische Auswertung). Zum anderen sollen die Finanzverwaltungen der EU-Mitgliedstaaten die mit den Mitteilungen erlangten Informationen im Veranlagungsverfahren der Nutzer grenzüberschreitender Steuergestaltungen verwenden können, sei es durch allgemeine Verwaltungsanweisungen oder durch individuelle Ermittlungsmaßnahmen bei den Nutzern (veranlagungsunterstützende Auswertung).

4 Auf das mit der Entgegennahme und Auswertung der Mitteilungen über grenzüberschreitende Steuergestaltungen verbundene Verwaltungsverfahren sind ungeachtet der vorgenannten dualen Zweckbestimmung einheitlich die Vorschriften der AO, insbesondere die §§ 2 a, 29 b, 29 c, 30, 87 b, 87 d, 93 und 97 AO, unmittelbar anwendbar (vgl. § 138 j Abs. 5 AO).

5 Bei Streitigkeiten über Verwaltungsakte, die die §§ 138 d bis 138 k AO umsetzen, ist nach § 347 Abs. 1 Nr. 1 und Abs. 2 AO der Einspruch statthaft und nach § 33 Abs. 1 Nr. 1 und Abs. 2 FGO der Finanzrechtsweg gegeben.

2. Sachliche Voraussetzungen der Mitteilungspflicht (§ 138 d AO)

2.1. Überblick

6 Bei der Prüfung, ob eine Mitteilungspflicht nach den §§ 138 d–138 k AO besteht, ist folgendermaßen vorzugehen:

[1] Anlage 2 nicht abgedruckt.

[2] **[Amtl. Anm.:]** BStBl. 2020 I S. 127.

Anl

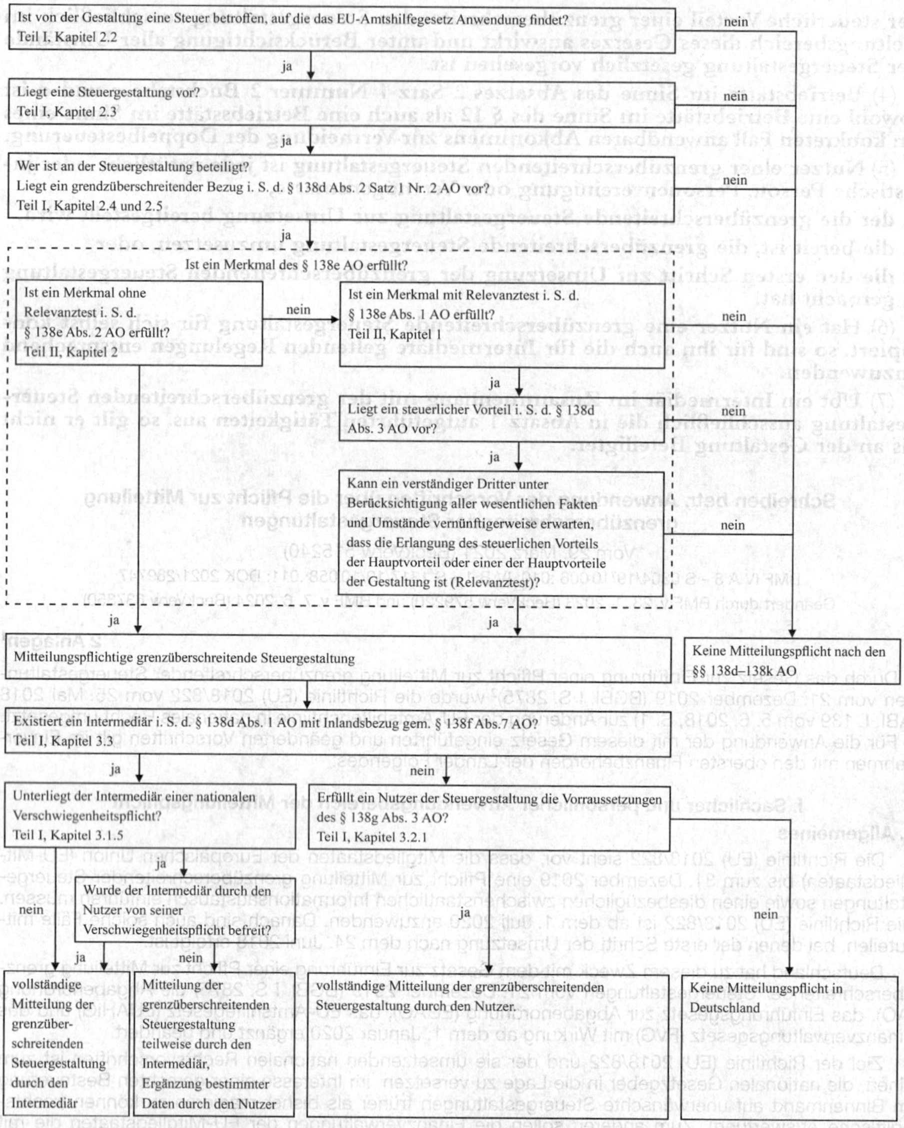

2.2. Steuern, auf die das EU-Amtshilfegesetz Anwendung findet

7 Die §§ 138d–138k AO sowie die Regelungen des EUAHiG sind auf alle Steuern anzuwenden, die von einem oder für einen EU-Mitgliedstaat bzw. von oder für gebiets- oder verwaltungsmäßige Gliederungseinheiten eines EU-Mitgliedstaats, einschließlich der lokalen Behörden, erhoben werden. Die Kirchensteuer fällt auch im Falle einer Verwaltung durch die staatlichen Behörden nicht unter diese Regelungen. Die Regelungen gelten daneben entsprechend § 1 Abs. 2 EUAHiG nicht für

- die Umsatzsteuer, einschließlich der Einfuhrumsatzsteuer,
- Zölle,
- harmonisierte Verbrauchsteuern, sofern diese in Art. 1 Abs. 1 der Richtlinie 2008/118/EG des Rates vom 16. Dezember 2008 über das allgemeine Verbrauchsteuersystem und zur Aufhebung der Richtlinie 92/12/EWG (ABl. L 9 vom 14. 1. 2009, S. 12), die zuletzt durch die Richtlinie 2010/12/EU (ABl. L 50 vom 27. 2. 2010, S. 1) geändert worden ist, in der jeweils geltenden Fassung genannt werden,
- Beiträge und Umlagen sowie damit verbundene Abgaben und Gebühren nach dem Sozialgesetzbuch, den in § 68 des Ersten Buches Sozialgesetzbuch (SGB I) genannten Gesetzen, dem Aufwendungsausgleichsgesetz und
- Gebühren.

8 In den Anwendungsbereich der §§ 138d–138k AO sowie des EUAHiG fallen damit insbesondere die
- Einkommensteuer,

– Körperschaftsteuer,
– Gewerbesteuer,
– Grunderwerbsteuer,
– Kraftfahrzeugsteuer,
– Versicherungsteuer,
– Grundsteuer,
– Erbschaft- und Schenkungsteuer,
– Luftverkehrsteuer und
– nicht-harmonisierten Verbrauchsteuern (z. B. Kaffeesteuer).

Erfasst sind auch Steuern anderer Mitgliedstaaten, die in den Anwendungsbereich der EU-Amtshilferichtlinie fallen.

2.3. Steuergestaltung

9 Bei einer Steuergestaltung handelt es sich um einen bewussten, das (reale und/oder rechtliche) Geschehen mit steuerlicher Bedeutung verändernden Schaffensprozess durch Transaktionen, Regelungen, Handlungen, Vorgänge, Vereinbarungen, Zusagen, Verpflichtungen oder ähnliche Ereignisse. Durch den Nutzer oder für den Nutzer wird dabei eine bestimmte Struktur, ein bestimmter Prozess oder eine bestimmte Situation bewusst und aktiv herbeigeführt oder verändert. Diese Struktur, dieser Prozess oder diese Situation bekommt dadurch eine steuerrechtliche Bedeutung, die ansonsten nicht eintreten würde. Eine Steuergestaltung liegt nicht vor, wenn ein Steuerpflichtiger lediglich den Ablauf einer gesetzlichen Frist oder eines gesetzlichen Zeitraums abwartet, nach welchem er eine Transaktion steuerfrei oder nicht steuerbar realisieren kann. Unerheblich ist, ob die Gestaltung modellhaft angelegt ist.

10 Beispiele für Gestaltungen mit steuerlicher Bedeutung, die nur unter Berücksichtigung der weiteren Tatbestandsvoraussetzungen des § 138 d AO eine Mitteilungspflicht auslösen:
– die Schaffung, die Zuordnung, der Erwerb oder die Übertragung von Einkünften oder deren Quellen auf einen anderen Rechtsträger;
– die Gründung oder der Erwerb einer die Einkünfte erzielenden juristischen Person;
– Anpassung vertraglicher Konditionen nicht ausschließlich unter Fremdvergleichsgrundsätzen.

Beispiel:

Im Jahr 2019 wurde zwischen der deutschen Muttergesellschaft und ihrer ausländischen Tochtergesellschaft (100-Prozent-Beteiligung) ein Darlehensvertrag mit einer fremdüblichen Zinsvereinbarung mit einem Zinssatz von 3 Prozent geschlossen. Aufgrund der allgemeinen Zinsentwicklung wird im Jahr 2022 der Zinssatz angepasst und auf 1 Prozent gemindert. Dieser Zinssatz ist auch als fremdüblich anzusehen.
Die allein durch den Fremdvergleichsgrundsatz gebotene Anpassung der Darlehenskonditionen stellt keine Steuergestaltung dar.

2.4. Beteiligte der Steuergestaltung

11 Als Beteiligte der Steuergestaltung kommen in Betracht: der Nutzer (vgl. Teil I, Kapitel 2.4.1), andere Beteiligte (vgl. Teil I, Kapitel 2.4.2) sowie ggf. der Intermediär (vgl. Teil I, Kapitel 2.4.3).

2.4.1. Nutzer i. S. d. § 138 d Abs. 5 AO

12 Statt des in Art. 3 Nr. 22 der durch die Richtlinie (EU) 2018/822 geänderten EU-Amtshilferichtlinie (EU-Amtshilferichtlinie) verwendeten Begriffs des relevanten Steuerpflichtigen wird in § 138 d Abs. 5 AO der inhaltlich identische Begriff des Nutzers verwendet.

13 Nutzer einer grenzüberschreitenden Steuergestaltung kann nach § 138 d Abs. 5 AO jede natürliche oder juristische Person, Personengesellschaft, Gemeinschaft oder Vermögensmasse sein. Die Voraussetzungen des § 138 d Abs. 5 AO liegen vor, wenn bei ihm mindestens eine der nachfolgenden Voraussetzungen im Hinblick auf eine mitteilungspflichtige grenzüberschreitende Steuergestaltung erfüllt ist. In Anlehnung an den in der EU-Amtshilferichtlinie verwendeten Begriff des sog. relevanten Steuerpflichtigen ist der Nutzer zudem regelmäßig die steuerpflichtige Person, auf deren Besteuerung sich die Steuergestaltung auswirken soll.

2.4.1.1. Bereitstellung zur Umsetzung (§ 138 d Abs. 5 Nr. 1 AO)

14 Eine grenzüberschreitende Steuergestaltung wird einem Nutzer zur Umsetzung bereitgestellt, wenn dem Nutzer alle erforderlichen Unterlagen und Informationen vorgelegt werden, die er benötigt, um die grenzüberschreitende Steuergestaltung zu verwirklichen. Es muss eine erkennbare Absicht des Nutzers bestehen, die ihm individuell dargelegte grenzüberschreitende Steuergestaltung umsetzen zu wollen. Eine solche Absicht kann insbesondere unterstellt werden, sobald die den Einzelfall betreffenden vertraglichen Unterlagen an den Nutzer überreicht oder anderweitig zur Verfügung gestellt wurden. Spätestens zu diesem Zeitpunkt obliegt die alleinige Entscheidungsgewalt über die Verwendung dieser grenzüberschreitenden Steuergestaltung dem Nutzer. Unverbindliche und reine Werbemaßnahmen, mit denen ein Intermediär auf eine Beauftragung abzielt, fallen nicht unter den Anwendungsbereich dieses Ereignisses.

Beispiel:

Steuerberater S präsentiert seiner Mandantin T im Beratungsgespräch verschiedene steuerliche Handlungsoptionen, die jeweils als grenzüberschreitende Steuergestaltungen anzusehen und mitteilungspflichtig wären.
Allein durch die Darlegung von Handlungsoptionen oder Gestaltungsmöglichkeiten ist eine Steuergestaltung noch nicht zur Umsetzung bereitgestellt. T wäre in diesem Fall nur als Nutzerin i. S. d. § 138 d Abs. 5 Nr. 1 AO anzusehen, wenn nur die Informationen in dem Beratungsgespräch mit S sie in die Lage versetzen würden, eine der dargestellten Handlungsoptionen unmittelbar umzusetzen. Dies wäre der Fall, wenn die Umsetzung der Gestaltung nach dem Gespräch mit S ausschließlich von ihrer Entscheidung abhinge.

15 Es kommt nicht darauf an, ob der Nutzer die grenzüberschreitende Steuergestaltung tatsächlich umsetzt.

Anl

2.4.1.2. Bereitschaft zur Umsetzung (§ 138d Abs. 5 Nr. 2 AO)

16 Die Bereitschaft zur Umsetzung einer grenzüberschreitenden Steuergestaltung ist gegeben, sobald die tatsächliche Umsetzung der Steuergestaltung nur noch von der abschließenden Entscheidung des Nutzers abhängig ist. § 138d Abs. 5 Nr. 2 AO kommt insbesondere zur Anwendung, wenn die Steuergestaltung vom Nutzer selbst, also ohne Beteiligung eines Intermediärs, konzipiert worden ist (Inhouse-Gestaltung) und damit keine Unterlagen zur Umsetzung bereitgestellt werden müssen. In Unternehmen ist hierbei auf die für die Entscheidung über die Implementierung der Steuergestaltung zuständigen Personen abzustellen.

2.4.1.3. Verwirklichung des ersten Schritts der Umsetzung (§ 138d Abs. 5 Nr. 3 AO)

17 § 138d Abs. 5 Nr. 3 AO erfasst als Auffangtatbestand Fallgestaltungen, in denen weder § 138d Abs. 5 Nr. 1 AO noch § 138d Abs. 5 Nr. 2 AO erfüllt ist.

18 Dies ist beispielsweise der Fall, wenn ein Vertrag vorliegt, dessen Wirkung von einer Bedingung abhängig gemacht wird (aufschiebende Bedingung i. S. d. § 158 BGB). Eine Person ist in diesem Fall Nutzer i. S. d. § 138d Abs. 5 Nr. 3 AO, sobald sie erste Schritte zur Umsetzung der grenzüberschreitenden Gestaltung vornimmt.

2.4.2. Andere an der Gestaltung Beteiligte

19 Zu den an der Gestaltung Beteiligten i. S. d. § 138d Abs. 2 Satz 1 Nr. 2 Buchst. a bis d AO gehören neben dem Nutzer bzw. den Nutzern auch
– die ihnen nahestehenden Personen i. S. d. § 1 Abs. 2 des Außensteuergesetzes (AStG) sowie
– ihre jeweiligen Geschäfts- oder Vertragspartner,
wenn sie in die jeweilige Steuergestaltung aktiv eingebunden sind. Das bedeutet nicht, dass dem anderen an der Gestaltung Beteiligten bekannt sein muss, dass er an einer grenzüberschreitenden Steuergestaltung mitwirkt. Die gesellschaftsrechtliche Zustimmung eines mittelbaren oder unmittelbaren Gesellschafters zur Durchführung einer Steuergestaltung führt isoliert nicht dazu, dass der Gesellschafter in die Gestaltung aktiv eingebunden ist.

Beispiele:

– Käufer oder Verkäufer eines Wirtschaftsguts
– Mieter oder Vermieter eines Wirtschaftsguts
– Leasinggeber oder -nehmer
– Darlehensgeber oder -nehmer

2.4.3. Rolle des Intermediärs

20 Zur Definition des Intermediärs vgl. Teil I, Kapitel 3.1.1.

21 Übt der Intermediär im Zusammenhang mit einer von ihm konzipierten, organisierten, vermarkteten, zur Nutzung bereitgestellten oder verwalteten grenzüberschreitenden Steuergestaltung ausschließlich eine der vorgenannten Tätigkeiten aus, gilt er nach § 138d Abs. 7 AO nicht als an der Gestaltung Beteiligter. Dies hat insbesondere zur Folge, dass keine mitteilungspflichtige grenzüberschreitende Steuergestaltung vorliegt, wenn alle Beteiligten der Steuergestaltung (d. h. ohne den ausschließlich Tätigkeiten i. S. d. § 138d Abs. 1 AO ausübenden reinen Intermediär) in demselben (fremden) Steuerhoheitsgebiet ansässig sind und keine der weiteren Voraussetzungen des § 138d Abs. 2 Satz 1 Nr. 2 Buchst. b bis e AO erfüllen und nur der reine Intermediär einen Inlandsbezug i. S. d. § 138f Abs. 7 AO aufweist.

2.4.4. Besonderheiten bei Personengesellschaften und Gemeinschaften

22 Nutzer der grenzüberschreitenden Steuergestaltung i. S. d. § 138d Abs. 5 AO ist grundsätzlich die Personengesellschaft oder Gemeinschaft, bei der sich die grenzüberschreitende Steuergestaltung auswirken soll. Eine steuerliche Auswirkung in diesem Sinn liegt auch vor, wenn sich die grenzüberschreitende Steuergestaltung auf ein Feststellungsverfahren auswirkt. Die Gesellschafter und Gemeinschafter sind unabhängig davon, ob sie aktiv in die jeweilige Gestaltung eingebunden sind, andere an der Gestaltung Beteiligte, wenn ihre steuerliche Behandlung (z. B. durch Ansässigkeit oder Steuerpflicht) für die Steuergestaltung von Bedeutung ist. Sie können ausnahmsweise auch Nutzer der Steuergestaltung sein, wenn sich die grenzüberschreitende Steuergestaltung nicht ausschließlich bei der Personengesellschaft oder Gemeinschaft, sondern darüber hinaus auch unmittelbar beim Gesellschafter oder Gemeinschafter steuerlich auswirken soll und dieser eine der Voraussetzungen des § 138d Abs. 5 AO erfüllt.

2.4.5. Besonderheiten im Konzern

23 Innerhalb einer Konzernstruktur können die rechtlich und steuerrechtlich eigenständigen Unternehmenseinheiten unabhängig voneinander Intermediär (vgl. Teil I, Kapitel 3.1.1), Nutzer (vgl. Teil I, Kapitel 2.4.1) oder anderer an der Gestaltung Beteiligter sein (vgl. Teil I, Kapitel 2.4.2).

24 Hat eine Konzerngesellschaft für andere Konzerngesellschaften Steuergestaltungen konzipiert (oder konzipieren lassen), sie für andere Konzerngesellschaften organisiert, zur Umsetzung an andere Konzerngesellschaften bereitgestellt oder verwaltet sie deren Umsetzung, ist sie Intermediär. Ist die Konzerngesellschaft darüber hinaus in die Gestaltung eingebunden, kann sie unter den weiteren Voraussetzungen des § 138d Abs. 5 AO Nutzerin oder andere an der Gestaltung Beteiligte sein. Die betroffenen Konzerngesellschaften hingegen sind Nutzer, soweit sich die Steuergestaltung bei ihnen steuerlich auswirken soll. Weitere Konzerngesellschaften, die keine Nutzer sind, sind nur dann andere an der Gestaltung Beteiligte, wenn sie in die Steuergestaltung eingebunden sind.

25 Wird die Steuergestaltung einer Konzern(ober)gesellschaft zur Umsetzung bereitgestellt, ist sie zur Umsetzung bereit oder hat sie den ersten Umsetzungsschritt gemacht (vgl. § 138d Abs. 5 AO), ist dies auch den ihr nachgeschalteten Konzerngesellschaften zuzurechnen, wenn sich diese Gestaltung nicht nur bei ihr, sondern auch bei nachgeschalteten Konzerngesellschaften steuerlich auswirken soll; dies gilt nur, wenn die Konzern(ober)gesellschaft mittelbar oder unmittelbar über die Mehrheit der Stimmrechte an den nachgeschalteten Konzerngesellschaften verfügt.

Beispiel 1:
Der M-Konzern besteht aus der in Deutschland ansässigen M-GmbH und deren Tochtergesellschaften TG 1 und TG 2 mit Sitz im Ausland. Die M-GmbH beauftragt Steuerberater S mit der Konzeption einer Steuergestaltung (deren Mitteilungspflicht sei unterstellt). Der S händigt der Geschäftsführung der M-GmbH alle zur Umsetzung der Steuergestaltung nötigen Unterlagen und Informationen aus. Die Steuergestaltung soll sich bei der M-GmbH und der TG 1 steuerlich auswirken.
Die M-GmbH ist Nutzerin, da ihr die Steuergestaltung durch S zur Umsetzung bereitgestellt wird und die Steuergestaltung sich auf ihre Besteuerung auswirkt. Auch die TG 1 ist Nutzer in der Steuergestaltung i. S. d. § 138 d Abs. 5 Nr. 1 AO, weil sich die Steuergestaltung auch bei ihr auswirken soll. Ihr ist die Bereitstellung zur Umsetzung an die M-GmbH unabhängig davon zuzurechnen, ob ihr die Unterlagen von der M-GmbH weitergeleitet wurden. TG 2 ist weder Nutzerin noch andere an der Gestaltung beteiligte Person. Zum maßgeblichen Ereignis vgl. Beispiel Teil III, Kapitel 1.2.2.

2.4.6. Besonderheiten bei Investmentfonds und Spezial-Investmentfonds

26 Nutzer der grenzüberschreitenden Steuergestaltung i. S. d. § 138 d Abs. 5 AO ist grundsätzlich der Investmentfonds i. S. d. § 1 Abs. 2 des Investmentsteuergesetzes (InvStG) oder der Spezial-Investmentfonds i. S. d. § 26 InvStG, bei dem sich die grenzüberschreitende Steuergestaltung steuerlich auswirken soll. Wirkt sich die grenzüberschreitende Steuergestaltung beim Investmentfonds oder Spezial-Investmentfonds nicht aus, ist er gleichwohl Nutzer, wenn sich die dem Investmentfonds zur Umsetzung bereitgestellte oder durch ihn umgesetzte grenzüberschreitenden Steuergestaltung ausschließlich auf der Ebene des Anlegers steuerlich auswirken soll.

27 Bei einem Spezial-Investmentfonds ist auch der Anleger, bei dem sich die grenzüberschreitende Steuergestaltung steuerlich auswirken soll, Nutzer i. S. d. § 138 d Abs. 5 AO.

28 Wird ein Investmentfonds im Rahmen einer grenzüberschreitenden Steuergestaltung durch den Anleger zur Erzielung einer steuerlichen Auswirkung eingesetzt, ist der Anleger, der eine der in § 138 d Abs. 5 Nr. 1 bis 3 AO genannten Voraussetzungen erfüllt, Nutzer. Der von der Steuergestaltung betroffene Investmentfonds ist in diesen Fällen unabhängig davon, ob er selbst an der Steuergestaltung mitwirkt oder ihm seine Mitwirkung an der grenzüberschreitenden Steuergestaltung bekannt ist, anderer an der Gestaltung Beteiligter.

29 Eine Kapitalverwaltungsgesellschaft oder eine sonstige Verwaltungsgesellschaft i. S. d. § 1 Abs. 14 des Kapitalanlagegesetzbuches (KAGB), die eine Steuergestaltung vermarktet, sie für einen Investmentfonds oder für einen Spezial-Investmentfonds und dessen Anleger konzipiert, zur Nutzung bereitstellt oder die Umsetzung der grenzüberschreitenden Steuergestaltung verwaltet, ist der Intermediär.

30 Eine intern verwaltete Investmentgesellschaft, die eine Steuergestaltung für sich konzipiert, ist Nutzer. Soweit die intern verwaltete Investmentgesellschaft i. S. d. § 1 Abs. 12 KAGB eine Steuergestaltung konzipiert, vermarktet oder sie zur Nutzung bereitstellt, bei der sich die steuerlichen Auswirkungen auf der Anlegerebene ergeben, so ist sie (ggf. zusätzlich) Intermediär.

Beispiel 1:
Einem Spezial-Investmentfonds wird eine Steuergestaltung von einem Steuerberater bzw. einer Kapitalverwaltungsgesellschaft zur Nutzung bereitgestellt.
Beim Steuerberater bzw. bei der Kapitalverwaltungsgesellschaft handelt es sich um den Intermediär.
Der Spezial-Investmentfonds ist Nutzer i. S. d. § 138 d AO, unabhängig davon, ob sich die Steuergestaltung steuerlich bei ihm auswirken soll. Der Anleger ist nur dann Nutzer, wenn sich bei ihm eine steuerliche Auswirkung ergeben soll.

Abwandlung Beispiel 1:
Es handelt sich um einen Investmentfonds.
Beim Steuerberater bzw. bei der Kapitalverwaltungsgesellschaft handelt es sich um den Intermediär.
Der Investmentfonds ist Nutzer i. S. d. § 138 d AO, unabhängig davon, ob sich die Steuergestaltung steuerlich bei ihm auswirken soll. Der Anleger des Investmentfonds ist auch dann kein Nutzer, wenn sich die Steuergestaltung steuerlich bei ihm auswirken soll.

Beispiel 2:
Ein Steuerberater konzipiert eine Steuergestaltung für den Anleger eines Investmentfonds, die sich beim Anleger steuerlich auswirken soll. Diese Steuergestaltung setzt keine Mitwirkung bzw. kein bestimmtes Anlageverhalten des Investmentfonds voraus. Vielmehr wird die Steuergestaltung ausschließlich auf der Anlegerebene umgesetzt.
Beim Steuerberater handelt es sich um den Intermediär. Der Anleger des Investmentfonds ist Nutzer i. S. d. § 138 d Abs. 5 AO. Wirkt sich die Steuergestaltung nicht auf Ebene des Investmentfonds aus und erfüllt er keine der Voraussetzungen i. S. d. § 138 d Abs. 5 AO, so ist der Investmentfonds nicht Nutzer. In diesem Fall ist der Investmentfonds anderer an der Gestaltung Beteiligter.

2.5. Grenzüberschreitender Bezug (§ 138 d Abs. 2 Satz 1 Nr. 2 und Satz 2 AO)

31 Eine Steuergestaltung ist grenzüberschreitend, wenn sie mehr als einen EU-Mitgliedstaat oder mindestens einen EU-Mitgliedstaat und einen oder mehrere Drittstaaten betrifft (§ 138 d Abs. 2 Satz 1 Nr. 2 AO). Der Begriff der Betroffenheit ist weit auszulegen und setzt keine steuerliche Auswirkung voraus. Ob die Steuergestaltung grenzüberschreitend ist, richtet sich darüber hinaus grundsätzlich nach der Ansässigkeit oder der Tätigkeit der Beteiligten, d. h. des Nutzers, der anderen an der Gestaltung Beteiligten und ausnahmsweise des Intermediärs (wenn er über die Tätigkeiten i. S. d. § 138 d Abs. 1 AO hinaus an der Steuergestaltung beteiligt ist). Hierzu muss mindestens einer der folgenden Sachverhalte vorliegen:

- nicht alle an der Gestaltung Beteiligten sind im selben Steuerhoheitsgebiet ansässig;
- einer oder mehrere der an der Gestaltung Beteiligten sind gleichzeitig in mehreren Steuerhoheitsgebieten ansässig;

Anl

– einer oder mehrere der an der Gestaltung Beteiligten gehen in einem anderen Steuerhoheitsgebiet über eine dort gelegene Betriebsstätte einer Geschäftstätigkeit nach und die Gestaltung ist Teil der Geschäftstätigkeit der Betriebsstätte oder macht deren gesamte Geschäftstätigkeit aus;
– einer oder mehrere der an der Gestaltung Beteiligten gehen in einem anderen Steuerhoheitsgebiet einer Tätigkeit nach, ohne dort ansässig zu sein oder eine Betriebsstätte zu begründen.

32 Die steuerliche Ansässigkeit i. S. d. § 138 d Abs. 2 Satz 1 Nr. 2 Buchst. a und b AO bestimmt sich nach dem nationalen Recht der jeweils beteiligten Steuerhoheitsgebiete. Anknüpfungspunkte für eine Ansässigkeit einer natürlichen oder juristischen Person sowie einer Personengesellschaft, Gemeinschaft oder Vermögensmasse können Wohnsitz (vgl. § 8 AO), gewöhnlicher Aufenthalt (vgl. § 9 AO), Ort der Geschäftsleitung (vgl. § 10 AO), Sitz (vgl. § 11 AO) oder Staatsangehörigkeit sein.

Beispiel 1:

Die A-GmbH (ansässig in Deutschland) verkauft Anteile an der B-GmbH (ansässig im Ausland) an die C-GmbH (ansässig in Deutschland). Im Ausland ergeben sich durch die Übertragung der Anteile an der B-GmbH keine steuerlichen Auswirkungen.
Die Ansässigkeit der B-GmbH hat keine materielle Relevanz für die Transaktion. Die B-GmbH ist damit keine weitere an der Gestaltung beteiligte Person. Die an der Gestaltung beteiligten A-GmbH und C-GmbH sind beide in Deutschland ansässig und ein grenzüberschreitender Bezug ist nicht gegeben.

33 Steuerhoheitsgebiet bezeichnet sowohl Staaten als auch nicht-staatliche Rechtsgebiete mit steuerlicher Autonomie.

34 Eine gleichzeitige Ansässigkeit in mehreren Steuerhoheitsgebieten i. S. d. § 138 d Abs. 2 Satz 1 Nr. 2 Buchst. b AO liegt auch dann vor, wenn aufgrund des im konkreten Fall anzuwendenden Abkommens zur Vermeidung der Doppelbesteuerung (DBA) das Besteuerungsrecht hinsichtlich des der mitteilungspflichtigen Steuergestaltung zu Grunde liegenden Sachverhalts allein einem der Vertragsstaaten zugewiesen ist. Dies gilt nur, soweit die sich aus dem konkreten DBA ergebende Ansässigkeit für die Steuergestaltung von Bedeutung ist.

35 Betriebsstätte i. S. d. § 138 d Abs. 2 Satz 1 Nr. 2 Buchst. c und d AO ist sowohl eine Betriebsstätte i. S. d. § 12 AO als auch eine Betriebsstätte i. S. d. im konkreten Fall anzuwendenden DBA. Dadurch werden auch solche Fälle erfasst, in denen eine Steuergestaltung auf der Nutzung von Unterschieden zwischen dem abkommensrechtlichen und dem innerstaatlichen Betriebsstättenbegriff beruht.

36 Die Tätigkeit i. S. d. § 138 d Abs. 2 Satz 1 Nr. 2 Buchst. d AO muss in einer Gesamtschau unter Berücksichtigung der übrigen Tatbestandsvarianten des § 138 d Abs. 2 Satz 1 Nr. 2 AO und nach dem Sinn und Zweck der Richtlinie (EU) 2018/822 steuerlich erheblich sein. Tätigkeiten, die sich nach dem Recht aller beteiligten Steuerhoheitsgebiete steuerlich nicht auswirken, sind daher unerheblich. Andererseits setzt die Tätigkeit in einem Steuerhoheitsgebiet keine körperliche Präsenz voraus. Eine Tätigkeit in diesem Sinn liegt daher beispielsweise auch bei (grenzüberschreitenden) digitalen Dienstleistungen vor. Es sind nur solche Tätigkeiten zu berücksichtigen, die für die konkrete Steuergestaltung relevant sind.

Beispiel 2:

Die A-GmbH erwirbt von der B-GmbH ein bebautes Grundstück im Inland. Die Übertragung ist als Steuergestaltung anzusehen. Die A-GmbH und die B-GmbH sind beide (allein) in Deutschland ansässig. Die A-GmbH erbringt digitale Dienstleistungen an Kunden in Deutschland, aber auch in Italien.
Die Erbringung der digitalen Dienstleistungen der A-GmbH in Italien ist für die rechtliche Beurteilung des Grundstückserwerbs der A-GmbH irrelevant. Für die Beurteilung des grenzüberschreitenden Bezugs i. S. d. § 138 d Abs. 2 Satz 1 Nr. 2 AO ist sie daher nicht zu berücksichtigen.

37 Außerdem gelten nach § 138 d Abs. 2 Satz 1 Nr. 2 Buchst. e AO auch solche Steuergestaltungen als grenzüberschreitend, die Auswirkungen auf den automatischen Informationsaustausch über Finanzkonten in Steuersachen nach dem gemeinsamen Meldestandard oder die Identifizierung der wirtschaftlichen Eigentümer haben können.

38 Besteht eine Steuergestaltung aus einer Reihe von Gestaltungen, gilt sie nach § 138 d Abs. 2 Satz 2 AO als grenzüberschreitende Steuergestaltung, wenn mindestens ein Schritt oder Teilschritt der Reihe grenzüberschreitend i. S. d. § 138 d Abs. 2 Satz 1 Nr. 2 AO ist. In diesem Fall hat die Mitteilung nach § 138 d Abs. 1 AO die gesamte Steuergestaltung zu umfassen.

39 Ob eine grenzüberschreitende Steuergestaltung in Deutschland mitteilungspflichtig ist, richtet sich danach, ob der Intermediär nach § 138 f Abs. 7 AO – oder im Fall der Mitteilungspflicht des Nutzers (vgl. § 138 g Abs. 1 und 3 AO) dieser – einen Inlandsbezug aufweist (vgl. Teil I, Kapitel 3.1.4).

2.6. Merkmal i. S. d. § 138 d Abs. 2 Satz 1 Nr. 3 AO

40 Eine grenzüberschreitende Steuergestaltung setzt außerdem voraus, dass die Gestaltung ein bedingtes Kennzeichen i. S. d. § 138 e Abs. 1 AO oder ein unbedingtes Kennzeichen i. S. d. § 138 e Abs. 2 AO aufweist.

41 Bei bedingten Kennzeichen ist – anders als bei unbedingten Kennzeichen – weitere Voraussetzung für das Vorliegen einer grenzüberschreitenden Steuergestaltung i. S. d. § 138 d Abs. 2 AO, dass ein verständiger Dritter unter Berücksichtigung aller wesentlichen Fakten und Umstände vernünftigerweise erwarten kann, dass der Hauptvorteil oder einer der Hauptvorteile der Gestaltung die Erlangung eines steuerlichen Vorteils i. S. d. § 138 d Abs. 3 AO ist („Main benefit"-Test = Relevanztest).

42 Hierzu sowie zu den Kennzeichen i. S. d. § 138 e AO siehe Teil II.

2.7. Dauersachverhalte

43 Für die Beurteilung, ob eine Steuergestaltung i. S. d. § 138 d Abs. 2 AO vorliegt, sind nur solche Sachverhalte zu berücksichtigen, die nach dem 24. Juni 2018 verwirklicht worden sind. Vor dem 25. Juni

Anl

2018 verwirklichte und nicht mitteilungspflichtige Dauersachverhalte (z. B. Lizenz- und Darlehensverträge) führen daher nur zu einer Steuergestaltung i. S. d. § 138 d Abs. 2 AO, wenn nach dem 24. Juni 2018 wesentliche Änderungen eingetreten sind, welche isoliert betrachtet als Steuergestaltung i. S. d. § 138 d Abs. 2 AO anzusehen sind, da sie insbesondere ein Kennzeichen des § 138 e AO erfüllen.

44 Reine Umsetzungshandlungen in Erfüllung einer vertraglichen Abrede (z. B. der reine Zahlungsvorgang zur Bedienung bereits bestehender, vertraglicher Verpflichtungen) analog zu Teil II, Einführung, Rz. 106 sind nicht als (neue) Gestaltung zu werten.

Beispiel:

Eine Finanzierungsgesellschaft stattet über verschiedene zwischengeschaltete Gesellschaften eine Akquisitionsgesellschaft mit Kapital (Eigen- und Fremdkapital) aus.

Aufgrund von Liquiditätsengpässen erfolgt eine Nachfinanzierung. Erfüllt die erste Finanzierung die Merkmale einer mitteilungspflichtigen grenzüberschreitenden Steuergestaltung und wird ordnungsgemäß mitgeteilt, ist die Nachfinanzierung nicht erneut mitzuteilen, weil sie nicht als wesentliche Änderung bzw. neue Gestaltung anzusehen ist.

2.8. Änderungen steuerlicher Rahmenbedingungen

45 Außerhalb der Einflusssphäre der Beteiligten stehende Änderungen der steuerlichen Rahmenbedingungen (z. B. Gesetzesänderungen, Abschluss eines DBA), infolge derer eine Gestaltung erst nachträglich in den Anwendungsbereich eines Kennzeichens hineinwächst, führen grundsätzlich nicht zum (erneuten) Vorliegen einer mitteilungspflichtigen Steuergestaltung. Das gilt allerdings nicht, wenn die künftige Änderung der steuerlichen Rahmenbedingungen für die Steuergestaltung wesentlich ist und bewusst berücksichtigt wurde.

3. Persönliche Voraussetzungen der Mitteilungspflicht

46 Nach § 138 d Abs. 1 AO ist vorrangig der Intermediär, also derjenige, der eine grenzüberschreitende Steuergestaltung vermarktet, für Dritte konzipiert, organisiert oder zur Nutzung bereitstellt oder ihre Umsetzung durch Dritte verwaltet, gegenüber dem Bundeszentralamt für Steuern zur Mitteilung verpflichtet. Siehe hierzu Teil I, Kapitel 3.1.

47 In Fällen, in denen kein mitteilungspflichtiger Intermediär vorhanden ist oder in denen die grenzüberschreitende Steuergestaltung durch den Nutzer der Steuergestaltung selbst konzipiert worden ist (Inhouse-Gestaltung), obliegt die Mitteilungspflicht dem Nutzer der grenzüberschreitenden Steuergestaltung selbst. Zur Mitteilungspflicht des Nutzers einer grenzüberschreitenden Steuergestaltung siehe Teil I, Kapitel 3.2. Zum partiellen Übergang der Mitteilungspflicht auf den Nutzer siehe Teil I, Kapitel 3.1.5.3.

3.1. Vorrangige Verpflichtung des Intermediärs zur Mitteilung einer grenzüberschreitenden Steuergestaltung

3.1.1. Der Begriff des Intermediärs

48 Intermediär ist gemäß § 138 d Abs. 1 AO derjenige, der eine grenzüberschreitende Steuergestaltung vermarktet, sie für Dritte konzipiert, organisiert oder zur Nutzung bereitstellt oder ihre Umsetzung durch Dritte verwaltet. Intermediär ist nicht, wem die steuerliche Bedeutung des Schaffensprozesses nicht bewusst ist, z. B. weil er lediglich eingesetzt wird, den in der Gestaltung vorgesehenen Betriebsübergang arbeitsrechtlich zu begleiten oder er für Umsetzungsfragen etwa des Gesellschaftsrechts oder des Kapitalmarktrechts eingeschaltet wird.

49 Intermediär kann jede natürliche oder juristische Person, (partiell) rechtsfähige Personenvereinigung oder Vermögensmasse sein. Ist der Intermediär keine natürliche Person, ist das Handeln der für die jeweilige Gesellschaft handelnden Vertreter/Organe der Gesellschaft zuzurechnen.

50 Die Intermediärseigenschaft erfordert keine Zugehörigkeit zu einer bestimmten Berufsgruppe. Intermediäre können insbesondere Angehörige der steuerberatenden Berufe, Rechtsanwälte, Wirtschaftsprüfer, Finanzdienstleister oder sonstige Berater sein.

51 Die Qualifikation als Intermediär setzt eine aktive Tätigkeit im unmittelbaren Zusammenhang mit einer grenzüberschreitenden Steuergestaltung voraus. Im Einzelnen:

3.1.1.1. Vermarkten

52 Eine grenzüberschreitende Steuergestaltung wird vermarktet, sobald sie auf den Markt gebracht und dort gegen Entgelt gegenüber Dritten angeboten wird. Das setzt voraus, dass eine bestimmte, in der Regel marktfähige Steuergestaltung zunächst ohne konkreten Bezug zu einem bestimmten Nutzer entwickelt wird, wobei die Entwicklung nicht durch den Vermarkter erfolgen muss. Der Vermarkter ist derjenige, der die Steuergestaltung am Markt mit dem Ziel der Anbahnung einer Geschäftsbeziehung zwischen dem Vermarkter und einem noch unbestimmten Nutzer vertreibt. Eine Steuergestaltung ist auch dann am Markt angeboten, wenn nur ein begrenzter potenzieller Nutzerkreis vorhanden ist.

Beispiel 1:

Im Rahmen einer Fortbildungsveranstaltung wird den Teilnehmern durch den Vortragenden V eine marktfähige Steuergestaltung präsentiert. Die Teilnahme an der Fortbildungsveranstaltung ist kostenpflichtig und der V erhält eine Vergütung für seine Vortragstätigkeit.

Die Steuergestaltung wird durch V nicht vermarktet i. S. d. § 138 d Abs. 1 AO. Zwar bringt er die Gestaltung durch seinen Vortrag an den Markt und erhält eine Gegenleistung für seine Vortragstätigkeit. Er tut dies jedoch nicht mit dem Ziel, eine Geschäftsbeziehung mit den Teilnehmern der Veranstaltung einzugehen und diese beispielsweise bei der Umsetzung der Steuergestaltung gegen Entgelt zu beraten.

Beispiel 2:

Steuerberater A veröffentlicht eine Ausarbeitung zu verschiedenen Optionen zur grenzüberschreitenden Steueroptimierung in einer Fachzeitschrift und erhält hierfür ein Honorar. Die Gestaltungsoptionen sind im Aufsatz des A so konkret dargelegt, dass ein verständiger Leser hierdurch in die Lage versetzt wird, die Gestaltung umzusetzen.

Anl

Die Autorentätigkeit des A ist kein Vermarkten i. S. d. § 138 d Abs. 1 AO, da die Veröffentlichung seines Aufsatzes nicht unmittelbar mit dem Ziel erfolgt, potenzielle Mandanten bei der Umsetzung der dargelegten Optionen zu beraten.

53 Vom Vermarkten abzugrenzen ist das Angebot, eine maßgeschneiderte Steuergestaltung für einen bestimmten, bereits feststehenden Nutzer zu konzipieren (s. hierzu Teil I, Kapitel 3.1.1.2).

3.1.1.2. Konzipieren

54 Konzipieren ist das Planen, Entwerfen oder Entwickeln einer konkreten, regelmäßig maßgeschneiderten Steuergestaltung in Bezug zu einem bestimmten Nutzer oder zu einer Mehrzahl von Nutzern, soweit es sich bei diesen Dritten um eigene Geschäftspartner (o. Ä.) des Konzipierenden handelt. Wird das Konzept durch einen Nutzer an einen Dritten weitergeleitet, der kein weiterer Geschäftspartner des Intermediärs ist, ist der Konzipierende insoweit nicht Intermediär.

Beispiel 1:

Steuerberater S konzipiert im Auftrag seiner Mandantin M für diese eine Steuergestaltung, deren Mitteilungspflicht unterstellt sei. Nachdem S das Konzept der M übermittelt hat, gibt diese es einem befreundeten Nachbarn N weiter, der dieses umsetzt. N ist kein Geschäftspartner des S.
S ist für die durch den N umgesetzte Steuergestaltung kein Intermediär. Unter den Voraussetzungen des § 138 d Abs. 1 AO käme M als Intermediärin der durch N umgesetzten Steuergestaltung in Betracht. Erfüllt keine andere Person eine der Voraussetzungen des § 138 d Abs. 1 AO, wäre N als Nutzer der Steuergestaltung selbst zu deren Mitteilung verpflichtet.

55 Hierzu gehört nicht die bloße Beurteilung einer vom Nutzer oder von einem Dritten geplanten, entworfenen oder entwickelten steuerlichen Konzeption (z. B. Erstellung von Gutachten allein zu den steuerrechtlichen Rechtsfolgen einer vorgegebenen Gestaltung). Gleiches gilt für die bloße Wiedergabe oder Darstellung des Gesetzeswortlauts, der Auffassung der Finanzverwaltung, der Rechtsprechung der (Finanz-)Gerichte etc. zu abstrakten einzelnen Rechtsfragen.

Beispiel 2:

Steuerberater S wird vom ausländischen Investor I beauftragt, eine steuerliche Analyse zu erstellen, mit welcher Gesellschaftsstruktur und ggf. Finanzierungsstruktur der Kauf einer deutschen Unternehmensgruppe vollzogen werden soll. Diese Akquisitionsstruktur erfüllt im konkreten Fall die Voraussetzungen einer mitteilungspflichtigen grenzüberschreitenden Steuergestaltung. Parallel beauftragt I die Anwaltskanzlei A, ihn bei der Verhandlung des Unternehmenskaufvertrags zu beraten und S bei der Umsetzung der Akquisitionsstruktur durch das Aufsetzen von Gesellschaften, Unternehmensverträgen oder Darlehensverträgen zu unterstützen.
Da die Akquisitionsstruktur von S für den Dritten I konzipiert wird, ist S Intermediär. A berät den Nutzer I bzw. unterstützt den S bei einzelnen Rechtsfragen, ist dadurch aber nicht selbst Intermediär.

56 Auch die Beratung zum Bestehen oder Nichtbestehen einer Mitteilungspflicht für eine vom Nutzer oder einem Dritten konzipierte Steuergestaltung erfüllt nicht den Tatbestand des Konzipierens i. S. d. § 138 d Abs. 1 AO.

3.1.1.3. Organisieren

57 Die Organisation einer grenzüberschreitenden Steuergestaltung für Dritte stellt insbesondere auf administrative Aspekte ab und beinhaltet die umfassende und systematische Vorbereitung und Planung einer möglichen Umsetzung der Steuergestaltung in Bezug auf einen bestimmten Nutzer oder eine Mehrzahl von Nutzern bis hin zur Bereitstellung zur Nutzung.

Fortführung der Lösung zu Beispiel 2 (aus Teil I, Kapitel 3.1.1.2):
Die Unterstützung des S durch A stellt kein Organisieren i. S. d. § 138 d Abs. 1 AO dar. A erbringt lediglich eine partielle, unterstützende Rechtsberatung, nicht jedoch eine umfassende und systematische Organisation bzw. administrative Vorbereitung der Umsetzung der Steuergestaltung.

3.1.1.4. Bereitstellen zur Nutzung

58 Eine grenzüberschreitende Steuergestaltung ist einem Dritten zur Nutzung bereitgestellt, wenn der Intermediär einem potenziellen Nutzer die für eine Umsetzung einer bestimmten grenzüberschreitenden Steuergestaltung erforderlichen Informationen oder (Vertrags-)Unterlagen ausgehändigt oder anderweitig individuell zugänglich gemacht hat. Hierbei kommt es nicht darauf an, dass der Nutzer die grenzüberschreitende Steuergestaltung tatsächlich umsetzt, er muss hierzu aber durch die ihm zur Verfügung gestellten Informationen und Unterlagen objektiv in der Lage sein.

59 Die bloße Verbreitung allgemeiner Informationen über eine Steuergestaltung, z. B. durch Veröffentlichung unverbindlicher Informationen im Internet oder durch öffentliches Auslegen oder Ausgeben allgemein zugänglicher Prospekte, ist dagegen noch keine Bereitstellung zur Nutzung; ggf. können im Einzelfall die Voraussetzungen für ein Vermarkten vorliegen. Gleiches gilt auch beispielsweise für die Präsentation möglicher Gestaltungsoptionen in einem Mandantengespräch oder Ausschreibungsverfahren (sog. Pitches), soweit der Nutzer hierdurch nicht in die Lage versetzt wird, eine konkrete grenzüberschreitende Steuergestaltung zu nutzen.

3.1.1.5. Verwalten der Umsetzung

60 Die Verwaltung der Umsetzung durch Dritte erfasst die verantwortliche Leitung der konkreten Umsetzung der Steuergestaltung durch einen anderen als den Nutzer der Steuergestaltung selbst. Nicht unter die Verwaltung der Umsetzung fällt regelmäßig die bloße Abbildung der steuerlichen Konsequenzen aus der Umsetzung der Steuergestaltung im Rahmen der Erstellung der entsprechenden Steuererklärungen, sofern die Steuergestaltung hierdurch nicht insgesamt umgesetzt wird.

3.1.2. Abgrenzung von Intermediär und anderen an der Gestaltung Beteiligten

61 Wer eine Gestaltung, die ein Kennzeichen i. S. d. § 138 e Abs. 1 AO erfüllt, vermarktet, konzipiert, organisiert, zur Nutzung bereitstellt oder deren Umsetzung verwaltet, ist kein Intermediär, wenn er nicht wusste, dass für den Nutzer oder einen potentiellen Nutzer einer der Hauptvorteile die Erzielung eines steuerlichen Vorteils i. S. d. § 138 d Abs. 3 AO ist, und keine objektiven Anhaltspunkte dafür vorlagen, dass dies der Fall ist. Hierbei sind alle vorliegenden relevanten Fakten (d. h. alle Sachverhaltsinformationen, die für die rechtliche Beurteilung der Steuergestaltung und die Prüfung einer Mitteilungspflicht nach der AO erforderlich sind) sowie das einschlägige Fachwissen und Verständnis, das für die Erbringung solcher Dienstleistungen erforderlich ist, zu berücksichtigen. Weitergehende Ermittlungen sind nicht geboten.

62 Wer lediglich an der Verwirklichung einzelner Teilschritte einer grenzüberschreitenden Steuergestaltung mitgewirkt hat, erbringt grundsätzlich keine Tätigkeit i. S. d. § 138 d Abs. 1 AO.

Beispiel:

Ein Kreditinstitut vergibt ein Darlehen, das Teilschritt einer grenzüberschreitenden Steuergestaltung ist. In die Vermarktung, Konzeption, Organisation oder Verwaltung der Umsetzung weiterer Teilschritte der Steuergestaltung ist das Kreditinstitut nicht eingebunden.

Allein durch die Darlehensvergabe erbringt das Kreditinstitut keine Tätigkeit i. S. d. § 138 d Abs. 1 AO. Das Kreditinstitut ist hier ein anderer an der Steuergestaltung Beteiligter. Die Mitteilungspflicht dieser grenzüberschreitenden Steuergestaltung obliegt dem Intermediär oder dem Nutzer.

3.1.3. Erfüllungsgehilfen

63 Intermediäre haben sich die Tätigkeiten der für sie handelnden Personen (insbesondere von Erfüllungsgehilfen i. S. d. § 278 BGB) zurechnen zu lassen. Wer z. B. als Arbeitnehmer eines Steuerberaters die Umsetzung einer grenzüberschreitenden Steuergestaltung für einen Mandanten verwaltet, ist kein Intermediär i. S. d. § 138 d Abs. 1 AO. Intermediär ist in diesem Fall der Steuerberater, in dessen Namen die Umsetzung für den Mandanten verwaltet wird; das richtet sich nach der Ausgestaltung der Mandatsverträge im jeweiligen Einzelfall.

3.1.4. Inlandsbezug des Intermediärs (§ 138 f Abs. 7 AO)

64 Ein Intermediär ist nur mitteilungspflichtig nach den §§ 138 d ff. AO, wenn bei ihm ein Inlandsbezug i. S. d. § 138 f Abs. 7 AO gegeben ist. In diesem Fall besteht eine Mitteilungspflicht in Deutschland selbst dann, wenn die grenzüberschreitende Steuergestaltung an sich keinen Inlandsbezug aufweist, z. B. weil sie keinen in Deutschland ansässigen Nutzer und auch keine deutschen Steueransprüche betrifft.

3.1.4.1. Wohnsitz oder gewöhnlicher Aufenthalt

65 Der Inlandsbezug des Intermediärs besteht insbesondere dann, wenn er im Geltungsbereich der AO seinen Wohnsitz (§ 8 AO) oder seinen gewöhnlichen Aufenthalt (§ 9 AO) bzw. bei juristischen Personen, (partiell) rechtsfähigen Personenvereinigungen oder Vermögensmassen seine Geschäftsleitung (§ 10 AO) oder seinen Sitz (§ 11 AO) hat (§ 138 f Abs. 7 Satz 1 Nr. 1 AO).

66 Liegt kein Inlandsbezug nach § 138 f Abs. 7 Satz 1 Nr. 1 AO vor und ist der Intermediär in einem anderen EU-Mitgliedstaat ansässig, hat er seiner Mitteilungspflicht in diesem Staat nach dem dort geltenden Recht nachzukommen (Art. 8 ab Abs. 3 Buchst. a EU-Amtshilferichtlinie). Dies gilt auch dann, wenn die grenzüberschreitende Steuergestaltung in Deutschland ansässige Nutzer und deutsche Steueransprüche betrifft.

3.1.4.2. Inlandsbezug aus anderen Gründen

67 Ist ein Intermediär weder im Geltungsbereich der AO noch in einem anderen EU-Mitgliedstaat ansässig, hat er jedoch aus anderen Gründen einen Inlandsbezug, besteht unter den Voraussetzungen des § 138 f Abs. 7 Satz 1 Nr. 2 AO eine Mitteilungspflicht gegenüber dem Bundeszentralamt für Steuern. Dies gewährleistet eine in Deutschland zu erfüllende Mitteilungspflicht solcher Intermediäre, die nicht in der Europäischen Union ansässig sind.

68 Ein weder im Geltungsbereich der AO noch in einem anderen EU-Mitgliedstaat ansässiger Intermediär unterliegt nach der abschließenden Aufzählung des § 138 f Abs. 7 Satz 1 Nr. 2 AO der Mitteilungspflicht nach den §§ 138 d ff. AO, wenn er im Geltungsbereich der AO eine Betriebsstätte unterhält, durch die Dienstleistungen im Zusammenhang mit der grenzüberschreitenden Steuergestaltung erbracht werden (§ 138 f Abs. 7 Satz 1 Nr. 2 Buchst. a und Satz 2 AO). Es kommt konkret darauf an, von welchem Ort aus der an der Steuergestaltung beteiligte Intermediär tätig wird, z. B. wo die konkrete Ausarbeitung von Unterlagen zur Vorbereitung einer bestimmten Steuergestaltung durchgeführt wird. Unter der Betriebsstätte in diesem Sinn sind sowohl die Betriebsstätte i. S. d. § 12 AO als auch die Betriebsstätte i. S. eines im konkreten Fall anwendbaren DBA zu verstehen.

69 Ein weder im Geltungsbereich der AO noch in einem anderen EU-Mitgliedstaat ansässiger Intermediär unterliegt zudem der Mitteilungspflicht, wenn er im Geltungsbereich der AO in das Handelsregister oder in ein öffentliches berufsrechtliches Register eingetragen ist (§ 138 f Abs. 7 Satz 1 Nr. 2 Buchst. b AO). Öffentliche berufsrechtliche Register in diesem Sinn sind beispielsweise das

- Berufsregister für Wirtschaftsprüfer und Wirtschaftsprüfungsgesellschaften (§ 37 Abs. 1 Satz 1 der Wirtschaftsprüferordnung [WPO]),
- bei der Bundessteuerberaterkammer geführte elektronische Verzeichnis nach § 3 b des Steuerberatungsgesetzes (StBerG) über die Dienstleister aus anderen EU-Mitgliedstaaten, den Vertragsstaaten des Abkommens über den Europäischen Wirtschaftsraum oder der Schweiz, die nach § 3 a StBerG in Deutschland zur vorübergehenden und gelegentlichen Hilfeleistung in Steuersachen befugt sind, oder
- bei den Rechtsanwaltskammern geführte elektronische Verzeichnis der im jeweiligen Bezirk zugelassenen Rechtsanwälte und Syndikusrechtsanwälte nach § 31 der Bundesrechtsanwaltsordnung (BRAO).

70 Ein weder im Geltungsbereich der AO noch in einem anderen EU-Mitgliedstaat ansässiger Intermediär ist auch mitteilungspflichtig, wenn er im Geltungsbereich der AO bei einem Berufsverband für juris-

Anl tische oder beratende Dienstleistungen registriert ist (§ 138 f Abs. 7 Satz 1 Nr. 2 Buchst. c AO). Hierunter fallen sowohl Berufsverbände, deren Mitgliedschaft zwingend ist (z. B. Berufsgenossenschaften), als auch Berufsverbände, deren Mitgliedschaft freiwillig ist (z. B. Interessenverbände).

Beispiel:

Die Beratungs-LLP (LLP) mit Sitz und Verwaltungssitz in London (Vereinigtes Königreich (VK)) ist eine Limited Liability Partnership nach englischem Recht, die mit einer (deutschen) Personengesellschaft vergleichbar ist. Die deutschen Büros sind steuerlich als Betriebsstätten der LLP anzusehen. Der in Deutschland ansässige Mandant (M) wird durch die LLP steuerlich beraten. Die Mandatsvereinbarung, die der M zu Beginn der Beratungstätigkeit unterzeichnet, sieht vor, dass die Beratungsleistung durch die LLP erbracht wird.

In den deutschen Büros der LLP wird für M eine mitteilungspflichtige Steuergestaltung i. S. d. § 138 d AO konzipiert, die dem M im Oktober 2020 zur Nutzung bereitgestellt wird.

Als rechtsfähige Personengesellschaft kann auch die LLP unter den Voraussetzungen des § 138 d Abs. 1 AO Intermediär sein. Die LLP ist Vertragspartner des M und die deutschen Büros konzipieren in ihrem Auftrag und Namen eine mitteilungspflichtige Steuergestaltung für den M. Die Konzeption und Bereitstellung zur Nutzung der grenzüberschreitenden Steuergestaltung i. S. d. § 138 d AO sind der LLP zuzurechnen und sie ist damit Intermediär i. S. d. § 138 d Abs. 1 AO.

Die LLP wäre als Intermediär in Deutschland nur unter den Voraussetzungen des § 138 f Abs. 7 AO (Inlandsbezug) zur Mitteilung der Steuergestaltung verpflichtet. Da die LLP ihren Sitz im VK hat und VK bis zum 31. Dezember 2020 noch als EU-Mitgliedstaat gilt, erfüllt sie weder die Voraussetzungen des § 138 f Abs. 7 Satz 1 AO noch die des § 138 f Abs. 7 Satz 1 Nr. 2 AO. Die LLP hat die Steuergestaltung im VK nach den dortigen nationalen Vorschriften zur Umsetzung der Richtlinie (EU) 2018/822 mitzuteilen, sofern sie danach als Intermediär mitteilungspflichtig ist.

Nach § 138 g Abs. 1 Satz 1 AO wäre der M als Nutzer der grenzüberschreitenden Steuergestaltung gem. § 138 d Abs. 5 Nr. 1 AO zur Mitteilung der grenzüberschreitenden Steuergestaltung verpflichtet, da er in Deutschland ansässig ist (§ 138 g Abs. 3 Nr. 1 AO). Die Mitteilungspflicht des M besteht jedoch nicht, wenn er nachweisen kann, dass die Mitteilung durch LLP bereits im VK erfolgt ist (§ 138 g Abs. 1 Satz 2 AO). Diesen Nachweis kann er durch die der LLP im VK mitgeteilten Registriernummer führen; vgl. hierzu Teil I, Kapitel 3.2.1.2.

Abwandlung 1:

Die grenzüberschreitende Steuergestaltung wird dem M im Sommer 2022 von der LLP zur Nutzung bereitgestellt.

Bis zum 31. Dezember 2020 gilt das VK gem. § 1 Brexit-Übergangsgesetz (BrexitÜG) als EU- Mitgliedstaat. Ab dem 1. Januar 2021 ist das VK kein EU-Mitgliedstaat mehr. Die LLP ist wie im Ausgangsfall Intermediär i. S. d. § 138 d Abs. 1 AO. Sie erfüllt die Voraussetzungen des § 138 f Abs. 7 Satz 1 Nr. 2 Buchst. a AO, da sie eine Betriebsstätte (Büros) in Deutschland hat und durch diese Dienstleistungen im Zusammenhang mit der grenzüberschreitenden Steuergestaltung erbracht werden. Die LLP ist demnach in Deutschland unter den Voraussetzungen des § 138 f Abs. 7 Satz 1 Nr. 2 AO mitteilungspflichtig.

Abwandlung 2:

Nach interner Abstimmung übernimmt der für das deutsche Büro der LLP tätige und in die Konzeption und Bereitstellung zur Nutzung involvierte deutsche Steuerberater (St) das Mandat als selbständiger Steuerberater. Zwischen M und St wird hierfür eine gesonderte Mandatsvereinbarung unterzeichnet.

Es liegt eine Beratungsleistung zwischen dem deutschen Berater und dem Mandanten vor. St konzipiert für den M eine grenzüberschreitende Steuergestaltung i. S. d. § 138 d AO und stellt sie ihm zur Nutzung bereit, wodurch er die Voraussetzungen des § 138 d Abs. 1 AO erfüllt. St ist in Deutschland zur Mitteilung verpflichtet, da er hier seinen Wohnsitz hat (§ 138 f Abs. 7 Satz 1 Nr. 1 AO).

3.1.5. (Partielle) Ausnahmen von der Mitteilungspflicht des Intermediärs

71 Intermediäre können auch die in § 102 AO genannten Berufsgeheimnisträger sein, die einer gesetzlichen Verschwiegenheitspflicht unterliegen und denen zum Schutz ihrer Berufsgeheimnisse ein Auskunftsverweigerungsrecht zusteht. So können die in § 102 Abs. 1 Nr. 3 Buchst. b AO bezeichneten Personen Auskunft über das verweigern, was ihnen in ihrer Eigenschaft als Rechtsanwalt, Patentanwalt, Notar, Steuerberater, Wirtschaftsprüfer, Steuerbevollmächtigter oder vereidigter Buchprüfer (Berufsgeheimnisträger) anvertraut worden oder bekannt geworden ist, also mandatsbezogene Geheimnisse (vgl. BFH-Urteil vom 27. September 2017 XI R 15/15, BStBl. 2018 II S. 155).

72 Auch im Fall einer gesetzlichen Verschwiegenheitspflicht obliegt den als Intermediär tätigen Berufsgeheimnisträgern grundsätzlich die Pflicht zur vollständigen Mitteilung einer grenzüberschreitenden Steuergestaltung. Soweit eine Meldung personenbezogene Daten enthält, die eine Identifizierung des Nutzers einer grenzüberschreitenden Steuergestaltung ermöglichen, steht dem das Auskunftsverweigerungsrecht des § 102 Abs. 1 AO entgegen. Unter den Voraussetzungen des § 138 f Abs. 6 AO kommt daher eine teilweise Ausnahme von der Mitteilungspflicht in Betracht.

73 Die rechtliche Verpflichtung zur Mitteilung der in § 138 f Abs. 3 Satz 1 Nr. 1 und 4 bis 9 AO genannten (abstrakten) Angaben obliegt ungeachtet einer gesetzlichen Verschwiegenheitspflicht dem Intermediär. Die diesbezüglichen Mitteilungspflichten der Berufsgeheimnisträger für die im Regelfall abstrakten Angaben zur Steuergestaltung bestehen auch dann, wenn mit diesen Angaben betroffene Nutzer identifizierbar sein sollten (vgl. § 102 Abs. 4 Satz 3 AO). Die Offenbarung solcher Daten ist nicht unbefugt i. S. d. § 203 Strafgesetzbuch.

3.1.5.1. Informationspflicht des Intermediärs

74 Unterliegt der Intermediär einer gesetzlichen Verschwiegenheitspflicht, hat er den Nutzer der grenzüberschreitenden Steuergestaltung zu informieren, dass einer Mitteilung der individuellen Angaben der Steuergestaltung nach § 138 f Abs. 3 Satz 1 Nr. 2, 3 und 10 AO die gesetzliche Verschwiegenheitspflicht entgegensteht (§ 138 f Abs. 6 Satz 1 AO). Er hat den Nutzer zudem darauf hinzuweisen, dass dieser ihn von der Verschwiegenheitspflicht entbinden kann (§ 138 f Abs. 6 Satz 1 Nr. 1 i. V. m. § 102 Abs. 3 AO). In diesem Zusammenhang hat der Intermediär den Nutzer auch über die Folgen einer Entbindung von der Verschwiegenheitspflicht hinsichtlich der Pflicht zur Mitteilung einer grenzüberschreitenden Steuergestaltung und im Umkehrschluss auch über die Folgen einer Entscheidung (d. h. insbesondere den Übergang der Verpflichtung zur Mitteilung der individuellen Angaben der Steuergestaltung nach § 138 f Abs. 3 Satz 1 Nr. 2, 3 und 10 AO) gegen eine Entbindung aufzuklären.

3.1.5.2. Befreiung von der Verschwiegenheitspflicht durch den Nutzer

75 Hat der Nutzer der grenzüberschreitenden Steuergestaltung den Berufsgeheimnisträger – allgemein oder anlässlich der nach § 138f Abs. 6 Satz 1 Nr. 1 AO vorgeschriebenen Information – von seiner Verschwiegenheitspflicht entbunden, muss der Intermediär dem Bundeszentralamt für Steuern alle in § 138f Abs. 3 Satz 1 Nr. 1 bis 10 AO bezeichneten Angaben mitteilen, also auch die individuellen Angaben der Steuergestaltung nach § 138f Abs. 3 Satz 1 Nr. 2, 3 und 10 AO.

76 Zum Mitteilungsverfahren siehe Teil III, Kapitel 1.

3.1.5.3. Partieller Übergang der Mitteilungspflicht auf den Nutzer

77 Hat der als Intermediär tätige Berufsgeheimnisträger den Nutzer der grenzüberschreitenden Steuergestaltung gemäß § 138f Abs. 6 Satz 1 Nr. 1 AO informiert und hat sich der Nutzer dazu entschieden, den Intermediär nicht von seiner Verschwiegenheitspflicht zu entbinden, obliegt dem Nutzer unabhängig von dessen Wohnsitz (vgl. § 8 AO), gewöhnlichem Aufenthalt (vgl. § 9 AO), Ort der Geschäftsleitung (vgl. § 10 AO), Sitz (vgl. § 11 AO) oder Staatsangehörigkeit die partielle Mitteilungspflicht für die individuellen Angaben der Gestaltung (§ 138f Abs. 3 Satz 1 Nr. 2, 3 und 10 AO).

78 Die Mitteilungspflicht geht insoweit jedoch erst auf den Nutzer über, sobald der Intermediär alle übrigen, nicht der Verschwiegenheitspflicht unterliegenden Daten an das Bundeszentralamt für Steuern übermittelt und die ihm für diese Mitteilung zugewiesene Registriernummer und Offenlegungsnummer an den Nutzer weitergeleitet hat. Der Intermediär hat dem Nutzer darüber hinaus die Angaben nach § 138f Abs. 3 Satz 1 Nr. 2, 3 und 10 AO zur Verfügung zu stellen, soweit sie diesem nicht bekannt sind; auf Nachfrage des Bundeszentralamts für Steuern hat der Intermediär Auskunft darüber zu erteilen, wann er dem Nutzer vorstehende Angaben zur Verfügung gestellt hat.

79 Zum Mitteilungsverfahren siehe Teil III, Kapitel 1.

80 Die Pflicht zur Mitteilung der in § 138f Abs. 3 Satz 1 Nr. 1 und 4 bis 9 AO genannten (abstrakten) Angaben geht auch dann nicht auf den Nutzer der grenzüberschreitenden Steuergestaltung über, wenn Intermediär und Nutzer vereinbaren, dass der Nutzer alle Angaben der grenzüberschreitenden Steuergestaltung in einer Mitteilung an das Bundeszentralamt für Steuern meldet. Insoweit handelt der Nutzer als Auftragsdatenübermittler für den Intermediär (vgl. § 138f Abs. 6 Satz5 AO). Die Pflichten nach § 87d AO sind von Nutzer und Intermediär zu beachten.

3.2. Verpflichtung des Nutzers zur Mitteilung einer grenzüberschreitenden Steuergestaltung

3.2.1. Vollständige Mitteilungspflicht des Nutzers

3.2.1.1. Inhouse-Gestaltung

81 Hat ein Nutzer die grenzüberschreitende Steuergestaltung für sich selbst konzipiert (Inhouse-Gestaltung), gelten für ihn nach § 138d Abs. 6 AO die für Intermediäre geltenden Bestimmungen, insbesondere § 138f AO, entsprechend.

Beispiel:
Die Steuerabteilung eines Unternehmens hat eine grenzüberschreitende Steuergestaltung konzipiert, die von einer anderen, ebenfalls unselbstständigen Abteilung des Unternehmens verwirklicht werden soll.

82 Zum Inlandsbezug des Nutzers einer Inhouse-Gestaltung siehe Teil I, Kapitel 3.2.1.3.

3.2.1.2. Intermediär ohne Inlandsbezug (§ 138g AO)

83 Nach § 138g Abs. 1 AO ist der Nutzer einer grenzüberschreitenden Steuergestaltung auch dann selbst zur Mitteilung aller in § 138f Abs. 3 AO bezeichneten Angaben verpflichtet, wenn zwar ein Intermediär i. S. d. § 138d Abs. 1 AO existiert, dieser aber keinen Inlandsbezug i. S. d. § 138f Abs. 7 AO hat.

84 Der Nutzer ist nur dann nicht mitteilungspflichtig, wenn er nachweisen kann, dass er selbst, der Intermediär oder ein anderer Nutzer dieselbe grenzüberschreitende Steuergestaltung bereits in einem anderen EU-Mitgliedstaat nach dessen Recht mitgeteilt hat (§ 138g Abs. 1 Satz 2 AO). Gleiches gilt, wenn der Nutzer nachweisen kann, dass ein anderer Intermediär oder ein anderer Nutzer dieselbe grenzüberschreitende Steuergestaltung dem Bundeszentralamt für Steuern mitgeteilt hat. Dem Nachweis ist regelmäßig genügt, wenn der Nutzer die dieser Steuergestaltung zugewiesene Registriernummer und Offenlegungsnummer vorhalten kann und er in dieser Mitteilung auch als Nutzer benannt ist. Siehe hierzu Teil I, Kapitel 3.3.

3.2.1.3. Inlandsbezug des Nutzers (§ 138g Abs. 3 AO)

85 Nicht jeder Nutzer i. S. d. § 138d Abs. 5 AO ist auch selbst mitteilungspflichtig. Durch die Regelung in § 138g Abs. 3 AO wird die Mitteilungspflicht des Nutzers einer grenzüberschreitenden Steuergestaltung analog zu § 138f Abs. 7 AO beschränkt auf solche Nutzer, die einen Inlandsbezug haben.

86 Der Inlandsbezug des Nutzers besteht unter anderem dann, wenn er im Geltungsbereich der AO seinen Wohnsitz (vgl. § 8 AO) oder seinen gewöhnlichen Aufenthalt (vgl. § 9 AO) bzw. bei juristischen Personen, (partiell) rechtsfähigen Personenvereinigungen oder Vermögensmassen seine Geschäftsleitung (vgl. § 10 AO) oder seinen Sitz (vgl. § 11 AO) hat (§ 138g Abs. 3 Nr. 1 AO). Ist der Nutzer in einem anderen EU-Mitgliedstaat ansässig, hat er seiner Mitteilungspflicht in diesem Staat nach dem dort geltenden Recht nachzukommen (Art. 8 ab Abs. 7 Buchst. a EU-Amtshilferichtlinie).

87 Ist ein Nutzer der grenzüberschreitenden Steuergestaltung weder im Geltungsbereich der AO noch in einem anderen EU-Mitgliedstaat ansässig, besteht gleichwohl eine Mitteilungspflicht gegenüber dem Bundeszentralamt für Steuern, wenn er im Geltungsbereich der AO eine Betriebsstätte i. S. d. § 138d Abs. 4 AO unterhält, in der durch die grenzüberschreitende Steuergestaltung ein steuerlicher Vorteil entsteht (§ 138g Abs. 3 Nr. 2 Buchst. a AO). Betriebsstätten sind sowohl die Betriebsstätte i. S. d. § 12 AO als auch die Betriebsstätte i. S. eines im konkreten Fall anzuwendenden DBA.

Anl

88 Ein weder im Geltungsbereich der AO noch in einem anderen EU-Mitgliedstaat ansässiger Nutzer ist darüber hinaus mitteilungspflichtig, wenn er im Geltungsbereich der AO Einkünfte erzielt oder eine wirtschaftliche Tätigkeit ausübt, sofern diese für eine Steuer von Bedeutung ist, auf die das EUAHiG anzuwenden ist (§ 138g Abs. 3 Nr. 2 Buchst. b AO). Bei der Prüfung des Inlandsbezugs nach § 138g Abs. 3 Nr. 2 Buchst. b AO sind nur solche Einkünfte oder wirtschaftliche Tätigkeiten zu berücksichtigen, die für die Steuergestaltung von Bedeutung sind.

89 Dies gewährleistet eine in Deutschland zu erfüllende Mitteilungspflicht auch für solche Nutzer, die nicht in der Europäischen Union ansässig sind, die aber innerhalb der Europäischen Union Einkünfte erzielen, die steuerlich relevant sein könnten.

90 § 138g Abs. 3 AO gilt auch bei Inhouse-Gestaltungen i. S. d. § 138d Abs. 6 AO.

3.2.2. Partielle Mitteilungspflicht des Nutzers

91 Siehe unter Teil I, Kapitel 3.1.5.3.

3.3. Konkurrierende Mitteilungspflichten/Befreiung von der Mitteilungspflicht

3.3.1. Mitteilungspflicht eines Nutzers/Intermediärs in mehreren Mitgliedstaaten

92 Ein in der Europäischen Union ansässiger Intermediär kann zur Mitteilung derselben grenzüberschreitenden Steuergestaltung zugleich im Geltungsbereich der AO und in einem oder mehreren anderen EU-Mitgliedstaaten nach den dortigen Regelungen zur Mitteilung grenzüberschreitender Steuergestaltungen verpflichtet sein.

93 Da die Informationen über mitgeteilte grenzüberschreitende Steuergestaltungen zwischen diesen EU-Mitgliedstaaten ausgetauscht werden, sollen mehrere identische Mitteilungen der gleichen grenzüberschreitenden Steuergestaltung in mehreren EU-Mitgliedstaaten vermieden werden. Deshalb ist ein Intermediär nach § 138f Abs. 8 AO von der Mitteilungspflicht nach § 138d Abs. 1 AO befreit, sofern und soweit er nachweisen kann, dass er oder der Nutzer dieselbe grenzüberschreitende Steuergestaltung bereits in einem anderen EU-Mitgliedstaat ordnungsgemäß nach den dort geltenden nationalen Regelungen zur Mitteilungspflicht grenzüberschreitender Steuergestaltungen mitgeteilt hat.

94 Gleiches regelt § 138g Abs. 1 Satz 2 AO für Fälle, in denen die Mitteilungspflicht dem Nutzer der grenzüberschreitenden Steuergestaltung obliegt.

95 Soweit die zuständige Behörde eines anderen EU-Mitgliedstaats für die ihr mitgeteilte grenzüberschreitende Steuergestaltung eine Registriernummer und eine Offenlegungsnummer (siehe Teil III, Kapitel 1.4) vergeben hat, genügt es, wenn der zur Mitteilung verpflichtete Intermediär bzw. Nutzer (mitteilungspflichtige Person) diese vorhalten und auf Anforderung des Bundeszentralamts für Steuern oder der zuständigen Finanzbehörde mitteilen kann.

3.3.2. Mitteilungspflicht mehrerer Intermediäre wegen derselben grenzüberschreitenden Steuergestaltung

96 Jede Person, die nach den Vorschriften der §§ 138d Abs. 1 und 138f Abs. 7 AO oder nach den einschlägigen Vorschriften der übrigen EU-Mitgliedstaaten zur Umsetzung der diesbezüglichen Vorgaben der EU-Amtshilferichtlinie Intermediär ist, ist zur Mitteilung einer grenzüberschreitenden Steuergestaltung verpflichtet. Das kann zur Folge haben, dass mehrere Intermediäre in den unterschiedlichen EU-Mitgliedstaaten zur Mitteilung derselben grenzüberschreitenden Steuergestaltung verpflichtet sind. § 138f Abs. 9 Satz 1 AO stellt klar, dass mehrere Intermediäre derselben grenzüberschreitenden Steuergestaltung grundsätzlich nebeneinander zur Mitteilung verpflichtet sind.

97 Zur Vermeidung von Mehrfachmeldungen derselben grenzüberschreitenden Steuergestaltung sieht § 138f Abs. 9 Satz 2 AO eine Befreiung von der Mitteilungspflicht vor, soweit der Intermediär nachweisen kann, dass bereits ein anderer Intermediär oder ein Nutzer im Hinblick auf dieselbe Steuergestaltung die erforderlichen Informationen entweder dem Bundeszentralamt für Steuern oder der zuständigen Behörde eines anderen EU-Mitgliedstaats übermittelt hat. Gleiches gilt, wenn der Intermediär nachweisen kann, dass die erforderlichen Informationen im Hinblick auf dieselbe grenzüberschreitende Steuergestaltung durch den Nutzer entweder dem Bundeszentralamt für Steuern (vgl. § 138f Abs. 6 Satz 5 AO, siehe Teil I, Kapitel 3.1.5.3, Rz. 80) oder der zuständigen Behörde eines anderen EU-Mitgliedstaats übermittelt worden sind.

98 Als Nachweis für die Befreiung von der Mitteilungspflicht reicht es in diesem Zusammenhang aus, die für diese grenzüberschreitende Steuergestaltung vom Bundeszentralamt für Steuern nach § 138f Abs. 5 AO oder von der zuständigen Behörde eines anderen EU-Mitgliedstaats vergebene Registriernummer vorzuhalten und auf Anforderung des Bundeszentralamts für Steuern oder der zuständigen Finanzbehörde mitzuteilen.

99 Erforderliche Informationen i. S. d. § 138f Abs. 9 Satz 2 AO sind die Angaben nach § 138f Abs. 3 AO (vgl. Teil III, Kapitel 1.3).

100 Voraussetzung der Befreiung ist, dass der Intermediär, der die grenzüberschreitende Steuergestaltung mitgeteilt hat, den sich auf die Befreiung berufenden Intermediär benannt hat. Das ergibt sich aus § 138f Abs. 9 Satz 2 i. V. m. Abs. 3 AO, da die Befreiung von der Mitteilungspflicht für alle weiteren Intermediäre voraussetzt, dass der mitteilende Intermediär alle Angaben des § 138f Abs. 3 AO, d. h. auch die weiteren Intermediäre in seiner Mitteilung benennt. Die Benennung anderer Intermediäre ist für den mitteilenden Intermediär freiwillig (§ 138f Abs. 3 Satz 2 AO). Hat er in seiner Mitteilung allerdings andere Intermediäre oder Nutzer benannt, so hat er sie darüber zu informieren (vgl. Teil III, Kapitel 1.5.1.3).

Anl

3.3.3. Mitteilungspflicht mehrerer Nutzer wegen derselben grenzüberschreitenden Steuergestaltung

101 In den Fällen, in denen kein Intermediär die Voraussetzungen des § 138 f Abs. 7 AO erfüllt und auch keinen Wohnsitz oder gewöhnlichen Aufenthalt oder bei juristischen Personen, (partiell) rechtsfähigen Personenvereinigungen oder Vermögensmassen Geschäftsleitung, Sitz oder sonstigen Bezug zu einem EU-Mitgliedstaat i. S. d. Art. 8 ab Abs. 3 EU-Amtshilferichtlinie hat, obliegt die Mitteilungspflicht dem Nutzer der grenzüberschreitenden Steuergestaltung selbst. In diesem Fall ist auch denkbar, dass mehrere Nutzer hinsichtlich derselben grenzüberschreitenden Steuergestaltung nebeneinander zur Mitteilung verpflichtet sind. Zur Vermeidung von Mehrfachmeldungen kommt unter den Voraussetzungen des § 138 g Abs. 2 AO eine Befreiung von der Mitteilungspflicht in Betracht.

102 § 138 g Abs. 2 Satz 1 Nr. 1 AO enthält für die (abstrakten) Angaben zur grenzüberschreitenden Steuergestaltung eine Rangfolge, nach der die verschiedenen Nutzer zur Mitteilung verpflichtet sind. Die vorrangige Mitteilungspflicht für die in § 138 f Abs. 3 Satz 1 Nr. 1 und 4 bis 9 AO bezeichneten (abstrakten) Angaben zur Steuergestaltung trifft den Nutzer, der die grenzüberschreitende Steuergestaltung mit dem Intermediär oder den Intermediären vereinbart – d. h. insbesondere diesen mit der Konzeptionierung oder Organisation der grenzüberschreitenden Steuergestaltung beauftragt – hat; nachrangig ist der Nutzer mitteilungspflichtig, der die Umsetzung der grenzüberschreitenden Steuergestaltung verwaltet. In diesem Fall gelten die Regelungen des § 138 f Abs. 5 Satz 1 und 4 AO entsprechend.

103 Hinsichtlich der in § 138 f Abs. 3 Satz 1 Nr. 2, 3 und 10 AO bezeichneten individuellen Angaben der Steuergestaltung sind alle Nutzer eigenständig zur Mitteilung verpflichtet. Hierbei haben sie die Registriernummer und Offenlegungsnummer der grenzüberschreitenden Steuergestaltung anzugeben.

104 Nur soweit der nach § 138 g Abs. 2 Satz 1 Nr. 1 AO vorrangig mitteilungspflichtige Nutzer hinsichtlich der übrigen Nutzer auch die in § 138 f Abs. 3 Satz 1 Nr. 2, 3 und 10 AO bezeichneten Angaben mitgeteilt hat, sind die übrigen Nutzer von ihrer individuellen Mitteilungspflicht befreit.

II. Kennzeichen (§ 138 e AO)

105 § 138 e AO enthält die abschließende Aufzählung der Kennzeichen, die einen mitteilungspflichtigen Tatbestand auslösen. Dabei erfasst § 138 e Abs. 1 AO die bedingten Kennzeichen, auf die der Relevanztest des § 138 d Abs. 2 Satz 1 Nr. 3 Buchst. a AO anzuwenden ist. Im Gegensatz dazu erfasst § 138 e Abs. 2 AO solche unbedingten Kennzeichen, deren Vorliegen ohne Relevanztest zu einer mitteilungspflichtigen Steuergestaltung führt. Siehe Teil I, Kapitel 2.6. 9

106 Mitteilungspflichtig ist die grenzüberschreitende Steuergestaltung als Ganzes, nicht jeder einzelne Teilschritt, wie z. B. einzelne Zahlungen (§ 138 d Abs. 2 Satz 2 AO; vgl. auch Teil III, Kapitel 1.2.1, Rz. 195).

1. Kennzeichen i. S. d. § 138 e Abs. 1 AO mit Relevanztest

1.1. Relevanztest i. S. d. § 138 d Abs. 2 Satz 1 Nr. 3 Buchst. a AO

1.1.1. Allgemein

107 Bei den bedingten Kennzeichen des § 138 e Abs. 1 AO ist weitere Voraussetzung für das Vorliegen einer grenzüberschreitenden Steuergestaltung, dass ein verständiger Dritter unter Berücksichtigung aller wesentlichen Fakten und Umstände vernünftigerweise erwarten kann, dass der Hauptvorteil oder einer der Hauptvorteile der Gestaltung die Erlangung eines steuerlichen Vorteils i. S. d. § 138 d Abs. 3 AO ist. Wird dies bejaht, ist der Relevanztest erfüllt.

108 Der Mitteilungspflichtige kann die Nachrangigkeit eines steuerlichen Vorteils dadurch hinreichend dokumentieren, dass er derart überwiegende außersteuerliche (insbesondere wirtschaftliche) Gründe für die konkrete Strukturierung einer Transaktion darlegt, durch die der steuerliche Vorteil in den Hintergrund rückt. Anders als in den Fällen des § 42 Abs. 2 Satz 2 AO reicht es aber nicht aus, lediglich beachtliche außersteuerliche Vorteile aufzuzeichnen. Es muss vielmehr hinreichend dokumentiert werden, dass der steuerliche Vorteil kein Hauptvorteil der Gestaltung ist. Der steuerliche Vorteil ist insbesondere kein Hauptvorteil der Steuergestaltung, wenn der Steuervorteil nur ein Reflex oder eine Randerscheinung ist. Zur Dokumentation können entsprechende Nachweise insbesondere durch die Unternehmenskorrespondenz, Memos oder Beschlüsse erbracht werden.

1.1.2. Steuerlicher Vorteil i. S. d. § 138 d Abs. 3 AO

109 § 138 d Abs. 3 Satz 1 AO enthält die gesetzliche Definition eines steuerlichen Vorteils i. S. d. § 138 d Abs. 2 Satz 1 Nr. 3 Buchst. a AO. Ein steuerlicher Vorteil liegt danach vor, wenn durch die Steuergestaltung
- Steuern erstattet werden sollen,
- Steuervergütungen gewährt oder erhöht werden sollen,
- Steueransprüche entfallen oder verringert werden sollen,
- die Entstehung von Steueransprüchen verhindert werden soll,
- die Entstehung von Steueransprüchen in andere Besteuerungszeiträume oder auf andere Besteuerungszeitpunkte verschoben werden soll.

110 Steueransprüche sollen entfallen oder verringert werden, wenn mit der grenzüberschreitenden Steuergestaltung beispielsweise das Ziel verfolgt wird, Aufwendungen in verschiedenen Steuerhoheitsgebieten – im Ergebnis doppelt – steuermindernd berücksichtigen zu können.

111 Die Entstehung von Steueransprüchen wird insbesondere verhindert, wenn durch die grenzüberschreitende Steuergestaltung eine Steuerpflicht vermieden wird, ohne dass dafür wirtschaftliche Gründe vorliegen. Eine auf wirtschaftlichen Erwägungen beruhende Rechtsform- oder Standortwahl verhindert hingegen keine Entstehung von Steueransprüchen i. S. d. § 138 d Abs. 3 Satz 1 Nr. 2 AO. Indizien für eine auf volks- und betriebswirtschaftlichen Kriterien beruhende Standortwahl sind insbesondere die

Anl

branchenspezifische Marktüblichkeit, die Zahl potentieller Kunden und Konkurrenten zum Zeitpunkt der Entscheidung und für die (betriebswirtschaftlich) vorhersehbare Zukunft.

112 Ein steuerlicher Vorteil liegt auch dann vor, wenn der steuerliche Vorteil ausschließlich in einem anderen EU-Mitgliedstaat oder in einem Drittstaat erzielt werden soll (§ 138 d Abs. 3 Satz 2 AO).

113 Es kommt nicht darauf an, ob der steuerliche Vorteil, der mit der grenzüberschreitenden Steuergestaltung erzielt werden soll, letztlich auch eintritt.

114 Der steuerliche Vorteil i. S. d. § 138 d Abs. 3 AO ist weder deckungsgleich mit dem gesetzlich nicht vorgesehenen Steuervorteil i. S. d. § 42 Abs. 2 Satz 1 AO noch mit dem nicht gerechtfertigten Steuervorteil i. S. d. § 370 Abs. 1 AO. Die Mitteilungspflicht knüpft nicht an die Angemessenheit, Unangemessenheit, Legalität oder Illegalität der Gestaltung an. Unerheblich ist daher auch, ob die Gestaltung unwirtschaftlich, umständlich, kompliziert, schwerfällig, gekünstelt, überflüssig, ineffektiv oder widersinnig ist. Die Gestaltung muss auch nicht ungewöhnlich sein.

115 Ein Steuerpflichtiger und etwaige verbundene Unternehmen erlangen keinen steuerlichen Vorteil i. S. d. § 138 d Abs. 3 AO, soweit etwaige Steuervorteile in einem Hoheitsgebiet durch korrespondierende, im unmittelbaren Zusammenhang mit diesem Steuervorteil stehende zusätzliche Steuerbelastungen im selben Hoheitsgebiet ausgeglichen werden oder die zusätzlichen Steuerbelastungen saldiert überwiegen.

1.1.3. Fallgruppen i. S. d. § 138 d Abs. 3 Satz 3 AO

116 In Anwendung des § 138 d Abs. 3 Satz 3 AO ist in den in der **Anlage** zu diesem Schreiben abschließend aufgezählten Fällen nicht vom Vorliegen eines steuerlichen Vorteils i. S. d. § 138 d Abs. 2 Satz 1 Nr. 3 Buchst. a AO auszugehen.

1.2. Kennzeichen i. S. d. § 138 e Abs. 1 AO

117 Während die Kennzeichen des § 138 e Abs. 1 Nr. 1 und 2 AO auf bestimmte Modalitäten der Entwicklung, der Vermarktung oder der Umsetzung von Gestaltungen abstellen (z. B. qualifizierte Vertraulichkeitsklausel, standardisierte Dokumentation oder Struktur), knüpfen die Kennzeichen der § 138 e Abs. 1 Nr. 3 und Abs. 2 AO unmittelbar an bestimmte Strukturinhalte oder rechtliche Ergebnisse von Gestaltungen an (z. B. Verlustnutzung, Nichtbesteuerung).

1.2.1. Qualifizierte Vertraulichkeitsklauseln (§ 138 e Abs. 1 Nr. 1 Buchst. a AO)

118 § 138 e Abs. 1 Satz 1 Nr. 1 Buchst. a AO bestimmt eine vertragliche Vertraulichkeitsklausel als Kennzeichen einer potenziell mitzuteilenden Steuergestaltung. Gesetzliche und standesrechtliche Verschwiegenheitspflichten fallen nicht in den Anwendungsbereich des Kennzeichens.

119 Erfasst werden solche Vereinbarungen, die es dem Nutzer oder einem anderen an der Steuergestaltung Beteiligten verbieten, die Art und Weise, durch welche der durch die Steuergestaltung vermittelte steuerliche Vorteil erlangt wird, gegenüber anderen, auch von der Mitteilungspflicht erfassten Intermediären oder der Finanzverwaltung offenzulegen.

120 Vereinbaren zwei Parteien eine Klausel, wonach die Gestaltung nicht ohne Zustimmung des Erstellers an Dritte weitergeleitet werden darf, erfüllt dies auch die Anforderungen des Kennzeichens, denn Dritte sind in diesem Fall auch andere von der Mitteilungspflicht erfasste Intermediäre und die Finanzverwaltung. Sind umgekehrt die Finanzverwaltung und andere zur Mitteilung verpflichtete Intermediäre bezüglich der Einzelheiten des steuerlichen Vorteils in der Klausel ausdrücklich ausgenommen, führt die Vertraulichkeitsklausel nicht zu einer Mitteilungspflicht. Vertraulichkeitsklauseln, die lediglich die Offenlegung gegenüber weiteren Intermediären untersagen, welche von der potenziellen Mitteilungspflicht zu einer konkreten Steuergestaltung nicht erfasst sind, erfüllen ebenfalls nicht das Kennzeichen des § 138 e Abs. 1 Nr. 1 Buchst. a AO. Etwaige Vorbehalte einer Vertragspartei, der Offenlegung des steuerlichen Vorteils zuzustimmen, führen auch zu keiner Mitteilungspflicht, wenn die Parteien in der Vertraulichkeitsklausel vereinbart haben, dass die Zustimmung zur Offenlegung gegenüber der Finanzverwaltung und anderen von der Mitteilungspflicht erfassten Intermediären stets als erteilt gilt.

121 Vertraulichkeitsklauseln im Zusammenhang mit der
- Erstellung einer Steuererklärung,
- Erstellung der Buchhaltung,
- Jahresabschlussprüfungstätigkeit eines Wirtschaftsprüfers oder auch
- Mandatierung für ein Due-Diligence-Projekt und dazugehörige Abschlussberichte

weisen regelmäßig keinen spezifischen Bezug zum steuerlichen Vorteil auf, der durch die steuerliche Gestaltung vermittelt wird.

1.2.2. Honorarvereinbarung (§ 138 e Abs. 1 Nr. 1 Buchst. b AO)

122 § 4 a des Rechtsanwaltsvergütungsgesetzes (RVG), § 9 a StBerG und § 55 a WPO, nach denen unter bestimmten Bedingungen Rechtsanwälte, Steuerberater und Wirtschaftsprüfer Erfolgshonorare vereinbaren dürfen, bleiben von dem Kennzeichen unberührt. Dementsprechend wird die Vergütung dieser Berufsgruppen nicht i. S. d. Vorschrift „in Bezug auf den steuerlichen Vorteil der Steuergestaltung festgesetzt", wenn sich der Gegenstandswert i. S. d. RVG allein infolge der Berücksichtigung des erwarteten steuerlichen Vorteils erhöht. Erfasst werden dagegen solche echten Erfolgshonorare, die ohne Verletzung der maßgeblichen rechtlichen Bestimmungen vereinbart werden können und deren Inhalt es gerade ist, eine (zusätzliche) Vergütung bei Eintritt einer Bedingung (§ 158 BGB) auszulösen, sofern sich die Bedingung auf den erwarteten steuerlichen Vorteil bezieht.

1.2.3. Standardisierte Dokumentation oder Struktur (§ 138 e Abs. 1 Nr. 2 AO)

123 Die in § 138 e Abs. 1 Nr. 2 AO definierten Kennzeichen sollen Gestaltungen erfassen, die in einer Vielzahl weiterer Fälle in im Wesentlichen gleicher Weise eingesetzt werden können (Standardisierung).

Anl

Die Standardisierung kann sich sowohl auf die (äußere) Dokumentation als auch auf die (innere) Struktur der Gestaltung beziehen.

124 Marktfähige Gestaltungen i. S. d. § 138 h Abs. 1 AO (siehe auch Teil III, Kapitel 1.6) sind daher stets auch standardisiert.

125 Nimmt ein Intermediär eine für den konkreten Einzelfall entwickelte Steuergestaltung zum Anlass, daraus eine standardisierte Dokumentation oder Struktur zu entwerfen, indem er die Einzelfallgestaltung in anderer Weise für eine Vielzahl weiterer Fälle verwendbar macht, wird hierdurch das Kennzeichen des § 138 e Abs. 1 Nr. 2 AO erfüllt.

1.2.3.1. Standardisierte Dokumentation

126 Unter einer standardisierten Dokumentation sind Vertragswerke oder sonstige mandatsbezogene Dokumente zu verstehen, die ohne wesentliche Anpassungen an den Einzelfall für die Nutzer musterartig vorbereitet sind. Wesentlich sind Anpassungen in der Form oder der Darstellung, die in der Gesamtbetrachtung die Dokumentation inhaltlich, d. h. die Gestaltung, nicht mehr als gleichartig erscheinen lassen.

127 Erfasst werden nur standardisierte Dokumentationen (mit Bezug zu) einer Steuergestaltung. Standardisierte Dokumentationen, die ausschließlich außersteuerliche Zwecke verfolgen, erfüllen das Kennzeichen des § 138 e Abs. 1 Nr. 2 AO nicht. Dies gilt beispielsweise für Emissionsbedingungen von Finanzinstrumenten, deren Zweck es ist, die zivilrechtlichen Rechte und Pflichten des Emittenten und des Erwerbers zu regeln, oder für Anlagebedingungen von Investmentfonds oder Spezial-Investmentfonds oder anderen Fondsstrukturen, die nicht nur der Regelung der zivilrechtlichen Rechtslage, sondern auch dem Anlegerschutz dienen. Auch Emissionsprospekte (Verkaufsprospekte), in denen Chancen und Risiken dargestellt werden, erfüllen das Kennzeichen des § 138 e Abs. 1 Nr. 2 AO regelmäßig nicht.

1.2.3.2. Standardisierte Struktur

128 Eine Struktur i. S. d. § 138 e Abs. 1 Nr. 2 AO ist ein steuerlicher, geplanter Zusammenhang mehrerer rechtlicher oder tatsächlicher Schritte, die eine bestimmte steuerliche Rechtsfolge bewirken sollen. Dies ist regelmäßig anzunehmen, wenn ein bewusstes Hintereinanderschalten oder Zusammenwirken von rechtlichen Teilschritten zur Zielerreichung gewählt wird. So beispielsweise, wenn eine Transaktion durch eine Mehrzahl hintereinander geschalteter Schritte strukturiert wird, ohne dass dies im Ergebnis eine Änderung des wirtschaftlichen Gehalts der Transaktion zur Folge hat. Eine Struktur kann auch dann vorliegen, wenn kein eigenständiger wirtschaftlicher Zweck verfolgt wird, sondern allein der Steuervorteil im Vordergrund steht.

129 Die Struktur einer Steuergestaltung i. S. d. § 138 e Abs. 1 Nr. 2 AO ist standardisiert, wenn sie ungeachtet ihrer äußeren Form inhaltlich so aufgebaut ist, dass sie ohne wesentliche Anpassung der Struktur in einer Vielzahl weiterer Fälle in gleicher Weise eingesetzt werden kann. Wesentlich sind solche Anpassungen der Struktur, die die betreffende Steuergestaltung inhaltlich ändern.

Beispiel:

Beim sog. „Goldfinger"-Modell wurde durch den Erwerb von Gold (Umlaufvermögen) im Ausland bei Gewinnermittlung durch Einnahmenüberschussrechnung im Jahr des Erwerbs ein dem negativen Progressionsvorbehalt unterliegender Verlust erzielt. Der Gewinn aus der Veräußerung des Goldes im Folgejahr unterlag zwar dem positiven Progressionsvorbehalt, wirkte sich jedoch aufgrund der Höhe der übrigen Einkünfte des Steuerpflichtigen, die bereits mit dem Spitzensteuersatz zu versteuern waren, nicht aus. Das „Goldfinger"-Modell wurde in nahezu gleicher Form für eine Vielzahl von Nutzern von Intermediären ohne wesentliche Änderung umgesetzt.

Beim Goldfinger-Modell handelt es sich um eine Steuergestaltung (vgl. Teil I, Kapitel 2.3) Ihre Teilschritte können ohne wesentliche Änderungen bei einer Vielzahl von Steuerpflichtigen umgesetzt werden (standardisierte Struktur).

1.2.3.3. Standardvorgänge der Rechts- oder Steuerberatung

130 Zahlreiche Vorgänge der Rechts- oder Steuerberatung werden standardisiert dokumentiert oder strukturiert. Sofern diese isoliert verwendet werden, ist vorbehaltlich Teil II, Kapitel 1.2.3.3, Rz. 131 regelmäßig nicht von einem steuerlichen Bezug im o. g. Sinn auszugehen. Dies gilt etwa für die formularmäßige

- Gründung von Gesellschaften oder Gemeinschaften,
- Vergabe von Darlehen,
- Vergabe von Lizenzen,
- Entsendung von Mitarbeitern,
- Vereinbarung von Dienstleistungen, z. B. zur Abwicklung des Zahlungs- und Wertpapierverkehrs,
- Anpassung von Dauerschuldverhältnissen, die ausschließlich zur Erhaltung der Fremdüblichkeit erfolgen,
- Standardleasingverträge (z. B. Finanzierungsleasingverträge über Wirtschaftsgüter des Anlagevermögens),
- Vornahme der sonstigen in § 1 Abs. 1, 1 a und 3 des Kreditwesengesetzes (KWG) genannten Geschäfte, Dienstleistungen und Tätigkeiten oder die
- Vornahme der sonstigen in § 2 Abs. 8 und 9 WpHG (Wertpapierhandelsgesetz) genannten Geschäfte, Dienstleistungen und Tätigkeiten.

131 Eine andere Beurteilung kann sich ergeben, wenn zu den vorgenannten Vorgängen weitere (Teil-) Schritte hinzutreten und sich in einer zusammenhängenden Betrachtung ein steuerlicher Bezug des Standardvorgangs ergibt.

1.2.4. Verlusterwerb (§ 138 e Abs. 1 Nr. 3 Buchst. a AO)

132 § 138 e Abs. 1 Nr. 3 Buchst. a AO betrifft Gestaltungen, die zum Gegenstand haben, dass ein an der Gestaltung Beteiligter planmäßig unangemessene rechtliche Schritte unternimmt, um ein verlustbringendes Unternehmen unmittelbar oder mittelbar zu erwerben, die Haupttätigkeit dieses Unterneh-

Anl

mens zu beenden und dessen Verluste dafür zu nutzen, seine Steuerbelastung zu verringern, einschließlich der Übertragung der Verluste in ein anderes Steuerhoheitsgebiet oder der zeitlich näheren Nutzung dieser Verluste.

133 Um die Verluste eines erworbenen Unternehmens dafür zu nutzen, die eigene Steuerbelastung i. S. d. § 138 e Abs. 1 Nr. 3 Buchst. a AO zu verringern, muss der Erwerb des Verlustunternehmens in einem solchen Umfang erfolgen, dass der Erwerber allein, zusammen mit nahestehenden Personen oder zusammen mit Personen mit gleichgerichteten Interessen die weiteren Schritte veranlassen oder durchsetzen kann.

1.2.4.1. Verlustbringendes Unternehmen

134 Der Begriff verlustbringendes Unternehmen ist weit auszulegen und erfasst sowohl Unternehmen mit Verlustvorträgen oder laufenden Verlusten, als auch mit Verlusten, die zwar bereits angelegt sind, die sich allerdings erst zukünftig steuerlich realisieren lassen (stille Lasten).

135 Auf die Rechtsform des zu erwerbenden Unternehmens kommt es nicht an.

1.2.4.2. Beendigung der Haupttätigkeit dieses Unternehmens

136 Die Beendigung der Haupttätigkeit nach dem Erwerb des verlustbringenden Unternehmens ist zwingendes Tatbestandsmerkmal. Eine Beendigung der Haupttätigkeit ist beispielsweise bei einem Branchenwechsel gegeben.

137 Nicht erfasst sind daher Gestaltungen, die – ohne dass die Beendigung der Haupttätigkeit beabsichtigt ist – allein auf den Erwerb eines verlustbringenden Unternehmens zur Minderung der eigenen Steuerbelastung abzielen. Haupttätigkeit ist die Tätigkeit mit den höchsten Bruttoerträgen des Unternehmens im Durchschnitt der drei vorausgegangenen Jahre.

1.2.4.3. Verlustnutzung

138 Die Verluste müssen dafür genutzt werden, die Steuerbelastung eines an der Gestaltung Beteiligten insgesamt zu verringern, einschließlich der Übertragung der Verluste in ein anderes Steuerhoheitsgebiet oder der zeitlich näheren Nutzung dieser Verluste.

1.2.4.4. Unangemessene rechtliche Schritte

139 Unangemessene rechtliche Schritte i. S. d. § 138 e Abs. 1 Nr. 3 Buchst. a AO sind solche, die ohne Steuervorteil nicht unternommen würden. Dies ist gegeben, wenn eine Nutzung der Verluste des erworbenen Unternehmens dem Grunde nach zunächst rechtlich nicht möglich wäre und die Voraussetzungen für die Verlustnutzung erst durch künstliche Maßnahmen eines Beteiligten hergestellt werden.

140 Indizien für die Unangemessenheit sind zum Beispiel, dass die Maßnahmen von einem verständigen Dritten in Anbetracht des wirtschaftlichen Sachverhalts und der wirtschaftlichen Zielsetzung ohne den Steuervorteil nicht gewählt worden wären oder dass die Vor- oder Zwischenschaltung von Angehörigen oder anderen nahestehenden Personen oder Gesellschaften rein steuerlich motiviert war. Unangemessenheit ist nach der Rechtsprechung des Europäischen Gerichtshofs (vgl. z. B. EuGH-Urteil vom 12. September 2006 Rs. C-196/04, EuGHE I S. 7995) insbesondere dann anzunehmen, wenn die gewählte Gestaltung rein künstlich ist und nur dazu dient, die Steuerentstehung im Inland zu umgehen.

141 Bei der Prüfung, ob die gewählte Maßnahme zu Steuervorteilen führt, sind die steuerlichen Auswirkungen der gewählten Maßnahme mit der hypothetischen steuerlichen Auswirkung einer angemessenen Maßnahme zu vergleichen. Dabei sind auch solche Steuervorteile zu berücksichtigen, die nicht beim Handelnden selbst, sondern bei Dritten, die in einer gewissen Nähe zum Handelnden stehen (z. B. Angehörige i. S. d. § 15 AO) oder persönlich oder wirtschaftlich mit ihm verbunden sind (z. B. nahestehende Personen i. S. d. § 1 Abs. 2 AStG), eintreten.

1.2.5. Einkünfteumwandlung (§ 138 e Abs. 1 Nr. 3 Buchst. b AO)

142 Gemäß § 138 e Abs. 1 Nr. 3 Buchst. b AO stellt auch die Umwandlung von Einkünften in Vermögen, in Schenkungen oder andere nicht oder niedriger besteuerte Einnahmen oder nicht steuerbare Einkünfte eine mitteilungspflichtige Steuergestaltung dar. An der Umwandlung können ein Steuerpflichtiger oder mehrere Steuerpflichtige sowie verbundene Unternehmen beteiligt sein. Neben den unmittelbaren sind auch Umwandlungen über mehrere Stufen erfasst. Unter dem Begriff der „Umwandlung" ist die Umqualifizierung von Einkünften zu verstehen.

143 Auch die Umwandlung in niedriger besteuerte oder steuerfreie Einnahmen oder Einkünfte kann eine mitteilungspflichtige Steuergestaltung begründen.

Beispiel:

Eine inländische Gesellschaft ist Inhaberin einer Forderung, aus der sie steuerpflichtige Zinserträge erzielt. Überträgt sie die Forderung auf eine ausländische Tochtergesellschaft, sind die von der Tochtergesellschaft zukünftig bezogenen (ggf. aufgrund der übertragenen Forderung höheren) Dividenden unter den Voraussetzungen des § 8 b Abs. 1 und 4 des Körperschaftsteuergesetzes (KStG) steuerfrei. Sofern die Umqualifizierung der Einkünfte die effektive Steuerbelastung der ganzen Struktur bei einer Gesamtbetrachtung der in- und ausländischen geschuldeten Steuer mindert, wird regelmäßig auch ein relevanter steuerlicher Vorteil gegeben sein, der zu einer Mitteilungspflicht führt.

1.2.6. Zirkuläre Vermögensverschiebungen (§ 138 e Abs. 1 Nr. 3 Buchst. c AO)

144 Bei zirkulären Vermögensverschiebungen nach § 138 e Abs. 1 Nr. 3 Buchst. c AO ist maßgeblich, dass mindestens zwei Transaktionen getätigt werden und dass das betroffene Vermögen nach Abschluss der Transaktionen wertmäßig wieder zum ursprünglichen Steuerpflichtigen zurückgelangt. Für solche Transaktionen genügt bereits der Übergang der wirtschaftlichen Zuordnung für eine sog. juristische Sekunde. Wesentlich ist auch, dass die Transaktionen einem planmäßigen Ablauf folgen.

Anl

Beispiel:

Eine deutsche Aktiengesellschaft (AG) unterliegt einer Ertragsteuerbelastung von ca. 30 Prozent. Die AG hält 100 Prozent des Kapitals an einer in einem anderen EU-Mitgliedstaat ansässigen Finanzierungsgesellschaft, die dort einer Ertragsteuerbelastung von 10 Prozent unterliegt. Die deutsche AG legt zunächst einen Betrag in die Finanzierungsgesellschaft ein. Unmittelbar im Anschluss gewährt die Finanzierungsgesellschaft der deutschen AG ein Darlehen in Höhe der Einlage. Somit könnte Zinsaufwand geschaffen werden, der in Deutschland – vorbehaltlich der Anwendung der Zinsschranke gemäß § 4 h des Einkommensteuergesetzes (EStG) und des Fremd-Vergleichsgrundsatzes – die Bemessungsgrundlage mindert.

145 Unter einer Transaktion ist eine gegenseitige – ggf. mehrteilige – Übertragung von Gütern oder Rechten zwischen mindestens zwei juristischen oder natürlichen Personen, Rechtsträgern oder Vermögensmassen zu verstehen.

146 Bei mehrteiligen Übertragungen ist es unerheblich, wie viel Zeit zwischen den einzelnen Transaktionen vergeht, solange sie entsprechend der Zweckbestimmung einem planmäßigen Ablauf folgen.

147 Damit sich Transaktionen im Sinne dieser Vorschrift gegenseitig aufheben oder ausgleichen, darf dies nicht infolge rechtlicher Vorgaben, beispielsweise infolge eines gesetzlich vorgesehenen und ausgestalteten Clearings oder eines sog. Liquidationsnettings im Rahmen von Finanztermingeschäften, geschehen.

148 Rein vertragliche Transaktionen, die Kreditinstitute beispielsweise zur Allokation oder zum Ausgleich von Markt- oder Ausfallrisiken verwenden, können sich dagegen gegenseitig aufheben oder ausgleichen und erfüllen dadurch den Tatbestand des § 138 e Abs. 1 Nr. 3 Buchst. c AO. Erfolgt die Transaktion jedoch, um die zugrunde liegenden Markt- bzw. Ausfallrisiken zwischen den Parteien zu allokieren, und spiegeln sich die Risikoeinschätzungen der Parteien daher auch im Verkaufs- bzw. Rückkaufspreis wider, ist der Tatbestand des § 138 e Abs. 1 Nr. 3 Buchst. c AO nicht erfüllt.

149 Bei diesem Kennzeichen ist wesentlich, dass sämtliche Vermögensverschiebungen, bei denen durch das planmäßige Ineinandergreifen der einzelnen Transaktionen tatsächlich keine Unsicherheit darüber besteht, ob und zu welchem risikogewichteten Wert das verschobene Wirtschaftsgut (oder ein wertidentisches Surrogat) teilweise oder vollständig wieder zum Veräußerer zurückkehrt, als zirkulär angesehen werden müssen. Denn in diesem Fall wird das betroffene Vermögen nach Abschluss der Transaktionen wertmäßig, ohne Änderungen der Zugriffsmöglichkeiten, wieder zum ursprünglichen Steuerpflichtigen zurückgelangen.

1.2.7. Nullsatzjurisdiktionen (§ 138 e Abs. 1 Nr. 3 Buchst. d AO)

150 Eine Nullsatzjurisdiktion liegt vor, wenn ein Steuerhoheitsgebiet
- weder eine Körperschaftsteuer noch eine der Körperschaftsteuer vergleichbare Steuer erhebt oder
- zwar eine Körperschaftsteuer oder eine der Körperschaftsteuer vergleichbare Steuer erhebt, aber der nominale Steuersatz nahe null Prozent liegt. Ein Steuersatz von „nahe null Prozent" liegt vor, wenn er kleiner oder gleich 4 Prozent ist.

151 Die Definition des verbundenen Unternehmens ergibt sich aus § 138 e Abs. 3 AO.

1.2.8. Steuerbefreite Zahlungen (§ 138 e Abs. 1 Nr. 3 Buchst. e AO)

152 § 138 e Abs. 1 Nr. 3 Buchst. e AO unterliegen die Fälle, in denen die grenzüberschreitenden Zahlungen beim Empfänger steuerlich begünstigt sind. Dies kann im Wege einer gesetzlichen sachlichen oder persönlichen Steuerbefreiung oder im Wege einer sog. Präferenzregelung geschehen.

153 Grundlage für eine Steuerbefreiung ist, dass das Steuerhoheitsgebiet, in dem der Zahlungsempfänger ansässig ist, die Zahlungen nicht in die steuerliche Bemessungsgrundlage einbezieht. Dies ist insbesondere der Fall, soweit
- die den Aufwendungen entsprechenden Erträge dort nach nationalem Recht nicht besteuert werden können, insbesondere weil diese nicht steuerbar bzw. sachlich steuerbefreit sind oder der Steuerpflichtige persönlich steuerbefreit ist oder
- aus anderen Gründen eine tatsächliche Besteuerung der Erträge unterbleibt (z. B. aufgrund Verzichts durch Erlass der Steuer).

154 Sofern die Besteuerung infolge eines Verlustausgleichs oder -abzugs wegen anderer negativer Einkünfte unterbleibt, ist nicht von einer Steuerbefreiung im Sinne dieses Kennzeichens auszugehen.

155 Eine Präferenzregelung liegt in der Regel dann vor, wenn bestimmte Branchen, Sektoren oder Einnahmen im Vergleich zur übrigen Wirtschaft oder zu anderen Einnahmekategorien steuerlich begünstigt werden. Es reicht aus, wenn eine von der Regelbesteuerung abweichende, niedrige Besteuerung vorliegt. Beispiele für Präferenzregelungen sind insbesondere die vom Forum on Harmful Tax Practices (FHTP) der Organisation für wirtschaftliche Zusammenarbeit und Entwicklung (OECD) nach Maßgabe der Empfehlungen zum Base Erosion and Profit Shifting (BEPS)-Aktionspunkt 5 (vgl. Kapitel 3 des Abschlussberichts 2015 zu Aktionspunkt 5, OECD (2016),[1] und Kapitel 1 des Fortschrittsberichts 2018 des FHTPs[2]) bewerteten Steuerregime. Dabei ist unerheblich, ob diese vom FHTP als „harmful" (schädlich) eingestuft werden oder nicht. Somit sind auch grenzüberschreitende Steuergestaltungen mit Bezug auf Präferenzregelungen mitzuteilen, die mit BEPS-Aktionspunkt 5 der OECD konform sind.

Beispiel:

Wenn ein Steuerhoheitsgebiet für Lizenzeinkünfte eine bevorzugte Besteuerung vorsieht (eine sog. Patent- oder Lizenz-Box), liegt nach den Kriterien des FHTP eine präferenzielle Regelung vor. Selbst wenn die Lizenzeinkünfte auf einer

---

[1] **[Amtl. Anm.:]** https://www.oecd-ilibrary.org/docserver/9789264258037-de.pdf?expires=1 579 612 601&id=id&accname=oid18 224&check-sum=CF00B9F8C42042112C81C26BE5183E3C.

[2] **[Amtl. Anm.:]** https://www.oecd-ilibrary.org/docserver/9789264311480-en.pdf?expires=1 579 613 905&id=id&accname=guest&checksum=2B575A987E5F8451A89A567EAF0E6C1D3.

Anl

aktiven Forschungs- und Entwicklungstätigkeit i. S. d. sog. „modifizierten Nexus-Ansatzes" der OECD (vgl. Kapitel 4 des Abschlussberichts 2015 zu Aktionspunkt 5, OECD (2016))[1] beruhen und daher nicht als schädlich einzustufen sind, kann § 138 e Abs. 1 Satz 1 Nr. 3 Buchst. e AO erfüllt sein. Maßgeblich ist, dass die Lizenzzahlung präferentiell besteuert wird. Unerheblich ist hingegen, wenn der immaterielle Wert zunächst unter Nutzung einer steuerlichen Förderung für Forschung und Entwicklung geschaffen wurde.

156 Eine Übersicht der Ergebnisse der Prüfungen des FHTP sowie weitere identifizierte Präferenzregelungen finden Sie auf der Internetseite des Bundeszentralamts für Steuern (www.bzst.de) unter der Rubrik Unternehmen > Internationaler Informationsaustausch > Austausch von Steuergestaltungen > Vorschriften. Diese Liste ist nicht abschließend und kann nur als Indiz für das Vorliegen einer Präferenzregelung herangezogen werden.

157 Sofern mehrere verbundene Unternehmen Lizenzeinkünfte erzielen, die präferentiell besteuert werden, sind entsprechend § 138 f Abs. 3 Satz 1 Nr. 3 AO alle betroffenen Unternehmen in einer Mitteilung an das Bundeszentralamt für Steuern zu benennen. Sofern weitere verbundene Unternehmen in eine derartige Präferenzregelung einbezogen werden, ist die ursprüngliche Meldung zu aktualisieren.

2. Kennzeichen i. S. d. § 138 e Abs. 2 AO ohne Relevanztest

2.1. Besteuerung des Zahlungsempfängers (§ 138 e Abs. 2 Nr. 1 Buchst. a AO)

158 Zu einer Nicht-Ansässigkeit von Zahlungsempfängern i. S. d. § 138 e Abs. 2 Nr. 1 Buchst. a Doppelbuchst. aa AO kommt es beispielsweise durch deren tatsächliches Verhalten oder infolge unterschiedlicher Ansässigkeitsregelungen der betroffenen Staaten. Dies kann der Fall sein, wenn ein Staat die steuerliche Ansässigkeit allein vom Ort der Geschäftsleitung abhängig macht und ein zweiter Staat allein vom Ort der Gründung der Gesellschaft. Wird eine Gesellschaft nun im ersten Staat gegründet und liegt der Ort der Geschäftsleitung im zweiten Staat, entsteht eine in keinem Steuerhoheitsgebiet ansässige Gesellschaft (sog. ghost company).

159 Erfasst sind auch solche Fälle, in denen die steuerliche Ansässigkeit nach den Bestimmungen eines DBA von beiden Vertragsstaaten nicht in korrespondierender Weise bestimmt wird. Dies kann beispielsweise bei der Bestimmung der Ansässigkeit einer Gesellschaft nach Maßgabe des Orts der tatsächlichen Geschäftsleitung auftreten, indem jeder Vertragsstaat davon ausgeht, dass sich der Ort der tatsächlichen Geschäftsleitung im jeweils anderen Staat befindet. Folge ist, dass kein Staat das Besteuerungsrecht als sog. Ansässigkeitsstaat dieser Gesellschaft wahrnimmt.

160 Personengesellschaften sind nach deutscher Rechtsauffassung grundsätzlich nicht abkommensberechtigt und damit nicht ansässig. Dies gilt selbst dann, wenn sie im ausländischen Staat intransparent wie ein Körperschaftsteuersubjekt besteuert werden. Für Zwecke des § 138 e Abs. 2 Nr. 1 Buchst. a AO gilt eine Personengesellschaft jedoch in einem solchen Fall und bei Vorliegen der übrigen Voraussetzungen im Gründungs- und/oder Sitzstaat als ansässig. Erfolgt in allen betroffenen Staaten eine transparente Besteuerung der Personengesellschaft, ist für die Ansässigkeitsbestimmung auf deren Gesellschafter abzustellen; jedoch nur insoweit, wie ihnen die Einkünfte nach dem Steuerrecht der betroffenen Staaten zuzurechnen sind. Erfolgt eine transparente Besteuerung der Personengesellschaften nicht in allen betroffenen Staaten (hybride Strukturen), sind Zahlungen immer mitzuteilen, es sei denn, die Personengesellschaft gilt für Zwecke des § 138 e Abs. 2 Nr. 1 Buchst. a AO als ansässig.

161 Als nichtkooperative Steuerhoheitsgebiete i. S. d. § 138 e Abs. 2 Nr. 1 Buchst. a Doppelbuchst. bb AO werden zum einen Länder und Gebiete bezeichnet, die nicht die von den EU-Mitgliedstaaten beschlossenen Standards in Bezug auf Transparenz, fairen Steuerwettbewerb oder in Bezug auf die Umsetzung der Maßnahmen gegen Gewinnkürzung und -Verschiebung (BEPS) der OECD erfüllen. Diese Liste finden Sie auf der Internetseite des Bundeszentralamts für Steuern (www.bzst.de) unter der Rubrik Unternehmen > Internationaler Informationsaustausch > Austausch Von Steuergestaltungen > Vorschriften.

162 Nichtkooperative Steuerhoheitsgebiete i. S. d. § 138 e Abs. 2 Nr. 1 Buchst. a Doppelbuchst. bb AO sind zum anderen Länder und Gebiete, die die Transparenzstandards der OECD nicht erfüllen. Eine anhand dieser Transparenzstandards erstellte Liste der nicht kooperativen Staaten kann auf der Internetseite des Bundeszentralamts für Steuern (www.bzst.de) für Unternehmen unter der Rubrik Unternehmen > Internationaler Informationsaustausch > Austausch Von Steuergestaltungen > Vorschriften aufgerufen werden.

163 Das Kennzeichen i. S. d. § 138 e Abs. 2 Nr. 1 Buchst. a Doppelbuchst. bb AO ist erfüllt, wenn zu einem der in § 138 f Abs. 2 AO genannten Zeitpunkte der Ansässigkeitsstaat des Zahlungsempfängers auf der jeweiligen Liste der nicht kooperierenden Drittstaaten der EU oder der OECD aufgeführt ist.

2.2. Besteuerung der Zahlung (§ 138 e Abs. 2 Nr. 1 Buchst. b AO)

164 Unter dieses Kennzeichen fallen zum einen Abschreibungsfälle (§ 138 e Abs. 2 Nr. 1 Buchst. b Doppelbuchst. aa AO), bei denen Absetzungen für Abnutzung in mehr als einem Hoheitsgebiet geltend gemacht werden können.

Beispiel 1:

Eine inländische Fluggesellschaft (Leasingnehmerin) least bei dem ausländischen Leasingunternehmen (Leasinggeber) ein Flugzeug. Beiden wird das Flugzeug von ihrem jeweiligen Ansässigkeitsstaat aufgrund der nationalen Regelungen wirtschaftlich zugerechnet. Somit können beide Unternehmen Absetzungen für Abnutzung als Betriebsausgaben geltend machen. Dasselbe Wirtschaftsgut wird folglich in zwei Staaten abgeschrieben.

[1] **[Amtl. Anm.:]** https://www.oecd-ilibrary.org/docserver/9789264258037-de.pdf?expires=1 579 612 601&id=id&accname=oid18 224&check-sum=CF00B9F8C42042112C81C26BE5183E3C.

Anl

Von dem Kennzeichen gem. § 138 e Abs. 2 Nr. 1 Buchst. b Doppelbuchst. aa AO, der Inanspruchnahme der Absetzung für Abnutzung desselben Vermögenswertes in mehr als einem Steuerhoheitsgebiet, sind jedoch solche Fälle nicht erfasst, in denen die mehrfache Inanspruchnahme aus einer Anwendung der Hinzurechnungsbesteuerung gem. §§ 7 ff. AStG resultiert. Gleiches gilt, wenn sich die mehrfache Inanspruchnahme bei einem Steuerpflichtigen aufgrund der Anwendung der Anrechnungs-, Abzugs- oder Pauschalierungsmethode oder aufgrund des Erlasses der auf die ausländischen Einkünfte entfallenden inländischen Steuer zur Vermeidung der Doppelbesteuerung ergibt.

Beispiel 2 zur Anrechnungsmethode:

Eine inländische Kapitalgesellschaft verfügt über eine Betriebsstätte in einem Staat, mit dem kein DBA besteht. In der Betriebsstätte werden Waren produziert. Die dafür notwendigen Maschinen werden nach den Gewinnermittlungsvorschriften des Betriebsstättenstaates abgeschrieben. Das Betriebsstättenergebnis wird im Betriebsstättenstaat besteuert. In Deutschland fließt das Ergebnis der Betriebsstätte in die Gewinnermittlung des Nutzers ein. Gleichzeitig werden die ausländischen Steuern gemäß § 34 c EStG i. V. m. § 26 KStG angerechnet. Die Abschreibungen der Maschinen werden sowohl im ausländischen Staat als auch in Deutschland berücksichtigt.

165 Zum anderen sind von diesem Kennzeichen Fälle erfasst, in denen eine Befreiung von einer Doppelbesteuerung mehrfach für dieselben Einkünfte oder Vermögen beantragt wird (§ 138 e Abs. 2 Nr. 1 Buchst. b Doppelbuchst. bb AO). Dies kann beispielsweise in einer Drei-Staaten-Konstellation vorkommen, in der auf Basis des DBA zwischen den ersten beiden Staaten eine Freistellung der Einkünfte im zweiten Staat und auf Basis des DBA zwischen dem ersten und dem dritten Staat eine Freistellung der Einkünfte im ersten Staat gewährt wird. Dies kann sich aus Qualifikations- oder Zuordnungskonflikten im Hinblick auf eine steuerliche Transaktion, die diese drei Staaten betrifft, ergeben.

166 Dividendenzahlungen, welche z. B. im Inland aufgrund eines DBA und unter Berücksichtigung des § 50 d Abs. 3 EStG zur vollständigen oder teilweisen Quellensteuerentlastung (Freistellung oder Erstattung) führen und im Ausland gleichzeitig aufgrund nationaler Regelungen (vergleichbar § 8 b KStG) beim Empfänger steuerbefreit sind, sind nicht von dem Kennzeichen nach § 138 e Abs. 2 Nr. 1 Buchst. b Doppelbuchst. bb AO umfasst.

2.3. Ausnutzung von Bewertungsunterschieden bei einer Vermögensübertragung (§ 138 e Abs. 2 Nr. 1 Buchst. c AO)

167 § 138 e Abs. 2 Nr. 1 Buchst. c AO sieht eine Mitteilungspflicht für solche Gestaltungen vor, bei denen eine Übertragung oder Überführung von Vermögensgegenständen in zwei beteiligten Hoheitsgebieten hinsichtlich des Wertansatzes steuerlich unterschiedlich beurteilt wird. Dabei kann es sich um grenzüberschreitende Übertragungen oder Überführungen handeln. Es können jedoch auch inländische Überführungen oder Übertragungen betroffen sein (z. B. in grenzüberschreitenden Betriebstätten-Sachverhalten bei Umwandlung/Einbringung eines Teilbetriebs in eine Kapital- oder Personengesellschaft). Bewertungsunterschiede können dabei sowohl auf Gesellschafts- als auch auf Gesellschafterebene vorliegen. Auch der Wegzug einer natürlichen Person, die Anteile an einer Kapitalgesellschaft besitzt, und hieraus resultierende Bewertungsunterschiede im Zu- und Wegzugsstaat in den Anteilen kann dieses Kennzeichen erfüllen.

168 Dies gilt nicht für die Fälle, in denen es in Anwendung von Art. 5 der Richtlinie (EU) 2016/1164 des Rates vom 12. Juli 2016 (ABl. L 193 vom 19. 7. 2016; Übertragung von Vermögenswerten und Wegzugsbesteuerung) zu einem korrespondierenden Wertansatz in den beteiligten EU-Mitgliedstaaten kommt.

169 Wenn der Unterschied im Wertansatz des übertragenen oder überführten Vermögensgegenstandes mehr als 10 Prozent des bei der Übertragung bzw. Überführung für Besteuerungszwecke zugrunde gelegten Wertes und mindestens 100 000 Euro beträgt oder der Unterschied des Wertansatzes 500 000 Euro übersteigt, ist er wesentlich und erfüllt das Kennzeichen des § 138 e Abs. 2 Nr. 1 Buchst. c AO.

2.4. Aushöhlung der Mitteilungspflichten nach dem gemeinsamen Meldestandard (§ 138 e Abs. 2 Nr. 2 AO)

170 § 138 e Abs. 2 Nr. 2 AO knüpft an den Standard für den automatischen Austausch von Informationen über Finanzkonten nach dem gemeinsamen Meldestandard der OECD an (sog. Common Reporting Standard – CRS). Der gemeinsame Meldestandard wurde in Deutschland durch das Finanzkonten-Informationsaustauschgesetz (FKAustG) umgesetzt. Das Kennzeichen verweist hinsichtlich der Begriffe „Finanzkonto", „Finanzinstitut", „Kontoinhaber" und „beherrschende Person" auf die Begriffsbestimmungen der §§ 19 und 20 FKAustG.

171 § 138 e Abs. 2 Nr. 2 AO erfasst Gestaltungen, die darauf abzielen, Mitteilungspflichten gemäß den Rechtsvorschriften zur Umsetzung des gemeinsamen Meldestandards zu umgehen oder anderweitig auszuhöhlen, indem sie sowohl eine unzureichende Umsetzung des gemeinsamen Meldestandards durch Steuerhoheitsgebiete oder Finanzinstitute bzw. die von ihnen Beauftragten als auch die Nichtanwendbarkeit des gemeinsamen Meldestandards ausnutzen. Die Kennzeichen unter § 138 e Abs. 2 Nr. 2 AO entsprechen den von der OECD entwickelten „Model Mandatory Disclosure Rules for CRS Avoidance Arrangements and Opaque Offshore Structures" (MDR).[1]

172 Die Nichtanwendbarkeit des gemeinsamen Meldestandards kann darauf zurückgehen, dass ein Steuerhoheitsgebiet an dem Informationsaustausch nicht teilnimmt oder dass der persönliche, sachliche oder zeitliche Anwendungsbereich des an sich umgesetzten gemeinsamen Meldestandards umgangen wird.

---

[1] **[Amtl. Anm.:]** Model Mandatory Disclosure Rules for CRS Avoidance Arrangements and Opaque Offshore Structures, OECD (2018); vgl. http://www.oecd.org/tax/exchange-of-tax-information/model-mandatory-disclosure-rules-for-crs-avoidance-arrangements-and-opaque-offshore-structures.pdf.

Anl

173 Von einer Umgehung oder Aushöhlung des gemeinsamen Meldestandards ist insbesondere dann auszugehen, wenn eine oder mehrere der unter § 138 e Abs. 2 Nr. 2 AO aufgezählten Nutzungen, Übertragungen, Umwandlungen, Neueinstufungen, Aushöhlungen von Verfahren oder ähnliche Konstrukte wissentlich und willentlich von Personen i. S. d. § 138 d Abs. 1 und Abs. 6 AO genutzt werden, um nicht aufgrund der durch Finanzinstitute angewandten Sorgfaltspflichten i. S. d. FKAustG einer Meldung an die zuständigen Behörden zu unterliegen. Eine Mitteilungspflicht entsteht aufgrund der Kennzeichen gem. § 138 e Abs. 2 Nr. 2 AO unabhängig von der Qualifikation eines Finanzinstituts als nicht meldendes Finanzinstitut bzw. eines Finanzkontos als ausgenommenes Konto nach der jeweiligen Umsetzung des gemeinsamen Meldestandards.

174 Die bloße Tatsache, dass infolge einer Gestaltung eine Meldung oder ein Informationsaustausch nach dem gemeinsamen Meldestandard unterbleibt, erlaubt für sich alleine nicht die Annahme, dass Rechtsvorschriften zur Umsetzung des gemeinsamen Meldestandards umgangen würden. Die Ausnutzung oder Vermeidung des entsprechenden Regelwerks liegt insbesondere nicht vor, wenn im Vordergrund einer Gestaltung nachvollziehbare wirtschaftliche Erwägungen stehen, die reflexhaft zur Folge haben, dass auch eine Meldung oder ein Informationsaustausch nach dem gemeinsamen Meldestandard ausbleibt.

Beispiel 1:

Ein nach dem FKAustG meldepflichtiges Finanzinstitut stellt fest, dass eine im Ausland steuerlich ansässige Person (Kontoinhaber), die gleichzeitig bei dem Finanzinstitut ein Einlagekonto i. S. d. FKAustG unterhält, den Gesamtbetrag abhebt, um damit einen Immobilienerwerb zu finanzieren. Das Kennzeichen des § 138 e Abs. 2 Nr. 2 AO ist nicht erfüllt. Es liegt keine mitteilungspflichtige Gestaltung vor.

175 Weiß die Person i. S. d. § 138 d Abs. 1 AO, dass ein Geschäftsvorfall darauf abzielt, eine Meldepflicht zu vermeiden, oder hätte diese Person dies wissen müssen, liegt eine mitteilungspflichtige Gestaltung vor. Drängt sich der Person i. S. d. § 138 d Abs. 1 AO unter Berücksichtigung aller Umstände des Einzelfalls die Annahme auf, dass wirtschaftliche Erwägungen nicht im Vordergrund einer entsprechenden Transaktion stehen, sondern diese lediglich akzessorisch auftreten und gleichzeitig die Meldepflicht umgangen oder ausgehöhlt wird, hat eine Meldung durch die Personen i. S. d. § 138 d Abs. 1 bzw. 6 AO auch dann zu erfolgen, wenn es sich in der Sache um einen typischen Vorgang handelt, der einer gewöhnlichen privaten Lebens- oder Geschäftsführung zuzurechnen ist. Für die Beurteilung des Einzelfalls ist es erforderlich und ausreichend, dass die Person i. S. d. § 138 d Abs. 1 AO die Erkenntnisse berücksichtigt, die ihr bei der Erfüllung bestehender rechtlicher Anforderungen, insbesondere aufgrund des § 154 AO, des Geldwäschegesetzes (GwG), des FKAustG und der FATCA-USA-Umsetzungsverordnung (FATCA-USA-UmsVO), bekannt werden. Die Person i. S. d. § 138 d Abs. 1 AO kann durch weitergehende Nachforschungen einen sich ihr aufdrängenden Anschein ausschlaggebender wirtschaftlicher Motive entkräften.

Beispiel 2:

Das auf einem Finanzkonto eines meldepflichtigen Finanzinstituts befindliche Vermögen eines im Ausland steuerlich ansässigen Rechtsträgers (Kontoinhaber) in Höhe von 999 996 Euro wird in vier Beträgen à 249 999 Euro auf vier Konten, die bei vier verschiedenen Finanzinstituten in einem Steuerhoheitsgebiet geführt werden, das sich zur Umsetzung des gemeinsamen Meldestandards zum übernächsten Kalenderjahr verpflichtet hat, transferiert, was die Verhinderung einer Meldung an den Ansässigkeitsstaat des Kontoinhabers zur Folge hat. Es sind keine Beziehungen unternehmerischer Art zu dieser Steuerjurisdiktion aus der Vergangenheit bekannt oder aktuell erkennbar. Das Kennzeichen des § 138 e Abs. 2 Nr. 2 AO ist erfüllt.

176 Eine Umgehung des gemeinsamen Meldestandards liegt nicht vor, sofern die Informationen zum Finanzkonto gemäß einem FATCA-Abkommen mit der Steuerverwaltung bzw. den Steuerverwaltungen des meldepflichtigen Kontoinhabers ausgetauscht werden.

177 Das Vorliegen der Kennzeichen nach § 138 e Abs. 2 Nr. 2 AO beurteilt sich unabhängig von der steuerlichen Ansässigkeit der nach dem gemeinsamen Meldestandard meldepflichtigen Personen bzw. dem Staat oder Gebiet, der oder das Empfänger des Informationsaustausches nach dem gemeinsamen Meldestandard ist.

178 Die Regelungen der Buchstaben a bis f des § 138 e Abs. 2 Nr. 2 AO stehen in einem Alternativverhältnis zueinander.

a) § 138 e Abs. 2 Nr. 2 Buchst. a AO sieht die Mitteilungspflicht solcher grenzüberschreitender Gestaltungen vor, welche die Nutzung eines Kontos, Produkts oder einer Anlage umfassen, die formal nicht zur Annahme eines meldepflichtigen Kontos führen, obwohl dieses Konto, Produkt oder diese Anlage typische Merkmale eines nach dem gemeinsamen Meldestandard meldepflichtigen Finanzkontos beinhaltet.

b) § 138 e Abs. 2 Nr. 2 Buchst. b AO sieht die Mitteilungspflicht grenzüberschreitender Gestaltungen vor, die zum Gegenstand haben, dass ein meldepflichtiges Finanzkonto oder Vermögenswerte in ein Steuerhoheitsgebiet übertragen werden, das keinen Finanzkonteninformationsaustausch nach dem gemeinsamen Meldestandard mit dem Steuerhoheitsgebiet durchführt, in dem der Nutzer der Gestaltung bzw. des meldepflichtigen Finanzkontos ansässig ist. Erfasst wird auch die Einbeziehung eines solchen Steuerhoheitsgebiets in eine Steuergestaltung.

c) § 138 e Abs. 2 Nr. 2 Buchst. c AO sieht eine Pflicht zur Mitteilung grenzüberschreitender Gestaltungen vor, die Einkünfte und Vermögen als Produkte oder Zahlungen einstufen, die nicht dem gemeinsamen Meldestandard unterliegen. Damit ist eine Umqualifizierung von Einkünften und Vermögensgegenständen zu Finanzprodukten erfasst, die keiner Meldeverpflichtung nach dem gemeinsamen Meldestandard unterliegen.

d) § 138 e Abs. 2 Nr. 2 Buchst. d AO erfasst grenzüberschreitende Gestaltungen, die die Übertragung oder die Umwandlung eines Finanzinstituts oder eines Finanzkontos oder der darin enthaltenen Vermögenswerte, welche grundsätzlich als meldende Finanzinstitute oder meldepflichtige Finanzkonten einzustufen sind, in Finanzinstitute, Finanzkonten oder in Vermögenswerte vorsehen, die nicht der Meldepflicht im Rahmen des gemeinsamen Meldestandards unterliegen.

e) In Abgrenzung zu dem Buchst. d erfasst § 138e Abs. 2 Nr. 2 Buchst. e AO grenzüberschreitende Gestaltungen, die keine Übertragung oder Umwandlung eines meldenden Finanzinstituts oder meldepflichtigen Finanzkontos zum Gegenstand haben, jedoch Rechtsträger, Steuergestaltungen oder Strukturen einbeziehen, die die Meldung eines oder mehrerer Kontoinhaber bzw. einer oder mehrerer beherrschender Personen im Rahmen des automatischen Informationsaustauschs über Finanzkonten nach dem gemeinsamen Meldestandard ausschließen oder vorgeblich ausschließen.

f) § 138e Abs. 2 Nr. 2 Buchst. f AO beschreibt grenzüberschreitende Gestaltungen, die darauf abzielen, Schwächen in den Verfahren, die Finanzinstitute zur Erfüllung der Sorgfaltspflicht bezüglich des gemeinsamen Meldestandards anwenden, auszunutzen oder diese Verfahren auszuhöhlen. Dies schließt die Einbeziehung solcher Steuerhoheitsgebiete in die grenzüberschreitende Gestaltung mit ein, die über ungeeignete bzw. schwache Regelungen über die Durchsetzung von Regelungen für die Durchführung von Vorschriften gegen die Geldwäsche oder mit schwachen Transparenzanforderungen für juristische Personen oder Rechtsvereinbarungen ausgestattet sind. Bei der Beurteilung, inwieweit Schwächen im vorstehenden Sinne in den jeweiligen Steuerhoheitsgebieten vorliegen, können die Ergebnisse des Global Forum aus der Überprüfung der Implementierung und der Einhaltung der Standards für den automatischen Informationsaustausch und den Informationsaustausch auf Ersuchen herangezogen werden.

2.5. Zwischenschaltung rechtlicher Eigentümer oder wirtschaftlich Berechtigter zur Verschleierung der Identität wirtschaftlich Berechtigter (§ 138e Abs. 2 Nr. 3 AO)

179 § 138e Abs. 2 Nr. 3 AO sieht eine Mitteilungspflicht für Gestaltungen vor, die durch Zwischenschaltung rechtlicher Eigentümer oder wirtschaftlich Berechtigter i. S. d. § 3 GwG mit Einbeziehung verschiedener Personen, Rechtsvereinbarungen oder Strukturen er möglichen, die Identität wirtschaftlich Berechtigter zu verschleiern und somit eine intransparente Kette zu installieren.

180 Um eine intransparente Kette bejahen zu können, müssen die unter den Buchstaben a und b des § 138e Abs. 2 Nr. 3 AO aufgeführten Voraussetzungen kumulativ erfüllt und die Identifizierung der wirtschaftlich Berechtigten der einbezogenen Personen, Rechtsvereinbarungen oder Strukturen nicht möglich sein.

181 Eine Identifizierung ist insbesondere dann möglich, wenn die in der Gestaltung einbezogenen Personen, Rechtsvereinbarungen oder Strukturen ihren Mitteilungsverpflichtungen an ein Register zur Identifizierung ihrer wirtschaftlich Berechtigten nachgekommen sind und diese Eigentumsinformationen im Wege der zwischenstaatlichen Amtshilfe durch Informationsaustausch zuverlässig erlangt werden können.

182 Von einer zuverlässigen Amtshilfe kann in diesem Zusammenhang jedenfalls dann nicht mehr ausgegangen werden, wenn der Staat oder das Gebiet, in dem die Eigentumsinformationen verfügbar sind, im Rahmen der jüngsten Überprüfung des Standards für den Informationsaustausch auf Ersuchen durch das Global Forum mit einer Gesamtbewertung schlechter als „Largely Compliant" beurteilt worden ist.

183 Die Bewertungen des Global Forum können im Internet abgerufen werden.[1]

184 Die bloße Tatsache, dass im Zuge eines rein wirtschaftlich geprägten bzw. gewinnorientierten Handelns Konstrukte gewählt werden, die das Zwischenschalten einer Person, einer Rechtsvereinbarung oder einer Struktur notwendig machen und die dazu führen, dass rechtliches und wirtschaftliches Eigentum auseinanderfallen, erlaubt nicht die Annahme einer Gestaltung, die nur aus dem Grund gewählt wurde, die Identität der wirtschaftlich Berechtigten zu verschleiern.

Beispiel:

Unternehmen X investiert Finanzvermögen mit Gewinnerzielungsabsicht in einen offenen Fonds über eine Kapitalverwaltungsgesellschaft (KVG) Y. Die KVG Y wird rechtlicher Eigentümer über das Fondsvermögen. Unternehmen X wird wirtschaftlicher Eigentümer.

2.6. Verrechnungspreisgestaltungen (§ 138e Abs. 2 Nr. 4 AO)

185 Bei den Kennzeichen des § 138e Abs. 2 Nr. 4 AO handelt es sich um spezifische Kennzeichen hinsichtlich Verrechnungspreisgestaltungen und damit um bestimmte Geschäftsbeziehungen zwischen verbundenen Unternehmen i. S. d. § 138e Abs. 3 AO. Diese Gestaltungen sind grundsätzlich auch Gegenstand der Aufzeichnungspflichten gemäß § 90 Abs. 3 AO. Durch die Mitteilung einer Verrechnungspreisgestaltung bleibt die Aufzeichnungspflicht nach § 90 Abs. 3 AO unberührt.

2.6.1. Safe-Harbour-Regelungen (§ 138e Abs. 2 Nr. 4 Buchst. a AO)

186 Bei § 138e Abs. 2 Nr. 4 Buchst. a) AO wird auf die Nutzung unilateraler Safe-Harbour-Regelungen abgestellt. Eine Safe-Harbour-Regelung im vorliegenden Sinne ist eine Regelung, die für eine festgelegte Kategorie von Steuerpflichtigen oder Geschäftsvorfällen gilt und dafür in Betracht kommende Steuerpflichtige von bestimmten Verpflichtungen befreit, die aufgrund der allgemeinen Verrechnungspreisvorschriften eines Staates sonst zu erfüllen wären. Eine Safe-Harbour-Regelung ersetzt die Verpflichtungen des allgemeinen Verrechnungspreissystems durch einfachere Verpflichtungen (Tz. 4.102 OECD-Verrechnungspreisleitlinien für multinationale Unternehmen und Steuerverwaltungen 2017; im Allgemeinen zu diesem Bereich Kapitel IV E. dieser Verrechnungspreisleitlinien).

187 Sofern eine vom Kennzeichen betroffene Empfehlung von der OECD im Rahmen der OECD-Verrechnungspreisleitlinien für multinationale Unternehmen und Steuerverwaltungen oder der Europäischen

[1] **[Amtl. Anm.:]** Vgl. https://www.oecd.org/tax/transparency/exchange-of-information-on-request/ratings/.

Anl

Union im Rahmen des Joint Transfer Pricing Forums akzeptiert wird, handelt es sich nicht um eine unilaterale Empfehlung. Das ist beispielsweise der Fall bei der Behandlung von sog. Dienstleistungen mit geringer Wertschöpfung (Tz. 7.43 ff. der OECD-Verrechnungspreisleitlinien für multinationale Unternehmen und Steuerverwaltungen 2017).

2.6.2. Schwer zu bewertende immaterielle Werte (§ 138 e Abs. 2 Nr. 4 Buchst. b AO)

188 Der Begriff schwer zu bewertende immaterielle Werte umfasst immaterielle Werte oder Rechte an immateriellen Werten, für die zum Zeitpunkt ihrer Übertragung oder Überführung keine ausreichend verlässlichen Vergleichswerte vorliegen und zum Zeitpunkt der Transaktion die Prognosen voraussichtlicher Cashflows oder die vom übertragenen immateriellen Wert erwarteten abzuleitenden Einkünfte oder die der Bewertung des immateriellen Werts zugrunde gelegten Annahmen höchst unsicher sind, weshalb der letztendliche Erfolg des immateriellen Werts zum Zeitpunkt der Übertragung oder Überführung nur schwer absehbar ist (Tz. 6.189 OECD-Verrechnungspreisleitlinien für multinationale Unternehmen und Steuerverwaltungen 2017).

189 Es ist unerheblich, ob der immaterielle Wert an ein verbundenes Unternehmen übertragen oder zwischen dem Unternehmen und seiner ausländischen Betriebstätte überführt wird.

2.6.3. Funktionsverlagerungen (§ 138 e Abs. 2 Nr. 4 Buchst. c AO)

190 § 138 e Abs. 2 Nr. 4 Buchst. c AO normiert eine Mitteilungspflicht für Übertragungen und Überführung von Funktionen, Risiken und Wirtschaftsgütern oder sonstigen Vorteilen innerhalb von verbundenen Unternehmen und auf Betriebstätten, sofern sich dies erheblich negativ auf den erwarteten jährlichen Gewinn vor Zinsen und Steuern (sog. Earnings Before Interest and Taxes – EBIT) des übertragenden Unternehmens auswirkt. Eine erhebliche Auswirkung ist gegeben, wenn das EBIT d es übertragenden Unternehmens über einen Zeitraum von drei Jahren nach der Übertragung weniger als 50 Prozent des jährlichen EBIT des übertragenden Unternehmens beträgt, der erwartet worden wäre, wenn die Übertragung nicht stattgefunden hätte. Abzustellen ist auf die Erwartung zum Zeitpunkt der Übertragung. Zugrunde zu legen ist eine durchschnittliche Betrachtungsweise über den Dreijahreszeitraum.

10 **III. Verfahren zur Mitteilung einer grenzüberschreitenden Steuergestaltung**

1. Mitteilung einer grenzüberschreitenden Steuergestaltung an das Bundeszentralamt für Steuern

1.1. Mitteilung über die amtlich bestimmte Schnittstelle

191 § 138 f Abs. 1 Satz 1 AO regelt, dass grenzüberschreitende Steuergestaltungen i. S. d. § 138 d Abs. 2 AO dem Bundeszentralamt für Steuern nach amtlich vorgeschriebenem Datensatz über die amtlich bestimmte Schnittstelle mitzuteilen sind. Für weitere Informationen zur Art der Übermittlung und der Datenformate wird auf die Kommunikationshandbücher und die im Internetauftritt des Bundeszentralamts für Steuer n bereitgestellten Dokumente verwiesen. Diese finden Sie auf der Internetseite des Bundeszentralamts für Steuern (www.bzst.de) für Unternehmen unter der Rubrik Unternehmen > Internationaler Informationsaustausch > Austausch von Steuergestaltungen > Handbücher und für Privatpersonen unter der Rubrik Privatpersonen > Austausch von Steuergestaltungen > Handbücher.

192 Intermediäre und Nutzer haben für die Mitteilung der Angaben nach § 138 f Abs. 3 AO an das Bundeszentralamt für Steuern das DAC6 XML-Schema zu verwenden. Zur Beschreibung des amtlich vorgeschriebenen Datensatzes siehe BMF-Schreiben vom 29. April 2020 (BStBl. I S. 519).

193 Die Übermittlung des Datensatzes hat nach Maßgabe der §§ 87 a und 87 b AO elektronisch zu erfolgen. Hierfür stehen folgende Übermittlungswege zur Verfügung:

- **Einzeldatenübermittlung (BZStOnline-Portal)**
  Die Übermittlung der Meldung(en) erfolgt über das Internetportal des Bundeszentralamts für Steuern (BZStOnline-Portal – BOP). Hierfür wird im BOP ein Online-Formular bereitgestellt. In diesem müssen die Daten für die jeweilige Einzelmeldung händisch erfasst und anschließend an das Bundeszentralamt für Steuern übermittelt werden.
- **XML-Web Upload im BOP**
  Im BOP ist die Datenübermittlung neben der Nutzung des Formulars für Einzeldatenmeldungen auch über einen direkten Upload von XML-Dateien möglich.
- **Elektronische Massendatenübermittlung (ELMA)**
  Der Datenaustausch erfolgt im XML-Format und wird in einem automatisierten Verfahren über die ELMA-Schnittstelle für Massendaten durchgeführt. Die für den Austausch benötigten Datensätze im XML-Format sind durch den Meldenden zu erstellen.

1.2. Mitteilungsfristen

1.2.1. Allgemeine Mitteilungsfrist

194 § 138 f Abs. 2 AO normiert eine 30-tägige Frist, innerhalb der die Mitteilung an das Bundeszentralamt für Steuern zu erfolgen hat. Hierbei ist es nicht von Bedeutung, ob die Mitteilungspflicht dem Intermediär oder dem Nutzer obliegt. Die Frist beginnt nach Ablauf des Tages, an dem das erste der in § 138 f Abs. 2 Nr. 1 bis 3 AO genannten Ereignisse (maßgebendes Ereignis) eingetreten ist (vgl. Teil III, Kapitel 1.2.2).

195 Die Mitteilung hat die gesamte Gestaltung zu erfassen. Die erneute Mitteilung bei einzelnen Zahlungen oder anderweitigen Transaktionen im Rahmen der Umsetzung der Steuergestaltung ist nur erforderlich, wenn die bereits mitgeteilte Steuergestaltung erweitert oder geändert wird und sich dadurch Abweichungen von der geplanten und gegenüber dem Bundeszentralamt für Steuern mitgeteilten Steuergestaltung ergeben haben, die zu einer geänderten rechtlichen Beurteilung führen.

Anl

1.2.2. Maßgebende Ereignisse zur Auslösung einer Mitteilungspflicht

196 Nach § 138f Abs. 2 Nr. 1 bis 3 AO lösen die nachfolgenden Ereignisse, die an die Stellung des Nutzers anknüpfen, die Mitteilungspflicht einer grenzüberschreitenden Steuergestaltung aus:
- die grenzüberschreitende Steuergestaltung wird zur Umsetzung bereitgestellt (§ 138f Abs. 2 Nr. 1 AO, vgl. auch Teil I, Kapitel 2.4.1.1),
- der Nutzer der grenzüberschreitenden Steuergestaltung ist zu deren Umsetzung bereit (§ 138f Abs. 2 Nr. 2 AO, vgl. auch Teil I, Kapitel 2.4.1.2) oder
- mindestens ein Nutzer der grenzüberschreitenden Steuergestaltung hat den ersten Schritt der Umsetzung dieser Steuergestaltung gemacht (§ 138f Abs. 2 Nr. 3 AO, vgl. Teil I, Kapitel 2.4.1.3).

Beispiel 1:

Die in Deutschland ansässige M-AG beauftragt den Steuerberater S mit der Konzeption einer Steuergestaltung (deren Mitteilungspflicht sei unterstellt). Der S übersendet alle zur Umsetzung der Steuergestaltung nötigen Unterlagen und Informationen an die Konzernsteuerabteilung der M-AG. Die M-AG hat gegenüber dem S im Vorfeld der Übersendung der final fertiggestellten Unterlagen dargelegt, dass sie die Steuergestaltung umsetzen werde. S hat die Unterlagen am Montag, den 5. Oktober 2020 zur Post gegeben. S weiß nicht, wann der Postdienstleister die Unterlagen an die M-AG zustellt.

S hat die grenzüberschreitende Steuergestaltung erst mit dem Zugang der finalen Unterlagen bei der M-AG bereitgestellt. Für die Ermittlung des Bereitstellungsdatums kann sich S darauf berufen, dass der Postdienstleister die Unterlagen drei Tage nach Aufgabe zur Post zugestellt haben dürfte. Wenn er sich nicht auf ein späteres Bereitstellungsdatum berufen möchte, muss er das Datum des Posteingangs bei der M-AG nicht erfragen und auch keine substantiierten und begründeten Zweifel an der Dreitagevermutung darlegen und dokumentieren (z. B. durch Vorlage des bei der M-AG eingegangenen Briefumschlags mit dem Poststempel). Die grenzüberschreitende Steuergestaltung gilt somit als der M-AG am 8. Oktober 2020 zur Umsetzung bereitgestellt.

Abwandlung 1:

Die Unterlagen werden von S mit Einschreiben mit Rückschein an die M-AG versandt. Laut dem von der M-AG unterzeichneten Rückschein ist das Einschreiben der M-AG am Mittwoch, den 7. Oktober 2020 zugegangen. Bereitstellungsdatum ist in diesem Fall das aus dem Rückschein ersichtliche Empfangsdatum, der 7. Oktober 2020.

Abwandlung 2:

Die Unterlagen werden von S per E-Mail am Montag, den 5. Oktober 2020, um 22.00 Uhr an die M-AG geschickt. Bereitstellungsdatum ist grundsätzlich das Datum des Zugangs der E-Mail im E-Mail-Postfach der M-AG und damit regelmäßig das Datum der Versendung; beim Eingang außerhalb der üblichen Büro- und Geschäftszeiten der folgende Tag. In diesem Fall darf S davon ausgehen, dass die Unterlagen der M-AG am Dienstag, den 6. Oktober 2020 zugegangen sind. Wenn S sich nicht auf ein späteres (tatsächliches) Bereitstellungsdatum berufen möchte, muss er das Datum des Zugangs der E-Mail bei der M-AG nicht erfragen und auch keine substantiierte Begründung für ein tatsächlich späteres Bereitstellungsdatum vortragen und nicht dokumentieren.

197 Dabei ist das zuerst eintretende Ereignis maßgebend, damit Gesetzgeber und Finanzverwaltung zum frühestmöglichen Zeitpunkt über grenzüberschreitende Steuergestaltungen informiert werden.

1.2.3. Anlaufhemmung der Mitteilungsfrist in den Fällen des § 138f Abs. 6 AO

198 § 138f Abs. 6 Satz 4 AO normiert für Fälle, in denen Intermediäre als Berufsgeheimnisträger einer gesetzlichen Pflicht zur Verschwiegenheit unterliegen und vom Nutzer der Steuergestaltung hiervon nicht entbunden werden (vgl. Teil I, Kapitel 3.1.5.3), eine Anlaufhemmung der Mitteilungsfrist. Danach beginnt die 30-tägige Mitteilungsfrist des Nutzers für die Mitteilung der in § 138f Abs. 3 Satz 1 Nr. 2, 3 und 10 AO genannten Angaben erst mit Ablauf des Tages, an dem der Nutzer vom Intermediär die erforderlichen Angaben erlangt hat (§ 138f Abs. 6 Satz 4 AO); über diesen Zeitpunkt hat der Intermediär dem Bundeszentralamt für Steuern auf Anfrage hin Auskunft zu erteilen.

199 Trotz des Bestehens einer Verschwiegenheitspflicht geht die Mitteilungspflicht des Intermediärs hinsichtlich der in § 138f Abs. 3 Satz 1 Nr. 2, 3 und 10 AO genannten Angaben erst auf den Nutzer über, sobald der Intermediär seiner Aufklärungspflicht nachgekommen ist und der Intermediär dem Nutzer die Registriernummer und die Offenlegungsnummer seiner Meldung sowie – soweit dem Nutzer nicht bekannt – die Angaben nach § 138f Abs. 3 Satz 1 Nr. 2, 3 und 10 AO zur Verfügung gestellt hat (vgl. Teil I, Kapitel 3.1.5.1). Der Fristbeginn für die Ergänzungsmitteilung durch den Nutzer bei partiellem Übergang der Mitteilungspflicht auf den Nutzer weicht in der Regel vom Fristbeginn für die Mitteilung durch den Intermediär ab.

200 Mit dieser Anlaufhemmung wird dem Umstand Rechnung getragen, dass der Intermediär zunächst die nicht der Verschwiegenheitspflicht unterfallenden Angaben nach § 138f Abs. 3 Satz 1 Nr. 1 und 4 bis 9 AO an das Bundeszentralamt für Steuern übermitteln muss. Erst nach der Übermittlung dieser Angaben erhält er die Registriernummer und die Offenlegungsnummer (zur Vergabe von Registriernummer und Offenlegungsnummer siehe Teil III, Kapitel 1.4), die er dem Nutzer zur Ergänzung der bereits abgegebenen Mitteilung weiterzugeben hat (vgl. § 138f Abs. 6 Satz 1 Nr. 2 AO). Dabei dient die Offenlegungsnummer des Intermediärs dem Nutzer als Referenz-Offenlegungsnummer (vgl. Teil III, Kapitel 1.4). Für die Mitteilung des Intermediärs gilt auch in diesen Fällen die reguläre 30-tägige Mitteilungsfrist des § 138f Abs. 2 AO. Durch die Anlaufhemmung wird daher sichergestellt, dass auch dem Nutzer ausreichend Zeit verbleibt, seine Mitteilung an das Bundeszentralamt für Steuern zu übermitteln.

1.2.4. Vereinbarung zur vollständigen Mitteilung durch den Nutzer der Steuergestaltung (§ 138f Abs. 6 Satz 5 AO)

201 Unterliegt der Intermediär einer gesetzlichen Verschwiegenheitspflicht und hat ihn der Nutzer hiervon nicht entbunden, können der Intermediär und der Nutzer vereinbaren, dass der Nutzer selbst die grenzüberschreitende Steuergestaltung vollständig an das Bundeszentralamt für Steuern übermittelt (vgl. § 138f Abs. 6 Satz 5 AO).

Anl

202 In solchen Fällen greift die Anlaufhemmung nach § 138 f Abs. 6 Satz 4 AO nicht für die Mitteilung der individuellen Angaben der Steuergestaltung nach § 138 f Abs. 3 Satz 1 Nr. 2, 3 und 10 AO, da der Nutzer nicht erst durch die Mitteilung der Registriernummer und Offenlegungsnummer durch den Intermediär objektiv dazu in die Lage versetzt wird, die grenzüberschreitende Steuergestaltung an das Bundeszentralamt für Steuern zu melden. Ein späterer Fristbeginn durch die Anlaufhemmung ist daher nicht notwendig.

1.3. Inhalt der Mitteilung

203 § 138 f Abs. 3 AO bestimmt, welche Angaben der an das Bundeszentralamt für Steuern zu übermittelnde Datensatz zu enthalten hat.

204 Die nachstehenden Ausführungen zum Inhalt der Mitteilung gelten sowohl für den zur Mitteilung einer grenzüberschreitenden Steuergestaltung verpflichteten Intermediär als auch für den Nutzer der jeweiligen grenzüberschreitenden Steuergestaltung, soweit dieser zur Mitteilung verpflichtet ist (mitteilungspflichtige Person).

1.3.1. Inhalt der Mitteilung im Einzelnen

1.3.1.1. Angaben zum Intermediär (§ 138 f Abs. 3 Satz 1 Nr. 1 AO)

205 § 138 f Abs. 3 Satz 1 Nr. 1 AO enthält die mitzuteilenden Angaben zu dem oder den Intermediären.

206 Sofern der Intermediär eine natürliche Person ist, muss der Datensatz Familienname, Vorname sowie Tag und Ort der Geburt enthalten. Ist der Intermediär hingegen keine natürliche Person, muss der Datensatz Firma lt. Handelsregister oder Name ausweisen.

207 Darüber hinaus sind in beiden Fällen Anschrift, Ansässigkeitsstaat (vgl. Teil I, Kapitel 2.5) sowie (in- oder ausländisches) Steueridentifikationsmerkmal oder (in- oder ausländische) Steuernummer des Intermediärs zur eindeutigen Verifikation anzugeben.

208 Für die Erhebung und sonstige Verarbeitung dieser personenbezogenen Daten gelten die Bestimmungen der Verordnung (EU) 2016/679 vom 27. April 2016 zum Schutz natürlicher Personen bei der Verarbeitung personenbezogener Daten, zum freien Datenverkehr und zur Aufhebung der Richtlinie 95/46/EG (Datenschutz-Grundverordnung; ABl. L 119 vom 4. 5. 2016, S. 1; L 314 vom 22. 11. 2016, S. 72) und die ergänzenden datenschutzrechtlichen Bestimmungen der AO (insbesondere die §§ 2 a, 29 b, 29 c, 30 und 32 a bis 32 j AO).

209 Es ist möglich, dass mehrere Intermediäre zur Mitteilung einer grenzüberschreitenden Steuergestaltung im Geltungsbereich der AO oder in einem anderen EU-Mitgliedstaat verpflichtet sind (vgl. Teil I, Kapitel 3.3.2). Soweit dies einem Intermediär bekannt ist, kann der Intermediär nach § 138 f Abs. 3 Satz 2 AO die vorgenannten Angaben auch zu den anderen ihm bekannten Intermediären mit deren Einwilligung ergänzen. Zur Informationspflicht an die genannten Intermediäre vgl. Teil III, Kapitel 1.5.1.3.

210 Zur Benennung weiterer Intermediäre in der Mitteilung vgl. Teil I, Kapitel 3.3.2.

1.3.1.2. Angaben zum Nutzer der Steuergestaltung (§ 138 f Abs. 3 Satz 1 Nr. 2 AO)

211 § 138 f Abs. 3 Satz 1 Nr. 2 AO konkretisiert die mitzuteilenden Angaben zum Nutzer der grenzüberschreitenden Steuergestaltung.

212 Sofern der Nutzer eine natürliche Person ist, hat der Datensatz Familienname, Vorname sowie Tag und Ort der Geburt zu enthalten. Ist der Nutzer hingegen keine natürliche Person, sind Firma lt. Handelsregister oder Name des Unternehmens anzugeben.

213 Darüber hinaus sind die von der Steuergestaltung betroffenen Anschriften, Ansässigkeitsstaaten (Teil I, Kapitel 2.5) sowie – soweit bekannt – (in- oder ausländische) Steueridentifikationsmerkmale oder (in- oder ausländische) Steuernummern anzugeben.

214 Für die Erhebung und sonstige Verarbeitung dieser personenbezogenen Daten gelten die Bestimmungen der Datenschutz-Grundverordnung und der ergänzenden datenschutzrechtlichen Bestimmungen der AO (insbesondere die §§ 2 a, 29 b, 29 c, 30 und 32 a bis 32 j AO).

1.3.1.3. Angaben zu verbundenen Unternehmen (§ 138 f Abs. 3 Satz 1 Nr. 3 AO)

215 Der Datensatz muss nach § 138 f Abs. 3 Satz 1 Nr. 3 AO Angaben zu solchen verbundenen Unternehmen des Nutzers enthalten, die an der grenzüberschreitenden Steuergestaltung beteiligt sind. Zur Definition des verbundenen Unternehmens siehe § 138 e Abs. 3 AO.

216 Anzugeben sind nach § 138 f Abs. 3 Satz 1 Nr. 3 AO Firma lt. Handelsregister oder Name, Anschrift, Staat, in dem das Unternehmen ansässig ist, und Steueridentifikationsmerkmal oder Steuernummer, soweit dem Intermediär dies bekannt ist.

1.3.1.4. Einzelheiten über das die Mitteilungspflicht auslösende Kennzeichen (§ 138 f Abs. 3 Satz 1 Nr. 4 AO)

217 Die Mitteilung hat nach § 138 f Abs. 3 Satz 1 Nr. 4 AO Einzelheiten über das oder die Kennzeichen i. S. d. § 138 e AO zu enthalten, die nach § 138 d Abs. 2 Satz 1 Nr. 3 AO die konkrete Mitteilungspflicht auslösen. Hierbei sind alle Kennzeichen anzugeben, die bei der mitzuteilenden grenzüberschreitenden Steuergestaltung maßgeblich sind.

1.3.1.5. Inhalt der grenzüberschreitenden Steuergestaltung (§ 138 f Abs. 3 Satz 1 Nr. 5 AO)

218 Die Regelung des § 138 f Abs. 3 Satz 1 Nr. 5 AO verlangt, dass die mitteilungspflichtige Person den Inhalt der mitzuteilenden grenzüberschreitenden Steuergestaltung so zusammenfasst, dass ein sachkundiger Dritter ohne Weiteres nachvollziehen kann, wie sich die grenzüberschreitende Steuergestaltung bei dem oder den Nutzern steuerlich auswirken soll.

219 Nach § 138f Abs. 3 Satz 1 Nr. 5 Buchst. a AO ist auch eine der mitteilungspflichtigen Person bekannte und allgemein oder in Fachkreisen gebräuchliche Bezeichnung der Steuergestaltung zu benennen.

220 Nach § 138f Abs. 3 Satz 1 Nr. 5 Buchst. b AO ist eine abstrakt gehaltene Beschreibung der im Hinblick auf die konkrete grenzüberschreitende Steuergestaltung relevanten Geschäftstätigkeit oder Gestaltung des Nutzers mitzuteilen. Dies gilt allerdings nur, soweit dies nicht zur Offenlegung eines Handels-, Gewerbe- oder Berufsgeheimnisses oder eines Geschäftsverfahrens oder von Informationen führt, deren Offenlegung die öffentliche Ordnung verletzen würde.

1.3.1.6. Datum des ersten Umsetzungsschrittes (§ 138f Abs. 3 Satz 1 Nr. 6 AO)

221 Im Rahmen der Mitteilung ist zudem das Datum des Tages anzugeben, an dem mit der Umsetzung der grenzüberschreitenden Steuergestaltung nach § 138f Abs. 2 Nr. 3 AO begonnen wird. Hierbei ist das Datum des Tages maßgeblich, an dem erste Teilschritte zur Umsetzung der grenzüberschreitenden Steuergestaltung gemacht wurden oder voraussichtlich gemacht werden. Es kommt nicht darauf an, wann erstmalig ein steuerlicher Vorteil eintritt. Das Datum muss für die Gestaltung an sich sowie bei marktfähigen Steuergestaltungen i. S. d. § 138h AO für jeden einzelnen Nutzer gesondert angegeben werden.

1.3.1.7. Benennung der betroffenen Vorschriften (§ 138f Abs. 3 Satz 1 Nr. 7 AO)

222 § 138f Abs. 3 Satz 1 Nr. 7 AO legt fest, dass Einzelheiten über die für die Steuergestaltung wesentlichen, einschlägigen inländischen Vorschriften und die wesentlichen, einschlägigen Vorschriften aller weiteren betroffenen EU-Mitgliedstaaten möglichst exakt benannt werden. Wesentliche, einschlägige Vorschriften in diesem Sinn sind nicht die Vorschriften der §§ 138d ff. AO, sondern die für die konkrete grenzüberschreitende Steuergestaltung relevanten Vorschriften. Das umfasst nicht nur die Vorschriften, die im Rahmen der grenzüberschreitenden Steuergestaltung angewandt werden, sondern auch die Vorschriften, deren Anwendung durch die konkrete Steuergestaltung verhindert wird. Handelt es sich um Vorschriften von weiteren EU-Mitgliedstaaten, ist die genaue Bezeichnung des jeweiligen Gesetzes einschließlich der Angabe des jeweils gesetzgebenden Staates erforderlich.

1.3.1.8. Angabe des wirtschaftlichen Werts der Steuergestaltung (§ 138f Abs. 3 Satz 1 Nr. 8 AO)

223 Nach § 138f Abs. 3 Satz 1 Nr. 8 AO ist der wirtschaftliche Wert der grenzüberschreitenden Steuergestaltung anzugeben.

224 Der wirtschaftliche Wert einer grenzüberschreitenden Steuergestaltung bemisst sich nicht am erwarteten steuerlichen Vorteil der Steuergestaltung, sondern bezieht sich auf den Wert der konkreten Transaktion. Maßgebend zur Wertbestimmung kann insbesondere die Höhe der Gegenleistung oder der Investition sein.

225 Unrichtige Angaben des wirtschaftlichen Werts sind nach § 379 Abs. 2 Nr. 1e oder Nr. 1f AO nicht bußgeldbewehrt.

1.3.1.9. Angabe der betroffenen Mitgliedstaaten (§ 138f Abs. 3 Satz 1 Nr. 9 AO)

226 § 138f Abs. 3 Satz 1 Nr. 9 AO erfordert, dass alle anderen EU-Mitgliedstaaten benannt werden, die von der mitzuteilenden grenzüberschreitenden Steuergestaltung wahrscheinlich betroffen sind. Das gilt nur, soweit sie der mitteilungspflichtigen Person bekannt sind.

227 Nicht mitzuteilen sind all jene EU-Mitgliedstaaten, die zwar womöglich vergleichbare Regelungen, die zu einem entsprechenden steuerlichen Vorteil führen können, erlassen haben, auf die sich jedoch die mitzuteilende grenzüberschreitende Steuergestaltung nicht konkret auswirkt.

1.3.1.10. Angabe der betroffenen Personen (§ 138f Abs. 3 Satz 1 Nr. 10 AO)

228 § 138f Abs. 3 Satz 1 Nr. 10 AO erfordert, dass alle anderen Personen – soweit diese der mitteilungspflichtigen Person bekannt sind – benannt werden, die von der grenzüberschreitenden Steuergestaltung wahrscheinlich unmittelbar betroffen sind. Hierunter sind insbesondere die anderen an dieser grenzüberschreitenden Steuergestaltung voraussichtlich beteiligten Personen, die nicht Nutzer sind, zu verstehen (vgl. Teil I, Kapitel 2.4.2). Dies kann auch der Intermediär sein, sofern er über seine Tätigkeit i. S. d. § 138d Abs. 1 AO hinaus in die Gestaltung eingebunden ist. Anzugeben ist dann auch, zu welchen EU-Mitgliedstaaten diese Personen in Beziehung stehen.

1.3.1.11. Angabe der Registriernummer und der Offenlegungsnummer

229 Sofern einer grenzüberschreitenden Steuergestaltung aufgrund der Mitteilung eines anderen Intermediärs vom Bundeszentralamt für Steuern oder von der zuständigen Behörde eines anderen EU-Mitgliedstaats im Einklang mit den dort geltenden Rechtsvorschriften bereits eine Registriernummer zugewiesen worden ist, hat der mitteilende Intermediär dem Bundeszentralamt für Steuern im Datensatz nach § 138f Abs. 3 Satz 1 AO jene bereits erteilte Registriernummer mitzuteilen (§ 138f Abs. 5 Satz 2 AO), soweit ihm diese bekannt ist.

230 Daneben soll eine bereits bekannte Registriernummer (vgl. Teil III, Kapitel 1.4.1) in einer Mitteilung angegeben werden, wenn der Intermediär eine bestimmte Steuergestaltung beispielsweise verschiedenen Nutzern gegenüber vermarktet und für die verschiedenen Nutzer eine Mitteilung gegenüber dem Bundeszentralamt für Steuern abzugeben hat. Dies soll ermöglichen, dass inhaltsgleiche bzw. inhaltlich vergleichbare Steuergestaltungen beim Bundeszentralamt für Steuern zusammengeführt und zusammengefasst bewertet werden können.

231 Teilt der Nutzer in den Fällen des § 138f Abs. 6 AO die individuellen Angaben der Steuergestaltung i. S. d. § 138f Abs. 3 Satz 1 Nr. 2, 3 und 10 AO dem Bundeszentralamt für Steuern mit, hat er in seiner Mitteilung die ihm vom Intermediär mitgeteilte Registriernummer sowie die Offenlegungsnummer als

Anl

Referenz-Offenlegungsnummer anzugeben (§ 138 f Abs. 6 Satz 2 AO; vgl. Teil I, Kapitel 3.3.3 und Teil III, Kapitel 1.3.1.2).

1.3.2. Sprachenregelung

232 Die Mitteilung einer grenzüberschreitenden Steuergestaltung ist in deutscher Sprache an das Bundeszentralamt für Steuern zu übermitteln.

233 Das Bundeszentralamt für Steuern als zentrales Verbindungsbüro leitet die in Deutschland eingegangenen Datensätze zur Mitteilung grenzüberschreitender Steuergestaltungen an das EU-Zentralverzeichnis weiter (§ 7 Abs. 13 Satz 1 EUAHiG). Das Bundeszentralamt für Steuern ist hierbei nach Art. 2 e der Durchführungsverordnung (EU) 2015/2378 (eingefügt durch die Durchführungsverordnung (EU) 2019/532 vom 28. März 2019; ABl. EUL 88/25) dazu verpflichtet, folgende Angaben zusätzlich in englischer Sprache in das EU-Zentralverzeichnis einzustellen:
- die abstrakt gehaltene Beschreibung der relevanten Geschäftstätigkeit oder Gestaltung des Nutzers (§ 138 f Abs. 3 Satz 1 Nr. 5 Buchst. b AO) und
- die Angabe der wesentlichen einschlägigen Rechtsvorschriften nach Staaten (§ 138 f Abs. 3 Satz 1 Nr. 7 AO).

234 Folgende Angaben in der Mitteilung an das Bundeszentralamt für Steuern können daher zusätzlich in englischer Sprache mitgeteilt werden:
- die Bezeichnung des Unternehmens
- die abstrakt gehaltene Beschreibung der relevanten Geschäftstätigkeit oder Gestaltung des Nutzers
- die Angabe der wesentlichen einschlägigen Rechtsvorschriften der betroffenen Staaten
- die abstrakte Beschreibung der geschäftlichen und rechtlichen Verbindung zu anderen Unternehmen (nur bei Angabe der Unternehmensstruktur/Arrangement-Chart)
- die abstrakte Beschreibung des Kennzeichens „Andere".

1.4. Ordnungsmerkmale der grenzüberschreitenden Steuergestaltung

1.4.1. Die Registriernummer

1.4.1.1. Funktion der Registriernummer

235 Die Registriernummer ist eine eindeutige Identifikationsnummer für eine grenzüberschreitende Steuergestaltung, die bei der erstmaligen Mitteilung einer grenzüberschreitenden Steuergestaltung durch den EU-Mitgliedstaat ausgestellt wird, bei dem die Mitteilung eingeht. In der durch die Richtlinie (EU) 2018/822 geänderten EU-Amtshilferichtlinie wird hierfür der Begriff „ArrangementID" und in der Durchführungsverordnung zur Richtlinie (EU) 2018/822 der Begriff „Reference Number" analog verwendet.

236 Die Registriernummer ist zudem ein gestaltungsbezogenes Ordnungsmerkmal, das nur bei der erstmaligen Mitteilung einer bestimmten grenzüberschreitenden Steuergestaltung erteilt werden soll. Dies ermöglicht eine Zusammenführung von mehreren Mitteilungen über eine bestimmte grenzüberschreitende Steuergestaltung durch einen oder mehrere Intermediäre/Nutzer.

237 Die Registriernummer ist 17-stellig und wird nach einem EU-weit einheitlichen Standard wie folgt aufgebaut: CCAYYYYMMDDXXXXXX.

CC enthält den ISO-Staatencode des EU-Mitgliedstaats, in dem die erste Mitteilung zur Gestaltung erfolgt ist. Zulässige Werte sind: AT, BE, BG, CY, CZ, DE, DK, EE, ES, FI, FR, GB, GR, HR, HU, IE, IT, LT, LU, LV, MT, NL, PL, PT, RO, SE, SI, SK.

A enthält den Buchstaben „A" (Arrangement/Gestaltung).

YYYYMMDD enthält das Ausgabedatum der Registriernummer.

XXXXXX ist eine Kombination aus Großbuchstaben (A–Z) und Ziffern (0–9).

1.4.1.2. Vergabe einer Registriernummer

238 Nach § 138 f Abs. 5 Satz 1 AO weist das Bundeszentralamt für Steuern grundsätzlich jedem erstmalig zu einer grenzüberschreitenden Steuergestaltung übermittelten Datensatz i. S. d. § 138 f Abs. 3 Satz 1 AO eine Registriernummer zu und teilt sie dem mitteilenden Intermediär mit. Bei Mitteilung der grenzüberschreitenden Steuergestaltung durch den Nutzer wird diesem eine Registriernummer mitgeteilt (für Inhouse-Gestaltungen vgl. § 138 d Abs. 6 i. V. m. § 138 f Abs. 5 AO; für mitteilungspflichtige Nutzer i. S. d. § 138 g Abs. 1 AO vgl. § 138 g Abs. 2 Satz 2 AO).

239 Wurde bereits durch eine vorangegangene Mitteilung eine Registriernummer für eine grenzüberschreitende Steuergestaltung vergeben und ist diese dem Mitteilenden bekannt, so ist sie in weiteren Mitteilungen zu dieser Steuergestaltung anzugeben (§ 138 f Abs. 5 Satz 2 AO). Eine neue Registriernummer wird in diesem Fall nicht vergeben (§ 138 f Abs. 5 Satz 3 AO). Damit soll vermieden werden, dass für dieselbe grenzüberschreitende Steuergestaltung mehrere Registriernummern vergeben werden.

1.4.1.3. Weitergabe der Registriernummer

240 Siehe hierzu Teil III, Kapitel 1.5.

1.4.2. Die Offenlegungsnummer

1.4.2.1. Funktion der Offenlegungsnummer

241 Die Offenlegungsnummer ist ein eindeutiges mitteilungsbezogenes Ordnungsmerkmal. Im EU-Kontext wird der Begriff „DisclosureID" verwendet.

242 Die Offenlegungsnummer ist 17-stellig und wird nach einem EU-weit einheitlichen Standard wie folgt aufgebaut: CCDYYYYMMDDXXXXXX.

CC enthält den ISO-Staatencode des EU-Mitgliedstaats, in dem der Intermediär/Nutzer die Mitteilung abgegeben hat. Zulässige Werte sind: AT, BE, BG, CY, CZ, DE, DK, EE, ES, FI, FR, GB, GR, HR, HU, IE, IT, LT, LU, LV, MT, NL, PL, PT, RO, SE, SI, SK.

D enthält den Buchstaben „D" (Disclosure/Datensatz).
YYYYMMDD enthält das Ausgabedatum der Offenlegungsnummer.
XXXXXX ist eine Kombination aus Großbuchstaben (A–Z) und Ziffern (0–9).

1.4.2.2. Vergabe einer Offenlegungsnummer

243 Nach § 138f Abs. 5 Satz 1 AO weist das Bundeszentralamt für Steuern jedem bei ihm eingegangenen Datensatz i. S. d. § 138f Abs. 3 Satz 1 AO eine Offenlegungsnummer zu und teilt sie dem mitteilenden Intermediär mit. Bei Mitteilung der grenzüberschreitenden Steuergestaltung durch den Nutzer wird diesem eine Offenlegungsnummer mitgeteilt (für Inhouse-Gestaltungen vgl. § 138d Abs. 6 i. V. m. § 138f Abs. 5 AO; für mitteilungspflichtige Nutzer i. S. d. § 138g Abs. 1 AO vgl. § 138g Abs. 2 Satz 2 AO).

1.4.2.3. Verwendung als Referenz-Offenlegungsnummer

244 Die Referenz-Offenlegungsnummer ist die Offenlegungsnummer des Intermediärs zu einer gestaltungsbezogenen Mitteilung, wenn er diese dem Nutzer einer grenzüberschreitenden Steuergestaltung zur Ergänzung der Mitteilung (§ 138f Abs. 6 Satz 2 AO) anzugeben hat (Teil I, Kapitel 3.1.5.3). In diesem Fall wird dem Nutzer für seine ergänzende Mitteilung eine eigene Offenlegungsnummer erteilt.

1.4.2.4. Weitergabe der Offenlegungsnummer

245 Siehe Teil III, Kapitel 1.5.

1.5. Informationspflichten

1.5.1. Mitteilung der grenzüberschreitenden Steuergestaltung durch den Intermediär

246 Hat ein Intermediär eine grenzüberschreitende Steuergestaltung gegenüber dem Bundeszentralamt für Steuern mitgeteilt, hat er die nachfolgenden Informationen weiterzugeben:

1.5.1.1. Information des Nutzers der grenzüberschreitenden Steuergestaltung

247 Der Intermediär hat die vom Bundeszentralamt für Steuern der grenzüberschreitenden Steuergestaltung zugewiesene Registriernummer und die Offenlegungsnummer für die eingegangene Mitteilung unverzüglich dem Nutzer derselben grenzüberschreitenden Steuergestaltung mitzuteilen (§ 138f Abs. 5 Satz 4 AO). Das gilt ungeachtet dessen, ob der Nutzer selbst seine (individuellen) Angaben nach § 138f Abs. 3 Satz 1 Nr. 2, 3 und 10 AO an das Bundeszentralamt für Steuern meldet.

248 Werden auch die individuellen Angaben des Nutzers der grenzüberschreitenden Steuergestaltung durch den Intermediär gemeldet, hat der mitteilende Intermediär den Nutzer darüber zu informieren, welche ihn betreffenden Angaben der Intermediär an das Bundeszentralamt für Steuern übermitteln wird (vgl. § 138f Abs. 4 Satz 1 AO).

1.5.1.2. Information weiterer, in der Mitteilung genannter Intermediäre

249 Hat der Intermediär in seiner Mitteilung einer grenzüberschreitenden Steuergestaltung auch weitere Intermediäre benannt, die im Geltungsbereich der AO oder in einem anderen EU-Mitgliedstaat zur Mitteilung derselben grenzüberschreitenden Steuergestaltung verpflichtet sind, ist der mitteilende Intermediär nach § 138f Abs. 5 Satz 5 AO dazu verpflichtet, die ihm vom Bundeszentralamt für Steuern nach § 138f Abs. 5 Satz 1 Nr. 1 AO vergebene Registriernummer den anderen in seiner Mitteilung benannten Intermediären mitzuteilen.

1.5.1.3. Information weiterer, in der Mitteilung nicht genannter Intermediäre

250 Ist dem Intermediär bekannt, dass neben ihm mindestens ein weiterer Intermediär im Geltungsbereich der AO oder in einem anderen EU-Mitgliedstaat zur Mitteilung derselben grenzüberschreitenden Steuergestaltung verpflichtet ist, soll der mitteilende Intermediär die ihm nach § 138f Abs. 5 Satz 1 Nr. 1 AO vom Bundeszentralamt für Steuern vergebene Registriernummer den anderen ihm bekannten Intermediären mitteilen.

251 Der mitteilende Intermediär hat die anderen Intermediäre in diesem Fall auch unverzüglich darüber zu informieren, dass er die Angaben gemäß § 138f Abs. 3 AO an das Bundeszentralamt für Steuern übermittelt hat (vgl. § 138f Abs. 4 Satz 2 AO). Auf diesem Weg wird es den anderen mitteilungspflichtigen Intermediären ermöglicht nachzuweisen, dass ihre Mitteilungspflicht bereits durch den mitteilenden Intermediär erfüllt wurde (vgl. auch Teil I, Kapitel 3.3.2).

1.5.2. Mitteilung durch den Nutzer

252 Ist kein Intermediär mitteilungspflichtig und sind mehrere Nutzer im Geltungsbereich der AO oder in einem anderen EU-Mitgliedstaat zur Mitteilung derselben grenzüberschreitenden Steuergestaltung verpflichtet (vgl. Teil I, Kapitel 3.3.3), hat der vorrangig zur Mitteilung verpflichtete Nutzer i. S. d. § 138g Abs. 2 Satz 1 Nr. 1 AO den anderen Nutzern unverzüglich die Registriernummer der grenzüberschreitenden Steuergestaltung mitzuteilen, wenn er die Mitteilung der abstrakten Daten des § 138f Abs. 3 Satz 1 Nr. 1 und 4 bis 9 AO vorgenommen hat.

1.6. Aktualisierungspflicht bei marktfähigen Steuergestaltungen

253 Grundsätzlich ist zu jeder grenzüberschreitenden Steuergestaltung eine eigenständige und alle Angaben i. S. d. § 138f Abs. 3 AO umfassende Mitteilung zu fertigen. Bei marktfähigen grenzüberschreitenden Steuergestaltungen hätte dies allerdings zur Folge, dass dem Bundeszentralamt für Steuern und den zuständigen Behörden der anderen EU-Mitgliedstaaten eine Vielzahl von Mitteilungen derselben grenzüberschreitenden Steuergestaltungen mit inhaltlich weitgehend identischen Angaben übermittelt werden müssten. In diesen Fällen ist die Information ausreichend, ob und wenn ja, welche weiteren Nutzer dieselbe grenzüberschreitende Steuergestaltung verwirklichen wollen. Durch die Regelung in § 138h AO soll

Anl daher vermieden werden, dass der Intermediär einer marktfähigen grenzüberschreitenden Steuergestaltung bei einem neu hinzukommenden Nutzer nochmals Angaben zu allen bisherigen Nutzern in seine Mitteilung mit aufzunehmen hat. Die Mitteilung i. S. d. § 138 h AO ist daher auf solche Angaben beschränkt, die selbst eine neue Mitteilungspflicht auslösen und neue Informationen vermitteln können.

254 Eine grenzüberschreitende Steuergestaltung ist nach Art. 3 Nr. 24 der EU-Amtshilferichtlinie i. V. m. § 138 h Abs. 1 AO eine marktfähige Gestaltung, wenn eine konzipierte, vermarktete, umsetzungsbereite oder zur Umsetzung bereitgestellte grenzüberschreitende Steuergestaltung für weitere Nutzer nicht individuell angepasst (d. h. nicht maßgeschneidert) werden muss.

255 Liegt eine marktfähige Steuergestaltung in diesem Sinn vor, hat der Intermediär bei Hinzutreten neuer Nutzer die Angaben nach § 138 f Abs. 3 Satz 1 Nr. 4 und 5, 7 und 8 AO zu wiederholen und folgende Ergänzungen mitzuteilen:
- Angaben zu dem oder den Intermediär(en) (§ 138 f Abs. 3 Satz 1 Nr. 1 AO), vgl. Teil III, Kapitel 1.3.1.1;
- Angaben zu dem bzw. den Nutzer(n) der Steuergestaltung (§ 138 f Abs. 3 Satz 1 Nr. 2 AO), vgl. Teil III, Kapitel 1.3.1.2;
- Angaben zu verbundenen Unternehmen (§ 138 f Abs. 3 Satz 1 Nr. 3 AO), vgl. Teil III, Kapitel 1.3.1.3;
- Datum des ersten Umsetzungsschrittes (hierzu gehört sowohl das Datum des ersten Umsetzungsschrittes der Gestaltung sowie das ggf. individuelle Datum des ersten Umsetzungsschrittes der Nutzer) (§ 138 f Abs. 3 Satz 1 Nr. 6 AO), vgl. Teil III, Kapitel 1.3.1.6;
- Angabe der betroffenen Mitgliedstaaten (§ 138 f Abs. 3 Satz 1 Nr. 9 AO), vgl. Teil III, Kapitel 1.3.1.9;
- Angabe der betroffenen Personen (§ 138 f Abs. 3 Satz 1 Nr. 10 AO), vgl. Teil III, Kapitel 1.3.1.10.

256 Ergeben sich hinsichtlich bereits mitgeteilter Nutzer nachträglich Änderungen, sind diese nur mitzuteilen, wenn sie für die steuerliche Beurteilung der grenzüberschreitenden Steuergestaltung von Bedeutung sein können. Bloße Adressänderungen eines bereits mitgeteilten Nutzers sind im Wege einer Änderung daher nur mitzuteilen, wenn sie – z. B. durch einen Umzug in einen anderen EU-Mitgliedstaat oder einen Drittstaat – für die Steuergestaltung bedeutsam sein können und dem Intermediär bekannt geworden sind.

257 Abweichend von § 138 f Abs. 2 AO hat er diese Änderungen und Ergänzungen nicht innerhalb von 30 Tagen, sondern bis zum 10. Tag nach Ablauf des jeweiligen Kalendervierteljahres, in dem die jeweils mitteilungspflichtigen Umstände eingetreten sind, gegenüber dem Bundeszentralamt für Steuern mitzuteilen (§ 138 h Abs. 2 Satz 1 AO).

258 Für die Datenübermittlung gelten die Ausführungen unter Teil III, Kapitel 1.1. Die Aktualisierung ist unter Angabe der Registriernummer und Offenlegungsnummer (und ggf. der Referenz-Offenlegungsnummer) vorzunehmen, die im Rahmen der Erstmeldung zugewiesen worden sind. Für nähere Informationen zu Aktualisierungen (Korrekturen) und Ergänzungen wird auf die Kommunikationshandbücher des Bundeszentralamts für Steuern verwiesen. Diese finden Sie auf der Internetseite des Bundeszentralamts für Steuern (www.bzst.de) für Unternehmen unter der Rubrik Unternehmen > Internationaler Informationsaustausch > Austausch von Steuergestaltungen > Handbücher und für Privatpersonen unter der Rubrik Privatpersonen > Austausch von Steuergestaltungen > Handbücher.

259 Soweit anstelle des Intermediärs ein Nutzer mitteilungspflichtig ist, gelten insoweit die gleichen Bestimmungen.

2. Keine Rückmeldung der Finanzverwaltung

260 Durch die Regelung des § 138 j Abs. 4 AO wird klargestellt, dass aus dem Unterbleiben einer Reaktion des Bundeszentralamts für Steuern, der Generalzolldirektion, des Bundesministeriums der Finanzen oder des Gesetzgebers auf die Mitteilung einer grenzüberschreitenden Steuergestaltung keine Schlüsse auf die steuerrechtliche Zulässigkeit dieser Steuergestaltung gezogen werden können.

261 Die Mitteilung einer grenzüberschreitenden Steuergestaltung begründet auch im Hinblick auf den Gesetzgeber kein schützenswertes Vertrauen des Nutzers oder Intermediärs in die Zulässigkeit seiner Gestaltung.

3. Pflicht zur Angabe der grenzüberschreitenden Steuergestaltung in der Steuererklärung (§ 138 k AO)

262 Hat ein Nutzer eine grenzüberschreitende Steuergestaltung verwirklicht, muss er diese nach § 138 k Satz 1 AO in der Steuererklärung für die Steuerart und den Besteuerungszeitraum oder den Besteuerungszeitpunkt angeben, in der sich der steuerliche Vorteil der grenzüberschreitenden Steuergestaltung erstmals auswirken soll. Diese Verpflichtung gilt für alle Steuererklärungen, die freiwillig oder aufgrund gesetzlicher Verpflichtung ab dem 1. Juli 2020 den Finanzbehörden übermittelt werden (vgl. Art. 97 § 33 Abs. 1 und 2 EGAO); § 138 k AO begründet allerdings keine eigene Steuererklärungspflicht. Soweit Steuererklärungen vor dem 1. Juli 2020 übermittelt werden und darin keine Angaben nach § 138 k AO enthalten sind, müssen diese Angaben auch nicht nachträglich ergänzt werden.

263 Die Verwirklichung knüpft an den Zeitpunkt an, in dem sich ein steuerlicher Vorteil erstmals auswirken soll. Eine grenzüberschreitende Steuergestaltung ist in diesem Sinne nicht erst dann verwirklicht, wenn alle Teilschritte einer bestimmten grenzüberschreitenden Steuergestaltung umgesetzt sind. Vielmehr knüpft die Verwirklichung bereits an den Zeitpunkt an, in dem wegen der grenzüberschreitenden Gestaltung eines bestimmten Sachverhalts unter Berücksichtigung aller im Einzelfall einschlägigen Rechtsnormen erstmals eine von einem rein innerstaatlich verwirklichten Sachverhalt abweichende, steuerliche Rechtsfolge ausgelöst werden soll. Diese steuerliche Rechtsfolge kann in Anlehnung an die Definition des steuerlichen Vorteils in § 138 d Abs. 3 Satz 1 AO (vgl. hierzu Teil II, Kapitel 1.1.2) bestehen in
- einer Steuererstattung,
- der Gewährung oder Erhöhung einer Steuervergütung,

Anl

- dem Entfallen oder der Verringerung eines Steueranspruchs,
- der Verhinderung der Entstehung eines Steueranspruchs oder
- der zeitlichen Verschiebung der Entstehung eines Steueranspruchs in einen anderen Besteuerungszeitraum oder auf einen anderen Besteuerungszeitpunkt.

264 Für die Angabe in der Steuererklärung genügt es, die vom Bundeszentralamt für Steuern zugeteilte Registriernummer und Offenlegungsnummer oder die von der zuständigen Behörde eines anderen EU-Mitgliedstaats zugeteilte Registriernummer und Offenlegungsnummer anzugeben (§ 138k Satz 2 AO). Sind im betreffenden Steuererklärungsvordruck keine Eintragungsmöglichkeiten für die Registriernummer und Offenlegungsnummer vorgesehen, sind sie zusammen mit der Steuererklärung formlos mitzuteilen. Hierfür soll das qualifizierte Freitextfeld gem. § 150 Abs. 7 Satz 1 AO verwendet werden.

265 Liegen dem Nutzer einer grenzüberschreitenden Steuergestaltung im Zeitpunkt der Übermittlung der maßgeblichen Steuererklärung noch keine Registriernummer und Offenlegungsnummer für seine grenzüberschreitende Steuergestaltung vor, hat er hierauf in seiner Steuererklärung hinzuweisen. Die Mitteilungspflicht nach den §§ 138d ff. AO bleibt hiervon unberührt.

266 § 138k AO gilt nicht nur für Steuern, die von den Ländern oder Gemeinden verwaltet werden, sondern auch für Steuern, die von Bundesfinanzbehörden verwaltet werden.

4. Ahndung von Verstößen gegen die Mitteilungspflicht

267 Vorsätzliche oder leichtfertige Verstöße gegen die nachfolgenden Mitteilungspflichten stellen Ordnungswidrigkeiten dar, die gem. § 379 Abs. 2 und 7 AO mit einem Bußgeld von bis zu 25 000 Euro geahndet werden können.

268 Nach § 379 Abs. 2 Nr. 1e AO handelt ordnungswidrig, wer vorsätzlich oder leichtfertig als Intermediär entgegen einer bestehenden Verpflichtung aus
- § 138d Abs. 1 AO,
- § 138f Abs. 1, 2, 3 Satz 1 Nr. 1 bis 7 sowie 9 und 10 AO oder
- § 138h Abs. 2 AO

eine Mitteilung über eine grenzüberschreitende Steuergestaltung nicht oder nicht rechtzeitig macht oder zur Verfügung stehende Angaben nicht vollständig übermittelt.

269 Nach § 379 Abs. 2 Nr. 1f AO handelt ein Nutzer ordnungswidrig, der vorsätzlich oder leichtfertig entgegen einer bestehenden Verpflichtung aus
- § 138g Abs. 1 Satz 1 AO die Angaben nach § 138f Abs. 3 Satz 1 Nr. 2 bis 7 sowie 9 und 10 AO oder
- § 138h Abs. 2 AO die Angaben nach § 138f Abs. 3 Satz 1 Nr. 2, 6, 9 und 10 AO

nicht, nicht richtig, nicht vollständig oder nicht rechtzeitig mitteilt.

270 Nach § 379 Abs. 2 Nr. 1g AO handelt auch der Steuerpflichtige ordnungswidrig, der vorsätzlich oder leichtfertig entgegen einer bestehenden Verpflichtung aus § 138k Satz 1 AO in der maßgeblichen Steuererklärung die Angabe der von ihm verwirklichten grenzüberschreitenden Steuergestaltung nicht, nicht richtig, nicht vollständig oder nicht rechtzeitig macht.

271 In Bezug auf den subjektiven Tatbestand gelten die Ausführungen zum Vorsatz und zur Leichtfertigkeit im Anwendungserlass zur Abgabenordnung zu Anwendungserlass zur Abgabenordnung zu § 153, Nr. 2.5 bis 2.7 sinngemäß.

272 Zuständige Verwaltungsbehörde für das Bußgeldverfahren ist nach § 409 Satz 1 AO die nach § 387 Abs. 1 AO sachlich zuständige Finanzbehörde. Damit ist grundsätzlich das Bundeszentralamt für Steuern zuständig, es sei denn, es handelt sich um Verstöße gegen die Pflicht des Nutzers zur Angabe der grenzüberschreitenden Steuergestaltung in der Steuererklärung (§ 379 Abs. 2 Nr. 1g i. V. m. § 138k AO), dann ist die jeweils örtlich zuständige Finanzbehörde zuständig.

273 Für die Ahndung von Verstößen gegen die Pflicht zur Mitteilung grenzüberschreitender Steuergestaltungen gilt das Opportunitätsprinzip. Sofern sich zureichende tatsächliche Anhaltspunkte für eine durch den Bevollmächtigten des Nutzers i. S. d. § 80 AO als Intermediär begangene Verletzung der Mitteilungspflicht i. S. d. § 379 Abs. 2 Nr. 1e bis 1g AO im Besteuerungsverfahren des Nutzers ergeben, deren Ermittlung der örtlich zuständigen Finanzbehörde obliegt, ist das Bundeszentralamt für Steuern hierüber zu unterrichten. Das Bundeszentralamt für Steuern entscheidet nach pflichtgemäßem Ermessen, ob es die Ordnungswidrigkeit des Intermediärs verfolgt. Die ggf. erfolgende Ahndung der durch den Bevollmächtigten des Nutzers begangenen Ordnungswidrigkeit findet keine Berücksichtigung im Besteuerungsverfahren des Nutzers.

274 Für die Bußgeldbemessung gelten die allgemeinen Ausführungen in Nr. 114 AStBV (St) 2020 vom 1. Dezember 2019 (BStBl. I S. 1142 [1235]).

5. Anwendungs- und Übergangsregelungen

275 Die Pflicht zur Mitteilung grenzüberschreitender Steuergestaltungen besteht ab dem 1. Juli 2020. Sie besteht auch für grenzüberschreitende Steuergestaltungen, bei denen der erste Schritt zur Umsetzung nach dem 24. Juni 2018 und vor dem 1. Juli 2020 gemacht worden ist. In diesen Fällen ist die Mitteilung abweichend von § 138f Abs. 2 AO innerhalb von zwei Monaten nach dem 30. Juni 2020 an das Bundeszentralamt für Steuern zu erstatten.

276 Die Annahme der Mitteilungen über grenzüberschreitende Steuergestaltungen durch das Bundeszentralamt für Steuern ist ab dem 1. Juli 2020 möglich. So kann die Übermittlung über das BOP-Formular ab dem 1. Juli 2020 erfolgen. Zusätzlich steht die Massendatenschnittstelle ELMA ab dem 15. Juli 2020 zur Verfügung.

Anlage 1

§ 138 d Abs. 3 Satz 3 AO ermächtigt das Bundesministerium der Finanzen, im Einvernehmen mit den obersten Finanzbehörden der Länder für bestimmte Fallgruppen zu bestimmen, dass kein steuerlicher Vorteil i. S. d. § 138 d Abs. 3 Satz 1 und 2 AO anzunehmen ist, sofern sich der steuerliche Vorteil ausschließlich im Geltungsbereich der AO auswirkt und er unter Berücksichtigung aller Umstände der Steuergestaltung gesetzlich vorgesehen ist. Die Ermächtigung bezieht sich dabei ausschließlich auf Fallgestaltungen i. S. d. § 138 d Abs. 2 Satz 1 Nr. 3 Buchst. a i. V. m. § 138 e Abs. 1 AO. Die nach § 138 d Abs. 3 Satz 3 AO von der Mitteilungspflicht ausgenommenen Fallgruppen werden im Folgenden näher bestimmt:

- Nutzung von Freigrenzen und Freibeträgen,
- Ausübung steuerlicher Wahlrechte,
- Erfüllung der Voraussetzungen für eine Steuerbefreiung nach § 5 KStG oder § 3 des Gewerbesteuergesetzes (GewStG),
- Vorgänge, die dem Gesetz zur steuerlichen Förderung von Forschung und Entwicklung (Forschungszulagengesetz – FZulG) unterfallen,
- Abschluss von Altersvorsorgeverträgen und Basisrentenverträgen, die nach den §§ 5 und 5 a des Altersvorsorgeverträge-Zertifizierungsgesetzes (Alt-ZertG) zertifiziert sind,
- Güterstandsklauseln unter Nutzung von § 5 des Erbschaftsteuer- und Schenkungsteuergesetzes (ErbStG),
- Änderung des Gesellschaftsvertrags, um die Voraussetzungen des § 13 a Abs. 9 ErbStG zu erfüllen,
- Abschluss von Poolverträgen i. S. d. § 13 b Abs. 1 Nr. 3 ErbStG zur Herbeiführung einer Begünstigung von Anteilen an Kapitalgesellschaften,
- Renten, Entschädigungen und Leistungen i. S. d. § 3 Nr. 8 und 8 a EStG,
- Betriebliche Altersversorgung für Arbeitnehmer im Rahmen der § 3 Nr. 55, 55 c, 63 und 66; §§ 4 d Abs. 3 und 4 e Abs. 3 sowie §§ 10 a, 79 ff. und 100 EStG,
- Übertragung von Anrechten gemäß § 3 Nr. 55 c und 55 d EStG,
- Abschluss von Verträgen, bei denen die geleisteten Beiträge als Vorsorgeaufwendungen nach § 10 Abs. 1 Nr. 2, 3 oder 3 a EStG anerkannt werden können,
- Ansatz des hälftigen Unterschiedsbetrags nach § 20 Abs. 1 Nr. 6 Satz 2 EStG bei kapitalbildenden Lebensversicherungen,
- Versicherungen, die im Rahmen des Kontrollmeldeverfahrens nach § 50 d Abs. 6 i. V. m. Abs. 5 EStG gemeldet werden,
- Langfristige Auf- oder Abstockung von Beteiligungen, die darauf abzielen, eine abweichende steuerliche Rechtsfolge auszulösen (z. B. Vermeidung von § 8 b Abs. 4 Satz 1 KStG, Erfüllung der Anlagebedingung nach § 26 Nr. 6 Satz 1 InvStG),
- Errichtung einer ertragsteuerlichen Organschaft gemäß den §§ 14 bis 19 KStG sowie § 2 Abs. 2 Satz 2 und § 7 a GewStG,
- Wohnsitzverlegung zur Inanspruchnahme oder Vermeidung der Grenzgängerregelung nach den DBA und
- Zusätzlicher (privater) Aufenthalt im ausländischen Tätigkeitsstaat zur Überschreitung der abkommensrechtlichen 183-Tages-Frist.

Eine andere Beurteilung kann sich ergeben, wenn Vertragsklauseln oder weitere (Teil-)Schritte im Zusammenhang mit den oben genannten Fallgruppen in einer zusammenhängenden Betrachtung zu einem gesetzlich nicht ausdrücklich vorgesehenen steuerlichen Vorteil führen, der insbesondere im rein nationalen Kontext nicht erzielt werden würde.

Daher sind z. B. Auf- und Abstockungen von Beteiligungen nicht von der Mitteilungspflicht ausgenommen, wenn bereits im Zeitpunkt der Auf- bzw. Abstockung beabsichtigt ist, die Beteiligung nach Erlangung des steuerlichen Vorteils wieder ab- bzw. aufzustocken.

Auch die sog. Atomisierung zum Zweck der mehrfachen Inanspruchnahme von Freigrenzen oder Freibeträgen geht über die reine Nutzung von Freibeträgen hinaus und ist daher nicht nach § 138 d Abs. 3 Satz 3 AO von der Mitteilungspflicht ausgenommen.

AO

§ 138 e Kennzeichen grenzüberschreitender Steuergestaltungen

1 **(1) Kennzeichen im Sinne des § 138 d Absatz 2 Satz 1 Nummer 3 Buchstabe a sind:**

1. die Vereinbarung

a) einer Vertraulichkeitsklausel, die dem Nutzer oder einem anderen an der Steuergestaltung Beteiligten eine Offenlegung, auf welche Weise aufgrund der Gestaltung ein steuerlicher Vorteil erlangt wird, gegenüber anderen Intermediären oder den Finanzbehörden verbietet, oder

b) einer Vergütung, die in Bezug auf den steuerlichen Vorteil der Steuergestaltung festgesetzt wird; dies gilt, wenn die Vergütung von der Höhe des steuerlichen Vorteils abhängt oder wenn die Vereinbarung die Abrede enthält, die Vergütung ganz oder teilweise zurückzuerstatten, falls der mit der Gestaltung zu erwartende steuerliche Vorteil ganz oder teilweise nicht erzielt wird,

2. eine standardisierte Dokumentation oder Struktur der Gestaltung, die für mehr als einen Nutzer verfügbar ist, ohne dass sie für die Nutzung wesentlich individuell angepasst werden muss,

3. Gestaltungen, die zum Gegenstand haben, dass

a) ein an der Gestaltung Beteiligter unangemessene rechtliche Schritte unternimmt, um ein verlustbringendes Unternehmen unmittelbar oder mittelbar zu erwerben,

die Haupttätigkeit dieses Unternehmens zu beenden und dessen Verluste dafür zu nutzen, seine Steuerbelastung zu verringern, einschließlich der Übertragung der Verluste in ein anderes Steuerhoheitsgebiet oder der zeitlich näheren Nutzung dieser Verluste,

b) Einkünfte in Vermögen, Schenkungen oder andere nicht oder niedriger besteuerte Einnahmen oder nicht steuerbare Einkünfte umgewandelt werden,

c) Transaktionen durch die Einbeziehung zwischengeschalteter Unternehmen, die keine wesentliche wirtschaftliche Tätigkeit ausüben, oder Transaktionen, die sich gegenseitig aufheben oder ausgleichen, für zirkuläre Vermögensverschiebungen genutzt werden,

d) der Empfänger grenzüberschreitender, beim Zahlenden als Betriebsausgaben abzugsfähiger Zahlungen zwischen zwei oder mehr verbundenen Unternehmen in einem Steuerhoheitsgebiet ansässig ist, das keine Körperschaftsteuer erhebt oder einen Körperschaftsteuersatz von 0 Prozent oder nahe 0 Prozent hat, oder

e) die grenzüberschreitende, beim Zahlenden als Betriebsausgaben abzugsfähige Zahlung zwischen zwei oder mehr verbundenen Unternehmen in ein Steuerhoheitsgebiet erfolgt, in dem der Empfänger ansässig ist, soweit dieses Steuerhoheitsgebiet die Zahlung

aa) vollständig von der Steuer befreit oder

bb) einer steuerlichen Präferenzregelung unterwirft.

(2) Kennzeichen im Sinne des § 138 d Absatz 2 Satz 1 Nummer 3 Buchstabe b sind: 2

1. Gestaltungen, die zum Gegenstand haben, dass

a) der Empfänger grenzüberschreitender Zahlungen, die zwischen zwei oder mehr verbundenen Unternehmen erfolgen und beim Zahlenden als Betriebsausgabe abzugsfähig sind,

aa) in keinem Steuerhoheitsgebiet ansässig ist oder

bb) in einem Steuerhoheitsgebiet ansässig ist, das in der Liste der Drittstaaten aufgeführt wird, die von den Mitgliedstaaten der Europäischen Union oder von der Organisation für wirtschaftliche Zusammenarbeit und Entwicklung als nicht kooperierende Jurisdiktion eingestuft wurde,

b) in mehr als einem Steuerhoheitsgebiet

aa) Absetzungen für Abnutzung desselben Vermögenswertes in Anspruch genommen werden oder

bb) eine Befreiung von der Doppelbesteuerung für dieselben Einkünfte oder dasselbe Vermögen vorgenommen wird und die Einkünfte oder das Vermögen deshalb ganz oder teilweise unversteuert bleiben

oder

c) die Gestaltung eine Übertragung oder Überführung von Vermögensgegenständen vorsieht, soweit sich die steuerliche Bewertung des Vermögensgegenstandes in den beteiligten Steuerhoheitsgebieten wesentlich unterscheidet;

2. Gestaltungen, die zu einer Aushöhlung der Mitteilungspflicht gemäß den Rechtsvorschriften zur Umsetzung des Standards für den automatischen Austausch von Informationen über Finanzkonten in Steuersachen (gemeinsamer Meldestandard) führen können oder die sich das Fehlen derartiger Rechtsvorschriften zu Nutze machen; derartige Gestaltungen umfassen insbesondere

a) die Nutzung eines Kontos, eines Produkts oder einer Anlage, welches oder welche kein Finanzkonto im Sinne des § 19 Nummer 18 des Finanzkonten-Informationsaustauschgesetzes (Finanzkonto) ist oder vorgeblich kein Finanzkonto ist, jedoch Merkmale aufweist, die denen eines Finanzkontos entsprechen,

b) die Übertragung eines Finanzkontos oder von Vermögenswerten in ein Steuerhoheitsgebiet, das nicht an den automatischen Informationsaustausch über Finanzkonten nach dem gemeinsamen Meldestandard mit dem Steuerhoheitsgebiet, in dem der Nutzer ansässig ist, gebunden ist, oder die Einbeziehung solcher Steuerhoheitsgebiete,

c) die Neueinstufung von Einkünften und Vermögen als Produkte oder Zahlungen, die nicht dem automatischen Informationsaustausch über Finanzkonten nach dem gemeinsamen Meldestandard unterliegen,

d) die Übertragung oder Umwandlung eines Finanzinstituts im Sinne des § 19 Nummer 3 des Finanzkonten-Informationsaustauschgesetzes (Finanzinstitut) oder eines Finanzkontos oder der darin enthaltenen Vermögenswerte in Finanzinstitute, Finanzkonten oder Vermögenswerte, die nicht der Meldepflicht im Rahmen des automatischen Informationsaustauschs über Finanzkonten nach dem gemeinsamen Meldestandard unterliegen,

e) die Einbeziehung von Rechtsträgern, Steuergestaltungen oder Strukturen, die die Meldung eines Kontoinhabers im Sinne des § 20 Nummer 1 des Finanzkonten-Informationsaustauschgesetzes (Kontoinhaber) oder mehrerer Kontoinhaber oder einer beherrschenden Person im Sinne des § 19 Nummer 39 des Finanz-

konten-Informationsaustauschgesetzes (beherrschende Person) oder mehrerer beherrschender Personen im Rahmen des automatischen Informationsaustauschs über Finanzkonten nach dem gemeinsamen Meldestandard ausschließen oder auszuschließen vorgeben, oder

f) die Aushöhlung von Verfahren zur Erfüllung der Sorgfaltspflichten, die Finanzinstitute zur Erfüllung ihrer Meldepflichten bezüglich Informationen zu Finanzkonten nach dem gemeinsamen Meldestandard anwenden, oder die Ausnutzung von Schwächen in diesen Verfahren, einschließlich der Einbeziehung von Staaten oder Territorien mit ungeeigneten oder schwachen Regelungen für die Durchsetzung von Vorschriften gegen Geldwäsche oder mit schwachen Transparenzanforderungen für juristische Personen oder Rechtsvereinbarungen;

3. Gestaltungen mit rechtlichen Eigentümern oder wirtschaftlich Berechtigten unter Einbeziehung von Personen, Rechtsvereinbarungen oder Strukturen,

a) die keine wesentliche wirtschaftliche Tätigkeit ausüben, die mit angemessener Ausstattung, angemessenen personellen Ressourcen, angemessenen Vermögenswerten und angemessenen Räumlichkeiten einhergeht, und

b) die in anderen Steuerhoheitsgebieten eingetragen, ansässig oder niedergelassen sind oder verwaltet oder kontrolliert werden als dem Steuerhoheitsgebiet, in dem ein oder mehrere der wirtschaftlich Berechtigten der von diesen Personen, Rechtsvereinbarungen oder Strukturen gehaltenen Vermögenswerte ansässig sind,

sofern die wirtschaftlich Berechtigten dieser Personen, Rechtsvereinbarungen oder Strukturen im Sinne des § 3 des Geldwäschegesetzes nicht identifizierbar gemacht werden (intransparente Kette);

4. Verrechnungspreisgestaltungen, bei denen

a) eine unilaterale Regelung genutzt wird, die für eine festgelegte Kategorie von Nutzern oder Geschäftsvorfällen gilt und die dafür in Betracht kommende Nutzer von bestimmten Verpflichtungen befreit, die aufgrund der allgemeinen Verrechnungspreisvorschriften eines Steuerhoheitsgebiets sonst zu erfüllen wären,

b) immaterielle Werte oder Rechte an immateriellen Werten an ein verbundenes Unternehmen übertragen oder zwischen dem Unternehmen und seiner ausländischen Betriebstätte überführt werden, für die zum Zeitpunkt ihrer Übertragung oder Überführung keine ausreichenden Vergleichswerte vorliegen und zum Zeitpunkt der Transaktion die Prognosen voraussichtlicher Cashflows oder die vom übertragenen oder überführten immateriellen Wert erwarteten abzuleitenden Einkünfte oder die der Bewertung des immateriellen Wertes oder Rechts an immateriellen Werten zugrunde gelegten Annahmen höchst unsicher sind, weshalb der Totalerfolg zum Zeitpunkt der Übertragung oder Überführung nur schwer absehbar ist (schwer zu bewertende immaterielle Werte), oder

c) innerhalb von verbundenen Unternehmen eine grenzüberschreitende Übertragung oder Verlagerung von Funktionen, Risiken, Wirtschaftsgütern oder sonstigen Vorteilen stattfindet und der erwartete jährliche Gewinn vor Zinsen und Steuern des übertragenden Unternehmens über einen Zeitraum von drei Jahren nach der Übertragung weniger als 50 Prozent des jährlichen Gewinns vor Zinsen und Steuern des übertragenden Unternehmens beträgt, der erwartet worden wäre, wenn die Übertragung nicht stattgefunden hätte; bei dieser Erwartung ist davon auszugehen, dass die verbundenen Unternehmen nach den Grundsätzen ordentlicher und gewissenhafter Geschäftsleiter handeln; diese Regelungen gelten sinngemäß auch für Betriebstätten.

3 (3) **①Ein verbundenes Unternehmen im Sinne der Absätze 1 und 2 ist eine Person, die mit einer anderen Person auf mindestens eine der folgenden Arten verbunden ist:**

1. eine Person ist an der Geschäftsleitung einer anderen Person insofern beteiligt, als sie erheblichen Einfluss auf diese Person ausüben kann;

2. eine Person ist über eine Beteiligungsgesellschaft mit mehr als 25 Prozent der Stimmrechte an der Kontrolle einer anderen Person beteiligt;

3. eine Person ist über eine Inhaberschaft, die unmittelbar oder mittelbar mehr als 25 Prozent des Kapitals beträgt, am Kapital einer anderen Person beteiligt;

4. eine Person hat Anspruch auf mindestens 25 Prozent der Gewinne einer anderen Person.

②Falls mehr als eine Person gemäß Satz 1 an der Geschäftsleitung, der Kontrolle, dem Kapital oder den Gewinnen derselben Person beteiligt ist, gelten alle betroffenen Personen als untereinander verbundene Unternehmen. ③Falls dieselben Personen gemäß Satz 1 an der Geschäftsleitung, der Kontrolle, dem Kapital oder den Gewinnen von mehr als einer Person beteiligt sind, gelten alle betroffenen Personen als verbundene Unternehmen. ④Für die Zwecke dieses Absatzes wird eine Person, die in Bezug auf die Stimmrechte oder die Kapitalbeteiligung an einem Unternehmen gemeinsam mit einer anderen Person handelt, so behandelt, als würde sie eine Beteiligung an allen

Stimmrechten oder dem gesamten Kapital dieses Unternehmens halten, die oder das von der anderen Person gehalten werden oder wird. ⑤ Bei mittelbaren Beteiligungen wird die Erfüllung der Anforderungen gemäß Satz 1 Nummer 3 durch Multiplikation der Beteiligungsquoten an den nachgeordneten Unternehmen ermittelt. ⑥ Eine Person mit einer Stimmrechtsbeteiligung von mehr als 50 Prozent gilt als Halter von 100 Prozent der Stimmrechte. ⑦ Eine natürliche Person, ihr Ehepartner und ihre Verwandten in aufsteigender oder absteigender gerader Linie werden als eine einzige Person behandelt, wenn gleichgerichtete wirtschaftliche Interessen bestehen. ⑧ Person im Sinne der Sätze 1 bis 7 ist jede natürliche oder juristische Person, Personengesellschaft, Gemeinschaft oder Vermögensmasse.

§ 138f Verfahren zur Mitteilung grenzüberschreitender Steuergestaltungen durch Intermediäre

(1) Die grenzüberschreitende Steuergestaltung im Sinne des § 138 d Absatz 2 ist dem Bundeszentralamt für Steuern nach amtlich vorgeschriebenem Datensatz[1] im Sinne des Absatzes 3 über die amtlich bestimmte Schnittstelle mitzuteilen. 1

(2) Die Angaben nach Absatz 3 sind innerhalb von 30 Tagen nach Ablauf des Tages zu übermitteln, an dem das erste der nachfolgenden Ereignisse eintritt: 2

1. die grenzüberschreitende Steuergestaltung wird zur Umsetzung bereitgestellt,

2. der Nutzer der grenzüberschreitenden Steuergestaltung ist zu deren Umsetzung bereit oder

3. mindestens ein Nutzer der grenzüberschreitenden Steuergestaltung hat den ersten Schritt der Umsetzung dieser Steuergestaltung gemacht.

(3) ① Der Datensatz muss folgende Angaben enthalten: 3

1. zum Intermediär:
   a) den Familiennamen und den Vornamen sowie den Tag und Ort der Geburt, wenn der Intermediär eine natürliche Person ist,
   b) die Firma oder den Namen, wenn der Intermediär keine natürliche Person ist,
   c) die Anschrift,
   d) den Staat, in dem der Intermediär ansässig ist, und
   e) das Steueridentifikationsmerkmal oder die Steuernummer,

2. zum Nutzer:
   a) den Familiennamen und den Vornamen sowie den Tag und Ort der Geburt, wenn der Nutzer eine natürliche Person ist,
   b) die Firma oder den Namen, wenn der Nutzer keine natürliche Person ist,
   c) die Anschrift,
   d) den Staat, in dem der Nutzer ansässig ist, und
   e) das Steueridentifikationsmerkmal oder die Steuernummer des Nutzers, soweit dem Intermediär dies bekannt ist,

3. wenn an der grenzüberschreitenden Steuergestaltung Personen beteiligt sind, die im Sinne des § 138 e Absatz 3 als verbundene Unternehmen des Nutzers gelten, zu dem verbundenen Unternehmen:
   a) die Firma oder den Namen,
   b) die Anschrift,
   c) den Staat, in dem das Unternehmen ansässig ist, und
   d) das Steueridentifikationsmerkmal oder die Steuernummer, soweit dem Intermediär dies bekannt ist,

4. Einzelheiten zu den nach § 138 e zur Mitteilung verpflichtenden Kennzeichen,

5. eine Zusammenfassung des Inhalts der grenzüberschreitenden Steuergestaltung einschließlich
   a) soweit vorhanden, eines Verweises auf die Bezeichnung, unter der die Steuergestaltung allgemein bekannt ist, und
   b) einer abstrakt gehaltenen Beschreibung der relevanten Geschäftstätigkeit oder Gestaltung des Nutzers sowie aller sonstigen Informationen, die den zuständigen Behörden bei der Beurteilung eines Steuerrisikos helfen könnten, soweit die Beschreibung nicht zur Offenlegung eines Handels-, Gewerbe- oder Berufsgeheimnisses oder eines Geschäftsverfahrens oder von Informationen führt, deren Offenlegung die öffentliche Ordnung verletzen würde,

6. das Datum des Tages, an dem der erste Schritt der Umsetzung der grenzüberschreitenden Steuergestaltung gemacht wurde oder voraussichtlich gemacht werden wird,

[1] Zur Bekanntmachung des amtlich vorgeschriebenen Datensatzes und der amtlich bestimmten Schnittstelle für Mitteilungen über grenzüberschreitende Steuergestaltungen, vgl. *BMF-Schreiben vom 29. 4. 2020 (BStBl. I S. 519).*

7. Einzelheiten zu den einschlägigen Rechtsvorschriften aller betroffenen Mitgliedstaaten der Europäischen Union, die unmittelbar die Grundlage der grenzüberschreitenden Steuergestaltung bilden,

8. den tatsächlichen oder voraussichtlichen wirtschaftlichen Wert der grenzüberschreitenden Steuergestaltung,

9. die Mitgliedstaaten der Europäischen Union, die wahrscheinlich von der grenzüberschreitenden Steuergestaltung betroffen sind, und

10. Angaben zu allen in einem Mitgliedstaat der Europäischen Union ansässigen Personen, die von der grenzüberschreitenden Steuergestaltung wahrscheinlich unmittelbar betroffen sind, einschließlich Angaben darüber, zu welchen Mitgliedstaaten der Europäischen Union sie in Beziehung stehen, soweit dem Intermediär dies bekannt ist.

②Soweit dem Intermediär bekannt ist, dass neben ihm mindestens ein weiterer Intermediär im Geltungsbereich dieses Gesetzes oder in einem anderen Mitgliedstaat der Europäischen Union zur Mitteilung derselben grenzüberschreitenden Steuergestaltung verpflichtet ist, so kann er mit deren Einwilligung im Datensatz nach Satz 1 die Angaben nach Satz 1 Nummer 1 auch hinsichtlich der anderen ihm bekannten Intermediäre machen.

4 (4) **①Der mitteilende Intermediär hat den Nutzer darüber zu informieren, welche den Nutzer betreffenden Angaben er gemäß Absatz 3 an das Bundeszentralamt für Steuern übermitteln wird. ②Im Fall des Absatzes 3 Satz 2 hat der mitteilende Intermediär die anderen ihm bekannten Intermediäre unverzüglich darüber zu informieren, dass die Angaben gemäß Absatz 3 an das Bundeszentralamt für Steuern übermittelt wurden.**

5 (5) **①Das Bundeszentralamt für Steuern weist dem eingegangenen Datensatz im Sinne des Absatzes 3**

1. eine Registriernummer für die mitgeteilte grenzüberschreitende Steuergestaltung und

2. eine Offenlegungsnummer für die eingegangene Mitteilung

zu und teilt diese dem mitteilenden Intermediär mit. ②Hat das Bundeszentralamt für Steuern oder die zuständige Behörde eines anderen Mitgliedstaats der Europäischen Union im Einklang mit den dort geltenden Rechtsvorschriften der grenzüberschreitenden Steuergestaltung aufgrund der Mitteilung eines anderen Intermediärs bereits eine Registriernummer zugewiesen und ist diese dem mitteilenden Intermediär bekannt, so hat er sie dem Bundeszentralamt für Steuern im Datensatz nach Absatz 3 Satz 1 mitzuteilen. ③Satz 1 Nummer 1 ist nicht anzuwenden, wenn der Intermediär nach Satz 2 im Datensatz eine Registriernummer für die grenzüberschreitende Steuergestaltung angegeben hat. ④Der mitteilende Intermediär hat die Registriernummer nach Satz 1 Nummer 1 und die Offenlegungsnummer nach Satz 1 Nummer 2 unverzüglich dem Nutzer der grenzüberschreitenden Steuergestaltung mitzuteilen. ⑤Hat der Intermediär nach Absatz 3 Satz 2 auch andere Intermediäre derselben grenzüberschreitenden Steuergestaltung benannt, so hat er diesen die Registriernummer nach Satz 1 Nummer 1 mitzuteilen.

6 (6) **①Unterliegt ein Intermediär einer gesetzlichen Pflicht zur Verschwiegenheit und hat der Nutzer ihn von dieser Pflicht nicht entbunden, so geht die Pflicht zur Übermittlung der Angaben nach Absatz 3 Satz 1 Nummer 2, 3 und 10 auf den Nutzer über, sobald der Intermediär**

1. den Nutzer über die Mitteilungspflicht, die Möglichkeit der Entbindung von der Verschwiegenheitspflicht und den anderenfalls erfolgenden Übergang der Mitteilungspflicht informiert hat und

2. dem Nutzer die nach Absatz 3 Satz 1 Nummer 2, 3 und 10 erforderlichen Angaben, soweit sie dem Nutzer nicht bereits bekannt sind, sowie die Registriernummer und die Offenlegungsnummer zur Verfügung gestellt hat.

②Ist die Mitteilungspflicht hinsichtlich der in Absatz 3 Satz 1 Nummer 2, 3 und 10 bezeichneten Angaben auf den Nutzer übergegangen, so hat dieser in seiner Mitteilung die Registriernummer und die Offenlegungsnummer anzugeben; die Absätze 1 und 2 gelten in diesem Fall entsprechend. ③Die Information des Nutzers nach Satz 1 Nummer 2 ist vom Intermediär nach Zugang der Mitteilung der Offenlegungsnummer unverzüglich zu veranlassen und dem Bundeszentralamt für Steuern auf Verlangen mitzuteilen. ④Erlangt der Nutzer die in Satz 1 Nummer 2 bezeichneten Informationen erst nach Eintritt des nach Absatz 2 maßgebenden Ereignisses, so beginnt die Frist zur Übermittlung der in Absatz 3 Satz 1 Nummer 2, 3 und 10 bezeichneten Angaben abweichend von Absatz 2 erst mit Ablauf des Tages, an dem der Nutzer die Informationen erlangt hat. ⑤Hat der Nutzer einer grenzüberschreitenden Steuergestaltung einen Intermediär, der einer gesetzlichen Pflicht zur Verschwiegenheit un-

terliegt, nicht von seiner Verschwiegenheitspflicht entbunden, kann die Pflicht des Intermediärs zur Mitteilung der Angaben nach Absatz 3 Satz 1 Nummer 1 und 4 bis 9 dadurch erfüllt werden, dass der Nutzer diese Angaben im Auftrag des Intermediärs übermittelt.

(7) ① **Ein Intermediär ist nur dann zur Mitteilung der grenzüberschreitenden Steuergestaltung gegenüber dem Bundeszentralamt für Steuern verpflichtet, wenn er seinen Wohnsitz, seinen gewöhnlichen Aufenthalt, seine Geschäftsleitung oder seinen Sitz** 7

1. im Geltungsbereich dieses Gesetzes hat oder
2. nicht in einem Mitgliedstaat der Europäischen Union hat, er aber im Geltungsbereich dieses Gesetzes
   a) eine Betriebstätte hat, durch die die Dienstleistungen im Zusammenhang mit der grenzüberschreitenden Steuergestaltung erbracht werden,
   b) in das Handelsregister oder in ein öffentliches berufsrechtliches Register eingetragen ist oder
   c) bei einem Berufsverband für juristische, steuerliche oder beratende Dienstleistungen registriert ist.

② **Bei Anwendung von Satz 1 Nummer 2 Buchstabe a gilt § 138 d Absatz 4 entsprechend.**

(8) **Ist ein Intermediär hinsichtlich derselben grenzüberschreitenden Steuergestaltung zur Mitteilung im Geltungsbereich dieses Gesetzes und zugleich in mindestens einem anderen Mitgliedstaat der Europäischen Union verpflichtet, so ist er von der Mitteilungspflicht nach diesem Gesetz nur dann befreit, wenn er nachweisen kann, dass er oder der Nutzer die grenzüberschreitende Steuergestaltung bereits in einem anderen Mitgliedstaat der Europäischen Union im Einklang mit den dort geltenden Rechtsvorschriften der zuständigen Behörde mitgeteilt hat.** 8

(9) ① **Mehrere Intermediäre derselben grenzüberschreitenden Steuergestaltung sind nebeneinander zur Mitteilung verpflichtet.** ② **Ein Intermediär ist in diesem Fall von der Mitteilungspflicht gegenüber dem Bundeszentralamt für Steuern befreit, soweit er nachweisen kann, dass die in Absatz 3 bezeichneten Informationen zu derselben grenzüberschreitenden Steuergestaltung bereits durch einen anderen Intermediär oder durch den Nutzer dem Bundeszentralamt für Steuern oder der zuständigen Behörde eines anderen Mitgliedstaats der Europäischen Union im Einklang mit den dort geltenden Rechtsvorschriften mitgeteilt wurden.** 9

§ 138g Verfahren zur Mitteilung grenzüberschreitender Steuergestaltungen durch Nutzer

(1) ① **Erfüllt bei einer grenzüberschreitenden Steuergestaltung im Sinne des § 138 d Absatz 2 kein Intermediär die Voraussetzungen des § 138 f Absatz 7, so obliegt die Mitteilung der in § 138 f Absatz 3 bezeichneten Angaben dem Nutzer; in diesem Fall gilt § 138 f Absatz 1 und 2 entsprechend.** ② **Die Mitteilungspflicht des Nutzers nach Satz 1 besteht nicht, soweit der Nutzer nachweisen kann, dass er selbst, ein Intermediär oder ein anderer Nutzer dieselbe grenzüberschreitende Steuergestaltung bereits in einem anderen Mitgliedstaat der Europäischen Union im Einklang mit den dort geltenden Rechtsvorschriften mitgeteilt hat.** 1

(2) ① **Obliegt die Mitteilung der in § 138 f Absatz 3 bezeichneten Angaben im Fall des Absatzes 1 mehreren Nutzern derselben grenzüberschreitenden Steuergestaltung, so gilt Folgendes:** 2

1. hinsichtlich der in § 138 f Absatz 3 Satz 1 Nummer 1 und 4 bis 9 bezeichneten Angaben ist vorrangig der Nutzer zur Mitteilung verpflichtet, der die grenzüberschreitende Steuergestaltung mit dem Intermediär oder den Intermediären vereinbart hat; nachrangig ist der Nutzer mitteilungspflichtig, der die Umsetzung der grenzüberschreitenden Steuergestaltung verwaltet;
2. alle Nutzer derselben grenzüberschreitenden Steuergestaltung sind zur Mitteilung der in § 138 f Absatz 3 Satz 1 Nummer 2, 3 und 10 bezeichneten Angaben verpflichtet;
3. soweit der in Nummer 1 bezeichnete Nutzer auch die in § 138 f Absatz 3 Satz 1 Nummer 2, 3 und 10 bezeichneten Angaben zu den übrigen Nutzern derselben Steuergestaltung mitgeteilt hat, sind die übrigen Nutzer von der Mitteilungspflicht nach Nummer 2 befreit.

② **Bei Anwendung von Satz 1 Nummer 1 gilt § 138 f Absatz 5 Satz 1 und 4 entsprechend.**

(3) **Die Absätze 1 und 2 gelten nur für Nutzer, die ihren Wohnsitz, ihren gewöhnlichen Aufenthalt, ihre Geschäftsleitung oder ihren Sitz** 3

1. im Geltungsbereich dieses Gesetzes haben oder
2. nicht in einem Mitgliedstaat der Europäischen Union haben, aber im Geltungsbereich dieses Gesetzes
   a) eine Betriebstätte im Sinne des § 138 d Absatz 4 haben, in der durch die grenzüberschreitende Steuergestaltung ein steuerlicher Vorteil entsteht,
   b) Einkünfte erzielen oder eine wirtschaftliche Tätigkeit ausüben, sofern diese für eine Steuer von Bedeutung sind, auf die das EU-Amtshilfegesetz anzuwenden ist.

§ 138h Mitteilungen bei marktfähigen grenzüberschreitenden Steuergestaltungen

1 (1) Eine grenzüberschreitende Steuergestaltung ist marktfähig, wenn sie konzipiert wird, vermarktet wird, umsetzungsbereit ist oder zur Umsetzung bereitgestellt wird, ohne dass sie individuell angepasst werden muss.

2 (2) ① Bei marktfähigen grenzüberschreitenden Steuergestaltungen sind Änderungen und Ergänzungen hinsichtlich der in § 138 f Absatz 3 Satz 1 Nummer 1, 2, 3, 6, 9 und 10 bezeichneten Angaben, die nach Übermittlung des Datensatzes nach § 138 f Absatz 3 eingetreten sind, innerhalb von zehn Tagen nach Ablauf des Kalendervierteljahres mitzuteilen, in dem die jeweils mitteilungspflichtigen Umstände eingetreten sind. ② Dabei sind die Registriernummer und die Offenlegungsnummer anzugeben. ③ Die Angaben sind dem Bundeszentralamt für Steuern nach amtlich vorgeschriebenem Datensatz über die amtlich bestimmte Schnittstelle mitzuteilen. ④ Die Sätze 1 bis 3 gelten in den Fällen des § 138 g entsprechend.

§ 138i Information der Landesfinanzbehörden

Soweit von nach den §§ 138 f bis 138 h mitgeteilten grenzüberschreitenden Steuergestaltungen im Sinne des § 138 d Absatz 2 Steuern betroffen sind, die von Landesfinanzbehörden oder Gemeinden verwaltet werden, teilt das Bundeszentralamt für Steuern den für die Nutzer zuständigen Finanzbehörden der Länder im automatisierten Verfahren unter Angabe der Registriernummer und der Offenlegungsnummer mit, dass ihm Angaben über mitgeteilte grenzüberschreitende Steuergestaltungen vorliegen.

§ 138j Auswertung der Mitteilungen grenzüberschreitender Steuergestaltungen

1 (1) ① Das Bundeszentralamt für Steuern wertet die ihm nach den §§ 138 f bis 138 h zugegangenen Mitteilungen aus. ② Soweit von mitgeteilten grenzüberschreitenden Steuergestaltungen im Sinne des § 138 d Absatz 2 Steuern betroffen sind, die von Zollbehörden verwaltet werden, übermittelt das Bundeszentralamt für Steuern die ihm zugegangenen Mitteilungen zusammen mit der jeweils zugewiesenen Registriernummer an die Generalzolldirektion. ③ Die Auswertung der Daten erfolgt in diesem Fall durch die Generalzolldirektion. ④ Die Ergebnisse der Auswertung teilen das Bundeszentralamt für Steuern und die Generalzolldirektion dem Bundesministerium der Finanzen mit.

2 (2) Soweit von nach den §§ 138 f bis 138 h mitgeteilten grenzüberschreitenden Steuergestaltungen Steuern betroffen sind, die ganz oder teilweise den Ländern oder Gemeinden zustehen, unterrichtet das Bundesministerium der Finanzen die obersten Finanzbehörden der Länder über die Ergebnisse der Auswertung.

3 (3) Soweit von nach den §§ 138 f bis 138 h mitgeteilten grenzüberschreitenden Steuergestaltungen Steuern betroffen sind, die von Finanzbehörden der Länder oder von Gemeinden verwaltet werden, stellt das Bundeszentralamt für Steuern den für die Nutzer zuständigen Finanzbehörden der Länder ergänzend zu den Angaben nach § 138 i auch die Angaben nach § 138 f Absatz 3 sowie eigene Ermittlungsergebnisse und die Ergebnisse der Auswertung zum Abruf bereit.

4 (4) ① Das Ausbleiben einer Reaktion des Bundeszentralamts für Steuern, der Generalzolldirektion, des Bundesministeriums der Finanzen oder des Gesetzgebers auf die Mitteilung einer grenzüberschreitenden Steuergestaltung nach den §§ 138 f bis 138 h bedeutet nicht deren rechtliche Anerkennung. ② § 89 Absatz 2 bis 7 bleibt unberührt.

(5) Die Verarbeitung personenbezogener Daten aufgrund von Mitteilungen über grenzüberschreitende Steuergestaltungen durch Finanzbehörden ist ein Verwaltungsverfahren in Steuersachen im Sinne des Gesetzes.

§ 138k Angabe der grenzüberschreitenden Steuergestaltung in der Steuererklärung

1 ① Hat ein Nutzer eine grenzüberschreitende Steuergestaltung im Sinne des § 138 d Absatz 2 oder der entsprechenden Regelung eines anderen Mitgliedstaats der Europäischen Union verwirklicht, so hat er diese in der Steuererklärung für die Steuerart und den Besteuerungszeitraum oder den Besteuerungszeitpunkt, in der sich der steuerliche

Vorteil der grenzüberschreitenden Steuergestaltung erstmals auswirken soll, anzugeben. ② Hierzu genügt die Angabe

1. der vom Bundeszentralamt für Steuern zugeteilten Registriernummer und Offenlegungsnummer oder

2. der von der zuständigen Behörde eines anderen Mitgliedstaats der Europäischen Union zugeteilten Registriernummer und Offenlegungsnummer.

§ 139 Anmeldung von Betrieben in besonderen Fällen

(1) ① **Wer Waren gewinnen oder herstellen will, an deren Gewinnung, Herstellung, Entfernung aus dem Herstellungsbetrieb oder Verbrauch innerhalb des Herstellungsbetriebs eine Verbrauchsteuerpflicht geknüpft ist, hat dies der zuständigen Finanzbehörde[1] vor Eröffnung des Betriebs anzumelden. ② Das Gleiche gilt für den, der ein Unternehmen betreiben will, bei dem besondere Verkehrsteuern anfallen.** 1

(2) ① **Durch Rechtsverordnung können Bestimmungen über den Zeitpunkt, die Form und den Inhalt der Anmeldung getroffen werden. ② Die Rechtsverordnung erlässt die Bundesregierung, soweit es sich um Verkehrsteuern mit Ausnahme der Luftverkehrsteuer handelt, im Übrigen das Bundesministerium der Finanzen. ③ Die Rechtsverordnung des Bundesministeriums der Finanzen bedarf der Zustimmung des Bundesrates nur, soweit sie die Biersteuer betrifft.** 2

3. Unterabschnitt. Identifikationsmerkmal[2]

§ 139a Identifikationsmerkmal

(1) ① **Das Bundeszentralamt für Steuern teilt jedem Steuerpflichtigen und jeder sonstigen natürlichen Person, die bei einer öffentlichen Stelle ein Verwaltungsverfahren führt, zum Zwecke der eindeutigen Identifizierung in Besteuerungs- und Verwaltungsverfahren ein einheitliches und dauerhaftes Merkmal (Identifikationsmerkmal) zu; das Identifikationsmerkmal ist vom Steuerpflichtigen oder von einem Dritten, der Daten dieses Steuerpflichtigen an die Finanzbehörden zu übermitteln hat, bei Anträgen, Erklärungen oder Mitteilungen gegenüber Finanzbehörden anzugeben. ② Es besteht aus einer Ziffernfolge, die nicht aus anderen Daten über die betroffene Person gebildet oder abgeleitet werden darf; die letzte Stelle ist eine Prüfziffer. ③ Natürliche Personen erhalten eine Identifikationsnummer, wirtschaftlich Tätige eine Wirtschafts-Identifikationsnummer. ④ Die betroffene Person ist über die Zuteilung eines Identifikationsmerkmals unverzüglich zu unterrichten.** 1

(2) **Steuerpflichtiger im Sinne dieses Unterabschnitts ist jeder, der nach einem Steuergesetz steuerpflichtig ist.** 2

(3) **Wirtschaftlich Tätige im Sinne dieses Unterabschnitts sind:** 3

1. natürliche Personen, die wirtschaftlich tätig sind,

2. juristische Personen,

3. Personenvereinigungen.

§ 139b Identifikationsnummer

(1) ① **Eine natürliche Person darf nicht mehr als eine Identifikationsnummer erhalten. ② Jede Identifikationsnummer darf nur einmal vergeben werden.** 1

(2) ① **Die Finanzbehörden dürfen die Identifikationsnummer verarbeiten, wenn die Verarbeitung zur Erfüllung der ihnen obliegenden Aufgaben erforderlich ist oder eine Rechtsvorschrift die Verarbeitung der Identifikationsnummer ausdrücklich erlaubt oder anordnet. ② Andere öffentliche oder nicht-öffentliche Stellen dürfen ohne Einwilligung der betroffenen Person** 2

1. die Identifikationsnummer nur verarbeiten, soweit dies für Datenübermittlungen zwischen ihnen und den Finanzbehörden erforderlich ist oder eine Rechtsvorschrift die Verarbeitung der Identifikationsnummer ausdrücklich erlaubt oder anordnet,

2. ihre Dateisysteme nur insoweit nach der Identifikationsnummer ordnen oder für den Zugriff erschließen, als dies für regelmäßige Datenübermittlungen zwischen ihnen und den Finanzbehörden erforderlich ist,

---

[1] Zur örtlichen Zuständigkeit vgl. §§ 17, 23 AO.

[2] Siehe auch Art. 97 § 5 EGAO **(Anhang I Nr. 1).**

Die Zuteilung der Identifikationsnummer und die dazu erfolgte Datenspeicherung sind mit dem Recht auf informationelle Selbstbestimmung und sonstigem Verfassungsrecht vereinbar *(BFH-Urteil vom 18. 1. 2012 II R 49/10, BStBl. II S. 168).*

Beachte: Die Änderungen durch das RegMoG (BGBl. 2021 I S. 591) treten erst in Kraft, wenn das Bundesministerium des Inneren, für Bau und Heimat im BGBl. bekannt gibt, dass die technischen Voraussetzungen für die Verarbeitung der Identifikationsnummer vorliegen.

AO

3. **eine rechtmäßig erhobene Identifikationsnummer eines Steuerpflichtigen zur Erfüllung aller Mitteilungspflichten gegenüber Finanzbehörden verwenden, soweit die Mitteilungspflicht denselben Steuerpflichtigen betrifft und die Verarbeitung nach Nummer 1 zulässig wäre,**
4. **eine durch ein verbundenes Unternehmen im Sinne des § 15 des Aktiengesetzes oder ein Unternehmen einer kreditwirtschaftlichen Verbundgruppe rechtmäßig erhobene Identifikationsnummer eines Steuerpflichtigen zur Erfüllung aller steuerlichen Mitwirkungspflichten verwenden, soweit die Mitwirkungspflicht denselben Steuerpflichtigen betrifft und die verwendende Stelle zum selben Unternehmensverbund wie die Stelle gehört, die die Identifikationsnummer erhoben hat und die Verarbeitung nach Nummer 1 zulässig wäre.**

3 (3) **Das Bundeszentralamt für Steuern speichert zu natürlichen Personen folgende Daten:**

1. **Identifikationsnummer,**
2. **Wirtschafts-Identifikationsnummern,**
3. **Familienname,**
4. **frühere Namen,**
5. **Vornamen,**
6. **Doktorgrad,**
7. **amtlicher Gemeindeschlüssel,**
8. **Tag und Ort der Geburt,**
9. **Geschlecht,**
10. **gegenwärtige oder letzte bekannte Anschrift,**
11. **zuständige Finanzbehörden,**
12. **Auskunftssperren nach dem Bundesmeldegesetz,**
13. **Sterbetag,**
14. **Tag des Ein- und Auszugs,**
15. **Staatsangehörigkeiten sowie**
16. **Datum des letzten Verwaltungskontakts (Monat, Jahr).**

3a (3 a) **① Außerdem speichert das Bundeszentralamt für Steuern zu natürlichen Personen die für sie nach Absatz 10 zuletzt übermittelte internationale Kontonummer (IBAN), bei ausländischen Kreditinstituten auch den internationalen Banken-Identifizierungsschlüssel (BIC). ② Gespeichert wird nach Satz 1 ausschließlich eine Kontoverbindung, welche mittels SEPA-Überweisung erreichbar ist.**

4 (4) **① Die in Absatz 3 aufgeführten Daten werden gespeichert, um**

1. **sicherzustellen, dass eine Person nur eine Identifikationsnummer erhält und eine Identifikationsnummer nicht mehrfach vergeben wird,**
2. **die Identifikationsnummer eines Steuerpflichtigen festzustellen,**
3. **zu erkennen, welche Finanzbehörden für einen Steuerpflichtigen zuständig sind,**
4. **Daten, die auf Grund eines Gesetzes oder nach über- und zwischenstaatlichem Recht entgegenzunehmen sind, an die zuständigen Stellen weiterleiten zu können,**
5. **den Finanzbehörden die Erfüllung der ihnen durch Rechtsvorschrift zugewiesenen Aufgaben zu ermöglichen.**

② Die in Absatz 3 Nummer 1 und 8 aufgeführten Daten werden auch zur Ermittlung des Einkommens nach § 97 a des Sechsten Buches Sozialgesetzbuch gespeichert und können von den Trägern der gesetzlichen Rentenversicherung zu diesem Zweck verarbeitet werden. ③ Die in Absatz 3 Nummer 1 und 8 aufgeführten Daten werden auch zum Nachweis der Elterneigenschaft sowie zur Ermittlung der Anzahl der berücksichtigungsfähigen Kinder des beitragspflichtigen Mitglieds für die Beitragssatzermittlung nach § 55 Absatz 3 und 3 a des Elften Buches Sozialgesetzbuch gespeichert und können von den beitragsabführenden Stellen und den Pflegekassen zu diesem Zweck verarbeitet werden. ④ Die Regelungen des Identifikationsnummerngesetzes bleiben unberührt.

4a (4 a) **Die in Absatz 3 Nummer 3 bis 8 und 10 aufgeführten Daten werden bei einer natürlichen Person, die ein Nutzerkonto im Sinne des § 2 Absatz 5 des Onlinezugangsgesetzes nutzt, auch zum Nachweis der Identität als Nutzer dieses Nutzerkontos gespeichert; diese Daten dürfen auf Veranlassung des Nutzers eines Nutzerkontos elektronisch an das Nutzerkonto übermittelt werden.**

4b (4 b) **Die in Absatz 3 Nummer 1 und 8 aufgeführten Daten werden bei einer natürlichen Person auch für Zwecke der Digitalen Rentenübersicht gespeichert.**

4c (4c) ①**Die nach Absatz 3a gespeicherten Daten werden gespeichert, um eine unbare Auszahlung von Leistungen aus öffentlichen Mitteln zu ermöglichen, bei denen die Verwendung der nach Absatz 3a gespeicherten Daten vorgesehen ist.** ②**Die in Absatz 3 aufgeführten Daten werden bei einer natürlichen Person auch für die in Satz 1 genannten Zwecke gespeichert.**

5 (5) ①**Die in Absatz 3 aufgeführten Daten dürfen nur für die in den Absätzen 4 bis 4c genannten Zwecke verarbeitet werden; darüber hinaus dürfen die in Absatz 3 Nummer 2 bis 10 und Nummer 12 bis 15 aufgeführten Daten nur unter den Voraussetzungen des § 30 Absatz 4 Nummer 5 Buchstabe a den jeweils zuständigen Stellen auf deren Ersuchen offenbart werden.** ②**Die in Absatz 3a aufgeführten Daten dürfen nur für die in Absatz 4c genannten Zwecke verarbeitet werden; eine Übermittlung, Verwendung oder Beschlagnahme dieser Daten nach anderen Rechtsvorschriften ist unzulässig.** ③**Auskunftssperren nach dem Bundesmeldegesetz sind zu beachten und im Fall einer zulässigen Datenübermittlung ebenfalls zu übermitteln.** ④**Der Dritte, an den die Daten übermittelt werden, hat die Übermittlungssperren ebenfalls zu beachten.** ⑤**Die Regelungen des Identifikationsnummerngesetzes bleiben unberührt.**

6 (6) ①**Zum Zwecke der erstmaligen Zuteilung der Identifikationsnummer übermitteln die Meldebehörden dem Bundeszentralamt für Steuern für jeden in ihrem Zuständigkeitsbereich mit alleiniger Wohnung oder Hauptwohnung im Melderegister registrierten Einwohner folgende Daten:**

1. Familienname,

2. frühere Namen,

3. Vornamen,

4. Doktorgrad,

5. amtlicher Gemeindeschlüssel

6. Tag und Ort der Geburt,

7. Geschlecht,

8. gegenwärtige Anschrift der alleinigen Wohnung oder der Hauptwohnung,

9. Tag des Ein- und Auszugs,

10. Auskunftssperren nach dem Bundesmeldegesetz,

11. Staatsangehörigkeiten sowie

12. Datum des letzten Verwaltungskontakts (Monat, Jahr).

②**Hierzu haben die Meldebehörden jedem in ihrem Zuständigkeitsbereich mit alleiniger Wohnung oder Hauptwohnung registrierten Einwohner ein Vorläufiges Bearbeitungsmerkmal zu vergeben.** ③**Dieses übermitteln sie zusammen mit den Daten nach Satz 1 an das Bundeszentralamt für Steuern.** ④**Das Bundeszentralamt für Steuern teilt der zuständigen Meldebehörde die dem Steuerpflichtigen zugeteilte Identifikationsnummer zur Speicherung im Melderegister unter Angabe des Vorläufigen Bearbeitungsmerkmals mit und löscht das Vorläufige Bearbeitungsmerkmal anschließend.**

7 (7) ①**Die Meldebehörden haben im Falle der Speicherung einer Geburt im Melderegister sowie im Falle der Speicherung einer Person, für die bisher keine Identifikationsnummer zugeteilt worden ist, dem Bundeszentralamt für Steuern die Daten nach Absatz 6 Satz 1 zum Zwecke der Zuteilung der Identifikationsnummer zu übermitteln.** ②**Absatz 6 Satz 2 bis 4 gilt entsprechend.** ③**Wird im Melderegister eine Person gespeichert, der nach eigenen Angaben noch keine Identifikationsnummer zugeteilt worden ist, so können die Meldebehörden dies in einem maschinellen Verfahren beim Bundeszentralamt für Steuern überprüfen; dabei dürfen nur die Daten nach Absatz 3 verwendet werden.** ④**Stimmen die von der Meldebehörde übermittelten Daten mit den beim Bundeszentralamt für Steuern nach Absatz 3 gespeicherten Daten überein, teilt das Bundeszentralamt für Steuern der Meldebehörde die in Absatz 3 Nummer 1, 3, 5, 8 und 10 genannten Daten mit; andernfalls teilt es der Meldebehörde mit, dass keine Zuordnung möglich war.**

8 (8) ①**Die Meldebehörde teilt dem Bundeszentralamt für Steuern Änderungen der in Absatz 6 Satz 1 Nummer 1 bis 12 bezeichneten Daten sowie bei Sterbefällen den Sterbetag unter Angabe der Identifikationsnummer oder, sofern diese noch nicht zugeteilt wurde, unter Angabe des Vorläufigen Bearbeitungsmerkmals mit.** ②**Die Mitteilungspflicht der Registermodernisierungsbehörde gegenüber dem Bundeszentralamt für Steuern nach § 4 Absatz 4 des Identifikationsnummerngesetzes bleibt unberührt.**

9 (9) **Das Bundeszentralamt für Steuern unterrichtet die Meldebehörden, wenn ihm konkrete Anhaltspunkte für die Unrichtigkeit der ihm von den Meldebehörden übermittelten Daten vorliegen.**

10 (10) ①**Natürliche Personen können dem Bundeszentralamt für Steuern vorbehaltlich des Satzes 2 die IBAN, bei ausländischen Kreditinstituten auch den BIC, des für Aus-**

AO

zahlungen in den Fällen des Absatzes 4c zu verwendenden Kontos unter Angabe der in Absatz 3 Nummer 1 und 8 genannten Daten in einem sicheren Verfahren

1. übermitteln,

2. durch ihren Bevollmächtigten im Sinne des § 80 Absatz 2 übermitteln lassen oder

3. durch das kontoführende Kreditinstitut übermitteln lassen; die Kreditinstitute haben zu diesem Zweck ein geeignetes Verfahren bereitzustellen.

② Für natürliche Personen, die das 18. Lebensjahr noch nicht vollendet haben und für die nach § 63 des Einkommensteuergesetzes Kindergeld festgesetzt oder nach § 1 Absatz 2 oder § 2 Absatz 1 des Bundeskindergeldgesetzes Kindergeld bewilligt worden ist, teilt die zuständige Familienkasse als mitteilungspflichtige Stelle dem Bundeszentralamt für Steuern für die in Absatz 4c genannten Zwecke unter Angabe der in Absatz 3 Nummer 1 und 8 genannten Daten der natürlichen Person die IBAN, bei ausländischen Kreditinstituten auch den BIC, des Kontos mit, auf welches das Kindergeld zuletzt ausgezahlt worden ist; dies gilt nicht, wenn es sich bei dem tatsächlichen Zahlungsempfänger weder um den Kindergeldberechtigten noch um das Kind handelt. ③ Änderungen der nach den Sätzen 1 oder 2 bereits mitgeteilten IBAN, bei ausländischen Kreditinstituten auch des BIC, sind dem Bundeszentralamt für Steuern unter Angabe der in Absatz 3 Nummer 1 und 8 genannten Daten umgehend mitzuteilen. ④ Ist in den Fällen des Satzes 2 der für die Bewilligungen des Kindergeldes nach dem Bundeskindergeldgesetz zuständigen Familienkasse die Identifikationsnummer nicht bekannt, darf sie diese Identifikationsnummer nach amtlich vorgeschriebenem Datensatz beim Bundeszentralamt für Steuern abfragen. ⑤ In der Abfrage dürfen nur die in Absatz 3 genannten Daten der minderjährigen Person angegeben werden. ⑥ Das Bundeszentralamt für Steuern entspricht dem Ersuchen, wenn die übermittelten Daten den beim Bundeszentralamt für Steuern hinterlegten Daten entsprechen.

11 **(11) Die Übermittlung der in Absatz 10 genannten Daten an das Bundeszentralamt für Steuern muss elektronisch nach amtlich vorgeschriebenem Datensatz über die amtlich bestimmte Schnittstelle erfolgen.**

12 **(12) Das Bundeszentralamt für Steuern stellt den für ein Verfahren im Sinne des Absatzes 4c zuständigen Stellen die in Absatz 3 Nummer 1, 3, 5, 8, 10, 12 und 13 sowie Absatz 3a genannten Daten zum automationsgestützten Abgleich oder zum Abruf durch Datenfernübertragung zur Verfügung.**

13 **(13) ① Eine Datenübermittlung an das Bundeszentralamt für Steuern nach Absatz 10 Satz 1 ist erstmals zu einem vom Bundesministerium der Finanzen zu bestimmenden und im Bundesgesetzblatt bekanntzumachenden Zeitpunkt zulässig[1]. ② Die nach Absatz 10 Satz 2 mitteilungspflichtigen Stellen haben die von ihnen mitzuteilenden Daten erstmals zu einem vom Bundesministerium der Finanzen zu bestimmenden und im Bundesgesetzblatt bekanntzumachenden Zeitpunkt an das Bundeszentralamt für Steuern zu übermitteln. ③ Wird Kindergeld erstmals nach dem vom Bundesministerium der Finanzen nach Satz 2 bestimmten Zeitpunkt ausgezahlt, gilt Satz 2 entsprechend.**

§ 139c Wirtschafts-Identifikationsnummer

1 **(1) ① Die Wirtschafts-Identifikationsnummer wird auf Anforderung der zuständigen Finanzbehörde vergeben. ② Sie beginnt mit den Buchstaben „DE“. ③ Jede Wirtschafts-Identifikationsnummer darf nur einmal vergeben werden.**

2 **(2) ① Die Finanzbehörden dürfen die Wirtschafts-Identifikationsnummer verarbeiten, wenn die Verarbeitung zur Erfüllung der ihnen obliegenden Aufgaben erforderlich ist oder eine Rechtsvorschrift dies erlaubt oder anordnet. ② Andere öffentliche oder nicht-öffentliche Stellen dürfen die Wirtschafts-Identifikationsnummer nur verarbeiten, soweit dies zur Erfüllung ihrer Aufgaben oder Geschäftszwecke oder für Datenübermittlungen zwischen ihnen und den Finanzbehörden erforderlich ist. ③ Soweit die Wirtschafts-Identifikationsnummer andere Nummern ersetzt, bleiben Rechtsvorschriften, die eine Übermittlung durch die Finanzbehörden an andere Behörden regeln, unberührt.**

3 **(3) Das Bundeszentralamt für Steuern speichert zu natürlichen Personen, die wirtschaftlich tätig sind, folgende Daten:**

1. Wirtschafts-Identifikationsnummer,

2. Identifikationsnummer,

[1] Gem. Bekanntmachung des *BMF vom 11. 11. 2024 (BGBl. 2024 I Nr. 353)* ist die Datenübermittlung erstmals ab dem 2. 12. 2024 zulässig. Eine Übermittlung der Daten für volljährige natürliche Personen ist ab 2. 12. 2024 über das ELSTER-Online-Portal des Bayerischen Landesamts für Steuern und das Online-Portal des Bundeszentralamts für Steuern zulässig. Die zugehörigen Adressen lauten: www.elster.de und https://online.portal.bzst.de.

II S. 390). Unmittelbar geltende Rechtsakte der Europäischen Union können ebenfalls eine Buchführungspflicht nach § 140 AO begründen. Verstöße gegen außersteuerliche Buchführungs- und Aufzeichnungspflichten stehen den Verstößen gegen steuerrechtliche Buchführungs- und Aufzeichnungsvorschriften gleich. Verstöße gegen die Vorschriften zur Führung von Büchern und Aufzeichnungen (§§ 140 bis 147 AO) können z. B. die Anwendung von Zwangsmitteln nach § 328 AO, eine Schätzung nach § 162 AO oder eine Ahndung nach § 379 AO zur Folge haben. Die Verletzung der Buchführungspflichten ist unter den Voraussetzungen der §§ 283 und 283 b StGB (sog. Insolvenzstraftaten) strafbar. Hinweis auf § 162 Abs. 2 AO (Schätzung), § 379 Abs. 1 AO (Steuergefährdung). Aufzeichnungspflichten, die für den Gesamthaushalt einer juristischen Person des öffentlichen Rechts bestehen (Doppik), führen nicht zu einer Verpflichtung zur Buchführung für einzelne Betriebe gewerblicher Art (BMF-Schreiben vom 3. 1. 2013, BStBl. I S. 59).

§ 141 Buchführungspflicht bestimmter Steuerpflichtiger[1]

AO

(1) ① Gewerbliche Unternehmer sowie Land- und Forstwirte, die nach den Feststellungen der Finanzbehörde für den einzelnen Betrieb 1

1.[2] einen Gesamtumsatz im Sinne des § 19 Absatz 2 Satz 1 des Umsatzsteuergesetzes von mehr als 800 000 Euro im Kalenderjahr oder

2. (weggefallen)

3. (weggefallen)

4. einen Gewinn aus Gewerbebetrieb von mehr als 80 000 Euro im Wirtschaftsjahr oder

5. einen Gewinn aus Land- und Forstwirtschaft von mehr als 80 000 Euro im Kalenderjahr

gehabt haben, sind auch dann verpflichtet, für diesen Betrieb Bücher zu führen und auf Grund jährlicher Bestandsaufnahmen Abschlüsse zu machen, wenn sich eine Buchführungspflicht nicht aus § 140 ergibt. ② Die §§ 238, 240, 241, 242 Absatz 1 und die §§ 243 bis 256 des Handelsgesetzbuchs gelten sinngemäß, sofern sich nicht aus den Steuergesetzen etwas anderes ergibt.

(2) ① Die Verpflichtung nach Absatz 1 ist vom Beginn des Wirtschaftsjahrs an zu erfüllen, das auf die Bekanntgabe der Mitteilung folgt, durch die die Finanzbehörde auf den Beginn dieser Verpflichtung hingewiesen hat. ② Die Verpflichtung endet mit dem Ablauf des Wirtschaftsjahrs, das auf das Wirtschaftsjahr folgt, in dem die Finanzbehörde feststellt, dass die Voraussetzungen nach Absatz 1 nicht mehr vorliegen.[3] 2

(3) ① Die Buchführungspflicht geht auf denjenigen über, der den Betrieb im Ganzen zur Bewirtschaftung als Eigentümer oder Nutzungsberechtigter übernimmt. ② Ein Hinweis nach Absatz 2 auf den Beginn der Buchführungspflicht ist nicht erforderlich. 3

Zu § 141 – Buchführungspflicht bestimmter Steuerpflichtiger:

AEAO

1. Die Vorschrift findet nur Anwendung, wenn sich nicht bereits eine Buchführungspflicht nach § 140 AO ergibt. Wird von dem Wahlrecht nach § 241 a HGB Gebrauch gemacht, kann dennoch eine Buchführungspflicht nach § 141 AO bestehen. Unter die Vorschrift fallen gewerbliche Unternehmer sowie Land- und Forstwirte, nicht jedoch Freiberufler. Gewerbliche Unternehmer sind solche Unternehmer, die einen Gewerbebetrieb i. S. d. § 15 Abs. 2 oder 3 EStG bzw. des § 2 Abs. 2 oder 3 GewStG ausüben. 5

Ausländische Unternehmen fallen unter die Vorschrift jedenfalls dann, wenn und soweit sie im Inland eine Betriebstätte unterhalten oder einen ständigen Vertreter bestellt haben (BFH-Urteil vom 14. 9. 1994, I R 116/93, BStBl. 1995 II S. 238). Die Buchführungspflicht einer Personengesellschaft erstreckt sich auch auf das Sonderbetriebsvermögen ihrer Gesellschafter. Die Gesellschafter selbst sind insoweit nicht buchführungspflichtig.

2. Die Finanzbehörde kann die Feststellung i. S. d. § 141 Abs. 1 AO im Rahmen eines Steuer- oder Feststellungsbescheides oder durch einen selbständigen feststellenden Verwaltungsakt treffen. Die Feststellung kann aber auch mit der Mitteilung über den Beginn der Buchführungspflicht nach § 141 Abs. 2 verbunden werden und bildet dann mit ihr einen einheitlichen Verwaltungsakt (BFH-Urteil vom 23. 6. 1983, IV R 3/82, BStBl. II S. 768). 6

[1] Zur Buchführungspflicht der Gemeinden für die Betriebe gewerblicher Art vgl. *Erlass FM Nordrhein-Westfalen vom 23. 9. 1987 S 0311 – 4 – VC 2 C, DStR 1988 S. 220.*

Die Buchführungspflicht für Sonderbetriebsvermögen iSd § 15 Abs. 1 Nr. 2 EStG obliegt nicht dem einzelnen Gesellschafter, sondern der Personenhandelsgesellschaft *(BFH-Urteil vom 23. 10. 1990 VIII R 142/85, BStBl. 1991 II S. 401).*

Die Buchführungspflicht für einen einheitlichen land- und forstwirtschaftlichen Betrieb endet nicht, wenn der landwirtschaftliche Teilbetrieb einem Dritten zur Nutzung überlassen, der forstwirtschaftliche Teilbetrieb aber nach wie vor selbst bewirtschaftet wird *(BFH-Urteil vom 24. 2. 1994 IV R 4/93, BStBl. II S. 677).*

[2] Zur Anwendung des geänderten § 141 Abs. 1 S. 1 Nr. 1 durch das Abzugsteuerentlastungsmodernisierungsgesetz, vgl. *BMF-Schreiben vom 5. 7. 2021, BStBl. I S. 903.*

[3] Die Buchführungspflicht für einen gepachteten landwirtschaftlichen Betrieb endet auch dann mit Ablauf des Pachtverhältnisses, wenn der Land- und Forstwirt anschließend einen anderen land- und forstwirtschaftlichen Betrieb pachtet. Für den neugepachteten Betrieb wird eine Buchführungspflicht erst begründet, wenn für ihn die Voraussetzungen des § 141 Abs. 1 und Abs. 2 AO erfüllt werden *(BFH-Urteil vom 29. 11. 1984 IV R 258/82, BStBl. 1986 II S. 431).*

7 **3.** Die Buchführungsgrenzen beziehen sich grundsätzlich auf den einzelnen Betrieb (zum Begriff vgl. BFH-Urteil vom 13. 10. 1988, IV R 136/85, BStBl. 1989 II S. 7), auch wenn der Steuerpflichtige mehrere Betriebe der gleichen Einkunftsart hat. Eine Ausnahme gilt für steuerbegünstigte Körperschaften, bei denen mehrere steuerpflichtige wirtschaftliche Geschäftsbetriebe als ein Betrieb zu behandeln sind (§ 64 Abs. 2 AO). Hinsichtlich der Berechnung der Umsatzgrenze des § 141 Abs. 1 Satz 1 Nr. 1 AO wird auf den Abschnitt 19.3 UStAE verwiesen. Bei einem Dauerverlustbetrieb einer juristischen Person des öffentlichen Rechts führt allein das Überschreiten der Umsatzgrenze nach § 141 Abs. 1 Satz 1 Nr. 1 AO nicht zu einer Buchführungspflicht, wenn dieser mangels Gewinnerzielungsabsicht kein gewerbliches Unternehmen darstellt (BMF-Schreiben vom 3. 1. 2013, BStBl. I S. 59). Da die Gewinngrenze für die land- und forstwirtschaftlichen Betriebe (§ 141 Abs. 1 Satz 1 Nr. 5 AO) auf das Kalenderjahr abstellt, werden bei einem vom Kalenderjahr abweichenden Wirtschaftsjahr die zeitanteiligen Gewinne aus zwei Wirtschaftsjahren angesetzt. Für die Bestimmung der Buchführungsgrenzen nach § 141 Abs. 1 Satz 1 Nr. 3 AO sind die Einzelertragswerte der im Einheitswert erfassten Nebenbetriebe bei der Ermittlung des Wirtschaftswertes der selbstbewirtschafteten Flächen nicht anzusetzen (BFH-Urteil vom 6. 7. 1989, IV R 97/87, BStBl. 1990 II S. 606).

8 **4.** Die Finanzbehörde hat den Steuerpflichtigen auf den Beginn der Buchführungspflicht hinzuweisen. Diese Mitteilung soll dem Steuerpflichtigen mindestens einen Monat vor Beginn des Wirtschaftsjahres bekannt gegeben werden, von dessen Beginn ab die Buchführungspflicht zu erfüllen ist. Zur Bekanntgabe der Mitteilung über den Beginn der Buchführungspflicht bei ungeklärter Unternehmereigenschaft der Ehegatten/Lebenspartner als Miteigentümer der Nutzflächen eines landwirtschaftlichen Betriebs vgl. BFH-Urteile vom 23. 1. 1986, IV R 108/85, BStBl. II S. 539, und vom 26. 11. 1987, IV R 22/86, BStBl. 1988 II S. 238. Werden die Buchführungsgrenzen nicht mehr überschritten, so wird der Wegfall der Buchführungspflicht dann nicht wirksam, wenn die Finanzbehörde vor dem Erlöschen der Verpflichtung wiederum das Bestehen der Buchführungspflicht feststellt. Beim einmaligen Überschreiten der Buchführungsgrenze soll auf Antrag nach § 148 AO Befreiung von der Buchführungspflicht bewilligt werden, wenn nicht zu erwarten ist, dass die Grenze auch später überschritten wird. Bei der Prüfung, ob die in § 141 Abs. 1 Satz 1 Nr. 4 und 5 AO aufgeführten Buchführungsgrenzen überschritten werden, sind erhöhte Absetzungen für Abnutzung sowie Sonderabschreibungen unberücksichtigt zu lassen (§ 7 a Abs. 6 EStG). Erhöhte Absetzungen für Abnutzung sind nur insoweit dem Gewinn zuzurechnen, als diese die Absetzungsbeträge nach § 7 Abs. 1 oder 4 EStG übersteigen (§ 7 a Abs. 3 EStG).

9 **5.** Die Buchführungspflicht geht nach § 141 Abs. 3 AO kraft Gesetzes auf nachfolgende Eigentümer oder Nutzungsberechtigte über. Es ist nicht Voraussetzung, dass eine der in § 141 Abs. 1 Satz 1 Nrn. 1 bis 5 AO aufgeführten Buchführungsgrenzen überschritten ist. Als Eigentümer bzw. Nutzungsberechtigter kommen z. B. in Betracht: Erwerber, Erbe, Pächter, Nießbraucher. Eine Übernahme des Betriebs im Ganzen liegt vor, wenn seine Identität gewahrt bleibt. Dies ist der Fall, wenn die wesentlichen Grundlagen des Betriebs als einheitliches Ganzes erhalten bleiben. Dies liegt nicht vor, wenn nur der landwirtschaftliche, nicht aber auch der forstwirtschaftliche Teilbetrieb übernommen wird (BFH-Urteil vom 24. 2. 1994, IV R 4/93, BStBl. II S. 677).

Anl

Schreiben betr. Buchführung in land- und forstwirtschaftlichen Betrieben

Vom 15. Dezember 1981 (BeckVerw 27543)

(BMF $\frac{\text{IV B 4 – S 2163 – 63/81}}{\text{IV A 7 – S 0312 – 6/81}}$)

Die Buchführung in land- und forstwirtschaftlichen Betrieben ist durch das Gesetz zur Neuregelung der Einkommensbesteuerung der Land- und Forstwirtschaft und durch die Abgabenordnung 1977 auf eine neue Rechtsgrundlage gestellt worden. Unter Bezugnahme auf das Ergebnis der Erörterungen mit den obersten Finanzbehörden der Länder gelten für sie folgende Grundsätze:

1. Voraussetzungen der Buchführungspflicht

10 **1.1** Der Buchführungspflicht unterliegen Land- und Forstwirte, die einen land- und forstwirtschaftlichen Betrieb als Eigentümer, Pächter, Nießbraucher oder sonstiger Nutzungsberechtigter bewirtschaften, ferner Verpächter, die einen Betrieb im ganzen verpachtet, aber nicht aufgegeben haben, wenn die Voraussetzungen des § 140 AO erfüllt sind oder eine der in § 141 Abs. 1 AO festgelegten Buchführungsgrenzen überschritten wird.

Hat der Steuerpflichtige einen Antrag nach § 13 a Abs. 2 Nr. 1 EStG gestellt und für das Erstjahr Bücher geführt und einen Abschluß gemacht, so ist der Gewinn des Betriebs für vier aufeinanderfolgende Wirtschaftsjahre durch Betriebsvermögensvergleich zu ermitteln. Diese Buchführungspflicht steht selbständig neben einer sich aus den §§ 140, 141 AO ergebenden Verpflichtung. Tz. 2 gilt für diese Fälle nicht.

11 **1.2** Durch § 140 AO werden die außersteuerlichen Buchführungs- und Aufzeichnungsvorschriften, die auch für die Besteuerung von Bedeutung sind, für das Steuerrecht nutzbar gemacht. In Betracht kommen einmal die allgemeinen Buchführungs- und Aufzeichnungsvorschriften des Handels-, Gesellschafts- und Genossenschaftsrechts. Zum anderen fallen hierunter die Buchführungs- und Aufzeichnungsvorschriften für bestimmte Betriebe und Berufe, die sich aus einer Vielzahl von Gesetzen und Ver-

ordnungen ergeben *(vgl. dazu im einzelnen die beispielhafte Aufzählung zu § 140 AO im Einführungserlaß zur AO 1977 vom 1. 10. 1976 – BStBl. I S. 576).*[1] Anl

Soweit Land- und Forstwirte zwecks Inanspruchnahme staatlicher Förderungsmittel nach den einzelbetrieblichen Förderungsprogrammen der Bundesregierung oder der Landesregierungen verpflichtet sind, für einen bestimmten Zeitraum Bücher zu führen und Abschlüsse zu machen und der zuständigen Landwirtschaftsbehörde alljährlich den Buchführungsabschluß in der vorgeschriebenen Form vorzulegen (sog. Auflagenbuchführung), begründet diese auf Verwaltungsvorschriften beruhende Verpflichtung für sich allein keine Buchführungspflicht i. S. des § 140 AO. Entsprechendes gilt für eine Buchführung als Testbetrieb nach dem Landwirtschaftsgesetz vom 5. 9. 1955 (BGBl. I S. 565), geändert durch Artikel 75 des Einführungsgesetzes zur AO vom 14. 12. 1976 (BGBl. I S. 3341).

1.3 Bei der Prüfung, ob eine der Buchführungsgrenzen nach § 141 AO überschritten ist, ist folgendes zu beachten: 12

1.3.1 Zu den Umsätzen im Sinne des § 141 Abs. 1 Nr. 1 AO gehören auch die nicht steuerbaren Auslandsumsätze. Soweit Land- und Forstwirte mit Durchschnittsatzbesteuerung nach § 24 UStG ihre Umsätze nicht aufzeichnen brauchen (§ 67 UStDV) und auch tatsächlich nicht aufzeichnen, sind diese ggf. anhand von Richtsätzen zu schätzen. Maßgebend sind die im Kalenderjahr erzielten Umsätze.

1.3.2 Wirtschaftswert im Sinne des § 141 Abs. 1 Nr. 3 und Satz 3 AO ist der nach den Grundsätzen des § 46 BewG errechnete Wert der selbstbewirtschafteten land- und forstwirtschaftlichen Flächen.

1.3.3 Maßgebend ist der Gewinn des Kalenderjahrs (§ 141 Abs. 1 Nr. 5 AO). Das ist bei vom Kalenderjahr abweichenden Wirtschaftsjahren die Summe der zeitlich aufgeteilten Gewinne aus zwei Wirtschaftsjahren. Erhöhte Absetzungen oder Sonderabschreibungen dürfen nach § 7 a Abs. 6 EStG bei der Prüfung, ob die Gewinngrenze überschritten ist, nicht berücksichtigt werden. Dies gilt auch für Gewinnabzüge nach den §§ 77, 78 EStDV. Sie sind daher den Gewinnen vor der Aufteilung wieder hinzuzurechnen. Steuerfreie Rücklagen brauchen dagegen nicht hinzugerechnet zu werden, weil § 7 a Abs. 6 EStG für sie nicht gilt (vgl. z. B. § 3 Abs. 5 des Forstschäden-Ausgleichsgesetzes vom 29. 8. 1969 – BStBl. I S. 513).

1.3.4 Die Buchführungsgrenzen beziehen sich stets auf den einzelnen land- und forstwirtschaftlichen Betrieb. Wird das Vorhandensein mehrerer Betriebe behauptet, so ist zu prüfen, ob es sich dabei nicht nur um Teilbetriebe oder Betriebsteile handelt, die insgesamt einheitlich bewirtschaftet werden Eine einheitliche Bewirtschaftung spricht regelmäßig für einen Betrieb.

1.3.5 Hat ein Land- und Forstwirt Teile seines im übrigen selbstbewirtschafteten Betriebs verpachtet, so sind bei der Berechnung der Umsatz- und Gewinngrenze die Pachteinnahmen einzubeziehen, wenn die Einkünfte aus der Verpachtung zu den Einkünften aus Land- und Forstwirtschaft gehören. Bei der Berechnung der Wirtschaftswertgrenze bleibt der auf die verpachteten Flächen entfallende Anteil am Wirtschaftswert außer Ansatz.

1.3.6 Hat ein Land- und Forstwirt den land- und forstwirtschaftlichen Betrieb ganz oder zum Teil gepachtet oder auf Grund einer anderen vertraglichen Vereinbarung zur Nutzung übernommen, so ist bei ihm der Wirtschaftswert aller selbstbewirtschafteten Flächen maßgebend (§ 141 Abs. 1 Satz 3 AO).

Zugepachtete Flächen sind beim Pächter mit dem Vergleichswert zu berücksichtigen, mit dem sie im Wirtschaftswert des Verpächters enthalten sind; besteht für zugepachtete Flächen kein eigener Vergleichswert oder sind sie bei der Einheitsbewertung nach § 69 BewG dem Grundvermögen zugerechnet und mit dem gemeinen Wert bewertet, so ist deren Wert nach dem Hektarwert zu errechnen, der bei der Einheitsbewertung für den eigenen Betrieb beim Vergleichswert der entsprechenden Nutzung zugrunde gelegt worden ist oder zugrunde zu legen wäre. Bei der Berechnung des Wirtschaftswerts sind auch Zu- und Abgänge von Flächen zu berücksichtigen, die nicht oder noch nicht zu einer Fortschreibung des Einheitswerts geführt haben. Als Zu- und Abgänge von Flächen gelten auch Nutzungsänderungen innerhalb eines Betriebs (Abschnitt 5 Abs. 3 Nr. 1 Buchstabe b Fortschreibungs-Richtlinien vom 2. 12. 1971 – BStBl. I S. 638).[2]

Wegen der Berechnung des Wirtschaftswerts bei Pachtung eines Betriebs und bei ausschließlicher Bewirtschaftung zugepachteter Flächen wird auf *Abschnitt 130 a Abs. 3 EStR*[3] hingewiesen.

1.3.7 Die Grundsätze von Tz. 1.3.6 gelten – über den dort genannten Fall hinaus – auch für land- und forstwirtschaftlich genutzte Flächen, die nach § 69 BewG als Grundvermögen bewertet sind.

1.3.8 Bei gemeinschaftlichem Betrieb der Land- und Forstwirtschaft durch mehrere Personen gilt für die Buchführungspflicht die Gemeinschaft oder Gesellschaft als Land- und Forstwirt. Es müssen daher Bücher geführt werden, wenn der im gemeinschaftlichen Betrieb erzielte Umsatz oder Gewinn oder der Wirtschaftswert des gemeinschaftlich bewirtschafteten Betriebs die maßgebende Grenze überschreitet.

2. Beginn und Ende der Buchführungspflicht

2.1 Für den Beginn der Buchführungspflicht ist u. a. Voraussetzung, daß nach den Feststellungen der Finanzbehörde eine der maßgebenden Buchführungsgrenzen überschritten ist. Diese Feststellung kann nicht nur die für die Besteuerung zuständige, sondern im Namen dieser auch die Finanzbehörde treffen, die nach § 195 AO mit der Durchführung von Außenprüfungen beauftragt ist. Die Feststellungen setzen nicht zwingend einen Steuerbescheid, Feststellungsbescheid oder eine Rechtsbehelfsentscheidung voraus. Sie können auch in anderer Weise getroffen werden. Es genügt z. B., wenn die Finanzbehörde aus Steuererklärungen oder auf Grund einer Außenprüfung Sachverhalte erkennt, die eine Buchführungspflicht auslösen. 13

[1] Im AO-Anwendungserlass nicht mehr enthalten.
[2] Fortschreibungs-Richtlinien abgedruckt im „Handbuch Erbschaftsteuer und Bewertung".
[3] Jetzt R 13 a.2 EStR.

Anl

2.1.1 In der Mitteilung über die Verpflichtung zur Buchführung (§ 141 Abs. 2 AO) ist anzugeben, auf welche Sachverhalte sich die Feststellung der Finanzbehörde stützt.

Die Mitteilung nach § 141 Abs. 2 AO ist Voraussetzung für den Beginn der Buchführungspflicht. Das gilt selbst dann, wenn der Steuerpflichtige die tatsächliche Höhe des Umsatzes, Gewinns oder Wirtschaftswerts nicht richtig erklärt oder überhaupt keine Steuererklärungen abgegeben hat (vgl. BFH-Urteile vom 31. 3. 1977 – BStBl. II S. 549 – und vom 17. 3. 1977 – BStBl. II 1978 S. 76).

2.1.2 Die Mitteilung über die Buchführungspflicht ist ein Verwaltungsakt i. S. der §§ 118 ff. AO. Sie kann mit einem Steuerbescheid verbunden werden. Eine solche Verbindung setzt eine entsprechende Rechtsbehelfsbelehrung voraus, weil gegen den Steuerbescheid der Einspruch, gegen die Mitteilung aber die Beschwerde als Rechtsbehelf gegeben ist. Der Steuerpflichtige soll jedoch nach Möglichkeit eine gesonderte Mitteilung erhalten. Dies ist insbesondere dann erforderlich, wenn der Umsatz oder aber bei Pächtern und anderen Nutzungsberechtigten der Wirtschaftswert für den Beginn der Buchführungspflicht maßgebend ist, weil Steuerbescheide bzw. Feststellungsbescheide insoweit nicht in Frage kommen.

Die Mitteilung soll möglichst frühzeitig, mindestens aber einen Monat vor Beginn des Wirtschaftsjahres bekanntgegeben werden, von dessen Beginn an die Buchführungspflicht zu erfüllen ist.

2.1.3 Die Buchführungspflicht beginnt auch dann, wenn gegen die Mitteilung Beschwerde eingelegt ist (vgl. im übrigen den BFH-Beschluß vom 6. 12. 1979 – BStBl. 1980 II S. 427).

2.1.4 Der Land- und Forstwirt ist aufzufordern, nach Beginn der Buchführungspflicht eine Eröffnungsbilanz vorzulegen.

14 **2.2** § 141 Abs. 2 AO sieht eine förmliche Mitteilung über den Wegfall der Buchführungspflicht nicht vor. Aus Gründen der Rechtssicherheit ist jedoch ein entsprechender Hinweis im Steuerbescheid oder eine besondere Mitteilung zweckmäßig. Die Buchführungspflicht endet nicht bereits mit dem Ablauf des Wirtschaftsjahres, in dem die Feststellung getroffen worden ist, sondern erst mit Ablauf des darauffolgenden Wirtschaftsjahres (§ 141 Abs. 2 Satz 2 AO), sofern die Finanzbehörde bis dahin nicht erneut das Bestehen der Buchführungspflicht feststellt und dem Steuerpflichtigen dies mitgeteilt hat.

15 **2.3** Die Buchführungspflicht geht kraft Gesetzes (§ 141 Abs. 3 Satz 1 AO) auf denjenigen über, der den Betrieb im ganzen als Erwerber, Pächter, Nießbraucher oder sonstiger Nutzungsberechtigter übernimmt. Eine besondere Mitteilung (siehe Tz. 2.1.1 bis 2.1.3) an den Übernehmer ist nicht erforderlich (§ 141 Abs. 3 Satz 2 AO). Der Erwerb kann z. B. von Todes wegen, auf Grund vorweggenommener Erbfolge, durch Kauf sowie durch Einbringung oder Umwandlung eines Einzelbetriebs in eine Personengesellschaft und umgekehrt erfolgen.

Eine Übernahme des Betriebs im ganzen liegt vor, wenn seine Identität gewahrt bleibt. Das ist der Fall, wenn die wesentlichen Grundlagen des Betriebs als einheitliches Ganzes erhalten bleiben (vgl. hierzu die koordinierten Ländererlasse zur Verpachtung von Betrieben vom 17. 12. 1965 – BStBl. 1966 II S. 34). Eine Übernahme im ganzen ist danach grundsätzlich auch dann anzunehmen, wenn sie sich auf die Hofstelle und den Grund und Boden beschränkt. Bei Pachtbetrieben bildet auch das lebende und tote Inventar die wesentliche Grundlage. Die anderweitige Verwendung einzelner Wirtschaftsgüter ändert nichts an der Identität des Betriebs.

Strukturelle Veränderungen des Betriebs im Zusammenhang mit der Übernahme oder im Anschluß daran wirken sich auf den Übergang der Buchführungspflicht nicht aus. Erst wenn das Finanzamt feststellt, daß diese Veränderungen zu einem Fortfall der Voraussetzungen des § 141 Abs. 1 AO geführt haben, endet die Buchführungspflicht mit Ablauf des darauffolgenden Wirtschaftsjahres (§ 141 Abs. 2 Satz 2 AO).

16 **2.4** Beim Überschreiten einer Buchführungsgrenze auf Grund außergewöhnlicher Umstände (z. B. Veräußerung von Grund und Boden) soll auf Antrag nach § 148 AO Befreiung von der Buchführungspflicht bewilligt werden, wenn zu erwarten ist, daß künftig keine der Buchführungsgrenzen überschritten wird.

3. Ordnungsmäßigkeit der Buchführung

17 **3.1** Für die Buchführung der Land- und Forstwirte gelten grundsätzlich die gleichen Vorschriften wie für Gewerbetreibende (§§ 140 ff. AO, § 22 UStG i. V. m. §§ 63 ff. UStDV sowie Abschn. 13 und 29–31 EStR). Aus Vereinfachungsgründen werden jedoch folgende Erleichterungen zugelassen:

3.1.1 Die geordnete und übersichtliche Sammlung und Aufbewahrung der Kontoauszüge von ständigen Geschäftspartnern ersetzt die betreffenden Grundbücher, wenn die darin ausgewiesenen Geschäftsvorfälle unter Hinweis auf den dazugehörigen Beleg mit dem erforderlichen Buchungstext erläutert werden. Voraussetzung ist jedoch, daß diese Auszüge in regelmäßigen Zeitabständen – etwa nach einem Monat – vorliegen.

3.1.2 Zu den Entnahmen im Sinne des § 4 EStG gehört auch der Eigenverbrauch (Naturalentnahmen). Werden hierfür die von den Oberfinanzdirektionen aufgestellten Richtsätze angesetzt, so genügt es, wenn der Richtsatzbetrag am Ende des Wirtschaftsjahres gebucht wird.

3.1.3 Nach § 141 Abs. 1 Satz 2 AO braucht sich die Bestandsaufnahme nicht auf das stehende Holz zu erstrecken.

Bei Betrieben mit jährlicher Fruchtfolge kann auch für das Feldinventar und die stehende Ernte *(Abschn. 131 Abs. 2 EStR*[1]*)* sowie für selbstgewonnene, nicht zum Verkauf bestimmte Vorräte (z. B. Heu, Stroh, Silofutter, Trockenfutter, Dünger) auf eine Bestandsaufnahme und Bewertung verzichtet werden. Diese Wirtschaftsgüter brauchen auch in der für die Gewinnermittlung nach § 4 Abs. 1 EStG maßgebenden Bilanz nicht erfaßt zu werden.

---

[1] Jetzt R 14 Abs. 2 EStR.

Anl 18

3.2 Für die Bewertung von Pflanzenbeständen und Kulturen gelten – soweit nicht die Vereinfachungsregelungen nach Tz. 3.1.3, Tz. 3.2.1 oder Absatz 2 in Betracht kommen – die allgemeinen Vorschriften des § 6 EStG. Mehrjährige Kulturen und Dauerkulturen sind danach zu aktivieren. Dies gilt auch für Topfpflanzen, soweit es sich um mehrjährige Kulturen handelt. Mehrjährige Kulturen sind Pflanzungen, die nach einer Kulturzeit im Betrieb von mehr als einem Jahr einen einmaligen Ertrag liefern, der zum Verkauf bestimmt ist (z. B. Baumschulkulturen). Sie gehören zum Umlaufvermögen und sind nach § 6 Abs. 1 Nr. 2 EStG zu bewerten. Dauerkulturen sind Pflanzungen, die während einer Reihe von Jahren Erträge durch ihre zum Verkauf bestimmten Blüten, Früchte oder anderen Pflanzenteile liefern (z. B. Spargel-, Rhabarber- und Hopfenanlagen, Obstanlagen sowie Rebanlagen). Sie stellen abnutzbares Anlagevermögen dar, dessen Bewertung sich nach § 6 Abs. 1 Nr. 1 EStG richtet.

Es ist nicht zu beanstanden, wenn Topfpflanzen erstmals zum Schluß des Wirtschaftsjahres aktiviert werden, das nach ihrer Anschaffung oder Herstellung beginnt.

3.2.1 Bei mehrjährigen Kulturen und Dauerkulturen entsprechen die Anlagekosten den Anschaffungs- oder Herstellungskosten. Dazu gehören z. B. die Aufwendungen für Jungpflanzen, für die Aushebung der Pflanzgruben, für Baumpfähle und Bindematerial, für Umzäunungen oder Drahtschutz gegen Wildverbiß und für Veredelungsarbeiten. Pflegekosten sind aus Vereinfachungsgründen nicht zu aktivieren. Gemeinkosten werden in den meisten Fällen von so geringer Bedeutung sein, daß in der Regel auf ihre Aktivierung ebenfalls verzichtet werden kann. Das Aktivierungsrecht des Steuerpflichtigen bleibt unberührt.

3.3 Land- und Forstwirte haben nach § 142 AO neben der jährlichen Bestandsaufnahme und dem jährlichen Abschluß ein Anbauverzeichnis zu führen. In dem Anbauverzeichnis ist nachzuweisen, mit welchen Fruchtarten die selbstbewirtschafteten Flächen im abgelaufenen Wirtschaftsjahr bestellt waren. In das Anbauverzeichnis sind alle dem Betrieb dienenden Flächen, also auch Pachtflächen und andere zur Nutzung überlassene Flächen, aufzunehmen. Die selbstbewirtschaftete Fläche ist unter Angabe ihrer Größe in die einzelnen Nutzungs- und Kulturarten aufzuteilen; Flur- und Parzellenbezeichnungen oder ortsübliche Bezeichnungen sind anzugeben. Unproduktive Flächen, wie z. B. Hofraum, Dauerwege, Lagerplätze, Gebäudeflächen, sollen gleichfalls angegeben werden. 19

3.3.1 Das Anbauverzeichnis muß grundsätzlich nach den Verhältnissen zum Beginn eines Wirtschaftsjahres aufgestellt werden. Fruchtarten, die innerhalb eines Wirtschaftsjahres bestellt und abgeerntet werden, sind fortlaufend zusätzlich anzugeben.

Im gärtnerischen Gemüsebau und im Blumen- und Zierpflanzenbau ist zum 1. eines jeden Kalendervierteljahres anzugeben, welche Kulturen am Stichtag in den einzelnen Quartieren, Gewächshäusern usw. stehen.

3.3.2 In den Anbauverzeichnissen der gärtnerischen Betriebe, Teilbetriebe oder Betriebsteile sind die Nutzungsteile Gemüsebau, Blumen- und Zierpflanzenbau, Obstbau, Baumschulen gesondert auszuweisen. Zu den einzelnen Nutzungsteilen gehören auch die Mutterpflanzenquartiere, Saatkämpen und Jungpflanzenanzuchtflächen. Sie sind besonders zu kennzeichnen. Das gilt auch für Dauerkulturen und mehrjährige Kulturen. Es ist zwischen Freiland-, Niederglas- sowie heizbaren und nicht heizbaren Hochglasflächen zu unterscheiden. Bei mehrstöckiger Bepflanzung ist die insgesamt bepflanzte Fläche anzugeben.

Beim Gemüse-, Blumen- und Zierpflanzenbau sind die einzelnen Arten mit ihren handelsüblichen Bezeichnungen anzugeben. Als Grundlage für die Anbauverzeichnisse im gärtnerischen Gemüsebau und im Blumen- und Zierpflanzenbau haben sich maßstabsgerechte Lagepläne und – insbesondere für Glasflächen – Grundrißzeichnungen bewährt.

Beim Obstbau sind die einzelnen Arten und diese wiederum unterteilt nach Sorten und Erziehungsformen (z. B. Halbstamm, Hochstamm) anzugeben. Bei den Obstbäumen ist unter Angabe der Zahl der Bäume eine weitere Aufgliederung in Jungpflanzen und im Ertrag stehende Bäume erforderlich. Bei Beeren ist die Fläche anzugeben.

Der Nutzungsteil Baumschulen ist mindestens wie folgt aufzugliedern:
Rhododendron und Azaleen
Sonstige Ziergehölze aller Art
Forstpflanzen, die üblicherweise als Massenartikel gezogen werden
Heckenpflanzen, die üblicherweise als Massenartikel gezogen werden
Obstgehölze aller Art.
Die in Containern gezogenen Pflanzen sind gesondert auszuweisen.
Bei Samen-, Saat- und sonstigen Pflanzenzuchtbetrieben sind Lage, Art und Umfang des Vermehrungsanbaues anzugeben.

3.3.3 Forstwirtschaftlich genutzte Flächen sind in Holzboden-, Nichtholzboden- und sonstige Flächen (Nebenflächen) aufzugliedern. Die Holzbodenflächen sind nach Holzarten unter Angabe der Altersklassen aufzuteilen. Die im Wirtschaftsjahr kultivierten Flächen sind getrennt nach Wiederaufforstungen und Erstaufforstungen auszuweisen. Diese Angaben stellen in der Forstwirtschaft das Anbauverzeichnis dar.

Ein Anbauverzeichnis erübrigt sich, wenn für einen Forstbetrieb oder Forstbetriebsteil ein amtlich anerkanntes Betriebsgutachten oder ein Betriebswerk vorliegt.

3.4 Forstbetriebe haben die Holzaufnahme und den Holzeingang aufzuzeichnen. Zu diesem Zweck ist das eingeschlagene und aufgearbeitete Nutzholz und Brennholz (Derbholz) aufzumessen und mit fortlaufenden Nummern zu versehen. Aus den Aufzeichnungen muß sich auch die Holzart, die Holzsorte (Güte und Stärkeklasse) und die Holzmenge (Kubikmeter, Stückzahl u. ä.) ergeben. 20

3.4.1 Der Nachweis über die Holzaufnahme und den Holzeingang kann in entsprechend aufgegliederter Form durch Führung von Holzaufnahmelisten oder Nummernbüchern und Holzeingangsbüchern

(Holzeinschlagsbuch, Holzeinnahmebuch, Fällungsnachweise) geführt werden. Er ist insbesondere im Hinblick auf § 34 b EStG geboten, um die Voraussetzung der Angabe der unterschiedlichen Nutzungen zu erfüllen.

3.4.2 Werden Nummernbücher geführt, sind die Nummernbücher eines Wirtschaftsjahres fortlaufend zu kennzeichnen. Die Schlußnachweisung eines jeden Nummernbuchs ist in das Holzeinschlagsbuch zu übertragen. Am Ende des Wirtschaftsjahres ist das Holzeinschlagsbuch mengenmäßig abzuschließen.

Dabei soll erläutert werden, ob es sich um Mengen mit Rinde oder ohne Rinde handelt. Außerdem ist das am Schluß des Wirtschaftsjahres vorhandene eingeschlagene Holz in das Holzeingangsbuch – getrennt nach Holzsorten – einzutragen. Auf diese Weise ist unter Berücksichtigung der Anfangsbestände eine Abstimmung mit dem Holzausgangsbuch möglich.

3.4.3 Forstbetriebe haben außerdem nach Maßgabe der Tz. 4 sämtliche entgeltlichen und unentgeltlichen Holzlieferungen – Holzausgang – aufzuzeichnen (§ 144 Abs. 5 AO).
Aus den Aufzeichnungen müssen sich ergeben:
das Verkaufsdatum,
die Anschrift des Erwerbers,
die Holzart,
die Holzsorte (Stärke und Güteklasse),
die Menge,
der Preis.

Zur Vollständigkeit der Aufzeichnungen gehört auch die Angabe der Entnahmen und der Lieferungen an Betriebsangehörige.

3.4.4 Der Nachweis über den Holzausgang kann anhand von Durchschlägen der fortlaufend numerierten Holzzettel geführt werden.

Diese können auch in Verkaufslisten zusammengefaßt werden. Holzart und Holzsorte können sich auch aus dem Nummernbuch ergeben.

3.4.5 Werden in einem forstwirtschaftlichen Betrieb das Holzeinschlagsbuch (Holzeinnahmebuch, Fällungsnachweis) und das Holzausgangsbuch (Holzausgabebuch, Verwertungsnachweis) ordnungsgemäß geführt, so kann für das eingeschlagene Holz eine permanente Inventur im Sinne des *Abschn. 30 Abs. 2 EStR*[1] erstellt werden.

21 **3.5** Bestandteil der Buchführung sind im übrigen auch die nach außersteuerlichen Vorschriften zu führenden Bücher und sonstigen Aufzeichnungen.

22 **4. Aufzeichnung des Warenausgangs**

Nach § 144 Abs. 5 AO gelten die Vorschriften über die gesonderte Aufzeichnung des Warenausgangs auch für buchführungspflichtige Land- und Forstwirte. Diese Aufzeichnungen sollen eine bessere Überprüfung der Käufer land- und forstwirtschaftlicher Produkte ermöglichen. Es sind daher die Waren aufzuzeichnen, die erkennbar zur gewerblichen Weiterverwendung bestimmt sind.

Unter die Aufzeichnungspflicht fallen auch solche Produkte, die vom Erwerber nicht unmittelbar weiterveräußert, sondern zuvor be- oder verarbeitet werden.

23 ***5. Übergangsregelung***[2]

Nach der Tz. 3.2 sind mehrjährige Kulturen und Dauerkulturen zu aktivieren. Soweit dies bisher noch nicht geschehen ist, ist der Aktivposten erstmals in der Schlußbilanz des Wirtschaftsjahrs anzusetzen, das nach dem 31. 12. 1980 beginnt. Der dadurch entstehende Gewinn kann in der Weise auf fünf Wirtschaftsjahre verteilt werden, daß in derselben Schlußbilanz eine den steuerlichen Gewinn mindernde Rücklage von höchstens $^4/_5$ des Gewinns gebildet wird. Die Rücklage ist in den folgenden Wirtschaftsjahren mit mindestens je $^1/_4$ gewinnerhöhend aufzulösen.

24 **6. Anwendungs- und Schlußbestimmung**

Die vorstehenden Regelungen sind erstmals für Wirtschaftsjahre anzuwenden, die nach dem 31. 12. 1980 beginnen.

Der RdF-Erlaß vom 5. Juli 1935 – S 2140 – 50 III (RStBl. S. 953), die Verwaltungsanordnung über die Buchführung gärtnerischer Betriebe vom 15. Juni 1951 (BStBl. I S. 235), die gleichlautenden Ländererlasse aus dem Jahre 1958 über die Buchführung forstwirtschaftlicher Betriebe, die gleichlautenden Ländererlasse aus dem Jahre 1970 über die land- und forstwirtschaftliche Buchführung (BMF-Schreiben vom 22. 1. 1970 – IV B 4 – S 2163 – 4/70, BStBl. I S. 184) sind überholt.

AO

§ 142 Ergänzende Vorschriften für Land- und Forstwirte

① Land- und Forstwirte, die nach § 141 Absatz 1 Nummer 1 oder 5 zur Buchführung verpflichtet sind, haben neben den jährlichen Bestandsaufnahmen und den jährlichen Abschlüssen ein Anbauverzeichnis zu führen. ② In dem Anbauverzeichnis ist nachzuweisen, mit welchen Fruchtarten die selbstbewirtschafteten Flächen im abgelaufenen Wirtschaftsjahr bestellt waren.

[1] Jetzt EStH 5.3.
[2] Tz. 5 (Nachaktivierung) aufgehoben durch *BMF-Schreiben vom 4. 1. 1984, DStR S. 203.*

§ 143 Aufzeichnung des Wareneingangs[1]

(1) **Gewerbliche Unternehmer müssen den Wareneingang gesondert aufzeichnen.** 1

(2) ① **Aufzuzeichnen sind alle Waren einschließlich der Rohstoffe, unfertigen Erzeugnisse, Hilfsstoffe und Zutaten, die der Unternehmer im Rahmen seines Gewerbebetriebs zur Weiterveräußerung oder zum Verbrauch entgeltlich oder unentgeltlich, für eigene oder für fremde Rechnung, erwirbt; dies gilt auch dann, wenn die Waren vor der Weiterveräußerung oder dem Verbrauch be- oder verarbeitet werden sollen.** ② **Waren, die nach Art des Betriebs üblicherweise für den Betrieb zur Weiterveräußerung oder zum Verbrauch erworben werden, sind auch dann aufzuzeichnen, wenn sie für betriebsfremde Zwecke verwendet werden.** 2

(3) **Die Aufzeichnungen müssen die folgenden Angaben enthalten:** 3

1. den Tag des Wareneingangs oder das Datum der Rechnung,

2. den Namen oder die Firma und die Anschrift des Lieferers,

3. die handelsübliche Bezeichnung der Ware,

4. den Preis der Ware,

5. einen Hinweis auf den Beleg.

AEAO

Zu § 143 – Aufzeichnung des Wareneingangs:

1. Zur gesonderten Aufzeichnung des Wareneingangs sind nur gewerbliche Unternehmer (vgl. AEAO zu § 141, Nr. 1) verpflichtet; Land- und Forstwirte fallen nicht unter die Vorschrift. Die Aufzeichnungspflicht besteht unabhängig von der Buchführungspflicht. Bei buchführenden Gewerbetreibenden genügt es, wenn sich die geforderten Angaben aus der Buchführung ergeben. 4

2. Besondere Aufzeichnungspflichten, die in Einzelsteuergesetzen vorgeschrieben sind (z. B. nach § 22 UStG), werden von dieser Vorschrift nicht berührt. 5

AO

§ 144 Aufzeichnung des Warenausgangs[2]

(1) **Gewerbliche Unternehmer, die nach der Art ihres Geschäftsbetriebs Waren regelmäßig an andere gewerbliche Unternehmer zur Weiterveräußerung oder zum Verbrauch als Hilfsstoffe liefern, müssen den erkennbar für diese Zwecke bestimmten Warenausgang gesondert aufzeichnen.** 1

(2) ① **Aufzuzeichnen sind auch alle Waren, die der Unternehmer** 2

1. auf Rechnung (auf Ziel, Kredit, Abrechnung oder Gegenrechnung), durch Tausch oder unentgeltlich liefert, oder

2. gegen Barzahlung liefert, wenn die Ware wegen der abgenommenen Menge zu einem Preis veräußert wird, der niedriger ist als der übliche Preis für Verbraucher.

② **Dies gilt nicht, wenn die Ware erkennbar nicht zur gewerblichen Weiterverwendung bestimmt ist.**

(3) **Die Aufzeichnungen müssen die folgenden Angaben enthalten:** 3

1. den Tag des Warenausgangs oder das Datum der Rechnung,

2. den Namen oder die Firma und die Anschrift des Abnehmers,

3. die handelsübliche Bezeichnung der Ware,

4. den Preis der Ware,

5. einen Hinweis auf den Beleg.

(4) ① **Der Unternehmer muss über jeden Ausgang der in den Absätzen 1 und 2 genannten Waren einen Beleg erteilen, der die in Absatz 3 bezeichneten Angaben sowie seinen Namen oder die Firma und seine Anschrift enthält.** ② **Dies gilt insoweit nicht, als nach § 14 Absatz 2 des Umsatzsteuergesetzes durch die dort bezeichneten Leistungsempfänger eine Gutschrift erteilt wird oder auf Grund des § 14 Absatz 6 des Umsatzsteuergesetzes Erleichterungen gewährt werden.** 4

(5) **Die Absätze 1 bis 4 gelten auch für Land- und Forstwirte, die nach § 141 buchführungspflichtig sind.** 5

AEAO

Zu § 144 – Aufzeichnung des Warenausgangs:

Zur gesonderten Aufzeichnung des Warenausgangs sind gewerbliche Unternehmer (vgl. AEAO zu § 141, Nr. 1) sowie nach § 144 Abs. 5 AO auch buchführungspflichtige Land- und Forstwirte 6

---

[1] Zur Aufzeichnungspflicht für USt vgl. § 22 UStG, abgedruckt im „Handbuch der Steuerveranlagung".

[2] Das *BMF-Schreiben vom 13. 7. 1992 (BStBl. I S. 490)* hat darauf hingewiesen, dass bei Betriebsprüfungen bei Betrieben iSd § 144 Abs. 1 und 5 verstärkt auf die Einhaltung der Aufzeichnungspflichten nach § 144 geachtet werden muss. Insbesondere gibt ein unverhältnismäßig hoher Anteil von Barverkäufen am Gesamtumsatz des Großhändlers Anlass zu erhöhter Aufmerksamkeit. Von der Möglichkeit der Fertigung von Kontrollmaterial (§ 194 Abs. 3) ist zumindest stichprobenartig Gebrauch zu machen. Sofern sich Hinweise auf mögliche Steuerverkürzungen durch den Abnehmer ergeben, ist ggf. die Steuerfahndung einzuschalten.

verpflichtet. Mit der Einbeziehung der buchführungspflichtigen Land- und Forstwirte in die Vorschrift soll eine bessere Überprüfung der Käufer land- und forstwirtschaftlicher Produkte (z. B. Obst- oder Gemüsehändler) ermöglicht werden. Bei buchführenden Unternehmern können die Aufzeichnungspflichten im Rahmen der Buchführung erfüllt werden. Besondere Aufzeichnungspflichten, z. B. nach § 22 Abs. 2 Nrn. 1 bis 3 UStG, bleiben unberührt. Erleichterungen nach § 14 Abs. 6 UStG für die Ausstellung von Rechnungen (z. B. nach §§ 31, 33 UStDV) gelten für Zwecke dieser Vorschrift ausschließlich für die Erteilung eines Belegs i. S. v. § 144 Abs. 4 AO. Auf die Aufzeichnungspflichten des § 144 AO finden sie keine Anwendung. Bei Verstoß gegen die Aufzeichnungspflichten nach § 144 AO kann eine Ordnungswidrigkeit nach § 379 Abs. 2 Nr. 1 a AO vorliegen.

AO

§ 145[1] Allgemeine Anforderungen an die Buchführung und Aufzeichnungen

1 (1) ① **Die Buchführung muss so beschaffen sein, dass sie einem sachverständigen Dritten innerhalb angemessener Zeit einen Überblick über die Geschäftsvorfälle und über die Lage des Unternehmens vermitteln kann.** ② **Die Geschäftsvorfälle müssen sich in ihrer Entstehung und Abwicklung verfolgen lassen.**

2 (2) **Aufzeichnungen sind so vorzunehmen, dass der Zweck, den sie für die Besteuerung erfüllen sollen, erreicht wird.**

§ 146 Ordnungsvorschriften für die Buchführung und für Aufzeichnungen

1 (1) ① **Die Buchungen und die sonst erforderlichen Aufzeichnungen sind einzeln, vollständig, richtig, zeitgerecht und geordnet vorzunehmen.** ② **Kasseneinnahmen und Kassenausgaben sind täglich festzuhalten.**[2] ③ **Die Pflicht zur Einzelaufzeichnung nach Satz 1 besteht aus Zumutbarkeitsgründen bei Verkauf von Waren an eine Vielzahl von nicht bekannten Personen gegen Barzahlung nicht.** ④ **Das gilt nicht, wenn der Steuerpflichtige ein elektronisches Aufzeichnungssystem im Sinne des § 146 a verwendet.**

2 (2) ① **Bücher und die sonst erforderlichen Aufzeichnungen sind im Geltungsbereich dieses Gesetzes zu führen und aufzubewahren.**[3] ② **Dies gilt nicht, soweit für Betriebstätten außerhalb des Geltungsbereichs dieses Gesetzes nach dortigem Recht eine Verpflichtung besteht, Bücher und Aufzeichnungen zu führen, und diese Verpflichtung erfüllt wird.** ③ **In diesem Fall sowie bei Organgesellschaften außerhalb des Geltungsbereichs dieses Gesetzes müssen die Ergebnisse der dortigen Buchführung in die Buchführung des hiesigen Unternehmens übernommen werden, soweit sie für die Besteuerung von Bedeutung sind.** ④ **Dabei sind die erforderlichen Anpassungen an die steuerrechtlichen Vorschriften im Geltungsbereich dieses Gesetzes vorzunehmen und kenntlich zu machen.**[4]

(2 a) ① **Abweichend von Absatz 2 Satz 1 kann der Steuerpflichtige elektronische Bücher und sonstige erforderliche elektronische Aufzeichnungen oder Teile davon in einem anderen Mitgliedstaat oder in mehreren Mitgliedstaaten der Europäischen Union führen und aufbewahren.** ② **Macht der Steuerpflichtige von dieser Befugnis Gebrauch, hat er sicherzustellen, dass der Datenzugriff nach § 146 b Absatz 2 Satz 2, § 147 Absatz 6 und § 27 b Absatz 2 Satz 2 und 3 des Umsatzsteuergesetzes in vollem Umfang möglich ist.**

3 (2 b) ① **Abweichend von Absatz 2 Satz 1 kann die zuständige Finanzbehörde auf schriftlichen oder elektronischen Antrag des Steuerpflichtigen bewilligen, dass elektronische Bücher und sonstige erforderliche elektronische Aufzeichnungen oder Teile**

[1] Zur Beweiskraft der Buchführung vgl. § 158 AO.
Zur bewussten Falschbuchung vgl. § 379 AO.

[2] Zur Nutzung von Aliasbescheinigungen nach § 5 Abs. 6 ProstSchG im Zusammenhang mit § 146 Abs. 1 S. 1 AO vgl. *BMF-Schreiben vom 25. 10. 2021, BStBl. I S. 1870,* nachstehend abgedruckt.

Im Jahr 2015 bestand hinsichtlich der Erfassung von Bareinnahmen bei den Einkünften aus Gewerbebetrieb auch bei sog. bargeldintensiven Betrieben mit offener Ladenkasse kein dem Gesetzgeber zuzurechnendes strukturelles Vollzugsdefizit *(BFH-Urteil vom 16. 9. 2021 IV R 34/18, BStBl. 2022 II S. 101).*

Geldspeicher von Geldeinwurfautomaten sind Kassen. Daher ist bei ihrer Leerung der Bestand zu zählen und das Ergebnis aufzuzeichnen, um die Kassensturzfähigkeit zu gewährleisten *(BFH-Urteil vom 20. 3. 2017 X R 11/16, BStBl. II S. 992).*

BFH-Beschluss vom 12. 7. 2007 X B 16/17, BFH/NV S. 1204: 1. Eine Aufbewahrung von Tagessummen-Belegen mit Einzelaufzeichnung der Erlöse und Summenbildung kann, sofern im Betrieb keine weiteren Ursprungsaufzeichnungen angefallen sind, in Fällen der Einnahmen-Überschuss-Rechnung und Verwendung einer offenen Ladenkasse bei Anlegung des im Eilverfahren gebotenen summarischen Prüfungsmaßstabs den formellen Anforderungen an die Aufzeichnungen genügen. 2. Die Rechtsprechung, wonach Einzelaufzeichnungen der Erlöse in bestimmten Fällen aus Zumutbarkeitsgründen nicht geführt werden müssen, ist nicht auf Einzelhändler beschränkt, sondern kann auch auf Klein-Dienstleister anwendbar sein.

[3] Eine (Teil-)Verlagerung der Buchführung in das Ausland ist nur zulässig, wenn die Ordnungsmäßigkeit vom Inland aus in angemessener Zeit lückenlos überprüft werden kann und alle durch die Grundsätze ordnungsmäßiger DV-gestützter Buchführungssysteme gestellten Anforderungen im Inland erfüllt sind *(Vfg. OFD Düsseldorf vom 2. 9. 1997 S 0319 – 1 – St 2223, DB S. 1896).*

[4] Währungsverluste, die das inländische Stammhaus einer belgischen Betriebsstätte an deren Dotationskapital erleidet, sind im Inland steuerlich nicht zu berücksichtigen *(BFH-Urteil vom 16. 2. 1996 I R 43/95, BStBl. 1997 II S. 128).*

Währungsgewinne und -verluste, die das inländische Stammhaus einer US-amerikanischen Betriebsstätte an deren Eigenkapital erleidet, sind im Inland steuerlich nicht zu berücksichtigen *(BFH-Urteil vom 16. 2. 1996 I R 46/95, BStBl. II S. 588).*

AO

davon in einem Drittstaat oder in mehreren Drittstaaten geführt und aufbewahrt werden können.[1] **② Voraussetzung ist, dass**

1. der Steuerpflichtige der zuständigen Finanzbehörde den Standort oder die Standorte des Datenverarbeitungssystems oder bei Beauftragung eines Dritten dessen Namen und Anschrift mitteilt,

2. der Steuerpflichtige seinen sich aus den §§ 90, 93, 97, 140 bis 147 und 200 Absatz 1 und 2 ergebenden Pflichten ordnungsgemäß nachgekommen ist,

3. der Datenzugriff nach § 146 b Absatz 2 Satz 2, § 147 Absatz 6 und § 27 b Absatz 2 Satz 2 und 3 des Umsatzsteuergesetzes in vollem Umfang möglich ist und

4. die Besteuerung hierdurch nicht beeinträchtigt wird.

③ Werden der Finanzbehörde Umstände bekannt, die zu einer Beeinträchtigung der Besteuerung führen, hat sie die Bewilligung zu widerrufen und die unverzügliche Rückverlagerung der elektronischen Bücher und sonstigen erforderlichen elektronischen Aufzeichnungen in einen oder mehrere Mitgliedstaaten der Europäischen Union zu verlangen. ④ Eine Änderung der unter Satz 2 Nummer 1 benannten Umstände ist der zuständigen Finanzbehörde unverzüglich mitzuteilen.

(2 c)[2] **Kommt der Steuerpflichtige der Aufforderung zur Rückverlagerung seiner elektronischen Buchführung oder seinen Pflichten nach Absatz 2 b Satz 4, zur Einräumung des Datenzugriffs nach § 147 Absatz 6 nicht nach oder hat er seine elektronische Buchführung ohne Bewilligung der zuständigen Finanzbehörde in einen Drittstaat oder mehrere Drittstaaten verlagert, kann**[3] **ein Verzögerungsgeld von 2 500 Euro bis 250 000 Euro festgesetzt werden.** 4

(3) **① Die Buchungen und die sonst erforderlichen Aufzeichnungen sind in einer lebenden Sprache vorzunehmen. ② Wird eine andere als die deutsche Sprache verwendet, so kann die Finanzbehörde Übersetzungen verlangen. ③ Werden Abkürzungen, Ziffern, Buchstaben oder Symbole verwendet, muss im Einzelfall deren Bedeutung eindeutig festliegen.** 5

(4) **① Eine Buchung oder eine Aufzeichnung darf nicht in einer Weise verändert werden, dass der ursprüngliche Inhalt nicht mehr feststellbar ist. ② Auch solche Veränderungen dürfen nicht vorgenommen werden, deren Beschaffenheit es ungewiss lässt, ob sie ursprünglich oder erst später gemacht worden sind.** 6

(5)[4] **① Die Bücher und die sonst erforderlichen Aufzeichnungen können auch in der geordneten Ablage von Belegen bestehen oder auf Datenträgern**[5] **geführt werden, soweit diese Formen der Buchführung einschließlich des dabei angewandten Verfahrens den Grundsätzen ordnungsmäßiger Buchführung entsprechen; bei Aufzeichnungen, die allein nach den Steuergesetzen vorzunehmen sind, bestimmt sich die Zulässigkeit des angewendeten Verfahrens nach dem Zweck, den die Aufzeichnungen für die Be-** 7

---

[1] Zur Verlagerung der elektronischen Buchführung und von elektronischen Aufzeichnungen ins Ausland vgl. Verfügung *LfSt Bayern vom 29. 1. 2021,* nachstehend abgedruckt.

[2] Es ist nicht ernstlich zweifelhaft, dass ein Verzögerungsgeld auch verhängt werden kann, wenn ein Steuerpflichtiger einer Aufforderung des Finanzamts zur Erteilung von Auskünften oder zur Vorlage von Unterlagen im Rahmen einer Außenprüfung nicht fristgerecht nachkommt.

BFH-Urteil vom 28. 8. 2012 I R 10/12, BStBl. 2013 II S. 266: 1. Der Verhältnismäßigkeitsgrundsatz ist auch bei der Entscheidung, ob gegenüber dem Steuerpflichtigen ein Verzögerungsgeld nach § 146 Abs. 2 b AO in Höhe von mindestens 2 500 € festgesetzt wird, zu beachten. Hiernach ist es dem FA verwehrt, im Rahmen der Ausübung seines sog. Entschließungsermessens von einer Vorprägung in dem Sinne auszugehen, dass jede Verletzung der Mitwirkungspflichten (§ 200 Abs. 1 AO) – unabhängig davon, ob den Steuerpflichtigen ein Schuldvorwurf trifft – grundsätzlich zur Festsetzung eines Verzögerungsgelds führt. 2. Der Verhältnismäßigkeitsgrundsatz schließt es ferner aus, dass das FA der Ausübung seines Entschließungsermessens die Summe (Bündel) der Pflichtverletzungen zugrunde legt, bei der anschließenden Ermessensentscheidung dazu, ob es – im nämlichen Fall – angemessen und zumutbar ist, den Mindestsatz zu überschreiten (sog. Auswahlermessen), hingegen auf die einzelne Pflichtverletzung abstellt und diese jeweils – ohne weitere die Gesamtheit der Verstöße betreffende Erwägungen – in Höhe von 2 500 € (Mindestsatz) sanktioniert.

[3] *BFH-Urteil vom 24. 4. 2014 IV R 25/11, BStBl. II S. 819:* 1. Das Entschließungsermessen wird fehlerhaft ausgeübt, wenn ausgehend von einer Vorprägung des Ermessens jede Verletzung der Mitwirkungspflichten (§ 200 Abs. 1 AO) – unabhängig davon, ob den Steuerpflichtigen ein Schuldvorwurf trifft – grundsätzlich zur Festsetzung eines Verzögerungsgelds führt (Anschluss an *BFH-Urteil vom 28. 8. 2012 I R 10/12, BStBl. 2013 II S. 266).* 2. Eine Vorprägung des Entschließungsermessens im Sinne einer Ermessensreduzierung auf Null ist auch dann zu verneinen, wenn ausreichende Gründe für eine entschuldbare Fristversäumnis weder vorgetragen noch festgestellt werden. 3. Bei der Ausübung des Entschließungsermessens ist ein Antrag auf AdV, der sich gegen die Prüfungsanordnung und die Aufforderung zur Vorlage der Buchführungsunterlagen richtet und im Zeitpunkt des Ablaufs der Vorlagefrist noch nicht beschieden ist, unbeachtet der Vollziehbarkeit der Bescheide zu berücksichtigen. 4. Das Auswahlermessen wird fehlerhaft ausgeübt, wenn früheres Verhalten des Steuerpflichtigen, welches der Aufforderung zur Vorlage der Unterlagen vorausging, bei der Bemessung der Höhe des Verzögerungsgelds berücksichtigt worden ist.

[4] Zur erstmaligen Anwendung siehe Art. 97 § 19 b EGAO **(Anhang I Nr. 1).**

[5] Siehe hierzu UStAE 14.4, abgedruckt im „Handbuch der Steuerveranlagung".

Das Recht, nach § 146 Abs. 5 Satz 1 AO eine bestimmte Form der Aufzeichnung und der Aufbewahrung zu wählen, ist ausgeübt, wenn sich der Steuerpflichtige entschieden hat, Aufzeichnungen sowohl in Papierform als auch in elektronischer Form zu führen und wenn er die notwendigen Unterlagen ebenfalls in beiden Formen aufbewahrt. In diesem Fall erstreckt sich die Pflicht zur Aufbewahrung nach § 147 Abs. 1 AO auf sämtliche Aufzeichnungen und Unterlagen *(BFH-Urteil vom 24. 6. 2009 VIII R 80/06, BStBl. 2010 II, S. 452).*

DA **steuerung erfüllen sollen. ② Bei der Führung der Bücher und der sonst erforderlichen Aufzeichnungen auf Datenträgern muss insbesondere sichergestellt sein, dass während der Dauer der Aufbewahrungsfrist die Daten jederzeit verfügbar sind und unverzüglich lesbar gemacht werden können. ③ Dies gilt auch für die Befugnisse der Finanzbehörde nach § 146 b Absatz 2 Satz 2, § 147 Absatz 6 und § 27 b Absatz 2 Satz 2 und 3 des Umsatzsteuergesetzes. ④ Absätze 1 bis 4 gelten sinngemäß.**

8 (6) **Die Ordnungsvorschriften gelten auch dann, wenn der Unternehmer Bücher und Aufzeichnungen, die für die Besteuerung von Bedeutung[1] sind, führt, ohne hierzu verpflichtet zu sein.**

AEAO

Zu § 146 – Ordnungsvorschriften für die Buchführung und für Aufzeichnungen:

9 **1. Allgemeines**

1.1. Nur der ordnungsmäßigen Buchführung kommt Beweiskraft zu (§ 158 AO). Hinsichtlich von Verstößen wird auf den AEAO zu § 140 verwiesen.

1.2. Zu den Begriffen „vollständig, richtig, zeitgerecht, geordnet und unveränderbar" vgl. Rzn. 36 bis 60 der BMF-Schreiben vom 28. 11. 2019, BStBl. I S. 1269, zuletzt geändert durch BMF-Schreiben vom 14. 7. 2025, BStBl. I S. 1502.

1.3. Es ist Aufgabe des Steuerpflichtigen, seine aufzeichnungs- und aufbewahrungspflichtigen Unterlagen so zu organisieren, dass bei einer zulässigen Einsichtnahme in die steuerlich relevanten Unterlagen (Daten) keine gesetzlich geschützten Bereiche tangiert werden können, zum Beispiel bei Rechtsanwälten, Steuerberatern, Ärzten usw.

1.4. Buchführungspflichtige Steuerpflichtige haben für Bargeldbewegungen ein Kassenbuch (ggf. in der Form aneinandergereihter Kassenberichte) zu führen.

10 **2. Einzelaufzeichnungspflicht (§ 146 Abs. 1 AO)**

2.1. Grundsätze der Einzelaufzeichnung

2.1.1. Aufzeichnungen (z. B. nach §§ 238 ff. HGB und nach § 22 UStG) müssen unterschiedlichen steuerlichen Zwecken genügen. Erfordern verschiedene Rechtsnormen gleichartige Aufzeichnungen, so ist eine mehrfache Aufzeichnung für jede Rechtsnorm nicht erforderlich (vgl. Rz. 13 der BMF-Schreiben vom 28. 11. 2019, BStBl. I S. 1269, zuletzt geändert durch BMF-Schreiben vom 14. 7. 2025, BStBl. I S. 1502). Die Pflicht zur Einzelaufzeichnung gilt unabhängig von der Gewinnermittlungsart. Hinsichtlich der Aufzeichnungspflichten bei Steuerpflichtigen, die ihren Gewinn nach § 4 Abs. 3 EStG ermitteln vgl. AEAO zu § 146, Nr. 2.1.7.

2.1.2. Die Grundsätze ordnungsmäßiger Buchführung erfordern grundsätzlich die Aufzeichnung jedes einzelnen Geschäftsvorfalls unmittelbar nach seinem Abschluss und in einem Umfang, der einem sachverständigen Dritten in angemessener Zeit eine lückenlose Überprüfung seiner Grundlagen, seines Inhalts, seiner Entstehung und Abwicklung und seiner Bedeutung für den Betrieb ermöglicht. Das bedeutet nicht nur die Aufzeichnung der in Geld bestehenden Gegenleistung, sondern auch des Inhalts des Geschäfts und des Namens des Vertragspartners. Dies gilt auch für Bareinnahmen und für Barausgaben (vgl. BFH-Urteil vom 12. 5. 1966 IV 472/60, BStBl. III S. 371). Die vorgenannten Grundsätze gelten für jeden, der eine gewerbliche, berufliche oder land- und forstwirtschaftliche, Tätigkeit selbständig ausübt. Der Umstand der sofortigen Zahlung rechtfertigt keine Ausnahme (vgl. BFH-Urteil vom 26. 2. 2004 XI R 25/02, BStBl. II S. 599).

2.1.3. Die Grundaufzeichnungen müssen so beschaffen sein, dass sie jederzeit eindeutig in ihre Einzelpositionen aufgegliedert werden können. Zeitnah, d. h. möglichst unmittelbar zu der Entstehung des jeweiligen Geschäftsvorfalles aufzuzeichnen sind der verkaufte, eindeutig bezeichnete Artikel, der endgültige Einzelverkaufspreis, der dazugehörige Umsatzsteuersatz und -betrag, vereinbarte Preisminderungen, die Zahlungsart, das Datum und der Zeitpunkt des Umsatzes sowie die verkaufte Menge bzw. Anzahl. Die Möglichkeit zum Ausweis des Steuerbetrags in einer Summe nach § 32 UStDV in der Rechnung und die Zusammenfassung des Entgelts und des darauf entfallenden Steuerbetrags in einer Summe nach § 33 Satz 1 Nr. 4 UStDV in der Rechnung bleiben unbenommen. Eine Verpflichtung zur einzelnen Verbuchung (im Gegensatz zur Aufzeichnung) eines jeden Geschäftsvorfalls besteht nicht. Werden der Art nach gleiche Waren mit demselben Einzelverkaufspreis in einer Warengruppe zusammengefasst, wird dies nicht beanstandet, sofern die verkaufte Menge bzw. Anzahl ersichtlich bleibt. Dies gilt entsprechend für Dienstleistungen.

2.1.4. Die Pflicht zur Einzelaufzeichnung gilt grundsätzlich unabhängig davon, ob der Steuerpflichtige ein elektronisches Aufzeichnungssystem oder eine offene Ladenkasse verwendet. Ein elektronisches Aufzeichnungssystem ist die zur elektronischen Datenverarbeitung eingesetzte Hardware und Software, die elektronische Aufzeichnungen zur Dokumentation von Geschäftsvorfällen und somit Grundaufzeichnungen erstellt. Als elektronische Aufzeichnungssysteme gelten

[1] Führt der Steuerpflichtige Aufzeichnungen, zu denen er gesetzlich nicht verpflichtet ist, so sind die Aufzeichnungen dann nicht gemäß § 146 Abs. 6 AO „für die Besteuerung von Bedeutung", wenn sie der Besteuerung nicht zugrunde zu legen sind *(BFH-Urteil vom 24. 6. 2009 VIII R 80/06, BStBl. 2010 II S. 452).*

auch elektronische Vorsysteme mit externer Geldaufbewahrung. Welche dieser elektronischen Aufzeichnungssysteme zusätzlich die besonderen Anforderungen des § 146 a AO erfüllen müssen (Pflicht zur Aufzeichnung anderer Vorgänge, Schutz durch eine zertifizierte technische Sicherheitseinrichtung) bestimmt sich nach § 1 KassenSichV. Als offene Ladenkasse gelten eine summarische, retrograde Ermittlung der Tageseinnahmen sowie manuelle Einzelaufzeichnungen ohne Einsatz technischer Hilfsmittel.

2.1.5. Branchenspezifische Mindestaufzeichnungspflichten und Zumutbarkeitsgesichtspunkte sind zu berücksichtigen. Es wird z. B. nicht beanstandet, wenn die Mindestangaben zur Nachvollziehbarkeit des Geschäftsvorfalls (vgl. AEAO zu § 146, Nr. 2.1.3) einzeln aufgezeichnet werden, nicht jedoch die Kundendaten, sofern diese nicht zur Nachvollziehbarkeit und Nachprüfbarkeit des Geschäftsvorfalls benötigt werden (vgl. Rz. 37 der BMF-Schreiben vom 28. 11. 2019, BStBl. I S. 1269, zuletzt geändert durch BMF-Schreiben vom 14. 7. 2025, BStBl. I S. 1502). Dies gilt auch, wenn ein elektronisches Aufzeichnungssystem eine Kundenerfassung und Kundenverwaltung zulässt, die Kundendaten aber tatsächlich nicht oder nur teilweise erfasst werden. Soweit Aufzeichnungen über Kundendaten aber tatsächlich geführt werden, sind sie aufbewahrungspflichtig, sofern dem nicht gesetzliche Vorschriften entgegenstehen.

2.1.6. Wird zur Erfassung von aufzeichnungspflichtigen Geschäftsvorfällen ein elektronisches Aufzeichnungssystem verwendet und fällt dieses aus (z. B. Stromausfall, technischer Defekt), ist während dieser Zeit eine Aufzeichnung auf Papier zulässig. Die Aufzeichnungspflichten bei Verwendung einer offenen Ladenkasse gelten insoweit entsprechend (vgl. AEAO zu § 146, Nr. 3.2 und 3.3). Die Ausfallzeit des elektronischen Aufzeichnungssystems ist zu dokumentieren und soweit vorhanden durch Nachweise zu belegen (z. B. Rechnung über Reparaturleistung). Bei Ausfall der zertifizierten technischen Sicherheitseinrichtung von elektronischen Aufzeichnungssystemen i. S. d. § 1 Abs. 1 Satz 1 und Abs. 2 der Kassensicherungsverordnung wird auf den AEAO zu § 146 a, Nr. 1.14, 2.7, 3.6 und 4.6 verwiesen.

2.1.7. Der Grundsatz der Einzelaufzeichnungspflicht gilt auch für Steuerpflichtige, die ihren Gewinn nach § 4 Abs. 3 EStG ermitteln. Nach § 146 Abs. 5 Satz 1 Halbsatz 2 AO müssen die Aufzeichnungen so geführt werden, dass sie dem konkreten Besteuerungszweck entsprechen (vgl. Rz. 25 der BMF-Schreiben vom 28. 11. 2019, BStBl. I S. 1269, zuletzt geändert durch BMF-Schreiben vom 14. 7. 2025, BStBl. I S. 1502). Eine ordnungsgemäße Gewinnermittlung nach § 4 Abs. 3 EStG setzt voraus, dass die Höhe der Betriebseinnahmen und Betriebsausgaben durch geordnete und vollständige Belege nachgewiesen wird (BFH-Urteil vom 15. 4. 1999 IV R 68/98, BStBl. II S. 481). Ist die Einzelaufzeichnungspflicht nicht zumutbar, muss die Einnahmeermittlung nachvollziehbar dokumentiert und überprüfbar sein.

2.2. Ausnahme von der Einzelaufzeichnungspflicht aus Zumutbarkeitsgründen

2.2.1. Die Aufzeichnung jedes einzelnen Geschäftsvorfalls ist nur dann nicht zumutbar, wenn es technisch, betriebswirtschaftlich und praktisch unmöglich ist, die einzelnen Geschäftsvorfälle aufzuzeichnen (BFH-Urteil vom 12. 5. 1966 IV 472/60, BStBl. III S. 371). Das Vorliegen dieser Voraussetzungen ist durch den Steuerpflichtigen nachzuweisen.

2.2.2. Bei Verkauf von Waren an eine Vielzahl von nicht bekannten Personen gegen Barzahlung gilt die Einzelaufzeichnungspflicht nach § 146 Abs. 1 Satz 1 AO aus Zumutbarkeitsgründen nicht, wenn kein elektronisches Aufzeichnungssystem, sondern eine offene Ladenkasse verwendet wird (§ 146 Abs. 1 Satz 3 und 4 AO, vgl. AEAO zu § 146, Nr. 2.1.4). Bei Vorliegen der übrigen Voraussetzungen des § 146 Abs. 1 Satz 3 AO ist die Zumutbarkeit nicht gesondert zu prüfen. Wird hingegen ein elektronisches Aufzeichnungssystem verwendet, gilt die Einzelaufzeichnungspflicht nach § 146 Abs. 1 Satz 1 AO unabhängig davon, ob das elektronische Aufzeichnungssystem und die digitalen Aufzeichnungen nach § 146 a Abs. 3 AO i. V. m. der KassenSichV mit einer zertifizierten technischen Sicherheitseinrichtung zu schützen sind.

2.2.3. Werden eines oder mehrere elektronische Aufzeichnungssysteme verwendet, sind diese grundsätzlich zur Aufzeichnung sämtlicher Erlöse zu verwenden. Ist für einen räumlich oder organisatorisch eindeutig abgrenzbaren Bereich aus technischen Gründen oder aus Zumutbarkeitserwägungen eine Erfassung über das vorhandene elektronische Aufzeichnungssystem nicht möglich, wird es nicht beanstandet, wenn zur Erfassung dieser Geschäftsvorfälle eine offene Ladenkasse verwendet wird. Soweit der Steuerpflichtige mehrere Kassen führt, sind die Anforderungen an die Aufzeichnung von baren und unbaren Geschäftsvorfällen für jede einzelne Sonder- und Nebenkasse zu beachten (vgl. BFH-Urteil vom 20. 10. 1971 I R 63/70, BStBl. II 1972 S. 273). § 146 Abs. 1 Sätze 2 bis 4 AO bleiben hiervon unberührt.

2.2.4. Liegen Einzeldaten einer Waage (Artikel, Gewicht bzw. Menge und Preis der Ware) einem aufzeichnungs- und aufbewahrungspflichtigen Geschäftsvorfall zugrunde, sind diese einzeln aufzuzeichnen und aufzubewahren. Werden diese Einzeldaten unter Berücksichtigung von § 146 Abs. 4 AO zusätzlich in einem elektronischen Aufzeichnungssystem mit Kassenfunktion aufgezeichnet, wird es nicht beanstandet, wenn die Einzeldaten der Waage nicht zusätzlich aufbewahrt werden. Verwendet der Steuerpflichtige eine offene Ladenkasse sowie eine Waage, die lediglich das Gewicht und/oder den Preis anzeigt und über die Dauer des einzelnen Wiegevorgangs hinaus über keine Speicherfunktion verfügt, wird es unter den Voraussetzungen des § 146 Abs. 1 Satz 3

AEAO

AO nicht beanstandet, wenn die o. g. Einzeldaten der Waage nicht aufgezeichnet werden. Erfüllt die Waage hingegen die Voraussetzung eines elektronischen Aufzeichnungssystems mit Kassenfunktion, ist die Verwendung einer offenen Ladenkasse unzulässig.

2.2.5. Von einem Verkauf von Waren an eine Vielzahl nicht bekannter Personen ist auszugehen, wenn nach der typisierenden Art des Geschäftsbetriebs alltäglich Barverkäufe an nament-lich nicht bekannte Kunden getätigt werden (vgl. BFH-Urteile vom 12. 5. 1966 IV 472/60, BStBl. III S. 371 und vom 16. 12. 2014 X R 29/13, BFH/NV 2015 S. 790). Dies setzt voraus, dass die Identität der Käufer für die Geschäftsvorfälle regelmäßig nicht von Bedeutung ist. Unschädlich ist, wenn der Verkäufer aufgrund außerbetrieblicher Gründe tatsächlich viele seiner Kunden namentlich kennt.

2.2.6. Die Zumutbarkeitsüberlegungen, die der Ausnahmeregelung nach § 146 Abs. 1 Satz 3 AO zugrunde liegen, sind grundsätzlich auch auf Dienstleistungen übertragbar. Es wird vor diesem Hintergrund nicht beanstandet, wenn diese Ausnahmeregelung auf Dienstleistungen angewendet wird, die an eine Vielzahl von nicht bekannten Personen gegen Barzahlung erbracht werden (vgl. AEAO zu § 146, Nr. 2.2.5) und kein elektronisches Aufzeichnungssystem verwendet wird. Hierbei muss der Geschäftsbetrieb auf eine Vielzahl von Kundenkontakten ausgerichtet und der Kundenkontakt des Dienstleisters und seiner Angestellten im Wesentlichen auf die Bestellung und den kurzen Bezahlvorgang beschränkt sein. Einzelaufzeichnungen sind dagegen zu führen, wenn der Kundenkontakt in etwa der Dauer der Dienstleistung entspricht und der Kunde auf die Ausübung der Dienstleistung üblicherweise individuell Einfluss nehmen kann (zur Aufzeichnung der Kundendaten vgl. AEAO zu § 146, Nr. 2.1.5). Auf die Aufzeichnungserleichterung können sich Dienstleister – wie auch Einzelhändler – aber insoweit nicht berufen, als tatsächlich Einzelaufzeichnungen geführt werden (vgl. AEAO zu § 146, Nr. 2.1.2 und Nr. 2.1.3). Die Mindestanforderungen an eine offene Ladenkasse (vgl. AEAO zu§ 146, Nr. 3.2) bleiben unberührt.

11 **3. Aufzeichnungspflichten bei Verwendung einer offenen Ladenkasse**

3.1. Es besteht keine gesetzliche Pflicht zur Verwendung eines elektronischen Aufzeichnungssystems.

3.2. Einzelaufzeichnungen können durch die vollständige und detaillierte Erfassung (vgl. AEAO zu § 146, Nr. 2.1.2 und 2.1.3) aller baren Geschäftsvorfälle in Form eines Kassenbuches erfolgen. Wird ein Kassenbericht zur Ermittlung der Tageslosung verwendet, kann die Einzelaufzeichnung auch durch die geordnete (z. B. nummerierte) Sammlung aller Barbelege gewährleistet werden.

3.3. Besteht aus Zumutbarkeitsgründen keine Verpflichtung zur Einzelaufzeichnung (vgl. AEAO zu § 146, Nr. 2.2.2) müssen die Bareinnahmen zumindest anhand eines Kassenberichts nachgewiesen werden. Hierbei ist stets vom gezählten Kassenendbestand des jeweiligen Geschäftstages auszugehen. Von diesem Kassenendbestand werden der Kassenendbestand bei Geschäftsschluss des Vortages sowie die durch Eigenbeleg zu belegenden Bareinlagen abgezogen. Ausgaben und durch Eigenbeleg nachzuweisende Barentnahmen sind hinzuzurechnen. Ein sogenanntes „Zählprotokoll" (Auflistung der genauen Stückzahl vorhandener Geldscheine und -münzen) ist nicht erforderlich (BFH-Beschluss vom 16. 12. 2016 X B 41/16, BFH/NV 2017 S. 310), erleichtert jedoch den Nachweis des tatsächlichen Auszählens.

3.4. Kasseneinnahmen und Kassenausgaben sind täglich festzuhalten. Werden Kasseneinnahmen und Kassenausgaben ausnahmsweise erst am nächsten Geschäftstag aufgezeichnet, ist dies noch ordnungsgemäß, wenn zwingende geschäftliche Gründe einer Aufzeichnung noch am gleichen Tag entgegenstehen und aus den Aufzeichnungen und Unterlagen sicher entnommen werden kann, wie sich der sollmäßige Kassenbestand entwickelt hat (vgl. BFH-Urteil vom 31. 7. 1974 I R 216/72, BStBl. 1975 II S. 96). Bei Kassen ohne Verkaufspersonal (sog. Vertrauenskassen, wie z. B. beim Gemüseverkauf am Feldrand, Fahrscheinautomaten sowie Waren- und Dienstleistungsautomaten) wird es nicht beanstandet, wenn diese nicht täglich, sondern erst bei Leerung ausgezählt werden. Kassenaufzeichnungen müssen so beschaffen sein, dass ein sachverständiger Dritter jederzeit in der Lage ist, den Sollbestand mit dem Istbestand der Geschäftskasse zu vergleichen (BFH-Urteil vom 20. 9. 1989 X R 39/87, BStBl. 1990 II S. 109).

3.5. Die umsatzsteuerlichen Aufzeichnungs- und Aufbewahrungspflichten bleiben unberührt.

12 **4. Verzögerungsgeld (§ 146 Abs. 2 c AO)**

Die Festsetzung eines Verzögerungsgelds nach § 146 Abs. 2 c AO in Zusammenhang mit Mitwirkungsverstößen im Rahmen von Außenprüfungen ist nicht auf Fälle beschränkt, bei denen die elektronische Buchführung im Ausland geführt und/oder aufbewahrt wird. Eine mehrfache Festsetzung eines Verzögerungsgelds wegen fortdauernder Nichtvorlage derselben Unterlagen ist jedoch nicht zulässig (BFH-Beschlüsse vom 16. 6. 2011 IV B 120/10, BStBl. II S. 855, und vom 28. 6. 2011 X B 37/11, BFH/NV S. 1833). Wird die Verpflichtung nach Festsetzung des Verzögerungsgelds erfüllt, so ist der Vollzug nicht einzustellen.

13 **5. DV-gestützte Buchführung und Aufzeichnungen (§ 146 Abs. 5 AO)**

§ 146 Abs. 5 AO enthält die gesetzliche Grundlage für die sog. „OffenePosten-Buchhaltung" sowie für die Führung der Bücher und sonst erforderlichen Aufzeichnungen auf maschinell lesbaren Datenträgern (z. B. CD, DVD, Blu-ray-Disk, Flash-Speicher). Bei einer Buchführung auf maschinell lesbaren Datenträgern (DV-gestützte Buchführung) müssen die Daten innerhalb der gesetzlichen Aufbewahrungsfrist unverzüglich lesbar gemacht werden können. Es wird nicht verlangt, dass der Buchungsstoff zu einem bestimmten Zeitpunkt (z.B. zum Ende des Jahres) lesbar gemacht wird. Er muss ganz oder teilweise lesbar gemacht werden, wenn die Finanzbehörde es verlangt (§ 147 Abs. 5 AO). Dies gilt sinngemäß auch für sonst erforderliche Aufzeichnungen. Wer seine Bücher oder sonst erforderlichen Aufzeichnungen auf maschinell lesbaren Datenträgern führt, hat die Grundsätze zur ordnungsmäßigen Führung und Aufbewahrung von Büchern, Aufzeichnungen und Unterlagen in elektronischer Form sowie zum Datenzugriff – GoBD – (BMF-Schreiben vom 28. 11. 2019, BStBl. I S. 1269, zuletzt geändert durch BMF-Schreiben vom 14. 7. 2025, BStBl. I S. 1502) zu beachten.

Übersicht

	Rz.
1) Schreiben betr. Grundsätze zur ordnungsmäßigen Führung und Aufbewahrung von Büchern, Aufzeichnungen und Unterlagen in elektronischer Form sowie zum Datenzugriff (GoBD) vom 28. 11. 2019	14–65
2) Schreiben betr. Aufzeichnung von Geschäftsvorfällen und anderen steuerlich relevanten Daten bei Taxi- und Mietwagenunternehmen vom 11. 3. 2024	66–71
3) Verfügung betr. Verlagerung der elektronischen Buchführung und von elektronischen Aufzeichnungen ins Ausland vom 29. 1. 2021	72–77
4) Schreiben betr. Einzelaufzeichnungspflicht nach § 146 Absatz 1 Satz 1 AO; Nutzung von Aliasbescheinigungen nach § 5 Absatz 6 ProstSchG vom 25. 10. 2021	78
5) Merkblatt betr. Ordnungsmäßigkeit der Kassenbuchführung vom 30. 12. 2024	79–91

1) Schreiben betr. Grundsätze zur ordnungsmäßigen Führung und Aufbewahrung von Büchern, Aufzeichnungen und Unterlagen in elektronischer Form sowie zum Datenzugriff (GoBD)

Anl 1

Vom 28. November 2019 (BeckVerw 453300)

(BMF IV A 4 – S 0316/19/10 003 :001; DOK 2019/592405)

Geändert durch BMF-Schreiben v. 11. 3. 2024 (BeckVerw 635065) und v. 14. 7. 2025 (BeckVerw 655492)

Unter Bezugnahme auf das Ergebnis der Erörterungen mit den obersten Finanzbehörden der Länder gilt für die Anwendung dieser Grundsätze Folgendes:

1. Allgemeines

1 Die betrieblichen Abläufe in den Unternehmen werden ganz oder teilweise unter Einsatz von Informations- und Kommunikations-Technik abgebildet. **14**

2 Auch die nach außersteuerlichen oder steuerlichen Vorschriften zu führenden Bücher und sonst erforderlichen Aufzeichnungen werden in den Unternehmen zunehmend in elektronischer Form geführt (z. B. als Datensätze). Darüber hinaus werden in den Unternehmen zunehmend die aufbewahrungspflichtigen Unterlagen in elektronischer Form (z. B. als elektronische Dokumente) aufbewahrt.

1.1. Nutzbarmachung außersteuerlicher Buchführungs- und Aufzeichnungspflichten für das Steuerrecht

3 Nach § 140 AO sind die außersteuerlichen Buchführungs- und Aufzeichnungspflichten, die für die Besteuerung von Bedeutung sind, auch für das Steuerrecht zu erfüllen. Außersteuerliche Buchführungs- und Aufzeichnungspflichten ergeben sich insbesondere aus den Vorschriften der §§ 238 ff. HGB und aus den dort bezeichneten handelsrechtlichen Grundsätzen ordnungsmäßiger Buchführung (GoB). Für einzelne Rechtsformen ergeben sich flankierende Aufzeichnungspflichten z. B. aus §§ 91 ff. Aktiengesetz, §§ 41 ff. GmbH-Gesetz oder § 33 Genossenschaftsgesetz. Des Weiteren sind zahlreiche gewerberechtliche oder branchenspezifische Aufzeichnungsvorschriften vorhanden, die gem. § 140 AO im konkreten Einzelfall für die Besteuerung von Bedeutung sind, wie z. B. Apothekenbetriebsordnung, Eichordnung, Fahrlehrergesetz, Gewerbeordnung, § 26 Kreditwesengesetz oder § 55 Versicherungsaufsichtsgesetz. **15**

1.2. Steuerliche Buchführungs- und Aufzeichnungspflichten

4 Steuerliche Buchführungs- und Aufzeichnungspflichten ergeben sich sowohl aus der Abgabenordnung (z. B. §§ 90 Abs. 3, 141 bis 144 AO) als auch aus Einzelsteuergesetzen (z. B. § 22 UStG, § 4 Abs. 3 Satz 5, § 4 Abs. 4 a Satz 6, § 4 Abs. 7 und § 41 EStG). **16**

1.3. Aufbewahrung von Unterlagen zu Geschäftsvorfällen und von solchen Unterlagen, die zum Verständnis und zur Überprüfung der für die Besteuerung gesetzlich vorgeschriebenen Aufzeichnungen von Bedeutung sind

5 Neben den außersteuerlichen und steuerlichen Büchern, Aufzeichnungen und Unterlagen zu Geschäftsvorfällen sind alle Unterlagen aufzubewahren, die zum Verständnis und zur Überprüfung der für die Besteuerung gesetzlich vorgeschriebenen Aufzeichnungen im Einzelfall von Bedeutung sind (vgl. BFH-Urteil vom 24. Juni 2009, BStBl. 2010 II S. 452). **17**

Dazu zählen neben Unterlagen in Papierform auch alle Unterlagen in Form von Daten, Datensätzen und elektronischen Dokumenten, die dokumentieren, dass die Ordnungsvorschriften umgesetzt und deren Einhaltung überwacht wurde. Nicht aufbewahrungspflichtig sind z. B. reine Entwürfe von Handels- oder Geschäftsbriefen, sofern diese nicht tatsächlich abgesandt wurden.

Anl 1

Beispiel 1:

Dienen Kostenstellen der Bewertung von Wirtschaftsgütern, von Rückstellungen oder als Grundlage für die Bemessung von Verrechnungspreisen, sind diese Aufzeichnungen aufzubewahren, soweit sie zur Erläuterung steuerlicher Sachverhalte benötigt werden.

6 Form, Umfang und Inhalt dieser i. S. d. Rzn. 3 bis 5 nach außersteuerlichen und steuerlichen Rechtsnormen aufzeichnungs- und aufbewahrungspflichtigen Unterlagen (Daten, Datensätze sowie Dokumente in elektronischer oder Papierform) und der zu ihrem Verständnis erforderlichen Unterlagen werden durch den Steuerpflichtigen bestimmt. Eine abschließende Definition der aufzeichnungs- und aufbewahrungspflichtigen Aufzeichnungen und Unterlagen ist nicht Gegenstand der nachfolgenden Ausführungen. Die Finanzbehörde kann diese Unterlagen nicht abstrakt im Vorfeld für alle Unternehmen abschließend definieren, weil die betrieblichen Abläufe, die aufzeichnungs- und aufbewahrungspflichtigen Aufzeichnungen und Unterlagen sowie die eingesetzten Buchführungs- und Aufzeichnungssysteme in den Unternehmen zu unterschiedlich sind.

1.4. Ordnungsvorschriften

18 **7** Die Ordnungsvorschriften der §§ 145 bis 147 AO gelten für die vorbezeichneten Bücher und sonst erforderlichen Aufzeichnungen und der zu ihrem Verständnis erforderlichen Unterlagen (vgl. Rzn. 3 bis 5; siehe auch Rzn. 23, 25 und 28).

1.5. Führung von Büchern und sonst erforderlichen Aufzeichnungen auf Datenträgern

19 **8** Bücher und die sonst erforderlichen Aufzeichnungen können nach § 146 Abs. 5 AO auch auf Datenträgern geführt werden, soweit diese Form der Buchführung einschließlich des dabei angewandten Verfahrens den GoB entspricht (siehe unter 1.4). Bei Aufzeichnungen, die allein nach den Steuergesetzen vorzunehmen sind, bestimmt sich die Zulässigkeit des angewendeten Verfahrens nach dem Zweck, den die Aufzeichnungen für die Besteuerung erfüllen sollen (§ 145 Abs. 2 AO; § 146 Abs. 5 Satz 1 2. HS AO). Unter diesen Voraussetzungen sind auch Aufzeichnungen auf Datenträgern zulässig.

9 Somit sind alle Unternehmensbereiche betroffen, in denen betriebliche Abläufe durch DV-gestützte Verfahren abgebildet werden und ein Datenverarbeitungssystem (DV-System, siehe auch Rz. 20) für die Erfüllung der in den Rzn. 3 bis 5 bezeichneten außersteuerlichen oder steuerlichen Buchführungs-, Aufzeichnungs- und Aufbewahrungspflichten verwendet wird (siehe auch unter 11.1 zum Datenzugriffsrecht).

10 Technische Vorgaben oder Standards (z. B. zu Archivierungsmedien oder Kryptografieverfahren) können angesichts der rasch fortschreitenden Entwicklung und der ebenfalls notwendigen Betrachtung des organisatorischen Umfelds nicht festgelegt werden. Im Zweifel ist über einen Analogieschluss festzustellen, ob die Ordnungsvorschriften eingehalten wurden, z. B. bei einem Vergleich zwischen handschriftlich geführten Handelsbüchern und Unterlagen in Papierform, die in einem verschlossenen Schrank aufbewahrt werden, einerseits und elektronischen Handelsbüchern und Unterlagen, die mit einem elektronischen Zugriffsschutz gespeichert werden, andererseits.

1.6. Beweiskraft von Buchführung und Aufzeichnungen, Darstellung von Beanstandungen durch die Finanzverwaltung

20 **11** Nach § 158 Absatz 1 AO sind die Buchführung und die Aufzeichnungen des Steuerpflichtigen, die den Vorschriften der §§ 140 bis 148 AO entsprechen, der Besteuerung zugrunde zu legen. Der Grundsatz gilt nicht, soweit nach den Umständen des Einzelfalls Anlass besteht, die sachliche Richtigkeit der Buchführung oder der Aufzeichnungen zu beanstanden (§ 158 Absatz 2 Nummer 1 AO) oder soweit die elektronischen Daten nicht nach den Vorgaben einer der vorgeschriebenen digitalen Schnittstellen der Finanzbehörde zur Verfügung gestellt werden (§ 158 Absatz 2 Nummer 2 AO). Werden Buchführung oder Aufzeichnungen des Steuerpflichtigen im Einzelfall durch die Finanzbehörde beanstandet, so ist durch die Finanzbehörde der Grund der Beanstandung in geeigneter Form darzustellen.

1.7. Aufzeichnungen

21 **12** Aufzeichnungen sind alle dauerhaft verkörperten Erklärungen über Geschäftsvorfälle in Schriftform oder auf Medien mit Schriftersatzfunktion (z. B. auf Datenträgern). Der Begriff der Aufzeichnungen umfasst Darstellungen in Worten, Zahlen, Symbolen und Grafiken.

13 Werden Aufzeichnungen nach verschiedenen Rechtsnormen in einer Aufzeichnung zusammengefasst (z. B. nach §§ 238 ff. HGB und nach § 22 UStG), müssen die zusammengefassten Aufzeichnungen den unterschiedlichen Zwecken genügen. Erfordern verschiedene Rechtsnormen gleichartige Aufzeichnungen, so ist eine mehrfache Aufzeichnung für jede Rechtsnorm nicht erforderlich.

1.8. Bücher

22 **14** Der Begriff ist funktional unter Anknüpfung an die handelsrechtliche Bedeutung zu verstehen. Die äußere Gestalt (gebundenes Buch, Loseblattsammlung oder Datenträger) ist unerheblich.

15 Der Kaufmann ist verpflichtet, in den Büchern seine Handelsgeschäfte und die Lage des Vermögens ersichtlich zu machen (§ 238 Abs. 1 Satz 1 HGB). Der Begriff Bücher umfasst sowohl die Handelsbücher der Kaufleute (§§ 238 ff. HGB) als auch die diesen entsprechenden Aufzeichnungen von Geschäftsvorfällen der Nichtkaufleute. Bei Kleinunternehmen, deren Jahresumsatz die Vorjahresgrenze des § 19 Absatz 1 Satz 1 UStG in seiner jeweils gültigen Fassung nicht übersteigt und die ihren Gewinn durch Einnahmen-Überschussrechnung ermitteln, ist die Erfüllung der Anforderungen an die Aufzeichnungen nach den GoBD regelmäßig auch mit Blick auf die Unternehmensgröße zu bewerten.

1.9. Geschäftsvorfälle

23 **16** Geschäftsvorfälle sind alle rechtlichen und wirtschaftlichen Vorgänge, die innerhalb eines bestimmten Zeitabschnitts den Gewinn bzw. Verlust oder die Vermögenszusammensetzung in einem Unter-

nehmen dokumentieren oder beeinflussen bzw. verändern (z. B. zu einer Veränderung des Anlage- und Umlaufvermögens sowie des Eigen- und Fremdkapitals führen). Anl 1

1.10. Grundsätze ordnungsmäßiger Buchführung (GoB)

17 Die GoB sind ein unbestimmter Rechtsbegriff, der insbesondere durch Rechtsnormen und Recht- 24
sprechung geprägt ist und von der Rechtsprechung und Verwaltung jeweils im Einzelnen auszulegen und anzuwenden ist (BFH-Urteil vom 12. Mai 1966, BStBl. III S. 371; BVerfG-Beschluss vom 10. Oktober 1961 2 BvL 1/59, BVerfGE 13 S. 153).

18 Die GoB können sich durch gutachterliche Stellungnahmen, Handelsbrauch, ständige Übung, Gewohnheitsrecht, organisatorische und technische Änderungen weiterentwickeln und sind einem Wandel unterworfen.

19 Die GoB enthalten sowohl formelle als auch materielle Anforderungen an eine Buchführung. Die formellen Anforderungen ergeben sich insbesondere aus den §§ 238 ff. HGB für Kaufleute und aus den §§ 145 bis 147 AO für Buchführungs- und Aufzeichnungspflichtige (siehe unter 3.). Materiell ordnungsmäßig sind Bücher und Aufzeichnungen, wenn die Geschäftsvorfälle einzeln, nachvollziehbar, vollständig, richtig, zeitgerecht und geordnet in ihrer Auswirkung erfasst und anschließend gebucht bzw. verarbeitet sind (vgl. § 239 Abs. 2 HGB, § 145 AO, § 146 Abs. 1 AO). Siehe Rz. 11 zur Beweiskraft von Buchführung und Aufzeichnungen.

1.11. Datenverarbeitungssystem; Haupt-, Vor- und Nebensysteme

20 Unter DV-System wird die im Unternehmen oder für Unternehmenszwecke zur elektronischen Da- 25
tenverarbeitung eingesetzte Hard- und Software verstanden, mit denen Daten und Dokumente i. S. d. Rzn. 3 bis 5 erfasst, erzeugt, empfangen, übernommen, verarbeitet, gespeichert oder übermittelt werden. Dazu gehören das Hauptsystem sowie Vor- und Nebensysteme (z. B. Finanzbuchführungssystem, Anlagenbuchhaltung, Lohnbuchhaltungssystem, Kassensystem, Warenwirtschaftssystem, Zahlungsverkehrssystem, Taxameter, Geldspielgeräte, elektronische Waagen, Materialwirtschaft, Fakturierung, Zeiterfassung, Archivsystem, Dokumenten-Management-System) einschließlich der Schnittstellen zwischen den Systemen. Auf die Bezeichnung des DV-Systems oder auf dessen Größe (z. B. Einsatz von Einzelgeräten oder von Netzwerken) kommt es dabei nicht an. Ebenfalls kommt es nicht darauf an, ob die betreffenden DV-Systeme vom Steuerpflichtigen als eigene Hardware bzw. Software erworben und genutzt oder in einer Cloud bzw. als eine Kombination dieser Systeme betrieben werden.

2. Verantwortlichkeit

21 Für die Ordnungsmäßigkeit elektronischer Bücher und sonst erforderlicher elektronischer Aufzeich- 26
nungen i. S. d. Rzn. 3 bis 5, einschließlich der eingesetzten Verfahren, ist allein der Steuerpflichtige verantwortlich. Dies gilt auch bei einer teilweisen oder vollständigen organisatorischen und technischen Auslagerung von Buchführungs- und Aufzeichnungsaufgaben auf Dritte (z. B. Steuerberater oder Rechenzentrum).

3. Allgemeine Anforderungen

22 Die Ordnungsmäßigkeit elektronischer Bücher und sonst erforderlicher elektronischer Aufzeichnun- 27
gen i. S. d. Rzn. 3 bis 5 ist nach den gleichen Prinzipien zu beurteilen wie die Ordnungsmäßigkeit bei manuell erstellten Büchern oder Aufzeichnungen.

23 Das Erfordernis der Ordnungsmäßigkeit erstreckt sich – neben den elektronischen Büchern und sonst erforderlichen Aufzeichnungen – auch auf die damit in Zusammenhang stehenden Verfahren und Bereiche des DV-Systems (siehe unter 1.11), da die Grundlage für die Ordnungsmäßigkeit elektronischer Bücher und sonst erforderlicher Aufzeichnungen bereits bei der Entwicklung und Freigabe von Haupt-, Vor- und Nebensystemen einschließlich des dabei angewandten DV-gestützten Verfahrens gelegt wird. Die Ordnungsmäßigkeit muss bei der Einrichtung und unternehmensspezifischen Anpassung des DV-Systems bzw. der DV-gestützten Verfahren im konkreten Unternehmensumfeld und für die Dauer der Aufbewahrungsfrist erhalten bleiben.

24 Die Anforderungen an die Ordnungsmäßigkeit ergeben sich aus:
- außersteuerlichen Rechtsnormen (z. B. den handelsrechtlichen GoB gem. §§ 238, 239, 257, 261 HGB), die gem. § 140 AO für das Steuerrecht nutzbar gemacht werden können, wenn sie für die Besteuerung von Bedeutung sind, und
- steuerlichen Ordnungsvorschriften (insbesondere gem. §§ 145 bis 147 AO).

25 Die allgemeinen Ordnungsvorschriften in den §§ 145 bis 147 AO gelten nicht nur für Buchführungs- und Aufzeichnungspflichten nach § 140 AO und nach den §§ 141 bis 144 AO. Insbesondere § 145 Abs. 2 AO betrifft alle zu Besteuerungszwecken gesetzlich geforderten Aufzeichnungen, also auch solche, zu denen der Steuerpflichtige aufgrund anderer Steuergesetze verpflichtet ist, wie z. B. nach § 4 Abs. 3 Satz 5, Abs. 7 EStG und nach § 22 UStG (BFH-Urteil vom 24. Juni 2009, BStBl. 2010 II S. 452).

26 Demnach sind bei der Führung von Büchern in elektronischer oder in Papierform und sonst erforderlicher Aufzeichnungen in elektronischer oder in Papierform i. S. d. Rzn. 3 bis 5 die folgenden Anforderungen zu beachten:
- Grundsatz der Nachvollziehbarkeit und Nachprüfbarkeit (siehe unter 3.1),
- Grundsätze der Wahrheit, Klarheit und fortlaufenden Aufzeichnung (siehe unter 3.2):
- Vollständigkeit (siehe unter 3.2.1),
- Einzelaufzeichnungspflicht (siehe unter 3.2.1),
- Richtigkeit (siehe unter 3.2.2),
- zeitgerechte Buchungen und Aufzeichnungen (siehe unter 3.2.3),
- Ordnung (siehe unter 3.2.4),
- Unveränderbarkeit (siehe unter 3.2.5).

Anl 1

27 Diese Grundsätze müssen während der Dauer der Aufbewahrungsfrist nachweisbar erfüllt werden und erhalten bleiben.

28 Nach § 146 Abs. 6 AO gelten die Ordnungsvorschriften auch dann, wenn der Unternehmer elektronische Bücher und Aufzeichnungen führt, die für die Besteuerung von Bedeutung sind, ohne hierzu verpflichtet zu sein.

29 Der Grundsatz der Wirtschaftlichkeit rechtfertigt es nicht, dass Grundprinzipien der Ordnungsmäßigkeit verletzt und die Zwecke der Buchführung erheblich gefährdet werden. Die zur Vermeidung einer solchen Gefährdung erforderlichen Kosten muss der Steuerpflichtige genauso in Kauf nehmen wie alle anderen Aufwendungen, die die Art seines Betriebes mit sich bringt (BFH-Urteil vom 26. März 1968, BStBl. II S. 527).

3.1. Grundsatz der Nachvollziehbarkeit und Nachprüfbarkeit (§ 145 Abs. 1 AO, § 238 Abs. 1 Satz 2 und Satz 3 HGB)

28 **30** Die Verarbeitung der einzelnen Geschäftsvorfälle sowie das dabei angewandte Buchführungs- oder Aufzeichnungsverfahren müssen nachvollziehbar sein. Die Buchungen und die sonst erforderlichen Aufzeichnungen müssen durch einen Beleg nachgewiesen sein oder nachgewiesen werden können (Belegprinzip, siehe auch unter 4.).

31 Aufzeichnungen sind so vorzunehmen, dass der Zweck, den sie für die Besteuerung erfüllen sollen, erreicht wird. Damit gelten die nachfolgenden Anforderungen der progressiven und retrograden Prüfbarkeit – soweit anwendbar – sinngemäß.

32 Die Buchführung muss so beschaffen sein, dass sie einem sachverständigen Dritten innerhalb angemessener Zeit einen Überblick über die Geschäftsvorfälle und über die Lage des Unternehmens vermitteln kann. Die einzelnen Geschäftsvorfälle müssen sich in ihrer Entstehung und Abwicklung lückenlos verfolgen lassen (progressive und retrograde Prüfbarkeit).

33 Die progressive Prüfung beginnt beim Beleg, geht über die Grund(buch)aufzeichnungen und Journale zu den Konten, danach zur Bilanz mit Gewinn- und Verlustrechnung und schließlich zur Steueranmeldung bzw. Steuererklärung. Die retrograde Prüfung verläuft umgekehrt. Die progressive und retrograde Prüfung muss für die gesamte Dauer der Aufbewahrungsfrist und in jedem Verfahrensschritt möglich sein.

34 Die Nachprüfbarkeit der Bücher und sonst erforderlichen Aufzeichnungen erfordert eine aussagekräftige und vollständige Verfahrensdokumentation (siehe unter 10.1), die sowohl die aktuellen als auch die historischen Verfahrensinhalte für die Dauer der Aufbewahrungsfrist nachweist und den in der Praxis eingesetzten Versionen des DV-Systems entspricht.

35 Die Nachvollziehbarkeit und Nachprüfbarkeit muss für die Dauer der Aufbewahrungsfrist gegeben sein. Dies gilt auch für die zum Verständnis der Buchführung oder Aufzeichnungen erforderliche Verfahrensdokumentation.

3.2. Grundsätze der Wahrheit, Klarheit und fortlaufenden Aufzeichnung

3.2.1. Vollständigkeit (§ 146 Abs. 1 AO, § 239 Abs. 2 HGB)

29 **36** Die Geschäftsvorfälle sind vollzählig und lückenlos aufzuzeichnen (Grundsatz der Einzelaufzeichnungspflicht; vgl. AEAO zu § 146 AO Nr. 2.1). Eine vollzählige und lückenlose Aufzeichnung von Geschäftsvorfällen ist auch dann gegeben, wenn zulässigerweise nicht alle Datenfelder eines Datensatzes gefüllt werden.

37 Die GoB erfordern in der Regel die Aufzeichnung jedes Geschäftsvorfalls – also auch jeder Betriebseinnahme und Betriebsausgabe, jeder Einlage und Entnahme – in einem Umfang, der eine Überprüfung seiner Grundlagen, seines Inhalts und seiner Bedeutung für den Betrieb ermöglicht. Das bedeutet nicht nur die Aufzeichnung der in Geld bestehenden Gegenleistung, sondern auch des Inhalts des Geschäfts und des Namens des Vertragspartners (BFH-Urteil vom 12. Mai 1966, BStBl. III S. 371) – soweit zumutbar, mit ausreichender Bezeichnung des Geschäftsvorfalls (BFH-Urteil vom 1. Oktober 1969, BStBl. 1970 II S. 45). Branchenspezifische Mindestaufzeichnungspflichten und Zumutbarkeitsgesichtspunkte sind zu berücksichtigen.

Beispiele 2

zu branchenspezifisch entbehrlichen Aufzeichnungen und zur Zumutbarkeit:
- In einem Einzelhandelsgeschäft kommt zulässigerweise eine PC-Kasse ohne Kundenverwaltung zum Einsatz. Die Namen der Kunden werden bei Bargeschäften nicht erfasst und nicht beigestellt. – Keine Beanstandung.
- Bei einem Taxiunternehmer werden Angaben zum Kunden im Taxameter nicht erfasst und nicht beigestellt. – Keine Beanstandung.

38 Dies gilt auch für Bareinnahmen; der Umstand der sofortigen Bezahlung rechtfertigt keine Ausnahme von diesem Grundsatz (BFH-Urteil vom 26. Februar 2004, BStBl. II S. 599).

39 Die Aufzeichnung jedes einzelnen Geschäftsvorfalls ist nur dann nicht zumutbar, wenn es technisch, betriebswirtschaftlich und praktisch unmöglich ist, die einzelnen Geschäftsvorfälle aufzuzeichnen (BFH-Urteil vom 12. Mai 1966 IV 472/60, BStBl. III S. 371). Das Vorliegen dieser Voraussetzungen ist durch den Steuerpflichtigen nachzuweisen.

Beim Verkauf von Waren an eine Vielzahl von nicht bekannten Personen gegen Barzahlung gilt die Einzelaufzeichnungspflicht nach § 146 Abs. 1 Satz 1 AO aus Zumutbarkeitsgründen nicht, wenn kein elektronisches Aufzeichnungssystem, sondern eine offene Ladenkasse verwendet wird (§ 146 Abs. 1 Satz 3 und 4 AO, vgl. AEAO zu § 146, Nr. 2.2.2). Bei Vorliegen der übrigen Voraussetzungen des § 146 Absatz 1 Satz 3 AO ist die Zumutbarkeit nicht gesondert zu prüfen. Wird hingegen ein elektronisches Aufzeichnungssystem verwendet, gilt die Einzelaufzeichnungspflicht nach § 146 Abs. 1 Satz 1 AO unabhängig davon, ob das elektronische Aufzeichnungssystem und die digitalen Aufzeichnungen nach § 146 a Abs. 3 AO i. V. m. der KassenSichV mit einer zertifizierten technischen Sicherheitseinrichtung zu schützen sind. Die Zumutbarkeitsüberlegungen, die der Ausnahmeregelung nach § 146 Abs. 1 Satz 3 AO zugrunde liegen, sind grundsätzlich auch auf Dienstleistungen übertragbar (vgl. AEAO zu § 146, Nr. 2.2.6).

40 Die vollständige und lückenlose Erfassung und Wiedergabe aller Geschäftsvorfälle ist bei DV-Systemen durch ein Zusammenspiel von technischen (einschließlich programmierten) und organisatorischen Kontrollen sicherzustellen (z. B. Erfassungskontrollen, Plausibilitätskontrollen bei Dateneingaben, inhaltliche Plausibilitätskontrollen, automatisierte Vergabe von Datensatznummern, Lückenanalyse oder Mehrfachbelegungsanalyse bei Belegnummern).

41 Ein und derselbe Geschäftsvorfall darf nicht mehrfach aufgezeichnet werden.

Beispiel 3:

Ein Wareneinkauf wird gewinnwirksam durch Erfassung des zeitgleichen Lieferscheins und später nochmals mittels Erfassung der (Sammel)Rechnung erfasst und verbucht. Keine mehrfache Aufzeichnung eines Geschäftsvorfalles in verschiedenen Systemen oder mit verschiedenen Kennungen (z. B. für Handelsbilanz, für steuerliche Zwecke) liegt vor, soweit keine mehrfache bilanzielle oder gewinnwirksame Auswirkung gegeben ist.

42 Zusammengefasste oder verdichtete Aufzeichnungen im Hauptbuch (Konto) sind zulässig, sofern sie nachvollziehbar in ihre Einzelpositionen in den Grund(buch)aufzeichnungen oder des Journals aufgegliedert werden können. Andernfalls ist die Nachvollziehbarkeit und Nachprüfbarkeit nicht gewährleistet.

43 Die Erfassung oder Verarbeitung von tatsächlichen Geschäftsvorfällen darf nicht unterdrückt werden. So ist z. B. eine Bon- oder Rechnungserteilung ohne Registrierung der bar vereinnahmten Beträge (Abbruch des Vorgangs) in einem DV-System unzulässig. Auf § 146 a Absatz 2 AO wird hingewiesen.

3.2.2. Richtigkeit (§ 146 Abs. 1 AO, § 239 Abs. 2 HGB)

44 Geschäftsvorfälle sind in Übereinstimmung mit den tatsächlichen Verhältnissen und im Einklang 30
mit den rechtlichen Vorschriften inhaltlich zutreffend durch Belege abzubilden (BFH-Urteil vom 24. Juni 1997, BStBl. 1998 II S. 51), der Wahrheit entsprechend aufzuzeichnen und bei kontenmäßiger Abbildung zutreffend zu kontieren.

3.2.3. Zeitgerechte Buchungen und Aufzeichnungen (§ 146 Abs. 1 AO, § 239 Abs. 2 HGB)

45 Das Erfordernis „zeitgerecht" zu buchen verlangt, dass ein zeitlicher Zusammenhang zwischen den 31
Vorgängen und ihrer buchmäßigen Erfassung besteht (BFH-Urteile vom 25. März 1992, BStBl. II S. 1010; vom 5. März 1965, BStBl. III S. 285).

46 Jeder Geschäftsvorfall ist zeitnah, d. h. möglichst unmittelbar nach seiner Entstehung, in einer Grundaufzeichnung oder in einem Grundbuch zu erfassen. Nach den GoB müssen die Geschäftsvorfälle grundsätzlich laufend gebucht werden (Journal). Es widerspricht dem Wesen der kaufmännischen Buchführung, sich zunächst auf die Sammlung von Belegen zu beschränken und nach Ablauf einer langen Zeit auf Grund dieser Belege die Geschäftsvorfälle in Grundaufzeichnungen oder Grundbüchern einzutragen (vgl. BFH-Urteil vom 10. Juni 1954, BStBl. III S. 298). Die Funktion der Grund(buch)aufzeichnungen kann auf Dauer auch durch eine geordnete und übersichtliche Belegablage erfüllt werden (§ 239 Abs. 4 HGB; § 146 Abs. 5 AO; H 5.2 „Grundbuchaufzeichnungen" EStH).

47 Jede nicht durch die Verhältnisse des Betriebs oder des Geschäftsvorfalls zwingend bedingte Zeitspanne zwischen dem Eintritt des Vorganges und seiner laufenden Erfassung in Grund(buch)aufzeichnungen ist bedenklich. Eine Erfassung von unbaren Geschäftsvorfällen innerhalb von zehn Tagen ist unbedenklich. Wegen der Forderung nach zeitnaher chronologischer Erfassung der Geschäftsvorfälle ist zu verhindern, dass die Geschäftsvorfälle buchmäßig für längere Zeit in der Schwebe gehalten werden und sich hierdurch die Möglichkeit eröffnet, sie später anders darzustellen, als sie richtigerweise darzustellen gewesen wären, oder sie ganz außer Betracht zu lassen und im privaten, sich in der Buchführung nicht niederschlagenden Bereich abzuwickeln. Bei zeitlichen Abständen zwischen der Entstehung eines Geschäftsvorfalls und seiner Erfassung sind daher geeignete Maßnahmen zur Sicherung der Vollständigkeit zu treffen.

48 Kasseneinnahmen und Kassenausgaben sind nach § 146 Abs. 1 Satz 2 AO täglich festzuhalten.

49 Es ist nicht zu beanstanden, wenn Waren- und Kostenrechnungen, die innerhalb von acht Tagen nach Rechnungseingang oder innerhalb der ihrem gewöhnlichen Durchlauf durch den Betrieb entsprechenden Zeit beglichen werden, kontokorrentmäßig nicht (z. B. Geschäftsfreundebuch, Personenkonten) erfasst werden (vgl. R 5.2 Abs. 1 EStR).

50 Werden bei der Erstellung der Bücher Geschäftsvorfälle nicht laufend, sondern nur periodenweise gebucht bzw. den Büchern vergleichbare Aufzeichnungen der Nichtbuchführungspflichtigen nicht laufend, sondern nur periodenweise erstellt, dann ist dies unter folgenden Voraussetzungen nicht zu beanstanden:

- Die Geschäftsvorfälle werden vorher zeitnah (bare Geschäftsvorfälle täglich, unbare Geschäftsvorfälle innerhalb von zehn Tagen) in Grund(buch)aufzeichnungen oder Grundbüchern festgehalten und durch organisatorische Vorkehrungen ist sichergestellt, dass die Unterlagen bis zu ihrer Erfassung nicht verloren gehen, z. B. durch laufende Nummerierung der eingehenden und ausgehenden Rechnungen, durch Ablage in besonderen Mappen und Ordnern oder durch elektronische Grund(buch)aufzeichnungen in Kassensystemen, Warenwirtschaftssystemen, Fakturierungssystemen etc.,
- die Vollständigkeit der Geschäftsvorfälle wird im Einzelfall gewährleistet und
- es wurde zeitnah eine Zuordnung (Kontierung, mindestens aber die Zuordnung betrieblich/privat, Ordnungskriterium für die Ablage) vorgenommen.

Anl 1

51 Jeder Geschäftsvorfall ist periodengerecht der Abrechnungsperiode zuzuordnen, in der er angefallen ist. Zwingend ist die Zuordnung zum jeweiligen Geschäftsjahr oder zu einer nach Gesetz, Satzung oder Rechnungslegungszweck vorgeschriebenen kürzeren Rechnungsperiode.

52 Erfolgt die Belegsicherung oder die Erfassung von Geschäftsvorfällen unmittelbar nach Eingang oder Entstehung mittels DV-System (elektronische Grund(buch)aufzeichnungen), so stellt sich die Frage der Zumutbarkeit und Praktikabilität hinsichtlich der zeitgerechten Erfassung/Belegsicherung und längerer Fristen nicht. Erfüllen die Erfassungen Belegfunktion bzw. dienen sie der Belegsicherung (auch für Vorsysteme, wie Kasseneinzelaufzeichnungen und Warenwirtschaftssystem), dann ist eine unprotokollierte Änderung nicht mehr zulässig (siehe unter 3.2.5). Bei zeitlichen Abständen zwischen Erfassung und Buchung, die über den Ablauf des folgenden Monats hinausgehen, sind die Ordnungsmäßigkeitsanforderungen nur dann erfüllt, wenn die Geschäftsvorfälle vorher fortlaufend richtig und vollständig in Grund(buch)aufzeichnungen oder Grundbüchern festgehalten werden (vgl. Rz. 50). Zur Erfüllung der Funktion der Grund(buch)aufzeichnung vgl. Rz. 46.

3.2.4. Ordnung (§ 146 Abs. 1 AO, § 239 Abs. 2 HGB)

32 **53** Der Grundsatz der Klarheit verlangt u. a. eine systematische Erfassung und übersichtliche, eindeutige und nachvollziehbare Buchungen.

54 Die geschäftlichen Unterlagen dürfen nicht planlos gesammelt und aufbewahrt werden. Ansonsten würde dies mit zunehmender Zahl und Verschiedenartigkeit der Geschäftsvorfälle zur Unübersichtlichkeit der Buchführung führen, einen jederzeitigen Abschluss unangemessen erschweren und die Gefahr erhöhen, dass Unterlagen verlorengehen oder später leicht aus dem Buchführungswerk entfernt werden können. Hieraus folgt, dass die Bücher und Aufzeichnungen nach bestimmten Ordnungsprinzipien geführt werden müssen und eine Sammlung und Aufbewahrung der Belege notwendig ist, durch die im Rahmen des Möglichen gewährleistet wird, dass die Geschäftsvorfälle leicht und identifizierbar feststellbar und für einen die Lage des Vermögens darstellenden Abschluss unverlierbar sind (BFH-Urteil vom 26. März 1968, BStBl. II S. 527).

55 In der Regel verstößt die nicht getrennte Verbuchung von baren und unbaren Geschäftsvorfällen oder von nicht steuerbaren, steuerfreien und steuerpflichtigen Umsätzen ohne genügende Kennzeichnung gegen die Grundsätze der Wahrheit und Klarheit einer kaufmännischen Buchführung. Die nicht getrennte Aufzeichnung von nicht steuerbaren, steuerfreien und steuerpflichtigen Umsätzen ohne genügende Kennzeichnung verstößt in der Regel gegen steuerrechtliche Anforderungen (z. B. § 22 UStG). Eine kurzzeitige gemeinsame Erfassung von baren und unbaren Tagesgeschäften im Kassenbuch ist regelmäßig nicht zu beanstanden, wenn die ursprünglich im Kassenbuch erfassten unbaren Tagesumsätze (z. B. EC-Kartenumsätze) gesondert kenntlich gemacht sind und nachvollziehbar unmittelbar nachfolgend wieder aus dem Kassenbuch auf ein gesondertes Konto aus- bzw. umgetragen werden, soweit die Kassensturzfähigkeit der Kasse weiterhin gegeben ist.

56 Bei der doppelten Buchführung sind die Geschäftsvorfälle so zu verarbeiten, dass sie geordnet darstellbar sind und innerhalb angemessener Zeit ein Überblick über die Vermögens- und Ertragslage gewährleistet ist.

57 Die Buchungen müssen einzeln und sachlich geordnet nach Konten dargestellt (Kontenfunktion) und unverzüglich lesbar gemacht werden können. Damit bei Bedarf für einen zurückliegenden Zeitpunkt ein Zwischenstatus oder eine Bilanz mit Gewinn- und Verlustrechnung aufgestellt werden kann, sind die Konten nach Abschlusspositionen zu sammeln und nach Kontensummen oder Salden fortzuschreiben (Hauptbuch, siehe unter 5.4).

3.2.5. Unveränderbarkeit (§ 146 Abs. 4 AO, § 239 Abs. 3 HGB)

33 **58** Eine Buchung oder eine Aufzeichnung darf nicht in einer Weise verändert werden, dass der ursprüngliche Inhalt nicht mehr feststellbar ist. Auch solche Veränderungen dürfen nicht vorgenommen werden, deren Beschaffenheit es ungewiss lässt, ob sie ursprünglich oder erst später gemacht worden sind (§ 146 Abs. 4 AO, § 239 Abs. 3 HGB).

59 Veränderungen und Löschungen von und an elektronischen Buchungen oder Aufzeichnungen (vgl. Rzn. 3 bis 5) müssen daher so protokolliert werden, dass die Voraussetzungen des § 146 Abs. 4 AO bzw. § 239 Abs. 3 HGB erfüllt sind (siehe auch unter 8.). Für elektronische Dokumente und andere elektronische Unterlagen, die gem. § 147 AO aufbewahrungspflichtig und nicht Buchungen oder Aufzeichnungen sind, gilt dies sinngemäß.

Beispiel 4:

Der Steuerpflichtige erstellt über ein Fakturierungssystem Ausgangsrechnungen und bewahrt die inhaltlichen Informationen elektronisch auf (zum Beispiel in seinem Fakturierungssystem). Die Lesbarmachung der abgesandten Handels- und Geschäftsbriefe aus dem Fakturierungssystem erfolgt jeweils unter Berücksichtigung der in den aktuellen Stamm- und Bewegungsdaten enthaltenen Informationen.
In den Stammdaten ist im Jahr 01 der Steuersatz 16% und der Firmenname des Kunden A hinterlegt. Durch Umfirmierung des Kunden A zu B und Änderung des Steuersatzes auf 19% werden die Stammdaten im Jahr 02 geändert. Eine Historisierung der Stammdaten erfolgt nicht.
Der Steuerpflichtige ist im Jahr 02 nicht mehr in der Lage, die inhaltliche Übereinstimmung der abgesandten Handels- und Geschäftsbriefe mit den ursprünglichen Inhalten bei Lesbarmachung sicher zu stellen.

60 Der Nachweis der Durchführung der in dem jeweiligen Verfahren vorgesehenen Kontrollen ist u. a. durch Verarbeitungsprotokolle sowie durch die Verfahrensdokumentation (siehe unter 6. und unter 10.1) zu erbringen.

4. Belegwesen (Belegfunktion)

34 **61** Jeder Geschäftsvorfall ist urschriftlich bzw. als Kopie der Urschrift zu belegen. Ist kein Fremdbeleg vorhanden, muss ein Eigenbeleg erstellt werden. Zweck der Belege ist es, den sicheren und klaren

Nachweis über den Zusammenhang zwischen den Vorgängen in der Realität einerseits und dem aufgezeichneten oder gebuchten Inhalt in Büchern oder sonst erforderlichen Aufzeichnungen und ihre Berechtigung andererseits zu erbringen (Belegfunktion). Auf die Bezeichnung als „Beleg" kommt es nicht an. Die Belegfunktion ist die Grundvoraussetzung für die Beweiskraft der Buchführung und sonst erforderlicher Aufzeichnungen. Sie gilt auch bei Einsatz eines DV-Systems. Anl 1

62 Inhalt und Umfang der in den Belegen enthaltenen Informationen sind insbesondere von der Belegart (z. B. Aufträge, Auftragsbestätigungen, Bescheide über Steuern oder Gebühren, betriebliche Kontoauszüge, Gutschriften, Lieferscheine, Lohn- und Gehaltsabrechnungen, Barquittungen, Rechnungen, Verträge, Zahlungsbelege) und der eingesetzten Verfahren abhängig.

63 Empfangene oder abgesandte Handels- oder Geschäftsbriefe erhalten erst mit dem Kontierungsvermerk und der Verbuchung auch die Funktion eines Buchungsbelegs.

64 Zur Erfüllung der Belegfunktionen sind deshalb Angaben zur Kontierung, zum Ordnungskriterium für die Ablage und zum Buchungsdatum auf dem Papierbeleg erforderlich. Bei einem elektronischen Beleg kann dies auch durch die Verbindung mit einem Datensatz mit Angaben zur Kontierung oder durch eine elektronische Verknüpfung (z. B. eindeutiger Index, Barcode) erfolgen. Ein Steuerpflichtiger hat andernfalls durch organisatorische Maßnahmen sicherzustellen, dass die Geschäftsvorfälle auch ohne Angaben auf den Belegen in angemessener Zeit progressiv und retrograd nachprüfbar sind.

Korrektur- bzw. Stornobuchungen müssen auf die ursprüngliche Buchung rückbeziehbar sein.

65 Ein Buchungsbeleg in Papierform oder in elektronischer Form (z. B. Rechnung) kann einen oder mehrere Geschäftsvorfälle enthalten.

66 Aus der Verfahrensdokumentation (siehe unter 10.1) muss ersichtlich sein, wie die elektronischen Belege erfasst, empfangen, verarbeitet, ausgegeben und aufbewahrt (zur Aufbewahrung siehe unter 9.) werden.

4.1. Belegsicherung

67 Die Belege in Papierform oder in elektronischer Form sind zeitnah, d. h. möglichst unmittelbar nach Eingang oder Entstehung, gegen Verlust zu sichern (vgl. zur zeitgerechten Belegsicherung unter 3.2.3, vgl. zur Aufbewahrung unter 9.). **35**

68 Bei Papierbelegen erfolgt eine Sicherung z. B. durch laufende Nummerierung der eingehenden und ausgehenden Lieferscheine und Rechnungen, durch laufende Ablage in besonderen Mappen und Ordnern, durch zeitgerechte Erfassung in Grund(buch)aufzeichnungen oder durch laufende Vergabe eines Barcodes und anschließende bildliche Erfassung der Papierbelege i. S. d. § 147 Abs. 2 AO (siehe Rz. 130).

69 Bei elektronischen Belegen (z. B. Abrechnung aus Fakturierung) kann die laufende Nummerierung automatisch vergeben werden (z. B. durch eine eindeutige Belegnummer).

70 Die Belegsicherung kann organisatorisch und technisch mit der Zuordnung zwischen Beleg und Grund(buch)aufzeichnung oder Buchung verbunden werden.

4.2. Zuordnung zwischen Beleg und Grund(buch)aufzeichnung oder Buchung

71 Die Zuordnung zwischen dem einzelnen Beleg und der dazugehörigen Grund(buch)aufzeichnung oder Buchung kann anhand von eindeutigen Zuordnungsmerkmalen (z. B. Index, Paginiernummer, Dokumenten-ID) und zusätzlichen Identifikationsmerkmalen für die Papierablage oder für die Such- und Filtermöglichkeit bei elektronischer Belegablage gewährleistet werden. Gehören zu einer Grund(buch)aufzeichnung oder Buchung mehrere Belege (z. B. Rechnung verweist für Menge und Art der gelieferten Gegenstände nur auf Lieferschein), bedarf es zusätzlicher Zuordnungs- und Identifikationsmerkmale für die Verknüpfung zwischen den Belegen und der Grund(buch)aufzeichnung oder Buchung. **36**

72 Diese Zuordnungs- und Identifizierungsmerkmale aus dem Beleg müssen bei der Aufzeichnung oder Verbuchung in die Bücher oder Aufzeichnungen übernommen werden, um eine progressive und retrograde Prüfbarkeit zu ermöglichen.

73 Die Ablage der Belege und die Zuordnung zwischen Beleg und Aufzeichnung müssen in angemessener Zeit nachprüfbar sein. So kann z. B. Beleg- oder Buchungsdatum, Kontoauszugnummer oder Name bei umfangreichem Beleganfall mangels Eindeutigkeit in der Regel kein geeignetes Zuordnungsmerkmal für den einzelnen Geschäftsvorfall sein.

74 **Beispiel 5:**

Ein Steuerpflichtiger mit ausschließlich unbaren Geschäftsvorfällen erhält nach Abschluss eines jeden Monats von seinem Kreditinstitut einen Kontoauszug in Papierform mit vielen einzelnen Kontoblättern. Für die Zuordnung der Belege und Aufzeichnungen erfasst der Unternehmer ausschließlich die Kontoauszugsnummer. Allein anhand der Kontoauszugsnummer – ohne zusätzliche Angabe der Blattnummer und der Positionsnummer – ist eine Zuordnung von Beleg und Aufzeichnung oder Buchung in angemessener Zeit nicht nachprüfbar.

4.3. Erfassungsgerechte Aufbereitung der Buchungsbelege

75 Eine erfassungsgerechte Aufbereitung der Buchungsbelege in Papierform oder die entsprechende Übernahme von Beleginformationen aus elektronischen Belegen (Daten, Datensätze, elektronische Dokumente und elektronische Unterlagen) ist sicherzustellen. Diese Aufbereitung der Belege ist insbesondere bei Fremdbelegen von Bedeutung, da der Steuerpflichtige im Allgemeinen keinen Einfluss auf die Gestaltung der ihm zugesandten Handels- und Geschäftsbriefe (z. B. Eingangsrechnungen) hat. **37**

76 Werden neben bildhaften Urschriften auch elektronische Meldungen bzw. Datensätze ausgestellt (identische Mehrstücke derselben Belegart), ist die Aufbewahrung der tatsächlich weiterverarbeiteten Formate (buchungsbegründende Belege) ausreichend, sofern diese über die höchste maschinelle Auswertbarkeit verfügen. In diesem Fall erfüllt das Format mit der höchsten maschinellen Auswertbarkeit

Anl 1 mit dessen vollständigem Dateninhalt die Belegfunktion und muss mit dessen vollständigem Inhalt gespeichert werden. Andernfalls sind beide Formate aufzubewahren. Dies gilt entsprechend, wenn mehrere elektronische Meldungen bzw. mehrere Datensätze ohne bildhafte Urschrift ausgestellt werden. Dies gilt auch für elektronische Meldungen bzw. Datensätze (strukturierte Daten, wie z. B. ein monatlicher Kontoauszug im CSV-Format oder als XML-Datei, strukturierter Teil einer E-Rechnung), für die inhaltsgleiche bildhafte Dokumente zusätzlich bereitgestellt werden. Eine zusätzliche Archivierung der inhaltsgleichen Dateien im PDF-Format oder papierhaften Belegen kann bei Erfüllung der Belegfunktion durch die strukturierten Dateien entfallen.

Bei Einsatz eines Fakturierungsprogramms muss unter Berücksichtigung der vorgenannten Voraussetzungen keine bildhafte Kopie der Ausgangsrechnung (z. B. in Form einer PDF-Datei oder des PDF-Teils eines hybriden Rechnungsformats) ab Erstellung gespeichert bzw. aufbewahrt werden, wenn jederzeit auf Anforderung ein inhaltlich identisches Mehrstück der Ausgangsrechnung erstellt werden kann.

Hierfür sind u. a. folgende Voraussetzungen zu beachten:

- Entsprechende Stammdaten (z. B. Debitoren, Warenwirtschaft etc.) werden laufend historisiert.
- AGB werden ebenfalls historisiert und aus der Verfahrensdokumentation ist ersichtlich, welche AGB bei Erstellung der Originalrechnung verwendet wurden.
- Originallayout des verwendeten Geschäftsbogens wird als Muster (Layer) gespeichert und bei Änderungen historisiert. Zudem ist aus der Verfahrensdokumentation ersichtlich, welches Format bei Erstellung der Originalrechnung verwendet wurde (idealerweise kann bei Ausdruck oder Lesbarmachung des Rechnungsdoppels dieses Originallayout verwendet werden).
- Weiterhin sind die Daten des Fakturierungsprogramms in maschinell auswertbarer Form und unveränderbar aufzubewahren.

77 Jedem Geschäftsvorfall muss ein Beleg zugrunde liegen mit folgenden Inhalten:

Bezeichnung	**Begründung**
Eindeutige Belegnummer (z. B. Index, Paginiernummer, Dokumenten-ID, fortlaufende Rechnungsausgangsnummer)	Angabe zwingend (§ 146 Abs. 1 Satz 1 AO, einzeln, vollständig, geordnet) Kriterium für Vollständigkeitskontrolle (Belegsicherung) Bei umfangreichem Beleganfall ist Zuordnung und Identifizierung regelmäßig nicht aus Belegdatum oder anderen Merkmalen eindeutig ableitbar. Sofern die Fremdbelegnummer eine eindeutige Zuordnung zulässt, kann auch diese verwendet werden.
Belegaussteller und -empfänger	Soweit dies zu den branchenüblichen Mindestaufzeichnungspflichten gehört und keine Aufzeichnungserleichterungen bestehen (z. B. § 33 UStDV)
Betrag bzw. Mengen- oder Wertangaben, aus denen sich der zu buchende Betrag ergibt	Angabe zwingend (BFH vom 12. Mai 1966, BStBl. III S. 371); Dokumentation einer Veränderung des Anlage- und Umlaufvermögens sowie des Eigen- und Fremdkapitals
Währungsangabe und Wechselkurs bei Fremdwährung	Ermittlung des Buchungsbetrags
Hinreichende Erläuterung des Geschäftsvorfalls	Hinweis auf BFH-Urteil vom 12. Mai 1966, BStBl. III S. 371; BFH-Urteil vom 1. Oktober 1969, BStBl. 1970 II S. 45
Belegdatum	Angabe zwingend (§ 146 Abs. 1 Satz 1 AO, zeitgerecht); Identifikationsmerkmale für eine chronologische Erfassung, bei Bargeschäften regelmäßig Zeitpunkt des Geschäftsvorfalls Evtl. zusätzliche Erfassung der Belegzeit bei umfangreichem Beleganfall erforderlich
Verantwortlicher Aussteller, soweit vorhanden	Z. B. Bediener der Kasse

Vgl. Rz. 85 zu den Inhalten der Grund(buch)aufzeichnungen.
Vgl. Rz. 94 zu den Inhalten des Journals.

78 Für umsatzsteuerrechtliche Zwecke können weitere Angaben erforderlich sein. Dazu gehören beispielsweise die Rechnungsangaben nach §§ 14, 14 a UStG und § 33 UStDV.

79 Buchungsbelege sowie abgesandte oder empfangene Handels- oder Geschäftsbriefe in Papierform oder in elektronischer Form enthalten darüber hinaus vielfach noch weitere Informationen, die zum Verständnis und zur Überprüfung der für die Besteuerung gesetzlich vorgeschriebenen Aufzeichnungen im Einzelfall von Bedeutung und damit ebenfalls aufzubewahren sind. Dazu gehören z. B.:

- Mengen- oder Wertangaben zur Erläuterung des Buchungsbetrags, sofern nicht bereits unter Rz. 77 berücksichtigt,

Anl 1

- Einzelpreis (z. B. zur Bewertung),
- Valuta, Fälligkeit (z. B. zur Bewertung),
- Angaben zu Skonti, Rabatten (z. B. zur Bewertung),
- Zahlungsart (bar, unbar),
- Angaben zu einer Steuerbefreiung.

4.4. Besonderheiten

80 Bei DV-gestützten Prozessen wird der Nachweis der zutreffenden Abbildung von Geschäftsvorfällen oft nicht durch konventionelle Belege erbracht (z. B. Buchungen aus Fakturierungssätzen, die durch Multiplikation von Preisen mit entnommenen Mengen aus der Betriebsdatenerfassung gebildet werden). Die Erfüllung der Belegfunktion ist dabei durch die ordnungsgemäße Anwendung des jeweiligen Verfahrens wie folgt nachzuweisen: 38

- Dokumentation der programminternen Vorschriften zur Generierung der Buchungen,
- Nachweis oder Bestätigung, dass die in der Dokumentation enthaltenen Vorschriften einem autorisierten Änderungsverfahren unterlegen haben (u. a. Zugriffsschutz, Versionsführung, Test- und Freigabeverfahren),
- Nachweis der Anwendung des genehmigten Verfahrens sowie
- Nachweis der tatsächlichen Durchführung der einzelnen Buchungen.

81 Bei Dauersachverhalten sind die Ursprungsbelege Basis für die folgenden Automatikbuchungen. Bei (monatlichen) AfA-Buchungen nach Anschaffung eines abnutzbaren Wirtschaftsguts ist der Anschaffungsbeleg mit der AfA-Bemessungsgrundlage und weiteren Parametern (z. B. Nutzungsdauer) aufbewahrungspflichtig. Aus der Verfahrensdokumentation und der ordnungsmäßigen Anwendung des Verfahrens muss der automatische Buchungsvorgang nachvollziehbar sein.

5. Aufzeichnung der Geschäftsvorfälle in zeitlicher Reihenfolge und in sachlicher Ordnung (Grund(buch)aufzeichnungen, Journal- und Kontenfunktion)

82 Der Steuerpflichtige hat organisatorisch und technisch sicherzustellen, dass die elektronischen Buchungen und sonst erforderlichen elektronischen Aufzeichnungen einzeln, vollständig, richtig, zeitgerecht und geordnet vorgenommen werden (§ 146 Abs. 1 Satz 1 AO, § 239 Abs. 2 HGB). Jede Buchung oder Aufzeichnung muss im Zusammenhang mit einem Beleg stehen (BFH-Urteil vom 24. Juni 1997, BStBl. 1998 II S. 51). 39

83 Bei der doppelten Buchführung müssen alle Geschäftsvorfälle in zeitlicher Reihenfolge (Grund(buch)aufzeichnung, Journalfunktion) und in sachlicher Gliederung (Hauptbuch, Kontenfunktion, siehe unter 5.4) darstellbar sein. Im Hauptbuch bzw. bei der Kontenfunktion verursacht jeder Geschäftsvorfall eine Buchung auf mindestens zwei Konten (Soll- und Habenbuchung).

84 Die Erfassung der Geschäftsvorfälle in elektronischen Grund(buch)aufzeichnungen (siehe unter 5.1 und 5.2) und die Verbuchung im Journal (siehe unter 5.3) kann organisatorisch und zeitlich auseinanderfallen (z. B. Grund(buch)aufzeichnung in Form von Kassenauftragszeilen). Erfüllen die Erfassungen Belegfunktion bzw. dienen sie der Belegsicherung, dann ist eine unprotokollierte Änderung nicht mehr zulässig (vgl. Rzn. 58 und 59). In diesen Fällen gelten die Ordnungsvorschriften bereits mit der ersten Erfassung der Geschäftsvorfälle und der Daten und müssen über alle nachfolgenden Prozesse erhalten bleiben (z. B. Übergabe von Daten aus Vor- in Hauptsysteme).

5.1. Erfassung in Grund(buch)aufzeichnungen

85 Die fortlaufende Aufzeichnung der Geschäftsvorfälle erfolgt zunächst in Papierform oder in elektronischen Grund(buch)aufzeichnungen (Grundaufzeichnungsfunktion), um die Belegsicherung und die Garantie der Unverlierbarkeit des Geschäftsvorfalls zu gewährleisten. Sämtliche Geschäftsvorfälle müssen der zeitlichen Reihenfolge nach und materiell mit ihrem richtigen und erkennbaren Inhalt festgehalten werden. 40

Zu den aufzeichnungspflichtigen Inhalten gehören

- die in Rzn. 77, 78 und 79 enthaltenen Informationen,
- das Erfassungsdatum, soweit abweichend vom Buchungsdatum

  Begründung:
- Angabe zwingend (§ 146 Abs. 1 Satz 1 AO, zeitgerecht),
- Zeitpunkt der Buchungserfassung und -verarbeitung,
- Angabe der „Festschreibung" (Veränderbarkeit nur mit Protokollierung) zwingend, soweit nicht Unveränderbarkeit automatisch mit Erfassung und Verarbeitung in Grund(buch)aufzeichnung.

  Vgl. Rz. 94 zu den Inhalten des Journals.

86 Die Grund(buch)aufzeichnungen sind nicht an ein bestimmtes System gebunden. Jedes System, durch das die einzelnen Geschäftsvorfälle fortlaufend, vollständig und richtig festgehalten werden, so dass die Grundaufzeichnungsfunktion erfüllt wird, ist ordnungsmäßig (vgl. BFH-Urteil vom 26. März 1968, BStBl. II S. 527 für Buchführungspflichtige).

5.2. Digitale Grund(buch)aufzeichnungen

87 Sowohl beim Einsatz von Haupt- als auch von Vor- oder Nebensystemen ist eine Verbuchung im Journal des Hauptsystems (z. B. Finanzbuchhaltung) bis zum Ablauf des folgenden Monats nicht zu beanstanden, wenn die einzelnen Geschäftsvorfälle bereits in einem Vor- oder Nebensystem die Grundaufzeichnungsfunktion erfüllen und die Einzeldaten aufbewahrt werden. 41

88 Durch Erfassungs-, Übertragungs- und Verarbeitungskontrollen ist sicherzustellen, dass alle Geschäftsvorfälle vollständig erfasst oder übermittelt werden und danach nicht unbefugt (d. h. nicht ohne Zugriffsschutzverfahren) und nicht ohne Nachweis des vorausgegangenen Zustandes verändert werden

Anl 1

können. Die Durchführung der Kontrollen ist zu protokollieren. Die konkrete Ausgestaltung der Protokollierung ist abhängig von der Komplexität und Diversifikation der Geschäftstätigkeit und der Organisationsstruktur sowie des eingesetzten DV-Systems.

89 Neben den Daten zum Geschäftsvorfall selbst müssen auch alle für die Verarbeitung erforderlichen Tabellendaten (Stammdaten, Bewegungsdaten, Metadaten wie z. B. Grund- oder Systemeinstellungen, geänderte Parameter), deren Historisierung und Programme gespeichert sein. Dazu gehören auch Informationen zu Kriterien, die eine Abgrenzung zwischen den steuerrechtlichen, den handelsrechtlichen und anderen Buchungen (z. B. nachrichtliche Datensätze zu Fremdwährungen, alternative Bewertungsmethoden, statistische Buchungen, GuV-Kontennullstellungen, Summenkonten) ermöglichen.

5.3. Verbuchung im Journal (Journalfunktion)

42 **90** Die Journalfunktion erfordert eine vollständige, zeitgerechte und formal richtige Erfassung, Verarbeitung und Wiedergabe der eingegebenen Geschäftsvorfälle. Sie dient dem Nachweis der tatsächlichen und zeitgerechten Verarbeitung der Geschäftsvorfälle.

91 Werden die unter 5.1 genannten Voraussetzungen bereits mit fortlaufender Verbuchung im Journal erfüllt, ist eine zusätzliche Erfassung in Grund(buch)aufzeichnungen nicht erforderlich. Eine laufende Aufzeichnung unmittelbar im Journal genügt den Erfordernissen der zeitgerechten Erfassung in Grund(buch)aufzeichnungen (vgl. BFH-Urteil vom 16. September 1964, BStBl. III S. 654). Zeitversetzte Buchungen im Journal genügen nur dann, wenn die Geschäftsvorfälle vorher fortlaufend richtig und vollständig in Grundaufzeichnungen oder Grundbüchern aufgezeichnet werden. Die Funktion der Grund(buch)aufzeichnungen kann auf Dauer auch durch eine geordnete und übersichtliche Belegablage erfüllt werden (§ 239 Abs. 4 HGB, § 146 Abs. 5 AO, H 5.2 „Grundbuchaufzeichnungen" EStH; vgl. Rz. 46).

92 Die Journalfunktion ist nur erfüllt, wenn die gespeicherten Aufzeichnungen gegen Veränderung oder Löschung geschützt sind.

93 Fehlerhafte Buchungen können wirksam und nachvollziehbar durch Stornierungen oder Neubuchungen geändert werden (siehe unter 8.). Es besteht deshalb weder ein Bedarf noch die Notwendigkeit für weitere nachträgliche Veränderungen einer einmal erfolgten Buchung. Bei der doppelten Buchführung kann die Journalfunktion zusammen mit der Kontenfunktion erfüllt werden, indem bereits bei der erstmaligen Erfassung des Geschäftsvorfalls alle für die sachliche Zuordnung notwendigen Informationen erfasst werden.

94 Zur Erfüllung der Journalfunktion und zur Ermöglichung der Kontenfunktion sind bei der Buchung insbesondere die nachfolgenden Angaben zu erfassen oder bereitzustellen:
- Eindeutige Belegnummer (siehe Rz. 77),
- Buchungsbetrag (siehe Rz. 77),
- Währungsangabe und Wechselkurs bei Fremdwährung (siehe Rz. 77),
- hinreichende Erläuterung des Geschäftsvorfalls (siehe Rz. 77) – kann (bei Erfüllung der Journal- und Kontenfunktion) im Einzelfall bereits durch andere in Rz. 94 aufgeführte Angaben gegeben sein,
- Belegdatum, soweit nicht aus den Grundaufzeichnungen ersichtlich (siehe Rzn. 77 und 85),
- Buchungsdatum,
- Erfassungsdatum, soweit nicht aus der Grundaufzeichnung ersichtlich (siehe Rz. 85),
- Autorisierung, soweit vorhanden,
- Buchungsperiode/Voranmeldungszeitraum (Ertragsteuer/Umsatzsteuer),
- Umsatzsteuersatz (siehe Rz. 78),
- Steuerschlüssel, soweit vorhanden (siehe Rz. 78),
- Umsatzsteuerbetrag (siehe Rz. 78),
- Umsatzsteuerkonto (siehe Rz. 78),
- Umsatzsteuer-Identifikationsnummer (siehe Rz. 78),
- Steuernummer (siehe Rz. 78),
- Konto und Gegenkonto,
  - Kontoart (Aktiva, Passiva, Kapital, Aufwand, Ertrag, sonstige),
  - Kontotyp (Bilanz, GuV, Debitor, Kreditor, steuerlicher Gewinn/außerbilanzielle Zu- und Abrechnungen, sonstige),
- Buchungsschlüssel (soweit vorhanden),
- Soll- und Haben-Betrag,
- eindeutige Identifikationsnummer (Schlüsselfeld) des Geschäftsvorfalls (soweit Aufteilung der Geschäftsvorfälle in Teilbuchungssätze [Buchungs-Halbsätze] oder zahlreiche Soll- oder Habenkonten [Splitbuchungen] vorhanden). Über die einheitliche und je Wirtschaftsjahr eindeutige Identifikationsnummer des Geschäftsvorfalls muss die Identifizierung und Zuordnung aller Teilbuchungen einschließlich Steuer-, Sammel-, Verrechnungs- und Interimskontenbuchungen eines Geschäftsvorfalls gewährleistet sein.

5.4. Aufzeichnung der Geschäftsvorfälle in sachlicher Ordnung (Hauptbuch)

43 **95** Die Geschäftsvorfälle sind so zu verarbeiten, dass sie geordnet darstellbar sind (Kontenfunktion) und damit die Grundlage für einen Überblick über die Vermögens- und Ertragslage darstellen. Zur Erfüllung der Kontenfunktion bei Bilanzierenden müssen Geschäftsvorfälle nach Sach- und Personenkonten geordnet dargestellt werden.

96 Die Kontenfunktion verlangt, dass die im Journal in zeitlicher Reihenfolge einzeln aufgezeichneten Geschäftsvorfälle auch in sachlicher Ordnung auf Konten dargestellt werden. Damit bei Bedarf für einen zurückliegenden Zeitpunkt ein Zwischenstatus oder eine Bilanz mit Gewinn- und Verlustrechnung aufgestellt werden kann, müssen Eröffnungsbilanzbuchungen und alle Abschlussbuchungen in den Konten enthalten sein. Die Konten sind nach Abschlussposition zu sammeln und nach Kontensummen oder Salden fortzuschreiben. Anl 1

97 Werden innerhalb verschiedener Bereiche des DV-Systems oder zwischen unterschiedlichen DV-Systemen differierende Ordnungskriterien verwendet, so müssen entsprechende Zuordnungstabellen (z. B. elektronische Mappingtabellen) vorgehalten werden (z. B. Wechsel des Kontenrahmens, unterschiedliche Nummernkreise in Vor- und Hauptsystem). Dies gilt auch bei einer elektronischen Übermittlung von Daten an die Finanzbehörde (z. B. unterschiedliche Ordnungskriterien in Bilanz/GuV und EÜR einerseits und USt-Voranmeldung, LSt-Anmeldung, Anlage EÜR und E-Bilanz andererseits). Sollte die Zuordnung mit elektronischen Verlinkungen oder Schlüsselfeldern erfolgen, sind die Verlinkungen in dieser Form vorzuhalten.

98 Die vorstehenden Ausführungen gelten für die Nebenbücher entsprechend.

99 Bei der Übernahme verdichteter Zahlen ins Hauptsystem müssen die zugehörigen Einzelaufzeichnungen aus den Vor- und Nebensystemen erhalten bleiben.

6. Internes Kontrollsystem (IKS)

100 Für die Einhaltung der Ordnungsvorschriften des § 146 AO (siehe unter 3.) hat der Steuerpflichtige Kontrollen einzurichten, auszuüben und zu protokollieren. Hierzu gehören beispielsweise 44
- Zugangs- und Zugriffsberechtigungskontrollen auf Basis entsprechender Zugangs- und Zugriffsberechtigungskonzepte (z. B. spezifische Zugangs- und Zugriffsberechtigungen),
- Funktionstrennungen,
- Erfassungskontrollen (Fehlerhinweise, Plausibilitätsprüfungen),
- Abstimmungskontrollen bei der Dateneingabe,
- Verarbeitungskontrollen,
- Schutzmaßnahmen gegen die beabsichtigte und unbeabsichtigte Verfälschung von Programmen, Daten und Dokumenten.

Die konkrete Ausgestaltung des Kontrollsystems ist abhängig von der Komplexität und Diversifikation der Geschäftstätigkeit und der Organisationsstruktur sowie des eingesetzten DV-Systems.

101 Im Rahmen eines funktionsfähigen IKS muss auch anlassbezogen (z. B. Systemwechsel) geprüft werden, ob das eingesetzte DV-System tatsächlich dem dokumentierten System entspricht (siehe Rz. 155 zu den Rechtsfolgen bei fehlender oder ungenügender Verfahrensdokumentation).

102 Die Beschreibung des IKS ist Bestandteil der Verfahrensdokumentation (siehe unter 10.1).

7. Datensicherheit

103 Der Steuerpflichtige hat sein DV-System gegen Verlust (z. B. Unauffindbarkeit, Vernichtung, Untergang und Diebstahl) zu sichern und gegen unberechtigte Eingaben und Veränderungen (z. B. durch Zugangs- und Zugriffskontrollen) zu schützen. 45

104 Werden die Daten, Datensätze, elektronischen Dokumente und elektronischen Unterlagen nicht ausreichend geschützt und können deswegen nicht mehr vorgelegt werden, so ist die Buchführung formell nicht mehr ordnungsmäßig.

105 Beispiel 6:

Unternehmer überschreibt unwiderruflich die Finanzbuchhaltungsdaten des Vorjahres mit den Daten des laufenden Jahres.
Die sich daraus ergebenden Rechtsfolgen sind vom jeweiligen Einzelfall abhängig.

106 Die Beschreibung der Vorgehensweise zur Datensicherung ist Bestandteil der Verfahrensdokumentation (siehe unter 10.1). Die konkrete Ausgestaltung der Beschreibung ist abhängig von der Komplexität und Diversifikation der Geschäftstätigkeit und der Organisationsstruktur sowie des eingesetzten DV-Systems.

8. Unveränderbarkeit, Protokollierung von Änderungen

107 Nach § 146 Abs. 4 AO darf eine Buchung oder Aufzeichnung nicht in einer Weise verändert werden, dass der ursprüngliche Inhalt nicht mehr feststellbar ist. Auch solche Veränderungen dürfen nicht vorgenommen werden, deren Beschaffenheit es ungewiss lässt, ob sie ursprünglich oder erst später gemacht worden sind. 46

108 Das zum Einsatz kommende DV-Verfahren muss die Gewähr dafür bieten, dass alle Informationen (Programme und Datenbestände), die einmal in den Verarbeitungsprozess eingeführt werden (Beleg, Grundaufzeichnung, Buchung), nicht mehr unterdrückt oder ohne Kenntlichmachung überschrieben, gelöscht, geändert oder verfälscht werden können. Bereits in den Verarbeitungsprozess eingeführte Informationen (Beleg, Grundaufzeichnung, Buchung) dürfen nicht ohne Kenntlichmachung durch neue Daten ersetzt werden.

109 Beispiele 7 für unzulässige Vorgänge:
- Elektronische Grund(buch)aufzeichnungen aus einem Kassen- oder Warenwirtschaftssystem werden über eine Datenschnittstelle in ein Officeprogramm exportiert, dort unprotokolliert editiert und anschließend über eine Datenschnittstelle reimportiert.
- Vorerfassungen und Stapelbuchungen werden bis zur Erstellung des Jahresabschlusses und darüber hinaus offen gehalten. Alle Eingaben können daher unprotokolliert geändert werden.

110 Die Unveränderbarkeit der Daten, Datensätze, elektronischen Dokumente und elektronischen Unterlagen (vgl. Rzn. 3 bis 5) kann sowohl hardwaremäßig (z. B. unveränderbare und fälschungssichere Datenträger) als auch softwaremäßig (z. B. Sicherungen, Sperren, Festschreibung, Löschmerker, automatische Protokollierung, Historisierungen, Versionierungen) als auch organisatorisch (z. B. mittels Zu-

Anl 1

griffsberechtigungskonzepten) gewährleistet werden. Die Ablage von Daten und elektronischen Dokumenten in einem Dateisystem erfüllt die Anforderungen der Unveränderbarkeit regelmäßig nicht, soweit nicht zusätzliche Maßnahmen ergriffen werden, die eine Unveränderbarkeit gewährleisten.

111 Spätere Änderungen sind ausschließlich so vorzunehmen, dass sowohl der ursprüngliche Inhalt als auch die Tatsache, dass Veränderungen vorgenommen wurden, erkennbar bleiben. Bei programmgenerierten bzw. programmgesteuerten Aufzeichnungen (automatisierte Belege bzw. Dauerbelege) sind Änderungen an den der Aufzeichnung zugrunde liegenden Generierungs- und Steuerungsdaten ebenfalls aufzuzeichnen. Dies betrifft insbesondere die Protokollierung von Änderungen in Einstellungen oder die Parametrisierung der Software. Bei einer Änderung von Stammdaten (z. B. Abkürzungs- oder Schlüsselverzeichnisse, Organisationspläne) muss die eindeutige Bedeutung in den entsprechenden Bewegungsdaten (z. B. Umsatzsteuerschlüssel, Währungseinheit, Kontoeigenschaft) erhalten bleiben. Ggf. müssen Stammdatenänderungen ausgeschlossen oder Stammdaten mit Gültigkeitsangaben historisiert werden, um mehrdeutige Verknüpfungen zu verhindern. Auch eine Änderungshistorie darf nicht nachträglich veränderbar sein.

112 Werden Systemfunktionalitäten oder Manipulationsprogramme eingesetzt, die diesen Anforderungen entgegenwirken, führt dies zur Ordnungswidrigkeit der elektronischen Bücher und sonst erforderlicher elektronischer Aufzeichnungen.

Beispiel 8:

Einsatz von Zappern, Phantomware, Backofficeprodukten mit dem Ziel unprotokollierter Änderungen elektronischer Einnahmenaufzeichnungen.

9. Aufbewahrung

47 **113** Der sachliche Umfang der Aufbewahrungspflicht in § 147 Abs. 1 AO besteht grundsätzlich nur im Umfang der Aufzeichnungspflicht (BFH-Urteile vom 24. Juni 2009, BStBl. 2010 II S. 452; vom 26. Februar 2004, BStBl. II S. 599).

114 Müssen Bücher für steuerliche Zwecke geführt werden, sind sie in vollem Umfang aufbewahrungs- und vorlagepflichtig (z. B. Finanzbuchhaltung hinsichtlich Drohverlustrückstellungen, nicht abziehbare Betriebsausgaben, organschaftliche Steuerumlagen; BFH-Beschluss vom 26. September 2007, BStBl. 2008 II S. 415).

115 Auch Steuerpflichtige, die nach § 4 Abs. 3 EStG als Gewinn den Überschuss der Betriebseinnahmen über die Betriebsausgaben ansetzen, sind verpflichtet, Aufzeichnungen und Unterlagen nach § 147 Abs. 1 AO aufzubewahren (BFH-Urteile vom 24. Juni 2009, BStBl. 2010 II S. 452; vom 26. Februar 2004, BStBl. II S. 599).

116 Aufbewahrungspflichten können sich auch aus anderen Rechtsnormen (z. B. § 14 b UStG) ergeben.

117 Die aufbewahrungspflichtigen Unterlagen müssen geordnet aufbewahrt werden. Ein bestimmtes Ordnungssystem ist nicht vorgeschrieben. Die Ablage kann z. B. nach Zeitfolge, Sachgruppen, Kontenklassen, Belegnummern oder alphabetisch erfolgen. Bei elektronischen Unterlagen ist ihr Eingang, ihre Archivierung und ggf. Konvertierung sowie die weitere Verarbeitung zu protokollieren. Es muss jedoch sichergestellt sein, dass ein sachverständiger Dritter innerhalb angemessener Zeit prüfen kann.

118 Die nach außersteuerlichen und steuerlichen Vorschriften aufzeichnungspflichtigen und nach § 147 Abs. 1 AO aufbewahrungspflichtigen Unterlagen können nach § 147 Abs. 2 AO bis auf wenige Ausnahmen auch als Wiedergabe auf einem Bildträger oder auf anderen Datenträgern aufbewahrt werden, wenn dies den GoB entspricht und sichergestellt ist, dass die Wiedergabe oder die Daten

1. mit den empfangenen Handels- oder Geschäftsbriefen und den Buchungsbelegen bildlich und mit den anderen Unterlagen inhaltlich übereinstimmen, wenn sie lesbar gemacht werden,
2. während der Dauer der Aufbewahrungsfrist jederzeit verfügbar sind, unverzüglich lesbar gemacht und maschinell ausgewertet werden können.

Werden Buchungsbelege, Handels- oder Geschäftsbriefe in Form eines strukturierten Datensatzes (bspw. als E-Rechnungen) empfangen, bedarf es abweichend zu § 147 Abs. 2 Nr. 1 AO keiner bildlichen, sondern nur einer inhaltlichen Übereinstimmung.

119 Sind aufzeichnungs- und aufbewahrungspflichtige Daten, Datensätze, elektronische Dokumente und elektronische Unterlagen im Unternehmen entstanden oder dort eingegangen, sind sie auch in dieser Form aufzubewahren und dürfen vor Ablauf der Aufbewahrungsfrist nicht gelöscht werden. Sie dürfen daher nicht mehr ausschließlich in ausgedruckter Form aufbewahrt werden und müssen für die Dauer der Aufbewahrungsfrist unveränderbar erhalten bleiben (z. B. per E-Mail eingegangene Rechnung im PDF-Format oder bildlich erfasste Papierbelege). Dies gilt unabhängig davon, ob die Aufbewahrung im Produktivsystem oder durch Auslagerung in ein anderes DV-System erfolgt. Unter Zumutbarkeitsgesichtspunkten ist es nicht zu beanstanden, wenn der Steuerpflichtige elektronisch erstellte und in Papierform abgesandte Handels- und Geschäftsbriefe nur in Papierform aufbewahrt.

Bei E-Rechnungen i. S. d. § 14 Abs. 1 Satz 3 und 6 UStG ist es ausreichend, wenn nur der strukturierte Teil aufbewahrt wird und die Anforderungen dieses Schreibens erfüllt werden. Eine Aufbewahrung des menschenlesbaren Datenteils einer hybriden E-Rechnung (z. B. des PDF-Teils einer ZUGFeRD-Rechnung) ist nur dann erforderlich, wenn zusätzliche oder abweichende Informationen enthalten sind, die für die Besteuerung von Bedeutung sind (z. B. Buchungsvermerke).

120 Beispiel 9 zu Rz. 119:

Ein Steuerpflichtiger erstellt seine Ausgangsrechnungen mit einem Textverarbeitungsprogramm. Nach dem Ausdruck der jeweiligen Rechnung wird die hierfür verwendete Maske (Dokumentenvorlage) mit den Inhalten der nächsten Rechnung überschrieben. Es ist in diesem Fall nicht zu beanstanden, wenn das Doppel des versendeten Schreibens in diesem

Fall nur als Papierdokument aufbewahrt wird. Werden die abgesandten Handels- und Geschäftsbriefe jedoch tatsächlich in elektronischer Form aufbewahrt (z. B. im File-System oder einem DMS-System), so ist eine ausschließliche Aufbewahrung in Papierform nicht mehr zulässig. Das Verfahren muss dokumentiert werden. Werden Handels- oder Geschäftsbriefe mit Hilfe eines Fakturierungssystems oder ähnlicher Anwendungen erzeugt, bleiben die elektronischen Daten aufbewahrungspflichtig. Anl 1

121 Bei den Daten und Dokumenten ist – wie bei den Informationen in Papierbelegen – auf deren Inhalt und auf deren Funktion abzustellen, nicht auf deren Bezeichnung. So sind beispielsweise E-Mails mit der Funktion eines Handels- oder Geschäftsbriefs oder eines Buchungsbelegs in elektronischer Form aufbewahrungspflichtig. Dient eine E-Mail nur als „Transportmittel", z. B. für eine angehängte elektronische Rechnung, und enthält darüber hinaus keine weitergehenden aufbewahrungspflichtigen Informationen, so ist diese nicht aufbewahrungspflichtig (wie der bisherige Papierbriefumschlag).

Nicht aufbewahrungspflichtig ist auch der zur Dokumentation der technischen Abwicklung einer elektronischen Zahlung erzeugte Nachweis eines Zahlungsabwicklungsdienstes, sofern dieser nicht als Buchungsbeleg verwendet wird oder die einzige Form der Abrechnung mit dem Zahlungsabwicklungsdienst darstellt oder nur mit ihm eine eindeutige Abgrenzung zwischen baren und unbaren Geschäftsvorfällen in der Kassenbuchführung gewährleistet ist.

122 Ein elektronisches Dokument ist mit einem nachvollziehbaren und eindeutigen Index zu versehen. Der Erhalt der Verknüpfung zwischen Index und elektronischem Dokument muss während der gesamten Aufbewahrungsfrist gewährleistet sein. Es ist sicherzustellen, dass das elektronische Dokument unter dem zugeteilten Index verwaltet werden kann. Stellt ein Steuerpflichtiger durch organisatorische Maßnahmen sicher, dass das elektronische Dokument auch ohne Index verwaltet werden kann, und ist dies in angemessener Zeit nachprüfbar, so ist aus diesem Grund die Buchführung nicht zu beanstanden.

123 Das Anbringen von Buchungsvermerken, Indexierungen, Barcodes, farblichen Hervorhebungen usw. darf – unabhängig von seiner technischen Ausgestaltung – keinen Einfluss auf die Lesbarmachung des Originalzustands haben. Die elektronischen Bearbeitungsvorgänge sind zu protokollieren und mit dem elektronischen Dokument zu speichern, damit die Nachvollziehbarkeit und Prüfbarkeit des Originalzustands und seiner Ergänzungen gewährleistet ist.

124 (aufgehoben)

9.1. Maschinelle Auswertbarkeit (§ 147 Abs. 2 Nr. 2 AO)

125 Art und Umfang der maschinellen Auswertbarkeit sind nach den tatsächlichen Informations- und Dokumentationsmöglichkeiten zu beurteilen. **48**

Beispiel 10:
E-Rechnungen in einem hybriden Format (z. B. Datenformat für elektronische Rechnungen ZUGFeRD (Zentraler User Guide des Forums elektronische Rechnung Deutschland))
E-Rechnungen in einem hybriden Format bestehen neben dem strukturierten Datenteil (z. B. XML-Datei) auch aus einem Datenteil im Bildformat (z. B. PDF-Dokument). Entscheidend ist nicht, ob der Rechnungsempfänger nur das Rechnungsbild (PDF-Dokument) nutzt, sondern dass der strukturierte Datenteil (XML-Datei) vorhanden ist, der nicht durch eine Formatumwandlung (z. B. in TIFF) gelöscht werden darf. Entscheidend ist hier die Aufbewahrung des strukturierten Datenteils (z. B. XML-Datei).
Sollte die PDF-Datei weitere, steuerlich relevante Informationen enthalten, z. B. Buchungsvermerke, so sind diese auch entsprechend aufzubewahren. Die maschinelle Auswertbarkeit in diesem Fall bezieht sich dann auch auf sämtliche Inhalte der PDF-Datei.

126 Eine maschinelle Auswertbarkeit ist nach diesem Beurteilungsmaßstab bei aufzeichnungs- und aufbewahrungspflichtigen Daten, Datensätzen, elektronischen Dokumenten und elektronischen Unterlagen (vgl. Rzn. 3 bis 5) u. a. gegeben, die
- mathematisch-technische Auswertungen ermöglichen,
- eine Volltextsuche ermöglichen,
- auch ohne mathematisch-technische Auswertungen eine Prüfung im weitesten Sinne ermöglichen (z. B. Bildschirmabfragen, die Nachverfolgung von Verknüpfungen und Verlinkungen oder die Textsuche nach bestimmten Eingabekriterien).

127 Mathematisch-technische Auswertung bedeutet, dass alle in den aufzeichnungs- und aufbewahrungspflichtigen Daten, Datensätzen, elektronischen Dokumenten und elektronischen Unterlagen (vgl. Rzn. 3 bis 5) enthaltenen Informationen automatisiert (DV-gestützt) interpretiert, dargestellt, verarbeitet sowie für andere Datenbankanwendungen und eingesetzte Prüfsoftware direkt, ohne weitere Konvertierungs- und Bearbeitungsschritte und ohne Informationsverlust nutzbar gemacht werden können (z. B. für wahlfreie Sortier-, Summier-, Verbindungs- und Filterungsmöglichkeiten).

Mathematisch-technische Auswertungen sind z. B. möglich bei:
- Elektronischen Grund(buch)aufzeichnungen (z. B. Kassendaten, Daten aus Warenwirtschaftssystem, Inventurlisten),
- Journaldaten aus Finanzbuchhaltung oder Lohnbuchhaltung,
- Textdateien oder Dateien aus Tabellenkalkulationen mit strukturierten Daten in tabellarischer Form (z. B. Reisekostenabrechnung, Überstundennachweise),
- Sonstigen strukturierten Dateien (z. B. E-Rechnungen i. S. d. § 14 Abs. 1 Satz 3 und 6 UStG).

128 Neben den Daten in Form von Datensätzen und den elektronischen Dokumenten sind auch alle zur maschinellen Auswertung der Daten im Rahmen des Datenzugriffs notwendigen Strukturinformationen (z. B. über die Dateiherkunft [eingesetztes System], die Dateistruktur, die Datenfelder, verwendete Zeichensatztabellen) in maschinell auswertbarer Form sowie die internen und externen Verknüpfungen vollständig und in unverdichteter, maschinell auswertbarer Form aufzubewahren. Im Rahmen einer Datenüberlassung ist der Erhalt technischer Verlinkungen nicht erforderlich, sofern dies nicht möglich ist.

Anl 1

129 Die Reduzierung einer bereits bestehenden maschinellen Auswertbarkeit, beispielsweise durch Umwandlung des Dateiformats oder der Auswahl bestimmter Aufbewahrungsformen, ist nicht zulässig (siehe unter 9.2).

Beispiele 11:

- Umwandlung von PDF/A-Dateien ab der Norm PDF/A-3 in ein Bildformat (z. B. TIFF, JPEG etc.), da dann die in den PDF/A-Dateien enthaltenen XML-Daten und ggf. auch vorhandene Volltextinformationen gelöscht werden.
- Umwandlung von elektronischen Grund(buch)aufzeichnungen (z. B. Kasse, Warenwirtschaft) in ein PDF-Format.
- Umwandlung von Journaldaten einer Finanzbuchhaltung oder Lohnbuchhaltung in ein PDF-Format.

Eine Umwandlung in ein anderes Format (z. B. Inhouse-Format) ist zulässig, wenn die maschinelle Auswertbarkeit nicht eingeschränkt wird und keine inhaltliche Veränderung vorgenommen wird (siehe Rz. 135).

Der Steuerpflichtige muss dabei auch berücksichtigen, dass entsprechende Einschränkungen in diesen Fällen zu seinen Lasten gehen können (z. B. Speicherung einer E-Mail als PDF-Datei. Die Informationen des Headers [z. B. Informationen zum Absender] gehen dabei verloren und es ist nicht mehr nachvollziehbar, wie der tatsächliche Zugang der E-Mail erfolgt ist).

9.2. Elektronische Aufbewahrung

49 **130** Werden Handels- oder Geschäftsbriefe und Buchungsbelege in Papierform empfangen und danach elektronisch bildlich erfasst (z. B. gescannt oder fotografiert), ist das hierdurch entstandene elektronische Dokument so aufzubewahren, dass die Wiedergabe mit dem Original bildlich übereinstimmt, wenn es lesbar gemacht wird (§ 147 Abs. 2 AO). Eine bildliche Erfassung kann hierbei mit den verschiedensten Arten von Geräten (z. B. Smartphones, Multifunktionsgeräten oder Scan-Straßen) erfolgen, wenn die Anforderungen dieses Schreibens erfüllt sind. Werden bildlich erfasste Dokumente per Optical-Character-Recognition-Verfahren (OCR-Verfahren) um Volltextinformationen angereichert (zum Beispiel volltextrecherchierbare PDFs), so ist dieser Volltext nach Verifikation und Korrektur über die Dauer der Aufbewahrungsfrist aufzubewahren und auch für Prüfzwecke verfügbar zu machen. § 146 Abs. 2 AO steht einer bildlichen Erfassung durch mobile Geräte (z. B. Smartphones) im Ausland nicht entgegen, wenn die Belege im Ausland entstanden sind bzw. empfangen wurden und dort direkt erfasst werden (z. B. bei Belegen über eine Dienstreise im Ausland).

131 Eingehende elektronische Handels- oder Geschäftsbriefe und Buchungsbelege müssen in dem Format aufbewahrt werden, in dem sie empfangen wurden (z. B. Rechnungen im XML-Format oder Kontoauszüge im PDF- oder Bildformat).

Eine Umwandlung (Konvertierung) in ein anderes Format (z. B. MSG in PDF) ist unter den Voraussetzungen der Rz. 135 zulässig. Erfolgt eine Anreicherung der Bildinformationen, z. B. durch OCR (Beispiel: Erzeugung einer volltextrecherchierbaren PDF-Datei im Erfassungsprozess), sind die dadurch gewonnenen Informationen nach Verifikation und Korrektur ebenfalls aufzubewahren.

Bei E-Rechnungen i. S. d. § 14 Abs. 1 Satz 3 und 6 UStG ist es ausreichend, wenn der strukturierte Teil aufbewahrt wird und insbesondere die Anforderungen dieses Schreibens erfüllt werden. Eine zusätzliche Aufbewahrung des menschenlesbaren Datenteils einer E-Rechnung ist nur dann erforderlich, wenn zusätzliche oder abweichende Informationen enthalten sind, die für die Besteuerung von Bedeutung sind (z. B. Buchungsvermerke oder qualifizierte elektronische Signaturen).

132 Im DV-System erzeugte Daten i. S. d. Rzn. 3 bis 5 (z. B. Grund(buch)aufzeichnungen in Vor- und Nebensystemen, Buchungen, generierte Datensätze zur Erstellung von Ausgangsrechnungen) oder darin empfangene Daten (z. B. EDI-Verfahren) müssen im Ursprungsformat aufbewahrt werden.

133 Im DV-System erzeugte Dokumente (z. B. erstellte Ausgangsrechnungen [§ 14 b UStG], elektronisch abgeschlossene Verträge, Handels- und Geschäftsbriefe, Verfahrensdokumentation) sind im Ursprungsformat aufzubewahren.

Unter Zumutbarkeitsgesichtspunkten ist es nicht zu beanstanden, wenn der Steuerpflichtige elektronisch erstellte und in Papierform abgesandte Handels- und Geschäftsbriefe nur in Papierform aufbewahrt (Hinweis auf Rzn. 119, 120). Eine Umwandlung in ein anderes Format (z. B. Inhouse-Format) ist zulässig, wenn die maschinelle Auswertbarkeit nicht eingeschränkt wird und keine inhaltliche Veränderung vorgenommen wird (siehe Rz. 135).

134 Bei Einsatz von Kryptografietechniken ist sicherzustellen, dass die verschlüsselten Unterlagen im DV-System in entschlüsselter Form zur Verfügung stehen. Werden Signaturprüfschlüssel verwendet, sind die eingesetzten Schlüssel aufzubewahren. Die Aufbewahrungspflicht endet, wenn keine der mit den Schlüsseln signierten Unterlagen mehr aufbewahrt werden müssen.

135 Bei Umwandlung (Konvertierung) aufbewahrungspflichtiger Unterlagen in ein unternehmenseigenes Format (sog. Inhouse-Format) sind beide Versionen zu archivieren, derselben Aufzeichnung zuzuordnen und mit demselben Index zu verwalten sowie die konvertierte Version als solche zu kennzeichnen.

Die Aufbewahrung beider Versionen ist bei Beachtung folgender Anforderungen nicht erforderlich, sondern es ist die Aufbewahrung der konvertierten Fassung ausreichend:

- Es wird keine bildliche oder inhaltliche Veränderung vorgenommen.
- Bei der Konvertierung gehen keine sonstigen aufbewahrungspflichtigen Informationen verloren.
- Die ordnungsgemäße und verlustfreie Konvertierung wird dokumentiert (Verfahrensdokumentation).
- Die maschinelle Auswertbarkeit und der Datenzugriff durch die Finanzbehörde werden nicht eingeschränkt; dabei ist es zulässig, wenn bei der Konvertierung Zwischenaggregationsstufen nicht gespeichert, aber in der Verfahrensdokumentation so dargestellt werden, dass die retrograde und progressive Prüfbarkeit sichergestellt ist.

Anl 1

Nicht aufbewahrungspflichtig sind die während der maschinellen Verarbeitung durch das Buchführungssystem erzeugten Dateien, sofern diese ausschließlich einer temporären Zwischenspeicherung von Verarbeitungsergebnissen dienen und deren Inhalte im Laufe des weiteren Verarbeitungsprozesses vollständig Eingang in die Buchführungsdaten finden. Voraussetzung ist jedoch, dass bei der weiteren Verarbeitung keinerlei „Verdichtung" aufzeichnungs- und aufbewahrungspflichtiger Daten (vgl. Rzn. 3 bis 5) vorgenommen wird.

9.3. Bildliche Erfassung von Papierdokumenten

136 Papierdokumente werden durch die bildliche Erfassung (siehe Rz. 130) in elektronische Dokumente umgewandelt. Das Verfahren muss dokumentiert werden. **50**

Der Steuerpflichtige sollte daher eine Organisationsanweisung erstellen, die unter anderem regelt:
- wer erfassen darf,
- zu welchem Zeitpunkt erfasst wird oder erfasst werden soll (z. B. beim Posteingang, während oder nach Abschluss der Vorgangsbearbeitung),
- welches Schriftgut erfasst wird,
- ob eine bildliche oder inhaltliche Übereinstimmung mit dem Original erforderlich ist,
- wie die Qualitätskontrolle auf Lesbarkeit und Vollständigkeit und
- wie die Protokollierung von Fehlern zu erfolgen hat.

Die konkrete Ausgestaltung dieser Verfahrensdokumentation ist abhängig von der Komplexität und Diversifikation der Geschäftstätigkeit und der Organisationsstruktur sowie des eingesetzten DV-Systems.

Aus Vereinfachungsgründen (z. B. bei Belegen über eine Dienstreise im Ausland) steht § 146 Abs. 2 AO einer bildlichen Erfassung durch mobile Geräte (z. B. Smartphones) im Ausland nicht entgegen, wenn die Belege im Ausland entstanden sind bzw. empfangen wurden und dort direkt erfasst werden.

Erfolgt im Zusammenhang mit einer auf § 146 Absatz 2 a AO beruhenden oder nach § 146 Absatz 2 b AO genehmigten Verlagerung der elektronischen Buchführung in einen oder mehrere ausländische Staaten eine ersetzende bildliche Erfassung, wird es nicht beanstandet, wenn die papierenen Ursprungsbelege zu diesem Zweck an den Ort der elektronischen Buchführung verbracht werden. Die bildliche Erfassung hat zeitnah zur Verbringung der Papierbelege ins Ausland zu erfolgen.

137 Eine vollständige Farbwiedergabe ist erforderlich, wenn der Farbe Beweisfunktion zukommt (z. B. Minusbeträge in roter Schrift, Sicht-, Bearbeitungs- und Zeichnungsvermerke in unterschiedlichen Farben).

138 Für Besteuerungszwecke ist eine elektronische Signatur oder ein Zeitstempel nicht erforderlich.

139 Im Anschluss an den Erfassungsvorgang (siehe Rz. 130) darf die weitere Bearbeitung nur mit dem elektronischen Dokument erfolgen. Die Papierbelege sind dem weiteren Bearbeitungsgang zu entziehen, damit auf diesen keine Bemerkungen, Ergänzungen usw. vermerkt werden können, die auf dem elektronischen Dokument nicht enthalten sind. Sofern aus organisatorischen Gründen nach dem Erfassungsvorgang eine weitere Vorgangsbearbeitung des Papierbeleges erfolgt, muss nach Abschluss der Bearbeitung der bearbeitete Papierbeleg erneut erfasst und ein Bezug zur ersten elektronischen Fassung des Dokuments hergestellt werden (gemeinsamer Index).

140 Nach der bildlichen Erfassung i. S. d. Rz. 130 dürfen Papierdokumente vernichtet werden, soweit sie nicht nach außersteuerlichen oder steuerlichen Vorschriften im Original aufzubewahren sind. Der Steuerpflichtige muss entscheiden, ob Dokumente, deren Beweiskraft bei der Aufbewahrung in elektronischer Form nicht erhalten bleibt, zusätzlich in der Originalform aufbewahrt werden sollen.

141 Der Verzicht auf einen Papierbeleg darf die Möglichkeit der Nachvollziehbarkeit und Nachprüfbarkeit nicht beeinträchtigen.

9.4. Auslagerung von Daten aus dem Produktivsystem und Systemwechsel

142 Im Falle eines Systemwechsels (z. B. Abschaltung Altsystem, Datenmigration), einer Systemänderung (z. B. Änderung der OCR-Software, Update der Finanzbuchhaltung etc.) oder einer Auslagerung von aufzeichnungs- und aufbewahrungspflichtigen Daten (vgl. Rzn. 3 bis 5) aus dem Produktivsystem ist es nur dann nicht erforderlich, die ursprüngliche Hard- und Software des Produktivsystems über die Dauer der Aufbewahrungsfrist vorzuhalten, wenn die folgenden Voraussetzungen erfüllt sind: **51**

1. Die aufzeichnungs- und aufbewahrungspflichtigen Daten (einschließlich Metadaten, Stammdaten, Bewegungsdaten und der erforderlichen Verknüpfungen) müssen unter Beachtung der Ordnungsvorschriften (vgl. §§ 145 bis 147 AO) quantitativ und qualitativ gleichwertig in ein neues System, in eine neue Datenbank, in ein Archivsystem oder in ein anderes System überführt werden.
   Bei einer erforderlichen Datenumwandlung (Migration) darf ausschließlich das Format der Daten (z. B. Datums- und Währungsformat) umgesetzt, nicht aber eine inhaltliche Änderung der Daten vorgenommen werden. Die vorgenommenen Änderungen sind zu dokumentieren.
   Die Reorganisation von OCR-Datenbanken ist zulässig, soweit die zugrunde liegenden elektronischen Dokumente und Unterlagen durch diesen Vorgang unverändert bleiben und die durch das OCR-Verfahren gewonnenen Informationen mindestens in quantitativer und qualitativer Hinsicht erhalten bleiben.
2. Das neue System, das Archivsystem oder das andere System muss in quantitativer und qualitativer Hinsicht die gleichen Auswertungen der aufzeichnungs- und aufbewahrungspflichtigen Daten ermöglichen als wären die Daten noch im Produktivsystem.

143 Andernfalls ist die ursprüngliche Hard- und Software des Produktivsystems – neben den aufzeichnungs- und aufbewahrungspflichtigen Daten – für die Dauer der Aufbewahrungsfrist vorzuhalten. Auf die Möglichkeit der Bewilligung von Erleichterungen nach § 148 AO wird hingewiesen.

Anl 1

144 Eine Aufbewahrung in Form von Datenextrakten, Reports oder Druckdateien ist unzulässig, soweit nicht mehr alle aufzeichnungs- und aufbewahrungspflichtigen Daten übernommen werden.

10. Nachvollziehbarkeit und Nachprüfbarkeit

52 **145** Die allgemeinen Grundsätze der Nachvollziehbarkeit und Nachprüfbarkeit sind unter 3.1 aufgeführt.

Die Prüfbarkeit der formellen und sachlichen Richtigkeit bezieht sich sowohl auf einzelne Geschäftsvorfälle (Einzelprüfung) als auch auf die Prüfbarkeit des gesamten Verfahrens (Verfahrens- oder Systemprüfung anhand einer Verfahrensdokumentation, siehe unter 10.1).

146 Auch an die DV-gestützte Buchführung wird die Anforderung gestellt, dass Geschäftsvorfälle für die Dauer der Aufbewahrungsfrist retrograd und progressiv prüfbar bleiben müssen.

147 Die vorgenannten Anforderungen gelten für sonst erforderliche elektronische Aufzeichnungen sinngemäß (§ 145 Abs. 2 AO).

148 Von einem sachverständigen Dritten kann zwar Sachverstand hinsichtlich der Ordnungsvorschriften der §§ 145 bis 147 AO und allgemeiner DV-Sachverstand erwartet werden, nicht jedoch spezielle, produktabhängige System- oder Programmierkenntnisse.

149 Nach § 146 Abs. 3 Satz 3 AO muss im Einzelfall die Bedeutung von Abkürzungen, Ziffern, Buchstaben und Symbolen eindeutig festliegen und sich aus der Verfahrensdokumentation ergeben.

150 Für die Prüfung ist eine aussagefähige und aktuelle Verfahrensdokumentation notwendig, die alle System- bzw. Verfahrensänderungen inhaltlich und zeitlich lückenlos dokumentiert.

10.1. Verfahrensdokumentation

53 **151** Da sich die Ordnungsmäßigkeit neben den elektronischen Büchern und sonst erforderlichen Aufzeichnungen auch auf die damit in Zusammenhang stehenden Verfahren und Bereiche des DV-Systems bezieht (siehe unter 3.), muss für jedes DV-System eine übersichtlich gegliederte Verfahrensdokumentation vorhanden sein, aus der Inhalt, Aufbau, Ablauf und Ergebnisse des DV-Verfahrens vollständig und schlüssig ersichtlich sind. Der Umfang der im Einzelfall erforderlichen Dokumentation wird dadurch bestimmt, was zum Verständnis des DV-Verfahrens, der Bücher und Aufzeichnungen sowie der aufbewahrten Unterlagen notwendig ist. Die Verfahrensdokumentation muss verständlich und damit für einen sachverständigen Dritten in angemessener Zeit nachprüfbar sein. Die konkrete Ausgestaltung der Verfahrensdokumentation ist abhängig von der Komplexität und Diversifikation der Geschäftstätigkeit und der Organisationsstruktur sowie des eingesetzten DV-Systems.

152 Die Verfahrensdokumentation beschreibt den organisatorisch und technisch gewollten Prozess, z. B. bei elektronischen Dokumenten von der Entstehung der Informationen über die Indizierung, Verarbeitung und Speicherung, dem eindeutigen Wiederfinden und der maschinellen Auswertbarkeit, der Absicherung gegen Verlust und Verfälschung und der Reproduktion.

153 Die Verfahrensdokumentation besteht in der Regel aus einer allgemeinen Beschreibung, einer Anwenderdokumentation, einer technischen Systemdokumentation und einer Betriebsdokumentation.

154 Für den Zeitraum der Aufbewahrungsfrist muss gewährleistet und nachgewiesen sein, dass das in der Dokumentation beschriebene Verfahren dem in der Praxis eingesetzten Verfahren voll entspricht. Dies gilt insbesondere für die eingesetzten Versionen der Programme (Programmidentität). Änderungen einer Verfahrensdokumentation müssen historisch nachvollziehbar sein. Dem wird genügt, wenn die Änderungen versioniert sind und eine nachvollziehbare Änderungshistorie vorgehalten wird. Aus der Verfahrensdokumentation muss sich ergeben, wie die Ordnungsvorschriften (z. B. §§ 145 ff. AO, §§ 238 ff. HGB) und damit die in diesem Schreiben enthaltenen Anforderungen beachtet werden. Die Aufbewahrungsfrist für die Verfahrensdokumentation läuft nicht ab, soweit und solange die Aufbewahrungsfrist für die Unterlagen noch nicht abgelaufen ist, zu deren Verständnis sie erforderlich ist.

155 Soweit eine fehlende oder ungenügende Verfahrensdokumentation die Nachvollziehbarkeit und Nachprüfbarkeit nicht beeinträchtigt, liegt kein formeller Mangel mit sachlichem Gewicht vor, der zum Verwerfen der Buchführung führen kann.

10.2. Lesbarmachung von elektronischen Unterlagen

54 **156** Wer aufzubewahrende Unterlagen in der Form einer Wiedergabe auf einem Bildträger oder auf anderen Datenträgern vorlegt, ist nach § 147 Abs. 5 AO verpflichtet, auf seine Kosten diejenigen Hilfsmittel zur Verfügung zu stellen, die erforderlich sind, um die Unterlagen lesbar zu machen. Auf Verlangen der Finanzbehörde hat der Steuerpflichtige auf seine Kosten die Unterlagen unverzüglich ganz oder teilweise auszudrucken oder ohne Hilfsmittel lesbare Reproduktionen beizubringen.

157 Der Steuerpflichtige muss durch Erfassen i. S. d. Rz. 130 digitalisierte Unterlagen über sein DV-System per Bildschirm lesbar machen. Ein Ausdruck auf Papier ist nicht ausreichend. Die elektronischen Dokumente müssen für die Dauer der Aufbewahrungsfrist jederzeit lesbar sein (BFH-Beschluss vom 26. September 2007, BStBl. 2008 II S. 415).

11. Datenzugriff

55 **158** Die Finanzbehörde hat das Recht, die mit Hilfe eines DV-Systems erstellten und nach § 147 Abs. 1 AO aufbewahrungspflichtigen Unterlagen durch Datenzugriff zu prüfen. Das Recht auf Datenzugriff steht der Finanzbehörde nur im Rahmen der gesetzlichen Regelungen zu (z. B. Außenprüfung und Nachschauen). Durch die Regelungen zum Datenzugriff wird der sachliche Umfang der Außenprüfung (§ 194 AO) nicht erweitert; er wird durch die Prüfungsanordnung (§ 196 AO, § 5 BpO) bestimmt.

Anl 1
56

11.1. Umfang und Ausübung des Rechts auf Datenzugriff nach § 147 Abs. 6 AO

159 Das Recht auf Datenzugriff nach § 147 Absatz 6 Satz 1 AO ist in allen dort genannten Ausgestaltungen auf den Rahmen der jeweiligen Außenprüfung beschränkt. Gegenstand der Prüfung sind die nach außersteuerlichen und steuerlichen Vorschriften aufzeichnungspflichtigen und die nach § 147 Abs. 1 AO aufbewahrungspflichtigen Unterlagen. Hierfür sind insbesondere die Daten der Finanzbuchhaltung, der Anlagenbuchhaltung, der Lohnbuchhaltung und aller Vor- und Nebensysteme, die aufzeichnungs- und aufbewahrungspflichtige Unterlagen enthalten (vgl. Rzn. 3 bis 5), für den Datenzugriff bereitzustellen. Die Art der Außenprüfung ist hierbei unerheblich, so dass z. B. die Daten der Finanzbuchhaltung auch Gegenstand der Lohnsteuer-Außenprüfung sein können.

160 Neben den Daten müssen insbesondere auch die Teile der Verfahrensdokumentation auf Verlangen zur Verfügung gestellt werden können, die einen vollständigen Systemüberblick ermöglichen und für das Verständnis des DV-Systems erforderlich sind. Dazu gehört auch ein Überblick über alle im DV-System vorhandenen Informationen, die aufzeichnungs- und aufbewahrungspflichtige Unterlagen betreffen (vgl. Rzn. 3 bis 5); z. B. Beschreibungen zu Tabellen, Feldern, Verknüpfungen und Auswertungen. Diese Angaben sind erforderlich, damit die Finanzbehörde das durch den Steuerpflichtigen ausgeübte Erstqualifikationsrecht (vgl. Rz. 161) prüfen und Aufbereitungen für die überlassenen Daten erstellen kann.

161 Soweit in Bereichen des Unternehmens betriebliche Abläufe mit Hilfe eines DV-Systems abgebildet werden, sind die betroffenen DV-Systeme durch den Steuerpflichtigen zu identifizieren, die darin enthaltenen Daten nach Maßgabe der außersteuerlichen und steuerlichen Aufzeichnungs- und Aufbewahrungspflichten (vgl. Rzn. 3 bis 5) zu qualifizieren (Erstqualifizierung) und für den Datenzugriff in geeigneter Weise vorzuhalten (siehe auch unter 9.4). Bei unzutreffender Qualifizierung von Daten kann die Finanzbehörde im Rahmen ihres pflichtgemäßen Ermessens verlangen, dass der Steuerpflichtige den Datenzugriff auf diese nach außersteuerlichen und steuerlichen Vorschriften tatsächlich aufgezeichneten und aufbewahrten Daten nachträglich ermöglicht.

Beispiele 12:

- Ein Steuerpflichtiger stellt aus dem PC-Kassensystem nur Tagesendsummen zur Verfügung. Die digitalen Grund(buch)-aufzeichnungen (Kasseneinzeldaten) wurden archiviert, aber nicht zur Verfügung gestellt.
- Ein Steuerpflichtiger stellt für die Datenüberlassung nur einzelne Sachkonten aus der Finanzbuchhaltung zur Verfügung. Die Daten der Finanzbuchhaltung sind archiviert
- Ein Steuerpflichtiger ohne Auskunftsverweigerungsrecht stellt Belege in Papierform zur Verfügung. Die empfangenen und abgesandten Handels- und Geschäftsbriefe und Buchungsbelege stehen in einem Dokumenten-Management-System zur Verfügung.

162 Das allgemeine Auskunftsrecht des Prüfers (§§ 88, 199 Abs. 1 AO) und die Mitwirkungspflichten des Steuerpflichtigen (§§ 90, 200 AO) bleiben unberührt.

163 Bei der Ausübung des Rechts auf Datenzugriff stehen der Finanzbehörde nach dem Gesetz drei gleichberechtigte Möglichkeiten zur Verfügung.

164 Die Entscheidung, von welcher Möglichkeit des Datenzugriffs die Finanzbehörde Gebrauch macht, steht in ihrem pflichtgemäßen Ermessen; falls erforderlich, kann sie auch kumulativ mehrere Möglichkeiten in Anspruch nehmen (Rzn. 165 bis 170). Sofern noch nicht mit der Außenprüfung begonnen wurde, ist es im Falle eines Systemwechsels oder einer Auslagerung von aufzeichnungs- und aufbewahrungspflichtigen Daten aus dem Produktivsystem ausreichend, wenn nach Ablauf des 5. Kalenderjahres, das auf die Umstellung folgt, nur noch der Z3-Zugriff (Rzn. 167 bis 170) zur Verfügung gestellt wird.

165 Unmittelbarer Datenzugriff (Z1)

Die Finanzbehörde hat das Recht, selbst unmittelbar auf das DV-System dergestalt zuzugreifen, dass sie in Form des Nur-Lesezugriffs Einsicht in die aufzeichnungs- und aufbewahrungspflichtigen Daten nimmt und die vom Steuerpflichtigen oder von einem beauftragten Dritten eingesetzte Hard- und Software zur Prüfung der gespeicherten Daten einschließlich der jeweiligen Meta-, Stamm- und Bewegungsdaten sowie der entsprechenden Verknüpfungen (z. B. zwischen den Tabellen einer relationalen Datenbank) nutzt.

Dabei darf sie nur mit Hilfe dieser Hard- und Software auf die elektronisch gespeicherten Daten zugreifen. Dies schließt eine Fernabfrage (Online-Zugriff) der Finanzbehörde auf das DV-System des Steuerpflichtigen durch die Finanzbehörde aus. Der Nur-Lesezugriff umfasst das Lesen und Analysieren der Daten unter Nutzung der im DV-System vorhandenen Auswertungsmöglichkeiten (z. B. Filtern und Sortieren).

166 Mittelbarer Datenzugriff (Z2)

Die Finanzbehörde kann vom Steuerpflichtigen auch verlangen, dass er an ihrer Stelle die aufzeichnungs- und aufbewahrungspflichtigen Daten nach ihren Vorgaben maschinell auswertet oder von einem beauftragten Dritten maschinell auswerten lässt und der Finanzbehörde die Datenauswertung im maschinell auswertbaren Format zur Verfügung stellt oder anschließend einen Nur-Lesezugriff ermöglicht. Es kann nur eine maschinelle Auswertung unter Verwendung der im DV-System des Steuerpflichtigen oder des beauftragten Dritten vorhandenen Auswertungsmöglichkeiten verlangt werden.

167 Datenüberlassung (Z3)

Die Finanzbehörde kann ferner verlangen, dass ihr die aufzeichnungs- und aufbewahrungspflichtigen Daten, einschließlich der jeweiligen Meta-, Stamm- und Bewegungsdaten sowie der internen und externen Verknüpfungen (z. B. zwischen den Tabellen einer relationalen Datenbank), und elektronische Dokumente und Unterlagen in einem maschinell lesbaren und auswertbaren Format zur Auswertung überlassen werden. Dies kann z. B. auf einem Datenträger oder durch Zurverfügungstellung der Daten über eine Datenaustauschplattform erfolgen, für die die Finanzbehörde einen Zugang eröffnet hat (§ 87 a Ab-

Anl 1

satz 1 AO). Dieses Verlangen kann gem. § 197 Absatz 3 AO mit der Prüfungsanordnung innerhalb einer angemessenen Frist bereits vor dem Beginn der Prüfung geltend gemacht werden. Die Finanzbehörde ist nicht berechtigt, selbst Daten aus dem DV-System herunterzuladen oder Kopien vorhandener Datensicherungen vorzunehmen.

168 Die Datenüberlassung umfasst die Mitnahme der Daten aus der Sphäre des Steuerpflichtigen. Eine Verarbeitung und Aufbewahrung der Daten ist auch auf mobilen Datenverarbeitungssystemen der Finanzbehörden unabhängig von deren Einsatzort zulässig. Die Finanzbehörde darf die Daten bis zur Unanfechtbarkeit der die Daten betreffenden Verwaltungsakte auch auf den mobilen Datenverarbeitungssystemen unabhängig vom Einsatzort aufbewahren (vgl. § 147 Absatz 7 AO).

169 Spätestens nach Bestandskraft der aufgrund der Außenprüfung ergangenen Bescheide sind die vom Steuerpflichtigen überlassenen Daten zu löschen und ggf. zur Auswertung überlassene Datenträger an diesen zurückzugeben.

170 Die Finanzbehörde hat bei Anwendung der Regelungen zum Datenzugriff den Grundsatz der Verhältnismäßigkeit zu beachten.

11.2. Umfang der Mitwirkungspflicht nach §§ 147 Abs. 6 und 200 Abs. 1 Satz 2 AO

57 **171** Der Steuerpflichtige hat die Finanzbehörde bei Ausübung ihres Rechts auf Datenzugriff zu unterstützen (§ 200 Abs. 1 AO). Dabei entstehende Kosten hat der Steuerpflichtige zu tragen (§ 147 Abs. 6 Satz 3 AO).

172 Enthalten elektronisch gespeicherte Datenbestände z. B. nicht aufzeichnungs- und aufbewahrungspflichtige, personenbezogene oder dem Berufsgeheimnis (§ 102 AO) unterliegende Daten, so obliegt es dem Steuerpflichtigen oder dem von ihm beauftragten Dritten, die Datenbestände so zu organisieren, dass der Prüfer nur auf die aufzeichnungs- und aufbewahrungspflichtigen Daten des Steuerpflichtigen zugreifen kann. Dies kann z. B. durch geeignete Zugriffsbeschränkungen oder „digitales Schwärzen" der zu schützenden Informationen erfolgen. Für versehentlich überlassene Daten besteht kein Verwertungsverbot.

173 Mangels Nachprüfbarkeit akzeptiert die Finanzbehörde keine Reports oder Druckdateien, die vom Unternehmen ausgewählte („vorgefilterte") Datenfelder und -sätze aufführen, jedoch nicht mehr alle aufzeichnungs- und aufbewahrungspflichtigen Daten (vgl. Rzn. 3 bis 5) enthalten.

Im Einzelnen gilt Folgendes:

174 Beim unmittelbaren Datenzugriff hat der Steuerpflichtige dem Prüfer die für den Datenzugriff erforderlichen Hilfsmittel zur Verfügung zu stellen und ihn für den Nur-Lesezugriff in das DV-System einzuweisen. Die Zugangsberechtigung muss so ausgestaltet sein, dass dem Prüfer dieser Zugriff auf alle aufzeichnungs- und aufbewahrungspflichtigen Daten eingeräumt wird. Sie umfasst die im DV-System genutzten Auswertungsmöglichkeiten (z. B. Filtern, Sortieren, Konsolidieren) für Prüfungszwecke (z. B. in Revisionstools, Standardsoftware, Backofficeprodukten). In Abhängigkeit vom konkreten Sachverhalt kann auch eine vom Steuerpflichtigen nicht genutzte, aber im DV-System vorhandene Auswertungsmöglichkeit verlangt werden. Eine Volltextsuche, eine Ansichtsfunktion oder ein selbsttragendes System, das in einer Datenbank nur die für archivierte Dateien vergebenen Schlagworte als Index-werte nachweist, reicht regelmäßig nicht aus.

Eine Unveränderbarkeit des Datenbestandes und des DV-Systems durch die Finanzbehörde muss seitens des Steuerpflichtigen oder eines von ihm beauftragten Dritten gewährleistet werden.

175 Beim mittelbaren Datenzugriff gehört zur Mithilfe des Steuerpflichtigen beim Nur-Lesezugriff neben der Zurverfügungstellung von Hard- und Software auch die Unterstützung durch mit dem DV-System vertraute Personen. Der Umfang der zumutbaren Mithilfe richtet sich nach den betrieblichen Gegebenheiten des Unternehmens. Hierfür können z. B. seine Größe oder Mitarbeiterzahl Anhaltspunkte sein.

176 Bei der Datenüberlassung sind der Finanzbehörde mit den gespeicherten Unterlagen und Aufzeichnungen alle zur Auswertung der Daten notwendigen Informationen (z. B. über die Dateiherkunft [eingesetztes System], die Dateistruktur, die Datenfelder, verwendete Zeichensatztabellen sowie interne und externe Verknüpfungen) in maschinell auswertbarer Form zur Verfügung zu stellen. Dies gilt auch in den Fällen, in denen sich die Daten bei einem Dritten befinden.

Auch die zur Auswertung der Daten notwendigen Strukturinformationen müssen in maschinell auswertbarer Form zur Verfügung gestellt werden.

Bei unvollständigen oder unzutreffenden Datenlieferungen kann die Finanzbehörde neue Datenüberlassungen mit vollständigen und zutreffenden Daten verlangen. Im Verlauf der Prüfung kann die Finanzbehörde auch weitere Datenüberlassungen mit aufzeichnungs- und aufbewahrungspflichtigen Unterlagen anfordern.

Das Einlesen der Daten muss ohne Installation von Fremdsoftware auf den Rechnern der Finanzbehörde möglich sein. Eine Entschlüsselung der übergebenen Daten muss spätestens bei der Datenübernahme auf die Systeme der Finanzbehörde erfolgen.

177 Der Grundsatz der Wirtschaftlichkeit rechtfertigt nicht den Einsatz einer Software, die den in diesem Schreiben niedergelegten Anforderungen zur Datenüberlassung nicht oder nur teilweise genügt und damit den Datenzugriff einschränkt. Die zur Herstellung des Datenzugriffs erforderlichen Kosten muss der Steuerpflichtige genauso in Kauf nehmen wie alle anderen Aufwendungen, die die Art seines Betriebes mit sich bringt.

178 Ergänzende Informationen zur Datenüberlassung sind in der Anlage zusammengefasst. Die Digitalen Schnittstellen der Finanzverwaltung (DSFinV bzw. DLS) stehen auf der Internet-Seite des Bundeszentralamts für Steuern (www.bzst.de) zum Download bereit.

Anl 1

12. Zertifizierung und Software-Testate

179 Die Vielzahl und unterschiedliche Ausgestaltung und Kombination der DV-Systeme für die Erfüllung außersteuerlicher oder steuerlicher Aufzeichnungs- und Aufbewahrungspflichten lassen keine allgemein gültigen Aussagen der Finanzbehörde zur Konformität der verwendeten oder geplanten Hard- und Software zu. Dies gilt umso mehr, als weitere Kriterien (z. B. Releasewechsel, Updates, die Vergabe von Zugriffsrechten oder Parametrisierungen, die Vollständigkeit und Richtigkeit der eingegebenen Daten) erheblichen Einfluss auf die Ordnungsmäßigkeit eines DV-Systems und damit auf Bücher und die sonst erforderlichen Aufzeichnungen haben können. 58

180 Positivtestate zur Ordnungsmäßigkeit der Buchführung – und damit zur Ordnungsmäßigkeit DV-gestützter Buchführungssysteme – werden weder im Rahmen einer steuerlichen Außenprüfung noch im Rahmen einer verbindlichen Auskunft erteilt.

181 „Zertifikate" oder „Testate" Dritter können bei der Auswahl eines Softwareproduktes dem Unternehmen als Entscheidungskriterium dienen, entfalten jedoch aus den in Rz. 179 genannten Gründen gegenüber der Finanzbehörde keine Bindungswirkung.

13. Anwendungsregelung

182 Die GoBD in der Fassung vom 28. November 2019 treten mit Wirkung vom 1. Januar 2020 an die Stelle des BMF-Schreibens vom 14. November 2014 – IV A 4 – S 0316/13/10003 –, BStBl. I S. 1450. 59

183 Die GoBD in der Fassung vom 28. November 2019 sind auf Besteuerungszeiträume anzuwenden, die nach dem 31. Dezember 2019 beginnen. Es wird nicht beanstandet, wenn der Steuerpflichtige diese Grundsätze auf Besteuerungszeiträume anwendet, die vor dem 1. Januar 2020 enden.

184 Die GoBD in der Fassung vom 11. März 2024 gelten ab dem 1. April 2024.

185 Die GoBD in der Fassung vom 14. Juli 2025 sind mit Wirkung vom 14. Juli 2025 anzuwenden.

Anlage

Ergänzende Informationen zur Datenüberlassung

Die „Grundsätze zur ordnungsmäßigen Führung und Aufbewahrung von Büchern, Aufzeichnungen und Unterlagen in elektronischer Form sowie zum Datenzugriff (GoBD)" in Form der Neufassung durch das BMF-Schreiben vom 28. November 2019 (BStBl. I S. 1269), geändert durch das BMF-Schreiben vom 11. März 2024 regeln die Datenüberlassung. 60

Auf Verlangen der Finanzbehörde müssen aufzeichnungs- und aufbewahrungspflichtige Daten und zur Auswertung der Daten notwendige Strukturinformationen in maschinell auswertbarer Form durch das geprüfte Unternehmen bereitgestellt werden.

Da gerade die Datenüberlassung dem geprüften Unternehmen erhebliche Probleme bereiten kann, werden nachfolgende Informationen zur Datenüberlassung als Hilfe bereitgestellt.

1. Beschreibungsstandard für die Datenüberlassung

Die Finanzbehörde hat mit Softwareherstellern sowie dem deutschen Vertrieb der bundeseinheitlichen Prüfsoftware der Finanzverwaltung „IDEA" (Firma CaseWare Germany GmbH) eine einheitliche, technische Bereitstellungshilfe zur Format- und Inhaltsbeschreibung der aufzeichnungs- und aufbewahrungspflichtigen Daten entwickelt. 61

Umfang, Struktur oder Bezeichnung der aufzeichnungs- und aufbewahrungspflichtigen Daten werden durch den Beschreibungsstandard nicht vorgegeben.

1.1 Beschreibungsstandard als technische Bereitstellungshilfe

Der Beschreibungsstandard für die Datenüberlassung definiert die Datenimport-Schnittstelle zur automatisierten Übernahme aufzeichnungs- und aufbewahrungspflichtiger Daten einschließlich der zur maschinellen Auswertung erforderlichen Strukturinformationen und Verknüpfungen. Er ermöglicht Softwareherstellern und geprüften Unternehmen auf freiwilliger Basis eine problemlose Datenübergabe bei angeforderter Datenüberlassung im Rahmen einer Außenprüfung.

1.2 Funktionsweise und Inhalt des XML-basierten Beschreibungsstandards

Um die unterschiedlichen Datenstrukturen verarbeiten zu können, muss das geprüfte Unternehmen oder ein beauftragter Dritter die aufzeichnungs- und aufbewahrungspflichtigen Daten weitgehend „denormalisiert" zur Verfügung stellen. Der Beschreibungsstandard legt das Dateiformat für diese Daten auf gängige Standardformate fest. Zusätzlich liefert der Beschreibungsstandard eine maschinell auswertbare Beschreibung der Daten, Datenformate und Verknüpfungen im XML-Format.

1.3 Weiterführende Informationen zum Beschreibungsstandard

Die aktuelle technische Beschreibung kann bei der Firma CaseWare Germany GmbH (https://www.caseware.net/) kostenlos angefordert werden. Sie beinhaltet insbesondere die technische Organisation des Beschreibungsstandards und eine Erläuterung der zugrunde liegenden DTD (Document Type Definition).

1.4 Muster-index.xml-Dateien der Finanzbehörde

Im Zusammenhang mit der Beschreibung digitaler Schnittstellen stellt die Finanzbehörde Muster-index.xml zur Verfügung. Zur Verwendung und Anpassung der Muster-index.xml gilt Folgendes:

Die Felder (Spalten) müssen in jeder zur Verfügung gestellten csv-Datei in der beschriebenen Reihenfolge enthalten sein. In jeder csv-Datei soll ein Kopfdatensatz mit den Bezeichnungen des Feldnamens

Anl 1

vorangestellt werden. Darüber hinaus ist eine beschreibende index.xml-Datei beizufügen. Die jeweilige Muster-index.xml der Finanzbehörde ist bei Verwendung von Zusatzfeldern und -tabellen zu ergänzen und bei Abweichungen der csv-Daten vom Muster anzupassen (z. B. kein Kopfdatensatz enthalten, Feldtrenner nicht Semikolon, Dezimaltrennzeichen nicht Komma, Tausendertrennzeichen nicht Punkt, Zeilenumbruch nicht CRLF, Texteinschlusszeichen nicht Anführungszeichen).

62 **2. Digitale LohnSchnittstelle**

Für den Bereich der Lohnsteuer-Außenprüfung hat die Finanzbehörde die Digitale LohnSchnittstelle (DLS) erarbeitet.

Die DLS ist eine verpflichtend einzuhaltende Datensatzbeschreibung für den standardisierten Datenexport aus dem Lohnabrechnungsprogramm des Arbeitgebers zur Übergabe an die Finanzbehörde. Sie stellt eine einheitliche Strukturierung und Bezeichnung der nach § 41 EStG und § 4 LStDV im Lohnkonto aufzuzeichnenden Daten in Dateien und Datenfelder sicher – unabhängig von dem Lohnabrechnungsprogramm des Arbeitgebers. Eine abschließende Definition und Aufzählung der aufzeichnungs- und aufbewahrungspflichtigen Daten sind mit der DLS nicht verbunden.

Das Datenzugriffsrecht nach § 147 Absatz 6 AO auf weitere aufzeichnungs- und aufbewahrungspflichtige Unterlagen bleibt von der Anwendung der DLS unberührt.

Die jeweils aktuelle Version der DLS steht mit weiteren Informationen auf der Internetseite des Bundeszentralamtes für Steuern unter www.bzst.bund.de zur Einsicht und zum Download bereit.

63 **3. Exporte aus elektronischen Aufzeichnungssystemen, die in den Anwendungsbereich des § 146 a Absatz 1 Satz 1 und Absatz 3 AO i. V. m. § 1 Kassensicherungsverordnung fallen**

Mit dem Gesetz zum Schutz vor Manipulationen an digitalen Grundaufzeichnungen vom 22. Dezember 2016 (BGBl. I S. 3152) wurde geregelt, dass Daten, die mit Hilfe eines elektronischen Aufzeichnungssystems erfasst werden, ab dem 1. Januar 2020 mit einer zertifizierten technischen Sicherheitseinrichtung (TSE) zu schützen sind (vgl. § 146 a Absatz 1 Satz 1 und 2 AO i. V. m. § 1 Kassensicherungsverordnung – KassenSichV). Diese Daten sind der Finanzbehörde anlässlich einer Außenprüfung oder einer Kassen-Nachschau über eine einheitliche digitale Schnittstelle (§ 4 KassenSichV) zur Verfügung zu stellen (vgl. § 146 a Absatz 1 Satz 4 AO). Die einheitliche digitale Schnittstelle besteht aus der Einbindungsschnittstelle, der Exportschnittstelle sowie der Digitalen Schnittstellen der Finanzverwaltung (DSFinV –vgl. Nr. 4 des AEAO zu § 146 a bzw. Nr. 1.13 des AEAO zu § 146 a in der ab 1. Januar 2024 geltenden Fassung). Über sie sind jeweils verpflichtend die erforderlichen Daten sowie Formate definiert.

Die jeweilige DSFinV liefert hierzu eine fachliche und technische Beschreibung.

Die jeweils aktuelle Version der jeweiligen DSFinV steht mit weiteren Informationen auf der Internetseite des Bundeszentralamtes für Steuern unter www.bzst.bund.de zur Einsicht und zum Download bereit.

Das Datenzugriffsrecht nach § 147 Absatz 6 AO auf weitere aufzeichnungs- und aufbewahrungspflichtige Unterlagen bleibt von der Anwendung der jeweiligen DSFinV unberührt.

64 **4. Weitere unterstützte Dateiformate der Prüfsoftware**

Neben dem Beschreibungsstandard unterstützt die von der Finanzbehörde eingesetzte Prüfsoftware IDEA folgende Dateiformate – sofern die zur Auswertung der Daten notwendigen Strukturinformationen gleichfalls in maschinell auswertbarer Form bereitgestellt werden und das Einlesen der Daten ohne Installation zusätzlicher Fremdsoftware möglich ist:

- ASCII feste Länge
  (zzgl. Information für Struktur und Datenelemente etc. in maschinell auswertbarer Form)
- ASCII Delimited
  (einschließlich kommagetrennter Werte, zzgl. Information für Struktur und Datenelemente etc. in maschinell auswertbarer Form)
- Excel
  (nur Dateien im xlsx-Format / Dateien in anderen Excel-Formaten werden nicht unterstützt, zzgl. Informationen für Struktur und Datenelemente etc. in maschinell auswertbarer Form)
- Access
  (nur Dateien im accdb-Format / Dateien im mdb-Format werden nicht unterstützt, zzgl. Informationen für Struktur und Datenelemente etc. in maschinell auswertbarer Form)
- dBASE
  (zzgl. Informationen für Struktur und Datenelemente etc. in maschinell auswertbarer Form)
- Dateien von SAP/AIS
  (zzgl. Informationen für Struktur und Datenelemente etc. in maschinell auswertbarer Form)

Des Weiteren ist bei passwortgeschützten Dateien erforderlich, das Kennwort anzugeben. Nicht unterstützte Dateiformate müssen in lesbare Formate konvertiert werden.

Werden die Daten aus einer Tabellenkalkulation angeliefert, sollten in den Tabellen nur die reinen Daten und keine leeren Zeilen, Zwischensummenzeilen oder Summenzeilen enthalten sein. Die Felder sollten entsprechend dem Feldtyp formatiert werden und in der ersten Zeile einen entsprechenden Feldnamen enthalten. Verknüpfungen sollten als eindeutige Schlüsselfelder mitgeliefert werden.

Für eine maschinelle Auswertbarkeit ist u. a. die Verwendung eindeutiger Feld- und Datensatztrennkriterien sowie Texteinschlusszeichen erforderlich (so darf zum Beispiel das Texteinschlusszeichen nicht als Feldinhalt verwandt werden).

65 **5. Anwendungsregelung**

Dieses Schreiben ersetzt das Schreiben vom 28. November 2019.

Soweit folgende Formate nicht mehr aufgenommen wurden, werden diese für Besteuerungszeiträume, die nach dem 31. Dezember 2024 beginnen, nicht mehr unterstützt:

- EBCDIC feste Länge (zzgl. Information für Struktur und Datenelemente etc. in maschinell auswertbarer Form)
- EBCDIC Dateien mit variabler Länge (zzgl. Information für Struktur und Datenelemente etc. in maschinell auswertbarer Form)
- Lotus 123 (zzgl. Informationen für Struktur und Datenelemente etc. in maschinell auswertbarer Form)
- ASCII-Druckdateien (zzgl. Info für Struktur und Datenelemente etc. in maschinell auswertbarer Form)
- Konvertieren von AS/400 Datensatzbeschreibungen

(FDF-Dateien erstellt von PC Support/400) in RDE-Datensatzbeschreibungen (zzgl. Informationen für Struktur und Datenelemente etc. in maschinell auswertbarer Form)

Für Besteuerungszeiträume, die vor dem 1. Januar 2025 enden, gilt das Schreiben für die vorgenannten Formate in der Fassung vom 28. November 2019 fort.

2) Schreiben betr. Aufzeichnung von Geschäftsvorfällen und anderen steuerlich relevanten Daten bei Taxi- und Mietwagenunternehmen Anl 2

Vom 11. März 2024 (BeckVerw 635076)

(BMF IV D 2 – S 0316-a/21/10 006:008; DOK 2024/0199144)

In den letzten Jahren haben sich die Anforderungen an elektronische Aufzeichnungssysteme im Hinblick auf die steuerliche Ordnungsmäßigkeit der mit ihnen geführten Bücher und sonst erforderlichen Aufzeichnungen verändert. Die Veränderungen betreffen auch Taxi- und Mietwagenunternehmen und die in diesen Unternehmen insbesondere eingesetzten Taxameter und Wegstreckenzähler. Mit diesem BMF-Schreiben sollen die wesentlichen Anforderungen und bestehenden branchenüblichen Mindestaufzeichnungen für diese Unternehmen zusammengefasst werden. 66

Aufzeichnungspflichten nach anderen Gesetzen bleiben hiervon unberührt.

Darüber hinaus wird mit diesem BMF-Schreiben der Zeitpunkt der erstmaligen Anwendung des § 146 a Abs. 1 Satz 1 AO i. V. m. § 8 KassenSichV für Wegstreckenzähler festgelegt (§ 10 Satz 2 KassenSichV).

Nach Erörterung mit den obersten Finanzbehörden der Länder gilt Folgendes: 67

I. Allgemeines

Bei Taxametern und Wegstreckenzählern handelt es sich um elektronische Aufzeichnungssysteme (vgl. Nr. 2.1.4 des AEAO zu § 146). Die hierüber geführten Aufzeichnungen unterliegen nach § 146 Abs. 1 Satz 1 AO der Einzelaufzeichnungspflicht. Die Einzelaufzeichnungspflicht gilt darüber hinaus auch für alle Geschäftsvorfälle, die nicht mit dem Taxameter oder Wegstreckenzähler aufgezeichnet werden, z. B. Rechnungsfahrten, Krankenfahrten etc. Verpflichtungen nach anderen Vorschriften (z. B. Rechnungspflichtangaben nach § 14 Abs. 4 UStG i. V. m. § 33 UStDV, Aufzeichnungen des Arbeitgebers über geleistete Arbeitszeiten der Arbeitnehmer nach § 17 Abs. 1 MiLoG i. V. m. § 2 a SchwarzArbG und § 16 Abs. 2 ArbZG sowie Aufzeichnungspflichten beim Lohnsteuerabzug nach § 41 EStG i. V. m. § 4 LStDV) sind zu beachten. Die Aufzeichnungen durch Taxameter und Wegstreckenzähler haben zudem nach den Anforderungen des BMF-Schreibens vom 28. November 2019, BStBl. I S. 12 691) (Grundsätze zur ordnungsmäßigen Führung und Aufbewahrung von Büchern, Aufzeichnungen und Unterlagen in elektronischer Form sowie zum Datenzugriff [GoBD]) zu erfolgen.

Die erforderlichen Aufzeichnungen müssen im Rahmen einer steuerlichen Außenprüfung oder Nachschau dem Amtsträger zur Verfügung gestellt werden (vgl. §§ 146 b, 147, 193 ff. AO, §§ 42 f, 42 g EStG sowie § 27 b UStG).

II. Taxiunternehmen 68

1. Allgemein

Zur Erfüllung der steuerlichen Buchführungs- und Aufzeichnungspflichten sind mindestens die folgenden branchenüblichen Daten aufzuzeichnen:

Allgemeine Daten pro Schicht bzw. Abrechnungstag

- eindeutige Fahrerkennung
- Taxikennung (Ordnungsnummer des Fahrzeugs)
- Zählwerksdaten i. S. d. Tz. 15.1 der Richtlinie 2014/32/EU des Europäischen Parlaments und des Rates vom 26. Februar 2014 (ABl. L 96 S. 149 – nachfolgend „MID“) zu Beginn und Ende einer Schicht
- Schichtdauer (Datum und Uhrzeit zu Schichtbeginn und -ende), soweit das Taxi von einer Arbeitnehmerin oder Arbeitnehmer gefahren wird
- Summe der Gesamteinnahmen nach Zahlungsarten

Einzeldaten je Geschäftsvorfall

- Fahrtbeginn und Fahrtende (Datum und Uhrzeit)
- Fahrttyp (Tariffahrt oder sonstige Fahrt)
- zurückgelegte Strecke (nur bei Fahrttyp Tariffahrten)
- Fahrpreis
- Zuschlag
- In Rechnung gestellte Gesamtsumme
- Umsatzsteuersatz
- Zahlungsart (z. B. bar, unbar)
- gezahlte Trinkgelder (sofern steuerlich relevant)

Ist das Taxameter dazu in der Lage, sind alle vorgenannten Daten mit diesem in elektronischer Form aufzuzeichnen.

Anl 2

Soweit die Daten zulässigerweise nicht durch das Taxameter aufgezeichnet werden (können) oder soweit diese den tatsächlichen Geschäftsvorfall nicht zutreffend wiedergeben (z. B. Fahrt zu frei vereinbartem Preis außerhalb des Pflichtfahrgebiets mit aktiviertem Taxameter), werden die erforderlichen Daten durch Ergänzungen oder Korrekturen manuell erfasst. Dies kann entweder in einem nachgelagerten elektronischen Aufzeichnungssystem (sog. „ergänzendes System"; z. B. Back-Office-System) oder in einer anderen geeigneten und zugelassenen Form (z. B. händisch) erfolgen.

Eine Ergänzung oder Korrektur kann insbesondere notwendig sein, wenn für die tatsächlich durchgeführte Fahrt nicht der in dem Gerät einprogrammierte (und aufgezeichnete) Tarif gilt, weil es sich beispielsweise um eine Kranken- oder Privatfahrt handelt.

Soweit die Aufzeichnungen durch ein Taxameter oder mithilfe eines ergänzenden Systems erfolgen, sind die zum jeweiligen Gerät gehörenden Organisationsunterlagen (Verfahrensdokumentation i. S. d. Tz. 10.1 der GoBD; z. B. Bedienungsanleitung, Programmieranleitung, Dokumentation der Programmierung) ebenfalls aufzubewahren (§ 147 Abs. 1 AO).

Zudem sind die konkreten Einsatzorte und -zeiträume der Taxameter im Rahmen der allgemeinen Pflichten zu protokollieren (§ 145 Abs. 1 AO, § 63 Abs. 1 UStDV) und diese Protokolle ebenfalls aufzubewahren (§ 147 Abs. 1 AO). Einsatzort eines Taxameters ist das Fahrzeug, in dem das Gerät verwendet wird. Als Einsatzzeitraum gilt der Zeitraum zwischen der Inbetriebnahme und der Außerbetriebnahme des Taxameters.

2. EU-Taxameter

Bei der Verwendung von EU-Taxametern i. S. d. § 1 Abs. 2 Nr. 1 KassenSichV (vgl. Nr. 1.3 des AEAO zu § 146 a) sind zusätzlich die in der Nr. 3 des AEAO zu § 146 a AO näher beschriebenen Vorgaben zu beachten. Bei Verwendung eines EU-Taxameters richten sich die aufzuzeichnenden Daten sowie die Art und Weise der Aufzeichnung nur nach den speziellen Vorgaben des § 146 a AO und der KassenSichV. Darüber hinaus gilt für EU-Taxameter die Digitale Schnittstelle der Finanzverwaltung für EU-Taxameter und Wegstreckenzähler (DSFinV-TW). Ergänzende Systeme, die Daten aus EU-Taxametern weiterverarbeiten, können die Vorgaben der DSFinV-TW freiwillig entsprechend anwenden.

3. Andere Taxameter

Taxameter, die nicht unter § 1 Abs. 2 Nr. 1 KassenSichV fallen (z. B. Taxameter, die unter § 9 KassenSichV fallen), können aus steuerlicher Sicht nur genutzt werden, soweit durch sie und etwaige Ergänzungen (z. B. andere Systeme oder Papieraufzeichnungen) die Anforderungen an die Einzelaufzeichnungspflicht und die Unveränderbarkeit der Daten erfüllt werden und die Daten während der Dauer der Aufbewahrungsfrist jederzeit verfügbar sind. Elektronische Daten müssen unverzüglich lesbar bereitgestellt und maschinell auswertbar aufbewahrt werden. Auch Nr. I und II.1 sind zu beachten.

III. Mietwagenunternehmen

69 **1. Allgemein**

Zur Erfüllung der steuerlichen Buchführungs- und Aufzeichnungspflichten sind mindestens die folgenden branchenüblichen Daten aufzuzeichnen:

Allgemeine Daten pro Schicht bzw. Abrechnungstag
- eindeutige Fahrerkennung
- Mietwagenkennung (Ordnungsnummer des Fahrzeugs)
- Kilometerstand laut Tachometer (bei arbeitstäglichem Fahrtbeginn)
- Daten der Summierwerke (vgl. Tz. 4.2.3.1 AEAO zu § 146 a AO) mindestens arbeitstäglich
- Summe der Gesamteinnahmen nach Zahlungsarten
- Schichtdauer (Datum und Uhrzeit zu Schichtbeginn und -ende) – soweit eine Arbeitnehmerin oder ein Arbeitnehmer den Mietwagen fährt

Einzeldaten je Geschäftsvorfall
- Fahrtbeginn und Fahrtende (Datum und Uhrzeit)
- Fahrttyp (Tariffahrt oder sonstige Fahrt)
- zurückgelegte Strecke (nur bei Fahrttyp Tariffahrten)
- In Rechnung gestellte Gesamtsumme
- Umsatzsteuersatz
- Zahlungsart (z. B. bar, unbar)
- gezahltes Trinkgeld (sofern steuerlich relevant)

Ist der Wegstreckenzähler dazu in der Lage, sind alle vorgenannten Daten mit diesem in elektronischer Form aufzuzeichnen.

Soweit die Daten zulässigerweise nicht durch den Wegstreckenzähler aufgezeichnet werden (können), werden die erforderlichen Daten durch Ergänzungen oder Korrekturen manuell erfasst. Dies kann entweder in einem ergänzenden System oder in einer anderen geeigneten und zugelassenen Form (z. B. händisch) erfolgen.

Soweit die Aufzeichnungen im Wegstreckenzähler oder mithilfe eines ergänzenden Systems erfolgen, sind die zum Gerät gehörenden Organisationsunterlagen (Verfahrensdokumentation i. S. d. Tz. 10.1 der GoBD; Bedienungsanleitung, Programmieranleitung, Dokumentation der Programmierung) ebenfalls aufzubewahren (§ 147 Abs. 1 AO). Zudem sind die konkreten Einsatzorte und -zeiträume der Wegstreckenzähler im Rahmen der allgemeinen Pflichten zu protokollieren (§ 145 Abs. 1 AO, § 63 Abs. 1 UStDennung (Ordnungsnummer des Fahrzeugs)
- Kilometerstand laut Tachometer (bei arbeitstäglichem Fahrtbeginn)
- Daten der Summierwerke (vgl. Tz. 4.2.3.1 AEAO zu § 146 a AO) mindestens arbeitstäglich
- Summe der Gesamteinnahmen nach Zahlungsarten
- Schichtdauer (Datum und Uhrzeit zu Schichtbeginn und -ende) – soweit eine Arbeitnehmerin oder ein Arbeitnehmer den Mietwagen fährt Einzeldaten je Geschäftsvorfall

– Fahrtbeginn und Fahrtende (Datum und Uhrzeit)
– Fahrttyp (Tariffahrt oder sonstige Fahrt)
– zurückgeleV) und diese Protokolle ebenfalls aufzubewahren (§ 147 Abs. 1 AO). Einsatzort eines Wegstreckenzählers ist das Fahrzeug, in dem das Gerät verwendet wird. Als Einsatzzeitraum gilt der Zeitraum zwischen der Inbetriebnahme und der Außerbetriebnahme des Wegstreckenzählers.

2. Wegstreckenzähler i. S. d. § 1 Abs. 2 Nr. 2 KassenSichV

Bei der Verwendung von Wegstreckenzählern i. S. d. § 1 Abs. 2 Nr. 2 Kassen-SichV (vgl. Nr. 1.4 des AEAO zu § 146 a) sind zusätzlich die in der Nr. 4 des AEAO zu § 146 a AO näher beschriebenen Vorgaben zu beachten. Bei Verwendung eines Wegstreckenzählers i. S. d. § 1 Abs. 2 Nr. 2 KassenSichV richten sich die aufzuzeichnenden Daten sowie die Art und Weise der Aufzeichnung nur nach den speziellen Vorgaben des § 146 a AO und der Kassen-SichV.

Darüber hinaus gilt für diese Wegstreckenzähler die DSFinV-TW. Ergänzende Systeme, die die Daten aus Wegstreckenzählern i. S. d. § 1 Abs. 2 Nr. 2 Kassen-SichV weiterverarbeiten, können die Vorgaben der DSFinV-TW freiwillig entsprechend anwenden.

Nach § 10 Satz 2 KassenSichV hat das Bundesministerium der Finanzen den Zeitpunkt, zu dem die Voraussetzungen des § 10 Satz 1 Nr. 1 und 2 Kassen-SichV erstmals vorliegen, im Bundessteuerblatt Teil I bekannt zu geben. Gemäß § 10 Satz 3 KassenSichV gilt § 8 KassenSichV nur für Wegstreckenzähler, die ab dem in der Bekanntmachung genannten Zeitpunkt neu in den Verkehr gebracht werden.

Aufgrund dieser Ermächtigung fallen alle Wegstreckenzähler, die am oder nach dem 1. Juli 2024 erstmalig in den Verkehr gebracht werden, in den Anwendungsbereich des § 146 a Abs. 1 Satz 1 AO i. V. m. § 8 KassenSichV.

Für Wegstreckenzähler, die vor dem 1. Juli 2024 in Verkehr gebracht worden sind, besteht keine Verpflichtung, die Vorgaben des § 146 a AO, der KassenSichV und der DSFinV-TW zu erfüllen. Nr. I. und III.1. sind zu beachten.

3. AndereWegstreckenzähler

Wegstreckenzähler, die nicht unter Nr. III.2. fallen (sonstige Wegstreckenzähler und Altgeräte), können aus steuerlicher Sicht nur genutzt werden, soweit durch sie und etwaige Ergänzungen (z. B. andere Systeme oder Papieraufzeichnungen) die Anforderungen an die Einzelaufzeichnungspflicht und die Unveränderbarkeit der Daten erfüllt werden und die Daten während der Dauer der Aufbewahrungsfrist jederzeit verfügbar sind. Elektronische Daten müssen unverzüglich lesbar bereitgestellt und maschinell auswertbar aufbewahrt werden.

Auch Nr. I. und III.1. sind zu beachten. Die Pflicht zur Einzelaufzeichnung gilt dabei auch, sofern eine Befreiung vom Erfordernis eines Wegstreckenzählers nach § 43 Abs. 1 BOKraft durch die Genehmigungsbehörden erteilt wurde.

IV. Umsatzsteuerliche Aufbewahrungspflicht für Rechnungsdoppel 70

Zu einer ausgestellten Rechnung (ggf. auch in Form einer Quittung) ist ein Doppel (z. B. als Durchschrift) aufzubewahren (§ 14 b Abs. 1 UStG). Soweit der Unternehmer Rechnungen mithilfe elektronischer Aufzeichnungssysteme (z. B. Taxameter, Wegstreckenzähler oder Kassensysteme) erteilt, ist es hinsichtlich einer erteilten Rechnung i. S. d. § 33 UStDV ausreichend, wenn ein Doppel der Ausgangsrechnung aus den unveränderbaren digitalen Aufzeichnungen reproduziert werden kann, die auch die übrigen Anforderungen der GoBD (vgl. BMF-Schreiben vom 28. November 2019, BStBl. I S. 1269) erfüllen, insbesondere die Vollständigkeit, Richtigkeit und Zeitgerechtigkeit der Erfassung.

V. Aufhebung von BMF-Schreiben

Das BMF-Schreiben vom 26. November 2010, BStBl. I S. 1342, wird aufgehoben. 71

Anl 3

3) Verfügung betr. Verlagerung der elektronischen Buchführung und von elektronischen Aufzeichnungen ins Ausland

Vom 29. Januar 2021 (BeckVerw 506 569)

(LfSt Bayern S 0316.1.1–3/7 St 43)

1. Grundsätzliches 72

Unter bestimmten Voraussetzungen ermöglicht der Gesetzgeber seit längerem die Verlagerung der elektronischen Buchführung bzw. von elektronischen Aufzeichnungen ins Ausland. Seit Inkrafttreten des JStG 2020 zum 29. 12. 2020 ist hierbei folgende Unterscheidung nötig.

Eine Verlagerung in einen anderen Mitgliedstaat der Europäischen Union ist nunmehr ohne expliziten Antrag möglich. Es ist aber sicherzustellen, dass der Datenzugriff gemäß §§ 146 b Abs. 2 Satz 2, 147 Abs. 6 AO und § 27 b Abs. 2 Satz 2 und 3 UStG weiterhin in vollem Umfang möglich bleibt (vgl. hierzu § 146 Abs. 2 a AO).

Für eine Verlagerung in einen Drittstaat ist gemäß § 146 Abs. 2 b AO weiterhin die Bewilligung eines entsprechenden Antrages nötig. Zusätzlich zu der dabei auch künftig erforderlichen Ermöglichung des Datenzugriffes in vollem Umfang (s. o.) sind weitere Voraussetzungen gemäß § 146 Abs. 2 b S. 2 AO zu erfüllen.

2. Voraussetzungen 73

Der schriftliche oder elektronische Antrag muss eine detaillierte Beschreibung der für die Verlagerung vorgesehenen elektronischen Bücher und sonstigen erforderlichen elektronischen Aufzeich-

Anl 3 nungen enthalten. Dazu gehört auch die Beschreibung des geplanten Verfahrens. Aus dem Antrag muss dem Finanzamt eine Überprüfung der Tatbestandsvoraussetzungen des § 146 Abs. 2b AO möglich sein. Für jeden Steuerpflichtigen ist ein gesonderter Antrag erforderlich (dies gilt auch für Konzerne i. S. d. §§ 13 und 18 Satz 1 Nr. 1 BpO 2000). Die „Grundsätze zur ordnungsmäßigen Führung und Aufbewahrung von Büchern, Aufzeichnungen und Unterlagen in elektronischer Form sowie zum Datenzugriff" (GoBD – BMF-Schreiben vom 28. 11. 2019, BStBl. I S. 1269) sind auch nach der Verlagerung zu erfüllen.

74 **3. Zuständiges Finanzamt**

Die Zuständigkeit für die Entscheidung über den Antrag richtet sich nach den allgemeinen Zuständigkeitsvorschriften der §§ 16 ff. AO. Das Finanzamt kann nur für seinen sachlichen und örtlichen Zuständigkeitsbereich eine Bewilligung nach § 146 Abs. 2b AO erteilen; daher gelten insbesondere von der Zollverwaltung erteilte Bewilligungen nicht für die Steuerverwaltung und umgekehrt. Der Antragsteller ist auf die Reichweite der Bewilligung hinzuweisen.

Vor einer abschließenden Entscheidung im Zusammenhang mit § 146 Abs. 2b AO ist bei Konzernen i. S. d. §§ 13 und 18 Satz 1 Nr. 1 BpO 2000 das Finanzamt, das für die Besteuerung des herrschenden oder einheitlich leitenden Unternehmens zuständig ist, zu beteiligen. Über die jeweilige Bewilligung entscheidet das örtlich zuständige Finanzamt.

75 **4. Keine Beeinträchtigung der Besteuerung**

Die Verlagerung darf wegen des Erfordernisses einer effizienten Steuerkontrolle nur bei solchen Steuerpflichtigen bewilligt werden, die in der Vergangenheit ihren steuerlichen Pflichten ordnungsgemäß nachgekommen sind. Weiterhin ist zu prüfen, ob durch die Verlagerung die Besteuerung zukünftig beeinträchtigt wird. Zu den steuerlichen Pflichten gehören die allgemeinen Mitwirkungspflichten im Besteuerungsverfahren, die einschlägigen Ordnungs-, Aufzeichnungs- und Aufbewahrungspflichten der AO sowie die Auskunfts- und Vorlagepflichten einschließlich der Gewährung des Datenzugriffs im Rahmen einer Außenprüfung gemäß §§ 193 ff. AO bzw. einer Kassen-Nachschau gemäß § 146b AO bzw. einer Umsatzsteuer-Nachschau gemäß § 27b Abs. 2 Sätze 2 und 3 AO. Die Nichtbeeinträchtigung der Besteuerung umfasst die Erfüllung sämtlicher steuerlichen Pflichten, nicht nur die Erfüllung der Buchführungs- und Aufzeichnungspflichten.

Bei der Prüfung, ob die Besteuerung beeinträchtigt ist, können z. B. folgende Umstände von Bedeutung sein:

- Nicht ordnungsgemäßes Abgabeverhalten des Steuerpflichtigen
- Einleitung von Steuerstrafverfahren oder -ordnungswidrigkeitenverfahren der Bußgeld- und Strafsachenstelle oder Steuerfahndung in steuerlichen Angelegenheiten
- Notwendigkeit von Vollstreckungsverfahren wegen unzureichender Erfüllung von eigenen steuerlichen Zahlungspflichten
- Verstöße gegen § 138 AO in Form der Unterlassung der Meldung von ausländischen Gesellschaftsbeteiligungen
- Das Fehlen eines Doppelbesteuerungsabkommens mit großer Auskunftsklausel mit dem „Verlagerungsstaat"

Die Besteuerung ist dann nicht beeinträchtigt, wenn eine lückenlose Prüfung der Gewinnermittlung vom Inland aus in gleicher Art und Weise möglich ist wie bei Steuerpflichtigen mit DV-gestützter Buchführung im Inland. Die angeforderten Unterlagen müssen unverzüglich zur Verfügung stehen, die angeforderten Auskünfte zeitnah erteilt werden und Datenzugriffsmöglichkeiten in vollem Umfang zur Verfügung stehen.

Der Steuerpflichtige kann die Erfüllung seiner steuerlichen Pflichten im Inland nicht dadurch einschränken, dass er sich auf ausländische Bestimmungen beruft, die diesen entgegenstehen könnten (z. B. datenschutzrechtliche Bestimmungen zum Schutz von Betriebs- und Geschäftsgeheimnissen).

Die Bewilligung kann unter Aufnahme von Nebenbestimmungen erteilt werden (§ 120 AO).

76 **5. Widerruf der Bewilligung**

Liegen die Voraussetzungen für eine Bewilligung nicht mehr vor, ist sie zu widerrufen und die unverzügliche Rückverlagerung in den Geltungsbereich der AO zu verlangen. Insbesondere wenn der Steuerpflichtige nach Bewilligung der Verlagerung seinen in § 146 Abs. 2b AO bezeichneten Mitwirkungspflichten nicht oder nicht fristgerecht nachkommt und dadurch die Besteuerung beeinträchtigt wird, ist die Bewilligung zu widerrufen.

Der Vollzug der Rückverlagerung ist nachzuweisen. Kommt der Steuerpflichtige der Aufforderung zur Rückverlagerung seiner elektronischen Buchführung innerhalb einer ihm bestimmten Frist nach Bekanntgabe nicht nach, kann nach § 146 Abs. 2c AO ein Verzögerungsgeld festgesetzt werden.

77 **6. Ermessensvorschrift**

Über den Antrag des Steuerpflichtigen bzw. die Voraussetzungen für einen Widerruf der Bewilligung ist nach pflichtgemäßem Ermessen unter Berücksichtigung des Grundsatzes der Verhältnismäßigkeit zu entscheiden.

Hinweis:

Die bisherige Karte 3 zu § 146 (Kontroll-Nr. 3/2017) ist auszureihen.

Die Karte 1 zu § 146 (Kontroll-Nr. 4/2017) sowie die Karten 1 bis 3 zu § 147 (Kontroll-Nr. 6/2017, 7/2017 und 10/2017) werden ersatzlos aufgehoben.

4) Schreiben betr. Einzelaufzeichnungspflicht nach § 146 Abs. 1 Satz 1 AO; Nutzung von Aliasbescheinigungen nach § 5 Abs. 6 ProstSchG

Anl 4

Vom 25. Oktober 2021 (BeckVerw 562826)

BMF IV A 4 – S 0316/19/10 006 :009

Nach § 146 Abs. 1 Satz 1 AO haben Steuerpflichtige Buchungen und sonst erforderliche Aufzeichnungen einzeln, vollständig, richtig, zeitgerecht und geordnet vorzunehmen. Hierzu gehört auch, dass der Name des jeweiligen Vertragspartners aufzuzeichnen ist. 78

Nach § 5 Abs. 6 Prostituiertenschutzgesetz (ProstSchG) können in der Prostitution tätige Personen eine pseudonymisierte Anmeldebescheinigung (Aliasbescheinigung) auf ihren Wunsch zusätzlich zur Anmeldebescheinigung mit ihrem Namen erhalten. Diese Regelung dient dazu, die in der Prostitution tätigen Personen zu schützen.

Unter Bezugnahme auf das Ergebnis der Erörterungen mit den obersten Finanzbehörden der Länder gilt hierzu ergänzend Folgendes:

Zur Erfüllung der in § 146 Abs. 1 Satz 1 AO normierten Aufzeichnungspflichten des Vertragspartners der in der Prostitution tätigen Person reicht es aus, wenn nicht der Name der in der Prostitution tätigen Person, sondern der Aliasname sowie die dazugehörige Verwaltungsnummer und die ausstellende Behörde aufgezeichnet werden; § 28 Abs. 1 ProstSchG bleibt unberührt. Eine Aufzeichnung des bürgerlichen Namens ist bei Aufzeichnung des Aliasnamens nicht erforderlich und darf auch nicht verlangt werden.

5) Merkblatt betr. Ordnungsmäßigkeit der Kassenbuchführung

Anl 5

Vom 30. Dezember 2024 (BeckVerw 648039)

OFD Karlsruhe S 0315- St 42

Für die Aufbewahrung digitaler Unterlagen gelten die Vorschriften der Abgabenordnung (AO), insbesondere die §§ 145 bis 147 AO. Die Umsetzung der gesetzlichen Regelungen hat das Bundesministerium der Finanzen in folgender Verwaltungsvorschrift geregelt: 79

- BMF-Schreiben vom 28. 11. 2019, BStBl. I S. 1269, geändert durch BMF-Schreiben vom 11. 3. 2024, BStBl. I S. 374 (GoBD – Grundsätze zur ordnungsmäßigen Führung und Aufbewahrung von Büchern, Aufzeichnungen und Unterlagen in elektronischer Form sowie zum Datenzugriff).

Unternehmen mit Bargeldeinnahmen nutzen in der Regel der Buchführung vorgelagerte Systeme, wie zum Beispiel Registrierkassen, Waagen mit Registrierkassenfunktion, PC-Kassensysteme und Taxameter. Diese Systeme unterliegen denselben Aufzeichnungs- und Aufbewahrungspflichten wie die eigentlichen Buchführungssysteme.

Der Einsatz dieser Technik hat eine Reihe von betriebswirtschaftlichen Vorteilen, ist allerdings auch mit Pflichten verbunden. Dieses Merkblatt soll einen Überblick verschaffen, um häufige Fehlerquellen in der Kassenbuchführung zu erkennen und zu vermeiden.

1. Grundsatz der Einzelaufzeichnungspflicht (§ 146 Abs. 1 Satz 1 AO)

Die Einzelheiten regelt der Anwendungserlass zur Abgabenordung (AEAO) zu § 146 AO. 80

Die Grundsätze ordnungsmäßiger Buchführung erfordern grundsätzlich die Aufzeichnung jedes einzelnen Geschäftsvorfalls – also jeder Betriebseinnahme und Betriebsausgabe, jeder Einlage und Entnahme in einem Umfang, der einem sachverständigen Dritten in angemessener Zeit eine lückenlose Überprüfung seiner Grundlagen, seines Inhalts, seiner Entstehung und Abwicklung und seiner Bedeutung für den Betrieb ermöglicht. Das bedeutet nicht nur die Aufzeichnung der in Geld bestehenden Gegenleistung, sondern auch des Inhalts des Geschäfts und des Namens des Vertragspartners. Siehe auch Tz. 2.1.5 AEAO zu § 146.

Im Übrigen ergibt sich der Grundsatz der Einzelaufzeichnungspflicht aus den umsatzsteuerrechtlichen Vorschriften in § 22 Abs. 1 Nr. 1 UStG. Er gilt nicht nur für Buchführungspflichtige, sondern auch für Steuerpflichtige, die ihren Gewinn nach § 4 Abs. 3 EStG ermitteln (Einnahmen-Überschuss-Rechner).

Wie detailliert die Einzelaufzeichnung zu erfolgen hat, leitet sich aus § 14 Abs. 4 UStG ab. Diese Vorschrift verlangt u. a. Angaben in der Rechnung über

- Namen und Anschrift des Leistungsempfängers,
- Art der Ware oder Leistung und verkaufte Menge,
- Preis und Umsatzsteuer.

Bei Kleinbetragsrechnungen unter 250 EUR siehe § 14 Abs. 6 UStG i. V. m. § 33 UStDV.

Eine Verpflichtung zur einzelnen Verbuchung (im Gegensatz zur Aufzeichnung im Kassensystem) eines jeden Geschäftsvorfalles besteht dagegen nicht. Werden der Art nach gleiche Waren mit demselben Einzelverkaufspreis in einer Warengruppe zusammengefasst, wird dies nicht beanstandet, sofern die verkaufte Menge bzw. Anzahl ersichtlich bleibt. Dies gilt entsprechend für Dienstleistungen. Siehe auch Tz. 2.1.3 AEAO zu § 146.

Des Weiteren sind für jeden Geschäftsvorfall die Zahlungsarten festzuhalten. Nur Barumsätze sind im Kassenbuch zu erfassen. Unbare Zahlungen (Kreditkarte/EC-Umsätze etc.) sind separat abzubilden.

Kurzzeitige gemeinsame Erfassungen von baren und unbaren Tagesgeschäften im Kassenbuch sind nur dann nicht zu beanstanden, wenn die ursprünglich im Kassenbuch erfassten unbaren Tagesumsätze gesondert kenntlich gemacht sind und nachvollziehbar unmittelbar nachfolgend wieder aus dem Kassenbuch auf ein gesondertes Konto aus- bzw. umgetragen werden, soweit die Kassensturzfähigkeit der Kasse weiterhin gegeben ist (s. GoBD, Rz. 55).

Anl 5

2. Ausnahmen von der Einzelaufzeichnungspflicht aus Zumutbarkeitsgründen (§ 146 Abs. 1 Satz 3 und 4 AO)

81 Bei Verkauf von Waren an eine Vielzahl von nicht bekannten Personen gegen Barzahlung gilt aus Zumutbarkeitsgründen die Einzelaufzeichnungspflicht nicht, wenn kein elektronisches Aufzeichnungssystem verwendet wird.

Die Zumutbarkeitsüberlegungen, die der Ausnahmeregelung nach § 146 Abs. 1 Satz 3 AO zugrunde liegen, sind grundsätzlich auch auf Dienstleistungen übertragbar. Für Dienstleistungen sind Einzelaufzeichnungen dagegen stets zu führen, wenn der Kundenkontakt in etwa der Dauer der Dienstleistung entspricht und der Kunde auf die Ausübung der Dienstleistung üblicherweise individuell Einfluss nehmen kann. Auf die Aufzeichnungserleichterung können sich Dienstleister – wie auch Einzelhändler – aber insoweit nicht berufen, als tatsächlich Einzelaufzeichnungen geführt werden (z. B. Termin-/Tischreservierung, Vorbestellung, Erfassung von Kundendaten etc. – siehe AEAO zu § 146, Nr. 2.2.6.).

Wird hingegen ein elektronisches Aufzeichnungssystem verwendet, gilt die Einzelaufzeichnungspflicht unabhängig davon, ob das elektronische Aufzeichnungssystem nach § 146 a Abs. 3 AO i. V. m. der Kassensicherungsverordnung mit einer zertifizierten technischen Sicherheitseinrichtung zu schützen ist.

Verwendet der Steuerpflichtige eine offene Ladenkasse sowie eine Waage, die lediglich das Gewicht und/oder den Preis anzeigt und über die Dauer des einzelnen Wiegevorgangs hinaus über keine Speicherfunktion verfügt, wird es nicht beanstandet, wenn die o. g. Einzeldaten der Waage nicht aufgezeichnet werden. Erfüllt die Waage hingegen die Voraussetzung einer elektronischen Registrierkasse, gilt für dieses elektronische Aufzeichnungssystem die Ausnahme von der Einzelaufzeichnungspflicht nicht (§ 146 Abs. 1 Satz 4 AO).

3. Einsatz von offenen Ladenkassen

82 Eine „Registrierkassenpflicht" besteht nicht. Es ist zulässig, eine offene Ladenkasse zu führen. Bei der offenen Ladenkasse sind jedoch die Anforderungen an eine ordnungsgemäße Kassenführung mit hohem Aufwand verbunden. Auch hier ist die Aufzeichnung jedes einzelnen Handelsgeschäftes mit ausreichender Bezeichnung des Geschäftsvorfalls grundsätzlich erforderlich.

Sind Einzelaufzeichnungen nicht zumutbar, müssen die Bareinnahmen anhand eines sogenannten Kassenberichts nachgewiesen werden.

Auch bei einem Kassenbericht müssen die erklärten Betriebseinnahmen auf ihre Vollständigkeit und Richtigkeit überprüfbar sein (BFH-Beschluss vom 13. 3. 2013 X B 16/12, BFH/NV S. 902). Für die Anfertigung eines Kassenberichts ist der gesamte geschäftliche Bargeldendbestand einschließlich Hartgeld – unabhängig vom Aufbewahrungsort des Geldes (z. B. Tresorgeld, Handkassen der Kellner, Wechselgeld, Portokasse etc.) – täglich zu zählen. Der Kassenendbestand ist rechnerisch um die Entnahmen und Ausgaben zu erhöhen und um die Einlagen und den Kassenanfangsbestand zu mindern, so dass sich im Ergebnis die Tageseinnahmen ergeben (retrograde Ermittlung). Beim Einsatz mehrerer Kassen müssen die Kassenberichte einzeln und der Bargeldbestand der jeweiligen Kasse zuordenbar sein.

Rundungen oder Schätzungen sind unzulässig. Ein Zählprotokoll ist nicht zwingend erforderlich (BFH-Beschluss vom 16. 12. 2016 X B 41/16, BFH/NV 2017 S. 310), dient aber als zusätzlicher Nachweis der vollständigen Ermittlung der Einnahmen. Wird jedoch ein Zählprotokoll erstellt und für die Einnahmenermittlung verwendet, ist es aufzubewahren.

Die Ausgaben, Einnahmen, Entnahmen und Einlagen (einschl. Herkunftsnachweis) sind durch Belege (ggf. Eigenbelege) nachzuweisen.

Nur ein in dieser Weise erstellter Kassenbericht ist zulässig und ordnungsgemäß.

Mit Standardsoftware (z. B. Office-Programmen) erstellte Tabellen entsprechen nicht dem Grundsatz der Unveränderbarkeit. Am Markt erhältliche Software wird nur dann als ordnungsgemäß anerkannt, wenn eine nachträgliche Änderung nicht möglich ist oder mit einem entsprechenden Vermerk gekennzeichnet wird.

4. Einsatz elektronischer Aufzeichnungssysteme (eAS)

83 Seit 1. 1. 2017 dürfen nur noch elektronische Aufzeichnungssysteme (u. a. Registrierkassen) verwendet werden, die eine komplette Speicherung aller steuerlich relevanten Daten – insbesondere Journal-, Auswertungs-, Programmier- und Stammdatenänderungsdaten (z. B. Artikelpreisänderungen, Nutzerkennung) – ermöglichen (BFH vom 16. 12. 2014, BStBl. 2015 II S. 519).

Gerade im Hinblick auf dieses BMF-Schreiben ist darauf zu achten, dass die oben genannten Informationen des Kassensystems vollständig und unveränderbar in digitaler Form aufbewahrt werden. Bei Umstellung auf ein neues System wird empfohlen, die „Alt-Kasse" weiterhin aufzubewahren.

Fehlen Programmierungsunterlagen bzw. Protokolle nachträglicher Programmänderungen, stellt dies einen schweren formellen Mangel der Buchführung dar (BFH-Urteil vom 25. 3. 2015, BStBl. II S. 743). Es müssen alle Einzeldaten (Journaldaten, Stamm-, Auswertungs- und Programmierdaten sowie deren Änderungsdaten), die durch die Nutzung der Kasse entstehen, während der Aufbewahrungsfrist von 10 Jahren jederzeit verfügbar, unverzüglich lesbar und maschinell auswertbar aufbewahrt werden.

5. Gesetz zum Schutz vor Manipulationen an digitalen Grundaufzeichnungen (Kassengesetz)

84 Am 29. 12. 2016 wurde das Gesetz zum Schutz vor Manipulationen an digitalen Grundaufzeichnungen veröffentlicht (BStBl. 2017 I S. 21). Danach ergeben sich weitere Anforderungen an Kassenaufzeichnungen von Unternehmen (§§ 146 a, 146 b AO). Welche elektronischen Aufzeichnungssysteme über eine zertifizierte technische Sicherheitseinrichtung (TSE) verfügen müssen, wird durch die Kassensicherungsverordnung (KassenSichV) geregelt.

Anl 5

6. Kassensicherungsverordnung

Durch die auch Kassengesetz genannte Regelung wurde zugleich auch die Grundlage für eine Rechtsverordnung geschaffen, welche die Anforderungen an elektronische Kassenaufzeichnungen präzisiert. 85

Die Kassensicherungsverordnung regelt, wie die zertifizierte technische Sicherheitseinrichtung (TSE) ausgestaltet sein muss. Sie besteht grds. aus einem Sicherheitsmodul, einem Speichermedium und einer einheitlichen digitalen Schnittstelle.

Näheres zur Umsetzung der Kassensicherungsverordnung ist im AEAO zu § 146 a – Ordnungsvorschriften für die Buchführung und für Aufzeichnungen mittels elektronischer Aufzeichnungssysteme (eAS) ausgeführt.

Sicherheitstechnische Details hierzu sind in den Technischen Richtlinien des Bundesamtes für Sicherheit in der Informationstechnik (BSI) enthalten, maßgeblich TR-03153, TR-03151, TR-03116 u. a. (www.bsi-bund.de).

Die TSE ist verpflichtend einzusetzen. Nichtbeanstandungs- und Billigkeitsregelungen zu späterem Einsatz einer TSE sind spätestens zum 31. 3. 2021 ausgelaufen (BMF vom 6. 11. 2019, BStBl. I S. 1010; Erlass FM Baden-Württemberg vom 10. 7. 2020 3 – S031.9/4). Darüber hinausgehende Erleichterungen sind nur nach Bewilligung durch die Finanzverwaltung auf Einzelantrag gem. § 148 AO möglich. Voraussetzung hierfür ist, dass der Einsatz der TSE eine detailliert nachzuweisende unbillige Härte mit sich bringt. Nähere Informationen hierzu sind auf der Homepage der OFD Karlsruhe verfügbar (siehe 11. Weitere Informationen). Die Belegausgabepflicht nach § 146 a Abs. 2 AO bleibt hiervon unberührt.

Nicht mit einer TSE aufrüstbare Kassensysteme dürfen seit dem 1. 1. 2020 nicht mehr in den Verkehr gebracht (Vertriebsverbot) und nicht aufrüstbare PC-Kassensysteme nicht mehr eingesetzt werden.

7. Verfahrensdokumentation

Die Verfahrensdokumentation zu den eingesetzten Aufzeichnungssystemen, dazugehörige Handbücher, Bedienungs- und Programmieranleitungen sowie die Dokumentation der Betriebsabläufe sind vorzuhalten. 86

8. Datenzugriffsrecht

Die Finanzverwaltung hat nach § 147 Abs. 6 AO bei Außenprüfungen das Recht, auf aufzeichnungs- und aufbewahrungspflichtige Kassendaten zuzugreifen. Bei der Ausübung des Rechts auf unmittelbaren Datenzugriff kann Einsicht in Aufzeichnungssysteme genommen werden, der mittelbare Datenzugriff berechtigt, Auswertungen zu verlangen, außerdem kann die Datenüberlassung verlangt werden. Die Datenüberlassung kann durch Zurverfügungstellung erforderlicher Daten und Dokumente in maschinell lesbarem und auswertbarem Format auf Datenträger (z.B. CD, DVD, USB-Stick, Festplatte) oder über Datenaustauschplattformen erfolgen. Das Unternehmen ist verpflichtet, dafür zu sorgen, dass die steuerlichen Aufzeichnungen nicht nur im Kassensystem gespeichert, sondern auch als Einzeldaten mit allen Strukturinformationen exportiert werden können. 87

Dies gilt auch für Daten des Steuerpflichtigen, die sich bei Dritten befinden (z.B. Rechenzentrum, Cloud, Zahlungsdienstleister etc.).

9. Mitteilungsverpflichtung

Die Mitteilungsverpflichtung für eAS nach § 146 a Abs. 4 AO tritt ab dem 1. 1. 2025 in Kraft. Die elektronische Übermittlungsmöglichkeit wird ab dem 1. 1. 2025 zur Verfügung gestellt. 88

Die Mitteilung kann wie folgt an die Finanzbehörde übermittelt werden:

– per Direkteingabe im ELSTER-Formular „Mitteilungsverfahren nach § 146 a Abs. 4 AO“ auf www.elster.de,
– per Upload einer XML-Datei auf www.elster.de in MEIN ELSTER oder
– per Datenübertragung aus einer Software via der ERIC-Schnittstelle.

Vor dem 1. 7. 2025 angeschaffte eAS sind spätestens bis zum 31. 7. 2025 mitzuteilen. Ab dem 1. 7. 2025 angeschaffte oder außer Betrieb genommene eAS sind innerhalb eines Monats nach der Anschaffung zu melden.

Pro Betriebsstätte ist eine Mitteilung einzureichen. Bei jeder Mitteilung sind stets alle eAS einer Betriebsstätte zu übermitteln.

Jedes eAS ist immer nur einer Betriebsstätte i. S. d. § 12 AO zuzuordnen. Bei Vorliegen mehrerer Betriebsstätten muss für jede einzelne Betriebsstätte eine separate Mitteilung übermittelt werden. Nähere Informationen sind dem BMF-Schreiben vom 28. 6. 2024 (BStBl. I S. 1063) zu entnehmen.

10. Kassen-Nachschau

Ein Kontrollinstrument der Finanzverwaltung ist die in § 146 b AO geregelte Kassen-Nachschau. Sie dient der Überprüfung der Ordnungsmäßigkeit von Kassenaufzeichnungen (Kasseneinnahmen und -ausgaben). 89

Einzelheiten regelt der AEAO zu § 146 b.

Ein Amtsträger kann unangekündigt – während der üblichen Geschäfts- und Arbeitszeiten – die Geschäftsgrundstücke und Geschäftsräume betreten.

Der Kassen-Nachschau unterliegen u. a. elektronische Kassensysteme, App-Systeme, Waagen mit Registrierkassenfunktion, Taxameter, Wegstreckenzähler, Geldspielgeräte und offene Ladenkassen.

Bei der Kassen-Nachschau dürfen Daten des elektronischen Aufzeichnungssystems durch den Amtsträger eingesehen werden. Die Überlassung von Daten in maschinell auswertbarem Format kann entsprechend der vorstehenden Regelungen zum Datenzugriff verlangt werden.

TSE-Zertifikate werden durch die Finanzverwaltung softwaregestützt auf Gültigkeit geprüft, Signaturen validiert sowie Kassendaten auf Auswertbarkeit geprüft und mit den TSE-Daten abgeglichen.

11. Folgen von Mängeln

90 Sind die mit elektronischen Systemen erstellten Aufzeichnungen nicht ordnungsgemäß, kann dies den Verlust der Ordnungsmäßigkeit der gesamten Buchführung zur Folge haben.

12. Weitere Informationen

91
- Fragen- und Antwortenkatalog zum Kassengesetz auf der Internetseite des Bundesfinanzministeriums
- Homepage der Oberfinanzdirektion Karlsruhe
  Startseite > Service > FAQ – Steuern > Stichwort: Kassenbuchführung
- Merkblatt der Oberfinanzdirektion Karlsruhe zur Belegausgabepflicht v. 31. 3. 2020
- Merkblatt der Oberfinanzdirektion Karlsruhe zur Kassenführung der Taxi- und Mietwagenbranche v. 25. 2. 2020
- Bundesamt für Sicherheit in der Informationstechnik (BSI) – FAQ

AO

§ 146 a Ordnungsvorschrift für die Buchführung und für Aufzeichnungen mittels elektronischer Aufzeichnungssysteme; Verordnungsermächtigung

1 **(1) ① Wer aufzeichnungspflichtige Geschäftsvorfälle oder andere Vorgänge mit Hilfe eines elektronischen Aufzeichnungssystems erfasst, hat ein elektronisches Aufzeichnungssystem zu verwenden, das jeden aufzeichnungspflichtigen Geschäftsvorfall und anderen Vorgang einzeln, vollständig, richtig, zeitgerecht und geordnet aufzeichnet. ② Das elektronische Aufzeichnungssystem und die digitalen Aufzeichnungen nach Satz 1 sind durch eine zertifizierte technische Sicherheitseinrichtung zu schützen. ③ Diese zertifizierte technische Sicherheitseinrichtung muss aus einem Sicherheitsmodul, einem Speichermedium und einer einheitlichen digitalen Schnittstelle bestehen. ④ Die digitalen Aufzeichnungen sind auf dem Speichermedium zu sichern und für Nachschauen sowie Außenprüfungen durch elektronische Aufbewahrung verfügbar zu halten. ⑤ Es ist verboten, innerhalb des Geltungsbereichs dieses Gesetzes solche elektronischen Aufzeichnungssysteme, Software für elektronische Aufzeichnungssysteme und zertifizierte technische Sicherheitseinrichtungen, die den in den Sätzen 1 bis 3 beschriebenen Anforderungen nicht entsprechen, zur Verwendung im Sinne der Sätze 1 bis 3 gewerbsmäßig zu bewerben oder gewerbsmäßig in den Verkehr zu bringen.**

2 **(2) ① Wer aufzeichnungspflichtige Geschäftsvorfälle im Sinne des Absatzes 1 Satz 1 erfasst, hat dem an diesem Geschäftsvorfall Beteiligten in unmittelbarem zeitlichem Zusammenhang mit dem Geschäftsvorfall unbeschadet anderer gesetzlicher Vorschriften einen Beleg über den Geschäftsvorfall auszustellen und dem an diesem Geschäftsvorfall Beteiligten zur Verfügung zu stellen (Belegausgabepflicht). ② Bei Verkauf von Waren an eine Vielzahl von nicht bekannten Personen können die Finanzbehörden nach § 148 aus Zumutbarkeitsgründen nach pflichtgemäßem Ermessen von einer Belegausgabepflicht nach Satz 1 befreien. ③ Die Befreiung kann widerrufen werden.**

3 **(3) ① Das Bundesministerium der Finanzen wird ermächtigt, durch Rechtsverordnung mit Zustimmung des Bundestages und des Bundesrates und im Einvernehmen mit dem Bundesministerium des Innern und für Heimat und dem Bundesministerium für Wirtschaft und Klimaschutz Folgendes zu bestimmen:**

1. die elektronischen Aufzeichnungssysteme, die über eine zertifizierte technische Sicherheitseinrichtung verfügen müssen, und

2. die Anforderungen an
   a) das Sicherheitsmodul,
   b) das Speichermedium,
   c) die einheitliche digitale Schnittstelle,
   d) die elektronische Aufbewahrung der Aufzeichnungen,
   e) die Protokollierung von digitalen Grundaufzeichnungen zur Sicherstellung der Integrität und Authentizität sowie der Vollständigkeit der elektronischen Aufzeichnung,
   f) den Beleg und
   g) die Zertifizierung der technischen Sicherheitseinrichtung.

② Die Erfüllung der Anforderungen nach Satz 1 Nummer 2 Buchstabe a bis c ist durch eine Zertifizierung des Bundesamts für Sicherheit in der Informationstechnik nachzuweisen, die fortlaufend aufrechtzuerhalten ist.[1] ③ Das Bundesamt für Sicherheit in der Informationstechnik kann mit der Festlegung von Anforderungen an die technische Sicherheitseinrichtung im Sinne des Satzes 1 Nummer 2 Buchstabe a bis c beauftragt werden. ④ Die Rechtsverordnung nach Satz 1 ist dem Bundestag zuzuleiten.

[1] Zur Bekanntmachung eines Hinweises auf die Veröffentlichung des Bundesamtes für Sicherheit in der Informationstechnik in Sachen Auslaufen des Zertifikats BSI-K-TR-0491-2021, vgl. *BMF-Schreiben vom 8. 7. 2022, BStBl. I S. 1170.* Zur Übergangsregelung in Sachen Auslaufen des vorgenannten Zertifikats vgl. *BMF-Schreiben vom 13. 10. 2022, BStBl. I S. 1436.*

⑤ Die Zuleitung erfolgt vor der Zuleitung an den Bundesrat. ⑥ Der Bundestag kann der Rechtsverordnung durch Beschluss zustimmen oder sie durch Beschluss ablehnen. ⑦ Der Beschluss des Bundestages wird dem Bundesministerium der Finanzen zugeleitet. ⑧ Hat sich der Bundestag nach Ablauf von drei Sitzungswochen seit Eingang der Rechtsverordnung nicht mit ihr befasst, so gilt die Zustimmung nach Satz 1 als erteilt und die Rechtsverordnung wird dem Bundesrat zugeleitet.

(4) ① **Wer aufzeichnungspflichtige Geschäftsvorfälle oder andere Vorgänge mit Hilfe eines elektronischen Aufzeichnungssystems im Sinne des Absatzes 1 erfasst, hat dem nach den §§ 18 bis 20 zuständigen Finanzamt nach amtlich vorgeschriebenem Datensatz durch Datenfernübertragung mitzuteilen**[1]**:** 4

1. Name des Steuerpflichtigen,

2. Steuernummer des Steuerpflichtigen,

3. Art der zertifizierten technischen Sicherheitseinrichtung,

4. Art des verwendeten elektronischen Aufzeichnungssystems,

5. Anzahl der verwendeten elektronischen Aufzeichnungssysteme,

6. Seriennummer des verwendeten elektronischen Aufzeichnungssystems,

7. Datum der Anschaffung des verwendeten elektronischen Aufzeichnungssystems,

8. Datum der Außerbetriebnahme des verwendeten elektronischen Aufzeichnungssystems.

② Die Mitteilung nach Satz 1 ist innerhalb eines Monats nach Anschaffung oder Außerbetriebnahme des elektronischen Aufzeichnungssystems zu erstatten.

Zu § 146a – Ordnungsvorschriften für die Buchführung und für Aufzeichnungen mittels elektronischer Aufzeichnungssysteme; Verordnungsermächtigung: AEAO

1. Allgemeines und Begriffsdefinitionen

1.1. Elektronische Aufzeichnungssysteme 5

Zur Definition elektronischer Aufzeichnungssysteme vgl. AEAO zu § 146, Nr. 2.1.4.

Alle elektronischen Aufzeichnungssysteme müssen – wie bisher – den allgemeinen Ordnungsmäßigkeitsgrundsätzen entsprechen (vgl. BMF-Schreiben vom 28. 11. 2019, BStBl. I S. 1269, zuletzt geändert durch BMF-Schreiben vom 14. 7. 2025, BStBl. I S. 1502).

1.2. Elektronische oder computergestützte Kassensysteme oder Registrierkassen 6

Die in § 1 Abs. 1 Satz 1 KassenSichV genannten „elektronischen oder computergestützten Kassensysteme oder Registrierkassen" sind für den Verkauf von Waren oder die Erbringung von Dienstleistungen und deren Abrechnung spezialisierte elektronische Aufzeichnungssysteme, die „Kassenfunktion" haben.

Kassenfunktion haben elektronische Aufzeichnungssysteme dann, wenn diese der Erfassung und Abwicklung von zumindest teilweise baren Zahlungsvorgängen dienen können. Dies gilt auch für vergleichbare elektronische, vor Ort genutzte Zahlungsformen (elektronisches Geld wie z. B. Geldkarte oder virtuelle (Kunden-)Konten) sowie an Geldes statt vor Ort angenommener Gutscheine, Guthabenkarten, Bons und dergleichen.

Eine Aufbewahrungsmöglichkeit des verwalteten Bargeldbestandes (z. B. Kassenlade) ist nicht erforderlich.

Sofern ein elektronisches Aufzeichnungssystem mit Kassenfunktion die Erfordernisse der „Mindestanforderungen an das Risikomanagement – MaRisk" und der „Bankaufsichtlichen Anforderungen an die IT" (BAIT) der Bundesanstalt für Finanzdienstleistungsaufsicht in der jeweils geltenden Fassung erfüllt und von einem Kreditinstitut i. S. d. § 1 Abs. 1 KWG betrieben wird, unterliegt dieses nicht den Anforderungen des § 146 a AO.

1.3. EU-Taxameter 7

Ein Taxameter fällt nach § 1 Abs. 2 Nr. 1 KassenSichV dann in den Anwendungsbereich des § 146 a AO, wenn dieses konformitätsbewertet ist nach Anhang IX der Richtlinie 2014/32/EU des Europäischen Parlaments und des Rates vom 26. 2. 2014 zur Harmonisierung der Rechtsvorschriften der Mitgliedstaaten über die Bereitstellung von Messgeräten auf dem Markt (ABl. L 96 vom 29. 3. 2014, S. 149; L 13 vom 20. 1. 2016, S. 57), die durch die Richtlinie 2015/13 (ABl. L 3 vom 7. 1. 2015, S. 42) geändert worden ist, („MID") in der jeweils geltenden Fassung („EU-Taxameter"). Das elektronische Aufzeichnungssystem „EU-Taxameter" besteht sowohl aus dem Fahrpreisanzeiger, weiteren Aufzeichnungssystemen, die neben dem Taxameter i. S. d. MID in dem Gehäuse integriert sind, als auch aus dem Wegstreckensignalgeber.

Sofern anstelle eines beleuchtbaren Fahrpreisanzeigers ein zugelassenes App-basiertes System nach § 28 Abs. 1 Satz 2 der Verordnung über den Betrieb von Kraftfahrunternehmen im Perso-

[1] Zum Beginn der Mitteilungspflicht nach § 146 a Abs. 4 AO ab dem 1. 1. 2025 von Kassen(-systemen) und EU-Taxametern und Wegstreckenzählern vgl. *BMF-Schreiben vom 28. 6. 2024, BStBl. I S. 1063.*

AEAO

nenverkehr (BOKraft) eingesetzt wird, so besteht das elektronische Aufzeichnungssystem aus dem App-basierten System und dem Wegstreckensignalgeber.

Gesonderte Aufzeichnungssysteme außerhalb des EU-Taxameters i. S. d. § 1 Abs. 2 Nr. 1 KassenSichV, die z. B. zur Abrechnung oder Weiterverarbeitung der Daten des EU-Taxameters dienen, sind nicht Teil des EU-Taxameters. Bei diesen Systemen ist zu prüfen, ob diese ein elektronisches Aufzeichnungssystem mit Kassenfunktion i. S. d. AEAO zu § 146a, Nr. 1.2 darstellen.

8 **1.4. Wegstreckenzähler**

Ein Wegstreckenzähler fällt nach § 1 Abs. 2 Nr. 2 KassenSichV dann in den Anwendungsbereich des § 146a AO, wenn er nach einem vom BMF im Bundessteuerblatt veröffentlichten Datum neu in den Verkehr gebracht wurde.

Wegstreckenzähler sind Messgeräte, welche die vom Kraftfahrzeug zurückgelegte, durch Abrollen von Fahrzeugrädern bestimmten Umfangs gemessene Wegstrecke anzeigen. Das Aufzeichnungssystem „Wegstreckenzähler" besteht aus einem Anzeiger, weiteren Aufzeichnungssystemen, die neben dem konformitätsbewerteten Wegstreckenzähler in dem Gehäuse integriert sind, als auch aus Wegstreckensignalgeber. Sofern zwischen dem Anzeiger und Wegstreckensignalgeber sog. zwischengeschaltete Einrichtungen, wie z. B. Signalverstärker, Impulsteiler, Impulsfilter, Steuergeräte, Kommunikationsadapter oder Wegstreckensignalkonverter, eingesetzt werden, ist die zwischengeschaltete Einrichtung auch Teil des Aufzeichnungssystems „Wegstreckenzähler".

Sofern anstelle eines beleuchtbaren Anzeigers ein zugelassenes App-basiertes System nach § 30 Abs. 1 Satz 2 der BOKraft eingesetzt wird, besteht das elektronische Aufzeichnungssystem aus dem App-basierten System und dem Wegstreckensignalgeber.

Gesonderte Aufzeichnungssysteme außerhalb des Wegstreckenzählers i. S. d. § 1 Abs. 2 Nr. 2 KassenSichV, die z. B. zur Abrechnung oder Weiterverarbeitung der Daten des Wegstreckenzählers dienen, sind nicht Teil des Wegstreckenzählers. Bei diesen Systemen ist zu prüfen, ob diese ein elektronisches Aufzeichnungssystem mit Kassenfunktion i. S. d. AEAO zu § 146a, Nr. 1.2 darstellen.

9 **1.5. Systeme, die nach § 1 Abs. 1 Satz 2 KassenSichV nicht als elektronische Aufzeichnungssysteme i. S. d. § 146a AO gelten**

1.5.1. Fahrscheinautomaten und Fahrscheindrucker

Fahrscheinautomaten sind Selbstbedienungsautomaten und werden sowohl im öffentlichen Personenverkehr, insbesondere bei S-, U- und Stadtbahnen oder im Linienbusverkehr, als auch bei Eisenbahngesellschaften zum Verkauf von Fahrscheinen eingesetzt.

Fahrscheindrucker sind ggf. mobile Endgeräte die ausschließlich dazu in der Lage sind, Fahrausweise zu verkaufen. Hierbei kommt es nicht darauf an, welche Art von Fahrkarten (Einzelfahrten, Zeitkarten oder ein erhöhtes Beförderungsentgelt) verkauft werden, sondern nur, dass die mobilen Endgeräte nicht in der Lage sind, andere Vorgänge als den Fahrkartenverkauf abzuwickeln oder darüber hinaus nur solche Vorgänge erfassen können, die nicht zu einem anderen kassenrelevanten oder kassensturzrelevanten Vorgang gehören oder zu diesem werden könnten. Ein Fahrscheindrucker kann nur dann nicht einer anderweitigen Nutzung dienen, wenn die Erfassung und Abwicklung von anderen steuerlich relevanten Geschäftsvorfällen als den Verkauf von Fahrscheinen (z. B. Verkauf von Eintrittskarten) bereits durch die installierte Software nicht möglich ist.

1.5.2. Kassen- und Parkscheinautomaten der Parkraumbewirtschaftung sowie Ladepunkte für Elektro- oder Hybridfahrzeuge

Kassen- und Parkscheinautomaten der Parkraumbewirtschaftung sowie Ladepunkte für Elektro- oder Hybridfahrzeuge sind Geräte, die der Bezahlung und Inanspruchnahme des zur Verfügung gestellten Parkraums sowie der aufgeladenen Strommenge dienen.

1.5.3. elektronische Buchhaltungsprogramme

Elektronische Buchhaltungsprogramme erfüllen hinsichtlich der Erfassung barer Geschäftsvorfälle keine Grundaufzeichnungsfunktion. In das elektronische Buchhaltungsprogramm werden lediglich die ggf. täglich saldierten Bareinnahmen und Barausgaben übertragen und gebucht, die in einem Kassensystem, Kassenbuch oder Kassenbericht aufgezeichnet wurden

1.5.4. Waren- und Dienstleistungsautomaten

Bei Dienstleistungsautomaten im Sinne des § 1 Abs. 1 Satz 2 Nr. 4 KassenSichV handelt es sich um Automaten, die gegenüber Kunden und Kundinnen, ohne Zutun von Mitarbeitenden, durch einen selbständigen technischen Vorgang eine Dienstleistung erbringen und deren Abrechnung ermöglichen (z. B. Waschsalonautomaten oder Zugangssysteme bei öffentlich zugänglichen WC-Anlagen). Automatische Zugangssysteme ohne Verbindung zu einem Abrechnungs- bzw. Bezahlsystem sind bereits nach § 1 Abs. 1 Satz 1 KassenSichV nicht mit einer zertifizierten technischen Sicherheitseinrichtung (TSE) zu schützen, da sie keine Kassenfunktion haben.

Bei Warenautomaten im Sinne des § 1 Abs. 1 Satz 2 Nr. 4 KassenSichV handelt es sich um Automaten, die nach dem Bezahlvorgang, ohne Zutun von Mitarbeitenden, automatisch einen selbstständigen technischen Vorgang ausführen und hierdurch die Ware zur Verfügung stellen (z. B. Zigaretten- oder Getränkeautomat).

AEAO

1.5.5. Geldautomaten

Geldautomaten sind technische Anlagen, die ein Betreiber bereitstellt, damit ein Nutzer Bargeld von einem Zahlungskonto abheben, auf ein Zahlungskonto einzahlen, auf ein anderes Zahlungskonto überweisen und/oder die Barauszahlung an einen Dritten veranlassen kann. Dabei ist es ausreichend, wenn die technische Anlage bereits über eine der genannten Funktionen verfügt.

1.5.6. Geld- und Warenspielgeräte

Geld- und Warenspielgeräte sind Geräte, die über eine gültige Bauartzulassung nach §§ 11 bis 16 der Verordnung über Spielgeräte und andere Spiele mit Gewinnmöglichkeit (SpielV) verfügen.

1.6. Schutz durch eine TSE (§ 146 a Abs. 1 Satz 2 AO) 10

Grundsätzlich ist jedes eingesetzte elektronische Aufzeichnungssystem i. S. d. § 146 a AO i. V. m. § 1 Abs. 1 Satz 1 und Abs. 2 KassenSichV sowie die damit zu führenden digitalen Aufzeichnungen durch eine TSE zu schützen. Werden mehrere einzelne elektronische Aufzeichnungssysteme (z. B. Verbundwaagen, Bestellsysteme ohne Abrechnungsteil, App-Systeme) mit einem System i. S. v. § 146 a AO i. V. m. § 1 Abs. 1 Satz 1 oder Abs. 2 KassenSichV verbunden, dann wird es nicht beanstandet, wenn die damit zu führenden digitalen Aufzeichnungen mit einer TSE geschützt werden, die alle im Verbund befindlichen elektronischen Aufzeichnungssysteme gemeinsam nutzen.

Ein elektronisches Aufzeichnungssystem oder eine Gruppe elektronischer Aufzeichnungssysteme muss bei störungsfreier Verwendung genau einer TSE zugeordnet sein.

1.7. Schutzziele 11

Die Regelungen des § 146 a AO sollen für digitale Grundaufzeichnungen, die mittels elektronischem Aufzeichnungssystem i. S. d. § 146 a AO i. V. m. § 1 Abs. 1 Satz 1 oder Abs. 2 KassenSichV geführt werden, Folgendes sicherstellen:
– deren Integrität,
– deren Authentizität
– und deren Vollständigkeit.

1.8. Vorgang 12

Der Begriff des Vorgangs i. S. d. KassenSichV ist nachfolgend als ein zusammengehörender Aufzeichnungsprozess zu verstehen, der bei Nutzung oder Konfiguration eines elektronischen Aufzeichnungssystems eine Protokollierung durch die TSE auslösen muss (vgl. § 2 sowie § 7 Abs. 2 und § 8 Abs. 2 KassenSichV). Ein Vorgang kann einen oder mehrere Geschäftsvorfälle sowie andere Vorgänge umfassen (vgl. AEAO zu § 146 a, Nr. 1.10 und Nr. 1.11). Aus Gründen der besseren Lesbarkeit wird der Begriff „Vorgang" im Folgenden als Oberbegriff für Geschäftsvorfälle und andere abzusichernde Vorgänge genutzt.

1.9. Transaktion 13

Im Rahmen der Protokollierung eines Vorgangs (vgl. AEAO zu § 146 a, Nr. 1.12.3) muss innerhalb der TSE mindestens eine Transaktion erzeugt werden. Während der Begriff „Vorgang" sich auf die Abläufe im elektronischen Aufzeichnungssystem bezieht, beschreibt der Begriff „Transaktion" die innerhalb der TSE erfolgenden Absicherungsschritte (mindestens bei Vorgangsbeginn und -ende) zum Vorgang im jeweiligen Aufzeichnungssystem.

1.10. Geschäftsvorfälle 14

1.10.1. Geschäftsvorfälle sind alle rechtlichen und wirtschaftlichen Vorgänge, die innerhalb eines bestimmten Zeitabschnitts den Gewinn bzw. Verlust oder die Vermögenszusammensetzung in einem Unternehmen dokumentieren oder beeinflussen bzw. verändern (z. B. zu einer Veränderung des Anlage- und Umlaufvermögens sowie des Eigen- und Fremdkapitals führen; vgl. auch Rz. 16 des (vgl. BMF-Schreiben vom 28. 11. 2019, BStBl. I S. 1269, zuletzt geändert durch BMF-Schreiben vom 14. 7. 2025, BStBl. I S. 1502).

1.10.2. Beispiele für Geschäftsvorfälle, die bei elektronischen Aufzeichnungssystemen i. S. d. AEAO zu § 146 a, Nr. 1.2 bis 1.4 vorkommen können: Eingangs-/Ausgangs-Umsatz, nachträgliche Stornierung eines Umsatzes, Unternehmer-Trinkgeld, Gutschein (Ausgabe, Einlösung), Privatentnahme, Privateinlage, Wechselgeld-Einlage, Lohnzahlung aus der Kasse, Geldtransit.

1.11. Andere Vorgänge 15

1.11.1. Unter anderen Vorgängen sind Aufzeichnungsprozesse zu verstehen, die nicht durch einen Geschäftsvorfall, sondern durch andere Ereignisse im Rahmen der Nutzung des elektronischen Aufzeichnungssystems ausgelöst werden und zur nachprüfbaren Dokumentation der zutreffenden und vollständigen Erfassung der Geschäftsvorfälle notwendig sind. Hierunter fallen beispielsweise Trainingsbuchungen, Stornierung eines zuvor erfassten Vorgangs, Belegabbrüche, erstellte Angebote, nicht abgeschlossene Geschäftsvorfälle (z. B. Bestellungen).

1.11.2. Nicht alle in einem elektronischen Aufzeichnungssystem verwalteten Vorgänge sind für die Erreichung der Schutzziele erforderlich. Für die Erreichung der Schutzziele nicht erforderliche Vorgänge müssen nicht abgesichert werden (z. B. Bildschirmeinstellung heller/dunkler; Überwachung der Prozessor-Temperatur etc.).

1.11.3. Abzusichernde Funktionsaufrufe (Systemfunktionen) und Ereignisse innerhalb der TSE (Audit-Daten) werden in der BSI TR-03153-1 definiert.

16 **1.12. Die TSE**

1.12.1. Anforderungen an die TSE

1.12.1.1. Die Anforderungen an die TSE werden nach § 146 a Abs. 3 Satz 3 AO i. V. m. § 5 Satz 1 KassenSichV durch das Bundesamt für Sicherheit in der Informationstechnik (BSI) festgelegt. Die Architektur der TSE wird durch § 146 a AO i. V. m. der KassenSichV, die Architektur der einzelnen Bestandteile wird durch die Technischen Richtlinien und Schutzprofile des BSI festgelegt.

1.12.1.2. Vorgaben zu den einzelnen Bestandteilen der TSE sind insbesondere in folgenden Technischen Richtlinien festgelegt (vgl. auch BMF-Schreiben vom 29. 6. 2023, BStBl. I 2023 S. 1075 sowie BMF-Schreiben vom 29. 12. 2023, BStBl. I 2024 S. 27):
- BSI TR-03153-1: Technische Sicherheitseinrichtung für elektronische Aufzeichnungssysteme, Teil 1: Anforderungen an die Technische Sicherheitseinrichtung Version 1.1.1,
- BSI TR-03153 Regelung zur übergangsweisen Aufrechterhaltung der gesetzlich erforderlichen Zertifizierung von Technischen Sicherheitseinrichtungen in begründeten Ausnahmefällen Teil 2, Version 1.0.0,
- BSI TR-03151: Secure Element API (SE API) Part 1: Interface Definition, Version 1.1.1,
- BSI TR-03151 Secure Element API (SE API) Part 2: Interface Mapping, Version 1.1.0,
- BSI TR-03145 Secure CA Operation Part 5: Specific requirements for a Public Key Infrastructure for Technical Security Systems, Version 1.0.1,
- BSI TR-03116 Kryptographische Vorgaben für Projekte der Bundesregierung Teil 5 – Anwendungen der Secure Element API, Stand 2023.

1.12.2. Komponenten der TSE

1.12.2.1. Das BSI hat in den Technischen Richtlinien Mindestanforderungen an eine TSE festgelegt. Dabei wurde – soweit möglich – auf technische Vorgaben verzichtet.

1.12.2.2. Mindestvorgaben werden in den Technischen Richtlinien lediglich zu den einzelnen Komponenten einer TSE (Sicherheitsmodul, Speichermedium und einheitliche digitale Schnittstelle) geregelt.

1.12.2.3. Das Sicherheitsmodul muss nach § 146 a Abs. 1 AO i. V. m. § 2, § 7 Abs. 2 oder § 8 Abs. 2 KassenSichV die sichere Protokollierung von Vorgängen (vgl. AEAO zu § 146 a, Nr. 1.8) gewährleisten. Durch die Technische Richtlinie BSI TR-03153-1 wird die Architektur des Sicherheitsmoduls vorgegeben (vgl. AEAO zu § 146 a, Nr. 1.12.1.2).

1.12.2.4. Nach § 2 Satz 1 bzw. § 7 Abs. 2 Satz 1 ggfs. i. V. m. § 8 Abs. 2 KassenSichV wird festgelegt, dass jeder Vorgang mindestens eine Transaktion in der TSE mit mehreren Protokollierungsschritten auslöst.

Das Sicherheitsmodul erzeugt folgende Daten (Protokolldaten):
- Zeitpunkt des Vorgangsbeginns sowie Zeitpunkt der Vorgangsbeendigung (auch bei Vorgangsabbruch)
- eindeutige und fortlaufende Transaktionsnummer
- Prüfwert (vgl. Kapitel 3.5.4 der BSI-TR 03153-1)
- Seriennummer der TSE
- Signaturzähler

Es kann optionale Protokolldaten hinzufügen. 4Bei der Beschreibung des Ablaufs der Protokollierung (vgl. AEAO zu § 146 a, Nr. 2.2.2, 3.2.2 bzw. 4.2.2) wird auf die Anwendungsdaten und auf die Protokolldaten im Einzelnen näher eingegangen.

1.12.2.5. Die Zeitpunkte für Vorgangsbeginn und -ende (vgl. AEAO zu § 146 a, Nr. 2.2.3.3, 3.2.3.2 bzw. 4.2.3.2) müssen von dem Sicherheitsmodul bereitgestellt werden. Hinsichtlich der Zeitquelle sind die Vorgaben der Schutzprofile des BSI zu beachten.

1.12.2.6. Das Speichermedium TSE muss den Anforderungen des Kapitels 6 der Technischen Richtlinie BSI TR-03153-1 entsprechen. Insbesondere müssen die sichere Speicherung der abgesicherten Anwendungsdaten (Log-Nachrichten) sowie deren Export ermöglicht werden.

1.12.2.7. Nicht erforderlich ist eine physikalische Identität von Sicherheitsmodul und Speichermedium. Das Speichermedium kann z. B. sowohl in Form eines herkömmlichen Datenträgers (Speicherkarte o. ä.) als auch mit einer Cloud-Speicherung erfüllt werden. § 146 Abs. 2 a und 2 b AO bleibt unberührt.

1.12.2.8. Das BSI hat in Kapitel 5 der Technischen Richtlinie BSI TR-03153-1 zwei Bestandteile der einheitlichen digitalen Schnittstelle der TSE definiert:
- Einbindungsschnittstelle
- Exportschnittstelle der TSE 1.12.2.9

1.12.2.9. Die Einbindungsschnittstelle nach Kapitel 5.1 der Technischen Richtlinie BSI TR-03153-1 dient der Integration der TSE in das elektronische Aufzeichnungssystem (z. B. der Kommunikation des Sicherheitsmoduls mit dem elektronischen Aufzeichnungssystem). Die Mindest-Funktionalitäten sind abschließend aufgeführt.

AEAO

1.12.2.10. Die Exportschnittstelle muss eine Exportfunktion bieten, die Ausgabedateien in definierter Form erzeugt (Kapitel 5.2 der Technischen Richtlinie BSI TR-03153-1). Der Export erfolgt in TAR-Archiven. Darin enthalten sind die abgesicherten Anwendungsdaten (Log-Nachrichten) in einem vorgeschriebenen Format sowie die zur Verifikation der Prüfwerte notwendigen Zertifikate.

1.12.3. Protokollierung von Vorgängen durch die TSE

Als Protokollierung einer Transaktion wird der Prozess bezeichnet, mit dem die TSE die Anwendungs- und Protokolldaten eines Vorgangs gegen nachträgliche, unerkannte Veränderungen schützt sowie Existenz und Herkunft der Aufzeichnung zu einem bestimmten Zeitpunkt bestätigt.

1.13. Einheitliche digitale Schnittstelle für steuerliche Außenprüfungen und Nachschauen 17

1.13.1. Die im AEAO zu § 146 a, Nr. 1.12.2.10 beschriebenen abgesicherten Anwendungsdaten müssen im Rahmen einer steuerlichen Außenprüfung oder Nachschau dem Amtsträger zur Verifikation der Protokollierung zur Verfügung gestellt werden.

1.13.2. Darüber hinaus müssen alle mit dem elektronischen Aufzeichnungssystem aufgezeichneten Daten in einem maschinell auswertbaren Format zur Verfügung gestellt werden. Die für elektronische Aufzeichnungssysteme i. S. d. § 146 a Abs. 1 Satz 1 AO i. V. m. § 1 Abs. 1 Satz 1 und Abs. 2 KassenSichV erforderlichen Daten sowie Formate werden in der „Digitalen Schnittstelle der Finanzverwaltung für elektronische Aufzeichnungssysteme" (DSFinV) definiert. Diese wird über das Internetportal des Bundeszentralamtes für Steuern (BZSt) veröffentlicht

1.14. Ausfall der TSE 18

1.14.1. Ausfallzeiten und -grund einer TSE sind zu dokumentieren (vgl. AEAO zu § 146, Nr. 2.1.6). Diese Dokumentation kann auch automatisiert durch das elektronische Aufzeichnungssystem erfolgen.

1.14.2. Kann das elektronische Aufzeichnungssystem ohne die funktionsfähige TSE weiterbetrieben werden, muss dieser Ausfall auf einem eventuellen Beleg ersichtlich sein. Dies kann durch die fehlende Transaktionsnummer oder durch eine sonstige eindeutige Kennzeichnung erfolgen.

1.14.3. Soweit der Ausfall lediglich die TSE betrifft, wird es nicht beanstandet, wenn das elektronische Aufzeichnungssystem bis zur Beseitigung des Ausfallgrundes weiterhin genutzt wird. Die grundsätzliche Belegausgabepflicht bleibt von dem Ausfall unberührt, auch wenn nicht alle für den Beleg erforderlichen Werte (vgl. AEAO zu § 146 a, Nr. 2.4.4, 3.4.3 bzw. 4.4.3) durch die TSE zur Verfügung gestellt werden. Die Belegangaben zu Datum und Uhrzeit müssen in diesem Fall von dem elektronischen Aufzeichnungssystem bereitgestellt werden.

1.14.4. Der Unternehmer hat unverzüglich die jeweilige Ausfallursache zu beheben, Maßnahmen zu deren Beseitigung zu treffen und dadurch sicherzustellen, dass die Anforderungen des § 146 a AO schnellstmöglich wieder eingehalten werden.

1.15. Elektronische Aufbewahrung der Aufzeichnungen 19

1.15.1. Nach § 3 Abs. 2 KassenSichV müssen die gespeicherten Geschäftsvorfälle oder andere Vorgänge im Sinne des § 146 a Abs. 1 Satz 1 AO als Transaktionen so verkettet sein, dass Lücken in den Aufzeichnungen erkennbar sind. Die Verkettung ergibt sich aus der von der TSE verwalteten Transaktionsnummer sowie aus dem Signaturzähler.

1.15.2. Die Überführung der abgesicherten Anwendungsdaten aus der TSE in ein Aufbewahrungssystem ist zulässig, sofern dieses einen späteren Export der Daten nach der in Kapitel 5.2 der Technischen Richtlinie BSI TR-03153-1 vorgeschriebenen Form ermöglicht (TAR-Files in definierter Form). Nach diesem Export können die Daten auf dem Speichermedium der TSE gelöscht werden. Es müssen zu diesem Zweck die in den Technischen Richtlinien aufgeführten Datenfelder auch im Aufbewahrungssystem vorgehalten werden. Zur Erhaltung der Verkettung ist die vollständige Archivierung der Log-Nachrichten aller Absicherungsschritte (Start, Update und Beendigung des Vorgangs) erforderlich.

1.15.3. Das Aufbewahrungssystem muss den Datenexport im jeweils zu verwendenden DSFinV-Format (vgl. AEAO zu § 146 a, Nr. 1.13, 2.3, 3.3 bzw. 4.3) ermöglichen, sofern über die abgesicherten Anwendungsdaten aus der TSE hinaus auch die übrigen Daten des Aufzeichnungssystems in das Aufbewahrungssystem überführt werden. Die Pflichten nach § 147 AO bleiben unberührt.

1.15.4. Eine Verdichtung von Grundaufzeichnungen in dem Aufbewahrungssystem ist für die Dauer der Aufbewahrung nach § 147 Abs. 3 AO unzulässig.

1.16. Mitteilungspflicht nach § 146 a Abs. 4 AO 20

1.16.1. Allgemeines

Die Mitteilungspflicht nach § 146 a Abs. 4 AO gilt für elektronische Aufzeichnungssysteme i. S. d. § 146 a Abs. 1 Satz 1 AO i. V. m. § 1 Abs. 1 Satz 1 und Abs. 2 KassenSichV.

Die Mitteilung an das zuständige Finanzamt hat elektronisch über das Programm „Mein ELSTER" oder über kompatible eigene oder Drittanbieter-Software über die entsprechende

AEAO

Schnittstelle (ERiC) zu erfolgen. Eine wirksame Erfüllung der Mitteilungspflicht nach § 146a Abs. 4 AO ist grundsätzlich nur auf diesem Weg möglich.

1.16.1.1. Mitteilende Person

Steuerpflichtige, die mitzuteilende elektronische Aufzeichnungssysteme verwenden, haben die Mitteilungspflicht nach § 146a Abs. 4 AO zu erfüllen. Diese Mitteilungspflicht kann auch durch eine bevollmächtigte Person erfüllt werden.

1.16.1.2. Zeitpunkt der Mitteilung

Die Mitteilung nach § 146a Abs. 4 Satz 2 AO ist innerhalb eines Monats nach Anschaffung oder Außerbetriebnahme des mitzuteilenden elektronischen Aufzeichnungssystems zu erstatten. Zum Datum der Anschaffung vgl. AEAO zu § 146a, Nr. 1.16.2.6. Unter Außerbetriebnahme fällt auch der Untergang oder das Abhandenkommen des elektronischen Aufzeichnungssystems.

1.16.1.3. Meldeart

Für die Anmeldung, die Abmeldung und die Korrekturmeldung zu (einzelnen) mitzuteilenden elektronischen Aufzeichnungssystemen einer Betriebsstätte (vgl. AEAO zu § 146a, Nr. 1.16.1.4.) existiert eine einheitliche Meldeart. Die Intention einer Meldung (anmelden, abmelden, korrigieren) ergibt sich aus den im Einzelfall übermittelten Daten.

1.16.1.4. Betriebsstätte

Das mitzuteilende elektronische Aufzeichnungssystem ist grundsätzlich einer Betriebsstätte eindeutig zuzuordnen. Die Abgabe einer Mitteilung hat getrennt für jede Betriebsstätte zu erfolgen. Es sind bei jeder Mitteilung, gleich der Intention einer Meldung (vgl. AEAO zu § 146a, Nr. 1.16.1.3), stets alle elektronischen Aufzeichnungssysteme einer Betriebsstätte in der einheitlichen Mitteilung zu übermitteln.

Bei Taxametern und Wegstreckenzählern ist bei dem elektronischen Aufzeichnungssystem auch das jeweilige Kfz-Kennzeichen des Fahrzeugs mitzuteilen.

1.16.2. Angaben zur Mitteilung

1.16.2.1. Ordnungskriterium

Der Steuerpflichtige hat im Zuge der Mitteilungspflicht nach § 146Sa Abs. 4 AO als eindeutiges Zuordnungskriterium seine Steuernummer mitzuteilen. Er kann zusätzlich seine Identifikationsnummer gemäß § 139b AO übermitteln. Nach der Einführung der Wirtschafts-Identifikationsnummer gemäß § 139c AO ist diese zu übermitteln.

1.16.2.2. Art der TSE

Die Art der TSE nach § 146a Abs. 4 Satz 1 Nr. 3 AO setzt sich aus der Zertifizierungs-ID sowie der Seriennummer der TSE zusammen.

Die Anforderungen an die Seriennummer der TSE ergibt sich aus Kapitel 9.3 der Technischen Richtlinie BSI TR-03153-1.

Die Zertifizierungs-ID wird durch das BSI vergeben und besitzt folgendes Format: BSI-K-TR-nnnn-yyyy oder BSI-K-TR-nnnn-yyyy-MA-ZZ. Hierbei bedeutet nnnn eine vierstellige Nummerierung, yyyy eine vierstellige Jahreszahl.

1.16.2.3. Art des verwendeten elektronischen Aufzeichnungssystems

Eine Auswahl zur Art des elektronischen Aufzeichnungssystems wird im Meldeverfahren vorgegeben.

1.16.2.4. Anzahl der insgesamt eingesetzten elektronischen Aufzeichnungssysteme

Die Anzahl der insgesamt eingesetzten elektronischen Aufzeichnungssysteme je Betriebsstätte ist zu übermitteln.

Jedes einzelne verwendete elektronische Aufzeichnungssystem ist in jeder Mitteilung zu der jeweiligen Betriebsstätte aufzuführen (vgl. AEAO zu § 146a, Nr. 1.16.1.3. und 1.16.1.4). Sollten in Verbundsystemen mehrere Geräte mit einer TSE verbunden sein, so ist jedes einzelne zugeordnete Gerät dem Finanzamt mitzuteilen.

1.16.2.5. Seriennummer des elektronischen Aufzeichnungssystems

Die Seriennummer des elektronischen Aufzeichnungssystems ist zu übermitteln. Sie ist herstellerabhängig und von der Seriennummer der TSE sowie der Zertifizierungs-ID zu unterscheiden.

Die Seriennummer muss jedes elektronische Aufzeichnungssystem i. S. d. § 146a AO i. V. m. § 1 Abs. 1 Satz 1 und Abs. 2 KassenSichV eines Herstellers eindeutig identifizieren (vgl. AEAO zu § 146a, Nr. 2.2.3.1).

1.16.2.6. Datum der Anschaffung

Das Datum der Anschaffung ist zu übermitteln. Werden elektronische Aufzeichnungssysteme nicht erworben, sondern z. B. geleast oder geliehen, ist statt des Anschaffungsdatums das Datum des Leasingbeginns/Beginn des Leihvertrags/Beginn der Zurverfügungstellung zu übermitteln. Die §§ 145 ff. AO bleiben unberührt.

1.16.2.7. Datum der Außerbetriebnahme

Das Datum der Außerbetriebnahme eines elektronischen Aufzeichnungssystems ist zu übermitteln.

1.16.3. Korrekturmöglichkeit

1.16.3.1. Eine zu einem elektronischen Aufzeichnungssystem (einer Betriebsstätte) fehlerhaft abgegebene Mitteilungen ist zu korrigieren. Die Korrektur muss nach Kenntnis des Fehlers unverzüglich, spätestens aber bis zum Ablauf der Frist nach § 146 a Abs. 4 Satz 2 AO erfolgen. Hierzu ist das elektronische Aufzeichnungssystem eindeutig zu identifizieren und sind die bisher falsch gemeldeten Angaben mit den richtigen Angaben zu ersetzen. Die korrigierende Meldung hat alle elektronischen Aufzeichnungssysteme (der jeweiligen Betriebsstätte) zu enthalten (vgl. AEAO zu § 146 a, Nrn. 1.16.1.3. und 1.16.1.4).

1.16.3.2. Bei der Meldung falscher Angaben zu einer Betriebsstätte hat eine entsprechende Korrektur zu erfolgen. Die hinsichtlich der Angaben zur Betriebsstätte korrigierte Meldung hat ebenfalls alle elektronischen Aufzeichnungssysteme (mit unveränderten Angaben) der betroffenen Betriebsstätte zu enthalten (vgl. AEAO zu § 146 a, Nrn. 1.16.1.3. und 1.16.1.4).

1.17. Zertifizierung 21

Das Verfahren zur Zertifizierung ist in § 11 KassenSichV i. V. m. Kapitel 8 sowie Anhang A der BSI TR-03153-1, BMF-Schreiben vom BMF-Schreiben vom 29. 12. 2023, BStBl. I 2024 S. 27, geregelt. Darüber hinaus besteht auch die Möglichkeit einer Übergangszertifizierung nach § 11 KassenSichV i. V. m. BSI TR-03153-2 (BMF-Schreiben vom 26. 7. 2021, BStBl. I, S. 1034).

1.18. Verbot des gewerbsmäßigen Bewerbens und In-Verkehr-Bringens nach § 146 a Abs. 1 Satz 5 AO 22

1.18.1. Es ist verboten, Soft- oder Hardware zu bewerben oder in Verkehr zu bringen, die die Anforderungen des § 146 a AO nicht erfüllen. Bewerben ist jede schriftliche oder mündliche Äußerung, die dazu dient, jemanden zum Einsatz von Soft- oder Hardware zu bewegen. Unter In-Verkehr-Bringen ist jede Handlung zu verstehen, durch die Soft- oder Hardware aus der Verfügungsgewalt einer Person in die Verfügungsgewalt einer anderen Person gelangt.

1.18.2. Elektronische Aufzeichnungssysteme mit Anbindungsmöglichkeit an eine TSE und die TSE können unabhängig voneinander beworben oder In-Verkehr gebracht werden.

1.19. Rechtsfolgen bei Verstoß gegen § 146 a AO 23

1.19.1. Die Befolgung der Ordnungsvorschrift § 146 a AO kann nicht durch einen Verwaltungsakt angeordnet oder durch Zwangsmaßnahmen nach §§ 328 ff. AO erzwungen werden.

1.19.2. § 146 a Abs. 2 Satz 1 AO (Belegausgabepflicht) und § 146 a Abs. 4 AO (Mitteilungspflicht) sehen Handlungspflichten vor. §§ 328 ff. AO bleiben unberührt.

1.19.3. Die Ahndung einer Verletzung nach § 146 a Abs. 1 Satz 1, 2 oder 5 AO kann als Ordnungswidrigkeit nach § 379 Abs. 1 Satz 1 AO erfolgen.

1.19.4. Wird festgestellt, dass die nach § 146 a Abs. 1 Satz 1, 2 oder 5 AO bestehenden Verpflichtungen nicht erfüllt sind, soll die für Straf- und Bußgeldsachen zuständige Stelle unterrichtet werden.

2. Kassen und Kassensysteme

2.1. Sachlicher und zeitlicher Anwendungsbereich 24

2.1.1. Sachlicher Anwendungsbereich

Der sachliche Anwendungsbereich der Pflicht zum Einsatz einer TSE wird durch § 146 a Abs. 1 Satz 2 AO i. V. m. § 1 Abs. 1 KassenSichV begrenzt (§ 146 a Abs. 3 Satz 1 Nr. 1 AO). Unabhängig davon unterliegen jedoch alle elektronischen Aufzeichnungssysteme der Einzelaufzeichnungspflicht nach § 146 Abs. 1 Satz 1 AO. Die in § 1 Abs. 1 Satz 1 KassenSichV genannten elektronischen Aufzeichnungssysteme müssen neben den allgemeinen Ordnungsmäßigkeitsgrundsätzen die besonderen Vorschriften des § 146 a AO beachten. § 1 Abs. 1 Satz 2 KassenSichV grenzt elektronische Aufzeichnungssysteme ab, die ausdrücklich nicht in den Anwendungsbereich des § 146 a AO fallen.

2.1.2. Zeitlicher Anwendungsbereich

§ 146 a AO gilt erstmals für Kalenderjahre, die nach dem 31. 12. 2019 beginnen.

2.2. Der Einsatz einer TSE in Kassen(systemen) 25

Soweit nachfolgend nichts Anderes geregelt ist, gelten die Ausführungen unter Nr. 1.12.

2.2.1. Anwendungs- und Protokolldaten

2.2.1.1. In den Prozess der Protokollierung fließen Anwendungsdaten aus dem elektronischen Aufzeichnungssystem zusätzlich zu den bereits von der TSE gelieferten Protokolldaten ein (vgl. AEAO zu § 146 a, Nr. 1.12.2.4).

2.2.1.2. Im Einzelnen bestehen die abgesicherten Anwendungsdaten aus folgenden Informationen:

– Anwendungsdaten (Seriennummer des elektronischen Aufzeichnungssystems, Art des Vorgangs, Daten des Vorgangs)

AEAO

– Protokolldaten (Seriennummer der TSE, Zeitpunkt der Absicherung, eindeutige und fortlaufende Transaktionsnummer, Signaturzähler, Optionale Protokolldaten)
– Prüfwert

2.2.2. Ablauf der Protokollierung

Die Protokollierung (vgl. § 2 KassenSichV) erfolgt in drei Schritten:

1. Beginn der Protokollierung:

Das Aufzeichnungssystem muss unmittelbar mit Beginn eines aufzuzeichnenden Vorgangs die Protokollierung des Vorgangs in der TSE starten (vgl. Kapitel 3.5.1 der Technischen Richtlinie BSI TR-03153-1). Dabei erfolgen u. a. zwingend die Vergabe einer eindeutigen und fortlaufenden Transaktionsnummer, die Erhöhung des Signaturzählers sowie die Erzeugung eines Prüfwertes durch die TSE.

2. Aktualisierung der Protokollierung:

Spätestens 45 Sekunden nach einer Änderung der Daten des Vorgangs ist die Aktualisierung der Transaktion durch die TSE erforderlich (vgl. Kapitel 3.5.2 der Technischen Richtlinie BSI TR-03153-1 i. V. m. BSI TR-03116-5). Die Erzeugung eines Prüfwertes durch die TSE ist optional. Die Transaktionsnummer bleibt erhalten und der Signaturzähler wird bei jeder Aktualisierung mit Prüfwertberechnung um den Wert 1 erhöht.

3. Beendigung der Protokollierung:

Bei Beendigung des Vorgangs ist die Transaktion innerhalb der TSE zu beenden (vgl. Kapitel 3.5.3 der Technischen Richtlinie BSI TR-03153-1). Dabei erfolgt zwingend die Erzeugung eines Prüfwertes durch die TSE. Die Transaktionsnummer bleibt erhalten und der Signaturzähler wird um den Wert 1 erhöht. Erst bei diesem Protokollierungsschritt wird der Zeitpunkt der Beendigung des Vorgangs in die Protokolldaten aufgenommen.

Anschließend werden die zum Ausdruck eines Belegs i. S. d. § 6 KassenSichV erforderlichen Protokolldaten dem elektronischen Aufzeichnungssystem übermittelt (vgl. AEAO zu § 146 a, Nr. 2.4).

2.2.3. Ablauf der Protokollierung

2.2.3.1. Seriennummer des elektronischen Aufzeichnungssystems

Die Seriennummer eines elektronischen Aufzeichnungssystems muss von dessen Hersteller eindeutig vergeben werden. Die Seriennummer ist eine Zeichenfolge, die zur eindeutigen Identifizierung eines Exemplars aus einer Serie dient. Zusammen mit der Information über den Hersteller wird das jeweilige elektronische Aufzeichnungssystem hierdurch eindeutig repräsentiert (vgl. Kapitel 9.3.1 der Technischen Richtlinie BSI TR-03153-1). Zur Mitteilung nach § 146 a Abs. 4 AO vgl. AEAO zu § 146 a, Nr. 1.16.2.5.

2.2.3.2. Seriennummer der TSE

Als Seriennummer der TSE muss der Hashwert des im Zertifikat enthaltenen öffentlichen Schlüssels für die Verifikation der Prüfwerte verwendet werden. Die zu verwendende Hashfunktion wird von der Technischen Richtlinie BSI TR-03116-5 festgelegt (vgl. Kapitel 9.3.2 der Technischen Richtlinie BSI TR-03153-1). Sofern der Hersteller eine Prüfsumme nach Appendix B der BSI TR-03153-1 verwendet, ist die Prüfsumme Teil der Seriennummer. Zur Mitteilung nach § 146 a Abs. 4 AO vgl. AEAO zu § 146 a, Nr. 1.16.2.2.

2.2.3.3. Zeitpunkt des Vorgangsbeginns bzw. der Vorgangsbeendigung

Grundsätzlich ist jeweils der Zeitpunkt entscheidend, zu dem das elektronische Aufzeichnungssystem einen Vorgang startet oder beendet. Vor einer Belegausgabe oder zum Zeitpunkt eines Kassenabschlusses ist der Vorgang zwingend zu beenden. Dienen z. B. miteinander verknüpfte Waagen (sog. Verbundwaagen) während eines Vorgangs lediglich der Erfassung von (Zwischen-) Wiegeergebnissen, wird es aufgrund der eichrechtlichen Besonderheiten nicht beanstandet, wenn als Beginn des Vorgangs der Beginn des Bezahlvorgangs an dem jeweiligen elektronischen Aufzeichnungssystem mit Kassenfunktion abgesichert wird.

2.2.3.4. Optionale Protokolldaten

Dieses Datenfeld wurde geschaffen, um künftige Änderungen (z. B. aufgrund technischer Entwicklung) in der TSE abbilden zu können.

2.2.3.5. Art des Vorgangs

Die Technischen Richtlinien wurden bzgl. der fachlichen Inhalte der abzusichernden Daten bewusst allgemein gehalten. Eine Absicherung kann für verschiedenste Arten von Daten erfolgen. Über die Art des Vorgangs kann eine Unterscheidung der Struktur der abzusichernden Inhalte gewährleisten werden.

2.2.3.6. Daten des Vorgangs

Der Inhalt der Daten des Vorgangs kann je nach Art des Vorgangs unterschiedlich definiert werden. Die Datenstruktur für elektronische Aufzeichnungssysteme mit Kassenfunktion wird in der „Digitalen Schnittstelle der Finanzverwaltung für Kassensysteme" – DSFinV-K definiert. Diese wird über das Internetportal des BZSt veröffentlicht (vgl. AEAO zu § 146 a, Nr. 2.3). Nähere Erläuterungen zur technischen Abbildung der Daten sind in dem Anhang I der DSFinV-K definiert.

AEAO

2.2.3.6.1. Art des Vorgangs „Kassenbeleg“

Für alle abgeschlossenen Vorgänge, die zu einer Belegausgabe nach § 146 a Abs. 2 AO führen müssen, ist die Art des Vorgangs „Kassenbeleg“ zu nutzen. Dies gilt auch für abgeschlossene Vorgänge, die Geschäftsvorfälle abbilden, an denen nur der Unternehmer selbst beteiligt ist (z. B. Eigenbelege über Ein- oder Auszahlungen).

In den Daten des Vorgangs sind folgende Daten abzubilden:
- Vorgangstyp (Feld BON_TYP in der DSFinV-K)
- Bruttoumsatz je Steuersatz (Felder BRUTTO/UST_SATZ in der DSFinV-K)
- Zahlbetrag je Zahlart (Felder ZAHLART_BETRAG/ZAHLART_TYP in der DSFinV-K)

Über diese Daten werden der Gesamtumsatz abgesichert und eine Kassensturzfähigkeit mit den Daten der TSE gewährleistet. Hierfür entfallen die nach 45 Sekunden anfallenden Updates der abzusichernden Daten innerhalb der TSE.

Nähere Erläuterungen zur technischen Abbildung der Daten sind in der DSFinV-K definiert.

2.2.3.6.2. Art des Vorgangs „Bestellung“

Langanhaltende Bestellvorgänge (z. B. in der Gastronomie) werden als eigenständige Vorgänge realisiert. Deshalb sind diese über die Art des Vorgangs „Bestellung“ abzubilden. In den Daten des Vorgangs sind folgende Daten abzubilden:
- Menge (Feld MENGE in der DSFinV-K)
- Bezeichnung der Ware bzw. der Leistung (Feld ARTIKELTEXT in der DSFinV-K)
- Preis pro Einheit (Feld BRUTTO in der DSFinV-K)

Die Art des Vorgangs „Bestellung“ ist auch zu nutzen, wenn innerhalb des Aufzeichnungssystems Bestellungen bis hin zur Rechnung/Zahlung in einem Vorgang abgebildet werden. Der Grundsatz, dass jeder Vorgang im Aufzeichnungssystem einer Transaktion in der TSE entsprechen muss, findet in diesem Fall eine Ausnahme. Die Erstellung der Rechnung bzw. der Bezahlvorgang sind über die Art des Vorgangs „Kassenbeleg“ abzusichern.

Wird die Erleichterungsregelung der Nr. 2.7.2 DSFinV-K in Anspruch genommen, muss der Start-Zeitpunkt der ersten Bestellung zusätzlich auf dem Beleg abgedruckt werden.

Nähere Erläuterungen zur technischen Abbildung der Daten sind in der DSFinV-K definiert (vgl. DSFinV-K – Tz. 2.7 und Anhang H).

2.2.3.6.3. Art des Vorgangs „Sonstiger Vorgang“

Die TSE kann zur Absicherung jeglicher Daten genutzt werden. Wenn ein Aufzeichnungssystem z. B. Kassenladenöffnungen ohne vorherige Bedienungen (oder Bedieneranmeldungen usw.) abbilden und absichern soll, kann als Art des Vorgangs „Sonstiger Vorgang“ genutzt werden. Diese Art des Vorgangs kommt in Betracht, wenn es sich weder um einen belegartigen Vorgang noch um Funktionsaufrufe (Systemfunktionen) und Ereignisse (Audit-Daten) der TSE handelt.

Bei „SonstigerVorgang“ werden keine fachlichen Vorgaben zum Inhalt der Daten des Vorgangs definiert.

2.3. Einheitliche digitale Schnittstelle für steuerliche Außenprüfungen und Nachschauen bei Kassen(systemen) 26

Ergänzend zu AEAO zu § 146 a, Nr. 1.13 gilt Folgendes: Für elektronische oder computergestützte Kassensysteme oder Registrierkassen (vgl. AEAO zu § 146 a, Nr. 1.2) gilt die DSFinV-K. Fällt nur ein Teilbereich der Daten eines komplexen Softwaresystems unter die DSFinV-K, bleibt die Verpflichtung zur Verfügungstellung weiterer Daten aus anderen Teilbereichen des Systems (z. B. Warenwirtschaft) unberührt.

Die Vorgaben der DSFinV-K gelten nicht für gesonderte Systeme i. S. d. AEAO zu § 146 a, Nr. 1.3 Abs. 3 und Nr. 1.4 Abs. 4. Hier sind die Vorgaben der DSFinV-TW (vgl. 3.3 bzw. 4.3) zu beachten.

2.4. Anforderung an den Beleg 27

2.4.1. Die erforderlichen Mindestangaben auf einem Beleg i. S. d. § 146 a AO sind in § 6 KassenSichV geregelt. Alle Angaben müssen für jedermann ohne maschinelle Unterstützung lesbar oder aus einem QR-Code auslesbar und auf dem Papierbeleg oder in dem elektronischen Beleg enthalten sein. Der QR-Code hat der DSFinV-K zu entsprechen (vgl. DSFinV-K – Anhang I Tz. 2.).

2.4.2. Die Belegausgabepflicht nach § 146 a Abs. 2 AO gilt unbeschadet anderer gesetzlicher Vorschriften.

2.4.3. Die umsatzsteuerlichen Vorschriften an eine Rechnung (insbesondere § 14 Abs. 4 UStG) bleiben unberührt. Ist die Erstellung einer Rechnung nach umsatzsteuerlichen Vorschriften nicht erforderlich, muss dennoch ein Beleg nach den Anforderungen des § 6 KassenSichV erstellt werden.

2.4.4. Der Beleg muss mindestens folgende Angaben enthalten:

1. Den vollständigen Namen und die vollständige Anschrift des leistenden Unternehmers (vgl. § 6 Satz 1 Nr. 1 KassenSichV).
2. Das Datum der Belegausstellung und den Zeitpunkt des Vorgangsbeginns sowie den Zeitpunkt der Vorgangsbeendigung (vgl. AEAO zu § 146 a, Nr. 2.2.3.3)

AEAO

3. Die Menge und die Art der gelieferten Gegenstände oder den Umfang und die Art der sonstigen Leistung (vgl. auch AEAO zu § 146, Nr. 2.1.3).
4. Die Transaktionsnummer i. S. d. § 2 Satz 2 Nr. 2 KassenSichV (vgl. AEAO zu § 146 a, Nr. 2.2.2)
5. Das Entgelt und den darauf entfallenden Steuerbetrag für die Lieferung oder sonstige Leistung in einer Summe sowie den anzuwendenden Steuersatz oder im Fall einer Steuerbefreiung einen Hinweis darauf, dass für die Lieferung oder sonstige Leistung eine Steuerbefreiung gilt.
   Erfordert ein Geschäftsvorfall (vgl. AEAO zu § 146 a, Nr. 1.10) nicht die Erstellung einer Rechnung i. S. d. § 14 UStG, sondern einen sonstigen Beleg (z. B. Lieferschein), wird nicht beanstandet, wenn dieser Beleg nicht den unter § 6 Satz 1 Nr. 5 KassenSichV geforderten Steuerbetrag enthält.
6. Die Seriennummer des elektronischen Aufzeichnungssystems sowie die Seriennummer des Sicherheitsmoduls.
   Auf dem Beleg ist die nach § 2 Satz 2 Nr. 8 KassenSichV protokollierte Seriennummer anzugeben (vgl. AEAO zu § 146 a, Nr. 2.2.3.1 und 2.2.3.2).
7. Betrag je Zahlungsart
8. Signaturzähler
9. Prüfwert

Die vorgenannten Daten werden mit Ausnahme der Nr. 1, des Datums der Belegausstellung, der Nr. 3 sowie im Fall einer Steuerbefreiung des Hinweises darauf, dass für die Lieferung oder sonstige Leistung eine Steuerbefreiung gilt, entweder als Daten des Vorgangs zur Absicherung an die TSE übergeben oder durch die TSE festgelegt. Die Nachvollziehbarkeit der Absicherung auf dem Beleg erfordert daher, dass diese Daten in dem Format auf den Beleg gedruckt werden, in dem sie von der TSE an das elektronische Aufzeichnungssystem zurückgeliefert wurden. Nachträgliches Runden, Abschneiden oder Verändern dieser Daten ist unzulässig. Es wird nicht beanstandet, wenn ein als UnixTime gelieferter Zeitstempel als Coordinated Universal Time (UTC) ohne zusätzliche Zeitzone ausgegeben wird.

Sofern ein QR-Code gemäß Anhang I der DSFinV-K anstelle der für jedermann ohne maschinelle Unterstützung lesbaren Daten verwendet wird, gelten die vorgenannten Anforderungen als erfüllt.

28 **2.5. Belegausgabe**

2.5.1. Die Belegausgabepflicht hat derjenige zu befolgen, der Geschäftsvorfälle mit Hilfe eines elektronischen Aufzeichnungssystems i. S. d. § 146 a Abs. 1 Satz 1 AO erfasst.

2.5.2. Der Beleg kann nach § 6 Satz 5 KassenSichV elektronisch oder in Papierform zur Verfügung gestellt werden. Dies setzt voraus, dass die Transaktion (vgl. AEAO zu § 146 a, Nr. 1.9) vor Bereitstellung des Belegs abgeschlossen wird.

2.5.3. Eine elektronische Bereitstellung des Belegs bedarf der Zustimmung des Kunden. Die Zustimmung bedarf dabei keiner besonderen Form und kann auch konkludent erfolgen. Ein elektronischer Beleg gilt als bereitgestellt, wenn dem Kunden die Möglichkeit der Entgegennahme des elektronischen Belegs gegeben wird. Unabhängig von der Entgegennahme durch den Kunden ist der elektronische Beleg in jedem Fall zu erstellen.

2.5.4. Die Sichtbarmachung eines Belegs an einem Bildschirm des Unternehmers (Terminal/Kassendisplay) allein, ohne die Möglichkeit der elektronischen Entgegennahme nach Abschluss des Vorgangs, reicht nicht aus.

2.5.5. Ein Beleg i. S. v. § 6 KassenSichV ist nur für Geschäftsvorfälle auszugeben, an denen ein Dritter beteiligt ist. Von der Belegausgabepflicht sind z. B. Entnahmen und Einlagen ausgenommen.

2.5.6. Eine elektronische Belegausgabe muss in einem standardisierten Datenformat (z. B. JPG, PNG oder PDF) erfolgen, d. h. der Empfang und die Sichtbarmachung eines elektronischen Belegs auf dem Endgerät des Kunden müssen mit einer kostenfreien Standardsoftware möglich sein. Es bestehen keine technischen Vorgaben wie der Beleg zur Entgegennahme bereitgestellt oder übermittelt werden muss. Es ist z. B. zulässig, wenn der Kunde unmittelbar über eine Bildschirmanzeige (z. B. in Form eines QR-Codes) den elektronischen Beleg entgegennehmen kann. Eine Übermittlung kann auch z. B. als Download-Link, per Near-Field-Communication (NFC), per E-Mail oder direkt in ein Kundenkonto erfolgen.

2.5.7. Die Ausgabe des Belegs muss in unmittelbarem zeitlichem Zusammenhang mit der Beendigung des Vorgangs erfolgen. Dies gilt unabhängig davon, ob der Beleg in Papierform oder elektronisch bereitgestellt wird.

2.5.8. Bei der Zurverfügungstellung eines Papierbelegs reicht das Angebot zur Entgegennahme aus, wenn zuvor der Beleg erstellt und ausgedruckt wurde. Eine Pflicht zur Annahme des Belegs durch den Kunden sowie zur Aufbewahrung besteht nicht. Es besteht keine Aufbewahrungspflicht des Belegausstellers für nicht entgegengenommene Papierbelege.

2.5.9. Nach § 146 a Abs. 2 Satz 2 AO kann bei einem Verkauf von Waren an eine Vielzahl von nicht bekannten Personen auf Antrag und mit Zustimmung der zuständigen Behörde nach § 148

AO aus Zumutbarkeitsgründen nach pflichtgemäßem Ermessen von einer Belegausgabepflicht abgesehen werden. Die Möglichkeit der Befreiung besteht unter den gleichen Voraussetzungen auch bei Dienstleistungen.

Eine Befreiung i. S. d. § 148 AO kann nur für den jeweiligen Einzelfall beantragt und gewährt werden. Eine Befreiung kommt nur dann in Betracht, wenn nachweislich eine sachliche Härte für den einzelnen Steuerpflichtigen besteht. Die mit der Belegausgabepflicht entstehenden Kosten stellen für sich allein keine sachliche Härte im Sinne des § 148 AO dar.

2.5.10. Die Befreiung von der Belegausgabepflicht nach § 146 a Abs. 2 AO entbindet den Unternehmer nicht von dem Anspruch des Kunden auf die Ausstellung einer Quittung (§ 368 BGB).

2.5.11. Die Befreiung von der Belegausgabepflicht setzt voraus, dass durch die Unterdrückung der Belegausgabe die Funktion der TSE nicht eingeschränkt wird.

2.6. Angaben zur Mitteilung bei Kassen(systemen) 29

Ergänzend zu AEAO zu § 146 a, Nr. 1.16.2 gilt Folgendes: Sofern einzelne elektronische Aufzeichnungssysteme ohne Kassenfunktion mit einem elektronischen Aufzeichnungssystem mit Kassenfunktion im Sinne von § 146 a AO i. V. m. § 1 Abs. 1 Satz 1 KassenSichV verbunden wurden, ist nur das elektronische Aufzeichnungssystem mit Kassenfunktion und nicht die damit verbundenen elektronischen Aufzeichnungssysteme ohne Kassenfunktion mitteilungspflichtig.

2.7. Ausfall der TSE bei Kassen(systemen) 30

Ergänzend zu AEAO zu § 146 a, Nr. 1.14 gilt Folgendes: Die Belegausgabepflicht nach § 146 a Abs. 2 AO entfällt lediglich bei einem vollumfänglichen Ausfall des Aufzeichnungssystems oder bei Ausfall der Druck- oder Übertragungseinheit. Bei Ausfall der Druck- oder Übertragungseinheit für den elektronischen Beleg muss das Aufzeichnungssystem i. S. d. § 146 a Abs. 1 Satz 1 AO i. V. m. § 1 Abs. 1 Satz 1 KassenSichV weiterhin genutzt werden.

3. EU-Taxameter

3.1. Sachlicher und zeitlicher Anwendungsbereich 31

3.1.1. Sachlicher Anwendungsbereich

Die in AEAO zu § 146 a, Nr. 1.3 definierten EU-Taxameter unterliegen der Verpflichtung nach § 146 a Abs. 1 Satz 1 und 2 AO. Der Verpflichtung zur Aufzeichnung unterliegen insbesondere alle Geschäftsvorfälle und andere Vorgänge, die in den Betriebseinstellungen „Frei", „Besetzt" und „Kasse" durchgeführt werden. Unabhängig davon unterliegen alle Geschäftsvorfälle der Einzelaufzeichnungspflicht nach § 146 Abs. 1 Satz 1 AO, ggfs. außerhalb des EU-Taxameters.

3.1.2. Zeitlicher Anwendungsbereich

Die Verpflichtung nach § 146 a Abs. 1 Satz 1 und 2 AO gilt für alle EU-Taxameter ab dem 1. 1. 2024. Dies gilt unabhängig davon, wann sie in den Verkehr gebracht oder erstmalig eingesetzt wurden.

Die Verpflichtung gilt jedoch nicht, soweit das EU-Taxameter vor dem 1. 1. 2021 mit der INSIKA-Technik ausgerüstet wurde und unter die Regelung des § 9 KassenSichV fällt. In diesem Fall gilt die Verpflichtung nach § 146 a Abs. 1 Satz 1 und 2 AO spätestens ab dem 1. 1. 2026.

Es gelten jedoch die Anforderungen des § 7 KassenSichV, ab dem Zeitpunkt, ab dem das EU-Taxameter aus dem Fahrzeug, welches vor dem 1. 1. 2021 mit der INSIKA-Technik ausgestattet wurde, ausgebaut und in ein neues Fahrzeug eingebaut wird.

3.2. Der Einsatz einer TSE im EU-Taxameter 32

3.2.1. Anwendungs- und Protokolldaten

3.2.1.1. In den Prozess der Protokollierung fließen Anwendungsdaten aus dem EU-Taxameter zusätzlich zu den bereits von der TSE gelieferten Protokolldaten ein (vgl. AEAO zu § 146 a, Nr. 1.12.2.4).

3.2.1.2. Im Einzelnen bestehen die abgesicherten Daten aus folgenden Informationen:

- Anwendungsdaten (Art des Vorgangs, Daten des Vorgangs)
- Protokolldaten (Seriennummer der TSE, Zeitpunkt der Absicherung, eindeutige und fortlaufende Transaktionsnummer, Signaturzähler, Optionale Protokolldaten)
- Prüfwert

3.2.2. Ablauf der Absicherung und Protokollierung

Die Absicherung erfolgt über die Aufzeichnung von Transaktionen (vgl. Technische Richtlinie BSI TR-03153-1). Hierbei besteht jede Transaktion aus den zwei Schritten startTransaction und finishTransaction. Die Einzelheiten zum Aufbau der processType und processData sind in der DSFinV-TW Anhang B (vgl. AEAO zu § 146 a, Nr. 3.2.3.5) zu finden. Nachfolgende Vorgänge sind abzusichern:

3.2.2.1. Einschalten des EU-Taxameters

Mit dem Einschalten des EU-Taxameters ist eine Transaktion in der TSE durch Aufruf der Funktion startTransaction, mit der Art des Vorgangs „Einschalten" zu starten (vgl. Technische Richtlinie BSI TR-03153-1). Dabei werden keine Vorgangsdaten abgesichert.

AEAO

Unmittelbar im Anschluss ist der TSE-Vorgang durch die finishTransaction zu beenden. Dabei sind Informationen zum System, die Zählwerksdaten (vgl. AEAO zu § 146a, Nr. 3.2.3.1) sowie die allgemeinen Daten (vgl. AEAO zu § 146a, Nr. 3.2.3.1) an die TSE zu übergeben.

Wenn im EU-Taxameter kein Vorgang „Einschalten" existiert, ist dieser zu einem festgelegten Zeitpunkt oder Ereignis geschäftstäglich auszulösen.

3.2.2.2. Betriebseinstellung „Frei"

Zu Beginn der Betriebseinstellung „Frei" (vgl. Anhang IX der MID „Betriebseinstellung") sind der TSE im Rahmen einer startTransaction die Art des Vorgangs „Frei" sowie als Daten des Vorgangs die gesamte vom Taxi zurückgelegte Wegstrecke (vgl. Anhang IX der MID Tz. 15.1) zu übergeben.

Bei Beendigung der Betriebseinstellung „Frei" ist durch das EU-Taxameter im Rahmen einer finishTransaction die Art des Vorgangs „Frei" sowie als Daten des Vorgangs die gesamte vom Taxi zurückgelegte Wegstrecke (vgl. Anhang IX der MID Tz. 15.1) zu übergeben.

3.2.2.3. Fahrtbeleg

Mit Wechsel von der Betriebseinstellung „Frei" auf „Besetzt" (z. B. Beginn einer Personenbeförderung) ist eine Transaktion in der TSE durch Aufruf der Funktion startTransaction mit der Art des Vorgangs „Fahrtbeleg" zu starten. Dabei werden keine Vorgangsdaten abgesichert.

Bei Beendigung der Fahrt und dem Wechsel von der Betriebseinstellung „Kasse" auf „Frei" ist die gestartete Transaktion, mit der Art des Vorgangs „Fahrtbeleg", mit dem Aufruf der Funktion finishTransaction zu beenden. In diesem Protokollierungsschritt werden

- das Präfix T,
- die Taxi-Kennung und Tarif-Kennung,
- der Fahrttyp,
- die Preisdaten der Fahrt (vgl. AEAO zu § 146a, Nr. 3.2.3.1) und
- das Entgelt je Umsatzsteuersatz

in die Vorgangsdaten aufgenommen.

Sofern das EU-Taxameter Kassenfunktion (vgl. AEAO zu § 146a, Nr. 1.2) hat, sind aus Vereinfachungsgründen die Vorgaben des III. Teils des AEAO zu § 146a zu beachten und das Entgelt je Zahlungsart und Währung zusätzlich mit der finishTransaction an die TSE zu übergeben. Insoweit ist die zusätzliche Beachtung der Vorgaben des II. Teils des AEAO zu § 146a nicht erforderlich.

Mit Beendigung des Vorgangs „Fahrtbeleg" werden dem Belegdrucker die folgenden Anwendungs- und Protokolldaten i. S. d. § 7 Absatz 3 KassenSichV übermittelt:

- die Taxi-Kennung, Tarif-Kennung und die Preisdaten einer Fahrt im Sinne des Anhangs IX Nr. 4 der MID,
- der Zeitpunkt der Beendigung der Betriebseinstellung „Kasse" in Form des Zeitstempels der finishTransaction-Log-Nachricht der Transaktion mit der Art des Vorgangs „Fahrtbeleg",
- die Transaktionsnummer der Transaktion mit der Art des Vorgangs „Fahrtbeleg",
- der Prüfwert der finishTransaction-Log-Nachricht der Transaktion mit der Art des Vorgangs „Fahrtbeleg",
- die Seriennummer der TSE und
- das Entgelt je Umsatzsteuersatz.

Für den Fall, dass das Entgelt je Zahlungsart und Währung abzusichern sind, sind diese zusätzlich auf dem Beleg aufzunehmen.

3.2.2.4. Sonstiger Vorgang

Die TSE kann zur Absicherung jeglicher Daten genutzt werden. Diese Art des Vorgangs kommt in Betracht, wenn keine andere Art des Vorgangs geeignet ist und es sich auch nicht um Funktionsaufrufe (Systemfunktionen) und Ereignisse (Audit-Daten) der TSE handelt.

Bei „SonstigerVorgangTW" werden keine fachlichen Vorgaben zum Inhalt der Daten des Vorgangs definiert.

3.2.2.5. Weitere Absicherungsschritte

Neben den vorgenannten Betriebseinstellungen kann es weitere Funktionen bzw. Modi geben. Diese sind nur mit der TSE abzusichern, sofern diese genutzt werden. Hierunter fallen beispielsweise:

1. Fahreranmeldung und Fahrerabmeldung

   Mit Start der Fahreranmeldung oder Fahrerabmeldung ist eine Transaktion in der TSE durch Aufruf der Funktion startTransaction, mit der Art des Vorgangs „Fahrer" zu starten. Dabei werden keine Vorgangsdaten abgesichert.

   Unmittelbar im Anschluss ist der Vorgang „Fahrer" durch die finishTransaction zu beenden. Dabei sind die Fahrermeldung (Fahreranmeldung oder Fahrerabmeldung) und die Fahrerkennung (z. B. Fahrernummer oder Fahrername) an die TSE zu übergeben.

2. Pause

   Bei Beginn der Einstellung „Pause" (z. B. Mittagspause) sind der TSE im Rahmen einer startTransaction die Art des Vorgangs „Pause" sowie als Daten des Vorgangs die gesamte vom Taxi zurückgelegte Wegstrecke (vgl. Anhang IX der MID Tz. 15.1) zu übergeben.

Bei Beendigung der Einstellung „Pause" ist durch das EU-Taxameter im Rahmen einer finishTransaction die Art des Vorgangs „Pause" sowie als Daten des Vorgangs die gesamte vom Taxi zurückgelegte Wegstrecke (vgl. Anhang IX der MID Tz. 15.1) zu übergeben.

3. Ausschalten des EU-Taxameters
   Mit dem Ausschalten des EU-Taxameters ist eine Transaktion in der TSE durch Aufruf der Funktion startTransaction, mit der Art des Vorgangs „Ausschalten" zu starten. Dabei werden keine Vorgangsdaten abgesichert.
   Unmittelbar im Anschluss ist der Vorgang durch die finishTransaction zu beenden. Dabei sind Informationen zum System, die Zählwerksdaten (vgl. AEAO zu § 146 a, Nr. 3.2.3.1) sowie die allgemeinen Daten (vgl. AEAO zu § 146 a, Nr. 3.2.3.1) an die TSE zu übergeben.

3.2.3. Begriffsdefinitionen zur Protokollierung

3.2.3.1. Zählwerksdaten, die allgemeinen Daten, die Preisdaten einer Fahrt sowie die Tarifdaten

Hinsichtlich der Definition der Zählwerksdaten wird auf Nr. 15.1 des Anhanges IX der MID und hinsichtlich der allgemeinen Daten, der Preisdaten sowie der Tarifdaten auf Nr. 4 des Anhanges IX der MID verwiesen. Hinsichtlich des Umfangs der verwendeten Daten wird auf Anhang B der DSFinV-TW verwiesen.

3.2.3.2. Zeitpunkt des Vorgangsbeginns bzw. der Vorgangsbeendigung

Grundsätzlich ist jeweils der Zeitpunkt entscheidend, zu dem das elektronische Aufzeichnungssystem einen Vorgang startet oder beendet. Vor einer Belegausgabe ist der Vorgang zwingend zu beenden.

3.2.3.3. Optionale Protokolldaten

Dieses Datenfeld wurde geschaffen, um künftige Änderungen (z. B. aufgrund technischer Entwicklung) in der TSE abbilden zu können.

3.2.3.4. Art des Vorgangs

Die Technischen Richtlinien des BSI wurden bzgl. der fachlichen Inhalte der abzusichernden Daten bewusst allgemein gehalten. Eine Absicherung kann für verschiedenste Arten von Daten erfolgen. Über die Art des Vorgangs kann eine Unterscheidung der Struktur der abzusichernden Inhalte gewährleisten werden.

3.2.3.5. Daten des Vorgangs

Der Inhalt der Daten des Vorgangs kann je nach Art des Vorgangs unterschiedlich definiert werden. Die Datenstruktur für elektronische Aufzeichnungssysteme i. S. d. § 146 a AO i. V. m. § 1 Abs. 2 Nr. 1 KassenSichV wird in der „Digitalen Schnittstelle der Finanzverwaltung für EU-Taxameter und Wegstreckenzähler" – DSFinV-TW definiert. Diese wird über das Internetportal des BZSt veröffentlicht (vgl. AEAO zu § 146 a, Nr. 3.3). Nähere Erläuterungen zur technischen Abbildung der Daten sind in dem Anhang B der DSFinV-TW definiert.

3.3. Einheitliche digitale Schnittstelle für steuerliche Außenprüfungen und Nachschauen bei EU-Taxametern 33

Ergänzend zu AEAO zu § 146 a, Nr. 1.13 gilt Folgendes: Für EU-Taxameter (vgl. AEAO zu § 146 a, Nr. 1.3) gilt die DSFinV-TW.

3.4. Anforderungen an den Beleg 34

3.4.1. Die erforderlichen Mindestangaben auf einem Beleg i. S. d. § 146 a AO sind in § 7 Abs. 3 KassenSichV geregelt. Alle Angaben müssen für jedermann ohne maschinelle Unterstützung lesbar oder aus einem QR-Code auslesbar und auf dem Papierbeleg oder in dem elektronischen Beleg enthalten sein. Der QR-Code hat der DSFinV-TW zu entsprechen. Sofern das EU-Taxameter Kassenfunktion hat, sind aus Vereinfachungsgründen die Vorgaben des III. Teils des AEAO zu § 146 a zu beachten und das Entgelt je Zahlungsart und Währung zusätzlich auf dem Beleg aufzunehmen.

3.4.2. Die umsatzsteuerlichen Vorschriften an eine Rechnung (insbesondere § 14 Abs. 4 UStG) bleiben unberührt. Erstellte Belege haben den Anforderungen des § 7 Abs. 3 KassenSichV zu entsprechen.

3.4.3. Der Beleg muss mindestens folgende Angaben enthalten:

1. den vollständigen Namen und die vollständige Anschrift des leistenden Unternehmers (vgl. § 31 Abs. 2 UStDV),
2. die allgemeinen Daten und die Preisdaten der Fahrt i. S. d. Anhangs IX Nr. 4 der MID (vgl. auch AEAO zu § 146, Nr. 3.2.3.1),
3. den Zeitpunkt der Beendigung der Betriebseinstellung „Kasse" nach § 7 Abs. 2 Satz 2 Nr. 2 KassenSichV,
4. die Transaktionsnummer i. S. d. § 7 Abs. 2 Satz 2 Nr. 3 KassenSichV (vgl. AEAO zu § 146 a, Nr. 3.2.1.2),

AEAO 5. den Prüfwert (vgl. § 7 Abs. 2 Satz 2 Nr. 4 KassenSichV),
6. die Seriennummer der TSE und
7. das Entgelt und den darauf entfallenden Steuerbetrag für die Lieferung oder sonstige Leistung in einer Summe sowie den anzuwendenden Steuersatz oder im Fall einer Steuerbefreiung einen Hinweis darauf, dass für die Lieferung oder sonstige Leistung eine Steuerbefreiung gilt.

Sofern das EU-Taxameter Kassenfunktion hat, sind zusätzlich die Angaben nach AEAO zu § 146 a, Nr. 2.4.4 Nr. 7 anzugeben.

35 **3.5. Belegausgabe**

3.5.1. Sofern das EU-Taxameter über einen Belegdrucker verfügt und die Fahrt im EU-Taxameter zu erfassen (vgl. AEAO zu § 146 a, Nr. 3.1.1) ist, ist die Belegausgabepflicht nach § 146 a Abs. 2 AO zu erfüllen. Der Beleg ist bei Wechsel von der Betriebseinstellung „Kasse" in die Betriebseinstellung „Frei" zu erstellen. Verfügt das EU-Taxameter nicht über einen Belegdrucker, so besteht keine Belegausgabepflicht.

3.5.2. Anschließend werden die zum Ausdruck eines Beleges i. S. d. § 6 KassenSichV erforderlichen Protokolldaten dem elektronischen Aufzeichnungssystem übermittelt (vgl. AEAO § 146 a, Nr. 5).

3.5.3. AEAO zu § 146 a, Nr. 2.5.3 bis 2.5.8 gelten entsprechend.

3.5.4. Sofern das EU-Taxameter über einen Belegdrucker verfügt, kann eine Befreiung i. S. d. § 148 AO nur für den jeweiligen Einzelfall beantragt und gewährt werden. Eine Befreiung kommt nur dann in Betracht, wenn nachweislich eine sachliche Härte für den einzelnen Steuerpflichtigen besteht. Die mit der Belegausgabepflicht entstehenden Kosten stellen für sich allein keine sachliche Härte im Sinne des § 148 AO dar. AEAO zu § 146 a, Nr. 2.5.10 und 2.5.11 gelten entsprechend.

3.5.5. Wird ein Beleg in den Fällen, in denen das EU-Taxameter über keinen Belegdrucker verfügt, erstellt, so gelten bei Belegen in Papierform, die direkt im Fahrzeug erstellt werden, die Beleganforderungen nach AEAO zu § 146 a, Nr. 3.4.43 Nr. 2 bis 6 nicht. In den übrigen Fällen sind die Beleganforderungen nach AEAO zu § 146 a, Nr. 3.4.34 zu beachten. Die umsatzsteuerlichen Vorschriften an eine Rechnung (insbesondere § 14 Abs. 4 UStG) bleiben unberührt.

36 **3.6. Ausfall der TSE bei EU-Taxametern**

Ergänzend zu AEAO zu § 146 a, Nr. 1.14 gilt für den Fall, dass das EU-Taxameter über einen Belegdrucker verfügt, AEAO zu § 146 a, Nr. 2.7 entsprechend.

37 **3.7. Mitteilungspflicht in den Fällen der Übergangregelung für EU-Taxameter mit INSIKA-Technik nach § 9 KassenSichV**

Sofern ein EU-Taxameter die Voraussetzungen des § 9 Abs. 1 KassenSichV erfüllt und die Übergangsregelung in Anspruch genommen werden soll, so ist dieses dem zuständigen Finanzamt bis zum 31. 1. 2024 schriftlich oder elektronisch mitzuteilen. Im Gegensatz zum Mitteilungsverfahren nach § 146 a Abs. 4 AO erfolgt die Mitteilung nach § 9 KassenSichV nicht nach amtlich vorgeschriebenem Vordruck, sondern formlos. Das elektronische Mitteilungsverfahren für Mitteilungen nach § 146 a Abs. 4 AO ist daher hier nicht zu nutzen.

Vom Unternehmer sollen für jedes Fahrzeug, für das die Übergangsregelung in Anspruch genommen wird, folgende Informationen mitgeteilt werden:

– Fahrzeug-Ident-Nummer
– Ordnungsnummer
– Seriennummer des EU-Taxameters (über die Seriennummer muss jedes elektronische Aufzeichnungssystem eindeutig identifizierbar sein)
– Seriennummer der TIM-Karte
– Datum der Ausrüstung des EU-Taxameters mit der INSIKA-Technik

Sofern das Fahrzeug und das EU-Taxameter einschließlich der INSIKA-Technik auf eine andere Person übergehen (z. B. durch Gesamtrechtsnachfolge oder Veräußerung) und der Erwerber die Übergangsregelung ebenfalls in Anspruch nehmen möchte, so soll der Erwerber die Inanspruchnahme innerhalb eines Monats nach Erwerb dem zuständigen Finanzamt mitteilen. Hierbei sind auch die vorgenannten Angaben zu machen. Sofern das mit der INSIKA-Technik ausgestatte EU-Taxameter nach dem 1. 1. 2024 ausgebaut wird und damit ein Fall des § 9 Abs. 2 KassenSichV vorliegt, ist dieses dem zuständigen Finanzamt innerhalb eines Monats nach Ausbau schriftlich oder elektronisch mitzuteilen.

Sofern das mit der INSIKA-Technik ausgestatte EU-Taxameter nach dem 1. 1. 2024 ausgebaut wird und damit ein Fall des § 9 Abs. 2 KassenSichV vorliegt, ist dieses dem zuständigen Finanzamt innerhalb eines Monats nach Ausbau schriftlich oder elektronisch mitzuteilen.

4. Wegstreckenzähler

38 **4.1. Sachlicher und zeitlicher Anwendungsbereich**

4.1.1. Sachlicher Anwendungsbereich

Der Verpflichtung nach § 146 a Abs. 1 Satz 1 und 2 AO unterliegen alle Wegstreckenzähler, die nach einem mit gesonderten BMF-Schreiben veröffentlichten Datum neu in Verkehr gebracht wurden.

AEAO

Der Verpflichtung zur Aufzeichnung unterliegen insbesondere alle Geschäftsvorfälle und andere Vorgänge, die in den Betriebseinstellungen „Frei", „Besetzt" und „Kasse" durchgeführt werden.

Unabhängig davon unterliegen jedoch alle Geschäftsvorfälle der Einzelaufzeichnungspflicht nach § 146 Abs. 1 Satz 1 AO, ggfs. außerhalb des Wegstreckenzählers.

Die Pflicht zur Einzelaufzeichnung gilt auch, sofern eine Befreiung vom Erfordernis eines Wegstreckenzählers nach § 43 Abs. 1 BOKraft durch die Genehmigungsbehörden erteilt wurde.

4.1.2. Zeitlicher Anwendungsbereich

Alle Wegstreckenzähler, die am oder nach dem 1. Juli 2024 erstmalig in den Verkehr gebracht werden, fallen in den Anwendungsbereich des § 146 a Abs. 1 Satz 1 AO i. V. m. § 8 KassenSichV (vgl. BMF-Schreiben 11. 3. 2024, BStBl. I S. 367)

4.2. Der Einsatz einer TSE im Wegstreckenzähler 39

4.2.1. Anwendungs- und Protokolldaten

4.2.1.1. In den Prozess der Protokollierung fließen Anwendungsdaten aus dem Wegstreckenzähler zusätzlich zu den bereits von der TSE gelieferten Protokolldaten ein (vgl. AEAO zu § 146 a, Nr. 1.12.2.4).

4.2.1.2. Im Einzelnen bestehen die abgesicherten Daten aus folgenden Informationen:
- Anwendungsdaten (Art des Vorgangs, Daten des Vorgangs)
- Protokolldaten (Seriennummer der TSE, Zeitpunkt der Absicherung, eindeutige und fortlaufende Transaktionsnummer, Signaturzähler, Optionale Protokolldaten)
- Prüfwert

4.2.2. Ablauf der Absicherung und Protokollierung

Die Absicherung erfolgt über die Aufzeichnung von Transaktionen (vgl. Technische Richtlinie BSI TR-03153-1). Hierbei besteht jede Transaktion aus den zwei Schritten startTransaction und finishTransaction. Die Einzelheiten zum Aufbau der processType und processData sind in der DSFinV-TW Anhang B (vgl. AEAO zu § 146 a, Nr. 4.2.3.5) zu finden.

Nachfolgende Vorgänge sind abzusichern:

4.2.2.1. Einschalten des Wegstreckenzählers

Mit dem Einschalten des Wegstreckenzählers ist eine Transaktion in der TSE durch Aufruf der Funktion startTransaction, mit der Art des Vorgangs „Einschalten" zu starten (vgl. Technische Richtlinie BSI TR-03153-1). Dabei werden keine Vorgangsdaten abgesichert.

Unmittelbar im Anschluss ist der TSE-Vorgang durch die finishTransaction zu beenden. Dabei sind Informationen zum System, die Daten der Summierwerke (vgl. AEAO zu § 146 a, Nr. 4.2.3.1) sowie die allgemeinen Daten (vgl. AEAO zu § 146 a, Nr. 4.2.3.1) an die TSE zu übergeben.

Wenn im Wegstreckenzähler kein Vorgang „Einschalten" existiert, ist dieser zu einem festgelegten Zeitpunkt oder Ereignis geschäftstäglich auszulösen.

4.2.2.2. Betriebseinstellung „Frei"

In der Betriebseinstellung „Frei" erfolgt keine Wegstreckenmessung; die Anzeige für die Wegstrecke, sowie ggf. zusätzlich vorhandene Anzeigen für ein Entgelt pro Kilometer und für einen Preis müssen frei bleiben oder den Wert Null anzeigen. Zu Beginn der Betriebseinstellung „Frei" sind der TSE im Rahmen einer startTransaction die Art des Vorgangs „Frei" sowie als Daten des Vorgangs die gesamte vom Mietkraftfahrzeug zurückgelegte Wegstrecke, die entsprechend der eichrechtlichen Vorgaben von Summierwerken aufgezeichnet wird, zu übergeben. Bei Beendigung der Betriebseinstellung „Frei" ist durch das Mietkraftfahrzeug im Rahmen einer finishTransaction die Art des Vorgangs „Frei" sowie als Daten des Vorgangs die gesamte vom Mietkraftfahrzeug zurückgelegte Wegstrecke, die entsprechend der eichrechtlichen Vorgaben von Summierwerken aufgezeichnet wird, zu übergeben.

4.2.2.3. Fahrtbeleg

Mit Wechsel von der Betriebseinstellung „Frei" auf „Besetzt" (Betriebseinstellung, in der die zurückgelegte Wegstrecke gemessen wird), z. B. Beginn einer Personenbeförderung, ist eine Transaktion in der TSE durch Aufruf der Funktion startTransaction mit der Art des Vorgangs „Fahrtbeleg" zu starten. Dabei werden keine Vorgangsdaten abgesichert.

Bei Beendigung der Fahrt und dem Wechsel von der Betriebseinstellung „Kasse" (Betriebseinstellung in der die Wegstreckenmessung deaktiviert ist und in der der Fahrpreis angezeigt wird) auf „Frei" ist die gestartete Transaktion mit der Art des Vorgangs „Fahrtbeleg" mit dem Aufruf der Funktion finishTransaction zu beenden. In diesem Protokollierungsschritt werden
- das Präfix W,
- die allgemeinen Daten (vgl. AEAO zu § 146 a, Nr. 4.2.3.1),
- der Fahrttyp,
- die Preisdaten der Fahrt (vgl. AEAO zu § 146 a, Nr. 4.2.3.1) und
- das Entgelt je Umsatzsteuersatz

in die Vorgangsdaten aufgenommen.

Sofern der Wegstreckenzähler Kassenfunktion (vgl. AEAO § 146 a, Nr. 1.2) hat, sind aus Vereinfachungsgründen die Vorgaben des IV. Teils des AEAO zu § 146 a zu beachten und das Entgelt je Zahlungsart und Währung zusätzlich mit der finishTransaction an die TSE zu übergeben. Inso-

AEAO

weit ist die zusätzliche Beachtung der Vorgaben des II. Teils des AEAO zu § 146a nicht erforderlich.

Mit Beendigung des Vorgangs „Fahrtbeleg" werden dem Belegdrucker die folgenden Anwendungs- und Protokolldaten i. S. d. § 8 Absatz 3 KassenSichV übermittelt:

- die Preisdaten einer Fahrt,
- der Zeitpunkt der Beendigung der Betriebseinstellung „Kasse" in Form des Zeitstempels der finishTransaction-Log-Nachricht der Transaktion mit der Art des Vorgangs „Fahrtbeleg",
- die Transaktionsnummer der Transaktion mit der Art des Vorgangs „Fahrtbeleg",
- der Prüfwert der finishTransaction-Log-Nachricht der Transaktion mit der Art des Vorgangs „Fahrtbeleg",
- die Seriennummer der TSE und
- das Entgelt je Umsatzsteuersatz.

Für den Fall, dass das Entgelt je Zahlungsart und Währung abzusichern sind, sind diese zusätzlich auf dem Beleg aufzunehmen.

4.2.2.4. Sonstiger Vorgang

Die TSE kann zur Absicherung jeglicher Daten genutzt werden. Diese Art des Vorgangs kommt in Betracht, wenn keine andere Art des Vorgangs geeignet ist und es sich auch nicht um Funktionsaufrufe (Systemfunktionen) und Ereignisse (Audit-Daten) der TSE handelt.

Bei „SonstigerVorgangTW" werden keine fachlichen Vorgaben zum Inhalt der Daten des Vorgangs definiert.

4.2.2.5. Weitere Absicherungsschritte

Neben den vorgenannten Betriebseinstellungen kann es weitere Funktionen bzw. Modi geben. Diese sind nur mit der TSE abzusichern, sofern diese genutzt werden. Hierunter fallen beispielsweise:

1. Fahreranmeldung und Fahrerabmeldung
   Mit Start der Fahreranmeldung oder Fahrerabmeldung ist eine Transaktion in der TSE durch Aufruf der Funktion startTransaction, mit der Art des Vorgangs „Fahrer" zu starten. Dabei werden keine Vorgangsdaten abgesichert.
   Unmittelbar im Anschluss ist der Vorgang „Fahrer" durch die finishTransaction zu beenden. Dabei sind die Fahrermeldung (Fahreranmeldung oder Fahrerabmeldung) und die Fahrerkennung (z. B. Fahrernummer oder Fahrername) an die TSE zu übergeben.
2. Pause
   Bei Beginn der Einstellung „Pause" (z. B. Mittagspause) sind der TSE im Rahmen einer startTransaction die Art des Vorgangs „Pause" sowie als Daten des Vorgangs die gesamte vom Mietkraftfahrzeug zurückgelegte Wegstrecke, die entsprechend der eichrechtlichen Vorgaben von Summierwerken aufgezeichnet wird, zu übergeben.
   Bei Beendigung der Einstellung „Pause" ist durch das EU-Taxameter im Rahmen einer finishTransaction die Art des Vorgangs „Pause" sowie als Daten des Vorgangs die gesamte vom Mietkraftfahrzeug zurückgelegte Wegstrecke, die entsprechend der eichrechtlichen Vorgaben von Summierwerken aufgezeichnet wird, zu übergeben.
3. Ausschalten des Wegstreckenzählers
   Mit dem Ausschalten des Wegstreckenzählers ist eine Transaktion in der TSE durch Aufruf der Funktion startTransaction, mit der Art des Vorgangs „Ausschalten" zu starten. Dabei werden keine Vorgangsdaten abgesichert.
   Unmittelbar im Anschluss ist der Vorgang durch die finishTransaction zu beenden. Dabei sind Informationen zum System, die Daten der Summierwerke (vgl. AEAO zu § 146a, Nr. 4.2.3.1) sowie die allgemeinen Daten (vgl. AEAO zu § 146a, Nr 4.2.3.1) an die TSE zu übergeben.

4.2.3. Begriffsdefinitionen zur Protokollierung

4.2.3.1. Daten der Summierwerke, die allgemeinen Daten sowie die Preisdaten einer Fahrt

Die Daten der Summierwerke sind die nach den eichrechtlichen Vorgaben vorhandenen nicht rückstellbaren Zähler zu verschiedenen Wegstrecken, Fahrpreisen und Fahrgastübernahmen. Die allgemeinen Daten sind die Konstante des Wegstreckensignalgebers, das Datum der Sicherung, die Kennung des Mietwagens (entspricht der Ordnungsnummer des Fahrzeugs), die Echtzeit sowie die Preisstufen. Die Preisdaten einer Fahrt sind die Daten nach § 8 Abs. 2 Nr. 2 KassenSichV, soweit diese durch den Wegstreckenzähler erzeugt werden. Hinsichtlich des Umfangs der verwendeten Daten wird auf Anhang B der DSFinV-TW verwiesen.

4.2.3.2. Zeitpunkt des Vorgangsbeginns bzw. der Vorgangsbeendigung

Grundsätzlich ist jeweils der Zeitpunkt entscheidend, zu dem das elektronische Aufzeichnungssystem einen Vorgang startet oder beendet. Vor einer Belegausgabe ist der Vorgang zwingend zu beenden.

4.2.3.3. Optionale Protokolldaten

Dieses Datenfeld wurde geschaffen, um künftige Änderungen (z. B. aufgrund technischer Entwicklung) in der TSE abbilden zu können.

AEAO

4.2.3.4. Art des Vorgangs

Die Technischen Richtlinien des BSI wurden bzgl. der fachlichen Inhalte der abzusichernden Daten bewusst allgemein gehalten. Eine Absicherung kann für verschiedenste Arten von Daten erfolgen. Über die Art des Vorgangs kann eine Unterscheidung der Struktur der abzusichernden Inhalte gewährleisten werden.

4.2.3.5. Daten des Vorgangs

Der Inhalt der Daten des Vorgangs kann je nach Art des Vorgangs unterschiedlich definiert werden. Die Datenstruktur für elektronische Aufzeichnungssysteme i. S. d. § 146 a AO i. V. m. § 1 Abs. 2 Nr. 2 KassenSichV wird in der DSFinV-TW definiert. Diese wird über das Internetportal des BZSt veröffentlicht (vgl. AEAO zu § 146 a, Nr. 4.3). Nähere Erläuterungen zur technischen Abbildung der Daten sind in dem Anhang B der DSFinV-TW definiert.

4.3. Einheitliche digitale Schnittstelle für steuerliche Außenprüfungen und Nachschauen bei Wegstreckenzählern 40

Ergänzend zu AEAO zu § 146 a, Nr. 1.13 gilt Folgendes:
Für Wegstreckenzähler (vgl. AEAO zu § 146 a, Nr. 1.4) gilt die DSFinV-TW.

4.4. Anforderungen an den Beleg 41

4.4.1. Die erforderlichen Mindestangaben auf einem Beleg i. S. d. § 146 a AO sind in § 8 Abs. 3 KassenSichV geregelt. Alle Angaben müssen für jedermann ohne maschinelle Unterstützung lesbar oder aus einem QR-Code auslesbar und auf dem Papierbeleg oder in dem elektronischen Beleg enthalten sein. Der QR-Code hat der DSFinV-TW zu entsprechen. Sofern der Wegstreckenzähler Kassenfunktion hat, sind aus Vereinfachungsgründen die Vorgaben des IV. Teils des AEAO zu § 146 a zu beachten und das Entgelt je Zahlungsart und Währung zusätzlich auf dem Beleg aufzunehmen.

4.4.2. Die umsatzsteuerlichen Vorschriften an eine Rechnung (insbesondere § 14 Abs. 4 UStG) bleiben unberührt. Erstellte Belege haben den Anforderungen des § 8 Abs. 3 KassenSichV zu entsprechen.

4.4.3. Der Beleg muss mindestens folgende Angaben enthalten:

1. den vollständigen Namen und die vollständige Anschrift des leistenden Unternehmers (vgl. § 31 Abs. 2 UStDV),
2. die Preisdaten der Fahrt (vgl. auch AEAO zu § 146 a, Nr. 4.2.3.1),
3. die Transaktionsnummer i. S. d. § 8 Abs. 2 Satz 1 Nr. 3 KassenSichV (vgl. AEAO zu § 146 a, Nr. 4.2.1.2),
4. den Prüfwert (vgl. § 8 Abs. 2 Satz 1 Nr. 4 KassenSichV),
5. die Seriennummer der TSE und
6. das Entgelt und den darauf entfallenden Steuerbetrag für die Lieferung oder sonstige Leistung in einer Summe sowie den anzuwendenden Steuersatz oder im Fall einer Steuerbefreiung einen Hinweis darauf, dass für die Lieferung oder sonstige Leistung eine Steuerbefreiung gilt.

Sofern der Wegstreckenzähler Kassenfunktion hat, sind zusätzlich die Angaben nach AEAO zu § 146 a, Nr. 2.4.4 Nr. 7 anzugeben.

4.5. Belegausgabe 42

4.5.1. Sofern der Wegstreckenzähler über einen Belegdrucker verfügt und die Fahrt im Wegstreckenzähler zu erfassen ist (vgl. AEAO zu § 146 a Nr. 4.1.1), ist die Belegausgabepflicht nach § 146 a Abs. 2 AO zu erfüllen. Der Beleg ist bei Wechsel von der Betriebseinstellung „Kasse" in die Betriebseinstellung „Frei" zu erstellen. Verfügt der Wegstreckenzähler nicht über einen Belegdrucker, so besteht keine Belegausgabepflicht.

4.5.2. Ein Beleg kann nach § 8 Abs. 3 Satz 3 KassenSichV elektronisch oder in Papierform zur Verfügung gestellt werden.

4.5.3. AEAO zu § 146 a, Nr. 2.5.3 bis 2.5.8 gelten entsprechend.

4.5.4. Sofern der Wegstreckenzähler über einen Belegdrucker verfügt, kann eine Befreiung i. S. d. § 148 AO nur für den jeweiligen Einzelfall beantragt und gewährt werden. Eine Befreiung kommt nur dann in Betracht, wenn nachweislich eine sachliche Härte für den einzelnen Steuerpflichtigen besteht. Die mit der Belegausgabepflicht entstehenden Kosten stellen für sich allein keine sachliche Härte im Sinne des § 148 AO dar. AEAO zu § 146 a Nr. 2.5.10 und 2.5.11 gelten entsprechend.

4.5.5. Wird ein Beleg in den Fällen, in denen der Wegstreckenzähler über keinen Belegdrucker verfügt, erstellt, so gelten bei Belegen in Papierform, die direkt im Fahrzeug erstellt werden, die Beleganforderungen nach AEAO zu § 146 a, Nr. 4.4.3 Nr. 2 bis 5 nicht. In den übrigen Fällen sind die Beleganforderungen nach AEAO zu § 146 a, Nr. 4.4.3 zu beachten. Die umsatzsteuerlichen Vorschriften an eine Rechnung (insbesondere § 14 Abs. 4 UStG) bleiben unberührt.

4.6. Ausfall der TSE bei Wegstreckenzählern 43

Ergänzend zu AEAO zu § 146 a, Nr. 1.14 gilt für den Fall, dass der Wegstreckenzähler über einen Belegdrucker verfügt, AEAO zu § 146 a, Nr. 2.7 entsprechend.

Anl

Verordnung zur Bestimmung der technischen Anforderungen an elektronische Aufzeichnungs- und Sicherungssysteme im Geschäftsverkehr (Kassensicherungsverordnung – KassenSichV)

Vom 26. September 2017 (BGBl. I S. 3515)

Geändert durch VO vom 30. 7. 2021 (BGBl. I 2021 S. 3295), G vom 2. 12. 2025 (BGBl. 2025 I Nr. 301) und VO vom 14. 1. 2026 (BGBl. 2026 I Nr. 10)

44 Auf Grund des § 146 a Absatz 3 Satz 1 der Abgabenordnung, der durch Artikel 1 Nummer 3 des Gesetzes vom 22. Dezember 2016 (BGBl. I S. 3152) eingefügt worden ist, verordnet das Bundesministerium der Finanzen im Einvernehmen mit dem Bundesministerium des Innern und dem Bundesministerium für Wirtschaft und Energie und unter Wahrung der Rechte des Bundestages:

45 **§ 1 Elektronische Aufzeichnungssysteme**

(1) Elektronische Aufzeichnungssysteme im Sinne des § 146 a Absatz 1 Satz 1 der Abgabenordnung sind elektronische oder computergestützte Kassensysteme oder Registrierkassen. Nicht als elektronische Aufzeichnungssysteme gelten

1. Fahrscheinautomaten und Fahrscheindrucker,
2. Kassen- und Parkscheinautomaten der Parkraumbewirtschaftung sowie Ladepunkte für Elektro- oder Hybridfahrzeuge,
3. elektronische Buchhaltungsprogramme,
4. Waren- und Dienstleistungsautomaten,
5. Geldautomaten sowie
6. Geld- und Warenspielgeräte.

(2)[1] Als elektronische Aufzeichnungssysteme im Sinne des § 146 a Absatz 1 Satz 1 der Abgabenordnung gelten ebenfalls

1. Taxameter[2] im Sinne des Anhangs IX zu der Richtlinie 2014/32/EU (EU-Taxameter) und
2. Wegstreckenzähler.

Unter die in Satz 1 genannten Systeme fallen auch app-basierte Systeme, sofern diese die Funktion eines EU-Taxameters oder Wegstreckenzählers übernehmen.

46 **§ 2 Protokollierung von digitalen Grundaufzeichnungen**

Für jede Aufzeichnung eines Geschäftsvorfalls oder anderen Vorgangs im Sinne des § 146 a Absatz 1 Satz 1 der Abgabenordnung muss von einem elektronischen Aufzeichnungssystem unmittelbar eine neue Transaktion gestartet werden. Die Transaktion hat zu enthalten:

1. den Zeitpunkt des Vorgangsbeginns,
2. eine eindeutige und fortlaufende Transaktionsnummer,
3. die Art des Vorgangs,
4. die Daten des Vorgangs,
5. die Zahlungsarten
6. den Zeitpunkt der Vorgangsbeendigung und des Vorgangsabbruchs,
7. die Prüfwerte,
8. die Seriennummer des elektronischen Aufzeichnungssystems und die Seriennummer der zertifizierten technischen Sicherheitseinrichtung sowie
9. den Signaturzähler.

Die Zeitpunkte nach Satz 2 Nummer 1 und 6, die Transaktionsnummer nach Satz 2 Nummer 2, die Prüfwerte nach Satz 2 Nummer 7 und der Signaturzähler nach Satz 2 Nummer 9 werden manipulationssicher durch das Sicherheitsmodul festgelegt. Die Transaktionsnummer muss so beschaffen sein, dass Lücken in Transaktionsaufzeichnungen erkennbar sind.

47 **§ 3 Speicherung der Grundaufzeichnungen**

(1) Die Speicherung der laufenden Geschäftsvorfälle oder anderen Vorgänge im Sinne des § 146 a Absatz 1 Satz 1 der Abgabenordnung muss vollständig, unverändert und manipulationssicher auf einem nichtflüchtigen Speichermedium erfolgen.

(2) Die gespeicherten Geschäftsvorfälle oder anderen Vorgänge im Sinne des § 146 a Absatz 1 Satz 1 der Abgabenordnung müssen als Transaktionen so verkettet werden, dass Lücken in den Aufzeichnungen erkennbar sind.

(3) Werden die gespeicherten digitalen Grundaufzeichnungen ganz oder teilweise von einem elektronischen Aufzeichnungssystem in ein externes elektronisches Aufbewahrungssystem übertragen, so muss sichergestellt werden, dass die Verkettung aller Transaktionen nach Absatz 2 und die Anforderungen an die einheitliche digitale Schnittstelle nach § 4 erhalten bleiben.

---

[1] Zur steuerlichen Behandlung der Kosten der erstmaligen Implementierung einer zertifizierten technischen Sicherheitseinrichtung bei EU-Taxametern und Wegstreckenzählern, vgl. *BMF-Schreiben vom 30. 8. 2023, BStBl. I S. 1579.*

[2] Zur Nichtbeanstandungsregelung bei Verwendung von EU-Taxametern und Wegstreckenzählern ohne zertifizierte technische Sicherheitseinrichtung nach dem 31. 12. 2023, vgl. *BMF-Schreiben vom 13. 10. 2023, BStBl. I S. 1718.*

Anl

(4) Eine Verdichtung von Grundaufzeichnungen in einem elektronischen Aufbewahrungssystem ist für die Dauer der Aufbewahrung nach § 147 Absatz 3 der Abgabenordnung unzulässig, wenn dadurch deren Lesbarkeit nicht mehr gewährleistet ist.

§ 4 Einheitliche digitale Schnittstelle[1] 48

Die einheitliche digitale Schnittstelle ist eine Datensatzbeschreibung für die Anbindung der zertifizierten technischen Sicherheitseinrichtung an das elektronische Aufzeichnungssystem sowie für den standardisierten Datenexport aus dem Speichermedium nach § 3 Absatz 1, dem elektronischen Aufbewahrungssystem nach § 3 Absatz 3 und dem elektronischen Aufzeichnungssystem nach § 1 Absatz 1 Satz 1 oder Absatz 2 zur Übergabe an den mit der Kassen-Nachschau oder Außenprüfung betrauten Amtsträger der Finanzbehörde. Die einheitliche digitale Schnittstelle stellt eine einheitliche Dokumentation der Schnittstellenfunktionen mit Parametern zur Anbindung an das elektronische Aufzeichnungssystem sowie eine einheitliche Strukturierung und Bezeichnung der nach § 146 a Absatz 1 der Abgabenordnung aufzuzeichnenden Daten in Datenschema und Datenfelderbeschreibung für die Protokollierung nach § 2 und die Speicherung nach § 3 sicher. Dies gilt unabhängig vom Programm des Herstellers. Die einheitliche digitale Schnittstelle für den standardisierten Export aus dem Speichermedium nach § 3 Absatz 1 und aus dem elektronischen Aufbewahrungssystem nach § 3 Absatz 3 sowie die einheitliche digitale Schnittstelle für den standardisierten Export aus dem elektronischen Aufzeichnungssystem können getrennt voneinander erstellt und veröffentlicht werden.

§ 5 Anforderungen an die technische Sicherheitseinrichtung[2] 49

Das Bundesamt für Sicherheit in der Informationstechnik legt im Benehmen mit dem Bundesministerium der Finanzen in Technischen Richtlinien und Schutzprofilen die technischen Anforderungen fest an

1. die einheitliche digitale Schnittstelle, soweit diese den standardisierten Export aus dem Speichermedium und die Anbindung der zertifizierten technischen Sicherheitseinrichtung an das elektronische Aufzeichnungssystem betreffen,
2. das Sicherheitsmodul und
3. das Speichermedium.

Die Anforderungen an das Sicherheitsmodul und die einheitliche digitale Schnittstelle umfassen die technischen und organisatorischen Anforderungen an die kryptographischen Schlüssel der technischen Sicherheitseinrichtung, deren zugehörige kryptographische Zertifikate und Zertifikatsinfrastrukturen. Die jeweils aktuellen Versionen werden im Bundessteuerblatt Teil I und auf der Internetseite des Bundesamts für Sicherheit in der Informationstechnik veröffentlicht.

§ 6 Anforderungen an den Beleg 50

Ein Beleg muss mindestens enthalten:

1. den vollständigen Namen und die vollständige Anschrift des leistenden Unternehmers,
2. das Datum der Belegausstellung und den Zeitpunkt des Vorgangsbeginns im Sinne des § 2 Satz 2 Nummer 1 sowie den Zeitpunkt der Vorgangsbeendigung im Sinne des § 2 Satz 2 Nummer 6,
3. die Menge und die Art der gelieferten Gegenstände oder den Umfang und die Art der sonstigen Leistung,
4. die Transaktionsnummer im Sinne des § 2 Satz 2 Nummer 2,
5. das Entgelt und den darauf entfallenden Steuerbetrag für die Lieferung oder sonstige Leistung in einer Summe sowie den anzuwendenden Steuersatz oder im Fall einer Steuerbefreiung einen Hinweis darauf, dass für die Lieferung oder sonstige Leistung eine Steuerbefreiung gilt,
6. die Seriennummer des elektronischen Aufzeichnungssystems sowie die Seriennummer der zertifizierten technischen Sicherheitseinrichtung und
7. den Prüfwert der Vorgangsbeendigung im Sinne des § 2 Satz 2 Nummer 7 und den fortlaufenden Signaturzähler, der vom Sicherheitsmodul festgelegt wird.

Die Angaben nach Satz 1 müssen

1. für jedermann ohne maschinelle Unterstützung lesbar sein,
2. aus einem QR-Code auslesbar sein oder
3. in einer elektronischen Rechnung nach § 14 Absatz 1 Satz 3 und 6 des Umsatzsteuergesetzes enthalten sein.

Der QR-Code nach Satz 2 Nummer 2 und der strukturierte Teil nach Satz 2 Nummer 3 haben jeweils der digitalen Schnittstelle der Finanzverwaltung (DSFinV), die für die jeweils zugehörige Art des Aufzeich-

[1] Vgl. *BMF-Schreiben vom 12. 1. 2024* zur Bekanntmachung eines Hinweises auf die Veröffentlichung der aktuellen Version der Digitalen Schnittstelle der Finanzverwaltung für Kassensysteme (DSFinV-K); DSFinV-K in der Version 2.4, BStBl. I S. 176).

[2] Zur Bekanntmachung von Hinweisen auf Veröffentlichungen des Bundesamts für Sicherheit in der Informationstechnik zu technischen Richtlinien für die technischen Anforderungen an die technische Sicherheitseinrichtung und die einheitliche digitale Schnittstelle von elektronischen Aufzeichnungssystemen, vgl. *BMF-Schreiben vom 29. 6. 2023 (BStBl. I S. 1075), BMF-Schreiben vom 29. 12. 2023 (BStBl. 2024 I S. 27)* und *BMF-Schreiben vom 10. 7. 2025 (BStBl. 2025 I S. 1470).*

Zur Bekanntmachung eines Hinweises auf die Veröffentlichung der aktuellen Version der Digitalen Schnittstelle der Finanzverwaltung für EU-Taxameter und Wegstreckenzähler (Version 1.0), vgl. *BMF-Schreiben vom 13. 9. 2023, BStBl. I S. 1580.*

Anl

nungssystems vorgeschrieben ist, zu entsprechen. Die digitale Schnittstelle wird auf der Internetseite des Bundeszentralamtes für Steuern in der jeweils geltenden Fassung veröffentlicht. Ein Beleg kann in Papierform oder mit Zustimmung des Belegempfängers elektronisch in einem standardisierten Datenformat ausgegeben werden; andere gesetzliche Vorgaben bleiben unberührt.

51 **§ 7 Anforderungen an EU-Taxameter**

(1) Die §§ 2 und 6 Satz 1 sind auf EU-Taxameter nicht anzuwenden.

(2) Mit dem Umschalten von der Betriebseinstellung „Kasse" auf die Betriebseinstellung „Frei" muss unmittelbar eine neue Transaktion im Sicherheitsmodul gestartet werden. Die Transaktion bei EU-Taxametern hat zu enthalten:

1. die Zählwerksdaten, die allgemeinen Daten, die Preisdaten einer Fahrt und die Tarifdaten im Sinne des Anhangs IX Nummer 4 der Richtlinie 2014/32/EU,
2. den Zeitpunkt der Beendigung der Betriebseinstellung „Kasse",
3. eine eindeutige und fortlaufende Transaktionsnummer sowie
4. die Prüfwerte.

Die Daten nach Satz 2 Nummer 2 bis 4 werden manipulationssicher durch das Sicherheitsmodul festgelegt. Die Transaktionsnummer muss so beschaffen sein, dass Lücken in den Transaktionsaufzeichnungen erkennbar sind.

[ab 1. 1. 2027:

(2) Für jede Aufzeichnung eines Geschäftsvorfalls oder anderen Vorgangs im Sinne des § 146 a Absatz 1 Satz 1 der Abgabenordnung muss von EU-Taxametern unmittelbar eine neue Transaktion gestartet werden. Die Transaktion bei EU-Taxametern hat zu enthalten:

1. den Zeitpunkt des Vorgangsbeginns,
2. eine eindeutige und fortlaufende Transaktionsnummer,
3. einen eindeutigen und fortlaufenden Signaturzähler,
4. die Art des Vorgangs,
5. die Daten des Vorgangs,
6. den Zeitpunkt der Vorgangsbeendigung oder des Vorgangsabbruchs,
7. die Prüfwerte sowie
8. die Seriennummer des EU-Taxameters und die Seriennummer der zertifizierten technischen Sicherheitseinrichtung.

Die Daten nach Satz 2 Nummer 1, 2, 6 und 7 werden manipulationssicher durch das Sicherheitsmodul festgelegt. Die Transaktionsnummer muss so beschaffen sein, dass Lücken in den Transaktionsaufzeichnungen erkennbar sind. Die Daten des Vorgangs haben bei EU-Taxametern insbesondere zu enthalten:

1. die Zählwerksdaten,
2. die allgemeinen Daten,
3. die Preisdaten einer Fahrt und
4. die Tarifdaten im Sinne des Anhangs IX Nummer 4 der Richtlinie 2014/32/EU.

Die Daten des Vorgangs können auf mehrere Transaktionen aufgeteilt werden.]

(3) Bei EU-Taxametern hat der Beleg mindestens zu enthalten:

1. die allgemeinen Daten und die Preisdaten einer Fahrt im Sinne des Anhangs IX Nummer 4 der Richtlinie 2014/32/EU,
2. den Zeitpunkt der Beendigung der Betriebseinstellung „Kasse" nach Absatz 2 Satz 2 Nummer 2,
3. die Transaktionsnummer nach Absatz 2 Satz 2 Nummer 3,
4. den Prüfwert der Vorgangsbeendigung nach Absatz 2 Satz 2 Nummer 4 und
5. die Seriennummer des Sicherheitsmoduls.

[ab 1. 1. 2027:

(3) Bei EU-Taxametern hat der Beleg mindestens zu enthalten:

1. die allgemeinen Daten, ohne die Konstante des Wegstreckensignalgebers, und die Preisdaten einer Fahrt im Sinne des Anhangs IX Nummer 4 zu der Richtlinie 2014/32/EU,
2. die Transaktionsnummer nach Absatz 2 Satz 2 Nummer 2,
3. den Zeitpunkt des Vorgangsbeginns nach Absatz 2 Satz 2 Nummer 1 sowie der Vorgangsbeendigung nach Absatz 2 Satz 2 Nummer 6,
4. den Prüfwert der Vorgangsbeendigung nach Absatz 2 Satz 2 Nummer 7 und
5. die Seriennummer des elektronischen Aufzeichnungssystems sowie die Seriennummer der zertifizierten technischen Sicherheitseinrichtung.]

§ 6 Satz 2 bis 4 gilt entsprechend. Ein Beleg kann in Papierform oder mit Zustimmung des Belegempfängers elektronisch in einem standardisierten Datenformat ausgegeben werden.

(4) Verfügt ein EU-Taxameter nicht über einen Belegdrucker, so besteht keine Belegausgabepflicht. In diesen Fällen kann der Beleg außerhalb des EU-Taxameters in Papierform oder mit Zustimmung des

Anl

Belegempfängers elektronisch in einem standardisierten Datenformat ausgegeben werden; andere gesetzliche Vorgaben bleiben unberührt. Die umsatzsteuerlichen Anforderungen an eine Rechnung bleiben unberührt.

§ 8 Anforderungen an Wegstreckenzähler 52

(1) Die §§ 2 und 6 Satz 1 sind auf Wegstreckenzähler nicht anzuwenden.

(2) Die Transaktion bei Wegstreckenzählern hat

1. die Zählwerksdaten und die allgemeinen Daten nach § 7 Absatz 2 Satz 2 Nummer 1,
2. die Preisdaten einer Fahrt nach § 7 Absatz 2 Satz 2 Nummer 1,
3. eine eindeutige und fortlaufende Transaktionsnummer sowie
4. die Prüfwerte

zu enthalten.

Die Daten nach Satz 1 Nummer 1 und 2 sind nur aufzuzeichnen, soweit diese durch den Wegstreckenzähler erzeugt werden. Die Daten nach Satz 1 Nummer 3 und 4 werden manipulationssicher durch das Sicherheitsmodul festgelegt. Die Transaktionsnummer muss so beschaffen sein, dass Lücken in den Transaktionsaufzeichnungen erkennbar sind.

[ab 1. 1. 2027:

(2) Für jede Aufzeichnung eines Geschäftsvorfalls oder eines anderen Vorgangs im Sinne des § 146 a Absatz 1 Satz 1 der Abgabenordnung muss vom Wegstreckenzähler eine Transaktion gestartet werden. Die Transaktion bei Wegstreckenzählern hat zu enthalten:

1. den Zeitpunkt des Vorgangsbeginns,
2. eine eindeutige und fortlaufende Transaktionsnummer,
3. einen eindeutigen und fortlaufenden Signaturzähler,
4. die Art des Vorgangs,
5. die Daten des Vorgangs, insbesondere die Zählwerksdaten, die allgemeinen Daten sowie die Preisdaten einer Fahrt nach § 7 Absatz 2 Satz 5, soweit diese durch den Wegstreckenzähler erzeugt werden,
6. den Zeitpunkt der Vorgangsbeendigung oder des Vorgangsabbruchs,
7. die Prüfwerte sowie
8. die Seriennummer des Wegstreckenzählers und die Seriennummer der zertifizierten technischen Sicherheitseinrichtung.

Die Daten nach Satz 2 Nummer 1, 2, 6 und 7 werden manipulationssicher durch das Sicherheitsmodul festgelegt. Die Transaktionsnummer muss so beschaffen sein, dass Lücken in den Transaktionsaufzeichnungen erkennbar sind. Die Daten des Vorgangs nach Satz 2 Nummer 5 können auf mehrere Transaktionen aufgeteilt werden.]

(3) Bei Wegstreckenzählern hat der Beleg mindestens zu enthalten:

1. die allgemeinen Daten und die Preisdaten einer Fahrt nach § 7 Absatz 3 Satz 1 Nummer 1, soweit diese durch den Wegstreckenzähler erzeugt werden,
2. die Transaktionsnummer nach Absatz 2 Satz 1 Nummer 3,
3. den Prüfwert der Vorgangsbeendigung nach Absatz 2 Satz 1 Nummer 4 und
4. die Seriennummer des Sicherheitsmoduls.

[ab 1. 1. 2027:

(3) Bei Wegstreckenzählern hat der Beleg mindestens zu enthalten:

1. die Daten nach § 7 Absatz 3 Satz 1 Nummer 1, ohne die Konstante des Wegstreckensignalgebers, oder vergleichbare Daten, soweit diese durch den Wegstreckenzähler erzeugt werden,
2. die Transaktionsnummer nach Absatz 2 Satz 2 Nummer 2,
3. den Zeitpunkt des Vorgangsbeginns nach Absatz 2 Satz 2 Nummer 1 sowie der Vorgangsbeendigung nach Absatz 2 Satz 2 Nummer 6,
4. den Prüfwert der Vorgangsbeendigung nach Absatz 2 Satz 2 Nummer 7 und
5. die Seriennummer des elektronischen Aufzeichnungssystems sowie die Seriennummer der zertifizierten technischen Sicherheitseinrichtung.]

§ 6 Satz 2 bis 4 gilt entsprechend. Ein Beleg kann in Papierform oder mit Zustimmung des Belegempfängers elektronisch in einem standardisierten Datenformat ausgegeben werden.

(4) § 7 Absatz 4 gilt sinngemäß.

§ 9 Übergangsregelung für EU-Taxameter mit INSIKA-Technik 53

Sofern ein EU-Taxameter vor dem 1. Januar 2021 mit der INSIKA-Technik ausgerüstet wurde, ist § 7 für dieses EU-Taxameter ab dem 1. Januar 2026 anzuwenden. Satz 1 gilt nicht, sofern das EU-Taxameter aus dem Fahrzeug, in das es am 31. Dezember 2020 eingebaut war, ausgebaut und veräußert wird. Das Vorliegen der Voraussetzung für die Inanspruchnahme der Übergangsregelung nach Satz 1 ist dem zuständigen Finanzamt bis zum 31. Januar 2024 mitzuteilen.

54 **§ 10 Anwendungsregelung für Wegstreckenzähler**

(1) Für Wegstreckenzähler, die nach dem 30. Juni 2024 erstmalig in Verkehr gebracht wurden, gilt § 8 ab dem Tag des Inverkehrbringens.

(2) Für Wegstreckenzähler,

1. die über eine digitale Schnittstelle verfügen, über die eine zertifizierte technische Sicherheitseinrichtung angebunden werden kann und
2. die nicht unter Absatz 1 fallen,

ist § 8 ab dem 1. Januar 2027 anzuwenden.

55 **§ 11 Zertifizierung**

(1) Für die Zertifizierung technischer Sicherheitseinrichtungen gelten § 9 des BSI-Gesetzes, die BSI-Zertifizierungs- und -Anerkennungsverordnung sowie das auf den Gemeinsamen Kriterien beruhende Europäische System für die Cybersicherheitszertifizierung (EUCC) nach Maßgabe der Verordnung (EU) 2019/881. Im Rahmen der Zertifizierung ist die Einhaltung der vom Bundesamt für Sicherheit in der Informationstechnik veröffentlichten Vorgaben in den Schutzprofilen, Technischen Richtlinien und Testspezifikationen zu prüfen. Mit dem Antrag auf Zertifizierung nach einem Schutzprofil oder einer Technischen Richtlinie, die für die Zertifizierung einer technischen Sicherheitseinrichtung vorgeschrieben sind, hat der Antragsteller sich zu verpflichten, alle Unterlagen, die im Rahmen der Zertifizierung eingereicht wurden und für die Prüfung einer zertifizierten technischen Sicherheitseinrichtung von Bedeutung sein können, dem Bundesministerium der Finanzen auf dessen Verlangen zu übersenden. Die Prüfung und Bewertung kann auch durch vom Bundesamt für Sicherheit in der Informationstechnik anerkannte sachverständige Stellen erfolgen, die zugleich nach dem Akkreditierungsstellengesetz und entsprechend den Voraussetzungen der Verordnung (EG) Nr. 765/2008 akkreditiert sind.

(2) Die Kosten einer Zertifizierung trägt der Antragsteller. Die Besondere Gebührenverordnung BMI vom 2. September 2019 (BGBl. I S. 1359) in der jeweils geltenden Fassung ist anzuwenden.

[*bis 28. 2. 2027:*

(3) Zertifizierungsverfahren aufgrund von in Satz 2 genannten Schutzprofilen, die vor dem 27. Februar 2026 beantragt worden sind, können bis zum 26. Februar 2027 fortgeführt werden. Schutzprofile im Sinne des Satzes 1 sind das Schutzprofil

1. BSI-CC-PP-0104-2019, Cryptographic Service Provider (CSP) in der Konfiguration nach BSI-CC-PP-0107 (Time Stamp Service and Audit) oder BSI-CC-PP-0108 (Time Stamp Service, Audit and Clustering),
2. BSI-CC-PP-0105-2019, Security Module Application for Electronic Record-keeping Systems,
3. BSI-CC-PP-0111-2019 (CSP Light) in der Konfiguration nach BSI-CC-PP-0113 (Time Stamp Service, Audit and Clustering) oder
4. BSI-CC-PP-0105-V2-2020, Security Module Application for Electronic Record-keeping Systems (SMAERS).]

AO

§ 146b Kassen-Nachschau

1 (1)[1] ① **Zur Prüfung der Ordnungsmäßigkeit der Aufzeichnungen und Buchungen von Kasseneinnahmen und Kassenausgaben können die damit betrauten Amtsträger der Finanzbehörde ohne vorherige Ankündigung und außerhalb einer Außenprüfung, während der üblichen Geschäfts- und Arbeitszeiten Geschäftsgrundstücke oder Geschäftsräume von Steuerpflichtigen betreten, um Sachverhalte festzustellen, die für die Besteuerung erheblich sein können (Kassen-Nachschau).** ② **Der Kassen-Nachschau unterliegt auch die Prüfung des ordnungsgemäßen Einsatzes des elektronischen Aufzeichnungssystems nach § 146 a Absatz 1.** ③ **Wohnräume dürfen gegen den Willen des Inhabers nur zur Verhütung dringender Gefahren für die öffentliche Sicherheit und Ordnung betreten werden.** ④ **Das Grundrecht der Unverletzlichkeit der Wohnung (Artikel 13 des Grundgesetzes) wird insoweit eingeschränkt.**

2 (2) ① **Die von der Kassen-Nachschau betroffenen Steuerpflichtigen haben dem mit der Kassen-Nachschau betrauten Amtsträger auf Verlangen Aufzeichnungen, Bücher sowie die für die Kassenführung erheblichen sonstigen Organisationsunterlagen über die der Kassen-Nachschau unterliegenden Sachverhalte und Zeiträume vorzulegen und Auskünfte zu erteilen, soweit dies zur Feststellung der Erheblichkeit nach Absatz 1 geboten ist.** ② **Liegen die in Satz 1 genannten Aufzeichnungen oder Bücher in elektronischer Form vor, ist der Amtsträger berechtigt, diese einzusehen, die Übermittlung von Daten über die einheitliche digitale Schnittstelle zu verlangen oder zu verlangen, dass Buchungen und Aufzeichnungen auf einem maschinell auswertbaren Datenträger nach den Vorgaben der einheitlichen digitalen Schnittstelle zur Verfügung gestellt werden.** ③ **Die Kosten trägt der Steuerpflichtige.**

[1] Besteht grundsätzlich eine Manipulationsmöglichkeit der Registrierkasse und können keine Programmierunterlagen vorgelegt werden, ist es Aufgabe des Steuerpflichtigen, anhand geeigneter (Ersatz-)Unterlagen, ggf. unter Hilfestellung des Kassenherstellers, darzulegen, wie die Kasse programmiert worden ist *(BFH-Beschluss vom 11. 1. 2017 X B 104/16, BFH/NV S. 561).*

(3) ① **Wenn die bei der Kassen-Nachschau getroffenen Feststellungen hierzu Anlass geben, kann ohne vorherige Prüfungsanordnung zu einer Außenprüfung nach § 193 übergegangen werden.** ② **Auf den Übergang zur Außenprüfung wird schriftlich hingewiesen.** 3

Zu § 146 b – Kassen-Nachschau: AEAO

1. Die Kassen-Nachschau ist ein besonderes Verfahren zur zeitnahen Prüfung der Ordnungsmäßigkeit der Kassenaufzeichnungen und der ordnungsgemäßen Übernahme der Kassenaufzeichnungen in die Buchführung. Der Kassen-Nachschau unterliegen u. a. elektronische oder computergestützte Kassensysteme oder Registrierkassen, App-Systeme, Waagen mit Registrierkassenfunktion, Taxameter, Wegstreckenzähler, Geldspielgeräte und offene Ladenkassen (summarische, retrograde Ermittlung der Tageseinnahmen sowie manuelle Einzelaufzeichnungen ohne Einsatz technischer Hilfsmittel). Der Amtsträger kann u.a. zur Prüfung der ordnungsgemäßen Kassenaufzeichnungen einen sog. „Kassensturz" verlangen, da die Kassensturzfähigkeit (Soll-Ist-Abgleich) ein wesentliches Element der Nachprüfbarkeit von Kassenaufzeichnungen jedweder Form darstellt (vgl. BFH-Urteile vom 20. 9. 1989 X R 39/87, BStBl. 1990 II S. 109; vom 26. 8. 1975 VIII R 109/70, BStBl. 1976 II S. 210; vom 31. 7. 1974 I R 216/72, BStBl. 1975 II S. 96; vom 31. 7. 1969 IV R 57/67, BStBl. 1970 II S. 125). Ob ein Kassensturz verlangt wird, ist eine Ermessensentscheidung, bei der die Umstände im Einzelfall zu berücksichtigen sind. 4

2. Die Kassen-Nachschau ist keine Außenprüfung i. S. d. § 193 AO. Deshalb gelten die Vorschriften für eine Außenprüfung nicht. Wird eine andere Finanzbehörde mit einer Kassen-Nachschau beauftragt, findet § 195 Satz 2 AO sinngemäß Anwendung. Die Kassen-Nachschau wird nicht angekündigt. 5

3. Im Rahmen der Kassen-Nachschau dürfen Amtsträger während der üblichen Geschäfts- und Arbeitszeiten Geschäftsgrundstücke oder Geschäftsräume von Steuerpflichtigen betreten. Dies schließt auch Fahrzeuge ein, die land- und forstwirtschaftlich, gewerblich oder beruflich vom Steuerpflichtigen genutzt werden. Die Grundstücke, Räume oder Fahrzeuge müssen nicht im Eigentum der land- und forstwirtschaftlich, gewerblich oder beruflich tätigen Steuerpflichtigen stehen. Das Betreten muss dazu dienen, Sachverhalte festzustellen, die für die Besteuerung erheblich sein können. Ein Durchsuchungsrecht gewährt die Kassen-Nachschau nicht. Das bloße Betreten und Besichtigen von Grundstücken und Räumen ist noch keine Durchsuchung. Die Kassen-Nachschau kann auch außerhalb der Geschäftszeiten vorgenommen werden, wenn im Unternehmen noch oder schon gearbeitet wird. 6

4. Sobald der Amtsträger der Öffentlichkeit nicht zugängliche Geschäftsräume betreten will, den Steuerpflichtigen auffordert, das elektronische Aufzeichnungssystem zugänglich zu machen oder Aufzeichnungen, Bücher sowie die für die Führung des elektronischen Aufzeichnungssystems erheblichen sonstigen Organisationsunterlagen vorzulegen, Einsichtnahme in die digitalen Daten oder deren Übermittlung über die einheitliche digitale Schnittstelle verlangt oder den Steuerpflichtigen auffordert, Auskunft zu erteilen, hat er sich auszuweisen. Ist der Steuerpflichtige selbst oder sein gesetzlicher Vertreter (§ 34 AO) nicht anwesend, aber Personen, von denen angenommen werden kann, dass sie über alle wesentlichen Zugriffs- und Benutzungsrechte des Kassensystems des Steuerpflichtigen verfügen, hat der Amtsträger sich gegenüber diesen Personen auszuweisen und sie zur Mitwirkung bei der Kassen-Nachschau aufzufordern. Diese Personen haben dann die Pflichten des Steuerpflichtigen zu erfüllen, soweit sie hierzu rechtlich und tatsächlich in der Lage sind (§ 35 AO). Eine Beobachtung der Kassen und ihrer Handhabung in Geschäftsräumen, die der Öffentlichkeit zugänglich sind, ist ohne Pflicht zur Vorlage eines Ausweises zulässig. Dies gilt z. B. auch für Testkäufe und Fragen nach dem Geschäftsinhaber. Die Kassen-Nachschau muss nicht am selben Tag wie die Beobachtung der Kassen und ihrer Handhabung erfolgen. 7

5. Die Aufforderung zur Duldung der Kassen-Nachschau ist ein Verwaltungsakt, der formlos erlassen werden kann (z. B. mündlich mit Vorzeigen des Ausweises). Nachdem der Amtsträger sich ausgewiesen hat, ist der Steuerpflichtige zur Mitwirkung im Rahmen der Kassen-Nachschau verpflichtet. Das Datenzugriffsrecht ergibt sich bei der Kassen-Nachschau aus § 146 b Abs. 2 Satz 2 AO. Der Steuerpflichtige hat nach § 146 b Abs. 2 AO auf Verlangen des Amtsträgers für einen vom Amtsträger bestimmten Zeitraum Einsichtnahme in seine (digitalen) Kassenaufzeichnungen und -buchungen sowie die für die Kassenführung erheblichen sonstigen Organisationsunterlagen zu gewähren. Der Amtsträger kann in diesen Fällen verlangen, dass die gespeicherten Unterlagen und Aufzeichnungen auf einem maschinell verwertbaren Datenträger zur Verfügung gestellt werden. Die digitalen Aufzeichnungen der TSE und des elektronischen Aufzeichnungssystems sind über die jeweilige digitale Schnittstelle oder auf einem maschinell auswertbaren Datenträger nach den Vorgaben der jeweiligen digitalen Schnittstelle zur Verfügung zu stellen. In den Fällen eines elektronischen Aufzeichnungssystems, das unter die Übergangsregelung des Art. 97 § 30 Abs. 3 EGAO fällt, kann der Amtsträger verlangen, dass die elektronischen Daten nach seinen Vorgaben auf einem maschinell auswertbaren Datenträger zur Verfügung gestellt werden. Auf Anforderung des Amtsträgers sind die Verfahrensdokumentation zum eingesetzten Aufzeichnungssystem einschließlich der Informationen zur zertifizierten technischen Sicherheitseinrichtung vorzulegen, d. h., es sind Bedienungsanleitungen, Programmieranleitungen und Datenerfassungsprotokolle über 8 durchgeführte Programmänderungen vorzulegen. Darüber hinaus sind Auskünfte zu erteilen. Bei Nichtanwesenheit des Steuerpflichtigen gelten die dargestellten Mitwirkungspflichten für Personen i. S. d. Nr. 4 Satz 2 des AEAO zu § 146b entsprechend.

9 **6.** Zu Dokumentationszwecken ist der Amtsträger berechtigt, Unterlagen und Belege zu scannen oder zu fotografieren. Sofern ein Anlass zu Beanstandungen der Kassenaufzeichnungen, -buchungen oder der zertifizierten technischen Sicherheitseinrichtung besteht, kann der Amtsträger nach § 146b Abs. 3 AO ohne vorherige Prüfungsanordnung zur Außenprüfung übergehen. Die Entscheidung zum Übergang zu einer Außenprüfung ist eine Ermessensentscheidung. Anlass zur Beanstandung kann beispielsweise auch bestehen, wenn Dokumentationsunterlagen wie aufbewahrungspflichtige Betriebsanleitung oder Protokolle nachträglicher Programmänderungen nicht vorgelegt werden können. Der Übergang zu einer Außenprüfung ist regelmäßig geboten, wenn die sofortige Sachverhaltsaufklärung zweckmäßig erscheint und wenn anschließend auch die gesetzlichen Folgen der Außenprüfung für die Steuerfestsetzung eintreten sollen. Der Beginn einer Außenprüfung nach erfolgter Kassen-Nachschau ist unter Angabe von Datum und Uhrzeit aktenkundig zu machen. Der Übergang zur Außenprüfung ist dem Steuerpflichtigen bekannt zu geben. Nach § 146b Abs. 3 Satz 2 AO ist der Steuerpflichtige auf diesen Übergang schriftlich hinzuweisen. Es gelten die allgemeinen Grundsätze über den notwendigen Inhalt von Prüfungsanordnungen sowie den sachlichen und zeitlichen Umfang von Außenprüfungen. Bei einem sofortigen Übergang zur Außenprüfung ersetzt der schriftliche Übergangshinweis die Prüfungsanordnung. Für die Bekanntgabe des Übergangs zur Außenprüfung gelten die Vorschriften für die Bekanntgabe der Prüfungsanordnung entsprechend. Das gilt auch, wenn der Steuerpflichtige bei Durchführung der Kassen-Nachschau nicht anwesend ist.

10 **7.** Da die Kassen-Nachschau keine Außenprüfung i. S. d. §§ 193 ff. AO darstellt, finden insbesondere § 147 Abs. 6, §§ 201 und 202 AO keine Anwendung. Ein Prüfungsbericht ist nicht zu fertigen. Sollen aufgrund der Kassen-Nachschau Besteuerungsgrundlagen geändert werden, ist dem Steuerpflichtigen rechtliches Gehör zu gewähren (§ 91 AO).

11 **8.** Der Beginn der Kassen-Nachschau hemmt den Ablauf der Festsetzungsfrist nach § 171 Abs. 4 AO nicht. Die Änderungssperre des § 173 Abs. 2 AO findet keine Anwendung. Soweit eine Steuer nach § 164 AO unter dem Vorbehalt der Nachprüfung festgesetzt worden ist, muss dieser nach Durchführung der Kassen-Nachschau nicht aufgehoben werden. Im Anschluss an eine Kassen-Nachschau ist ein Antrag auf verbindliche Zusage (§ 204 AO) nicht zulässig.

12 **9.** Im Rahmen der Kassen-Nachschau ergangene Verwaltungsakte können nach § 347 AO mit dem Einspruch angefochten werden. Der Amtsträger ist berechtigt und verpflichtet, den schriftlichen Einspruch entgegenzunehmen. Der Einspruch hat keine aufschiebende Wirkung und hindert daher nicht die Durchführung der Kassen-Nachschau, es sei denn die Vollziehung des angefochtenen Verwaltungsakts wurde ausgesetzt (§ 361 AO, § 69 FGO). Mit Beendigung der Kassen-Nachschau sind oder werden Einspruch und Anfechtungsklage gegen die Anordnung der Kassen-Nachschau unzulässig; insoweit kommt lediglich eine Fortsetzungs-Feststellungsklage (§ 100 Abs. 1 Satz 4 FGO) in Betracht. Wurden die Ergebnisse der Kassen-Nachschau in einem Steuerbescheid berücksichtigt, muss auch dieser Bescheid angefochten werden, um ein steuerliches Verwertungsverbot zu erlangen. Für die Anfechtung der Mitteilung des Übergangs zur Außenprüfung gelten die Grundsätze für die Anfechtung einer Außenprüfungsanordnung entsprechend (vgl. AEAO zu § 196).

AO

§ 147 Ordnungsvorschriften für die Aufbewahrung von Unterlagen[1]

1 (1) **Die folgenden Unterlagen sind geordnet aufzubewahren:**

1. Bücher und Aufzeichnungen, Inventare, Jahresabschlüsse, Lageberichte, die Eröffnungsbilanz sowie die zu ihrem Verständnis erforderlichen Arbeitsanweisungen und sonstigen Organisationsunterlagen,

2. die empfangenen Handels- oder Geschäftsbriefe[2],

3. Wiedergaben der abgesandten Handels- oder Geschäftsbriefe,

4. Buchungsbelege,

4a. Unterlagen nach Artikel 15 Absatz 1 und Artikel 163 des Zollkodex der Union,

5. sonstige Unterlagen, soweit sie für die Besteuerung von Bedeutung[3] sind.

---

[1] Die Verpflichtung zur geordneten Aufbewahrung von Unterlagen nach § 147 Abs. 1 AO trifft auch Steuerpflichtige, die gemäß § 4 Abs. 3 EStG als Gewinn den Überschuss der Betriebseinnahmen über die Betriebsausgaben ansetzen *(BFH-Urteil vom 24. 6. 2009 VIII R 80/06, BStBl. 2010 II S. 452)*.

[2] Handels- und Geschäftsbriefe im Sinne von § 147 Abs. 1 Nr. 2 und Nr. 3 AO können auch E-Mails sein (*BFH-Beschluss vom 30. 4. 2025 XI R 15/23, BStBl. II S. 763*).

[3] Der sachliche Umfang der Aufbewahrungspflicht in § 147 Abs. 1 AO ist grundsätzlich abhängig vom Bestehen und vom Umfang einer gesetzlichen Aufzeichnungspflicht. Aufzubewahren sind danach alle Unterlagen, die zum Verständnis und zur Überprüfung der für die Besteuerung gesetzlich vorgeschriebenen Aufzeichnungen im Einzelfall von Bedeutung sein können. § 147 Abs. 1 Nr. 5 AO ist mit dieser Maßgabe einschränkend auszulegen *(BFH-Urteil vom 24. 6. 2009 VIII R 80/06, BStBl. 2010 II S. 452)*.

[Fortsetzung nächste Seite]

(2) Mit Ausnahme der Jahresabschlüsse, der Eröffnungsbilanz und der Unterlagen nach Absatz 1 Nummer 4 a, sofern es sich bei letztgenannten Unterlagen um amtliche Urkunden oder handschriftlich zu unterschreibende nicht förmliche Präferenznachweise handelt, können die in Absatz 1 aufgeführten Unterlagen auch als Wiedergabe auf einem Bildträger oder auf anderen Datenträgern aufbewahrt werden, wenn dies den Grundsätzen ordnungsmäßiger Buchführung entspricht und sichergestellt ist, dass die Wiedergabe oder die Daten 2

1. mit den empfangenen Handels- oder Geschäftsbriefen und den Buchungsbelegen bildlich und mit den anderen Unterlagen inhaltlich übereinstimmen, wenn sie lesbar gemacht werden,

2. während der Dauer der Aufbewahrungsfrist jederzeit verfügbar sind, unverzüglich lesbar gemacht und maschinell ausgewertet werden können.

(3)[1] ① Die in Absatz 1 Nummer 1 und 4 a aufgeführten Unterlagen sind zehn Jahre, die in Absatz 1 Nummer 4 aufgeführten Unterlagen acht Jahre und die sonstigen in Absatz 1 aufgeführten Unterlagen sechs Jahre aufzubewahren, sofern nicht in anderen Steuergesetzen kürzere Aufbewahrungsfristen zugelassen sind. ② Kürzere Aufbewahrungsfristen nach außersteuerlichen Gesetzen lassen die in Satz 1 bestimmte Frist unberührt. ③ Bei empfangenen Lieferscheinen, die keine Buchungsbelege nach Absatz 1 Nummer 4 sind, endet die Aufbewahrungsfrist mit dem Erhalt der Rechnung. ④ Für abgesandte Lieferscheine, die keine Buchungsbelege nach Absatz 1 Nummer 4 sind, endet die Aufbewahrungsfrist mit dem Versand der Rechnung. ⑤ Die Aufbewahrungsfrist läuft jedoch nicht ab, soweit und solange die Unterlagen für Steuern von Bedeutung sind, für welche die Festsetzungsfrist noch nicht abgelaufen ist; § 169 Absatz 2 Satz 2 gilt nicht. 3

(4) Die Aufbewahrungsfrist beginnt mit dem Schluss des Kalenderjahrs, in dem die letzte Eintragung in das Buch gemacht, das Inventar, die Eröffnungsbilanz, der Jahresabschluss oder der Lagebericht aufgestellt, der Handels- oder Geschäftsbrief empfangen oder abgesandt worden oder der Buchungsbeleg entstanden ist, ferner die Aufzeichnung vorgenommen worden ist oder die sonstigen Unterlagen entstanden sind. 4

(5)[2] Wer aufzubewahrende Unterlagen in der Form einer Wiedergabe auf einem Bildträger oder auf anderen Datenträgern vorlegt, ist verpflichtet, auf seine Kosten diejenigen Hilfsmittel zur Verfügung zu stellen, die erforderlich sind, um die Unterlagen lesbar zu machen; auf Verlangen der Finanzbehörde hat er auf seine Kosten die Unterlagen unverzüglich ganz oder teilweise auszudrucken oder ohne Hilfsmittel lesbare Reproduktionen beizubringen. 5

(6) ① Sind die Unterlagen nach Absatz 1 mit Hilfe eines Datenverarbeitungssystems erstellt worden, kann die Finanzbehörde im Rahmen einer Außenprüfung, 6

1. Einsicht in die gespeicherten Daten nehmen und das Datenverarbeitungssystem zur Prüfung dieser Unterlagen nutzen,

2. verlangen, dass die Daten nach ihren Vorgaben maschinell ausgewertet zur Verfügung gestellt werden, oder

3. verlangen, dass die Daten nach ihren Vorgaben in einem maschinell auswertbaren Format an sie übertragen werden.

② Teilt der Steuerpflichtige der Finanzbehörde mit, dass sich seine Daten nach Absatz 1 bei einem Dritten befinden, so hat der Dritte

---

[Fortsetzung]

BFH-Urteil vom 7. 6. 2021 VIII R 24/18, BStBl. 2023 II S. 63: 1. Die Aufforderung der Finanzverwaltung an einen Steuerpflichtigen, der seinen Gewinn im Wege der Einnahmen-Überschussrechnung ermittelt, zu Beginn einer Außenprüfung einen Datenträger „nach GDPdU" zur Verfügung zu stellen, ist als unbegrenzter Zugriff auf alle elektronisch gespeicherten Unterlagen unabhängig von den gemäß § 147 Abs. 1 AO bestehenden Aufzeichnungs- und Aufbewahrungspflichten des Steuerpflichtigen zu verstehen und damit rechtswidrig (Anschluss an das *BFH-Urteil vom 12. 2. 2020 X R 8/18, BFH/NV 2020 S. 1045*). 2. Eine solche Aufforderung ist zudem unverhältnismäßig, wenn bei einem Berufsgeheimnisträger nicht sichergestellt ist, dass der Datenzugriff und die Auswertung der Daten nur in den Geschäftsräumen des Steuerpflichtigen oder in den Diensträumen der Finanzverwaltung stattfindet (Bestätigung des *Senatsurteils vom 16. 12. 2014 VIII R 52/12, BFHE 250, 1*). Amtlicher Hinweis in *BStBl. 2023 II S. 63*: Auf die gesetzliche Änderung des § 147 Abs. 7 AO und § 200 Abs. 1 Satz 2 AO durch das Gesetz zur Umsetzung der Richtlinie (EU) 2021/514 des Rates vom 22. 3. 2021 zur Änderung der Richtlinie 2011/16/EU über die Zusammenarbeit der Verwaltungsbehörden im Bereich der Besteuerung und zur Modernisierung des Steuerverfahrensrechts vom 20. 12. 2022 (BGBl. I S. 2730, BStBl. 2023 I S. 82) wird hingewiesen.

Eine Schätzungsbefugnis besteht auch bei einem unverschuldeten Verlust von Buchführungsunterlagen bzw. Aufzeichnungen; dies gilt insbesondere, wenn im Taxigewerbe erstellte Schichtzettel unter Verstoß gegen § 147 Abs. 1 AO nicht aufbewahrt werden *(BFH-Beschluss vom 3. 5. 2012 III B 27/11, BFH/NV 2013 S. 497).*

---

[1] Zur erstmaligen Geltung von § 147 Abs. 3 in dieser Fassung siehe Art. 97 § 19 a EGAO **(Anhang I Nr. 1).**

[2] Zur erstmaligen Anwendung von Abs. 5 siehe Art. 97 § 19 b EGAO **(Anhang I Nr. 1).**

Der Steuerpflichtige ist gehalten, der Außenprüfung im Original in Papierform erstellte und später durch Scannen digitalisierte Eingangsrechnungen und Ausgangsrechnungen über sein Computersystem per Bildschirm lesbar zu machen. Er kann diese Verpflichtung nicht durch das Angebot des Ausdruckens auf Papier abwenden *(BFH-Beschluss vom 26. 9. 2007 I B 53, 54/07, BStBl. 2008 II S. 415).*

1. der Finanzbehörde Einsicht in die für den Steuerpflichtigen gespeicherten Daten zu gewähren oder

2. diese Daten nach den Vorgaben der Finanzbehörde maschinell auszuwerten oder

3. ihr nach ihren Vorgaben die für den Steuerpflichtigen gespeicherten Daten in einem maschinell auswertbaren Format zu übertragen.

③ Die Kosten trägt der Steuerpflichtige. ④ In Fällen des Satzes 3 hat der mit der Außenprüfung betraute Amtsträger den in § 3 und § 4 Nummer 1 und 2 des Steuerberatungsgesetzes bezeichneten Personen sein Erscheinen in angemessener Frist anzukündigen. ⑤ Sofern noch nicht mit einer Außenprüfung begonnen wurde, ist es im Fall eines Wechsels des Datenverarbeitungssystems oder im Fall der Auslagerung von aufzeichnungs- und aufbewahrungspflichtigen Daten aus dem Produktivsystem in ein anderes Datenverarbeitungssystem ausreichend, wenn der Steuerpflichtige nach Ablauf des fünften Kalenderjahres, das auf die Umstellung oder Auslagerung folgt, diese Daten ausschließlich auf einem maschinell lesbaren und maschinell auswertbaren Datenträger vorhält.

(7) **① Die Verarbeitung und Aufbewahrung der nach Absatz 6 zur Verfügung gestellten Daten ist auch auf mobilen Datenverarbeitungssystemen der Finanzbehörden unabhängig von deren Einsatzort zulässig. ② Die Finanzbehörde darf die nach Absatz 6 zur Verfügung gestellten und gespeicherten Daten bis zur Unanfechtbarkeit der die Daten betreffenden Verwaltungsakte auch auf den mobilen Datenverarbeitungssystemen unabhängig von deren Einsatzort aufbewahren.**

AEAO

Zu § 147 – Ordnungsvorschriften für die Aufbewahrung von Unterlagen:

7 **1.** Die Aufbewahrungspflicht ist Bestandteil der Buchführungs- und Aufzeichnungspflichten. Wegen der Rechtsfolgen bei Verstößen vgl. AEAO zu § 140 und § 146, Nr. 1.1.

8 **2.** Der Begriff der Aufzeichnungen in § 147 Abs. 1 Nr. 1 AO erfasst alle Aufzeichnungen, die für steuerliche Zwecke vorzunehmen sind. § 147 Abs. 1 Nr. 1 AO umfasst auch die gemäß § 90 Abs. 3 AO durch den Steuerpflichtigen geführten Aufzeichnungen. Sind diese Aufzeichnungen mittels eines Datenverarbeitungssystems erstellt, so unterfallen sie im Rahmen der steuerlichen Außenprüfung auch dem Datenzugriff gemäß § 147 Abs. 6 AO.

9 **3.** Den in § 147 Abs. 1 Nr. 1 AO aufgeführten Arbeitsanweisungen und sonstigen Organisationsunterlagen kommt bei DV-gestützten Buchführungen besondere Bedeutung zu. Die Dokumentation hat nach Maßgabe der Grundsätze zur ordnungsmäßigen Führung und Aufbewahrung von Büchern, Aufzeichnungen und Unterlagen in elektronischer Form sowie zum Datenzugriff – GoBD – (BMF-Schreiben vom 28. 11. 2019, BStBl. I S. 1269, zuletzt geändert durch BMF-Schreiben vom 14. 7. 2025, BStBl. I S. 1502) zu erfolgen.

10 **4.** Bildträger i. S. d. § 147 Abs. 2 AO sind z. B. Fotokopien. Als andere Datenträger kommen z. B. CD, DVD, Blu-ray-Disk, Flash-Speicher in Betracht. Die Lesbarmachung von in nicht lesbarer Form aufbewahrten Unterlagen richtet sich nach § 147 Abs. 5 AO.

11 **5.** Zur Anwendung des § 147 Abs. 6 AO wird auf die Grundsätze zur ordnungsmäßigen Führung und Aufbewahrung von Büchern, Aufzeichnungen und Unterlagen in elektronischer Form sowie zum Datenzugriff – GoBD – (BMF-Schreiben vom 28. 11. 2019, BStBl. I S. 1269, zuletzt geändert durch BMF-Schreiben vom 14. 7. 2025, BStBl. I S. 1502) hingewiesen.

12 **6.** – aufgehoben –

13 **7.** Wer nach §§ 140 ff. AO verpflichtet ist, Bücher oder Aufzeichnungen zu führen, hat diese Unterlagen bis zum Ablauf der inländischen Aufbewahrungsfristen (§ 147 Abs. 3 und 4 AO) unabhängig davon aufzubewahren, ob sich diese Unterlagen im Inland- oder außerhalb des Geltungsbereichs des Gesetzes befinden. Dies gilt insbesondere auch dann, wenn es sich um eine eigene in das Ausland ausgelagerte Tätigkeit und dementsprechend um eigene Unterlagen des Buchführungs- bzw. Aufzeichnungspflichtigen handelt. § 146 Abs. 2 und 2 a AO bleibt davon unberührt (§§ 140, 147 a Abs. 2 AO).

14 **8.** Stützt sich der Steuerpflichtige im Rahmen einer Beweisführung auf die Fremdvergleichsdaten aus Datenbanken, hat die Finanzbehörde im Rahmen des § 147 Abs. 6 AO während der steuerlichen Außenprüfung insbesondere das Recht, Einsicht in die für die Erstellung einer Datenbankstudie notwendigen, beim Steuerpflichtigen oder bei einem Dritten für den Steuerpflichtigen dazu gespeicherten Daten zu nehmen und das jeweilige Datenverarbeitungssystem zur Prüfung dieser Daten zu nutzen. Die Finanzbehörde kann auch verlangen, dass diese Daten nach ihren Vorgaben maschinell ausgewertet oder ihr die gespeicherten Unterlagen und Aufzeichnungen auf einem maschinell verwertbaren Datenträger zur Verfügung gestellt werden.

AO

§ 147 a Vorschriften für die Aufbewahrung von Aufzeichnungen und Unterlagen bestimmter Steuerpflichtiger

(1) ① Steuerpflichtige, bei denen die Summe der positiven Einkünfte nach § 2 Absatz 1 Nummer 4 bis 7 des Einkommensteuergesetzes (Überschusseinkünfte) mehr als *500 000 Euro*[1] [ab. 1. 1. 2027: 750 000 Euro] im Kalenderjahr beträgt, haben die Aufzeichnungen und Unterlagen über die den Überschusseinkünften zu Grunde liegenden Einnahmen und Werbungskosten sechs Jahre aufzubewahren. ② Im Falle der Zusammenveranlagung sind für die Feststellung des Überschreitens des Betrags von *500 000 Euro*[2] [ab. 1. 1. 2027: 750 000 Euro] die Summe der positiven Einkünfte nach Satz 1 eines jeden Ehegatten oder Lebenspartners maßgebend. ③ Die Verpflichtung nach Satz 1 ist vom Beginn des Kalenderjahrs an zu erfüllen, das auf das Kalenderjahr folgt, in dem die Summe der positiven Einkünfte im Sinne des Satzes 1 mehr als *500 000 Euro*[3] [ab. 1. 1. 2027: 750 000 Euro] beträgt. ④ Die Verpflichtung nach Satz 1 endet mit Ablauf des fünften aufeinanderfolgenden Kalenderjahrs, in dem die Voraussetzungen des Satzes 1 nicht erfüllt sind. ⑤ § 147 Absatz 2, Absatz 3 Satz 5 und Absatz 4 bis 7 gilt entsprechend. ⑥ Die Sätze 1 bis 3 und 5 gelten entsprechend in den Fällen, in denen die zuständige Finanzbehörde den Steuerpflichtigen für die Zukunft zur Aufbewahrung der in Satz 1 genannten Aufzeichnungen und Unterlagen verpflichtet, weil er seinen Mitwirkungspflichten nach § 12 Absatz 3 des Gesetzes zur Abwehr von Steuervermeidung und unfairem Steuerwettbewerb nicht nachgekommen ist. 1

(2) ① Steuerpflichtige, die allein oder zusammen mit nahestehenden Personen im Sinne des § 1 Absatz 2 des Außensteuergesetzes unmittelbar oder mittelbar einen beherrschenden oder bestimmenden Einfluss auf die gesellschaftsrechtlichen, finanziellen oder geschäftlichen Angelegenheiten einer Drittstaat-Gesellschaft im Sinne des § 138 Absatz 3 ausüben können, haben die Aufzeichnungen und Unterlagen über diese Beziehung und alle damit verbundenen Einnahmen und Ausgaben sechs Jahre aufzubewahren. ② Diese Aufbewahrungspflicht ist von dem Zeitpunkt an zu erfüllen, in dem der Sachverhalt erstmals verwirklicht worden ist, der den Tatbestand des Satzes 1 erfüllt. ③ Absatz 1 Satz 4 sowie § 147 Absatz 2, 3 Satz 5 und Absatz 5 bis 7 gelten entsprechend. 2

AEAO

Zu § 147 a – Ordnungsvorschriften für die Aufbewahrung von Unterlagen:

1. In die Berechnung sind grundsätzlich alle positiven Überschusseinkünfte einzubeziehen. Ein horizontaler Verlustausgleich innerhalb derselben Einkunftsart ist zulässig, jedoch sind weder Verlustvorträge noch Verlustrückträge aus anderen Jahren noch vertikale Verlustverrechnungen mit anderen Einkunftsarten zu berücksichtigen. 3

2. Kapitaleinkünfte, die nach § 32 d Abs. 1 EStG mit einem besonderen Steuersatz besteuert wurden und der abgeltenden Wirkung nach § 43 Abs. 5 EStG unterlegen haben, sind nicht in die Ermittlung der Summe der positiven Überschusseinkünfte i. S. d. § 147 a Abs. 1 AO einzubeziehen. Im Zusammenhang mit diesen Kapitaleinkünften stehende Aufzeichnungen und Unterlagen über Einnahmen und Werbungskosten sind nicht nach § 147 a Abs. 1 AO aufbewahrungspflichtig. Sofern jedoch ein Antrag auf Günstigerprüfung nach § 32 d Abs. 6 EStG gestellt wird und die Prüfung ergibt, dass eine Besteuerung nach § 32 a EStG günstiger ist, sind diese Einkünfte auch in die Berechnung einzubeziehen. 4

3. Eine Einflussnahme nach § 147 a Abs. 2 AO ist bereits gegeben, soweit die reine Möglichkeit der Ausübung besteht. Die Möglichkeit einer Einflussnahme kann sich hierbei auch aus gesonderten Gesellschaftervereinbarungen ergeben. Maßgeblich sind die tatsächlichen Verhältnisse des Einzelfalls. 5

4. Zur Aufzeichnung der einzelnen Besteuerungsgrundlagen vgl. BMF-Schreiben vom 28. 11. 2019, BStBl. I S. 1269, zuletzt geändert durch BMF-Schreiben vom 14. 7. 2025, BStBl. I S. 1502. Sofern der Steuerpflichtige ein Datenverarbeitungssystem einsetzt oder die aufbewahrungspflichtigen Unterlagen mittels eines Datenverarbeitungssystems erstellt wurden, ist der Finanzverwaltung ein Zugriff nach § 147 a Abs. 1 Satz 5 i. V. m. § 147 Abs. 6 AO zu gewähren. Die Art des Zugriffs steht im freien Ermessen der Finanzverwaltung. 6

---

[1] **[Amtl. Anm.:]** Gemäß Artikel 14 in Verbindung mit Artikel 35 Absatz 8 des Gesetzes vom 27. März 2024 (BGBl. 2024 I Nr. 108) wird in § 147 a Absatz 1 am 1. Januar 2027 jeweils die Angabe „500 000" durch die Angabe „750 000" ersetzt. *BFH-Beschluss vom 11. 1. 2018 VIII B 67/17, BStBl. 2020 II S. 626:* Bei der Berechnung des Schwellenwertes des § 147 a Abs. 1 Satz 1 AO sind Kapitaleinkünfte, die aufgrund eines Antrags auf Günstigerprüfung gemäß § 32 d Abs. 6 EStG der tariflichen Besteuerung unterliegen, mit einzubeziehen. Der Abzug der tatsächlich entstandenen Werbungskosten ist gemäß § 20 Abs. 9 EStG ausgeschlossen. Bei der Berechnung des Schwellenwertes des § 147 a Abs. 1 Satz 1 AO ist zwar ein horizontaler Verlustausgleich innerhalb derselben Einkunftsart möglich, jedoch sind weder Verlustvorträge noch Verlustrückträge aus anderen Jahren noch vertikale Verlustverrechnungen zu berücksichtigen.

[2] **[Amtl. Anm.:]** Gemäß Artikel 14 in Verbindung mit Artikel 35 Absatz 8 des Gesetzes vom 27. März 2024 (BGBl. 2024 I Nr. 108) wird in § 147 a Absatz 1 am 1. Januar 2027 jeweils die Angabe „500 000" durch die Angabe „750 000" ersetzt.

[3] **[Amtl. Anm.:]** Gemäß Artikel 14 in Verbindung mit Artikel 35 Absatz 8 des Gesetzes vom 27. März 2024 (BGBl. 2024 I Nr. 108) wird in § 147 a Absatz 1 am 1. Januar 2027 jeweils die Angabe „500 000" durch die Angabe „750 000" ersetzt.

AO

§ 147 b Verordnungsermächtigung zur Vereinheitlichung von digitalen Schnittstellen

1 **① Das Bundesministerium der Finanzen kann durch Rechtsverordnung mit Zustimmung des Bundesrates einheitliche digitale Schnittstellen und Datensatzbeschreibungen für den standardisierten Export von Daten bestimmen, die mit einem Datenverarbeitungssystem erstellt worden und nach § 147 Absatz 1 aufzubewahren sind. ② In der Rechtsverordnung kann auch eine Pflicht zur Implementierung und Nutzung der jeweiligen einheitlichen digitalen Schnittstelle oder von Datensatzbeschreibungen für den standardisierten Export von Daten bestimmt werden.**

§ 148 Bewilligung von Erleichterungen

1 **① Die Finanzbehörden können für einzelne Fälle oder für bestimmte Gruppen von Fällen Erleichterungen bewilligen, wenn die Einhaltung der durch die Steuergesetze begründeten Buchführungs-, Aufzeichnungs- und Aufbewahrungspflichten Härten mit sich bringt und die Besteuerung durch die Erleichterung nicht beeinträchtigt wird. ② Erleichterungen nach Satz 1 können rückwirkend bewilligt werden. ③ Die Bewilligung kann widerrufen werden.**

AEAO

Zu § 148 – Bewilligung von Erleichterungen:

2 Die Bewilligung von Erleichterungen kann sich nur auf steuerrechtliche Buchführungs-, Aufzeichnungs- oder Aufbewahrungspflichten erstrecken. § 148 AO lässt eine dauerhafte Befreiung von diesen Pflichten nicht zu. Persönliche Gründe, wie Alter und Krankheit des Steuerpflichtigen, rechtfertigen regelmäßig keine Erleichterungen (BFH-Urteil vom 14. 7. 1954, II 63/53 U, BStBl. III S. 253). Eine Bewilligung soll nur ausgesprochen werden, wenn der Steuerpflichtige sie beantragt. Die örtliche Zuständigkeit für die Entscheidung über eine Bewilligung nach § 148 AO richtet sich nach den allgemeinen Zuständigkeitsregelungen der §§ 17 ff. AO. Sofern für einen Steuerpflichtigen verschiedene Finanzämter zuständig sind (z. B. bei einer gesonderten Feststellung oder in den Fällen des § 21 Abs. 1 Satz 2 AO i. V. m. § 1 UStZustV) und eine Bewilligung von Erleichterungen beantragt wird, die auch Steuern oder Betriebe in dem Zuständigkeitsbereich anderer Finanzämter betrifft, sollen sich die jeweiligen Finanzämter vor Bewilligung der Erleichterung abstimmen.

2. Unterabschnitt. Steuererklärungen

AO

§ 149 Abgabe der Steuererklärungen[1]

1 (1) **① Die Steuergesetze bestimmen, wer zur Abgabe einer Steuererklärung[2] verpflichtet ist. ② Zur Abgabe einer Steuererklärung ist auch verpflichtet, wer hierzu von der Finanzbehörde aufgefordert wird.[3] ③ Die Aufforderung kann durch öffentliche**

---

[1] Zu **abweichend Abgabefristen** aufgrund der **Corona-Pandemie** siehe Art. 97 § 36 EG AO.

[2] Zur Erzwingung der Abgabe einer Steuererklärung vgl. §§ 328 ff. AO; zur Anwendung im Verhältnis zum Strafverfahren vgl. § 393 AO.

Zum Verspätungszuschlag vgl. § 152 AO.

Arbeitgeber bzw. deren Bevollmächtigte können keine Steuererklärungen für ihre Arbeitnehmer abgeben. Inkassoregelungen zugunsten der Arbeitgeber sind unrechtmäßig *(Vfg. OFD Freiburg vom 23. 6. 1994 S 0166 A – St 21 1, StEd S. 470).*

Die Pflicht des **Testamentsvollstreckers** zur Abgabe einer Steuererklärung nach § 31 Abs. 5 ErbStG ist im Regelfall auf den Erwerb von Todes wegen seitens des/der Erben beschränkt *(BFH-Urteil vom 9. 6. 1999 II B 101/98, BStBl. II S. 529).* Die Verpflichtung des Testamentsvollstreckers zur Abgabe einer ErbSt-Erklärung gem. § 31 Abs. 5 ErbStG setzt nicht voraus, dass die Erben vom FA gem. Abs. 1 aufgefordert worden sind, eine Erklärung abzugeben *(BFH-Beschluss vom 7. 12. 1999 II B 79/99, BStBl. 2000 II S. 233).*

Im Insolvenzverfahren der Personengesellschaft hat der Insolvenzverwalter die Erklärungspflichten und Bilanzierungspflichten auch dann zu erfüllen, wenn die betroffenen Steuerabschnitte vor der Eröffnung des Insolvenzverfahrens liegen und wenn das Honorar eines Steuerberaters für die Erstellung dieser Erklärungen durch die Masse nicht gedeckt sein sollte *(BFH-Beschluss vom 19. 11. 2007 VII B 104/07, BFH/NV 2008 S. 334).*

Eine Erklärung über den Gewerbesteuermessbetrag ist – bis zum Ablauf der Festsetzungsfrist – auch dann abzugeben, wenn sich die Gewerblichkeit der ersten Veräußerung erst rückblickend aus dem Zusammenhang mit Grundstücksgeschäften in späteren Jahren ergibt *(BFH-Urteil vom 20. 4. 2006 III R 1/05, BFH/NV S. 138).*

Tritt bei einer Klage gegen die Aufforderung zur Abgabe der Steuererklärung die Hauptsachenerledigung ein infolge der Abgabe der Steuererklärung, wird die aufrechterhaltene Anfechtungsklage unzulässig, sofern kein Fortsetzungsfeststellungsantrag gestellt und auch kein Fortsetzungsfeststellungsinteresse dargetan wird *(BFH-Beschluss vom 5. 4. 2011 VIII B 107/10, BFH/NV S. 1175).*

[3] Die Aufforderung zur Abgabe der Steuererklärung iSd § 149 Abs. 1 Satz 2 AO ist nicht ermessensfehlerhaft und deshalb rechtmäßig, wenn die Möglichkeit besteht, dass der Aufgeforderte steuerpflichtig ist *(BFH-Urteil vom 2. 7. 1997 I R 45/96, BFH/NV 1998 S. 14).*

Die Frage, ob der vom FA zur Abgabe einer USt-Erklärung aufgeforderte Stpfl. tatsächlich umsatzsteuerpflichtig ist, ist im Verfahren wegen Festsetzung eines Zwangsgeldes nicht zu klären. Zur Erklärungsabgabe ist jeder verpflichtet, der hierzu vom FA aufgefordert wird *(BFH-Beschluss vom 17. 1. 2003 VII B 228/02, BFH/NV 2003 S. 594).*

BFH-Urteil vom 4. 10. 2017 VI R 53/15, BStBl. 2018 II S. 123: 1. Fordert die Finanzbehörde den Steuerpflichtigen zur Abgabe einer Einkommensteuererklärung auf, so ist er gemäß § 149 Abs. 1 Satz 2 AO hierzu gesetzlich verpflichtet mit der Folge, dass sich der Beginn der Festsetzungsfrist nach § 170 Abs. 2 Satz 1 Nr. 1 AO richtet. 2. Eine Aufforderung zur Abgabe der Steuererklärung liegt auch dann vor, wenn das FA zusätzlich ausführt, der Steuerpflichtige möge das Schreiben mit einem entsprechenden Hinweis zurücksenden, falls er seiner Auffassung nach nicht zur Abgabe einer Steuererklärung verpflichtet sei.

[Fortsetzung nächste Seite]

AO

Bekanntmachung erfolgen. ④ Die Verpflichtung zur Abgabe einer Steuererklärung bleibt auch dann bestehen, wenn die Finanzbehörde die Besteuerungsgrundlagen nach § 162 geschätzt hat.

(2)[1] ① Soweit die Steuergesetze nichts anderes bestimmen, sind Steuererklärungen, die sich auf ein Kalenderjahr oder auf einen gesetzlich bestimmten Zeitpunkt beziehen, spätestens sieben Monate nach Ablauf des Kalenderjahres oder sieben Monate nach dem gesetzlich bestimmten Zeitpunkt abzugeben. ② Bei Steuerpflichtigen, die den Gewinn aus Land- und Forstwirtschaft nach einem vom Kalenderjahr abweichenden Wirtschaftsjahr ermitteln, endet die Frist nicht vor Ablauf des siebten Monats, der auf den Schluss des in dem Kalenderjahr begonnenen Wirtschaftsjahres folgt. 2

(3)[2] Sofern Personen, Gesellschaften, Verbände, Vereinigungen, Behörden oder Körperschaften im Sinne der §§ 3 und 4 des Steuerberatungsgesetzes beauftragt sind mit der Erstellung von 3

1. **Einkommensteuererklärungen nach § 25 Absatz 3 des Einkommensteuergesetzes mit Ausnahme der Einkommensteuererklärungen im Sinne des § 46 Absatz 2 Nummer 8 des Einkommensteuergesetzes,**
2. **Körperschaftsteuererklärungen nach § 31 Absatz 1 und 1a des Körperschaftsteuergesetzes, Feststellungserklärungen im Sinne des § 14 Absatz 5, § 27 Absatz 2 Satz 4, § 28 Absatz 1 Satz 4 oder § 38 Absatz 1 Satz 2 des Körperschaftsteuergesetzes oder Erklärungen zur Zerlegung der Körperschaftsteuer nach § 6 Absatz 7 des Zerlegungsgesetzes,**
3. **Erklärungen zur Festsetzung des Gewerbesteuermessbetrags oder Zerlegungserklärungen nach § 14a des Gewerbesteuergesetzes,**
4. **Umsatzsteuererklärungen für das Kalenderjahr nach § 18 Absatz 3 des Umsatzsteuergesetzes,**
5. **Erklärungen zur gesonderten sowie zur gesonderten und einheitlichen Feststellung einkommensteuerpflichtiger oder körperschaftsteuerpflichtiger Einkünfte nach § 180 Absatz 1 Satz 1 Nummer 2 in Verbindung mit § 181 Absatz 1 und 2,**
6. **Erklärungen zur gesonderten Feststellung von Besteuerungsgrundlagen nach der Verordnung über die gesonderte Feststellung von Besteuerungsgrundlagen nach § 180 Absatz 2 der Abgabenordnung oder**
7. **Erklärungen zur gesonderten Feststellung von Besteuerungsgrundlagen nach § 18 des Außensteuergesetzes,**

so sind diese Erklärungen vorbehaltlich des Absatzes 4 spätestens bis zum letzten Tag des Monats Februar und in den Fällen des Absatzes 2 Satz 2 bis zum 31. Juli des zweiten auf den Besteuerungszeitraum folgenden Kalenderjahres abzugeben.

(4) ① Das Finanzamt kann anordnen, dass Erklärungen im Sinne des Absatzes 3 vor dem letzten Tag des Monats Februar des zweiten auf den Besteuerungszeitraum folgenden Kalenderjahres abzugeben sind, wenn 4

[Fortsetzung]

Eine gesetzeskonkretisierende Aufforderung zur Abgabe von Steuererklärungen stellt einen Verwaltungsakt i. S. des § 118 AO dar, der gemäß § 328 Abs. 1 Satz 1 AO mit Zwangsmitteln durchgesetzt werden kann *(BFH-Beschluss vom 19. 8. 2021 VII R 34/20, BFH/NV 2022 S. 215).*

[1] Die Frist zur Abgabe von Steuererklärungen kann nach § 109 Abs. 1 Satz 1 (auch rückwirkend, § 109 Abs. 1 Satz 2) verändert werden.

BFH-Beschluss vom 19. 8. 2010 VIII B 58/10, BFH/NV S. 2232: 1. Die Frage, ob die (allgemeine) Verlängerung der Abgabefrist für Steuererklärungen für das Kalenderjahr 2007 aufgrund der gleich lautenden Erlasse der obersten Finanzbehörden der Länder vom 2. 1. 2008 über Steuererklärungsfristen (BStBl. 2008 I S. 266) bis zum 31. 12. 2008 zu kurz bemessen ist, an der Realität vorbei geht und daher rechtswidrig ist, hat keine grundsätzliche Bedeutung. 2. Das Gesetz sieht in § 149 Abs. 2 Satz 1 AO sogar lediglich eine Fünfmonatsfrist vor. Wenn die Finanzverwaltung demgegenüber für Steuererklärungen, die von Angehörigen der steuerberatenden Berufe angefertigt werden, als Erleichterung für diese Berufsgruppe eine allgemeine Fristverlängerung bis zum 31. 12. 2008 und bei begründeten Einzelanträgen sogar eine weitere Fristverlängerung bis zum 28. 2. 2009 vorsieht, ist das nicht zu beanstanden *(vgl. BFH-Urteil vom 28. 6. 2000 X R 24/95, BStBl. 2000 II S. 514).*

Eine Erklärung über den Gewerbesteuermessbetrag ist – bis zum Ablauf der Festsetzungsfrist – auch dann abzugeben, wenn sich die Gewerblichkeit der ersten Veräußerung erst rückwirkend aus dem Zusammenhang mit Grundstücksgeschäften in späteren Jahren ergibt *(BFH-Urteil vom 20. 4. 2006 III R/05, BStBl. 2007 II S. 375).*

Die Fristverlängerung stellt einen begünstigenden Verwaltungsakt iSd §§ 130, 131 dar. Sie ist i. d. R. nach § 130 Abs. 2 Nr. 3 mit Wirkung für die Vergangenheit zurückzunehmen, wenn sie auf unzutreffenden Angaben des Stpfl. beruht *(BFH-Urteil vom 18. 4. 1991 IV R 127/89, BStBl. II S. 675).*

Wer seine Einkommensteuererklärung jenseits der Fristen des § 149 Abs. 2 AO abgibt, kann sich, falls das FA vor Ablauf der Festsetzungsfrist keinen Einkommensteuerbescheid erlässt, nicht auf Treu und Glauben berufen, wenn er es selbst unterlässt, einen Untätigkeitseinspruch einzulegen oder jedenfalls einen Antrag auf Steuerfestsetzung zu stellen *(BFH-Urteil vom 22. 1. 2013 IX R 1/12, BStBl. II S. 663).*

[2] Es ist nicht klärungsbedürftig, dass die verlängerte Erklärungsfrist des § 149 Abs. 3 AO i. d. F. des StModernG nicht für die eigene Steuererklärung eines Angehörigen der steuerberatenden Berufe und seines mit ihm nach §§ 26, 26b EStG zusammenveranlagten Ehegatten gilt *(BFH-Beschluss vom 27. 8. 2021 VIII B 36/21, BFH/NV S. 1461).*

1. für den betroffenen Steuerpflichtigen
a) für den vorangegangenen Besteuerungszeitraum Erklärungen nicht oder verspätet abgegeben wurden,
b) für den vorangegangenen Besteuerungszeitraum innerhalb von drei Monaten vor Abgabe der Steuererklärung oder innerhalb von drei Monaten vor dem Beginn des Zinslaufs im Sinne des § 233 a Absatz 2 Satz 1 und 2 nachträgliche Vorauszahlungen festgesetzt wurden,
c) Vorauszahlungen für den Besteuerungszeitraum außerhalb einer Veranlagung herabgesetzt wurden,
d) die Veranlagung für den vorangegangenen Veranlagungszeitraum zu einer Abschlusszahlung von mindestens 25 Prozent der festgesetzten Steuer oder mehr als 10 000 Euro geführt hat,
e) die Steuerfestsetzung auf Grund einer Steuererklärung im Sinne des Absatzes 3 Nummer 1, 2 oder 4 voraussichtlich zu einer Abschlusszahlung von mehr als 10 000 Euro führen wird oder
f) eine Außenprüfung vorgesehen ist,

2. der betroffene Steuerpflichtige im Besteuerungszeitraum einen Betrieb eröffnet oder eingestellt hat oder

3. für Beteiligte an Gesellschaften oder Gemeinschaften Verluste festzustellen sind.

② Für das Befolgen der Anordnung ist eine Frist von vier Monaten nach Bekanntgabe der Anordnung zu setzen. ③ Ferner dürfen die Finanzämter nach dem Ergebnis einer automationsgestützten Zufallsauswahl anordnen, dass Erklärungen im Sinne des Absatzes 3 vor dem letzten Tag des Monats Februar des zweiten auf den Besteuerungszeitraum folgenden Kalenderjahres mit einer Frist von vier Monaten nach Bekanntgabe der Anordnung abzugeben sind. ④ In der Aufforderung nach Satz 3 ist darauf hinzuweisen, dass sie auf einer automationsgestützten Zufallsauswahl beruht; eine weitere Begründung ist nicht erforderlich. ⑤ In den Fällen des Absatzes 2 Satz 2 tritt an die Stelle des letzten Tages des Monats Februar der 31. Juli des zweiten auf den Besteuerungszeitraum folgenden Kalenderjahres. ⑥ Eine Anordnung nach Satz 1 oder Satz 3 darf für die Abgabe der Erklärung keine kürzere als die in Absatz 2 bestimmte Frist setzen. ⑦ In den Fällen der Sätze 1 und 3 erstreckt sich eine Anordnung auf alle Erklärungen im Sinne des Absatzes 3, die vom betroffenen Steuerpflichtigen für den gleichen Besteuerungszeitraum oder Besteuerungszeitpunkt abzugeben sind.

5 (5) **Absatz 3 gilt nicht für Umsatzsteuererklärungen für das Kalenderjahr, wenn die gewerbliche oder berufliche Tätigkeit vor oder mit dem Ablauf des Besteuerungszeitraums endete.**

6 (6) **① Die oberste Landesfinanzbehörde oder eine von ihr bestimmte Landesfinanzbehörde kann zulassen, dass Personen, Gesellschaften, Verbände, Vereinigungen, Behörden und Körperschaften im Sinne der §§ 3 und 4 des Steuerberatungsgesetzes bis zu bestimmten Stichtagen einen bestimmten prozentualen Anteil der Erklärungen im Sinne des Absatzes 3 einreichen. ② Soweit Erklärungen im Sinne des Absatzes 3 in ein Verfahren nach Satz 1 einbezogen werden, ist Absatz 4 Satz 3 nicht anzuwenden. ③ Die Einrichtung eines Verfahrens nach Satz 1 steht im Ermessen der obersten Landesfinanzbehörden und ist nicht einklagbar.**

AEAO

Zu § 149 – Abgabe von Steuererklärungen:

7 **1.** § 149 AO i. d. F. des StModernG ist erstmals anzuwenden für Besteuerungszeiträume, die nach dem 31. 12. 2017 beginnen, und Besteuerungszeitpunkte, die nach dem 31. 12. 2017 liegen.

Für die Besteuerungszeiträume 2019 bis 2024 bestehen Sonderregelungen; hier gelten die folgenden abweichenden Termine und Zeiträume (vgl. Art. 97 § 36 Abs. 1 und 3 EGAO; s. auch BMF-Schreiben vom 23. 6. 2022, BStBl. I S. 938):

Erklärungsfristen in nicht beratenen Fällen

Besteuerungszeitraum	Zeitraum gem. § 149 Abs. 2 Satz 1 AO	Zeitraum gem. § 149 Abs. 2 Satz 2 AO („… nicht vor Ablauf des …")[1]
2020	1.11.2021[2]	2.5.2022
2021	31.10.2022[3]	2.5.2023
2022	2.10.2023	2.4.2024
2023	2.9.2024	28.2.2025

Erklärungsfristen in beratenen Fällen

Besteuerungs-zeitraum	Termin gem. § 149 Abs. 3 1. Alt. AO	Termin gem. § 149 Abs. 3 2. Alt. AO[1]
2019	31.8.2021	31.12.2021
2020	31.8.2022	31.1.2023
2021	31.8.2023	31.1.2024
2022	31.7.2024	31.12.2024
2023	2.6.2025	31.10.2025[4]
2024	30.4.2026	30.9.2026

[1] Nur Einkommensteuererklärungen von Steuerpflichtigen, die den Gewinn aus Land- und Forstwirtschaft nach einem vom Kalenderjahr abweichenden Wirtschaftsjahr ermitteln. § 149 Abs. 2 Satz 2 AO ist nicht anwendbar, wenn die land- und forstwirtschaftliche Tätigkeit zu Einkünften aus Gewerbebetrieb führt. Werden die Einkünfte aus Land- und Forstwirtschaft gesondert festgestellt, gilt § 149 Abs. 2 Satz 2 AO nur für die Feststellungserklärung, nicht aber für die Einkommensteuererklärung des Land- oder Forstwirts. Grundannahme der Tabelle: das abweichende Wirtschaftsjahr endet mit Ablauf des 30. 6. des zweiten Kalenderjahres (§ 4 a Abs. 1 Satz 2 Nr. 1 EStG).

[2] Soweit dieser Tag in dem Land, zu dem das Finanzamt gehört, ein gesetzlicher Feiertag ist: 2. 11. 2021.

[3] Soweit dieser Tag in dem Land, zu dem das Finanzamt gehört, ein gesetzlicher Feiertag ist: 1. 11. 2022.

[4] Soweit dieser Tag in dem Land, zu dem das Finanzamt gehört, ein gesetzlicher Feiertag ist: 3. 11. 2025.

2. Ordnet die Finanzbehörde in einem der in § 149 Abs. 4 Satz 1 AO genannten Katalogfälle die Abgabe der Steuererklärung vor Ablauf der Frist nach § 149 Abs. 3 AO an, ist eine über die Nennung des jeweils erfüllten Tatbestandes hinausgehende Begründung der Anforderung nicht erforderlich. Durch die gesetzliche Aufzählung in § 149 Abs. 4 Satz 1 AO ist eine Vorabanforderung für den Steuerpflichtigen und seinen Berater jeweils vorhersehbar. Da der Gesetzgeber zudem bei der nicht vorhersehbaren automationsgestützten Zufallsauswahl nach § 149 Abs. 4 Satz 3 AO ausdrücklich eine individuelle Begründung der Ermessensentscheidung für verzichtbar erklärt, ist eine individuelle Begründung der Ermessensentscheidung in den Fällen des § 149 Abs. 4 Satz 1 AO erst recht nicht geboten. Vorabanforderungen von Steuererklärungen nach § 119 Abs. 4 Satz 1 AO sind insoweit mit Prufungsanordnungen in den Fällen des § 193 Abs. 1 AO vergleichbar. In diesen Fällen ist eine über die Nennung des Tatbestandes hinausgehende Begründung regelmäßig nicht erforderlich (ständige Rspr.; vgl. u. a. BFH-Urteil vom 29. 10. 1992 IV R 47/91, BFH/NV 1993 S. 149, m. w. N.). 8

3. Für steuerlich nicht beratene Steuerpflichtige, die den Gewinn aus Land- und Forstwirtschaft nach einem verlängerten Wirtschaftsjahr i. S. d. § 8 c Abs. 2 Satz 2 EStDV ermitteln, endet die Steuererklärungsfrist für den Besteuerungszeitraum, in dem das verlängerte Wirtschaftsjahr endet, sieben Monate nach Ablauf des Kalenderjahres, in dem das verlängerte Wirtschaftsjahr endet. 9

Schreiben betr. Anwendungsfragen zur (erneuten) Verlängerung der Steuererklärungsfristen und weiterer damit zusammenhängender Fristen und Termine für die Besteuerungszeiträume 2020 bis 2024 durch das Vierte Corona-Steuerhilfegesetz Anl

Vom 23. Juni 2022 (BeckVerw 571530)

BMF IV A 3 – S 0261/20/10001 :018; DOK 2022/0633585

1 Anlage[1]

Die Steuerpflichtigen und die sie beratenden Angehörigen der steuerberatenden Berufe sind durch die andauernde Corona-Pandemie und die Auswirkungen der Ukraine-Krise weiterhin stark belastet. Des Weiteren ist im Kalenderjahr 2022 mit erheblichen Zusatzarbeiten im Zusammenhang mit der Grundsteuerreform sowohl auf Seiten der Steuerpflichtigen als auch der Finanzverwaltung zu rechnen. Aus diesem Grund wurden die Erklärungsfristen des § 149 der Abgabenordnung (AO) und die damit zusammenhängenden Fristen und Termine (§ 109 Abs. 2, § 149 Abs. 4, § 152 Abs. 2 und § 233 a Abs. 2 AO) durch das Vierte Gesetz zur Umsetzung steuerlicher Hilfsmaßnahmen zur Bewältigung der Corona-Krise (Viertes Corona-Steuerhilfegesetz) vom 19. Juni 2022 (BGBl. I S. 911), für den Besteuerungszeitraum 2020 erneut verlängert. Ferner wurden auch für die Besteuerungszeiträume 2021 bis 2024 vergleichbare Regelungen getroffen, durch die die gesetzlichen Fristverlängerungen (spätestens) bis zum Besteuerungszeitraum 2025 wieder abgebaut werden.

Nach Erörterung mit den obersten Finanzbehörden der Länder gilt Folgendes:

I. Anwendungsregelung 13

1 Dieses BMF-Schreiben tritt mit sofortiger Wirkung an die Stelle der BMF-Schreiben vom 20. Juli 2021 (BStBl. I S. 984) und vom 1. April 2022 (BStBl. I S. 319). Es ist für die Besteuerungszeiträume 2020 bis 2024 in allen offenen Fällen anzuwenden.

[1] Hier nicht abgedruckt.

Anl

II. Verlängerung der Fristen zur Abgabe der Steuer- und Feststellungserklärungen

14 **1. Nicht beratene Fälle (§ 149 Abs. 2 AO)**

2 Steuer- und Feststellungserklärungen, die sich auf ein Kalenderjahr oder auf einen gesetzlich bestimmten Zeitpunkt beziehen und nicht von einer Person, einer Gesellschaft, einem Verband, einer Vereinigung, einer Behörde oder einer Körperschaft i. S. d. §§ 3 und 4 des Steuerberatungsgesetzes (StBerG) erstellt werden (nicht beratene Fälle), sind grundsätzlich spätestens sieben Monate nach Ablauf des Kalenderjahres oder sieben Monate nach dem gesetzlich bestimmten Zeitpunkt abzugeben (§ 149 Abs. 2 Satz 1 AO).

3 Bei nicht beratenen Steuerpflichtigen, die den Gewinn aus Land- und Forstwirtschaft nach einem vom Kalenderjahr abweichenden Wirtschaftsjahr ermitteln, endet die Erklärungsfrist für Steuer- und Feststellungserklärungen, in denen der Gewinn aus Land- und Forstwirtschaft selbst ermittelt wird, grundsätzlich nicht vor Ablauf des siebten Monats, der auf den Schluss des in dem Kalenderjahr begonnenen Wirtschaftsjahres folgt (§ 149 Abs. 2 Satz 2 AO).

4 Diese Fristen werden
- für die Besteuerungszeiträume 2020 und 2021 jeweils um drei Monate,
- für den Besteuerungszeitraum 2022 um zwei Monate und
- für den Besteuerungszeitraum 2023 um einen Monat

verlängert (Art. 97 § 36 Abs. 3 Nr. 3 und 4 des Einführungsgesetzes zur Abgabenordnung – EGAO –). Ab dem Besteuerungszeitraum 2024 gelten wieder die regulären siebenmonatigen Erklärungsfristen (vgl. Rn. 2 und 3).

5 In den Fällen des § 149 Abs. 2 Satz 1 AO (vgl. Rn. 2) tritt an die Stelle des 31. Juli des jeweiligen Folgejahres
- für den **Besteuerungszeitraum 2020:**
  unter Berücksichtigung des § 108 Abs. 3 AO der **1. November 2021**
  (soweit dieser Tag in dem Land, zu dem das Finanzamt gehört, ein gesetzlicher Feiertag ist: der 2. November 2021),
- für den **Besteuerungszeitraum 2021:**
  der **31. Oktober 2022**
  (soweit dieser Tag in dem Land, zu dem das Finanzamt gehört, ein gesetzlicher Feiertag ist: der 1. November 2022),
- für den **Besteuerungszeitraum 2022:**
  unter Berücksichtigung des § 108 Abs. 3 AO der **2. Oktober 2023** und
- für den **Besteuerungszeitraum 2023:**
  unter Berücksichtigung des § 108 Abs. 3 AO der **2. September 2024**
  (Art. 97 § 36 Abs. 3 Nr. 3 EGAO).

6 In den Fällen des § 149 Abs. 2 Satz 2 AO (vgl. Rn. 3) tritt an die Stelle der Angabe „des siebten Monats"
- für die Besteuerungszeiträume 2020 und 2021 die Angabe „des zehnten Monats",
- für den Besteuerungszeitraum 2022 die Angabe „des neunten Monats" und
- für den Besteuerungszeitraum 2023 die Angabe „des achten Monats"
  (Art. 97 § 36 Abs. 3 Nr. 4 EGAO).

Beispiel:

Endet das Wirtschaftsjahr mit Ablauf des 30. Juni (vgl. § 4 a Abs. 1 Satz 2 Nr. 1 EStG), tritt demzufolge an die Stelle des 31. Januar des jeweiligen Kalenderjahres, das auf den Schluss des in dem Kalenderjahr begonnenen Wirtschaftsjahres folgt
- für den Besteuerungszeitraum 2020:
  unter Berücksichtigung des § 108 Abs. 3 AO der 2. Mai 2022,
- für den Besteuerungszeitraum 2021:
  unter Berücksichtigung des § 108 Abs. 3 AO der 2. Mai 2023,
- für den Besteuerungszeitraum 2022:
  unter Berücksichtigung des § 108 Abs. 3 AO der 2. April 2024 und
- für den Besteuerungszeitraum 2023:
  der 28. Februar 2025.

7 Die gesetzlichen Fristverlängerungen nach Rn. 5 und 6 sind von Amts wegen zu beachten, ein Antrag des Steuerpflichtigen ist dazu nicht erforderlich.

8 Die Möglichkeit, im Einzelfall eine weitergehende Fristverlängerung zu beantragen bzw. zu gewähren (vgl. § 109 Abs. 1 AO), bleibt hiervon unberührt.

2. Beratene Fälle (§ 149 Abs. 3 AO)

9 Sofern Personen, Gesellschaften, Verbände, Vereinigungen, Behörden oder Körperschaften i. S. d. §§ 3 und 4 StBerG mit der Erstellung der in § 149 Abs. 3 AO genannten Erklärungen beauftragt sind (beratene Fälle), sind diese Steuer- und Feststellungserklärungen – vorbehaltlich einer Vorabanforderung nach § 149 Abs. 4 AO; vgl. hierzu Abschn. III – grundsätzlich spätestens bis zum letzten Tag des Monats Februar des zweiten auf den Besteuerungszeitraum folgenden Kalenderjahres abzugeben.

10 Für beratene Steuerpflichtige, die den Gewinn aus Land- und Forstwirtschaft nach einem vom Kalenderjahr abweichenden Wirtschaftsjahr ermitteln, endet die Erklärungsfrist für Steuer- und Feststellungserklärungen, in denen der Gewinn aus Land- und Forstwirtschaft selbst ermittelt wird, grundsätzlich mit Ablauf des 31. Juli des zweiten auf den Besteuerungszeitraum folgenden Kalenderjahres (§ 149 Abs. 3 i. V. m. § 149 Abs. 2 Satz 2 AO).

Anl

11 Diese Fristen werden
- für die Besteuerungszeiträume 2020 und 2021 jeweils um sechs Monate,
- für den Besteuerungszeitraum 2022 um fünf Monate,
- für den Besteuerungszeitraum 2023 um drei Monate und
- für den Besteuerungszeitraum 2024 um zwei Monate

verlängert (Art. 97 § 36 Abs. 3 Nr. 1 und 2 EGAO). Ab dem Besteuerungszeitraum 2025 gelten wieder die regulären Erklärungsfristen (vgl. Rn. 9 und 10).

12 In den Fällen der Rn. 9 tritt an die Stelle des letzten Tages des Monats Februar des zweiten auf den Besteuerungszeitraum folgenden Kalenderjahres
- für den **Besteuerungszeitraum 2020:** der **31. August 2022,**
- für den **Besteuerungszeitraum 2021:** der **31. August 2023,**
- für den **Besteuerungszeitraum 2022:** der **31. Juli 2024,**
- für den **Besteuerungszeitraum 2023:** unter Berücksichtigung des § 108 Abs. 3 AO der **2. Juni 2025** und
- für den **Besteuerungszeitraum 2024:** der **30. April 2026** (Art. 97 § 36 Abs. 3 Nr. 1 EGAO).

13 In den Fällen der Rn. 10 tritt an die Stelle des 31. Juli des zweiten auf den Besteuerungszeitraum folgenden Kalenderjahres
- für den **Besteuerungszeitraum 2020:** der **31. Januar 2023,**
- für den **Besteuerungszeitraum 2021:** der **31. Januar 2024,**
- für den **Besteuerungszeitraum 2022:** der **31. Dezember 2024,**
- für den **Besteuerungszeitraum 2023:** der **31. Oktober 2025** (soweit dieser Tag in dem Land, zu dem das Finanzamt gehört, ein gesetzlicher Feiertag ist, unter Berücksichtigung des § 108 Abs. 3 AO der 3. November 2025) und
- für den **Besteuerungszeitraum 2024:** der **30. September 2026** (Art. 97 § 36 Abs. 3 Nr. 2 EGAO).

14 Die gesetzlichen Fristverlängerungen (vgl. Rn. 12 und 13) sind von Amts wegen zu beachten, ein Antrag des Steuerpflichtigen oder des mit der Erstellung der Erklärung Beauftragten i. S. d. §§ 3 und 4 StBerG ist dazu nicht erforderlich.

15 Vorzeitige Anforderungen von Steuer- und Feststellungserklärungen nach § 149 Abs. 4 AO bleiben von dieser Fristverlängerung unberührt (vgl. hierzu auch Abschn. III).

16 Eine Verlängerung der (gesetzlich verlängerten) Erklärungsfristen durch das Finanzamt über die in den Rn. 12 und 13 genannten Fristenden hinaus ist nur unter den Voraussetzungen des § 109 Abs. 2 AO i. V. m. Art. 97 § 36 Abs. 3 Nr. 1 und 2 EGAO möglich.

17 Die Fristen zur Einreichung von Steuer- und Feststellungserklärungen in beratenen Fällen können daher nur dann über die in den Rn. 12 und 13 genannten Fristenden hinaus verlängert werden, wenn der oder die Steuerpflichtige und die von ihm oder ihr beauftragte Person (z. B. ein Angehöriger der steuerberatenden Berufe als Vertreter oder Erfüllungsgehilfe) nachweislich ohne Verschulden verhindert sind oder waren, die Erklärungsfrist einzuhalten. Bei der Entscheidung über einen diesbezüglichen Antrag auf Fristverlängerung sind die von der Rechtsprechung zum Vorliegen einer „unverschuldeten Verhinderung" entwickelten Grundsätze zu beachten. Die Arbeitsüberlastung von Angehörigen der steuerberatenden Berufe kann daher für sich allein nur in besonders gelagerten Ausnahmefällen eine Fristverlängerung durch das Finanzamt über die in den Rn. 12 und 13 genannten Fristen hinaus rechtfertigen.

III. Vorzeitige Anforderung von Erklärungen (§ 149 Abs. 4 AO)

18 Das Finanzamt kann in Fällen, in denen Steuer- und Feststellungserklärungen i. S. d. § 149 Abs. 3 AO durch Angehörige der steuerberatenden Berufe erstellt werden, unter den Voraussetzungen des § 149 Abs. 4 AO eine vorzeitige Abgabe der Steuer- und Feststellungserklärung vor dem letzten Tag des Monats Februar, in den Fällen des § 149 Abs. 2 Satz 2 AO (Land- und Forstwirte mit abweichendem Wirtschaftsjahr) vor dem zum 31. Juli des zweiten auf den Besteuerungszeitraum folgenden Kalenderjahres anordnen (sog. Vorabanforderung). 15

19 Steuer- und Feststellungserklärungen i. S. d. § 149 Abs. 3 AO für den Besteuerungszeitraum 2020 können nach Art. 97 § 36 Abs. 3 Nr. 6 und 7 EGAO abweichend hiervon auch für nach dem 28. Februar 2022 und vor dem 31. Mai 2022 bzw. in den Fällen des § 149 Abs. 2 Satz 2 AO für nach dem 31. Juli 2022 und vor dem 31. Oktober 20221 liegende Zeitpunkte vorzeitig angefordert werden.

Beispiel:

Die Frist zur Abgabe einer durch einen Angehörigen der steuerberatenden Berufe zu erstellenden Einkommensteuererklärung für den Besteuerungszeitraum 2022 (ohne Einkünfte aus Land- und Forstwirtschaft) endet nach § 149 Abs. 3 AO grundsätzlich mit Ablauf des 29. Februar 2024. Für den Besteuerungszeitraum 2022 wurde die Abgabefrist gesetzlich um fünf Monate verlängert und endet daher erst mit Ablauf des 31. Juli 2024 (vgl. Rn. 12).

Anl

Nach § 149 Abs. 4 Satz 1 (oder Satz 3) AO i. V. m. Art. 97 § 36 Abs. 3 Nr. 1 EGAO darf das Finanzamt die Einkommensteuererklärung 2022 noch für nach dem 29. Februar 2024, aber vor dem 31. Juli 2024 liegende Zeitpunkte vorzeitig anfordern.

20 Entsprechendes gilt für Steuer- und Feststellungserklärungen i. S. d. § 149 Abs. 3 i. V. m. § 149 Abs. 2 Satz 2 AO von beratenen Land- und Forstwirten mit abweichendem Wirtschaftsjahr (Art. 97 § 36 Abs. 3 Nr. 2 EGAO). Eine Vorabanforderung darf in diesen Fällen keine kürzere Frist als die in Rn. 6 genannte Frist setzen.

Beispiel:

Die Frist zur Abgabe einer durch einen Angehörigen der steuerberatenden Berufe zu erstellenden Einkommensteuererklärung eines Land- und Forstwirtes mit abweichendem Wirtschaftsjahr für den Besteuerungszeitraum 2022 endet nach § 149 Abs. 3 AO grundsätzlich mit Ablauf des 31. Juli 2024. Für den Besteuerungszeitraum 2022 wurde die Abgabefrist gesetzlich um fünf Monate verlängert und endet daher erst mit Ablauf des 31. Dezember 2024 (vgl. Rn. 13).

Nach § 149 Abs. 4 Satz 1 (oder Satz 3) AO i. V. m. Art. 97 § 36 Abs. 3 Nr. 2 EGAO darf das Finanzamt die Einkommensteuererklärung 2022 noch für nach dem 31. Juli 2024, aber vor dem 31. Dezember 2024 liegende Zeitpunkte vorzeitig anfordern.

IV. Festsetzung von Verspätungszuschlägen (§ 152 AO)

16 **21** Gegen denjenigen, der seiner Verpflichtung zur Abgabe einer Steuer- oder Feststellungserklärung nicht oder nicht fristgemäß nachkommt, kann ein Verspätungszuschlag festgesetzt werden (§ 152 Abs. 1 AO). Unter den Voraussetzungen des § 152 Abs. 2 AO steht die Festsetzung des Verspätungszuschlags nicht mehr im Ermessen des Finanzamts, sondern ist gesetzlich vorgeschrieben. Dies gilt gleichermaßen für beratene wie für nicht beratene Fälle.

22 Wurde eine Steuer- oder Feststellungserklärung zwar nach Ablauf der (gesetzlich und ggf. auch durch das Finanzamt nach § 109 AO verlängerten) Erklärungsfrist und damit verspätet, aber noch
- innerhalb von 14 Monaten nach Ablauf des Kalenderjahres oder innerhalb von 14 Monaten nach dem Besteuerungszeitpunkt (§ 152 Abs. 2 Nr. 1 AO) oder
- innerhalb von 19 Monaten nach Ablauf des Kalenderjahres oder innerhalb von 19 Monaten nach dem Besteuerungszeitpunkt (§ 152 Abs. 2 Nr. 2 AO) in den Fällen des § 149 Abs. 2 Satz 2 AO

übermittelt, kann das Finanzamt nach § 152 Abs. 1 AO einen Verspätungszuschlag festsetzen (Ermessensentscheidung).

23 Diese Zeitspanne, innerhalb derer die Entscheidung über die Festsetzung eines Verspätungszuschlags im Ermessen des Finanzamts liegt, wird für die Besteuerungszeiträume 2020 und 2021 um sechs Monate, für den Besteuerungszeitraum 2022 um fünf Monate, für den Besteuerungszeitraum 2023 um drei Monate und für den Besteuerungszeitraum 2024 um zwei Monate verlängert (Art. 97 § 36 Abs. 3 Nr. 5 und 6 EGAO).

24 Das Finanzamt ist hingegen gesetzlich dazu verpflichtet einen Verspätungszuschlag festzusetzen, wenn die Steuer- oder Feststellungserklärung
- für die **Besteuerungszeiträume 2020 und 2021:** nicht innerhalb von 20 Monaten,
- für den **Besteuerungszeitraum 2022:** nicht innerhalb von 19 Monaten,
- für den **Besteuerungszeitraum 2023:** nicht innerhalb von 17 Monaten und
- für den **Besteuerungszeitraum 2024:** nicht innerhalb von 16 Monaten

nach Ablauf des Kalenderjahres oder nach dem Besteuerungszeitpunkt abgegeben wird (gebundene Entscheidung nach § 152 Abs. 2 Nr. 1 AO i. V. m. Art. 97 § 36 Abs. 3 Nr. 5 EGAO).

25 Gleiches gilt, wenn die Steuer- oder Feststellungserklärung in den Fällen des § 149 Abs. 2 Satz 2 AO
- für die **Besteuerungszeiträume 2020 und 2021:** nicht innerhalb von 25 Monaten,
- für den **Besteuerungszeitraum 2022:** nicht innerhalb von 24 Monaten,
- für den **Besteuerungszeitraum 2023:** nicht innerhalb von 22 Monaten und
- für den **Besteuerungszeitraum 2024:** nicht innerhalb von 21 Monaten

nach Ablauf des Kalenderjahres oder nach dem Besteuerungszeitpunkt abgegeben wird (§ 152 Abs. 2 Nr. 2 AO i. V. m. Art. 97 § 36 Abs. 3 Nr. 6 EGAO).

26 Die Entscheidung über die Festsetzung eines Verspätungszuschlags steht in den in Rn. 24 und 25 genannten Fällen gemäß § 152 Abs. 3 AO nur in folgenden Fällen im Ermessen des Finanzamts:
- die Finanzbehörde hat die Frist für die Abgabe der Steuererklärung nach § 109 AO (ggf. rückwirkend) verlängert, die Erklärung wurde aber nach Ablauf der hiernach verlängerten Frist abgegeben,
- die Steuer wurde auf null Euro oder auf einen negativen Betrag festgesetzt oder
- die festgesetzte Steuer übersteigt nicht die Summe der festgesetzten Vorauszahlungen und der anzurechnenden Steuerabzugsbeträge.

V. Verlängerung der zinsfreien Karenzzeiten (§ 233 a Abs. 2 Satz 1 und 2 AO) 17

27 Der Zinslauf der Verzinsung von Steuernachforderungen und Steuererstattungen nach § 233 a AO („Vollverzinsung") beginnt nach § 233 a Abs. 2 Satz 1 AO allgemein 15 Monate nach Ablauf des Kalenderjahres, in dem die Steuer entstanden ist (allgemeiner Zinslauf).

28 Für die Einkommen- und Körperschaftsteuer beginnt der Zinslauf nach § 233 a Abs. 2 Satz 2 AO regulär erst 23 Monate nach Ablauf des Kalenderjahres, in dem die Steuer entstanden ist, wenn die Einkünfte aus Land- und Forstwirtschaft bei der erstmaligen Steuerfestsetzung die anderen Einkünfte überwiegen (besonderer Zinslauf).

29 Der allgemeine Zinslauf (vgl. Rn. 27) beginnt
– für den **Besteuerungszeitraum 2020:** am **1. Oktober 2022,**
– für den **Besteuerungszeitraum 2021:** am **1. Oktober 2023,**
– für den **Besteuerungszeitraum 2022:** am **1. September 2024,**
– für den **Besteuerungszeitraum 2023:** am **1. Juli 2025** und
– für den **Besteuerungszeitraum 2024:** am **1. Juni 2026**
(Art. 97 § 36 Abs. 3 Nr. 7 EGAO).

30 Der besondere Zinslauf (vgl. Rn. 28) beginnt
– für den **Besteuerungszeitraum 2020:** am **1. Juni 2023,**
– für den **Besteuerungszeitraum 2021:** am **1. Juni 2024,**
– für den **Besteuerungszeitraum 2022:** am **1. Mai 2025,**
– für den **Besteuerungszeitraum 2023:** am **1. März 2026** und
– für den **Besteuerungszeitraum 2024:** am **1. Februar 2027**
(Art. 97 § 36 Abs. 3 Nr. 8 EGAO).

31 Diese gesetzliche Verlängerung der Karenzzeiten (vgl. Rn. 29 und 30) gilt gleichermaßen für Nachzahlungs- wie für Erstattungszinsen. Sie gilt auch unabhängig davon, ob eine Steuererklärungspflicht besteht und ob es sich um einen beratenen oder nicht beratenen Fall handelt.

§ 150 Form und Inhalt der Steuererklärungen[1]

AO

(1) ① **Eine Steuererklärung ist nach amtlich vorgeschriebenem Vordruck[2] abzugeben, wenn** 1

1. keine elektronische Steuererklärung vorgeschrieben ist,

2. nicht freiwillig eine gesetzlich oder amtlich zugelassene elektronische Steuererklärung abgegeben wird,

3. keine mündliche oder konkludente Steuererklärung zugelassen ist und

4. eine Aufnahme der Steuererklärung an Amtsstelle nach § 151 nicht in Betracht kommt.

② **§ 87 a Absatz 1 Satz 1 ist nur anzuwenden, soweit eine elektronische Steuererklärung vorgeschrieben oder zugelassen ist.** ③ **Der Steuerpflichtige hat in der Steuererklärung die Steuer selbst zu berechnen,[3] soweit dies gesetzlich vorgeschrieben ist (Steueranmeldung).**

(2) **Die Angaben in den Steuererklärungen sind wahrheitsgemäß nach bestem Wissen und Gewissen zu machen.** 2

---

[1] Eine Einkommensteuererklärung kann auch wirksam per Fax an das FA übermittelt werden. Es ist nicht erforderlich, dass der Steuerpflichtige den Inhalt der Einkommensteuererklärung tatsächlich in vollem Umfang zur Kenntnis genommen hat *(BFH-Urteil vom 8. 10. 2014 VI R 82/13, BStBl. 2015 II S. 359).*

[2] *BFH-Urteil vom 16. 11. 2011 X R 18/09, BStBl. 2012 II S. 129:* 1. § 60 Abs. 4 EStDV stellt eine wirksame Rechtsgrundlage für die Pflicht zur Abgabe der Anlage EÜR dar. 2. Die Aufforderung zur Einreichung der Anlage EÜR ist ein anfechtbarer Verwaltungsakt. 3. Weder durch § 60 Abs. 4 EStDV noch durch die Anlage EÜR wird eine neue Form der Gewinnermittlung eingeführt. 4. Die in § 60 Abs. 4 EStDV enthaltene Pflicht zur Beifügung einer Gewinnermittlung nach amtlich vorgeschriebenem Vordruck ist verhältnismäßig; sie ist insbesondere zur Erreichung der verfolgten Zwecke (Gleichmäßigkeit der Besteuerung, Vereinfachung des Besteuerungsverfahrens) geeignet.

Eine Einkommensteuererklärung ist auch dann „nach amtlich vorgeschriebenem Vordruck" abgegeben, wenn ein – auch einseitig – privat gedruckter oder fotokopierter Vordruck verwendet wird, der dem amtlichen Muster entspricht *(BFH-Urteil vom 22. 5. 2006 VI R 15/02, BStBl. 2007 II S. 2).*

[3] Zur Festsetzung nach Selbsterrechnung vgl. § 167 AO.

3 (3)[1] ① **Ordnen die Steuergesetze an, dass der Steuerpflichtige die Steuererklärung eigenhändig zu unterschreiben hat, so ist die Unterzeichnung durch einen Bevollmächtigten nur dann zulässig, wenn der Steuerpflichtige infolge seines körperlichen oder geistigen Zustands oder durch längere Abwesenheit an der Unterschrift gehindert ist.**[2] ② **Die eigenhändige Unterschrift kann nachträglich verlangt werden, wenn der Hinderungsgrund weggefallen ist.**

4 (4) ① **Den Steuererklärungen müssen die Unterlagen beigefügt werden, die nach den Steuergesetzen vorzulegen sind.**[3] ② **Dritte Personen sind verpflichtet, hierfür erforderliche Bescheinigungen auszustellen.**

5 (5)[4] ① **In die Steuererklärungsformulare können auch Fragen aufgenommen werden, die zur Ergänzung der Besteuerungsunterlagen für Zwecke einer Statistik nach dem Gesetz über Steuerstatistiken erforderlich sind.** ② **Die Finanzbehörden können ferner von Steuerpflichtigen Auskünfte verlangen, die für die Durchführung des Bundesausbildungsförderungsgesetzes erforderlich sind.** ③ **Die Finanzbehörden haben bei der Überprüfung der Angaben dieselben Befugnisse wie bei der Aufklärung der für die Besteuerung erheblichen Verhältnisse.**

6 (6) ① **Zur Erleichterung und Vereinfachung des automatisierten Besteuerungsverfahrens kann das Bundesministerium der Finanzen durch Rechtsverordnung mit Zustimmung des Bundesrates bestimmen, dass und unter welchen Voraussetzungen Steuererklärungen oder sonstige für das Besteuerungsverfahren erforderliche Daten ganz oder teilweise durch Datenfernübertragung oder auf maschinell verwertbaren Datenträgern übermittelt werden können.** ② **In der Rechtsverordnung können von den §§ 72 a und 87 b bis 87 d abweichende Regelungen getroffen werden.** ③ **Die Rechtsverordnung bedarf nicht der Zustimmung des Bundesrates, soweit die Kraftfahrzeugsteuer, die Luftverkehrsteuer, die Versicherungsteuer und Verbrauchsteuern, mit Ausnahme der Biersteuer, betroffen sind.**

7 (7) ① **Können Steuererklärungen, die nach amtlich vorgeschriebenem Vordruck abgegeben oder nach amtlich vorgeschriebenem Datensatz durch Datenfernübertragung übermittelt werden, nach § 155 Absatz 4 Satz 1 zu einer ausschließlich automationsgestützten Steuerfestsetzung führen, ist es dem Steuerpflichtigen zu ermöglichen, Angaben, die nach seiner Auffassung Anlass für eine Bearbeitung durch Amtsträger sind, in einem dafür vorgesehenen Abschnitt oder Datenfeld der Steuererklärung zu machen.** ② **Daten, die von mitteilungspflichtigen Stellen nach Maßgabe des § 93 c an die Finanzverwaltung übermittelt wurden, gelten als Angaben des Steuerpflichtigen, soweit sie in den Steuererklärungsformularen als eDaten gekennzeichnet sind oder bei nach amtlich vorgeschriebenem Datensatz durch Datenfernübertragung übermittelten Steuererklärungen für den Belegabruf bereitgestellt werden und er nicht in einem dafür vorzusehenden Abschnitt oder Datenfeld der Steuererklärung abweichende Angaben macht.**

8 (8)[5] ① **Ordnen die Steuergesetze an, dass die Finanzbehörde auf Antrag zur Vermeidung unbilliger Härten auf eine Übermittlung der Steuererklärung nach amtlich**

---

[1] Dem Erfordernis der in einem Steuergesetz angeordneten Eigenhändigkeit der Unterschrift ist nicht genügt, wenn ein Bevollmächtigter mit dem Namen des Antragstellers oder Stpfl. ohne jeden Zusatz oder sonstigen Hinweis auf eine Bevollmächtigung unterschreibt *(BFH-Urteil vom 7. 11. 1997 VI R 45/97, BStBl. 1998 II S. 54).*

Die fristgerechte Übermittlung eines eigenhändig unterzeichneten Investitionszulagenantrags per Telefax genügt nicht, um den Anspruch des Berechtigten auf Investitionszulage zu wahren, da die Telekopie (Faxausdruck) einer Unterschrift des Berechtigten keine eigenhändige Unterschrift iSd § 6 Abs. 3 Satz 1 InvZulG 1993 darstellt *(BFH-Urteil vom 17. 12. 1998 III R 101/96, BFH/NV 1999 S. 867).* Ein Freistellungsauftrag muss nicht eigenhändig unterschrieben werden *(Vfg. OFD Frankfurt vom 4. 7. 2000 S 2404 A – 15 – St II 13 (S), BB S. 1717).*

Eine Steuererklärung ohne die gesetzlich vorgeschriebene Unterschrift ist zwar unwirksam. Dieser Mangel ist aber unbeachtlich, wenn auf eine solche Steuererklärung ein wirksamer Steuerbescheid ergeht *(BFH-Urteil vom 28. 2. 2002 V R 42/01, BStBl. II S. 642).*

Eine nicht vom Steuerpflichtigen selbst oder einem organschaftlichen Vertreter einer Gesellschaft unterzeichnete Steuererklärung i. S. d. § 150 Abs. 3 Satz 1 AO setzt den Fristenlauf nach § 170 Abs. 2 Satz 1 Nr. 1 AO nicht in Gang, wenn das Finanzamt die fehlende Originalunterschrift des Steuerpflichtigen oder des gesetzlichen Vertreters nicht erkannt hat bzw. nicht erkennen musste. Eine solche Steuererklärung beendet die Anlaufhemmung nicht *(BFH-Beschluss vom 9. 7. 2012 I B 11/12, BFH/NV S. 1576).*

[2] Kehrt ein ausländischer Arbeitnehmer auf Dauer in sein Heimatland zurück, so kann dessen Einkommensteuer-Erklärung ausnahmsweise durch einen Bevollmächtigten unter Offenlegung des Vertretungsverhältnisses unterzeichnet werden *(BFH-Urteil vom 10. 4. 2002 VI R 66/98, BStBl. II S. 455).*

[3] Eine Rechtsgrundlage für den Verbleib von Spendenquittungen bei den Steuerakten besteht nicht *(Erlass FM Thüringen vom 21. 9. 1992 S 0321 – 1 – 1 – 2.01.3, DStR 1993 S. 205).*

[4] Rechtsgrundlage für die **Erhebung statistischer Daten** ist § 150 Abs. 5 Satz 1 AO. Der Stpfl. ist zur Beantwortung der Fragen verpflichtet. Dies kann auch erzwungen werden. Dem Gesetz ist nicht zu entnehmen, dass die abgefragten Daten deshalb nicht gesondert verlangt werden dürfen, weil sie sich bereits aus anderen vom Stpfl. eingereichten Unterlagen ergeben und dass die Daten unmittelbar der Besteuerung dienen müssten *(BFH-Beschluss vom 23. 11. 1998 VII B 237/98, BFH/NV 1999 S. 897).*

[5] *BFH-Urteil vom 16. 6. 2020 VIII R 29/17, BStBl. 2021 II S. 288*: 1. Die Verpflichtung zur Abgabe der Einkommensteuererklärung nach amtlich vorgeschriebenem Datensatz durch Datenfernübertragung gemäß § 25 Abs. 4 Satz 1 EStG ist wirtschaftlich unzumutbar i. S. von § 150 Abs. 8 Sätze 1 und 2 AO, wenn der finanzielle Aufwand für die Einrichtung und

[Fortsetzung nächste Seite]

vorgeschriebenem Datensatz durch Datenfernübertragung verzichten kann, ist einem solchen Antrag zu entsprechen, wenn eine Erklärungsabgabe nach amtlich vorgeschriebenem Datensatz durch Datenfernübertragung für den Steuerpflichtigen wirtschaftlich oder persönlich unzumutbar ist.[1] ② Dies ist insbesondere der Fall, wenn die Schaffung der technischen Möglichkeiten für eine Datenfernübertragung des amtlich vorgeschriebenen Datensatzes nur mit einem nicht unerheblichen finanziellen Aufwand möglich wäre oder wenn der Steuerpflichtige nach seinen individuellen Kenntnissen und Fähigkeiten nicht oder nur eingeschränkt in der Lage ist, die Möglichkeiten der Datenfernübertragung zu nutzen.

Zu § 150 – Form und Inhalt der Steuererklärungen: AEAO

1. Zu den Grundsätzen für die Verwendung von Steuererklärungsvordrucken vgl. BMF-Schreiben vom 12. 8. 2022, BStBl. I S. 1334[2]. Zur elektronischen Übermittlung von Steuererklärungen vgl. § 87 a Abs. 6, § 87 b Abs. 1 und 2 und § 87 d AO. 9

2. Die Umsatzsteuer-Jahreserklärung ist eine Steueranmeldung i. S. d. § 150 Abs. 1 Satz 3 AO, da der Unternehmer nach § 18 Abs. 3 UStG nach Ablauf eines Kalenderjahres eine Umsatzsteuererklärung abzugeben hat, in der er die Umsatzsteuer oder den Überschuss selbst berechnen muss. Das Gleiche gilt für Umsatzsteuer-Voranmeldungen und Lohnsteueranmeldungen. Wegen der Festsetzung der Steuer bei einer Steueranmeldung vgl. AEAO zu § 167, wegen der Wirkung einer Steueranmeldung vgl. AEAO zu § 168. 10

3. Hat die Steuerverwaltung Daten, die ihr von mitteilungspflichtigen Stellen nach Maßgabe des § 93 c AO übermittelt wurden, mangels abweichender Angaben des Steuerpflichtigen bei der Steuerfestsetzung unverändert übernommen, ist der Steuerpflichtige für die Richtigkeit dieser Daten nicht verantwortlich (§ 150 Abs. 7 Satz 2 AO). Gleiches gilt bei der Nutzung der sogen. vorausgefüllten (elektronischen) Steuererklärung, soweit der Steuerpflichtige keine abweichenden Angaben gemacht hat. Wegen der Korrekturmöglichkeit in diesen Fällen vgl. § 175 b AO. 11

Nach § 150 Abs. 7 Satz 2 AO in der Fassung des JStG 2022 ist die Erklärungsfiktion mit Wirkung für alle Steuererklärungen, die nach dem 21. 12. 2022 abgegeben werden (Art. 97 § 10 a Abs. 5 EGAO), auf solche von Dritten nach Maßgabe des § 93 c AO übermittelten Daten beschränkt, die

– in den Steuererklärungsformularen als eDaten gekennzeichnet sind oder
– bei nach amtlich vorgeschriebenem Datensatz durch Datenfernübertragung übermittelten Steuererklärungen für den Belegabruf bereitgestellt werden.

4. Die Anwendung des § 150 Abs. 8 AO setzt das Vorliegen einer Härtefallregelung in den Einzelsteuergesetzen voraus. § 150 Abs. 8 AO ergänzt diese Regelungen dahingehend, dass die Finanzbehörde einem Antrag zu entsprechen hat, wenn die unbillige Härte darin besteht, dass dem Steuerpflichtigen die Erklärungsabgabe nach amtlich vorgeschriebenem Datensatz durch Datenfernübertragung wirtschaftlich oder persönlich nicht zumutbar ist. Bei Vorliegen der Voraussetzungen des § 150 Abs. 8 AO besteht kein Ermessensspielraum (vgl. BFH-Urteil vom 16. 6. 2020, VIII R 29/19, BStBl. 2021 II S. 290). 11 a

4.1. Bei der Prüfung, ob eine Erklärungsabgabe nach amtlich vorgeschriebenem Datensatz durch Datenfernübertragung für den antragstellenden Steuerpflichtigen wirtschaftlich oder persönlich unzumutbar ist, sind alle Umstände des Einzelfalls zu berücksichtigen.

4.1.1. Wirtschaftliche Unzumutbarkeit i. S. d. § 150 Abs. 8 AO liegt insbesondere vor, wenn die Schaffung der technischen Möglichkeiten für eine Datenfernübertragung des amtlich vorgeschriebenen Datensatzes nur mit einem nicht unerheblichen finanziellen Aufwand möglich wäre, wenn also die Kosten für die Schaffung der technischen Voraussetzungen in keinem wirtschaftlich sinnvollen Verhältnis mehr zu den Einkünften stehen, wegen derer die Erklärung nach amtlich vorge-

---

[Fortsetzung]
Aufrechterhaltung einer Datenfernübertragungsmöglichkeit in keinem wirtschaftlich sinnvollen Verhältnis zu den Einkünften nach § 2 Abs. 1 Satz 1 Nr. 1 bis 3 EStG steht. 2. Der Antrag auf Befreiung wegen unbilliger Härten nach § 25 Abs. 4 Satz 2 EStG i. V. m. § 150 Abs. 8 AO bezieht sich nur auf den jeweiligen Veranlagungszeitraum.

Die Verpflichtung zur Abgabe der Einkommensteuererklärung nach amtlich vorgeschriebenem Datensatz durch Datenfernübertragung gemäß § 25 Abs. 4 Satz 1 EStG ist wirtschaftlich unzumutbar i. S. von § 150 Abs. 8 Sätze 1 und 2 AO, wenn der finanzielle Aufwand für die Einrichtung und Aufrechterhaltung einer Datenfernübertragungsmöglichkeit in keinem wirtschaftlich sinnvollen Verhältnis zu den Einkünften nach § 2 Abs. 1 Satz 1 Nr. 1 bis 3 EStG steht *(BFH-Urteil vom 16. 6. 2020 VIII R 29/19, BStBl. 2021 II S. 290).*

---

[1] *BFH-Urteil vom 14. 3. 2012 XI R 33/09, BFH/NV S. 477:* 1. Die Verpflichtung eines Unternehmers, seine Umsatzsteuer-Voranmeldungen dem Finanzamt grundsätzlich durch Datenfernübertragung elektronisch zu übermitteln, ist verfassungsgemäß. 2. Beantragt der Unternehmer, zur Vermeidung von unbilligen Härten die Umsatzsteuer-Voranmeldungen (weiterhin) nach amtlich vorgeschriebenem Vordruck in Papierform abgeben zu dürfen, muss das Finanzamt diesem Antrag entsprechen, wenn dem Unternehmer die elektronische Datenübermittlung der Umsatzsteuer-Voranmeldungen wirtschaftlich oder persönlich unzumutbar ist. 3. Liegt eine solche wirtschaftliche oder persönliche Unzumutbarkeit nicht vor, verbleibt es bei dem Anspruch des Unternehmers auf ermessensfehlerfreie Entscheidung des Finanzamts über diesen Antrag. 4. Der Unternehmer darf vom Finanzamt hinsichtlich der zur Erfüllung der Erklärungspflicht auf elektronischem Weg erforderlichen Hard- und Software grundsätzlich nicht auf den Internetzugang anderer „Konzerngesellschaften" verwiesen werden.

[2] Nachstehend abgedruckt.

schriebenem Datensatz durch Datenfernübertragung zu übermitteln ist (vgl. BFH-Urteile vom 16. 6. 2020, VIII R 29/17, BStBl. 2021 II S. 288 und VIII R 29/19, BStBl. 2021 II S. 290). Das Fehlen der für eine elektronische Übermittlung der Steuererklärung erforderlichen Technik hingegen genügt bei wirtschaftlicher Zumutbarkeit alleine nicht, um einen Anspruch auf Befreiung von der Abgabe der Steuererklärung in elektronischer Form zu begründen (vgl. BFH-Urteil vom 14. 3. 2012, XI R 33/09, BStBl. II S. 477). Finanzielle Verhältnisse des Steuerpflichtigen, die nicht mit den Einkünften in Zusammenhang stehen, die für die elektronische Übermittlungspflicht einer Erklärung ursächlich sind, sind bei Feststellung der Verhältnismäßigkeit nicht zu berücksichtigen (vgl. BFH-Urteil vom 16. 6. 2020, VIII R 29/19, a. a. O.).

4.1.2. Persönliche Unzumutbarkeit i. S. d. § 150 Abs. 8 AO liegt insbesondere vor, wenn der Steuerpflichtige nach seinen individuellen Kenntnissen und Fähigkeiten nicht oder nur eingeschränkt in der Lage ist, die Möglichkeiten der Datenfernübertragung zu nutzen. Dies ist z. B. der Fall, wenn der Steuerpflichtige über keinerlei Medienkompetenz verfügt und aufgrund seiner aktuellen körperlichen oder geistigen Fähigkeiten auch keinen Zugang zur Computertechnik finden kann (vgl. BFH-Urteil vom 14. 3. 2012, XI R 33/09, a. a. O.).

4.2. Eine (nur) für einen Veranlagungszeitraum bzw. für ein Kalenderjahr gewährte Befreiung hat keine Dauerwirkung (vgl. BFH-Urteil vom 16. 6. 2020, VIII R 29/17, BStBl. 2021 II S. 288).

Anl 1

1) Schreiben betr. elektronische Übermittlung von Bilanzen sowie Gewinn- und Verlustrechnungen[1]

Vom 19. Januar 2010 (BeckVerw 234108)

(BMF IV C 6 – S 2133 – b/0; DOK 2009/0865962)

12 Nach § 5 b EStG haben Steuerpflichtige, die ihren Gewinn nach § 4 Absatz 1 EStG, § 5 EStG oder § 5 a EStG ermitteln, den Inhalt der Bilanz sowie der Gewinn- und Verlustrechnung nach amtlich vorgeschriebenem Datensatz durch Datenfernübertragung zu übermitteln. Gemäß § 51 Absatz 4 Nummer 1 b EStG ist das Bundesministerium der Finanzen ermächtigt, im Einvernehmen mit den obersten Finanzbehörden der Länder, den Mindestumfang der zu übermittelnden Daten zu bestimmen. Die Regelung ist am 1. Januar 2009 in Kraft getreten und erstmals für Wirtschaftsjahre anzuwenden, die nach dem 31. Dezember 2010 beginnen (§ 52 Absatz 15 a EStG).

Unter Bezugnahme auf das Ergebnis der Erörterung mit den obersten Finanzbehörden der Länder gilt gem. § 51 Absatz 4 Nummer 1 b EStG hinsichtlich der Anwendung des § 5 b EStG Folgendes:

I. Materiell-rechtliche Grundlagen

1. Gegenstand der elektronischen Übermittlung

13 1 Mit Verabschiedung des Steuerbürokratieabbaugesetzes wurde mit § 5 b EStG die elektronische Übermittlungsmöglichkeit des Inhalts der Bilanz, der Gewinn- und Verlustrechnung sowie einer ggf. notwendigen Überleitungsrechnung vorgesehen und eine einheitliche Form der medienbruchfreien Übermittlung von Steuererklärungen und weiteren steuererheblichen Unterlagen geschaffen. Die in § 5 b EStG beschriebenen Daten können unabhängig von der gem. § 25 Absatz 4 EStG, § 31 Absatz 1 a KStG, § 181 Absatz 2 a AO oder § 3 Absatz 2 der Verordnung zu § 180 Absatz 2 AO zu übermittelnden Steuererklärung übertragen werden (z. B. Eröffnungsbilanz, geänderte Bilanz). Die bisher nach § 60 Absatz 1 EStDV vorgeschriebene Übermittlung in Papierform entfällt.

Enthält die Bilanz Ansätze oder Beträge, die den steuerlichen Vorschriften nicht entsprechen, so sind diese Ansätze oder Beträge durch Zusätze oder Anmerkungen den steuerlichen Vorschriften gem. § 5 b Absatz 1 Satz 2 EStG anzupassen und ebenfalls nach amtlich vorgeschriebenem Datensatz durch Datenfernübertragung zu übermitteln (sog. „Überleitungsrechnung"). Der Steuerpflichtige kann stattdessen auch eine den steuerlichen Vorschriften entsprechende Bilanz nach amtlich vorgeschriebenem Datensatz durch Datenfernübertragung übermitteln (§ 5 b Absatz 1 Satz 3 EStG).

Die Grundsätze der Bilanzklarheit und Übersichtlichkeit (§ 243 Absatz 2 HGB) und Ansatz- und Bewertungsstetigkeit (§ 246 Absatz 3, § 252 Absatz 1 Nummer 6 HGB) sind zu beachten.

Hinsichtlich der Datenübermittlung findet das BMF-Schreiben vom 15. Januar 2007 IV C 6 – O 2250 – 138/06 (BStBl. I S. 95) Anwendung. Der Umfang der nach § 5 b EStG elektronisch zu übermittelnden Inhalte der Bilanz und der Gewinn- und Verlustrechnung sowie ggf. der Überleitungsrechnung wird sich aus den Taxonomie-Schemata ergeben, deren Veröffentlichung gem. § 51 Absatz 4 Nummer 1 b EStG mit gesondertem Schreiben bekannt gegeben wird.

2. Form und Inhalt der Datenübermittlung

14 2 Der Inhalt der Bilanz sowie der Gewinn- und Verlustrechnung ist in Form eines XBRL-Datensatzes auf elektronischem Weg nach Maßgabe der Steuerdaten-Übermittlungsverordnung vom 28. Januar 2003 (BGBl. I S. 139), zuletzt geändert durch die Verordnung vom 8. Januar 2009 (BGBl. I S. 31), in der jeweils geltenden Fassung zu übermitteln.

XBRL (eXtensible Business Reporting Language) ist ein international verbreiteter Standard für den elektronischen Datenaustausch von Unternehmensinformationen. Der Standard XBRL ermöglicht es, Daten in standardisierter Form aufzubereiten und mehrfach – etwa neben der Veröffentlichung im elekt-

[1] Vgl. hierzu auch *BMF-Schreiben vom 28. 9. 2011 IV C 6 – S 2133 – b/11/10 009, BStBl. I S. 855,* abgedruckt in der Loseblatt-Textausgabe **Steuererlasse** Nr. **1** § 5 b/2.

ronischen Bundesanzeiger zur Information von Geschäftspartnern, Kreditgebern, Aufsichtsbehörden oder Finanzbehörden – zu nutzen.

Bei der Festlegung des zu übermittelnden Dateninhalts wird grundsätzlich von der HGB-Taxonomie des XBRL Deutschland e. V. ausgegangen. Die Taxonomien bilden die allgemeinen handelsrechtlichen Rechnungslegungsvorschriften ab und enthalten u. a. die Module „Bilanz", „Gewinn- und Verlustrechnung", „Ergebnisverwendung", „Kapitalkontenentwicklung" und „Anhang". Soweit spezielle Rechnungslegungsvorschriften gelten, existieren hierzu Spezial-Taxonomien/Taxonomie-Erweiterungen. Zur Festlegung des nach § 5 b EStG zu übermittelnden Datensatzes werden diese Taxonomien erweitert, um alle nach steuerlichen Vorschriften erforderlichen Positionen abzudecken. Bestimmte Positionen sind verpflichtend zu übermitteln und werden in den Taxonomien als solche gekennzeichnet (Mindestanforderungen).

Bei der Übermittlung einer Handelsbilanz mit Überleitungsrechnung können auch vom Taxonomie-Schema abweichende individuelle Positionen übermittelt werden. Für diesen Ausnahmefall sieht die Taxonomie die Möglichkeit vor, zu den individuellen Positionen anzugeben, in welche – steuerlichen Vorschriften entsprechende – Positionen diese umzugliedern sind (Bsp.: Umgliederung einer handelsrechtlichen Position zwischen Anlage- und Umlaufvermögen auf Anlagevermögen einerseits und Umlaufvermögen andererseits).

§ 88 AO sowie die Mitwirkungspflichten des Steuerpflichtigen, insbesondere §§ 90, 97, 146, 147 und 200 Absatz 1 Satz 2 AO bleiben unberührt. Der Steuerpflichtige kann beispielsweise im Rahmen der Mitwirkungspflicht die Summen- und Saldenliste sowie das Anlageverzeichnis elektronisch übermitteln.

II. Härtefallregelung

3 Auf Antrag kann die Finanzbehörde zur Vermeidung unbilliger Härten auf eine elektronische Übermittlung verzichten. Dem Antrag ist zu entsprechen, wenn eine elektronische Übermittlung für den Steuerpflichtigen wirtschaftlich oder persönlich unzumutbar ist. Dies ist insbesondere der Fall, wenn die Schaffung der technischen Möglichkeiten für eine elektronische Übermittlung nur mit einem nicht unerheblichen finanziellen Aufwand möglich wäre oder wenn der Steuerpflichtige nach seinen individuellen Kenntnissen und Fähigkeiten nicht oder nur eingeschränkt in der Lage ist, die Möglichkeiten der elektronischen Übermittlung zu nutzen (§ 5 b Absatz 2 Satz 2 EStG i. V. m. § 150 Absatz 8 AO). 15

III. Folgen fehlender Datenübermittlung

4 Soweit die Finanzbehörde keine für den Steuerpflichtigen positive Härtefallentscheidung getroffen hat, kann die Verpflichtung zur elektronischen Übermittlung des Inhalts der Bilanz und der Gewinn- und Verlustrechnung sowie ggf. der Überleitungsrechnung durch Androhung und ggf. Festsetzung eines Zwangsgeldes (§§ 328 ff. AO) durchgesetzt werden. 16

IV. Zeitliche Anwendung

Die nach Abschnitt I geforderten Daten sind erstmals für Wirtschaftsjahre elektronisch zu übermitteln, die nach dem 31. Dezember 2010 beginnen (§ 52 Absatz 15 a EStG, § 84 Absatz 3 d EStDV). 17

2) Schreiben betr. Steuererklärungen nach amtlich vorgeschriebenem Vordruck (§ 150 Abs. 1 der Abgabenordnung – AO); Vorgaben für Erklärungen in Papierform

Anl 2

Vom 12. August 2022 (BeckVerw 573605)

BMF IV A 5-O 1561/19/10 001 :004; DOK 2022/0815321

1 Anlage[1]

Steuererklärungen sind dem Finanzamt in der Regel nach amtlich vorgeschriebenem Datensatz durch Datenfernübertragung elektronisch zu übermitteln. Sie dürfen auch in Papierform abgegeben werden, wenn

- die elektronische Übermittlung gesetzlich nicht angeordnet ist (z. B. § 25 Abs. 4 Satz 1 i. V. m. § 46 Abs. 2 Nr. 2 bis 8 des Einkommensteuergesetzes – EStG) oder
- ein durch das Finanzamt anerkannter Härtefall vorliegt (z. B. § 25 Abs. 4 Satz 2 EStG i. V. m. § 150 Abs. 8 AO).

Anwendungsregelung

Dieses Schreiben ersetzt das BMF-Schreiben vom 3. April 2012, BStBl. I S. 522.

Nach Erörterung mit den obersten Finanzbehörden der Länder gilt für Steuererklärungen in Papierform Folgendes:

1. Amtlich vorgeschriebene Vordrucke

1 Steuererklärungen in Papierform müssen nach „amtlich vorgeschriebenem Vordruck" übermittelt werden (§ 150 Abs. 1 AO). Diese Anforderung erfüllen 18

- Vordrucke, die mit den von der Steuerverwaltung freigegebenen Druckvorlagen hergestellt worden sind und z. B. in Finanzämtern zur Mitnahme ausliegen (amtliche Vordrucke),
- Vordrucke, die auf den Internetseiten der Steuerverwaltung bereitgestellt und ausgedruckt werden (amtliche Internet-Vordrucke), und
- Vordrucke, die nach dem Muster einer amtlich freigegebenen Druckvorlage – insbesondere durch Steuererklärungssoftware – erzeugt und ausgedruckt werden (nichtamtliche Vordrucke).

---

[1] Hier nicht abgedruckt.

2. Herstellung nichtamtlicher Vordrucke

19 2 Auch wer Steuererklärungssoftware oder Internetformulare herstellt, mit denen Steuererklärungen ausgedruckt und ggf. zuvor maschinell ausgefüllt werden können, stellt nichtamtliche Vordrucke her.

3 Wer nichtamtliche Steuererklärungsvordrucke herstellt, muss insbesondere
- die drucktechnische Ausgestaltung (Layout) und die Abmessung der amtlichen Vordrucke einhalten,
- Wortlaut und Kennzahlenbeschriftung der amtlichen Druckvorlagen in vollem Umfang übernehmen,
- die Zeilennummerierung sowie Seitenzahl und -folge der amtlichen Druckvorlagen in vollem Umfang übernehmen,
- einen Gründruck im amtlichen Vordruck durch entsprechende Graustufen ersetzen und
- in der Fußzeile den Herstellernamen angeben.

4 Diese und weitere Anforderungen werden im anliegenden „Merkblatt zur Herstellung nichtamtlicher Vordrucke für Steuererklärungen" näher erläutert (Anlage).

3. Druck amtlicher Internetvordrucke und nichtamtlicher Vordrucke

20 5 Internet-Vordrucke und nichtamtliche Vordrucke müssen im DIN A4 Hochformat ausgedruckt werden. Die Ausdrucke müssen über einen Zeitraum von mindestens 15 Jahren haltbar und ebenso lange gut lesbar sein.

4. Eintragungen in Steuererklärungen

21 6 Steuererklärungen in Papierform müssen wie folgt ausgefüllt sein:
- Feldeinteilungen müssen eingehalten werden.
- Die Zuordnung von Beträgen zu Kennzahlen muss eindeutig sein und die Kennzahlen dürfen nicht überschrieben werden.
- Eintragungen müssen deutlich erkennbar sein (z. B. Druckschrift bei handschriftlichen Eintragungen oder Fettdruck bei maschinellen Eintragungen).
- (Firmen-)Stempel, z. B. zur Eintragung von Adressen, sind nicht zu verwenden.
- Felder, in denen kein Eintrag erforderlich ist, bleiben leer – sie sollen weder durchgestrichen noch ausgenullt noch mit sonstigen Vermerken ausgefüllt werden.
- Bei negativen Beträgen ist das Minuszeichen vor den Betrag zu setzen.

5. Umgang mit mehrseitigen Vordrucken

22 7 Steuerpflichtige müssen bei der Abgabe von Steuererklärungen in Papierform Folgendes beachten:
- Mehrseitige Steuererklärungsvordrucke sind vollständig abzugeben. Dazu gehören auch Seiten ohne Eintragungen. Nicht abgegeben werden müssen Anlagen ohne jegliche Eintragung, z. B. eine leere Anlage N für den im Veranlagungszeitraum nicht berufstätigen Ehegatten.
- Die Seiten mehrseitiger Vordrucke dürfen nicht miteinander verbunden werden (z. B. durch Heft- oder Büroklammern).

Schlussbestimmungen

Dieses Schreiben steht ab sofort für eine Übergangszeit auf den Internetseiten des Bundesministeriums der Finanzen (www.bundesfinanzministerium.de) zur Verfügung.

AO

§ 151 Aufnahme der Steuererklärung an Amtsstelle

1 **Eine Steuererklärung, die schriftlich oder elektronisch abzugeben ist, kann bei der zuständigen Finanzbehörde zur Niederschrift erklärt werden, wenn dem Steuerpflichtigen nach seinen persönlichen Verhältnissen weder die elektronische Übermittlung noch die Schriftform zuzumuten ist, insbesondere, wenn er nicht in der Lage ist, eine gesetzlich vorgeschriebene Selbstberechnung der Steuer vorzunehmen oder durch einen Dritten vornehmen zu lassen.**

AEAO

Zu § 151 – Aufnahme der Steuererklärung an Amtsstelle:

2 Eine Aufnahme der Steuererklärung an Amtsstelle kommt i. d. R. nur bei geschäftlich unerfahrenen oder der deutschen Sprache unkundigen Steuerpflichtigen in Betracht, die nicht fähig sind, die Steuererklärung selbst schriftlich abzugeben oder unter den Voraussetzungen des § 150 Abs. 1 Satz 2 AO elektronisch zu übermitteln, und auch nicht in der Lage sind, die Hilfe eines Angehörigen der steuerberatenden Berufe in Anspruch zu nehmen.

AO

§ 152 Verspätungszuschlag[1]

1 (1) ① **Gegen denjenigen, der seiner Verpflichtung zur Abgabe einer Steuererklärung nicht oder nicht fristgemäß nachkommt, kann ein Verspätungszuschlag festgesetzt werden.** ② **Von der Festsetzung eines Verspätungszuschlags ist abzusehen, wenn der**

[1] § 121 AO, nach welchem ein schriftlicher Verwaltungsakt schriftlich zu begründen ist, soweit dies zu seinem Verständnis erforderlich ist, gilt auch für die Festsetzung des Verspätungszuschlags als Ermessensentscheidung *(BFH-Beschluss vom 19. 1. 1999 X B 112/98, BFH/NV S. 904).*

BFH-Urteil vom 16. 5. 1995 XI R 73/94, BStBl. 1996 II S. 259: 1. USt-Voranmeldung und Jahressteuererklärung sind – grundsätzlich auch für die Festsetzung von Verspätungszuschlägen – eigenständige Verfahren. 2. Ergeht während des Verfahrens gegen Verspätungszuschläge wegen verspäteter Abgabe bzw. Nichtabgabe von USt-Voranmeldungen ein Jahressteuerbescheid, sind dessen Festsetzungen für die Zumessung der Verspätungszuschläge von Bedeutung. Der Leitsatz 2 ist über den entschiedenen Fall hinaus nicht anzuwenden *(BMF-Schreiben vom 25. 4. 1996 IV A 4 – S 0323 – 6/96, BStBl. 1996 I S. 582).*

[Fortsetzung nächste Seite]

AO

Erklärungspflichtige glaubhaft macht, dass die Verspätung entschuldbar[1] ist; das Verschulden eines Vertreters oder eines Erfüllungsgehilfen ist dem Erklärungspflichtigen zuzurechnen.

2 **(2)[2] Abweichend von Absatz 1 ist ein Verspätungszuschlag festzusetzen, wenn eine Steuererklärung, die sich auf ein Kalenderjahr oder auf einen gesetzlich bestimmten Zeitpunkt bezieht,**

1. **nicht binnen *14 Monaten*[3] nach Ablauf des Kalenderjahrs oder nicht binnen *14 Monaten*[3] nach dem Besteuerungszeitpunkt,**
2. **in den Fällen des § 149 Absatz 2 Satz 2 nicht binnen *19 Monaten*[3] nach Ablauf des Kalenderjahrs oder nicht binnen *19 Monaten*[3] nach dem Besteuerungszeitpunkt oder**
3. **in den Fällen des § 149 Absatz 4 nicht bis zu dem in der Anordnung bestimmten Zeitpunkt**

abgegeben wurde.

3 **(3) Absatz 2 gilt nicht,**

1. **wenn die Finanzbehörde die Frist für die Abgabe der Steuererklärung nach § 109 verlängert hat oder diese Frist rückwirkend verlängert,**
2. **wenn die Steuer auf null Euro oder auf einen negativen Betrag festgesetzt wird,**
3. **wenn die festgesetzte Steuer die Summe der festgesetzten Vorauszahlungen und der anzurechnenden Steuerabzugsbeträge nicht übersteigt oder**
4. **bei jährlich abzugebenden Lohnsteueranmeldungen, bei Anmeldungen von Umsatzsteuer-Sondervorauszahlungen nach § 48 Absatz 2 der Umsatzsteuer-Durchfüh-**

[Fortsetzung]

BFH-Urteil vom 7. 7. 2005 V R 63/03, BStBl. I S. 813: 1. Die USt-Sondervorauszahlung, die ein zur Abgabe monatlicher USt-Voranmeldungen verpflichteter Unternehmer zu berechnen, anzumelden und zu entrichten hat, wenn das FA ihm die Fristen für die Abgabe der USt-Voranmeldungen und für die Entrichtung der USt-Vorauszahlungen um einen Monat verlängert hat, ist eine Steueranmeldung. 2. Daher kann die Finanzbehörde als Sanktion gegen die verspätete Erfüllung der Verpflichtung zur Berechnung, Anmeldung und Entrichtung einer USt-Sondervorauszahlung einen Verspätungszuschlag festsetzen. 3. Eine auf Antrag gewährte Dauerfristverlängerung gilt so lange fort, bis der Unternehmer seinen Antrag zurücknimmt oder das FA die Fristverlängerung widerruft; während der Geltungsdauer der Fristverlängerung muss der Unternehmer die USt-Sondervorauszahlung für das jeweilige Kj. anmelden und entrichten.

Ob die tatbestandlichen Voraussetzungen für die Festsetzung eines Verspätungszuschlags erfüllt sind, ist eine von den Gerichten voll überprüfbare Rechtsentscheidung *(BFH-Urteil vom 20. 1. 1993 I R 117/91)*. Sind sie erfüllt, hat das FA nach pflichtgemäßem Ermessen zu entscheiden, ob es einen Verspätungszuschlag festsetzt und wie hoch es ihn unter Beachtung der gesetzlichen Grenzen des § 152 Abs. 2 AO festsetzt.

Bearbeitet das FA eine verspätet abgegebene Steuererklärung nicht alsbald nach Eingang, ist die Festsetzung eines Verspätungszuschlags jedenfalls dann nicht ermessensfehlerhaft, wenn die Verspätung nicht nur geringfügig war und die Veranlagung innerhalb einer angemessenen Zeit (hier: 71 Tage) nach Eingang der Erklärung abschließend gezeichnet worden ist *(BFH-Urteil vom 19. 6. 2001 X R 83/98, BStBl. II S. 618)*.

BFH-Urteil vom 25. 9. 2001, IV R 29/00, BStBl. II S. 120: Die Festsetzung eines Verspätungszuschlags ist grundsätzlich auch dann nicht zu beanstanden, wenn das FA die Veranlagung erst ein halbes Jahr nach Abgabe der Steuererklärung vornimmt, der Stpfl. zuvor aber eine großzügig gewährte Fristverlängerung um mehr als ein halbes Jahr überzogen hatte (Anschluss an *BFH-Urteil vom 19. Juni 2001 X R 83/98, BStBl. 2001 II S. 618*).

Ein Verspätungszuschlag wegen verspäteter Abgabe einer USt-Jahreserklärung kann dem Grunde nach auch bei ausreichenden Vorauszahlungen auf die Steuerschuld festgesetzt werden *(BFH-Beschluss vom 11. 1. 2001 V B 168/00, BFH/NV S. 886)*.

Die Entscheidung des FA in einem USt-Änderungsbescheid, dass „der bisher festgesetzte Verspätungszuschlag unverändert erhalten" bleibe, erfolgt durch Verwaltungsakt *(BFH-Urteil vom 20. 5. 1994 VI R 105/92, BStBl. II S. 836)*. Der Stpfl. kann diesen Bescheid anfechten oder gem. § 68 FGO zum Gegenstand eines anhängigen Klageverfahrens machen.

Die Festsetzung von Verspätungszuschlägen ist nicht deswegen zwingend zurückzunehmen, weil Gesamtrechtsnachfolge eingetreten ist und der Abgabepflichtige, dessen Verhalten die Festsetzung veranlasst hat, nicht weiterhin als Schuldner in Anspruch genommen werden kann *(BFH-Urteil vom 23. 9. 2009 XI R 56/07, BFH/NV 2010 S. 12)*.

Das FA übt sein Auswahlermessen bei der Frage, gegen wen ein Verspätungszuschlag bei verspäteter Feststellungserklärung einer Personengesellschaft festgesetzt werden soll, regelmäßig fehlerfrei aus, wenn sich die Festsetzung gegen eine in § 34 AO genannte Person oder gegen einen Empfangsbevollmächtigten richtet *(BFH-Urteil vom 6. 11. 2012 VII R 19/09, BFH/NV S. 502)*.

---

[1] Vgl. *BFH-Urteil vom 26. 4. 1989 I R 10/85, BStBl. II S. 693:* 1. Wer bewusst, wenn auch infolge eines Irrtums über die materielle Rechtslage, die Frist zur Abgabe der Einkommensteuererklärung verstreichen lässt, handelt nicht entschuldbar iSd § 152 Abs. 1 AO. 2. Die in § 152 Abs. 2 Satz 2 AO genannten Ermessenskriterien sind grundsätzlich gleichwertig. Die Erzielung eines finanziellen Vorteils durch verspätete Abgabe der Steuererklärung ist keine unbedingte Voraussetzung für die Festsetzung eines Verspätungszuschlags. Das Verschulden eines **gesetzlichen Vertreters** oder eines **Erfüllungsgehilfen** geht zu Lasten des Stpfl. *(BFH-Urteil vom 7. 11. 1990 X R 143/88, BStBl. 1991 II S. 325)*. Zusammen veranlagte Ehegatten haben sich beide das Verschulden ihres steuerlichen Beraters an der verspäteten Abgabe der ESt-Erklärung zurechnen zu lassen *(BFH-Beschluss vom 10. 8. 2000 IV B 130/99, BFH/NV 2001 S. 146)*.

Die Doppelfunktion des Verspätungszuschlags als Sanktion einer Pflichtverletzung und als in die Zukunft gerichtete Prävention kann bei Bemessung dieses Druckmittels in unterschiedlichem Maße von Bedeutung sein. Jedenfalls wird die verspätete Abgabe der Steuererklärung nicht dadurch entschuldbar, dass das FA seinerseits die Steuerfestsetzung dann nicht zeitnah (nach Eingang der Erklärung) durchführt *(BFH-Urteil vom 26. 6. 2002 IV R 63/00, BStBl. II S. 679)*.

[2] § 152 Abs. 2 AO verstößt nicht gegen die Unschuldsvermutung gemäß Art. 6 Abs. 2 der Europäischen Menschenrechtskonvention *(BFH-Beschluss vom 4. 6. 2024 VIII B 121/22, BFH/NV S. 959)*.

[3] Vgl. Art. 97 § 36 Abs. 3 EGAO.

rungsverordnung, bei jährlich abzugebenden Versicherungsteuer- und Feuerschutzsteueranmeldungen sowie bei Erklärungen nach § 95 des Mindeststeuergesetzes.

4 (4) ① Sind mehrere Personen zur Abgabe einer Steuererklärung verpflichtet, kann die Finanzbehörde nach ihrem Ermessen entscheiden, ob sie den Verspätungszuschlag gegen eine der erklärungspflichtigen Personen, gegen mehrere der erklärungspflichtigen Personen oder gegen alle erklärungspflichtigen Personen festsetzt. ② Wird der Verspätungszuschlag gegen mehrere oder gegen alle erklärungspflichtigen Personen festgesetzt, sind diese Personen Gesamtschuldner des Verspätungszuschlags. ③ In Fällen des § 180 Absatz 1 Satz 1 Nummer 2 Buchstabe a ist der Verspätungszuschlag festzusetzen

1. bei rechtsfähigen Personenvereinigungen vorrangig gegen die Personenvereinigung und
2. bei nicht rechtsfähigen Personenvereinigungen vorrangig gegen die nach § 181 Absatz 2 Satz 2 Nummer 4 erklärungspflichtigen Personen.

5 (5) ① Der Verspätungszuschlag beträgt vorbehaltlich des Satzes 2, der Absätze 8 und 13 Satz 2 für jeden angefangenen Monat der eingetretenen Verspätung 0,25 Prozent der festgesetzten Steuer, mindestens jedoch 10 Euro für jeden angefangenen Monat der eingetretenen Verspätung. ② Für Steuererklärungen, die sich auf ein Kalenderjahr oder auf einen gesetzlich bestimmten Zeitpunkt beziehen, beträgt der Verspätungszuschlag für jeden angefangenen Monat der eingetretenen Verspätung 0,25 Prozent der um die festgesetzten Vorauszahlungen und die anzurechnenden Steuerabzugsbeträge verminderten festgesetzten Steuer, mindestens jedoch 25 Euro für jeden angefangenen Monat der eingetretenen Verspätung. ③ Wurde ein Erklärungspflichtiger von der Finanzbehörde erstmals nach Ablauf der gesetzlichen Erklärungsfrist zur Abgabe einer Steuererklärung innerhalb einer dort bezeichneten Frist aufgefordert und konnte er bis zum Zugang dieser Aufforderung davon ausgehen, keine Steuererklärung abgeben zu müssen, so ist der Verspätungszuschlag nur für die Monate zu berechnen, die nach dem Ablauf der in der Aufforderung bezeichneten Erklärungsfrist begonnen haben.

6 (6) ① Für Erklärungen zur gesonderten Feststellung von Besteuerungsgrundlagen, für Erklärungen zur Festsetzung des Gewerbesteuermessbetrags und für Zerlegungserklärungen gelten vorbehaltlich des Absatzes 7 die Absätze 1, 2 und 3 Nummer 1 sowie Absatz 4 Satz 1 und 2 entsprechend. ② Der Verspätungszuschlag beträgt für jeden angefangenen Monat der eingetretenen Verspätung 25 Euro.

7 (7) Für Erklärungen zu gesondert festzustellenden einkommensteuerpflichtigen oder körperschaftsteuerpflichtigen Einkünften beträgt der Verspätungszuschlag für jeden angefangenen Monat der eingetretenen Verspätung 0,0625 Prozent der positiven Summe der festgestellten Einkünfte, mindestens jedoch 25 Euro für jeden angefangenen Monat der eingetretenen Verspätung.

8 (8) ① Absatz 5 gilt nicht für

1. vierteljährlich oder monatlich abzugebende Steueranmeldungen,
2. nach § 41 a Absatz 2 Satz 2 zweiter Halbsatz des Einkommensteuergesetzes jährlich abzugebende Lohnsteueranmeldungen,
3. nach § 8 Absatz 2 Satz 3 des Versicherungsteuergesetzes jährlich abzugebende Versicherungsteueranmeldungen,
4. nach § 8 Absatz 2 Satz 3 des Feuerschutzsteuergesetzes jährlich abzugebende Feuerschutzsteueranmeldungen und
5. Anmeldungen der Umsatzsteuer-Sondervorauszahlung nach § 48 Absatz 2 der Umsatzsteuer-Durchführungsverordnung.

② In diesen Fällen sind bei der Bemessung des Verspätungszuschlags die Dauer und Häufigkeit der Fristüberschreitung sowie die Höhe der Steuer zu berücksichtigen.

9 (9) ① Bei Nichtabgabe der Steuererklärung ist der Verspätungszuschlag für einen Zeitraum bis zum Ablauf desjenigen Tages zu berechnen, an dem die erstmalige Festsetzung der Steuer wirksam wird. ② Gleiches gilt für die Nichtabgabe der Erklärung zur Festsetzung des Gewerbesteuermessbetrags, der Zerlegungserklärung oder der Erklärung zur gesonderten Feststellung von Besteuerungsgrundlagen.

10 (10) Der Verspätungszuschlag ist auf volle Euro abzurunden und darf höchstens 25 000 Euro betragen.

11 (11) ① Die Festsetzung des Verspätungszuschlags soll mit dem Steuerbescheid, dem Gewerbesteuermessbescheid oder dem Zerlegungsbescheid verbunden werden; in den Fällen des Absatzes 4 kann sie mit dem Feststellungsbescheid verbunden werden. ② In den Fällen des Absatzes 2 kann die Festsetzung des Verspätungszuschlags ausschließlich automationsgestützt erfolgen.

12 (12) ① Wird die Festsetzung der Steuer oder des Gewerbesteuermessbetrags oder der Zerlegungsbescheid oder die gesonderte Feststellung von Besteuerungsgrundlagen

aufgehoben, so ist auch die Festsetzung eines Verspätungszuschlags aufzuheben. ② Wird die Festsetzung der Steuer, die Anrechnung von Vorauszahlungen oder Steuerabzugsbeträgen auf die festgesetzte Steuer oder in den Fällen des Absatzes 7 die gesonderte Feststellung einkommensteuerpflichtiger oder körperschaftsteuerpflichtiger Einkünfte geändert, zurückgenommen, widerrufen oder nach § 129 berichtigt, so ist ein festgesetzter Verspätungszuschlag entsprechend zu ermäßigen oder zu erhöhen, soweit nicht auch nach der Änderung oder Berichtigung die Mindestbeträge anzusetzen sind. ③ Ein Verlustrücktrag nach § 10 d Absatz 1 des Einkommensteuergesetzes oder ein rückwirkendes Ereignis im Sinne des § 175 Absatz 1 Satz 1 Nummer 2 oder Absatz 2 sind hierbei nicht zu berücksichtigen.

13 (13) **① Die Absätze 2, 4 Satz 2, Absatz 5 Satz 2 sowie Absatz 8 gelten vorbehaltlich des Satzes 2 nicht für Steuererklärungen, die gegenüber den Hauptzollämtern abzugeben sind. ② Für die Bemessung des Verspätungszuschlags zu Steuererklärungen zur Luftverkehrsteuer gilt Absatz 8 Satz 2 entsprechend.**

Zu § 152 – Verspätungszuschlag:

AEAO

1. Zeitlicher Anwendungsbereich

14 § 152 AO i. d. F. des StModernG ist erstmals für Steuererklärungen anzuwenden, die nach dem 31. 12. 2018 abzugeben sind; eine Verlängerung der Steuererklärungsfrist ist hierbei nicht zu berücksichtigen (Art. 97 § 8 Abs. 4 Satz 1 und 2 EGAO).

Für die Besteuerungszeiträume 2020 bis 2024 bestehen in Bezug auf § 152 Abs. 2 AO Sonderregelungen; hier bestimmt sich die Frage, ob ein Verspätungszuschlag von Amts wegen festzusetzen ist (Hinweis auf Nr. 4 des AEAO zu § 152), nach den folgenden Fristüberschreitungen (vgl. Art. 97 § 36 Abs. 3 Nr. 5 und 6 EGAO):

Besteuerungszeitraum	maßgebliche Fristüberschreitung	
	gem. § 152 Abs. 2 Nr. 1 AO (jeweils)	gem. § 152 Abs. 2 Nr. 2 AO (jeweils)
2020	20 Monate	25 Monate
2021	20 Monate	25 Monate
2022	19 Monate	24 Monate
2023	17 Monate	22 Monate
2024	16 Monate	21 Monate

2. Ermessensabhängige Festsetzung von Verspätungszuschlägen

15 Nach § 152 Abs. 1 Satz 1 AO kann ein Verspätungszuschlag festgesetzt werden, wenn eine gesetzliche Frist (§ 149 Abs. 2 Satz 1, Abs. 3 AO) oder eine von der Finanzbehörde bestimmte Frist (§ 149 Abs. 1 Satz 2 AO) zur Abgabe einer Steuererklärung nicht eingehalten worden ist. Hierbei ist eine (ggf. rückwirkend) gewährte und eingehaltene Fristverlängerung (§ 109 AO) zu berücksichtigen. Die Festsetzung eines Verspätungszuschlags kommt insbesondere in Betracht im Fall wiederholt verspäteter oder unterbliebener Erklärungsabgabe. Auch wenn die Festsetzung des Verspätungszuschlags nach § 152 Abs. 2 AO aus den in § 152 Abs. 3 AO genannten Gründen nicht von Amts wegen erfolgt, kann die Finanzbehörde einen Verspätungszuschlag nach § 152 Abs. 1 AO festsetzen.

Der in § 152 AO verwendete Begriff der „Steuererklärung" umfasst auch Feststellungserklärungen (§ 181 Abs. 1 Satz 1 AO) und Erklärungen zur Festsetzung eines Steuermessbetrags (§ 184 Abs. 1 Satz 4 AO). Die Berechnung des Verspätungszuschlags richtet sich in diesen Fällen nach § 152 Abs. 6, 7 und 9 AO.

3. Entschuldbarkeit der verspäteten Erklärungsabgabe

16 Im Anwendungsbereich des § 152 Abs. 1 AO sind Entschuldigungsgründe für eine verspätete Erklärungsabgabe vom Steuerpflichtigen glaubhaft zu machen (§ 152 Abs. 1 Satz 2 AO). Für die Finanzbehörden besteht insoweit keine Amtsermittlungspflicht. Das Versäumnis ist regelmäßig dann nicht entschuldbar, wenn Steuererklärungen wiederholt nicht oder nicht fristgemäß abgegeben oder von der Finanzbehörde antragsgemäß bewilligte Fristverlängerungen nicht eingehalten wurden.

4. Gesetzlich vorgeschriebene Festsetzung von Verspätungszuschlägen

17 Unter den Voraussetzungen des § 152 Abs. 2 AO ist ein Verspätungszuschlag von Amts wegen (d. h. ermessensunabhängig) festzusetzen. Dies gilt unabhängig davon, ob ein „Beraterfall" i. S. d. § 149 Abs. 3 AO vorliegt oder der Steuerpflichtige seine Steuererklärung selbst erstellt.

4.1. Auf ein Kalenderjahr beziehen sich insbesondere die Einkommensteuererklärung, die Körperschaftsteuererklärung, die Gewerbesteuererklärung und die Umsatzsteuererklärung für das Kalenderjahr.

AEAO **4.2.** Steuererklärungen, die sich auf einen gesetzlich bestimmten Zeitpunkt beziehen, sind z. B. die Erbschaftsteuererklärung, die Anzeigen nach § 19 GrEStG sowie die Erklärungen zur Feststellung von Einheitswerten, Grundsteuerwerten oder Bedarfswerten (§ 151 BewG). § 152 Abs. 2 AO ist jedoch nicht auf Erklärungen von Grundsteuerwerten im Rahmen der Hauptfeststellung auf den 1. 1. 2022 anzuwenden (Art. 97 § 8 Abs. 6 EGAO).

4.3. § 152 Abs. 2 AO ist auch anwendbar, wenn Steuerpflichtige erst nach Aufforderung der Finanzbehörde zur Abgabe der Steuererklärung verpflichtet sind (vgl. Nr. 1 Satz 2 des AEAO zu § 152) und sie die Erklärung erst nach Ablauf dieser Frist abgegeben haben.

4.4. § 152 Abs. 2 AO gilt in den Fällen des § 16 Abs. 3, § 18 Abs. 3 Satz 2 UStG nur, wenn die Erklärung nicht binnen 14 Monaten nach Ablauf des Kalenderjahres abgegeben worden ist. Bei einer Fristüberschreitung von mehr als 14 Monaten nach Ablauf der besonderen Erklärungsfrist nach § 18 Abs. 3 UStG soll grundsätzlich ein Verspätungszuschlag nach § 152 Abs. 1 AO festgesetzt werden.

Beispiel:

Die Unternehmereigenschaft endet am 31. 7. 01. Die Erklärung ist nach § 16 Abs. 3, § 18 Abs. 3 Satz 2 UStG bis zum 31. 8. 01 abzugeben. Wird die Erklärung nach dem 31. 10. 02 und vor dem 1. 3. 03 abgegeben, ist bei Anwendung des § 152 Abs. 1 AO das Ermessen auf Null reduziert. Wird die Erklärung nach dem 28. 2. 03 oder überhaupt nicht abgegeben, ist § 152 Abs. 2 AO anzuwenden.

5. Rückausnahme gemäß § 152 Abs. 3 AO

18 Liegt ein Fall des § 152 Abs. 3 AO vor, findet § 152 Abs. 2 AO keine Anwendung, d. h. es erfolgt keine ermessensunabhängige Festsetzung von Amts wegen. Die Festsetzung eines Verspätungszuschlags richtet sich in diesem Fall nach § 152 Abs. 1 AO.

5.1. Hat die Finanzbehörde die Frist für die Abgabe der Steuererklärung nach § 109 AO (ggf. rückwirkend) verlängert (§ 152 Abs. 3 Nr. 1 AO), gilt Folgendes:

- Wurde die verlängerte Erklärungsfrist eingehalten, liegt keine verspätete Erklärungsabgabe vor, so dass weder nach § 152 Abs. 1 AO noch nach § 152 Abs. 2 AO ein Verspätungszuschlag festgesetzt werden darf.
- Wurde die verlängerte Erklärungsfrist nicht eingehalten, kann die Finanzbehörde nach § 152 Abs. 1 AO einen Verspätungszuschlag festsetzen.

5.2. In den folgenden Fällen kann die Finanzbehörde – insbesondere bei wiederholter Verletzung der Erklärungsfrist – nach § 152 Abs. 1 AO einen Verspätungszuschlag festsetzen:

- Die Steuer wurde auf null Euro oder auf einen negativen Betrag festgesetzt (§ 152 Abs. 3 Nr. 2 AO),
- die festgesetzte Steuer übersteigt nicht die Summe der festgesetzten Vorauszahlungen und der anzurechnenden Steuerabzugsbeträge (§ 152 Abs. 3 Nr. 3 AO),
- bei jährlich abzugebenden Lohnsteueranmeldungen (§ 152 Abs. 3 Nr. 4 AO).

6. Inhaltsadressat der Verspätungszuschlagsfestsetzung

19 **6.1.** Der Verspätungszuschlag wird gegen den Erklärungspflichtigen festgesetzt.

6.2. Wird die Steuererklärung von einem gesetzlichen Vertreter oder einer sonstigen Person i. S. d. §§ 34, 35 AO abgegeben, so ist der Verspätungszuschlag gleichwohl grundsätzlich gegen den Steuerschuldner festzusetzen (vgl. BFH-Urteil vom 18. 4. 1991, IV R 127/89, BStBl. II S. 675). Eine Festsetzung gegen den Vertreter kommt nur in Ausnahmefällen (z. B. leichtere Beitreibbarkeit des Verspätungszuschlags bei dem Vertreter) in Betracht.

6.3. Für den Fall, dass mehrere Personen zur Abgabe ein und derselben Steuererklärung verpflichtet sind, vgl. § 152 Abs. 4 AO.

6.3.1. In Zusammenveranlagungsfällen ist der Verspätungszuschlag grundsätzlich gegen beide Ehegatten oder Lebenspartner festzusetzen.

6.3.2. Nach § 152 Abs. 4 Satz 3 AO in der ab 1. 1. 2024 geltenden Fassung ist der Verspätungszuschlag in den Fällen des § 180 Abs. 1 Satz 1 Nr. 2 Buchst. a AO bei rechtsfähigen Personenvereinigungen vorrangig gegen die Personenvereinigung festzusetzen.

Maßgebend für die Anwendbarkeit von § 152 Abs. 4 Satz 3 AO ist nach Artikel 97 § 39 Abs. 1 EGAO der gesetzlich bestimmte Zeitpunkt, an dem die jeweilige Erklärungsfrist abgelaufen ist. Abzustellen ist dabei auf den letzten Tag der gesetzlichen Erklärungsfrist nach § 181 Abs. 1 Satz 1 i. V. m. § 149 AO i. V. m. Art. 97 § 36 Abs. 3 EGAO:

- In nicht beratenen Feststellungsfällen gilt die Neuregelung erstmals für den Feststellungszeitraum 2023.
- In beratenen Feststellungsfällen gilt die Neuregelung dagegen erstmals für den Feststellungszeitraum 2022.

7. Gesetzliche Vorgaben zur Berechnung von Verspätungszuschlägen

20 § 152 Abs. 5 AO enthält gesetzliche Vorgaben zur Berechnung des Verspätungszuschlags und gilt sowohl für die Fälle des § 152 Abs. 1 AO als auch für die Fälle des § 152 Abs. 2 AO. Insoweit besteht kein Ermessensspielraum der Finanzbehörde. Etwas anderes gilt lediglich in den Fällen des § 152 Abs. 8 AO.

In den Fällen von Nr. 4.3 des AEAO zu § 152 ist bei der Berechnung des Verspätungszuschlags § 152 Abs. 5 Satz 3 AO entsprechend anzuwenden.

8. Berechnung von Verspätungszuschlägen bei anlassbezogenen Steueranmeldungen

§ 152 Abs. 8 AO gilt nicht für Steueranmeldungen, die nicht periodisch, sondern nur anlassbezogen abzugeben sind, wie z. B. die Kapitalertragsteuer-Anmeldung (§ 45 a Abs. 1 Satz 1 i. V. m. § 44 Abs. 1 Satz 5 EStG), die Steueranmeldung nach § 48 a Abs. 1 EStG und die Anmeldung über einen Steuerabzug bei beschränkt Steuerpflichtigen (§ 50 a EStG i. V. m. § 73 e EStDV). 21

9. Berechnungszeitraum

Eine Verpflichtung zur Abgabe einer Steuererklärung bleibt auch dann bestehen, wenn die Finanzbehörde die Besteuerungsgrundlagen geschätzt hat (§ 149 Abs. 1 Satz 4 AO). Für die Bemessung eines Verspätungszuschlags ist aber nur auf den Zeitraum bis zum erstmaligen Erlass des Steuerbescheids bzw. dessen Bekanntgabe abzustellen (§ 152 Abs. 9 AO). 22

Der Beginn des Berechnungszeitraumes bestimmt sich grundsätzlich nach dem Ablauf der jeweiligen Erklärungsfrist. Vorbehaltlich einer etwaigen Fristverlängerung nach § 109 Abs. 1 oder 2 AO ist dies

- bei nicht beratenen Steuerpflichtigen der Ablauf der allgemeinen Erklärungsfrist (§ 149 Abs. 2 AO),
- bei beratenen Steuerpflichtigen entweder der Ablauf der verlängerten Erklärungsfrist (§ 149 Abs. 3 AO) oder bei vorzeitiger Anforderung (§ 149 Abs. 4 AO) der Ablauf der in der Anforderung bestimmten Frist.

§ 152 Abs. 5 Satz 3 AO enthält eine Sonderregelung für die Steuerpflichtigen, die bis zum Zugang einer – nach Ablauf der allgemeinen Erklärungsfrist versandten – Aufforderung davon ausgehen konnten, nicht zur Abgabe einer Steuererklärung verpflichtet zu sein. In diesen Fällen ist der Verspätungszuschlag erst vom Ablauf der in der Aufforderung bezeichneten Erklärungsfrist an zu berechnen.

10. Abrundung und Höchstbetrag

Der Verspätungszuschlag ist nach § 152 Abs. 10 AO auf volle Euro abzurunden und darf höchstens 25 000 Euro betragen. Er kann dabei – anders als nach § 152 AO a. F. – auch mehr als 10% der festgesetzten Steuer betragen. Dies gilt insbesondere, wenn die Steuer auf null Euro oder auf einen negativen Betrag festgesetzt wurde oder wenn die Summe der festgesetzten Vorauszahlungen und der anzurechnenden Steuerabzugsbeträge die festgesetzte Steuer übersteigt (vgl. Nr. 5.2 des AEAO zu § 152). 23

11. Festsetzung, Fälligkeit, Verjährung

Der Verspätungszuschlag ist eine steuerliche Nebenleistung (§ 3 Abs. 4 AO). Er entsteht mit der Bekanntgabe seiner Festsetzung (§ 124 Abs. 1 AO) und wird mit Ablauf der gesetzten Frist fällig (§ 220 Abs. 2 AO). I. d. R. ist dies – wegen der grundsätzlich vorzunehmenden Verbindung mit dem Steuerbescheid (§ 152 Abs. 11 Satz 1 AO) – die Zahlungsfrist für die Steuer. Sofern der Verspätungszuschlag ausnahmsweise durch eigenständigen Verwaltungsakt festgesetzt wird (z. B. bei verspäteter Abgabe einer Steueranmeldung, § 167 AO), ist auch eine gesonderte Zahlungsfrist für den Verspätungszuschlag einzuräumen. 24

Wegen der Verjährung des Verspätungszuschlags wird auf Nr. 5 des AEAO zu § 169 und auf § 228 AO, wegen der Haftung für Verspätungszuschläge auf §§ 69 ff. AO hingewiesen.

12. Korrektur von Verspätungszuschlagsfestsetzungen

§ 152 Abs. 12 AO ordnet die Korrektur einer Verspätungszuschlagfestsetzung für den Fall an, dass der zugrunde liegende Bescheid aufgehoben oder korrigiert wird und dies Auswirkungen auf die Höhe des Verspätungszuschlags hat. Bei Steueranmeldungen i. S. d. § 152 Abs. 8 AO ist eine Änderung eines Verspätungszuschlags nach § 152 Abs. 12 Satz 2 AO vorzunehmen, soweit der bisher festgesetzte Verspätungszuschlag nach der Höhe der Steuer bemessen war. Die Mindestbeträge nach § 152 Abs. 5 AO sind in diesen Fällen unbeachtlich. 25

Verfügung betr. Festsetzung eines Verspätungszuschlags; Neuregelung des § 152 AO durch das Steuermodernisierungsgesetz

Anl

Vom 24. März 2021 (BeckVerw 516238)

(LfSt Bayern S 0323.1.1-2/18 St43)

Bezug: LfSt Bayern v. 26. 2. 2020 S 0323.1.1-2/10 St43

1. Zeitlicher Anwendungsbereich

Mit dem Gesetz zur Modernisierung des Besteuerungsverfahrens (StModernG) sind die Regelungen zum Verspätungszuschlag in § 152 AO grundlegend überarbeitet worden. 26

§ 152 AO i. d. F. des StModernG (§ 152 AO n. F.) ist zwar bereits am 1. 1. 2017 in Kraft getreten, ist aber erst für Steuererklärungen anzuwenden, die nach dem 31. 12. 2018 abzugeben sind; eine Verlängerung der Steuererklärungsfrist ist hierbei nicht zu berücksichtigen.

Anl

Für Steuererklärungen, die vor dem 1. 1. 2019 einzureichen sind, ist § 152 AO in der am 31. 12. 2016 geltenden Fassung (§ 152 AO a. F.) weiterhin anzuwenden.

Aus dieser Anwendungsregelung folgt, dass die Neufassung des § 152 AO beispielsweise für die folgenden Steuererklärungen nicht einschlägig ist und somit § 152 AO a. F. weiterhin anwendbar bleibt:

- Steuererklärungen für Veranlagungszeiträume bis einschließlich VZ 2017 (auch bei gewährter Fristverlängerung über den 31. 12. 2018 hinaus),
- Umsatzsteuer-Jahreserklärungen für 2018, wenn die unternehmerische Tätigkeit bereits im Laufe des Kalenderjahres 2018 beendet worden ist (verkürzter Besteuerungszeitraum nach § 18 Abs. 3 Sätze 1 und 2 UStG) und
- Steuererklärungen, für die Steuerpflichtige erst durch eine Aufforderung der Finanzbehörde zur Abgabe verpflichtet werden und die Aufforderung bereits vor dem 1. 1. 2019 bekanntgegeben wurde (z. B. Erbschaft-/Schenkungsteuer).

Hinsichtlich der Anwendung von § 152 AO a. F. wird auf die AO-Kartei BY Karte 2 zu § 152 verwiesen.

Auf die Ausführungen im AEAO zu § 152 AO wird ausdrücklich hingewiesen.

2. Allgemeines

27 § 152 AO regelt, dass die Festsetzung eines Verspätungszuschlags in vielen Fällen vorzunehmen ist, ohne dass hierfür ein Ermessensspielraum besteht oder es einer Ermessensausübung bedarf. Außerdem wird die Vornahme der Berechnung des Verspätungszuschlags grundsätzlich festgelegt, so dass diese automationsgestützt erfolgen kann.

3. „Kann"-Regelung (Abs. 1)

28 Entsprechend der Regelungen in § 152 AO a. F. kann nach § 152 Abs. 1 AO n. F. ein Verspätungszuschlag im Rahmen einer Ermessensentscheidung festgesetzt werden, wenn eine gesetzliche oder behördliche Frist für die Abgabe einer Steuererklärung/-anmeldung nicht eingehalten worden ist, wobei eine evtl. (ggf. auch rückwirkend) gewährte Fristverlängerung zu berücksichtigen ist. Die Regelungen des § 152 Abs. 1 AO gelten insbesondere für

- Steuer- und Feststellungserklärungen, die sich auf ein Kalenderjahr oder einen gesetzlich bestimmten Zeitpunkt beziehen, wenn diese zwar verspätet, aber binnen 14 Monaten (in Fällen des § 149 Abs. 2 Satz 2 AO: binnen 19 Monaten) nach Ablauf des Kalenderjahres bzw. binnen 14 Monaten (in Fällen des § 149 Abs. 2 Satz 2 AO: binnen 19 Monaten) nach dem Besteuerungszeitpunkt abgegeben werden,
- Steuererklärungen, wenn die Steuer auf null Euro oder einen negativen Betrag festgesetzt wird (§ 152 Abs. 3 Nr. 2 AO),
- Steuererklärungen, wenn die festgesetzte Steuer die Summe der festgesetzten Vorauszahlungen und der anzurechnenden Steuerabzugsbeträge nicht übersteigt (§ 152 Abs. 3 Nr. 3 AO),
- verspätet abgegebene jährlich abzugebende Lohnsteueranmeldungen (§ 152 Abs. 3 Nr. 4 AO).

Hinsichtlich der ab dem Veranlagungszeitraum 2018 geltenden Abgabefristen wird auf AO-Kartei BY Karte 1 zu § 149 AO hingewiesen.

Von der Festsetzung eines Verspätungszuschlags ist im Rahmen der Ermessensentscheidung allerdings abzusehen, wenn der Erklärungspflichtige glaubhaft macht, dass die Verspätung entschuldbar ist. Das Verschulden eines Vertreters oder eines Erfüllungsgehilfen ist hierbei dem Erklärungspflichtigen zuzurechnen (§ 152 Abs. 1 Satz 2 AO). Für die Finanzbehörden besteht insoweit allerdings keine Amtsermittlungspflicht. Wird eine (bewilligte) Abgabefrist nicht ungebührlich überschritten (nicht mehr als zwei Wochen), soll großzügig verfahren werden; dies gilt nicht für Fristüberschreitungen nach 28./29. 2. bzw. 31. 7. des zweiten Folgejahres und bei Vorabanforderung.

Die in § 152 Abs. 5, 6, 7 und 9 AO geregelte Berechnung des Verspätungszuschlags ist auch bei einer Festsetzung des Verspätungszuschlags nach § 152 Abs. 1 AO zu beachten. Die Höhe des Verspätungszuschlags ist damit grundsätzlich gesetzlich vorgegeben und unterliegt nicht dem Ermessen.

4. „Muss"-Regelung (Abs. 2)

29 Wird eine Steuererklärung, die sich auf ein Kalenderjahr oder einen gesetzlich bestimmten Zeitpunkt bezieht,

- nicht binnen 14 Monaten (in Fällen des § 149 Abs. 2 Satz 2 AO: nicht binnen 19 Monaten) nach Ablauf des Kalenderjahres bzw. nicht binnen 14 Monaten (in Fällen des § 149 Abs. 2 Satz 2 AO: nicht binnen 19 Monaten) nach dem Besteuerungszeitpunkt oder
- bei Vorabanforderung i. S. d. § 149 Abs. 4 AO nicht bis zu dem in der Vorabanforderung bestimmten Abgabezeitpunkt abgegeben,

ist nach § 152 Abs. 2 AO ein Verspätungszuschlag festzusetzen. Es bedarf insoweit keiner Ermessensausübung, die Festsetzung hat in diesen Fällen ermessensunabhängig zu erfolgen.

Für die Anwendung der „Muss"-Regelung des § 152 Abs. 2 AO ist unbeachtlich, ob die Steuererklärung von einem steuerlichen Berater (verlängerte Abgabefrist i. S. d. § 149 Abs. 3 AO) oder vom Steuerpflichtigen selbst erstellt wird (Abgabefrist i. S. d. § 149 Abs. 2 AO), und aus welchen Gründen die Frist versäumt wurde.

5. Ausnahmen zur „Muss"-Regelung (Abs. 3)

30 Eine Pflicht zur Festsetzung eines Verspätungszuschlags besteht – trotz Vorliegens der Voraussetzungen von § 152 Abs. 2 AO – nicht bei

- Nr. 1: (rückwirkend) gewährter Fristverlängerung i. S. d. § 109 AO,
- Nr. 2: einer Steuerfestsetzung auf null Euro oder einer negativen Steuerfestsetzung (z. B. Umsatzsteuer),

Anl

– Nr. 3: sog. „Erstattungsfällen" (d. h. festgesetzte Steuer < festgesetzte Vorauszahlungen und anzurechnende Steuerabzugsbeträge; nicht erforderlich ist hierbei, dass die festgesetzten Vorauszahlungen auch tatsächlich gezahlt worden sind) und
– Nr. 4: bei jährlich abzugebenden Lohnsteuer-Anmeldungen.

In diesen Fällen kann somit keine ermessensunabhängige Festsetzung eines Verspätungszuschlags von Amts wegen erfolgen. Allerdings ist in diesen Fällen weiterhin – bei verspäteter Abgabe – die Festsetzung eines Verspätungszuschlags im Rahmen einer Ermessensentscheidung nach § 152 Abs. 1 AO möglich (vgl. Tz. 3). Hierbei ist zu berücksichtigen, dass die Festsetzung eines Verspätungszuschlags nach § 152 Abs. 1 AO in Fällen des § 152 Abs. 3 Nr. 1 AO nur in Betracht kommt, wenn die verlängerte Frist zur Abgabe der Steuererklärung nicht eingehalten wurde. Die Festsetzung eines Verspätungszuschlags ist in diesen Fällen nicht ermessensfehlerhaft, da das Verstreichenlassen einer antragsgemäßen Fristverlängerung regelmäßig nicht entschuldbar ist.

6. Mehrere Erklärungspflichtige (Abs. 4)

Mit § 152 Abs. 4 AO wurden gesetzliche Regelungen zur Festsetzung eines Verspätungszuschlags bei mehreren erklärungspflichtigen Personen getroffen. 31

Die Finanzbehörde kann grundsätzlich nach ihrem Ermessen entscheiden, ob sie den Verspätungszuschlag

– gegen eine erklärungspflichtige Person,
– gegen mehrere der erklärungspflichtigen Personen oder
– gegen alle erklärungspflichtigen Personen festsetzt.

Für die Festsetzung eines Verspätungszuschlags bei verspäteter Abgabe einer Feststellungserklärung wurde in § 152 Abs. 4 Satz 3 AO nunmehr eine Regelung geschaffen, nach der der Verspätungszuschlag vorrangig gegen die nach § 181 Abs. 2 Satz 2 Nr. 4 AO erklärungspflichtigen Personen zu richten ist.

7. Berechnung des Verspätungszuschlags (Abs. 5–7, 9 u. 10)

7.1. Allgemeines

Die Berechnung des Verspätungszuschlags wird in § 152 Abs. 5–7, 9 und 10 AO geregelt, findet sowohl bei der Festsetzung eines Verspätungszuschlags nach § 152 Abs. 1 AO („Kann"-Regelung, vgl. Tz. 3) als auch nach § 152 Abs. 2 AO („Muss"-Regelung, vgl. Tz. 4) Anwendung und steht daher nicht mehr im Ermessen des Finanzamts. 32

Lediglich in Fällen des § 152 Abs. 8 AO (verspätet abgegebene vierteljährlich oder monatlich abzugebende Steueranmeldungen und verspätet abgegebene jährlich abzugebende Lohnsteueranmeldungen) sind diese gesetzlichen Vorgaben nicht anzuwenden. Der Verspätungszuschlag ist vielmehr – wie bisher – an der Dauer und Häufigkeit der Fristüberschreitung sowie der Höhe der Steuer zu bemessen (§ 152 Abs. 8 Satz 2 AO). Diese Regelung gilt nicht für Steueranmeldungen, die nur anlassbezogen abzugeben sind (z. B. die Kapitalertragsteuer-Anmeldung).

Der Verspätungszuschlag ist auf volle Euro abzurunden und darf 25 000 Euro nicht übersteigen (§ 152 Abs. 10 AO). Die bisherige Begrenzung auf 10 % der festgesetzten Steuer ist entfallen.

Sofern die Besteuerungsgrundlagen nach § 162 AO geschätzt werden, ist der Verspätungszuschlag bis zur Wirksamkeit des erstmaligen Bescheids zu berechnen (§ 152 Abs. 9 AO). Die spätere Erklärungsabgabe hat keinen Einfluss mehr auf die Dauer der Verspätung.

7.2. „Rentnerfälle" und vergleichbare Fälle

Abweichend bestimmt die Sonderregel des § 152 Abs. 5 Satz 3 AO für den Fall, dass ein Erklärungspflichtiger von der Finanzbehörde erstmals nach Ablauf der gesetzlichen Erklärungsfrist zur Abgabe einer Steuererklärung innerhalb einer dort bezeichneten Frist aufgefordert wurde und er bis zum Zugang dieser Aufforderung davon ausgehen konnte, keine Steuererklärung abgeben zu müssen, der Verspätungszuschlag nur für die Monate zu berechnen ist, die nach dem Ablauf der in der Aufforderung bezeichneten Erklärungsfrist begonnen haben.

Wird bei bestehender Steuererklärungspflicht (§ 56 EStDV) eines nicht (mehr) geführten Rentners die Einkommensteuererklärung nach Ablauf von 14 Monaten nach Ablauf des Veranlagungszeitraums unaufgefordert abgegeben und werden ausschließlich Renteneinkünfte erzielt, bestehen keine Bedenken, den obligatorisch festzusetzenden Verspätungszuschlag (§ 152 Abs. 2 AO) von Amts wegen durch die rückwirkende Gewährung einer Fristverlängerung zu verhindern bzw. zu beseitigen oder – soweit dies nicht möglich ist – auf Antrag des Steuerpflichtigen nach § 227 AO zu erlassen.

Dies gilt auch, wenn neben den Renteneinkünften Einkünfte aus Kapitalvermögen, die dem inländischen Steuerabzug unterlegen haben, erzielt werden.

Beruht die Steuererklärungspflicht auf der Erzielung von Lohnersatzleistungen, die dem Progressionsvorbehalt unterliegen, ist über eine rückwirkende Fristverlängerung nach Lage des Einzelfalls zu entscheiden.

8. Korrektur von Verspätungszuschlagsfestsetzungen

Nach § 152 Abs. 12 AO ist die Festsetzung des Verspätungszuschlags zu ermäßigen, zu erhöhen oder aufzuheben, wenn die Festsetzung der Steuer, die Anrechnung von Vorauszahlungen oder Steuerabzugsbeträgen auf die festgesetzte Steuer, die Festsetzung des Gewerbesteuermessbetrags, der Zerlegungsbescheid oder die gesonderte Feststellung von Besteuerungsgrundlagen geändert, zurückgenommen, widerrufen, berichtigt oder aufgehoben wird. Der Verspätungszuschlag bleibt bestehen, wenn auch nach der Änderung oder Berichtigung die Mindestbeträge anzusetzen sind (§ 152 Abs. 12 Satz 2 AO). 33

Ein Verlustrücktrag nach § 10 d Abs. 1 EStG oder ein rückwirkendes Ereignis i. S. d. § 175 Abs. 1 Satz 1 Nr. 2 oder Abs. 2 AO sind bei der Änderung oder Berichtigung nicht zu berücksichtigen (§ 152 Abs. 12 Satz 3 AO).

9. Personelle Festsetzung

34 Für die personelle Festsetzung von Verspätungszuschlägen steht die Wordvorlage „Verspätungszuschlag Festsetzung ab VZ 2018" im Ordner „Zentral/Veranlagung/Bearbeitung Verwaltungsakte" zur Verfügung.

10. Einspruchsverfahren; Auslegung

35 Wegen der Auslegung bzw. Umdeutung von Verfahrenserklärungen wird auf die AO Kartei BY Karte 1 zu § 357 AO hingewiesen.

Ein innerhalb der Einspruchsfrist eingehender Antrag auf „Änderung, Aufhebung, Rücknahme, Widerruf oder Erlass" eines steuerlich nicht beratenen Steuerpflichtigen wird in der Regel in einen Einspruch umzudeuten sein. Dies gilt auch bei der Festsetzung eines Verspätungszuschlags nach § 152 Abs. 2 AO, da die Erfolgsaussichtigen eines Einspruchs gegen die Festsetzung höher einzustufen sind als die eines Erlassantrags aus sachlichen Gründen.

Etwas anderes gilt nur, wenn trotz entsprechenden Hinweises des Finanzamts ein Einspruch vom Steuerpflichtigen ausdrücklich ausgeschlossen wird.

Bei der Bearbeitung des Einspruchs sollte geprüft werden, ob die Einspruchsgründe eine rückwirkende Fristverlängerung (§ 109 Abs. 1 Satz 2 AO) rechtfertigen würden.

AO

§ 153 Berichtigung von Erklärungen[1]

1 (1) ① **Erkennt ein Steuerpflichtiger nachträglich vor Ablauf der Festsetzungsfrist,[2]**

1. dass eine von ihm oder für ihn abgegebene Erklärung unrichtig oder unvollständig ist und dass es dadurch zu einer Verkürzung von Steuern kommen kann oder bereits gekommen ist oder

2. dass eine durch Verwendung von Steuerzeichen oder Steuerstemplern zu entrichtende Steuer nicht in der richtigen Höhe entrichtet worden ist,

so ist er verpflichtet,[3] dies unverzüglich anzuzeigen und die erforderliche Richtigstellung vorzunehmen. ② **Die Verpflichtung trifft auch den Gesamtrechtsnachfolger[4] eines Steuerpflichtigen und die nach den §§ 34 und 35 für den Gesamtrechtsnachfolger oder den Steuerpflichtigen handelnden Personen.**

2 (2) **Die Anzeigepflicht besteht ferner, wenn die Voraussetzungen für eine Steuerbefreiung, Steuerermäßigung oder sonstige Steuervergünstigung nachträglich ganz oder teilweise wegfallen.**

3 (3) **Wer Waren, für die eine Steuervergünstigung unter einer Bedingung gewährt worden ist, in einer Weise verwenden will, die der Bedingung nicht entspricht, hat dies vorher der Finanzbehörde anzuzeigen.**

3a (4) **Die Anzeige- und Berichtigungspflicht besteht ferner, wenn Prüfungsfeststellungen einer Außenprüfung unanfechtbar in einem Steuerbescheid, einem Feststellungsbescheid nach § 180 Absatz 1 Satz 1 Nummer 2 oder einem Teilabschlussbescheid nach § 180 Absatz 1a umgesetzt worden sind und die den Prüfungsfeststellungen zugrunde liegenden Sachverhalte auch in einer anderen vom oder für den Steuerpflichtigen abgegebenen Erklärung, die nicht Gegenstand der Außenprüfung war, zu einer Änderung der Besteuerungsgrundlagen führt.**

AEAO

Zu § 153 – Berichtigung von Erklärungen:

1. Allgemeines

4 Die Anzeige- und Berichtigungspflicht nach § 153 Abs. 1 Satz 1 AO besteht, wenn ein Steuerpflichtiger bzw. sein gesetzlicher Vertreter, sein Gesamtrechtsnachfolger oder eine andere in § 153 Abs. 1 Satz 2 AO genannte Person (vgl. AEAO zu § 153, Nr. 4) nachträglich erkennt, dass eine

[1] Die Berichtigungspflicht besteht auch dann, wenn der Stpfl. vorsätzlich keine Steuererklärungen abgegeben hat und die Besteuerungsgrundlagen deswegen geschätzt wurden *(OLG Hamburg vom 2. 6. 1992 1 Ss 119/91, wistra 1993 S. 274).*

Erkennt ein Stpfl. nachträglich, dass eine von ihm oder für ihn abgegebene Steuererklärung unrichtig oder unvollständig ist und es dadurch zu einer Verkürzung von Steuern kommen kann oder bereits gekommen ist, und zeigt er dies dem FA nach § 153 Abs. 1 AO an, liegt hierin keine Anzeige iSd § 170 Abs. 2 Nr. 1 AO, die eine Anlaufhemmung der Festsetzungsfrist bewirken könnte *(BFH-Urteil vom 22. 1. 1997 II B 40/96, BStBl. II S. 266).*

Auch eine wegen Demenz des Erblassers unwirksame Einkommensteuererklärung führt – ist sie unrichtig oder unvollständig – zu einer Berichtigungspflicht des Erben nach § 153 Abs. 1 Satz 1 Nr. 1 und Satz 2 AO, bei deren Verletzung eine Steuerhinterziehung nach § 370 Abs. 1 Nr. 2 AO durch Unterlassen vorliegen kann. Die Berichtigungspflicht des Erben nach § 153 Abs. 1 Satz 1 Nr. 1 und Satz 2 AO wird nicht dadurch ausgeschlossen, dass er bereits vor dem Tod des Erblassers Kenntnis davon hatte, dass dessen Steuererklärung unrichtig ist *(BFH-Urteil vom 29. 8. 2017 VIII R 32/15, BStBl. 2018 II S. 223).*

Kann das FA der amtlich eröffneten Verfügung von Todes wegen unzweifelhaft die Person des Erblassers bzw. Schenkers und des Erwerbers sowie den Rechtsgrund für den Erwerb entnehmen, entfällt die Anzeigepflicht nach § 30 Abs. 1 ErbStG. Besteht weder eine Anzeige- noch eine Erklärungspflicht und sind auch gegenüber der Finanzbehörde (oder einer anderen Behörde, die steuerlich erhebliche Entscheidungen trifft) über steuerlich erhebliche Tatsachen keine Angaben gemacht worden, kommt auch eine Anzeige- oder Richtigstellungspflicht nach § 153 Abs. 1 Satz 1 Nr. 1 AO nicht in Betracht *(BFH-Urteil vom 30. 1. 2002 II R 52/99, BFH/NV 2002 S. 917).*

[2] Zur Festsetzungsfrist vgl. § 169 AO.

[3] Zu den Strafvorschriften bei unterbliebener Berichtigung vgl. § 370 Abs. 1 AO.

[4] Zum Gesamtrechtsnachfolger s. § 45 AO.

AEAO

von ihm oder für ihn abgegebene Erklärung (vgl. AEAO zu § 153, Nr. 3) objektiv unrichtig oder unvollständig ist und dass es dadurch zu einer Steuerverkürzung gekommen ist oder kommen kann. Bei dieser Pflicht handelt es sich um eine steuerrechtliche Pflicht.

Ist bereits die Einleitung eines Steuerstraf- oder Bußgeldverfahrens bekannt gegeben worden, sind Zwangsmittel (§ 328 AO) unter den Voraussetzungen des § 393 Abs. 1 Satz 2 und 3 AO (ggf. i. V. m. § 410 Abs. 1 Nr. 4 AO) unzulässig, da der Steuerpflichtige im Straf- oder Bußgeldverfahren nicht gezwungen werden darf, sich selbst zu belasten (nemo-tenetur-Grundsatz; vgl. AEAO zu § 153, Nr. 5.2).

2. Abgrenzung der Anzeige- und Berichtigungspflicht von einer Selbstanzeige

2.1. Sowohl im Fall einer Anzeige und Berichtigung nach § 153 Abs. 1 AO als auch im Fall einer Selbstanzeige muss die Erklärung im Zeitpunkt ihrer Abgabe objektiv unrichtig gewesen sein. Objektiv unrichtig ist die Erklärung, wenn sie entgegen § 90 Abs. 1 Satz 2, § 150 Abs. 2 Satz 1 AO nicht alle steuerlich erheblichen Tatsachen vollständig und wahrheitsgemäß offenlegt. 5

2.2. Erkennt der Steuerpflichtige erst im Nachhinein die Fehlerhaftigkeit der von ihm abgegebenen Erklärung und kommt er seiner Anzeige- und Berichtigungspflicht nach § 153 Abs. 1 AO unverzüglich nach, liegt weder eine Steuerhinterziehung noch eine leichtfertige Steuerverkürzung vor, wenn es sowohl am Vorsatz als auch an der Leichtfertigkeit fehlt. Eine Anzeige- und Berichtigungspflicht nach § 153 Abs. 1 AO besteht auch dann, wenn der Steuerpflichtige die Unrichtigkeit seiner Angaben bei der Abgabe der Steuererklärung nicht gekannt, sie aber billigend in Kauf genommen hat und später zu der Erkenntnis gelangt ist, dass seine Angaben tatsächlich unrichtig waren (vgl. AEAO zu § 153, Nr. 2.6). In diesem Fall hat der Steuerpflichtige zunächst nur mit der Unrichtigkeit der Angaben gerechnet, sie aber nicht sicher gekannt. Er hat die Unrichtigkeit nachträglich erkannt, wenn er später positiv erfährt, dass seine Angaben tatsächlich unrichtig waren. 6

2.3. Im Fall des § 153 Abs. 2 AO wurde hingegen die zunächst objektiv richtige steuerliche Erklärung erst durch den nachträglichen vollständigen oder teilweisen Wegfall der Voraussetzungen für eine Steuerbefreiung, Steuerermäßigung oder sonstige Steuervergünstigung objektiv unrichtig. Bei einer unverzüglichen Anzeige nach § 153 Abs. 2 AO liegt daher weder eine Steuerhinterziehung noch eine leichtfertige Steuerverkürzung vor. Gem. § 153 Abs. 2 AO besteht lediglich eine Anzeigepflicht, eine Berichtigungspflicht ergibt sich hieraus nicht. Die spezialgesetzlichen Verpflichtungen zur Nacherklärung (z. B. § 13 a Abs. 6 ErbStG, § 68 Abs. 1 EStG) gehen vor. 7

2.4. Der Anzeige- und Berichtigungspflichtige muss nachträglich vor Ablauf der Festsetzungsfrist die Unrichtigkeit oder Unvollständigkeit der Erklärung tatsächlich erkennen, bloßes Erkennen-Können bzw. Erkennen-Müssen reicht nicht aus. Erkennen bedeutet vielmehr das Wissen von der Unrichtigkeit oder Unvollständigkeit der Erklärung sowie die Erkenntnis, dass es durch die Erklärung zu einer Verkürzung der Steuer kommen kann oder bereits gekommen ist. 8

2.5. Ein Fehler, der dem Anzeige- und Berichtigungspflichtigen i. S. d. § 153 AO unterlaufen ist, ist straf- bzw. bußgeldrechtlich nur vorwerfbar, wenn er vorsätzlich bzw. leichtfertig begangen wurde. Es gelten die allgemeinen Regelungen des Straf- bzw. Ordnungswidrigkeitenrechts (§ 369 Abs. 2, § 377 Abs. 2 AO). Es ist zwischen einem bloßen Fehler und einer Steuerstraftat oder Steuerordnungswidrigkeit (§§ 370, 378 AO) zu differenzieren. Nicht jede objektive Unrichtigkeit legt den Verdacht einer Steuerstraftat oder Steuerordnungswidrigkeit nahe. Es bedarf einer sorgfältigen Prüfung durch die zuständige Finanzbehörde, ob der Anfangsverdacht einer vorsätzlichen oder leichtfertigen Steuerverkürzung gegeben ist. Insbesondere kann nicht automatisch vom Vorliegen eines Anfangsverdachts allein aufgrund der Höhe der steuerlichen Auswirkung der Unrichtigkeit der abgegebenen Erklärung oder aufgrund der Anzahl der abgegebenen Berichtigungen ausgegangen werden. 9

Ein straf- oder bußgeldrechtlich vorwerfbares Verhalten kann auch dann vorliegen, wenn die Unrichtigkeit oder Unvollständigkeit der abgegebenen Erklärung erkannt, aber keine (ggf. auch erneute) Berichtigung entsprechend der Verpflichtung aus § 153 AO vorgenommen wurde. In diesem Fall liegt eine Unterlassungstat vor (vgl. AEAO zu § 153, Nr. 5.3).

2.6. Für eine Steuerhinterziehung reicht von den verschiedenen Vorsatzformen bereits bedingter Vorsatz aus. Dieser kommt in Betracht, wenn der Täter die Tatbestandsverwirklichung für möglich hält. Es ist nicht erforderlich, dass der Täter die Tatbestandsverwirklichung anstrebt oder für sicher hält. Nach der BGH-Rechtsprechung ist für die Annahme des bedingten Vorsatzes neben dem Für-Möglich-Halten der Tatbestandsverwirklichung zusätzlich erforderlich, dass der Eintritt des Taterfolges billigend in Kauf genommen wird. Für die billigende Inkaufnahme reicht es, dass dem Täter der als möglich erscheinende Handlungserfolg gleichgültig ist. Hat der Steuerpflichtige ein innerbetriebliches Kontrollsystem eingerichtet, das der Erfüllung der steuerlichen Pflichten dient, kann dies ggf. ein Indiz darstellen, das gegen das Vorliegen eines Vorsatzes oder der Leichtfertigkeit sprechen kann, jedoch befreit dies nicht von einer Prüfung des jeweiligen Einzelfalls. 10

2.7. Leichtfertigkeit ist eine besondere Form der Fahrlässigkeit und liegt vor, wenn jemand in besonders großem Maße gegen Sorgfaltspflichten verstößt und ihm dieser Verstoß besonders vorzuwerfen ist, weil er den Erfolg leicht hätte vorhersehen oder vermeiden können. Wurde leichtfertig eine unrichtige oder unvollständige Erklärung abgegeben, ist ein nachträgliches Erkennen 11

AEAO dieses Fehlers möglich. In diesem Fall kann eine Berichtigung nach § 378 Abs. 3 AO erfolgen. Bei Erfüllung der Voraussetzungen des § 378 Abs. 3 AO ist keine Geldbuße festzusetzen. Die Verschärfungen der Voraussetzungen einer wirksamen Selbstanzeige durch das Schwarzgeldbekämpfungsgesetz vom 28. 4. 2011, BGBl. I S. 676, BStBl. I S. 495, und durch das Gesetz zur Änderung der Abgabenordnung und des Einführungsgesetzes zur Abgabenordnung vom 22. 12. 2014, BGBl. I S. 2415, BStBl. 2015 I S. 55, wurden nicht entsprechend auf die leichtfertige Steuerverkürzung nach § 378 AO ausgedehnt.

12 **2.8.** Liegt ein Fehler vor, der unter Würdigung der Gesamtumstände des Einzelfalls weder auf einer vorsätzlichen noch leichtfertigen Handlung (auch durch Unterlassen) beruht, liegt keine Steuerstraftat oder leichtfertige Steuerverkürzung vor. Der Fehler ist nach dessen Erkennen nach § 153 Abs. 1 Satz 1 Nr. 1 AO anzuzeigen und zu berichtigen, falls eine Steuerverkürzung eingetreten ist oder es zu einer Steuerverkürzung kommen kann.

3. Umfang der Anzeige- und Berichtigungspflicht

13 Die Anzeige- und Berichtigungspflicht nach § 153 Abs. 1 Satz 1 AO und die Anzeigepflicht nach § 153 Abs. 2 AO erstrecken sich nicht nur auf Steuererklärungen, sondern auf alle Erklärungen des Steuerpflichtigen, die Einfluss auf die Höhe der festgesetzten Steuer oder auf gewährte Steuervergünstigungen gehabt haben, somit beispielsweise auch auf Änderungsanträge nach § 172 Abs. 1 Satz 1 Nr. 2 Buchstabe a AO oder nach § 173 Abs. 1 Nr. 2 AO und auf Anträge auf Herabsetzung von Vorauszahlungen. Es besteht aber keine Verpflichtung, unaufgefordert Angaben zur Erhöhung festgesetzter Vorauszahlungen zu machen, wenn sich die wirtschaftlichen Verhältnisse des Steuerpflichtigen erst nach einem Antrag auf Herabsetzung von Vorauszahlungen geändert haben. Eine Anzeige- und Berichtigungspflicht besteht lediglich dann, wenn eine erstmalige Festsetzung oder Herabsetzung von Vorauszahlungen auf vom Steuerpflichtigen unrichtig bzw. unvollständig gemachten Angaben beruht. Die Anzeige- und Berichtigungspflicht besteht sowohl bei Gefahr einer Steuerverkürzung als auch bei einer bereits eingetretenen Steuerverkürzung. Die Anzeige sowie Berichtigung durch den Steuerpflichtigen sind in Fällen von Fehlerfeststellungen durch die Betriebsprüfung für die in der Prüfungsanordnung vorgesehenen Steuerarten und Prüfungszeiträume entbehrlich.

4. Zur Anzeige und Berichtigung verpflichtete Personen

14 Zur Anzeige und Berichtigung verpflichtet sind neben dem Steuerpflichtigen auch der Gesamtrechtsnachfolger (§ 45 AO) eines Steuerpflichtigen und die nach §§ 34 und 35 AO für den Steuerpflichtigen oder den Gesamtrechtsnachfolger handelnden Personen (§ 153 Abs. 1 Satz 2 AO, z. B. der Geschäftsführer einer GmbH). In Fällen einer Zusammenveranlagung zur Einkommensteuer trifft nur denjenigen Ehegatten oder Lebenspartner die Anzeige- und Berichtigungspflicht, dem die unrichtig oder unvollständig erklärten Besteuerungsgrundlagen zuzurechnen sind. Davon zu unterscheiden sind jedoch die Fälle, in denen der überlebende Ehegatte oder Lebenspartner als Gesamtrechtsnachfolger des verstorbenen Ehegatten oder Lebenspartners die steuerlichen Pflichten (u. a. auch die Anzeige- und Berichtigungspflicht nach § 153 Abs. 1 Satz 2 AO) zu erfüllen hat. Sofern ein Erblasser unrichtige oder unvollständige Steuererklärungen abgegeben hat und der Erbe dies erkennt, ist er zur Anzeige und zur Berichtigung der Steuererklärungen des Erblassers verpflichtet, soweit noch keine Festsetzungsverjährung eingetreten ist. Wurde eine Erklärung von einem Bevollmächtigten (z. B. Steuerberater, Rechtsanwalt oder Wirtschaftsprüfer) vorbereitet oder sogar unterschrieben oder elektronisch übermittelt, bleiben nur der Steuerpflichtige und die Person i. S. d. § 153 Abs. 1 Satz 2 AO zur Anzeige und Berichtigung verpflichtet, d. h. dass z. B. für Steuerberater, Lohnsteuerhilfevereine, Rechtsanwälte und Wirtschaftsprüfer hinsichtlich der Angelegenheiten der Mandanten bzw. Mitglieder insoweit keine Anzeige- und Berichtigungspflicht besteht.

5. Zeitpunkt der Anzeige und Berichtigung

15 **5.1.** Die Anzeige nach § 153 Abs. 1 Satz 1 und Abs. 2 AO sowie die Berichtigung nach § 153 Abs. 1 Satz 1 AO müssen unverzüglich, d. h. ohne schuldhaftes Zögern, gegenüber der sachlich und örtlich zuständigen Finanzbehörde erstattet werden. Die Berichtigung nach § 153 Abs. 1 Satz 1 AO kann ggf. später nachfolgen, wenn hierfür eine gewisse Zeit zur Aufbereitung der Unterlagen erforderlich ist. In einem solchen Fall sollte ggf. die erforderliche Zeitdauer gegenüber der Finanzbehörde begründet werden, z. B. durch einen Hinweis auf die notwendige Aufklärung von unternehmensinternen Prozessen, wenn es sich um länger zurückliegende Sachverhalte handelt. Zu diesem Zweck ist dem Berichtigungspflichtigen von der Finanzbehörde eine angemessene Frist zu gewähren. Entsprechend kann es sich verhalten, wenn der Steuerpflichtige vorläufige Angaben macht, weil der Sachverhalt nicht abschließend bekannt ist, er aber keine Fristen versäumen will.

16 **5.2.** Bei einer Steuerhinterziehung, die mit bedingtem Vorsatz (vgl. AEAO zu § 153, Nr. 2.6) begangen wurde, besteht für den Steuerpflichtigen ebenfalls eine Anzeige- und Berichtigungspflicht. In diesem Fall ist die Anzeige nach § 153 Abs. 1 Satz 1 und Abs. 2 AO unverzüglich, d. h. ohne schuldhaftes Zögern, gegenüber der sachlich und örtlich zuständigen Finanzbehörde erstattet, wenn dem Steuerpflichtigen die Befolgung dieser Pflicht zumutbar ist (nemo-tenetur-Grundsatz). Nach dem nemo-tenetur-Grundsatz ist es unzumutbar, jemanden zu zwingen, durch eigene

Aussagen die Voraussetzungen für eine strafgerichtliche Verurteilung oder die Verhängung entsprechender Sanktionen liefern zu müssen. Eine Anzeige nach § 153 Abs. 1 oder Abs. 2 AO ist daher solange als unverzüglich zu werten, wie dem Steuerpflichtigen eine angemessene Zeit zur Aufbereitung einer Selbstanzeige nach § 371 AO zuzugestehen wäre.

5.3. Bei vorsätzlichem Verstoß gegen die Anzeige- und Berichtigungspflicht nach § 153 Abs. 1 Satz 1 AO oder die Anzeigepflicht nach § 153 Abs. 2 AO liegt ab dem Zeitpunkt des Erkennens der objektiv unrichtig abgegebenen Erklärung bzw. des ganz oder teilweisen Wegfalls einer Steuervergünstigung eine Steuerhinterziehung durch Unterlassen vor (§ 370 Abs. 1 Nr. 2 AO). Dies führt auch zu einer Verlängerung der Festsetzungsfrist nach § 169 Abs. 2 Satz 2 AO. Fehler, die der Finanzbehörde unterlaufen, muss der Steuerpflichtige nicht anzeigen (vgl. BFH-Urteil vom 4. 12. 2012, VIII R 50/10, BStBl. 2014 II S. 222). 17

5.4. Mit Ablauf der Festsetzungsfrist nach §§ 169 ff. AO endet die Anzeige- und Berichtigungspflicht. 18

Erstattet der Steuerpflichtige vor Ablauf der Festsetzungsfrist eine Anzeige nach § 153 AO oder eine Selbstanzeige (§ 371, § 378 Abs. 3 AO), so endet nach § 171 Abs. 9 AO die Festsetzungsfrist nicht vor Ablauf eines Jahres nach Eingang der Anzeige. Wird aufgrund der Anzeige innerhalb der Jahresfrist, aber nach Ablauf der regulären Festsetzungsfrist mit einer Außenprüfung oder Ermittlung der Steuerfahndung begonnen, so wird dadurch keine weitere Ablaufhemmung nach § 171 Abs. 4 oder 5 AO ausgelöst (BFH-Urteil vom 8. 7. 2009, VIII R 5/07, BStBl. 2010 II S. 583).

Bei Übermittlung der Anzeige bzw. Berichtigung an eine unzuständige Finanzbehörde ist die Verpflichtung nach § 153 Abs. 1 Satz 1 oder Abs. 2 AO als erfüllt anzusehen. Die Jahresfrist nach § 171 Abs. 9 AO beginnt jedoch erst mit Ablauf des Tages, an dem die weitergeleitete Anzeige bei der zuständigen Finanzbehörde eingegangen ist (vgl. BFH-Urteil vom 28. 2. 2008, VI R 62/06, BStBl. II S. 595).

3. Unterabschnitt. Kontenwahrheit

§ 154 Kontenwahrheit[1]

AO

1 **(1) Niemand darf auf einen falschen oder erdichteten Namen für sich oder einen Dritten ein Konto errichten oder Buchungen vornehmen lassen, Wertsachen (Geld, Wertpapiere, Kostbarkeiten) in Verwahrung geben oder verpfänden oder sich ein Schließfach geben lassen.**

2 **(2) ① Wer ein Konto führt, Wertsachen verwahrt oder als Pfand nimmt oder ein Schließfach überlässt (Verpflichteter), hat**

1. **sich zuvor Gewissheit über die Person und Anschrift jedes Verfügungsberechtigten und jedes wirtschaftlich Berechtigten im Sinne des Geldwäschegesetzes zu verschaffen und**
2. **die entsprechenden Angaben in geeigneter Form, bei Konten auf dem Konto, festzuhalten.**

② Für Verfügungsberechtigte sind § 11 Absatz 4 und 6, § 12 Absatz 1 und 2 und § 13 Absatz 1 des Geldwäschegesetzes sowie zu § 12 Absatz 3 und § 13 Absatz 2 des Geldwäschegesetzes ergangene Rechtsverordnungen, für wirtschaftlich Berechtigte der § 13 Absatz 1 des Geldwäschegesetzes sowie zu § 13 Absatz 2 des Geldwäschegesetzes ergangene Rechtsverordnungen entsprechend anzuwenden. ③ Der Verpflichtete hat sicherzustellen, dass er den Finanzbehörden jederzeit Auskunft darüber geben kann, über welche Konten oder Schließfächer eine Person verfügungsberechtigt ist oder welche Wertsachen eine Person zur Verwahrung gegeben oder als Pfand überlassen hat. ④ Die Geschäftsbeziehung ist kontinuierlich zu überwachen und die nach Satz 1 zu erhebenden Daten sind in angemessenem zeitlichen Abstand zu aktualisieren.

3 **(2 a) ① Kreditinstitute haben für jeden Kontoinhaber, jeden anderen Verfügungsberechtigten und jeden wirtschaftlich Berechtigten im Sinne des Geldwäschegesetzes außerdem folgende Daten zu erheben und aufzuzeichnen:**

1. **die Identifikationsnummer nach § 139 b und**
2. **die Wirtschafts-Identifikationsnummer nach § 139 c oder, wenn noch keine Wirtschafts-Identifikationsnummer vergeben wurde und es sich nicht um eine natürliche Person handelt, die für die Besteuerung nach dem Einkommen geltende Steuernummer.**

② Der Vertragspartner sowie gegebenenfalls für ihn handelnde Personen haben dem Kreditinstitut die nach Satz 1 zu erhebenden Daten mitzuteilen und sich im Laufe der Geschäftsbeziehung ergebende Änderungen unverzüglich anzuzeigen. ③ Die Sätze 1

[1] § 154 AO soll ausschließlich die formale Kontenwahrheit gewährleisten. Ob der angegebene Inhaber das Konto für eigene oder für fremde Rechnung führt (materielle Kontenwahrheit), ist unerheblich. Die Identifikationspflicht nach § 8 GwG erweitert den Anwendungsbereich des § 154 Abs. 3 AO (Kontosperre) nicht *(BGH-Urteil vom 18. 10. 1994 XI ZR 237/93, NJW 1995 S. 261).*

und 2 sind nicht anzuwenden bei Kreditkonten, wenn der Kredit ausschließlich der Finanzierung privater Konsumgüter dient und der Kreditrahmen einen Betrag von 12 000 Euro nicht übersteigt.

4 (2b) ① **Teilen der Vertragspartner oder gegebenenfalls für ihn handelnde Personen dem Kreditinstitut die nach Absatz 2a Satz 1 Nummer 1 zu erfassende Identifikationsnummer einer betroffenen Person bis zur Begründung der Geschäftsbeziehung nicht mit und hat das Kreditinstitut die Identifikationsnummer dieser Person auch nicht aus anderem Anlass rechtmäßig erfasst, hat es sie bis zum Ablauf des dritten Monats nach Begründung der Geschäftsbeziehung in einem maschinellen Verfahren beim Bundeszentralamt für Steuern zu erfragen.** ② **In der Anfrage dürfen nur die in § 139b Absatz 3 genannten Daten der betroffenen Person angegeben werden.** ③ **Das Bundeszentralamt für Steuern teilt dem Kreditinstitut die Identifikationsnummer der betroffenen Person mit, sofern die übermittelten Daten mit den bei ihm nach § 139b Absatz 3 gespeicherten Daten übereinstimmen.**

5 (2c) ① **Soweit das Kreditinstitut die nach Absatz 2a Satz 1 zu erhebenden Daten auf Grund unzureichender Mitwirkung des Vertragspartners und gegebenenfalls für ihn handelnder Personen nicht ermitteln kann, hat es dies auf dem Konto festzuhalten.** ② **In diesem Fall hat das Kreditinstitut dem Bundeszentralamt für Steuern die betroffenen Konten sowie die hierzu nach Absatz 2 erhobenen Daten mitzuteilen; diese Daten sind für alle in einem Kalenderjahr eröffneten Konten bis Ende Februar des Folgejahrs zu übermitteln.**

6 (2d) **Die Finanzbehörden können für einzelne Fälle oder für bestimmte Fallgruppen Erleichterungen zulassen, wenn die Einhaltung der Pflichten nach den Absätzen 2 bis 2c unverhältnismäßige Härten mit sich bringt und die Besteuerung durch die Erleichterung nicht beeinträchtigt wird.**

7 (3)[1] **Ist gegen Absatz 1 verstoßen worden, so dürfen Guthaben, Wertsachen und der Inhalt eines Schließfachs nur mit Zustimmung des für die Einkommen- und Körperschaftsteuer des Verfügungsberechtigten zuständigen Finanzamts herausgegeben werden.**

AEAO

Zu § 154 – Kontenwahrheit:

1. Verbot der Verwendung falscher oder erdichteter Namen

8 Das Verbot, falsche oder erdichtete Namen zu verwenden, richtet sich an denjenigen, der als Kunde bei einem anderen ein Konto errichten lassen will oder Buchungen vornehmen lässt. Wegen des Verbots im eigenen Geschäftsbetrieb falsche oder erdichtete Namen für Konten zu gebrauchen, Hinweis auf § 146 Abs. 1 AO.

2. Konten auf den Namen Dritter/CpD-Konten

9 Es ist zulässig, Konten auf den Namen Dritter zu errichten, hierbei ist die Existenz des Dritten nachzuweisen. Vgl. dazu auch Nr. 7.2 des AEAO zu § 154. Der ausdrücklichen Zustimmung des Dritten bedarf es nicht. Verboten ist die Abwicklung von Geschäftsvorfällen über sog. CpD-Konten, wenn der Name des Beteiligten bekannt ist oder unschwer ermittelt werden kann und für ihn bereits ein entsprechendes Konto geführt wird.

3. Konto

10 Konto i. S. d. § 154 Abs. 2 AO ist jede für einen Dritten im Rahmen einer laufenden Geschäftsverbindung geführte Rechnung, in der Zu- und Abgänge der Vermögensgegenstände erfasst werden. Hierzu zählen auch Kredit- und Darlehenskonten sowie Konten über ausländische Währung oder über elektronisches Geld. Konten, die nicht „für einen anderen" geführt werden, sind keine Konten i. S. d. § 154 Abs. 2 AO (z. B. ein Warenforderungskonto oder ein Kontokorrentkonto i. S. d. § 355 HGB bei einem Geschäftspartner).

4. Verfügungsberechtigter

11 Verfügungsberechtigte i. S. d. § 154 Abs. 2 AO sind
– sowohl der Gläubiger der Forderung (Kontoinhaber) und seine gesetzlichen Vertreter
– als auch jede andere Person, die zur Verfügung über das Konto bevollmächtigt ist (Kontovollmacht).

Dies gilt entsprechend für die Verwahrung von Wertsachen sowie für die Überlassung von Schließfächern. Personen, die aufgrund Gesetzes oder Rechtsgeschäfts zur Verfügung berechtigt sind, ohne dass diese Berechtigung dem Kreditinstitut usw. mitgeteilt worden ist, gelten insoweit nicht als Verfügungsberechtigte.

---

[1] Wickelt ein ehemals Verfügungsberechtigter eines fremden Bankkontos darüber Zahlungsvorgänge aus eigenen Geschäftsvorfällen für eigene Rechnung ab, so haftet die Bank für den Steuerschaden, der dadurch eintritt, dass sie das Konto nicht sperrt, sondern Guthaben ohne Zustimmung des Finanzamts ausbezahlt, obwohl sie weiß, dass der ursprüngliche Kontoinhaber nicht mehr existiert *(BFH-Urteil vom 13. 12. 2011 VII R 49/10, BStBl. 2012 II S. 398).*

AEAO

5. Wirtschaftlich Berechtigter

Wirtschaftlich Berechtigter i. S. d. § 154 AO ist derjenige, der auch nach § 3 GwG wirtschaftlich Berechtigter ist. Wirtschaftlich Berechtigter i. S. d. § 3 Abs. 1 GwG ist die natürliche Person, in deren Eigentum oder unter deren Kontrolle der Vertragspartner letztlich steht oder auf deren Veranlassung eine Transaktion letztlich durchgeführt oder eine Geschäftsbeziehung letztlich begründet wird. Zu den wirtschaftlich Berechtigten zählen insbesondere die in den § 3 Abs. 2 bis 4 GwG aufgeführten natürlichen Personen, auch die fingierten wirtschaftlich Berechtigten i. S. d. § 3 Abs. 2 Satz 4 GwG. 12

6. Verpflichteter

Verpflichteter i. S. d. § 154 Abs. 2 AO ist jeder, der für einen anderen 13
- Konten führt,
- Wertsachen verwahrt,
- Wertsachen als Pfand nimmt oder
- ein Schließfach überlässt.

7. Identifizierungs- und Aktualisierungspflicht

7.1. Der Verpflichtete hat sich nach § 154 Abs. 2 Satz 1 Nr. 1 AO vor Beginn dieser Geschäftsbeziehung Gewissheit über die Person und Anschrift 14
- jedes Verfügungsberechtigten (vgl. Nr. 4 des AEAO zu § 154) und
- jedes wirtschaftlich Berechtigten (vgl. Nr. 5 des AEAO zu § 154)

zu verschaffen. Dies gilt nicht nur für Kreditinstitute, sondern auch im gewöhnlichen Geschäftsverkehr und für Privatpersonen.

7.1.1. Ist ein Verfügungsberechtigter eine natürliche Person, hat der Verpflichtete nach § 154 Abs. 2 Satz 2 AO i. V. m. § 11 Abs. 4 Nr. 1 GwG durch Abgleich mit einem gültigen amtlichen Ausweis, der ein Lichtbild des Inhabers enthält und mit dem die Pass- und Ausweispflicht im Inland erfüllt wird, insbesondere einem inländischen oder nach ausländerrechtlichen Bestimmungen anerkannten oder zugelassenen Pass, Personalausweis oder Pass- oder Ausweisersatz, oder mithilfe einer anderen nach § 12 Abs. 1 GwG zugelassenen Methode folgende Angaben zu erheben:

a) Vorname und Nachname,
b) Geburtsort,
c) Geburtsdatum,
d) Staatsangehörigkeit und
e) eine Wohnanschrift oder, sofern kein fester Wohnsitz mit rechtmäßigem Aufenthalt in der Europäischen Union besteht und die Überprüfung der Identität im Rahmen des Abschlusses eines Basiskontovertrags i. S. v. § 38 des Zahlungskontengesetzes erfolgt, die postalische Anschrift, unter der der Vertragspartner sowie die gegenüber dem Verpflichteten auftretende Person erreichbar ist. Ein vorübergehender Wohnsitz (z. B. Hoteladresse) reicht nicht aus.

7.1.2. Ist ein Verfügungsberechtigter eine juristische Person (Körperschaft des öffentlichen Rechts, AG, GmbH usw.), reicht die Bezugnahme auf eine amtliche Veröffentlichung oder ein amtliches Register unter Angabe der Register-Nr. aus.

7.2. Wird ein Konto auf den Namen eines verfügungsberechtigten Dritten errichtet, müssen die Angaben über Person und Anschrift sowohl des Kontoinhabers als auch desjenigen, der das Konto errichtet, festgehalten werden. Steht der Verfügungsberechtigte noch nicht fest (z. B. der unbekannte Erbe), reicht es aus, wenn das Kreditinstitut sich zunächst Gewissheit über die Person und Anschrift des das Konto Errichtenden (z. B. des Nachlasspflegers) verschafft; die Legitimation des Kontoinhabers ist so bald wie möglich nachzuholen.

7.3. Hinsichtlich des wirtschaftlich Berechtigten sind (mindestens ein) Vorname, der Nachname und die Anschrift zu erheben. Die Anschrift muss nicht die Wohnanschrift des wirtschaftlich Berechtigten sein, es kann auch seine Geschäftsanschrift sein. Entscheidend ist, dass der wirtschaftlich Berechtigte unter der Anschrift im normalen Geschäftsverkehr erreichbar ist. Der Vertragspartner des Kreditinstituts hat diesem die hierzu erforderlichen Informationen und Unterlagen zur Verfügung zu stellen (vgl. § 11 Abs. 6 GwG).

Die Verpflichtung, sich Gewissheit über die Person und Anschrift jedes wirtschaftlich Berechtigten i. S. d. § 3 GwG zu verschaffen, gilt nach Art. 97 § 26 Abs. 4 EGAO erstmals für nach dem 31. 12. 2017 begründete Geschäftsbeziehungen. Für vor dem 1. 1. 2018 begründete und auch danach weiterbestehende Geschäftsbeziehungen zu Kreditinstituten ist die Übergangsregelung in Art. 97 § 26 Abs. 5 EGAO zu beachten (Nacherhebungspflicht bis 31. 12. 2019).

7.4. Der Verpflichtete hat die Geschäftsbeziehung außerdem kontinuierlich zu überwachen und die Daten über Person und Anschrift in angemessenem zeitlichen Abstand zu aktualisieren (§ 154 Abs. 2 Satz 4 AO).

8. Aufzeichnungspflicht

8.1. Die Angaben i. S. d. Nr. 7 des AEAO zu § 154 sind gemäß § 154 Abs. 2 Satz 1 Nr. 2 AO in geeigneter Form festzuhalten, bei Konten auf dem Konto. Es ist unzulässig, Name und Anschrift des Verfügungsberechtigten lediglich in einer vertraulichen Liste zu führen und das eigentliche Konto nur mit einer Nummer zu kennzeichnen. Die Führung sog. Nummernkonten ist verboten. 15

AEAO

8.2. Bei Auflösung des ersten Kontos müssen die Identifikationsmerkmale auf das zweite bzw. weitere Konto bzw. auf die betreffenden Kontounterlagen übertragen werden.

8.3. Die Verpflichtung, die Angaben über die Person und Anschrift jedes wirtschaftlich Berechtigten i. S. d. GwG in geeigneter Form festzuhalten, gilt nach Art. 97 § 26 Abs. 4 EGAO erstmals für nach dem 31. 12. 2017 begründete Geschäftsbeziehungen. Für vor dem 1. 1. 2018 begründete und auch danach weiterbestehende Geschäftsbeziehungen zu Kreditinstituten ist die Übergangsregelung in Art. 97 § 26 Abs. 5 EGAO zu beachten.

9. Auskunftsbereitschaft

16 **9.1.** Jeder Verpflichtete muss ein Verzeichnis der Verfügungsberechtigten und der wirtschaftlich Berechtigten führen, um jederzeit über die Konten und Schließfächer eines Verfügungsberechtigten oder eines wirtschaftlich Berechtigten Auskunft geben zu können. Die Verpflichtung zur Herstellung der Auskunftsbereitschaft besteht gemäß § 147 Abs. 3 AO noch sechs Jahre nach Beendigung der Geschäftsbeziehung, bei Bevollmächtigten sechs Jahre nach Erlöschen der Vollmacht. Diese Frist beginnt mit Ablauf des Kalenderjahrs, in dem die Geschäftsbeziehung beendet wurde oder die Vollmacht erloschen ist.

9.2. Die Verpflichtung, ein Verzeichnis der wirtschaftlich Berechtigten zu führen, gilt nach Art. 97 § 26 Abs. 4 EGAO erstmals für nach dem 31. 12. 2017 begründete Geschäftsbeziehungen. Für vor dem 1. 1. 2018 begründete und auch danach weiterbestehende Geschäftsbeziehungen zu Kreditinstituten ist die Übergangsregelung in Art. 97 § 26 Abs. 5 EGAO zu beachten.

10. Erhebung und Aufzeichnung steuerlicher Ordnungsmerkmale und Vergeblichkeitsmeldung

17 **10.1.** Die Verpflichtung zur Erhebung und Aufzeichnung der steuerlichen Ordnungsmerkmale des Kontoinhabers, jedes anderen Verfügungsberechtigten und jedes wirtschaftlich Berechtigten nach § 154 Abs. 2a Satz 1 AO gilt nur für Kreditinstitute, nicht für andere Verpflichtete i. S. d. § 154 Abs. 2 Satz 1 AO. Diese Daten sind nach § 93b Abs. 1a AO im Kontenabruf-Dateisystem zum Abruf nach § 93 Abs. 7 oder 8 AO bereitzuhalten. Diese Verpflichtung gilt auch für nicht im Inland ansässige Personen und Gesellschaften.

10.2. Hat der Vertragspartner (oder gegebenenfalls für ihn handelnde Personen) dem Kreditinstitut die Identifikationsnummer einer der in Nr. 10.1 des AEAO zu § 154 genannten Person bis zur Begründung der Geschäftsbeziehung nicht mitgeteilt, muss das Kreditinstitut innerhalb von drei Monaten nach Begründung der Geschäftsbeziehung die fehlende Identifikationsnummer (durch Übertrag aus einer anderweitigen rechtmäßigen Aufzeichnung oder durch maschinelle Anfrage beim BZSt) erheben und aufzeichnen.

10.3. Die Ausnahmeregelung des § 154 Abs. 2a Satz 3 AO gilt nur für Kredite, die ausschließlich der Finanzierung privater Konsumgüter dienen. Sie gilt nicht für Kredite zur Finanzierung betrieblicher Investitionen oder Aufwendungen und auch nicht für den Erwerb privater Kapitalanlagen sowie von Vermögensgegenständen, die nicht zum privaten Ge- oder Verbrauch bestimmt sind. Soweit nicht ein verbundenes Geschäft i. S. d. § 358 Abs. 3 Satz 1 BGB über die Lieferung und Finanzierung eines privaten Konsumgutes vorliegt, kann das Kreditinstitut nur dann davon ausgehen, dass ein gewährter Kredit ausschließlich der Finanzierung privater Konsumgüter dient, wenn der Kreditnehmer dies ausdrücklich versichert hat und keine Anhaltspunkte für die Unrichtigkeit dieser Versicherung vorliegen.

10.4. Kreditrahmen i. S. d. § 154 Abs. 2a Satz 3 AO ist die betragsmäßige Obergrenze, bis zu der der Kreditnehmer bei einem Kreditgeber eine bestimmte Kreditart in Anspruch nehmen darf. Stellen mehrere private Konsumgüter eine Sachgesamtheit dar und werden sie von einem Kreditgeber gleichwohl durch mehrere rechtlich voneinander unabhängige Kredite finanziert, sind die Kredite bei Prüfung der Obergrenze zusammenzurechnen. Werden mehrere private Konsumgüter bei verschiedenen voneinander unabhängigen Kreditgebern individuell finanziert, ist die Obergrenze für jeden Kredit gesondert anzuwenden. Wird ein Kredit, der bisher die Voraussetzungen für die Anwendung der Ausnahmeregelung des § 154 Abs. 2a Satz 3 AO erfüllte, später auf einen Kreditrahmen von mehr als 12 000 Euro erhöht, sind die steuerlichen Ordnungsmerkmale des Kontoinhabers, jedes anderen Verfügungsberechtigten und jedes wirtschaftlich Berechtigten nachträglich zu erheben und aufzuzeichnen. Sofern der Beitrag für die Restschuldversicherung auch aus der Kreditsumme gezahlt (einbehalten) und der Darlehensbetrag nur abzüglich dieser Summe ausgeschüttet wird, ist der Beitrag zur Restschuldversicherung mit zu berücksichtigen.

10.5. Die nach § 154 Abs. 2b AO beim BZSt erfragte Identifikationsnummer eines Kontoinhabers, eines anderen Verfügungsberechtigten oder eines wirtschaftlich Berechtigten ist zusammen mit den nach § 154 Abs. 2 AO zu erhebenden Daten aufzuzeichnen und nach § 93b Abs. 1a AO im Kontenabruf-Dateisystem zum Abruf nach § 93 Abs. 7 oder 8 AO bereitzuhalten.

10.6. Soweit ein Kreditinstitut die nach § 154 Abs. 2a Satz 1 AO zu erhebenden Daten auf Grund unzureichender Mitwirkung des Vertragspartners (und gegebenenfalls für ihn handelnder Personen) nicht – auch nicht durch eine maschinelle Anfrage beim BZSt – ermitteln konnte, hat es diese Tatsache auf dem Konto festzuhalten (§ 154 Abs. 2c Satz 1 AO). Darüber hinaus hat das Kreditinstitut dem BZSt die jeweils betroffenen Personen, die betroffenen Konten sowie die hierzu von ihm erhobenen Daten bis Ende Februar des Folgejahrs zu übermitteln (§ 154 Abs. 2c Satz 2 AO). AEAO

10.7. Ergeben die im Rahmen der Legitimationsprüfung nach § 154 Abs. 2 AO vorgelegten amtlichen Ausweispapiere oder Ausweisersatzpapiere (vgl. Nr. 7.1.1 des AEAO zu § 154) und die erteilte Selbstauskunft des Geschäftspartners und/oder der für ihn handelnden Personen, dass der Kontoinhaber und ggf. alle weiteren zu identifizierenden Personen im Inland über keinen Wohnsitz oder gewöhnlichen Aufenthalt bzw. keinen Sitz, keine Betriebsstätte und keine Geschäftsleitung verfügen und ihnen auch kein steuerliches Ordnungsmerkmal zugeteilt worden ist, kann das Kreditinstitut auf die Abfrage der Identifikationsnummer beim BZSt nach § 154 Abs. 2b Satz 1 AO und die Vergeblichkeitsmeldung nach § 154 Abs. 2c AO verzichten, sofern kein Anlass dafür besteht, die Richtigkeit der vorgelegten Unterlagen oder der Selbstauskunft in Zweifel zu ziehen. Die Abfrage der Identifikationsnummer beim BZSt nach § 154 Abs. 2b Satz 1 AO und die Vergeblichkeitsmeldung nach § 154 Abs. 2c AO sind allerdings nachzuholen, wenn Umstände eintreten, die zu einer Änderung der Gegebenheiten führen.

11. Erleichterungen gemäß § 154 Abs. 2d AO

11.1. Erleichterungen hinsichtlich der Verfügungsberechtigten

Nach § 154 Abs. 2d AO kann hinsichtlich der Verfügungsberechtigten in folgenden Fällen 18
auf die Identifizierung (Nr. 7 des AEAO zu § 154), die Aufzeichnung (Nr. 8 des AEAO zu § 154), die Herstellung der Auskunftsbereitschaft (Nr. 9 des AEAO zu § 154) und die Erhebung der steuerlichen Ordnungsmerkmale (Nr. 10 des AEAO zu § 154) verzichtet werden:

a) bei Eltern als gesetzliche Vertreter ihrer minderjährigen Kinder, wenn die Voraussetzungen für die gesetzliche Vertretung bei Kontoeröffnung durch amtliche Urkunden nachgewiesen werden,
b) bei Vormundschaften und Pflegschaften einschließlich Amtsvormundschaften und Amtspflegschaften, sowie bei rechtlicher Betreuung (§§ 1896 ff. BGB),
c) bei Parteien kraft Amtes (Insolvenzverwalter, Zwangsverwalter, Nachlassverwalter, Testamentsvollstrecker und ähnliche Personen),
d) bei Pfandnehmern (insbesondere in Bezug auf Mietkautionskonten, bei denen die Einlage auf einem Konto des Mieters erfolgt und an den Vermieter verpfändet wird),
e) bei Vollmachten auf den Todesfall (auch nach diesem Ereignis),
f) bei Vollmachten zur einmaligen Verfügung über ein Konto,
g) bei Verfügungsbefugnissen im Lastschriftverfahren (SEPA-Lastschrift oder elektronisches Einzugsermächtigungsverfahren mit Zahlungskarte),
h) bei Vertretung juristischer Personen des öffentlichen Rechts (einschließlich Eigenbetriebe),
i) bei Vertretung von Kreditinstituten und Versicherungsunternehmen,
j) bei den als Vertreter eingetragenen Personen, die in öffentlichen Registern (Handelsregister, Vereinsregister) eingetragene Firmen oder Personen vertreten,
k) bei Vertretung von Unternehmen, sofern schon mindestens fünf Personen, die in öffentliche Register eingetragen sind bzw. bei denen eine Legitimationsprüfung stattgefunden hat, Verfügungsbefugnis haben,
l) bei Gerichtsvollzieher-Dienstkonten i. S. d. § 52 GVO (Gerichtsvollzieher und nach § 52 Abs. 6 GVO bevollmächtigte Personen),
m) bei vor dem 1. 1. 1992 begründeten, noch bestehenden oder bereits erloschenen Befugnissen.

Auf die Erhebung steuerlicher Ordnungsmerkmale (Nr. 10 des AEAO zu § 154) kann in folgenden Fällen verzichtet werden:

– bei öffentlichen Förderkrediten, wenn die Auszahlung des Kredits über ein legitimationsgeprüftes Konto bei einem anderen Kreditinstitut erfolgt,
– bei juristischen Personen des öffentlichen Rechts (einschließlich Eigenbetrieben).

11.2. Erleichterungen hinsichtlich der wirtschaftlich Berechtigten

Hinsichtlich wirtschaftlich Berechtigter i. S. d. § 3 GwG kann nach § 154 Abs. 2d AO in folgenden Fällen auf die Identifizierung (Nr. 7 des AEAO zu § 154), die Aufzeichnung (Nr. 8 des AEAO zu § 154), die Herstellung der Auskunftsbereitschaft (Nr. 9 des AEAO zu § 154) und die Erhebung der steuerlichen Ordnungsmerkmale (Nr. 10 des AEAO zu § 154) verzichtet werden:

– Der (ggf. nach § 3 Abs. 2 Satz 4 GwG fingierte) wirtschaftlich Berechtigte ist zugleich Verfügungsberechtigter und für ihn wird nach Nr. 11.1 Satz 1 des AEAO zu § 154 auf eine Legitimationsprüfung verzichtet;
– Nach dem GwG darf auf die Erfassung und Aufzeichnung des wirtschaftlich Berechtigten verzichtet werden (z. B. Mietkautionskonten auf den Namen des Vermieters, Anderkonten von Berufsträgern, sonstige Konten mit geringem Risiko des Missbrauchs);
– Wohnungseigentümer hinsichtlich des Kontos der Wohnungseigentümergemeinschaft.

Bei öffentlichen Förderkrediten wird auf die Erhebung der steuerlichen Ordnungsmerkmale (Nr. 10 des AEAO zu § 154) verzichtet, wenn die Auszahlung des Kredits über ein legitimationsgeprüftes Konto bei einem anderen Kreditinstitut erfolgt.

Auf eine Identitätsüberprüfung nach Maßgabe des § 13 Abs. 1 GwG kann bei wirtschaftlich Berechtigten bis auf Weiteres verzichtet werden, sofern nicht bereits ein Ausnahmetatbestand nach Abs. 1 greift. Es reicht aus, den wirtschaftlich Berechtigten entsprechend § 11 Abs. 5 GwG zu identifizieren und die nach § 154 Abs. 2a AO und Nummer 7.3 des AEAO zu § 154 erforderlichen Angaben zu erheben und aufzuzeichnen.

11.3. Unberührt von diesen Erleichterungen bleibt die Befugnis der Finanzämter, im Besteuerungsverfahren Auskünfte von Auskunftspersonen (§§ 93, 94 AO) einzuholen und die Vorlage von Unterlagen (§ 97 AO) zu verlangen sowie in einem Strafverfahren wegen einer Steuerstraftat oder in einem Bußgeldverfahren wegen einer Steuerordnungswidrigkeit die Befugnis zur Vernehmung von Zeugen oder zur Beschlagnahme von Unterlagen (§§ 208, 385, § 399 Abs. 2, § 410 AO).

12. Haftung bei Verstoß gegen § 154 AO

19 Die Verletzung der Verpflichtungen nach § 154 Abs. 2 bis 2d AO führt allein noch nicht zu einer Haftung des Verpflichteten. Es kann aber im Einzelfall eine Ordnungswidrigkeit i. S. d. § 379 Abs. 2 Nr. 2 AO vorliegen (vgl. dazu Nr. 13 des AEAO zu § 154). Bei einem Verstoß gegen § 154 Abs. 3 AO haftet der Zuwiderhandelnde nach Maßgabe des § 72 AO. Waren mehrere Personen über ein Konto usw. verfügungsberechtigt (mit Ausnahme der in Nr. 8.1 genannten Fälle), bedarf es zur Herausgabe nach § 154 Abs. 3 AO u. U. der Zustimmung aller beteiligten Finanzämter.

13. Ordnungswidrigkeiten

20 Wegen der Ahndung einer Verletzung des § 154 Abs. 1 bis 2c AO als Ordnungswidrigkeit Hinweis auf § 379 Abs. 2 Nr. 2 AO. Wird festgestellt, dass die nach § 154 Abs. 2 bis 2c AO bestehenden Verpflichtungen nicht erfüllt sind, soll die für Straf- und Bußgeldsachen zuständige Stelle unterrichtet werden. Die Möglichkeit der Erzwingung der Verpflichtungen (§§ 328 ff. AO) bleibt unberührt.

Dritter Abschnitt. Festsetzungs- und Feststellungsverfahren

1. Unterabschnitt. Steuerfestsetzung

I. Allgemeine Vorschriften

§ 155 Steuerfestsetzung

1 (1) ① **Die Steuern werden, soweit nichts anderes vorgeschrieben ist, von der Finanzbehörde durch Steuerbescheid festgesetzt.** ② **Steuerbescheid ist der nach § 122 Absatz 1 bekannt gegebene Verwaltungsakt.** ③ **Dies gilt auch für die volle oder teilweise Freistellung[1] von einer Steuer und für die Ablehnung eines Antrags auf Steuerfestsetzung.[2]**

2 (2)[3] **Ein Steuerbescheid kann erteilt werden, auch wenn ein Grundlagenbescheid noch nicht erlassen wurde.**

3 (3)[4] ① **Schulden mehrere Steuerpflichtige eine Steuer als Gesamtschuldner, so können gegen sie zusammengefasste Steuerbescheide ergehen.** ② **Mit zusammengefassten Steuerbescheiden können Verwaltungsakte über steuerliche Nebenleistungen oder sonstige Ansprüche, auf die dieses Gesetz anzuwenden ist, gegen einen oder mehrere der Steuerpflichtigen verbunden werden.** ③ **Das gilt auch dann, wenn festgesetzte Steu-**

---

[1] In eindeutig grunderwerbsteuerfreien Fällen sind Freistellungsbescheide nur beim Vorliegen eines berechtigten Interesses zu erteilen *(Vfg. FM Sachsen vom 24. 9. 1996 S 4505 – 8/18 – 48 546, DB S. 706).*

Das in § 50d EStG vorgesehene Freistellungsverfahren geht § 155 Abs. 1 Satz 3 AO vor *(BFH-Urteil vom 21. 5. 1997 I R 79/96, BStBl. 1998 II S. 113).*

Ein dem Erlass eines neuen Steuerbescheids entgegenstehender Freistellungsbescheid liegt nur vor, wenn in ihm zum Ausdruck gebracht wird, dass vom Steuerpflichtigen eine Steuer aufgrund des geprüften Sachverhalts dem Grunde nach überhaupt oder für einen bestimmten Veranlagungszeitraum nicht gefordert bzw. dass für ein bestimmtes Wirtschaftsjahr kein Gewinn festgestellt werde *(BFH-Beschluss vom 22. 7. 2008 II B 18/08, BFH/NV S. 1866).*

Aus der Abfolge und dem Inhalt eines zwischen dem Finanzamt und dem Steuerpflichtigen geführten Schriftwechsels kann sich ergeben, dass die Mitteilung des Finanzamts die Angelegenheit sei erledigt, die Annahme rechtfertigt, es liege ein Freistellungsbescheid vor *(BFH-Urteil vom 9. 4. 2008 II R 31/06, BFH/NV S. 1435).*

[2] Zur verfahrensrechtlichen Bedeutung einer NV (= Nichtveranlagung)-Verfügung vgl. *BFH-Urteil vom 12. 5. 1989 III R 200/85, BStBl. II S. 920.*

Einer sog. NV-Verfügung kann der Erklärungsinhalt beizumessen sein, dass keine LSt nachgefordert werde; sie unterliegt dann den für Steuerbescheide geltenden Änderungsvorschriften *(BFH-Urteil vom 16. 2. 1990 VI R 40/86, BStBl. II S. 565).*

NV-Bescheinigungen gem. § 44a Abs. 2 EStG sind keine Freistellungsbescheide, sondern begünstigende Verfügungen iSd § 130 Abs. 2 *(BFH-Urteil vom 16. 10. 1991 I R 65/90, BStBl. 1992 II S. 322).*

[3] *BFH-Urteil vom 14. 5. 2014 X R 7/12, BStBl. 2015 II S. 13:* 1. Die Finanzbehörde muss eine Ermessensentscheidung treffen, ob sie auch ohne den Grundlagenbescheid der Denkmalschutzbehörde gemäß § 7i Abs. 2 EStG einen Einkommensteuerbescheid gemäß § 155 Abs. 2 AO erlässt sowie ob und in welcher Höhe der gemäß § 10f Abs. 1 EStG geltend gemachte Abzugsbetrag gemäß § 162 Abs. 5 AO zu berücksichtigen ist. 2. Weicht sie von der Steuererklärung des Steuerpflichtigen ab, muss sie überprüfbar darlegen, aus welchen Gründen sie die geltend gemachten Sanierungsaufwendungen nicht (vorläufig) ansetzt.

[4] Zur Verspätungszuschlagsfestsetzung gegenüber Ehegatten in der Ausfertigung eines zusammengefassten ESt-Bescheids vgl. *BFH-Urteile vom 9. 4. 1987 IV R 192/85, BStBl. II S. 540, und vom 19. 5. 1987 VIII R 39/83, BStBl. II S. 590.*

Gegen zur ESt zusammen veranlagte Ehegatten kann wahlweise ein Einzelbescheid oder ein zusammengefasster Bescheid ergehen. Ein ESt-Bescheid, der lediglich an einen der Ehegatten adressiert wird, ist ein Einzelbescheid gegenüber diesem Steuerschuldner. Die Tatsache, dass der andere Ehegatte in dem Einzelbescheid nicht benannt wird, führt weder zur inhaltlichen Unbestimmtheit noch zur Nichtigkeit des Steuerbescheides *(BFH-Urteil vom 30. 11. 1999 IX R 57/98, BFH/NV 2000 S. 678).*

ern, steuerliche Nebenleistungen oder sonstige Ansprüche nach dem zwischen den Steuerpflichtigen bestehenden Rechtsverhältnis nicht von allen Beteiligten zu tragen sind.

(4) ① **Die Finanzbehörden können Steuerfestsetzungen sowie Anrechnungen von Steuerabzugsbeträgen und Vorauszahlungen auf der Grundlage der ihnen vorliegenden Informationen und der Angaben des Steuerpflichtigen ausschließlich automationsgestützt vornehmen, berichtigen, zurücknehmen, widerrufen, aufheben oder ändern, soweit kein Anlass dazu besteht, den Einzelfall durch Amtsträger zu bearbeiten.** ② **Das gilt auch** 4

1. **für den Erlass, die Berichtigung, die Rücknahme, den Widerruf, die Aufhebung und die Änderung von mit den Steuerfestsetzungen sowie Anrechnungen von Steuerabzugsbeträgen und Vorauszahlungen verbundenen Verwaltungsakten sowie,**
2. **wenn die Steuerfestsetzungen sowie Anrechnungen von Steuerabzugsbeträgen und Vorauszahlungen mit Nebenbestimmungen nach § 120 versehen oder verbunden werden, soweit dies durch eine Verwaltungsanweisung des Bundesministeriums der Finanzen oder der obersten Landesfinanzbehörden allgemein angeordnet ist.**

③ **Ein Anlass zur Bearbeitung durch Amtsträger liegt insbesondere vor, soweit der Steuerpflichtige in einem dafür vorgesehenen Abschnitt oder Datenfeld der Steuererklärung Angaben im Sinne des § 150 Absatz 7 gemacht hat.** ④ **Bei vollständig automationsgestütztem Erlass eines Verwaltungsakts gilt die Willensbildung über seinen Erlass und über seine Bekanntgabe im Zeitpunkt des Abschlusses der maschinellen Verarbeitung als abgeschlossen.**

(5) **Die für die Steuerfestsetzung geltenden Vorschriften sind auf die Festsetzung einer Steuervergütung sinngemäß anzuwenden.** 5

Zu § 155 – Steuerfestsetzung: AEAO

1. Wegen Einzelheiten zur Bekanntgabe von Steuerbescheiden vgl. AEAO zu § 122. Wegen der Wirksamkeit von Steuerbescheiden wird auf § 124 AO hingewiesen, wegen formeller Fehler auf §§ 126 bis 129 AO, wegen Form und Inhalt auf § 157 AO. 6

2. Die volle oder teilweise Freistellung von der Steuer sowie die Ablehnung eines Antrags auf Festsetzung der Steuer erfolgt durch Steuerbescheid. Daher ist z. B. die Erstattung von Kapitalertragsteuer aufgrund von Doppelbesteuerungsabkommen eine Steuerfestsetzung i. S. d. Vorschrift. Es gelten alle Verfahrensvorschriften, die bei der Festsetzung von Steuern anzuwenden sind. Für die Festsetzung sind insbesondere die Grundsätze über die Festsetzungsfrist zu beachten (§§ 169 ff., § 47 AO). Für die Aufhebung und Änderung dieser Steuerbescheide sind die §§ 172 ff. AO maßgebend. 7

3. Ansprüche des Steuerpflichtigen, die auf Rückzahlung eines überzahlten Betrags gerichtet sind (z. B. bei Doppelzahlung), fallen nicht unter den Begriff der Vergütung i. S. d. Vorschrift. Ein solcher Rückzahlungsanspruch ist im Erhebungsverfahren geltend zu machen (Hinweis auf § 218 Abs. 2 AO). 8

4. Nach den Gesetzen, in denen die Gewährung von Zulagen geregelt wird (z. B. die Investitionszulage, die Eigenheimzulage oder die Arbeitnehmer-Sparzulage), und den Prämiengesetzen sind die für Steuervergütungen geltenden Vorschriften (§ 155 Abs. 5 AO) auf Zulagen und Prämien entsprechend anzuwenden. Die Gewährung erfolgt somit durch Festsetzung, soweit nichts anderes vorgeschrieben ist (z. B. §§ 4 a, 4 b WoPG). Die Aufhebung oder Änderung dieser Bescheide und insbesondere die Rückforderung zu Unrecht gewährter Beträge regeln sich nach den für das Steuerfestsetzungsverfahren geltenden Vorschriften. 9

§ 156 Absehen von der Steuerfestsetzung

AO

(1)[1] ① **Das Bundesministerium der Finanzen kann zur Vereinfachung der Verwaltung durch Rechtsverordnung bestimmen, dass eine Steuer nicht festgesetzt wird, wenn der eigentlich festzusetzende Betrag den durch diese Rechtsverordnung zu bestimmenden Betrag voraussichtlich nicht übersteigt.** ② **Der nach Satz 1 zu bestimmende Betrag darf 25 Euro nicht übersteigen.** ③ **Das Gleiche gilt für die Änderung einer Steuerfestsetzung, wenn der Betrag, der sich als Differenz zwischen der geänderten und der bisherigen Steuerfestsetzung ergeben würde, den in der Rechtsverordnung genannten Betrag nicht übersteigt.** ④ **Die Rechtsverordnung bedarf nicht der Zustimmung des Bundesrates, soweit sie die Kraftfahrzeugsteuer, die Luftverkehrsteuer, die Versicherungsteuer, Einfuhr- und Ausfuhrabgaben oder Verbrauchsteuern, mit Ausnahme der Biersteuer, betrifft.** 1

[1] Zur abweichenden Steuerfestsetzung aus Billigkeitsgründen vgl. § 163 AO.
Zum Erlass vgl. § 227 AO.

2 (2)[1] ① **Die Festsetzung einer Steuer und einer steuerlichen Nebenleistung sowie deren Änderung kann, auch über einen Betrag von 25 Euro hinausgehend, unterbleiben, wenn zu erwarten ist, dass**

1. die Erhebung keinen Erfolg haben wird oder

2. die Kosten der Festsetzung und die Kosten der Erhebung außer Verhältnis zu dem Betrag stehen werden.

② **Für bestimmte oder bestimmbare Fallgruppen können die obersten Finanzbehörden bundeseinheitliche Weisungen zur Anwendung von Satz 1 Nummer 2 erteilen.** ③ **Diese Weisungen dürfen nicht veröffentlicht werden, soweit dies die Gleichmäßigkeit und Gesetzmäßigkeit der Besteuerung gefährden könnte.** ④ **Auf dem Gebiet der von den Landesfinanzbehörden im Auftrag des Bundes verwalteten Steuern legen die obersten Finanzbehörden der Länder diese Weisungen zur Gewährleistung eines bundeseinheitlichen Vollzugs der Steuergesetze im Einvernehmen mit dem Bundesministerium der Finanzen fest.**

AEAO

Zu § 156 – Absehen von Steuerfestsetzung:

3 Das Absehen von der Festsetzung bringt den Steueranspruch nicht zum Erlöschen; die Festsetzung kann innerhalb der Festsetzungsfrist nachgeholt werden. Wegen der Kleinbetragsregelung für das Festsetzungsverfahren siehe die KBV (zur Anwendung siehe Art. 97 § 9 a EGAO). Zur Kleinbetragsregelung für das Erhebungsverfahren siehe BMF-Schreiben vom 2. 1. 2025, BStBl. I S. 5.[2]

Anl 1

1) Kleinbetragsverordnung (KBV)

Vom 19. Dezember 2000 (BGBl. I S. 1790)[3]

Geändert durch G vom 18. 7. 2016 (BGBl. I S. 1679)

4 **§ 1 Änderung oder Berichtigung von Steuerfestsetzungen**

(1) Festsetzungen der

1. Einkommensteuer,
2. Körperschaftsteuer,
3. Erbschaftsteuer (Schenkungsteuer),
4. Grunderwerbsteuer sowie
5. der Rennwett- und Lotteriesteuer

werden nur geändert oder berichtigt, wenn die Abweichung von der bisherigen Festsetzung bei einer Änderung oder Berichtigung zugunsten des Steuerpflichtigen mindestens 10 Euro oder bei einer Änderung oder Berichtigung zuungunsten des Steuerpflichtigen mindestens 25 Euro beträgt. Bei der Einkommensteuer und bei der Körperschaftsteuer ist die jeweils nach Anrechnung von Steuerabzugsbeträgen verbleibende Steuerschuld zu vergleichen.

(2) Eine angemeldete Umsatzsteuervorauszahlung, eine für das Kalenderjahr angemeldete Umsatzsteuer, eine angemeldete Feuerschutzsteuer oder eine angemeldete Versicherungsteuer wird von der Finanzbehörde nur abweichend festgesetzt, geändert oder berichtigt, wenn die Abweichung von der angemeldeten Steuer im Fall einer Abweichung zugunsten des Steuerpflichtigen mindestens 10 Euro oder im Fall einer Abweichung zuungunsten des Steuerpflichtigen mindestens 25 Euro beträgt. Dasselbe gilt, wenn diese Steuern durch Steuerbescheid festgesetzt worden sind.

(3) Ist Lohnsteuer durch Steuerbescheid festgesetzt oder ist eine durch Lohnsteuer-Anmeldung bewirkte Festsetzung unanfechtbar geworden, gilt Absatz 2 entsprechend.

5 **§ 2 Änderung oder Berichtigung der Festsetzung eines Gewerbesteuermessbetrages**

Die Festsetzung eines Gewerbesteuermessbetrages wird nur geändert oder berichtigt, wenn die Abweichung von der bisherigen Festsetzung bei einer Änderung oder Berichtigung zugunsten des Steuerpflichtigen mindestens 2 Euro und bei einer Änderung oder Berichtigung zuungunsten des Steuerpflichtigen mindestens 5 Euro beträgt.

---

[1] Vgl. Abschn. 43 GewStR; abgedruckt im „Handbuch der Steuerveranlagung".

[2] Die Kleinbetragsverordnung gilt nur für den Festsetzungsbereich, durch sie kann deshalb bei Kleinbeträgen nur die Festsetzung solcher Ansprüche durch Bescheid vermieden werden. Soweit sich Kleinbeträge kassentechnisch als Rest eines ursprünglich höheren Anspruchs ergeben (z. B. nach teilweiser Zahlung, durch Anrechnung von Vorauszahlungen, durch Umbuchung oder Aufrechnung), richtet sich deren Einziehung nach der Kleinbetragsregelung für das Erhebungsverfahren.

[3] Die KBV in der vorliegenden Fassung ist m. W. v. 1. 1. 2002 in Kraft getreten. Zur Anwendung siehe Art. 97 § 9 a EGAO **(Anhang I Nr. 1).**

Die KleinbetragsVO in der ab dem Jahr 2002 geltenden Fassung ist auch insoweit durch § 156 Abs. 1 AO gedeckt, als danach nicht nur Änderungen zulasten des Steuerpflichtigen, sondern gleichermaßen Änderungen, die an sich zugunsten des Steuerpflichtigen vorzunehmen wären, unterbleiben, wenn die Abweichungen zu den bisherigen Festsetzungen oder Feststellungen bestimmte Bagatellgrenzen nicht erreichen *(BFH-Urteil vom 16. 2. 2011 X R 21/10, BStBl. II S. 671).*

§ 3 Änderung oder Berichtigung der gesonderten Feststellung von Einkünften 6

(1) Bei gesonderten und einheitlichen Feststellungen von Einkünften wird die Feststellung zur Höhe der Einkünfte nur geändert oder berichtigt, wenn sich diese Einkünfte bei mindestens einem Beteiligten um mindestens 25 Euro ermäßigen oder erhöhen.

(2) Bei gesonderten Feststellungen wird in den Fällen des § 180 Absatz 1 Satz 1 Nummer 2 Buchstabe b der Abgabenordnung die Feststellung zur Höhe der Einkünfte nur geändert oder berichtigt, wenn sich diese Einkünfte um mindestens 25 Euro ermäßigen oder erhöhen.

§ 4 Rückforderung von Wohnungsbauprämien 7

Wohnungsbauprämien werden nur zurückgefordert, wenn die Rückforderung mindestens 25 Euro beträgt.

§ 5 Kraftfahrzeugsteuer bei Beendigung der Steuerpflicht 8

Bei Beendigung der Kraftfahrzeugsteuerpflicht wird die Steuer für den Entrichtungszeitraum, in den das Ende der Steuerpflicht fällt, auf null Euro festgesetzt, wenn der neu festzusetzende Betrag weniger als 5 Euro betragen würde. Dies gilt nicht, wenn gleichzeitig für dasselbe Fahrzeug und denselben Steuerschuldner die Steuer in geänderter Höhe neu festgesetzt wird.

2) Verfügung betr. Wegfall des Erfordernisses der Steuerfestsetzung in Erbfällen nach Ausschlagung der Erbschaft durch sämtliche Erben Anl 2

Vom 29. April 2014 (BeckVerw 285684)

(LfSt Bayern S 0331.2.1–3/3 St 42)

Mit der Ausschlagung der Erbschaft durch alle gesetzlichen Erben wird das Bundesland, dem der Erblasser im Zeitpunkt des Todes angehört hat, gem. § 1922, 1936 Abs. 1 Satz 1 BGB i. V. m. § 45 Abs. 1 Satz 1 AO als gesetzlicher Erbe Gesamtrechtsnachfolger des verstorbenen Steuerpflichtigen. Es tritt dadurch materiell- und verfahrensrechtlich in die Stellung des Rechtsvorgängers ein (vgl. BFH-Urteil vom 18. 11. 2004 V R 66/03, BFH/NV 2005 S. 710). Durch das Zusammenfallen von Steuergläubiger und Steuerschuldner tritt eine sog. Konfusion ein, die zum Erlöschen der Ansprüche aus dem Steuerschuldverhältnis nach § 47 AO führt. Somit besteht keine verfahrensrechtliche Notwendigkeit mehr, noch ausstehende Steuerfestsetzungen vorzunehmen (vgl. hierzu BFH-Urteil vom 7. 3. 2006 VII R 12/05, BStBl. II S. 584). Es liegt kein Fall des § 156 Abs. 2 AO vor, da wegen der Erlöschenswirkung des § 47 AO das Erfordernis der Steuerfestsetzung entfallen ist. 9

Etwas anderes gilt jedoch, wenn bezüglich des Nachlasses des Verstorbenen ein Insolvenzverfahren eröffnet wurde (§§ 315 ff. InsO, Nachlassinsolvenzverfahren). Mit der Eröffnung des Nachlassinsolvenzverfahrens wird auch der Erbe für seine gegen den Erblasser bestehenden Ansprüche gem. § 326 Abs. 1 InsO zum Nachlassgläubiger. Die mit dem Erbfall wegen Konfusion erloschenen Ansprüche des Erben leben durch die Eröffnung des Nachlassinsolvenzverfahrens rückwirkend gem. § 1976 BGB wieder auf. Aus diesem Grund können auch dann Ansprüche aus dem Steuerschuldverhältnis im Nachlassinsolvenzverfahren durch Anmeldung zur Insolvenztabelle geltend gemacht werden (vgl. hierzu auch Teil E des Insolvenzleitfadens, AIS: Insolvenz und Steuern>Insolvenzleitfaden).

§ 157 Form und Inhalt der Steuerbescheide AO

1 (1) ① **Steuerbescheide**[1] **sind schriftlich oder elektronisch zu erteilen, soweit nichts anderes bestimmt ist.** ② **Sie müssen die festgesetzte Steuer**[2] **nach Art und Betrag bezeichnen und angeben, wer die Steuer schuldet.**[3] ③ **Ihnen ist außerdem eine Belehrung**

---

[1] Zur Unterschrift vgl. § 119 Abs. 3 AO.
Keine Bestandteile des Steuerbescheides sind
– das regelmäßig mit ihm verbundene Leistungsgebot (§ 254 Abs. 1 Satz 2),
– die Kassenabrechnung (vgl. auch *BFH-Urteil vom 18. 6. 1993 VI R 67/90, BStBl. 1994 II S. 182*); vgl. dazu §§ 130, 131 und § 218 Abs. 2,
– eine etwa mit dem Steuerbescheid verbundene Festsetzung eines Verspätungszuschlages.

Mehrere (getrennte) Steuerfälle erfordern entweder eine Festsetzung in getrennten Steuerbescheiden oder bei körperlicher Zusammenfassung in einem Schriftstück neben der genauen Angabe, welche Lebenssachverhalte (Besteuerungstatbestände, -zeiträume) besteuert werden sollen, für jeden Steuerfall eine gesonderte Festsetzung der Steuer. Auf die Aufgliederung der Steuerschuld kann ausnahmsweise nur dann verzichtet werden, wenn eindeutig feststeht, welche Steuerfälle von dem Bescheid erfasst werden, und auch ansonsten keine Notwendigkeit zu einer Differenzierung besteht. Ein solcher Ausnahmefall kommt in Betracht, wenn das rechtliche Schicksal der verschiedenen Steueransprüche nach Anspruchsgrund bzw. dessen Wegfall, hinsichtlich möglicher Befreiungstatbestände und des Eintritts der Verjährung keinen unterschiedlichen Verlauf nehmen sowie der für den Einzelfall festgesetzten Steuer keine weitere rechtliche Bedeutung für weitere Steuerfälle zukommen kann *(BFH-Urteil vom 9. 12. 1998 II R 6/97, BFH/NV 1999 S. 1091)*.

[2] Bei einem nur um Nebenbestimmungen geänderten Steuerbescheid genügt die Bezugnahme auf die Steuerfestsetzung im Ausgangsbescheid *(BFH-Urteil vom 9. 8. 1991 III R 41/88, BStBl. 1992 II S. 219)*. Dasselbe gilt bei Steuerfestsetzung durch das FG und einer späteren Änderung durch das FA *(BFH-Beschluss vom 15. 3. 1994 IX R 6/91, BStBl. II S. 599)*.

[3] Eine GbR kann je nach dem Inhalt des an sie gerichteten Steuerbescheids auch dann als Steuerschuldnerin hinreichend bestimmt bezeichnet sein, wenn nicht alle Gesellschafter angegeben sind (Klarstellung zum *BFH-Urteil vom 9. 12. 1992 II R 43/88, BFH/NV 1993 S. 702; BFH-Urteil vom 23. 3. 1998 II R 7/95, BFH/NV 1998 S. 1329*). Die Bezeichnung einer GbR in einem Steuerbescheid mit den Namen ihrer früheren Gesellschafter führt nicht zur Nichtigkeit des Bescheids wegen inhaltlicher Unbestimmtheit, wenn aufgrund fortbestehender Identität der GbR eine Verwechslungsgefahr ausgeschlossen ist und der Inhaltsadressat des Bescheids für den Bekanntgabeadressaten sicher erkennbar ist *(BFH-Urteil vom 8. 11. 1995 V R 64/94, BStBl. 1996 II S. 256)*.

[Fortsetzung nächste Seite]

darüber beizufügen, welcher Rechtsbehelf zulässig ist und binnen welcher Frist und bei welcher Behörde er einzulegen ist.

2 (2)[1] **Die Feststellung der Besteuerungsgrundlagen bildet einen mit Rechtsbehelfen nicht selbständig anfechtbaren Teil des Steuerbescheids, soweit die Besteuerungsgrundlagen nicht gesondert festgestellt werden.**

AEAO **Zu § 157 – Form und Inhalt der Steuerbescheide:**

3 **1.** Schriftliche Steuerbescheide, die zwecks Bekanntgabe dem Steuerpflichtigen nicht selbst übergeben werden, sind mit Rücksicht auf das Steuergeheimnis (§ 30 AO) in einem verschlossenen Umschlag zu versenden. Bei elektronischer Bekanntgabe ist § 87 a Abs. 7 oder 8 AO zu beachten.

4 **2.** Wegen der Begründung des Steuerbescheids wird auf § 121 AO hingewiesen, wegen der Bekanntgabe auf §§ 122, 122 a, 155 AO, wegen der Wirksamkeit auf § 124 AO, wegen des Leistungsgebots auf § 254 AO, wegen der Folgen bei unterbliebener oder unrichtiger Rechtsbehelfsbelehrung auf § 356 AO.

AO

§ 158 Beweiskraft der Buchführung

1 (1) **Die Buchführung und die Aufzeichnungen des Steuerpflichtigen, die den Vorschriften der §§ 140 bis 148 entsprechen, sind der Besteuerung zugrunde zu legen.**

1 a (2) **Absatz 1 gilt nicht,**

1. soweit nach den Umständen des Einzelfalls Anlass besteht, die sachliche Richtigkeit zu beanstanden[2] oder

2. soweit die elektronischen Daten nicht nach der Vorgabe der einheitlichen digitalen Schnittstellen des § 41 Absatz 1 Satz 7 des Einkommensteuergesetzes in Verbindung mit § 4 Absatz 2 a der Lohnsteuer-Durchführungsverordnung, des § 146 a oder des § 147 b in Verbindung mit der jeweiligen Rechtsverordnung zur Verfügung gestellt werden.[3]

[Fortsetzung]

Die gleichzeitige Auswechslung aller Gesellschafter einer Gesellschaft bürgerlichen Rechts durch Abtretung der Gesellschaftsanteile berührt den Fortbestand (die Identität) der Gesellschaft nicht. Hieran ändert nichts, daß dieser Vorgang der GrESt unterliegt. Die Gesellschaft bleibt in ihrer jeweiligen Zusammensetzung Schuldnerin der GrESt, die infolge der Einbringung eines Grundstücks unter der gleichzeitigen Vereinbarung des Ausscheidens des einbringenden Gesellschafters entstanden ist. Der an die Gesellschaft gerichtete GrESt-Bescheid kann wirksam nur den im Zeitpunkt der Bekanntgabe vertretungsberechtigten Personen bekanntgegeben werden *(BFH-Urteil vom 12. 12. 1996 II R 61/93, BStBl. 1997 II S. 299).*

---

[1] *BFH-Beschluss vom 4. 9. 2023 VI B 21/23, BFH/NV 2023 S. 1329:* 1. Die Einkünftequalifikation, die ein gemäß § 157 Abs. 2 der Abgabenordnung nicht selbständig anfechtbarer Teil eines Einkommensteuerbescheids ist, entfaltet für die Einkommensteuerfestsetzung in Folgejahren keine Bindungswirkung. 2. Ordnet das Finanzamt ein Wirtschaftsgut, das der Steuerpflichtige als Privatvermögen ansieht, dem (land- und forstwirtschaftlichen) Betriebsvermögen zu, folgt hieraus bei der Einkommensteuerfestsetzung nur dann eine Beschwer, wenn sich dadurch für den jeweiligen Veranlagungszeitraum die Höhe der Steuer ändert.

[2] Werden in einem Betrieb vorwiegend Bargeschäfte getätigt, können Mängel der Kassenführung der gesamten Buchführung die Ordnungsmäßigkeit nehmen, mit der Folge, dass FA und FG dem Grunde nach zur Schätzung befugt sind *(BFH-Urteil vom 18. 6. 2025 X R 19/21, BFH/NV S. 1476).*

[3] Ist die für eine formell ordnungsgemäße Buchführung geltende Vermutung ihrer sachlichen Richtigkeit widerlegt, sind die Teile der Buchführung zu korrigieren, auf die sich die sachlichen Beanstandungen beziehen. Steht dabei ein bestimmter Sachverhalt zur Überzeugung des Finanzgerichts fest, bedarf es einer Schätzung von Besteuerungsgrundlagen *(BFH-Beschluss vom 13. 7. 2010 V B 121/09, BFH/NV S. 2015).*

BFH-Urteil vom 25. 3. 2015 X R 20/13, BStBl. II S. 743: 1. Die Durchführung eines Zeitreihenvergleichs setzt voraus, dass im Betrieb das Verhältnis zwischen dem Wareneinsatz und den Erlösen im betrachteten Zeitraum weitgehend konstant ist. Es darf zudem im maßgebenden Zeitraum nicht zu solchen Änderungen in der Betriebsstruktur gekommen sein, die – nicht anderweitig behebbare – wesentliche Unsicherheiten bei der Aufstellung und Interpretation des Zahlenwerks mit sich bringen. 2. Bei einer Buchführung, die formell ordnungsgemäß ist oder nur geringfügige formelle Mängel aufweist, kann der Nachweis der materiellen Unrichtigkeit grundsätzlich nicht allein aufgrund der Ergebnisse eines Zeitreihenvergleichs geführt werden. 3. Ist die Buchführung formell nicht ordnungsgemäß, sind aber materielle Unrichtigkeiten der Einnahmenerfassung nicht konkret nachgewiesen, können die Ergebnisse eines Zeitreihenvergleichs nur dann einen Anhaltspunkt für die Höhe der erforderlichen Hinzuschätzung bilden, wenn andere Schätzungsmethoden, die auf betriebsinternen Daten aufbauen oder in anderer Weise die individuellen Verhältnisse des jeweiligen Steuerpflichtigen berücksichtigen, nicht sinnvoll einsetzbar sind. Bei verbleibenden Zweifeln können Abschläge in einem Umfang geboten sein, der über eine bloße AbAbrundung hinausgeht. 4. Steht bereits aus anderen Gründen fest, dass die Buchführung sowohl formell als auch materiell unrichtig ist und übersteigt die nachgewiesene materielle Unrichtigkeit eine von den Umständen des Einzelfalls abhängige Bagatellschwelle, können die Ergebnisse eines – technisch korrekt durchgeführten – Zeitreihenvergleichs auch für die Ermittlung der erforderlichen Hinzuschätzung der Höhe nach herangezogen werden, sofern sich im Einzelfall keine andere Schätzungsmethode aufdrängt, die tendenziell zu genaueren Ergebnissen führt und mit vertretbarem Aufwand einsetzbar ist.

Bei einem programmierbaren Kassensystem stellt das Fehlen der aufbewahrungspflichtigen Betriebsanleitung sowie der Protokolle nachträglicher Programmänderungen einen formellen Mangel dar, dessen Bedeutung dem Fehlen von Tagesendsummenbons bei einer Registrierkasse oder dem Fehlen von Kassenberichten bei einer offenen Ladenkasse gleichsteht und der daher grundsätzlich schon für sich genommen zu einer Hinzuschätzung berechtigt *(BFH-Urteil vom 25. 3. 2015 X R 20/13, BStBl. II S. 743).*

BFH-Urteil vom 29. 7. 2025 X R 23-24/21, BFH/NV 2026 S. 36: 1. Ein formeller Buchführungsmangel, der eine Schätzungsbefugnis nach § 162 AO begründet, kann nach der höchstrichterlichen Rechtsprechung auch dann vorliegen, wenn ein

[Fortsetzung nächste Seite]

Zu § 158 – Beweiskraft der Buchführung: AEAO

1. Bei formeller Ordnungsmäßigkeit der Buchführung und der Aufzeichnungen des Steuerpflichtigen enthält § 158 Abs. 1 AO die gesetzliche Vermutung zur sachlichen Richtigkeit der Buchführung und der Aufzeichnungen. 2

2. Die formelle Ordnungsmäßigkeit der Buchführung und der Aufzeichnungen beurteilt sich nach den §§ 140 bis 148 AO und gegebenenfalls nach den weiteren Ordnungsvorschriften der Einzelsteuergesetze. Für die Annahme einer formellen Ordnungsmäßigkeit ist das Gesamtbild aller Umstände des Einzelfalls maßgebend. Die Buchführung und die Aufzeichnungen können trotz einzelner formeller Mängel aufgrund der Gesamtwertung insgesamt als formell ordnungsmäßig anzusehen sein. Eine Buchführung ist erst dann formell ordnungswidrig, wenn sie wesentliche Mängel aufweist oder die Gesamtheit aller (unwesentlichen) Mängel diesen Schluss fordert (BFH-Beschluss vom 2. 12. 2008, X B 69/08, m. w. N.).

3. Die Vermutung nach § 158 Abs. 1 AO verliert ihre Wirksamkeit nach § 158 Abs. 2 Nr. 1 AO insbesondere, soweit es nach einer Verprobung oder anderen Erkenntnissen unwahrscheinlich ist, dass das ausgewiesene Ergebnis mit den tatsächlichen Verhältnissen übereinstimmt.

4. Die Vermutung nach § 158 Abs. 1 AO verliert ihre Wirksamkeit nach § 158 Abs. 2 Nr. 2 AO, soweit der Steuerpflichtige der Finanzverwaltung aufbewahrungspflichtige digitale Unterlagen nicht nach den Vorgaben der einheitlichen digitalen Schnittstellen (vgl. § 146 a AO i. V. m. § 4 KassenSichV, § 147 b AO oder § 41 Abs. 1 Satz 7 EStG i. V. m. § 4 Abs. 2 a LStDV) zur Verfügung stellt. Bei dem Zur-Verfügung-Stellen von Unterlagen nach den Vorgaben einer einheitlichen digitalen Schnittstelle handelt es sich um formelle Anforderungen an die Ordnungsmäßigkeit der Buchführung und der Aufzeichnungen. Die Buchführung und die Aufzeichnungen entsprechen nicht den Vorgaben einer einheitlichen digitalen Schnittstelle, wenn die aufbewahrungspflichtigen digitalen Unterlagen und die Strukturinformationen nicht in dem geforderten Datenformat vorgelegt werden.

5. Ist § 158 Abs. 1 AO wegen einer Ausnahme nach § 158 Abs. 2 AO nicht anwendbar, richten sich die hieraus resultierenden Folgen für die Besteuerung insoweit nach den Umständen des Einzelfalls.

Ist die Buchführung oder sind die Aufzeichnungen ganz oder teilweise aufgrund des § 158 Abs. 2 Nr. 1 AO nicht der Besteuerung zugrunde zu legen, können die Besteuerungsgrundlagen nach § 162 Abs. 1 i. V. m. Abs. 2 Satz 2 AO geschätzt werden. Insoweit kommt der sachlichen Gewichtung der Mängel ausschlaggebende Bedeutung zu. Das Buchführungsergebnis ist nicht zu übernehmen, soweit die Beanstandungen reichen. Eine Vollschätzung an Stelle einer Hinzuschätzung kommt nur dann in Betracht, wenn sich die Buchführung in wesentlichen Teilen als unbrauchbar erweist.

Ist die Buchführung oder sind die Aufzeichnungen ganz oder teilweise aufgrund des § 158 Abs. 2 Nr. 2 AO nicht der Besteuerung zugrunde zu legen, kann eine Schätzungsbefugnis nach § 162 Abs. 1 i. V. m. Abs. 2 Satz 2 AO insoweit gegeben sein, wie die aufbewahrungspflichtigen digitalen Unterlagen und die Strukturinformationen nicht in dem geforderten Datenformat vorgelegt werden.

§ 159 Nachweis der Treuhänderschaft[1] AO

(1) ① **Wer behauptet, dass er Rechte, die auf seinen Namen lauten, oder Sachen, die er besitzt, nur als Treuhänder, Vertreter eines anderen oder Pfandgläubiger innehabe** 1

[Fortsetzung]

Kassensystem Stornierungen zulässt und diese systembedingt in den Tagesabschlüssen oder in den Z-Bons nicht ausgewiesen werden. 2. FA und FG sind in der Wahl ihrer Schätzungsmethoden grundsätzlich frei. Jedoch ist diese Freiheit bei mehreren in Betracht kommenden Schätzungsmethoden nach den allgemeinen für die Ausübung pflichtgemäßen Ermessens (§ 5 AO) geltenden Grundsätzen eingeschränkt. 3. Im Rahmen der Ermessensausübung sind tendenziell ungenauere Schätzungsmethoden gegenüber genaueren Schätzungsmethoden nachrangig. In der Regel ist der innere Betriebsvergleich im Verhältnis zum äußeren Betriebsvergleich als die zuverlässigere Schätzungsmethode anzusehen. 4. FA und FG müssen das Ergebnis ihrer Schätzung nachvollziehbar begründen. Eine fehlende oder nicht nachvollziehbare Begründung kann zu einem sachlich-rechtlichen Mangel des Urteils führen, der auch ohne besondere Rüge vom Revisionsgericht beanstandet werden kann.

---

[1] Das FG kann ein auf § 159 AO gestütztes Benennungsverlangen nicht selbst vornehmen. Das FA kann ein auf § 159 AO gestütztes Benennungsverlangen noch während des anhängigen Klageverfahrens an den Steuerpflichtigen richten. Das FG muss insoweit das finanzgerichtliche Verfahren entsprechend § 74 FGO aussetzen *(BFH-Urteil vom 6. 9. 2018 IV R 26/16, BFH/NV S. 1261).*

BFH-Urteil vom 4. 12. 2007 VIII R 14/05, BFH/NV 2008 S. 745: 1. Für die steuerrechtliche Anerkennung eines Treuhandverhältnisses muss dieses auf ernst gemeinten, zivilrechtlich wirksam abgeschlossenen und klar nachweisbaren Vereinbarungen zwischen Treugeber und Treuhänder beruhen und insbesondere auch tatsächlich durchgeführt werden. 2. Das Handeln des Treuhänders im fremden Interesse muss wegen der vom zivilrechtlichen Eigentum abweichenden Zurechnungsfolge eindeutig erkennbar sein. Eine fehlende vereinbarungsgemäße Durchführung stellt ein gewichtiges Indiz gegen die Ernstlichkeit einer Treuhandvereinbarung dar.

Derjenige, der im eigenen Namen aber für Rechnung eines anderen ein Einzelunternehmen führt, kann selbst Unternehmer sein, wenn das Treuhandverhältnis nicht gegenüber den Geschäftspartnern offengelegt wird *(BFH-Beschluss vom 10. 12. 2009 X B 106/09, BFH/NV 2010 S. 601).*

Die steuerrechtliche Anerkennung einer sog. **Mittelverwendungstreuhand** scheidet aus, wenn die vom „Treugeber" erteilte Vollmacht zum Abschluss eines Treuhandvertrags die tatsächliche Mittelverwendung nicht deckt und diese auch nicht durch den „Treugeber" genehmigt wird *(BFH-Urteil vom 1. 12. 2010 IV R 17/09, BStBl. 2011 II S. 419).*

oder besitze, hat auf Verlangen nachzuweisen, wem die Rechte oder Sachen gehören; anderenfalls sind sie ihm regelmäßig zuzurechnen.[1] **② Das Recht der Finanzbehörde, den Sachverhalt zu ermitteln, wird dadurch nicht eingeschränkt.**

2 (2) **§ 102 bleibt unberührt.**

AEAO

Zu § 159 – Nachweis der Treuhänderschaft:

3 Personen, die zur Verweigerung der Auskunft aufgrund ihres Berufes berechtigt sind (§ 102 AO), insbesondere Angehörige der steuerberatenden Berufe, können ein Aussageverweigerungsrecht nur mit der Einschränkung des § 104 Abs. 2 AO in Anspruch nehmen. Sie haften für steuerliche Folgen u. U. selbst gemäß §§ 34, 35 AO, soweit ihnen die Wirtschaftsgüter nicht nach § 159 AO selbst zuzurechnen sind.

AO

§ 160 Benennung von Gläubigern und Zahlungsempfängern[2]

1 (1) **① Schulden und andere Lasten, Betriebsausgaben, Werbungskosten und andere Ausgaben sind steuerlich regelmäßig nicht zu berücksichtigen, wenn der Steuerpflichtige dem Verlangen der Finanzbehörde nicht nachkommt, die Gläubiger oder die**

[1] *BFH-Urteil vom 4. 12. 1996 I R 99/94, BStBl. 1997 II S. 404:* … 3. Die Gewinnneutralität durchlaufender Posten findet ihre Grenze in § 159 AO. 4. Behauptet der Stpfl. eine Vielzahl von Wirtschaftsgütern für eine Vielzahl von Treugebern zu besitzen, so hat er auf Verlangen des FA auch nachzuweisen, welche Wirtschaftsgüter dem jeweiligen Treugeber gehören. 5. Kommt der Stpfl. einem Verlangen des FA gem. § 159 AO nicht nach, so kann nur das FA, nicht das FG – nach pflichtgemäßem Ermessen – von der in § 159 AO vorgesehenen Rechtsfolge Gebrauch machen. 6. § 160 AO kommt bei sog. durchlaufenden Posten nicht zur Anwendung.

[2] Wurde nach §§ 48 ff. EStG ein Steuerabzugsbetrag angemeldet und abgeführt oder eine gültige Freistellungsbescheinigung vorgelegt, ist § 160 AO nicht anzuwenden; vgl. hierzu Nr. 10 des *BMF-Schreibens vom 19. 7. 2022, BStBl. I 1229,* nachstehend abgedruckt.

BFH-Urteil vom 19. 1. 2017 III R 28/14, BStBl. II S. 743: 1. Weder ein Benennungsverlangen i. S. des § 160 AO noch die (fehlende) Antwort hierauf begründen die Tatbestandsvoraussetzungen einer Änderung nach § 173 Abs. 1 Nr. 1 AO oder nach § 175 Abs. 1 Satz 1 Nr. 2 AO (Anschluss an *BFH-Urteil vom 9. 3. 2016 X R 9/13, BStBl. II 2016 S. 815*). 2. Wird dem FA aufgrund eines nach Bestandskraft eines Einkommensteuerbescheids gestellten Benennungsverlangens bekannt, dass der Steuerpflichtige den Wareneingang nicht entsprechend den Vorschriften des § 143 Abs. 1 AO aufgezeichnet hat, kann dies eine nachträglich bekannt gewordene Tatsache i. S. des § 173 Abs. 1 Nr. 1 AO darstellen.

Entscheidend für die Rechtsmäßigkeit eines Benennungsverlangens nach § 160 AO ist, inwieweit für den Stpfl. im Zeitpunkt der entsprechenden Zahlung zumutbar war, sich nach den Gepflogenheiten eines ordnungsmäßigen Geschäftsverkehrs der Identität seines jeweiligen Geschäftspartners zu vergewissern, um ihn so als Empfänger von Zahlungen zutreffend bezeichnen zu können *(BFH-Urteil vom 20. 4. 2005 X R 40/04, BFH/NV S. 1739).*

Auf die Benennung des Empfängers iSd § 160 AO kann nur dann verzichtet werden, wenn er mit an Sicherheit grenzender Wahrscheinlichkeit im Inland nicht steuerpflichtig ist. Die bloße Möglichkeit, dass er im Inland nicht stpfl. ist, reicht allein nicht aus, um von der Rechtsfolge des § 160 AO abzusehen. Die Rechtsfolge der Norm ist somit nicht schon dann ausgeschlossen, wenn keine konkreten Anhaltspunkte für eine inländische Steuerpflicht des Empfängers bestehen, sondern erst dann, wenn dem FA oder dem FG Tatsachen bekannt sind, nach denen er mit sehr hoher Wahrscheinlichkeit im Inland nicht steuerpflichtig ist *(BFH-Beschluss vom 25. 2. 2004 I B 66/02, BFH/NV S. 919).*

Die während einer Außenprüfung vom Prüfer gegenüber dem Stpfl. erlassene schriftliche Aufforderung, bestimmte Fragen zu beantworten sowie genau bezeichnete Belege, Verträge und Konten vorzulegen, ist in der Regel kein Verwaltungsakt, sondern eine nicht selbständig anfechtbare Vorbereitungshandlung, wenn sie ausschließlich der Ermittlung steuermindernder Umstände dient und deshalb nicht erzwingbar ist. Dies gilt nicht, wenn der Stpfl. die Aufforderung nach ihrem objektiven Erklärungsinhalt als Maßnahme zur Schaffung einer Rechtsgrundlage für die Einleitung eines Erzwingungsverfahrens verstehen musste *(BFH-Urteil vom 10. 11. 1998 VIII R 3/98, BStBl. 1999 II S. 199).*

§ 160 enthält **zwei Ermessensentscheidungen,** nämlich einmal die Entscheidung darüber, ob ein Benennungsverlangen gestellt wird, und dann, ob die Ausgaben usw. zum Abzug zugelassen werden *(BFH-Urteil vom 24. 6. 1997 VIII R 9/96, BStBl. 1998 II S. 51).* Das Benennungsverlangen ist kein Verwaltungsakt, sondern lediglich die Vorbereitung zum Erlass eines Verwaltungsaktes *(BFH-Urteil vom 24. 3. 1987 VII R 30/86, BStBl. II S. 484);* das Benennungsverlangen darf nicht unzumutbar und nicht unbillig sein *(BFH-Urteil vom 9. 4. 1987 IV R 142/85, BFH/NV S. 689.*

Das Verlangen der Finanzbehörde, den Zahlungsempfänger gem. § 160 AO zu benennen, ist frei von Ermessensfehlern, wenn der im Baugewerbe tätige Stpfl. für „Personalgestellung" hohe Beträge bar ausbezahlt hat *(BFH-Beschluss vom 30. 11. 2004 XI B 48/04, BFH/NV 2005 S. 1209).*

Bei der Zwischenschaltung einer Person, welche die vereinbarten Leistungen nicht selbst erbringt, ist Empfänger nicht die zwischengeschaltete Person, sondern der hinter ihr stehende Dritte, an den die Gelder letztlich gelangt sind. Hat der von dem Steuerpflichtigen bezeichnete Empfänger die erhaltenen Zahlungen an Schwarzarbeiter des Steuerpflichtigen weitergeleitet, sind diese als Empfänger i. S. von § 160 Abs. 1 Satz 1 AO anzusehen *(BFH-Beschluss vom 11. 10. 2013 III B 50/13, BFH/NV 2014 S. 289).*

Ein Benennungsverlangen gem. § 160 AO ist nicht ermessensfehlerhaft, wenn dem Stpfl. – bezogen auf den konkreten Geschäftsvorfall und im Zeitpunkt der Zahlung – zuzumuten war, sich nach den Gepflogenheiten eines ordnungsgemäßen Geschäftsverkehrs der Identität seines jeweiligen Geschäftspartners zu versichern *(BFH-Beschluss vom 31. 10. 2002 IV B 126/01, BFH/NV 2003 S. 291).*

Die Aufforderung gemäß § 160 AO, den Zahlungsempfänger zu benennen und bei unterlassener Empfängerbenennung den Betriebsausgabenabzug zu versagen, ist grundsätzlich auch dann rechtmäßig, wenn die geltend gemachten Betriebsausgaben dem Steuerpflichtigen mit Sicherheit entstanden sind *(BFH-Beschluss vom 10. 12. 2009 X B 172/08, BFH/NV 2010 S. 596).*

Das Verlangen des FA, die Empfänger geltend gemachter Betriebsausgaben genau zu benennen, ist auch bei einer Vielzahl von Geschäftsvorfällen jedenfalls in Bezug auf diejenigen Empfänger rechtmäßig, bei denen nicht geringfügige Steuerausfälle zu befürchten sind. Bei der Bemessung des als Betriebsausgaben nicht abziehbaren Betrages sind die jeweiligen steuerlichen Verhältnisse der Empfänger zugrunde zu legen *(BFH-Urteil vom 10. 3. 1999 XI R 10/98, BFH/NV 1999 S. 1265).*

Zur Frage des Umfangs der Nichtabziehbarkeit der Ausgaben usw. vgl. *BFH-Urteil vom 30. 3. 1983 I R 228/78, BStBl. 1983 II S. 654 und 1989 II S. 995:* Sind die Zahlungsempfänger zwar nicht im Einzelnen benannt, aber nach den Gesamt-

[Fortsetzung nächste Seite]

Empfänger genau zu benennen. ②Das Recht der Finanzbehörde, den Sachverhalt zu ermitteln, bleibt unberührt.

(2) **§ 102 bleibt unberührt.** 2

[Fortsetzung]

umständen in ihrer Zusammensetzung bekannt, so sind ihre Einkommensverhältnisse bei der Höhe des nach § 160 nicht abziehbaren Betrags zu berücksichtigen. Dabei gehen Unsicherheiten über die genauen Einkommensverhältnisse der Zahlungsempfänger zu Lasten des Stpfl.

Der Emittent von Inhaberschuldverschreibungen (§§ 793 ff. BGB) im Rahmen bankseitig angebotener sog. Commercial Paper Programme ist nicht verpflichtet, dem an ihn gerichteten Verlangen des FA gem. § 160 Abs. 1 Satz 1 AO nachzukommen und die Gläubiger der verbrieften Ansprüche und der hierauf zu zahlenden Zinsen zu benennen. Das Benennungsverlangen ist regelmäßig unzumutbar und unverhältnismäßig und damit ermessensfehlerhaft *(BFH-Urteil vom 25. 2. 2004 I R 31/03, BStBl. II S. 582).*

Auch wenn der – nicht benannte – Empfänger nachweislich nicht gewerbesteuerpflichtig ist, kann die an ihn geleistete Zahlung bei Ermittlung des Gewerbeertrags nicht abgezogen werden, wenn der Betriebsausgabenabzug bei der Ermittlung des einkommensteuerpflichtigen Gewinns gem. § 160 AO zu versagen ist *(BFH-Urteil vom 15. 3. 1995 I R 46/94, BStBl. 1996 II S. 51).*

Leistet ein Stpfl. Zahlungen an eine in Liechtenstein ansässige **Domizilgesellschaft** für Leistungen, die diese mangels eigenen fach- und branchenkundigen Personals nicht selbst erbringen kann, so ist Empfänger iSd § 160 AO nicht die Domizilgesellschaft, sondern derjenige, an den diese die Gelder weitergeleitet hat *(BFH-Urteil vom 10. 11. 1998 I R 108/97, BStBl. 1999 II S. 121;* Anschluss an *BFH-Beschluss vom 25. 8. 1986 IV B 76/86, BStBl. 1987 II S. 481;* ebenso *Urteil Hessisches FG vom 11. 12. 1990, 12 K 76/87, EFG 1991 S. 441).* Dieser kann, muss aber nicht Gesellschafter der liechtensteinischen Domizilgesellschaft sein (Abgrenzung zu *BFH-Urteil vom 1. 6. 1994 X R 73/91, BFH/NV 1995 S. 2).*

Nach dem Zweck des § 160 Abs. 1 Satz 1 AO ist regelmäßig derjenige Empfänger, dem der in der Betriebsausgabe enthaltene wirtschaftliche Wert übertragen wird. Wird eine Domizilgesellschaft zwischengeschaltet, ist Empfänger der hinter ihr stehende Dritte. Ist unklar, ob es sich um eine Domizilgesellschaft handelt, ist das FG nach § 76 FGO verpflichtet, den entscheidungserheblichen Beweisanträgen zu entsprechen *(BFH-Urteil vom 12. 8. 1999 XI R 51/98, BFH/NV 2000 S. 299).*

Ist in ein Leistungsverhältnis eine Domizilgesellschaft mit Sitz im Ausland zwischengeschaltet, hat der Stpfl. bei einem entsprechenden Verlangen des FA die Auftragnehmer der Domizilgesellschaft zu benennen, die die vertraglich ausbedungenen Leistungen ausführen und deshalb die hierfür geschuldete Gegenleistung beanspruchen können (wirtschaftliche Zahlungsempfänger). Bei zumutbarem Leistungsverlangen des FA trifft das Risiko der Unaufklärbarkeit der wirtschaftlichen Zahlungsempfänger den Stpfl. Eine Domizilgesellschaft, die ausschließlich Leistungen durch andere, von ihr beauftragte Personen ausführen lasst, übt keine wirtschaftliche Tätigkeit aus und ist selbst nicht wirtschaftliche Empfängerin der an sie geleisteten Zahlungen. Eine Tatsache ist offenkundig und bedarf deshalb nicht des Beweises, wenn man sich über sie aus allgemein zugänglichen und zuverlässigen Quellen (z. B. Zeitungen, Zeitschriften etc.) ohne besondere Fachkunde unterrichten kann. Die Gründe für den Einsatz ausländischer Bauarbeiter in Deutschland sind in diesem Sinne offenkundig *(BFH-Beschluss vom 5. 11. 2001 VIII B 16/01, BFH/NV 2002 S. 312).*

Dem Erfordernis des § 160 AO nach Benennung des Empfängers steuerwirksamer Ausgaben ist dann nicht genügt, wenn Personen genannt werden, von deren Empfängereigenschaft sich FA und FG trotz Erfüllung der Amtsermittlungspflicht nicht überzeugen können *(BFH-Beschluss vom 27. 11. 2000 IV B 23/00, BFH/NV 2001 S. 424).*

Bei Benennung eines Empfängers im Ausland muss das FA nachweisen, dass dieser die geltend gemachten Zahlungen nicht erhalten hat. Die Feststellung des Bundesamtes für Finanzen, dass eine eigene Geschäftstätigkeit einer Gesellschaft nicht feststellbar ist, genügt für sich nicht zur Annahme einer Domizilgesellschaft. Die vollständige Versagung des Betriebsausgabenabzugs nach § 160 AO ist ermessensfehlerhaft, wenn die Existenz des Stpfl. dadurch gefährdet wird *(FG München vom 22. 2. 2000 – 2 K 1746/99, EFG S. 769).*

Die Bezeichnung des Empfängers bzw. Gläubigers muss so genau sein, dass das FA ohne besondere Schwierigkeiten und ohne Zeitaufwand in der Lage ist, den Empfänger bzw. Gläubiger zu ermitteln, um auf diese Weise die Beträge bei ihm zu erfassen *(BFH-Urteil vom 2. 3. 1967 IV 309/64, BStBl. III S. 396).* Die Benennung einer ausländischen Gesellschaft, die lediglich zur Entgegennahme von Geldern zwischengeschaltet wurde, entspricht nicht einer ordnungsgemäßen Empfängerbenennung i. S. d. § 160 AO *(BFH-Beschluss vom 25. 11. 1999 I B 34/99, BFH/NV 2000 S. 677).*

Sprechen konkrete Anhaltspunkte dafür, dass die Anteile an einer ausländischen Basisgesellschaft treuhänderisch für Dritte gehalten werden, kann das FA gem. § 160 Abs. 1 Satz 1 AO deren Benennung verlangen *(BFH-Urteil vom 1. 4. 2003 I R 28/02, BStBl. 2007 II S. 855).*

Die Aufforderung des FA an den Stpfl., den Empfänger zu benennen, ist nicht ermessensfehlerhaft, wenn für den Stpfl. bei vernünftiger Beurteilung der Umstände erkennbar gewesen ist, dass die von der Domizilgesellschaft angebotenen Leistungen nicht von deren Personal erbracht werden können und aus diesem Grund von der Einschaltung inländischer Leistungsträger auszugehen ist *(BFH-Urteil vom 10. 11. 1998 I R 108/97, BStBl. 1999 II S. 121).* Dieses Urteil enthält nicht den Rechtssatz, die Aufforderung des FA an den Stpfl., den Empfänger von Zahlungen an eine in Liechtenstein ansässige Domizilgesellschaft zu benennen, sei nur dann nicht ermessenfehlerhaft, wenn für den Stpfl. bei vernünftiger Beurteilung der Umstände erkennbar geworden sei, dass die von der Domizilgesellschaft angebotene Leistung nicht von deren Personal erbracht werden könne und aus diesem Grund von der Einschaltung inländischer Leistungsträger auszugehen sei *(BFH-Beschluss vom 13. 12. 1999 IV B 41/99, BFH/NV 2000 S. 817).*

Bei einem **in Großbritannien ansässigen Bauunternehmen,** das Leistungen im Inland erbringt, besteht im Allgemeinen kein Anlass für die Annahme, dass es sich um eine Domizilgesellschaft handelt. Eine solche Annahme widerspräche den gemeinschaftsrechtlichen Grundfreiheiten. Ist für den Stpfl. bei vernünftiger Beurteilung der Umstände und bei Ausschöpfung seiner zumutbaren Erkenntnismöglichkeiten nicht erkennbar, dass es sich bei dem Zahlungsempfänger um eine Domizilgesellschaft handeln könnte, ist es ermessensfehlerhaft, ihn aufzufordern, die „hinter" dem Zahlungsempfänger stehenden Personen zu benennen *(BFH-Urteil vom 17. 10. 2001 I R 19/01, BFH/NV 2002 S. 610).*

§ 160 AO kommt bei sog. durchlaufenden Posten nicht zur Anwendung *(BFH-Urteil vom 4. 12. 1996 I R 99/94, BStBl. 1997 II S. 404).* Siehe Fn. zu § 159.

Die Anerkennung der Bildung einer Rückstellung wegen Inanspruchnahme aus Bürgschaften kann nicht von der Benennung des Darlehensgläubigers abhängig gemacht werden *(BFH-Urteil vom 15. 10. 1998 IV R 8/98, BStBl. 1999 II S. 333).*

BFH-Urteil vom 11. 7. 2013 IV R 27/09, BStBl. II S. 989: 1. Unter § 160 Abs. 1 Satz 1 AO fallen auch Ausgaben zum Erwerb aktivierungspflichtiger Wirtschaftsgüter (Klarstellung zum *BFH-Urteil vom 15. 10. 1998 IV R 8/98, BStBl. 1999 II S. 333).* 2. Im Rahmen der Prüfung der Zumutbarkeit des Benennungsverlangens nach § 160 Abs. 1 Satz 1 AO ist auch zu würdigen, ob zwischen einer Ausgabe zum Erwerb eines aktivierungspflichtigen Wirtschaftsguts, darauf beruhenden erfolgswirksamen Buchungen des bilanzierenden Steuerpflichtigen und einem hieran anknüpfenden Benennungsverlangen der Finanzverwaltung ein Zeitraum liegt, der das Benennungsverlangen im konkreten Einzelfall als unverhältnismäßig erscheinen lässt.

AEAO

Zu § 160 – Benennung von Gläubigern und Zahlungsempfängern:

3 **1.** Bei der Anwendung des § 160 AO ist zunächst zu entscheiden, ob ein Benennungsverlangen geboten ist. Es steht im pflichtgemäßen Ermessen des Finanzamts, ob es sich den Gläubiger von Schulden oder den Empfänger von Ausgaben vom Steuerpflichtigen benennen lässt (BFH-Urteile vom 25. 11. 1986, VIII R 350/82, BStBl. 1987 II S. 286, und vom 10. 3. 1999, XI R 10/98, BStBl. II S. 434).

§ 160 AO ist nicht anzuwenden, wenn der Abzug einer Schuld oder Ausgabe bereits daran scheitert, dass dessen Höhe oder sein Zusammenhang mit der steuerlichen Sphäre nicht nachgewiesen ist (vgl. BFH-Beschluss vom 25. 7. 2012, X B 175/11, BFH/NV 2013 S. 44) oder die Schulden oder Ausgaben aufgrund anderweitiger steuerlicher Vorschriften beim Steuerpflichtigen nicht steuermindernd zu berücksichtigen sind.

Das Benennungsverlangen ist eine nicht selbständig anfechtbare Vorbereitungshandlung (BFH-Urteil vom 20. 4. 1988, I R 67/84, BStBl. II S. 927).

4 **1.1.** Gläubiger i. S. d. § 160 Abs. 1 Satz 1 AO ist der wirtschaftliche Eigentümer der Forderung. Empfänger i. S. d. § 160 Abs. 1 Satz 1 AO ist derjenige, dem der in den Betriebsausgaben enthaltene wirtschaftliche Wert vom Steuerpflichtigen übertragen wurde und bei dem er sich demzufolge steuerlich auswirkt (BFH-Urteil vom 25. 1. 2006, I R 39/05, BFH/NV S. 1618). Damit ist derjenige gemeint, der die vom Steuerpflichtigen geleistete Zahlung aufgrund eigener Leistung verdient hat (vgl. BFH-Urteil vom 4. 4. 1996, IV R 55/94, BFH/NV S. 801). Bei der Zwischenschaltung einer Person, welche die vereinbarten Leistungen nicht selbst erbringt, ist der Empfänger nicht die zwischengeschaltete Person, sondern der hinter ihr stehende Dritte, an den die Gelder letztlich gelangt sind (vgl. BFH-Beschluss vom 11. 10. 2013, III B 50/13, BFH/NV 2014 S. 289).

5 **1.2.** Für eine genaue Bezeichnung des Empfängers ist nach dem Zweck des § 160 AO bei natürlichen Personen die Angabe des vollen Namens, der Adresse und des Geburtsdatums, bei juristischen Personen und Personenzusammenschlüssen die Bezeichnung und der Sitz des Empfängers erforderlich, so dass die Finanzbehörde ihn ohne Schwierigkeiten feststellen kann. Die Bezeichnung ist nicht „genau", wenn sich herausstellt, dass der Empfänger zwar existiert, dass aber der mitgeteilte Name fingiert, also falsch ist (vgl. BFH-Urteil vom 4. 4. 1996, IV R 55/94, BFH/NV S. 801). Entsprechendes gilt für die Bezeichnung des Gläubigers.

6 **1.3.** Identitätsüberprüfungen sind für den Steuerpflichtigen nicht bereits deshalb unzumutbar, weil ungewöhnliche Marktbedingungen vorliegen, insgesamt eine Vielzahl von Geschäftsvorfällen zu erfassen ist oder hierdurch Umsatzeinbußen und Nachteile gegenüber anderen Wettbewerbern entstehen (BFH-Urteil vom 10. 3. 1999, XI R 10/98, BStBl. II S. 434 – m. w. N.). Nur in Ausnahmefällen kaum zu bewältigender tatsächlicher oder rechtlicher Schwierigkeiten kann dem Steuerpflichtigen eine Ermittlung billigerweise nicht zugemutet werden. Dies trifft für die Bezeichnung einzeln bestimmbarer Zahlungsempfänger regelmäßig nicht zu. Ggf. muss sich der Steuerpflichtige im Rahmen einer ordnungsmäßigen Geschäftstätigkeit über Namen und Adressen der Anlieferer anhand von Ausweispapieren vergewissern, etwa durch Einsichtnahme in den Personalausweis, Pass oder Führerschein (BFH-Urteil vom 10. 3. 1999, XI R 10/98, a. a. O.) Die Fertigung und Aufbewahrung von Kopien der Ausweisdokumente ist nicht erforderlich. Der Umstand, dass das entsprechende Ausweispapier im Rahmen der Identitätsprüfung vorgelegt und geprüft wurde, kann mit dem Vermerk „gültiger Ausweis hat vorgelegen" belegt werden, sofern daneben die insoweit relevanten Informationen (Name, Vorname, Geburtsdatum, Ausweisnummer) aufgezeichnet wurden (hierzu vgl. AEAO zu § 160, Nr. 1.2). § 146 Abs. 1 Satz 1 i. V. m. § 143 Abs. 3 Nr. 2 AO und die Regelungen des GwG bleiben unberührt.

7 **1.4.** Ein Benennungsverlangen ist insbesondere ermessensgerecht, wenn aufgrund der Lebenserfahrung und/oder der Umstände des Einzelfalls die Vermutung naheliegt, der Empfänger einer Zahlung bzw. der Gläubiger einer Forderung habe diese zu Unrecht nicht versteuert. Hiervon ist regelmäßig auszugehen bei Geschäften ohne Rechnung, bei hohen Bargeldzahlungen, bei ungewöhnlichen Zahlungsmodalitäten und bei Schwarzarbeit. Ein Benennungsverlangen darf auch dann gestellt werden, wenn der Steuerpflichtige den Empfänger nicht bezeichnen kann, weil ihm bei Auszahlung des Geldes dessen Namen und Anschrift unbekannt waren. Dies gilt sowohl für den Fall, dass er den Geschäftspartner nicht um diese Angaben gebeten hat, als auch für den Fall, dass dieser die Angaben ablehnt.

8 **1.5.** Unabhängig davon ist die Benennung des Gläubigers oder des Empfängers stets zu verlangen, wenn Anhaltspunkte für eine straf- oder bußgeldbewehrte Vorteilszuwendung vorliegen. Zum einkommensteuerrechtlichen Abzugsverbot für die Zuwendung von Vorteilen i. S. d. § 4 Abs. 5 Satz 1 Nr. 10 EStG und zum Verhältnis dieser Vorschrift zu § 160 AO vgl. BMF-Schreiben vom 10. 10. 2002 (BStBl. I S. 1031). Zur Belehrungspflicht, wenn das Benennungsverlangen eine vermutete straf- oder bußgeldbewehrte Vorteilszuwendung zum Gegenstand hat, vgl. Tz. 30 des BMF-Schreibens vom 10. 10. 2002 (BStBl. I S. 1031).

9 **1.6.** Wegen der Stellung von Personen, die aufgrund ihres Berufes zur Auskunftsverweigerung berechtigt sind, vgl. AEAO zu § 159, Satz 1.

10 **2.** Unterlässt der Steuerpflichtige es trotz Aufforderung durch die Finanzbehörde, den Gläubiger der Schuld oder den Empfänger der Ausgabe genau zu benennen, so ist im Rahmen einer zweiten Ermessensentscheidung zu prüfen, ob und in welcher Höhe der Abzug der Ausgaben bzw.

Schulden zu versagen ist. Nach § 160 Satz 1 AO ist der Abzug dann „regelmäßig" zu versagen (BFH-Urteil vom 10. 3. 1999, XI R 10/98, BStBl. II S. 434). Ist sowohl streitig, ob der Höhe nach Betriebsausgaben vorliegen, als auch, ob die fehlende Benennung der Zahlungsempfänger dem Abzug entgegensteht, so ist zunächst die Höhe der Betriebsausgaben zu ermitteln oder ggf. zu schätzen. Sodann ist zu prüfen, ob und inwieweit die fehlende Benennung der Zahlungsempfänger dem Abzug der Betriebsausgaben entgegensteht. Die bei der Anwendung des § 160 AO zu treffenden Ermessensentscheidungen können eine unterlassene Schätzung nicht ersetzen (BFH-Urteil vom 24. 6. 1997, VIII R 9/96, BStBl. 1998 II S. 51).

3. Werden Leistungen über eine Domizilgesellschaft (Briefkastenfirma) abgerechnet, so ist zunächst zu prüfen, ob der Steuerpflichtige überhaupt eine Leistung von objektiv feststellbarem wirtschaftlichen Wert erhalten hat oder ob lediglich ein Scheingeschäft vorliegt. Bei Leistungen an Domizilgesellschaften ist der Empfängernachweis nur erbracht, wenn die hinter der Gesellschaft stehenden Personen benannt werden (BFH-Beschluss vom 25. 8. 1986, IV B 76/86, BStBl. 1987 II S. 481). Das sind die Personen, die anstelle der inaktiven Domizilgesellschaften bei wirtschaftlicher Betrachtungsweise eine Leistung gegenüber dem Steuerpflichtigen erbracht haben und denen damit auch die Gegenleistung zusteht. Die Benennung lediglich formaler Anteilseigner (z. B. Treuhänder) reicht nicht aus, ebenso wenig wie die Erklärung des Steuerpflichtigen, nicht er, sondern ein fremder Dritter stehe hinter der ausländischen Gesellschaft (BFH-Beschluss vom 25. 8. 1986, IV B 76/86, a. a. O.). Ungewissheiten hinsichtlich der Person des Empfängers gehen zu Lasten des Steuerpflichtigen (BFH-Urteil vom 13. 3. 1985, I R 7/81, BStBl. 1986 II S. 318, und BFH-Beschluss vom 9. 7. 1986, I B 36/86, BStBl. 1987 II S. 487). Ausländische Verbotsnormen führen nicht dazu, dass ein Offenlegungsverlangen von vornherein unverhältnismäßig oder unzumutbar wird (vgl. BFH-Urteil vom 16. 4. 1980, I R 75/78, BStBl. 1981 II S. 492). § 16 AStG bleibt unberührt. 11

4. Bei Zahlungen an ausländische Empfänger soll das Finanzamt – soweit keine Anhaltspunkte für eine straf- oder bußgeldbewehrte Vorteilszuwendung vorliegen – auf den Empfängernachweis nach § 160 AO verzichten, wenn feststeht, dass die Zahlung im Rahmen eines üblichen Handelsgeschäfts erfolgte, der Geldbetrag ins Ausland abgeflossen ist und der Empfänger nicht der deutschen Steuerpflicht unterliegt. Hierzu ist der Empfänger in dem Umfang zu bezeichnen, dass dessen Steuerpflicht im Inland mit hinreichender Sicherheit ausgeschlossen werden kann. Die bloße Möglichkeit einer im Inland nicht bestehenden Steuerpflicht reicht nicht aus (BFH-Urteil vom 13. 3. 1985, I R 7/81, BStBl. 1986 II S. 318). In geeigneten Fällen ist eine Erklärung der mit dem Geschäft betrauten Personen sowie des verantwortlichen Organs des Unternehmens zu verlangen, dass ihnen keine Umstände bekannt sind, die für einen Rückfluss der Zuwendung an einen inländischen Empfänger sprechen. Die Zulässigkeit der Mitteilung von Erkenntnissen deutscher Finanzbehörden im Rahmen des § 117 AO bleibt hiervon unberührt. 12

§ 161 Fehlmengen bei Bestandsaufnahmen

AO

① Ergeben sich bei einer vorgeschriebenen oder amtlich durchgeführten Bestandsaufnahme Fehlmengen[1] an verbrauchsteuerpflichtigen Waren, so wird vermutet, dass hinsichtlich der Fehlmengen eine Verbrauchsteuer entstanden oder eine bedingt entstandene Verbrauchsteuer unbedingt geworden ist, soweit nicht glaubhaft gemacht wird, dass die Fehlmengen auf Umstände zurückzuführen sind, die eine Steuer nicht begründen oder eine bedingte Steuer nicht unbedingt werden lassen. ② Die Steuer gilt im Zweifel im Zeitpunkt der Bestandsaufnahme als entstanden oder unbedingt geworden.

§ 162 Schätzung von Besteuerungsgrundlagen[2]

(1) **① Soweit die Finanzbehörde die Besteuerungsgrundlagen nicht ermitteln oder berechnen kann, hat sie sie zu schätzen. ② Dabei sind alle Umstände zu berücksichtigen, die für die Schätzung von Bedeutung sind.** 1

---

[1] Ergeben sich nach Anschreibungen bei verschiedenen verbrauchsteuerpflichtigen Waren einerseits Mehr-, andererseits Mindermengen, so sind die Mindermengen die Fehlmenge iSd § 161, nicht erst der Saldo aus Mehr- und Mindermengen *(BFH-Urteil vom 6. 11. 1990 VII R 31/88, BFHE 162 S. 191).*

[2] Zur Schätzung von Besteuerungsgrundlagen nach § 162 Abs. 1 bis Abs. 3 AO, vgl. auch *BMF-Schreiben vom 3. 12. 2020, BStBl. I S. 1325,* abgedruckt als Anlage zu § 90 AO.

Die Schätzung steht nicht im Ermessen der Finanzbehörde; § 127 ist deshalb anwendbar *(BFH-Urteil vom 19. 2. 1987 IV R 143/84, BStBl. II S. 412).*

Besteuerungsgrundlagen sind auch dann gem. § 162 AO zu schätzen, wenn gegen den Stpfl. ein Strafverfahren wegen einer Steuerstraftat eingeleitet worden ist *(BFH-Beschluss vom 19. 9. 2001 XI B 6/01, BStBl. 2002 II S. 4).*

Der strafrechtliche Grundsatz „in dubio pro reo" ist auch im Steuerfestsetzungsverfahren zu beachten. Dies schließt es aus, die Schätzung der hinterzogenen Steuern – entsprechend den allgemeinen Grundsätzen im Falle der Verletzung von Mitwirkungspflichten – auf Wahrscheinlichkeitserwägungen, d. h. auf ein reduziertes Beweismaß zu stützen und an der oberen Grenze des für den Einzelfall zu beachtenden Schätzrahmens auszurichten. Erforderlich ist vielmehr, dass das FG auf der Grundlage des Gesamtergebnisses des Verfahrens von der Höhe der Steuerhinterziehung überzeugt ist (ständige Rspr.; *BFH-Beschluss vom 29. 1. 2002 VIII B 91/01, BFH/NV 2002 S. 750).*

[Fortsetzung nächste Seite]

AO

2 (2) ① **Zu schätzen ist insbesondere dann, wenn der Steuerpflichtige über seine Angaben keine ausreichenden Aufklärungen zu geben vermag oder weitere Auskunft oder eine Versicherung an Eides statt verweigert oder seine Mitwirkungspflicht nach § 90**

[Fortsetzung]

BFH-Urteil vom 3. 12. 2019 VIII R 23/16, BFH/NV 2020 S. 853: 1. Aus dem Vorhandensein eines bestimmten Vermögens kann nicht ohne Weiteres mit der für die Feststellung einer Steuerhinterziehung erforderlichen Sicherheit auf das Vorhandensein dieses Vermögens bereits zu einem früheren Zeitpunkt – lediglich in abgezinster Höhe – geschlossen werden. Dazu bedarf es vielmehr der weiteren Feststellung, dass ein zwischenzeitlicher Vermögenszuwachs ausgeschlossen werden kann *(BFH-Urteil vom 3. 12. 2019 VIII R 23/16, BFH/NV 2020, S. 853).* 2. Das Vorhandensein eines Vermögens zu einem bestimmten Zeitpunkt reicht – selbst bei Annahme eines verminderten Beweismaßes wegen Verletzung der Mitwirkungspflichten – nicht aus, um dem Steuerpflichtigen den entsprechenden Kapitalstamm auch in den Folgejahren unverändert als Grundlage der Erzielung von Einkünften aus Kapitalvermögen zuzurechnen, wenn Anhaltspunkte dafür vorhanden sind, dass das Depotkonto im betreffenden Zeitraum nicht mehr vorhanden war (Anschluss an *Senatsurteil vom 9. 5. 2017 – VIII R 51/14, BFH/NV 2018 S. 5*).

Verwaltungsanweisungen, die auf Erfahrung der Verwaltung beruhende Schätzungen zum Inhalt haben, sind nach ständiger Rspr. des BFH aus Gründen der Gleichbehandlung auch von den Steuergerichten zu beachten, solange sie im Einzelfall nicht offensichtlich zu falschen Ergebnissen führen. Die Steuergerichte dürfen jedoch derartige Verwaltungsanweisungen nicht selbst auslegen, sondern nur darauf überprüfen, ob die Auslegung durch die Finanzbehörden nach dem Wortlaut der Verwaltungsanweisung möglich ist *(BFH-Urteil vom 27. 10. 1978 VI R 8/76, BStBl. 1979 II S. 54).*

Jede Schätzung des FA ist im Klageverfahren voll nachprüfbar. Das FG kann seine Wahrscheinlichkeitsüberlegungen an die Stelle der des FA setzen, ohne deshalb die Schätzung des FA als rechtsfehlerhaft einstufen zu müssen *(BFH-Urteil vom 17. 10. 2001 I R 103/00, BStBl. 2004 II S. 171).*

Bei Klageverfahren, die sich gegen Schätzungen richten, kann das Gericht die Möglichkeit einer Beweisführung dann für völlig unwahrscheinlich halten, wenn der Antragsteller den der Schätzung zugrundeliegenden konkreten Tatsachen und Schlussfolgerungen lediglich pauschal entgegentritt oder keinen Versuch unternimmt, in Erfüllung der ihm obliegenden Mitwirkungspflicht zur Aufklärung des Sachverhalts beizutragen *(BFH-Beschluss vom 26. 11. 1997 V B 48/97, BFH/NV 1998 S. 563).*

Der Umstand, dass das FG Besteuerungsgrundlagen ohne vorherige Ankündigung selbst schätzt, soweit es sie nicht ermitteln kann, kann das Recht des FA auf Gehör nicht verletzen; die Verpflichtung des FG zur Schätzung ergibt sich aus dem Gesetz *(BFH-Urteil vom 12. 8. 1999 XI R 27/98, BFH/NV 2000 S. 537).*

BFH-Beschluss vom 10. 5. 2012 X B 71/11, BFH/NV S. 1461: Die Rüge der falschen Rechtsanwendung und tatsächlichen Würdigung des Streitfalles durch das FG im Rahmen einer Schätzung ist im Nichtzulassungsbeschwerdeverfahren grundsätzlich unbeachtlich. Dies gilt insbesondere für Einwände gegen die Richtigkeit von Steuerschätzungen (ständige BFH-Rechtsprechung).

Die Schätzung der Besteuerungsgrundlagen kann nicht allein mit dem Abweichen des Betriebsergebnisses von amtlichen Richtsätzen der Finanzverwaltung begründet werden, wenn deren Anwendung auf wesentlich kleinere Betriebe als den des Stpfl. begrenzt ist *(BFH-Urteil vom 7. 12. 1977 I R 16 – 17/75, BStBl. 1978 II S. 278).*

Formelle Buchführungsmängel berechtigen nur zur Schätzung, soweit sie Anlass geben, die sachliche Richtigkeit des Buchführungsergebnisses anzuzweifeln. Ist eine Buchführung wegen Buchführungsmängeln ganz oder teilweise nicht der Besteuerung zugrunde zu legen, sind die Besteuerungsgrundlagen grundsätzlich zu schätzen. Eine Schätzung scheidet allerdings aus, wenn die durch die Fehler der Buchführung verursachten Unklarheiten und Zweifel durch anderweitige zumutbare Ermittlungen beseitigt werden können *(BFH-Urteil vom 14. 12. 2011 XI R 5/10, BFH/NV 2012 S. 1921).*

BFH-Beschluss vom 11. 11. 2022 VIII B 97/21, BFH/NV 2023 S. 113: Kann der Steuerpflichtige im Rahmen der Gewinnermittlung nach § 4 Abs. 3 EStG seine Betriebsausgaben nicht durch Vorlage von Belegen nachweisen, ist das Finanzamt im Wege der Schätzung nach § 162 Abs. 1 Satz 1, Abs. 2 Satz 1 AO zur Vornahme eines pauschalen Unsicherheitsabschlags von den geltend gemachten Aufwendungen befugt. Die Schätzungsbefugnis nach dieser Vorschrift hängt nicht davon ab, dass der Steuerpflichtige zu einer förmlichen Aufzeichnung seiner Betriebseinnahmen und -ausgaben verpflichtet ist (vgl. *BFH-Urteil vom 12. 12. 2017 VIII R 6/14, BFH/NV 2018 S. 606*).

Geht in einem Schätzungsfall nach Erlass des Steuerbescheides beim FA innerhalb der Einspruchsfrist die Steuererklärung ohne weitere Erklärung ein, so ist dies im Zweifel als Einlegung eines Einspruchs gegen den Schätzungsbescheid – und nicht als (bloßer) Antrag auf schlichte Änderung des Schätzungsbescheides – zu werten *(BFH-Urteil vom 27. 2. 2003 V R 87/01, BStBl. II S. 505).*

Eine Hinzuschätzung wegen Verstoßes gegen Aufzeichnungspflichten kommt nicht in Betracht, soweit der Steuerpflichtige darauf vertrauen durfte, dass er von einer ihm durch das BMF eingeräumten Aufzeichnungserleichterung Gebrauch gemacht hat (*BFH-Urteil vom 16. 9. 2024 III R 28/22, BStBl. 2025 II S. 65*).

Wird mit der Anfechtung eines Bescheides geltend gemacht, das FA habe die Besteuerungsgrundlagen geschätzt, obwohl die Voraussetzungen für eine solche Schätzung – Besteuerungsgrundlagen nicht zu ermitteln oder zu berechnen – nicht vorgelegen hätten, wird kein materiell-rechtlicher Fehler des Bescheides, sondern lediglich ein Fehler des FA im Besteuerungsverfahren (Verfahrensfehler) gerügt mit der Folge der §§ 125, 127 AO *(BFH-Urteil vom 17. 9. 1997 II R 15/95, BFH/NV 1998 S. 416).*

Ungeklärte Vermögenszuwächse beim Alleingesellschafter-Geschäftsführer einer GmbH berechtigen bei der GmbH grundsätzlich nicht zur Schätzung nicht verbuchter Betriebseinnahmen und damit zum Ansatz verdeckter Gewinnausschüttungen. Der Gesellschafter-Geschäftsführer ist insoweit prinzipiell auch nicht verpflichtet, an der Sachverhaltsaufklärung mitzuwirken. Die Frage nach der Herkunft derartiger Mittel fällt in den persönlichen Wissensbereich des Geschäftsführers, dieses Wissen kann der Gesellschaft nicht ohne weiteres als eigenes zugerechnet werden *(BFH-Urteil vom 26. 2. 2003 I R 52/02, DStR S. 1387).*

Ein wegen unterlassener Abgabe einer Steuererklärung ergangener Schätzungsbescheid erfordert grundsätzlich keine über die Wertangaben hinausgehende Begründung der Besteuerungsgrundlagen. Dagegen ist ein Schätzungsbescheid auch der Höhe nach zu begründen, wenn hierfür ein besonderer Anlass besteht. Die Aufhebung eines Schätzungsbescheids, der nicht nichtig ist, kann nicht allein deshalb beansprucht werden, weil die erforderliche Begründung fehlt und auch in der Einspruchsentscheidung nicht nachgeholt wurde *(BFH-Urteil vom 11. 2. 1999 V R 40/98, BStBl. II S. 382).*

Zu Anforderungen an die Schätzung von Besteuerungsgrundlagen und Bekanntgabe von Vergleichsbetrieben vgl. *BFH-Urteil vom 18. 12. 1984 VIII R 195/82, BStBl. 1986 II S. 226.*

Die Finanzverwaltung darf zur Ermittlung von Vergleichsdaten Datenbanken aufbauen und verwenden, auch wenn diese nicht allgemein zugänglich sind, und es ist zulässig, Vergleichsdaten mit Hilfe von Datenbanken zu ermitteln. Allerdings muss die im Einzelfall zu verwendende Datenbank Mindestanforderungen an die Qualität der Datenerfassung erfüllen. Die Gerichte können deshalb gehalten sein, Rückfragen über die Zusammenstellung und Ableitung der anonymisierten Vergleichsdaten zu stellen. Können solche Fragen aus Gründen des Steuergeheimnisses oder aus anderen Gründen nicht beantwortet werden, geht dies zu Lasten des Beweiswertes der Vergleichsdaten (Anschluss an *BFH-Urteil vom 17. 10. 2001 I R 103/00, BStBl. 2024 II S. 171* unter III.A.2.c cc). Es bestehen gegenwärtig erhebliche Zweifel, ob **die amtliche Richtsatzsammlung in ihrer bisherigen Form** eine geeignete Grundlage für einen äußeren Betriebsvergleich darstellt (*BFH-Urteil vom 18. 6. 2025 X R 19/21, BFH/NV S. 1476*).

[Fortsetzung nächste Seite]

Absatz 2 verletzt. ② Das Gleiche gilt, wenn der Steuerpflichtige Bücher oder Aufzeichnungen, die er nach den Steuergesetzen zu führen hat, nicht vorlegen kann, wenn die Buchführung oder die Aufzeichnungen nach § 158 Absatz 2 nicht der Besteuerung zugrunde gelegt werden oder wenn tatsächliche Anhaltspunkte für die Unrichtigkeit oder Unvollständigkeit der vom Steuerpflichtigen gemachten Angaben zu steuerpflichtigen Einnahmen oder Betriebsvermögensmehrungen bestehen und der Steuerpflichtige die Zustimmung nach § 93 Absatz 7 Satz 1 Nummer 5 nicht erteilt.[1] ③ Hat der Steuerpflichtige seine Mitwirkungspflichten nach § 12 des Gesetzes zur Abwehr

---

[Fortsetzung]

Selbst **grobe Schätzungsfehler** bei der Feststellung von Besteuerungsgrundlagen führen regelmäßig nicht zur Nichtigkeit der darauf beruhenden Bescheide *(BFH-Beschluss vom 14. 4. 1989 III B 5/89, BStBl. 1990 II S. 351).* Siehe auch *BFH-Urteil vom 1. 10. 1992 IV R 34/90, BStBl. 1993 II S. 259* sowie *BFH-Urteil vom 20. 12. 2000 I R 50/00, BStBl. 2001 II S. 381.*

BFH-Urteil vom 15. 5. 2002 X R 33/99, BFH/NV S. 1415: Willkürlich und damit nichtig ist ein Schätzungsbescheid nicht nur bei subjektiver Willkür des handelnden Bediensteten, sondern auch dann, wenn das Schätzungsergebnis trotz der vorhandenen Möglichkeiten, den Sachverhalt aufzuklären, krass von den tatsächlichen Gegebenheiten abweicht und in keiner Weise erkennbar ist, dass überhaupt und ggf. welche Schätzungserwägungen angestellt wurden, wenn somit ein „objektiv willkürlicher Hoheitsakt" vorliegt (Anschluss an das *BFH-Urteil vom 20. 12. 2000 I R 50/00, BStBl. 2001 II S. 381).*

Eine Gewinnschätzung erweist sich erst dann als rechtswidrig, wenn sie den durch die Umstände des Falles gezogenen Schätzungsrahmen verlässt; wird die Schätzung erforderlich, weil der Stpfl. seiner Erklärungspflicht nicht genügt, kann sich das FA an der oberen Grenze des Schätzungsrahmens orientieren, weil der Stpfl. möglicherweise Einkünfte verheimlichen will *(BFH-Beschluss vom 13. 7. 2000 IV R 55/99, BFH/NV 2001 S. 3;* Anschluss an *BFH-Urteil vom 1. 10. 1992 IV R 34/90, BStBl. 1993 II S. 239).*

Die bloße Absicht der Finanzbehörde, den Steuerpflichtigen durch das Schätzungsergebnis zu sanktionieren („Strafschätzung"), löst für sich genommen noch keine Nichtigkeit der hierauf beruhenden Steuerfestsetzung nach § 125 Abs. 1 AO aus. Hinzukommen muss, dass die Schätzung bei objektiver Betrachtung den durch die Umstände des Einzelfalls gezogenen Schätzungsrahmen verlässt, d. h. objektiv fehlerhaft ist *(BFH-Beschluss vom 6. 8. 2018 X B 22/18, BFH/NV S. 1237).*

Kassenfehlbeträge können Anlass geben, die (baren) Betriebseinnahmen zu schätzen. Die Fehlbeträge geben regelmäßig einen ausreichenden Anhalt für die Schätzung der Höhe nach *(BFH-Urteil vom 20. 9. 1989 X R 39/87, BStBl. 1990 II S. 109).*

Die **Schätzungsmethode** der **Vermögenszuwachsrechnung** unterscheidet sich von derjenigen der **Geldverkehrsrechnung** lediglich dadurch, dass die Mittelverwendung für Vermögensanlagen stärker betont wird. Beide Rechnungen vollziehen die Geldflüsse nach. Sie lassen sich ineinander überführen. In einer Gesamtvermögenszuwachsrechnung bleiben die Barentnahmen und -einlagen außer Ansatz. Die Betriebsvermögen können mit den Kapitalkontenwerten angesetzt werden, sofern die Rechnung um die Sachentnahmen und -einlagen berichtigt wird *(BFH-Urteil vom 8. 11. 1989 X R 178/87, BStBl. 1990 II S. 268).*

Schätzungen des FA im Rahmen einer Geldverkehrsberechnung und Vermögenszuwachsberechnung sind unter anderem dann nicht zu beanstanden, wenn der Kläger seinen steuerlichen (Mitwirkungs-)Pflichten nicht nachgekommen ist und der Schätzung des FA lediglich eigene Schätzungen gegenübergestellt *(BFH-Beschluss vom 27. 6. 2011 VIII B 138/10, BFH/NV S. 1662).*

Die Anforderungen, die der Senat in seiner bisherigen Rechtsprechung an die Durchführung eines Zeitreihenvergleichs gestellt hat (Urteil vom 25. März 2015 X R 20/13, BFHE 249, 390, BStBl. II 2015, 743), gelten bei summarischer Betrachtung auch dann, wenn die Ergebnisse des Zeitreihenvergleichs durch Vornahme einer Quantilsschätzung zur Begründung der Schätzungshöhe herangezogen werden. Eine während des Prüfungszeitraums vorgenommene Preiserhöhung um 26% schließt es im Regelfall aus, einen durchgehenden Zeitreihenvergleich für die Zeit vor und nach der Preiserhöhung vorzunehmen *(BFH-Beschluss vom 12. 7. 2007 X B 16/17, BFH/NV S. 1204).*

BFH-Urteil vom 12. 12. 2017 VIII R 5/14, BFH/NV 2018 S. 602: Formelle Buchführungsmängel berechtigen nur insoweit zur Schätzung, als sie Anlass geben, die sachliche Richtigkeit des Buchführungsergebnisses anzuzweifeln. Stellt das FG formelle Fehler bei der Aufzeichnung der Betriebsausgaben fest, hat es schlüssig zu begründen, warum aus diesen Fehlern im konkreten Fall eine Schätzungsbefugnis für die Betriebseinnahmen erwachsen soll. 2. Ein pauschaler Sicherheitszuschlag zu den Einnahmen ist eine griffweise Schätzung der Besteuerungsgrundlagen, die in einem vernünftigen Verhältnis zu den erklärten oder nicht erklärten Einnahmen stehen muss. Es bedarf zu ihrer Rechtmäßigkeit einer ausreichenden Begründungstiefe des FG-Urteils, aus der erkennbar ist, warum diese Schätzungsmethode im entschiedenen Fall notwendig ist und dass sie auch im Hinblick auf die Angemessenheit des Schätzungsergebnisses allgemeinen Erfahrungsgrundsätzen entspricht.

Nach ständiger höchstrichterlicher Rechtsprechung ist eine Schätzungsbefugnis auch bei einem unverschuldeten Verlust von Buchführungsunterlagen bzw. Aufzeichnungen gegeben *(BFH-Beschluss vom 26. 10. 2011 X B 44/11, BFH/NV 2012 S. 168).*

In der Wahl der Reingewinnschätzung als Schätzungsmethode ist kein Verfahrensfehler zu sehen, wenn geeignete Unterlagen für eine Rohgewinnschätzung nicht vorliegen und eine ordnungsmäßige Buchung der Aufwendungen bzw. Kosten nicht ersichtlich ist *(BFH-Urteil vom 17. 5. 1990 IV R 36/89, BFH/NV 1991 S. 646).*

Auch die griffweise Schätzung in Form eines (Un-)Sicherheitszuschlags muss schlüssig, wirtschaftlich möglich und vernünftig sein; deshalb muss das Ergebnis dieser Schätzung vom FG ausreichend begründet und auf seine Plausibilität hin überprüft werden *(BFH-Urteil vom 20. 3. 2017 X R 11/16, BStBl. II S. 992).*

Hat ein Gesellschafter, dessen Besteuerungsgrundlage mangels Abgabe einer Feststellungserklärung zu schätzen sind, Verluste im Bereich seines Sonderbetriebsvermögens erlitten, kann sein Anteil am Gesamtgewinn der Mitunternehmerschaft nur dann mit 0 DM festgestellt werden, wenn ausreichend Anhaltspunkte dafür bestehen, dass Sonderbetriebseinnahmen oder sein Anteil am Gesellschaftsgewinn diesen Verlust auszugleichen vermögen *(BFH-Urteil vom 5. 6. 2003 IV R 36/02, BStBl. II S. 871).*

Wenn ein Arbeitgeber die LSt trotz gesetzlicher Verpflichtung nicht anmeldet und abführt, kann das FA sie durch Schätzungsbescheid festsetzen. Die Möglichkeit, einen Haftungsbescheid zu erlassen, steht nicht entgegen *(BFH-Urteil vom 7. 7. 2004 VII R 171/00, BFH/NV S. 1569).*

Fordert das FA in einem **Haftungsbescheid** vom Arbeitgeber **Lohnsteuer** wegen Zuwendungen von Arbeitslohn in einer Vielzahl von Fällen nach, so ist die Höhe der LSt trotz des damit verbundenen Arbeitsaufwandes grundsätzlich individuell zu ermitteln und nicht mit einem durchschnittlichen Steuersatz zu schätzen. Etwas anderes gilt dann, wenn entweder die Voraussetzungen des § 162 AO für eine Schätzung der LSt vorliegen oder der Arbeitgeber mit der Berechnung der Haftungsschuld mit einem durchschnittlichen Steuersatz einverstanden ist *(BFH-Urteil vom 17. 3. 1994 VI R 120/92, BStBl. II S. 536).*

[1] Liegen keine vollständigen Buchführungsunterlagen vor, sind die Besteuerungsgrundlagen nach § 162 Abs. 2 AO zu schätzen, unabhängig davon, aus welchen Gründen die erforderlichen Unterlagen und Aufzeichnungen nicht vorgelegt werden können. Es kommt dabei nicht auf ein Verschulden des Steuerpflichtigen an *(BFH-Beschluss vom 19. 7. 2010 X S 10/10 (PKH), BFH/NV S. 2017).*

[Fortsetzung nächste Seite]

AO

von Steuervermeidung und unfairem Steuerwettbewerb verletzt, so wird widerlegbar vermutet, dass in Deutschland steuerpflichtige Einkünfte in Bezug zu Staaten oder Gebieten im Sinne des § 3 Absatz 1 des Gesetzes zur Abwehr von Steuervermeidung und unfairem Steuerwettbewerb

1. bisher nicht erklärt wurden, tatsächlich aber vorhanden sind, oder

2. bisher zwar erklärt wurden, tatsächlich aber höher sind als erklärt.

3 (3) ① **Verletzt ein Steuerpflichtiger seine Mitwirkungspflichten nach § 90 Absatz 3 dadurch, dass er keine Aufzeichnungen über einen Geschäftsvorfall vorlegt, oder sind die über einen Geschäftsvorfall vorgelegten Aufzeichnungen im Wesentlichen unverwertbar oder wird festgestellt, dass der Steuerpflichtige Aufzeichnungen im Sinne des § 90 Absatz 3 Satz 5 nicht zeitnah erstellt hat, so wird widerlegbar vermutet, dass seine im Inland steuerpflichtigen Einkünfte, zu deren Ermittlung die Aufzeichnungen im Sinne des § 90 Absatz 3 dienen, höher als die von ihm erklärten Einkünfte sind.** ② **Hat in solchen Fällen die Finanzbehörde eine Schätzung vorzunehmen und können diese Einkünfte nur innerhalb eines bestimmten Rahmens, insbesondere nur auf Grund von Preisspannen bestimmt werden, kann dieser Rahmen zu Lasten des Steuerpflichtigen ausgeschöpft werden.** ③ **Bestehen trotz Vorlage verwertbarer Aufzeichnungen durch den Steuerpflichtigen Anhaltspunkte dafür, dass seine Einkünfte bei Beachtung des Fremdvergleichsgrundsatzes höher wären als die auf Grund der Aufzeichnungen erklärten Einkünfte, und können entsprechende Zweifel deswegen nicht aufgeklärt werden, weil eine ausländische, nahe stehende Person ihre Mitwirkungspflichten nach § 90 Absatz 2 oder ihre Auskunftspflichten nach § 93 Absatz 1 nicht erfüllt, ist Satz 2 entsprechend anzuwenden.**

4 (4) ① **Legt ein Steuerpflichtiger über einen Geschäftsvorfall keine Aufzeichnungen im Sinne des § 90 Absatz 3 vor oder sind die über einen Geschäftsvorfall vorgelegten Aufzeichnungen im Wesentlichen unverwertbar oder wird die Transaktionsmatrix gemäß § 90 Absatz 3 Satz 2 Nummer 1 nicht vorgelegt, ist ein Zuschlag von 5 000 Euro festzusetzen.** ② **Der Zuschlag beträgt mindestens 5 Prozent und höchstens 10 Prozent des Mehrbetrags der Einkünfte, der sich nach einer Berichtigung auf Grund der Anwendung des Absatzes 3 ergibt, wenn sich danach ein Zuschlag von mehr als 5 000 Euro ergibt.** ③ **Der Zuschlag ist regelmäßig nach Abschluss der Außenprüfung festzusetzen.** ④ **Bei verspäteter Vorlage von verwertbaren Aufzeichnungen beträgt der Zuschlag bis zu 1 000 000 Euro, mindestens jedoch 100 Euro für jeden vollen Tag der Fristüberschreitung; er kann für volle Wochen und Monate der verspäteten Vorlage in Teilbeträgen festgesetzt werden.** ⑤ **Soweit den Finanzbehörden Ermessen hinsichtlich der Höhe des jeweiligen Zuschlags eingeräumt ist, sind neben dem Zweck dieses Zuschlags, den Steuerpflichtigen zur Erstellung und fristgerechten Vorlage der Aufzeichnungen nach § 90 Absatz 3 anzuhalten, insbesondere die von ihm gezogenen Vorteile und bei verspäteter Vorlage auch die Dauer der Fristüberschreitung zu berücksichtigen.** ⑥ **Von der Festsetzung eines Zuschlags ist abzusehen, wenn die Nichterfüllung der Pflichten nach § 90 Absatz 3 entschuldbar erscheint oder ein Verschulden nur geringfügig ist.** ⑦ **Das Verschulden eines gesetzlichen Vertreters oder eines Erfüllungsgehilfen steht dem eigenen Verschulden gleich.**

4a (4 a) ① **Verletzt der Steuerpflichtige seine Mitwirkungspflichten nach § 12 des Steueroasen-Abwehrgesetzes, ist Absatz 4 entsprechend anzuwenden.** ② **Von der Festsetzung eines Zuschlags ist abzusehen, wenn die Nichterfüllung der Mitwirkungspflichten entschuldbar erscheint oder das Verschulden nur geringfügig ist.** ③ **Das Verschulden eines gesetzlichen Vertreters oder eines Erfüllungsgehilfen ist dem Steuerpflichtigen zuzurechnen.**

[Fortsetzung]

Auch wenn ein Steuerpflichtiger, der seinen Gewinn zulässigerweise nach § 4 Abs. 3 EStG ermittelt, zur Führung eines Kassenbuches nicht verpflichtet ist, müssen die von ihm erklärten Betriebseinnahmen auf ihre Vollständigkeit und Richtigkeit überprüfbar sein. Dokumentiert der Steuerpflichtige seine Betriebseinnahmen in Kassenberichten, ist das FA zur Schätzung befugt, wenn diese wiederholt korrigiert und in sich widersprüchlich sind *(BFH-Beschluss vom 13. 3. 2013 X B 16/12, BFH/NV S. 902).*

BFH-Urteil vom 23. 4. 2015 V R 32/14, BFH/NV S. 1106: 1. Bei Steuerpflichtigen, die ihren Aufzeichnungspflichten nach § 22 Abs. 2 Nr. 3 UStG nicht nachkommen, sind die Sachentnahmen nach § 162 AO zu schätzen. 2. Dabei ist die Schätzung des FA im Klageverfahren in vollem Umfang nachprüfbar. Das FG ist nicht an die vom FA gewählte Schätzungsmethode gebunden, sondern hat eine eigene, selbständige Schätzungsbefugnis. 3. Die Schätzung des FG gehört ebenso wie die Auswahl der Schätzungsmethode zu den tatsächlichen Feststellungen des FG, die den BFH bindet, wenn sie zulässig ist, verfahrensrechtlich einwandfrei zustande gekommen ist und weder gegen anerkannte Schätzungsgrundsätze noch gegen Denkgesetze oder allgemeine Erfahrungssätze verstößt. 4. Anders als bei norminterpretierenden Verwaltungsvorschriften, die für die Gerichte nicht bindend sind, besteht im Bereich des Ermessens, der Billigkeit, der Typisierung und der Pauschalierung eine Selbstbindung der Verwaltung, die grundsätzlich auch von den Gerichten zu beachten ist.

1. Werden Bareinnahmen mit einer elektronischen Registrierkasse erfasst, erfordert dies auch im Fall der Gewinnermittlung durch Einnahmen-Überschussrechnung die tägliche Erstellung eines Z-Bons. 2. Weisen die Z-Bons technisch bedingt keine Stornierungen aus, liegt ein schwerer formeller Fehler der Kassenaufzeichnungen vor, der die Schätzung der Besteuerungsgrundlagen nötig macht *(BFH-Beschluss vom 8. 8. 2019 X B 117/18, BFH/NV S. 1219).*

(5)[1] **In den Fällen des § 155 Absatz 2 können die in einem Grundlagenbescheid festzustellenden Besteuerungsgrundlagen geschätzt werden.** 5

Anl

Zu § 162 – Schätzung von Besteuerungsgrundlagen:

AEAO

1. Bei der Schätzung der Besteuerungsgrundlagen in den Fällen des § 155 Abs. 2 AO handelt es sich um eine vorläufige Maßnahme des Wohnsitzfinanzamtes, der ein Grundlagenbescheid nachfolgen muss (BFH-Urteil vom 26. 7. 1983, VIII R 28/79, BStBl. 1984 II S. 290). 6

2. Wegen der Pflicht zur Abgabe einer Steuererklärung trotz Schätzung siehe § 149 Abs. 1 Satz 4 AO. 7

3. Wegen der nur eingeschränkten Offenlegung der Verhältnisse von Vergleichsbetrieben vgl. AEAO zu § 30, Nr. 4.4. 8

4. Werden die Besteuerungsgrundlagen wegen Nichtabgabe der Steuererklärung geschätzt, ist die Steuer unter Nachprüfungsvorbehalt (§ 164 AO) festzusetzen, wenn der Fall für eine eventuelle spätere Überprüfung offen gehalten werden soll. Dies gilt z. B., wenn eine den Schätzungszeitraum umfassende Außenprüfung vorgesehen ist oder zu erwarten ist, dass der Steuerpflichtige nach Erlass des Bescheids die Steuererklärung nachreicht. 9

Die unter Nachprüfungsvorbehalt stehende Steuerfestsetzung ist – sofern der Steuerpflichtige keinen Einspruch eingelegt bzw. keinen Änderungsantrag gestellt hat und auch keine Außenprüfung vorgesehen ist – bei der Veranlagung für das Folgejahr zu überprüfen. Dabei sind auch die in einem eventuellen Vollstreckungsverfahren gewonnenen Erkenntnisse zu berücksichtigen. Der Nachprüfungsvorbehalt ist danach grundsätzlich aufzuheben, auch wenn die Steuerfestsetzung nicht zu ändern ist.

Zur Aufhebung des Nachprüfungsvorbehalts in Fällen einer Fristsetzung nach § 364 b AO vgl. AEAO zu § 364 b, Nr. 2.

5. Wegen der Befugnis zur Schätzung bei Verletzung der Mitwirkungspflicht nach § 90 Abs. 2 und 3 AO wird auf das BMF-Schreiben vom 3. 12. 2020, BStBl. I S. 1325 verwiesen. 10

6. Die Besteuerungsgrundlagen sind nach § 162 Abs. 1 AO unter anderem dann zu schätzen, wenn tatsachliche Anhaltspunkte dafür bestehen, dass die vom Steuerpflichtigen gemachten Angaben zu steuerpflichtigen Einnahmen oder Betriebsvermögensmehrungen unrichtig oder unvollständig sind. Hat der Steuerpflichtige in einem derartigen Fall die Zustimmung zu einem Kontenabruf verweigert (§ 93 Abs. 7 Satz 1 Nr. 5 AO), sind die nach Einschätzung der Finanzbehörde nicht erklärten steuerpflichtigen Einnahmen oder Betriebsvermögensmehrungen nach § 162 Abs. 2 Satz 2 AO dritte Alternative zu schätzen. In diesem Fall kann zu Lasten des Steuerpflichtigen von einem Sachverhalt ausgegangen werden, für den unter Berücksichtigung seiner Beweisnähe und seiner Verantwortung für die Aufklärung des Sachverhalts eine gewisse Wahrscheinlichkeit spricht. Gleiches gilt, wenn ein mit Zustimmung des Steuerpflichtigen durchgeführter Kontenabruf keine neuen Erkenntnisse gebracht hat, z. B. bei auf ausländischen – und deswegen durch einen Kontenabruf nicht ermittelbaren – Konten zugeflossenen Einnahmen oder bei baren Einnahmen. In diesen Fällen ist auch weiterhin eine Schätzung nach § 162 AO möglich, wenn Anhaltspunkte dafür vorliegen, dass die Angaben über Einnahmen oder Betriebsvermögensmehrungen nicht vollständig oder unzutreffend sind. 11

Verfügung betr. Schätzung der Besteuerungsgrundlagen nach § 162 AO wegen Nichtabgabe von Steuererklärungen

Anl

Vom 26. Februar 2020 (BeckVerw 465166)

(LfSt Bayern S 0335.1.1–4/4 St43)

1. Allgemeine Grundsätze zur Schätzung bei der Nichtabgabe von Steuererklärungen

Nach Einführung des maschinellen Zwangsgeldverfahrens ist grundsätzlich zunächst – vor einer Schätzung der Besteuerungsgrundlagen – ein Zwangsgeldverfahren durchzuführen, um den Steuerpflichtigen zur Abgabe der Steuererklärung zu bewegen (vgl. AO-Kartei BY § 328 Karte 1). 12

Falls das Zwangsgeldverfahren nicht zur Abgabe der Steuererklärung führt, hat das Finanzamt zu schätzen, soweit es die Besteuerungsgrundlagen nicht ermitteln oder berechnen kann (§ 162 Abs. 1 Satz 1 AO). Eine Schätzung soll in sich schlüssig sein; ihre Ergebnisse sollen wirtschaftlich vernünftig und möglich sein. Ziel der Schätzung ist es deshalb, diejenigen Besteuerungsgrundlagen zu ermitteln, die die größte Wahrscheinlichkeit der Richtigkeit für sich haben (BFH-Urteil vom 19. 1. 1993 VIII R 128/84, BStBl. II S. 594). Dabei ist das Finanzamt grundsätzlich gehalten, diejenigen Erkenntnisse, deren Beschaffung und Verwertung ihm zumutbar und möglich sind, auszuschöpfen.

[1] Durch § 155 Abs. 2 und § 162 Abs. 3 AO (nunmehr: § 162 Abs. 5 AO) wurde das Erfordernis der gesonderten Feststellung von Einkünften, an denen mehrere Personen beteiligt sind, nicht beseitigt, sondern nur eingeschränkt. Da es sich in diesen Fällen bei der Schätzung von Besteuerungsgrundlagen um eine vorläufige Maßnahme handelt, der ein Grundlagenbescheid nachfolgen muss, sind Steuerbescheide, in denen das FA über Gewinnanteile an einer Personengesellschaft endgültig entschiedet, rechtswidrig *(BFH-Beschluss vom 12. 11. 2003 X B 57/03, BFH/NV 2004 S. 602).*

Hat das FA zunächst den Folgebescheid erlassen und dabei die in einem noch zu erlassenden Grundlagenbescheid festzustellenden Besteuerungsgrundlagen im Wege einer Schätzung berücksichtigt, so ist es regelmäßig geboten, das Klageverfahren gegen den Folgebescheid auszusetzen, bis ein bestandskräftiger Grundlagenbescheid vorliegt *(BFH-Beschluss vom 7. 11. 2006 IV B 34/06, BFH/NV 2007 S. 265).*

Anl

Eine Schätzung ist aber nicht schon deswegen rechtswidrig, weil sie von den – später bekannt gewordenen – tatsächlichen Verhältnissen abweicht; solche Abweichungen sind notwendig mit einer Schätzung verbunden, die in Unkenntnis der wahren Gegebenheiten erfolgt. Die Unsicherheit, die einer Schätzung anhaftet, kann daher nicht zu Lasten des Finanzamts gehen, weil der Steuerpflichtige durch seine Säumigkeit den Anlass für die Schätzung gegeben hat. Es ist in der Regel ermessensgerecht, wenn sich das Finanzamt bei steuererhöhenden Besteuerungsgrundlagen an der oberen, bei steuermindernden Besteuerungsgrundlagen an der unteren Grenze des unter Berücksichtigung aller Umstände in Betracht kommenden Schätzungsrahmens ausrichtet, weil der Steuerpflichtige durch die Nichtabgabe seiner Erklärung möglicherweise Einkünfte verheimlichen will (vgl. BFH-Urteile vom 18. 12. 1984 VIII R 195/82, BStBl. 1986 II S. 226, und vom 20. 12. 2000 I R 50/00, BStBl. 2001 II S. 381).

Insbesondere bei „Dauerschätzungsfällen" ist regelmäßig – sofern die Steuerpflichtigen die festgesetzte Steuer aus der Vorjahresschätzung bezahlt haben – bei der aktuellen Schätzung grundsätzlich von höheren Besteuerungsgrundlagen auszugehen.

Allerdings sind keine Strafschätzungen zulässig. Schätzungen sind auch kein Druckmittel, um den Steuerpflichtigen zur Abgabe der Steuererklärung zu veranlassen. Hierfür sind nach der AO die Festsetzung von Verspätungszuschlägen und das Zwangsmittelverfahren vorgesehen.

Schätzungsfehler, d. h. der Ansatz von Besteuerungsgrundlagen, die außerhalb des sich aus den Umständen des Einzelfalles ergebenden Schätzungsrahmens liegen, führen regelmäßig auch dann nicht zur Nichtigkeit des Schätzungsbescheids, wenn mehrere grobe Schätzungsfehler vorliegen, sondern lediglich zur Rechtswidrigkeit des Verwaltungsakts. Willkürlich und damit nichtig ist ein Schätzungsbescheid allerdings, wenn das Schätzungsergebnis trotz vorhandener Möglichkeiten, den Sachverhalt aufzuklären, krass von den tatsächlichen Gegebenheiten abweicht und in keiner Weise erkennbar ist, dass das Finanzamt überhaupt – und ggf. welche – Schätzungserwägungen angestellt hat. In diesen Fällen spricht der BFH von einem „objektiv willkürlichen Hoheitsakt" (vgl. hierzu BFH-Urteil vom 15. 5. 2002 X R 34/99, n. v., und BFH-Beschluss vom 20. 10. 2005 IV B 65/04, BFH/NV 2006 S. 240).

2. Berücksichtigung bereits bekannter Sachverhalte (e-Daten)

13 Erkenntnisse aus den Vorjahren, Kontrollmitteilungen, Mitteilungen über einheitliche und gesonderte Feststellungen, Veräußerungsmitteilungen, substantiierte Hinweise von dritter Seite, die gesonderte Feststellung des verbleibenden Verlustabzugs nach § 10 d Abs. 4 EStG, Gewerbean- und -abmeldungen etc. sind auch im Rahmen der Schätzung zu berücksichtigen.

Ebenso sind sämtliche dem Finanzamt von dritter Seite übermittelten Daten zu berücksichtigen, soweit nicht Anhaltspunkte vorliegen, dass die Daten falsch sind. Es handelt sich hierbei um

- Lohnbescheinigung(en)
- Lohnersatzleistungen
- Rentenbezugsmitteilungen
- Mitteilungen-freigestellte-Kapitalerträge
- Erträge nach der Zinsinformationsverordnung
- Mitteilung Altersvorsorgevertrag
- Beiträge Basisrentenvertrag
- Beiträge Kranken- und -Pflegeversicherung

Ergibt sich durch die Verwendung der „eDaten" letztlich ein Erstattungsanspruch des Steuerpflichtigen, wird auf die Möglichkeit, einen Verspätungszuschlag festzusetzen, ausdrücklich hingewiesen (vgl. hierzu AEAO zu § 152 Nr. 5.2).

3. Abfrage im Erhebungsspeicher/Kontaktaufnahme mit der Vollstreckungsstelle vor Durchführung der Schätzung

14 Vor Durchführung der Schätzung ist in jedem Fall eine Abfrage im Erhebungsspeicher durchzuführen. In Fällen, in denen der Steuerpflichtige bereits erhebliche Steuerrückstände hat, ist zur Vermeidung des Entstehens weiterer, nicht beitreibbarer Steuerrückstände vor Erlass des Schätzungsbescheids Kontakt mit der Vollstreckungsstelle aufzunehmen (telefonisch bzw. mit Hilfe der Vorlage „Anfrage Besteuerungsgrundlagen Vollstr" im Ordner Veranlagung/Anforderung Steuererklärung), um dort Informationen über die gegenwärtige Vermögenslage einzuholen. Stellt sich dabei heraus, dass schon die bereits bestehenden Rückstände wahrscheinlich innerhalb eines überschaubaren Zeitraums im Wesentlichen nicht beitreibbar sein werden, sollte sich die Schätzung möglichst an der unteren Grenze des Schätzungsrahmens bewegen. Verfügt die Vollstreckungsstelle über weitere Erkenntnisse, die für die Schätzung von Bedeutung sind (z. B. Einstellung des Gewerbebetriebs, aber bisher unterlassene Gewerbeabmeldung), teilt sie diese den Veranlagungsstellen mit.

4. Schätzungen grundsätzlich unter dem Vorbehalt der Nachprüfung

15 Veranlagungen, bei denen die Besteuerungsgrundlagen wegen Nichtabgabe von Steuererklärungen geschätzt werden müssen, sind grundsätzlich unter dem Vorbehalt der Nachprüfung (§ 164 Abs. 1 AO) durchzuführen. Nur so kann regelmäßig sichergestellt werden, dass spätere Erkenntnisse aus dem Vollstreckungsverfahren bei der Steuerfestsetzung noch Berücksichtigung finden können. Bei einer Schätzung der Umsatzsteuer ist der Vorbehalt der Nachprüfung stets maschinell als überwachungswürdig gekennzeichnet. Die Eingabe der Kz 11 150 = 2 in der Festsetzung hat bei Schätzungen keine Auswirkung, d. h., ein „Löschen" der Überwachungswürdigkeit über das Kurzverfahren 81 ist bei Schätzungen nicht möglich.

Damit Schätzungen der Umsatzsteuer nicht mehr in den entsprechenden Überwachungslisten (z. B. MÜSt-Übersichten der nachzuprüfenden Festsetzungen/Feststellungen) erscheinen, muss der Vorbehalt der Nachprüfung über das Kurzverfahren 80 aufgehoben werden.

Endgültige Schätzungsveranlagungen kommen nur ausnahmsweise dann noch in Betracht, wenn ganz gesicherte Schätzungsgrundlagen vorliegen sollten.

Anl

Der Vorbehalt der Nachprüfung ist grundsätzlich erst dann aufzuheben, wenn die Steuerfestsetzung/Feststellung für den folgenden Veranlagungszeitraum durchgeführt wird. Dabei sollte die Vorbehaltsveranlagung nochmals nach Aktenlage auf evtl. Fehler hin überprüft werden, d. h., die abschließende Prüfung der Schätzung darf sich nicht nur auf die formelle Aufhebung des Vorbehalts der Nachprüfung erschöpfen. Insbesondere bei „Dauerschätzungsfällen", in denen die Steuerpflichtigen die festgesetzte Steuer bezahlt haben, sind ggf. die Besteuerungsgrundlagen zu erhöhen. Ebenso sind die in einem eventuellen Vollstreckungsverfahren gewonnenen Erkenntnisse zu berücksichtigen (vgl. AEAO zu § 162, Nr. 4).

5. Dokumentation der Schätzung

Die Schätzung ist stets in der Akte zu dokumentieren. Dabei soll die Vorlage „AV Schätzung 162 AO Druck" (Veranlagung/Anforderung Steuererklärung) bzw. „AV Schätzung_Körperschaft 162 AO Druck" (Körperschaftsteuerstelle/Anforderung Steuererklärung) verwendet werden. 16

6. Einspruch gegen Schätzungsbescheid

Wird gegen den Schätzungsbescheid Einspruch eingelegt, ohne dass gleichzeitig die Steuererklärung nachgereicht wird, kann grundsätzlich weder Aussetzung der Vollziehung noch Vollstreckungsaufschub gewährt werden. 17

Einsprüche gegen Schätzungsbescheide sind ungeachtet der 3-Monats-Frist erst dann der Rechtsbehelfsstelle zuzuleiten, wenn Vollstreckungsmaßnahmen beim Steuerpflichtigen durchgeführt worden sind und diese nicht zur Abgabe der Steuererklärung geführt haben (vgl. Tz. VII.4 der DA-Org, Dienstanweisung Organisation für den Veranlagungsbereich der bayerischen Finanzämter, AIS: Arbeitsbereiche > Veranlagung > Dienstanweisungen).

Wird die Steuererklärung nach Abgabe des Einspruchs an die Rechtsbehelfsstelle eingereicht, kann der Einspruch zur weiteren Bearbeitung an die Veranlagungsstelle zurückgegeben werden, wenn dem Einspruch durch Berücksichtigung der Erklärung vollständig abgeholfen werden kann. Wird die Steuererklärung erst während des finanzgerichtlichen Verfahrens eingereicht, ist die rechtliche Überprüfung und ggf. die Veranlagung der Steuererklärung auch bei vollständiger Abhilfe von der Rechtsbehelfsstelle durchzuführen.

Zur Möglichkeit der Fristsetzung nach § 364 b AO wird auf AO-Kartei BY § 364 b AO Karte 1 verwiesen.

Kann das Einspruchsverfahren nur mit einer Einspruchsentscheidung abgeschlossen werden, soll der Vorbehalt regelmäßig aufgehoben werden. Die Aufhebung des Vorbehalts der Nachprüfung in der Einspruchsentscheidung stellt grundsätzlich keine Verböserung dar (BFH vom 10. 7. 1996 I R 5/96, BStBl. 1997 II S. 5), so dass ein entsprechender Hinweis nicht wegen § 367 Abs. 2 Satz 2 AO erforderlich ist. Er kann jedoch sinnvoll sein, um den Einspruchsführer zur Abgabe der Erklärung zu bewegen. Ist beabsichtigt, in der Einspruchsentscheidung höhere Besteuerungsgrundlagen zu berücksichtigen, ist trotz des Vorbehalts der Nachprüfung auf die beabsichtigte Verböserung hinzuweisen (vgl. AEAO zu § 367, Nr. 2).

7. Schätzung der Besteuerungsgrundlagen zur Einkommensteuer

a) Einkünfte aus Land- und Forstwirtschaft

Zur Schätzung des Gewinns aus Land- und Forstwirtschaft nach § 162 AO vgl. die Informationen im AIS (Ertragsteuern und Nebengesetze > Einkommensteuer/Lohnsteuer > Einkommensteuerrecht (nach Paragrafen geordnet) > §§ 13–14 a, 34 b, 55 (Land- und Forstwirtschaft) > Gewinnschätzung nach § 162 AO). 18

b) Einkünfte aus Gewerbebetrieb und selbstständiger Arbeit

Bei der Schätzung des Gewinns aus Gewerbebetrieb soll im Allgemeinen auf den bei der Umsatzsteuer zugrunde gelegten Umsatz ein Reingewinnsatz angewandt werden, der über dem Mittelwert lt. Richtsatzsammlung liegt. Ebenso können die Ergebnisse des Vorjahres als Anhaltspunkt dienen. Entsprechendes gilt für die Ermittlung der Einkünfte aus selbständiger Arbeit. Wenn der Gewinn eines Steuerpflichtigen, der bisher durch Einnahmenüberschussrechnung ermittelt wurde, durch Schätzung nach den Grundsätzen des § 4 Abs. 1 EStG festgestellt wird, so handelt es sich bei der erstmaligen Anwendung von Richtsätzen um einen Wechsel der Gewinnermittlungsart, so dass auch ein Übergangsgewinn zu schätzen ist (vgl. R 4.6 EStR und H 4.1 „Gewinnschätzung" EStH).

c) Einkünfte aus Kapitalvermögen

Seit dem Veranlagungszeitraum 2009 (Einführung der sog. Abgeltungsteuer) brauchen Kapitalerträge i. S. d. § 20 EStG, soweit sie dem Kapitalertragsteuerabzug unterlegen haben, nicht mehr im Rahmen der Einkommensteuererklärung angegeben zu werden, da für diese Erträge die Einkommensteuer mit dem Steuerabzug abgegolten ist (§ 43 Abs. 5 Satz 1 EStG; Abgeltungswirkung). Diese Erträge sind im Rahmen der Schätzung nicht zu berücksichtigen.

Kapitalerträge, die nicht dem Kapitalertragsteuerabzug unterlegen haben (z. B. Privatdarlehen) und/oder mit dem persönlichen Steuersatz zu besteuern sind (Fälle des § 32 d Abs. 2 EStG), sind im Rahmen der Schätzung zu berücksichtigen, sofern für das Vorliegen solcher Erträge Erkenntnisse (z. B. aus den Vorjahren) bestehen. Kapitalerträge, die nicht dem Kapitalertragsteuerabzug unterlegen haben und die auch nicht unter § 32 d Abs. 2 EStG fallen, sind mit dem „Abgeltungsteuersatz" von 25% (§ 32 d Abs. 1 EStG) zu besteuern; Fälle des § 32 d Abs. 2 EStG hingegen werden mit dem persönlichen Steuersatz (§ 32 a EStG) besteuert.

Die sog. Günstigerprüfung i. S. d. § 32 d Abs. 6 EStG kann im Rahmen der Schätzung nicht unterstellt werden, da diese nur auf Antrag des Steuerpflichtigen vorgenommen wird.

Kapitalerträge, die vorrangig den Einkünften aus Land- und Forstwirtschaft, Gewerbebetrieb, selbständiger Arbeit oder Vermietung und Verpachtung zuzurechnen sind, sind im Rahmen der Schätzung dort zu berücksichtigen.

8. Schätzung der Besteuerungsgrundlagen zur Umsatzsteuer

19 Bei einer Steuerfestsetzung wegen Nichtabgabe der Umsatzsteuer-Jahreserklärung soll die Schätzung sich an die vorangemeldeten Umsätze in den Voranmeldungszeiträumen, zuzüglich eines angemessenen Sicherheitszuschlags, anlehnen. Entsprechendes gilt für die Vorsteuerbeträge, deren Schätzung nach dem BMF-Schreiben vom 30. 6. 1981 (BStBl. I S. 508, Tz. 25) zulässig ist (ebenso BFH-Urteil vom 5. 8. 1988 X R 55/81, BStBl. 1989 II S. 120). Im Falle des Vorhandenseins einer USt-IdNr. des Steuerpflichtigen ist vor Durchführung der Schätzung stets auch eine USLO-Abfrage durchzuführen.

Sofern sich aufgrund der abgegebenen Voranmeldungen für das Schätzungsjahr insgesamt ein nicht unwesentlicher Erstattungsbetrag ergeben hat, sollte im Einzelfall vor einer Schätzung der Jahressteuer eine Umsatzsteuersonderprüfung durchgeführt werden.

Wurden bereits im Voranmeldungsverfahren Schätzungen durchgeführt, sind diese nur dann als Grundlage (incl. Sicherheitszuschlag) heranzuziehen, wenn die geschätzten Beträge im Wesentlichen bezahlt/beigetrieben worden sind. Bestehen aber aus diesen Schätzungen hohe Rückstände, die nicht beitreibbar sind, sollte die Schätzung der Jahressteuer nicht noch zu einer weiteren Erhöhung des Rückstands führen. Liegen Erkenntnisse vor, die eine niedrigere Festsetzung der Jahressteuer im Vergleich zu den festgesetzten Vorauszahlungen rechtfertigen, ist eine Herabsetzung der Umsatzsteuer im Schätzungswege durchzuführen.

AO

§ 163[1] Abweichende Festsetzung von Steuern aus Billigkeitsgründen

1 (1) ① **Steuern können niedriger festgesetzt werden und einzelne Besteuerungsgrundlagen, die die Steuern erhöhen, können bei der Festsetzung der Steuer unberücksich-**

[1] Siehe auch Art. 97 § 18 c Abs. 10 EGAO **(Anhang I Nr. 1)** sowie § 20 BewG.

Zuständig für die abweichende Festsetzung sind die FÄ; zu Genehmigungsvorbehalten s. aber *Gleichlautenden Ländererlass vom 5. 7. 2023, BStBl. I S. 1468,* abgedruckt als Anlage zu § 222 AO.

Eine Aufhebung der Steuerschuld kann eine **staatliche Beihilfe** darstellen; s. Mitteilung der Kommission der Europäischen Gemeinschaften über die Anwendung der Vorschriften über staatliche Beihilfen auf Maßnahmen im Bereich der direkten Unternehmensbesteuerung vom 11. 11. 1998 *(BStBl. 1999 I S. 205).*

Der Verzicht auf Abgaben im Rahmen einer **außergerichtlichen Schuldenbereinigung nach § 305 Abs. 1 Nr. 1 InsO** ist nur unter den Voraussetzungen der §§ 163, 227 AO möglich (*BMF-Schreiben vom 27. 1. 2021, BStBl. I S. 152,* nachstehend abgedruckt).

Im Verfahren nach § 163 sind sowohl sachliche als auch persönliche Billigkeitsgründe zu berücksichtigen.

Ein vor Bestandskraft eines Steuerbescheids gestellter Antrag auf Festsetzung einer niedrigeren Steuer nach § 163 ist auch dann sachlich zu prüfen, wenn ein Einspruchsverfahren nicht durchgeführt wurde *(BFH-Urteil vom 21. 1. 1992 VIII R 51/88, BStBl. 1993 II S. 3).*

Steuerbescheide und Entscheidungen über abweichende Festsetzung aus Billigkeitsgründen (§ 163 AO) sind selbständige Verwaltungsakte und mit unterschiedlichen Rechtsbehelfen anfechtbar. Vgl. *BFH-Urteil vom 21. 12. 1977 I R 247/47, BStBl. 1978 II S. 305).*

Liegt im Einzelfall kein ungewollter Überhang des gesetzlichen Steuertatbestandes vor, scheiden sachliche Billigkeitsmaßnahmen aus *(BFH-Urteil vom 17. 4. 2018 IX R 24/17, BFH/NV S. 929).*

Die im Rahmen der Gewinnfeststellung getroffene Billigkeitsmaßnahme, von der Aktivierung des Feldinventars abzusehen, wirkt auch für die Ermittlung des Gewerbeertrags als Grundlage für die Festsetzung des Gewerbesteuermessbetrags *(BFH-Urteil vom 14. 9. 2017 IV R 51/14, BStBl. 2018 II S. 78).*

Eine gesetzliche Frist, nach deren Ablauf eine Billigkeitsmaßnahme nach § 163 AO nicht mehr beantragt werden kann, bestand vor Inkrafttreten des § 171 Abs. 10 Satz 2 AO nicht. Die Ermessensentscheidung nach § 163 AO darf jedoch ein Zeitmoment berücksichtigen *(BFH-Urteil vom 21. 7. 2016 X R 11/14, BStBl. 2017 II S. 22).*

Der die Billigkeitsmaßnahme aussprechende Verwaltungsakt ist Grundlagenbescheid (§ 171 Abs. 10) für den betroffenen Steuer- bzw. Feststellungsbescheid. Dieser kann nach § 175 Abs. 1 Satz 1 Nr. 1 geändert werden *(BFH-Beschluss vom 4. 12. 1987 V S 9/85, BStBl. 1988 II S. 702; BFH-Urteile vom 26. 2. 1991 IX R 95/8, BStBl. II S. 572; vom 21. 1. 1992 VIII R 51/88, BStBl. 1993 II S. 3).*

Gerichte haben Verwaltungsanweisungen nicht selbst auszulegen, sondern nur darauf zu überprüfen, ob die Auslegung durch die Behörde möglich ist *(BFH-Urteil vom 21. 7. 2016 X R 11/14, BFH/NV 2017 S. 73).*

Auf Billigkeitsgründen beruhende Übergangsregelungen der Finanzverwaltung über die Anwendung von BFH-Rechtsprechung können im Anfechtungsverfahren gegen Steuerbescheide von Gerichten nicht berücksichtigt werden *(BFH-Beschluss vom 15. 11. 2006 X B 11/06, BFH/NV 2007 S. 209).*

§ 163 beinhaltet zwar eine Ermessensentscheidung im Ganzen; das Ermessen kann bei Vorliegen einer Unbilligkeit (= unbestimmter Rechtsbegriff) auf Null reduziert sein (vgl. *GemS-Beschluss vom 19. 10. 1971 GmS – OGB 3/70, BStBl. 1972 II S. 603).*

Die Verwaltung ist zu einem Billigkeitserlass wegen einer verschärfenden Änderung der Rechtsauffassung dann nicht verpflichtet, wenn den (dem) Stpfl. zumindest Zweifel an der günstigeren rechtlichen Behandlung hätten kommen müssen und daher kein schützenswertes Vertrauen vorlag *(BFH-Urteil vom 31. 10. 1990 I R 3/86, BStBl. 1991 II S. 610).* Die Ablehnung eines Antrags auf Erlass einer Billigkeitsentscheidung nach § 163 AO, der auf eine nach einer Rechtsprechungsänderung ergangene Verwaltungsanweisung gestützt wird, derzufolge die „bisherigen Grundsätze" für eine Übergangszeit weiter angewendet werden sollen, ist nicht ermessensfehlerhaft, wenn das Begehren des Antragstellers auf der Grundlage der vor der Rechtsprechungsänderung gehandhabten Verwaltungspraxis ebenfalls abschlägig beschieden worden wäre. Es ist insoweit unerheblich, ob die damalige Verwaltungspraxis auf der Basis der von der früheren Rechtsprechung für zutreffend gehaltenen Rechtslage tragfähig war oder nicht *(BFH-Urteil vom 7. 2. 2007 I R 15/06, BStBl. 2008 II S. 340).*

BFH-Beschluss vom 26. 9. 2007 V B 8/06, BStBl. 2008 II S. 405: 1. Durch die Rechtsprechung ist geklärt, dass der Steuerpflichtige einen Anspruch auf Vertrauensschutz hat, wenn sich die Rechtsprechung des BFH verschärft oder von einer allgemein geübten Verwaltungspraxis abweicht und der Steuerpflichtige im Vertrauen auf die bisherige Rechtslage Dispositionen getroffen hat. 2. Soweit die Verwaltung den Vertrauensschutz nicht durch allgemeine Billigkeitsregelungen oder Übergangsregelungen berücksichtigt hat, muss ihm das FA durch Einzelmaßnahme (z. B. nach § 163 AO) Rechnung tragen. 3. Ein schützenswertes Vertrauen, das die Pflicht zum Erlass einer Übergangsregelung oder Billigkeitsmaßnahme im Einzelfall auslöst, ist nur gegeben, wenn als Vertrauensgrundlage eine gesicherte, für die Meinung des Steuerpflichtigen sprechende Rechtsauffassung bestand und die Rechtslage nicht als zweifelhaft erschien. 4. Eine gesicherte Rechtsauffassung kann aus einem schlichten Verwaltungsunterlassen – wie vorliegend bei jahrelanger Nichtbesteuerung von Schönheitsoperationen – nicht hergeleitet werden.

Beschränkt der Gesetzgeber eine rückwirkende gesetzliche Neuregelung, die er aufgrund einer Entscheidung des BVerfG treffen muss, auf die noch nicht bestandskräftig abgeschlossenen Fälle, so besteht kein Anspruch auf Änderung bestandskräftiger

[Fortsetzung nächste Seite]

AO

tigt bleiben, wenn die Erhebung der Steuer nach Lage des einzelnen Falls unbillig wäre.[1] ② Mit Zustimmung des Steuerpflichtigen kann bei Steuern vom Einkommen zugelassen werden, dass einzelne Besteuerungsgrundlagen[2], soweit sie die Steuer erhöhen, bei der Steuerfestsetzung erst zu einer späteren Zeit und, soweit sie die Steuer mindern, schon zu einer früheren Zeit berücksichtigt werden.

(2) **Eine Billigkeitsmaßnahme nach Absatz 1 kann mit der Steuerfestsetzung verbunden werden, für die sie von Bedeutung ist.** 2

(3) ① **Eine Billigkeitsmaßnahme nach Absatz 1 steht in den Fällen des Absatzes 2 stets unter Vorbehalt des Widerrufs, wenn sie** 3

1. **von der Finanzbehörde nicht ausdrücklich als eigenständige Billigkeitsentscheidung ausgesprochen worden ist,**
2. **mit einer Steuerfestsetzung unter Vorbehalt der Nachprüfung nach § 164 verbunden ist oder**
3. **mit einer vorläufigen Steuerfestsetzung nach § 165 verbunden ist und der Grund der Vorläufigkeit auch für die Entscheidung nach Absatz 1 von Bedeutung ist.**

② **In den Fällen von Satz 1 Nummer 1 entfällt der Vorbehalt des Widerrufs, wenn die Festsetzungsfrist für die Steuerfestsetzung abläuft, für die die Billigkeitsmaßnahme**

[Fortsetzung]

Bescheide. Die Beschränkung der Rückwirkung auf noch nicht bestandskräftig abgeschlossene Fälle ist verfassungsgemäß *(BFH-Urteil vom 11. 2. 1994 III R 50/92, BStBl. II S. 389).*

Wird die wegen Verfassungswidrigkeit einer Rechtsnorm erhobene Klage zurückgenommen, weil der BFH zu erkennen gegeben hat, dass der Verfassungswidrigkeit im Wege einer Billigkeitsmaßnahme zu begegnen ist, so kommt eine solche Billigkeitsmaßnahme auch dann in Betracht, wenn die Verfassungswidrigkeit nach Klagerücknahme durch ein Gesetz beseitigt, die Anwendbarkeit der Gesetzesänderung jedoch auf nicht bestandskräftige Fälle beschränkt wird *(BFH-Urteil vom 9. 1. 1997 IV R 5/96, BStBl. II S. 353).*

[1] Zur Unterlassung einer Steuerfestsetzung aus Zweckmäßigkeitsgründen vgl. § 156 AO.

Eine abweichende Steuerfestsetzung nach § 163 AO ist atypischen Ausnahmefällen vorbehalten. Sie kommt nicht bereits dann in Betracht, wenn sich Aufwendungen im Veranlagungszeitraum der Verausgabung nicht in vollem Umfang steuermindernd ausgewirkt haben *(BFH-Beschluss vom 12. 7. 2017 VI R 36/15, BStBl. II S. 979).*

Die Erhebung (Einziehung) eines Einkommensteueranspruchs kann sachlich unbillig sein, wenn das Zusammenwirken verschiedener Regelungen zu einer hohen Steuerschuld führt, obgleich dem kein Zuwachs an Leistungsfähigkeit zugrunde liegt *(BFH-Urteil vom 26. 10. 1994 X R 104/92, BStBl. 1995 II S. 297).*

Eine für den Steuerpflichtigen ungünstige Rechtsfolge, die der Gesetzgeber bewusst angeordnet oder in Kauf genommen hat, rechtfertigt keine Billigkeitsmaßnahme, weil Billigkeitsmaßnahmen nicht die einem gesetzlichen Steuertatbestand innewohnende Wertung des Gesetzgebers generell durchbrechen oder korrigieren, sondern nur einem ungewollten Überhang des gesetzlichen Steuertatbestandes abhelfen dürfen *(BFH-Beschluss vom 11. 7. 2018 XI R 33/16, BStBl. 2019 II S. 258).*

Eine abweichende Steuerfestsetzung wegen sachlicher Unbilligkeit kann auch in Betracht kommen, wenn der Steuerpflichtige durch eine objektiv unzutreffende Auskunft einer nicht steuerverwaltenden Behörde davon abgehalten wird, von einer gesetzlich vorgesehenen Möglichkeit der Steuerfreiheit Gebrauch zu machen *(BFH-Urteil vom 24. 8. 2011 I R 87/10, BFH/NV 2012 S. 161).*

Billigkeitsmaßnahmen dürfen nicht die einem gesetzlichen Steuertatbestand innewohnende Wertung des Gesetzgebers generell durchbrechen oder korrigieren, sondern nur einem ungewollten Überhang des gesetzlichen Steuertatbestands abhelfen *(BFH-Beschluss vom 19. 5. 2011 X B 184/10, BFH/NV S. 1659).*

Es ist aus sachlichen Billigkeitsgründen nicht geboten, einen Übergangsverlust, der bei dem Wechsel von der Überschussrechnung nach § 4 Abs. 3 EStG zur Gewinnermittlung durch Bestandsvergleich nach § 4 Abs. 1, § 5 Abs. 1 EStG entsteht, auf das Jahr des Übergangs und die beiden Folgejahre zu verteilen *(BFH-Urteil vom 23. 7. 2013 VIII R 17/10, BStBl. II S. 820).*

Offensichtlich und eindeutig unrichtige Steuerfestsetzungen sind ausnahmsweise im Billigkeitsverfahren sachlich zu überprüfen, wenn es dem Stpfl. nicht möglich oder zumutbar war, sich gegen die Fehlerhaftigkeit rechtzeitig zu wehren. Doch hat der Grundsatz der Rechtssicherheit Vorrang vor dem Grundsatz der materiellen Richtigkeit des Steuerbescheides, wenn die Unrichtigkeit des Bescheides letztlich auf das nachlässige Verhalten des Stpfl. zurückzuführen ist *(BFH-Urteil vom 17. 6. 2004 IV R 9/02, BFH/NV S. 1505).*

Ein Erlass darf nicht Änderungsmöglichkeiten schaffen, die die Änderungsvorschriften der §§ 172 ff. AO nicht vorsehen und nach der gesetzgeberischen Konzeption nicht vorsehen sollten *(BFH-Beschluss vom 11. 5. 2020 V B 99/19, BFH/NV S. 851).*

Lässt es das Finanzamt nach R 163 Abs. 2 EStR zu, dass die als Einnahmen aus Vermietung und Verpachtung im Zuflussjahr zu versteuernden Zuschüsse nach dem sog. Dritten Förderungsweg auf zehn Jahre verteilt werden, so ist diese Billigkeitsmaßnahme nach § 163 Satz 2 AO Grundlagenbescheid und bindend für die einheitliche und gesonderte Feststellung der Einkünfte *(BFH-Urteil vom 14. 7. 2004 IX R 65/03, BFH/NV S. 1623).*

Aufgrund einer Rechtsprechungsänderung besteht zu einer Billigkeitsmaßnahme dann kein Anlass, wenn der Stpfl. die Möglichkeit der Änderung bereits in seine Disposition einbezogen hat *(BFH-Urteil vom 12. 1. 1989 IV R 87/87, BStBl. 1990 II S. 261).*

BFH-Urteil vom 23. 8. 2017 I R 52/14, BStBl. 2018 II S. 333: 1. Der sog. Sanierungserlass des *BMF vom 27. 3. 2003 BStBl. I 2003 S. 240;* ergänzt durch das *BMF-Schreiben vom 22. 12. 2009 BStBl. I 2010 S. 18* (zuletzt abgedruckt im AO-Handbuch 2018) verstößt gegen den Grundsatz der Gesetzmäßigkeit der Verwaltung (Anschluss an den Beschluss des Großen Senats des *BFH vom 28. 11. 2016 GrS 1/15, BStBl. II 2017 S. 393).* 2. Die im *BMF-Schreiben vom 27. 4. 2017 BStBl. I 2017 S. 741* (zuletzt abgedruckt im AO-Handbuch 2018) vorgesehene Anwendung des sog. Sanierungserlasses auf alle Fälle, in denen der Forderungsverzicht er an der Sanierung beteiligten Gläubiger bis zum 8. 2. 2017 endgültig vollzogen worden ist (Altfälle), ist ebenfalls nicht mit dem Grundsatz der Gesetzmäßigkeit der Verwaltung vereinbar.

BFH-Urteil vom 12. 3. 2020 VI R 35/17, BFH/NV S. 849: 1. Bei der Verwaltungsanweisung im koordinierten Ländererlass vom 17. 12. 1965 (BStBl. II 1966 S. 34) handelt es sich nicht um eine Billigkeitsregelung, sondern um eine norminterpretierende, mit der Gesetzeslage nicht in Einklang stehende Richtlinie, die keinen Vertrauenstatbestand begründen kann. 2. Eine Übergangsregelung der Finanzverwaltung kann nicht in Form einer typisierenden Billigkeitsregelung getroffen werden.

[2] Eine Billigkeitsentscheidung über die Verteilung eines Übergangsgewinns bindet auch hinsichtlich dessen Höhe. Die Billigkeitsentscheidung kann in dem Steuerbescheid des Übergangsjahres enthalten sein *(BFH-Urteil vom 1. 10. 2015 X R 32/13, BStBl. 2016 II S. 139).*

Grundlagenbescheid ist. ③In den Fällen von Satz 1 Nummer 2 entfällt der Vorbehalt des Widerrufs mit Aufhebung oder Entfallen des Vorbehalts der Nachprüfung der Steuerfestsetzung, für die die Billigkeitsmaßnahme Grundlagenbescheid ist. ④In den Fällen von Satz 1 Nummer 3 entfällt der Vorbehalt des Widerrufs mit Eintritt der Endgültigkeit der Steuerfestsetzung, für die die Billigkeitsmaßnahme Grundlagenbescheid ist.

4 (4) ①**Ist eine Billigkeitsmaßnahme nach Absatz 1, die nach Absatz 3 unter Vorbehalt des Widerrufs steht, rechtswidrig, ist sie mit Wirkung für die Vergangenheit zurückzunehmen. ②§ 130 Absatz 3 Satz 1 gilt in diesem Fall nicht.**

AEAO

Zu § 163 – Abweichende Festsetzung von Steuern aus Billigkeitsgründen:

5 **1.** § 163 AO regelt Billigkeitsmaßnahmen im Festsetzungsverfahren. Billigkeitsmaßnahmen im Erhebungsverfahren regelt § 227 AO. Die Unbilligkeit kann sich aus sachlichen oder aus persönlichen Gründen ergeben.

6 **2.** Ein Antrag auf eine Billigkeitsmaßnahme nach § 163 AO kann auch nach Eintritt der Unanfechtbarkeit der Steuerfestsetzung oder der entsprechenden gesonderten Feststellung gestellt werden.

7 **3.** Die Entscheidung über eine Billigkeitsmaßnahme nach § 163 Abs. 1 AO stellt auch dann einen selbständigen Verwaltungsakt dar, wenn sie mit der Steuerfestsetzung oder der entsprechenden gesonderten Feststellung verbunden wird (§ 163 Abs. 2 AO). Sie ist Grundlagenbescheid für den entsprechenden Steuer- oder Feststellungsbescheid (§ 171 Abs. 10 AO). Wird eine Billigkeitsmaßnahme erst nach Erlass des hiervon betroffenen Steuer- oder Feststellungsbescheids getroffen, muss dieser Bescheid nach § 175 Abs. 1 Satz 1 Nr. 1 AO entsprechend angepasst werden.

8 **4.** Eine Billigkeitsmaßnahme nach § 163 Abs. 1 AO unterliegt keiner eigenen Verjährungsfrist, sie löst hinsichtlich des Folgebescheids aber nur dann eine Ablaufhemmung nach § 171 Abs. 10 Satz 1 AO aus, wenn sie vor Ablauf der Festsetzungsfrist des Folgebescheids bei der für die Billigkeitsmaßnahme zuständigen Finanzbehörde beantragt worden ist (§ 171 Abs. 10 Satz 3 AO, vgl. auch AEAO zu § 171, Nr. 6.5). Wurde der Antrag erst nach Ablauf der Festsetzungsfrist des Folgebescheids gestellt, ist es regelmäßig ermessensgerecht, die beantragte Billigkeitsmaßnahme nach § 163 Abs. 1 AO abzulehnen, wenn sie im Folgebescheid wegen Eintritts der Festsetzungsverjährung nicht berücksichtigt werden könnte; in diesen Fällen ist ggf. zu prüfen, ob ein Erlass nach § 227 AO in Betracht kommt.

9 **5.** Wegen der Auswirkungen einer Billigkeitsmaßnahme bei den Steuern vom Einkommen auf die Gewerbesteuer Hinweis auf § 184 Abs. 2 AO. Danach ist die niedrigere Festsetzung eines Messbetrags nach § 163 Abs. 1 Satz 1 AO nicht zulässig, wenn die Voraussetzungen dafür nicht in einer allgemeinen Verwaltungsvorschrift der Bundesregierung oder einer obersten Landesfinanzbehörde festgelegt sind.

10 **6.** Zum Einspruchsverfahren gegen die Entscheidung über eine Billigkeitsmaßnahme vgl. AEAO zu § 347, Nr. 4.

Anl

Schreiben betr. Insolvenzordnung; Kriterien für die Entscheidung über einen Einigungsversuch zur außergerichtlichen Schuldenbereinigung (§ 305 Abs. 1 Nr. 1 InsO)

Vom 27. Januar 2021 (BeckVerw 507698)

BMF IV A 3 – S 0550/20/10 008 :001; DOK 2021/76958

Unter Bezugnahme auf das Ergebnis der Erörterung mit den obersten Finanzbehörden der Länder gilt für die Entscheidung über einen außergerichtlichen Schuldenbereinigungsplan Folgendes:

1. Anwendungsbereich

11 Bevor ein Schuldner einen Antrag auf Eröffnung eines Verbraucherinsolvenzverfahrens stellen kann, muss er versuchen, eine außergerichtliche Einigung mit den Gläubigern über die Schuldenbereinigung herbeizuführen (§ 305 Abs. 1 Nr. 1 InsO).

Die nachfolgenden Regelungen gelten für ein solches außergerichtliches Schuldenbereinigungsverfahren.

Das außergerichtliche Schuldenbereinigungsverfahren findet Anwendung auf natürliche Personen, die keine selbständige wirtschaftliche Tätigkeit ausüben oder ausgeübt haben; nur sie können das Verbraucherinsolvenzverfahren nach §§ 304 ff. InsO beantragen. Personen, die eine selbständige Tätigkeit ausgeübt haben, gehören dazu, wenn ihre Vermögensverhältnisse überschaubar sind und gegen sie keine Forderungen aus Arbeitsverhältnissen bestehen. Überschaubar sind Vermögensverhältnisse, wenn der Schuldner zu dem Zeitpunkt, zu dem der Antrag auf Eröffnung des Insolvenzverfahrens gestellt wird, weniger als 20 Gläubiger hat. Forderungen aus Arbeitsverhältnissen sind nicht nur die Ansprüche der ehemaligen Arbeitnehmer selbst, sondern auch die Forderungen von Sozialversicherungsträgern und Finanzbehörden (z. B. Lohnsteuerforderungen einschließlich Lohnsteuerhaftungsansprüche).

Zu den Verbindlichkeiten, die in eine außergerichtliche Schuldenbereinigung einbezogen werden können, gehören grundsätzlich auch Haftungsschulden des Schuldners (z. B. Umsatzsteuerhaftungsansprüche). Ist der Antrag nicht eindeutig bezeichnet, kann es ein starkes Indiz für einen Einigungsversuch des Schuldners im Rahmen eines außergerichtlichen Schuldenbereinigungsverfahrens im Vorfeld eines Verbraucherinsolvenzverfahrens sein, wenn sich eine nach § 305 Abs. 1 Nr. 1 InsO geeignete Person oder Stelle mit dem außergerichtlichen Schuldenbereinigungsversuch an die Finanzbehörde wendet oder diesen zumindest begleitet.

Die zur Bescheinigung eines erfolglosen außergerichtlichen Einigungsversuchs geeignete Person oder Stelle muss den Einigungsversuch aber nicht zwingend selbst durchgeführt haben.

2. Verfahren

Die außergerichtliche Schuldenbereinigung erfolgt im Wege von freigestalteten Verhandlungen auf der Grundlage eines vorzulegenden Planes. 12

Als Rechtsgrundlage für einen Verzicht auf Abgabenforderungen kann jedoch nur das Abgabenrecht unter Einbeziehung der Zielsetzung der Insolvenzordnung herangezogen werden (BFH vom 26. 10. 2011 VII R 50/10, BFH/NV 2012 S. 552). Die Frage, ob die Finanzbehörde einem außergerichtlichen Schuldenbereinigungsplan zustimmen kann, ist deshalb nach den gesetzlichen Bestimmungen der AO über die abweichende Festsetzung (§ 163 AO), die Stundung (§ 222 AO), den Vollstreckungsaufschub (§ 258 AO) sowie den Erlass (§ 227 AO) zu beurteilen. Zu den Gesichtspunkten, die in die Ermessenserwägungen einzubeziehen sind, gehört im außergerichtlichen Schuldenbereinigungsverfahren zusätzlich die Zielsetzung der Insolvenzordnung, redlichen Schuldnern unter Einbeziehung sämtlicher Gläubiger eine Schuldenbereinigung als Voraussetzung für einen wirtschaftlichen Neuanfang zu ermöglichen.

Sachliche Billigkeitsgründe werden vom außergerichtlichen Schuldenbereinigungsverfahren nicht berührt und sind daher vorab zu berücksichtigen.

Da nach den Intentionen des Gesetzgebers für einen Verzicht nur persönliche Billigkeitsgründe in Betracht kommen, setzt eine Maßnahme nach §§ 163, 227 AO voraus, dass der Schuldner erlassbedürftig und -würdig ist. Die Auslegung des Begriffs „persönliche Unbilligkeit" hat sich hierbei an der Zielsetzung der Insolvenzordnung zu orientieren. Wegen der angestrebten Schuldenbereinigung unter Beteiligung sämtlicher Gläubiger ist bei der Anwendung der §§ 163, 227 AO im außergerichtlichen Schuldenbereinigungsverfahren zu beachten, dass der Begriff „persönliche Unbilligkeit" in diesem Verfahren anders als in anderen Billigkeitsverfahren nach der AO definiert ist. Das bedeutet, dass die Rechtsprechung zu §§ 163, 227 AO insoweit nicht uneingeschränkt angewendet werden kann.

Bei der Zustimmung oder Ablehnung eines außergerichtlichen Schuldenbereinigungsplanes durch die Finanzbehörde handelt es sich um einen Verwaltungsakt.

Zustimmung

Hat die Prüfung des Antrags ergeben, dass der Schuldner dem Grunde nach erlassbedürftig ist und im außergerichtlichen Schuldenbereinigungsverfahren erlasswürdig ist, kann der Erlass im Hinblick auf § 287 a InsO zunächst nur verbindlich für den Fall in Aussicht gestellt werden, dass alle erforderlichen Bedingungen erfüllt werden.

Dies ist z. B. der Fall, wenn

- die übrigen Gläubiger noch nicht zugestimmt haben,
- der Schuldner noch eine Teilzahlung oder Ratenzahlungen zu leisten hat,
- Zahlungseingänge durch Verwertung u. a. von Pfandrechten, Sicherheiten oder Inanspruchnahme Dritter zu erwarten sind oder
- etwaige Aufrechnungsmöglichkeiten wahrgenommen werden sollen.

Wenn der Erlass verbindlich in Aussicht gestellt wird, treten die Wirkungen eines solchen zu diesem Zeitpunkt noch nicht ein; dies geschieht erst mit Eintritt aller Bedingungen (Verwaltungsakt mit aufschiebender Bedingung, § 120 Abs. 2 Nr. 2 AO). Während der Laufzeit einer Ratenzahlungsvereinbarung ist die Erfüllung der laufenden steuerlichen Verpflichtungen weitere Voraussetzung für die Erlassbewilligung. Die voraussichtlich zu erlassenden Beträge können zunächst bis zum Ablauf des Zahlungsplans und die künftig zu leistenden Beträge entsprechend den getroffenen Regelungen gestundet werden.

In Fällen, in denen eine Ratenzahlung über einen längeren Zeitraum vereinbart wurde, hat der Schuldner gegenüber der Finanzbehörde jährlich über die geleisteten Zahlungen und deren Verteilung an die einzelnen Gläubiger Rechnung zu legen.

Ist der Schuldenbereinigungsplan erfüllt, erlöschen die Ansprüche aus dem Steuerschuldverhältnis, ohne dass es eines weiteren Verwaltungsaktes bedarf.

Ablehnung

Bei der Ablehnung handelt es sich um einen anfechtbaren Verwaltungsakt (Ablehnung eines Antrags auf Gewährung einer Billigkeitsmaßnahme). Der Finanzrechtsweg ist eröffnet.

Die Entscheidung über die Zustimmung oder Ablehnung zu einem außergerichtlichen Schuldenbereinigungsplan erledigt sich, sobald ein Gläubiger nach Aufnahme der Verhandlungen Vollstreckungsmaßnahmen ergreift, § 305 a InsO. Gleiches gilt, wenn bekannt wird, dass das außergerichtliche Schuldenbereinigungsverfahren auf andere Weise gescheitert ist.

3. Sachverhaltsermittlung

Zur Prüfung des außergerichtlichen Schuldenbereinigungsplanes sind der Finanzbehörde grundsätzlich die Unterlagen vorzulegen, die auch im gerichtlichen Schuldenbereinigungsverfahren (§ 305 Abs. 1 Nrn. 3 und 4 InsO) einzureichen sind. Dies sind insbesondere 13

- ein Nachweis über die Beteiligung am Erwerbsleben (z. B. Beschäftigungsverhältnis, Eintritt ins Rentenalter),
- ein Verzeichnis des vorhandenen Vermögens und des Einkommens (Vermögensverzeichnis),
- eine Zusammenfassung des wesentlichen Inhalts des Vermögensverzeichnisses (Vermögensübersicht),

Anl

- ein Gläubigerverzeichnis einschließlich Auflistung der Verbindlichkeiten,
- ein Schuldenbereinigungsplan, aus dem sich ergibt, welche Zahlungen in welcher Zeit geleistet werden, zudem sind Angaben zur Herkunft der Mittel erforderlich,
- ein Nachweis,
  - ob und inwieweit Bürgschaften, Pfandrechte und andere Sicherheiten zugunsten Dritter bestehen und welche Zahlungen darauf geleistet werden bzw. noch zu erbringen sind,
  - ob und ggf. welche Schenkungen und Veräußerungen in den letzten zehn Jahren an nahe Angehörige bzw. sonstige Personen erfolgt sind,
  - ob Rechte und Ansprüche aus Erbfällen bestehen bzw. zu erwarten sind (z. B. Pflichtteilsansprüche),
- eine Erklärung,
  - dass Vermögen aus Erbschaften bzw. Erbrechten und Schenkungen zur Hälfte zur Befriedigung der Gläubigergemeinschaft eingesetzt wird, sowie Vermögen, das der Schuldner als Gewinn in einer Lotterie, Ausspielung oder in einem anderen Spiel mit Gewinnmöglichkeit erwirbt, zum vollen Wert an den Treuhänder herausgegeben wird (vgl. § 295 Abs. 1 Nr. 2 InsO); ausgenommen sind gebräuchliche Gelegenheitsgeschenke und Gewinne von geringem Wert,
  - dass außer den im Schuldenbereinigungsplan aufgeführten keine weiteren Gläubiger vorhanden sind, niemand Sonderrechte (außer bei Pfandrechten und Sicherheiten) erhalten hat oder solche versprochen wurden,
  - dass sämtliche Angaben richtig und vollständig sind.

4. Planinhalt

14 Der Plan muss ein zielgerichtetes Vorgehen des Schuldners erkennen lassen, indem der Schuldner versucht, eine umfassende Lösung seiner Verschuldungsprobleme gegenüber allen Gläubigern zu erreichen. Der Vorschlag des Schuldners zur Schuldenbereinigung ist ein Angebot an die Gläubigergemeinschaft, der sich auf alles beziehen kann, was Gegenstand einer vertraglichen Vereinbarung zwischen Schuldner und Gläubigern sein kann. Die Finanzbehörde kann zweckdienliche Änderungen des Planes verlangen.

Die Gläubiger müssen durch die Darstellungen im Plan in die Lage versetzt werden, das Angebot des Schuldners verlässlich beurteilen zu können. Neben zweckdienlich erscheinenden Vereinbarungen zur Schuldenrückführung muss der Plan die Einkommens-, Vermögens- und Familienverhältnisse des Schuldners enthalten. Der Plan hat ferner Auskunft darüber zu geben, ob und inwieweit Bürgschaften, Pfandrechte und andere Sicherheiten der Gläubiger berührt werden sollen (vgl. § 305 Abs. 1 Nr. 4 InsO analog). Er wirkt nicht gegenüber anderen (Gesamt-)Schuldnern, soweit im Plan hierzu keine Regelungen aufgenommen sind.

Ein Schuldenbereinigungsplan kann Ratenzahlungen oder eine quotenmäßige Befriedigung gegen den teilweisen Verzicht auf die Forderungen und Stundung/Vollstreckungsaufschub im Übrigen vorsehen. Eine angemessene Schuldenbereinigung kann auch eine Einmalzahlung darstellen. Eine außergerichtliche Einigung ist nicht allein deshalb auszuschließen, weil der Plan keine Zahlungen des Schuldners (Null-Plan) vorsieht.

Daneben kann der Schuldenbereinigungsplan unter anderem folgende Regelungen beinhalten:
- Eingriffe in Absonderungsrechte,
  Der mit dem Schuldenbereinigungsplan erfolgende Forderungsverzicht wirkt sich, soweit nicht anders vereinbart, unmittelbar auf akzessorische Sicherheiten wie das Pfandrecht, die Bürgschaft und die Hypothek, aber auch auf einen noch nicht festgesetzten Haftungsanspruch (vgl. § 191 Abs. 5 Nr. 2 AO) aus. Ebenso entsteht bei abstrakten Sicherheiten wie der Grundschuld ein schuldrechtlicher Rückgewähranspruch in Höhe des Forderungsverzichts. Die Finanzbehörde kann die Zustimmung zu einem Schuldenbereinigungsplan, der die Beschränkung seiner Forderung vorsieht, davon abhängig machen, dass der Grundschuldgeber – sei es der Schuldner oder ein Dritter – auf den schuldrechtlichen Rückgewähranspruch verzichtet, also dinglich über die restliche Steuerschuld hinaus haftet.
- Lohnabtretungen zugunsten der Gläubiger,
- Vereinbarungen in Bezug auf sonstige Sicherheiten,
- Anpassungsklauseln für den Fall künftiger veränderter Verhältnisse, insbesondere Vermögenserwerbe,
- Vorbehalt von Aufrechnungsmöglichkeiten für die Zeit bis zum Abschluss der Schuldenbereinigung,
- Wiederauflebensklausel für den Fall, dass der Schuldner Verpflichtungen aus dem Plan nicht einhält, oder
- Regelungen, die den Obliegenheiten des Schuldners gem. § 295 InsO im Verfahren der Restschuldbefreiung entsprechen.

5. Entscheidung

5.1. Erlassbedürftigkeit

15 Die Erlassbedürftigkeit ist grundsätzlich nach den wirtschaftlichen Verhältnissen des Schuldners zu beurteilen. Die wirtschaftliche Lage des Ehegatten oder Lebenspartners kann insoweit berücksichtigt werden, als dem Schuldner wegen des ihm zustehenden Unterhaltsanspruchs über den pfändbaren Teil hinaus Zahlungen zuzumuten sind.

Im Hinblick auf die Zielsetzung der Insolvenzordnung ist eine Billigkeitsmaßnahme nicht deshalb ausgeschlossen, weil z. B. wegen eines Pfändungsschutzes eine Einziehung der Steuer ohnehin nicht möglich bzw. die Notlage nicht durch die Steuerfestsetzung selbst verursacht worden ist. Vielmehr ist zu würdigen, ob ein gerichtliches Schuldenbereinigungsverfahren bzw. ein Verbraucherinsolvenzverfahren mit Restschuldbefreiung erfolgversprechend wäre. In diesem Falle kann angenommen werden, dass der Erlass dem Schuldner und nicht anderen Gläubigern zugutekommt. Dies gilt insbesondere dann, wenn durch Dritte (z. B. Angehörige) zusätzliche Mittel für die teilweise Schuldenbereinigung von bisher und voraussichtlich auch künftig uneinbringlichen Rückständen eingesetzt werden.

Für die Entscheidung der Finanzbehörde ist maßgebend, dass die Zahlungen in Anbetracht der wirtschaftlichen Verhältnisse angemessen sind, alle Gläubiger – nach Berücksichtigung u. a. von Pfandrechten, Sicherheiten – gleichmäßig befriedigt werden und insbesondere dem Schuldner ein wirtschaftlicher Neuanfang ermöglicht wird. Wurden einzelne Gläubiger in der Vergangenheit ungerechtfertigt bevorzugt, kann es angemessen sein, auf eine höhere Quote zu bestehen. Es ist in Anlehnung an die Regelung bei der Restschuldbefreiung zumutbar, die pfändbaren Beträge über einen angemessenen Zeitraum entsprechend § 300 InsO an die Gläubiger abzuführen.

Andererseits soll der Schuldner im außergerichtlichen Verfahren auch nicht bessergestellt werden als bei Durchführung eines Insolvenzverfahrens mit – ggf. auch verkürzter – Abtretungsfrist. Auch die Möglichkeit für Verbraucher, eine Schuldenbereinigung im Wege eines Insolvenzplanverfahrens zu erreichen, kann in die Entscheidung mit einbezogen werden.

Der Schuldenbereinigungsplan muss erkennen lassen, dass der Schuldner das gesamte Vermögen (alle verfügbaren und beschaffbaren Mittel) und ggf. für eine gewisse Zeit das künftig pfändbare Einkommen zur Schuldentilgung einsetzt und die angebotenen Zahlungen unter Berücksichtigung des vorhandenen Vermögens und Einkommens sowie des Alters angemessen sind.

Es sollten alle Gläubiger mit der gleichen Quote befriedigt werden, es sei denn, es bestehen zugunsten Einzelner werthaltige Pfandrechte oder Sicherheiten, die in Höhe des tatsächlichen Werts vorweg befriedigt werden können.

5.2. Erlasswürdigkeit

Im außergerichtlichen Schuldenbereinigungsverfahren richtet sich die Entscheidung über die Erlasswürdigkeit eines Schuldners danach, ob und inwieweit dem Schuldner Restschuldbefreiung zu erteilen wäre.

In folgenden Fallkonstellationen liegt demnach grundsätzlich keine Erlasswürdigkeit vor:

- Unzulässigkeit des Antrags auf Restschuldbefreiung
  Dem Schuldner wurde in den letzten elf Jahren Restschuldbefreiung erteilt oder die Restschuldbefreiung in den letzten drei bzw. fünf Jahren versagt (§ 287 a Abs. 1 und 2 InsO).
- Versagung der Restschuldbefreiung
  Unter den Voraussetzungen des § 290 InsO ist die Restschuldbefreiung u. a. zu versagen, wenn der Schuldner z. B.
  - wegen einer Insolvenzstraftat verurteilt wurde,
  - schriftlich unrichtige oder unvollständige Angaben über seine wirtschaftlichen Verhältnisse gemacht oder
  - seine Auskunfts- und Mitwirkungspflichten in diesem Verfahren (z. B. über Vermögen) verletzt hat.

Am Schuldenbereinigungsplan nehmen grundsätzlich keine Forderungen teil, die von der Restschuldbefreiung ausgenommen wären (z. B. Forderungen im Zusammenhang mit einer rechtskräftigen Verurteilung wegen einer Steuerstraftat, § 302 Nr. 1 InsO).

6.

Einer Zustimmung des Bundesministeriums der Finanzen bedarf es nicht (vgl. BMF-Schreiben vom 1. Oktober 2020, BStBl. I S. 989). **16**

Dieses Schreiben tritt an die Stelle des BMF-Schreibens vom 11. Januar 2002 (BStBl. I S. 132). Das Schreiben wird in das AO-Handbuch aufgenommen.

§ 164 Steuerfestsetzung unter Vorbehalt der Nachprüfung

AO

(1)[1] ① **Die Steuern können, solange der Steuerfall nicht abschließend geprüft ist, allgemein oder im Einzelfall unter dem Vorbehalt der Nachprüfung festgesetzt werden, ohne dass dies einer Begründung bedarf.** ② **Die Festsetzung einer Vorauszahlung ist stets eine Steuerfestsetzung unter Vorbehalt der Nachprüfung.** **1**

---

[1] Nach § 164 Abs. 1 Satz 1 AO können Steuern, solange die Steuerfestsetzung nicht abschließend geprüft worden ist, allgemein oder im Einzelfall unter dem Vorbehalt der Nachprüfung festgesetzt werden, ohne dass dies einer Begründung bedarf. § 164 AO ist auf die Festsetzung der Investitionszulage sinngemäß anwendbar. Für die Anwendung der Regelung genügt es, dass der Fall noch nicht abschließend geprüft worden ist und im Zeitpunkt der Festsetzung auch nicht bereits feststeht, dass eine abschließende Prüfung nicht mehr stattfinden wird. Der Vorbehaltsvermerk erfasst – anders als der Vorläufigkeitsvermerk – stets den gesamten Bescheid, so dass eine Angabe zum Umfang des Vorbehaltes nicht in Betracht kommt *(BFH-Beschluss vom 23. 3. 1999 III B 107/98, BFH/NV S. 1307).* Steuerfestsetzungen, die gem. § 164 Abs. 1 AO unter dem Vorbehalt der Nachprüfung stehen, können nur aufgrund solcher Vorgänge nach § 175 Abs. 1 Nr. 2 AO geändert werden, die sich nach der Aufhebung des Vorbehalts ereignen *(BFH-Beschluss vom 4. 11. 1998 IV B 146/97, BFH/NV 1999 S. 589).*

Ein Steuerbescheid ist nur dann wirksam unter den Vorbehalt der Nachprüfung gestellt, wenn die Kennzeichnung des Vorbehalts für den Stpfl. eindeutig erkennbar ist *(BFH-Urteil vom 2. 12. 1999 V R 19/99, BStBl. 2000 II S. 284).*

Nachprüfungsvorbehalte sind **Nebenbestimmungen** des Steuerbescheides iSd § 120 AO. Der Vorbehalt ist aber als unselbständige Nebenbestimmung nicht getrennt anfechtbar *(BFH-Urteile vom 30. 10. 1980 IV R 168–170/79, BStBl. 1981 II S. 150; vom 25. 10. 1989 X R 109/87, BStBl. 1990 II S. 278).* Auch wenn ein Vorbehalt der Nachprüfung nicht hätte ergehen dürfen, behält er nach Eintritt der formellen Bestandskraft seine Wirkung *(BFH-Beschluss vom 3. 5. 2000 IV B 59/99, BFH/NV S. 1075).*

Der Vorbehalt der Nachprüfung nach § 164 Abs. 1 AO erfasst stets den gesamten Bescheid, er kann daher hinsichtlich einzelner Besteuerungsgrundlagen nicht beschränkt werden. Einer Begründung des Vorbehalts („weil z. Z. die Einkunftserzielungsabsicht nicht abschließend beurteilt werden kann") bedarf es nicht, sie ist aber möglich und unschädlich *(BFH-Beschluss vom 27. 9. 2007 IX B 19/07, BFH/NV 2008 S. 27).*

Bei der Unterlassung der Übernahme des Vorbehaltsvermerks aus der Aktenverfügung in den Bescheid handelt es sich um eine gem. § 129 AO jederzeit zu berichtigende offenbare Unrichtigkeit *(BFH-Urteil vom 17. 11. 1998 III R 2/97, BStBl. 1999 II S. 62).*

Das FG hat auch eine Steuerfestsetzung, die unter dem Vorbehalt der Nachprüfung ergangen ist (§ 164 AO), in rechtlicher und tatsächlicher Hinsicht zu überprüfen *(BFH-Urteil vom 10. 5. 1994 IX R 26/89, BStBl. 1994 II S. 902).*

2 (2) ① **Solange der Vorbehalt wirksam ist, kann die Steuerfestsetzung aufgehoben oder geändert werden.**[1] ② **Der Steuerpflichtige kann die Aufhebung oder Änderung der Steuerfestsetzung jederzeit beantragen.**[2] ③ **Die Entscheidung hierüber kann jedoch bis zur abschließenden Prüfung des Steuerfalls, die innerhalb angemessener Frist vorzunehmen ist, hinausgeschoben werden.**

3 (3)[3] ① **Der Vorbehalt der Nachprüfung kann jederzeit aufgehoben werden.** ② **Die Aufhebung steht einer Steuerfestsetzung ohne Vorbehalt der Nachprüfung gleich; § 157 Absatz 1 Satz 1 und 3 gilt sinngemäß.** ③ **Nach einer Außenprüfung ist der Vorbehalt aufzuheben, wenn sich Änderungen gegenüber der Steuerfestsetzung unter Vorbehalt der Nachprüfung nicht ergeben.**

4 (4) ① **Der Vorbehalt der Nachprüfung entfällt, wenn die Festsetzungsfrist abläuft.** ② **§ 169 Absatz 2 Satz 2, § 170 Absatz 6 und § 171 Absatz 7, 8 und 10 sind nicht anzuwenden.**

AEAO

Zu § 164 – Steuerfestsetzung unter Vorbehalt der Nachprüfung:

5 **1.** Der Vorbehalt der Nachprüfung ist eine Nebenbestimmung i. S. d. § 120 AO. Er ist im Steuerbescheid anzugeben, wenn er nicht kraft Gesetzes besteht, wie z. B. im Fall der Festsetzung einer Vorauszahlung (§ 164 Abs. 1 Satz 2 AO). Im Gegensatz zur vorläufigen Steuerfestsetzung hat der Vorbehalt keine Auswirkung auf den Ablauf der Festsetzungsfrist. Wegen der Wirkung einer Steueranmeldung als Vorbehaltsfestsetzung siehe § 168 AO.

6 **2.** Der Vorbehalt der Nachprüfung ist zulässig bei allen Festsetzungen, für die die Vorschriften über das Steuerfestsetzungsverfahren gelten (z. B. bei Steuervergütungen, Zulagen, Prämien, gesonderten Feststellungen, Steuermessbeträgen, Zinsen, vgl. AEAO zu § 155). Zum Nachprüfungsvorbehalt in Schätzungsfällen vgl. AEAO zu § 162 Nr. 4.

7 **3.** Solange ein Steuerfall nicht abschließend geprüft ist, kann die spätere Überprüfung vorbehalten bleiben und die Steuer aufgrund der Angaben des Steuerpflichtigen oder aufgrund vorläufiger Überprüfung (vgl. BFH-Urteil vom 4. 8. 1983, IV R 79/83, BStBl. 1984 II S. 6) unter Vor-

---

[1] Zum Vertrauensschutz vgl. § 176 AO. Die Korrektur eines unter dem Vorbehalt der Nachprüfung erlassenen Steuerbescheids ist nach dem Grundsatz von Treu und Glauben nur in seltenen Ausnahmefällen ausgeschlossen *(BFH-Urteil vom 29. 4. 2008 VIII R 75/05, BStBl. 2008 II S. 817).*

Ein unter dem Vorbehalt der Nachprüfung stehender Steuerbescheid kann grundsätzlich auch aufgrund von Tatsachen geändert werden, die bereits bei Erlass des Bescheides bekannt waren. Nur wenn die Voraussetzungen einer bindenden Zusage vorliegen, kann sich ein Steuerpflichtiger gegenüber einer Änderung nach § 164 Abs. 2 AO auf Vertrauensschutz berufen *(BFH-Beschluss vom 13. 6. 2002 III B 22/02, BFH/NV S. 1421).*

Der Vorbehalt der Nachprüfung bleibt trotz Durchführung eines außergerichtlichen Rechtsbehelfsverfahrens wirksam, wenn er nicht ausdrücklich aufgehoben wird *(BFH-Urteil vom 16. 10. 1984 VIII R 162/80, BStBl. 1985 II S. 448).*

Dem FA ist es nicht verwehrt, aus der im Rahmen einer rechtmäßigen Außenprüfung erlangten Kenntnis bestimmter betrieblicher Verhältnisse eines Stpfl. in den Jahren des Prüfungszeitraums Schlussfolgerungen auf die tatsächlichen Gegebenheiten in anderen Jahren vor oder nach dem Prüfungszeitraum zu ziehen und demgemäß einen Steuerbescheid, der unter dem Vorbehalt der Nachprüfung steht, entsprechend zu ändern *(BFH-Urteil vom 28. 8. 1987 III R 189/84, BStBl. 1988 II S. 2).*

Ist ein Grundlagenbescheid (§ 171 Abs. 10) unter Vorbehalt der Nachprüfung ergangen und wird dieser ersatzlos aufgehoben, schlägt der Vorbehalt der Nachprüfung in diesem Umfang auf den (ursprünglichen) Folgebescheid durch *(BFH-Urteil vom 30. 10. 1986 IV R 175/84, BStBl. 1987 II S. 89, 91).*

[2] *BFH-Urteil vom 22. 2. 2006 I R 125/04, BStBl. II S. 401:* Ist in einem Steuerbescheid die Anordnung des Vorbehalts der Nachprüfung versehentlich unterblieben, so muss das FA den Bescheid nicht zunächst nach § 129 AO berichtigen, um ihn anschließend nach § 164 Abs. 2 AO ändern zu können. Vielmehr kann der Bescheid in diesem Fall unmittelbar nach § 164 Abs. 2 AO geändert werden (Bestätigung des *Senatsurteils vom 27. 3. 1996 I R 83/94, BStBl. 1996 II S. 509).* Die Berichtigung nach § 129 AO kann auch im Rahmen einer Entscheidung erfolgen, in der über den Einspruch gegen den auf § 164 Abs. 2 AO gestützten Änderungsbescheid entschieden wird. Darin liegt jedenfalls dann keine „Verböserung", gegenüber jenem Bescheid, wenn der Nachprüfungsvorbehalt in dem Änderungsbescheid aufgehoben wurde und in der Einspruchsentscheidung nicht erneut angebracht wird.

Bei Gewinnfeststellungsbescheiden unter dem Vorbehalt der Nachprüfung kann der Steuerpflichtige nach § 164 Abs. 2 AO bis zum Ablauf der Festsetzungsfrist die Abänderung nicht bei Gericht anhängiger Feststellungen bei der Finanzbehörde beantragen *(BFH-Urteil vom 9. 2. 2011 IV R 15/08, BStBl. II S. 764).*

Gibt der Steuerpflichtige nach Ergehen eines unter dem Vorbehalt der Nachprüfung stehenden Gewinnfeststellungsbescheids erstmals eine inhaltlich abweichende Feststellungserklärung ab, so liegt darin zugleich ein Änderungsantrag gemäß § 164 Abs. 2 AO. Dieser führt, wird er vor Ablauf der Feststellungsfrist gestellt, gemäß § 171 Abs. 3, § 181 Abs. 1 Satz 1 AO zu einer Ablaufhemmung *(BFH-Urteil vom 7. 8. 2024 IV R 9/22, BStBl. 2025 II S. 102).*

[3] *BFH-Urteil vom 10. 7. 1996 I R 5/96, BStBl. 1997 II S. 5:* 1. Die Aufhebung des Vorbehalts der Nachprüfung bedarf regelmäßig keiner besonderen Begründung. 2. Erfolgt die Aufhebung des Vorbehalts durch die Einspruchsentscheidung, kann der Hinweis auf die Möglichkeit einer verbösernden Entscheidung (§ 367 Abs. 2 Satz 2 AO) unterbleiben; s. a. *BFH-Urteil vom 17. 2. 1998 IX R 45/96, BFH/NV 1998 S. 816.* Mit dem Einspruch gegen die Aufhebung des Vorbehalts der Nachprüfung wird sowohl die Aufhebung als auch die Steuerfestsetzung als solche angegriffen *(BFH-Beschluss vom 30. 6. 1997 V B 131/96, BFH/NV 1998 S. 817).*

Eine unter dem Vorbehalt der Nachprüfung ergehende Festsetzung der Investitionszulage verhindert grundsätzlich die Entstehung eines Vertrauensschutzes. Die Finanzbehörde ist an einer Änderung einer solchen Vorbehaltsfestsetzung auch nicht ausnahmsweise nach Treu und Glauben allein deswegen gehindert, weil das FA bei einer für zwei vorangegangene Wirtschaftsjahre durchgeführten Investitionszulagen-Sonderprüfung formelle Mängel der für diese Jahre gestellten Anträge nicht beanstandet hatte *(BFH vom 21. 3. 2002 III R 30/99, BStBl. II S. 547).*

Eine Änderung der Festsetzung der Lohnsteuer-Entrichtungsschuld ist unter den Voraussetzungen des § 164 Abs. 2 Satz 1 AO auch nach Übermittlung oder Ausschreibung der Lohnsteuerbescheinigung (§ 41 c Abs. 3 EStG) zulässig *(BFH-Urteil vom 13. 11. 2012 VI R 38/11, BStBl. 2013 II S. 929).*

behalt der Nachprüfung festgesetzt werden. Der Vorbehalt der Nachprüfung erfasst die Festsetzung insgesamt; eine Beschränkung auf Einzelpunkte oder Besteuerungsgrundlagen ist nicht zulässig. Eine Begründung dafür, dass die Festsetzung unter Vorbehalt erfolgt, ist nicht erforderlich.

4. Solange der Vorbehalt wirksam ist, bleibt der gesamte Steuerfall „offen", die Steuerfestsetzung kann jederzeit – also auch nach Eintritt der Unanfechtbarkeit – und dem Umfang nach uneingeschränkt von Amts wegen oder auch auf Antrag des Steuerpflichtigen aufgehoben oder geändert werden. Die Grundsätze des Vertrauensschutzes nach § 176 AO sind aber zu beachten. Dagegen wird ein aus dem Grundsatz von Treu und Glauben abgeleiteter Vertrauensschutz i. d. R. nicht bestehen (vgl. BFH-Urteil vom 29. 4. 2008, VIII R 75/05, BStBl. II S. 817). 8

5. Der Steuerpflichtige hat keinen Anspruch auf unverzügliche Entscheidung über seinen Antrag. Die Entscheidung kann bis zur abschließenden Prüfung des Steuerfalles – an Amtsstelle oder im Wege einer Außenprüfung – hinausgeschoben werden. Sie hat jedoch in angemessener Zeit zu erfolgen. Wegen des Ablaufs der Festsetzungsfrist bei Antragstellung Hinweis auf § 171 Abs. 3 AO. 9

6. Wird eine Steuerfestsetzung mit einem behördlich angeordneten Vorbehalt der Nachprüfung geändert, so ist in dem neuen Steuerbescheid zu vermerken, ob dieser weiterhin unter Vorbehalt der Nachprüfung steht oder ob der Vorbehalt aufgehoben wird. Fehlt ein derartiger Vermerk, bleibt der Nachprüfungsvorbehalt bestehen (BFH-Urteil vom 14. 9. 1993, VIII R 9/93, BStBl. 1995 II S. 2). Steht eine Steueranmeldung einer Steuerfestsetzung unter Nachprüfungsvorbehalt gleich (§ 168 AO) und erlässt die Finanzbehörde später erstmals einen Steuerbescheid ohne eine Aussage zum Nachprüfungsvorbehalt, so entfällt dieser (BFH-Urteil vom 2. 12. 1999, V R 19/99, BStBl. 2000 II S. 284). Die Aufhebung des Vorbehalts muss schriftlich oder in elektronischer Form (§ 87a Abs. 4 AO) ergehen und mit einer Rechtsbehelfsbelehrung versehen sein (§ 164 Abs. 3 Satz 2 AO). Die Aufhebung des Nachprüfungsvorbehalts ist auch ohne abschließende Prüfung des Steuerfalles zulässig (BFH-Urteil vom 28. 5. 1998, V R 100/96, BStBl. II S. 502) und bedarf regelmäßig keiner Begründung (BFH-Urteil vom 10. 7. 1996, I R 5/96, BStBl. 1997 II S. 5). Nach der Bekanntgabe der Aufhebung des Vorbehalts kann die Aufhebung oder Änderung einer Steuerfestsetzung nicht mehr auf § 164 Abs. 2 AO gestützt werden; §§ 172 ff. AO bleiben unberührt. 10

7. Wird der Vorbehalt nicht aufgehoben, entfällt der Vorbehalt mit Ablauf der allgemeinen Festsetzungsfrist (§ 169 Abs. 2 Satz 1 AO). Die Verlängerung der Festsetzungsfrist für hinterzogene oder leichtfertig verkürzte Steuern (§ 169 Abs. 2 Satz 2 AO) verlängert nicht die Wirksamkeit des Vorbehalts, es ergeben sich aber Auswirkungen auf die Ablaufhemmung nach § 171 Abs. 1 bis 6, 9 und 11 bis 14 AO. 11

8. Wegen des Einspruchs gegen eine Vorbehaltsfestsetzung vgl. AEAO zu § 367, Nr. 5. 12

9. Verwaltungsakte i. S. d. § 163 Abs. 1 AO können nicht unter Vorbehalt der Nachprüfung ergehen. Werden solche Verwaltungsakte aber mit einer Steuerfestsetzung unter Vorbehalt der Nachprüfung verbunden, stehen sie nach § 163 Abs. 3 Satz 1 Nr. 2 AO kraft Gesetzes unter Widerrufsvorbehalt. 13

§ 165[1] Vorläufige Steuerfestsetzung, Aussetzung der Steuerfestsetzung

AO

(1) ① **Soweit ungewiss ist, ob die Voraussetzungen für die Entstehung einer Steuer eingetreten sind, kann sie vorläufig festgesetzt werden.[2] ② Diese Regelung ist auch anzuwenden, wenn** 1

---

[1] Zur Ablaufhemmung vgl. § 171 Abs. 8 AO.

Der Vorläufigkeitsvermerk ist eine unselbständige Nebenbestimmung iSd § 120 und kann daher isoliert nicht angefochten werden; zulässig ist jedoch die Anfechtung des Steuerbescheides mit der Begründung, die Aufnahme bzw. der Umfang des Vorläufigkeitsvermerkes sei rechtswidrig *(BFH-Urteil vom 25. 10. 1989 X R 109/87, BStBl. 1990 II S. 278).*

Ein einmal angeordneter Vorläufigkeitsvermerk bleibt auch dann wirksam, wenn er in einem nachfolgenden Änderungsbescheid nicht ausdrücklich wiederholt wird *(BFH-Urteile vom 9. 9. 1988 III R 191/84, BStBl. 1989 II S. 9; vom 7. 12. 1988 X R 16/87, BFH/NV 1989 S. 663).*

Hat das FA eine Steuer vorläufig nach § 165 Abs. 1 AO festgesetzt, obwohl in Wirklichkeit die in der vorgenannten Vorschrift vorausgesetzte Ungewissheit nicht besteht, ist der Bescheid nicht nichtig, aber rechtswidrig. Ist ein in vollem Umfang vorläufiger Steuerbescheid in vollem Umfang – wenn auch nicht im Hinblick auf die Vorläufigkeit selbst – angefochten und ergibt sich im Klageverfahren die Fehlerhaftigkeit der Vorläufigkeitsanordnung, so ist der Bescheid in vollem Umfang aufzuheben *(BFH-Urteil vom 10. 8. 1994 II R 103/93, BStBl. II S. 951).*

[2] Bei unklaren, aber zur Zeit nicht weiter aufklärbaren tatsächlichen Verhältnissen darf der Stpfl. nicht darauf vertrauen, das FA werde statt eines endgültigen Steuerbescheides einen vorläufigen Steuerbescheid erlassen; aus dem Ergehen eines endgültigen Steuerbescheides ist nicht zu schließen, das FA werde später bekanntwerdende Tatsachen nicht verwerten *(BFH-Urteil vom 11. 7. 1978 VIII R 120/75, BStBl. 1979 II S. 57).*

Eine nach § 165 AO vorläufige Steuerfestsetzung kommt nur in Betracht, wenn trotz angemessener Bemühungen des FA, den Sachverhalt aufzuklären, eine Unsicherheit in tatsächlicher Hinsicht bleibt, die entweder zurzeit nicht oder nur unter unverhältnismäßig großen Schwierigkeiten behoben werden kann. Nachrangige Ermittlungen und Nachprüfungen können dennoch zurückgestellt werden, solange offen ist, ob ihnen bei der Steuerfestsetzung überhaupt eine Bedeutung zukommt, und zwar unabhängig davon, ob sich diese nachrangigen Fragen bei späterer Beurteilung als einfach oder schwierig herausstellen *(BFH-Beschluss vom 13. 10. 2009 X B 55/09, BFH/NV 2010 S. 168).*

BFH-Beschluss vom 19. 2. 2014 X B 187/13, BFH/NV S. 822: Fehlt es an einer ungewissen Tatsachenlage, sind die Voraussetzungen des § 165 Satz 1 AO nicht gegeben. Die steuerrechtliche Würdigung der Tatsachen selbst ist keine Tatsache in diesem Sinne; eine Steuer kann deswegen nicht vorläufig bis zu einer abschließenden rechtlichen Würdigung durch die Finanzbehörde festgesetzt werden.

[Fortsetzung nächste Seite]

AO

1. ungewiss ist, ob und wann Verträge mit anderen Staaten über die Besteuerung (§ 2), die sich zugunsten des Steuerpflichtigen auswirken, für die Steuerfestsetzung wirksam werden,

2. das Bundesverfassungsgericht die Unvereinbarkeit eines Steuergesetzes mit dem Grundgesetz festgestellt hat und der Gesetzgeber zu einer Neuregelung verpflichtet ist,

2a. sich auf Grund einer Entscheidung des Gerichtshofes der Europäischen Union ein Bedarf für eine gesetzliche Neuregelung ergeben kann,

3. die Vereinbarkeit eines Steuergesetzes mit höherrangigem Recht Gegenstand eines Verfahrens bei dem Gerichtshof der Europäischen Union, dem Bundesverfassungsgericht oder einem obersten Bundesgericht ist oder[1]

[Fortsetzung]

Eine vorläufige Steuerfestsetzung kann nicht im Hinblick auf eine veränderte steuerliche Beurteilung geändert werden. Dies gilt auch dann, wenn die Finanzbehörde einen entsprechenden Vorbehalt aufgenommen hat und dieser Vorbehalt wirksam sein sollte. Eine Steuerfestsetzung darf nicht allein deshalb nach Abs. 1 vorläufig erfolgen, weil die rechtliche Beurteilung eines in tatsächlicher Hinsicht unstreitigen Sachverhalts unsicher erscheint und deshalb die Finanzbehörde einschlägige Verwaltungsanweisungen abwarten will. Erklärt die Finanzbehörde gleichwohl in einem solchen Fall die Steuerfestsetzung für vorläufig und wird der entsprechende Bescheid nicht fristgerecht angefochten, so kann der Bescheid in der Folge auch dann nicht geändert werden, wenn die Rechtslage inzwischen zugunsten des Stpfl. geklärt worden ist und dieser nunmehr die Änderung beantragt *(BFH-Beschluss vom 8. 7. 1998 I B 111/97, BStBl. II S. 702).*

Die Unsicherheit, ob eine Tätigkeit mit Gewinnerzielungsabsicht betrieben wird, rechtfertigt den Erlass vorläufiger Bescheide. Sie betrifft eine sog. innere Tatsache und stellt keine Unsicherheit in der steuerrechtlichen Beurteilung eines feststehenden Tatbestandes iSv. § 165 Abs. 1 AO dar *(BFH-Beschluss vom 3. 5. 2000 IV B 59/99, BFH/NV S. 1075).*

Erklärt das FA die Steuerfestsetzung für vorläufig, weil es die Einkünfteerzielungsabsicht noch nicht abschließend beurteilen kann, so kann es bei der endgültigen Steuerfestsetzung auch die von der tatsächlichen Ungewissheit nicht betroffenen, aber zunächst hingenommenen rechtlichen Fehlbeurteilungen zur Abziehbarkeit von Werbungskosten ändern *(BFH-Beschluss vom 24. 2. 2009 IX B 176/08, BFH/NV S. 889).*

Die abstrakte Möglichkeit, dass in späteren Veranlagungszeiträumen Ereignisse eintreten, die (als sog. Definitiveffekte) im Rahmen einer verfassungskonformen Auslegung der Regelungen zur sog. Mindestbesteuerung auf den Veranlagungszeitraum zurückwirken könnten, führt nicht zu einer Ungewissheit i. S. des § 165 Abs. 1 Satz 1 AO darüber, ob die Voraussetzungen für die Entstehung einer Steuer in diesem Veranlagungszeitraum eingetreten sind *(BFH-Urteil vom 17. 12. 2014 I R 32/13, BStBl. 2015 II S. 575).*

Zur Vorläufigkeit eines Steuerbescheids **in vollem Umfang** bei nicht hinreichend bestimmter Einschränkung der Vorläufigkeit vgl. *BFH-Urteil vom 9. 10. 1985 II R 74/83, BStBl. 1986 II S. 38.*

Vgl. *BFH-Urteil vom 26. 9. 1990 II R 99/88, BStBl. II S. 1043:* 1. Eine Steuer darf nur dann gem. § 165 AO vorläufig festgesetzt werden, wenn trotz angemessener Bemühungen des FA, den **Sachverhalt aufzuklären,** eine Unsicherheit in tatsächlicher Hinsicht bleibt, die entweder zur Zeit der Steuerfestsetzung nicht beseitigt werden kann oder nur unter unverhältnismäßig großen Schwierigkeiten beseitigt werden könnte. 2. Den Anforderungen an die Zulässigkeit einer vorläufigen Steuerfestsetzung ist nicht Genüge getan, wenn das FA der Festsetzung der GrESt ohne jede weitere Prüfung anstelle der Gegenleistung den Einheitswert der Grundstücke zugrunde legt, weil streitig ist, ob ein grunderwerbsteuerbarer Vorgang gegeben war.

Der Umfang der Vorläufigkeit ist ggf. durch **Auslegung** zu ermitteln *(BFH-Urteil vom 23. 9. 1992 X R 10/92, BStBl. 1993 II S. 338).* Für die Auslegung ist dabei entscheidend, wie der Stpfl. – auch unter Berücksichtigung eines am gleichen Tage für ein früheres Streitjahr ergangenen Steuerbescheids – den materiellen Gehalt des Vorläufigkeitsvermerks verstehen müsste *(BFH-Urteil vom 14. 4. 1999 XI R 24/96, BFH/NV S. 1438).* Ist dies nicht möglich, ist der Vorläufigkeitsvermerk mangels Bestimmtheit **nichtig** *(BFH-Urteil vom 12. 3. 1991 IX R 282/87, BFH/NV S. 506).* Der Umfang der Vorläufigkeit eines Bescheids kann sich auch aus sonstigen Umständen ergeben, wenn der Bescheid selbst keine Angaben zur Vorläufigkeit enthält. Das ist der Fall, wenn sich der Umfang eindeutig aus einem Schriftsatz ergibt, der dem Stpfl. zeitlich vor der Bescheidausfertigung zugegangen ist *(BFH-Urteil vom 26. 6. 1992 III R 8/91, BStBl. 1993 II S. 278).* Die **fehlende Begründung** der Vorläufigkeit kann nachgeholt werden (§ 126 Abs. 1 Nr. 2 und Abs. 2).

---

[1] Aktueller Vorläufigkeitskatalog zur ESt siehe Anl. zum *BMF-Schreiben vom 15. 1. 2018 IV A 3 – S 0338/17/10 007,* nachstehend abgedruckt.

Ein nach § 165 Abs. 1 Satz 2 Nr. 3 AO für vorläufig erklärter Steuerbescheid kann nicht gemäß § 165 Abs. 2 AO zu Lasten des Steuerpflichtigen geändert werden *(BFH-Urteil vom 29. 4. 2025 VI R 14/23, BFH/NV S. 1331).*

Die Entscheidung der Finanzbehörde, einen Steuerbescheid entgegen dem Begehren des Stpfl. nicht für vorläufig zu erklären, ist rechtswidrig, wenn die Finanzbehörde zu Unrecht davon ausgegangen ist, dass der gesetzliche Tatbestand des § 165 Abs. 1 Satz 2 Nr. 3 AO nicht vorliegt, und wenn sie deshalb das ihr in § 165 Abs. 1 Satz 1 AO eingeräumte Rechtsfolgeermessen nicht ausgeübt hat *(BFH-Urteil vom 18. 12. 2001 VIII R 27/96, BFH/NV 2002 S. 747).*

BFH-Beschluss vom 2. 7. 2008 X B 39/08, BFH/NV S. 1645: Vorläufigkeitsvermerke i. S. von § 165 AO beziehen sich nur auf mögliche Zweifel an der Verfassungsmäßigkeit der in Bezug genommenen gesetzlichen Regelungen, nicht aber auf sämtliche noch offene Fragen der Anwendung und Auslegung des einfachen Gesetzesrechts (Anschluss an *BFH-Urteil vom 31. 5. 2006 X R 9/05, BStBl. 2006 II S. 858).*

Ist der Bescheid gemäß § 165 Abs. 1 Satz 2 Nr. 3 AO vorläufig hinsichtlich der Nichtabziehbarkeit der Gewerbesteuer und der darauf entfallenden Nebenleistungen als Betriebsausgaben (§ 4 Abs. 5 b des Einkommensteuergesetzes), kann er bei Beseitigung der (verfassungsrechtlichen) Ungewissheit nicht dergestalt nach § 165 Abs. 2 Satz 2 Halbsatz 1 AO geändert werden, dass die Gewerbesteuer erstmals dem Gewinn hinzugerechnet wird *(BFH-Urteil vom 30. 11. 2023 IV R 13/21, BFH/NV 2024 S. 371).*

BFH-Urteil vom 30. 9. 2010 III R 39/08, BStBl. 2011 II S. 11: 1. Ein Vorläufigkeitsvermerk, der auf § 165 Abs. 1 Satz 2 Nr. 3 AO und auf die Besteuerungsgrundlage hinweist, hinsichtlich derer die Steuer vorläufig festgesetzt wird, ist inhaltlich nach Grund und Umfang hinreichend bestimmt. Es ist nicht erforderlich, die betragsmäßige Auswirkung der vorläufigen Festsetzung anzugeben und die anhängigen Musterverfahren nach Gericht und Aktenzeichen zu bezeichnen. 2. Ein solcher Vorläufigkeitsvermerk beschränkt sich nicht auf die zum Zeitpunkt der vorläufigen Festsetzung anhängigen Verfahren. Sind die Verfahren, die der Vorläufigkeit zugrunde liegen, beendet und ist die vorläufige Festsetzung noch nicht für endgültig erklärt, bleibt die Festsetzung vorläufig, wenn vor Ablauf der Festsetzungsfrist (§ 171 Abs. 8 Satz 2 AO) wieder ein einschlägiges Verfahren anhängig wird. 3. Eine nach § 165 Abs. 1 Satz 2 Nr. 3 AO vorläufige Festsetzung kann auch dann geändert werden,

[Fortsetzung nächste Seite]

AO

4. die Auslegung eines Steuergesetzes Gegenstand eines Verfahrens bei dem Bundesfinanzhof ist.

③ Umfang und Grund der Vorläufigkeit sind anzugeben.[1] ④ Unter den Voraussetzungen der Sätze 1 oder 2 kann die Steuerfestsetzung auch gegen oder ohne Sicherheitsleistung ausgesetzt werden.

(2) **① Soweit die Finanzbehörde eine Steuer vorläufig festgesetzt hat, kann sie die Festsetzung aufheben oder ändern.[2] ② Wenn die Ungewissheit beseitigt ist, ist eine vorläufige Steuerfestsetzung aufzuheben, zu ändern oder für endgültig zu erklären; eine ausgesetzte Steuerfestsetzung ist nachzuholen.[3] ③ In den Fällen des Absatzes 1 Satz 2 Nummer 4 endet die Ungewissheit, sobald feststeht, dass die Grundsätze der Entscheidung des Bundesfinanzhofs über den entschiedenen Einzelfall hinaus allgemein anzuwenden sind. ④ In den Fällen des Absatzes 1 Satz 2 muss eine vorläufige Steuerfestsetzung nach Satz 2 nur auf Antrag des Steuerpflichtigen für endgültig erklärt werden, wenn sie nicht aufzuheben oder zu ändern ist.** 2

(3) **Die vorläufige Steuerfestsetzung kann mit einer Steuerfestsetzung unter Vorbehalt der Nachprüfung verbunden werden.** 3

[Fortsetzung]

wenn der BFH oder das BVerfG eine Norm verfassungskonform auslegt. 4. Eine nach § 165 Abs. 1 Satz 2 Nr. 3 AO vorläufige Festsetzung schränkt den verfassungsrechtlich garantierten Rechtsschutz des Steuerpflichtigen nicht ein. Macht er besondere Gründe materiell-rechtlicher oder verfahrensrechtlicher Art substantiiert geltend, kann trotz vorläufiger Festsetzung ein Rechtsschutzbedürfnis für ein Einspruchsverfahren und Klageverfahren anzunehmen sein, in dem der Steuerpflichtige ggf. auch vorläufigen Rechtsschutz erlangen kann. Erklärt die Finanzbehörde die vorläufige Festsetzung (ggf. auf Antrag gemäß § 165 Abs. 2 Satz 4 AO) für endgültig oder entfällt ein Vorläufigkeitsvermerk in einem Änderungsbescheid, sind ebenfalls Einspruch und ggf. Klage möglich.

Die Finanzbehörde kann die durch Berufung auf ein vorgreifliches Verfahren bewirkte Verfahrensruhe im Einspruchsverfahren durch einen Vorläufigkeitsvermerk derselben Reichweite beenden. Der Vorläufigkeitsvermerk bietet einen der Verfahrensruhe gleichwertigen Rechtsschutz *(BFH-Urteil vom 23. 1. 2013 X R 32/08, BStBl. II S. 423).*

Erklärt die FinVerw. noch nicht bestandskräftige Steuerbescheide für vorläufig, weil vor dem BVerfG oder dem BFH Musterverfahren anhängig sind, so besteht kein Anspruch darauf, dass auch bestandskräftige Bescheide wegen dieser Musterprozesse für vorläufig erklärt werden *(BFH-Urteil vom 11. 2. 1994 III R 117/93, BStBl. II S. 380).*

In Fällen, in denen das FG ein Klageverfahren wegen eines vor dem BVerfG anhängigen Musterverfahrens gem. § 74 FGO aussetzen müsste, hat der Stpfl. einen **Rechtsanspruch auf Vorläufigkeitserklärung** des angegriffenen Steuerbescheides hinsichtlich der vor dem BVerfG umstrittenen gesetzlichen Regelung, wenn in dem Klageverfahren noch andere Fragen streitig sind *(BFH-Urteil vom 7. 2. 1992 III R 61/91, BStBl. II S. 592).* Wird eine Steuerfestsetzung in diesen Fällen insoweit vorläufig vorgenommen, hat der Stpfl. keinen Anspruch mehr auf Ruhen des Verfahrens nach § 363 Abs. 2 bzw. § 74 FGO, weil seinem Interesse an der „Teilhabe" an der künftigen Entwicklung durch den Vorläufigkeitsvermerk Rechnung getragen wird (vgl. *BFH-Urteil vom 7. 2. 1992 III R 61/91, BStBl. II S. 592;* s. auch *BFH-Beschluss vom 9. 8. 1994 X B 26/94, BStBl. II S. 803).*

Erklärt das FA erst im Klageverfahren den angefochtenen Bescheid wegen der durch die Klage aufgeworfenen verfassungsrechtlichen Streitpunkte für vorläufig, so entfällt dadurch allein das Rechtsschutzinteresse für die Klage nicht *(BFH-Beschluss vom 23. 12. 2005 XI B 98/04, BFH/NV 2006 S. 952).*

---

[1] Ein mit einem Vorläufigkeitsvermerk versehener Bescheid, bei dem der Grund der Vorläufigkeit entgegen § 165 Abs. 1 Satz 2 AO nicht angegeben ist, ist rechtswirksam und nicht nichtig, wenn sich der Umfang der Vorläufigkeit aus dem Wortlaut der Erläuterung oder den sonstigen Umständen ergibt und die Nebenbestimmung somit hinreichend bestimmt ist *(BFH-Urteil vom 29. 8. 2001 VIII R 1/01, BFH/NV 2002 S. 465).*

Ein Vorläufigkeitsvermerk, der keine Angaben über den Umfang der Vorläufigkeit enthält und bei dem dieser für den Steuerpflichtigen auch weder aufgrund seines dem Erlass des Bescheides vorausgehenden Verhaltens noch aufgrund des Inhalts der Steuererklärung oder des Bescheides erkennbar ist, ist unwirksam, selbst wenn Gegenstand des Bescheides nur eine Einkunftsart ist *(BFH-Urteil vom 12. 7. 2007 X R 22/05, BStBl. 2008 II S. 2).*

BFH-Urteil vom 16. 6. 2020 VIII R 12/17, BStBl. II S. 702: Ein in einem Änderungsbescheid enthaltener Vorläufigkeitsvermerk, der an die Stelle des bereits im Vorgängerbescheid enthaltenen Vorläufigkeitsvermerks tritt, bestimmt den Umfang der Vorläufigkeit neu und regelt abschließend, inwieweit die Steuer nunmehr vorläufig festgesetzt ist, wenn für den Steuerpflichtigen nach seinem objektiven Verständnishorizont nicht erkennbar ist, dass der ursprüngliche Vorläufigkeitsvermerk trotz der Änderung wirksam bleiben soll (Anschluss an *BFH-Urteil vom 19. 10. 1999 IX R 23/98, BFHE 190, 44, BStBl. II 2000, 282, Rz. 17).*

[2] Die Änderung eines Bescheides gem. § 165 Abs. 2 Satz 1 AO muss nicht zwingend zu einer endgültigen Festsetzung führen *(BFH-Beschluss vom 20. 7. 2004 XI B 189/03, BFH/NV 2005 S. 206).*

Ist ein bestandskräftiger Steuerbescheid wegen der Berechnung der Einkünfte aus § 17 EStG in vollem Umfang vorläufig ergangen, dann kann er nicht nur wegen Änderungen des Veräußerungspreises, sondern auch wegen der Höhe der Anschaffungskosten gem. § 165 Abs. 2 AO geändert werden, wenn auch insoweit noch Fragen tatsächlicher Art aufklärungsbedürftig waren *(BFH-Urteil vom 29. 8. 2001 VIII R 1/01, BFH/NV 2002 S. 465).*

[3] *BFH-Urteil vom 20. 11. 2012 IX R 7/11, BStBl. 2013 II S. 359:* 1. Umfasst ein Vorläufigkeitsvermerk ungewisse Tatsachen, sind die Bescheide nach § 165 Abs. 2 Satz 2 AO zu ändern, sobald die Ungewissheit beseitigt ist. Dabei können auch für andere Veranlagungszeiträume geklärte Tatsachen – erstmalig oder erneut – (un)gewiss werden. 2. Nach § 165 Abs. 2 AO verwertbare Tatsachen müssen nicht neu sein, sondern (un)gewiss. 3. Änderungen nach § 165 Abs. 2 AO sind nach Art und Umfang nur in dem durch die Vorläufigkeit wirksam gesteckten Rahmen zulässig.

Setzt das FA die Investitionszulage im Hinblick auf den noch nicht feststehenden Abschlusszeitpunkt der Investition vorläufig fest, hat es bei der endgültigen Festsetzung zwischenzeitliche, die vorläufige Festsetzung betreffende Gesetzesänderungen (Verkürzung des Investitionszeitraums) zu berücksichtigen *(BFH-Urteil vom 21. 4. 2005 III R 10/03, BStBl. II S. 718).*

Ist in einem bestandskräftigen Kindergeldbescheid die Festsetzung des Kindergelds hinsichtlich der Höhe der Einkünfte und Bezüge des Kindes vorläufig erfolgt, so kann die Familienkasse die Festsetzung schon aus Gründen der Vorläufigkeit nach § 165 Abs. 2 Satz 1 AO aufheben, sofern die Einkünfte und Bezüge des Kindes den Jahresgrenzbetrag des § 32 Abs. 4 Satz 2 EStG überschreiten *(BFH vom 26. 7. 2001 VI R 122/99, BStBl. 2002 II S. 84).*

AEAO

Zu § 165 – Vorläufige Steuerfestsetzung, Aussetzung der Steuerfestsetzung:

4 **1.** Eine vorläufige Steuerfestsetzung nach § 165 Abs. 1 Satz 1 AO ist nur zulässig, soweit ungewiss ist, ob der Tatbestand verwirklicht ist, an den das Gesetz die Leistungspflicht knüpft; Zweifel bei der Auslegung des Steuergesetzes reichen nicht aus. Eine Steuerfestsetzung kann demgemäß nach § 165 Abs. 1 Satz 1 AO nur im Hinblick auf ungewisse Tatsachen, nicht im Hinblick auf die steuerrechtliche Beurteilung von Tatsachen für vorläufig erklärt werden (BFH-Urteil vom 25. 4. 1985, IV R 64/83, BStBl. II S. 648). Vorläufige Steuerfestsetzungen nach § 165 Abs. 1 Satz 1 AO sind insbesondere dann vorzunehmen, wenn eine Steuerfestsetzung unter Vorbehalt der Nachprüfung nicht zweckmäßig ist, z. B. weil keine Nachprüfung des gesamten Steuerfalles mehr zu erwarten ist oder weil sie aus Rechtsgründen nicht möglich ist (z. B. bei fortbestehender Ungewissheit nach einer Außenprüfung).

5 **2.** Die Tatsache, dass ein Doppelbesteuerungsabkommen nach seinem Inkrafttreten voraussichtlich rückwirkend anzuwenden sein wird, rechtfertigt eine vorläufige Steuerfestsetzung nach § 165 Abs. 1 Satz 2 Nr. 1 AO, um dem Steuerpflichtigen die Vorteile des Doppelbesteuerungsabkommens zu sichern.

6 **3.** Eine vorläufige Steuerfestsetzung nach § 165 Abs. 1 Satz 2 Nr. 2 oder Nr. 2 a AO setzt voraus, dass die Entscheidung des Bundesverfassungsgerichts oder des Gerichtshofs der Europäischen Union bereits ergangen ist und die gesetzliche Neuregelung noch aussteht.

Entscheidungen des Gerichtshofs der Europäischen Union im Sinne dieser Regelung sind dabei die Entscheidungen des Gerichtshofs (EuGH) als auch des Gerichts der Europäischen Union (EuG), soweit es über die ihm vom EuGH zugeleiteten Vorabentscheidungsersuchen zu entscheiden hat.

7 **4.** Zweifel an der Vereinbarkeit einer der Steuerfestsetzung zugrunde liegenden Rechtsnorm mit höherrangigem Recht (insbesondere mit dem Grundgesetz oder dem Europäischen Unionsrecht) rechtfertigen nur dann eine vorläufige Steuerfestsetzung nach § 165 Abs. 1 Satz 2 Nr. 3 AO, wenn dieselbe Frage bereits Gegenstand eines Musterverfahrens bei dem Gerichtshof der Europäischen Union, dem Bundesverfassungsgericht oder einem obersten Bundesgericht ist; ein Verfahren des einstweiligen Rechtschutzes (Aussetzung der Vollziehung oder einstweilige Anordnung) reicht hierfür nicht aus.

Musterverfahren bei dem Gerichtshof der Europäischen Union in diesem Sinne sind sowohl Verfahren bei dem EuGH als auch bei dem EuG, soweit es sich bei dem Verfahren um ein dem EuG durch den EuGH zugeleitetes Vorabentscheidungsersuchen handelt.

Zum Rechtsschutzbedürfnis für einen Einspruch gegen eine hinsichtlich des strittigen Punktes bereits vorläufige Steuerfestsetzung vgl. AEAO zu § 350, Nr. 6.

8 **5.** Nach § 165 Abs. 1 Satz 2 Nr. 4 AO kann eine Steuer vorläufig festgesetzt werden, soweit eine im Fall des Steuerpflichtigen entscheidungserhebliche Rechtsfrage Gegenstand eines (Hauptsache-)Verfahrens beim Bundesfinanzhof ist. Hierbei handelt es sich auch um solche Fälle, in denen eine strittige Rechtsfrage nicht nur unter verfassungsrechtlichen Aspekten zu beurteilen ist (und deretwegen bereits eine vorläufige Steuerfestsetzung nach § 165 Abs. 1 Satz 2 Nr. 3 AO erfolgt), sondern vom Bundesfinanzhof auf „einfachgesetzlichem" Wege, d. h. durch Anwendung bzw. Auslegung des einfachen Rechts, entschieden werden könnte.

9 **6.** Die Entscheidung, die Steuer vorläufig festzusetzen, steht in sämtlichen Fällen des § 165 Abs. 1 AO im Ermessen der Finanzbehörde. Von der Möglichkeit, eine Steuer nach § 165 Abs. 1 Satz 2 AO vorläufig festzusetzen, ist nur Gebrauch zu machen, soweit die Finanzbehörden hierzu durch BMF-Schreiben oder gleich lautende Erlasse der obersten Finanzbehörden der Länder angewiesen worden sind.

10 **7.** Die Vorläufigkeit ist auf die ungewissen Voraussetzungen zu beschränken und zu begründen. Die Begründung kann nachgeholt werden (§ 126 Abs. 1 Nr. 2 AO). Wird eine vorläufige Steuerfestsetzung geändert, so ist in dem neuen Steuerbescheid zu vermerken, ob und inwieweit dieser weiterhin vorläufig ist oder für endgültig erklärt wird. Ein ursprünglich angeordneter Vorläufigkeitsvermerk bleibt auch dann wirksam, wenn er in einem nachfolgenden Änderungsbescheid nicht ausdrücklich wiederholt wird (BFH-Urteil vom 9. 9. 1988 III R 191/84, BStBl. 1989 II S. 9). Enthält aber der Änderungsbescheid einen Vorläufigkeitsvermerk, wird durch diesen der Umfang der Vorläufigkeit neu bestimmt (BFH-Urteile vom 19. 10. 1999 IX R 23/98, BStBl. 2000 II S. 282, und vom 16. 6. 2020 VIII R 12/17, BStBl. II S. 702). Dies gilt auch, wenn ein sowohl auf § 165 Abs. 1 Satz 1 AO als auch auf § 165 Abs. 1 Satz 2 AO gestützter Vorläufigkeitsvermerk im Änderungsbescheid durch einen allein auf § 165 Abs. 1 Satz 2 AO gestützten Vorläufigkeitsvermerk ersetzt wird (BFH-Urteil vom 14. 7. 2015 VIII R 21/13, BStBl. 2016 II S. 371).

11 **8.** Soweit wegen der Frage der Vereinbarkeit einer Rechtsnorm mit dem Grundgesetz eine Steuer nach § 165 Abs. 1 Satz 2 Nr. 3 AO vorläufig festgesetzt worden ist, sind Steuerbescheide auch dann nach § 165 Abs. 2 AO zu ändern, wenn das Bundesverfassungsgericht oder der Bundesfinanzhof die streitige Frage dadurch entscheidet, dass das Gericht die vom Vorläufigkeitsvermerk erfasste Rechtsnorm entgegen der bisherigen Verwaltungsauffassung verfassungskonform so auslegt, dass das betreffende Steuergesetz mit höherrangigem Recht vereinbar ist und diese Auslegung zu einer Steuerminderung führt (BFH-Urteil vom 30. 9. 2010, III R 39/08, BStBl. 2011 II

S. 11). Dies gilt auch, wenn der Vorläufigkeitsvermerk insoweit zusätzlich auf § 165 Abs. 1 Satz 2 Nr. 4 AO gestützt war.

Soweit eine Steuer (auch) nach § 165 Abs. 1 Satz 2 Nr. 4 AO vorläufig festgesetzt worden ist, sind die Steuerbescheide (zudem) auch dann nach § 165 Abs. 2 AO zu ändern, wenn der Bundesfinanzhof die vom Vorläufigkeitsvermerk erfasste Rechtsnorm aufgrund einfachgesetzlicher Auslegung eines Steuergesetzes entgegen der bisherigen Verwaltungsauffassung auslegt, diese Auslegung zu einer Steuerminderung führt und dieses Urteil über den entschiedenen Einzelfall hinaus anzuwenden ist.

9. Die vorläufige Steuerfestsetzung kann jederzeit für endgültig erklärt werden. Die Vorläufigkeit bleibt bis dahin bestehen; für den Ablauf der Festsetzungsfrist gilt § 171 Abs. 8 AO. Wird die vorläufige Steuerfestsetzung nach Beseitigung der Ungewissheit geändert (§ 165 Abs. 2 Satz 2 AO), sind im Rahmen des Änderungsbetrages auch solche Fehler zu berichtigen, die nicht mit dem Grund der Vorläufigkeit zusammenhängen (BFH-Urteil vom 2. 3. 2000, VI R 48/97, BStBl. II S. 332). **12**

10. In den Fällen des § 165 Abs. 1 Satz 2 AO ist eine Endgültigkeitserklärung nicht erforderlich, wenn sich die Steuerfestsetzung letztlich als zutreffend erweist und der Steuerpflichtige keine Entscheidung beantragt. Die Vorläufigkeit entfällt in diesem Fall mit Ablauf der – ggf. nach § 171 Abs. 8 Satz 2 AO verlängerten – Festsetzungsfrist. **12a**

11. Wird die vorläufige Steuerfestsetzung auf Antrag des Steuerpflichtigen oder von Amts wegen ganz oder teilweise für endgültig erklärt, kann gegen die insoweit nunmehr endgültige Steuerfestsetzung Einspruch eingelegt und ggf. anschließend Klage erhoben werden. Hinsichtlich der Auswirkungen der bisherigen Vorläufigkeit der Steuerfestsetzung ergibt sich aus § 351 Abs. 1 AO keine Anfechtungsbeschränkung (BFH-Urteil vom 30. 9. 2010, III R 39/08, BStBl. 2011 II S. 11). Der Umfang der Anfechtbarkeit bestimmt sich dabei nicht betragsmäßig, sondern in der Wirkung der fehlenden Bestandskraft der bisherigen Vorläufigkeit. In den Fällen der Vorläufigkeit nach § 165 Abs. 1 Satz 2 Nr. 3 AO beschränkt sich dieser Rechtsschutz dementsprechend auf die weitere verfassungsrechtliche Klärung dieser Rechtsfrage (BFH-Urteil vom 30. 9. 2010, III R 39/08, a. a. O.). **12b**

Wird durch einen Vorläufigkeitsvermerk in einem Änderungsbescheid der Umfang der Vorläufigkeit in einschränkender Weise neu bestimmt (vgl. AEAO zu § 165, Nr. 7 Sätze 5 und 6), steht dies insoweit einer Endgültigkeitserklärung gleich.

12. Verwaltungsakte i. S. d. § 163 Abs. 1 AO können nicht nach § 165 AO vorläufig ergehen. Werden solche Verwaltungsakte aber mit einer vorläufigen Steuerfestsetzung verbunden und ist der Grund der Vorläufigkeit auch für die Entscheidung nach § 163 Abs. 1 AO von Bedeutung, stehen sie nach § 163 Abs. 3 Satz 1 Nr. 3 AO kraft Gesetzes unter Widerrufsvorbehalt. **12c**

1) Schreiben betr. vorläufige Steuerfestsetzung im Hinblick auf anhängige Musterverfahren (§ 165 Abs. 1 Satz 2 AO); Aussetzung der Steuerfestsetzung nach § 165 Abs. 1 Satz 4 AO; Ruhenlassen von außergerichtlichen Rechtsbehelfsverfahren (§ 363 Abs. 2 AO); Aussetzung der Vollziehung (§ 361 AO, § 69 Abs. 2 FGO) Anl 1

Vom 15. Januar 2018 (BeckVerw 351360)

(BMF IV A 3-S 0338/17/10 007; DOK 2017/1040112)

1 Anlage

Unter Bezugnahme auf das Ergebnis der Erörterung mit den obersten Finanzbehörden der Länder gilt Folgendes:

I. Vorläufige Steuerfestsetzungen

1. Erstmalige Steuerfestsetzungen

Erstmalige Steuerfestsetzungen sind hinsichtlich der in der Anlage zu diesem BMF-Schreiben unter Abschnitt A aufgeführten Punkte nach § 165 Abs. 1 Satz 2 AO vorläufig durchzuführen. **13**

In die Bescheide ist folgender Erläuterungstext aufzunehmen:

„Die Festsetzung der Steuer ist gemäß § 165 Absatz 1 Satz 2 Nummer 3 AO vorläufig hinsichtlich …

Die Vorläufigkeitserklärung erfasst sowohl die Frage, ob die angeführten gesetzlichen Vorschriften mit höherrangigem Recht vereinbar sind, als auch den Fall, dass das Bundesverfassungsgericht oder der Bundesfinanzhof die streitige verfassungsrechtliche Frage durch verfassungskonforme Auslegung der angeführten gesetzlichen Vorschriften entscheidet (BFH-Urteil vom 30. September 2010 III R 39/08, BStBl. 2011 II S. 11). Die Vorläufigkeitserklärung erfolgt lediglich aus verfahrenstechnischen Gründen. Sie ist nicht dahin zu verstehen, dass die im Vorläufigkeitsvermerk angeführten gesetzlichen Vorschriften als verfassungswidrig oder als gegen Unionsrecht verstoßend angesehen werden. Soweit die Vorläufigkeitserklärung die Frage der Verfassungsmäßigkeit einer Norm betrifft, ist sie außerdem nicht dahingehend zu verstehen, dass die Finanzverwaltung es für möglich hält, das Bundesverfassungsgericht oder der Bundesfinanzhof könne die im Vorläufigkeitsvermerk angeführte Rechtsnorm gegen ihren Wortlaut auslegen.

Anl 1 Die Festsetzung der Steuer ist ferner gemäß § 165 Absatz 1 Satz 2 Nummer 4 AO vorläufig hinsichtlich …

Sollte aufgrund einer diesbezüglichen Entscheidung des Gerichtshofs der Europäischen Union, des Bundesverfassungsgerichts oder des Bundesfinanzhofs diese Steuerfestsetzung aufzuheben oder zu ändern sein, wird die Aufhebung oder Änderung von Amts wegen vorgenommen; ein Einspruch ist daher insoweit nicht erforderlich."

2. Geänderte oder berichtigte Steuerfestsetzungen

Bei Änderungen oder Berichtigungen von Steuerfestsetzungen ist wie folgt zu verfahren:

a) Werden Steuerfestsetzungen nach § 164 Abs. 2 AO geändert oder wird der Vorbehalt der Nachprüfung nach § 164 Abs. 3 AO aufgehoben, sind die Steuerfestsetzungen in demselben Umfang wie erstmalige Steuerfestsetzungen vorläufig vorzunehmen. In die Bescheide ist unter Berücksichtigung der aktuellen Anlage zu diesem BMF-Schreiben derselbe Erläuterungstext wie bei erstmaligen Steuerfestsetzungen aufzunehmen (vgl. Abschnitt I Nr. 1).

b) Werden Steuerfestsetzungen nach anderen Vorschriften (einschließlich des § 165 Abs. 2 Satz 2 AO) zugunsten der Steuerpflichtigen geändert oder berichtigt, sind die den jeweils letzten vorangegangenen Steuerfestsetzungen beigefügten Vorläufigkeitsvermerke zu wiederholen, soweit die Voraussetzungen des § 165 AO für eine vorläufige Steuerfestsetzung noch erfüllt sind. Soweit dies nicht mehr der Fall ist, sind die Steuerfestsetzungen endgültig durchzuführen.

c) Werden Steuerfestsetzungen nach anderen Vorschriften (einschließlich des § 165 Abs. 2 Satz 2 AO) zuungunsten der Steuerpflichtigen geändert oder berichtigt, sind die den jeweils letzten vorangegangenen Steuerfestsetzungen beigefügten Vorläufigkeitsvermerke zu wiederholen, soweit die Voraussetzungen des § 165 AO für eine vorläufige Steuerfestsetzung noch erfüllt sind. Soweit dies nicht mehr der Fall ist, sind die Steuerfestsetzungen endgültig durchzuführen. Soweit aufgrund der aktuellen Anlage zu diesem BMF-Schreiben weitere Vorläufigkeitsvermerke in Betracht kommen, sind diese den Bescheiden nur beizufügen, soweit die Änderung reicht.

In die Bescheide ist folgender Erläuterungstext aufzunehmen:

„Die Festsetzung der Steuer ist gemäß § 165 Absatz 1 Satz 2 Nummer 3 AO vorläufig hinsichtlich …

Die Vorläufigkeitserklärung erfasst sowohl die Frage, ob die angeführten gesetzlichen Vorschriften mit höherrangigem Recht vereinbar sind, als auch den Fall, dass das Bundesverfassungsgericht oder der Bundesfinanzhof die streitige verfassungsrechtliche Frage durch verfassungskonforme Auslegung der angeführten gesetzlichen Vorschriften entscheidet (BFH-Urteil vom 30. September 2010 III R 39/08, BStBl. 2011 II S. 11). Die Vorläufigkeitserklärung erfolgt lediglich aus verfahrenstechnischen Gründen. Sie ist nicht dahin zu verstehen, dass die im Vorläufigkeitsvermerk angeführten gesetzlichen Vorschriften als verfassungswidrig oder als gegen Unionsrecht verstoßend angesehen werden. Soweit die Vorläufigkeitserklärung die Frage der Verfassungsmäßigkeit einer Norm betrifft, ist sie außerdem nicht dahingehend zu verstehen, dass die Finanzverwaltung es für möglich hält, das Bundesverfassungsgericht oder der Bundesfinanzhof könne die im Vorläufigkeitsvermerk angeführte Rechtsnorm gegen ihren Wortlaut auslegen.

Die Festsetzung der Steuer ist ferner gemäß § 165 Absatz 1 Satz 2 Nummer 4 AO vorläufig hinsichtlich …

Soweit diese Festsetzung gegenüber der vorangegangenen in weiteren Punkten vorläufig ist, erstreckt sich der Vorläufigkeitsvermerk nur auf den betragsmäßigen Umfang der Änderung der Steuerfestsetzung.

Sollte aufgrund einer diesbezüglichen Entscheidung des Gerichtshofs der Europäischen Union, des Bundesverfassungsgerichts oder des Bundesfinanzhofs diese Steuerfestsetzung aufzuheben oder zu ändern sein, wird die Aufhebung oder Änderung von Amts wegen vorgenommen; ein Einspruch ist daher insoweit nicht erforderlich."

d) Werden bisher vorläufig durchgeführte Steuerfestsetzungen nach Beseitigung der Ungewissheit ohne eine betragsmäßige Änderung gemäß § 165 Abs. 2 Satz 2 AO für endgültig erklärt, sind die den jeweils letzten vorangegangenen Steuerfestsetzungen beigefügten übrigen Vorläufigkeitsvermerke zu wiederholen, soweit die Voraussetzungen des § 165 AO für eine vorläufige Steuerfestsetzung noch erfüllt sind.

II. Aussetzung der Steuerfestsetzung nach § 165 Abs. 1 Satz 4 AO

1. Allgemeines

14 Nach § 165 Abs. 1 Satz 4 AO kann die Festsetzung der Steuer unter den Voraussetzungen des § 165 Abs. 1 Satz 1 oder 2 AO (ganz oder teilweise) ausgesetzt werden. Die Aussetzung der Steuerfestsetzung kann von einer Sicherheitsleistung abhängig gemacht werden.

Angesichts des Geltungsanspruchs jedes formell verfassungsgemäß zustande gekommenen Gesetzes kommt eine Aussetzung der Steuerfestsetzung allerdings grundsätzlich nur in Betracht, wenn das Bundesverfassungsgericht die weitere Anwendung einer Norm bis zum Inkrafttreten der von ihm geforderten (rückwirkenden) Gesetzesänderung untersagt hat.

Aussetzung der Steuerfestsetzung bedeutet, dass die bei Anwendung einer nach der Entscheidung des Bundesverfassungsgerichts nicht mehr anwendbaren Norm entstehende Steuer nicht festgesetzt wird. Nur die darüber hinaus entstehende Steuer ist dann Gegenstand der Festsetzung. Die ausgesetzte Steuerfestsetzung ist gegebenenfalls nachzuholen, sobald die Ungewissheit durch eine rückwirkende Gesetzesänderung beseitigt ist (§ 165 Abs. 2 Satz 2 Halbsatz 2 AO).

2. Erstmalige Steuerfestsetzungen

Bei erstmaligen Steuerfestsetzungen ist die Steuerfestsetzung hinsichtlich der in der Anlage zu diesem BMF-Schreiben unter Abschnitt B aufgeführten Punkte nach § 165 Abs. 1 Satz 4 AO auszusetzen.

Anl 1

In die Bescheide ist folgender Erläuterungstext aufzunehmen:
„Die Festsetzung der Steuer ist gemäß § 165 Absatz 1 Satz 4 in Verbindung mit Satz 2 Nummer 2 AO ausgesetzt, soweit

…

Die Aussetzung der Steuerfestsetzung erfolgt aufgrund der Entscheidung des Bundesverfassungsgerichts, dass die genannte Rechtsnorm im Umfang der festgestellten Verfassungswidrigkeit bis zu einer rückwirkenden Gesetzesänderung nicht mehr angewendet werden darf. Nach Verkündung der vom Bundesverfassungsgericht geforderten rückwirkenden Gesetzesänderung wird die Steuerfestsetzung gegebenenfalls nachgeholt."

3. Geänderte oder berichtigte Steuerfestsetzungen

Bei Änderungen oder Berichtigungen von Steuerfestsetzungen ist wie folgt zu verfahren:

a) Werden Steuerfestsetzungen nach § 164 Abs. 2 AO geändert oder wird der Vorbehalt der Nachprüfung nach § 164 Abs. 3 AO aufgehoben, ist die Steuerfestsetzung in demselben Umfang wie erstmalige Steuerfestsetzungen auszusetzen. In die Bescheide ist unter Berücksichtigung der aktuellen Anlage zu diesem BMF-Schreiben derselbe Erläuterungstext wie bei erstmaligen Steuerfestsetzungen aufzunehmen (vgl. Abschnitt II Nr. 2).

b) Werden Steuerfestsetzungen nach anderen Vorschriften (einschließlich des § 165 Abs. 2 Satz 2 AO) zugunsten der Steuerpflichtigen geändert oder berichtigt, sind die den jeweils letzten vorangegangenen Steuerfestsetzungen beigefügten Vermerke über eine Aussetzung der Steuerfestsetzung zu wiederholen, soweit die Voraussetzungen des § 165 Abs. 1 Satz 4 AO für eine Aussetzung der Steuerfestsetzung noch erfüllt sind. Soweit dies nicht mehr der Fall ist, sind die ausgesetzten Steuerfestsetzungen gegebenenfalls nachzuholen.

c) Werden Steuerfestsetzungen nach anderen Vorschriften (einschließlich des § 165 Abs. 2 Satz 2 AO) zuungunsten der Steuerpflichtigen geändert oder berichtigt, sind die den jeweils letzten vorangegangenen Steuerfestsetzungen beigefügten Vermerke über eine Aussetzung der Steuerfestsetzung zu wiederholen, soweit die Voraussetzungen des § 165 Abs. 1 Satz 4 AO für eine Aussetzung der Steuerfestsetzung noch erfüllt sind. Soweit dies nicht mehr der Fall ist, sind die ausgesetzten Steuerfestsetzungen gegebenenfalls nachzuholen.

Soweit aufgrund der aktuellen Anlage zu diesem BMF-Schreiben weitere Vermerke über eine Aussetzung der Steuerfestsetzung in Betracht kommen, sind diese den Bescheiden nur beizufügen, soweit die Änderung reicht.

In die Bescheide ist folgender Erläuterungstext aufzunehmen:
„Die Festsetzung der Steuer ist gemäß § 165 Absatz 1 Satz 4 in Verbindung mit Satz 2 Nummer 2 AO ausgesetzt, soweit

…

Die Aussetzung der Steuerfestsetzung erfolgt aufgrund der Entscheidung des Bundesverfassungsgerichts, dass die genannte Rechtsnorm bis zu einer rückwirkenden Gesetzesänderung nicht mehr angewendet werden darf.

Soweit die Steuerfestsetzung gegenüber der vorangegangenen in weiteren Punkten ausgesetzt ist, erstreckt sich der Vermerk über eine Aussetzung der Steuerfestsetzung nur auf den betragsmäßigen Umfang der Änderung der Steuerfestsetzung.

Nach Verkündung der vom Bundesverfassungsgericht geforderten rückwirkenden Gesetzesänderung wird die Steuerfestsetzung gegebenenfalls nachgeholt."

III. Einspruchsfälle

In Fällen eines zulässigen Einspruchs ist wie folgt zu verfahren: 15

1. Wird mit einem Einspruch geltend gemacht, der Vorläufigkeitsvermerk bzw. der Vermerk über eine Aussetzung der Steuerfestsetzung berücksichtige nicht die aktuelle Anlage zu diesem BMF-Schreiben, und ist dieser Einwand begründet, ist dem Einspruch insoweit durch eine Erweiterung des Vorläufigkeitsvermerks bzw. durch entsprechende Aussetzung der Steuerfestsetzung abzuhelfen. Ist Gegenstand des Einspruchsverfahrens ein Änderungsbescheid, sind die Regelungen in Abschnitt I Nr. 2 und Abschnitt II Nr. 3 zu beachten. Mit der Erweiterung des Vorläufigkeitsvermerks bzw. der Aussetzung der Steuerfestsetzung ist das Einspruchsverfahren erledigt, falls nicht auch andere Einwendungen gegen die Steuerfestsetzung erhoben werden. Dies gilt entsprechend bei einem rechtzeitig gestellten Antrag auf schlichte Änderung (§ 172 Abs. 1 Satz 1 Nr. 2 Buchst. a AO).
   Wird der Einspruch auch wegen anderer, vom Vorläufigkeitsvermerk bzw. von der Aussetzung der Steuerfestsetzung nicht erfasster Fragen erhoben, wird ein den Vorläufigkeitsvermerk bzw. die Aussetzung der Steuerfestsetzung erweiternder Bescheid Gegenstand des anhängig bleibenden Einspruchsverfahrens (§ 365 Abs. 3 AO).
2. Wird gegen eine nach Abschnitt I vorläufig durchgeführte Steuerfestsetzung oder eine nach Abschnitt II ausgesetzte Steuerfestsetzung Einspruch eingelegt und betrifft die vom Einspruchsführer vorgetragene Begründung ausschließlich Fragen, die vom Vorläufigkeitsvermerk bzw. der Aussetzung der Steuerfestsetzung erfasst sind, ist der Einspruch als unzulässig zu verwerfen (vgl. AEAO zu § 350, Nr. 6 dritter Absatz). Ein Ruhenlassen des Einspruchsverfahrens kommt insoweit nicht in Betracht, es sei denn, dass nach Abschnitt V dieses BMF-Schreibens die Vollziehung auszusetzen ist.
3. Spätestens in der (Teil-)Einspruchsentscheidung ist die Steuerfestsetzung im Umfang der aktuellen Anlage zu diesem BMF-Schreiben für vorläufig zu erklären oder auszusetzen. Ist Gegenstand des Einspruchsverfahrens ein Änderungsbescheid, sind die Regelungen in Abschnitt I Nr. 2 und Abschnitt II Nr. 3 zu beachten.

Anl 1

IV. Rechtshängige Fälle

16 In Fällen, in denen Verfahren bei einem Finanzgericht oder beim Bundesfinanzhof anhängig sind, sind rechtzeitig vor der Entscheidung des Gerichts die Steuerfestsetzungen hinsichtlich der in der aktuellen Anlage zu diesem BMF-Schreiben aufgeführten Punkte vorläufig vorzunehmen oder auszusetzen (§ 172 Abs. 1 Satz 1 Nr. 2 Buchst. a i. V. m. § 132 AO). Dies gilt nicht, wenn die Klage oder das Rechtsmittel (Revision, Nichtzulassungsbeschwerde) unzulässig ist oder die Klage sich gegen eine Einspruchsentscheidung richtet, die den Einspruch als unzulässig verworfen hat.

Ist Gegenstand des gerichtlichen Verfahrens ein Änderungsbescheid, sind die Regelungen in Abschnitt I Nr. 2 und Abschnitt II Nr. 3 zu beachten. Die hinsichtlich des Vorläufigkeitsvermerks nach § 165 Abs. 1 Satz 2 AO bzw. der Aussetzung nach § 165 Abs. 1 Satz 4 AO geänderte Steuerfestsetzung wird nach § 68 FGO Gegenstand des gerichtlichen Verfahrens.

V. Aussetzung der Vollziehung

17 In den Fällen von Abschnitt A der Anlage zu diesem BMF-Schreiben kommt eine Aussetzung der Vollziehung nur in Betracht, soweit die Finanzbehörden hierzu durch BMF-Schreiben oder gleich lautende Erlasse der obersten Finanzbehörden der Länder angewiesen worden sind.

In den Fällen von Abschnitt B der Anlage zu diesem BMF-Schreiben kommt eine Aussetzung der Vollziehung mangels entsprechender Steuerfestsetzung nicht in Betracht.

VI. Anwendung

18 Dieses Schreiben tritt an die Stelle des BMF-Schreibens vom 16. Mai 2011 (BStBl. I S. 464) und der zuletzt durch das BMF-Schreiben vom 20. Januar 2017 (BStBl. I S. 66) neugefassten Anlage zum vorgenannten BMF-Schreiben.

Anlage[1]

Abschnitt A (Vorläufige Steuerfestsetzung)[2]

I.

19 Steuerfestsetzungen sind hinsichtlich folgender Punkte gemäß § 165 Abs. 1 Satz 2 Nr. 3 AO im Hinblick auf die Verfassungsmäßigkeit und verfassungskonforme Auslegung der Norm vorläufig vorzunehmen, soweit dies verfahrensrechtlich möglich ist:

1. Höhe der kindbezogenen Freibeträge nach § 32 Abs. 6 Satz 1 und 2 EStG
2. Verlustverrechnungsbeschränkung für Aktienveräußerungsverluste nach § 20 Abs. 6 Satz 4 EStG (§ 20 Abs. 6 Satz 5 EStG a. F.)
3. Höhe des Grundfreibetrags nach § 32 a Abs. 1 Satz 2 EStG

Der Vorläufigkeitsvermerk gemäß Nr. 1 ist sämtlichen Einkommensteuerfestsetzungen für Veranlagungszeiträume ab 2001 mit einer Prüfung der Steuerfreistellung nach § 31 EStG sowie den mit derartigen Einkommensteuerfestsetzungen verbundenen Festsetzungen des Solidaritätszuschlags und der Kirchensteuer beizufügen. Wird im Rechtsbehelfsverfahren gegen die Festsetzung der Einkommensteuer, des Solidaritätszuschlags und der Kirchensteuer für den Veranlagungszeitraum 2014 Aussetzung der Vollziehung (§ 361 AO, § 69 Abs. 2 FGO) beantragt, ist dem zu entsprechen, soweit unter Berücksichtigung eines um 72 Euro erhöhten Kinderfreibetrags je Kind die Steuer herabzusetzen wäre und im Übrigen die Voraussetzungen des § 361 AO oder des § 69 FGO erfüllt sind. Ein Einkommensteuerbescheid ist hinsichtlich des Kinderfreibetrags kein Grundlagenbescheid für die Festsetzung des Solidaritätszuschlags und der Kirchensteuer (BFH-Urteile vom 27. Januar 2011 III R 90/07, BStBl. II S. 543, und vom 15. November 2011 I R 29/11, BFH/NV 2012 S. 921); § 361 Abs. 3 Satz 1 AO und § 69 Abs. 2 Satz 4 FGO sind daher insoweit nicht anwendbar.

Der Vorläufigkeitsvermerk gemäß Nr. 2 ist sämtlichen Einkommensteuerfestsetzungen für Veranlagungszeiträume ab 2009 beizufügen, zu denen ein Verlust aus Kapitalvermögen i. S. d. § 20 Abs. 2 Satz 1 Nr. 1 Satz 1 EStG, der aus der Veräußerung von Aktien entstanden ist, nach § 20 Abs. 6 Satz 3 i. V. m. § 10 d Abs. 4 EStG festgestellt wird, weil ein Ausgleich mit anderen Einkünften aus Kapitalvermögen nach § 20 Abs. 6 Satz 4 EStG (§ 20 Abs. 6 Satz 5 EStG a. F.) nicht möglich ist.

Der Vorläufigkeitsvermerk gemäß Nr. 3 ist sämtlichen Einkommensteuerfestsetzungen für Veranlagungszeiträume ab 2023 beizufügen.

II.

(aufgehoben)

Abschnitt B (Aussetzung der Steuerfestsetzung)

(aufgehoben)

[1] Anlage zuletzt neu gefasst durch *BMF-Schreiben vom 26. 5. 2025, BStBl. I S. 1178.* Zur Streichung des Vorläufigkeitsvermerks zur Frage der Verfassungsmäßigkeit der Besteuerung von Leibrenten und anderen sonstigen Leistungen aus der Basisversorgung nach § 22 Nr. 1 Satz 3 Buchst. a Doppelbuchs. aa EStG, vgl. *BMF-Schreiben vom 10. 3. 2025, BStBl. I S. 654 Tz. II.*

[2] Nach *gleichlautendem Ländererlass v. 6. 2. 2023, BStBl. I S. 215* sind Festsetzungen des **Gewerbesteuermessbetrags** für Erhebungszeiträume ab 2008 hinsichtlich der Verfassungsmäßigkeit der Hinzurechnungen zum Gewerbeertrag nach § 8 Nr. 1 Buchst. a, d, e und f GewStG nicht mehr vorläufig nach § 165 Abs. 1 Satz 2 Nr. 3 AO durchzuführen. Die *gleichlautenden Ländererlasse v. 28. 10. 2016, BStBl. I S. 1114* wurden mit sofortiger Wirkung aufgehoben.

2) Verfügung betr. vorläufige Steuerfestsetzung nach § 165 Abs. 1 Satz 2 Nr. 3 und Nr. 4 AO im Hinblick auf anhängige Musterverfahren Anl 2

Vom 11. März 2024 (BeckVerw 635074)

(LfSt Bayern S 0338.1.1-5/24 St 43)

1. Allgemeines 20

Das Verfahren zur Anbringung von Vorläufigkeitsvermerken ist im BMF-Schreiben vom 15. 1. 2018 (BStBl. I S. 2) geregelt. Von der Möglichkeit, eine Steuer nach § 165 Abs. 1 Satz 2 AO vorläufig festzusetzen, ist nur Gebrauch zu machen, soweit hierzu eine Anweisung durch BMF-Schreiben oder gleich lautende Erlasse der obersten Finanzbehörden oder eine Verfügung des Bayerischen Landesamts für Steuern vorliegt (vgl. AEAO zu § 165, Nr. 6 und Verfügung LfSt Bayern vom 14. 2. 2014 S 0338.1.1-31/16 St 34 zur Vorläufigkeit bei Erbschaft- und Schenkungssteuerfestsetzungen). Zu welchen Punkten Steuerfestsetzungen nach den Vorgaben des BMF vorläufig vorgenommen werden, ergibt sich aus der Anlage zum BMF-Schreiben vom 15. 1. 2018 (BStBl. I S. 2), die fortlaufend durch den BMF aktualisiert wird. Die aktuelle Liste kann jeweils im AIS unter der aktuellsten Neufassung des sog. Vorläufigkeitskatalogs eingesehen werden.

2. Von Vorläufigkeitsvermerken nach § 165 Abs. 1 Satz 2 Nr. 3 und Nr. 4 AO umfasste Musterverfahren 21

Der Vorläufigkeitsvermerk ist nicht auf die zum Zeitpunkt der Bekanntgabe der vorläufigen Festsetzung anhängigen Musterverfahren beschränkt. Hat sich das Verfahren, das Anlass für die vorläufige Steuerfestsetzung ist, – in welcher Weise auch immer – erledigt, bleibt der Tatbestand der § 165 Abs. 1 Satz 2 Nr. 3 und Nr. 4 AO erfüllt, wenn inzwischen ein anderes einschlägiges Verfahren anhängig geworden ist (vgl. BFH-Urteil vom 30. 9. 2010 III R 39/08, BStBl. 2011 II S. 11). Dementsprechend ist in einem Änderungsbescheid ein Vorläufigkeitsvermerk zu wiederholen, soweit die Voraussetzungen für die vorläufige Steuerfestsetzung noch erfüllt sind (vgl. Tz. I. 2. des BMF-Schreibens vom 15. 1. 2018, BStBl. I S. 2).

3. Erledigung von Einsprüchen durch nachträgliches Beifügen von Vorläufigkeitsvermerken 22

Durch die nachträgliche Beifügung eines Vorläufigkeitsvermerks wird einem Einspruch dann vollständig abgeholfen, wenn es das erkennbare ausschließliche Ziel des Einspruchsführers war, seinen Steuerfall hinsichtlich der vom nachträglich beigefügten Vorläufigkeitsvermerk erfassten Rechtsfrage „offen" zu halten. Eine Vollabhilfe liegt aber nicht vor, wenn der Einspruchsführer erkennen lässt, in seiner Steuerangelegenheit Klage erheben zu wollen, wenn er Aussetzung der Vollziehung beantragt oder wenn er im Einspruchsschreiben vor Erteilung des Änderungsbescheids noch andere Einwendungen gegen den angefochtenen Verwaltungsakt erhoben hat. Macht der Einspruchsführer nach Erhalt des Abhilfebescheids geltend, dass die beigefügten Vorläufigkeitsvermerke sein Rechtsschutzinteresse nicht ausreichend wahren, ist von einem neuen Einspruch auszugehen, der als unzulässig zu verwerfen ist (vgl. AEAO zu § 350 Nr. 6).

4. Folgen einer unzutreffenden Auskunft des Finanzamts zum Umfang des Vorläufigkeitsvermerks 23

Hat das Finanzamt gegenüber dem Steuerpflichtigen durch Äußerungen den unzutreffenden Eindruck erweckt, aufgrund eines Vorläufigkeitsvermerks könne der Einkommensteuerbescheid (zu seinen Gunsten) geändert werden, und

- hat der Steuerpflichtige daher von der Einlegung eines Einspruchs abgesehen,
- einen bereits eingelegten Einspruch zurückgenommen oder
- hat das Finanzamt einen eingelegten Einspruch mangels Rechtsschutzinteresses als unzulässig verworfen,

ist wie folgt zu verfahren:

Soweit der Steuerpflichtige von der Einlegung eines Einspruchs abgehalten worden und die Jahresfrist i. S. d. § 110 Abs. 3 AO noch nicht abgelaufen ist, ist dem Steuerpflichtigen zur Eröffnung der Einspruchsmöglichkeit Wiedereinsetzung in den vorigen Stand (§ 110 AO) zu gewähren.

Bei einer durch eine „irreführende Äußerung" bewirkten Einspruchsrücknahme ist die Unwirksamkeit der Einspruchsrücknahme festzustellen und das Rechtsbehelfsverfahren fortzusetzen, falls dem nicht der Ablauf der Jahresfrist gem. § 362 Abs. 2 Satz 2 AO entgegensteht.

Soweit die vorgenannten verfahrensrechtlichen Möglichkeiten nicht bestehen, ist der vorläufige Einkommensteuerbescheid im Billigkeitswege (abweichende Steuerfestsetzung gem. § 163 AO) an die geänderte Rechtsprechung anzupassen.

§ 166 Drittwirkung der Steuerfestsetzung AO

Ist die Steuer dem Steuerpflichtigen gegenüber unanfechtbar festgesetzt, so hat dies neben einem Gesamtrechtsnachfolger auch gegen sich gelten zu lassen, wer in der Lage gewesen wäre, den gegen den Steuerpflichtigen erlassenen Bescheid als dessen Vertreter, Bevollmächtigter oder kraft eigenen Rechts anzufechten.[1]

[1] Wird eine Steuerforderung gegenüber einer GmbH widerspruchslos zur Insolvenztabelle festgestellt, ist der als Haftungsschuldner in Anspruch genommene Geschäftsführer der GmbH gemäß § 166 AO mit Einwendungen gegen die Höhe der Steuerforderung ausgeschlossen, wenn er der Forderungsanmeldung hätte widersprechen können, dies aber nicht getan hat *(BFH-Beschluss vom 29. 8. 2018 XI R 57/17, BFH/NV 2019 S. 7).*

Eine unzutreffende, jedoch bestandskräftig gewordene Lohnsteueranmeldung muss sich der als Haftungsschuldner in Anspruch genommene Geschäftsführer einer GmbH dann nicht nach § 166 AO entgegenhalten lassen, wenn er nicht während der gesamten Dauer der Rechtsbehelfsfrist Vertretungsmacht und damit das Recht gehabt hat, namens der GmbH zu handeln *(BFH-Urteil vom 24. 8. 2004 VII R 50/03, BStBl. 2005 II S. 127).*

[Fortsetzung nächste Seite]

AO

§ 167[1] Steueranmeldung, Verwendung von Steuerzeichen oder Steuerstemplern

1 **(1) ① Ist eine Steuer auf Grund gesetzlicher Verpflichtung anzumelden (§ 150 Absatz 1 Satz 3), so ist eine Festsetzung der Steuer nach § 155 nur erforderlich, wenn die Festsetzung zu einer abweichenden Steuer führt oder der Steuer- oder Haftungsschuldner die Steueranmeldung nicht abgibt. ② Satz 1 gilt sinngemäß, wenn die Steuer auf Grund gesetzlicher Verpflichtung durch Verwendung von Steuerzeichen oder Steuerstemplern zu entrichten ist. ③ Erkennt der Steuer- oder Haftungsschuldner nach Abschluss einer Außenprüfung im Sinne des § 193 Absatz 2 Nummer 1 seine Zahlungsverpflichtung schriftlich an, steht das Anerkenntnis einer Steueranmeldung gleich.**

2 **(2) ① Steueranmeldungen gelten auch dann als rechtzeitig abgegeben, wenn sie fristgerecht bei der zuständigen Kasse eingehen. ② Dies gilt nicht für Einfuhr- und Ausfuhrabgaben und Verbrauchsteuern.**

AEAO

Zu § 167 – Steueranmeldung, Verwendung von Steuerzeichen oder Steuerstemplern:

3 **1.** Die Selbstberechnung der Steuer (§ 150 Abs. 1 Satz 3 AO) durch Steueranmeldung ist gesetzlich insbesondere vorgeschrieben für die Umsatzsteuer (Voranmeldung und Jahreserklärung – § 18 UStG), die Lohnsteuer (§ 41 a EStG), die Kapitalertragsteuer (§ 45 a EStG), den Steuerabzug nach § 48 i. V. m. § 48 a EStG oder nach § 50 a EStG, die Versicherungsteuer (§ 8 VersStG), die Wettsteuer (§ 18 RennwLottAB) und für die Feuerschutzsteuer (§ 8 FeuerSchStG). Die Steueranmeldung ist Steuererklärung i. S. d. § 150 AO. Wegen der Wirkung einer Steueranmeldung siehe § 168 AO.

4 **2.** Eine Steueranmeldung i. S. d. AO liegt nicht vor, wenn ein Gesetz zwar die Selbstberechnung der Steuer durch den Steuerpflichtigen vorschreibt, daneben aber eine förmliche Steuerfestsetzung vorsieht, z. B. § 9 KraftStDV.

5 **3.** Das Anerkenntnis des zum Steuerabzug Verpflichteten, insbesondere des Arbeitgebers hinsichtlich der Lohnsteuer, steht einer Steueranmeldung und damit einer Steuerfestsetzung unter Vorbehalt der Nachprüfung gleich (§ 167 Abs. 1 Satz 3, § 168 Satz 1 AO). Es ist deshalb nicht

---

[Fortsetzung]

Die Drittwirkung der Steuerfestsetzung gem. § 166 AO gegenüber dem Gesellschafter – hier dem Geschäftsführer – als Haftungsschuldner kann nur insoweit eingreifen, als er aufgrund der gesetzlichen Regelungen über die Vertretung der Gesellschaft zur Anfechtung der Steuerbescheide befugt gewesen wäre. Das gilt auch im Hinblick auf ein etwaiges Notgeschäftsführungsrecht nach § 744 Abs. 2 BGB analog *(BFH-Urteil vom 16. 12. 1997 VII R 30/97, BStBl. 1998 II S. 319).* Ein weitergehender Ausschluss von Einwendungen gegen den Haftungsbescheid ist mit dem verfassungsrechtlich garantierten Rechtsschutz iSv. Art. 19 Abs. 4 GG nicht zu vereinbaren. Für die Drittwirkung der Steuerfestsetzung ist jeweils auf die persönliche Anfechtungsbefugnis des durch den Bescheid (Dritt-)Betroffenen abzustellen. Da § 166 AO allein auf die rechtliche Befugnis zur Anfechtung des Steuerbescheides abstellt, kann der Haftende, sofern ihm ein Anfechtungsrecht iSd § 166 AO nicht zugestanden hat, alle Einwendungen gegen die seiner Haftungsinanspruchnahme zugrunde liegende Steuerfestsetzung geltend machen *(BFH-Beschluss vom 30. 12. 1998 VII B 168/98, VII B 171/98, BFH/NV 1999 S. 1054).*

Hat ein Geschäftsführer einer GmbH namens der GmbH die Änderung eines ihr gegenüber unter dem Vorbehalt der Nachprüfung ergangenen Steuerbescheids beantragt, ist er im Verfahren wegen Haftung für gegenüber der GmbH festgesetzte Steuer nicht mit Einwendungen gegen die Richtigkeit der Steuerfestsetzung ausgeschlossen, solange der Vorbehalt wirksam ist *(BFH-Urteil vom 22. 4. 2015 XI R 43/11, BStBl. II S. 755).*

Der als Haftungsschuldner nach § 69 AO in Anspruch genommene Geschäftsführer einer GmbH ist nach § 166 AO im Haftungsverfahren mit Einwendungen gegen unanfechtbar festgesetzte Steuern der von ihm vertretenen und in Insolvenz geratenen GmbH ausgeschlossen, wenn er im Prüfungstermin nicht anwesend gewesen ist und deshalb gegen die Forderungen keinen Widerspruch erhoben hat, so dass diese zur Tabelle festgestellt worden sind *(BFH-Urteil vom 16. 5. 2017 VII R 25/16, BStBl. II S. 934).*

Der Einwendungsausschluss nach § 166 AO kann auch zu Lasten eines vom Steuerpflichtigen beauftragten – und für die Steuerschuld haftenden – Rechtsanwalts wirken, wenn er mangels entgegenstehender Weisung in der Lage gewesen wäre, den gegen den Steuerpflichtigen erlassenen Bescheid als dessen Bevollmächtigter anzufechten *(BFH-Urteil vom 14. 2. 2019 V R 68/17, BStBl. 2020 II S. 65).*

Wird ein Drittanfechtungsrecht der Gesellschafter einer Kapitalgesellschaft hinsichtlich der gesonderten Feststellung des Bestands des steuerlichen Einlagekontos bejaht, ist jedenfalls nicht ernstlich zweifelhaft, dass die Gesellschafter den sich aus § 166 AO ergebenden Beschränkungen unterworfen sind *(BFH-Beschluss vom 10. 12. 2019 I B 35/19, BStBl. 2020 II S. 517).*

BFH-Urteil vom 26. 8. 2021 V R 13/20, BFH/NV S. 1537: 1. Ist für eine Organgesellschaft entgegen § 2 Abs. 2 Nr. 2 UStG eine Steuerfestsetzung ergangen, ergibt sich hieraus eine Drittwirkung i. S. von § 166 AO. Der Organträger kann dann keinen Vorsteuerabzug aus Eingangsleistungen geltend machen, die von Dritten über die Organgesellschaft bezogen wurden. Das Recht des Organträgers, die Nichtbesteuerung von Innenleistungen geltend zu machen, die er an die Organgesellschaft erbracht hat, bleibt unberührt. 2. Bei einer Rechtsprechungsänderung können Organträger und Organgesellschaften nicht beanspruchen, im selben Besteuerungszeitraum für den einen Unternehmensteil (hier: Organgesellschaft) auf der Grundlage der bisherigen Rechtsprechung und für den anderen Unternehmensteil (hier: Organträger) nach der geänderten Rechtsprechung besteuert zu werden.

---

[1] Wird der Entrichtungsschuldner von Kapitalertragsteuer im Wege des Nachforderungsbescheids in Anspruch genommen, ist wegen des materiell-rechtlichen Haftungscharakters des Nachforderungsanspruchs der Grundsatz der Akzessorietät der Entrichtungsschuld zur zugrunde liegenden Kapitalertragsteuerschuld des Gläubigers der Kapitalerträge zu beachten. § 174 Abs. 4 Satz 3 AO kann in diesem Fall sowohl zur Unbeachtlichkeit der Festsetzungsverjährung der Entrichtungsschuld als auch zur Unbeachtlichkeit der Festsetzungsverjährung der zugrunde liegenden Kapitalertragsteuerschuld als Primärschuld führen *(BFH-Urteil vom 21. 9. 2017 VIII R 59/14, BStBl. 2018 II S. 256).*

Mit einem Nachforderungsbescheid gemäß § 167 Abs. 1 Satz 1 AO gegen den Versicherer wegen Versicherungsteuer macht die Finanzbehörde materiell-rechtlich einen Haftungsanspruch geltend. Wegen der Akzessorietät des Haftungsanspruchs ist der Erlass eines Nachforderungsbescheids nur rechtmäßig, wenn die Steuerschuld, für die der Versicherer als Entrichtungsschuldner haftet, entstanden ist und noch besteht *(BFH-Urteil vom 13. 12. 2011 II R 26/10, BStBl. 2013 II S. 596).*

erforderlich, gegen ihn einen Haftungsbescheid zu erlassen, wenn er seiner Zahlungsverpflichtung aus dem Anerkenntnis nicht nachkommen will. Der Entrichtungspflichtige kann sein Zahlungsanerkenntnis nur mit Zustimmung der Finanzbehörde ändern oder widerrufen. Nach einer abschließenden Prüfung des Steuerfalls ist der Vorbehalt der Nachprüfung durch besonderen Bescheid aufzuheben (§ 164 Abs. 2 und 3 AO).

4. Steueranmeldungen sind bei dem für die Besteuerung zuständigen Finanzamt abzugeben. Es treten aber keine Verspätungsfolgen ein, wenn der Steuerpflichtige die Steueranmeldung und den Scheck fristgemäß bei dem für die Steuererhebung zuständigen Finanzamt einreicht. 6

5. Gibt jemand (z. B. ein Arbeitgeber) trotz seiner gesetzlichen Verpflichtung, Steuern für Rechnung eines Dritten einzubehalten, anzumelden und abzuführen, keine Steueranmeldung ab, so kann gegen ihn ein Steuerbescheid aufgrund einer Schätzung ergehen. Die Möglichkeit, einen Haftungsbescheid zu erlassen, steht dem nicht entgegen (vgl. BFH-Urteil vom 7. 7. 2004, VI R 171/00, BStBl. II S. 1087). 7

§ 168 Wirkung einer Steueranmeldung

AO

① Eine Steueranmeldung[1] steht einer Steuerfestsetzung unter Vorbehalt der Nachprüfung gleich. ② Führt die Steueranmeldung zu einer Herabsetzung der bisher zu entrichtenden Steuer oder zu einer Steuervergütung, so gilt Satz 1 erst, wenn die Finanzbehörde zustimmt.[2] ③ Die Zustimmung bedarf keiner Form. 1

Zu § 168 – Wirkung einer Steueranmeldung:

AEAO

1. Eine Steueranmeldung, die nicht zu einer Herabsetzung der bisher zu entrichtenden Steuer oder zu einer Steuervergütung führt, hat mit ihrem Eingang bei der Finanzbehörde die Wirkung einer Steuerfestsetzung unter Vorbehalt der Nachprüfung. Wegen der daraus sich ergebenden Folgen vgl. AEAO zu § 164. 2

Die fällige Steuer ist ohne besonderes Leistungsgebot nach Eingang der Anmeldung vollstreckbar (§ 249 Abs. 1, § 254 Abs. 1 Satz 4 AO).

2. Eine erstmalige Steueranmeldung, die zu einer Steuervergütung führt (z. B. Vorsteuerüberschuss), wirkt erst dann als Steuerfestsetzung unter Vorbehalt der Nachprüfung, wenn dem Steuerpflichtigen die Zustimmung der Finanzbehörde bekannt wird (§ 168 Satz 2 AO; BFH-Urteil vom 28. 2. 1996, XI R 42/94, BStBl. II S. 660). Bis dahin ist sie als Antrag auf Steuerfestsetzung (§ 155 Abs. 1 Satz 3 und Abs. 5 AO) anzusehen. 3

3. Auch eine berichtigte Steueranmeldung, die zu einer Herabsetzung der bisher angemeldeten Steuer (Mindersoll) oder zu einer Erhöhung der bisher angemeldeten Steuervergütung führt, wirkt erst dann als Steuerfestsetzung unter Vorbehalt der Nachprüfung, wenn dem Steuerpflichtigen die Zustimmung der Finanzbehörde bekannt wird. Bis dahin ist sie als Antrag auf Änderung der Steuerfestsetzung nach § 164 Abs. 2 AO Satz 2 zu behandeln. Wegen der Änderung einer nicht mehr unter dem Vorbehalt der Nachprüfung stehenden Steuerfestsetzung vgl. AEAO zu § 168 Nr. 12. 4

4. Die kassenmäßige Sollstellung eines Rotbetrags ist keine Zustimmung zur Anmeldung i. S. d. § 168 Satz 2 AO; sie darf dem Anmeldenden nicht mitgeteilt werden. Wird der Steuerpflichtige 5

---

[1] Eine Steueranmeldung steht nach § 168 AO einer Steuerfestsetzung unter dem Vorbehalt der Nachprüfung gleich. Ihre Aussetzung der Vollziehung ist deshalb grundsätzlich möglich *(BFH-Beschluss vom 2. 2. 1994 I B 143/93, IStR S. 239).*

Ist eine Steueranmeldung entgegen der gesetzlichen Anordnung nicht eigenhändig unterschrieben, ist sie unwirksam, steht deshalb einer Steuerfestsetzung nicht gleich und führt mit ihrem Eingang bei der Finanzbehörde nicht zum Beginn der Einspruchsfrist *(BFH-Urteil vom 22. 5. 2007 IX R 55/06, BStBl. II S. 857).*

BFH-Urteil vom 12. 10. 1995 I R 39/95, BStBl. II 1996 S. 87: 1. Die Anmeldung der LSt durch den Arbeitgeber bildet den Rechtsgrund für deren Zahlung an das FA. 2. Der Arbeitnehmer kann die Anmeldung der LSt gegenüber dem zuständigen FA mit dem Einspruch anfechten oder einen Antrag nach §§ 168, 164 Abs. 2 AO stellen.

Die Änderung der Festsetzung der Lohnsteuer-Entrichtungsschuld (§§ 155, 167 Abs. 1 Satz 1 AO i. V. m. § 41 a Abs. 1 Satz 1 Nr. 1 EStG) ist unter den Voraussetzungen des § 164 Abs. 2 Satz 1 AO auch nach Übermittlung oder Ausschreibung der Lohnsteuerbescheinigung (§ 41 c Abs. 3 EStG) zulässig *(BFH-Urteil vom 30. 10. 2008 VI R 10/05, BStBl. II 2009 S. 354).*

BFH-Beschluss vom 7. 11. 2007 I R 19/04, BStBl. 2008 II S. 228: Eine Steueranmeldung gemäß § 73 e EStDV enthält gegenüber dem Vergütungsschuldner eine Festsetzung dessen eigener Entrichtungssteuerschuld, die die beschränkte Steuerpflicht des Vergütungsgläubigers (= Steuerschuldners) voraussetzt. Im Rahmen des vom Vergütungsgläubiger erhobenen Rechtsbehelfs ist die Anmeldung deswegen grundsätzlich nur daraufhin zu überprüfen, ob sie vom Vergütungsschuldner vorgenommen werden durfte, nicht auch darauf, ob eine solche beschränkte Steuerpflicht tatsächlich vorliegt (Bestätigung der *Senatsbeschlüsse vom 13. 8. 1997 I B 30/97, BStBl. 1997 II S. 700 und vom 25. 11. 2002 I B 69/02, BStBl. 2003 II S. 189).*

Im Falle der ohne Zustimmung der Behörde als Steuerfestsetzung unter dem Vorbehalt der Nachprüfung wirkenden Steueranmeldung bedarf es keiner Rechtsbehelfsbelehrung *(BFH-Beschluss vom 25. 6. 1998 V B 104/97, BStBl. II S. 649).*

[2] Wird die nach § 168 AO i. V. m. § 18 Abs. 3 UStG erforderliche Zustimmung zu einer Umsatzsteueranmeldung schriftlich erteilt, beginnt die Rechtsbehelfsfrist nur, wenn eine Rechtsbehelfsbelehrung beigefügt worden ist *(BFH-Urteil vom 9. 7. 2003 V R 29/02, BStBl. II S. 904).*

BFH-Beschluss vom 6. 10. 2005 V B 140/05, BFH/NV 2006 S. 473: 1. Welche Frist für die Entscheidung über eine Zustimmung nach § 168 Satz 2 AO angemessen ist, ist in Anlehnung an die allgemeinen Regelungen, die das Abgabenrecht und Verfahrensrecht für den Fall der Untätigkeit von Finanzbehörden vorsieht, zu beurteilen. 2. Als Anhaltspunkt für die Beurteilung der Frist zur Zustimmung nach § 168 Satz 2 AO kann auf die Sechsmonatsfrist des § 46 Abs. 1 FGO zurückgegriffen werden. Abhängig von den konkreten Umständen des Einzelfalles kann unter Umständen auch eine längere Untätigkeit gerechtfertigt sein. 3. Aus der Regelung des § 18f UStG ergibt sich, dass dem FA ein angemessener Zeitraum zur Prüfung eines erklärten Vorsteuerüberhanges einzuräumen ist.

schriftlich bzw. elektronisch über die Zustimmung unterrichtet (z. B. zusammen mit einer Abrechnungsmitteilung), ist grundsätzlich davon auszugehen, dass ihm die Zustimmung am vierten Tag nach Aufgabe zur Post bzw. nach der Absendung bekannt geworden ist. Zur Fälligkeit der Erstattung vgl. AEAO zu § 220.

6 **5.** Die Abgabe einer berichtigten Anmeldung mit Mindersoll hat keine Auswirkungen auf den Zeitpunkt der Fälligkeit des ursprünglich angemeldeten Betrages. Ebenso bleiben auf der Grundlage der ursprünglichen Steueranmeldung entstandene Säumniszuschläge unberührt (§ 240 Abs. 1 Satz 4 AO).

7 **6.** Will die Finanzbehörde von der angemeldeten Steuer abweichen, so ist eine Steuerfestsetzung vorzunehmen und darüber ein Steuerbescheid zu erteilen. Die abweichende Festsetzung kann unter dem Vorbehalt der Nachprüfung oder unter den Voraussetzungen des § 165 AO vorläufig vorgenommen werden.

8 **7.** Nach § 18 Abs. 2 UStG ist die für einen Voranmeldungszeitraum errechnete Umsatzsteuer eine Vorauszahlung. Wird eine abweichende USt-Festsetzung durchgeführt, steht diese als Vorauszahlungsbescheid nach § 164 Abs. 1 Satz 2 AO kraft Gesetzes unter Vorbehalt der Nachprüfung. Dies gilt nicht bei einer von einer USt-Jahreserklärung abweichenden Festsetzung; in diesen Fällen muss die Steuerfestsetzung unter Vorbehalt der Nachprüfung besonders angeordnet und im Bescheid vermerkt werden (BFH-Urteil vom 2. 12. 1999, V R 19/99, BStBl. 2000 II S. 284).

9 **8.** Ergibt sich durch die anderweitige Festsetzung eine höhere Zahllast als angemeldet, ist für den nachzuzahlenden Differenzbetrag eine Zahlungsfrist einzuräumen (§ 220 Abs. 2 AO). Auf § 18 Abs. 4 UStG wird hingewiesen. Liegt der abweichenden Festsetzung eine Steueranmeldung mit Steuervergütung oder Mindersoll zugrunde, so ist Fälligkeitstag des gesamten Erstattungsbetrags der Tag der Bekanntgabe der anderweitigen Festsetzung (§ 220 Abs. 2 AO).

10 **9.** Aus Vereinfachungsgründen kann bei Steueranmeldungen, die zu einer Steuervergütung oder zu einem Mindersoll führen, die Zustimmung allgemein erteilt werden. Auch in diesem Fall stehen die Anmeldungen erst dann einer Steuerfestsetzung unter Vorbehalt der Nachprüfung gleich, wenn dem Steuerpflichtigen die Zustimmung bekannt wird. Wird der Steuerpflichtige schriftlich bzw. elektronisch über die Zustimmung unterrichtet (z. B. zusammen mit einer Abrechnungsmitteilung), ist grundsätzlich davon auszugehen, dass ihm die Zustimmung am vierten Tag nach Aufgabe zur Post bzw. nach der Absendung bekannt geworden ist.

11 **10.** In den Fällen, in denen keine allgemeine Zustimmung erteilt wird, ist über die Zustimmung oder Festsetzung alsbald zu entscheiden. Auf die Bearbeitung in angemessener Zeit bzw. auf die rechtzeitige Mitteilung von Hinderungsgründen ist angesichts § 347 Abs. 1 Satz 2 AO besonders zu achten.

12 **11.** Wird die Zustimmung zur Steueranmeldung nicht erteilt, so ist der Antrag des Steuerpflichtigen auf Steuerfestsetzung (vgl. AEAO zu § 168, Nr. 2) bzw. auf Änderung der Steuerfestsetzung nach § 164 Abs. 2 Satz 2 AO (vgl. AEAO zu § 168, Nr. 3) durch Bescheid abzulehnen (§ 155 Abs. 1 Satz 3 AO).

13 **12.** Führt die berichtigte Anmeldung zu einer höheren Steuer oder zu einem geringeren Vergütungsbetrag, gilt Folgendes:
– Steht die bisherige Steuerfestsetzung noch unter dem Vorbehalt der Nachprüfung, bedarf es keiner Zustimmung der Finanzbehörde; die berichtigte Steueranmeldung steht bereits mit ihrem Eingang bei der Finanzbehörde einer nach § 164 Abs. 2 AO geänderten Steuerfestsetzung unter Vorbehalt der Nachprüfung gleich.
– Steht die bisherige Steuerfestsetzung nicht oder nicht mehr unter dem Vorbehalt der Nachprüfung, ist ein nach § 172 Abs. 1 Satz 1 Nr. 2 Buchstabe a AO geänderter Bescheid zu erteilen.

Zu prüfen ist, ob die berichtigte Anmeldung eine Selbstanzeige (§ 371 AO) ist. Wegen der Verlängerung der Festsetzungsfrist Hinweis auf § 171 Abs. 9 AO.

14 **13.** Eine Steueranmeldung, die – ggf. nach Zustimmung – einer Steuerfestsetzung unter dem Vorbehalt der Nachprüfung gleichsteht, kann mit dem Einspruch angefochten werden (§ 347 Abs. 1 Satz 1 AO). Wegen des Beginns der Einspruchsfrist wird auf § 355 Abs. 1 Satz 2 AO, wegen des Beginns der Zahlungsverjährung auf § 229 AO hingewiesen.

Anl

Verfügung betr. verfahrensrechtliche Wirkung des Eingangs von Umsatzsteuer-Jahreserklärungen nach Schätzung der Besteuerungsgrundlagen

Vom 21. Januar 2015 (BeckVerw 294458)
(LfSt Bayern S 0339.1.1-1/2 St 42)

15 Ob eine nach Erteilung eines Umsatzsteuerbescheids mit geschätzten Besteuerungsgrundlagen eingereichte Umsatzsteuererklärung noch als Steueranmeldung im Sinne der §§ 167, 168 AO anzusehen ist, ist wie folgt zu beurteilen:

- Nach einer Steuerfestsetzung **ohne Vorbehalt der Nachprüfung** ist das Steueranmeldungsverfahren nicht mehr anzuwenden. Dies gilt nicht nur bei Abgabe der (erstmaligen) Umsatzsteuererklärung nach einer Schätzung gem. § 162 AO wegen Nichtabgabe der Steueranmeldung (§ 167 Abs. 1 Satz 1 zweite Alternative AO), sondern auch in den Fällen, in denen der Steuerpflichtige nach abweichender Steuerfestsetzung nach § 167 Abs. 1 erster Alternative AO eine berichtigte Umsatzsteuererklärung abgibt. Die Umsatzsteuererklärung stellt dann unabhängig von der Selbstberechnung der Steuer lediglich einen Antrag auf Änderung der Umsatzsteuerfestsetzung nach §§ 172 ff. AO dar. Das Finanzamt muss über diesen Antrag durch Steuerbescheid oder durch einen Bescheid über die Ablehnung des Änderungsantrags entscheiden.

- Steht die Steuerfestsetzung dagegen (noch) **unter dem Vorbehalt der Nachprüfung,** handelt es sich bei der Umsatzsteuererklärung um eine Steueranmeldung im Sinne der §§ 167, 168 AO, die zugleich einen Antrag auf Änderung der bisherigen Umsatzsteuerfestsetzung nach § 164 Abs. 2 AO enthält. Führt die Umsatzsteuererklärung zu einer Erhöhung der bisher festgesetzten Steuer, steht sie mit ihrem Eingang einer nach § 164 Abs. 2 AO geänderten Steuerfestsetzung gleich. Führt die Umsatzsteuererklärung hingegen zu einer niedrigeren als der bisher festgesetzten Steuer, treten diese Rechtswirkungen erst ein, wenn das Finanzamt der Umsatzsteuererklärung (Steueranmeldung) zustimmt.

Vor §§ 169 bis 171 – Festsetzungsverjährung:[1] AEAO

1. Durch Verjährung erlöschen allgemein Ansprüche aus dem Steuerschuldverhältnis (§ 47 AO). 1

Das Gesetz unterscheidet zwischen der Festsetzungsverjährung (§§ 169 bis 171 AO) und der Zahlungsverjährung (§§ 228 bis 232 AO).

2. Die Finanzbehörde darf die Festsetzung von Steuern, von Erstattungs- oder Vergütungsansprüchen nur vornehmen, soweit die Festsetzungsfrist noch nicht abgelaufen ist. Dies gilt auch für Änderungen oder Aufhebungen von Steuerfestsetzungen sowie Berichtigungen wegen offenbarer Unrichtigkeit, gleichgültig ob zugunsten oder zuungunsten des Steuerpflichtigen. Mit Ablauf der Festsetzungsfrist sind Ansprüche des Steuergläubigers, aber auch Ansprüche des Erstattungsberechtigten erloschen. Zur Berichtigung (teil-)verjährter Steueransprüche im Zusammenhang mit einer Aufhebung, Änderung oder Berichtigung der Steuerfestsetzung wegen offenbarer Unrichtigkeit vgl. AEAO zu § 177, Nr. 1. 2

3. Für den Ablauf der Festsetzungsfrist gilt § 108 Abs. 3 AO (vgl. Nr. 2 des AEAO zu § 108). Fällt das Ende der Festsetzungsfrist auf einen Sonntag, einen gesetzlichen Feiertag oder einen Sonnabend, endet die Festsetzungsfrist daher erst mit dem Ablauf des nächstfolgenden Werktags. 3

4. Eine Festsetzung usw., die erst nach Eintritt der Festsetzungsverjährung erfolgt, ist nicht nichtig (§ 125 Abs. 1 AO), sondern nur anfechtbar, erwächst also ggf. in Bestandskraft; der Bescheid ist auch vollstreckbar. 4

5. Die Festsetzungsverjährung schließt Ermittlungshandlungen der Finanzbehörde im Einzelfall (§§ 88, 92 ff., 193 ff., 208 Abs. 1 Nr. 2 AO) nicht aus (vgl. BFH-Urteil vom 23. 7. 1985, VIII R 48/85, BStBl. 1986 II S. 433). 5

6. Die Bestimmungen über die Festsetzungsverjährung gelten sinngemäß auch für die Festsetzung von Steuermessbeträgen (§ 184 Abs. 1 AO) und für die gesonderte Feststellung von Besteuerungsgrundlagen (§ 181 Abs. 1 AO), sowie bei allen Festsetzungen, für die die Vorschriften über das Steuerfestsetzungsverfahren anzuwenden sind (s. § 155 AO). Auf steuerliche Nebenleistungen (§ 3 Abs. 4 AO) finden sie nur Anwendung, wenn dies besonders vorgeschrieben ist (§ 1 Abs. 3 Satz 2 AO), wie z. B. bei Zinsen (§ 239 AO). Für die Kosten der Vollstreckung gilt die besondere Regelung des § 346 AO. 6

7. Für Verspätungszuschläge (§ 152 AO) fehlt dagegen eine entsprechende Bestimmung (vgl. AEAO zu § 169, Nr. 5 AO). Säumniszuschläge (§ 240 AO) entstehen kraft Gesetzes, sie unterliegen allein der Zahlungsverjährung (§§ 228 ff. AO). 7

II. Festsetzungsverjährung

§ 169 Festsetzungsfrist[2] AO

(1) ① **Eine Steuerfestsetzung sowie ihre Aufhebung oder Änderung sind nicht mehr zulässig, wenn die Festsetzungsfrist abgelaufen ist.** ② **Dies gilt auch für die Berichtigung wegen offenbarer Unrichtigkeit nach § 129.**[3] ③ **Die Frist ist gewahrt, wenn vor Ablauf der Festsetzungsfrist**[4] 1

---

[1] Vgl. auch Art. 97 § 10 EGAO sowie zur Festsetzungsverjährung und D-Mark-Bilanzgesetz Art. 97 a § 3 EGAO; abgedruckt im **Anhang I Nr. 1**.

[2] Die (gesetzliche) Festsetzungsfrist i. S. des § 169 AO gehört nicht zu den wiedereinsetzungsfähigen Fristen gemäß § 110 AO; Gleiches gilt für die (gesetzliche) Feststellungsfrist *(BFH-Beschluss vom 2. 3. 2011 IX B 88/10, BFH/NV S. 1295).*

Ist Festsetzungsverjährung eingetreten, kann die Geltung von **Treu und Glauben** einerseits nicht dazu führen, dass zu Lasten des Stpfl. ein erloschener Anspruch des FA aus dem Steuerschuldverhältnis wieder auflebt. Andererseits kann nach diesem Grundsatz ein Verschulden des FA in der Regel nicht zur Folge haben, dass nach Eintritt der Festsetzungsverjährung ein Steuerbescheid zugunsten des Stpfl. zu ändern ist *(BFH-Urteil vom 19. 8. 1999 III R 57/98, BStBl. 2000 II S. 330).*

Auch im Falle der Zusammenveranlagung von Ehegatten zur ESt ist die Frage, ob Festsetzungsverjährung eingetreten ist, für jeden Ehegatten gesondert zu prüfen *(BFH-Urteil vom 25. 4. 2006 X R 42/05, BStBl. 2007 II S. 220).*

[3] Ein Bescheid, der nach Ablauf der Festsetzungsfrist bekannt gegeben wird, ist zwar rechtswidrig, aber wirksam. Ein nach Ablauf der Festsetzungsfrist/Feststellungsfrist ergangener Grundlagenbescheid löst daher – bis zu seiner etwaigen Aufhebung in einem Rechtsbehelfsverfahren – die Ablaufhemmung nach § 171 Abs. 10 AO aus *(BFH-Beschluss vom 7. 6. 2006 II B 129/05, BFH/NV S. 1617).*

[Fortsetzung nächste Seite]

AO **1. der Steuerbescheid oder im Fall des § 122a die elektronische Benachrichtigung den Bereich der für die Steuerfestsetzung zuständigen Finanzbehörde[1] verlassen hat oder[2, 3]**

2. bei öffentlicher Zustellung nach § 10 des Verwaltungszustellungsgesetzes die Benachrichtigung bekannt gemacht oder veröffentlicht wird.

2 (2)[4] ① **Die Festsetzungsfrist beträgt:**

1. ein Jahr
für Verbrauchsteuern[5] und Verbrauchsteuervergütungen,

2. vier Jahre
für Steuern und Steuervergütungen, die keine Steuern oder Steuervergütungen im Sinne der Nummer 1 oder Einfuhr- und Ausfuhrabgaben nach Artikel 5 Nummer 20 und 21 des Zollkodex der Union sind.

② **Die Festsetzungsfrist beträgt zehn Jahre, soweit eine Steuer hinterzogen,[6] und fünf Jahre, soweit sie leichtfertig verkürzt[7] worden ist.** ③ **Dies gilt auch dann, wenn die Steu-**

[Fortsetzung]

Die Feststellungsfrist für einheitliche und gesonderte Gewinnfeststellungsbescheide wird hinsichtlich aller Feststellungsbeteiligten bereits durch die Bekanntgabe gegenüber nur einem Beteiligten noch vor deren Ablauf gewahrt. Die Bekanntgabe gegenüber anderen Beteiligten, z. B. ausgeschiedenen Gesellschaftern, kann noch danach wirksam erfolgen *(BFH-Urteil vom 27. 4. 1993 VIII R 27/92, BStBl. 1994 II S. 3).*

[4] Die Festsetzungsfrist ist nicht gem. § 169 Abs. 1 Satz 3 Nr. 1 AO gewahrt, wenn der vom FA innerhalb der Festsetzungsfrist abgesandte Steuerbescheid dem Adressaten nach dem Ablauf der Festsetzungsfrist auf einem nach dem Inhalt der Steuerakten nicht vorgesehenen Weg bekannt wird *(BFH-Urteil vom 30. 10. 1996 II R 70/94, BStBl. 1997 II S. 11).*

---

[1] Ein materiell unrichtiger ESt-Bescheid eines **örtlich unzuständigen FA** wahrt die Festsetzungsfrist nicht, wenn er dem Stpfl. erst nach Ablauf der Festsetzungsfrist zugeht *(BFH vom 13. 12. 2001 III R 13/00, BStBl. 2002 II S. 406).*

[2] Die Finanzbehörde ist beweispflichtig, dass der Steuerbescheid ihren Bereich rechtzeitig verlassen hat. Dieser Beweis kann nicht nach den Regeln des Anscheinsbeweises geführt werden, wenn die Absendung des Bescheides nicht in einem Absendevermerk festgehalten ist *(BFH-Urteil vom 28. 9. 2000 III R 43/97, BStBl. 2001 II S. 211).*

Ein vor Fristablauf abgesandter ESt-Bescheid wahrt die Festsetzungsfrist auch dann, wenn er einem Stpfl., der dem FA einen Zustellungsbevollmächtigten benannt hat, unmittelbar zugesandt und von diesem nach Ablauf der Festsetzungsfrist an den Bevollmächtigten weitergeleitet wird *(BFH-Urteil vom 1. 7. 2003 VIII R 29/02, BFH/NV S. 1397).*

Stellt die Deutsche Post AG einen rechtzeitig abgesandten Steuerbescheid trotz fehlerhafter Angabe der Postleitzahl – wenn auch mit zeitlicher Verzögerung – dem Empfangsberechtigten nach Ablauf der Festsetzungsfrist zu, ist die Frist gem. § 169 Abs. 1 Satz 3 AO gewahrt *(BFH-Urteil vom 28. 1. 2004 II R 21/01, BFH/NV S. 761).*

Geht dem FA eine Feststellungserklärung erst einen Tag vor Eintritt der Feststellungsverjährung zu, kann nicht erwartet werden, dass der Feststellungsbescheid noch – wie dies das Gesetz in § 169 Abs. 1 Satz 3 Nr. 1, § 181 Abs. 5 Satz 3 AO ausdrücklich verlangt – innerhalb der Frist den Bereich der für die Feststellung zuständigen Finanzbehörde verlässt *(BFH-Urteil vom 25. 5. 2011 IX R 36/10, BStBl. II S. 807).*

[3] **[Amtl. Anm.:]** Nummer 1 gilt gemäß Artikel 3 Nummer 6 in Verbindung mit Artikel 74 Absatz 10 des Gesetzes vom 23. Oktober 2024 (BGBl. 2024 I Nr. 323) ab 1. Januar 2026 in folgender Fassung:
„1. der Steuerbescheid
a) im Fall des § 122 Absatz 2, 2a oder Absatz 5 den Bereich der für die Steuerfestsetzung zuständigen Finanzbehörde verlassen hat oder
b) im Fall des § 122a zum Abruf bereitgestellt worden ist oder".

[4] *BFH-Urteil vom 20. 1. 2016 VI R 14/15, BStBl. II S. 380:* Fällt das Ende der Festsetzungsfrist auf einen Sonntag, einen gesetzlichen Feiertag oder einen Sonnabend, endet sie erst mit dem Ablauf des nächstfolgenden Werktags (2. Januar des Folgejahres).

Im Falle der Zusammenveranlagung von Ehegatten ist die Frage, ob Festsetzungsverjährung eingetreten ist, für jeden Ehegatten gesondert zu prüfen *(BFH-Urteil vom 17. 11. 2015 VIII R 68/23, BStBl. 2016 II S. 571).*

BFH-Urteil vom 31. 1. 1989 VII R 77/86, BStBl. II S. 442: 1. Zum Exkulpationsbeweis zur Anwendung der verlängerten Festsetzungsfrist bei Steuerhinterziehung. 2. Vermögensvorteil iSd § 169 Abs. 2 Satz 3 AO ist nicht nur der steuerliche Vorteil aus der Steuerhinterziehung, sondern jede durch die Tat erlangte Verbesserung der Vermögenslage.

[5] Die Berliner Zweitwohnungssteuer ist keine Verbrauchsteuer i. S. von § 169 Abs. 2 Satz 1 Nr. 1 AO *(BFH-Beschluss vom 21. 4. 2016 II B 4/16, BStBl. II S. 576).*

[6] Das in § 169 Abs. 2 Satz 2 AO verwendete Tatbestandsmerkmal der Steuerhinterziehung ist von FinVerw. und Finanzgerichten in eigener Zuständigkeit ausschließlich nach den Vorschriften der AO zu prüfen *(BFH-Beschluss vom 27. 11. 2003 II B 104/02, BFH/NV 2004 S. 463).*

Erforderlich, aber auch ausreichend ist das Vorliegen des objektiven und subjektiven Tatbestandes iSd § 370 *(BFH-Urteile vom 21. 10. 1988 III R 194/84, BStBl. 1989 II S. 216; vom 12. 3. 1992 IV R 29/91, BStBl. 1993 II S. 36);* Strafausschließungsgründe (z. B. Selbstanzeige § 371, Gnadenerweis, Verfolgungsverjährung) bleiben außer Betracht.

Die Festsetzungsfrist wird bei Eheleuten auch dann wegen Steuerhinterziehung (§ 169 Abs. 2 Satz 2 AO) verlängert, wenn (nur) einem der zusammenveranlagten Ehegatten eine Steuerhinterziehung vorzuwerfen ist *(BFH-Beschluss vom 20. 8. 2010 IX R 41/10, BFH/NV S. 2239).*

Die verlängerte Festsetzungsfrist für hinterzogene Steuern gilt auch für den Erben *(BFH-Urteil vom 27. 8. 1991 VIII R 84/89, BStBl. 1992 II S. 9).*

Die Verlängerung der Festsetzungsfrist auf zehn Jahre gemäß § 169 Abs. 2 Satz 2 und 3 1. Halbsatz AO tritt auch dann ein, wenn der als Gesamtschuldner in Anspruch genommene Erbe keine Kenntnis von der Steuerhinterziehung eines Miterben hat *(BFH-Urteil vom 29. 8. 2017 VIII R 32/15, BStBl. 2018 II S. 223).*

BFH-Urteil vom 20. 11. 2012 IX R 30/12, BStBl. II S. 995: Der Ablauf der Frist zur Feststellung von privaten Veräußerungsverlusten wird nicht durch § 10d Abs. 4 Satz 6, 1. Halbsatz i. V. m. § 23 Abs. 3 Satz 8 EStG gehemmt, soweit die Festsetzungsfrist für den Veranlagungszeitraum zwar wegen Hinterziehung der auf Einkünfte aus Kapitalvermögen entfallenden Einkommensteuer verlängert ist, die festzustellenden Besteuerungsgrundlagen (Verluste aus privaten Veräußerungsgeschäften) die Voraussetzungen einer Steuerhinterziehung aber nicht erfüllen (Prinzip der Teilverjährung).

Der im Zusammenhang mit § 169 Abs. 2 Satz 2 AO zu beachtende Grundsatz „in dubio pro reo" hindert das FG nicht, aufgrund seiner Feststellungen zu der vollen Überzeugung zu gelangen, dass eine Steuerhinterziehung vorliegt *(BFH-Beschluss vom 24. 10. 2006 XI B 112/05, BFH/NV 2007 S. 201).*

[Fortsetzung nächstes Seite]

erhinterziehung oder leichtfertige Steuerverkürzung nicht durch den Steuerschuldner oder eine Person begangen worden ist, deren er sich zur Erfüllung seiner steuerlichen Pflichten bedient, es sei denn, der Steuerschuldner weist nach, dass er durch die Tat keinen Vermögensvorteil erlangt hat und dass sie auch nicht darauf beruht, dass er die im Verkehr erforderlichen Vorkehrungen zur Verhinderung von Steuerverkürzungen unterlassen hat.[1]

Zu § 169 – Festsetzungsfrist: AEAO

1. Die Festsetzungsfrist nach § 169 Abs. 1 Satz 3 Nr. 1 AO ist nur gewahrt, wenn der vor Ablauf der Frist zur Post gegebene „Steuerbescheid" dem Empfänger nach Fristablauf tatsächlich zugeht (vgl. Beschluss des Großen Senats des BFH vom 25. 11. 2002, GrS 2/01, BStBl. 2003 II S. 548). 3

Im Fall der Bekanntgabe nach § 122a AO ist die Festsetzungsfrist nach § 169 Abs. 1 Satz 3 Nr. 1 AO gewahrt, wenn

– die vor Ablauf der Festsetzungsfrist versandte elektronische Benachrichtigung tatsächlich zugegangen ist oder

– die elektronische Benachrichtigung vor Ablauf der Festsetzungsfrist versandt worden ist, der Adressat den Zugang der Benachrichtigung bestreitet, er den Verwaltungsakt aber tatsächlich abgerufen hat. Der Zeitpunkt des Abrufs des Verwaltungsakts ist dabei unerheblich.

Zu den für die Steuerfestsetzung zuständigen Finanzbehörden sind auch die für die Finanzbehörden arbeitenden Rechenzentren (§§ 2 und 17 FVG) zu zählen, wenn sie die Absendung an den Steuerpflichtigen vornehmen.

Bei Steuermessbescheiden wird die Frist allein durch die Absendung der Mitteilungen an die Gemeinde (§ 184 Abs. 3 AO) nicht gewahrt. Die fristgerechte Absendung der Messbescheide ist Aufgabe der Gemeinden, die insoweit für die Finanzbehörden handeln.

2. Die Festsetzungsfrist verlängert sich auf zehn Jahre, soweit eine Steuer hinterzogen, und auf fünf Jahre, soweit die Steuer leichtfertig verkürzt worden ist (§ 169 Abs. 2 Satz 2 AO). 4

2.1. Die für den Erlass des Steuerbescheids zuständige Stelle der Finanzbehörde hat im Benehmen mit der für Straf- und Bußgeldsachen zuständigen Stelle zu prüfen, ob der objektive und subjektive Tatbestand des § 370 AO gegeben ist. Eine vorherige strafgerichtliche Verurteilung ist nicht erforderlich. Ebenso wenig sind Selbstanzeige (§ 371 AO), Eintritt der Strafverfolgungsverjährung oder sonstige Verfahrenshindernisse von Bedeutung. An Entscheidungen im strafgerichtlichen Verfahren ist die Finanzbehörde nicht gebunden (BFH-Urteil vom 10. 10. 1972, VII R 117/69, BStBl. 1973 II S. 68). Entsprechendes gilt bezüglich leichtfertig verkürzter Steuern (§ 378 AO).

2.2. Das Erschleichen von Investitionszulage (BFH-Urteil vom 19. 12. 2013, III R 25/10, BStBl. 2015 II S. 119) ist ebenso wie das Erschleichen von Eigenheimzulage (BFH-Urteil vom 12. 1. 2016, IX R 20/15, BStBl. 2017 II S. 21) keine Steuerhinterziehung i. S. v. § 169 Abs. 2 Satz 2 i. V. m. § 370 AO.

[Fortsetzung]

BFH-Urteil vom 3. 12. 2019 VIII R 23/16, BFH/NV 2020 S. 853: Der Grundsatz in dubio pro reo schließt es aus, die – grundsätzlich zulässige – Schätzung der Höhe der hinterzogenen Steuern auf ein reduziertes Beweismaß und bloße Wahrscheinlichkeitserwägungen zu stützen und an der oberen Grenze des Schätzungsrahmens auszurichten. Erforderlich ist vielmehr, dass das FG auf der Grundlage des Gesamtergebnisses des Verfahrens (§ 96 Abs. 1 Satz 1 FGO i. V. m. § 162 AO) von der Höhe der Steuerhinterziehung in jedem Jahr der Schätzung überzeugt ist (Anschluss an *Senatsbeschluss vom 29. 1. 2002 – VIII B 91/01, BFH/NV 2002 S. 749*).

Die zehnjährige Festsetzungsfrist des § 169 Abs. 2 Satz 2 AO ist nicht anwendbar, wenn hinsichtlich der Steuerhinterziehung ein Schuldausschließungsgrund vorliegt (*BFH-Urteil vom 2. 4. 1998 V R 60/97, BStBl. II S. 530* unter Verweis auf das fast wortgleich formulierte Tatbestandsmerkmal in § 235 AO).

BFH-Urteil vom 26. 2. 2008 VIII R 1/07, BStBl. II S. 659: 1. Mit der gemäß § 169 Abs. 2 Satz 2 AO auf zehn Jahre verlängerten Festsetzungsfrist soll es dem durch eine Steuerstraftat geschädigten Steuergläubiger ermöglicht werden, die ihm vorenthaltenen Steuerbeträge auch noch nach Ablauf von vier Jahren zurückzufordern. Sinn und Zweck des § 169 Abs. 2 Satz 2 AO bestehen jedoch nicht darin, den Steuerhinterzieher in die Lage zu versetzen, Erstattungsansprüche über die reguläre Verjährungsfrist hinaus zu realisieren. 2. § 169 Abs. 2 Satz 2 AO setzt einen hinterzogenen Betrag im Sinne eines Anspruchs des Fiskus auf eine Abschlusszahlung voraus, der wegen einer vollendeten Steuerhinterziehung bislang nicht geltend gemacht werden konnte.

[7] Täter einer leichtfertigen Steuerverkürzung iSd § 378 AO kann auch derjenige sein, der die Angelegenheiten eines Stpfl. wahrnimmt. Die fünfjährige Festsetzungsfrist des § 169 Abs. 2 Satz 2 AO greift daher auch dann ein, wenn eine Steuerfachangestellte der vom Stpfl. beauftragten Steuerberatungsgesellschaft den Gewinn des Stpfl. grob fahrlässig unzutreffend ermittelt und das FA diesen Gewinn der Steuerveranlagung zugrunde legt *(BFH vom 19. 12. 2002 IV R 37/01, BStBl. 2003 II S. 385).*

BFH-Urteil vom 29. 10. 2013 VIII R 27/10, BStBl. 2014 II S. 295: 1. Die Voraussetzungen für eine Verlängerung der Festsetzungsfrist nach § 169 Abs. 2 Satz 2 AO sind nicht erfüllt, wenn der Steuerberater bei der Erstellung der Einkommensteuererklärung den Gewinn leichtfertig fehlerhaft ermittelt, da der Steuerberater mangels eigener Angaben gegenüber dem Finanzamt nicht Täter einer leichtfertigen Steuerverkürzung nach § 378 AO i. V. m. § 370 Abs. 1 Nr. 1 AO ist. 2. der Steuerpflichtige darf im Regelfall darauf vertrauen, dass der Steuerberater die Steuererklärung richtig und vollständig vorbereitet, wenn er diesem die für die Erstellung der Steuererklärung erforderlichen Informationen vollständig verschafft hat. Er ist grundsätzlich nicht verpflichtet, die vom Steuerberater vorbereitete Steuererklärung in allen Einzelheiten nachzuprüfen. 3. Dem Steuerpflichtigen kann das leichtfertige Handeln des Steuerberaters weder nach straf- oder bußgeldrechtlichen noch nach steuerrechtlichen Grundsätzen zugerechnet werden.

---

[1] Jedem Erben steht die Möglichkeit zu, sich nach Maßgabe des § 169 Abs. 2 Satz 3 2. Halbsatz AO zu exkulpieren *(BFH-Urteil vom 29. 8. 2017 VIII R 32/15, BStBl. 2018 II S. 223).*

Gesetzlich ausdrücklich für anwendbar erklärt wurden die Vorschriften zur Steuerhinterziehung hingegen für die Arbeitnehmer-Sparzulage (§ 14 Abs. 3 Satz 1 5.VermBG), die Wohnungsbauprämie (§ 8 Abs. 2 Satz 1 WoPG), die Forschungszulage (§ 13 FZulG), die Mobilitätsprämie (§ 108 EStG) und die Altersvorsorgezulage (§ 96 Abs. 7 Satz 1 EStG).

2.3. Die Verlängerung der Festsetzungsfrist für hinterzogene oder leichtfertig verkürzte Steuern verlängert nicht die Wirksamkeit eines Vorbehalts der Nachprüfung (vgl. AEAO zu § 164, Nr. 7). § 169 Abs. 2 Satz 2 AO ist auch dann anzuwenden, wenn der Steuerbescheid unter dem Vorbehalt der Nachprüfung ergangen ist; § 164 Abs. 4 Satz 2 AO regelt lediglich, dass § 169 Abs. 2 Satz 2 AO und § 171 Abs. 7, 8 und 10 AO bei Bestimmung des Ablaufs der für § 164 Abs. 4 Satz 1 AO maßgeblichen Frist nicht anzuwenden sind.

5 **3.** Wegen der Frist für die gesonderte Feststellung von Besteuerungsgrundlagen (Feststellungsfrist) Hinweis auf § 181 Abs. 3 AO. Für den Erlass von Haftungsbescheiden wird auf § 191 Abs. 3 AO hingewiesen.

6 **4.** Bei Zinsen beträgt die Festsetzungsfrist zwei Jahre (§ 239 Abs. 1 Satz 1 AO), bei Kosten der Vollstreckung ein Jahr (§ 346 AO).

7 **5.** Verspätungszuschläge unterliegen nicht der Festsetzungsverjährung (vgl. AEAO vor §§ 169 bis 171, Nr. 6). Von der erstmaligen Festsetzung eines Verspätungszuschlags ist jedoch grundsätzlich abzusehen, wenn die Festsetzungsfrist für die Steuer abgelaufen ist. Wird aber ein bereits vor Ablauf der für die Steuer geltenden Festsetzungsfrist festgesetzter Verspätungszuschlag nur aus formellen Gründen oder aufgrund einer fehlerhaften Ermessensausübung bezüglich seiner Höhe aufgehoben, ist die Festsetzung eines Verspätungszuschlags auch nach Ablauf der für die Steuer geltenden Festsetzungsfrist zulässig.

AO

§ 170[1, 2] Beginn der Festsetzungsfrist

1 (1) **Die Festsetzungsfrist beginnt mit Ablauf des Kalenderjahrs, in dem die Steuer entstanden ist oder eine bedingt entstandene Steuer unbedingt geworden ist.**

2 (2) ① **Abweichend von Absatz 1 beginnt die Festsetzungsfrist, wenn**

1. eine Steuererklärung[3] oder eine Steueranmeldung[4] einzureichen oder eine Anzeige[5] zu erstatten ist, mit Ablauf des Kalenderjahrs, in dem die Steuererklärung, die Steu-

---

[1] Zur Anwendung s. Art. 97 § 10 Abs. 5 EGAO **(Anhang I Nr. 1).**

[2] Siehe auch **AEAO vor §§ 169 bis 171.**

[3] Die Festsetzungsfrist i. S. des § 170 Abs. 2 Satz 1 Nr. 1 AO beginnt auch dann mit der Abgabe der Steuererklärung bzw. der Anzeige, wenn die abgegebene Erklärung teilweise unvollständig oder unrichtig ist *(BFH-Urteil vom 23. 5. 2012 II R 56/10, BFH/NV S. 1579).*

Fordert das Lagefinanzamt vom Steuerpflichtigen innerhalb der Feststellungsfrist eine Feststellungserklärung für Zwecke der Grunderwerbsteuer an, führt dies unabhängig vom Zeitpunkt der Erstattung der Anzeige nach §§ 18, 19 GrEStG zu einer Anlaufhemmung der Feststellungsfrist *(BFH-Urteil vom 17. 4. 2013 II R 59/11, BStBl. 2014 II S. 663).*

Bei einer Antragsveranlagung nach § 46 Abs. 2 Nr. 8 EStG ist die Anlaufhemmung des § 170 Abs. 2 Satz 1 Nr. 1 AO nicht anwendbar, sodass die Festsetzungsfrist gemäß § 170 Abs. 1 AO mit Ablauf des Kalenderjahrs, in dem die Steuer entstanden ist, beginnt *(BFH-Urteil vom 28. 7. 2021 X R 35/20, BFH/NV 2022 S. 1).*

Die von jemand anderem als dem Steuerschuldner unterschriebene und dem FA eingereichte Umsatzsteuererklärung ist zumindest dann als Steuererklärung iSd § 170 Abs. 2 Satz 1 Nr. 1 AO anzusehen, wenn das FA aus der Steuererklärung die richtigen Schlüsse auf den Steuerschuldner und die zu veranlagende Steuer ziehen kann und in Kenntnis des Umstandes, dass die Steuererklärung von einem Dritten stammt, diese Steuererklärung zur Grundlage der Veranlagung macht *(BFH-Beschluss vom 10. 11. 2002 V B 190/01, BFH/NV 2003 S. 292).*

Die nicht rechtzeitige Abgabe der ErbSt-Erklärung durch den Testamentsvollstrecker hemmt den Anlauf der Frist für die Festsetzung der ErbSt gegenüber den Erben *(BFH-Beschluss vom 7. 12. 1998 II B 79/99, BStBl. 2000 II S. 233).*

Die Aufforderung zur Abgabe einer ErbSt-Erklärung führt auch dann gem. § 170 Abs. 2 Satz 1 Nr. 1 AO zu einem von Absatz 1 der Vorschrift abweichenden Beginn der Festsetzungsfrist, wenn sie zwar nach Ablauf des dritten auf das Kj. der Steuerentstehung folgenden Kj. aber noch innerhalb der vierjährigen Festsetzungsfrist ergeht. Die Anlaufhemmung ist auch für diesen Fall auf drei Jahre begrenzt *(BFH-Urteile vom 18. 10. 2000 II R 50/98, BStBl. 2001 II S. 14; vom 6. 12. 2000 II R 44/98, BFH/NV 2001 S. 574).*

BFH-Urteil vom 27. 8. 2025 II R 1/23, BFH/NV 2026 S. 41: Verlangt das Finanzamt nach einer Anzeige des Steuerpflichtigen gemäß § 30 Abs. 1 und 2 ErbStG die Abgabe einer Schenkungsteuererklärung, endet die Anlaufhemmung gemäß § 170 Abs. 2 Satz 1 Nr. 1 AO erst mit Ablauf des Kalenderjahres, in dem die Steuererklärung eingereicht wird, spätestens jedoch mit Ablauf des dritten Kalenderjahres nach dem Jahr der Steuerentstehung (Bestätigung des *BFH-Urteils vom 27. 8. 2008 II R 36/06, BStBl. 2009 II S. 232).*

Der Beginn der Feststellungsfrist für einen Verlustfeststellungsbescheid nach § 10 d EStG bestimmt sich nach § 170 Abs. 2 Satz 1 Nr. 1, § 181 Abs. 1 Satz 1 AO *(BFH-Urteil vom 10. 7. 2008 IX R 90/07, BStBl. 2009 II S. 816).*

[4] *BFH-Urteil vom 29. 1. 2003 I R 10/02, BStBl. II S. 687:* Gibt eine zur Einbehaltung und Abführung von Steuern verpflichtete Person (Entrichtungsschuldner) die ihr obliegende Steueranmeldung nicht ab, so wird hierdurch der Anlauf der Festsetzungsfrist gegenüber dem Steuerschuldner gem. § 170 Abs. 2 Satz 1 Nr. 1 AO gehemmt (Bestätigung des *Senatsurteils vom 17. 4. 1996 I R 82/95, BFHE 180, 365, BStBl. 1996 II, S. 608).*

Die Verpflichtung des Schuldners der Kapitalerträge zur Abgabe einer **Kapitalertragsteuer-Anmeldung** gem. § 45 a EStG führt für den Anmeldenden als Entrichtungssteuerschuldner zu einer Anlaufhemmung gem. § 170 Abs. 2 Satz 1 Nr. 1 AO *(BFH-Beschluss vom 14. 7. 1999 I B 151/98, BStBl. 2001 II S. 556).*

Der Anlauf der Festsetzungsfrist gegenüber einem **Haftungsschuldner** wird gehemmt, wenn der Haftungsschuldner von Gesetzes wegen zur Abgabe einer Steueranmeldung oder zur Erstattung einer Anzeige verpflichtet ist und dieser Verpflichtung nicht nachkommt *(BFH-Urteil vom 9. 8. 2000 I R 95/99, BStBl. 2001 II S. 13).*

[5] Bei einer Besteuerung gemäß § 1 Abs. 3 Nr. 1 des Grunderwerbsteuergesetzes (GrEStG) kommt einer Anzeige nach § 18 Abs. 1 Satz 1 GrEStG oder nach § 19 Abs. 1 Satz 1 Nr. 4 GrEStG jedenfalls dann keine die Anlaufhemmung (§ 170 Abs. 2

[Fortsetzung nächste Seite]

eranmeldung oder die Anzeige[1] eingereicht[2] wird, spätestens jedoch mit Ablauf des dritten Kalenderjahrs, das auf das Kalenderjahr folgt, in dem die Steuer entstanden ist, es sei denn, dass die Festsetzungsfrist nach Absatz 1 später beginnt,

2. eine Steuer durch Verwendung von Steuerzeichen oder Steuerstemplern zu zahlen ist, mit Ablauf des Kalenderjahrs, in dem für den Steuerfall Steuerzeichen oder Steuerstempler verwendet worden sind, spätestens jedoch mit Ablauf des dritten Kalenderjahrs, das auf das Kalenderjahr folgt, in dem die Steuerzeichen oder Steuerstempler hätten verwendet werden müssen.

② **Dies gilt nicht für Verbrauchsteuern, ausgenommen die Energiesteuer auf Erdgas und die Stromsteuer.[3]**

(3) **Wird eine Steuer oder eine Steuervergütung nur auf Antrag festgesetzt, so beginnt die Frist für die Aufhebung oder Änderung dieser Festsetzung oder ihrer Berichtigung nach § 129 nicht vor Ablauf des Kalenderjahrs, in dem der Antrag gestellt wird.[4]** 3

(4) **Wird durch Anwendung des Absatzes 2 Nummer 1 auf die Vermögensteuer oder die Grundsteuer der Beginn der Festsetzungsfrist hinausgeschoben, so wird der Beginn der Festsetzungsfrist für die folgenden Kalenderjahre des Hauptveranlagungszeitraums jeweils um die gleiche Zeit hinausgeschoben.** 4

(5) **Für die Erbschaftsteuer (Schenkungsteuer) beginnt die Festsetzungsfrist nach den Absätzen 1 oder 2[5]** 5

[Fortsetzung]

Satz 1 Nr. 1 der Abgabenordnung) beendende Wirkung für die Feststellungs- und für die Festsetzungsfrist der zu erlassenden Bescheide zu, wenn die nach § 20 Abs. 1 Nr. 2 GrEStG erforderlichen Angaben in Bezug auf ein Grundstück vollständig fehlen *(BFH-Urteil vom 25. 4. 2023 II R 10/21, BStBl. II S. 1020).*

BFH-Urteil vom 6. 7. 2005 II R 9/04, BStBl. II 2006 S. 780: 1. Kommt ein nach § 18 GrEStG zu einer Anzeige Verpflichteter seiner Anzeigepflicht durch eine den Anforderungen des § 20 GrEStG entsprechende Anzeige an das zuständige FA nach, wird der Beginn der Festsetzungs-/Feststellungsfrist nach § 170 Abs. 2 Nr. 1 AO nicht dadurch weiter hinausgeschoben, dass für denselben Rechtsvorgang nach § 19 GrEStG Anzeigeverpflichtete ihre Anzeigepflicht nicht erfüllt haben. 2. Die Aussage im Urteil vom 16. 2. 1994 II R 125/90, BStBl. II S. 866), § 170 Abs. 2 Satz 1 Nr. 1 AO stelle nur auf solche Anzeigen ab, zu deren Erstattung der Stpfl. verpflichtet ist, nicht aber auch auf solche, die von vom Stpfl. unabhängigen Dritten abzugeben sind, ist auf Sachverhalte beschränkt, in denen eine alleinige Anzeigepflicht der Gerichte, Behörden und Notare besteht.

Fordert die Finanzbehörde nach Anzeigeerstattung gemäß § 30 Abs. 1 und 2 ErbStG die Einreichung einer Schenkungsteuererklärung, endet die Anlaufhemmung gemäß § 170 Abs. 2 Satz 1 Nr. 1 AO erst mit Ablauf des Kalenderjahres, in dem die Steuererklärung eingereicht wird, spätestens jedoch mit Ablauf des dritten Kalenderjahres nach dem Jahr der Steuerentstehung *(BFH-Urteil vom 27. 8. 2008 II R 36/06, BStBl. 2009 II S. 233).*

BFH-Urteil vom 30. 10. 1996 II R 70/94, BStBl. 1997 II S. 11: Wird ein der ErbSt unterliegender Erwerb entgegen § 30 Abs. 1 ErbStG bei dem für die Verwaltung der ErbSt zuständigen FA nicht angezeigt, wird der Beginn der Festsetzungsfrist für die von dem anzeigepflichtigen Erwerber geschuldete ErbSt gem. § 170 Abs. 2 Nr. 1 AO dann nicht weiter hinausgeschoben, wenn dem FA aufgrund der Angaben in der vom Erben eingereichten Erbschaftsteuererklärung der Name des Erblassers und der des (anzeigepflichtigen) Erwerbers sowie der Rechtsgrund für den Erwerb bekannt werden. Schließen die Beteiligten neben einem notariell beurkundeten Kaufvertrag über ein unbebautes Grundstück einen Generalunternehmervertrag ab über die Errichtung eines Gebäudes auf dem Grundstück, der mit dem Grundstücksvertrag in rechtlichem oder objektiv-sachlichem Zusammenhang steht, so haben sie den Abschluss des Generalunternehmervertrags als gegenleistungserhöhende Vereinbarung auch dann anzuzeigen, wenn auch diese notariell beurkundet wurde *(BFH-Urteil vom 30. 10. 1996 II R 69/94, BStBl. 1997 II S. 85).*

Die Mitteilung über Änderungen in den für das Kindergeld erheblichen Verhältnissen, zu welcher der Kindergeldberechtigte nach § 68 Abs. 1 Satz 1 EStG verpflichtet ist, ist keine „Anzeige" i. S. von § 170 Abs. 2 Satz 1 Nr. 1 AO, die zu einer Anlaufhemmung der Festsetzungsfrist für den Anspruch auf Kindergeld führt *(BFH-Urteil vom 18. 5. 2006 III R 80/04, BStBl. 2008 II S. 371).*

Durch eine Anzeige des Arbeitgebers nach § 41 c Abs. 4 Satz 1 Nr. 2 EStG wird der Anlauf der Festsetzungsfrist für die Lohnsteuer gegenüber dem Arbeitnehmer gemäß § 170 Abs. 2 Satz 1 Nr. 1 AO gehemmt *(BFH-Urteil vom 5. 7. 2012 VI R 11/11, BStBl. 2013 II S. 190).*

Die Erteilung einer Nichtveranlagungs-Bescheinigung nach § 44 a Abs. 2 Satz 1 Nr. 2 EStG beendet nicht die Anlaufhemmung nach § 170 Abs. 2 Satz 1 Nr. 1 AO *(BFH-Beschluss vom 15. 5. 2013 VI R 33/12, BStBl. 2014 II S. 238).*

---

[1] Die leichtfertige Verletzung der einem Notar nach § 18 GrEStG obliegenden Anzeigepflicht führt nicht zu einer Verlängerung der Frist für die Festsetzung von Grunderwerbsteuer gegenüber dem Steuerpflichtigen auf fünf Jahre *(BFH-Urteil vom 3. 3. 2015 II R 30/13, BStBl. II S. 777).*

[2] *BFH-Urteil vom 14. 11. 2021 VIII R 31/19, BStBl. 2022 II S. 461*: 1. Wird die Einkommensteuererklärung bei einem unzuständigen Finanzamt eingereicht, endet die Anlaufhemmung des § 170 Abs. 2 Satz 1 Nr. 1 AO grundsätzlich erst dann, wenn die zuständige Behörde die Erklärung erhalten hat. 2. Nur ausnahmsweise kann auch die Abgabe der Einkommensteuererklärung bei einem unzuständigen Finanzamt genügen, um die Anlaufhemmung zu beenden. Dies ist der Fall, wenn das unzuständige Finanzamt seine Fürsorgepflicht gemäß § 89 AO verletzt, indem es die Erklärung lediglich zu den Akten nimmt, obwohl ihm seine eigene Unzuständigkeit ebenso bekannt ist wie die zuständige Behörde. Verletzt die Behörde ihre Fürsorgepflicht, ist der Steuerpflichtige im Rahmen des rechtlich Zulässigen so zu stellen, als wäre der Verstoß nicht passiert.

[3] Zur Anwendung von Satz 2 siehe Art. 97 § 10 Abs. 10 EGAO **(Anhang I Nr. 1).**

[4] Für die erstmalige Festsetzung der Investitionszulage besteht eine Anlaufhemmung weder nach § 170 Abs. 2 Nr. 1 noch nach § 170 Abs. 3 AO. Die Anlaufhemmung nach § 170 Abs. 3 AO greift indes für die Aufhebung oder Änderung von unter dem Vorbehalt der Nachprüfung durchgeführten Festsetzungen der Investitionszulage mit der Folge ein, dass der Vorbehalt der Nachprüfung nach § 164 Abs. 4 Satz 1 AO nicht vor dem Ablauf der durch § 170 Abs. 3 AO verlängerten Änderungsfrist wegfällt *(BFH-Urteil vom 29. 3. 2001 II R 1/99, BStBl. II S. 432).*

[5] Die Anzeige einer Schenkung bei einem unzuständigen FA und die Abgabe der Schenkungsteuererklärung bei diesem auf dessen Anforderung setzt die Verjährung nicht in Lauf *(BFH-Beschluss vom 26. 8. 2004 II B 149/03, BFH/NV S. 1626).*

1. bei einem Erwerb von Todes wegen nicht vor Ablauf des Kalenderjahrs, in dem der Erwerber Kenntnis von dem Erwerb erlangt hat,[1]

2. bei einer Schenkung nicht vor Ablauf des Kalenderjahrs, in dem der Schenker gestorben ist oder die Finanzbehörde von der vollzogenen Schenkung Kenntnis erlangt hat,[2]

3. bei einer Zweckzuwendung unter Lebenden nicht vor Ablauf des Kalenderjahrs, in dem die Verpflichtung erfüllt worden ist.

6 (6) **Für die Steuer, die auf Kapitalerträge entfällt, die**

1. aus Staaten oder Territorien stammen, die nicht Mitglieder der Europäischen Union oder der Europäischen Freihandelsassoziation sind, und

2. nicht nach Verträgen im Sinne des § 2 Absatz 1 oder hierauf beruhenden Vereinbarungen automatisch mitgeteilt werden,

beginnt die Festsetzungsfrist frühestens mit Ablauf des Kalenderjahres, in dem diese Kapitalerträge der Finanzbehörde durch Erklärung des Steuerpflichtigen oder in sonstiger Weise bekannt geworden sind, spätestens jedoch zehn Jahre nach Ablauf des Kalenderjahres, in dem die Steuer entstanden ist.

7 (7) **Für Steuern auf Einkünfte oder Erträge, die in Zusammenhang stehen mit Beziehungen zu einer Drittstaat-Gesellschaft im Sinne des § 138 Absatz 3, auf die der Steuerpflichtige allein oder zusammen mit nahestehenden Personen im Sinne des § 1 Absatz 2 des Außensteuergesetzes unmittelbar oder mittelbar einen beherrschenden oder bestimmenden Einfluss ausüben kann, beginnt die Festsetzungsfrist frühestens mit Ablauf des Kalenderjahres, in dem diese Beziehungen durch Mitteilung des Steuerpflichtigen oder auf andere Weise bekannt geworden sind, spätestens jedoch zehn Jahre nach Ablauf des Kalenderjahres, in dem die Steuer entstanden ist.**

AEAO

Zu § 170 – Beginn der Festsetzungsfrist:

8 **1.** Für den Beginn der Festsetzungsfrist kommt es darauf an, wann die Steuer (§ 37 AO) entstanden ist. Der Zeitpunkt der Entstehung der Ansprüche aus dem Steuerschuldverhältnis ist in § 38 AO und in den Einzelsteuergesetzen (vgl. AEAO zu § 38, Nr. 1) geregelt. Die Anlaufhemmung (§ 170 Abs. 2 bis 6 AO) schiebt den Beginn der Festsetzungsfrist hinaus.

9 **2.** Wegen des Beginns der Frist für die gesonderte Feststellung von Einheitswerten oder Grundsteuerwerten Hinweis auf § 181 Abs. 3 und 4 AO. Für Haftungsbescheide gilt § 191 Abs. 3 AO. Bei Zinsen und Kosten der Vollstreckung ergibt sich der Beginn der Festsetzungsfrist aus § 239 Abs. 1 Satz 2 bzw. § 346 Abs. 2 Satz 2 AO. Hinsichtlich der Verspätungszuschläge vgl. AEAO zu § 169, Nr. 5.

10 **3.** Die Anlaufhemmung nach § 170 Abs. 2 AO gilt für sämtliche Besitz- und Verkehrsteuern, für die auf Grund allgemeiner gesetzlicher Vorschrift (z.B. § 181 Abs. 2 AO; § 25 EStG; § 14a GewStG; § 31 KStG; § 18 UStG) oder auf Grund einer Aufforderung der Finanzbehörde (§ 149 Abs. 1 Satz 2 AO) eine Steuererklärung oder eine Steueranmeldung einzureichen oder eine Anzeige zu erstatten ist; gesetzliche Vorschrift ist auch eine Rechtsverordnung (§ 4 AO). Eine Berichtigungsanzeige nach § 153 Abs. 1 AO löst allerdings keine Anlaufhemmung aus (vgl. BFH-Urteil vom 22. 1. 1997, II B 40/96, BStBl. II S. 266).

---

[1] *BFH-Urteil vom 27. 4. 2022 II R 17/20, BFH/NV S. 901:* 1. Ein durch letztwillige Verfügung eingesetzter Erbe erlangt Kenntnis von dem Erwerb, wenn er zuverlässig erfahren und somit Gewissheit erlangt hat, dass der Erblasser ihn durch eine wirksame letztwillige Verfügung zum Erben eingesetzt hat. Dies ist in der Regel mit Eröffnung des Testaments der Fall. 2. Wird durch gerichtliche Entscheidung die Wirksamkeit einer letztwilligen Verfügung festgestellt, hat spätestens mit diesem Zeitpunkt der darin ausgewiesene Erbe sichere Kenntnis von seiner Einsetzung. Ob die Gerichtsentscheidung mit Rechtsmitteln anfechtbar ist oder tatsächlich angefochten wird, ist für die Kenntnis i. S. des § 170 Abs. 5 Nr. 1 AO unerheblich.

[2] Nur die positive Kenntnis der Finanzbehörde von der vollzogenen Schenkung führt zum Beginn der Festsetzungsfrist. Nicht ausreichend ist die Kenntnis von Umständen, die erst aufgrund weiterer Ermittlungen eine Prüfung der Frage ermöglichen, ob ein schenkungsteuerpflichtiger Vorgang vorliegt *(BFH-Urteil vom 28. 5. 1998 II R 54/95, BStBl. II S. 647).*

Erlangt das FA erst mehr als drei Jahre nach Steuerentstehung Kenntnis von einer vollzogenen Schenkung i. S. des § 170 Abs. 5 Nr. 2 AO, beginnt die Festsetzungsfrist mit Ablauf des Jahres der Kenntniserlangung *(BFH-Urteil vom 6. 6. 2007 II R 54/05, BStBl. II S. 954).*

Soweit der Anlauf der Festsetzungsfrist für die Schenkungsteuer an die Kenntnis der Finanzbehörde von der Schenkung anknüpft, ist auf die Kenntnis der organisatorisch zur Verwaltung der Erbschaft- und Schenkungsteuer berufenen Dienststelle des zuständigen FA abzustellen. Die Kenntnis des zuständigen FA als solches von der Schenkung genügt lediglich dann, wenn ihm die Schenkung ausdrücklich zur Prüfung der Schenkungsteuerpflicht bekannt gegeben wird, die Information aber aufgrund organisatorischer Mängel oder Fehlverhaltens die berufene Dienststelle nicht unverzüglich erreicht *(BFH-Urteil vom 5. 2. 2003 II R 22/01, BStBl. II S. 502).*

Bei einer mittelbaren Schenkung hat die Finanzbehörde erst dann Kenntnis von der vollzogenen Schenkung, wenn sie alle Umstände kennt, die die mittelbare Schenkung begründen. Dazu gehört auch die Kenntnis von der Veräußerung des vom Schenker übertragenen Gegenstands *(BFH-Urteil vom 8. 3. 2017 II R 2/15, BStBl. II S. 751).*

Wendet ein Schenker dem Bedachten mehrere Vermögensgegenstände gleichzeitig zu, erlangt das FA aber lediglich Kenntnis von der freigebigen Zuwendung eines dieser Gegenstände, führt dies nicht zum Anlauf der Festsetzungsfrist für die Schenkungsteuer für die übrigen zugewendeten Vermögensgegenstände *(BFH-Urteil vom 26. 7. 2017 II R 21/16, BStBl. II S. 1163).*

Der Anlauf der Festsetzungsfrist wird nicht dadurch gem. § 170 Abs. 5 Nr. 2 AO gehemmt, dass ein unzuständiges FA Kenntnis von der vollzogenen Schenkung erlangt *(BFH-Beschluss vom 7. 12. 2000 II B 7/00, BFH/NV 2001 S. 575).*

Ist der Steuerpflichtige berechtigt, aber nicht verpflichtet, eine Steuererklärung abzugeben, wie z. B. bei der Antragsveranlagung nach § 46 Abs. 2 Nr. 8 EStG, greift die Anlaufhemmung nach § 170 Absatz 2 Satz 1 Nr. 1 AO nicht (BFH-Urteil vom 14. 4. 2011, VI R 53/10, BStBl. II S. 746). Die Anlaufhemmung greift auch dann nicht, wenn eine behördliche Aufforderung zur Abgabe einer Steuererklärung dem Steuerpflichtigen erst nach dem Ablauf der Festsetzungsfrist des § 169 Abs. 2 AO zugeht oder eine Pflichtveranlagung begründende Steuererklärung erst nach dem Ablauf der Festsetzungsfrist des § 169 Abs. 2 AO abgegeben wird (BFH-Urteil vom 28. 3. 2012, VI R 68/10, BStBl. II S. 711).

Die Nichtveranlagungs-Bescheinigung nach § 44 a Abs. 2 Satz 1 Nr. 2 EStG hat keine Auswirkungen auf die Anlaufhemmung nach § 170 Abs. 2 Satz 1 Nr. 1 AO (vgl. BFH-Beschluss vom 15. 5. 2013, VI R 33/12, BStBl. 2014 II S. 238).

4. Bei Bestimmung der Anlaufhemmung nach § 170 Abs. 6 AO gilt Folgendes: 11

- Als „Steuer" sind nur die Steuern anzusehen, die auf Kapitalerträge entfallen. Hierzu gehören die Einkommensteuer, die Körperschaftsteuer und – soweit gewerbliche Einkünfte betroffen sind – die Gewerbesteuer sowie die entsprechenden Annexsteuern.
- „Kapitalerträge" sind Erträge im Sinne des § 20 EStG, unabhängig davon, ob sie nach § 20 Abs. 8 EStG zu einer anderen Einkunftsart gehören.

§ 171 Ablaufhemmung[1, 2]

AO

(1) **Die Festsetzungsfrist läuft nicht ab, solange die Steuerfestsetzung wegen höherer Gewalt innerhalb der letzten sechs Monate des Fristlaufs nicht erfolgen kann.**[3] 1

(2) ① **Ist beim Erlass eines Steuerbescheids eine offenbare Unrichtigkeit**[4] **unterlaufen, so endet die Festsetzungsfrist insoweit nicht vor Ablauf eines Jahres nach Bekanntgabe dieses Steuerbescheids.**[5] ② **Das Gleiche gilt in den Fällen des § 173 a.** 2

(3)[6, 7] **Wird vor Ablauf der Festsetzungsfrist außerhalb eines Einspruchs- oder Klageverfahrens ein Antrag auf Steuerfestsetzung oder auf Aufhebung oder Änderung einer Steuerfestsetzung oder ihrer Berichtigung nach § 129 gestellt, so läuft die Festsetzungsfrist insoweit**[8] **nicht ab, bevor über den Antrag unanfechtbar entschieden worden ist.** 3

---

[1] Zur Anwendung s. Art. 97 § 10 Abs. 5 und 8 EGAO **(Anhang I Nr. 1).**

[2] Siehe auch **AEAO vor §§ 169 bis 171.**

BFH-Urteil vom 16. 12. 2014 VIII R 30/12, BStBl. 2015 II S. 858: 1. Im Anwendungsbereich des § 32 a KStG ist nach § 32 a Abs. 1 Satz 2 KStG – als lex specialis zu den Korrekturtatbeständen der §§ 171 ff. AO – grundsätzlich von einer Ablaufhemmung für die Festsetzung der Einkommensteuer im Zusammenhang mit der Berücksichtigung einer vGA auszugehen, solange über diese vGA in einem Körperschaftsteuerbescheid nicht bestandskräftig entschieden worden ist. 2. Die Regelung führt nur dann nicht zu einer verfassungsrechtlich unzulässigen echten, sondern zu einer verfassungskonformen sog. unechten Rückwirkung, wenn im Zeitpunkt der Einführung des § 32 a KStG die Festsetzungsverjährung für den Einkommensteuerbescheid noch nicht eingetreten war.

[3] Wurde durch einen Brand im FA, der vor Beginn der letzten sechs Monate des Laufes der Festsetzungsfrist ausgebrochen ist und dessen unmittelbare Folgen vor dieser Zeit beseitigt worden sind, eine von einem anderen FA übersandte ESt-4B-Mitteilung vernichtet, stellt die durch den Brand verursachte Unkenntnis des FA vom Entstehen eines höheren Steueranspruchs kein Ereignis höherer Gewalt iSv. § 171 Abs. 1 dar *(BFH-Urteil vom 7. 5. 1993 III R 95/88, BStBl. II S. 818).*

[4] Zur offenbaren Unrichtigkeit s. § 129 AO.

[5] Für die Beurteilung des Ablaufs der Festsetzungsfrist nach § 171 Abs. 2 AO bleibt der Bescheid, bei dessen Erlass die offenbare Unrichtigkeit unterlaufen ist, auch dann alleiniger Anknüpfungspunkt für die Bemessung der Jahresfrist, wenn sich das Versehen in mehreren nachfolgenden Änderungsbescheiden (durch Übernahme) wiederholt hat *(BFH-Urteil vom 8. 3. 1989 X R 116/87, BStBl. II S. 531).*

[6] Zur Anwendung von Abs. 3 s. Art. 97 § 10 Abs. 9 EGAO **(Anhang I Nr. 1).** Zum Antrag auf Steuerfestsetzung i. S. d. § 171 Abs. 3 durch Abgabe einer Steuererklärung, vgl. *Erlass der Senatsverwaltung für Finanzen Berlin v. 14. 7. 2025,* nachstehend abgedruckt.

[7] *BFH-Urteil vom 24. 5. 2006 I R 93/05, BStBl. 2007 II S. 76:* Ein Antrag auf Änderung eines Folgebescheids nach § 175 Abs. 1 Satz 1 Nr. 1 AO hemmt den Ablauf der Festsetzungsfrist nach Maßgabe des § 171 Abs. 3 AO.

BFH-Urteil vom 13. 2. 2020 VI R 37/17, BStBl. 2021 II S. 856: Der Ablauf der Festsetzungsfrist wird gemäß § 171 Abs. 3 AO nur dann gehemmt, wenn die für die Veranlagung gemäß § 46 Abs. 2 Nr. 8 EStG erforderliche Steuererklärung bis zum Ablauf der Festsetzungsfrist beim örtlich zuständigen Finanzamt eingeht (Abgrenzung zum BFH-Urteil vom 10. 7. 1987 – VI R 160/86, BFHE 150, 543, BStBl. II 1987, 827: Antragsfrist beim Lohnsteuer-Jahresausgleich gemäß § 42 c Abs. 2 EStG a. F.).

Die Abgabe einer Steuererklärung ist auch dann kein Antrag i. S. des § 171 Abs. 3 AO, wenn sie zu einer Steuervergütung (§ 168 Satz 2 AO) führen soll *(BFH-Urteil vom 28. 8. 2014 V R 8/14, BStBl. 2015 II S. 3).*

Im Falle der Änderung eines Grundlagenbescheids wird der Ablauf der Zwei-Jahres-Frist (§ 171 Abs. 10 Satz 1 AO) für die Anpassung des Folgebescheids nach § 171 Abs. 3 AO nur gehemmt, wenn der von dem Folgebescheid betroffene Steuerpflichtige selbst die Änderung des Folgebescheids vor Ablauf der Frist beantragt *(BFH-Urteil vom 27. 11. 2013 II R 57/11, BStBl. 2016 II S. 506).*

Stellt ein Steuerpflichtiger, der zur Einreichung einer Steuererklärung gesetzlich verpflichtet ist, vor Ablauf der Festsetzungsfrist bei dem für ihn zuständigen FA einen Antrag, kommt diesem die Rechtswirkung des § 171 Abs. 3 AO nur dann zu, wenn sich das von ihm verfolgte Begehren seinem sachlichen Gehalt nach zumindest in groben Zügen bereits aus dem Antrag selbst ergibt; Angaben zur betragsmäßigen Auswirkung sind für die Bestimmtheit des Antrags für sich genommen nicht ausreichend. Soweit dem Steuerpflichtigen wegen fehlender Unterlagen genaue Angaben (noch) nicht möglich sind, muss er zur Konkretisierung seines Antrags auf Schätzung eines Gesamtbetrags der Einkünfte in einer bestimmten Höhe gegenüber dem FA eine substantiierte eigene Schätzung anhand der ihm zugänglichen Erkenntnisquellen vornehmen *(BFH-Urteil vom 23. 9. 2020 XI R 1/19, BStBl. 2021 II S. 341).*

[8] Auch im gerichtlichen Rechtsbehelfsverfahren kommt es auf den Antrag des Klägers an: Wenn er den Streitgegenstand durch einen entsprechenden Antrag ausdrücklich und eindeutig beschränkt hat, erstreckt sich die Ablaufhemmung auch nur auf diesen Streitgegenstand. Allerdings liegt eine derartige Beschränkung des Streitgegenstandes i. d. R. noch nicht in der bloßen Bezifferung des Klagebegehrens (vgl. *BFH-Beschluss vom 23. 10. 1989 GrS 2/87, BStBl. 1990 II S. 327;*

[Fortsetzung nächste Seite]

AO
3 a (3 a)[1] ① **Wird ein Steuerbescheid mit einem Einspruch oder einer Klage angefochten, so läuft die Festsetzungsfrist nicht ab, bevor über den Rechtsbehelf unanfechtbar entschieden ist; dies gilt auch, wenn der Rechtsbehelf erst nach Ablauf der Festsetzungsfrist eingelegt wird.** ② **Der Ablauf der Festsetzungsfrist ist hinsichtlich des gesamten Steueranspruchs gehemmt; dies gilt nicht, soweit der Rechtsbehelf unzulässig ist.** ③ **In den Fällen des § 100 Absatz 1 Satz 1, Absatz 2 Satz 2, Absatz 3 Satz 1, § 101 der Finanzgerichtsordnung ist über den Rechtsbehelf erst dann unanfechtbar entschieden, wenn ein auf Grund der genannten Vorschriften erlassener Steuerbescheid unanfechtbar geworden ist.**[2]

4 (4)[3] ① **Wird vor Ablauf der Festsetzungsfrist mit einer Außenprüfung begonnen oder wird deren Beginn auf Antrag[4] des Steuerpflichtigen hinausgeschoben, so läuft die Festsetzungsfrist für die Steuern, auf die sich die Außenprüfung erstreckt oder im Fall**

[Fortsetzung]

BFH-Urteil vom 7. 2. 1992 III R 61/91, BStBl. II S. 592); die Festlegung muss sich vielmehr aus anderen Umständen eindeutig ergeben.

Der Einspruch eines Feststellungsbeteiligten gegen den Bescheid über die gesonderte und einheitliche Feststellung von Einkünften aus Vermietung und Verpachtung hemmt den Ablauf der Feststellungsfrist auch dann, wenn das FA den Bescheid bisher nur einem der anderen Feststellungsbeteiligten bekanntgegeben hat *(BFH-Urteil vom 13. 9. 1994 IX R 89/90, BStBl. 1995 II S. 39).*

---

[1] Übereinstimmende Erledigungserklärungen führen im Zusammenhang mit der Zusage einer Bescheidänderung noch nicht zu einer unanfechtbaren Entscheidung über den Rechtsbehelf *(BFH-Beschluss vom 23. 7. 2020 V R 37/18, BStBl. 2021 II S. 51).*

Zur Anwendung von Abs. 3 a s. Art. 97 § 10 Abs. 9 EGAO **(Anhang I Nr. 1).**

Der Untätigkeitseinspruch führt zu einer Ablaufhemmung nach § 171 Abs. 3 a AO *(BFH-Urteil vom 22. 1. 2013 IX R 1/12, BStBl. II S. 663).*

Mit der Rücknahme im Klageverfahren ist der Haftungsbescheid unabhängig von den Gründen, die Anlass zur Aufhebung waren, unanfechtbar iSd § 171 Abs. 3 a Satz 1 AO geworden. Dem steht jedenfalls bei der gebotenen summarischen Prüfung nicht entgegen, dass zeitgleich mit der Rücknahme des Haftungsbescheides ein neuer Haftungsbescheid erlassen worden ist. § 171 Abs. 3 a Satz 3 AO verlängert die Ablaufhemmung ausdrücklich nur für den Fall der gerichtlichen Kassation gem. § 100 Abs. 1 Satz 1 FGO, nicht aber für den Fall, dass das FA seinen Bescheid selbst aufhebt. Die Entscheidung, ob § 171 Abs. 3 a Satz 3 AO im Wege der historischen und/oder teleologischen Auslegung über den Wortlaut hinaus auch auf den Fall der behördlichen Kassation anzuwenden ist, ist dem Klageverfahren bzw. einem evtl. Revisionsverfahren vorbehalten *(BFH-Beschluss vom 21. 11. 2001 VII B 108/01, BFH/NV 2002 S. 315).*

BFH-Urteil vom 28. 7. 2021 X R 35/20, BFH/NV 2022 S. 1: Eine Ablaufhemmung nach § 171 Abs. 3 a AO tritt nicht ein, wenn der Erlass eines (begünstigenden) Steuerbescheids erst nach Ablauf der Festsetzungsfrist abgelehnt und dieser Ablehnungsbescheid angefochten wird (Bestätigung der höchstrichterlichen Rechtsprechung).

[2] *BFH-Urteil vom 18. 7. 2013 II R 46/11, BStBl. 2016 II S. 631:* 1. § 171 Abs. 3 a Satz 3 AO erweitert die Ablaufhemmung des Rechtsbehelfsverfahrens, sofern das Gericht keine abschließende Sachentscheidung trifft und ein weiteres Tätigwerden der Finanzbehörde zur Umsetzung der gerichtlichen Entscheidung erforderlich ist. 2. Das Gericht trifft keine abschließende Sachentscheidung, wenn es den angefochtenen Bescheid aus Gründen aufhebt, die dem Bescheid selbst anhaften und die nicht der Steuerfestsetzung zugrunde liegenden Steueranspruch betreffen.

Die Ablaufhemmung nach Abs. 3 Satz 3 gilt nur in dem Umfang der nachgeholten Ermessensentscheidung. Soweit im Übrigen Verjährung eingetreten ist, kann das FA nicht später durch einen weiteren Haftungsbescheid den Haftungsumfang über die zunächst getroffene Entscheidung hinaus erweitern *(BFH-Urteil vom 23. 3. 1993 VII R 38/92, BStBl. II S. 581).*

§ 171 Abs. 3 a Satz 3 AO verlängert die Ablaufhemmung ausdrücklich nur für den Fall der gerichtlichen Kassation gem. § 100 Abs. 1 Satz 1 FGO, nicht aber für den Fall, dass das FA seinen Bescheid selbst aufhebt. Die Entscheidung, ob § 171 Abs. 3 a Satz 3 AO im Wege der historischen und/oder teleologischen Auslegung über den Wortlaut hinaus auch auf den Fall der behördlichen Kassation anzuwenden ist, ist dem Klageverfahren bzw. einem evtl. Revisionsverfahren vorbehalten *(BFH-Beschluss vom 21. 11. 2001 VII B 108/01, BFH/NV 2002 S. 315).*

[3] *BFH-Urteil vom 10. 4. 2003 IV R 30/01, BStBl. II S. 827:* 1. Ist der Verwaltungsakt, mit dem der Beginn einer Außenprüfung festgesetzt wurde, rechtswidrig und hat der Stpfl. ihn oder die Prüfungsanordnung angefochten, so beinhaltet ein Antrag auf AdV der Prüfungsanordnung nicht auch einen Antrag auf Verschiebung des Beginns der Prüfung iSd § 197 Abs. 2 AO. 2. Der Lauf der Festsetzungsfrist wird in einem solchen Fall nicht gem. § 171 Abs. 4 Satz 1 AO gehemmt (Abgrenzung zu den *BFH-Urteilen vom 18. 10. 1988 VII R 123/85, BStBl. 1989 II S. 76,* und *vom 25. 1. 1989 X R 158/87, BStBl. II S. 483).*

Der die Ablaufhemmung der Festsetzungsfrist nach § 171 Abs. 4 Satz 1 AO bewirkende Beginn einer Außenprüfung setzt Maßnahmen voraus, die für den Stpfl. iSd §§ 193 ff. AO als Prüfungshandlungen erkennbar und geeignet sind, sein Vertrauen in den Ablauf der Verjährungsfrist zu beseitigen *(BFH-Urteil vom 24. 4. 2003 VII R 3/02, BStBl. II S. 739).*

Im Allgemeinen muss davon ausgegangen werden, dass Maßnahmen eines Außenprüfers zur Ermittlung eines Steuerfalles Prüfungshandlungen sind, und zwar auch dann, wenn sie „nur" auf die Vorlage von Aufzeichnungen, Büchern, Geschäftspapieren u. ä. gerichtet sind. Hierzu können auch Schreiben des Prüfers an den Steuerpflichtigen gehören. Dies gilt insbesondere, wenn Prüfungshandlungen in den Geschäftsräumen nicht möglich sind, weil dem Prüfer der Zutritt verwehrt wird *(BFH-Beschluss vom 3. 3. 2009 IV S. 12/08, BFH/NV S. 958).*

Durch eine LSt-Außenprüfung beim Arbeitgeber wird die Festsetzungsfrist in Bezug auf den Steueranspruch gegen den Arbeitnehmer nicht gehemmt (vgl. *BFH-Urteile vom 15. 12. 1989 VI R 151/86, BStBl. 1990 II S. 526; vom 9. 3. 1990 VI R 87/89, BStBl. II S. 608).*

Die Durchführung einer Außenprüfung hemmt nicht den Ablauf der Festsetzungsfrist für solche Steuern, die in der Prüfungsanordnung nicht als Prüfungsgegenstand bestimmt sind *(BFH-Urteil vom 18. 7. 1991 V R 54/87, BStBl. II S. 824).*

BFH-Urteil vom 26. 4. 2017 I R 76/15, BStBl. II S. 1159: 1. Auch sog. qualifizierte Prüfungshandlungen, die nur ein Prüfungsjahr betreffen, führen dazu, dass die Außenprüfung insgesamt – also auch bezogen auf andere Prüfungsjahre – als nicht unmittelbar nach dem Prüfungsbeginn unterbrochen i. S. des § 171 Abs. 4 Satz 2 AO gilt. 2. Die Entgegennahme von Buchführungsdaten am Prüfungsort ist eine vom Prüfer veranlasste und damit für den Steuerpflichtigen erkennbar auf die Ermittlung des Steuerfalls gerichtete Handlung, die dem von der Rechtsprechung als qualifizierte Prüfungshandlung anerkannten Verlangen nach der Übergabe von Belegen und Unterlagen gleichsteht. 3. Wurden Buchführungsdaten vor ihrem Ausdruck zunächst in ein Programm eingelesen und dann programmseitig einer Plausibilitätskontrolle unterzogen, liegt eine dem Prüfer zuzurechnende qualifizierte Prüfungshandlung vor.

[Fortsetzung nächste Seite]

der Hinausschiebung der Außenprüfung erstrecken sollte, nicht ab, bevor die aufgrund der Außenprüfung zu erlassenden Steuerbescheide unanfechtbar geworden sind[1] oder nach Bekanntgabe der Mitteilung nach § 202 Absatz 1 Satz 3 drei Monate verstrichen sind. ② Dies gilt nicht, wenn eine Außenprüfung unmittelbar nach ihrem Beginn für die Dauer von mehr als sechs Monaten aus Gründen unterbrochen wird, die die Finanzbehörde zu vertreten hat.[2] ③ Die Ablaufhemmung nach Satz 1 endet spätestens fünf Jahre nach Ablauf des Kalenderjahres, in dem die Prüfungsanordnung bekanntgegeben wurde; eine weitergehende Ablaufhemmung nach anderen Vorschriften bleibt unberührt. ④ Wird auf Antrag des Steuerpflichtigen der Beginn der Außenprüfung verschoben oder die Außenprüfung unterbrochen, so verlängert sich die Frist nach Satz 3 erster Halbsatz für die in Satz 1 genannten Steuern um die Dauer des Hinausschiebens oder der Unterbrechung. ⑤ Nimmt die Finanzbehörde für die in Satz 1 genannten Steuern vor Ablauf der Frist nach Satz 3 erster Halbsatz zwischenstaatliche Amtshilfe in Anspruch, verlängert sich diese Frist um die Dauer der zwischenstaatlichen Amtshilfe, mindestens aber um ein Jahr. ⑥ Satz 5 gilt nur, sofern der Steuerpflichtige auf die Inanspruchnahme der zwischenstaatlichen Amtshilfe vor Ablauf der Frist nach Satz 3 erster Halbsatz hingewiesen wurde. ⑦ Wird dem Steuerpflichtigen vor Ablauf der Festsetzungsfrist die Einleitung eines Strafverfahrens für eine der in Satz 1 genannten Steuern bekanntgegeben und wird infolgedessen mit einer Außenprüfung nicht begonnen oder eine bereits begonnene Außenprüfung unterbrochen, ist Satz 3 nicht anzuwenden; die Absätze 5 und 6 bleiben unberührt. ⑧ § 200 a Absatz 4 und 5 bleibt unberührt.

(5)[3] ① Beginnen die Behörden des Zollfahndungsdienstes oder die mit der Steuerfahndung betrauten Dienststellen der Landesfinanzbehörden vor Ablauf der Festset- 5

[Fortsetzung]

Die Ablaufhemmung nach § 171 Abs. 4 tritt grundsätzlich nur dann ein, wenn tatsächlich eine Außenprüfung durchgeführt wird *(BFH-Urteile vom 11. 8. 1993 II R 34/90, BStBl. 1994 II S. 375; vom 17. 6. 1998 IX R 65/95, BStBl. 1999 II S. 4).* Der Ablauf der Festsetzungsfrist ist auch dann gehemmt, wenn die tatsächliche Prüfungshandlung dem Erlass einer Ergänzung der Betriebsprüfungsanordnung vorausgeht und die Betriebsprüfungsanordnung vor Ablauf der Festsetzungsfrist ergänzt wird (Abgrenzung zu *BFH-Urteil vom 11. 8. 1993 II R 34/90, BStBl. 1994 II S. 375; s. BFH-Urteil vom 2. 2. 1994 I R 57/93, BStBl. II S. 377).*

Eine sog. betriebsnahe Veranlagung, der keine förmliche Prüfungsanordnung iSv. § 196 AO zugrunde liegt, hemmt nicht den Ablauf der Festsetzungsfrist nach § 171 Abs. 4 AO *(BFH-Urteil vom 6. 7. 1999 VIII R 17/97, BStBl. 2000 II S. 306).*

Als Folgebescheid des GewSt-Messbescheids ist der Zerlegungsbescheid zugleich Grundlagenbescheid des Gewerbesteuerbescheids. Damit unterliegt er der Festsetzungsverjährung nach § 171 Abs. 4, wenn er aufgrund einer Außenprüfung ergangen ist *(BFH-Urteil vom 15. 5. 1992 VI R 183/88, BStBl. 1993 II S. 828).*

„Aufgrund der Außenprüfung" ergangen iSd § 171 Abs. 4 AO ist auch ein Steuerbescheid, der einen aufgrund der Außenprüfung ergangenen Steuerbescheid ändert *(BFH-Urteil vom 27. 3. 1996 I R 182/94, BStBl. 1997 II S. 449).*

Beantragt der Stpfl., den Beginn der Außenprüfung auf einen anderen Zeitpunkt zu verlegen, so hemmt dies den Ablauf der Festsetzungsfristen gem. § 171 Abs. 4 Satz 1 AO nur dann, wenn der Antrag für das Hinausschieben des Prüfungsbeginns ursächlich gewesen ist *(BFH-Beschluss vom 30. 3. 1999 I B 139/98, BFH/NV 1999 S. 1145).*

[4] *BFH-Urteil vom 19. 5. 2016 X R 14/15, BStBl. 2017 II S. 97:* 1. Die Ablaufhemmung, die durch die Stellung eines (befristeten) Antrags des Steuerpflichtigen auf Hinausschieben des Beginns einer Außenprüfung eintritt, endet, wenn der Prüfer auch zwei Jahre nach dem Verschiebungsantrag nicht mit tatsächlichen Prüfungshandlungen begonnen hat (Anschluss an das *BFH-Urteil vom 17. 3. 2010 IV R 54/07, BStBl. 2011 II S. 7*). 2. Stellt der Steuerpflichtige während der Zwei-Jahres-Frist einen weiteren Verschiebungsantrag, beginnt die Zwei-Jahres-Frist erneut. 3. Ein Antrag auf Hinausschieben des Beginns einer Außenprüfung, der die Ablaufhemmung auslöst, kann erst angenommen werden, wenn die Finanzbehörde den Prüfungsbeginn in einer Weise festgelegt hat, die die Mindestanforderungen an die Annahme eines Verwaltungsakts erfüllt.

[1] Macht das FA im Anschluss an eine Außenprüfung gegenüber dem Arbeitgeber pauschale LSt in einem Haftungsbescheid geltend, so tritt mit der Aufhebung des angefochtenen Haftungsbescheides eine Unanfechtbarkeit iSd § 171 Abs. 4 Satz 1 AO und damit das Ende der Hemmung des Ablaufs der Festsetzungsfrist aufgrund der Außenprüfung ein. Das FA kann in einem solchen Fall den Eintritt der Festsetzungsverjährung vor Geltendmachung des Steueranspruchs dadurch vermeiden, dass es den (formell inkorrekten) Haftungsbescheid erst aufhebt, nachdem es zuvor den (formell korrekten) Pauschalierungsbescheid erlassen hat *(BFH-Urteil vom 6. 5. 1994 VI R 47/93, BStBl. II S. 715).*

[2] Wird eine Außenprüfung nach einer Unterbrechung von mehr als sechs Monaten vor Ablauf der normalen Festsetzungsfrist fortgeführt, so ist die Verjährung auch dann gehemmt, wenn keine neue Prüfungsanordnung erlassen wurde *(BFH-Urteil vom 13. 2. 2003 IV R 31/01, BStBl. II S. 552).*

Eine Außenprüfung ist dann nicht mehr unmittelbar nach ihrem Beginn unterbrochen, wenn die Prüfungshandlungen nach Umfang und Zeitaufwand gemessen an dem gesamten Prüfungsstoff, erhebliches Gewicht erreicht oder erste verwertbare Prüfungsergebnisse gezeitigt haben. Die Wiederaufnahme einer unterbrochenen Außenprüfung erfordert nach außen dokumentierte oder zumindest anhand der Prüfungsakten nachvollziehbare Maßnahmen, die der Stpfl. als eine Fortsetzung der Prüfung erkennen kann *(BFH-Urteil vom 24. 4. 2003 VII R 3/02, BStBl. II S. 739).*

Letzte Ermittlungen im Rahmen der Außenprüfung setzen Maßnahmen des Prüfers oder des FA voraus, die darauf gerichtet sind, bisher noch nicht bekannte Sachverhaltselemente festzustellen, etwa indem der Prüfer Unterlagen anfordert, den Steuerpflichtigen in irgendeiner Weise zur Mitwirkung auffordert oder vom Steuerpflichtigen nachgereichte Unterlagen auswertet *(BFH-Urteil vom 28. 6. 2011 VII R 6/09, BFH/NV S. 1830).*

Der Ablauf der Festsetzungsfrist bleibt nach § 171 Abs. 4 Satz 1 AO wegen des Beginns einer Außenprüfung auch dann gehemmt, wenn das FA während der Prüfung einen geänderten Steuerbescheid aufgrund eines Teilbetriebsprüfungsberichts erlässt, die Prüfung aber fortführt oder wieder aufnimmt, bevor die reguläre Festsetzungsfrist gem. § 169 Abs. 2 Nr. 2 AO abgelaufen ist. Die fortgeführte oder wieder aufgenommene Prüfung bedarf keiner erneuten Prüfungsanordnung *(BFH-Urteil vom 20. 8. 2003 I R 10/03, BFH/NV 2004 S. 7).*

[3] Die Ablaufhemmung gemäß § 171 Abs. 5 Satz 1 AO tritt nur ein, wenn die Ermittlungen der Steuerfahndung rechtmäßig waren und insbesondere von der Aufgabenzuweisung und Befugniszuweisung in § 208 AO gedeckt sind *(BFH-Urteil vom 9. 3. 2010 VIII R 56/07, BFH/NV S. 1777).*

[Fortsetzung nächste Seite]

AO

zungsfrist beim Steuerpflichtigen mit Ermittlungen der Besteuerungsgrundlagen, so läuft die Festsetzungsfrist insoweit nicht ab, bevor die auf Grund der Ermittlungen zu erlassenden Steuerbescheide unanfechtbar geworden sind; Absatz 4 Satz 2 gilt sinngemäß. ② Das Gleiche gilt, wenn dem Steuerpflichtigen vor Ablauf der Festsetzungsfrist die Einleitung des Steuerstrafverfahrens oder des Bußgeldverfahrens wegen einer Steuerordnungswidrigkeit bekannt gegeben worden ist; § 169 Absatz 1 Satz 3 gilt sinngemäß.

6 (6) ① **Ist bei Steuerpflichtigen eine Außenprüfung im Geltungsbereich dieses Gesetzes nicht durchführbar, wird der Ablauf der Festsetzungsfrist auch durch sonstige Ermittlungshandlungen im Sinne des § 92 gehemmt, bis die auf Grund dieser Ermittlungen erlassenen Steuerbescheide unanfechtbar geworden sind. ② Die Ablaufhemmung tritt jedoch nur dann ein, wenn der Steuerpflichtige vor Ablauf der Festsetzungsfrist auf den Beginn der Ermittlungen nach Satz 1 hingewiesen worden ist; § 169 Absatz 1 Satz 3 gilt sinngemäß.**

7 (7)[1] **In den Fällen des § 169 Absatz 2 Satz 2 endet die Festsetzungsfrist nicht, bevor die Verfolgung der Steuerstraftat oder der Steuerordnungswidrigkeit verjährt ist.**

8 (8)[2] ① **IIst die Festsetzung einer Steuer nach § 165 ausgesetzt oder die Steuer vorläufig festgesetzt worden, so endet die Festsetzungsfrist nicht vor dem Ablauf eines Jahres,**

[Fortsetzung]

Die Ablaufhemmung des § 171 Abs. 5 AO umfasst – anders als im Fall des § 171 Abs. 4 AO (Wortlaut „für die Steuern, auf die sich die Außenprüfung erstreckt") – nicht den gesamten Steueranspruch; vielmehr tritt die Hemmung nur in dem Umfang (Wortlaut „insoweit") ein, in dem sich die Ergebnisse der Ermittlungen auf die festzusetzende Steuer auswirken *(BFH-Urteil vom 14. 4. 1999 XI R 30/96, BStBl. II S. 478).*

Wird der Umfang einer Fahndungsprüfung nachträglich auf zusätzliche Veranlagungszeiträume erweitert, so wird hierdurch der Ablauf der Festsetzungsfrist für diese Veranlagungszeiträume nur dann gehemmt, wenn der Stpfl. die Erweiterung bis zum Ablauf der Frist erkennen konnte. Der Eintritt der Ablaufhemmung setzt jedoch nicht voraus, dass für den Stpfl. erkennbar war, auf welche Sachverhalte sich die zusätzlichen Ermittlungen erstrecken sollten *(BFH-Urteil vom 24. 4. 2001 I R 25/01, BStBl. III S. 586).* Die Wiederaufnahme einer Fahndungsprüfung, die unmittelbar nach Beginn für mehr als sechs Monate aus von der Finanzbehörde zu vertretenden Gründen unterbrochen war, gilt als Beginn einer erneuten Prüfung und hat eine Ablaufhemmung der Festsetzungsfrist zur Folge (§ 171 Abs. 4 Satz 2, Abs. 5 Satz 1). Der Umfang der Ablaufhemmung hängt von den nach der Wiederaufnahme vorgenommenen Ermittlungshandlungen ab *(BFH-Urteil vom 2. 7. 1998 IV R 39/97, BStBl. 1999 II S. 28).*

Die durch eine Fahrungsprüfung ausgelöste Ablaufhemmung endet nur dann, wenn aufgrund der Prüfung Steuerbescheide ergangen und diese unanfechtbar geworden sind *(BFH-Urteil vom 24. 4. 2002 I R 25/01, BStBl. II S. 586).*

Die Ablaufhemmung nach Beginn einer Steuerfahndungsprüfung endet nicht mit der Einstellung des Strafverfahrens *(BFH-Beschluss vom 24. 9. 2001 IV B 132/00, BFH/NV 2002 S. 159).*

Ermittlungshandlungen gegenüber einer handlungsunfähigen Person hemmen den Ablauf der Festsetzungsfrist nicht *(BFH-Beschluss vom 27. 7. 1994 XI 91/94, BStBl. II S. 787).*

Ein schriftliches Auskunftsverlangen der Steuerfahndung mit der Aufforderung, bestimmte Unterlagen über ausländische Konten und Depots vorzulegen, hemmt als Ermittlungsmaßnahme den Ablauf der Festsetzungsverjährung *(BFH-Beschluss vom 3. 2. 2010 VIII B 164/09, BFH/NV S. 830).*

Ermittlungen der Strafsachen- und Bußgeldstelle des Finanzamts stellen keine Ermittlungen der mit „der Steuerfahndung betrauten Dienststellen der Landesfinanzbehörden" i. S. des § 171 Abs. 5 Satz 1 AO dar und führen daher nicht zur Ablaufhemmung nach dieser Vorschrift *(BFH-Urteil vom 8. 7. 2009 VIII R 5/07, BStBl. 2010 II S. 583).*

BFH-Beschluss vom 16. 3. 2016 V B 89/15, BFH/NV S. 993: 1. Die Rechtsfrage, für welche Dauer der Hemmungstatbestand des § 171 Abs. 5 AO eingreift, ist durch die Rechtsprechung des BFH geklärt. 2. Eine zeitliche Grenze für den Erlass von Änderungsbescheiden im Anschluss an Fahndungsmaßnahmen wird nur durch den Eintritt der Verwirkung gezogen.

[1] Gemäß § 171 Abs. 7 AO läuft die Festsetzungsfrist nicht ab, wenn der Erbe als Gesamtrechtsnachfolger in eine zehnjährige Festsetzungsfrist eintritt und hinsichtlich derselben Steuer eine Steuerhinterziehung durch Unterlassen begeht. Die Ablaufhemmung dauert in diesem Fall an, solange der Erbe wegen seiner eigenen Hinterziehung strafrechtlich verfolgt werden kann *(BFH-Urteil vom 21. 6. 2022 VIII R 26/19, BStBl. 2023 S. 210).*

Unterlässt es ein Kindergeldberechtigter, der fortlaufend Kindergeld bezieht, der Familienkasse den Wegfall der Anspruchsvoraussetzungen mitzuteilen und begeht er dadurch eine Steuerordnungswidrigkeit, so kann die Festsetzung des Kindergeldes nachträglich aufgehoben werden. Dabei ist der Ablauf der Festsetzungsfrist nach § 171 Abs. 7 AO bis zum Eintritt der Verfolgungsverjährung, die erst mit der letztmals zu Unrecht erlangten Kindergeldzahlung beginnt, gehemmt *(BFH-Urteil vom 26. 6. 2014 III R 21/13, BStBl. 2015 II S. 886).*

Wenn es für die Frage, ob eine Ablaufhemmung nach § 171 Abs. 7 AO eingetreten ist, auf die verjährungsunterbrechende Wirkung einer Durchsuchungsanordnung ankommt, hat das Finanzgericht Feststellungen zu treffen, ob darin die genannten inhaltlichen Mindestanforderungen erfüllt sind. Dies darf nicht als gegeben unterstellt werden. Zwar ist im Steuerfestsetzungsverfahren die Rechtmäßigkeit eines Durchsuchungsbeschlusses aufgrund der Tatbestandswirkung der Entscheidungen anderer Gerichte grundsätzlich nicht überprüfbar. Die Tatbestandswirkung tritt aber nur ein, wenn der Beschluss nicht angefochten oder ein Rechtsmittel des Betroffenen zurückgewiesen wurde. Das setzt voraus, dass überhaupt Gelegenheit zur Anfechtung des Beschlusses bestanden hat *(BFH-Urteil vom 31. 1. 2024 X R 7/22, BFH/NV S. 1058).*

[2] Die Ablaufhemmung des § 171 Abs. 8 AO wird auch dann beendet, wenn der Vorläufigkeitsvermerk vom Finanzamt aufgehoben wird. Auf den Wegfall der Ungewissheit und die Kenntnis des Finanzamts von den Tatsachen, wegen derer die Steuerfestsetzung nach § 165 Abs. 1 Satz 1 AO vorläufig erging, kommt es dann für die Beendigung der Ablaufhemmung der Festsetzungsfrist nicht mehr an *(BFH-Urteil vom 26. 7. 2023 II R 5/21, BStBl. 2024 II S. 167).*

Ein vorläufiger Bescheid löst auch bei rechtswidriger Vorläufigkeitserklärung, sofern sie nicht vom Steuerpflichtigen mit Erfolg angefochten wird, die Ablaufhemmung nach § 171 Abs. 8 AO aus *(BFH-Beschluss vom 6. 7. 1999 IX B 21/99, BFH/NV 2000 S. 4).*

Die Ablaufhemmung nach § 171 Abs. 8 Satz 1 AO erfordert die positive Kenntnis der (zuständigen) Finanzbehörde von der Beseitigung der Ungewissheit. Das bloße Kennenmüssen von Tatsachen reicht nicht aus. Vielmehr muss das FA die Tatbestandsmerkmale für die endgültige Steuerfestsetzung feststellen können *(BFH-Beschluss vom 16. 5. 2006 VIII B 160/05, BFH/NV S1477).*

[Fortsetzung nächste Seite]

nachdem die Ungewissheit beseitigt ist und die Finanzbehörde hiervon Kenntnis erhalten hat. ② In den Fällen des § 165 Absatz 1 Satz 2 endet die Festsetzungsfrist nicht vor Ablauf von zwei Jahren, nachdem die Ungewissheit[1] beseitigt ist und die Finanzbehörde hiervon Kenntnis erlangt hat.

(9) **Erstattet der Steuerpflichtige vor Ablauf der Festsetzungsfrist eine Anzeige nach den §§ 153, 371 und 378 Absatz 3, so endet die Festsetzungsfrist nicht vor Ablauf eines Jahres nach Eingang der Anzeige.[2]** 9

(10)[3] ① **Soweit für die Festsetzung einer Steuer ein Feststellungsbescheid, ein Steuermessbescheid oder ein anderer Verwaltungsakt bindend ist (Grundlagenbescheid), endet die Festsetzungsfrist nicht vor Ablauf von zwei Jahren nach Bekanntgabe des Grundlagenbescheids. ② Ist für den Erlass des Grundlagenbescheids eine Stelle zuständig, die keine Finanzbehörde im Sinne des § 6 Absatz 2 ist, endet die Festsetzungsfrist nicht vor Ablauf von zwei Jahren nach dem Zeitpunkt, in dem die für den Folgebescheid zuständige Finanzbehörde Kenntnis von der Entscheidung über den Erlass des Grundlagenbescheids erlangt hat. ③ Die Sätze 1 und 2 gelten für einen Grundlagenbescheid, auf den § 181 nicht anzuwenden ist, nur, sofern dieser Grundlagenbescheid vor Ablauf der für den Folgebescheid geltenden Festsetzungsfrist bei der zuständigen Behörde beantragt worden ist. ④ Ist der Ablauf der Festsetzungsfrist hinsichtlich des Teils der Steuer, für den der Grundlagenbescheid nicht bindend ist, nach Absatz 4 gehemmt, endet die Festsetzungsfrist für den Teil der Steuer, für den der Grundlagenbescheid bindend ist, nicht vor Ablauf der nach Absatz 4 gehemmten Frist.** 10

(10 a) **Soweit Daten eines Steuerpflichtigen im Sinne des § 93 c innerhalb von sieben Kalenderjahren nach dem Besteuerungszeitraum oder dem Besteuerungszeitpunkt den Finanzbehörden zugegangen sind, endet die Festsetzungsfrist nicht vor Ablauf von zwei Jahren nach Zugang dieser Daten.** 10 a

(11) ① **Ist eine geschäftsunfähige oder in der Geschäftsfähigkeit beschränkte Person ohne gesetzlichen Vertreter, so endet die Festsetzungsfrist nicht vor Ablauf von sechs Monaten nach dem Zeitpunkt, in dem die Person unbeschränkt geschäftsfähig wird oder der Mangel der Vertretung aufhört. ② Dies gilt auch, soweit für eine Person ein Betreuer bestellt und ein Einwilligungsvorbehalt nach § 1825 des Bürger-** 11

[Fortsetzung]

Die zu § 173 Abs. 1 Nr. 1 AO entwickelten Grundsätze, wonach nachträglich bekannt gewordene Tatsachen nach Treu und Glauben nicht mehr berücksichtigt werden dürfen, wenn die Behörde sie bei gehöriger Erfüllung ihrer Ermittlungspflichten schon vorher hätte feststellen können, sind nicht auf § 171 Abs. 8 AO übertragbar *(BFH-Beschluss vom 27. 6. 2012 IX B 183/11, BFH/NV S. 1575).*

Die Ungewissheit i. S. v. § 165 AO i. V. m. § 171 Abs. 8 AO, ob ein Steuerpflichtiger mit Einkünfteerzielungsabsicht tätig geworden ist oder ob Liebhaberei vorliegt, ist beseitigt, wenn die für die Beurteilung der Einkünfteerzielungsabsicht maßgeblichen Hilfstatsachen festgestellt werden können und das FA davon positive Kenntnis hat *(BFH-Urteil vom 4. 9. 2008 IV R 1/07, BStBl. II 2009 S. 335).*

Die Ungewissheit i. S. von § 165 i. V. m. § 171 Abs. 8 AO, ob ein Steuerpflichtiger mit Einkünfteerzielungsabsicht tätig geworden ist oder ob eine Liebhaberei vorliegt, ist regelmäßig zu dem Zeitpunkt beseitigt, zu dem dessen unternehmerische Tätigkeit beendigt ist und das FA hiervon Kenntnis hat. Nicht erforderlich ist, dass das FA sich zu diesem Zeitpunkt bereits die vollständige Kenntnis der maßgeblichen Hilfstatsachen verschafft hat *(BFH-Beschluss vom 19. 1. 2011 X B 156/10, BFH/NV S. 745).*

[1] *BFH-Urteil vom 16. 6. 2015 IX R 27/14, BStBl. 2016 II S. 145:* 1. Die wegen fehlender Anknüpfungstatsachen bestehende Ungewissheit hinsichtlich der behaupteten Vermietungsabsicht ist nicht i. S. von § 171 Abs. 8 AO beseitigt, solange eine zukünftige Vermietung nicht ausgeschlossen ist und der Steuerpflichtige Maßnahmen ergreift, die darauf gerichtet sind, die Vermietung zu ermöglichen oder zu fördern. 2. Das FA ist bei ungewisser Vermietungsabsicht zur Änderung einer vorläufigen Steuerfestsetzung nach § 165 Abs. 2 Satz 1 AO auch dann befugt, wenn sich eine neue Tatsachenlage allein durch Zeitablauf ergeben hat. Kommt es über einen Zeitraum von mehr als zehn Jahren nicht zu der angeblich beabsichtigten Vermietung, ist es regelmäßig nicht zu beanstanden, wenn die Vermietungsabsicht verneint wird.

[2] Die Ablaufhemmung nach § 171 Abs. 9 AG beginnt, wenn die angezeigte Steuerverkürzung dem Grunde nach individualisiert werden kann, der Steuerpflichtige also Steuerart und Veranlagungszeitraum benennt und den Sachverhalt so schildert, dass der Gegenstand der Selbstanzeige erkennbar wird *(BFH-Urteil vom 21. 4. 2010 X R 1/08, BStBl. 2010 II S. 771).*

Erkennt ein Stpfl. nachträglich, dass eine von ihm oder für ihn abgegebene Steuererklärung unrichtig oder unvollständig ist und es dadurch zu einer Verkürzung von Steuern kommen kann oder bereits gekommen ist, und zeigt er dies dem FA nach § 153 Abs. 1 AO an, liegt hierin keine Anzeige iSd § 170 Abs. 2 Nr. 1 AO, die eine Anlaufhemmung der Festsetzungsfrist bewirken könnte. Es gilt allein die Ablaufhemmung nach § 171 Abs. 9 *(BFH-Urteil vom 22. 1. 1997 II B 40/96, BStBl. II S. 266).*

BFH-Urteil vom 3. 7. 2018 VIII R 9/16, BStBl. 2019 II S. 122: 1. Die Ablaufhemmung nach § 171 Abs. 9 AO schließt den Eintritt der Ablaufhemmung nach § 171 Abs. 5 Satz 1 AO nicht generell aus, wenn die Ermittlungen der Steuerfahndung vor dem Ablauf der ungehemmten Festsetzungsfrist beginnen und die Steuerfestsetzung auf den Ermittlungen der Steuerfahndung beruht (Bestätigung der Senatsrechtsprechung im *BFH-Urteil vom 17. 11. 2015 VIII R 68/13, BStBl. II 2016 S. 571).* 2. Ein solches „Beruhen" der Steuerfestsetzungen auf rechtzeitig begonnenen Ermittlungen setzt voraus, dass die Steuerfahndung vor Ablauf der ungehemmten Festsetzungsfrist Ermittlungshandlungen vornimmt, die konkret der Überprüfung der nacherklärten Besteuerungsgrundlagen dienen.

[3] Zur Anwendung s. Art. 97 § 10 Abs. 7 EGAO **(Anhang I Nr. 1).**

BFH-Urteil vom 16. 1. 2019 X R 30/17, BStBl. II S. 362: 1. Die für Folgebescheide geltende Ablaufhemmung nach § 171 Abs. 10 Satz 1 AO wird im Verhältnis vom Einkommensteuerbescheid zum Zinsbescheid gemäß § 233 a AO durch die speziellen Regelungen in § 239 Abs. 1 Sätze 1 bis 3 AO verdrängt. 2. Ergeht hingegen ein Zinsbescheid als Folgebescheid eines Zins-Grundlagenbescheids, endet die Festsetzungsfrist für den Zinsbescheid nach § 171 Abs. 10 Satz 1 AO nicht vor Ablauf von zwei Jahren nach Bekanntgabe des Zins-Grundlagenbescheids.

lichen Gesetzbuchs angeordnet ist, der Betreuer jedoch verstorben oder auf andere Weise weggefallen oder aus rechtlichen Gründen an der Vertretung des Betreuten verhindert ist.

12 (12) **Richtet sich die Steuer gegen einen Nachlass, so endet die Festsetzungsfrist nicht vor dem Ablauf von sechs Monaten nach dem Zeitpunkt, in dem die Erbschaft von dem Erben angenommen oder das Insolvenzverfahren[1] über den Nachlass eröffnet wird oder von dem an die Steuer gegen einen Vertreter festgesetzt werden kann.**

13 (13) **Wird vor Ablauf der Festsetzungsfrist eine noch nicht festgesetzte Steuer im Insolvenzverfahren[1] angemeldet, so läuft die Festsetzungsfrist insoweit nicht vor Ablauf von drei Monaten nach Beendigung des Insolvenzverfahrens ab.**

14 (14)[2] **Die Festsetzungsfrist für einen Steueranspruch endet nicht, soweit ein damit zusammenhängender Erstattungsanspruch nach § 37 Absatz 2 noch nicht verjährt ist (§ 228).**

15 (15)[3] **Soweit ein Dritter Steuern für Rechnung des Steuerschuldners einzubehalten und abzuführen oder für Rechnung des Steuerschuldners zu entrichten hat, endet die Festsetzungsfrist gegenüber dem Steuerschuldner nicht vor Ablauf der gegenüber dem Steuerentrichtungspflichtigen geltenden Festsetzungsfrist.**

AEAO

Zu § 171 – Ablaufhemmung:

16 **1.** Die Ablaufhemmung schiebt das Ende der Festsetzungsfrist hinaus. Die Festsetzungsfrist endet in diesen Fällen meist nicht – wie im Normalfall – am Ende, sondern im Laufe eines Kalenderjahres. Wegen der Fristberechnung Hinweis auf § 108 AO.

17 **2. Ablaufhemmung nach § 171 Abs. 3 AO**

2.1. Eine Ablaufhemmung nach § 171 Abs. 3 AO setzt voraus, dass der Steuerpflichtige außerhalb des Einspruchs- oder Klageverfahrens und vor Ablauf der Festsetzungsfrist einen Antrag auf Steuerfestsetzung oder auf Aufhebung oder Änderung einer Steuerfestsetzung stellt. Ist innerhalb der Festsetzungsfrist kein solcher Antrag des Steuerpflichtigen eingegangen, kann keine Wiedereinsetzung in den vorigen Stand nach § 110 Abs. 1 AO mit dem Ziel einer rückwirkenden Ablaufhemmung nach § 171 Abs. 3 AO gewährt werden (vgl. BFH-Urteil vom 24. 1. 2008, VII R 3/07, BStBl. II S. 462).

Einem vor Ablauf der Festsetzungsfrist bei dem zuständigen Finanzamt ausdrücklich gestellten Antrag auf Steuerfestsetzung oder auf Aufhebung oder Änderung einer Steuerfestsetzung kommt die Rechtswirkung des § 171 Abs. 3 AO nur dann zu, wenn sich das vom Steuerpflichtigen verfolgte Begehren seinem sachlichen Gehalt nach zumindest in groben Zügen bereits aus dem Antrag selbst ergibt. Angaben zur betragsmäßigen Auswirkung sind für die Bestimmtheit des Antrags für sich genommen nicht ausreichend. Soweit dem Steuerpflichtigen – z. B. wegen insolvenzbedingt fehlender Unterlagen – genaue Angaben objektiv (noch) nicht möglich sind, muss er zur Konkretisierung seines Antrags eine substantiierte eigene Schätzung anhand der ihm zugänglichen Erkenntnisquellen vornehmen (vgl. BFH-Urteil vom 23. 9. 2020, XI R 1/19, BStBl. 2021 II S. 341).

2.2. Die Abgabe einer gesetzlich vorgeschriebenen Steuererklärung führt für sich allein keine Ablaufhemmung nach § 171 Abs. 3 AO herbei (BFH-Urteil vom 18. 6. 1991, VIII R 54/89, BStBl. 1992 II S. 124, und BFH-Beschluss vom 13. 2. 1995, V B 95/94, BFH/NV S. 756). Dies gilt hin-

---

[1] Zur Geltung von § 171 Abs. 12 und 13 in dieser Fassung s. Art. 97 § 11 a EGAO **(Anhang I Nr. 1)**.

Eine analoge Anwendung der Ablaufhemmung nach § 171 Abs. 13 AO in Fällen einer Festsetzung von zu erstattenden Steuern kommt während des Konkurs- bzw. Insolvenzverfahrens nicht in Betracht *(BFH-Beschluss vom 9. 12. 2020 XI B 10/20, BFH/NV 2021 S. 645)*.

[2] § 171 Abs. 14 AO ist verfassungsgemäß und verstößt weder gegen das Rechtsstaatsprinzip noch gegen den Gleichheitssatz des Art. 3 Abs. 1 GG *(BFH-Urteil vom 13. 3. 2001 VIII R 37/00, BStBl. II S. 430)*.

Die Ablaufhemmung des § 171 Abs. 14 AO ist auf den Gewerbesteuermessbescheid als Grundlagenbescheid weder unmittelbar noch sinngemäß anwendbar *(BFH-Urteil vom 5. 2. 2014 X R 1/12, BStBl. 2016 II S. 567)*.

Die Anwendung des § 171 Abs. 14 AO ist nicht auf die Fälle unwirksamer Steuerfestsetzungen beschränkt. Vielmehr ist grundsätzlich jeder mit dem Steueranspruch zusammenhängende Erstattungsanspruch geeignet, eine Ablaufhemmung auszulösen. Allerdings muss der Erstattungsanspruch, soll er den Ablauf der Festsetzungsfrist hemmen, vor Ablauf dieser Frist entstanden sein. Eine im Vorgriff auf eine erwartete geänderte Steuerfestsetzung für die Streitjahre erbrachte Zahlung begründet einen die Ablaufhemmung des § 171 Abs. 14 AO auslösenden Erstattungsanspruch, wenn es an einem formalen Rechtsgrund für die Zahlung fehlt *(BFH-Urteil vom 4. 8. 2020 VIII R 39/18, BStBl. 2022 II S. 98)*.

BFH-Urteil vom 25. 11. 2020 II R 3/18, BStBl. 2023 II S. 216: 1. Die Ablaufhemmung nach § 171 Abs. 14 AO kann durch jeden mit dem Steueranspruch zusammenhängenden Erstattungsanspruch ausgelöst werden. 2. Der Erstattungsanspruch muss vor Ablauf der Festsetzungsfrist entstanden sein. 3. § 171 Abs. 14 AO ist für die Frage, ob ein Erstattungsanspruch besteht, im Sinne der formellen Rechtsgrundtheorie auszulegen (Anschluss an *BFH-Urteil vom 4. 8. 2020 VIII R 39/18, BStBl. 2022 II S. 98*).

[3] Zur Anwendung s. Art. 79 § 10 Abs. 11 EGAO **(Anhang I Nr. 1)**.

BFH-Urteil vom 27. 7. 2021 V R 3/20, BStBl. 2022 II S. 155: 1. Die Ablaufhemmung des § 171 Abs. 14 AO setzt voraus, dass der Erstattungsanspruch vor Ablauf der Festsetzungsfrist entstanden ist (Anschluss an *BFH-Urteile vom 4. 8. 2020 VIII R 39/18, BFHE 270, 81*, sowie vom *25. 11. 2020 II R 3/18, BFHE 272, 1*).

2. In den sog. Bauträgerfällen führt ein Erstattungsanspruch des Leistungsempfängers (Bauträger) nicht zu einer Ablaufhemmung für die Steuerfestsetzung beim Bauleistenden, wenn im Zeitpunkt der Festsetzung des Erstattungsanspruchs bereits Festsetzungsverjährung beim Bauleistenden eingetreten ist.

sichtlich einer Umsatzsteuererklärung auch dann, wenn mit ihr ein Anspruch auf Auszahlung eines Überschusses geltend gemacht wird (BFH-Urteil vom 28. 8. 2014, V R 8/14, BStBl. 2015 II S. 3). Auch in der Kombination von Erklärungseinreichung und damit im Zusammenhang stehender Antragstellung (auf Durchführung einer Festsetzung oder Feststellung) kann kein Antrag i. S. d. § 171 Abs. 3 AO gesehen werden (BFH-Urteil vom 15. 5. 2013, IX R 5/11, BStBl. II S. 143).

Bei einer bereits erfolgten Steuerfestsetzung nach § 164 Abs. 1 Satz 1 AO stellt die kommentarlose Abgabe einer erstmaligen, abweichenden Steuererklärung einen Änderungsantrag nach § 164 Abs. 2 Satz 2 AO dar und löst die Ablaufhemmung nach § 171 Abs. 3 AO aus (vgl. BFH-Urteil vom 7. 8. 2024, IV R 9/22, BStBl. 2025 II S. 102).

2.3. Im Fall einer Antragsveranlagung (§ 46 Abs. 2 Nr. 8 EStG) ist die Abgabe der Einkommensteuererklärung – auch ohne gesondert ausdrücklich gestellten Antrag auf Steuerfestsetzung – ein (konkludenter) Antrag i. S. d. § 171 Abs. 3 AO (vgl. BFH-Urteil vom 20. 1. 2016, VI R 14/15, BStBl. II S. 380).

2.4. Anträge auf Billigkeitsmaßnahmen nach §§ 163 oder 227 AO hemmen den Fristablauf nicht nach § 171 Abs. 3 AO; eine Billigkeitsentscheidung nach § 163 AO bewirkt aber als Grundlagenbescheid eine Ablaufhemmung nach § 171 Abs. 10 AO (vgl. BFH-Urteil vom 21. 9. 2000, IV R 54/99, BStBl. 2001 II S. 178).

2.5. Selbstanzeigen (§§ 371, 378 Abs. 3 AO) und Berichtigungserklärungen (§ 153 AO) lösen keine Ablaufhemmung nach § 171 Abs. 3 AO aus, sie bewirken ausschließlich eine Ablaufhemmung nach § 171 Abs. 9 AO (vgl. BFH-Urteil vom 8. 7. 2009, VIII R 5/07, BStBl. 2010 II S. 583).

2 a. Die Ablaufhemmung nach § 171 Abs. 3 a AO tritt auch dann ein, wenn nach Ablauf der Festsetzungsfrist ein zulässiger Rechtsbehelf eingelegt wird (§ 171 Abs. 3 a Satz 1 2. Halbsatz AO). Dies gilt auch dann, wenn der Rechtsbehelf nach Gewährung von Wiedereinsetzung in den vorigen Stand als fristgerecht zu behandeln ist; die Grundsätze des BFH-Urteils vom 24. 1. 2008, VII R 3/07, a. a. O. (vgl. AEAO zu § 171, Nr. 2) sind auf diesen Fall nicht übertragbar. **18**

§ 171 Abs. 3 a Satz 3 AO hemmt den Ablauf der Festsetzungsfrist nur im Falle der gerichtlichen Kassation eines angefochtenen Bescheids (vgl. BFH-Urteil vom 5. 10. 2004, VII R 77/03, BStBl. 2005 II S. 122, für Haftungsbescheide). Diese Ablaufhemmung gilt nicht im Fall der Aufhebung des Bescheids durch die Finanzbehörde, denn mit der Aufhebung eines Bescheids verliert er seine ablaufhemmende Wirkung. Hebt die Finanzbehörde allerdings in einem Verwaltungsakt den angefochtenen Bescheid unter gleichzeitigem Erlass eines neuen Bescheids auf, ist der neue Bescheid noch innerhalb der nach § 171 Abs. 3 a Satz 1 AO gehemmten Festsetzungsfrist ergangen (vgl. BFH-Urteil vom 5. 10. 2004, VII R 18/03, BStBl. 2005 II S. 323, für Haftungsbescheide).

3. Ablaufhemmung wegen Beginn einer Außenprüfung (§ 171 Abs. 4 AO) **19**

3.1. Zur erstmaligen Anwendung von § 171 Abs. 4 AO in der Fassung des Gesetzes vom 20. 12. 2022, BGBl. I S. 2730, gilt nach Art. 97 § 37 Abs. 2 EGAO Folgendes:

- § 171 Abs. 4 AO n. F. ist erstmals auf Steuern und Steuervergütungen anzuwenden, die nach dem 31. 12. 2024 entstehen.
- Auf Steuern und Steuervergütungen, die vor dem 1. 1. 2025 entstehen, ist § 171 Abs. 4 AO a. F. weiterhin anzuwenden; dies gilt auch dann, wenn für diese Steuern und Steuervergütungen nach dem 31. 12. 2024 eine Prüfungsanordnung bekanntgegeben wurde.

3.2. Soweit nichts anderes bestimmt ist (vgl. hierzu Nrn. 3.2.6 bis 3.2.11 des AEAO zu § 171), gelten die nachfolgenden Regelungen bei Anwendung des § 171 Abs. 4 AO a. F. wie bei Anwendung des § 171 Abs. 4 AO n. F. gleichermaßen:

3.2.1. Der Ablauf der Festsetzungsfrist wird durch den Beginn einer Außenprüfung (vgl. AEAO zu § 198, Nrn. 1 und 2) hinausgeschoben (§ 171 Abs. 4 AO). Die Ablaufhemmung tritt nicht ein, wenn eine zugrunde liegende Prüfungsanordnung unwirksam ist (BFH-Urteile vom 10. 4. 1987, III R 202/83, BStBl. 1988 II S. 165, und vom 17. 9. 1992, V R 17/86, BFH/NV 1993 S. 279).

3.2.2. Eine Außenprüfung hemmt den Ablauf der Festsetzungsfrist nur für Steuern, auf die sich die Prüfungsanordnung erstreckt (BFH-Urteile vom 18. 7. 1991, V R 54/87, BStBl. II S. 824, und vom 25. 1. 1996, V R 42/95, BStBl. II S. 338). Wird die Außenprüfung später auf bisher nicht einbezogene Steuern ausgedehnt, ist die Ablaufhemmung nur wirksam, soweit vor Ablauf der Festsetzungsfrist eine Prüfungsanordnung erlassen (vgl. AEAO zu § 196, Nr. 5) und mit der Außenprüfung auch insoweit ernsthaft begonnen wird (BFH-Urteil vom 2. 2. 1994, I R 57/93, BStBl. II S. 377).

3.2.3. Bei einem Antrag des Steuerpflichtigen auf Verschiebung des Prüfungsbeginns (§ 197 Abs. 2 AO) wird der Ablauf der Festsetzungsfrist nach § 171 Abs. 4 Satz 1 2. Alternative AO nur gehemmt, wenn dieser Antrag für die Verschiebung ursächlich war. Wird der Beginn der Außenprüfung nicht maßgeblich aufgrund eines Antrags des Steuerpflichtigen, sondern aufgrund eigener Belange der Finanzbehörde bzw. aus innerhalb deren Sphäre liegenden Gründen hinausgeschoben, läuft die Festsetzungsfrist ungeachtet des Antrags ab. Hinsichtlich der inhaltlichen Anforderungen an den Antrag auf Verschiebung des Prüfungsbeginns vgl. AEAO zu § 197, Nr. 11.

3.2.3.1. Bei einem vom Steuerpflichtigen gestellten Antrag auf zeitlich befristetes Hinausschieben des Beginns der Außenprüfung entfällt die Ablaufhemmung nach § 171 Abs. 4 Satz 1

AEAO

2. Alternative AO rückwirkend, wenn die Finanzbehörde nicht vor Ablauf von zwei Jahren nach Eingang des Antrags mit der Prüfung beginnt (vgl. BFH-Urteil vom 17. 3. 2010 IV R 54/07, BStBl. 2011 II S. 7). Stellt der Steuerpflichtige während der Zwei-Jahres-Frist einen weiteren Verschiebungsantrag, beginnt die Zwei-Jahres-Frist erneut (BFH-Urteil vom 19. 5. 2016 X R 14/15, BStBl. 2017 II S. 97).

3.2.3.2. Die Ablaufhemmung entfällt dagegen nicht, wenn der Antrag keine zeitlichen Vorgaben enthielt, mithin unbefristet bzw. zeitlich unbestimmt war (Antrag auf unbefristetes Hinausschieben), z. B. weil der Steuerpflichtige beantragt hat, wegen einer noch andauernden Vor-Betriebsprüfung zunächst deren Abschluss abzuwarten. In diesen Fällen endet die Festsetzungsfrist mit Ablauf von zwei Jahren, nachdem der Hinderungsgrund beseitigt ist und die Finanzbehörde hiervon Kenntnis hat, sofern nicht zuvor mit der Prüfung begonnen wurde (vgl. BFH-Urteil vom 1. 2. 2012 I R 18/11, BStBl. II S. 400).

3.2.4. Der Ablauf der Festsetzungsfrist wird auch gehemmt, wenn der Steuerpflichtige die Prüfungsanordnung angefochten hat und deren Vollziehung ausgesetzt wurde (vgl. BFH-Urteile vom 25. 1. 1989, X R 158/87, BStBl. II S. 483, und vom 17. 6. 1998, IX R 65/95, BStBl. 1999 II S. 4). Dies gilt unabhängig von der Dauer der Aussetzung der Vollziehung.

3.2.5. Auch wenn die Voraussetzungen für den Eintritt der Ablaufhemmung zunächst vorgelegen haben, entfällt diese rückwirkend wieder, wenn die Außenprüfung unmittelbar nach ihrem Beginn aus Gründen, die die Finanzverwaltung zu vertreten hat, länger als sechs Monate unterbrochen wird (§ 171 Abs. 4 Satz 2 AO). Eine spätere Unterbrechung der Prüfung lässt die eingetretene Ablaufhemmung dagegen unberührt (BFH-Urteil vom 16. 1. 1979, VIII R 149/77, BStBl. II S. 453). Die Frage, ob eine Außenprüfung unmittelbar nach ihrem Beginn unterbrochen worden ist (§ 171 Abs. 4 Satz 2 AO), ist grundsätzlich nach den Verhältnissen im Einzelfall zu beurteilen. Dabei sind neben dem zeitlichen Umfang der bereits durchgeführten Prüfungsmaßnahmen alle Umstände zu berücksichtigen, die Aufschluss über die Gewichtigkeit der Prüfungshandlungen vor der Unterbrechung geben.

Unabhängig vom Zeitaufwand ist eine Unterbrechung unmittelbar nach Beginn der Prüfung anzunehmen, wenn der Prüfer über Vorbereitungshandlungen, allgemeine Informationen über die betrieblichen Verhältnisse, das Rechnungswesen und die Buchführung und/oder die Sichtung der Unterlagen des zu prüfenden Steuerfalls bzw. ein allgemeines Aktenstudium nicht hinausgekommen ist.

Eine Außenprüfung ist nicht mehr unmittelbar nach Beginn unterbrochen, wenn die Prüfungshandlungen von Umfang und Zeitaufwand gemessen an dem gesamten Prüfungsstoff erhebliches Gewicht erreicht oder erste verwertbare Ergebnisse hervorgebracht haben (vgl. BFH-Urteil vom 24. 4. 2003, VII R 3/02, BStBl. II S. 739). Soweit dem Zeitmoment eine gewisse Bedeutung zukommt, besteht jedoch keine absolute oder relative zeitliche Mindestanforderung an die Dauer der Prüfung vom Beginn bis zur Unterbrechung. Die Verhältnisse bestimmen sich vielmehr nach den Umständen des Einzelfalls. Das Erfordernis erster verwertbarer Ergebnisse bedeutet nicht, dass die ermittelten Ergebnisse geeignet sein müssen, unmittelbar als Besteuerungsgrundlage Eingang in einen Steuer- oder Feststellungsbescheid zu finden; ausreichend ist vielmehr, dass Ermittlungsergebnisse vorliegen, an die bei der Wiederaufnahme der Prüfung angeknüpft werden kann.

Soweit Prüfungshandlungen bezüglich eines Prüfungsjahrs nachweislich erhebliches Gewicht erreicht oder erste verwertbare Ergebnisse hervorgebracht haben, gilt die Außenprüfung insgesamt – also auch bezogen auf andere Prüfungsjahre – als nicht unmittelbar nach dem Prüfungsbeginn unterbrochen i. S. d. § 171 Abs. 4 Satz 2 AO (vgl. BFH-Urteil vom 26. 4. 2017, I R 76/15, BStBl. II S. 1159).

Eine Beendigung einer Prüfungsunterbrechung i. S. v. § 171 Abs. 4 Satz 2 AO und damit die Wiederaufnahme einer unmittelbar nach ihrem Beginn unterbrochenen Prüfung wird nur durch solche Prüfungshandlungen bewirkt, die der Steuerpflichtige als eine Fortsetzung der Außenprüfung wahrnehmen kann; dazu gehören das Erscheinen des Prüfers am Prüfungsort, die Weiterführung der Prüfung, konkretes Anfordern von Unterlagen, Geschäftsbriefen, Verträgen etc. und – sofern der Prüfungsfall in ein Stadium gelangt ist, das eine Weiterbearbeitung an der Amtsstelle ermöglicht – nachvollziehbare, in den Akten ausgewiesene Handlungen zur Aufklärung, Ermittlung oder Auswertung der im Prüfungsverlauf bekannt gewordenen tatsächlichen und rechtlichen Sachverhalte. Handlungen im Innendienst der Finanzverwaltung, wie das Aktenstudium oder auch das bloße Zusammenstellen bisheriger Prüfungsergebnisse können daher nur ausnahmsweise geeignet sein, die Unterbrechung der Prüfung zu beenden (vgl. BFH-Urteile vom 24. 4. 2003, VII R 3/02, und vom 26. 4. 2017, I R 76/15, jeweils a. a. O.).

3.2.6. Ermittlungen i. S. d. § 171 Abs. 4 Satz 3 AO a. F. sind nur diejenigen Maßnahmen eines Betriebsprüfers, die darauf gerichtet sind, Besteuerungsgrundlagen zu überprüfen oder bisher noch nicht bekannte Sachverhaltselemente festzustellen, etwa indem der Prüfer Unterlagen anfordert, den Steuerpflichtigen in irgendeiner anderen Weise zur Mitwirkung auffordert oder vom Steuerpflichtigen nachgereichte Unterlagen auswertet (vgl. BFH-Urteil vom 28. 6. 2011, VIII R 6/09, BFH/NV S. 1830). Die Zusammenstellung des Prüfungsergebnisses im Prüfungsbericht stellt keine den Ablauf der Festsetzungsfrist hinausschiebende Ermittlungshandlung dar (BFH-Urteil vom 8. 7. 2009, XI R 64/07, BStBl. 2010 II S. 4).

3.2.7. Die Ablaufhemmung nach § 171 Abs. 4 Satz 1 AO endet nach § 171 Abs. 4 Satz 3 AO n. F. – vorbehaltlich einer anderweitigen und weitergehenden Ablaufhemmung der Festsetzungsfrist – spätestens 5 Jahre nach Ablauf des Kalenderjahres, in dem die Prüfungsanordnung nach §§ 122, 122 a AO bekanntgegeben wurde (Befristung der Ablaufhemmung). Zur Bekanntgabe der Prüfungsanordnung vgl. auch § 197 Abs. 5 AO i. V. m. Art. 97 § 37 Abs. 2 EGAO. AEAO

3.2.8. Wird auf Antrag des Steuerpflichtigen
– der Beginn der Außenprüfung verschoben oder
– die Außenprüfung unterbrochen,
verlängert sich die Befristung der Ablaufhemmung für die von der Prüfungsanordnung umfassten Steuern um die Dauer des Hinausschiebens oder der Unterbrechung (§ 171 Abs. 4 Satz 4 AO n. F.).

3.2.9. Nimmt die Finanzbehörde für die von der Prüfungsanordnung umfassten Steuern vor Ablauf der Befristung der Ablaufhemmung zwischenstaatliche Amtshilfe in Anspruch, verlängert sich diese Befristung um die Dauer der zwischenstaatlichen Amtshilfe, mindestens aber um ein Jahr, sofern der Steuerpflichtige vor Ablauf der Befristung auf die Inanspruchnahme der zwischenstaatlichen Amtshilfe hingewiesen wurde (§ 171 Abs. 4 Satz 5 und 6 AO n. F.).

3.2.10. Wird dem Steuerpflichtigen vor Ablauf der Festsetzungsfrist die Einleitung eines Strafverfahrens für eine der von der Prüfungsanordnung umfassten Steuern bekanntgegeben und wird infolgedessen mit einer Außenprüfung nicht begonnen oder eine bereits begonnene Außenprüfung unterbrochen, greift die Befristung der Ablaufhemmung nicht (§ 171 Abs. 4 Satz 7 Halbs. 1 AO n. F.). Ggf. sind die Ablaufhemmungen nach § 171 Abs. 5 oder 6 AO zu beachten (§ 171 Abs. 4 Satz 7 Halbsatz 2 AO n. F.).

3.2.11. Die Befristung der Ablaufhemmung wird außerdem unter den Voraussetzungen des § 200 a Abs. 4 und 5 AO verlängert oder außer Kraft gesetzt (§ 171 Abs. 4 Satz 8 AO n. F.).

4. Ablaufhemmung wegen Ermittlungen der Steuerfahndung

4.1. Die Ablaufhemmung des § 171 Abs. 5 Satz 1 AO bei Ermittlungen der Steuerfahndung (Zollfahndung) umfasst – anders als im Fall des § 171 Abs. 4 AO – nicht den gesamten Steueranspruch; vielmehr tritt die Hemmung nur in dem Umfang ein, in dem sich die Ergebnisse der Ermittlungen auf die festzusetzende Steuer auswirken (BFH-Urteil vom 14. 4. 1999, XI R 30/96, BStBl. II S. 478). Voraussetzung für die verjährungshemmende Wirkung einer Fahndungsprüfung ist jedoch, dass **20**
– vor Ablauf der Festsetzungsfrist tatsächlich Ermittlungshandlungen der Steuerfahndung vorgenommen worden sind und
– für den Steuerpflichtigen nicht nur klar und eindeutig erkennbar war, dass in seinen Steuerangelegenheiten ermittelt wird, sondern auch, in welchem konkreten Besteuerungs- bzw. Strafverfahren die Steuerfahndung ermittelt (BFH-Urteile vom 17. 12. 2015, V R 58/14, BStBl. 2016 II S. 574, und vom 17. 11. 2015, VIII R 67/13, BStBl. 2016 II S. 569).

4.2. Die Ermittlungshandlungen müssen sich gegen den Steuerschuldner selbst oder gegen ein Vertretungsorgan des Steuerschuldners richten (BFH-Urteil vom 17. 12. 2015, V R 58/14, BStBl. 2016 II S. 574). Im Falle der Zusammenveranlagung zur Einkommensteuer ist die Frage, ob Ermittlungsmaßnahmen vorgenommen wurden und eine Hemmung der Festsetzungsverjährung eingetreten ist, für jeden Ehegatten oder Lebenspartner gesondert zu prüfen (vgl. BFH-Urteil vom 17. 11. 2015, VIII R 68/13, BStBl. 2016 II S. 571). Wird ein Steuerpflichtiger von der Steuerfahndung in Steuerangelegenheiten eines Dritten zur Auskunft oder zur Vorlage von Unterlagen aufgefordert, lösen diese Ermittlungen ihm gegenüber keine Ablaufhemmung nach § 171 Abs. 5 Satz 1 AO aus.

4.3. Hinsichtlich des Ablaufs der nach § 171 Abs. 5 Satz 1 AO gehemmten Festsetzungsfrist kommt es nicht darauf an, ob aufgrund der Fahndungsprüfung Steuerbescheide „ergangen" sind. Entscheidend ist, ob aufgrund der Ermittlungen der Fahndungsprüfung – ggf. auch erstmalig – Steuerbescheide zu erlassen sind. Wenn dies der Fall ist, endet die Ablaufhemmung und damit die Festsetzungsfrist insoweit erst, wenn diese Steuerbescheide unanfechtbar geworden sind (BFH-Urteil vom 17. 12. 2015, V R 58/14, BStBl. 2016 II S. 574). § 171 Abs. 4 Satz 3 AO ist nicht entsprechend anwendbar. Die Ablaufhemmung des § 171 Abs. 5 Satz 1 AO ist nur dann ohne Bedeutung, wenn sich aufgrund einer Fahndungsprüfung keine Änderung der Besteuerungsgrundlagen ergibt.

4.4. Eine Ablaufhemmung nach § 171 Abs. 9 AO (z. B. aufgrund der Erstattung einer Selbstanzeige) schließt eine Ablaufhemmung nach § 171 Abs. 5 Satz 1 AO nicht aus, sofern deren Voraussetzungen vor Ablauf der ungehemmten Festsetzungsfrist erfüllt wurden. Muss das Finanzamt aufgrund unzureichender Angaben in der Selbstanzeige eigene Ermittlungen durch die Steuerfahndung anstellen, führen vor Ablauf der ungehemmten Festsetzungsfrist eingeleitete Ermittlungsmaßnahmen der Steuerfahndung zu einer eigenständigen Ablaufhemmung nach § 171 Abs. 5 Satz 1 AO, wenn die spätere Steuerfestsetzung auf diesen Ermittlungen beruht (BFH-Urteil vom 17. 11. 2015, VIII R 68/13, BStBl. 2016 II S. 571).

5. Bei einer vorläufigen Steuerfestsetzung nach § 165 Abs. 1 Satz 1 AO endet die Festsetzungsfrist nicht vor Ablauf eines Jahres, nachdem die Finanzbehörde von der Beseitigung der Unge- **21**

AEAO

wissheit Kenntnis erhalten hat (§ 171 Abs. 8 Satz 1 AO). Bei einer vorläufigen Steuerfestsetzung nach § 165 Abs. 1 Satz 2 AO endet die Festsetzungsfrist nicht vor Ablauf von zwei Jahren, nachdem die Finanzbehörde von der Beseitigung der Ungewissheit Kenntnis erlangt hat (§ 171 Abs. 8 Satz 2 AO). Die Ablaufhemmung beschränkt sich dabei auf den für vorläufig erklärten Teil der Steuerfestsetzung.

Eine Ungewissheit, die Anlass für eine vorläufige Steuerfestsetzung war, ist beseitigt, wenn die Tatbestandsmerkmale für die endgültige Steuerfestsetzung feststellbar sind. „Kenntnis" i. S. d. § 171 Abs. 8 AO verlangt positive Kenntnis der Finanzbehörde von der Beseitigung der Ungewissheit, ein „Kennen-müssen" von Tatsachen steht der Kenntnis nicht gleich (BFH-Urteil vom 26. 8. 1992, II R 107/90, BStBl. 1993 II S. 5).

22 **6.** § 171 Abs. 10 Satz 1 AO gewährt eine maximale Anpassungsfrist von zwei Jahren nach Bekanntgabe eines durch eine Finanzbehörde erlassenen Grundlagenbescheids (vgl. BFH-Urteil vom 19. 1. 2005, X R 14/04, BStBl. II S. 242). Der Zeitpunkt des Zugangs der finanzverwaltungsinternen Mitteilung über den Grundlagenbescheid bei der für den Erlass des Folgebescheids zuständigen Finanzbehörde ist für die Fristbestimmung ebenso unbeachtlich wie der Zeitpunkt, an dem der Grundlagenbescheid unanfechtbar geworden ist. Eine Anfechtung des Grundlagenbescheids führt lediglich zur Hemmung der Feststellungsfrist (§ 181 Abs. 1 Satz 1 i. V. m. § 171 Abs. 3 a AO), nicht aber zur Hemmung der Festsetzungsfrist der Folgebescheide (vgl. BFH-Urteil vom 19. 1. 2005, X R 14/04, a. a. O.).

23 **6.1.** Bei Grundlagenbescheiden, die nicht von einer Finanzbehörde erlassen werden, beginnt die Zweijahresfrist nach § 171 Abs. 10 Satz 2 AO in dem Zeitpunkt, in dem die für den Erlass des Folgebescheids zuständige Finanzbehörde Kenntnis von diesem Grundlagenbescheid erlangt hat.

§ 171 Abs. 10 Satz 2 AO gilt für alle am 31. 12. 2016 noch nicht abgelaufenen Festsetzungsfristen (Art. 97 § 10 Abs. 14 EGAO).

24 **6.2.** Werden Feststellungen im Grundlagenbescheid in einem Feststellungs-, Einspruchs- oder Klageverfahren geändert, führt dies zu einer erneuten Anpassungspflicht nach § 175 Abs. 1 Satz 1 Nr. 1 AO und damit wiederum zu einer Ablaufhemmung nach § 171 Abs. 10 Satz 1 oder 2 AO. Dagegen setzt ein Grundlagenbescheid, der einen gleichartigen, dem Inhaltsadressaten wirksam bekannt gegebenen Steuerverwaltungsakt in seinem verbindlichen Regelungsgehalt lediglich wiederholt, oder eine Einspruchs- oder Gerichtsentscheidung, die einen Grundlagenbescheid lediglich bestätigt, keine neue Zwei-Jahresfrist in Lauf (vgl. BFH-Urteile vom 13. 12. 2000, X R 42/96, BStBl. 2001 II S. 471, und vom 19. 1. 2005, X R 14/04, BStBl. II S. 242).

25 **6.3.** Die Aufhebung des Vorbehalts der Nachprüfung eines Grundlagenbescheids steht dem Erlass eines geänderten Grundlagenbescheids gleich. Sie setzt daher die Zwei-Jahresfrist des § 171 Abs. 10 Satz 1 AO in Lauf. Dies gilt auch dann, wenn der Vorbehalt der Nachprüfung hinsichtlich des Grundlagenbescheids aufgehoben wird, ohne dass eine sachliche Änderung des Grundlagenbescheids erfolgt (BFH-Urteil vom 11. 4. 1995, III B 74/92, BFH/NV S. 943). Soweit ein Folgebescheid den nunmehr endgültigen Grundlagenbescheid noch nicht berücksichtigt hat, muss er selbst dann nach § 175 Abs. 1 Satz 1 Nr. 1 AO korrigiert werden, wenn der Vorbehalt der Nachprüfung des Grundlagenbescheids aufgehoben wurde, ohne dass eine sachliche Änderung des Grundlagenbescheids erfolgt.

26 **6.4.** Die Feststellung der Nichtigkeit eines Feststellungsbescheids durch Verwaltungsakt (vgl. AEAO zu § 125, Nr. 4) stellt einen Grundlagenbescheid dar. Die Nichtigkeitsfeststellung ist gemäß § 125 Abs. 5 AO auch nach Ablauf der Feststellungsfrist zulässig und ermöglicht nach § 171 Abs. 10 AO binnen zwei Jahren die Folgeänderung (BFH-Urteil vom 20. 8. 2014, X R 15/10, BStBl. 2015 II S. 109).

27 **6.5.** Ein Grundlagenbescheid, der nicht den Vorschriften der Feststellungsverjährung (§ 181 AO) unterliegt, löst die Ablaufhemmung nach § 171 Abs. 10 Satz 1 oder 2 AO nur dann aus, wenn er vor Ablauf der Festsetzungsfrist des Folgebescheids bei der für den Erlass des Grundlagenbescheids zuständigen Behörde beantragt worden ist (§ 171 Abs. 10 Satz 3 AO). Hierunter fallen neben Grundlagenbescheiden ressortfremder Behörden (z. B. Bescheinigungen nach § 4 Nr. 20 Buchstabe a UStG) auch Bescheide über Billigkeitsmaßnahmen nach § 163 AO, weil auch insoweit die Regelungen der §§ 179 ff. AO nicht gelten. Die Festsetzungsfrist für den Folgebescheid läuft in diesen Fällen nicht ab, solange über den Antrag auf Erlass des Grundlagenbescheids noch nicht unanfechtbar entschieden worden ist.

28 **6.6.** Die Festsetzungsfrist für einen Folgebescheid läuft nach § 171 Abs. 10 Satz 4 AO nicht ab, solange der Ablauf der Festsetzungsfrist des von der Bindungswirkung nicht erfassten Teils der Steuer aufgrund einer Außenprüfung nach § 171 Abs. 4 AO gehemmt ist. Diese Regelung ermöglicht es, die Anpassung des Folgebescheids an einen Grundlagenbescheid (§ 175 Abs. 1 Satz 1 Nr. 1 AO) und die Auswertung der Ergebnisse der Außenprüfung zusammenzufassen.

29 **6.7.** Bei der Entscheidung, ob eine gesonderte Feststellung durchgeführt oder geändert werden kann, ist die Frage der Verjährung der von der Feststellung abhängigen Steuern nicht zu prüfen. Ist die Feststellungsfrist bereits abgelaufen, die Steuerfestsetzung in einem Folgebescheid aber noch zulässig, so gilt § 181 Abs. 5 AO.

6.8. Beispiele zur Anwendung des § 171 Abs. 10 Satz 1 AO.[1] 30

Beispiel 1:

Bei der im Jahr 03 durchgeführten ESt-Veranlagung 01 (Abgabe der Steuererklärung im Jahr 03) wurden die Beteiligungseinkünfte in erklärter Höhe berücksichtigt. Ein von den erklärten Werten abweichender Grundlagenbescheid wird am 4. 4. 06 bekannt gegeben.

Lösung:

Obgleich die allgemeine Festsetzungsfrist gem. § 170 Abs. 2 Satz 1 Nr. 1 AO mit Ablauf des 31. 12. 07 endet, kann eine Anpassung des ESt-Bescheids 01 an den Grundlagenbescheid gem. § 171 Abs. 10 Satz 1 AO bis zum Ablauf des 4. 4. 08 erfolgen, da insoweit die Festsetzungsfrist nicht vor Ablauf von zwei Jahren nach Bekanntgabe des Grundlagenbescheids endet.

Beispiel 2:

Wie Beispiel 1, allerdings wird der Grundlagenbescheid am 4. 4. 05 bekannt gegeben.

Lösung:

Eine Anpassung des ESt-Bescheids kann bis zum Ablauf der allgemeinen Festsetzungsfrist am 31. 12. 07 erfolgen. Ohne Bedeutung ist, dass die Zwei-Jahresfrist des § 171 Abs. 10 Satz 1 AO bereits mit Ablauf des 4. 4. 07 endet.

Beispiel 3:

Wie Beispiel 1, die Bekanntgabe des Grundlagenbescheids erfolgt in offener Feststellungsfrist, jedoch nach Ablauf der allgemeinen Festsetzungsfrist, am 4. 4. 08.

Lösung:

Eine Anpassung des ESt-Bescheids 01 an den Grundlagenbescheid ist gem. § 171 Abs. 10 Satz 1 AO bis zum Ablauf des 4. 4. 10 möglich, da die Festsetzungsfrist insoweit nicht vor Ablauf von zwei Jahren nach Bekanntgabe des Grundlagenbescheids endet.

6.9. Zur Anwendung des § 171 Abs. 10 AO bei Zinsbescheiden siehe AEAO zu § 239, Nr. 2. 31

7. § 171 Abs. 10a AO ist erstmals anzuwenden, wenn steuerliche Daten eines Steuerpflichtigen für Besteuerungszeiträume nach 2016 oder Besteuerungszeitpunkte nach dem 31. 12. 2016 auf Grund gesetzlicher Vorschriften von einem Dritten als mitteilungspflichtiger Stelle elektronisch an Finanzbehörden zu übermitteln sind (Art. 97 § 27 Abs. 2 EGAO). 32

8. § 171 Abs. 14 AO verlängert die Festsetzungsfrist bis zum Ablauf der Zahlungsverjährung für die Erstattung von rechtsgrundlos gezahlten Steuern. Die Finanzbehörde kann daher Steuerfestsetzungen, die wegen Bekanntgabemängeln unwirksam waren oder deren wirksame Bekanntgabe die Finanzbehörde nicht nachweisen kann (vgl. § 122 Abs. 2 Halbsatz 2 AO), noch nach Ablauf der regulären Festsetzungsfrist nachholen, soweit die Zahlungsverjährungsfrist für die bisher geleisteten Zahlungen noch nicht abgelaufen ist (vgl. BFH-Urteil vom 13. 3. 2001, VIII R 37/00, BStBl. II S. 430). 33

Erlass betr. Antrag auf Steuerfestsetzung i. S. d. § 171 Abs. 3 AO durch Abgabe einer Steuererklärung Anl

Vom 14. Juni 2025 (BeckVerw 655497)

(FSen Berlin S 0342-1/2008-5-14)

1. Pflichtveranlagung

1.1. Die Abgabe einer gesetzlich vorgeschriebenen Steuererklärung führt nach ständiger Rechtsprechung für sich allein keine Ablaufhemmung nach § 171 Abs. 3 AO herbei (AEAO zu § 171, Nr. 2.2, Satz 1). Dies gilt hinsichtlich einer Umsatzsteuererklärung auch dann, wenn mit ihr ein Anspruch auf Auszahlung eines Überschusses geltend gemacht wird (AEAO zu § 171, Nr. 2.2, Sätze 1, 2). 34

1.2. § 171 Abs. 3 AO ist jedoch nicht zu entnehmen, dass die Vorschrift nur Anträge auf Maßnahmen erfassen soll, welche die Behörde nicht von Amts wegen vornehmen muss (vgl. BFH-Urteil vom 24. Juni 2008 IX R 64/06, Rn. 30). 35

Stellt der Steuerpflichtige in zeitlichem Abstand zur verpflichtenden Erklärungsabgabe vor Ablauf der Festsetzungsfrist einen separaten Antrag auf Durchführung der Steuerfestsetzung (Bearbeitung seiner abgegebenen Steuererklärung), so führt das zur Ablaufhemmung des § 171 Abs. 3 AO (vgl. BFH-Urteil vom 22. 1. 2013 IX R 1/12, Rz. 18, 19). Davon kann regelmäßig ausgegangen werden, wenn der Zeitraum zwischen Erklärungsabgabe und Antrag sechs Monate übersteigt (vgl. auch das Urteil des Finanzgericht Berlin-Brandenburg vom 29. 6. 2022 16 K 16128/21).

Der Untätigkeitseinspruch nach § 347 Abs. 1 Satz 2 AO bleibt unberührt (vgl. BFH-Urteil vom 22. 1. 2013 IX R 1/12, Rz. 14, 17).

1.3. In der Kombination von Erklärungseinreichung und damit im Zusammenhang stehender Antragstellung (auf Durchführung einer Festsetzung oder Feststellung) kann jedoch kein Antrag i. S. d. § 171 Abs. 3 AO gesehen werden (BFH-Urteil vom 15. 5. 2013 IX R 5/11; AEAO zu § 171, Nr. 2.2, Satz 3). 36

1.4. Bei einer bereits erfolgten Steuerfestsetzung gilt die außerhalb der Einspruchsfrist kommentarlose Abgabe einer erstmaligen, abweichenden Steuererklärung als Antrag auf geänderte Steuerfestsetzung i. S. d. § 171 Abs. 3 AO (vgl. BFH-Urteil vom 7. 8. 2024 IV R 9/22 zu § 164 Abs. 2 Satz 2 AO). 37

2. Antragsveranlagung

Bei Antragsveranlagung siehe Nr. 2.3 des AEAO zu § 171. 38

[1] **[Amtl. Anm.:]** Es wird unterstellt, dass kein Fristende auf einen Sonntag, einen gesetzlichen Feiertag oder einen Sonnabend fällt.

AEAO **Vor §§ 172 bis 177 – Bestandskraft:**

1 **1.** Die §§ 172ff. AO regeln die Durchbrechung der materiellen Bestandskraft (Verbindlichkeit einer Verwaltungsentscheidung). Sie ist von der formellen Bestandskraft (Unanfechtbarkeit) zu unterscheiden. Diese liegt vor, soweit ein Verwaltungsakt nicht oder nicht mehr mit Rechtsbehelfen angefochten werden kann. Unanfechtbarkeit bedeutet nicht Unabänderbarkeit. Dementsprechend können auch Steuerfestsetzungen unter dem Vorbehalt der Nachprüfung unanfechtbar werden (vgl. BFH-Urteil vom 19. 12. 1985, V R 167/82, BStBl. 1986 II S. 420).

2 **2.** Die Vorschriften über die materielle Bestandskraft gelten für Steuerfestsetzungen i. S. d. § 155 AO sowie für alle Festsetzungen, für die die Vorschriften über das Steuerfestsetzungsverfahren anzuwenden sind. Keine Anwendung finden sie bei der Rücknahme eines rechtswidrigen und dem Widerruf eines rechtmäßigen begünstigenden oder nicht begünstigenden sonstigen Verwaltungsakts (vgl. AEAO vor §§ 130, 131).

3 **3.** Die materielle Bestandskraft wird nur durchbrochen, soweit es das Gesetz zulässt. Die Zulässigkeit ergibt sich nicht nur aus der AO selbst (z. B. §§ 164, 165, 172 bis 175 b AO), sondern auch aus anderen Steuergesetzen (z. B. § 10d Abs. 1 EStG; § 35 b GewStG; §§ 24 und 24 a BewG; § 20 GrStG).[1]

4 **4.** Steuerfestsetzungen unter Vorbehalt der Nachprüfung sowie Vorauszahlungsbescheide (§ 164 Abs. 1 Satz 2 AO) und Steueranmeldungen (§ 150 Abs. 1 Satz 2, § 168 AO), die kraft Gesetzes unter Vorbehalt der Nachprüfung stehen, sind unabhängig von der formellen Bestandskraft nach § 164 Abs. 2 AO dem Umfang nach uneingeschränkt änderbar, solange der Vorbehalt nicht aufgehoben worden oder entfallen ist; § 176 AO bleibt unberührt.

5 **5.** Die falsche Bezeichnung der Änderungsvorschrift im Änderungsbescheid führt nicht zur Rechtswidrigkeit des geänderten Bescheids (BFH-Urteil vom 21. 10. 2014, VIII R 44/11, BStBl. 2015 II S. 593). Für die Rechtmäßigkeit eines Änderungsbescheids ist allein maßgeblich, dass er im Zeitpunkt seines Erlasses durch eine Änderungsmöglichkeit gedeckt ist (ständige BFH-Rechtsprechung).

6 **6.** Zeitlich ist die Aufhebung, Änderung oder Berichtigung einer Steuerfestsetzung nur innerhalb der Festsetzungsfrist zulässig (§ 169 AO).

7 **7.** Bei Änderung oder Berichtigung von Steuerfestsetzungen sind die Vorschriften der KBV[2] zu beachten.

8. Steuerliche Wahlrechte

8 **8.1.** Ein steuerliches Wahlrecht[3] liegt vor, wenn ein Steuergesetz für einen bestimmten Tatbestand – ausnahmsweise – mehr als eine Rechtsfolge vorsieht und es dem Steuerpflichtigen überlassen bleibt, sich für eine dieser Rechtsfolgen zu entscheiden. Übt der Steuerpflichtige dieses Wahlrecht nicht oder nicht wirksam aus, tritt die vom Gesetzgeber als Regelfall vorgesehene Rechtsfolge ein.

8.2. Die Ausübung des Wahlrechts („Antrag") ist eine empfangsbedürftige Willenserklärung. Soweit im Gesetz keine besondere Form (z. B. Schriftform oder amtlicher Vordruck; vgl. § 13 a Abs. 2 Satz 3 EStG, § 4 a Abs. 1 UStG) vorgeschrieben ist, kann das Wahlrecht auch durch schlüssiges Verhalten ausgeübt werden (vgl. BFH-Urteil vom 11. 12. 1997, V R 50/94, BStBl. 1998 II S. 420).

8.3. Sieht das Gesetz einen unwiderruflichen Antrag vor (vgl. z. B. § 5 a Abs. 1, § 10 Abs. 1 a Nr. 1 Satz 3 EStG; bis 31. 12. 2014: § 10 Abs. 1 Nr. 1 Satz 3 EStG), wird die Willenserklärung bereits mit ihrem Zugang beim Finanzamt wirksam und kann von diesem Zeitpunkt an nicht mehr zurückgenommen oder widerrufen werden (vgl. BFH-Urteil vom 17. 1. 1995, IX R 37/91, BStBl. II S. 410); Ausnahme: Anfechtung nach §§ 119ff. BGB.

8.4. Setzt die Ausübung des Wahlrechts die Zustimmung des Finanzamts oder Dritter (vgl. § 10 Abs. 1 a Nr. 1 Satz 1 EStG; bis 31. 12. 2014: § 10 Abs. 1 Nr. 1 Satz 1 EStG) voraus, treten die Rechtswirkungen der vom Steuerpflichtigen getroffenen Wahl erst mit dieser Zustimmungserklärung ein. Dies gilt entsprechend, wenn das Wahlrecht von mehreren Steuerpflichtigen einheitlich ausgeübt werden muss (vgl. z. B. § 33 a Abs. 2 Satz 5, § 33 b Abs. 5 Satz 3 EStG).

Die Zustimmung des Finanzamts kann auch konkludent erfolgen, soweit nichts anderes bestimmt ist. Eine konkludente Zustimmung zu einem Antrag des Steuerpflichtigen kann insbesondere in einer „erklärungsgemäßen Veranlagung" zu sehen sein (BFH-Urteile vom 7. 11. 2013, IV R 13/10, BStBl. 2015 II S. 226 und vom 23. 12. 2021, V B 22/21 (AdV), BFH/NV 2022 S. 741).

8.5. Soweit das Gesetz im Einzelfall keine bestimmte Frist (vgl. z. B. § 5 a Abs. 3 EStG; § 23 Abs. 3 Satz 1 UStG) zur Ausübung des Wahlrechts („Antragsfrist") vorsieht, kann das Wahlrecht

[1] §§ 15 a UStG, 16 GrEStG, 70 EStG (Kindergeld).

[2] Abgedruckt als Anl. zu § 156 AO.

[3] Hat der Steuerpflichtige sein Wahlrecht, größere Erhaltungsaufwendungen nach § 82 b EStDV anteilig gleichmäßig zu verteilen, – ausdrücklich oder konkludent – ausgeübt und ist die betreffende Steuerfestsetzung bestandskräftig geworden, so ist er an die einmal getroffene Wahl auch in den Folgejahren gebunden. Das Wahlrecht kann nämlich nicht mehr ausgeübt werden, wenn die Erhaltungsaufwendungen im Jahr ihrer Entstehung bestandskräftig und in vollem Umfang nach der Grundregel des § 11 Abs. 2 EStG abgezogen worden sind *(BFH-Beschluss vom 7. 12. 2006 IX B 50/06, BFH/NV 2007 S. 1135).*

AEAO

grundsätzlich bis zum Ablauf der Festsetzungsfrist ausgeübt werden. Die Bestandskraft des Steuerbescheids, in dem sich das Wahlrecht auswirkt, schränkt allerdings die Wahlrechtsausübung ein.

8.5.1. Nach Eintritt der Unanfechtbarkeit[1] der Steuerfestsetzung können Wahlrechte grundsätzlich nur noch ausgeübt oder widerrufen werden, soweit die Steuerfestsetzung nach §§ 129, 164, 165, 172 ff. AO oder nach entsprechenden Regelungen in den Einzelsteuergesetzen (vgl. AEAO vor §§ 172 bis 177, Nr. 3) korrigiert werden kann (vgl. BFH-Urteil vom 30. 8. 2001, IV R 30/99, BStBl. 2002 II S. 49 m. w. N.); dabei sind die §§ 177 und 351 Abs. 1 AO zu beachten (vgl. BFH-Urteil vom 27. 10. 2015, X R 44/13, BStBl. 2016 II S. 278). Die nachträgliche oder geänderte Ausübung eines Antrags- oder Wahlrechts stellt für sich genommen keine verfahrensrechtliche Grundlage für die Änderung von Bescheiden dar. Dies gilt auch dann, wenn sie auf einer Änderung der wirtschaftlichen Geschäftsgrundlage beruht (BFH-Urteil vom 9. 12. 2015, X R 56/13, BStBl. 2016 II S. 967).

8.5.2. Wahlrechte, für deren Ausübung das Gesetz keine Frist vorsieht und für die es grundsätzlich auch keine Bindung an die einmal getroffene Wahl gibt, können grundsätzlich bis zur Unanfechtbarkeit eines Änderungsbescheids (erneut) ausgeübt werden. Dies gilt allerdings nur für das Veranlagungswahlrecht nach § 26 EStG (vgl. BFH-Urteile vom 19. 5. 1999, XI R 97/94, BStBl. II S. 762, vom 24. 1. 2002, III R 49/00, BStBl. II S. 408 m. w. N. und vom 9. 12. 2015, X R 56/13, a. a. O.). Nach Eintritt der Unanfechtbarkeit des Steuerbescheids kann die Wahl der Veranlagungsart jedoch nur unter den Voraussetzungen des § 26 Abs. 2 Satz 4 EStG geändert werden.

8.5.3. Wurde ein steuererhöhender Änderungsbescheid erlassen, mit dem ein weiterer steuererheblicher Sachverhalt erfasst worden und aufgrund dessen überhaupt erst die wirtschaftliche Notwendigkeit entstanden ist, sich mit der erstmaligen bzw. geänderten Ausübung eines Antrags- oder Wahlrechts zu befassen, kann das Antrags- oder Wahlrecht noch bis zur Unanfechtbarkeit des Änderungsbescheids ausgeübt werden. Dies gilt jedoch nur unter der Voraussetzung, dass die steuerlichen Auswirkungen des Antrags- oder Wahlrechts insgesamt den Änderungsrahmen des § 351 Abs. 1 AO nicht übersteigen. Ein Antrags- oder Wahlrecht ist nicht teilbar (vgl. BFH-Urteile vom 27. 10. 2015, X R 44/13, a. a. O., und vom 9. 12. 2015, X R 56/13, a. a. O.).

8.5.4. Die steuerrechtliche Wirkung von Wahlrechten, die nur bis zur Bestandskraft der Steuerfestsetzung ausgeübt werden können, kann nach Eintritt dieses Zeitpunkts nicht nach § 172 Abs. 1 Satz 1 Nr. 2 Buchstabe a AO beseitigt werden (vgl. BFH-Urteil vom 18. 12. 1973, VIII R 101/69, BStBl. 1974 II S. 319).

Die Wahlrechtsausübung kann nicht durch einen Austausch gegen bisher nicht berücksichtigte Besteuerungsgrundlagen rückgängig gemacht werden; infolge der Bestandskraft der Steuerfestsetzung ist der Steuerpflichtige an seine Wahl gebunden (vgl. BFH-Urteil vom 25. 2. 1992, IX R 41/91, BStBl. II S. 621).

8.5.5. Die nachträgliche Ausübung eines Wahlrechts oder der Widerruf eines bereits ausgeübten Wahlrechts ist keine neue Tatsache i. S. d. § 173 AO, sondern Verfahrenshandlung (vgl. BFH-Urteil vom 25. 2. 1992, IX R 41/91, a. a. O.).

Ausnahmsweise liegt ein rückwirkendes Ereignis i. S. d. § 175 Abs. 1 Satz 1 Nr. 2 AO vor, wenn die Wahlrechtsausübung oder ihr Widerruf selbst Merkmal des gesetzlichen Tatbestands ist. Zum durch die Zustimmungserklärung des Empfängers qualifizierten Antrag nach § 10 Abs. 1 a Nr. 1 Satz 1 EStG (bis 31. 12. 2014: § 10 Abs. 1 Nr. 1 Satz 1 EStG) vgl. BFH-Urteil vom 12. 7. 1989, X R 8/84, BStBl. II S. 957. Zum Widerruf der Wahlrechtsausübung in den Fällen des § 37 b EStG in Bezug auf die beim Zuwendungsempfänger vorzunehmende Besteuerung vgl. BFH-Urteil vom 15. 6. 2016, VI R 54/15, BStBl. II S. 1010.

8.5.6. Zur Änderung von Steuerfestsetzungen nach § 175 Abs. 1 Satz 1 Nr. 1 AO bei nachträglichem Antrag auf Anwendung des § 33 b EStG vgl. BFH-Urteil vom 13. 12. 1985, III R 204/81, BStBl. 1986 II S. 245 und H 33 b (Allgemeines) EStH.

9. Wegen der Berichtigung offenbarer Unrichtigkeiten Hinweis auf § 129 AO. 9

---

[1] *BFH-Urteil vom 21. 8. 2019 X R 16/17, BStBl. 2020 II S. 99:* Der Antrag auf Einbeziehung der Kapitalerträge in die Einkommensteuerveranlagung nach § 32 d Abs. 4 EStG (sog. Antragsveranlagung) stellt ein unbefristetes Veranlagungswahlrecht dar. 2. Der Antrag nach § 32 d Abs. 4 EStG kann zeitlich auch nach der Abgabe der Einkommensteuererklärung gestellt werden, sofern die Steuerfestsetzung zu diesem Zeitpunkt verfahrensrechtlich noch änderbar ist.

Der zeitlich unbefristete Antrag auf Günstigerprüfung gemäß § 32 d Abs. 6 EStG kann nach der Unanfechtbarkeit des Einkommensteuerbescheids nur dann zu einer Änderung der Einkommensteuerfestsetzung führen, wenn die Voraussetzungen einer Änderungsvorschrift erfüllt sind *(BFH-Urteil vom 12. 5. 2015 VIII R 14/13, BStBl. II S. 806)*.

Einkommensteuerrechtliche Antrags- oder Wahlrechte können auch nach Eintritt der Bestandskraft eines vorangehenden Bescheids jedenfalls dann erstmalig ausgeübt oder geändert werden, wenn das FA einen steuererhöhenden Änderungsbescheid erlassen hat, mit dem ein weiterer steuererheblicher Sachverhalt erfasst worden ist, aufgrund dessen überhaupt erst die wirtschaftliche Notwendigkeit entstanden ist, sich mit der erstmaligen bzw. geänderten Ausübung eines Antrags- oder Wahlrechts zu befassen (Abweichung vom BFH-Beschluss vom 10. Mai 2010 IX B 220/09, BFH/NV 2010 S. 1415 mit Zustimmung des IX. Senats). Die nachträgliche Antrags- oder Wahlrechtsausübung wird in zeitlicher Hinsicht durch die formelle Bestandskraft des Änderungsbescheids und in betragsmäßiger Hinsicht durch den Änderungsrahmen des § 351 Abs. 1 AO begrenzt *(BFH-Urteil vom 27. 10. 2015 X R 44/13, BStBl. 2016 II S. 278)*.

III. Bestandskraft

AO

§ 172[1] Aufhebung und Änderung von Steuerbescheiden[2]

1 (1) ① **Ein Steuerbescheid darf, soweit er nicht vorläufig oder unter dem Vorbehalt der Nachprüfung ergangen ist, nur aufgehoben oder geändert werden,**

1. wenn er Verbrauchsteuern betrifft,

2. wenn er andere Steuern als Einfuhr- oder Ausfuhrabgaben nach Artikel 5 Nummer 20 und 21 des Zollkodex der Union oder Verbrauchsteuern betrifft

a) soweit der Steuerpflichtige zustimmt[3] oder seinem Antrag[4] der Sache nach entsprochen wird; dies gilt jedoch zugunsten des Steuerpflichtigen nur, soweit er vor

---

[1] Siehe auch Art. 97 § 18 a Abs. 2, 5, 7 und 9 EGAO **(Anhang I Nr. 1).**
Zur Berichtigung im Rechtsbehelfs- bzw. Rechtsmittelverfahren vgl. § 132 AO.
Zur Kompensation mit Rechtsfehlern vgl. § 177 AO.
Vgl. auch Anm. zu **AEAO vor §§ 130, 131.**

BFH-Urteil vom 16. 9. 2010 V R 57/09, BStBl. 2011 II S. 151: Ein Steuerbescheid ist auch bei einem erst nachträglich erkannten Verstoß gegen das Unionsrecht nicht unter günstigeren Bedingungen als bei einer Verletzung innerstaatlichen Rechts änderbar. Das Korrektursystem der §§ 172 ff. AO regelt die Durchsetzung der sich aus dem Unionsrecht ergebenden Ansprüche abschließend. Nach den Vorgaben des Unionsrechts muss das steuerrechtliche Verfahrensrecht auch keine weitergehenden Korrekturmöglichkeiten für Steuerbescheide vorsehen (Bestätigung des *BFH-Urteils vom 23. 11. 2006 V R 67/05, BStBl. 2007 II S. 436).*

Die Ersetzungsregelung des § 365 Abs. 3 AO findet keine analoge Anwendung auf Änderungen nach §§ 172 ff. AO außerhalb eines Einspruchsverfahrens *(BFH-Urteil vom 7. 11. 2006 VI R 14/05, BStBl. 2007 II S. 236).*

Die Bestandskraft eines nach § 172 Abs. 1 Satz 1 Nr. 2 a AO ergangenen Steueränderungsbescheids steht einer erneuten Änderung der Steuerfestsetzung nach dieser Vorschrift unter Berufung auf die vorausgegangene Zustimmung bzw. den vorausgegangenen Antrag entgegen *(BFH-Urteil vom 7. 11. 2006 VI R 14/05, BStBl. 2007 II S. 236).*

[2] Die falsche Bezeichnung der Änderungsvorschrift im Änderungsbescheid führt nicht zur Rechtswidrigkeit des geänderten Bescheids *(BFH-Urteil vom 21. 10. 2014 VIII R 44/11, BStBl. 2015 II S. 593).* Zum **Verhältnis des ursprünglichen Bescheides zum Änderungsbescheid** vgl. *BFH-Beschluss vom 25. 10. 1972 GrS 1/72, BStBl. 1973 II S. 231; BFH-Urteil vom 14. 11. 1989 VIII R 102/87, BStBl. 1990 II S. 545:* Ein Änderungsbescheid umfasst den ursprünglichen Bescheid, d. h., er nimmt ihn in seinen Regelungsinhalt mit auf. Solange der Änderungsbescheid Bestand hat, entfaltet der ursprüngliche Bescheid keine Wirkung. Der ursprüngliche Bescheid tritt jedoch wieder in Kraft, wenn der Änderungsbescheid aufgehoben wird.

BFH-Urteil vom 16. 9. 2010 VI R 57/09, BFH/NV 2011 S. 99: Ein Steuerbescheid ist auch bei einem erst nachträglich erkannten Verstoß gegen das Unionsrecht nicht unter günstigeren Bedingungen als bei einer Verletzung innerstaatlichen Rechts änderbar. Das Korrektursystem der §§ 172 ff. AO regelt die Durchsetzung der sich aus dem Unionsrecht ergebenden Ansprüche abschließend. Nach den Vorgaben des Unionsrechts muss das steuerrechtliche Verfahrensrecht auch keine weitergehenden Korrekturmöglichkeiten für Steuerbescheide vorsehen (Bestätigung des *BFH-Urteils vom 23. 11. 2006 V R 67/05, BStBl. II 2007 S. 436).*

Hat das FA einen Schenkungsteuerbescheid in der Annahme aufgehoben, der betreffende Erwerb sei der Erbschaftsteuer zu unterwerfen, hebt es jedoch später auch diesen Aufhebungsbescheid auf, weil es nunmehr doch Schenkungsteuer meint beanspruchen zu können, so wird dadurch die Festsetzung der Schenkungsteuer wieder in Kraft gesetzt *(BFH-Beschluss vom 9. 12. 2004 VII R 16/03, BStBl. 2006 II S. 346).*

Wird ein Steuerbescheid zugunsten des Stpfl. geändert, ist der Änderungsbescheid grundsätzlich nicht mehr anfechtbar. Ein entsprechender Rechtsbehelf ist unzulässig *(BFH-Beschluss vom 7. 10. 2003 X B 53/03, BFH/NV 2004 S. 156).*

Ehegatten können ihr **Veranlagungswahlrecht** bei Erlass eines ESt-Änderungsbescheids erneut ausüben. Die erneute Wahl wird allerdings gegenstandslos, wenn der Änderungsbescheid wieder aufgehoben wird *(BFH-Urteil vom 24. 5. 1991 III R 105/89, BStBl. 1992 II S. 123).*

Das Veranlagungswahlrecht darf zwar bis zur Unanfechtbarkeit der Einkommensteuerfestsetzung auch während eines Einspruchs- und Klageverfahrens abweichend ausgeübt werden. Wegen der Verschiedenartigkeit der Veranlagungsarten hat das FA jedoch stets ein eigenständiges Veranlagungsverfahren durchzuführen *(BFH-Urteil vom 19. 5. 2004 III R 18/02, BStBl. II S. 980).*

Beantragen Eheleute innerhalb der Frist für einen Einspruch gegen den Zusammenveranlagungsbescheid die getrennte Veranlagung oder die besondere Veranlagung im Jahr der Eheschließung, ist das FA bei der daraufhin für jeden durchzuführenden getrennten oder besonderen Veranlagung an die tatsächliche und rechtliche Beurteilung der Besteuerungsgrundlagen im Zusammenveranlagungsbescheid gebunden. Den Zusammenveranlagungsbescheid hat es aufzuheben *(BFH-Urteil vom 3. 3. 2005 III R 60/03, BStBl. II S. 564).*

BFH-Urteil vom 14. 4. 2021 X R 17/19, BFH/NV S. 1494: Da die Einzelveranlagung im Verhältnis zur Zusammenveranlagung ein wesensverschiedenes Veranlagungsverfahren darstellt (vgl. BFH-Urteil vom 19. 5. 2004 III R 18/02, BStBl. 2004 II S. 980, unter II.1.b), spielt es keine Rolle, ob im Falle der Aufhebung des Zusammenveranlagungsbescheids im weiteren Verlauf etwa notwendig werdende Einzelveranlagungen für die Ehegatten zu einer (jeweils) höheren Steuerbelastung führen könnten (vgl. BFH-Urteil vom 24. 4. 2007 I R 64/06, BFH/NV 2007 S. 1893, unter II.3.).

Eine **Kindergeldfestsetzung** ist ein zeitlich teilbarer Verwaltungsakt. Die Familienkasse ist daher befugt, eine unrichtige oder unrichtig gewordene Kindergeldfestsetzung in der Weise zu ändern, dass sie für verschiedene Zeitabschnitte (gesonderte) Änderungsbescheide erlässt *(BFH-Urteil vom 26. 7. 2001 VI R 163/00, BStBl. II S. 174).*

[3] Ist ein Änderungsbescheid zum Gegenstand eines Einspruchsverfahrens geworden, besteht für einen Einspruch gegen den Änderungsbescheid kein Rechtsschutzbedürfnis *(BFH-Urteil vom 17. 3. 2022 XI R 39/19, BFH/NV S. 938).*

Erklärt sich der selbst fachkundige Stpfl. mit der von einem Beamten der Steuerfahndungsstelle vorgeschlagenen Hinzuschätzung von Einkünften einverstanden, kann darin nach den Umständen des Einzelfalls eine Zustimmung i. S. v. § 172 Abs. 1 Satz 1 Nr. 2 Buchst. a AO zu einer Änderung des Steuerbescheids zu Ungunsten des Stpfl. liegen. Die formalen Voraussetzungen, die der BFH für eine sog. tatsächliche Verständigung aufgestellt hat, müssen in diesem Fall nicht erfüllt sein *(BFH-Beschluss vom 27. 4. 2005 X B 145/04, BFH/NV S. 1494).*

[4] Die Anforderungen an die Konkretisierung des Antrags auf „schlichte" Änderung i. S. des § 172 Abs. 1 Satz 1 Nr. 2 Buchst. a AO sind nicht strenger als die Anforderungen an die Konkretisierung des Gegenstands des Klagebegehrens i. S. des § 65 Abs. 1 FGO *(BFH-Beschluss vom 22. 5. 2019 XI R 17/18, BStBl. II S. 647).*

Ablauf der Einspruchsfrist[1] zugestimmt oder den Antrag gestellt hat,[2] oder soweit die Finanzbehörde einem Einspruch oder einer Klage abhilft,[3]

b) soweit er von einer sachlich unzuständigen Behörde erlassen worden ist,

c) soweit er durch unlautere Mittel wie arglistige Täuschung, Drohung oder Bestechung erwirkt worden ist,[4]

d) soweit dies sonst gesetzlich zugelassen ist;[5] die §§ 130 und 131 gelten nicht.

② Dies gilt auch dann, wenn der Steuerbescheid durch Einspruchsentscheidung bestätigt oder geändert worden ist.[6] ③ In den Fällen des Satzes 2 ist Satz 1 Nummer 2 Buchstabe a ebenfalls anzuwenden, wenn der Steuerpflichtige vor Ablauf der Klagefrist zugestimmt oder den Antrag gestellt hat; Erklärungen und Beweismittel, die nach § 364 b Absatz 2 in der Einspruchsentscheidung nicht berücksichtigt wurden, dürfen hierbei nicht berücksichtigt werden.

(2) **Absatz 1 gilt auch für einen Verwaltungsakt, durch den ein Antrag auf Erlass, Aufhebung oder Änderung eines Steuerbescheids ganz oder teilweise abgelehnt wird.** 2

(3) **① Anhängige, außerhalb eines Einspruchs- oder Klageverfahrens gestellte Anträge auf Aufhebung oder Änderung einer Steuerfestsetzung, die eine vom Gerichtshof der Europäischen Union, vom Bundesverfassungsgericht oder vom Bundesfinanzhof entschiedene Rechtsfrage betreffen und denen nach dem Ausgang des Verfahrens** 3

---

[1] *BFH-Urteil vom 27. 10. 1993 XI R 17/93, BStBl. 1994 II S. 439:* 1. **Einspruch und Verpflichtungsklage** gegen die Ablehnung eines Antrags auf schlichte Änderung nach § 172 Abs. 1 Satz 1 Nr. 2 Buchst. a Halbsatz 2 AO i. d. F. des StBereinG 1986 sind **zulässig.** 2. Ein Antrag auf schlichte Änderung nach § 172 Abs. 1 Satz 1 Nr. 2 Buchst. a AO i. d. F. des StBereinG 1986 zugunsten des Stpfl. muss vor Ablauf der Rechtsbehelfsfrist auf eine bestimmte Änderung gerichtet sein. Das gilt ebenso für einen Antrag auf schlichte Änderung gem. § 172 Abs. 1 Satz 1 Nr. 2 Buchst. a AO i. d. F. des GrenzpendlerG (s. *BFH-Urteil vom 21. 10. 1999 I R 25/99, BStBl. 2000 II S. 283*).

[2] Stellt ein Stpfl. innerhalb noch offener Einspruchsfrist einen Änderungsantrag, der nicht ausdrücklich als „Einspruch" bezeichnet ist, kann das FA diesen regelmäßig nur dann als schlichten Änderungsantrag nach § 172 Abs. 1 Satz 1 Nr. 2 Buchst. a AO behandeln, wenn der Antragsteller eine genau bestimmte Änderung des Steuerbescheides beantragt und das FA dem Begehren entsprechen will. Andernfalls ist ein Einspruch anzunehmen *(BFH-Beschluss vom 5. 3. 2003 II B 1/03, BFH/NV S. 1142).*

Wurde der Änderungsantrag rechtzeitig (vor Ablauf der Rechtsbehelfsfrist) gestellt, kann die Änderung auch noch im Verfahren über die Beschwerde gegen die Nichtzulassung der Revision erfolgen (vgl. *BFH-Beschluss vom 2. 10. 1992 VI B 105/91, BStBl. 1993 II S. 57*).

Wenn ein Steuerbescheid nicht gem. § 174 Abs. 2 AO aufgehoben oder geändert werden darf, weil die widerstreitende Steuerfestsetzung nicht auf einen Antrag oder eine Erklärung des Stpfl. zurückzuführen ist, so kann die Aufhebung oder Änderung des Steuerbescheids im Regelfall nicht auf § 172 Abs. 1 Satz 1 Nr. 2 Buchst. a AO mit der Begründung gestützt werden, der Stpfl. verstoße gegen den Grundsatz von **Treu und Glauben,** indem er die Zustimmung zu einer Berichtigung des Steuerbescheids verweigere *(BFH-Urteil vom 3. 12. 1998 V R 29/98, BStBl. 1999 II S. 158).*

Abs. 1 Nr. 2 Buchst. a eröffnet nicht die Möglichkeit, die steuerrechtliche Wirkung von **Wahlrechten,** die nur bis zur Bestandskraft der Steuerfestsetzung ausgeübt werden können, nach Eintritt dieses Zeitpunktes zu beseitigen. Das gilt gleichermaßen für die Ausübung von Bilanzierungswahlrechten *(BFH-Urteil vom 21. 1. 1992 VIII R 72/87, BStBl. II S. 958).*

Beantragt ein Stpfl. für Zwecke der **Kindergeldfestsetzung** statt einer Bescheinigung einen geänderten Steuerbescheid, ist der Steuerbescheid nach § 172 Abs. 1 Satz 1 Nr. 2 Buchst. a AO zu ändern *(BFH-Urteil vom 20. 12. 1994 IX R 80/92, BStBl. 1995 II S. 537).*

Im Hinblick auf das *EuGH-Urteil vom 5. 5. 1994 C-38/94, BStBl. 1994 II S. 548,* demzufolge bei Geldspielgeräten der Teil der Spieleinsätze, der den an die Spieler ausgezahlten Gewinnen entspricht, nicht zur Bemessungsgrundlage gehört, kommt eine Änderung bereits bestandskräftiger USt-Bescheide nicht in Betracht.

Die sog. **Emott'sche Fristenhemmung** setzt voraus, dass die entsprechende Richtlinie nicht ordnungsgemäß in nationales Recht umgesetzt worden und die Geltendmachung des Anspruchs unzumutbar erschwert oder versperrt war *(BFH-Urteil vom 21. 3. 1996 XI R 36/95, BStBl. II S. 399).*

[3] Gegen einen im Einspruchsverfahren erlassenen Änderungsbescheid, mit dem dem Antrag des Steuerpflichtigen voll entsprochen wird (Vollabhilfebescheid) ist der Einspruch statthaft *(BFH-Urteil vom 18. 4. 2007 XI R 47/05, BStBl. II S. 736).*

Hat der Steuerpflichtige seinen Antrag im Einspruchsverfahren im Zeitpunkt der Bekanntgabe des Abhilfebescheids gegenüber seinem ursprünglichen Rechtsschutzbegehren so eingeschränkt, dass er durch den Abhilfebescheid vollständig von der geltend gemachten Beschwer entlastet wird, so hat sich das Einspruchsverfahren erledigt *(BFH-Beschluss vom 21. 12. 2012 IX B 101/12, BFH/NV 2013 S. 510).*

[4] Auch wenn die Voraussetzungen des § 172 Abs. 1 Satz 1 Nr. 2 Buchst. c AO erfüllt sind, ist eine Änderung nicht zwingend, sondern liegt im Ermessen des FA (Rn. 38). Eine Ermessensreduzierung auf Null kommt nicht in Betracht *(BFH-Urteil vom 30. 9. 2020 VI R 34/18, BStBl. 2021 II S. 446).*

Arglistige Täuschung i. S. des § 172 Abs. 1 Satz 1 Nr. 2 Buchst. c AO ist die bewusste und vorsätzliche Irreführung, durch die die Willensbildung der Behörde unzulässig beeinflusst wird. Dazu gehört auch das pflichtwidrige Verschweigen entscheidungserheblicher Tatsachen *(BFH-Beschluss vom 28. 3. 2018 I R 10/17, BFH/NV S. 1073).*

Hat der Steuerpflichtige dem FA den für die Besteuerung maßgeblichen Sachverhalt im Veranlagungsverfahren vollständig offengelegt, handelt er nicht arglistig und bedient sich auch nicht sonstiger unlauterer Mittel i. S. des § 172 Abs. 1 Satz 1 Nr. 2 Buchst. c AO, wenn er sich im Einspruchsverfahren weiterhin auf Angaben in der Lohnsteuerbescheinigung bezieht, denen nach Auffassung des FA eine unzutreffende rechtliche Würdigung des Arbeitgebers zugrunde liegt *(BFH-Urteil vom 8. 7. 2015 VI R 51/14, BStBl. 2017 II S. 13).*

§ 172 Abs. 1 Satz 1 Nr. 2 Buchst. c AO ist auch erfüllt, wenn ein Dritter den Arbeitgeber bei Abgabe einer Lohnsteuer-Anmeldung arglistig täuscht *(BFH-Urteil vom 30. 9. 2020 VI R 34/18, BStBl. 2021 II S. 446).*

[5] **„Sonst gesetzlich zugelassen"** ist die Aufhebung oder Änderung eines bestandskräftigen Steuerbescheides nur, soweit eine gesetzgeberische Wertentscheidung zugunsten der Durchbrechung der Bestandskraft klar erkennbar ist *(BFH-Urteil vom 9. 8. 1990 X R 5/88, BStBl. 1991 II S. 55).* Abs. 1 Satz 1 Nr. 2 d verweist auf die sonstigen Korrekturvorschriften; das sind die §§ 129, 164, 165 sowie §§ 173–175 und darüber hinaus die Berichtigungsvorschriften in den Einzelsteuergesetzen.

[6] *BFH-Urteil vom 27. 10. 2020 VIII R 30/17, BStBl. 2021 II S. 927:* Ein nach Ergehen der (Teil-)Einspruchsentscheidung und innerhalb der Klagefrist gestellter Antrag auf schlichte Änderung gemäß § 172 Abs. 1 Satz 1 Nr. 2 Buchst. a, Satz 2 und Satz 3 Halbsatz 1 AO ist auch dann zulässig, wenn mit ihm lediglich die erneute Überprüfung einer Rechtsfrage begehrt wird, über die in der Einspruchsentscheidung bereits entschieden worden ist (Abkehr vom BFH-Beschluss vom 5. 2. 2010 VIII B 139/08, BFH/NV 2010 S. 831).

vor diesen Gerichten nicht entsprochen werden kann, können durch Allgemeinverfügung insoweit zurückgewiesen werden. ② § 367 Absatz 2 b Satz 2 bis 6 gilt entsprechend.

AEAO

Zu § 172 – Aufhebung und Änderung von Steuerbescheiden:

4 **1.** Die Vorschrift gilt nur für Steuerbescheide, nicht für Haftungs-, Duldungs- und Aufteilungsbescheide (vgl. AEAO vor §§ 130, 131).

5 **2.** § 172 Abs. 1 Satz 1 Nr. 2 Buchstabe a AO lässt die schlichte Änderung eines Steuerbescheids zugunsten des Steuerpflichtigen unter der Voraussetzung zu, dass der Steuerpflichtige vor Ablauf der Einspruchsfrist die Änderung beantragt oder ihr zugestimmt hat. Der Antrag auf schlichte Änderung bedarf keiner Form. Anträge, die nicht schriftlich oder elektronisch gestellt werden, sind aktenkundig zu machen. Nicht ausdrücklich als Einspruch bezeichnete, vor Ablauf der Einspruchsfrist schriftlich oder elektronisch vorgetragene Änderungsbegehren des Steuerpflichtigen können regelmäßig als schlichte Änderungsanträge behandelt werden, wenn der Antragsteller eine genau bestimmte Änderung des Steuerbescheids beantragt und das Finanzamt dem Begehren entsprechen will. Andernfalls ist ein Einspruch anzunehmen, da der Einspruch die Rechte des Steuerpflichtigen umfassender und wirkungsvoller wahrt als der bloße Änderungsantrag. Hat der Steuerpflichtige sich für den Rechtsbehelf des Einspruchs entschieden, so überlagert der förmliche Rechtsbehelf einen etwaigen daneben gestellten Antrag auf schlichte Änderung des Steuerbescheids (vgl. BFH-Urteil vom 27. 9. 1994, VIII R 36/89, BStBl. 1995 II S. 353).

Das Finanzamt darf den Steuerbescheid aufgrund eines schlichten Änderungsantrags nur in dem Umfange zugunsten des Steuerpflichtigen ändern, als der Steuerpflichtige vor Ablauf der Einspruchsfrist eine genau bestimmte Änderung bezogen auf einen konkreten Lebenssachverhalt beantragt hat (vgl. u. a. BFH-Urteil vom 20. 12. 2006, X R 30/05, BStBl. II 2007 S. 503 m. w. N.). Es genügt nicht, dass der Steuerpflichtige lediglich die betragsmäßige Auswirkung bzw. den Änderungsrahmen beziffert (z. B. Herabsetzung der Steuer auf „Null") oder dass ein auf Änderung des Bescheids lautender allgemeiner Antrag des Steuerpflichtigen erst nach Ablauf der Einspruchsfrist hinsichtlich der einzelnen Korrekturpunkte konkretisiert wird (z. B. durch Nachreichen einer Steuererklärung). Auch eine Erweiterung des Änderungsbegehrens ist nach Ablauf der Einspruchsfrist nicht mehr möglich (zur Erweiterung eines Einspruchsantrags vgl. AEAO zu § 367, Nr. 3). Der Antragsteller kann allenfalls nach Ablauf der Einspruchsfrist Argumente oder Nachweise zur Begründung eines rechtzeitig gestellten, hinreichend konkreten Änderungsantrags nachreichen oder ergänzen, soweit hierdurch der durch den ursprünglichen Änderungsantrag (Lebenssachverhalt) festgelegte Änderungsrahmen nicht überschritten wird. Eine Antragserweiterung oder erneute Antragstellung ist nur innerhalb der Einspruchsfrist möglich.

An das (fristgerechte) Vorbringen des Steuerpflichtigen ist das Finanzamt gebunden. Es kann die Steuerfestsetzung nicht in vollem Umfang erneut überprüfen und ggf. verbösern. Mit der beantragten Änderung nicht in sachlichem oder rechtlichem Zusammenhang stehende materielle Fehler der Steuerfestsetzung können aber ggf. über § 177 AO berichtigt werden.

Aussetzung der Vollziehung (§ 361 AO) ist aufgrund eines schlichten Änderungsantrags nicht zulässig, allenfalls ist Stundung (§ 222 AO) möglich.

6 **3.** Nach § 172 Abs. 1 Satz 1 Nr. 2 Buchstabe a AO kann ein Steuerbescheid zuungunsten des Steuerpflichtigen aufgehoben oder geändert werden, wenn dieser der Aufhebung oder Änderung zustimmt oder er diese Korrektur beantragt hat. Die Anzeige eines Steuerpflichtigen nach § 153 AO stellt noch keine Zustimmung zu einer Änderung der Steuerfestsetzung zu seinen Ungunsten i. S. des § 172 Abs. 1 Satz 1 Nr. 2 Buchstabe a AO dar; ggf. kommt aber eine Änderung nach § 173 Abs. 1 Nr. 1 AO in Betracht. Empfangsbedürftige Willenserklärungen unterliegen den Auslegungsregelungen der §§ 133, 157 BGB. Entscheidend ist, wie der Erklärungsempfänger den objektiven Erklärungswert der Erklärung verstehen musste (vgl. BFH-Urteile vom 8. 6. 2000, IV R 37/99, BStBl. 2001 II S. 162, und vom 5. 10. 2000, VII R 96/99, BStBl. 2001 II S. 86).

7 **4.** Unter arglistiger Täuschung i. S. d. § 172 Abs. 1 Satz 1 Nr. 2 Buchst. c AO ist die bewusste und vorsätzliche Irreführung zu verstehen, wie jedes vorsätzliche Verschweigen oder Vortäuschen von Tatsachen, durch das die Willensbildung der Behörde unzulässig beeinflusst wird. Für Arglist reicht bereits das Bewusstsein aus, wahrheitswidrige Angaben zu machen. Nicht erforderlich ist dagegen die Absicht, damit das Finanzamt zu einer Entscheidung zu veranlassen (vgl. BFH-Urteil vom 8. 7. 2015 VI R 51/14, BStBl. 2017 II S. 13).

8 **5.** § 172 Abs. 1 Satz 2 AO bestimmt, dass auch ein durch Einspruchsentscheidung bestätigter oder geänderter Verwaltungsakt nach den Vorschriften der §§ 129, 164, 165, 172 ff. AO sowie nach entsprechenden Korrekturnormen in den Einzelsteuergesetzen (vgl. AEAO vor §§ 172 bis 177, Nr. 3) korrigiert werden darf. Gleiches gilt für einen im Einspruchsverfahren ergehenden Abhilfebescheid (z. B. nach § 172 Abs. 1 Satz 1 Nr. 2 Buchstabe a AO). Zum Erlass eines Abhilfebescheids im Klageverfahren nach einer rechtmäßigen Fristsetzung gem. § 364 b AO vgl. AEAO zu § 364 b, Nr. 5.

9 **6.** Nach § 172 Abs. 1 Satz 3 Halbsatz 1 AO ist eine schlichte Änderung auch dann möglich, wenn der zu ändernde Bescheid bereits durch Einspruchsentscheidung bestätigt oder geändert worden ist. Dies gilt auch, wenn lediglich die erneute Überprüfung einer Rechtsfrage begehrt

wird, über die in der Einspruchsentscheidung bereits entschieden worden ist (vgl. BFH-Urteil vom 27. 10. 2020 VIII R 30/17, BStBl. II S. 927). Der Änderungsantrag muss vor Ablauf der Klagefrist gestellt worden sein, nach Ablauf dieser Frist ist er unzulässig. Die Wirkungen einer nach § 364b Abs. 2 AO gesetzten Ausschlussfrist dürfen allerdings durch eine schlichte Änderung nicht unterlaufen werden (§ 172 Abs. 1 Satz 3 Halbsatz 2 AO).

7. Zum Einspruchsverfahren gegen Entscheidungen über die schlichte Änderung vgl. AEAO zu § 347, Nr. 2. 10

8. Wegen der Erledigung von Massenanträgen und Masseneinsprüchen durch eine Allgemeinverfügung nach Entscheidung des Gerichtshofs der Europäischen Union (EuGH) einschließlich des Gerichts der Europäischen Union (EuG), des Bundesverfassungsgerichts oder des Bundesfinanzhofs vgl. § 172 Abs. 3 sowie § 367 Abs. 2b AO. 11

§ 173[1] Aufhebung oder Änderung von Steuerbescheiden[2] wegen neuer Tatsachen[3] oder Beweismittel[4]

AO

(1)[5] **Steuerbescheide sind aufzuheben oder zu ändern,** 1

---

[1] Siehe auch **AEAO vor §§ 172 bis 177** und **AEAO zu § 173.** § 173 Abs. 1 und § 175 Abs. 1 Satz 1 Nr. 2 schließen tatbestandsmäßig einander grds. aus, weil **§ 173** von **Tatsachen** ausgeht, die bei der (erstmaligen) Steuerfestsetzung **bereits vorhanden** (aber dem FA unbekannt) waren, während **§ 175** von **nachträglich entstandenen** Tatsachen ausgeht *(BFH-Urteil vom 21. 4. 1988 IV R 215/85, BStBl. II S. 863).*

[2] Zur Anwendung auf Feststellungsbescheide vgl. § 181 Abs. 1.

Zerlegungsbescheide über die GewSt sind nach § 173 Abs. 1 i. V. m. §§ 185, 184 Abs. 1 Satz 3 änderbar. § 189 trifft allein für den Fall der Nichtberücksichtigung von Gemeinden bei der Zerlegung eine abschließende Regelung. Die Besonderheiten des Zerlegungsverfahrens erfordern dabei, bei der sinngemäßen Anwendung des § 173 Abs. 1 auf den einzelnen Zerlegungsanteil abzustellen und von der Unterscheidung zwischen der Änderung zuungunsten (Abs. 1 Nr. 1) bzw. zugunsten (Abs. 1 Nr. 2) des Stpfl. abzusehen *(BFH-Urteile vom 24. 3 1992 VIII R 33/90, BStBl. II S. 869; vom 12. 5. 1992 VIII R 45/90, BFH/NV 1993 S. 191).*

§ 173 Abs. 1 Nr. 1 AO wird nicht durch § 70 Abs. 3 EStG verdrängt; beide Vorschriften sind nebeneinander anwendbar *(BFH-Urteil vom 25. 7. 2001 VI R 18/99, BStBl. II S. 81).*

[3] Zum Tatsachenbegriff vgl. auch AEAO Nr. 1.1–1.1.3 zu § 173.

Die Art und Weise, in der der Steuerpflichtige seine Aufzeichnungen geführt hat, ist eine Tatsache im Sinne des § 173 Abs. 1 Nr. 1 AO. Dies gilt im Fall der Einnahmenüberschussrechnung nicht nur für Aufzeichnungen über den Wareneingang gemäß § 143 AO, sondern ebenso für sonstige Aufzeichnungen und die übrige Belegsammlung *(BFH-Urteil vom 6. 5. 2024 III R 14/22, BFH/NV S. 1067).*

Zu den Tatsachen iSd § 173 Abs. 1 Satz 1 Nr. 1 AO gehören auch sog. **innere Tatsachen** wie die Absicht, Einkünfte zu erzielen, die nur anhand äußerer Merkmale **(Hilfstatsachen)** festgestellt werden können. Eine nach dem Zeitpunkt der Steuerfestsetzung entstandene Hilfstatsache, die für diesen Zeitpunkt zu einer veränderten Würdigung in Bezug auf eine innere Tatsache führt, rechtfertigt jedoch nur dann eine Berichtigung nach § 173 Abs. 1 Satz 1 Nr. 1 AO, wenn sie einen sicheren Schluss auf die (innere) Haupttatsache ermöglicht *(BFH-Urteil vom 2. 8. 1994 VIII R 65/93, BStBl. 1995 II S. 192).*

Zeitpunkt und Anzahl der von einem Stpfl. veräußerten Objekte sind Tatsachen iSd § 173 Abs. 1 Nr. 1 AO, denn sie sind als Indizien für die Feststellung der inneren Tatsache von Bedeutung, ob es dem Stpfl. bereits bei Anschaffung bzw. Errichtung des Objekts auf die Ausnutzung substantieller Vermögenswerte durch Umschichtung ankam *(BFH-Urteil vom 5. 12. 2002 IV R 58/01, BFH/NV 2003 S. 588).*

Die **Ausübung** eines (handels- oder steuerrechtlichen) **Wahlrechts** nach Bestandskraft der Gewinnfeststellung stellt keine neue nachträglich bekanntgewordene Tatsache iSd § 173 Abs. 1, sondern eine Verfahrenshandlung dar *(BFH-Urteil vom 21. 1. 1992 VIII R 72/87, BStBl. II S. 958,* sowie *BFH-Urteil vom 27. 10. 1992 IX R 60/90, nv).*

Der nach Bestandskraft des ESt-Bescheids gestellte Antrag auf Gewährung von Ausbildungsfreibeträgen ist keine die Änderung des Bescheids rechtfertigende neue Tatsache iSd § 173 AO *(BFH-Urteil vom 30. 10. 2003 III R 24/02, BStBl. 2004 II S. 394).*

Das Urteil eines Zivil- oder Verwaltungsgerichts ist grundsätzlich keine neue Tatsache iSv. § 173 AO. Nur wenn durch den Tatbestand eines Urteils Tatsachen nachträglich bekannt werden, die zu einer höheren oder niedrigeren Steuer führen, oder wenn sich aus der Entscheidung ergibt, dass ein vom Stpfl. benutzter und vom FA ohne eigene Prüfung übernommener Rechtsbegriff rechtlich anders zu würdigen ist, kommt eine neue Tatsache in Betracht *(BFH-Urteil vom 14. 5. 2003 X R 60/01, BFH/NV S. 1144).*

Neue Tatsachen zugunsten des Stpfl. nach Gewinnschätzung liegen vor, wenn sich aus der Gesamtwürdigung der Tatsachen eine niedrigere Steuer ergibt; die Höhe des laufenden Gewinns und des Veräußerungsgewinns (§ 16 EStG) ist jeweils eine Tatsache *(BFH-Urteil vom 30. 10. 1986 III R 163/82, BStBl. 1987 II S. 161).*

Wird nachträglich bekannt, dass der Stpfl. **nicht erklärte Einkünfte** aus Gewerbebetrieb erzielt hat, so stellt die Höhe dieser Einkünfte die **steuerlich relevante Tatsache** dar, die zu einer Änderung nach § 173 Abs. 1 Nr. 1 oder 2 AO führt, je nachdem, ob sich die Steuer dadurch gegenüber der bisher festgesetzten Steuer erhöht oder ermäßigt (Anschluss an *BFH-Urteil vom 24. 4. 1991 XI R 28/89, BStBl. 1991 II S. 606*); s. *BFH-Urteil vom 1. 10. 1993 III R 58/92, BStBl. 1994 II S. 346.*

Vereinnahmt der i. S. von § 17 Abs. 1 EStG beteiligte Steuerpflichtige Zurückzahlungen aus dem steuerlichen Einlagekonto i. S. des § 27 KStG, erklärt er im Rahmen seiner Veranlagung aber keinen Veräußerungsgewinn, sondern legt dem FA nur eine Steuerbescheinigung über die zurückgezahlten Beträge vor, kann das FA einen ohne Berücksichtigung eines Veräußerungsgewinns ergangenen Einkommensteuerbescheid nach § 173 Abs. 1 Nr. 1 AO ändern, wenn ihm nachträglich bekannt wird, dass die zurückgezahlten Einlagen die Anschaffungskosten übersteigen *(BFH-Urteil vom 19. 2. 2013 IX R 24/12, BStBl. II S. 484).*

Es ist zwar grundsätzlich Sache des FA, die zuungunsten des Stpfl. wirkenden Änderungsvoraussetzungen des § 173 Abs. 1 Nr. 1 AO nachzuweisen. Dies gilt nach dem *BFH-Urteil vom 13. 12. 1985 III R 183/81, BStBl. 1986 II S. 441,* jedoch dann nicht, wenn der Stpfl. – schuldhaft und vorwerfbar – den zu ändernden Steuerbescheid durch unrichtige oder unvollständige Angaben erwirkt hat *(BFH-Beschluss vom 24. 4. 2002 VI B 20/02, BFH/NV 2002 S. 901).*

[4] Zum Begriff des Beweismittels vgl. auch AEAO Nr. 1.2 zu § 173.

[5] Die nachträglich bekannt gewordene Tatsache (bzw. das Beweismittel) muss **rechtserheblich** sein: Ein Steuerbescheid darf wegen nachträglich bekanntgewordener Tatsachen oder Beweismittel zugunsten des Stpfl. nicht aufgehoben oder geändert werden, wenn das FA bei ursprünglicher Kenntnis der Tatsachen oder Beweismittel (mit an Sicherheit grenzender Wahrscheinlichkeit; s. *BFH-Urteile vom 15. 12. 1999 XI R 38/99 sowie XI R 22/99, BFH/NV 2000 S. 818 und 820)* nicht anders entschieden hätte. Wie das FA einen Sachverhalt gewürdigt hätte, ist im Einzelfall aufgrund des Gesetzes, wie es nach der

[Fortsetzung nächste Seite]

AO

1.[1] soweit Tatsachen oder Beweismittel nachträglich bekannt werden, die zu einer höheren Steuer führen,

[Fortsetzung]

damaligen Rechtsprechung des BFH ausgelegt wurde, und der die FÄ bindenden Verwaltungsanweisungen zu beurteilen, die im Zeitpunkt des ursprünglichen Bescheiderlasses durch das FA gegolten haben *(BFH-Beschluss vom 23. 11. 1987 GrS 1/86, BStBl. 1988 II S. 180; BFH-Urteil vom 14. 12. 1994 XI R 80/92, BStBl. 1995 II S. 293);* dabei darf auch dann nicht auf neuere BFH-Entscheidungen oder Verwaltungsanweisungen zu Lasten des Stpfl. zurückgegriffen werden, wenn frühere Rspr. oder Verwaltungsübung nicht festzustellen sind; das FA ist darlegungs- und nachweispflichtig hinsichtlich der Tatsachen, aus denen sich ergibt, welche Verwaltungsübung im Zeitpunkt der ursprünglichen Steuerfestsetzung bestanden hat *(BFH-Urteil vom 15. 1. 1991 IX R 238/87, BStBl. II S. 741).*

Liegen unmittelbar zu der umstrittenen Rechtslage weder Rechtsprechung des BFH noch bindende Verwaltungsanweisungen vor, so ist aufgrund anderer objektiver Umstände abzuschätzen, wie das FA in Kenntnis des vollständigen Sachverhalts entschieden hätte. Dabei sind das mutmaßliche Verhalten des einzelnen Sachbearbeiters und seine individuellen Rechtskenntnisse ohne Bedeutung *(BFH-Urteil vom 22. 4. 2010 VI R 40/08, BStBl. II S. 951).*

Bleiben Zweifel übrig, wie das FA damals mutmaßlich entschieden hätte, dann liegen die Änderungsvoraussetzungen des Abs. 1 Satz 1 Nr. 2 nicht vor *(BFH-Beschlüsse vom 5. 2. 1992 I B 97/91, BFH/NV S. 645* und *vom 29. 7. 1992 I B 49/92, BFH/NV 1993 S. 83).* Für die Rechtserheblichkeit einer nachträglich bekanntgewordenen Tatsache iSd § 173 Abs. 1 AO ist der Stand der Rspr. sowie der Verwaltungserlasse zum Zeitpunkt des Ergehens des ursprünglichen Steuerbescheides unerheblich, wenn anderweitig feststeht, dass die Steuer auch bei rechtzeitiger Kenntnis der Tatsache nicht anders festgesetzt worden wäre *(BFH-Urteil vom 10. 3. 1999 II R 99/97, BFH/NV 1999 S. 1264).* Zur Änderungsfestsetzung bei einem Dauerbescheid vgl. *BFH-Urteil vom 31. 3. 1998 VII R 125/97, BFH/NV 1998 S. 1321.* Die Rechtserheblichkeit einer neuen Tatsache entfällt nicht allein wegen einer zuvor unterlassenen Änderung durch das Finanzamt hinsichtlich einer anderen Tatsache *(BFH-Urteil vom 11. 2. 2010 VI R 65/08, BStBl. 2010 II S. 628).*

Löst ein Steuerpflichtiger mit Gewinnermittlung nach § 4 Abs. 3 EStG die von ihm gebildete Ansparabschreibung für die geplante Anschaffung eines Wirtschaftsguts nicht spätestens durch Ansatz einer entsprechenden Betriebseinnahme in seiner Gewinnermittlung für den zweiten auf die Bildung folgenden Veranlagungszeitraum auf, so kann das FA den erklärungsgemäß für jenes Jahr ergangenen Einkommensteuerbescheid nicht nach Maßgabe des § 173 Abs. 1 Nr. 1 AO unter Hinweis auf das spätere Bekanntwerden der Nichtanschaffung des Wirtschaftsguts ändern. Denn die Nichtanschaffung ist kein Tatbestandsmerkmal für die Auflösung der Ansparabschreibung nach § 7g Abs. 4 Satz 2 EStG a. F. und daher insoweit keine rechtserhebliche Tatsache *(BFH-Urteil vom 22. 3. 2016 VIII R 58/13, BStBl. II S. 774).*

Ein wegen Verfolgung gemeinnütziger Zwecke erlassener Körperschaftsteuer-Freistellungsbescheid darf in entsprechender Anwendung des § 173 Abs. 1 Nr. 1 AO aufgehoben werden, wenn Tatsachen oder Beweismittel nachträglich bekanntwerden, die zur Versagung der Gemeinnützigkeit führen. Dies gilt auch dann, wenn die KSt auf 0 DM festzusetzen ist aufgrund der verfahrensrechtlichen Besonderheiten, die bei der Anerkennung oder Versagung der Gemeinnützigkeit zu beachten sind *(BFH-Urteil vom 13. 11. 1996 I R 152/93, BStBl. 1998 II S. 711).*

Änderung nach § 173 Abs. 1 Nr. 1 AO ist nach Zurücknahme des Einspruchs auch möglich, wenn neue Tatsachen im Einspruchsverfahren bekanntwerden *(BFH-Urteil vom 11. 3. 1987 II R 206/83, BStBl. II S. 417).*

Im LSt-Jahresausgleichsverfahren mit aktenloser Bearbeitung sind dem FA auch solche Tatsachen bekannt, die sich aus den im Keller abgelegten Vorjahresunterlagen ergeben *(BFH-Urteil vom 13. 7. 1990 VI R 109/86, BStBl. II S. 1047).*

---

[1] *BFH-Urteil vom 12. 3. 2019 IX R 29/17, BFH/NV S. 1057:* 1. Bekannt sind alle Tatsachen, die dem für die Entscheidung über die Steuerfestsetzung zuständigen Sachbearbeiter zur Kenntnis gelangen. 2. Die Finanzbehörde muss sich den gesamten Inhalt der bei ihr geführten Akte als bekannt zurechnen lassen. 3. Dies gilt auch, wenn der Bearbeiter den ihm vorliegenden Akteninhalt nicht vollständig prüft, z. B. weil er nur überschlägig prüft, ihm keine Prüfhinweise dazu vorliegen oder die vorliegenden Prüfhinweise andere im Änderungsverfahren nicht streitige Tatsachen betreffen.

BFH-Urteil vom 13. 6. 2012 VI R 85/10, BStBl. 2013 II S. 5: 1. Der Finanzbehörde gilt nur der Inhalt der Akten als bekannt, die in der zuständigen Dienststelle für den zu veranlagenden Steuerpflichtigen geführt werden. Tatsachen, die sich aus den Akten anderer Steuerpflichtiger ergeben, gelten auch dann nicht als bekannt, wenn für deren Bearbeitung dieselbe Person zuständig ist. 2. Eine Änderung wegen neuer Tatsachen ist ausgeschlossen, wenn die Tatsache dem Sachbearbeiter zum maßgeblichen Zeitpunkt bekannt war oder bei ordnungsgemäßer Erfüllung seiner Ermittlungspflicht nicht verborgen geblieben wäre (Bestätigung der Rechtsprechung).

Der Finanzbehörde gilt nur der Inhalt der Akten als bekannt, die in der zuständigen Dienststelle für den zu veranlagenden Steuerpflichtigen geführt werden. Wählen Ehegatten, die zuvor zusammenveranlagt wurden, die Einzelveranlagung, gelten auch Tatsachen als bekannt, die sich aus den Akten zusammenveranlagter Ehegatten ergeben, wenn insoweit dieselbe Dienststelle zuständig ist *(BFH-Urteil vom 26. 5. 2020 IX R 30/19, BFH/NV S. 1233).*

Das Wissen des Außenprüfers ist nach ständiger Rspr. des BFH der Veranlagungsstelle nicht zuzurechnen *(BFH-Urteile vom 20. 4. 1988 X R 40/81, BStBl. II S. 804; vom 4. 12. 1992 III R 50/91, BFH/NV 1993 S. 496; BFH-Beschluss vom 30. 1. 1992 V B 153/91, BFH/NV 1992 S. 635).* Gleiches gilt für das Verhältnis zwischen der Veranlagungsstelle und dem mit einer Wertermittlung beauftragten Beamten der Bewertungsstelle *(BFH-Urteil vom 1. 4. 1998 X R 150/95, BFH/NV 1998 S. 1427).* Kenntnisse einer weisungsbefugten Oberbehörde über eine dem Veranlagungsfinanzamt bei der Steuerfestsetzung nicht bekannte Tatsache muss sich dieses im Rahmen des § 173 Abs. 1 Nr. 1 AO nicht zurechnen lassen *(BFH-Urteil vom 13. 1. 2011 VI R 61/09, BStBl. II S. 479).* Bei programmgesteuerter Erstellung eines Steuerbescheides mittels elektronischer Datenverarbeitung ist nicht der Zeitpunkt des Rechnerlaufs oder der Versendung des betreffenden Bescheides, sondern der Zeitpunkt der Einrichtung des Rechnerprogramms bzw. der Zeitpunkt einer vom FA noch vorzunehmenden Dateneingabe der für die Anwendung des § 173 Abs. 1 AO maßgebliche Zeitpunkt *(BFH-Urteil vom 24. 3. 1998 VII R 59/97, BStBl. 1998 II S. 450).* In Fällen, in denen der zuständige Bearbeiter des FA aufgrund eines Prüfhinweises oder aus sonstigem Anlass tatsächlich den gesamten Steuerbescheid (in materieller Hinsicht) überprüft hat oder zu überprüfen hatte, tritt in vollem Umfang an die Stelle des Zeitpunkts der ursprünglichen Zeichnung des Eingabewertbogens der der erneuten tatsächlichen oder der der gebotenen Überprüfung. Dies gilt gleichermaßen für § 173 Abs. 1 Nr. 1 AO wie für den hier einschlägigen § 173 Abs. 1 Nr. 2 AO *(BFH-Urteil vom 27. 11. 2001 VIII R 3/01, BFH/NV 2002 S. 473).* Meldet ein Stpfl. nach Bestandskraft eines ESt-Bescheides bislang nicht erklärte Einkünfte nach, ist das FA vor einer Änderung nach § 172 Abs. 1 Satz 1 Nr. 2 Buchst. a oder § 173 Abs. 1 Nr. 1 AO grundsätzlich nicht verpflichtet, die Veranlagung in vollem Umfang erneut zu überprüfen *(BFH-Urteil vom 7. 7. 2004 XI R 10/03 BFH/NV S. 1433).* Im Rahmen des § 173 Abs. 1 Nr. 2 AO gilt eine Tatsache nicht als bekannt, die der zuständige Beamte lediglich hätte kennen können oder kennen müssen *(BFH-Urteil vom 26. 11. 1996 IX R 77/95, BStBl. 1997 II S. 422).* Das FA kann einen Steuerbescheid auch dann noch gem. § 173 Abs. 1 AO wegen neuer Tatsachen ändern, wenn es zuvor in Kenntnis dieser Tatsachen einen unter Hinweis auf zu erwartende Gesetzesänderungen (hier: Grundfreibetrag, Kinderfreibetrag) gestellten Antrag auf Änderung des Steuerbescheids ohne materiell-rechtliche Prüfung wegen dessen Bestandskraft abgelehnt hat *(BFH-Urteil vom 18. 12. 1996 XI R 36/96, BStBl. 1997 II S. 264).* Werden durch den

[Fortsetzung nächste Seite]

2. soweit Tatsachen oder Beweismittel nachträglich bekannt[1] werden, die zu einer niedrigeren Steuer führen und den Steuerpflichtigen kein grobes Verschulden[2] daran

[Fortsetzung]

zuständigen Finanzbeamten Tatsachen oder Beweismittel bewusst unterdrückt oder ein fingierter Sachverhalt der Besteuerung zugrunde gelegt, kommt es für die Frage, ob die Tatsachen oder Beweismittel iSd § 173 Abs. 1 Nr. 1 AO nachträglich bekannt werden und ob die Kenntnis des Beamten der Finanzbehörde zuzurechnen ist, darauf an, ob der Stpfl. den Verstoß gegen die Dienstpflichten veranlasst oder auf sonstige Weise mit dem Finanzbeamten einvernehmlich zusammengearbeitet hat *(BFH-Urteil vom 28. 4. 1998 IX R 49/96, BStBl. 1998 II S. 458)*. Die positive Tatsachenkenntnis ist – im Unterschied zur verschuldeten Unkenntnis – bei der Anwendung des § 173 AO stets zu berücksichtigen *(BFH-Beschluss vom 15. 6. 2000 XI B 71/99, BFH/NV S. 1180)*.

Keine Änderung nach § 173 Abs. 1 Nr. 1 AO bei **Verletzung der Ermittlungspflicht** des FA, wenn der Stpfl. seiner Mitwirkungspflicht genügt hat *(BFH-Urteil vom 13. 11. 1985 II R 202/82, BStBl. 1986 II S. 241)*. Der Stpfl. darf nicht darunter leiden, dass das FA seiner Ermittlungspflicht nicht ausreichend nachgekommen ist (s. z. B. *BFH-Urteile vom 10. 12. 1991 VII R 10/90, BStBl. 1992 II S. 324; vom 9. 10. 1992 VI R 47/91, BStBl. 1993 II S. 166)*. Als bekannt gilt deshalb auch, was dem FA infolge Verletzung der amtlichen Ermittlungspflicht unbekannt geblieben ist *(BFH-Urteil vom 10. 12. 1991 VII R 10/90, BStBl. 1992 II S. 324)*.

BFH-Urteil vom 29. 11. 2017 II R 52/15, BStBl. 2018 II S. 419: 1. Verzichtet das FA gegenüber dem Steuerpflichtigen ausdrücklich auf die Abgabe einer förmlichen Feststellungserklärung und fordert ihn stattdessen zu bestimmten Angaben auf, verletzt es seine Ermittlungspflicht, wenn die geforderten Angaben für die Ermittlung des für die Grundbesitzbewertung maßgebenden Sachverhalts nicht ausreichen und es keine weiteren Fragen stellt. 2. Erfüllt der Steuerpflichtige in einem solchen Fall seinerseits seine Mitwirkungspflichten, indem er die vom FA gestellten Fragen zutreffend und vollständig beantwortet, ist das FA nach Treu und Glauben an einer Änderung nach § 173 Abs. 1 Nr. 1 AO gehindert, wenn es später Kenntnis von steuererhöhenden Tatsachen erlangt.

BFH-Beschluss vom 14. 5. 2013 X B 33/13, BStBl. II S. 997: 1. Gibt der Steuerpflichtige aufgrund der unklaren Bescheinigung eines Versorgungswerks in seiner Einkommensteuererklärung Altersvorsorgeaufwendungen in einer Höhe an, die das Doppelte der tatsächlichen Aufwendungen beträgt, so ist das FA nach Kenntnisnahme von der tatsächlichen Höhe der Aufwendungen auch dann nicht durch die Grundsätze von Treu und Glauben an einer auf § 173 Abs. 1 Nr. 1 AO gestützten Änderung des Bescheids gehindert, wenn ihm seinerseits eine Verletzung von Ermittlungspflichten zur Last fällt, es die Angaben in der Steuererklärung also zum Anlass einer Nachfrage beim Steuerpflichtigen hätte nehmen müssen. 2. Im Anwendungsbereich der Grundsätze von Treu und Glauben kann ein Steuerpflichtiger seine verfahrensrechtliche Position nicht dadurch verbessern, dass er seine Steuererklärung durch einen Steuerberater fertigen lässt und dieser vorbereitende Tätigkeiten seinem Büropersonal überträgt.

Auf eine Ermittlungspflichtverletzung des FA kann sich gegenüber einer Änderung des Bescheids nach § 173 Abs. 1 Nr. 1 AO nicht berufen, wer den Sachverhalt ganz bewusst falsch darlegt und bei dem FA daher einen Irrtum über einen tatsächlichen Geschehensablauf hervorruft *(BFH-Urteil vom 20. 4. 2004 IX B 39/01, BFH/NV S. 1138)*.

Eindeutigen Steuererklärungen braucht das FA nicht mit Misstrauen zu begegnen; es kann regelmäßig von deren Richtigkeit und Vollständigkeit ausgehen *(BFH-Urteil vom 3. 7. 2002 VI R 27/01, BFH/NV 2003 S. 19)*.

Dies gilt auch, wenn ein nicht selbstständig tätiger Steuerpflichtiger unter Vorlage der entsprechend ausgefüllten Lohnsteuerkarte eine tarifbegünstigte Entschädigung (§ 24 Nr. 1, § 34 Abs. 1, 2 EStG) erklärt und an der Erstellung der Steuererklärung kein Angehöriger eines steuerberatenden Berufs mitgewirkt hat *(BFH-Urteil vom 7. 7. 2004 XI R 10/03, BFH/NV S. 1433)*.

Ist für das FA unschwer erkennbar, dass die Auflösung des Dienstverhältnisses des geschäftsführenden GmbH-Gesellschafters mit dem Verkauf der GmbH-Anteile durch ihn zumindest zusammenhängen kann, so sind Zweifel am Vorliegen eines unfreiwilligen Arbeitsplatzverlustes naheliegend und weitere Ermittlungen grundsätzlich geboten *(BFH-Urteil vom 3. 7. 2002 XI R 17/01, BFH/NV 2003 S. 137)*. Der Stpfl. kann sich aber nur dann auf die Pflichtverletzung des FA berufen, wenn er selbst seine **Mitwirkungspflicht,** insbesondere seine Erklärungspflicht (§§ 90, 150), erfüllt hat *(BFH-Urteile vom 13. 11. 1985 II R 208/82, BStBl. 1986 II S. 241; vom 23. 4. 1991 VIII R 87/87, BFH/NV 1992 S. 75)*. Eine lückenhafte Unterrichtung des FA durch den Stpfl. schließt es für gewöhnlich aus, gegenüber einer Änderung nach § 173 Abs. 1 Nr. 1 AO Ermittlungsfehler des FA geltend zu machen. Dasselbe gilt, wenn sich der Stpfl. (bewusst) missverständlich ausgedrückt und das FA die Angaben auch tatsächlich missverstanden hat *(BFH-Urteil vom 4. 3. 1999 II R 79/97, BFH/NV S. 1301)*. Der Stpfl. verletzt seine Mitwirkungspflicht mit der Folge, dass der Steuerbescheid nach § 173 Abs. 1 Nr. 1 AO geändert werden darf, wenn er Einkünfte zwar nicht verschweigt, aber im nach § 150 AO amtlich vorgeschriebenen Vordruck an unzutreffender Stelle einträgt *(BFH-Beschluss vom 24. 3. 2004 X B 110/03, BFH/NV S. 1070)*. Gibt der Steuerpflichtige in einem Einspruchsschreiben eine objektiv falsche Sachverhaltsdarstellung ab und korrigiert er diese auch im weiteren Schriftverkehr mit dem FA nicht, so dass das FA einen Abhilfebescheid erlässt, stehen die Grundsätze von Treu und Glauben einer Anwendung des § 173 Abs. 1 Nr. 1 AO nach späterer Kenntniserlangung des FA vom tatsächlichen Sachverhalt auch denn nicht entgegen, wenn das FA im Einspruchsverfahren seinerseits die ihm obliegende Ermittlungspflicht verletzt hat *(BFH-Beschluss vom 6. 2. 2013 X B 164/12, BFH/NV S. 695)*. Bei Pflichtverletzungen auf beiden Seiten ist eine Abwägung vorzunehmen *(BFH-Urteil vom 11. 11. 1987 I R 108/85, BStBl. 1988 II S. 115)*. Die Grundsätze von Treu und Glauben stehen dann einem Änderungsbescheid entgegen, wenn der Pflichtverstoß des FA deutlich überwiegt *(BFH-Urteil vom 20. 12. 1988 VIII R 121/83, BStBl. 1989 II S. 585)*. Das Verhalten der Finanzbehörde hat jedoch dann außer Betracht zu bleiben, wenn ein Steuerpflichtiger eine Änderung der Steuerfestsetzung zu seinen Gunsten begehrt *(BFH-Urteile vom 30. 10. 1986 III R 163/82, BStBl. 1987 II S. 161; vom 26. 8. 1987 I R 144/86, BStBl. 1988 II S. 109; vom 13. 6. 1989 VIII R 174/85, BStBl. 1989 II S. 789)*. Zu Ermittlungsfehlern des FA vgl. auch AEAO Nr. 4 zu § 173.

BFH-Urteil vom 8. 12. 2011 VI R 49/09, BFH/NV 2012 S. 692: Kommt das FG zu dem Ergebnis, das FA habe seine Ermittlungspflichten verletzt, weil es aufgrund der vorliegenden Unterlagen sich aufdrängende Ermittlungen nicht vorgenommen habe, während der Steuerpflichtige – ausgehend von der von ihm vertretenen Rechtsauffassung – seiner Mitwirkungspflicht in zumutbarer Weise nachgekommen sei, so ist die Revisionsinstanz an diese Würdigung gebunden (§ 118 Abs. 2 FGO).

Die Feststellung nachträglich bekannt gewordener Tatsachen i. S. des § 173 Abs. 1 Nr. 1 AO unterliegt den allgemeinen Regeln über die objektive Feststellungslast. Daher gelten auch die Erleichterungen im Beweismaß bei Verletzung der Mitwirkungspflichten aus § 90 AO *(BFH-Beschluss vom 22. 11. 2006 II B 6/06 BFH/NV 2007 S. 395)*.

---

[1] Anders als bei einer Änderung nach § 173 Abs. 1 Nr. 1 AO kann eine Tatsache, die sich zugunsten des Steuerpflichtigen auswirkt, nicht als bekannt angesehen werden, wenn sie der zuständige Bedienstete lediglich hätte kennen können oder kennen müssen. Die Tatsache ist nur bei positiver Kenntnis des Bediensteten nicht mehr neu *(BFH-Urteil vom 19. 11. 2008 II R 10/08, BFH/NV 2009 S. 548)*.

[2] Zum Begriff des groben Verschuldens vgl. auch AEAO Nr. 6 zu § 173. **Grobes Verschulden** umfasst **Vorsatz** (Wissen und Wollen) und **grobe Fahrlässigkeit.**

BFH-Beschluss vom 31. 1. 2005 VIII B 18/02, BFH/NV S. 1212: Ob ein Beteiligter grob fahrlässig gehandelt hat, ist im Wesentlichen eine Tatfrage. Die hierzu getroffenen Feststellungen des FG dürfen – abgesehen von zulässigen und begründeten

[Fortsetzung nächste Seite]

AO

trifft, dass die Tatsachen oder Beweismittel erst nachträglich bekannt werden. ② Das Verschulden ist unbeachtlich, wenn die Tatsachen oder Beweismittel in einem un-

[Fortsetzung]

Verfahrensrügen sowie einer den Denksätzen und Erfahrungssätzen widersprechenden Würdigung der Umstände – von der Revisionsinstanz nur daraufhin überprüft werden, ob der Rechtsbegriff der groben Fahrlässigkeit und die aus ihm abzuleitenden Sorgfaltspflichten richtig erkannt worden sind (st. Rspr., vgl. *Senatsurteil in BFH/NV 2000 S. 978*).

Der Stpfl. handelt in aller Regel grob schuldhaft iSd § 173 Abs. 1 Nr. 2 AO, wenn er die Frist zur Abgabe der Steuererklärungen versäumt und den Erlass eines Schätzungsbescheids veranlasst. Dieses Verschulden wirkt bis zur Bestandskraft des Schätzungsbescheids fort und wird nicht etwa durch ein späteres leichtes Verschulden des Stpfl. bei der Anfechtung dieses Bescheids verdrängt *(BFH-Urteil vom 16. 9. 2004 IV R 62/02, BStBl. 2005 II S. 75)*.

Führt die Günstigerprüfung nach § 32 d Abs. 6 EStG insgesamt zu einer niedrigeren Einkommensteuer, kommt eine Änderung des Bescheids nach § 173 Abs. 1 Nr. 2 AO nur dann in Betracht, wenn den Steuerpflichtigen an dem nachträglichen Bekanntwerden der abgegolten besteuerten Kapitaleinkünfte kein grobes Verschulden trifft *(BFH-Urteil vom 12. 5. 2015 VIII R 14/13, BStBl. II S. 806)*.

BFH-Urteil vom 25. 3. 2021 VIII R 7/18, BStBl. 2023 II S. 166: 1. In den Vergleich, ob die nachträglich bekannt gewordene Tatsache der Erzielung von Einkünften aus Kapitalvermögen zu einer höheren (§ 173 Abs. 1 Nr. 1 AO) oder einer niedrigeren (§ 173 Abs. 1 Nr. 2 AO) Steuer führt, ist im Rahmen der Günstigerprüfung gemäß § 32 d Abs. 6 EStG nicht nur die festgesetzte Einkommensteuer, sondern auch die durch den Abzug vom Kapitalertrag abgegoltene Einkommensteuer einzubeziehen (vgl. BFH-Urteil vom 12. 5. 2015 VIII R 14/13, BStBl. 2015 II S. 806). 2. In einen entsprechenden Vergleich sind auch anzurechnende Abzugsbeträge einzubeziehen. Dies gilt jedenfalls dann, wenn die Einbeziehung der nacherklärten Kapitalerträge in die Veranlagung und die damit verbundene erhöhte Steuerfestsetzung nicht das Ziel des Änderungsbegehrens, sondern eine notwendige Voraussetzung für die Erstattung der inländischen Abzugsbeträge ist. Eine Änderung des bestandskräftigen Einkommensteuerbescheids kann in diesen Fällen nur nach Maßgabe des § 173 Abs. 1 Nr. 2 AO erfolgen. 3. In einen entsprechenden Vergleich sind auch die mit den nacherklärten Kapitalerträgen in Zusammenhang stehenden, anrechenbaren ausländischen Steuerbeträge und EU-Quellensteuern einzubeziehen, deren Anrechnung und Erstattung erreicht werden soll. Auch in diesem Fall ist die begehrte Änderung des bestandskräftigen Einkommensteuerbescheids nur unter den Voraussetzungen des § 173 Abs. 1 Nr. 2 AO zulässig.

Der Steuerpflichtige handelt auch dann regelmäßig grob fahrlässig i. S. des § 173 Abs. 1 Nr. 2 AO, wenn er die dem elektronischen ElsterFormular beigefügten Erläuterungen zur Einkommensteuererklärung unbeachtet lässt. Dies gilt allerdings nur, soweit solche Erläuterungen für einen steuerlichen Laien ausreichend verständlich, klar und eindeutig sind *(BFH-Urteil vom 20. 3. 2013 VI R 9/12, BFH/NV S. 1143)*.

BFH-Urteil vom 10. 2. 2015 IX R 18/14, BStBl. 2017 II S. 7: 1. Der Begriff des Verschuldens i. S. von § 173 Abs. 1 Nr. 2 AO ist bei elektronisch gefertigten Steuererklärungen in gleicher Weise auszulegen wie bei schriftlich gefertigten Erklärungen. 2. Das schlichte Vergessen des Übertrags selbst ermittelter Besteuerungsgrundlagen in die entsprechende Anlage zur Einkommensteuererklärung ist nicht grundsätzlich grob fahrlässig i. S. des § 173 Abs. 1 Nr. 2 AO.

Das Unterlassen von Angaben zu einem im Erklärungsvordruck nicht vorgesehenen Punkt spricht dem ersten Eindruck nach gegen das Vorliegen von grober Fahrlässigkeit. Dies gilt erst recht, wenn der Erklärungsvordruck den Eindruck erweckt, diese Angaben seien steuerlich nicht relevant *(BFH-Urteil vom 9. 11. 2011 X R 53/09, BFH/NV 2012 S. 545)*.

BFH-Urteil vom 16. 5. 2013 III R 12/12, BStBl. 2016 II S. 512: 1. Den Steuerberater trifft ein grobes Verschulden am nachträglichen Bekanntwerden von Tatsachen, die Voraussetzung für die Gewährung eines Entlastungsbetrags für Alleinerziehende sind, wenn er dem steuerlich unerfahrenen Steuerpflichtigen lediglich eine komprimierte Einkommensteuererklärung zur Prüfung aushändigt, ohne den für die Abgabe einer vollständigen Steuererklärung maßgebenden Sachverhalt zu ermitteln, und dem Steuerpflichtigen damit die Möglichkeit nimmt, die darin enthaltenen Angaben auf Vollständigkeit und Richtigkeit zu prüfen. 2. Dabei kommt es nicht darauf an, dass der Ausdruck der komprimierten Steuererklärung auf die Verwendung des Programms „Elster" zurückzuführen ist.

Ein grobes Verschulden am nachträglichen Bekanntwerden von neuen Tatsachen trifft regelmäßig den Steuerberater, der in der Steuererklärung seiner Mandanten keine Angaben zu deren ausländischen Investmentbeteiligungen macht. Denn aus der Anlage AUS und deren Merkblatt ergibt sich, dass Angaben über die Namen der einzelnen Fonds auch dann erforderlich sind, wenn die Höhe der Erträge zum Zeitpunkt der Erstellung der Steuererklärung noch nicht bekannt ist *(BFH-Urteil vom 9. 11. 2011 VIII R 18/08, BFH/NV 2012 S. 370)*.

Zur Frage, unter welchen Voraussetzungen ein **entschuldbarer Rechtsirrtum** des Stpfl. angenommen und grobes Verschulden iSv. § 173 Abs. 1 Nr. 2 AO ausgeschlossen werden kann, vgl. *BFH-Urteil vom 21. 7. 1989 III R 303/84, BStBl. II S. 960*. Gibt ein Stpfl. keine Steuererklärung ab, weil er annimmt, der Begriff „Gewinn" setze Einnahmen voraus, so kann dieser Rechtsirrtum grobes Verschulden iSd § 173 Abs. 1 Nr. 2 AO ausschließen *(BFH-Urteil vom 23. 1. 2001 XI R 42/00, BStBl. II S. 379)*.

Grobes Verschulden iSv. § 173 Abs. 1 Nr. 2 AO ist gegeben, wenn der Stpfl. es grundlos versäumt hat, dem FA steuermindernde Tatsachen bis zur Bekanntgabe der Einspruchsentscheidung zur Kenntnis zu bringen *(BFH-Urteil vom 21. 2. 1991 V R 25/87, BStBl. II S. 496)*.

Hat ein Stpfl. wegen eines Irrtums seiner Buchhalterin in der USt-Erklärung die Bruttoumsätze als Bemessungsgrundlage erklärt, so liegt darin noch nicht ohne weiteres ein grobes Verschulden *(BFH-Urteil vom 18. 5. 1988 X R 57/82, BStBl. II S. 713)*.

Begehrt der Stpfl. die Aufhebung der bestandskräftigen Ablehnung eines Antrags auf Steuerfestsetzung wegen neuer Tatsachen, so findet die zweite Alternative des § 173 Abs. 1 AO Anwendung *(BFH-Urteil vom 12. 5. 1989 III R 200/85, BStBl. II S. 920)*.

Werden nachträglich steuerpflichtige Umsätze und Vorsteuerbeträge bekannt und trifft den Unternehmer ein grobes Verschulden an dem nachträglichen Bekanntwerden, können die Vorsteuerbeträge gem. § 173 Abs. 1 Nr. 2 Satz 2 nur abgezogen werden, soweit die Lieferungen und sonstigen Leistungen, auf denen die Vorsteuerbeträge beruhen, zur Ausführung der nachträglich bekanntgewordenen Umsätze verwendet worden sind *(BFH-Urteil vom 8. 8. 1991 V R 106/88, BStBl. 1992 II S. 12)*.

Neue Tatsachen zugunsten des Stpfl. sind trotz groben Verschuldens im Rahmen des § 177 AO zu berücksichtigen; bei Zusammenveranlagung von Ehegatten ist Saldierung zulässig *(BFH-Urteil vom 5. 8. 1986 IX R 13/81, BStBl. 1987 II S. 297)*.

Der Stpfl. muss sich sowohl das **Verschulden seines gesetzlichen Vertreters** als auch das seines gewillkürten Vertreters (z. B. Steuerberater) anrechnen lassen *(BVerfG-Beschluss vom 2. 3. 1984 – 1 BvR 23/84 –, HFR S. 434; BFH-Urteile vom 28. 6. 1983 VIII R 37/81, BStBl. 1984 II S. 2; vom 19. 8. 1983 VI R 177/82, BStBl. 1984 II S. 48; vom 26. 8. 1987 I R 144/86, BStBl. 1988 II S. 109)*.

BFH-Urteil vom 3. 12. 2009 VI R 58/07, BStBl. 2010 II S. 531: 1. Einem Steuerberater kann ein grobes Verschulden am nachträglichen Bekanntwerden von Zahnbehandlungskosten zur Last fallen, wenn er es unterlässt, seinen Mandanten nach solchen Aufwendungen zu fragen. 2. Die Verpflichtung nachzufragen entfällt auch nicht dadurch, dass ein Dritter Angaben und Unterlagen für den Steuerpflichtigen beibringt.

[Fortsetzung nächste Seite]

mittelbaren oder mittelbaren Zusammenhang mit Tatsachen oder Beweismitteln im Sinne der Nummer 1 stehen.[1]

(2)[2] ① **Abweichend von Absatz 1 können Steuerbescheide, soweit sie auf Grund einer Außenprüfung ergangen sind, nur aufgehoben oder geändert werden, wenn eine Steuerhinterziehung oder eine leichtfertige Steuerverkürzung vorliegt.**[3] ② **Dies gilt auch in den Fällen, in denen eine Mitteilung nach § 202 Absatz 1 Satz 3 ergangen ist.** 2

Zu § 173 – Aufhebung oder Änderung von Steuerbescheiden wegen neuer Tatsachen oder Beweismittel: AEAO

1. Tatsachen und Beweismittel

1.1. Tatsache i. S. d. § 173 Abs. 1 AO ist alles, was Merkmal oder Teilstück eines steuergesetzlichen Tatbestandes sein kann, also Zustände, Vorgänge, Beziehungen und Eigenschaften materieller oder immaterieller Art (vgl. BFH-Urteile vom 1. 10. 1993, III R 58/92, BStBl. 1994 II S. 346, vom 18. 12. 1996, XI R 36/96, BStBl. 1997 II S. 264, und vom 14. 1. 1998, II R 9/97, BStBl. II 3

[Fortsetzung]

Werden Einnahmen eines angestellten Chefarztes aus der Erbringung wahlärztlicher Leistungen im Rahmen der Einkommensteuererklärung irrtümlich sowohl bei den Einkünften aus selbständiger Arbeit als auch bei den Einkünften aus nichtselbständiger Arbeit erklärt, weil weder der Chefarzt noch sein Steuerberater erkannt haben und nach den Umständen des Streitfalls auch nicht erkennen mussten, dass diese Einnahmen bereits dem Lohnsteuerabzug unterlegen haben, liegt kein „grobes Verschulden" i. S. des § 173 Abs. 1 Nr. 2 AO vor *(BFH-Urteil vom 18. 4. 2023 VIII R 9/20, BStBl. II S. 895).*

Ein steuerlicher Berater handelt grob fahrlässig i. S. von § 173 Abs. 1 Nr. 2 AO, wenn er die in der Anlage N-Gre ausdrücklich gestellte Frage nach steuerfreien Kinderzulagen bei einem in der Schweiz tätigen Grenzgänger nicht beantwortet, obwohl er bei sorgfältiger Prüfung und Aufarbeitung des steuerrelevanten Sachverhalts aus den (monatlichen) Gehaltsmitteilungen des Steuerpflichtigen erkennen konnte, dass in dem in der Jahreslohnbescheinigung ausgewiesenen Arbeitslohn steuerfreie Kinderzulagen enthalten waren *(BFH-Urteil vom 28. 4. 2020 VI R 24/17, BFH/NV S. 1249).*

Hat ein vom Stpfl. beauftragter, unabhängiger Sachverständiger bei der Wertermittlung eines Grundstücks eine den Wert mindernde Grundstücksbelastung übersehen, muss sich der Stpfl. ein grobes Verschulden des Sachverständigen am nachträglichen Bekanntwerden dieser Tatsache iSd § 173 Abs. 1 Nr. 2 AO nicht als eigenes grobes Verschulden zurechnen lassen *(BFH-Urteil vom 17. 11. 2005 III R 44/04, BStBl. 2006 II S. 412).*

---

[1] *BFH-Urteil vom 19. 10. 1995 V R 60/92, BStBl. 1996 II S. 149:* 1. Umsätze, die – nach Steuerfestsetzung aufgrund einer Schätzung – in einer USt-Erklärung angegeben werden, sind regelmäßig nur insoweit bekanntgewordene Tatsachen iSd § 173 Abs. 1 AO, als sie die vom FA im Schätzungsbescheid bereits erfassten Umsätze übersteigen. 2. Die in der USt-Erklärung erklärten, im Schätzungsbescheid nicht erfassten Vorsteuerbeträge stehen mit den nachträglich bekanntgewordenen Umsätzen grundsätzlich nur insoweit im Zusammenhang iSd § 173 Abs. 1 Nr. 2 Satz 2 AO, als sie zur Ausführung dieser Umsätze verwendet wurden. Die Vorsteuerbeträge können im Schätzungsweg im Verhältnis der geschätzten zu den erklärten Umsätzen aufgeteilt werden.

Das Verschulden des Stpfl. kann auch dann nach § 173 Abs. 1 Nr. 2 Satz 2 AO unbeachtlich sein, wenn nachträglich bekannt werdende Tatsachen oder Beweismittel, die zu einer höheren Steuer führen, für sich genommen die Voraussetzungen einer Änderung nach § 173 Abs. 1 Nr. 1 AO erfüllen, aber in einem Bescheid berücksichtigt werden, der auf einer anderen Änderungsvorschrift beruht *(BFH-Urteil vom 13. 1. 2005 II R 48/02, BStBl. II S. 451).*

BFH-Urteil vom 10. 9. 2020 IV R 6/18, BStBl. 2021 II S. 197: § 173 Abs. 1 Nr. 2 Satz 2 AO ist gemäß § 181 Abs. 1 Satz 1 AO sinngemäß auf einen Gewinnfeststellungsbescheid für eine Personengesellschaft auch dann anzuwenden, wenn sich eine gegenläufige Änderung (§ 173 Abs. 1 Nr. 1 AO) aus einem anderen Bescheid (z. B. dem Einkommensteuerbescheid für einen feststellungsbeteiligten Gesellschafter) ergibt (Anschluss an *BFH-Urteil vom 13. 1. 2005 II R 48/02, BStBl. 2005 II S. 451,* für Gewinnfeststellungsbescheide).

[2] *BFH-Urteil vom 25. 3. 2003 IX R 106/00, BFH/NV 2004 S. 1379:* Die Änderungssperre aufgrund einer Außenprüfung nach § 173 Abs. 2 AO bestimmt sich nach dem Umfang der Prüfungsmaßnahmen, der durch Auslegung der – der Außenprüfung zugrunde liegenden – Prüfungsanordnung in entsprechender Anwendung des § 133 BGB festzustellen ist (Anschluss an *BFH-Urteil vom 11. 11. 1987 X R 54/82, BStBl. 1998 II S. 307*). Eine Steuerfahndungsprüfung ist keine Außenprüfung *(BFH-Urteil vom 11. 12. 1997 V R 56/94, BStBl. 1998 II S. 367).*

USt-Sonderprüfungen sind zwar Außenprüfungen i. S. des § 173 Abs. 2 AO, eine Änderungssperre lösen sie aber nur aus, wenn die daraufhin ergangenen Bescheide endgültigen Charakter haben *(BFH-Urteil vom 7. 12. 2006 V R 52/03, BStBl. 2007 II S. 420).*

[3] Die in § 173 Abs. 2 Satz 1 AO enthaltene Änderungssperre bezieht sich lediglich auf beabsichtigte Änderungen iSd § 173 Abs. 1 AO. Ein nach einer Außenprüfung ergangener Feststellungsbescheid kann daher noch aufgrund eines fortwirkenden Nachprüfungsvorbehalts geändert werden *(BFH-Urteil vom 14. 9. 1993 VIII R 9/93, BStBl. 1995 II S. 2 m. w. N.).* Die Änderungssperre des § 173 Abs. 2 Satz 1 AO wirkt nach Außenprüfung auch bei steuermindernden Tatsachen *(BFH-Urteil vom 29. 1. 1987 IV R 96/85, BStBl. II S. 410).* Vgl. auch *BFH-Urteil vom 18. 8. 1988 V R 194/83, BStBl. II S. 932.*

Ist ein Arbeitnehmer nach einer Außenprüfung zur ESt veranlagt worden und werden später aufgrund einer LSt-Außenprüfung beim Arbeitgeber weitere Einkünfte des Arbeitnehmers aus nichtselbständiger Arbeit bekannt, können die Mehrsteuern nicht mehr mit LSt-Nachforderungsbescheid gegen den Arbeitnehmer festgesetzt werden *(BFH-Urteil vom 13. 1. 1989 VI R 153/85, BStBl. II S. 447).*

Die Änderungssperre des § 173 Abs. 2 AO wird auch durchbrochen, wenn nicht der Adressat des Bescheides selbst Täter oder Teilnehmer der Steuerhinterziehung oder leichtfertigen Steuerverkürzung ist *(BFH-Urteil vom 14. 12. 1994 XI R 80/92, BStBl. 1995 II S. 294).*

Die Änderungssperre iSd § 173 Abs. 2 Satz 2 AO greift nur ein, wenn eine förmliche Mitteilung nach § 202 Abs. 1 Satz 3 AO ergeht. Die Mitteilung muss indes nicht zwingend in einem gesonderten Schreiben erfolgen, vielmehr kann auch ein ausdrücklicher Hinweis in einem Prüfbericht als Mitteilung angesehen werden *(BFH-Urteil vom 2. 10. 2003 IV R 36/01, BFH/NV 2004 S. 307).*

Hebt die Finanzbehörde im Anschluss an eine LSt-Außenprüfung den Vorbehalt der Nachprüfung für die LSt-Anmeldungen des Prüfungszeitraums ohne jede Einschränkung oder Bedingung auf, so kann sie aufgrund der Änderungssperre des § 173 Abs. 2 AO den Arbeitgeber für LSt, die im Prüfungszeitraum entstanden ist, selbst dann nicht mehr als Haftungsschuldner in Anspruch nehmen, wenn sie im Prüfungsbericht auf die Möglichkeit einer späteren Inanspruchnahme für den Fall hingewiesen hat, dass die LSt nicht von den Arbeitnehmern gezahlt wird *(BFH-Urteil vom 17. 2. 1995 VI R 52/94, BStBl. II S. 555).* Siehe *Erlass FM Niedersachsen vom 1. 8. 1997, DB S. 2002.*

AEAO S. 371). Zu den Tatsachen gehören auch innere Tatsachen (z. B. die Absicht, Einkünfte bzw. Gewinne zu erzielen), die nur anhand äußerer Merkmale (Hilfstatsachen) festgestellt werden können (vgl. BFH-Urteil vom 6. 12. 1994, IX R 11/91, BStBl. 1995 II S. 192).

1.1.1. Tatsachen i. S. d. § 173 Abs. 1 AO sind bei einer Schätzung die Schätzungsgrundlagen (nicht die Schätzung selbst; vgl. AEAO zu § 173, Nr. 7). Tatsachen sind auch vorgreifliche Rechtsverhältnisse aus nichtsteuerlichen Rechtsgebieten (vgl. BFH-Urteil vom 13. 10. 1983, I R 11/79, BStBl. 1984 II S. 181). Um Tatsachen und nicht um juristische Wertungen handelt es sich, wenn ein Steuerpflichtiger z. B. unter der Bezeichnung „Kauf", „Vermietung" oder „Geschäftsführer-Gehalt" in der Steuererklärung vorgreifliche Rechtsverhältnisse geltend macht; derartige Begriffe enthalten eine Zusammenfassung von Tatsachen, die eine bestimmte rechtliche Wertung auslösen (vgl. BFH-Urteil vom 20. 12. 1988, VIII R 121/83, BStBl. 1989 II S. 585). Folglich kann ein Steuerbescheid nach § 173 Abs. 1 AO geändert werden, wenn sich aufgrund nach träglich bekannt gewordener Tatsachen die vom Steuerpflichtigen übernommene Wertung als unzutreffend erweist.

1.1.2. Keine Tatsachen i. S. d. § 173 Abs. 1 AO sind Rechtsnormen und Schlussfolgerungen aller Art, insbesondere steuerrechtliche Bewertungen (vgl. BFH-Urteil vom 27. 10. 1992, VIII R 41/89, BStBl. 1993 II S. 569). Ebenso stellen Entscheidungen des BVerfG zur Verfassungswidrigkeit einer Rechtsnorm sowie nachträgliche Gesetzesänderungen keine neuen Tatsachen i. S. v. § 173 Abs. 1 AO dar (vgl. BFH-Urteile vom 12. 5. 2009, IX R 45/08, BStBl. II S. 891, und vom 11. 2. 1994, III R 50/92, BStBl. II S. 389). Gleiches gilt für die (ggf. anderweitige) Ausübung steuerlicher Wahlrechte oder die Nachholung eines Antrags (vgl. AEAO vor §§ 172 bis 177, Nr. 8). Ein Antrag kann allerdings nachgeholt werden, soweit die für seine Ausübung relevanten Tatsachen als solche nachträglich bekannt werden (vgl. AEAO zu § 173, Nr. 3.2).

1.1.3. Bei Sachverhalten, die bei verschiedenen Steuerpflichtigen steuerlich eigenständig zu berücksichtigen sind, weil die Steuergesetze im Regelfall keine korrespondierende Berücksichtigung vorschreiben, sind die für die einzelne Steuerfestsetzung relevanten Tatsachen und steuerrechtliche Bewertungen zu unterscheiden. So geben Ergebnismitteilungen des Körperschaftsteuer-Finanzamts an das für die Veranlagung der Anteilseigner zuständige Finanzamt über eine bei einer GmbH durchgeführte Außenprüfung rechtliche Schlussfolgerungen und Schätzungsergebnisse wieder, sie stellen für sich jedoch keine Tatsachen dar, die zu einer Änderung nach § 173 Abs. 1 AO berechtigen (BFH-Urteil vom 27. 10. 1992, VIII R 41/89, BStBl. 1993 II S. 569). Deshalb müssen den für die Veranlagung der Anteilseigner zuständigen Finanzämtern die entscheidungserheblichen Tatsachen mitgeteilt werden; die bloße Mitteilung, es seien verdeckte Gewinnausschüttungen festgestellt worden, reicht nicht aus, um eine Änderung nach § 173 Abs. 1 AO zu rechtfertigen. Vgl. aber auch § 32 a KStG.

4 **1.2.** Beweismittel ist jedes Erkenntnismittel, das zur Aufklärung eines steuerlich erheblichen Sachverhalts dient, d. h. geeignet ist, das Vorliegen oder Nichtvorliegen von Tatsachen zu beweisen (BFH-Urteil vom 20. 12. 1988, VIII R 121/83, BStBl. 1989 II S. 585). Dazu gehören Urkunden (Verträge, Geschäftspapiere u. a.) und Auskünfte von Auskunftspersonen (vgl. § 92 AO). Ein Sachverständigengutachten ist nur Beweismittel, soweit es die Erkenntnis neuer Tatsachen vermittelt und nicht lediglich Schlussfolgerungen enthält (BFH-Urteil vom 27. 10. 1992, VIII R 41/89, BStBl. 1993 II S. 569).

5 **1.3.** Eine Änderung nach § 173 Abs. 1 AO setzt voraus, dass die Tatsachen bei Erlass des zu ändernden Bescheids bereits vorhanden waren und vom Finanzamt hätten berücksichtigt werden können (vgl. BFH-Urteil vom 26. 7. 1984, IV R 10/83, BStBl. II S. 786). Nach dem Zeitpunkt der Steuerfestsetzung entstandene Tatsachen können dagegen eine Änderung nach § 175 Abs. 1 Satz 1 Nr. 2 AO rechtfertigen, wenn insoweit ein rückwirkendes Ereignis vorliegt. Eine nach dem Zeitpunkt der Steuerfestsetzung entstandene Hilfstatsache, die für diesen Zeitpunkt zu einer veränderten Würdigung in Bezug auf eine innere Tatsache führt, rechtfertigt jedoch nur dann eine Änderung nach § 173 Abs. 1 AO, wenn sie einen sicheren Schluss auf die (innere) Haupttatsache ermöglicht.

6 **1.4.** Bei der Prüfung der Frage, ob die Tatsache zu einer höheren oder niedrigeren Steuer führt, sind Steueranrechnungsbeträge grundsätzlich unbeachtlich. Es ist auf die bisher festgesetzte und die ggf. neu festzusetzende Steuer abzustellen.

Im Fall eines Antrags nach § 32 d Abs. 4 oder 6 EStG ist bei dem Vergleich, ob die nachträglich bekannt gewordene Tatsache zu einer höheren oder niedrigeren Steuer führt, auch die zunächst mit Abgeltungswirkung (§ 43 Abs. 5 Satz 1 EStG) einbehaltene Kapitalertragsteuer einzubeziehen und somit der bisher festgesetzten Steuer hinzuzurechnen (vgl. BFH-Urteil vom 12. 5. 2015, VIII R 14/13, BStBl. II S. 806). Das Gleiche gilt bei nachträglich erklärten Kapitalerträgen hinsichtlich der mit ihnen zusammenhängenden ausländischen Steuerbeträge, wenn die begehrte Änderung der Steuerfestsetzung notwendige Voraussetzung für die Anrechnung im Rahmen des § 32 d Abs. 5 EStG und ggf. Erstattung dieser Steuern ist (vgl. BFH-Urteil vom 25. 3. 2021, VIII R 7/18, BStBl. 2023 II S. 166).

Zum Ausnahmefall einer Nettolohnvereinbarung siehe BFH-Urteil vom 16. 3. 1990, VI R 90/86, BStBl. II S. 610.

2. Nachträgliches Bekanntwerden der Tatsachen oder Beweismittel AEAO

2.1. Tatsachen oder Beweismittel werden nachträglich bekannt, wenn sie einem für die Steuerfestsetzung zuständigen Bediensteten (BFH-Urteile vom 9. 11. 1984, VI R 157/83, BStBl. 1985 II S. 191, und vom 20. 6. 1985, IV R 114/82, BStBl. II S. 492) bekannt werden, nachdem die Willensbildung über die Steuerfestsetzung abgeschlossen worden ist (Abzeichnung der Verfügung; vgl. BFH-Urteil vom 18. 3. 1987, II R 226/84, BStBl. II S. 416). Auf den Tag der Absendung des Steuerbescheids oder den Tag der Bekanntgabe kommt es nicht an. Der im Einzelfall maßgebliche Tag ist dem Steuerpflichtigen auf Verlangen mitzuteilen. 7

2.2. Sofern im automatisierten Verfahren nachträglich – noch vor der Absendung des Steuerbescheids – eine materiell-rechtliche Kontrolle der gesamten Steuerfestsetzung vorgenommen wird, sind alle bis dahin bekannt gewordenen Tatsachen und Beweismittel zu berücksichtigen (vgl. BFH-Urteil vom 29. 11. 1988, VIII R 226/83, BStBl. 1989 II S. 259). Tatsachen und Beweismittel, die dem Finanzamt bis zum Abschluss einer solchen Kontrolle bekannt geworden sind, in dem zu erlassenden Steuerbescheid aber keine Berücksichtigung gefunden haben, können zu einem späteren Zeitpunkt nicht mehr Gegenstand einer Änderung nach § 173 Abs. 1 AO sein. Um eine materiell-rechtliche Kontrolle des Steuerbescheids handelt es sich nicht, wenn der Steuerbescheid vor seiner Absendung nur einer formellen Prüfung unterzogen wird, die die Feststellung der ermittelten Tatsachen sowie deren rechtliche Würdigung unberührt lässt (z. B. Prüfung auf zutreffende Adressierung oder richtige Erfassung der Daten). 8

2.3. Eine Tatsache ist nicht schon dann bekannt, wenn irgendeine Stelle des Finanzamts von ihr Kenntnis hat. Es kommt vielmehr auf den Kenntnisstand der Personen an, die innerhalb des Finanzamts dazu berufen sind, den betreffenden Steuerfall zu bearbeiten (BFH-Urteile vom 20. 6. 1985, IV R 114/82, BStBl. II S. 492, vom 20. 4. 1988, X R 40/81, BStBl. II S. 804, und vom 19. 6. 1990, VIII R 69/87, BFH/NV 1991 S. 353). 9

2.3.1. Die Rechtsbehelfsstelle des Finanzamts muss bei der Entscheidung über den Einspruch eines Steuerpflichtigen grundsätzlich auch Tatsachen verwerten, die der Veranlagungsstelle bekannt sind. Geschieht dies nicht, so können diese in der Einspruchsentscheidung nicht berücksichtigten Tatsachen nach Abschluss des Einspruchsverfahrens nicht mehr Gegenstand eines Änderungsbescheids nach § 173 Abs. 1 Nr. 1 AO sein (BFH-Urteil vom 23. 3. 1983, I R 182/82, BStBl. II S. 548).

2.3.2. Nur dem Betriebsprüfer bekannt gewordene Tatsachen sind der Veranlagungsstelle grundsätzlich nicht zuzurechnen (vgl. BFH-Urteile vom 28. 4. 1987, IX R 9/83, BFH/NV 1988 S. 151, vom 29. 10. 1987, IV R 69/85, BFH/NV 1988 S. 346, und vom 20. 4. 1988, X R 40/81, BStBl. II S. 804).

2.3.3. Für die Frage, ob einem Finanzamt Tatsachen, die zu einer erstmaligen Berücksichtigung oder zu einer höheren Bewertung eines steuerpflichtigen Sachverhalts von Bedeutung sind, i. S. v. § 173 Abs. 1 Nr. 1 AO nachträglich bekannt geworden sind, kommt es grundsätzlich allein auf die Kenntnis dieses Finanzamts an. Ermittelt aber ein für die Erbschaft-/Schenkungsteuer zuständiges Finanzamt den Wert einer Beteiligung an einer Personengesellschaft allein dadurch, dass es diesen aus einem von einem anderen Finanzamt erteilten Feststellungsbescheid über den Wert des Betriebsvermögens der Gesellschaft auf einen vorangegangenen Bewertungsstichtag ableitet, so macht es sich damit die diesem zugrunde liegenden Kenntnisse zu eigen (BFH-Urteil vom 14. 1. 1998, II R 9/97, BStBl. II S. 371).

2.3.4. Einmal bekannt gewordene Tatsachen werden durch den Wechsel in der Zuständigkeit der Finanzbehörde oder durch Wechsel des Bearbeiters nicht wieder unbekannt, wenn der zunächst zuständige Bearbeiter die Tatsachen aktenkundig gemacht hat (vgl. BFH-Urteil vom 15. 10. 1993, III R 74/92, BFH/NV 1994 S. 315).

2.3.5. Dem Finanzamt können auch Tatsachen bekannt sein, die sich aus älteren, bereits archivierten Akten ergeben. Voraussetzung dafür ist jedoch, dass zur Hinzuziehung solcher Vorgänge nach den Umständen des Falles, insbesondere nach dem Inhalt der zu bearbeitenden Steuererklärungen oder der präsenten Akten, eine besondere Veranlassung bestand (BFH-Urteil vom 11. 2. 1998, I R 82/97, BStBl. II S. 552).

2.3.6. Im Rahmen des § 173 Abs. 1 Nr. 2 AO kann eine Tatsache nicht zum Nachteil des Steuerpflichtigen als bereits bekannt gelten, wenn der zuständige Bearbeiter sie lediglich hätte kennen können oder kennen müssen; das Finanzamt kann sich in diesem Fall nicht auf sein eigenes Versäumnis oder Verschulden berufen (vgl. BFH-Urteil vom 26. 11. 1996, IX R 77/95, BStBl. 1997 II S. 422).

2.4. Steuerbescheid i. S. v. § 173 Abs. 1 AO ist auch ein Bescheid, der einen schon ergangenen Steuerbescheid inhaltlich abändert. Tatsachen, die zu einer höheren Besteuerung führen, kann das Finanzamt deshalb in einem weiteren Änderungsbescheid nach § 173 Abs. 1 Nr. 1 AO nur berücksichtigen, wenn sie ihm nach Erlass des Änderungsbescheids bekannt geworden sind. Eine Änderung nach § 173 Abs. 1 Nr. 1 AO ist jedoch dann nicht ausgeschlossen, wenn das Finanzamt im Hinblick auf einen nachträglich ergangenen Grundlagenbescheid zunächst lediglich eine Än- 10

AEAO derung nach § 175 Abs. 1 Satz 1 Nr. 1 AO vorgenommen und dabei Tatsachen unberücksichtigt gelassen hat, die darüber hinaus eine Änderung nach § 173 Abs. 1 Nr. 1 AO gerechtfertigt hätten (BFH-Urteil vom 12. 1. 1989, IV R 8/88, BStBl. II S. 438).[1]

11 **2.5.** Ändert das Finanzamt einen bestandskräftigen Steuerbescheid nach § 173 Abs. 1 Nr. 1 AO, so trägt es die objektive Beweislast dafür, dass die für die Änderung erforderlichen tatsächlichen Voraussetzungen vorliegen, insbesondere dafür, dass diese „neu" sind (BFH-Urteil vom 19. 5. 1998, I R 140/97, BStBl. II S. 599).

3. Rechtserheblichkeit der Tatsachen oder Beweismittel

12 **3.1.** Neue Tatsachen oder Beweismittel können die Änderung eines Steuerbescheids nach § 173 Abs. 1 AO nur rechtfertigen, wenn sie rechtserheblich sind. Die Rechtserheblichkeit ist zu bejahen, wenn das Finanzamt bei rechtzeitiger Kenntnis der Tatsachen oder Beweismittel schon bei der ursprünglichen Veranlagung mit an Sicherheit grenzender Wahrscheinlichkeit zu einer höheren oder niedrigeren Steuer gelangt wäre (vgl. BFH-Beschluss GrS vom 23. 11. 1987, GrS 1/86, BStBl. 1988 II S. 180). Die Vorschrift des § 173 AO hat nicht den Sinn, dem Steuerpflichtigen das Risiko eines Rechtsbehelfsverfahrens dadurch abzunehmen, dass ihm gestattet wird, sich auf Tatsachen gegenüber dem Finanzamt erst dann zu berufen, wenn etwa durch eine spätere Änderung der Rechtsprechung eine Rechtslage eintritt, die eine bisher nicht vorgetragene Tatsache nunmehr als relevant erscheinen lässt.

Ein Steuerbescheid darf daher wegen nachträglich bekannt gewordener Tatsachen oder Beweismittel weder zugunsten noch zuungunsten des Steuerpflichtigen geändert werden, wenn das Finanzamt bei ursprünglicher Kenntnis der Tatsachen oder Beweismittel nicht anders entschieden hätte. Bei der Beurteilung der Rechtserheblichkeit kommt es nicht darauf an, welche Entscheidung der zuständige Bearbeiter subjektiv bei Erlass des ursprünglichen Bescheids getroffen hätte. Wie das Finanzamt bei Kenntnis bestimmter Tatsachen oder Beweismittel einen Sachverhalt in seinem ursprünglichen Bescheid gewürdigt hätte, ist vielmehr im Einzelfall aufgrund des Gesetzes, wie es nach der damaligen Rechtsprechung des BFH auszulegen war, und der die Finanzämter bindenden Verwaltungsanweisungen zu beurteilen, die im Zeitpunkt des ursprünglichen Bescheiderlasses gegolten haben (vgl. BFH-Urteile vom 11. 5. 1988, I R 216/85, BStBl. II S. 715, vom 15. 1. 1991, IX R 238/87, BStBl. II S. 741, und vom 10. 3. 1999, II R 99/97, BStBl. II S. 433). Subjektive Fehler der Finanzbehörden, wie sie sowohl in rechtlicher als auch in tatsächlicher Hinsicht denkbar sein mögen, sind unbeachtlich (BFH-Urteil vom 11. 5. 1988, I R 216/85, BStBl. II S. 715).

13 **3.2.** Die erstmalige Ausübung eines nicht fristgebundenen Wahlrechts nach Bestandskraft der Steuerfestsetzung (vgl. AEAO vor §§ 172–177, Nr. 8) ist keine neue Tatsache, sie steht einer Änderung nach § 173 Abs. 1 Nr. 2 AO aber nicht entgegen, sofern die für die Ausübung des Wahlrechts relevanten Tatsachen nachträglich bekannt geworden sind (BFH-Urteile vom 28. 9. 1984, VI R 48/82, BStBl. 1985 II S. 117, und vom 25. 2. 1992, IX R 41/91, BStBl. II S. 621). Gleiches gilt, wenn der Steuerpflichtige nach Bestandskraft der Steuerfestsetzung erstmals einen nicht fristgebundenen Antrag auf Gewährung einer Steuervergünstigung stellt und hierzu entsprechende (neue) Tatsachen vorträgt (BFH-Urteil vom 21. 7. 1989, III R 303/84, BStBl. II S. 960). Eine Änderung nach § 173 Abs. 1 Nr. 2 AO zugunsten des Steuerpflichtigen setzt jedoch auch in diesen Fällen voraus, dass ihn am nachträglichen Bekanntwerden der steuermindernden Tatsachen kein grobes Verschulden trifft (vgl. AEAO zu § 173, Nr. 5).

4. Ermittlungsfehler des Finanzamts

14 **4.1.** Nach dem Grundsatz von Treu und Glauben kann das Finanzamt – auch wenn es von einer rechtserheblichen Tatsache oder einem rechtserheblichen Beweismittel nachträglich Kenntnis erhält – daran gehindert sein, einen Steuerbescheid nach § 173 Abs. 1 Nr. 1 AO zuungunsten des Steuerpflichtigen zu ändern (BFH-Urteil vom 13. 11. 1985, II R 208/82, BStBl. 1986 II S. 241). Hat der Steuerpflichtige die ihm obliegenden Mitwirkungspflichten in zumutbarer Weise erfüllt, kommt eine Änderung nach § 173 Abs. 1 Nr. 1 AO nicht in Betracht, wenn die spätere Kenntnis der Tatsache oder des Beweismittels auf einer Verletzung der dem Finanzamt obliegenden Ermittlungspflicht beruht. Das Finanzamt braucht den Steuererklärungen nicht mit Misstrauen zu begegnen, sondern darf regelmäßig von deren Richtigkeit und Vollständigkeit ausgehen; veranlagt es aber trotz bekannter Zweifel an der Richtigkeit der Besteuerungsgrundlagen endgültig, so ist eine spätere Änderung der Steuerfestsetzung nach dem Grundsatz von Treu und Glauben ausgeschlossen (vgl. BFH-Urteil vom 27. 10. 1992, VIII R 41/89, BStBl. 1993 II S. 569). Zum Umfang der Ermittlungspflicht des Finanzamts vgl. AEAO zu § 88 AO.

4.1.1. Sind sowohl das Finanzamt seiner Ermittlungspflicht als auch der Steuerpflichtige seiner Mitwirkungspflicht nicht in vollem Umfang nachgekommen, so fällt das nachträgliche Bekannt-

[1] *BFH-Beschluss vom 18. 12. 2014 VI R 21/13, BStBl. 2017 II S. 4:* 1. Wird ein Steuerbescheid geändert und sind dabei bestimmte Tatsachen nicht berücksichtigt worden, sind diese Tatsachen bei einer beabsichtigten späteren Änderung nach § 173 AO nicht (mehr) neu, wenn nach § 88 AO Anlass bestand, sie bereits bei Erlass des Änderungsbescheids zu berücksichtigen. 2. Ist das FA hingegen im Rahmen der Änderung eines Steuerbescheids zur (umfassenden) Berücksichtigung aller bis dahin bekanntgewordenen Tatsachen nicht verpflichtet, bleibt eine Änderung nach § 173 AO möglich. Davon ist insbesondere bei der Änderung eines Steuerbescheids nach § 175 Abs. 1 Satz 1 Nr. 1 AO und in Fällen des § 165 Abs. 1 Satz 2 Nr. 3 AO auszugehen.

werden einer rechtserheblichen Tatsache oder eines rechtserheblichen Beweismittels i. d. R. in den Verantwortungsbereich des Steuerpflichtigen mit der Folge, dass eine Änderung des Steuerbescheides nach § 173 Abs. 1 Nr. 1 AO zulässig ist (vgl. BFH-Urteil vom 11. 11. 1987, I R 108/85, BStBl. 1988 II S. 115). Eine entsprechende Änderung scheidet lediglich dann aus, wenn der Verstoß des Finanzamts deutlich überwiegt (BFH-Urteil vom 20. 12. 1988, VIII R 121/83, BStBl. 1989 II S. 585). AEAO

4.1.2. Ändert das Finanzamt einen bestandskräftigen Steuerbescheid nach § 173 Abs. 1 Nr. 1 AO, trägt der Steuerpflichtige die objektive Beweislast, wenn er eine Verletzung der Ermittlungspflichten durch das Finanzamt rügt (BFH-Urteil vom 19. 5. 1998, I R 140/97, BStBl. II S. 599).

4.2. Auf neue Tatsachen, die nach § 173 Abs. 1 Nr. 2 AO eine niedrigere Steuerfestsetzung rechtfertigen, sind die in Nr. 4.1 dargestellten Grundsätze nicht anzuwenden (BFH-Urteile vom 13. 4. 1967, V 57/65, BStBl. III S. 519, und vom 26. 11. 1996, IX R 77/95, BStBl. 1997 II S. 422). Hier ist jedoch zu prüfen, ob den Steuerpflichtigen ein grobes Verschulden am nachträglichen Bekanntwerden der neuen Tatsachen trifft (vgl. AEAO zu § 173, Nr. 5). 15

Wann eine Tatsache nicht zum Nachteil des Steuerpflichtigen als bereits bekannt gelten kann, vgl. AEAO zu § 173, Nr. 2.3.6.

5. Grobes Verschulden des Steuerpflichtigen

5.1. Die Aufhebung oder Änderung eines Steuerbescheids zugunsten des Steuerpflichtigen ist grundsätzlich ausgeschlossen, wenn den Steuerpflichtigen ein grobes Verschulden daran trifft, dass die Tatsachen oder Beweismittel dem Finanzamt erst nachträglich bekannt geworden sind. Als grobes Verschulden hat der Steuerpflichtige Vorsatz und grobe Fahrlässigkeit zu vertreten. Grobe Fahrlässigkeit ist anzunehmen, wenn er die ihm nach seinen persönlichen Verhältnissen zumutbare Sorgfalt in ungewöhnlichem Maße und in nicht entschuldbarer Weise verletzt (BFH-Urteile vom 3. 2. 1983, IV R 153/80, BStBl. II S. 324, und vom 18. 5. 1988, X R 57/82, BStBl. II S. 713). Anhaltspunkte, die auf ein grobes Verschulden des Steuerpflichtigen hindeuten, sind von der Finanzbehörde darzulegen und ggf. zu beweisen, die insoweit die Feststellungslast trägt (vgl. BFH-Urteile vom 22. 5. 1992, VI R 17/91, BStBl. 1993 II S. 80, und vom 10. 2. 2015, IX R 18/14, BStBl. 2017 II S. 7). Kann bei dem zu beurteilenden Sachverhalt nach ständiger Rechtsprechung von einem groben Verschulden ausgegangen werden (siehe Nr. 5.1.2 und 5.1.3 des AEAO zu § 173), trägt der Steuerpflichtige die Feststellungslast für atypische Umstände, aufgrund derer im Einzelfall gleichwohl ein grobes Verschulden zu verneinen ist. 16

5.1.1. Bei der Beurteilung der Schwere der Verletzung dieser Sorgfaltspflicht sind die Gegebenheiten des Einzelfalls und die individuellen Kenntnisse und Fähigkeiten des einzelnen Steuerpflichtigen zu berücksichtigen (BFH-Urteil vom 29. 6. 1984, VI R 181/80, BStBl. II S. 693). So kann die Unkenntnis steuerrechtlicher Bestimmungen allein den Vorwurf groben Verschuldens nicht begründen (BFH-Urteile vom 10. 8. 1988, IX R 219/84, BStBl. 1989 II S. 131, vom 22. 5. 1992, VI R 17/91, BStBl. 1993 II S. 80, und vom 21. 9. 1993, IX R 63/90, BFH/NV 1994 S. 100). Offensichtliche Versehen und alltägliche Irrtümer, die sich nie ganz vermeiden lassen, wie z. B. Verwechslungen, Schreib-, Rechen- oder Übertragungsfehler, rechtfertigen ebenfalls nicht den Vorwurf des groben Verschuldens; es kann aber vorliegen, wenn das Versehen auf einer vorangegangenen Verletzung steuerlicher Pflichten beruht.

5.1.2. Ein grobes Verschulden kann im Allgemeinen angenommen werden, wenn der Steuerpflichtige trotz Aufforderung keine Steuererklärung abgegeben hat (ständige Rechtsprechung, vgl. z. B. BFH-Urteil vom 16. 9. 2004, IV R 62/02, BStBl. 2005 II S. 75 m. w. N.), allgemeine Grundsätze der Buchführung (§§ 145 bis 147 AO) verletzt oder ausdrückliche Hinweise ihn ihm zugegangenen Vordrucken, Merkblättern oder sonstigen Mitteilungen des Finanzamts nicht beachtet.

5.1.3. Ein Steuerpflichtiger handelt regelmäßig grob schuldhaft, wenn er eine im Steuererklärungsformular ausdrücklich gestellte, auf einen ganz bestimmten Vorgang bezogene Frage nicht beachtet (BFH-Urteile vom 29. 6. 1984, VI R 181/80, BStBl. II S. 693, und vom 10. 8. 1988, IX R 219/84, BStBl. 1989 II S. 131).

5.1.4. Das grobe Verschulden des Steuerpflichtigen am nachträglichen Bekanntwerden steuermindernder Tatsachen oder Beweismittel wird nicht dadurch ausgeschlossen, dass das Finanzamt seinerseits seinen Fürsorge- oder Ermittlungspflichten nicht hinreichend nachgekommen ist (BFH-Urteil vom 9. 8. 1991, III R 24/87, BStBl. 1992 II S. 65). Im Einzelfall kann jedoch ein grobes Verschulden des Steuerpflichtigen zu verneinen sein, wenn die Verletzung der Ermittlungs- und Fürsorgepflichten ursächlich für die verspätete Geltendmachung der steuermindernden Tatsachen oder Beweismittel war, z. B. bei irreführender Auskunftserteilung.

5.2. Bei einer Zusammenveranlagung muss sich jeder Ehegatte bzw. Lebenspartner das grobe Verschulden des anderen Ehegatten/Lebenspartners zurechnen lassen (vgl. BFH-Urteil vom 24. 7. 1996, I R 62/95, BStBl. 1997 II S. 115). 17

5.3. Nimmt der Steuerpflichtige bei der Erfüllung seiner steuerlichen Pflichten die Hilfe eines Bevollmächtigten oder anderer Hilfspersonen in Anspruch, so muss er sich ein etwaiges grobes Verschulden dieser Personen wie ein eigenes Verschulden zurechnen lassen. So hat der Steuerpflichtige etwa ein grobes Verschulden seines Buchhalters als eigenes Verschulden zu vertreten (vgl. BFH-Urteil vom 18. 5. 1988, X R 57/82, BStBl. II S. 713). 18

AEAO

19 **5.4.** Der Steuerpflichtige hat ein grobes Verschulden seines steuerlichen Beraters in gleicher Weise zu vertreten wie das Verschulden eines Bevollmächtigten (BFH-Urteile vom 3. 2. 1983, IV R 153/80, BStBl. II S. 324, vom 28. 6. 1983, VIII R 37/81, BStBl. 1984 II S. 2, vom 25. 11. 1983, VI R 8/82, BStBl. 1984 II S. 256, und vom 26. 8. 1987, I R 144/86, BStBl. 1988 II S. 109). Bei Festlegung der einem steuerlichen Berater zuzumutenden Sorgfalt ist zu berücksichtigen, dass von einem Angehörigen der steuerberatenden Berufe die Kenntnis und sachgemäße Anwendung der steuerrechtlichen Vorschriften erwartet wird (BFH-Urteil vom 3. 2. 1983, IV R 153/80, BStBl. II S. 324). Ein eigenes grobes Verschulden des Steuerpflichtigen kann darin liegen, dass er die von seinem steuerlichen Berater gefertigte Steuererklärung unterschreibt, obwohl ihm bei Durchsicht der Steuererklärung ohne weiteres hätte auffallen müssen, dass steuermindernde Tatsachen oder Beweismittel nicht berücksichtigt worden sind (BFH-Urteil vom 28. 6. 1983, VIII R 37/81, BStBl. 1984 II S. 2).

Der steuerliche Berater hat, wenn er Mitarbeiter zur Vorbereitung des Jahresabschlusses und der Steuererklärung einsetzt, Sorgfaltspflichten hinsichtlich der Auswahl seiner Mitarbeiter, der Organisation der Arbeiten in seinem Büro und der Kontrolle der Arbeitsergebnisse der Mitarbeiter (BFH-Urteil vom 26. 8. 1987, I R 144/86, BStBl. 1988 II S. 109).

20 **5.5.** Bei der Frage des groben Verschuldens ist auch der Zeitraum einzubeziehen, in dem nach Durchführung der Steuerveranlagung der Bescheid noch änderbar ist (BFH-Urteil vom 21. 2. 1991, V R 25/87, BStBl. II S. 496: Vortrag steuermindernder Tatsachen bis zur Bekanntgabe der Einspruchsentscheidung). Ein dem Steuerpflichtigen zuzurechnendes grobes Verschulden i. S. d. § 173 Abs. 1 Nr. 2 AO kann daher auch darin bestehen, dass er es unterlassen hat, gegen einen Steuerbescheid Einspruch einzulegen, obwohl sich ihm innerhalb der Einspruchsfrist die Geltendmachung bisher nicht vorgetragener Tatsachen hätte aufdrängen müssen (BFH-Urteile vom 25. 11. 1983, VI R 8/82, BStBl. 1984 II S. 256, und vom 4. 2. 1998, XI R 47/97, BFH/NV S. 682).

20a **5.6.** Bei Beantwortung der Frage, ob die Unterlassung bestimmter steuerrelevanter Angaben in der Steuererklärung auf einem groben Verschulden des Steuerpflichtigen, einem entschuldbaren mechanischen Versehen (z. B. Übertragungsfehler) oder einem entschuldbaren Rechtsirrtum infolge mangelnder Kenntnis steuerrechtlicher Vorschriften beruht, ist nicht zwischen Steuererklärungen auf Papier und elektronisch erstellten Steuererklärungen zu unterscheiden. Wird die Steuererklärung elektronisch zum Beispiel mithilfe des Programms ElsterFormular erstellt, kann der Steuerpflichtige bei Erfassung der Daten anhand der gewohnten Formularoberfläche vom kompletten Steuererklärungsvordruck und allen dort gestellten Fragen Kenntnis nehmen; darüber hinaus wird auch eine Hilfefunktion im Umfang der amtlichen Anleitung geboten. Unerheblich ist daher, dass in der komprimierten Steuererklärung nur ein Ausdruck der tatsächlich erfassten und übermittelten Daten erfolgt.

6. Unbeachtlichkeit des Verschuldens des Steuerpflichtigen

21 **6.1.** Das Verschulden des Steuerpflichtigen ist nach § 173 Abs. 1 Nr. 2 Satz 2 AO unbeachtlich, wenn die Tatsachen oder Beweismittel, die zu einer niedrigeren Steuer führen, in einem unmittelbaren oder mittelbaren Zusammenhang mit neuen Tatsachen oder Beweismitteln stehen, die zu einer höheren Steuer führen. Stehen die steuermindernden Tatsachen mit steuererhöhenden Tatsachen im Zusammenhang, sind die steuermindernden Tatsachen nicht nur bis zur steuerlichen Auswirkung der steuererhöhenden Tatsachen, sondern uneingeschränkt zu berücksichtigen (BFH-Urteil vom 2. 8. 1983, VIII R 190/80, BStBl. 1984 II S. 4). Ein derartiger Zusammenhang ist gegeben, wenn eine zu einer höheren Besteuerung führende Tatsache die zur Steuerermäßigung führende Tatsache ursächlich bedingt, so dass der steuererhöhende Vorgang nicht ohne den steuermindernden Vorgang denkbar ist (BFH-Urteile vom 28. 3. 1985, IV R 159/82, BStBl. 1986 II S. 120, vom 5. 8. 1986, IX R 13/81, BStBl. 1987 II S. 297, und vom 8. 8. 1991, V R 106/88, BStBl. 1992 II S. 12). Ein rein zeitliches Zusammentreffen von steuererhöhenden und steuermindernden Tatsachen reicht nicht aus (BFH-Urteil vom 28. 3. 1985, IV R 159/82, a. a. O.).

22 **6.2.** Wird dem Finanzamt nachträglich bekannt, dass der Steuerpflichtige nicht erklärte Einkünfte einer bestimmten Einkunftsart erzielt hat, so stellt die Höhe dieser Einkünfte die für die Anwendung des § 173 Abs. 1 Nr. 1 oder Nr. 2 AO relevante Tatsache dar (BFH-Urteil vom 1. 10. 1993, III R 58/92, BStBl. 1994 II S. 346). Dies gilt auch dann, wenn das Finanzamt die Einkünfte zunächst geschätzt hat (BFH-Urteil vom 24. 4. 1991, XI R 28/89, BStBl. II S. 606). Eine Aufspaltung dieser Einkünfte in steuererhöhende Einnahmen oder Vermögensmehrungen einerseits und steuermindernde Ausgaben oder Vermögensminderungen andererseits im Hinblick auf § 173 Abs. 1 Nr. 2 Satz 2 AO ist nicht zulässig.

23 **6.3.** Bei der Umsatzsteuer sind Tatsachen, die eine Erhöhung der Umsatzsteuer begründen, und Tatsachen, die eine höhere Vorsteuer begründen, getrennt zu beurteilen. Ein Zusammenhang zwischen nachträglich bekannt gewordenen Umsätzen und nachträglich bekannt gewordenen Leistungen an den Unternehmer i. S. d. § 173 Abs. 1 Nr. 2 Satz 2 AO besteht nur insoweit, als die Eingangsleistungen zur Ausführung der nachträglich bekannt gewordenen Umsätze verwendet wurden (BFH-Urteile vom 8. 8. 1991, V R 106/88, BStBl. 1992 II S. 12, und vom 19. 10. 1995, V R 60/92, BStBl. 1996 II S. 149). Dies gilt allerdings nur, soweit diese Umsätze zum Vorsteuerabzug berechtigen; soweit die nachträglich bekannt gewordenen Vorsteuerbeträge hingegen mit

AEAO

nachträglich bekannt gewordenen steuerfreien oder nichtsteuerbaren Umsätzen in Zusammenhang stehen, sind die Voraussetzungen des § 173 Abs. 1 Nr. 2 Satz 2 AO nicht erfüllt.

Hat das Finanzamt bei einer Schätzung der Umsatzsteuer davon abgesehen, die Steuer auf der Grundlage des Ansatzes einer Vielzahl einzelner Umsätze mit jeweils genau bezifferter Bemessungsgrundlage zu ermitteln, können die nachträglich bekannt gewordenen Vorsteuerbeträge im Schätzungsweg entsprechend dem Verhältnis der nachträglich erklärten und der ursprünglich vom Finanzamt geschätzten steuerpflichtigen Umsätze berücksichtigt werden, es sei denn, es liegen Anhaltspunkte dafür vor, dass weniger oder mehr Vorsteuerbeträge im Zusammenhang mit den nachträglich bekannt gewordenen Umsätzen stehen, als sich nach dieser Aufteilung ergibt (BFH-Urteil vom 19. 10. 1995, V R 60/92, BStBl. 1996 II S. 149).[1]

7. Änderung von Schätzungsveranlagungen

7.1. Eine auf einer Schätzung beruhende Veranlagung kann nach § 173 Abs. 1 Nr. 1 AO durch eine höhere Schätzungsveranlagung ersetzt werden, wenn nachträglich Schätzungsunterlagen festgestellt werden, bei deren rechtzeitigem Bekanntsein das Finanzamt die Schätzung in anderer Weise vorgenommen hätte. Die Änderung der ursprünglichen Schätzungsveranlagung ist dabei nur im Ausmaß der nachträglich bekannt gewordenen Schätzungsunterlagen zulässig. Das bisherige Schätzungsverfahren ist nach Möglichkeit fortzuführen, ggf. zu verfeinern. Ein Wechsel der Schätzungsmethode kommt lediglich dann in Betracht, wenn die bisherige Methode angesichts der neuen Schätzungsunterlagen versagt (BFH-Urteil vom 2. 3. 1982, VIII R 225/80, BStBl. 1984 II S. 504). **24**

Die Ersetzung einer Schätzungsveranlagung durch eine höhere Schätzungsveranlagung ist auch zulässig, wenn aufgrund einer nachträglichen Vermögenszuwachsrechnung ein gegenüber der ursprünglichen Schätzung wesentlich höherer Gewinn festgestellt wird (BFH-Urteile vom 24. 10. 1985, IV R 75/84, BStBl. 1986 II S. 233, und vom 29. 10. 1987, IV R 69/85, BFH/NV 1988 S. 346). Dies gilt auch für den Fall, dass es sich bei der ursprünglichen Schätzung um eine Schätzung nach Richtsätzen für einen nicht buchführenden, jedoch buchführungspflichtigen Landwirt handelt (BFH-Urteile vom 3. 10. 1985, IV R 197/83, BFH/NV 1987 S. 477, und vom 24. 10. 1985, IV R 170/84, BFH/NV 1987 S. 545).

7.2. Nachträglich bekannt gewordene Tatsachen, die zu einer niedrigeren Steuer führen, liegen nach einer vorausgegangenen Gewinnschätzung dann vor, wenn sich aus der Gesamtwürdigung der neuen Tatsachen, also dem gemeinsamen Ergebnis von Betriebseinnahmen und Betriebsausgaben, eine niedrigere Steuer ergibt (BFH-Urteil vom 28. 3. 1985, IV R 159/82, BStBl. 1986 II S. 120; vgl. AEAO zu § 173, Nr. 6.2). Eine Änderung nach § 173 Abs. 1 Nr. 2 AO ist in diesen Fällen demzufolge nur zulässig, wenn den Steuerpflichtigen am nachträglichen Bekanntwerden der Tatsachen kein grobes Verschulden trifft (vgl. AEAO zu § 173, Nr. 5). **25**

7.3. Hat das Finanzamt den laufenden Gewinn und den Veräußerungsgewinn (§ 16 EStG) geschätzt, so sind die nachträglich bekannt gewordenen tatsächlichen Gewinnbeträge (laufender Gewinn und Veräußerungsgewinn) je eine Tatsache i. S. d. § 173 Abs. 1 AO (BFH-Urteil vom 30. 10. 1986, III R 163/82, BStBl. 1987 II S. 161). **26**

7.4. Zur Schätzung der Umsatzsteuer vgl. AEAO zur § 173, Nr. 6.3. **27**

8. Änderungssperre (§ 173 Abs. 2 AO)

8.1. Steuerbescheide, die aufgrund einer Außenprüfung ergangen sind, können wegen neuer Tatsachen oder Beweismittel nach § 173 Abs. 1 AO nur geändert werden, wenn eine Steuerhinterziehung oder leichtfertige Steuerverkürzung vorliegt (Änderungssperre nach § 173 Abs. 2 AO). Durch die Regelung in § 173 Abs. 2 Satz 1 AO wird solchen Steuerbescheiden eine erhöhte Bestandskraft zugemessen, weil durch die Außenprüfung die steuerlich erheblichen Sachverhalte ausgiebig hätten geprüft werden können. Die Änderungssperre wirkt auch dann, wenn nach einer Außenprüfung Tatsachen oder Beweismittel bekannt werden, die zu einer niedrigeren Steuer führen würden (BFH-Urteile vom 29. 1. 1987, IV R 96/85, BStBl. II S. 410, und vom 11. 12. 1997, V R 56/94, BStBl. 1998 II S. 367). Die Änderungssperre bezieht sich nur auf Änderungen i. S. v. § 173 Abs. 1 AO, nicht aber auf Änderungen, die aufgrund anderer Vorschriften erfolgen (vgl. BFH-Urteil vom 4. 11. 1992, XI R 32/91, BStBl. 1993 II S. 425). **28**

8.2. Der Umfang der Änderungssperre richtet sich nach dem Inhalt der Prüfungsanordnung (BFH-Urteile vom 12. 10. 1994, XI R 75/93, BStBl. 1995 II S. 289, und vom 11. 2. 1998, I R 82/97, BStBl. II S. 552). **29**

8.2.1. Im Fall der Beschränkung der Außenprüfung auf bestimmte Steuerarten, Besteuerungszeiträume oder Sachverhalte (§ 194 Abs. 1 Satz 2 AO) umfasst die Änderungssperre daher nur den in der Prüfungsanordnung genannten Teil der Besteuerungsgrundlagen. Wenn andererseits das tatsächliche Prüfungsverhalten über die Prüfungsanordnung hinausgeht, wird hierdurch keine

[1] *BFH-Urteil vom 10. 4. 2003 V R 26/02, BStBl. II S. 785:* Werden nachträglich sowohl steuererhöhende Tatsachen (Umsätze) als auch steuermindernde Tatsachen (Vorsteuerbeträge) bekannt und führen die steuererhöhenden Tatsachen zur Änderung eines Steuerbescheids nach § 173 Abs. 1 Nr. 1 AO, so können die steuermindernden Tatsachen sowohl gem. § 173 Abs. 1 Nr. 2 AO als auch gem. § 177 AO zu berücksichtigen sein (Fortentwicklung des *Senatsurteils vom 19. 10. 1995 V R 60/92, BStBl. 1996 II S. 149*).

AEAO

Änderungssperre nach § 173 Abs. 2 AO ausgelöst (BFH-Urteil vom 11. 2. 1998, I R 82/97, BStBl. II S. 552).

8.2.2. Der Eintritt der Änderungssperre ist nicht davon abhängig, ob der Außenprüfer die betreffenden Vorgänge tatsächlich geprüft hat, ob er sie aus rechtlichen Erwägungen von sich aus nicht aufgegriffen hat oder ob er sie in Übereinstimmung mit der damaligen Verwaltungsauffassung unbeanstandet gelassen hat (BFH-Urteil vom 4. 2. 1987, I R 58/86, BStBl. 1988 II S. 215).

8.2.3. Eine Umsatzsteuer-Sonderprüfung, durch welche auf der Grundlage eingereichter Umsatzsteuer-Voranmeldungen „insbesondere der Vorsteuerabzug" geprüft wird, bewirkt keine Änderungssperre (BFH-Urteil vom 11. 11. 1987, X R 54/82, BStBl. 1988 II S. 307).

30 **8.3.** Steuerbescheide sind i. S. d. § 173 Abs. 2 AO auch dann aufgrund einer Außenprüfung ergangen, wenn diese lediglich die in einer Selbstanzeige gemachten Angaben des Steuerpflichtigen bestätigt hat (BFH-Urteil vom 4. 12. 1986, IV R 312/84, BFH/NV 1987 S. 214).

31 **8.4.** Außenprüfung i. S. d. § 173 Abs. 2 AO ist jede Prüfung nach §§ 193 bis 203 AO.

Eine Außenprüfung kann auch von der Steuerfahndung durchgeführt werden (§ 208 Abs. 2 Nr. 1 AO). Führt die Steuerfahndung auf der Grundlage einer Prüfungsanordnung eine Außenprüfung nach den §§ 193 bis 203 AO durch, gelten uneingeschränkt die Vorschriften über die Außenprüfung. Eine von der Steuerfahndung durchgeführte Außenprüfung hat dementsprechend auch im Hinblick auf die Änderungssperre des § 173 Abs. 2 AO die Wirkung einer Außenprüfung. Ermittlungshandlungen der Steuerfahndung im Zusammenhang mit der Erforschung von Steuerstraftaten und Steuerordnungswidrigkeiten nach § 208 Abs. 1 Nr. 2 AO und Maßnahmen der Steuerfahndung auf der Grundlage von § 208 Abs. 1 Nr. 1 und 3 AO lassen dagegen die Änderungssperre des § 173 Abs. 2 AO nicht eintreten (BFH-Urteil vom 11. 12. 1997, V R 56/94, BStBl. 1998 II S. 367).

32 **8.5.** Die Änderungssperre gilt auch in den Fällen, in denen eine Mitteilung nach § 202 Abs. 1 Satz 3 AO über eine ergebnislose Prüfung ergangen ist. Eine solche Mitteilung ist jedoch kein Verwaltungsakt, der eine allgemeine Änderungssperre für die in der vorangegangenen Außenprüfung festgestellten Sachverhalte auslöst. Sie hindert unter den Voraussetzungen des § 173 Abs. 2 AO nur die Änderung eines Steuerbescheids nach § 173 Abs. 1 AO. Der Änderung des Bescheids aufgrund einer anderen Vorschrift (z. B. § 164 Abs. 2 AO) steht sie nicht entgegen (BFH-Urteile vom 29. 4. 1987, I R 118/83, BStBl. 1988, II S. 168, und vom 14. 9. 1993, VIII R 9/93, BStBl. 1995 II S. 2).

Die Wirkung einer Mitteilung nach § 202 Abs. 1 Satz 3 AO hat auch der Vermerk im Prüfungsbericht, dass für den betreffenden Besteuerungszeitraum oder die betreffende Steuerart „keine Änderung" eintritt (BFH-Urteil vom 14. 12. 1989, III R 158/85, BStBl. 1990 II S. 283), es sei denn, dass sich der Vermerk auf einen Besteuerungszeitraum bezieht, für den die Steuer unter Vorbehalt der Nachprüfung festgesetzt ist. In diesem Fall tritt die Änderungssperre erst dann ein, wenn der Vorbehalt der Nachprüfung nach § 164 Abs. 3 Satz 3 AO durch förmlichen Bescheid aufgehoben wird.

33 **8.6.** Zur Frage der Feststellung, ob Steuern hinterzogen oder leichtfertig verkürzt worden sind, vgl. AEAO zu § 169, Nr. 2.1 und 2.2.

Die Änderungssperre wird auch dann durchbrochen, wenn der Adressat des Steuerbescheids selbst nicht der Täter oder Teilnehmer der Steuerhinterziehung oder leichtfertigen Verkürzung ist (vgl. BFH-Urteil vom 14. 12. 1994, XI R 80/92, BStBl. 1995 II S. 293).

34 **9. Umfang der Änderung**

Eine Änderung nach § 173 AO ist nur soweit zulässig, wie sich die neuen Tatsachen oder Beweismittel auswirken (punktuelle Änderung). Sonstige Fehler können nur im Rahmen des § 177 AO berücksichtigt werden (vgl. AEAO zu § 177 AO).

10. Anwendung des § 173 AO in Feststellungsfällen

35 **10.1.** Nach § 181 Abs. 1 Satz 1 AO gilt § 173 AO für die gesonderte Feststellung von Besteuerungsgrundlagen sinngemäß. Dies bedeutet dessen Anwendung unter Beachtung der Besonderheiten des Feststellungsverfahrens (vgl. u. a. BFH-Urteil vom 24. 6. 2009, IV R 55/06, BStBl. II S. 950).

Bei einem Feststellungsbescheid kommt es demzufolge für die Frage der Zulässigkeit einer Änderung nach § 173 Abs. 1 AO darauf an, ob die neuen Tatsachen oder Beweismittel sich zugunsten oder zuungunsten des Steuerpflichtigen auswirken, dem der Gegenstand der Feststellung zuzurechnen ist. Dabei kommt es nur auf die Änderungen der festgestellten Besteuerungsgrundlagen selbst an, nicht auf die steuerlichen Auswirkungen in den Folgebescheiden (vgl. BFH-Urteil vom 24. 6. 2009, IV R 55/06, a. a. O.).

36 **10.2.** Hierbei ist zu unterscheiden, ob die Feststellung auf einen Betrag oder auf eine Eigenschaft/rechtliche Qualifikation lautet.

10.2.1. Lautet eine gesonderte Feststellung auf einen in Euro bemessenen Betrag (Wert, Einkünfte etc.), ist bei Anwendung des § 173 Abs. 1 AO auf die Änderungen dieses Betrags abzustellen.

Erfolgt eine gesonderte Feststellung auch einheitlich (§ 179 Abs. 2 Satz 2 AO), ist hierbei nicht auf die Verhältnisse der Gesellschaft/Gemeinschaft insgesamt, sondern auf die Verhältnisse jedes einzelnen Feststellungsbeteiligten individuell abzustellen. Danach ist ein Bescheid über eine gesonderte und einheitliche Feststellung aufzuheben oder zu ändern, soweit Tatsachen oder Beweismittel nachträglich bekannt werden, die entweder zu einer Erhöhung oder – bei fehlendem groben Verschulden des Steuerpflichtigen – zu einer Minderung der Besteuerungsgrundlagen bei jedenfalls einem Feststellungsbeteiligten führen (vgl. BFH-Urteile vom 16. 4. 2015, IV R 2/12, BFH/NV S. 1331, und vom 10. 9. 2020, IV R 6/18, BStBl. 2021 II S. 197).

§ 173 Abs. 1 Nr. 2 Satz 2 AO ist nach § 181 Abs. 1 Satz 1 AO bei Bescheiden über eine gesonderte und einheitliche Feststellung sinngemäß anzuwenden (vgl. BFH-Urteil vom 24. 6. 2009, IV R 55/06, a. a. O.). Die sinngemäße Anwendung von § 173 Abs. 1 Nr. 2 Satz 2 AO ist nicht auf Fälle beschränkt, in denen gegenläufige Änderungen von Besteuerungsgrundlagen innerhalb des nämlichen Feststellungsbescheids vorzunehmen sind. Die Regelung ist auch anzuwenden, wenn sich eine mit der steuermindernden neuen Tatsache zusammenhängende gegenläufige steuererhöhende Änderung aus einem anderen (Feststellungs- oder Steuer-)Bescheid ergibt (vgl. BFH-Urteil vom 10. 9. 2020, IV R 6/18, a. a. O.). Der Zusammenhang zwischen steuererhöhenden und steuermindernden Tatsachen im Sinne von § 173 Abs. 1 Nr. 2 Satz 2 AO ist nämlich bereits gegeben, wenn der steuererhöhende Vorgang nicht ohne den steuermindernden Vorgang denkbar ist.

Beispiele:

1. Bei einer nachträglich bekannt gewordenen, steuerrechtlich beachtlichen Gewinnverteilungsabrede sind die Voraussetzungen des § 173 Abs. 1 Nr. 1 AO erfüllt, soweit sich die Gewinnanteile erhöhen. Der Bescheid ist hingegen nach § 173 Abs. 1 Nr. 2 AO zu ändern, soweit sich die Gewinnanteile verringern. Auf ein grobes Verschulden am nachträglichen Bekanntwerden einer Gewinnverteilungsabrede kommt es dabei nach § 173 Abs. 1 Nr. 2 Satz 2 AO nicht an, weil die nachträglich bekannt gewordene Gewinnverteilungsabrede zugleich bei dem Feststellungsbeteiligten, dessen Gewinnanteil sich erhöht, eine Tatsache im Sinne des § 173 Abs. 1 Nr. 1 AO ist (BFH-Urteil vom 24. 6. 2009, IV R 55/06, a. a. O.).
2. Wurden Sonderbetriebsausgaben eines Mitunternehmers zunächst (nur) in dessen Einkommensteuerfestsetzung als Betriebsausgaben seines Einzelunternehmens berücksichtigt und wird der Steuerbescheid später unter Wegfall dieser Ausgaben zuungunsten des Steuerpflichtigen geändert, ist der Gewinnfeststellungsbescheid für die Personengesellschaft bei nachträglichem Bekanntwerden dieser Sonderbetriebsausgaben im Feststellungsverfahren in sinngemäßer Anwendung des § 173 Abs. 1 Nr. 2 Satz 2 AO insoweit zugunsten des Mitunternehmers zu ändern. Hierfür reicht es aus, dass sich die gegenläufige Änderung (§ 173 Abs. 1 Nr. 1 AO) aus dem Einkommensteuerbescheid des nämlichen Mitunternehmers ergibt (vgl. BFH-Urteil vom 10. 9. 2020, IV R 6/18, a. a. O.).

10.2.2. Werden zu einer Feststellung, die nicht betragsmäßige Besteuerungsgrundlagen, sondern eine Eigenschaft oder rechtliche Bewertung zum Gegenstand hat (z. B. Art der Einkünfte, Grundstücksart, Zurechnung des Grundstücks), neue Tatsachen oder Beweismittel bekannt, findet § 173 Abs. 1 Nr. 2 AO Anwendung, wenn der Steuerpflichtige die Änderung des Feststellungsbescheids begehrt, weil dann davon auszugehen ist, dass sie im Ergebnis zu einer steuerlichen Minderbelastung führt. In diesem Fall ist die Änderung daher nur zulässig, wenn den Steuerpflichtigen kein grobes Verschulden am nachträglichen Bekanntwerden der Tatsachen oder Beweismittel trifft; § 173 Abs. 1 Nr. 2 Satz 2 AO bleibt unberührt. § 173 Abs. 1 Nr. 1 AO kommt dagegen zur Anwendung, wenn das Finanzamt von Amts wegen die Änderung einer Feststellung in der Annahme vornimmt, diese führe im Ergebnis zu einer steuerlichen Mehrbelastung (vgl. das zur Frage der Änderung der Artfeststellung für ein Grundstück ergangene BFH-Urteil vom 16. 9. 1987, II R 178/85, BStBl. 1988 II S. 174).

Übersicht

Rz.

1) Erlass betr. Begriff des „groben Verschuldens" i. S. d. § 173 Abs. 1 Nr. 2 AO vom 28. 6. 2019 37–40
2) Verfügung betr. Verkehrswertnachweis nach Bestandskraft des Feststellungsbescheids vom 12. 3. 2014 41
3) Verfügung betr. Auswirkungen von Sonderprüfungen auf die Steuerfestsetzung; Änderungssperre nach § 173 Abs. 2 AO; Aufhebung des Vorbehalts der Nachprüfung (§ 164 Abs. 3 AO); Lohnsteuer-Haftungsbescheide (§ 42 d EStG, § 191 AO) vom 6. 6. 2017 42–44

1) Erlass betr. Begriff des „groben Verschuldens" i. S. d. § 173 Abs. 1 Nr. 2 AO

Anl 1

Vom 28. Juni 2019 (BeckVerw 456652)

(FM Nordrhein-Westfalen S 0351)

1. Die gesetzliche Regelung

Nach § 173 Abs. 1 Nr. 2 AO sind Steuerbescheide zugunsten des Steuerpflichtigen aufzuheben oder zu ändern, soweit Tatsachen oder Beweismittel nachträglich bekannt werden, die zu einer niedrigeren Steuer führen, und den Steuerpflichtigen kein grobes Verschulden daran trifft, dass die Tatsachen oder Beweismittel erst nachträglich bekannt werden. 37

Der Korrekturausschluss bei grobem Verschulden beruht darauf, dass die Tatsachen und Beweismittel aus dem Lebensbereich des Steuerpflichtigen stammen. Er muss sie deshalb zur Erfüllung seiner Erklärungs- und Mitwirkungspflicht rechtzeitig vorbringen. Einwendungen gegen den Steuerbescheid, die

Anl 1

nicht auf neuen Tatsachen oder Beweismitteln beruhen, rechtfertigen die Anwendung des § 173 Abs. 1 Nr. 2 AO nicht.

2. Begriff des groben Verschuldens

38 „Grobes" Verschulden ist Vorsatz oder grobe Fahrlässigkeit. Vorsätzlich handelt der Steuerpflichtige, wenn er seine Erklärungs- und Mitwirkungspflicht kennt und ihre Verletzung will oder bewusst in Kauf nimmt. Grob fahrlässig handelt, wer die Sorgfalt, zu der er nach seinen persönlichen Kenntnissen und Fähigkeiten verpflichtet und imstande ist, in besonders schwerem Maße verletzt, wer nicht beachtet, was im gegebenen Fall jedem einleuchten muss oder wer schon die einfachsten, ganz naheliegenden Überlegungen nicht anstellt (BFH vom 3. 2. 1983 IV R 153/80, BStBl. II S. 324, und vom 18. 5. 1988 X R 57/82, BStBl. II S. 713). Bei der Beurteilung der Schwere der Verletzung dieser Sorgfaltspflicht sind die Gegebenheiten des Einzelfalls und die individuellen Kenntnisse und Fähigkeiten des einzelnen Steuerpflichtigen zu berücksichtigen (BFH vom 29. 6. 1984 VI R 181/80, BStBl. II S. 693).

Nach ständiger höchstrichterlicher Rspr. sind von der Finanzbehörde Anhaltspunkte für das Vorliegen eines groben Verschuldens darzulegen und ggf. zu beweisen, wobei verbleibende Zweifel zulasten des Finanzamts gehen (vgl. BFH vom 10. 2. 2015 IX R 18/14, BStBl. 2017 II S. 7). Da sich die zur Beurteilung des groben Verschuldens erforderlichen Umstände überwiegend in der Sphäre des Steuerpflichtigen bzw. seines steuerlichen Beraters abspielen, ist dem Finanzamt ein konkreter Nachweis des groben Verschuldens regelmäßig nur schwer möglich. Der BFH hat jedoch in st. Rspr. entschieden, in welchen Fällen regelmäßig von einem groben Verschulden auszugehen ist (vgl. Tz. 2.1 ff.). In derartigen Fällen bestehen daher Anhaltspunkte dafür, dass ein grobes Verschulden vorliegt.

Bei elektronisch gefertigten Steuererklärungen ist der Begriff des Verschuldens in gleicher Weise auszulegen wie bei schriftlich gefertigten Erklärungen (BFH vom 10. 2. 2015 IX R 18/14, BStBl. 2017 II S. 7).

Für die Beurteilung, ob der Steuerpflichtige seine Steuererklärung grob oder leicht fahrlässig unvollständig ausgefüllt hat, ist auf die Eindeutigkeit der Vordruckgestaltung und die Laienverständlichkeit vorhandener Erläuterungen abzustellen.

Das grobe Verschulden des Steuerpflichtigen am nachträglichen Bekanntwerden steuermindernder Tatsachen oder Beweismittel wird nicht dadurch ausgeschlossen, dass das Finanzamt seinerseits seinen Fürsorge- oder Ermittlungspflichten nicht hinreichend nachgekommen ist (BFH vom 9. 8. 1991 III R 24/87, BStBl. 1992 II S. 65). Im Einzelfall kann jedoch ein grobes Verschulden des Steuerpflichtigen zu verneinen sein, wenn die Verletzung der Ermittlungs- und Fürsorgepflichten durch die Finanzbehörde ursächlich für die verspätete Geltendmachung der steuermindernden Tatsachen oder Beweismittel war, z. B. bei irreführender Auskunftserteilung.

2.1. Verletzung der Mitwirkungspflichten

Mit grobem Verschulden handelt, wer es in Kenntnis seiner Steuererklärungspflicht dazu kommen lässt, dass das Finanzamt die Besteuerungsgrundlagen schätzt. Grobes Verschulden liegt regelmäßig auch dann vor, wenn der Steuerpflichtiger trotz gesetzlicher Verpflichtung keine Buchführung einrichtet oder keine Bilanzen erstellt (BFH vom 20. 1. 1988 I R 1/84, BFH/NV S. 348).

2.2. Fehler des Steuerpflichtigen bei der Ermittlung und Erklärung des Sachverhalts

Der Steuerpflichtige ist verpflichtet, bei der Ermittlung des Sachverhalts mitzuwirken, insb. die für die Besteuerung erheblichen Tatsachen vollständig und wahrheitsgemäß darzulegen (§ 90 Abs. 1 AO). Gibt er rechtserhebliche Tatsachen nicht rechtzeitig an, so muss er die Gründe darlegen, die ihn an der Erfüllung der Mitwirkungspflicht gehindert haben. Die bloße Behauptung, er habe die Tatsachen vergessen, reicht nicht aus.

Offensichtliche Versehen und alltägliche Irrtümer, die sich nie ganz vermeiden lassen, wie z. B. Verwechslungen, Schreib-, Rechen- oder Übertragungsfehler rechtfertigen den Vorwurf des groben Verschuldens nicht. Grobes Verschulden kann aber vorliegen, wenn das Versehen auf einer vorangegangenen Verletzung steuerlicher Pflichten beruht.

2.3. Unkenntnis steuerlicher Bestimmungen

Ein Steuerpflichtiger handelt regelmäßig grob schuldhaft, wenn er eine im Steuererklärungsformular ausdrücklich gestellte, auf einen ganz bestimmten Vorgang bezogene Frage oder ausdrückliche Hinweise in Merkblättern, die das Finanzamt ihm zugesandt hat, nicht beachtet (BFH vom 29. 6. 1984 VI R 181/80, BStBl. II S. 693 und vom 10. 8. 1988 IX R 219/84, BStBl. 1989 II S. 131). Jedoch muss dieser Hinweis für einen steuerlichen Laien ausreichend verständlich, klar und eindeutig abgefasst sein. Zudem dürfen in Bezug auf das Durchlesen von Merkblättern keine unzumutbaren Anforderungen an den Steuerpflichtigen gestellt werden (BFH vom 22. 5. 1992 VI R 17/91, BStBl. 1993 II S. 80).

Die Unkenntnis steuerrechtlicher Bestimmungen allein kann bei einem Steuerpflichtigen ohne einschlägige Ausbildung den Vorwurf des groben Verschuldens nicht begründen. Der Mangel an Rechtskenntnissen entschuldigt den Steuerpflichtigen nur dann nicht, wenn dieser Zweifelsfragen, die sich ihm aufdrängen mussten, nicht nachgegangen ist (BFH vom 22. 5. 1992 VI R 17/91, BStBl. 1993 II S. 80).

3. Verschulden eines Vertreters

39 Das grobe Verschulden eines Vertreters ist dem Steuerpflichtigen zuzurechnen. Bei der Beurteilung des Verschuldens muss sich daher ein Steuerpflichtiger, der die Hilfe eines Angehörigen der steuerberatenden Berufe in Anspruch nimmt, dessen Fähigkeiten und Sachkunde entgegenhalten lassen (BFH vom 26. 8. 1987 I R 144/86, BStBl. 1988 II S. 109). Ein eigenes grobes Verschulden des Steuerpflichtigen kann darin liegen, dass er die von seinem steuerlichen Berater gefertigte Steuererklärung unterschreibt, obwohl ihm bei Durchsicht der Steuererklärung ohne Weiteres hätte auffallen müssen, dass steuermindernde Tatsachen oder Beweismittel nicht berücksichtigt worden sind (BFH vom 28. 6. 1983 VIII R 37/81, BStBl. 1984 II S. 2).

Bei Angehörigen der steuerberatenden Berufe stellt Unkenntnis einfacher steuerrechtlicher Vorschriften grobes Verschulden dar. Sie müssen sich laufend über die Entwicklung des Steuerrechts sowie über die einschlägige Literatur und Rspr. unterrichten. Die Verkennung komplizierter rechtlicher Zusammenhänge oder die fehlerhafte Anwendung schwieriger neuer Vorschriften stellt jedoch kein grobes Verschulden dar. Die Angehörigen der steuerberatenden Berufe müssen im Rahmen ihres Mandats die tatsächlichen Umstände durch Rückfragen und Erörterungen mit dem Mandanten zu klären versuchen. Dabei dürfen sie sich auf die Richtigkeit der tatsächlichen Angaben des Mandanten und ferner darauf verlassen, dass die vom Mandanten übergebenen Unterlagen richtig und vollständig sind. Sie handeln daher nur dann grob fahrlässig i. S. d. § 173 Abs. 1 Nr. 2 AO, wenn sie besonders auffällige Lücken des Sachverhalts nicht rechtzeitig schließen.

Grobes Verschulden trifft den Steuerberater, wenn er dem steuerlich unerfahrenen Steuerpflichtigen lediglich eine komprimierte Steuererklärung zur Prüfung aushändigt, ohne den Sachverhalt zu ermitteln und dem Steuerpflichtigen damit die Möglichkeit nimmt, die darin enthaltenen Angaben auf Vollständigkeit und Richtigkeit zu prüfen (BFH vom 16. 5. 2013 III R 12/12, BStBl. 2016 II S. 512). Setzt ein steuerlicher Berater Mitarbeiter zur Vorbereitung des Jahresabschlusses und der Steuererklärung ein, so obliegen ihm Sorgfaltspflichten hinsichtlich der Auswahl seiner Mitarbeiter, der Organisation der Arbeiten in seinem Büro und der Kontrolle der Arbeitsergebnisse der Mitarbeiter (BFH vom 26. 8. 1987 I R 144/86, BStBl. 1988 II S. 109).

4. Zeitpunkt des groben Verschuldens

Grobes Verschulden des Steuerpflichtigen schließt die Korrektur der Steuerfestsetzungen nach § 173 Abs. 1 Nr. 2 AO nur aus, wenn es ursächlich dafür ist, dass entscheidungserhebliche Tatsachen dem Finanzamt nachträglich, d. h. erst nach der Steuerfestsetzung bekannt werden. Bei der Prüfung des groben Verschuldens ist auch der Zeitraum bis zur Bestandskraft des Steuerbescheids einzubeziehen. Ein dem Steuerpflichtigen zuzurechnendes grobes Verschulden i. S. d. § 173 Abs. 1 Nr. 2 AO kann daher auch darin bestehen, dass er es unterlassen hat, gegen einen Steuerbescheid Einspruch einzulegen, obwohl sich ihm innerhalb der Einspruchsfrist die Geltendmachung bisher nicht vorgetragener Tatsachen hätte aufdrängen müssen (BFH vom 25. 11. 1983 VI R 8/82, BStBl. 1984 II S. 256 und vom 20. 1. 1988 I R 1/84, BFH/NV S. 348). Entsprechendes gilt, wenn der Steuerpflichtige es unterlässt, die neuen Tatsachen im Einspruchsverfahren bis zur Bekanntgabe der Einspruchsentscheidung geltend zu machen. Das nachträgliche Bekanntwerden kann daher grob verschuldet sein, wenn der Steuerpflichtige es in der Hand gehabt hätte, die steuermindernden Tatsachen geltend zu machen, solange eine Änderung der Steuerfestsetzung noch uneingeschränkt möglich war (vgl. BFH vom 4. 2. 1998 XI R 47/97, BFH/NV S. 682). 40

2) Verfügung betr. Verkehrswertnachweis nach Bestandskraft des Feststellungsbescheids Anl 2

Vom 12. März 2014 (BeckVerw 283236)

(LfSt Bayern S 3229.1.1 – 1/2 St 34)

Bei der Bedarfsbewertung für Zwecke der Erbschaftsteuer oder auch Grunderwerbsteuer kann der Steuerpflichtige nachweisen, dass der gemeine Wert des Grundstücks niedriger als der vom Finanzamt ermittelte Wert ist (§ 138 Abs. 4, § 198 BewG). Als Nachweis des niedrigeren gemeinen Werts kann nach Tz. 2 Abs. 5 der gleich lautenden Erlasse der obersten Finanzbehörden der Länder zur Umsetzung des Jahressteuergesetzes 2007 vom 2. April 2007 (BStBl. I S. 314) bzw. R B 198 Abs. 4 ErbStR 2011 auch ein zeitnah erzielter Kaufpreis des Grundstücks dienen, wenn er im gewöhnlichen Geschäftsverkehr zustande gekommen ist. 41

An der bisherigen Auffassung der AO-Referatsleiter der Länder, dass ein bestandskräftiger Feststellungsbescheid bei nachträglichem Bekanntwerden eines Kaufpreises nach § 173 AO geändert werden könne, wird nicht mehr uneingeschränkt festgehalten. Zukünftig gilt diesbezüglich Folgendes:

Ist der Verkauf des Grundstücks vor der abschließenden Entscheidung des für die Feststellung des Grundstückswerts zuständigen Amtsträgers erfolgt und war ihm diese Tatsache bei seiner Entscheidung nicht bekannt, liegt eine neue Tatsache im Sinne von § 173 Abs. 1 AO vor. Ist der Feststellungsbescheid bereits unanfechtbar geworden, kann der Bescheid nach § 173 Abs. 1 Nr. 2 AO geändert werden, wenn den Steuerpflichtigen kein grobes Verschulden am verspäteten Bekanntwerden dieser Tatsache trifft.

Ist der Verkauf des Grundstücks hingegen erst nach der abschließenden Entscheidung des für die Feststellung des Grundstückswerts zuständigen Amtsträgers erfolgt, kommt eine Änderung nach § 173 Abs. 1 Nr. 2 AO nicht in Betracht. Der nachträglich zustande gekommene Kaufpreis stellt auch kein rückwirkendes Ereignis nach § 175 Abs. 1 Satz 1 Nr. 2 AO dar; unanfechtbar gewordene und nicht unter Vorbehalt der Nachprüfung ergangene Feststellungsbescheide können in derartigen Fällen nicht mehr geändert werden.

3) Verfügung betr. Auswirkungen von Sonderprüfungen auf die Steuerfestsetzung; Änderungssperre nach § 173 Abs. 2 AO; Aufhebung des Vorbehalts der Nachprüfung (§ 164 Abs. 3 AO); Lohnsteuer-Haftungsbescheide (§ 42 d EStG, § 191 AO) Anl 3

Vom 6. Juni 2017 (BeckVerw 344749)

(OFD Frankfurt S 0351 A-001-St 21)

Bei der Aufhebung oder Änderung von Steuerbescheiden nach vorausgegangener Sonderprüfung (z. B. Umsatzsteuersonderprüfung oder Lohnsteueraußenprüfung) ist Folgendes zu beachten:

Anl 3

1. Umfang der Sonderprüfung und Aufhebung des Vorbehalts der Nachprüfung

42 Eine Sonderprüfung wirkt sich nur auf die geprüfte Steuerart und die geprüfte Steuerfestsetzung aus. Wurde z. B. bei einer Umsatzsteuersonderprüfung auch ein ertragsteuerlich relevanter Sachverhalt geprüft, so ist die Finanzbehörde nicht gehindert, im Rahmen einer Außenprüfung (§§ 193–203 AO) denselben Sachverhalt nochmals zu prüfen und aufgrund dieser Überprüfung die Festsetzung der Ertragsteuer aufzuheben oder zu ändern.

Dieser Grundsatz gilt auch, wenn die Sonderprüfung die Investitionszulage betraf.

Die Aufhebung des Vorbehalts der Nachprüfung ist im Gesetz für den Fall, dass die Prüfung zu einer Änderung der Steuerfestsetzung führt, nicht ausdrücklich vorgeschrieben. Aus dem Sinn und Zweck des § 164 AO, insbesondere aus dessen Abs. 1, ist zu entnehmen, dass die geänderte Steuerfestsetzung nur dann nicht mehr unter dem Vorbehalt der Nachprüfung ergehen darf, wenn es sich bei der Prüfung um eine „abschließende Prüfung" i. S. d. § 164 Abs. 1 Satz 1 AO handelte. Eine Sonderprüfung stellt keine abschließende Prüfung dar, wenn sie sich auf einzelne Teilbereiche, z. B. Prüfung lediglich des Vorsteuerabzugs, Prüfung der Exportlieferungen usw. bei Umsatzsteuersonderprüfungen, beschränkt (BFH-Urteil vom 30. 4. 1987 V R 29/79, BStBl. II S. 486). Ob die Prüfung beschränkt war, ergibt sich aus dem Inhalt der Prüfungsanordnung.

2. Umsatzsteuersonderprüfungen

43 Die für einen Voranmeldungszeitraum errechnete Umsatzsteuer ist eine Vorauszahlung. Die Voranmeldung und die abweichende Steuerfestsetzung stehen kraft Gesetzes unter dem Vorbehalt der Nachprüfung.

Nach einer Umsatzsteuersonderprüfung ist bei Umsatzsteuervoranmeldungen der Vorbehalt der Nachprüfung in keinem Fall aufzuheben (§ 164 Abs. 1 Satz 2 AO). Dies gilt auch dann, wenn die Sonderprüfung nicht beschränkt war und zu keiner Änderung der Umsatzsteuervoranmeldung geführt hat.

Eine Umsatzsteuersonderprüfung, die nur Voranmeldungszeiträume erfasst, wirkt sich nicht auf die Festsetzung der Jahresumsatzsteuer aus.

Bei dieser Steuerfestsetzung tritt keine Änderungssperre i. S. d. § 173 Abs. 2 AO hinsichtlich der bereits geprüften Voranmeldungszeiträume ein. Bereits geprüfte Sachverhalte können deshalb bei einer Sonderprüfung oder Außenprüfung, die die Jahresumsatzsteuer zum Gegenstand hat, nochmals überprüft werden und zu einer Änderung der Jahresumsatzsteuer führen (BFH-Urteile vom 11. 11. 1987 X R 54/82, BStBl. 1988 II S. 307, und vom 7. 12. 2006 V R 52/03, BStBl. 2007 II S. 420).

Die Umsatzsteuer-Jahreserklärung steht kraft Gesetzes mit ihrem Eingang bzw. nach Zustimmung der Finanzbehörde einer Steuerfestsetzung unter dem Vorbehalt der Nachprüfung gleich. Ist eine solche Steueranmeldung Gegenstand einer Umsatzsteuersonderprüfung und enthält die Prüfungsanordnung für diese Sonderprüfung keine Einschränkungen, so ist der Vorbehalt der Nachprüfung gem. § 164 Abs. 3 Satz 3 AO aufzuheben, wenn die Sonderprüfung nicht zu einer Änderung der Steueranmeldung führt. Auch eine aufgrund der Sonderprüfung geänderte Steuerfestsetzung kann in diesem Fall nicht mehr unter dem Vorbehalt der Nachprüfung stehen. Bei einer nachfolgenden Außenprüfung ist die Änderungssperre des § 173 Abs. 2 AO zu beachten.

War dagegen die Prüfung der Jahresumsatzsteuer lt. Prüfungsanordnung auf einzelne Sachbereiche beschränkt (z. B. Prüfung lediglich des Vorsteuerabzugs, Prüfung der Exportlieferungen usw.), so braucht der Vorbehalt der Nachprüfung nicht aufgehoben zu werden, wenn die Prüfung zu keiner Änderung der Jahresumsatzsteuer führt. Auch eine geänderte Steuerfestsetzung kann in diesem Fall mit dem Vorbehalt der Nachprüfung versehen werden. Eine nachfolgende Außenprüfung kann eine derartige unter dem Vorbehalt der Nachprüfung stehende Umsatzsteuerfestsetzung in vollem Umfang nachprüfen; die Änderungssperre des§ 173 Abs. 2 AO tritt nicht ein.

Im Hinblick auf die eingeschränkten Änderungsmöglichkeiten im Rahmen einer späteren Außenprüfung sollen sich Umsatzsteuersonderprüfungen, die die Jahresumsatzsteuer betreffen, in der Regel nur auf einzelne Sachbereiche beschränken. Die Beschränkung ist in der Prüfungsanordnung ausdrücklich vorzusehen.

3. Lohnsteueraußenprüfungen

3.1. Inanspruchnahme des Arbeitgebers als Haftungsschuldner

44 Auch Lohnsteueranmeldungen stehen kraft Gesetzes unter dem Vorbehalt der Nachprüfung (§ 168 AO); sie haben jedoch keinen Vorauszahlungscharakter. Bei einer Lohnsteueraußenprüfung handelt es sich stets um eine abschließende Prüfung. Führt daher die Lohnsteueraußenprüfung nicht zu einer Änderung der angemeldeten Lohnsteuer, ist der Vorbehalt der Nachprüfung gem. § 164 Abs. 3 Satz 3 AO aufzuheben.

Nach Aufhebung des Vorbehalts der Nachprüfung für die Lohnsteueranmeldungen des Prüfungszeitraums kann das Finanzamt nach dem BFH-Urteil vom 17. 2. 1995 VI R 52/94 (BStBl. II S. 555) aufgrund der Änderungssperre des § 173 Abs. 2 AO den Arbeitgeber für Lohnsteuer, die im Prüfungszeitraum entstanden ist, selbst dann nicht mehr als Haftungsschuldner in Anspruch nehmen, wenn es im Prüfungsbericht auf die Möglichkeit einer späteren Inanspruchnahme für den Fall hingewiesen hat, dass die Lohnsteuer nicht von den Arbeitnehmern gezahlt wird. Eine Ausnahme gilt lediglich, wenn eine Steuerhinterziehung oder eine leichtfertige Steuerverkürzung festgestellt wird. Nach der Rechtsprechung des BFH wird die Lohnsteueranmeldung durch den Erlass eines Lohnsteuer-Haftungsbescheides „incidenter" geändert. Die Aufhebung des Vorbehalts der Nachprüfung steht jedoch gemäß § 164 Abs. 3 Satz 2 AO einer Steuerfestsetzung ohne Vorbehalt der Nachprüfung gleich (vgl. BFH-Urteil vom 15. 5. 1992 VI R 106/88, BStBl. 1993 II S. 840), so dass die Möglichkeit, den Steuerbescheid nach § 164 Abs. 2 AO jederzeit zu ändern, entfällt.

Anl 3

Gleiches gilt aufgrund der Änderungssperre des § 173 Abs. 2 AO, wenn nach einer Lohnsteueraußenprüfung bereits ein Lohnsteuer-Haftungsbescheid ergangen ist und später für den gleichen Anmeldungszeitraum neue Tatsachen i. S. d. § 173 Abs. 1 AO bekannt werden.

Die Änderungssperre betrifft nur die Lohnsteueranmeldungen des geprüften Zeitraums, für die der Vorbehalt der Nachprüfung aufgehoben wurde.

Ergeben sich aufgrund der Lohnsteueraußenprüfung gegenüber der angemeldeten Lohnsteuer-Änderungen, kann in Fällen der beabsichtigten vorrangigen Inanspruchnahme von Arbeitnehmern die Möglichkeit eines späteren Rückgriffs auf den Arbeitgeber wie folgt offengehalten werden:

Gegenüber dem Arbeitgeber ist ein Haftungsbescheid mit Leistungsgebot über die unstreitig bei ihm anzufordernden Lohnsteuerbeträge und ein weiterer – zunächst nicht mit einem Leistungsgebot i. S. d. § 219 AO versehener – Haftungsbescheid über diejenigen Beträge zu erlassen, die zunächst bei den Arbeitnehmern angefordert werden. In dem zweiten Haftungsbescheid ist der Arbeitgeber darauf hinzuweisen, dass er die festgesetzte Haftungsforderung vorerst nicht zu begleichen hat, da insoweit vorrangig die Arbeitnehmer in Anspruch genommen werden sollen. Dieser Hinweis ist als abweichende Fälligkeitsbestimmung i. S. d. § 220 Abs. 2 Satz 1 zweiter Halbsatz AO anzusehen mit der Folge, dass die Haftungsforderung nicht bereits mit der Bekanntgabe des Haftungsbescheides fällig wird.

In beiden Haftungsbescheiden ist jeweils auf den Erlass des anderen Bescheides hinzuweisen. Erst nach Erlass der Haftungsbescheide ist der Vorbehalt der Nachprüfung aufzuheben. Zudem ist die Zahlungsverjährung (§ 229 Abs. 2 AO) durch geeignete Maßnahmen zu überwachen.

Gemäß § 42d Abs. 4 Nr. 2 EStG bedarf es für die Inanspruchnahme des Arbeitgebers keines Haftungsbescheides und keines Leistungsgebots, wenn der Arbeitgeber nach Abschluss einer Lohnsteueraußenprüfung seine Zahlungsverpflichtung schriftlich anerkennt. Die Anerkenntniserklärung steht einer Steueranmeldung und damit einer Steuerfestsetzung unter dem Vorbehalt der Nachprüfung gleich (§ 167 Abs. 1 Satz 3 i. V. mit § 168 Satz 1 AO).

3.2. Inanspruchnahme des Arbeitgebers als Steuerschuldner

Führt eine Lohnsteueraußenprüfung zu einer Nachforderung an pauschalierter Lohnsteuer, so ergeht aufgrund der einkommensteuerrechtlichen Sondervorschriften über die Pauschalierung von Lohnsteuer (§§ 40, 40a, 40b EStG) ein Nachforderungsbescheid. Mit diesem Nachforderungsbescheid wird lediglich die nachzuzahlende Lohnsteuer festgesetzt.

Der Arbeitgeber ist gem. § 40 Abs. 3 EStG Schuldner der pauschalen Lohnsteuer. Der Nachforderungsbescheid ist deshalb kein Haftungsbescheid, sondern ein Steuerbescheid, und unterliegt daher den Regelungen über die Aufhebung und Änderung von Steuerbescheiden.

Wurde nach einer ergebnislosen Lohnsteueraußenprüfung der Vorbehalt der Nachprüfung aufgehoben, steht einer Änderung der Lohnsteueranmeldung nach § 173 Abs. 1 AO durch Erlass eines Lohnsteuer-Nachforderungsbescheides – ebenso wie durch Erlass eines Lohnsteuer-Haftungsbescheides (vgl. Tz. 3.1) – die Änderungssperre des § 173 Abs. 2 AO entgegen, es sei denn, es liegt eine Steuerhinterziehung oder eine leichtfertige Steuerverkürzung vor. Gleiches gilt, wenn nach einer Lohnsteueraußenprüfung bereits ein Lohnsteuer-Nachforderungsbescheid ergangen ist und später für den gleichen Anmeldungszeitraum neue Tatsachen i. S. d. § 173 Abs. 1 AO bekannt werden (vgl. BFH-Urteil vom 15. 5. 1992 VI R 183/88, BStBl. 1993 II S. 829).

3.3. Fortbestand des Nachprüfungsvorbehalts

Der Vorbehalt der Nachprüfung kann in Ausnahmefällen nach einer Lohnsteueraußenprüfung bestehen bleiben, z. B., weil die Prüfung nicht abschließend durchgeführt werden konnte. Bei der Änderung von Steuerbescheiden bleibt der Vorbehalt der Nachprüfung auch ohne ausdrückliche Wiederholung im Änderungsbescheid bestehen. Deshalb ist der Vorbehalt der Nachprüfung weiterhin wirksam, wenn er nicht – z. B. im Rahmen der Änderung der Lohnsteueranmeldung durch Erlass eines Lohnsteuer-Haftungsbescheides oder Lohnsteuer-Nachforderungsbescheides – ausdrücklich aufgehoben wird. § 164 Abs. 2 AO ermöglicht daher in derartigen Fällen den Erlass weiterer Haftungs- oder Nachforderungsbescheide für den Prüfungszeitraum. Dabei ist es unbeachtlich, ob das Finanzamt rechtlich verpflichtet war, den Vorbehalt der Nachprüfung aufzuheben (vgl. BFH-Urteil vom 14. 9. 1993 VIII R 9/93, BStBl. 1995 II S. 2).

3.4. Auswirkungen der Lohnsteueraußenprüfung auf andere Steuerarten

Auf Sachverhalte, die sich auf andere Steuerarten auswirken (z. B. Arbeitsverhältnisse zwischen Ehegatten, Bezüge von Gesellschaftern-Geschäftsführern), findet die unter Tz. 3.1 genannte BFH-Rechtsprechung keine Anwendung. Wurde beispielsweise nach einer ergebnislosen Lohnsteueraußenprüfung der Vorbehalt der Nachprüfung für die Lohnsteueranmeldungen des Prüfungszeitraums aufgehoben, so kann gleichwohl im Rahmen einer allgemeinen Außenprüfung die Anerkennung eines Ehegatten-Arbeitsverhältnisses für diese Jahre noch versagt werden. Einer Änderung der Einkommensteuerbescheide für diese Jahre steht § 173 Abs. 2 AO nicht entgegen. Eine Lohnsteueraußenprüfung zielt immer nur auf die zutreffende lohnsteuerrechtliche, bezogen auf Einkommensteuerschuld und Einkommensteuerfestsetzung also in jedem Falle vorläufige, Behandlung des Sachverhaltskomplexes ab. Die Änderungssperre wirkt mithin nur gegenüber dem Arbeitgeber und schließt damit eine unmittelbare Inanspruchnahme des Arbeitnehmers als Steuerschuldner nicht aus (vgl. BFH-Urteile vom 24. 7. 1996 X R 123/94, BFH/NV 1997 S. 161, und vom 15. 4. 2015 VIII R 49/12).

AO

§ 173 a Schreib- oder Rechenfehler bei Erstellung einer Steuererklärung

1 **Steuerbescheide sind aufzuheben oder zu ändern, soweit dem Steuerpflichtigen bei Erstellung seiner Steuererklärung Schreib- oder Rechenfehler[1] unterlaufen sind und er deshalb der Finanzbehörde bestimmte, nach den Verhältnissen zum Zeitpunkt des Erlasses des Steuerbescheids rechtserhebliche Tatsachen unzutreffend mitgeteilt hat.**

AEAO

Zu § 173 a – Schreib- oder Rechenfehler bei Erstellung einer Steuererklärung:

2 **1.** § 173 a AO ermöglicht eine Änderung der Steuerfestsetzung, soweit der Steuerpflichtige auf Grund eines (bei Erstellung der Steuererklärung aufgetretenen) Schreib- oder Rechenfehlers der Finanzbehörde bestimmte Tatsachen unzutreffend (d. h. fehlerhaft) mitgeteilt hat und diese Tatsachen nach den Verhältnissen zum Zeitpunkt des Erlasses des Steuerbescheids rechtserheblich waren.

Schreibfehler sind insbesondere Rechtschreibfehler, Wortverwechselungen oder Wortauslassungen oder fehlerhafte Übertragungen.

Rechenfehler sind insbesondere Fehler bei der Addition, Subtraktion, Multiplikation oder Division sowie bei der Prozentrechnung.

Ein solcher Schreib- oder Rechenfehler muss durchschaubar, eindeutig oder augenfällig sein. Das ist dann der Fall, wenn der Fehler bei Offenlegung des Sachverhalts für jeden unvoreingenommenen Dritten klar und deutlich als Schreib- oder Rechenfehler erkennbar ist und kein Anhaltspunkt dafür erkennbar ist, dass eine unrichtige Tatsachenwürdigung, ein Rechtsirrtum oder ein Rechtsanwendungsfehler vorliegt.

Das schlichte Vergessen eines Übertrags selbst ermittelter Besteuerungsgrundlagen in die Steuererklärung ist kein Schreib- oder Rechenfehler i. S. d. § 173 a AO. In derartigen Fällen kann aber eine nachträglich bekannt gewordene Tatsache i. S. d. § 173 Abs. 1 AO vorliegen.

3 **2.** § 173 a AO ist erstmals auf Verwaltungsakte anzuwenden, die nach dem 31. 12. 2016 erlassen worden sind (Art. 97 § 9 Abs. 4 EGAO). Für Altfälle vgl. Nr. 4 Abs. 2 des AEAO zu § 129.

AO

§ 174[2] Widerstreitende Steuerfestsetzungen

1 (1)[3] ① **Ist ein bestimmter Sachverhalt in mehreren Steuerbescheiden zuungunsten eines oder mehrerer Steuerpflichtiger berücksichtigt worden, obwohl er nur einmal hätte berücksichtigt werden dürfen, so ist der fehlerhafte Steuerbescheid auf Antrag aufzu-**

---

[1] Das schlichte Vergessen eines Übertrags selbst ermittelter Besteuerungsgrundlagen in die Steuererklärung ist kein Schreib- oder Rechenfehler, sondern eine ähnliche offenbare Unrichtigkeit, die nicht nach § 173 a AO korrigiert werden kann *(BFH-Urteil vom 26. 5. 2020 IX R 30/19, BFH/NV S. 1233).*

Nach dem eindeutigen Wortlaut des § 173 a AO sind nur Schreib- oder Rechenfehler bei der Erstellung einer Steuererklärung erfasst. Fehler oder Unvollständigkeiten im Rahmen der Datenübertragung an das FA – z. B. bei Abbruch der Internetverbindung oder Fehlern der genutzten Software – werden von der Vorschrift nicht erfasst *(BFH-Beschluss vom 27. 4. 2022 IX B 57/21, BFH/NV S. 803).*

BFH-Urteil vom 18. 7. 2023 IX R 17/22, BStBl. 2024 II S. 90: 1. Ein „Verklicken" beim Import von steuerlichen Daten in das ELSTER-Portal ist kein nach § 173 a AO korrigierbarer Schreibfehler. 2. § 173 a AO ist nicht bei sonstigen offenbaren Unrichtigkeiten, die dem Steuerpflichtigen bei der Erstellung seiner Steuererklärung unterlaufen sind, anwendbar (Bestätigung von *BFH-Urteil vom 27. 4. 2022 IX B 57/21, BFH/NV 2022 S. 803).*

[2] Siehe auch **AEAO vor §§ 172 bis 177** und **zu § 174.**

[3] § 174 Abs. 1 Satz 1 AO erfordert das Vorliegen von (positiv) widerstreitenden Steuerfestsetzungen zu Lasten eines oder mehrerer Stpfl. Ein „Widerstreiten" in diesem Sinne setzt voraus, dass die in den (kollidierenden) Bescheiden getroffenen Regelungen aufgrund der materiellen Rechtslage nicht miteinander vereinbar und daher widersprüchlich sind, weil nur eine der festgesetzten oder angeordneten Rechtsfolgen zutreffen kann. Die in der mehrfachen Erfassung eines bestimmten Sachverhalts liegenden Unrichtigkeiten müssen einander nach materiellem Recht zwingend ausschließen *(BFH-Urteil vom 9. 4. 2003 X R 38/00, BFH/NV S. 1035).*

Ein bestimmter Sachverhalt ist in mehreren Steuerbescheiden iSv. § 174 Abs. 1 AO „berücksichtigt" worden, wenn er dem FA bei der Steuerfestsetzung oder Gewinnfeststellung bekannt war und als Entscheidungsgrundlage herangezogen und verwertet wurde *(BFH-Urteil vom 6. 3. 1990 VIII R 28/84, BStBl. II S. 558).*

Sachverhalt ist jeder einzelne Lebensvorgang, an den das Gesetz steuerliche Folgen knüpft *(BFH-Urteil vom 22. 8. 1990 I R 42/88, BStBl. 1991 II S. 387).* Die Bescheide müssen denselben Sachverhalt betreffen; die Sachverhalte müssen deckungsgleich sein *(BFH-Urteil vom 13. 12. 1984 V R 47/80, BStBl. 1985 II S. 282).* Der Begriff „bestimmter Sachverhalt" erfasst nicht nur einzelne steuererhebliche Tatsachen, sondern auch den einheitlichen, für die Besteuerung maßgeblichen **Sachverhaltskomplex,** sofern die ihn bildenden Sachverhaltselemente einen inneren Zusammenhang aufweisen *(BFH-Urteil vom 12. 2. 2015 V R 38/13, BStBl. 2017 II S. 31).*

Den „bestimmten" Sachverhalt bilden im Falle einer Entnahme die Tatsachen, die unter den Tatbestand der Entnahme zu subsumieren sind *(BFH-Urteil vom 8. 3. 2007 IV R 41/05, BFH/NV S. 1813).*

Das Tatbestandsmerkmal „bestimmter Sachverhalt" in § 174 AO erfordert, dass der dem geänderten sowie der dem gemäß § 174 Abs. 4 AO zu ändernden Steuerbescheid zugrunde liegende Sachverhalt übereinstimmt; dies setzt keine vollständige Identität voraus. In dem geänderten Bescheid dürfen aber keine Sachverhaltselemente enthalten sein, die bei der Beurteilung in dem zu ändernden Bescheid keine Rolle mehr spielen *(BFH-Urteil vom 21. 9. 2016 V R 24/15, BStBl. 2017 II S. 145).*

Die Anwendung des § 174 Abs. 1 Satz 1 AO setzt voraus, dass „ein bestimmter Sachverhalt" in mehreren Steuerbescheiden zuungunsten eines oder mehrerer Stpfl. berücksichtigt worden ist, obwohl er nur einmal hätte berücksichtigt werden dürfen. Hat das FA einerseits in den Veranlagungszeiträumen 1989 und 1990 von der Ambros S. A. gutgeschriebene (Schein-)Renditen beim Anleger (typisch stillen Gesellschafter) als Einnahmen aus Kapitalvermögen der ESt unterworfen und andererseits im Streitjahr 1991 möglicherweise als Werbungskosten bei der typisch stillen Beteiligung zu berücksichtigende Verlustanteile außer Betracht gelassen, so handelt es sich dabei um verschiedene Sachverhalte und nicht um „einen bestimmten Sachverhalt" iSv. § 174 Abs. 1 AO *(BFH-Urteil vom 29. 5. 2001 VIII R 19/00, BStBl. II S. 743).*

[Fortsetzung nächste Seite]

heben oder zu ändern. ② Ist die Festsetzungsfrist für diese Steuerfestsetzung bereits abgelaufen, so kann der Antrag noch bis zum Ablauf eines Jahres gestellt werden, nachdem der letzte der betroffenen Steuerbescheide unanfechtbar geworden ist. ③ Wird der Antrag rechtzeitig gestellt, steht der Aufhebung oder Änderung des Steuerbescheids insoweit keine Frist entgegen.

(2) **① Absatz 1 gilt sinngemäß, wenn ein bestimmter Sachverhalt in unvereinbarer Weise mehrfach zugunsten eines oder mehrerer Steuerpflichtiger berücksichtigt worden ist; ein Antrag ist nicht erforderlich. ② Der fehlerhafte Steuerbescheid darf jedoch nur dann geändert werden, wenn die Berücksichtigung des Sachverhalts auf einen Antrag oder eine Erklärung des Steuerpflichtigen zurückzuführen ist.**[1] 2

(3)[2] **① Ist ein bestimmter Sachverhalt in einem Steuerbescheid erkennbar in der Annahme**[3] **nicht berücksichtigt worden, dass er in einem anderen Steuerbescheid zu berücksichtigen sei, und stellt sich diese Annahme als unrichtig heraus, so kann**[4] **die Steuerfestsetzung, bei der die Berücksichtigung des Sachverhalts unterblieben ist, insoweit nachgeholt, aufgehoben oder geändert werden. ② Die Nachholung, Aufhebung** 3

[Fortsetzung]

Ein Steuerbescheid ist nicht wegen rechtsfehlerhafter Berücksichtigung eines Sachverhalts in entsprechender Anwendung des § 174 Abs. 1 zu ändern, wenn die entsprechende ebenfalls rechtsfehlerhafte Berücksichtigung des Sachverhalts in dem Steuerbescheid eines anderen Stpfl. berichtigt wurde *(BFH-Urteil vom 11. 7. 1991 IV R 52/90, BStBl. 1992 II S. 126).* Der mangelnden Übereinstimmung in der Behandlung einer Leistungsbeziehung iSd §§ 10 Abs. 1 Nr. 1 a, 22 Nr. 1 EStG beim Empfänger einerseits und beim Leistenden andererseits kann nach dem *BFH-Urteil vom 26. 1. 1994 X R 57/89, BStBl. II S. 597,* nicht durch eine Korrektur nach § 174 Abs. 1 Satz 1 AO begegnet werden. Eine analoge Anwendung des § 174 Abs. 4 AO kommt nicht in Betracht. Auch der Grundsatz von Treu und Glauben greift i. d. R. nicht.

[1] Ist ein bestimmter Sachverhalt in mehreren Steuerbescheiden zugunsten eines Stpfl. berücksichtigt worden, obwohl er nur einmal hätte berücksichtigt werden dürfen, so ist der fehlerhafte Steuerbescheid aufzuheben oder zu ändern, wenn die Verursachung der Unrichtigkeit allein oder überwiegend auf Seiten des Stpfl. liegt *(BFH-Urteil vom 22. 9. 1983 IV R 227/80, BStBl. 1984 II S. 510).*

Wenn ein Steuerbescheid nicht gem. § 174 Abs. 2 AO aufgehoben oder geändert werden darf, weil die widerstreitende Steuerfestsetzung nicht auf einen Antrag oder eine Erklärung des Stpfl. zurückzuführen ist, sondern auf eine fehlerhafte Rechtsbehandlung durch das FA, so kann die Aufhebung oder Änderung des Steuerbescheides im Regelfall nicht auf § 172 Abs. 1 Satz 1 Nr. 2 Buchst. a AO mit der Begründung gestützt werden, der Stpfl. verstoße gegen den Grundsatz von Treu und Glauben, indem er die Zustimmung zu einer Berichtigung des Steuerbescheides verweigere *(BFH-Urteil vom 3. 12. 1998 V R 29/98, BStBl. 1999 II S. 158).*

[2] Die Anwendung des § 174 Abs. 3 setzt (u. a.) voraus, dass die Annahme der Finanzbehörde, der Sachverhalt sei in einem anderen Steuerbescheid zu erfassen, für die Nichtberücksichtigung dieses Sachverhalts im Steuerbescheid kausal geworden ist. An dieser Kausalität fehlt es, wenn die Nichtberücksichtigung des Sachverhalts darauf beruht, dass das FA von diesem Sachverhalt gar keine Kenntnis hatte oder annahm, dieser Sachverhalt sei – jetzt und auch später – ohne steuerliche Bedeutung *(BFH-Urteil vom 29. 5. 2001 VIII R 19/00, BStBl. II S. 743).*

Eine Änderung nach § 174 Abs. 3 AO ist auch dann gerechtfertigt, wenn das FA zunächst keinen Steuerbescheid erlassen hat, dieses Unterlassen aber auf der erkennbaren Annahme beruht, ein bestimmter Sachverhalt sei in einem anderen Steuerbescheid zu berücksichtigen *(BFH-Urteil vom 19. 12. 2013 V R 7/12, BFH/NV 2014 S. 1130).*

Erfährt der Steuerpflichtige während des Einspruchsverfahrens, dass eine anderweitige Berücksichtigung eines bestimmten Sachverhalts nicht in Betracht kommt und nimmt er die Gelegenheit, gegen die geänderte Auffassung der Finanzbehörde vorzugehen, nicht wahr, findet § 174 Abs. 3 Satz 1 AO später keine Anwendung *(BFH-Urteil vom 6. 12. 2006 XI R 62/05, BStBl. 2007 II S. 238).*

BFH-Urteil vom 27. 5. 1993 IV R 65/91, BStBl. 1994 II S. 76: Hat das FA unter Zubilligung von § 6 c EStG auf die Besteuerung eines Veräußerungsgewinns verzichtet, erweist sich dies aber als rechtsirrig und verzichtet das FA deswegen in den Folgebescheiden auf Gewinnerhöhungen aus der Auflösung der Rücklage oder verringerten Absetzungen, kann der ursprüngliche Steuerbescheid nach § 174 Abs. 3 geändert werden.

Geht das FA bei einem Steuerpflichtigen, der eine freiberufliche Praxis übernommen und eine Ansparabschreibung gebildet hat, rechtsirrig davon aus, der Steuerpflichtige sei Existenzgründer i. S. des § 7 g Abs. 7 EStG 1997, erkennt es diesen Irrtum aber später, so kann es die Veranlagungen für die Vorjahre gemäß § 174 Abs. 3 AO ändern und die Rücklage gemäß § 7 g Abs. 4 Satz 2 EStG 1997 bereits nach zwei Jahren auflösen *(BFH-Urteil vom 6. 9. 2011 VIII R 38/09, BStBl. 2012 II S. 23).*

Ging das FA anlässlich der Beendigung der betrieblichen Nutzung eines vom Kommanditisten einer KG überlassenen Grundstücks und dessen Übertragung auf eine GmbH & Co. GbR – nach späterer Erkenntnis rechtsirrig – davon aus, dass die Besteuerung stiller Reserven zu einem späteren Zeitpunkt erfolgen könne, so scheidet die Änderung eines gegenüber der KG ergangenen bestandskräftigen Feststellungsbescheids nach § 174 Abs. 3 AO aus. Die Umstände, die zu einer späteren Aufdeckung stiller Reserven hätten führen können, sind unbestimmt und gehören nicht zu dem Sachverhalt, der rechtsirrtümlich nicht als Entnahme aus dem Sonderbetriebsvermögen des Kommanditisten gewürdigt worden ist *(BFH-Urteil vom 14. 1. 2010 IV R 33/07, BStBl. 2010 II S. 586).*

Erkennbarkeit ist auch dann gegeben, wenn der Stpfl. die fehlerhafte Annahme des FA aus dem gesamten Sachverhaltsablauf auch ohne besondere Mitteilung allein aufgrund verständiger Würdigung des fehlerhaften Bescheids erkennen konnte *(BFH-Urteil vom 28. 11. 1989 VIII R 83/86, BStBl. 1990 II S. 458).*

Die auf § 174 Abs. 3 AO gestützte Änderung eines Gewinnfeststellungsbescheides knüpft hinsichtlich der Erkennbarkeit der fehlerhaften Nichtberücksichtigung eines Sachverhalts an die Person des Feststellungsbeteiligten an *(BFH-Urteil vom 5. 11. 2009 IV R 99/06, BStBl. 2010 II S. 593).*

§ 173 Abs. 2 steht der Änderung von Steuerbescheiden nach § 174 Abs. 3 nicht entgegen *(BFH-Urteil vom 28. 11. 1989 VIII R 83/86, BStBl. 1990 II S. 458).*

§ 174 Abs. 3 Satz 1 AO rechtfertigt Änderungen auch bei einem negativen Widerstreit zwischen (irrtümlich vorgenommenen) periodisch gestrecktem statt punktuellem Ansatz *(BFH-Urteil vom 16. 4. 2013 IX R 22/11, BStBl. 2016 II S. 432).*

[3] Das Tatbestandsmerkmal „Annahme" in § 174 Abs. 3 AO setzt einen kognitiven Prozess bei dem tätig gewordenen Finanzamtsmitarbeiter voraus. Die rein mechanische Übernahme von Erklärungsfehlern des Steuerpflichtigen bzw. seines Beraters genügt insoweit nicht *(BFH-Urteil vom 3. 5. 2017 X R 4/16, BFH/NV S. 1415).*

[4] Abs. 3 Satz 1 gibt dem FA entgegen dem Wort „kann" keinen Ermessensspielraum *(BFH-Urteil vom 13. 11. 1985 II R 208/82, BStBl. 1986 II S. 241).*

AO **oder Änderung ist nur zulässig bis zum Ablauf der für die andere Steuerfestsetzung geltenden Festsetzungsfrist.**

4 (4)[1] ① **Ist auf Grund irriger Beurteilung[2] eines bestimmten Sachverhalts[3] ein Steuerbescheid ergangen, der auf Grund eines Rechtsbehelfs oder sonst auf Antrag[4] des**

---

[1] Der aufgehobene bzw. geänderte Bescheid muss allerdings rechtswirksam gewesen sein *(BFH-Urteil vom 16. 5. 1990 X R 147/87, BStBl. II S. 942).*

Für den rechtmäßigen Erlass eines Änderungsbescheides nach § 174 Abs. 4 AO reicht es aus, wenn die Voraussetzungen für die Änderung, insbesondere die Aufhebung oder Änderung des anderen Steuerbescheides zugunsten des Steuerpflichtigen, bis zur Entscheidung über den Einspruch gegen den (auf § 174 Abs. 4 AO gestützten) Änderungsbescheid vorliegen *(BFH-Beschluss vom 24. 4. 2008 IV R 50/06, BStBl. 2009 II S. 35 und BFH-Urteil vom 12. 5. 2022 V R 20/19, BStBl. 2023 II S. 6).*

Unerheblich für § 174 Abs. 4 ist, wenn es im Einspruchsverfahren nicht zu einer Minderung der Steuer kommt. Denn die Vorschrift greift auch, wenn der Saldo zwischen den Auswirkungen der Änderung zugunsten und der Änderung zuungunsten des Stpfl. zu einer Steuermehrbelastung führt *(BFH-Urteil vom 26. 10. 1989 IV R 25/88, BStBl. II 1990 S. 373).* Wird ein Steuerbescheid nach Abs. 4 Satz 1 Halbsatz 1 durch Gerichtsentscheidung geändert, rechtfertigt Halbsatz 2 der Vorschrift nicht die nochmalige Änderung desselben Bescheids durch die Finanzbehörde *(BFH-Urteil vom 8. 7. 1992 XI R 54/89, BStBl. II S. 867).*

Eine (Folge-)Änderung nach § 174 Abs. 4 A setzt weder voraus, dass mit der (Ausgangs-)Änderung zugunsten des Stpfl. dessen Antrag entsprochen wurde, noch dass die Auswirkungen der Änderung zugunsten und der Änderung zuungunsten des Stpfl. einander aufheben. Ein Verböserungshinweis ist auch dann nicht erforderlich, wenn die Änderung zugunsten des Stpfl. im Ergebnis zu einer steuerlichen Mehrbelastung durch die Folgeänderung führt *(BFH-Urteil vom 19. 5. 2005 IV R 17/02, BStBl. II S. 637).*

Bei Erlass eines Änderungsbescheids nach § 174 Abs. 4 AO ist das FA nicht an die im voraufgehenden Änderungsbescheid vertretene Rechtsauffassung gebunden. Das gilt auch für ein in dieser Sache ergangenes Urteil *(BFH-Urteil vom 21. 10. 1993 IV R 42/93, BStBl. 1994 II S. 385).*

BFH-Urteil vom 13. 6. 2012 VI R 92/10, BStBl. 2013 II S. 139: 1. Das finanzgerichtliche Verböserungsverbot begründet im Hinblick auf § 174 Abs. 4 AO kein allgemeines „Änderungsverbot". Es besagt lediglich, dass eine Schlechterstellung des Klägers bezogen auf die mit der Klage angegriffene Steuerfestsetzung durch das FG verboten ist. 2. Einer erneuten Änderung eines zuvor bereits durch Gerichtsentscheidung geänderten Steuerbescheids stehen Sinn und Zweck des § 174 Abs. 4 AO sowie Rechtskraftgründe jedoch entgegen, wenn es sich um denselben Streitgegenstand handelt.

Wenn die Rücklage nach § 6 b EStG im Gewinnfeststellungsverfahren der Mitunternehmerschaft erst aufgrund eines Rechtsbehelfs des Steuerpflichtigen berücksichtigt wird, ermöglicht § 174 Abs. 4 AO für den Veranlagungszeitraum des Ablaufs der Reinvestitionsfrist die Änderung eines bestandskräftigen Einkommensteuerbescheids des früheren Mitunternehmers, um den Gewinn aus der Auflösung der Rücklage zu erfassen *(BFH-Urteil vom 12. 7. 2023 X R 14/21, BStBl. 2024 II S. 48).*

§ 174 Abs. 4 AO erlaubt die Aufhebung oder Änderung eines Steuerbescheides, in dem ein früherer Bilanzierungsfehler korrigiert wurde, nicht allein mit der Begründung, dass mit der Aufhebung oder Änderung des angefochtenen Bescheides nach § 174 Abs. 4 AO die Möglichkeit geschaffen wird, die Vorjahresbilanz zu ändern *(Beschluss des Großen Senats des BFH vom 10. 11. 1997 GrS 1/96, BStBl. 1998 II S. 83; BFH-Urteil vom 11. 2. 1998 I R 150/94, BStBl. II S. 503).*

Erreicht der Stpfl. wegen eines in einem Veranlagungszeitraum erzielten Einnahmeüberschusses eine geänderte Beurteilung der Einkünfteerzielungsabsicht und die Berücksichtigung des Werbungskostenüberschusses in den angefochtenen Steuerbescheiden, so kann das FA den unberücksichtigt gebliebenen Einnahmeüberschuss nachträglich durch Änderung des für diesen Veranlagungszeitraum bestandskräftig gewordenen Steuerbescheids nach § 174 Abs. 4 AO erfassen. Der Änderung nach § 174 Abs. 4 AO steht nicht entgegen, dass der gleiche Sachverhalt sowohl in dem zugunsten des Stpfl. geänderten Bescheid als auch in dem zu ändernden Bescheid steuerlich zu berücksichtigen ist *(BFH-Urteil vom 18. 2. 1997 VIII R 54/95, BStBl. II S. 647).*

Wird bei einer Klage gegen einen Gewinnfeststellungsbescheid die dem Grunde nach angefochtene Feststellung eines Aufgabegewinns aufgehoben, weil im Streitjahr keine Betriebsaufgabe vorlag, so ist der laufende Gewinn zu erhöhen, wenn Betriebseinnahmen des Streitjahres zuvor als Teil des Aufgabegewinns festgestellt waren. Unterlässt das FG die Erhöhung des laufenden Gewinns, weil es der Auffassung ist, hierzu sei nur das FA nach Maßgabe der Vorschriften über widerstreitende Steuerfestsetzungen befugt, so kann das FA eine derartige Änderung nach § 174 Abs. 4 AO durchführen *(BFH-Urteil vom 8. 6. 2000 IV R 65/99, BFH/NV S. 1517).*

Der Erlass oder die Änderung eines Steuerbescheids gegenüber einem Dritten nach § 174 Abs. 4 und 5 AO ist grundsätzlich nur dann möglich, wenn dieser vor Ablauf der Festsetzungsfrist für den gegen ihn gerichteten Steueranspruch hinzugezogen oder beigeladen worden ist *(BFH-Urteil vom 13. 4. 2000 V R 25/99, BFH/NV 2001 S. 137).*

Hat das FA in dem Feststellungsbescheid für das Jahr 01 einen Entnahmegewinn erfasst, dessen Herabsetzung mit der Klage erstrebt wird, und erlässt das FA während des Klageverfahrens mit der Begründung einen dem Klagebegehren entsprechenden Änderungsbescheid für das Jahr 01, dass die Entnahme richtigerweise im Jahr 02 zu berücksichtigen sei, dann ist die nachfolgende Erfassung des Entnahmegewinns in einem Änderungsbescheid für das Jahr 02 gem. § 174 Abs. 4 Satz 1 AO unter der Voraussetzung zulässig, dass die Entnahme bei zutreffender Beurteilung tatsächlich in diesem Jahr getätigt worden ist. Soweit in dem Feststellungsbescheid für das Jahr 01 noch ein Entnahmegewinn erfasst ist, kann der Feststellungsbescheid für das Jahr 01 sodann auf Antrag gem. § 174 Abs. 1 AO berichtigt werden *(BFH-Urteil vom 2. 5. 2001 VIII R 44/00, BStBl. II S. 562).*

[2] Die Änderung oder Aufhebung eines Steuerbescheids zugunsten des Steuerpflichtigen wegen der irrigen Beurteilung eines bestimmten Sachverhalts kann nur dann gemäß § 174 Abs. 4 AO zum Anlass für die Aufhebung oder die Änderung eines weiteren Steuerbescheids genommen werden, wenn der zuerst geänderte Bescheid in seiner ursprünglichen Fassung objektiv rechtswidrig war *(BFH-Urteil vom 4. 3. 2009 I R 1/08, BStBl. 2010 II S. 407).* Hat das FA aufgrund eines Rechtsbehelfs einen Steuerbescheid unter Anwendung einer dem Stpfl. günstigeren Schätzungsmethode geändert und führt diese Schätzungsmethode in anderen Veranlagungszeiträumen zu einer höheren Steuer, können die für letztere Zeiträume ergangenen bestandskräftigen Bescheide nicht auf der Rechtsgrundlage des § 174 Abs. 4 AO mit der Begründung geändert werden, sie seien aufgrund irriger Beurteilung eines bestimmten Sachverhalts ergangen *(BFH-Urteil vom 26. 2. 2002 X R 59/98 BStBl. II S. 447).*

BFH-Urteil vom 25. 10. 2016 X R 31/14, BStBl. 2017 II S. 287: Die Änderung eines Einkommensteuerbescheids gemäß § 174 Abs. 4 AO wegen der irrigen Beurteilung des Sachverhalts in einem anderen Bescheid, welcher auf Initiative des Steuerpflichtigen zu seinen Gunsten geändert wurde, ist nicht ausgeschlossen, wenn das FA bei Erlass des ursprünglichen Bescheids wissentlich fehlerhaft gehandelt hat. Der Steuerpflichtige soll vielmehr im Falle seines Obsiegens mit einem gewissen Rechtsstandpunkt an dieser Auffassung festgehalten werden, soweit derselbe Sachverhalt zu beurteilen ist (Bekräftigung der BFH-Rechtsprechung, vgl. Entscheidungen vom 21. 5. 2004 V B 30/03, BFH/NV 2004 S. 1497 und vom 10. 5. 2012 IV R 34/09, BStBl. II 2013 S. 471).

[3] Änderung eines Feststellungsbescheids nach § 174 Abs. 4 AO, soweit die Gewinnausschüttung und die einbehaltenen Steuerabzugsbeträge in unterschiedlichen Feststellungsbescheiden berücksichtigt worden sind: Der einheitliche Lebenssachverhalt i. S. des § 174 Abs. 4 AO erstreckt sich im Falle einer Gewinnausschüttung auch auf die Einbehaltung der Steuerabzugsbeträge *(BFH-Urteil vom 10. 5. 2012 IV R 34/09, BStBl. 2013 II S. 471).*

[Fortsetzung nächste Seite]

AO

Steuerpflichtigen durch die Finanzbehörde zu seinen Gunsten aufgehoben oder geändert wird, so können[1] aus dem Sachverhalt nachträglich durch Erlass oder Änderung eines Steuerbescheids die richtigen steuerlichen Folgerungen gezogen werden.[2] ② Dies gilt auch dann, wenn der Steuerbescheid durch das Gericht aufgehoben oder geändert wird. ③ Der Ablauf der Festsetzungsfrist ist unbeachtlich, wenn die steuerlichen Folgerungen innerhalb eines Jahres nach Aufhebung oder Änderung des fehlerhaften Steuerbescheids gezogen werden.[3] ④ War die Festsetzungsfrist bereits abgelaufen, als der später aufgehobene oder geänderte Steuerbescheid erlassen wurde, gilt dies nur unter den Voraussetzungen des Absatzes 3 Satz 1.

(5)[4] **① Gegenüber Dritten gilt Absatz 4, wenn sie an dem Verfahren, das zur Aufhebung oder Änderung des fehlerhaften Steuerbescheids geführt hat, beteiligt waren. ② Ihre Hinzuziehung oder Beiladung[5] zu diesem Verfahren ist zulässig.[6]** 5

[Fortsetzung]

BFH-Urteil vom 4. 2. 2016 III R 12/14, BStBl. II S. 818: 1. Wird der Gewerbesteuermessbescheid aufgrund eines Rechtsbehelfs aufgehoben, weil der Steuerpflichtige eine selbständige Tätigkeit i. S. des § 18 Abs. 1 Nr. 3 EStG ausübt, ist das FA nach § 174 Abs. 4 AO im Grundsatz berechtigt, den Einkommensteuerbescheid durch Versagung der Tarifbegrenzung gemäß § 32 c EStG a. F. zu ändern. 2. In diesem Fall beruhen beide steuerlichen Folgerungen – sowohl die Aufhebung des Gewerbesteuermessbescheids als auch die Versagung der Tarifbegrenzung nach § 32 c EStG a. F. – auf der rechtlichen Qualifikation der vom Steuerpflichtigen ausgeübten Tätigkeit und damit auf dem gleichen „bestimmten Sachverhalt" i. S. des § 174 Abs. 4 Satz 1 AO.

[4] Die Änderung eines Steuerbescheides gem. § 174 Abs. 4 AO kommt nur in Betracht, wenn der Antrag oder Rechtsbehelf des Steuerpflichtigen spezifisch auf die Änderung des vorausgegangenen Bescheids gerichtet war *(BFH-Urteil vom 11. 5. 2010 IX R 25/09, BStBl. II S. 953).*

---

[1] Die Entscheidung des FA darüber, ob im Fall einer irrigen Beurteilung eines bestimmten Sachverhalts ein Steuerbescheid nach § 174 Abs. 4 AO nachträglich geändert wird, ist keine Ermessensentscheidung *(BFH-Urteil vom 14. 3. 2012 XI R 2/10, BStBl. II S. 653).*

[2] Ein Steuerbescheid kann auch dann nach § 174 Abs. 4 AO geändert werden, wenn die Änderungsmöglichkeit vor Erlass des erstmaligen Steuerbescheids eingetreten ist *(BFH-Urteil vom 28. 1. 2009 X R 27/07, BStBl. II S. 620).*

Ein Widerspruch zwischen der rechtlichen Begründung oder den rechtlichen Schlussfolgerungen zweier rechtskräftiger Urteile, die zu demselben Sachverhalt, aber zu verschiedenen Veranlagungszeiträumen ergangen sind, legitimiert nicht die Durchbrechung der Rechtskraft eines der beiden Urteile zugunsten der Änderungsvorschriften der AO *(BFH-Urteil vom 12. 1. 2012 IV R 3/11, BFH/NV S. 779).*

Die zutreffende Berücksichtigung desselben Sachverhalts kann auch bei einer anderen Steuerart in Frage kommen, sofern – bezogen auf den zu beurteilenden Sachverhalt – eine sachliche Verbindung zwischen beiden Regelungsgegenständen besteht *(BFH-Urteil vom 17. 3. 2022 XI R 5/19, BStBl. II S. 607).*

Hat der Schuldner der Kapitalerträge seiner Pflicht zur Steueranmeldung genügt, so steht dies einer Steuerfestsetzung unter dem Vorbehalt der Nachprüfung gleich. Diese Steuerfestsetzung kann – auch nach Eintritt der Bestandskraft und nach Aufhebung des Vorbehaltsvermerks – nach § 174 Abs. 4 AO wegen widerstreitender Festsetzung geändert werden. Die Voraussetzungen für den Erlass eines sog. Nacherhebungsbescheids sind hierbei nicht zu beachten *(BFH-Urteil vom 8. 4. 2014 I R 51/12, BStBl. II S. 982).* Hat das FA auf Antrag des Steuerpflichtigen die Bemessungsgrundlage für die Ermittlung der AfA eines vermieteten Gebäudes nachträglich um zuvor unzutreffend von den Herstellungskosten abgezogene, als Einnahmen aus Vermietung und Verpachtung zu wertende leistungsfreie Darlehensmittel wieder erhöht und die Bescheide für die Jahre nach Auszahlung der Fördermittel entsprechend geändert, darf es die bestandskräftige Steuerfestsetzung des Zuflussjahres nach § 174 Abs. 4 AO ändern und die erhaltenen Fördermittel als Einnahmen aus Vermietung und Verpachtung ansetzen *(BFH-Urteil vom 16. 4. 2013 IX R 22/11, BStBl. 2016 II S. 432).*

[3] Wird ein Gewinnfeststellungsbescheid durch ein finanzgerichtliches Urteil geändert, beginnt die Jahresfrist des § 174 Abs. 4 Satz 3 AO für die steuerlichen Folgerungen erst mit Eintritt der Rechtskraft des Urteils *(BFH-Urteil vom 15. 6. 2004 VIII R 7/02, BStBl. I S. 914).*

Wird ein bestandskräftiger Steuerbescheid, für den die Festsetzungsfrist abgelaufen ist, nach § 174 Abs. 4 AO innerhalb der Jahresfrist dergestalt geändert, dass nunmehr kein nicht ausgeglichener Verlust mehr besteht, so ist innerhalb der Jahresfrist des § 174 Abs. 4 Satz 3 AO der Steuerbescheid des Verlustrücktragsjahres gem. § 10 d Satz 2 EStG a. F. zu ändern *(BFH-Urteil vom 4. 4. 2001 XI R 59/00, BStBl. II S. 564).*

Die Jahresfrist des § 174 Abs. 4 Satz 3 AO beginnt auch dann mit der Bekanntgabe des aufgehobenen oder geänderten Bescheids durch die Finanzbehörde, wenn ein Hinzugezogener gegen die Aufhebung oder Änderung klagt und das FG die Rechtmäßigkeit der Aufhebung oder Änderung bestätigt *(BFH-Urteil vom 21. 9. 2016 V R 24/15, BStBl. 2017 II S. 145).*

Der Ablauf der Festsetzungsfrist ist nach § 174 Abs. 4 Satz 3 AO unbeachtlich, wenn die steuerlichen Folgerungen innerhalb eines Jahres nach Aufhebung oder Änderung des fehlerhaften Steuerbescheids gezogen werden. Die Vorschrift schließt eine Besteuerungslücke und ist auf alle Fälle einer sachlichen oder rechtlichen Fehlbeurteilung anwendbar, unabhängig davon, ob der Stpfl. oder die Finanzbehörde den Irrtum veranlasst hat *(BFH-Beschluss vom 28. 2. 2002 V B 167/01, BFH/NV 2002 S. 1010).*

[4] Dritter iSd § 174 Abs. 5 Satz 1 AO ist jeder, der im fehlerhaften Steuerbescheid nicht als Steuerschuldner angegeben war. An dem zur Änderung oder Aufhebung des fehlerhaften Steuerbescheids führenden Verfahren war er nicht nur dann beteiligt, wenn er Verfahrensbeteiligter iSd § 359 AO oder des § 57 FGO war, sondern auch dann, wenn er durch eigene verfahrensrechtliche Initiative auf die Aufhebung oder Änderung des Bescheids hinwirkte, z. B. indem er den Aufhebungs- oder Änderungsantrag stellte *(BFH-Urteil vom 8. 2. 1995 I R 127/93, BStBl. II S. 764).*

Der Insolvenzverwalter ist in Bezug auf das Steuerfestsetzungsverfahren betreffend den Insolvenzschuldner Dritter i. S. des § 174 Abs. 5 AO *(BFH-Urteil vom 27. 10. 2020 VIII R 19/18, BStBl. 2021 II S. 819).*

Ein Dritter ist am Verfahren über die Aufhebung oder Änderung eines Steuerbescheides beteiligt (§ 174 Abs. 5 Satz 1 AO), wenn er hinzugezogen worden ist und wenn das Verfahren durch Erlass einer ihm, dem Dritten, bekanntgegebenen Einspruchsentscheidung (§ 367 Abs. 1 Satz 1 AO) endet, in der dem Einspruch stattgegeben wird *(BFH-Urteil vom 18. 2. 2009 V R 81/07, BFH/NV 2009 S. 1160).*

Im Klageverfahren einer Personengesellschaft gegen einen Gewinnfeststellungsbescheid sind die Gesellschafter nicht Dritte iSd § 174 Abs. 5 AO *(BFH-Urteil vom 15. 6. 2004 VIII R 7/02, BFH/NV S. 1316).*

Dritter i. S. von § 174 Abs. 4 i. V. m. Abs. 5 AO ist im Verfahren der Organträgerin auch die Organgesellschaft *(BFH-Urteil vom 19. 12. 2013 V R 5/12, BFH/NV 2014 S. 1122).*

[Fortsetzung nächste Seite]

AEAO

Zu § 174 – Widerstreitende Steuerfestsetzungen:

6 **1. Allgemeines**

1.1. Die Vorschrift eröffnet die Möglichkeit, Vorteile und Nachteile auszugleichen, die sich durch Steuerfestsetzungen ergeben haben, die inhaltlich einander widersprechen. Sie bietet insoweit die gesetzliche Grundlage für die Änderung einer oder beider Festsetzungen (§ 172 Abs. 1 Satz 1 Nr. 2 Buchstabe d AO).

1.2. Unter einem bestimmten Sachverhalt i. S. d. § 174 AO ist der einzelne Lebensvorgang zu verstehen, an den das Gesetz steuerliche Folgen knüpft. Der Begriff erfasst nicht nur einzelne steuererhebliche Tatsachen, sondern den einheitlichen, für die Besteuerung maßgeblichen Sachverhaltskomplex (ständige BFH-Rechtsprechung; vgl. z.B. Urteil vom 16. 4. 2013, IX R 22/11, BStBl. 2016 II S. 432). Im Rahmen des § 174 AO muss der dem geänderten sowie der dem zu ändernden Steuerbescheid zugrunde liegende Sachverhalt übereinstimmen. Übereinstimmung setzt jedoch keine vollständige Identität voraus (BFH-Urteil vom 19. 8. 2015, X R 50/13, BFH/NV 2016 S. 603).

Mehrere Sachverhaltselemente bilden dann einen einheitlichen Lebensvorgang und Sachverhaltskomplex, wenn die betreffenden Sachverhaltselemente einen inneren Zusammenhang aufweisen (vgl. BFH-Urteil vom 12. 2. 2015,V R 38/13, BFH/NV S. 877 m. w. N.).

1.3. Die als Steuerfestsetzung unter dem Vorbehalt der Nachprüfung (§ 164 AO) wirkende Steueranmeldung (§ 168 AO) steht einem Steuerbescheid i. S. d. § 174 AO gleich (vgl. BFH-Urteile vom 19. 12. 2013, V R 5/12, BStBl. 2016 II S. 585, und V R 7/12, BFH/NV 2014 S. 1130).

[Fortsetzung]

Nach Verschmelzung einer Organgesellschaft auf den Organträger ist sie nicht mehr Dritte i. S. von § 174 Abs. 5 AO *(BFH-Urteil vom 19. 12. 2013 V R 6/12, BStBl. 2016 II S. 585).*

Nach § 174 Abs. 5 Satz 2 i. V. m. Abs. 4 Satz 1 AO kann in einem Klageverfahren, mit dem ein Anspruch auf Kindergeld geltend gemacht wird, ein Dritter, der ebenfalls das Kindergeld beansprucht, auf Antrag der Familienkasse zur Vermeidung einer widerstreitenden Kindergeldfestsetzung beigeladen werden *(BFH-Beschluss vom 31. 1. 2006 III B 18/05, BFH/NV S. 1046).*

Versäumt es das FA, einen Dritten gemäß § 174 Abs. 5 AO am Verfahren zu beteiligen, und scheidet deshalb dem Dritten gegenüber die Änderung eines Steuerbescheids nach § 174 Abs. 4 AO aus, so ist der Dritte nicht nach dem Grundsatz von Treu und Glauben verpflichtet, dem FA durch Antrag oder Zustimmung eine Änderung nach § 172 Abs. 1 Satz 1 Nr. 2 Buchst. a AO zu ermöglichen *(BFH-Urteil vom 5. 11. 2009 IV R 40/07, BStBl. 2010 II S. 720).*

[5] *BFH-Beschluss vom 22. 9. 2016 X B 42/16, BFH/NV 2017 S. 146:* 1. Die Beiladung nach § 174 Abs. 5 Satz 2 AO ist bereits dann gerechtfertigt, wenn die Möglichkeit einer Folgeänderung besteht. 2. Die abschließende Beurteilung der Änderungsvoraussetzungen findet im Beiladungsverfahren nicht statt. 3. Die Beiladung nach § 174 Abs. 5 Satz 2 AO setzt voraus, dass das FA sie beantragt oder veranlasst hat. 4. Die Beiladung ist ausgeschlossen, wenn die Interessen des Beizuladenden durch den Ausgang des anhängigen Rechtsstreits nicht berührt sein können. Das ist etwa dann der Fall, wenn „eindeutig und zweifelsfrei" Festsetzungsverjährung eingetreten ist. 5. Im Beiladungsverfahren sind keine näheren Ermittlungen zur Frage der Festsetzungsverjährung vorzunehmen.

Die Beiladung einer Kapitalgesellschaft zu einem gegen den Einkommensteuerbescheid des Gesellschafters gerichteten Klageverfahren ist trotz Ablaufs der für die Körperschaftsteuerfestsetzung der Kapitalgesellschaft geltenden regulären Festsetzungsfrist zulässig, wenn nicht ausgeschlossen werden kann, dass die streitige Änderung des Einkommensteuerbescheids des Gesellschafters auf der Berücksichtigung einer verdeckten Einlage beruht und deshalb gegenüber der Kapitalgesellschaft die Änderungsnorm des § 32 a Abs. 2 Satz 1 KStG und die Ablaufhemmung des § 32 a Abs. 2 Satz 2 KStG anwendbar sein könnte *(BFH-Beschluss vom 29. 11. 2022 X B 59/22, BFH/NV 2023 S. 257).*

Die Beiladung nach § 174 Abs. 5 Satz 2 AO setzt u. a. voraus, dass sich aus der Aufhebung oder Änderung eines Steuerbescheides steuerliche Folgerungen für einen Dritten durch Erlass oder Änderung eines Steuerbescheides ziehen lassen. Die Möglichkeit des Erlasses eines Haftungsbescheides rechtfertigt daher keine Beiladung nach § 174 Abs. 5 AO *(BFH-Beschluss vom 18. 9. 2001 V B 227/00, BFH/NV 2002 S. 158).*

Lehnt das FG eine Beiladung gem. § 174 Abs. 4 und 5 AO im Endurteil ab, dann besteht bei einem Beteiligten des finanzgerichtlichen Verfahrens, der im Rahmen der Beschwerde wegen Nichtzulassung der Revision die Ablehnung der Beiladung als Verfahrensmangel rügen kann (§ 115 Abs. 2 Nr. 3 FGO), für eine gesonderte Beschwerde gegen die Ablehnung der Beiladung kein Rechtsschutzbedürfnis (Abweichung vom *BFH-Beschluss vom 6. 5. 1988 VI B 35/87, BFH/NV 1989 S. 113*); *s. BFH-Beschluss vom 21. 6. 1994 VIII B 5/93, BStBl. II S. 681.*

[6] Die Beiladung eines Dritten iSv. § 174 Abs. 5 Satz 2 i. V. m. § 174 Abs. 4 AO kann nur dann unterbleiben, wenn dessen Interessen durch den Ausgang des anhängigen Rechtsstreits eindeutig nicht berührt sein können, etwa weil dem Erlass der auf § 174 Abs. 5 Satz 1 AO gestützten erstmaligen oder geänderten Steuerbescheide zweifelsfrei der Ablauf der Festsetzungsfrist entgegenstünde. Ob alle rechtlichen Voraussetzungen einer Folgeänderung gem. § 174 Abs. 4, Abs. 5 AO tatsächlich vorliegen, ist nicht im Beiladungsverfahren, sondern im Folgeänderungsverfahren zu entscheiden *(BFH-Beschluss vom 22. 10. 2001 XI B 16/00, BFH/NV 2002 S. 308).*

Das im Hinzuziehen eines Dritten liegende Zurückdrängen des Vertrauensschutzes und der Rechtssicherheit zugunsten der Rechtsrichtigkeit ist nur dann gerechtfertigt, wenn der Dritte vor Ablauf der Festsetzungsfrist der gegen ihn gerichteten steuerlichen Ansprüche hinzugezogen oder beigeladen wird *(BFH-Urteil vom 12. 2. 2015 V R 42/14, BFH/NV S. 945).*

Hat das FA einen Dritten zu einem außergerichtlichen Rechtsbehelfsverfahren vor Ablauf der Festsetzungsfrist für dessen Steuer hinzugezogen, so muss das FG den Dritten auf Antrag des FA im nachfolgenden gerichtlichen Verfahren beiladen, auch wenn die Festsetzungsverjährung zwischenzeitlich eingetreten sein sollte *(BFH-Beschluss vom 17. 7. 2002 XI B 12/02, BFH/NV S. 1422).*

Der Hinzugezogene ist klagebefugt, wenn das FA dem Einspruch des Einspruchsführers in der Einspruchsentscheidung abhilft, dem Hinzugezogenen die Einspruchsentscheidung bekanntgegeben worden ist und in der Einspruchsentscheidung (bindende) Feststellungen getroffen sind, die gemäß § 174 Abs. 5 i. V. m. Abs. 4 AO im Folgeänderungsverfahren für den Hinzugezogenen zu einer nachteiligen Korrektur führen können *(BFH-Urteil vom 29. 4. 2009 X R 16/06, BStBl. II S. 699).*

Der Antrag auf Beiladung mehrerer tausend Steuerpflichtiger nach § 174 Abs. 5 Satz 2 AO ist unsubstantiiert und damit unbeachtlich, wenn das FA die Dritten dem FG nicht hinreichend konkret benennt. In diesem Fall kann die grundsätzlich zulässige Beiladung unterbleiben *(BFH-Urteil vom 12. 12. 2013 VI R 47/12, BStBl. 2015 II S. 490).*

AEAO

2. Zu § 174 Abs. 1 AO

Nach § 174 Abs. 1 AO ist ein Steuerbescheid aufzuheben oder zu ändern, wenn ein bestimmter Sachverhalt mehrfach zuungunsten eines oder mehrerer Steuerpflichtiger berücksichtigt worden ist, obwohl er nur einmal hätte berücksichtigt werden dürfen. Hierbei kann es sich um Fälle handeln, in denen z. B. dieselbe Einnahme irrtümlich verschiedenen Steuerpflichtigen, verschiedenen Steuern oder verschiedenen Besteuerungszeiträumen zugeordnet worden ist. Auch die Fälle, in denen mehrere Finanzämter gegen denselben Steuerpflichtigen für dieselbe Steuer und denselben Besteuerungszeitraum Steuerbescheide erlassen haben, fallen hierunter. 7

Der fehlerhafte Steuerbescheid ist in den Fällen des § 174 Abs. 1 AO nur auf Antrag aufzuheben oder zu ändern. Hat der Steuerpflichtige fälschlich nur einen Antrag auf Änderung des rechtmäßigen Steuerbescheides gestellt, ist der Antrag allgemein als Antrag auf Beseitigung der widerstreitenden Festsetzung zu behandeln. Die Antragsfrist (§ 174 Abs. 1 Satz 2 AO) ist eine gesetzliche Frist i. S. d. § 110 AO. Über den fristgerecht gestellten Antrag kann auch noch nach Ablauf der Jahresfrist entschieden werden. 8

3. Zu § 174 Abs. 2 AO

§ 174 Abs. 2 AO regelt in entsprechender Anwendung des § 174 Abs. 1 AO die Fälle, dass ein bestimmter Sachverhalt mehrfach zugunsten eines oder mehrerer Steuerpflichtiger berücksichtigt worden ist. Die Änderung des fehlerhaften Steuerbescheides ist von Amts wegen vorzunehmen. Eine Änderung nach § 174 Abs. 2 AO ist nicht auf den Fall der irrtümlichen Doppelberücksichtigung eines bestimmten Sachverhaltes beschränkt, sie kommt auch bei bewusst herbeigeführten widerstreitenden Steuerfestsetzungen in Betracht (vgl. BFH-Urteil vom 6. 9. 1995, XI R 37/95, BStBl. 1996 II S. 148). 9

Unter den Begriff des Antrages oder einer Erklärung des Steuerpflichtigen i. S. d. Vorschrift fallen auch formlose Mitteilungen und Auskünfte außerhalb des Steuererklärungsvordrucks (vgl. BFH-Urteil vom 13. 11. 1996, XI R 61/96, BStBl. 1997 II S. 170) sowie für den Beteiligten von Dritten abgegebene Erklärungen (z. B. im Rahmen des § 80 Abs. 1 und 4 AO, § 200 Abs. 1 AO).

4. „Widerstreit" im Sinne des § 174 Abs. 1 und 2 AO

Ein „Widerstreit" i. S. d. § 174 Abs. 1 und 2 AO setzt voraus, dass die in verschiedenen Steuerbescheiden vorgenommenen Feststellungen bzw. Besteuerungen aufgrund der materiellen Rechtslage nicht miteinander vereinbar sind. Sie stehen im Widerspruch zueinander, da nur einer der beiden Steuerbescheide und die darin angeordnete Rechtsfolge zutreffend sein kann. Nach materiellem Recht muss sich die mehrfache Erfassung eines bestimmten Sachverhaltes zwingend ausschließen. 10

5. Unionskonforme Auslegung des § 174 Abs. 1 und 2 AO

In unionskonformer Auslegung des § 174 Abs. 1 und 2 AO kann auch ein Steuerbescheid, der von einer Finanzbehörde eines anderen Mitgliedstaates der Europäischen Union oder eines Staates, auf den das Abkommen über den Europäischen Wirtschaftsraum (EWR-Abkommen) Anwendung findet, erlassen wurde, eine widerstreitende Steuerfestsetzung i. S. d. § 174 Abs. 1 oder 2 AO begründen[1] (BFH-Urteil vom 9. 5. 2012, I R 73/10, BStBl. 2013 II S. 566). Die Änderung eines inländischen Steuerbescheids nach § 174 Abs. 1 oder 2 AO setzt voraus, dass eine aus innerstaatlicher Sicht rechtswidrige/fehlerhafte Behandlung des Sachverhaltes im inländischen Steuerbescheid vorliegt. Ein rechtmäßiger Steuerbescheid kann nicht nach § 174 Abs. 1 oder 2 AO geändert werden (vgl. BFH-Urteil vom 17. 6. 2006, II R 48/04, BFH/NV S. 1611 m. w. N.). Auch eine später eingetretene Rechtswidrigkeit aufgrund rückwirkender geänderter Rechtslage (neue oder geänderte Rechtsnorm) oder rückwirkender Ereignisse berechtigt nicht zu einer Änderung nach § 174 Abs. 1 und 2 AO. 11

Bei einem Antrag auf Änderung eines von einer inländischen Finanzbehörde erlassenen Steuerbescheids zugunsten eines Steuerpflichtigen liegt die objektive Feststellungslast im Hinblick auf den ausländischen Steuerbescheid bei dem Steuerpflichtigen. Zudem trifft ihn insoweit eine erhöhte Mitwirkungspflicht (§ 90 Abs. 2 AO).

Beispiel:

Die inländische Finanzbehörde hat bei der Festsetzung der Einkommensteuer Einkünfte als steuerpflichtig berücksichtigt. Der Einkommensteuerbescheid wird bestandskräftig. Der Steuerpflichtige beantragt ein Jahr später die Änderung dieses Einkommensteuerbescheids, da die fraglichen Einkünfte auch in den Niederlanden versteuert worden seien.

Zu prüfen ist zunächst, ob Deutschland insoweit ein Besteuerungsrecht hatte. Wenn dies zu verneinen ist, muss als weitere Voraussetzung eine mehrfache und mit dem materiellen Recht unvereinbare Berücksichtigung dieser Einkünfte in verschiedenen Steuerbescheiden vorliegen. Der Steuerpflichtige hat zum einen darzulegen, dass die Besteuerung im Inland rechtswidrig bzw. fehlerhaft war, und zum anderen nachzuweisen, dass eine Besteuerung des Sachverhalts in den Niederlanden stattgefunden hat.

Nach § 174 Abs. 1 AO ist der inländische Einkommensteuerbescheid zu ändern, wenn dieser aus innerstaatlicher Sicht rechtswidrig/fehlerhaft war und tatsächlich eine Besteuerung des gleichen Sachverhaltes (Einkünfte) in den Niederlanden stattgefunden hat.

[1] Ein Widerstreit zwischen einem inländischen und einem ausländischen Steuerbescheid liegt nicht vor, wenn derselbe Sachverhalt im Ausland bei der Bemessungsgrundlage für die Steuer und im Inland im Rahmen des Progressionsvorbehalts hätte berücksichtigt werden können *(BFH-Urteil vom 20. 3. 2019 II R 61/15, BStBl. 2020 II S. 463).*

AEAO

§ 174 Abs. 1 und 2 AO findet keine Anwendung bei Unstimmigkeiten zwischen den Vertragsstaaten über die Ausübung von Besteuerungsrechten (z. B. Verrechnungspreisfälle, Cash-Pooling, konkurrierende Besteuerungen bzw. Anwendung von Rückfallklauseln etc.). Die Regelungen des § 174 AO stehen auch nicht in Konkurrenz bzw. Widerspruch zu Verständigungs- oder Schiedsverfahren nach den DBA; vgl. dazu auch § 175 a AO.

6. Zu § 174 Abs. 3 AO

12 § 174 Abs. 3 AO erfasst die Fälle, in denen bei einer Steuerfestsetzung ein bestimmter Sachverhalt in der erkennbaren Annahme nicht berücksichtigt worden ist, dass der Sachverhalt nur Bedeutung für eine andere Steuer, einen anderen Besteuerungszeitraum oder einen anderen Steuerpflichtigen habe. Dieser andere Bescheid muss nicht notwendigerweise schon erlassen worden sein oder später erlassen werden (vgl. BFH-Urteil vom 29. 5. 2001, VIII R 19/00, BStBl. II S. 743). Der Anwendung des § 174 Abs. 3 AO steht auch nicht entgegen, dass die Finanzbehörde in der (erkennbaren) Annahme, ein bestimmter Sachverhalt sei in einem anderen Steuerbescheid zu berücksichtigen, zunächst überhaupt keinen Steuerbescheid erlässt (BFH-Urteil vom 23. 5. 1996, IV R 49/95, BFH/NV 1997 S. 89).

Die Annahme, der bestimmte Sachverhalt sei in einem anderen Steuerbescheid zu erfassen, muss für den Steuerpflichtigen erkennbar und für die Nichtberücksichtigung kausal geworden sein. Die Erkennbarkeit ist gegeben, wenn der Steuerpflichtige die (später als fehlerhaft erkannte) Annahme des Finanzamts auch ohne entsprechenden Hinweis aus dem gesamten Sachverhaltsablauf allein aufgrund verständiger Würdigung des fehlerhaften Bescheids erkennen konnte (BFH-Urteil vom 21. 12. 1984, III R 75/81, BStBl. 1985 II S. 283, und BFH-Beschluss vom 15. 10. 1998, IV B 15/98, BFH/NV 1999 S. 449). An der Kausalität fehlt es dagegen, wenn die Nichtberücksichtigung darauf beruht, dass das Finanzamt von dem bestimmten Sachverhalt gar keine Kenntnis hatte oder annahm, dieser Sachverhalt sei – jetzt und auch später – ohne steuerliche Bedeutung (BFH-Urteil vom 29. 5. 2001, VIII R 19/00, a. a. O.).

Beispiel:

Die Finanzbehörde hat bei der Festsetzung der Einkommensteuer am 31. 12. entstandene Aufwendungen nicht zum Abzug als Sonderausgaben zugelassen, weil sie der Auffassung war, dass die Sonderausgaben erst im nächsten Veranlagungszeitraum abzugsfähig seien (§ 11 Abs. 1 Satz 2 EStG). Stellt sich die Annahme später als unrichtig heraus, so kann die Steuerfestsetzung, bei der die Berücksichtigung des Sachverhaltes unterblieben ist, insoweit, trotz etwa eingetretener Bestandskraft noch geändert werden, zeitlich jedoch nur bis zum Ablauf der für die andere Steuerfestsetzung laufenden Festsetzungsfrist.

Die irrige Annahme, der Sachverhalt sei in einem anderen Steuerbescheid zu berücksichtigen, muss von dem für die Steuerfestsetzung zuständigen Amtsträger gemacht worden sein (vgl. BFH-Urteil vom 29. 5. 2001, VIII R 19/00, a. a. O.).

7. Zu § 174 Abs. 4 AO

13 **7.1.** § 174 Abs. 4 AO ergänzt die Regelung des § 174 Abs. 3 AO um die Fälle, in denen eine Steuerfestsetzung auf Antrag oder im Rechtsbehelfsverfahren zugunsten des Steuerpflichtigen geändert worden ist.

7.2. Der Änderung nach § 174 Abs. 4 AO steht nicht entgegen, dass der gleiche Sachverhalt sowohl in dem zugunsten des Steuerpflichtigen geänderten Steuerbescheid als auch in dem zu ändernden Bescheid steuerlich zu berücksichtigen ist (vgl. BFH-Urteil vom 18. 2. 1997, VIII R 54/95, BStBl. II S. 647). Bei der Anwendung der Vorschrift ist zu berücksichtigen, dass § 174 Abs. 4 AO den Ausgleich einer zugunsten des Steuerpflichtigen eingetretenen Änderung bezweckt. Derjenige, der erfolgreich für seine Rechtsansicht gestritten hat, muss auch die damit verbundenen Nachteile hinnehmen.

7.3. Beispiele:

a) Die Finanzbehörde hat einen Veräußerungsgewinn bei der Festsetzung der Einkommensteuer erfasst. Der Steuerpflichtige macht im Rechtsbehelfsverfahren mit Erfolg geltend, dass der Veräußerungsgewinn erst im folgenden Veranlagungszeitraum zu berücksichtigen sei. Unter den Voraussetzungen des § 174 Abs. 4 AO kann die Erfassung des Veräußerungsgewinns in dem folgenden Veranlagungszeitraum nachgeholt werden, auch wenn die hierfür maßgebliche Steuerfestsetzung bereits unanfechtbar geworden ist oder die Festsetzungsfrist bereits abgelaufen war.

b) Der Steuerpflichtige erreicht wegen eines in einem Veranlagungszeitraum erzielten Einnahmeüberschusses eine geänderte Beurteilung der Einkünfteerzielungsabsicht und damit die Berücksichtigung des Werbungskostenüberschusses in den angefochtenen Steuerbescheiden. Das Finanzamt kann den bisher unberücksichtigt gebliebenen Einnahmeüberschuss nachträglich durch Änderung des für diesen Veranlagungszeitraum bestandskräftig gewordenen Steuerbescheids nach § 174 Abs. 4 AO erfassen (vgl. BFH-Urteil vom 18. 2. 1997, VIII R 54/95, a. a. O.).

7.4. § 174 Abs. 4 AO lässt es hingegen nicht zu, dass die durch Rechtsbehelf oder sonstigen Antrag erwirkte Änderung eines Bescheides zugunsten des Steuerpflichtigen auf bestandskräftige andere Bescheide – ebenfalls zugunsten des Steuerpflichtigen – übertragen wird (BFH-Urteil vom 10. 3. 1999, XI R 28/98, BStBl. II S. 475).

8. Änderung nach § 174 Abs. 4 i. V. m. Abs. 5 AO zu Lasten eines Dritten

14 **8.1.** Nach § 174 Abs. 4 i. V. m. Abs. 5 AO können zur Richtigstellung einer irrigen Beurteilung eines bestimmten Sachverhalts steuerrechtliche Folgen auch zu Lasten eines bereits bestandskräftig beschiedenen Dritten gezogen werden.

AEAO

8.2. Dritter ist, wer im ursprünglichen Bescheid nicht als Inhaltsadressat (vgl. AEAO zu § 122, Nr. 1.3.1) angegeben war (vgl. BFH-Urteil vom 8. 2. 1995, I R 127/93, BStBl. II S. 764). So ist im Besteuerungsverfahren der Organträgerin die Organgesellschaft regelmäßig Dritte i. S. v. § 174 Abs. 4 i. V. m. Abs. 5 AO (BFH-Urteil vom 19. 12. 2013, V R 5/12, BStBl. 2016 II S. 585). Sie ist dann nicht mehr Dritte, wenn im Zeitpunkt der Aufhebung oder Änderung des Steuerbescheids Gesamtrechtsnachfolge (§ 45 AO) – wie im Falle der Verschmelzung – eingetreten ist (vgl. BFH-Urteil vom 19. 12. 2013, V R 6/12, BFH/NV 2014 S. 1126).

8.3. Inhaltsadressat eines Feststellungsbescheids – und damit nicht Dritter i. S. d. § 174 Abs. 5 AO – ist derjenige, dem der Gegenstand der Feststellung zuzurechnen ist. Die Gesellschafter einer Personengesellschaft sind daher im Gewinnfeststellungsverfahren nicht Dritte i. S. d. § 174 Abs. 5 AO (BFH-Urteil vom 15. 6. 2004, VIII R 7/02, BStBl. II S. 914).

8.4. Der Erlass oder die Änderung eines Steuerbescheids gegenüber dem Dritten setzt voraus, dass dieser vor Ablauf der Festsetzungsfrist für den gegen ihn gerichteten Steueranspruch zu dem Verfahren, das zur Aufhebung oder Änderung des fehlerhaften Steuerbescheids geführt hat, hinzugezogen oder beigeladen worden ist (BFH-Urteil vom 19. 12. 2013, V R 5/12, BStBl. 2016 II S. 585). Die Finanzbehörde muss daher die Hinzuziehung eines in Betracht kommenden Dritten rechtzeitig vornehmen oder im finanzgerichtlichen Verfahren dessen Beiladung durch rechtzeitige Antragstellung veranlassen (zum Antrag auf Beiladung vgl. BFH-Beschluss vom 22. 12. 1988, VIII B 131/87, BStBl. 1989 II S. 314). § 174 Abs. 5 Satz 2 AO ist selbst Rechtsgrundlage für die Beteiligung des Dritten, ohne dass die Voraussetzungen des § 360 Abs. 3 AO und des § 60 FGO vorliegen müssen (vgl. BFH-Beschluss vom 17. 5. 1994, IV B 84/93, BFH/NV 1995 S. 87). Schon die Möglichkeit, dass ein Steuerbescheid wegen irrtümlicher Beurteilung eines Sachverhalts aufzuheben oder zu ändern ist und hieraus Folgen für einen Dritten zu ziehen sind, rechtfertigt die Hinzuziehung des Dritten (BFH-Beschlüsse vom 4. 1. 1996, X B 149/95, BFH/NV S. 453, vom 30. 1. 1996, VIII B 20/95, BFH/NV S. 524, und vom 27. 8. 1998, III B 41/98, BFH/NV 1999 S. 156).

8.5. Eine Hinzuziehung oder Beiladung kommt grundsätzlich nicht mehr in Betracht, wenn gegenüber dem Dritten im Zeitpunkt der beabsichtigten Hinzuziehung oder Beiladung die Festsetzungsfrist für den gegen ihn gerichteten Steueranspruch bereits abgelaufen ist (vgl. BFH-Urteil vom 5. 5. 1993, X R 111/91, BStBl. II S. 817). Hat der Dritte aber durch eigene verfahrensrechtliche Initiativen auf die Änderung oder die Aufhebung des fehlerhaften Bescheids hingewirkt, kann er auch noch nach Ablauf der Festsetzungsfrist hinzugezogen oder beigeladen werden (vgl. BFH-Urteil vom 10. 11. 1993, I R 20/93, BStBl. 1994 II S. 327); es reicht aber nicht aus, dass der Dritte den Widerstreit von Steuerfestsetzungen lediglich kennt.

8.6. Weil sich die Frage, welches die „richtigen steuerlichen Folgerungen" sind, verbindlich im Ausgangsverfahren entscheidet (vgl. BFH-Urteile vom 24. 11. 1987, IX R 158/83, BStBl. 1988 II S. 404, und vom 3. 8. 1988, I R 115/84, BFH/NV 1989 S. 482) und der Dritte durch die Ausgangsentscheidung beschwert ist (vgl. BFH-Urteil vom 22. 7. 1980, VIII R 114/78, BStBl. 1981 II S. 101), muss ihm die Möglichkeit eröffnet sein, sich im Ausgangsverfahren rechtliches Gehör zu verschaffen und auf das Verfahren dort Einfluss zu nehmen. Korrekturbescheide und abschließende Entscheidungen müssen auch dem Dritten bekannt gegeben werden, damit auch dieser die Möglichkeit hat, hiergegen Rechtsbehelf einzulegen (BFH-Urteile vom 11. 4. 1991, V R 40/86, BStBl. II S. 605, und vom 26. 7. 1995, X R 45/92, BFH/NV 1996 S. 195). Eine Entscheidung durch Abhilfebescheid (§ 172 Abs. 1 Satz 1 Nr. 2 Buchstabe a AO), durch die es einer Einspruchsentscheidung nicht mehr bedarf, wahrt die Rechte des Hinzugezogenen nur, wenn sie seinem Antrag der Sache nach entspricht oder wenn er ihr zustimmt (BFH-Urteile vom 11. 4. 1991, V R 40/86, a. a. O., vom 20. 5. 1992, III R 176/90, BFH/NV 1993 S. 74, und vom 5. 5. 1993, X R 111/91, BStBl. II S. 817).

8.7. Eine Hinzuziehung oder Beiladung des Dritten ist nur dann entbehrlich, wenn er Verfahrensbeteiligter i. S. d. § 359 AO oder § 57 FGO war oder durch eigene verfahrensrechtliche Initiativen auf die Änderung oder Aufhebung des fehlerhaften Steuerbescheids hingewirkt hat (BFH-Urteile vom 8. 2. 1995, I R 127/93, BStBl. II S. 764, und vom 27. 3. 1996, I R 100/94, BFH/NV S. 798). Daneben ist die Änderung gegenüber einem Dritten auch ohne Einhaltung der Voraussetzungen des § 174 Abs. 5 AO zulässig, wenn die Voraussetzungen des § 174 Abs. 3 AO erfüllt sind (vgl. BFH-Urteile vom 1. 8. 1984, V R 67/82, BStBl. II S. 788, und vom 19. 12. 2013, V R 7/12, BFH/NV 2014 S. 1130).

9. Alternative oder kumulative Erfassung bestimmter Sachverhalte beim Steuerpflichtigen und beim Dritten

§ 174 Abs. 4 und 5 AO ist nicht auf Fälle einer alternativen Erfassung bestimmter Sachverhalte (vgl. AEAO zu § 174, Nr. 1.2) entweder beim Steuerpflichtigen oder beim Dritten beschränkt. Auch brauchen die steuerrechtlichen Folgen, die aus dem bestimmten Sachverhalt sowohl beim Steuerpflichtigen als auch bei einem Dritten zu ziehen sind, nicht identisch zu sein. Aufgrund ein und desselben Sachverhalts kann beim Steuerpflichtigen eine abziehbare Ausgabe und beim Dritten eine Einnahme in Betracht kommen (BFH-Urteil vom 24. 11. 1987, IX R 158/83, BStBl. 1988 II S. 404, und BFH-Beschluss vom 2. 12. 1999, II B 17/99, BFH/NV 2000 S. 679). **15**

Anl

Verfügung betr. Änderung eines Bescheids bei durch Rechtsbehelf oder Antrag ausgelöstem Widerstreit nach § 174 Abs. 4 und Abs. 5 AO

Vom 1. Juli 2025 (BeckVerw 655847)
(OFD Baden-Württemberg S 0352 Karte 1)

16 **1. Allgemeines**

Die Vorschrift des § 174 Abs. 4 AO eröffnet die Änderungsmöglichkeit in den Fällen, in denen das Finanzamt (§ 174 Abs. 4 Satz 1 AO) oder das Gericht (§ 174 Abs. 4 Satz 2 AO) einen aufgrund irriger Beurteilung eines bestimmten Sachverhalts ergangenen Steuerbescheid aufgrund eines Rechtsbehelfs oder eines Antrags des Steuerpflichtigen zu dessen Gunsten aufhebt oder ändert und in der Folge dadurch eine andere Steuerfestsetzung nicht mehr folgerichtig ist, weil in ihr richtigerweise der Sachverhalt hätte berücksichtigt werden müssen.

Die Korrektur der fehlerhaften Steuerfestsetzung nach § 174 Abs. 4 AO steht trotz der Formulierung „können" nicht im Ermessen des Finanzamts (BFH vom 14. 3. 2012 XI R 2/10, BStBl. II S. 653).

Bei der Vorschrift des § 174 Abs. 4 AO handelt es sich nach ständiger Rechtsprechung um eine eigenständige Änderungsnorm, welche neben § 174 Abs. 1 bis 3 AO angewendet werden kann (BFH vom 18. 2. 1997 VIII R 54/95, BStBl. II S. 647, Rz. 27). Sie ist nicht auf die Fälle der alternativen Erfassung eines bestimmten Sachverhalts beschränkt.

§ 174 Abs. 4 AO gilt auch bei der Festsetzung von Verkehrssteuern, die an die Verwirklichung eines Vorgangs des Rechtsverkehrs anknüpfen.

17 **2. Tatbestandsmerkmale**

„Irrige Beurteilung" eines Sachverhalts i. S. d. § 174 Abs. 4 AO bedeutet, dass sich die Beurteilung eines bestimmten Sachverhalts nachträglich als unrichtig erweist. Dabei ist es unerheblich, ob der Irrtum die tatsächlichen Voraussetzungen des Vorliegens eines bestimmten Sachverhalts betrifft oder die rechtliche Beurteilung (BFH vom 18. 2. 1997 VIII R 54/95, BStBl. II S. 647).

Ein „bestimmter Sachverhalt" nach § 174 Abs. 4 AO ist ein steuererheblicher Lebensvorgang, an den das Gesetz steuerrechtliche Folgen knüpft. Es ist dabei jedoch nicht auf eine einzelne steuererhebliche Tatsache **oder ein einzelnes steuerrechtlich bedeutsames Merkmal abzustellen, vielmehr umfasst der Begriff den einheitlichen, für die Besteuerung maßgeblichen Sachverhaltskomplex.**

Entscheidend ist, dass der Sachverhalt überwiegend unverändert bleibt. Der Abhilfebescheid darf dabei keine Sachverhaltselemente enthalten, die bei der Beurteilung in dem zu ändernden Bescheid keine Rolle mehr spielen (BFH vom 25. 1. 2017 X R 45/14, BFH/NV S. 1039). Es können jedoch weitere Sachverhaltselemente hinzukommen. Die Übereinstimmung setzt keine vollständige Identität voraus, eine teilweise Deckungsgleichheit kann genügen. Es dürfen jedoch keine Sachverhaltselemente im geänderten Bescheid enthalten sein, welche bei der Beurteilung des zu ändernden Bescheids keine Rolle mehr spielen (BFH vom 21. 9. 2016 V R 24/15, BStBl. 2017 II S. 143).

Ein „bestimmter Sachverhalt" liegt beispielsweise auch vor, wenn beim Steuerpflichtigen eine abziehbare Ausgabe und beim Dritten eine Einnahme oder umgekehrt in Betracht kommen (BFH vom 29. 4. 2009 X R 16/06, BStBl. II S. 732).

Wichtig ist, dass der zuerst geänderte Bescheid in seiner ursprünglichen Fassung objektiv rechtswidrig war. Eine lediglich vom Finanzamt angenommene, tatsächlich aber nicht bestehende Unrichtigkeit rechtfertigt die Anwendbarkeit des § 174 Abs. 4 AO nicht (BFH vom 4. 3. 2009 I R 1/08, BStBl. 2010 II S. 407, Rz. 54). Eine Änderung ist jedoch nicht schon deshalb ausgeschlossen, weil das Finanzamt einen Bescheid aus Vereinfachungsgründen vorsätzlich fehlerhaft erlassen hat (BFH vom 25. 10. 2016 X R 31/14, BStBl. 2017 II S. 287). Trotz der objektiven Rechtswidrigkeit muss es sich um einen wirksamen Steuerbescheid handeln. Nichtige (§ 125 AO) und damit unwirksame Steuerbescheide werden von § 174 Abs. 4 AO nicht erfasst (BFH vom 16. 5. 1990 X R 147/87, BStBl. II S. 942).

Weitere Voraussetzung ist, dass ein Rechtsbehelf oder ein Antrag durch den Steuerpflichtigen erfolgen muss, welcher zu einer Änderung führt. "Antrag" i. S. d. § 174 Abs. 4 AO ist weit auszulegen. Dazu gehört beispielsweise auch die rückwirkende Anwendung der Ist-Besteuerung im Umsatzsteuerrecht und die daraufhin erfolgte Änderung des Umsatzsteuerbescheids (FG Niedersachsen vom 22. 12. 2010 16 K 303/10, EFG 2011 S. 749). Die Aufhebung oder Änderung muss ursächlich auf den Rechtsbehelf oder den Antrag des Steuerpflichtigen zurückzuführen sein und darf nicht allein auf der Initiative der Finanzbehörde beruhen (BFH vom 11. 5. 2010 IX R 25/09, BStBl. II S. 953).

Der durch Antrag oder Rechtsbehelf angefochtene Bescheid muss zugunsten des Steuerpflichtigen geändert werden. Änderungen zu seinen Ungunsten werden von der Vorschrift des § 174 Abs. 4 AO nicht erfasst.

Eine (Folge-)Änderung nach § 174 Abs. 4 AO setzt jedoch weder voraus, dass mit der (Ausgangs-) Änderung zugunsten des Steuerpflichtigen dessen Antrag entsprochen wurde, noch dass die Auswirkungen der Änderung zugunsten und der Änderung zuungunsten einander aufheben (BFH vom 19. 5. 2005 IV R 17/02, BStBl. II S. 637).

18 **3. Rechtsfolgen**

Es sind alle Folgerungen zu ziehen, welche sich aus dem streitigen Sachverhalt ergeben, unabhängig von der im ursprünglichen Bescheid vertretenen Auffassung. Dabei steht das Verböserungsverbot des § 367 Abs. 2 Satz 2 AO einer Änderung nach § 174 Abs. 4 AO nicht entgegen, da es sich nicht um eine Entscheidung im Rechtsbehelfsverfahren, sondern um eine eigenständige Änderung handelt (BFH vom 18. 2. 2016 V R 53/14, BStBl. 2019 II S. 333).

Die steuerlichen Folgerungen sind unabhängig vom Besteuerungszeitraum zu ziehen (BFH vom 14. 11. 2012 I R 53/11, BFH/NV 2013 S. 690). Die Folgeänderung kann daher auch mehrere Steuerbescheide betreffen, sowohl hinsichtlich des Zeitraums als auch der Steuerart (BFH vom 17. 3. 2022 XI R 5/19, BStBl. II S. 607). Die Folgeänderung kann jedoch nicht den gleichen Steuerbescheid betreffen, welcher durch den Rechtsbehelf oder Antrag zu ändern ist (BFH vom 8. 7. 1992 XI R 54/89, BStBl. II S. 867). Anl

Zusammenfassend soll die richtige Besteuerung eines bestimmten Sachverhalts erfolgen, ohne Rücksicht auf Besteuerungszeitraum, Steuerart und steuerpflichtige Person (BFH vom 16. 5. 1990 X R 147/87, BStBl. II S. 942).

Wird aufgrund der Aufhebung oder Änderung eines Bescheids zugunsten des Steuerpflichtigen die Rechtsfolge des § 174 Abs. 4 AO ausgelöst, so kann dies nach dem Wortlaut der Vorschrift nur nachträglich erfolgen. Das bedeutet, der Änderungsbescheid muss zeitlich vor bzw. gleichzeitig mit dem Bescheid nach § 174 Abs. 4 AO ergehen.

Ergeht der Änderungsbescheid nach § 174 Abs. 4 AO vor dem Abhilfebescheid, ist es für den rechtmäßigen Erlass ausreichend, wenn die Änderungsvoraussetzungen, insbesondere die Aufhebung oder Änderung des anderen Steuerbescheids zugunsten des Steuerpflichtigen, bis zur Entscheidung über den Einspruch gegen den auf § 174 Abs. 4 AO gestützten Änderungsbescheid vorliegen (BFH vom 12. 5. 2022 VI R 20/19, BStBl. 2023 II S. 6).

4. Festsetzungsfrist 19

Der Ablauf der Festsetzungsfrist nach § 169 Abs. 2 AO für den nach § 174 Abs. 4 AO zu erlassenden oder zu ändernden „anderen" Steuerbescheid ist unbeachtlich, wenn die steuerlichen Folgerungen innerhalb eines Jahres nach Bekanntgabe der Aufhebung oder Änderung des fehlerhaften Steuerbescheids gezogen werden (§ 174 Abs. 4 Satz 3 AO).

Nicht ausreichend ist dagegen, wenn innerhalb eines Jahres der zu ändernde Bescheid lediglich unter den Vorbehalt der Nachprüfung gestellt wird (FG Sachsen-Anhalt vom 20. 10. 2015 3 V 1052/15, EFG S. 2151, Rz. 83).

Wird ein Bescheid durch Urteil aufgehoben oder geändert, beginnt die Jahresfrist mit Eintritt der Rechtskraft des Urteils (BFH vom 15. 6. 2004 VIII R 7/02, BStBl. II S. 914).

Klagt ein hinzugezogener Dritter erfolglos gegen die Aufhebung oder Änderung eines Steuerbescheids, beginnt die Jahresfrist nicht erst mit der Rechtskraft des Urteils, sondern bereits mit der Bekanntgabe des aufgehobenen oder geänderten Bescheids. Eine analoge Anwendung des § 174 Abs. 4 Sätze 2 und 3 AO scheidet in solchen Fällen aus (BFH vom 21. 9. 2016 V R 24/15, BStBl. 2017 II S. 143). Ist die Festsetzungsfrist für den zu ändernden Bescheid bereits verstrichen, als der aufgehobene oder geänderte Steuerbescheid erlassen wurde, ist eine Änderung nur unter den Voraussetzungen des § 174 Abs. 3 Satz 1 AO möglich. Hierzu muss der bestimmte Sachverhalt erkennbar in der Annahme nicht berücksichtigt worden sein, dass er in einem anderen Steuerbescheid zu berücksichtigen sei (§ 174 Abs. 3 Satz 1 AO).

In Fällen, in denen der Bescheid nach § 174 Abs. 4 AO zeitlich vor dem Änderungsbescheid erlassen wurde, ist hinsichtlich des Ablaufs der Festsetzungsfrist Folgendes zu beachten: Die Änderung nach § 174 Abs. 4 AO ist nur zulässig innerhalb eines Jahres nach Bekanntgabe des geänderten Bescheids. Ein vor diesem Zeitpunkt erlassener, rechtswidriger Bescheid nach § 174 Abs. 4 AO kann für die Einhaltung der Jahresfrist nicht herangezogen werden.

Innerhalb der Jahresfrist muss der Änderungsbescheid nachgeholt und die Einspruchsentscheidung gegen den Bescheid nach § 174 Abs. 4 AO erlassen werden. Andernfalls muss der Bescheid nach § 174 Abs. 4 AO aufgehoben werden, da insoweit eine Änderung nicht rechtmäßig war (BFH vom 12. 5. 2022 VI R 20/19, BStBl. 2023 II S. 6). Ein bloßes Nachholen der Aufhebung oder Änderung des Bescheids zugunsten des Steuerpflichtigen lässt den Änderungsbescheid nach § 174 Abs. 4 AO noch nicht rechtmäßig werden. Es kommt darauf an, dass die Voraussetzungen im Zeitpunkt der Einspruchsentscheidung vorliegen, da diese als erneute Entscheidung über die Änderung nach § 174 Abs. 4 AO nachträglich erfolgt.

5. Allgemeines zu § 174 Abs. 5 AO 20

Nach § 174 Abs. 5 AO können steuerrechtliche Folgen zur Richtigstellung einer irrigen Beurteilung eines bestimmten Sachverhalts auch zu Lasten eines bereits bestandskräftigen Bescheids eines Dritten gezogen werden, wenn dieser am Verfahren beteiligt war.

Der Erlass oder die Änderung eines Steuerbescheids gegenüber dem Dritten setzt voraus, dass dieser vor Ablauf der Festsetzungsfrist des gegen ihn gerichteten Bescheids zu dem Verfahren, das zur Aufhebung oder Änderung des fehlerhaften Bescheids geführt hat, hinzugezogen oder beigeladen worden ist (vgl. BFH vom 19. 12. 2013 V R 6/12, BFH/NV 2014 S. 1126). Nach Ablauf der Festsetzungsfrist bei dem Dritten ist eine Hinzuziehung bzw. Beiladung nur zulässig, wenn die bloße Möglichkeit besteht, dass bei ihm eine Folgeänderung durchzuführen ist (BFH vom 29. 11. 2022 X B 59/22, BFH/NV 2023 S. 257). Das Finanzamt muss daher die Hinzuziehung rechtzeitig vornehmen oder im finanzgerichtlichen Verfahren die Beiladung des Dritten rechtzeitig beantragen. Ein erstmals im Revisionsverfahren gestellter Antrag auf Beiladung nach § 174 Abs. 5 AO ist unzulässig (BFH vom 14. 11. 2007 XI R 32/06, BFH/NV 2008 S. 385).

Die Voraussetzungen zu § 360 Abs. 3 AO oder zu § 60 FGO müssen nicht vorliegen, da § 174 Abs. 5 Satz 2 AO selbst Rechtsgrundlage für die Beteiligung des Dritten ist.

Eine Hinzuziehung oder Beiladung kommt grundsätzlich nicht mehr in Betracht, wenn gegenüber dem Dritten im maßgeblichen Zeitpunkt die Festsetzungsfrist des gegen ihn gerichteten Steuerbescheids bereits abgelaufen ist (BFH vom 5. 5. 1993 X R 111/91, BStBl. II S. 817).

Versäumt die Finanzbehörde, den Dritten gem. § 174 Abs. 5 AO an dem Verfahren zu beteiligen, schließt dies eine Änderung nach § 174 Abs. 4 AO aus. Der Dritte ist dadurch nicht nach dem Grundsatz von Treu und Glauben verpflichtet, dem Finanzamt durch Antrag oder Zustimmung eine Änderung nach § 172 Abs. 1 Satz 1 Nr. 2 lit. a) AO zu ermöglichen.

In Rechtsbehelfsverfahren oder bei Änderungsanträgen, die Transferleistungen (Ausgleichszahlungen, Unterhalts- und Versorgungsleistungen) zum Gegenstand haben, ist eine Hinzuziehung des Dritten nach § 174 Abs. 5 AO stets zu prüfen, wenn eine sich verschärfende Besteuerung beim Dritten in Betracht kommt.

21 **6. Dritte i. S. d. § 174 Abs. 5 AO**

Dritter i. S. d. § 174 Abs. 5 AO ist jeder, der nicht Inhaltsadressat des zu ändernden, fehlerhaften Steuerbescheids ist. Gesellschafter einer Personenvereinigung sind daher im Feststellungsbescheid nicht als Dritte anzusehen. Ebenso wenig sind Gesamtrechtsnachfolger gem. § 45 AO Dritte im Sinne dieser Vorschrift.

Im Besteuerungsverfahren einer Organträgerin ist die Organgesellschaft jedoch regelmäßig Dritte (BFH vom 19. 12. 2013 V R 5/12, BStBl. 2016 II S. 585).

Ein an Ehegatten oder Lebenspartner ergangener Zusammenveranlagungsbescheid enthält zwei inhaltlich und verfahrensrechtlich selbständige Verwaltungsakte, die ein unterschiedliches rechtliches Schicksal haben können. Verfahrensrechtlich sind die zusammenveranlagten Ehegatten oder Lebenspartner zwei Steuerschuldner und daher als Dritte im Hinblick auf § 174 Abs. 5 AO anzusehen (BFH vom 20. 11. 2013 X R 7/11, BFH/NV 2014 S. 482).

22 **7. Durchführung der Hinzuziehung Dritter**

Vor der Entscheidung über die Beteiligung eines Dritten ist der Steuerpflichtige zu hören, da durch die Beteiligung die steuerlichen Verhältnisse wenigstens zum Teil offenbart werden müssen und dürfen (§ 30 Abs. 4 Nr. 1 i. V. m. § 30 Abs. 2 Nr. 1 AO) und da der Dritte weitestgehend dieselben Rechte geltend machen kann wie derjenige, der den Antrag gestellt bzw. den Rechtsbehelf eingelegt hat.

Zuständig für die Beteiligung des Dritten ist das für den Steuerpflichtigen örtlich zuständige Finanzamt. Das für den Dritten zuständige Finanzamt muss nicht tätig werden. Es ist jedoch in geeigneter Weise über den Ausgang des Verfahrens zu informieren, damit es ggf. die steuerlichen Folgerungen gegenüber dem Dritten ziehen kann.

Die Mitteilung der Beteiligung nach § 174 Abs. 5 AO erfolgt durch Verwaltungsakt gegenüber dem Dritten. Dieser kann mit dem Einspruch angefochten werden. Der Einspruch hindert jedoch weder die Entscheidung über den Einspruch oder Antrag des Steuerpflichtigen noch die Folgeänderung im Steuerbescheid des Dritten.

Soll dem Einspruch des Steuerpflichtigen durch Abhilfebescheid entsprochen werden und entspricht dies aber nicht dem Antrag des Dritten oder hat er der Änderung nicht zugestimmt, muss das Finanzamt eine (stattgebende) Einspruchsentscheidung erlassen, mit der dem Einspruch stattgegeben und der Antrag des Dritten als unbegründet zurückgewiesen wird (BFH vom 29. 4. 2009 X R 16/06, BStBl. II S. 732).

Die Einspruchsentscheidung ist sowohl dem Steuerpflichtigen als auch dem Dritten bekannt zu geben. Im Rubrum der Entscheidung ist der beteiligte Dritte mit Namen und Anschrift sowie unter Beifügung des Zusatzes über seine Vertretung nach den Worten „wird nach Hinzuziehung des/der" anzuführen. Das Steuergeheimnis ist zu wahren, d. h., andere steuerliche Verhältnisse als die des streitigen bestimmten Sachverhalts sind dem Dritten nicht zu offenbaren.

Bei der Änderung aufgrund eines Antrags des Steuerpflichtigen mit Zustimmung des Dritten ist die Entscheidung durch einen verkürzten Änderungsbescheid oder einen besonderen Bescheid (jeweils mit Rechtsbehelfsbelehrung) dem Dritten bekannt zu geben. Daraus müssen der Sachverhalt sowie die steuerliche Würdigung insoweit hervorgehen, wie sich Auswirkungen auf seine Steuerfestsetzung ergeben. Auch in diesem Fall ist das Steuergeheimnis zu wahren.

Weitergehende Informationen dazu im Rechtsbehelfsleitfaden – Hinzuziehung und Beiladung.

AO

§ 175[1] Änderung von Steuerbescheiden auf Grund von Grundlagenbescheiden und bei rückwirkenden Ereignissen

1 **(1) ① Ein Steuerbescheid ist zu erlassen, aufzuheben oder zu ändern,**

1. soweit ein Grundlagenbescheid (§ 171 Absatz 10), dem Bindungswirkung für diesen Steuerbescheid zukommt, erlassen, aufgehoben oder geändert wird,[2]

---

[1] Siehe auch **AEAO vor §§ 172 bis 177.**

[2] Das FA kann aufgrund der Feststellungslast die Änderung eines Folgebescheids nach § 175 Abs. 1 Satz 1 Nr. 1 AO nicht mit der Begründung ablehnen, es bestünden wegen Fehlens der Steuerakten Unklarheiten über die im ursprünglichen Folgebescheid angesetzten Besteuerungsgrundlagen, wenn die Ursachen für die Unklarheiten der Finanzverwaltung zuzurechnen sind *(BFH-Urteil vom 28. 11. 2007 X R 11/07, BStBl. 2008 II S. 335).*

Ist ein bestimmter steuerlich relevanter Sachverhalt zunächst Gegenstand eines Feststellungsverfahrens, so ist das für den Folgebescheid zuständige FA durch die Bindung an den Feststellungsbescheid gehindert, abschließend eigene Ermittlungen vorzunehmen. Wird der Feststellungsbescheid ersatzlos aufgehoben, berechtigt § 175 Abs. 1 Nr. 1 AO das für den Erlass des Folgebescheides zuständige FA, den Sachverhalt, der bisher Gegenstand des Feststellungsverfahrens war, in eigener Zuständigkeit zu ermitteln und steuerrechtlich zu beurteilen *(BFH-Beschluss vom 30. 10. 2000 V B 89/00, BFH/NV 2001 S. 733).*

Die Anpassung des Folgebescheides besteht nicht nur in der Änderung von Zahlen, die dem geänderten Grundlagenbescheid zu entnehmen sind, sie schließt vielmehr auch eine neue selbständige Würdigung eines für das Folgeverfahren relevanten Sachverhalts in tatsächlicher und rechtlicher Hinsicht ein *(BFH-Beschluss vom 30. 8. 2012 X B 97/11, BFH/NV 2013 S. 13).*

Ein Grundlagenbescheid, der einen gleichartigen, dem Inhaltsadressaten wirksam bekannt gegebenen Steuerverwaltungsakt in seinem verbindlichen Regelungsgehalt nur wiederholt, löst keine Anpassungspflicht nach § 175 Abs. 1 Satz 1 Nr. 1 AO aus und wirkt auch nicht gem. § 171 Abs. 10 AO auf den Lauf der Festsetzungsfrist für den Folgebescheid ein *(BFH-Urteil vom 13. 12. 2000 X R 42/96, BStBl. 2001 II S. 471).*

[Fortsetzung nächste Seite]

2. soweit ein Ereignis eintritt, das steuerliche Wirkung für die Vergangenheit hat (rückwirkendes Ereignis).[1]

[Fortsetzung]

Hat das (Betriebs-)FA im früheren Gewinnfeststellungsbescheid den Anteil des Steuerpflichtigen (Gesellschafter) am laufenden Gewinn mit X DM und keinen Anteil des Gesellschafters an einem i. S. von §§ 16, 34 Abs. 1 und 2 Nr. 1 EStG steuerbegünstigten Gewinn der Personengesellschaft festgestellt und erlässt es sodann einen Änderungsbescheid über die einheitliche und gesonderte Gewinnfeststellung, in welchem der in der Höhe unveränderte Gewinnanteil i. H. von X DM von einem laufenden in einen i. S. von §§ 16, 34 EStG steuerbegünstigten Gewinn umgruppiert wird, so liegen darin nicht lediglich den früheren Gewinnfeststellungsbescheid wiederholende Regelungen. Vielmehr löst ein solcher Änderungsbescheid über die einheitliche und gesonderte Gewinnfeststellung das Recht und die Pflicht des (Wohnsitz-)FA zur Anpassung des Einkommensteuerbescheids an den Änderungsbescheid über die Gewinnfeststellung gemäß § 175 Abs. 1 Satz 1 Nr. 1 AO auch dann aus, wenn im früheren, jetzt zu ändernden Einkommensteuerbescheid weder ein laufender noch ein steuerbegünstigter Gewinnanteil des Steuerpflichtigen erfasst worden war *(BFH-Urteil vom 7. 5. 2008 X R 21/05, BFH/NV S. 1436).*

Die **Anpassungspflicht** nach § 175 Abs. 1 Satz 1 Nr. 1 AO wird durch unrichtige oder unvollständige Auswertung der Grundlagenentscheidung im Folgebescheid nicht beseitigt oder „verbraucht". Sie bleibt als Berichtigungspflicht so lange bestehen, wie der Grundlagenbescheid in dem Folgebescheid noch nicht zutreffend berücksichtigt worden ist, Festsetzungsverjährung oder Feststellungsverjährung noch nicht eingetreten ist und der Steueranspruch noch nicht verwirkt ist *(BFH-Urteil vom 29. 8. 2007 XI R 5/07, BFH/NV 2008 S. 12).*

BFH-Urteil vom 21. 1. 2014 IX R 38/13, BStBl. 2016 II S. 580: Enthält ein geänderter Grundlagenbescheid zugleich eine Aufhebung des Vorbehalts der Nachprüfung und ist er damit nach § 164 Abs. 3 Satz 2 1. Halbsatz, § 181 Abs. 1 Satz 1 AO wie eine erstmalige Feststellung zu werten, dann ist sein Regelungsinhalt nach § 175 Abs. 1 Satz 1 Nr. 1, § 182 Abs. 1 Satz 1 AO in vollem Umfang und ohne Bindung an in der Vergangenheit bereits erfolgte Übernahmen aus vorangegangenen Feststellungsbescheiden in den Folgebescheid zu übernehmen.

Die Vorschrift des § 175 Abs. 1 Satz 1 Nr. 1 erfasst nämlich auch die Fälle, in denen ein bestimmter Sachverhalt, der in einem Steuerbescheid (Folgebescheid) zu regeln ist, zunächst in einem Feststellungsbescheid (Grundlagenbescheid) berücksichtigt war und durch dessen Aufhebung oder Änderung aus der bis dahin bestehenden Bindungswirkung entlassen wird *(BFH-Urteil vom 14. 7. 1993 X R 34/90, BStBl. 1994 II S. 77).*

BFH-Urteil vom 24. 5. 2006 I R 93/05, BStBl. 2007 II S. 76: 1. Ein Anspruch auf Korrektur eines Folgebescheids nach Maßgabe des § 175 Abs. 1 Satz 1 Nr. 1 AO muss im gerichtlichen Verfahren im Wege der Verpflichtungsklage geltend gemacht werden. 2. Die Aufhebung eines Feststellungsbescheids (Grundlagenbescheid) führt nur dann dazu, dass der bisher in diesem Bescheid beurteilte Sachverhalt nunmehr unmittelbar im Einkommensteuerbescheid (Folgebescheid) beurteilt werden kann, wenn sie als Erlass eines **negativen Feststellungsbescheids** zu werten ist. Anderenfalls bleibt der betreffende Sachverhalt einer Überprüfung im Einkommensteuerverfahren entzogen. 3. Wird ein als Grundlagenbescheid wirkender Feststellungsbescheid aufgehoben, ohne dass damit der Erlass eines negativen Feststellungsbescheids verbunden ist, so muss eine von dem Feststellungsbescheid ausgelöste Änderung des Folgebescheids rückgängig gemacht werden.

Einer Anpassung oder Änderung des ESt-Bescheids bedarf es entsprechend dem *BFH-Urteil vom 12. 1. 1995 IV R 83/92, BStBl. II 1995 S. 488,* nicht, wenn der ihm zugrundeliegende gesonderte Gewinnfeststellungsbescheid zwar ersatzlos aufgehoben wird, sich die Besteuerungsgrundlagen aber auch aus dem ESt-Bescheid ergeben und aufrechterhalten werden sollen.

Wird der Bescheid über die gesonderte und einheitliche Feststellung der GbR geändert und in den Erläuterungen des Bescheids die sich bei einer Umqualifizierung der Einkünfte des Gesellschafters ergebende Höhe mitgeteilt, ist diese Mitteilung keine das Gesellschafter-FA bindende Feststellung, die zu einer Änderung des ESt-Bescheids des Gesellschafters nach § 175 Abs. 1 Satz 1 Nr. 1 AO berechtigt *(BFH-Urteil vom 15. 9. 2005 III R 18/03, BFH/NV 2006 S. 235).*

Der ESt-Bescheid ist kein Grundlagenbescheid, der die Finanzverwaltung und das Finanzgericht daran hindert, die steuerliche Einordnung der Einkünfte im Gewerbesteuermessbetragsverfahren anders zu treffen *(BFH-Beschluss vom 22. 4. 2008 X B 154/07, BFH/NV S. 1361).*

Die nachträgliche Festsetzung von Kindergeld führt zu keiner Änderung des bestandskräftig festgesetzten Solidaritätszuschlags nach § 175 Abs. 1 Satz 1 Nr. 1 AO *(BFH-Urteil vom 27. 1. 2011 III R 90/07, BStBl. II S. 544).*

Die Änderung eines von der Ausländerbehörde erteilten Aufenthaltstitels stellt keinen Grundlagenbescheid dar, der eine rückwirkende Korrektur von Anfang an unzutreffend festgesetzten Kindergeldes nach den §§ 175, 171 Abs. 10 AO rechtfertigen würde *(BFH-Beschluss vom 10. 6. 2015 V B 136/14, BFH/NV S. 1233).*

BFH-Urteil vom 19. 2. 2019 X R 17/18, BFH/NV S. 801: 1. § 175 Abs. 1 Satz 1 Nr. 1 AO ist auch dann anzuwenden, wenn die Bindungswirkung eines Grundlagenbescheids sich nicht auf sämtliche Tatbestandsmerkmale einer steuerrechtlichen Vorschrift erstreckt. 2. Wird die in § 7 i Abs. 2 EStG vorgesehene Bescheinigung der Denkmalbehörde erst nach Bestandskraft des Einkommensteuerbescheids vorgelegt, hat das FA in Ermittlungen einzutreten, ob die nicht von der Bindungswirkung des Grundlagenbescheids umfassten Tatbestandsmerkmale des § 7 i Abs. 1 EStG erfüllt sind.

Hat die zuständige Gemeindebehörde eine bindende Entscheidung über die von ihr nach § 7 h Abs. 1 EStG zu prüfenden Voraussetzungen getroffen, hat das FA diese im Besteuerungsverfahren ohne weitere Rechtmäßigkeitsprüfung zugrunde zu legen, es sei denn, die Bescheinigung wird förmlich zurückgenommen, widerrufen oder ist nach § 44 VwVfG nichtig und deshalb unwirksam *(BFH-Urteil vom 17. 4. 2018 IX R 27/17, BStBl. II S. 597).*

BFH-Urteil vom 20. 8. 2009 V R 25/08, BFH/NV S. 2085: 1. Bei der Bescheinigung nach § 4 Nr. 21 Buchst. a Doppelbuchst. bb UStG handelt es sich um einen Grundlagenbescheid i. S. von § 175 Abs. 1 Satz 1 Nr. 1 AO. 2. Bescheinigungen nach § 4 Nr. 21 Buchst. a Doppelbuchst. bb UStG kann Rückwirkung zukommen, ohne dass dem der Grundsatz der Rechtssicherheit entgegensteht.

Die gesonderte und einheitliche Feststellung von Betriebsausgaben einer Praxisgemeinschaft ist bei einem Beteiligten, der daneben aus einer Einzelpraxis Einkünfte erzielt, die gesondert festzustellen sind, Grundlagenbescheid allein für die gesonderte Gewinnfeststellung nicht aber für die ESt. Berücksichtigt das FA im ESt-Bescheid das Ergebnis der gesonderten und einheitlichen Feststellung zu Unrecht neben dem um die anteiligen Betriebsausgaben geminderten, gesondert festgestellten Gewinn, weil es die gesonderte und einheitliche Feststellung bezüglich der ESt-Festsetzung für einen Grundlagenbescheid hält, so ist der ESt-Bescheid gem. § 175 Abs. 1 Satz 1 Nr. 1 AO zu ändern *(BFH-Urteil vom 10. 6. 1999 IV R 25/98, BStBl. II S. 545).*

Zur offenbaren Unrichtigkeit des Steuerbescheids bei Nichtbeachtung eines vorliegenden Grundlagenbescheids durch das FA vgl. *BFH-Urteil vom 16. 7. 2003 X R 37/99, BStBl. II S. 867;* siehe auch Fn. zu § 129.

Ein gesondert festgestellter Grundbesitzwert entfaltet Bindungswirkung für alle Schenkungsteuerbescheide, bei denen er in die steuerliche Bemessungsgrundlage einfließt. Das gilt auch für die Berücksichtigung eines früheren Erwerbs nach § 14 Abs. 1 Satz 1 des Erbschaftsteuer- und Schenkungsteuergesetzes *(BFH-Urteil vom 26. 7. 2023 II R 35/21, BStBl. 2024 II S. 118).*

---

[1] Das Ereignis iSd § 175 Abs. 1 Satz 1 Nr. 2 AO muss stattfinden, nachdem der Steueranspruch entstanden ist. Die Vorschrift kommt nicht zur Anwendung, wenn die Festsetzung im maßgeblichen Zeitpunkt, gemessen an der materiellen Rechtslage, objektiv unzutreffend gewesen ist *(BFH-Urteil vom 26. 1. 2006 VI R 2/03, BFH/NV S. 1045).*

[Fortsetzung nächste Seite]

AO

② In den Fällen des Satzes 1 Nummer 2 beginnt die Festsetzungsfrist mit Ablauf des Kalenderjahrs, in dem das Ereignis eintritt.

[Fortsetzung]

Eine Steuerfestsetzung kann nur dann auf einem rückwirkenden Ereignis beruhen, wenn das rückwirkende Ereignis tatsächlich zu einer abweichenden Steuerfestsetzung geführt hat *(BFH-Urteil vom 17. 2. 2010 I R 52/09, BStBl. 2011 II S. 340).*

Der Änderung eines bestandskräftigen Einkommensteuerbescheids gemäß § 175 Abs. 1 Satz 1 Nr. 2 AO wegen eines rückwirkenden Ereignisses steht nicht entgegen, dass der Sachverhalt, auf den sich das Ereignis auswirkt (hier: Veräußerung einer qualifizierten Beteiligung, Entstehung nachträglicher Anschaffungskosten) im Ausgangsbescheid nicht berücksichtigt war *(BFH-Urteil vom 16. 6. 2015 IX R 30/14, BStBl. 2017 II S. 83).*

Die nachträgliche Änderung eines Sachverhalts, der einem Steuerbescheid zu Grunde lag, stellt kein rückwirkendes Ereignis i. S. des § 175 Abs. 1 Satz 1 Nr. 2 AO dar, wenn der Steuerbescheid von vornherein rechtswidrig war und nicht erst durch die Sachverhaltsänderung in die Rechtswidrigkeit hineingewachsen ist *(BFH-Urteil vom 5. 5. 2011 IV R 7/09, BFH/NV S. 2007).*

Für die Beurteilung der Rechtmäßigkeit eines gebundenen Verwaltungsakts kommt es auf die Sach- und Rechtslage im Zeitpunkt der finanzgerichtlichen Entscheidung an, wenn der angefochtene Bescheid im Verlaufe des Gerichtsverfahrens – etwa durch ein rückwirkendes Ereignis i. S. des § 175 Abs. 1 Satz 1 Nr. 2 AO – rechtmäßig wird *(BFH-Urteil vom 16. 4. 2013 VII R 44/12, BStBl. II S. 778).*

Das FA kann eine nach § 165 Abs. 1 AO vorläufige Steuerfestsetzung nach Ablauf der Frist des § 171 Abs. 8 AO nach § 175 Abs. 1 Satz 1 Nr. 2 AO ändern, wenn das die Ungewissheit beseitigende Ereignis (§ 165 Abs. 2 AO) zugleich steuerrechtlich zurückwirkt *(BFH-Urteil vom 10. 5. 2007 IX R 30/06, BStBl. II S. 807).*

Ein rückwirkendes Ereignis i. S. v. § 175 Abs. 1 Satz 1 Nr. 2 AO liegt bei einem abgeschlossenen Rechtsgeschäft nur dann vor, wenn der Rechtsgrund für die später geleisteten Zahlungen bereits in diesem Rechtsgeschäft angelegt ist *(BFH-Urteil vom 14. 6. 2005 VIII R 14/04, BStBl. 2006 II S. 15).*

Ein gerichtlicher Vergleich über ein Rechtsverhältnis stellt kein rückwirkendes Ereignis dar, weil durch einen solchen Vergleich der Streit oder die Ungewissheit der Beteiligten über ein Rechtsverhältnis im Wege des gegenseitigen Nachgebens beseitigt, aber nicht ein Lebenssachverhalt rückwirkend anders gestaltet wird *(BFH-Beschluss vom 28. 6. 2011 X B 146/10, BFH/NV S. 1831).*

Die finanzgerichtliche Aufhebung eines Bescheids, dem materiell-rechtliche Bindungswirkung für einen anderen Bescheid zukommt, kann ein rückwirkendes Ereignis nach § 175 Abs. 1 Satz 1 Nr. 2 AO darstellen *(BFH-Urteil vom 3. 6. 2025 IX R 18/24, BFH/NV S. 1409).*

Die Aufhebung oder Änderung eines Steuerbescheids auf Grund eines rückwirkenden Ereignisses erfasst auch die bei der ursprünglichen Entscheidung unterlaufenen Rechtsfehler *(BFH-Urteil vom 23. 11. 2000 IV R 85/99, BFH/NV 2001 S. 362).*

Allein die Änderung eines Einkommensteuerbescheides wegen eines den Vorwegabzug betreffenden rückwirkenden Ereignisses, das die Verhältnisse nur eines Ehegatten berührt, berechtigt nicht zur Korrektur eines Fehlers, der die steuerlichen Verhältnisse des anderen Ehegatten berührt *(BFH-Urteil vom 14. 10. 2009 X R 14/08, BStBl. 2010 II S. 533).*

Die Entscheidung darüber, ob die Änderung eines Gewinnfeststellungsbescheids auf einem rückwirkenden Ereignis i. S. von § 175 Abs. 1 Satz 1 Nr. 2 AO und damit zugleich auch auf einem rückwirkenden Ereignis i. S. von § 233 a Abs. 2 a AO beruht, ist im Feststellungsverfahren zu treffen *(BFH-Urteil vom 19. 3. 2009 IV R 20/08, BStBl. 2010 II S. 528).*

Nach dem Bedeutungszusammenhang und der Zielsetzung umfasst der Begriff „rückwirkendes Ereignis" alle rechtlich bedeutsamen Vorgänge, die steuerlich in der Weise in die Vergangenheit zurückwirken, dass nunmehr der veränderte anstelle des zuvor verwirklichten Sachverhalts der Beurteilung zugrunde zu legen ist *(Beschluss des Großen Senats des BFH vom 19. 7. 1993 GrS 2/92, BStBl. 1993 II S. 897).* Ein solches Ereignis kann auch durch den Erlass einer außersteuerlichen Gesetzesnorm eintreten, wenn dies zur Folge hat, dass ein steuerrechtlich bestandskräftig geregelter Sachverhalt nachträglich umgestaltet wird *(BFH-Urteil vom 9. 8. 1990 X R 5/88, BStBl. 1991 II S. 55).* Die Vorschrift des § 175 Abs. 1 Satz 1 Nr. 2 AO setzt voraus, dass das nachträgliche Ereignis zu einer Änderung des Sachverhalts geführt hat, welcher vom FA bei der Steuerfestsetzung zugrunde gelegt wurde *(BFH-Urteil vom 26. 10. 1988 II R 55/86, BStBl. 1989 II S. 75).*

Beschränkt der Gesetzgeber eine rückwirkende gesetzliche Neuregelung, die er aufgrund einer Entscheidung des BVerfG treffen muss, auf die noch nicht bestandskräftig abgeschlossenen Fälle, so besteht kein Anspruch auf Änderung bestandskräftiger Bescheide. Die Beschränkung der Rückwirkung auf noch nicht bestandskräftig abgeschlossene Fälle ist verfassungsgemäß *(BFH-Urteil vom 11. 2. 1994 III R 50/92, BStBl. II S. 389).* Dies gilt erst recht, wenn über die Bestandskraft hinaus auch noch Festsetzungsverjährung eingetreten ist *(BFH-Beschluss vom 9. 9. 1994 III B 78/94, BStBl. 1995 II S. 385).*

Eine Änderung der in steuerlichen Verwaltungsanweisungen vertretenen Rechtsauffassung ist kein „rückwirkendes Ereignis" iSd § 175 Abs. 1 Nr. 2 AO. Steuerfestsetzungen, die gem. § 164 Abs. 1 AO unter dem Vorbehalt der Nachprüfung stehen, können nur aufgrund solcher Vorgänge nach § 175 Abs. 1 Nr. 2 AO geändert werden, die sich nach der Aufhebung des Vorbehalts ereignen *(BFH-Beschluss vom 4. 11. 1998 IV B 146/97, BFH/NV 1999 S. 589).*

Die Veräußerung eines vierten Objekts im Rahmen eines **gewerblichen Grundstückshandels** ist kein rückwirkendes Ereignis iSv § 175 Abs. 1 Satz 1 Nr. 2 AO *(BFH-Urteil vom 6. 7. 1999 VIII R 17/97, BStBl. 2000 II S. 306).*

Regelmäßig ist dem Eintritt neuer Ereignisse bei laufend veranlagten Steuern (wie z. B. der ESt) für laufende Geschäftsvorfälle keine Rückwirkung beizumessen. Etwas anderes gilt ausnahmsweise nur, wenn ein Steuerstrafbestand betroffen ist, der – wie § 16 Abs. 1 und Abs. 2 EStG hinsichtlich des Veräußerungspreises – an ein einmaliges, punktuelles Ereignis anknüpft. Der BFH stellt damit auf die Art der Tatbestandsverwirklichung ab *(BFH-Beschluss vom 24. 2. 1999 X B 204/98, X B 205/98, BFH/NV 1999 S. 1181 m. w. N.).*

BFH-Urteil vom 6. 4. 2022 X R 28/19, BStBl. 2023 II S. 341: 1. Die Erteilung der Restschuldbefreiung im Rahmen eines Insolvenzverfahrens stellt für die Ermittlung des Gewinns aus einer Betriebsaufgabe auch dann ein rückwirkendes Ereignis dar, wenn der Betrieb erst nach der Eröffnung des Insolvenzverfahrens aufgegeben worden ist (Fortführung des *Senatsurteils vom 13. 12. 2016 X R 4/15, BFHE 256, 392, BStBl. II 2017, 786).* 2. Die aus der Restschuldbefreiung resultierenden Steuern sind im Fall der Betriebsaufgabe nach Eröffnung des Insolvenzverfahrens Masseverbindlichkeiten i. S. des § 55 Abs. 1 Nr. 1 InsO, da sie Folge der Verwaltung durch den Insolvenzverwalter sind.

Wird ein Gesellschaftsanteil gegen abgekürzte Leibrente veräußert und entscheidet sich der Stpfl. für die Sofortversteuerung des Veräußerungsgewinns, so stellt der Tod des Rentenberechtigten vor dem Ende der Laufzeit der Rente kein Ereignis mit steuerlicher Rückwirkung auf den Zeitpunkt der Veräußerung dar *(BFH-Urteil vom 19. 8. 1999 IV R 67/98, BStBl. 2000 II S. 179).*

Die Regelung des § 20 Abs. 1 Nr. 1 Satz 3 EStG 2002, nach der Bezüge aus Anteilen an einer Körperschaft nicht zu den Einnahmen aus Kapitalvermögen gehören, soweit für diese das steuerliche Einlagekonto i. S. des § 27 KStG 2002 als verwendet gilt, knüpft tatbestandlich an die im Bescheid nach § 27 Abs. 2 KStG 2002 ausgewiesenen Bestände des steuerlichen Einlagekontos an (Bestätigung des Senatsurteils vom 19. Mai 2010 I R 51/09, BFHE 230, 128, BStBl. II 2014, 937). Wird die Feststellung geändert, ist hierin ein rückwirkendes Ereignis i. S. von § 175 Abs. 1 Satz 1 Nr. 2 AO mit der Folge zu sehen, dass im Hinblick auf die Steuerfestsetzung gegenüber dem Gesellschafter die Anlaufhemmung des § 175 Abs. 1 Satz 2 AO ausgelöst wird *(BFH-Urteil vom 28. 1. 2015 I R 70/13, BStBl. 2017 II S. 101).*

[Fortsetzung nächste Seite]

(2)[1] ① **Als rückwirkendes Ereignis gilt auch der Wegfall einer Voraussetzung für eine Steuervergünstigung, wenn gesetzlich bestimmt ist, dass diese Voraussetzung für eine** AO 2

[Fortsetzung]

Vereinbaren die Vertragsparteien beim Verkauf eines Anteils an einer Kapitalgesellschaft eine Besserungsoption, welche dem Verkäufer ein Optionsrecht auf Abschluss eines Änderungsvertrages zum Kaufvertrag mit dem Ziel einer nachträglichen Beteiligung an der Wertentwicklung des Kaufgegenstands einräumt, stellt die spätere Ausübung des Optionsrechts kein rückwirkendes Ereignis dar *(BFH-Urteil vom 23. 5. 2012 IX R 32/11, BStBl. II S. 675).*

Die Festsetzung der Steuer in einem Änderungsbescheid nach Eintritt der Bestandskraft, die aufgrund der im Änderungsbescheid berücksichtigten Besteuerungsgrundlagen erstmals eine erfolgreiche Antragstellung gemäß § 32 d Abs. 6 EStG ermöglicht, ist ein rückwirkendes Ereignis i. S. des § 175 Abs. 1 Satz 1 Nr. 2 AO, das einen korrekturbedürftigen Zustand auslöst *(BFH-Urteil vom 14. 7. 2020 VIII R 6/17, BStBl. 2021 II S. 92).*

Die Rücknahme des Antrags nach § 34 Abs. 3 EStG stellt kein rückwirkendes Ereignis i. S. des § 175 Abs. 1 Satz 1 Nr. 2 AO dar *(BFH-Urteil vom 20. 4. 2023 III R 25/22, BStBl. II S. 823).*

BFH-Urteil vom 25. 4. 2012 I R 2/11, BFH/NV S. 1649: 1. Im Falle der Einbringung eines (Teil-)Betriebs oder Mitunternehmeranteils i. S. des § 20 UmwStG 1995 kann das aufnehmende Unternehmen weder durch Anfechtungsklage noch durch Feststellungsklage geltend machen, die seiner Steuerfestsetzung zu Grunde gelegten Werte des eingebrachten Vermögens seien zu hoch. Ein solches Begehren kann nur der Einbringende im Wege der sog. Drittanfechtung durchsetzen. 2. Ein bereits eingeleitetes Drittanfechtungsverfahren führt nicht zur Aussetzung des Verfahrens zur Festsetzung der Einkommensteuer des Einbringenden. Das Ergebnis des Drittanfechtungsverfahrens ist nach Maßgabe des § 175 Abs. 1 Satz 1 Nr. 2 AO bei der Steuerfestsetzung des Einbringenden zu berücksichtigen.

Ein ESt-Bescheid ist auch dann nach § 175 Abs. 1 Satz 1 Nr. 2 AO zu ändern, wenn nicht nur die Zustimmung zu dem Antrag des Stpfl. auf Übertragung des (halben) Kinderfreibetrags des anderen Elternteils nach Eintritt der Bestandskraft erteilt wurde, sondern auch der Antrag nach § 32 Abs. 6 Satz 4 EStG erst nach diesem Zeitpunkt gestellt wurde *(BFH-Urteil vom 10. 10. 1996 III R 94/93, DB 1997 S. 309).*

Die Stellung des Antrags auf Berücksichtigung der Unterhaltsleistungen nach § 10 Abs. 1 Nr. 1 EStG 2007 durch den Geber samt Einreichung der Zustimmungserklärung des Empfängers ist bereits das rückwirkende Ereignis i. S. des § 175 Abs. 1 Satz 1 Nr. 2, Satz 2 AO, das zur Änderung der Einkommensteuerfestsetzung des Empfängers der Unterhaltsleistung nach § 22 Nr. 1 a EStG 2007 führt. Auf die tatsächliche Anerkennung der Leistungen als Sonderausgaben beim Geber kommt es nicht an *(BFH-Urteil vom 28. 7. 2021 X R 15/19, BFH/NV 2022 S. 367).*

Hält der Erwerber eines Gewerbebetriebs seine Zusage, den Veräußerer von der Haftung für alle vom Erwerber übernommenen Betriebsschulden freizustellen, nicht ein und wird der Veräußerer deshalb in einem späteren Veranlagungszeitraum aus einem als Sicherheit für diese Betriebsschulden bestellten Grundpfandrecht in Anspruch genommen, so liegt ein Ereignis mit steuerlicher Rückwirkung auf den Zeitpunkt der Veräußerung vor *(Urteil BFH-GrS vom 19. 7. 1993, GrS 1/92, BStBl. II S. 894).*

Wird der gestundete Kaufpreis für die Veräußerung einer wesentlichen Beteiligung wegen einer in einem späteren Veranlagungszeitraum geschlossenen Rücktrittsvereinbarung nicht mehr entrichtet, so ist dies ein Ereignis mit steuerlicher Rückwirkung auf den Zeitpunkt der Veräußerung *(BFH-Urteil vom 21. 12. 1993 VIII R 69/88, BStBl. 1994 II S. 648).*

Der Gewinn aus der Veräußerung einbringungsgeborener Anteile wird steuerlich rückwirkend geändert, wenn die Vertragsparteien wegen Streitigkeiten über Wirksamkeit oder Inhalt des Vertrages einen Vergleich schließen und den Veräußerungspreis rückwirkend mindern *(BFH-Urteil vom 19. 8. 2009 I R 3/09, BStBl. 2010 II S. 249).*

Wird die Einzelpraxis eines Arztes in eine GbR eingebracht und werden deren Wirtschaftsgüter erst in einem späteren Veranlagungszeitraum als dem der Einbringung in der Eröffnungsbilanz der GbR erfasst, stellt die Erstellung und Einreichung der Eröffnungsbilanz ein Ergebnis mit steuerlicher Wirkung für die Vergangenheit i. S. des § 175 Abs. 1 Satz 1 Nr. 2 AO für die Bemessung des Einbringungsgewinns dar *(BFH-Urteil vom 12. 10. 2011 VIII R 12/08, BStBl. 2012 II S. 381).*

Scheidet ein Kommanditist mit negativem Kapitalkonto ohne Ausgleichsverpflichtung aus der KG aus und sind ihm die auf seinem Darlehenskonto ausgewiesenen Beträge zu zahlen, so gehört diese Forderung zu seinem Veräußerungserlös. Fällt die Forderung später wegen Vermögenslosigkeit der KG aus, wird der Veräußerungsgewinn rückwirkend gemindert *(BFH-Urteil vom 28. 7. 1994 IV R 53/91, BStBl. 1995 II S. 112).*

Der gemeine Wert eines Grundstücks, der zur Ermittlung eines Aufgabegewinns gem. § 16 Abs. 3 Satz 3 EStG „im Zeitpunkt der Aufgabe" anzusetzen ist, wird durch einen später auftretenden Altlastenverdacht nicht gemindert. Ein solcher Verdacht ist daher auch kein rückwirkendes Ereignis *(BFH-Urteil vom 1. 4. 1998 X R 150/95, BStBl. II S. 569).*

Wird eine Verbindlichkeit, die bei Veräußerung oder Aufgabe eines Gewerbebetriebs im Betriebsvermögen verbleibt, später erlassen, so führt dieser Vorgang rückwirkend zu einer Erhöhung des Veräußerungs- oder Aufgabegewinns *(BFH-Urteil vom 6. 3. 1997 IV R 47/95, BStBl. II S. 509).*

Wird bei der Veräußerung landwirtschaftlich genutzter Flächen im Rahmen einer Betriebsaufgabe eine nachträgliche Kaufpreiserhöhung für den Fall vereinbart, dass die Flächen Bauland werden, so erhöht die Nachzahlung den steuerbegünstigten Aufgabegewinn im Kalenderjahr der Betriebsaufgabe *(BFH-Urteil vom 31. 8. 2006 IV R 53/04, BStBl. II S. 906).*

Fallen im Rahmen der Nachtragsliquidation Aufwendungen an, die nachträgliche Anschaffungskosten der Beteiligung i. S. des § 17 Abs. 2 Satz 1 EStG sind, handelt es sich um ein nachträgliches Ereignis, das die Höhe des Auflösungsgewinns oder -verlusts beeinflusst und nach § 175 Abs. 1 Satz 1 Nr. 2 AO auf den Zeitpunkt der Auflösung zurückzubeziehen ist *(BFH-Urteil vom 1. 7. 2014 IX R 47/13, BStBl. II S. 786).*

Der Ausfall einer zum Nachlass gehörenden Forderung aufgrund von Umständen, die erst nach dem Todestag des Erblassers eingetreten sind, stellt erbschaftsteuerrechtlich kein rückwirkendes Ereignis iSv § 175 Abs. 1 Satz 1 Nr. 2 AO dar *(BFH-Urteil vom 18. 10. 2000 II R 46/98, BFH/NV 2001 S. 420).*

Eine nach Eintritt der formellen Bestandskraft des Schenkungsteuerbescheids abgegebene Erklärung des Schenkers, den Freibetrag für die Übertragung von Betriebsvermögen nach § 13 Abs. 2 a Satz 1 Nr. 2 ErbStG bis Ende 1995 (§ 13 a Abs. 1 Satz 1 Nr. 2 ErbStG in der seit 1996 geltenden Fassung) in Anspruch zu nehmen, ist als rückwirkendes Ereignis i. S. d. § 175 Abs. 1 Satz 1 Nr. 2 AO anzusehen, solange es hinsichtlich der Wertansätze des übertragenen Betriebsvermögens noch an einer endgültigen Schenkungsteuerfestsetzung fehlt und insoweit eine Änderung nach § 165 Abs. 2 Satz 2 AO unter Berücksichtigung der Ablaufhemmung nach § 171 Abs. 8 Satz 1 AO noch möglich ist (entgegen R 58 Abs. 1 Satz 2 ErbStR 2003); § 175 Abs. 1 Satz 2 AO ist nicht anwendbar *(BFH-Urteil vom 10. 11. 2004 II R 24/03, BStBl. 2005 II S. 182).*

Ergeht nach Bestandskraft des Erbschaftsteuerbescheids ein ESt-Bescheid, der noch den Erblasser betrifft und zu einer Steuernachzahlung führt, liegt darin kein rückwirkendes Ereignis, das eine Änderung der Erbschaftsteuerfestsetzung nach § 175 Abs. 1 Satz 1 Nr. 2 AO ermöglichen würde *(BFH-Urteil vom 14. 12. 2004 II R 35/03, BFH/NV 2005 S. 1093).*

Die nach Eintritt der Bestandskraft des deutschen Schenkungsteuerbescheids erfolgte Zahlung einer nach § 21 Abs. 1 ErbStG anrechenbaren ausländischen Steuer stellt ein rückwirkendes Ereignis i. S. des § 175 Abs. 1 Satz 1 Nr. 2 AO dar *(BFH-Urteil vom 22. 9. 2010 II R 54/09, BStBl. 2011 II S. 247).*

Die erstmalige oder geänderte Steuerfestsetzung für den Vorerwerb ist kein rückwirkendes Ereignis, das die Änderung der Steuerfestsetzung für den nachfolgenden Erwerb zulässt *(BFH-Urteil vom 12. 7. 2017 II R 45/15, BStBl. II S. 1120).*

[Fortsetzung nächste Seite]

bestimmte Zeit gegeben sein muss, oder wenn durch Verwaltungsakt festgestellt worden ist, dass sie die Grundlage für die Gewährung der Steuervergünstigung bildet. ② Die nachträgliche Erteilung oder Vorlage einer Bescheinigung oder Bestätigung gilt nicht als rückwirkendes Ereignis.[1]

AEAO

Zu § 175 – Änderung von Steuerbescheiden auf Grund von Grundlagenbescheiden und bei rückwirkenden Ereignissen:

1. Aufhebung oder Änderung von Folgebescheiden nach § 175 Abs. 1 Satz 1 Nr. 1 AO

3 **1.1.** Grundlagenbescheide i. S. d. § 175 Abs. 1 Satz 1 Nr. 1 AO sind Feststellungsbescheide, Steuermessbescheide oder sonstige für eine Steuerfestsetzung bindende Verwaltungsakte (§ 171 Abs. 10 AO). Auch Verwaltungsakte anderer Behörden, die keine Finanzbehörden sind, können Grundlagenbescheide sein (z. B. Verwaltungsakte der zuständigen Behörden, die den Grad einer Behinderung i. S. d. § 33 b EStG feststellen).

4 **1.2.** Die Anpassung des Folgebescheids an einen Grundlagenbescheid steht nicht im Ermessen der Finanzbehörde (BFH-Urteil vom 10. 6. 1999, IV R 25/98, BStBl. II S. 545). Der vom Grundlagenbescheid ausgehenden Bindungswirkung (§ 182 Abs. 1 AO) ist durch Änderung des Folgebescheides nach § 175 Abs. 1 Satz 1 Nr. 1 AO Rechnung zu tragen, wenn der Folgebescheid die mit dem Grundlagenbescheid getroffene Feststellung nicht oder nicht zutreffend berücksichtigt. Eine Anpassung des Folgebescheids an den Grundlagenbescheid nach § 175 Abs. 1 Satz 1 Nr. 1 AO ist auch dann vorzunehmen, wenn der Grundlagenbescheid

– erst nach Erlass des Folgebescheids ergangen ist (§§ 155 Abs. 2 und 162 Abs. 5 AO),
– bei Erlass des Folgebescheids übersehen wurde (BFH-Urteile vom 9. 8. 1983, VIII R 55/82, BStBl. 1984 II S. 86, und vom 6. 11. 1985, II R 255/83, BStBl. 1986 II S. 168; vgl. BFH-Urteil vom 16. 7. 2003, X R 37/99, BStBl. II S. 867, zur Anwendbarkeit des § 129 AO, wenn die Finanzbehörde die Auswertung des Grundlagenbescheids nicht bewusst unterlassen hat),
– bei Erlass des Folgebescheids bereits vorlag, die im Grundlagenbescheid getroffenen Feststellungen aber fehlerhaft berücksichtigt worden sind (BFH-Urteile vom 14. 4. 1988, IV R 219/85, BStBl. II S. 711, vom 4. 9. 1996, XI R 50/96, BStBl. 1997 II S. 261, und vom 10. 6. 1999, IV R 25/98, a. a. O.).

5 **1.3.** Wird ein Grundlagenbescheid aus formellen Gründen ersatzlos aufgehoben, so eröffnet dies der für den Erlass des Folgebescheids zuständigen Finanzbehörde die Möglichkeit, den Sachverhalt, der bisher Gegenstand des Feststellungsverfahrens war, selbständig zu beurteilen und den Folgebescheid insoweit nach § 175 Abs. 1 Satz 1 Nr. 1 AO zu ändern (BFH-Urteile vom 25. 6. 1991, IX R 57/88, BStBl. II S. 821, und vom 24. 3. 1998, I R 83/97, BStBl. II S. 601). Das Gleiche gilt, wenn

– ein zunächst eingeleitetes Feststellungsverfahren aus formellen Gründen zu einem sog. negativen Feststellungsbescheid führt (BFH-Urteil vom 11. 5. 1993, IX R 27/90, BStBl. II S. 820) oder

---

[Fortsetzung]

Die Herabsetzung der Gegenleistung i. S. des § 16 Abs. 3 GrEStG ermöglicht keine Änderung nach § 175 Abs. 1 Satz 1 Nr. 2 AO *(BFH-Urteil vom 22. 7. 2020 II R 32/18, BStBl. 2021 II S. 165).*

Die Änderung des dem Organträger zuzurechnenden Einkommens der Organgesellschaft und eines dieser gegenüber ergangenen KSt-Bescheids erfüllt, bezogen auf die dem Organträger gegenüber festgesetzte KSt, weder die Voraussetzungen des § 175 Abs. 1 Satz 1 Nr. 1 noch die des § 175 Abs. 1 Satz 1 Nr. 2 AO *(BFH-Urteil vom 28. 1. 2004 I R 64/03, BStBl. II S. 539).*

Besteht zum Zeitpunkt der Einbringung eines Grundstücks in eine GbR durch einen Gesellschafter die Abrede, dass sich in zeitlichem und sachlichem Zusammenhang damit die vermögensmäßige Beteiligung des einbringenden Gesamthänders an der GbR verringern soll, so ist die dann planmäßig erfolgende tatsächliche Verringerung der Beteiligung kein Ereignis mit steuerlicher Wirkung für die Vergangenheit iSd § 175 Abs. 1 Satz 1 Nr. 2 AO *(BFH-Urteil vom 10. 7. 1996 II R 33/94, BStBl. II S. 533).*

Eine Steuerklausel dient dazu, nachteilige Folgen bestehender Steuerrechtsunsicherheit oder Rechtsungewissheit zu vermeiden. Dieser Zweck erfordert es, sie so bald wie möglich dem FA bekanntzugeben. Wenn dies nicht geschieht, die Vertragsparteien vielmehr den Zustand der steuerrechtlichen Ungewissheit fortdauern lassen und sich so verhalten, dass den FinBeh die vertraglichen Vereinbarungen nicht vollständig bekanntwerden, können sich die an dem Rechtsgeschäft Beteiligten nachträglich nicht mehr auf die Steuerklausel berufen *(BFH-Urteil vom 24. 11. 1992 IX R 30/88, BStBl. 1993 II S. 296).* Dies folgt aus dem Gedanken, dass niemand aus einer von ihm treuwidrig herbeigeführten Lage Vorteile ziehen soll.

Zeichnet sich während eines Kj. ab, dass die Einkünfte oder Bezüge eines Kindes den Jahresgrenzbetrag gem. § 32 Abs. 4 Satz 2 EStG voraussichtlich überschreiten werden, so ist die Familienkasse berechtigt, die Festsetzung des Kindergeldes rückwirkend mit Wirkung zu Beginn des Kj. aufzuheben (BFH-Urteil vom 26. 7. 2001 VI R 83/98, BStBl. 2002 II S. 85). Stellt sich nach Ablauf des Jahres heraus, dass die Einkünfte und Bezüge des Kindes den Grenzbetrag überschreiten, ist die Familienkasse auch dann befugt, die Kindergeldfestsetzung rückwirkend aufzuheben, wenn sie ursprünglich hätte unterbleiben müssen, weil bereits aufgrund der Prognose davon auszugehen war, dass die Einkünfte und Bezüge des Kindes voraussichtlich den Grenzbetrag überschreiten würden *(BFH-Urteil vom 30. 11. 2004 VIII R 6/03, BFH/NV 2005 S. 891).*

---

[1] *BFH-Urteil vom 5. 9. 2001 I R 107/00, BStBl. 2002 II S. 134:* Wird ein dem Umweltschutz dienendes Wirtschaftsgut nicht mindestens fünf Jahre lang in einem inländischen Betrieb des Stpfl. genutzt, so sind bereits in Anspruch genommene erhöhte Absetzungen nach § 7 d EStG rückwirkend zu versagen (Anschluss an *BFH-Urteil vom 13. 7. 1993 VIII R 85/91, BStBl. 1994 II S. 243*).

[1] Die Vorschrift des § 175 Abs. 2 Satz 2 AO, wonach die nachträgliche Erteilung oder Vorlage u. a. einer Zuwendungsbestätigung i. S. von § 50 Abs. 1 Satz 1 EStDV nicht als „rückwirkendes Ereignis" gilt, kann außerhalb der im EuGH-Urteil Meilicke II behandelten Fallgruppen (Rückwirkung, fehlende Übergangsfrist) angewandt werden *(BFH-Urteil vom 10. 5. 2016 X R 34/13, BFH/NV 2017 S. 23).*

– einzelne Besteuerungsgrundlagen nachträglich aus dem Feststellungsverfahren ausgeschieden werden (BFH-Urteile vom 11. 4. 1990, I R 82/86, BFH/NV 1991 S. 143, vom 25. 6. 1991, IX R 57/88, a. a. O., vom 14. 7. 1993, X R 34/90, BStBl. 1994 II S. 77, und vom 7. 12. 1993, IX R 134/92, BFH/NV 1994 S. 547, sowie BFH-Beschluss vom 8. 9. 1998, IX B 71/98, BFH/NV 1999 S. 157). AEAO

1.4. Durch einen negativen Feststellungsbescheid, mit dem die Feststellung von Einkünften nicht aus formellen, sondern aus materiellen Gründen – z. B. wegen Liebhaberei – abgelehnt wird, geht die Ermittlungsbefugnis nicht auf das für den Erlass des Folgebescheids zuständige Finanzamt über (vgl. BFH-Urteil vom 28. 11. 1985, IV R 178/83, BStBl. 1986 II S. 293). In diesem negativen Feststellungsbescheid wird bindend festgelegt, dass in den Folgebescheiden keine Einkünfte aus dem fraglichen Rechtsverhältnis angesetzt werden dürfen (vgl. BFH-Beschluss vom 17. 1. 1985, IV B 65/84, BStBl. II S. 299). 5a

1.5. Stellt die Finanzbehörde durch Verwaltungsakt die Nichtigkeit eines Grundlagenbescheids fest, ist der Folgebescheid nach § 175 Abs. 1 Satz 1 Nr. 1 AO zu ändern (BFH-Urteil vom 20. 8. 2014, X R 15/10, BStBl. 2015 II S. 109; vgl. AEAO zu § 125, Nr. 4). In diesem Fall geht die Ermittlungsbefugnis ebenfalls nicht auf das für den Erlass des Folgebescheids zuständige Finanzamt über (vgl. BFH-Urteil vom 24. 5. 2006, I R 93/05, BStBl. 2007 II S. 76). 5b

1.6. Sind die Voraussetzungen für eine Steuervergünstigung durch einen außersteuerlichen Grundlagenbescheid nachzuweisen, so steht der Anpassung des Steuerbescheids (Folgebescheid) an den Grundlagenbescheid nach § 175 Abs. 1 Satz 1 Nr. 1 AO nicht entgegen, dass der Steuerpflichtige den für die Steuervergünstigung erforderlichen, aber nicht fristgebundenen Antrag erst nach Unanfechtbarkeit des Steuerbescheids gestellt hat (BFH-Urteil vom 13. 12. 1985, III R 204/81, BStBl. 1986 II S. 245). 6

2. Aufhebung oder Änderung von Steuerbescheiden wegen Eintritts eines rückwirkenden Ereignisses (§ 175 Abs. 1 Satz 1 Nr. 2 AO)

2.1. Die Aufhebung oder Änderung eines Steuerbescheids nach § 175 Abs. 1 Satz 1 Nr. 2 AO setzt voraus, dass nachträglich ein Ereignis eingetreten ist, das steuerliche Wirkung für die Vergangenheit hat. Hierzu rechnen alle rechtlich bedeutsamen Vorgänge, aber auch tatsächlichen Lebensvorgänge, die steuerlich – ungeachtet der zivilrechtlichen Wirkungen – in der Weise Rückwirkung entfalten, dass nunmehr der veränderte anstelle des zuvor verwirklichten Sachverhalts der Besteuerung zugrunde zu legen ist (BFH-Beschluss GrS vom 19. 7. 1993, GrS 2/92, BStBl. II S. 897, m. w. N.). 7

2.2. Ob einer nachträglichen Änderung des Sachverhaltes rückwirkende steuerliche Bedeutung zukommt, bestimmt sich allein nach dem jeweils einschlägigen materiellen Steuerrecht. Nach diesem ist zu beurteilen, ob zum einen eine Änderung des ursprünglich gegebenen Sachverhalts den Steuertatbestand überhaupt betrifft und ob sich darüber hinaus der bereits entstandene materielle Steueranspruch mit steuerlicher Rückwirkung ändert (BFH-Beschluss GrS vom 19. 7. 1993, GrS 2/92, a. a. O.). 8

Der Fall eines rückwirkenden Ereignisses liegt vor allem dann vor, wenn die Besteuerung nach dem maßgeblichen Einzelsteuergesetz nicht an Lebensvorgänge, sondern unmittelbar oder mittelbar an Rechtsgeschäfte, Rechtsverhältnisse oder Verwaltungsakte anknüpft und diese Umstände nachträglich mit Wirkung für die Vergangenheit gestaltet werden (BFH-Urteil vom 21. 4. 1988, IV R 215/85, BStBl. II S. 863).

Nach § 175 Abs. 2 Satz 2 AO gilt die nachträgliche Erteilung oder Vorlage einer Bescheinigung oder Bestätigung nicht als rückwirkendes Ereignis. § 175 Abs. 2 Satz 2 AO ist nicht auf die Bescheinigung der anrechenbaren Körperschaftsteuer bei verdeckten Gewinnausschüttungen anzuwenden (siehe hierzu und zum Anwendungszeitraum der Vorschrift Art. 97 § 9 Abs. 3 EGAO). Beweismittel, die ausschließlich dazu dienen, eine steuerrechtlich relevante Tatsache zu belegen und die als solche keinen Eingang in eine materielle Steuerrechtsnorm gefunden haben, sind auch dann kein rückwirkendes Ereignis i. S. d. § 175 Abs. 1 Satz 1 Nr. 2 AO, wenn sie erst nach Bestandskraft eines Bescheids beschafft werden können; ggf. kommt hier aber § 173 AO zur Anwendung.

Eine rückwirkende Änderung steuerrechtlicher Normen ist kein rückwirkendes Ereignis i. S. d. § 175 Abs. 1 Satz 1 Nr. 2 AO (BFH-Urteil vom 9. 8. 1990, X R 5/88, BStBl. 1991 II S. 55).

Auch eine Entscheidung des BVerfG stellt kein rückwirkendes Ereignis i. S. v. § 175 Abs. 1 Satz 1 Nr. 2 AO dar (vgl. u. a. BFH-Urteil vom 12. 5. 2009, IX R 45/08, BStBl. II S. 891).

2.3. Die Änderung des Steuerbescheids nach § 175 Abs. 1 Satz 1 Nr. 2 AO ist nur zulässig, wenn das rückwirkende Ereignis nachträglich, d. h. nach Entstehung des Steueranspruchs und nach dem Erlass des Steuerbescheids (ggf. des zuletzt erlassenen Änderungsbescheides) eingetreten ist. Die Voraussetzungen des § 175 Abs. 1 Satz 1 Nr. 2 AO liegen nicht vor, wenn das Finanzamt – wie im Fall des § 173 Abs. 1 AO – lediglich nachträglich Kenntnis von einem bereits gegebenen Sachverhalt erlangt (vgl. BFH-Urteil vom 6. 3. 2003, XI R 13/02, BStBl. II S. 554). 9

Ist im Einzelfall die Änderung des Steuerbescheids nach § 175 Abs. 1 Satz 1 Nr. 2 AO ausgeschlossen, kann in Fällen, in denen das Ereignis zwar schon vor Erlass des Steuerbescheids eingetreten, dem Finanzamt jedoch erst nachträglich bekannt geworden ist, die Änderung des Steuerbescheids nach § 173 Abs. 1 AO in Betracht kommen (vgl. BFH-Urteil vom 17. 3. 1994, V R 123/91, BFH/NV 1995 S. 274).

AEAO

10

2.4. Beispiele für rückwirkende Ereignisse:

Einkommensteuer

– § 4 Abs. 2 Satz 1 EStG

Wird ein für das Betriebsvermögen am Schluss des Wirtschaftsjahres maßgebender Wertansatz korrigiert, der sich auf die Höhe des Gewinns der Folgejahre auswirkt, so stellt dies ein Ereignis mit steuerlicher Rückwirkung hinsichtlich der Veranlagung für die Folgejahre dar (BFH-Urteil vom 30. 6. 2005 IV R 11/04, BStBl. II S. 809). Zu den Auswirkungen auf die Verzinsung nach § 233 a AO vgl. AEAO zu § 233 a, Nr. 10.3.3.

– § 6 Abs. 1 Nr. 1 a EStG

Wird nachträglich die 15%-Grenze i. S. d. § 6 Abs. 1 Nr. 1 a EStG überschritten, so stellt dies ein rückwirkendes Ereignis dar.

– § 6 b EStG

Die Rücklage nach § 6 b Abs. 3 EStG kann vom Steuerpflichtigen rückwirkend aufgestockt werden, wenn sich der Veräußerungspreis in einem späteren Veranlagungszeitraum erhöht (vgl. BFH-Urteil vom 13. 9. 2000, X R 148/97, BStBl. 2001 II S. 641).

– § 10 EStG (Folgen der Erstattung von Sonderausgaben in einem späteren Veranlagungszeitraum)

Werden gezahlte Sonderausgaben in einem späteren Veranlagungszeitraum an den Steuerpflichtigen erstattet, ist der Erstattungsbetrag im Erstattungsjahr mit gleichartigen Sonderausgaben zu verrechnen. Ist im Jahr der Erstattung der Sonderausgaben an den Steuerpflichtigen ein Ausgleich mit gleichartigen Aufwendungen nicht oder nicht in voller Höhe möglich, so ist der Sonderausgabenabzug des Jahres der Verausgabung rückwirkend zu mindern (BFH-Urteil vom 7. 7. 2004, XI R 10/04, BStBl. II S. 1058, und vom 21. 7. 2009, X R 32/07, BStBl. 2010 II S. 38). Ab Veranlagungszeitraum 2012 ist bei den Aufwendungen i. S. d. § 10 Abs. 1 Nr. 2 bis 3 a EStG nach § 10 Abs. 4 b Satz 2 EStG ein Erstattungsbetrag innerhalb des Veranlagungszeitraums mit anderen Aufwendungen der jeweiligen Nummer zu verrechnen; ein Erstattungsüberhang erhöht in den Fällen des § 10 Abs. 1 Nr. 3 und 4 EStG nach § 10 Abs. 4 b Satz 3 EStG dann den Gesamtbetrag der Einkünfte.

– § 10 Abs. 1 a Nr. 1 EStG

Wird nach Eintritt der Bestandskraft sowohl die Zustimmung zur Anwendung des Realsplittings erteilt als auch der Antrag nach § 10 Abs. 1 a Nr. 1 EStG (bis VZ 2014: § 10 Abs. 1 Nr. 1 EStG) gestellt, liegen die Voraussetzungen für eine Änderung nach § 175 Abs. 1 Satz 1 Nr. 2 AO vor (BFH-Urteil vom 12. 7. 1989, X R 8/84, BStBl. II S. 957). Auch die nachträgliche betragsmäßige Erweiterung eines bereits vorliegenden Antrags stellt i. V. m. der erweiterten Zustimmungserklärung ein rückwirkendes Ereignis dar (BFH-Urteil vom 28. 6. 2006, XI R 32/05, BStBl. 2007 II S. 5). Demgegenüber liegt kein rückwirkendes Ereignis vor, wenn dem Unterhaltspflichtigen bei einem erst nach Bestandskraft des Einkommensteuerbescheids gestellten Antrag auf Berücksichtigung von Unterhaltsleistungen die Zustimmungserklärung des Unterhaltsempfängers bereits vor Eintritt der Bestandskraft vorlag (BFH-Urteil vom 20. 8. 2014, X R 33/12, BStBl. 2015 II S. 138).[1]

– § 14 a Abs. 4 EStG

Die Steuerbegünstigung der vorgezogenen Abfindung steht unter dem Gesetzesvorbehalt, dass der Abgefundene nicht doch noch den Betrieb übernimmt oder der Betrieb nicht vorher verkauft wurde (vgl. BFH-Urteil vom 4. 3. 1993, IV R 110/92, BStBl. II S. 788). Entsprechende für die Begünstigung schädliche Handlungen sind als rückwirkende Ereignisse anzusehen (vgl. BFH-Urteil vom 23. 11. 2000, IV R 85/99, BStBl. 2001 II S. 122).

– § 16 Abs. 1 Satz 1 Nr. 1 EStG

Wird die gestundete Kaufpreisforderung für die Veräußerung eines Gewerbebetriebs in einem späteren VZ ganz oder teilweise uneinbringlich, so stellt dies ein Ereignis mit steuerlicher Rückwirkung auf den Zeitpunkt der Veräußerung dar (BFH-Urteil vom 19. 7. 1993, GrS 2/92, BStBl. II S. 897).

Die Zahlung von Schadensersatzleistungen für betriebliche Schäden nach Betriebsaufgabe beeinflusst die Höhe des Aufgabegewinns, weil sie ein rückwirkendes Ereignis auf den Zeitpunkt der Betriebsaufgabe darstellt (BFH-Urteil vom 10. 2. 1994, IV R 37/92, BStBl. II S. 564).

– § 16 Abs. 1 Satz 1 Nr. 2 EStG

Die spätere vergleichsweise Festlegung eines strittigen Veräußerungspreises ist auf den Zeitpunkt der Realisierung des Veräußerungsgewinns zurückzubeziehen (BFH-Urteil vom 26. 7. 1984, IV R 10/83, BStBl. II S. 786).

Scheidet ein Kommanditist aus einer KG aus und bleibt sein bisheriges Gesellschafterdarlehen bestehen, so ist, wenn diese Forderung später wertlos wird, sein Veräußerungs- bzw. Aufgabegewinn mit steuerlicher Wirkung für die Vergangenheit gemindert (BFH-Urteil vom 14. 12. 1994, X R 128/92, BStBl. 1995 II S. 465).

– § 17 EStG

Fallen nach Auflösung einer Kapitalgesellschaft nachträgliche Anschaffungskosten für eine Beteiligung i. S. d. § 17 Abs. 2 Satz 1 EStG an, können diese bei der Ermittlung des Auflösungsgewinns als rückwirkendes Ereignis berücksichtigt werden (vgl. BFH-Urteil vom 2. 10. 1984, VIII R 20/84, BStBl. 1985 II S. 428).

Wird der Verkauf eines Anteils an einer Kapitalgesellschaft (wesentliche Beteiligung i. S. v. § 17 EStG) nach Übertragung des Anteils und vollständiger Bezahlung des Kaufpreises durch den Abschluss eines außergerichtlichen Vergleiches, mit dem die Vertragsparteien den Rechtsstreit über den Eintritt einer im Kaufvertrag vereinbarten auflösenden Bedingung beilegen, rückgängig gemacht, so ist dies ein Ereignis mit steuerlicher Rückwirkung auf den Zeitpunkt der Veräußerung (BFH-Urteil vom 19. 8. 2003, VIII R 67/02, BStBl. 2004 II S. 107).

– § 22 Nr. 1 Satz 3 EStG

Wird eine Rente rückwirkend zugebilligt und fällt dadurch rückwirkend ganz oder teilweise der Anspruch auf Sozialleistungen (z. B. Kranken- oder Arbeitslosengeld) weg, sind die bisher im Rahmen des Progressionsvorbehalts berücksichtigten Leistungen als Rentenzahlung anzusehen und nach § 22 Nr. 1 Satz 3 Buchstabe a EStG der Besteuerung zu unterwerfen (vgl. R 32 b Abs. 4 EStR 2012).

– § 22 Nr. 3 EStG

Fallen Werbungskosten für einmalige (sonstige) Leistungen (§ 22 Nr. 3 EStG) nachträglich an und war ihre Entstehung im Jahr des Zuflusses der Einnahme nicht vorhersehbar, ist die Veranlagung des Zuflussjahres nach § 175 Abs. 1 Satz 1 Nr. 2 AO zu ändern (BFH-Urteil vom 3. 6. 1992, X R 91/90, BStBl. II S. 1017).

Wird ein nach § 22 Nr. 3 EStG steuerbares Entgelt für ein Vorkaufsrecht auf den Kaufpreis eines später zustande kommenden Kaufvertrags angerechnet, führt dies zum rückwirkenden Wegfall des zunächst angenommenen Tatbestands der „Einkünfte aus Leistungen" (BFH-Urteil vom 10. 8. 1994, X R 42/91, BStBl. 1995 II S. 57).

– §§ 26 bis 26 b EStG

Wählt ein Ehegatte/Lebenspartner vor Bestandskraft des ihm gegenüber ergangenen Bescheides die Einzelveranlagung nach § 26 a EStG (bis VZ 2012: die getrennte Veranlagung), sind die Ehegatten/Lebenspartner auch dann einzeln zu veranlagen, wenn der gegenüber dem anderen Ehegatten/Lebenspartner ergangene Zusammenveranlagungsbescheid bereits bestandskräf-

[1] Die Stellung des Antrags auf Berücksichtigung der Unterhaltsleistungen nach § 10 Abs. 1 Nr. 1 EStG 2007 durch den Geber samt Einreichung der Zustimmungserklärung des Empfängers ist bereits das rückwirkende Ereignis i. S. des § 175 Abs. 1 Satz 1 Nr. 2, Satz 2 AO, das zur Änderung der Einkommensteuerfestsetzung des Empfängers der Unterhaltsleistung nach § 22 Nr. 1 a EStG 2007 führt. Auf die tatsächliche Anerkennung der Leistungen als Sonderausgaben beim Geber kommt es nicht an *(BFH-Urteil vom 28. 7. 2021 X R 15/19, BStBl. 2023 II S. 312).*

AEAO

tig geworden ist. Der Antrag auf Einzelveranlagung nach § 26 a EStG stellt hinsichtlich des Zusammenveranlagungsbescheids des anderen Ehegatten/Lebenspartners ein rückwirkendes Ereignis mit der Folge dar, dass dieser nach § 175 Abs. 1 Satz 1 Nr. 2 AO aufzuheben ist und die Festsetzungsfrist ihm gegenüber mit Ablauf des Kalenderjahres beginnt, in dem der Antrag auf Einzelveranlagung nach § 26 a EStG gestellt wird (vgl. BFH-Urteile vom 3. 3. 2005, III R 22/02, BStBl. II S. 690, und vom 28. 7. 2005, III R 48/03, BStBl. II S. 865).
Widerruft ein Ehegatte/Lebenspartner im Zuge der Veranlagung seinen Antrag auf Einzelveranlagung nach § 26 a EStG, ist die bestandskräftige Veranlagung des anderen Ehegatten/Lebenspartners nach § 175 Abs. 1 Satz 1 Nr. 2 AO aufzuheben.
Die Wahl einer bestimmten Veranlagungsart oder deren Änderung bzw. Widerruf durch einen Ehegatten oder Lebenspartner ist hingegen kein rückwirkendes Ereignis im Sinne von § 175 Abs. 1 Satz 1 Nr. 2 AO, wenn beide Ehegatten/Lebenspartner für den betreffenden Veranlagungszeitraum im Zeitpunkt der Antragstellung bereits bestandskräftig zur Einkommensteuer veranlagt sind (vgl. BFH-Urteil vom 25. 9. 2014, III R 5/13, BFH/NV 2015 S. 811).
Zur nachträglichen Ausübung steuerlicher Wahlrechte vgl. Nr. 8 des AEAO vor §§ 172 bis 177.
Zur Verzinsung vgl. Nr. 10.3.1 des AEAO zu § 233 a.

– § 32 Abs. 6 Satz 6 EStG

Der Antrag zur Übertragung des Kinderfreibetrags/Betreuungsfreibetrags nach Eintritt der Bestandskraft stellt ein rückwirkendes Ereignis dar (BMF-Schreiben vom 28. 6. 2013, BStBl. I S. 845).

– § 37 b EStG

Der Widerruf bzw. die anderweitige Ausübung des Pauschalierungswahlrechts nach § 37 b Abs. 1 Satz 1 EStG und nach § 37 b Abs. 2 Satz 1 EStG führt dazu, dass die Zuwendungen rückwirkend gem. § 175 Abs. 1 Satz 1 Nr. 2 AO in die Veranlagungen der Zuwendungsempfänger als Einnahmen einzubeziehen sind (vgl. BFH-Urteil vom 15. 6. 2016, VI R 54/15, BStBl. II S. 1010).

Doppelbesteuerungsabkommen 11

Soweit in einem DBA eine sog. Rückfallklausel enthalten ist, sind Einkünfte, für die nach dem DBA dem ausländischen Staat das Besteuerungsrecht zugewiesen worden ist, aber dort deshalb nicht versteuert werden, weil der Stpfl. keine Steuererklärung abgegeben hat, nicht unter Progressionsvorbehalt freizustellen, sondern im Inland voll zu besteuern. Sollte nachträglich eine Besteuerung im Ausland erfolgen, so liegt ein Ereignis vor, das gem. § 175 Abs. 1 Satz 1 Nr. 2 AO zurückwirkt und eine Korrektur des im Inland bestandskräftigen Steuerbescheids rechtfertigt (vgl. BFH-Urteil vom 11. 6. 1996, I R 8/96, BStBl. 1997 II S. 117).

Umsatzsteuer 13

– §§ 9, 15 Abs. 1 Nr. 1 UStG

Macht der leistende Unternehmer den Verzicht auf die Steuerbefreiung rückgängig, wird der Umsatz rückwirkend wieder steuerfrei, so dass eine Steuer für den berechneten Umsatz nicht mehr geschuldet wird. Der Leistungsempfänger verliert den Vorsteuerabzug rückwirkend im Jahr des Leistungsbezugs unabhängig davon, dass der leistende Unternehmer die gesondert ausgewiesene Umsatzsteuer bis zur Rechnungsberichtigung gem. § 14 c Abs. 1 UStG schuldet (BFH-Urteil vom 1. 2. 2001, V R 23/00, BStBl. 2003 II S. 673).

Investitionszulage[1] 14

Ein Investitionszulagebescheid ist nach § 175 Abs. 1 Satz 1 Nr. 2 AO zu korrigieren, wenn nachträglich gegen die Kumulationsverbote nach § 3 Abs. 1 Satz 2, § 3 a Abs. 1 Sätze 4 und 5 InvZulG 1999 verstoßen wurde (vgl. BMF-Schreiben vom 28. 2. 2003, BStBl. I S. 218, Tz. 11 und 12).

Erbschaftsteuer 15

– § 10 Abs. 5 Nr. 3 ErbStG

Nach der Steuerfestsetzung entstehende Kosten der Nachlassregulierung (§ 10 Abs. 5 Nr. 3 ErbStG) können als rückwirkendes Ereignis zur Korrektur der Steuerfestsetzung führen.

– § 13 Abs. 1 Nr. 2 und 3 ErbStG

Die Steuerbefreiungen fallen mit Wirkung für die Vergangenheit weg, wenn die Gegenstände, der Grundbesitz oder Teile des Grundbesitzes innerhalb von zehn Jahren nach dem Erwerb veräußert werden oder die Voraussetzungen für die Steuerbefreiung innerhalb dieses Zeitraums entfallen. Die Steuerfestsetzung ist nach § 175 Abs. 1 Satz 1 Nr. 2 AO vorzunehmen.

– §§ 13 a, 19 a ErbStG

Verschonungsabschlag, Abzugsbetrag und Entlastungsbetrag fallen mit Wirkung für die Vergangenheit weg, soweit innerhalb von fünf Jahren (bzw. sieben Jahren bei Optionsverschonung nach § 13 a Abs. 8 ErbStG) nach dem Zeitpunkt der Steuerentstehung gegen eine der Behaltensregelungen bzw. im Fall des Verschonungsabschlags gegen die Lohnsummenregelung verstoßen wird. Der Steuerbescheid ist nach § 175 Abs. 1 Satz 1 Nr. 2 AO zu korrigieren (R E 13 a.4 Abs. 1, R E 13 a.5 Abs. 1 und R E 19 a.3 Abs. 1 ErbStR 2011).

– § 29 Abs. 1 ErbStG

Auch der Eintritt eines Ereignisses gemäß § 29 Abs. 1 ErbStG, z. B. die Herausgabe eines Geschenks, stellt ein rückwirkendes Ereignis dar.

Grunderwerbsteuer 16

– § 5 Abs. 3 GrEStG

Die Steuerbegünstigung beim Übergang eines Grundstücks von mehreren Miteigentümern oder einem Alleineigentümer auf eine Gesamthand in dem Umfang, der dem Anteil der Beteiligung des Veräußerers am Vermögen der Gesamthand entspricht, steht unter dem Gesetzesvorbehalt einer mindestens zehn Jahre fortwährenden Beteiligung. Die Minderung des Vermögensanteils innerhalb dieses Zeitraums stellt ein Ereignis mit steuerlicher Rückwirkung auf den Zeitpunkt des Grundstücksübergangs dar. Die Steuerfestsetzung ist gem. § 175 Abs. 1 Satz 1 Nr. 2 AO zu korrigieren oder erstmals vorzunehmen.

– § 6 Abs. 3 Satz 2 GrEStG

Die Steuerbegünstigung beim Übergang eines Grundstücks von einer Gesamthand auf eine andere Gesamthand in dem Umfang, in dem ein Gesellschafter sowohl am Vermögen der veräußernden als auch der erwerbenden Gesamthand beteiligt ist, steht unter dem Gesetzesvorbehalt einer mindestens zehn Jahre fortwährenden Beteiligung an der erwerbenden Gesamthand. Die Minderung des Vermögensanteils innerhalb dieses Zeitraums stellt ein Ereignis mit steuerlicher Rückwirkung auf den Zeitpunkt des Grundstücksübergangs dar. Die Steuerfestsetzung ist gem. § 175 Abs. 1 Satz 1 Nr. 2 AO zu korrigieren oder erstmals vorzunehmen.

---

[1] Die Änderung eines bestandskräftigen Investitionszulagenbescheids nach § 175 Abs. 1 Satz 1 Nr. 2 AO wegen des Eintritts des nach § 3 Abs. 1 Satz 2 InvZulG 1999 rückwirkenden Ereignisses der „Inanspruchnahme erhöhter Absetzungen" für die nachträglichen Herstellungsarbeiten ist ab dem Zeitpunkt möglich, in dem das Finanzamt einen Bescheid bekanntgegeben hat, der die erhöhten Absetzungen erstmals steuerlich berücksichtigt *(BFH-Urteil vom 26. 7. 2012 III R 72/10, BStBl. II S. 671)*.

17 **Bewertung**

Wird der einem Wertfortschreibungsbescheid vorangegangene Einheitswertbescheid nachträglich geändert und werden hierdurch die für die Wertfortschreibung auf einen späteren Stichtag nach § 22 BewG erforderlichen Wertgrenzen nicht mehr erreicht, ist der Wertfortschreibungsbescheid nach § 175 Abs. 1 Satz 1 Nr. 2 AO aufzuheben (BFH-Urteil vom 9. 11. 1994, II R 37/91, BStBl. 1995 II S. 93). Dies gilt entsprechend für einen Wertfortschreibungsbescheid nach § 222 Abs. 1 BewG.

Anl

Verfügung betr. Anpassung von Folgebescheiden an Grundlagenbescheide

Vom 5. August 2025 (BeckVerw 656536)

(LfSt Bayern S 0353.1.1–2/7 St 43)

1. Allgemeines

18 Grundlagenbescheide i. S. d. § 175 Abs. 1 Satz 1 Nr. 1 AO sind Feststellungsbescheide, Steuermessbescheide oder sonstige für eine Steuerfestsetzung bindende Verwaltungsakte. Auch Verwaltungsakte von Behörden, die keine Finanzbehörden sind, können Grundlagenbescheide sein.

Folgebescheide sind nach § 175 Abs. 1 Satz 1 Nr. 1 AO an die Grundlagenbescheide anzupassen, denn diese sind im Umfang der in ihnen getroffenen Feststellungen für Folgebescheide bindend (§ 182 Abs. 1 AO).

Wirksame Grundlagenbescheide sind im Umfang der in ihnen getroffenen – positiven wie negativen – Feststellungen für die Folgebescheide bindend (§ 182 Abs. 1 AO). Wirksam ist der Grundlagenbescheid, wenn er ordnungsgemäß adressiert und bekannt gegeben wurde und wenn er nicht nichtig ist (BFH-Urteil vom 16. 3. 1993 XI R 42/90, BFH/NV 1994 S. 75). Ob dies der Fall ist, kann im Folgebescheidverfahren überprüft werden (BFH-Urteil vom 6. 12. 1995 I R 131/94, BFH/NV 1996 S. 592). Das Folge-Finanzamt ist dazu jedoch nur bei akuten Zweifeln hinsichtlich der Wirksamkeit verpflichtet. Nicht erforderlich ist hingegen, dass der Grundlagenbescheid unanfechtbar ist (§ 182 Abs. 1 Satz 1 AO). Er ist auch dann bindend, wenn er unrichtig und damit rechtswidrig ist (u. a. BFH-Urteil vom 20. 12. 2000 I R 50/00, BStBl. 2001 II S. 381, m. w. N.).

Die Bindungswirkung hat zur Folge, dass nicht durch den Folgebescheid geregelt werden darf, was durch Grundlagenbescheid geregelt ist, und umkehrt. Es ist deshalb erforderlich, Folgebescheide in dem vom Gesetz gezogenen Rahmen an die Grundlagenbescheide anzupassen. Die Anpassung steht nicht im Ermessen des Folge-Finanzamts. Soweit die Bindung reicht, ist der Folgebescheid ohne neue sachliche Prüfung an die Feststellungen im Grundlagenbescheid anzupassen.

2. Hemmung der Verjährung und Auswertung der Mitteilungen über die festgestellten Besteuerungsgrundlagen (§ 171 Abs. 10 AO)

2.1. Ablaufhemmung nach § 171 Abs. 10 Satz 1 AO

19 Durch § 171 Abs. 10 Satz 1 AO wird die Änderungsbefugnis nach § 175 Abs. 1 Satz 1 Nr. 1 AO über die normale Festsetzungsfrist (§§ 169, 170 AO) hinaus erweitert. Danach endet die Festsetzungsfrist beim Folgebescheid nicht vor Ablauf von zwei Jahren nach Bekanntgabe des Grundlagenbescheids, soweit dieser für die Festsetzung der Folgesteuer bindend ist. Die Zwei-Jahres-Frist wird bei jeder Änderung des Grundlagenbescheids erneut in Gang gesetzt.

Die Zwei-Jahres-Frist des § 171 Abs. 10 AO beginnt mit der Bekanntgabe des Grundlagenbescheids, nicht mit dem Zugang der verwaltungsinternen Mitteilungen, mit denen die für den Erlass der Folgebescheide zuständigen Finanzämter über die getroffenen Feststellungen unterrichtet werden.

Die Aufhebung des Vorbehalts der Nachprüfung eines Grundlagenbescheids (auch ohne dessen sachliche Änderung) steht dem Erlass eines geänderten Grundlagenbescheids gleich (§ 164 Abs. 3 Satz 2 AO) und setzt daher die Zwei-Jahres-Frist in Lauf (vgl. BFH-Beschluss vom 11. 4. 1995 III B 74/92, BFH/NV S. 943).

Auch die Änderung eines Grundlagenbescheids durch Einspruchsentscheidung oder Gerichtsentscheidung setzt die Zwei-Jahres-Frist des § 171 Abs. 10 Satz 1 AO in Lauf. Wird allerdings durch eine Einspruchs- oder Gerichtsentscheidung der Grundlagenbescheid lediglich bestätigt, beginnt keine neue Zwei-Jahres-Frist (vgl. BFH vom 30. 11. 1999 IX R 41/97, BStBl. 2000 II S. 173).

Gleiches gilt bei Ergehen eines geänderten Grundlagenbescheids, der mehrere gesonderte Feststellungen umfasst. Jede einzelne festgestellte Besteuerungsgrundlage hat hierbei einen eigenständigen Regelungsgehalt. Der Feststellungsbescheid ist eine Zusammenfassung einzelner Feststellungen von Besteuerungsgrundlagen. Dementsprechend wird die Ablaufhemmung des § 171 Abs. 10 AO in den Fällen von geänderten Grundlagenbescheiden lediglich bezüglich der geänderten Feststellungen erneut ausgelöst (BFH-Urteil vom 6. 7. 2005, BFH/NV 2006 S. 227).

Beispiel:

Mit Feststellungsbescheid vom 20. 10. 05 wurde für den Veranlagungszeitraum 01 dem Steuerpflichtigen ein Anteil am laufenden Gewinn der Y-KG i. H. v. 25 000 € und ein Veräußerungsgewinn von 90 000 € zugewiesen. Im ESt-Bescheid des Steuerpflichtigen vom 11. 12. 05 setzte das Wohnsitzfinanzamt zwar den ihm mitgeteilten Anteil am laufenden Gewinn, nicht aber den Veräußerungsgewinn als Besteuerungsgrundlage an. Mit geändertem Feststellungsbescheid vom 15. 11 .07 wurde nunmehr ein Anteil des Steuerpflichtigen am laufenden Gewinn der Y-KG i. H. v. 32 000 € und ein unveränderter Veräußerungsgewinn i. H. v. 90 000 € festgestellt.

Lösung:

Der festgestellte Anteil am laufenden Gewinn und der festgestellte Veräußerungsgewinn stellen jeweils eigenständige Feststellungen dar, die lediglich in einem Feststellungsbescheid zusammengefasst sind. Die Bekanntgabe des geänderten Feststellungsbescheids vom 15. 11. 07 löst eine erneute Ablaufhemmung nach § 171 Abs. 10 Satz 1 AO lediglich bezüglich des festgestellten Anteils am laufenden Gewinn der Y-KG aus, da insoweit eine geänderte Feststellung er-

Anl

folgte. Die bloße Wiederholung des Veräußerungsgewinns im Feststellungsbescheid bewirkt dagegen hinsichtlich dieser Besteuerungsgrundlage keine erneute Ablaufhemmung nach § 171 Abs. 10 Satz 1 AO.

2.2. Zeitnahe Auswertung der Mitteilung über die festgestellten Besteuerungsgrundlagen

Das für den Grundlagenbescheid zuständige Finanzamt hat dafür Sorge zu tragen, dass die Mitteilungen über die festgestellten Besteuerungsgrundlagen möglichst gleichzeitig mit der Bekanntgabe des Grundlagenbescheids oder eines die Feststellung ändernden Bescheids oder einer Einspruchsentscheidung an die für den Erlass der Folgebescheide zuständigen Finanzämter abgesandt werden.

Die Auswertung der eingehenden Mitteilungen ist von den für die Folgebescheide zuständigen Finanzämtern grundsätzlich unverzüglich vorzunehmen. Zuständig hierfür sind die Veranlagungsstellen.

Ist ersichtlich, dass der Steuerpflichtige an mehreren Personengesellschaften und/oder Gemeinschaften beteiligt ist, kann es aus arbeitsökonomischen Gründen sinnvoll sein, Mitteilungen mit steuerlich nicht erheblichen Auswirkungen zurückzustellen und zur gemeinsamen Auswertung zu sammeln. In diesen Fällen ist jedoch durch geeignete Überwachungsmaßnahmen sicherzustellen, dass die Mitteilungen noch innerhalb der „normalen" Festsetzungsfrist ausgewertet werden.

Daher sind, soweit nicht bereits elektronisch eingespielt, alle (elektronischen und auch in Papier vorliegenden) Est4B-Mitteilungen in den FnD unter Beteiligungen zu erfassen, vgl. DA-Org, Tz. 11 Est4B-Mitteilungen.

Sofern eine Erfassung in den festsetzungsnahen Daten nicht erfolgen kann, ist die Überwachung der Festsetzungsverjährung durch andere geeignete Maßnahmen sicherzustellen (z. B. augenfälliger Vermerk auf der Mitteilung bzw. in der Steuerakte, Wiedervorlage).

Ist die „normale" Festsetzungsfrist bereits abgelaufen, sind die Mitteilungen stets unverzüglich auszuwerten.

2.3. Ablaufhemmung nach § 171 Abs. 10 Satz 4 AO in Fällen mit Außenprüfungen

Durch § 171 Abs. 10 Satz 4 AO umfasst die Ablaufhemmung nach § 171 Abs. 4 AO infolge einer Außenprüfung auch die Festsetzungsfrist für den Teil der Steuer, für den ein Grundlagenbescheid bindend ist und dessen Besteuerungsgrundlagen nicht mitgeprüft werden.

Mitteilungen, die nach Erlass der Prüfungsanordnung beim Finanzamt eingehen, sind von der Veranlagungs- bzw. Rechtsbehelfsstelle grundsätzlich ohne vorherige Auswertung der Außenprüfung zuzuleiten. Diese berücksichtigt die mitgeteilten Besteuerungsgrundlagen bei Erstellung des Prüfungsberichts und macht dies auf den Mitteilungen durch einen Vermerk (z. B. „im BP-Bericht berücksichtigt") kenntlich. Die Mitteilung ist nach Abschluss der Außenprüfung in den Steuerakten abzulegen. Die Berücksichtigung der Mitteilungen in den Steuerbescheiden erfolgt im Anschluss daran bei der Auswertung des Prüfungsberichts durch die Veranlagungsstellen. Es ist darauf zu achten, dass jede Mitteilung nur einmal im Folgebescheid berücksichtigt wird. Führt die Außenprüfung zu keiner Änderung der Besteuerungsgrundlagen, sind die Mitteilungen zur Auswertung an die Veranlagungsstellen zurückzugeben.

In Ausnahmefällen (z. B. hohe Erstattung bzw. Nachzahlung) soll jedoch weiterhin die Auswertung vom Innendienst durch Erteilung von Änderungsbescheiden vorgenommen werden. Ein sich aus der Auswertung eventuell ergebender erstmaliger Verlustrücktrag bzw. -vortrag oder dessen Änderung ist in diesen Fällen ebenfalls noch durch den Innendienst zu erledigen.

Bei Auswertung durch die Veranlagungs- bzw. Rechtsbehelfsstelle ist die Mitteilung zusammen mit der Aktenausfertigung des Änderungsbescheids der Außenprüfung zuzuleiten.

3. Unterbliebene Änderung des Folgebescheids

Die Anpassung des Folgebescheids an einen Grundlagenbescheid steht nicht im Ermessen des Finanzamts (vgl. BFH-Urteil vom 10. 6. 1999 IV R 25/98, BStBl. II S. 545). Ist die Anpassung eines Folgebescheids an einen Grundlagenbescheid unterblieben, so kann sie, falls die Festsetzungsfrist beim Folgebescheid noch nicht abgelaufen oder die Frist gehemmt ist (s. Tz. 2.1), jederzeit nachgeholt werden (vgl. BFH-Urteile vom 9. 8. 1983 VIII R 55/82, BStBl. 1984 II S. 86, vom 9. 10. 1985 I R 193/84, BStBl. 1986 II S. 93 und vom 6. 11. 1985 II R 255/83, BStBl. 1986 II S. 168). Das gilt auch, wenn der Grundlagenbescheid bereits bei Erlass eines früheren Steuerbescheids (Folgebescheids) hätte berücksichtigt werden können (vgl. BFH-Urteile vom 9. 10. 1985 I R 193/84, BStBl. 1986 II S. 93 und vom 6. 11. 1985 II R 255/83, BStBl. 1986 II S. 168). 20

Das versehentliche Übersehen eines Grundlagenbescheids (bzw. der Mitteilung über die getroffenen Feststellungen) stellt eine offenbare Unrichtigkeit dar (vgl. BFH vom 16. 7. 2003 X R 37/99, BStBl. II S. 867). Dementsprechend ist bei der Überprüfung der Verjährung in einem derartigen Fall auch die Ablaufhemmung des § 171 Abs. 2 AO zu beachten.

Ist bis zum Eintritt der Festsetzungsverjährung die Auswertung der Mitteilung aufgrund innerorganisatorischer Mängel unterblieben, führt die Anwendung der Grundsätze von Treu und Glauben nicht zu einer Verpflichtung auf Bescheidänderung nach § 175 Abs. 1 Satz 1 Nr. 1 AO zugunsten des Steuerpflichtigen (vgl. BFH vom 19. 8. 1999 III R 57/98, BStBl. 2000 II S. 330).

4. Unzutreffende Berücksichtigung des Grundlagenbescheids im Folgebescheid

Wurden die in einem Grundlagenbescheid festgestellten Besteuerungsgrundlagen in einem Folgebescheid nicht zutreffend berücksichtigt (sog. Anpassungsfehler), so ist der Folgebescheid nach § 175 Abs. 1 Satz 1 Nr. 1 AO zu ändern (BFH-Urteil vom 14. 4. 1988 IV R 219/85, BStBl. II S. 711). Es liegt jedoch kein Anpassungsfehler vor, wenn Besteuerungsgrundlagen, die nicht Gegenstand des Grundlagenbescheids sind, anlässlich der Auswertung einer Mitteilung irrtümlich verändert oder weggelassen werden (BFH-Beschluss vom 27. 5. 1998 IV B 151/97, BFH/NV S. 1452). 21

Die Verpflichtung zur – vollen – Anpassung des Folgebescheids an den Grundlagenbescheid besteht auch dann noch, wenn der zunächst nicht oder fehlerhaft ausgewertete Grundlagenbescheid später geändert wird. In diesem Fall ist die Änderung des Folgebescheids zur Herbeiführung eines materiell-

Anl

rechtlich richtigen Ergebnisses selbst dann geboten, wenn sie dazu dient, eine zuvor versäumte Anpassung des Folgebescheids nachzuholen. Ein „Verbrauch" der Möglichkeit, den Folgebescheid an den geänderten Grundlagenbescheid anzupassen, ist durch die zunächst unterbliebene Berücksichtigung des Grundlagenbescheids nicht eingetreten (BFH-Urteil vom 17. 2. 1993 II R 15/91, BFH/NV 1994 S. 1).

5. Aufhebung und Änderung von Grundlagebescheiden, negative Feststellungsbescheide

5.1. Aufhebung des Grundlagenbescheids aus formellen Gründen

5.1.1. Fehlende Feststellungsbefugnis

22 Wird ein Grundlagenbescheid ersatzlos aufgehoben, weil die Besteuerungsgrundlagen nicht im Rahmen der Feststellung zu erfassen sind (z. B. wegen des Nichtvorliegens von gemeinsam erzielten Einkünften, § 180 Abs. 1 Nr. 2 a AO), hat das für den Erlass des Folgebescheids zuständige Finanzamt den Sachverhalt, der bisher Gegenstand des Grundlagenbescheids war, in eigener Zuständigkeit zu ermitteln und steuerrechtlich zu beurteilen, um aufgrund dessen den Folgebescheid nach § 175 Abs. 1 Satz 1 Nr. 1 AO zu ändern (BFH-Urteil vom 28. 11. 1995 IX R 16/93, BStBl. 1996 II S. 142). Das gilt auch, wenn eine beantragte Feststellung abgelehnt wird und deshalb ein sog. negativer Feststellungsbescheid ergeht.

Auch in Fällen, in denen nur einzelne Besteuerungsgrundlagen aus dem Feststellungsverfahren durch Änderung des Grundlagenbescheids ausgeschieden werden, hat das für den Erlass des Folgebescheids zuständige Finanzamt den nicht mehr in das Feststellungsverfahren einbezogenen Sachverhalt eigenständig zu ermitteln und zu werten, ohne an frühere Beurteilungen oder Berechnungen gebunden zu sein (BFH-Beschluss vom 5. 11. 1998 VIII B 18/98, BFH/NV 1999 S. 513).

Wird ein Feststellungsbescheid aufgehoben, weil sich herausstellt, dass eine Feststellung nicht hätte durchgeführt werden dürfen (z. B. wegen fehlender Voraussetzungen des § 180 Abs. 1 Nr. 2 b AO), kann das für den Erlass des „Folgebescheids" zuständige Finanzamt, welches nunmehr die Ermittlung und Wertung des Sachverhalts vorzunehmen hat, seinen Bescheid ohne Änderung aufrechterhalten, wenn es die aus dem zwischenzeitlich aufgehobenen Grundlagenbescheid entnommenen Besteuerungsgrundlagen für zutreffend hält. In einem solchen Fall bedarf es keiner Anpassung oder Änderung des Folgebescheids (BFH-Urteil vom 12. 1. 1995 IV R 83/92 BStBl. II S. 488).

Beispiel:

Aufgrund einer Außenprüfung erkennt das Betriebsfinanzamt eine Mitunternehmerschaft zwischen X und Y nicht an. Es hat deshalb den unter dem Vorbehalt der Nachprüfung ergangenen Bescheid über die gesonderte und einheitliche Feststellung der Besteuerungsgrundlagen aufgehoben und den Antrag auf Feststellung der Einkünfte abgelehnt (negativer Feststellungsbescheid).

Lösung:

Die für X und Y zuständigen Wohnsitz-Finanzämter haben nach der Aufhebung des Grundlagenbescheids jeweils selbständig zu prüfen, inwieweit X und Y Einkünfte erzielt haben. Anschließend sind die Folgebescheide nach § 175 Abs. 1 Satz 1 Nr. 1 AO entsprechend zu ändern. Die Qualifikation des Betriebsfinanzamts, dass keine Mitunternehmerschaft vorliegt, ist für die Wohnsitzfinanzämter jedoch bindend.

5.1.2. Unwirksamkeit/Nichtigkeit des Feststellungsbescheids

Wird ein Feststellungsbescheid aufgehoben, weil er trotz Erfordernis eines Feststellungsverfahrens, z. B. mangels zutreffender Adressierung, unwirksam ist oder nach Eintritt der Feststellungsverjährung, wobei § 181 Abs. 5 AO zu beachten ist, erlassen worden ist, verbleibt es bei der alleinigen Maßgeblichkeit des Feststellungsverfahrens, weil hierdurch die Ermittlungsbefugnis des Feststellungs-Finanzamts nicht auf das Folge-Finanzamt übergeht. War der aufgehobene Feststellungsbescheid schon ausgewertet worden, muss seine Auswertung nach § 175 Abs. 1 Satz 1 Nr. 1 AO rückgängig gemacht werden. Die an sich gesondert und einheitlich festzustellenden Besteuerungsgrundlagen können im Rahmen einer anderweitigen Änderung des Folgebescheids nicht nach § 177 AO saldiert werden (BFH-Urteil vom 24. 5. 2006 I R 93/05, BStBl. 2007 II S. 76).

Stellt das Finanzamt durch Verwaltungsakt die Nichtigkeit eines Grundlagenbescheids fest, ist der Folgebescheid nach § 175 Abs. 1 Satz 1 Nr. 1 AO zu ändern (BFH-Urteil vom 20. 8. 2014 X R 15/10, BStBl. 2015 II S. 109; vgl. AEAO zu § 125, Nr. 4). In diesem Fall geht die Ermittlungsbefugnis ebenfalls nicht auf das für den Erlass des Folgebescheids zuständige Finanzamt über (vgl. BFH-Urteil vom 24. 5. 2006 I R 93/05, BStBl. 2007 II S. 76).

5.2. Aufhebung des Grundlagenbescheids aus materiell-rechtlichen Gründen

Die Aufhebung eines Feststellungsbescheids aus materiell-rechtlichen Gründen (z. B. in Fällen der Liebhaberei) führt nur dann zu einer unmittelbaren Beurteilung des Sachverhalts durch das Folge-Finanzamt, wenn der Bescheid auch als Erlass eines negativen Feststellungsbescheids zu werten ist (BFH-Urteil vom 24. 5. 2006 I R 93/05, BStBl. 2007 II S. 76). Daher ist bei Aufhebungen von Feststellungsbescheiden auf deren Ursache (z. B. fehlende Einkunftserzielungsabsicht) hinzuweisen und zum Ausdruck zu bringen, dass es sich zugleich um einen negativen Feststellungsbescheid handelt. Dies ist insoweit von Bedeutung, als die Qualifizierung der Einkünfte als „Liebhaberei" im negativen Feststellungsbescheid Bindungswirkung für den Folgebescheid entfaltet. Im Folgebescheid dürfen Besteuerungsgrundlagen also nicht mehr angesetzt werden, deren Vorliegen in dem Verfahren über den Grundlagenbescheid bestandskräftig verneint worden ist.

Beispiel:

X und Y sind Gesellschafter der Z-GbR. Aufgrund einer Außenprüfung stellt das Betriebsfinanzamt fest, dass X und Y mangels Einkunftserzielungsabsicht (Liebhaberei) durch die Z-GbR keine steuerpflichtigen Einkünfte erzielen. Es hat deshalb den unter dem Vorbehalt der Nachprüfung ergangenen Bescheid über die gesonderte und einheitliche Feststellung der Besteuerungsgrundlagen aufgehoben und den Antrag auf Feststellung der Einkünfte abgelehnt (negativer Feststellungsbescheid).

Anl

Lösung:

Die für X und Y zuständigen Wohnsitzfinanzämter sind nach der Aufhebung des Grundlagenbescheids an die Feststellung, dass X und Y aus der Z-GbR keine steuerpflichtigen Einkünfte erzielen, gebunden. Die Folgebescheide sind nach § 175 Abs. 1 Satz 1 Nr. 1 AO entsprechend zu ändern und Einkünfte aus der Z-GbR nicht mehr zu berücksichtigen. Für die Wohnsitzfinanzämter besteht auch keine Befugnis, Einkünfte von X und Y aus der Z-GbR aufgrund eigener Ermittlungen und steuerrechtlicher Prüfungen zu berücksichtigen.

6. Ausgleich von Rechtsfehlern (§ 177 AO)

Bei einer nach § 175 Abs. 1 Satz 1 Nr. 1 AO erforderlich werdenden Änderung eines Folgebescheids 23
sind Rechtsfehler im Rahmen des § 177 AO zu berichtigen.

Die Verpflichtung zur Berichtigung von Amts wegen besteht sowohl bei Fehlern, die sich zugunsten als auch zuungunsten des Steuerpflichtigen ausgewirkt haben. Die Berichtigung ist auch dann vorzunehmen, wenn die Rechtsfehler selbst eine Korrekturmöglichkeit nach den §§ 172 ff. AO wegen Eintritts der Festsetzungsverjährung nicht mehr eröffnen können (BFH-Urteil vom 18. 12. 1991 X R 38/90, BStBl. 1992 II S. 504).

Sind die steuerlichen Auswirkungen eines „gegenläufigen" Rechtsfehlers gleich groß wie oder größer als diejenigen, die sich bei der Änderung nach § 175 Abs. 1 Satz 1 Nr. 1 AO ergeben, unterbleibt eine Änderung des Folgebescheids (Saldierung nach § 177 AO: „soweit die Änderung reicht"). In diesem Fall ist aktenkundig zu machen, weshalb trotz Vorliegens der Mitteilung über Feststellungen in einem Grundlagenbescheid die Anpassung des Folgebescheids unterbleibt.

Beantragt der Steuerpflichtige die Änderung des Folgebescheids, muss sie aber aus den vorstehenden Gründen unterbleiben, so ist sie mit Bescheid abzulehnen. Damit wird dem Steuerpflichtigen die Möglichkeit eröffnet, die Anwendung der Vorschrift des § 177 AO im Einspruchsverfahren überprüfen zu lassen.

7. Ablaufhemmungen nach § 171 Abs. 3 und Abs. 3 a AO

Beantragt ein Steuerpflichtiger die Korrektur oder den Erlass eines Folgebescheids innerhalb der nach 24
§ 171 Abs. 10 AO gehemmten Festsetzungsfrist, so findet insoweit auch die Ablaufhemmung des § 171 Abs. 3 AO Anwendung (BFH-Urteil vom 24. 5. 2006 I R 93/05, BStBl. 2007 II S. 76). Dementsprechend kann auch nach Ablauf der Änderungsfrist des § 171 Abs. 10 AO eine Auswertung des Grundlagenbescheids gem. § 175 Abs. 1 Satz 1 Nr. 1 durchgeführt werden, da die Festsetzungsverjährung auf Grund des § 171 Abs. 3 AO bis zur unanfechtbaren Entscheidung über den Änderungsantrag gehemmt ist.

Stellt ein Steuerpflichtiger vor Ablauf der Zwei-Jahres-Frist des § 171 Abs. 10 AO einen Antrag auf Änderung des Folgebescheids nach § 175 Abs. 1 Satz 1 Nr. 1 AO, wird der Ablauf der Zwei-Jahres-Frist nach § 171 Abs. 3 AO gehemmt (vgl. BFH-Urteil vom 27. 11. 2013 II R 57/11, BFH/NV 2014 S. 596).

Sofern der Steuerpflichtige zulässig Einspruch gegen den Folgebescheid eingelegt hat, umfasst die Ablaufhemmung des § 171 Abs. 3 a AO den gesamten Steueranspruch, so dass sie auch die gesondert festgestellten Besteuerungsgrundlagen umfasst. Soweit die Ablaufhemmung nach § 171 Abs. 3 a AO zeitlich weiter reicht als die Ablaufhemmung nach § 171 Abs. 10 AO, ist die Ablaufhemmung nach § 171 Abs. 3 a AO maßgebend.

8. Änderung von Folgebescheiden für weit zurückliegende Veranlagungszeiträume

Ist dem Folge-Finanzamt bekannt, dass zu dem Feststellungsverfahren ein Einspruchsverfahren bzw. 25
ein Klageverfahren anhängig ist, sind die für eine mögliche Änderung nach § 175 Abs. 1 Satz 1 Nr. 1 AO relevanten Aktenteile nicht nach den Bestimmungen zur Aufbewahrung und Aussonderung von Schriftgut bei den Finanzämtern (AufAusBek-FÄ) auszusondern, sondern weiterhin vorzuhalten (vgl. Tz. 1.4 der AufAusBek-FÄ).

Liegen dem Finanzamt keine Unterlagen mehr vor, kann es nach dem BFH-Urteil vom 28. 11. 2007 X R 11/07, BStBl. 2008 II S. 335 die Änderung nach § 175 Abs. 1 Satz 1 Nr. 1 AO nicht mit der Begründung ablehnen, wegen Fehlens der Steuerakten bestünden Unklarheiten über die im ursprünglichen Folgebescheid angesetzten Besteuerungsgrundlagen, wenn die Ursachen für die Unklarheiten dem Grundlagen- oder dem Folge-Finanzamt zuzurechnen sind. Dies ist immer dann der Fall, wenn das Folge-Finanzamt nicht über das Rechtsmittelverfahren unterrichtet wurde oder trotz Kenntnis des noch anhängigen Rechtsmittelverfahrens die relevanten Aktenteile aussondert.

9. Antragsveranlagungen

Das mit Fristablauf erlöschende Antragsrecht auf Durchführung der Einkommensteuer-Veranlagung 26
steht einer späteren Anwendung des § 175 Abs. 1 Satz 1 Nr. 1 AO entgegen (BFH-Urteil vom 29. 9. 1988 IV R 217/85, BStBl. 1989 II S. 196). Kommt eine Veranlagung des Steuerpflichtigen nach § 46 Abs. 2 EStG nicht in Betracht, können auch Grundlagenbescheide nicht über die Änderungsnorm des § 175 Abs. 1 Satz 1 Nr. 1 AO zu einer solchen führen (BFH-Urteil vom 9. 2. 2012 VI R 34/11, BStBl. II S. 750). So kann z. B. ein Grundlagenbescheid, mit dem Einkünfte aus Vermietung und Verpachtung gesondert und einheitlich festgestellt werden, nicht zu einer Einkommensteuerveranlagung führen, wenn es sich um eine Antragsveranlagung handelt, der notwendige Antrag auf Veranlagung jedoch nicht fristgerecht gestellt wurde.

10. Besonderheiten bei der Berücksichtigung außensteuerlicher Grundlagenbescheide

10.1. Allgemeines

Folgende nicht abschließend aufgezählte Verwaltungsakte anderer Behörden sind als Grundlagen- 27
bescheide i. S. d. §§ 175 Abs. 1 Satz 1 Nr. 1, 171 Abs. 10 AO anzusehen:

- Bescheinigungen § 4 Nr. 20 Buchst. a UStG,
- Feststellungsbescheide der Versorgungsämter über den Grad der Behinderung gemäß § 152 Abs. 1 SGB IX,

– Anerkennungsbescheid nach §§ 83, 93 des II. WoBauG für die GrESt-Festsetzung (BFH-Urteil vom 18. 4. 1980 III R 34/78, BStBl. II S. 682),
– Bescheinigung der Denkmalbehörde für Zwecke der Steuerbegünstigung nach §§ 7 i und 10 f EStG,
– Bescheinigung der zuständigen Gemeindebehörde über die Durchführung von Modernisierungs- und Instandsetzungsmaßnahmen i. S. d. § 177 BauGB zur Inanspruchnahme erhöhter Absetzungen nach § 7 h Abs. 2 EStG.

Verwaltungsakte ressortfremder Behörden können je nach dem jeweils einschlägigen Verfahrensgesetz auch ohne Einhaltung von Fristen ergehen.

Gemäß § 171 Abs. 10 Satz 3 AO wird die Ablaufhemmung nach § 171 Abs. 10 Satz 2 AO bei ressortfremden Grundlagenbescheiden nur dann ausgelöst, wenn sie vor Ablauf der Festsetzungsfrist des Folgebescheids bei der für den Grundlagenbescheid zuständigen Behörde beantragt wurde; vgl. AEAO zu § 175, Tz. 6.5.

Unter die Regelung des § 171 Abs. 10 Satz 3 AO fallen neben Grundlagenbescheiden ressortfremder Behörden (z. B. Bescheinigungen nach § 4 Nr. 20 Buchst. a UStG) auch Bescheide über Billigkeitsmaßnahmen nach § 163 AO, weil auch insoweit die Regelungen der §§ 179 ff. AO nicht gelten.

10.2. Rückwirkende Feststellung des Grades der Behinderung

Die Bindungswirkung des § 182 Abs. 1 AO erstreckt sich bei den Feststellungsbescheiden der Versorgungsämter über den Grad der Behinderung gemäß § 152 Abs. 1 SGB IX auf Art und Grad der festgestellten Behinderung (BFH-Urteil vom 5. 2. 1988 III R 244/83, BStBl. II S. 436) sowie auf die zeitliche Geltung des Feststellungsbescheids. Die Feststellung der Behinderung wirkt im Regelfall ab Antragstellung; eine Rückwirkung kommt nur in Betracht, wenn diese ausdrücklich beantragt und festgestellt wurde.

Keine Grundlagenbescheide sind dagegen bloße Bescheinigungen über den Inhalt eines bereits ergangenen Feststellungsbescheids. Das gilt auch für einen nachträglich ausgestellten Schwerbehindertenausweis. Er dient lediglich als Nachweis der Voraussetzungen für die Inanspruchnahme eines Pauschbetrages nach § 33 b EStG (BFH-Urteil vom 22. 9. 1989 III R 167/86, BStBl. 1990 II S. 60).

Enthält der Bescheid eine rückwirkende Feststellung des Grades der Behinderung, kommt eine Änderung nur unter der Voraussetzung in Betracht, dass entweder die Regelfestsetzungsfrist (§§ 169, 170 AO) des betreffenden VZ oder die die Ablaufhemmung nach § 171 Abs. 10 AO nicht abgelaufen ist.

Eine Ablaufhemmung und somit die verlängerte Festsetzungsfrist nach § 171 Abs. 10 Satz 2 AO tritt nur ein, wenn der Steuerpflichtige die Feststellung des Grades der Behinderung vor Ablauf der für den Folgebescheid geltenden Festsetzungsfrist bei der zuständigen Behörde gestellt hat (§ 171 Abs. 10 Satz 3 AO).

Die Änderung ist für alle Kalenderjahre vorzunehmen, auf die sich der Grundlagenbescheid erstreckt (BFH-Urteil vom 22. 2. 1991 III R 35/87, BStBl. II S. 717). Dies gilt unabhängig davon, ob für diese Veranlagungszeiträume ein Antrag nach § 33 b Abs. 1 EStG dem Grunde nach bereits gestellt worden ist.

AO

§ 175 a[1] Umsetzung von Verständigungsvereinbarungen

1 **① Ein Steuerbescheid ist zu erlassen, aufzuheben oder zu ändern, soweit dies zur Umsetzung einer Vorabverständigungsvereinbarung nach § 89 a, einer Verständigungsvereinbarung oder eines Schiedsspruchs nach einem Vertrag im Sinne des § 2 Absatz 1 geboten ist. ② Verbindliche Auskünfte nach § 89, verbindliche Zusagen nach § 204 oder rechtlich bindende Vereinbarungen zwischen dem Steuerpflichtigen und der Finanzverwaltung stehen dem nicht entgegen. ③ Die Festsetzungsfrist endet insoweit nicht vor Ablauf eines Jahres nach dem Wirksamwerden der Verständigungsvereinbarung oder des Schiedsspruchs oder der einvernehmlichen rückwirkenden Anwendung einer Vorabverständigungsvereinbarung.**

AEAO

Zu § 175 a – Umsetzung von Verständigungsvereinbarungen:

2 Die Vorschrift ist Rechtsgrundlage für die Umsetzung einer Verständigungsvereinbarung oder eines Schiedsspruchs nach einer völkerrechtlichen Vereinbarung i. S. d. § 2 AO. Zum internationalen Verständigungsverfahren und Schiedsverfahren in Steuersachen vgl. Merkblatt vom 9. 10. 2018, BStBl. I S. 1122. Zum Teil-Einspruchsverzicht s. § 354 Abs. 1 a AO, zur Teil-Rücknahme eines Einspruchs s. § 362 Abs. 1 a AO.

AO

§ 175 b Änderung von Steuerbescheiden bei Datenübermittlung durch Dritte[2]

1 (1)[3] **Ein Steuerbescheid ist aufzuheben oder zu ändern, soweit von der mitteilungspflichtigen Stelle an die Finanzbehörden übermittelte Daten im Sinne des § 93 c bei der Steuerfestsetzung nicht oder nicht zutreffend berücksichtigt wurden.**

[1] Zur Anwendung von Satz 2 s. Art. 97 § 10 Abs. 5 EGAO **(Anhang I Nr. 1).**

[2] Vgl. auch Verfügung der *OFD Karlsruhe vom 18. 3. 2022,* nachstehend abgedruckt.

[3] Die Änderung eines Einkommensteuerbescheids nach § 175 b Abs. 1 AO ist auch zulässig, wenn die unzutreffende Berücksichtigung der von einem Dritten übermittelten Daten auf einen Fehler der Finanzbehörde zurückzuführen ist (*BFH-Urteil vom 20. 2. 2024 IX R 20/23, BStBl. II S. 587*).

BFH-Urteil vom 27. 11. 2024 X R 25/22, BStBl. 2025 II S. 994: 1. Eine Änderung nach § 175 b Abs. 1 AO ist auch dann zulässig, wenn die Daten im Sinne des § 93 c AO bei Erlass des zu ändernden Ausgangsbescheids noch nicht vorgelegen haben, sondern erst zu einem späteren Zeitpunkt – erstmalig – an die Finanzbehörde übermittelt worden sind. 2. Unerheblich ist, ob der Inhalt der Daten der Finanzbehörde bereits anderweit bekannt war, etwa aufgrund der Steuererklärung.

[Fortsetzung nächste Seite]

(2) **Gelten Daten, die von mitteilungspflichtigen Stellen nach Maßgabe des § 93 c an die Finanzverwaltung übermittelt wurden, nach § 150 Absatz 7 Satz 2 als Angaben des Steuerpflichtigen, ist der Steuerbescheid aufzuheben oder zu ändern, soweit diese Daten zu Ungunsten des Steuerpflichtigen unrichtig sind.** 2

(3) **Ist eine Einwilligung des Steuerpflichtigen in die Übermittlung von Daten im Sinne des § 93 c an die Finanzbehörden Voraussetzung für die steuerliche Berücksichtigung der Daten, so ist ein Steuerbescheid aufzuheben oder zu ändern, soweit die Einwilligung nicht vorliegt.** 3

(4) **Die Absätze 1 und 2 gelten nicht, wenn Daten nach § 93 c Absatz 1 oder Absatz 3 nicht rechtserheblich sind.** 4

Zu § 175 b – Änderung von Steuerbescheiden bei Datenübermittlung durch Dritte: AEAO

1. Auf eine Verletzung der Mitwirkungspflichten seitens des Steuerpflichtigen oder der Ermittlungspflichten durch die Finanzbehörde kommt es in den Fällen des § 175 b AO - anders als in den Fällen des § 173 AO - nicht an. 5

Unerheblich ist auch, ob dem Steuerpflichtigen bei Erstellung der Steuererklärung ein Schreib- oder Rechenfehler i. S. d. § 173 a AO oder der Finanzbehörde bei Erlass des Steuerbescheids ein mechanisches Versehen i. S. d. § 129 AO, ein Fehler bei der Tatsachenwürdigung oder ein Rechtsanwendungsfehler unterlaufen ist (vgl. BFH-Urteil vom 20. 2. 2024, IX R 20/23, BStBl. II S. 587).

Die Aufhebung oder Änderung der Steuerfestsetzung nach § 175 b AO kann sich je nach Sachlage zu Gunsten wie auch zu Ungunsten des Steuerpflichtigen auswirken.

Eine Änderung nach § 175 b Abs. 1 AO ist auch dann zulässig, wenn die Daten i. S. d. § 93 c AO bei Erlass des zu ändernden Ausgangsbescheids noch nicht vorgelegen haben, sondern erst zu einem späteren Zeitpunkt - erstmalig - an die Finanzbehörde übermittelt worden sind. Unerheblich ist, ob der Inhalt der Daten der Finanzbehörde bereits anderweitig bekannt war, etwa aufgrund der Steuererklärung (vgl. BFH-Urteil vom 27. 11. 2024, X R 25/22, BStBl. 2025 II 994).

2. Unrichtige Daten i. S. d. § 175 b Abs. 2 AO sind zum einen von vornherein bestehende „objektive" Fehler, d. h. die übermittelten Daten geben den mitteilungspflichtigen Sachverhalt von Anfang an in tatsächlicher Hinsicht nicht zutreffend wieder. Zum anderen gehören auch durch bessere Rechtserkenntnis festgestellte Fehler dazu, wenn die übermittelten Daten ggf. durch BFH-Rechtsprechung nachträglich nicht dem geltenden Recht entsprechen. 6

3. Eine Aufhebung oder Änderung nach § 175 b Abs. 1 oder 2 AO ist allerdings ausgeschlossen, sofern die nachträglich übermittelten Daten nicht rechtserheblich sind (§ 175 b Abs. 4 AO). Zur Rechtserheblichkeit vgl. Nr. 3 des AEAO zu § 173. 7

Anl

Verfügung betr.
Änderung von Steuerbescheiden bei Datenübermittlung durch Dritte

Vom 18. März 2022 (BeckVerw 622366)

(OFD Karlsruhe S 0353-a Karte 1)

1. Anwendungsbereich

Nach Einführung des § 175 b AO durch das Gesetz zur Modernisierung des Besteuerungsverfahrens (StModernG) vom 18. 7. 2016 ist im Hinblick auf Änderungsmöglichkeiten nach Veranlagungszeitraum zu differenzieren. § 175 b AO ersetzt die im Grundsatz bislang in § 10 Abs. 2 a Satz 8 EStG verortete Änderungsvorschrift. 8

§ 175 b Abs. 1 bis 3 AO ist erstmals anzuwenden, wenn steuerliche Daten i. S. d. § 93 c AO für Besteuerungszeiträume nach 2016 oder Besteuerungszeitpunkte nach dem 31. 12. 2016 von einem Dritten elektronisch an die Finanzbehörden zu übermitteln sind.

§ 175 b Abs. 4 AO ist erstmals anzuwenden, wenn Daten i. S. d. § 93 c AO der Finanzbehörde nach dem 25. 6. 2017 zugehen.

2. Tatbestandsvoraussetzungen

2.1. Zu übermittelnde Daten i. S. d. § 93 c AO

§ 93 c AO enthält Verfahrensvorschriften für die elektronischen Datenübermittlungspflichten Dritter. Die eigentliche Übermittlungspflicht ergibt sich aus materiell-rechtlichen Vorschriften der Steuergesetze. 9

[Fortsetzung]

BFH-Urteil vom 8. 9. 2021 X R 5/21, BStBl. 2022 II S. 398: 1. Die Änderung eines Einkommensteuerbescheids nach § 175 b Abs. 1 AO ist zulässig, wenn ein Unternehmen der gesetzlichen Krankenversicherung – entgegen der gesetzlichen Anordnung – die Identifikationsnummer des Versicherungsnehmers nicht übermittelt, der Datensatz der Steuernummer einer Person zugeordnet wird, die nicht Versicherungsnehmer ist und der Veranlagungs-Sachbearbeiter – materiell-rechtlich zu Unrecht – entscheidet, dieser Person den Sonderausgabenabzug zu gewähren. 2. Soweit § 175 b Abs. 1 AO an „Daten im Sinne des § 93 c" AO anknüpft, beschränkt sich dies nicht lediglich auf die Inhalte des in § 93 c Abs. 1 Nr. 2 AO definierten Datensatzes, sondern umfasst nach dem – den Regelungsbereich der Norm umschreibenden – Eingangssatz des § 93 c Abs. 1 AO alle steuerlichen Daten eines Steuerpflichtigen, die auf Grund gesetzlicher Vorschriften von einer mitteilungspflichtigen Stelle an Finanzbehörden elektronisch zu übermitteln sind.

Insbesondere folgende elektronisch zu übermittelnde Daten stellen Daten i. S. d. § 93 c AO dar:
- Beiträge zur Basiskranken- und gesetzlichen Pflegeversicherung, einschließlich Mitteilung öffentlicher Stellen über Zuschüsse zu Altersvorsorge-, KV- oder PV-Beiträgen nach § 10 Abs. 2 a und Abs. 4 b EStG
- Beiträge zu Basisrentenverträgen (sog. Rürup-Verträge, § 10 Abs. 1 Satz 1 Nr. 2 lit. a EStG) und zur zusätzlichen Altersvorsorge (sog. Riester-Verträge, § 10 a Abs. 5 EStG)
- Rentenbezüge nach § 22 a EStG
- Lohn- und Entgeltersatzleistungen nach § 32 b EStG
- Elektronische Lohnsteuerbescheinigungen nach § 41 b EStG
- Kapitalertragsteuer (§ 43 Abs. 1 Satz 6 und Abs. 2 Satz 7 EStG)
- Meldeverfahren zu tatsächlich freigestellten Kapitalerträgen (§ 45 d Abs. 1 EStG), sowie Meldeverfahren nach § 45 d Abs. 3 EStG
- Zuwendungsbestätigung nach § 50 EStDV
- Feststellung einer Behinderung nach § 65 EStDV
- Vermögensbildungsbescheinigung nach § 15 des 5. VermBG
- Öffentliche Leistungen zur Bekämpfung der Corona-Pandemie gem. § 13 MV n. F.

2.2. Die einzelnen Tatbestandsalternativen

Korrekturbedarf	Änderung zugunsten	Änderung zuungunsten	Rechtsgrundlage
Daten korrekt übermittelt, aber nicht oder nicht zutreffend berücksichtigt. Rechtserheblichkeit gegeben.	möglich	möglich	§ 175 b Abs. 1 AO
Übermittelte Daten galten als Angaben des/der Steuerpflichtigen gem. § 150 Abs. 7 Satz 2 AO, da dieser keine oder identische Angaben machte. Rechtserheblichkeit gegeben.	möglich	nicht möglich	§ 175 b Abs. 2 AO
Steuerpflichtige/r macht Angaben in der Steuererklärung, Daten wurden unrichtig übermittelt.	u. U. möglich	u. U. möglich	§ 129 bzw. § 177 AO
Keine Einwilligung in die Datenübermittlung, obwohl eine solche Tatbestandsvoraussetzung ist.	möglich	möglich	§ 175 b Abs. 3 AO

2.3. Ablaufhemmung nach § 171 Abs. 10 a AO

Für Besteuerungszeiträume ab 2017 gilt die Ablaufhemmung des § 171 Abs. 10 a AO. Soweit Daten eines/einer Steuerpflichtigen i. S. d. § 93 c AO innerhalb von sieben Jahren nach dem Besteuerungszeitraum oder dem Besteuerungszeitpunkt den Finanzbehörden zugegangen sind, endet die Festsetzungsfrist nicht vor Ablauf von zwei Jahren nach Zugang dieser Daten.

AO

§ 176[1] Vertrauensschutz bei der Aufhebung und Änderung von Steuerbescheiden

1 (1)[2] ① **Bei der Aufhebung oder Änderung eines Steuerbescheids darf nicht zuungunsten des Steuerpflichtigen berücksichtigt werden, dass**

1. das Bundesverfassungsgericht die Nichtigkeit eines Gesetzes feststellt, auf dem die bisherige Steuerfestsetzung beruht,

2. ein oberster Gerichtshof des Bundes eine Norm, auf der die bisherige Steuerfestsetzung beruht, nicht anwendet, weil er sie für verfassungswidrig hält,[3]

3. sich die Rechtsprechung eines obersten Gerichtshofes des Bundes geändert hat,[4] **die bei der bisherigen Steuerfestsetzung von der Finanzbehörde angewandt worden ist.**

[1] Siehe auch **AEAO vor §§ 172 bis 177.**

[2] § 176 ist auch bei der Aufhebung oder Änderung von Bescheiden in Fällen des § 164 zu beachten *(BFH-Urteil vom 11. 10. 1988 VIII R 419/83, BStBl. 1989 II S. 284)*; dies gilt auch für eine Steueranmeldung, die gem. § 168 einer Steuerfestsetzung unter dem Vorbehalt der Nachprüfung gleichsteht *(BFH-Urteil vom 2. 11. 1989 V R 56/84, BStBl. II S. 253)*.

Auch die Gerichte müssen im Rahmen des § 176 AO Vertrauensschutz gewähren, wenn ein Änderungsbescheid Verfahrensgegenstand ist *(BFH-Urteil vom 28. 5. 2002 IX R 85/00, BStBl. II S. 890)*.

[3] Der Vertrauensschutz gem. Abs. 1 Satz 1 Nr. 2 bei Aufhebung und Änderung eines Steuerbescheides setzt voraus, dass bereits zu diesem Zeitpunkt die Norm, auf der die bisherige Steuerfestsetzung beruht, von einem obersten Gerichtshof des Bundes nicht angewendet wird, weil er sie für verfassungswidrig hält *(BFH-Urteil vom 22. 2. 1990 V R 117/84, BStBl. II S. 599)*.

[4] Ein Rechtszustand, der den Anlass und Ausgangspunkt einer sich schrittweise entwickelnden höchstrichterlichen Rechtsprechung bietet, ist nicht geeignet, Vertrauensschutz nach § 176 Abs. 1 Satz 1 Nr. 3 auszulösen *(BFH-Beschluss vom 5. 5. 2011 X B 155/10, BFH/NV S. 1294)*.

§ 176 Abs. 1 Nr. 3 AO greift nicht ein, wenn zunächst ein Änderungsbescheid ergeht und erst anschließend eine Rechtsprechungsänderung erfolgt, durch die der Änderungsbescheid materiell-rechtlich legitimiert wird *(BFH-Urteil vom 20. 12. 2000 I R 50/95, BStBl. 2001 II S. 409)*.

[Fortsetzung nächste Seite]

② Ist die bisherige Rechtsprechung bereits in einer Steuererklärung oder einer Steueranmeldung berücksichtigt worden, ohne dass das für die Finanzbehörde erkennbar war, so gilt Nummer 3 nur, wenn anzunehmen ist, dass die Finanzbehörde bei Kenntnis der Umstände die bisherige Rechtsprechung angewandt hätte.

(2)[1] **Bei der Aufhebung oder Änderung eines Steuerbescheids darf nicht zuungunsten des Steuerpflichtigen berücksichtigt werden, dass eine allgemeine Verwaltungsvorschrift der Bundesregierung, einer obersten Bundes- oder Landesbehörde von einem obersten Gerichtshof des Bundes als nicht mit dem geltenden Recht in Einklang stehend bezeichnet worden ist.** 2

Zu § 176 – Vertrauensschutz bei der Aufhebung und Änderung von Steuerbescheiden: AEAO

1. Die Vorschrift schützt das Vertrauen des Steuerpflichtigen in die Gültigkeit einer Rechtsnorm, der Rechtsprechung eines obersten Gerichtshofs des Bundes oder einer allgemeinen Verwaltungsvorschrift (z. B. EStR). Unter Aufhebung und Änderung ist jede Korrektur einer Steuerfestsetzung nach §§ 164, 165, 172 ff. AO oder nach den Einzelsteuergesetzen zu verstehen (vgl. AEAO vor §§ 172 bis 177, Nr. 3), aber nicht die Berichtigung nach § 129 AO. 3

2. Bei Änderung der Steuerfestsetzung ist so vorzugehen, als hätte die frühere für den Steuerpflichtigen günstige Rechtsauffassung nach wie vor Gültigkeit. Ist z. B. eine Steuer unter Vorbehalt der Nachprüfung festgesetzt worden (§ 164 AO), so muss eine dem Steuerpflichtigen günstige Rechtsprechung des BFH, die bei der Vorbehaltsfestsetzung berücksichtigt worden war, auch dann weiter angewendet werden, wenn der BFH seine Rechtsprechung zum Nachteil des Steuerpflichtigen geändert hat. 4

3. Hat der Steuerpflichtige die bisherige Rechtsprechung seinen Steuererklärungen stillschweigend und für das Finanzamt nicht erkennbar zugrunde gelegt, gilt der Vertrauensschutz nur, wenn davon ausgegangen werden kann, dass die Finanzbehörde mit der Anwendung der Rechtsprechung einverstanden gewesen wäre. Das Einverständnis ist immer dann zu unterstellen, wenn die Entscheidung im Bundessteuerblatt veröffentlicht worden war und keine Verwaltungsanweisung vorlag, die Rechtsprechung des BFH über den entschiedenen Einzelfall hinaus nicht anzuwenden. 5

4. Es verstößt gegen Treu und Glauben, wenn der Steuerpflichtige aufgrund einer Rechtsprechungsänderung die Aufhebung eines ihn belastenden Bescheids fordert und erreicht und später geltend macht, er habe auf die Anwendung der früheren Rechtsprechung vertraut und sei nicht bereit, die für ihn negativen Folgen der Rechtsprechungsänderung hinzunehmen. Dies gilt zumindest insoweit, als der der Rechtsprechungsänderung Rechnung tragende Änderungsbescheid im Ergebnis zu keiner höheren Belastung des Steuerpflichtigen führt (vgl. BFH-Urteil vom 8. 2. 1995, I R 127/93 BStBl. II S. 764). 6

[Fortsetzung]

Nach § 176 Abs. 1 Satz 1 Nr. 3 AO muss sich die Rechtsprechung eines obersten Gerichtshofs des Bundes bereits bei Erlass des Änderungsbescheides zulasten des Steuerpflichtigen geändert haben. Ändert sich die höchstrichterliche Rechtsprechung erst während des Einspruchsverfahrens, ist es dem FA nicht verwehrt, die Einspruchsentscheidung darauf zu stützen *(BFH-Urteil vom 14. 2. 2007 XI R 30/05, BStBl. II S. 524).*

Steht der Änderung eines Umsatzsteuerbescheids wegen der Rechtsprechungsänderung zum Vorsteuerabzug bei unrichtigem Steuerausweis durch das *BFH-Urteil vom 2. April 1998 V R 34/97 (BStBl. II 1998 S. 695)* § 176 Abs. 1 Nr. 3 AO entgegen, ist der Steuerpflichtige so zu behandeln, wie er ohne die Rechtsprechungsänderung gestanden hätte *(BFH-Urteil vom 25. 4. 2013 V R 2/13, BStBl. II S. 844).*

---

[1] § 176 Abs. 2 AO gewährt keinen Änderungsschutz, wenn der BFH eine dort bezeichnete Verwaltungsvorschrift erst nach dem Erlass des angefochtenen Änderungsbescheids als nicht mit dem geltenden Recht in Einklang stehend bezeichnet *(BFH-Urteil vom 24. 8. 2023 V R 49/20, BFH/NV 2024 S. 53).*

Der inhaltliche Widerspruch zwischen allgemeiner Verwaltungsvorschrift und höchstrichterlicher Entscheidung erfordert, dass ein bestimmtes Rechtsproblem nach der (zeitlich früheren) Verwaltungsregelung auf andere (für den Stpfl. günstigere) Weise zu lösen ist als nach der (späteren) Gerichtsentscheidung *(BFH-Urteil vom 28. 10. 1992 X R 117/89, BStBl. 1993 II S. 261).* Wird z. B. in den Einkommensteuerrichtlinien eine für den Stpfl. günstige Auffassung vertreten und wird diese von einem obersten Gerichtshof des Bundes ausdrücklich als nicht mit dem geltenden Recht im Einklang stehend bezeichnet, so darf dies bei der Aufhebung oder Änderung des Steuerbescheids nicht zuungunsten des Stpfl. berücksichtigt werden. Dies gilt auch für Entscheidungen, in denen dies sinngemäß zum Ausdruck kommt *(BFH-Urteil vom 10. 11. 1988 IV R 63/86, BStBl. 1989 II S. 198).* Auch die Fehlerbeseitigung nach § 177 ist nicht zulässig.

Dem Erlass eines Änderungsbescheids nach § 174 Abs. 4 AO steht der Vertrauensschutz nach § 176 Abs. 2 AO jedenfalls dann entgegen, wenn die FinVerw. die der Rspr. entgegenstehende begünstigende Verwaltungsvorschrift allen anderen Stpfl. gegenüber für eine Übergangszeit anwendet *(BFH-Urteil vom 24. 9. 1998 IV R 65/96, BStBl. 1999 II S. 46).*

Abs. 2 ist nicht anwendbar, wenn die oberste Behörde etc. selbst die Verwaltungsvorschrift aufhebt oder ändert.

Abs. 2 schützt den Stpfl. auch nicht, wenn die FinVerw. bei vertretbarer Auslegung weiterhin bestehender Verwaltungsvorschriften ihre ursprüngliche Rechtsansicht im Einklang mit der tatsächlichen Rechtslage bei Erlass eines Änderungsbescheids aufgibt *(BFH-Urteil vom 11. 10. 1988 VIII R 419/83, BStBl. 1989 II S. 284).*

Der Vertrauensschutz des Abs. 2 greift auch dann ein, wenn LSt mit einem Pauschalierungsbescheid nacherhoben wird; weil die Entrichtungsschuld des Arbeitgebers in den zuvor ergangenen LSt-Anmeldungen nicht zutreffend einbehalten oder übernommen worden war *(BFH-Urteile vom 15. 5. 1992 VI R 183/88, BStBl. 1993 II S. 829; vom 23. 10. 1992 VI R 65/91, BStBl. 1993 II S. 844).*

Nimmt der Umsatzsteuerjahresbescheid den Regelungsgehalt vorheriger Voranmeldungsfestsetzungen in sich auf, ist für die Prüfung, zu welchem Zeitpunkt die in § 176 Abs. 2 AO genannte allgemeine Verwaltungsvorschrift als nicht mit dem geltenden Recht in Einklang stehend bezeichnet wurde, auf die jeweilige Voranmeldungsfestsetzung abzustellen *(BFH-Urteil vom 6. 7. 2023 V R 5/21, BStBl. 2024 II S. 457).*

7 **5.** Wegen der sinngemäßen, eingeschränkten Anwendung des § 176 AO auf Neuveranlagungen der Grundsteuermessbeträge siehe § 17 Abs. 2 Nr. 2 GrStG sowie auf Fortschreibungen der Einheitswerte siehe § 22 Abs. 3 Sätze 2 und 3 BewG. Dies gilt entsprechend für Fortschreibungen der Grundsteuerwerte nach § 222 BewG.

AO

§ 177[1] Berichtigung von materiellen Fehlern

1 (1) **Liegen die Voraussetzungen für die Aufhebung oder Änderung eines Steuerbescheids zuungunsten des Steuerpflichtigen vor, so sind, soweit die Änderung reicht,[2] zugunsten und zuungunsten des Steuerpflichtigen solche materiellen Fehler zu berichtigen, die nicht Anlass der Aufhebung oder Änderung sind.**

2 (2) **Liegen die Voraussetzungen für die Aufhebung oder Änderung eines Steuerbescheids zugunsten des Steuerpflichtigen vor, so sind, soweit die Änderung reicht,[2] zuungunsten und zugunsten des Steuerpflichtigen solche materiellen Fehler zu berichtigen, die nicht Anlass der Aufhebung oder Änderung sind.**

3 (3)[3] **Materielle Fehler im Sinne der Absätze 1 und 2 sind alle Fehler einschließlich offenbarer Unrichtigkeiten im Sinne des § 129, die zur Festsetzung einer Steuer führen, die von der kraft Gesetzes entstandenen Steuer abweicht.**

4 (4) **§ 164 Absatz 2, § 165 Absatz 2 und § 176 bleiben unberührt.**

AEAO

Zu § 177 – Berichtigung von materiellen Fehlern:

5 **1.** Materieller Fehler ist jede objektive Unrichtigkeit eines Steuerbescheids. Materiell fehlerhaft ist ein Bescheid nicht nur, wenn bei Erlass des Steuerbescheids geltendes Recht unrichtig angewendet wurde, sondern auch dann, wenn der Steuerfestsetzung ein Sachverhalt zugrunde gelegt worden ist, der sich nachträglich als unrichtig erweist. Bei der Steuerfestsetzung nicht berücksichtigte Tatsachen sind deshalb, sofern sie zu keiner Änderung nach § 173 AO führen, nach § 177 AO zu berücksichtigen (BFH-Urteil vom 5. 8. 1986, IX R 13/81, BStBl. 1987 II S. 297). Auf ein Verschulden kommt es ebenso wenig an wie darauf, dass der Steueranspruch insoweit verjährt ist (BFH-Urteil vom 18. 12. 1991, X R 38/90, BStBl. 1992 II S. 504). Eine Berichtigung eines materiellen Fehlers nach § 177 AO ist deshalb auch dann zulässig und geboten, wenn eine isolierte Änderung dieses Fehlers oder seine Berichtigung nach § 129 AO wegen Ablaufs der Festsetzungsfrist nicht möglich wäre.

6 **2.** Die Möglichkeit der Berichtigung materieller Fehler ist bei jeder Aufhebung oder Änderung eines Steuerbescheids zu prüfen. Materielle Fehler sind zu berichtigen, soweit die Voraussetzungen für die Aufhebung oder Änderung eines Steuerbescheids zuungunsten (§ 177 Abs. 1 AO) oder zugunsten des Steuerpflichtigen (§ 177 Abs. 2 AO) vorliegen; die Voraussetzungen des § 177 Abs. 1 und 2 AO können auch nebeneinander vorliegen. Materielle Fehler dürfen nur innerhalb des Änderungsrahmens berichtigt, d. h. gegengerechnet werden. Liegen sowohl die Voraussetzungen für Änderungen zugunsten des Steuerpflichtigen als auch solche zu dessen Ungunsten vor, sind die oberen und unteren Grenzen der Fehlerberichtigung jeweils getrennt voneinander zu ermitteln (BFH-Urteile vom 9. 6. 1993, I R 90/92, BStBl. II S. 822, und vom 14. 7. 1993, X R 34/90, BStBl. 1994 II S. 77). Eine Saldierung der Änderungstatbestände zuungunsten und zugunsten des Steuerpflichtigen ist deshalb nicht zulässig (Saldierungsverbot).

7 **3.** Änderungsobergrenze ist der Steuerbetrag, der sich als Summe der bisherigen Steuerfestsetzung und der steuerlichen Auswirkung aller selbständigen steuererhöhenden Änderungstatbestände ergibt. Änderungsuntergrenze ist der Steuerbetrag, der sich nach Abzug der steuerlichen Auswirkung aller selbständigen steuermindernden Änderungstatbestände von der bisherigen Steuerfestsetzung ergibt.

---

[1] Siehe auch **AEAO vor §§ 172 bis 177.**

§ 177 Abs. 1 AO enthält keine selbständige Rechtfertigung, die getroffene Wahl der Gewinnermittlungsart zu ändern *(BFH-Urteil vom 27. 11. 2024 X R 1/23, BStBl. 2025 II S. 236).*

Die Kompensationsregelung des § 177 AO enthält in Abs. 1 und Abs. 2 zwei selbständige Tatbestände. Liegen sowohl die Voraussetzungen des Abs. 1 als auch diejenigen des Abs. 2 vor, sind die oberen und die unteren Grenzen der Fehlerberichtigung unabhängig voneinander zu ermitteln *(BFH-Urteil vom 14. 7. 1993 X R 34/90, BStBl. 1994 II S. 77).*

[2] Zur Ermittlung des Umfangs des Saldierungsrahmens iSd § 177 AO ist nicht allein auf den zu erlassenden Änderungsbescheid abzustellen. Vielmehr sind auch alle Änderungen heranzuziehen, die aufgrund der Anwendung selbständiger Korrekturvorschriften zugunsten und zulasten des Steuerpflichtigen in denjenigen Bescheiden vorgenommen worden sind, die dem zu erlassenden Änderungsbescheid vorangegangen, aber nicht formell bestandskräftig geworden sind *(BFH-Urteil vom 9. 8. 2006 II R 24/05, BStBl. 2007 II S. 87).*

[3] Ein saldierungsfähiger materieller Fehler iSd § 177 Abs. 3 AO ist auch dann gegeben, wenn das FA einen Grundlagenbescheid nicht rechtzeitig ausgewertet hat und daher durch die Vorschriften über die Festsetzungsverjährung an einer Auswertung gehindert ist *(BFH-Urteil vom 9. 8. 2006 II R 24/05 BStBl. 2007 II S. 87).*

Ein materieller Fehler i. S. des § 177 Abs. 3 AO liegt auch dann vor, wenn erst die nachträgliche, aber gleichwohl zulässige Ausübung eines Wahlrechts zu einer materiell unrichtigen Besteuerung führt *(BFH-Urteil vom 3. 3. 2011 IV R 35/09, BFH/NV S. 2045).*

Die Änderung des Wahlrechts auf Inanspruchnahme der ermäßigten Besteuerung nach § 34 Abs. 3 EStG kommt im Falle einer partiellen Durchbrechung der Bestandskraft nur in Betracht, wenn die damit verbundenen steuerlichen Folgen nicht über den durch § 351 Abs. 1 AO und § 177 AO gesetzten Rahmen hinausgehen Dies gilt auch dann, wenn die partielle Durchbrechung der Bestandskraft des Folgebescheids durch einen den Veräußerungsgewinn ändernden Grundlagenbescheid ausgelöst wird *(BFH-Urteil vom 20. 4. 2023 III R 25/22, BStBl. II S. 823).*

4. Die Auswirkungen materieller Fehler sind zu saldieren und dann, soweit der Änderungsrahmen reicht, zu berücksichtigen (Saldierungsgebot); vgl. BFH-Urteil vom 9. 6. 1993, I R 90/92, BStBl. II S. 822. Bei Änderungen zuungunsten des Steuerpflichtigen kann ein negativer (steuermindernder) Fehler-Saldo nur bis zur Änderungsuntergrenze berücksichtigt werden (§ 177 Abs. 1 AO). Bei Änderungen zugunsten des Steuerpflichtigen kann ein positiver (steuererhöhender) Fehler-Saldo nur bis zur Änderungsobergrenze berücksichtigt werden (§ 177 Abs. 2 AO). 8

Beispiele:

a) Es werden nachträglich Tatsachen bekannt, die zu einer um 5 000 € höheren Steuer führen. Zugleich werden materielle Fehler, die sich bei der früheren Festsetzung i. H. v. 6 000 € zugunsten des Steuerpflichtigen ausgewirkt haben, und materielle Fehler, die sich bei der früheren Festsetzung i. H. v. 8 500 € zum Nachteil des Steuerpflichtigen ausgewirkt haben, festgestellt.
Der Saldo der materiellen Fehler führt i. H. v. 2 500 € zu einer Minderung der Nachforderung.

b) Es werden nachträglich Tatsachen bekannt, die zu einer um 5 000 € höheren Steuer führen. Außerdem ist ein geänderter Grundlagenbescheid zu berücksichtigen, der zu einer um 5 500 € niedrigeren Steuer führt. Zugleich werden materielle Fehler festgestellt, die sich i. H. v. 8 500 € zugunsten und i. H. v. 6 000 € zuungunsten des Steuerpflichtigen ausgewirkt haben.
Der Saldo der materiellen Fehler (2 500 € zugunsten des Steuerpflichtigen) mindert die Änderung der Steuerfestsetzung zugunsten des Steuerpflichtigen aufgrund des geänderten Grundlagenbescheids (5 500 €). Die Differenz von 3 000 € ist mit der Nachforderung von 5 000 € wegen nachträglich bekannt gewordener Tatsachen zu verrechnen, so dass im Ergebnis eine Änderung des Steuerbescheids i. H. v. 2 000 € zuungunsten des Steuerpflichtigen vorzunehmen ist.

5. Soweit ein Ausgleich materieller Fehler nach § 177 AO nicht möglich ist, bleibt der Steuerbescheid fehlerhaft. Hierin liegt keine sachliche Unbilligkeit, da die Folge vom Gesetzgeber gewollt ist. 9

6. Zur Berichtigung materieller Fehler bei einer Berichtigung offenbarer Unrichtigkeiten nach § 129 AO vgl. AEAO zu § 129, Nr. 5; zur Berichtigung materieller Fehler bei der Änderung einer vorläufigen Steuerfestsetzung nach § 165 Abs. 2 Satz 2 AO vgl. AEAO zu § 165, Nr. 9. 10

IV. Kosten

§ 178 Kosten[1] bei besonderer Inanspruchnahme der Zollbehörden

AO

(1) **Die Behörden der Bundeszollverwaltung sowie die Behörden, denen die Wahrnehmung von Aufgaben der Bundeszollverwaltung übertragen worden ist, können für eine besondere Inanspruchnahme oder Leistung (kostenpflichtige Amtshandlung) Gebühren erheben und die Erstattung von Auslagen verlangen.** 1

(2) **Eine besondere Inanspruchnahme oder Leistung im Sinne des Absatzes 1 liegt insbesondere vor bei** 2

1. Amtshandlungen außerhalb des Amtsplatzes und außerhalb der Öffnungszeiten, soweit es sich nicht um Maßnahmen der Steueraufsicht handelt,

2. Amtshandlungen, die zu einer Diensterschwernis führen, weil sie antragsgemäß zu einer bestimmten Zeit vorgenommen werden sollen,

3. Untersuchungen von Waren, wenn

a) sie durch einen Antrag auf Erteilung einer verbindlichen Zolltarifauskunft, Gewährung einer Steuervergütung oder sonstigen Vergünstigungen veranlasst sind oder

b) bei Untersuchungen von Amts wegen Angaben oder Einwendungen des Verfügungsberechtigten sich als unrichtig oder unbegründet erweisen oder

c) die untersuchten Waren den an sie gestellten Anforderungen nicht entsprechen,

4. Überwachungsmaßnahmen in Betrieben und bei Betriebsvorgängen, wenn sie durch Zuwiderhandlungen gegen die zur Sicherung des Steueraufkommens erlassenen Rechtsvorschriften veranlasst sind,

5. amtlichen Bewachungen und Begleitungen von Beförderungsmitteln oder Waren,

6. Verwahrung von Nicht-Unionswaren,

7. Fertigung von Schriftstücken, elektronischen Dokumenten, Abschriften und Ablichtungen sowie bei der elektronischen Übersendung oder dem Ausdruck von elektronischen Dokumenten und anderen Dateien, wenn diese Arbeiten auf Antrag erfolgen,

8. Vernichtung oder Zerstörung von Waren, die von Amts wegen oder auf Antrag vorgenommen wird.

(3)[2] **Das Bundesministerium der Finanzen wird ermächtigt, durch Rechtsverordnung, die der Zustimmung des Bundesrates nicht bedarf, die kostenpflichtigen Amtshandlungen näher festzulegen, die für sie zu erhebenden Kosten nach dem auf sie entfallenden durchschnittlichen Verwaltungsaufwand zu bemessen und zu pauschalie-** 3

---

[1] Zur Ertragshoheit vgl. § 3 Abs. 4 AO.
Zum Rechtsbehelf vgl. § 348 Abs. 1 Nr. 10.

[2] Zum In-Kraft-Treten von § 178 Abs. 3 vgl. § 415 Abs. 2 AO.

AO

ren sowie die Voraussetzungen zu bestimmen, unter denen von ihrer Erhebung wegen Geringfügigkeit, zur Vermeidung von Härten oder aus ähnlichen Gründen ganz oder teilweise abgesehen werden kann.

4 **(4) ① Auf die Festsetzung der Kosten sind die für Verbrauchssteuern geltenden Vorschriften entsprechend anzuwenden. ② Im Übrigen gilt für diese Kosten das Verwaltungskostengesetz in der bis zum 14. August 2013 geltenden Fassung. ③ Die §§ 18 bis 22 des Verwaltungskostengesetzes in der bis zum 14. August 2013 geltenden Fassung finden keine Anwendung.**

2. Unterabschnitt. Gesonderte Feststellung von Besteuerungsgrundlagen, Festsetzung von Steuermessbeträgen

I. Gesonderte Feststellungen

§ 179 Feststellung von Besteuerungsgrundlagen

1 **(1) Abweichend von § 157 Absatz 2 werden die Besteuerungsgrundlagen durch Feststellungsbescheid[1] gesondert festgestellt, soweit dies in diesem Gesetz oder sonst[2] in den Steuergesetzen bestimmt ist.**

2 **(2) ① Ein Feststellungsbescheid richtet sich gegen den Steuerpflichtigen, dem der Gegenstand der Feststellung bei der Besteuerung zuzurechnen ist. ② Die gesonderte Feststellung wird gegenüber mehreren Beteiligten einheitlich vorgenommen, wenn dies gesetzlich bestimmt ist oder der Gegenstand der Feststellung mehreren Personen zuzurechnen ist.[3] ③ Ist eine dieser Personen an dem Gegenstand der Feststellung nur**

---

[1] Zur Bindungswirkung vgl. § 182 AO.
Zum Rechtsbehelf vgl. §§ 348, 351 AO.

Die Bindungswirkung der Regelungen eines Feststellungsbescheids wird durch den Feststellungsbereich begrenzt. Dies gilt gleichermaßen für die rechtlichen Erwägungen, die als sog. vorgreifliche Umstände den Regelungen (Verfügungssätzen) des Feststellungsbescheids zugrunde liegen *(BFH-Urteil vom 8. 11. 2005 VIII R 11/02, BStBl. 2006 II S. 253).*

Zur Selbständigkeit der einzelnen Regelungen eines Gewinnfeststellungsbescheids (Betriebsaufgabetatbestand, Höhe des Betriebsaufgabegewinns) und deren Bindungswirkung vgl. *BFH-Urteil vom 12. 10. 2005 VIII R 66/03, BStBl. 2006 II S. 307.*

Bescheide, mit denen die Besteuerungsgrundlagen für mehrere Personen festgestellt werden, richten sich gegen die Stpfl., denen der Gegenstand der Feststellung zuzurechnen ist. Wird ein Feststellungsbescheid nicht an alle Beteiligten gerichtet, für die er inhaltlich bestimmt ist, ist er nichtig *(BFH-Urteil vom 2. 7. 2004 II R 73/01, BFH/NV 2005 S. 214).*

BFH-Urteil vom 30. 9. 2015 II R 31/13, BStBl. 2016 II S. 637: 1. Feststellungsbescheide müssen ebenso wie Steuerbescheide hinreichend deutlich erkennen lassen, für wen sie inhaltlich bestimmt sind. 2. Die gesonderte und einheitliche Feststellung des Grundbesitzwertes erfolgt gegenüber der Erbengemeinschaft in Vertretung für die Miterben. Inhaltsadressaten der Feststellung sind die Miterben, für deren Besteuerung der Grundbesitzwert von Bedeutung ist. 3. Dem Bescheid über die gesonderte und einheitliche Feststellung des Grundbesitzwertes bei mehreren Miterben muss klar und eindeutig entnommen werden können, gegen welche Beteiligten der Erbengemeinschaft sich die Feststellungen richten.

BFH-Urteil vom 22. 6. 2006 IV R 31, 32/05, BStBl. 2007 II S. 687: 1. Der Bescheid über die Feststellung des verrechenbaren Verlustes iSd § 15 a Abs. 4 Satz 1 EStG ist Grundlagenbescheid für die Feststellung des Gewinns bzw. des ausgleichs- und abzugsfähigen Verlustes eines Kommanditisten gemäß §§ 179 Abs. 1 und 2, 180 Abs. 1 Nr. 2 Buchst. a AO.

Der Feststellungsbescheid gemäß § 10 a Abs. 4 Satz 1 EStG 2009 ist bezogen auf den Einkommensteuerbescheid ein Folgebescheid *(BFH-Urteil vom 10. 6. 2015 I R 79/13, BStBl. 2016 II S. 326).*

[2] Zur Feststellung des verbleibenden Verlustvortrags nach § 10 d Abs. 4 EStG vgl. *Vfg. OFD Frankfurt vom 25. 9. 2024,* nachstehend abgedruckt.

Die gesonderte Feststellung der Besteuerungsgrundlagen nach § 17 Abs. 3 GrEStG 1983 hat für alle von einem der GrESt unterliegenden Rechtsvorgang betroffenen Grundstücke in einem Verwaltungsakt zu erfolgen. Hat das FA in einem der artigen Fall durch Bescheid die Besteuerungsgrundlagen festgestellt, ist es gehindert, für denselben Rechtsvorgang in einem weiteren Bescheid Feststellungen über Besteuerungsgrundlagen (z. B. für ein bisher nicht berücksichtigtes Grundstück) zu treffen, wenn nicht die Voraussetzungen für eine Änderung des ursprünglichen Bescheids nach den allgemeinen verfahrensrechtlichen Vorschriften vorliegen *(BFH-Urteil vom 15. 6. 1994 II R 120/91, BStBl. II S. 819).*

Die Höhe der vortragsfähigen Gewerbeverluste ist gem. § 10 a Satz 2 GewStG für den jeweiligen Erhebungszeitraum gesondert festzustellen, für den ein GewSt-Messbescheid ergeht. Bei der Feststellung handelt es sich um einen Grundlagenbescheid für den GewSt-Messbescheid des Folgejahres *(BFH-Urteil vom 9. 6. 1999 I R 92/98, BStBl. 1999 II S. 733).*

Ein Bescheid über die einheitliche und gesonderte Feststellung von ertragsteuerrechtlichen Besteuerungsgrundlagen ist nicht deswegen nichtig, weil er nicht alle Beteiligten enthält *(BFH-Urteil vom 19. 11. 2009 IV R 89/06, BFH/NV 2010 S. 818).*

[3] Erzielen Miteigentümer eines Wohn- und Geschäftshauses aus der gemeinsamen Vermietung einer Wohnung gemeinschaftlich Einkünfte aus Vermietung und Verpachtung, so sind diese unabhängig davon, ob und in welchem Umfang die Miteigentümer die übrigen Räumlichkeiten des Hauses jeweils selbst nutzen, den Miteigentümern grundsätzlich entsprechend ihren Miteigentumsanteilen zuzurechnen und gesondert und einheitlich festzustellen *(BFH-Urteil vom 26. 1. 1999 IX R 17/95, BStBl. II S. 360).*

Bei einer Mehrheit von Erben, denen ein zum Nachlass gehörendes Grundstück zuzurechnen ist, ist der Grundstückswert gegenüber allen Miterben nach § 138 Abs. 5 Satz 3 BewG i. V. m. § 179 Abs. 2 Satz 2 AO gesondert und einheitlich festzustellen *(BFH vom 8. 10. 2003 II R 27/02, BStBl. 2004 II S. 179).*

BFH-Urteil vom 22. 9. 2011 IV R 8/09, BStBl. 2012 II S. 183: 1. Bei Mitunternehmerschaften ist der auf den einzelnen Mitunternehmer entfallende Anteil am Gewerbesteuer-Messbetrag nach § 35 Abs. 3 Satz 1 EStG 2002 für sämtliche Mitunternehmer gesondert und einheitlich festzustellen. 2. Das für die gesonderte und einheitliche Feststellung nach § 35 Abs. 3 Satz 1 EStG 2002 zuständige Finanzamt hat lediglich zu prüfen, ob eine Mitunternehmerstellung (§ 15 Abs. 1 Satz 1 Nr. 2 Satz 1 EStG) des Feststellungsbeteiligten vorliegt. Ob und inwieweit für den Beteiligten die Möglichkeit einer Anrechnung besteht, ist für die Feststellung ohne Bedeutung. 3. Auch die Bindungswirkung eines Feststellungsbescheids nach § 35 Abs. 3 Satz 1 EStG 2002 erstreckt sich nur auf die einzelnen Mitunternehmer.

[Fortsetzung nächste Seite]

über eine andere Person beteiligt, so kann insoweit eine besondere gesonderte Feststellung vorgenommen werden.[1]

(3) **Soweit in einem Feststellungsbescheid eine notwendige Feststellung unterblieben ist, ist sie in einem Ergänzungsbescheid nachzuholen.**[2] 3

AEAO zu § 179 – Feststellung von Besteuerungsgrundlagen: AEAO

1. Abweichend von dem Grundsatz, dass die Besteuerungsgrundlagen einen unselbständigen Teil des Steuerbescheids bilden (§ 157 Abs. 2 AO), sehen die §§ 179 ff. AO bzw. entsprechende Vorschriften der Einzelsteuergesetze (z. B. § 2 a, § 10 b Abs. 1, § 10 d Abs. 4, § 15 a Abs. 4, § 39 Abs. 1 Satz 4 EStG; §§ 27, 28 und 38 KStG, § 151 BewG, § 17 GrEStG) in bestimmten Fällen eine gesonderte Feststellung der Besteuerungsgrundlagen vor. Die gesonderte Feststellung ist zugleich einheitlich vorzunehmen, wenn die AO oder ein Einzelsteuergesetz (z. B. § 15 a Abs. 4 Satz 6 EStG) dies besonders vorschreiben oder wenn der Gegenstand der Feststellung bei der Besteuerung mehreren Personen zuzurechnen ist (§ 179 Abs. 2 Satz 2 2. Alternative AO). Für das Feststellungsverfahren sind die Vorschriften über die Durchführung der Besteuerung sinngemäß anzuwenden (§ 181 Abs. 1 AO). 4

[Fortsetzung]

Wird ein Personengesellschafter als Person, die an der gesonderten Feststellung von Einkünften gegenüber mehreren Personen beteiligt ist (§ 179 Abs. 2 Satz 2 AO), im Wege der Verschmelzung auf einen anderen Rechtsträger aufgelöst und der andere Rechtsträger Gesamtrechtsnachfolger, sind die anteiligen Einkünfte des bisherigen Personengesellschafters seinem Rechtsnachfolger zuzurechnen. Mit Eintritt der Rechtsnachfolge ist der Rechtsnachfolger Inhaltsadressat und Bekanntgabeadressat eines Bescheids über die gesonderte und einheitliche Feststellung der Besteuerungsgrundlagen gemäß §§ 179 Abs. 2 Satz 2, 180 Abs. 1 Nr. 2 Buchst. a AO *(BFH-Urteil vom 8. 9. 2011 IV R 43/07, BFH/NV 2012 S. 222).*

---

[1] Über den Abzug von Aufwendungen eines am Gesellschaftsanteil an einer Personengesellschaft atypisch still Unterbeteiligten kann nur dann im Verfahren der gesonderten und einheitlichen Feststellung der Einkünfte aus der Hauptgesellschaft entschieden werden, wenn auch die Hauptgesellschaft mit der Einbeziehung der Unterbeteiligung in ihr Feststellungsverfahren einverstanden ist *(BFH-Urteil vom 2. 3. 1995 IV R 135/92, BStBl. II S. 531).*

Beteiligen sich mehrere Personen über einen Treuhänder am Vermögen einer Personengesellschaft, werden grundsätzlich zwei Gewinnfeststellungsverfahren durchgeführt. In der ersten Stufe wird festgestellt, welchen Gewinn die Personengesellschaft erzielt hat und wie sich dieser Gewinn auf ihre Gesellschafter, also einschließlich des Treuhänder-Kommanditisten, verteilt. In einer weiteren Gewinnfeststellung wird der für den Treuhänder festgestellte Gewinnanteil auf die Treugeber aufgeteilt. Wurde aber lediglich ein Verfahren der ersten Stufe durchgeführt und wird dieser Feststellungsbescheid aufgehoben und ein negativer Gewinnfeststellungsbescheid erlassen, ist für ein anschließendes Verfahren der zweiten Stufe kein Raum mehr. Der Aufhebungsbescheid, der äußerlich mit der Ablehnung der Anträge auf Durchführung von einheitlichen und gesonderten Feststellungen verbunden wurde, ist auch Grundlage für die Änderung der ESt-Festsetzungen der Treugeber *(BFH-Urteil vom 28. 11. 2001 X R 23/97, BFH/NV 2002 S. 614).*

BFH-Urteil vom 16. 5. 2013 IV R 35/10, BFH/NV S. 1945: 1. Über die Frage, ob ein Treugeber Mitunternehmer einer gewerblich tätigen Personengesellschaft ist, ist im zweistufigen Verfahren auf der zweiten Stufe des Feststellungsverfahrens zu entscheiden. 2. Dem Treugeber steht gegen die die Personengesellschaft betreffenden Feststellungen auf der ersten Stufe des Feststellungsverfahrens kein Klagerecht zu.

Ist in einem Gewinnfeststellungsbescheid bei einem **offenen Treuhandverhältnis** anstelle des Treuhänders der Treugeber genannt, dann kann der Ergänzungsbescheid, durch den der Treuhänder in die Gewinnfeststellung einbezogen werden soll, auch dann, wenn die Feststellungsfrist für die auf der ersten Stufe des Verfahrens zu treffenden Feststellungen abgelaufen ist, noch ergehen, wenn die Feststellungsfrist für die gesonderte Feststellung gegenüber dem Treugeber auf der zweiten Stufe nicht abgelaufen, sondern der Ablauf aufgrund der rechtzeitigen Anfechtung dieses Bescheides gehemmt ist *(BFH-Urteil vom 13. 7. 1999 VIII R 76/97, BStBl. II S. 747).*

Sind an den Einkünften einer ausländischen Personengesellschaft neben einer Personengesellschaft mit im Inland steuerpflichtigen Gesellschaftern lediglich Personen beteiligt, die nicht im Inland steuerpflichtig sind, so können die Einkünfte unmittelbar der inländischen Gesellschaft gegenüber festgestellt werden. Eines mehrstufigen Feststellungsverfahrens bedarf es dann nicht *(BFH-Urteil vom 9. 12. 2010 I R 49/09, BStBl. II 2011 S. 482).*

[2] Wird die in einer Feststellungserklärung für die Eintragung von Sonderbetriebsausgaben vorgesehene Zeile nicht ausgefüllt und stellt das Finanzamt dementsprechend die Besteuerungsgrundlagen ohne Berücksichtigung von Sonderbetriebsausgaben fest, ist keine notwendige Feststellung von Sonderbetriebsausgaben i. S. des § 179 Abs. 3 AO unterblieben und der Feststellungsbescheid nicht zu ergänzen *(BFH-Urteil vom 26. 4. 2012 IV R 19/09, BFH/NV S. 1569).*

Die Feststellung des Veräußerungsgewinns kann auch nicht im Wege eines Ergänzungsbescheids i. S. von § 179 Abs. 3 AO nachgeholt werden, wenn ein Feststellungsbescheid im Rahmen einer Mitunternehmerschaft nur einen laufenden Gewinn feststellt und damit zugleich die negative Feststellung enthält, dass nicht noch zusätzlich ein Veräußerungsgewinn entstanden ist; dieser Feststellungsbescheid ist insoweit nicht lückenhaft, sondern materiell unrichtig *(BFH-Urteil vom 3. 3. 2011 IV R 8/08, BFH/NV S. 1649).*

Das Fehlen einer Feststellung zu § 32 c EStG in einer einheitlichen und gesonderten Gewinnfeststellung stellt eine Lücke iSd § 179 Abs. 3 AO dar *(BFH-Urteil vom 6. 12. 2005 VIII R 99/02, BFH/NV 2006 S. 1041).*

Enthält der Bescheid über die gesonderte und einheitliche Feststellung des (gewerblichen) Gewinns keine Feststellung zur Tarifbegrenzung nach § 32 c EStG a. F., so entfaltet dieser Grundlagenbescheid insoweit keine Bindungswirkung für die Einkommensteuerbescheide der Gesellschafter/Gemeinschafter. Hat die Finanzbehörde in diesem Fall im bestandskräftigen Einkommensteuerbescheid gegenüber einem Gesellschafter/Gemeinschafter zu Unrecht die Tarifbegrenzung nach § 32 c EStG a. F. gewährt, so kann dieser Fehler nicht im Wege der Änderung nach § 175 Abs. 1 Satz 1 Nr. 1 AO korrigiert werden *(BFH-Urteil vom 22. 8. 2007 X R 39/02 BStBl. 2008 II S. 4).*

Hat das FA den verbleibenden Verlustvortrag nur für bestimmte Einkunftsarten gesondert festgestellt, ist eine fehlende Feststellung für eine weitere Einkunftsart nicht in einem Ergänzungsbescheid nachzuholen *(BFH-Urteil vom 17. 12. 2008 IX R 94/07, BStBl. 2009 II S. 444).*

Ist in einer Erklärung zur einheitlichen und gesonderten Feststellung von Einkünften aus Vermietung und Verpachtung einer GbR die für Sonderwerbungskosten vorgesehene Spalte gestrichen und stellt das FA entsprechend dieser Erklärung die Einkünfte ohne Berücksichtigung von Sonderwerbungskosten fest, so ist keine notwendige Feststellung von Sonderwerbungskosten i. S. von § 179 Abs. 3 AO unterblieben und der Feststellungsbescheid nicht zu ergänzen *(BFH-Urteil vom 25. 2. 2009 IX R 43/07, BFH/NV S. 1235).*

5 **2.** Voraussetzung für den Erlass eines Ergänzungsbescheids nach § 179 Abs. 3 AO ist, dass der vorangegangene Feststellungsbescheid wirksam, aber unvollständig bzw. lückenhaft ist. In einem Ergänzungsbescheid sind nur solche Feststellungen nachholbar, die in dem vorangegangenen Feststellungsbescheid „unterblieben" sind. Eine Feststellung ist unterblieben, wenn sie im Feststellungsbescheid hätte getroffen werden müssen, tatsächlich aber – aus welchen Gründen auch immer – nicht getroffen worden ist. Die Vorschrift des § 179 Abs. 3 AO durchbricht nicht die Bestandskraft wirksam ergangener Feststellungsbescheide. Inhaltliche Fehler in rechtlicher oder tatsächlicher Hinsicht können daher nicht in einem Ergänzungsbescheid korrigiert werden (BFH-Urteil vom 15. 6. 1994, II R 120/91, BStBl. II S. 819; BFH-Urteil vom 11. 5. 1999, IX R 72/96, BFH/NV S. 1446).

Ein Ergänzungsbescheid ist beispielsweise zulässig zur Nachholung:
- der Feststellung, ob und in welcher Höhe ein Freibetrag nach § 16 Abs. 4 EStG zu gewähren ist;
- der Feststellung, wie der Gewinn zu verteilen ist (vgl. BFH-Urteil vom 13. 12. 1983,VIII R 90/81, BStBl. 1984 II S. 474);
- des Hinweises über die Reichweite der Bekanntgabe gem. § 183 Abs. 1 Satz 5 AO (BFH-Urteil vom 13. 7. 1994, XI R 21/93, BStBl. II S. 885);
- der Feststellung und der Verteilung des Betrags der einbehaltenen Kapitalertragsteuer und der anrechenbaren Körperschaftsteuer (§ 180 Abs. 5 Nr. 2 AO);
- der Feststellung über das Ausscheiden eines Gesellschafters während eines abweichenden Wirtschaftsjahres (BFH-Beschluss vom 22. 9. 1997, IV B 113/96, BFH/NV 1998 S. 454).

Eine Feststellung ist nicht unterblieben und kann daher auch nicht nachgeholt werden, wenn sie im Feststellungsbescheid ausdrücklich abgelehnt worden ist. Deshalb kann durch den Erlass eines Ergänzungsbescheids nicht nachgeholt werden:
- die im Feststellungsverfahren unterbliebene Entscheidung, ob ein steuerbegünstigter Gewinn vorliegt, wenn das Finanzamt den Gewinn bisher insgesamt als laufenden Gewinn festgestellt hat (BFH-Urteile vom 26. 11. 1975, I R 44/74, BStBl. 1976 II S. 304, und vom 24. 7. 1984, VIII R 304/81, BStBl. II S. 785);
- die bei einer Feststellung nach § 180 Abs. 1 Satz 1 Nr. 2 Buchstabe a AO zu Unrecht unterbliebene Berücksichtigung von Sonderbetriebseinnahmen oder -ausgaben;
- ein fehlender oder unklarer Hinweis i. S. v. § 181 Abs. 5 Satz 2 AO (BFH-Urteil vom 18. 3. 1998, II R 45/96, BStBl. II S. 426; BFH-Urteil vom 24. 6. 1998, II R 17/95, BFH/NV 1999 S. 282).

Der Erlass eines Ergänzungsbescheids steht nicht im Ermessen der Finanzbehörde.

6 **3.** Wegen der Anpassung der Folgebescheide an den Feststellungsbescheid wird auf § 175 Abs. 1 Satz 1 Nr. 1 AO hingewiesen, wegen der Einspruchsbefugnis bei Feststellungsbescheiden auf § 351 Abs. 2 und §§ 352, 353 AO.

7 **4.** Bei der atypisch stillen Beteiligung an einer rechtsfähigen Personengesellschaft (vgl. § 14a Abs. 2 AO) entsteht eine doppelstöckige Personengesellschaftsstruktur mit der rechtsfähigen Personengesellschaft als Geschäftsinhaberin und Obergesellschaft und der atypisch stillen Gesellschaft (Innengesellschaft i. S. d. § 14a Abs. 4 AO) als Untergesellschaft (vgl. BFH-Urteil vom 4. 4. 2023, IV R 19/20, BFH/NV S. 1062). In diesen Fällen ist grundsätzlich eine eigene gesonderte und einheitliche Gewinnfeststellung für die Innengesellschaft einerseits und die rechtsfähige Personengesellschaft andererseits durchzuführen (vgl. BFH-Urteile vom 13. 10. 2016, IV R 20/14, BFH/NV 2017, S. 475, und vom 19. 11. 2024, VIII R 10/22, BFH/NV 2025 S. 373). Die zivil- und steuerrechtliche Verselbständigung jeder Gesellschaft oder Gemeinschaft schließt es grundsätzlich aus, die Besteuerungsgrundlagen für verschiedene Gesellschaften/Gemeinschaften in einem Bescheid gesondert und einheitlich festzustellen (BFH-Urteil vom 21. 10. 2015, IV R 43/12, BStBl. 2016 II S. 517).

4.1 Gleiches gilt für den Fall der atypisch stillen Unterbeteiligung am Anteil des Gesellschafters einer rechtsfähigen Personengesellschaft (als Hauptgesellschaft). Die Besteuerungsgrundlagen für die Hauptgesellschaft und die atypisch stille Innengesellschaft (als Unterbeteiligung) dürfen grundsätzlich nicht in einem Bescheid gesondert und einheitlich festgestellt werden.

Die Berücksichtigung der Unterbeteiligung im Feststellungsverfahren für die Hauptgesellschaft ist nur mit Einverständnis aller Beteiligten – Hauptgesellschaft und deren Gesellschafter sowie des Unterbeteiligten – zulässig (vgl. u. a. BFH-Urteil vom 2. 3. 1995, IV R 135/92, BStBl. II S. 531). Das Einverständnis der Beteiligten gilt als erteilt, wenn die Unterbeteiligung in der Feststellungserklärung für die Hauptgesellschaft geltend gemacht wird.

4.2 Die örtliche Zuständigkeit für die besondere gesonderte und einheitliche Feststellung für die atypisch stille Gesellschaft richtet sich i. d. R. nach der Zuständigkeit für die Ober- bzw. Hauptgesellschaft.

4.3 Ist dagegen eine rechtsfähige Personengesellschaft atypisch still an einer Kapitalgesellschaft beteiligt, dürfen die Feststellungen der Einkünfte aus der Personengesellschaft und der Einkünfte aus der atypisch stillen Gesellschaft nicht in einem einheitlichen Bescheid getroffen werden. Hier sind zunächst die von der Kapitalgesellschaft als Inhaber des Handelsgeschäfts und der rechtsfähigen Personengesellschaft als atypisch stiller Gesellschafter gemeinschaftlich erzielte Einkünfte gesondert und einheitlich festzustellen. Die in diesem Grundlagenbescheid festgestellten Einkünfte sind dann einerseits in den Körperschaftsteuerbescheid der Kapitalgesellschaft und andererseits in den die rechtsfähige Personengesellschaft betreffenden eigenständigen Bescheid über die gesonderte und einheitliche Feststellung ihrer Einkünfte zu übernehmen (BFH-Urteil vom 21. 10. 2015, IV R 43/12, BStBl. 2016 II S. 517).

5. Die Gewinnanteile des Unterbeteiligten bei einer typischen stillen Unterbeteiligung sind als Sonderbetriebsausgaben des Hauptbeteiligten im Feststellungsverfahren zu berücksichtigen (BFH-Urteil vom 9. 11. 1988, I R 191/84, BStBl. 1989 II S. 343). Eine Nachholung des Sonderbetriebsausgabenabzugs im Veranlagungsverfahren des Hauptbeteiligten ist nicht zulässig. 8

6. Ist eine Person oder Personenvereinigung (Treugeber) über einen Treuhänder Gesellschafter einer rechtsfähigen Personengesellschaft (Treuhand-Beteiligung) beteiligt, ist grundsätzlich eine gesonderte und einheitliche Gewinnfeststellung für die rechtsfähige Personengesellschaft einerseits und für das Treuhandverhältnis andererseits durchzuführen. 9

Im Feststellungsverfahren für die rechtsfähige Personengesellschaft wird festgestellt, welchen Gewinn die Feststellungsbeteiligten erzielt haben und wie sich dieser Gewinn auf ihre Gesellschafter (darunter den Treuhänder) verteilt.

Im Feststellungsverfahren für das Treuhandverhältnis wird festgestellt, ob der Treugeber Mitunternehmer der rechtsfähigen Personengesellschaft ist, und der für den Treuhänder im Feststellungsverfahren für die rechtsfähige Personengesellschaft festgestellte Gewinnanteil gem. § 179 Abs. 2 Satz 3 AO dem Treugeber zugerechnet, soweit das Treuhandverhältnis reicht (vgl. BFH-Urteile vom 28. 11. 2001, X R 23/97, BFH/NV 2002 S. 614, und vom 16. 5. 2013, IV R 35/10, BFH/NV S. 1945).

Nur wenn es sich um ein offenes Treuhandverhältnis handelt, können die beiden – verfahrensrechtlich eigenständigen – Feststellungsverfahren in einem Bescheid miteinander verbunden werden (vgl. BFH-Urteil vom 28. 11. 2011, X R 23/97, a. a. O.).

Besteht eine Personengesellschaft nur aus zwei Gesellschaftern und hält der eine seine Beteiligung als Treuhänder für den anderen, ist keine einheitliche und gesonderte Feststellung durchzuführen, da sämtliche Einkünfte einem Gesellschafter (als Gesellschafter bzw. als Treugeber) zuzurechnen sind. Die Personengesellschaft wird steuerrechtlich dann wie ein Einzelunternehmer behandelt (vgl. BFH-Urteil vom 1. 10. 1992, IV R 130/90, BStBl. 1993 II S. 574).

Verfügung betr. Feststellung des verbleibenden Verlustvortrags; Verfahrensfragen Anl

Vom 25. September 2024 (BeckVerw 643541)

(OFD Frankfurt S 2225 A-00002-0357-St 29)

I. Antragstellung

Antragstellung vor dem 14. 12. 2010 10

Eine formlose Antragstellung auf Durchführung der Verlustfeststellung ist nicht möglich. Vielmehr ist die Verlustfeststellungserklärung auf amtlichem Vordruck abzugeben (§ 181 Abs. 1 i. V. m. § 150 Abs. 1 AO und § 51 Abs. 4 Nr. 1 Buchst. c EStG).

Wegen der Bezugnahme auf die Einkommensteuerfestsetzung sind dabei die beiden Kästchen „Einkommensteuererklärung" und „Erklärung zur Feststellung des verbleibenden Verlustvortrags" anzukreuzen.

Fehlt das Kreuz bei „Einkommensteuererklärung", bitte ich aus Praktikabilitätsgründen davon auszugehen, dass die Einkommensteuererklärung ebenfalls gemeint war, wenn die Umstände des Einzelfalls diesen Schluss zulassen, z. B. aufgrund vorangegangenen Schriftverkehrs, wenn der Steuerpflichtige nicht beraten ist oder die Erklärung bis zum Ende ausgefüllt wurde.

Wurde dagegen die Erklärung durch einen Angehörige der steuerberatenden Berufe erstellt, dem die Verfahrensvorschriften bekannt sind, oder fehlen Angaben zu Sonderausgaben, außergewöhnlichen Belastungen etc., macht dies Rückfragen erforderlich. Nur wenn ausnahmsweise keine Klärung herbeigeführt werden kann, ist die Verlustfeststellung wegen fehlender Einkommensteuererklärung abzulehnen.

II. Verlustkompensation durch bereits festsetzungsverjährte Einkommensteuerveranlagungen

Ein verbleibender Verlustvortrag kann lt. BFH-Urteil vom 29. 6. 2011 IX R 38/10 (BStBl. II S. 963) nach Ablauf der Feststellungsfrist nicht mehr nach § 181 Abs. 5 Satz 1 AO gesondert festgestellt werden, wenn der Steuerpflichtige in den bereits festsetzungsverjährten Veranlagungszeiträumen, in die der Verlust nach § 10d Abs. 2 EStG hätte vorgetragen werden müssen, über zur Verlustkompensation ausreichende Gesamtbeträge der Einkünfte verfügt. 11

Sofern die Gesamtbeträge der Einkünfte nur zur teilweisen Verlustkompensation ausreichen, tritt für die bereits verjährten Vortragsjahre ein Verlustverbrauch ein, ohne dass es zur Änderung der Einkommensteuerbescheide kommt. Zum jeweiligen Jahresende ist dann ein Verlustfeststellungsbescheid zu erlassen, der den Verlustverbrauch dokumentiert und den verbleibenden vortragsfähigen Verlust ausweist. Erst ab dem nächsten, noch nicht festsetzungsverjährten Veranlagungszeitraum ist der dann noch verbliebende vortragsfähige Verlust ggf. abzugsfähig.

III. Verhältnis zwischen Einkommensteuerbescheid und Verlustfeststellungsbescheid

Nach § 10d Abs. 4 Satz 4 EStG sind bei der Feststellung des verbleibenden Verlustvortrags die Besteuerungsgrundlagen so zu berücksichtigen, wie sie den Steuerfestsetzungen des Veranlagungszeitraums, auf dessen Schluss der verbleibende Verlustvortrag festgestellt wird, und des Veranlagungszeitraums, in dem ein Verlustrücktrag vorgenommen werden kann, zu Grunde gelegt worden sind. Eine entsprechende Anwendung der Regelungen in § 171 Abs. 10 AO (Ablaufhemmung), § 175 Abs. 1 Nr. 1 12

Anl AO (Änderung von Folgebescheiden) sowie § 351 Abs. 2 AO und § 42 FGO (Anfechtung von Folgebescheiden) lässt der jeweiligen Steuerfestsetzung eine inhaltliche Bindungswirkung für die Verlustfeststellung zukommen, ohne jedoch verfahrensrechtlich ein Grundlagenbescheid i. S. d. § 182 AO zu sein.

§ 10 d Abs. 4 Satz 5 EStG lässt eine Ausnahme von der Bindungswirkung der Steuerfestsetzung für die Verlustfeststellung nur für den Fall zu, dass die Aufhebung, Änderung oder Berichtigung der Steuerfestsetzung ausschließlich mangels Auswirkung auf die Höhe der festzusetzenden Steuer unterbleibt.

Ist der Einkommensteuerbescheid des Verlustentstehungsjahres bestandskräftig geworden und auch nicht nach den Vorschriften der AO änderbar, kann einem später gestellten Antrag auf Verlustfeststellung für einen nicht bei der Einkommensteuerveranlagung berücksichtigten Verlust nicht entsprochen werden.

Dies gilt nach dem Urteil des FG Baden-Württemberg vom 17. 1. 2017 11 K 1669/13 auch dann, wenn der Verlust bereits vor der Gesetzesänderung des § 10 d Abs. 4 Sätze 4 und 5 EStG durch das JStG 2010 vom 8. 12. 2010 (BGBl. I Nr. 62 S. 1768 vom 13. 12. 2010) entstanden ist. Mit Gerichtsbescheid vom 11. 10. 2017 IX R 15/17 hat der BFH diese Rechtsauffassung bestätigt.

Mit der Regelung des § 10 d Abs. 4 Satz 4 EStG i. d. F. des JStG 2010 werde eine inhaltliche Bindung des Verlustfeststellungsbescheides an den Einkommensteuerbescheid erreicht, obwohl der Einkommensteuerbescheid kein Grundlagenbescheid sei. Daraus folge, dass im Feststellungsverfahren des verbleibenden Verlustvortrags die Einkünfte nicht eigenständig zu ermitteln seien. Werde der Einkommensteuerbescheid bestandskräftig und berücksichtige er keinen Verlust, komme eine Verlustfeststellung nur noch in Betracht, wenn und soweit der Steuerbescheid des Verlustentstehungsjahres nach den Vorschriften der AO änderbar sei.

Zudem sei die Regelung in § 52 Abs. 25 Satz 5 EStG i. d. F. des JStG 2010, nach der § 10 d Abs. 4 Sätze 4 und 5 EStG auf alle nach dem 13. 12. 2010 abgegebenen Erklärungen zur Feststellung des verbleibenden Verlustvortrags anzuwenden ist, von Verfassungs wegen nicht zu beanstanden. Sie überschreite nicht die Grenzen einer verfassungsrechtlich zulässigen Rückwirkung.

IV. Anfechtbarkeit von Verlustfeststellungsbescheiden

Einsprüche gegen Verlustfeststellungsbescheide, mit denen eine geänderte Feststellung des verbleibenden Verlustvortags der Höhe nach beantragt wird, sind nach § 351 Abs. 2 AO i. V. m. § 10 d Abs. 4 Satz 4 EStG unbegründet (siehe AEAO zu § 351, Nr. 4). Hier muss die zugrunde liegende Einkommensteuerfestsetzung angefochten werden. Zu den Besonderheiten in Körperschaftsteuerfällen siehe ergänzend Rz. 20.

13 Dies gilt trotz fehlender Beschwer nach § 350 AO auch dann, wenn die Steuerfestsetzung auf 0,– € lautet, da der Einspruch gegen die Steuerfestsetzung die Änderungsmöglichkeit nach § 10 d Abs. 4 Satz 5 EStG für die Verlustfeststellung eröffnet (siehe AEAO zu § 350 AO, Nr. 3 b). Ist der zugrunde liegende Einkommensteuerbescheid allerdings vorläufig nach § 165 AO ergangen und wurde keine Aussetzung der Vollziehung beantragt, fehlt es am Rechtsschutzbedürfnis und Einsprüche sind aus diesem Grund unzulässig. Eine Anfechtung ist in diesen Fällen auch nicht erforderlich.

Unterbleibt eine Verlustfeststellung, obwohl die Besteuerungsgrundlagen in zutreffender Höhe im Steuerbescheid erfasst wurden, ist zunächst ein Antrag auf Erlass eines Verlustfeststellungsbescheides zu stellen und ggf. gegen dessen Ablehnung im Einspruchswege vorzugehen.

Begehrt der Steuerpflichtige den erstmaligen oder geänderten Verlustrücktrag, ist ein Einspruch gegen den Verlustfeststellungsbescheid zulässig.

V. Verjährung

14 Bei der Feststellungsfrist des Verlustfeststellungsbescheids ist die Anlaufhemmung nach § 170 Abs. 2 Satz 1 Nr. 1 AO sinngemäß zu berücksichtigen (§ 181 Abs. 1 Satz 1 AO). D. h., die Feststellungsfrist beginnt mit Ablauf des Kalenderjahres, in dem die Feststellungserklärung eingereicht worden ist, spätestens jedoch mit Ablauf des dritten Kalenderjahres, das dem Kalenderjahr folgt, auf dessen Schluss der Verlustabzug verbleibt.

Nach § 10 d Abs. 4 Satz 6 EStG endet sie nicht, bevor die Festsetzungsfrist für den Veranlagungszeitraum abgelaufen ist, auf dessen Schluss der verbleibende Verlustvortrag gesondert festzustellen ist; § 181 Abs. 5 AO, wonach die Feststellung auch nach Eintritt der Verjährung noch möglich ist, wenn sie für eine Steuerfestsetzung von Bedeutung ist, deren Festsetzungsfrist noch nicht abgelaufen ist, kommt nur zur Anwendung, wenn das Finanzamt die Feststellung des Verlustvortrags pflichtwidrig unterlassen hat.

Sofern erst jetzt entsprechende Verluste nachträglich geltend gemacht werden, liegt kein pflichtwidriges Unterlassen des Finanzamts vor, und § 181 Abs. 5 AO kommt nicht zur Anwendung. Die zur Frage, ob in der Nichtanwendbarkeit des § 181 Abs. 5 EStG eine verfassungsrechtlich unzulässige Rückwirkung besteht, eingelegte Verfassungsbeschwerde (Az. 1 BvR 2582/16) hat das BVerfG mit Beschluss vom 29. 3. 2018 nicht zur Entscheidung angenommen.

Der BFH hat mit Urteil vom 13. 1. 2015 IX R 22/14 (BStBl. II S. 829) entschieden, dass für nicht feststellungsverjährte Jahre ein Verlustfeststellungsbescheid auch dann noch ergehen kann, wenn für das Verlustentstehungsjahr kein Einkommensteuerbescheid existiert, und auch nicht mehr erlassen werden kann, weil bereits Festsetzungsverjährung eingetreten ist.

VI. Begründung von Ablehnungen

15 Sollten nach den vorstehenden Grundsätzen Anträge auf Verlustfeststellungen abgelehnt werden müssen, bitte ich, diese Ablehnungen vorrangig mit den verfahrensrechtlichen Argumenten zu begründen und erst nachrangig auf materiell-rechtliche Gründe und ggf. Verfahrensruhe einzugehen.

VII. Verlustrücktrag

16 Über die Höhe des zurückzutragenden Verlustes wird im Rücktragsjahr entschieden. Rn. 19

VIII. Anwendbarkeit auf Körperschaftsteuerfälle

Die in dieser Rundverfügung enthaltenen Anweisungen sind grundsätzlich auch bei Körperschaftsteuerfällen anzuwenden (Verweis auf Vorschriften des EStG gem. § 8 Abs. 1 Satz 1 KStG und R 8.1 Abs. 1 Nr. 1 KStR 2015). 17

In Fällen des § 8 c KStG bitte ich, ergänzend zu Rz. 10 ff. Folgendes zu beachten:

Findet § 8 c KStG Anwendung, dürfen die noch nicht abgezogenen oder ausgeglichenen Verluste quotal (§ 8 c Abs. 1 Satz 1 KStG) nicht (mehr) weiter genutzt werden. Über die weitere Nutzung der Verluste ist zum Ende des Veranlagungszeitraums zu entscheiden, in dem das schädliche Ereignis eingetreten ist.

Die Feststellung über die steuerliche Berücksichtigungsfähigkeit wirkt sich für den „laufenden" Verlust (bis zum schädlichen Ereignis) und für einen Verlustabzug nach § 10 d EStG bei einem ausreichen hohen positiven Gesamtbetrag der Einkünfte im Körperschaftsteuerbescheid aus, der wiederum Bindungswirkung auf den Verlustfeststellungsbescheid zum 31. 12. dieses Jahres hat. Soweit der Gesamtbetrag der Einkünfte so gering ist, dass es auf einen Verlustabzug nach § 10 d EStG nicht ankommt („Nullfestsetzung der Körperschaftsteuer"), wird die Entscheidung zu § 8 c KStG im Verlustfeststellungsbescheid zum 31. 12. des Jahres des schädlichen Erwerbs getroffen.

Fraglich ist, ob in Fällen der „Nullfestsetzung der Körperschaftsteuer" der Körperschaftsteuerbescheid und/oder der Verlustfeststellungsbescheid anzufechten sind. Hierzu bitte ich folgende Auffassung zu vertreten:

Eine Beschwer kann in Fällen der Verlustkürzung nach § 8 c KStG sowohl im Körperschaftsteuer- als auch im Verlustfeststellungsbescheid ausgelöst werden.

In seinem Urteil vom 22. 11. 2016, BStBl. 2017 II S. 921, erkennt der BFH eine zur Anfechtung berechtigende Beschwer bei „Nullfestsetzung der Körperschaftsteuer" aus der in § 10 d Abs. 4 Satz 4 EStG resultierenden „Quasi-Grundlagenbescheidswirkung" des Steuerbescheides ausdrücklich an. Allerdings ist durch die alleinige Anfechtung des Körperschaftsteuerbescheides der Rechtsschutz der Körperschaft nicht in jeder Hinsicht sichergestellt.

Auf der Grundlage von § 10 d Abs. 4 Satz 4 EStG kann zwar eine inhaltlich verbindliche Regelung auch im Falle einer „Nullfestsetzung" vorliegen, diese macht den Rechtsbehelf gegen den Verlustfeststellungsbescheid aber nicht zwangsläufig unzulässig bzw. unbegründet. Denn die Regelungswirkung des § 8 c KStG bezieht sich auch auf den zum vorherigen Stichtag festgestellten verbleibenden Verlustvortrag, der dann, wenn im Jahr des schädlichen Beteiligungserwerbs ein negativer Gesamtbetrag der Einkünfte erzielt wird, nicht Gegenstand der Ermittlung des zu versteuernden Einkommens im Rahmen der Steuerfestsetzung ist. Insoweit wird eine verbindliche Entscheidung über die Kürzung des zum 31. 12. des Vorjahres festgestellten verbleibenden Verlustvortrags bei der Ermittlung des zum 31. 12. dieses Jahres festzustellenden Verlustvortrags erst im Feststellungsbescheid getroffen.

Die vorgenannten Ausführungen gelten entsprechend bei Anwendung des § 8 d KStG und des § 10 a Satz 10 GewStG.

§ 180[1, 2] Gesonderte Feststellung von Besteuerungsgrundlagen

AO

1 (1) ① **Gesondert festgestellt werden insbesondere:**

1. die Grundsteuerwerte nach Maßgabe des Bewertungsgesetzes,

2.[3] a) die einkommensteuerpflichtigen und körperschaftsteuerpflichtigen Einkünfte[4] und mit ihnen im Zusammenhang stehende andere Besteuerungsgrundlagen,

---

[1] Zur Anwendung von § 180 Abs. 1 Nr. 2 Buchst. a, Abs. 4 und 5 s. Art. 97 § 10 b EGAO **(Anhang I Nr. 1).**

[2] Zur Anwendung auf das AStG vgl. § 18 AStG.

[3] *BFH-Beschluss vom 29. 6. 2016 I B 32/16, BFH/NV S. 1679:* 1. Ein Feststellungsverfahren nach § 180 Abs. 1 Nr. 2 Buchst. a AO ist bereits dann durchzuführen, wenn zweifelhaft ist, ob die hierfür erforderlichen Voraussetzungen vorliegen. Die Entscheidung über das Erfordernis oder Nichterfordernis einer gesonderten Feststellung nach § 180 Abs. 1 Nr. 2 Buchst. a AO kann verbindlich nur in dem Grundlagenverfahren getroffen werden und dementsprechend ist ein positiver oder negativer Feststellungsbescheid gemäß § 180 Abs. 1 Nr. 2 Buchst. a AO schon dann zu erlassen, wenn eine gesonderte Feststellung auf Grund des (ggf. streitigen) Sachverhalts möglich erscheint.

BFH-Urteil vom 18. 4. 2012 X R 34/10, BStBl. II S. 647: 1. Die Feststellungswirkung gemäß § 180 Abs. 1 Nr. 2 Buchst. a AO bezieht sich nur auf die gemeinschaftlich verwirklichten Tatbestandsmerkmale, nicht aber auf solche, die außerhalb der Beteiligung im Bereich der persönlichen Einkunftserzielung liegen. 2. Das Wohnsitz-FA darf den Gewinn aus der Veräußerung eines Anteils an einer grundbesitzenden Personengesellschaft auch dann in einen laufenden Gewinn im Rahmen eines vom Kläger betriebenen gewerblichen Grundstückshandels umqualifizieren, wenn er im Feststellungsbescheid als Veräußerungsgewinn bezeichnet worden ist.

Feststellungszeitraum für die gesonderte Feststellung der Einkünfte aus Land- und Forstwirtschaft ist das Kj. *(BFH-Urteil vom 19. 7. 1984 IV R 87/82, BStBl. 1985 II S. 148).*

Bei der gesonderten und einheitlichen Feststellung der land- und forstwirtschaftlichen Einkünfte einer Mitunternehmerschaft ist nicht über die Höhe und die Gewährung des Freibetrags gemäß § 14 a Abs. 4 EStG zu entscheiden; diese Entscheidung ist erst in der Einkommensteuerveranlagung der Mitunternehmer zu treffen *(BFH-Urteil vom 24. 9. 2015 IV R 39/12, BFH/NV 2016 S. 30).*

Eine gesonderte und einheitliche Feststellung der Einkünfte ist auch bei Zweifeln über die Steuerpflicht dieser Einkünfte oder der beteiligten Personen erforderlich *(BFH-Urteil vom 12. 11. 1985 IX R 85/82, BStBl. 1986 II S. 239).*

Über die Frage, ob Tätigkeitsvergütungen und Zinsen als Sonderbetriebseinnahmen zu erfassen sind, ist im Rahmen der einheitlichen und gesonderten Gewinnfeststellung mit bindender Wirkung auch für den Feststellungsbescheid nach § 15 a Abs. 4 EStG zu entscheiden *(BFH-Urteil vom 23. 1. 2001 VIII R 30/99, BStBl. II S. 621).*

Die Höhe des laufenden Gewinns einerseits und die eines etwaigen Veräußerungs- oder Aufgabegewinns andererseits bilden in einem einheitlichen Gewinnfeststellungsbescheid verschiedene Streitgegenstände und können grundsätzlich isoliert angefochten werden. Dies gilt nur dann nicht, wenn die Höhe des laufenden Gewinns und des Veräußerungs- oder Aufgabegewinns untrennbar miteinander verbunden sind *(BFH-Urteil vom 23. 2. 2012 IV R 32/09, BFH/NV S. 1479).*

[Fortsetzung nächste Seite]

AO

wenn an den Einkünften mehrere Personen beteiligt sind und die Einkünfte diesen Personen steuerlich zuzurechnen sind,[1]

[Fortsetzung]

Die gesonderte und einheitliche Feststellung der Einkünfte einer KG (hier: Zurechnung von Tätigkeitsvergütungen zum Verlust der KG oder zum Sonderbetriebsgewinn) und die Feststellung der verrechenbaren Verluste (§ 15 a Abs. 4 EStG) sind zwei Verwaltungsakte mit der Folge, dass im finanzgerichtlichen Verfahren zwei selbständige Klagebegehren vorliegen *(BFH-Urteil vom 23. 2. 1999 VIII R 29/98, BB S. 1641).*

Die Frage, ob eine Gewinnhinzurechnung nach § 15 a Abs. 3 Satz 3 EStG vorzunehmen ist, ist im Rahmen des Verfahrens zur gesonderten und einheitlichen Feststellung der Besteuerungsgrundlagen gemäß § 179 Abs. 2 Satz 2, § 180 Abs. 1 Nr. 2 Buchst. a AO zu klären *(BFH-Urteil vom 20. 11. 2014 IV R 47/11, BStBl. 2015 II S. 532).*

[4] Die Feststellung des Sondergewinns ist eine selbständig anfechtbare Feststellung, die eigenständig in Bestandskraft erwachsen kann *(BFH-Urteil vom 18. 11. 2020 VI R 17/18, BFH/NV 2021 S. 625).*

Ein geänderter Bescheid über die gesonderte und einheitliche Feststellung von Einkünften, in dem statt der bisher festgestellten Einkünfte aus Vermietung und Verpachtung nunmehr Einkünfte aus Gewerbebetrieb in einer bestimmten Höhe festgestellt sind, enthält sowohl die (negative) Feststellung, dass keine Einkünfte aus Vermietung und Verpachtung anzusetzen sind, als auch die Feststellung, dass Einkünfte aus Gewerbebetrieb in der festgestellten Höhe anzusetzen sind. Jede Einzelfeststellung begründet für sich die Änderungsbefugnis nach § 175 Abs. 1 Satz 1 Nr. 1 AO und die Ablaufhemmung nach § 171 Abs. 10 Satz 1 AO *(BFH-Urteil vom 27. 1. 2016 X R 53/14, BFH/NV S. 889).*

Bei der gesonderten und einheitlichen Feststellung von Besteuerungsgrundlagen nach § 180 Abs. 1 Satz 1 Nr. 2 Buchst. a AO sind § 3 Nr. 40, § 3 c Abs. 2 EStG anzuwenden, so dass die Einkünfte nach Anwendung dieser Vorschriften grundsätzlich „netto" festzustellen sind. Zulässig ist aber auch, die § 3 Nr. 40, § 3 c Abs. 2 EStG unterliegenden laufenden Einkünfte oder Veräußerungsgewinne zusätzlich „brutto" festzustellen, soweit aus den weiteren Feststellungen für einen verständigen Empfänger erkennbar ist, dass zur Ermittlung der steuerpflichtigen Einkünfte ein weiterer Rechenschritt erforderlich ist *(BFH-Urteil vom 25. 7. 2019 IV R 47/16, BStBl. 2020 II S. 142).*

Gesellschafter einer vermögensverwaltenden Personengesellschaft erfüllen den Tatbestand des § 23 Abs. 1 Satz 1 Nr. 1 EStG nur dann „gemeinsam", wenn die den Tatbestand des „privaten Veräußerungsgeschäfts" konstituierenden Teilakte – die „Anschaffung" und die „Veräußerung" – jeweils in der „Einheit der Gesellschaft" verwirklicht werden *(BFH-Urteil vom 19. 11. 2019 IX R 24/18, BStBl. 2020 II S. 225).*

[1] Enthält ein Bescheid über die gesonderte und einheitliche Feststellung von Besteuerungsgrundlagen keine Feststellungen zur Anwendbarkeit des **Halbeinkünfteverfahrens,** entfaltet er insoweit auch keine Bindungswirkung für die Einkommensteuerfestsetzung *(BFH-Urteil vom 10. 5. 2016 IX R 4/15, BFH/NV S. 1425).*

Bei der einheitlichen und gesonderten Feststellung von Besteuerungsgrundlagen können die Einkünfte, die dem Halbeinkünfteverfahren oder Teileinkünfteverfahren unterliegen, in voller Höhe („brutto") festgestellt werden, sofern aus den weiteren Feststellungen des Bescheids für einen verständigen Empfänger zweifelsfrei erkennbar ist, dass zur Ermittlung der steuerpflichtigen Einkünfte unter Anwendung der §§ 3 Nr. 40, 3 c Abs. 2 EStG ein zusätzlicher Rechenschritt notwendig ist *(BFH-Urteil vom 18. 7. 2012 X R 28/10, BStBl. 2013 II S. 444).*

Die Einkünfte einer vermögensverwaltenden Gesellschaft aus der Vermietung von Räumen an eine freiberuflich tätige Anwaltsgemeinschaft sind auch dann auf der Ebene der Gesellschaft einheitlich und gesondert festzustellen, wenn ein Gesellschafter zugleich an der Anwaltsgemeinschaft beteiligt ist und sein Grundstücksanteil als Sonderbetriebsvermögen im Rahmen der selbständigen Tätigkeit zu erfassen ist *(BFH-Urteil vom 9. 10. 2008 IX R 72/07, BStBl. II 2009 S. 231).*

BFH-Beschluss vom 14. 1. 2003 VIII B 108/01, BStBl. II S. 335: Die bestandskräftige Feststellung zum Vorliegen einer Mitunternehmerschaft entfaltet als selbständiger Regelungsgegenstand eines Gewinnfeststellungsbescheids Bindungswirkung für die rechtlich nachrangigen Feststellungen und damit auch für die Frage der Erzielung eines Veräußerungsgewinns nach den §§ 16, 34 EStG (Anschluss an *BFH-Urteil vom 10. 2. 1988 VIII R 352/82, BStBl. 1988 II S. 544).* Zur Frage der Einkünfte, die **mehreren Personen** zuzurechnen sind, gehört auch die Frage, ob und in welchem Umfang der von den Gesellschaftern erlangte Vorteil iSd. § 235 Abs. 1 auf einer **Hinterziehung** beruht *(BFH-Urteil vom 19. 4. 1989 X R 3/86, BStBl. II S. 596).*

Für die Ermittlung des Gewerbeertrags eines Stpfl. ist das FA an die gesonderte und einheitliche Feststellung der dem Stpfl. zuzurechnenden Einkünfte weder dem Grunde noch der Höhe nach gebunden *(BFH-Urteil vom 17. 12. 2003 XI R 83/00, BStBl. 2004 II S. 699).*

Als Rechtsgrundlage für die gemeinschaftliche Beteiligung kommt u. a. auch eine ungeteilte Erbengemeinschaft in Betracht. Wird nach dem Tod des Gesellschafters einer unternehmerisch tätigen Personengesellschaft ein Streit darüber, wer infolge seiner Stellung als Erbe Gesellschafter geworden ist, durch einen Vergleich beigelegt, aufgrund dessen jemand gegen Erhalt eines Geldbetrags auf die Geltendmachung seiner Rechte als Erbe verzichtet, und war diese Person gesellschaftsrechtlich nicht von der Rechtsnachfolge in den Gesellschaftsanteil ausgeschlossen, steht sie einem Miterben gleich, der im Rahmen einer Erbauseinandersetzung aus der Personengesellschaft ausscheidet *(BFH-Urteil vom 16. 5. 2013 IV R 15/10, BStBl. II S. 858).*

BFH-Urteil vom 19. 1. 2023 IV R 5/19, BStBl. II S. 649: 1. Im Verfahren der gesonderten und einheitlichen Feststellung nach § 179 Abs. 2 Satz 2, § 180 Abs. 1 Satz 1 Nr. 2 Buchst. a AO sind eine Erbengemeinschaft und eine aus den Miterben gebildete GbR als jeweils selbständige Feststellungssubjekte zu behandeln. Bestehen beide Feststellungssubjekte fort, ist für jedes ein eigenständiges Feststellungsverfahren durchzuführen.2. Ein identitätswahrender Formwechsel einer Erbengemeinschaft in eine GbR ist nach dem UmwG nicht möglich. 3. Der Grundsatz, dass eine Erbengemeinschaft nebeneinander Gewinn- und Überschusseinkünfte erzielen kann, gilt nicht mehr, wenn diese in eine GbR als „andere Personengesellschaft" i. S. von § 15 Abs. 3 Nr. 1 Satz 1 EStG überführt wird.

Zur Mitunternehmerschaft zwischen Landwirtsehegatten s. *BFH-Urteile vom 14. 8. 1986 IV R 248/84, BStBl. 1987 II S. 17; vom 26. 11. 1987 IV R 22/86, BStBl. 1988 II S. 238.* Zur Mitunternehmerschaft durch **Gütergemeinschaftsvertrag** vgl. *BFH-Urteil vom 1. 10. 1992 IV R 130/90, BStBl. 1993 II S. 574 (BFH-Urteil vom 11. 7. 1985 IV R 61/83, BStBl. II S. 577).* Das zivilrechtliche Beteiligungsverhältnis ist grds. auch **Maßstab** für die anteilige steuerrechtliche Zurechnung der Einkünfte. Treffen Angehörige als Miteigentümer eines Wohngrundstücks eine von dem zivilrechtlichen Beteiligungsverhältnis **abweichende,** z. B. an der tatsächlichen Nutzung orientierte, Vereinbarung hinsichtlich der Verteilung der Einnahmen und Ausgaben, so ist eine solche Vereinbarung nur dann steuerrechtlich zu beachten, wenn sie in Gestaltung und Durchführung dem zwischen fremden Personen Üblichen entspricht *(BFH-Urteil vom 31. 3. 1992 IX R 245/87, BStBl. II S. 890).*

Eine gesonderte und einheitliche Gewinnfeststellung ist nicht durchzuführen, wenn eine KG **zwei Gesellschafter** hat und der eine Gesellschafter seine Beteiligung **als Treuhänder** für den anderen Gesellschafter hält (vgl. § 39 Abs. 2 Nr. 1 Satz 2; *BFH-Urteil vom 1. 10. 1992 IV R 130/90, BStBl. 1993 II S. 574*).

Beteiligen sich mehrere Personen mittels eines Treuhänders als stille Gesellschafter an dem Vermögen einer gewerblich tätigen Kapitalgesellschaft, so sind grds. zwei Feststellungsverfahren erforderlich. In dem ersten Feststellungsverfahren wird

[Fortsetzung nächste Seite]

b) in anderen als den in Buchstabe a genannten Fällen die Einkünfte aus Land- und Forstwirtschaft, Gewerbebetrieb oder einer freiberuflichen Tätigkeit, wenn nach den Verhältnissen zum Schluss des Gewinnermittlungszeitraums das für die ge-

AO

[Fortsetzung]

gem. § 180 Abs. 1 Nr. 2 Buchst. a AO festgestellt, ob und welche Einkünfte die Kapitalgesellschaft unter Beteiligung des Treuhänders erzielte und wie die Einkünfte auf die Kapitalgesellschaft und den Treuhänder aufzuteilen sind. In einem zweiten Verfahren wird der „Anteil des Treuhänders" gem. § 179 Abs. 2 Satz 3 AO auf die Treugeber aufgeteilt, für deren Rechnung der Treuhänder die stille Beteiligung eingegangen ist. Der in dem ersten Verfahren ergehende Feststellungsbescheid hat Bindungswirkung gem. § 182 Abs. 1 AO für das zweite Verfahren.

BFH-Beschluss vom 13. 5. 2013 I R 39/11, BFH/NV S. 1284: 1. Ist eine ausländische Familienstiftung an einer inländischen Personengesellschaft beteiligt, ist der in Deutschland unbeschränkt steuerpflichtige Stifter ungeachtet der Einkommenszurechnung nach § 15 Abs. 1 Satz 1 AStG nicht in die gesonderte und einheitliche Feststellung des Gewinns der Personengesellschaft als Feststellungsbeteiligter einzubeziehen. 2. Ist die ausländische Familienstiftung in Deutschland weder unbeschränkt noch beschränkt steuerpflichtig, ist auch sie nicht mit dem auf sie entfallenden Gewinnanteil in die gesonderte und einheitliche Feststellung aufzunehmen; insbesondere gebietet die Einkommenszurechnung gemäß § 15 Abs. 1 Satz 1 AStG keine Einbeziehung der Familienstiftung mit dem auf sie entfallenden Gewinnanteil (Abgrenzung zum Senatsbeschluss vom 8. 4. 2009 I B 223/08, BFH/NV 2009 S. 1437).

Bei einer **typischen** (im Gegensatz zur atypischen) Unterbeteiligung sind Hauptbeteiligter und Unterbeteiligter dagegen nicht an denselben Einkünften beteiligt. Eine **gesonderte Feststellung** solcher Einkünfte findet deshalb **nicht** statt *(BFH-Urteil vom 10. 11. 1987 VIII R 53/84, BStBl. 1988 II S. 186).*

Wird in einem Feststellungsbescheid über den verrechenbaren Verlust aus einer typisch stillen Beteiligung kein verrechenbarer Verlust oder keine Erhöhung des verrechenbaren Verlustes gegenüber dem Vorjahr festgestellt, weil der Verlust den ausgleichsfähigen Betrag nicht übersteigt, so entfaltet die in dem Bescheid genannte Höhe des Verlustes keine Bindungswirkung. Über die Höhe des ausgleichsfähigen Verlustes ist vielmehr verbindlich im Veranlagungsverfahren des stillen Gesellschafters zu entscheiden *(BFH-Urteil vom 7. 9. 2000 III R 33/96, BFH/NV 2001 S. 415).*

Beteiligt sich der beherrschende Gesellschafter und alleinige Geschäftsführer einer GmbH an dieser auch noch als stiller Gesellschafter mit einer erheblichen Vermögenseinlage unter Vereinbarung einer hohen Gewinnbeteiligung sowie der Verpflichtung, die Belange bestimmter Geschäftspartner persönlich wahrzunehmen, so handelt es sich um eine atypisch stille Gesellschaft (Mitunternehmerschaft), **„GmbH & atypisch still"** *(BFH-Urteil vom 15. 12. 1992 VIII R 42/90, BStBl. 1994 II S. 702).*

Ist eine Personengesellschaft atypisch still an einer Kapitalgesellschaft beteiligt, dürfen die Feststellungen der Einkünfte aus der Personengesellschaft und aus der atypisch stillen Gesellschaft nicht in einem einheitlichen Feststellungsbescheid getroffen werden *(BFH-Urteil vom 21. 10. 2015 IV R 43/12, BStBl. 2016 II S. 517).*

Kapitalbeteiligungen einer vermögensverwaltenden Personengesellschaft sind den Gesellschaftern der Personengesellschaft für die Bestimmung des Veräußerungstatbestands nach § 17 EStG anteilig zuzurechnen (sog. Bruchteilsbetrachtung; Bestätigung der ständigen Rechtsprechung). Folge der Bruchteilsbetrachtung ist u. a., dass Veräußerungsgewinne nach § 17 EStG weder Gegenstand einer einheitlichen und gesonderten Feststellung nach § 180 Abs. 1 Nr. 2 Buchst. a AO noch – im Fall einer Unterbeteiligung – Gegenstand des besonderen Feststellungsverfahrens gem. § 179 Abs. 2 Satz 3 AO sein können. Dies gilt selbst dann, wenn ein Gesellschafter aufgrund der Höhe seines Anteils an der Personengesellschaft sowie der Höhe der zum Gesamthandsvermögen gehörenden Kapitalbeteiligung gem. § 17 EStG wesentlich an der Kapitalgesellschaft beteiligt ist *(BFH-Urteil vom 9. 5. 2000 VIII R 41/99, BStBl. 2000 II S. 686).*

In die gesonderte und einheitliche Feststellung der Einkünfte, an denen mehrere Personen beteiligt sind, ist auch der Gewinn einzubeziehen, den ein Gesellschafter aus der Veräußerung seines Mitunternehmeranteils am **ersten Tag des Wirtschaftsjahrs** erzielt *(BFH-Urteil vom 29. 4. 1993 IV R 107/92, BStBl. II S. 666).*

Die verbindliche Entscheidung über die Einkünfte eines betrieblich an einer vermögensverwaltenden Gesellschaft beteiligten Gesellschafters ist sowohl ihrer Art als auch ihrer Höhe nach durch das für die persönliche Besteuerung dieses Gesellschafters zuständige (Wohnsitz-)FA zu treffen *(BFH-Beschluss vom 11. 4. 2005 GrS 2/02, BStBl. II S. 679).*

Zur gesonderten und einheitlichen Feststellung der Besteuerungsgrundlagen bei sogenannten **Zebragesellschaften** vgl. *BMF-Schreiben vom 29. 4. 1994, BStBl. I S. 282,* nachstehend abgedruckt.

Erwirbt ein Steuerpflichtiger eine Beteiligung an einer grundstücksbesitzenden Personengesellschaft und veräußert diese zwei Wohnungen innerhalb der zehnjährigen Veräußerungsfrist nach Beitritt, ist über die Frage, ob er den Einkünftetatbestand des § 22 Nr. 2 i. V. m. § 23 Abs. 1 Satz 1 Nr. 1 EStG verwirklicht hat, nicht im Verfahren der gesonderten und einheitlichen Feststellung von Einkünften zu entscheiden *(BFH-Urteil vom 21. 1. 2014 IX R 9/13, BStBl. 2016 II S. 515).*

BFH-Beschluss vom 7. 6. 2006 II B 129/05, BFH/NV S. 1617: Bei **doppelstöckigen und mehrstöckigen Personengesellschaften** sind die im Verfahren der einheitlichen und gesonderten Feststellung für die Untergesellschaft festgestellten Besteuerungsgrundlagen der Obergesellschaft zuzurechnen, nicht aber unmittelbar den Gesellschaftern der Obergesellschaft (zweistufiges Feststellungsverfahren).

Nach ständiger Rechtsprechung des BFH ist allein die **Oberpersonengesellschaft** Gesellschafterin und Mitunternehmerin der **Unterpersonengesellschaft,** nicht hingegen sind es die Gesellschafter der Oberpersonengesellschaft. Daraus folgt verfahrensrechtlich, dass die im Feststellungsverfahren für die Untergesellschaft festgestellten Besteuerungsgrundlagen der Obergesellschaft – nicht indessen deren Gesellschaftern – zuzurechnen sind *(BFH-Beschluss vom 25. 6. 2008 X B 210/05, BFH/NV S. 1649).*

Bei der Beteiligung einer Personenhandelsgesellschaft an einer GmbH gehören die Gewinnausschüttungen der GmbH ebenso wie die anzurechnende KSt und die Kapitalertragsteuer zu den Einkünften aus Gewerbebetrieb (§ 15 Abs. 1 Satz 1 Nr. 2 i. V. mit § 20 Abs. 3 EStG), die den Gesellschaftern (Mitunternehmern) nach Maßgabe ihrer Beteiligung zuzurechnen sind. Ihnen steht deshalb auch die nach § 36 Abs. 2 Nr. 3 EStG anzurechnende KSt sowie die nach § 36 Abs. 2 Nr. 2 EStG anzurechnende Kapitalertragsteuer zu. Es ist nicht möglich, diese Beträge durch eine gesellschaftsrechtliche Abrede abweichend von dem allgemeinen Gewinnverteilungsschlüssel zu verteilen *(BFH-Urteil vom 22. 11. 1995 I R 114/94, BStBl. 1996 II S. 531).*

BFH-Beschluss vom 13. 5. 2013 I R 39/11: 1. Ist eine **ausländische Familienstiftung** an einer inländischen Personengesellschaft beteiligt, ist der in Deutschland unbeschränkt steuerpflichtige Stifter ungeachtet der Einkommenszurechnung nach § 15 Abs. 1 Satz 1 AStG nicht in die gesonderte und einheitliche Feststellung des Gewinns der Personengesellschaft als Feststellungsbeteiligter einzubeziehen. 2. Ist die ausländische Familienstiftung in Deutschland weder unbeschränkt noch beschränkt steuerpflichtig, ist auch sie nicht mit dem auf sie entfallenden Gewinnanteil in die gesonderte und einheitliche Feststellung aufzunehmen; insbesondere gebietet die Einkommenszurechnung gemäß § 15 Abs. 1 Satz 1 AStG keine Einbeziehung der Familienstiftung mit dem auf sie entfallenden Gewinnanteil (Abgrenzung zum Senatsbeschluss vom 8. 4. 2009 I B 223/08, BFH/NV 2009 S. 1437).

Ein Gewinnfeststellungsbescheid für die Tochterpersonengesellschaft einer Organgesellschaft entfaltet verfahrensrechtlich gegenüber dem Organträger nicht die Wirkung eines Grundlagenbescheids *(BFH-Urteil vom 6. 3. 2008 IV R 74/05, BStBl. II S. 663).*

AO

sonderte Feststellung zuständige Finanzamt nicht auch für die Steuern vom Einkommen zuständig ist,[1]

3. der Wert der vermögensteuerpflichtigen Wirtschaftsgüter (§§ 114 bis 117 a des Bewertungsgesetzes)[2] und der Wert der Schulden und sonstigen Abzüge (§ 118 des Bewertungsgesetzes),[1] wenn die Wirtschaftsgüter, Schulden und sonstigen Abzüge mehreren Personen zuzurechnen sind und die Feststellungen für die Besteuerung von Bedeutung sind.

② Wenn sich in den Fällen von Satz 1 Nummer 2 Buchstabe b die für die örtliche Zuständigkeit maßgeblichen Verhältnisse nach Schluss des Gewinnermittlungszeitraums geändert haben, so richtet sich die örtliche Zuständigkeit auch für Feststellungszeiträume, die vor der Änderung der maßgeblichen Verhältnisse liegen, nach § 18 Absatz 1 Nummer 1 bis 3 in Verbindung mit § 26.

1 a (1 a) [3]**① Einzelne, im Rahmen einer Außenprüfung für den Prüfungszeitraum ermittelte und abgrenzbare Besteuerungsgrundlagen können gesondert festgestellt werden (Teilabschlussbescheid), solange noch kein Prüfungsbericht nach § 202 Absatz 1 ergangen ist. ② Auf Antrag des Steuerpflichtigen soll ein Teilabschlussbescheid ergehen, wenn daran ein erhebliches Interesse besteht und dies vom Steuerpflichtigen glaubhaft gemacht wird.**

2 (2)[4] **① Zur Sicherstellung einer einheitlichen Rechtsanwendung bei gleichen Sachverhalten und zur Erleichterung des Besteuerungsverfahrens kann das Bundesministerium der Finanzen durch Rechtsverordnung mit Zustimmung des Bundesrates bestimmen, dass in anderen als den in Absatz 1 genannten Fällen Besteuerungsgrundlagen gesondert und für mehrere Personen einheitlich festgestellt werden. ② Dabei können insbesondere geregelt werden**

1. der Gegenstand und der Umfang der gesonderten Feststellung,

2. die Voraussetzungen für das Feststellungsverfahren,

3. die örtliche Zuständigkeit der Finanzbehörden,

4. die Bestimmung der am Feststellungsverfahren beteiligten Personen (Verfahrensbeteiligte) und der Umfang ihrer steuerlichen Pflichten und Rechte einschließlich der Vertretung Beteiligter durch andere Beteiligte,

5. die Bekanntgabe von Verwaltungsakten an die Verfahrensbeteiligten und Empfangsbevollmächtigte,

6. die Zulässigkeit, der Umfang und die Durchführung von Außenprüfungen zur Ermittlung der Besteuerungsgrundlagen.

③ Durch Rechtsverordnung kann das Bundesministerium der Finanzen mit Zustimmung des Bundesrates bestimmen, dass Besteuerungsgrundlagen, die sich erst später auswirken, zur Sicherung der späteren zutreffenden Besteuerung gesondert und für mehrere Personen einheitlich festgestellt werden; Satz 2 gilt entsprechend. ④ Die Rechtsverordnungen bedürfen nicht der Zustimmung des Bundesrates, soweit sie Einfuhr- und Ausfuhrabgaben und Verbrauchsteuern, mit Ausnahme der Biersteuer, betreffen.

3 (3) **① Absatz 1 Satz 1 Nummer 2 Buchstabe a gilt nicht, wenn**

1. nur eine der an den Einkünften beteiligten Personen mit ihren Einkünften im Geltungsbereich dieses Gesetzes einkommensteuerpflichtig oder körperschaftsteuerpflichtig ist oder

---

[1] Zur Zuständigkeit bei der gesonderten Feststellung *s. LfSt Bayern* vom *25. 3. 2015 S 0127.1.1-8/10 St42,* nachstehend abgedruckt.

Übt ein Stpfl. seine freiberufliche Tätigkeit in mehreren Gemeinden aus, so ist für die dadurch erzielten Einkünfte nur eine gesonderte Feststellung durchzuführen. Ist das FA, von dessen Bezirk aus die Tätigkeit vorwiegend ausgeübt wird, nach § 19 Abs. 3 Satz 1 AO zugleich Wohnsitz-FA, so bedarf es für die außerhalb der Wohnsitzgemeinde erzielten Einkünfte keiner gesonderten Feststellung *(BFH-Urteil vom 10. 6. 1999 IV R 69/98, BStBl. II S. 691).*

Einkünfte aus außerordentlichen Holznutzungen im Sinne von § 34 b EStG sind unter den Voraussetzungen des § 180 Abs. 1 Satz 1 Nr. 2 Buchst. b AO als Teil der Einkünfte aus Land- und Forstwirtschaft gesondert festzustellen *(BFH-Urteil vom 9. 5. 2023 VI R 12/21 S. 850).*

[2] §§ 114–117 a, 118 BewG aufgeh. durch G v. 20. 12. 1996 (BGBl. I S. 2049) und v. 29. 10. 1997 (BGBl. I S. 2590).

[3] Vgl. hierzu auch *Verfügung des LfSt Bayern v. 31. 10. 2025,* nachstehend abgedruckt.

[4] Bei **ärztlichen Apparate- und Laborgemeinschaften** ohne Gewinnerzielungsabsicht beschränken sich die gesonderten Feststellungen auf die Ermittlung und Aufteilung der Ausgaben *(BMF-Schreiben vom 12. 2. 2009 IV C 6 – S 2246/08/10 001, BStBl. I S. 398,* abgedruckt im „Handbuch zur Einkommensteuer" als Anl. zu § 15). Die gesonderte und einheitliche Feststellung von Betriebsausgaben einer Praxisgemeinschaft ist bei einem Beteiligten, der daneben aus einer Einzelpraxis Einkünfte erzielt, die gesondert festzustellen sind, Grundlagenbescheid allein für die gesonderte Gewinnfeststellung, nicht aber für den ESt-Bescheid *(BFH-Urteil vom 10. 6. 1999 IV R 25/98, BStBl. II S. 545).*

Hat das FA zu Unrecht seine Zuständigkeit zur endgültigen Entscheidung hinsichtlich einer Besteuerungsgrundlage im Rahmen der ESt-Veranlagung angenommen, weil es davon ausging, dass es eines Verfahrens zur einheitlichen und gesonderten Feststellung der Einkünfte nicht bedurfte, so muss das FG ein gegen den ESt-Bescheid angestrengtes Klageverfahren gem. § 74 FGO aussetzen, um den Ausgang eines Verfahrens der gesonderten Feststellung abzuwarten. Ein Verstoß dagegen berührt die Grundordnung des Verfahrens und ist vom BFH auch ohne entsprechende Verfahrensrüge zu beachten *(BFH-Urteil vom 9. 2. 2005 X R 52/03, BFH/NV S. 1235).*

2. es sich um einen Fall von geringer Bedeutung[1] handelt, insbesondere weil die Höhe des festgestellten Betrags und die Aufteilung feststehen; dies gilt sinngemäß auch für die Fälle des Absatzes 1 Satz 1 Nummer 2 Buchstabe b und Nummer 3.

②Das nach § 18 Absatz 1 Nummer 4 zuständige Finanzamt kann durch Bescheid feststellen, dass eine gesonderte Feststellung nicht durchzuführen ist. ③Der Bescheid gilt als Steuerbescheid.

(4) **Absatz 1 Satz 1 Nummer 2 Buchstabe a gilt ferner nicht für Arbeitsgemeinschaften, deren alleiniger Zweck[2] in der Erfüllung eines einzigen Werkvertrages oder Werklieferungsvertrages besteht.** 4

(5) **Absatz 1 Satz 1 Nummer 2 sowie die Absätze 2 und 3 sind entsprechend anzuwenden, soweit** 5

1. die nach einem Abkommen zur Vermeidung der Doppelbesteuerung von der Bemessungsgrundlage ausgenommenen Einkünfte bei der Festsetzung der Steuern der beteiligten Personen von Bedeutung sind[3] oder

2. Steuerabzugsbeträge und Körperschaftsteuer auf die festgesetzte Steuer anzurechnen sind.

Zu § 180 – Gesonderte Feststellung von Besteuerungsgrundlagen: AEAO

1. Die gesonderte Feststellung nach § 180 Abs. 1 Satz 1 Nr. 2 Buchstabe a AO umfasst in erster Linie die von den Feststellungsbeteiligten gemeinschaftlich erzielten Einkünfte. Sie umfasst auch die bei Ermittlung dieser Einkünfte zu berücksichtigenden Sonderbetriebseinnahmen und -ausgaben oder Sonderwerbungskosten eines oder mehrerer Feststellungsbeteiligten. 6

Darüber hinaus sind solche Besteuerungsgrundlagen gesondert festzustellen, die in einem rechtlichen, wirtschaftlichen oder tatsächlichen Zusammenhang mit den gemeinschaftlich erzielten Einkünften stehen, aber bei Ermittlung der gemeinschaftlich erzielten Einkünfte nicht zu berücksichtigen sind. Hiernach sind z. B. solche Aufwendungen gesondert festzustellen, die aus Mitteln der Gesellschaft oder Gemeinschaft geleistet werden und für die Besteuerung der Feststellungsbeteiligten, z. B. als Sonderausgaben, von Bedeutung sind. Soweit derartige Besteuerungsgrundlagen bei Erlass des Feststellungsbescheids nicht berücksichtigt worden sind, ist ihre gesonderte Feststellung durch Ergänzungsbescheid (§ 179 Abs. 3 AO) nachzuholen.

---

[1] Betreiben zusammen veranlagte Ehegatten in GbR eine Photovoltaikanlage auf ihrem eigengenutzten Wohnhaus, so hat eine gesonderte und einheitliche Feststellung der Besteuerungsgrundlagen regelmäßig zu unterbleiben, wenn kein Streit über Höhe und Aufteilung der daraus resultierenden Einkünfte besteht. Dem steht nicht entgegen, dass die GbR keinen Gebrauch von der Nichterhebung der Umsatzsteuer als Kleinunternehmer macht *(BFH-Urteil vom 6. 2. 2020 IV R 6/17, BStBl. 2021 II S. 17).*

BFH-Urteil vom 14. 2. 2008 IV R 44/05, BFH/NV S. 1156: 1. Landwirtsehegatten, die den Güterstand der Gütergemeinschaft vereinbart haben, bilden auch ohne ausdrücklich vereinbarten Gesellschaftsvertrag eine Mitunternehmerschaft. 2. Ein Fall von geringer Bedeutung liegt bereits dann nicht vor, wenn die Höhe der Einkünfte nicht feststeht, sondern von einer zwischen den Verfahrensbeteiligten streitigen Rechtsfrage abhängt.

Ein Fall von geringer Bedeutung liegt nicht vor, wenn die Zuordnung der Einkünfte zu den Gewinneinkünften bzw. Überschusseinkünften in Streit steht *(BFH-Urteil vom 15. 4. 2010 IV R 58/07, BFH/NV S. 1785).*

Ein Fall geringer Bedeutung i. S. des § 180 Abs. 3 Satz 1 Nr. 2 Satz 1 AO ist zu verneinen, wenn eine gesonderte und einheitliche Feststellung für das Streitjahr noch innerhalb der für sie gemäß § 181 Abs. 1 Satz 1 AO geltenden (ggf. gemäß § 169 Abs. 2 Satz 2 AO verlängerten) Feststellungsverjährungsfrist ergehen kann, aber die Festsetzungsverjährung auf Ebene der Folgebescheide bereits eingetreten ist und durch den Erlass des Bescheids zur gesonderten und einheitlichen Feststellung eine einheitliche Steuerfestsetzung gemäß § 175 Abs. 1 Satz 1 Nr. 1 AO in den Folgebescheiden der Feststellungsbeteiligten gewährleistet wird *(BFH-Urteil vom 12. 4. 2016 VIII R 24/13, BFH/NV S. 1537).*

[2] Ob eine Arbeitsgemeinschaft den alleinigen Zweck hat, sich auf die Erfüllung eines einzigen Werk- oder Werklieferungsvertrages zu beschränken, ist durch Vertragsauslegung zu ermitteln. Dabei sind die Arbeitsgemeinschaftsverträge nicht nach ihrer äußeren (formalen) Gestaltung, sondern nach ihrer sachlichen Bedeutung zu beurteilen *(BFH-Urteil vom 2. 12. 1992 I R 165/90, BStBl. 1993 II S. 577).*

[3] Liegen die Voraussetzungen für eine gesonderte und einheitliche Feststellung von Besteuerungsgrundlagen (§ 180 Abs. 1 Satz 1 Nr. 2 Buchst. a AO) und für eine Feststellung der steuerfreien, dem Progressionsvorbehalt unterliegenden Einkünfte (§ 180 Abs. 5 Nr. 1 AO) vor, können beide Feststellungen miteinander verbunden werden. Eine Nachholung der Feststellung gemäß § 180 Abs. 5 Nr. 1 AO ist auch während des finanzgerichtlichen Verfahrens möglich *(BFH-Urteil vom 21. 2. 2017 VIII R 46/13, BStBl. II S. 745).*

BFH-Urteil vom 27. 4. 2013 I R 57/11, BStBl. 2016 II S. 633: 1. Sowohl Feststellungsbescheide nach § 180 Abs. 1 Nr. 2 Buchst. a AO als auch die Bescheide zur Feststellung von Besteuerungsgrundlagen gemäß § 180 Abs. 5 Nr. 1 AO (hier: § 2a Abs. 4 Nr. 2 EStG 1997 i. d. F. des StBereinG) sind nicht an die Personengesellschaft selbst, sondern an die an ihr beteiligten Gesellschafter (Mitunternehmer) zu richten. Ein Feststellungsbescheid, der dies nicht beachtet, ist nichtig (ständige Rechtsprechung). 2. Soweit der Senat mit *Urteil vom 24. 4. 2007 I R 33/06 (BFH/NV 2007, 2236)* entschieden hat, dass Bescheide, mit denen die im Rahmen einer ausländischen Personengesellschaft erzielten Einkünfte festgestellt werden, gegen die Personengesellschaft selbst zu richten sind, hält er hieran nicht mehr fest.

Auch bei Feststellung der aus einer ausländischen Personengesellschaft erzielten und dem Progressionsvorbehalt unterliegenden Einkünften nach § 180 Abs. 5 Nr. 1 AO sind die Gesellschafter grundsätzlich nicht rechtsbehelfsbefugt, wenn geltend gemacht wird, das FA habe die Qualifikation der gemeinschaftlich erzielten Einkünfte verkannt oder deren Höhe fehlerhaft ermittelt worden sei *(BFH-Urteil vom 18. 8. 2015 I R 42/14, BFH/NV 2016 S. 164).*

AEAO

Zum Verfahren bei der Geltendmachung von negativen Einkünften aus der Beteiligung an Verlustzuweisungsgesellschaften und vergleichbaren Modellen vgl. BMF-Schreiben vom 13. 7. 1992, BStBl. I S. 404, und vom 28. 6. 1994, BStBl. I S. 420.

7 **2.** Fallen der Wohnort und der Betriebs- bzw. Tätigkeitsort auseinander und liegen diese Orte im Bereich verschiedener Finanzämter, sind die Einkünfte des Steuerpflichtigen aus Land- und Forstwirtschaft, Gewerbebetrieb oder freiberuflicher Tätigkeit gesondert festzustellen (§ 180 Abs. 1 Satz 1 Nr. 2 Buchstabe b AO).

2.1. Für die Entscheidung, ob eine gesonderte Feststellung durchzuführen ist, sind die Verhältnisse zum Schluss des Gewinnermittlungszeitraums maßgebend. Bei einem vom Kalenderjahr abweichenden Wirtschaftsjahr oder einem Rumpfwirtschaftsjahr sind die Verhältnisse zum Schluss dieses Zeitraums maßgebend.

Spätere Änderungen dieser Verhältnisse sind insoweit unbeachtlich. Eine gesonderte Feststellung nach § 180 Abs. 1 Satz 1 Nr. 2 Buchstabe b AO ist daher auch dann durchzuführen, wenn nach Ablauf des Gewinnermittlungszeitraums der Beitrieb in den Bezirk des Wohnsitzfinanzamts oder der Wohnsitz in den Bezirk des Betriebsfinanzamts verlegt wird.

Die Frage, welches Finanzamt in derartigen Fällen für die gesonderte Feststellung nach § 180 Abs. 1 Satz 1 Nr. 2 Buchstabe b AO und damit zusammenhängende Maßnahmen (Außenprüfung, Änderungen usw.) zuständig ist, bestimmt sich für Feststellungszeiträume, die nach dem 31. 12. 2014 beginnen (Art. 97 § 10b Satz 2 EGAO), jeweils nach den aktuellen Verhältnissen (§ 180 Abs. 1 Satz 2 AO). Für frühere Feststellungszeiträume bestimmt sich die örtliche Zuständigkeit nach den Verhältnissen zum Schluss des Gewinnermittlungszeitraums; § 27 AO bleibt unberührt.

2.2. Einkünfte aus freiberuflicher Tätigkeit i. S. d. § 180 Abs. 1 Satz 1 Nr. 2 Buchstabe b AO sind nur die Einkünfte nach § 18 Abs. 1 Nr. 1 EStG, nicht die übrigen Einkünfte aus selbständiger Arbeit.

2.3. Übt ein Steuerpflichtiger seine freiberufliche Tätigkeit in mehreren Gemeinden aus, so ist für die dadurch erzielten Einkünfte nur eine gesonderte Feststellung durchzuführen (BFH-Urteil vom 10. 6. 1999, IV R 69/98, BStBl. II S. 691). Bei Einkünften aus Land- und Forstwirtschaft oder aus Gewerbebetrieb gilt dies für den Betrieb der Land- und Forstwirtschaft oder den Gewerbebetrieb entsprechend.

2.4. Die örtliche Zuständigkeit für gesonderte Feststellungen i. S. d. § 180 Abs. 1 Satz 1 Nr. 2 Buchstabe b AO richtet sich nach § 18 AO. Zur Zuständigkeit, wenn Wohnung und Betrieb in einer Gemeinde (Großstadt) mit mehreren Finanzämtern liegen, vgl. AEAO zu § 19, Nrn. 2 und 3.

8 **3.** Wegen der in § 180 Abs. 2 AO vorgesehenen Feststellungen wird auf die V zu § 180 Abs. 2 AO verwiesen. Auf Feststellungen nach § 180 Abs. 1 Satz 1 AO findet die V zu § 180 Abs. 2 AO keine Anwendung. Zur gesonderten Feststellung bei gleichen Sachverhalten nach der V zu § 180 Abs. 2 AO vgl. BMF-Schreiben vom 2. 5. 2001, BStBl. I S. 256. Zum Verfahren bei der Geltendmachung von Vorsteuerbeträgen aus der Beteiligung an Gesamtobjekten vgl. BMF-Schreiben vom 24. 4. 1992, BStBl. I S. 291. Zur gesonderten Feststellung der Steuerpflicht von Zinsen aus einer Lebensversicherung nach § 9 der V zu § 180 Abs. 2 AO vgl. BMF-Schreiben vom 16. 7. 2012, BStBl. I S. 686.[1]

9 **4.** Fälle von geringer Bedeutung, in denen eine gesonderte Feststellung entfällt (§ 180 Abs. 3 Nr. 2 AO), sind beispielsweise bei Mieteinkünften von zusammenveranlagten Eheleuten/Lebenspartnern (BFH-Urteil vom 20. 1. 1976, VIII R 253/71, BStBl. II S. 305) und bei dem gemeinschaftlich erzielten Gewinn von Landwirts-Eheleuten/-Lebenspartnern (BFH-Urteil vom 4. 7. 1985, IV R 136/83, BStBl. II S. 576) gegeben, wenn die Einkünfte verhältnismäßig einfach zu ermitteln sind und die Aufteilung feststeht.

Auch bei gesonderten Feststellungen nach § 180 Abs. 1 Satz 1 Nr. 2 Buchstabe b und Nr. 3 AO kann in Fällen von geringer Bedeutung auf die Durchführung eines gesonderten Gewinnfeststellungsverfahrens verzichtet werden (§ 180 Abs. 3 Satz 1 Nr. 2 AO). Ein Fall von geringer Bedeutung kann z. B. vorliegen, wenn dasselbe Finanzamt auch für die Einkommensteuer-Veranlagung zuständig ist (bei Verlegung des Betriebs in den Bezirk des Wohnsitzfinanzamts oder des Wohnsitzes in den Bezirk des Betriebsfinanzamts).

10 **5.** Eine Feststellung ist auch zum Zweck der Ermittlung des anzuwendenden Steuersatzes im Falle eines bei der Steuerfestsetzung zu beachtenden Progressionsvorbehaltes und in den Fällen des § 2a EStG vorzunehmen (§ 180 Abs. 5 Nr. 1 AO).

11 **6.** Soweit Einkünfte oder andere Besteuerungsgrundlagen nach § 180 Abs. 1 Satz 1 Nr. 2 AO oder nach der V zu § 180 Abs. 2 AO festzustellen sind, sind auch damit in Zusammenhang stehende Steuerabzugsbeträge und Körperschaftsteuer, die auf die Steuer der Feststellungsbeteiligten anzurechnen sind, gesondert festzustellen (§ 180 Abs. 5 Nr. 2 AO). Steuerbescheinigungen sind deshalb nur dem für die gesonderte Feststellung zuständigen Finanzamt vorzulegen.

[1] Nachstehend abgedruckt.

AEAO

7. Gesonderte Feststellung durch Teilabschlussbescheid

7.1. Bei in sich abgeschlossenen und abschließend geprüften Sachverhalten können abgrenzbare Besteuerungsgrundlagen bereits vor Abschluss der Außenprüfung durch einen Teilabschlussbescheid gesondert festgestellt werden. Vor Erlass eines Teilabschlussbescheids muss nach § 202 Abs. 3 AO ein schriftlicher oder elektronischer Teilprüfungsbericht ergangen sein. 11a

Die im Teilabschlussbescheid gesondert festgestellten Besteuerungsgrundlagen haben für den Steuer- oder Feststellungsbescheid als Folgebescheid unmittelbare Bindungswirkung, in dem sie ohne Erlass des Teilabschlussbescheids von der zuständigen Finanzbehörde zu ermitteln und steuerlich verbindlich zu bewerten gewesen wären.

Die in einem Teilabschlussbescheid getroffenen Feststellungen können nach § 351 Abs. 2 AO nur durch Anfechtung des Teilabschlussbescheids, nicht durch Anfechtung des Folgebescheids angegriffen werden.

7.2. Teilabschlussbescheide dürfen nicht mehr erlassen werden, sobald der Prüfungsbericht nach § 202 Abs. 1 AO ergangen ist. Maßgebend ist hierbei der Zeitpunkt, in dem der Prüfungsbericht den Machtbereich der Finanzbehörde verlassen hat.

7.3. Die Entscheidung über den Erlass eines Teilabschlussbescheids steht im pflichtgemäßen Ermessen der Finanzbehörde.

Beantragt der Steuerpflichtige den Erlass eines Teilabschlussbescheids, soll ein Teilabschlussbescheid ergehen, wenn der Steuerpflichtige daran ein erhebliches Interesse hat und er dies glaubhaft macht.

Eine Tatsache ist nach allgemeiner Auffassung glaubhaft gemacht, wenn ein nicht nur geringes Maß an Wahrscheinlichkeit für die Richtigkeit der Tatsachenbehauptung besteht; an Gewissheit grenzende Wahrscheinlichkeit ist nicht erforderlich (BFH-Urteil vom 10. 7. 1974, I R 223/70, BStBl. II S. 736).

Ein erhebliches Interesse am Erlass eines Teilabschlussbescheids kann insbesondere angenommen werden, wenn der Steuerpflichtige eine nicht unwesentliche Umstrukturierung plant, für die er zeitnah Rechtssicherheit erlangen will.

Bei der Ermessensentscheidung ist allerdings auch zu prüfen, ob der Erlass eines Teilabschlussbescheids den Abschluss der Außenprüfung unangemessen verzögern oder die Verwirklichung zu erwartender Steuernachforderungen gefährden könnte.

7.4. Zum Erlass einer verbindlichen Zusage nach Erlass eines Teilabschlussbescheids siehe § 204 Abs. 2 AO.

7.5. Zur erstmaligen Anwendung von § 180 Abs. 1 a AO in der Fassung des Gesetzes vom 20. 12. 2022, BGBl. I S. 2730, gilt nach Art. 97 § 37 Abs. 2 und 3 EGAO Folgendes:
- § 180 Abs. 1 a AO ist grundsätzlich erstmals auf Steuern und Steuervergütungen anzuwenden, die nach dem 31. 12. 2024 entstehen.
- Auf Steuern und Steuervergütungen, die vor dem 1. 1. 2025 entstehen, ist § 180 Abs. 1 a AO ebenfalls anzuwenden, wenn für diese Steuern und Steuervergütungen nach dem 31. 12. 2024 eine Prüfungsanordnung bekanntgegeben wurde.

8. Zur Bindungswirkung der Feststellung nach § 180 Abs. 5 Nr. 2 AO und zur Korrektur der Folgebescheide vgl. § 182 Abs. 1 Satz 2 AO. 12

Übersicht

	Rz.
1) Verordnung über die gesonderte Feststellung von Besteuerungsgrundlagen nach § 180 Abs. 2 AO vom 19. 12. 1986	13–23
2) Schreiben betr. gesonderte Feststellung bei gleichen Sachverhalten vom 2. 5. 2001	24–36
3) Schreiben betr. gesonderte Feststellung der Steuerpflicht von Zinsen aus einer Lebensversicherung nach § 9 der VO zu § 180 Abs. 2 AO vom 16. 7. 2012	37–45
4) Schreiben betr. Verfahren bei der Geltendmachung von negativen Einkünften aus der Beteiligung an Verlustzuweisungsgesellschaften und vergleichbaren Modellen vom 13. 7. 1992	46–54
5) Schreiben betr. Verfahren bei der Geltendmachung von Vorsteuerbeträgen aus der Beteiligung an Gesamtobjekten vom 24. 4. 1992	55–59
6) Schreiben betr. Einkunftsermittlung bei im Betriebsvermögen gehaltenen Beteiligungen an vermögensverwaltenden Personengesellschaften vom 29. 4. 1994	60–62
7) Verfügung betr. keine einheitliche und gesonderte Feststellung nach § 180 Abs. 1 Nr. 2 a AO bei unbekannten Erben vom 29. 12. 2010	63
8) Verfügung betr. gesonderte und einheitliche Feststellung der Einkünfte aus ausländischen Personengesellschaften, Bauherrengemeinschaften und Grundstücksgemeinschaften, an denen mehrere Inländer beteiligt sind vom 23. 11. 2020	64–66 a
9) Verfügung betr. örtliche Zuständigkeit in Zusammenhang mit der gesonderten Gewinnfeststellung nach § 180 Abs. 1 Nr. 2 b AO vom 25. 3. 2015	67–71
10) Verfügung betr. Teilabschlussbescheid (§ 180 Abs. 1 a AO) vom 31. 10. 2025	72–76

Anl 1

1) Verordnung über die gesonderte Feststellung von Besteuerungsgrundlagen nach § 180 Abs. 2 der Abgabenordnung (V zu § 180 Abs. 2 AO)[1]

Vom 19. Dezember 1986 (BGBl. I S. 2663)

Geändert durch VOen vom 22. Oktober 1990 (BGBl. I S. 2275), vom 16. Dezember 1994 (BGBl. I S. 3834), Gesetze vom 15. Dezember 1995 (BGBl. I S. 1783), vom 22. Dezember 1999 (BGBl. I S. 2601), vom 20. 12. 2000 (BGBl. I S. 1850), vom 5. Juli 2004 (BGBl. I S. 1427), vom 7. 12. 2006 (BGBl. I S. 2782), vom 20. 12. 2008 (BGBl. I S. 2850), VOen vom 18. 7. 2016 (BGBl. I S. 1722) und vom 19. 12. 2022 (BGBl. I S. 2432)

Auf Grund des § 180 Abs. 2 der Abgabenordnung vom 16. März 1976 (BGBl. I S. 613), der durch Artikel 1 Nr. 31 des Steuerbereinigungsgesetzes 1986 vom 19. Dezember 1985 (BGBl. I S. 2436) neu gefaßt worden ist, wird mit Zustimmung des Bundesrates verordnet:

Erster Abschnitt. Feststellungsverfahren bei gleichen Sachverhalten

13 **§ 1 Gegenstand, Umfang und Voraussetzungen der Feststellung**

(1) ① Besteuerungsgrundlagen, insbesondere einkommensteuerpflichtige oder körperschaftsteuerpflichtige Einkünfte, können[2] ganz oder teilweise gesondert festgestellt werden, wenn der Einkunftserzielung dienende Wirtschaftsgüter, Anlagen oder Einrichtungen

1. von mehreren Personen betrieben, genutzt oder gehalten werden oder[3]
2. mehreren Personen getrennt zuzurechnen sind, die bei der Planung, Herstellung, Erhaltung oder dem Erwerb dieser Wirtschaftsgüter, Anlagen oder Einrichtungen gleichartige Rechtsbeziehungen zu Dritten hergestellt oder unterhalten haben (Gesamtobjekt).

② Satz 1 Nummer 2 gilt entsprechend bei Wohneigentum, das nicht der Einkunftserzielung dient, und bei Mietwohngebäuden, wenn die Feststellung für die Besteuerung von Bedeutung ist.

(2)[4] Absatz 1 gilt für die Umsatzsteuer nur, wenn mehrere Unternehmer im Rahmen eines Gesamtobjekts Umsätze ausführen oder empfangen.

(3) ① Die Feststellung ist gegenüber den in Absatz 1 genannten Personen einheitlich vorzunehmen. ② Sie kann auf bestimmte Personen beschränkt werden.

14 **§ 2 Örtliche Zuständigkeit**[5]

(1) ① Für Feststellungen in den Fällen des § 1 Abs. 1 Satz 1 Nr. 1 richtet sich die örtliche Zuständigkeit nach § 18 Abs. 1 Nr. 2 der Abgabenordnung. ② Die Wirtschaftsgüter, Anlagen oder Einrichtungen gelten als gewerblicher Betrieb im Sinne dieser Vorschrift.

(2) Für Feststellungen in den Fällen des § 1 Abs. 1 Satz 1 Nr. 2 ist das Finanzamt zuständig, das nach § 19 oder § 20 der Abgabenordnung für die Steuern vom Einkommen und Vermögen des Erklärungspflichtigen zuständig ist.

(3) Feststellungen nach § 1 Abs. 2 hat das für die Feststellungen nach § 1 Abs. 1 Satz 1 Nr. 2 zuständige Finanzamt zu treffen.

(4) § 18 Abs. 2 der Abgabenordnung gilt entsprechend.

15 **§ 3 Erklärungspflicht**[6]

(1) ① Eine Erklärung zur gesonderten Feststellung der Besteuerungsgrundlagen haben nach Aufforderung durch die Finanzbehörde abzugeben:

1. in den Fällen des § 1 Abs. 1 Satz 1 Nr. 1 die Personen, die im Feststellungszeitraum die Wirtschaftsgüter, Anlagen oder Einrichtungen betrieben, genutzt oder gehalten haben,

---

[1] Die Verordnung ist verfassungskonform *(BFH-Urteil vom 23. 9. 1992 X R 156/90, BStBl. 1993 II S. 11).*

Keine gesonderte Feststellung nach der VO zu § 180 Abs. 2 AO für Eigentümergemeinschaften *(Vfg. OFD Nürnberg vom 26. 8. 1996 S 7340 – 134/St 43, StEd S. 677).*

[2] Die Beiladung der übrigen Feststellungsbeteiligten ist auch dann gem. § 60 Abs. 3 FGO notwendig, wenn das FA – statt die Einkünfte aus Vermietung und Verpachtung der Bauherrengemeinschaft gesondert und einheitlich festzustellen – nach seinem Ermessen (§ 180 Abs. 2 AO i. V. m. § 1 Abs. 1 der dazu ergangenen VO) von der Durchführung des Feststellungsverfahrens für die Bauherrengemeinschaft hätte absehen können *(BFH-Urteil vom 27. 6. 1995 IX R 123/92, BStBl. II S. 763).*

[3] Besteuerungsgrundlagen, welche einen Sonderausgabenabzug betreffen (z. B. private Versorgungsleistungen), können nicht nach § 1 Abs. 1 der VO einheitlich und gesondert festgestellt werden *(BFH-Urteil vom 23. 9. 1992 X R 156/90, BStBl. 1993 II S. 11);* s. aber jetzt die ab VZ 1995 geltende Neufassung des § 180 Abs. 1 Nr. 2 Buchst. a. Wegen der Ausnahme s. § 10 e Abs. 1, 2 und 7 EStG. Bei Miteigentum können die Abzugsbeträge nach der Grundförderung (§ 10 h Sätze 1, 2 EStG) und der Vorkostenregelung (§ 10 h Satz 3 EStG) analog § 180 Abs. 1 Nr. 2 a gesondert und einheitlich festgestellt werden.

[4] Der in einer Rechnung an die Bauherren eines Gesamtobjekts (Wohnanlage mit Eigentumswohnungen) gesondert ausgewiesene Steuerbetrag kann gem. § 1 Abs. 2 der Verordnung über die gesonderte Feststellung von Besteuerungsgrundlagen nach § 180 Abs. 2 AO auf die Beteiligten verteilt und ihnen zugerechnet werden. Die Bezeichnung der einzelnen Leistungsempfänger und der für sie abziehbare Steuerbetrag können aus einer Abrechnung über das bezeichnete Gesamtobjekt abgeleitet werden *(BFH-Urteil vom 27. 1. 1994 V R 31/91, BStBl. II S. 488).*

[5] Der Antrag auf Investitionszulage nach dem InvZulG 1993 eines Anspruchsberechtigten, dessen Einkünfte (hier aus Land- und Forstwirtschaft) nach § 180 Abs. 1 Nr. 2 Buchst. b AO gesondert festzustellen sind, ist bei dem für die Besteuerung nach dem Einkommen zuständigen FA (Wohnsitz-FA) zu stellen. Die irrtümliche Annahme eines berufsmäßigen Beraters eines solchen Anspruchsberechtigten, der Antrag sei in diesem Fall bei dem für die gesonderte Feststellung der Einkünfte zuständigen FA zu stellen, ist in der Regel nicht unverschuldet und rechtfertigt daher bei Versäumung der Antragsfrist nicht eine Wiedereinsetzung in den vorigen Stand *(BFH-Urteil vom 27. 8. 1998 III R 47/95, BStBl. 1999 II S. 65).*

[6] Zu den iSd § 3 Abs. 1 Satz 1 Nr. 2 der Verordnung zu § 180 Abs. 2 AO erklärungspflichtigen Personen gehören auch die Bauträger/Initiatoren eines sog. Sanierungsmodells *(BFH-Beschluss vom 13. 1. 2006 IX B 123/05, BFH/NV S. 706).*

Anl 1

2. in den Fällen des § 1 Abs. 1 Satz 1 Nr. 2 und Satz 2 die Personen, die bei der Planung, Herstellung, Erhaltung, dem Erwerb, der Betreuung, Geschäftsführung oder Verwaltung des Gesamtobjektes für die Feststellungsbeteiligten handeln oder im Feststellungszeitraum gehandelt haben; dies gilt in den Fällen des § 1 Abs. 2 entsprechend.

② § 34 der Abgabenordnung bleibt unberührt.

(2)[1] ① Die Erklärung ist nach amtlich vorgeschriebenem Vordruck abzugeben und von der zur Abgabe verpflichteten Person eigenhändig zu unterschreiben. ② Name und Anschrift der Feststellungsbeteiligten sind anzugeben. ③ Der Erklärung ist eine Ermittlung der Besteuerungsgrundlagen beizufügen. ④ Ist Besteuerungsgrundlage ein nach § 4 Abs. 1 oder § 5 des Einkommensteuergesetzes zu ermittelnder Gewinn, gilt § 5 b des Einkommensteuergesetzes entsprechend; die Beifügung der in Satz 3 genannten Unterlagen kann in den Fällen des § 5 b Abs. 1 des Einkommensteuergesetzes unterbleiben.

(3) Die Finanzbehörde kann entsprechend der vorgesehenen Feststellung den Umfang der Erklärung und die zum Nachweis erforderlichen Unterlagen bestimmen.

(4) Hat ein Erklärungspflichtiger eine Erklärung zur gesonderten Feststellung der Besteuerungsgrundlagen abgegeben, sind andere Erklärungspflichtige insoweit von der Erklärungspflicht befreit.

§ 4 Einleitung des Feststellungsverfahrens 16

① Die Finanzbehörde entscheidet nach pflichtgemäßem Ermessen, ob und in welchem Umfang sie ein Feststellungsverfahren durchführt. ② Hält sie eine gesonderte Feststellung nicht für erforderlich, insbesondere weil das Feststellungsverfahren nicht der einheitlichen Rechtsanwendung und auch nicht der Erleichterung des Besteuerungsverfahrens dient, kann sie dies durch Bescheid feststellen. ③ Der Bescheid gilt als Steuerbescheid.

§ 5 Verfahrensbeteiligte 17

Als an dem Feststellungsverfahren Beteiligte gelten neben den Beteiligten nach § 78 der Abgabenordnung auch die in § 3 Abs. 1 Nr. 2 genannten Personen.

§ 6 Bekanntgabe[2] 18

(1) ① Die am Gegenstand der Feststellung beteiligten Personen sollen einen gemeinsamen Empfangsbevollmächtigten bestellen, der ermächtigt ist, für sie alle Verwaltungsakte und Mitteilungen in Empfang zu nehmen, die mit dem Feststellungsverfahren und dem anschließenden Verfahren über einen außergerichtlichen Rechtsbehelf zusammenhängen. ② Ein Widerruf der Empfangsvollmacht wird der Finanzbehörde gegenüber erst wirksam, wenn er ihr zugeht. ③ Ist ein Empfangsbevollmächtigter nicht bestellt, kann die Finanzbehörde die Beteiligten auffordern, innerhalb einer angemessenen Frist einen Empfangsbevollmächtigten zu benennen. ④ Hierbei ist ein Beteiligter vorzuschlagen und darauf hinzuweisen, daß diesem die in Satz 1 genannten Verwaltungsakte und Mitteilungen mit Wirkung für und gegen alle Beteiligten bekanntgegeben werden, soweit nicht ein anderer Empfangsbevollmächtigter benannt wird. ⑤ Bei der Bekanntgabe an den Empfangsbevollmächtigten ist darauf hinzuweisen, daß die Bekanntgabe mit Wirkung für und gegen alle Feststellungsbeteiligten erfolgt.

(2) Der Feststellungsbescheid ist auch den in § 3 Abs. 1 Nr. 2 genannten Personen bekanntzugeben, wenn sie die Erklärung abgegeben haben, aber nicht zum Empfangsbevollmächtigten bestellt sind.

(3) Absatz 1 Sätze 3 und 4 ist insoweit nicht anzuwenden, als der Finanzbehörde bekannt ist, daß zwischen den Feststellungsbeteiligten und dem Empfangsbevollmächtigten ernstliche Meinungsverschiedenheiten bestehen.

(4) Ist Einzelbekanntgabe erforderlich, sind dem Beteiligten nur die ihn betreffenden Besteuerungsgrundlagen bekanntzugeben.

§ 7 Außenprüfung[3] 19

(1) Eine Außenprüfung zur Ermittlung der Besteuerungsgrundlagen ist bei jedem Verfahrensbeteiligten zulässig.

(2) Die Prüfungsanordnung ist dem Verfahrensbeteiligten bekanntzugeben, bei dem die Außenprüfung durchgeführt werden soll.

Zweiter Abschnitt. Feststellungsverfahren beim Übergang zur Liebhaberei

§ 8 Feststellungsgegenstand beim Übergang zur Liebhaberei 20

Dient ein Betrieb von einem bestimmten Zeitpunkt an nicht mehr der Erzielung von Einkünften im Sinne des § 2 Abs. 1 Nr. 1 bis 3 des Einkommensteuergesetzes und liegt deshalb ein Übergang zur Liebhaberei vor, so ist auf diesen Zeitpunkt unabhängig von der Gewinnermittlungsart für jedes Wirt-

---

[1] § 3 Abs. 2 Satz 4 angef. durch VO v. 20. 12. 2008 (BGBl. I S. 2850).

[2] Die Bekanntgabe eines Feststellungsbescheids an einen Empfangsbevollmächtigten iSd § 6 Abs. 1 der Verordnung zu § 180 Abs. 2 AO ist auch gegenüber einem aus der Bauherrengemeinschaft ausgeschiedenen Feststellungsbeteiligten wirksam, solange dieser die Vollmacht nicht gegenüber der für die Feststellung zuständigen Finanzbehörde widerrufen hat *(BFH-Urteil vom 7. 2. 1995 IX R 3/93, BStBl. II S. 357).*

[3] Die Durchführung einer Außenprüfung bei der Gesellschaft, die i. S. v. § 3 Abs. 1 Satz 1 Nr. 2 VO zu § 180 AO hinsichtlich des Gesamtobjekts für die Feststellungsbeteiligten im Feststellungszeitraum gehandelt hat, als Verfahrensbeteiligte nach § 5 VO zu § 180 AO ist nach § 7 Abs. 1 VO zu § 180 AO zulässig und führt zur Hemmung der Feststellungsfrist gem. § 171 Abs. 4 AO gegenüber allen Feststellungsbeteiligten, auch wenn diese von der Außenprüfung keine Kenntnis haben *(BFH-Urteil vom 16. 6. 2015 IX R 51/14, BStBl. 2016 II S. 2).*

schaftsgut des Anlagevermögens der Unterschiedsbetrag zwischen dem gemeinen Wert und dem Wert, der nach § 4 Abs. 1 oder nach § 5 des Einkommensteuergesetzes anzusetzen wäre, gesondert und bei mehreren Beteiligten einheitlich festzustellen. Auf eine gesonderte Feststellung nach Satz 1 kann verzichtet werden, wenn es sich um einen Fall von geringer Bedeutung handelt.

Dritter Abschnitt. Schlußvorschriften

21 **§ 9 Feststellungsgegenstand bei Einsatz von Versicherungen auf den Erlebens- oder Todesfall zu Finanzierungszwecken**[1]

Das für die Besteuerung des Einkommens des Versicherungsnehmers zuständige Finanzamt stellt die Steuerpflicht der außerrechnungsmäßigen und rechnungsmäßigen Zinsen aus den in den Beiträgen zu Versicherungen auf den Erlebens- oder den Todesfall enthaltenen Sparanteilen (§ 20 Absatz 1 Nummer 6 in Verbindung mit § 10 Absatz 1 Nummer 2 Buchstabe b Doppelbuchstabe bb bis dd des Einkommensteuergesetzes in der am 31. Dezember 2004 geltenden Fassung) gesondert fest, wenn

1. die Ansprüche aus den Versicherungsverträgen während deren Dauer im Erlebensfall der Tilgung oder Sicherung eines Darlehens dienen, dessen Finanzierungskosten Betriebsausgaben oder Werbungskosten sind und
2. nicht die Voraussetzungen für den Sonderausgabenabzug nach § 10 Absatz 2 Satz 2 Buchstabe a oder Buchstabe b des Einkommensteuergesetzes in der am 31. Dezember 2004 geltenden Fassung erfüllt sind oder soweit bei Versicherungsbeiträgen Zinsen in Veranlagungszeiträumen gutgeschrieben werden, in denen die Beiträge nach § 10 Absatz 2 Satz 2 Buchstabe c des Einkommensteuergesetzes in der am 31. Dezember 2004 geltenden Fassung nicht abgezogen werden können.

Versicherungen im Sinne des Satzes 1 sind solche, deren Versicherungsvertrag vor dem 1. Januar 2005 abgeschlossen worden ist.

22 ***§ 10*[2] *Feststellungsverfahren bei steuerverstrickten Anteilen an Kapitalgesellschaften***

(1) Es kann gesondert und bei mehreren Beteiligten einheitlich festgestellt werden,

a) ob und in welchem Umfang im Rahmen der Gründung einer Kapitalgesellschaft oder einer Kapitalerhöhung stille Reserven in Gesellschaftsanteilen, die der Besteuerung nach § 21 des Umwandlungssteuergesetzes oder § 17 des Einkommensteuergesetzes unterliegen (steuerverstrickte Anteile), auf andere Gesellschaftsanteile übergehen (mitverstrickte Anteile),

b) in welchem Umfang die Anschaffungskosten der steuerverstrickten Anteile den mitverstrickten Anteilen zuzurechnen sind,

c) wie hoch die Anschaffungskosten der steuerverstrickten Anteile nach dem Übergang stiller Reserven sowie der mitverstrickten Anteile im Übrigen sind.

Satz 1 gilt sinngemäß für die Feststellung, ob und inwieweit Anteile an Kapitalgesellschaften unentgeltlich auf andere Steuerpflichtige übertragen werden.

(2) ① Feststellungen nach Absatz 1 erfolgen durch das Finanzamt, das für die Besteuerung der Kapitalgesellschaft nach § 20 der Abgabenordnung zuständig ist. ② Die Inhaber der von Feststellungen nach Absatz 1 betroffenen Anteile haben eine Erklärung zur gesonderten Feststellung der Besteuerungsgrundlagen abzugeben, wenn sie durch die Finanzbehörde dazu aufgefordert werden. ③ § 3 Abs. 2 bis 4, §§ 4, 6 Abs. 1, 3 und 4 und § 7 sind sinngemäß anzuwenden.

23 **§ 11**[3] **Inkrafttreten, Anwendungsvorschriften**

① Diese Verordnung tritt am Tage nach der Verkündung in Kraft. ② Sie tritt mit Wirkung vom 25. Dezember 1985 in Kraft, soweit einheitliche und gesonderte Feststellungen nach § 180 Abs. 2 der Abgabenordnung in der bis zum 24. Dezember 1985 geltenden Fassung zulässig waren. ③ § 10 ist für Anteile, bei denen hinsichtlich des Gewinns aus der Veräußerung der Anteile die Steuerfreistellung nach § 8 b Abs. 4 des Körperschaftsteuergesetzes in der am 12. Dezember 2006 geltenden Fassung oder nach § 3 Nr. 40 Satz 3 und 4 des Einkommensteuergesetzes in der am 12. Dezember 2006 geltenden Fassung ausgeschlossen ist, weiterhin anzuwenden. ④ § 1 Absatz 1 Satz 2 in der am 23. Juli 2016 geltenden Fassung ist erstmals auf Feststellungszeiträume anzuwenden, die nach dem 31. Dezember 2015 beginnen; für Feststellungszeiträume, die vor dem 1. Januar 2016 geendet haben, ist § 1 Absatz 1 Satz 2 in der am 22. Juli 2016 geltenden Fassung weiterhin anzuwenden.

Anl 2

2) Schreiben betr. gesonderte Feststellung bei gleichen Sachverhalten

Vom 2. Mai 2001 (BeckVerw 27607)

(BMF IV A 4 – S 0361 – 4/01)

Unter Bezugnahme auf das Ergebnis der Erörterungen mit den obersten Finanzbehörden der Länder gilt für gesonderte Feststellungen bei gleichen Sachverhalten Folgendes:

24 **1. Allgemeines**

1.1. §§ 1–7 der Verordnung über die gesonderte Feststellung von Besteuerungsgrundlagen nach § 180 Abs. 2 der Abgabenordnung (V zu § 180 Abs. 2 AO)[4] regeln die gesonderte Feststellung von Einkünften

[1] Siehe dazu *BMF-Schreiben vom 16. 7. 2012, BStBl. I S. 686,* nachstehend abgedruckt.

[2] § 10 aufgeh. durch G v. 7. 12. 2006 (BGBl. I S. 2782).

[3] § 11 Überschrift geänd., Satz 3 angef. durch G v. 7. 12. 2006 (BGBl. I S. 2782).

[4] VO v. 19. 12. 1986, BGBl. I S. 2663, vorstehend abgedruckt.

in Fällen, in denen die Voraussetzungen des § 180 Abs. 1 AO nicht vorliegen. Sie ermöglichen auch die gesonderte Feststellung anderer Besteuerungsgrundlagen (vgl. zum Begriff § 199 Abs. 1 AO) für Zwecke der Einkommensteuer, Körperschaftsteuer und Umsatzsteuer sowie für die Eigenheimzulage und die Investitionszulage. Feststellungen für andere Steuerarten, Zulagen oder Prämien sind nicht vorzunehmen. Anl 2

1.2. Nach § 1 V zu § 180 Abs. 2 AO können insbesondere festgestellt werden:

a) die Betriebsausgaben und -einnahmen der Beteiligten an Gesellschaften oder Gemeinschaften ohne Gewinnerzielungsabsicht, die den Beteiligten Anlagen oder Einrichtungen zur betrieblichen oder freiberuflichen Nutzung zur Verfügung stellen, wie z. B. Laborgemeinschaften, Maschinengemeinschaften (§ 1 Abs. 1 Satz 1 Nr. 1 V zu § 180 Abs. 2 AO);

b) die Einkünfte der Feststellungsbeteiligten bei Gesamtobjekten (§ 1 Abs. 1 Satz 1 Nr. 2 V zu § 180 Abs. 2 AO; vgl. BFH-Urteil vom 17. August 1989, BStBl. 1990 II S. 411);

c) die Höhe der Vorsteuer aus Umsätzen, die Hersteller oder Erwerber im Rahmen eines Gesamtobjektes (§ 1 Abs. 1 Satz 1 Nr. 2 V zu § 180 Abs. 2 AO) empfangen haben, soweit ein Vorsteuerabzug nach § 15 UStG oder eine Berichtigung des Vorsteuerabzugs nach § 15 a UStG in Betracht kommt, sowie die Optionsfähigkeit (§ 9 UStG) der Umsätze, die durch Vermietung oder Verpachtung des Objektes (§ 4 Nr. 12 UStG) bewirkt werden;

d) die bei Wohneigentum wie Sonderausgaben abziehbaren Beträge (z. B. nach §§ 10 f, 10 g EStG) und die Bemessungsgrundlage der Eigenheimzulage oder der Investitionszulage nach § 4 InvZulG 1999 vor Abzug des Selbstbehalts bei Gesamtobjekten, soweit diese nicht der Einkunftserzielung dienen (§ 1 Abs. 1 Satz 2 Buchstabe a V zu § 180 Abs. 2 AO);

e) die Voraussetzungen für die Inanspruchnahme der Eigenheimzulage bei der Anschaffung von Genossenschaftsanteilen i. S. des § 17 EigZulG (§ 1 Abs. 1 Satz 2 Buchstabe b V zu § 180 Abs. 2 AO);

f) die Bemessungsgrundlage der Investitionszulage bei Mietwohngebäuden nach § 3 InvZulG 1999 vor Abzug des Selbstbehalts (§ 1 Abs. 1 Satz 2 Buchstabe c V zu § 180 Abs. 2 AO).

2. Voraussetzungen gesonderter Feststellungen bei Gesamtobjekten 25

2.1. Eine gesonderte Feststellung nach § 1 Abs. 1 Satz 1 Nr. 2 V zu § 180 Abs. 2 AO kommt in Betracht, wenn folgende Voraussetzungen sämtlich gegeben sind:

a) Mehrere Steuerpflichtige erzielen Einkünfte aus Wirtschaftsgütern, Anlagen oder Einrichtungen, die ihnen getrennt zuzurechnen sind.

b) Die Steuerpflichtigen unterhalten bei der Planung, Herstellung, dem Erwerb, der Erhaltung, Verwaltung, Vermietung oder der sonstigen Nutzung dieser Wirtschaftsgüter, Anlagen oder Einrichtungen zu demselben Dritten (Treuhänder, Baubetreuer, Verwalter, Garantiegeber, Finanzierungsvermittler) Rechtsbeziehungen (z. B. Treuhand-, Baubetreuungs-, Bewirtschaftungs- oder Verwaltungsverträge).

c) Die Rechtsbeziehungen sind gleichartig, z. B. bei Verwendung einheitlicher Musterverträge oder aufgrund gleichartiger Geschäftsbedingungen.

Dies gilt in den Fällen des § 1 Abs. 1 Satz 2 Buchstaben a bis c V zu § 180 Abs. 2 AO (vgl. Tz. 1.2 Buchstaben d bis f) entsprechend.

Hiernach können gesonderte Feststellungen vorgenommen werden insbesondere bei

- Bauherrenmodellen, die die Errichtung von Einfamilienhäusern, Eigentumswohnungen oder sonstigen Gebäuden zum Gegenstand haben,
- Erwerbermodellen, einschließlich Bauträgermodellen und Sanierungsmodellen.

2.2. Die gesonderte Feststellung für die Umsatzsteuer setzt zusätzlich voraus, dass mehrere Unternehmer (§ 2 UStG) an dem Gesamtobjekt beteiligt sind (§ 1 Abs. 2 V zu § 180 Abs. 2 AO).

3. Umfang der gesonderten Feststellung bei Gesamtobjekten 26

3.1. Gesonderte Feststellung von Besteuerungsgrundlagen für die Steuern vom Einkommen

3.1.1. Nach § 1 VO zu § 180 Abs. 2 AO ist die teilweise gesonderte Feststellung zulässig. Die Feststellung soll sich in der Regel nur auf die Besteuerungsgrundlagen (z. B. Einkünfte, wie Sonderausgaben abziehbare Beträge) erstrecken, die sich aus dem vertraglichen Gesamtaufwand ergeben (vgl. Tzn. 3 und 4 des *BMF-Schreibens vom 31. August 1990 – IV B 3 – S 2253 a – 49/90 –, BStBl. I S. 366 –; sog. Bauherrenerlass*).[1] Neben den sofort abziehbaren Werbungskosten können insbesondere auch die Grundlagen zur Bemessung der AfA, der Sonderbehandlung von Erhaltungsaufwendungen und des wie Sonderausgaben abziehbaren Betrages (z. B. nach §§ 3 und 4 FördG oder §§ 7, 7 h, 7 i, 10 f, 11 a und 11 b EStG) gesondert festgestellt werden, wenn die Aufwendungen im Rahmen des Gesamtaufwandes entstanden sind. Bei einheitlicher Finanzierung soll auch das Disagio einbezogen werden; nicht einzubeziehen sind die außerhalb des Gesamtaufwandes entstandenen Aufwendungen, z. B. Kosten einer als Werbungskosten abziehbaren Individualfinanzierung, auch wenn diese über eine der in § 3 Abs. 1 Nr. 2 V zu § 180 Abs. 2 AO genannten Personen abgewickelt wird. Nicht einzubeziehen in die gesonderte Feststellung der Besteuerungsgrundlagen sind ferner die als Werbungskosten abziehbaren Vorsteuern bzw. die als Einnahme anzusetzenden Vorsteuererstattungen.

Gehören die Wirtschaftsgüter, Anlagen oder Einrichtungen zum Betriebsvermögen des Beteiligten, ist die gesonderte Feststellung auf die Höhe der sofort in voller Höhe absetzbaren Betriebsausgaben und die Bemessungsgrundlage der AfA zu beschränken. Kommt die Bildung eines Rechnungsabgrenzungspostens in Betracht, sind auch die hierfür maßgeblichen Besteuerungsgrundlagen festzustellen.

3.1.2. Es ist zulässig, nur für einige der Steuerpflichtigen, die an dem Gesamtobjekt beteiligt sind, eine gesonderte Feststellung durchzuführen.

[1] Siehe nunmehr *BMF-Schreiben vom 20. 10. 2003 IV C 3 – S 2253 a – 48/03 (BStBl. I S. 546)*, abgedruckt im „Handbuch zur Einkommensteuer" als Anl. zu § 21 EStG.

Anl 2

3.1.3. Die Feststellung soll nur für den Zeitraum bis zur Bezugsfertigkeit (bei Bauherrenmodellen) oder der erstmaligen Vermietung oder Eigennutzung durch den Steuerpflichtigen (bei Erwerbermodellen) durchgeführt werden.

3.1.4. Umfang und Zeitraum der gesonderten Feststellung sind in dem Feststellungsbescheid genau zu bezeichnen. Nachrichtliche Mitteilungen, z. B. über Besteuerungsgrundlagen für nachfolgende Zeiträume, können in den Bescheid aufgenommen werden.

3.1.5. In Zusammenhang mit den festzustellenden Besteuerungsgrundlagen stehende Steuerabzugsbeträge und Körperschaftsteuer, die auf die festgesetzte Steuer anzurechnen sind, können nach § 180 Abs. 5 Nr. 2 AO gesondert festgestellt werden. Diese Feststellung kann mit der Feststellung nach der V zu § 180 Abs. 2 AO verbunden werden.

3.2. Gesonderte Feststellung für die Umsatzsteuer

3.2.1. Gesondert festgestellt werden soll, ob die Voraussetzungen für den Vorsteuerabzug vorliegen (§ 15 UStG). Liegen diese Voraussetzungen vor, so soll sich die Feststellung der Vorsteuerbeträge in der Regel auf die Vorsteuern beschränken, die sich aus dem vertraglichen Gesamtaufwand ergeben (vgl. Tz. 3.1.1). In jedem Fall sind jedoch die für eine Berichtigung des Vorsteuerabzugs nach § 15 a UStG in Betracht kommenden Vorsteuerbeträge auf Anschaffungs-/Herstellungskosten gesondert festzustellen.

3.2.2. Werden Wirtschaftsgüter, Anlagen oder Einrichtungen von Beteiligten für eigene gewerbliche oder berufliche Zwecke verwendet, ist die Feststellung auf die Höhe der Vorsteuerbeträge zu beschränken. Ob die festgestellten Vorsteuerbeträge ganz oder teilweise vom Abzug ausgeschlossen sind (§ 15 Abs. 2 bis 4 UStG), entscheidet in diesen Fällen das für die Umsatzbesteuerung des Beteiligten zuständige Finanzamt (§ 21 AO).

3.2.3. Die Regelungen zur zeitlichen Begrenzung (Tz. 3.1.3) und zu den Angaben im Feststellungsbescheid (Tz. 3.1.4) gelten entsprechend. Hiervon unberührt bleibt die Durchführung von Amtshilfemaßnahmen, insbesondere zur einheitlichen Anwendung des § 15 a UStG nach dem BMF-Schreiben vom 24. April 1992 – IV A 3 – S 7340 – 45/92 – (BStBl. I S. 291).[1]

3.3. Gesonderte Feststellung für die Eigenheimzulage[2] oder die Investitionszulage

3.3.1. Feststellungen für Zwecke der Eigenheimzulage oder der Investitionszulage (§ 1 Abs. 1 Satz 2 V zu § 180 Abs. 2 AO) sind nur durchzuführen, wenn und soweit dies für deren Festsetzung erforderlich ist. Umfang und Zeitraum der gesonderten Feststellung sind im Feststellungsbescheid genau zu bezeichnen.

3.3.2. Bei Wohneigentum bzw. Wohngebäuden (§ 1 Abs. 1 Satz 2 Buchstaben a und c V zu § 180 Abs. 2 AO) soll sich die Feststellung nur auf den Teil der Bemessungsgrundlage erstrecken, der sich aus dem vertraglichen Gesamtaufwand ergibt.

3.3.3. Bei der Anschaffung von Genossenschaftsanteilen im Sinne des § 17 EigZulG (§ 1 Abs. 1 Satz 2 Buchstabe b V zu § 180 Abs. 2 AO) ist insbesondere festzustellen, ob von der Genossenschaft mehr als zwei Drittel des Geschäftsguthabens der Genossen zu wohnungswirtschaftlichen Zwecken verwandt wird, ob die Genossenschaft unverzüglich mit der Investitionstätigkeit begonnen hat und ob die Wohnungen überwiegend an Genossenschaftsmitglieder überlassen werden (vgl. *BMF-Schreiben vom 11. Mai 1999, BStBl. I S. 490*).[3] Sofern einzelne Voraussetzungen noch nicht sofort vorliegen, jedoch glaubhaft dargelegt wird, dass sie alsbald erfüllt sein werden, ist die Feststellung insoweit nach § 165 Abs. 1 AO vorläufig durchzuführen.

27 **4. Einleitung des Feststellungsverfahrens**

4.1. Sofern die Erklärung zur gesonderten Feststellung nicht unaufgefordert abgegeben wird, wird das Feststellungsverfahren durch Aufforderung des Finanzamts, eine Erklärung abzugeben, eingeleitet (vgl. Tz. 6).

4.2 Die Durchführung des Feststellungsverfahrens liegt nach § 4 V zu § 180 Abs. 2 AO im pflichtgemäßen Ermessen des Finanzamts. Ein Feststellungsverfahren soll nur durchgeführt werden, wenn dies der einheitlichen Rechtsanwendung und gleichzeitig der Erleichterung des Besteuerungsverfahrens dient. Von der Durchführung eines Feststellungsverfahrens kann auch abgesehen werden, wenn es sich um einen Fall von geringer Bedeutung handelt.

Hinsichtlich der Feststellung von Besteuerungsgrundlagen für die Steuern vom Einkommen kann bei Bauherrenmodellen und vergleichbaren Modellen ein Feststellungsbedarf angenommen werden, wenn zumindest für einen Veranlagungszeitraum die Besteuerungsgrundlagen von mindestens drei Beteiligten festzustellen sind und der einzelne Beteiligte insgesamt Werbungskosten, Betriebsausgaben oder wie Sonderausgaben abziehbare Beträge (ausgenommen Finanzierungskosten und Notarkosten) von mehr als 5 000 DM (ab Veranlagungs-/Feststellungszeitraum 2002: 2 500 Euro) geltend macht. Dies gilt – mit Ausnahme der Aufgriffsgrenze von 5 000 DM/2 500 Euro – bei Feststellungen für die Festsetzung von Eigenheim- oder Investitionszulage entsprechend.

4.3. Zur Beseitigung von Zweifeln, ob ein Feststellungsverfahren durchgeführt wird, kann ein Negativbescheid erteilt werden (§ 4 Satz 2 V zu § 180 Abs. 2 AO). Die Ermittlungspflicht geht in diesem Fall in vollem Umfang auf das für die Steuerfestsetzung zuständige Finanzamt über.

---

[1] Nachstehend abgedruckt.

[2] Das EigZulG ist letztmals anzuwenden auf Herstellungen bzw. Anschaffungen, die vor dem 1. 1. 2006 begonnen haben bzw. erfolgt sind; s. § 19 Abs. 9 EigZulG.

[3] Siehe nunmehr *BMF-Schreiben vom 21. 12. 2004 IV C 3 – EZ 1010 – 43/04, BStBl. I S. 305*, geänd. durch *BMF-Schreiben vom 4. 6. 2009 IV C 1 – EZ 1170/0, BStBl. I S. 670.*

Anl 2

4.4. Über einen Antrag auf Durchführung einer gesonderten Feststellung ist durch Bescheid zu entscheiden.

5. Verfahrensbeteiligte 28

5.1. Verfahrensbeteiligte sind:
- die Feststellungsbeteiligten, denen die gesondert festzustellenden Besteuerungsgrundlagen zuzurechnen sind,
- bei Gesamtobjekten auch die in § 3 Abs. 1 Nr. 2 V zu § 180 Abs. 2 AO genannten Personen (Betreuungsunternehmer, Treuhänder, Initiator, Verwalter u. a.).

Bei Gesamtobjekten sollen Ermittlungen und Verfahrenshandlungen gegenüber den in § 3 Abs. 1 Nr. 2 V zu § 180 Abs. 2 AO genannten Personen vorgenommen werden.

5.2. Das Steuergeheimnis steht der Offenbarung von Verhältnissen der Verfahrensbeteiligten gegenüber anderen Verfahrensbeteiligten nicht entgegen, soweit dies der Durchführung des Feststellungsverfahrens, z. B. bei der Bekanntgabe, dient (§ 30 Abs. 4 Nr. 1 AO).

6. Erklärungspflicht

6.1. Zur Abgabe der Erklärung zur gesonderten und einheitlichen Feststellung sind die Verfahrensbeteiligten i. S. der Tz. 5.1 verpflichtet. Eine Erklärungspflicht besteht nur nach ausdrücklicher Aufforderung durch das Finanzamt; bei Gesamtobjekten sind die in § 3 Abs. 1 Nr. 2 V zu § 180 Abs. 2 AO genannten Personen zur Abgabe der Erklärung aufzufordern (vgl. BFH-Urteile vom 1. Dezember 1987, BStBl. 1988 II S. 319, und vom 17. August 1989, BStBl. 1990 II S. 411). 29

6.2. Steht von vornherein fest, dass nur eine teilweise gesonderte Feststellung getroffen wird, soll das Finanzamt bei der Aufforderung zur Abgabe der Steuererklärung den Umfang der Erklärung entsprechend einschränken (§ 3 Abs. 3 V zu § 180 Abs. 2 AO).

6.3. Die Erklärungspflicht besteht auch in den Fällen, in denen der Betrieb, die Nutzung, Betreuung (Treuhandschaft), Geschäftsführung, Verwaltung usw. nicht mehr besteht (§ 3 Abs. 1 V zu § 180 Abs. 2 AO).

6.4. Kommen für die Abgabe der Erklärung mehrere Personen in Betracht, sind Überschneidungen bei der Aufforderung zur Abgabe der Erklärung zu vermeiden. Im Übrigen wird auf § 3 Abs. 4 V zu § 180 Abs. 2 AO hingewiesen.

6.5. Die Aufforderung des Finanzamts zur Abgabe einer Feststellungserklärung hat eine Anlaufhemmung der Feststellungsfrist nach § 170 Abs. 2 Satz 1 Nr. 1 AO zur Folge. Wird eine Feststellungserklärung dagegen unaufgefordert abgegeben, beginnt die Frist für die Aufhebung oder Änderung der gesonderten Feststellung oder ihrer Berichtigung nach § 129 AO nicht vor Ablauf des Kalenderjahres, in dem die Feststellungserklärung abgegeben worden ist (§ 181 Abs. 1 Satz 3 AO).

7. Bekanntgabe 30

7.1. Der Feststellungsbescheid und andere im Feststellungsverfahren zu erlassende Verwaltungsakte können an einen Empfangsbevollmächtigten mit Wirkung für und gegen alle Feststellungsbeteiligten bekannt gegeben werden. Die Feststellungsbeteiligten sollen hierzu einen gemeinsamen Empfangsbevollmächtigten bestellen (§ 6 Abs. 1 Satz 1 V zu § 180 Abs. 2 AO).

7.2. Benennen die Feststellungsbeteiligten keinen Empfangsbevollmächtigten, so kann das Finanzamt sie dazu auffordern und gleichzeitig einen Verfahrensbeteiligten als Empfangsbevollmächtigten vorschlagen. Bei Gesamtobjekten sollen in der Regel die in § 3 Abs. 1 Nr. 2 V zu § 180 Abs. 2 AO genannten Personen als Empfangsbevollmächtigte vorgeschlagen werden.

Äußern sich die Feststellungsbeteiligten nicht innerhalb einer angemessenen, in der Aufforderung anzugebenden Frist, so gilt der von der Finanzbehörde Vorgeschlagene als Empfangsbevollmächtigter. Dies gilt jedoch nur insoweit, als einer oder mehrere der Feststellungsbeteiligten für sich nicht einen anderen Empfangsbevollmächtigten benennen.

7.3. Das Finanzamt darf keinen Verfahrensbeteiligten als Empfangsbevollmächtigten vorschlagen, von dem ihm bekannt ist, dass er ernstliche Meinungsverschiedenheiten mit Feststellungsbeteiligten hat. Soweit ernstliche Meinungsverschiedenheiten zwischen den Feststellungsbeteiligten bekannt sind, ist insoweit eine gesonderte Bekanntgabe des Feststellungsbescheids (Einzelbekanntgabe) erforderlich.

7.4. Ist Einzelbekanntgabe erforderlich, sind nur diejenigen Besteuerungsgrundlagen bekannt zu geben, die den jeweiligen Feststellungsbeteiligten unmittelbar betreffen (§ 6 Abs. 4 V zu § 180 Abs. 2 AO).

7.5. Sind keine ernstlichen Meinungsverschiedenheiten zwischen den Verfahrensbeteiligten bekannt, sollen auch nach Beendigung des Betriebs, der Nutzung, Betreuung (Treuhandschaft), Geschäftsführung, Verwaltung usw. oder beim Ausscheiden von Feststellungsbeteiligten Feststellungsbescheide weiterhin nur an den bestellten Empfangsbevollmächtigten bekannt gegeben werden, soweit und solange Feststellungsbeteiligte oder der Empfangsbevollmächtigte nicht widersprochen haben.

Die Bekanntgabe eines Feststellungsbescheides an einen Empfangsbevollmächtigten i. S. des § 6 Abs. 1 Satz 1 V zu § 180 Abs. 2 AO ist auch gegenüber einem aus der Bauherrengemeinschaft ausgeschiedenen Feststellungsbeteiligten wirksam, solange dieser die Vollmacht nicht gegenüber der für die Feststellung zuständigen Finanzbehörde widerrufen hat (BFH-Urteil vom 7. Februar 1995, BStBl. II S. 357). Der Widerruf einer Empfangsvollmacht gegenüber der Finanzbehörde ist nicht an eine bestimmte Form gebunden, er kann schriftlich oder auch mündlich erfolgen.

7.6. Bei Gesamtobjekten ist der Feststellungsbescheid nach § 6 Abs. 2 V zu § 180 Abs. 2 AO auch den in § 3 Abs. 1 Nr. 2 V zu § 180 Abs. 2 AO genannten Personen bekannt zu geben, wenn sie die Erklärung abgegeben haben, aber nicht gleichzeitig Empfangsbevollmächtigte sind.

Anl 2

8. Rechtsbehelfsbefugnis

31 Zur Einspruchsbefugnis vgl. § 352 AO, zur Klagebefugnis vgl. § 48 FGO. Vgl. auch die Regelungen im Anwendungserlass zu § 352 AO.

32 **9. Außenprüfung**

9.1. Eine Außenprüfung kann bei allen Verfahrensbeteiligten durchgeführt werden. Bei Gesamtobjekten soll sie bei einem Feststellungsbeteiligten nur durchgeführt werden, wenn eine Außenprüfung bei den in § 3 Abs. 1 Nr. 2 V zu § 180 Abs. 2 AO genannten Personen keine hinreichende Sachaufklärung verspricht oder ergibt.

9.2. Die Prüfungsanordnung ist an denjenigen zu richten und bekannt zu geben, bei dem die Außenprüfung durchgeführt werden soll (§ 197 AO, § 7 V zu § 180 Abs. 2 AO). Ergeht die Prüfungsanordnung an eine in § 3 Abs. 1 Nr. 2 V zu § 180 Abs. 2 AO genannte Person, ist darauf hinzuweisen, dass sie die Prüfung nach § 7 Abs. 1 i. V. m. § 5 und § 3 Abs. 1 Nr. 2 V zu § 180 Abs. 2 AO zu dulden hat (vgl. BFH-Beschluss vom 14. März 1989, BStBl. II S. 590).

33 **10. Zuständigkeit**

Örtlich zuständig ist in den Fällen des § 1 Abs. 1 Satz 1 Nr. 1 V zu § 180 Abs. 2 AO das Betriebsfinanzamt (§ 2 Abs. 1 V zu § 180 Abs. 2 AO), in den Fällen des § 1 Abs. 1 Satz 1 Nr. 2 und Satz 2 sowie § 1 Abs. 2 V zu § 180 Abs. 2 AO das für den Erklärungspflichtigen zuständige Finanzamt (§ 2 Abs. 2 und 3 V zu § 180 Abs. 2 AO).

Bei Bauherrenmodellen und vergleichbaren Modellen ist dies in der Regel das für die Besteuerung des Verfahrensbeteiligten, der die Erklärung abgibt oder zur Abgabe der Erklärung aufgefordert wird, nach dem Einkommen zuständige Finanzamt (§§ 19, 20 AO). In Fällen der Anschaffung von Genossenschaftsanteilen im Sinne des § 17 EigZulG (§ 1 Abs. 1 Satz 2 V zu § 180 Abs. 2 AO) ist das für die Besteuerung der Genossenschaft nach dem Einkommen zuständige Finanzamt (§ 20 AO) für die Feststellung nach der V zu § 180 Abs. 2 AO zuständig.

34 **11. Geltendmachung von negativen Einkünften oder der wie Sonderausgaben abziehbaren Beträge**

Zur Berücksichtigung negativer Einkünfte oder der wie Sonderausgaben abziehbaren Beträge bei Gesamtobjekten ist das BMF-Schreiben vom 13. Juli 1992 – IV A 5 – S 0361–19/92 – (BStBl. I S. 404),[1] geändert durch BMF-Schreiben vom 28. Juni 1994 – IV A 4 – S 0361 – 14/94 – (BStBl. I S. 420), anzuwenden.

35 **12. Anwendung des § 2b EStG**

Bei Gesamtobjekten sind die Voraussetzungen für die Anwendung des § 2b EStG und die sich aus der Anwendung des § 2b EStG ggf. ergebenden Folgerungen im Feststellungsverfahren nach der V zu § 180 Abs. 2 AO zu prüfen.

36 **13. Schlussbestimmungen**

13.1. Die vorstehenden Regelungen sind vorbehaltlich der Tz. 13.3 in allen anhängigen Verfahren anzuwenden (Artikel 97 § 1 Abs. 2 EGAO in der Fassung des Steuerbereinigungsgesetzes 1986 vom 19. Dezember 1985, BStBl. I S. 2436). Dies gilt auch für Feststellungszeiträume vor dem In-Kraft-Treten der Neuregelungen (vgl. BFH-Urteil vom 1. Dezember 1987, BStBl. 1988 II S. 319).

13.2. Anhängige Verfahren in diesem Sinne sind neben bereits eingeleiteten und noch nicht abgeschlossenen Feststellungsverfahren auch solche Verfahren, in denen die maßgebliche Steuerfestsetzung noch nicht materiell bestandskräftig ist. Ein Verfahren ist insbesondere dann anhängig, wenn noch keine Steuerfestsetzung oder nur eine Steuerfestsetzung unter dem Vorbehalt der Nachprüfung nach § 164 AO erfolgt ist bzw. über einen gegen die Steuerfestsetzung eingelegten Rechtsbehelf noch nicht entschieden ist. Soweit nicht die Verfahren aller Beteiligten anhängig sind, ist die Feststellung auf die noch anhängigen Fälle zu begrenzen.

Die Anwendung der Neuregelung auf anhängige Verfahren führt nicht zu einer Durchbrechung der Verjährung (vgl. BFH-Urteil vom 17. August 1989, BStBl. 1990 II S. 411).

13.3. Bei Feststellungen nach § 1 Abs. 1 Satz 2 V zu § 180 Abs. 2 AO gilt zur Anwendung der vorstehenden Regelungen Folgendes:

- Feststellungen für die Einkommensteuerfestsetzung sind ab dem 1. Januar 1991 durchzuführen (Artikel 3 der Ersten Verordnung zur Änderung der Verordnung zu § 180 Abs. 2 AO vom 22. Oktober 1990, BGBl. I S. 2275, BStBl. I S. 724);
- Feststellungen für die Eigenheimzulagenfestsetzung sind ab dem 23. Dezember 1995 durchzuführen (Artikel 15 des Gesetzes zur Neuregelung der steuerrechtlichen Wohneigentumsförderung vom 15. Dezember 1995, BGBl. I S. 1783, BStBl. I S. 775).
- Bei der Anschaffung von Genossenschaftsanteilen i. S. des § 17 EigZulG sind die vorstehenden Regelungen ab dem 30. Dezember 1999 anzuwenden (Artikel 28 Abs. 2 des Steuerbereinigungsgesetzes 1999 vom 22. Dezember 1999, BGBl. I S. 2601, BStBl. 2000 I S. 13).
- Feststellungen für die Festsetzung der Investitionszulage sind ab dem 28. Dezember 2000 (Artikel 11 Abs. 1 des Gesetzes zur Änderung des Investitionszulagengesetzes 1999 vom 20. Dezember 2000, BGBl. I S. 1850, BStBl. 2001 I S. 28) durchzuführen.

Die Neuregelungen sind jeweils ab den genannten Zeitpunkten in allen anhängigen Verfahren anzuwenden (vgl. Tz. 13.1 und 13.2).

Dieses Schreiben tritt an die Stelle des BMF-Schreibens vom 5. Dezember 1990 – IV A 5 – S 0361 – 20/90 –, BStBl. I S. 764.

[1] Nachstehend abgedruckt.

Anl 3

3) Schreiben betr. gesonderte Feststellung der Steuerpflicht von Zinsen aus einer Lebensversicherung nach § 9 der Verordnung zu § 180 Abs. 2 AO

Vom 16. Juli 2012 (BeckVerw 262724)

(BMF IV A 3 – S 0361/12/10 001; DOK 2012/653652)

Unter Bezugnahme auf das Ergebnis der Erörterungen mit den obersten Finanzbehörden der Länder gilt für gesonderte Feststellungen nach § 9 der Verordnung zu § 180 Abs. 2 AO[1] Folgendes:

I. Allgemeines

Setzt ein Steuerpflichtiger nach dem 31. Dezember 2004 Ansprüche aus einer vor dem 1. Januar 2005 abgeschlossenen Lebensversicherung i. S. d. § 10 Abs. 1 Nr. 2 Buchst. b Doppelbuchstaben bb, cc und dd EStG (in der bis 31. Dezember 2004 geltenden Fassung) während der Dauer der Versicherung im Erlebensfall zur Tilgung oder Sicherung von Darlehen ein, deren Finanzierungskosten Betriebsausgaben oder Werbungskosten sind, gehören die Zinsen aus den in den Beiträgen enthaltenen Sparanteilen zu den Einkünften aus Kapitalvermögen (§ 20 Abs. 1 Nr. 6 EStG in der bis 31. Dezember 2004 geltenden Fassung i. V. m. § 52 Abs. 36 Satz 5 EStG). In diesen Fällen muss das Versicherungsunternehmen bei Verrechnung oder Auszahlung von Zinsen (z. B. bei Fälligkeit der Versicherung) Kapitalertragsteuer einbehalten (§ 43 Abs. 1 Nr. 4 Satz 2 EStG). Nach § 29 EStDV haben der Sicherungsnehmer, das Versicherungsunternehmen und der Versicherungsnehmer dem zuständigen Finanzamt unverzüglich die Fälle anzuzeigen, in denen Ansprüche aus Versicherungsverträgen zur Tilgung oder Sicherung von Darlehen eingesetzt werden. 37

II. Gesonderte Feststellung der Steuerpflicht der Zinsen

Nach § 9 der Verordnung über die gesonderte Feststellung von Besteuerungsgrundlagen nach § 180 Abs. 2 der Abgabenordnung (V zu § 180 Abs. 2 AO) ist die Steuerpflicht der außerrechnungsmäßigen und rechnungsmäßigen Zinsen aus den in den Versicherungsbeiträgen enthaltenen Sparanteilen gesondert festzustellen. Der Feststellungsbescheid ergeht gegenüber dem Versicherungsnehmer als Steuerschuldner. Außerdem ergeht an das Versicherungsunternehmen eine Mitteilung über die Verpflichtung zur Einbehaltung und Abführung von Kapitalertragsteuer. Mit Eintritt der Unanfechtbarkeit des Feststellungsbescheids ist die Entscheidung über die künftige Steuerpflicht der Zinserträge für den Steuerpflichtigen, das Versicherungsunternehmen und die Finanzbehörden verbindlich. Dies gilt nicht nur für die Einbehaltung und Abführung der Kapitalertragsteuer, sondern auch für die spätere Festsetzung der Einkommensteuer. Eine Korrektur des Feststellungsbescheides ist nur nach Maßgabe der §§ 129, 164, 165, 172 bis 175 AO zulässig. 38

III. Regelungsinhalt des Feststellungsbescheids

Gegenstand der gesonderten Feststellung nach § 9 der V zu § 180 Abs. 2 AO ist die verbindliche Entscheidung über die aus einer bestimmten Verwendung der Ansprüche aus der Lebensversicherung sich ergebenden steuerlichen Folgen hinsichtlich der rechnungsmäßigen und außerrechnungsmäßigen Zinsen aus den in den Versicherungsbeiträgen enthaltenen Sparanteilen. 39

Die Steuerpflicht umfasst grundsätzlich sämtliche Zinsen für die gesamte Vertragslaufzeit. In diesem Fall ergeht nur ein Feststellungsbescheid, der die uneingeschränkte Steuerpflicht aller Zinsen feststellt.

In den Fällen des § 10 Abs. 2 Satz 2 Buchst. c EStG (in der bis 31. Dezember 2004 geltenden Fassung) sind nur die anteiligen Zinsen für bestimmte Kalenderjahre steuerpflichtig. Insoweit ist die Regelung des Feststellungsbescheids auf die Feststellung der Steuerpflicht der anteiligen Zinsen für das betroffene Kalenderjahr beschränkt. Deshalb können bei „partieller" Steuerpflicht mehrere Feststellungsbescheide, jeweils bezogen auf die anteiligen Zinsen für die im Einzelnen benannten Kalenderjahre, ergehen.

IV. Gesonderte Feststellung bei steuerunschädlicher Verwendung

Soweit die Zinsen aufgrund einer bestimmten Verwendung der Ansprüche aus der Lebensversicherung nicht steuerpflichtig sind, liegen die Voraussetzungen für eine gesonderte Feststellung nach § 9 der V zu § 180 Abs. 2 AO nicht vor. In diesen Fällen ist auf Antrag ein negativer Feststellungsbescheid zu erteilen. Das Finanzamt ist bei der späteren Einkommensteuerveranlagung an die Entscheidung im negativen Feststellungsbescheid gebunden. Seine Bindungswirkung wird nur eingeschränkt, wenn er nach §§ 129, 164, 165 oder 172 ff. AO berichtigt, aufgehoben oder geändert wird und ein Feststellungsbescheid über die steuerschädliche Verwendung ergeht oder wenn aufgrund einer anderen, steuerschädlichen Verwendung ein Feststellungsbescheid ergeht. Hat der Steuerpflichtige einen Feststellungsbescheid erfolgreich angefochten oder wurde er aus anderen Gründen aufgehoben, steht der Aufhebungsbescheid einem negativen Feststellungsbescheid gleich. 40

V. Änderung der Verwendung nach zunächst steuerunschädlicher Verwendung

Bei zunächst steuerunschädlicher Verwendung kann sich aus einer späteren anderweitigen Verfügung (z. B. erneute Beleihung oder Umwidmung des begünstigt angeschafften oder hergestellten Wirtschaftsgutes) eine erstmalige partielle oder umfassende Steuerpflicht der Zinsen ergeben. In diesem Fall ist der negative Feststellungsbescheid bzw. der entsprechende Aufhebungsbescheid im Hinblick auf die Rückwirkung der materiellrechtlichen Folgen des neu hinzugetretenen Sachverhaltes nach § 175 Abs. 1 Satz 1 Nr. 2 AO aufzuheben und zugleich ein (neuer) Feststellungsbescheid zu erlassen. 41

---

[1] Vorstehend abgedruckt.

Anl 3

VI. Überschreitung des Drei-Jahres-Zeitraums

42 Überschreitet die Verwendung der Ansprüche aus der Lebensversicherung den Drei-Jahres-Zeitraum nach § 10 Abs. 2 Satz 2 Buchst. c EStG (in der bis 31. Dezember 2004 geltenden Fassung), führt dies zur umfassenden Steuerpflicht aller Zinsen für die gesamte Laufzeit des Versicherungsvertrages. In diesem Fall sind die bisher ergangenen Feststellungsbescheide über die partielle Steuerpflicht nach § 175 Abs. 1 Satz 1 Nr. 2 AO aufzuheben und ein Feststellungsbescheid über die umfassende Steuerpflicht zu erteilen.

VII. Unterschreitung des Drei-Jahres-Zeitraums

43 Ist ein Feststellungsbescheid über die umfassende Steuerpflicht der Zinsen ergangen, weil der Einsatz der Ansprüche aus der Lebensversicherung zur Sicherung eines Betriebsmittelkredits zunächst für einen Zeitraum von mehr als drei Jahren (z. B. unbefristet) vereinbart war, kann die vorzeitige Beendigung dieses Einsatzes (z. B. bei Kündigung des Darlehensvertrages oder bei Sicherheitentausch innerhalb des Drei-Jahres-Zeitraums) zu einer rückwirkenden Änderung des Umfangs der Steuerpflicht der Zinsen führen. In diesem Fall sind der Feststellungsbescheid über die umfassende Steuerpflicht nach § 175 Abs. 1 Satz 1 Nr. 2 AO aufzuheben und zugleich neue Feststellungsbescheide über die partielle Steuerpflicht zu erlassen.

VIII. Örtliche Zuständigkeit

44 Die gesonderte Feststellung nach § 9 der V zu § 180 Abs. 2 AO obliegt dem für die Einkommensbesteuerung des Versicherungsnehmers örtlich zuständigen Finanzamt. Dies gilt auch für den Erlass eines negativen Feststellungsbescheides.

IX. Schlussbestimmungen

45 Dieses Schreiben tritt mit Wirkung ab Veranlagungszeitraum 2005 an die Stelle des BMF-Schreibens vom 27. Juli 1995 IV A 4 – S 0361 – 10/95, BStBl. I S. 371.[1]

Anl 4

4) Schreiben betr. Verfahren bei der Geltendmachung von negativen Einkünften aus der Beteiligung an Verlustzuweisungsgesellschaften und vergleichbaren Modellen

Vom 13. Juli 1992 (BeckVerw 27608)

(BMF IV A 5 – S 0361 – 19/92)

Geändert durch Schreiben vom 28. 6. 1994 (BeckVerw 87583)

Unter Bezugnahme auf das Ergebnis der Erörterungen mit den obersten Finanzbehörden der Länder gilt für die gesonderte Feststellung und zur ertragsteuerlichen Berücksichtigung von negativen Einkünften aus der Beteiligung an Verlustzuweisungsgesellschaften und vergleichbaren Modellen folgendes:

46 **1. Anwendungsbereich**

1.1 Die nachstehenden Verfahrensgrundsätze gelten insbesondere für Beteiligungen an Verlustzuweisungsgesellschaften und an Gesamtobjekten i. S. d. § 1 Abs. 1 Satz 1 Nr. 2 und Satz 2 der Verordnung über die gesonderte Feststellung von Besteuerungsgrundlagen nach § 180 Abs. 2 AO (V zu § 180 Abs. 2 AO) sowie für vergleichbare Modelle mit nur einem Kapitalanleger.

47 **1.2 Verlustzuweisungsgesellschaften**

1.2.1 Es handelt sich hierbei um Personenzusammenschlüsse in gesellschafts- oder gemeinschaftsrechtlicher Form, deren Gegenstand insbesondere die Herstellung oder die Anschaffung eines Anlageobjekts und dessen Nutzungsüberlassung ist und an der eine Beteiligung in der Absicht erworben wird, Verluste aus den Einkunftsarten des § 2 Abs. 1 Nr. 1–3 EStG oder negative Einkünfte i. S. des § 20 Abs. 1 Nr. 4 oder des § 21 EStG zu erzielen. Die Kapitalanleger werden dadurch zum Beitritt zur Verlustzuweisungsgesellschaft bewogen, daß sie auf der Basis eines im voraus gefertigten Konzepts zwecks Erzielung steuerlicher Vorteile – zumindest für eine gewisse Zeit – an den von der Gesellschaft erzielten negativen Einkünften beteiligt werden sollen. Verlustzuweisungsgesellschaften in diesem Sinne sind daher insbesondere sog. gewerbliche Abschreibungsgesellschaften sowie vermögensverwaltende Gesellschaften, wenn von den Initiatoren mit negativen Einkünften geworben wird.

1.2.2 Die im Rahmen einer mit Einkünfteerzielungsabsicht betriebenen Verlustzuweisungsgesellschaft erzielten negativen Einkünfte sind nach § 180 Abs. 1 Nr. 2 Buchstabe a oder Abs. 5 AO gesondert und einheitlich festzustellen. Ist eine Einkünfteerzielungsabsicht nicht anzunehmen, ist ein negativer Feststellungsbescheid nach § 181 Abs. 1 Satz 1 i. V. m. § 155 Abs. 1 Satz 3 AO zu erlassen.

48 **1.3 Gesamtobjekte**

Es handelt sich hierbei insbesondere um Beteiligungen an Bauherrenmodellen und Erwerbermodellen, einschließlich der Bauträger- und Sanierungsmodelle (vgl. hierzu *BMF-Schreiben vom 31. August 1990 – IV B 3 – S 2253 a – 49/90 –, BStBl. I S. 366* und *vom 5. Dezember 1990 – IV A 5 – S 0361 – 20/90 –, BStBl. I S. 764*).[2] Gesondert und einheitlich festgestellt werden nur die auf den gleichartigen Rechtsbeziehungen und Verhältnissen beruhenden Besteuerungsgrundlagen. Soweit im folgenden die Behand-

[1] Nunmehr *BMF-Schreiben vom 20. 10. 2003 IV C 3 – S 2253 a – 48/03, BStBl. I S. 546,* abgedruckt im „Handbuch zur Einkommensteuer" als Anl. zu § 21 und *BMF-Schreiben vom 2. 5. 2001, BStBl. I S. 256,* vorstehend abgedruckt.
[2] Siehe nunmehr AEAO zu § 89.

lung von Einkünften geregelt ist, gilt dies für die nach der V zu § 180 Abs. 2 AO festzustellenden Besteuerungsgrundlagen entsprechend. Anl 4

1.4 Modelle mit nur einem Kapitalanleger 49

Sind die Einkünfte eines vergleichbaren Modells nur einem Steuerpflichtigen zuzurechnen, kommt nur in den Fällen des § 180 Abs. 1 Nr. 2 Buchstabe b AO (Einkünfte aus Land- und Forstwirtschaft, Gewerbebetrieb oder freiberuflicher Tätigkeit) eine gesonderte Feststellung in Betracht. In den übrigen Fällen – insbesondere bei Einkünften aus Vermietung und Verpachtung – obliegt die Ermittlungskompetenz allein dem für den Erlaß des Einkommensteuerbescheides zuständigen Finanzamt.

2. Allgemeines

2.1 Rechtsfragen, die im Zusammenhang mit der Beteiligung an einem Modell i. S. der Tz. 1 gestellt werden, dürfen nur im Rahmen des nachfolgend dargestellten Prüfungs- oder Feststellungsverfahrens beantwortet werden. 50

2.2 Eine verbindliche Auskunft aufgrund des *BMF-Schreibens vom 24. Juni 1987 – IV A 5 – S 0430 – 9/87 – (BStBl. I S. 474)*[1] kommt bei diesen Modellen nicht in Betracht.

2.3 Die Bezeichnung „Betriebsfinanzamt" wird im folgenden zur Kennzeichnung des für die gesonderte Feststellung der Einkünfte zuständigen Finanzamts verwendet.

Die Bezeichnung „Wohnsitzfinanzamt" gilt für jedes Finanzamt, das die Mitteilung über die Einkünfte des Beteiligten auszuwerten hat.

2.4 Die Beteiligten haben bei der Ermittlung des Sachverhaltes, unbeschadet der Untersuchungspflicht der Finanzbehörde, mitzuwirken (§ 90 Abs. 1 AO). Wird die Mitwirkungspflicht verletzt, sind gegebenenfalls die Besteuerungsgrundlagen zu schätzen (§ 162 AO). Bei Auslandsinvestitionen besteht eine gesteigerte Mitwirkungsverpflichtung. Hier haben die Beteiligten Beweisvorsorge zu treffen, unter Ausschöpfung aller bestehenden rechtlichen und tatsächlichen Möglichkeiten selbst den Sachverhalt aufzuklären und Beweismittel nicht nur zu benennen, sondern auch zu beschaffen (§ 90 Abs. 2 AO). Werden diese Pflichten nicht oder nicht ausreichend erfüllt und bleiben deshalb Unklarheiten im Sachverhalt, gehen diese zu Lasten der Beteiligten.

2.5 Bei Gesamtobjekten sind auch die Verfahrensregelungen des *BMF-Schreibens vom 5. Dezember 1990 – IV A 5 – S 0361 – 20/90 – (BStBl. I S. 764)*[2] zu beachten.

3.1 Geltendmachung von negativen Einkünften für Zwecke des Vorauszahlungsverfahrens/der Lohnsteuerermäßigung 51

3.1.1 Wird beim Betriebsfinanzamt zum Zwecke der Herabsetzung der Vorauszahlungen oder zur Eintragung eines Freibetrags auf der Lohnsteuerkarte der Beteiligten an einem Modell i. S. der Tz. 1 geltend gemacht, daß negative Einkünfte eintreten werden, so ermittelt das Betriebsfinanzamt im Wege der Amtshilfe (§§ 111–115 AO) für die Wohnsitzfinanzämter die Höhe der voraussichtlichen negativen Einkünfte der Beteiligten (Vorprüfung).

3.1.2 Ein Vorprüfungsverfahren findet nicht statt, soweit negative Einkünfte aus Vermietung und Verpachtung bei der Festsetzung der Einkommensteuervorauszahlungen oder im Lohnsteuerermäßigungsverfahren nicht berücksichtigt werden dürfen (§ 37 Abs. 3 Sätze 6 ff. und § 39 a Abs. 1 Nr. 5 EStG). Wird gleichwohl ein Antrag i. S. d. Tz. 3.1.1 beim Betriebsfinanzamt gestellt, so sind die Wohnsitzfinanzämter hierüber zu unterrichten.

3.1.3 Das Betriebsfinanzamt beginnt mit der Vorprüfung erst, wenn nachgewiesen ist, daß die Planung des Investitionsvorhabens abgeschlossen und durch konkrete Maßnahmen bereits mit ihrer Umsetzung begonnen worden ist (z. B. Beginn der Bau- oder Herstellungsmaßnahmen).

Bei Verlustzuweisungsgesellschaften (Tz. 1.2) ist zusätzlich Voraussetzung, daß mindestens 75 v. H. des von den Beteiligten selbst aufzubringenden Kapitals rechtsverbindlich gezeichnet sind; der Beitritt eines Treuhänders für noch zu werbende Treugeber reicht nicht aus.

3.1.4 Weitere Voraussetzung ist, daß sämtliche Unterlagen vorgelegt werden, die für die Beurteilung der geltend gemachten voraussichtlichen negativen Einkünfte dem Grunde und der Höhe nach sowie hinsichtlich ihrer Ausgleichsfähigkeit erforderlich sind. In einer Fremdsprache abgefaßte Verträge und Unterlagen sind ggf. in beglaubigter deutscher Übersetzung vorzulegen (vgl. § 87 AO).

3.1.5 Zu diesen Unterlagen gehören insbesondere

a) Prospekte, Objektbeschreibungen und Unterlagen für den Vertrieb (z. B. Baubeschreibungen, Musterverträge);
b) alle von den Projektanbietern und sonstigen Personen abgeschlossenen Verträge mit den Beteiligten (z. B. Beitrittserklärungen und Nebenabreden über Zahlungen), mit den an der Planung und Ausführung des Investitionsobjekts beteiligten Unternehmen, mit den in die Finanzierung eingeschalteten Firmen und ggf. mit den Personen, die das Investitionsobjekt nutzen;
c) ein spezifizierter Finanzierungsplan (mit Kreditzusagen und Kreditverträgen) über den Gesamtfinanzierungsaufwand und den voraussichtlichen Einsatz der Finanzierungsmittel (Objektkalkulation);
d) Angaben über den Projektstand (z. B. Baugenehmigung, Baubeginnanzeige, Baufortschrittsanzeige, Teilungserklärung);
e) eine voraussichtliche Gewinn- und Verlustrechnung/Einnahmen-Überschußrechnung, aus der sich die Betriebsausgaben/Werbungskosten im einzelnen ergeben, bzw. bei Gesamtobjekten (Tz. 1.3)

[1] Nunmehr *BMF-Schreiben vom 20. 10. 2003 IV C 3 – S 2253 a – 48/03, BStBl. I S. 546,* abgedruckt im „Handbuch zur Einkommensteuer" als Anl. zu § 21 und *BMF-Schreiben vom 2. 5. 2001, BStBl. I S. 256,* vorstehend abgedruckt.
[2] Nunmehr *BMF-Schreiben vom 2. 5. 2001, BStBl. I S. 256,* vorstehend abgedruckt.

Anl 4 eine entsprechende Aufstellung über die voraussichtlichen Besteuerungsgrundlagen aus den gleichgelagerten Sachverhalten;

f) eine Darstellung des angestrebten Totalgewinns/-überschusses;

g) ein Verzeichnis der Beteiligten mit Anschrift, Angabe des zuständigen Finanzamtes und der Steuernummer.

Die Antragsteller haben schriftlich zu versichern, daß die Unterlagen vollständig sind und daneben keine weiteren Vereinbarungen getroffen worden sind.

3.1.6 Das Betriebsfinanzamt kann von den Projektanbietern, der Verlustzuweisungsgesellschaft, den Verfahrensbeteiligten i. S. der V zu § 180 Abs. 2 AO oder sonstigen Personen (ggf. auf der Grundlage des § 93 AO) auch Erklärungen verlangen, wonach bestimmte Verträge nicht abgeschlossen oder bestimmte Unterlagen nicht vorhanden sind (Negativ-Erklärungen).

3.1.7 Soweit es sich bei den Projektanbietern und den von ihnen zur Ausführung oder Finanzierung des Investitionsvorhabens sowie zur Nutzung des Investitionsobjekts beauftragten Unternehmen um nahestehende Personen i. S. des § 1 Abs. 2 AStG handelt, sind diese Beziehungen bekanntzugeben.

3.1.8 Innerhalb eines Zeitraums von sechs Monaten nach Vorlage aller erforderlichen prüfungsfähigen Unterlagen (Tzn. 3.1.3–3.1.7) sollen die Vorprüfung der geltend gemachten negativen Einkünfte vorgenommen und das Ergebnis den Wohnsitzfinanzämtern mitgeteilt werden. Hierbei ist auch mitzuteilen, ob eine gesonderte und einheitliche Feststellung nach § 180 Abs. 1 Nr. 2 Buchstabe a AO oder nach § 1 Abs. 1 Satz 1 Nr. 2 und Satz 2 V zu § 180 Abs. 2 AO durchgeführt wird. Sind Sachverhalte vor Ort zu ermitteln, soll das Betriebsfinanzamt einen Betriebsprüfer hiermit beauftragen, sobald alle erforderlichen Unterlagen vorliegen.

3.1.9 Werden die geltend gemachten negativen Einkünfte ganz oder teilweise nicht anerkannt, so soll die Mitteilung eine für das Wohnsitzfinanzamt in einem etwaigen Rechtsbehelfsverfahren verwertbare Begründung und eine Aussage darüber enthalten, ob und ggf. in welcher Höhe eine Aussetzung der Vollziehung in Betracht kommt. Die Entscheidung über einen Antrag auf Aussetzung der Vollziehung obliegt dem Wohnsitzfinanzamt.

3.1.10 Kann eine Vorprüfung nicht innerhalb von sechs Monaten nach Vorlage sämtlicher Unterlagen (Tzn. 3.1.3–3.1.7) abgeschlossen werden und liegen auch die Voraussetzungen der Tz. 3.1.12 nicht vor, teilt das Betriebsfinanzamt den Wohnsitzfinanzämtern nach Ablauf dieser Frist mit, ob und in welchem Umfang nach dem gegenwärtigen Stand der Prüfung die geltend gemachten negativen Einkünfte anerkannt werden können. Die Mitteilung soll eine im Rechtsbehelfsverfahren verwertbare Begründung enthalten (= begründeter Schätzungsvorschlag).

3.1.11 Eingehende Anfragen der Wohnsitzfinanzämter (Tz. 4.1.1) sind vom Betriebsfinanzamt unverzüglich nach dem gegenwärtigen Verfahrensstand zu beantworten. Hierbei ist der Ablauf der Sechsmonatsfrist mitzuteilen sowie anzugeben, ob die prüfungsfähigen Unterlagen vorliegen. Hierbei ist auch mitzuteilen, ob eine gesonderte und einheitliche Feststellung nach § 180 Abs. 1 Nr. 2 Buchstabe a AO oder nach § 1 Abs. 1 Satz 1 Nr. 2 und Satz 2 V zu § 180 Abs. 2 AO durchgeführt wird.

3.1.12 Das Betriebsfinanzamt kann auf die Vorprüfung verzichten und dem Wohnsitzfinanzamt die Höhe der voraussichtlichen negativen Einkünfte des Steuerpflichtigen mitteilen, wenn es keine ernstlichen Zweifel hinsichtlich der Entstehung und der Höhe der geltend gemachten negativen Einkünfte hat, weil es sich

a) um ein Projekt handelt, das in tatsächlicher und rechtlicher Hinsicht mit vom Betriebsfinanzamt bereits überprüften anderen Projekten derselben Projektanbieter vergleichbar ist und die negativen Einkünfte ohne wesentliche Beanstandung anerkannt worden sind, oder

b) um negative Einkünfte aus einem Projekt handelt, für das bereits für Vorjahre negative Einkünfte überprüft und ohne wesentliche Beanstandung anerkannt worden sind.

52 **3.2 Gesonderte Feststellung der negativen Einkünfte durch das Betriebsfinanzamt**

3.2.1 Das Betriebsfinanzamt soll die gesonderte Feststellung der Einkünfte bei Modellen i. S. der Tz. 1 beschleunigt durchführen.

3.2.2 Im Rahmen der Feststellungserklärung sind grundsätzlich die gleichen Angaben zu machen und die gleichen Unterlagen vorzulegen wie im Vorauszahlungsverfahren (vgl. Tzn. 3.1.4–3.1.7). Soweit einzelne nach der Konzeption vorgesehene Verträge noch nicht abgeschlossen sind oder bestimmte Angaben nicht oder noch nicht gemacht werden können, ist hierauf besonders hinzuweisen.

3.2.3 Die Fristen für die Abgabe der Erklärungen zur gesonderten Feststellung der Einkünfte sind in der Regel nicht zu verlängern.

3.2.4 Wird die Erklärung trotz Erinnerung nicht abgegeben oder werden die nach den Tzn. 3.1.3–3.1.7 vorzulegenden Unterlagen und Angaben trotz ergänzender Rückfragen nicht eingereicht, sollen die negativen Einkünfte im Feststellungsverfahren geschätzt werden (ggf. auf 0,– DM). Gleiches gilt bei Auslandssachverhalten, wenn die Beteiligten ihrer erhöhten Mitwirkungspflicht nicht nachkommen (vgl. Tz. 2.4).

3.2.5 Für die Bearbeitung und Prüfung vorliegender Feststellungserklärungen und für die Beantwortung von Anfragen der Wohnsitzfinanzämter gelten die für das Vorprüfungsverfahren getroffenen Regelungen (vgl. Tzn. 3.1.8 und 3.1.10 bis 3.1.12) entsprechend. Ist innerhalb der Sechsmonatsfrist eine abschließende Überprüfung des Sachverhalts nicht möglich, kann aufgrund einer vorläufigen Beurteilung ein unter dem Vorbehalt der Nachprüfung (§ 164 AO) stehender Feststellungsbescheid erlassen werden. Unsicherheiten bei der Ermittlung der festzustellenden Einkünfte, die die Beteiligten (z. B. wegen ausstehender Unterlagen oder Angaben i. S. d. Tzn. 3.1.3–3.1.7) zu vertreten haben, sind zu deren Lasten bei der vorläufigen Beurteilung zu berücksichtigen. Die abschließende Prüfung der festzustellenden Einkünfte ist rechtzeitig vor Eintritt der Feststellungsverjährung nachzuholen. Anl 4

3.2.6 Bei Feststellungen nach der V zu § 180 Abs. 2 AO ist der sachliche und zeitliche Umfang der Feststellung im Feststellungsbescheid und in der Feststellungsmitteilung zu erläutern (vgl. *BMF-Schreiben vom 5. Dezember 1990 – IV A 5 – S 0361 – 20/90 –, BStBl. I S. 764*).[1] Wird eine gesonderte Feststellung abgelehnt, kann das Betriebsfinanzamt im Wege der Amtshilfe Ermittlungen für das Wohnsitzfinanzamt vornehmen.

3.2.7 Ist bei einer Verlustzuweisungsgesellschaft keine Einkünfteerzielungsabsicht anzunehmen, dürfen negative Einkünfte nicht gesondert und einheitlich festgestellt werden (vgl. Tz. 1.2.2). Beantragen die Beteiligten oder die Gesellschaft die Durchführung einer Vorprüfung, ist dies abzulehnen. Wird eine gesonderte und einheitliche Feststellung beantragt, ist ein negativer Feststellungsbescheid zu erlassen. Die Wohnsitzfinanzämter sind hierüber zu unterrichten.

3.2.8 Sind bei Modellen mit nur einem Kapitalanleger (Tz. 1.4) die Voraussetzungen für eine gesonderte Feststellung nach § 180 Abs. 1 Nr. 2 Buchstabe b AO nicht erfüllt, kann bei Einkünften aus Vermietung und Verpachtung das Betriebsfinanzamt bei der Festsetzung der Vorauszahlungen und der Jahressteuer zu berücksichtigende Besteuerungsgrundlagen im Wege der Amtshilfe für das Wohnsitzfinanzamt ermitteln. Die Regelungen der Tzn. 3.1 bis 3.2.5 gelten sinngemäß. Die Entscheidungskompetenz hinsichtlich der zu berücksichtigenden Besteuerungsgrundlagen hat allein das Wohnsitzfinanzamt. Als Betriebsfinanzamt gilt hierbei das Finanzamt, von dessen Bezirk die Verwaltung der Einkünfte aus Vermietung und Verpachtung ausgeht.

3.2.9[2] Hat ein Wohnsitz-FA eine Anfrage an das Betriebs-FA nach RdNr. 4.2.1 gerichtet und stellt dieses fest, daß die Voraussetzungen für eine gesonderte Feststellung nach § 180 Abs. 1 Nr. 2 Buchst. a AO nicht erfüllt sind, so muß das Betriebs-FA einen negativen Feststellungsbescheid erlassen. Gleiches gilt, wenn das Betriebs-FA nach § 4 der VO zu § 180 Abs. 2 AO auf die Durchführung eines Feststellungsverfahrens verzichtet. Die Wohnsitzfinanzämter sind hierüber zu unterrichten.

4. Verfahren beim Wohnsitzfinanzamt

4.1 Geltendmachung von negativen Einkünften für Zwecke des Vorauszahlungsverfahrens/der Lohnsteuerermäßigung 53

4.1.1 Beantragt ein Beteiligter unter Hinweis auf seine voraussichtlichen negativen Einkünfte, Vorauszahlungen herabzusetzen, hat das Wohnsitzfinanzamt im Rahmen seiner Pflicht zur Ermittlung der voraussichtlichen Jahreseinkommensteuer unverzüglich eine Anfrage an das Betriebsfinanzamt zu richten.

4.1.2 Legt der Beteiligte Unterlagen vor, die den Schluß zulassen, daß das Betriebsfinanzamt noch nicht eingeschaltet ist, so leitet das Wohnsitzfinanzamt eine Ausfertigung dieser Unterlagen mit seiner Anfrage dem Betriebsfinanzamt zu.

4.1.3 Während der dem Betriebsfinanzamt zur Verfügung stehenden Bearbeitungszeit von sechs Monaten (Tz. 3.1.8) soll das Wohnsitzfinanzamt in der Regel von weiteren Rückfragen nach dem Stand der Bearbeitung absehen.

4.1.4 Eine Anfrage an das Betriebsfinanzamt unterbleibt, wenn die Prüfung des Wohnsitzfinanzamts ergibt, daß eine Herabsetzung der Vorauszahlungen oder eine Lohnsteuerermäßigung aus Rechtsgründen nicht in Betracht kommt (vgl. Tz. 3.1.2). Bei der Einkunftsart Vermietung und Verpachtung ist eine Herabsetzung der Vorauszahlungen danach erstmals für Jahre möglich, die dem Jahr der Fertigstellung oder Anschaffung des Objekts folgen. Bei Inanspruchnahme erhöhter Absetzungen nach §§ 14 a, 14 c oder 14 d BerlinFG oder Sonderabschreibungen nach § 4 Fördergebietsgesetz kommt eine Herabsetzung der Vorauszahlungen bereits für das Jahr der Fertigstellung/Anschaffung oder für das Jahr, in dem Teilherstellungskosten/Anzahlungen auf Anschaffungskosten als Bemessungsgrundlage geltend gemacht werden, in Betracht.

4.1.5 Nach Eingang des Antrags auf Herabsetzung der Vorauszahlungen kann das Wohnsitzfinanzamt zwischenzeitlich fällig werdende Vorauszahlungen so lange stunden, bis das Betriebsfinanzamt verwertbare Angaben mitgeteilt hat, längstens jedoch für sechs Monate. Die Stundung kann über diesen Zeitraum hinaus gewährt werden, wenn die Gründe für die Verlängerung nicht von den Beteiligten zu vertreten sind. Die gestundeten Steuerbeträge sind nicht zu verzinsen, soweit der Herabsetzungsantrag Erfolg hat.

4.1.6 Teilt das Betriebsfinanzamt die Höhe der voraussichtlichen negativen Einkünfte mit, so berücksichtigt das Wohnsitzfinanzamt diese Mitteilung bei der Entscheidung über den Antrag auf Herabsetzung der Vorauszahlungen.

4.1.7 Teilt das Betriebsfinanzamt mit, daß ihm die nach Tzn. 3.1.3–3.1.7 erforderlichen Unterlagen und Angaben nicht oder nicht vollständig vorliegen, und hat sie auch der Beteiligte selbst nicht beigebracht, ist der Antrag auf Herabsetzung der Vorauszahlungen abzulehnen. Das gilt auch, wenn die Voraussetzungen der Tz. 3.1.3 nicht vorliegen. § 30 AO steht entsprechenden begründenden Erläuterungen nicht entgegen.

4.1.8 Liegt dem Wohnsitzfinanzamt – entgegen den in Tz. 3.1.10 vorgesehenen Regelungen – nach Ablauf der dem Betriebsfinanzamt eingeräumten Sechsmonatsfrist keine Mitteilung über die Höhe der voraussichtlichen negativen Einkünfte vor und kommt eine Verlängerung der Stundung nach Tz. 4.1.5 nicht in Betracht, entscheidet das Wohnsitzfinanzamt aufgrund überschlägiger Prüfung, in welcher –

[1] Siehe nunmehr *BMF-Schreiben vom 2. 5. 2001, BStBl. I S. 256,* vorstehend abgedruckt.
[2] Tz. 3.2.9 eingefügt durch *BMF-Schreiben vom 28. 6. 1994, BStBl. I S. 420.*

Anl 4 ggf. geschätzten – Höhe die negativen Einkünfte des Beteiligten als glaubhaft gemacht anzusehen sind (BFH-Beschluß vom 26. 10. 1978, BStBl. 1979 II S. 46).

4.1.9 Die bei einer Veranlagung berücksichtigten negativen Einkünfte dürfen nicht ungeprüft bei der Festsetzung der Vorauszahlungen für Folgejahre übernommen werden.

4.1.10[1] Die vorstehenden Grundsätze gelten entsprechend, wenn ein Stpfl. im Hinblick auf negative Einkünfte aus der Beteiligung an einem Modell i. S. der RdNr. 1 die Eintragung eines Freibetrags auf der LSt-Karte beantragt (§ 39 a EStG). Das Wohnsitz-FA kann einen Freibetrag – ggf. in geschätzter Höhe – bereits dann eintragen, wenn die Voraussetzungen vorliegen, unter denen nach RdNr. 4.1.5 Vorauszahlungen gestundet werden können. Teilt das Betriebs-FA die Höhe der voraussichtlichen Einkünfte mit, sind nach Maßgabe des § 37 EStG Vorauszahlungen festzusetzen, wenn die negativen Einkünfte aus der Beteiligung bei Bemessung des Freibetrags zu hoch angesetzt worden sind.

54 **4.2 Veranlagungsverfahren beim Wohnsitzfinanzamt**

4.2.1 Liegt dem Wohnsitzfinanzamt bei der Bearbeitung der Steuererklärung des Beteiligten weder eine Feststellungs-Mitteilung noch eine sonstige – vorläufige – Mitteilung für Veranlagungszwecke vor, ist unverzüglich eine entsprechende Anfrage an das Betriebsfinanzamt zu richten; Tzn. 4.1.1 und 4.1.2 gelten entsprechend.

4.2.2 Teilt das Betriebsfinanzamt mit, daß es die Besteuerungsgrundlagen innerhalb der ihm nach Tz. 3.2.5 eingeräumten Bearbeitungsfrist von 6 Monaten nicht (auch nicht vorläufig) ermitteln kann, oder äußert sich das Betriebsfinanzamt entgegen der in Tzn. 3.1.10 und 3.1.11 getroffenen Regelung nach Ablauf dieser Frist nicht, hat das Wohnsitzfinanzamt die Höhe des Anteils an den negativen Einkünften bei der Veranlagung des Beteiligten – ggf. aufgrund einer überschlägigen Überprüfung – selbst zu schätzen (§ 162 Abs. 3 AO). Ein noch ausstehender Grundlagenbescheid hindert den Erlaß eines Folgebescheides nicht (§ 155 Abs. 2 AO). Von dem Beteiligten sind geeignete Unterlagen (z. B. unterschriebene Bilanz, Einnahme-Überschußrechnung, Angaben über das Beteiligungsverhältnis usw.; vgl. Tz. 3.1.5) anzufordern, die es ermöglichen, den erklärten Anteil an den negativen Einkünften dem Grunde und der Höhe nach zu beurteilen.

4.2.3[2] Veranlagungen mit voraussichtlich hoher Abschlußzahlung sollen nicht wegen noch fehlender Grundlagenbescheide zurückgestellt werden. Die geltend gemachten negativen Einkünfte können – trotz noch ausstehender Mitteilung des Betriebs-FA – in geschätzter Höhe berücksichtigt werden.

4.2.4 Hat das Betriebsfinanzamt bereits im Vorauszahlungsverfahren für denselben Veranlagungszeitraum eine Mitteilung über die Höhe des Anteils an den negativen Einkünften übersandt, soll regelmäßig bei der Schätzung dieser Anteil an den negativen Einkünften angesetzt werden, höchstens aber die in der Steuererklärung angegebenen negativen Einkünfte. In diesen Fällen kann die Veranlagung auch vor Ablauf der Sechsmonatsfrist durchgeführt werden.

4.2.5 Beruht die zu erwartende gesonderte Feststellung auf § 1 Abs. 1 Satz 1 Nr. 2 und Satz 2 V zu § 180 Abs. 2 AO, ist die Einkommensteuer hinsichtlich der negativen Einkünfte aus der Beteiligung vorläufig festzusetzen (§ 165 AO), damit nach der späteren, ggf. nur einen Teil des Veranlagungszeitraums oder nur einen Teil der negativen Einkünfte betreffenden gesonderten Feststellung auch die durch sie nicht erfaßten Aufwendungen (z. B. Sonderwerbungskosten, als Werbungskosten abziehbare Vorsteuerbeträge) bei der Änderung der Einkommensteuerfestsetzung noch berücksichtigt werden können.

4.2.6 Nach Eingang der Feststellungsmitteilung wertet das Wohnsitzfinanzamt das Ergebnis der gesonderten Feststellung der negativen Einkünfte durch das Betriebsfinanzamt möglichst umgehend aus. Liegt bereits ein Steuerbescheid vor, so kann die Auswertung bei nur geringfügigen steuerlichen Auswirkungen bis zu einer aus anderen Gründen erforderlichen Änderung der Einkommensteuerfestsetzung zurückgestellt werden. Die Anpassung des Folgebescheides muß rechtzeitig vor Eintritt der Festsetzungsverjährung nachgeholt werden.

4.2.7 Hat das Betriebs-FA einen negativen Feststellungsbescheid erlassen (RdNr. 3.2.7 oder 3.2.9), muß das Wohnsitz-FA die betreffenden Einkünfte des Beteiligten selbst ermitteln und diese im Steuerbescheid oder ggf. in einem nach § 175 Abs. 1 Satz 1 Nr. 1 AO zu erlassenden Änderungsbescheid berücksichtigen (BFH-Urteil vom 11. 5. 1993, BStBl. II 1993 S. 820). Hat das Betriebs-FA die Durchführung eines Feststellungsverfahrens wegen fehlender Einkünfteerzielungsabsicht abgelehnt, ist dieser Entscheidung auch im Veranlagungsverfahren zu folgen.

4.2.8 Kann bei einem Modell mit nur einem Kapitalanleger (Tz. 1.4) aus formellen Gründen keine gesonderte Feststellung durchgeführt werden und leistet das Betriebsfinanzamt nach Tz. 3.2.8 Amtshilfe, gelten die Regelungen der Tzn. 4.1 bis 4.2.4 sinngemäß. Dabei ist zu beachten, daß der Mitteilung des Betriebsfinanzamts keine Bindungswirkung i. S. des § 171 Abs. 10 und des § 175 Abs. 1 Satz 1 Nr. 1 AO zukommt. Daher ist sicherzustellen, daß Steuerbescheide des Kapitalanlegers vor Abschluß der Ermittlungen des Betriebsfinanzamts unter dem Vorbehalt der Nachprüfung (§ 164 AO) ergehen und die endgültige Überprüfung vor Eintritt der Festsetzungsverjährung und Wegfall des Vorbehalts der Nachprüfung erfolgt.

5. Schlußbestimmung

Dieses Schreiben tritt an die Stelle des BMF-Schreibens vom 14. Mai 1982 – IV A 7 – S 0353 – 9/82 –, BStBl. I S. 550.

---

[1] Tz. 4.1.10 neu gefasst durch *BMF-Schreiben vom 28. 6. 1994, BStBl. I S. 420.*
[2] Tz. 4.2.3 neu gefasst durch *BMF-Schreiben vom 28. 6. 1994, BStBl. I S. 420.*

Anl 5

5) Schreiben betr. Verfahren bei der Geltendmachung von Vorsteuerbeträgen aus der Beteiligung an Gesamtobjekten

Vom 24. April 1992 (BeckVerw 27152)
(BMF IV A 3 – S 7340 – 45/92)

Unter Bezugnahme auf die Erörterung mit den obersten Finanzbehörden der Länder gilt Folgendes:

I. Allgemeines 55

1 (1) Auch nach der Änderung des § 9 UStG durch das 2. Haushaltsstrukturgesetz vom 22. Dezember 1981 (BStBl. 1982 I S. 235) und das Steuerbereinigungsgesetz 1985 vom 14. Dezember 1984 (BStBl. I S. 659) kann bei der Vermietung oder sonstigen Nutzung von Grundstücken unter bestimmten Voraussetzungen ein Vorsteuerabzug in Betracht kommen. Es handelt sich insbesondere um folgende Fallgestaltungen:

1. aufgrund Option (§ 9 UStG) steuerpflichtige Vermietung von Gebäuden zu Wohnzwecken, soweit die Gebäude vor dem 1. April 1985 fertiggestellt worden sind und mit der Errichtung dieser Gebäude vor dem 1. Juni 1984 begonnen worden ist;
2. aufgrund Option (§ 9 UStG) steuerpflichtige Vermietung an andere Unternehmer für deren Unternehmen (z. B. Gewerbeimmobilien, Büroräume, Ferienanlagen);
3. steuerfreie Vermietung nach Artikel 67 Abs. 3 NATO-ZAbk;
4. Nutzung des Grundstücks zu eigenen gewerblichen oder beruflichen Zwecken.

2 (2) Bei Gesamtobjekten im Sinne des § 1 Abs. 1 Satz 1 Nr. 2 der Verordnung zu § 180 Abs. 2 AO können auch für Zwecke der Umsatzsteuer Besteuerungsgrundlagen ganz oder teilweise gesondert und einheitlich festgestellt werden (vgl. *BMF-Schreiben vom 5. Dezember 1990 – IV A 5 – S 0361 – 20/90* –).[1]

II. Verfahren bei den Eigentümerfinanzämtern 56

3 (1) Wird dem nach § 21 AO für die Umsatzbesteuerung des Beteiligten zuständigen Finanzamt (Eigentümerfinanzamt) bekannt, daß ein Eigentümer in seiner Umsatzsteuer-Voranmeldung oder in seiner Umsatzsteuererklärung erstmalig Vorsteuerbeträge aus der Beteiligung an einem Gesamtobjekt geltend macht, so hat es bei dem für die gesonderte und einheitliche Feststellung der Besteuerungsgrundlagen zuständigen Finanzamt (Betriebsfinanzamt, Tz. 10 des BMF-Schreibens vom 5. Dezember 1990 – IV A 5 – S 0361 – 20/90 –) anzufragen, ob eine Feststellung nach § 1 Abs. 1 Satz 1 Nr. 2 und Abs. 2 der Verordnung zu § 180 Abs. 2 AO durchgeführt wird und ob Bedenken gegen den Vorsteuerabzug bestehen. Dies gilt auch in den Fällen, in denen trotz des geltend gemachten Vorsteuerabzugs noch eine Steuerschuld (Zahllast) des Eigentümers verbleibt. Die Anfrage ist nach **Vordruckmuster USt 5F** (Anlage 1)[2] in zweifacher Ausfertigung an das Betriebsfinanzamt zu richten. Das Eigentümerfinanzamt vermerkt die Absendung der Anfrage auf einer dritten Ausfertigung, die bei ihm verbleibt.

4 (2) Legt der Eigentümer Unterlagen vor, die den Schluß zulassen, daß das Betriebsfinanzamt noch nicht eingeschaltet ist, so leitet das Eigentümerfinanzamt eine Ausfertigung dieser Unterlagen mit seiner Anfrage (Absatz 1) dem Betriebsfinanzamt zu.

5 (3) Teilt das Betriebsfinanzamt mit, daß nach den ihm vorliegenden Unterlagen dem Grunde und der Höhe nach keine Bedenken gegen eine vorläufige Anerkennung des Vorsteuerabzugs bestehen, so soll das Eigentümerfinanzamt den in der Steueranmeldung des Eigentümers geltend gemachten Vorsteuerabzug regelmäßig nicht beanstanden.

6 (4) Erhebt das Betriebsfinanzamt im Rahmen seiner vorläufigen Beurteilung dem Grunde nach keine Bedenken gegen den Vorsteuerabzug, kann es aber noch keine Angaben über die Höhe der abziehbaren Vorsteuerbeträge machen, so soll das Eigentümerfinanzamt den vom Eigentümer geltend gemachten Vorsteuerabzug regelmäßig zunächst anerkennen.

7 (5) Bestehen nach der Auskunft des Betriebsfinanzamts gegen eine Anerkennung des Vorsteuerabzugs in vollem Umfang oder teilweise Bedenken, so hat das Eigentümerfinanzamt den vom Eigentümer geltend gemachten Vorsteuerabzug insoweit zu versagen und die Steuer abweichend festzusetzen. Dies gilt auch, wenn das Betriebsfinanzamt mitteilt, daß eine vorläufige Beurteilung mangels Vorlage ausreichender Unterlagen nicht vorgenommen werden kann.

8 (6) Steht in den vorgenannten Fällen die Steuerfestsetzung nicht bereits kraft Gesetzes unter dem Vorbehalt der Nachprüfung (§ 164 Abs. 1 Satz 2 AO, § 168 AO) und ist offen, ob eine gesonderte und einheitliche Feststellung durchgeführt wird, ist die Umsatzsteuer unter dem Vorbehalt der Nachprüfung festzusetzen (§ 164 Abs. 1 Satz 1 AO).

9 (7) Teilt das Betriebsfinanzamt mit, daß eine gesonderte und einheitliche Feststellung nicht in Betracht kommt, hat das Eigentümerfinanzamt selbst zu entscheiden. Tzn. 15 bis 17 gelten entsprechend. Amtshilfe anderer Finanzämter (z. B. Finanzamt des Zwischenmieters) kann in Anspruch genommen werden.

10 (8) Das Eigentümerfinanzamt hat die Mitteilungen über die gesonderte und einheitliche Feststellung umgehend auszuwerten.

11 (9) Der Verzicht auf die Steuerbefreiung nach § 4 Nr. 12 UStG kann vom Eigentümer nur im Rahmen der Umsatzsteuer-Voranmeldung oder der Umsatzsteuererklärung wirksam erklärt werden. Die Prüfung, ob der Eigentümer wirksam optiert hat, obliegt daher den Eigentümerfinanzämtern.

---

[1] Nunmehr *BMF-Schreiben vom 2. 5. 2001, BStBl. I S. 256,* vorstehend abgedruckt.
[2] Hier nicht abgedruckt.

Anl 5

12 (10) Zur Vermeidung unnötigen Schriftverkehrs zwischen den Eigentümerfinanzämtern und den Betriebsfinanzämtern sollen die Eigentümerfinanzämter in der Regel von Rückfragen nach dem Stand der Bearbeitung vor Ablauf von sechs Monaten absehen.

13 (11) Teilt das Betriebsfinanzamt nicht innerhalb von sechs Monaten nach Anfrage des Eigentümerfinanzamts mit, ob und in welcher Höhe die Vorsteuerbeträge berücksichtigt werden können, so entscheidet darüber das Eigentümerfinanzamt unter dem Vorbehalt der Nachprüfung. Dies gilt nicht, wenn nach der Mitteilung des Betriebsfinanzamts die diesem eingeräumte 6-Monats-Frist (Tz. 19) noch nicht abgelaufen ist.

57

III. Verfahren bei den Betriebsfinanzämtern

14 (1) Solange ein Feststellungsbescheid nicht vorliegt, leisten die Betriebsfinanzämter den Eigentümerfinanzämtern Amtshilfe für die vorläufige Beurteilung des Vorsteuerabzugs (§§ 111 bis 115 AO). Die Betriebsfinanzämter können hierbei auch ohne vorheriges Ersuchen eines Eigentümerfinanzamts tätig werden. Das kommt insbesondere in den Fällen in Betracht, in denen die Vertreter der Eigentümer (Treuhänder, Steuerberater, Betreuer) unter Vorlage entsprechender Unterlagen für alle von ihnen vertretenen Eigentümer an das Betriebsfinanzamt herantreten.

15 (2) Die vorläufige Beurteilung des Sachverhalts setzt voraus, daß dem Betriebsfinanzamt Unterlagen vorliegen, die eine entsprechende Prüfung zulassen. So reicht z. B. die Erklärung des Treuhänders oder Betreuers des Eigentümers, daß eine Zwischenvermietung beabsichtigt ist, für eine vorläufige Beurteilung nicht aus. Voraussetzung für eine vorläufige Beurteilung des Vorsteuerabzugs ist vielmehr die Kenntnis sämtlicher im Zusammenhang mit der Errichtung, dem Erwerb und der Nutzung des Objekts bereits abgeschlossener Verträge. Bei Zwischenmietverhältnissen sind dem Betriebsfinanzamt insbesondere vorzulegen:

16 1. Eingehende Darlegung der Gründe, die den jeweiligen Eigentümer zum Abschluß eines Zwischenmietvertrages veranlaßt haben;

2. Zwischenmietverträge (nicht lediglich Vertragsentwürfe oder Vertragsangebote).

17 (3) Bei der vorläufigen Beurteilung des Vorsteuerabzugs hat das Betriebsfinanzamt die Ordnungsmäßigkeit der vorliegenden Rechnungen zu prüfen und nach Möglichkeit zur Höhe der abziehbaren Vorsteuerbeträge Stellung zu nehmen.

18 (4) Die Prüfung soll nach Möglichkeit – auch ohne besonderes Ersuchen des Eigentümerfinanzamts – bereits im Rahmen der für ertragsteuerliche Zwecke durchzuführenden Vorprüfung der negativen Einkünfte der Eigentümer vorgenommen werden.

19 (5) Die vorläufige Beurteilung des Vorsteuerabzugs soll innerhalb eines Zeitraums von sechs Monaten nach Vorlage aller erforderlichen Unterlagen vorgenommen werden. Soweit dies nicht möglich ist, teilt das Betriebsfinanzamt den Eigentümerfinanzämtern nach Ablauf dieser Frist mit, ob und in welchem Umfang nach dem gegenwärtigen Stand der Prüfung die geltend gemachten Vorsteuern anerkannt werden können.

20 (6) Das Betriebsfinanzamt hat dem Eigentümerfinanzamt das Ergebnis seiner vorläufigen Beurteilung nach **Vordruckmuster USt 6 F** (Anlage 2)[1] mitzuteilen. Hierbei ist anzugeben, ob eine gesonderte und einheitliche Feststellung nach § 1 Abs. 1 Satz 1 Nr. 2 und Abs. 2 der Verordnung zu § 180 Abs. 2 AO durchgeführt wird. Sind dem Eigentümerfinanzamt noch bestimmte Unterlagen vorzulegen (z. B. Rechnungen, Verträge, Nachweise über die Nutzung auf der Endstufe), so ist darauf in der Mitteilung hinzuweisen.

21 (7) Bestehen gegen den Vorsteuerabzug Bedenken, so soll die Mitteilung eine für die Eigentümerfinanzämter in einem etwaigen Rechtsbehelfsverfahren verwertbare Begründung und eine Aussage darüber enthalten, ob und ggf. in welcher Höhe eine Aussetzung der Vollziehung in Betracht kommt.

22 (8) Ist dem Betriebsfinanzamt eine vorläufige Beurteilung des Vorsteuerabzugs nicht möglich, weil ihm die nach den Tzn. 15 bis 17 erforderlichen Unterlagen nicht oder nicht vollständig vorliegen, so unterrichtet es darüber die Eigentümerfinanzämter (vgl. Seite 2 des Vordruckmusters USt 5 F, Anlage 1).[2]

23 (9) Liegt die Feststellungserklärung vor, soll das Betriebsfinanzamt die gesonderte und einheitliche Feststellung bevorzugt durchführen. Ist eine abschließende Beurteilung des Sachverhalts noch nicht möglich, kann ein unter dem Vorbehalt der Nachprüfung stehender Feststellungsbescheid ergehen, in dem das Ergebnis der vorläufigen Beurteilung berücksichtigt wird.

24 (10) Erstreckt sich die gesonderte und einheitliche Feststellung nach § 1 Abs. 1 Satz 1 Nr. 2 und Abs. 2 der Verordnung zu § 180 Abs. 2 AO nur auf einen Teil der Besteuerungsgrundlagen (vgl. Tz. 3.2 des *BMF-Schreibens vom 5. Dezember 1990 – IV A 5 – S 0361 – 20/90 –*),[3] so hat das Betriebsfinanzamt den sachlichen und zeitlichen Umfang der gesonderten und einheitlichen Feststellung den Eigentümerfinanzämtern mitzuteilen.

58

IV. Sonstige Amtshilfemaßnahmen

25 Ändert sich ein Zwischenmietverhältnis durch
– nachträgliche Herabsetzung des Mietzinses,
– Neuabschluß eines Mietvertrages mit dem bisherigen Zwischenmieter,
– Wechsel des Zwischenmieters,
– Wechsel des Eigentümers,

[1] Hier nicht abgedruckt.
[2] Hier nicht abgedruckt.
[3] Nunmehr *BMF-Schreiben vom 2. 5. 2001, BStBl. I S. 256,* vorstehend abgedruckt.

kommt ein Feststellungsverfahren oder eine Amtshilfe (Abschn. II und III) nicht in Betracht. Zur Sicherstellung einer einheitlichen Anwendung des § 15 a UStG ist in diesen Fällen wie folgt zu verfahren:

26 1. Führt die Prüfung durch das Eigentümerfinanzamt dazu, daß das Zwischenmietverhältnis nicht oder nicht mehr anzuerkennen ist, so hat das Eigentümerfinanzamt das für den Zwischenmieter zuständige Finanzamt zu unterrichten. Das Finanzamt des Zwischenmieters hat zu prüfen, ob sich steuerliche Auswirkungen für andere Eigentümer ergeben. In diesem Fall sind die Finanzämter dieser Eigentümer entsprechend zu unterrichten.

27 2. Führt eine von dem für den Zwischenmieter zuständigen Finanzamt durchgeführte Umsatzsteuersonderprüfung oder Außenprüfung zur Feststellung von Änderungen im Zwischenmietverhältnis, so hat das für den Zwischenmieter zuständige Finanzamt die hiervon betroffenen Eigentümerfinanzämter über seine Prüfungsfeststellungen und seine rechtliche Beurteilung zu unterrichten.

V. Schlußbestimmungen 59

28 Die o. g. Regelungen treten an die Stelle des BMF-Schreibens vom 10. Mai 1989 – IV A 3 – S 7340 – 42/89 – (BStBl. I S. 167, USt-Kartei § 18 S 7340 K. 2).

6) Schreiben betr. Einkunftsermittlung bei im Betriebsvermögen gehaltenen Beteiligungen an vermögensverwaltenden Personengesellschaften[1] Anl 6

Vom 29. April 1994 (BeckVerw 27623)

(BMF $\frac{\text{IV B 2 – S 2241 – 9/94}}{\text{IV A 4 – S 0361 – 11/94}}$)

Unter Bezugnahme auf das Ergebnis der Erörterungen mit den obersten Finanzbehörden der Länder gilt für die Ermittlung von Einkünften aus Beteiligungen an vermögensverwaltenden Personengesellschaften, die im Betriebsvermögen gehalten werden, folgendes:

1. Allgemeines 60

1 Eine vermögensverwaltende Personengesellschaft, die die Voraussetzungen des § 15 Abs. 3 Nr. 2 EStG nicht erfüllt (nicht gewerblich geprägte Personengesellschaft), erzielt Einkünfte aus Vermietung und Verpachtung oder Kapitalvermögen, die als Überschuß der Einnahmen über die Werbungskosten (§ 2 Abs. 2 Nr. 2 EStG) ermittelt werden.

2 Schwierigkeiten ergeben sich, wenn Anteile an einer vermögensverwaltenden nicht gewerblich geprägten Personengesellschaft von einem oder mehreren Gesellschaftern im Betriebsvermögen gehalten werden. Nach der BFH-Rechtsprechung (BFH-Beschlüsse vom 25. Juni 1984, BStBl. II S. 751 und vom 19. August 1986, BStBl. 1987 II S. 212 sowie BFH-Urteil vom 20. November 1990, BStBl. 1991 II S. 345) ist den betrieblich beteiligten Gesellschaftern ein Anteil an den Einkünften aus Vermietung und Verpachtung oder Kapitalvermögen zuzurechnen und anschließend auf der Ebene des Gesellschafters in betriebliche Einkünfte umzuqualifizieren.

2. Gesonderte und einheitliche Feststellung 61

3 Die Einkünfte aller Beteiligten werden auf der Ebene der Gesellschaft als Überschuß der Einnahmen über die Werbungskosten ermittelt. Die Einkünfte aus Vermietung und Verpachtung oder aus Kapitalvermögen werden gesondert und einheitlich festgestellt. Gewinne aus der Veräußerung von Wirtschaftsgütern des Gesellschaftsvermögens sind nur dann im Rahmen der gesonderten und einheitlichen Feststellung zu berücksichtigen, wenn ein Fall des § 17 EStG (Veräußerung einer wesentlichen Beteiligung) oder des § 23 EStG (Spekulationsgeschäft) vorliegt. Gewinne aus der Veräußerung der Beteiligung selbst bleiben bei der gesonderten und einheitlichen Feststellung unberücksichtigt, auch wenn diese Veräußerung ein Spekulationsgeschäft i. S. des § 23 EStG darstellt (vgl. BFH-Urteil vom 13. Oktober 1993 – BStBl. 1994 II S. 86).

Die vorstehenden Grundsätze gelten unabhängig davon, ob die Beteiligung im Privat- oder Betriebsvermögen gehalten wird. Sie gelten auch für den Fall, daß sämtliche Beteiligungen im Betriebsvermögen gehalten werden, es sei denn, daß die vermögensverwaltende Personengesellschaft von sich aus betriebliche Einkünfte erklärt und durch Betriebsvermögensvergleich ermittelt hat.

3. Folgebescheid 62

4 Gehören die Gesellschaftsanteile zum Betriebsvermögen des Gesellschafters, sind die gesondert und einheitlich festgestellten Überschußeinkünfte im Folgebescheid wie folgt zu behandeln:

5 a) Der Gesellschafter hat grundsätzlich alle Wirtschaftsgüter der Personengesellschaft anteilig im Rahmen seines eigenen Buchführungswerks zu erfassen und den Gewinnanteil, der sich für ihn aus den einzelnen Geschäftsvorfällen der Personengesellschaft ergibt, nach den Grundsätzen der Gewinnermittlung zu berechnen und anzusetzen. Diese Verfahrensweise ist vor allem im Hinblick darauf geboten, daß der Anteil an der Personengesellschaft steuerlich kein selbständiges Wirtschaftsgut ist (vgl. BFH-Beschluß vom 25. Juni 1984, BStBl. II S. 751 [763]). Hinsichtlich der anteiligen Berücksichtigung von AfA, erhöhten Absetzungen und Sonderabschreibungen gilt § 7 a Abs. 7 EStG (vgl. auch *Abschnitt 44 Abs. 7 EStR*).[2]

---

[1] Die verbindliche Entscheidung über die Einkünfte eines betrieblich an einer vermögensverwaltenden Gesellschaft beteiligten Gesellschafters ist sowohl ihrer Art als auch ihrer Höhe nach durch das für die persönliche Besteuerung dieses Gesellschafters zuständige (Wohnsitz-)FA zu treffen *(BFH-Beschluss vom 11. 4. 2005 GrS 2/02, BStBl. 2005 II S. 679).*

[2] Jetzt R 7 a EStR.

Anl 6

6 b) Ermittelt die Personengesellschaft freiwillig ergänzend zur Überschußrechnung den Gewinnanteil des Gesellschafters nach § 4 Abs. 1, § 5 EStG, so bestehen keine Bedenken dagegen, den in der Feststellungserklärung angegebenen Anteil am Gewinn oder Verlust dem für den Erlaß des Folgebescheids zuständigen Finanzamt als nachrichtlichen Hinweis zu übermitteln und die Angabe dort bei der Veranlagung zur Einkommen- oder Körperschaftsteuer auszuwerten. Weist der Steuerpflichtige den übermittelten Anteil am Gewinn oder Verlust gesondert in seinem Jahresabschluß aus, so kann aus Vereinfachungsgründen auf die Einzelberechnung nach Randnummer 5 verzichtet werden, wenn der angegebene Betrag nicht offensichtlich unzutreffend ist.

7 c) Ist der Steuerpflichtige an der Gesellschaft zu weniger als 10 v. H. beteiligt, so ist regelmäßig davon auszugehen, daß er die zur Durchführung der Gewinnermittlung nach § 4 Abs. 1, § 5 EStG erforderlichen Angaben von der Gesellschaft nur unter unverhältnismäßigem Aufwand erlangen kann. Außerdem ist bei einer Beteiligung von weniger als 10 v. H. die in Tz. 15 des *BMF-Schreibens vom 20. Dezember 1990, BStBl. I S. 884,*[1] für den gewerblichen Grundstückshandel bestimmte Beteiligungsgrenze nicht erreicht. Vor diesem Hintergrund bestehen keine Bedenken dagegen, in einem solchen Fall den Anteil am Gewinn oder Verlust aus Vereinfachungsgründen in Höhe des Ergebnisanteils zu schätzen, der vom Betriebsfinanzamt nach den Grundsätzen der Überschußrechnung gesondert und einheitlich festgestellt worden ist. Der geschätzte Anteil am Gewinn oder Verlust ist auf einem „Beteiligungs"-Konto erfolgswirksam zu buchen. Auf dem Konto sind außerdem alle Vermögenszuführungen des Beteiligten in die Personengesellschaft und alle Vermögensauskehrungen an den Beteiligten zu erfassen.

8 Wird der Anteil an der Personengesellschaft veräußert, so ist als Gewinn der Unterschied zwischen dem Veräußerungserlös (nach Abzug von Veräußerungskosten) und dem bis dahin fortentwickelten Buchwert der „Beteiligung" anzusetzen. Auf diese Weise werden Gewinne aus der Veräußerung von Wirtschaftsgütern der Personengesellschaft spätestens im Zeitpunkt der Veräußerung der Beteiligung versteuert. Der Gewinn aus der Veräußerung des Anteils an der vermögensverwaltenden Personengesellschaft ist als laufender Gewinn aus Gewerbebetrieb zu behandeln. Diese Ausführungen gelten für den Fall der Entnahme des Gesellschaftsanteils, der Beendigung der Gesellschaft oder in anderen gleichzustellenden Fällen sinngemäß.

9 Voraussetzung für die dargestellte Verfahrensweise ist ein entsprechender Antrag des Steuerpflichtigen und die im Benehmen mit dem Betriebsfinanzamt zu erteilende Zustimmung des Wohnsitzfinanzamts, die im Fall des Drohens ungerechtfertigter Steuervorteile versagt bzw. mit Wirkung für den nächsten Veranlagungszeitraum widerrufen werden kann.

Ein ungerechtfertigter Steuervorteil droht vor allem dann, wenn
– die Vermögensauskehrungen von der Gesellschaft an den Gesellschafter zu einem Negativsaldo auf dem Beteiligungskonto führen bzw. einen bereits vorhandenen Negativsaldo erhöhen,
oder
– die aus der Veräußerung von Wirtschaftsgütern des Gesellschaftsvermögens stammenden Gewinne offenkundig so hoch sind, daß ein Aufschub ihrer Besteuerung unvertretbar erscheint.

10 Der gesondert und einheitlich festgestellte Anteil an den Überschußeinkünften der Personengesellschaft, die Entwicklung des Kontos „Beteiligung" sowie der Gewinn aus einer etwaigen Veräußerung des Anteils an der Personengesellschaft sind im Jahresabschluß des Gesellschafters gesondert auszuweisen. Ein Wechsel zu der Ermittlungsmethode nach Randnummer 5 oder 6 ist nur einmal möglich; durch Ansatz eines entsprechenden Übergangsgewinns oder -verlusts ist beim Wechsel sicherzustellen, daß der Totalgewinn zutreffend erfaßt wird.

11 **Beispiel:** An der vermögensverwaltenden X-KG ist die Y-GmbH seit dem 1. Januar 01 als Kommanditistin mit einer Einlage von 25 000 DM beteiligt. Der Anteil der Y-GmbH an den Werbungskostenüberschüssen der Jahre 01–03 beträgt – 5000, – 4 000 und – 3 000 DM. Im Jahr 02 veräußert die X-KG außerhalb der Spekulationsfrist ein unbebautes Grundstück. Der Erlös wird an die Gesellschafter ausgekehrt; auf die Y-GmbH entfallen 1 500 DM. Zum 31. Dezember 03 veräußert die Y-GmbH ihre Beteiligung für 40 000 DM.

Der Buchwert des „Beteiligungs"-Kontos im Zeitpunkt der Beteiligungsveräußerung ist wie folgt zu ermitteln:

	DM
Kapitaleinlage 01	25 000
Verlustanteil 01	– 5 000
Verlustanteil 02	– 4 000
Anteil an Auskehrung 02	– 1 500
Verlustanteil 03	– 3 000
Buchwert	11 500

Die Y-GmbH hat die Verlustanteile 01 und 02 in den entsprechenden Jahren jeweils mit positiven Einkünften aus ihrer übrigen Tätigkeit ausgeglichen.

Bei der Körperschaftsteuer-Veranlagung der Y-GmbH für das Jahr 03 sind anzusetzen:

	DM
Verlustanteil 03	– 3 000
+ Veräußerungserlös	40 000
– Buchwert	– 11 500
Einkünfte aus Gewerbebetrieb	25 500

12 d) Ermittelt der Gesellschafter seinen Gewinn nach § 4 Abs. 3 EStG, so kann sinngemäß nach den oben dargestellten Regelungen verfahren werden. Dabei ist ein dem Konto „Beteiligung" entsprechender Posten im Anlageverzeichnis des Gesellschafters zu führen und fortzuentwickeln.

---

[1] Nunmehr *BMF-Schreiben vom 26. 3. 2004 IV A 6 – S 2240 – 46/04, BStBl. I S. 434,* abgedruckt im „Handbuch zur Einkommensteuer" als Anl. zu § 15.

Anl 7

7) Verfügung betr. keine einheitliche und gesonderte Feststellung nach § 180 Abs. 1 Nr. 2a AO bei unbekannten Erben

Vom 29. Dezember 2010 (BeckVerw 246738)

(LfSt Bayern S 0361.1.1 – 6/1 St 42)

Eine einheitliche und gesonderte Feststellung nach § 180 Abs. 1 Nr. 2a AO von Einkünften und mit ihnen im Zusammenhang stehenden anderen Besteuerungsgrundlagen ist nur dann durchzuführen, wenn mindestens zwei Personen an den Einkünften beteiligt sind und die Einkünfte diesen Personen steuerlich zuzurechnen sind. Inhaltsadressat des Feststellungsbescheids sind die Beteiligten und nicht die Gesellschaft/Gemeinschaft (vgl. AEAO zu § 122, Nr. 2.5.1). **63**

Sind nach Eintritt des Erbfalls die Gesamtrechtsnachfolger noch unbekannt, wird das Nachlassgericht regelmäßig einen Nachlasspfleger (§§ 1960, 1961 BGB) bestellen. Dieser ist gesetzlicher Vertreter der noch unbekannten Erben. Werden mit Wirtschaftsgütern des Nachlasses Einkünfte erzielt, ist eine steuerliche Zuordnung dieser Einkünfte erst dann möglich, wenn die Gesamtrechtsnachfolger feststehen. Eine einheitliche und gesonderte Feststellung kommt somit erst dann in Betracht, wenn mindestens zwei Erben als Gesamtrechtsnachfolger vorhanden sind.

Die Durchführung der Feststellung ist, nach Ermittlung der Gesamtrechtsnachfolger, im Rahmen der Feststellungsverjährungsfrist durchzuführen. Der Ablaufhemmungstatbestand des § 171 Abs. 12 AO kommt nicht zum Tragen, da sich die Einkommensteuer bzw. Körperschaftsteuer nicht gegen den Nachlass, sondern unmittelbar gegen die Erben richtet.

Einnahmen, die bis zum Todeszeitpunkt angefallen sind, sind nicht den (unbekannten) Erben, sondern dem Erblasser zuzurechnen. Die entsprechenden Steuerbescheide sind im Fall der unbekannten Erben bei angeordneter Nachlasspflegschaft an den Nachlasspfleger zu adressieren und bekannt zu geben. Dabei ist anzugeben, dass der Bescheid aufgrund seiner gerichtlichen Bestellung zum Pfleger des Nachlasses an ihn gerichtet wird.

Zur Erteilung von Steuerbescheiden wenn ein Bundesland Gesamtrechtsnachfolger geworden ist (§§ 1922, 1936 BGB), vgl. Karte 1 zu § 156 AO.

Anl 8

8) Verfügung betr. gesonderte und einheitliche Feststellung der Einkünfte aus ausländischen Personengesellschaften, Bauherrengemeinschaften und Grundstücksgemeinschaften, an denen mehrere Inländer beteiligt sind

Vom 23. November 2020 (BeckVerw 496254)

(LfSt Bayern S 0361.2.1 – 3/22 St 43)

1. Feststellungen nach § 180 Abs. 1 Nr. 2a, Abs. 2 und Abs. 5 Nr. 1 AO **64**

1.1. Beteiligen sich mehrere inländische Personen an einer ausländischen Personengesellschaft, Bauherrengemeinschaft oder Grundstücksgemeinschaft, sind die Einkünfte nach § 180 Abs. 1 Nr. 2a AO bzw. nach § 180 Abs. 2 AO i. V. m. der VO zu § 180 Abs. 2 AO gesondert und einheitlich festzustellen, weil auch diese Einkünfte grundsätzlich der deutschen Besteuerung unterliegen.

1.2. Eine Feststellung nach § 180 Abs. 1 Nr. 2a Abs. 2 AO kommt nicht in Betracht, wenn mit dem betreffenden ausländischen Staat ein Doppelbesteuerungsabkommen besteht, wonach diesem das ausschließliche Besteuerungsrecht für die Inländer zusteht (wegen der Fälle des Progressionsvorbehalts vgl. Tz. 1.3).

1.3. Gestattet ein Doppelbesteuerungsabkommen die Anwendung des Progressionsvorbehalts, so sind nach § 180 Abs. 5 Nr. 1 AO die ausländischen Einkünfte zu diesem Zweck gesondert und einheitlich festzustellen, und zwar auch, wenn eine inländische Personengesellschaft derartige Einkünfte erzielt. Wegen des Umfangs einer solchen Feststellung wird auf Tz. 2.3 des Leitfadens zur Besteuerung ausländischer Einkünfte bei unbeschränkt steuerpflichtigen Personen (Stand Dez. 2015) verwiesen (im AIS unter Steuerrecht, Internationales Steuerrecht, Arbeitshilfen, Leitfäden).

1.4. Eine ausländische Gesellschaft ist eine Personengesellschaft (Mitunternehmerschaft) im Sinne des deutschen Steuerrechts, wenn das ausländische Rechtsgebilde seiner inneren Struktur und Erscheinung nach einer deutschen Mitunternehmerschaft entspricht (vgl. hierzu auch Tz. 1.2 des BMF-Schreibens vom 26. 9. 2014, BStBl. I S. 1258).

Beispiel:

Die französische (belgische) société en nom collectif ist zwar nach ausländischem Zivilrecht eine juristische Person, für Zwecke der deutschen Besteuerung jedoch als Personengesellschaft (Mitunternehmerschaft) zu behandeln.

1.5. Hat eine ausländische Personengesellschaft ihre Geschäftsleitung oder eine Betriebsstätte im Inland, so ist eine Feststellung nach § 180 Abs. 1 Nr. 2a AO vorzunehmen, wenn die Einkünfte hieraus der deutschen Besteuerung unterliegen. Zu Besonderheiten bei gewerblich geprägten und gewerblich infizierten Personengesellschaften wird auf Tz. 2.3.3 des BMF-Schreibens vom 26. 9. 2014, BStBl. I S. 1258, verwiesen. Eine Feststellung nach § 180 Abs. 5 Nr. 1 AO ist nur erforderlich, wenn bei inländischen Beteiligten der Progressionsvorbehalt zu berücksichtigen ist.

1.6. Ist nur eine im Inland steuerpflichtige Person oder Körperschaft an einer ausländischen Personengesellschaft oder Grundstücksgemeinschaft beteiligt, kommt eine Feststellung nach § 180 Abs. 1 Nr. 2a, Abs. 2 AO bzw. § 180 Abs. 5 Nr. 1 AO nicht in Betracht (§ 180 Abs. 3 Nr. 1 AO). Die einschlägigen Ermittlungen hat das Finanzamt nach §§ 19, 20 AO selbst durchzuführen.

Anl 8

2. Zuständigkeit

65 **2.1.** Hinsichtlich der örtlichen Zuständigkeit für die gesonderte und einheitliche Feststellung von Einkünften ausländischer Personengesellschaften (§ 180 Abs. 1 Nr. 2 a AO) wird auf den AEAO zu § 18 Nr. 6 verwiesen.

2.2. Bei gesonderten und einheitlichen Feststellungen nach § 180 Abs. 5 Nr. 1 AO ist die Verordnung über Organisation und Zuständigkeiten in der Bayerischen Steuerverwaltung (ZustVSt vom 1. 12. 2005, in der aktuellen Änderungsfassung im AIS unter Themen > AO/FGO > Zuständigkeit) zu beachten. Danach ist für solche Feststellungen im Bereich der Regierungsbezirke Ober- und Niederbayern das Finanzamt München, im Bereich des Regierungsbezirks Schwaben das Finanzamt Augsburg-Stadt und im Bereich der Regierungsbezirke Oberpfalz, Unter-, Mittel- und Oberfranken das Zentralfinanzamt Nürnberg zuständig, wenn die von unbeschränkt steuerpflichtigen Gesellschaftern oder Gemeinschaftern gehaltenen Gesellschafts- oder Gemeinschaftsanteile (Mitunternehmeranteile) nicht insgesamt zum steuerlichen Betriebsvermögen einer inländischen Personengesellschaft zu rechnen sind (ZustVSt vom 1. 12. 2005, a. a. O.).

3. Erfassung

66 Die Mitteilungen nach § 138 Abs. 2 AO sind grundsätzlich zusammen mit der Einkommensteuer-, Körperschaftsteuer- oder Feststellungserklärung für den Besteuerungszeitraum, in dem der mitzuteilende Sachverhalt verwirklicht wurde, spätestens jedoch bis zum Ablauf von 14 Monaten nach Ablauf dieses Besteuerungszeitraums, nach amtlich vorgeschriebenem Datensatz über die amtlich bestimmten Schnittstellen zu erstatten (§ 138 Abs. 5 Satz 1 AO). Diese Frist ist nicht nach § 109 AO verlängerbar, da es sich weder um eine behördlich bestimmte Frist noch um eine Steuererklärungsfrist handelt.

Inländische Steuerpflichtige, die nicht verpflichtet sind, ihre Einkommensteuer-, Körperschaftsteuer- oder Feststellungserklärung nach amtlich vorgeschriebenem Datensatz über die amtlich bestimmte Schnittstelle abzugeben, haben die Mitteilungen nach § 138 Abs. 2 AO nach amtlich vorgeschriebenem Vordruck zu erstatten (Vordruck BZSt 2), es sei denn, sie geben ihre Einkommensteuer-, Körperschaftsteuer- oder Feststellungserklärung freiwillig nach amtlich vorgeschriebenem Datensatz über die amtlich bestimmte Schnittstelle ab (§ 138 Abs. 5 Satz 2 AO).

Inländische Steuerpflichtige, die nicht zur Abgabe einer Einkommensteuer-, Körperschaftsteuer- oder Feststellungserklärung verpflichtet sind, haben die Mitteilungen nach § 138 Abs. 2 AO nach amtlich vorgeschriebenem Vordruck (BZSt 2) bis zum Ablauf von 14 Monaten nach Ablauf des Kalenderjahrs zu erstatten, in dem der mitzuteilende Sachverhalt verwirklicht worden ist (§ 138 Abs. 5 Satz 3 AO). Diese Frist ist nicht nach § 109 AO verlängerbar, da es sich weder um eine behördlich bestimmte Frist noch um eine Steuererklärungsfrist handelt.

Bis zur Schaffung der technischen Voraussetzungen für die Abgabe der Mitteilungen nach amtlich vorgeschriebenem Datensatz über die amtlich bestimmte Schnittstelle sind die Mitteilungen weiterhin nach dem amtlich vorgeschriebenen Vordruck (BZSt 2) zu erstatten. Sobald die technischen Voraussetzungen vorliegen, wird auf den Internetseiten des BMF und des Bundeszentralamtes für Steuern (BZSt) darüber informiert werden.

Zur Anzeigepflicht nach § 138 Abs. 2 AO vgl. auch BMF-Schreiben vom 5. 2. 2018, BStBl. I S. 289, geändert durch BMF-Schreiben vom 18. 7. 2018, BStBl. I S. 815.

Soweit in Steuererklärungen Angaben über eine Auslandsbeteiligung enthalten sind oder Anhaltspunkte für eine Auslandsbeteiligung bestehen, ist dem Steuerpflichtigen der Vordruck BZSt 2 dreifach zu übersenden. Eine Ausfertigung ist für den Steuerpflichtigen bestimmt, zwei Ausfertigungen sind ausgefüllt beim zuständigen Finanzamt einzureichen.

Die Veranlagungsstellen werten die Mitteilungen auf Vordruck BZSt 2 aus und leiten eine Ablichtung/Durchschrift dem Bundeszentralamt für Steuern (Informationszentrale für steuerliche Auslandsbeziehungen – IZA – Referat St III 4) zu.

Die Überwachung der Anzeigepflicht ist wesentlich. Ein vorsätzlicher oder leichtfertiger Verstoß stellt eine Ordnungswidrigkeit i. S. d. § 379 Abs. 2 Nr. 1 AO dar und kann mit einem Bußgeld von bis zu 25 000 Euro geahndet werden. Im Falle von unterlassenen, nicht vollständigen oder nicht rechtzeitigen Mitteilungen nach § 138 Abs. 2 AO, ist die Bußgeld- und Strafsachenstelle unverzüglich zu unterrichten. Auf wiederholte Verstöße ist in der Meldung explizit hinzuweisen.

4. Informationsaustausch

66a Das Bundeszentralamt für Steuern ist über die ausländische Beteiligung nicht nur durch Übersendung einer Ausfertigung des Vordrucks BZSt 2 zu unterrichten. Es sind vielmehr alle wesentlichen Änderungen (z. B. Erwerb von weiteren Beteiligungen, Änderung in den Beteiligungsverhältnissen, Erlöschen von Beteiligungen) und die getroffenen Feststellungen mitzuteilen. Auf Tz. 1.2 des BMF-Schreibens vom 5. 2. 2018, BStBl. I S. 289, wird in diesem Zusammenhang hingewiesen.

Andererseits können auch Auskünfte, die für die Durchführung des Feststellungsverfahrens zweckdienlich sind, vom Bundeszentralamt für Steuern – IZA – eingeholt werden.

Der Schriftwechsel mit dem Bundeszentralamt für Steuern soll unmittelbar geführt werden.

Hinweis:

Die bisherige Karte 1 zu § 180 AO (Kontroll-Nr. 1/2019) bitte ich auszureihen.

Anl 9

9) Verfügung betr. örtliche Zuständigkeit im Zusammenhang mit der gesonderten Gewinnfeststellung nach § 180 Abs. 1 Nr. 2 b AO

Vom 25. März 2015 (BeckVerw 296806)

(LfSt Bayern S 0127.1.1–8/10 St 42)

1. Allgemeines 67

Gemäß § 180 Abs. 1 Nr. 2 b AO sind die Einkünfte aus Land- und Forstwirtschaft, Gewerbebetrieb oder einer freiberuflichen Tätigkeit gesondert festzustellen, wenn nach den Verhältnissen zum Schluss des Gewinnermittlungszeitraums das für die gesonderte Feststellung zuständige Finanzamt nicht auch für die Steuern vom Einkommen zuständig ist.

Dieser Zeitpunkt bestimmt endgültig darüber, ob eine gesonderte Feststellung durchzuführen ist oder nicht; spätere Änderungen dieser Verhältnisse sind unbeachtlich. Dabei ist die Entscheidung für jedes Jahr erneut zu treffen. Bei einem vom Kalenderjahr abweichenden Wirtschaftsjahr oder einem Rumpfwirtschaftsjahr sind die Verhältnisse zum Schluss dieses Zeitraums maßgebend.

Durch das ZollkodexAnpG wurde durch den neu eingefügten § 180 Abs. 1 Satz 2 AO die Frage der Zuständigkeit für die Durchführung der Feststellung für alle Feststellungszeiträume, die nach dem 31. 12. 2014 beginnen (Art. 97 § 10 b Satz 2 EGAO), neu geregelt:

Ändern sich danach nach Schluss des Gewinnermittlungszeitraums die für die Zuständigkeit maßgeblichen Verhältnisse, ist für die Durchführung der Feststellung das Finanzamt zuständig, das sich aus der Anwendung der § 18 Abs. 1 Nr. 1 bis 3 i. V. m. § 26 AO ergibt. Die Frage, ob eine Feststellung durchzuführen ist, bestimmt sich auch für Feststellungszeiträume, die nach dem 31. 12. 2014 beginnen weiterhin nach den Verhältnissen zum Schluss des Gewinnermittlungszeitraums Jedoch wird in vielen Fällen ein Fall von geringer Bedeutung vorliegen (§ 180 Abs. 3 Satz 1 Nr. 2, vgl. nachfolgende Tz 3).

Bei der Anwendung der Regelung des § 180 Abs. 1 Nr. 2 b AO sind u. a. folgende Fallgestaltungen denkbar:

2. Wohnsitzwechsel unter gleichzeitiger Veräußerung oder Betriebsaufgabe bzw. Wohnsitzwechsel nach Veräußerung oder Betriebsaufgabe 68

Beispiel 1:

Der Steuerpflichtige verlegt im Laufe des Jahres 03 seinen Wohnsitz vom bisherigen Bezirk des FA A in den Bezirk des FA B und gibt zum gleichen Zeitpunkt seinen ebenfalls im Bezirk des FA A gelegenen Betrieb auf.

Beispiel 2:

Wie Beispiel 1, jedoch wird der Wohnsitz erst einen Monat nach der Betriebsaufgabe in den Bereich des FA B verlegt.

Verfahrensrechtliche Behandlung:

In beiden Fällen ist für das Jahr 03 keine gesonderte Feststellung vorzunehmen, weil der Wohnsitz und der Ort der Geschäftsleitung bzw. der Tätigkeitsort am Ende des Gewinnermittlungszeitraums (Rumpfwirtschaftsjahr) in den Zuständigkeitsbereich desselben Finanzamts (FA A) fallen).

Die Personensteuerakten (ohne Bilanzakten) sind jeweils unverzüglich an das neue Wohnsitzfinanzamt abzugeben (ebenso bei Tz. 3, Beispiel 1 und Tz. 4 Beispiel 2). Für Betriebssteuern bleibt in Fallvariante 1 und 2 grundsätzlich das Betriebsfinanzamt zuständig, auch hinsichtlich der Erhebung und etwaigen Vollstreckung (vgl. hierzu sowie zur Frage der Zuständigkeitsvereinbarung nach § 27 AO Nr. 3 AEAO zu § 26 AO).

Es ermittelt im Wege der Amtshilfe für Zwecke der Einkommensteuer die Einkünfte aus dem Gewerbebetrieb für die Zeit bis zur Betriebsveräußerung oder Betriebsaufgabe (einschließlich eines etwaigen Veräußerungs- oder Aufgabegewinns). Dazu übersendet das neue Wohnsitzfinanzamt ggf. die vom Steuerpflichtigen eingereichten Gewinnermittlungsunterlagen an das bisherige Betriebsfinanzamt. Das Betriebsfinanzamt teilt die Höhe der gewerblichen Einkünfte dem neuen Wohnsitzfinanzamt formlos mit. Soweit erforderlich, sind auch die Einkünfte aus Gewerbebetrieb der Vorjahre im Wege der Amtshilfe zu ermitteln.

Da eine gesonderte Feststellung der aus dem veräußerten oder aufgegebenen Betrieb erzielten Einkünfte nach § 180 Abs. 1 Nr. 2 b AO nicht zulässig ist, obliegt die Entscheidung, in welcher Höhe die Einkünfte bei der Veranlagung anzusetzen sind – unbeschadet der vom Betriebsfinanzamt zu leistenden Amtshilfe – dem neuen Wohnsitzfinanzamt. Das Betriebsfinanzamt hat deshalb ggf. dem Wohnsitzfinanzamt die Ermittlung eines von der Einkommensteuererklärung des Steuerpflichtigen abweichenden Gewinns/Verlustes zu erläutern. Das Wohnsitzfinanzamt entscheidet selbständig, ob es diese Einkünfte in den Einkommensteuerbescheid übernehmen will oder nicht; ggf. kann es noch eigene Ermittlungen vornehmen.

Zur Behandlung der Fälle, in denen am neuen Wohnort zeitnah ein neuer Betrieb gegründet wird, vgl. Karte 5 zu § 26 AO.

3. Betriebsveräußerung oder Betriebsaufgabe ohne Wohnsitzverlegung 69

Beispiel:

Der Wohnsitz befindet sich im Bezirk des FA A, der Betrieb im Bezirk des FA B. Der Betrieb wird im Laufe des Jahres 03 aufgegeben.

Verfahrensrechtliche Behandlung:

Das FA B hat nicht nur für die Veranlagungszeiträume 01 und 02, sondern auch für den Veranlagungszeitraum 03 eine gesonderte Feststellung nach § 180 Abs. 1 Nr. 2 b AO durchzuführen, da nach den Verhältnissen zum Schluss des Gewinnermittlungszeitraums (Rumpfwirtschaftsjahr) der Wohnsitz und der Ort der Geschäftsleitung bzw. der Tätigkeitsort in den Zuständigkeitsbereich verschiedener Finanzämter liegen. Für die Betriebssteuern der Veranlagungszeiträume 01 bis 03 ist das FA B ebenfalls zuständig.

70 **4. Trennung von Wohnsitz und Geschäftsleitung**

Beispiel 1 (Wohnsitzverlegung):

Der Steuerpflichtige verlegt seinen Wohnsitz im Laufe des Jahres 03 in den Bezirk des FA B und behält seine gewerbliche Tätigkeit im Bezirk des bisherigen Wohnsitzfinanzamts (FA A) unverändert bei.

Verfahrensrechtliche Behandlung:

Das FA A hat für den Feststellungszeitraum 03 und für die folgenden Feststellungszeiträume gesonderte Feststellungen gemäß § 180 Abs. 1 Nr. 2 b AO durchzuführen, weil nach den Verhältnissen zum Schluss dieser Gewinnermittlungszeiträume der Wohnsitz und der Ort der Geschäftsleitung bzw. der Tätigkeitsort in den Zuständigkeitsbereich verschiedener Finanzämter fallen.
Für die Jahre 01 und 02 teilt es dem Wohnsitzfinanzamt (FA B) den Gewinn im Wege der Amtshilfe formlos mit, soweit die Veranlagungen noch nicht durchgeführt worden sind (vgl. hierzu Tz. 1).

Für die Betriebssteuern ergeben sich aus der Wohnsitzverlegung keine Änderungen.

Beispiel 2 (Betriebsverlegung):

Der Steuerpflichtige verlegt im Laufe des Jahres 03 die Geschäftsleitung seines Betriebes vom bisherigen einheitlichen Wohn- und Betriebssitz im Bezirk des FA A in den Bezirk des FA B.

Verfahrensrechtliche Behandlung:

Das FA B hat für den Feststellungszeitraum 03 und die folgenden Feststellungszeiträume die Einkünfte nach § 180 Abs. 1 Nr. 2 b AO festzustellen. Es wird mit Verlegung der Geschäftsleitung auch für die Betriebssteuern zuständig.
Soweit noch ausstehende Betriebssteuerveranlagungen für die Jahre vor 03 innerhalb kurzer Zeit ohne Schwierigkeit durchgeführt werden können, kann nach § 26 Satz 2 AO verfahren werden, so dass dadurch die Durchführung des Besteuerungsverfahrens für die Veranlagungszeiträume vor 03 in der Hand des FA A verbleiben kann. In diesen Fällen kann die Vereinbarung nach § 26 Satz 2 AO auch auf ggf. sich anschließende Rechtsbehelfsverfahren ausgedehnt werden.

71 **5. Zusammenlegung von Wohnsitz und Geschäftsleitung**

Ergibt sich nach den gesetzlichen Zuständigkeitsregelungen für Feststellungszeiträume, die vor oder nach dem 31. 12. 2014 beginnen, dass das Feststellungs- und das Wohnsitz-Finanzamt identisch sind, liegt regelmäßig ein Fall von geringer Bedeutung vor (vgl. die neu gefasste Nr. 4 des AEAO zu § 180), so dass gem. § 180 Abs. 3 Satz 1 Nr. 2 AO auf die Durchführung des Feststellungsverfahrens verzichtet werden kann.

Beispiel 1 (Betriebsverlegung):

Die Geschäftsleitung im Bezirk des FA A wird im Laufe des Jahres 03 zum Wohnsitz im Bezirk des FA B verlegt.

- **Feststellungszeiträume, die vor dem 31. 12. 2014 beginnen**
  Das FA A hat für die Feststellungszeiträume 01 und 02 gesonderte Feststellungen gemäß § 180 Abs. 1 Nr. 2 b AO durchzuführen. Für die Betriebssteuern ist zwar für alle noch offenen Veranlagungen das FA B zuständig.
  Aus Praktikabilitätsgründen sollen jedoch die Betriebssteuerveranlagungen 01 und 02 (noch) vom FA A durchgeführt werden, wenn diese innerhalb kurzer Zeit ohne Schwierigkeiten möglich sind (§ 26 Satz 2 AO). Zur Zuständigkeit bei einem ggf. sich anschließenden Rechtsbehelfsverfahren vgl. Tz. 3, Beispiel 2.
- **Feststellungszeiträume, die nach dem 31. 12. 2014 beginnen**
  Das FA B wird wegen § 180 Abs. 1 Satz 2 AO für die Durchführung der Feststellungen für die Feststellungszeiträume 01 und 02 zuständig. Wegen der parallelen Zuständigkeit für die Ertragsbesteuerung, kann regelmäßig auf die Durchführung des Feststellungsverfahrens gem. § 180 Abs. 3 Satz 1 Nr. 2 AO verzichtet werden.

Für die Betriebssteuern ist für alle noch offenen Veranlagungen ebenfalls das FA B zuständig.

Beispiel 2 (Wohnsitzverlegung):

Der Wohnsitz, bisher im Bezirk des FA A, wird im Laufe des Jahres 03 am Ort der Geschäftsleitung im Bezirk des FA B begründet.
Nach Nr. 4 des AEAO zu § 180 AO ist bei dieser Konstellation für die Jahre 01 und 02 regelmäßig ein Fall von geringer Bedeutung nach § 180 Abs. 3 Satz 1 Nr. 2 AO anzunehmen, denn das Finanzamt B ist auch für die Einkommensteuerveranlagung zuständig geworden.

Anl 10

10) Verfügung betr. Teilabschlussbescheid (§ 180 Abs. 1 a AO)

Vom 31. Oktober 2025 (BeckVerw 660383)

(LfSt Bayern S 0361.1.1-16/2 St 43)

1. Adressatenkreis

72 Diese Verfügung richtet sich an die Außenprüfung und die Veranlagungsstellen.

2. Einführung des Teilabschlussbescheids

73 Nach § 180 Abs. 1 a AO können einzelne, im Rahmen einer Außenprüfung für den Prüfungszeitraum ermittelte, abgrenzbare Besteuerungsgrundlagen vor Abschluss der Außenprüfung gesondert festgestellt werden (Teilabschlussbescheid). Ziel dieser neuen gesetzlichen Regelung ist es, frühzeitig in der Außenprüfung strittige Sachverhalte zu klären und Rechtssicherheit für den Steuerpflichtigen zu schaffen.

Grundsätzlich ist § 180 Abs. 1 a AO für Steuern und Steuervergütungen anzuwenden, die nach dem 31. 12. 2024 entstehen (vgl. Art. 97 § 37 Abs. 2 EGAO). Jedoch ist die Vorschrift gem. Art. 97 Abs. 3 EGAO auch für vor dem 1. 1. 2025 entstandene Steuern und Steuervergütungen anwendbar, wenn die Prüfungsanordnung nach dem 31. 12. 2024 bekanntgegeben wird.

2.1. Voraussetzungen für die Erteilung eines Teilabschlussbescheids

Für die Erteilung eines Teilabhilfebescheids müssen folgende Voraussetzungen erfüllt sein:

- Die Betriebsprüfung ist noch nicht beendet. Es ist noch kein abschließender Prüfungsbericht nach § 202 Abs. 1 AO ergangen.

Anl 10

– Die einzelnen festzustellenden Besteuerungsgrundlagen wurden im Rahmen einer Außenprüfung abschließend ermittelt.
– Die Feststellungen sind gegenüber anderen Feststellungen der Außenprüfung abgrenzbar und die Feststellungen sind in einem Folgebescheid umsetzbar.
– Es ist ein schriftlicher oder elektronischer Teilprüfungsbericht ergangen (§ 202 Abs. 3 AO, siehe hierzu unter nachfolgender Nr. 3).

Der Erlass des Teilabschlussbescheids steht grundsätzlich im Ermessen des Finanzamts („kann"). Nach § 180 Abs. 1 a Satz 2 AO soll jedoch auf Antrag des Steuerpflichtigen ein Teilabschlussbescheid ergehen, wenn der Steuerpflichtige daran ein erhebliches Interesse hat und dies glaubhaft macht (siehe auch AEAO zu § 180, Nr. 7.3).

3. Teilprüfungsbericht (§ 202 Abs. 3 AO)

Sollen Besteuerungsgrundlagen in einem Teilabschlussbescheid nach § 180 Abs. 1 a AO gesondert festgestellt werden, ergeht vor Erlass des Teilabschlussbescheids ein schriftlicher oder elektronischer Teilprüfungsbericht (§ 202 Abs. 3 AO). 74

Der Teilprüfungsbericht kann aus BpA-Euro erzeugt werden (siehe hierzu „Kurzanleitung Erstellung Teilprüfungsbericht" AIS: Themen > Arbeitsbereiche > Betriebsprüfung > BpA-Euro > Kurzanleitungen und Kennzahlenübersichten).

Die Erstellung des Teilprüfungsberichts ist auch ohne BpA-Euro über die UNIFA-Vorlage „Teilprüfungsbericht" (Ordner Bp Außendienst > 4. BP Feststellungen, Bericht, Abschluss) möglich.

Im Teilprüfungsbericht sind die einzelnen abgrenzbaren Besteuerungsgrundlagen, die im Rahmen der Außenprüfung für den Besteuerungszeitraum bereits abschließend geprüft sind und die im Teilabschlussbescheid gesondert festgestellt werden sollen, ausführlich darzustellen.

Nach § 199 Abs. 1 AO sind Besteuerungsgrundlagen tatsächliche und rechtliche Verhältnisse, die für die Steuerpflicht und für die Bemessung der Steuer maßgebend sind. Die Verhältnisse sind abgrenzbar, wenn es sich um in sich abgeschlossene Sachverhalte handelt, die ohne Bezug zu bzw. ohne Verknüpfung mit anderen steuerlichen Sachverhalten abschließend geprüft und dargestellt werden können. Des Weiteren muss der Sachverhalt in einem Folgebescheid selbständig umsetzbar sein.

Dies könnten zum Beispiel folgende Sachverhalte sein:
– Prüfung von einzelnen Sachverhalten durch die Fachprüfung (Verrechnungspreise, betriebliche Altersvorsorge etc.)
– Sachverhalte zu Teilwertabschreibungen oder zu Veräußerungsgewinnen

Neben der ausführlichen Darstellung des Sachverhalts zu den festzustellenden Besteuerungsgrundlagen sind die steuerliche Beurteilung und die steuerlichen Auswirkungen auf den Gewinn bzw. die Höhe der Einkünfte oder die Auswirkung zum Beispiel auf die Höhe der Umsatzsteuer oder Gewerbesteuer im Teilprüfungsbericht darzustellen.

Grundsätzlich können im Rahmen einer Außenprüfung für den Prüfungszeitraum ermittelte und abgrenzbare Besteuerungsgrundlagen auch ohne einen Antrag nach § 180 Abs. 1 a Satz 2 AO auf Veranlassung der prüfenden Person gesondert festgestellt werden (Erlass eines Teilabschlussbescheids ohne Antrag). In diesen Fällen muss die prüfende Person im Teilprüfungsbericht darlegen, aus welchen Gründen der Teilabschlussbescheid zu erlassen ist.

Bei Teilprüfungsberichten darf kein Transfer der Festsetzungsdaten mittels BpA-Euro erfolgen. Für die Veranlagung ist die Kennzahlenübersicht aus BpA-Euro beizufügen.

Der Teilprüfungsbericht ist vom Prüfungsfinanzamt in der eAkte zu speichern und dem Feststellungsfinanzamt per Erzeugung von Ausgängen zu übersenden (siehe LfSt Bayern O 1920.1.146 St 41).

4. Erlass des Teilabschlussbescheids

Auf Grundlage des Teilprüfungsberichts ist der Teilabschlussbescheid zu erlassen (§ 180 Abs. 1 a i. V. m. § 202 Abs. 3 AO). 75

Für den Erlass des Teilabschlussbescheids ist das Finanzamt zuständig, das für den Bescheid örtlich zuständig ist, für den der Teilabschlussbescheid unmittelbar Bindungswirkung entfaltet (§ 18 Abs. 1 Nr. 5 AO). Das ist in der Regel das Finanzamt, das auch für die Auswertung des BP-Berichts zuständig ist (Wohnsitzfinanzamt, Betriebsfinanzamt).

Zur Erstellung des Teilabschlussbescheids ist die UNIFA-Vorlage „Teilabschlussbescheid" (Ordner Veranlagung > Bearbeitung Verwaltungsakte) zu verwenden:

Der Teilabschlussbescheid ist Grundlagenbescheid (§ 171 Abs. 10 AO) für die Steuer- oder Feststellungsbescheide des geprüften Steuerpflichtigen, für die sich aufgrund der festgestellten Besteuerungsgrundlagen eine Änderung ergibt.

Die im Teilabschlussbescheid getroffenen Feststellungen können daher nur durch Anfechtung des Teilabschlussbescheids angegriffen werden, nicht auch durch Anfechtung des Folgebescheids (§ 351 Abs. 2 AO).

Folgebescheide zum Teilabschlussbescheid sind zum Beispiel Einkommensteuer- und Körperschaftsteuerbescheide oder gesonderte bzw. gesonderte und einheitliche Feststellungsbescheide.

5. Auswertung des Teilabschlussbescheids im Folgebescheid

Da die Betriebsprüfung noch nicht abgeschlossen ist, muss der Vorbehalt der Nachprüfung bei der Auswertung des Teilabschlussbescheids in den Folgebescheiden bestehen bleiben. Der Teilabschlussbescheid ist ein Grundlagenbescheid für die Steuer- oder Feststellungsbescheide des geprüften Unternehmens und muss daher entsprechend ausgewertet werden. 76

Für die Auswertung des Teilabschlussbescheids ist in der Regel die Stelle im örtlich zuständigen Finanzamt zuständig, die auch für den Erlass des Teilabschlussbescheids zuständig ist (vergleiche Auswertung des Teilprüfungsberichts, Zuständigkeit und § 18 Abs. 1 Nr. 5 AO).

Beispiele:
Ist das geprüfte Unternehmen eine GmbH und ändert sich aufgrund der Feststellungen im Teilabschlussbescheid die Höhe des Gewinns, ist der Körperschaftsteuerbescheid und ggf. der Bescheid über den Gewerbesteuermessbetrag zu ändern.
Ist das geprüfte Unternehmen eine Personengesellschaft, ist bei einer Änderung der Höhe des Gewinns der Bescheid über die gesonderte und einheitliche Feststellung und ggf. der Bescheid über den Gewerbesteuermessbetrag zu ändern.

AO

§ 181[1] Verfahrensvorschriften für die gesonderte Feststellung, Feststellungsfrist, Erklärungspflicht

1 **(1) ① Für die gesonderte Feststellung gelten die Vorschriften über die Durchführung der Besteuerung sinngemäß.[2] ② Steuererklärung im Sinne des § 170 Absatz 2 Satz 1 Nummer 1 ist die Erklärung zur gesonderten Feststellung. ③ Wird eine Erklärung zur gesonderten Feststellung nach § 180 Absatz 2 ohne Aufforderung durch die Finanzbehörde abgegeben, gilt § 170 Absatz 3 sinngemäß. ④ In den Fällen des § 180 Absatz 1 a ist keine Erklärung zur gesonderten Feststellung abzugeben; als Steuererklärung nach § 170 Absatz 2 Satz 1 Nummer 1 gilt in diesem Fall die Steuererklärung, für deren Besteuerungszeitraum der Teilabschlussbescheid unmittelbar Bindungswirkung entfaltet.**

2 **(2) ① Eine Erklärung zur gesonderten Feststellung hat derjenige abzugeben, dem der Gegenstand der Feststellung ganz oder teilweise zuzurechnen ist. ② Erklärungspflichtig sind insbesondere**

1. in den Fällen des § 180 Absatz 1 Satz 1 Nummer 2 Buchstabe a
   a) bei rechtsfähigen Personenvereinigungen vorrangig die Personenvereinigung und nachrangig jeder Feststellungsbeteiligte, dem ein Anteil an den einkommensteuerpflichtigen oder körperschaftsteuerpflichtigen Einkünften zuzurechnen ist,
   b) bei nicht rechtsfähigen Personenvereinigungen und in sonstigen Fällen jeder Feststellungsbeteiligte, dem ein Anteil an den einkommensteuerpflichtigen oder körperschaftsteuerpflichtigen Einkünften zuzurechnen ist;

2. in den Fällen des § 180 Absatz 1 Satz 1 Nummer 2 Buchstabe b der Unternehmer;

3. in den Fällen des § 180 Absatz 1 Satz 1 Nummer 3 jeder Feststellungsbeteiligte, dem ein Anteil an den Wirtschaftsgütern, Schulden oder sonstigen Abzügen zuzurechnen ist;

4. in den Fällen des § 180 Absatz 1 Satz 1 Nummer 2 Buchstabe a und Nummer 3 bei nicht rechtsfähigen Personenvereinigungen auch die in § 34 bezeichneten Personen.

③ Hat ein Erklärungspflichtiger eine Erklärung zur gesonderten Feststellung abgegeben, sind andere Beteiligte insoweit von der Erklärungspflicht befreit.

3 **(2 a) ① Die Erklärung zur gesonderten Feststellung nach § 180 Absatz 1 Satz 1 Nummer 2 ist nach amtlich vorgeschriebenem Datensatz durch Datenfernübertragung zu übermitteln. ② Auf Antrag kann die Finanzbehörde zur Vermeidung unbilliger Härten auf eine elektronische Übermittlung verzichten; in diesem Fall ist die Erklärung zur gesonderten Feststellung nach amtlich vorgeschriebenem Vordruck abzugeben und vom Erklärungspflichtigen eigenhändig zu unterschreiben.**

4 **(3) ① Die Frist für die gesonderte Feststellung von Grundsteuerwerten (Feststellungsfrist) beginnt mit Ablauf des Kalenderjahres, auf dessen Beginn die Hauptfeststellung, die Fortschreibung, die Nachfeststellung oder die Aufhebung eines Grundsteuerwerts vorzunehmen ist. ② Ist eine Erklärung zur gesonderten Feststellung des Grundsteuerwerts abzugeben, beginnt die Feststellungsfrist mit Ablauf des Kalenderjahres, in dem die Erklärung eingereicht wird, spätestens jedoch mit Ablauf des dritten Kalenderjahres, das auf das Kalenderjahr folgt, auf dessen Beginn die Grundsteuerwertfeststellung vorzunehmen oder aufzuheben ist. ③ Wird der Beginn der Feststellungsfrist nach Satz 2 hinausgeschoben, wird der Beginn der Feststellungsfrist für die weiteren Feststellungszeitpunkte des Hauptfeststellungszeitraums jeweils um die gleiche Zeit hinausgeschoben.**

5 **(4) In den Fällen des Absatzes 3 beginnt die Feststellungsfrist nicht vor Ablauf des Kalenderjahrs, auf dessen Beginn der Grundsteuerwert erstmals steuerlich anzuwenden ist.**

6 **(5)[3] ① Eine gesonderte Feststellung kann auch nach Ablauf der für sie geltenden Feststellungsfrist insoweit erfolgen, als die gesonderte Feststellung für eine Steuerfestset-**

---

[1] Zur Anwendung von § 181 Abs. 1 Satz 3 und Abs. 3 s. Art. 97 § 10 Abs. 5 EGAO **(Anhang I Nr. 1)**.

[2] Zu § 173 Abs. 1 vgl. *BFH-Urteil vom 16. 9. 1987 II R 178/85, BStBl. 1988 II S. 174:* Wegen der Eigenart des Ausspruchs der nach § 19 Abs. 3 BewG zu treffenden Feststellungen über die Art oder die Zurechnung ist ein Mehr oder Weniger an steuerlicher Erheblichkeit nicht immer offenkundig. Von einer konkreten Prüfung des steuerlichen Folgeergebnisses ist daher abzusehen.

[3] Siehe hierzu auch *Vfg. FM NRW vom 24. 10. 2016, DB S. 2873,* nachstehend abgedruckt.

zung von Bedeutung[1] ist, für die die Festsetzungsfrist im Zeitpunkt der gesonderten Feststellung noch nicht abgelaufen ist;[2] hierbei bleibt § 171 Absatz 10 außer Betracht. ② Hieraus ist im Feststellungsbescheid hinzuweisen.[3] ③ § 169 Absatz 1 Satz 3 gilt sinngemäß.

Zu § 181 – Verfahrensvorschriften für die gesonderte Feststellung, Feststellungsfrist, Erklärungspflicht: AEAO

1. Erlass eines Feststellungsbescheids trotz Ablaufs der Feststellungsfrist 7

1.1. Eine gesonderte und einheitliche Feststellung ist nach § 181 Abs. 5 Satz 1 AO trotz Ablaufs der Feststellungsfrist grundsätzlich auch dann vorzunehmen, wenn bei einzelnen Feststellungsbeteiligten bereits die für den Folgebescheid maßgebliche Festsetzungsfrist abgelaufen ist (vgl. BFH-Urteil vom 27. 8. 1997, XI R 72/96, BStBl. II S. 750). Gleiches gilt für eine gesonderte Feststellung, wenn der Feststellungsbescheid grundsätzlich für mehrere Zeiträume Folgewirkung entfaltet und die für die Folgebescheide maßgebliche Festsetzungsfrist für einen oder mehrere Zeiträume bereits abgelaufen ist.

1.2. In den vorgenannten Fällen muss im Feststellungsbescheid auf seine eingeschränkte Wirkung, nämlich dass die Feststellung nur für noch nicht festsetzungsverjährte Folgebescheide von Bedeutung ist, ausdrücklich hingewiesen werden (Wirkhinweis); andernfalls ist der Feststellungsbescheid wirksam, aber rechtswidrig.

Der Wirkhinweis darf den zeitlichen Geltungsbereich der getroffenen Feststellungen lediglich abstrakt bestimmen. Er darf keine konkrete Zeitangabe zur (vermeintlichen) Verjährung im Folge-

---

[1] Ein verbleibender Verlustabzug kann nach Ablauf der Feststellungsfrist noch gesondert festgestellt werden, wenn das v orhandene Verlustpotential auch nach Berücksichtigung des sog. Soll-Verlustabzugs im bereits festsetzungsverjährten Veranlagungszeitraum nicht verbraucht und damit von Bedeutung i. S. von § 181 Abs. 5 AO ist *(BFH-Urteil vom 15. 5. 2013 IX R 5/11, BStBl. 2014 II S. 143).*

Die Feststellungsfrist für die Feststellung des vortragsfähigen Gewerbeverlustes (§ 10 a Satz 6 GewStG 2002 n. F.) endet nicht vor der Festsetzungsfrist für den Erhebungszeitraum, auf dessen Schluss der vortragsfähige Gewerbeverlust festzustellen ist (§ 35 b Abs. 2 Satz 4 Halbsatz 1 GewStG 2002 n. F.). Eine Feststellung nach dem Ablauf der Feststellungsfrist ist rechtswidrig. Abweichendes gilt (unter Anwendung von § 181 Abs. 5 AO), wenn die zuständige Finanzbehörde die Feststellung pflichtwidrig unterlassen hat (§ 35 b Abs. 2 Satz 4 Halbsatz 2 GewStG 2002 n. F.). Diese Voraussetzung ist nur dann erfüllt, wenn eine Verlustfeststellung bisher gänzlich fehlt; die Änderung einer bereits fristgerecht ergangenen Feststellung fällt nicht darunter *(BFH-Urteil vom 11. 2. 2015 I R 5/13, BStBl. 2016 II S. 353).*

BFH-Urteil vom 9. 7. 2015 VIII R 40/15, BStBl. 2017 II S. 1049: Die Änderung eines Bescheides über die gesonderte Feststellung des verbleibenden Verlustvortrages gemäß § 20 Abs. 6 Satz 4 i. V. m. § 10 d Abs. 4 EStG ist ausgeschlossen, wenn der (nacherklärte) Verlust bei der Ermittlung der der Abgeltungsteuer unterliegenden Einkünfte in der bestandskräftigen Einkommensteuerfestsetzung nicht berücksichtigt worden ist, eine Änderung des Einkommensteuerbescheides nach Maßgabe der Änderungsvorschriften der AO ausgeschlossen ist und auch die Voraussetzungen des § 10 d Abs. 4 Satz 5 EStG nicht vorliegen.

Ein verbleibender Verlustvortrag kann nach Ablauf der Feststellungsfrist nicht mehr gesondert festgestellt werden, wenn der Steuerpflichtige in bereits festsetzungsverjährten Veranlagungszeiträumen über zur Verlustkompensation ausreichende Gesamtbeträge der Einkünfte verfügt hatte *(BFH-Beschluss vom 27. 9. 2011 IX B 81/11, BFH/NV 2012 S. 39).*

Ein Einheitswertbescheid kann gem. § 181 Abs. 5 AO nach Ablauf der Feststellungsfrist insoweit erlassen oder korrigiert werden, als die Festsetzungsfrist für die Grundsteuer noch nicht abgelaufen ist *(BFH-Urteil vom 11. 11. 2009 II R 14/08, BStBl. II 2010 S. 723).*

[2] Dies gilt bereits dann, wenn auch nur für eine Person, der die Einkünfte zuzurechnen sind, die Festsetzungsfrist für die Folgesteuer bereits abgelaufen ist *(BFH-Urteil vom 10. 12. 1992 IV R 118/90, BStBl. 1994 II S. 381).* Siehe jetzt *BFH-Urteil vom 8. 6. 1995 V R 20/94, BStBl. II S. 822:* Eine gesonderte Feststellung der Besteuerungsgrundlagen für die USt kann gem. § 181 Abs. 5 AO nach Ablauf der Feststellungsfrist selbst dann durchgeführt werden, wenn bei einigen der Feststellungsbeteiligten bereits Festsetzungsverjährung eingetreten ist (Abgrenzung zum *BFH-Urteil vom 10. 12. 1992 IV R 118/90, BStBl. 1994 II S. 381*). Nach Ablauf der Feststellungsfrist kann eine gesonderte Feststellung gem. § 181 Abs. 5 AO regelmäßig auch dann noch vorgenommen werden, wenn nur bei einem Feststellungsbeteiligten die Festsetzungsverjährung noch nicht eingetreten ist. Offenbleibt, ob etwas anderes gilt, wenn der Erlass oder die Änderung des Gewinnfeststellungsbescheides den Bilanzenzusammenhang betrifft oder zu einer Änderung der bisherigen Gewinnverteilung führt (Abgrenzung zum *BFH-Urteil vom 10. 12. 1992 a. a. O.*); *BFH-Urteil vom 23. 9. 1999 IV R 56/98, BFH/NV 2000 S. 254.*

Ist die ESt-Festsetzungsfrist bei einem Teil der Feststellungsbeteiligten, aber noch nicht bei allen Feststellungsbeteiligten abgelaufen, so kann eine einheitliche und gesonderte Gewinnfeststellung mit Wirkung für die Feststellungsbeteiligten mit noch offener Festsetzungsfrist auch noch nach Ablauf der Feststellungsfrist jedenfalls dann erfolgen, wenn den Feststellungsbeteiligten mit bereits abgelaufener ESt-Festsetzungsfrist keine Nachteile (aus der Anwendung der Grundsätze vom formellen Bilanzenzusammenhang) entstehen können *(BFH-Urteil vom 29. 8. 2000 VIII R 33/98, BFH/NV 2001 S. 414).*

[3] Fehlt in einem nach Ablauf der Feststellungsfrist erlassenen Feststellungsbescheid der Hinweis nach Abs. 5 Satz 2, so ist der Feststellungsbescheid rechtswidrig und auf Anfechtung hin aufzuheben. Aus dem Hinweis muss sich ergeben, dass der Feststellungsbescheid erst nach Ablauf der Feststellungsfrist ergangen ist *(BFH-Urteil vom 17. 8. 1989 IX R 76/88, BStBl. 1990 II S. 411;* s. auch *BFH-Urteile vom 18. 3. 1998 II R 7/96, BStBl. II S. 555; vom 17. 6. 1998 IX R 78/95, BFH/NV 1999 S. 897).*

BFH-Urteil vom 15. 7. 2021 II R 38/19, BStBl. 2022 II S. 226: 1. Für einen Wirkhinweis nach § 181 Abs. 5 Satz 2 AO ist der Hinweis erforderlich und ausreichend, dass die Feststellung für noch nicht verjährte Folgebescheide von Bedeutung ist. 2. Der Hinweis darf keine konkrete Zeitangabe zu der vermeintlichen Verjährung im Folgebescheidsverfahren enthalten, da Feststellungen zur Festsetzungsverjährung nur im Folgebescheid zu treffen sind.

Die Ergänzung des Regelungsinhalts eines Feststellungsbescheids um den Hinweis nach § 181 Abs. 5 Satz 2 AO bedarf einer eigenständigen Änderungsbefugnis *(BFH-Urteil vom 14. 6. 2007 XI R 37/05, BFH/NV S. 2227).*

Die „Nachholung" oder Ergänzung eines fehlenden oder unklaren Hinweises nach § 181 Abs. 5 Satz 2 AO durch einen Ergänzungsbescheid iSv. § 179 Abs. 3 AO ist nicht möglich *(BFH-Urteile vom 18. 3. 1998 II R 45/96, BStBl. 1998 II S. 426).*

Ist ein Feststellungsbescheid nach Ablauf der für ihn geltenden Feststellungsfrist ohne den Hinweis nach § 181 Abs. 5 Satz 2 AO ergangen und bestandskräftig geworden, entfaltet der (rechtswidrige) Bescheid im Rahmen seiner Bestandskraft uneingeschränkte Bindungswirkung *(BFH-Urteil vom 25. 11. 2008 II R 11/07, BStBl. 2009 II S. 287).*

bescheidsverfahren oder Angaben dazu enthalten, für welche Steuerarten und welche Besteuerungszeiträume (Veranlagungszeiträume) den getroffenen Feststellungen Rechtswirkung zukommen soll. Feststellungen zur Festsetzungsverjährung sind nur im Folgebescheid zu treffen (vgl. BFH-Urteile vom 25. 11. 2020, II R 3/18, BFH/NV 2021 S. 820, und vom 15. 7. 2021, II R 38/19, BStBl. 2022 II S. 226). Geschieht dies dennoch und ist der Feststellungsbescheid für sich genommen in verjährter Zeit ergangen, ist der Feststellungsbescheid insgesamt rechtswidrig.

Der Wirkhinweis soll dem für den Erlass des Folgebescheids zuständigen Finanzamt und dem Steuerpflichtigen deutlich machen, dass es sich um einen Feststellungsbescheid handelt, der nach Ablauf der Feststellungsfrist ergangen und deshalb nur noch für solche Steuerfestsetzungen bedeutsam ist, bei denen die Festsetzungsfrist noch nicht abgelaufen ist (vgl. BFH-Urteil vom 17. 8. 1989, IX R 76/88, BStBl. 1990 II S. 411).

1.3. Im dreistufigen Feststellungsverfahren (Einheitswert- bzw. Grundsteuerwertfeststellung, Grundsteuer-Messbescheid, Grundsteuerbescheid) wird der Wirkhinweis auf der ersten Stufe (Einheitswert/Grundsteuerwert) unmittelbar auch für die dritte Stufe (Grundsteuerbescheid) erteilt; die zweite Stufe wird übersprungen (vgl. BFH-Urteil vom 25. 11. 2020, II R 3/18, BFH/NV 2021 S. 820).

8 **2. Anlaufhemmung für die gesonderte Feststellung von Einheitswerten oder Grundsteuerwerten**

Die Anlaufhemmung der Feststellungsfrist für die gesonderte Feststellung von Einheitswerten (letztmals auf den 1. 1. 2024) oder Grundsteuerwerten (erstmals auf den 1. 1. 2022) nach § 181 Abs. 3 Satz 3 AO ist auch dann anwendbar, wenn zugleich die Voraussetzungen der Anlaufhemmung nach § 181 Abs. 3 Satz 2 AO erfüllt sind. Wird der Beginn der Feststellungsfrist für einen weiteren Feststellungszeitpunkt i. S. d. § 181 Abs. 3 Satz 3 AO mehrfach hinausgeschoben, richtet sich der Beginn der Feststellungsfrist für den weiteren Feststellungszeitpunkt nach der jeweils längsten Anlaufhemmung gem. § 181 Abs. 3 Satz 2 und 3 AO.

8a **3. Feststellungserklärungspflicht bei rechtsfähigen Personenvereinigungen**

§ 181 Abs. 2 Satz 2 Nr. 1 und 4 AO in der ab 1. 1. 2024 geltenden Fassung ist erstmals auf Feststellungserklärungen anzuwenden, die nach dem 31. 12. 2023 einzureichen sind; eine Verlängerung der Feststellungserklärungsfrist nach § 109 AO ist hierbei nicht zu berücksichtigen (Art. 97 § 39 Abs. 1 AO). Abzustellen ist dabei auf den letzten Tag der gesetzlichen Erklärungsfrist nach § 181 Abs. 1 Satz 1 i. V. m. § 149 AO i. V. m. Art. 97 § 36 Abs. 3 EGAO:

– In nicht beratenen Feststellungsfällen gilt die Neuregelung erstmals für den Feststellungszeitraum 2023.
– In beratenen Feststellungsfällen gilt die Neuregelung dagegen erstmals für den Feststellungszeitraum 2022.

Wird eine Feststellungserklärung für eine rechtsfähige Personenvereinigung in den Kalenderjahren 2024 oder 2025 durch eine Person im Sinne des § 181 Abs. 2 Satz 2 Nr. 1 oder 4 AO a. F. (insbesondere durch Gesellschafter/Gemeinschafter oder Geschäftsführer) abgegeben, ist die rechtsfähige Personenvereinigung von ihrer Erklärungspflicht nach § 181 Abs. 2 Satz 2 Nr. 1 AO befreit (Art. 97 § 39 Abs. 2 EGAO).

Anl

Erlass betr. gesonderte Feststellung gem. § 181 Abs. 5 AO nach Ablauf der Feststellungsfrist

Vom 24. Oktober 2016 (BeckVerw 334028)

(FM Nordrhein-Westfalen S 0362)

I. Allgemeines

9 Nach § 181 Abs. 5 AO kann eine gesonderte Feststellung auch nach Ablauf der für sie geltenden Feststellungsfrist insoweit erfolgen, als sie für eine Steuerfestsetzung von Bedeutung ist, für die die Festsetzungsfrist noch nicht abgelaufen ist. Eine mittelbare Bedeutung reicht aus (BFH-Urteil vom 12. 6. 2002 XI R 26/01, BStBl. II S. 681).

§ 181 Abs. 5 AO ist Ausdruck der dienenden Funktion des Feststellungsverfahrens und will verhindern, dass die rechtliche Verselbständigung der Feststellung von Besteuerungsgrundlagen zu materiell unrichtigen Steuerfestsetzungen führt, obschon die entsprechenden Steuern noch nicht verjährt sind (BFH-Urteil vom 29. 6. 2011 IX R 38/10, BStBl. II S. 963).

§ 181 Abs. 5 AO gilt nicht nur für den erstmaligen Erlass, sondern auch für die Änderung und Berichtigung von Feststellungsbescheiden (BFH-Urteil vom 10. 12. 1992 IV R 118/90, BStBl. 1994 II S. 381).

Fallgestaltungen, in denen eine Feststellung gem. § 181 Abs. 5 AO in Betracht kommt, sind z. B.:

– Nach § 171 Abs. 4 AO wird der Ablauf der Festsetzungsfrist gehemmt, soweit vor ihrem Ablauf mit einer Außenprüfung begonnen wird. Wurden in einem Steuerfall in der Prüfungsanordnung als Prüfungsumfang lediglich die Einkommensteuer und die Einkünfte aus Gewerbebetrieb angegeben und stellt sich später im Rechtsbehelfsverfahren gegen die geänderten Einkommensteuerbescheide heraus, dass die geprüften Einkünfte aus Gewerbebetrieb tatsächlich gem. §§ 179 ff. AO gesondert festzustellen waren, so gilt die Ablaufhemmung nach § 171 Abs. 4 bzw. Abs. 3a AO nicht auch für das nunmehr nachzuholende Feststellungsverfahren. Vielmehr ist der Ablauf der Feststellungsfrist losgelöst von dem Ablauf der Festsetzungsfrist für die Einkommensteuerbescheide zu prüfen. Es handelt sich insofern um zwei selbständige Verfahren.

Anl

Der Erlass der Bescheide über die gesonderte Feststellung der Einkünfte aus Gewerbebetrieb ist jedoch trotz Ablaufs der Feststellungsfrist noch nach § 181 Abs. 5 AO möglich, weil die Festsetzungsfrist für die Einkommensteuer aufgrund des anhängigen Rechtsbehelfsverfahrens im Zeitpunkt der gesonderten Feststellung noch nicht abgelaufen ist.

– Stellt sich im Laufe eines Rechtsbehelfsverfahrens heraus, dass der angefochtene Feststellungsbescheid unwirksam ist, so scheitert ein erneuter Erlass des Feststellungsbescheides häufig am Ablauf der Feststellungsfrist, mit der Folge, dass die (einheitlich und) gesondert festgestellten Besteuerungsgrundlagen ersatzlos aus dem jeweiligen Folgebescheid herauszunehmen sind (Bindungswirkung gem. § 182 Abs. 1 AO). Führt die Anpassung des Folgebescheides in diesen Fällen zu einer Steuererstattung, ist nach dem BFH-Urteil vom 17. 3. 2004 II R 47/98, BFH/NV S. 1066, der erneute Erlass des Feststellungsbescheides trotz Ablaufs der Feststellungsfrist gem. § 181 Abs. 5 AO zulässig, weil der Eintritt der Festsetzungsverjährung unter diesen Umständen bei dem Folgebescheid gem. § 171 Abs. 14 AO gehemmt ist, bis der Erstattungsanspruch zahlungsverjährt ist. Die Zahlungsverjährungsfrist beträgt fünf Jahre (§ 228 Satz 2 AO) und beginnt mit Ablauf des Kalenderjahres, in dem der Anspruch (in diesem Fall der Erstattungsanspruch, der sich aufgrund der Änderung des Folgebescheides nach § 175 Abs. 1 Satz 1 Nr. 1 AO wegen der Aufhebung des Grundlagenbescheides ergeben würde) erstmals fällig geworden ist (§ 229 Abs. 1 AO).

Ist die Durchführung des Feststellungsverfahrens gem. § 181 Abs. 5 AO zulässig, so kann der Folgebescheid – unbeschadet des Ablaufs der Festsetzungsfrist im Übrigen – nach § 175 Abs. 1 Satz 1 Nr. 1 AO innerhalb der Frist der Ablaufhemmung des § 171 Abs. 10 AO an den wirksam bekannt gegebenen Feststellungsbescheid angepasst werden. Denn § 171 Abs. 10 AO bezweckt, dass dem Folgefinanzamt genügend Zeit zur Auswertung des Grundlagenbescheides zur Verfügung steht. Bei der Prüfung, ob die Festsetzungsfrist für den Folgebescheid noch nicht abgelaufen ist und daher ein Feststellungsbescheid noch gem. § 181 Abs. 5 AO erlassen werden darf, bleibt die Ablaufhemmung des § 171 Abs. 10 AO allerdings außer Betracht. Andernfalls wäre der Erlass eines Feststellungsbescheides nach § 181 Abs. 5 AO im Ergebnis immer möglich, weil durch seinen Erlass die Ablaufhemmung nach § 171 Abs. 10 AO hinsichtlich der Festsetzungsfrist für den Folgebescheid zum Tragen käme.

Eine einheitliche und gesonderte Feststellung von Einkünften (§ 180 Abs. 1 Satz 1 Nr. 2a AO) kann trotz Ablaufs der für sie geltenden Feststellungsfrist (§§ 181 Abs. 1, 169–171 AO) auch dann gem. § 181 Abs. 5 AO durchgeführt werden, wenn bei einzelnen Feststellungsbeteiligten die Festsetzungsfrist für den Folgebescheid bereits abgelaufen ist (BFH-Urteil vom 27. 8. 1997 XI R 72/96, BStBl. II S. 750). Der materiellen Richtigkeit des Folgebescheides ist **stets** Vorrang vor dem Gebot der Einheitlichkeit der gesonderten Feststellung einzuräumen, denn nur dies entspricht dem Sinn des Feststellungsverfahrens als ein dem Steuerfestsetzungsverfahren dienendes Verfahren. Andernfalls wäre zudem vor Erlass eines Feststellungsbescheides gem. § 181 Abs. 5 AO bei den Wohnsitzfinanzämtern aufwändig zu prüfen, ob bereits bei einzelnen Feststellungsbeteiligten Festsetzungsverjährung eingetreten ist. Dies ist gerade bei Publikumsgesellschaften nahezu unmöglich (vgl. BFH-Urteile vom 8. 6. 1995 V R 20/94, BStBl. II S. 822, vom 27. 8. 1997 XI R 72/96, BStBl. II S. 750, vom 23. 9. 1999 IV R 56/98, BFH/NV 2000 S. 254, und vom 29. 8. 2000 VIII R 33/98, BFH/NV 2001 S. 414).

II. Hinweis nach § 181 Abs. 5 Satz 2 AO

Wird auf der Grundlage des § 181 Abs. 5 AO eine gesonderte Feststellung nach Ablauf der für sie geltenden Feststellungsfrist durchgeführt, ist im Feststellungsbescheid auf seine eingeschränkte Wirkung hinzuweisen (BFH-Urteil vom 17. 8. 1989 IX R 76/88, BStBl. 1990 II S. 411). Dieser Hinweis hat Regelungscharakter, weil mit ihm der zeitliche Geltungsbereich der getroffenen Feststellungen abweichend von § 182 Abs. 1 AO bestimmt und damit rechtsgestaltend auf das Steuerrechtsverhältnis eingewirkt wird (vgl. z. B. BFH-Urteil vom 11. 5. 2010 IX R 48/09, BFH/NV S. 1788). 10

Der Hinweis muss unmissverständlich zum Ausdruck bringen, dass die Feststellungen nach Ablauf der Feststellungsfrist getroffen wurden und nur noch für solche Folgesteuern von Bedeutung sind, für die die Festsetzungsfrist im Zeitpunkt der gesonderten Feststellung noch nicht abgelaufen war (BFH-Urteil vom 17. 6. 1998 IX R 65/95, BStBl. 1999 II S. 4). Die genaue Angabe, für welche Steuerarten und für welche Besteuerungszeiträume (Veranlagungszeiträume) den getroffenen Feststellungen Rechtswirkung zukommen soll, ist nicht erforderlich (BFH-Urteile vom 18. 3. 1998 II R 45/96, BStBl. II S. 426, und vom 18. 3. 1998 II R 7/96, BStBl. II S. 555). Ich bitte daher bei Feststellungen gem. § 181 Abs. 5 AO folgenden Erläuterungstext zu verwenden:

„Der Feststellungsbescheid ergeht nach Ablauf der Feststellungsfrist. Nach § 181 Abs. 5 AO kann er deshalb nur solchen Steuerfestsetzungen zugrunde gelegt werden, deren Festsetzungsfrist im Zeitpunkt der gesonderten Feststellung noch nicht abgelaufen war."

Für die Fälle der Einheitsbewertung des Grundbesitzes steht der maschinelle Erläuterungstext Nr. 991 sowie für die gesonderte und einheitliche Feststellung von Einkünften (§ 180 Abs. 1 Satz 1 Nr. 2a AO) der maschinelle Erläuterungstext 827 zur Verfügung.

Fehlt der Hinweis oder entspricht er nicht den inhaltlichen Anforderungen, so ist der Feststellungsbescheid rechtswidrig und aufzuheben. Eine Nachholung durch Ergänzungsbescheid (§ 179 Abs. 3 AO) ist nicht zulässig (BFH-Urteile vom 18. 3. 1998 II R 45/96, BStBl. II S. 426, und vom 24. 6. 1998 II R 17/95, BFH/NV 1999 S. 282). Es besteht jedoch die Möglichkeit, den nach § 181 Abs. 5 Satz 2 AO erforderlichen Hinweis in der Einspruchsentscheidung nachzuholen (BFH-Urteil vom 12. 7. 2005 II R 10/04, BFH/NV 2006 S. 228). Gleiches kann in einem während des Einspruchsverfahrens erlassenen Änderungsbescheid, der nach § 365 Abs. 3 Satz 1 AO zum Gegenstand des Rechtsbehelfsverfahrens wird, erfolgen (BFH-Urteil vom 17. 2. 2010 II R 38/08, BFH/NV S. 1236). Eines vorherigen Verböserungshinweises nach § 367 Abs. 2 Satz 2 AO bedarf es in diesen Fällen dann nicht, wenn sich die Verböserung durch Rücknahme des Einspruchs ohnehin nicht vermeiden lässt (BFH-Urteile vom 12. 7. 2005 II R 10/04, BFH/NV 2006 S. 228; vom 6. 2. 2014 IV R 41/10, BFH/NV S. 847).

Hat das Finanzgericht den Feststellungsbescheid allein wegen des fehlenden Hinweises gem. § 181 Abs. 5 AO rechtskräftig aufgehoben, ist das Finanzamt durch die Rechtskraft des Urteils nicht daran gehindert, den Feststellungsbescheid unter Beifügung des Hinweises erneut zu erlassen, sofern die Festsetzungsfrist für den Folgebescheid noch nicht abgelaufen ist. Denn gem. § 110 FGO binden rechtskräftige Urteile die an dem Rechtsstreit Beteiligten, soweit über den Streitgegenstand entschieden worden ist. Die Aufhebung des Feststellungsbescheids durch das Finanzgericht wirkt ex tunc. Das hat zur Folge, dass die Beteiligten in den Verfahrensstand zurückversetzt werden, in dem sie sich vor Erlass des später aufgehobenen Feststellungsbescheids befunden haben.

III. Verlustfeststellung nach § 10 d EStG

11 Ein Verlustfeststellungsbescheid nach § 10 d EStG kann nur dann noch nach Ablauf der Feststellungsfrist gemäß § 181 Abs. 5 AO erlassen werden, wenn das Finanzamt die Verlustfeststellung pflichtwidrig unterlassen hat (vgl. § 10 d Abs. 4 Satz 6 EStG i. d. F. des Jahressteuergesetzes 2007). Dies gilt jedoch nicht, wenn die Feststellungsfrist vor Inkrafttreten des JStG 2007 (= 19. 12. 2006) bereits abgelaufen war (BFH-Urteil vom 10. 7. 2008 IX R 90/ 07, BStBl. 2009 II S. 816).

Nach den BFH-Urteilen vom 8. 4. 2014 IX R 32/13, BFH/NV S. 1206, und vom 14. 4. 2015 IX R 17/14, BFH/NV S. 1089 (anhängige Verfassungsbeschwerde 2 BvR 1293/15), stellt die durch § 52 Abs. 25 Satz 5 EStG i. d. F. des JStG 2007 angeordnete Anwendung des § 10 d Abs. 4 Satz 6 Halbsatz 2 EStG auf alle bei Inkrafttreten der Norm noch nicht abgelaufenen Feststellungsfristen keine verfassungsrechtlich unzulässige Rückwirkung dar.

Eine pflichtwidrig unterlassene Verlustfeststellung liegt nur vor, wenn eine Verlustfeststellung bisher gänzlich fehlt; die Änderung einer bereits fristgerecht ergangenen Feststellung fällt nicht darunter (BFH-Urteil vom 11. 2. 2015 I R 5/13, BStBl. 2016 II S. 353).

Geht dem Finanzamt eine Feststellungserklärung erst wenige Tage vor Eintritt der Feststellungsverjährung zu, kann nicht erwartet werden, dass der Feststellungsbescheid noch – wie dies das Gesetz in § 169 Abs. 1 Satz 3 Nr. 1 AO, § 181 Abs. 5 Satz 3 AO ausdrücklich verlangt – innerhalb der Frist den Bereich der für die Feststellung zuständigen Finanzbehörde verlässt. In einem solchen Fall hat das Finanzamt die Feststellung zwar unterlassen, aber nicht pflichtwidrig (BFH-Urteile vom 25. 5. 2011 IX R 36/10, BStBl. II S. 807, und vom 15. 5. 2013 IX R 5/11, BStBl. 2014 II S. 143).

Ein verbleibender Verlustabzug (aus früheren VZ) kann auch nach Ablauf der Feststellungsfrist über § 181 Abs. 5 AO nicht mehr gesondert festgestellt werden, wenn der Steuerpflichtige in den folgenden, aber bereits festsetzungsverjährten VZ, in die der Verlust hätte vorgetragen werden müssen, über zur Verlustkompensation ausreichende Beträge verfügt hat (BFH-Beschluss vom 22. 4. 2013 IX B 13/13, BFH/NV S. 1381).

AO

§ 182 Wirkungen der gesonderten Feststellung

1 (1)[1] ① **Feststellungsbescheide sind, auch wenn sie noch nicht unanfechtbar sind, für andere Feststellungsbescheide, für Steuermessbescheide,[2] für Steuerbescheide und für Steueranmeldungen (Folgebescheide) bindend, soweit die in den Feststellungsbeschei-**

---

[1] Die Bindungswirkung des Feststellungsbescheids nach § 182 Abs. 1 erschöpft sich nicht nur darin, dass das für den Erlass des Folgebescheids zuständige FA den im Feststellungsbescheid festgestellten Betrag unverändert in den Folgebescheid übernimmt; sie schließt es vielmehr auch aus, dass über einen Sachverhalt, über den im Feststellungsverfahren entschieden worden ist, im Folgeverfahren in einem damit unvereinbaren Sinne anders entschieden wird *(BFH-Urteil vom 9. 7. 1987 IV R 87/85, BStBl. 1988 II S. 342).* Im Gewinnfeststellungsbescheid für eine KG wird bindend festgestellt, ob eine als Kommanditistin beteiligte gemeinnützige Körperschaft gewerbliche Einkünfte bezieht und damit einen wirtschaftlichen Geschäftsbetrieb unterhält *(BFH-Urteil vom 27. 7. 1988 I R 113/84, BStBl. 1989 II S. 134).*

BFH-Urteil vom 19. 8. 2009 I R 23/08, BFH/NV S. 1961: Wird ein als Grundlagenbescheid wirkender Feststellungsbescheid aufgehoben, ohne dass damit der Erlass eines negativen Feststellungsbescheids verbunden ist, so muss eine von dem Feststellungsbescheid ausgelöste Änderung des Folgebescheids rückgängig gemacht werden (Bestätigung des *Senatsurteils vom 24. 5. 2006 I R 93/05, BStBl. 2007 II S. 76).*

Ein bestandskräftiger Gewinnfeststellungsbescheid ist selbst dann für die ESt-Festsetzung des Stpfl. bindend, wenn im Zeitpunkt seines Erlasses die Voraussetzungen für eine gesonderte Gewinnfeststellung nicht vorgelegen haben *(BFH-Beschluss vom 9. 6. 2000 X B 104/99, BFH/NV 2001 S. 1).*

Lehnt das Feststellungs-FA den Erlass eines einheitlichen und gesonderten Feststellungsbescheides mit der Begründung ab, es liege keine Mitunternehmerschaft vor, so ist für das Veranlagungsverfahren bindend festgestellt, dass keine gewerblichen Einkünfte vorliegen. Dies gilt auch, wenn diese Feststellung rechtswidrig ist *(BFH-Urteil vom 24. 3. 1998 I R 83/97, BStBl. II S. 601).*

Die Feststellung der Art der Steuerermäßigung im Grundlagenbescheid ist für die Folgebescheide bindend *(BFH-Urteil vom 4. 9. 1996 XI R 50/96, BStBl. 1997 II S. 261).*

Das Wohnsitzfinanzamt darf Beteiligungseinkünfte nur dann selbständig ermitteln und ansetzen, wenn ein negativer Feststellungsbescheid die Notwendigkeit eines Feststellungsverfahrens endgültig und wirksam verneint *(BFH-Urteil vom 3. 12. 2008 X R 31/05, BFH/NV 2009 S. 708).*

BFH-Urteil vom 9. 6. 2015 X R 6/13, BStBl. 2016 II S. 216: 1. Wird in einem Grundlagenbescheid ein Veräußerungsgewinn festgestellt, so sind dessen Höhe und Zurechnung für das Folgeverfahren bindend. Über die persönlichen Voraussetzungen eines Freibetrags ist im Einkommensteuerverfahren zu entscheiden. 2. Ergeht ein hinsichtlich der Höhe und/oder der Zurechnung des Veräußerungsgewinns geänderter Grundlagenbescheid, so ist der Einkommensteuerbescheid auch hinsichtlich des Freibetrags diesen Änderungen anzupassen.

Beruft sich der Stpfl. auf die Existenz eines Feststellungsbescheides und sind die Feststellungsakten wegen Aussonderung nach Ablauf der Aufbewahrungszeit nicht mehr vorhanden, trägt er insoweit jedenfalls dann die objektive Beweislast (Feststellungslast), wenn er sich zu Beginn des Rechtsbehelfsverfahrens nicht von der Existenz des Feststellungsbescheides überzeugt und insoweit keine Beweisvorsorge getroffen hat *(BFH-Urteil vom 25. 7. 2000 IX R 93/97, BStBl. 2001 II S. 9).*

BFH-Urteil vom 22. 10. 2014 X R 15/13, BStBl. 2015 II S. 367: 1. Die Bindungswirkung des Grundlagenbescheides gemäß § 7 h Abs. 2 EStG erstreckt sich auf die in § 7 h Abs. 1 EStG benannten Tatbestandsmerkmale. Daher prüft allein die Gemeinde, ob Modernisierungs- und Instandsetzungsmaßnahmen i. S. des § 177 BauGB durchgeführt wurden (Änderung der Senats-

[Fortsetzung nächste Seite]

den getroffenen Feststellungen für diese Folgebescheide von Bedeutung sind. ② Dies gilt entsprechend bei Feststellungen nach § 180 Absatz 5 Nummer 2 für Verwaltungsakte, die die Verwirklichung der Ansprüche aus dem Steuerschuldverhältnis betreffen. ③ Wird ein Feststellungsbescheid nach § 180 Absatz 5 Nummer 2 erlassen, aufgehoben oder geändert, ist ein Verwaltungsakt, für den dieser Feststellungsbescheid Bindungswirkung entfaltet, in entsprechender Anwendung des § 175 Absatz 1 Satz 1 Nummer 1 zu korrigieren.

(2)[1] **① Ein Feststellungsbescheid über einen Grundsteuerwert nach § 180 Absatz 1 Satz 1 Nummer 1 wirkt auch gegenüber dem Rechtsnachfolger, auf den der Gegenstand der Feststellung nach dem Feststellungszeitpunkt mit steuerlicher Wirkung übergeht. ② Tritt die Rechtsnachfolge jedoch ein, bevor der Feststellungsbescheid ergangen ist, so wirkt er gegen den Rechtsnachfolger nur dann, wenn er ihm bekannt gegeben wird. ③ Die Sätze 1 und 2 gelten für gesonderte sowie gesonderte und einheitliche Feststellungen von Besteuerungsgrundlagen, die sich erst später auswirken, nach der Verordnung über die gesonderte Feststellung von Besteuerungsgrundlagen nach § 180 Absatz 2 der Abgabenordnung entsprechend.** 2

(3)[2] **Erfolgt eine gesonderte Feststellung gegenüber mehreren Beteiligten nach § 179 Absatz 2 Satz 2 einheitlich und ist ein Beteiligter im Feststellungsbescheid unrichtig bezeichnet worden, weil Rechtsnachfolge eingetreten ist, kann dies durch besonderen Bescheid gegenüber dem Rechtsnachfolger berichtigt werden.** 3

Zu § 182 – Wirkung der gesonderten Feststellung: AEAO

1. Ein Feststellungsbescheid über einen Einheitswert oder einen Grundsteuerwert ist nur dann an den Rechtsnachfolger bekannt zu geben, wenn die Rechtsnachfolge eintritt, bevor der Bescheid dem Rechtsvorgänger bekannt gegeben worden ist. War der Bescheid bereits im Zeitpunkt der Rechtsnachfolge bekannt gegeben, wirkt der Bescheid auch gegenüber dem Rechtsnachfolger (dingliche Wirkung, § 182 Abs. 2 AO). Der Rechtsnachfolger kann ihn in diesem Fall nach § 353 AO nur innerhalb der für den Rechtsvorgänger maßgebenden Einspruchsfrist anfechten. 4

2. § 182 Abs. 2 AO gilt nicht für Gewerbesteuermessbescheide (§ 184 Abs. 1 AO), wohl aber für Grundsteuermessbescheide. 5

3. Eine Bindung des Haftungsschuldners an den Einheitswertbescheid oder den Grundsteuerwertbescheid ist nicht gegeben. 6

4. Die wegen Rechtsnachfolge fehlerhafte Bezeichnung eines Beteiligten kann nach § 182 Abs. 3 AO durch einen besonderen Bescheid richtiggestellt werden (Richtigstellungsbescheid). Der Regelungsgehalt des ursprünglichen Bescheides bleibt im Übrigen unberührt. § 182 Abs. 3 AO gilt nicht für Feststellungen nach § 180 Abs. 1 Satz 1 Nr. 2 Buchstabe b AO (vgl. BFH-Urteil vom 12. 5. 1993, XI R 66/92, BStBl. 1994 II S. 5). 7

§ 183 Bekanntgabe bei der gesonderten und einheitlichen Feststellung gegenüber rechtsfähigen Personenvereinigungen AO

(1) **① Sind mehrere Personen am Gegenstand der gesonderten und einheitlichen Feststellung als Gesellschafter oder Gemeinschafter beteiligt (Feststellungsbeteiligte)** 1

[Fortsetzung]

rechtsprechung). 2. Keine Bindungswirkung besteht demgegenüber in Bezug auf die Höhe der begünstigten Herstellungskosten, da bei Maßnahmen i. S. des § 7 h EStG nicht gesetzlich vorgeschrieben ist, dass sich aus der Bescheinigung auch die Höhe der begünstigten Aufwendungen für Modernisierungs- und Instandsetzungsmaßnahmen ergeben muss.

Der Feststellungsbescheid nach § 17 Abs. 3 Satz 1 Nr. 2 GrEStG ist sowohl Grundlagenbescheid für den Bescheid über die Feststellung des Grundbesitzwerts als auch für den Grunderwerbsteuerbescheid *(BFH-Urteil vom 15. 3. 2017 II R 36/15, BStBl. II S. 1215).*

BFH-Urteil vom 14. 11. 2018 I R 47/18, BStBl. 2019 II S. 419: 1. Die in einem Feststellungsbescheid i. S. des § 18 Abs. 1 Satz 1 AStG enthaltene Regelung, dass Einkünfte einer ausländischen Gesellschaft bei einem unbeschränkt steuerpflichtigen Gesellschafter gemäß § 7 Abs. 1 AStG steuerpflichtig sind, ist für die Steuerfestsetzung des unbeschränkt steuerpflichtigen Gesellschafters bindend (§ 182 Abs. 1 AO). Bei Bestandskraft des Feststellungsbescheids kann nicht mehr mit Erfolg geltend gemacht werden, dass die Hinzurechnung dieser Einkünfte unionsrechtlichen Grundfreiheiten widerspricht. Ein Ergänzungsbescheid (§ 179 Abs. 3 AO) mit einem solchen Feststellungsgegenstand kommt nicht in Betracht. 2. Diese Bindungswirkung verstößt nicht ihrerseits gegen Unionsrecht.

[2] Die Regelungswirkung eines Bescheids, der einen vortragsfähigen Gewerbeverlust zum 31. Dezember eines Jahres feststellt, kann sich nicht auf Umstände beziehen, die sich erst im Folgejahr ereignen; insoweit trifft der Bescheid auch keine Feststellungen, die für Folgebescheide Bindung entfalten könnten *(BFH-Urteil vom 11. 10. 2012 IV R 38/09, BStBl. II S. 958).*

---

[1] Zur Rechtsbehelfsbefugnis des Rechtsnachfolgers vgl. § 353 AO.

[2] Wurde in einem einheitlichen und gesonderten Feststellungsbescheid ein Beteiligter unrichtig bezeichnet, ist die Berichtigung gem. § 182 Abs. 3 AO durch einen sog. „Richtigstellungsbescheid" nur so lange möglich, als die Feststellungsfrist noch nicht abgelaufen ist *(BFH-Urteil vom 23. 9. 1999 IV R 59/98, BStBl. 2000 II S. 170).*

Nach *BFH-Urteil vom 21. 5. 1992 IV R 47/90, BStBl. II S. 865,* kann die unrichtige Bezeichnung eines Beteiligten wegen Rechtsnachfolge in einem Bescheid über die gesonderte Feststellung von Einkünften auch dann durch besonderen Bescheid gegenüber den betroffenen Beteiligten berichtigt werden, wenn die Rechtsnachfolge bereits vor Erlass des Feststellungsbescheids eingetreten war. Kann die unrichtige Bezeichnung berichtigt werden, kann nicht angenommen werden, der Bescheid sei nichtig und unwirksam. Denn ein unwirksamer Bescheid ist einer Heilung durch Berichtigung nicht zugänglich.

und bilden sie eine rechtsfähige Personenvereinigung, sind alle Verwaltungsakte und Mitteilungen, die nach diesem Gesetz und den Steuergesetzen mit der gesonderten und einheitlichen Feststellung zusammenhängen, der Personenvereinigung in Vertretung der Feststellungsbeteiligten bekannt zu geben. ② Bei der Bekanntgabe ist darauf hinzuweisen, dass die Bekanntgabe mit Wirkung für und gegen alle Feststellungsbeteiligten erfolgt.[1]

2 (2) ① **Absatz 1 ist nicht anzuwenden,**

1. wenn die Personenvereinigung vollbeendet ist oder der Finanzbehörde bekannt ist, dass die Personenvereinigung nicht mehr rechtsfähig ist, oder

2. soweit ein Feststellungsbeteiligter aus der Personenvereinigung ausgeschieden ist oder zwischen den Feststellungsbeteiligten ernstliche Meinungsverschiedenheiten bestehen.

② **In den Fällen von Satz 1 Nummer 2 können die in Absatz 1 Satz 1 genannten Verwaltungsakte und Mitteilungen der Personenvereinigung auch mit Wirkung für und gegen einen in Satz 1 Nummer 2 genannten Feststellungsbeteiligten bekannt gegeben werden, soweit und solange dieser Feststellungsbeteiligte dem nicht widersprochen hat.** ③ **Ein Widerspruch nach Satz 2 wird der Finanzbehörde gegenüber erst wirksam, wenn er ihr zugeht.**

3 (3) ① **Ist nach Absatz 2 Satz 1 Einzelbekanntgabe erforderlich, so sind dem Feststellungsbeteiligten**

1. der Gegenstand der gesonderten und einheitlichen Feststellung,

2. die alle Feststellungsbeteiligten betreffenden Besteuerungsgrundlagen,

3. sein Anteil,

4. die Zahl der Feststellungsbeteiligten und

5. die ihn persönlich betreffenden Besteuerungsgrundlagen

bekannt zu geben. ② **Bei berechtigtem Interesse ist dem Feststellungsbeteiligten der gesamte Inhalt des Feststellungsbescheids mitzuteilen.**

AEAO

Zu § 183 – Bekanntgabe bei der gesonderten und einheitlichen Feststellung gegenüber rechtsfähigen Personenvereinigungen:

4 **1.** Nach § 183 Abs. 1 AO sind alle Verwaltungsakte und Mitteilungen, die nach der AO und den Steuergesetzen mit der gesonderten und einheitlichen Feststellung zusammenhängen, der rechtsfähigen Personenvereinigung mit Wirkung für und gegen alle Feststellungsbeteiligten bekannt zu geben. Es handelt sich dabei um eine gesetzliche (Bekanntgabe-)Vertretung; die Bestellung oder Bestimmung eines Empfangsbevollmächtigten ist nur noch in den Fällen des § 183 a AO erforderlich. Die rechtsfähige Personenvereinigung kann ihrerseits einen Empfangsbevollmächtigten nach § 122 Abs. 1 AO bestellen.

Im Feststellungsbescheid ist darauf hinzuweisen, dass die Bekanntgabe an die Personenvereinigung mit Wirkung für und gegen alle Feststellungsbeteiligten erfolgt.

5 **2.** Ist die Personenvereinigung im Zeitpunkt der Willensbildung über den Erlass des Feststellungsbescheids steuerlich bereits voll beendet (§ 183 Abs. 2 Satz 1 Nr. 1 1.Variante AO), ist Einzelbekanntgabe der relevanten Verwaltungsakte und Mitteilungen an alle Feststellungsbeteiligten geboten.

6 **3.** Besteht die Personenvereinigung noch, hat sie aber vor Erlass des Verwaltungsakts ihre Rechtsfähigkeit verloren (§ 183 Abs. 2 Satz 1 Nr. 1 2.Variante AO), richtet sich die Bekanntgabe nach § 183 a AO, sobald dem Finanzamt der Verlust der Rechtsfähigkeit bekannt geworden ist.

7 **4.** In den Fällen des § 183 Abs. 2 Satz 1 Nr. 2 AO ist zu prüfen, ob Einzelbekanntgabe erforderlich ist oder ob die relevanten Verwaltungsakte und Mitteilungen nach § 183 Abs. 2 Satz 2 AO weiterhin der rechtsfähigen Personenvereinigung bekannt gegeben werden können.

8 **5.** Bei der Einzelbekanntgabe sind dem betroffenen Feststellungsbeteiligten im Regelfall die zum Verständnis des Bescheids erforderlichen Grundlagen der gesonderten Feststellung, d.h. insbesondere die Wertermittlung und die Aufteilungsgrundlagen, mitzuteilen (§ 121 Abs. 1 AO).

9 **6.** Wegen der Bekanntgabe des gesonderten und einheitlichen Feststellungsbescheids vgl. auch den AEAO zu § 122, Nrn. 2.5, 3.3.3 und 4.7. Zur Einspruchsbefugnis der rechtsfähigen Personenvereinigung vgl. § 352 AO.

10 **7.** § 183 AO in der ab 1. 1. 2024 geltenden Fassung ist in allen offenen Fällen (d.h. auch für zurückliegende Feststellungszeiträume) anzuwenden. Nach Art. 97 § 39 Abs. 3 EGAO können die in § 183 Abs. 1 AO genannten Verwaltungsakte und Mitteilungen in den Kalenderjahren 2024

[1] Es genügt ein Hinweis, dass der Feststellungsbescheid Wirkung für und gegen alle Beteiligten hat *(BFH-Urteil vom 23. 7. 1985 VIII R 315/82, BStBl. 1986 II S. 123).*

und 2025 allerdings auch noch dem bisher bestellten Empfangsbevollmächtigten (§ 183 AO a. F.) wirksam bekannt gegeben werden.

§ 183 a Empfangsbevollmächtigte bei der gesonderten und einheitlichen Feststellung bei nicht rechtsfähigen Personenvereinigungen und in sonstigen Fällen AO

(1) ① Bilden die Feststellungsbeteiligten keine rechtsfähige Personenvereinigung, so sollen sie einen gemeinsamen Empfangsbevollmächtigten bestellen, der ermächtigt ist, für sie alle Verwaltungsakte und Mitteilungen in Empfang zu nehmen, die nach diesem Gesetz und den Steuergesetzen mit der gesonderten und einheitlichen Feststellung zusammenhängen. ② Ist kein gemeinsamer Empfangsbevollmächtigter nach Satz 1 vorhanden, kann die Finanzbehörde die Feststellungsbeteiligten auffordern, innerhalb einer bestimmten angemessenen Frist einen Empfangsbevollmächtigten zu benennen. ③ Hierbei ist ein Feststellungsbeteiligter vorzuschlagen und darauf hinzuweisen, dass diesem die in Satz 1 genannten Verwaltungsakte und Mitteilungen mit Wirkung für und gegen alle Feststellungsbeteiligten bekannt gegeben werden, soweit nicht ein anderer Empfangsbevollmächtigter benannt wird. ④ Bei der Bekanntgabe an den Empfangsbevollmächtigten ist darauf hinzuweisen, dass die Bekanntgabe mit Wirkung für und gegen alle Feststellungsbeteiligten erfolgt. 1

(2) ① Absatz 1 ist insoweit nicht anzuwenden, als der Finanzbehörde bekannt ist, dass 2

1. die Personenvereinigung nicht mehr besteht oder rechtsfähig geworden ist,
2. ein Feststellungsbeteiligter aus der Personenvereinigung ausgeschieden ist oder zwischen den Feststellungsbeteiligten ernstliche Meinungsverschiedenheiten bestehen.

② Ist ein Empfangsbevollmächtigter nach Absatz 1 Satz 1 vorhanden, können die in Absatz 1 Satz 1 genannten Verwaltungsakte und Mitteilungen ihm auch mit Wirkung für einen in Satz 1 Nummer 2 genannten Feststellungsbeteiligten bekannt gegeben werden, soweit und solange dieser Feststellungsbeteiligte oder der Empfangsbevollmächtigte nicht widersprochen hat. ③ Ein Widerruf der Empfangsvollmacht nach Absatz 1 Satz 1 und ein Widerspruch nach Satz 2 werden der Finanzbehörde gegenüber erst wirksam, wenn sie ihr zugehen.

(3) Ist nach Absatz 2 Einzelbekanntgabe erforderlich, gilt § 183 Absatz 3 entsprechend. 3

(4) Wird eine wirtschaftliche Einheit 4

1. Ehegatten oder Lebenspartnern oder
2. Ehegatten mit ihren Kindern, Lebenspartnern mit ihren Kindern oder Alleinstehenden mit ihren Kindern

zugerechnet und haben die Feststellungsbeteiligten keinen gemeinsamen Empfangsbevollmächtigten bestellt, so gelten für die Bekanntgabe von Feststellungsbescheiden über den Grundsteuerwert die Regelungen über zusammengefasste Bescheide in § 122 Absatz 7 entsprechend.

Zu § 183 a – Empfangsbevollmächtigte bei der gesonderten und einheitlichen Feststellung bei nicht rechtsfähigen Personenvereinigungen und in sonstigen Fällen: AEAO

1. Bilden die Feststellungsbeteiligten keine rechtsfähige Personenvereinigung, sind alle Verwaltungsakte und Mitteilungen, die nach der AO und den Steuergesetzen mit der gesonderten und einheitlichen Feststellung zusammenhängen, nach § 183 a Abs. 1 AO grds. dem von den Feststellungsbeteiligten bestellten gemeinsamen Empfangsbevollmächtigten (Satz 1) oder dem von der Finanzbehörde vorgeschlagenen Empfangsbevollmächtigten (Satz 2 und 3) mit Wirkung für und gegen alle Feststellungsbeteiligten bekannt zu geben. 5

2. In den Fällen des § 183 a Abs. 2 Satz 1 AO gilt ab dem Zeitpunkt, in dem der Finanzbehörde die nach Nr. 1 oder Nr. 2 maßgeblichen Umstände bekannt geworden sind, Folgendes: 6

2.1. Besteht die Personenvereinigung nicht mehr, ist Einzelbekanntgabe der relevanten Verwaltungsakte und Mitteilungen an alle Feststellungsbeteiligten geboten.

2.2. Hat die Personenvereinigung vor Erlass des Verwaltungsakts Rechtsfähigkeit erlangt, richtet sich die Bekanntgabe nun nach § 183 AO.

2.3. In den Fällen des § 183 a Abs. 2 Satz 1 Nr. 2 AO ist zu prüfen, ob Einzelbekanntgabe erforderlich ist oder ob die relevanten Verwaltungsakte und Mitteilungen nach § 183 a Abs. 2 Satz 2 AO weiterhin dem gemeinsamen Empfangsbevollmächtigten (§ 183 a Abs. 1 Satz 1 AO) bekannt gegeben werden können.

2.4. Bei der Einzelbekanntgabe ist regelmäßig davon auszugehen, dass der betroffene Feststellungsbeteiligte an der Erstellung der Feststellungserklärung nicht mitgewirkt hat. Daher sind ihm die zum Verständnis des Bescheids erforderlichen Grundlagen der gesonderten Feststellung, d. h. insbesondere die Wertermittlung und die Aufteilungsgrundlagen, mitzuteilen (§ 121 Abs. 1 AO).

7 **3.** Wegen der Bekanntgabe in Fällen des § 183a AO vgl. AEAO zu § 122, Nrn. 2.5, 3.3.3 und 4.7. Zur Einspruchsbefugnis des gemeinsamen Empfangsbevollmächtigten vgl. § 352 AO.

8 **4.** § 183a AO ist ab dem 1. 1. 2024 in allen offenen Fällen (d. h. auch für zurückliegende Feststellungszeiträume) anzuwenden. Die Bekanntgabe des Feststellungsbescheids an eine zur Vertretung der (nicht rechtsfähigen) Gesellschaft oder der Feststellungsbeteiligten oder eine zur Verwaltung des Gegenstands der Feststellung berechtigte Person (§ 183 Abs. 1 Satz 2 AO a. F.) als Bekanntgabeadressat ist nicht mehr möglich.

II. Festsetzung von Steuermessbeträgen

AO

§ 184 Festsetzung von Steuermessbeträgen[1]

1 (1) ① **Steuermessbeträge, die nach den Steuergesetzen zu ermitteln sind, werden durch Steuermessbescheid festgesetzt.** ② **Mit der Festsetzung der Steuermessbeträge wird auch über die persönliche und sachliche Steuerpflicht entschieden.** ③ **Die Vorschriften über die Durchführung der Besteuerung sind sinngemäß anzuwenden.** ④ **Ferner sind § 182 Absatz 1 und für Grundsteuermessbescheide auch Absatz 2 und § 183 sinngemäß anzuwenden.**

2 (2) ① **Die Befugnis, Realsteuermessbeträge festzusetzen, schließt auch die Befugnis zu Maßnahmen nach § 163 Absatz 1 Satz 1 ein, soweit für solche Maßnahmen in einer allgemeinen Verwaltungsvorschrift der Bundesregierung, der obersten Bundesfinanzbehörde oder einer obersten Landesfinanzbehörde Richtlinien aufgestellt worden sind.**[2] ② **Eine Maßnahme nach § 163 Absatz 1 Satz 2 wirkt, soweit sie die gewerblichen Einkünfte als Grundlage für die Festsetzung der Steuer vom Einkommen beeinflusst, auch für den Gewerbeertrag als Grundlage für die Festsetzung des Gewerbesteuermessbetrags.**

3 (3) ① **Die Finanzbehörden teilen den Inhalt des Steuermessbescheids sowie die nach Absatz 2 getroffenen Maßnahmen den Gemeinden mit, denen die Steuerfestsetzung (der Erlass des Realsteuerbescheids) obliegt.** ② **Die Mitteilungen an die Gemeinden erfolgen durch Bereitstellung zum Abruf; § 87a Absatz 8 und § 87b Absatz 1 gelten dabei entsprechend.**

AEAO

Zu § 184 – Festsetzung von Steuermessbeträgen:

4 Gemeinden sind nicht befugt, Steuermessbescheide anzufechten (vgl. § 40 Abs. 3 FGO); eine Rechtsbehelfsbefugnis der Gemeinden besteht nur im Zerlegungsverfahren (§ 186 Nr. 2 AO). Die Finanzämter sollen aber die steuerberechtigten Gemeinden über anhängige Einspruchsverfahren gegen Realsteuermessbescheide von größerer Bedeutung unterrichten.

3. Unterabschnitt. Zerlegung und Zuteilung

AO

§ 185 Geltung der allgemeinen Vorschriften

Auf die in den Steuergesetzen vorgesehene Zerlegung von Steuermessbeträgen sind die für die Steuermessbeträge geltenden Vorschriften entsprechend anzuwenden, soweit im Folgenden nichts anderes bestimmt ist.

---

[1] *BFH-Urteil vom 19. 11. 2003 I R 88/02, BStBl. 2004 II S. 751:* Die Aufhebung eines GewSt-Messbescheides kann regelmäßig nicht allein deswegen beansprucht werden, weil er von einem örtlich unzuständigen FA erlassen worden ist (gegen *Senatsurteil vom 14. 11. 1984 I R 151/80, BStBl. 1985 II S. 607,* Änderung der Rspr.).

Sachlich zuständig für die Bekanntgabe des Steuermessbescheides ist das FA, wenn die Bekanntgabebefugnis nicht durch landesrechtliche Regelungen auf die Gemeinde übertragen ist. Eine fehlerhafte Bekanntgabe soll allerdings durch fehlerfreie Zustellung (Bekanntgabe) einer Einspruchsentscheidung geheilt werden *(BFH-Beschluss vom 12. 11. 1992 XI B 69/92, BStBl. 1993 II S. 263).*

BFH-Urteil vom 11. 5. 2023 IV R 3/19, BFH/NV 2023 S. 1206: Mit der Festsetzung des Gewerbesteuermessbetrags wird zwar unter anderem über die persönliche und sachliche Steuerpflicht entschieden (§ 184 Abs. 1 Satz 2 AO), nicht aber über die Frage der Steuerberechtigung (Hebeberechtigung). Das gilt im Grundsatz selbst dann, wenn in einem Gewerbesteuermessbescheid eine Gemeinde namentlich als hebeberechtigt bezeichnet wird. 2. Der Steuerpflichtige ist dadurch nicht rechtsschutzlos gestellt. Die Verwaltungsgerichte haben im Verfahren gegen den Gewerbesteuerbescheid die Bestimmung des Steuergläubigers, also der hebeberechtigten Gemeinde, zu prüfen, wenn diese nicht Gegenstand eines Zuteilungs- oder Zerlegungsverfahrens war (Bestätigung von *BFH-Urteil vom 19. 11. 2003 I R 88/02, BStBl. 2004 II S. 751* und *BFH-Beschluss vom 09. 01. 2013 IV B 64/11, BFH/NV 2013 S. 512).*

Der notwendige Inhalt eines Grundsteuermessbescheids – der Grundsteuermessbetrag, der Einheitswert und die Steuermesszahl – bindet auch den Rechtsnachfolger (sog. dingliche Wirkung des Grundsteuermessbescheids). Wird eine Neuveranlagung des Grundsteuermessbetrags nach einer Zurechnungsfortschreibung des Einheitswerts durchgeführt, beschränkt sich die Neuveranlagung auf die Bestimmung des neuen Steuerschuldners. Eine geänderte Steuermesszahl wird nicht berücksichtigt. Eine solche kann im Rahmen einer Neuveranlagung zur Fehlerbeseitigung Berücksichtigung finden *(BFH-Urteil vom 12. 2. 2020 II R 10/17, BStBl. II 2021 S. 535).*

[2] Zur örtlichen Zuständigkeit vgl. § 22 AO.

§ 186 Beteiligte

① Am Zerlegungsverfahren sind beteiligt:

1. der Steuerpflichtige,

2. die Steuerberechtigten, denen ein Anteil an dem Steuermessbetrag zugeteilt worden ist oder die einen Anteil beanspruchen.[1] ② Soweit die Festsetzung der Steuer dem Steuerberechtigten nicht obliegt, tritt an seine Stelle die für die Festsetzung der Steuer zuständige Behörde.

§ 187 Akteneinsicht

Die beteiligten Steuerberechtigten können von der zuständigen Finanzbehörde Auskunft über die Zerlegungsgrundlagen verlangen und durch ihre Amtsträger Einsicht in die Zerlegungsunterlagen nehmen.

§ 188 Zerlegungsbescheid[2]

(1) **① Über die Zerlegung ergeht ein schriftlicher oder elektronischer Bescheid (Zerlegungsbescheid), der den Beteiligten bekannt[3] zu geben ist, soweit sie betroffen sind. ② Die Bekanntgabe an Gemeinden erfolgt durch Bereitstellung zum Abruf nach § 122 a; eine Einwilligung der Gemeinde ist nicht erforderlich.** 1

(2) **① Der Zerlegungsbescheid muss die Höhe des zu zerlegenden Steuermessbetrags angeben und bestimmen, welche Anteile den beteiligten Steuerberechtigten zugeteilt werden. ② Er muss ferner die Zerlegungsgrundlagen angeben.** 2

Zu § 188 – Zerlegungsbescheid: AEAO

Dem Steuerpflichtigen ist der vollständige Zerlegungsbescheid bekannt zu geben, während die einzelnen beteiligten Gemeinden nur einen kurzgefassten Bescheid mit den sie betreffenden Daten erhalten müssen. 3

§ 189[4] Änderung der Zerlegung AO

① Ist der Anspruch eines Steuerberechtigten auf einen Anteil am Steuermessbetrag nicht berücksichtigt und auch nicht zurückgewiesen worden, so wird die Zerlegung von Amts wegen oder auf Antrag geändert oder nachgeholt. ② Ist der bisherige Zerlegungsbescheid gegenüber denjenigen Steuerberechtigten, die an dem Zerlegungsverfahren bereits beteiligt waren, unanfechtbar geworden, so dürfen bei der Änderung der Zerlegung nur solche Änderungen vorgenommen werden, die sich aus der nachträglichen Berücksichtigung der bisher übergangenen Steuerberechtigten ergeben. ③ Eine Änderung oder Nachholung der Zerlegung unterbleibt, wenn ein Jahr vergangen ist, seitdem der Steuermessbescheid unanfechtbar geworden ist, es sei denn, dass der übergangene Steuerberechtigte die Änderung oder Nachholung der Zerlegung vor Ablauf des Jahres beantragt hatte.[5]

---

[1] Zu einem gerichtlichen Rechtsstreit über einen Zuteilungsbescheid ist die Gemeinde notwendig beizuladen, der entweder der Gewerbesteuermessbetrag zugeteilt worden ist oder die eine solche Zuteilung beansprucht *(BFH-Beschluss vom 14. 2. 2011 I B 50/11, BFH/NV S. 920).*

[2] Eine Gemeinde kann im GewSt-Zerlegungsverfahren auch dann in ihren Rechten betroffen sein, wenn sich ihr Zerlegungsanteil infolge eines geänderten GewSt-Messbescheids erhöht. Ihre Klagebefugnis ist jedoch auf den Erhöhungsbetrag beschränkt. Die Bestandskraft des Zerlegungs-Erstbescheids erstreckt sich nicht auf den in diesem Bescheid angewendeten Zerlegungsmaßstab; sie umfasst den in diesem Bescheid festgestellten Zerlegungsanteil nur nach seinem Betrag. Hinsichtlich des Erhöhungsbetrags können auch bei einer Änderung des GewSt-Messbetrags nach § 175 Abs. 1 Nr. 1 AO alle materiellrechtlichen Fehler des Bescheids zugunsten wie zuungunsten der Gemeinden berichtigt werden (Fortführung des *BFH-Urteils vom 24. 3. 1992 VIII R 33/90, BStBl. 1992 II S. 869).* Eine Einigung der Gemeinden mit dem Steuerschuldner über die Zerlegung des GewSt-Messbetrags nach § 33 Abs. 2 GewStG gilt im Zweifel nur für den jeweiligen Erhebungszeitraum *(BFH-Urteil vom 20. 4. 1999 VIII R 13/97, BStBl. II S. 542).*

[3] *BFH-Urteil vom 15. 5. 2024 IV R 23/21, BFH/NV S. 1136:* 1. Die Aufhebung des im Zerlegungsbescheid enthaltenen Nachprüfungsvorbehalts ist allen Beteiligten bekanntzugeben. 2. Die im Zerlegungsbescheid getroffene Entscheidung muss allen Beteiligten inhaltsgleich, aber nicht zeitgleich bekanntgegeben werden.

[4] Zum rechtlichen Gehör s. § 91 AO.

§ 189 gestattet eine Änderung der Zerlegung nur in den in dieser Bestimmung ausdrücklich geregelten Fällen. Bei einem fehlerhaften Zerlegungsmaßstab muss die betroffene Gemeinde ihren Anspruch im Rechtsbehelfsverfahren verfolgen *(BFH-Urteil vom 12. 5. 1992 VIII R 45/90, BFH/NV 1993 S. 191).*

[5] Ein fristgerecht gestellter Antrag auf Nachholung der Zerlegung (Satz 3 letzter Halbsatz) wirkt nur für den Steuerberechtigten, der den Antrag gestellt hat *(BFH-Urteil vom 17. 2. 1993 I R 19/92, BStBl. II S. 679).*

Der Eintritt der Festsetzungsverjährung schließt eine Änderung gem. § 189 AO nicht aus. § 189 Satz 3 AO differenziert nicht zwischen Erst- und Änderungsbescheiden und auch nicht nach dem Rechtsgrund oder dem Umfang der Änderung des Steuermessbescheids. Für die Änderung oder Nachholung der Zerlegung gem. § 189 Satz 3 AO ist es daher unerheblich, dass der unanfechtbar gewordene Steuermessbescheid ein Änderungsbescheid gem. § 175 Abs. 1 Satz 1 Nr. 1 AO ist *(BFH-Urteil vom 28. 6. 2000 I R 84/98, BStBl. 2001 II S. 3).*

AO

§ 190 Zuteilungsverfahren

①Ist ein Steuermessbetrag in voller Höhe einem Steuerberechtigten zuzuteilen, besteht aber Streit darüber, welchem Steuerberechtigten der Steuermessbetrag zusteht, so entscheidet die Finanzbehörde auf Antrag eines Beteiligten durch Zuteilungsbescheid. ②Die für das Zerlegungsverfahren geltenden Vorschriften sind entsprechend anzuwenden.

4. Unterabschnitt. Haftung

§ 191 Haftungsbescheide, Duldungsbescheide

1 (1) ①**Wer kraft Gesetzes für eine Steuer haftet (Haftungsschuldner),[1] kann durch Haftungsbescheid,[2] wer kraft Gesetzes verpflichtet ist, die Vollstreckung zu dulden,**

---

[1] Der Haftungsanspruch des FA entsteht, sobald die gesetzlichen Voraussetzungen des Haftungstatbestandes erfüllt sind; es bedarf hierzu nicht des Erlasses eines Haftungsbescheids *(BFH-Urteil vom 15. 10. 1996 VII R 46/96, BStBl. 1997 II S. 171).*

Der im Schadensersatzrecht anerkannte Grundsatz des Vorteilsausgleichs kann auf die steuerliche Haftung ebenso wenig uneingeschränkt übertragen werden, wie die Berücksichtigung des Mitverschuldens nach § 254 des Bürgerlichen Gesetzbuchs, eines hypothetischen Kausalverlaufs oder die Lehre vom Schutzzweck der verletzten Norm *(BFH-Urteil vom 26. 9. 2012 VII R 3/11, BFH/NV 2013 S. 337).*

Die Inanspruchnahme eines inländischen Haftungsschuldners bedarf dann keiner besonderen Begründung bezüglich der Ermessensausübung, wenn ein gegen den Steuerschuldner zu richtender Nachforderungsbescheid im **Ausland vollstreckt** werden muss. Ein Haftungsbescheid ist nicht schon deshalb rechtswidrig iSd § 121 AO, weil er in der Begründung nicht den Namen des Steuerschuldners nennt *(BFH-Beschluss vom 3. 12. 1996 I B 44/96, BStBl. 1997 II S. 306).*

Der Haftungsanspruch gegen den Komplementär einer KG nach §§ 128, 161 HGB kann im Klageverfahren nicht gegen einen Haftungsanspruch nach § 71 AO ausgetauscht werden, weil es sich jeweils um unterschiedliche Lebenssachverhalte handelt *(BFH-Beschluss vom 12. 8. 1997 VII B 212/96, BFH/NV 1998 S. 433).*

Der **Haftungsanspruch entsteht,** sobald die gesetzlichen Voraussetzungen des Haftungstatbestandes erfüllt sind; es bedarf hierzu nicht des Erlasses eines Haftungsbescheids *(BFH-Urteil vom 15. 10. 1996 VII R 46/96, BStBl. 1997 II S. 171).*

BFH-Urteil vom 20. 9. 2016 X R 36/15, BFH/NV 2017 S. 593: 1. Im Rahmen der gerichtlichen Überprüfung von Haftungsbescheiden wird auf der sog. ersten Stufe ermittelt, ob die tatbestandlichen Voraussetzungen der jeweiligen Haftungsnorm erfüllt sind. Dabei ist derjenige Sach- und Streitstand zugrunde zu legen, wie er sich am Schluss der mündlichen Verhandlung vor dem Tatsachengericht darstellt. 2. Demgegenüber kommt es bei der Überprüfung der Rechtmäßigkeit der Ermessensausübung auf der sog. zweiten Stufe auf die tatsächliche und rechtliche Situation im Zeitpunkt der letzten Verwaltungsentscheidung an.

Der Haftungsschuldner kann auch nach **Ergehen des Umsatzsteuer-Jahresbescheids** gegenüber dem Steuerschuldner noch durch Haftungsbescheid für rückständige USt-Vorauszahlungen in Anspruch genommen werden, wenn die Haftungsvoraussetzungen (nur) bezüglich der USt-Vorauszahlungen vorlagen *(BFH-Urteil vom 12. 10. 1999 VII R 98/98, BStBl. II 2000 S. 486). BFH-Urteil vom 19. 12. 2013 III R 25/10, BStBl. 2015 II S. 119:* Ein deliktischer Schadensersatzanspruch nach § 823 Abs. 2, § 830 Abs. 1 Satz 1, Abs. 2 BGB i. V. m. § 264 Abs. 1 Nr. 1, § 27 StGB kann nicht mittels eines Haftungsbescheids nach § 191 Abs. 1 AO geltend gemacht werden.

[2] *BFH-Urteil vom 15. 2. 2011 VII R 66/10, BStBl. II S. 534:* Das Finanzamt ist zum Erlass eines ergänzenden Haftungsbescheids berechtigt, wenn die Erhöhung der dem ersten Haftungsbescheid zu Grunde liegenden Lohnsteuerschuld auf neuen im Rahmen einer Außenprüfung festgestellten Tatsachen beruht. Dass die Lohnsteuerschuld und damit der Haftungsanspruch im Zeitpunkt des Erlasses des ersten Haftungsbescheids bereits materiell-rechtlich entstanden waren, steht einer weiteren Haftungsinanspruchnahme nicht entgegen (Fortentwicklung der Rechtsprechung).

Das **Auswahlermessen** für die Inanspruchnahme eines von zwei jeweils alleinvertretungsberechtigten **GmbH-Geschäftsführern** als Haftungsschuldner ist i. d. R. nicht sachgerecht ausgeübt, wenn das FA hierfür allein auf die Beteiligungsverhältnisse der Geschäftsführer am Gesellschaftskapital abstellt. Die tatsächliche Beeinträchtigung der Arbeitsfähigkeit (hier: durch die Geburt eines Kindes) ist bei der Ausübung des Auswahlermessens zu berücksichtigen *(BFH-Urteil vom 29. 5.1990 VII R 85/89, BStBl. II S. 1008).* Zum Auswahlermessen bei mehreren Geschäftsführern als Haftungsschuldner und zur entsprechenden Begründung des Haftungsbescheids s. auch *BFH-Urteil vom 12. 5. 1992 VII R 15/91, BFH/NV 1993 S. 143.* Kann sowohl der frühere Geschäftsführer der GmbH wie dessen Nachfolger als Haftungsschuldner in Anspruch genommen werden, muss das FA bei der Inanspruchnahme des früheren Geschäftsführers spätestens in der Einspruchsentscheidung das Auswahlermessen begründen *(BFH-Urteil vom 12. 9. 1989 VII R 37/87, BFH/NV 1990 S. 206).* Bei einer ordnungsgemäßen Darstellung des Entschließungsermessens bedarf es einer Begründung zum Auswahlermessen nur insoweit, als ein weiterer Haftungsschuldner in Betracht kommt und nicht ausgeschlossen werden kann, dass das FA keine Erwägungen zur Frage der Inanspruchnahme des mithaftenden Geschäftsführers angestellt und damit für die Ermessensentscheidung wesentliche Umstände außer Acht gelassen hat (Ermessensunterschreitung; *BFH-Beschluss vom 1. 3. 1999 VII B 292/98, BFH/NV 1999 S. 1182*). Bei der Inanspruchnahme der einzelnen Haftungsschuldner hat das FA einen relativ weiten Spielraum. Es genügt der Hinweis, dass die Haftungsschuldner nebeneinander in Anspruch genommen werden *(BFH-Beschluss vom 23. 2. 1999 XI B 130/98, BFH/NV 1999 S. 1090).* Nimmt das FA sowohl den Arbeitgeber nach § 42 d EStG als auch den früheren Gesellschafter-Geschäftsführer u. a. wegen LSt-Hinterziehung nach § 71 AO in Haftung, so hat es insoweit eine Ermessensentscheidung nach § 191 Abs. 1 i. V. m. § 5 AO zu treffen und die Ausübung dieses Ermessens regelmäßig zu begründen *(BFH-Urteil vom 9. 8. 2002 VI R 41/96, BStBl. 2003 II S. 160).* Die Finanzbehörde übt ihr Auswahlermessen fehlerhaft aus, wenn sie ohne nähere Begründung nur den Arbeitgeber für die Lohnsteuer in Haftung nimmt, obwohl nach den im Streitfall gegebenen Umständen eine Haftung des Geschäftsführers i. S. der §§ 34, 35, 69 AO in Betracht kommt *(BFH-Urteil vom 2. 9. 2021 VI R 47/18, BFH/NV 2022 S. 99).* Gibt es in einem Haftungsfall nur eine Begründung – dass nämlich auch der Mithaftende in Anspruch genommen werden kann – und kennt der in Anspruch genommene Haftungsschuldner aus den Umständen des Falles oder wegen der engen verwandtschaftlichen Beziehungen die tatsächlich vom FA vorgenommene Ermessensausübung der Inanspruchnahme beider als Haftungsschuldner in Betracht kommenden Geschäftsführer, so ist es nach der Rechtsprechung des BFH nicht rechtsfehlerhaft, wenn des FA dies in seinem Bescheid nicht ausführt *(BFH-Urteil vom 1. 3. 1999 VII B 292/98, BFH/NV 1999 S. 1182).*

BFH-Beschluss vom 27. 8. 2009 V B 75/08, BFH/NV S. 1964: 1. Ein Haftungsbescheid ist dann **inhaltlich hinreichend** bestimmt, wenn für den Betroffenen erkennbar ist, was von ihm, auch der Höhe nach, verlangt wird. 2. Dabei genügt es, wenn aus dem gesamten Inhalt des Bescheids einschließlich der von der Behörde gegebenen Begründung hinreichende Klarheit über das Verlangte gewonnen werden kann. 3. Für die inhaltliche Bestimmtheit eines Haftungsbescheides reicht es auch aus, wenn sich aus ihm die konkreten Sachverhalte, die zur Haftung geführt haben, ohne Weiteres zweifelsfrei entnehmen lassen.

[Fortsetzung nächste Seite]

kann durch Duldungsbescheid[1] in Anspruch genommen werden. ② Die Anfechtung wegen Ansprüchen aus dem Steuerschuldverhältnis außerhalb des Insolvenzverfahrens erfolgt durch Duldungsbescheid, soweit sie nicht im Wege der Einrede nach § 9 des Anfechtungsgesetzes geltend zu machen ist; bei der Berechnung von Fristen nach den

[Fortsetzung]

Zu den Anforderungen an die inhaltliche Bestimmtheit von LSt-Haftungsbescheiden gegenüber Personen, die nach § 69 i. V. m. §§ 34, 35 haften, s. *BFH-Urteil vom 8. 3. 1988 VII R 6/87, BStBl. II S. 480.* Ein LSt-Haftungsbescheid ist – auch wenn er als inhaltlich nicht hinreichend bestimmt angesehen werden muss – nicht deshalb nichtig, weil er keine Aufgliederung des Haftungsbetrags auf die einzelnen LSt-Anmeldungszeiträume enthält *(BFH-Urteil vom 12. 11. 1988 VII R 173/85, BStBl. 1989 II S. 220).*

Der Haftungsbescheid muss grds. erkennen lassen, aufgrund **welcher Ermessenserwägungen** das FA zu seiner Entscheidung gekommen ist. Zur **Begründung von Haftungsbescheiden** siehe *BFH-Urteile vom 29. 9. 1987 VII R 54/84, BStBl. 1988 II S. 176; vom 8. 11. 1988 VII R 141/85, BStBl. 1989 II S. 219; vom 13. 9. 1988 V R 67–68/83, BFH/NV 1989 S. 681,* und *vom 29. 5. 1990 VII R 81/89, BFH/NV 1991 S. 283.* Gesichtspunkte, die sich aus der Höhe der Haftungsschuld im Verhältnis zu den finanziellen Möglichkeiten oder aus dem Grad des Verschuldens des Haftungsschuldners ergeben, sind im Rahmen der Ermessensausübung bei Erlass des Haftungsbescheides nicht zu berücksichtigen *(BFH-Beschluss vom 18. 8. 1999 VII B 106/99, BFH/NV 2000 S. 541).*

Das FA braucht sein **Entschließungsermessen,** den Haftenden in Anspruch zu nehmen, jedenfalls dann nicht besonders zu begründen, wenn eine anderweitige Realisierung des Steueranspruchs nicht möglich ist (z. B. bei Uneinbringlichkeit der Steuerschuld; *BFH-Urteile vom 29. 5. 1990 VII R 81/89, BFH/NV 1991 S. 283; vom 13. 6. 1997 VII R 96/96, BFH/NV 1998 S. 4).*

Auf Steuerhaftungsansprüche ist § 254 BGB nicht anwendbar. **Mitwirkendes Verschulden des FA** am Entstehen eines Steuerausfalls kann die Inanspruchnahme eines Haftungsschuldners ermessensfehlerhaft machen, sofern dessen eigenes Verschulden gering ist und dem FA eine besonders grobe oder vorsätzliche Pflichtverletzung zur Last fällt. Dass das FA über einen längeren Zeitraum hin von seinen Befugnissen zur Beitreibung ausstehender Steuern keinen Gebrauch gemacht hat, genügt nicht. Dies gilt nicht nur bei der Geschäftsführerhaftung, sondern erst recht in Fällen, in denen der Haftungsschuldner aufgrund einer nach Vorschriften des bürgerlichen Rechts bestehenden Gesellschafterhaftung in Anspruch genommen wird *(BFH-Beschlüsse vom 30. 12. 1998 VII B 160/98, BFH/NV 1999 S. 902; vom 19. 3. 1999 VII B 159/98, BFH/NV S. 1306; vom 11. 5. 2000 VII B 217/99, BFH/NV S. 1442; vom 2. 7. 2001 III B 345/00, BFH/NV 2002 S. 4; vom 2. 11. 2001 VII B 75/01, BFH/NV 2002 S. 310).*

War dem Haftungsschuldner die rechtzeitige Zahlung der Haftungsschuld wegen seiner eigenen Überschuldung und Zahlungsunfähigkeit unmöglich und hatte deshalb die Ausübung eines Druckes zur Durchsetzung der Zahlung ihren Sinn verloren, darf der Haftungsschuldner nicht oder nur teilweise wegen der beim Hauptschuldner verwirkten **Säumniszuschläge** in Anspruch genommen werden *(BFH-Urteil vom 17. 10. 2001 II R 67/98, BFH/NV 2002 S. 610).*

Solange der Haftungsschuldner seiner Mitwirkungspflicht und Auskunftspflicht nach § 90 Abs. 1 und § 93 Abs. 1 AO nicht nachkommt, kann das FA die Haftungssumme im Wege der Schätzung ermitteln *(BFH-Beschluss vom 6. 9. 2004 VII B 179/04, BFH/NV 2005 S. 227).*

BFH-Beschluss vom 4. 11. 2003 VII B 34/03, BFH/NV 2004 S. 460: 1. Wird die in einem (bestandskräftig gewordenen) Haftungsbescheid festgesetzte Haftungssumme durch einen nachfolgenden Haftungsbescheid herabgesetzt, weil im ursprünglichen Bescheid zu viel angeforderte Beträge ermäßigt oder nicht mehr berücksichtigt werden, und enthält der ändernde Bescheid im übrigen eine Wiederholung der ursprünglich festgesetzten Haftungsbeträge, des Haftungstatbestandes und der Ermessenserwägungen, so handelt es sich um eine Teilrücknahme iSd § 130 Abs. 1 AO. Maßgeblich ist der Inhalt des neuen Bescheides, eine fehlerhafte oder fehlende Bezeichnung ist unerheblich. 2. Der die Regelungen des ursprünglichen Haftungsbescheides in eingeschränkter Höhe wiederholende Verwaltungsakt kann mit Rechtsbehelfen, die sich materiell-rechtlich gegen die Haftungsansprüche wenden, nicht mehr angefochten werden (ständige Rspr.; vgl. *BFH-Urteil vom 6. 8. 1996 VII R 77/95, BStBl. 1997 II S. 79*). 3. Wird dagegen der ursprüngliche Haftungsbescheid nach vorheriger (ersatzloser) Aufhebung oder sonst durch einen erneuten Bescheid mit anderen Haftungsgrundlagen ersetzt, handelt es sich nicht um die Teilrücknahme des ersten Bescheides, sondern um eine neue Ermittlung und Regelung der Haftungsschuld durch einen selbständigen Verwaltungsakt.

Zahlungen des Steuerschuldners oder eines anderen Haftungsschuldners auf die Steuerschuld, die zur endgültigen Tilgung dieser Schuld geführt haben, muss das FA dadurch Rechnung tragen, dass es weitere Haftungsbescheide im Einspruchsverfahren herabsetzt oder ändert. Zahlungen kann das FA bei seiner Einspruchsentscheidung nur dann außer Betracht lassen, wenn derjenige, der gezahlt hat, den gegen ihn ergangenen Haftungsbescheid ebenfalls angefochten hat und das Rechtsmittelverfahren noch nicht beendet ist *(BFH-Urteil vom 4. 12. 2007 VII R 37/06, BFH/NV 2008 S. 526).*

BFH-Beschluss vom 27. 10. 2014 VII B 192/13, BFH/NV 2015 S. 155: 1. Zahlungen, die nach der Bekanntgabe der Einspruchsentscheidung bezüglich eines Haftungsbescheides auf die Steuerschuld geleistet werden, haben keinen Einfluss auf die Rechtmäßigkeit des Haftungsbescheids oder der an den Haftungsschuldner gerichteten Zahlungsaufforderung; insoweit kann – auch nach Ablauf der Festsetzungsfrist und nach Abschluss des Verwaltungs- oder Klageverfahrens – ein Widerruf nach § 131 Abs. 1 AO veranlasst sein. 2. Dies gilt auch im Fall einer Teilrücknahme nach Bekanntgabe der Einspruchsentscheidung; der fortbestehende Teil des ursprünglichen Bescheides ist nicht Gegenstand einer (erneuten) (Ermessens-)Entscheidung.

Der Haftungsschuldner kann Einwendungen nicht nur gegen die Haftungsschuld, sondern auch gegen die Steuerschuld erheben, für die er als Haftungsschuldner in Anspruch genommen wird, soweit nicht die Voraussetzungen des § 166 AO erfüllt sind *(BFH-Urteil vom 12. 1. 2011 XI R 11/08, BStBl. II S. 477).*

---

[1] Zu Duldungsbescheiden auf nicht bestandskräftige Steuerbescheide vgl. *BFH-Urteil vom 9. 2. 1988 VII R 62/86, BFH/NV S. 752.*

BFH-Urteil vom 24. 4. 2024 VII R 57/20, BStBl. II S. 706: 1. Für einen Duldungsbescheid gemäß § 191 Abs. 1 Satz 2 AO fehlt es grundsätzlich an einem vollstreckbaren Schuldtitel im Sinne des § 2 des AnfG, wenn der Anspruch aus dem Steuerschuldverhältnis erloschen ist. 2. Im Falle einer Fiskalerbschaft bewirkt der Akzessorietätsgrundsatz des § 2 AnfG jedoch nicht, dass das Anfechtungsrecht erlischt und der Duldungsanspruch untergeht. Die Steuerschuld gilt in diesem Fall als fortbestehend.

Ein auf die Vorschriften des AnfG gestützter Duldungsbescheid, der den Anfechtungsgegner verpflichtet, die Vollstreckung gegen den Schuldner bestehender Steuerforderungen zu dulden, die aus rechtsbeständigen Steuerfestsetzungen unter dem Vorbehalt der Nachprüfung resultieren, muss keine zusätzliche Bedingung i. S. des § 14 AnfG enthalten *(BFH-Urteil vom 23. 10. 2018 VII R 21/18, BStBl. 2019 II S. 239).*

BFH-Urteil vom 23. 10. 2018 VII R 44/17, BFH/NV 2019 S. 213: 1. Ein auf die Vorschriften des AnfG gestützter Duldungsbescheid, der den Anfechtungsgegner verpflichtet, die Vollstreckung einer gegen den Schuldner bestehenden Steuerforderung zu dulden, die aus einem rechtsbeständigen Vorauszahlungsbescheid resultiert, ist mit einer Bedingung gemäß

[Fortsetzung nächste Seite]

AO

§§ 3 und 4 des Anfechtungsgesetzes steht der Erlass eines Duldungsbescheids der gerichtlichen Geltendmachung der Anfechtung nach § 7 Absatz 1 des Anfechtungsgesetzes gleich. ③ Die Bescheide sind schriftlich oder elektronisch zu erteilen.

2 **(2)[1] Bevor gegen einen Rechtsanwalt,[2] Patentanwalt, Notar, Steuerberater, Steuerbevollmächtigten, Wirtschaftsprüfer oder vereidigten Buchprüfer wegen einer Handlung im Sinne des § 69, die er in Ausübung seines Berufs vorgenommen hat, ein Haftungsbescheid erlassen wird, gibt die Finanzbehörde der zuständigen Berufskammer Gelegenheit, die Gesichtspunkte vorzubringen, die von ihrem Standpunkt für die Entscheidung von Bedeutung sind.**

3 **(3) ① Die Vorschriften über die Festsetzungsfrist[3] sind auf den Erlass von Haftungsbescheiden entsprechend anzuwenden. ② Die Festsetzungsfrist beträgt vier Jahre, in den Fällen des § 70 bei Steuerhinterziehung zehn Jahre, bei leichtfertiger Steuerverkürzung fünf Jahre, in den Fällen des § 71 zehn Jahre.[4] ③ Die Festsetzungsfrist beginnt mit Ablauf des Kalenderjahrs, in dem der Tatbestand verwirklicht worden ist, an den das Gesetz die Haftungsfolge knüpft.[5] ④ Ist die Steuer, für die gehaftet wird, noch nicht festgesetzt worden, so endet die Festsetzungsfrist für den Haftungsbescheid nicht vor Ablauf der für die Steuerfestsetzung geltenden Festsetzungsfrist; andernfalls gilt § 171 Absatz 10 sinngemäß.[6] ⑤ In den Fällen der §§ 73 und 74 endet die Festsetzungsfrist nicht, bevor die gegen den Steuerschuldner festgesetzte Steuer verjährt (§ 228) ist.**

[Fortsetzung]

§ 14 AnfG zu versehen. 2. Fehlt diese Bedingung, ist der Duldungsbescheid rechtswidrig. Der für das Vorliegen der Voraussetzungen des § 14 AnfG maßgebliche Zeitpunkt ist der Zeitpunkt der FG-Entscheidung. 3. Verpflichtet der Duldungsbescheid zur Duldung der Vollstreckung mehrerer Steuerforderungen, die nur zum Teil auf einem Vorauszahlungsbescheid beruhen, und fehlt insoweit die gemäß § 14 AnfG aufzunehmende Bedingung, ist der Duldungsbescheid nur insoweit rechtswidrig. 4. Das FA kann die fehlende Bedingung im finanzgerichtlichen Verfahren durch Erlass eines Änderungsbescheids nachholen.

Der durch Duldungsbescheid des FA in Anspruch genommene Gegner einer Anfechtung kann gegen den seiner Inanspruchnahme zugrundeliegenden Steuer- oder Haftungsbescheid keine Einwendungen erheben, die der Steuer- oder Haftungsschuldner bereits verloren hat. Mit Einwendungen gegen einen bestandskräftig gewordenen Steuer- oder Haftungsbescheid ist der duldungsverpflichtete Anfechtungsgegner mithin ausgeschlossen *(BFH-Urteil vom 1. 3. 1988 VII R 109/86, BStBl. II S. 408).*

BFH-Beschluss vom 27. 1. 2000 VII B 90/99, BFH/NV S. 821: 1. Die vor Erlass eines Duldungsbescheids unterlassene Anhörung des Duldungspflichtigen kann im Einspruchsverfahren nachgeholt werden. 2. Eine vom Duldungspflichtigen vor dem Zivilgericht erhobene negative Feststellungsklage mit dem Ziel, die Berechtigung der Finanzbehörde, sich der Gläubigeranfechtung zu berühmen, anzugreifen, hindert die FinBeh. nicht daran, einen Duldungsbescheid zu erlassen. 3. Vor dem 1. 1. 1999 erlassene Duldungsbescheide werden durch das AnfechtungsG 1999 nicht berührt. Der Erlass eines Duldungsbescheids vor dem 1. 1. 1999 steht der gerichtlichen Geltendmachung des Rückgewähranspruchs beim Zivilgericht vor diesem Zeitpunkt gleich.

BFH-Urteil vom 6. 8. 2024 VII R 32/22, BStBl. II S. 818: 1. Ein Duldungsbescheid erledigt sich, wenn die dem Bescheid zugrunde liegenden Ansprüche aus dem Steuerschuldverhältnis durch Zahlung eines Dritten erlöschen. Eine gegen den Duldungsbescheid gerichtete Anfechtungsklage ist dann mangels Rechtsschutzbedürfnisses unzulässig. 2. Die Pflicht zur Duldung der Zwangsvollstreckung in das unbewegliche Vermögen nach § 191 Abs. 1 Satz 1 Alternative 2 i. V. m. § 323 der AO entfällt nicht dadurch, dass dem Schuldner die Restschuldbefreiung nach § 300 Abs. 1 InsO gewährt worden ist.

---

[1] Zur Anwendung im Bußgeldverfahren gegen Beistände vgl. § 411 AO.

[2] Ein Rechtsanwalt, der als Testamentsvollstrecker tätig wird, handelt regelmäßig in Ausübung seines Berufes *(BFH-Urteil vom 13. 5. 1998 II R 4/96, BFH/NV 1998 S. 1286).*

[3] Aus der Verweisung in § 191 Abs. 3 Satz 1 AO folgt, dass die Anlaufhemmung des § 170 Abs. 2 Satz 1 Nr. 1 AO auch bei der Inanspruchnahme von Haftungsschuldnern anzuwenden ist, wenn der Haftungsschuldner aufgrund gesetzlicher Pflichten (§§ 34, 35 AO) Steuererklärungen oder Steueranmeldungen für einen Vertretenen abzugeben hat *(BFH-Urteil vom 18. 3. 2025 VII R 20/23, BStBl. II S. 851).*

Die nach § 191 Abs. 3 Satz 1 AO auf Haftungsbescheide sinngemäß anzuwendende Regelung des § 171 Abs. 3 a Satz 3 AO hemmt den Ablauf der Festsetzungsfrist nur im Falle der gerichtlichen Kassation eines angefochtenen Haftungsbescheides. Eine analoge Anwendung der Vorschrift auf den Fall der Aufhebung des Bescheides durch die Finanzbehörde kommt nicht in Betracht *(BFH-Urteil vom 5. 10. 2004 VII R 77/03, BStBl. 2005 II S. 122).*

Hebt die Finanzbehörde während eines finanzgerichtlichen Verfahrens den angefochtenen Haftungsbescheid unter gleichzeitigem Erlass eines neuen Haftungsbescheides auf, so ist der neue Haftungsbescheid noch innerhalb der nach § 171 Abs. 3 a Satz 1 AO gehemmten Festsetzungsfrist ergangen *(BFH-Urteil vom 5. 10. 2004 VII R 18/03, BStBl. 2005 II S. 323).*

[4] *BFH-Urteil vom 22. 4. 2008 VII R 21/07, BStBl. II S. 735:* Die Festsetzungsfrist für den Erlass eines Haftungsbescheids ist gemäß § 191 Abs. 3 Satz 2, 2. Halbsatz AO bei leichtfertiger Steuerverkürzung nur in den Fällen auf fünf Jahre verlängert, in denen die Haftungsinanspruchnahme auf § 70 AO beruht, nicht aber für jeden Fall der Haftung, dem eine leichtfertige Steuerverkürzung zugrunde liegt, also auch nicht bei der Haftung gemäß § 69 AO (Klarstellung der Rechtsprechung).

[5] In den Fällen, in denen einem Antrag auf Aussetzung der Vollziehung im Zeitpunkt der gesetzlichen Fälligkeit einer Umsatzsteuerschuld noch nicht entsprochen worden ist und in denen der Haftungsschuldner die Steuerschuld nicht entrichtet und entsprechende Mittel zur Begleichung der Steuerschuld auch nicht bereitgehalten hat, ist hinsichtlich der Verwirklichung des Haftungstatbestandes des § 69 AO nicht auf den Zeitpunkt der – späteren – tatsächlichen Fälligkeit, sondern auf den der gesetzlichen Fälligkeit des Steueranspruchs abzustellen. Mit der so verstandenen Verwirklichung des Haftungstatbestandes zum gesetzlichen Fälligkeitszeitpunkt beginnt zugleich der Lauf der Festsetzungsverjährung für den Haftungsanspruch gem. § 191 Abs. 3 AO *(BFH vom 11. 3. 2004 VII R 19/02, BStBl. II S. 967).*

[6] *BFH-Urteil vom 5. 10. 2004 VII R 7/04, BStBl. 2006 II S. 343:* 1. Dem nach § 191 Abs. 3 Satz 4 AO auf Haftungsbescheide sinngemäß anzuwendenden § 171 Abs. 10 AO kann nicht entnommen werden, dass der Ablauf der Festsetzungsfrist für den Haftungsbescheid gehemmt ist, soweit und solange in offener Festsetzungsfrist der Steuerbescheid hinsichtlich der Steuer, für die gehaftet wird, noch zulässig ergehen kann. 2. Steuer- und Haftungsbescheid stehen nicht in dem Verhältnis von Grundlagen- und Folgebescheid zueinander.

(4)[1] **Ergibt sich die Haftung nicht aus den Steuergesetzen, so kann ein Haftungsbescheid ergehen, solange die Haftungsansprüche nach dem für sie maßgebenden Recht noch nicht verjährt sind.** 4

(5)[2] ① **Ein Haftungsbescheid kann nicht mehr ergehen,** 5

1. **soweit die Steuer gegen den Steuerschuldner nicht festgesetzt worden ist und wegen Ablaufs der Festsetzungsfrist auch nicht mehr festgesetzt werden kann,**
2. **soweit die gegen den Steuerschuldner festgesetzte Steuer verjährt ist oder die Steuer erlassen worden ist.**

② **Dies gilt nicht, wenn die Haftung darauf beruht, dass der Haftungsschuldner Steuerhinterziehung oder Steuerhehlerei begangen hat.**

Zu § 191 – Haftungsbescheide, Duldungsbescheide:

AEAO

1. Die materiell-rechtlichen Voraussetzungen für den Erlass eines Haftungs- oder Duldungsbescheids ergeben sich aus den §§ 69 bis 77 AO, den Einzelsteuergesetzen oder den zivilrechtlichen Vorschriften (z. B. §§ 25, 126 HGB oder dem AnfG). §§ 93, 227 Abs. 2 InsO schließen eine Haftungsinanspruchnahme nach §§ 69 ff. AO nicht aus (BFH-Urteil vom 2. 11. 2001, VII B 155/01, BStBl. 2002 II S. 73). 6

1.1. Die Gesellschafter einer OHG haften für die Verbindlichkeiten der Gesellschaft den Gläubigern als Gesamtschuldner persönlich (§ 126 Satz 1 HGB). Eine entgegenstehende Vereinbarung ist Dritten (einschließlich Finanzbehörden) gegenüber unwirksam (§ 126 Satz 2 HGB). Zu Einwendungen und Einreden des Gesellschafters bei Inanspruchnahme für Verbindlichkeiten der OHG siehe § 128 HGB.

Wer in eine bestehende OHG eintritt, haftet nach § 127 Satz 1 HGB gleich den anderen Gesellschaftern nach Maßgabe der §§ 126 und 128 HGB für die vor seinem Eintritt begründeten Verbindlichkeiten der Gesellschaft. Eine entgegenstehende Vereinbarung ist Dritten (einschließlich Finanzbehörden) gegenüber unwirksam (§ 127 Satz 2 HGB).

Zur Nachhaftung des ausgeschiedenen Gesellschafters einer OHG siehe § 137 HGB. Dies gilt auch im Fall des Ausscheidens des vorletzten Gesellschafters einer noch nicht vollbeendeten OHG (§ 105 Abs. 2 HGB i. V. m. § 712 a Abs. 2 BGB).

Zur Verjährung von Ansprüchen aus der Gesellschafterhaftung siehe § 151 HGB.

1.2. Hinsichtlich der Haftung der Komplementäre einer KG sind grds. die für die OHG geltenden Bestimmungen entsprechend anzuwenden (§ 161 Abs. 2 HGB). Zur Haftung des Kommanditisten siehe §§ 171 ff. HGB.

---

[1] Die **Gesellschafter einer GbR** haften nicht nur für die USt-Schulden der Gesellschaft, sondern auch für die damit zusammenhängenden Säumnis- und Verspätungszuschläge (Anschluss an *BFH-Urteil vom 23. 10. 1985 VII R 187/82, BStBl. 1986 II S. 156*); *BFH-Urteil vom 27. 6. 1989 VII R 100/86, BStBl. II S. 952.*

Die Haftung der Gesellschafter einer GbR für Steuerschulden der Gesellschaft kann nicht durch Vereinbarungen der Gesellschafter auf das Gesellschaftsvermögen beschränkt werden *(BFH-Urteil vom 27. 3. 1990 VII R 26/89, BStBl. II S. 939).* Siehe auch *BFH/NV 1991 S. 1.*

Wer gegenüber dem FA den Rechtsschein erweckt, Gesellschafter einer GbR zu sein, haftet für Steuerschulden der Schein-GbR, wenn das FA nach Treu und Glauben auf den gesetzten Rechtsschein vertrauen durfte. Das ist nicht der Fall, wenn das aktive Handeln des in Anspruch Genommenen weder unmittelbar gegenüber dem FA noch zur Erfüllung steuerlicher Pflichten oder zur Verwirklichung steuerlicher Sachverhalte veranlasst war und ihm im Übrigen bloß passives Verhalten gegenüber dem FA vorzuhalten ist *(BFH-Urteil vom 9. 5. 2006 VII R 50/05, BFH/NV S. 1898).*

Die Haftung des Gesellschafters einer GbR für Steuerschulden der Gesellschaft erfordert eine Mitwirkung des Gesellschafters an der Gestaltung, die den Steuertatbestand ausgelöst hat. War der Gesellschafter an rechtsgeschäftlichem Handeln der Gesellschaft, das steuerliche Folgen nach sich zieht, beteiligt, haftet er auch der FinanzBeh. gegenüber für die sich hieraus ergebende Steuerschuld *(BFH-Urteile vom 2. 2. 1994 II R 7/91, BStBl. 1995 II S. 300; vom 21. 6. 1995 II R 7/91, BStBl. II S. 817).*

Bei nur geringfügiger Beteiligung eines der Beteiligten einer zweigliedrigen GbR muss das FA im Rahmen des Auswahlermessens prüfen, ob nicht der Mehrheitsbeteiligte vorrangig als Haftungsschuldner in Anspruch zu nehmen ist. Die Ermessenserwägungen müssen im Haftungsbescheid dargelegt werden *(FG Düsseldorf vom 14. 12. 1998, 3 K 233/97 H (U), DStRE 1999 S. 276).*

Die Gesellschafter einer vermögenslosen **Vor-GmbH** haften den Finanzbehörden gegenüber unmittelbar im Verhältnis ihrer gesellschaftsrechtlichen Beteiligung für die durch die Vorgesellschaft begründeten Ansprüche aus dem Steuerschuldverhältnis. Erweist sich die Gründungsgesellschaft als **unechte Vorgesellschaft,** weil die Eintragungsabsicht schon ursprünglich fehlte oder später aufgegeben worden ist, ohne dass die Gesellschafter ihre geschäftliche Tätigkeit sofort eingestellt hätten, haften diese nach den für Personengesellschaften geltenden zivilrechtlichen Vorschriften unmittelbar und unbeschränkt *(BFH-Urteil vom 7. 4. 1998 VII R 82/97, BStBl. II S. 531).*

Sind mehrere Personen an einer GbR als Gesellschafter beteiligt und haften diese aufgrund desselben Haftungstatbestandes, so ist es in der Regel nicht ermessensfehlerhaft, die Gesellschafter nebeneinander auf die Haftungssumme in Anspruch zu nehmen *(BFH-Beschluss vom 7. 10. 2004 VII B 46/04, BFH/NV 2005 S. 827).*

[2] *BFH-Beschluss vom 14. 3. 2012 XI R 6/10, BStBl. 2014 II S. 607:* 1. Die Haftungsinanspruchnahme für einen Umsatzsteuerrückforderungsanspruch wegen (angeblich) materiell-rechtlich zu Unrecht festgesetzter und ausgezahlter negativer Umsatzsteuer (Vorsteuerüberschüsse) setzt voraus, dass aufgrund der formellen Bescheidlage (Aufhebung oder Änderung der Steuerfestsetzung) beim Steuerpflichtigen (Primärschuldner) festgestellt wurde, dass der Umsatzsteuererstattungsanspruch bzw. Vergütungsanspruch nicht bestanden hat. 2. Es genügt nicht, dass materiell-rechtlich kein Anspruch auf Festsetzung der negativen Umsatzsteuer und die Auszahlung des Überschusses bestand. Die Steuerfestsetzung gegenüber dem Steuerpflichtigen (Primärschuldner) muss zunächst entsprechend der materiellen Rechtslage korrigiert werden.

Der Eintritt der Zahlungsverjährung für den Steueranspruch (Primärschuld) berührt die Rechtmäßigkeit eines vor Ablauf der Zahlungsverjährung erlassenen Haftungsbescheides nicht *(BFH-Beschluss vom 11. 7. 2001 VII R 29/99, BStBl. 2002 II S. 267).*

Der Insolvenzplan führt nicht zu einem Erlöschen des entsprechenden Teils der Steuerforderung und steht der Inanspruchnahme eines Haftungsschuldners nicht entgegen *(BFH-Beschluss vom 15. 5. 2013 VII R 2/12, BFH/NV S. 1543).*

AEAO

1.3. Die Gesellschafter einer rechtsfähigen GbR haften für die Verbindlichkeiten der Gesellschaft den Gläubigern als Gesamtschuldner persönlich (§ 721 Satz 1 BGB). Eine entgegenstehende Vereinbarung ist Dritten (einschließlich Finanzbehörden) gegenüber unwirksam (§ 721 Satz 2 BGB). Zu Einwendungen und Einreden des Gesellschafters bei Inanspruchnahme für Verbindlichkeiten der GbR siehe § 721 b BGB.

Wer in eine bestehende rechtsfähige GbR eintritt, haftet nach § 721 a Satz 1 BGB gleich den anderen Gesellschaftern nach Maßgabe der §§ 721 und 721 b BGB für die vor seinem Eintritt begründeten Verbindlichkeiten der Gesellschaft. Eine entgegenstehende Vereinbarung ist Dritten (einschließlich Finanzbehörden) gegenüber unwirksam (§ 721 a Satz 2 BGB).

Zur Nachhaftung des ausgeschiedenen Gesellschafters einer rechtsfähigen GbR siehe § 728 b BGB. Dies gilt auch im Fall des Ausscheidens des vorletzten Gesellschafters einer noch nicht vollbeendeten GbR (§ 712 a Abs. 2 BGB).

Zur Verjährung von Ansprüchen aus der Gesellschafterhaftung siehe § 739 BGB.

1.4. Zum Erlass von Haftungsbescheiden in Spaltungsfällen vgl. AEAO zu § 122, Nr. 2.15.

7 **2.** Die Befugnis zum Erlass eines Haftungs- oder Duldungsbescheids besteht auch, soweit die Haftung und Duldung sich auf steuerliche Nebenleistungen erstreckt.

8 **3.** Auf den (erstmaligen) Erlass eines Haftungsbescheids sind die Vorschriften über die Festsetzungsfrist (§§ 169 bis 171 AO) entsprechend anzuwenden. Eine Korrektur zugunsten des Haftungsschuldners kann dagegen auch noch nach Ablauf der Festsetzungsfrist erfolgen (BFH-Urteil vom 12. 8. 1997, VII R 107/96, BStBl. 1998 II S. 131).

9 **4.** Für die Korrektur von Haftungsbescheiden gelten nicht die für Steuerbescheide maßgeblichen Korrekturvorschriften (§§ 172 ff. AO), sondern die allgemeinen Vorschriften über die Berichtigung, die Rücknahme und den Widerruf von Verwaltungsakten (§§ 129 bis 131 AO). Die Rechtmäßigkeit des Haftungsbescheids richtet sich nach den Verhältnissen im Zeitpunkt seines Erlasses bzw. der entsprechenden Einspruchsentscheidung. Anders als bei der Änderung der Steuerfestsetzung (BFH-Urteil vom 12. 8. 1997, VII R 107/96, BStBl. 1998 II S. 131) berühren Minderungen der dem Haftungsbescheid zugrunde liegenden Steuerschuld durch Zahlungen des Steuerschuldners nach Ergehen einer Einspruchsentscheidung die Rechtmäßigkeit des Haftungsbescheids nicht. Ein rechtmäßiger Haftungsbescheid ist aber zugunsten des Haftungsschuldners zu widerrufen, soweit die ihm zugrunde liegende Steuerschuld später gemindert worden ist.

10 **5.** Von der Korrektur eines Haftungsbescheids ist der Erlass eines ergänzenden Haftungsbescheids zu unterscheiden.

5.1. Für die Zulässigkeit eines neben einem bereits bestehenden Haftungsbescheid gegenüber einem bestimmten Haftungsschuldner tretenden weiteren Haftungsbescheids ist grundsätzlich entscheidend, ob dieser den gleichen Gegenstand regelt wie der bereits ergangene Haftungsbescheid oder ob die Haftungsinanspruchnahme für verschiedene Sachverhalte oder zu verschiedenen Zeiten entstandene Haftungstatbestände erfolgen soll.

Stets zulässig ist es, wegen eines eigenständigen Steueranspruchs (betreffend einen anderen Besteuerungszeitraum oder eine andere Steuerart) einen weiteren Haftungsbescheid zu erlassen, selbst wenn der Steueranspruch bereits im Zeitpunkt der ersten Inanspruchnahme durch Haftungsbescheid entstanden war.

5.2. Die „Sperrwirkung" eines bestandskräftigen Haftungsbescheids gegenüber einer erneuten Inanspruchnahme des Haftungsschuldners besteht nur, soweit es um ein und denselben Sachverhalt geht; sie ist in diesem Sinne nicht zeitraum-, sondern sachverhaltsbezogen (BFH-Beschluss vom 7. 4. 2005, I B 140/04, BStBl. 2006 II S. 530). Der Erlass eines ergänzenden Haftungsbescheids für denselben Sachverhalt ist unzulässig, wenn die zu niedrige Inanspruchnahme auf einer rechtsirrtümlichen Beurteilung des Sachverhalts oder auf einer fehlerhaften Ermessensentscheidung beruhte (vgl. BFH-Urteil vom 25. 5. 2004 VII R 29/02, BStBl. 2005 II S. 3).

Der Erlass eines ergänzenden Haftungsbescheids ist aber zulässig, wenn die Erhöhung der Steuerschuld auf neuen Tatsachen beruht, die das Finanzamt mangels Kenntnis im ersten Haftungsbescheid nicht berücksichtigen konnte (BFH-Urteil vom 15. 2. 2011 VII R 66/10, BStBl. II S. 534).

11 **6.** Ein Duldungsbescheid darf nur erlassen werden, wenn der zugrunde liegende Anspruch aus dem Steuerschuldverhältnis festgesetzt, fällig und vollstreckbar ist (BVerwG-Urteil vom 13. 2. 1987, 8 C 25/85, BStBl. 1987 II S. 475). Die nicht bis zum Ende eines Insolvenzverfahrens vom Insolvenzverwalter geltend gemachten Anfechtungsansprüche können nach Maßgabe des § 18 AnfG verfolgt werden. Außerhalb des Insolvenzverfahrens ist wegen Ansprüchen aus dem Steuerschuldverhältnis ein Duldungsbescheid zu erlassen, soweit die Ansprüche nicht im Wege der Einrede nach § 9 AnfG geltend zu machen sind; eine Klage nach dem Anfechtungsgesetz ist ausgeschlossen (BVerwG-Urteil vom 25. 1. 2017, 9 C 30/15, BStBl. 2018 II S. 116).

Ein Duldungsbescheid unterliegt anders als ein Haftungsbescheid keiner eigenständigen Festsetzungsfrist. Ein Duldungsbescheid darf allerdings nicht mehr ergehen, wenn der zugrunde liegende Steueranspruch wegen Festsetzungsverjährung gegenüber dem Steuerschuldner nicht mehr festgesetzt werden kann oder wenn der gegenüber dem Steuerschuldner festgesetzte Steueranspruch durch Zahlungsverjährung, Tilgung oder Erlass erloschen ist.

Für Korrekturen von Duldungsbescheiden gelten die Nrn. 4 und 5 entsprechend.

7. Zur Zahlungsaufforderung bei Haftungsbescheiden vgl. AEAO zu § 219. 12

8. Unter den Voraussetzungen des § 191 Abs. 2 AO ist vor Erlass eines Haftungsbescheids in den Fällen des § 69 AO der zuständigen Berufskammer – bei Zugehörigkeit zu mehreren Berufskammern jeder dieser Kammern – Gelegenheit zur Stellungnahme zu geben. Ohne vorherige Anhörung der zuständigen Berufskammer ist ein Haftungsbescheid rechtswidrig (BFH-Urteil vom 13. 5. 1998, II R 4/96, BStBl. II S. 760). Eine Anhörung kann bis zum Abschluss des Einspruchsverfahrens nachgeholt werden (§ 126 Abs. 1 Nr. 5 AO). 13

8.1. Die Anhörung der Berufskammer setzt voraus,
– dass der Haftungsschuldner im Rahmen eines in § 191 Abs. 2 AO genannten Berufes (z. B. als Rechtsanwalt oder Steuerberater) tätig wurde und
– in dieser Stellung vorsätzlich oder grob fahrlässig ihm auferlegte Pflichten mit der Folge eines Haftungsschadens verletzt hat.

Ist ein Angehöriger der in § 191 Abs. 2 AO genannten Berufe als Insolvenzverwalter, Nachlassverwalter, Testamentsvollstrecker oder in vergleichbarer Weise tätig, handelt er in Ausübung seines Berufs. Soweit z. B. ein Steuerberater dagegen als Geschäftsführer einer Steuerberatungs-GmbH handelt, erfüllt er bei der Wahrnehmung der steuerlichen Pflichten dieser Gesellschaft keine für seinen Beruf spezifische Pflicht, er handelt insoweit nicht in Ausübung seines Berufs als Steuerberater (vgl. BFH-Urteil vom 9. 10. 1985, I R 154/82, BFH/NV 1986 S. 321).

8.2. Ist eine Anhörung der zuständigen Berufskammer durchzuführen, soll diese erst nach Ablauf der dem Haftungsschuldner gesetzten Anhörungsfrist erfolgen. Der Berufskammer darf nur das mitgeteilt werden, was aus Sicht des Finanzamts für die berufsrechtliche Beurteilung des haftungsrelevanten Sachverhalts durch die Kammer erforderlich ist. Ein Einblick der Kammer in die vollständigen Steuerakten oder deren Übersendung in Kopie ist daher nicht zulässig.

8.3. Die Frist für die Stellungnahme muss angemessen (d. h. grundsätzlich mindestens ein Monat) sein. Wird innerhalb dieser Frist keine Stellungnahme abgegeben, kann nach Ablauf der Frist der Haftungsbescheid ergehen.

8.4. Besteht dringender Handlungsbedarf (z. B. wegen ansonsten eintretender Verjährung), kann der Haftungsbescheid auch vor Ablauf der Anhörungsfrist ergehen.

9. Ein erstmaliger Haftungsbescheid kann wegen Akzessorietät der Haftungsschuld zur Steuerschuld grundsätzlich nicht mehr ergehen, wenn der zugrunde liegende Steueranspruch wegen Festsetzungsverjährung gegenüber dem Steuerschuldner nicht mehr festgesetzt werden darf oder wenn der gegenüber dem Steuerschuldner festgesetzte Steueranspruch durch Zahlungsverjährung oder Erlass erloschen ist (§ 191 Abs. 5 Satz 1 AO). Maßgeblich ist dabei der Steueranspruch, auf den sich die Haftung konkret bezieht. Daher ist bei der Haftung eines Arbeitgebers für zu Unrecht nicht angemeldete und abgeführte Lohnsteuer (§ 42 d EStG) auf die vom Arbeitnehmer nach § 38 Abs. 2 EStG geschuldete Lohnsteuer und nicht auf die Einkommensteuer des Arbeitnehmers (§ 25 EStG) abzustellen. Dabei ist für die Berechnung der die Lohnsteuer betreffenden Festsetzungsfrist die Lohnsteuer-Anmeldung des Arbeitgebers und nicht die Einkommensteuererklärung der betroffenen Arbeitnehmer maßgebend (vgl. BFH-Urteil vom 6. 3. 2008, VI R 5/05, BStBl. II S. 597). Bei der Berechnung der für die Lohnsteuer maßgebenden Festsetzungsfrist sind Anlauf- und Ablaufhemmungen nach §§ 170, 171 AO zu berücksichtigen, soweit sie gegenüber dem Arbeitgeber wirken. Zum Ablauf der Festsetzungsfrist beim Steuerschuldner beachte § 171 Abs. 15 AO. 14

§ 192 Vertragliche Haftung[1] AO

Wer sich auf Grund eines Vertrags verpflichtet hat, für die Steuer eines anderen einzustehen, kann nur nach den Vorschriften des bürgerlichen Rechts in Anspruch genommen werden.

Zu § 192 – Vertragliche Haftung: AEAO

Aufgrund vertraglicher Haftung (vgl. AEAO zu § 48) ist eine Inanspruchnahme durch Haftungsbescheid nicht zulässig. Eine Verpflichtung zur Inanspruchnahme des vertraglich Haftenden besteht nicht; das Finanzamt entscheidet nach Ermessen. 2

[1] Eine außergesellschaftsrechtliche Haftung des Kommanditisten für Schulden der KG, z. B. aufgrund einer (selbstschuldnerischen) Bürgschaft oder einer Schuldmitübernahme, rechtfertigt es nicht, dem betreffenden Kommanditisten einen Anteil am negativen Einheitswert des Betriebsvermögens der KG zuzurechnen *(BFH-Urteil vom 31. 1. 1996 II R 6/93, BStBl. II S. 181).*

Vierter Abschnitt. Außenprüfung

1. Unterabschnitt. Allgemeine Vorschriften[1]

§ 193 Zulässigkeit einer Außenprüfung[2]

1 (1)[3] **Eine Außenprüfung ist zulässig bei Steuerpflichtigen, die einen gewerblichen oder land- und forstwirtschaftlichen Betrieb unterhalten, die freiberuflich tätig sind und bei Steuerpflichtigen im Sinne des § 147 a.**

2 (2) **Bei anderen als den in Absatz 1 bezeichneten Steuerpflichtigen ist eine Außenprüfung zulässig,**

1. soweit sie die Verpflichtung dieser Steuerpflichtigen betrifft, für Rechnung eines anderen Steuern zu entrichten oder Steuern einzubehalten und abzuführen,

2. wenn die für die Besteuerung erheblichen Verhältnisse der Aufklärung bedürfen und eine Prüfung an Amtsstelle nach Art und Umfang des zu prüfenden Sachverhalts nicht zweckmäßig ist oder[4]

---

[1] Über die Durchführung von Außenprüfungen und von Steueraufsichtsmaßnahmen auf den Gebieten der Zölle, Abschöpfungen und Verbrauchsteuern enthält die Prüfungsdienstanweisung des BMF – veröffentlicht in der Vorschriftensammlung Bundesfinanzverwaltung (VSF) S 1310 – weitere Einzelheiten.

[2] Gemäß § 193 Abs. 1 AO ist eine Außenprüfung, auch als **Anschlussprüfung,** schon dann zulässig, wenn der Steuerpflichtige Gewinneinkünfte erzielt. Der Verlust von Unterlagen steht der Durchführung einer solchen Außenprüfung nicht entgegen *(BFH-Beschluss vom 15. 4. 2016 X B 155/15, BFH/NV S. 1139).*

BFH-Urteil vom 15. 6. 2016 III R 8/15, BStBl. 2017 S. 25: 1. Die Anordnung einer **zweiten** Anschlussprüfung für ein gewerbliches Einzelunternehmen, das im Zeitpunkt der Bekanntgabe dieser Prüfungsanordnung als Mittelbetrieb eingestuft ist, bedarf grundsätzlich keiner über § 193 Abs. 1 AO hinausgehenden Begründung. 2. Eine derartige Prüfung ist ermessensgerecht, wenn keine Anhaltspunkte für eine willkürliche oder schikanöse Belastung bestehen und sie nicht gegen das Übermaßverbot verstößt. Sie ist nicht übermäßig, wenn das Unternehmen während des vorgesehenen Prüfungszeitraumes zeitweise als Großbetrieb eingeordnet war und sich aufgrund vorliegenden Kontrollmaterials aus Sicht des FA ein Prüfungsbedarf ergibt.

Zur **Abgrenzung einer routinemäßigen** (turnusmäßigen) Außenprüfung nach § 193 Abs. 1 AO von einer Außenprüfung aus besonderem Anlass und zur Zufallsauswahl von Mittel- und Kleinbetrieben für eine Routineprüfung vgl. *BFH-Urteil vom 2. 9. 1988 III R 280/84, BStBl. 1989 II S. 4.*

Die Auswahl steht unter dem Vorbehalt der **Verhältnismäßigkeit** der Mittel und des Willkür- und Schikaneverbots *(BFH-Urteil vom 29. 10. 1992 IV R 47/91, BFH/NV 1993 S. 149).*

Weder nach der AO noch nach der BpO 2000 ist das FA an einen bestimmten Prüfungsturnus oder Prüfungsrhythmus gebunden. Insbesondere lässt sich nicht aus der Tatsache, dass nach § 32 Abs. 1 BpO 2000 für Kleinstbetriebe keine Betriebskartei geführt wird, ableiten, dass eine routinemäßige Überprüfung der Kleinstbetriebe nicht gewollt ist *(BFH-Beschluss vom 23. 6. 2003 X B 165/02, BFH/NV S. 1147).*

Der durchschnittliche Prüfungsturnus ist als rechtliches Kriterium für die Zulässigkeit einer Außenprüfung nicht geeignet, weil es sich nur um eine nachträglich ermittelte statistische Durchschnittsgröße handelt und eine zeitlich vorhersehbare Außenprüfung auch dem mit der Außenprüfung verfolgten Ziel, durch ihre präventive Wirkung zur richtigen Steuererhebung beizutragen, widersprechen würde *(BFH-Beschluss vom 23. 6. 2003 X B 165/02, BFH/NV S. 1147).*

Zur **Begründung** der Anordnung einer Betriebsprüfung nach § 193 Abs. 1 AO genügt regelmäßig ein Hinweis auf diese Gesetzesbestimmung *(Vfg. OFD Düsseldorf vom 4. 5. 1992 S 0400 – 1 – St 431, StEK AO 1977 § 193 Nr. 33).* Weichen die Angaben eines Stpfl. in seinen USt-Voranmeldungen und in seiner USt-Jahreserklärung erheblich voneinander ab, muss die nachfolgende Anordnung einer USt-Sonderprüfung nicht besonders begründet werden *(BFH-Beschluss vom 25. 5. 2000 V R 18/00 V B 64/00, BFH/NV 2001 S. 295).*

Der **Verwertung** von im Rahmen einer Außenprüfung ermittelten Tatsachen bei erstmaliger Steuerfestsetzung oder – dem gleichgestellt – bei Änderung eines unter dem Vorbehalt der Nachprüfung ergangenen Steuerbescheides vor Ab auf der Festsetzungsfrist steht nicht entgegen, dass die Finanzbehörde eine ohne weiteres zulässige Erweiterungs-Prüfungsanordnung nicht erlassen hatte. In einem solchen Fall hat das Interesse an einer materiell-rechtlich gesetzmäßigen und gleichmäßigen Steuerfestsetzung Vorrang vor dem Interesse an einem formal ordnungsgemäßen Verfahren *(BFH-Urteil vom 25. 11. 1997 VIII R 4/94, BStBl. 1998 II S. 461);* Anschluss an *BFH-Urteil vom 23. 8. 1994 VII R 93/93, BFH/NV 1995 S. 572.*

Vgl. *BFH-Urteil vom 16. 12. 1986 VIII R 123/86, BStBl. 1987 II S. 248:* 1. Ein Stpfl. hat an der **Feststellung der Rechtswidrigkeit einer erledigten Prüfungsanordnung** ein berechtigtes Interesse, wenn er damit die Auswertung der durch die Prüfung erlangten Kenntnisse durch das FA verhindern will. 2. Die Anordnung einer Außenprüfung bei einem Gesellschafter kann auf § 193 Abs. 2 Nr. 2 AO gestützt werden. 3. Eine Prüfungsanordnung ist nicht deshalb unwirksam, weil das Wohnsitz-FA des Gesellschafters die Prüfungsanordnung auf Anregung des Betriebs-FA der Gesellschaft, an der der Gesellschafter beteiligt ist, erlassen hat. 4. Ein **Begründungsmangel** kann auch in den Fällen des § 193 Abs. 2 Nr. 2 AO dadurch **geheilt** werden, dass der Prüfer dem Stpfl. die Gründe für die Anordnung der Prüfung mündlich mitteilt.

Vgl. *BFH-Urteil vom 13. 3. 1987 III R 236/83, BStBl. II S. 684:* 1. Die Anordnung einer Außenprüfung ist auch nach einer endgültigen, vorbehaltlosen Steuerfestsetzung zulässig (Anschluss an *BFH-Urteile vom 28. 3. 1985 IV R 224/83, BStBl. 1985 II S. 700, und vom 23. 7. 1985 VIII R 197/84, BStBl. 1986 II S. 36).* 2. Eine auf § 193 **Abs. 2 Nr. 2** AO gestützte Prüfungsanordnung muss in der **Begründung** erkennen lassen, warum die für die Besteuerung maßgeblichen Verhältnisse der Aufklärung bedürfen und warum eine Prüfung an Amtsstelle nach Art und Umfang des zu prüfenden Sachverhalts nicht zweckmäßig ist (Anschluss an *BFH-Urteil vom 7. 11. 1985 IV R 6/85, BStBl. 1986 II S. 435).* Der Hinweis, dass bei zusammenveranlagten Eheleuten mit einer Überprüfung der steuerlichen Verhältnisse des einen Ehegatten zweckmäßigerweise auch die Prüfung der steuerlichen Verhältnisse des anderen Ehegatten verbunden werde, genügt diesen Anforderungen nicht.

Ist eine **Prüfungsanordnung** aus formellen Gründen **aufgehoben** worden, kann die Finanzbehörde eine erneute Prüfungsanordnung auch dann erlassen, wenn aufgrund der früheren Prüfungsanordnung bereits eine Prüfung stattgefunden hat (**Wiederholungsprüfung;** *BFH-Urteil vom 20. 10. 1988 IV R 104/86, BStBl. 1989 II S. 180).*

[3] Eine Prüfungsanordnung ist auch gegenüber einer nach ausländischem Recht gegründeten Kapitalgesellschaft mit statutarischem Sitz im Ausland zulässig, wenn konkrete Anhaltspunkte für deren inländische Steuerpflicht bestehen *(BFH-Beschluss vom 2. 3. 1999 I B 132/98, BFH/NV 1999 S. 1183).*

Für das Unternehmen des Erblassers kann eine **Außenprüfung gegenüber dem Erben** angeordnet werden. Eine Prüfung kann sich auch auf den Abwicklungszeitraum nach Einstellung der Tätigkeit erstrecken *(BFH-Urteil vom 24. 8. 1989 IV R 65/88, BStBl. 1990 II S. 2).*

[4] Ob ein Bedürfnis nach Abs. 2 Nr. 2 anzunehmen ist, entscheidet das FA nach pflichtgemäßem Ermessen; dies kann der Fall sein, wenn Anhaltspunkte bestehen, dass der Stpfl. erforderliche Steuererklärungen nicht, unvollständig oder unrichtig

[Fortsetzung nächste Seite]

3. wenn ein Steuerpflichtiger seinen Mitwirkungspflichten nach § 12 des Gesetzes zur Abwehr von Steuervermeidung und unfairem Steuerwettbewerb nicht nachkommt.

Zu § 193 – Zulässigkeit einer Außenprüfung:

AEAO

1. Eine Außenprüfung ist unabhängig davon zulässig, ob eine Steuer bereits festgesetzt, ob der Steuerbescheid endgültig, vorläufig oder unter dem Vorbehalt der Nachprüfung ergangen ist (BFH-Urteil vom 28. 3. 1985, IV R 224/83, BStBl. II S. 700). Eine Außenprüfung nach § 193 AO kann zur Ermittlung der Steuerschuld sowohl dem Grunde als auch der Höhe nach durchgeführt werden. Der gesamte für die Entstehung und Ausgestaltung eines Steueranspruchs erhebliche Sachverhalt kann Prüfungsgegenstand sein (BFH-Urteil vom 11. 12. 1991, I R 66/90, BStBl. 1992 II S. 595). Dies gilt auch, wenn der Steueranspruch möglicherweise verjährt ist oder aus anderen Gründen nicht mehr durchgesetzt werden kann (BFH-Urteil vom 23. 7. 1985, VIII R 48/85, BStBl. 1986 II S. 433). 3

2. Die Voraussetzungen für eine Außenprüfung sind auch gegeben, soweit ausschließlich festgestellt werden soll, ob und inwieweit Steuerbeträge hinterzogen oder leichtfertig verkürzt worden sind. Eine sich insoweit gegenseitig ausschließende Zuständigkeit von Außenprüfung und Steuerfahndung besteht nicht (BFH-Urteile vom 4. 11. 1987, II R 102/85, BStBl. 1988 II S. 113, vom 19. 9. 2001, XI B 6/01, BStBl. 2002 II S. 4, und vom 4. 10. 2006, VIII R 53/04, BStBl. 2007 II S. 227). Die Einleitung eines Steuerstrafverfahrens hindert nicht weitere Ermittlungen durch die Außenprüfung unter Erweiterung des Prüfungszeitraums. Dies gilt auch dann, wenn der Steuerpflichtige erklärt, von seinem Recht auf Verweigerung der Mitwirkung Gebrauch zu machen (BFH-Urteil vom 19. 8. 1998, XI R 37/97, BStBl. 1999 II S. 7). Sollte die Belehrung gem. § 393 Abs. 1 AO unterblieben sein, führt dies nicht zu einem steuerlichen Verwertungsverbot (BFH-Urteil vom 23. 1. 2002, XI R 10, 11/01, BStBl. II S. 328). 4

3. Eine Außenprüfung ausschließlich zur Erledigung eines zwischenstaatlichen Amtshilfeersuchens (§ 117 AO) durch Auskunftsaustausch in Steuersachen ist nicht zulässig. Zur Erledigung eines solchen Amtshilfeersuchens kann eine Außenprüfung unter den Voraussetzungen des § 193 AO nur bei einem am ausländischen Besteuerungsverfahren Beteiligten durchgeführt werden (z. B. der Wohnsitzstaat ersucht um Prüfung der deutschen Betriebsstätte eines ausländischen Steuerpflichtigen). 5

4. Eine Außenprüfung nach § 193 Abs. 1 AO ist zulässig zur Klärung der Frage, ob der Steuerpflichtige tatsächlich einen Gewerbebetrieb unterhält, wenn konkrete Anhaltspunkte für eine Steuerpflicht bestehen, d. h. es darf nicht ausgeschlossen sein, dass eine gewerbliche Tätigkeit vorliegt (BFH-Urteile vom 23. 10. 1990, VIII R 45/88, BStBl. 1991 II S. 278, und vom 11. 8. 1994, IV R 126/91, BStBl. II S. 936). Eine Außenprüfung ist solange zulässig, als noch Ansprüche aus dem Steuerschuldverhältnis bestehen (z. B. handelsrechtlich voll beendigte KG: BFH-Urteil vom 1. 10. 1992, IV R 60/91, BStBl. 1993 II S. 82; voll beendigte GbR: BFH-Urteil vom 1. 3. 1994, VIII R 35/92, BStBl. 1995 II S. 241). Zur Begründung der Anordnung einer Außenprüfung nach § 193 Abs. 1 AO genügt der Hinweis auf diese Rechtsgrundlage. Eine Außenprüfung nach § 193 Abs. 1 AO ist bei Steuerpflichtigen i. S. d. § 147 a AO für das Jahr, in dem die in § 147 a Satz 1 AO 6

[Fortsetzung]

abgegeben hat *(BFH-Urteil vom 5. 11. 1981 IV R 179/79, BStBl. 1982 II S. 208)* oder dass ein Besteuerungstatbestand erfüllt ist *(BFH-Urteil vom 17. 11. 1992 VIII R 25/89, BStBl. 1993 II S. 146).*

Eine auf Abs. 1 u. 2 gestützte, an die Ehegatten („Herrn und Frau ...") gerichtete Prüfungsanordnung ist nicht (wegen Unbestimmtheit) **nichtig,** wenn sich aus dem sonstigen Inhalt dieses Verwaltungsakts mit der erforderlichen Eindeutigkeit ergibt, wer von ihm jeweils in Wirklichkeit betroffen sein soll *(BFH-Urteil vom 31. 10. 1991 X R 28/89, BFH/NV 1992 S. 435).*

Ehegatten sind, auch wenn sie zur ESt zusammenveranlagt werden, **nicht als Einheit** zu behandeln; vgl. *BFH-Urteil vom 28. 10. 1988 III R 52/86, BStBl. 1989 II S. 257.*

BFH-Beschluss vom 12. 8. 2002 X B 210/01, BFH/NV 2003 S. 3: Die Anordnung einer Außenprüfung muss auch dann, wenn sie aus besonderem Anlass erfolgt (sog. Anlassprüfung), nur begründet werden, sofern dies zum Verständnis der Prüfungsanordnung wegen besonderer Umstände oder nach der Art der angeordneten Maßnahme erforderlich ist (Anschluss an *BFH-Urteil vom 2. 10. 1991 X R 89/89, BStBl. 1992 II S. 220).*

Bei einer Überprüfung der Herkunft erheblicher Geldmittel und der ggf. notwendig werdenden Feststellungen zu einem ungeklärten Vermögenszuwachs ist regelmäßig damit zu rechnen, dass Einblick in verschiedene Konten und Sparbücher sowie sonstige Belege und Unterlagen zu nehmen ist und wiederholte Rückfragen erforderlich werden. Dies reicht als Begründung für die Durchführung einer Außenprüfung aus *(BFH-Urteil vom 17. 11. 1992 VIII R 25/89, BStBl. 1993 II S. 146).*

Eine Außenprüfung nach § 193 Abs. 2 Nr. 2 AO kann mehr als drei Besteuerungszeiträume umfassen. § 4 Abs. 3 BpO (St) ist auf solche Außenprüfungen nicht anwendbar *(BFH-Urteil vom 18. 10. 1994 IX R 128/92, BStBl. 1995 II S. 291).*

BFH vom 26. 7. 2007 VI R 68/04, BStBl. 2009 II S. 339: 1. Das für eine Außenprüfung nach § 193 Abs. 2 Nr. 2 AO erforderliche Aufklärungsbedürfnis liegt jedenfalls dann vor, wenn dem Steuerpflichtigen im Prüfungszeitraum aufgrund außerordentlich hoher Einkünfte („Einkunftsmillionär") erhebliche Beträge zu Anlagezwecken zur Verfügung standen und der Steuerpflichtige nur Kapitaleinkünfte in geringer Höhe erklärt sowie keine substantiierten und nachprüfbaren Angaben zur Verwendung der verfügbaren Geldmittel gemacht hat. 2. Die Entscheidung des FA über die Zweckmäßigkeit einer Außenprüfung nach § 193 Abs. 2 Nr. 2 AO ist ermessensfehlerfrei, wenn eine Vielzahl von Belegen zu überprüfen und insoweit mit zahlreichen Rückfragen zu rechnen ist. 3. Die Außenprüfung nach § 193 Abs. 2 Nr. 2 AO kann auch in den Räumen des FA durchgeführt werden. Sie ist insoweit von einer Prüfung an Amtsstelle durch Maßnahmen der Einzelermittlung i. S. der §§ 88 ff. AO zu unterscheiden. 4. Die Entscheidung des FA, die Außenprüfung in den eigenen Amtsräumen durchzuführen, ist ermessensfehlerfrei, wenn der Steuerpflichtige weder über Geschäftsräume noch über einen inländischen Wohnsitz verfügt. Eine Wohnung des Steuerpflichtigen im Ausland kann das FA bei der Festlegung des Prüfungsortes unberücksichtigt lassen.

bestimmte Grenze von 500 000 € überschritten ist, und für die fünf darauf folgenden Jahre der Aufbewahrungspflicht zulässig. Hat nur ein Ehegatte bzw. Lebenspartner die Grenze von 500 000 € überschritten, ist nur bei diesem eine Außenprüfung nach § 193 Abs. 1 AO zulässig. Beim anderen Ehegatten bzw. Lebenspartner kann ggf. eine Außenprüfung auf § 193 Abs. 2 Nr. 2 AO gestützt werden.

7 **5.** § 193 Abs. 2 Nr. 1 AO enthält die Rechtsgrundlage für die Prüfung der Lohnsteuer bei Steuerpflichtigen, die nicht unter § 193 Abs. 1 AO fallen (z. B. Prüfung der Lohnsteuer bei Privatpersonen, die Arbeitnehmer beschäftigt haben).

Eine Außenprüfung nach § 193 Abs. 2 Nr. 2 AO ist bereits dann zulässig, wenn Anhaltspunkte vorliegen, die es nach den Erfahrungen der Finanzverwaltung als möglich erscheinen lassen, dass ein Besteuerungstatbestand erfüllt ist (BFH-Urteil vom 17. 11. 1992, VIII R 25/89, BStBl. 1993 II S. 146). § 193 Abs. 2 Nr. 2 AO kann insbesondere bei Steuerpflichtigen mit umfangreichen und vielgestaltigen Überschusseinkünften zur Anwendung kommen (sofern nicht bereits ein Fall des § 193 Abs. 1 AO vorliegt). Sofern keine konkreten Anhaltspunkte für einen wirtschaftlichen Geschäftsbetrieb oder Zweckbetrieb vorliegen, fällt unter § 193 Abs. 2 Nr. 2 AO auch die Prüfung einer gemeinnützigen Körperschaft zum Zwecke der Anerkennung, Versagung oder Entziehung der Gemeinnützigkeit. Eine auf § 193 Abs. 2 Nr. 2 AO gestützte Prüfungsanordnung muss besonders begründet werden. Die Begründung muss ergeben, dass die gewünschte Aufklärung durch Einzelermittlung an Amtsstelle nicht erreicht werden kann (BFH-Urteil vom 7. 11. 1985, IV R 6/85, BStBl. 1986 II S. 435, und vom 9. 11. 1994, XI R 16/94, BFH/NV 1995 S. 578).

8 **6.** Von der Außenprüfung zu unterscheiden sind Einzelermittlungen eines Außenprüfers nach § 88 AO, auch wenn sie am Ort des Betriebs durchgeführt werden. In diesen Fällen hat er deutlich zu machen, dass verlangte Auskünfte oder sonstige Maßnahmen nicht im Zusammenhang mit der Außenprüfung stehen (BFH-Urteile vom 5. 4. 1984, IV R 244/83, BStBl. II S. 790, vom 2. 2. 1994, I R 57/93, BStBl. II S. 377, und vom 25. 11. 1997, VIII R 4/94, BStBl. 1998 II S. 461). Zur betriebsnahen Veranlagung vgl. AEAO zu § 85, Nr. 2 und 3.

Eine Umsatzsteuer-Nachschau gemäß § 27 b UStG stellt keine Außenprüfung i. S. d. § 193 AO dar. Zum Übergang von einer Umsatzsteuer-Nachschau zu einer Außenprüfung siehe Abschnitt 27 b.1 Abs. 9 UStAE.

Übersicht

	Rz.
1) Allgemeine Verwaltungsvorschrift für die Betriebsprüfung – Betriebsprüfungsordnung vom 15. 3. 2000	9–47
2) Schreiben betr. Einordnung in Größenklassen gem. § 3 BpO 2000; hier: Festlegung neuer Abgrenzungsmerkmale zum 1. 1. 2024 vom 15. 12. 2022	48
3) Gleichlautender Erlass zu Anwendungsfragen zu § 10 Abs. 1 BpO vom 31. 8. 2009	49
4) Merkblatt zur grenzüberschreitenden Prüfungszusammenarbeit mit Steuerverwaltungen anderer Staaten und Gebiete; gemeinsame und gleichzeitige Prüfungen sowie Anwesenheit von Bediensteten vom 15. 5. 2025	50–55

Anl 1

1) Allgemeine Verwaltungsvorschrift für die Betriebsprüfung – Betriebsprüfungsordnung – (BpO 2000)

Vom 15. März 2000 (BStBl. I S. 368)

Geändert durch Allg. Verwaltungsvorschrift vom 11. 12. 2001 (BeckVerw 110436), vom 22. 1. 2008 (BeckVerw 111521) und vom 20. 7. 2011 (BeckVerw 252172)

I. Allgemeine Vorschriften

9 **§ 1 Anwendungsbereich der Betriebsprüfungsordnung**

(1) Diese Verwaltungsvorschrift gilt für Außenprüfungen der Landesfinanzbehörden und des Bundeszentralamtes für Steuern.

(2) Für besondere Außenprüfungen der Landesfinanzbehörden und des Bundeszentralamtes für Steuern (z. B. Lohnsteueraußenprüfung und Umsatzsteuersonderprüfung) sind die §§ 5 bis 12, 20 bis 24, 29 und 30 mit Ausnahme des § 5 Absatz 4 Satz 2 sinngemäß anzuwenden.

10 **§ 2 Aufgaben der Betriebsprüfungsstellen**

(1) Zweck der Außenprüfung ist die Ermittlung und Beurteilung der steuerlich bedeutsamen Sachverhalte, um die Gleichmäßigkeit der Besteuerung sicherzustellen (§§ 85, 199 Abs. 1 AO). Bei der Anordnung und Durchführung von Prüfungsmaßnahmen sind im Rahmen der Ermessensausübung die Grundsätze der Verhältnismäßigkeit der Mittel und des geringstmöglichen Eingriffs zu beachten.

(2) Den Betriebsprüfungsstellen können auch Außenprüfungen im Sinne des § 193 Absatz 2 AO, Sonderprüfungen sowie andere Tätigkeiten mit Prüfungscharakter, z. B. Liquiditätsprüfungen, übertragen werden; dies gilt nicht für Steuerfahndungsprüfungen.

(3) Die Finanzbehörde entscheidet nach pflichtgemäßem Ermessen, ob und wann eine Außenprüfung durchgeführt wird. Dies gilt auch, wenn der Steuerpflichtige eine baldige Außenprüfung begehrt.

Anl 1

§ 3[1] Größenklassen 11

Steuerpflichtige, die der Außenprüfung unterliegen, werden in die Größenklassen

Großbetriebe (G)
Mittelbetriebe (M)
Kleinbetriebe (K) und
Kleinstbetriebe (Kst)

eingeordnet. Der Stichtag, der maßgebende Besteuerungszeitraum und die Merkmale für diese Einordnung werden jeweils von den obersten Finanzbehörden der Länder im Benehmen mit dem Bundesministerium der Finanzen festgelegt.

II. Durchführung der Außenprüfung

§ 4 Umfang der Außenprüfung 12

(1) Die Finanzbehörde bestimmt den Umfang der Außenprüfung nach pflichtgemäßem Ermessen.

(2)[2] Bei Großbetrieben und Unternehmen i. S. d. §§ 13 und 19 soll der Prüfungszeitraum an den vorhergehenden Prüfungszeitraum anschließen. Eine Anschlußprüfung ist auch in den Fällen des § 18 möglich.

(3) Bei anderen Betrieben soll der Prüfungszeitraum in der Regel nicht mehr als drei zusammenhängende Besteuerungszeiträume umfassen. Der Prüfungszeitraum kann insbesondere dann drei Besteuerungszeiträume übersteigen, wenn mit nicht unerheblichen Änderungen der Besteuerungsgrundlagen[3] zu rechnen ist oder wenn der Verdacht einer Steuerstraftat oder einer Steuerordnungswidrigkeit besteht. Anschlußprüfungen sind zulässig.[4]

(4) Für die Entscheidung, ob ein Betrieb nach Absatz 2 oder Absatz 3 geprüft wird, ist grundsätzlich die Größenklasse maßgebend, in die der Betrieb im Zeitpunkt der Bekanntgabe der Prüfungsanordnung eingeordnet ist.

(5)[5] Hält die Finanzbehörde eine umfassende Ermittlung der steuerlichen Verhältnisse im Einzelfall nicht für erforderlich, kann sie eine abgekürzte Außenprüfung (§ 203 AO) durchführen. Diese beschränkt sich auf die Prüfung einzelner Besteuerungsgrundlagen eines Besteuerungszeitraums oder mehrerer Besteuerungszeiträume.

§ 4 a Zeitnahe Betriebsprüfung 13

(1) Die Finanzbehörde kann Steuerpflichtige unter den Voraussetzungen des Absatzes 2 für eine zeitnahe Betriebsprüfung auswählen. Eine Betriebsprüfung ist zeitnah, wenn der Prüfungszeitraum einen oder mehrere gegenwartsnahe Besteuerungszeiträume umfasst.

(2) Grundlage zeitnaher Betriebsprüfungen sind die Steuererklärungen im Sinne des § 150 der Abgabenordnung der zu prüfenden Besteuerungszeiträume (Absatz 1 Satz 2). Zur Sicherstellung der Mitwirkungsrechte des Bundeszentralamtes für Steuern ist der von der Finanzbehörde ausgewählte Steuerpflichtige dem Bundeszentralamt für Steuern abweichend von der Frist des § 21 Absatz 1 Satz 1 unverzüglich zu benennen.

(3) Über das Ergebnis der zeitnahen Betriebsprüfung ist ein Prüfungsbericht oder eine Mitteilung über die ergebnislose Prüfung anzufertigen (§ 202 der Abgabenordnung).

---

[1] Die FinBeh. kann Mittel- und Kleinbetriebe iSd § 3 BpO, bei denen sie eine Routineprüfung durchführen will, grds. auch nach Zufallsgesichtspunkten auswählen. Die aus diesem Auswahlverfahren resultierende unterschiedliche Prüfungshäufigkeit verstößt nicht gegen das Gleichheitsgebot *(BFH-Urteil vom 2. 9. 1988 III R 280/84, BStBl. 1989 II S. 4)*.

Zur konkreten Einteilung in Größenklassen s. *BMF-Schreiben vom 15. 12. 2022, BStBl. I S. 1669,* nachstehend abgedruckt. Zum Verzeichnis der Wirtschaftszweige/Gewerbekennzahlen zum Stand 1. 1. 2024 vgl. *BMF-Schreiben vom 24. 11. 2023 IV D3 – S 1451/19/10011: 001 (BStBl. I S. 2020).*

[2] Wurde bei einer Vorprüfung eine nicht ordnungsgemäße Gewinnermittlung festgestellt, ist die Anordnung einer sog. Anlassprüfung grundsätzlich nicht unverhältnismäßig. Auch bei Mittel-, Klein- und Kleinstbetrieben ist eine Anschlussprüfung möglich. Für die zu prüfenden Besteuerungszeiträume müssen nicht bereits Steuererklärungen abgegeben worden sein *(BFH-Beschluss vom 20. 10. 2003 IV B 67/02, BFH/NV 2004 S. 311).*

§ 4 Abs. 2 BpO 2000 enthält lediglich eine Zielvorgabe, wonach Großbetriebe lückenlos geprüft werden sollen, jedoch hinsichtlich des Prüfungsturnus bei Mittelbetrieben und Kleinbetrieben keine – einschränkende – Regelung *(BFH-Beschluss vom 14. 6. 2007 VIII B 201/06, BFH/NV S. 1804).*

[3] Die Begründung einer Erweiterungsanordnung nur mit dem Verweis auf § 4 Abs. 3 Satz 2 BpO 2000 ist im Hinblick auf § 121 Abs. 2 Nr. 2 AO ausnahmsweise dann ausreichend, wenn das FA dem Stpfl. die Gründe für die Erwartung nicht unerheblicher Änderungen der Besteuerungsgrundlagen bereits zuvor im Rahmen einer Besprechung mitgeteilt hat *(BFH-Urteil vom 16. 9. 2014 X R 30/13, BFH/NV 2015 S. 150).*

§ 4 Abs. 3 BpO gilt nicht bei Außenprüfungen nach § 192 Abs. 2 Nr. 2 AO *(BFH-Urteil vom 18. 10. 1994 IX R 128/92, BStBl. 1995 II S. 291).*

[4] Die FinBeh. sind auch bei Mittel-, Klein- und Kleinstbetrieben weder durch die AO noch durch die Betriebsprüfungsordnung (Steuer) an einen bestimmten Prüfungsturnus gebunden. Sie können daher auch solche Betriebe einer sog. Anschlussprüfung unterwerfen *(BFH-Beschluss vom 14. 3. 2006 IV B 14/05, BFH/NV S. 1253).*

BFH-Beschluss vom 3. 8. 2022 XI R 32/19, , BStBl. 2023 II S. 213: 1. Die Erweiterung einer nach § 4 Abs. 3 Satz 3 BpO 2000 zulässigen ersten Anschlussprüfung von einem auf drei Jahre bedarf keiner besonderen Begründung.2. Für die gerichtliche Überprüfung von Ermessensentscheidungen sind auch bei Prüfungsanordnungen die tatsächlichen Verhältnisse im Zeitpunkt der letzten Verwaltungsentscheidung maßgeblich.

[5] Die für den zeitlichen Umfang einer Außenprüfung maßgebende Zuordnung eines Betriebes zu einer bestimmten Größenklasse ist grundsätzlich nach der von der Steuerverwaltung zur Ausübung des ihr eingeräumten Auswahlermessens getroffenen Regelung in der BpO (St) auf den im Zeitpunkt des Ergehens der Prüfungsanordnung maßgebenden Stichtag zu ermitteln (§ 4 Abs. 4 Satz 1 BpO [St]). Dieser Stichtag bleibt auch für das Beschwerdeverfahren verbindlich. Der Senat läßt dahingestellt, ob er sich der gewandelten rechtlichen Würdigung des Auswahlermessens nach § 193 Abs. 1 AO durch den *X. Senat (Urteil vom 2. 10. 1991 X R 89/89, BStBl. 1992 II S. 220)* anschließen könnte *(BFH-Urteil vom 21. 6. 1994 VIII R 54/92, BStBl. II S. 678).*

Anl 1

§ 5 Anordnung der Außenprüfung

14 (1) Die für die Besteuerung zuständige Finanzbehörde ordnet die Außenprüfung an. Die Befugnis zur Anordnung kann auch der beauftragten Finanzbehörde übertragen werden.

(2) Die Prüfungsanordnung hat die Rechtsgrundlagen der Außenprüfung, die zu prüfenden Steuerarten, Steuervergütungen, Prämien, Zulagen, ggf. zu prüfende bestimmte Sachverhalte sowie den Prüfungszeitraum zu enthalten. Ihr sind Hinweise auf die wesentlichen Rechte und Pflichten des Steuerpflichtigen bei der Außenprüfung beizufügen. Die Mitteilung über den voraussichtlichen Beginn und die Festlegung des Ortes der Außenprüfung kann mit der Prüfungsanordnung verbunden werden. Handelt es sich um eine abgekürzte Außenprüfung nach § 203 AO, ist die Prüfungsanordnung um diese Rechtsgrundlage zu ergänzen. Soll der Umfang einer Außenprüfung nachträglich erweitert werden, ist eine ergänzende Prüfungsanordnung zu erlassen.

(3) Der Name des Betriebsprüfers, eines Betriebsprüfungshelfers und andere prüfungsleitende Bestimmungen können in die Prüfungsanordnung aufgenommen werden.

(4) Die Prüfungsanordnung und die Mitteilungen nach den Absätzen 2 und 3 sind dem Steuerpflichtigen angemessene Zeit vor Beginn der Prüfung bekanntzugeben, wenn der Prüfungszweck dadurch nicht gefährdet wird. In der Regel sind bei Großbetrieben 4 Wochen und in anderen Fällen 2 Wochen angemessen.

(5) Wird beantragt, den Prüfungsbeginn zu verlegen, können als wichtige Gründe z. B. Erkrankung des Steuerpflichtigen, seines steuerlichen Beraters oder eines für Auskünfte maßgeblichen Betriebsangehörigen, beträchtliche Betriebsstörungen durch Umbau oder höhere Gewalt anerkannt werden. Dem Antrag des Steuerpflichtigen kann auch unter Auflage, z. B. Erledigung von Vorbereitungsarbeiten für die Prüfung, stattgegeben werden.

(6) Werden die steuerlichen Verhältnisse von Gesellschaftern und Mitgliedern sowie von Mitgliedern der Überwachungsorgane in die Außenprüfung einbezogen, so ist für jeden Beteiligten eine Prüfungsanordnung unter Beachtung der Voraussetzungen des § 193 AO zu erteilen.

15 § 6 Ort der Außenprüfung

Die Außenprüfung ist in den Geschäftsräumen des Steuerpflichtigen durchzuführen. Ist ein geeigneter Geschäftsraum nachweislich nicht vorhanden und kann die Außenprüfung nicht in den Wohnräumen des Steuerpflichtigen stattfinden, ist an Amtsstelle zu prüfen (§ 200 Absatz 2 AO). Ein anderer Prüfungsort kommt nur ausnahmsweise in Betracht.

16 § 7 Prüfungsgrundsätze

Die Außenprüfung ist auf das Wesentliche abzustellen. Ihre Dauer ist auf das notwendige Maß zu beschränken. Sie hat sich in erster Linie auf solche Sachverhalte zu erstrecken, die zu endgültigen Steuerausfällen oder Steuererstattungen oder -vergütungen oder zu nicht unbedeutenden Gewinnverlagerungen führen können.

17 § 8 Mitwirkungspflichten

(1) Der Steuerpflichtige ist zu Beginn der Prüfung darauf hinzuweisen, daß er Auskunftspersonen benennen kann. Ihre Namen sind aktenkundig zu machen. Die Auskunfts- und sonstigen Mitwirkungspflichten des Steuerpflichtigen erlöschen nicht mit der Benennung von Auskunftspersonen.

(2) Der Betriebsprüfer darf im Rahmen seiner Ermittlungsbefugnisse unter den Voraussetzungen des § 200 Absatz 1 Sätze 3 und 4 AO auch Betriebsangehörige um Auskunft ersuchen, die nicht als Auskunftspersonen benannt worden sind.

(3) Die Vorlage von Büchern, Aufzeichnungen, Geschäftspapieren und anderen Unterlagen, die nicht unmittelbar den Prüfungszeitraum betreffen, kann ohne Erweiterung des Prüfungszeitraums verlangt werden, wenn dies zur Feststellung von Sachverhalten des Prüfungszeitraums für erforderlich gehalten wird.

18 § 9 Kontrollmitteilungen

Feststellungen, die nach § 194 Absatz 3 AO für die Besteuerung anderer Steuerpflichtiger ausgewertet werden können, sollen der zuständigen Finanzbehörde mitgeteilt werden. Kontrollmaterial über Auslandsbeziehungen ist auch dem Bundeszentralamt für Steuern zur Auswertung zu übersenden.

19 § 10[1] Verdacht einer Steuerstraftat oder -ordnungswidrigkeit

(1) Ergeben sich während einer Außenprüfung zureichende tatsächliche Anhaltspunkte für eine Straftat (§ 152 Absatz 2 StPO), deren Ermittlung der Finanzbehörde obliegt, so ist die für die Bearbeitung dieser Straftat zuständige Stelle unverzüglich zu unterrichten. Dies gilt auch, wenn lediglich die Möglichkeit besteht, daß ein Strafverfahren durchgeführt werden muß. Richtet sich der Verdacht gegen den Steuerpflichtigen, dürfen hinsichtlich des Sachverhalts, auf den sich der Verdacht bezieht, die Ermitt-

[1] Zu Anwendungsfragen zu § 10 BpO vgl. *Gleichlautende Ländererlasse vom 31. 8. 2009,* nachstehend abgedruckt.
BFH-Beschluss vom 14. 4. 2020 VI R 32/17, BStBl. II S. 487: Für die (erstmalige) Anordnung einer Außenprüfung ist es unerheblich, ob hinsichtlich der betroffenen Steuerarten und Besteuerungszeiträume der Anfangsverdacht einer Steuerstraftat besteht (Anschluss an *BFH-Urteil vom 15. 6. 2016 – III R 8/15, BFHE 254, 203, BStBl. II 2017, 25, Rz. 20*). Verstöße gegen § 10 BpO, insbesondere gegen die Belehrungspflichten und damit gegen den Grundsatz der Selbstbelastungsfreiheit, führen nicht zur Rechtswidrigkeit einer Prüfungsanordnung *(BFH-Beschluss vom 14. 4. 2020 VI R 32/17, BStBl. II S. 487).*

Anl 1

lungen (§ 194 AO) bei ihm erst fortgesetzt werden, wenn ihm die Einleitung des Strafverfahrens mitgeteilt worden ist. Der Steuerpflichtige ist dabei, soweit die Feststellungen auch für Zwecke des Strafverfahrens verwendet werden können, darüber zu belehren, daß seine Mitwirkung im Besteuerungsverfahren nicht mehr erzwungen werden kann (§ 393 Absatz 1 AO). Die Belehrung ist unter Angabe von Datum und Uhrzeit aktenkundig zu machen und auf Verlangen schriftlich zu bestätigen (§ 397 Absatz 2 AO).

(2) Absatz 1 gilt beim Verdacht einer Ordnungswidrigkeit sinngemäß.

§ 11 Schlußbesprechung 20

(1) Findet eine Schlußbesprechung statt, so sind die Besprechungspunkte und der Termin der Schlußbesprechung dem Steuerpflichtigen angemessene Zeit vor der Besprechung bekanntzugeben. Diese Bekanntgabe bedarf nicht der Schriftform.

(2) Hinweise nach § 201 Absatz 2 AO sind aktenkundig zu machen.

§ 12 Prüfungsbericht und Auswertung der Prüfungsfeststellungen[1] 21

(1) Wenn zu einem Sachverhalt mit einem Rechtsbehelf oder mit einem Antrag auf verbindliche Zusage zu rechnen ist, soll der Sachverhalt umfassend im Prüfungsbericht dargestellt werden.

(2) Ist bei der Auswertung des Prüfungsberichts oder im Rechtsbehelfsverfahren beabsichtigt, von den Feststellungen der Außenprüfung abzuweichen, so ist der Betriebsprüfungsstelle Gelegenheit zur Stellungnahme zu geben. Dies gilt auch für die Erörterung des Sach- und Rechtsstandes gem. § 364 a AO. Bei wesentlichen Abweichungen zuungunsten des Steuerpflichtigen soll auch diesem Gelegenheit gegeben werden, sich hierzu zu äußern.

(3) In dem durch die Prüfungsanordnung vorgegebenen Rahmen muß die Außenprüfung entweder durch Steuerfestsetzung oder durch Mitteilung über eine ergebnislose Prüfung abgeschlossen werden.

III. Außenprüfung von Konzernen und sonstigen zusammenhängenden Unternehmen

§ 13 Konzernprüfung 22

(1) Unternehmen, die zu einem Konzern im Sinne des § 18 AktG gehören, sind im Zusammenhang, unter einheitlicher Leitung und nach einheitlichen Gesichtspunkten zu prüfen, wenn die Außenumsätze der Konzernunternehmen insgesamt mindestens 25 Millionen Euro im Jahr betragen.

(2) Ein Unternehmen, das zu mehreren Konzernen gehört, ist mit dem Konzern zu prüfen, der die größte Beteiligung an dem Unternehmen besitzt. Bei gleichen Beteiligungsverhältnissen ist das Unternehmen für die Prüfung dem Konzern zuzuordnen, der in der Geschäftsführung des Unternehmens federführend ist.

§ 14 Leitung der Konzernprüfung 23

(1) Bei Konzernprüfungen soll die Finanzbehörde, die für die Außenprüfung des herrschenden oder einheitlich leitenden Unternehmens zuständig ist, die Leitung der einheitlichen Prüfung übernehmen.

(2) Wird ein Konzern durch eine natürliche oder juristische Person, die selbst nicht der Außenprüfung unterliegt, beherrscht, soll die Finanzbehörde, die für die Außenprüfung des wirtschaftlich bedeutendsten abhängigen Unternehmens zuständig ist, die Leitung der einheitlichen Prüfung übernehmen. Im Einvernehmen der beteiligten Finanzbehörden kann hiervon abgewichen werden.

§ 15 Einleitung der Konzernprüfung 24

(1) Die für die Leitung der Konzernprüfung zuständige Finanzbehörde regt die Konzernprüfung an und stimmt sich mit den beteiligten Finanzbehörden ab.

(2) Konzernunternehmen sollen erst nach Abstimmung mit der für die Leitung der Konzernprüfung zuständigen Finanzbehörde geprüft werden.

§ 16 Richtlinien zur Durchführung der Konzernprüfung 25

(1) Die für die Leitung einer Konzernprüfung zuständige Finanzbehörde kann Richtlinien für die Prüfung aufstellen. Die Richtlinien können neben prüfungstechnischen Einzelheiten auch Vorschläge zur einheitlichen Beurteilung von Sachverhalten enthalten.

(2) Soweit Meinungsverschiedenheiten, die sich bei der Mitwirkung mehrerer Finanzbehörden im Rahmen der einheitlichen Prüfung ergeben, von den Beteiligten nicht ausgeräumt werden können, ist den zuständigen vorgesetzten Finanzbehörden zu berichten und die Entscheidung abzuwarten.

§ 17 Abstimmung und Freigabe der Konzernprüfungsberichte 26

Die Berichte über die Außenprüfungen bei Konzernunternehmen sind aufeinander abzustimmen und den Steuerpflichtigen erst nach Freigabe durch die für die Leitung der Konzernprüfung zuständige Finanzbehörde zu übersenden.

[1] Zur vorzeitigen Auswertung von Prüfungsfeststellungen vgl. *Erlass FM NRW vom 20. 8. 1991 S 1503 – 1 – V C 5, DStR S. 1316.*

Anl 1

27 **§ 18 Außenprüfung bei sonstigen zusammenhängenden Unternehmen**

Eine einheitliche Prüfung kann auch durchgeführt werden

1. bei Konzernen, die die Umsatzgrenze des § 13 Absatz 1 nicht erreichen,
2. bei Unternehmen, die nicht zu einem Konzern gehören, aber eng miteinander verbunden sind, z. B. durch wirtschaftliche oder verwandtschaftliche Beziehungen der Beteiligten, gemeinschaftliche betriebliche Tätigkeit.

Die §§ 13 bis 17 gelten entsprechend.

28 **§ 19 Außenprüfung bei international verbundenen Unternehmen**

(1) Die §§ 13 bis 18 gelten auch für die Prüfung mehrerer inländischer Unternehmen, die von einer ausländischen natürlichen oder juristischen Person, einer Mehrheit von Personen, einer Stiftung oder einem anderen Zweckvermögen beherrscht oder einheitlich geleitet werden oder die mit einem ausländischen Unternehmen wirtschaftlich verbunden sind.

(2) Die Leitung der einheitlichen Prüfung soll die Finanzbehörde übernehmen, die für die Außenprüfung des wirtschaftlich bedeutendsten inländischen Unternehmens zuständig ist. Im Einvernehmen der beteiligten Finanzbehörden kann hiervon abgewichen werden.

IV. Mitwirkung des Bundes an Außenprüfungen der Landesfinanzbehörden

29 **§ 20 Art der Mitwirkung**

(1) Das Bundeszentralamt für Steuern wirkt an Außenprüfungen der Landesfinanzbehörden durch Prüfungstätigkeit und Beteiligung an Besprechungen mit.

(2) Art und Umfang der Mitwirkung werden jeweils von den beteiligten Behörden im gegenseitigen Einvernehmen festgelegt.

(3) Die Landesfinanzbehörde bestimmt den für den Ablauf der Außenprüfung verantwortlichen Prüfer.

30 **§ 21 Auswahl der Betriebe und Unterrichtung über die vorgesehene Mitwirkung**

(1) Die Landesfinanzbehörden stellen dem Bundeszentralamt für Steuern die Prüfungsgeschäftspläne für Großbetriebe spätestens 10 Tage vor dem Beginn des Zeitraums, für den sie aufgestellt worden sind, zur Verfügung. Betriebe, bei deren Prüfung eine Mitwirkung des Bundeszentralamtes für Steuern von den Landesfinanzbehörden für zweckmäßig gehalten wird, sollen kenntlich gemacht werden. Das Bundeszentralamt für Steuern teilt den Landesfinanzbehörden unverzüglich die Betriebe mit, an deren Prüfung es mitwirken will.

(2) Sobald die Landesfinanzbehörde den Prüfungsbeginn mitgeteilt hat, wird sie vom Bundeszentralamt für Steuern über die vorgesehene Mitwirkung unterrichtet.

31 **§ 22 Mitwirkung durch Prüfungstätigkeit**

(1) Wirkt das Bundeszentralamt für Steuern durch Prüfungstätigkeit mit, so hat der Bundesbetriebsprüfer regelmäßig in sich geschlossene Prüfungsfelder zu übernehmen und diesen Teil des Prüfungsberichts zu entwerfen. Der Prüfungsstoff wird im gegenseitigen Einvernehmen auf die beteiligten Betriebsprüfer aufgeteilt.

(2) Hat das Bundeszentralamt für Steuern an einer Außenprüfung mitgewirkt, so erhält es eine Ausfertigung des Prüfungsberichts.

§ 23 *(aufgehoben)*

32 **§ 24 Verfahren bei Meinungsverschiedenheiten zwischen dem Bundesamt für Finanzen und der Landesfinanzbehörde**

Soweit Meinungsverschiedenheiten, die sich bei der Mitwirkung an Außenprüfungen zwischen dem Bundeszentralamt für Steuern und der Landesfinanzbehörde ergeben, von den Beteiligten nicht ausgeräumt werden können, ist den obersten Finanzbehörden des Bundes und des Landes zu berichten und die Entscheidung abzuwarten.

V. Betriebsprüfer, Sachgebietsleiter für Betriebsprüfung, Prüferbesprechungen

33 **§ 25 Verwendung von Beamten als Betriebsprüfer**

Die Verwendung eines Beamten als Betriebsprüfer, der grundsätzlich dem gehobenen Dienst angehören soll, ist nach einer mindestens sechsmonatigen Einarbeitung in der Außenprüfung nur mit Einwilligung der zuständigen vorgesetzten Finanzbehörde oder der von ihr benannten Stelle zulässig.

34 **§ 26 Verwendung von Verwaltungsangestellten als Betriebsprüfer**

(1) Verwaltungsangestellte, die bereits in der Steuerverwaltung tätig sind, können als Betriebsprüfer verwendet werden, wenn folgende Voraussetzungen erfüllt sind:

1. eine mindestens dreijährige zeitnahe Tätigkeit in der Veranlagung, davon eine mindestens neunmonatige qualifizierte Tätigkeit,
2. die Ablegung einer Prüfung nach Erfüllung der Voraussetzung zu Nummer 1 und
3. eine mindestens sechsmonatige Einarbeitung in der Außenprüfung.

(2) Andere Bewerber können als Verwaltungsangestellte in der Außenprüfung verwendet werden, wenn folgende Voraussetzungen erfüllt werden:

1. a) ein abgeschlossenes einschlägiges Hochschulstudium (Rechtswissenschaft, Wirtschaftswissenschaft, Versicherungsmathematik, Land- und Forstwirtschaft) oder
   b) eine kaufmännische oder sonstige einschlägige Grundausbildung mit vorgeschriebener Abschlußprüfung und der Nachweis mehrjähriger kaufmännischer, betriebswirtschaftlicher oder revisionstechnischer Tätigkeit,
2. die Ablegung einer Prüfung nach Erfüllung der Voraussetzung zu Nummer 1 Buchstaben a oder b,
3. eine mindestens zwölfmonatige zeitnahe Tätigkeit außerhalb der Außenprüfung, davon eine mindestens neunmonatige qualifizierte Tätigkeit in der Veranlagung sowie
4. eine mindestens sechsmonatige Einarbeitung in der Außenprüfung.

(3) Die zuständige vorgesetzte Finanzbehörde kann zu Absatz 1 und zu Absatz 2 Nr. 2 bis 4 im Einzelfall Ausnahmen zulassen.

(4) Ein Rechtsanspruch auf Zulassung zur Prüfung besteht nicht.

(5) Die schriftliche Prüfung besteht mindestens aus zwei unter Aufsicht anzufertigenden Arbeiten aus dem Buchführungs- und Bilanzwesen.

(6) Die mündliche Prüfung erstreckt sich auf die Grundzüge des Abgabenrechts, des bürgerlichen Rechts und des Handelsrechts, insbesondere des Buchführungs- und Bilanzwesens sowie des kaufmännischen Rechnungswesens.

§ 27 Einsatz als Betriebsprüfer und Sachgebietsleiter für Betriebsprüfung 35

(1) Beamte und Verwaltungsangestellte sollen nicht erstmals nach Vollendung des fünfundvierzigsten Lebensjahres als Betriebsprüfer eingesetzt werden.

(2) Sachgebietsleiter für Betriebsprüfung dürfen nur mit Einwilligung der zuständigen vorgesetzten Finanzbehörde eingesetzt werden.

(3) Sachgebietsleiter für Betriebsprüfung und Betriebsprüfer dürfen nur mit Einwilligung der zuständigen vorgesetzten Finanzbehörde für prüfungsfremde Aufgaben verwendet werden.

§ 28 Betriebsprüfungshelfer 36

Zur Unterstützung der Betriebsprüfer können Betriebsprüfungshelfer eingesetzt werden. Diese haben nach den Weisungen des Betriebsprüfers zu verfahren.

§ 29 Prüferausweis 37

Für Sachgebietsleiter für Betriebsprüfung und Betriebsprüfer ist jeweils ein Ausweis auszustellen. Der Ausweis hat zu enthalten:

1. die Bezeichnung der ausstellenden Landesfinanzverwaltung oder der ausstellenden Finanzbehörde
2. das Lichtbild des Inhabers
3. den Vor- und Familiennamen
4. die laufende Nummer
5. die Gültigkeitsdauer und
6. die Befugnisse des Inhabers.

§ 30 Prüferbesprechungen 38

Die Sachgebietsleiter für Betriebsprüfung sollen mit den Prüfern ihrer Sachgebiete, die zuständigen vorgesetzten Finanzbehörden mit den Sachgebietsleitern für Betriebsprüfung oder mit den Betriebsprüfern ihrer Oberfinanzbezirke regelmäßig Zweifelsfragen aus der Prüfungstätigkeit erörtern, sie über neuere Rechtsprechung und neueres Schrifttum unterrichten sowie Richtlinien und Anregungen für ihre Arbeit geben.

§ 31 Fach-(Branchen-)Prüferbesprechungen 39

(1) Für die Fach-(Branchen-)Prüfer sind nach Bedarf Besprechungen durchzuführen. Hierbei sollen die Branchenerfahrungen ausgetauscht und verglichen, zweckmäßige Prüfungsmethoden, Kennzahlen und Formblätter für das prüfungstechnische Vorgehen entwickelt und gemeinsame Richtlinien erarbeitet werden.

(2) Dem Bundeszentralamt für Steuern ist Gelegenheit zu geben, an Fachprüferbesprechungen, die von den zuständigen vorgesetzten Finanzbehörden (§ 38) durchgeführt werden, teilzunehmen.

VI. Karteien, Konzernverzeichnisse

§ 32 Betriebskartei 40

(1) Die Betriebsprüfungsstellen haben über die Groß-, Mittel- und Kleinbetriebe eine Kartei (Betriebskartei) zu führen.

(2) Die Betriebskartei besteht aus der Namenskartei und der Branchenkartei. Die Namenskartei soll als alphabetische Suchkartei, die Branchenkartei nach der Klassifikation der Wirtschaftszweige (Tiefengliederung für Steuerstatistiken) geführt werden.

Anl 1 (3) Nebenbetriebe der Land- und Forstwirtschaft sind nur beim Hauptbetrieb zu vermerken.

(4) Für die Erfassung in der Betriebskartei ist jeweils die auf einen bestimmten Stichtag festgestellte Größenklasse der Betriebe – in der Regel für die Dauer von drei Jahren – maßgebend. Die Betriebe werden nach den Ergebnissen der Veranlagung, hilfsweise nach den Angaben in den Steuererklärungen in die Größenklassen eingeordnet. Fehler, die bei der Einordnung der Betriebe unterlaufen, können jederzeit berichtigt werden.

(5) Änderungen der die Größenklasse bestimmenden Betriebsmerkmale bleiben bis zur nächsten Einordnung in Größenklassen unberücksichtigt. Bei sonstigen Änderungen ist die Kartei fortzuschreiben. Bei Abgängen aufgrund von Sitzverlegung (Wohnsitz oder Sitz der Geschäftsleitung) sind die Daten der Betriebskartei an die neu zuständige Finanzbehörde zu übermitteln; Zugänge von einer anderen Finanzbehörde und Neugründungen sind in der Betriebskartei zu erfassen.

41 **§ 33 Konzernverzeichnis**

Jede zuständige Finanzbehörde hat die für ein Verzeichnis der Konzerne im Sinne der §§ 13, 18 und 19 erforderlichen Daten zu ermitteln und der zuständigen vorgesetzten Finanzbehörde zur Weiterleitung an das Bundeszentralamt für Steuern zur Aufnahme in eine zentrale Datenbank zu übermitteln. Gleiches gilt für spätere Änderungen oder Ergänzungen dieser Daten. Das zentrale Konzernverzeichnis enthält die einzelnen Konzernübersichten. Das Verfahren zur Übermittlung der Daten nach den Sätzen 1 und 2 sowie die Nutzung der Daten durch die Finanzbehörden der Länder wird vom Bundesministerium der Finanzen im Einvernehmen mit den obersten Finanzbehörden der Länder geregelt.

VII. Prüfungsgeschäftsplan, Jahresstatistik

42 **§ 34 Aufstellung von Prüfungsgeschäftsplänen**

Die zur Prüfung vorgesehenen Fälle werden in regelmäßigen Abständen in Prüfungsgeschäftsplänen zusammengestellt. Der Abstand darf bei Großbetrieben nicht kürzer als 6 Monate und nicht länger als 12 Monate sein. Änderungen der Prüfungsgeschäftspläne sind jederzeit möglich. In den Prüfungsgeschäftsplänen ist auf Konzernzugehörigkeit hinzuweisen.

43 **§ 35 Jahresstatistik**

(1) Die Betriebsprüfungsstellen haben eine Jahresstatistik aufzustellen und der vorgesetzten Finanzbehörde vorzulegen.

(2) Die obersten Finanzbehörden der Länder teilen dem Bundesministerium der Finanzen die Arbeitsergebnisse der Außenprüfung nach einem abgestimmten Muster bis zum 31. März eines jeden Jahres mit. Das Bundesministerium der Finanzen gibt das Gesamtergebnis in einer zusammengefaßten Veröffentlichung jährlich bekannt.

VIII. Betriebsprüfungsarchiv, Kennzahlen, Hauptorte

44 **§ 36 Betriebsprüfungsarchiv**

(1) Steuerliche, prüfungstechnische, branchentypische und allgemeine wirtschaftliche Erfahrungen sind den zuständigen vorgesetzten Finanzbehörden mitzuteilen. Diese sammeln die Erfahrungen und werten sie in einem Betriebsprüfungsarchiv aus.

(2) Das Bundeszentralamt für Steuern teilt den zuständigen vorgesetzten Finanzbehörden Prüfungserfahrungen von allgemeiner Bedeutung mit.

45 **§ 37 Kennzahlen**

Die zuständigen Finanzbehörden haben die nach den Ergebnissen von Außenprüfungen ermittelten branchenbezogenen Kennzahlen der jeweils zuständigen vorgesetzten Finanzbehörde zur Weiterleitung an das Bundeszentralamt für Steuern zur Aufnahme in eine zentrale Datenbank zu übermitteln. Gleiches gilt für Änderungen dieser Daten. Das Verfahren zur Übermittlung der Daten nach den Sätzen 1 und 2 sowie die Nutzung der Daten durch die Finanzbehörden der Länder wird vom Bundesministerium der Finanzen im Einvernehmen mit den obersten Finanzbehörden der Länder geregelt.

46 **§ 38 Hauptorte**

(1) Die zuständigen vorgesetzten Finanzbehörden haben als Hauptorte die Aufgabe, für einzelne Berufs- oder Wirtschaftszweige Unterlagen zu sammeln und auszuwerten, die für die Besteuerung von Bedeutung sind. Zu den Aufgaben gehört auch die Mitwirkung bei der Aufstellung von AfA-Tabellen. Die Hauptorte werden durch Vereinbarungen der obersten Finanzbehörden des Bundes und der Länder bestimmt.

(2) Das Ergebnis der Auswertung wird den anderen zuständigen vorgesetzten Finanzbehörden und dem Bundeszentralamt für Steuern regelmäßig mitgeteilt.

IX. Inkrafttreten

47 **§ 39 Inkrafttreten**

Diese Allgemeine Verwaltungsvorschrift tritt am Tage nach der Veröffentlichung[1] im Bundesanzeiger in Kraft. Gleichzeitig tritt die allgemeine Verwaltungsvorschrift für die Betriebsprüfung – Betriebsprüfungsordnung – vom 17. Dezember 1987 (BAnz. Nr. 241 a vom 24. Dezember 1987) außer Kraft.

---

[1] Veröffentlicht am 23. 3. 2000.

Anl 2

2) Schreiben betr. Einordnung in Größenklassen gem. § 3 BpO 2000; Festlegung neuer Abgrenzungsmerkmale zum 1. Januar 2024

Vom 15. Dezember 2022 (BeckVerw 578180)

(BMF IV A 8 – S 1450/19/10001 :003; DOK 2022/0957811)

1 Anlage

48 Unter Bezugnahme auf das Ergebnis der Erörterungen mit den obersten Finanzbehörden der Länder gelten für die Einordnung in Größenklassen gem. § 3 BpO 2000 ab 1. Januar 2024 die in der Anlage aufgeführten neuen Abgrenzungsmerkmale sowie die dem BMF-Schreiben vom 20. April 2022 IV A 8 – S 1451/19/10001 :001 (BStBl. I S. 583) angefügte Zuordnungstabelle.

Die Merkmale sind erst nach Aufstellung der Betriebskartei anzuwenden.

Einheitliche Abgrenzungsmerkmale für den 24. Prüfungsturnus (1. Januar 2024)

Betriebsart	BETRIEBSMERKMALE in €	G-Betriebe €	M-Betriebe €	K-Betriebe €
			über	
Handelsbetriebe	Umsatzerlöse oder	14.000.000	8.600.000	1 100 000
(H)	steuerlicher Gewinn	800.000	335.000	68.000
Fertigungsbetriebe	Umsatzerlöse oder	12.000.000	5.200.000	610.000
(F)	steuerlicher Gewinn r	950.000	300.000	68.000
Freie Berufe	Umsatzerlöse oder	12.000.000	5.600.000	990.000
(FB)	steuerlicher Gewinn	1 400 000	700.000	165.000
Andere Leistungsbetriebe	Umsatzerlöse oder	14.000.000	6.700.000	910.000
(AL)	steuerlicher Gewinn	1 200 000	400.000	77.000
Kreditinstitute	Aktivvermögen oder	175.000.000	42.000.000	13.000.000
(K)	steuerlicher Gewinn	670.000	230.000	57.000
Versicherungsunternehmen Pensionskassen (V)	Jahresprämieneinnahmen	36.000.000	6.000.000	2.200.000
Unterstützungskassen (U)				alle
Land- und forstwirtschaftliche Betriebe	Umsatzerlöse oder	6.000.000	2.600.000	610.000
(LuF)	steuerlicher Gewinn	475.000	135.000	60.000
sonstige Fallart	**Erfassungsmerkmale**	Erfassung in der Betriebskartei		
Verlustzuweisungsgesellschaften (VG)[1]	Betriebe mit hohen Verlusten und hohem Vorsteuervolumen oder mit Umstellung auf Tonnagebesteuerung	als G-Betriebe		
Beteiligungsgesellschaften (BG)[1]	Gewerbekennzahlen 64 201.0, 64 202,0, 64 203,0	als M-Betriebe		
bedeutende steuerbegünstigte Körperschaften und Berufsverbände (BKÖ)[1]	Summe der Einnahmen über 6.000.000	als G-Betriebe		
Fälle mit bedeutenden Einkünften (bE)[2]	Summe der positiven Einkünfte gem. § 2 Absatz 1 Satz 1 Nrn. 4 bis 7 EStG über 500.000 € (keine Saldierung mit negativen Einkünften)	als M-Betriebe		

[1] Mittel-, Klein- und Kleinstbetriebe, die zugleich die Voraussetzungen für die Behandlung als sonstige Fallart erfüllen, sind nur als sonstige Fallart zu erfassen.
[2] Groß- und Mittelbetriebe, die zugleich auch die Voraussetzung für die Behandlung als sonstige Fallart (bE) erfüllen sind nur bei der jeweiligen Betriebsart zu erfassen. Klein- und Kleinstbetriebe, die zugleich die Voraussetzungen für die Behandlung als sonstige Fallart (bE) erfüllen, sind nur als sonstige Fallart (bE) zu erfassen.

Anl 3

3) Gleichlautender Erlass zu Anwendungsfragen zu § 10 Abs. 1 BpO

Vom 31. August 2009 (BeckVerw 228823)

(Gleichlautender Ländererlass)

49 Die Problematik, ab welchem Zeitpunkt nach § 10 Abs. 1 BpO eine Unterrichtungsverpflichtung des Prüfers/der Prüferin gegenüber der Bußgeld- und Strafsachenstelle (BuStra) besteht, ist folgendermaßen handzuhaben:

Anl 3

§ 10 Abs. 1 Satz 1 BpO konkretisiert den in den §§ 386 AO, 152 Abs. 2, 160, 163 StPO verankerten allgemeinen strafrechtlichen Grundsatz des Legalitätsprinzips. Danach kann der die Ermittlungspflicht der Strafverfolgungsbehörde begründende Verdacht grundsätzlich nur dann angenommen werden, wenn sich dieser auf zureichende tatsächliche Anhaltspunkte stützen lässt (Anfangsverdacht nach § 152 Abs. 2 StPO).

Vor diesem Hintergrund ist auch die Regelung des § 10 Abs. 1 Satz 2 BpO zu sehen, die eine Unterrichtungspflicht dann begründet, wenn lediglich die Möglichkeit der Durchführung eines Strafverfahrens besteht. Die im Rang den einfachen Gesetzen untergeordnete Verwaltungsvorschrift kann damit dem Prüfer/der Prüferin letztlich aus strafrechtlicher Sicht nicht mehr Pflichten auferlegen, als die Normen der Abgabenordnung bzw. der Strafprozessordnung vorgeben. Aus diesem Grund steht korrespondierend zum Verstoß gegen das Legalitätsprinzip eine Strafvereitelung im Amt nach § 258 a StGB nach wie vor nur dann im Raum, wenn trotz konkreter tatsächlicher Anhaltspunkte für eine Steuerstraftat (d. h. trotz Bestehen eines Anfangsverdachts i. S. des § 152 Abs. 2 StPO) kein Kontakt mit der BuStra aufgenommen wird. § 10 Abs. 1 Satz 2 BpO soll demnach klarstellen, dass es für die Bejahung der Unterrichtungspflicht nicht auf die subjektive Einschätzung des Prüfers/der Prüferin hinsichtlich der Durchführung eines Strafverfahrens ankommt. Es soll ähnlich wie bei § 201 Abs. 2 AO sichergestellt werden, dass in allen Fällen, in denen eine Untersuchung durch die BuStra geboten erscheint, diese auch wirklich frühzeitig einbezogen wird. Das Vorhandensein tatsächlicher Anhaltspunkte für das Vorliegen einer Straftat wird aber durch § 10 Abs. 1 Satz 2 BpO nicht entbehrlich, d. h., bloße Vermutungen lösen eine Mitteilungspflicht auch nach dieser Norm nicht aus. Dies zeigt sich auch in der für die Finanzbehörden allgemein geltenden Unterrichtungspflicht nach Nr. 113 Abs. 3 Satz 2 AStBV (St) 2008. Danach wird die „Möglichkeit" der Durchführung eines Strafverfahrens auch erst dann angenommen, wenn „Anhaltspunkte" für eine Straf- oder Ordnungswidrigkeit sprechen, die eine Untersuchung des Falles durch die BuStra geboten erscheinen lassen.

Somit ist § 10 Abs. 1 Satz 2 BpO im Lichte des vorhergehenden Satzes 1 und der allgemeinen strafprozessualen Grundsätze dahingehend auszulegen, dass immer nur dann eine Unterrichtungspflicht an die BuStra begründet wird, wenn Anhaltspunkte für die auch nur mögliche Durchführung eines Strafverfahrens vorliegen. Die Schwelle des Anfangsverdachts nach § 152 Abs. 2 StPO muss dabei noch nicht überschritten sein.

In diesem Zusammenhang sind auch die seit 1995 bundesweit geltenden Rationalisierungsgrundsätze bei der Durchführung von Betriebsprüfungen (BMF-Schreiben vom 6. Januar 1995 IV A 8 – S 1502 – 17/94) zu berücksichtigen. Danach hat der Prüfer/die Prüferin eine schwerpunktmäßige Prüfung der jeweiligen Betriebe vorzunehmen. Diese Schwerpunkte hat er/sie grundsätzlich nach sachgerechten Erwägungen zu bestimmen. Soweit das Nichtaufgreifen eines Sachverhalts auf sachgerechten Erwägungen beruht (im Zweifelsfall zu dokumentieren), kann dem Prüfer/der Prüferin daraus kein Nachteil erwachsen. Eine Unterrichtungspflicht gegenüber der BuStra kann nur entstehen, wenn sich ansonsten im Rahmen der Prüfungsvorbereitung oder auch im Laufe der Prüfung tatsächliche Anhaltspunkte für das Vorliegen einer Straftat ergeben.

Grundsätzlich keine tatsächlichen Anhaltspunkte im Sinne der vorgenannten Ausführungen mit der Folge, dass eine Unterrichtungspflicht gegenüber der BuStra ausscheidet, liegen insbesondere für folgende beispielhaft aufgezählte Fälle vor:

- Das Vorliegen und das Auswerten von Kontrollmitteilungen. Die Grenze ist erst überschritten, wenn sich herausstellt, dass die mitgeteilten Zahlungen keinen Niederschlag in der Buchführung gefunden haben und deshalb die Steuer zu niedrig festgesetzt wurde.
- Das bloße Durchführen von Kalkulationen und Verprobungen, wie Geldverkehrsrechnungen, Richtsatzverprobungen, Chi^2-Test, Zeit-Reihen-Vergleich usw., auch wenn diese aufgrund vorhandener Differenzen erfolgen. Dies gilt jedoch nur, wenn nicht bereits anderweitige konkrete tatsächliche Anhaltspunkte für das Vorliegen einer Straftat gegeben sind, z. B. wegen Vorliegens von Kontrollmitteilungen steht schon fest, dass Einnahmen nicht vollständig erklärt worden sind.
- Abweichung der Betriebsergebnisse von den amtl. Richtsatzsammlungen.
- Bloße Rückfragen an den Steuerpflichtigen zum objektiv vorliegenden Sachverhalt, um vorhandene Differenzen aufzuklären, die sich z. B. aus Verprobungen, Vorlage von Kontrollmitteilungen usw. ergeben. Erst wenn die Differenzen nicht mit sachgerechten Erwägungen aufgeklärt werden können (auch bei offensichtlicher Verzögerungstaktik durch den Steuerpflichtigen) oder von vornherein unaufklärbar sind, besteht eine Unterrichtungspflicht an die BuStra.
- Bei Aufdecken bloß formeller oder auch kleinerer materieller Buchführungsmängel; die Grenze ist auch hier erst überschritten, wenn weitere tatsächliche Anhaltspunkte für die Verkürzung von Einnahmen vorliegen.
- Wenn offensichtlich kein schuldhaftes und vorwerfbares Verhalten vorliegt oder offensichtlich ist, dass objektive oder subjektive Tatbestandsmerkmale mit der im Straf- und Bußgeldverfahren erforderlichen Gewissheit nicht nachzuweisen sind.

Tatsächliche Anhaltspunkte, welche eine umgehende Unterrichtungspflicht gegenüber der BuStra begründen, werden insbesondere in folgenden beispielhaft aufgezählten Fällen gegeben sein:

- Nach durchgeführter Kalkulation oder Verprobung verbleiben ungeklärte Differenzen von einigem Gewicht, z. B. der Steuerpflichtige erklärt Vermögenszuwachs mit unplausiblen Geldzuflüssen, wie Verwandtendarlehen, Auslandsdarlehen oder Spielbankgewinnen.
- Bei ungebundenen Privatentnahmen, die zur Bestreitung des Lebensunterhalts offensichtlich nicht ausreichen.
- Bei Feststellung schwerwiegender Buchführungsmängel, insbesondere auffälliges Fehlen von sonst allgemein üblichen Belegen.
- Bei Hinweisen auf verschwiegene oder irreführend bezeichnete Bankkonten (Konten auf fingiertem oder fremden Namen).

– Bei in der Bilanz wesentlich zu niedrig bewerteten Aktiv-Beständen sowie bei erheblich zu hoch bewerteten passiven Beständen des Betriebsvermögens.
– Die sich aus Kontrollmitteilungen ergebenden Einnahmen sind in der Buchführung nicht erfasst (s. o.).
– Bei Vorlage einer Selbstanzeige durch den Steuerpflichtigen, egal in welchem Verfahrensstadium.
– Bei konkreten Verdachtsmomenten, dass Belege manipuliert/gefälscht wurden (Achtung: ggf. muss hier bereits wegen Gefahr im Verzug das Strafverfahren unverzüglich eingeleitet werden, damit Originalbelege beschlagnahmt werden können). Hier ist aber, soweit möglich, noch vor Ort (z. B. per Telefon) Kontakt mit der BuStra aufzunehmen.

Grundsätzlich ist festzuhalten, dass in Zweifelsfällen immer eine frühzeitige – auch formlose – Kontaktaufnahme mit der BuStra geboten ist. Dies gilt insbesondere dann, wenn aufgrund der bisher getroffenen Prüfungsfeststellungen erhebliche Nachzahlungen zu erwarten sind und der Verdacht einer Steuerstraftat nicht offensichtlich ausgeschlossen (vgl. Nr. 113 Abs. 4 AStBV [St]) ist.

Soweit bei offensichtlich leichtfertiger Begehensweise nur der Verdacht einer Ordnungswidrigkeit im Raume steht, kann eine Unterrichtung der BuStra unterbleiben, wenn das aufgrund der Tathandlung zu erwartende steuerliche Mehrergebnis insgesamt unter 5 000 € liegt und nicht besondere Umstände hinsichtlich des vorwerfbaren Verhaltens für die Durchführung eines Bußgeldverfahrens sprechen (analoge Anwendung der Nr. 97 Abs. 3 AStBV [St]).

4) Merkblatt zur grenzüberschreitenden Prüfungszusammenarbeit mit Steuerverwaltungen anderer Staaten und Gebiete: gemeinsame und gleichzeitige Prüfungen sowie Anwesenheit von Bediensteten

Anl 4

Vom 15. Mai 2025 (BeckVerw 653238)

(BMF IV B 3-S 1520/00014/004/003; DOK COO.7005.100.2.12021527)

Nach Erörterungen mit den obersten Finanzbehörden der Länder gelten in Ergänzung des Merkblatts zur zwischenstaatlichen Amtshilfe durch Informationsaustausch in Steuersachen (BMF-Schreiben vom 29. Mai 2019 IV B 6 – S 1320/07/10004 :008, BStBl. I S. 480) für die Durchführung gemeinsamer Prüfungen und gleichzeitiger Prüfungen mit Steuerverwaltungen anderer Staaten und Gebiete sowie für die Anwesenheit von Bediensteten anderer Staaten oder Gebiete im Inland und für die Anwesenheit von inländischen Bediensteten im Ausland die folgenden Grundsätze. 50

4 Anlagen[1]

Teil I

1. Allgemeines

1 Dieses Merkblatt erläutert sonstige Formen der Verwaltungszusammenarbeit bei der zwischenstaatlichen Amtshilfe durch Informationsaustausch, soweit diese Formen direkte Steuern zum Gegenstand haben. Es ergänzt insoweit das Merkblatt zur zwischenstaatlichen Amtshilfe durch Informationsaustausch in Steuersachen (BMF-Schreiben vom 29. Mai 2019 IV B 6 – S 1320/07/10004 :008, BStBl. I S. 480). 51

2 Das Merkblatt vermittelt in Teil I einen Überblick über die sonstigen Formen der Verwaltungszusammenarbeit sowie über deren rechtliche Grundlagen. Teil II dient als Leitfaden für die praktische Durchführung der Verwaltungszusammenarbeit.

3 Sonstige Formen der Verwaltungszusammenarbeit im Sinne des Merkblattes sind:
– die gemeinsame Prüfung (auch Joint audit – JA),
– die gleichzeitige Prüfung (auch Simultaneous control – SC) und
– die Anwesenheit von Bediensteten anderer Staaten oder Gebiete im Inland sowie die Anwesenheit von inländischen Bediensteten im Ausland (auch presence in administrative offices and participation in administrative enquiries – PAOE).

4 Bei gemeinsamen und gleichzeitigen Prüfungen handelt es sich auf inländischer Seite in der Regel um Fälle der Außenprüfung (§§ 193 bis 207 Abgabenordnung (AO)). Daneben kommen aber auch behördliche Ermittlungen außerhalb einer Außenprüfung in Betracht.

5 Die sonstigen Formen der Verwaltungszusammenarbeit können insbesondere zur Anwendung kommen,
– um Zugriff auf Informationen zu erhalten, die ohne diese Verwaltungszusammenarbeit nicht oder nur erschwert zugänglich wären, oder
– wenn die Erwartung besteht, dass es bei einem rein unilateralen Vorgehen zu einer Doppelbesteuerung oder zu einer Nichtbesteuerung in beiden Staaten kommen könnte.

6 Die sonstigen Formen der Verwaltungszusammenarbeit sind abzugrenzen von
– internationalen Vorabverständigungsverfahren,
– internationalen Risikobewertungsverfahren und
– internationalen Streitbeilegungsverfahren.

Die Regelungen zur Einleitung und Durchführung solcher Verfahren bleiben unberührt.

7 Die Einzelheiten über den Ablauf eines Vorabverständigungsverfahrens nach § 89a AO ergeben sich aus dem Anwendungserlass zur Abgabenordnung (AEAO) zu § 89 a AO. Eine Außenprüfung, die als gemeinsame oder gleichzeitige Prüfung durchgeführt wird (in § 89 a Abs. 7 Satz 7 AO als koordinierte bila-

[1] Hier nicht abgedruckt.

Anl 4 terale oder multilaterale steuerliche Außenprüfung bezeichnet), kann die Grundlage für ein zukünftiges Vorabverständigungsverfahren sein. Vorteilhaft ist in diesem Fall, dass die gemeinsame oder gleichzeitige Prüfung in der Regel bereits vielfältige Informationen zusammengetragen hat und so der verbleibende Aufwand für Steuerpflichtige und Verwaltung gleichermaßen verringert wird. Auf die in § 89 a Abs. 7 Satz 7 AO vorgesehene Reduzierung der Gebühren für zukünftige Vorabverständigungsverfahren wird hingewiesen.

8 Ein internationales Risikobewertungsverfahren nach § 89 b AO ist eine gemeinsame Einschätzung von steuerlichen Risiken von bereits verwirklichten Sachverhalten mit einem oder mehreren Staaten oder Hoheitsgebieten in einem auf Kooperation und Transparenz angelegten Verfahren. Bei der Einschätzung von steuerlichen Risiken sind nach § 89 b Abs. 2 AO zu würdigen:
- der Umfang und die Plausibilität der vom Steuerpflichtigen vorgelegten Unterlagen und Informationen,
- die zu erwartenden steuerlichen Auswirkungen und
- der zu erwartende zeitliche und personelle Aufwand einer vertieften Sachverhaltsprüfung.

Ob und in welchem Umfang eine sonstige Form der Verwaltungszusammenarbeit auf Grund der Ergebnisse und Erkenntnisse aus einem internationalen Risikobewertungsverfahren folgt oder unterbleibt, ist im Einzelfall zu betrachten.

9 Die Einzelheiten über den Ablauf eines internationalen Streitbeilegungsverfahrens ergeben sich aus dem Merkblatt Streitbeilegungsverfahren. Das Recht des Steuerpflichtigen, neben oder nach einer gemeinsamen Prüfung (Rn. 10) oder einer gleichzeitigen Prüfung (Rn. 14) ein auf den Prüfungszeitraum bezogenes internationales Streitbeilegungsverfahren zu beantragen, bleibt unberührt. Ein entsprechender Antrag kommt insbesondere in Betracht, wenn
- sich im Verlauf der gemeinsamen oder gleichzeitigen Prüfung konkrete Anhaltspunkte dafür ergeben, dass eine Besteuerung droht, die aus der Sicht des Steuerpflichtigen nicht dem Doppelbesteuerungsabkommen (DBA) entspricht,
- die im gemeinsamen Prüfungsbericht (Rn. 101) vorgesehene Besteuerung aus Sicht des Steuerpflichtigen nicht dem DBA entspricht,
- eine der beteiligten Verwaltungen die im gemeinsamen Prüfungsbericht (Rn. 101) vorgesehene Besteuerung nicht umsetzt,
- es in der gemeinsamen Prüfung nicht gelingt, den Sachverhalt einvernehmlich festzustellen, oder
- n der gemeinsamen Prüfung keine gemeinsame Sichtweise der beteiligten Behörden darüber erreicht wird, welche Besteuerung dem DBA entspricht.

2. Sonstigen Formen der Verwaltungszusammenarbeit und ihre Anwendung

2.1. Gemeinsame Prüfung

52 **10** Eine gemeinsame Prüfung sind behördliche Ermittlungen, die von der zuständigen Finanzbehörde gemeinsam mit der entsprechenden Behörde eines anderen Staates oder Gebietes in Bezug auf eine Person oder mehrere Personen von gemeinsamem oder ergänzendem Interesse durchgeführt werden (§ 12 a Abs. 2 Satz 1 Gesetz über die Durchführung der gegenseitigen Amtshilfe in Steuersachen zwischen den Mitgliedstaaten der Europäischen Union (EUAHiG) gegebenenfalls i. V. m. § 117 e AO). In welcher Weise die gemeinsame Prüfung durchgeführt wird, stimmen die zentralen Verbindungsbüros (siehe Rn. 31) der beteiligten Staaten untereinander ab.

11 Das Ziel der gemeinsamen Prüfung ist die Einigung über den Sachverhalt und die Umstände, die Gegenstand der behördlichen Ermittlungen sind, sowie die einvernehmliche steuerliche Würdigung auf Basis dieses Sachverhaltes (§ 12 a Abs. 2 Satz 2 EUAHiG gegebenenfalls i. V. m. § 117 e AO).

12 Zentrales Element der gemeinsamen Prüfung ist das Einigungsbemühen. Die Anwesenheit von Bediensteten anderer Staaten oder Gebiete im Inland oder die Anwesenheit von inländischen Bediensteten im Ausland kann Bestandteil einer gemeinsamen Prüfung sein (siehe Rn. 20).

13 Die gemeinsame Prüfung bietet sich daher insbesondere an, wenn eine konkrete Erwartung besteht (zum Beispiel bei Fragen zu Verrechnungspreisen oder zu Betriebsstätten und bei Modellen der grenzüberschreitenden Steuergestaltung und Steuervermeidung),
- dass es bei rein unilateralem Vorgehen zu einer Doppelbesteuerung oder einer Nichtbesteuerung in beiden Staaten kommen könnte und
- dass eine solche Doppelbesteuerung oder eine Nichtbesteuerung in beiden Staaten durch ein grenzüberschreitendes Einvernehmen schon im Rahmen der Prüfung vermieden werden könnte.

2.2. Gleichzeitige Prüfung

14 Eine gleichzeitige Prüfung sind behördliche Ermittlungen, die von der zuständigen Finanzbehörde gleichzeitig mit der entsprechenden Behörde eines anderen Staates oder Gebietes in Bezug auf eine Person oder mehrere Personen von gemeinsamem oder ergänzendem Interesse durchgeführt werden, um die erlangten Informationen auszutauschen (§ 12 Abs. 2 Satz 1 EUAHiG gegebenenfalls i. V. m. § 117 e AO). Die Durchführung wird von den zentralen Verbindungsbüros (siehe Rn. 31) der beteiligten Staaten koordiniert. Die teilnehmenden Behörden sind aber nicht daran gehindert, Ermittlungen auch unter Berücksichtigung ausschließlich eigener Interessen an der Aufklärung des Sachverhalts vorzunehmen.

15 Die gleichzeitige Prüfung ist dadurch gekennzeichnet, dass jede Behörde im eigenen Hoheitsgebiet untereinander abgestimmte Ermittlungshandlungen vornimmt und die dadurch erlangten Informationen dann der anderen Behörde mitteilt. Diese andere Behörde kann die erhaltenen Informationen für das Besteuerungsverfahren nutzen.

16 Das Ziel der gleichzeitigen Prüfung ist lediglich der Austausch der erlangten Informationen.

17 Die gleichzeitige Prüfung bietet sich daher insbesondere an, wenn

- eine konkrete Erwartung besteht, dass es bei rein unilateralem Vorgehen zu einer Doppelbesteuerung oder zu einer Nichtbesteuerung in beiden Staaten kommen könnte, der Staat, mit dem die Zusammenarbeit in Betracht kommt, keine gemeinsame Prüfung durchführen kann oder will, und der Informationsaustausch bei einer gleichzeitigen Prüfung das Risiko einer Doppelbesteuerung oder einer Nichtbesteuerung in beiden Staaten zumindest vermindern könnte, oder
- hierdurch Zugriff auf Informationen zu erhalten ist, die ohne die gleichzeitige Prüfung nicht oder nur erschwert zugänglich wären (ohne dass es darauf ankommt, dass die nationalen Ermittlungsmöglichkeiten tatsächlich schon erschöpft sind; siehe Rn. 25), und nicht die Erwartung besteht, dass es bei einem rein unilateralen Vorgehen zu einer Doppelbesteuerung im Verhältnis zu dem Staat, mit dem die Zusammenarbeit in Betracht kommt, kommen könnte.

2.3. Anwesenheit von Bediensteten anderer Staaten oder Gebiete im Inland und Anwesenheit von inländischen Bediensteten im Ausland

18 Zum Informationsaustausch können Bedienstete anderer Staaten oder Gebiete im Inland (§ 10 Abs. 1 Satz 1 EUAHiG, gegebenenfalls i. V. m. § 117 e AO)
- in den Amtsräumen zugegen sein, in denen die Finanzbehörden ihre Tätigkeit ausüben,
- bei den behördlichen Ermittlungen zugegen sein, die auf inländischem Hoheitsgebiet von den Finanzbehörden durchgeführt werden, und
- unter Einhaltung des inländischen Verfahrensrechts im Beisein zuständiger inländischer Bediensteter Personen befragen und Aufzeichnungen prüfen, auch mit elektronischen Kommunikationsmitteln.

Die Befugnisse der Bediensteten der anderen Staaten bestimmen sich dabei nach dem inländischen Verfahrensrecht und gehen nicht über das hinaus, was für die genannten Zwecke erforderlich ist und das Recht des jeweiligen anderen Staates oder Gebietes seinen Bediensteten gestattet (siehe ausführlich Rn. 88 bis 95).

19 Entsprechend können auch inländische Bedienstete zum Informationsaustausch in andere Staaten oder Gebiete entsandt werden (§ 11 EUAHiG, § 117 e AO).

20 Bei einer gemeinsamen Prüfung sieht § 12 a Abs. 1 Satz 4 EUAHiG die entsprechende Anwendung der Vorschriften zur Anwesenheit von Bediensteten vor. Eine derartige Anwesenheit ist dann in der Regel Teil der gemeinsamen Prüfung und wird nicht separat initiiert. Die Anwesenheit von Bediensteten ist aber auch außerhalb einer gemeinsamen Prüfung möglich. Denkbar ist sowohl eine Anwesenheit von Bediensteten bei einer gleichzeitigen Prüfung als auch eine Anwesenheit von Bediensteten ohne Zusammenhang mit einer gemeinsamen oder gleichzeitigen Prüfung.

21 Eine Anwesenheit von Bediensteten ohne Zusammenhang mit einer gemeinsamen oder gleichzeitigen Prüfung kommt in Betracht, um Zugriff auf Informationen zu erhalten, die ohne die Anwesenheit nicht oder nur erschwert zugänglich wären, wenn das Ermittlungsinteresse nur einseitig im ersuchenden Staat gegeben ist (also kein gemeinsames oder ergänzendes Interesse vorliegt; siehe Rn. 10 oder 14).

3. Rechtliche Grundlagen

22 Die sonstigen Formen der Verwaltungszusammenarbeit sind dem zwischenstaatlichen Informationsaustausch zuzuordnen. Daher kommen hier die Rechtsgrundlagen der zwischenstaatlichen Amtshilfe durch Informationsaustausch zur Anwendung. **53**

23 Rechtsgrundlage für die sonstigen Formen der Verwaltungszusammenarbeit können demnach sein:
- das EUAHiG (§§ 10 bis 12 a EUAHiG),
- § 117 e AO i. V. m. völkerrechtlichen Vereinbarungen mit anderen Staaten oder Gebieten (zum Beispiel: Amtshilfeübereinkommen, DBA[1] und TIEAs sowie eigenständige Rechts- und Amtshilfevereinbarungen) oder
- in Ermangelung einer völkerrechtlichen Vereinbarung § 117 e AO i. V. m. § 117 Abs. 3 AO.

24 Bei einer gemeinsamen oder gleichzeitigen Prüfung sowie im Vorfeld zur Stellung, Annahme oder Ablehnung eines Ersuchens dürfen Informationen ausgetauscht werden, soweit das nach § 4 EUAHiG zulässig ist (§ 12 Abs. 2 Satz 2, gegebenenfalls i. V. m. § 12 a Abs. 1 Satz 4 EUAHiG). Auch bei einer Anwesenheit (vergleiche Rn. 18 bis 21) dürfen nur solche Informationen offenbart werden, die nach § 4 EUAHiG übermittelt werden dürfen (§ 10 Abs. 2 Satz 1, gegebenenfalls i. V. m. § 11 EUAHiG). Damit setzt der Informationsaustausch insbesondere die voraussichtliche Erheblichkeit entsprechend § 6 a EUAHiG voraus (§ 4 Abs. 1 Satz 1 EUAHiG). Voraussichtliche Erheblichkeit ist gegeben, wenn zum Zeitpunkt des Ersuchens beziehungsweise der Informationsweitergabe innerhalb einer der sonstigen Formen der Verwaltungszusammenarbeit eine realistische Möglichkeit besteht, dass die auszutauschenden Informationen in dem Staat, der die Informationen erhält, für die Steuerangelegenheiten eines oder mehrerer Steuerpflichtiger relevant sind. In Fällen mit Drittstaaten setzen die völkerrechtlichen Vereinbarungen, auf die in § 117 e Abs. 2 Satz 1 Nr. 3 AO verwiesen wird, in der Regel ebenfalls die voraussichtliche Erheblichkeit der auszutauschenden Informationen voraus.

25 Wegen des Verweises auf § 4 EUAHiG gelten hinsichtlich des Informationsaustausches grundsätzlich auch die Vorbehalte in § 4 Abs. 3 bis 6 EUAHiG. § 4 Abs. 3 Nr. 2 und § 6 Abs. 3 EUAHiG finden jedoch bei gemeinsamen oder gleichzeitigen Prüfungen keine Anwendung (§ 12 Abs. 2 Satz 4, gegebenenfalls i. V. m. § 12 a Abs. 1 Satz 4 EUAHiG), das heißt, die Durchführung gemeinsamer oder gleichzeitiger Prüfungen und der Informationsaustausch innerhalb solcher Prüfungen ist innerhalb der EU auch möglich, wenn die üblichen jeweiligen innerstaatlichen Informationsquellen noch nicht ausgeschöpft sind. In Drittstaatenfällen sind die nach § 117 e Abs. 2 Satz 1 Nr. 3 AO jeweils einschlägigen Regelungen

---

[1] **Amtl. Anm.:** Stand der Doppelbesteuerungsabkommen und anderer Abkommen im Steuerbereich sowie der Abkommensverhandlungen am 1. Januar 2025 *(BMF-Schreiben vom 20. Januar 2025, BStBl. I S. 291).*

Anl 4

hinsichtlich möglicher Vorbehalte bezüglich des Informationsaustauschs zu beachten (zum Beispiel: bei der Übermittlung von Informationen, die ein Handels-, Gewerbe- oder Berufsgeheimnis oder ein Geschäftsverfahren preisgeben würden, oder hinsichtlich des vorrangigen Ausschöpfens innerstaatlicher Mittel). Diese Vorbehalte bestimmen sich im Einzelfall unter Berücksichtigung des sachlichen und zeitlichen Anwendungsbereichs der in Betracht kommenden Vereinbarungen (siehe insbesondere Art. 25 Abs. 3 der DBA-Verhandlungsgrundlage[1] und Art. 21 des Amtshilfeübereinkommens oder in Ermangelung anwendbarer völkerrechtlicher Vereinbarungen nach § 117 Abs. 3 AO).

26 Eine Informationsübermittlung hat bei Vorliegen eines Handels-, Gewerbe- oder Berufsgeheimnisses oder eines Geschäftsverfahrens nicht kategorisch zu unterbleiben. Vielmehr liegt es im pflichtgemäßen Ermessen des zentralen Verbindungsbüros, die Informationsübermittlung vorzunehmen, auch wenn ein Handels-, Gewerbe- oder Berufsgeheimnis oder ein Geschäftsverfahren vorliegt. Dabei ist jedoch das Informationsverlangen zur Durchsetzung der zutreffenden Besteuerung abzuwägen und die schutzwürdigen Interessen des Geheimnisinhabers zu wahren.

27 Einer Weitergabe von Informationen, die üblicherweise zur Prüfung der Angemessenheit von Verrechnungspreisen zwischen verbundenen Unternehmen geeignet sind (wie etwa Informationen zu als Vergleich in Betracht kommenden Geschäftsbeziehungen zu fremden Lieferanten oder Kunden), an die zuständigen Behörden anderer Staaten im Rahmen einer gemeinsamen oder gleichzeitigen Prüfung dieser verbundenen Unternehmen stehen Handels- oder Gewerbegeheimnisse in der Regel nicht entgegen.

28 Das Steuergeheimnis nach § 30 AO ist sowohl bei der Inanspruchnahme als auch bei der Leistung von Amtshilfe zu beachten. Informationen, die durch die Inanspruchnahme von Amtshilfe an Deutschland übermittelt werden, unterliegen im Inland dem Steuergeheimnis (§ 19 Abs. 1 EUAHiG). Eine Offenbarung der Erkenntnisse, die bei inländischen Finanzbehörden vorhanden sind oder bei deren Ermittlungen erlangt worden sind, gegenüber den zuständigen Behörden anderer Staaten ist im Rahmen der zwischenstaatlichen Amtshilfe gemäß § 117 Abs. 2 AO zulässig, sofern ein innerstaatlich anwendbarer Rechtsakt der EU (Offenbarung nach § 30 Abs. 4 Nr. 2 a AO), eine innerstaatlich anwendbare völkerrechtliche Vereinbarung oder das EUAHiG (Offenbarung nach § 30 Abs. 4 Nr. 2 AO) die Offenbarung zulässt.

4. Zuständigkeiten

54 **29** An der Durchführung der sonstigen Formen der Verwaltungszusammenarbeit sind auf inländischer Seite jeweils die zuständige Finanzbehörde und das zentrale Verbindungsbüro beteiligt.

30 Zuständige Finanzbehörde ist die für Ermittlungshandlungen zuständige Finanzbehörde. Soweit die Verwaltungszusammenarbeit auf inländischer Seite im Rahmen einer Außenprüfung durchgeführt wird beziehungsweise werden soll, ist zuständige Finanzbehörde das für die Außenprüfung zuständige Finanzamt (§ 195 AO), gegebenenfalls unter Mitwirkung des Bundeszentralamts für Steuern (BZSt; § 19 Abs. 1 und Abs. 2 Finanzverwaltungsgesetz (FVG)). Hinsichtlich der Verwaltung der Versicherung- und Feuerschutzsteuer (§ 5 Nr. 25 FVG) und im Fall von Auftragsprüfungen nach § 19 Abs. 3 FVG ist das BZSt zuständige Finanzbehörde. Bei Ermittlungshandlungen außerhalb von Außenprüfungen kommt als zuständige Finanzbehörde insbesondere das für die Veranlagung zuständige Finanzamt in Betracht.

31 Zentrales Verbindungsbüro ist das BZSt (§ 3 Abs. 2 Satz 1 EUAHiG i. V. m. § 5 Abs. 1 Satz 1 Nr. 5 Buchst. a FVG und BMF-Schreiben vom 8. Oktober 2024, BStBl. I S. 1305). Bei der Verwaltungszusammenarbeit mit Drittstaaten nach § 117 e AO tritt bei der entsprechenden Anwendung der Vorschriften des EUAHiG an die Stelle des zentralen Verbindungsbüros ebenfalls das BZSt (§ 117 e Abs. 2 Satz 2 AO; im Folgenden wird vereinfacht nur der Begriff zentrales Verbindungsbüro verwendet).

32 Das BZSt als zentrales Verbindungsbüro benennt für jeden Einzelfall eine oder einen seiner Bediensteten, die oder der für die Beaufsichtigung und Koordinierung der Verwaltungszusammenarbeit beziehungsweise der angestrebten Verwaltungszusammenarbeit verantwortlich ist. Die benannte Koordinatorin oder der benannte Koordinator stellt dabei in erster Linie für den Einzelfall die Abstimmung mit den in- und ausländischen Behörden sowie die Wahrung der Maßgaben für eine zulässige Informationsübermittlung sicher.

33 Beteiligte Behörden i. S. v. § 12 a Abs. 3 und 4 EUAHiG sind sowohl die zuständige Finanzbehörde und das BZSt mit der mitwirkenden Bundesbetriebsprüfung als auch das zentrale Verbindungsbüro. Alle beteiligten Behörden stimmen sich untereinander ab.

34 Im Übrigen ergibt sich die Aufgabenverteilung zwischen der zuständigen Finanzbehörde, der mitwirkenden Bundesbetriebsprüfung und dem zentralen Verbindungsbüro bei den einzelnen Schritten im Kontext der Durchführung der sonstigen Formen der Verwaltungszusammenarbeit aus den näheren Ausführungen in Teil II.

Teil II

5. Praktische Durchführung

55 **35** Die folgenden Ausführungen gelten
– für die Mitgliedstaaten der Europäischen Union (EU-Mitgliedstaaten, siehe § 1 Abs. 1 EUAHiG) und
– über den § 117 e AO auch für die Staaten und Gebiete, die nicht Mitgliedstaaten der Europäischen Union sind (Drittstaaten).

Sofern die Regelungen zwischen EU-Mitgliedstaaten und Drittstaaten voneinander abweichen, wird in der Regel am Ende des jeweiligen Unterabschnitts ausdrücklich darauf hingewiesen.

[1] **Amtl. Anm.:** Verhandlungsgrundlage für Doppelbesteuerungsabkommen im Bereich der Steuern vom Einkommen und Vermögen vom 22. August 2013.

5.1. Initiierung und Ersuchen

5.1.1. Initiierung einer gemeinsamen oder gleichzeitigen Prüfung durch die inländische Steuerverwaltung

36 Auf Vorschlag der zuständigen Finanzbehörde kann das zentrale Verbindungsbüro einen oder mehrere EU-Mitgliedstaaten ersuchen, eine gemeinsame oder eine gleichzeitige Prüfung durchzuführen (§ 12 a Abs. 1 Satz 1 beziehungsweise § 12 Abs. 1 Satz 1 EUAHiG). Die nach § 19 Abs. 1 und 2 FVG an einer Außenprüfung mitwirkende Bundesbetriebsprüfung kann die Durchführung einer gemeinsamen oder gleichzeitigen Prüfung gegenüber dem für die Außenprüfung zuständigen Finanzamt anregen.

37 In diesen Fällen bestimmt die zuständige Finanzbehörde, für welche Person oder welche Personen eine gemeinsame oder gleichzeitige Prüfung durchgeführt werden soll, begründet die Auswahl und gibt den Zeitraum an, in dem die Prüfung durchgeführt werden soll (§ 12 Abs. 4, gegebenenfalls i. V. m. § 12 a Abs. 1 Satz 4 EUAHiG). Mit der mitwirkenden Bundesbetriebsprüfung erfolgt eine Abstimmung.

38 Der Vorschlag soll ausreichende Angaben enthalten, um dem anderen Staat oder den anderen Staaten eine informierte Entscheidung über das Ersuchen zu ermöglichen und um Rückfragen zu vermeiden. Angegeben werden soll zum Beispiel:
- der Zeitraum, der geprüft werden soll,
- die Bezeichnung des ausländischen Unternehmens oder Unternehmensteils, das geprüft werden soll,
- eine Beschreibung der zu prüfenden Transaktionen (einschließlich der betragsmäßigen Größenordnung).

Für alle betroffenen Finanzbehörden sollte schlüssig und nachvollziehbar sein, warum sich eine gemeinsame oder gleichzeitige Prüfung anbietet.

39 Die Verwendung des Musters in Anlage 1 wird empfohlen. Der Vorschlag kann in deutscher Sprache erstellt werden.

40 Der Vorschlag soll per E-Mail an das zentrale Verbindungsbüro (Adresse: joint.audit@bzst.bund.de) übermittelt werden. Dabei ist der landesintern vorgegebene Dienstweg einzuhalten.

41 Das zentrale Verbindungsbüro prüft die rechtliche Zulässigkeit der vorgeschlagenen gemeinsamen oder gleichzeitigen Prüfung. Es kann auf dem landesintern vorgegebenen Dienstweg mit der vorschlagenden zuständigen Finanzbehörde Kontakt aufnehmen, um Fragen zu klären und um Änderungen oder Ergänzungen am Vorschlag abzustimmen. Das zentrale Verbindungsbüro übernimmt im Anschluss die Übersetzung des Vorschlags in die Sprache, in der mit den Verbindungsbüros der betroffenen anderen Staaten gewöhnlich kommuniziert wird (in der Regel Englisch), und übermittelt den Vorschlag als Ersuchen des inländischen zentralen Verbindungsbüros an das zentrale Verbindungsbüro des anderen betroffenen Staates oder der anderen betroffenen Staaten.

42 Ersuchte Staaten sind gehalten, innerhalb von 60 Tagen nach Erhalt des Ersuchens ihr Einverständnis oder ihre begründete Ablehnung zu erklären (vergleiche Art. 12 Abs. 3, Art. 12 a Abs. 1 Satz 2 EUAHiRL).

43 Hinsichtlich der Anwesenheit inländischer Bediensteter im Ausland ist nach den Formen der Verwaltungszusammenarbeit zu differenzieren (siehe Rn. 18 bis 21):
- Bei einer gemeinsamen Prüfung ist die Anwesenheit in der Regel Teil der gemeinsamen Prüfung und wird nicht separat initiiert.
- Ist bei einer gleichzeitigen Prüfung die Anwesenheit inländischer Bediensteter im Ausland geplant, so soll darauf schon bei der Initiierung der gleichzeitigen Prüfung hingewiesen werden. Die Initiierung der Anwesenheit wird in diesem Fall mit der Initiierung der gleichzeitigen Prüfung verbunden.
- Für die Initiierung der Anwesenheit inländischer Bediensteter in anderen EU-Mitgliedstaaten zum Informationsaustausch (§ 11 i. V. m. § 10 EUAHiG) außerhalb einer gemeinsamen oder gleichzeitigen Prüfung gelten die in Rn. 36 bis 42 beschriebenen Abläufe entsprechend. In diesen Fällen gilt weiter eine Anhörungspflicht (Rn. 58 bis 62).

44 Über § 117 e AO gelten die in den Rn. 36 bis 43 beschriebenen Abläufe auch im Verhältnis zu Drittstaaten. Anders als bei EU-Mitgliedstaaten besteht für Drittstaaten aber keine rechtliche Verpflichtung, innerhalb von 60 Tagen nach Erhalt des Ersuchens ihr Einverständnis oder ihre begründete Ablehnung zu erklären. Bei beabsichtigter sonstiger Verwaltungszusammenarbeit mit Drittstaaten ist vor Übermittlung eines Ersuchens ins Ausland die nach § 117 e Abs. 2 Satz 3 AO in der Regel weiterhin bestehende Anhörungspflicht zu beachten (dazu Rn. 58 bis 62).

5.1.2. Initiierung einer gemeinsamen oder gleichzeitigen Prüfung durch ausländische Finanzbehörden

45 Das zentrale Verbindungsbüro nimmt Ersuchen anderer EU-Mitgliedstaaten, eine gemeinsame oder eine gleichzeitige Prüfung durchzuführen, entgegen (§ 12 a Abs. 1 Satz 2 beziehungsweise § 12 Abs. 1 Satz 2 EUAHiG). Es prüft die rechtliche Zulässigkeit der eingehenden Ersuchen und unterrichtet das für die Außenprüfung zuständige Finanzamt auf dem landesintern vorgegebenen Dienstweg sowie das gegebenenfalls für eine Prüfungsmitwirkung nach § 19 Abs. 1 und 2 FVG zuständige Referat im BZSt. Die Übermittlung erfolgt in der Regel per E-Mail an die dem zentralen Verbindungsbüro jeweils für diesen Zweck benannten elektronischen Postfächer. In englischer Sprache eingehende Ersuchen leitet das BZSt ohne Übersetzung weiter.

46 Besteht Anlass für die Annahme, dass im Inland eher Ermittlungshandlungen außerhalb einer Außenprüfung geeignet sein könnten, stimmt das zentrale Verbindungsbüro mit der obersten Finanzbehörde oder mit der von dieser beauftragten Behörde des Landes, durch deren Behörden im ersuchten Fall Ermittlungshandlungen in Betracht kommen, ab, welche andere Stelle (zum Beispiel Veranlagungsfinanzamt) unterrichtet wird. Sind mehrere Länder betroffen, regt das zentrale Verbindungsbüro eine Abstimmung unter den betroffenen Landesfinanzbehörden an.

Anl 4

47 Die unterrichtete zuständige Finanzbehörde entscheidet, ob sie an der gemeinsamen oder gleichzeitigen Prüfung teilnimmt (§ 12 a Abs. 1 Satz 4, gegebenenfalls i. V. m. § 12 Abs. 5 Satz 1 EUAHiG). Sind mehrere zuständige Finanzbehörden von demselben Ersuchen betroffen, sollte die Entscheidung möglichst nach Abstimmung getroffen werden. In den Fällen, in denen das BZSt an der Außenprüfung mitwirkt (§ 19 Abs. 1 und 2 FVG), entscheidet die zuständige Finanzbehörde unter Einhaltung des landesinternen Dienstweges gemeinsam mit der mitwirkenden Bundesbetriebsprüfung.

48 Eine ablehnende Entscheidung ist zu begründen. Die Begründung kann in deutscher Sprache erstellt werden. Die ablehnende Entscheidung wird dann in die Sprache, in der mit den Verbindungsbüros der betroffenen Staaten kommuniziert wird (in der Regel Englisch), vom zentralen Verbindungsbüro übersetzt.

49 Die Entscheidung wird unter Beachtung des landesintern vorgegebenen Dienstwegs dem zentralen Verbindungsbüro mitgeteilt. Die Übermittlung der Entscheidung an das zentrale Verbindungsbüro soll per E-Mail (Adresse: joint.audit@bzst.bund.de) erfolgen.

50 Das zentrale Verbindungsbüro teilt dem ersuchenden Staat innerhalb von 60 Tagen nach Erhalt des Ersuchens das Einverständnis oder die begründete Ablehnung mit (§ 12 Abs. 5 Satz 2, gegebenenfalls i. V. m. § 12 a Abs. 1 Satz 4 EUAHiG).

51 Die in den Rn. 45 bis 50 beschriebenen Abläufe gelten entsprechend für die Initiierung der Anwesenheit ausländischer Bediensteter im Inland zum Informationsaustausch (§ 10 EUAHiG) außerhalb einer gemeinsamen oder gleichzeitigen Prüfung. Dabei ist die für eine solche Anwesenheit weiterhin bestehende Anhörungspflicht zu beachten (siehe Rn. 58 bis 62).

52 Auf der rechtlichen Grundlage von § 117 e AO gelten die vorstehend beschriebenen Abläufe auch im Verhältnis zu Drittstaaten. In diesen Fällen ist die Einhaltung der 60-Tage-Frist (siehe Rn. 50) nur eine Soll-Maßgabe (§ 117 e Abs. 2 Satz 1 Nr. 2 AO). Bezieht sich das ausländische Ersuchen (auch) auf eine Anwesenheit im Inland, ist von der in § 117 e Abs. 1 Satz 1 AO vorausgesetzten Gegenseitigkeit auszugehen, wenn die ausländische zuständige Behörde gegenüber dem zentralen Verbindungsbüro erklärt, dass es in einer entsprechenden Konstellation auch eine entsprechende Anwesenheit inländischer Bediensteter zulassen würde. Vor Übermittlung eines Einverständnisses an die ersuchende ausländische zuständige Behörde ist die nach § 117 e Abs. 2 Satz 3 AO in der Regel weiterhin bestehende Anhörungspflicht zu beachten (siehe Rn. 57 bis 62).

5.1.3. Anregung durch Steuerpflichtige

53 Ein Antragsrecht der Steuerpflichtigen hinsichtlich des Anstoßens einer der sonstigen Formen der Verwaltungszusammenarbeit besteht nicht. Ungeachtet dessen können Steuerpflichtige bei den jeweils zuständigen Finanzbehörden anregen, davon Gebrauch zu machen. Eine Anregung kommt insbesondere dann in Betracht, wenn der Steuerpflichtige im Einzelfall konkrete Hinweise darauf hat, dass es bei ihm ohne eine solche Verwaltungszusammenarbeit durch unilaterale Maßnahmen zu einer Doppelbesteuerung kommen könnte.

5.1.4. Auswahltreffen

54 Wollen Staaten Informationen austauschen, um zu klären, ob eine der sonstigen Formen der Verwaltungszusammenarbeit in einem bestimmten Fall sinnvoll erscheint, kann optional bereits dafür ein physisches oder virtuelles Treffen zur zwischenstaatlichen Abstimmung und Klärung stattfinden (Auswahltreffen beziehungsweise Selection Meeting). Nach § 12 Abs. 2 Satz 2 und § 12 a Abs. 1 Satz 4 EUAHiG können bereits die Informationen, die im Vorfeld der gemeinsamen oder gleichzeitigen Prüfung zur Stellung oder der Annahme oder Ablehnung eines Ersuchens eines anderen Staates erforderlich sind, ausgetauscht werden, soweit dies nach § 4 EUAHiG zulässig ist (vergleiche Rn. 24 bis 28). Auswahltreffen können auch mit Drittstaaten angeregt und durchgeführt werden.

55 Hinsichtlich der Initiierung eines Auswahltreffens gelten die in den Rn. 36 bis 52 dargestellten Abläufe entsprechend. Die Initiierung eines Auswahltreffens stellt kein formales Ersuchen dar und löst deshalb auch nicht die 60-Tage-Frist aus (siehe Rn. 42 und 50).

56 Nach dem Auswahltreffen ersucht gegebenenfalls einer der beteiligten Staaten nach den allgemein vorgesehenen Abläufen (siehe Rn. 36 bis 52) um die Durchführung der als sinnvoll angesehenen sonstigen Form der Verwaltungszusammenarbeit.

5.1.5. Anhörung

57 Bei gemeinsamen oder gleichzeitigen Prüfungen mit EU-Mitgliedstaaten ist eine Anhörung der Beteiligten gemäß § 117 Abs. 4 Satz 3 AO nicht erforderlich (§§ 12 a Abs. 1 Satz 4 und 12 Abs. 7 EUAHiG).

58 Für die Anwesenheit (§§ 10 und 11 EUAHiG) außerhalb einer gemeinsamen oder gleichzeitigen Prüfung sowie bei einer gemeinsamen oder gleichzeitigen Prüfung mit Drittstaaten ist eine Anhörung der Beteiligten jedoch erforderlich (§ 117 e Abs. 2 Satz 3 AO). In der Regel sind daher der Steuerpflichtige und alle weiteren vom Informationsaustausch betroffenen inländischen Beteiligten rechtzeitig anzuhören (§§ 117 e Abs. 2 Satz 3 und 117 Abs. 4 Satz 3 AO i. V. m. § 91 AO). Hierdurch soll ihnen Gelegenheit gegeben werden, sich zu äußern und gegebenenfalls Einwände vorbringen zu können. In der Regel ist insoweit die Anhörung bereits vor der Übermittlung von Informationen, die der Anbahnung einer Durchführung einer der sonstigen Formen der Verwaltungszusammenarbeit dienen – auch vor der Initiierung eines Auswahltreffens –, erforderlich. Die Anhörung sollte die im Muster der Anlage 2 ersichtlichen Inhalte enthalten.

59 Zielen die behördlichen Ermittlungen im Inland auf ein Verfahren der Außenprüfung nach den §§ 193 bis 207 AO, so kann auf die Anhörung des inländischen Beteiligten bis zur Bekanntgabe der Prüfungsanordnung verzichtet werden, sofern anderenfalls der Erfolg der gemeinsamen oder gleichzeitigen Prüfung hierdurch gefährdet würde (§ 117 e Abs. 2 Satz 3 zweiter Halbsatz AO). Ob im Ausnahmefall auf eine Anhörung verzichtet werden kann, hat die zuständige Finanzbehörde nach pflichtgemäßem Ermessen und unter Berücksichtigung der allgemeinen Grundsätze des § 91 AO zu entscheiden. Die jeweilige Ermessensausübung ist aktenkundig zu machen.

60 Wurde der zu prüfende Steuerpflichtige im Hinblick auf den beabsichtigten Informationsaustausch mit Drittstaaten bereits im Zusammenhang mit der Initiierung der gemeinsamen oder gleichzeitigen Prüfung angehört, so bedarf es in der Regel keiner erneuten Anhörung, wenn im Zuge der Prüfung weitere Informationen ausgetauscht oder offenbart werden sollen.

61 Zuständig für die Anhörung ist die für die Ermittlungen zuständige Finanzbehörde. Sie informiert über den landesinternen Dienstweg das zentrale Verbindungsbüro über das Ergebnis der Anhörung oder bei entsprechender Ermessensentscheidung über das Unterlassen einer Anhörung. Im letzteren Fall werden dem zentralen Verbindungsbüro auch die Ermessenserwägungen mitgeteilt. Die Anhörung kann mündlich oder schriftlich erfolgen. Bei einer mündlichen Anhörung sind die Anhörung und die Stellungnahme der beteiligten Person aktenkundig zu machen. Die Anhörungsfrist soll im Regelfall vier Wochen betragen, wenn nicht im Einzelfall eine längere Frist geboten erscheint.

62 Ist im Zusammenhang mit der beabsichtigten sonstigen Verwaltungszusammenarbeit mit einem Drittstaat auch eine sonstige Verwaltungszusammenarbeit mit einem EU-Mitgliedstaat beabsichtigt, sollte zur Vermeidung von Missverständnissen in der Anhörung, die an sich nur hinsichtlich der Zusammenarbeit mit dem Drittstaat erforderlich ist, auch auf die Zusammenarbeit mit dem EU-Mitgliedstaat hingewiesen werden.

5.2. Information des Steuerpflichtigen bei gemeinsamen und gleichzeitigen Prüfungen

63 Die inländische steuerpflichtige Person, auf die sich die gemeinsame oder gleichzeitige Prüfung bezieht, wird durch das zentrale Verbindungsbüro grundsätzlich unverzüglich über die Durchführung der gemeinsamen oder gleichzeitigen Prüfung informiert, sobald das Einverständnis über das Zustandekommen der Prüfung bei inländisch initiierten Fällen von dem anderen EU-Mitgliedstaat oder bei ausländisch initiierten Fällen durch das zentrale Verbindungsbüro übermittelt worden ist (§§ 12 Abs. 6 Satz 1 und 12 a Abs. 1 Satz 4 EUAHiG). Anbahnungsschritte wie ein Auswahltreffen (Rn. 54) oder die bloße Übermittlung eines Ersuchens lösen noch keine Informationspflicht aus (zur Anhörungspflicht, die in Fällen, an denen Drittstaaten beteiligt sind, allerdings besteht, vergleiche Rn. 58).

64 Das Informationsschreiben folgt in der Regel dem Muster der Anlage 3. Eine Kopie wird auch der zuständigen Finanzbehörde unter Beachtung des landesinternen Dienstweges übermittelt. Das Informationsschreiben ist kein Verwaltungsakt. Das Informationsschreiben stellt zugleich den erforderlichen Hinweis nach § 171 Abs. 4 Satz 6 AO dar.

65 Bei einer gemeinsamen oder gleichzeitigen Prüfung muss der Steuerpflichtige nicht informiert werden, wenn die Interessen Dritter, der Finanzbehörden oder des anderen EU-Mitgliedstaates an der Nichterteilung der Information die Interessen der betroffenen Person überwiegen (§ 12 a Abs. 1 Satz 4 und § 12 Abs. 6 Satz 1 EUAHiG). Daher fragt das zentrale Verbindungsbüro vor einer Information des Steuerpflichtigen unter Beachtung des landesinternen Dienstweges bei der zuständigen Finanzbehörde in Abstimmung mit der mitwirkenden Bundesbetriebsprüfung und dem anderen EU-Mitgliedstaat ab, ob Einwände gegen die Information des Steuerpflichtigen bestehen. Sollten Einwände geäußert oder dem zentralen Verbindungsbüro schutzwürdige Interessen Dritter bekannt werden, so wägt es diese ab und entscheidet dann darüber, ob die betroffene steuerpflichtige Person informiert wird.

66 Über den Verweis in § 117 e AO ist § 12 Abs. 6 (gegebenenfalls i. V. m. § 12 a Abs. 1 Satz 4 EUAHiG) auch in Drittstaatenfällen entsprechend anzuwenden. Dabei spielt es keine Rolle, dass in diesen Fällen in der Regel zuvor schon eine Anhörung erfolgt ist (siehe Rn. 57 bis 62).

5.3. Information des Steuerpflichtigen bei Anwesenheit von Bediensteten im Ausland

67 Anders als bei gemeinsamen und gleichzeitigen Prüfungen fordert das EUAHiG neben der Anhörung (siehe 5.1.5) keine Information des Steuerpflichtigen über die Anwesenheit von Bediensteten anderer Staaten oder Gebiete im Inland sowie die Anwesenheit von inländischen Bediensteten im Ausland. Allerdings ist der Steuerpflichtige nach § 171 Abs. 4 Satz 6 AO aus Gründen der Ablaufhemmung der Festsetzungsfrist durch die zuständige Finanzbehörde auf die Inanspruchnahme der zwischenstaatlichen Amtshilfe hinzuweisen. Die Informationspflicht wird nicht bereits durch die vorangegangene Anhörung erfüllt.

5.4. Einwendungen des Steuerpflichtigen

68 Die zuständige Finanzbehörde und das zentrale Verbindungsbüro informieren sich gegenseitig, sobald ein Steuerpflichtiger Einwendungen geltend macht, die

– gegen die Durchführung einer sonstigen Form der Verwaltungszusammenarbeit oder
– gegen den spezifischen beabsichtigten Informationsaustausch im Zusammenhang mit einer sonstigen Form der Verwaltungszusammenarbeit gerichtet sind.

Beide Behörden stimmen sich dann zum weiteren Vorgehen ab. Der landesinterne Dienstweg ist zu wahren.

69 Das zentrale Verbindungsbüro entscheidet – unabhängig davon, bei welcher beteiligten Behörde die Einwendungen eingegangen sind – nach Abstimmung mit der zuständigen Finanzbehörde und unter Wahrung des landesinternen Dienstweges über die Einwendungen des Steuerpflichtigen. Über seine Entscheidung unterrichtet es den Steuerpflichtigen und die zuständige Finanzbehörde sowie die mitwirkende Bundesbetriebsprüfung.

70 Hält das zentrale Verbindungsbüro nach Abstimmung mit der zuständigen Finanzbehörde und unter Wahrung des landesinternen Dienstweges die Einwendungen des Steuerpflichtigen für begründet, so

Anl 4

wird die beanstandete Form der Verwaltungszusammenarbeit oder der beanstandete spezifische Informationsaustausch nicht durchgeführt beziehungsweise nicht weitergeführt. Eine nationale Außenprüfung kann ungeachtet der Einwendungen gegen den Informationsaustausch begonnen beziehungsweise fortgeführt werden. Werden die Einwendungen für unbegründet gehalten, so erfolgt die Unterrichtung des Steuerpflichtigen rechtzeitig vor der Informationsweitergabe (beziehungsweise vor weiterer Informationsweitergabe, soweit Einwendungen erst erhoben wurden, nachdem schon Informationen weitergegeben wurden) in das Ausland (siehe Textziffer 3.2.1 Merkblatt Amtshilfe).

5.5. Benennung der zuständigen Bediensteten mit Befugnis zum direkten Informationsaustausch

71 Die für den Einzelfall benannte Koordinatorin oder der benannte Koordinator sind zuständige Bedienstete, die zum direkten Informationsaustausch mit dem anderen Staat befugt sind.

72 Sind gemeinsame oder gleichzeitige Prüfungen vereinbart, so benennt das zentrale Verbindungsbüro für den jeweiligen Einzelfall die für die behördlichen Ermittlungen zuständigen Amtsträger der Bundes- und Landesfinanzbehörden (§ 3 Abs. 3 a EUAHiG), typischerweise die fachlich zuständigen Außenprüfungspersonen, als weitere zuständige Bedienstete. Diese Personen sind damit ebenfalls im festgelegten Umfang zum direkten Informationsaustausch mit dem anderen Staat befugt.

73 Welche konkreten Personen als zuständige Bedienstete benannt werden sollen, teilt die zuständige Finanzbehörde unter Rücksprache mit der mitwirkenden Bundesbetriebsprüfung und unter Einhaltung des landesinternen Dienstweges dem zentralen Verbindungsbüro in der Regel bereits im Rahmen der Initiierung einer gemeinsamen oder gleichzeitigen Prüfung mit. Die Benennung erfolgt durch Schreiben des zentralen Verbindungsbüros an die zuständige Finanzbehörde und an die mitwirkende Bundesbetriebsprüfung. Den im Fall betroffenen ausländischen zuständigen Behörden übermittelt das zentrale Verbindungsbüro eine Kopie des Benennungsschreibens in der Sprache, in der mit den Verbindungsbüros der betroffenen Staaten kommuniziert wird (in der Regel Englisch).

74 Die Befugnis zum direkten Informationsaustausch bezieht sich auf den mündlichen Austausch in physischen oder virtuellen Zusammentreffen, die vom zentralen Verbindungsbüro koordiniert werden, sowie auf den Austausch von Dokumenten an Ort und Stelle. Der Austausch schriftlicher Informationen außerhalb von Zusammentreffen an Ort und Stelle erfolgt über die Koordinatorin oder den Koordinator elektronisch gesichert (innerhalb der EU über das CCN-Netzwerk[1]).

75 Auch ohne beziehungsweise schon vor der Vereinbarung einer gemeinsamen oder gleichzeitigen Prüfung kann das zentrale Verbindungsbüro für die behördlichen Ermittlungen zuständige Amtsträgerinnen oder Amtsträger der Bundes- und Landesfinanzbehörden auf Anregung dieser Behörden unter Wahrung des landesinternen Dienstweges für den jeweiligen Einzelfall als zusätzliche zuständige Bedienstete benennen (§ 3 Abs. 2 Satz 3 EUAHiG). Das kommt insbesondere für Auswahltreffen oder für eine Anwesenheit außerhalb von gemeinsamen oder gleichzeitigen Prüfungen in Betracht. Die Rn. 72 bis 74 gelten entsprechend.

76 Die im Einzelfall betroffenen ausländischen zuständigen Behörden teilen dem zentralen Verbindungsbüro die dort im Einzelfall benannten ausländischen Bediensteten mit. Die Koordinatorin oder der Koordinator informiert darüber die im Inland für den Einzelfall benannten inländischen Bediensteten.

5.6. Prüfungsanordnung

77 Für eine gemeinsame oder gleichzeitige Prüfung im Rahmen einer Außenprüfung finden grundsätzlich die für die nationale Außenprüfung geltenden Regelungen Anwendung (§§ 193 bis 202 AO; Regelungen der Betriebsprüfungsordnung (BpO)).

78 In der Prüfungsanordnung sind weder die ausländischen Prüfer namentlich zu benennen, noch Hinweise auf die gemeinsame oder gleichzeitige Prüfung aufzunehmen (zur Information des Steuerpflichtigen; siehe Rn. 63 bis 66).

5.7. Auftaktsitzung

79 Nach der zwischenstaatlichen Vereinbarung einer gemeinsamen oder gleichzeitigen Prüfung findet üblicherweise eine Auftaktsitzung statt. Diese kann physisch oder virtuell durchgeführt werden. Von inländischer Seite nehmen in der Regel die Koordinatoren und die weiteren für den Einzelfall benannten inländischen Bediensteten teil.

80 Die Auftaktsitzung dient einem ersten intensiven unmittelbaren Austausch zum Prüfungsfall sowie zur Abstimmung der weiteren Zusammenarbeit.

81 Bei der gemeinsamen Prüfung treffen die inländischen beteiligten Behörden (Rn. 33) mit der ausländischen beteiligten Behörde in der Regel in der Auftaktsitzung (gegebenenfalls auch davor oder danach) eine Vereinbarung über die Einzelheiten der gemeinsamen Prüfung (§ 12a Abs. 3 Satz 1 EUAHiG). Einzelheiten, die in der Vereinbarung festgehalten werden können, sind beispielsweise
- die jeweiligen Zuständigkeiten und Ansprechpersonen,
- die Prüfungsschwerpunkte und -zeiträume und
- der Zeitplan für die Prüfung, gegebenenfalls einschließlich der beabsichtigten gegenseitigen Anwesenheit.

Die Vereinbarung ist verwaltungsinterner Art. Über ihre Form entscheiden die an der gemeinsamen Prüfung beteiligten Behörden. Es ist üblich, die Vereinbarung in einem verwaltungsinternen schriftlichen Protokoll festzuhalten, das durch die Koordinatorin oder den Koordinator erstellt wird. Die Vereinbarung kann im weiteren Verlauf der gemeinsamen Prüfung angepasst werden, insbesondere um neue Entwick-

[1] **Amtl. Anm.:** CCN-Netzwerk: Die gemeinsame Plattform auf der Grundlage des Gemeinsamen Kommunikationsnetzes (common communication network – CCN), die von der Union für jegliche elektronische Datenübertragung zwischen den zuständigen Behörden im Bereich Zoll und Steuern entwickelt wurde (Art. 3 Nr. 13 EUAHiRL).

lungen zu berücksichtigen. Zur Sprache siehe Rn. 84. Bei einer gemeinsamen Prüfung mit Drittstaaten gelten die Rn. 78 bis 81 entsprechend (§ 117 e Abs. 1 AO).

82 Bei einer gleichzeitigen Prüfung können in entsprechender Anwendung von § 12 a Abs. 3 Satz 1 EUAHiG ebenfalls Vereinbarungen über Einzelheiten der Durchführung getroffen werden. Dabei ist zu erwarten, dass die zwischenstaatliche Koordinierung der Prüfungsschritte in der Regel weniger intensiv als bei gemeinsamen Prüfungen sein wird.

5.8. Sprache und Kommunikation

83 Die Amtssprache für das inländische Besteuerungsverfahren ist Deutsch. Als Arbeitssprache können im Einvernehmen mit allen Beteiligten auch Fremdsprachen bestimmt werden.

84 Die nach § 12 a Abs. 3 EUAHiG zwischenstaatlich zu treffende Vereinbarung über die Einzelheiten einer gemeinsamen Prüfung hat auch eine Regelung bezüglich der verwendeten Sprache zu enthalten (§ 12 a Abs. 3 Satz 2 EUAHiG). In dieser Sprache wird dann insbesondere auch der in § 12 a Abs. 5 EUAHiG geregelte Prüfungsbericht (siehe Rn. 101 bis 106) verfasst. Die Vereinbarung mehrerer, nebeneinander gültiger Arbeitssprachen ist möglich.

85 Die inländischen Bediensteten erteilen den ausländischen Bediensteten alle Auskünfte, die für die Festsetzung der Steuern im anderen Staat voraussichtlich erheblich sind (zum Beispiel für gemeinsame Prüfungen nach § 12 a Abs. 1 Satz 4 i. V. m. § 12 Abs. 2 Satz 2 EUAHiG). Dabei sind die weiteren Ausführungen in den Rn. 24 bis 28 sowie 71 bis 76 zu beachten.

86 Wenn ausnahmsweise die Koordinatorin oder der Koordinator bei einem Informationsaustausch im Rahmen eines physischen oder virtuellen Zusammentreffens nicht anwesend ist, sind sie in geeigneter Weise über die ausgetauschten Informationen zu informieren. Das zentrale Verbindungsbüro dokumentiert den Informationsaustausch in seinen Akten. Die Rn. 83 bis 85 gelten für Drittstaaten-Fälle entsprechend.

5.9. Weitere Durchführung

5.9.1. Anwendung der gewöhnlichen Rechtsgrundlagen für Ermittlungen im Inland

87 Die ermittelnden inländischen Finanzbehörden führen, sofern Ermittlungen im Inland durchgeführt werden, diese auch im Kontext der sonstigen Formen der Verwaltungszusammenarbeit in der Regel nach den für die gewöhnlichen Ermittlungen einschlägigen Rechtsgrundlagen und Abläufen durch.

5.9.2. Befugnisse bei Anwesenheit ausländischer Bediensteter im Inland

88 Bei einer Anwesenheit von Bediensteten anderer EU-Mitgliedstaaten im Inland ergeben sich deren Befugnisse aus § 10 Abs. 1 i. V. m. § 10 Abs. 3 EUAHiG. Demnach dürfen nach Gestattung durch das zentrale Verbindungsbüro im Einzelfall unter von diesem festgelegten Voraussetzungen Bedienstete eines anderen Staates für Zwecke des Informationsaustausches
- in den Amtsräumen zugegen sein, in denen die Finanzbehörden ihre Tätigkeiten ausüben,
- bei den behördlichen Ermittlungen zugegen sein, die auf deutschem Hoheitsgebiet von den Finanzbehörden durchgeführt werden, und
- unter Einhaltung des inländischen Verfahrensrechts im Beisein eines inländischen Bediensteten Personen befragen und Aufzeichnungen prüfen.

89 Im Rahmen einer gemeinsamen Prüfung gelten die Befugnisse nach § 12 a Abs. 1 Satz 4 EUAHiG (mit Ausnahme von § 10 Abs. 1 Satz 3 und 4 EUAHiG) entsprechend.

90 Die Teilnahme an behördlichen Ermittlungen, einschließlich der Befragung von Personen und der Prüfung von Aufzeichnungen mit elektronischen Kommunikationsmitteln, ist zu gestatten (§ 87 a Abs. 1 Satz 3 AO gilt nach § 10 Abs. 1 Satz 2 EUAHiG entsprechend), sofern dies angezeigt ist. Im Verhältnis zu Drittstaaten ist über die Teilnahme nach pflichtgemäßem Ermessen zu entscheiden (§ 117 e Abs. 2 Satz 1 Nr. 1 AO).

91 Bevor die Anwesenheit von Bediensteten anderer EU-Mitgliedstaaten im Inland gestattet wird, stimmt sich das zentrale Verbindungsbüro mit der jeweils für Ermittlungshandlungen im Inland zuständigen Behörde und mitwirkenden Bundesbetriebsprüfung ab. Die landesinternen Dienstwege müssen beachtet werden.

92 Bei der Anwesenheit ist sicherzustellen, dass den Bediensteten der anderen EU-Mitgliedstaaten nur solche Informationen offenbart werden, die nach § 4 EUAHiG übermittelt werden dürfen (zu Drittstaatenfällen, siehe Rn. 24 und 25). Sind erbetene Informationen in Unterlagen enthalten, zu denen die Finanzbehörde Zugang hat, so werden den Bediensteten der anderen EU-Mitgliedstaaten Kopien dieser Unterlagen ausgehändigt (§ 10 Abs. 2 EUAHiG).

93 Die Befugnisse der Bediensteten der anderen EU-Mitgliedstaaten bestimmen sich nach dem inländischen Verfahrensrecht. Sie gehen nicht über das hinaus, was
- für die in § 10 Abs. 1 Satz 1 Nr. 1 bis 3 EUAHiG genannten Zwecke erforderlich ist und
- das Recht des jeweiligen anderen EU-Mitgliedstaates seinen Bediensteten gestattet (§ 10 Abs. 3 Satz 1 EUAHiG).

94 Anwesende ausländische Bedienstete sind nicht Amtsträger (§ 7 AO) oder diesen gleichgestellte Personen (§ 30 Abs. 3 AO). Sie können keine Befugnisse, die sich aus der Abgabenordnung ergeben, unmittelbar ausüben. Ausländische Bedienstete können aus diesem Grund unter keinen Umständen selbst Verwaltungsakte erlassen oder Vollstreckungsmaßnahmen vornehmen.

95 Verweigert eine Person die Mitwirkung bei einer Befragung oder bei der Prüfung von Aufzeichnungen, so gilt diese Verweigerung wie eine Verweigerung gegenüber inländischen Bediensteten (§ 10 Abs. 3 Satz 2 EUAHiG).

Anl 4

5.9.3. Befugnisse bei Anwesenheit inländischer Bediensteter im Ausland

96 Für die Anwesenheit von inländischen Bediensteten im Ausland gelten die Ausführungen in den Rn. 88 bis 95 entsprechend (§ 11 EUAHiG i. V. m. § 10 EUAHiG). Kommt es im Rahmen einer gemeinsamen Prüfung zur Anwesenheit von inländischen Bediensteten im Ausland, gilt (mit Ausnahme von § 10 Abs. 1 Satz 3 und 4 EUAHiG) § 11 i. V. m. § 10 EUAHiG entsprechend (§ 12 a Abs. 1 Satz 4 EUAHiG).

97 Für die Anwesenheit von inländischen Bediensteten im Ausland ist es erforderlich, dass sie durch die ausländische zuständige Behörde gestattet wird.

98 Zu beachten ist, dass die Befugnisse der inländischen Bediensteten im Ausland nicht nur durch das inländische Verfahrensrecht, sondern zusätzlich durch das Recht des anderen Staates begrenzt werden (doppelte Beschränkung; § 10 Abs. 3 Satz 1 EUAHiG – in entsprechender Anwendung).

5.9.4. Einigungsbemühen bei gemeinsamen Prüfungen

99 Über den bei allen sonstigen Formen der Verwaltungszusammenarbeit vorgesehenen Austausch von Informationen hinaus ist Besonderheit der gemeinsamen Prüfung das Einigungsbemühen. Die beteiligten Behörden bemühen sich,

- sich mit der entsprechenden Behörde des anderen Staates über den Sachverhalt und die Umstände, die Gegenstand der gemeinsamen Prüfung sind, zu einigen sowie
- eine einvernehmliche steuerliche Würdigung im Rahmen des jeweils geltenden Rechts auf Basis dieses Sachverhalts zu erreichen (§ 12 a Abs. 4 Satz 1 EUAHiG).

Eine einvernehmliche Würdigung wird angestrebt, ist aber nicht zwingend.

5.9.5. Verwendbarkeit der Informationen und Dokumente

100 Sämtliche im Rahmen des EUAHiG erlangten Informationen und Dokumente können von den Behörden, die diese Informationen und Dokumente verwenden, wie vergleichbare inländische Informationen und Dokumente angeführt und als Beweismittel verwendet werden (§ 15 Abs. 4 EUAHiG). Dies gilt entsprechend bei der Zusammenarbeit mit Drittstaaten. Bei gemeinsamen Prüfungen unterstützen die beteiligten Behörden erforderlichenfalls die entsprechenden Behörden der anderen Staaten bei Beweisführungen (§ 12 a Abs. 4 Satz 4 EUAHiG), etwa indem Zeugenaussagen von inländischen Bediensteten im Ausland ermöglicht werden. Umgekehrt ist zu erwarten, dass die entsprechenden Behörden der anderen Staaten im Bedarfsfall eine Beweisführung im Inland unterstützen. Im Verhältnis zu Drittstaaten gelten die vorherigen Ausführungen mit der in § 117 e Abs. 2 Satz 1 Nr. 5 AO vorgesehenen Einschränkung der Gegenseitigkeit und des Ermessens entsprechend.

5.9.6. Gemeinsamer Prüfungsbericht bei gemeinsamen Prüfungen

101 Die Feststellungen, über die in einer gemeinsamen Prüfung Einigung erzielt worden ist, sind in einem gemeinsamen Prüfungsbericht festzuhalten. Die Feststellungen, über die in der gemeinsamen Prüfung keine Einigung erzielt worden ist, können in dem gemeinsamen Prüfungsbericht festgehalten werden (§ 12 a Abs. 4 Satz 2 EUAHiG). Bei gemeinsamen Prüfungen mit Drittstaaten sollen die Feststellungen in einem gemeinsamen Prüfungsbericht festgehalten werden, soweit der andere Staat dazu bereit ist (§ 117 e Abs. 2 Satz 1 Nr. 4 AO). Der gemeinsame Prüfungsbericht soll sich am Muster in der Anlage 4 orientieren. Zur Sprache des gemeinsamen Prüfungsberichts vergleiche Rn. 84.

102 Der gemeinsame Prüfungsbericht wird zwischen den inländischen beteiligten Behörden und den entsprechenden Behörden der anderen an der gemeinsamen Prüfung beteiligten Staaten abgestimmt. Im Abstimmungsprozess genügt in der Regel die Zustimmung im gesicherten elektronischen Austausch (innerhalb der EU über das CCN-Netzwerk, siehe Rn. 74). Der gemeinsame Prüfungsbericht muss nicht unterschrieben werden. Besteht eine ausländische zuständige Behörde auf einen unterschriebenen gemeinsamen Prüfungsbericht, unterschreibt auf deutscher Seite jeweils eine Vertretungsperson jeder deutschen beteiligten Behörde.

103 Die Prüfungsfeststellungen aus einer nationalen Außenprüfung, die nicht Gegenstand der gemeinsamen Prüfung waren, dürfen nicht in den gemeinsamen Prüfungsbericht aufgenommen werden.

104 Die inländische Person, auf die sich die gemeinsame Prüfung bezieht, muss innerhalb von 60 Tagen nach der Erstellung des gemeinsamen Prüfungsberichtes durch die für diese Ermittlung zuständige Finanzbehörde über das Ergebnis der gemeinsamen Prüfung unterrichtet werden; der Unterrichtung ist eine Kopie des gemeinsamen Prüfungsberichtes beizufügen (§ 12 a Abs. 5 Satz 1 und 2 EUAHiG). Der übrige Austausch zwischen den Behörden zur Abstimmung des gemeinsamen Prüfungsberichtes bleibt verwaltungsintern.

105 Betrifft die gemeinsame Prüfung mehrere Personen, bleibt § 30 AO unberührt (§ 12 a Abs. 5 Satz 3 EUAHiG). In der Konsequenz sind diejenigen Informationen zu anderen Personen, die dem Steuergeheimnis nach § 30 AO unterliegen, aus der einer betroffenen Person übermittelten Fassung in geeigneter Weise zu entfernen. Etwas anderes gilt nur, wenn alle betroffenen Personen ihre Zustimmung zur Offenbarung der sie betreffenden Verhältnissen (Daten) erteilt haben (§ 30 Abs. 4 Nr. 3 AO; AEAO zu § 30 Nr. 9). In der zwischenstaatlichen Abstimmung des gemeinsamen Prüfungsberichts ist darauf hinzuwirken, dass die anderen Staaten entsprechend verfahren.

106 Inwieweit in Deutschland die Feststellungen der gemeinsamen Prüfung umgesetzt werden, bestimmt sich nach dem inländischen Recht (§ 12 a Abs. 4 Satz 3 EUAHiG). Demnach werden die Feststellungen aus dem gemeinsamen Prüfungsbericht i. S. v. § 12 a Abs. 4 EUAHiG, sofern es sich im Inland um eine Außenprüfung handelt, in den Prüfungsberichten nach § 202 AO berücksichtigt und wie Feststellungen rein nationaler Prüfungen anschließend in Steuerbescheiden gewürdigt. Dies schließt die Möglichkeit ein, die Feststellungen aus der gemeinsamen Prüfung zum Gegenstand eines Teilprüfungsberichts und im Anschluss zum Gegenstand eines Teilabschlussbescheids nach § 202 Abs. 3 i. V. m. § 180 Abs. 1 a AO zu machen.

AO

§ 194 Sachlicher Umfang einer Außenprüfung[1]

(1) ① **Die Außenprüfung dient der Ermittlung der steuerlichen Verhältnisse des Steuerpflichtigen. ② Sie kann eine oder mehrere Steuerarten,[2] einen oder mehrere Besteuerungszeiträume[3] umfassen oder sich auf bestimmte Sachverhalte beschränken. ③ Die Außenprüfung bei einer Personengesellschaft umfasst die steuerlichen Verhältnisse der Gesellschafter insoweit, als diese Verhältnisse für die zu überprüfenden einheitlichen Feststellungen von Bedeutung sind. ④ Die steuerlichen Verhältnisse anderer Personen können insoweit geprüft werden, als der Steuerpflichtige verpflichtet war oder verpflichtet ist, für Rechnung dieser Personen Steuern zu entrichten oder Steuern einzubehalten und abzuführen; dies gilt auch dann, wenn etwaige Steuernachforderungen den anderen Personen gegenüber geltend zu machen sind.** 1

(1 a) **Das Ergebnis eines internationalen Risikobewertungsverfahrens nach § 89 b und auch die bei dessen Durchführung erlangten Erkenntnisse, die nicht im Risikobewertungsbericht nach § 89 b Absatz 6 enthalten sind, sollen bei der Bestimmung des sachlichen Umfangs einer Außenprüfung nach Absatz 1 Satz 2 berücksichtigt werden.** 2

(2)[4] **Die steuerlichen Verhältnisse von Gesellschaftern und Mitgliedern sowie von Mitgliedern der Überwachungsorgane können über die in Absatz 1 geregelten Fälle hinaus in die bei einer Gesellschaft durchzuführende Außenprüfung einbezogen werden, wenn dies im Einzelfall zweckmäßig ist.** 3

(3)[5] **Werden anlässlich einer Außenprüfung Verhältnisse anderer als der in Absatz 1 genannten Personen festgestellt, so ist die Auswertung der Feststellungen insoweit zulässig, als ihre Kenntnis für die Besteuerung dieser anderen Personen von Bedeutung ist oder die Feststellungen eine unerlaubte Hilfeleistung in Steuersachen betreffen.** 4

---

[1] Zu USt-Sonderprüfungen vgl. *BMF-Schreiben vom 7. 11. 2002 (BStBl. I S. 1366),* abgedruckt als Anl. zu § 193; zur USt-Nachschau vgl. Abschn. 27 b.1 UStAE. Zu LSt-Außenprüfungen vgl. R 42 f LStR; zur Lohnsteuer-Nachschau vgl. *BMF-Schreiben vom 16. 10. 2014 (BStBl. I S. 1408).*

Wird die Prüfung der GewSt angeordnet, so umfasst die Außenprüfung auch die **Zerlegung der Gewerbesteuer** *(BFH-Urteil vom 13. 5. 1993 IV R 1/91, BStBl. II S. 828).*

Die tatsächliche Durchführung einer Außenprüfung setzt nicht voraus, dass bisher nicht bekannte Tatsachen festgestellt werden, aus denen sich ein höherer oder niedrigerer Steueranspruch ergibt *(BFH-Urteile vom 11. 4. 1990 I R 167/86, BStBl. II S. 772; vom 13. 5. 1993 IV R 1/91, BStBl. II S. 828).*

[2] § 194 Abs. 1 Satz 2 AO begrenzt das Ermessen des Finanzamtes beim Erlass einer Prüfungserweiterung nicht dahin gehend, die Prüfung auf den bestimmten Sachverhalt zu beschränken, der voraussichtlich zu einer nicht unerheblichen Änderung der Besteuerungsgrundlagen führt und daher i. S. von § 4 Abs. 3 Satz 2 BpO 2000 Grund für die Erweiterung des Prüfungszeitraums ist. Betriebliche Steuerarten, die schon aufgrund der ursprünglichen Prüfungsanordnung Prüfungsgegenstand geworden sind, dürfen auch dann in die Prüfungserweiterung einbezogen werden, wenn sich der Sachverhalt in diesen Steuerarten von vornherein nicht auswirken kann *(BFH-Urteil vom 21. 6. 2012 IV R 42/11, BFH/NV S. 1927).*

[3] Wird ein vom Mittelbetrieb zum Großbetrieb umgestuftes Unternehmen nicht im Prüfungsturnus der erstmaligen Umstufung geprüft, so ist es nicht ermessensfehlerhaft, wenn die in einem späteren Prüfungsturnus ergehende Betriebsprüfungsanordnung den Prüfungszeitraum auf mehr als drei Jahre erstreckt. Der gesamte Prüfungszeitraum darf dabei aber grds. nicht weiter in die Vergangenheit reichen, als dies § 4 Abs. 4 Satz 2 BpO zugelassen hätte *(BFH-Urteil vom 10. 6. 1992 I R 142/90, BStBl. II S. 784).*

Das **Auswahlermessen** bzgl. des **zeitlichen Umfangs** einer Außenprüfung richtet sich grds. nach den Regelungen der BpO *(BFH-Urteil vom 21. 6. 1994 VIII R 54/92, BStBl. II S. 678).*

Die Frage, ob die **Erweiterung einer Außenprüfung** iSd § 193 AO auf solche Steuerarten und Veranlagungszeiträume rechtmäßig ist, für welche der Verdacht einer Steuerstraftat besteht und für die nach der Erweiterung der Betriebsprüfung das Steuerstrafverfahren eingeleitet wird, ist eindeutig zu bejahen *(BFH-Beschluss vom 3. 4. 2003 XI B 60/02, BFH/NV S. 1034).*

Der Prüfungszeitraum einer Außenprüfung darf zur Überprüfung vortragsfähiger Verluste auch dann auf die Verlustentstehungsjahre ausgedehnt werden, wenn der aus diesen Zeiträumen verbleibende Verlustabzug gem. § 10 d Abs. 3 EStG festgestellt worden ist *(BFH-Beschluss vom 5. 4. 1995 I B 126/94, BStBl. 1995 II S. 496).*

§ 194 Abs. 1 Satz 2 AO begrenzt das Ermessen des FA nicht dahingehend, dass die Prüfung auf einen bestimmten Sachverhalt zu beschränken ist, wenn im Zeitpunkt der letzten Ermessensausübung bereits erkennbar ist, dass der betreffende Sachverhalt überprüfungsbedürftig ist und eine nicht unerhebliche steuerliche Auswirkung hat. Vielmehr darf das FA die Prüfung generell für den Besteuerungszeitraum anordnen, in dem der betreffende Sachverhalt verwirklicht wurde *(BFH-Beschluss vom 28. 6. 2000 I R 20/99, BFH/NV S. 1447).*

[4] Im Wege der sog. **Erstreckungsprüfung** können auch die individuellen Verhältnisse der Gesellschafter (Mitunternehmer) geprüft werden; diese sog. Erstreckungsprüfung ist eine eigenständige Außenprüfung, die gem. § 194 Abs. 2 AO lediglich aus prüfungsökonomischen Zwecken mit der Prüfung der Gesellschaft verbunden werden darf *(BFH-Beschluss vom 12. 1. 2006 XI B 43/05, BFH/NV S. 1043).*

[5] *BFH-Urteil vom 4. 10. 2006 VIII R 54/04, BFH/NV 2007 S. 190:* 1. Das Merkmal „anlässlich" in § 194 Abs. 3 AO verlangt neben einem zeitlichen Zusammenhang zwischen der Außenprüfung und der Feststellung steuerrelevanter Verhältnisse Dritter auch einen sachlichen Zusammenhang in der Art, dass bei einer konkreten und im Aufgabenbereich des Prüfers liegenden Tätigkeit ein Anlass auftaucht, der den Prüfer veranlasst solche Feststellungen zu treffen. 2. Als Ausfluss des Verhältnismäßigkeitsprinzips darf der Prüfer die Geschäftsunterlagen der Steuerpflichtigen nicht gezielt einerseits unter Anlegung eines vorgegebenen Rasters und andererseits nicht „ins Blaue hinein" nach steuererheblichen Verhältnissen Dritter durchforsten. 3. Gewinnt ein Prüfer rechtmäßig tatsächliche Erkenntnisse über steuerrelevante Daten Dritter, so hat er weiterhin zu prüfen, ob er diese Kenntnisse mittels Kontrollmitteilungen verwerten darf.

Ein „hinlänglicher Anlass" für die Ausfertigung von Kontrollmitteilungen besteht jedenfalls dann, wenn der Betriebsprüfer bei der Prüfung der bankinternen Konten einer Bank feststellt, dass Bankkunden, obwohl sie dort ihre Geldkonten führen, Tafelgeschäfte außerhalb dieser Konten anonymisiert in der Art von Bargeschäften abgewickelt haben *(BFH-Beschluss vom 2. 8. 2001 VII B 290/99, BStBl. II S. 665).*

[Fortsetzung nächste Seite]

AEAO

Zu § 194 – Sachlicher Umfang einer Außenprüfung:*

4 **1.** Im Rahmen einer Außenprüfung nach § 193 Abs. 1 AO können, ohne dass die Voraussetzungen des § 193 Abs. 2 Nr. 2 AO vorliegen müssen, auch Besteuerungsmerkmale überprüft werden, die mit den betrieblichen Verhältnissen des Steuerpflichtigen in keinem Zusammenhang stehen (BFH-Urteil vom 28. 11. 1985, IV R 323/84, BStBl. 1986 II S. 437).

5 **2.** § 194 Abs. 1 Satz 3 AO erlaubt die Prüfung der Verhältnisse der Gesellschafter ohne gesonderte Prüfungsanordnung nur insoweit, als sie mit der Personengesellschaft zusammenhängen und für die Feststellungsbescheide von Bedeutung sind. Die Einbeziehung der steuerlichen Verhältnisse der in § 194 Abs. 2 AO bezeichneten Personen in die Außenprüfung bei einer Gesellschaft setzt die Zulässigkeit (§ 193 AO) und eine eigene Prüfungsanordnung (§ 196 AO) voraus (BFH-Urteil vom 16. 12. 1986, VIII R 123/86, BStBl. 1987 II S. 248).

6 **3.** Eine Außenprüfung kann zur Erledigung eines zwischenstaatlichen Rechts- und Amtshilfeersuchens (§ 117 AO) unter den Voraussetzungen des § 193 AO nur bei einem in einem ausländischen Besteuerungsverfahren Steuerpflichtigen, nicht aber zur Feststellung der steuerlichen Verhältnisse bei einer anderen Person durchgeführt werden (z. B. zur Erledigung eines Ersuchens um Prüfung einer im Bundesgebiet belegenen Firma, die im ersuchenden Staat als Zollbeteiligte auftritt, oder einer deutschen Betriebsstätte eines ausländischen Steuerpflichtigen). Ermittlungen sind i. V. m. einer Außenprüfung möglich, die aus anderen Gründen durchgeführt wird.

7 **4.** Soll der Prüfungszeitraum in den Fällen des § 4 Abs. 3 BpO mehr als drei zusammenhängende Besteuerungszeiträume umfassen oder nachträglich erweitert werden, muss die Begründung der Prüfungsanordnung die vom Finanzamt angestellten Ermessenserwägungen erkennen lassen (BFH-Urteil vom 4. 2. 1988, V R 57/83, BStBl. II S. 413). Der Prüfungszeitraum darf zur Überprüfung vortragsfähiger Verluste auch dann auf die Verlustentstehungsjahre ausgedehnt werden, wenn der aus diesen Zeiträumen verbleibende Verlustabzug gem. § 10 d Abs. 3 EStG (heute: Abs. 4) festgestellt worden ist (BFH-Beschluss vom 5. 4. 1995, I B 126/94, BStBl. II S. 496). Bei einer Betriebsaufgabe schließt der Prüfungszeitraum mit dem Jahr der Betriebseinstellung ab (BFH-Urteil vom 24. 8. 1989, IV R 65/88, BStBl. 1990 II S. 2). Bei einer Außenprüfung nach § 193 Abs. 2 Nr. 2 ist § 4 Abs. 3 BpO nicht anwendbar. Für jeden Besteuerungszeitraum, der in die Außenprüfung einbezogen werden soll, müssen die besonderen Voraussetzungen des § 193 Abs. 2 Nr. 2 AO vorliegen (BFH-Urteil vom 18. 10. 1994, IX R 128/92, BStBl. 1995 II S. 291).

8 **5.** Eine Außenprüfung darf nicht allein zu dem Zwecke durchgeführt werden, die steuerlichen Verhältnisse dritter Personen zu erforschen (BFH-Urteil vom 18. 2. 1997, VIII R 33/95, BStBl. II S. 499).

9 **6.** Die Finanzbehörden können Kontrollmitteilungen ins Ausland insbesondere dann versenden, wenn dies ohne besonderen Aufwand möglich ist und höhere Interessen des Steuerpflichtigen nicht berührt werden (BFH-Beschluss vom 8. 2. 1995, I B 92/94, BStBl. II S. 358). Zu Auskünften der Finanzbehörden an ausländische Staaten ohne Ersuchen (Spontanauskünfte) wird auf Tz. 6 des Merkblatts über die zwischenstaatliche Amtshilfe durch Auskunftsaustausch in Steuersachen (BMF-Schreiben vom 23. 11. 2015, BStBl. I S. 928) hingewiesen. Zu Amtshilfeersuchen ausländischer Staaten vgl. AEAO zu § 193, Nr. 3.

10 **7.** Wird beabsichtigt, im Rahmen der Außenprüfung eines Berufsgeheimnisträgers Kontrollmitteilungen (§ 194 Abs. 3 AO) zu fertigen, ist der Steuerpflichtige hierüber rechtzeitig vorher zu informieren (BFH-Urteil vom 8. 4. 2008, VIII R 61/06, BStBl. 2009 II S. 579).

AO

§ 195 Zuständigkeit

① Außenprüfungen werden von den für die Besteuerung zuständigen Finanzbehörden durchgeführt.[1] ② Sie können andere Finanzbehörden mit der Außenprüfung be-

[Fortsetzung]

BFH-Urteil vom 4. 11. 2003 VII R 28/01, BStBl. 2004 II S. 1032: 1. Zwischen einer Außenprüfung und der Feststellung steuerrelevanter Verhältnisse dritter Personen muss ein sachlicher Zusammenhang in der Weise bestehen, dass bei einer konkreten und im Aufgabenbereich des Prüfers liegenden Tätigkeit ein Anlass auftaucht, solche Feststellungen zu treffen. Fehlt es an einer solchen konkreten Prüfungstätigkeit, die den Anlass für die Feststellung der Verhältnisse Dritter bieten muss, handelt der Prüfer außerhalb der ihm durch den Prüfungsauftrag verliehenen Befugnisse. 2. Diese Grundsätze gelten auch für ein Mitwirkungsverlangen, das darauf gerichtet ist, unabhängig von einer konkreten Prüfungstätigkeit ausschließlich die steuerlichen Verhältnisse Dritter festzustellen. Ein derartiges Mitwirkungsverlangen ist rechtswidrig.

Für eine vorbeugende Unterlassungsklage gegen die Finanzbehörde, sich bereits vor Beginn der Außenprüfung zu verpflichten, keine mandantenbezogenen Kopien oder Kontrollmitteilungen anzufertigen, fehlt in aller Regel das erforderliche besondere Rechtsschutzbedürfnis. Die Finanzbehörde muss im Einzelfall im Rahmen pflichtgemäßer Ermessensausübung über die Anfertigung von Kontrollmitteilungen entscheiden und den Steuerpflichtigen (Berufsträger) rechtzeitig von einer entsprechenden Absicht informieren. Dem Steuerpflichtigen wird dadurch die Möglichkeit eröffnet, sich mit den gesetzlich eingeräumten Rechtsbehelfen im konkreten Fall gegen die Umsetzung zur Wehr zu setzen *(BFH-Urteil vom 8. 4. 2008 VIII R 61/06, BFH/NV S. 1223).*

[1] Weder § 21 Abs. 3 FVG noch 1 Abs. 2 Nr. 4, 195 ff. AO ermächtigen die **Gemeinde** dazu, gegenüber dem GewSt-Pflichtigen die Teilnahme eines Gemeindebediensteten an der Außenprüfung des staatlichen FA anzuordnen. Vielmehr muss

[Fortsetzung nächste Seite]

des Prüfungsorts (BFH-Urteil vom 24. 2. 1989, III R 36/88, BStBl. II S. 445) sind selbständig anfechtbare Verwaltungsakte i. S. d. § 118 AO (BFH-Urteil vom 25. 1. 1989, X R 158/87, BStBl. II S. 483). Gegen die Bestimmung des Betriebsprüfers ist grundsätzlich kein Rechtsbehelf gegeben (BFH-Beschluss vom 15. 5. 2009, IV B 3/09, BFH/NV S. 1401). Darüber hinaus können mit der Prüfungsanordnung weitere nicht selbständig anfechtbare prüfungsleitende Bestimmungen (§ 5 Abs. 3 BpO) verbunden werden. Ein Einspruch gegen die Prüfungsanordnung hat keine aufschiebende Wirkung (§ 361 Abs. 1 Satz 1 AO); vorläufiger Rechtsschutz kann erst durch Aussetzung der Vollziehung nach § 361 AO, § 69 FGO gewährt werden (BFH-Beschluss vom 17. 9. 1974, VII B 122/73, BStBl. 1975 II S. 197). Über Anträge auf Aussetzung der Vollziehung ist unverzüglich zu entscheiden; Nr. 3 des AEAO zu § 361 gilt sinngemäß. AEAO

2. Rechtswidrig erlangte Außenprüfungsergebnisse dürfen nur dann nicht verwertet werden, wenn der Steuerpflichtige erfolgreich gegen die Prüfungsanordnung der betreffenden Prüfungsmaßnahme vorgegangen ist (BFH-Urteil vom 27. 7. 1983, I R 210/79, BStBl. 1984 II S. 285). Wenn die Prüfungsfeststellungen bereits Eingang in Steuerbescheide gefunden haben, muss der Steuerpflichtige auch diese Bescheide anfechten, um ein steuerliches Verwertungsverbot zu erlangen (BFH-Urteil vom 16. 12. 1986, VIII R 123/86, BStBl. 1987 II S. 248). Feststellungen, deren Anordnung rechtskräftig für rechtswidrig erklärt wurden, unterliegen einem Verwertungsverbot (BFH-Urteil vom 14. 8. 1985, I R 188/82, BStBl. 1986 II S. 2). Dies gilt nicht, wenn die bei der Prüfung ermittelten Tatsachen bei einer erstmaligen oder einer unter dem Vorbehalt der Nachprüfung stehenden Steuerfestsetzung verwertet wurden und lediglich formelle Rechtsfehler vorliegen (BFH-Urteile vom 10. 5. 1991, V R 51/90, BStBl. II S. 825, und vom 25. 11. 1997, VIII R 4/94, BStBl. 1998 II S. 461). 3

3. Ist eine Prüfungsanordnung aus formellen Gründen durch das Gericht oder die Finanzbehörde aufgehoben oder für nichtig erklärt worden, so kann eine erneute Prüfungsanordnung (Wiederholungsprüfung) unter Vermeidung des Verfahrensfehlers erlassen werden (BFH-Urteile vom 20. 10. 1988, IV R 104/86, BStBl. 1989 II S. 180, und vom 24. 8. 1989, IV R 65/88, BStBl. 1990 II S. 2). Für die Durchführung der Wiederholungsprüfung ist es regelmäßig geboten, einen anderen Prüfer mit der Prüfung zu beauftragen, der in eigener Verantwortung bei Durchführung der Prüfung ein selbständiges Urteil über die Erfüllung der steuerlichen Pflichten durch den Steuerpflichtigen gewinnt (BFH-Urteil vom 20. 10. 1988, IV R 104/86, BStBl. 1989 II S. 180). 4

4. Die Anordnung einer Außenprüfung für einen bereits geprüften Zeitraum (Zweitprüfung) ist grundsätzlich zulässig (BFH-Urteil vom 24. 1. 1989, VII R 35/86, BStBl. II S. 440). 5

5. Der Umfang der Ablaufhemmung nach § 171 Abs. 4 AO und der Sperrwirkung nach § 173 Abs. 2 AO bestimmt sich nach dem in der Prüfungsanordnung festgelegten Prüfungsumfang (BFH-Urteile vom 18. 7. 1991, V R 54/87, BStBl. II S. 824, und vom 25. 1. 1996, V R 42/95, BStBl. II S. 338). Es bedarf keiner neuen Prüfungsanordnung, wenn die Prüfung unmittelbar nach Beginn für mehr als sechs Monate unterbrochen und vor Ablauf der Festsetzungsfrist zügig beendet wird (BFH-Urteil vom 13. 2. 2003, IV R 31/01, BStBl. II S. 552). 6

[Fortsetzung]

Ein **Verwertungsverbot** ziehen Prüfungshandlungen nur dann nach sich, wenn die Ermittlungshandlungen aufgehoben bzw. ihre Rechtswidrigkeit positiv festgestellt worden ist (sog. formelles Verwertungsverbot). Dazu muss die angebliche Rechtswidrigkeit der Prüfungsmaßnahme in einem (außergerichtlichen und/oder gerichtlichen) Verfahren oder durch einen Antrag auf Aufhebung der Prüfungsmaßnahme (§§ 130, 131 AO) gerügt werden *(BFH-Beschluss vom 13. 9. 2005 X B 8/05, BFH/NV S. 2167).*

Ein offenes Rechtsbehelfsverfahren gegen eine Prüfungsanordnung ist für ein Klageverfahren gegen die aufgrund der Außenprüfung geänderten Steuerbescheide grundsätzlich vorgreiflich. Denn die erfolgreiche Anfechtung einer Prüfungsanordnung führt dazu, dass die Erkenntnisse der Außenprüfung nicht verwertet werden dürfen *(BFH-Beschluss vom 29. 10. 2025 X B 31,32/25, BFH/NV 2026 S. 24).*

BFH-Urteil vom 4. 10. 2006 VIII R 53/04, BStBl. 2007 II S. 227: 1. Der Senat hält an seiner Rechtsprechung *(BFH-Urteil vom 25. 11. 1997 VIII R 4/94, BStBl. 1998 II S. 461)* fest, dass im Rahmen einer Außenprüfung ermittelte Tatsachen bei der Änderung eines unter dem Vorbehalt der Nachprüfung ergangenen Steuerbescheides nur ausnahmsweise nicht verwertet werden dürfen, wenn ein sog. **qualifiziertes materiell-rechtliches Verwertungsverbot** zum Zuge kommt. 2. Auskunftsbegehren dürfen auch an Dritte gerichtet werden, wenn der Steuerpflichtige unbekannt ist und ein hinreichender Anlass aufgrund konkreter Umstände oder allgemeiner, auch branchenspezifischer, Erfahrungen besteht. 3. Liegen die Voraussetzungen für ein qualifiziertes Verwertungsverbot vor, weil ein weiteres Beweismittel nur unter Verletzung von Grundrechten oder in strafbarer Weise von der Finanzbehörde erlangt worden ist, so kann dieses Verwertungsverbot ausnahmsweise im Wege einer sog. Fernwirkung auch der Verwertung dieses nur mittelbaren – isoliert betrachtet rechtmäßig erhobenen – weiteren Beweismittels entgegenstehen.

Haben die Prüfungsfeststellungen bereits Eingang in Steuerbescheide gefunden, müssen zur Beseitigung der aus den Prüfungsfeststellungen gezogenen Folgerungen zusätzlich die Steuerbescheide angefochten werden (vgl. u. a. *BFH-Urteil vom 20. 2. 1990 IX R 83/88, BStBl. II S. 789*). Wegen des Verwertungsverbotes wird die Verjährung nicht nach § 171 Abs. 4 gehemmt *(BFH-Urteil vom 10. 4. 1987 III R 202/83, BStBl. 1988 II S. 165).* Feststellungen, die für außerhalb des Prüfungszeitraums liegende Jahre von Bedeutung sind, können uneingeschränkt ausgewertet werden *(BFH-Urteil vom 28. 8. 1987 III R 189/84, BStBl. 1988 II S. 2).* Ist eine Prüfungsanordnung aus formellen Gründen aufgehoben oder für nichtig erklärt worden, kann die Finanzbehörde eine **erneute Prüfungsanordnung** unter Vermeidung des Verfahrensfehlers auch dann erlassen, wenn aufgrund der früheren Prüfungsanordnung bereits Prüfungshandlungen vorgenommen worden sind *(BFH-Urteile vom 20. 10. 1988 IV R 104/86, BStBl. 1989 II S. 180; vom 24. 8. 1989 IV R 65/88, BStBl. 1990 II S. 2)*, sogar dann, wenn die Prüfung bereits abgeschlossen wurde *(BFH-Urteil vom 7. 11. 1985 IV R 6/85, BStBl. 1986 II S. 435).* Sollen die steuerlichen Angelegenheiten einer **atypisch stillen Gesellschaft** i. L. geprüft werden und wird die Prüfungsanordnung nur dem Liquidator des in Konkurs gefallenen Geschäftsinhabers bekannt gegeben, dann hat dies grds. nicht ein Verwertungsverbot der Prüfungsfeststellungen zur Folge *(BFH-Beschluss vom 4. 10. 1991 VIII B 93/90, BStBl. 1992 II S. 59).*

7 **6.** Nehmen Außenprüfer an steuerstraf- oder bußgeldrechtlichen Ermittlungen der Steuerfahndung teil, ist insoweit keine Prüfungsanordnung nach § 196 AO zu erlassen (vgl. Nr. 125 AStBV (St)).

AO

§ 197 Bekanntgabe der Prüfungsanordnung

1 (1) ① **Die Prüfungsanordnung[1] sowie der voraussichtliche Prüfungsbeginn[2] und die Namen der Prüfer[3] sind dem Steuerpflichtigen,[4] bei dem die Außenprüfung durchgeführt werden soll, angemessene Zeit vor Beginn der Prüfung bekannt zu geben, wenn der Prüfungszweck dadurch nicht gefährdet wird.** ② **Der Steuerpflichtige kann auf die Einhaltung der Frist verzichten.** ③ **Soll die Prüfung nach § 194 Absatz 2 auf die steuerlichen Verhältnisse von Gesellschaftern und Mitgliedern sowie von Mitgliedern der Überwachungsorgane erstreckt werden, so ist die Prüfungsanordnung insoweit auch diesen Personen bekannt zu geben.**

2 (2)[5] **Auf Antrag der Steuerpflichtigen soll der Beginn der Außenprüfung auf einen anderen Zeitpunkt verlegt werden, wenn dafür wichtige Gründe glaubhaft gemacht werden.**

(3) ① **Mit der Prüfungsanordnung kann die Vorlage von aufzeichnungs- oder aufbewahrungspflichtigen Unterlagen innerhalb einer angemessenen Frist verlangt werden.** ② **Sind diese Unterlagen mit Hilfe eines Datenverarbeitungssystems erstellt worden, sind die Daten in einem maschinell auswertbaren Format an die Finanzbehörde zu übertragen.** ③ **Im Übrigen bleibt § 147 Absatz 6 unberührt.**

(4) ① **Sind Unterlagen nach Absatz 3 vorgelegt worden, sollen dem Steuerpflichtigen die beabsichtigten Prüfungsschwerpunkte der Außenprüfung mitgeteilt werden.** ② **Die Nennung von Prüfungsschwerpunkten stellt keine Einschränkung der Außenprüfung auf bestimmte Sachverhalte nach § 194 dar.**

(5) ① **Ist Grundlage der Außenprüfung ein Steuerbescheid, der aufgrund einer in § 149 Absatz 3 genannten Steuererklärung erlassen wurde, soll die Prüfungsanordnung bis zum Ablauf des Kalenderjahres erlassen werden, das auf das Kalenderjahr folgt, in dem der Steuerbescheid wirksam geworden ist.** ② **Wird die Prüfungsanordnung aus Gründen, die die Finanzbehörde zu vertreten hat, zu einem späteren Zeitpunkt bekanntgegeben, beginnt die Frist nach § 171 Absatz 4 Satz 3 erster Halbsatz mit Ablauf des Kalenderjahres, das auf das Kalenderjahr folgt, in dem der in Satz 1 bezeichnete Steuerbescheid wirksam geworden ist.** ③ **Erstreckt sich die Außenprüfung zugleich auf mehrere Steuerbescheide, sind die Sätze 1 und 2 mit der Maßgabe anzuwenden, dass der Zeitpunkt des Wirksamwerdens des zuletzt ergangenen Steuerbescheids einheitlich maßgeblich ist.**

---

[1] In besonderen Fällen kann die Bekanntgabe der Prüfungsanordnung mit dem Beginn der Prüfung zusammenfallen *(BFH-Beschluss vom 4. 2. 1988 V R 57/83, BStBl. II S. 413).*

Die Frist für die Bekanntgabe der Anordnung der Erweiterung eines Prüfungszeitraums kann während einer bereits begonnenen Prüfung in der Regel kürzer als bei der erstmaligen Anordnung einer Prüfung sein *(BFH-Beschluss vom 26. 1. 2000 IV B 97/99, BFH/NV S. 821).*

Sollen die steuerlichen Angelegenheiten einer atypisch stillen Gesellschaft i. L. geprüft werden und wird die Prüfungsanordnung nur dem Liquidator des in Konkurs gefallenen Geschäftsinhabers bekannt gegeben, dann hat dies grds. nicht ein Verwertungsverbot der Prüfungsfeststellungen zur Folge *(BFH-Beschluss vom 4. 10. 1991 VIII B 93/90, BStBl. 1992 II S. 59).*

Tritt einer der Initiatoren einer Bauherrengemeinschaft gegenüber dem FA wie ein Bevollmächtigter auf, so kann er bei Vorliegen der übrigen Voraussetzungen nach Rechtsscheinsgrundsätzen als bevollmächtigt angesehen werden, auch die Prüfungsanordnung in Empfang zu nehmen *(BFH-Urteil vom 25. 9. 1990 IX R 84/88, BStBl. 1991 II S. 120).*

[2] Zur Bekanntgabe des Prüfungsbeginns – angemessene Zeit vor Beginn der Prüfung – s. *BFH-Urteil vom 25. 1. 1989 X R 158/87, BStBl. II S. 483.*

[3] Die Bestimmung der Personen, die mit der Durchführung einer Betriebsprüfung betraut werden, beinhalten keine unmittelbare Regelung in Bezug auf den Stpfl. und beeinträchtigt ihn nicht unmittelbar in seinen Rechten. Die Bestimmung der Prüfer für eine Betriebsprüfung ist kein anfechtbarer Verwaltungsakt. § 83 Abs. 1 Satz 1 AO schafft kein förmliches Ablehnungsrecht gegenüber dem betroffenen Amtsträger *(BFH-Urteil vom 13. 12. 1994 VII R 46/94, nv).*

Weder § 21 Abs. 3 FVG noch § 1 Abs. 2 Nr. 4, §§ 195 ff. AO ermächtigen die **Gemeinde** dazu, gegenüber dem GewSt-Pflichtigen die Teilnahme eines Gemeindebediensteten an der Außenprüfung des staatlichen FA anzuordnen. Vielmehr muss das gesetzliche Teilnahmerecht der Gemeinden im Rahmen der Prüfungsanordnung des staatlichen FA entsprechend § 197 AO durch Mitteilung von Namen und Zeit gegenüber dem Stpfl. verwirklicht werden *(BVerwG vom 27. 1. 1995 BVerwG 8 C 30.92, BStBl. II S. 522).*

[4] Die an eine Kommanditgesellschaft (KG) als Inhaltsadressatin gerichtete Betriebsprüfungsanordnung ist nichtig, wenn die KG im Zeitpunkt der Bekanntgabe dieses Bescheides nicht mehr existiert *(BFH-Urteil vom 25. 4. 2006 VIII R 46/02, BFH/NV S. 2037).*

Vgl. *BFH-Urteil vom 14. 3. 1990 X R 104/88, BStBl. II S. 612:* 1. Eine zusammengefasste, an Ehegatten gerichtete Prüfungsanordnung, in der die Adressaten mit dem gemeinsamen Nachnamen, aber nur mit einem Vornamen bezeichnet sind, genügt dem Bestimmtheitserfordernis. 2. In solchen Fällen kann zur wirksamen Bekanntgabe die Übermittlung nur einer Ausfertigung der Prüfungsanordnung genügen.

[5] Zur Ablaufhemmung vgl. § 171 Abs. 4 Satz 1 AO.

AEAO

Zu § 197 – Bekanntgabe der Prüfungsanordnung:

1. Allgemeines 3

Nach Nr. 1.1.4 des AEAO zu § 122 gelten die Grundsätze über die Bekanntgabe von Steuerbescheiden für Prüfungsanordnungen entsprechend, soweit nicht nachfolgend abweichende Regelungen getroffen sind.

2. Bekanntgabe von Prüfungsanordnungen 4

Beim Erlass einer Prüfungsanordnung sind festzulegen:
- an wen sie sich richtet (Nr. 2.1 des AEAO zu § 197 – Inhaltsadressat),
- wem sie bekannt gegeben werden soll (Nr. 2.2 des AEAO zu § 197 – Bekanntgabeadressat),
- welcher Person sie zu übermitteln ist (Nr. 2.3 des AEAO zu § 197 – Empfänger).

2.1. Inhaltsadressat

Das ist die natürliche oder juristische Person oder die Personenvereinigung (vgl. § 14 a AO), der aufgegeben wird, die Außenprüfung in dem in der Anordnung näher beschriebenen Umfang zu dulden und bei ihr mitzuwirken: „Prüfung bei …" (Prüfungssubjekt).

2.2. Bekanntgabeadressat

Das ist die natürliche oder juristische Person oder die Personenvereinigung (vgl. § 14 a AO), der die Prüfungsanordnung bekannt zu geben ist. Der Bekanntgabeadressat ist regelmäßig mit dem Prüfungssubjekt identisch. Soweit die Bekanntgabe an das Prüfungssubjekt allerdings nicht möglich oder nicht zulässig ist, kommen Dritte als Bekanntgabeadressaten in Betracht (z. B. Eltern eines minderjährigen Kindes, Mitglieder, Gesellschafter oder Gemeinschafter einer nicht rechtsfähigen Personenvereinigung, Liquidator).

Wenn der Bekanntgabeadressat nicht personenidentisch mit dem Prüfungssubjekt ist, ist in die Prüfungsanordnung ein erläuternder Zusatz aufzunehmen, aus dem der Grund für die Bekanntgabe der Prüfungsanordnung gegenüber dem Bekanntgabeadressaten mit Wirkung für das zu benennende Prüfungssubjekt erkennbar wird.

Beispiel:
Die *Prüfungsordnung*[1] ergeht an Sie als
„Alleinerbin und Gesamtrechtsnachfolgerin nach Ihrem verstorbenen Ehemann" (bei Erbfall; vgl. AEAO zu § 197, Nr. 8),
„Nachfolgerin der Fritz KG" (bei gesellschaftsrechtlicher Umwandlung; vgl. AEAO zu § 197, Nr. 9).

2.3. Empfänger

Das ist die natürliche oder juristische Person oder die Personenvereinigung (vgl. § 14 a AO), der die Prüfungsanordnung tatsächlich zugehen soll, damit sie durch Bekanntgabe wirksam wird.

Der Empfänger ist regelmäßig mit dem Bekanntgabeadressaten identisch. In Ausnahmefällen kann jedoch auch eine andere Person oder Personenvereinigung Empfänger sein (vgl. AEAO zu § 122, Nrn. 1.5.2 und 1.7).

Der Empfänger ist im Anschriftenfeld der Prüfungsanordnung mit seinem Namen und seiner postalischen Anschrift zu bezeichnen. Dies gilt auch bei elektronischer Bekanntgabe der Prüfungsanordnung nach § 122 Abs. 2 a oder § 122 a AO.

Wenn der Empfänger nicht personenidentisch mit dem Prüfungssubjekt ist, ist in die Prüfungsanordnung ein erläuternder Zusatz aufzunehmen, aus dem der Grund für die Bekanntgabe der Prüfungsanordnung gegenüber dem Empfänger mit Wirkung für das benannte Prüfungssubjekt erkennbar wird.

2.4. Übermittlung an Bevollmächtigte (§§ 80 Abs. 1, 122 Abs. 1 Satz 3 AO)

Zur Bekanntgabe an einen Bevollmächtigten vgl. AEAO zu § 122, Nr. 1.7.

Beispiel:
Anschrift: Herrn Steuerberater Klaus Schulz, …
Text: „… ordne ich an, dass bei Ihrem Mandanten Anton Huber, … eine Prüfung durchgeführt wird."

3. Bekanntgabe von Prüfungsanordnungen an Ehegatten bzw. Lebenspartner[2] 5

Prüfungsanordnungen gegen beide Ehegatten bzw. Lebenspartner können ggf. in einer Verfügung zusammengefasst werden. Auf die Regelung des AEAO zu § 122, Nr. 2.1 wird verwiesen. In einem Zusatz muss dann jedoch erläutert werden, für welche Steuerarten bei welchem Prüfungssubjekt die Außenprüfung vorgesehen ist.

Aus Gründen der Klarheit und Übersichtlichkeit sollten getrennte Prüfungsanordnungen an Ehegatten bzw. Lebenspartner bevorzugt werden. Generell müssen die Prüfungen getrennt angeordnet werden, wenn beide Ehegatten bzw. Lebenspartner unternehmerisch (jedoch nicht gemeinschaftlich) tätig sind.

---

[1] Richtig wohl: „Prüfungsanordnung".

[2] Prüfungsanordnungen gegen Ehegatten können in einer Verfügung zusammengefasst werden. Zu ihrer Bekanntgabe genügt die Übersendung nur einer Ausfertigung, wenn sich die Eheleute durch die gemeinsame Abgabe von ESt-Erklärungen gegenseitig zur Empfangnahme im Besteuerungsverfahren ermächtigt haben *(BFH-Beschluss vom 23. 6. 2003 X B 165/02, BFH/NV S. 1147)*.

AEAO

6 **4. Bekanntgabe an gesetzliche Vertreter natürlicher Personen**

Vgl. AEAO zu § 122, Nr. 2.2.

Beispiel:

Anschrift: Herrn Steuerberater Klaus Schulz

Text: „… ordne ich an, dass bei Ihrem Mandanten Benjamin Müller …“

Zusatz: „… ergeht an Sie für Frau Felicitas Müller und Herrn Felix Müller, ggf. Anschrift, als gesetzliche Vertreter ihres minderjährigen Sohnes Benjamin Müller, ggf. Anschrift.“

7 **5. Personenvereinigungen**

Bei Prüfungsanordnungen an Personenvereinigungen (vgl. § 14 a AO) ist nach der Rechtsfähigkeit zu unterscheiden. Wegen der Unterscheidung zwischen rechtsfähigen und nicht rechtsfähigen Personenvereinigungen wird auf den AEAO zu § 14 a und auf Nr. 2.4 des AEAO zu § 122 verwiesen.

5.1. Rechtsfähige Personenvereinigungen

5.1.1. Als Steuerpflichtige i. S. d. § 193 Abs. 1 AO bzw. § 193 Abs. 2 AO, bei denen eine Außenprüfung zulässig ist, kommen auch rechtsfähige Personenvereinigungen (vgl. § 14 a Abs. 2 AO; insbesondere eine OHG, eine KG oder eine rechtsfähige GbR) in Betracht.

5.1.2. Soweit eine rechtsfähige Personenvereinigung Steuerschuldner oder zur Einbehaltung und Abführung von Steuern verpflichtet ist, muss sie die Außenprüfung nach § 193 Abs. 1 oder Abs. 2 Nr. 2 AO als Prüfungssubjekt dulden.

5.1.3. Zur Prüfung der mit Wirkung für und gegen ihre Gesellschafter oder Gemeinschafter gesondert und einheitlich festzustellenden Einkünfte sind Inhaltsadressaten der Prüfungsanordnung gleichzeitig
- die rechtsfähige Personenvereinigung, weil sie die Prüfung ihrer Buchführung und/oder Aufzeichnungen zu dulden hat, und
- die Gesellschafter oder Gemeinschafter, wobei diese kraft Gesetzes im Feststellungsverfahren umfassend durch die rechtsfähige Personenvereinigung vertreten werden (vgl. § 183 Abs. 1 AO).

Dabei ist unerheblich, um welche Einkunftsart es sich handelt.

5.1.4. In der Prüfungsanordnung ist darauf hinzuweisen, dass sie sich an die rechtsfähige Personenvereinigung richtet
- als Prüfungssubjekt
- hinsichtlich der von ihr selbst geschuldeten oder einzubehaltenden und abzuführenden Steuern als Steuerpflichtiger und
- hinsichtlich der gesondert und einheitlich festzustellenden Einkünfte als Duldungsverpflichtete sowie
- als gesetzliche Bekanntgabebevollmächtigte hinsichtlich der Prüfung der gesondert und einheitlich festzustellenden Einkünfte mit Wirkung für und gegen die Gesellschafter und Gemeinschafter (§ 183 Abs. 1 AO). Zur Benennung der Gesellschafter und Gemeinschafter reicht dabei im Regelfall ein Verweis auf die im Feststellungsbescheid namentlich benannten Feststellungsbeteiligten aus.

Zur Bezeichnung der rechtsfähigen Personenvereinigung in der Prüfungsanordnung vgl. Nr. 2.4.1.1 des AEAO zu § 122.

Die rechtsfähige Personenvereinigung kann ihrerseits einen Empfangsbevollmächtigten nach § 122 Abs. 1 i. V. m. § 80 AO bestellen.

5.2. Nicht rechtsfähige Personenvereinigungen

5.2.1. Als Steuerpflichtige i. S. d. § 193 Abs. 1 bzw. § 193 Abs. 2 AO, bei denen eine Außenprüfung zulässig ist, kommen auch nicht rechtsfähige Personenvereinigungen (vgl. § 14 a Abs. 3 AO; insbesondere eine Bruchteils- oder Erbengemeinschaft) in Betracht.

5.2.2. Soweit die nicht rechtsfähige Personenvereinigung Steuerschuldner oder zur Einbehaltung und Abführung von Steuern verpflichtet ist, muss sie die Außenprüfung nach § 193 Abs. 1 oder Abs. 2 Nr. 2 AO als Prüfungssubjekt dulden.

In diesen Fällen ist in der an die nicht rechtsfähige Personenvereinigung gerichteten Prüfungsanordnung darauf hinzuweisen, dass sie hinsichtlich der von ihr selbst geschuldeten oder einzubehaltenden und abzuführenden Steuern als Steuerpflichtiger Prüfungssubjekt ist. Zur Bezeichnung der nicht rechtsfähigen Personenvereinigung in der Prüfungsanordnung vgl. Nr. 2.4.1.2 und 2.4.1.3 des AEAO zu § 122.

Die Prüfungsanordnung wird in diesen Fällen durch Bekanntgabe an ein Mitglied, einen Gesellschafter oder einen Gemeinschafter (als Vertreter i. S. d. § 34 Abs. 2 Satz 1 AO und als Bekanntgabeadressat) gegenüber der nicht rechtsfähigen Personenvereinigung wirksam (§ 34 Abs. 2 Satz 2 AO). Es genügt, wenn dem Bekanntgabeadressaten eine Ausfertigung der Prüfungsanordnung zugeht. Als Bekanntgabeadressat kommt vor allem das Mitglied, der Gesellschafter oder der Gemeinschafter in Betracht, der als Empfangsbevollmächtigter des Feststellungsbescheids i. S. d. § 183 a Abs. 1 AO fungiert. Die Prüfungsanordnung kann auch einem anderen Mitglied, Gesellschafter oder Gemeinschafter bekanntgegeben werden (§ 34 Abs. 2 Satz 2 AO).

AEAO

In der Prüfungsanordnung ist dann folgender Erläuterungstext aufzunehmen:

„Die Prüfungsanordnung ergeht an Sie als … (Mitglied/Gesellschafter/Gemeinschafter) der … (nicht rechtsfähigen Personenvereinigung) mit Wirkung für und gegen diese Personenvereinigung."

Die nicht rechtsfähige Personenvereinigung kann ihrerseits auch einen Empfangsbevollmächtigten nach § 122 Abs. 1 i. V. m. § 80 AO bestellen.

5.2.3. Bei gesondert und einheitlich festzustellenden Einkünften gilt Folgendes:

Zur Prüfung der mit Wirkung für und gegen ihre Mitglieder, Gesellschafter oder Gemeinschafter gesondert und einheitlich festzustellenden Einkünfte sind Inhaltsadressaten der Prüfungsanordnung gleichzeitig

– die nicht rechtsfähige Personenvereinigung, weil sie die Prüfung ihrer Buchführung und/oder Aufzeichnungen und Unterlagen zu dulden hat, und
– die Mitglieder, Gesellschafter oder Gemeinschafter.

In der an die nicht rechtsfähige Personenvereinigung gerichteten und einem Vertreter nach § 34 Abs. 2 AO oder einem Bekanntgabe-Bevollmächtigten nach § 122 Abs. 1 AO bekanntzugebenden Prüfungsanordnung ist darauf hinzuweisen, dass sie Prüfungssubjekt ist

– hinsichtlich der von ihr selbst geschuldeten oder einzubehaltenden und abzuführenden Steuern als Steuerpflichtiger und
– hinsichtlich der gesondert und einheitlich festzustellenden Einkünfte als Duldungsverpflichtete.

Zur Bezeichnung der nicht rechtsfähigen Personenvereinigung in der Prüfungsanordnung vgl. Nr. 2.4.1.2 und 2.4.1.3 des AEAO zu § 122.

Den Mitgliedern, Gesellschaftern oder Gemeinschaftern ist die Prüfungsanordnung als Prüfungssubjekt nach Maßgabe des § 183 a Abs. 1 AO (d. h. regelmäßig dem gemeinsamen Empfangsbevollmächtigten) bekanntzugeben. Zur Benennung der Mitglieder, Gesellschafter oder Gemeinschafter reicht dabei im Regelfall ein Verweis auf die im Feststellungsbescheid namentlich benannten Feststellungsbeteiligten aus.

5.2.4. Gesonderte und einheitliche Feststellungen für Zwecke der Erbschaft- und Schenkungsteuer nach § 151 BewG

Bei gesonderten Feststellungen für Zwecke der Erbschaft- und Schenkungsteuer kann auch die nicht rechtsfähige Personenvereinigung mit Überschusseinkünften selbst Inhaltsadressat der Prüfungsanordnung sein.

Zur Ermittlung der Besteuerungsgrundlagen ist nach § 156 BewG eine Außenprüfung bei den Beteiligten i. S. d. § 154 Abs. 1 BewG zulässig. Die Beteiligtenstellung einer Personenvereinigung kann daraus folgen, dass sie zur Abgabe einer Feststellungserklärung aufgefordert wurde (§ 154 Abs. 1 Nr. 2 BewG). Der Anteil am Wert der in § 151 Abs. 1 Satz 1 Nr. 4 BewG genannten Vermögensgegenstände und Schulden, die mehreren Personen zustehen, ist gesondert und einheitlich festzustellen. Die Aufforderung zur Abgabe einer Feststellungserklärung richtet sich gem. § 153 Abs. 2 BewG an die Personenvereinigung selbst, die dadurch Beteiligte wird. Sie ist dann als Prüfungssubjekt auch Inhaltsadressat der entsprechenden Prüfungsanordnung.

Eine Prüfung zur gesonderten und einheitlichen Feststellung nach § 156 BewG kann auch in Kombination mit einer auf § 193 AO gestützten Prüfung erfolgen. Eine ausschließlich auf § 156 BewG gestützte Außenprüfung darf sich jedoch nur auf die Feststellungen erstrecken, die für die Erbschaft-/Schenkungsteuer oder eine andere Feststellung i. S. d. § 151 Abs. 1 BewG maßgeblich sind. Das hat zur Folge, dass im Rahmen der Betriebsprüfung nur die sachliche Richtigkeit und Vollständigkeit der festgestellten Besteuerungsgrundlagen ermittelt bzw. überprüft werden dürfen.

5.3. Sonderfälle

Dient die Außenprüfung u. a. der Feststellung, welche Art von Einkünften die Mitglieder, Gesellschafter oder Gemeinschafter einer Personenvereinigung erzielen, kann die Prüfungsanordnung nach Maßgabe sämtlicher in Betracht kommender Einkunftsarten ausgerichtet werden.

Kommen danach Gewinneinkünfte ernsthaft in Betracht, ist die Personenvereinigung – gestützt auf die Rechtsgrundlage des § 193 Abs. 1 AO – Prüfungssubjekt und die Prüfungsanordnung ihr bekanntzugeben (vgl. Nrn. 5.1 und 5.2.1 des AEAO zu § 197). Eine solche Prüfungsanordnung entfaltet jedoch nur in Bezug auf Gewinneinkünfte eine den Ablauf der Feststellungsfrist hemmende Wirkung (BFH-Urteil vom 27. 10. 2020, IX R 16/19, BStBl. 2023 II S. 95).

Ist die Einkunftsart noch ungewiss, müssen zur Vermeidung eines Verjährungseintritts zusätzlich für die Überschusseinkünfte Außenprüfungen angeordnet werden. Die Prüfungsanordnung ist auf § 193 Abs. 2 Nr. 2 AO zu stützen und an die rechtsfähige Personenvereinigung bzw. an die Mitglieder, Gesellschafter oder Gemeinschafter der nicht rechtsfähigen Personenvereinigung zu richten und bekanntzugeben (vgl. Nrn. 5.1 und 5.2.3 des AEAO zu § 197).

Ist nicht die Qualifizierung der Einkünfte, sondern die Existenz der Personenvereinigung selbst im Streit, muss sich die Prüfungsanordnung gegen die mutmaßlichen Mitglieder, Gesellschafter oder Gemeinschafter richten (BFH-Urteil vom 8. 3. 1988, VIII R 220/85, BFH/NV S. 758). Sie ist jedem Beteiligten der mutmaßlichen Personenvereinigung gesondert bekanntzugeben.

AEAO

Liegen konkrete Anhaltspunkte vor, dass die vermutete Personenvereinigung tatsächlich einen gewerblichen oder land- und forstwirtschaftlichen Betrieb unterhalten hat bzw. freiberuflich tätig geworden ist, genügt in der Prüfungsanordnung ein Hinweis auf § 193 Abs. 1 AO (BFH-Urteil vom 23. 10. 1990, VIII R 45/88, BStBl. 1991 II S. 278). Ansonsten ist die Prüfungsanordnung auf § 193 Abs. 2 Nr. 2 AO zu stützen und besonders zu begründen.

5.4. Arbeitsgemeinschaften

Eine Arbeitsgemeinschaft (ARGE) ist eine rechtsfähige Personenvereinigung. Ist sie als Prüfungssubjekt zu prüfen, ist die Prüfungsanordnung grundsätzlich an das in der ARGE geschäftsführende Unternehmen als Bevollmächtigtem postalisch bekannt zu geben (vgl. AEAO zu § 122, Nr. 2.4.1.1 sowie AEAO zu § 197, Nr. 5.1.1).

5.5. Atypisch stille Gesellschaften

Da die atypisch stille Gesellschaft nicht selbst Steuerschuldnerin ist, ist eine Prüfungsanordnung an den Inhaber des Handelsgeschäfts zu richten (vgl. AEAO zu § 122, Nr. 2.4.1). Hinsichtlich der gesonderten und einheitlichen Gewinnfeststellung ist eine Prüfungsanordnung ihrem Inhalt nach im Regelfall ebenfalls nicht an die atypisch stille Gesellschaft, sondern regelmäßig an jeden Gesellschafter (Prüfungssubjekt) zu richten und diesem auch bekannt zu geben.

Beispiel:

Anschrift:	a) Bauunternehmung Müller GmbH	Geschäftsinhaber
	b) Herrn Josef Meier	atyp. stiller Gesellschafter

(zwei getrennte Prüfungsanordnungen)

Text: „… ordne ich an, dass bei Ihnen bezüglich der steuerlichen Verhältnisse der atypisch stillen Gesellschaft Bauunternehmung Müller GmbH und Josef Meier (ggf. Anschrift) eine Außenprüfung durchgeführt wird."

Abweichend davon reicht es in Fällen der atypisch stillen Beteiligung an einer Personenhandelsgesellschaft aus, die Prüfungsanordnung hinsichtlich der gesonderten und einheitlichen Gewinnfeststellung an die Personenhandelsgesellschaft (= Geschäftsinhaber) als Prüfungssubjekt zu richten und bekannt zu geben, da die Außenprüfung bei einer Personengesellschaft auch die steuerlichen Verhältnisse der Gesellschafter (auch der atypisch stille Beteiligte ist Mitunternehmer) insoweit umfasst, als diese für die zu überprüfende Feststellung von Bedeutung sind (§ 194 Abs. 1 AO). Einer gesonderten – an den atypisch stillen Gesellschafter gerichteten – *Prüfungsordnung*[1] bedarf es in diesem Fall nicht.

5.6. Personengesellschaften (Gemeinschaften) in Liquidation

Wegen der Unterscheidung zwischen der gesellschaftsrechtlichen und der steuerrechtlichen Liquidation vgl. AEAO zu § 122, Nr. 2.7.1. Die Anweisungen des AEAO zu § 122, Nr. 2.7.2 zur Bekanntgabe von Verwaltungsakten gelten für Prüfungsanordnungen sinngemäß.

Auch die Verpflichtung, nach §§ 193 ff. AO eine Außenprüfung zu dulden, führt dazu, eine Personenvereinigung noch nicht als vollbeendet anzusehen. Nach Beendigung der gesellschaftsrechtlichen Liquidation (z. B. Prüfung bei „dem gesellschaftsrechtlich beendeten Autohaus Heinrich Schmitz Nachf. GbR") bleibt die Personenvereinigung in den Fällen der Nrn. 5.1 und 5.2.1 weiterhin Prüfungssubjekt (vgl. BFH-Urteil vom 1. 3. 1994, VIII R 35/92, BStBl. 1995 II S. 241). Prüfungsanordnungen sind den Liquidatoren unter Angabe des Vertretungsverhältnisses bekannt zu geben (vgl. Nr. 2.7.2 des AEAO zu § 122).

5.7. Eintritt, Ausscheiden und Wechsel von Mitgliedern/Gesellschaftern/Gemeinschaftern einer Personengesellschaft

5.7.1. Wird das Handelsgeschäft eines Einzelunternehmers in eine Personen- oder Kapitalgesellschaft eingebracht, ist zu unterscheiden, ob der Zeitraum vor oder nach der Übertragung geprüft wird. Die Prüfungsanordnung muss an den jeweiligen Inhaltsadressaten für die Zeit seiner Inhaberschaft gerichtet und bekannt gegeben werden. Für den Prüfungszeitraum bis zur Einbringung ergeht die Prüfungsanordnung an den ehemaligen Einzelunternehmer als Inhaltsadressat (Prüfungssubjekt) („bei Ihnen"). In einem Zusatz ist zu erläutern, dass Prüfungsgegenstand bestimmte Besteuerungszeiträume vor der Einbringung in die namentlich benannte aufnehmende Gesellschaft sind.

5.7.2. Tritt in eine bestehende Personenhandelsgesellschaft oder eine rechtsfähige GbR mit geschäftsüblichem Namen ein Gesellschafter ein oder scheidet ein Gesellschafter aus unter Fortführung der Gesellschaft durch die verbliebenen Gesellschafter oder ergibt sich durch abgestimmten Ein- und Austritt ein Gesellschafterwechsel, ändert sich die Identität der Gesellschaft nicht. Daher ist die Prüfungsanordnung auch für die Zeit vor dem Eintritt, Ausscheiden oder Wechsel an die Personengesellschaft als Inhaltsadressaten zu richten. An den ausgeschiedenen Gesellschafter ergeht keine gesonderte Prüfungsanordnung. Ihm ist jedoch zur Wahrung des rechtlichen Gehörs eine Kopie der an die Gesellschaft gerichteten Prüfungsanordnung zu übersenden. Dabei ist er auf den Sinn und Zweck dieser Benachrichtigung hinzuweisen.

5.7.3. Scheidet aus einer zweigliedrigen Personenhandelsgesellschaft oder einer rechtsfähigen GbR der vorletzte Gesellschafter aus und wird der Betrieb durch den verbliebenen Gesellschafter

[1] Richtig wohl: „Prüfungsanordnung".

AEAO

ohne Liquidation fortgeführt (= vollbeendete Gesellschaft; BFH-Urteil vom 18. 9. 1980, V R 175/74, BStBl. 1981 II S. 293), ist der jetzige Alleininhaber Gesamtrechtsnachfolger gem. § 45 Abs. 1 Satz 1 AO für die Betriebssteuern. Die Prüfungsanordnung für die Betriebssteuern ist daher auch für die Zeit des Bestehens der Personengesellschaft an den jetzigen Alleininhaber zu richten und diesem bekannt zu geben. Er ist auf seine Stellung als Gesamtrechtsnachfolger hinzuweisen. In einem Zusatz ist deutlich zu machen, dass die Prüfung die steuerlichen Verhältnisse der vollbeendeten Personengesellschaft betrifft.

Für die gesonderte und einheitliche Gewinnfeststellung geht die Pflicht, die Prüfung zu dulden (vgl. AEAO zu § 197, Nr. 2.1 und 5.1.1), ebenfalls von der Personengesell-schaft auf den jetzigen Alleininhaber als Gesamtrechtsnachfolger i. S. v. § 45 Abs. 1 Satz 1 AO über (BFH-Urteil vom 25. 4. 2006, VIII R 46/02, BFH/NV S. 2037) Die Prüfungsan-ordnung zur gesonderten und einheitlichen Gewinnfeststellung für die Zeit des Bestehens der Gesellschaft ist daher ebenfalls an den jetzigen Alleininhaber zu richten und diesem bekannt zu geben. Auf die Stellung als Gesamtrechtsnachfolger ist hinzuweisen. In einem Zusatz ist deutlich zu machen, dass die Prüfung die steuerlichen Verhältnisse der vollbeendeten Personengesellschaft betrifft.

5.7.4. Scheidet aus einer nicht rechtsfähigen Personenvereinigung, die ausschließlich Überschusseinkünfte (z. B. aus Vermietung und Verpachtung) erzielt, das vorletzte Mitglied, der vorletzte Gesellschafter oder der vorletzte Gemeinschafter aus, ist die Personenvereinigung als solche kein Prüfungssubjekt hinsichtlich der gesonderten und einheitlichen Feststellung der Überschusseinkünfte. Die Duldungspflicht der Prüfung kann daher auch nicht im Wege der Gesamtrechtsnachfolge auf den jetzigen Alleingesellschafter übergehen. Die Prüfungsanordnung ist in diesem Fall an jedes ehemalige Mitglied, jeden ehemaligen Gesellschafter oder jeden ehemaligen Gemeinschafter zu richten und bekanntzugeben.

6. Juristische Personen 8

Vgl. AEAO zu § 122, Nr. 2.8.

7. Insolvenzfälle 9

Soweit die Verwaltungs- und Verfügungsbefugnis auf einen Insolvenzverwalter oder einen vorläufigen Insolvenzverwalter übergegangen ist (vgl. AEAO zu § 251, Nrn. 3.1 und 4.2), ist dieser Bekanntgabeadressat (AEAO zu § 197, Nr. 2.2).

8. Gesamtrechtsnachfolge in Erbfällen 10

8.1. Geht ein Einzelunternehmen durch Erbfall im Wege der Gesamtrechtsnachfolge auf eine oder mehrere Person(en) über, ist die Prüfungsanordnung für die Prüfungszeiträume bis zum Todesfall an den/die einzelnen Erben als Prüfungssubjekt zu richten. Bei ihm/ihnen kann eine Außenprüfung nach § 193 Abs. 1 AO auch für Zeiträume stattfinden, in denen der Erblasser unternehmerisch tätig war (BFH-Urteil vom 24. 8. 1989, IV R 65/88, BStBl. 1990 II S. 2). Auf den/die einzelnen Erben gehen als Gesamtrechtsnachfolger alle Verpflichtungen aus dem Steuerschuldverhältnis über (§ 45 Abs. 1 AO); hierzu gehört auch die Duldung der Betriebsprüfung (BFH-Urteil vom 9. 5. 1978, VII R 96/75, BStBl. II S. 501). Für Zeiträume bis zum Todesfall geht die Pflicht zur Duldung einer Außenprüfung jedoch nicht auf die Erbengemeinschaft als Personenvereinigung im Wege der Gesamtrechtsnachfolge über. Die Bekanntgabe an einen Erben mit Wirkung für und gegen alle anderen Erben gem. § 122 Abs. 6 AO ist nur im Falle einer gemeinsamen Empfangsvollmacht möglich. Auch findet § 155 Abs. 3 AO bei Prüfungsanordnungen keine Anwendung, so dass keine zusammengefassten Bescheide ergehen können.

Beispiele:

a) Anschrift: Frau Antonia Huber
Text: „… ordne ich an, dass bei Ihnen bezüglich der steuerlichen Verhältnisse Ihres verstorbenen Ehemannes Anton Huber eine Außenprüfung durchgeführt wird."
Zusatz: „… ergeht an Sie als Alleinerbin und Gesamtrechtsnachfolgerin nach Ihrem Ehemann."

b) Anschrift: Herrn Steuerberater Klaus Schulz
Text: „… ordne ich an, dass bei Ihrer Mandantin Antonia Huber bezüglich der steuerlichen Verhältnisse ihres verstorbenen Ehemanns Anton Huber eine Außenprüfung durchgeführt wird."
Zusatz: „… ergeht an Sie für Frau Antonia Huber als Alleinerbin und Gesamtrechtsnachfolgerin nach Anton Huber."

c) Anschrift: Herrn Steuerberater Klaus Schulz
Text: „… ordne ich an, dass bei Ihren Mandanten Emilia Müller, Fritz Müller (usw., alle Erben namentlich aufzuzählen) bezüglich der steuerlichen Verhältnisse des verstorbenen Emil Müller eine Außenprüfung durchgeführt wird."
Zusatz: „… ergeht an Sie für Frau Emilia Müller, Herrn Fritz Müller usw. als Erben und Gesamtrechtsnachfolger des verstorbenen Emil Müller."

8.2. Haben die Erben keinen gemeinsamen Empfangsbevollmächtigten, ist jedem Miterben eine Prüfungsanordnung bekannt zu geben. Im Anschriftenfeld ist sie jeweils an den einzelnen Miterben zu adressieren. Im Übrigen ist sie inhaltsgleich allen Miterben bekannt zu geben. Die Prüfung ist „bei dem" jeweiligen Miterben vorzusehen.

8.3. Ist ein Miterbe gemeinsamer Empfangsbevollmächtigter aller Miterben, so ist die Prüfungsanordnung nur diesem Miterben wie folgt bekannt zu geben:

AEAO

Anschrift: Anna Müller, Anschrift
Text: „… ordne ich an, dass bei Ihnen bezüglich der steuerlichen Verhältnisse Ihres verstorbenen Ehemanns Herbert Müller eine Außenprüfung durchgeführt wird."
Zusatz: „Die Prüfungsanordnung ergeht an Sie mit Wirkung für alle Miterben und Gesamtrechtsnachfolger nach Herbert Müller: Frau Anna Müller, Frau Eva Müller, … (alle weiteren Miterben namentlich, ggf. mit Anschrift, nennen)."

Zweckmäßigerweise sollten getrennte Prüfungsanordnungen für folgende gleichzeitig vorliegende und zu prüfende Fallgestaltungen ergehen:
– Prüfungszeitraum des Erblassers als Einzelunternehmer (s. o.),
– Prüfungszeitraum der Fortführung des Unternehmens durch die Erbengemeinschaft (Prüfung „bei der Erbengemeinschaft, Anna Müller, ggf. Anschrift, sowie Eva Müller, ggf. Anschrift, und Thomas Müller, ggf. Anschrift etc. Alle Beteiligten sind Erben und Gesamtrechtsnachfolger nach Herbert Müller."),
– Prüfung eines eigenen Betriebs eines Miterben (z. B. der Ehefrau des Erblassers).

8.4. Für die Einkünfte, die die Erbengemeinschaft (als nicht rechtsfähige Personenvereinigung) selbst ab dem Todeszeitpunkt bezieht, gelten die Ausführungen unter Tz. 5.2.

11 **9. Umwandlungen**

9.1. In den übrigen Fällen einer Gesamtrechtsnachfolge i. S. d. § 45 Abs. 1 AO (vgl. AEAO zu § 45) gelten grundsätzlich die Anweisungen des AEAO zu § 122, Nrn. 2.12.1 und 2.12.2.

9.2. Nach einer Verschmelzung (§ 1 Abs. 1 Nr. 1, §§ 2 ff. UmwG) ist sowohl hinsichtlich der Betriebssteuern als auch hinsichtlich der gesonderten und einheitlichen Feststellungen Nr. 5.7.3 des AEAO zu § 197 sinngemäß anzuwenden.

9.3. In Fällen einer Abspaltung oder Ausgliederung (§ 1 Abs. 1 Nr. 2, §§ 123 ff. UmwG) sowie einer Vermögensübertragung im Wege der Teilübertragung (§ 1 Abs. 1 Nr. 3, § 174 Abs. 2, §§ 175, 177, 179, 184 ff., 189 UmwG) liegt keine Gesamtrechtsnachfolge i. S. d. § 45 Abs. 1 AO vor (vgl. AEAO zu § 45, Nr. 2). Eine Prüfungsanordnung, die sich auf Zeiträume bis zur Abspaltung, Ausgliederung oder Vermögensübertragung bezieht, ist daher stets an den abspaltenden, ausgliedernden bzw. an den das Vermögen übertragenden Rechtsträger zu richten (siehe auch AEAO zu § 122, Nr. 2.15).

9.4. In den Fällen einer Aufspaltung (§ 1 Abs. 1 Nr. 2, § 123 Abs. 1 UmwG) ist jedoch § 45 Abs. 1 AO sinngemäß anzuwenden. Eine Prüfungsanordnung, die sich auf Zeiträume bis zur Aufspaltung bezieht, ist an alle spaltungsgeborenen Gesellschaften zu richten. Dies gilt nicht in Bezug auf die gesonderte und einheitliche Feststellung von Besteuerungsgrundlagen (vgl. AEAO zu § 45, Nr. 2 und AEAO zu § 122, Nr. 2.15).

9.5. Bei einer formwechselnden Umwandlung (§ 1 Abs. 1 Nr. 4, §§ 190 ff. UmwG) handelt es sich lediglich um den Wechsel der Rechtsform. Das Prüfungssubjekt bleibt identisch; es ändert sich lediglich dessen Bezeichnung. Die Prüfungsanordnung ist an die Gesellschaft unter ihrer neuen Bezeichnung zu richten. Dies gilt auch, wenn sich – wie z. B. in Fällen der Umwandlung einer Personengesellschaft in eine Kapitalgesellschaft oder der Umwandlung einer Kapitalgesellschaft in eine Personengesellschaft – das Steuersubjekt ändert und daher eine steuerliche Gesamtrechtsnachfolge vorliegt (vgl. AEAO zu § 45, Nr. 3). Wurde eine Personengesellschaft in eine Kapitalgesellschaft umgewandelt, ist eine Prüfungsanordnung, die sich auf die gesonderte und einheitliche Feststellung von Besteuerungsgrundlagen der Personengesellschaft erstreckt, nach den Grundsätzen der Nr. 5.1.3 (bei einer ehemals rechtsfähigen Personenvereinigung) bzw. 5.2.3 (bei einer ehemals nicht rechtsfähigen Personenvereinigung) des AEAO zu § 197 anstelle der bisherigen Personenvereinigung an die Kapitalgesellschaft zu richten.

12 **10. Festlegung des voraussichtlichen Prüfungsbeginns**

Die Festlegung des voraussichtlichen Prüfungsbeginns stellt einen eigenständigen Verwaltungsakt dar, der von der Prüfungsanordnung als solcher zu unterscheiden ist. Der Regelungsgehalt liegt in der Festlegung der Behörde, dass der Steuerpflichtige die Prüfung jedenfalls ab dem Tage, auf den der voraussichtliche Prüfungsbeginn festgelegt wird, zu dulden hat.

Im Gegensatz zur Prüfungsanordnung sind an die Annahme eines Verwaltungsakts, mit dem der voraussichtliche Prüfungsbeginn festgelegt wird, keine hohen Anforderungen zu stellen. Er kann formfrei ergehen, muss regelmäßig aber ein taggenaues Datum bezeichnen. Ein bloßer Terminvorschlag oder lediglich eine Terminanfrage sind nicht ausreichend. Mischformen aus einvernehmlichen Abstimmungen und gleichzeitigen Anordnungen sind hingegen möglich (BFH-Urteil vom 19. 5. 2016, X R 14/15, BStBl. 2017 II S. 97). Sie sind im Hinblick auf eine möglicherweise später relevante Beweislast hinreichend zu dokumentieren. Die Angabe einer konkreten Uhrzeit des Prüfungsbeginns ist nicht notwendig. Der genaue Beginn kann später unter Berücksichtigung des § 200 Abs. 3 Satz 1 AO vereinbart oder bestimmt werden.

Die Anforderungen an eine erstmalige Festlegung des voraussichtlichen Prüfungsbeginns gelten auch im Fall der Verlegung des voraussichtlichen Beginns der Außenprüfung auf einen anderen Zeitpunkt.

13 **11. Antrag des Steuerpflichtigen auf Verschiebung des Prüfungsbeginns (§ 197 Abs. 2 AO)**

Die Anforderungen an einen Antrag des Steuerpflichtigen auf Verschiebung des Prüfungsbeginns sind gering (BFH-Urteil vom 19. 5. 2016, X R 14/15, BStBl. 2017 II S. 97). Er kann formlos gestellt werden. Der Angabe eines taggenauen Datums, auf den der Prüfungsbeginn verschoben werden soll, bedarf es nicht. Ausreichend ist z. B. ein Verschiebungswunsch auf „Mitte Mai 2017". Zulässig ist auch ein Antrag, der überhaupt keine zeitliche Vorgabe enthält, sondern auf einen konkreten Umstand abstellt, z. B. bei anhängigen Rechtsbehelfs- oder Strafverfahren, die Einfluss auf die Außenprüfung haben (BFH-Urteil vom 1. 2. 2012, I R 18/11, BStBl. II S. 400).

Der Antrag auf Verschiebung muss aber einem Verwaltungsakt, in dem der voraussichtliche Prüfungsbeginn angekündigt wird, denklogisch nachfolgen. Eine Äußerung des Steuerpflichtigen, der kein entsprechender Verwaltungsakt der Finanzbehörde vorausgegangen ist, kann daher nicht als Verschiebungsantrag nach § 197 Abs. 2 AO angesehen werden.

Ein Verschiebungsantrag nach § 197 Abs. 2 AO, dem stattgegeben wird, löst die Ablaufhemmung nach § 171 Abs. 4 Satz 1 2. Alternative AO aus (vgl. AEAO zu § 171, Nr. 3.2.3). Bei Steuern und Steuervergütungen, die nach dem 31. 12. 2024 entstehen, verlängert sich außerdem die Befristung der Ablaufhemmung nach § 171 Abs. 4 Satz 3 Halbsatz 1 AO n. F. um die Dauer des Hinausschiebens (vgl. AEAO zu § 171 Nr. 3.2.8).

§ 198 Ausweispflicht, Beginn der Außenprüfung

AO

① Die Prüfer haben sich bei Erscheinen unverzüglich auszuweisen. ② Der Beginn[1] der Außenprüfung ist unter Angabe von Datum und Uhrzeit aktenkundig zu machen.

Zu § 198 – Ausweispflicht, Beginn der Außenprüfung:

AEAO

1. Die Außenprüfung beginnt grundsätzlich in dem Zeitpunkt, in dem der Außenprüfer nach Bekanntgabe der Prüfungsanordnung konkrete Ermittlungshandlungen vornimmt. Bei einer Datenträgerüberlassung beginnt die Außenprüfung spätestens mit der Auswertung der Daten. Die Handlungen brauchen für den Betroffenen nicht erkennbar zu sein; es genügt vielmehr, dass der Außenprüfer nach Bekanntgabe der Prüfungsanordnung mit dem Studium der den Steuerfall betreffenden Akten beginnt (BFH-Urteile vom 7. 8. 1980, II R 119/77, BStBl. 1981 II S. 409, vom 11. 10. 1983, VIII R 11/82, BStBl. 1984 II S. 125, und vom 18. 12. 1986, I R 49/83, BStBl. 1987 II S. 408). Als Beginn der Außenprüfung ist auch ein Auskunfts- und Vorlageersuchen der Finanzbehörde anzusehen, mit dem unter Hinweis auf die Außenprüfung um Beantwortung verschiedener Fragen und Vorlage bestimmter Unterlagen gebeten wird (BFH-Urteil vom 2. 2. 1994, I R 57/93, BStBl. II S. 377 und BFH-Beschluss vom 3. 3. 2009, IV S 12/08, BFH/NV S. 958). Ein Aktenstudium, das vor dem in der Betriebsprüfungsanordnung genannten Termin des Beginns der Prüfung durchgeführt wird, gehört hingegen noch zu den Prüfungsvorbereitungen (BFH-Urteil vom 8. 7. 2009, XI R 64/07, BStBl. 2010 II S. 4). 2

2. Bei der Außenprüfung von Konzernen und sonstigen zusammenhängenden Unternehmen i. S. d. §§ 13 bis 19 BpO gelten keine Besonderheiten. Da es sich um rechtlich selbständige Unternehmen handelt, fällt der Beginn der Außenprüfung grundsätzlich auf den Tag, an dem mit der Prüfung des jeweiligen Unternehmens begonnen wird. Werden mehrere konzernzugehörige Unternehmen von einer Finanzbehörde geprüft und hat sie sich mit allen von ihr zu prüfenden Betrieben befasst, um sich einen Überblick über die prüfungsrelevanten Sachverhalte zu verschaffen, sowie die wirtschaftlichen, bilanziellen und liquiditätsmäßigen Verflechtungen zwischen den Unternehmen aus den unterschiedlichen Perspektiven untersucht, ist damit bereits ein einheitlicher Prüfungsbeginn gegeben. 3

Wenn dagegen ein konzernzugehöriges Unternehmen von einer anderen Finanzbehörde geprüft wird, beginnt die Außenprüfung erst dann, wenn konkrete Prüfungshandlungen in diesem Einzelfall vorgenommen worden sind. Der Zeitpunkt des Beginns der Außenprüfung ist in den Prüfungsbericht aufzunehmen.

3. Zur Ablaufhemmung vgl. AEAO zu § 171, Nr. 3. 4

§ 199 Prüfungsgrundsätze

AO

(1) **Der Außenprüfer[2] hat die tatsächlichen und rechtlichen Verhältnisse, die für die Steuerpflicht und für die Bemessung der Steuer maßgebend sind (Besteuerungsgrundlagen), zugunsten wie zuungunsten des Steuerpflichtigen zu prüfen.[3]** 1

[1] Zur Hemmung der Festsetzungsfrist vgl. § 171 Abs. 4 AO.

[2] Die Prüfungshandlungen sind i. d. R. tatsächlicher Art und sind damit so lange kein Verwaltungsakt, als sie dem Stpfl. kein bestimmtes Tun, Dulden oder Unterlassen aufgeben *(BFH-Urteil vom 14. 8. 1985 I R 188/82, BStBl. 1986 II S. 2).*

[3] Der Betriebsprüfer entscheidet nicht über den Steueranspruch; er hat nur als Ermittlungsgehilfe des FA Besteuerungsgrundlagen zu beschaffen *(BFH-Urteile vom 27. 3. 1961 I 276/60 U, BStBl. III S. 290, und vom 20. 7. 1962 VI 167/61 U, BStBl. 1963 III S. 23).* Für die von ihm getroffenen tatsächlichen Feststellungen trägt der Betriebsprüfer die Verantwortung. Dagegen ist das Veranlagungs-FA an eine vom Betriebsprüfer vertretene Rechtsauffassung nicht gebunden; es kann anders würdigen und im Zuge der Auswertung des Prüfungsberichts eine unrichtige Rechtsauffassung richtigstellen, weil über den Steueranspruch erst bei der Veranlagung entschieden wird *(BFH-Urteil vom 1. 3. 1963 VI 119/61 U, BStBl. III S. 212).*

2 (2) ① **Der Steuerpflichtige**[1] **ist während der Außenprüfung über die festgestellten Sachverhalte und die möglichen steuerlichen Auswirkungen zu unterrichten, wenn dadurch Zweck und Ablauf der Prüfung nicht beeinträchtigt werden.** ② **Die Finanzbehörde kann mit dem Steuerpflichtigen vereinbaren, in regelmäßigen Abständen Gespräche über die festgestellten Sachverhalte und die möglichen steuerlichen Auswirkungen zu führen.** ③ **Sie kann im Einvernehmen mit dem Steuerpflichtigen Rahmenbedingungen für die Mitwirkung nach § 200 festlegen; werden die Rahmenbedingungen vom Steuerpflichtigen erfüllt, unterbleibt ein qualifiziertes Mitwirkungsverlangen nach § 200 a.**

Anl 1

1) Schreiben betr. Zusammenstellung der in der steuerlichen Außenprüfung zu verwendenden betriebswirtschaftlichen Begriffe

Vom 5. September 2023 (BeckVerw 627785)

(BMF IV D 3 – S 1445/20/10 007 :005; DOK 2023/0861620)

Bezug: BMF-Schreiben vom 11. November 1974 IV B 7 – S 1401 – 25/74, BStBl. I S. 994

1 Anlage

Nach Erörterung mit den obersten Finanzbehörden der Länder gilt die nachfolgende Zusammenstellung der in der steuerlichen Außenprüfung zu verwendenden betriebswirtschaftlichen Begriffe. Eine Aufnahme dieser Zusammenstellung in die Betriebsprüfungsordnung ist nicht vorgesehen.

Dieses Schreiben tritt an die Stelle des BMF-Schreibens vom 11. November 1974 IV B 7 – S 1401 – 25/74, BStBl. I S. 994.

Anlage

3 Zusammenstellung der in der steuerlichen Betriebsprüfung zu verwendenden Begriffe

Aufgabe dieser Zusammenstellung ist, die in der steuerlichen Außenprüfung zu verwendenden betriebswirtschaftlichen Begriffe darzustellen und zu erläutern. Begrifflichkeiten zum Einsatz IT-gestützter betriebswirtschaftlicher sowie mathematisch statistischer Prüfungsmethoden (automationsgestützte quantitative Prüfungsmethoden) werden in dem BMF-Schreiben vom 5. September 2023 (BStBl. I S. 1594) erläutert.

Die Zusammenstellung umfasst:

I. Begriffe aus der steuerlichen Prüfungstechnik (Betriebsvergleich)

II. Allgemeine betriebswirtschaftliche Begriffe unter Berücksichtigung der Leitsätze für die Preisermittlung auf Grund von Selbstkosten (LSP) nach der Anlage zur Verordnung PR Nr. 30/53 vom 21. November 1953 (Bundesanzeiger Nr. 244 vom 18. Dezember 1953) und der zwischenzeitlich hierzu ergangenen Änderungsverordnungen.

Da die Begriffe aus der steuerlichen Prüfungstechnik die durch das Steuerrecht gezogenen Grenzen (§§ 4 bis 7 i, § 9 b EStG, § 1 UStG) beachten müssen, stimmen sie mit den allgemeinen betriebswirtschaftlichen Begriffen nicht in allen Fällen überein. Ferner weichen die Begriffe aus der steuerlichen Prüfungstechnik aus praktischen Gründen in einigen Fällen geringfügig von den Begriffen der Richtsatzermittlung und Richtsatzanwendung ab. Auf die Vorbemerkungen in den Richtsatzsammlungen wird hingewiesen.

I. Begriffe aus der steuerlichen Prüfungstechnik (Betriebsvergleich)

4 **1. Steuerliche Kennzahlen**

Unter steuerlichen Kennzahlen versteht man Verhältniszahlen steuerlich erheblicher Größen (wie: wirtschaftlicher Umsatz, wirtschaftlicher Wareneinsatz, wirtschaftlicher Einsatz an Fertigungslöhnen, wirtschaftlicher Aufwand und andere Betriebsergebnisse) zueinander.

Hauptanwendungsgebiet dieser Kennzahlen ist die Verprobung und Schätzung der Besteuerungsgrundlagen aufgrund des äußeren oder inneren Betriebsvergleichs (Hinweis auf Abschnitt II Ziff. 2 zu c).

5 **2. Istumsatz**

Der Istumsatz umfasst den Gesamtbetrag der vereinnahmten Entgelte (§ 20 UStG) für die Umsätze i. S. d. § 1 Abs. 1 Nr. 1 UStG, einschließlich Tausch, tauschähnliche Umsätze, Umsätze aus Hingabe an Erfüllungs statt und die einer entgeltlichen Leistung gleichgestellten unentgeltlichen Wertabgaben gem. § 3 Abs. 1 b und Abs. 9 a UStG. Die Umsatzsteuer gehört bei der Regelbesteuerung (§§ 10 und 12 UStG) weder zum Entgelt noch zur Bemessungsgrundlage für unentgeltliche Wertabgaben; bei Besteuerung nach § 19 Abs. 1 UStG (Kleinunternehmerregelung) ist die Umsatzsteuer in diesen Größen inbegriffen.

6 **3. Sollumsatz**

Der Sollumsatz umfasst den Gesamtbetrag der vereinbarten Entgelte (§ 16 Abs. 1 UStG) für die bewirkten Umsätze i. S. d. § 1 Abs. 1 Nr. 1 UStG – ohne Rücksicht auf die Vereinnahmung der Entgelte,

---

[1] Zum allgemeinen Grundsatz des rechtlichen Gehörs vgl. § 91 AO.

Die steuerrechtliche Beurteilung des Außenprüfers entfaltet für das anschließende Veranlagungsverfahren keine Bindungswirkung. Sie kann während laufender Außenprüfung auch Änderungen unterworfen sein, etwa wenn anfängliche Prüfungsfeststellungen aufgrund neu hinzugekommener Erkenntnisse hinfällig werden oder für den Prüfungsfall bedeutsame Rechtsprechungsentwicklungen hinreichend sicher abzusehen bzw. eingetreten sind. Auf solche Umstände muss der Außenprüfer flexibel reagieren *(BFH-Beschluss vom 10. 9. 2015 X B 5/15, BFH/NV 2016 S. 9).*

einschließlich Tausch, tauschähnliche Umsätze, Umsätze aus Hingabe an Erfüllungs statt und die einer entgeltlichen Leistung gleichgestellten unentgeltlichen Wertabgaben gem. § 3 Abs. 1 b und Abs. 9 a UStG. Die Umsatzsteuer gehört weder zum Entgelt noch zur Bemessungsgrundlage für unentgeltliche Wertabgaben. Anl 1

4. Wirtschaftlicher Umsatz 7

4.1 Bei Regelbesteuerung

Der wirtschaftliche Umsatz umfasst die wirtschaftliche Leistung des Betriebs zu Verkaufspreisen ohne Umsatzsteuer; das sind

a) in Handelsbetrieben die erzielbaren Erlöse für den wirtschaftlichen Wareneinsatz,
b) in Fertigungsbetrieben die erzielbaren Erlöse für den wirtschaftlichen Materialeinsatz, den wirtschaftlichen Einsatz an Fertigungslöhnen und den Einsatz an Fremdleistungen unter Verrechnung der Bestände an unfertigen und fertigen Erzeugnissen zu Verkaufspreisen ohne Umsatzsteuer.

Zur Ermittlung des wirtschaftlichen Umsatzes aus dem Ist- oder Sollumsatz im Sinne des Umsatzsteuergesetzes ist daher erforderlich:

aa) alle Faktoren aus dem Ist- oder Sollumsatz auszuscheiden, die nicht Bestandteil des wirtschaftlichen Umsatzes sind,
bb) alle Faktoren zum Ist- oder Sollumsatz hinzuzurechnen, die zum wirtschaftlichen Umsatz gehören und im Ist- oder Sollumsatz nicht enthalten sind.

Formel zur Ermittlung des wirtschaftlichen Umsatzes (alle Ansätze gelten ohne Umsatzsteuer):

Istumsatz
+ Forderungen an Kunden (einschl. Forderungswechsel) und ggf. Schecks am Ende des Jahres für in den Vorjahren oder dem aktuellen Jahr ausgeführte Lieferungen und sonstige Leistungen
+ in den Vorjahren erhaltene Anzahlungen der Kunden für im laufenden Jahr ausgeführte Lieferungen und sonstige Leistungen
– Forderungen an Kunden (einschl. Forderungswechsel) und ggf. Schecks zu Beginn des Jahres für in den Vorjahren ausgeführte Lieferungen und sonstige Leistungen
– im aktuellen Jahr erhaltene Anzahlungen der Kunden für im aktuellen Jahr noch nicht ausgeführte Lieferungen und sonstige Leistungen

= Sollumsatz
+ Bestände an unfertigen und fertigen Erzeugnissen (in Fertigungsbetrieben) zu Verkaufspreisen am Ende des Jahres
– Bestände an unfertigen und fertigen Erzeugnissen (in Fertigungsbetrieben) zu Verkaufspreisen am Anfang des Jahres
+ Skonti, Umsatzprämien, Treuerabatte, Boni usw. an Kunden
+ im laufenden Jahr abgeschriebene Forderungen aus Lieferungen und sonstigen Leistungen
– Einnahmen aus in Vorjahren abgeschriebenen Forderungen aus Lieferungen und sonstigen Leistungen
– Umsatz aus Hilfsgeschäften
– Umsatz aus der Beherbergung, Beköstigung und den üblichen Naturalleistungen an Angestellte und Arbeiter des Unternehmens für geleistete Dienste (soweit im Sollumsatz enthalten)
– unentgeltliche Wertabgaben i. S. d. § 3 Abs. 1 b und Abs. 9 a UStG
– sonstige Leistungen, die nicht zum wirtschaftlichen Umsatz gehören (z. B. Vermietung und Verpachtung, Vermittlertätigkeit, Unterlassen und Dulden einer Handlung oder eines Zustandes), soweit im Sollumsatz enthalten
+ nicht steuerbare Leistungen des Betriebs (z. B. in Zollfreigebieten)

= wirtschaftlicher Umsatz

4.2 Bei Besteuerung von Kleinunternehmen (§ 19 Abs. 1 UStG)

Für die Entwicklung des wirtschaftlichen Umsatzes bei Besteuerung nach § 19 Abs. 1 UStG gelten die Ausführungen und die Formel unter 4.1 mit der Abweichung, dass alle Ansätze die Umsatzsteuer einschließen. Hierbei hat die in der Formel aufgeführte Position „Sollumsatz" nur die Bedeutung einer Zwischensumme.

5. Waren-(Material-)Eingang 8

Der Waren-(Material-)Eingang umfasst die in das gewerbliche Unternehmen gelangten, zur Bearbeitung, Verarbeitung oder Weiterveräußerung bestimmten Güter. Sie sind anzusetzen mit dem reinen Waren-(Material-)preis zuzüglich der Nebenkosten ihrer Beschaffung, jeweils ohne abziehbare Vorsteuern.

Formel zur Ermittlung des Waren-(Material-)Eingangs (alle Ansätze gelten ohne abziehbare Vorsteuer):

Zahlungen für Waren (Material)
+ Tausch und Gegenlieferungen
+ Einkaufsskonti, Umsatzprämien, Treuerabatte, Boni usw., soweit diese die Zahlungen für Waren (Material) gemindert haben
+ Schulden (einschl. Schuldwechsel) aus Waren-(Material-)Eingang am Ende des Jahres
+ in den Vorjahren geleistete Anzahlungen an Waren-(Material-)Lieferungen für zu Beginn des Jahres noch nicht gelieferte Waren (Stand der offenen Anzahlungen an Lieferanten zu Beginn des Jahres)
– zu Beginn des Jahres bestehende Schulden (einschl. Schuldwechsel) aus Waren-(Material-)Eingang der Vorjahre (Stand der offenen Schulden gegenüber Lieferanten zu Beginn des Jahres)
– im aktuellen Jahr geleistete Anzahlungen an Waren-(Material-)Lieferer für im aktuellen Jahr noch nicht gelieferte Waren (Stand der offenen Anzahlungen an Lieferanten zum Ende des Jahres)

Anl 1

\+ Nebenkosten der Waren-(Material-)Beschaffung, soweit nicht in den Zahlungen für Waren (Material) erfasst
– Vergünstigungen gem. § 2 BerlinFG

= Waren-(Material-)Eingang

9 **6. Nebenkosten der Waren-(Material-)Beschaffung**

Nebenkosten der Waren-(Material-)Beschaffung sind Aufwendungen (ohne abziehbare Vorsteuer), die neben dem reinen Waren-(Material-)Preis bis zur Einlagerung anfallen, wie z. B. Frachten, Zölle, Versicherungen, Verbrauchsteuern.

10 **7. Fremdleistungen**

Fremdleistungen sind die vom gewerblichen Unternehmen in Anspruch genommenen Leistungen anderer Unternehmen – einschließlich etwaiger Zulieferungen –, soweit diese zur Weiterveräußerung (ggf. nach Be- oder Verarbeitung) bestimmt sind.

11 **8. Wirtschaftlicher Waren-(Material-)Einsatz**

Unter wirtschaftlichem Wareneinsatz versteht man den veräußerten Teil der Waren aus Anfangsbestand und Wareneingang. Unter wirtschaftlichem Materialeinsatz versteht man den zum Zweck der Veräußerung bearbeiteten oder verarbeiteten Teil des Materials aus Anfangsbestand und Materialeingang (einschl. Fremdleistungen).

Formel zur Ermittlung des wirtschaftlichen Waren-(Material-)Einsatzes – einschl. Fremdleistungen – (alle Ansätze gelten ohne abziehbare Vorsteuer):

Waren-(Material-)Bestand am Anfang des Jahres
\+ Waren-(Material-)Eingang
\+ Fremdleistungen
– Waren-(Material-)Bestand am Ende des Jahres
– unentgeltliche Wertabgaben i. S. d. § 3 Abs. 1 b UStG
– Waren-(Material-)Verbrauch für unberechnete Leistungen (z. B. Garantie-, Kulanz- oder Schadensersatzleistungen)
– Waren-(Material-)Verbrauch für eigenbetriebliche Zwecke
– Waren-(Material-)Verluste durch Verderb, Bruch u. Ä.

= wirtschaftlicher Waren-(Material-)Einsatz (einschließlich Fremdleistungen)

Zu den Materialbeständen am Anfang und am Ende des Jahres gehören nicht die unfertigen und fertigen Erzeugnisse.

12 **9. Wirtschaftlicher Einsatz an Fertigungslöhnen**

Der wirtschaftliche Einsatz an Fertigungslöhnen ist der Wert der Dienstleistungen für die in der Fertigung eingesetzten Arbeitskräfte.

Formel zur Ermittlung des wirtschaftlichen Einsatzes an Fertigungslöhnen für ein Wirtschaftsjahr:

Jahresbruttolohn
– Löhne für nicht in der Fertigung tätige Arbeitskräfte
– anteilige Löhne für zeitweise nicht in der Fertigung eingesetzte Arbeitskräfte (z. B. Urlaubs-, Feiertagslöhne, Lohnfortzahlung im Krankheitsfall)
– Löhne (anteilige Löhne) für unberechnete Leistungen (Garantie-, Kulanz- oder Schadensersatzleistungen usw.)
– Erziehungsbeihilfen für Auszubildende (Lehrlinge)
\+ Lohnwert für die Arbeit des Unternehmers/der Unternehmerin in der Fertigung
\+ Lohnwert für die nichtentlohnten oder nicht voll entlohnten Arbeitskräfte in der Fertigung
\+ Lohnwert für die Arbeit der Auszubildenden (Lehrlinge) in der Fertigung

= wirtschaftlicher Einsatz an Fertigungslöhnen

13 **10. Lohn**

Lohn ist das Entgelt für die Arbeitsleistung einer Arbeitskraft.

14 **11. Jahres-Bruttolohn**

Der Jahres-Bruttolohn ist die Summe der für das Wirtschaftsjahr in bar und in Sachwerten geleisteten Löhne vor Abzug der Lohnsteuer, der einzubehaltenden Sozialversicherungsbeiträge und der sonstigen Abzüge. Nicht zum Jahres-Bruttolohn gehören der Arbeitgeberanteil der Sozialversicherungsbeiträge, Erschwerniszuschläge und Ähnliches.

15 **12. Wirtschaftlicher Fertigungslohn**

Der wirtschaftliche Fertigungslohn ist die Summe der Werte aller Dienstleistungen, die von betriebseigenen (entlohnten und nichtentlohnten) Arbeitskräften für die Fertigung geleistet worden sind, zuzüglich des Lohnwerts für die Arbeitsleistung des Unternehmers/der Unternehmerin in der Fertigung. (Wegen des abweichenden Begriffs der Fertigungslöhne als Teil der Herstellungskosten wird auf Ziff. 21 Buchst. c hingewiesen).

16 **13. Lohnwerte**

Die Lohnwerte stellen den kalkulatorischen Wert der Arbeitsleistung des Unternehmers/der Unternehmerin, der nichtentlohnten Arbeitskräfte und der Auszubildenden (Lehrlinge) dar.

Anl 1

Bei nicht voll entlohnten Arbeitskräften ist der Lohnwert der über die Entlohnung hinausgehende kalkulatorische Wert der Arbeitsleistung.

14. Wirtschaftlicher Rohgewinn 17

Der wirtschaftliche Rohgewinn ist der Unterschiedsbetrag, um den der wirtschaftliche Umsatz

a) bei Handelsbetrieben den wirtschaftlichen Wareneinsatz übersteigt (Rohgewinn I),

b) bei Fertigungsbetrieben den wirtschaftlichen Materialeinsatz (Rohgewinn I) und den wirtschaftlichen Einsatz an Fertigungslöhnen übersteigt (Rohgewinn II).

Formel zur Ermittlung des wirtschaftlichen Rohgewinns:

a) in Handelsbetrieben

wirtschaftlicher Umsatz
– wirtschaftlicher Wareneinsatz
= wirtschaftlicher Rohgewinn bei Handelsbetrieben

b) in Fertigungsbetrieben

wirtschaftlicher Umsatz
– wirtschaftlicher Materialeinsatz
– wirtschaftlicher Einsatz an Fertigungslöhnen
= wirtschaftlicher Rohgewinn bei Fertigungsbetrieben

15. Rohgewinnsatz 18

Rohgewinnsatz ist die Verhältniszahl des wirtschaftlichen Rohgewinns zum wirtschaftlichen Umsatz.

Formel:

$$\frac{\text{Wirtschaftlicher Rohgewinn} \times 100}{\text{Wirtschaftlicher Umsatz}} = \text{Rohgewinnsatz in v. H.}$$

16. Rohgewinnaufschlagsatz 19

Der Rohgewinnaufschlagsatz ist die Verhältniszahl des wirtschaftlichen Rohgewinns

a) bei Handelsbetrieben zum wirtschaftlichen Wareneinsatz,

b) bei Fertigungsbetrieben zum wirtschaftlichen Materialeinsatz und wirtschaftlichen Einsatz an Fertigungslöhnen.

Formeln:

a) $$\frac{\text{Wirtschaftlicher Rohgewinn} \times 100}{\text{Wirtschaftlicher Wareneinsatz}} = \text{Rohgewinnaufschlagsatz bei Handelsbetrieben in v. H.}$$

b) $$\frac{\text{Wirtschaftlicher Rohgewinn} \times 100}{\text{wirtschaftlicher Materialeinsatz und wirtschaftlicher Einsatz an Fertigungslöhnen}} = \text{Rohgewinnaufschlagsatz bei Fertigungsbetrieben in v. H.}$$

17. Wirtschaftlicher Halbreingewinn 20

Der wirtschaftliche Halbreingewinn ist

a) bei Handelsbetrieben
der wirtschaftliche Rohgewinn abzüglich der in ihm noch nicht berücksichtigten, auf den Rechnungszeitabschnitt entfallenden Betriebsausgaben mit Ausnahme der Gehälter, Löhne, Aufwendungen für

b) bei Fertigungsbetrieben
der wirtschaftliche Rohgewinn abzüglich der in ihm noch nicht berücksichtigten, auf den Rechnungszeitabschnitt entfallenden Betriebsausgaben mit Ausnahme der Gehälter und Löhne, die nicht in der Fertigung anfallen, der Mieten und der Gewerbesteuer.

Zu den in a) und b) genannten Betriebsausgaben gehören nicht die darauf ruhenden abziehbaren Vorsteuern.

18. Halbreingewinnsatz 21

Der Halbreingewinnsatz ist die Verhältniszahl des wirtschaftlichen Halbreingewinns zum wirtschaftlichen Umsatz.

Formel:

$$\frac{\text{Wirtschaftlicher Halbreingewinn} \times 100}{\text{Wirtschaftlicher Umsatz}} = \text{Halbreingewinnsatz in v. H.}$$

19. Wirtschaftlicher Reingewinn 22

Der wirtschaftliche Reingewinn ist der wirtschaftliche Halbreingewinn abzüglich der in ihm noch nicht berücksichtigten Betriebsausgaben (s. Ziff. 17). Die ggf. in der Miete enthaltene abziehbare Vorsteuer bleibt außer Ansatz.

20. Reingewinnsatz 23

Der Reingewinnsatz ist die Verhältniszahl des wirtschaftlichen Reingewinns zum wirtschaftlichen Umsatz.

Formel:

$$\frac{\text{Wirtschaftlicher Reingewinn} \times 100}{\text{Wirtschaftlicher Umsatz}} = \text{Reingewinnsatz in v. H.}$$

Anl 1

21. Herstellungskosten i. S. d. § 6 EStG

24 Herstellungskosten i. S. d. § 6 EStG sind die Aufwendungen, die durch den Verbrauch von Gütern und die Inanspruchnahme von Diensten für die Herstellung eines Erzeugnisses entstehen.

Sie setzen sich zusammen aus

a) Materialeinzelkosten
Materialeinzelkosten umfassen den reinen Warenpreis für das Material zuzüglich Bezugskosten (z. B. Eingangsfracht, Rollgeld) abzüglich Skonti, Rabatte, Preisnachlässe und andere Zahlungsabzüge. Alle Angaben gelten ohne abziehbare Vorsteuer.

b) Materialgemeinkosten
Materialgemeinkosten sind die Kosten (ohne abziehbare Vorsteuer), die mit der Lagerung und Wartung des Materials in Zusammenhang stehen.

c) Fertigungslöhne/Fertigungseinzelkosten
Fertigungslöhne sind alle Brutto-Löhne und -Gehälter der für die Fertigung eingesetzten Arbeitskräfte einschließlich Sonderzulagen, Leistungs- und Abschlussprämien.
(Die in Ziff. 12 und 13 bezeichneten Lohnwerte bleiben dabei außer Ansatz.)

d) Fertigungsgemeinkosten
Fertigungsgemeinkosten sind die im Fertigungsbereich anfallenden Gemeinkosten.

e) Sonderkosten der Fertigung
Sonderkosten der Fertigung sind die über Materialeinzelkosten und Fertigungslöhne hinausgehenden Einzelkosten.

f) Wertverzehr des Anlagevermögens, soweit dieser durch die Fertigung veranlasst ist
Als Wertverzehr des Anlagevermögens, soweit er der Fertigung der Erzeugnisse gedient hat, ist grundsätzlich der Betrag anzusetzen, der bei der Bilanzierung des Anlagevermögens als AfA berücksichtigt ist

(Hinweis auf R 6.3 EStR).

II. Allgemeine betriebswirtschaftliche Begriffe unter Berücksichtigung der Grundsätze für das Rechnungswesen und der LSP

25 **1. Aufgaben eines geordneten Rechnungswesens**

Die Aufgaben eines geordneten Rechnungswesens sind bei gleichzeitiger Erfüllung der gesetzlichen Anforderungen insbesondere

a) die zahlenmäßige Festhaltung aller wirtschaftlichen und rechtlichen Vorgänge, soweit sie Veränderungen des Vermögens und des Kapitals herbeiführen,
b) die Feststellung der Aufwendungen, Erträge und Ergebnisse am Ende und während der Wirtschaftsperiode (Jahresabschluss, Zwischenbilanzen, Ergebnisrechnungen),
c) die Ermittlung von Kosten und Leistungen,
d) die Schaffung von Unterlagen, deren Auswertung eine Überwachung der Kosten und Leistungen sowie der Wirtschaftlichkeit ermöglicht und die unternehmerische Disposition erleichtert,
e) die Schaffung von Unterlagen für zwischenbetriebliche Vergleiche,
f) die Schaffung von Unterlagen, die dem Betrieb die Beurteilung seiner Kostenlage im Verhältnis zum Marktpreis ermöglicht,
g) die Schaffung von Unterlagen, die für die Ermittlung von Angebotspreisen dienen können.

26 **2. Zweige des Rechnungswesens**

Der Erfüllung vorstehender Aufgaben dienen

a) Buchführung,
b) Kosten- und Leistungsrechnung (Betriebsbuchführung, Betriebsabrechnung und Kalkulation),
c) Statistik (Vergleichsrechnung) und
d) Planung (betriebliche Vorschaurechnung).

Diese Zweige des betrieblichen Rechnungswesens haben ihre besonderen Verfahren, ihre eigenen Anwendungsgebiete und ihre besondere Erkenntniskraft. Sie hängen eng zusammen und ergänzen sich. Dies erfordert, dass sie laufend miteinander abgestimmt werden.

27 **Zu a) Buchführung:**

Die Buchführung hat die Aufgabe, alle Geschäftsvorfälle eines Unternehmens aufgrund von Belegen chronologisch, lückenlos und systematisch aufzuzeichnen (Stand und Veränderung des Anlage- und Umlaufvermögens, des Eigen- und Fremdkapitals sowie sonstiger Bilanzpositionen) und Aufwendungen, Erträge und Ergebnisse zu ermitteln. Sie muss insbesondere am Jahresende die Aufstellung einer Bilanz und einer Gewinn- und Verlustrechnung ermöglichen.

Die in der Buchführung eingesetzten Werte haben den Charakter von

– Einzahlungen oder Auszahlungen,
– Einnahmen oder Ausgaben,
– Ertrag oder Aufwand.

Einzahlungen

Die Einzahlungen umfassen alle Zuflüsse liquider Mittel, bezogen auf den Zeitpunkt der Vereinnahmung.

Auszahlungen

Die Auszahlungen umfassen alle Abflüsse liquider Mittel, bezogen auf den Zeitpunkt der Verausgabung.

Anl 1

Einnahmen

Die Einnahmen umfassen alle periodengerecht erfassten Eingänge an Geld und Geldwerten sowie Forderungen.

Ausgaben

Die Ausgaben umfassen alle periodengerecht umfassten Ausgänge an Geld und Geldwerten sowie Verbindlichkeiten.

Ertrag

Ertrag sind die erfolgswirksamen Einnahmen. Die Einnahmen brauchen sich auch sachlich nicht mit dem Ertrag zu decken. Es gibt Einnahmen, die nicht Ertrag werden, weil sie nicht durch eine erfolgswirksame Tätigkeit des Betriebs hervorgerufen sind (z. B. Umsatzsteuer, durchlaufende Posten, zurückerhaltene Hinterlegungsgelder); umgekehrt gibt es Erträge, die nicht aus Einnahmen herrühren (z. B. Auflösung stiller Reserven).

Die Erträge werden nach Ertragsarten gegliedert.

Aufwand

Aufwand ist der in Geld ausgedrückte erfolgswirksame Güter- und Diensteverzehr für Rechnung des Unternehmens. Die Ausgaben brauchen sich sachlich nicht mit dem Aufwand zu decken. Es gibt Aufwendungen, die nicht auf Ausgaben beruhen (z. B. Verzehr unentgeltlich erworbener Kapitalgüter); umgekehrt sind Ausgaben denkbar, die nicht Aufwandscharakter haben (z. B. abziehbare Vorsteuern, durchlaufende Posten, abgeführte Lohnsteuer, Umsatzsteuerzahllast). Die Aufwendungen werden nach Aufwandsarten gegliedert. Wegen der Abgrenzung des Aufwandes zu den Kosten s. Stichwort „Kosten".

Zu b) **Kosten- und Leistungsrechnung** 28
(Betriebsbuchführung, Betriebsabrechnung, Erfolgsrechnung und Kalkulation)

Aufgabe einer geordneten Kosten- und Leistungsrechnung ist die richtige Erfassung und Verrechnung aller Kosten und Leistungen und ihre Zusammenstellung zum Zweck ihrer Auswertung. Dieser Aufgabe dienen die Kostenarten-, Kostenstellen-, Kostenträger-, Leistungs- und Ergebnisrechnung, einschließlich der damit in Zusammenhang stehenden Statistik und Planungsrechnung.

Die Kosten- und Leistungsrechnung kann statistisch in Abstimmung mit der Buchführung, in der Buchführung selbst oder in einer Mischform durchgeführt werden.

Die **Kostenartenrechnung** dient der gegliederten Zusammenstellung der verbrauchten Güter und der in Anspruch genommenen Dienste zur Erfassung und Überwachung der für Kostenträger oder Kostenstellen anfallenden und auf sie verrechneten Kosten.

Die **Kostenstellenrechnung** dient vorzugsweise der Kosten- und Leistungsüberwachung der Verantwortungsbereiche (Stoffbereich, Fertigungsbereich, Entwicklungs- und Konstruktionsbereich, Verwaltungsbereich, Vertriebsbereich, allgemeiner Bereich, neutraler Bereich). Außerdem werden mit ihrer Hilfe die nicht unmittelbar je Kostenträger feststellbaren Kosten gesammelt, um sie anteilig auf die Kostenträger aufschlüsseln zu können.

Die **Kostenträgerrechnung** dient der Ermittlung der Kosten von Gütern und Diensten.

Die **Leistungsrechnung** dient der Feststellung der Leistungsmengen und -werte des Zeitabschnitts. Sie ermöglicht damit

- die Leistungsüberwachung,
- die Ermittlung der Kosten je Leistungseinheit und
- die Aufstellung der Betriebsergebnisrechnung.

Die **Betriebsergebnisrechnung** dient der Ermittlung des Betriebsergebnisses durch Gegenüberstellung von Betriebsaufwendungen (Kosten des Zeitabschnitts) und Betriebserträgen (Leistungen des Zeitabschnitts). Neutrale Aufwendungen und Erträge werden gesondert zur Feststellung des neutralen Ergebnisses ausgewiesen.

Kosten

Kosten sind in Geld ausgedrückter, betriebsgewöhnlicher, angemessener Güter- und Diensteverzehr zur Erstellung von Leistungen. Die Kosten sind nicht immer identisch mit Aufwand. Soweit sich Kosten und Aufwand entsprechen, spricht man von Grundkosten und Zweckaufwand. Den Aufwand, der nicht gleichzeitig Kosten ist, nennt man neutralen Aufwand. Zu den neutralen Aufwendungen gehören

a) außerordentliche Aufwendungen (z. B. Feuerschäden, unvorhergesehene Großreparaturen, Sonderabschreibungen),
b) betriebsfremde Aufwendungen (z. B. Kursverluste, Spenden, Aufwendungen im Zusammenhang mit gewillkürtem Betriebsvermögen),
c) periodenfremde Aufwendungen (z. B. Steuernachzahlungen, Rechts- und Beratungskosten auf Grund einer Außenprüfung vergangener Jahre, Entwicklungs- und Werbungskosten für künftige Rechnungsabschnitte).

Andererseits gibt es auch Kosten, die kein Aufwand sind. Hier spricht man von Zusatzkosten (z. B. kalkulatorischer Unternehmerlohn, kalkulatorische Zinsen, kalkulatorische Abschreibung, kalkulatorisches Wagnis).

Selbstkosten

Die Selbstkosten sind diejenigen Kosten, die nach Art und Höhe zur Erstellung von Leistungen entstehen.

Nach den LSP sind bei der Selbstkostenpreisermittlung nach Art und Höhe nur diejenigen Kosten zu berücksichtigen, die bei wirtschaftlicher Betriebsführung zur Erstellung von Leistungen entstehen (LSP Nr. 4 Abs. 2).

Anl 1

Hiernach ist die Leistung mit einem möglichst niedrigen Mengenverbrauch an Stoffen und Gütern sowie einer möglichst geringen Inanspruchnahme von Dienstleistungen zu erstellen, d.h., es ist das Prinzip der sparsamen Betriebsführung zu beachten. Nur diejenigen Kosten sind daher als angemessen anzusehen, die nach Art, Menge und Wert unter Berücksichtigung der anwendbaren technischen und wirtschaftlichen Arbeitsverfahren, der Standortbedingungen und des Beschäftigungsgrades für die Leistungserstellung notwendig sind.

Selbstkostenpreis

Der Selbstkostenpreis sind die der Leistung zuzurechnenden Kosten zuzüglich des kalkulatorischen Gewinns (LSP Nr. 4 Abs. 3).

Die Preise aufgrund von Selbstkosten können ermittelt werden
- durch Vorkalkulation als Selbstkostenfestpreise oder Selbstkostenrichtpreise,
- durch Nachkalkulation als Selbstkostenerstattungspreise,
- durch Vorkalkulation der Kosten einzelner und
- durch Nachkalkulation der Kosten der übrigen Kalkulationsbereiche (LSP Nr. 6).

Bestandteile des Selbstkostenpreises:

Fertigungsstoffe

Einsatzstoffe (Grundstoffe und Halbzeuge), Zwischenerzeugnisse und auswärts bezogene Fertigerzeugnisse (LSP Nr. 11 Abs. 1).

Auswärtige Bearbeitung

Bezug von Zwischenerzeugnissen aus kostenlos beigestellten Stoffen oder Übernahme einzelner Fertigungsvorgänge durch Fremdbetriebe (Lohnarbeiten) (LSP Nr. 12 Abs. 1).

Hilfsstoffe

Hilfsstoffe, die der Fertigung dienen, sind wie Fertigungsstoffe zu behandeln. Aus verrechnungstechnischen Gründen werden sie im Allgemeinen innerhalb der Gemeinkosten verrechnet (LSP Nr. 13 Abs. 1).

Betriebsstoffe

Betriebsstoffe (z.B. Schmier- und Reinigungsmittel, Säuren, Dichtungs- und Isoliermaterial) zählen nicht zu den Fertigungsstoffen (LSP Nr. 13 Abs. 2). Sie stehen nur in mittelbarem Zusammenhang mit der Unternehmerfunktion und sind deshalb Gemeinkosten.

Sonderbetriebsmittel

Alle Arbeitsgeräte, die ausschließlich für die Fertigung des jeweiligen Liefergegenstandes verwendet werden (z.B. Modelle, Gesenke, Schablonen, Schnitte, Sonderwerkzeuge) (LSP Nr. 14 Abs. 1).

Brennstoffe und Energie

Zu Brennstoffen und Energie zählen feste, flüssige und gasförmige Brenn- und Treibstoffe, Dampf, Strom, Pressluft und Presswasser. Sie werden wie Betriebsstoffe behandelt (LSP Nr. 15).

Mengenermittlung

Die verbrauchte Menge ergibt sich aus dem Einsatz je Stoffart einschließlich des normalerweise entstehenden Verarbeitungsabfalls (Verschnitt, Schwund). Verwertungsfähige Reststoffe sind durch Reststoffgutschriften zu erfassen (LSP Nr. 16 Abs. 1).

Einstandspreise

Der Einstandspreis ist im Regelfall frei Werk des Bestellers/der Bestellerin zu verstehen. Er beinhaltet den Preis (nach Abzug von Rabatten, Preisnachlässen und Skonti) der beschafften Güter einschließlich der mittelbaren Lieferkosten wie Fracht, Porto, Rollgeld und Verpackung jeweils ohne abziehbare Vorsteuern (LSP Nr. 18 Abs. 1).

Eigener Vorbetrieb

Ein von dem Hauptbetrieb der Fertigung organisatorisch getrennt und selbständig arbeitender Betrieb, der sich (im Gegensatz zur Betriebsabteilung) mit selbständigen betrieblichen Fertigungsprogrammen befasst.

Beistellung von Stoffen

Vom Auftraggeber/der Auftraggeberin dem Auftragnehmer/der Auftragnehmerin zur Herstellung der bestellten Güter oder Leistungen kostenlos zur Verfügung gestellte Stoffe (LSP Nr. 20).

Reststoffe

Die bei der Fertigung anfallenden Abfallstoffe, soweit sie verwertbar sind (LSP Nr. 21 Abs. 1).

Sozialkosten

Sozialkosten werden gegliedert in
- gesetzliche Sozialaufwendungen,
- tarifliche Sozialaufwendungen,
- zusätzliche Sozialaufwendungen zugunsten der Belegschaft.

Nach den LSP dürfen die gesetzlichen und tariflichen Sozialaufwendungen in tatsächlicher Höhe angesetzt werden, die zusätzlichen Sozialaufwendungen dagegen nur, soweit sie nach Art und Höhe betriebs- und branchenüblich sind und dem Grundsatz wirtschaftlicher Betriebsführung entsprechen (LSP Nr. 25).

Kalkulierbare Steuern

Kalkulierbare Steuern im Sinne der LSP (LSP Nr. 30) sind solche Steuern, die als Gemeinkosten verrechenbar sind (z.B. Gewerbesteuer, nicht abziehbare Vorsteuern, Grundsteuer, Kraftfahrzeugsteuer). Die auf den Erzeugnissen lastenden Verbrauchsteuern und die Umsatzsteuer bei Besteuerung nach § 19 Abs. 1 UStG sind als Sonderkosten auszuweisen.

Nicht kalkulierbare Steuern

Nicht kalkulierbare Steuern sind alle Steuern, die nicht Kosten im Sinne der LSP sind (z. B. Einkommensteuer, Körperschaftsteuer, Kirchensteuer, Schenkungssteuer) (LSP Nr. 30).

Kalkulatorische Kosten

Die kalkulatorischen Kosten sind die Teile der Gesamtkosten des Betriebs, die aus den Aufwendungen in der Buchführung (Zeitabschnittsrechnung) nicht ohne weiteres abgeleitet werden können.

Kalkulatorische Kosten sind insbesondere

- die Anlageabschreibungen für die Wertminderung der betriebsnotwendigen Anlagegüter (LSP Nr. 37 Abs. 1),
- die Zinsen für die Bereitstellung des betriebsnotwendigen Kapitals (LSP Nr. 43 Abs. 1) und
- die Einzelwagnisse.

Letztere sind die mit der Leistungserstellung in den einzelnen Tätigkeitsgebieten des Betriebes verbundenen Verlustgefahren, die sich aus der Natur des Unternehmens und seiner betrieblichen Tätigkeit ergeben (LSP Nr. 47).

Kalkulatorischer Unternehmerlohn

Der kalkulatorische Unternehmerlohn ist für mitarbeitende Inhaber und Inhaberinnen von Personengesellschaften oder Einzelunternehmen oder für die ohne Entgelt mitarbeitenden Familienangehörigen vorgesehen.

Die Verrechnung kann entweder unter den Fertigungslöhnen, unter den Gemeinkosten oder unter den kalkulatorischen Kosten erfolgen (LSP Nr. 22).

Kalkulatorischer Gewinn

Im kalkulatorischen Gewinn werden das allgemeine unternehmerische Wagnis und die besondere unternehmerische Leistung in wirtschaftlicher, technischer und organisatorischer Hinsicht abgegolten (LSP Nr. 51).

Einzelkosten

Einzelkosten sind Kosten, die einem bestimmten Kostenträger (Leistungseinheit) unmittelbar zuzurechnen sind.

Gemeinkosten

Gemeinkosten sind Kosten, die für eine Mehrzahl von Kostenträgern entstehen, aber den einzelnen Kostenträgern nicht unmittelbar zugerechnet werden können. Sie werden den Kostenträgern als Stellengemeinkosten oder Gruppengemeinkosten belastet.

Stellengemeinkosten

Stellengemeinkosten sind alle über die Kostenstellen zu verrechnenden Gemeinkosten. Sie werden unmittelbar verrechnet, wenn der Verbrauch abgrenzbar ist; andernfalls müssen die Gemeinkosten nach einem Verteilungsschlüssel entsprechend der Kostenverursachung aufgeteilt werden.

Gruppengemeinkosten (Sondergemeinkosten)

Gruppengemeinkosten sind die für die einzelnen Kostenträgergruppen ermittelten Gemeinkosten. Kostenträgergruppen werden durch Zusammenfassen verschiedener Erzeugnisse mit gleichem Kostenaufbau gebildet.

Herstellkosten im Sinne der LSP Nr. 10

Die LSP haben auf eine Festlegung des Begriffsinhalts „Herstellkosten" verzichtet, weil Betriebe mitunter Verrechnungswerte oder Verrechnungspreise zwecks Abrechnung zwischen verschiedenen Zweigwerken, Betriebsteilen oder Kostenstellen bilden, die auch die Verwaltungskosten ganz oder teilweise einschließen. Die Zwischensumme „Herstellkosten" kann deshalb von den Betrieben an der Stelle des nachstehenden Kalkulationsschemas eingeordnet werden, an der sie branchen- oder betriebsüblich gezogen wird.

	Fertigungsstoffkosten
+	Fertigungskosten
+	Entwicklungs- und Entwurfskosten
+	Verwaltungskosten
+	Vertriebskosten
=	Selbstkosten
+	kalk. Gewinn
=	Selbstkostenpreis

Leistungen

Leistungen sind Mengen und Werte der in Verfolgung des Betriebszwecks erstellten Güter und erbrachten Dienste. Keine Leistungen sind demnach neutrale Erträge (außerordentliche, betriebsfremde und periodenfremde Erträge) und das Gesamtergebnis betreffende Erträge (z. B. Erstattungen für gleichartige Aufwendungen wie Körperschaftsteuererstattung, Eingang einer abgeschriebenen Forderung).

Innerbetriebliche Leistungen

Hierunter versteht man die Betriebsleistungen, die nicht absatzbestimmt sind, die jedoch dem Betriebszweck und damit der Leistungserstellung dienen.

Arten der Kalkulation zur Preisermittlung aufgrund von Selbstkosten (LSP Nr. 5)

Es sind die folgenden Kalkulationen zu unterscheiden:

Anl 1

a) Nach dem Zeitpunkt der Aufstellung
- die Vorkalkulation und
- die Nachkalkulation,

b) nach dem Verfahren
- das Divisionsverfahren,
- das Zuschlagsverfahren und
- Mischformen von Divisions- und Zuschlagsverfahren.

Vorkalkulation

Vorkalkulation ist eine vor der Leistungserstellung liegende Ermittlung der auf die Leistungseinheit bezogenen Kosten. In Betrieben mit Einzelfertigung dient sie vor allem als Grundlage für die Preisstellung (Angebotskalkulation).

Nachkalkulation

Nachkalkulation ist eine auf die Leistungseinheit bezogene, aus der Kosten- und Leistungsrechnung abgeleitete Kalkulation, der die für die Leistungsstellung tatsächlich verbrauchten Kosten zugrunde liegen. Sie dient der Kostenermittlung für die (folgende) Vorkalkulation und damit der künftigen Preisstellung.

Divisionsverfahren

Das Divisionsverfahren wird nach folgenden Formen durchgeführt:
- Einfache Divisionskalkulation,
- Divisionskalkulation mit Äquivalenzziffern,
- Stufendivisionskalkulation.

Einfache Divisionskalkulation

Die einfache Divisionskalkulation setzt voraus, dass die Kosten entweder nur einen Kostenträger oder gleichartige Kostenträger in der Massenfabrikation betreffen. Die Summe der Kosten wird durch die Zahl der Kostenträger dividiert.

Divisionskalkulation mit Äquivalenzziffern

Durch Verwendung von Äquivalenzziffern kann die Divisionsrechnung auch für Leistungen mit verwandter Kostengestaltung anwendbar gemacht werden. Die Leistungen werden mit Äquivalenzziffern in einheitliche (addierbare) Leistungen umgerechnet.

Stufendivisionskalkulation

Bei der Stufendivisionskalkulation wird jedes Erzeugnis in den einzelnen Fertigungsstufen abgerechnet. Es werden entweder die Kosten der vorgelagerten Stufen entsprechend dem Verbrauch eingesetzt (Durchwälzmethode), oder es werden auf jeder Stufe die Kosten je Stufenerzeugnis ermittelt (Veredlungsmethode).

Zuschlagsverfahren (Verrechnungssatzverfahren)

Bei diesem Verfahren werden bestimmte Kostenarten unmittelbar je Erzeugnis (Auftrag) oder Erzeugnisgruppe (Sorte) erfasst (Einzelkosten). Die übrigen nicht unmittelbar je Kostenträger feststellbaren Kostenarten (Gemeinkosten) werden den Kostenträgern als Leistungen der an der Leistungserstellung beteiligten Bereiche oder Stellen mit Hilfe von individuellen Verrechnungssätzen zugerechnet. Sind an der Leistungserstellung mehrere Bereiche oder Stellen beteiligt, so werden im Allgemeinen mehrere Verrechnungssätze angewendet.

Das Zuschlagsverfahren kennt folgende Formen:
- Einfache Zuschlagskalkulation,
- Sorten-(Serien-)rechnung, -kalkulation,
- Auftrags(ab)rechnung.

Einfache Zuschlagskalkulation

Die einfache Zuschlagskalkulation wird insbesondere dann angewendet, wenn die Herstellung nicht gleichartiger Erzeugnisse in unterschiedlichen Fertigungsmethoden eine Divisionskalkulation nicht ermöglicht.

Die einfache Zuschlagskalkulation erfordert eine einheitliche und genaue Trennung der als Einzelkosten und Gemeinkosten angesetzten Kostenarten.

Formel für die einfache Zuschlagskalkulation:

	Fertigungsstoffe
+	Fertigungslöhne
+	Fertigungsgemeinkosten
+	Sonderkosten der Fertigung
=	Herstellungskosten
+	Verwaltungs- und Vertriebs(gemein)kosten
+	Sonderkosten des Vertriebs (z. B. Umsatzsteuer bei Besteuerung nach § 19 Abs. 1 UStG, Provisionen)
=	Selbstkosten
+	kalk. Gewinn
=	Selbstkostenpreis

Sortenrechnung, Sortenkalkulation

Bei der Sortenrechnung bzw. Sortenkalkulation sind Kostenträger die in dem Zeitabschnitt von jeder Sorte hergestellten Mengen. Sie wird dann angewendet, wenn die Anzahl der hergestellten Sorten nicht groß ist, die Herstellung in verhältnismäßig kurzer Zeit erfolgt und die im Abrechnungszeitraum hergestellte Leistungsmenge leicht feststellbar ist. Eine Sortenrechnung setzt genaue Aufzeichnungen über Werte und Mengen der Kosten und Leistungen voraus.

Auftrags(ab)rechnung

Die Auftrags(ab)rechnung kennt keine zeitliche Abgrenzung der Kostenerfassung für die zu kalkulierende Leistung. Kostenträger ist der einzelne, mengenmäßig abgegrenzte Auftrag.

Zu c) **Statistik** 29

Die betriebswirtschaftliche Statistik hat die Betriebskontrolle, die Marktforschung und die Marktüberwachung zur Aufgabe. Sie erfasst u. a. Zahlenmaterial über betriebswirtschaftliche Sachverhalte, um dieses im Interesse des Betriebs auszuwerten (Kennzahlen). Zur Statistik gehört auch der sog. äußere und der sog. innere Betriebsvergleich.

Äußerer Betriebsvergleich

Beim äußeren Betriebsvergleich werden die Verhältniszahlen von Betrieben gleicher Art und gleichen Umfangs miteinander verglichen. Der Vergleich setzt aber voraus, dass die Verhältniszahlen in den einzelnen Betrieben nach gleichen Gesichtspunkten ermittelt worden sind. Es können nur die Verhältniszahlen desselben Vergleichszeitraums gegenübergestellt werden.

Innerer Betriebsvergleich

Der innere Betriebsvergleich ist eine Gegenüberstellung von Verhältniszahlen vergleichbarer Positionen verschiedener Zeiträume eines Betriebs.

Zu d) **Planung** 30

Die Planung besteht in der betrieblichen Vorschaurechnung künftiger Kosten und Leistungen. Sie geht von den bisherigen Kosten und Leistungen je Leistungseinheit aus. Ihre Auswertbarkeit erfordert einen möglichst differenzierten Aufbau auf Mengenvorgaben.

2) Schreiben betr. automationsgestützte quantitative Prüfungsmethoden in der steuerlichen Außenprüfung

Anl 2

Vom 5. September 2023 (BeckVerw 627786)

(BMF IV D 3 – S 1445/20/10007 :006; DOK 2023/0729678)

1 Anlage

31 Nach Erörterung mit den obersten Finanzbehörden der Länder gilt die folgende Zusammenstellung zu den automationsgestützten quantitativen Prüfungsmethoden in der steuerlichen Außenprüfung. Eine Aufnahme dieser Zusammenstellung in die Betriebsprüfungsordnung ist nicht vorgesehen.

Dieses Schreiben steht ab sofort für eine Übergangszeit auf der Internetseite des Bundesministeriums der Finanzen zum Herunterladen bereit: http://www.bundesfinanzministerium.de unter der Rubrik Themen – Steuern – Steuerverwaltung & Steuerrecht – Betriebsprüfung – BMF-Schreiben/Allgemeines.

Anlage

Automationsgestützte quantitative Prüfungsmethoden in der steuerlichen Außenprüfung

A. Einführung

32

Bei einer steuerlichen Außenprüfung können mathematisch-statistische (quantitative) Prüfungsmethoden eingesetzt werden, um die Besteuerungsgrundlagen des Steuerpflichtigen zu verproben und auf Plausibilität zu überprüfen. Auch das Erkennen von Prüffeldern unter Risikogesichtspunkten ist mit quantitativen Prüfungsmethoden möglich. Sofern Auffälligkeiten in den Angaben des Steuerpflichtigen auftreten, werden weitere Prüfungshandlungen veranlasst, um die Ursache zu klären. Gleichzeitig ist der Steuerpflichtige nach § 200 der Abgabenordnung bei der Sachaufklärung zur Mitwirkung verpflichtet.

Wenn betriebliche Gründe eine glaubhafte Ursache für Auffälligkeiten sind, werden diese im Rahmen der Auswertung entsprechend berücksichtigt. Sollte keine ausreichende Begründung vorliegen, liegt nach § 158 Abs. 2 Nr. 1 der Abgabenordnung ein Anlass vor, die sachliche Richtigkeit und die Buchführung des Steuerpflichtigen zu beanstanden.

Bei einer steuerlichen Außenprüfung können auch mehrere quantitative Prüfungsmethoden eingesetzt werden. Sie stehen dann nicht in einem Konkurrenzverhältnis zueinander, sondern ergänzen sich idealerweise gegenseitig und werden durch systematisch visualisierende Betrachtungen unterstützt. Der (kombinierte) Einsatz (mehrerer) quantitativer Prüfungsmethoden hängt von der Datenlage und dem Analyseziel der jeweiligen steuerlichen Außenprüfung ab.

Den Ergebnissen aus der Anwendung quantitativer Prüfungsmethoden kann bei der Widerlegung der gesetzlichen Beweisvermutung des § 158 Abs. 1 der Abgabenordnung eine Beweiswirkung zukommen, besonders als Indiziengesamtheit. Die Ergebnisse können darüber hinaus nach § 162 Abs. 2 Satz 2 der Abgabenordnung dazu führen, dass eine Schätzung durchgeführt werden muss. Quantitative Prüfungsmethoden sind von der Schätzung (siehe C.) zu unterscheiden.

Die folgende Darstellung gibt einen Überblick über automationsgestützte quantitative Prüfungs- und Schätzungsmethoden. Sie ist jedoch nicht abschließend.

Anl 2

B. Quantitative Prüfungsmethoden

33 **1. Zeitreihenanalyse (Zeitreihenvergleich)**

Eine Zeitreihenanalyse (auch Zeitreihenvergleich genannt) ist eine quantitative Prüfungsmethode, die dazu dient, historische Entwicklungen und Zusammenhänge von betriebswirtschaftlichen Kennzahlen darzustellen. Bei einer Zeitreihenanalyse werden die Daten in einem Diagramm periodenweise entlang einer Zeitachse aufgetragen. Es gibt verschiedene Varianten der Zeitreihenanalyse, je nachdem, welches Ziel verfolgt wird (vgl. BFH-Urteil vom 25. März 2015 X R 20/13, BStBl. 2015 II S. 743). Es können beispielsweise Trends, Schwankungen und Ausreißer in Datenreihen identifiziert oder die erwartete Abhängigkeit (Korrelation) von verschiedenen Datenreihen miteinander überprüft werden.

Die Visualisierung der Daten in einem Diagramm hat den Vorteil, dass Entwicklungen und Muster besser als in einer Tabelle erkennbar sind. Auch Ausreißer lassen sich hierdurch wirksam identifizieren. Bei stark voneinander abweichenden Werten kann es sinnvoll sein, eine Größenanpassung des Datenbereichs vorzunehmen, zum Beispiel durch eine logarithmische Skalierung. Die Wahl der Vergleichsperiode kann einen großen Einfluss darauf haben, welche Zusammenhänge oder Einzelheiten erkennbar sind.

Die Kombination aus Diagrammen und Tabellen kann ein aussagekräftiges Gesamtbild der betriebswirtschaftlichen Daten des Steuerpflichtigen ergeben. Auf diese Weise lassen sich Abweichungen von den erwarteten Werten als Differenzen und Zeitversätze sichtbar machen.

Zur Beurteilung einer erwarteten Abhängigkeit zweier Datenreihen mit stark abweichenden Werten gibt es verschiedene Möglichkeiten, um die Vergleichbarkeit der Datenreihen zu verbessern, zum Beispiel durch größenanpassende Doppelskalierungen. Der Korrelationskoeffizient ist ein statistisches Maß, das dabei hilft, die erwartete Abhängigkeit zwischen zwei Datenreihen zu bewerten. Ausreißer können zum Beispiel mit geeigneten Zeitreihenvarianten wie den Gleitschlittenansätzen (überlappende Zeitreihenperioden wie „1.1. bis 31.1.“, „2.1. bis 1.2.“, „3.1. bis 2.2.“ etc.) gezielt untersucht und korrigiert werden, um die Daten für die eigentliche Beurteilung der Schlüssigkeit anzupassen.

2. Ziffernanalyse

Eine Ziffernanalyse untersucht die Zahlenstruktur der zu prüfenden Daten, insbesondere von Bargeldumsätzen. Ziel ist es, durch die Analyse von Ziffernhäufigkeiten Manipulationen aufzudecken, die durch das Erfinden von Zahlen in manipulationsgefährdeten Daten entstehen können, beispielsweise durch Bilanzfälschungen oder „Schattenaufzeichnungen“.

Für die Ziffernanalyse wird die Häufigkeit der möglichen Ziffern oder Ziffernkombinationen ermittelt, wobei zu unterscheiden ist zwischen der Betrachtung der Zahlen von vorn (Erst-, Zweit-, Drittziffer etc.) und bei Geldbeträgen der Betrachtung der Zahlen von hinten (Ein-Euro-Stelle, Zehn-Euro-Stelle etc.). Empirischen Forschungen zufolge weisen die „Erstziffer“ und „Zweitziffer“ in Wirtschaftsdaten eine Häufigkeitsverteilung auf, die deutlich von der zufälligen Gleichverteilung abweicht und sich in einer einheitlichen Funktion beschreiben lässt („Benford-Gesetz“ oder „Newcomb-Benford-Law“). Durch die Überprüfung der ausgewerteten Ziffernverteilungen kann aufgedeckt werden, ob einzelne Ziffern zu selten oder zu häufig vorkommen, was ein Hinweis auf Manipulation der Daten sein kann durch unbewusste Vorlieben oder Abneigungen des Steuerpflichtigen bei der Verwendung einzelner Ziffern. Die Übereinstimmung von beobachteten und erwarteten Häufigkeitsverteilungen kann mit Hilfe des Wahrscheinlichkeitstests „Chi-Quadrat-Anpassungstest“ (gesamte Ziffernverteilung) oder der „Binomialverteilung“ (einzelne Ziffern) bewertet werden.

Ziffernanalysen sind nur begrenzt einsetzbar und zielen ausschließlich darauf ab, Manipulationen durch das freie Erfinden von Zahlen aufzudecken. Einzelbetriebliche Besonderheiten lassen sich durch einfache mathematische Überlegungen oder Struktur- und Verteilungsanalysen berücksichtigen beziehungsweise ausschließen. Die Nachverfolgung von zu selten oder zu häufig auftretenden Ziffern in Teildatenbeständen erhöht die Wahrscheinlichkeit, Manipulationen in Teilen des Gesamtdatenbestandes aufzudecken.

3. Struktur- und Verteilungsanalyse

Die Struktur- und Verteilungsanalyse ist ein Verfahren zur Untersuchung von Daten, bei dem die Daten nach Klassen sortiert und ausgezählt werden, um die aufgetretene Verteilung mit der erwarteten Verteilung zu vergleichen. Ziel ist es, Unregelmäßigkeiten zu entdecken, die auf mögliche Fehler oder Manipulationen hinweisen.

Durch die Struktur- und Verteilungsanalyse werden vergleichbare Daten nach gleichmäßigen Werteklassen ausgewertet und als Diagramm dargestellt. Für stark asymmetrische Verteilungen werden logarithmisch gleichmäßig definierte Werteklassen verwendet. Die erwartete Häufigkeitsverteilung wird aus der Anzahl der Daten, dem Mittelwert und der Standardabweichung abgeleitet. Dabei lassen sich zum Beispiel durch die vorherige Aufteilung der Daten in Teildatenbestände betriebliche Besonderheiten ausschließen. Die Verfolgung von auffälligen Werteverteilungen in den Teilen des Gesamtdatenbestandes (etwa Wirtschaftsjahre, Haupt- und Nebensaisons oder Wochentage) erhöht die Wahrscheinlichkeit, partielle Manipulationen aufzudecken, und kann bei der Unterscheidung zwischen Manipulationen und Unterschlagungen helfen.

4. Summarische Risikoprüfung

Die Summarische Risikoprüfung (SRP) ist ein System von quantitativen Prüfungsmethoden, das verschiedene einzelne quantitative Prüfungsmethoden in systematischen Prüfungen miteinander verknüpft und technisch durch IT-gestützte Vorlagen unterstützt. Die SRP konzentriert sich besonders auf die Methodenbereiche der Zeitreihenanalysen, der Ziffernanalyse und der Struktur- und Verteilungsanalyse, die in diversen Varianten und Ausführungen zu einem mehrperspektivischen Prüfungskonzept zusammengeführt werden.

Der Prüfungspfad wird systematisch von einer groben Übersicht bis zu auffälligen Einzelsachverhalten verfolgt. Hierbei werden in der Regel statistisch-visualisierende Analysearten genutzt. Bei der Zeitreihenanalyse wird die Periodisierung schrittweise zu kürzeren, detailreicheren Intervallen verfeinert, wofür gezielt Varianten dieser Analysemethode eingesetzt werden. In den Häufigkeitsauswertungen wie den Ziffernanalysen und den Struktur- und Verteilungsanalysen wird der Prüfungspfad über die Einstellung der Klassifizierung sowie die Dateneingrenzung auf Teilzeiträume verfolgt. Chronologische und verteilungsbezogene Teilergebnisse ergänzen sich in der Regel. Dadurch lassen sich Beobachtungen besser und einfacher beschreiben und Auffälligkeiten konkretisieren beziehungsweise eventuell bereits klären. Anl 2

Durch das Zusammenführen der verschiedenen Perspektiven und der sich ergänzenden Beobachtungen und durch die technischen Möglichkeiten der SRP-Vorlagen können einzelfallbezogene Prüffelder festgestellt und eingegrenzt werden. Die Vorlagen fördern dabei den geeigneten Einsatz der einzelnen quantitativen Prüfungsmethoden, einen nachvollziehbaren Prüfungspfad sowie die Berücksichtigung neuer Erkenntnisse aus der Prüfung oder der Mitwirkung durch den Steuerpflichtigen. Auch die Ergebnisdokumentation wird durch die SRP-Vorlagen unterstützt.

Die in der SRP enthaltenen Berechnungsschritte können dem öffentlich zugänglichen SRP-Handbuch entnommen sowie mithilfe von gängigen Tabellenkalkulationsprogrammen nachvollzogen werden.

5. Stichprobenverfahren

a) Allgemeines

Stichprobenverfahren sind statistische Methoden, die genutzt werden, um die Richtigkeit oder die Plausibilität von Daten zu überprüfen. Dabei wird eine zufällig ausgewählte Teilmenge eines Datenbestandes analysiert, um Rückschlüsse auf den Gesamtdatenbestand zu ziehen. Statistische Stichprobenverfahren sind objektiver als bewusste Auswahlprüfungen.

b) Monetary Unit Sampling

Monetary Unit Sampling (MUS) ist eine Methode, die auf der Grundlage mathematisch-statistischer Auswertung einer qualifizierten Zufallsstichprobe eines Prüffeldes Rückschlüsse auf die Grundgesamtheit zulässt. Im ersten Schritt erfolgt eine repräsentative Überprüfung des Prüffeldes. Je nach Ergebnis dieser Überprüfung kann in einem zweiten Schritt die Korrektur des Prüffelds mittels MUS erfolgen (siehe C.4.). Hierbei wird die Gesamtheit aller Elemente in einem Prüffeld in Geldeinheiten ausgedrückt. Zum Beispiel: 5000 Rechnungen zu einem Gesamtbetrag in Höhe von 1 000 000 € führen zu einem Prüffeld bestehend aus 1 000 000 Geldeinheiten.

Die Anzahl der zu untersuchenden Elemente aus der Gesamtheit wird unabhängig von der Anzahl der in der Gesamtheit enthaltenen Elemente durch das Konfidenzniveau und durch die Wesentlichkeitsgrenze bestimmt. Das Konfidenzniveau gibt an, mit welcher Wahrscheinlichkeit Fehler in der Gesamtheit entdeckt werden, wenn in der Grundgesamtheit Fehler oberhalb der Wesentlichkeitsgrenze überschritten werden. Die Wesentlichkeitsgrenze gibt den Fehlerumfang an, der nicht übersehen werden soll. Die Festlegung der beiden Parameter zur Stichprobenziehung ist eine Abwägung zwischen dem Risiko, Fehler zu übersehen, und dem Bestreben, den Stichprobenumfang in einer realistischen Größe zu halten. Damit ist jedoch keine Akzeptanz einer Fehlerquote unterhalb der Wesentlichkeitsgrenze verbunden.

MUS wird vor allem bei großen Datenmengen und einer geringen Fehlererwartung eingesetzt. Exemplarisch anzuführen wären hier Bereiche wie

– der Vorsteuerabzug,
– die Steuerfreistellung von Umsätzen,
– die Bilanzierung von Rückstellungen und
– die Abgrenzung von sofort abzugsfähigen Instandhaltungsaufwendungen zu aktivierungspflichtigen Aufwendungen.

In diesen Bereichen kann eine Überbewertung der Fehler eintreten, wenn höhere Werte verbucht werden, als zulässig sind. MUS nutzt eine Hypothese zum Prüffeld, auf deren Basis eine wertproportionale Stichprobe gezogen und anschließend analysiert wird. Im Rahmen der Analyse ist gegebenenfalls eine weitere Sachaufklärung durchzuführen. Erst im Anschluss können die Ergebnisse ausgewertet und die weiteren Schlussfolgerungen daraus gezogen werden.

Geschäftsvorfälle gelangen mittelbar über ihre Geldeinheiten in die Stichprobenziehung. Kommt es bei einer Stichprobe zu keiner Beanstandung, so kann mit der Aussagesicherheit des Konfidenzniveaus festgestellt werden, dass in der Grundgesamtheit keine Fehlerquote oberhalb der Wesentlichkeitsgrenze zu erwarten ist. Das Prüffeld kann in der Folge ohne weitere Beanstandungen akzeptiert werden. Kommt es bei einer Stichprobe zu einer Beanstandung, so kann mit der Aussagesicherheit des Konfidenzniveaus festgestellt werden, dass in der Grundgesamtheit eine nicht tolerierbare Fehlerquote oberhalb der Wesentlichkeitsgrenze vorhanden ist. Das Prüffeld kann in der Folge nicht ohne weitere Aufklärungsmaßnahmen als ordnungsgemäß bewertet werden. MUS bietet für Fälle, in denen das Prüffeld als nicht ordnungsgemäß zu bewerten ist, die Möglichkeit, in einem weiteren Schritt eine Korrektur des Prüffeldes durch Schätzung durchzuführen (siehe C.4.).

C. Schätzungsmethoden 34

1. Allgemeines

An die Verprobung mit quantitativen Prüfungsmethoden kann sich gemäß § 162 der Abgabenordnung eine Schätzung anschließen. Besteht dem Grunde nach die Notwendigkeit, eine Schätzung durchzuführen, so können quantitative Prüfungsmethoden zur Auswahl der geeigneten Schätzungsmethode herangezogen werden.

Die folgenden Schätzungsmethoden dienen dazu, eine möglichst genaue Schätzung bei einer Außenprüfung durchzuführen. Die Wahl der geeigneten Schätzungsmethode hängt vom jeweiligen Einzelfall ab. Der Steuerpflichtige hat keinen Anspruch auf eine bestimmte Schätzungsmethode. Die Auswahl der Schätzungsmethode liegt im pflichtgemäßen Ermessen der Finanzbehörde.

Die folgende Zusammenstellung der Schätzungsmethoden ist nicht abschließend.

2. Zeitreihenbasierte Schätzung

Die zeitreihenbasierte Schätzung nutzt Ergebnisse von Zeitreihenanalysen als Grundlage, um die Schätzungshöhe festzulegen. Diese Schätzungsmethode basiert auf betriebsinternen Daten und ist deshalb externen Ansätzen vorzuziehen. Bei der zeitreihenbasierten Schätzung können betriebliche Besonderheiten berücksichtigt und verbleibende Unsicherheiten in einer Sensibilitätsanalyse, unter Umständen mit Sicherheitsabschlägen, berücksichtigt werden.

3. Quantilsschätzung

Die Quantilsschätzung ist eine Schätzungsmethode zur internen Ermittlung einer sachgerechten Schätzungshöhe mit Hilfe von betriebswirtschaftlichen und statistischen Standardwerkzeugen. Dazu werden Prozentränge (Quantile) als Ausgangswerte genutzt.

Die monatlichen Werte für den Rohgewinnaufschlagssatz beziehungsweise den Wareneinsatz werden als Grundlage verwendet. Für die Ermittlung einer sachgerechten Schätzungshöhe können in den Datenbestand alle konkreten Erkenntnisse eingepflegt werden, die durch Prüfungsmaßnahmen beziehungsweise durch die Mitwirkung des Steuerpflichtigen gewonnenen worden sind.

Vor der Feststellung des Schätzungsrahmens werden nicht repräsentative Ausreißer großzügig aus den Grundlagenwerten ausgeschlossen (Bandbreiteneinengung). Es werden Ranggrößen verwendet, um eine Verzerrung durch Extremwerte zu vermeiden. Zur verallgemeinerbaren Einschränkung der Ausgangsgrößen auf „Normalwerte" werden die Rang-Wert-Verhältnisse der Normalverteilungen als typisches zufälliges Streuverhalten herangezogen. Der Schätzungsansatz wird mit dem 80%-Quantil in dem eingeengten Schätzungsrahmen der internen Normalwerte „16%- bis 84%-Quantil" an der oberen Grenze (BFH-Urteil vom 9. März 1967 IV 184/63, BStBl. III S. 349) angesetzt. Je nach Sachlage kann dieses verallgemeinerbare Schätzungsmaß auf die monatlichen Rohgewinnaufschlagssätze, auf die Wareneinsatzsummen oder auf beide Ausgangsgrößen angewandt werden.

4. Schätzung nach Monetary Unit Sampling (MUS)

Wenn bei der Überprüfung einer Stichprobe in den Daten (materielle) Mängel festgestellt werden, kann die ursprüngliche Hypothese zum Prüffeld nicht mehr aufrechterhalten und das Prüffeld nicht als ordnungsgemäß anerkannt werden. Wenn die im Prüffeld vorhandenen Fehler nicht vollständig identifiziert werden können und eine Behebung der Fehler nicht möglich ist, muss der geschätzte Betrag der Fehler berechnet werden. MUS bietet hierzu die Möglichkeit, den Anteil der Fehler in der Stichprobe auf die Gesamtheit zu extrapolieren.

AO

§ 200 Mitwirkungspflichten des Steuerpflichtigen[1]

1 (1) ① **Der Steuerpflichtige hat bei der Feststellung der Sachverhalte, die für die Besteuerung erheblich sein können, mitzuwirken.** ② **Er hat insbesondere Auskünfte zu erteilen, Aufzeichnungen, Bücher, Geschäftspapiere und andere Urkunden zur Einsicht und Prüfung vorzulegen, die zum Verständnis der Aufzeichnungen erforderlichen Erläuterungen zu geben und die Finanzbehörde bei Ausübung ihrer Befugnisse nach § 147 Absatz 6 zu unterstützen.**[2] ③ **Sind der Steuerpflichtige oder die von ihm benannten Personen nicht in der Lage, Auskünfte zu erteilen, oder sind die Auskünfte zur Klärung des Sachverhalts unzureichend oder versprechen Auskünfte des Steuerpflichtigen keinen Erfolg, so kann der Außenprüfer auch andere Betriebsangehörige um Auskunft ersuchen.** ④ **§ 93 Absatz 2 Satz 2 gilt nicht.**

2 (2) ① **Die in Absatz 1 genannten Unterlagen hat der Steuerpflichtige in seinen Geschäftsräumen oder, soweit ein zur Durchführung der Außenprüfung geeigneter Geschäftsraum nicht vorhanden ist, in seinen Wohnräumen oder an Amtsstelle vorzulegen.**[3] ② **Werden mobile Endgeräte in der Außenprüfung eingesetzt, gilt die ortsunabhängige Tätigkeit als an Amtsstelle ausgeübt.** ③ **Ein zur Durchführung der Außen-**

[1] Die während einer Außenprüfung vom Prüfer gegenüber dem Stpfl. erlassene schriftliche Aufforderung, bestimmte Fragen zu beantworten sowie genau bezeichnete Belege, Verträge und Konten vorzulegen, ist in der Regel kein Verwaltungsakt, sondern eine nicht selbständig anfechtbare Vorbereitungshandlung, wenn sie ausschließlich der Ermittlung steuermindernder Umstände dient und deshalb nicht erzwingbar ist. Dies gilt nicht, wenn der Stpfl. die Aufforderung nach ihrem objektiven Erklärungsinhalt als Maßnahme zur Schaffung einer Rechtsgrundlage für die Einleitung eines Erzwingungsverfahrens verstehen musste *(BFH-Urteil vom 10. 11. 1998 VIII R 3/98, BFH/NV 1999 S. 841).*

[2] Zur erstmaligen Anwendung siehe Art. 97 § 19b EGAO **(Anhang I Nr. 1)**.

Ob und in welchem Umfang das FA einen freiberuflich tätigen Steuerpflichtigen gemäß § 200 Abs. 1 Sätze 1 und 2 AO zur Herausgabe nicht aufbewahrungspflichtiger Unterlagen (Kontoauszüge) verpflichten kann, ist eine Ermessensentscheidung, die vom Gericht nur darauf zu überprüfen ist, ob die gesetzlichen Grenzen des Ermessens eingehalten wurden und die Behörde das ihr eingeräumte Ermessen unter Beachtung des Gesetzeszwecks fehlerfrei ausgeübt hat *(BFH-Beschluss vom 5. 4. 2022 VIII B 42/21, BFH/NV S. 747).*

[3] Zum Antrag eines Stpfl. auf Durchführung einer Betriebsprüfung in den Räumen seines Steuerberaters vgl. *BFH-Beschluss vom 10. 2. 1987 IV B 1/87, BStBl. II S. 360.*

Beantragt ein Stpfl., die angeordnete Außenprüfung statt an Amtsstelle im Büro des Steuerberaters durchzuführen, so ist dem Antrag unter dem Gesichtspunkt der Verhältnismäßigkeit jedes Verwaltungshandelns zu entsprechen, wenn der Prüfung im Büro des Steuerberaters keine zumindest gleichwertigen Verwaltungsinteressen entgegenstehen *(BFH-Beschluss vom 30. 11. 1988 I B 73/88, BStBl. 1989 II S. 265).*

prüfung geeigneter Raum oder Arbeitsplatz sowie die erforderlichen Hilfsmittel sind unentgeltlich zur Verfügung zu stellen. ④ § 147 Absatz 6 und 7 bleibt unberührt.

(3) **① Die Außenprüfung findet während der üblichen Geschäfts- oder Arbeitszeit statt. ② Die Prüfer sind berechtigt, Grundstücke und Betriebsräume zu betreten und zu besichtigen. ③ Bei der Betriebsbesichtigung soll der Betriebsinhaber oder sein Beauftragter hinzugezogen werden.** 3

Zu § 200 – Mitwirkungspflichten des Steuerpflichtigen: AEAO

1. Die Bestimmung des Umfangs der Mitwirkung des Steuerpflichtigen liegt im pflichtgemäßen Ermessen der Finanzbehörde. Auf Anforderung hat der Steuerpflichtige vorhandene Aufzeichnungen und Unterlagen vorzulegen, die nach Einschätzung der Finanzbehörde für eine ordnungsgemäße und effiziente Abwicklung der Außenprüfung erforderlich sind, ohne dass es ihm gegenüber einer zusätzlichen Begründung hinsichtlich der steuerlichen Bedeutung bedarf. 4

Konzernunternehmen haben auf Anforderung insbesondere vorzulegen:
- den Prüfungsbericht des Wirtschaftsprüfers über die Konzernabschlüsse der Konzernmuttergesellschaft,
- die Richtlinie der Konzernmuttergesellschaft zur Erstellung des Konzernabschlusses,
- die konsolidierungsfähigen Einzelabschlüsse (sog. Handelsbilanzen II) der Konzernmuttergesellschaft,
- Einzelabschlüsse und konsolidierungsfähige Einzelabschlüsse (sog. Handelsbilanzen II) von in- und ausländischen Konzernunternehmen.

Bei Auslandssachverhalten trägt der Steuerpflichtige eine erhöhte Mitwirkungspflicht (BFH-Beschluss vom 9. 7. 1986, I B 36/86, BStBl. 1987 II S. 487). Im Falle von Verzögerungen durch den Steuerpflichtigen oder der von ihm benannten Auskunftspersonen soll nach den Umständen des Einzelfalls von der Möglichkeit der Androhung und Festsetzung von Zwangsmitteln (§ 328 AO), der Festsetzung von Verzögerungsgeld (§ 146 Abs. 2b AO) oder der Schätzung (§ 162 AO) Gebrauch gemacht werden. Im Rahmen von Geschäftsbeziehungen zwischen nahe stehenden Personen sind die Regelungen der Gewinnabgrenzungsaufzeichnungsverordnung und der Verwaltungsgrundsätze-Verfahren (BMF-Schreiben vom 12. 4. 2005, BStBl. I S. 570) zu beachten. Kreditinstitute sind verpflichtet, dem Außenprüfer Angaben zur Identität der Bankkunden zu machen.

2. Eine Außenprüfung in den Geschäftsräumen des Steuerpflichtigen verstößt nicht gegen Art. 13 GG (BFH-Urteil vom 20. 10. 1988, IV R 104/86, BStBl. 1989 II S. 180). Ist ein geeigneter Geschäftsraum vorhanden, so muss die Außenprüfung dort stattfinden. Ob ein geeigneter Geschäftsraum vorhanden ist, richtet sich nach der objektiven Beschaffenheit der Räume, den betriebsüblichen Verhältnissen sowie arbeitsrechtlichen Grundsätzen. Der Vorrang der Geschäftsräume vor allen anderen Orten ergibt sich aus dem Wortlaut des § 200 Abs. 2 AO und aus dem Sinn und Zweck der Außenprüfung. Sind keine geeigneten Geschäftsräume vorhanden, ist in den Wohnräumen des Steuerpflichtigen oder an Amtsstelle zu prüfen. Nur im Ausnahmefall und nur auf Antrag kommen andere Prüfungsorte in Betracht, wenn schützenswerte Interessen des Steuerpflichtigen von besonders großem Gewicht die Interessen der Finanzbehörden an einem effizienten Prüfungsablauf in den Geschäftsräumen verdrängen. 5

Schreiben betr. Hinweise auf die wesentlichen Rechte und Mitwirkungspflichten des Steuerpflichtigen bei der Außenprüfung (§ 5 Abs. 2 Satz 2 BpO 2000) Anl

Vom 17. Februar 2025 (BeckVerw 649090)

(BMF IV D 3 – S 0403/00009/001/009; DOK COO.7005.100.3.11362177)

1 Anlage

Nach Erörterung mit den obersten Finanzbehörden der Länder sind der Prüfungsanordnung (§ 196 AO) die anliegenden Hinweise beizufügen.

Dieses Schreiben tritt an die Stelle des BMF-Schreibens vom 24. Oktober 2013 IV A 4 – S 0403/13/10001, DOK 2013/0958391, BStBl. I S. 1264 und gilt ab dem 1. Januar 2025.

Anlage

Ihre wesentlichen Rechte und Mitwirkungspflichten bei der Außenprüfung 6

Die Außenprüfung soll dazu beitragen, dass die Steuergesetze gerecht und gleichmäßig angewendet werden; deshalb ist auch zu Ihren Gunsten zu prüfen (§ 199 Abs. 1 Abgabenordnung – AO –).

Beginn der Außenprüfung 7

Wenn Sie wichtige Gründe gegen den vorgesehenen Zeitpunkt der Prüfung haben, können Sie beantragen, dass ihr Beginn hinausgeschoben wird (§ 197 Abs. 2 AO). Wollen Sie wegen der Prüfungsanordnung Rückfragen stellen, wenden Sie sich bitte an die prüfende Stelle und geben Sie hierbei den Namen der prüfenden Person an. Über den Prüfungsbeginn sollten Sie ggf. Ihre Steuerberatung unterrichten.

Die prüfende Person wird sich bei Erscheinen unter Vorlage des Dienstausweises bei Ihnen vorstellen (§ 198 AO).

Anl

Die Außenprüfung beginnt grundsätzlich in dem Zeitpunkt, in dem die prüfende Person nach Bekanntgabe der Prüfungsanordnung konkrete Ermittlungshandlungen vornimmt. Bei einer Datenüberlassung beginnt die Außenprüfung spätestens mit der Auswertung der Daten (AEAO zu § 198 Nr. 1).

8 **Ablauf der Außenprüfung**

Haben Sie bitte Verständnis dafür, dass Sie für einen reibungslosen Ablauf der Prüfung zur Mitwirkung verpflichtet sind. Aus diesem Grunde sollten Sie Ihren nachstehenden Mitwirkungspflichten unverzüglich nachkommen. Sie können darüber hinaus auch sachkundige Auskunftspersonen benennen. Kommen Sie Ihren Mitwirkungspflichten nicht nach, kann ein qualifiziertes Mitwirkungsverlangen ergehen und ggf. ein Mitwirkungsverzögerungsgeld und ein Zuschlag zum Mitwirkungsverzögerungsgeld festgesetzt werden (§ 200a AO).

Stellen Sie der prüfenden Person zur Durchführung der Außenprüfung bitte einen geeigneten Raum oder Arbeitsplatz sowie die erforderlichen Hilfsmittel unentgeltlich zur Verfügung (§ 200 Abs. 2 AO).

Legen Sie dieser bitte Ihre Aufzeichnungen, Bücher, Geschäftspapiere und die sonstigen Unterlagen vor, die benötigt werden, erteilen Sie die erbetenen Auskünfte, erläutern Sie ggf. die Aufzeichnungen und unterstützen Sie beim Datenzugriff (§ 200 Abs. 1 AO). Die Vorlage von Unterlagen kann bereits mit dieser Prüfungsanordnung verlangt werden (§ 197 Abs. 3 AO).

Werden Daten und Unterlagen elektronisch aufbewahrt, kann die prüfende Person verlangen, dass ihr notwendige Hilfsmittel unentgeltlich zur Verfügung gestellt werden, die zum Lesen der Daten und Unterlagen erforderlich sind (§ 147 Abs. 5 AO).

Sind aufzeichnungs- und aufbewahrungspflichtige Unterlagen mit Hilfe eines Datenverarbeitungs-Systems (DV-Systems) erstellt worden, hat die prüfende Person das Recht, Einsicht in die gespeicherten Daten zu nehmen und das DV-System zur Prüfung dieser Unterlagen zu nutzen (unmittelbarer Datenzugriff, § 147 Abs. 6 Satz 1 Nummer 1 AO). Dazu kann sie verlangen, dass Sie die dafür erforderlichen Geräte und sonstigen Hilfsmittel zur Verfügung stellen. Dies umfasst unter Umständen die Einweisung in das DV-System und die Bereitstellung von fachkundigem Personal zur Auswertung der Daten. Auf Anforderung sind der prüfenden Person die Daten in einem maschinell auswertbaren Format zu übertragen, z. B. auf einem Datenträger oder durch Zurverfügungstellung der Daten über eine Datenaustauschplattform, soweit die Finanzbehörde einen Zugang nach § 87a Abs. 1 AO eröffnet hat (Datenüberlassung, § 147 Abs. 6 Satz 1 Nummer 3 AO). Daneben kann verlangt werden, dass die Daten nach den Vorgaben der prüfenden Person maschinell ausgewertet zur Verfügung gestellt werden (mittelbarer Datenzugriff, § 147 Abs. 6 Satz 1 Nummer 2 AO).

Über alle Feststellungen von Bedeutung wird Sie die prüfende Person während der Außenprüfung unterrichten, es sei denn, Zweck und Ablauf der Prüfung werden dadurch beeinträchtigt (§ 199 Abs. 2 AO).

9 **Ergebnis der Außenprüfung**

Wenn sich die Besteuerungsgrundlagen durch die Prüfung ändern, haben Sie das Recht auf eine Schlussbesprechung. Sie erhalten dabei Gelegenheit, einzelne Prüfungsfeststellungen nochmals zusammenfassend zu erörtern (§ 201 AO).

Über das Ergebnis der Außenprüfung ergeht bei Änderung der Besteuerungsgrundlagen ein schriftlicher oder elektronischer Prüfungsbericht, der Ihnen auf Antrag vor seiner Auswertung übersandt wird. Einzelne, ermittelte und abgrenzbare Besteuerungsgrundlagen können auch durch einen Teilabschlussbescheid gesondert festgestellt werden, solange noch kein abschließender Prüfungsbericht nach § 202 Abs. 1 AO ergangen ist. Vor Erlass eines Teilabschlussbescheids ergeht nach § 202 Abs. 3 AO ein schriftlicher oder elektronischer Teilprüfungsbericht. Zu dem jeweiligen Bericht können Sie Stellung nehmen (§ 202 AO).

Rechtsbehelfe können Sie allerdings nicht gegen einen Prüfungsbericht, sondern nur gegen die aufgrund der Außenprüfung ergehenden Steuer-/Feststellungsbescheide einlegen.

Wird bei Ihnen eine abgekürzte Außenprüfung (§ 203 AO) durchgeführt, findet keine Schlussbesprechung statt. Die steuerlich erheblichen Prüfungsfeststellungen werden Ihnen in diesem Fall spätestens mit den Steuer-/Feststellungsbescheiden schriftlich mitgeteilt.

10 **Ablauf der Außenprüfung beim Verdacht einer Steuerstraftat oder einer Steuerordnungswidrigkeit**

Ergibt sich während der Außenprüfung der Verdacht einer Steuerstraftat oder einer Steuerordnungswidrigkeit gegen Sie, so dürfen hinsichtlich des Sachverhalts, auf den sich der Verdacht bezieht, die Ermittlungen bei Ihnen erst fortgesetzt werden, wenn Ihnen die Einleitung eines Steuerstraf- oder Bußgeldverfahrens mitgeteilt worden ist (vgl. § 397 AO). Soweit die Prüfungsfeststellungen auch für Zwecke eines Steuerstraf- oder Bußgeldverfahrens verwendet werden können, darf Ihre Mitwirkung bei der Aufklärung der Sachverhalte nicht erzwungen werden (§ 393 Abs. 1 Satz 2 AO). Wirken Sie bei der Aufklärung der Sachverhalte nicht mit (vgl. §§ 90, 93 Abs. 1, 200 Abs. 1 AO), können daraus allerdings im Besteuerungsverfahren für Sie nachteilige Folgerungen gezogen werden; ggf. sind die Besteuerungsgrundlagen zu schätzen, wenn eine zutreffende Ermittlung des Sachverhalts deswegen nicht möglich ist (§ 162 AO).

Elektronische Kommunikation im Rahmen der Außenprüfung

11 Achten Sie bei jeglicher Kommunikation mit der Finanzbehörde auf den Schutz Ihrer Daten. Bei der Überlassung von elektronischen Daten per Datenträger sollten Sie Daten passwortgeschützt übergeben. Zur Vermeidung von Komplikationen bei der Weiterverarbeitung der Daten durch die Finanzverwaltung bieten sich beispielsweise geschützte Archiv-Dateiformate (wie z. B. zip, rar oder 7Zip), BitLocker-verschlüsselte oder hardwareverschlüsselte Datenträger an. Wenn Daten unverschlüsselt übergeben wer-

den, erfolgt nicht zwingend eine nachträgliche Verschlüsselung der Datenträger durch die Finanzbehörde.

Übermittelt die Finanzbehörde elektronisch Daten, die dem Steuergeheimnis unterliegen, sind diese Daten zur Wahrung des Steuergeheimnisses und des Schutzes personenbezogener Daten grundsätzlich mit einem geeigneten Verfahren zu verschlüsseln. Die Finanzverwaltung bietet dazu oftmals sichere Datenaustauschplattformen als Alternative zu den herkömmlichen Kommunikationswegen bzw. Speichermedien an. Bitte stimmen Sie sich bei Bedarf hierzu mit der zuständigen prüfenden Person ab. Eine unverschlüsselte elektronische Kommunikation per E-Mail ist nicht sicher und kann eventuell durch Dritte eingesehen und manipuliert werden. Sie ist deshalb nur bei schriftlich erklärter Einwilligung aller betroffenen Personen auf Ihren ausdrücklichen Wunsch hin möglich (§ 87 a Abs. 1 Satz 3 AO).

§ 200 a Qualifiziertes Mitwirkungsverlangen

AO

(1) ① **Nach Ablauf von sechs Monaten seit Bekanntgabe der Prüfungsanordnung kann der Steuerpflichtige zur Mitwirkung nach § 200 Absatz 1 in einem schriftlich oder elektronisch zu erteilenden Mitwirkungsverlangen mit Rechtsbehelfsbelehrung nach § 356 aufgefordert werden (qualifiziertes Mitwirkungsverlangen).** ② **Hat die Finanzbehörde den Steuerpflichtigen auf die Möglichkeit eines qualifizierten Mitwirkungsverlangens hingewiesen und ist der Steuerpflichtige seinen Mitwirkungspflichten dennoch nicht oder nicht hinreichend nachgekommen, ist eine weitergehende Begründung nicht erforderlich.** ③ **§ 200 Absatz 2 gilt entsprechend.** ④ **Das qualifizierte Mitwirkungsverlangen ist innerhalb einer Frist von einem Monat nach Bekanntgabe zu erfüllen; in begründeten Einzelfällen kann die Frist verlängert werden.** 1

(2) ① **Kommt der Steuerpflichtige dem qualifizierten Mitwirkungsverlangen innerhalb der Frist nach Absatz 1 Satz 4 nicht oder nicht hinreichend nach (Mitwirkungsverzögerung), ist ein Mitwirkungsverzögerungsgeld festzusetzen.** ② **Das Mitwirkungsverzögerungsgeld beträgt 75 Euro für jeden vollen Kalendertag der Mitwirkungsverzögerung.** ③ **Es ist höchstens für 150 Kalendertage festzusetzen.** ④ **Die Festsetzung des Mitwirkungsverzögerungsgeldes kann für volle Wochen und Monate der Mitwirkungsverzögerung in Teilbeträgen erfolgen.** ⑤ **Die Mitwirkungsverzögerung endet mit Ablauf des Tages, an dem das qualifizierte Mitwirkungsverlangen vollständig erfüllt wurde, spätestens mit Ablauf des Tages der Schlussbesprechung.** ⑥ **Von der Festsetzung eines Mitwirkungsverzögerungsgeldes ist abzusehen, wenn der Steuerpflichtige glaubhaft macht, dass die Mitwirkungsverzögerung entschuldbar ist; das Verschulden eines Vertreters oder eines Erfüllungsgehilfen ist dem Steuerpflichtigen zuzurechnen.** 2

(3) ① **Liegt eine Mitwirkungsverzögerung vor, kann ein Zuschlag zum Mitwirkungsverzögerungsgeld festgesetzt werden, wenn** 3

1. **in den letzten fünf Jahren vor dem ersten Tag der Mitwirkungsverzögerung ein Mitwirkungsverzögerungsgeld festgesetzt wurde und zu befürchten ist, dass der Steuerpflichtige ohne einen Zuschlag zum Mitwirkungsverzögerungsgeld seiner aktuellen Verpflichtung nach Absatz 1 nicht nachkommt, oder**
2. **zu befürchten ist, dass der Steuerpflichtige aufgrund seiner wirtschaftlichen Leistungsfähigkeit ohne einen Zuschlag zum Mitwirkungsverzögerungsgeld seiner aktuellen Verpflichtung nach Absatz 1 nicht nachkommt.** ② **Dies ist insbesondere anzunehmen, wenn die Umsatzerlöse des Steuerpflichtigen in einem der von der Außenprüfung umfassten Kalenderjahre mindestens 12 Millionen Euro betragen haben oder der Steuerpflichtige einem Konzern angehört, dessen im Konzernabschluss ausgewiesene konsolidierte Umsatzerlöse in einem der von der Außenprüfung umfassten Kalenderjahre mindestens 120 Millionen Euro betragen haben.**

② **Der Zuschlag zum Mitwirkungsverzögerungsgeld beträgt höchstens 25 000 Euro für jeden vollen Kalendertag der Mitwirkungsverzögerung und ist höchstens für 150 Kalendertage festzusetzen; er kann für volle Wochen und Monate der Mitwirkungsverzögerung in Teilbeträgen festgesetzt werden.** ③ **Absatz 2 Satz 5 und 6 gilt entsprechend.**

(4) ① **Wurde wegen einer Mitwirkungsverzögerung ein Mitwirkungsverzögerungsgeld nach Absatz 2 festgesetzt, verlängert sich die Frist nach § 171 Absatz 4 Satz 3 erster Halbsatz für die Steuern, auf die sich die Außenprüfung erstreckt, um die Dauer der Mitwirkungsverzögerung, mindestens aber um ein Jahr.** ② **Abweichend von Satz 1 gilt § 171 Absatz 4 Satz 3 erster Halbsatz für die Steuern, auf die sich die Außenprüfung erstreckt, nicht, wenn außerdem in den letzten fünf Jahren vor dem ersten Tag der Mitwirkungsverzögerung ein Mitwirkungsverzögerungsgeld nach Absatz 2 festgesetzt wurde.** ③ **Ist die Erfüllung der geforderten Mitwirkung unmöglich, gelten die Sätze 1 und 2 entsprechend, wenn der Steuerpflichtige auf die Unmöglichkeit nicht unverzüglich hingewiesen hat.** 4

(5) **Wird ein qualifiziertes Mitwirkungsverlangen nach Absatz 1, die Festsetzung eines Mitwirkungsverzögerungsgeldes nach Absatz 2 oder die Festsetzung eines Zuschlags zum Mitwirkungsverzögerungsgeld nach Absatz 3 mit einem Einspruch oder** 5

einer Klage angefochten, so läuft die Festsetzungsfrist für die Steuern, auf die sich die Außenprüfung erstreckt, nicht vor Ablauf eines Jahres nach der Unanfechtbarkeit der Entscheidung über den Rechtsbehelf ab.

6 (6) **Im qualifizierten Mitwirkungsverlangen ist auf die Möglichkeit der Festsetzung eines Mitwirkungsverzögerungsgeldes nach Absatz 2 und eines Zuschlags zum Mitwirkungsverzögerungsgeld nach Absatz 3 sowie auf die voraussichtliche Höhe des Zuschlags und auf die Rechtsfolgen nach den Absätzen 4 und 5 hinzuweisen.**

7 (7) **Die Betragsgrenzen nach Absatz 3 Satz 1 Nummer 2 sind mindestens alle drei Jahre und spätestens erstmals zum 1. Januar 2026 zu evaluieren.**

AO

§ 201 Schlussbesprechung

1 (1)[1] ① **Über das Ergebnis der Außenprüfung ist eine Besprechung abzuhalten (Schlussbesprechung), es sei denn, dass sich nach dem Ergebnis der Außenprüfung keine Änderung der Besteuerungsgrundlagen ergibt oder dass der Steuerpflichtige auf die Besprechung verzichtet.**[2] ② **Bei der Schlussbesprechung sind insbesondere strittige Sachverhalte sowie die rechtliche Beurteilung der Prüfungsfeststellungen und ihre steuerlichen Auswirkungen zu erörtern.**[3] ③ **Eine Schlussbesprechung kann mit Zustimmung des Steuerpflichtigen auch fernmündlich oder nach § 87 a Absatz 1 a elektronisch durchgeführt werden.**

2 (2) **Besteht die Möglichkeit, dass auf Grund der Prüfungsfeststellungen ein Straf- oder Bußgeldverfahren durchgeführt werden muss, soll der Steuerpflichtige darauf hingewiesen werden, dass die straf- oder bußgeldrechtliche Würdigung einem besonderen Verfahren vorbehalten bleibt.**

AEAO

Zu § 201 – Schlussbesprechung:

3 **1.** Rechtsirrtümer, die die Finanzbehörde nach der Schlussbesprechung erkennt, können bei der Auswertung der Prüfungsfeststellungen auch dann richtiggestellt werden, wenn an der Schlussbesprechung der für die Steuerfestsetzung zuständige Beamte teilgenommen hat (BFH-Urteile vom 6. 11. 1962, I 298/61 U, BStBl. 1963 III S. 104, und vom 1. 3. 1963, VI 119/61 U, BStBl. III S. 212). Zusagen im Rahmen einer Schlussbesprechung, die im Betriebsprüfungsbericht nicht aufrechterhalten werden, erzeugen schon aus diesem Grund keine Bindung der Finanzbehörde nach Treu und Glauben (BFH-Urteil vom 27. 4. 1977, I R 211/74, BStBl. II S. 623).

4 **2.** Die Außenprüfung ist abgeschlossen, wenn die prüfende Behörde den Abschluss ausdrücklich oder konkludent erklärt. I. d. R. kann die Außenprüfung mit der Zusendung des Prüfungsberichts (§ 202 Abs. 1 AO) als abgeschlossen angesehen werden (BFH-Urteile vom 17. 7. 1985, I R 214/82, BStBl. 1986 II S. 21, und vom 4. 2. 1988, V R 57/83, BStBl. II S. 413). Reicht der Steuerpflichtige nach Zusendung des Betriebsprüfungsberichts eine – ausdrücklich vorbehaltene – Stellungnahme und Unterlagen ein, die zu einem Wiedereintritt in Ermittlungshandlungen führen, erfolgt dies noch im Rahmen der Außenprüfung (BFH-Urteil vom 8. 7. 2009, XI R 64/07, BStBl. 2010 II S. 4).

5 **3.** Der Steuerpflichtige kann den Verzicht nach § 201 Abs. 1 Satz 1 AO auf die Abhaltung einer Schlussbesprechung formlos erklären. Die Finanzbehörde vereinbart mit dem Steuerpflichtigen einen Termin zur Abhaltung der Schlussbesprechung, der innerhalb eines Monats seit Beendigung der Ermittlungshandlungen liegt. Kommt eine Terminabsprache nicht zustande, lädt die Finanzbehörde den Steuerpflichtigen schriftlich zur Schlussbesprechung an Amtsstelle und weist gleichzeitig darauf hin, dass die Nichtwahrnehmung des Termins ohne Angabe von Gründen als Verzicht i. S. d. § 201 Abs. 1 Satz 1 AO zu werten ist.

6 **4.** Die Verwertung von Prüfungsfeststellungen hängt nicht davon ab, ob eine Schlussbesprechung abgehalten worden ist. Das Unterlassen einer Schlussbesprechung führt nicht „ohne Weiteres" zu einer Fehlerhaftigkeit der aufgrund des Berichts über die Außenprüfung ergangenen Steuerbescheide (BFH-Beschluss vom 15. 12. 1997, X B 182/96, BFH/NV 1998 S. 811).

7 **5.** Zu der Zulässigkeit und den Rechtsfolgen einer tatsächlichen Verständigung siehe BMF-Schreiben vom 30. 7. 2008, BStBl. I S. 831[4], ergänzt durch BMF-Schreiben vom 15. 4. 2019, BStBl. I S. 446.

8 **6.** Der Hinweis nach § 201 Abs. 2 AO ist zu erteilen, wenn es nach dem Erkenntnisstand zum Zeitpunkt der Schlussbesprechung möglich erscheint, dass ein Straf- oder Bußgeldverfahren

---

[1] Zur Anwendung bei abgekürzter Außenprüfung vgl. § 203 Abs. 2 AO.

[2] *BFH-Beschluss vom 20. 10. 2015 IV B 80/14, BFH/NV 2016 S. 168:* 1. Liegt ein wirksamer Verzicht des Steuerpflichtigen auf die Durchführung der Schlussbesprechung vor, darf die Finanzbehörde eine solche nicht mehr durchführen. 2. Der Verzicht auf die Durchführung der Schlussbesprechung kann zum Eintritt der Festsetzungsverjährung führen.

[3] **Vergleiche** über Steueransprüche sind nach allgemeiner Auffassung im Hinblick auf die Grundsätze der Gesetzmäßigkeit und die Gleichmäßigkeit der Besteuerung unzulässig. Der *BFH (Urteile vom 11. 12. 1984 VIII R 131/76, BStBl. 1985 II S. 354; vom 5. 10. 1990 III R 19/88, BStBl. 1991 II S. 45)* hält aber die **„tatsächliche Verständigung"** über schwierig zu ermittelnde tatsächliche Umstände für zulässig und bindend; vgl. auch *BFH-Urteil vom 6. 2. 1991 I R 13/86, BStBl. II S. 673,* und Fn. zu §§ 85, 204 Abs. 5.

[4] Abgedruckt als Anl. zu § 88.

durchgeführt werden muss. Wegen weiterer Einzelheiten vgl. Nr. 131 Abs. 2 AStBV (St). Durch den Hinweis nach § 201 Abs. 2 AO wird noch nicht das Straf- und Bußgeldverfahren i. S. d. §§ 397, 410 Abs. 1 Nr. 6 AO eröffnet, weil das Aussprechen eines strafrechtlichen Vorbehalts i. S. d. § 201 Abs. 2 AO noch im Rahmen der Außenprüfung bei Durchführung der Besteuerung geschieht. Der Hinweis nach § 201 Abs. 2 AO ist kein Verwaltungsakt.

§ 202 Inhalt und Bekanntgabe des Prüfungsberichts[1]

AO

(1) ① **Über das Ergebnis der Außenprüfung ergeht ein schriftlicher oder elektroni-** 1
scher Bericht (Prüfungsbericht). ② **Im Prüfungsbericht sind die für die Besteuerung erheblichen Prüfungsfeststellungen in tatsächlicher und rechtlicher Hinsicht sowie die Änderungen der Besteuerungsgrundlagen darzustellen.** ③ **Führt die Außenprüfung zu keiner Änderung der Besteuerungsgrundlagen, so genügt es, wenn dies dem Steuerpflichtigen schriftlich oder elektronisch mitgeteilt wird.**[2] ④ **Wurden Besteuerungsgrundlagen in einem Teilabschlussbescheid nach § 180 Absatz 1 a gesondert festgestellt, ist im Prüfungsbericht darauf hinzuweisen.**

(2) **Die Finanzbehörde hat dem Steuerpflichtigen auf Antrag den Prüfungsbericht** 2
vor seiner Auswertung zu übersenden und ihm Gelegenheit zu geben, in angemessener Zeit dazu Stellung zu nehmen.

(3) **Sollen Besteuerungsgrundlagen in einem Teilabschlussbescheid nach § 180 Ab-** 3
satz 1 a gesondert festgestellt werden, ergeht vor Erlass des Teilabschlussbescheids ein schriftlicher oder elektronischer Teilprüfungsbericht; Absatz 1 Satz 2 bis 4 und Absatz 2 gelten entsprechend.

Zu § 202 – Inhalt und Bekanntgabe des Prüfungsberichts:

AEAO

Der Prüfungsbericht und die Mitteilung über die ergebnislose Prüfung (§ 202 Abs. 1 Satz 3 4
AO) sind keine Verwaltungsakte und können deshalb nicht mit dem Einspruch angefochten werden (BFH-Urteile vom 17. 7. 1985, I R 214/82, BStBl. 1986 II S. 21, und vom 29. 4. 1987, I R 118/83, BStBl. 1988 II S. 168). In der Übersendung des Prüfungsberichts, der keinen ausdrücklichen Hinweis darauf enthält, dass die Außenprüfung nicht zu einer Änderung der Besteuerungsgrundlagen geführt hat, kann keine konkludente Mitteilung i. S. d. § 202 Abs. 1 Satz 3 AO gesehen werden (BFH-Urteil vom 14. 12. 1989, III R 158/85, BStBl. 1990 II S. 283).

Für den Innendienst bestimmte oder spätere Besteuerungszeiträume betreffende Mitteilungen des Außenprüfers sind in den Prüfungsbericht nicht aufzunehmen (BFH-Urteil vom 27. 3. 1961, I 276/60 U, BStBl. III S. 290).

§ 203 Abgekürzte Außenprüfung[3]

AO

(1) ① **Bei Steuerpflichtigen, bei denen die Finanzbehörde eine Außenprüfung in re-** 1
gelmäßigen Zeitabständen nach den Umständen des Falls nicht für erforderlich hält, kann sie eine abgekürzte Außenprüfung durchführen. ② **Die Prüfung hat sich auf die wesentlichen Besteuerungsgrundlagen zu beschränken.**

(2) ① **Der Steuerpflichtige ist vor Abschluss der Prüfung darauf hinzuweisen, inwie-** 2
weit von den Steuererklärungen oder den Steuerfestsetzungen abgewichen werden soll. ② **Die steuerlich erheblichen Prüfungsfeststellungen sind dem Steuerpflichtigen spätestens mit den Steuerbescheiden schriftlich oder elektronisch mitzuteilen.** ③ **§ 201 Absatz 1 und § 202 Absatz 2 gelten nicht.**

Zu § 203 – Abgekürzte Außenprüfung:

AEAO

1. Vorschrift des § 203 AO soll auch eine im Interesse des Steuerpflichtigen liegende rasche 3
Durchführung einer Außenprüfung ermöglichen (BFH-Urteil vom 25. 11. 1989, X R 158/87, BStBl. II S. 483).

2. Bei einer abgekürzten Außenprüfung finden die Vorschriften über die Außenprüfung 4
(§§ 193 ff. AO) Anwendung, mit Ausnahme der §§ 201 Abs. 1 und 202 Abs. 2 AO. Sie ist bei allen unter § 193 AO fallenden Steuerpflichtigen zulässig.

Eine Beschränkung der in Frage kommenden Fälle nach der Einordnung der Betriebe in Größenklassen besteht nicht.

Die abgekürzte Außenprüfung unterscheidet sich von einer im Prüfungsstoff schon eingeschränkten Außenprüfung, indem sie darüber hinaus auf die Prüfung einzelner Besteuerungs-

---

[1] Die Mitteilung ist kein Verwaltungsakt, der eine allgemeine Änderungssperre für die in der vorangegangenen Außenprüfung festgestellten Sachverhalte auslöst *(BFH-Urteil vom 29. 4. 1987 I R 118/83, BStBl. 1988 II S. 168)*. Die Mitteilung nach § 202 Abs. 1 Satz 3 AO muss nicht in einem gesonderten Schreiben erfolgen. Es genügt auch der ausdrückliche Hinweis in einem Prüfungsbericht, der zu Änderungen hinsichtlich anderer Steuern führt *(BFH-Urteil vom 19. 1. 2010 X R 30/09, BFH/NV S. 1234)*.

[2] *BFH-Urteil vom 20. 2. 2025 IV R 17/22, BStBl. II S. 481:* Eine Mitteilung an den Steuerpflichtigen, dass die durchgeführte Außenprüfung zu keiner Änderung der Besteuerungsgrundlagen geführt hat (§ 202 Abs. 1 S. 3 AO), stellt – obwohl sie eine Änderungssperre nach § 173 Abs. 2 S. 2 AO bewirkt – keinen Verwaltungsakt dar (Bestätigung der Rechtsprechung).

[3] § 203 ist verfassungsgemäß *(BFH-Urteil vom 25. 1. 1989 X R 158/87, BStBl. II S. 483)*.

grundlagen eines Besteuerungszeitraums oder mehrerer Besteuerungszeiträume beschränkt wird (§ 4 Abs. 5 Satz 2 BpO).

5 **3.** In der Prüfungsanordnung ist die Außenprüfung als abgekürzte Außenprüfung i. S. d. §§ 193, 203 AO ausdrücklich zu bezeichnen. Ein Wechsel von der abgekürzten zur nicht abgekürzten Außenprüfung und umgekehrt ist zulässig. Hierzu bedarf es einer ergänzenden Prüfungsanordnung.

6 **4.** Die Vorschrift des § 203 Abs. 2 AO entbindet nicht von der Verpflichtung zur Fertigung eines Prüfungsberichts.

7 **5.** Die abgekürzte Außenprüfung löst dieselben Rechtsfolgen wie eine nicht abgekürzte Außenprüfung aus.

AO

§ 203 a Außenprüfung bei Datenübermittlung durch Dritte

1 (1) **Bei einer mitteilungspflichtigen Stelle im Sinne des § 93 c Absatz 1 ist eine Außenprüfung zulässig, um zu ermitteln, ob die mitteilungspflichtige Stelle**

1. ihre Verpflichtung nach § 93 c Absatz 1 Nummer 1, 2 und 4, Absatz 2 und 3 erfüllt und

2. den Inhalt des Datensatzes nach den Vorgaben des jeweiligen Steuergesetzes bestimmt hat.

2 (2) **Die Außenprüfung wird von der für Ermittlungen nach § 93 c Absatz 4 Satz 1 zuständigen Finanzbehörde durchgeführt.**

3 (3) **§ 195 Satz 2 sowie die §§ 196 bis 203 gelten entsprechend.**

2. Unterabschnitt. Verbindliche Zusagen auf Grund einer Außenprüfung[1]

§ 204[2] Voraussetzung der verbindlichen Zusage

1 (1) **Im Anschluss an eine Außenprüfung soll die Finanzbehörde dem Steuerpflichtigen auf Antrag verbindlich zusagen, wie ein für die Vergangenheit geprüfter und im Prüfungsbericht dargestellter Sachverhalt in Zukunft steuerrechtlich behandelt wird, wenn die Kenntnis der künftigen steuerrechtlichen Behandlung für die geschäftlichen Maßnahmen des Steuerpflichtigen von Bedeutung ist.**

2 (2) **Abweichend von Absatz 1 kann die Finanzverwaltung dem Steuerpflichtigen bereits nach Erlass eines Teilabschlussbescheids nach § 180 Absatz 1 a auf Antrag verbindlich zusagen, wie ein für die Vergangenheit geprüfter und im Teilabschlussbericht dargestellter Sachverhalt in Zukunft steuerlich behandelt wird, wenn**

1. die Kenntnis der künftigen steuerrechtlichen Behandlung für die geschäftlichen Maßnahmen des Steuerpflichtigen von Bedeutung ist und

2. ein besonderes Interesse des Steuerpflichtigen an einer Erteilung vor dem Abschluss der Außenprüfung besteht und dies glaubhaft gemacht wird.

AEAO

Zu § 204 – Voraussetzung der verbindlichen Zusage:

3 **1.** Von der verbindlichen Zusage nach § 204 AO sind zu unterscheiden:
– die tatsächliche Verständigung über den der Steuerfestsetzung zugrunde liegenden Sachverhalt (vgl. BMF-Schreiben vom 30. 7. 2008, BStBl. I S. 831[3], ergänzt durch BMF-Schreiben vom 15. 4. 2019, BStBl. I S. 446),
– die verbindliche Auskunft nach § 89 Abs. 2 AO und
– die Lohnsteueranrufungsauskunft (§ 42 e EStG).

4 **2.** Über den Antrag auf Erteilung einer verbindlichen Zusage entscheidet die für die Auswertung der Prüfungsfeststellungen zuständige Finanzbehörde. Im Fall einer Auftragsprüfung nach § 195 AO kann die beauftragte Finanzbehörde nur im Einvernehmen mit der für die Besteuerung zuständigen Finanzbehörde eine verbindliche Zusage erteilen.

5 **3.** Der Anwendungsbereich der Vorschrift erstreckt sich auf für die Vergangenheit geprüfte (verwirklichte) Sachverhalte mit Wirkung in die Zukunft (z. B. Gesellschaftsverträge, Erwerb von Grundstücken). Zwischen der Außenprüfung und dem Antrag auf Erteilung einer verbindli-

---

[1] Vgl. auch Art. 97 § 12 EGAO; **zur Anwendung in den neuen Bundesländern** vgl. Art. 97 a § 2 Nr. 8 EGAO (abgedruckt im **Anhang I Nr. 1**).

[2] Zu Beratung und Auskunft außerhalb der Außenprüfung vgl. § 89 AO. Zur **verbindlichen Auskunft** außerhalb der Außenprüfung siehe nunmehr § 89 Abs. 3 bis 5.

Aus einer finanzbehördlichen Auskunft können Rechtsfolgen nur abgeleitet werden, wenn der Stpfl. eine verbindliche Zusage beantragt und das FA eine solche ohne Einschränkung oder Vorbehalte erteilt hat *(BFH-Urteil vom 17. 9. 1992 IV R 39/90, BStBl. 1993 II S. 218).*

Die Ablehnung einer verbindlichen Zusage stellt einen Verwaltungsakt (§ 118) dar *(BFH-Urteil vom 22. 1. 1992 I R 20/91, BFH/NV S. 562),* der mit dem Einspruch angefochten werden kann.

[3] Abgedruckt als Anl. zu § 88.

chen Zusage muss der zeitliche Zusammenhang gewahrt bleiben (BFH-Urteil vom 13. 12. 1995, XI R 43–45/89, BStBl. 1996 II S. 232). Bei einem nach der Schlussbesprechung gestellten Antrag ist i. d. R. keine verbindliche Zusage mehr zu erteilen, wenn hierzu umfangreiche Prüfungshandlungen erforderlich sind. Der Antrag auf Erteilung einer verbindlichen Zusage soll schriftlich bzw. elektronisch gestellt werden (vgl. BFH-Urteil vom 4. 8. 1961, VI 269/60 S, BStBl. III S. 562). Unklarheiten gehen zu Lasten des Steuerpflichtigen (BFH-Urteil vom 13. 12. 1989, X R 208/87, BStBl. 1990 II S. 274).

4. Die Beurteilung eines Sachverhalts im Prüfungsbericht oder in einem aufgrund einer Au- 6
ßenprüfung ergangenen Steuerbescheid steht einer verbindlichen Zusage nicht gleich (BFH-Urteil vom 23. 9. 1992, X R 129/90, BFH/NV 1993 S. 294). Auch die Tatsache, dass eine bestimmte Gestaltung von vorangegangenen Außenprüfungen nicht beanstandet wurde, schafft keine Bindungswirkung nach Treu und Glauben (BFH-Urteil vom 29. 1. 1997, XI R 27/95, BFH/NV S. 816).

5. Der Antrag auf Erteilung einer verbindlichen Zusage kann ausnahmsweise abgelehnt werden, 7
insbesondere, wenn sich der Sachverhalt nicht für eine verbindliche Zusage eignet (z. B. zukünftige Angemessenheit von Verrechnungspreisen bei unübersichtlichen Marktverhältnissen) oder wenn zu dem betreffenden Sachverhalt die Herausgabe von allgemeinen Verwaltungsvorschriften oder eine Grundsatzentscheidung des BFH nahe bevorsteht.

§ 205 Form der verbindlichen Zusage

AO

(1) **Die verbindliche Zusage wird schriftlich erteilt und als verbindlich gekennzeichnet.** 1

(2) **Die verbindliche Zusage muss enthalten:** 2

1. den ihr zugrunde gelegten Sachverhalt; dabei kann auf den im Prüfungsbericht dargestellten Sachverhalt Bezug genommen werden,

2. die Entscheidung über den Antrag und die dafür maßgebenden Gründe,

3. eine Angabe darüber, für welche Steuern und für welchen Zeitraum die verbindliche Zusage gilt.

Zu § 205 – Form der verbindlichen Zusage:

AEAO

Vorbehalte in der erteilten verbindlichen Zusage (z. B. „vorbehaltlich des Ergebnisses einer Be- 3
sprechung mit den obersten Finanzbehörden der Länder") schließen die Bindung aus (BFH-Urteil vom 4. 8. 1961, VI 269/60 S, BStBl. III S. 562). Die verbindliche Zusage hat im Hinblick auf die Regelung in § 207 Abs. 1 AO die Rechtsvorschriften zu enthalten, auf die die Entscheidung gestützt wird (BFH-Urteil vom 3. 7. 1986, IV R 66/84, BFH/NV 1987 S. 89).

§ 206 Bindungswirkung[1]

AO

(1) **Die verbindliche Zusage ist für die Besteuerung bindend, wenn sich der später verwirklichte Sachverhalt mit dem der verbindlichen Zusage zugrunde gelegten Sachverhalt deckt.** 1

(2) **Absatz 1 gilt nicht, wenn die verbindliche Zusage zuungunsten des Antragstellers dem geltenden Recht widerspricht.** 2

Zu § 206 – Bindungswirkung:

AEAO

Entspricht der nach Erteilung der verbindlichen Zusage festgestellte und steuerlich zu beurtei- 3
lende Sachverhalt nicht dem der verbindlichen Zusage zugrunde gelegten Sachverhalt, so ist die Finanzbehörde an die erteilte Zusage auch ohne besonderen Widerruf nicht gebunden (§ 206 Abs. 1 AO). Trifft die Finanzbehörde in einer Steuerfestsetzung eine andere Entscheidung als bei der Erteilung der verbindlichen Zusage, so kann der Steuerpflichtige im Rechtsbehelfsverfahren gegen den betreffenden Bescheid die Bindungswirkung geltend machen. Der Steuerpflichtige andererseits ist nicht gebunden, wenn die verbindliche Zusage zu seinen Ungunsten dem geltenden Recht widerspricht (§ 206 Abs. 2 AO). Er kann also den Steuerbescheid, dem eine verbindliche Zusage zugrunde liegt, anfechten, um eine günstigere Regelung zu erreichen. Hierbei ist es unerheblich, ob die Fehlerhaftigkeit der Zusage bereits bei ihrer Erteilung erkennbar war oder erst später (z. B. durch eine Rechtsprechung zugunsten des Steuerpflichtigen) erkennbar geworden ist.

§ 207 Außerkrafttreten, Aufhebung und Änderung der verbindlichen Zusage

AO

(1) **Die verbindliche Zusage tritt außer Kraft, wenn die Rechtsvorschriften, auf denen die Entscheidung beruht, geändert werden.** 1

[1] Aus einer finanzbehördlichen Auskunft können Rechtsfolgen nur abgeleitet werden, wenn der Stpfl. eine verbindliche Zusage beantragt und das FA eine solche ohne Einschränkung oder Vorbehalte erteilt hat *(BFH-Urteil vom 17. 9. 1992 IV R 39/90, BStBl. 1993 II S. 218).*

2 (2) **Die Finanzbehörde kann die verbindliche Zusage mit Wirkung für die Zukunft aufheben oder ändern.**[1]

3 (3) **Eine rückwirkende Aufhebung oder Änderung der verbindlichen Zusage ist nur zulässig, falls der Steuerpflichtige zustimmt oder wenn die Voraussetzungen des § 130 Absatz 2 Nummer 1 oder 2 vorliegen.**

AEAO

Zu § 207 – Außerkrafttreten, Aufhebung und Änderung der verbindlichen Zusage:

4 **1.** Unter Rechtsvorschriften i. S. d. § 207 Abs. 1 AO sind nur Rechtsnormen zu verstehen, nicht jedoch Verwaltungsanweisungen oder eine geänderte Rechtsprechung.

5 **2.** Die Finanzbehörde kann die verbindliche Zusage mit Wirkung für die Zukunft widerrufen oder ändern (§ 207 Abs. 2 AO), z. B. wenn sich die steuerrechtliche Beurteilung des der verbindlichen Zusage zugrunde gelegten Sachverhalts durch die Rechtsprechung oder Verwaltung zum Nachteil des Steuerpflichtigen ändert. Im Einzelfall kann es aus Billigkeitsgründen gerechtfertigt sein, von einem Widerruf der verbindlichen Zusage abzusehen oder die Wirkung des Widerrufs zu einem späteren Zeitpunkt eintreten zu lassen. Eine solche Billigkeitsmaßnahme wird i. d. R. jedoch nur dann geboten sein, wenn sich der Steuerpflichtige nicht mehr ohne erheblichen Aufwand bzw. unter beträchtlichen Schwierigkeiten von den im Vertrauen auf die Zusage getroffenen Dispositionen oder eingegangenen vertraglichen Verpflichtungen zu lösen vermag. Der Steuerpflichtige ist vor einer Aufhebung oder Änderung zu hören (§ 91 Abs. 1 AO).

Fünfter Abschnitt. Steuerfahndung (Zollfahndung)

AO

§ 208[2] Steuerfahndung (Zollfahndung)

1 (1) ① **Aufgabe der Steuerfahndung (Zollfahndung) ist**

1. die Erforschung von Steuerstraftaten und Steuerordnungswidrigkeiten,

2. die Ermittlung der Besteuerungsgrundlagen in den in Nummer 1 bezeichneten Fällen,[3]

3. die Aufdeckung und Ermittlung unbekannter Steuerfälle.[4]

---

[1] *BFH-Urteil vom 2. 9. 2021 VI R 19/19, BStBl. 2022 II S. 136:* Eine Anrufungsauskunft gemäß § 42 e EStG kann entsprechend § 207 Abs. 2 AO mit Wirkung für die Zukunft aufgehoben oder geändert werden (Anschluss an *Senatsurteil vom 2. 9. 2010 VI R 3/09, BStBl. 2011 II S. 233*).

[2] Zur Ablaufhemmung vgl. § 171 Abs. 5 AO. Eine besondere Prüfungsanordnung ist für die Steuerfahndungsprüfung nicht erforderlich *(BFH-Urteil vom 9. 3. 1999 VIII R 19/97, BFH/NV 1999 S. 1186).* Zur Hemmung der Verjährung durch eine Steuerfahndungsprüfung, wenn die geprüfte Person nicht der Betriebsprüfung unterliegt, vgl. *BFH-Urteil vom 16. 1. 1979 VIII R 149/77, BStBl. II S. 453.*

Zu den Aufgaben der Steuerfahndung gehört die Ermittlung der Besteuerungsgrundlagen im Zusammenhang mit der Erforschung von Steuerstraftaten und Steuerordnungswidrigkeiten auch dann, wenn hinsichtlich dieser Delikte bereits Strafverfolgungsverjährung eingetreten ist *(BFH-Beschluss vom 16. 12. 1997 VII B 45/97, BStBl. 1998 II S. 231).*

Die Zollfahndung (und damit auch die Steuerfahndung) hat nach Ansicht des *BGH (Urteil vom 24. 10. 1989, wistra 1990 S. 59)* auch die Ermittlungskompetenz bezüglich allgemeiner Straftaten, die tateinheitlich (s. dazu Anm. zu § 370) mit einem Steuervergehen zusammenhängen (mit der Folge der Verjährungsunterbrechung nach § 78 c Abs. 1 Nr. 1 StGB auch hinsichtlich des allgemeinen Delikts).

Zur Zusammenarbeit mit der Steuerfahndung und deren Unterrichtung zum Zwecke der Bekämpfung der organisierten Kriminalität vgl. *Vfg. OFD Hannover vom 4. 9. 2001 S 1515 – 21 – StO 312; S. 1515 – 18 – StH 511, StEK AO 1977 § 208 Nr. 4.*

[3] Richtet sich ein strafrechtlicher Anfangsverdacht nur auf einen bestimmten Sachverhalt, so ist die Steuerfahndung nach § 208 Abs. 1 Nr. 2 AO in ihren Ermittlungen nicht darauf beschränkt, den verdächtigen Sachverhalt aufzuklären; sie ist vielmehr berechtigt und ggf. auch verpflichtet, alle für die Feststellung der in Betracht kommenden Straftat oder Ordnungswidrigkeit erforderlichen Besteuerungsgrundlagen zu ermitteln *(BFH-Urteil vom 9. 3. 2010 VIII R 56/07, BFH/NV S. 1777).*

[4] *BFH-Urteil vom 16. 1. 2009 VII R 25/08, BStBl. II S. 582:* 1. Die allgemeine, nach der Lebenserfahrung gerechtfertigte Vermutung, dass Steuern nicht selten verkürzt und steuerpflichtige Einnahmen nicht erklärt werden, genügt nicht, um Sammelauskunftsersuchen der Steuerfahndung als „hinreichend veranlasst" und nicht als Ausforschung „ins Blaue hinein" erscheinen zu lassen. Hierfür bedarf es vielmehr der Darlegung einer über die bloße allgemeine Lebenserfahrung hinausgehenden, erhöhten Wahrscheinlichkeit, unbekannte Steuerfälle zu entdecken. 2. Sind die durch den Bezug von Bonusaktien der Deutschen Telekom AG erzielten Einkünfte in der von der Bank ihrer Kunden übersandten Erträgnisaufstellung nicht erfasst worden, die Kunden aber durch ein Anschreiben klar und unmissverständlich dahin informiert worden, dass diese Einkünfte nach Auffassung der Finanzverwaltung einkommensteuerpflichtig sind, stellt dies keine für eine Steuerhinterziehung besonders anfällige Art der Geschäftsabwicklung dar, die etwa mehr als bei Kapitaleinkünften aus bei Banken gehaltenen Wertpapierdepots sonst dazu herausgefordert, solche Einkünfte dem Finanzamt zu verschweigen.

BFH-Urteil vom 5. 10. 2006 VII R 63/05, BStBl. 2007 II S. 155: 1. Ein hinreichender Anlass für Ermittlungen der Steuerfahndung zur Aufdeckung unbekannter Steuerfälle nach § 93, § 208 Abs. 1 Satz 1 Nr. 3 AO kann auch dann vorliegen, wenn bei Betriebsprüfungen Steuerverkürzungen aufgedeckt worden sind, die durch bestimmte für die Berufsgruppe typische Geschäftsabläufe begünstigt worden sind. Eine nur geringe Anzahl bereits festgestellter Steuerverkürzungen allein steht dann der Aufnahme von Vorfeldermittlungen nicht entgegen. 2. Die Befragung Dritter, auch wenn sie mit den möglichen Steuerverkürzern in keiner unmittelbaren Beziehung stehen, ist – ohne dass es eines Anlasses in ihrer Person oder Sphäre bedürfte – gerechtfertigt, wenn die Steuerfahndung aufgrund ihrer Vorerkenntnisse nach pflichtgemäßem Ermessen zu dem Ergebnis gelangt, dass die Auskunft zu steuererheblichen Tatsachen zu führen vermag.

BFH-Beschluss vom 22. 12. 2006 VII B 121/06, BStBl. 2009 II S. 839: 1. Kontrollbesuche der Steuerfahndung in Räumlichkeiten, die an Prostituierte zur Ausübung ihrer Erwerbstätigkeit vermietet worden sind, sind grundsätzlich – in angemessener und zumutbarer Häufigkeit – zur Aufdeckung und Ermittlung unbekannter Steuerfälle i. S. des § 208 Abs. 1 Satz 1 Nr. 3

[Fortsetzung nächste Seite]

② **Die mit der Steuerfahndung betrauten Dienststellen der Landesfinanzbehörden und die Behörden des Zollfahndungsdienstes haben außer den Befugnissen nach § 404 Absatz 2 auch die Ermittlungsbefugnisse, die den Finanzämtern (Hauptzollämtern) zustehen.**[1] ③ **In den Fällen der Nummern 2 und 3 gelten die Einschränkungen des § 93 Absatz 1 Satz 3, Absatz 2 Satz 2 und des § 97 Absatz 2 nicht; § 200 Absatz 1 Satz 1 und 2, Absatz 2, Absatz 3 Satz 1 und 2 gilt sinngemäß, § 393 Absatz 1 bleibt unberührt.**

(2) **Unabhängig von Absatz 1 sind die mit der Steuerfahndung betrauten Dienststellen der Landesfinanzbehörden und die Behörden des Zollfahndungsdienstes zuständig** 2

1. für steuerliche Ermittlungen einschließlich der Außenprüfung auf Ersuchen der zuständigen Finanzbehörde,

2. für die ihnen sonst im Rahmen der Zuständigkeit der Finanzbehörden übertragenen Aufgaben.

(3) **Die Aufgaben und Befugnisse der Finanzämter (Hauptzollämter) bleiben unberührt.** 3

Zu § 208 – Steuerfahndung, Zollfahndung:

AEAO

1. Der Steuerfahndung weist das Gesetz folgende Aufgaben zu: 4

a) Vorfeldermittlungen zur Verhinderung von Steuerverkürzungen (§ 85 Satz 2 AO), die auf die Aufdeckung und Ermittlung unbekannter Steuerfälle gerichtet sind (§ 208 Abs. 1 Satz 1 Nr. 3 AO);

b) die Verfolgung bekannt gewordener Steuerstraftaten gem. § 386 Abs. 1 Satz 1 AO und Steuerordnungswidrigkeiten einschließlich der Ermittlung des steuerlich erheblichen Sachverhalts und dessen rechtlicher Würdigung (§ 208 Abs. 1 Satz 1 Nrn. 1 und 2 AO). § 208 Abs. 1 AO Sätze 2 und 3 bestimmen, welche Vorschriften für das Verfahren zur Durchführung von Steuerfahndungsmaßnahmen maßgebend sind.

2. Die Steuerfahndung übt die Rechte und Pflichten aus, 5

a) die den Finanzämtern im Besteuerungsverfahren zustehen (§§ 85 ff. AO);

b) die sich aus § 404 Satz 2 AO ergeben: erster Zugriff; Durchsuchung; Beschlagnahme; Durchsicht von Papieren sowie sonstige Maßnahmen nach den für die Ermittlungspersonen der Staatsanwaltschaft geltenden Vorschriften.

3. Zu Maßnahmen im Besteuerungsverfahren ist die Steuerfahndung auch berechtigt, wenn bereits ein Steuerstrafverfahren eingeleitet worden ist (vgl. BFH-Beschluss vom 29. 10. 1986, I B 28/86, BStBl. 1987 II S. 440). Für Einwendungen gegen ihre Maßnahmen im Besteuerungsverfahren ist der Finanzrechtsweg, für Einwendungen gegen Maßnahmen im Strafverfahren wegen Steuerstraftaten der ordentliche Rechtsweg gegeben. 6

4. Für die Steuerfahndung gelten bei der Ermittlung der Besteuerungsgrundlagen und bei Vorfeldermittlungen folgende Einschränkungen aus Vorschriften über das Besteuerungsverfahren nicht (§ 208 Abs. 1 Satz 3 AO): 7

[Fortsetzung]

AO hinreichend veranlasst. Der mögliche (Neben-)Effekt, die Prostituierten zu veranlassen, ihre steuerlichen Pflichten zu erfüllen bzw. am „Düsseldorfer Verfahren" teilzunehmen, ist mit dem Ermittlungsauftrag der Steuerfahndung nicht unvereinbar. 2. Der Vermieter kann sich gegenüber den Kontrollbesuchen nicht auf ein Abwehrrecht als Inhaber des Hausrechts an den vermieteten Räumen bzw. an den gemeinschaftlich zu nutzenden Bereichen berufen, da die Kontrollbesuche bei den Mieterinnen selbst nicht als „Eingriffe und Beschränkungen" i. S. des Art. 13 Abs. 7 GG zu qualifizieren sind.

Weder die Kenntnis der Steuerfahndungsbehörden von der Anzahl und der Kursentwicklung der am deutschen Aktienmarkt in einem bestimmten Zeitraum eingeführten Neuemissionen noch die Kenntnis über das Erklärungsverhalten aller Stpfl. bezüglich der Einkünfte aus Spekulationsgeschäften lassen Rückschlüsse auf tatsächlich erzielte Spekulationsgewinne von Kunden eines bestimmten Kreditinstitutes zu. Ein hinreichender Anlass für Ermittlungen der Steuerfahndung zur Aufdeckung und Ermittlung unbekannter Steuerfälle bei irgendeinem Kreditinstitut liegt daher nicht vor. Ein solcher ist aber dann zu bejahen, wenn die Steuerfahndung darüber hinaus Kenntnis davon erhalten hat (hier durch sparkasseninterne Informationen), dass gerade Kunden dieses Kreditinstitutes in erheblicher Zahl in einem bestimmten Marktsegment innerhalb der Spekulationsfrist Aktiengeschäfte getätigt und Spekulationsgewinne realisiert haben.

Ist ein hinreichender Anlass für Ermittlungsmaßnahmen der Steuerfahndung gegeben, scheidet die Annahme einer Rasterfahndung oder einer Ermittlung ins Blaue selbst dann aus, wenn gegen eine große Zahl von Personen ermittelt wird. Aus Gründen der Steuergleichheit und Steuergerechtigkeit darf die Steuerfahndung ihre Ermittlungsmaßnahmen insoweit auch an dem vom Gesetz vorgegebenen „Erheblichkeitswert" orientieren *(BFH-Beschluss vom 21. 3. 2002 VII B 152/01, BStBl. II S. 495).*

Ein von der Steuerfahndung im steuerlichen Ermittlungsverfahren gestelltes Auskunftsersuchen ist rechtswidrig, wenn es den Eindruck erweckt, dass trotz der Einstellung des Strafermittlungsverfahrens weiter wegen des Verdachts der Steuerhinterziehung ermittelt werde, hierdurch das Ansehen des Steuerpflichtigen erheblich gefährdet wird und mit einem Auskunftsersuchen durch die Veranlagungsstelle ein milderes Mittel zur Verfügung gestanden hätte *(BFH-Urteil v. 4. 12. 2012 VIII R 5/10, BStBl. 2014 II S. 220).*

---

[1] Werden im Rahmen einer Steuerfahndungsprüfung die Durchsuchung der Wohnung des Stpfl. sowie die Beschlagnahme nach den §§ 98, 102, 105 StPO angeordnet, so obliegt die Prüfung, ob diese Maßnahme mangels Tatverdachts oder aus sonstigen Gründen rechtswidrig ist, nicht den Finanzbehörden, sondern dem AG und dem im Beschwerdeverfahren nach § 304 StPO zuständigen LG. Wird der Beschluss des AG nicht angefochten oder die Beschwerde des Betroffenen zurückgewiesen, entfaltet die Durchsuchungsanordnung Tatbestandswirkung mit der Folge, dass den Steuergerichten eine nochmalige Überprüfung des Durchsuchungsbeschlusses verwehrt ist und sie für das Steuerfestsetzungsverfahren von der Rechtmäßigkeit der Durchsuchung anzugehen haben *(BFH-Beschluss vom 29. 1. 2002 VIII B 91/01, BFH/NV 2002 S. 750).*

a) Andere Personen als die Beteiligten können sofort um Auskunft angehalten werden (§ 93 Abs. 1 Satz 3 AO).
b) Das Auskunftsersuchen bedarf entgegen § 93 Abs. 2 Satz 2 AO nicht der Schriftform.
c) Die Vorlage von Urkunden kann ohne vorherige Befragung des Vorlagepflichtigen verlangt und die Einsichtnahme in diese Urkunden unabhängig von dessen Einverständnis erwirkt werden (§ 97 Abs. 2 AO).

8 **5.** Mitwirkungspflichten des Steuerpflichtigen, die sich aus den Vorschriften über die Außenprüfung ergeben, bleiben bestehen (§ 208 Abs. 1 Satz 3 AO). Die Mitwirkungspflicht kann allerdings nicht erzwungen werden, wenn sich der Steuerpflichtige dadurch der Gefahr aussetzen würde, sich selbst wegen einer von ihm begangenen Steuerstraftat oder Steuerordnungswidrigkeit belasten zu müssen oder wenn gegen ihn bereits ein Steuerstraf- oder Bußgeldverfahren eingeleitet worden ist. Über diese Rechtslage muss der Steuerpflichtige belehrt werden.

9 **6.** Beamte der Steuerfahndung können mit sonstigen Aufgaben betraut werden (§ 208 Abs. 2 AO).

Anl

Schreiben betr. Merkblatt über die Rechte und Pflichten von Steuerpflichtigen bei Prüfungen durch die Steuerfahndung nach § 208 Abs. 1 Nr. 3 AO

Vom 13. November 2013 (BeckVerw 277990)
(BMF IV A 4 – S 0700/07/10 048 – 10; DOK 2013/1039753)

10 Unter Bezugnahme auf das Ergebnis der Erörterungen mit den obersten Finanzbehörden der Länder wird das zuletzt im Jahre 1979 veröffentlichte Merkblatt zu § 208 Abs. 1 Nr. 3 AO mit sofortiger Wirkung neugefasst (Anlage).

Dieses Schreiben tritt an die Stelle des BMF-Schreibens vom 14. Februar 1979 IV A 8 – S 1635 – 2/78 (BStBl. I S. 115) und wird im Bundessteuerblatt Teil I veröffentlicht.

Merkblatt über die Rechte und Pflichten von Steuerpflichtigen bei Prüfungen durch die Steuerfahndung nach § 208 Abs. 1 Satz 1 Nr. 3 der Abgabenordnung

1. Nach den Bestimmungen der Abgabenordnung (AO) sind Sie zur Mitwirkung bei der Ermittlung Ihrer steuerlichen Verhältnisse verpflichtet (§§ 90 Abs. 1 Satz 1, 200 Abs. 1 Satz 1 AO). Sie haben die für die Besteuerung erheblichen Tatsachen vollständig und wahrheitsgemäß offenzulegen. Aufzeichnungen, Bücher, Geschäftspapiere und andere Urkunden sind zur Einsicht und Prüfung vorzulegen und die zum Verständnis der Aufzeichnungen erforderlichen Erläuterungen zu geben. Sind diese Unterlagen mit Hilfe eines Datenverarbeitungssystems erstellt worden, kann Einsicht in die gespeicherten Daten genommen und das Datenverarbeitungssystem zur Prüfung dieser Unterlagen genutzt werden. Auch kann verlangt werden, dass die Daten nach Vorgabe der Finanzbehörde maschinell ausgewertet oder die gespeicherten Unterlagen und Aufzeichnungen auf einem maschinell verwertbaren Datenträger zur Verfügung gestellt werden (§ 208 Abs. 1 Satz 3 i. V. m. §§ 200 Abs. 1 Satz 2 und 147 Abs. 6 AO).

2. Ihre Mitwirkung kann grundsätzlich erzwungen werden – z. B. durch Festsetzung eines Zwangsgeldes.

Zwangsmittel sind jedoch dann nicht zulässig, wenn Sie dadurch gezwungen würden, sich selbst wegen einer von Ihnen begangenen Steuerstraftat oder Steuerordnungswidrigkeit zu belasten. Das gilt stets, soweit gegen Sie wegen einer solchen Tat bereits ein Straf- oder Bußgeldverfahren eingeleitet worden ist (§ 393 Abs. 1 AO).

Soweit Sie nicht mitwirken, können daraus im Besteuerungsverfahren für Sie nachteilige Folgerungen gezogen und die Besteuerungsgrundlagen geschätzt werden (§ 162 i. V. m. §§ 88, 90 AO).

3. Ergibt sich während der Ermittlung der Verdacht einer Steuerstraftat oder einer Steuerordnungswidrigkeit, wird Ihnen unverzüglich die Einleitung des Straf- oder Bußgeldverfahrens mitgeteilt. In diesem Falle werden Sie noch gesondert über Ihre strafprozessualen Rechte belehrt.

Im Strafverfahren haben die Steuerfahndung und ihre Beamten polizeiliche Befugnisse. Sie können Beschlagnahmen, Notveräußerungen, Durchsuchungen, Untersuchungen und sonstige Maßnahmen nach den für Ermittlungspersonen der Staatsanwaltschaft geltenden Vorschriften der Strafprozessordnung anordnen und sind berechtigt, die Papiere des von der Durchsuchung Betroffenen durchzusehen (§§ 399 Abs. 2 Satz 2, 404 Satz 2 AO, § 110 Abs. 1 der Strafprozessordnung).

Dieses Merkblatt ersetzt die Fassung vom 14. Februar 1979 (BStBl. I S. 115).

AO

§ 208a Steuerfahndung des Bundeszentralamts für Steuern

1 (1) **Dem Bundeszentralamt für Steuern obliegt, soweit Aufgaben der Steuerverwaltung übertragen wurden, die Aufgabe nach § 208 Absatz 1 Satz 1 Nummer 3.**

2 (2) ① **Hierzu hat es die Ermittlungsbefugnisse, die den Finanzämtern (Hauptzollämtern) zustehen.** ② **Die Einschränkungen des § 93 Absatz 1 Satz 3, Absatz 2 Satz 2 und des § 97 Absatz 2 gelten nicht; § 200 Absatz 1 Satz 1 und 2, Absatz 2 und 3 Satz 1 und 2 gilt sinngemäß, § 393 Absatz 1 bleibt unberührt.**

3 (3) **Die Aufgaben und Befugnisse des Bundeszentralamts für Steuern im Übrigen bleiben unberührt.**

AO

Sechster Abschnitt. Steueraufsicht in besonderen Fällen

§ 209 Gegenstand der Steueraufsicht

(1) **Der Warenverkehr über die Grenze und in den Freizonen und Freilagern sowie die Gewinnung und Herstellung, Lagerung, Beförderung und gewerbliche Verwendung verbrauchsteuerpflichtiger Waren und der Handel mit verbrauchsteuerpflichtigen Waren unterliegen der zollamtlichen Überwachung (Steueraufsicht).** 1

(2) **Der Steueraufsicht unterliegen ferner:** 2

1. **der Versand, die Ausfuhr, Lagerung, Verwendung, Vernichtung, Veredelung, Umwandlung und sonstige Bearbeitung oder Verarbeitung von Waren in einem Verbrauchsteuerverfahren,**
2. **die Herstellung und Ausfuhr von Waren, für die ein Erlass, eine Erstattung oder Vergütung von Verbrauchsteuer beansprucht wird.**

(3) **Andere Sachverhalte unterliegen der Steueraufsicht, wenn es gesetzlich bestimmt ist.** 3

§ 210 Befugnisse der Finanzbehörde

(1)[1] **Die von der Finanzbehörde mit der Steueraufsicht betrauten Amtsträger sind berechtigt, Grundstücke und Räume von Personen, die eine gewerbliche oder berufliche Tätigkeit selbständig ausüben und denen ein der Steueraufsicht unterliegender Sachverhalt zuzurechnen ist, während der Geschäfts- und Arbeitszeiten zu betreten, um Prüfungen vorzunehmen oder sonst Feststellungen zu treffen, die für die Besteuerung erheblich sein können (Nachschau).** 1

(2) ① **Der Nachschau unterliegen ferner Grundstücke und Räume von Personen, denen ein der Steueraufsicht unterliegender Sachverhalt zuzurechnen ist ohne zeitliche Einschränkung, wenn Tatsachen die Annahme rechtfertigen, dass sich dort Schmuggelwaren oder nicht ordnungsgemäß versteuerte verbrauchsteuerpflichtige Waren befinden oder dort sonst gegen Vorschriften oder Anordnungen verstoßen wird, deren Einhaltung durch die Steueraufsicht gesichert werden soll.** ② **Bei Gefahr im Verzug ist eine Durchsuchung von Wohn- und Geschäftsräumen auch ohne richterliche Anordnung zulässig.** 2

(3) ① **Die von der Finanzbehörde mit der Steueraufsicht betrauten Amtsträger sind ferner berechtigt, im Rahmen von zeitlich und örtlich begrenzten Kontrollen, Schiffe und andere Fahrzeuge, die nach ihrer äußeren Erscheinung gewerblichen Zwecken dienen, anzuhalten.** ② **Die betroffenen Personen haben sich auszuweisen und Auskunft über die mitgeführten Waren zu geben; sie haben insbesondere Frachtbriefe und sonstige Beförderungspapiere, auch nicht steuerlicher Art, vorzulegen.** ③ **Ergeben sich dadurch oder auf Grund sonstiger Tatsachen Anhaltspunkte, dass verbrauchsteuerpflichtige Waren mitgeführt werden, können die Amtsträger die mitgeführten Waren überprüfen und alle Feststellungen treffen, die für eine Besteuerung dieser Waren erheblich sein können.** ④ **Die betroffenen Personen haben die Herkunft der verbrauchsteuerpflichtigen Waren anzugeben, die Entnahme von unentgeltlichen Proben zu dulden und die erforderliche Hilfe zu leisten.** 3

(4) ① **Wenn Feststellungen bei Ausübung der Steueraufsicht hierzu Anlass geben, kann ohne vorherige Prüfungsanordnung (§ 196) zu einer Außenprüfung nach § 193 übergegangen werden.** ② **Auf den Übergang zur Außenprüfung wird schriftlich hingewiesen.** 4

(5) ① **Wird eine Nachschau in einem Dienstgebäude oder einer nicht allgemein zugänglichen Einrichtung oder Anlage der Bundeswehr erforderlich, so wird die vorgesetzte Dienststelle der Bundeswehr um ihre Durchführung ersucht.** ② **Die Finanzbehörde ist zur Mitwirkung berechtigt.** ③ **Ein Ersuchen ist nicht erforderlich, wenn die Nachschau in Räumen vorzunehmen ist, die ausschließlich von anderen Personen als Soldaten bewohnt werden.** 5

§ 211 Pflichten der betroffenen Person

(1) ① **Wer von einer Maßnahme der Steueraufsicht betroffen wird, hat den Amtsträgern auf Verlangen Aufzeichnungen, Bücher, Geschäftspapiere und andere Urkunden über die der Steueraufsicht unterliegenden Sachverhalte und über den Bezug und den Absatz verbrauchsteuerpflichtiger Waren vorzulegen, Auskünfte zu erteilen und die zur Durchführung der Steueraufsicht sonst erforderlichen Hilfsdienste zu leisten.** ② **§ 200 Absatz 2 Satz 3 gilt sinngemäß.** 1

---

[1] Zum Ermittlungsverfahren vgl. § 99 AO.
Zur Grundrechtseinschränkung vgl. § 413 AO.

AO

2 **(2) Die Pflichten nach Absatz 1 gelten auch dann, wenn bei einer gesetzlich vorgeschriebenen Nachversteuerung verbrauchsteuerpflichtiger Waren in einem der Steueraufsicht unterliegenden Betrieb oder Unternehmen festgestellt werden soll, an welche Empfänger und in welcher Menge nachsteuerpflichtige Waren geliefert worden sind.**

3 **(3) Vorkehrungen, die die Ausübung der Steueraufsicht hindern oder erschweren, sind unzulässig.**

§ 212 Durchführungsvorschriften

1 **(1) Das Bundesministerium der Finanzen kann durch Rechtsverordnung zur näheren Bestimmung der im Rahmen der Steueraufsicht zu erfüllenden Pflichten anordnen, dass**

1. bestimmte Handlungen nur in Räumen vorgenommen werden dürfen, die der Finanzbehörde angemeldet sind oder deren Benutzung für diesen Zweck von der Finanzbehörde besonders genehmigt ist,

2. Räume, Fahrzeuge, Geräte, Gefäße und Leitungen, die der Herstellung, Bearbeitung, Verarbeitung, Lagerung, Beförderung oder Messung steuerpflichtiger Waren dienen oder dienen können, auf Kosten des Betriebsinhabers in bestimmter Weise einzurichten, herzurichten, zu kennzeichnen oder amtlich zu verschließen sind,

3. der Überwachung unterliegende Waren in bestimmter Weise behandelt, bezeichnet, gelagert, verpackt, versandt oder verwendet werden müssen,

4. der Handel mit steuerpflichtigen Waren besonders überwacht wird, wenn der Händler zugleich Hersteller der Waren ist,

5. über die Betriebsvorgänge und über die steuerpflichtigen Waren sowie über die zu ihrer Herstellung verwendeten Einsatzstoffe, Fertigungsstoffe, Hilfsstoffe und Zwischenerzeugnisse in bestimmter Weise Anschreibungen zu führen und die Bestände festzustellen sind,

6. Bücher, Aufzeichnungen und sonstige Unterlagen in bestimmter Weise aufzubewahren sind,

7. Vorgänge und Maßnahmen in Betrieben oder Unternehmen, die für die Besteuerung von Bedeutung sind, der Finanzbehörde anzumelden sind,

8. von steuerpflichtigen Waren, von Waren, für die ein Erlass, eine Erstattung oder Vergütung von Verbrauchsteuern beansprucht wird, von Stoffen, die zur Herstellung dieser Waren bestimmt sind, sowie von Umschließungen dieser Waren unentgeltlich Proben entnommen werden dürfen oder unentgeltlich Muster zu hinterlegen sind.

2 **(2) Die Rechtsverordnung bedarf, außer wenn sie die Biersteuer betrifft, nicht der Zustimmung des Bundesrates.**

§ 213 Besondere Aufsichtsmaßnahmen

① Betriebe oder Unternehmen, deren Inhaber oder deren leitende Angehörige wegen Steuerhinterziehung, versuchter Steuerhinterziehung oder wegen der Teilnahme an einer solchen Tat rechtskräftig bestraft worden sind, dürfen auf ihre Kosten besonderen Aufsichtsmaßnahmen unterworfen werden, wenn dies zur Gewährleistung einer wirksamen Steueraufsicht erforderlich ist. ② Insbesondere dürfen zusätzliche Anschreibungen und Meldepflichten, der sichere Verschluss von Räumen, Behältnissen und Geräten sowie ähnliche Maßnahmen vorgeschrieben werden.

§ 214 Beauftragte

Wer sich zur Erfüllung steuerlicher Pflichten, die ihm auf Grund eines der Steueraufsicht unterliegenden Sachverhalts obliegen, durch einen mit der Wahrnehmung dieser Pflichten beauftragten Angehörigen seines Betriebs oder Unternehmens vertreten lässt, bedarf der Zustimmung der Finanzbehörde.

§ 215 Sicherstellung im Aufsichtsweg

1 **(1) ① Die Finanzbehörde kann durch Wegnahme, Anbringen von Siegeln oder durch Verfügungsverbot sicherstellen:**

1. verbrauchsteuerpflichtige Waren, die ein Amtsträger vorfindet

a) in Herstellungsbetrieben oder anderen anmeldepflichtigen Räumen, die der Finanzbehörde nicht angemeldet sind,

b) im Handel ohne eine den Steuergesetzen entsprechende Verpackung, Bezeichnung, Kennzeichnung oder ohne vorschriftsmäßige Steuerzeichen,

AO

2. Waren, die im grenznahen Raum oder in Gebieten, die der Grenzaufsicht unterliegen, aufgefunden werden, wenn sie weder offenbar Unionswaren noch den Umständen nach in den zollrechtlich freien Verkehr überführt worden sind,
3. die Umschließungen der in den Nummern 1 und 2 genannten Waren,
4. Geräte, die zur Herstellung von verbrauchsteuerpflichtigen Waren bestimmt sind und die sich in einem der Finanzbehörde nicht angemeldeten Herstellungsbetrieb befinden.

② Die Sicherstellung ist auch zulässig, wenn die Sachen zunächst in einem Strafverfahren beschlagnahmt und dann der Finanzbehörde zur Verfügung gestellt worden sind.

(2) ① Über die Sicherstellung ist eine Niederschrift aufzunehmen. ② Die Sicherstellung ist den betroffenen Personen (Eigentümer, Besitzer) mitzuteilen, soweit sie bekannt sind. 2

§ 216 Überführung in das Eigentum des Bundes

(1) ① Nach § 215 sichergestellte Sachen sind in das Eigentum des Bundes überzuführen, sofern sie nicht nach § 375 Absatz 2 eingezogen werden. ② Für Fundgut gilt dies nur, wenn kein Eigentumsanspruch geltend gemacht wird. 1

(2) ① Die Überführung sichergestellter Sachen in das Eigentum des Bundes ist den betroffenen Personen mitzuteilen. ② Ist eine betroffene Person nicht bekannt, so gilt § 10 Absatz 2 des Verwaltungszustellungsgesetzes sinngemäß. 2

(3) ① Der Eigentumsübergang wird wirksam, sobald der von der Finanzbehörde erlassene Verwaltungsakt unanfechtbar ist. ② Bei Sachen, die mit dem Grund und Boden verbunden sind, geht das Eigentum unter der Voraussetzung des Satzes 1 mit der Trennung über. ③ Rechte Dritter an einer sichergestellten Sache bleiben bestehen. ④ Das Erlöschen dieser Rechte kann jedoch angeordnet werden, wenn der Dritte leichtfertig dazu beigetragen hat, dass die in das Eigentum des Bundes überführte Sache der Sicherstellung unterlag oder er sein Recht an der Sache in Kenntnis der Umstände erwarb, welche die Sicherstellung veranlasst haben. 3

(4) ① Sichergestellte Sachen können schon vor der Überführung in das Eigentum des Bundes veräußert werden, wenn ihr Verderb oder eine wesentliche Minderung ihres Werts droht oder ihre Aufbewahrung, Pflege oder Erhaltung mit unverhältnismäßig großen Kosten oder Schwierigkeiten verbunden ist; zu diesem Zweck dürfen auch Sachen, die mit dem Grund und Boden verbunden sind, von diesem getrennt werden. ② Der Erlös tritt an die Stelle der Sachen. ③ Die Notveräußerung wird nach den Vorschriften dieses Gesetzes über die Verwertung gepfändeter Sachen durchgeführt. ④ Die betroffenen Personen sollen vor der Anordnung der Veräußerung gehört werden. ⑤ Die Anordnung sowie Zeit und Ort der Veräußerung sind ihnen, soweit tunlich, mitzuteilen. 4

(5) ① Sichergestellte oder bereits in das Eigentum des Bundes überführte Sachen werden zurückgegeben, wenn die Umstände, die die Sicherstellung veranlasst haben, dem Eigentümer nicht zuzurechnen sind oder wenn die Überführung in das Eigentum des Bundes als eine unbillige Härte für die betroffenen Personen erscheint. ② Gutgläubige Dritte, deren Rechte durch die Überführung in das Eigentum des Bundes erloschen oder beeinträchtigt sind, werden aus dem Erlös der Sachen angemessen entschädigt. ③ Im Übrigen kann eine Entschädigung gewährt werden, soweit es eine unbillige Härte wäre, sie zu versagen. 5

§ 217 Steuerhilfspersonen

Zur Feststellung von Tatsachen, die zoll- oder verbrauchsteuerrechtlich erheblich sind, kann die Finanzbehörde Personen, die vom Ergebnis der Feststellung nicht selbst betroffen werden, als Steuerhilfspersonen bestellen.

Fünfter Teil. Erhebungsverfahren

Erster Abschnitt. Verwirklichung, Fälligkeit und Erlöschen von Ansprüchen aus dem Steuerschuldverhältnis

1. Unterabschnitt. Verwirklichung und Fälligkeit von Ansprüchen aus dem Steuerschuldverhältnis

AO

§ 218[1] Verwirklichung von Ansprüchen aus dem Steuerschuldverhältnis

1 (1) ① **Grundlage für die Verwirklichung von Ansprüchen aus dem Steuerschuldverhältnis (§ 37) sind die Steuerbescheide, die Steuervergütungsbescheide, die Haftungsbescheide und die Verwaltungsakte, durch die steuerliche Nebenleistungen festgesetzt werden; bei den Säumniszuschlägen genügt die Verwirklichung des gesetzlichen Tatbestands (§ 240).** ② **Die Steueranmeldungen (§ 168) stehen den Steuerbescheiden gleich.**

2 (2)[2] ① **Über Streitigkeiten, die die Verwirklichung der Ansprüche im Sinne des Absatzes 1 betreffen, entscheidet die Finanzbehörde durch Abrechnungsbescheid.** ② **Dies gilt auch, wenn die Streitigkeit einen Erstattungsanspruch (§ 37 Absatz 2) betrifft.**

---

[1] Der einheitliche Anspruch aus dem Steuerschuldverhältnis für die Steuer eines Veranlagungszeitraums kann bei mehrfach geänderter Steuerfestsetzung nicht in unterschiedliche Steuerzahlungs- und Erstattungsansprüche aufgespalten werden, die bezogen auf die jeweils ergangenen Steuerbescheide unterschiedlichen Verjährungsfristen unterliegen *(BFH-Urteil vom 6. 2. 1996 VII R 50/95, BStBl. 1997 II S. 112).*

[2] Zuständig für den Erlass eines Abrechnungsbescheids ist die nach den allgemeinen Zuständigkeitsregelungen der §§ 16 ff. AO zuständige Finanzbehörde. An seiner mit *Urteil vom 12. 7. 2011 VII R 69/10, BFH/NV 2011 S. 1936* vertretenen Auffassung, dass für Entscheidungen durch Abrechnungsbescheid diejenige Behörde zuständig ist, die den Anspruch aus dem Steuerschuldverhältnis festgesetzt hat, um dessen Verwirklichung gestritten wird, hält der erkennende Senat nicht mehr fest *(BFH-Urteil vom 19. 3. 2019 VII R 27/17, BStBl. 2020 II S. 31).*

Formlose Kassenmitteilungen haben nicht den Charakter eines Verwaltungsaktes, weshalb weder die Finanzbehörde noch der Steuerpflichtige an sie gebunden sind. Entsprechend ist auch kein Rechtsbehelf gegen Kassenmitteilungen gegeben, sondern sind Meinungsverschiedenheiten über den Kontostand im Rahmen eines Abrechnungsverfahrens zu klären *(BFH-Beschluss vom 26. 10. 2009 II B 58/09, BFH/NV 2010 S. 174).*

Ein Abrechnungsbescheid kann nicht mit Einwendungen gegen die Steuerfestsetzung angefochten werden. Auch ein auf null DM lautender USt-Bescheid kann eine Leistungspflicht begründen *(BFH-Urteil vom 22. 7. 1986 VII R 10/82, BStBl. II S 776).*

Über eine Streitigkeit, die einen durch Pfändungs- und Überweisungsbeschluss zuerkannten Erstattungsanspruch betrifft, kann das FA durch Abrechnungsbescheid entscheiden. Gegenstand der Entscheidung kann auch die Wirksamkeit des Pfändungs- und Überweisungsbeschlusses sein *(BGH-Urteil vom 14. 7. 1987 VII R 72/83, BStBl. II S. 802).* Ebenso für Streitigkeiten darüber, ob eine Zahlungsverpflichtung aus einem Haftungsbescheid erloschen ist, *BFH-Beschluss vom 8. 1. 1998 VII B 137/97, BFH/NV 1998 S. 686.*

Die Klage des Pfändungsgläubigers gegen das FA auf Auszahlung gepfändeter Steuererstattungsansprüche ist nicht begründet, wenn die Erstattungsansprüche nicht durch Steuerbescheid festgesetzt sind und nicht durch Abrechnungsbescheid festgestellt worden ist, dass sie noch nicht erloschen sind *(BFH-Urteil vom 30. 11. 1999 VII R 97/98, BFH/NV 2000 S 412).*

Bei einer Streitigkeit darüber, ob eine erloschene Abgabenschuld nach § 144 Abs. 1 InsO rückwirkend wieder aufgelebt ist, handelt es sich um eine Streitigkeit über die Verwirklichung eines Steueranspruchs i. S. von § 218 Abs. 2 AO *(BFH-Urteil vom 14. 12. 2021 VII R 15/19, BFH/NV 2022 S. 683).*

Der Umstand, dass das FA seinen Erstattungsanspruch nach § 37 Abs. 2 nicht zuvor in einem besonderen Rückforderungsbescheid festgesetzt hat, steht seiner Aufnahme in einem Abrechnungsbescheid nach Abs. 2 nicht entgegen *(BFH-Urteil vom 25. 2. 1992 VII R 8/91, BStBl. II S. 713).*

Nicht alles, was in dem Abrechnungsteil eines ESt-Bescheides enthalten ist, stellt eine bestandskraftfähige Regelung dar. Dies gilt vielmehr nur für die im EStG vorgeschriebene Entscheidung über die Anrechnung bestimmter Steuerzahlungen auf die ESt, nicht aber für sonstige Zahlungen oder Verbuchungen und einen angeblichen Erstattungsanspruch aufgrund solcher Buchungen *(BFH-Beschluss vom 13. 1. 2005 VII B 147/04, BStBl. II S. 457).*

Im Abrechnungsverfahren kann nicht geprüft werden, ob das FA die Vollziehung eines angefochtenen Steuerbescheides bezüglich bereits verwirkter Säumniszuschläge hätte aufheben müssen *(BFH-Urteil vom 18. 4. 2006 VII R 77/04, BStBl. II S. 578).*

Das Verwaltungsverfahren und Klageverfahren über einen Abrechnungsbescheid iSd § 218 Abs. 2 AO ist gegenüber dem Verfahren über eine Abrechnungsverfügung vorrangig. Die im *BFH-Beschluss vom 13. 1. 1987 VII B 74/86* vertretene Ansicht, die Befugnis des FA zum Erlass eines Abrechnungsbescheids iSd § 218 Abs. 2 AO setze voraus, dass das Bestehen des streitigen Anspruchs nicht bereits Gegenstand oder Folge eines zuvor erteilten anderen rechtsbehelfsfähigen und auch tatsächlich schon mit einem Rechtsbehelf oder Rechtsmittel angefochtenen Bescheids sei, ist insofern überholt *(BFH-Urteil vom 26. 7. 1994 VII R 81/93).* Mit Ergehen des Abrechnungsbescheides iSd § 218 Abs. 2 AO entfällt das Rechtsschutzbedürfnis für die Klage gegen die den gleichen Anspruch betreffende Anrechnungsverfügung. Damit sind auch die Voraussetzungen für eine Aussetzung des Verfahrens gegen die Anrechnungsverfügung weggefallen *(BFH-Beschluss vom 19. 10. 1999 VII B 94/99, VII S 10/99, BFH/NV 2000 S. 1096).*

Im Abrechnungsverfahren ist von der formellen Bescheidlage, d. h. vom Regelungsinhalt der ergangenen Steuerbescheide ungeachtet ihrer Richtigkeit, auszugehen. Jedoch ist bei einem Abrechnungsbescheid, der über Meinungsverschiedenheiten entscheidet, welche über die Wirksamkeit einer Aufrechnung des FA mit einer USt-Vorauszahlungsforderung bestehen, auch über den materiellrechtlichen Bestand der Vorauszahlungsschuld ungeachtet ihrer wirksamen Festsetzung in einem Steuerbescheid zu entscheiden, sofern und soweit darüber nicht eine Bestandskraft wirkende Entscheidung in dem Jahressteuerbescheid ergangen ist. Der Grundsatz, dass im Abrechnungsverfahren die Rechtmäßigkeit der Steuerbescheide nicht zu prüfen ist, wird insoweit durchbrochen *(BFH-Urteil vom 15. 6. 1999 VII R 3/97, BStBl. 2000 II S. 46).*

Der Senat hält an seiner Rspr. fest, nach der die Nichtbezeichnung der Forderung, mit der aufgerechnet werden soll, der Wirksamkeit der Aufrechnungserklärung nicht entgegensteht. Auch ein Abrechnungsbescheid, mit dem das Erlöschen eines Steuererstattungsanspruchs durch Aufrechnung mit einer Steuerforderung festgestellt wird, ist nicht mangels hinreichender

[Fortsetzung nächste Seite]

(3) ① **Wird eine Anrechnungsverfügung oder ein Abrechnungsbescheid auf Grund eines Rechtsbehelfs oder auf Antrag des Steuerpflichtigen oder eines Dritten zurückgenommen und in dessen Folge ein für ihn günstigerer Verwaltungsakt erlassen, können nachträglich gegenüber dem Steuerpflichtigen oder einer anderen Person die entsprechenden steuerlichen Folgerungen gezogen werden.** ② **§ 174 Absatz 4 und 5 gilt entsprechend.**[1] 3

Zu § 218 – Verwirklichung von Ansprüchen aus dem Steuerschuldverhältnis: AEAO

1. Konkretisierung der Ansprüche aus dem Steuerschuldverhältnis

Ansprüche aus dem Steuerschuldverhältnis (§ 37 AO) werden durch Verwaltungsakt konkretisiert. Der – ggf. materiell-rechtlich unrichtige – Verwaltungsakt beeinflusst zwar nicht die materielle Höhe des Anspruchs aus dem Steuerschuldverhältnis, solange er jedoch besteht, legt er fest, ob und in welcher Höhe ein Anspruch durchgesetzt werden kann. Maßgebend ist allein der letzte Verwaltungsakt (z. B. der letzte Änderungsbescheid oder der letzte Abrechnungsbescheid). Der einheitliche Anspruch aus dem Steuerschuldverhältnis kann deshalb bei – ggf. mehrfacher – Änderung einer Festsetzung nicht in unterschiedliche Zahlungs- und Erstattungsansprüche aufgespalten werden (BFH-Urteil vom 6. 2. 1996, VII R 50/95, BStBl. 1997 II S. 112). 4

Der Verwaltungsakt wirkt konstitutiv, wenn es sich um steuerliche Nebenleistungen handelt, deren Festsetzung in das Ermessen der Finanzbehörde gestellt ist, z. B. beim Verspätungszuschlag (§ 152 AO).

2. Säumniszuschläge

Bei Säumniszuschlägen bedarf es keines Leistungsgebotes, wenn sie zusammen mit der Steuer beigetrieben werden (§ 254 Abs. 2 AO). 5

3. Abrechnungsbescheid

Über Streitigkeiten, die die Verwirklichung von Ansprüchen aus dem Steuerschuldverhältnis betreffen, entscheiden die Finanzbehörden durch Abrechnungsbescheid (§ 218 Abs. 2 AO). Als Rechtsbehelf ist der Einspruch gegeben. Die Korrekturmöglichkeiten richten sich nach den §§ 129 bis 131 und § 218 Abs. 3 AO. 6

Eine Verfügung über die Anrechnung von Steuerabzugsbeträgen und Steuervorauszahlungen (Anrechnungsverfügung) ist ein Verwaltungsakt mit Bindungswirkung (vgl. BFH-Urteil vom 27. 10. 2009, VII R 51/08, BStBl. 2010 II S. 383). Diese Bindungswirkung muss auch beim Erlass eines Abrechnungsbescheids beachtet werden. Deshalb kann im Rahmen eines Abrechnungsbescheids die Steueranrechnung zugunsten oder zuungunsten des Steuerpflichtigen nur dann korrigiert werden, wenn eine der Voraussetzungen der §§ 129 bis 131 oder § 218 Abs. 3 AO gegeben ist (vgl. BFH-Urteil vom 15. 4. 1997, VII R 100/96, BStBl. II S. 787).

4. Widerstreitende Anrechnungsverfügungen oder Abrechnungsbescheide

4.1. Wird eine Anrechnungsverfügung oder ein Abrechnungsbescheid auf Grund eines Rechtsbehelfs oder auf Antrag zurückgenommen und ein für den Rechtsbehelfsführer/Antragsteller günstigerer Verwaltungsakt erlassen, können nachträglich gegenüber ihm, aber auch gegenüber anderen Personen (z. B. Ehegatte oder Lebenspartner des Steuerpflichtigen, Abtretungsempfänger, Pfandgläubiger), durch Änderung einer Anrechnungsverfügung oder eines Abrechnungsbescheids die entsprechenden steuerlichen Folgerungen gezogen werden (§ 218 Abs. 3 Satz 1 AO). War Rechtsbehelfsführer/Antragsteller nicht der Steuerpflichtige, sondern ein Dritter (z. B. ein Abtretungsempfänger oder ein Pfandgläubiger), können die entsprechenden steuerlichen Folgerungen auch gegenüber dem Steuerpflichtigen nach § 218 Abs. 3 Satz 1 AO gezogen werden. 7

4.2. Gegenüber einer Person, die im Ausgangsverfahren nicht Rechtsbehelfsführer/Antragsteller war, ist eine für sie nachteilige Korrektur ihrer Anrechnungsverfügung oder ihres Abrechnungsbescheids nach § 218 Abs. 3 AO nur dann möglich, wenn sie an dem Verfahren, das zur Aufhebung oder Änderung der fehlerhaften Anrechnungsverfügung bzw. des fehlerhaften Abrechnungsbescheids geführt hat, in entsprechender Anwendung des § 174 Abs. 5 AO beteiligt wurde. Für eine wirksame Beteiligung dieser Person muss ihr auch der Verwaltungsakt bzw. im Einspruchsverfahren die Einspruchsentscheidung bekannt gegeben werden (vgl. BFH-Urteile vom 11. 4. 1991, V R 40/86, BStBl. II S. 605, und vom 5. 5. 1993, X R 111/91, BStBl. II S. 817). 8

Diese Person ist dabei darauf hinzuweisen, dass

– ihr die Entscheidung als Beteiligtem bekannt gegeben wird,

[Fortsetzung]

inhaltlicher Bestimmtheit unwirksam, wenn das FA die Gegenforderung nicht bezeichnet hat *(BFH-Urteil vom 4. 2. 1997 VII R 50/96, BStBl. II S. 479).*

Ein Abrechnungsbescheid, der eine festgesetzte Steuer als noch nicht durch Tilgung erloschen ausweist, ist nicht vollziehbar, weshalb seine AdV nicht in Betracht kommt *(BFH-Beschluss vom 20. 7. 2009 VII S 22/09, BFH/NV S. 1599).*

---

[1] Die Beiladung nach § 218 Abs. 3 Satz 2 i. V. m. § 174 Abs. 5 Satz 2 AO ist bereits dann gerechtfertigt, wenn wegen eines der in § 218 Abs. 3 Satz 1 AO genannten Verfahren die Möglichkeit einer Folgeänderung besteht und das FA die Beiladung beantragt oder veranlasst hat. Weitere Voraussetzungen müssen, da die genannten Regelungen eine Rechtsfolgenverweisung auf § 360 AO bzw. § 60 FGO enthalten, nicht erfüllt sein *(BFH-Beschluss vom 29. 5. 2018 VII B 112/17, BFH/NV S. 972).*

– die entsprechenden steuerlichen Folgerungen aus dem maßgeblichen Sachverhalt in ihrem Besteuerungsverfahren gem. § 218 Abs. 3 i. V. m. § 174 Abs. 4 und Abs. 5 AO gezogen werden und
– Einwendungen gegen die Entscheidung nur mit Anträgen oder Rechtsbehelfen gegen diesen Verwaltungsakt geltend gemacht werden können.

9 **4.3.** Welches die „entsprechenden steuerlichen Folgerungen" sind, entscheidet sich dabei verbindlich im Ausgangsverfahren des antragstellenden bzw. einspruchsführenden Steuerpflichtigen oder Dritten.

10 **4.4.** Hinsichtlich des Antragstellers oder Rechtsbehelfsführers wird die Zahlungsverjährung nach § 231 Abs. 1 Satz 1 AO unterbrochen.

11 **4.5.** Die Zahlungsverjährungsfrist gegenüber einer Person, die im Ausgangsverfahren nicht Rechtsbehelfsführer/Antragsteller war, wird in entsprechender Anwendung des § 174 Abs. 4 Satz 3 AO unterbrochen, wenn sie vor Eintritt der ihr gegenüber geltenden Zahlungsverjährung beteiligt wurde (vgl. AEAO zu § 218, Nr. 4.2) und ihr gegenüber die entsprechenden steuerlichen Folgen innerhalb eines Jahres nach Korrektur der Anrechnungsverfügung oder des Abrechnungsbescheids im Ausgangsverfahren gezogen werden.

12 **4.6.** § 218 Abs. 3 AO gilt ab dem 31. 12. 2014 für alle zu diesem Zeitpunkt noch nicht zahlungsverjährten Anrechnungsverfügungen und Abrechnungsbescheide (Art. 97 § 13 a EGAO).

Anl 1

1) Verfügung betr. Anrechnung von Steuervorauszahlungen und Steuerabzugsbeträgen; Erteilung von Abrechnungsbescheiden (§ 218 Abs. 2 AO)

Vom 17. November 2014 (BeckVerw 291808)

(LfSt Bayern S 0450.2.1–10/St 42)

13 **1. Verfahrensrechtliche Fragen**

Die mit einer Steuerfestsetzung verbundene Verfügung über die Anrechnung von Steuerabzugsbeträgen und Vorauszahlungen (§ 36 Abs. 2 EStG) ist ein eigenständiger Verwaltungsakt, für den Bestandskraft eintritt und der nur unter den Voraussetzungen der §§ 129 bis 131 AO geändert werden kann. Die Anrechnungsverfügung entfaltet gegenüber einem späteren Abrechnungsbescheid i. S. des § 218 Abs. 2 AO Bindungswirkung. Diese Bindungswirkung muss deshalb beim Erlass eines Abrechnungsbescheides nach § 218 Abs. 2 AO beachtet werden. Im Rahmen eines Abrechnungsbescheides kann die Steueranrechnung nur dann geändert werden, wenn die Vorschriften der §§ 129 bis 131 AO dies zulassen (BFH-Urteil vom 15. 4. 1997, BStBl. II S. 787; vgl. auch AEAO zu § 218, Nr. 3).

Ändert sich die Festsetzung der Einkommensteuer, ist im Umfang dieser Änderung auch die mit dem Änderungsbescheid verbundene Anrechnungsverfügung anzupassen, ohne dass der Anpassung bis dahin ggf. bereits abgelaufene Zahlungsverjährungsfristen bezüglich früher entstandener Ansprüche aus dem Steuerschuldverhältnis entgegenstehen könnten. Dies hat innerhalb der Zahlungsverjährungsfrist des § 228 AO zu geschehen, die mit der Bekanntgabe des Steueränderungsbescheids (insoweit erneut) in Lauf gesetzt wird (BFH-Urteil vom 29. 10. 2013, BFH/NV 2014 S. 393).

Erfolgt jedoch keine Änderung der Einkommensteuerfestsetzung, kann die Anrechnung von Steuerabzugsbeträgen nach Ablauf der Zahlungsverjährungsfrist weder zu Gunsten noch zu Lasten des Steuerpflichtigen geändert werden. Es handelt sich dabei um Fälle, in denen aufgrund vorgelegter Steuerbescheinigungen Abzugsbeträge zunächst in die Anrechnungsverfügung eingestellt, später jedoch vom FA nicht mehr als abzugsfähig anerkannt worden waren (BFH-Urteil vom 27. 10. 2009, BStBl. 2010 II S. 382), Steuerbescheinigungen für geltend gemachte Steuerabzugsbeträge erst nach Ablauf der Zahlungsverjährungsfrist vorgelegt worden waren (BFH-Urteil vom 12. 2. 2008, BStBl. II S. 504) und einbehaltene Lohnsteuer versehentlich zu hoch in die Anrechnungsverfügung eingegeben worden war (BFH-Urteil vom 25. 10. 2011, BStBl. 2012 II S. 220).

Die möglichen weiteren Punkte des Abrechnungsteils (sonstige Zahlungen, Umbuchungen, Aufrechnungen) werden nicht von der Bestandskraft umfasst (vgl. BFH-Urteil vom 13. 1. 2005, BStBl. II S. 457).

Gegen eine Anrechnungsverfügung, die zusammen mit einer Steuerfestsetzung ergeht, ist der Einspruch gegeben, da es sich um einen Verwaltungsakt im Erhebungsverfahren handelt. Allerdings hat die Erteilung eines Abrechnungsbescheids Vorrang gegenüber der Durchführung eines Einspruchsverfahrens gegen eine Anrechnungsverfügung. Als gesetzlich geregeltes spezielles Verfahren dient der Erlass eines Abrechnungsbescheids i. S. des § 218 Abs. 2 AO dazu, über Streitigkeiten, die die Verwirklichung der Ansprüche aus dem Steuerschuldverhältnis betreffen, endgültig zu entscheiden (vgl. BFH vom 15. 4. 1997, BStBl. II S. 787).

Kann aufgrund der Ausführungen des Steuerpflichtigen im Einspruchsschreiben gegen die Anrechnungsverfügung dem Begehren stattgegeben werden, ist die Anrechnungsverfügung entsprechend zu ändern. Gleiches gilt, wenn der Steuerpflichtige zwar keinen Einspruch eingelegt, aber einen Antrag auf Änderung der Anrechnungsverfügung gestellt hat. In beiden Fällen ist die Erteilung eines Abrechnungsbescheids nicht erforderlich, da mit der Stattgabe ein Streit im Sinne des § 218 Abs. 2 AO (nicht) mehr besteht.

Kann dem Einspruch des Steuerpflichtigen gegen die Anrechnungsverfügung nicht abgeholfen werden, ist der Einspruch als Antrag auf Erlass eines Abrechnungsbescheids nach § 218 Abs. 2 AO anzusehen (BFH-Urteil vom 28. 4. 1993, BStBl. 1994 II S. 147). Über Streitigkeiten, die die Anrechnung von Steuerabzugsbeträgen und Steuervorauszahlungen betreffen, kann endgültig nur im Verfahren nach § 218 Abs. 2 AO entschieden werden. Eine Entscheidung zum Einspruch gegen die Anrechnungsverfügung ist daher nicht zu fertigen.

Im Zeitpunkt des Erlasses des Abrechnungsbescheids entfällt das Rechtsschutzbedürfnis für einen Einspruch gegen die Anrechnungsverfügung. Der Steuerpflichtige kann ab diesem Zeitpunkt seine Einwände nur noch in dem Verfahren nach § 218 Abs. 2 AO vorbringen. Nur wenn der Steuerpflichtige auf einer Entscheidung über seinen Einspruch besteht, ist neben dem Verfahren nach § 218 Abs. 2 Satz 1 AO auch noch ein Einspruchsverfahren durchzuführen. In diesem Fall ist der Einspruch als unzulässig zu verwerfen.

Soll ein (formloser) Antrag auf Änderung der Anrechnungsverfügung abgelehnt werden, so hat dies ebenfalls durch einen Abrechnungsbescheid zu erfolgen.

2. Organisatorische Fragen 14

Für die Erteilung von Abrechnungsbescheiden sind in Fällen, in denen Streit über die Anrechnung von Steuerabzugsbeträgen besteht, die Veranlagungsstellen zuständig. In diesem Bescheid sind neben der festgesetzten Steuer die einzelnen abgezogenen Steuerbeträge anzugeben. Die Nichtanrechnung bzw. die nur teilweise Anrechnung der strittigen Beträge ist zu begründen. Außerdem ist im Bescheid klar zum Ausdruck zu bringen, dass nur über die Anrechnung der Steuerabzugsbeträge entschieden wird. Soweit dem Begehren des Steuerpflichtigen in seinem Antrag auf Erteilung eines Abrechnungsbescheids zum Teil entsprochen werden kann, ist zur Abgleichung von Erhebungs- und Festsetzungsspeicher vor Erteilung des Abrechnungsbescheids im maschinellen Verfahren eine Korrektur der Anrechnungsverfügung durchzuführen. In den Bescheiderläuterungen ist der Antragsteller darauf hinzuweisen, dass bezüglich der nicht berücksichtigten Steuerabzugsbeträge in Kürze ein Abrechnungsbescheid ergehen wird.

Für die Erteilung des Abrechnungsbescheids steht die UNIFA-Word-Vorlage „Abrechnungsbescheid Anrechnung Steuern" (Veranlagung/Bearbeitung Verwaltungsakte bzw. Körperschaftsteuerstelle/Bearbeitung Verwaltungsakte) zur Verfügung.

Die Finanzkasse ist für die Erteilung von Abrechnungsbescheiden nur dann zuständig, wenn Streit hinsichtlich der kassenmäßigen Abrechnung (z. B. Anrechnung von geleisteten Vorauszahlungen nach § 36 Abs. 2 Nr. 1 EStG, Tilgung durch Umbuchung etc.) besteht.

2) Verfügung betr. Abrechnungsbescheid gemäß § 218 Abs. 2 AO Anl 2

Vom 30. April 2025 (BeckVerw 653176)

(OFD Baden-Württemberg S 0450 Karte 1)

1. Allgemeines

15 Besteht zwischen der Finanzbehörde und dem Steuerpflichtigen Streit über die Verwirklichung von Ansprüchen aus dem Steuerschuldverhältnis, entscheidet das Finanzamt nach § 218 Abs. 2 Satz 1 AO durch Verwaltungsakt. Dieser wird allgemein als Abrechnungsbescheid bezeichnet (BFH-Urteil vom 12. 6. 1986, BStBl. II S. 702, und BFH-Beschluss vom 17. 9. 1998, BFH/NV 1999 S. 440). Dies gilt auch, wenn die Streitigkeit einen Erstattungsanspruch (§ 37 Abs. 2 AO) betrifft (§ 218 Abs. 2 Satz 2 AO). Der Abrechnungsbescheid ergeht im Steuererhebungsverfahren. Sein Inhalt beschränkt sich auf die Feststellung, ob eine bestimmte Zahlungsverpflichtung erloschen ist (§ 47 AO).

Die Entscheidung durch Abrechnungsbescheid kommt insbesondere in Betracht, wenn Streit besteht über die Frage, ob und inwieweit

– ein Anspruch durch Zahlung oder Aufrechnung erloschen ist (BFH-Urteile vom 2. 4. 1987, BStBl. II S. 536, und vom 13. 1. 2000, BStBl. II S. 246),

– ein Rückforderungsanspruch aus fehlgeleiteter Zahlung besteht (BFH-Urteile vom 18. 6. 1986, BStBl. II S. 704, und vom 25. 2. 1992, BStBl. II S. 713),

– aufgrund eines Pfändungs- und Überweisungsbeschlusses ein Zahlungsanspruch besteht, wobei Gegenstand der Entscheidung auch die Wirksamkeit des Pfändungs- und Überweisungsbeschlusses sein kann (BFH-Urteil vom 14. 7. 1987, BStBl. II S. 802),

– dem Abtretungsempfänger aus einer Abtretung ein Zahlungsanspruch zusteht (BFH-Urteil vom 30. 8. 1988, BFH/NV 1989 S. 210),

– auf die festgesetzte Steuerschuld Steuerabzugsbeträge und Vorauszahlungen anzurechnen sind (BFH-Urteile vom 5. 5. 1993, BFH/NV 1994 S. 862, vom 26. 11. 1997, BFH/NV 1998 S. 581, und vom 31. 8. 1999, BFH/NV 2000 S. 420),

– Säumniszuschläge entstanden sind (BFH-Urteile vom 15. 3. 1979, BStBl. II S. 429, vom 8. 11. 1989, BFH/NV 1990 S. 546, und vom 12. 8. 1999, BStBl. II S. 751),

– der Drittschuldner zur Zahlung aus einer ihm zugestellten Pfändungs- und Einziehungsverfügung (§§ 309, 314 AO) verpflichtet ist (BFH-Beschluss vom 19. 3. 1998, BFH/NV S. 1447).

2. Voraussetzungen für die Erteilung eines Abrechnungsbescheids

16 Ein Abrechnungsbescheid soll, mit Ausnahme der im folgenden Absatz genannten Fälle, in der Regel nur auf Antrag und erst dann erlassen werden, wenn der Streit nicht anderweitig (z. B. durch mündliche oder schriftliche Erörterung) beigelegt werden kann. Wenn dem Änderungsbegehren stattgegeben werden kann, ist die Erteilung eines Abrechnungsbescheides nach § 218 Abs. 2 AO nicht erforderlich, da mit der Stattgabe kein Streit i. S. d. § 218 Abs. 2 AO mehr besteht.

Werden Einwendungen gegen eine Aufrechnungserklärung als Einspruch bezeichnet, so ist dieser in einen Antrag auf Erteilung eines Abrechnungsbescheides umzudeuten (BFH-Urteil vom 2. 4. 1987, BStBl. II S. 536).

Zur Rückforderung fehlerhaft erstatteter Beträge ist ein Abrechnungsbescheid von Amts wegen zu erteilen. Die AO sieht kein besonderes Festsetzungsverfahren (keinen besonderen Verwaltungsakt) zur Geltendmachung des sich unmittelbar aus der ungerechtfertigten Auszahlung des betreffenden Betrags ergebenden und nach § 38 AO mit dem Zeitpunkt der ungerechtfertigten Auszahlung entstehenden

Rückforderungsanspruchs nach § 37 Abs. 2 AO vor. Der Abrechnungsbescheid darf in diesen Fällen schon erlassen werden, bevor Streit über die Ansprüche entstanden ist (BFH-Urteile vom 18. 6. 1986, BStBl. II S. 704, und vom 25. 2. 1992, BStBl. II S. 713).

Der Anspruch auf Erteilung eines Abrechnungsbescheides entfällt bei missbräuchlicher Antragstellung des Steuerpflichtigen. Missbrauch ist z. B. anzunehmen, wenn der Steuerpflichtige im Hinblick auf die Anforderung von Säumniszuschlägen einen Abrechnungsbescheid verlangt, obwohl die Entstehung der Säumniszuschläge aufgrund einer Mahnung oder Kassenmitteilung des Finanzamts leicht und einwandfrei nachvollziehbar ist (vgl. BFH-Urteil vom 12. 8. 1999, BStBl. II S. 751).

3. Form und Inhalt des Abrechnungsbescheids

17 Der Abrechnungsbescheid ist schriftlich zu erteilen. Im Hinblick auf § 356 AO soll er mit einer Rechtsbehelfsbelehrung versehen werden.

Sinn und Zweck des Abrechnungsbescheides bestehen darin, bei einer Streitigkeit, die die Verwirklichung von Steueransprüchen betrifft, eine für die Beteiligten verbindliche Klärung zu schaffen. Die Anforderungen an die nach § 119 AO erforderliche inhaltliche Bestimmtheit des Verwaltungsakts sind demgemäß danach auszurichten, dass die Klärung der im Einzelfall bestehenden Streitigkeit, also der konkreten Streitfrage, erreicht wird (BFH-Urteile vom 5. 7. 1988, BFH/NV 1990 S. 69, und vom 4. 2. 1997, BStBl. II S. 479). Es ist ausreichend, dass der Abrechnungsbescheid Angaben enthält, denen eine klare Aussage über die konkrete Streitfrage entnommen werden kann.

3.1. Adressat

Adressat des Abrechnungsbescheides ist der an dem Steuerschuldverhältnis beteiligte Steuerpflichtige, bei Abtretung, Pfändung und Verpfändung (auch) der aus diesem Rechtsverhältnis berechtigte Dritte (BFH-Urteil vom 14. 7. 1987, BStBl. II S. 802), oder ein Dritter, der zu Unrecht eine Erstattung erhalten hat.

3.2. Adressat bei zusammen veranlagten Ehegatten

Abrechnungsbescheide für zusammen veranlagte Ehegatten können in einer Verfügung zusammengefasst werden (BFH-Urteil vom 6. 2. 1990, BFH/NV 1991 S. 3). Für die wirksame Bekanntgabe an beide Ehegatten ist grundsätzlich ausreichend, wenn ihnen eine Ausfertigung des Abrechnungsbescheides an die gemeinsame Anschrift übermittelt wird (§ 122 Abs. 7 Satz 1 AO). Eine Einzelbekanntgabe ist nur erforderlich, wenn die Ehegatten dies beantragen oder soweit der Finanzbehörde bekannt ist, dass zwischen den Eheleuten ernstliche Meinungsverschiedenheiten bestehen (§ 122 Abs. 7 Satz 2 AO). In den Fällen der Bekanntgabe an den gemeinsamen Bevollmächtigten bedarf es nicht der Übermittlung gesonderter Ausfertigungen für jeden Ehegatten (BFH-Urteil vom 6. 2. 1990, BFH/NV 1991 S. 3).

4. Rechtsbehelfs- und Berichtigungsmöglichkeit

18 Gegen den Abrechnungsbescheid ist der Einspruch gegeben (§ 347 Abs. 1 Nr. 1 AO).

Im Abrechnungsverfahren ist von der formellen Bescheidlage, d.h. vom Regelungsinhalt der ergangenen Steuerbescheide, ungeachtet ihrer Richtigkeit auszugehen. Einwendungen, die sich gegen die Steuerfestsetzung selbst richten, können grundsätzlich nicht gegen einen Abrechnungsbescheid erhoben werden (BFH-Urteil vom 22. 7. 1986, BStBl. II S. 776).

Offenbare Unrichtigkeiten des Abrechnungsbescheides können nach § 129 AO berichtigt werden. Für die Rücknahme und den Widerruf gelten die §§ 130 und 131 AO. Die Änderungsvorschriften der §§ 172 ff. AO sind nicht anwendbar.

5. Aussetzung der Vollziehung des Abrechnungsbescheides

19 Auch nach Erteilung des auf ihm beruhenden Abrechnungsbescheides bleibt der zu Grunde liegende Steuerbescheid gemäß § 218 Abs. 1 AO Grundlage für die Verwirklichung des Anspruchs aus dem Steuerschuldverhältnis. Der Abrechnungsbescheid ist daher grundsätzlich nur ein deklaratorischer, als solcher nicht nach § 361 AO vollziehbarer Verwaltungsakt.

Ein Abrechnungsbescheid ist aber stets dann ein vollziehbarer Verwaltungsakt, wenn er nachteilig in die Rechtsposition des Steuerpflichtigen eingreift, d.h. wenn er eine Leistungspflicht begründet.

Vollziehbar sind daher z. B. Abrechnungsbescheide,

- die einen nach Aufrechnung durch das Finanzamt geminderten Erstattungsanspruch des Steuerpflichtigen feststellen (BFH-Beschluss vom 10. 11. 1987, BStBl. 1988 II S. 43),
- die (unter den Voraussetzungen der §§ 130 Abs. 2, 131 Abs. 2 AO) die An- und Abrechnung zum Steuerbescheid für den Steuerpflichtigen nachteilig ändern,
- die über Ansprüche befinden, die auf keiner anderweitigen Festsetzung beruhen (z. B. Säumniszuschläge und Erstattungsansprüche, die aus Über- oder Doppelzahlung erwachsen sind).

6. Zuständigkeit

20 Für die Erteilung des Abrechnungsbescheides ist die Finanzkasse zuständig. Ausgenommen sind die Fälle, in denen Streit über die Anrechnung von Steuer(abzugs)beträgen i. S. d. § 36 Abs. 2 Nr. 2 EStG besteht. In diesen Fällen ist die Festsetzungsstelle zuständig.

AO

§ 219 Zahlungsaufforderung bei Haftungsbescheiden[1]

1 **① Wenn nichts anderes bestimmt ist, darf ein Haftungsschuldner[2] auf Zahlung[3] nur in Anspruch genommen werden, soweit die Vollstreckung in das bewegliche Vermögen**

[1] Vgl. § 191 AO.
[2] Zum Haftungsschuldner s. §§ 69 ff. AO.
[3] Zur Zahlungsverjährung vgl. § 229 Abs. 2 AO.

des Steuerschuldners ohne Erfolg geblieben oder anzunehmen ist, dass die Vollstreckung aussichtslos sein würde.[1] ② Diese Einschränkung gilt nicht, wenn die Haftung darauf beruht, dass der Haftungsschuldner Steuerhinterziehung oder Steuerhehlerei begangen hat oder gesetzlich verpflichtet war, Steuern einzubehalten und abzuführen oder zu Lasten eines anderen zu entrichten.

Zu § 219 – Zahlungsaufforderung bei Haftungsbescheiden: AEAO

1. Es ist zu unterscheiden zwischen der gesetzlichen Entstehung der Haftungsschuld, dem Erlass des Haftungsbescheids (§ 191 AO) und der Inanspruchnahme des Haftungsschuldners durch Zahlungsaufforderung (Leistungsgebot). § 219 AO regelt nur die Zahlungsaufforderung. Der Erlass des Haftungsbescheids selbst wird durch die Einschränkung in der Vorschrift nicht gehindert. Die Zahlungsaufforderung darf jedoch mit dem Haftungsbescheid nur verbunden werden, wenn die Voraussetzungen des § 219 AO vorliegen. Zum Beginn der Zahlungsverjährung bei einem Haftungsbescheid, der ohne Zahlungsaufforderung ergangen ist, siehe § 229 Abs. 2 AO. 2

2. § 219 AO ist Ausdruck des Grundsatzes, dass der Haftungsschuldner nur nach dem Steuerschuldner (subsidiär) für die Steuerschuld einzustehen hat. Auch in den Fällen des § 219 Satz 2 AO, in denen das Gesetz eine unmittelbare Inanspruchnahme des Haftungsschuldners erlaubt, kann es der Ausübung pflichtgemäßen Ermessens entsprechen, sich zunächst an den Steuerschuldner zu halten. 3

§ 220[2] Fälligkeit

AO

(1) **Die Fälligkeit von Ansprüchen aus dem Steuerschuldverhältnis richtet sich nach den Vorschriften der Steuergesetze.** 1

(2) **① Fehlt es an einer besonderen gesetzlichen Regelung über die Fälligkeit, so wird der Anspruch mit seiner Entstehung fällig, es sei denn, dass in einem nach § 254 erforderlichen Leistungsgebot eine Zahlungsfrist eingeräumt worden ist. ② Ergibt sich der Anspruch in den Fällen des Satzes 1 aus der Festsetzung von Ansprüchen aus dem Steuerschuldverhältnis, so tritt die Fälligkeit nicht vor Bekanntgabe der Festsetzung ein.**[3] 2

Zu § 220 – Fälligkeit: AEAO

1. Die angemeldete Steuervergütung bzw. das angemeldete Mindersoll ist erst fällig, sobald dem Steuerpflichtigen die Zustimmung der Finanzbehörde bekannt wird (§ 220 Abs. 2 Satz 2 AO). Wird der Steuerpflichtige schriftlich bzw. elektronisch über die Zustimmung unterrichtet (z. B. zusammen mit einer Abrechnungsmitteilung), ist grundsätzlich davon auszugehen, dass ihm die Zustimmung erst am vierten Tag nach Aufgabe zur Post bzw. nach der Absendung bekannt geworden ist. Ergeht keine Mitteilung, wird die Zustimmung dem Steuerpflichtigen grundsätzlich mit der Zahlung (§ 224 Abs. 3 AO) der Steuervergütung bzw. des Mindersolls bekannt. 3

2. Zur Fälligkeit von Insolvenzforderungen vgl. AEAO zu § 251, Nr. 5.1. 4

§ 221 Abweichende Fälligkeitsbestimmung

AO

① Hat ein Steuerpflichtiger eine Verbrauchsteuer oder die Umsatzsteuer mehrfach nicht rechtzeitig entrichtet, so kann die Finanzbehörde verlangen, dass die Steuer jeweils zu einem von der Finanzbehörde zu bestimmenden, vor der gesetzlichen Fälligkeit aber nach Entstehung der Steuer liegenden Zeitpunkt entrichtet wird. ② Das Gleiche gilt, wenn die Annahme begründet ist, dass der Eingang einer Verbrauchsteuer oder der Umsatzsteuer gefährdet ist; an Stelle der Vorverlegung der Fälligkeit kann auch Sicherheitsleistung verlangt werden. ③ In den Fällen des Satzes 1 ist die Vorverlegung der Fälligkeit nur zulässig, wenn sie dem Steuerpflichtigen für den Fall erneuter nicht rechtzeitiger Entrichtung angekündigt worden ist.

§ 222[4] Stundung[5]

① Die Finanzbehörden können Ansprüche aus dem Steuerschuldverhältnis ganz oder teilweise stunden, wenn die Einziehung bei Fälligkeit eine erhebliche Härte für den 1

[1] Für die subsidiäre Inanspruchnahme eines Haftungsschuldners gemäß § 219 Satz 1 AO ist es ausreichend, dass die Finanzbehörde zu der Annahme gelangt, dass eine Vollstreckung ohne Erfolg sein wird. Nicht erforderlich sind die Gewissheit der Erfolglosigkeit der Vollstreckung, der Nachweis einer solchen durch erfolglose Vollstreckungsversuche oder ein besonderer Grund für die haftungsrechtliche Inanspruchnahme *(BFH-Beschluss vom 24. 4. 2008 VII B 262/07, BFH/NV S. 1448).*

[2] Zu Säumniszuschlägen vgl. § 240 AO.

[3] Festgesetzte ESt wird nur in dem Umfang fällig, in dem in der Anrechnungsverfügung eine Abschlusszahlung ausgewiesen wird *(BFH-Urteil vom 18. 7. 2000 VII R 32, 33/99, BFH/NV 2001 S. 86).*

[4] Zahlungsaufschub oder außergewöhnliche Vereinbarung über die Abzahlung der Steuerschuld in Raten kann eine staatliche Beihilfe darstellen s. *Mitteilung der Kommission der Europäischen Gemeinschaften* über die Anwendung der Vorschriften über staatliche Beihilfen auf Maßnahmen im Bereich der direkten Unternehmensbesteuerung *vom 11. 11. 1998, BStBl. 1999 I S. 205.* Zur Verzinsung vgl. § 234 AO.

[Fortsetzung nächste Seite]

Schuldner bedeuten würde und der Anspruch durch die Stundung nicht gefährdet[1] erscheint. ② Die Stundung soll in der Regel nur auf Antrag und gegen Sicherheitsleistung gewährt werden. ③ Steueransprüche gegen den Steuerschuldner können nicht gestundet werden, soweit ein Dritter (Entrichtungspflichtiger) die Steuer für Rechnung des Steuerschuldners zu entrichten, insbesondere einzubehalten und abzuführen hat. ④ Die Stundung des Haftungsanspruchs gegen den Entrichtungspflichtigen ist ausgeschlossen, soweit er Steuerabzugsbeträge einbehalten oder Beträge, die eine Steuer enthalten, eingenommen hat.

Anl 1

1) Gleich lautende Erlasse betr. Zuständigkeit für Stundungen nach § 222 AO und § 6 Abs. 4 AStG, Erlasse nach § 227 AO, Billigkeitsmaßnahmen nach § 163, § 234 Abs. 2, § 237 Abs. 4 AO, Absehen von Festsetzungen nach § 156 Abs. 2 AO und Niederschlagungen nach § 261 AO von Landessteuern und der sonstigen durch Landesfinanzbehörden verwalteten Steuern und Abgaben

Vom 7. August 2025 (BeckVerw 656546)

Oberste Finanzbehörden der Länder S 0036; S 0453; S 0457; S 0512

Unter Aufhebung der bisherigen Anordnungen wird die Zuständigkeit für Stundungen nach § 222 AO und nach § 6 Abs. 4 AStG in der bis zum 30. Juni 2021 geltenden Fassung, Erlasse nach § 227 AO, Billigkeitsmaßnahmen nach § 163 AO, Absehen von Festsetzungen nach § 156 Abs. 2 AO und Niederschlagungen nach § 261 AO von Landessteuern und sonstigen durch Landesfinanzbehörden verwalteten Steuern und Abgaben – jeweils einschließlich Nebenleistungen – sowie für den Verzicht auf Zinsen nach § 234 Abs. 2, § 237 Abs. 4 AO, soweit sie auf durch Landesfinanzbehörden verwaltete Steuern und Abgaben erhoben werden, wie folgt geregelt:

Hinweis: Soweit nachfolgend von Oberfinanzdirektion die Rede ist, gelten die Bestimmungen auch für die Behörden i. S. d. § 6 Abs. 2 Nr. 4 a AO.

A. Regelung der Zuständigkeit

I. Stundungen nach § 222 AO und § 6 Abs. 4 AStG in der bis zum 30. Juni 2021 geltenden Fassung

2 Die Finanzämter sind befugt zu stunden:

1. in eigener Zuständigkeit
   a) Beträge bis einschließlich 100 000 Euro zeitlich unbegrenzt,
   b) höhere Beträge bis zu 6 Monaten;
2. mit Zustimmung der Oberfinanzdirektion
   a) Beträge bis einschließlich 250 000 Euro zeitlich unbegrenzt,
   b) höhere Beträge bis zu 12 Monaten;
3. mit Zustimmung der obersten Landesfinanzbehörde in allen übrigen Fällen.

Stundungen sind stets unter dem Vorbehalt des Widerrufs auszusprechen.

[Fortsetzung]

Zur Zuständigkeit bzw. Genehmigungsvorbehalten s. Anl. 1 und 2.

Ist ein Stundungsantrag gestellt, sind Vollstreckungsmaßnahmen nur dann unbillig, wenn mit einer gewissen Wahrscheinlichkeit mit der beantragten Stundung zu rechnen ist *(BFH-Beschluss vom 15. 1. 2003 V S 17/02, BFH/NV S. 738).*

Eine Stundung rechtskräftig festgesetzter ESt-Vorauszahlungen setzt voraus, dass die Einziehung bei Fälligkeit eine erhebliche Härte bedeutet *(BFH-Beschluss vom 10. 10. 1994 X B 9/94, DB 1996 S. 715).*

Die Entscheidung der FinBeh. über eine Stundung ist eine **Ermessensentscheidung** (§ 5). Eine ablehnende Entscheidung darf gem. § 102 FGO von den Gerichten nur daraufhin überprüft werden, ob die FinBeh. ihr Ermessen fehlerfrei ausgeübt haben *(BFH-Beschluss vom 5. und 13. 5. 1977 VII B 9/77, BStBl. II S. 587; BFH-Urteil vom 11. 10. 1989 I R 199/85, BFH/NV 1991 S. 14).*

Eine **Verrechnungsstundung** von Steuern wegen zu erwartender ESt-Überzahlung ist möglich, wenn der Gegenanspruch mit an Sicherheit grenzender Wahrscheinlichkeit besteht. Einer Vorlage der Steuererklärung bedarf es dann nicht, wenn das Bestehen des Gegenanspruchs auf andere Weise, etwa durch Vorlage von Urkunden oder durch anderweitige Glaubhaftmachung mit der erforderlichen Sicherheit nachgewiesen werden kann. Dies gilt insbesondere für leicht überschaubare Sachverhaltsgestaltungen (vgl. *BFH-Urteile vom 12. 6. 1996 II R 71/94, BFH/NV 1996 S. 873; vom 12. 11. 1997 XI R 22/97, BFH/NV 1998 S. 418*). Die Verpflichtung der Schuldner der **Kapitalerträge,** die Steuer für Rechnung der Gläubiger der Kapitalerträge zu entrichten, einzubehalten und abzuführen, kann nicht mit der Begründung gestundet werden, der Abzugs- und Entrichtungsverpflichtete habe gegen das FA einen mit Sicherheit entstehenden Steuererstattungsanspruch *(BFH-Urteile vom 24. 3. 1998 I R 120/97, BStBl. 1999 II S. 3; vom 15. 12. 1999 I R 113/98, BFH/NV 2000 S. 1066).* Zur Verrechnungsstundung siehe *Vfg. OFD Hannover vom 18. 3. 2009,* nachstehend abgedruckt.

Die Entrichtung der auf Grund einer Gewinnausschüttung einbehaltenen **Kapitalertragsteuer** bedeutet regelmäßig keine „erhebliche Härte" iSd § 222 Satz 1 AO für den Dividendenschuldner *(BFH-Urteil vom 23. 8. 2000 I R 107/98, BStBl. 2001 II S. 742).*

[5] Die Anfügung der Sätze 3 und 4 durch Art. 26 StMBG vom 21. 12. 1993 (BGBl. I S. 2310) mWv 30. 12. 1993 ist eine Reaktion des Gesetzgebers auf die Rspr. des *BFH (Urteil vom 12. 3. 1993 VI R 71/90, BStBl. II S. 479),* wonach grds. alle Ansprüche aus dem Steuerschuldverhältnis stundbar sind.

---

[1] Begehrt ein Stpfl. Stundung seiner beträchtlichen Steuerrückstände mit einer Laufzeit von mindestens 10 Jahren ohne Sicherheitsleistung, kann sich die Gefährdung des Steueranspruchs dadurch ergeben, dass sich das FA in eine einseitige Bindung bezüglich der Tilgungsmodalitäten begeben würde, die es in der Wahrnehmung der fiskalischen Interessen behindern könnte *(BFH-Beschluss vom 8. 2. 1988 IV B 102/87, BStBl. II S. 514).*

Anl 1

II. Billigkeitsmaßnahmen nach §§ 163, 227 AO, § 234 Abs. 2 und § 237 Abs. 4 AO

Die Finanzämter sind befugt: 3
1. zu abweichenden Festsetzungen nach § 163 Abs. 1 Satz 1 AO, zum Erlass nach § 227 AO und zum Verzicht nach § 234 Abs. 2 und § 237 Abs. 4 AO
   a) für Beträge bis einschließlich 20 000 Euro in eigener Zuständigkeit;
   b) bei Säumniszuschlägen, deren Erhebung nicht mit dem Sinn und Zweck des § 240 AO zu vereinbaren und deshalb ein teilweiser oder vollständiger Erlass der kraft Gesetzes verwirkten Säumniszuschläge aus Gründen sachlicher Unbilligkeit geboten ist (AEAO zu § 240, Nr. 5), in unbegrenzter Höhe in eigener Zuständigkeit;
   c) für Beträge bis einschließlich 100 000 Euro mit Zustimmung der Oberfinanzdirektion;
   d) mit Zustimmung der obersten Landesfinanzbehörde in allen übrigen Fällen.

   Der Betrag, auf den nach § 234 Abs. 2 oder § 237 Abs. 4 AO verzichtet werden soll, kann geschätzt werden.
2. zu abweichenden Festsetzungen nach § 163 Abs. 1 Satz 2 AO, wenn die Höhe der Besteuerungsgrundlagen, die nicht in dem gesetzlich bestimmten Veranlagungszeitraum berücksichtigt werden sollen,
   a) 40 000 Euro nicht übersteigt, in eigener Zuständigkeit,
   b) 200 000 Euro nicht übersteigt, mit Zustimmung der Oberfinanzdirektion,
   c) mit Zustimmung der obersten Landesfinanzbehörde in allen übrigen Fällen.

   Vertrauensschutz und Treu und Glauben gelten als Billigkeitsgründe i. S. d. §§ 163, 222, 227 AO.

III. Absehen von Festsetzungen nach § 156 Abs. 2 AO und Niederschlagungen nach § 261 AO

Die Zustimmung der Oberfinanzdirektion ist einzuholen: 4

a) beim Absehen von der Festsetzung nach § 156 Abs. 2 AO, wenn der Betrag 25 000 Euro übersteigt; der Betrag kann in der Regel geschätzt werden;

b) bei Niederschlagungen nach § 261 AO von Beträgen, die 250 000 Euro übersteigen. Die Zustimmung ist nicht einzuholen bei der Niederschlagung von Insolvenzforderungen. Die Zustimmung ist ferner nicht einzuholen, wenn innerhalb der letzten zwölf Monate eine Zustimmung zur Niederschlagung der Steuern dieser Steuerart und dieses Veranlagungszeitraums bzw. dieser Nebenleistungen (vgl. Abschnitt B.I.) erteilt worden ist.

IV. Zuständigkeit beim Verzicht auf Mittelbehörden (§ 2 a FVG)

Ist keine Oberfinanzdirektion eingerichtet, ist bei Überschreiten der für die Vorlage an die Oberfinanzdirektion maßgeblichen Grenzen die Zustimmung der obersten Landesfinanzbehörde einzuholen. 5

B. Gemeinsame Anordnungen

I. Zuständigkeitsgrenzen

1. Für die Feststellung der Zuständigkeitsgrenzen sind jede Steuerart und jeder Veranlagungszeitraum für sich zu rechnen; erstreckt sich die Maßnahme nach § 163 Abs. 1 Satz 2 AO auf mehrere Jahre, so sind die Beträge, die auf die einzelnen Jahre entfallen, zu einem Gesamtbetrag zusammenzurechnen. Bei Steuerarten ohne bestimmten Veranlagungszeitraum (z. B. Lohnsteuer, Kapitalertragsteuer) gilt das Kalenderjahr als Veranlagungszeitraum; bei den Einzelsteuern ist jeder Steuerfall für sich zu betrachten. Etwaige vorher ausgesprochene Bewilligungen sind zu berücksichtigen. Vorauszahlungen für einen Veranlagungs- bzw. Besteuerungszeitraum sind zusammenzurechnen; sie sind jedoch nicht in einen Jahresbetrag hochzurechnen. 6
2. Steuerliche Nebenleistungen (§ 3 Abs. 4 AO) sind dem Hauptbetrag nicht hinzuzurechnen. Sie gelten jedoch selbst als Hauptbetrag, soweit für sie eine der in diesem Erlass genannten Maßnahmen getroffen werden soll.

Ist für eine Steuerart und einen Veranlagungszeitraum die Zustimmungsgrenze überschritten, so unterliegen die beantragten Billigkeitsmaßnahmen vollumfänglich dem Zustimmungsvorbehalt.

II. Ablehnung von Anträgen

Die Finanzämter und die Oberfinanzdirektionen sind unabhängig von der Höhe des Betrages berechtigt, Anträge auf Stundung nach § 222 AO und § 6 Abs. 4 AStG, auf abweichende Festsetzung nach § 163 AO, auf Erlass nach § 227 AO sowie auf Verzicht nach § 234 Abs. 2 AO und § 237 Abs. 4 AO abzulehnen, wenn diese Anträge für nicht begründet erachtet werden. 7

III. Vorlage von Anträgen

Die Finanzämter und die Oberfinanzdirektion haben Anträge auf eine der in Abschnitt B.II. bezeichneten Maßnahmen der zuständigen übergeordneten Behörde vorzulegen, wenn die Anträge ganz oder teilweise für begründet erachtet und die im Abschnitt A. bezeichneten Grenzen überschritten werden oder wenn aus besonderen Gründen die Vorlage angezeigt ist. 8

Die Zustimmung der jeweils zuständigen Landesfinanzbehörde ist nicht einzuholen bei Ratenzahlungsvereinbarungen nach § 6 Abs. 4 AStG in der ab dem 1. Juli 2021 geltenden Fassung, bei der Zustimmung zu einem Restrukturierungsplan oder außergerichtlichen Schuldenbereinigungsplan sowie bei Billigkeitsmaßnahmen über Insolvenzforderungen im Verbraucherinsolvenzverfahren und im Regelinsolvenzverfahren.

In den Fällen von Abschn. II Nr. 3 des BMF-Schreibens vom 5. Juli 2023 (BStBl. I S. 1467) können die Länder ergänzende Weisungen erlassen, inwieweit auf die Zustimmung der obersten Landesfinanzbehörde und/oder der Oberfinanzdirektion verzichtet wird.

Diese Erlasse ergehen im Einvernehmen mit dem Bundesministerium der Finanzen. Sie treten an die Stelle der GLE vom 5. Juli 2023 (BStBl. I S. 1468).

Anl 2

2) Schreiben betr. Mitwirkung des Bundesministeriums der Finanzen bei Billigkeitsmaßnahmen bei der Festsetzung oder Erhebung von Steuern, die von den Landesfinanzbehörden im Auftrag des Bundes verwaltet werden

Vom 5. Juli 2023 (BeckVerw 625625)

BMF IV D 1 – S 0336/20/10004 :003; DOK 2023/0638852

Nach Erörterung mit den obersten Finanzbehörden der Länder gilt bei der Festsetzung oder Erhebung von Steuern, die von den Landesfinanzbehörden im Auftrag des Bundes verwaltet werden, und von Zinsen auf solche Steuern Folgendes:

I.

9 Die obersten Finanzbehörden der Länder werden in folgenden Fällen die vorherige Zustimmung des Bundesministeriums der Finanzen einholen:

1. Bei Stundungen nach § 222 AO und nach § 6 Abs. 4 AStG in der bis zum 30. Juni 2021 geltenden Fassung, wenn der zu stundende Betrag höher ist als 500 000 Euro und für einen Zeitraum von mehr als 12 Monaten gestundet werden soll;
2. bei Erlassen nach § 227 AO, wenn der Betrag, der erlassen (erstattet, angerechnet) werden soll, 200 000 Euro übersteigt;
3. bei abweichender Festsetzung nach § 163 Abs. 1 Satz 1 AO, wenn der Betrag, um den abweichend festgesetzt werden soll, 200 000 Euro übersteigt;
4. bei Maßnahmen nach § 163 Abs. 1 Satz 2 AO, wenn die Höhe der Besteuerungsgrundlagen, die nicht in dem gesetzlich bestimmten Veranlagungszeitraum berücksichtigt werden sollen, 400 000 Euro übersteigt;
5. bei Billigkeitsrichtlinien der obersten Finanzbehörden der Länder, die die abweichende Festsetzung, die Stundung oder den Erlass betreffen und sich auf eine Mehrzahl von Fällen beziehen.

II.

10 Die Zustimmung des Bundesministeriums der Finanzen ist nicht einzuholen, wenn

1. einem Restrukturierungsplan oder außergerichtlichen Schuldenbereinigungsplan zugestimmt werden soll,
2. eine Billigkeitsmaßnahme über Insolvenzforderungen im Verbraucherinsolvenzverfahren oder im Regelinsolvenzverfahren gewährt wird,
3. die Gewährung einer Billigkeitsmaßnahme nach §§ 163, 222 oder 227 AO durch BMF-Schreiben allgemein angeordnet oder durch eine im Bundessteuerblatt Teil II veröffentlichte BFH-Entscheidung vorgegeben ist oder
4. Ratenzahlungsvereinbarungen nach § 6 Abs. 4 AStG in der ab dem 1. Juli 2021 geltenden Fassung gewährt werden sollen.

III.

11 Für die Feststellung der Zustimmungsgrenzen ist jede Steuerart und jeder Veranlagungszeitraum für sich zu rechnen; erstreckt sich die Maßnahme nach § 163 Abs. 1 Satz 2 AO auf mehrere Jahre, so sind die Beträge, die auf die einzelnen Jahre entfallen, zu einem Gesamtbetrag zusammenzurechnen. Bei Steuerarten ohne bestimmten Veranlagungszeitraum (z. B. Lohnsteuer, Kapitalertragsteuer) gilt das Kalenderjahr als Veranlagungszeitraum; bei den Einzelsteuern ist jeder Steuerfall für sich zu betrachten. Etwaige vorher ausgesprochene Bewilligungen sind zu berücksichtigen. Vorauszahlungen dürfen nicht in einen Jahresbetrag umgerechnet werden. Steuerliche Nebenleistungen (§ 3 Abs. 4 AO) sind dem Hauptbetrag nicht hinzuzurechnen. Zinsen gelten jedoch selbst als Hauptbetrag, soweit für sie eine Billigkeitsmaßnahme getroffen werden soll. Dabei sind für einen Verzicht auf Stundungszinsen nach § 234 Abs. 2 AO und auf Aussetzungszinsen nach § 237 Abs. 4 AO die unter I. in den Ziffern 2 und 3 bezeichneten Betragsgrenzen maßgebend.

Ist für eine Steuerart und einen Veranlagungszeitraum die Zustimmungsgrenze überschritten, so unterliegen die beantragten Billigkeitsmaßnahmen vollumfänglich dem Zustimmungsvorbehalt.

Dieses Schreiben tritt an die Stelle des BMF-Schreibens vom 2. November 2021 IV A 3 – S 0336/20/10004 :001 (BStBl. I S. 2153).

AO

§ 223 (weggefallen)

2. Unterabschnitt. Zahlung, Aufrechnung, Erlass

§ 224[1] Leistungsort, Tag der Zahlung

(1) ① **Zahlungen an Finanzbehörden sind an die zuständige Kasse zu entrichten. ② Außerhalb des Kassenraumes können Zahlungsmittel[2] nur einem Amtsträger übergeben werden, der zur Annahme von Zahlungsmitteln außerhalb des Kassenraums besonders ermächtigt worden ist und sich hierüber ausweisen kann.** 1

(2) **Eine wirksam geleistete Zahlung gilt als entrichtet:** 2

1. **bei Übergabe oder Übersendung von Zahlungsmitteln am Tag des Eingangs, bei Hingabe oder Übersendung von Schecks[3] jedoch drei Tage nach dem Tag des Eingangs,**
2. **bei Überweisung oder Einzahlung auf ein Konto der Finanzbehörde und bei Einzahlung mit Zahlschein an dem Tag, an dem der Betrag der Finanzbehörde gutgeschrieben wird,**
3. **bei Vorliegen eines SEPA-Lastschriftmandats am Fälligkeitstag.**

(3) ① **Zahlungen der Finanzbehörden sind unbar zu leisten. ② Das Bundesministerium der Finanzen und die für die Finanzverwaltung zuständigen obersten Landesbehörden können für ihre Geschäftsbereiche Ausnahmen zulassen. ③ Als Tag der Zahlung gilt bei Überweisung oder Zahlungsanweisung der dritte Tag nach der Hingabe oder Absendung des Auftrags an das Kreditinstitut oder, wenn der Betrag nicht sofort abgebucht werden soll, der dritte Tag nach der Abbuchung.** 3

(4) ① **Die zuständige Kasse kann für die Übergabe von Zahlungsmitteln gegen Quittung geschlossen werden. ② Absatz 2 Nummer 1 gilt entsprechend, wenn bei der Schließung von Kassen nach Satz 1 am Ort der Kasse eine oder mehrere Zweiganstalten der Deutschen Bundesbank oder, falls solche am Ort der Kasse nicht bestehen, ein oder mehrere Kreditinstitute ermächtigt werden, für die Kasse Zahlungsmittel gegen Quittung anzunehmen.** 4

Zu § 224 – Leistungsort, Tag der Zahlung: AEAO

1. § 224 Abs. 2 Nr. 3 AO stellt sicher, dass Verzögerungen bei der Einziehung aufgrund eines SEPA-Lastschriftmandats nicht zu Lasten des Steuerpflichtigen gehen. 5

2. Die Regelungen zum Tag der Zahlung (§ 224 Abs. 2 und 3 AO) gelten nur bei wirksam geleisteten Zahlungen, d. h. wenn der geleistete Betrag den Empfänger erreicht hat. 6

3. Ist die örtliche Zuständigkeit nach § 26 AO auf ein anderes Finanzamt übergegangen und wird eine Zahlung auf eine von dem vormals zuständigen Finanzamt festgesetzte Steuer an die vormals zuständige Finanzkasse geleistet, erlischt der Steueranspruch, sobald die Zahlung bei der unzuständigen Finanzkasse eingegangen ist und die neu zuständige Finanzkasse dem nach § 362 Abs. 2 i. V. m. § 185 BGB zustimmt. Die Zustimmung der neu zuständigen Finanzkasse nach § 362 Abs. 2 i. V. m. § 185 BGB gilt allgemein als auf den Zeitpunkt des Zahlungseingangs bei der vormals zuständigen Finanzkasse erteilt. 7

Erlass betr. Kleinbetragsregelung im Erhebungsverfahren Anl

Vom 2. Januar 2025 (BeckVerw 647690)

(BMF IV D 1 - S 0512/00034/002/097; DOK COO.7005.100.3.10 949 419)

Unter Bezugnahme auf das Ergebnis der Erörterungen mit den obersten Finanzbehörden der Länder gilt bei der Erhebung von Ansprüchen aus dem Steuerschuldverhältnis Folgendes:

1. Entrichtung von Kleinbeträgen

Ergibt die Abrechnung eines Bescheides Forderungen von insgesamt weniger als 3,– Euro, so ist dem Steuerpflichtigen durch folgenden Hinweis zu gestatten, diese Kleinbeträge unabhängig von ihrer 8

---

[1] Zur Behandlung von Kleinbeträgen im Erhebungsverfahren vgl. *BMF-Schreiben vom 2. 1. 2025, IV D 1 – S 0512/00034/002/097, BStBl. 2025 I S. 5* nachstehend abgedruckt.

Zum Erlöschen des Anspruchs vgl. § 47 AO. Der Steuerschuldner hat nach § 270 Abs. 1 BGB grundsätzlich für Gefahren der Geldübermittlung einzustehen (st. Rspr.). Pflichtverletzungen des FA bei der Entgegennahme eines Schecks von dem Stpfl. können nicht die Rechtsfolge haben, dass die Steuerschuld trotz Nichteinlösung des Schecks getilgt wird. Die Rspr. zum Anspruch auf Wiedereinsetzung in den vorigen Stand wegen der Versäumung einer Frist trotz rechtzeitiger Übergabe des Schriftstücks an die Post ist insofern nicht einschlägig *(BFH-Beschluss vom 8. 3. 1999 VII B 208/98, BFH/NV 1999 S. 1058).*

Die Überweisung eines Geldbetrags von einem FA an ein anderes FA – zugunsten des Steuerkontos eines dort veranlagten Steuerpflichtigen – kann nicht wie die Zahlung eines Dritten auf eine fremde Schuld behandelt werden, hat also keine unmittelbare Tilgungswirkung *(BFH-Urteil vom 16. 12. 2008 VII R 7/08, BStBl. 2009 II S. 514).*

[2] Zum Begriff „Zahlungsmittel" vgl. Abschn. 15 Abs. 1 VollzA (abgedruckt in der Loseblatt-Textausgabe **„Steuererlasse"** unter Nr. **800 b**) und Dienstanweisung des BMF über „Gesetzliche Zahlungsmittel", veröffentlicht in der Vorschriftensammlung Bundesfinanzverwaltung S 5560.

[3] Die AO regelt generalisierend, wann eine durch Schenkeinreichung bewirkte Zahlung als entrichtet anzusehen ist; sie nimmt in Kauf, dass eine Zahlung mitunter als nicht entrichtet anzusehen ist, obwohl die Finanzbehörde bereits über den Zahlbetrag verfügen kann *(BFH-Urteil vom 28. 8. 2012 VII R 71/11, BStBl. 2013 II S. 103).*

Fälligkeit erst dann zu entrichten, wenn unter derselben Steuernummer Ansprüche von insgesamt mindestens 3,– Euro fällig werden:

„Wenn Sie dem Finanzamt unter dieser Steuernummer fällige Beträge von insgesamt weniger als 3,– Euro schulden, können Sie diese Beträge zusammen mit der nächsten Zahlung an das Finanzamt entrichten. Geben Sie dann aber bitte auch die Steuernummer und den Verwendungszweck für diese Beträge an. Unabhängig davon kann das Finanzamt diese Beträge jederzeit verrechnen."

Im SEPA-Lastschriftverfahren sind Beträge von insgesamt weniger als 3,– Euro nicht zum Fälligkeitstag, sondern mit dem nächsten fälligen Betrag abzubuchen.

2. Säumniszuschläge

9 Säumniszuschläge von insgesamt weniger als 5,– Euro, die unter einer Steuernummer nachgewiesen werden, sollen in der Regel nicht gesondert angefordert werden; sie können jedoch zusammen mit anderen Beträgen angefordert werden.

3. Mahnung

10 Bei fälligen Beträgen von weniger als 10,– Euro ist von der Mahnung abzusehen. Werden mehrere Ansprüche unter einer Steuernummer nachgewiesen, gilt diese Kleinbetragsgrenze für den jeweils zu mahnenden Gesamtbetrag, dabei sind steuerliche Nebenleistungen einschließlich noch nicht angeforderter Säumniszuschläge mit einzubeziehen.

4. Aufrechnung, Umbuchung

Durch die Kleinbetragsgrenzen der Nummern 1 bis 3 wird die Möglichkeit der Aufrechnung oder Umbuchung nicht ausgeschlossen.

5. Kleinstbeträge

11 **5.1.** Erstattungsbeträge von weniger als 1,– Euro sind nur auf Antrag zu erstatten oder wenn sich aus mehreren Beträgen ein Guthaben von mindestens 1,– Euro ergibt.

Ergibt die Abrechnung eines Bescheides einen Gesamtbetrag von weniger als 1,– Euro, so ist in den Bescheid folgender Hinweis aufzunehmen:

„Verbleibende Beträge von insgesamt weniger als 1,– Euro werden nicht erstattet, weil dadurch unverhältnismäßige Kosten entstehen würden. Das Finanzamt wird diese Beträge mit der nächsten Erstattung auszahlen oder mit fälligen Beträgen verrechnen."

5.2. Nachzahlungsbeträge von weniger als 1,– Euro werden erst erhoben, wenn sich aus mehreren Beträgen eine Forderung von mindestens 1,– Euro ergibt.

5.3. Eine Verrechnung von Erstattungs- und Nachzahlungsbeträgen von weniger als 1,– Euro ist jederzeit möglich.

Von der Einhaltung der Kleinbetragsgrenzen kann abgesehen werden, wenn diese vom Steuerpflichtigen missbräuchlich ausgenutzt werden.

Diese Regelung tritt mit sofortiger Wirkung an die Stelle der Regelung im BMF-Schreiben vom 22. März 2001 IV A 4 – S 0512-2/01 (BStBl. I S. 242).

AO

§ 224 a Hingabe von Kunstgegenständen an Zahlungs statt

1 **(1) ① Schuldet ein Steuerpflichtiger Erbschaft- oder Vermögensteuer, kann durch öffentlich-rechtlichen Vertrag zugelassen werden, dass an Zahlungs statt das Eigentum an Kunstgegenständen, Kunstsammlungen, wissenschaftlichen Sammlungen, Bibliotheken, Handschriften und Archiven dem Land, dem das Steueraufkommen zusteht, übertragen wird, wenn an deren Erwerb wegen ihrer Bedeutung für Kunst, Geschichte oder Wissenschaft ein öffentliches Interesse besteht. ② Die Übertragung des Eigentums nach Satz 1 gilt nicht als Veräußerung im Sinne des § 13 Absatz 1 Nummer 2 Satz 2 des Erbschaftsteuergesetzes.**

2 **(2) ① Der Vertrag nach Absatz 1 bedarf der Schriftform; die elektronische Form ist ausgeschlossen. ② Der Steuerpflichtige hat das Vertragsangebot an die örtlich zuständige Finanzbehörde zu richten. ③ Zuständig für den Vertragsabschluss ist die oberste Finanzbehörde des Landes, dem das Steueraufkommen zusteht. ④ Der Vertrag wird erst mit der Zustimmung der für kulturelle Angelegenheiten zuständigen obersten Landesbehörde wirksam; diese Zustimmung wird von der obersten Finanzbehörde eingeholt.**

3 **(3) Kommt ein Vertrag zustande, erlischt die Steuerschuld in der im Vertrag vereinbarten Höhe am Tag der Übertragung des Eigentums an das Land, dem das Steueraufkommen zusteht.**

4 **(4) ① Solange nicht feststeht, ob ein Vertrag zustande kommt, kann der Steueranspruch nach § 222 gestundet werden. ② Kommt ein Vertrag zustande, ist für die Dauer der Stundung auf die Erhebung von Stundungszinsen zu verzichten.**

§ 225 Reihenfolge der Tilgung[1]

(1) **Schuldet ein Steuerpflichtiger mehrere Beträge und reicht bei freiwilliger Zahlung der gezahlte Betrag nicht zur Tilgung sämtlicher Schulden aus, so wird die Schuld getilgt, die der Steuerpflichtige bei der Zahlung bestimmt.** 1

(2) ① **Trifft der Steuerpflichtige keine Bestimmung, so werden mit einer freiwilligen Zahlung, die nicht sämtliche Schulden deckt, zunächst die Geldbußen, sodann nacheinander die Zwangsgelder, die Steuerabzugsbeträge, die übrigen Steuern, die Kosten, die Verspätungszuschläge, die Zinsen und die Säumniszuschläge getilgt.** ② **Innerhalb dieser Reihenfolge sind die einzelnen Schulden nach ihrer Fälligkeit zu ordnen; bei gleichzeitig fällig gewordenen Beträgen und bei den Säumniszuschlägen bestimmt die Finanzbehörde die Reihenfolge der Tilgung.** 2

(3) **Wird die Zahlung im Verwaltungsweg erzwungen (§ 249) und reicht der verfügbare Betrag nicht zur Tilgung aller Schulden aus, derentwegen die Vollstreckung oder die Verwertung der Sicherheiten erfolgt ist, so bestimmt die Finanzbehörde die Reihenfolge der Tilgung.** 3

§ 226 Aufrechnung[2]

(1) **Für die Aufrechnung mit Ansprüchen aus dem Steuerschuldverhältnis sowie für die Aufrechnung gegen diese Ansprüche gelten sinngemäß die Vorschriften des bürgerlichen Rechts, soweit nichts anderes bestimmt ist.** 1

---

[1] *BFH-Urteil vom 19. 3. 2025 X R 20/23, BFH/NV S. 1077:* 1. Eine Tilgungsbestimmung (§ 225 Abs. 1 AO) ist eine einseitige empfangsbedürftige Willenserklärung, die nach den Regeln der §§ 133, 157 BGB auszulegen ist und auf die die Vorschriften der §§ 116 ff. BGB entsprechende Anwendung finden. 2. Auch ein Dritter, der auf eine fremde Steuerschuld leistet (§ 48 Abs. 1 AO), gibt eine Tilgungsbestimmung im Sinne von § 225 Abs. 1 AO ab. 3. Hat ein Dritter, der auf eine fremde Steuerschuld geleistet hat, seine Tilgungsbestimmung (§ 48 Abs. 1 i. V. m. § 225 Abs. 1 AO) wegen einer Drohung nach § 123 Abs. 1 Alternative 2 BGB wirksam angefochten, ist die Tilgungsbestimmung gemäß § 142 BGB als von Anfang an nichtig anzusehen. Dem Dritten kann in diesem Fall ein Erstattungsanspruch nach § 37 Abs. 2 Satz 1 und 2 AO zustehen. Zahlungen eines Duldungsverpflichteten (§ 191 Abs. 1 AO) sind nicht notwendigerweise im Verwaltungswege erzwungen. Zahlt er freiwillig, so kann das FA nicht die Reihenfolge der Tilgung bestimmen *(BFH-Urteil vom 14. 10. 1999 IV R 63/98, BStBl. 2001 II S. 329).*

[2] Bei der **Zusammenveranlagung von Ehegatten** zur ESt steht der Anspruch auf Auszahlung überzahlter LSt im Regelfall dem Ehegatten zu, der gezahlt hat. Gegen diesen Anspruch kann daher das FA mit rückständigen Steuerschulden des anderen Ehegatten nicht aufrechnen *(BFH-Urteil vom 19. 10. 1982 VII R 55/80, BStBl. 1983 II S. 162).*

Die Befugnis zusammenveranlagter Ehegatten, die Aufteilung ihrer Gesamtschuld zu beantragen, begründet keine Einrede, die der Aufrechnung des FA mit der Gesamtschuld entgegensteht (vgl. *BFH-Urteil vom 12. 6. 1990 VII R 69/89, BStBl. 1991 II S. 493).*

Die **Aufrechnungserklärung** des FA mit Ansprüchen aus dem Steuerschuldverhältnis ist die rechtsgeschäftliche Ausübung eines Gestaltungsrechts und für sich allein **kein Verwaltungsakt.** Hat das FA unzulässigerweise die Aufrechnungserklärung als Verwaltungsakt erlassen, so ist dieser auf Anfechtung hin aufzuheben. Die Frage der Wirksamkeit der rechtsgeschäftlichen Aufrechnungserklärung als solche wird hierdurch nicht berührt *(BFH-Urteil vom 2. 4. 1987 VII R 148/83, BStBl. II S. 536).* Der Senat hält an seiner Rspr. fest, nach der die Nichtbezeichnung der Forderung, mit der aufgerechnet werden soll, der Wirksamkeit der Aufrechnungserklärung nicht entgegensteht. Auch ein Abrechnungsbescheid, mit dem das Erlöschen eines Steuererstattungsanspruchs durch Aufrechnung mit einer Steuerforderung festgestellt wird, ist nicht mangels hinreichender inhaltlicher Bestimmtheit unwirksam, wenn das FA die Gegenforderung nicht bezeichnet hat *(BFH-Urteil vom 4. 2. 1997 VII R 50/96, BStBl. 1997 II S. 479).*

Eine maschinelle Umbuchungsmitteilung kann eine Aufrechnungserklärung enthalten, auch wenn das FA darin seine Bereitschaft erklärt, unter Umständen gegenteilige Buchungswünsche zu berücksichtigen *(BFH-Urteil vom 26. 7. 2005 VII R 72/04, BStBl. 2006 II S. 351).*

Das FA kann grundsätzlich auch mit solchen Forderungen aufrechnen, die vom Aufrechnungsgegner bestritten und noch nicht rechtskräftig festgestellt sind. Die Anfechtung der Gegenforderung (im Streitfall Haftungsforderung) stellt ebenso wie die beantragte, aber noch nicht gewährte Aussetzung kein Aufrechnungshindernis dar. Die Aufrechnung ist jedoch nur wirksam, wenn die Gegenforderung materiell-rechtlich besteht, was im Falle deren Anfechtung erst mit rechtskräftigem Abschluss des Anfechtungsverfahrens feststeht. Dieses Streitverfahren ist daher gegenüber dem Streitverfahren über die Wirksamkeit der Aufrechnung vorgreiflich. Der unter dem Abrechnungsteil eines ESt-Bescheides befindliche Hinweis, dass das Guthaben auf ein bestimmtes Konto erstattet werde, stellt mangels verbindlicher Regelung eines Einzelfalls keinen Verwaltungsakt dar *(BFH-Beschluss vom 20. 12. 2002 VII B 67/02, BFH/NV 2003 S. 444).*

Finanzgerichte entscheiden bei Streitigkeiten über die Rechtmäßigkeit von Abrechnungsbescheiden in sogenannten Bauträgerfällen auch über den Bestand und die Durchsetzbarkeit der – dem Finanzamt von Bauleistenden abgetretenen – zivilrechtlichen Werklohnforderungen *(BFH-Beschluss vom 26. 9. 2023 V B 23/22 (AdV), BStBl. 2025 II S. 177).*

Das FA ist – ebenso wie der Stpfl. – **nicht gehalten,** bei der Aufrechnung seine Ansprüche nach der Fälligkeit zu ordnen und zunächst die älteren Ansprüche zum Erlöschen zu bringen *(BFH-Urteil vom 17. 11. 1987 VII R 90/84, BStBl. 1988 II S. 117).*

Die FinBeh. kann mit einem Haftungsanspruch gegenüber dem Neugläubiger, dem der Haftungsschuldner seine Forderung gegen die Behörde abgetreten hat, dann nicht aufrechnen, wenn der Haftungsanspruch infolge Stundung durch die Behörde erst nach deren Kenntniserlangung von der Abtretung und später als die abgetretene Forderung fällig geworden ist *(BFH-Urteil vom 25. 4. 1989 VII R 36/87, BStBl. 1990 II S. 352).*

Hat der Stpfl. einen gegen das FA gerichteten Erstattungsanspruch abgetreten und besteht im Zeitpunkt der Abtretungsanzeige zugunsten des FA eine Aufrechnungslage, so kann das FA die Aufrechnung auch gegenüber dem Neugläubiger erklären (vgl. *BFH-Urteil vom 6. 2. 1990 VII R 86/88, BStBl. II S. 523).*

Wird eine gegen das FA gerichtete Forderung abgetreten und besteht für das FA im Zeitpunkt der Kenntniserlangung von der Abtretung eine Aufrechnungslage gegenüber dem bisherigen Gläubiger, die das FA nach § 226 Abs. 1 AO i. V. m. § 406 BGB berechtigt, die Aufrechnung mit ihrer Gegenforderung auch gegenüber dem neuen Gläubiger der Hauptforderung zu erklären, so werden diese eingetretenen Rechtswirkungen des § 406 BGB durch eine nachträglich vom FA gewährte Stundung der Gegenforderung, die auf den Zeitpunkt der Kenntniserlangung von der Abtretung zurückwirkt, nicht beseitigt *(BFH-Urteil vom 8. 7. 2004 VII R 55/03, BStBl. 2005 II S. 7).*

[Fortsetzung nächste Seite]

AO
2 (2) **Mit Ansprüchen aus dem Steuerschuldverhältnis kann nicht aufgerechnet werden, wenn sie durch Verjährung oder Ablauf einer Ausschlussfrist erloschen[1] sind.**

[Fortsetzung]

Die Nichtbezeichnung der Forderung, mit der aufgerechnet werden soll, steht der Wirksamkeit der Aufrechnungserklärung nicht entgegen *(BFH-Urteil vom 4. 2. 1997 VII R 50/96, BStBl. 1997 II S. 479).*

Will das FA nach der Eröffnung des Insolvenzverfahrens die Aufrechnung gegen einen sich für einen Besteuerungszeitraum ergebenden Vorsteuervergütungsanspruch des Schuldners erklären und setzt sich dieser Anspruch sowohl aus vor als auch aus nach der Eröffnung des Insolvenzverfahrens begründeten Vorsteuerbeträgen zusammen, hat das FA sicherzustellen, dass die Aufrechnung den Vorsteuervergütungsanspruch nur insoweit erfasst, als sich dieser aus Vorsteuerbeträgen zusammensetzt, die vor der Eröffnung des Insolvenzverfahrens begründet worden sind *(BFH-Urteil vom 5. 10. 2004 VII R 69/03, BStBl. 2005 II S. 195).*

BFH-Urteil vom 4. 2. 2005 VII R 20/04, BFH/NV S. 942: 1. Wird nach dem Gesetz nicht geschuldete USt in einer Rechnung ausgewiesen, entsteht im Zeitpunkt der Rechnungsausgabe eine USt-Schuld, die auch dann erst in dem Besteuerungszeitraum, in dem die Rechnung berichtigt wird, durch Vergütung des entsprechenden Betrags zu berichtigen ist, wenn die USt noch nicht festgesetzt oder angemeldet worden war. 2. Der Vergütungsanspruch entsteht insolvenzrechtlich im Zeitpunkt der Rechnungsausgabe; gegen ihn kann im Insolvenzverfahren mit der USt-Forderung aufgerechnet werden.

§ 96 Abs. 1 Nr. 3 InsO hindert nicht die Aufrechnung des FA mit Steuerforderungen aus der Zeit vor Eröffnung des Insolvenzverfahrens gegen einen durch Verrechnung der Sondervorauszahlung gem. § 47 UStDV nach Verfahrenseröffnung entstandenen Erstattungsanspruch des Insolvenzschuldners *(BFH-Urteil vom 26. 1. 2005 VII R 22/04, BFH/NV S. 1210).*

BFH-Urteil vom 2. 11. 2010 VII R 6/10, BStBl. 2011 II S. 374: Die Verrechnung von Insolvenzforderungen des Finanzamts mit einem aus der Honorarzahlung an einen vorläufigen Insolvenzverwalter resultierenden Vorsteuervergütungsanspruch des Insolvenzschuldners ist, sofern bei Erbringung der Leistungen des vorläufigen Insolvenzverwalters die Voraussetzungen des § 130 InsO oder des § 131 InsO vorgelegen haben, unzulässig (Änderung der Rechtsprechung, Urteil vom 16. 11. 2004 VII R 75/03, BStBl. II 2006 S. 193).

Wird im Insolvenzverfahren des Steuerpflichtigen eine Umsatzsteuerfestsetzung wegen Uneinbringlichkeit einer vor Insolvenzeröffnung begründeten Forderung berichtigt, kann das FA gegen einen dadurch entstandenen Erstattungsanspruch die Aufrechnung erklären *(BFH-Beschluss vom 12. 8. 2008 VII B 213/07, BFH/NV S. 1819).*

BFH-Urteil vom 16. 1. 2007 VII R 7/06, BStBl. II S. 745: Will das FA nach der Eröffnung des Insolvenzverfahrens die Aufrechnung gegen einen **Vorsteuervergütungsanspruch** des Schuldners erklären und setzt sich dieser Anspruch sowohl aus vor als auch aus nach der Eröffnung des Insolvenzverfahrens begründeten Vorsteuerabzugsbeträgen zusammen, hat das FA sicherzustellen, dass die Aufrechnung den Vorsteuervergütungsanspruch nur insoweit erfasst, als sich dieser aus Vorsteuerbeträgen zusammensetzt, die vor der Eröffnung des Insolvenzverfahrens begründet worden sind. Dies geschieht, indem im Rahmen der Saldierung gemäß § 16 Abs. 2 Satz 1 UStG die für den Besteuerungszeitraum berechnete Umsatzsteuer vorrangig mit vor Insolvenzeröffnung begründeten Vorsteuerabzugsbeträgen verrechnet wird (Fortführung der Senatsrechtsprechung, *BFH-Urteil vom 16. 11. 2004 VII R 75/03, BStBl. 2006 II S. 193*).

Einzelne Vorsteuerbeträge begründen keinen Vergütungsanspruch, sondern sind unselbständige Besteuerungsgrundlagen, die bei der Berechnung der Umsatzsteuer mitberücksichtigt werden und in die Festsetzung der Umsatzsteuer eingehen. Aus einer Umsatzsteuer-Voranmeldung für einen Besteuerungszeitraum nach Eröffnung des Insolvenzverfahrens, die zu einer Steuerschuld führt, können daher einzelne Vorsteuerabzugsbeträge aus Leistungen, die vor Insolvenzeröffnung erbracht worden sind, nicht ausgeschieden und durch Aufrechnung zum Erlöschen gebracht werden *(BFH-Urteil vom 16. 1. 2007 VII R 4/06, BStBl. II S. 747).*

Einer Aufrechnung des FA gegen den Anspruch auf Auszahlung des Körperschaftsteuerguthabens während eines vor dem 31. 12. 2006 eröffneten Insolvenzverfahrens steht das Aufrechnungsverbot des § 96 Abs. 1 Nr. 1 InsO entgegen *(BFH-Urteil vom 23. 2. 2011 I R 20/10, BStBl. II S. 822).*

BFH-Urteil vom 8. 6. 2010 VII R 39/09, BStBl. II 2010 S. 839: Das FA kann gegen einen **Anspruch auf Investitionszulage** mit Ablauf des Wirtschaftsjahres, in dem die Investitionen vorgenommen worden sind, mit fälligen Steuerforderungen aufrechnen. Auf den Zeitpunkt der Festsetzung oder Fälligkeit der Investitionszulage kommt es nicht an.

Werden dem Insolvenzschuldner entrichtete **Säumniszuschläge,** die vor Eröffnung des Insolvenzverfahrens verwirkt worden sind, aus sachlichen Billigkeitsgründen erlassen, ist der daraus resultierende Erstattungsanspruch ebenfalls als vor Eröffnung des Insolvenzverfahrens begründet anzusehen, so dass gegen diesen Anspruch mit Insolvenzforderungen des FA aufgerechnet werden kann *(BFH-Beschluss vom 23. 4. 2007 VII B 310/06, BFH/NV S. 1452).*

Das FA kann im Insolvenzverfahren mit Forderungen aufrechnen, die vor Verfahrenseröffnung entstanden sind, ohne dass es deren vorheriger Festsetzung, Feststellung oder Anmeldung zur Insolvenztabelle bedarf *(BFH-Urteil vom 4. 5. 2004 VII R 45/03, BStBl. II S. 815).*

Lohnsteuererstattungsansprüche sind kein „Arbeitseinkommen". Ein Anspruch auf Erstattung von Lohnsteuer, auch wenn er durch eine steuerpflichtige Tätigkeit des Schuldners während des Insolvenzverfahrens begründet worden ist, gehört daher nicht zum insolvenzfreien Vermögen und kann vom Finanzamt nicht mit vorinsolvenzlichen Steuerschulden des Insolvenzschuldners verrechnet werden *(BFH-Beschluss vom 29. 1. 2010 VII B 188/09, BFH/NV S. 1243).* Hat der Insolvenzverwalter dem Insolvenzschuldner eine gewerbliche Tätigkeit durch Freigabe aus dem Insolvenzbeschlag ermöglicht, fällt ein durch diese Tätigkeit erworbener Umsatzsteuervergütungsanspruch nicht in die Insolvenzmasse und kann vom FA mit vorinsolvenzlichen Steuerschulden verrechnet werden *(BFH-Beschluss vom 1. 9. 2010 VII R 35/08, BFH/NV 2011 S. 88).*

BFH-Urteil vom 10. 5. 2007 VII R 18/05, BStBl. II S. 914: Das FA kann in einem Insolvenzverfahren mit **Haftungsforderungen** aufrechnen, die vor der Eröffnung des Verfahrens entstanden sind, ohne dass es des vorherigen Erlasses eines Haftungsbescheides, der Feststellung der Haftungsforderung oder ihrer Anmeldung zur Tabelle bedarf (Fortführung des *BFH-Urteils vom 4. 5. 2004 VII R 45/03, BStBl. 2004 II S. 815*).

BFH-Urteil vom 17. 4. 2007 VII R 27/06, BStBl. 2009 II S. 589: 1. Ist eine Steuer, die vor Eröffnung eines Insolvenzverfahrens entstanden ist, zu erstatten oder zu vergüten oder in anderer Weise dem Steuerpflichtigen wieder gut zu bringen, so stellt der diesbezügliche Anspruch des Steuerpflichtigen eine vor Eröffnung des Verfahrens aufschiebend bedingt begründete Forderung dar, gegen welche die Finanzbehörde im Insolvenzverfahren aufrechnen kann, auch wenn das die Erstattung oder Vergütung auslösende Ereignis selbst erst nach Eröffnung des Verfahrens eintritt. 2. Dementsprechend kann das FA die Erstattung von **Grunderwerbsteuer** gegen Insolvenzforderungen verrechnen, wenn der Verkäufer nach Eröffnung des Insolvenzverfahrens das ihm vorbehaltene Recht zum Rücktritt von einem vor Verfahrenseröffnung geschlossenen Kaufvertrag ausübt.

BFH-Beschluss vom 7. 6. 2006 VII B 329/05, BStBl. II S. 641: 1. Soweit ein Anspruch auf Erstattung von ESt auf **nach Eröffnung des Insolvenzverfahrens** abgeführter LSt beruht, ist eine Aufrechnung des FA mit Steuerforderungen gem. § 96 Abs. 1 Nr. 1 InsO unzulässig. 2. Das Aufrechnungshindernis entfällt erst mit der Aufhebung des Insolvenzverfahrens und nicht bereits mit dem Beschluss über die Ankündigung der Restschuldbefreiung.

§ 95 Abs. 1 Satz 3 InsO hindert nicht die Aufrechnung des FA mit Steuerforderungen aus der Zeit **vor Eröffnung des Insolvenzverfahrens** gegen einen durch Abgabe einer berichtigten Anmeldung nach Verfahrenseröffnung entstandenen LSt-Erstattungsanspruch *(BFH-Urteil vom 26. 1. 2005 VII R 41/04, BFH/NV S. 1211).*

[Fortsetzung nächste Seite]

(3) **Die Steuerpflichtigen können gegen Ansprüche aus dem Steuerschuldverhältnis nur mit unbestrittenen oder rechtskräftig festgestellten Gegenansprüchen aufrechnen.** 3

(4) **Für die Aufrechnung gilt als Gläubiger oder Schuldner eines Anspruchs aus dem Steuerschuldverhältnis auch die Körperschaft, die die Steuer verwaltet.**[1] 4

AEAO

Zu § 226 – Aufrechnung:

1. Für die Aufrechnung gelten die Vorschriften §§ 387 bis 396 BGB sinngemäß. Eine Aufrechnung kann danach erst erklärt werden, wenn die Aufrechnungslage gegeben ist; dies bedeutet Erfüllbarkeit (d.h. abstrakte Entstehung) der Verpflichtung des Aufrechnenden (Hauptforderung) und gleichzeitige Aufrechnung Fälligkeit seiner Forderung (Gegenforderung). Das Finanzamt ist allerdings an der gehindert, wenn die Durchsetzbarkeit der Gegenforderung durch Aussetzung der Vollziehung oder Stundung ausgeschlossen ist (vgl. BFH-Urteil vom 31. 8. 1995, VII R 58/94, BStBl. 1996 II S. 55). Die Aufrechnungslage wird durch eine nachträgliche rückwirkende Stundung nicht beseitigt (BFH-Urteil vom 8. 7. 2004, VII R 55/03, BStBl. 2005 II S. 7). 5

§ 215 erste Alternative BGB wird durch § 226 Abs. 2 AO ausgeschlossen. Die Gegenseitigkeit von Forderungen aus dem Steuerschuldverhältnis ist gewahrt, wenn die Abgabe derselben Körperschaft zusteht (§ 226 Abs. 1 AO) oder von derselben Körperschaft verwaltet wird (§ 226 Abs. 4 AO). Das Finanzamt kann daher von einem Steuerpflichtigen geforderte Erbschaftsteuer (dem Land allein zustehende Abgabe) gegen an diesen Steuerpflichtigen zu erstattenden Solidaritätszuschlag (dem Bund allein zustehende Abgabe) aufrechnen. Bei der Aufrechnung durch den Steuerpflichtigen findet § 395 BGB keine Anwendung (BFH-Urteil vom 25. 4. 1989, VII R 105/87, BStBl. II S. 949).

2. Eine Aufrechnung bewirkt nach § 226 Abs. 1 AO i. V. m. § 389 BGB, dass die Forderungen, soweit sie sich decken, in dem Zeitpunkt als erloschen gelten, in welchem sie zur Aufrechnung geeignet einander gegenüberstehen. Dabei ist nicht auf die Festsetzung oder die Fälligkeit eines Steueranspruchs bzw. eines Steuererstattungsanspruchs abzustellen, sondern auf dessen abstrakte materiellrechtliche Entstehung (vgl. BFH-Urteil vom 3. 5. 1991, V R 105/86, BFH/NV 1992 S. 77). Materiellrechtlich entstehen Ansprüche aus dem Steuerschuldverhältnis bereits mit Ver- 6

[Fortsetzung]

Der **Anspruch auf Erstattungszinsen,** die auf Zeiträume nach Eröffnung eines Insolvenzverfahrens entfallen, kann vom FA nicht mit vorinsolvenzlichen Steuerforderungen verrechnet werden *(BFH-Beschluss vom 30. 4. 2007 VII B 252/06, BStBl. 2009 II S. 624).*

Nach Rückkehr ins reguläre Insolvenzverfahren sind die während der Masseunzulänglichkeit geltenden Aufrechnungsverbote nicht mehr anzuwenden *(BFH-Urteil vom 17. 9. 2019 VII R 31/18, BStBl. 2023 II S. 221).*

BFH-Urteil vom 28. 2. 2012 VII R 36/11, BStBl. II S. 451: 1. Nach Aufhebung des Insolvenzverfahrens entstandene, aber bereits während seiner Dauer begründete Steuererstattungsansprüche des Insolvenzschuldners unterliegen weiterhin dem Insolvenzbeschlag, falls mit der Aufhebung des Insolvenzverfahrens ihre Nachtragsverteilung vorbehalten worden ist. 2. Für solche dem Insolvenzbeschlag weiterhin unterliegenden Ansprüche gelten die insolvenzrechtlichen Aufrechnungsverbote.

Restschuldbefreiung erlangt der Insolvenzschuldner nicht mit dem Ablauf der sog. Wohlverhaltensphase, sondern erst mit dem die Restschuldbefreiung erteilenden Beschluss des Insolvenzgerichts. Solange dieser aussteht, kann das FA gegen einen Erstattungsanspruch des Insolvenzschuldners die Aufrechnung mit Steuerforderungen erklären *(BFH-Beschluss vom 7. 1. 2010 VII B 118/09, BFH/NV S. 950).*

BFH-Urteil vom 28. 11. 2017 VII R 1/16, BStBl. 2018 S. 457: 1. Masseverbindlichkeiten werden von einer Restschuldbefreiung nicht erfasst. 2. Steuerschulden, die als Masseverbindlichkeiten entstanden sind, können nach Abschluss des Insolvenzverfahrens mit Erstattungsansprüchen des ehemaligen Insolvenzschuldners verrechnet werden. Der Verrechnung stehen eine dem Insolvenzverfahren immanente sog. Haftungsbeschränkung bzw. eine Einrede der beschränkten Haftung des Insolvenzschuldners nicht entgegen.

Das Aufrechnungsverbot des § 96 Abs. 1 Nr. 1 InsO besteht nach Einstellung des Insolvenzverfahrens nicht mehr. Das FA kann gegen eine abgetretene Forderung der Insolvenzmasse unter den Voraussetzungen des § 406 BGB auch gegenüber dem neuen Gläubiger die Aufrechnung erklären *(BFH-Urteil vom 13. 12. 2016 VII R 1/15, BStBl. 2017 II S. 541).*

BFH-Urteil vom 4. 3. 2008 VII R 10/06, BStBl. II S. 506: 1. Im **massearmen Insolvenzverfahren** können Neuforderungen, die erst nach Feststellung der Masseunzulänglichkeit begründet worden sind, nicht zur Aufrechnung gestellt werden. 2. Auch eine Aufrechnung gegen einen Vorsteuervergütungsanspruch, der sich aus anteiliger Verwaltervergütung für den Zeitraum bis zur Feststellung der Masseunzulänglichkeit ergibt, ist nicht zulässig, wenn eine entsprechende Teilvergütung vom Insolvenzgericht nicht festgesetzt worden ist *(Fortführung des BFH-Urteils vom 1. 8. 2000 VII R 31/99, BStBl. 2002 II S. 323).*

Hinsichtlich aus der Insolvenzmasse freigegebener Umsatzsteuervergütungsansprüche des Insolvenzschuldners bestehen weder insolvenzrechtliche Aufrechnungsverbote noch stehen der Aufrechnung gegen solche Forderungen Pfändungsschutzvorschriften entgegen *(BFH-Beschluss vom 22. 1. 2013 VII S 35/12 (PKH), BFH/NV S. 712).*

BFH-Urteil vom 1. 8. 2017 VII R 12/16, BStBl. 2018 II S. 737: 1. Das Gericht des zulässigen Rechtswegs entscheidet gemäß § 17 Abs. 2 Satz 1 GVG den Rechtsstreit grundsätzlich unter allen in Betracht kommenden rechtlichen Gesichtspunkten und damit auch über eine zur Aufrechnung gestellte **rechtswegfremde Gegenforderung,** es sei denn, diese Entscheidung erwächst nach § 322 Abs. 2 ZPO in Rechtskraft. 2. Zu einer Rechtskrafterstreckung kommt es nicht, wenn die Aufrechnung durch das Finanzamt gegenüber dem (früheren) Zedenten erklärt wurde und dieser am Klageverfahren der (späteren) Zessionarin nicht beteiligt ist.

[1] Zum Erlöschen der Ansprüche s. § 47 AO.

[1] Zur Verwaltungshoheit vgl. Art. 108 GG.

Besteht zwischen einer Haftungsforderung und einem Erstattungsanspruch (hier: hinsichtlich des Bundesanteils von einer Organgesellschaft gezahlter Umsatzsteuer) materiell-rechtlich Gegenseitigkeit, kann die Körperschaft, welche den Erstattungsanspruch verwaltet, die Aufrechnung erklären, selbst wenn sie nicht Gläubiger der Haftungsforderung ist und diese auch nicht verwaltet *(BFH-Urteil vom 10. 5. 2007 VII R 18/05, BFH/NV S. 1737).*

Zur Wirkung bei Gesamtschuldnern vgl. § 44 AO.

wirklichung des gesetzlichen Tatbestandes, d. h. z. B. die veranlagte Einkommensteuer bereits mit Ablauf des Veranlagungszeitraumes; auf die Kenntnis des Finanzamts oder des Steuerpflichtigen über Grund und Höhe der abstrakt entstandenen Ansprüche kommt es nicht an.

Das Steuererhebungsverfahren knüpft aber – anders als das Zivilrecht – nicht an die abstrakte Entstehung, sondern an die Konkretisierung des Steueranspruchs bzw. Steuererstattungsanspruchs durch dessen Festsetzung im Steuerbescheid und seine hieran anschließende Fälligkeit an (vgl. § 218 Abs. 1 AO). Deshalb geht die Rückwirkung einer Aufrechnung bei der Berechnung von Zinsen und Säumniszuschlägen nicht über den Zeitpunkt der Fälligkeit der Schuld des Aufrechnenden hinaus (vgl. § 238 Abs. 1 Satz 3 und § 240 Abs. 1 Satz 5 AO). Rechnet das Finanzamt mit einer Steuerforderung gegen eine später als die Steuerforderung fällig gewordene Erstattungsforderung auf, bleiben deshalb Säumniszuschläge hinsichtlich der zur Aufrechnung gestellten Steuerforderung für die Zeit vor der Fälligkeit der Erstattungsforderung bestehen.

Bei der Umbuchung von Steuererstattungs- oder Steuervergütungsansprüchen, die sich aus Steueranmeldungen ergeben, gilt die Erstattung/Vergütung aus Billigkeitsgründen als am Tag des Eingangs der Steueranmeldung, frühestens jedoch als am ersten Tag des auf den Anmeldungszeitraums folgenden Monats geleistet (Wertstellung). Dies gilt entsprechend, wenn die Steuererstattung oder Steuervergütung abweichend von der Steueranmeldung festgesetzt wird.

7 **3.** Soweit sich die Aufrechnungslage weder aus § 226 Abs. 1 AO aufgrund der Ertragsberechtigung noch aus § 226 Abs. 4 AO aufgrund der Verwaltungshoheit ergibt, kann in geeigneten Fällen die erforderliche Gegenseitigkeit seitens der Finanzverwaltung dadurch hergestellt werden, dass zwecks Einziehung der zu erhebende (ggf. anteilige) Anspruch an die Körperschaft, die den anderen Anspruch zu erfüllen hat, abgetreten und damit die Gläubiger-/Schuldneridentität i. S. d. § 226 Abs. 1 AO herbeigeführt wird (BFH-Urteil vom 5. 9. 1989, VII R 33/87, BStBl. II S. 1004).

8 **4.** Für die Erklärung der Aufrechnung ist grundsätzlich die Behörde zuständig, die den Anspruch, gegen den aufgerechnet werden soll, zu erfüllen hat.

9 **5.** Liegen die Voraussetzungen für eine Aufrechnung nicht vor, bleibt die Möglichkeit einer vertraglichen Verrechnung der Forderungen. Ein solcher Verrechnungsvertrag kommt z. B. dadurch zustande, dass der Unternehmer (eine Personengesellschaft) gleichzeitig mit der Umsatzsteuer-Voranmeldung dem Finanzamt die Verrechnung seines Umsatzsteuer-Erstattungsanspruchs mit der Einkommensteuer-Forderung des Finanzamts an einen der Gesellschafter anbietet und das Finanzamt dieses Angebot ausdrücklich oder stillschweigend annimmt. Die Rechtswirksamkeit eines Verrechnungsvertrags ist nach den allgemeinen Rechtsgrundsätzen über den Abschluss von Verträgen zu beurteilen (BFH-Urteile vom 13. 10. 1972, III R 11/72, BStBl. 1973 II S. 66, vom 21. 3. 1978, VIII R 60/73, BStBl. II S. 606, und vom 30. 10. 1984, VII R 70/81, BStBl. 1985 II S. 114).

Anl

Erlass betr. Aufrechnung im Steuerrecht (§ 226 AO)

Vom 13. Mai 2015 (BeckVerw 305691)

(FM Nordrhein-Westfalen S 0456)

2 Anlagen

1. Allgemeines

10 Aufrechnung ist die wechselseitige Tilgung zweier sich gegenüberstehender Forderungen durch Verrechnung aufgrund einseitiger Erklärung eines der Beteiligten. Ihr Zweck ist die Sicherung des eigenen Anspruchs und das Vermeiden unwirtschaftlicher Einzelerfüllung.

Aufgerechnet wird gegen die Hauptforderung des Aufrechnungsgegners (z. B. gegen den Steuererstattungsanspruch des Steuerpflichtigen) mit der Gegenforderung des Aufrechnenden (z. B. mit der Abgabenforderung des Steuergläubigers; § 387 BGB).

Die Aufrechnung ist keine Vollstreckungsmaßnahme (BFH vom 3. 11. 1983, BStBl. 1984 II S. 185). Sie kann daher auch bei Vollstreckungsaufschub (§ 258 AO) erklärt werden.

Die Vollstreckung soll nicht angeordnet werden, wenn mit der zu vollstreckenden Forderung gegen Ansprüche des Vollstreckungsschuldners aufgerechnet werden kann (Abschn. 22 Abs. 4 VollstrA). Außerdem ist die Vollstreckung nach Abschn. 5 VollstrA einzustellen oder zu beschränken, wenn der Steuerpflichtige gegen den zu vollstreckenden Anspruch wirksam die Aufrechnung erklärt (Abschn. 11 Abs. 3 i. V. m. Abs. 2 VollstrA).

2. Rechtsgrundlagen

11 Für die Aufrechnung mit Ansprüchen aus dem Steuerschuldverhältnis sowie für die Aufrechnung gegen diese Ansprüche gelten sinngemäß die Vorschriften des bürgerlichen Rechts (§§ 387 bis 396, 406 BGB), soweit nichts anderes bestimmt ist (§ 226 Abs. 1 AO).

Eine Abweichung von § 390 Satz 2 BGB enthält § 226 Abs. 2 AO, wonach eine Aufrechnung mit verjährten Ansprüchen ausgeschlossen ist (vgl. Tz. 7). Ferner ist in § 226 Abs. 3 AO bestimmt, dass der Steuerpflichtige gegen Ansprüche aus dem Steuerschuldverhältnis nur mit unbestrittenen oder rechtskräftig festgestellten Gegenansprüchen aufrechnen kann (vgl. Tz. 8).

3. Gegenstand der Aufrechnung

12 Das Finanzamt kann mit Ansprüchen aus dem Steuerschuldverhältnis nicht nur gegen sämtliche Erstattungs- und Vergütungsansprüche aus dem Steuerschuldverhältnis aufrechnen, sondern auch gegen alle anderen öffentlich-rechtlichen und bürgerlich-rechtlichen Ansprüche des Aufrechnungsgegners

Anl

(z. B. Forderungen aus Bauleistungen, Lieferungen). Darüber hinaus ist die Aufrechnung durch das Finanzamt auch mit nichtsteuerlichen Geldforderungen des Bundes oder des Landes NRW (z. B. aus Bürgschaftsgewährung) gegen Ansprüche des Steuerpflichtigen aus dem Steuerschuldverhältnis zulässig (BFH vom 4. 10. 1983, BStBl. 1984 II S. 178, und vom 6. 8. 1985, BStBl. II S. 672). Kassengleichheit (§ 395 BGB) ist weder bei Aufrechnung durch das Finanzamt noch bei Aufrechnung durch den Steuerpflichtigen (BFH vom 25. 4. 1989, BStBl. II S. 949; vgl. Tz. 8) erforderlich.

4. Voraussetzungen für die Aufrechnung

Nach § 387 BGB müssen folgende Voraussetzungen gegeben sein: 13
- Gleichartigkeit und Gegenseitigkeit der sich gegenüberstehenden Forderungen,
- Fälligkeit der Forderung, mit der aufgerechnet werden soll (= Gegenforderung des Aufrechnenden),
- Erfüllbarkeit der Forderung, gegen die aufgerechnet werden soll (= Hauptforderung des Aufrechnungsgegners).

4.1. Gleichartigkeit

Hauptforderung und Gegenforderung müssen sich auf einen Geldanspruch beziehen. Der rechtliche Entstehungsgrund der jeweiligen Forderung ist dabei unbeachtlich (vgl. Tz. 3).

4.2. Gegenseitigkeit

Gegenseitigkeit der Forderungen besteht, wenn der Schuldner der einen Forderung der Gläubiger der anderen Forderung ist und umgekehrt (sog. Personengleichheit).

4.2.1. Rechtslage beim Steuerpflichtigen

4.2.1.1. Erfordernis der Personengleichheit

Beim Steuerpflichtigen ist die Gegenseitigkeit danach zu beurteilen, ob der Steuerpflichtige zugleich Gläubiger und Schuldner des Finanzamts ist.

An der Gegenseitigkeit fehlt es demnach, wenn z. B. der Schuldner einer Abgabenforderung eine Personengesellschaft, Gläubiger des Erstattungsanspruchs dagegen ein Gesellschafter ist oder umgekehrt (BFH vom 11. 8. 1954, BStBl. III S. 291). Mit Abgabenforderungen gegen Gesamtschuldner i. S. des § 44 AO kann gegen Erstattungsansprüche eines Gesamtschuldners aufgerechnet werden, weil Gesamtschuldner nebeneinander dieselbe Leistung schulden. Dies gilt auch für das Verhältnis zwischen einem Steuerschuldner und einem Haftenden, wenn die Haftungsschuld durch Haftungsbescheid geltend gemacht und fällig ist.

Beispiel:

Eine OHG schuldet dem Finanzamt 5000,– € Umsatzsteuer (USt). Dem Gesellschafter A steht gegen dieses Finanzamt ein Einkommensteuer (ESt-)Erstattungsanspruch i. H. v. 10 000,– € zu.

Gegenseitigkeit ist nicht gegeben, weil Schuldner und Gläubiger des Finanzamts nicht identisch sind. Wird wegen des USt-Rückstands dem Gesellschafter A ein Haftungsbescheid erteilt, kann das Finanzamt nach Ergehen des Haftungsbescheids (§§ 219, 220 AO) mit dem USt-Haftungsanspruch gegen den ESt-Erstattungsanspruch aufrechnen.

Wer Gläubiger eines steuerlichen Erstattungsanspruchs ist, richtet sich nach § 37 Abs. 2 AO. Schwierig ist die Feststellung des Erstattungsberechtigten bei Gesamtschuldnern nach § 44 AO. Erstattungsberechtigt ist nur derjenige, für dessen Rechnung die Schuld beglichen worden ist, d. h. wessen – auch nur vermeintliche – Schuld durch die Zahlung getilgt werden sollte (*Tipke/Kruse*, AO, § 37 Tz. 58). Dies gilt auch im Verhältnis von Steuer- und Haftungsschuldner. Haben Dritte für Rechnung des Steuerschuldners die Steuer entrichtet und sind die Dritten gleichzeitig Haftende (z. B. der Arbeitgeber bei der Lohnsteuer (LSt) – §§ 41 a, 42 d EStG; der Schuldner der Kapitalerträge bei der Kapitalertragsteuer (KapESt) – § 44 EStG), ist die Zahlung nur für Rechnung des Schuldners geleistet. Haben mehrere Gesamtschuldner Teilbeträge gezahlt, ist davon auszugehen, dass jeder für seine eigene Rechnung gezahlt hat. Werden alle Teilbeträge erstattet, ist jeder Gesamtschuldner in Höhe seiner Zahlung erstattungsberechtigt.

Bei einer teilweisen Erstattung bestimmt sich der Anspruch des einzelnen Gesamtschuldners nach dem Verhältnis seiner Teilzahlung zu den Zahlungen der anderen Gesamtschuldner. Ob und in welchem Umfang die Gesamtschuldner einander nach § 426 BGB zum Ausgleich verpflichtet sind, ist ohne Bedeutung (BFH vom 3. 6. 1976, BStBl. II S. 605).

Die Erstattung des Finanzamts an einen beliebigen Gesamtgläubiger hat keine befreiende Wirkung, weil nach ständiger Rechtsprechung des BFH (Urteil vom 19. 10. 1982, BStBl. 1983 II S. 162 m. w. N.) dem Steuerrecht das Rechtsinstitut der Gesamtgläubigerschaft in Ermangelung einer ausdrücklich gesetzlichen Regelung insoweit fremd ist, als mehrere Gläubiger eine teilbare Leistung zu fordern berechtigt sind (§ 420 BGB). § 428 BGB ist nicht anwendbar.

4.2.1.2. Besonderheiten bei Ehegatten

Ehegatten sind bei der Zusammenveranlagung Gesamtschuldner (§ 44 AO), jedoch nicht Gesamtgläubiger eines Erstattungsanspruchs. § 36 Abs. 4 Satz 3 EStG begründet keine Gesamtgläubigerschaft. Will das Finanzamt mit Rückständen eines Ehegatten aufrechnen, kann dies nur in Höhe des diesem Ehegatten zustehenden (anteiligen) Erstattungsanspruchs erfolgen.

Die Erstattungsberechtigung des einzelnen Ehegatten richtet sich nach § 37 Abs. 2 AO. Einzelheiten ergeben sich aus AO-Kartei NRW § 37 Karte 802[1].

Nach Aufteilung einer Gesamtschuld von Ehegatten (§§ 268 ff. AO) ist eine Aufrechnung des Finanzamts gegenüber einem Ehegatten, soweit auf ihn nach Aufteilung kein Rückstand mehr entfällt, unzulässig (BFH vom 12. 1. 1988, BStBl. II S. 406).

[1] FM Nordrhein-Westfalen v. 4. 2. 2013, DB S. 669.

Anl

Hat das Finanzamt bereits vor der Aufteilung Beträge mit seiner Forderung aufgerechnet, so entfällt die mit der Aufrechnung verbundene Tilgungswirkung bei der Aufteilung rückwirkend. Der Aufrechnungsbetrag ist als Zahlung nach § 276 Abs. 6 AO anzurechnen und ggf. zu erstatten. Allerdings ist zu beachten, dass ein Antrag auf Aufteilung unzulässig ist, soweit im Antragszeitpunkt keine rückständige Gesamtschuld mehr besteht. Dies gilt auch dann, wenn die vollständige Tilgung der Rückstände durch eine dem Aufteilungsantrag zeitlich vorangegangene Aufrechnung oder Vollstreckungsmaßnahme herbeigeführt worden ist (BFH vom 12. 6. 1990, BStBl. 1991 II S. 493).

Unter rückständiger Gesamtschuld ist der rückständige Steuerbetrag bezogen auf eine bestimmte Steuerart und einen bestimmten Erhebungszeitraum zu verstehen. Bei Erklärung der Aufrechnung durch das Finanzamt ist daher darauf zu achten, dass nach Möglichkeit ein bestimmter Steuerrückstand für einen bestimmten Zeitraum vollständig getilgt wird, damit die dadurch eingetretene Tilgungswirkung nicht durch einen nachfolgenden Aufteilungsantrag wieder beseitigt werden kann.

Erklärt ein nicht erstattungsberechtigter Ehegatte die Aufrechnung, so kann darin das Angebot zum Abschluss eines Verrechnungsvertrags gesehen werden. Dieses Angebot ist allerdings nur wirksam, wenn es mit Wissen und Willen des erstattungsberechtigten Ehegatten abgegeben wurde (vgl. Tz. 4.2.2.4).

4.2.2. Rechtslage beim Steuergläubiger

Hinsichtlich der Ansprüche aus dem Steuerschuldverhältnis gilt für die Gegenseitigkeit auf Seiten der Finanzverwaltung folgendes:

4.2.2.1. Gegenseitigkeit nach der Ertragshoheit

Grundsätzlich ist nach § 226 Abs. 1 AO bei sinngemäßer Anwendung der Vorschriften des bürgerlichen Rechts für die Gegenseitigkeit der sich aufrechenbar gegenüberstehenden Ansprüche auf die Ertragshoheit abzustellen, d. h. Forderungen und Schulden können gegeneinander aufgerechnet werden, wenn die jeweiligen Ertragsberechtigungen ein und derselben Körperschaft zustehen. Auf die Verwaltungshoheit kommt es insoweit nicht an.

Die dem Bund zustehenden Steuern sind in Art. 106 Abs. 1 GG, die den Ländern zustehenden in Art. 106 Abs. 2 GG aufgeführt. Weiter ist geregelt, dass von dem ESt- (LSt-) und Körperschaftsteuer (KSt) – Aufkommen dem Bund und den Ländern seit 1. 1. 1970 jeweils 50 v. H. zustehen (Art. 106 Abs. 3 GG). Der Anteil der Gemeinden am Steueraufkommen begründet allerdings keine Gläubigerschaft an der Steuerforderung.

Die Anteile von Bund und Ländern an der USt werden durch Bundesgesetz festgesetzt (z. Zt. § 1 FinAusglG, aufgrund der üblicherweise gegebenen Gegenseitigkeit nach der Verwaltungshoheit, Tz. 4.2.2.2, wird hier auf eine Einzeldarstellung verzichtet).

Beispiel:

Ein Steuerpflichtiger schuldet dem Finanzamt 20 000,– € ESt 2002. Gegenüber dem Hauptzollamt steht dem Steuerpflichtigen ein Erstattungsanspruch i. H. v. 10 000,– € an Verbrauchsteuern zu.
Verwaltende Körperschaft nach § 226 Abs. 4 AO ist hinsichtlich der ESt das Land (Art. 108 Abs. 2 GG) und hinsichtlich der Verbrauchsteuern die Bundesrepublik Deutschland (Art. 108 Abs. 1 GG), so dass insoweit keine Gegenseitigkeit gegeben wäre. Die Bundesrepublik Deutschland ist jedoch hinsichtlich der Verbrauchsteuer in vollem Umfang (Art. 106 Abs. 1 GG) und hinsichtlich der ESt zu 50 v. H. (Art. 106 Abs. 3 GG) ertragsberechtigt. Mit dem Bundesanteil an der ESt i. H. v. 10 000,– € kann daher gegen den vom Bund geschuldeten Verbrauchsteuererstattungsanspruch des Steuerpflichtigen i. H. v. 10 000,– € aufgerechnet werden.

Ist die Aufrechnung von einer anderen Behörde zu erklären, sind dieser die jeweiligen Anteile der einzelnen Gläubiger mitzuteilen (vgl. Tz. 10.1).

4.2.2.2. Gegenseitigkeit nach der Verwaltungshoheit

Nach § 226 Abs. 4 AO gilt für die Aufrechnung als Gläubiger oder Schuldner eines Anspruchs aus dem Steuerschuldverhältnis auch die Körperschaft, die die Steuer verwaltet. Hierdurch sollen Schwierigkeiten vermieden werden, wenn bei den aufzurechnenden Ansprüchen die ertragsberechtigten Körperschaften nicht identisch sind.

Beispiel:

Ein Steuerpflichtiger schuldet dem Finanzamt aufgrund von Anmeldungen 1 000,– € LSt, 80,– € Kirchenlohnsteuer (KiLSt) und 2 000,– € USt. Aufgrund eines ESt-Bescheids steht dem Steuerpflichtigen ein Erstattungsanspruch i. H. v. 1 500,– € zu. Die Steuern (einschließlich der KiLSt) werden von Landesfinanzbehörden verwaltet (Art. 108 Abs. 2 GG). Nach § 226 Abs. 4 AO gilt somit das Land als Gläubiger der USt- und LSt-Forderungen und Schuldner des ESt-Erstattungsanspruchs. Schuldner- und Gläubigeridentität ist somit nach § 226 Abs. 4 AO gegeben.

Hinweis:

Aus § 252 AO lässt sich die für die Aufrechnung notwendige Identität von Gläubiger und Schuldner nicht herleiten. Nach dieser Vorschrift gilt zwar im Vollstreckungsverfahren die Körperschaft als Gläubigerin der zu vollstreckenden Ansprüche, der die Vollstreckungsbehörde angehört. Daraus folgt aber nicht, dass diese Körperschaft auch zur Aufrechnung befugt ist (BFH vom 3. 11. 1983, BStBl. 1984 II S. 185). Die Aufrechnung stellt keine Vollstreckungshandlung dar. Dem entsprechend ist eine Aufrechnung gegen Steuererstattungsansprüche mit Forderungen ausländischer Staaten aufgrund eingehender Vollstreckungsersuchen mangels Gegenseitigkeit ausgeschlossen.

4.2.2.3. Verfahren bei fehlender Gegenseitigkeit

In geeigneten Fällen kann die erforderliche Gegenseitigkeit seitens der Finanzverwaltung dadurch hergestellt werden, dass der zu erhebende (ggf. anteilige) Anspruch an die Körperschaft, die den anderen Anspruch zu erfüllen hat, abgetreten und damit die Gläubiger-/Schuldneridentität i. S. des § 226 Abs. 1 AO herbeigeführt wird.

Ist für die Erklärung der Aufrechnung eine andere Behörde zuständig, hat das Finanzamt eine erforderliche Abtretung vorher durchzuführen und die Behörde zusammen mit dem Aufrechnungsersuchen davon zu verständigen. Anl

Beispiel:

Ein Steuerpflichtiger schuldet dem Finanzamt 20 000,– € ESt. Er hat an den Bund eine über das Finanzbauamt abzuwickelnde Forderung aus Bauleistungen i. H. v. 35 000,– €. Da es sich bei der Schuld des Bundes gegenüber dem Steuerpflichtigen um keine Verpflichtung aus dem Steuerschuldverhältnis handelt, ist § 226 Abs. 4 AO nicht anwendbar, so dass nach dem Beispiel in Tz. 4.2.2.1 nur hinsichtlich des Bundesanteils an dem ESt-Rückstand (= 10 000,– €) Gegenseitigkeit gegeben ist. Hinsichtlich des Landesanteils an der ESt kann jedoch die Gegenseitigkeit durch Abtretung dieser Landesforderungen an den Bund hergestellt werden. Die Aufrechnung ist durch das Finanzbauamt zu erklären (vgl. Tz. 10.1).

4.2.2.4. Verrechnungsvertrag

Liegen die Voraussetzungen für eine Aufrechnung nicht vor, bleibt die Möglichkeit der vertraglichen Verrechnung der Forderungen (Verrechnungsvertrag). Ein solcher Verrechnungsvertrag kommt z. B. dadurch zustande, dass ein Unternehmer (eine Personengesellschaft) gleichzeitig mit seiner USt-Voranmeldung dem Finanzamt die Verrechnung seines USt-Erstattungsanspruchs mit der ESt-Forderung des Finanzamts gegen einen der Gesellschafter anbietet und das Finanzamt dieses Angebot ausdrücklich oder stillschweigend annimmt.

Auch die Umbuchung durch das Finanzamt stellt, soweit die Aufrechnung mangels Gegenseitigkeit nicht in Betracht kommt, rechtlich ein Angebot des Finanzamts zum Abschluss eines Verrechnungsvertrags dar, der als Vertrag nur durch die Annahme dieses Angebots zustande kommen kann (BFH vom 5. 8. 1986, BStBl. 1987 II S. 8).

Die Rechtswirksamkeit eines Verrechnungsvertrags ist nach den allgemeinen Rechtsgrundsätzen über den Abschluss von Verträgen zu beurteilen (BFH vom 13. 10. 1972, BStBl. 1973 II S. 66, vom 21. 3. 1978, BStBl. II S. 606 sowie vom 30. 10. 1984, BStBl. 1985 II S. 114).

Wird die Verrechnung von einer Person angeboten, die nicht zugleich Erstattungsberechtigte des behaupteten Gegenanspruchs ist, muss darauf geachtet werden, dass entsprechende Erklärungen des Berechtigten vorliegen.

Beispiel:

Der Geschäftsführer einer GmbH beantragt Verrechnung von ESt-Guthaben der Gesellschafter mit USt-Rückständen der GmbH. Das Finanzamt hat vor Durchführung der Verrechnung zu prüfen, in welcher Höhe Erstattungsansprüche bestehen und ob die durch den Geschäftsführer vertretene GmbH im Namen und mit Vollmacht der Gesellschafter gehandelt hat. Erforderlichenfalls sind entsprechende Erklärungen der Gesellschafter anzufordern. Wird das Angebot angenommen, ist die Zustimmung unter Angabe der zu verrechnenden Beträge eindeutig zu erklären.

4.3. Fälligkeit der Gegenforderung

Der Anspruch, mit dem aufgerechnet werden soll, muss fällig sein. Eine vor der Fälligkeit erklärte Aufrechnung ist unwirksam. Der Mangel wird auch nicht durch den späteren Eintritt der Fälligkeit geheilt. Mit künftig fällig werdenden Forderungen kann daher nur mit Zustimmung des Schuldners „aufgerechnet" werden.

Für die Aufrechnung durch das Finanzamt ist (anders als bei Aufrechnung durch den Steuerpflichtigen – vgl. Tz. 8) nicht Voraussetzung, dass der Anspruch rechtskräftig festgestellt ist. Das Finanzamt kann daher auch aufrechnen, wenn die Ansprüche vom Steuerpflichtigen bestritten und Gegenstand eines Einspruchsverfahrens sind (FG Berlin vom 28. 6. 1968, EFG 1969 S. 46, und vom 22. 4. 1975, EFG 1976 S. 45); die Aufrechnung ist aber nur dann wirksam, wenn die Gegenforderung materiell-rechtlich besteht (BFH vom 15. 6. 1999, BStBl. 2000 II S. 46). Eine Aufrechnung des Finanzamts mit bestrittenen Ansprüchen auf Säumniszuschläge setzt jedoch voraus, dass diese durch Leistungsgebot (§ 254 AO) angefordert worden sind (FG Hamburg vom 16. 1. 1981, EFG S. 327).

Mit einer Forderung, die gestundet (§ 222 AO) ist, kann nicht aufgerechnet werden, denn gestundete Beträge sind nicht fällig. Soll mit gestundeten Forderungen aufgerechnet werden, muss zuvor der Verwaltungsakt über die Stundung zurückgenommen oder widerrufen werden (§§ 130, 131 AO). In der Aufrechnungserklärung liegt nicht zugleich der Widerruf einer Stundung (BFH vom 6. 2. 1973, BStBl. II S. 513). Der Verwaltungsakt über den Widerruf muss dem Steuerpflichtigen entweder vor oder gleichzeitig mit der Aufrechnungserklärung bekanntgegeben werden, wobei es zulässig ist, beide Verwaltungsakte derart zu verbinden, dass an erster Stelle der Widerruf ausgesprochen und sodann die Aufrechnung erklärt wird.

Ob der Verwaltungsakt über eine Stundung zurückgenommen oder widerrufen werden kann, ist nach den Umständen des Einzelfalls zu entscheiden. Der Widerruf ist nicht ermessensfehlerhaft, wenn dadurch die Aufrechnungslage hergestellt wird und sich das Finanzamt die Widerrufsmöglichkeit vorbehalten hat (BFH vom 6. 2. 1973, BStBl. II S. 513 [516]).

Zur Aufrechnung mit gestundeten Ansprüchen gegen abgetretene Steuererstattungsansprüche wird auf das Urteil des BFH vom 25. 4. 1989, BStBl. 1990 II S. 352 verwiesen.

Mit einer Steuerforderung, deren Vollziehung gemäß § 361 AO, § 69 FGO ausgesetzt ist, kann nicht aufgerechnet werden, wenn es sich um Ansprüche aus dem Steuerschuldverhältnis handelt, deren Verwirklichung nach den Vorschriften der AO 1977 erfolgt (BFH vom 31. 8. 1995, BStBl. 1996 II S. 55).

4.4. Erfüllbarkeit der Hauptforderung

Die Forderung, gegen die aufgerechnet werden soll, muss erfüllbar, d. h. im allgemeinen „entstanden" sein. Die Entstehung von Ansprüchen aus dem Steuerschuldverhältnis richtet sich nach § 38 AO. Es ist nicht erforderlich, dass die Hauptforderung festgesetzt oder fällig ist (BFH vom 10. 11. 1953, BStBl. 1954 III S. 26).

Anl

5. Aufrechnung gegen abgetretene bzw. beschlagnahmte Forderungen (§§ 406, 392 BGB)

5.1. Aufrechnung gegen abgetretene Forderungen

14 Durch die Abtretung wird der Abtretungsempfänger (Zessionar) neuer Gläubiger der Forderung (§ 398 Satz 2 BGB). Trotz dieser Änderung in der Gläubigerstellung ist jedoch weiterhin die Aufrechnung gegen den abgetretenen Anspruch mit Forderungen an den Altgläubiger unter den Voraussetzungen des § 406 BGB möglich. Die Aufrechnung ist nur ausgeschlossen, wenn entweder der Aufrechnende bei dem Erwerb seiner Forderung gegen den Altgläubiger, mit der er aufrechnen will, Kenntnis von der Abtretung der Forderung hatte, gegen die aufgerechnet werden soll (1. Alternative), oder wenn die Forderung gegen den Altgläubiger zwar vor Kenntnis von der Abtretung der anderen Forderung erworben wurde, aber erst nach Erlangung der Kenntnis von der Abtretung der Forderung und später als die abgetretene Forderung fällig geworden ist (2. Alternative). Zweck der Vorschrift ist es, zu verhindern, dass die Rechtslage des Schuldners durch die Abtretung verschlechtert wird (BFH vom 25. 4. 1989, BStBl. 1990 II S. 352 [353]).

Erwerben i. S. der Vorschrift bedeutet entweder Entstehen der Forderung oder Erlangung der Verfügungsmacht an einer Forderung (z. B. infolge einer Abtretung). Soll gegen Forderungen aufgerechnet werden, die von einer anderen öffentlichen Kasse auszugleichen sind, kommt es darauf an, wann die andere Kasse Kenntnis erlangt hat. Die Beweislast trifft den Neugläubiger.

Bei Abtretung von Steuererstattungsansprüchen ist eine Kenntnis i. S. von § 406 BGB erst dann gegeben, wenn sie dem zuständigen Finanzamt in der nach § 46 Abs. 3 AO vorgeschriebenen Form wirksam angezeigt worden ist. Ergibt sich der Anspruch der Erstattung aus einer Steuerfestsetzung, tritt die Fälligkeit im allgemeinen mit dem Tag der Bekanntgabe der Festsetzung ein (§ 220 Abs. 2 AO i. V. m. § 122 Abs. 2 AO).

Beispiele:

1. Ein Steuerpflichtiger schuldet am 10. 5. 2002 fällige USt 4/2002 i. H. v. 300,– €. Am 1. 3. 2002 hatte er die ESt-Erklärung für 2001 eingereicht und gleichzeitig die Abtretung des Erstattungsanspruchs angezeigt. Aufgrund des am 24. 5. 2002 zur Post gegebenen ESt-Bescheids steht dem Steuerpflichtigen ein Erstattungsanspruch i. H. v. 500,– € zu. Zum Zeitpunkt der Entstehung der USt-Forderung (mit Ablauf des Monats April 2002 – § 13 Abs. 1 UStG) hatte das Finanzamt von der Abtretung des Erstattungsanspruchs Kenntnis. Die Aufrechnung ist daher schon nach der ersten Alternative des § 406 BGB ausgeschlossen. Die zweite Alternative (Fälligkeit der jeweiligen Forderungen) braucht es nicht mehr zu prüfen.
2. Ein Steuerpflichtiger schuldet ESt I/2002 i. H. v. 1 500,– € (fällig am 10. 3. 2002). Außerdem liegt dem Finanzamt ein Vollstreckungsersuchen vom 10. 2. 2002 über KfzSt i. H. v. 600,– € vor (gleiches Bundesland), die am 5. 10. 2001 entstanden und am 8. 11. 2001 fällig war. Aufgrund des ESt-Bescheids 2000 vom 21. 3. 2002 steht dem Steuerpflichtigen ein Erstattungsanspruch i. H. v. 2 000,– € zu, dessen Abtretung am 1. 2. 2002 angezeigt worden war.
   Die ESt I/2002 ist zu Beginn des ersten Kalendervierteljahres 2002 entstanden (§ 37 Abs. 1 EStG). Sowohl diese Forderung als auch der KfzSt-Anspruch wurden also vor Erlangung der Kenntnis von der Abtretung (1. 2. 2002) erworben, so dass die erste Alternative des § 406 BGB nicht eingreift. Auf den Zeitpunkt des Vollstreckungsersuchens bezüglich der KfzSt kommt es nicht an.
   Zusätzlich ist zu prüfen, ob die zweite Alternative des § 406 BGB in Betracht kommt. Sowohl die ESt-Forderung I/2002 als auch die KfzSt waren vor dem abgetretenen Erstattungsanspruch fällig (24. 3. 2002). Somit steht auch die zweite Alternative des § 406 BGB der Aufrechnung nicht entgegen (zur Zuständigkeit für die Erklärung der Aufrechnung vgl. Tz. 10.1).
3. Ein Steuerpflichtiger schuldet ESt II/2002 i. H. v. 600,– €. Aufgrund des berichtigten ESt-Bescheids 1999 vom 3. 6. 2002 steht ihm ein Erstattungsanspruch i. H. v. 1 000,– € zu, den er am 11. 4. 2002 (Eingang der Abtretungsanzeige) abgetreten hat.
   Die ESt II/2002 ist zu Beginn des zweiten Kalendervierteljahres 2002 entstanden (vgl. Beispiel 2) und somit vor Kenntnis von der Abtretung erworben worden. Die erste Alternative des § 406 BGB kommt somit nicht zur Anwendung. Die ESt II/2002 wurde aber erst am 10. 6. 2002 fällig, also nach Erlangung der Kenntnis und später als die abgetretene Forderung (6. 6. 2002). Da die zweite Alternative des § 406 BGB eingreift, ist eine Aufrechnung unzulässig.

Aufrechnungsgegner ist der Abtretungsempfänger. Er ist der Adressat der Aufrechnungserklärung. Dem Abtretenden ist eine Abschrift der Aufrechnungserklärung zu übersenden.

Die Voraussetzungen des § 406 BGB sind mit Vordruck Nr. 220/10 (Rückseite) zu überprüfen.

Eine Aufrechnung nach § 406 BGB mit Forderungen gegen den Altgläubiger ist nicht mehr möglich, wenn der Neugläubiger seinerseits mit der auf ihn übergegangenen Forderung des Altgläubigers gegen seine eigene Steuerschuld aufgerechnet hat (BFH vom 10. 2. 1976, BStBl. II S. 549). Da der Neugläubiger die Aufrechnung jedoch erst erklären kann, wenn die auf ihn übergegangene Forderung des Altgläubigers fällig ist, muss seitens des Finanzamts darauf geachtet werden, dass es die Aufrechnungsmöglichkeit nach § 406 BGB rechtzeitig wahrnimmt. Die Aufrechnung ist deshalb spätestens bei Fälligkeit der abgetretenen Forderung, d. h. z. B. bei Steuererstattungsansprüchen mit der Bekanntgabe des Steuerbescheids, zu erklären (BFH vom 6. 2. 1990, BStBl. II S. 523 [525]).

5.2. Aufrechnung gegen beschlagnahmte (gepfändete) Forderungen

Durch die Beschlagnahme (z. B. Pfändung) einer Forderung wird dem Drittschuldner verboten, an den Gläubiger zu leisten. An sich ist dem Drittschuldner damit auch untersagt, die beschlagnahmte (Hauptforderung durch Aufrechnung zu erfüllen. Allerdings wird nach § 392 BGB durch die Beschlagnahme der Hauptforderung die Aufrechnung nur dann ausgeschlossen, wenn der Aufrechnende seine Forderung nach der Beschlagnahme erworben hat, oder wenn seine Forderung erst nach der Beschlagnahme und später als die in Beschlag genommene Forderung fällig geworden ist. Die Bestimmung dient einem ähnlichen Zweck wie die Vorschrift des § 406 BGB, nämlich dem Schuldner die Aufrechnung trotz des Zahlungsverbots zu ermöglichen, wenn er schon vor der Beschlagnahme hätte aufrechnen können oder wenigstens begründete Aussicht dazu hatte.

Die Beispiele in Tz. 5.1 gelten daher mit der Maßgabe entsprechend, dass an die Stelle des Tags der Kenntnisnahme von der Abtretung der Tag der Beschlagnahme zu setzen ist.

Anl

Die Aufrechnung nach § 392 BGB ist stets dem Gläubiger (Vollstreckungsschuldner) der Forderung gegenüber zu erklären, weil dieser trotz Pfändung Inhaber der gepfändeten Ansprüche bleibt. Dem Pfändungsgläubiger ist eine Abschrift der Aufrechnungserklärung zu übersenden.

6. Aufrechnung im Insolvenzverfahren

Die Aufrechnung wird durch die Eröffnung eines Insolvenzverfahrens grundsätzlich nicht gehindert. 15
Nach den Vorschriften des bürgerlichen Rechts sind jedoch die besonderen Bestimmungen der Insolvenzordnung (§§ 94–96 InsO) zu beachten. Eine Gesamtdarstellung findet sich in der Vollstreckungskartei NRW, Insolvenzordnung, Karte 21.

7. Aufrechnungsverbote

Nach § 226 Abs. 2 AO ist – entgegen § 390 Satz 2 BGB – eine Aufrechnung mit Ansprüchen aus dem 16
Steuerschuldverhältnis ausgeschlossen, wenn sie durch Verjährung oder Ablauf einer Ausschlussfrist erloschen sind.

Soweit eine Forderung der Pfändung nicht unterworfen ist, ist eine Aufrechnung gegen diese Forderung nicht zulässig (§ 394 BGB). Welche Forderungen nicht pfändbar sind, bestimmt sich insbesondere nach §§ 850 ff. ZPO, § 319 AO.

Bei einem Steuererstattungsanspruch, der sich aus der Einbehaltung von LSt ergibt, handelt es sich nicht um eine nach §§ 850 ff. ZPO beschränkt pfändbare Lohnforderung, sondern um einen rechtlich davon zu trennenden öffentlich-rechtlichen Anspruch (BFH vom 29. 6. 1978, BStBl. II S. 608). Da die Abtretung eines Steuererstattungsanspruchs erst wirksam wird, wenn sie dem Finanzamt in der nach § 46 Abs. 3 AO erforderlichen Form angezeigt ist, kann auch eine Lohn- oder Gehaltsabtretung nicht die LSt-Erstattungsansprüche umfassen.

Gegen eine Forderung aus einer vorsätzlich begangenen unerlaubten Handlung ist die Aufrechnung nicht zulässig (§ 393 BGB), d. h. der Schuldner einer solchen Forderung kann nicht aufrechnen. Mit einer solchen Forderung kann dagegen aufgerechnet werden (z. B. Aufrechnung des Finanzamts mit einem Anspruch auf Zahlung von Bußgeldern gegen Erstattungsansprüche).

8. Einschränkungen bei Aufrechnung durch den Steuerpflichtigen (§ 226 Abs. 3 AO)

§ 226 AO lässt auch für den Steuerpflichtigen die Aufrechnung mit und gegen sämtliche Ansprüche 17
aus dem Steuerschuldverhältnis zu; die Ansprüche aus Strafen und Geldbußen gehören nicht zu diesen Ansprüchen.

Nach § 226 Abs. 3 AO ist allerdings zu beachten, dass der Steuerpflichtige gegen Ansprüche aus dem Steuerschuldverhältnis nur mit unbestrittenen oder rechtskräftig festgestellten Gegenansprüchen aufrechnen kann. Rechnet der Steuerpflichtige mit einer Forderung auf, die ihm gegenüber dem Finanzamt zusteht, so ist seine Forderung nicht schon dann bestritten, wenn das Finanzamt sie lediglich formelhaft und nicht mit sachlich beachtenswerten Gründen zurückweist; das Finanzamt muss sich vielmehr sachlich zum Bestehen der Forderung (z. B. eines Erstattungsanspruchs) äußern. Wird gegen einen Steueranspruch mit einem Gegenanspruch aufgerechnet, für dessen Erfüllung das Finanzamt nicht selbst zuständig ist, und ist der Gegenanspruch gegenüber der zuständigen Behörde noch nicht geltend gemacht worden, genügt zur Ablehnung der Aufrechnung der Hinweis des Finanzamts, dass das Bestehen des Gegenanspruchs fraglich ist (BFH vom 10. 7. 1979, BStBl. II S. 690).

Der Grundsatz der Kassengleichheit gemäß § 395 BGB findet keine Anwendung (BFH vom 25. 4. 1989, BStBl. II S. 949). Besteht keine Kassengleichheit, ist die Behörde, die den geschuldeten Betrag auszuzahlen hat, um Auskunft zu ersuchen, ob der Anspruch des Steuerpflichtigen unbestritten oder rechtskräftig festgestellt und fällig ist.

9. Wirkung der Aufrechnung

9.1. Erlöschen der Forderungen

Die Aufrechnung bewirkt, dass die Ansprüche, soweit sie sich decken, in dem Zeitpunkt als erloschen 18
gelten, in dem sie zur Aufrechnung geeignet einander gegenübergetreten sind (§ 389 BGB). Der Zeitpunkt des Erlöschens richtet sich somit nach dem Zeitpunkt der Aufrechenbarkeit, nicht nach dem Zeitpunkt der Aufrechnungserklärung. Dies gilt auch für die spätere Anrechnung einbehaltener LSt-Abzugsbeträge (FG Saarland vom 23. 4. 1982, EFG S. 543).

Die Rückwirkung geht allerdings nicht über den Zeitpunkt der Fälligkeit der Schuld des Aufrechnenden hinaus. Rechnet das Finanzamt mit einer Steuerforderung gegen eine später fällig werdende Erstattungsforderung auf, so bleiben die Säumniszuschläge hinsichtlich der zur Aufrechnung gestellten Steuerforderungen für die Zeit vor der Fälligkeit der Erstattungsforderung bestehen (§ 240 Abs. 1 Satz 5 AO). Als Fälligkeitstag für den Erstattungsanspruch gilt zum Zwecke der Aufrechnung grundsätzlich der Tag, an dem der Bescheid über den Erstattungsanspruch bekanntgegeben wird (§ 220 Abs. 2 AO i. V. m. § 122 Abs. 2 AO). Dies gilt auch dann, wenn Vorauszahlungen zu erstatten sind, weil die festgesetzte Jahressteuer niedriger ist als die Summe der entrichteten Vorauszahlungen.

9.2. Umbuchung von Ansprüchen aus Steueranmeldungen

Bei der Umbuchung von Ansprüchen auf Steuererstattungen oder Steuervergütungen, die sich aus Steueranmeldungen ergeben, gilt aus Billigkeitsgründen als Fälligkeitstag der Tag des Eingangs der Steueranmeldung, frühestens jedoch der erste Tag des auf den Anmeldungszeitraum folgenden Monats. Dies gilt auch, wenn die Steuererstattung oder Steuervergütung abweichend von der Steueranmeldung festgesetzt wird.

Durch diese Regelung wird sichergestellt, dass dem Steuerpflichtigen bei der rückständigen Steuer insoweit keine Säumniszuschläge auferlegt werden, als das Finanzamt nicht innerhalb der 5-tägigen Schonfrist (§ 240 Abs. 3 AO) die Zustimmung (§ 168 Satz 2 AO) erteilt.

Anl Die Aufrechnung von VorSt-Überschüssen aus USt-Voranmeldungen steht kraft Gesetzes unter der auflösenden Bedingung, dass das verrechnete Guthaben aus der Voranmeldung durch die Festsetzung der Jahressteuerschuld bestätigt wird. Fällt die zur Verrechnung gestellte Forderung weg, wird die Aufrechnung rückwirkend unwirksam (BFH vom 5. 8. 1986, BStBl. 1987 II S. 8).

10. Verfahren

10.1. Zuständige Stelle

19 Für die Erklärung der Aufrechnung ist grundsätzlich die Behörde zuständig, die den (Erstattungs-)Anspruch zu erfüllen hat, gegen den aufgerechnet werden soll. Die Anweisung in Abschn. 22 Abs. 4 VollstrA zur Aufrechnung durch die Vollstreckungsstelle (bzw. Erhebungsstelle) bleibt von dieser Regelung unberührt (Niederschrift vom 3. 12. 1981 zu TOP 23 der AO-Referentenbesprechung des Bundes und der Länder am 28. 9./1. 10. 1981).

Das bedeutet:

In Vollstreckungsfällen erklärt grundsätzlich das Finanzamt, das für die Beitreibung der Steuerforderung gegen den Vollstreckungsschuldner zuständig ist, die Aufrechnung und nicht das Finanzamt, das den Erstattungsanspruch des Schuldners zu erfüllen hat.

Hat das Finanzamt die Aufrechnung zu erklären, ist hierfür die Erhebungsstelle (VV Nr. 34.2 zu § 70 LHO bzw. Abschn. 22 Abs. 4 VollstrA) zuständig. Sie kann auch von anderen Stellen vorgenommen werden, wenn dies zweckmäßig erscheint, insbesondere wenn diese Stellen von Aufrechnungsmöglichkeiten Kenntnis erlangen.

Soll mit Ansprüchen aus dem Steuerschuldverhältnis gegen Ansprüche des Steuerpflichtigen gegenüber anderen Behörden aufgerechnet werden, sind an diese Behörden Ersuchen um Erklärung der Aufrechnung und Übersendung eines Abdrucks der Erklärung zu richten, soweit nicht Abschn. 22 Abs. 4 VollstrA Anwendung findet.

Durch die Mitteilung der Steuerrückstände an andere Behörden zum Zwecke der Aufrechnung wird das Steuergeheimnis insoweit nicht verletzt, als dies zur Verwirklichung der Steueransprüche erforderlich ist (§ 30 Abs. 4 Nr. 1 AO). Bevor um Aufrechnung ersucht wird, sollte daher bei der anderen Behörde ermittelt werden, in welcher Höhe voraussichtlich aufgerechnet werden kann.

10.2. Aufrechnungserklärung des Finanzamts

Die gegen einen Steuerpflichtigen gerichtete Aufrechnungserklärung des Finanzamts nach § 226 AO ist eine öffentlich-rechtliche Willenserklärung, die in Ausübung eines rechtsgeschäftlichen Gestaltungsrechts ergeht und für sich allein noch keinen Verwaltungsakt darstellt (BFH vom 2. 4. 1987, BStBl. II S. 536).

Rechnet dagegen das Finanzamt mit einer privatrechtlichen Forderung (z. B. aus Gewährleistung) auf, dann geschieht dies durch privatrechtliche Willenserklärung i. S. der §§ 116 ff. BGB (*Tipke/Kruse*, AO, § 226 Tz. 50).

Für die Aufrechnungserklärung ist keine besondere Form vorgeschrieben; sie kann mündlich, schriftlich oder durch schlüssige – dem Erklärungsempfänger erkennbare – Handlung erfolgen. Allerdings muss sich der Wille zur Tilgung und Verrechnung klar und unzweideutig aus der Aufrechnungserklärung ergeben.

Eine dem Steuerpflichtigen übersandte Umbuchungsmitteilung ist ebenfalls eine Aufrechnungserklärung. Hierunter fällt auch der Ausdruck einer programmgesteuerten Umbuchung sowie die Darstellung einer Steuerverrechnung im Abrechnungsteil eines Steuerbescheids. Die bloße, für den Aufrechnungsgegner nicht erkennbare Umbuchung stellt als solche keine wirksame Aufrechnungserklärung dar.

Da die Aufrechnung durch das Finanzamt eine Willenserklärung und kein Verwaltungsakt ist, entfällt die Notwendigkeit einer Ermessensentscheidung auch insoweit, als der Finanzbehörde mehrere Forderungen zur Aufrechnung zur Verfügung stehen. Das Bestimmungsrecht folgt allein aus § 396 Abs. 1 BGB i. V. m. § 226 Abs. 1 AO (BFH vom 17. 11. 1987, BStBl. 1988 II S. 117 [118]). Bestehen mehrere Forderungen, führt auch die Nichtbenennung der zur Aufrechnung herangezogenen Gegenforderung nicht zur Unwirksamkeit der Aufrechnungserklärung (§ 396 Abs. 1 Satz 2 BGB). Es genügt vielmehr, wenn die Gegenforderung bis zum Schluss der mündlichen Verhandlung konkretisiert wird (BFH vom 6. 2. 1990, BStBl. II S. 523 [525], und vom 25. 4. 1989, BFH/NV 1990 S. 141 [142]).

Die Aufrechnungserklärung ergeht grundsätzlich an den Steuerpflichtigen, es sei denn, er hat einen Empfangsbevollmächtigten bestellt.

Ausnahme: Der Erstattungsanspruch ist nach § 46 AO abgetreten und die Abtretung angezeigt worden. In diesem Fall ist der Abtretungsempfänger Adressat der Aufrechnungserklärung, der Steuerpflichtige erhält eine Abschrift (vgl. Tz. 5.1). Im Falle der Pfändung ist dem Pfändungsgläubiger eine Abschrift der Aufrechnungserklärung zuzuleiten (vgl. Tz. 5.2).

10.3. Aufrechnungserklärung des Steuerpflichtigen

Die Aufrechnungserklärung des Steuerpflichtigen ist eine empfangsbedürftige, aber nicht annahmebedürftige Willenserklärung. Der Steuerpflichtige kann die Aufrechnung mündlich oder schriftlich erklären. Er kann ebenso wie das Finanzamt bestimmen, welche Forderungen gegeneinander aufgerechnet werden. Wird die Aufrechnung ohne eine solche Bestimmung erklärt, so finden §§ 396 Abs. 1 Satz 2, 366 Abs. 2, 367 BGB sinngemäß Anwendung (§ 226 Abs. 1 AO; BFH vom 6. 2. 1990, BStBl. II S. 523 [525]).

Wird die Aufrechnung vom Steuerpflichtigen erklärt, hat das Finanzamt über die Zulässigkeit der Aufrechnung zu entscheiden. Ist sie nicht oder nicht in vollem Umfang zulässig, ist dem Steuerpflichtigen ein Abrechnungsbescheid gem. § 218 Abs. 2 AO zu erteilen.

Hat ein anderes Finanzamt die Forderung, mit der der Steuerpflichtige aufrechnet, zu begleichen, ist es von der erklärten Aufrechnung in Kenntnis zu setzen und um Äußerung zu ersuchen, ob die Forderung fällig und unbestritten bzw. rechtskräftig festgestellt ist; ggf. ist um Überweisung des aufgerechneten Betrags an das Finanzamt zu bitten.

Hält die Behörde die Aufrechnung für unzulässig, hat das Finanzamt dem Steuerpflichtigen durch Abrechnungsbescheid mitzuteilen, dass die Steuerschuld noch in voller Höhe besteht (vgl. Tz. 8).

Anl

11. Aufrechnung gegen Ansprüche aus einem Kostenfestsetzungsbeschluss

Kosten sind Ansprüche i. S. des § 37 AO und können somit Gegenstand der Aufrechnung sein. Wird der Aufrechnung widersprochen, d. h. beantragt der Aufrechnungsgegner die Vollstreckung des Kostenfestsetzungsbeschlusses, ist zur Durchsetzung des Anspruchs ggf. Vollstreckungsgegenklage zu erheben (BFH vom 25. 4. 1989, BStBl. 1990 II S. 352). 20

12. Rechtsbehelfe

Gegen die Aufrechnungserklärung des Finanzamts ist kein Rechtsbehelf gegeben, weil die Maßnahme keine hoheitliche Regelung darstellt (BFH vom 2. 4. 1987, BStBl. II S. 536 [538]). Hält der Steuerpflichtige allerdings die Aufrechnung für unzulässig und kann seinen Einwendungen nicht abgeholfen werden, ist ihm ein Abrechnungsbescheid nach § 218 Abs. 2 AO zu erteilen, gegen den der Einspruch gegeben ist (zu den Voraussetzungen für die Erteilung eines Abrechnungsbescheids vgl. AO-Kartei NRW § 218 Abs. 2 Karte 801 Tz. 2). Hat das Finanzamt oder eine andere Behörde gegen bürgerlichrechtliche Forderungen aufgerechnet, kann der Steuerpflichtige seine vermeintlichen Ansprüche nicht im Finanzrechtsweg, sondern durch Klage beim ordentlichen Gericht verfolgen. 21

Im Fall der Aufrechnung nach §§ 392, 406 BGB (vgl. Tzn. 5.1 und 5.2) ist der Neugläubiger bzw. Pfändungsgläubiger auf den Rechtsweg beschränkt, der für die Verfolgung der Hauptforderung gegeben ist. Rechnet daher das Finanzamt gegen vom Steuerschuldner abgetretene bzw. von Gläubigern des Schuldners gepfändete Steuererstattungsansprüche auf, ist dem Neu- bzw. Pfändungsgläubiger ein Abrechnungsbescheid zu erteilen (BFH vom 14. 10. 1975, BFHE 117, 23, und vom 14. 7. 1987, BStBl. II S. 802). Der Abtretende oder Vollstreckungsschuldner ist zum Verfahren gem. § 360 AO hinzuzuziehen. Umgekehrt sind die Neugläubiger (Pfändungsgläubiger) gem. § 360 AO hinzuzuziehen, wenn der Steuerschuldner einen Einspruch einlegt.

Der Abrechnungsbescheid ist von der Stelle des Finanzamts zu erteilen, die die Aufrechnungserklärung erlassen hat. Ein Abrechnungsbescheid, der einen nach Aufrechnung durch das Finanzamt geminderten Erstattungsanspruch des Steuerpflichtigen feststellt, ist ein vollziehbarer Verwaltungsakt i. S. von § 361 AO, § 69 FGO (BFH vom 10. 11. 1987, BStBl. 1988 II S. 43).

Anlage 1 22

Finanzamt ...., ...

StNr. ....

Abtretungserklärung

a) Herr/Frau/Firma ....
(Name/Anschrift)
hat gegen ☐ das Land Nordrhein-Westfalen
☐ die Bundesrepublik Deutschland
einen Anspruch aus .... in Höhe
von .... €.

b) Der/Die Genannte schuldet ☐ dem Land Nordrhein-Westfalen
☐ der Bundesrepublik Deutschland
folgende Beträge:
.... in Höhe von € ....
.... in Höhe von € ....
.... in Höhe von € ....

Der Anteil ☐ des Landes Nordrhein-Westfalen
☐ der Bundesrepublik Deutschland
an diesen Forderungen beträgt .... €.

c) Das Land Nordrhein-Westfalen/Die Bundesrepublik Deutschland tritt hiermit die anteilige Forderung in Höhe von .... € zwecks Einziehung an die Bundesrepublik Deutschland/das Land Nordrhein-Westfalen ab.
Die Abtretung wird angenommen.

Der/Die unter a) Genannte ist von der Abtretung mit der Aufrechnungserklärung zu unterrichten.

In Vertretung/Im Auftrag

Land Nordrhein-Westfalen
vertreten durch das Finanzamt ....
....

Bundesrepublik Deutschland
vertreten durch

Anl

23 **Anlage 2**

Finanzamt ....
StNr. ....

Aufrechnungsersuchen

Herr/Frau/Firma ....
(Name/Anschrift)

hat gegen ☐ das Land Nordrhein-Westfalen
☐ die Bundesrepublik Deutschland

eine Forderung aus .... in Höhe von - voraussichtlich - .... €.

Außerdem schuldet er/sie ☐ dem Land Nordrhein-Westfalen
☐ der Bundesrepublik Deutschland

folgende Beträge:

fällig am	Steuerbetrag	Säumniszuschlag
....	.... €	.... €
....	.... €	.... €
....	.... €	.... €
....	.... €	.... €
Summe:	.... €	.... €

Ich bitte, die Aufrechnung zu erklären und mir einen Abdruck der Erklärung zu übersenden sowie bei Fälligkeit der Forderungen, gegen die aufgerechnet werden soll, meiner Finanzkasse den aufgerechneten Betrag gutzubringen.

In Vertretung/Im Auftrag

____

AO

§ 227 Erlass[1]

1 **Die Finanzbehörden können Ansprüche aus dem Steuerschuldverhältnis ganz oder zum Teil erlassen, wenn deren Einziehung nach Lage des einzelnen Falls unbil-**

[1] Eine Aufhebung der Steuerschuld kann eine staatliche Beihilfe darstellen (s. Mitteilung der Kommission der Europäischen Gemeinschaften über die Anwendung der Vorschriften über staatliche Beihilfen auf Maßnahmen im Bereich der direkten Unternehmensbesteuerung vom 11. 11. 1998, BStBl. 1999 I S. 205). Der Verzicht auf Abgaben im Rahmen einer außergerichtlichen Schuldenbereinigung nach § 305 Abs. 1 Nr. 1 InsO ist nur unter den Voraussetzungen der §§ 163, 227 AO möglich (*BMF-Schreiben vom 27. 1. 2021, BStBl. I S. 152,* abgedruckt als Anl. zu § 163 AO).

Das Institut des Billigkeitserlasses ist vor allem dazu bestimmt, einem ungewollten Überhang der Regelung von Ansprüchen aus dem Steuerschuldverhältnis entgegenzuwirken. Bei der Prüfung eines geltend gemachten Erlassanspruches können außer den den Anspruch aus dem Steuerschuldverhältnis regelnden Vorschriften auch andere Rechtsnormen zu berücksichtigen sein, insbesondere allgemeine Rechtsgrundsätze *(BFH-Urteil vom 21. 2. 1991 V R 105/84, BStBl. II S. 498).*

Soweit über die Rechtmäßigkeit der Steuerfestsetzung bereits rechtskräftig entschieden worden ist, kommt ein Erlass der Steuer aus Billigkeitsgründen nicht mehr in Betracht *(BFH-Beschluss vom 11. 5. 2011 VIII B 156/10, BFH/NV S. 1537).*

Es ist weder ermessensfehlerhaft noch verstößt es gegen Unionsrecht, wenn das FA es ablehnt, die unionsrechtswidrige, aber durch letztinstanzliche Entscheidung des BFH rechtsfähig gewordene Versagung des Sonderausgabenabzugs für Schulgeld, das an Privatschulen in anderen Mitgliedstaaten gezahlt wurde, im Billigkeitswege dadurch zu korrigieren, dass es die entsprechende Steuer erstattet *(BFH-Urteil vom 21. 1. 2015 X R 40/12, BStBl. 2016 II S. 117).*

Ein Erlass aus Billigkeitsgründen setzt – neben der Erlassbedürftigkeit und Erlasswürdigkeit des Antragstellers – voraus, dass der Erlass der Steuer dem Stpfl. und nicht einem Dritten (Gläubiger des Stpfl.) zugute kommt *(BFH-Beschluss vom 26. 10. 1999 V B 130/99, BFH/NV 2000 S. 411).*

Die Ablehnung eines Steuererlasses ist nicht ermessenswidrig, wenn die Bestreitung des Lebensunterhalts unter Berücksichtigung der Einkommens- und Vermögensverhältnisse des Ehegatten nicht gefährdet ist *(BFH-Beschluss vom 31. 3. 1982 I B 97/81, BStBl. II S. 530).*

[Fortsetzung nächste Seite]

lig wäre; unter den gleichen Voraussetzungen können bereits entrichtete Beträge erstattet oder angerechnet werden.

[Fortsetzung]

Ist ein Stpfl. trotz Überschreitens der für den Eintritt in den Ruhestand normalerweise geltenden Altersgrenze mangels ausreichender Altersversorgung noch zu einer Erwerbstätigkeit gezwungen, so kann ein Erlass von Steuern aus Billigkeitsgründen geboten sein, um dem Stpfl. nicht die erforderlichen Mittel für zukunftssichernde Maßnahmen, insbesondere zum Abschluss einer Rentenversicherung gegen Einmalprämie, zu entziehen *(BFH-Urteil vom 26. 2. 1987 IV R 298/84, BStBl. II S. 612).*

Zum Geltungsbereich für Bußgelder vgl. § 410 AO i. V. m. § 93 Abs. 2 OWiG.

Zur abweichenden Festsetzung aus Billigkeitsgründen vgl. § 163 AO.

Zur abweichenden Festsetzung aus Zweckmäßigkeitsgründen vgl. § 156 AO.

Zum Erlass von Säumniszuschlägen vgl. AEAO Nr. 5 zu § 240.

Greift der Steuerpflichtige eine Entscheidung des Finanzamts über die Ablehnung des Erlasses von Säumniszuschlägen mit der Klage an, kann er in diesem finanzgerichtlichen Verfahren keine Einwendungen geltend machen, die sich mit der Frage befassen, ob und gegebenenfalls in welcher Höhe die betreffenden Säumniszuschläge entstanden sind *(BFH-Beschluss vom 6. 7. 2015 III B 168/14, BFH/NV S. 1344).*

Vgl. *BFH-Urteil vom 29. 8. 1991 V R 78/86, DB S. 2472:* 1. Hat der Stpfl. gegenüber den FinBeh. alles getan, um die Aussetzung der Vollziehung eines Steuerbescheids zu erreichen, und wurde diese, obwohl an sich möglich und geboten, von der FinBeh. abgelehnt, so ist – wenn das Rechtsmittel des Stpfl. gegen die Steuerfestsetzung Erfolg hatte – die Erhebung der vollen Säumniszuschläge eine unbillige Härte. 2. Säumniszuschläge haben neben ihrer Rechtfertigung als Druckmittel eigener Art auch den Zweck, Gegenleistung für das Hinausschieben der Zahlung zu sein. Unter diesem Gesichtspunkt ist – da bei einer möglichen und gebotenen Aussetzung der Vollziehung keine Zinsen angefallen wären – ein teilweiser Erlass von Säumniszuschlägen ermessensgerecht, wenn nach abgelehnter Aussetzung der Vollziehung das Rechtsmittel des Stpfl. in der Hauptsache Erfolg hat.

Im Billigkeitsverfahren können grds. keine Einwendungen mehr berücksichtigt werden, die in einem Rechtsbehelfsverfahren gegen die Steuerfestsetzung hätten vorgebracht werden können. § 227 AO dient nicht allgemein dazu, falsche Steuerfestsetzungen, gegen die kein Rechtsbehelf eingelegt worden ist, noch nach Ablauf der Rechtsbehelfsfrist zu korrigieren *(BFH-Urteile vom 30. 4. 1981 VI R 169/78, BStBl. 1981 II S. 611; vom 26. 2. 1987 IV R 298/84, BStBl. 1987 II S. 612;* ständige Rspr.). Das gilt jedoch nicht, wenn die Verletzung der Grundsätze von Treu und Glauben gerügt wird *(BFH-Urteil vom 10. 6. 1975 VIII R 50/72, BStBl. II S. 789; BVerfG-Beschluss vom 8. 3. 1977 1 BvR 1001/76, HFR S. 256).* Das wäre z. B. der Fall, wenn die Steuerfestsetzung offensichtlich und eindeutig fehlerhaft ist und es dem Stpfl. nicht möglich und nicht zumutbar gewesen ist, sich rechtzeitig gegen die Fehlerhaftigkeit zu wenden *(BFH-Urteil vom 30. 4. 1981 VI R 169/78, BStBl. II S. 611;* bestätigt durch *BFH-Beschluss vom 23. 6. 2003 IX B 119/02, BFH/NV S. 1289).* Mangelnde Zumutbarkeit in diesem Sinne liegt nicht schon dann vor, wenn die Einlegung von Rechtsbehelfen im Hinblick auf eine – später geänderte – höchstrichterliche Rspr. oder wegen entschuldbarer Rechtsunkenntnis unterblieben ist *(BFH-Urteil vom 11. 8. 1987 VII R 121/84, BStBl. 1988 II S. 512).*

Hat im Festsetzungsverfahren die Möglichkeit bestanden, die sachlich richtige Anwendung des Gemeinschaftsrechts geltend zu machen und ist diese aus vom Stpfl. zu vertretenden Gründen nicht wahrgenommen worden, so gibt es keine gemeinschaftsrechtliche Grundlage, die den Mitgliedstaat dazu verpflichtet, die versäumte Rechtsverfolgung in einem Erlassverfahren erneut zu eröffnen *(BFH-Urteil vom 23. 9. 2004 V R 58/03, BFH/NV 2005 S. 825).*

Die Entscheidung des BFH, dass bei längerer Dauer des Klageverfahrens wegen eines Erlassantrags nach § 227 AO ausnahmsweise nicht auf die tatsächlichen Verhältnisse im Zeitpunkt der Beschwerdeentscheidung abzustellen ist, wenn sich die tatsächlichen Grundlagen für die Betätigung des Verwaltungsermessens aufgrund Zeitablaufs in einem für die damalige Ermessensentscheidung maßgeblichen Punkt verändert haben *(BFH-Beschluss vom 14. 10. 1993 X B 52/93, BFH/NV 1994 S. 562),* betrifft Erlassanträge iSd § 227 Abs. 1 1. Halbsatz AO und nicht Erstattungsanträge iSd § 227 Abs. 1 2. Halbsatz AO *(BFH-Beschluss vom 26. 5. 2000 V B 28/00, BFH/NV S. 1326).*

Trifft ein Stpfl. im Hinblick auf eine bundeseinheitliche gesetzesauslegende Verwaltungsanweisung nicht unerhebliche wirtschaftliche Dispositionen, weicht danach aufgrund einer inzwischen ergangenen BFH-Entscheidung die Finanzverwaltung von der in der Verwaltungsanweisung geäußerten Auffassung zu Lasten des Stpfl. ab, so ist die nach dem Gesetz in der Auslegung durch die BFH-Entscheidung geschuldete Steuer zu erlassen.

Aufgrund einer Rechtsprechungsänderung besteht zu einer Billigkeitsmaßnahme dann kein Anlass, wenn der Stpfl. die Möglichkeit der Änderung bereits in seine Disposition einbezogen hat.

Vgl. *BFH-Urteil vom 21. 2. 1991 V R 105/84 BStBl. II S. 498:* 1. Das Institut des Billigkeitserlasses ist vor allem dazu bestimmt, einem ungewollten Überhang der Regelung von Ansprüchen aus dem Steuerschuldverhältnis entgegenzuwirken. Bei der Prüfung eines geltend gemachten Erlassanspruches können außer den den Anspruch aus dem Steuerschuldverhältnis regelnden Vorschriften auch andere Rechtsnormen zu berücksichtigen sein, insbesondere allgemeine Rechtsgrundsätze. 2. Die Rechtsschutzgarantie in Art. 19 Abs. 4 Satz 1 GG schließt ein, dass der Rechtsschutz innerhalb angemessener Zeit zu gewähren ist. 3. Sofern bei nicht rechtzeitiger Rechtsschutzgewährung nicht ein konkreter Schaden geltend gemacht wird, kommt als Sanktion ein Aufhalten der sofortigen Vollziehbarkeit des angefochtenen Steuerbescheides in Betracht. Eine weitere Sanktion in Gestalt eines Erlasses von Aussetzungszinsen ist weder aus dem Blickwinkel der Rechtsschutzgarantie noch durch Sinn und Zweck der Aussetzungszinsen geboten.

Zinsen, die im Falle einer Verrechnung von noch nicht fälligen Steuernachforderungen mit bereits fälligen Steuererstattungsansprüchen auf den Zeitraum zwischen der Verrechnung und der Fälligkeit berechnet werden, können nach § 227 AO auf Antrag erlassen werden *(BdF-Schreiben vom 21. 12. 1992 IV A 5 – S 0640 a – 6/92 (II), StEK AO 1977 § 227 Nr. 120).*

BFH-Beschluss vom 25. 4. 2002 V B 73/01, BStBl. 2004 II S. 343: 1. Eine bei unberechtigtem Steuerausweis in einer Rechnung gem. § 14 Abs. 3 UStG entstandene Steuer ist nach § 227 AO (zwingend) wegen sachlicher Unbilligkeit zu erlassen, soweit der von dem Rechnungsempfänger in Anspruch genommene Vorsteuerabzug rückgängig gemacht und der entsprechende Betrag an den Fiskus tatsächlich zurückgezahlt worden ist (vgl. *BFH-Urteil vom 8. 3. 2001 V R 61/97, BFHE 194, 517).*

Ein Billigkeitserlass kann gerechtfertigt sein, wenn sich zwei Unternehmer ausgehend von den zivilrechtlichen Vereinbarungen aufgrund eines gemeinsamen Irrtums über die zutreffende steuerrechtliche Beurteilung vor höchstrichterlicher Klärung einer Streitfrage ohne Missbrauchs- oder Hinterziehungsabsicht gegenseitig Rechnungen mit unzutreffendem Steuerausweis erteilen und aufgrund der Versteuerung der jeweils zu Unrecht gesondert ausgewiesenen Steuerbeträge bei einer Gesamtbetrachtung keine Gefährdung des Steueraufkommens vorliegt (*BFH-Urteil vom 27. 9. 2018 V R 32/16, BStBl. 2022 II S. 794*).

Die Einziehung von Ansprüchen aus dem Steuerschuldverhältnis kann auch dann persönlich unbillig sein, wenn zwar deren Durchsetzung wegen des Vollstreckungsschutzes ausgeschlossen ist, die Steuerrückstände den Stpfl. aber hindern, eine neue Erwerbstätigkeit zu beginnen und sich so eine eigene, von Sozialhilfeleistungen unabhängige wirtschaftliche Existenz aufzubauen *(BFH-Urteil vom 27. 9. 2001 X R 134/98, BStBl. 2002 II S. 176).*

[Fortsetzung nächste Seite]

AO

3. Unterabschnitt. Zahlungsverjährung[1]

§ 228[2] Gegenstand der Verjährung, Verjährungsfrist

1 **① Ansprüche aus dem Steuerschuldverhältnis unterliegen einer besonderen Zahlungsverjährung. ② Die Verjährungsfrist beträgt fünf Jahre, in Fällen der §§ 370, 373 oder 374 zehn Jahre.**

AEAO

Zu § 228 – Gegenstand der Verjährung, Verjährungsfrist:

2 **1.** Die Zahlungsverjährung erstreckt sich auch auf Ansprüche des Steuerpflichtigen. Der einheitliche Anspruch aus dem Steuerschuldverhältnis (z. B. für die Steuer eines Veranlagungszeitraums) kann bei – ggf. mehrfach – geänderter Festsetzung nicht in unterschiedliche Zahlungs- und Erstattungsansprüche aufgespalten werden, die bezogen auf die jeweils ergangenen Verwaltungsakte unterschiedlichen Verjährungsfristen unterliegen (BFH-Urteil vom 6. 2. 1996, VII R 50/95, BStBl. 1997 II S. 112; vgl. auch § 229 Abs. 1 Satz 3 AO).[3]

3 **2.** Fällt das Ende der Verjährungsfrist auf einen Sonntag, einen gesetzlichen Feiertag oder einen Sonnabend, so endet die Verjährungsfrist erst mit dem Ablauf des nächstfolgenden Werktages (§ 108 Abs. 3 AO).

4 **3.** Die Zahlungsverjährung führt zum Erlöschen des Anspruchs (§§ 47, 232 AO).

AO

§ 229 Beginn der Verjährung

1 (1)[4] **① Die Verjährung beginnt mit Ablauf des Kalenderjahrs, in dem der Anspruch erstmals fällig geworden ist. ② Sie beginnt jedoch nicht vor Ablauf des Kalenderjahrs, in dem die Festsetzung eines Anspruchs aus dem Steuerschuldverhältnis, ihre Aufhebung, Änderung oder Berichtigung nach § 129 wirksam geworden ist, aus der sich der Anspruch ergibt; eine Steueranmeldung steht einer Steuerfestsetzung gleich. ③ Wird die Festsetzung oder Anmeldung eines Anspruchs aus dem Steuerschuldverhältnis aufgehoben, geändert oder nach § 129 berichtigt, so beginnt die Verjährung des gesamten**

[Fortsetzung]

Keine persönliche Unbilligkeit liegt vor, wenn der Steuerschuldner sein Einkommen oder Zuwendungen in Vermögenswerten anlegt oder sein Vermögen verschwendet und dadurch seine mangelnde Leistungsfähigkeit selbst herbeiführt *(BFH-Beschluss vom 28. 10. 1997 VII B 183/96, BFH/NV 1998 S. 683).*

BFH-Beschluss vom 4. 5. 2007 XI S 4/07 (PKH), BFH/NV S. 1620: Im Rahmen eines Antrags auf Erlass aus persönlichen Gründen ist auch das Familienunterhaltsrecht zu berücksichtigen. Das gilt jedenfalls bei Zusammenveranlagung von Ehegatten *(BVerfG-Beschluss vom 21. 2. 1961 1 BvR 314/60, BVerfGE 12, 180; BFH-Beschlüsse, vom 31. 3. 1982 I B 97/81, BStBl. II 1982 S. 530 m. w. N.; vom 3. 10. 1988 IV S 5/86, BFH/NV 1989 S. 411; BVerwG-Urteil vom 23. 8. 1990 8 C 42.88, NJW 1991 S. 1073).*

---

[1] Vgl. Art. 97 § 14 EGAO, zur Anwendung in den neuen Bundesländern vgl. auch Art. 97 a § 2 Nr. 9 EGAO, abgedruckt im **Anhang I Nr. 1.**

[2] Zur Festsetzungsverjährung vgl. § 169 AO.

Ist abgeführte Kapitalertragsteuer in einer Anrechnungsverfügung nicht angerechnet worden, so kann diese Anrechnung nach Ablauf der durch die Anrechnungsverfügung in Lauf gesetzte Zahlungsverjährungsfrist nicht mehr nachgeholt werden *(BFH-Urteil vom 12. 2. 2008 VII R 33/06, BStBl. II S. 504).*

BFH-Urteil vom 25. 10. 2011 VII R 55/10, BStBl. 2012 II S. 220: Führt die Anrechnung tatsächlich nicht festgesetzter und geleisteter Vorauszahlungen wie der Lohnsteuer dazu, dass in der Anrechnungsverfügung eine Abschlusszahlung nicht oder in zu geringer Höhe ausgewiesen wird, so erlischt der festgesetzte Steueranspruch nach Ablauf der Zahlungsverjährungsfrist (Anschluss an das *Urteil des Senats vom 27. 10. 2009 VII R 51/08, BStBl. 2010 II S. 382).*

[3] Wird die Festsetzung der Einkommensteuer geändert, ist im Umfang dieser Änderung auch die mit dem Änderungsbescheid verbundene Anrechnungsverfügung anzupassen, ohne dass bis dahin ggf. abgelaufene Zahlungsverjährungsfristen bezüglich früher entstandener Ansprüche aus dem Steuerschuldverhältnis entgegenstehen (Bestätigung der Rechtsprechung). Eine Teil-Zahlungsverjährung sich aus früheren Steuerbescheiden ergebender Abschlusszahlungen tritt in solchen Fällen nicht ein *(BFH-Urteil vom 18. 9. 2018 VII R 18/18, BFH/NV 2019 S. 107).*

[4] Zur Anwendung von § 229 Abs. 1 Satz 2 s. Art. 97 § 14 Abs. 3 EGAO **(Anhang I Nr. 1).**

Durch die Bekanntgabe der Steuerfestsetzung wird die Frist für die Zahlungsverjährung der festgesetzten Steuer in Lauf gesetzt. Eine Änderung der Anrechnungsverfügung nach Ablauf dieser Frist ist ungeachtet dessen, ob sie zu einer Erhöhung oder einer Verminderung der Abschlusszahlung oder einer Rückforderung erstatteter Steueranrechnungsbeträge führt, unzulässig *(BFH-Urteil vom 27. 10. 2009 VII R 51/08, BStBl. 2010 II S. 382).*

BFH-Urteil vom 29. 10. 2013 VII R 68/11, BStBl. 2016 II S. 115: Werden durch einen die Festsetzung der Einkommensteuer ändernden Steuerbescheid die Einkünfte in abweichender Weise erfasst und führt diese Änderung zu einer entsprechenden Änderung der gemäß § 36 Abs. 2 Nr. 2 EStG auf die Einkommensteuer anzurechnenden Beträge, ist die erforderliche Berichtigung einer früheren Anrechnungsverfügung durch eine neue mit dem Steueränderungsbescheid verbundene Anrechnungsverfügung oder einen Abrechnungsbescheid innerhalb der fünfjährigen Zahlungsverjährungsfrist vorzunehmen, die insoweit durch die Bekanntgabe des Steueränderungsbescheids in Lauf gesetzt wird. Ob die Frist ggf. schon durch einen entsprechenden Feststellungsbescheid in Lauf gesetzt wird, bleibt offen.

Die Frist für die Zahlungsverjährung eines Erstattungsanspruchs beginnt mit der Zahlung des zu erstattenden Betrages, wenn sich der Erstattungsanspruch auf eine rechtsgrundlose Zahlung, etwa auf einen nichtigen Steuerbescheid, bezieht. Dem Steuerpflichtigen ist es zumutbar, für den Fall der Nichtigkeit eines Steuerbescheides vorsorglich seinen Anspruch z. B. durch Zahlungsaufforderung geltend zu machen und dadurch den Lauf der Verjährungsfrist zu unterbrechen *(BFH-Beschluss vom 7. 5. 2013 VII B 199/12, BFH/NV S. 1378).*

Anspruchs erst mit Ablauf des Kalenderjahrs, in dem die Aufhebung, Änderung oder Berichtigung wirksam geworden ist[1].

(2) **Ist ein Haftungsbescheid ohne Zahlungsaufforderung ergangen, so beginnt die Verjährung mit Ablauf des Kalenderjahrs, in dem die Zahlungsaufforderung nachgeholt worden ist, spätestens aber fünf Jahre nach Ablauf des Kalenderjahrs, in dem der Haftungsbescheid wirksam geworden ist.** 2

Zu § 229 – Beginn der Verjährung: AEAO

1. Die Zahlungsverjährung beginnt grundsätzlich mit Ablauf des Kalenderjahres, in dem der Anspruch erstmals fällig geworden ist (§ 229 Abs. 1 Satz 1 AO). Wird durch eine Steueranmeldung oder Steuerfestsetzung erst die Voraussetzung für die Durchsetzung des Anspruchs geschaffen, so beginnt die Zahlungsverjährung auch bei früherer gesetzlicher Fälligkeit des Anspruchs (z. B. bei den sog. Fälligkeitssteuern) nach § 229 Abs. 1 Satz 2 AO nicht vor Ablauf des Kalenderjahres, in dem die Steueranmeldung oder die Festsetzung eines Anspruchs wirksam geworden ist. Dies gilt unabhängig davon, ob der Bescheid angefochten wird oder nicht. Nach § 229 Abs. 1 Satz 3 AO beginnt die Zahlungsverjährung des gesamten Anspruchs aus dem Steuerschuldverhältnis bei einer Aufhebung, Änderung oder Berichtigung nach § 129 AO der Festsetzung erst mit Ablauf des Kalenderjahres, in dem die Aufhebung, Änderung oder Berichtigung der Festsetzung wirksam geworden ist. 3

2. Ergeht ein Haftungsbescheid mit Zahlungsaufforderung, richtet sich der Beginn der Zahlungsverjährung nach § 229 Abs. 1 AO. Ist der Haftungsbescheid dagegen nach § 219 AO ohne Zahlungsaufforderung ergangen, beginnt die Zahlungsverjährung nach § 229 Abs. 2 AO in der Fassung des JStG 2022 erst mit Ablauf des Kalenderjahres, in dem die Zahlungsaufforderung zur Haftungsschuld nachgeholt worden ist, spätestens aber fünf Jahre nach Ablauf des Kalenderjahrs, in dem der Haftungsbescheid wirksam geworden ist. § 229 Abs. 2 AO in der Fassung des JStG 2022 gilt nach Art. 97 § 14 Abs. 6 EGAO für alle am 21. 12. 2022 noch nicht abgelaufenen Zahlungsverjährungsfristen. 4

§ 230 Hemmung der Verjährung AO

(1) **Die Verjährung ist gehemmt, solange der Anspruch wegen höherer Gewalt innerhalb der letzten sechs Monate der Verjährungsfrist nicht verfolgt werden kann.** 1

(2) ① **Die Verjährungsfrist läuft nicht ab, solange die Festsetzungsfrist des Anspruchs noch nicht abgelaufen ist.** ② **§ 171 Absatz 14 ist dabei nicht anzuwenden.** 2

Zu § 230 – Hemmung der Verjährung: AEAO

1. Ist die Zahlungsverjährung nach § 230 Abs. 1 AO (wegen höherer Gewalt) gehemmt, wird der Zeitraum, währenddessen die Hemmung besteht, in die Verjährungsfrist nicht eingerechnet (analog § 209 BGB). Nach dem Wegfall der Hemmung läuft die bereits begonnene „alte" Verjährungsfrist weiter. 3

2. Die Hemmung der Zahlungsverjährung nach § 230 Abs. 2 AO wirkt hingegen wie eine Ablaufhemmung der Festsetzungsfrist nach § 171 Abs. 7 AO: 4

- Endet die Festsetzungsfrist nach §§ 169 bis 171 AO vor Ablauf der Zahlungsverjährungsfrist, tritt keine Ablaufhemmung nach § 230 Abs. 2 AO ein.
- Endet die Festsetzungsfrist nach §§ 169 bis 171 AO erst nach Ablauf der Zahlungsverjährungsfrist (vor Anwendung des § 230 Abs. 2 AO), verlängert sich die Zahlungsverjährungsfrist bis zum Ablauf der Festsetzungsfrist.

Hierbei bleibt die Ablaufhemmung der Festsetzungsfrist nach § 171 Abs. 14 AO außer Acht, da sie ihrerseits an die Zahlungsverjährungsfrist anknüpft.

§ 230 Abs. 2 AO gilt nach Art. 97 § 14 Abs. 6 EGAO für alle am 21. 12. 2022 noch nicht abgelaufenen Zahlungsverjährungsfristen.

---

[1] Sind die Kapitalertragsteuer und der Solidaritätszuschlag für eine Dividendenkompensationszahlung nicht einbehalten worden und werden die rechtswidrige begünstigende Anrechnungsverfügung wegen eines Rücknahmegrundes gemäß § 130 Abs. 2 AO und mangels eines Zuflusses der Abzugsbeträge daneben die Steuerfestsetzung wegen geringerer zugrunde liegender erzielter Kapitalerträge geändert, beginnt die Zahlungsverjährung für den gesamten Steueranspruch neu zu laufen (*BFH-Beschluss vom 25. 7. 2025 VIII B 17/24, BFH/NV S. 1273*).

AO

§ 231 Unterbrechung der Verjährung[1]

1 (1)[2] ① **Die Verjährung eines Anspruchs wird unterbrochen durch**

1. Zahlungsaufschub, Stundung, Aussetzung der Vollziehung, Aussetzung der Verpflichtung des Zollschuldners zur Abgabenentrichtung[3] oder Vollstreckungsaufschub,

2. Sicherheitsleistung,

3. eine Vollstreckungsmaßnahme,[4]

4. Anmeldung im Insolvenzverfahren,[5]

5. Eintritt des Vollstreckungsverbots nach § 210 oder § 294 Absatz 1 der Insolvenzordnung,

6. Aufnahme in einen Insolvenzplan oder einen gerichtlichen Schuldenbereinigungsplan,

---

[1] Ist die Frist der Zahlungsverjährung durch eine Zahlungsaufforderung des FA unterbrochen worden, steht es nicht in der Macht des FA, die Unterbrechungswirkung durch einen actus contrarius (hier: Erklärung als „erledigt") zu beseitigen *(BFH-Urteil vom 28. 11. 2006 VII R 3/06, BStBl. 2009 II S. 575).*

Handlungen zur Unterbrechung der Verjährung, die vor **Auflösung einer Gesellschaft** im Verhältnis zur Gesellschaft vorgenommen worden sind, wirken gegen die Gesellschafter auch nach Auflösung der Gesellschaft. § 159 Abs. 4 HGB betrifft Unterbrechungshandlungen nach Auflösung der Gesellschaft. Gegenüber einer Gesellschaft vorgenommene Handlungen zur Unterbrechung der Verjährung wirken nach der Auflösung der Gesellschaft gegen deren Gesellschafter – unter der Voraussetzung, dass diese der Gesellschaft zur Zeit ihrer Auflösung angehört haben – nur dann, wenn die Unterbrechungshandlung nach Auflösung der Gesellschaft innerhalb der zugunsten der Gesellschafter nach Auflösung der Gesellschaft laufenden Fünf-Jahres-Frist nach § 159 Abs. 1 HGB vorgenommen worden ist. Die besondere Verjährungsfrist des § 159 Abs. 1 HGB läuft nicht an, solange die Verjährung der Forderung gegen die Gesellschaft unterbrochen ist *(BFH-Beschluss vom 21. 4. 1999 VII B 347/98, DStRE 2000 S. 45).*

Ein Vollstreckungsaufschub bewirkt nur dann eine Unterbrechung der Verjährung, wenn er dem Vollstreckungsschuldner mitgeteilt worden ist *(BFH-Urteil vom 23. 4. 1991 VII R 37/90, BStBl. II S. 742).*

Die Unterbrechung der Zahlungsverjährung durch Aussetzung der Vollziehung setzt eine wirksame Aussetzung der Vollziehung voraus. Allein die Absendung des mit der Unterbrechungshandlung verbundenen Verwaltungsakts genügt nicht, um die Zahlungsverjährung zu unterbrechen *(BFH-Urteil vom 22. 7. 1999 V R 44/98, BStBl. II S. 749).*

Stellungnahmen und Anträge des FA im Verfahren vor dem FG unterbrechen die Zahlungsverjährung i. d. R. nicht *(BFH-Urteil vom 26. 4. 1990 V R 190/87, BStBl. II S. 802).*

Die Anfrage des FA beim Amtsgericht, ob im Schuldnerverzeichnis eine Eintragung darüber bestehe, ob der Vollstreckungsschuldner innerhalb der letzten drei Jahre eine eidesstattliche Versicherung abgegeben habe, ist keine die Zahlungsverjährung unterbrechende Vollstreckungsmaßnahme iSv. § 231 Abs. 1 AO *(BFH-Urteil vom 24. 9. 1996 VII R 31/96, BStBl. 1997 II S. 8).*

Eine Pfändungsverfügung des Finanzamts gegen einen Dritten unterbricht die Zahlungsverjährung auch dann, wenn der Vollstreckungsschuldner in dem betreffenden Zeitpunkt keine passive Handlungsfähigkeit besitzt *(BFH-Urteil vom 21. 11. 2006 VII R 68/05, BStBl. 2007 II S. 291).*

Ob eine auch gegenüber dem Gesellschafter einer GbR nach § 159 Abs. 4 HGB wirksame Unterbrechung der Verjährung des gegen die Gesellschaft festgesetzten USt-Anspruchs vorliegt, entscheidet sich allein nach den steuerrechtlichen Vorschriften über die Unterbrechung der Zahlungsverjährung *(BFH-Urteil vom 26. 8. 1997 VII R 63/97, BStBl. II S. 745).*

[2] Zur Anwendung von § 231 Abs. 1 Satz 1 s. Art. 97 § 14 Abs. 4 EGAO **(Anhang I Nr. 1).**

BFH-Urteil vom 28. 8. 2003 VII R 22/01, BStBl. II S. 933: Die Zahlungsverjährung wird nicht unterbrochen, wenn die vor Ablauf der Zahlungsverjährung abgesandte schriftliche Zahlungsaufforderung dem Zahlungsverpflichteten nicht zugeht (§ 231 i. V. m. § 169 Abs. 1 Satz 3 Nr. 1 AO; Anschluss an den Beschluss des *Großen Senats des BFH vom 25. 11. 2002 GrS 2/01, BStBl. 2003 II S. 548*).

Erlässt das Finanzamt ohne Beachtung der während des Einspruchsverfahrens gegen eine Steuerfestsetzung eingetretenen Zahlungsverjährung noch eine Einspruchsentscheidung, wird dadurch nicht erneut der Lauf einer Zahlungsverjährung ausgelöst. Das Erlöschen der Steuerforderung gemäß § 232 AO als Rechtsfolge der Zahlungsverjährung ist endgültig *(BFH-Urteil vom 25. 10. 2023 I R 9/18, BFH/NV 2024 S. 497).*

BFH-Beschluss vom 21. 6. 2010 VII R 27/08, BFH/NV S. 1682: Eine von der Behörde dem Zahlungspflichtigen bekannt gegebene Maßnahme, aus der sich der Wille der Behörde ergibt, an ihrer Steuerforderung festzuhalten und diese durchzusetzen, unterbricht die Zahlungsverjährung auch dann, wenn es sich bei dieser Maßnahme um einen Verwaltungsakt handelt, der rechtswidrig oder nichtig oder rückwirkend aufgehoben worden ist.

Eine Wohnsitzanfrage des FA beim Einwohnermeldeamt führt nur dann zur Unterbrechung der Zahlungsverjährung, wenn das FA besonderen Anlass zu einer solchen Ermittlungshandlung hat, weil ihm der Wohnsitz des Steuerschuldners nicht bekannt ist *(BFH-Beschluss vom 2. 12. 2011 VII B 106/11, BFH/NV 2012 S. 691).*

BFH-Beschluss vom 21. 6. 2010 VII R 27/08, BStBl. 2011 II S. 333: Eine von der Behörde dem Zahlungspflichtigen bekannt gegebene Maßnahme, aus der sich der Wille der Behörde ergibt, an ihrer Steuerforderung festzuhalten und diese durchzusetzen, unterbricht die Zahlungsverjährung auch dann, wenn es sich bei dieser Maßnahme um einen Verwaltungsakt handelt, der rechtswidrig oder nichtig oder rückwirkend aufgehoben worden ist.

[3] Teilt das HZA im AdV-Verfahren mit, von der Vollstreckung des „angefochtenen Verwaltungsakts" bis zum rechtskräftigen Abschluss des Hauptsacheverfahrens absehen zu wollen, unterbricht dies die Zahlungsverjährung im Allgemeinen auch insoweit, als ein Teilbetrag der festgesetzten Abgabe von vornherein außer Streit war *(BFH-Urteil vom 23. 2. 2010 VII R 9/08, BStBl. 2011 II S. 667).*

[4] Die Verjährung eines Anspruchs kann nur dann nach § 231 AO unterbrochen werden, wenn die Verjährungsfrist bereits in Gang gesetzt worden ist und noch läuft. Daher unterbricht eine Pfändung, die vor Beginn der Verjährung (§ 229 Abs. 1 Satz 1 AO) vorgenommen worden ist, die Verjährung nicht *(BFH-Urteil vom 23. 8. 2022 VII R 46/20, BFH/NV 2023 S. 162).*

Durch den Antrag auf Eintragung einer Zwangshypothek wird die Zahlungsverjährung unterbrochen, auch wenn der Antrag dem Vollstreckungsschuldner nicht bekannt gegeben wird. Die Unterbrechung dauert an, bis die Zwangshypothek erloschen ist *(BFH-Beschluss vom 15. 12. 2008 VII B 95/08, BFH/NV 2009 S. 714).*

Der Erlass von Duldungsbescheiden kann gemäß § 231 Abs. 1 Satz 1 Nr. 3 AO die Zahlungsverjährung gegenüber dem Steuerschuldner unterbrechen *(BFH-Urteil vom 30. 6. 2020 VII R 63/18, BStBl. 2021 II S. 191).*

[5] Zur Geltung in dieser Fassung s. Art. 97 § 11 a EGAO **(Anhang I Nr. 1).**

7. Ermittlungen der Finanzbehörde nach dem Wohnsitz oder dem Aufenthaltsort des Zahlungspflichtigen und[1]

8. schriftliche Geltendmachung des Anspruchs.[2]

② § 169 Abs. 1 Satz 3 gilt sinngemäß.

(2)[3] **① Die Unterbrechung der Verjährung dauert fort** 2

1. in den Fällen des Absatzes 1 Satz 1 Nummer 1 bis zum Ablauf der Maßnahme,

2. im Fall des Absatzes 1 Satz 1 Nummer 2 bis zum Erlöschen der Sicherheit,

3. im Fall des Absatzes 1 Satz 1 Nummer 3 bis zum Erlöschen des Pfändungspfandrechts, der Zwangshypothek oder des sonstigen Vorzugsrechts auf Befriedigung,

4. im Fall des Absatzes 1 Satz 1 Nummer 4 bis zur Beendigung des Insolvenzverfahrens,

5. im Fall des Absatzes 1 Satz 1 Nummer 5 bis zum Wegfall des Vollstreckungsverbots nach § 210 oder § 294 Absatz 1 der Insolvenzordnung,

6. in den Fällen des Absatzes 1 Satz 1 Nummer 6, bis der Insolvenzplan oder der gerichtliche Schuldenbereinigungsplan erfüllt oder hinfällig wird.

② Wird gegen die Finanzbehörde ein Anspruch geltend gemacht, so endet die hierdurch eingetretene Unterbrechung der Verjährung nicht, bevor über den Anspruch rechtskräftig entschieden worden ist.

(3) **Mit Ablauf des Kalenderjahrs, in dem die Unterbrechung geendet hat, beginnt eine neue Verjährungsfrist.** 3

(4) **Die Verjährung wird nur in Höhe des Betrags unterbrochen, auf den sich die Unterbrechungshandlung bezieht.** 4

Zu § 231 – Unterbrechung der Verjährung: AEAO

1. Zu den Unterbrechungstatbeständen gehört auch die schriftliche Geltendmachung eines Zahlungsanspruchs durch den Steuerpflichtigen (§ 231 Abs. 1 Satz 1 Nr. 8 AO). Bei elektronischer Übermittlung kann – vorbehaltlich der Eröffnung eines entsprechenden Zugangs durch die Finanzbehörde (§ 87 a Abs. 1 AO) – auf eine qualifizierte elektronische Signatur und auch auf ein Verfahren nach § 87 a Abs. 3 Satz 4 und 5 AO verzichtet werden, da kein Unterschriftserfordernis besteht (vgl. AEAO zu § 87 a, Nr. 3.2.4). 5

2. Eine dem Zahlungspflichtigen von der Finanzbehörde bekannt gegebene Maßnahme i. S. d. § 231 Abs. 1 AO unterbricht die Zahlungsverjährung auch dann, wenn es sich bei dieser Maßnahme um einen Verwaltungsakt handelt, der rechtswidrig oder nichtig oder rückwirkend aufgehoben worden ist (vgl. BFH-Beschluss vom 21. 6. 2010, VII R 27/08, BStBl. 2011 II, S. 331). 6

§ 232 Wirkung der Verjährung AO

Durch die Verjährung erlöschen der Anspruch aus dem Steuerschuldverhältnis und die von ihm abhängenden Zinsen.

[1] Eine Wohnsitzanfrage des FA beim Einwohnermeldeamt führt grds. nur dann zur Unterbrechung der Zahlungsverjährung, wenn das FA im Hinblick auf die Realisierung seines Anspruchs aus dem Steuerschuldverhältnis besonderen Anlass zu der Anfrage hat, weil ihm der Wohnsitz des Schuldners nicht bekannt ist *(BFH-Urteil vom 24. 11. 1992 VII R 63/92, BStBl. 1993 II S. 220).*

Die für eine Verjährungsunterbrechung nach § 231 Abs. 1 Satz 1 Nr. 7 AO erforderliche Außenwirkung liegt auch dann vor, wenn die Finanzbehörde durch eine BZSt-Online-Anfrage direkt auf die IdNr.-Datenbank zugreift. Zuständigkeitsmängel hindern die Unterbrechungswirkung einer Ermittlungsmaßnahme nicht. Ob die Finanzbehörde, welche die Maßnahme durchgeführt hat, örtlich zuständig war, hat keinen Einfluss auf die Wirksamkeit der Maßnahme in Bezug auf die Verjährungsunterbrechung (*BFH-Beschluss vom 21. 12. 2021 VII R 21/19, BStBl. 2022 II S. 295*).

[2] Die für eine Verjährungsunterbrechung nach § 231 Abs. 1 Satz 1 AO erforderliche Außenwirkung liegt auch dann vor, wenn die Finanzbehörde durch eine **EMA-Online-Anfrage** direkt auf die städtische Meldedatenbank zugreift. Darüber hinaus hängt die Verjährungsunterbrechung nicht davon ab, ob die Finanzbehörde die zur Durchsetzung der Zahlungsansprüche zweckmäßigste Maßnahme ergriffen hat *(BFH-Beschluss vom 17. 9. 2014 VII R 8/13, BFH/NV 2015 S. 4).*

[3] Zur Anwendung von § 231 Abs. 2 Satz 1 s. Art. 97 § 14 Abs. 4 EGAO **(Anhang I Nr. 1).**

AO

Zweiter Abschnitt. Verzinsung, Säumniszuschläge

1. Unterabschnitt. Verzinsung[1]

§ 233[2] Grundsatz[3]

1 **① Ansprüche aus dem Steuerschuldverhältnis (§ 37) werden nur verzinst, soweit dies durch Bundesrecht oder Recht der Europäischen Union vorgeschrieben ist. ② Ansprüche auf steuerliche Nebenleistungen (§ 3 Absatz 4) und die entsprechenden Erstattungsansprüche werden nicht verzinst.**

Anl

Schreiben betr. Änderungen der §§ 233 bis 239 AO durch das Zweite Gesetz zur Änderung der Abgabenordnung und des Einführungsgesetzes zur Abgabenordnung vom 12. Juli 2022 (BGBl. I S. 1142)

Vom 22. Juli 2022 (BeckVerw 573060)
(BMF IV A 3 – S 1910/22/10040 :010; DOK 2022/666 774)

2 Durch das Zweite Gesetz zur Änderung der Abgabenordnung und des Einführungsgesetzes zur Abgabenordnung vom 12. Juli 2022 (BGBl. I S. 1142)[4] wurden unter anderem die §§ 233, 233 a, 238 und 239 AO geändert. Im Vordergrund steht dabei die vom Bundesverfassungsgericht (BVerfG) mit Beschluss vom 8. Juli 2021 1 BvR 2237/14 und 1 BvR 2422/17, BGBl. I S. 4303, geforderte rückwirkende Anpassung des Zinssatzes für Nachzahlungs- und Erstattungszinsen nach § 233 a AO für Verzinsungszeiträume ab dem 1. Januar 2019.

Nach Erörterung mit den obersten Finanzbehörden der Länder gilt hierzu ergänzend zum AEAO zu § 233 a ab sofort Folgendes:

1. Änderung des § 233 AO

3 **1** In § 233 Satz 1 AO wurde klargestellt, dass Ansprüche aus dem Steuerschuldverhältnis (vgl. § 37 AO) nur verzinst werden, soweit dies durch Bundesrecht oder Recht der Europäischen Union vorgeschrieben ist.

2 § 233 Satz 1 AO in der Fassung des Gesetzes vom 12. Juli 2022, a. a. O. (fortan: n. F.) gilt in allen Fällen, in denen Zinsen nach dem 21. Juli 2022 festgesetzt werden (Art. 97 § 15 Abs. 13 EGAO).

2. Änderung des § 233 a AO

2.1. Bestimmung der maßgebenden Karenzzeit (§ 233 a Abs. 2 Satz 2 AO)

4 **3** In § 233 a Abs. 2 Satz 2 AO wurde klargestellt, dass bei der Entscheidung, ob die Einkünfte aus Land- und Forstwirtschaft bei der erstmaligen Steuerfestsetzung die anderen Einkünfte überwiegen, Kapitalerträge nach § 32 d Abs. 1 und § 43 Abs. 5 EStG nicht zu berücksichtigen sind.

4 § 233 a Abs. 2 Satz 2 AO n. F. gilt in allen Fällen, in denen Zinsen nach dem 21. Juli 2022 festgesetzt werden (Art. 97 § 15 Abs. 13 EGAO).

2.2. Reihenfolge der bei Berechnung von Erstattungszinsen maßgeblichen Zahlungen (§ 233 a Abs. 3 Satz 4 und Abs. 5 Satz 4 AO)

5 Bei der Reihenfolge zu verzinsender Steuerzahlungen ist nach Nr. 23, 35, 53 und 56 des AEAO zu § 233 a das „last in – first out"-Prinzip (LiFo-Prinzip) zugrunde zu legen. Diese langjährige Verwaltungspraxis wurde nun in § 233 a Abs. 3 Satz 4 AO und für Änderungsfälle in § 233 a Abs. 5 Satz 4 AO gesetzlich verankert.

6 § 233 a Abs. 3 Satz 4 und Abs. 5 Satz 4 AO n. F. gilt in allen Fällen, in denen Zinsen nach dem 21. Juli 2022 festgesetzt werden (Art. 97 § 15 Abs. 13 EGAO).

2.3. Erlass von Nachzahlungszinsen bei freiwilligen Zahlungen (§ 233 a Abs. 8 AO)

7 Die bislang in Nr. 70.1 des AEAO zu § 233 a getroffene Billigkeitsregelung über den Erlass von Nachzahlungszinsen bei „freiwilligen" Zahlungen wurde in § 233 a Abs. 8 Satz 1 AO gesetzlich verankert. Wie Zahlungen sind auch andere „freiwillige" Leistungen vor Fälligkeit (z. B. bei Tilgung im Weg der Aufrechnung oder Verrechnung) zu berücksichtigen. § 233 a Abs. 8 AO begründet wie bisher keinen eigenständigen Anspruch auf Erstattungszinsen.

8 Die Annahme freiwilliger Zahlungen und vergleichbarer Leistungen steht wie bisher im pflichtgemäßen Ermessen des Finanzamts. Damit soll verhindert werden, dass das Finanzamt ohne sachliche Rechtfertigung der Zahlung oder Leistung als „Sparkasse" missbraucht werden kann. Anzunehmen sind aber wie bisher alle Zahlungen und Leistungen, die erkennbar zur Tilgung einer in naher Zukunft voraussichtlich fällig werdenden Steuerschuld geleistet werden; dazu gehören auch im Zusam-

---

[1] Vgl. Art. 97 § 15 EGAO **(Anhang I Nr. 1).**
[2] Vgl. auch Anm. zu § 236 AO.
[3] Zur Ertragshoheit vgl. § 3 Abs. 4 AO.
Zinsen sind laufzeitabhängiges Entgelt für den Gebrauch eines auf Zeit überlassenen oder vorenthaltenen Geldkapitals *(BFH-Urteil vom 20. 5. 1987 II R 44/84, BStBl. 1988 II S. 229).* Sie sollen die Zinsnachteile des Gläubigers ausgleichen und stellen weder Sanktion, Druckmittel noch Strafe dar.
[4] **[Amtl. Anm.:]** BStBl. I S. 1215.

menhang mit einer Außenprüfung aufgrund entsprechender Prüfungsfeststellungen geleistete Vorab-Zahlungen.

9 § 233 a Abs. 8 Satz 2 AO enthält eine Parallelregelung zu § 233 a Abs. 3 Satz 4 AO für die Berechnung der nicht zu erhebenden Nachzahlungszinsen (Zuordnung von Zahlungen nach dem LiFo-Prinzip).

10 Nach § 233 a Abs. 8 Satz 3 AO mindert sich der Zinserlass rückwirkend, wenn die dem Erlass zugrunde liegende Festsetzung von Nachzahlungszinsen nach Maßgabe des § 233 a Abs. 5 AO zugunsten des Steuerpflichtigen geändert wird.

11 § 233 a Abs. 8 Satz 4 AO stellt klar, dass eine abweichende Festsetzung oder ein Erlass von Nachzahlungszinsen aus anderen Gründen nach Maßgabe der §§ 163 und 227 AO zulässig bleibt.

12 § 233 a Abs. 8 AO ist in allen am 21. Juli 2022 anhängigen Verfahren sowie allen künftigen Verfahren anzuwenden (Art. 97 § 15 Abs. 14 Satz 1 EGAO).

3. Änderung des § 238 AO

3.1. Zinssatz für die Verzinsung nach § 233 a AO für Verzinsungszeiträume ab dem 1. Januar 2019 (§ 238 Abs. 1 a AO)

13 Zur Umsetzung des oben genannten BVerfG-Beschlusses vom 8. Juli 2021 1 BVR 2237/14 und 5
1 BVR 2422/17, BGBl. I S. 4303, wurde der Zinssatz für die Verzinsung nach § 233 a AO für Verzinsungszeiträume ab dem 1. Januar 2019 in einem neuen Abs. 1 a des § 238 AO eigenständig geregelt. Dabei wurde am Prinzip des einheitlichen und festen Zinssatzes festgehalten, zugleich aber auch eine regelmäßige Evaluation der Angemessenheit des Zinssatzes angeordnet (siehe unter 3.3).

14 Abweichend von dem für alle anderen Zinsen i. S. d. § 233 AO (insbesondere Stundungszinsen, Hinterziehungszinsen, Prozesszinsen und Aussetzungszinsen) unverändert geltenden Zinssatz nach § 238 Abs. 1 Satz 1 AO beträgt der Zinssatz für Nachzahlungs- und Erstattungszinsen nach § 233 a AO für Verzinsungszeiträume ab dem 1. Januar 2019 0,15% je vollem Monat, also 1,8% für ein volles Jahr.

3.2. Zinsberechnung bei unterschiedlichen Zinssätzen (§ 238 Abs. 1 b AO)

15 Zinsen sind wie bisher nur für volle Monate festzusetzen (§ 238 Abs. 1 Satz 2 Halbsatz 1 AO). Sind allerdings innerhalb einer Zinsberechnung nebeneinander unterschiedliche Zinssätze (vgl. § 238 Abs. 1 Satz 1 und Abs. 1 a AO) maßgeblich, ist der Zinslauf nach dem neuen Abs. 1 b des § 238 AO in Teilverzinsungszeiträume aufzuteilen, für die die Zinsen jeweils tageweise zu berechnen sind.

16 Die Berechnung dieser Zinstage erfolgt nach der so genannten „deutschen Zinsberechnungsmethode". Jeder volle Monat wird dabei unabhängig von der tatsächlichen Anzahl der Kalendertage mit 30 Zinstagen und jedes volle Jahr mit 360 Tagen gerechnet. Monate, die als Ganzes zwischen Anfangsdatum und Enddatum des Zinszahlungszeitraums liegen, werden hierbei unabhängig von ihrer tatsächlichen Tageanzahl mit jeweils 30 Tagen gezählt. Hat ein Monat 31 Tage, ist der 31. Kalendertag kein Zinstag. Sofern der Beginn oder das Ende des Zeitraums auf den 31. eines Monats fällt, wird dieser Tag wie der 30. Kalendertag behandelt. Für den Februar gilt dabei: Endet der Zinsberechnungszeitraum am 28. Februar, bzw. in einem Schaltjahr am 29. Februar, werden die Zinsen auch nur bis zu diesem Tag berechnet. Geht der Zinsberechnungszeitraum hingegen über den Februar hinaus, wird der Februar wie jeder Monat mit 30 Tagen veranschlagt.

17 Um den Anteil am Jahreszinssatz (das ist das Zwölffache des Monatszinssatzes nach § 238 Abs. 1 Satz 1 oder Abs. 1 a AO) zu ermitteln, wird die Summe der ermittelten Zinstage dann durch 360 geteilt.

3.3. Evaluierung (§ 238 Abs. 1 c AO)

18 Um auch zukünftig die verfassungsrechtlich gebotene Angemessenheit des Zinssatzes für Nachzahlungs- und Erstattungszinsen nach § 233 a AO zu gewährleisten, enthält der neue Abs. 1 c des § 238 AO eine ausdrückliche Evaluierungsklausel, wonach der Zinssatz des § 238 Abs. 1 a AO wenigstens alle 2 Jahre (erstmals spätestens zum 1. Januar 2024) zu überprüfen ist. Diese Evaluierung obliegt dem Gesetzgeber.

3.4. Anwendungsregelung zu § 238 Abs. 1 a bis 1 c AO

19 § 238 Abs. 1 a bis 1 c AO gilt für Verzinsungszeiträume ab dem 1. Januar 2019 und ist vorbehaltlich des § 176 Abs. 1 Satz 1 Nr. 1 AO in allen offenen Fällen anzuwenden (Art. 97 § 15 Abs. 14 EGAO). Offene Fälle sind neben künftigen Zinsfällen auch alle zum maßgeblichen Zeitpunkt bereits beschiedenen, aber noch nicht abgeschlossenen Verwaltungsverfahren – anhängige Verfahren – (vgl. BFH-Urteil vom 21. Februar 1991 V R 25/87, BStBl. II S. 496).

20 Anhängige Verfahren sind Verwaltungsverfahren, in denen
- die Zinsfestsetzung nach § 164 Abs. 1 AO oder § 239 Abs. 4 AO noch unter dem Vorbehalt der Nachprüfung steht,
- die Zinsen (ganz oder teilweise) nach § 165 Abs. 1 Satz 2 AO vorläufig festgesetzt worden sind,
- die Zinsfestsetzung nach § 165 Abs. 1 Satz 4 i. V. m. Abs. 1 Satz 2 AO ausgesetzt ist oder
- aufgrund eines außergerichtlichen oder gerichtlichen Rechtsbehelfs noch keine Unanfechtbarkeit eingetreten ist.

21 Bei der Festsetzung von Zinsen in Erstattungsfällen ist für die Minderung bisher festgesetzter Nachzahlungszinsen (§ 233 a Abs. 5 Satz 3 Halbsatz 2 AO) der Zinssatz maßgeblich, der bei der ursprünglichen Festsetzung der Nachzahlungszinsen zugrunde gelegt wurde (Art. 97 § 15 Abs. 14 Satz 2 EGAO).

22 Die Vertrauensschutzregelung in § 176 Abs. 1 Satz 1 Nr. 1 AO ist nach Art. 97 § 15 Abs. 14 Satz 3 EGAO bei Umsetzung des § 238 Abs. 1 a und 1 b AO mit der Maßgabe anzuwenden, dass die Zinsen, die sich aufgrund der Neuberechnung der bisher festgesetzten, noch offenen Zinsen ergeben, die vor

Anwendung dieser Neuberechnung festgesetzten Zinsen nicht übersteigen dürfen. Hierbei ist wie folgt zu differenzieren:

– Waren bisher nur Erstattungszinsen festgesetzt worden, kann sich aufgrund der rückwirkenden Senkung des Zinssatzes deshalb keine Rückforderung ergeben. Dies gilt unabhängig davon, ob diese Zinsen bei Inkrafttreten der Neuregelungen vorläufig festgesetzt waren oder nicht.
– Waren bisher nur Nachzahlungszinsen festgesetzt worden, sind diese Zinsen im Rahmen der verfahrensrechtlichen Möglichkeiten auf Basis des § 238 Abs. 1 a und 1 b AO neu zu berechnen und eine entsprechend geänderte Zinsfestsetzung zu erlassen.
– In einem Mischfall mit Nachzahlungs- und Erstattungszinsen ist § 176 Abs. 1 Satz 1 Nr. 1 AO auf das Gesamtergebnis der Neuberechnung anzuwenden.

23 Bei der Nachholung einer nach § 165 Abs. 1 Satz 4 AO ausgesetzten Zinsfestsetzung findet § 176 Abs. 1 Satz 1 Nr. 1 AO von vornherein keine Anwendung, da insoweit keine Änderung einer Zinsfestsetzung erfolgt, sondern Zinsen erstmals festgesetzt werden.

3.5. Übergangsregelung (Art. 97 § 15 Abs. 16 EGAO)

24 Solange die Neuregelung in § 238 Abs. 1 a und 1 b AO technisch und organisatorisch noch nicht umgesetzt werden kann, können Zinsfestsetzungen nach § 233 a AO für Verzinsungszeiträume ab dem 1. Januar 2019 nach Art. 97 § 15 Abs. 16 EGAO ungeachtet der am 22. Juli 2022 in Kraft getretenen Neuregelungen in entsprechender Anwendung von § 165 Abs. 1 Satz 2 Nr. 2 und Satz 4 sowie Abs. 2 AO weiterhin vorläufig ergehen bzw. ausgesetzt werden. Vgl. hierzu im Einzelnen das BMF-Schreiben vom 22. Juli 2022 IV A 3 – S 0338/22/10004 :007, DOK 2022/668147, BStBl. I S. 1220.

25 Zu gegebener Zeit werden die noch offenen Zinsfestsetzungen unter Beachtung der Vertrauensschutzregelung rückwirkend neu berechnet und ggf. angepasst. Alle neuen oder bisher ausgesetzten Zinsfestsetzungen werden dann nach neuem Recht durchgeführt oder nachgeholt.

4. Änderung des § 239 AO

4.1. Dauer der Zinsfestsetzungsfrist (§ 239 Abs. 1 Satz 1 AO)

6 **26** Die bislang einjährige Festsetzungsfrist für Zinsen wurde auf zwei Jahre verlängert.

27 Die verlängerte Zinsfestsetzungsfrist gilt in allen Fällen, in denen die bisher einjährige Festsetzungsfrist am 21. Juli 2022 noch nicht abgelaufen ist (Art. 97 § 15 Abs. 15 EGAO).

4.2. Beginn der Zinsfestsetzungsfrist (§ 239 Abs. 1 Satz 2 AO)

28 In § 239 Abs. 1 Satz 2 Nr. 6 AO wurde eine Auffangregelung zur Bestimmung des Beginns der Festsetzungsfrist in allen in den Nummern 1 bis 5 nicht ausdrücklich geregelten Fällen geschaffen.

29 § 239 Abs. 1 Satz 2 Nr. 6 AO gilt in allen Fällen, in denen die Festsetzungsfrist am 21. Juli 2022 noch nicht abgelaufen ist (Art. 97 § 15 Abs. 15 EGAO).

4.3. Anrechnung von Zinsen nach § 233 a AO auf andere Zinsen (§ 239 Abs. 5 AO)

30 Nach § 233 a AO festgesetzte Zinsen sind unter bestimmten Voraussetzungen auf festzusetzende Stundungszinsen, Hinterziehungszinsen, Prozesszinsen und Aussetzungszinsen anzurechnen. § 239 Abs. 5 AO bestimmt klarstellend, dass die Zinsfestsetzung nach § 233 a AO Grundlagenbescheid für andere Zinsfestsetzungen ist, soweit Zinsen nach § 233 a AO auf jene Zinsen anzurechnen sind.

31 § 239 Abs. 5 AO ist in allen am 21. Juli 2022 anhängigen Verfahren sowie allen künftigen Verfahren anzuwenden (Art. 97 § 15 Abs. 14 Satz 1 EGAO).

AO

§ 233 a[1] Verzinsung von Steuernachforderungen und Steuererstattungen

1 (1) ① **Führt die Festsetzung der Einkommen-, Körperschaft-, Vermögen-, Umsatz- oder Gewerbesteuer zu einem Unterschiedsbetrag im Sinne des Absatzes 3, ist dieser**

[1] Zur Anwendbarkeit von § 233 a i. V. m. § 238 I S. 1 vgl. *BVerfG-Beschluss vom 8. 7. 2021 1 BvR 2237/14, 1 BvR 2422/17,* BGBl. I 2021, 4303.

Ein auf der Grundlage des StraBEG vom 23. 12. 2003 (BGBl. I 2003, 2928) an das FA gezahlter und später teilweise wieder erstatteter Betrag unterliegt nicht der Verzinsung nach § 233 a AO *(BFH-Urteil vom 4. 2. 2020 IX R 23/19, BStBl. II S. 631).*

Zinsen nach § 233 a AO sind **auch** dann festzusetzen, wenn der Eintritt der Zinspflicht durch **zögerliche Bearbeitung** durch das FA erfolgt *(BFH-Urteil vom 8. 9. 1993 I R 30/93, BStBl. 1994 II S. 81).* Der Grundsatz von Treu und Glauben steht einer Festsetzung von Nachforderungszinsen grundsätzlich auch dann nicht entgegen, wenn das FA den Steuerbescheid 14 Monate nach Eingang der Steuererklärung erlässt und der Stpfl. den Nachforderungsbetrag auf seinem Girokonto bereitgehalten hat *(BFH-Urteil vom 20. 9. 1995 X R 86/94, BStBl. 1996 II S. 53).* Die Erhebung von Nachforderungszinsen ist nicht allein deshalb sachlich unbillig, weil das FA den Steuerbescheid 11 Monate nach Eingang der Steuererklärung erlassen hat und eine Erhöhung der Vorauszahlungen nach Ablauf des Veranlagungszeitraumes wegen Nichterreichens der Mindestgrenze (§ 37 Abs. 5 EStG) nicht möglich war *(BFH-Urteil vom 5. 6. 1996 X R 234/93, BStBl. II S. 503).*

Bei der Festsetzung der nach § 233 a AO entstandenen Zinsansprüche steht dem FA kein Ermessen zu. Der Grundsatz von Treu und Glauben steht einer Festsetzung von Nachforderungszinsen in der Regel auch dann nicht entgegen, wenn dem FA bei der Bearbeitung der Steuererklärung Fehler unterlaufen sind. Die Neuregelung des § 233 a Abs. 2 a AO soll lediglich die abzuschöpfenden Liquiditätsvorteile sachgerechter bestimmen. Aus ihr ergibt sich nicht, dass für die Verzinsung nunmehr relevant sein soll, in wessen Sphäre oder Verantwortungsbereich die Grundlage für die Steuernachforderung fällt *(BFH-Beschluss vom 3. 5. 2000 II B 124/99, BFH/NV S. 1441).*

Aber *BFH-Urteil vom 8. 9. 1993 I R 30/93, BStBl. 1994 II S. 81:* Die Verzinsung von an Stpfl. zurück überwiesenen Vorauszahlungen widerspricht jedenfalls dann dem Gesetzeszweck des § 233 a AO, wenn die Rückzahlung ausschließlich auf einem Fehler des FA beruht, der Stpfl. das FA unverzüglich auf diesen Fehler aufmerksam macht und den Betrag zur sofortigen Rückzahlung auf einem Girokonto bereithält.

Ein Liquiditätsvorteil, der auf einer verspäteten Steuerfestsetzung beruht, wird nicht ausgeglichen. Die Zinsen resultieren vielmehr ausschließlich auf der Korrektur eines Erfassungsfehlers des FA, auf den der Stpfl. unverzüglich aufmerksam gemacht hat *(BFH-Urteil vom 25. 11. 1997 IX R 28/96, BStBl. II S. 550).*

[Fortsetzung nächste Seite]

zu verzinsen. ② Dies gilt nicht für die Festsetzung von Vorauszahlungen und Steuerabzugsbeträgen.

(2) ① **Der Zinslauf beginnt 15 Monate nach Ablauf des Kalenderjahrs, in dem die Steuer entstanden ist.**[1] ② **Er beginnt für die Einkommen- und Körperschaftsteuer 23 Monate nach diesem Zeitpunkt, wenn die Einkünfte aus Land- und Forstwirtschaft bei der erstmaligen Steuerfestsetzung die anderen Einkünfte überwiegen; hierbei sind Kapitalerträge nach § 32 d Absatz 1 und § 43 Absatz 5 des Einkommensteuergesetzes nicht zu berücksichtigen.**[2] ③ **Er endet mit Ablauf des Tages, an dem die Steuerfestsetzung wirksam wird.**[3] 2

(2 a)[4] **Soweit die Steuerfestsetzung auf der Berücksichtigung eines rückwirkenden Ereignisses (§ 175 Absatz 1 Satz 1 Nummer 2 und Absatz 2) oder auf einem Verlustabzug nach § 10 d Absatz 1 des Einkommensteuergesetzes beruht, beginnt der Zinslauf abweichend von Absatz 2 Satz 1 und 2 15 Monate nach Ablauf des Kalenderjahres, in dem das rückwirkende Ereignis eingetreten oder der Verlust entstanden ist.** 3

(3) ① **Maßgebend für die Zinsberechnung ist die festgesetzte Steuer, vermindert um die anzurechnenden Steuerabzugsbeträge, um die anzurechnende Körperschaftsteuer** 4

[Fortsetzung]

Dem Gesetzesplan des § 233 a AO kann nicht entnommen werden, dass bei einer von den ursprünglichen Steuerfestsetzungen abweichenden zeitlichen Zuordnung eines Umsatzes durch das FA, die gleichzeitig zu einer Steuernachforderung und zu einer Steuererstattung führt, (in Wirklichkeit nicht vorhandene) Zinsvorteile abgeschöpft werden sollen *(BFH-Urteil vom 11. 7. 1996 V R 18/95, BStBl. 1997 II S. 259).*

Die Verzinsung nachträglich festgesetzter USt ist nicht deshalb rechtswidrig, weil aus Sicht der Finanzverwaltung eine sog. Null-Situation bestand (keine Versteuerung des Umsatzes durch den Leistenden – kein Vorsteuerabzug des Leistungsempfängers). Die Zinsregelung des § 233 a AO zielt – im Falle der Steuernachforderung – darauf ab, Zinsvorteile und Liquiditätsvorteile abzuschöpfen, die der Steuerschuldner erzielt. Die Vorschrift stellt auf einen Vorteil des Stpfl. und nicht des FA ab *(BFH-Beschluss vom 18. 9. 2001 V B 205/00, BFH/NV 2002 S. 307).*

Nachforderungszinsen sind nicht deshalb wegen sachlicher Unbilligkeit zu erlassen, weil sich die nachträglich festgesetzte USt und die von den Leistungsempfängern abziehbaren Vorsteuerbeträge per Saldo ausgleichen *(BFH-Urteil vom 12. 4. 2000 XI R 21/97, BFH/NV S. 1178).*

Die Frage, ob die Festsetzung von Zinsen unbillig ist, hängt nur von den Verhältnissen des jeweiligen Zinsschuldners ab; die Verhältnisse eines anderen Rechtssubjekts bleiben insoweit außer Betracht (Bestätigung der Rechtsprechung). Ein Zinserlass ist daher nicht geboten, wenn sich infolge einer Verrechnungspreiskorrektur einerseits die Körperschaftsteuer einer in einem anderen EU-Mitgliedstaat ansässigen Kapitalgesellschaft mindert und diese infolge des Fehlens einer dem § 233 a AO entsprechenden Regelung dort keine Erstattungszinsen beanspruchen kann, und sich andererseits infolge der Gewinnerhöhung einer inländischen (Schwester-)Mitunternehmerschaft die Einkommensteuer des inländischen Anteilseigners erhöht *(BFH-Urteil vom 3. 7. 2014 III R 53/12, BStBl. 2017 II S. 3).*

Hat der Unternehmer steuerfreie Umsätze als stpfl. behandelt, die damit unmittelbar zusammenhängenden Vorsteuerbeträge geltend gemacht sowie die in Rechnung gestellte USt angemeldet und abgeführt, können die Korrektur der zu Unrecht beanspruchten Vorsteuer einerseits und die Berichtigung der zu Unrecht ausgewiesenen USt andererseits in unterschiedliche Besteuerungszeiträume fallen, weil letztere die Rechnungsberichtigung und ggf. die Rückgängigmachung des Vorsteuerabzuges beim Leistungsempfänger voraussetzt. Ein Erlass aus sachlichen Billigkeitsgründen von Nachzahlungszinsen, die durch den unterschiedlichen Entstehungszeitpunkt von Vorsteuerrückzahlungsund USt-Erstattung bedingt sind, kommt nicht in Betracht *(BFH-Urteil vom 16. 8. 2001 V R 72/00, BFH/NV 2002 S. 545).*

---

[1] Die USt für das Kj. (Jahressteuer) entsteht iSd § 233 a Abs. 2 Satz 1 AO (Beginn des Zinslaufs) in dem Zeitpunkt, in dem sie nach § 16 Abs. 1 und 2 UStG 1980 berechenbar ist. Dieser Zeitpunkt ist das Ende des Besteuerungszeitraums, mithin des Kj. *(BFH-Urteil vom 9. 5. 1996 V R 62/94, BStBl. II S. 662).* Siehe dazu AEAO Nr. 5 zu § 233 a. Auch in *den* Fällen, in denen eine ESt-Nachzahlung zum 30. 4. des zweiten auf das Entstehungsjahr folgenden Jahres fällig wurde, entstand nach § 233 a Abs. 1 Satz 1 und Abs. 2 AO – in der bis einschließlich 1993 geltenden Fassung – i. V. m. § 238 AO grundsätzlich ein Zinsanspruch *(BFH-Urteil vom 24. 7. 1996 X R 119/92, BStBl. 1997 II S. 6).*

[2] *BFH-Urteil vom 13. 7. 2006 IV R 5/05, BStBl. II S. 881:* 1. Die Einkünfte aus Land- und Forstwirtschaft überwiegen die anderen Einkünfte, wenn sie höher sind als diese. 2. Sind die Einkünfte aus Land- und Forstwirtschaft negativ, überwiegen die anderen Einkünfte, wenn diese positiv oder in geringerem Umfang negativ sind. 3. Werden andere Einkünfte in zwei oder mehreren Einkunftsarten erzielt, kommt es für den Vergleich auf die Summe oder, wenn darunter nicht nur positive Einkünfte sind, den Saldo der anderen Einkünfte an.

[3] Zur Anwendung von § 233 a Abs. 2 Satz 3 s. Art. 97 § 15 Abs. 9 EGAO **(Anhang I Nr. 1).**

Waren Zinsen nach § 233 a Abs. 2 AO vor dem 1. 1. 1994 festgesetzt worden, so endete der Zinslauf auch dann erst mit der Fälligkeit der Steuernachforderung, wenn der Stpfl. die Steuernachforderung bereits vor deren Fälligkeit beglichen hatte *(BFH-Beschluss vom 9. 5. 1994 VI B 97/93, BStBl. II S. 556).*

Der Lauf der Zinsen gem. § 233 a AO endet mit Ablauf des dritten Tages nach Aufgabe des Steuerbescheids zur Post (Bekanntgabe des Verwaltungsakts iSd § 122 Abs. 2 AO), auch wenn der Steuerbescheid dem Inhaltsadressaten tatsächlich früher zugeht *(BFH-Urteil vom 13. 12. 2000 X R 96/98, BStBl. 2001 II S. 274).*

[4] Zur Anwendung von Abs. 2 a s. Art. 97 § 15 Abs. 8 EGAO **(Anhang I Nr. 1).**

Ein fehlerhaft auf das Vorliegen eines rückwirkenden Ereignisses gestützter, aber bestandskräftiger Änderungsbescheid löst die Verzinsung nach § 233 a Abs. 2 AO und nicht nach § 233 a Abs. 2 a AO aus *(BFH-Urteil vom 23. 7. 2019 IX R 25/18, BFH/NV 2020 S. 1).*

Hat das FA bei einer Steuerfestsetzung zunächst einen Verlustvortrag berücksichtigt und wird die Steuer später ohne Berücksichtigung des Verlustvortrags auf Null festgesetzt, so ist für Zwecke der Zinsberechnung der sich ergebende Unterschiedsbetrag nach Maßgabe des § 233 a Abs. 2 a AO in Teil-Unterschiedsbeträge aufzuteilen *(BFH-Urteil vom 26. 11. 2008 I R 50/07, BStBl. 2009 II S. 883).*

Die Entscheidung darüber, ob die Änderung eines Gewinnfeststellungsbescheids auf einem rückwirkenden Ereignis i. S. von § 175 Abs. 1 Satz 1 Nr. 2 AO und damit zugleich auch auf einem rückwirkenden Ereignis i. S. von § 233 a Abs. 2 a AO beruht, ist im Feststellungsverfahren zu treffen *(BFH-Urteil vom 19. 3. 2009 IV R 20/08, BStBl. 2010 II S. 528).*

Eine Steuerfestsetzung kann nur dann auf einem rückwirkenden Ereignis beruhen, wenn das rückwirkende Ereignis tatsächlich zu einer abweichenden Steuerfestsetzung geführt hat *(BFH-Urteil vom 17. 2. 2010 I R 52/09, BFH/NV S. 1522).*

und um die bis zum Beginn des Zinslaufs festgesetzten Vorauszahlungen[1] (Unterschiedsbetrag). ②Bei der Vermögensteuer ist als Unterschiedsbetrag für die Zinsberechnung die festgesetzte Steuer, vermindert um die festgesetzten Vorauszahlungen oder die bisher festgesetzte Jahressteuer, maßgebend. ③Ein Unterschiedsbetrag zugunsten des Steuerpflichtigen ist nur bis zur Höhe des zu erstattenden Betrags[2] zu verzinsen;[3] die Verzinsung beginnt frühestens mit dem Tag der Zahlung. ④Besteht der Erstattungsbetrag aus mehreren Teil-Leistungen, richtet sich der Zinsberechnungszeitraum jeweils nach dem Zeitpunkt der einzelnen Leistung; die Leistungen sind in chronologischer Reihenfolge zu berücksichtigen, beginnend mit der jüngsten Leistung.

5 (4) **Die Festsetzung der Zinsen soll mit der Steuerfestsetzung verbunden werden.**

6 (5)[4] **①Wird die Steuerfestsetzung aufgehoben, geändert oder nach § 129 berichtigt, ist eine bisherige Zinsfestsetzung zu ändern; Gleiches gilt, wenn die Anrechnung von Steuerbeträgen zurückgenommen, widerrufen oder nach § 129 berichtigt wird. ②Maßgebend für die Zinsberechnung ist der Unterschiedsbetrag[5] zwischen der festgesetzten Steuer und der vorher festgesetzten Steuer, jeweils vermindert um die anzurechnenden Steuerabzugsbeträge und um die anzurechnende Körperschaftsteuer. ③Dem sich hiernach ergebenden Zinsbetrag sind bisher festzusetzende Zinsen hinzuzurechnen; bei einem Unterschiedsbetrag zugunsten des Steuerpflichtigen entfallen darauf festgesetzte Zinsen. ④Im Übrigen gilt Absatz 3 Satz 3 und 4 entsprechend.**

7 (6) **Die Absätze 1 bis 5 gelten bei der Durchführung des Lohnsteuer-Jahresausgleichs entsprechend.**

8 (7) **①Bei Anwendung des Absatzes 2a gelten die Absätze 3 und 5 mit der Maßgabe, dass der Unterschiedsbetrag in Teil-Unterschiedsbeträge mit jeweils gleichem Zinslaufbeginn aufzuteilen ist; für jeden Teil-Unterschiedsbetrag sind Zinsen gesondert und in der zeitlichen Reihenfolge der Teil-Unterschiedsbeträge zu berechnen, beginnend mit den Zinsen auf den Teil-Unterschiedsbetrag mit dem ältesten Zinslaufbeginn. ②Ergibt sich ein Teil-Unterschiedsbetrag zugunsten des Steuerpflichtigen, entfallen auf diesen Betrag festgesetzte Zinsen frühestens ab Beginn des für diesen Teil-Unterschiedsbetrag maßgebenden Zinslaufs; Zinsen für den Zeitraum bis zum Beginn des Zinslaufs dieses Teil-Unterschiedsbetrags bleiben endgültig bestehen. ③Dies gilt auch, wenn zuvor innerhalb derselben Zinsberechnung Zinsen auf einen Teil-Unterschiedsbetrag zuungunsten des Steuerpflichtigen berechnet worden sind.**

9 (8)[6] **①Zinsen auf einen Unterschiedsbetrag zuungunsten des Steuerpflichtigen (Nachzahlungszinsen) sind entweder nicht festzusetzen oder zu erlassen, soweit Zahlungen oder andere Leistungen auf eine später wirksam gewordene Steuerfestsetzung erbracht wurden, die Finanzbehörde diese Leistungen angenommen und auf die festgesetzte und zu entrichtende Steuer angerechnet hat. ②Absatz 3 Satz 4 ist hierbei**

---

[1] Die Festsetzung von Nachzahlungszinsen gem. § 233a AO in der ab 1997 geltenden Fassung setzt voraus, dass sich zwischen der festgesetzten Steuer und einer vorangegangenen Festsetzung ein Unterschiedsbetrag ergibt. Freiwillige Zahlungen des Stpfl. auf die Steuerschuld vor deren Festsetzung sind für die Zinsberechnung nach dem Soll-Prinzip grundsätzlich unbeachtlich. Diese Grundsätze gelten auch dann, wenn der Stpfl. einen Umsatz rechtsirrtümlich erst in dem auf die Entstehung der Steuerschuld folgenden Jahr – also vor Beginn des Zinslaufs nach § 233a Abs. 2 Satz 1 AO – erklärt und versteuert *(BFH vom 6. 11. 2002 V R 75/01, BStBl. 2003 II S. 115).*

Ein Steueranspruch ist auch dann gem. § 233a AO zu verzinsen, wenn sich infolge der Berücksichtigung eines Verlustvortrags keine Abweichung zwischen der neu festgesetzten und der zuvor festgesetzten Steuer ergibt *(BFH-Urteil vom 9. 8. 2006 I R 10/06, BStBl. 2007 II S. 82).*

[2] Das Tatbestandsmerkmal des „zu erstattenden Betrages" in § 233a Abs. 3 Satz 3 AO umfasst auch den Betrag, der im Wege der Aufhebung der Vollziehung vorab erstattet wird, wenn die Steuer in einem nachfolgenden Änderungsbescheid tatsächlich herabgesetzt wird *(BFH-Urteil vom 19. 4. 2005 VIII R 12/04, BStBl. II S. 683).*

[3] *BFH-Urteil vom 15. 6. 2010 VIII R 33/07, BFH/NV S. 1917:* Zinsen i. S. von § 233a AO, die das Finanzamt an den Steuerpflichtigen zahlt (Erstattungszinsen), unterliegen beim Empfänger nicht der Besteuerung, soweit sie auf Steuern entfallen, die gem. § 12 Nr. 3 EStG nicht abziehbar sind (Änderung der Rechtsprechung).

[4] Zur Anwendung von § 233a Abs. 2 Satz 3 und Abs. 5 Satz 1 vgl. Art. 97 § 15 Abs. 5 und 6 EGAO **(Anhang I Nr. 1).**

Für § 233a Abs. 5 Satz 4 und Abs. 3 Satz 3 AO ist bei mehrfachen Änderungen von Steuerfestsetzungen die letzte Zahlung auf den Steuerbescheid maßgeblich, in dem die Besteuerungsgrundlage enthalten war, die aufgrund des Änderungsbescheids entfällt *(BFH-Beschluss vom 8. 10. 2019 V R 15/18, BFH/NV 2020 S. 40).*

Waren aufgrund einer erstmaligen Steuerfestsetzung Erstattungszinsen für einen angefangenen Monat nicht zu zahlen, und wird die festgesetzte Steuer später erhöht, so sind auch für diesen Monat Nachzahlungszinsen zu entrichten *(BFH-Urteil vom 26. 9. 1996 IV R 51/95, BStBl. 1997 II S. 263).*

Wurden bei der erstmaligen Steuerfestsetzung keine Erstattungs- oder Nachzahlungszinsen festgesetzt, weil die Frist des § 233a Abs. 2 AO noch nicht abgelaufen war, so sind nach einer Änderung der Steuerfestsetzung Zinsen auf der Grundlage des Unterschieds zwischen dem neuen und dem früheren Soll gem. § 233a Abs. 5 Satz 2 AO zu berechnen *(BFH-Urteil vom 18. 5. 2005 VIII R 100/02, BStBl. II S. 735).*

BFH-Urteil vom 9. 4. 2025 X R 12/21, BFH/NV S. 1081: Auch ein Grundlagenbescheid, der viele Jahre nach Ende des Veranlagungszeitraums erlassen oder geändert wird, kann zu einer Zinspflicht unter Anwendung der Karenzzeit des § 233a Abs. 2 AO führen (Festhaltung am *Senatsurteil vom 1. 6. 2016 X R 66/14, BFH/NV 2016 S. 1688*).

[5] Ein Steueranspruch ist auch dann gemäß § 233a AO zu verzinsen, wenn sich infolge der Berücksichtigung eines Verlustvortrags keine Abweichung zwischen der neu festgesetzten und der zuvor festgesetzten Steuer ergibt *(BFH-Urteil vom 9. 8. 2006 I R 10/06, BStBl. 2007 II S. 82).*

[6] Vgl. auch Verfügung der *OFD Karlsruhe vom 28. 4. 2023* zu den Auswirkungen einer Änderung der Zinsfestsetzung bei bereits erfolgtem Erlass von Zinsen gem. § 233a AO, nachstehend abgedruckt.

entsprechend anzuwenden. ③ Soweit Nachzahlungszinsen aufgrund einer Aufhebung, Änderung oder Berichtigung der Steuerfestsetzung nach Absatz 5 Satz 3 zweiter Halbsatz entfallen, mindert sich der Zinsverzicht nach Satz 1 entsprechend. ④ Die §§ 163 und 227 bleiben unberührt.

Zu § 233 a – Verzinsung von Steuernachforderungen und Steuererstattungen: AEAO

Allgemeines

1. Die Verzinsung nach § 233 a AO (Vollverzinsung) soll im Interesse der Gleichmäßigkeit der Besteuerung und zur Vermeidung von Wettbewerbsverzerrungen einen Ausgleich dafür schaffen, dass die Steuern trotz gleichen gesetzlichen Entstehungszeitpunkts, aus welchen Gründen auch immer, zu unterschiedlichen Zeitpunkten festgesetzt und erhoben werden. Die Verzinsung ist gesetzlich vorgeschrieben; die Zinsfestsetzung steht nicht im Ermessen der Finanzbehörde. Die Zinsen werden grundsätzlich im automatisierten Verfahren berechnet, festgesetzt und zum Soll gestellt. Die Zinsfestsetzung wird regelmäßig mit dem Steuerbescheid oder der Abrechnungsmitteilung verbunden. 10

Sachlicher und zeitlicher Geltungsbereich

2. Die Verzinsung nach § 233 a AO ist beschränkt auf die Festsetzung der Einkommen-, Körperschaft-, Vermögen-, Umsatz- und Gewerbesteuer (§ 233 a Abs. 1 Satz 1 AO). Wegen der Verzinsung des Steuervergütungsanspruchs nach § 18 Abs. 9 UStG i. V. m. §§ 59 ff. UStDV und in Fällen des Mini-one-stop-shop-Verfahrens nach § 18 Abs. 4 e UStG (MOSS-Verfahren) vgl. AEAO zu § 233 a, Nr. 61. Von der Verzinsung ausgenommen sind die übrigen Steuern und Abgaben sowie Steuervorauszahlungen und Steuerabzugsbeträge (§ 233 a Abs. 1 Satz 2 AO); vgl. auch BFH-Beschluss vom 18. 9. 2007 I R 15/05, BStBl. 2008 II S. 332, und BVerfG-Beschluss vom 3. 9. 2009 1 BvR 1098/08, BFH/NV S. 2115. Auch bei der Nachforderung von Abzugsteuern gegenüber dem Arbeitnehmer (vgl. BFH-Urteil vom 17. 11. 2010 I R 68/10, BFH/NV 2011 S. 737), der Festsetzung der vom Arbeitgeber übernommenen Lohnsteuer sowie der Festsetzung der Umsatzsteuer im Abzugsverfahren erfolgt keine Verzinsung nach § 233 a AO. Kirchensteuern werden nur verzinst, soweit die Landeskirchensteuergesetze dies vorsehen. Als Einfuhrabgabe unterliegt die Einfuhrumsatzsteuer den sinngemäß geltenden Vorschriften für Zölle, weshalb ein sich bei der Festsetzung von Einfuhrumsatzsteuer ergebender Unterschiedsbetrag nicht nach § 233 a AO zu verzinsen ist (BFH-Urteil vom 23. 9. 2009 VII R 44/08, BStBl. 2010 II S. 334). Der AO lässt sich im Übrigen kein allgemeiner Grundsatz des Inhalts entnehmen, dass Ansprüche des Steuerpflichtigen aus dem Steuerschuldverhältnis auch ohne einzelgesetzliche Grundlage stets zu verzinsen sind (vgl. BFH-Urteil vom 16. 12. 2009 I R 48/09, BFH/NV 2010 S. 827). 11

§ 233 a AO ist bei Wegzug in einen Mitgliedstaat der EU bzw. des EWR im Lichte der Niederlassungsfreiheit nach Art. 49 AEUV europarechtskonform auszulegen. Hiernach ist die Wegzugsteuer nach § 6 Abs. 1 AStG bzw. die Steuer auf Entstrickungsgewinne bei Wegzug nach § 27 Abs. 3 Nr. 3 Satz 2 UmwStG 2006, § 21 Abs. 2 Satz 1 Nr. 2 UmwStG 1995 nicht der Vollverzinsung zu unterwerfen, soweit die Steuer nach § 6 Abs. 5 AStG zinslos zu stunden ist.

Zinsschuldner/-gläubiger

3. Bei der Verzinsung von Steuernachzahlungen ist der Steuerschuldner auch Zinsschuldner. Schulden mehrere Personen die Steuer als Gesamtschuldner, sind sie auch Gesamtschuldner der Zinsen. Bei der Verzinsung von Erstattungsansprüchen ist grundsätzlich der Gläubiger des Erstattungsanspruchs Zinsgläubiger. Die Aufteilung der Zinsen nach §§ 268 ff. AO hat für die Zinsberechnung keine Bedeutung. Zur Abtretung eines Anspruchs auf Erstattungszinsen vgl. AEAO zu § 46, Nr. 1. 12

Zinslauf

4. Der Zinslauf beginnt im Regelfall 15 Monate nach Ablauf des Kalenderjahres, in dem die Steuer entstanden ist (Karenzzeit nach § 233 a Abs. 2 Satz 1 AO). Eine über die Karenzzeit hinaus gewährte Frist zur Abgabe der Steuererklärung ist für die Verzinsung unbeachtlich. 13

4.1. Sonderregelungen bestehen für die Besteuerungszeiträume 2019 bis 2024; hier gelten für den allgemeinen Zinslauf (§ 233 a Abs. 2 Satz 1 AO) die folgenden verlängerten Karenzzeiten (vgl. Art. 97 § 36 Abs. 2 und 3 EGAO):

Besteuerungszeitraum	verlängerte Karenzzeit	Zinslaufbeginn
2019	21 Monate	1. 10. 2021
2020	21 Monate	1. 10. 2022
2021	21 Monate	1. 10. 2023
2022	20 Monate	1. 9. 2024
2023	18 Monate	1. 7. 2025
2024	17 Monate	1. 6. 2026

AEAO

14 5. Der Zinslauf endet mit Ablauf des Tages, an dem die Steuerfestsetzung wirksam wird (§ 233 a Abs. 2 Satz 3 AO).

- Bei Steuerfestsetzungen durch Steuerbescheid endet der Zinslauf am Tag der Bekanntgabe des Steuerbescheids (§ 124 Abs. 1 Satz 1 i. V. m. § 122 AO).
- Bei Umsatzsteuererklärungen mit einem Unterschiedsbetrag zuungunsten des Steuerpflichtigen endet der Zinslauf grundsätzlich am Tag des Eingangs der Steueranmeldung (§ 168 Satz 1 AO).
- Bei zustimmungsbedürftigen Umsatzsteuererklärungen mit einem Unterschiedsbetrag zugunsten des Steuerpflichtigen endet der Zinslauf grundsätzlich mit Ablauf des Tages, an dem dem Steuerpflichtigen die Zustimmung der Finanzbehörde bekannt wird (§ 168 Satz 2 AO; vgl. AEAO zu § 168, Nrn. 2 bis 4). Dies gilt auch in den Fällen, in denen die Zustimmung allgemein erteilt wird (vgl. AEAO zu § 168, Nr. 9).

Der Zeitpunkt der Zahlung oder der Fälligkeit der Steuernachforderung oder der Steuererstattung ist grundsätzlich unbeachtlich.

15 6. Ein voller Zinsmonat (§ 238 Abs. 1 Satz 2 AO) ist erreicht, wenn der Tag, an dem der Zinslauf endet, hinsichtlich seiner Zahl dem Tag entspricht, der dem Tag vorhergeht, an dem die Frist begann (BFH-Urteil vom 24. 7. 1996 X R 119/92, BStBl. 1997 II S. 6). Begann der Zinslauf z. B. am 1. 4. und wurde die Steuerfestsetzung am 30. 4. bekannt gegeben, ist bereits ein voller Zinsmonat gegeben.

16 7. Behauptet der Steuerpflichtige, ihm sei der Steuerbescheid bzw. die erweiterte Abrechnungsmitteilung später als nach der Zugangsvermutung des § 122 Abs. 2 AO zugegangen, bleibt der ursprüngliche Bekanntgabetag für die Zinsberechnung maßgebend, wenn das Guthaben bereits erstattet wurde. Gleiches gilt, wenn der Steuerbescheid bzw. die Abrechnungsmitteilung nach einem erfolglosen Bekanntgabeversuch erneut abgesandt wird und das Guthaben bereits erstattet wurde. Wurde bei einer Änderung/Berichtigung einer Steuerfestsetzung vor ihrer Bekanntgabe ein Guthaben bereits erstattet, ist allerdings die Zinsfestsetzung im bekannt gegebenen Bescheid so durchzuführen, als ob das Guthaben noch nicht erstattet worden wäre.

17 8. Für die Einkommen- und Körperschaftsteuer beträgt die Karenzzeit 23 Monate, wenn die Einkünfte aus Land- und Forstwirtschaft bei der erstmaligen Steuerfestsetzung für das jeweilige Jahr überwiegen (§ 233 a Abs. 2 Satz 2 erster Halbsatz AO); vgl. dazu auch das BFH-Urteil vom 13. 7. 2006 IV R 5/05, BStBl. II S. 881. Bei dieser Prüfung sind Kapitalerträge nach § 32 d Abs. 1 und § 43 Abs. 5 EStG nicht zu berücksichtigen (§ 233 a Abs. 2 Satz 2 zweiter Halbsatz AO).

8.1. Sonderregelungen bestehen wiederum für die Besteuerungszeiträume 2019 bis 2024; hier gelten für den abweichenden Zinslauf nach § 233 a Abs. 2 Satz 2 AO die folgenden verlängerten Karenzzeiten (vgl. Art. 97 § 36 Abs. 2 und 3 EGAO):

Besteuerungszeitraum	verlängerte Karenzzeit	Zinslaufbeginn
2019	28 Monate	1. 5. 2022
2020	29 Monate	1. 6. 2023
2021	29 Monate	1. 6. 2024
2022	28 Monate	1. 5. 2025
2023	26 Monate	1. 3. 2026
2024	25 Monate	1. 2. 2027

18 9. Stellt sich später heraus, dass die Einkünfte aus Land- und Forstwirtschaft die anderen Einkünfte nicht überwiegen, bleibt es gleichwohl bei der Karenzzeit von 23 Monaten. Umgekehrt bleibt es bei der Karenzzeit von 15 Monaten, wenn sich später herausstellt, dass entgegen den Verhältnissen bei der erstmaligen Steuerfestsetzung die Einkünfte aus Land- und Forstwirtschaft die übrigen Einkünfte überwiegen. Sind die Einkünfte aus Land- und Forstwirtschaft negativ, überwiegen die anderen Einkünfte, wenn diese positiv oder in geringerem Maße negativ sind.

19 **10. Besonderer Zinslauf bei rückwirkenden Ereignissen und Verlustrückträgen**

10.1. Soweit die Steuerfestsetzung auf der erstmaligen Berücksichtigung eines rückwirkenden Ereignisses oder eines Verlustrücktrags beruht, beginnt der Zinslauf nach § 233 a Abs. 2 a AO erst 15 Monate nach Ablauf des Kalenderjahres, in dem das rückwirkende Ereignis eingetreten oder der Verlust entstanden ist. Die steuerlichen Auswirkungen eines Verlustrücktrags bzw. eines rückwirkenden Ereignisses werden daher bei der Berechnung von Zinsen nach § 233 a AO erst ab einem vom Regelfall abweichenden späteren Zinslaufbeginn berücksichtigt. Soweit § 10 d Abs. 1 EStG entsprechend gilt bzw. Verluste nach Maßgabe des § 10 d Abs. 1 EStG rücktragsfähig sind, ist § 233 a Abs. 2 a AO entsprechend anzuwenden (vgl. z. B. § 10 b Abs. 1 Sätze 4 und 5 und § 23 Abs. 3 Satz 9 EStG).

10.2. Ob ein Ereignis steuerliche Rückwirkung hat, beurteilt sich nach dem jeweils anzuwendenden Steuergesetz (BFH-Urteil vom 26. 7. 1984 IV R 10/83, BStBl. II S. 786). Beispiele vgl. AEAO zu § 175, Nr. 2.4.

§ 233 a Abs. 2 a AO ist auch dann anzuwenden, wenn ein rückwirkendes Ereignis bereits bei der erstmaligen Steuerfestsetzung berücksichtigt wird.

AEAO

10.3. Einzelfragen:

10.3.1. Bei einem zulässigen Wechsel der Veranlagungsart (Zusammenveranlagung nach bereits erfolgter Einzelveranlagung oder umgekehrt) beruhen sowohl die Aufhebung des/der ursprünglichen Bescheide(s) als auch der Erlass der/des neuen Bescheide(s) auf einem rückwirkenden Ereignis. Dies gilt unabhängig davon, ob es sich um den antragstellenden Ehegatten oder den anderen Ehegatten handelt. Dass die verfahrensrechtliche Umsetzung des Wechsels der Veranlagungsart beim antragstellenden Ehegatten nicht nach § 175 Abs. 1 Satz 1 Nr. 2 AO erfolgt, steht dem nicht entgegen. § 233 a Abs. 2 a AO findet sowohl bei der Aufhebung der ursprünglichen Veranlagung(en) als auch beim Erlass der/des neuen Steuerbescheide(s) für beide Ehegatten Anwendung. Für Lebenspartner gelten diese Regelungen ab dem Veranlagungszeitraum 2013 entsprechend.

10.3.2. Durch den erstmaligen Beschluss über eine offene Gewinnausschüttung für ein abgelaufenes Wirtschaftsjahr wurde – im Rahmen des Anrechnungsverfahrens (§ 34 Abs. 12 Nr. 1 KStG) – kein abweichender Zinslauf gem. § 233 a Abs. 2 a AO ausgelöst. Dies gilt auch dann, wenn dieser Beschluss erst nach Ablauf des folgenden Wirtschaftsjahres gefasst wurde (BFH-Urteil vom 29. 11. 2000 I R 45/00, BStBl. 2001 II S. 326). Um einen erstmaligen Gewinnverteilungsbeschluss in diesem Sinne handelt es sich jedoch nicht, wenn der Beschluss einen vorangegangenen Beschluss der Gesellschaft ersetzte, durch den der Gewinn des betreffenden Wirtschaftsjahres thesauriert worden war (BFH-Urteil vom 22. 10. 2003 I R 15/03, BStBl. 2004 II S. 398).

10.3.3. Die Korrektur eines für das Betriebsvermögen am Schluss des Wirtschaftsjahres maßgebenden Wertansatzes, der sich auf die Höhe des Gewinns der Folgejahre auswirkt, löst keinen abweichenden Zinslauf gem. § 233 a Abs. 2 a AO aus. Zur Anwendung des § 175 Abs. 1 Satz 1 Nr. 2 AO vgl. AEAO zu § 175, Nr. 2.4.

10.4. Der besondere Zinslauf nach § 233 a Abs. 2 a AO endet mit Ablauf des Tages, an dem die Steuerfestsetzung wirksam wird (§ 233 a Abs. 2 Satz 3 AO).

Grundsätze der Zinsberechnung

11. Die Zinsen betragen für Verzinsungszeiträume bis zum 31. Dezember 2018 für jeden vollen Monat des Zinslaufs 0,5% (§ 238 Abs. 1 Satz 1 AO). Für Verzinsungszeiträume ab dem 1. Januar 2019 betragen die Zinsen 0,15% für jeden vollen Monat (§ 238 Abs. 1 a AO). 20

Sind für einen Zinslauf unterschiedliche Zinssätze maßgeblich, weil der Zinslauf vor dem 1. Januar 2019 begonnen hat und nach dem 31. Dezember 2018 endet, ist der Zinslauf in Teilverzinsungszeiträume aufzuteilen.

Die Zinsen für diese Teilverzinsungszeiträume sind – ungeachtet des Umstands, dass Zinsen wie bisher nur für volle Monate berechnet werden – jeweils tageweise zu berechnen. Hierbei wird jeder Kalendermonat unabhängig von der tatsächlichen Anzahl der Kalendertage mit 30 Zinstagen und jedes Kalenderjahr mit 360 Tagen gerechnet (§ 238 Abs. 1 b AO). Hat ein Monat 31 Tage, ist der 31. Kalendertag hierbei kein Zinstag. Sofern der Beginn oder das Ende des Zeitraums auf den 31. eines Monats fällt, wird dieser Tag wie der 30. Kalendertag behandelt. Für den Februar gilt dabei: Endet der Zinsberechnungszeitraum am 28. Februar, bzw. in einem Schaltjahr am 29. Februar, werden die Zinsen auch nur bis zu diesem Tag berechnet. Geht der Zinsberechnungszeitraum hingegen über den Februar hinaus, wird der Februar wie jeder Monat mit 30 Tagen veranschlagt. Um den Anteil am Jahreszinssatz (das ist das Zwölffache des jeweils maßgeblichen Monatszinssatzes) zu ermitteln, wird die Summe der ermittelten Zinstage dann durch 360 geteilt. Vgl. hierzu auch das Beispiel im AEAO zu § 238, Nr. 3.

Für die Berechnung der Zinsen wird der zu verzinsende Betrag jeder Steuerart auf den nächsten durch fünfzig Euro teilbaren Betrag abgerundet (§ 238 Abs. 2 AO). Dabei sind die zu verzinsenden Ansprüche zu trennen, wenn Steuerart, Zeitraum oder der Tag des Beginns des Zinslaufs voneinander abweichen (vgl. AEAO zu § 238, Nr. 2). Zinsen sind auf volle Euro zum Vorteil des Steuerpflichtigen gerundet festzusetzen (§ 239 Abs. 2 Satz 1 AO); sie werden nur dann festgesetzt, wenn sie mindestens zehn Euro betragen (§ 239 Abs. 2 Satz 2 AO).

12. Für die Zinsberechnung gelten die Grundsätze der sog. Sollverzinsung. Berechnungsgrundlage ist der Unterschied zwischen dem festgesetzten Soll und dem vorher festgesetzten Soll (Vorsoll). Bei der Berechnung von Erstattungszinsen gelten allerdings Besonderheiten, da Erstattungsbeträge nur insoweit verzinst werden, wie sie zuvor festgesetzt und entrichtet waren (sog. Ist-Prinzip; § 233 a Abs. 3 Satz 3 AO). 21

13. Es ist grundsätzlich unerheblich, ob das Vorsoll bei Fälligkeit getilgt worden ist. Ggf. treten insoweit besondere Zins- und Säumnisfolgen (z. B. Stundungszinsen, Säumniszuschläge) ein. Nachzahlungszinsen nach § 233 a AO können andererseits auch dann festgesetzt werden, wenn das Finanzamt vor Festsetzung der Steuer freiwillige Leistungen auf die Steuerschuld angenommen hat und hierdurch die festgesetzte Steuerschuld insgesamt erfüllt wird. Voraussetzung für die Verzinsung ist lediglich, dass die Steuerfestsetzung zu einem Unterschiedsbetrag nach § 233 a Abs. 3 AO führt (§ 233 a Abs. 1 Satz 1 AO). Wegen des insoweit gebotenen zeitanteiligen Erlasses von Nachzahlungszinsen nach § 233 a Abs. 8 AO vgl. AEAO zu § 233 a, Nr. 70.1. 22

Zinsberechnung bei der erstmaligen Steuerfestsetzung

14. Bei der erstmaligen Steuerfestsetzung (endgültige Steuerfestsetzung, vorläufige Steuerfestsetzung, Steuerfestsetzung unter Vorbehalt der Nachprüfung) ist Berechnungsgrundlage der Un- 23

AEAO

terschied zwischen dem dabei festgesetzten Soll (= festgesetzte Steuer abzüglich anzurechnender Steuerabzugsbeträge) und dem Vorauszahlungssoll. Maßgebend sind die bis zum Beginn des Zinslaufs festgesetzten Vorauszahlungen (§ 233 a Abs. 3 Satz 1 AO). Einbehaltene und anzurechnende Steuerabzugsbeträge sind unabhängig vom Zeitpunkt der Zahlung durch den Abzugsverpflichteten zu berücksichtigen.

24 **15.** Vorauszahlungen können innerhalb der gesetzlichen Fristen (z. B. § 37 Abs. 3 Satz 3 EStG) von Amts wegen oder auf Antrag des Steuerpflichtigen angepasst werden (BFH-Urteil vom 10. 7. 2002 X R 65/96, BFH/NV S. 1567). Leistet der Steuerpflichtige vor Ablauf der Karenzzeit eine freiwillige Zahlung, ist dies als Antrag auf Anpassung der bisher festgesetzten Vorauszahlungen anzusehen. Zahlungen des Steuerpflichtigen, die ohne wirksame Festsetzung der Vorauszahlungen erfolgen, sind als freiwillige Zahlungen i. S. d. § 233 a Abs. 8 AO zu behandeln (vgl. AEAO zu § 233 a, Nr. 70.1). Eine nachträgliche Erhöhung der Vorauszahlungen zur Einkommen- oder Körperschaftsteuer erfolgt nur dann, wenn der Erhöhungsbetrag mindestens 5 000 € beträgt (§ 37 Abs. 5 Satz 2 EStG, § 31 Abs. 1 KStG; vgl. auch BFH-Urteil vom 5. 6. 1996 X R 234/93, BStBl. II S. 503).

25 **16.** Bei der Umsatzsteuer kann der Steuerpflichtige eine Anpassung der Vorauszahlungen durch die Abgabe einer berichtigten Voranmeldung (§ 153 Abs. 1 AO) herbeiführen. Die berichtigte Voranmeldung steht einer geänderten Steuerfestsetzung unter Vorbehalt der Nachprüfung gleich und bedarf keiner Zustimmung der Finanzbehörde, wenn sie zu einer Erhöhung der bisher zu entrichtenden Steuer oder einem geringeren Erstattungsbetrag führt (vgl. AEAO zu § 168, Nr. 12). Eine nach Ablauf der Karenzzeit abgegebene (erstmalige oder berichtigte) Voranmeldung ist bei der Berechnung des Unterschiedsbetrages nach § 233 a Abs. 3 Satz 1 AO nicht zu berücksichtigen. In diesem Fall soll aber unverzüglich eine Festsetzung der Jahressteuer unter Vorbehalt der Nachprüfung erfolgen.

26 **17.** Leistet der Steuerpflichtige nach Ablauf der Karenzzeit eine freiwillige Zahlung, soll bei Vorliegen der Steuererklärung unverzüglich eine Steuerfestsetzung erfolgen. Diese Steuerfestsetzung kann zur Beschleunigung auch durch eine personelle Festsetzung unter Vorbehalt der Nachprüfung erfolgen. In diesem Fall kann sich die Steuerfestsetzung auf die bisher festgesetzten Vorauszahlungen zuzüglich der freiwillig geleisteten Zahlung beschränken. Auf die Angabe der Besteuerungsgrundlagen kann dabei verzichtet werden.

27 **18.** Bei der freiwilligen Zahlung kann grundsätzlich unterstellt werden, dass die Zahlung ausschließlich auf die Hauptsteuer (Einkommen- bzw. Körperschaftsteuer) entfällt. Die Folgesteuern sind ggf. daneben festzusetzen und zu erheben.

28 **19.** Ergibt sich bei der ersten Steuerfestsetzung ein Unterschiedsbetrag zuungunsten des Steuerpflichtigen **(Mehrsoll),** werden Nachzahlungszinsen für die Zeit ab Beginn des Zinslaufs bis zur Wirksamkeit der Steuerfestsetzung berechnet (§ 233 a Abs. 2 Satz 3 AO).

29 **20. Beispiel 1:**

Einkommensteuer 2018

Steuerfestsetzung vom 8. 12. 2020, bekanntgegeben am 11. 12. 2020:		21 000 €
abzüglich anzurechnende Steuerabzugsbeträge:	./.	1 000 €
Soll:		20 000 €
abzüglich festgesetzte Vorauszahlungen:	./.	13 000 €
Unterschiedsbetrag (Mehrsoll):		7 000 €

Zu verzinsen sind 7 000 € zuungunsten des Steuerpflichtigen für die Zeit vom 1. 4. 2020 bis 11. 12. 2020 (8 volle Monate × 0,15% = 1,2%).

festzusetzende Zinsen (Nachzahlungszinsen): 84 €

30 **21.** Ergibt sich ein Unterschiedsbetrag zugunsten des Steuerpflichtigen **(Mindersoll),** ist dieser ebenfalls Grundlage der Zinsberechnung. Um Erstattungszinsen auf festgesetzte, aber nicht entrichtete Vorauszahlungen zu verhindern, ist nur der tatsächlich zu erstattende Betrag – und zwar für den Zeitraum zwischen der Zahlung der zu erstattenden Beträge und der Wirksamkeit der Steuerfestsetzung – zu verzinsen (§ 233 a Abs. 2 Satz 3 und Abs. 3 Satz 3 AO).

31 **22. Beispiel 2:**

Einkommensteuer 2018

Steuerfestsetzung vom 8. 12. 2020, bekanntgegeben am 11. 12. 2020:		1 000 €
abzüglich anzurechnende Steuerabzugsbeträge:	./.	1 000 €
Soll:		0 €
abzüglich festgesetzte Vorauszahlungen:	./.	13 000 €
Unterschiedsbetrag (Mindersoll):	./.	13 000 €

Da der Steuerpflichtige am 8. 6. 2020 5 000 € gezahlt hat und darüber hinaus keine weiteren Zahlungen erfolgt sind, sind lediglich 5 000 € zu erstatten.

Zu verzinsen sind 5 000 € zugunsten des Steuerpflichtigen für die Zeit vom 8. 6. 2020 bis 11. 12. 2020 (6 volle Monate × 0,15% = 0,9%).

festzusetzende Zinsen (Erstattungszinsen): ./. 45 €

32 **23.** Besteht der Erstattungsbetrag aus mehreren Teil-Leistungen, richtet sich der Zinsberechnungszeitraum jeweils nach dem Zeitpunkt der einzelnen Leistung; die Leistungen sind in chronologischer Reihenfolge zu berücksichtigen, beginnend mit der jüngsten Leistung („last in – first out“; § 233 a Abs. 3 Satz 4 AO).

AEAO

33 **24.** Der Erstattungsbetrag ist für die Zinsberechnung auf den nächsten durch fünfzig Euro teilbaren Betrag abzurunden (z. B. ist ein Erstattungsbetrag von 375 € auf 350 € abzurunden). Ist mehr als ein Betrag (mehrere Einzahlungen) zu verzinsen, so ist der durch die Rundung auf volle fünfzig Euro sich ergebende Spitzenbetrag vom Teilbetrag mit dem ältesten Wertstellungstag abzuziehen.

34 **25.** Die Verzinsung des zu erstattenden Betrages erfolgt nur bis zur Höhe des Mindersolls. Freiwillig geleistete Zahlungen sollen zum Anlass genommen werden, die bisher festgesetzten Vorauszahlungen anzupassen (vgl. AEAO zu § 233 a, Nrn. 15 und 16) oder die Jahressteuer unverzüglich festzusetzen (vgl. AEAO zu § 233 a, Nr. 17). Bis zur Festsetzung der Vorauszahlung oder der Jahressteuer sind sie aber zur Vermeidung von Missbräuchen von der Verzinsung ausgeschlossen.

35 **26. Beispiel 3:**

Einkommensteuer 2018

Steuerfestsetzung vom 21. 7. 2020, bekannt gegeben am 24. 7. 2020:	14 000 €
abzüglich anzurechnende Steuerabzugsbeträge:	./. 2 000 €
Soll:	12 000 €
abzüglich festgesetzter Vorauszahlungen:	./. 23 000 €
Unterschiedsbetrag (Mindersoll):	./. 11 000 €

Der Steuerpflichtige hat die Vorauszahlungen jeweils bei Fälligkeit entrichtet; am 18. 6. 2020 zahlte er zusätzlich freiwillig 7 000 €. Zu erstatten sind daher insgesamt 18 000 €.
Zu verzinsen sind indes lediglich 11 000 € zugunsten des Steuerpflichtigen für die Zeit vom 1. 4. 2020 bis 24. 7. 2020 (3 volle Monate × 0,15% = 0,45%).

festzusetzende Zinsen (Erstattungszinsen): (Rundung gem. § 239 Abs. 2 Satz 1 AO)	**./. 50 €**

36 **27.** Bei der Ermittlung freiwilliger (Über-)Zahlungen des Steuerpflichtigen, die bei der Berechnung der Erstattungszinsen außer Ansatz bleiben, sind die zuletzt eingegangenen, das Vorauszahlungssoll übersteigenden Zahlungen als freiwillig anzusehen.

37 **28.** Wenn bei der erstmaligen Steuerfestsetzung ein rückwirkendes Ereignis oder ein Verlustrücktrag berücksichtigt wurde, beginnt der Zinslauf insoweit erst 15 Monate nach Ablauf des Kalenderjahres, in dem dieses rückwirkende Ereignis eingetreten oder der Verlust entstanden ist (§ 233 a Abs. 2 a AO). Der Unterschiedsbetrag nach § 233 a Abs. 3 Satz 1 AO ist deshalb in Teil-Unterschiedsbeträge aufzuteilen, soweit diese einen unterschiedlichen Zinslaufbeginn nach § 233 a Abs. 2 und Abs. 2 a AO haben (§ 233 a Abs. 7 Satz 1 1. Halbsatz AO). Innerhalb dieser Teil-Unterschiedsbeträge sind Sollminderungen und Sollerhöhungen mit gleichem Zinslaufbeginn zu saldieren.

38 **29.** Die Teil-Unterschiedsbeträge sind in ihrer zeitlichen Reihenfolge, beginnend mit dem ältesten Zinslaufbeginn, zu ermitteln (§ 233 a Abs. 7 Satz 1 2. Halbsatz AO). Dabei ist unerheblich, ob sich der einzelne Teil-Unterschiedsbetrag zugunsten oder zuungunsten des Steuerpflichtigen auswirkt.

Zunächst ist die fiktive Steuer zu ermitteln, die sich ohne Berücksichtigung rückwirkender Ereignisse und Verlustrückträge ergeben würde. Die Differenz zwischen dieser fiktiven Steuer, vermindert um anzurechnende Steuerabzugsbeträge und anzurechnende Körperschaftsteuer, und den festgesetzten Vorauszahlungen ist der erste für die Zinsberechnung maßgebliche Teil-Unterschiedsbetrag.

Im nächsten Schritt ist auf der Grundlage dieser fiktiven Steuerermittlung die fiktive Steuer zu berechnen, die sich unter Berücksichtigung der rückwirkenden Ereignisse oder Verlustrückträge mit dem ältesten Zinslaufbeginn ergeben würde. Die Differenz zwischen dieser und der zuvor ermittelten fiktiven Steuer, jeweils vermindert um anzurechnende Steuerabzugsbeträge und anzurechnende Körperschaftsteuer, ist der für die Zinsberechnung maßgebliche zweite Teil-Unterschiedsbetrag. Dies gilt entsprechend für weitere Teil-Unterschiedsbeträge mit späterem Zinslaufbeginn.

39 **30. Beispiel 4:**

Einkommensteuer 2018

	z. v. E.[1]	Steuer
erstmalige Steuerfestsetzung:	50 000 €	14 801 €
dabei wurden berücksichtigt:		
– Verlustrücktrag aus 2019:	./. 7 500 €	
– rückwirkendes Ereignis aus 2020:	2 500 €	
abzüglich anzurechnende Steuerabzugsbeträge:		./. 0 €
Soll:		14 801 €
abzüglich festgesetzte Vorauszahlungen:		./. 10 550 €
Unterschiedsbetrag (Mehrsoll):		+ 4 251 €

Ermittlung der Teil-Unterschiedsbeträge:

– Vorsoll (festgesetzte Vorauszahlungen):		10 550 €

[1] **[Amtl. Anm.:]** z. v. E. = zu versteuerndes Einkommen.

AEAO

– 1. Schattenveranlagung (Steuerfestsetzung ohne Berücksichtigung des Verlustrücktrags und des rückwirkenden Ereignisses):	55 000 €	17 200 €
abzüglich anzurechnende Steuerabzugsbeträge:		./. 0 €
fiktives Soll:		17 200 €
Erster Teil-Unterschiedsbetrag =		**+ 6 650 €**
– 2. Schattenveranlagung (1. Schattenveranlagung + Verlustrücktrag aus 2019):	47 500 €	13 634 €
abzüglich anzurechnende Steuerabzugsbeträge:		./. 0 €
fiktives Soll:		13 634 €
Zweiter Teil-Unterschiedsbetrag =		**./. 3 566 €**
– 3. Schattenveranlagung (2. Schattenveranlagung + rückwirkendes Ereignis aus 2020):	50 000 €	14 801 €
abzüglich anzurechnende Steuerabzugsbeträge:		./. 0 €
fiktives Soll:		14 801 €
Dritter Teil-Unterschiedsbetrag =		**+ 1 167 €**
Summe der Teil-Unterschiedsbeträge:		**+ 4 251 €**

40 **31.** Alle Teil-Unterschiedsbeträge sind jeweils gesondert auf den nächsten durch fünfzig Euro teilbaren Betrag abzurunden, da der Zinslauf für die zu verzinsenden Beträge zu jeweils abweichenden Zeitpunkten beginnt (§ 238 Abs. 2 AO).

41 **32.** Die auf die einzelnen Teil-Unterschiedsbeträge entfallenden Zinsen sind eigenständig und in ihrer zeitlichen Reihenfolge zu berechnen, beginnend mit den Zinsen auf den Teil-Unterschiedsbetrag mit dem ältesten Zinslaufbeginn (§ 233 a Abs. 7 Satz 1 2. Halbsatz AO). Dabei ist für jeden Zinslauf bzw. Zinsberechnungszeitraum eigenständig zu prüfen, inwieweit jeweils volle Zinsmonate vorliegen.

42 **33. Beispiel 5:**

Einkommensteuer 2018

	z. v. E.[1]	Steuer
Steuerfestsetzung vom 11. 12. 2020, bekanntgegeben am 14. 12. 2020:	60 723 €	19 306 €
abzüglich anzurechnende Steuerabzugsbeträge:		./. 1 000 €
Soll:		18 306 €
abzüglich festgesetzte Vorauszahlungen:		./. 12 000 €
Unterschiedsbetrag (Mehrsoll):		+ 6 306 €

Bei dieser Steuerfestsetzung wurde ein rückwirkendes Ereignis aus 2019 (Erhöhung des z. v. E. um 2 492 €) berücksichtigt.

Ermittlung der Teil-Unterschiedsbeträge:

– Vorsoll (festgesetzte Vorauszahlungen):		12 000 €
– 1. Schattenveranlagung (Steuerfestsetzung ohne Berücksichtigung des rückwirkenden Ereignisses):	58 231 €	18 135 €
abzüglich anzurechnende Steuerabzugsbeträge:		./. 1 000 €
fiktives Soll:		17 135 €
Erster Teil-Unterschiedsbetrag =		+ 5 135 €
– 2. Schattenveranlagung (1. Schattenveranlagung + rückwirkendes Ereignis aus 2019):	60 723 €	19 306 €
abzüglich anzurechnende Steuerabzugsbeträge:		./. 1 000 €
fiktives Soll:		18 306 €
Zweiter Teil-Unterschiedsbetrag =		+ 1 171 €
Summe der Teil-Unterschiedsbeträge:		+ 6 306 €

Zinsberechnung:

Teil-Unterschiedsbetrag mit Zinslaufbeginn 1. 4. 2020:	5 135 €
Teil-Unterschiedsbetrag mit Zinslaufbeginn 1. 4. 2021:	1 171 €

Verzinsung des Teil-Unterschiedsbetrags mit Zinslaufbeginn 1. 4. 2021:

Zu verzinsen sind 5 100 € zuungunsten des Steuerpflichtigen für die Zeit vom 1. 4. 2020 bis 14. 12. 2020 (8 volle Monate × 0,15% = 1,2%).

Nachzahlungszinsen = 61,20 €

(Rundung gem. § 238 Abs. 2 AO: 35 €)

Verzinsung des Teil-Unterschiedsbetrags mit Zinslaufbeginn 1. 4. 2007:

Hinsichtlich des Teil-Unterschiedsbetrags von 1 171 € sind keine Nachzahlungszinsen zu berechnen, da die für ihn maßgebliche Karenzzeit im Zeitpunkt der Steuerfestsetzung noch nicht abgelaufen ist. 0 €

Insgesamt festzusetzende Zinsen (Nachzahlungszinsen): 61 €

(Rundung gem. § 239 Abs. 2 Satz 1 AO)

AEAO

34. Beispiel 6: 43

Einkommensteuer 2018

	z. v. E.[1]	Steuer	
Steuerfestsetzung vom 10. 12. 2021, bekanntgegeben am 13. 12. 2021:	57 781 €	17 924 €	
abzüglich anzurechnende Steuerbeträge:		./. 1 000 €	
Soll:		16 924 €	
abzüglich festgesetzte Vorauszahlungen:		./. 12 000 €	
Unterschiedsbetrag (Mehrsoll):		+ 4 924 €	

Bei dieser Steuerfestsetzung wurde ein rückwirkendes Ereignis aus 2019 (Erhöhung des z. v. E. um 2 571 €) berücksichtigt.

Ermittlung der Teil-Unterschiedsbeträge:

– Vorsoll (festgesetzte Vorauszahlungen):		12 000 €	
– 1. Schattenveranlagung (Steuerfestsetzung ohne Berücksichtigung des rückwirkenden Ereignisses):	55 210 €	16 715 €	
abzüglich anzurechnende Steuerabzugsbeträge:		./. 1 000 €	
Fiktives Soll:		15 715 €	
Erster Teil-Unterschiedsbetrag =			+ 3 715 €
– 2. Schattenveranlagung (1. Schattenveranlagung + rückwirkendes Ereignis aus 2019):	57 781 €	17 924 €	
abzüglich anzurechnende Steuerabzugsbeträge:		./. 1 000 €	
fiktives Soll:		16 924 €	
Zweiter Teil-Unterschiedsbetrag =			+ 1 209 €
Summe der Teil-Unterschiedsbeträge:			+ 4 924 €

Zinsberechnung:

Teil-Unterschiedsbetrag mit Zinslaufbeginn 1. 4. 2020:	+ 3 715 €
Teil-Unterschiedsbetrag mit Zinslaufbeginn 1. 4. 2021:	+ 1 209 €
Verzinsung des Teil-Unterschiedsbetrags mit Zinslaufbeginn 1. 4. 2020:	
Zu verzinsen sind 3 700 € zuungunsten des Steuerpflichtigen für die Zeit vom 1. 4. 2020 bis 13. 12. 2021 (20 volle Monate × 0,15% = 3%). Nachzahlungszinsen: (Rundung gem. § 238 Abs. 2 AO: 15 €)	111 €
Verzinsung des Teil-Unterschiedsbetrags mit Zinslaufbeginn 1. 4. 2021:	
Zu verzinsen sind 1 200 € zuungunsten des Steuerpflichtigen für die Zeit vom 1. 4. 2021 bis 13. 12. 2021 (8 volle Monate × 0,15% = 1,2%). Nachzahlungszinsen:	14,40 €
(Rundung gem. § 238 Abs. 2 AO: 9 €)	
Insgesamt festzusetzende Zinsen:	**125 €**
(Rundung gem. § 239 Abs. 2 Satz 1 AO: 9 €)	

35. Bei Teil-Unterschiedsbeträgen zugunsten des Steuerpflichtigen ist die Berechnung von Erstattungszinsen auf den fiktiv zu erstattenden Betrag begrenzt. Dazu sind alle maßgeblichen Zahlungen und der jeweilige Tag der Zahlung zu ermitteln. Durch Gegenüberstellung dieser Zahlungen und der nach Nr. 29 des AEAO zu § 233 a ermittelten fiktiven Steuer, vermindert um anzurechnende Steuerabzugsbeträge und anzurechnende Körperschaftsteuer, ergibt sich der fiktive Erstattungsbetrag. 44

Die Verzinsung der einzelnen Teil-Unterschiedsbeträge beginnt frühestens mit dem Tag der Zahlung. Besteht der zu erstattende Betrag aus mehreren Einzahlungen, richtet sich der Zinsberechnungszeitraum nach der Einzahlung des jeweiligen Teilbetrags, wobei unterstellt wird, dass die Erstattung zuerst aus dem zuletzt gezahlten Betrag erfolgt. Bei weiteren Teil-Unterschiedsbeträgen zugunsten des Steuerpflichtigen bleiben die bereits bei einer vorangegangenen Zinsberechnung berücksichtigten Zahlungen außer Betracht.

Ist bei einem Teil-Unterschiedsbetrag zugunsten des Steuerpflichtigen mehr als ein Betrag (mehrere Einzahlungen) zu verzinsen, so ist der durch die Rundung auf den nächsten durch fünfzig Euro teilbaren sich ergebende Spitzenbetrag jeweils vom Teilbetrag mit dem ältesten Wertstellungstag abzuziehen.

[1] **[Amtl. Anm.:]** z. v. E. = zu versteuerndes Einkommen.

AEAO

45 **36. Beispiel 7:**

Einkommensteuer 2018

	z. v. E.[1]	Steuer
Steuerfestsetzung vom 11. 12. 2020, bekannt gegeben am 14. 12. 2020:	10 113 €	509 €
abzüglich anzurechnende Steuerabzugsbeträge:		./. 250 €
Soll:		259 €
abzüglich festgesetzte Vorauszahlungen:		./. 12 750 €
Unterschiedsbetrag (Mindersoll):		./. 12 491 €

Alle Vorauszahlungen wurden bereits in 2018 entrichtet, so dass 12 491 € zu erstatten sind.
Bei der Steuerfestsetzung wurde ein rückwirkendes Ereignis aus 2019 (Minderung des z. v. E. um 7 587 €) berücksichtigt.

Ermittlung der Teil-Unterschiedsbeträge:

– Vorsoll (festgesetzte Vorauszahlungen):		12 750 €	
– 1. Schattenveranlagung (Steuerfestsetzung ohne Berücksichtigung des rückwirkenden Ereignisses):	17 700 €	2 419 €	
abzüglich anzurechnende Steuerabzugsbeträge:		./. 250 €	
fiktives Soll:		2 169 €	
Erster Teil-Unterschiedsbetrag =			./. 10 581 €
– 2. Schattenveranlagung (1. Schattenveranlagung + rückwirkendes Ereignis aus 2019):	10 113 €	509 €	
abzüglich anzurechnende Steuerabzugsbeträge:		./. 250 €	
fiktives Soll:		259 €	
Zweiter Teil-Unterschiedsbetrag =			./. 21 910 €
Summe der Teil-Unterschiedsbeträge:			**./. 12 491 €**

Zinsberechnung:

Teil-Unterschiedsbetrag mit Zinslaufbeginn 1. 4. 2020: ./. 10 581 €
Teil-Unterschiedsbetrag mit Zinslaufbeginn 1. 4. 2021: ./. 1 910 €

Verzinsung des Teil-Unterschiedsbetrags mit Zinslaufbeginn 1. 4. 2020:

Gegenüberstellung der maßgeblichen Zahlungen und des fiktiven Solls				
Zahlung	Tag der Zahlung	fiktives Soll	fiktive Erstattung	unverzinster Zahlungsrest
3 250 €	10. 12. 2018		3 250 €	0 €
3 250 €	10. 9. 2018		3 250 €	0 €
3 250 €	10. 6. 2018		3 250 €	0 €
3 000 €	10. 3. 2018		831 €	2 169 €
12 750 €		2 169 €	10 581 €	2 169 €

Zu verzinsen sind 10 550 € zugunsten des Steuerpflichtigen für die Zeit vom 1. 4. 2020 bis 14. 12. 2020 (8 volle Monate × 0,15% = 1,2%).
Zinsen: 126,60 €
(Rundung gem § 238 Abs. 2 AO: 31 €)

Verzinsung des Teil-Unterschiedsbetrags mit Zinslaufbeginn 1. 4. 2021:

Hinsichtlich des Teil-Unterschiedsbetrags von 1 910 € sind keine Erstattungszinsen zu berechnen, da die für ihn maßgebliche Karenzzeit im Zeitpunkt der Steuerfestsetzung noch nicht abgelaufen ist. 0 €

Insgesamt festzusetzende Zinsen (Erstattungszinsen): **./. 127 €**

(Rundung gem. § 239 Abs. 2 Satz 1 AO)

46 **37. Beispiel 8:**

Einkommensteuer 2018

	z. v. E.[2]	Steuer
Steuerfestsetzung vom 10. 12. 2021, bekannt gegeben am 13. 12. 2021:	10 660 €	626 €
abzüglich anzurechnende Steuerabzugsbeträge:		350 €
Soll:		276 €
abzüglich festgesetzte Vorauszahlungen:		./. 12 650 €
Unterschiedsbetrag (Mindersoll):		./. 12 374 €

Der Steuerpflichtige hat bis zum 30. 3. 2020 insgesamt 7 500 € sowie am 3. 9. 2021 zusätzlich 5 000 € entrichtet. Zu erstatten sind deshalb nur 12 224 €.

[1] **[Amtl. Anm.:]** z. v. E. = zu versteuerndes Einkommen.
[2] **[Amtl. Anm.:]** z. v. E. = zu versteuerndes Einkommen.

Bei der Steuerfestsetzung wurde ein rückwirkendes Ereignis aus 2019 (Minderung des z. v. E. um 8 088 €) berücksichtigt.

Ermittlung der Teil-Unterschiedsbeträge:

– Vorsoll (festgesetzte Vorauszahlungen):		12 650 €
– 1. Schattenveranlagung (Steuerfestsetzung ohne Berücksichtigung des rückwirkenden Ereignisses):	18 748 €	2 713 €
abzüglich anzurechnende Steuerabzugsbeträge:		./. 350 €
fiktives Soll:		2 363 €
Erster Teil-Unterschiedsbetrag =		./. 10 287 €
– 2. Schattenveranlagung (1. Schattenveranlagung + rückwirkendes Ereignis aus 2019):	10 660 €	626 €
abzüglich anzurechnende Steuerabzugsbeträge:		./. 350 €
fiktives Soll:		276 €
Zweiter Teil-Unterschiedsbetrag =		./. 2 087 €
Summe der Teil-Unterschiedsbeträge:		./. 12 374 €

Zinsberechnung:

Teil-Unterschiedsbetrag mit Zinslaufbeginn 1. 4. 2020:	./. 10 287 €
Teil-Unterschiedsbetrag mit Zinslaufbeginn 1. 4. 2021:	./. 2 087 €

Verzinsung des Teil-Unterschiedsbetrags mit Zinslaufbeginn 1. 4. 2020:

Gegenüberstellung der maßgeblichen Zahlungen und des fiktiven Solls				
Zahlung	Tag der Zahlung	fiktives Soll	fiktive Erstattung	unverzinster Zahlungsrest
5 000 €	3. 9. 2021		5 000 €	0 €
2 500 €	10. 12. 2018		2 500 €	0 €
2 500 €	10. 9. 2018		2 500 €	0 €
1 250 €	10. 6. 2018		137 €	1 113 €
1 250 €	10. 3. 2018		0 €	1 250 €
12 500 €		2 363 €	10 137 €	2 363 €

Zu verzinsen sind 5 000 € zugunsten des Steuerpflichtigen für die Zeit vom 3. 9. 2021 bis 13. 12. 2021 (3 volle Monate × 0,15% = 0,45%).
Zinsen (Erstattungszinsen): ./. 22,50 €

Zu verzinsen sind 5 100 € zugunsten des Steuerpflichtigen für die Zeit vom 1. 4. 2020 bis 13. 12. 2021 (20 volle Monate × 0,15% = 3%).
Zinsen (Erstattungszinsen): ./. 153 €

(Rundung nach § 238 Abs. 2 AO: 37 €)

Verzinsung des Teil-Unterschiedsbetrags mit Zinslaufbeginn 1. 4. 2021:

Gegenüberstellung der maßgeblichen Zahlungen und des fiktiven Solls				
Zahlung	Tag der Zahlung	fiktives Soll	fiktive Erstattung	unverzinster Zahlungsrest
0 €	3. 9. 2021		0 €	0 €
0 €	10. 12. 2018		0 €	0 €
0 €	10. 9. 2018		0 €	0 €
1 113 €	10. 6. 2018		1 113 €	0 €
1 250 €	10. 3. 2018		974 €	276 €
2 363 €		276 €	2 087 €	276 €

Zu verzinsen sind 2 050 € zugunsten des Steuerpflichtigen für die Zeit vom 1. 4. 2021 bis 13. 12. 2021 (8 volle Monate × 0,15% = 1,2%).
Zinsen (Erstattungszinsen): ./. 624,60 €
(Rundung nach § 238 Abs. 2 AO: 37 €)
Insgesamt festzusetzende Zinsen (Erstattungszinsen): ./. 201 €
(Rundung gem. § 239 Abs. 2 Satz 1 AO)

38. Bei Teil-Unterschiedsbeträgen zugunsten des Steuerpflichtigen sind neben der Berechnung von Erstattungszinsen die zuvor auf den Herabsetzungsbetrag ggf. berechneten Nachzahlungszinsen zu mindern. Nachzahlungszinsen entfallen dabei allerdings frühestens ab dem Zeitpunkt, in dem der Zinslauf des Teil-Unterschiedsbetrags zugunsten des Steuerpflichtigen beginnt; Nachzahlungszinsen für den Zeitraum bis zum Beginn des Zinslaufs des Teil-Unterschiedsbetrags zugunsten des Steuerpflichtigen bleiben endgültig bestehen (§ 233a Abs. 7 Satz 2 AO). Nachzahlungszinsen mit unterschiedlichem Zinslaufbeginn sind in ihrer zeitlichen Reihenfolge, beginnend mit den Nachzahlungszinsen mit dem ältesten Zinslaufbeginn, zu mindern. 47

AEAO

48 **39. Beispiel 9:**

Einkommensteuer 2018

	z. v. E.[1]		Steuer
Steuerfestsetzung vom 9. 12. 2022, bekannt gegeben am 12. 12. 2022:	35 867 €		8 376 €
abzüglich anzurechnende Steuerabzugsbeträge:		./.	1 000 €
Soll:			7 376 €
abzüglich festgesetzte Vorauszahlungen:		./.	9 550 €
Unterschiedsbetrag (Mindersoll):		./.	2 174 €

Der Steuerpflichtige hat bis zum 31. 3. 2020 insgesamt 7 000 € sowie am 2. 6. 2021 weitere 2 550 € gezahlt. Bei dieser Steuerfestsetzung wurde ein rückwirkendes Ereignis aus 2019 (Erhöhung des z. v. E. um 2 500 €) sowie ein rückwirkendes Ereignis aus 2020 (Minderung des z. v. E. um 17 500 €) berücksichtigt.

Ermittlung der Teil-Unterschiedsbeträge:

	z. v. E.		Steuer	
– Vorsoll (festgesetzte Vorauszahlungen):			9 550 €	
– 1. Schattenveranlagung (Steuerfestsetzung ohne Berücksichtigung der rückwirkenden Ereignisse aus 2019 und 2020):	50 867 €		14 679 €	
abzüglich anzurechnende Steuerabzugsbeträge:		./.	1 000 €	
fiktives Soll:			13 679 €	
Erster Teil-Unterschiedsbetrag =				+ 4 129 €
– 2. Schattenveranlagung (1. Schattenveranlagung + rückwirkendes Ereignis aus 2019):	53 367 €		15 850 €	
abzüglich anzurechnende Steuerabzugsbeträge:		./.	1 000 €	
fiktives Soll:			14 850 €	
Zweiter Teil-Unterschiedsbetrag =				+ 1 171 €
– 3. Schattenveranlagung (2. Schattenveranlagung + rückwirkendes Ereignis aus 2020):	35 867 €		8 376 €	
abzüglich anzurechnende Steuerabzugsbeträge:		./.	1 000 €	
fiktives Soll:			7 376 €	
Dritter Teil-Unterschiedsbetrag =				./. 7 474 €
Summe der Teil-Unterschiedsbeträge:				**./. 2 174 €**

Zinsberechnung:

Teil-Unterschiedsbetrag mit Zinslaufbeginn 1. 4. 2020:	+ 4 129 €
Teil-Unterschiedsbetrag mit Zinslaufbeginn 1. 4. 2021:	+ 1 171 €
Teil-Unterschiedsbetrag mit Zinslaufbeginn 1. 4. 2022:	./. 7 474 €

Verzinsung des Teil-Unterschiedsbetrags mit Zinslaufbeginn 1. 4. 2020:

Zu verzinsen sind 4 100 € zuungunsten des Steuerpflichtigen für die Zeit vom 1. 4. 2020 bis 12. 12. 2022 (32 volle Monate × 0,15% = 4,8%)
Zinsen (Nachzahlungszinsen): 196,80 €
(Rundung nach § 238 Abs. 2 AO: 29 €)

Verzinsung des Teil-Unterschiedsbetrags mit Zinslaufbeginn 1. 4. 2021:

Zu verzinsen sind 1 150 € zuungunsten des Steuerpflichtigen für die Zeit vom 1. 4. 2021 bis 12. 12. 2022 (20 volle Monate × 0,15% = 3%)
Zinsen (Nachzahlungszinsen): 34,50 €
(Rundung nach § 238 Abs. 2 AO: 21 €)

Verzinsung des Teil-Unterschiedsbetrags mit Zinslaufbeginn 1. 4. 2022:

Gegenüberstellung der maßgeblichen Zahlungen und des fiktiven Solls				
Zahlung	Tag der Zahlung	fiktives Soll	fiktive Erstattung	unverzinster Zahlungsrest
2 550 €	2. 6. 2021		2 174 €	376 €
2 000 €	10. 12. 2018		0 €	2 000 €
2 000 €	10. 9. 2018		0 €	2 000 €
2 000 €	10. 6. 2018		0 €	2 000 €
1 000 €	10. 3. 2018		0 €	1 000 €
9 550 €		7 376 €	2 174 €	7 376 €

Zu verzinsen ist höchstens der fiktiv zu erstattende Betrag von 2 150 € für die Zeit vom 1. 4. 2022 bis zum 12. 12. 2022 (8 volle Monate × 0,15% = 1,2%).
Zinsen (Erstattungszinsen): ./. 25,80 €
(Rundung nach § 238 Abs. 2 AO: 24 €)

[1] **[Amtl. Anm.:]** z. v. E. = zu versteuerndes Einkommen.

AEAO

Minderung zuvor berechneter Nachzahlungszinsen:[1]

	4 129 €	abgerundet:	4 100 €	
	./. 7 474 €			
	./. 3 345 €	maximal:	./. 0 €	
			4 100 €	
4 100 € vom 1. 4. 2022 bis zum 12. 12. 2022 (8 volle Monate × 0,15% = 1,2%):				./. 49,20 €
	1 171 €	abgerundet:	1 150 €	
	./. 3 345 €			
	./. 2 174 €	maximal:	./. 0 €	
			1 150 €	
1 150 € vom 1. 4. 2022 bis zum 12. 12. 2022 (8 volle Monate × 0,15% = 1,2%):				./. 13,80 €
				./. 63 €
Insgesamt festzusetzende Zinsen:				./. 63 €
(Rundung gem. § 239 Abs. 2 Satz 1 AO)				**142 €**

40. Wenn bei der Zinsberechnung mehrere Teil-Unterschiedsbeträge zu berücksichtigen sind, sind Zinsen nur dann festzusetzen, wenn die Summe der auf die einzelnen Teil-Unterschiedsbeträge berechneten Zinsen mindestens zehn Euro beträgt (§ 239 Abs. 2 Satz 2 AO). Nach § 239 Abs. 2 Satz 1 AO sind Zinsen auf volle Euro zum Vorteil des Steuerpflichtigen abzurunden. Maßgebend sind die festzusetzenden Zinsen, d. h. die Summe der auf die einzelnen Teil-Unterschiedsbeträge berechneten Zinsen. 49

Sofern die Summe aller fiktiven Erstattungen größer ist als die tatsächliche Erstattung, ist der Differenzbetrag für spätere Zinsberechnungen als fiktive Zahlung zu berücksichtigen. Als Zahlungstag dieser fiktiven Zahlung ist der Tag zu berücksichtigen, an dem die Steuerfestsetzung bzw. die Steueranmeldung wirksam geworden ist.

Zinsberechnung bei einer Korrektur der Steuerfestsetzung oder der Anrechnung von Steuerbeträgen

41. Falls anlässlich einer Steuerfestsetzung Zinsen festgesetzt wurden, löst die Aufhebung, Änderung oder Berichtigung dieser Steuerfestsetzung eine Änderung der bisherigen Zinsfestsetzung aus (§ 233 a Abs. 5 Satz 1 1. Halbsatz AO). Dabei ist es gleichgültig, worauf die Aufhebung, Änderung oder Berichtigung beruht (z. B. auch Änderung durch Einspruchsentscheidung oder durch oder aufgrund der Entscheidung eines Finanzgerichts). 50

42. Soweit die Korrektur der Steuerfestsetzung auf der erstmaligen Berücksichtigung eines rückwirkenden Ereignisses oder eines Verlustrücktrags beruht, beginnt der Zinslauf nach § 233 a Abs. 2 a AO erst 15 Monate nach Ablauf des Kalenderjahres, in dem das rückwirkende Ereignis eingetreten oder der Verlust entstanden ist. Gleiches gilt, wenn ein bereits bei der vorangegangenen Steuerfestsetzung berücksichtigter Verlustrücktrag bzw. ein bereits bei der vorangegangenen Steuerfestsetzung berücksichtigtes rückwirkendes Ereignis unmittelbar Änderungen erfährt und der Steuerbescheid deshalb geändert wird. 51

Aufgrund der Anknüpfung der Verzinsung an die Soll-Differenz (vgl. AEAO zu § 233 a, Nr. 46) ist keine besondere Zinsberechnung i. S. d. § 233 a Abs. 2 a i. V. m. Abs. 7 AO vorzunehmen, wenn ein Steuerbescheid, in dem erstmals ein Verlustrücktrag bzw. ein rückwirkendes Ereignis berücksichtigt worden ist, später aus anderen Gründen (z. B. zur Berücksichtigung neuer Tatsachen i. S. d. § 173 AO) geändert wird. Dabei ist es für die Verzinsung auch unerheblich, wenn sich die steuerlichen Auswirkungen des bereits in der vorherigen Steuerfestsetzung berücksichtigten Verlustrücktrags bzw. rückwirkenden Ereignisses aufgrund der erstmaligen oder abweichenden Berücksichtigung regulär zu verzinsender Besteuerungsgrundlagen rechnerisch verändern sollte. Auch derartige materiell-rechtliche Folgeänderungen sind bei der Verzinsung dem maßgeblichen Änderungsgrund (z. B. den neuen Tatsachen i. S. d. § 173 AO) zuzuordnen.

43. Materielle Fehler i. S. d. § 177 AO werden bei dem Änderungstatbestand berichtigt, dessen Anwendung die saldierende Berücksichtigung des materiellen Fehlers ermöglicht. Deshalb ist der Saldierungsbetrag bei der Ermittlung des Teil-Unterschiedsbetrags zu berücksichtigen, der diesem Änderungstatbestand zugrunde liegt. Beruht die Saldierung nach § 177 AO auf mehreren Änderungstatbeständen, die einen unterschiedlichen Zinslaufbeginn aufweisen, ist der Saldierungsbetrag den Änderungstatbeständen in chronologischer Reihenfolge zuzuordnen, beginnend mit dem Änderungstatbestand mit dem ältesten Zinslaufbeginn. 52

44. Ist bei der vorangegangenen Steuerfestsetzung eine Zinsfestsetzung unterblieben, weil z. B. bei Wirksamkeit der Steuerfestsetzung die Karenzzeit noch nicht abgelaufen war oder die Zinsen 53

[1] **[Amtl. Anm.:]** Ergibt sich ein Teil-Unterschiedsbetrag zugunsten des Steuerpflichtigen, entfallen auf diesen Betrag zuvor berechnete Zinsen nach § 233 a Abs. 7 Satz 2 1. Halbsatz AO frühestens ab Beginn des für diesen Teil-Unterschiedsbetrag maßgebenden Zinslaufs. Zinsen für den Zeitraum bis zum Beginn des Zinslaufs dieses Teil-Unterschiedsbetrags bleiben nach § 233 a Abs. 7 Satz 2 2. Halbsatz AO endgültig bestehen. Deshalb können die für den Zeitraum bis zum 31. 3. 2022 verbliebenen Nachzahlungszinsen auch in späteren Zinsfestsetzungen gemindert werden.

AEAO weniger als zehn Euro betragen haben, ist bei der erstmaligen Zinsfestsetzung aus Anlass der Aufhebung, Änderung oder Berichtigung der Steuerfestsetzung für die Berechnung der Zinsen ebenfalls der Unterschied zwischen dem neuen und dem früheren Soll maßgebend.

54 **45.** Den Fällen der Aufhebung, Änderung oder Berichtigung der Steuerfestsetzung sind die Fälle der Korrektur der Anrechnung von Steuerbeträgen (Steuerabzugsbeträge, anzurechnende Körperschaftsteuer) gleichgestellt (§ 233 a Abs. 5 Satz 1 2. Halbsatz AO). Die Zinsfestsetzung ist auch dann anzupassen, wenn die Anrechnung von Steuerabzugsbeträgen oder von Körperschaftsteuer in einem Abrechnungsbescheid nach § 218 Abs. 2 Satz 1 AO von der vorangegangenen Anrechnung abweicht. Ist dem bisherigen Zinsbescheid ein unrichtiges Vorauszahlungssoll oder ein unrichtiger Wertstellungstag zugrunde gelegt worden, kann demgegenüber eine Korrektur des Zinsbescheids nicht nach § 233 a Abs. 5 AO, sondern nur nach den allgemeinen Vorschriften erfolgen (z. B. §§ 129, 172 ff. AO).

55 **46.** Grundlage für die Zinsberechnung ist der Unterschied zwischen dem neuen und dem früheren Soll (Unterschiedsbetrag nach § 233 a Abs. 5 Satz 2 AO). Dieser Unterschiedsbetrag ist in Teil-Unterschiedsbeträge aufzuteilen, soweit diese einen unterschiedlichen Zinslaufbeginn nach § 233 a Abs. 2 und Abs. 2 a AO haben (§ 233 a Abs. 7 Satz 1 1. Halbsatz AO). Innerhalb dieser Teil-Unterschiedsbeträge sind Sollminderungen und Sollerhöhungen mit gleichem Zinslaufbeginn zu saldieren.

56 **47.** Die Teil-Unterschiedsbeträge sind in ihrer zeitlichen Reihenfolge, beginnend mit dem ältesten Zinslaufbeginn, zu ermitteln (§ 233 a Abs. 7 Satz 1 2. Halbsatz AO). Dabei ist unerheblich, ob sich der einzelne Teil-Unterschiedsbetrag zugunsten oder zuungunsten des Steuerpflichtigen auswirkt.

Zunächst ist die fiktive Steuer zu ermitteln, die sich ohne Berücksichtigung rückwirkender Ereignisse und Verlustrückträge ergeben würde. Die Differenz zwischen dieser fiktiven Steuer und der bisher festgesetzten Steuer, jeweils vermindert um anzurechnende Steuerabzugsbeträge und anzurechnende Körperschaftsteuer, ist der erste für die Zinsberechnung maßgebliche Teil-Unterschiedsbetrag.

Im nächsten Schritt ist auf der Grundlage dieser fiktiven Steuerermittlung die fiktive Steuer zu berechnen, die sich unter Berücksichtigung der rückwirkenden Ereignisse oder Verlustrückträge mit dem ältesten Zinslaufbeginn ergeben würde. Die Differenz zwischen dieser und der zuvor ermittelten fiktiven Steuer, jeweils vermindert um anzurechnende Steuerabzugsbeträge und anzurechnende Körperschaftsteuer, ist der für die Zinsberechnung maßgebliche zweite Teil-Unterschiedsbetrag. Dies gilt entsprechend für weitere Teil-Unterschiedsbeträge mit späterem Zinslaufbeginn.

57 **48. Beispiel 10:**

Einkommensteuer 2018

		z. v. E.[1]		Steuer	
bisherige Steuerfestsetzung:		50 000 €		14 801 €	
abzüglich anzurechnende Steuerabzugsbeträge:			./.	500 €	
Soll:				14 301 €	
Änderung der Steuerfestsetzung:					
(1) neue Tatsache:	./.	1 500 €			
(2) Verlustrücktrag aus 2019:	./.	10 000 €			
(3) rückwirkendes Ereignis aus 2020:	+	2 500 €			
Neue Steuerfestsetzung:		41 000 €		10 771 €	
abzüglich anzurechnende Steuerabzugsbeträge:			./.	500 €	
neues Soll:				10 271 €	
Unterschiedsbetrag (Mindersoll):			./.	4 030 €	
Ermittlung der Teil-Unterschiedsbeträge:					
– bisherige Festsetzung:		50 000 €		14 801 €	
abzüglich anzurechnende Steuerabzugsbeträge:			./.	500 €	
Soll:				14 301 €	
– 1. Schattenveranlagung (bisherige Festsetzung + neue Tatsache):		48 500 €		14 097 €	
abzüglich anzurechnende Steuerabzugsbeträge:			./.	500 €	
Soll:				13 597 €	
Erster Teil-Unterschiedsbetrag =					./. 704 €
– 2. Schattenveranlagung (1. Schattenveranlagung + Verlustrücktrag aus 2019):		38 500 €		9 736 €	
abzüglich anzurechnende Steuerabzugsbeträge:			./.	500 €	
Soll:				9 236 €	

[1] **[Amtl. Anm.:]** z. v. E. = zu versteuerndes Einkommen.

AEAO

Zweiter Teil-Unterschiedsbetrag =		./. 4 361 €
– 3. Schattenveranlagung (2. Schattenveranlagung + rückwirkendes Ereignis aus 2020):	41 000 €	10 771 €
abzüglich anzurechnende Steuerabzugsbeträge:	./.	500 €
Soll:		10 271 €
Dritter Teil-Unterschiedsbetrag =		+ 1 035 €
Summe der Teil-Unterschiedsbeträge:		**./. 4 030 €**

49. Alle Teil-Unterschiedsbeträge sind jeweils gesondert auf den nächsten durch fünfzig Euro teilbaren Betrag abzurunden, da der Zinslauf für die zu verzinsenden Beträge zu jeweils abweichenden Zeitpunkten beginnt (§ 238 Abs. 2 AO). **58**

50. Die auf die einzelnen Teil-Unterschiedsbeträge entfallenden Zinsen sind eigenständig und in ihrer zeitlichen Reihenfolge zu berechnen, beginnend mit den Zinsen auf den Teil-Unterschiedsbetrag mit dem ältesten Zinslaufbeginn (§ 233 a Abs. 7 Satz 1 2. Halbsatz AO). Dabei ist für jeden Zinslauf bzw. Zinsberechnungszeitraum eigenständig zu prüfen, inwieweit jeweils volle Zinsmonate vorliegen. **59**

51. Ergibt sich bei der Aufhebung, Änderung oder Berichtigung der Steuerfestsetzung oder der Rücknahme, dem Widerruf oder Berichtigung der Anrechnung von Steuerbeträgen ein Mehrsoll, fallen hierauf Zinsen an, die zu den bisher berechneten Zinsen hinzutreten. **60**

52. Beispiel 11: **61**

Einkommensteuer 2018

a) Erstmalige Steuerfestsetzung vom 11. 12. 2020, bekannt gegeben am 14. 12. 2020		22 500 €
abzüglich anzurechnende Steuerabzugsbeträge:	./.	2 500 €
Soll:		20 000 €
abzüglich festgesetzte Vorauszahlungen:	./.	13 000 €
Unterschiedsbetrag (Mehrsoll):		7 000 €

Zu verzinsen sind 7 000 € zuungunsten des Steuerpflichtigen für die Zeit vom 1. 4. 2020 bis 14. 12. 2020 (8 volle Monate × 0,15% = 1,2%).

festzusetzende Zinsen (Nachzahlungszinsen):		84 €
b) Änderung der Steuerfestsetzung nach § 173 AO (Bescheid vom 1. 10. 2021, bekannt gegeben am 4. 10. 2021):		23 500 €
abzüglich anzurechnende Steuerabzugsbeträge:	./.	2 500 €
Soll:		21 000 €
abzüglich bisher festgesetzte Steuer (Soll):	./.	20 000 €
Unterschiedsbetrag (Mehrsoll):		1 000 €

Zu verzinsen sind 1 000 € zuungunsten des Steuerpflichtigen für die Zeit vom 1. 4. 2020 bis 4. 10. 2021 (18 volle Monate × 0,15% = 2,7%).

Nachzahlungszinsen:	27 €
dazu bisher festgesetzte Zinsen:	84 €
Insgesamt festzusetzende Zinsen:	**111 €**

53. Ergibt sich zugunsten des Steuerpflichtigen ein Mindersoll, wird bis zur Höhe dieses Mindersolls nur der tatsächlich zu erstattende Betrag verzinst, und zwar ab dem Zeitpunkt der Zahlung bis zur Wirksamkeit der Steuerfestsetzung (§ 233 a Abs. 2 Satz 3 und Abs. 3 Satz 3 AO). Zur Berücksichtigung bei vorangegangenen Zinsfestsetzungen ermittelter fiktiver Zahlungen vgl. AEAO zu § 233 a, Nr. 40. Steht die Zahlung noch aus, werden keine Erstattungszinsen festgesetzt. Besteht der zu erstattende Betrag aus mehreren Teil-Leistungen, richtet sich der Zinsberechnungszeitraum nach dem Zeitpunkt der einzelnen Leistung, wobei unterstellt wird, dass die Erstattung zuerst aus dem zuletzt gezahlten Betrag erfolgt („last in – first out"; § 233 a Abs. 3 Satz 4 i. V. m. Abs. 5 Satz 4 AO). **62**

54. Neben der Berechnung der Erstattungszinsen sind die bisher auf den Herabsetzungsbetrag ggf. berechneten Nachzahlungszinsen für die Zeit ab Beginn des Zinslaufs zu mindern. Dabei darf jedoch höchstens auf den Unterschiedsbetrag der bei Beginn des Zinslaufs festgesetzten Steuer zurückgegangen werden, um zu vermeiden, dass eine Korrektur für einen Zeitraum erfolgt, für den keine Nachzahlungszinsen berechnet worden sind. **63**

55. Beispiel 12: **64**

Einkommensteuer 2018

a) Steuerfestsetzung vom 11. 12. 2020, bekannt gegeben am 14. 12. 2020:		22 500 €
abzüglich anzurechnende Steuerabzugsbeträge:	./.	2 500 €
Soll:		20 000 €
abzüglich festgesetzte Vorauszahlungen:	./.	13 000 €
Unterschiedsbetrag (Mehrsoll):		7 000 €

Der Steuerpflichtige hat innerhalb der Karenzzeit die Vorauszahlungen i. H. v. 13 000 € sowie am 15. 6. 2021 die Abschlusszahlung i. H. v. 7 000 € gezahlt.
Zu verzinsen sind 7 000 € zuungunsten des Steuerpflichtigen für die Zeit vom 1. 4. 2020 bis 14. 12. 2020 (8 volle Monate × 0,15% = 1,2%).

AEAO

festzusetzende Zinsen (Nachzahlungszinsen): **84 €**

b) Änderung der Steuerfestsetzung nach § 173 AO

(Bescheid vom 12. 10. 2021, bekannt gegeben am 15. 10. 2021):		17 500 €
abzüglich anzurechnende Steuerabzugsbeträge:	./.	2 500 €
Soll:		15 000 €
abzüglich bisher festgesetzte Steuer (Soll):	./.	20 000 €
Unterschiedsbetrag (Mindersoll):		5 000 €

Zu erstatten sind 5 000 €.

Zu verzinsen sind 5 000 € zugunsten des Steuerpflichtigen für die Zeit vom 15. 6. 2021 bis 15. 10. 2021 (4 volle Monate × 0,15% = 0,6%).

festzusetzende Zinsen (Erstattungszinsen): ./. 30 €

c) Bisher festgesetzte Zinsen + 84 €

Minderung zuvor berechneter Nachzahlungszinsen:

	7 000 €	abgerundet:	7 000 €	
	./. 5 000 €			
	2 000 €	maximal:	./. 2 000 €	
			5 000 €	
5 000 € vom 1. 4. 2020 bis zum 14. 12. 2020 (8 volle Monate × 0,15% = 1,2%):			./. 60 €	
			+ 24 €	+ 24 €
				./. 6 €

Insgesamt festzusetzende Zinsen: **./. 0 €**

(Rundung gem. § 239 Abs. 2 Satz 1 AO)

65 **56.** Bei Teil-Unterschiedsbeträgen zugunsten des Steuerpflichtigen ist die Berechnung von Erstattungszinsen auf den fiktiv zu erstattenden Betrag begrenzt. Dazu sind alle maßgeblichen Zahlungen (einschließlich fiktiver Zahlungen i. S. d. Nr. 40 des AEAO zu § 233 a) und der jeweilige Tag der Zahlung zu ermitteln. Durch Gegenüberstellung dieser Zahlungen und der nach Nr. 47 des AEAO zu § 233 a fiktiv ermittelten Steuer, vermindert um anzurechnende Steuerabzugsbeträge und anzurechnende Körperschaftsteuer, ergibt sich der fiktive Erstattungsbetrag.

Die Verzinsung der einzelnen Teil-Unterschiedsbeträge beginnt frühestens mit dem Tag der Zahlung. Besteht der zu erstattende Betrag aus mehreren Einzahlungen, richtet sich der Zinsberechnungszeitraum nach der Einzahlung des jeweiligen Teilbetrags, wobei unterstellt wird, dass die Erstattung zuerst aus dem zuletzt gezahlten Betrag erfolgt. Bei weiteren Teil-Unterschiedsbeträgen zugunsten des Steuerpflichtigen bleiben die bereits bei einer vorangegangenen Zinsberechnung berücksichtigten Zahlungen außer Betracht.

Ist bei einem Teil-Unterschiedsbetrag zugunsten des Steuerpflichtigen mehr als ein Betrag (mehrere Einzahlungen) zu verzinsen, so ist der durch die Rundung auf den nächsten durch fünfzig Euro teilbaren sich ergebende Spitzenbetrag jeweils vom Teilbetrag mit dem ältesten Wertstellungstag abzuziehen.

66 **57.** Bei Teil-Unterschiedsbeträgen zugunsten des Steuerpflichtigen sind neben der Berechnung von Erstattungszinsen die zuvor auf den Herabsetzungsbetrag ggf. berechneten Nachzahlungszinsen zu mindern. Nachzahlungszinsen entfallen dabei allerdings frühestens ab dem Zeitpunkt, in dem der Zinslauf des Teil-Unterschiedsbetrags zugunsten des Steuerpflichtigen beginnt; Nachzahlungszinsen für den Zeitraum bis zum Beginn des Zinslaufs des Teil-Unterschiedsbetrags zugunsten des Steuerpflichtigen bleiben endgültig bestehen (§ 233 a Abs. 7 Satz 2 AO). Nachzahlungszinsen mit unterschiedlichem Zinslaufbeginn sind in ihrer zeitlichen Reihenfolge, beginnend mit den Nachzahlungszinsen mit dem ältesten Zinslaufbeginn, innerhalb dieser Gruppen beginnend mit den Nachzahlungszinsen mit dem jüngsten Zinslaufende, zu mindern.

67 **58. Beispiel 13 (Fortsetzung von Beispiel 9):**

Einkommensteuer 2018

	z. v. E.[1]		Steuer
Nach § 175 Abs. 1 Satz 1 Nr. 2 AO geänderte Steuerfestsetzung vom 26. 3. 2024, bekanntgegeben am 29. 3. 2024:	27 175 €		5 297 €
abzüglich anzurechnende Steuerabzugsbeträge:		./.	1 000 €
Soll:			4 297 €
abzüglich bisher festgesetzte Steuer (Soll):		./.	7 376 €
Unterschiedsbetrag (Mindersoll):		./.	3 079 €

Der Steuerpflichtige hat bis zum 31. 3. 2020 insgesamt 7 000 € sowie am 2. 6. 2021 weitere 2 550 € gezahlt. Aufgrund der Steuerfestsetzung vom 9. 12. 2022 sind ihm bereits 2 174 € erstattet worden.

Bei der geänderten Steuerfestsetzung vom 26. 3. 2024 wurde ein rückwirkendes Ereignis aus 2019 (Minderung des z. v. E. um 8 692 €) erstmals berücksichtigt.

[1] **[Amtl. Anm.:]** z. v. E. = zu versteuerndes Einkommen.

AEAO

Zinsberechnung:
Verzinsung des Teil-Unterschiedsbetrags mit Zinslaufbeginn 1. 4. 2021:

Gegenüberstellung der maßgeblichen Zahlungen und des Solls				
Zahlung	Tag der Zahlung	Soll	Erstattung	unverzinster Zahlungsrest
376 €	2. 6. 2021		376 €	0 €
2 000 €	10. 12. 2018		2 000 €	0 €
2 000 €	10. 9. 2018		703 €	1 297 €
2 000 €	10. 6. 2018		0 €	2 000 €
1 000 €	10. 3. 2018		0 €	1 000 €
7 376 €		4 297 €	3 079 €	4 297 €

Zu verzinsen ist höchstens der abgerundete zu erstattende Betrag von 3 050 €:		
376 € für die Zeit vom 2. 6. 2021 bis zum 29. 3. 2024 (33 volle Monate × 0,15% = 4,95%):	18,61 €	
2 674 € für die Zeit vom 1. 4. 2021 bis zum 29. 3. 2024 (35 volle Monate × 0,15% = 5,25%):	140,38 €	
	158,99 €	
Zinsen (Erstattungszinsen): (Rundung nach § 238 Abs. 2 AO: 29 €)		./. 158,99 €
Bisher festgesetzte Zinsen:	142,00 €	
Minderung zuvor berechneter Nachzahlungszinsen:[1]	0,00 €	
	142,00 €	142,00 €
		./. 16,99 €
Insgesamt festzusetzende Zinsen:[2]		**./. 17,00 €**

59. Zinsen werden nur festgesetzt, wenn sie mindestens zehn Euro betragen (§ 239 Abs. 2 Satz 2 AO). Dabei ist jeweils auf die sich insgesamt ergebenden Zinsen abzustellen, nicht nur auf den Betrag, der sich durch die Verzinsung des letzten Unterschiedsbetrags bzw. Teil Unterschiedsbetrags oder des letzten Erstattungsbetrags ergibt. Wären insgesamt weniger als zehn Euro festzusetzen, ist der bisherige Zinsbescheid zu ändern. 68

Nach § 239 Abs. 2 Satz 1 AO sind Zinsen auf volle Euro zum Vorteil des Steuerpflichtigen zu runden. Maßgebend sind die festzusetzenden Zinsen, d. h. die Summe der auf die einzelnen Teil-Unterschiedsbeträge berechneten Zinsen.

Sofern die Summe aller fiktiven Erstattungen größer ist als die tatsächliche Erstattung, ist der Differenzbetrag für spätere Zinsberechnungen als fiktive Zahlung zu berücksichtigen. Als Zahlungstag dieser fiktiven Zahlung ist der Tag zu berücksichtigen, an dem die Steuerfestsetzung bzw. die Steueranmeldung wirksam geworden ist.

Zinsberechnung bei sog. NV-Fällen

60. Ist eine Veranlagung zur Einkommensteuer nicht durchzuführen, weil die Voraussetzungen des § 46 EStG nicht erfüllt sind, sind festgesetzte und geleistete Vorauszahlungen zu erstatten. Die Erstattungszinsen sind so zu berechnen, als sei eine Steuerfestsetzung über null Euro erfolgt. Wird eine Einkommensteuerfestsetzung, die zu einer Erstattung geführt hat, aufgehoben und die Abrechnung geändert, so dass die bisher angerechneten Steuerabzugsbeträge zurückgefordert werden, ist diese Steuernachforderung zu verzinsen. Eine bisher durchgeführte Zinsfestsetzung (Erstattungszinsen) ist nach § 233 a Abs. 5 Satz 1 AO zu ändern. 69

61. Sonderregelungen für Zinsberechnungen bei der Umsatzsteuer 70

61.1. Zinsberechnung bei Vorsteuer-Vergütungsansprüchen

61.1.1. Im übrigen Gemeinschaftsgebiet ansässige Unternehmer

Die Verzinsung der Vorsteuervergütung an im übrigen Gemeinschaftsgebiet ansässige Unternehmer (§ 18 Abs. 9 UStG) ist in § 61 Abs. 5 und 6 UStDV geregelt. § 233 a AO ist in diesen Fällen nicht anwendbar, wenn der Vergütungsantrag nach dem 31. 12. 2009 gestellt worden ist.

61.1.2. Im Drittlandsgebiet ansässige Unternehmer

Der nach § 18 Abs. 9 UStG zu vergütende Betrag für im Drittlandsgebiet ansässige Unternehmer ist nach § 233 a AO zu verzinsen (vgl. Abschn. 18.14 Abs. 10 UStAE). Beträgt der Vergütungszeitraum weniger als ein Kalenderjahr (§ 60 UStDV), sind zur Berechnung des Unterschiedsbetrags alle für ein Kalenderjahr festgesetzten Vergütungen zusammenzufassen. Der Zinslauf beginnt grundsätzlich 15 Monate nach Ablauf des Kalenderjahres, für das die Vergütung(en) festgesetzt

[1] **[Amtl. Anm.]:** Die in der vorangegangenen Zinsfestsetzung (Beispiel 9) für den Zeitraum bis zum Beginn des Zinslaufs des 3. Teil-Unterschiedsbetrags (d. h. für den Zeitraum bis zum 31. 3. 2022) berechneten Nachzahlungszinsen bleiben nach § 233 a Abs. 7 Satz 2 2. Halbsatz AO endgültig bestehen und können deshalb in dieser Zinsfestsetzung nicht mehr gemindert werden.

[2] **[Amtl. Anm.]:** Die Zinsen wurden zugunsten des Steuerpflichtigen gerundet (§ 239 Abs. 2 Satz 1 AO).

AEAO

worden ist/sind (§ 233 a Abs. 2 Satz 1 AO). Er endet mit Ablauf des Tages, an dem die Festsetzung der Vergütung wirksam geworden ist (§ 233 a Abs. 2 Satz 3 AO). Zur Festsetzungsverjährung des Zinsanspruchs vgl. § 239 Abs. 1 AO.

Diese Grundsätze gelten bei der Verzinsung von Vorsteuervergütungen an im übrigen Gemeinschaftsgebiet ansässige Unternehmer (§ 18 Abs. 9 UStG) entsprechend, wenn der Vergütungsantrag vor dem 1. 1. 2010 gestellt worden ist.

61.2. Zinsberechnung bei der Umsatzsteuer in Fällen des Mini-one-stop-shop-Verfahrens (MOSS-Verfahren)

§ 233 a AO gilt auch für Umsatzsteuer, die im MOSS-Verfahren (§ 18 Abs. 4 e UStG) festgesetzt wird. Der Besteuerungszeitraum ist hier gemäß § 16 Abs. 1 b Satz 1 UStG das Kalendervierteljahr. Bei der Verzinsung sind zur Berechnung des Unterschiedsbetrags (§ 233 a Abs. 3 und 5 AO) alle für ein Kalenderjahr festgesetzten Steuern zusammenzufassen. Der Zinslauf beginnt 15 Monate nach Ablauf des Kalenderjahres, für das die Umsatzsteuer festgesetzt worden ist (§ 233 a Abs. 2 Satz 1 AO). Er endet mit Ablauf des Tages, an dem die Festsetzung der Umsatzsteuer wirksam geworden ist (§ 233 a Abs. 2 Satz 3 AO). Zur Festsetzungsverjährung des Zinsanspruchs vgl. § 239 Abs. 1 AO.

Verhältnis zu anderen steuerlichen Nebenleistungen

71 **62.** Zur Berücksichtigung der Verzinsung nach § 233 a AO bei der Bemessung eines Verspätungszuschlags nach § 152 AO in der bis zum 31. 12. 2016 geltenden Fassung vgl. AEAO zu § 152, Nr. 13.3.

Aufgrund der gesetzlichen Festlegung der Höhe des Verspätungszuschlags (§ 152 Abs. 5 AO in der ab 1. 1. 2017 geltenden Fassung) sind Zinsen nach § 233 a AO bei der Bemessung des Verspätungszuschlags nicht von Bedeutung.

72 **63.** Die Erhebung von Säumniszuschlägen (§ 240 AO) bleibt durch § 233 a AO unberührt, da die Vollverzinsung nur den Zeitraum bis zur Festsetzung der Steuer betrifft. Sollten sich in Fällen, in denen die Steuerfestsetzung zunächst zugunsten und sodann wieder zuungunsten des Steuerpflichtigen geändert wird, Überschneidungen ergeben, sind insoweit die Säumniszuschläge zur Hälfte zu erlassen.

73 **64.** Überschneidungen von Stundungszinsen und Nachzahlungszinsen nach § 233 a AO können sich ergeben, wenn die Steuerfestsetzung nach Ablauf der Stundung zunächst zugunsten und später wieder zuungunsten des Steuerpflichtigen geändert wird (siehe § 234 Abs. 1 Satz 2 AO). Zur Vermeidung einer Doppelverzinsung werden Nachzahlungszinsen, die für denselben Zeitraum festgesetzt wurden, im Rahmen der Zinsfestsetzung auf Stundungszinsen angerechnet (§ 234 Abs. 3 AO).

74 **65.** Überschneidungen mit Hinterziehungszinsen (§ 235 AO) sind möglich, etwa weil der Zinslauf mit Eintritt der Verkürzung und damit vor Festsetzung der Steuer beginnt. Zinsen nach § 233 a AO, die für denselben Zeitraum festgesetzt wurden, sind im Rahmen der Zinsfestsetzung auf die Hinterziehungszinsen anzurechnen (§ 235 Abs. 4 AO). Dies gilt ungeachtet der unterschiedlichen ertragsteuerlichen Behandlung beider Zinsarten. Zur Berechnung vgl. AEAO zu § 235, Nr. 5.

75 **66.** Prozesszinsen auf Erstattungsbeträge (§ 236 AO) werden ab Rechtshängigkeit bzw. ab dem Zahlungstag berechnet. Überschneidungen mit Erstattungszinsen nach § 233 a AO sind daher möglich. Zur Vermeidung einer Doppelverzinsung werden Zinsen nach § 233 a AO, die für denselben Zeitraum festgesetzt wurden, im Rahmen der Zinsfestsetzung auf die Prozesszinsen angerechnet (§ 236 Abs. 4 AO).

76 **67.** Überschneidungen mit Aussetzungszinsen (§ 237 AO) sind im Regelfall nicht möglich, da Zinsen nach § 233 a Abs. 1 bis 3 AO nur für den Zeitraum bis zur Festsetzung der Steuer, Aussetzungszinsen jedoch frühestens ab der Fälligkeit der Steuernachforderung entstehen können (vgl. AEAO zu § 237, Nr. 6). Überschneidungen können sich aber ergeben, wenn Aussetzungszinsen erhoben wurden, weil die Anfechtung einer Steuerfestsetzung erfolglos blieb, und die Steuerfestsetzung nach Abschluss des Rechtsbehelfsverfahrens (siehe § 237 Abs. 5 AO) zunächst zugunsten und sodann zuungunsten des Steuerpflichtigen geändert wird. Zur Vermeidung einer Doppelverzinsung werden Nachzahlungszinsen, die für denselben Zeitraum festgesetzt wurden, im Rahmen der Zinsfestsetzung auf Aussetzungszinsen angerechnet (§ 237 Abs. 4 i. V. m. § 234 Abs. 3 AO).

77 **68.** Die Festsetzung von Zinsen nach § 233 a AO hat Bindungswirkung für Zinsfestsetzungen nach den §§ 234, 235, 236 oder 237 AO, soweit hierauf nach § 233 a AO festgesetzte Zinsen anzurechnen sind (§ 239 Abs. 5 AO). Wird eine Zinsfestsetzung nach § 233 a AO erlassen, aufgehoben oder geändert, ist die von einer Anrechnung dieser Zinsen betroffene Zinsfestsetzung nach §§ 234, 235, 236 oder 237 AO gemäß § 175 Abs. 1 Satz 1 Nr. 1 AO anzupassen.

AEAO

Billigkeitsmaßnahmen[1]

69. Allgemeines 78

69.1. Billigkeitsmaßnahmen hinsichtlich der Zinsen kommen in Betracht, wenn solche auch hinsichtlich der zugrunde liegenden Steuer zu treffen sind.

69.2. Daneben sind auch zinsspezifische Billigkeitsmaßnahmen möglich (BFH-Urteil vom 24. 7. 1996 X R 23/94, BFH/NV 1997 S. 92). Beim Erlass von Zinsen nach § 233 a AO aus sachlichen Billigkeitsgründen i. S. d. §§ 163, 227 AO ist zu berücksichtigen, dass die Entstehung des Zinsanspruchs dem Grunde und der Höhe nach gemäß Wortsinn, Zusammenhang und Zweck des Gesetzes, den Liquiditätsvorteil des Steuerschuldners und den Liquiditätsnachteil des Steuergläubigers auszugleichen, eindeutig unabhängig von der konkreten Einzelfallsituation geregelt ist und, rein objektiv, ergebnisbezogen allein vom Eintritt bestimmter Ereignisse (Fristablauf i. S. d. § 233 a Abs. 2 oder 2 a AO, Unterschiedsbetrag i. S. d. § 233 a Abs. 1 Satz 1 i. V. m. § 233 a Abs. 3 oder 5 AO) abhängt.

Nach dem Willen des Gesetzgebers soll die Verzinsung nach § 233 a AO einen Ausgleich dafür schaffen, dass die Steuern bei den einzelnen Steuerpflichtigen „aus welchen Gründen auch immer" zu unterschiedlichen Zeitpunkten festgesetzt und fällig werden (BFH-Urteile vom 20. 9. 1995 X R 86/94, BStBl. 1996 II S. 53, vom 5. 6. 1996 X R 234/93, BStBl. II S. 503, und vom 12. 4. 2000 XI R 21/97, BFH/NV S. 1178). Für die Anwendung der Vorschrift sind daher die Ursachen und Begleitumstände im Einzelfall unbeachtlich. Die reine Möglichkeit der Kapitalnutzung (vgl. BFH-Urteil vom 25. 11. 1997 IX R 28/96, BStBl. 1998 II S. 550) bzw. die bloße Verfügbarkeit eines bestimmten Kapitalbetrages (BFH-Urteil vom 12. 4. 2000 XI R 21/97, BFH/NV S. 1178) reicht aus. Rechtfertigung für die Entstehung der Zinsen nach § 233 a AO ist nicht nur ein abstrakter Zinsvorteil des Steuerschuldners, sondern auch ein ebensolcher Nachteil des Steuergläubigers (BFH-Urteil vom 19. 3. 1997 I R 7/96, BStBl. II S. 446). Ein Verschulden ist prinzipiell irrelevant, und zwar auf beiden Seiten des Steuerschuldverhältnisses (vgl. BFH-Entscheidungen vom 4. 11. 1996 I B 67/96, BFH/NV 1997 S. 458, vom 15. 4. 1999 V R 63/97, BFH/NV S. 1392, vom 3. 5. 2000 II B 124/99, BFH/NV S. 1441, und vom 30. 11. 2000 V B 169/00, BFH/NV 2001 S. 656).

Zinsen nach § 233 a AO sind weder Sanktions- noch Druckmittel oder Strafe, sondern laufzeitabhängige Gegenleistung für eine mögliche Kapitalnutzung. Vor diesem gesetzlichen Hintergrund ist es unerheblich, ob der – typisierend vom Gesetz unterstellte – Zinsvorteil des Steuerpflichtigen auf einer verzögerten Einreichung der Steuererklärung durch den Steuerpflichtigen oder einer verzögerten Bearbeitung durch das Finanzamt beruht (vgl. z. B. BFH-Beschlüsse vom 3. 5. 2000 II B 124/99, BFH/NV S. 1441, und vom 2. 2. 2001 XI B 91/00, BFH/NV S. 1003). Bei der Verzinsung nach § 233 a AO kommt es auch nicht auf eine konkrete Berechnung der tatsächlich eingetretenen Zinsvor- und -nachteile an (BFH-Urteil vom 19. 3. 1997 I R 7/96, BStBl. II S. 446).

Die Erhebung von Zinsen auf einen Nachforderungsbetrag, der sich nach der Korrektur einer Steuerfestsetzung ergibt, entspricht (vom Anwendungsbereich des § 233 a Abs. 2 a und Abs. 7 AO abgesehen) den Wertungen des § 233 a AO und ist nicht sachlich unbillig (siehe dazu § 233 a Abs. 5 AO; vgl. BFH-Entscheidungen vom 12. 4. 2000 XI R 21/97, BFH/NV S. 1178, und vom 30. 11. 2000 V B 169/00, BFH/NV 2001 S. 656).

Andererseits ist für einen Ausgleich in Form einer Verzinsung der Steuernachforderung dann kein Raum, wenn zweifelsfrei feststeht, dass der Steuerpflichtige durch die verspätete Steuerfestsetzung keinen Vorteil erlangt hatte (vgl. BFH-Urteile vom 11. 7. 1996 V R 18/95, BStBl. 1997 II S. 259, und vom 12. 4. 2000 XI R 21/97, BFH/NV S. 1178). Festgesetzte Nachzahlungszinsen sind in diesem Fall wegen sachlicher Unbilligkeit zu erlassen (vgl. AEAO zu § 233 a, Nr. 70).

69.3. Eine gegenüber der Regelung in § 233 a AO höhere Festsetzung von Erstattungszinsen aus Billigkeitsgründen ist nicht zulässig.

70. Einzelfragen

70.1. Leistungen vor Festsetzung der zu verzinsenden Steuer 79

70.1.1. Zinsen nach § 233 a AO können auch dann festgesetzt werden, wenn vor Festsetzung der Steuer freiwillige Leistungen erbracht wurden. Zinsen auf einen Unterschiedsbetrag zuungunsten des Steuerpflichtigen (Nachzahlungszinsen) sind aber nach § 233 a Abs. 8 Satz 1 AO zu erlassen, soweit Zahlungen oder andere Leistungen auf eine später wirksam gewordene Steuerfestsetzung erbracht wurden und die Finanzbehörde diese Leistungen angenommen und auf die festgesetzte und zu entrichtende Steuer angerechnet hat.

70.1.2. Nachzahlungszinsen sind daher nur für den Zeitraum bis zum Eingang der freiwilligen Leistung zu erheben. Wurde die freiwillige Leistung erst nach Beginn des Zinslaufs erbracht oder war sie geringer als der zu verzinsende Unterschiedsbetrag, sind Nachzahlungszinsen insoweit zu erlassen, wie die auf volle fünfzig Euro abgerundete freiwillige Leistung für jeweils volle Monate

[1] *BFH-Urteil vom 3. 12. 2019 VIII R 25/17, BStBl. 2020 II S. 214:*
Die Erhebung von Nachforderungszinsen nach § 233 a AO ist nicht allein deshalb sachlich unbillig, weil die Änderung eines Steuerbescheids gemäß § 175 Abs. 1 Satz 1 Nr. 1 AO erst nach Ablauf von 13 Monaten nach Erlass des Grundlagenbescheids erfolgt (Anschluss an *BFH-Urteil vom 1. 6. 2016 X R 66/14, BFH/NV 2016 S. 1668*).

AEAO vor Wirksamkeit der Steuerfestsetzung erbracht worden ist (fiktive Erstattungszinsen; vgl. BFH-Urteil vom 31. 5. 2017 I R 92/15, BStBl. 2019 II S. 14).

Besteht die freiwillige Leistung aus mehreren Teil-Leistungen, richtet sich der Zinsberechnungszeitraum jeweils nach dem Zeitpunkt der einzelnen Leistung; die Leistungen sind in chronologischer Reihenfolge zu berücksichtigen, beginnend mit der jüngsten Leistung (§ 233 a Abs. 8 Satz 2 i. V. m. Abs. 3 Satz 4 AO).

Ein Zinserlass scheidet dabei aus, wenn der zu erlassende Betrag weniger als zehn Euro beträgt (§ 239 Abs. 2 Satz 2 AO).

Beispiel 14 (Fortsetzung von Beispiel 1):

Der Steuerpflichtige hat am 27. 4. 2020 eine freiwillige Leistung i. H. v. 4 025 € erbracht. Die zu erlassenden Nachzahlungszinsen berechnen sich wie folgt:

abgerundete freiwillige Leistung:	4 000 €
Beginn des fiktiven Zinslaufs:	27. 4. 2020
Ende des fiktiven Zinslaufs (= Wirksamkeit der Steuerfestsetzung):	11. 12. 2020
Zu erlassende Nachzahlungszinsen:	
4 000 € × 7 volle Monate × 0,15% =	**42 €**
(Rundung gem. § 239 Abs. 2 Satz 1 AO)	

Sofern sich bei der Abrechnung der Steuerfestsetzung unter Berücksichtigung der freiwilligen Leistungen eine Rückzahlung ergibt, sind hierfür keine Erstattungszinsen festzusetzen. Leistungen, die den Unterschiedsbetrag übersteigen, sind bei dem Erlass von Nachzahlungszinsen nicht zu berücksichtigen.

Beispiel 15: (Fortsetzung von Beispiel 1):

Der zu verzinsende Unterschiedsbetrag beträgt 7 000 €. Der Steuerpflichtige hat am 27. 4. 2020 eine Zahlung i. H. v. 8 025 € geleistet. Die zu erlassenden Nachzahlungszinsen berechnen sich wie folgt:

– auf die sich aus der Steuerfestsetzung ergebende Steuerzahlungsforderung erbrachte –	
(abgerundete) freiwillige Leistung:	7 000 €
Beginn des fiktiven Zinslaufs:	27. 4. 2020
Ende des fiktiven Zinslaufs (= Wirksamkeit der Steuerfestsetzung):	11. 12. 2020
Zu erlassende Nachzahlungszinsen:	
7 000 € × 7 volle Monate × 0,15% =	**74 €**
(Rundung gem. § 239 Abs. 2 Satz 1 AO)	

70.1.3. Wenn das Finanzamt dem Steuerpflichtigen fälschlicherweise Vorauszahlungen zurückgezahlt hat, sind Nachzahlungszinsen nur zu erlassen, soweit der Steuerpflichtige nicht nur das Finanzamt auf diesen Fehler aufmerksam gemacht, sondern auch die materiell ungerechtfertigte Steuererstattung unverzüglich an das Finanzamt zurück überwiesen hat. Die Grundsätze des BFH-Urteils vom 25. 11. 1997 IX R 28/96, BStBl. 1998 II S. 550 sind nicht über den entschiedenen Einzelfall hinaus anzuwenden.

70.1.4. Soweit Nachzahlungszinsen aufgrund einer Aufhebung, Änderung oder Berichtigung der Steuerfestsetzung nach § 233 a Abs. 5 Satz 3 2. Halbsatz AO entfallen, mindert sich der Zinserlass entsprechend (§ 233 a Abs. 8 Satz 3 AO).

70.2. Billigkeitsmaßnahmen bei der Verzinsung von Umsatzsteuer[1]

70.2.1. Die Verzinsung nachträglich festgesetzter Umsatzsteuer beim leistenden Unternehmer ist nicht sachlich unbillig, wenn sich per Saldo ein Ausgleich der Steuerforderung mit den vom Leistungsempfänger abgezogenen Vorsteuerbeträgen ergibt (vgl. BFH-Urteile vom 20. 1. 1997 V R 28/95, BStBl. II S. 716, und vom 15. 4. 1999 V R 63/97, BFH/NV S. 1392).

70.2.2. Eine Billigkeitsmaßnahme kommt daher auch dann nicht in Betracht, wenn Leistender und Leistungsempfänger einen umsatzsteuerlich relevanten Sachverhalt nicht bereits in den entsprechenden Voranmeldungen, sondern jeweils erst in den Jahresanmeldungen angeben, etwa wenn bei der steuerpflichtigen Übertragung eines Sozietätsanteils das Veräußerungsgeschäft sowohl vom Veräußerer als auch vom Erwerber erst in der Umsatzsteuer-Jahreserklärung und nicht bereits in der entsprechenden Umsatzsteuer-Voranmeldung erfasst wird. Der Erwerber tritt bei einer solchen Fallgestaltung oftmals seinen Vorsteuererstattungsanspruch in voller Höhe an den Veräußerer ab. Der Veräußerer hat seine Verpflichtung, den Umsatz aus der Teilbetriebsveräußerung im zutreffenden Voranmeldungszeitraum zu berücksichtigen, verletzt, weshalb die nachträgliche Erfassung in der Jahressteuerfestsetzung eine entsprechende Nachforderung und dementsprechend Nachforderungszinsen auslöst. Die Verzinsung nachträglich festgesetzter Umsatzsteuer

[1] *BFH-Urteil vom 23. 2. 2023 V R 30/20, BStBl. 2023 II S. 1079*: 1. Unterjährige Zinsvorteile sind bei der Prüfung eines Liquiditätsvorteils im Rahmen des Billigkeiterlasses von Nachforderungszinsen zur Umsatzsteuer gemäß § 233 a AO unbeachtlich. 2. Dem Erlass von Nachzahlungszinsen zur Umsatzsteuer steht nicht entgegen, dass es zu mehreren aufeinanderfolgenden jahresübergreifenden Umsatzverlagerungen kommt (Anschluss an *BFH-Urteil vom 11. 7. 1996 V R 18/95, BStBl. 1997 II S. 259*).

Gehen der Leistende und Leistungsempfänger rechtsfehlerhaft davon aus, dass der Leistende Steuerschuldner ist, obwohl der Leistungsempfänger die Steuer schuldet (§ 13 b UStG), sind die sich aus der Versagung des Vorsteuerabzugs beim Leistungsempfänger entstehenden Zinsen aus sachlichen Billigkeitsgründen zu erlassen, wenn das FA die für die Leistung geschuldete Steuer vom vermeintlichen statt vom wirklichen Steuerschuldner vereinnahmt hatte, der Leistende seine Rechnungen mit Steuerausweis berichtigt und den sich hieraus ergebenden Vergütungsanspruch an den Leistungsempfänger abtritt *(BFH-Urteil vom 26. 9. 2019 V R 13/18, BStBl. 2024 II S. 80)*.

beim Leistenden ist auch deshalb nicht unbillig, weil die zu verzinsende Umsatzsteuer für steuerbare und steuerpflichtige Leistungen unabhängig davon entsteht, ob der leistende Unternehmer sie in einer Rechnung gesondert ausweist oder beim Finanzamt voranmeldet (vgl. BFH-Urteil vom 20. 1. 1997 V R 28/95, BStBl. II S. 716). Unbeachtlich bleibt, dass auch der Erwerber bereits im Rahmen des Voranmeldungsverfahrens eine entsprechende Vorsteuervergütung hätte erlangen können. Unabhängig von der Abtretung des Erstattungsanspruchs an den Veräußerer kann der Erwerber gleichwohl in den Genuss von Erstattungszinsen nach § 233 a AO gelangen.

70.2.3. Werden in einer Endrechnung oder der zugehörigen Zusammenstellung die vor der Leistung vereinnahmten Teilentgelte und die auf sie entfallenden Umsatzsteuerbeträge nicht abgesetzt oder angegeben, so hat der Unternehmer den gesamten in der Endrechnung ausgewiesenen Steuerbetrag an das Finanzamt abzuführen. In diesen Fällen schuldet der Unternehmer den Teil der in der Endrechnung ausgewiesenen Steuer, der auf die vor Ausführung der Leistung vereinnahmten Teilentgelte entfällt, nach § 14 c Abs. 1 UStG (vgl. Abschn. 14.8 Abs. 10 Satz 1 bis 3 UStAE). Erteilt der Unternehmer dem Leistungsempfänger nachträglich eine berichtigte Endrechnung, die den Anforderungen des § 14 Abs. 5 Satz 2 UStG genügt, so kann er die von ihm geschuldete Steuer in dem Besteuerungszeitraum berichtigen, in dem sowohl die berichtigte Endrechnung erteilt als auch bei Bestehen eines Rückzahlungsanspruchs der zu hoch ausgewiesene Rechnungsbetrag an den Leistungsempfänger zurückgezahlt wurde (vgl. Abschn. 14.8 Abs. 10 Satz 5 und Abschn. 17.1 Abs. 10 UStAE). Hat der Unternehmer die aufgrund der fehlerhaften Endrechnung nach § 14 c Abs. 1 UStG geschuldete Steuer nicht in seiner Umsatzsteuer-Voranmeldung berücksichtigt, kann die Nachforderung dieser Steuer im Rahmen der Steuerfestsetzung für das Kalenderjahr zur Festsetzung von Nachzahlungszinsen gem. § 233 a AO führen, wenn der Unternehmer die Endrechnung erst in einem auf das Kalenderjahr der ursprünglichen Rechnungserteilung folgenden Kalenderjahr berichtigt und den daraus ggf. resultierenden Rückzahlungsanspruch des Leistungsempfängers erfüllt hat. Die Erhebung von Nachzahlungszinsen ist in derartigen Fällen nicht sachlich unbillig (BFH-Urteil vom 19. 3. 2009 V R 48/07, BStBl. 2010 II S. 92).

70.2.4. Bei einer von den ursprünglichen Steuerfestsetzungen abweichenden zeitlichen Zuordnung eines Umsatzes durch das Finanzamt, die gleichzeitig zu einer Steuernachforderung und zu einer Steuererstattung führt, kann es sachlich unbillig sein, (in Wirklichkeit nicht vorhandene) Zinsvorteile abzuschöpfen (BFH-Urteile vom 11. 7. 1996, V R 18/95, BStBl. 1997 II S. 259, und vom 23. 2. 2023, V R 30/20, BStBl. S. 1079). Soweit zweifelsfrei feststeht, dass der Steuerpflichtige durch die verspätete Steuerfestsetzung keinen Vorteil oder Nachteil hatte, kann durch die Verzinsung nach § 233 a AO der sich aus der verspäteten Steuerfestsetzung ergebenden Steuernachforderung oder Steuererstattung kein Vorteil oder Nachteil ausgeglichen werden.

70.2.5. Im Fall einer vom Steuerpflichtigen fälschlicherweise angenommenen umsatzsteuerlichen Organschaft, bei der er als vermeintlicher Organträger Voranmeldungen abgegeben hat und die gesamte Umsatzsteuer von „Organträger" und „Organgesellschaft" an das Finanzamt gezahlt hat, kommen Billigkeitsmaßnahmen nur in besonders gelagerten Ausnahmefällen in Betracht. Stellt das Finanzamt im Veranlagungsverfahren fest, dass keine umsatzsteuerliche Organschaft vorliegt und daher für die „Organgesellschaft" eine eigenständige Steuerfestsetzung durchzuführen ist, führt dies bei der „Organgesellschaft" – wegen unterbliebener Voranmeldungen und Vorauszahlungen – zur Nachzahlung der kompletten Umsatzsteuer für das entsprechende Jahr, bei dem „Organträger" i. d. R. aber zu einer Umsatzsteuererstattung. Die „Organgesellschaft" muss daher Nachzahlungszinsen entrichten, während der „Organträger" Erstattungszinsen erhält. Da die Verzinsung nach § 233 a AO den Liquiditätsvorteil des Steuerschuldners und den Nachteil des Steuergläubigers der individuellen Steuerforderung ausgleichen soll, kann eine Billigkeitsmaßnahme in Betracht kommen, wenn und soweit dieser Schuldner keine Zinsvorteile hatte oder haben konnte.

70.2.6. Wird umgekehrt festgestellt, dass entgegen der ursprünglichen Annahme eine umsatzsteuerliche Organschaft vorliegt, so sind die zunächst bei der Organgesellschaft versteuerten Umsätze nunmehr in vollem Umfang dem Organträger zuzurechnen. Die USt-Festsetzung gegenüber der GmbH (Organgesellschaft) ist aufzuheben, so dass i. d. R. Erstattungszinsen festgesetzt werden. Sämtliche Umsätze sind dem Organträger zuzurechnen, so dass diesem gegenüber i. d. R. Nachzahlungszinsen festgesetzt werden. Entstehen auf Grund der Entscheidung, dass eine umsatzsteuerliche Organschaft vorliegt, insgesamt höhere Nachzahlungszinsen als Erstattungszinsen, können die übersteigenden Nachzahlungszinsen insoweit aus sachlichen Billigkeitsgründen erlassen werden, wenn und soweit der Schuldner keine Zinsvorteile hatte oder haben konnte.

70.3. Gewinnverlagerungen

Die allgemeinen Regelungen des § 233 a AO sind auch bei der Verzinsung solcher Steuernachforderungen und Steuererstattungen zu beachten, die in engem sachlichen Zusammenhang zueinander stehen (z. B. bei Gewinnverlagerungen im Rahmen einer Außenprüfung). Führt eine Außenprüfung sowohl zu einer Steuernachforderung als auch zu einer Steuererstattung, so ist deshalb hinsichtlich der Verzinsung nach § 233 a AO grundsätzlich auf die Steueransprüche der einzelnen Jahre abzustellen, ohne auf Wechselwirkungen mit den jeweiligen anderen Besteuerungszeiträumen einzugehen. Ein Erlass von Nachzahlungszinsen aus sachlichen Billigkeitsgründen kommt bei nachträglicher Zuordnung von Einkünften zu einem anderen Veranlagungszeitraum nicht in Betracht (BFH-Urteil vom 16. 11. 2005 X R 3/04, BStBl. 2006 II S. 155). Gewinnverlagerungen und Umsatzverlagerungen (vgl. AEAO zu § 233 a, Nr. 70.2.4) sind bei der Verzinsung nach § 233 a AO nicht vergleichbar (vgl. BFH-Urteil vom 11. 7. 1996 V R 18/95, BStBl. 1997 II S. 259). Das BFH-Urteil vom 15. 10. 1998 IV R 69/97, HFR 1999 S. 81, betrifft nur den Sonderfall der Verschiebung von Besteuerungsgrundlagen von einem zu verzinsenden Besteuerungszeitraum in einen noch nicht der Verzinsung nach § 233 a AO unterliegenden Besteuerungszeitraum.

Rechtsbehelfe

80 **71.** Gegen die Zinsfestsetzung ist der Einspruch gegeben. Einwendungen gegen die zugrunde liegende Steuerfestsetzung oder Anrechnung von Steuerabzugsbeträgen und Körperschaftsteuer können jedoch nicht mit dem Einspruch gegen den Zinsbescheid geltend gemacht werden. Wird die Steuerfestsetzung oder die Anrechnung von Steuerabzugsbeträgen und Körperschaftsteuer geändert, sind etwaige Folgerungen für die Zinsfestsetzung nach § 233 a Abs. 5 AO zu ziehen.

81 **72.** Gegen die Entscheidung über eine Billigkeitsmaßnahme ist ein gesonderter Einspruch gegeben, und zwar auch dann, wenn die Finanzbehörde die Billigkeitsentscheidung im Rahmen der Zinsfestsetzung getroffen hat (vgl. AEAO zu § 347, Nr. 4).

82 **73.** Wird der Zinsbescheid als solcher angefochten, kommt unter den Voraussetzungen des § 361 AO bzw. des § 69 FGO die Aussetzung der Vollziehung in Betracht. Wird mit dem Rechtsbehelf eine erstmalige oder eine höhere Festsetzung von Erstattungszinsen begehrt, ist mangels eines vollziehbaren Verwaltungsakts eine Aussetzung der Vollziehung nicht möglich. Soweit die Vollziehung des zugrunde liegenden Steuerbescheids ausgesetzt wird, ist auch die Vollziehung des Zinsbescheids auszusetzen.

Berücksichtigung rückwirkender Ereignisse in Grundlagenbescheiden

83 **74.** § 233 a Abs. 2 a AO ist auch dann anzuwenden, wenn das rückwirkende Ereignis in einem für den Steuerbescheid verbindlichen Grundlagenbescheid berücksichtigt wurde. Im Grundlagenbescheid sind deshalb auch entsprechende Feststellungen über die Auswirkungen eines erstmals berücksichtigten rückwirkenden Ereignisses auf die festgestellten Besteuerungsgrundlagen und den Zeitpunkt des Eintritts des rückwirkenden Ereignisses zu treffen (vgl. § 239 Abs. 3 Nr. 1 AO). Gleiches gilt, wenn ein bereits bei der vorangegangenen Feststellung berücksichtigtes rückwirkendes Ereignis unmittelbar Änderungen erfährt und der Feststellungsbescheid deshalb geändert wird. Wird ein Feststellungsbescheid dagegen aus anderen Gründen (z. B. zur Berücksichtigung neuer Tatsachen i. S. d. § 173 AO) geändert, sind auch dann keine Feststellungen zum früher bereits berücksichtigten rückwirkenden Ereignis zu treffen, wenn sich die steuerliche Auswirkung dieses rückwirkenden Ereignisses aufgrund der erstmaligen oder abweichenden Berücksichtigung normal zu verzinsender Besteuerungsgrundlagen rechnerisch verändert.

Dies gilt im Verhältnis zwischen Gewerbesteuermessbescheid und Gewerbesteuerbescheid sowie in den Fällen des § 35 b GewStG entsprechend.

Anl

Verfügung betr. Auswirkung einer Änderung der Zinsfestsetzungen bei bereits erfolgtem Erlass von Zinsen gem. § 233 a AO

Vom 28. April 2023 (BeckVerw 622391)

(OFD Karlsruhe S 0460 a Karte 1)

84 **1. Auswirkung der Änderung der Zinsfestsetzung auf einen ausgesprochenen Erlass**

Führt eine Änderung der Steuerfestsetzung auch zu einer Herabsetzung bisher festgesetzter Nachzahlungszinsen, wirkt sich dies wie folgt auf einen zuvor gewährten Erlass aus:

– Gesetzliche Regelung des § 233 a Abs. 8 Satz 3 AO

Gemäß § 233 a Abs. 8 Satz 3 AO mindert sich der Zinsverzicht nach § 233 a Abs. 8 Satz 1 AO entsprechend, soweit Nachzahlungszinsen aufgrund einer Aufhebung, Änderung oder Berichtigung der Steuerfestsetzung nach § 233 a Abs. 5 Satz 3 zweiter Halbsatz AO entfallen. Die gesetzlichen Neuregelungen des § 233 a Abs. 8 AO sind gemäß Art. 97 § 15 Abs. 14 EGAO vorbehaltlich des § 176 Abs. 1 Satz 1 Nr. 1 der Abgabenordnung in allen am 21. Juli 2022 anhängigen Verfahren anzuwenden.

Neben der Regelung des § 233 a Abs. 8 Satz 3 AO bzw. soweit die Regelung des § 233 a Abs. 8 Satz 3 AO nicht greift, gilt Folgendes:

– Erlass erfolgte unter der folgenden auflösenden Bedingung

„Soweit die mit diesem Bescheid erlassenen Nachzahlungszinsen später aufgrund einer Änderung oder Aufhebung der dem Erlass zugrundeliegenden Zinsfestsetzung entfallen, entfällt der ausgesprochene Erlass rückwirkend (auflösende Bedingung). “

Tritt die auflösende Bedingung ein, ist keine Erteilung eines berichtigten Erlassbescheids erforderlich, der Erlass entfällt rückwirkend auf der Grundlage der auflösenden Bedingung (vgl. BFH-Beschluss vom 30. 9. 2003 X B 85/03, BFH/NV 2004 S. 154).

– Erlass erfolgte ohne auflösende Bedingung

Enthält die Erlassverfügung keine auflösende Bedingung, ist davon auszugehen, dass sich durch die nachträgliche Herabsetzung der Zinsfestsetzung der Erlass insoweit auf andere Weise gem. § 124 Abs. 2 AO erledigt hat, als die vom Erlass erfassten Zinsen durch die Herabsetzung entfallen sind, so dass der Erlass ebenfalls nicht förmlich widerrufen/zurückgenommen werden muss (vgl. hierzu BFH-Urteil vom 31. 1. 1958 III 178/55 U, BStBl. III S. 184). Anl

1.1. Vollständiger Erlass festgesetzter Nachzahlungszinsen

Durch die Erlassverfügung wurden die im letzten zusammengefassten Verwaltungsakt (= nachfolgend Steuerbescheid) festgesetzten Nachzahlungs-Zinsen vollständig erlassen.

Beispiel 1:
Vor Ablauf des ersten vollen Zinsmonats leistet eine Steuerbürgerin/ein Steuerbürger eine freiwillige Zahlung vor Festsetzung der zu verzinsenden Steuer. Die im Steuerbescheid festgesetzten Nachzahlungszinsen werden in vollem Umfang erlassen. In einem nachfolgenden Änderungsbescheid werden die Nachzahlungszinsen auf 0 € herabgesetzt (und zugleich Erstattungszinsen festgesetzt).
Im maschinell erstellten Steuerbescheid, in dem die Nachzahlungszinsen auf 0 € herabgesetzt werden, ist in diesen Fällen auch die Abrechnung zur Zinsfestsetzung grundsätzlich zutreffend; maschinell wird regelmäßig richtigerweise unterstellt, dass der Erlass rückwirkend vollumfänglich entfallen ist. Eine nachträgliche Buchung eines veränderten Erlassbetrags ist nicht erforderlich.

1.2. Teilweiser Erlass von Nachzahlungszinsen

Durch die Erlassverfügung wurden die im letzten Steuerbescheid festgesetzten Zinsen nur teilweise erlassen.

Bei dieser Fallkonstellation ist personell zu überprüfen, ob bzw. inwieweit der bisherige Erlass noch seine Berechtigung hat bzw. inwieweit die auflösende Bedingung eingetreten ist oder sich der Erlass auf andere Weise erledigt hat. In derartigen Fällen sollte regelmäßig ein maschineller Hinweis (E-Hinweis 237) einen Anstoß zur Überprüfung geben.

Beispiel 2:
Mit geändertem Steuerbescheid 2012 vom 13. 4. 2018 wurden Nachzahlungszinsen in folgender Höhe festgesetzt:
Unterschiedsbetrag zu Ihren Ungunsten 835 473 €
zu verzinsen
835 473 € zu Ihren Ungunsten
835 450 € vom 1. 4. 2014 bis 16. 4. 2018
(48 volle Monate zu 0,5% = 24%) 200 508 €

Die Steuerbürgerin leistete folgende freiwillige Zahlungen vor Festsetzung der zu verzinsenden Steuer:
Am 23. 4. 2015: 308 000 € und am 18. 12. 2017: 340 000 €

Auf Grundlage von Tz. 70.1 des AEAO wurde ein Erlass in folgender Höhe ausgesprochen:

1. Freiwillige Leistung 308 000 €
   Beginn des fiktiven Zinslaufs: Ende des fiktiven Zinslaufs 23. 4. 2015
   (= Wirksamkeit der Steuerfestsetzung) 16. 4. 2018
   Zu erlassende Nachzahlungszinsen
   308 000 € × (35 volle Monate zu 0,5%) 17,5% = 53 900 €
2. Freiwillige Leistung 340 000 €
   Beginn des fiktiven Zinslaufs: 18. 12. 2017
   Ende des fiktiven Zinslaufs
   (= Wirksamkeit der Steuerfestsetzung) 16. 4. 2018
   Zu erlassende Nachzahlungszinsen
   340 000 € × (3 volle Monate zu 0,5%) 1,5% = 5100 €

Zinsen wurden i. H. v. 59 000 € (53 900 € + 5100 €) erlassen.
Bei einer nachfolgenden Änderung des Steuerbescheids ergab sich neben der Festsetzung von Erstattungszinsen folgende Minderung bisher festgesetzter Nachzahlungszinsen:

Minderung bisher festgesetzter Nachzahlungszinsen
423 500 € vom 1. 4. 2014 bis 16. 4. 2018
(48 volle Monate zu 0,5% = 24%) 101 640 €

Die Minderung bisher festgesetzter Nachzahlungszinsen bezieht sich somit auf den gleichen Zinslauf (1. 4. 2014 bis 16. 4. 2018) wie im vorangegangenen Bescheid.
Inwieweit sich der bisherige Zinserlass erledigt hat, berechnet sich wie folgt:

Unterschiedsbetrag lt. Bescheid vom 13. 4. 2018	835 450 €
Nachfolgende Minderung des Unterschiedsbetrags	– 423 500 €
Verzinster Unterschiedsbetrag für den Zeitraum 1. 4. 2014 bis 16. 4. 2018 neu:	411 950 €
Neuberechnung Zinserlass	
308 000 € × (35 volle Monate zu 0,5%) 17,5% (wie bisher) =	53 900 €
103 950 € (411 950 € – 308 000 € aufgrund Deckelung auf den Unterschiedsbetrag) × (3 volle Monate zu 0,5%) 1,5% = 1 559,25 € → gerundet	1 560 €

→ Leistungen, die den Unterschiedsbetrag übersteigen, sind bei dem Erlass von Nachzahlungszinsen nicht zu berücksichtigen (vgl. AEAO zu § 233 a, Nr. 70.1.2).

Nach der Neuberechnung wären noch lediglich Zinsen von 55 460 € (53 900 € + 1560 €) zu erlassen. Durch die Änderung der Zinsfestsetzung hat sich der bisherige Erlass i. H. v. 3540 € (59 000 € – 55 460 €) erledigt (= Erlass-Minderungsbetrag). In dieser Höhe sind die vom Erlass erfassten Zinsen durch die Minderung bisher festgesetzter Nachzahlungszinsen entfallen.

→ Sofern die ursprüngliche Erlassberechnung nicht unter Berücksichtigung des last in-first out-Prinzips erfolgte, ist dieses Prinzip auch nicht bei der Neuberechnung des Zinserlasses anzuwenden. Die gesetzliche Regelung des § 233 a Abs. 8 Satz 2 i. V. m. § 233 a Abs. 3 Satz 4 AO und die ab dem 3. 11. 2022 diesbezüglich geltende Verwaltungsanweisung des AEAO (AEAO zu § 233 a, Nr. 70.1.2) sind in diesen Fällen nicht anzuwenden.

→ Soweit der Zinserlass (Berechnung fiktiver Erstattungszinsen gemäß AEAO zu § 233 a, Nr. 70.1) Zinszeiträume sowohl vor als auch ab dem 1. 1. 2019 betrifft und bei der ursprünglichen Erlassberechnung § 238 Abs. 1 b AO sinngemäß angewandt wurde, ist bei der Neuberechnung des Zinserlasses § 238 Abs. 1 b AO ebenfalls anzuwenden.

85 **2. Anrechnungsverfügung/Abrechnungsteil**

Die Buchung eines Erlass-Minderungsbetrags ist grundsätzlich vor Erlass eines geänderten (Zins-)Bescheids durchzuführen. Hierdurch wird die Korrektheit des Abrechnungsteils des Bescheids gewährleistet.

Sofern ein Bescheid mit unzutreffenden Angaben in der Anrechnungsverfügung/im Abrechnungsteil bereits ergangen ist, gilt Folgendes:

Die Anrechnungsverfügung entscheidet mit Bindungswirkung nur über die nach den Einzelsteuergesetzen (z. B. § 36 Abs. 2 EStG) vorgeschriebenen Anrechnungsbeträge, nicht jedoch über die gesamten zur Verwirklichung des Steueranspruchs geleisteten Zahlungen. Feststellungen in der Anrechnungsverfügung eines Einkommensteuerbescheids, die über geleistete Zahlungen, Umbuchungen, Erstattungen und dergleichen abrechnen, ergehen nicht in Form eines Verwaltungsaktes und erwachsen folglich zwischen den Beteiligten nicht in Bestandskraft (vgl. BFH-Beschluss vom 19. 10. 2006 VII B 78/06, BFH/NV 2007 S. 200).

Eine hinsichtlich des anzurechnenden Erlasses geänderte Abrechnung ist durch eine personelle Abrechnung (TVS-Vordruck Kasse 5000) den Steuerbürgern bekannt zu geben.

AO

§ 234[1] Stundungszinsen[2]

1 (1) ① **Für die Dauer einer gewährten Stundung von Ansprüchen aus dem Steuerschuldverhältnis werden Zinsen erhoben; für Haftungsansprüche gilt dies nur, soweit sich die Haftung auf Steuern und zurückzuzahlende Steuervergütungen erstreckt.** ② **Wird der Steuer- oder Haftungsbescheid nach Ablauf der Stundung aufgehoben, geändert oder nach § 129 berichtigt, so bleiben die bis dahin entstandenen Zinsen unberührt.**

2 (2)[3] **Auf die Zinsen kann ganz oder teilweise verzichtet werden, wenn ihre Erhebung nach Lage des einzelnen Falls unbillig wäre.**

3 (3) **Zinsen nach § 233 a, die für denselben Zeitraum festgesetzt wurden, sind anzurechnen.**

AEAO

Zu § 234 – Stundungszinsen:

4 **1.** Stundungszinsen werden für die Dauer der gewährten Stundung erhoben. Die Höhe der Zinsen ändert sich nicht, wenn der Steuerpflichtige vor oder nach dem Zahlungstermin zahlt, der in der Stundungsverfügung festgelegt ist (Sollverzinsung).

5 Eine vorzeitige Tilgung führt nicht automatisch zu einer Ermäßigung der Stundungszinsen. Soweit der gestundete Anspruch allerdings mehr als einen Monat vor Fälligkeit getilgt wird, kann auf bereits festgesetzte Stundungszinsen für den Zeitraum ab Eingang der Leistung auf Antrag verzichtet werden (§ 234 Abs. 2 AO). Eine verspätete Zahlung löst zusätzlich Säumniszuschläge aus.

6 **2.** Wird die gestundete Steuerforderung vor Ablauf des Stundungszeitraums herabgesetzt, ist der Zinsbescheid nach § 175 Abs. 1 Satz 1 Nr. 2 AO entsprechend zu ändern. Eine Aufhebung, Änderung oder Berichtigung der Steuerfestsetzung nach Ablauf der Stundung hat keine Auswirkungen auf die Stundungszinsen (§ 234 Abs. 1 Satz 2 AO). Werden Vorauszahlungen gestundet, sind Stundungszinsen nur im Hinblick auf eine Änderung der Vorauszahlungsfestsetzung, nicht aber im Hinblick auf die Festsetzung der Jahressteuer herabzusetzen.

7 **3.** Die Stundungszinsen werden regelmäßig zusammen mit der Stundungsverfügung durch Zinsbescheid festgesetzt. Die Formvorschriften für Steuerbescheide (§ 157 Abs. 1, ggf. § 87 a Abs. 4) gelten entsprechend.

---

[1] Zur Anwendung von § 234 Abs. 1 Satz 2 und Abs. 3 s. Art. 97 § 15 Abs. 6 EGAO **(Anhang I Nr. 1)**.

[2] Zu Höhe und Berechnung vgl. §§ 238, 239 AO.

Bei Verrechnungsstundungen ist in den Bescheid ein Zinsvorbehalt aufzunehmen *(Vfg. OFD Düsseldorf vom 11. 3. 1992 S 0453, S 0461 1 A – St 321, DB S. 866)*.

Stundungszinsen sind als steuerliche Nebenleistungen abhängig vom Bestehen des gestundeten Anspruchs aus dem Steuerschuldverhältnis; wegen dieser **Akzessorietät** können auf nichtbestehende Ansprüche keine Zinsen erhoben werden *(BFH-Urteil vom 18. 7. 1990 I R 165/86, BFH/NV 1991 S. 212)*. Wird die gestundete Steuerschuld später gemindert, sind die Zinsen nach § 239 Abs. 1 i. V. m. § 175 Abs. 1 Satz 1 Nr. 2 (rückwirkendes Ereignis) entsprechend herabzusetzen *(BFH-Urteil vom 22. 5. 1991 I R 26/89, BFH/NV 1992 S. 150; Erlass FM Thüringen vom 14. 4. 1992 S 0461 – A – 1/92 – 2.01.3, DStR S. 949)*. Dies gilt nicht mehr, wenn die Steuerfestsetzung nach dem 29. 12. 1993 geändert wird. Der neue Satz 2 des Abs. 1 soll sicherstellen, dass die Festsetzung von Stundungszinsen durch eine Aufhebung oder Änderung der Steuerfestsetzung oder ihre Berichtigung nach § 129 nicht berührt wird. Maßgebend für die Festsetzung von Stundungszinsen ist damit allein der gestundete Steueranspruch nach den Verhältnissen bei Ablauf der Stundung.

Aus § 234 Abs. 1 lässt sich nicht ableiten, dass die Erhebung von Zinsen nur bei solchen Stundungen gestattet ist, die – wie im Falle des § 222 – in das Ermessen des FA gestellt sind; Zinsen können deshalb auch für eine Stundung nach § 6 Abs. 5 AStG erhoben werden *(BFH-Urteil vom 16. 10. 1991 I R 45/90, BStBl. 1992 II S. 321)*.

[3] Zu Genehmigungsvorbehalten und zur Mitwirkung des BMF s. Anl. zu § 222.

BFH-Urteil vom 12. 6. 1997 I R 70/96, BStBl. 1998 II S. 38: 1. Die Entscheidung über die Festsetzung von Stundungszinsen und die Entscheidung über den Verzicht auf die Zinsen aus Gründen sachlicher Billigkeit stehen selbständig nebeneinander und sind voneinander unabhängig. Für die Aussetzung des Billigkeitsverfahrens gem. § 74 FGO fehlt es deshalb an den tatbestandlichen Voraussetzungen. 2. Der auf den Zinsverzicht gerichtete Rechtsbehelf ist unzulässig, wenn von der Festsetzung von Zinsen bereits aus Sachgründen abzusehen ist. 3. Bei einer Stundung gem. § 20 Abs. 5 Satz 3 UmwStG 1977 sind in analoger Anwendung von § 21 Abs. 2 Satz 4 UmwStG 1977 keine Zinsen zu erheben.

Sofern nicht besondere Umstände des Einzelfalls eine andere Regelung erfordern, sind die Stundungszinsen zusammen mit der letzten Rate zu erheben. Bei einer Aufhebung der Stundungsverfügung (Rücknahme oder Widerruf) sind auch die auf ihr beruhenden Zinsbescheide aufzuheben oder zu ändern; §§ 175 Abs. 1 Satz 1 Nr. 1, § 171 Abs. 10 AO gelten gem. § 239 Abs. 1 Satz 1 AO entsprechend. AEAO

Beispiel:

Das Finanzamt hat am 10. 3. 2004 eine am 25. 2. 2004 fällige Einkommensteuerforderung von 3 600 € ab Fälligkeit gestundet. Der Betrag ist in 12 gleichen Monatsraten von 300 €, beginnend am 1. 4. 2004 zu zahlen. Die Zinsen von 117 € sind zusammen mit der letzten Rate am 1. 3. 2005 zu erheben.

Das Finanzamt erfährt im August 2004, dass eine wesentliche Verbesserung der Vermögensverhältnisse des Schuldners eingetreten ist. Es widerruft deshalb die Stundung nach § 131 Abs. 2 Nr. 3 AO und stellt den gesamten Restbetrag von 2 100 € zum 1. 9. 2004 fällig.

Der Zinsbescheid ist nach § 175 Abs. 1 Satz 1 Nr. 1 AO zu ändern. Die Zinsen i. H. v. insgesamt 85 € (gerundet nach § 239 Abs. 2 Satz 1 AO) sind zum 1. 9. 2004 zu erheben.

4. Der Zinslauf beginnt bei den Stundungszinsen an dem ersten Tag, für den die Stundung wirksam wird (§ 238 Abs. 1 Satz 2 i. V. m. § 234 Abs. 1 Satz 1 AO). Bei einer Stundung ab Fälligkeit beginnt der Zinslauf am Tag nach Ablauf der ggf. nach § 108 Abs. 3 AO verlängerten Zahlungsfrist. 8

Beispiele:

1. Fälligkeitstag ist der 12. 3. 2004 (Freitag). Der Zinslauf beginnt am 13. 3. 2004 (Sonnabend).
2. Fälligkeitstag ist der 13. 3. 2004 (Sonnabend). Die Zahlungsfrist endet nach § 108 Abs. 3 AO erst am 15. 3. 2004 (Montag). Der Zinslauf beginnt am 16. 3. 2004 (Dienstag).

Wegen der Fälligkeit der Anmeldungssteuern vgl. AEAO zu § 240, Nr. 1 Satz 2.

5. Der Zinslauf endet mit Ablauf des letzten Tages, für den die Stundung ausgesprochen worden ist. Ist dieser Tag ein Sonnabend, ein Sonntag oder ein gesetzlicher Feiertag, endet der Zinslauf erst am nächstfolgenden Werktag. Wegen der Berechnung vgl. AEAO zu § 238, Nr. 1. 9

Beispiele:

1. Die Steuer ist bis zum 26. 3. 2004 (Freitag) gestundet. Der Zinslauf endet am 26. 3. 2004.
2. Die Steuer ist bis zum 27. 3. 2004 (Sonnabend) gestundet. Der Zinslauf endet nach § 108 Abs. 3 am 29. 3. 2004 (Montag).

In Insolvenzverfahren endet der Zinslauf spätestens mit Eröffnung des Insolvenzverfahrens, da zu diesem Zeitpunkt die gestundete Steuerforderung fällig wird (§ 41 Abs. 1 InsO). Eine bereits erfolgte Festsetzung von Stundungszinsen ist ggf. zu korrigieren.

6. Stundungszinsen sind nur für volle Monate zu zahlen; angefangene Monate bleiben außer Ansatz (§ 238 Abs. 1 Satz 2 AO); vgl. AEAO zu § 238, Nr. 1. 10

Beispiele:

Ende der ursprünglichen Zahlungsfrist	Beginn des Zinslaufs	Ablauf der Stundung nach Stundungsverfügung	Ende des Zinslaufs	Voller Monat
13. 5. 2004 (Do)	14. 5. 2004 (Fr)	13. 6. 2004 (So)	14. 6. 2004 (Mo)	ja
13. 5. 2004 (Do)	14. 5. 2004 (Fr)	11. 6. 2004 (Fr)	11. 6. 2004 (Fr)	nein
31. 1. 2005 (Mo)	1. 2. 2005 (Di)	28. 2. 2005 (Mo)	28. 2. 2005 (Mo)	ja

7. Zu verzinsen ist der jeweils gestundete Anspruch aus dem Steuerschuldverhältnis (§ 37 AO) mit Ausnahme der Ansprüche auf steuerliche Nebenleistungen (§ 233 Satz 2 AO). Die Zinsen sind für jeden Anspruch (Einzelforderung) besonders zu berechnen. Bei der Zinsberechnung sind die Ansprüche zu trennen, wenn Steuerart, Zeitraum (Teilzeitraum) oder der Tag des Beginns des Zinslaufs voneinander abweichen. 11

Beispiele für gesondert zu verzinsende Ansprüche:

1. Einkommensteuervorauszahlungen I/04 und II/04;
2. die erstmalige Festsetzung der Einkommensteuer 2004 durch Bescheid vom 3. 5. 2006 führt zu einer Abschlusszahlung i. H. v. 4 290 €; nach Berichtigung einer offenbaren Unrichtigkeit (§ 129 AO) durch Steuerbescheid vom 1. 6. 2006 fordert das Finanzamt weitere 850 €.

8. Die Kleinbetragsregelung des § 239 Abs. 2 Satz 2 AO (Zinsen unter zehn Euro werden nicht festgesetzt) ist auf die für eine Einzelforderung berechneten Zinsen anzuwenden. 12

Beispiel:

Es werden ab Fälligkeit jeweils für einen Monat folgende Einzelforderungen gestundet:		Zinsen:	abgerundet (§ 239 Abs. 2 Satz 1 AO)
Einkommensteuervorauszahlung	1 950,00 €	9,75 €	9,00 €
Solidaritätszuschlag	200,00 €	1,00 €	1,00 €
Umsatzsteuerabschlusszahlung	600,00 €	3,00 €	3,00 €

Zinsen werden nicht festgesetzt, da sie für keine der Einzelforderungen zehn Euro erreichen.

9. Bei Gewährung von Ratenzahlungen sind Stundungszinsen nach § 238 Abs. 2 AO wie folgt zu berechnen: 13

AEAO

Der zu verzinsende Betrag jeder Steuerart ist auf den nächsten durch fünfzig Euro zu teilenden Betrag abzurunden. Ein sich durch die Abrundung ergebender Spitzenbetrag (Abrundungsrest) ist für Zwecke der Zinsberechnung bei der letzten Rate abzuziehen. Bei höheren Beträgen soll die Stundung i. d. R. so ausgesprochen werden, dass die Raten mit Ausnahme der letzten Rate auf durch fünfzig Euro ohne Rest teilbare Beträge festgesetzt werden.

Beispiel:

1. Variante:

Ein Anspruch i. H. v. 4 215 € wird in drei Monatsraten zu 1 400 €, 1 400 € und 1 415 € gestundet.

Raten:		Zinsen:
1. Rate	1 400 €	7,00 €
2. Rate	1 400 €	14,00 €
3. Rate	1 415 €*	21,00 €
festzusetzende Zinsen		42,00 €

* Die Zinsberechnung erfolgt von 1 415 € ./. 15 € = 1 400 €.

2. Variante:

Ein Anspruch i. H. v. 4 215 € wird in drei gleichen Monatsraten zu jeweils 1 405 € gestundet.

Raten:		Zinsen:
1. Rate	1 405 €	7,02 €
2. Rate	1 405 €	14,05 €
3. Rate	1 405 €*	20,85 €
Summe		41,92 €
festzusetzende Zinsen (abgerundet nach § 239 Abs. 2 Satz 1)		41,00 €

* Die Zinsberechnung erfolgt von 1 405 € ./. 15 € = 1 390 €.

14 **10.** Sollen mehrere Ansprüche in Raten gestundet werden, so ist bei der Festlegung der Raten möglichst zunächst die Tilgung der Ansprüche anzuordnen, für die keine Stundungszinsen erhoben werden. Sodann sind die Forderungen in der Reihenfolge ihrer Fälligkeit zu ordnen; bei gleichzeitig fällig gewordenen Forderungen soll die niedrigere Forderung zuerst getilgt werden. Dies gilt nicht, wenn die Sicherung der Ansprüche eine andere Tilgungsfolge erfordert.

Beispiel:

Das Finanzamt stundet die Einkommensteuervorauszahlung IV/04 i. H. v. 850 € (erstmals fällig am 10. 12. 2004), die Einkommensteuervorauszahlung I/05 i. H. v. 300 € (erstmals fällig am 10. 3. 2005), die Einkommensteuer-Abschlusszahlung für 2003 i. H. v. 11 150 € (erstmals fällig am 20. 5. 2005), die Umsatzsteuer-Abschlusszahlung für 2003 i. H. v. 7 800 € (erstmals fällig am 20. 5. 2005) sowie Verspätungszuschläge i. H. v. 650 € (erstmals fällig am 10. 6. 2005) in insgesamt drei Raten.

Gestundeter Anspruch	Erstmals fällig am	Betrag in €	1. Rate in € (14. 7. 2005)	Rest in €	2. Rate in € (14. 8. 2005)	Rest in €	3. Rate in € (14. 9. 2005)	Rest in €
ESt IV/04	10. 12. 2004	850	850	0	–	–	–	–
ESt I/05	10. 3. 2005	300	300	0	–	–	–	–
ESt 2003	18. 5. 2005	11 150	0	11 150	0	11 150	11 150	0
USt 2003	18. 5. 2005	7 800	800	7 000	3 000	4 000	4 000	0
Verspätungszuschlag	10. 6. 2005	650	650	0	–	–	–	–
Summen		20 750	2 600	18 150	3 000	15 150	15 150	0

Zinsberechnung:

Gestundeter Anspruch	Fällig am	Zahlungstermin	Betrag in €	Zinsmonate	%	Zinsen in €	Festzusetzende Zinsen in €
ESt IV/04	10. 12. 2004	14. 7. 2005	850	7	3,5	29,75	29,00*
ESt I/05	10. 3. 2005	14. 7. 2005	300	4	2,0	6,00	0,00**
ESt 2003	18. 5. 2005	14. 9. 2005	11 150	3	1,5	167,25	167,00*
USt 2003	18. 5. 2005	14. 7. 2005	800	1	0,5	4,00	
USt 2003	18. 5. 2005	14. 8. 2005	3 000	2	1,0	30,00	94,00
USt 2003	18. 5. 2005	14. 9. 2005	4 000	3	1,5	60,00	
Verspätungszuschlag	10. 6. 2005	14. 7. 2005	650	–	–		–***

* = 29,75 € werden auf 29,00 € und 167,25 € werden auf 167 € zugunsten des Steuerpflichtigen gerundet (§ 239 Abs. 2 Satz 1 AO).

** = Kleinbetrag unter 10 € (§ 239 Abs. 2 Satz 2 AO).

*** = Ansprüche auf steuerliche Nebenleistungen werden nicht verzinst (§ 233 Satz 2 AO).

11. Auf die Erhebung von Stundungszinsen kann gem. § 234 Abs. 2 AO im Einzelfall aus Billigkeitsgründen verzichtet werden. Ein solcher Verzicht kann z. B. in Betracht kommen bei Katastrophenfällen, bei länger dauernder Arbeitslosigkeit des Steuerschuldners, bei Liquiditätsschwierigkeiten allein infolge nachweislicher Forderungsausfälle im Konkurs-/Insolvenzverfahren und in ähnlichen Fällen, im Rahmen einer Sanierung, sofern allgemein ein Zinsmoratorium gewährt wird, sowie im Hinblick auf belegbare, demnächst fällig werdende Ansprüche des Steuerschuldners aus einem Steuerschuldverhältnis, soweit hierfür innerhalb des Stundungszeitraums keine Erstattungszinsen gem. § 233 a AO anfallen. Auch wird eine Stundung i. d. R. dann zinslos bewilligt werden können, wenn sie einem Steuerpflichtigen gewährt wird, der bisher seinen steuerlichen Pflichten, insbesondere seinen Zahlungspflichten, pünktlich nachgekommen ist und der in der Vergangenheit nicht wiederholt Stundungen in Anspruch genommen hat; in diesen Fällen kommt ein Verzicht auf Stundungszinsen i. d. R. nur in Betracht, wenn für einen Zeitraum von nicht mehr als drei Monaten gestundet wird und der insgesamt zu stundende Betrag 5 000 € nicht übersteigt. Zum Rechtsbehelfsverfahren gegen die Entscheidung über eine Billigkeitsmaßnahme vgl. AEAO zu § 347, Nr. 4. 15

12. Wird ein Anspruch auf Rückforderung von Arbeitnehmer-Sparzulage, Eigenheimzulage, Investitionszulage, Mobilitätsprämie oder Wohnungsbauprämie gestundet, so sind – da die Vorschriften über die Steuervergütung entsprechend gelten – Stundungszinsen zu erheben (§ 234 i. V. m. § 37 Abs. 1 AO). Dies gilt auch für gestundete Einkommen- oder Körperschaftsteueransprüche, die auf einem Rückforderungsanspruch von Forschungszulage aus einer nach § 10 Abs. 3 FZulG geänderten Anrechnung beruhen. 16

§ 235[1] Verzinsung[2] von hinterzogenen Steuern

AO

1 (1) ① **Hinterzogene Steuern sind zu verzinsen.** ② **Zinsschuldner[3] ist derjenige, zu dessen Vorteil die Steuern hinterzogen worden sind.** ③ **Wird die Steuerhinterziehung dadurch begangen, dass ein anderer als der Steuerschuldner seine Verpflichtung, einbehaltene Steuern an die Finanzbehörde abzuführen oder Steuern zu Lasten eines anderen zu entrichten, nicht erfüllt, so ist dieser Zinsschuldner.**

---

[1] Zur Anwendung von § 235 Abs. 2 Satz 3 s. Art. 97 § 15 Abs. 6 EGAO **(Anhang I Nr. 1)**.

[2] Zu Höhe und Berechnung vgl. §§ 238, 239 AO.

Für die Festsetzung von Hinterziehungszinsen hat das FG in Bezug auf die Steuerhinterziehung aufgrund seiner freien, aus dem Gesamtergebnis des Verfahrens gewonnenen Überzeugung zu entscheiden, ob diejenigen Tatsachen vorliegen, die den Tatbestand des § 370 AO ausfüllen. Eine Entscheidung nach den Regeln der Feststellungslast zu Lasten des Steuerpflichtigen ist nicht zulässig *(BFH-Urteil vom 12. 7. 2016 II R 42/14, BStBl. II S. 869)*.

Bei der Festsetzung von Hinterziehungszinsen sind die Voraussetzungen der Steuerhinterziehung und die Höhe der hinterzogenen Steuer unabhängig von einem ergangenen Steuerbescheid zu prüfen *(BFH-Urteil vom 28. 3. 2012 II R 39/10, BStBl. II S. 712)*.

Bei der Erhebung von Hinterziehungszinsen handelt es sich **nicht um eine Strafmaßnahme.** Die Regelungen in § 235 bezwecken vielmehr, beim Nutznießer einer Steuerhinterziehung dessen **Zinsvorteil abzuschöpfen.** Hinterziehungszinsen können **auch noch nach dem Tod** des Stpfl., der den Tatbestand der Steuerhinterziehung verwirklicht hat, festgesetzt werden. Art. 6 Abs. 2 der Konvention zum Schutze der Menschenrechte und Grundfreiheiten steht dem nicht entgegen *(BFH-Urteil vom 27. 8. 1991 VIII R 84/89, BStBl. 1992 II S. 9)*.

Hinterzogene Einfuhrumsatzsteuer ist nach § 235 AO **auch zu verzinsen,** wenn bei zutreffender Festsetzung der Einfuhrumsatzsteuer die Möglichkeit zum **Vorsteuerabzug** bestanden hätte. Der Zinslauf endet erst mit der Zahlung der hinterzogenen Einfuhrumsatzsteuer *(BFH-Urteil vom 12. 10. 1993 VII R 44/93, BStBl. 1994 II S. 438)*.

Im Verfahren gegen die Festsetzung von Zinsen wegen hinterzogener USt können zulässig Einwendungen gegen die Rechtmäßigkeit der USt-Festsetzung nicht erhoben werden. Der Zinsbescheid wird insoweit als **Folgebescheid eines Steuerbescheids** angesehen *(BFH-Urteil vom 26. 11. 1997 III R 109/93, BFH/NV 1998 S. 807)*.

[3] Ein Stpfl. schuldet Hinterziehungszinsen gem. § 235 AO auch dann, wenn ein **Dritter die Steuerhinterziehung begangen** und die hinterzogenen Beträge auf betrügerische und treuwidrige Weise zu Lasten des Stpfl. für sich vereinnahmt hat. § 235 Abs. 1 Satz 2 AO meint nur den steuerlichen, nicht den wirtschaftlichen Vorteil *(BFH-Urteil vom 27. 6. 1991 V R 9/86, BStBl. II S. 822)*.

Gegen den **gutgläubigen Tatmittler,** der aufgrund fingierter Rechnungen unberechtigt Vorsteuer in Anspruch genommen hat, können Hinterziehungszinsen festgesetzt werden *(BFH-Urteil vom 31. 7. 1996 XI R 82/95, BStBl. II S. 554)*.

Der **Geschäftsführer einer GmbH,** der Steuern zum Vorteil der GmbH hinterzieht, ist **nicht** Schuldner der Hinterziehungszinsen *(BFH-Urteile vom 18. 7. 1991 V R 72/87, BStBl. II S. 781; vom 27. 9. 1991 VI R 159/89, BStBl. 1992 II S. 163)*. Vgl. aber § 71.

§ 235 Abs. 1 Satz 2 meint nur den steuerlichen, nicht den wirtschaftlichen Vorteil *(BFH-Urteil vom 27. 6. 1991 V R 9/86, BStBl. II S. 882)*.

Der **Arbeitgeber** schuldet keine Hinterziehungszinsen nach § 235 Abs. 1 AO, wenn er in einer größeren Zahl von Fällen einzubehaltende und abzuführende LSt bewusst nicht einbehalten, sondern seinen Arbeitnehmern ausbezahlt hat, und wenn deswegen bei ihm pauschale LSt gem. § 40 Abs. 1 Satz 1 Nr. 2 EStG nacherhoben wird *(BFH-Urteil vom 5. 11. 1993 VI 16/93, BStBl. 1994 II S. 557)*.

Die aufgrund des dinglichen Arrestes erfolgte Beschlagnahme von Vermögenswerten steht einer Zahlung der Steuer nicht gleich; Hinterziehungszinsen können deshalb auch für die Zeit nach der Beschlagnahme von Vermögen festgesetzt werden *(BFH-Urteil vom 5. 11. 2002 II R 58/00, BFH/NV 2003 S. 353)*.

Hinterziehungszinsen sind keine Verbindlichkeiten aus einer vorsätzlich begangenen unerlaubten Handlung i. S. des § 302 Nr. 1 InsO. Sie sind deshalb nicht von der Restschuldbefreiung ausgeschlossen *(BFH-Urteil vom 20. 3. 2012 VII R 12/11, BStBl. II S. 491)*.

BFH-Urteil vom 28. 8. 2019 II R 7/17, BStBl. 2020 II S. 247: 1. Bei einer durch Unterlassen der Anzeige begangenen Hinterziehung von Schenkungsteuer beginnt der Lauf der Hinterziehungszinsen zu dem Zeitpunkt, zu dem das FA bei ordnungsgemäßer Anzeige und Abgabe der Steuererklärung die Steuer festgesetzt hätte. 2. Der Zeitpunkt für den Beginn des Zinslaufs kann unter Berücksichtigung der beim zuständigen FA durchschnittlich erforderlichen Zeit für die Bearbeitung der Schenkungsteuererklärungen bestimmt werden.

2 (2) ①**Der Zinslauf beginnt mit dem Eintritt der Verkürzung oder der Erlangung des Steuervorteils, es sei denn, dass die hinterzogenen Beträge ohne die Steuerhinterziehung erst später fällig geworden wären.** ②**In diesem Fall ist der spätere Zeitpunkt maßgebend.**

3 (3) ①**Der Zinslauf endet mit der Zahlung der hinterzogenen Steuern.** ②**Für eine Zeit, für die ein Säumniszuschlag verwirkt, die Zahlung gestundet oder die Vollziehung ausgesetzt ist, werden Zinsen nach dieser Vorschrift nicht erhoben.** ③**Wird der Steuerbescheid nach Ende des Zinslaufs aufgehoben, geändert oder nach § 129 berichtigt, so bleiben die bis dahin entstandenen Zinsen unberührt.**

4 (4) **Zinsen nach § 233 a, die für denselben Zeitraum festgesetzt wurden, sind anzurechnen.**

5 (5) **Bei hinterzogenen Vorauszahlungen sind die Absätze 3 und 4 mit folgenden Maßgaben anzuwenden:**

1. wurde die hinterzogene Vorauszahlung vor Festsetzung der Steuer entrichtet, auf die diese Vorauszahlung anzurechnen ist oder wäre, endet der Zinslauf mit der Zahlung der hinterzogenen Vorauszahlung;

2. wurde die hinterzogene Vorauszahlung nicht vor Festsetzung der Steuer entrichtet, auf die diese Vorauszahlung anzurechnen ist oder wäre, gilt Folgendes:

a) wurde diese Steuer nicht hinterzogen, endet der Zinslauf für die Vorauszahlung mit Zahlung dieser Steuer, spätestens aber mit der Fälligkeit dieser Steuer;

b) wurde diese Steuer ebenfalls hinterzogen, endet der Zinslauf für die Vorauszahlung mit Beginn des Zinslaufs für die hinterzogene Steuer;

3. Zinsen nach § 233 a, die zu der Steuer festgesetzt wurden, auf die die hinterzogene Vorauszahlung anzurechnen ist oder wäre, sind auf Zinsen zur hinterzogenen Vorauszahlung anzurechnen, soweit sie denselben Zinsberechnungszeitraum betreffen.

AEAO

Zu § 235 – Verzinsung von hinterzogenen Steuern:

Inhaltsübersicht

1. Zweck und Voraussetzungen der Verzinsung
2. Gegenstand der Verzinsung
3. Zinsschuldner
4. Zinslauf
4.1 Beginn des Zinslaufs
4.2 Ende des Zinslaufs
5. Höhe der Hinterziehungszinsen
5.1 Berechnung der Hinterziehungszinsen im Allgemeinen
5.2 Berechnung der Hinterziehungszinsen auf Vorauszahlungen
5.3 Beispiele zur Berechnung der Hinterziehungszinsen
6. Verfahren
7. Verjährung

1. Zweck und Voraussetzung der Verzinsung

5 **1.1.** Hinterzogene Steuern sind nach § 235 AO zu verzinsen, um dem Nutznießer einer Steuerhinterziehung den steuerlichen Vorteil der verspäteten Zahlung oder der Gewährung oder Belassung von Steuervorteilen zu nehmen (BFH-Urteile vom 19. 4. 1989, X R 3/86, BStBl. II S. 596, und vom 27. 9. 1991, VI R 159/89, BStBl. 1992 II S. 163).

6 **1.2.** Die Zinspflicht tritt nur ein, wenn der objektive und subjektive Tatbestand des § 370 Abs. 1 AO erfüllt und die Tat i. S. d. § 370 Abs. 4 AO vollendet ist. Der Versuch einer Steuerhinterziehung (§ 370 Abs. 2 AO i. V. m. § 23 StGB) reicht zur Begründung einer Zinspflicht ebenso wenig aus wie die leichtfertige Steuerverkürzung (§ 378 AO) oder die übrigen Steuerordnungswidrigkeiten (§§ 379 ff. AO).

Von einer Steuerhinterziehung bei Vorauszahlungen ist z. B. dann auszugehen, wenn einer der folgenden Sachverhalte vorliegt:

- Der Steuerpflichtige hat einen Antrag auf Festsetzung oder Herabsetzung der Vorauszahlungen vorsätzlich mit unrichtigen oder unvollständigen Angaben gestellt und es ist hierdurch zu einer zu niedrigen Festsetzung von Vorauszahlungen gekommen.
- Der Steuerpflichtige musste aufgrund der Abgabe einer vorsätzlich unrichtigen oder unvollständigen Steuererklärung damit rechnen, dass Vorauszahlungen zu niedrig festgesetzt werden, und es ist hierdurch zu einer zu niedrigen Festsetzung von Vorauszahlungen gekommen. Der Steuerpflichtige musste insbesondere dann damit rechnen, dass Steuervorauszahlungen zu niedrig festgesetzt werden, wenn er bereits in der Vergangenheit Steuervorauszahlungen zu leisten hatte.

7 **1.3.** Die Festsetzung von Hinterziehungszinsen setzt keine strafrechtliche Verurteilung wegen Steuerhinterziehung voraus (BFH-Urteil vom 27. 8. 1991, VIII R 84/89, BStBl. 1992 II S. 9). Die Zinspflicht ist unabhängig von einem Steuerstrafverfahren im Rahmen des Besteuerungsverfahrens zu prüfen.

Hinterziehungszinsen sind demnach auch festzusetzen, wenn
– wirksam Selbstanzeige nach § 371 AO erstattet worden ist (z. B. durch Nachmeldung hinterzogener Umsatzsteuer in der Umsatzsteuer-Jahreserklärung),
– der Strafverfolgung Verfahrenshindernisse entgegenstehen (z. B. Tod des Täters oder Strafverfolgungsverjährung),
– das Strafverfahren wegen Geringfügigkeit eingestellt worden ist (z. B. nach § 153 StPO; § 398 AO) oder
– in anderen Fällen die Strafverfolgung beschränkt oder von der Strafverfolgung abgesehen wird (z. B. nach §§ 153 a, 154, 154 a StPO).

Die für den Erlass des Zinsbescheids zuständige Stelle der Finanzbehörde hat im Benehmen mit der für Straf- und Bußgeldsachen zuständigen Stelle zu prüfen, ob der objektive und subjektive Tatbestand des § 370 AO gegeben ist. An Entscheidungen im strafgerichtlichen Verfahren ist die Finanzbehörde nicht gebunden (BFH-Urteil vom 10. 10. 1972 VII R 117/69, BStBl. 1973 II S. 68). Im Allgemeinen kann sich das Finanzamt die tatsächlichen Feststellungen, Beweiswürdigungen und rechtlichen Beurteilungen des Strafverfahrens zu Eigen machen, wenn und soweit es zu der Überzeugung gelangt ist, dass diese zutreffend sind, und keine substantiierten Einwendungen gegen die Feststellungen im Strafurteil erhoben werden (vgl. BFH-Urteil vom 13. 7. 1994 I R 112/93, BStBl. 1995 II S. 198).

1.4. Der zeitliche und sachliche Umfang der Nachentrichtungspflicht von Zinsen nach § 371 Abs. 3 AO hat keine Auswirkung auf die Berechnung und Festsetzung von Hinterziehungszinsen nach § 235 AO. Daher sind Hinterziehungszinsen auch dann festzusetzen, wenn die Zahlung der Hinterziehungszinsen für die Wirksamkeit einer Selbstanzeige bzw. den Ausgang des Strafverfahrens nach § 371 Abs. 3 Satz 2 AO unerheblich ist. 8

2. Gegenstand der Verzinsung

2.1. Hinterziehungszinsen sind festzusetzen für 9
– verkürzte Steuern; darunter fallen auch keine oder zu geringe Steuervorauszahlungen und der Solidaritätszuschlag. Landesgesetzlich geregelte Steuern sind nur zu verzinsen, wenn dies im Gesetz angeordnet ist,
– ungerechtfertigt erlangte Steuervorteile (z. B. zu Unrecht erlangte Steuervergütungen),
– zu Unrecht erlangte Steuervergünstigungen (z. B. Steuerbefreiungen und Steuerermäßigungen),
– ungerechtfertigt erlangte Prämien und Zulagen, auf die § 370 Abs. 1 bis 4, § 371, § 375 Abs. 1 und § 376 AO entsprechend anzuwenden sind (z. B. Wohnungsbauprämien, Arbeitnehmer-Sparzulagen, Mobilitätsprämien und Zulagen nach § 83 EStG).

Hinterziehungszinsen sind nicht festzusetzen bei erschlichener Investitionszulage und Eigenheimzulage, weil insoweit ein Subventionsbetrug und keine Steuerhinterziehung vorliegt.

2.2. Hinterziehungszinsen sind für jede Steuerart und jeden Besteuerungszeitraum (Veranlagungszeitraum, Voranmeldungszeitraum, Vorauszahlungszeitraum) oder Besteuerungszeitpunkt gesondert zu berechnen und festzusetzen. 10

Einzelne, aufeinanderfolgende Steuerhinterziehungen sind nicht als eine Tat zu würdigen, sondern als selbständige Taten zu behandeln. Das gilt auch, wenn das Finanzamt die Besteuerungsgrundlagen nach § 162 AO geschätzt hat.

2.3. Wenn die Steuerhinterziehung zu keiner Nachforderung führt, erfolgt keine Zinsfestsetzung. Soweit infolge Kompensation der mit der Steuerhinterziehung zusammenhängenden Besteuerungsgrundlagen mit anderen steuermindernden Besteuerungsgrundlagen (z. B. nach § 177 AO) kein Zahlungsanspruch entstanden ist, unterbleibt daher eine Zinsfestsetzung. Das strafrechtliche Kompensationsverbot des § 370 Abs. 4 Satz 3 AO gilt nicht bei der Verzinsung nach § 235 AO. Bemessungsgrundlage der Hinterziehungszinsen ist daher nicht die Steuer, die sich allein bei Einbeziehung der vorsätzlich verschwiegenen Besteuerungsgrundlagen in die ursprüngliche Steuerfestsetzung ergeben würde, sondern die tatsächliche Nachforderung, die sich aus dem Bescheid ergibt, in dem die bisher nicht oder unzutreffend erklärten Besteuerungsgrundlagen erstmals erfasst werden. 11

3. Zinsschuldner

3.1. Nach § 235 Abs. 1 Satz 2 AO ist derjenige Zinsschuldner, zu dessen Vorteil die Steuern hinterzogen worden sind. Durch die Vorschrift soll ausschließlich der steuerliche Vorteil des Steuerschuldners abgeschöpft werden. Der steuerliche Vorteil liegt darin, dass die geschuldete Steuer erst verspätet gezahlt wird. Allein der Steuerschuldner kann daher Zinsschuldner für hinterzogene Steuern i. S. d. § 235 Abs. 1 Sätze 1 und 2 AO sein, und zwar unabhängig davon, ob er an der Steuerhinterziehung beteiligt war (vgl. BFH-Urteile vom 27. 6. 1991, V R 9/86, BStBl. II S. 822, vom 18. 7. 1991, V R 72/87, BStBl. II S. 781, und vom 27. 9. 1991, VI R 159/89, BStBl. 1992 II S. 163). 12

Sind Steuerschuldner Gesamtschuldner (§ 44 AO), ist jeder Gesamtschuldner auch Zinsschuldner. Dies gilt auch dann, wenn bei zusammenveranlagten Ehegatten/Lebenspartnern der Tatbestand der Steuerhinterziehung nur in der Person eines der Ehegatten/Lebenspartner erfüllt ist. Da in diesem Fall beide Ehegatten/Lebenspartner Schuldner der Hinterziehungszinsen sind, kann nach § 239 Abs. 1 Satz 1 i. V. m. § 155 Abs. 3 AO ein zusammengefasster Zinsbescheid an die

AEAO

Ehegatten/Lebenspartner ergehen (vgl. BFH-Urteil vom 13. 10. 1994, IV R 100/93, BStBl. 1995 II S. 484).

13 **3.2.** § 235 Abs. 1 Satz 3 AO regelt in Ergänzung des § 235 Abs. 1 Satz 2 AO nur die Fälle, in denen der Steuerschuldner nicht Zinsschuldner ist, weil die Steuern nicht zu seinem Vorteil hinterzogen worden sind. In diesen Fällen ist der Entrichtungspflichtige Zinsschuldner. Hinsichtlich hinterzogener Steuerabzugsbeträge ist daher nicht der Steuerschuldner, sondern der Entrichtungspflichtige Zinsschuldner, wenn dieser die Steuer zwar einbehalten, aber nicht an das Finanzamt abgeführt hat. Dagegen ist der Steuerschuldner nach § 235 Abs. 1 Satz 2 AO Zinsschuldner, wenn der Entrichtungspflichtige die hinterzogene Abzugsteuer (zum Vorteil des Steuerschuldners) nicht einbehalten hat (BFH-Urteile vom 5. 11. 1993, VI R 16/93, BStBl. 1994 II S. 557, und vom 16. 2. 1996, I R 73/95, BStBl. II S. 592).

14 **3.3.** Die in §§ 34, 35 AO bezeichneten Vertreter, Vermögensverwalter und Verfügungsberechtigten sind nicht Entrichtungspflichtige und nicht Schuldner der Hinterziehungszinsen (vgl. BFH-Urteile vom 18. 7. 1991, V R 72/87, BStBl. II S. 781, und vom 27. 9. 1991, VI R 159/89, BStBl. 1992 II S. 163). Dieser Personenkreis kann aber sowohl für hinterzogene Steuern als auch für Hinterziehungszinsen haften (vgl. §§ 69 und 71 AO).

4. Zinslauf

15 **4.1. Beginn des Zinslaufs**

4.1.1. Der Zinslauf beginnt mit dem Eintritt der Verkürzung oder der Erlangung des Steuervorteils (§ 235 Abs. 2 Satz 1 AO), d. h. sobald die Tat im strafrechtlichen Sinn vollendet ist. Wären die hinterzogenen Beträge ohne die Steuerhinterziehung erst später fällig geworden, z. B. bei einer Abschlusszahlung, beginnt die Verzinsung erst mit Ablauf des Fälligkeitstags (§ 235 Abs. 2 Satz 2 AO).

4.1.2. Bei Fälligkeitssteuern (z. B. Umsatzsteuer-Vorauszahlungen, Lohnsteuer) tritt die Verkürzung mit Ablauf des gesetzlichen Fälligkeitstags ein. Dauerfristverlängerungen sind zu berücksichtigen. Dies gilt auch dann, wenn keine (Vor-)Anmeldung abgegeben wurde. Bei Abgabe einer unrichtigen oder unvollständigen zustimmungsbedürftigen Steueranmeldung tritt die Verkürzung erst dann ein, wenn die Zustimmung nach § 168 Satz 2 AO dem Steuerpflichtigen bekannt geworden ist (z. B. Auszahlung oder Umbuchung des Guthabens oder Erklärung der Aufrechnung; vgl. AEAO zu § 168, Nr. 3). Wäre die Steueranmeldung hingegen ohne die Steuerverkürzung nicht zustimmungsbedürftig gewesen, weil sich z. B. bei richtiger Anmeldung keine Erstattung ergeben hätte, bleibt für den Beginn des Zinslaufs der Ablauf des gesetzlichen Fälligkeitstags (ggf. unter Berücksichtigung einer Dauerfristverlängerung) maßgeblich. Lässt sich nicht ohne weiteres feststellen, welchem Voranmeldungszeitraum hinterzogene Beträge zeitlich zuzuordnen sind, ist zugunsten des Zinsschuldners von einem Beginn des Zinslaufs mit Ablauf des letzten gesetzlichen Fälligkeitstags für das betroffene Jahr auszugehen (bei Unternehmen ohne Dauerfristverlängerung ist dies der 10. 1. des jeweiligen Folgejahres, so dass der Zinslauf in diesem Fall am 11. 1. beginnt).

4.1.3. Bei **Veranlagungssteuern** tritt die Verkürzung im Fall der Abgabe einer unrichtigen oder unvollständigen Steuererklärung mit dem Tag der Bekanntgabe des auf dieser Erklärung beruhenden Steuerbescheids (§§ 122, 124 AO) ein; der Beginn des Zinslaufs verschiebt sich jedoch dann auf den Ablauf des Fälligkeitstags, wenn sich bereits aufgrund dieser Erklärung eine Abschlusszahlung ergeben hatte oder wenn sich – im Falle einer festgesetzten Erstattung – ohne die Steuerhinterziehung eine Abschlusszahlung ergeben hätte (vgl. AEAO zu § 235, Nr. 4.1.1 Satz 2).

Hat der Steuerpflichtige keine Steuererklärung abgegeben und ist aus diesem Grunde die Steuerfestsetzung unterblieben, so ist die Steuer zu dem Zeitpunkt verkürzt, zu dem die Veranlagungsarbeiten für das betreffende Kalenderjahr im Wesentlichen abgeschlossen waren. Dieser Zeitpunkt ist zugleich Zinslaufbeginn.

Hat das Finanzamt die Steuer aber zuvor wegen Nichtabgabe der Steuererklärung aufgrund geschätzter Besteuerungsgrundlagen (§ 162 AO) zu niedrig festgesetzt, tritt die Verkürzung bereits mit Bekanntgabe dieses Steuerbescheids ein. In diesem Fall beginnt der Zinslauf i. d. R. mit Ablauf des Fälligkeitstags (vgl. AEAO zu § 235, Nr. 4.1.1 Satz 2).

Bei der Verzinsung von hinterzogenen **Vorauszahlungen auf Veranlagungssteuern** beginnt der Zinslauf gesondert für jeden Vorauszahlungszeitraum mit Ablauf des jeweiligen Fälligkeitstags.

4.1.4. Bei einer durch Unterlassen der Anzeige begangenen Hinterziehung von Schenkungsteuer beginnt der Lauf der Hinterziehungszinsen zu dem Zeitpunkt, zu dem das Finanzamt bei ordnungsgemäßer Anzeige und Abgabe der Steuererklärung die Steuer festgesetzt hätte. Dieser Zeitpunkt kann unter Berücksichtigung der beim zuständigen Finanzamt durchschnittlich erforderlichen Zeit für die Bearbeitung eingegangener Schenkungsteuererklärungen bestimmt werden (BFH-Urteil vom 28. 8. 2019 II R 7/17, BStBl. 2020 II S. 247). Diese Grundsätze gelten entsprechend auch für Fälle einer begangenen Hinterziehung von Erbschaftsteuer.

16 **4.2. Ende des Zinslaufs**

4.2.1. Der Zinslauf endet mit der Zahlung der hinterzogenen Steuer (§ 235 Abs. 3 Satz 1 AO). Erlischt der zu verzinsende Anspruch durch Aufrechnung, gilt der Tag, an dem die Schuld des Aufrechnenden fällig wird, als Tag der Zahlung (§ 238 Abs. 1 Satz 3 AO).

AEAO

Bei hinterzogenen Vorauszahlungen (insbes. zur Einkommensteuer, Körperschaftsteuer oder Umsatzsteuer) bestimmt sich das Ende des Zinslaufs der Hinterziehungszinsen nach § 235 Abs. 5 AO. Dabei ist entscheidend, ob die hinterzogene Vorauszahlung vor Festsetzung der Steuer entrichtet wurde, auf die diese Vorauszahlung anzurechnen ist oder anzurechnen wäre, oder erst zu einem späteren Zeitpunkt. Im zweiten Fall ist darüber hinaus zu unterscheiden, ob die (Jahres-)Steuer ebenfalls hinterzogen wurde oder nicht. Die Regelung stellt einen ununterbrochenen Zinslauf nach § 235 AO sicher und verhindert zugleich eine Überschneidung mehrerer auf § 235 AO beruhender Zinsläufe.

4.2.2. Hinterziehungszinsen werden nicht für Zeiten festgesetzt, für die ein Säumniszuschlag entsteht, die Zahlung gestundet oder die Vollziehung ausgesetzt ist (§ 235 Abs. 3 Satz 2 AO), ohne dass es dabei auf die tatsächliche Erhebung von Säumniszuschlägen oder die Zahlung von Stundungs- und/oder Aussetzungszinsen ankommt. Der Zinslauf endet daher spätestens mit Ablauf des Fälligkeitstags der hinterzogenen Steuer.

4.2.3. Wird der Steuerbescheid nach Ende des Zinslaufs aufgehoben, geändert oder nach § 129 AO berichtigt, so bleiben die bis dahin entstandenen Zinsen unberührt (§ 235 Abs. 3 Satz 3 AO).

5. Höhe der Hinterziehungszinsen

5.1. Berechnung der Hinterziehungszinsen im Allgemeinen 17

5.1.1. Die Hinterziehungszinsen betragen für jeden vollen Monat des Zinslaufs 0,5% (§ 238 Abs. 1 Satz 1 und 2 AO).

Für die Berechnung der Zinsen wird der zu verzinsende Betrag auf den nächsten durch 50 € teilbaren Betrag abgerundet (§ 238 Abs. 2 AO). Abzurunden ist jeweils der einzelne zu verzinsende Anspruch, d. h. jede einzelne hinterzogene Vorauszahlung/Voranmeldung und die Jahresabschlusszahlung jeweils für sich genommen (vgl. AEAO zu § 238, Nr. 2).

Im Falle von Teilzahlungen eines zu verzinsenden Anspruchs wird nur der Gesamtbetrag gerundet. Eine sich daraus ergebende Abrundungsspitze wird für Zwecke der Verzinsung bei der letzten Teilzahlung abgezogen.

Auch die Rundungsregelung und Kleinbetragsregelung hinsichtlich der Festsetzung der Zinsen gem. § 239 Abs. 2 AO sind für jeden einzelnen Zinsanspruch gesondert anzuwenden (vgl. AEAO zu § 239, Nr. 3).

5.1.2. Zur Vermeidung einer Doppelverzinsung im Hinterziehungsfall sind Zinsen nach § 233 a AO, die für denselben Zeitraum festgesetzt wurden, im Rahmen der Zinsfestsetzung auf die festzusetzenden Hinterziehungszinsen anzurechnen (§ 235 Abs. 4 AO); dies gilt auch für Hinterziehungszinsen auf hinterzogene Vorauszahlungen zu dieser Steuer (§ 235 Abs. 5 Nr. 3 AO). Der Zinsbescheid nach § 233 a AO ist dabei Grundlagenbescheid für die Festsetzung der Hinterziehungszinsen, soweit nach § 233 a AO festgesetzte Zinsen auf die Hinterziehungszinsen anzurechnen sind (§ 239 Abs. 5 AO); nach § 239 Abs. 1 Satz 1 AO ist § 175 Abs. 1 Satz 1 Nr. 1 AO hierbei entsprechend anzuwenden.

Im Falle der Hinterziehung von Forschungszulage sind Zinsen nach § 11 FZulG auf Hinterziehungszinsen nach § 235 AO hinsichtlich solcher Einkommen- oder Körperschaftsteueransprüche, die auf einem Rückforderungsanspruch von Forschungszulage aus einer nach § 10 Abs. 3 FZulG geänderten Anrechnung beruhen, anzurechnen, soweit sie für denselben Zeitraum auf den Rückzahlungsanspruch der Forschungszulage festgesetzt wurden.

5.2. Berechnung der Hinterziehungszinsen auf Vorauszahlungen 18

5.2.1. Die Bemessungsgrundlage für Hinterziehungszinsen auf Vorauszahlungen entspricht grundsätzlich dem (Mehr-)Betrag, der ohne Steuerhinterziehung festgesetzt worden wäre. Sie ist aber begrenzt auf die Abschlusszahlung aufgrund der Jahressteuerfestsetzung (vgl. AEAO zu § 235, Nr. 2.3).

Dieser Betrag ist grundsätzlich gleichmäßig auf die hinterzogenen Vorauszahlungszeiträume des jeweiligen Kalenderjahrs zu verteilen. Sofern innerhalb eines Veranlagungszeitraums für einzelne Quartale Steuern in unterschiedlicher Höhe verkürzt worden sind, stellen diese Beträge jeweils die Bemessungsgrundlage dar. Eine gleichmäßige Verteilung der Summe der verkürzten Beträge erfolgt in diesem Fall nicht.

Die Summe der verkürzten Beträge ist weiterhin daraufhin zu überprüfen, ob sie auf die Abschlusszahlung aufgrund der Jahressteuerfestsetzung zu begrenzen ist. Ist dies der Fall, ist die Differenz zwischen der Summe aller hinterzogenen Vorauszahlungen und der Abschlusszahlung aufgrund der Jahressteuerfestsetzung („Minderungsbetrag") auf alle hinterzogenen Vorauszahlungszeiträume des jeweiligen Kalenderjahrs gleichmäßig zu verteilen.

5.2.2. Auf Vorauszahlungen entstehen keine Zinsen gem. § 233 a AO. Demgemäß kann es auch nicht zu einer Anrechnung solcher Zinsen auf die Hinterziehungszinsen nach § 235 Abs. 4 AO kommen. Zinsen nach § 233 a AO, die zu der Steuer festgesetzt wurden, auf die die hinterzogene Vorauszahlung anzurechnen ist oder wäre, sind aber nach § 235 Abs. 5 Nr. 3 AO auf Zinsen zur hinterzogenen Vorauszahlung anzurechnen, soweit sie denselben Zinsberechnungszeitraum betreffen.

AEAO

5.3. Beispiele zur Berechnung der Hinterziehungszinsen bei Veranlagungssteuern

19 **Beispiel 1:**

Der Steuerpflichtige machte in der Einkommensteuererklärung 2011 vorsätzlich unrichtige oder unvollständige Angaben. Er hatte bereits für die Vorjahre Vorauszahlungen zu leisten und konnte somit damit rechnen, dass durch die unzutreffende Steuererklärung auch die Vorauszahlungen für die Folgejahre zu niedrig festgesetzt werden. Der Einkommensteuerbescheid 2011 wie auch der Vorauszahlungsbescheid 2012 ergingen am 15. 6. 2012 erklärungsgemäß (Bekanntgabe nach § 122 Abs. 2 Nr. 1 AO am 18. 6. 2012, Fälligkeit am 18. 7. 2012). Bei einer zutreffenden Steuererklärung hätte sich für 2011 ein Einkommensteuer-Mehrbetrag in Höhe von 10 000 € zuzüglich 550 € Solidaritätszuschlag ergeben. Die Einkommensteuer-Vorauszahlungen für III/2012 und IV/2012 wurden um jeweils 5 000 € zuzüglich 275 € Solidaritätszuschlag zu niedrig festgesetzt.

Die zutreffende Steuerklärung für die Einkommensteuer 2012 führte zu einer Festsetzung von 34 000 € Einkommensteuer zuzüglich 1870 € Solidaritätszuschlag (Bescheid vom 14. 6. 2013, Fälligkeit am 17. 7. 2013) und zur zukünftig korrekten Festsetzung von Vorauszahlungen. Es waren keine Steuerabzugsbeträge anzurechnen. Die Abschlusszahlung von 14 000 € Einkommensteuer zuzüglich 770 € Solidaritätszuschlag wurde bei Fälligkeit beglichen. Gleichzeitig erging der Änderungsbescheid für die Einkommensteuer 2011. Die hinterzogenen Steuern wurden am 17. 7. 2013 fällig und auch gezahlt. Der Einkommensteuerbescheid 2013 vom 20. 6. 2014 ergab keine Abschlusszahlung.

Lösung:

2011:

Für die Einkommensteuer 2011 beginnt der Zinslauf für die Hinterziehungszinsen am 19. 7. 2012 (Tag nach dem Fälligkeitstag) und endet am 17. 7. 2013 mit der Begleichung der Abschlusszahlung, so dass Zinsen für 11 volle Monate festzusetzen sind (§ 235 Abs. 2 und 3 AO).

Festzusetzende Hinterziehungszinsen

Steuer	Bemessungsgrundlage	Zinsen
ESt	10 000 €	450 € (5,5% von 10 000 € = 550 €, abzgl. 100 € nach § 235 Abs. 4 AO anzurechnende § 233 a AO Zinsen)
SolZ	550 €	30 € (5,5% von 550 € = 30,25 €, abgerundet gem. § 239 Abs. 2 Satz 1 AO auf 30 €)

2012:

Die Vorauszahlungen zur Einkommensteuer und zum Solidaritätszuschlag 2012 hatte der Steuerpflichtige erstmalig zum 10. 9. 2012 (erster Fälligkeitstermin des fehlerhaften Vorauszahlungsbescheids) hinterzogen. Der Zinslauf beginnt mit Ablauf des jeweiligen Fälligkeitstags der Vorauszahlungen, d. h. für das III. Quartal am 11. 9. 2012 und für das IV. Quartal am 11. 12. 2012, und endet mit Entrichtung der Abschlusszahlungen aufgrund des Jahressteuerbescheids 2012 am 17. 7. 2013 (§ 235 Abs. 5 Nr. 2 Buchst. a AO).

Hinterziehungszinsen sind

- für die hinterzogene Einkommensteuer-Vorauszahlung und die hinterzogene Solidaritätszuschlagsvorauszahlung III/2012 vom 11. 9. 2012 bis 17. 7. 2013 (mithin für 10 Monate)
- für die hinterzogene Einkommensteuer-Vorauszahlung und die hinterzogene Solidaritätszuschlagsvorauszahlung IV/2012 vom 11. 12. 2012 bis 17. 7. 2013 (mithin für 7 Monate)

zu berechnen und festzusetzen.

Bemessungsgrundlage für die Zinsberechnung sind jeweils 5 000 € (ESt) bzw. jeweils 275 € (SolZ), die gem. § 238 Abs. 2 AO auf 250 € abgerundet werden.

Festzusetzende Hinterziehungszinsen:

Steuer/ Vorauszahlung	Bemessungsgrundlage	Zinsen
ESt III/2012	5 000 €	250 € (5% von 5 000 €)
SolZ III/2012	250 €	12 € (5% von 250 € = 12,50 €, abgerundet gem. § 239 Abs. 2 Satz 1 AO auf 12 €)
ESt IV/2012	5 000 €	175 € (3,5% von 5 000 €)
SolZ IV/2012	250 €	0 € (3,5% von 250 € = 8,75 €, abgerundet gem. § 239 Abs. 2 Satz 1 AO auf 8 €; nach § 239 Abs. 2 Satz 2 AO erfolgt insoweit keine Zinsfestsetzung, vgl. AEAO zu § 239, Nr. 3)

2013:

Für die Einkommensteuer 2013 werden keine Hinterziehungszinsen auf die Vorauszahlungen festgesetzt, da der Einkommensteuerbescheid 2013 vom 20. 6. 2014 zu keiner Abschlusszahlung führte.

Beispiel 2:

Wie Beispiel 1, jedoch betrug die Abschlusszahlung zur Einkommensteuer für 2012 lediglich 4 000 € und zum Solidaritätszuschlag 220 €.

Die zutreffende Steuerklärung für die Einkommensteuer 2012 führte zu einer Festsetzung von 24 000 € Einkommensteuer zuzüglich 1 320 € Solidaritätszuschlag (Bescheid vom 14. 6. 2013). Es waren keine Steuerabzugsbeträge anzurechnen. Die Abschlusszahlung von 4 000 € Einkommensteuer zuzüglich 220 € Solidaritätszuschlag wurde bei Fälligkeit am 17. 7. 2013 beglichen.

Lösung:

Für 2011 und 2013 ergeben sich keine Änderungen.

2012:

Wegen des Zinslaufs und der Anzahl der (vollen) Zinsmonate ergeben sich keine Änderungen.

Die Bemessungsgrundlage für die Zinsberechnung auf die Vorauszahlungen wird auf den Nachforderungsbetrag der Einkommensteuer 2012 (hier 4 000 €) bzw. Solidaritätszuschlag (220 €) begrenzt. Diese Beträge sind gleichmäßig auf die hinterzogenen Vorauszahlungszeiträume zu verteilen. Daraus ergibt sich für das III. und IV. Quartal eine Bemessungsgrundlage von jeweils 2 000 € (ESt) bzw. jeweils 110 € (SolZ), die gem. § 238 Abs. 2 AO auf 100 € abgerundet werden.

Festzusetzende Hinterziehungszinsen:

Steuer/ Vorauszahlung	Bemessungsgrundlage	Zinsen
ESt III/2012	2000 €	100 € (5% von 2000 €)
SolZ III/2012	110 €	0 € (5% von 100 € = 5 €; nach § 239 Abs. 2 Satz 2 AO erfolgt insoweit keine Zinsfestsetzung)
ESt IV/2012	2000 €	70 € (3,5% von 2000 €)
SolZ IV/2012	110 €	0 € (3,5% von 100 € = 3,50 €, abgerundet gem. § 239 Abs. 2 Satz 1 AO auf 3 €; nach § 239 Abs. 2 Satz 2 AO erfolgt insoweit keine Zinsfestsetzung)

5.4. Beispiele zur Berechnung der Hinterziehungszinsen bei Fälligkeitssteuern

Beispiel 1: 19a

Der Steuerpflichtige machte in der nicht zustimmungsbedürftigen Umsatzsteuervoranmeldung für den Monat Juli 2017 (erklärter Umsatz zu 19% USt 50 000 €, kein Vorsteuerabzug) vorsätzlich unrichtige oder unvollständige Angaben. Im Rahmen der Umsatzsteuer-Jahreserklärung für das Jahr 2017 erfolgte am 18. 5. 2018 die entsprechende Nacherklärung der bisher nicht erklärten Umsätze in Höhe von 10 000 €. Die hierauf entfallende Umsatzsteuer wurde bei Fälligkeit der Umsatzsteuer 2017 am 18. 6. 2018 entrichtet.

Lösung:

Für die Umsatzsteuer-Vorauszahlung Juli 2017 beginnt der Zinslauf für die Hinterziehungszinsen am 11. 8. 2017 (Tag nach der gesetzlichen Fälligkeit, da keine Zustimmung erforderlich war) und endet am 18. 6. 2018 (Tag der Zahlung = Tag der Fälligkeit aufgrund der Umsatzsteuer-Jahreserklärung für das Jahr 2017), so dass Zinsen für 10 volle Monate festzusetzen sind (§ 235 Abs. 2 und 3 AO; AEAO zu § 235, Nr. 4.1.2 und 4.2.1).

Festzusetzende Hinterziehungszinsen:

Steuer	Umsatz	USt	Zinsen
USt 7/2017	10 000 €	1 900 €	95 € (5% von 1 900 € = 95 €)

Beispiel 2:

Abwandlung des Beispiels 1: Der Steuerpflichtige machte in der nicht zustimmungsbedürftigen Umsatzsteuervoranmeldung für den Monat Juli 2017 (erklärter Umsatz zu 19% USt 50 000 €, kein Vorsteuerabzug) vorsätzlich unrichtige oder unvollständige Angaben. Der Steuerpflichtige hat keine Nacherklärung im Rahmen der Umsatzsteuererklärung für 2017 vorgenommen. Die Umsatzsteuer-Jahreserklärung für das Jahr 2017 wurde am 18. 5. 2018 abgegeben, ohne dass sich eine Veränderung zu den Voranmeldungen ergab. Die Steuerhinterziehung wurde erst im Rahmen eines steuerstrafrechtlichen Ermittlungsverfahrens entdeckt. Es erging daraufhin am 22. 7. 2019 ein geänderter Umsatzsteuerbescheid für 2017 mit Fälligkeit 26. 8. 2019.[1] Die Umsatzsteuernachzahlung wurde bei Fälligkeit entrichtet.

Lösung:

Für die Umsatzsteuer-Vorauszahlung Juli 2017 beginnt der Zinslauf für die Hinterziehungszinsen am 11. 8. 2017 (Tag nach der gesetzlichen Fälligkeit, da keine Zustimmung erforderlich war) und endet mit Beginn des Zinslaufs für die hinterzogene Steuer (§ 235 Abs. 5 Nr. 2 Buchst. b AO), d. h. am 18. 6. 2018, so dass Zinsen für 10 volle Monate festzusetzen sind (§ 235 Abs. 2 und 3 AO; AEAO zu § 235, Nr. 4.1.2 und 4.2.1).

Für die Umsatzsteuer-Jahreszahlung 2017 beginnt der Zinslauf für die Hinterziehungszinsen am 19. 6. 2018 (Tag nach der fiktiven Fälligkeit der Umsatzsteuer 2017; vgl. § 235 Abs. 2 Satz 2 AO) und endet am 26. 8. 2019 (Tag der Zahlung = Tag der Fälligkeit der Umsatzsteuer 2017 des geänderten Umsatzsteuerbescheids für 2017 vom 22. 7. 2019), so dass Zinsen für 14 volle Monate festzusetzen sind (§ 235 Abs. 2 und 3 AO). Hierauf sind Zinsen nach § 233 a AO anzurechnen, soweit sich die Zinszeiträume vom 1. 4. 2019 bis 25. 7. 2019, somit für 3 volle Monate, überschneiden (§ 235 Abs. 4 AO).

Steuer	Umsatz	USt	Zinsen
USt 7/2017	10 000 €	1 900 €	95 € (5% von 1 900 € = 95 €)
USt 2017	10 000 €	1 900 €	125 € (7% von 1 900 € = 133 € abzügl. 8 €[2] nach § 235 Abs. 4 AO anzurechnende § 233 a AO-Zinsen)

Beispiel 3:

Der Steuerpflichtige machte in der zustimmungsbedürftigen Umsatzsteuervoranmeldung für den Monat Juli 2017 (erklärter Umsatz zu 19% 50 000 € und Vorsteuerabzug i. H. v. 25 000 €) vorsätzlich unrichtige oder unvollständige Angaben. Die Zustimmung zur Umsatzsteuervoranmeldung ist dem Steuerpflichtigen am 15. 8. 2017 bekannt gegeben worden. Im Rahmen der Umsatzsteuer-Jahreserklärung für das Jahr 2017 erfolgte am 11. 5. 2018 die entsprechende Nacherklärung der bislang nicht erklärten Umsätze in Höhe von 30 000 €. Die hierauf entfallende Umsatzsteuer wurde bei Fälligkeit der Umsatzsteuer 2017 am 11. 6. 2018 entrichtet.

Lösung:

Für die Umsatzsteuer-Vorauszahlung Juli 2017 beginnt der Zinslauf für die Hinterziehungszinsen am 15. 8. 2017 (Bekanntgabe der Zustimmung zur Umsatzsteuervoranmeldung, da Erstattungsfall) und endet am 11. 6. 2018 (Tag der Zahlung = Tag der

[1] **[Amtl. Anm.:]** Verschiebung der Fälligkeit gem. § 108 Abs. 3 AO auf den nächstfolgenden Werktag.

[2] **[Amtl. Anm.:]** § 233 a-Zinsen (für 3 volle Monate) 1 900 € × 0,45% = 8,55 € wurden gem. § 239 Abs. 2 Satz 1 AO auf 8 € abgerundet.

AEAO

Fälligkeit der Nachzahlung aufgrund der Umsatzsteuer-Jahreserklärung für das Jahr 2017), so dass Zinsen für 9 volle Monate festzusetzen sind (§ 235 Abs. 2 und 3 AO; AEAO zu § 235, Nr. 4.1.2 und 4.2.1).

Steuer	Umsatz	USt	Zinsen
USt 7/2017	30 000 €	5700 €	256 € (4,5% von 5700 € = 256 €[1])

Beispiel 4:

Abwandlung des Beispiels 3: Der Steuerpflichtige machte in der zustimmungsbedürftigen Umsatzsteuervoranmeldung für den Monat Juli 2017 (erklärter Umsatz zu 19% 50 000 € und Vorsteuerabzug i. H. v. 25 000 €) vorsätzlich unrichtige oder unvollständige Angaben. Die Zustimmung zur Umsatzsteuervoranmeldung ist dem Steuerpflichtigen am 15. 8. 2017 bekannt gegeben worden. Der Steuerpflichtige hat keine Nacherklärung im Rahmen der Umsatzsteuer-Jahreserklärung für das Jahr 2017 vorgenommen. Die Umsatzsteuer-Jahreserklärung für das Jahr 2017 wurde am 11. 5. 2018 abgegeben, ohne dass sich eine Veränderung zu den Voranmeldungen ergab. Die Steuerhinterziehung wurde erst im Rahmen eines steuerstrafrechtlichen Ermittlungsverfahrens entdeckt. Es erging daraufhin am 22. 7. 2019 ein geänderter Umsatzsteuerbescheid für 2017 mit Fälligkeit 26. 8. 2019.[1] Die Umsatzsteuernachzahlung wurde bei Fälligkeit entrichtet.

Lösung:

Für die Umsatzsteuer-Vorauszahlung Juli 2017 beginnt der Zinslauf für die Hinterziehungszinsen am 15. 8. 2017 (Bekanntgabe der Zustimmung zur Umsatzsteuervoranmeldung, da Erstattungsfall) und endet am 11. 6. 2018 (Tag der fiktiven Fälligkeit der Umsatzsteuer 2017), so dass Zinsen für 9 volle Monate festzusetzen sind (§ 235 Abs. 2 und 3 AO; AEAO zu § 235, Nr. 4.1.2 und 4.2.1).

Für die Umsatzsteuer-Jahreszahlung 2017 beginnt der Zinslauf für die Hinterziehungszinsen am 12. 6. 2018 (Tag nach der fiktiven Fälligkeit der Umsatzsteuer 2017; vgl. § 235 Abs. 2 Satz 2 AO) und endet am 26. 8. 2019 (Tag der Zahlung = Tag der Fälligkeit der Umsatzsteuer 2017 des geänderten Umsatzsteuerbescheids für 2017 vom 22. 7. 2019), so dass Zinsen für 14 volle Monate festzusetzen sind (§ 235 Abs. 2 und 3 AO). Hierauf sind Zinsen nach § 233 a anzurechnen, soweit sich die Zinszeiträume vom 1. 4. 2019 bis 25. 7. 2019, somit für 3 volle Monate, überschneiden (§ 235 Abs. 4 AO).

Steuer	Umsatz	USt	Zinsen
USt 7/2017	30 000 €	5 700 €	256 € (4,5% von 5 700 € = 256 €[2])
USt 2017	30 000 €	5 700 €	314 € (7% von 5 700 € = 399 € abzügl. 85 €[3] nach § 235 Abs. 4 AO anzurechnende § 233 a AO-Zinsen)

Beispiel 5:

Der Steuerpflichtige machte in der nach seinen Angaben zustimmungsbedürftigen Umsatzsteuervoranmeldung für den Monat Juli 2017 (erklärter Umsatz zu 19% 50 000 € und Vorsteuerabzug i. H. v. 25 000 €) vorsätzlich unrichtige oder unvollständige Angaben. Die Zustimmung zur Umsatzsteuervoranmeldung ist dem Steuerpflichtigen am 15. 8. 2017 bekannt gegeben worden. Im Rahmen der Umsatzsteuer-Jahreserklärung für das Jahr 2017 erfolgte am 11. 5. 2018 die entsprechende Nacherklärung der bislang nicht erklärten Umsätze in Höhe von 100 000 €. Die hierauf entfallende Umsatzsteuer wurde bei Fälligkeit der Umsatzsteuer 2017 am 11. 6. 2018 entrichtet.

Lösung:

Für die Umsatzsteuer-Vorauszahlung Juli 2017 beginnt der Zinslauf für die Hinterziehungszinsen am 11. 8. 2017 (Tag nach der gesetzlichen Fälligkeit, da bei richtiger Anmeldung keine Zustimmung erforderlich gewesen wäre) und endet am 11. 6. 2018 (Tag der Zahlung = Tag der Fälligkeit aufgrund der Umsatzsteuer-Jahreserklärung für das Jahr 2017), so dass Zinsen für 10 volle Monate (AEAO zu § 238, Nr. 1) festzusetzen sind (§ 235 Abs. 2 und 3 AO; AEAO zu § 235, Nr. 4.1.2 und 4.2.1).

Steuer	Umsatz	USt	Zinsen
USt 7/2017	100 000 €	19 000 €	950 € (5% von 19 000 € = 950 €)

Beispiel 6:

Abwandlung des Beispiels 5: Der Steuerpflichtige machte in der nach seinen Angaben zustimmungsbedürftigen Umsatzsteuervoranmeldung für den Monat Juli 2017 (erklärter Umsatz zu 19% 50 000 € und Vorsteuerabzug i. H. v. 25 000 €) vorsätzlich unrichtige oder unvollständige Angaben. Die Zustimmung zur Umsatzsteuervoranmeldung ist dem Steuerpflichtigen am 15. 8. 2017 bekannt gegeben worden. Der Steuerpflichtige hat keine Nacherklärung im Rahmen der Umsatzsteuer-Jahreserklärung für das Jahr 2017 vorgenommen. Die Umsatzsteuer-Jahreserklärung für das Jahr 2017 wurde am 11. 5. 2018 abgegeben, ohne dass sich eine Veränderung zu den Voranmeldungen ergab. Die Steuerhinterziehung wurde erst im Rahmen eines steuerstrafrechtlichen Ermittlungsverfahrens entdeckt. Es erging daraufhin am 22. 7. 2019 ein geänderter Umsatzsteuerbescheid für 2017 mit Fälligkeit 26. 8. 2019.[4] Die Umsatzsteuernachzahlung wurde bei Fälligkeit entrichtet.

Lösung:

Für die Umsatzsteuer-Vorauszahlung Juli 2017 beginnt der Zinslauf für die Hinterziehungszinsen am 11. 8. 2017 (Tag nach der gesetzlichen Fälligkeit, da bei richtiger Anmeldung keine Zustimmung erforderlich gewesen wäre) und endet am 11. 6. 2018 (Tag der fiktiven Fälligkeit der Umsatzsteuer 2017), so dass Zinsen für 10 volle Monate (AEAO zu § 238, Nr. 1) festzusetzen sind (§ 235 Abs. 2 und 3 AO; AEAO zu § 235, Nr. 4.1.2 und 4.2.1).

Für die Umsatzsteuer-Jahreszahlung 2017 beginnt der Zinslauf für die Hinterziehungszinsen am 12. 6. 2018 (Tag nach der fiktiven Fälligkeit der Umsatzsteuer 2017; vgl. § 235 Abs. 2 Satz 2 AO) und endet am 26. 8. 2019 (Tag der Zahlung = Tag der Fälligkeit der Umsatzsteuer 2017 des geänderten Umsatzsteuerbescheids für 2017 vom 22. 7. 2019), so dass Zinsen für 14 volle Monate festzusetzen sind (§ 235 Abs. 2 und 3 AO). Hierauf sind Zinsen nach § 233 a anzurechnen, soweit sich die Zinszeiträume vom 1. 4. 2019 bis 25. 7. 2019, somit für 3 volle Monate, überschneiden (§ 235 Abs. 4 AO).

[1] **[Amtl. Anm.:]** 5 700 € × 4,5% = 256,50 € wurden gem. § 239 Abs. 2 Satz 1 AO auf 256 € abgerundet.
[2] **[Amtl. Anm.:]** 5 700 € × 4,5% = 256,50 € wurden gem. § 239 Abs. 2 Satz 1 AO abgerundet.
[3] **[Amtl. Anm.:]** Verschiebung der Fälligkeit gem. § 108 Abs. 3 AO auf den nächstfolgenden Werktag.
[4] **[Amtl. Anm.:]** § 233 a Zinsen (für 3 volle Monate) 5 700 € × 1,5% = 85,50 € wurden gem. § 239 Abs. 2 Satz 1 AO auf 85 € abgerundet.

Steuer	Umsatz	USt	Zinsen
USt 7/2017	100 000 €	19 000 €	950 € (5% von 19 000 € = 950 €)
USt 2017	100 000 €	19 000 €	1045 € (7% von 19 000 € = 1 330 € abzügl. 285 €[1] nach § 235 Abs. 4 AO anzurechnende § 233 a AO-Zinsen)

6. Verfahren

6.1. Sind Steuern zum Vorteil der Gesellschafter einer Personengesellschaft hinterzogen worden, hat das Betriebsfinanzamt die Berechnungsgrundlagen der Hinterziehungszinsen gesondert und einheitlich festzustellen (§ 239 Abs. 3 Nr. 2 AO). 20

6.2. Die Zinsen für hinterzogene Realsteuern (insbes. Gewerbesteuer) sind von der hebeberechtigten Gemeinde zu berechnen, festzusetzen und zu erheben, wenn ihr die Festsetzung der Realsteuer übertragen worden ist. Die Berechnungsgrundlagen werden vom Finanzamt nach § 239 Abs. 3 Nr. 2 AO festgestellt. Dieser Messbescheid ist Grundlagenbescheid für den von der Gemeinde zu erlassenden Zinsbescheid. 21

Die Geltendmachung der Haftung für Hinterziehungszinsen zur Gewerbesteuer durch Haftungsbescheid setzt nicht voraus, dass zuvor gegenüber dem Zinsschuldner oder dem Haftungsschuldner Tatbestand und Umfang der Steuerhinterziehung gesondert festgestellt worden sind (BVerwG-Beschluss vom 16. 9. 1997, 8 B 143/97, BStBl. II S. 782).

6.3. Werden Zinsen für mehrere Ansprüche aus dem Steuerschuldverhältnis (vgl. AEAO zu § 235, Nr. 2.2) äußerlich verbunden in einem Sammelbescheid festgesetzt, muss dieser Sammelbescheid erkennen lassen, in welcher Höhe für den einzelnen Anspruch Zinsen festgesetzt worden sind (vgl. BFH-Urteil vom 26. 11. 2014, X R 18/13, BFH/NV 2015 S. 785). 22

7. Festsetzungsverjährung 23

7.1. Verjährung von Hinterziehungszinsen im Allgemeinen

Die Festsetzungsfrist für Zinsen beträgt nach § 239 Abs. 1 Satz 1 AO zwei Jahre. Sie beträgt jedoch nur ein Jahr, wenn diese Frist am 21. 7. 2022 bereits abgelaufen war (Art. 97 § 15 Abs. 15 EGAO). Sie beginnt für Hinterziehungszinsen mit Ablauf des Kalenderjahrs, in dem die Festsetzung der hinterzogenen Steuern unanfechtbar geworden ist, jedoch nicht vor Ablauf des Kalenderjahrs, in dem ein eingeleitetes Strafverfahren rechtskräftig abgeschlossen worden ist (§ 239 Abs. 1 Satz 2 Nr. 3 AO). Ein Strafverfahren hat nur dann Einfluss auf die für die Hinterziehungszinsen geltende Festsetzungsfrist, wenn es bis zum Ablauf des Jahres eingeleitet wird, in dem die hinterzogenen Steuern unanfechtbar festgesetzt wurden (BFH-Urteil vom 24. 8. 2001, VI R 42/94, BStBl. II S. 782).

7.2. Verjährung von Hinterziehungszinsen auf verkürzte Vorauszahlungen

Werden die hinterzogenen Beträge durch Anpassung der Vorauszahlungen festgesetzt, richtet sich der Beginn der Festsetzungsfrist nach Nr. 7.1 des AEAO zu § 235.

Werden die hinterzogenen Beträge dagegen nicht durch Anpassung der Vorauszahlungen, sondern allein durch Erlass oder Änderung des zugehörigen Jahressteuerbescheids gegenüber dem Steuerpflichtigen festgesetzt und kommt es auch nicht zur Einleitung und zum Abschluss eines Strafverfahrens bezüglich der hinterzogenen Vorauszahlungen, beginnt die Festsetzungsfrist mit Ablauf des Kalenderjahres, in dem gemäß § 170 Abs. 1, § 169 Abs. 2 Satz 2 AO letztmals geänderte Vorauszahlungsbescheide hätten erlassen werden können, wobei die Fristen gemäß § 37 Abs. 3 Satz 3 EStG außer Betracht bleiben (Urteil des FG Baden-Württemberg vom 9. 2. 2018, 13 K 3586/16, EFG S. 1430 sowie BFH-Urteil vom 28. 9. 2021, VIII R 18/16, BStBl. 2022 II S. 239).

Erlass betr. Verzinsung von hinterzogenen Steuern; Ergänzung der Regelungen im Anwendungserlass zur Abgabenordnung (AEAO) zu § 235

Anl

Vom 29. August 2016 (BeckVerw 331877)

(FM Nordrhein-Westfalen S 0462)

1. Allgemeines

Eine ausführliche Darstellung der Rechtsgrundlagen ergibt sich aus dem AEAO zu § 235. 24

2. Zweck und Voraussetzungen der Verzinsung

(siehe AEAO zu § 235, Nr. 1) 25

3. Gegenstand der Verzinsung (Ergänzung des AEAO zu § 235, Nr. 2)

3.1. Umsatzsteuer

Bei der Bearbeitung von Umsatzsteuererklärungen mit hohen Abschlusszahlungen und berichtigten Umsatzsteuer-Voranmeldungen ist zu prüfen, ob diese Selbstanzeigen darstellen (§ 371 Abs. 3 und 4 26

[1] **[Amtl. Anm.:]** § 233 a Zinsen (für 3 volle Monate) 1 900 € × 1,5% = 285 €.

Anl

AO) und die Festsetzung von Hinterziehungszinsen in Betracht kommt. Für das Veranlagungsverfahren wird unter folgenden Voraussetzungen der PH 667 ausgegeben: Die Abschlusszahlung i. S. d. § 18 Abs. 4 UStG aufgrund der Umsatzsteuer-Jahreserklärung beträgt mehr als 10 000,00 € oder mehr als 5 v. H. der Summe der vorangemeldeten Umsatzsteuer und mindestens 5 000,00 € (DA-ADV/ Fach 092 Hinweise mit Verweis auf die DDV-Auskunft). Nach dem Inhalt des PH 667 ist u. a. auch zu prüfen, ob Hinterziehungszinsen festzusetzen sind.

3.2. Einkommensteuer und Körperschaftsteuer

27 Insbesondere in den Fällen von lang andauernden Steuerverkürzungen bei ausländischen Kapitalerträgen sind auch die verkürzten Einkommensteuer-Vorauszahlungen nach § 235 AO zu verzinsen. In diesen Fällen betrifft die Verkürzung nicht ausschließlich die Jahreseinkommensteuer, sondern auch die vierteljährlichen Einkommensteuer-Vorauszahlungen, da diese bei Berücksichtigung der hinterzogenen Einkommensteuer des Vorjahres höher hätten festgesetzt werden müssen und der Hinterzieher sich dadurch bis zur endgültigen Festsetzung der Jahreseinkommensteuer einen ungerechtfertigten Liquiditäts- bzw. Zinsvorteil verschafft (vgl. BFH-Urteil v. 15. 4. 1997 VII R 74/96, BStBl. II S. 600). Demzufolge fallen auch keine oder zu geringe Steuervorauszahlungen unter den Begriff der „verkürzten Steuer" (vgl. AEAO zu § 235 Nr. 2.1) und sind mithin gesondert zu verzinsen.

Der objektive Tatbestand einer Hinterziehung von Einkommensteuer-Vorauszahlungen kann bereits dann erfüllt sein, wenn durch unrichtige Angaben in einer Jahressteuererklärung bewirkt wird, dass neben der Jahreseinkommensteuer auch die Einkommensteuer-Vorauszahlungen für einen nachfolgenden Veranlagungszeitraum nicht in voller Höhe oder nicht rechtzeitig festgesetzt werden. Diese Verkürzung ist aber weder im Unrechtsgehalt noch betragsmäßig mit einer evtl. späteren Einkommensteuerhinterziehung identisch, so dass es sich insoweit um aufeinanderfolgende Steuerhinterziehungen handelt, die nach Nr. 2.3 AEAO zu § 235 nicht als eine Tat zu würdigen, sondern als selbständige Taten zu behandeln sind.

Dies gilt entsprechend auch für verkürzte Körperschaftsteuer-Vorauszahlungen.

3.3. Solidaritätszuschlag

28 Bei der Festsetzung von Hinterziehungszinsen zur Einkommensteuer oder Körperschaftsteuer sind auch Zinsen zum Solidaritätszuschlag festzusetzen.

3.4. Erbschaft- und Schenkungsteuer

29 Da insbesondere bei der Schenkungsteuer oftmals ein langer Zeitraum zwischen der Verletzung der Anzeigepflicht und dem Zeitpunkt der Steuerfestsetzung liegt (vgl. Feststellungen des LRH NRW bei einer in den Jahren 2012 bis 2014 durchgeführten Prüfung der Organisation und der Bearbeitungsqualität der Erbschaftsteuerstellen in NRW), belaufen sich die Hinterziehungszinsen häufig auf nicht unerhebliche Beträge.

Die Bearbeiterinnen und Bearbeiter sollten im Rahmen von Schulungen oder Fachbesprechungen für diese Thematik sensibilisiert werden. Insbesondere ist darauf hinzuweisen, dass die Zinspflicht unabhängig vom Steuerstrafverfahren im Rahmen des Besteuerungsverfahrens zu prüfen ist. In Fällen der Selbstanzeige sind auch bei bereits eingetretener Strafverfolgungsverjährung Hinterziehungszinsen festzusetzen.

Des Weiteren sollte die Zusammenarbeit zwischen den Erbschaftsteuerstellen und den Finanzämtern für Steuerstrafsachen und Steuerfahndung intensiviert werden.

Auch bei der Erbschaft- und Schenkungsteuer ist die Festsetzung von Hinterziehungszinsen unabhängig vom Steuerstrafverfahren im Rahmen des Besteuerungsverfahrens zu prüfen. In Fällen der Selbstanzeige (vgl. dazu auch Nr. 10.1) dürften daher auch bei bereits eingetretener Strafverfolgungsverjährung in der Regel Hinterziehungszinsen festzusetzen sein.

Die Regelungen unter den Nrn. 10.2 und 10.3 gelten entsprechend.

3.5. Kirchensteuer

30 Verkürzte Kirchensteuern sind nicht zu verzinsen, da § 8 Abs. 2 des Gesetzes über die Erhebung von Kirchensteuern im Land Nordrhein-Westfalen (Kirchensteuergesetz – KiStG) in der Fassung der Bekanntmachung vom 22. April 1975 (GVBl. NW S. 438) die Anwendung der Vorschriften des Fünften Teils Zweiter Abschnitt der Abgabenordnung (Verzinsung, Säumniszuschläge) ausdrücklich ausschließt.

4. Zinsschuldner

31 (siehe AEAO zu § 235, Nr. 3)

5. Zinslauf

32 (siehe AEAO zu § 235, Nr. 4)

Ende des Zinslaufs bei verkürzten ESt-/KSt-/USt-Vorauszahlungen

Der Vorauszahlungsanspruch zur Einkommensteuer/Körperschaftsteuer ist auflösend bedingt und erlischt, wenn die Bedingung – jedenfalls mit der Festsetzung der Jahressteuer – eintritt. Damit endet aber noch nicht der Zinslauf; dieser endet erst, wenn die hinterzogenen Steuern, die auf der Grundlage des geänderten Jahressteuerbescheids erhoben werden, auch tatsächlich gezahlt werden.

Dies gilt im Ergebnis auch für den Zinslauf bei verkürzten Umsatzsteuer-Vorauszahlungen. Der Zinslauf endet mit vor Fälligkeit erfolgter Zahlung der Jahressteuerschuld bzw. mit Ablauf des Fälligkeitstages für die Jahressteuerschuld (s. AEAO zu § 235 Rn. 4.2.2.).

6. Höhe der Hinterziehungszinsen

33 (siehe AEAO zu § 235, Nr. 5)

Anl

7. Verfahren
(Ergänzung des AEAO zu § 235, Nr. 6)

7.1. Festsetzung der Zinsen

Hinterziehungszinsen sind steuerliche Nebenleistungen (§ 3 Abs. 4 AO). Auf sie sind die für Steuern geltenden Vorschriften entsprechend anzuwenden (§ 239 Abs. 1 Satz 1 AO). Dem Zinsschuldner ist somit ein Zinsbescheid zu erteilen, der die Erfordernisse des § 157 AO erfüllt. Zur Zinsfestsetzung ist der Vordruck Nr. 605/36 zu verwenden (ETV-Vorlagenschrank). Rundungs- und Kleinbetragsregelungen sowie die Anrechnung für gleiche Zeiträume festgesetzter Nachzahlungszinsen werden im Vordruck berücksichtigt. 34

Auf die berechneten Hinterziehungszinsen sind – vor Festsetzung – die Zinsen nach § 233 a AO anzurechnen, die für denselben Zeitraum festgesetzt wurden (vgl. AEAO zu § 233 a, Nr. 66); der Anrechnungsbetrag muss personell ermittelt werden.

Es wird den Festsetzungsfinanzämtern – unter Berücksichtigung der jeweiligen personellen Situation – empfohlen, für die Festsetzung der Hinterziehungszinsen aus Zweckmäßigkeitsgründen eine zentrale Stelle einzurichten. Die Einführung einer solchen „Zentralbearbeitung" bleibt den Finanzämtern aber – wie bisher – freigestellt.

Hinweis zur Einkommensteuerfestsetzung: Festgesetzte Nachzahlungszinsen, die auf Hinterziehungszinsen gemäß § 235 Abs. 4 AO angerechnet wurden, können nicht als Sonderausgaben gemäß § 10 Abs. 1 Nr. 5 EStG in der bis einschließlich 1998 geltenden Fassung abgezogen werden (BFH-Urteil vom 10. 11. 2004 XI R 30/04, BStBl. 2005 II S. 274).

7.2. Begründung des Zinsbescheids

Im Zinsbescheid muss dargelegt werden, dass und inwieweit eine Steuerhinterziehung vorliegt. In den Fällen, in denen der Steuerpflichtige wegen der Steuerhinterziehung rechtskräftig verurteilt worden ist, genügt ein Hinweis auf das Urteil. In allen übrigen Fällen ist in dem Zinsbescheid genau zu begründen, warum eine Steuerhinterziehung (Erfüllung des objektiven und subjektiven Tatbestands) vorliegt und in welcher Höhe die zu verzinsenden Steuern hinterzogen worden sind. 35

7.3. Personengesellschaften
(Ergänzung des AEAO zu § 235, Nr. 6.1)

Sind Steuern zum Vorteil der Gesellschafter einer Personengesellschaft hinterzogen worden und die Rechtsfolgen der Hinterziehungshandlung den an der Einkunftsquelle Beteiligten nach § 235 Abs. 1 Satz 2 AO gleichermaßen zuzurechnen, so hat das Betriebsfinanzamt in der einheitlichen und gesonderten Feststellung den Anteil am Gewinn/Verlust, der auf Hinterziehungshandlungen entfällt, besonders auszuweisen. Er ist entsprechend auf die Gesellschafter aufzuteilen. Diese Feststellungen, die ggf. in einem Ergänzungsbescheid nachgeholt werden können, sind für das Wohnsitzfinanzamt des Zinsschuldners bindend. Dieses kann somit nicht sachlich darüber entscheiden, ob eine Steuerhinterziehung vorliegt. Der Bescheid über die Festsetzung von Hinterziehungszinsen (als Folgebescheid) kann jedoch gemäß § 239 Abs. 1 Satz 1 AO i. V. m. § 155 Abs. 2 AO bereits erteilt werden, auch wenn der Grundlagenbescheid noch nicht erlassen wurde. 36

7.4. Gewerbesteuer
(Ergänzung des AEAO zu § 235, Nr. 6.2)

Für die Feststellung und Mitteilung der Berechnungsgrundlagen sind die Vordrucke (aus dem ETV-Vorlagenschrank) 37
605/37 „Hinterziehungszinsen (GewSt) – ohne Aufteilung"
605/52 „Hinterziehungszinsen (GewSt) – mit Aufteilung"
605/53 „Hinterziehungszinsen (GewSt) – Mitteilung an Gemeinde"
zu verwenden.

7.5. Haftung für Hinterziehungszinsen (§ 71 AO)

Soll ein nach § 71 AO Haftender für die Zinsen in Anspruch genommen werden, so ist ein Haftungsbescheid zu erlassen (§ 239 Abs. 1 Satz 1 AO i. V. m. § 191 AO). 38

Der LRH NRW ist bei einer im Jahr 2012 durchgeführten Prüfung der Organisation und Bearbeitungsqualität in den Finanzämtern für Steuerstrafsachen und Steuerfahndung (STRAFA-FÄ) des Landes NRW zu dem Ergebnis gekommen, dass – im Hinblick auf die Realisierung von Ansprüchen auf Hinterziehungszinsen – die Informationsweitergabe über haftungsrelevante Umstände aus den Fahndungsakten an die für die Zinsfestsetzung zuständigen Festsetzungsfinanzämter entscheidend ist. Der LRH NRW hielt die Zusammenarbeit zwischen den STRAFA-FÄ und den Erhebungsstellen der Festsetzungsfinanzämter insoweit für verbesserungswürdig.

Zur verbesserten Realisierung von Haftungsansprüchen – auch in Bezug auf die Zinsen nach § 235 AO – haben die STRAFA-FÄ ab sofort frühzeitig zu prüfen, ob eine Haftungsinanspruchnahme nach § 71 AO in Betracht kommt, und die Erhebungsstellen (EHSTen) sowie die für den Erlass des Haftungsbescheids zuständigen Stellen der Festsetzungsfinanzämter noch vor Fertigung des strafrechtlichen Schlussberichts hierüber zu informieren. Ferner sind die erlangten Informationen über haftungsbegründende Tatsachen auch in die Steuerfahndungsberichte aufzunehmen.

7.6. Zeitpunkt der Zinsfestsetzung

Zinsen sind grundsätzlich nicht vor der Fälligkeit der nachzuerhebenden Steuern festzusetzen, es sei denn, dass die hinterzogenen Steuern noch vor ihrer Fälligkeit nachgezahlt worden sind. 39

Zur Festsetzung von Hinterziehungszinsen für strafrechtlich verfolgte Veranlagungszeiträume Hinweis auf Nr. 10.2.

Anl

Zur Festsetzung von Hinterziehungszinsen für strafrechtlich nicht verfolgbare Veranlagungszeiträume Hinweis auf Nr. 10.3.

8. Verjährung

40 (siehe AEAO zu § 235, Nr. 7)

9. Einspruch gegen die Zinsfestsetzung

41 Wird gegen einen Bescheid über die Festsetzung von Hinterziehungszinsen Einspruch eingelegt, ist in der Regel zu der vom Einspruchsführer vorgetragenen Einspruchsbegründung eine Stellungnahme des zuständigen Finanzamts für Steuerstrafsachen und Steuerfahndung (STRAFA-FA) einzuholen.

Ist über einen Einspruch gegen einen Zinsbescheid zu entscheiden, so sind in der Einspruchsentscheidung auch die Gründe aufzuführen, aus denen sich der objektive und subjektive Tatbestand des § 370 AO ergibt. Die dazu erforderlichen Angaben sollten sich grundsätzlich aus der Stellungnahme des STRAFA-FA ergeben. Ist das Strafverfahren bereits rechtskräftig abgeschlossen, so genügt eine kurze Begründung, die dem abschließenden Vermerk entnommen werden kann. Die alleinige Bezugnahme auf den Strafbefehl reicht nicht aus.

Im Verfahren über die Aussetzung der Vollziehung des Zinsbescheids ist neben der Prüfung, ob die Zinsberechnung als solche ernstlich zweifelhaft ist, auch zu prüfen, ob ernstliche Zweifel an der Erfüllung des objektiven und subjektiven Tatbestands des § 370 AO bestehen. Im Rahmen einer Entscheidung über einen Einspruch gegen die Ablehnung einer Vollziehungsaussetzung ist hierauf einzugehen.

10. Allgemeiner Verfahrensablauf

42 Die STRAFA-FÄ teilen zwecks Prüfung, ob Hinterziehungszinsen festzusetzen sind, den für diese Festsetzung bzw. Feststellung zuständigen Finanzämtern mit den Vordrucken Nrn. 615/114 und 615/115 (ETV-Vorlagenschrank) die erforderlichen Angaben mit, insbesondere

- die rechtskräftige Bestrafung eines Steuerhinterziehers durch Urteil oder Strafbefehl,
- die Zubilligung von Straffreiheit gemäß § 371 AO,
- die Einstellung eines Steuerstrafverfahrens nach § 78 Abs. 3 Nr. 4 StGB, §§ 153, 153 b, 153 c, 154, 205, 206 a StPO, § 398 AO,
- das Absehen von der Einleitung eines Strafverfahrens nach § 78 Abs. 2 Nr. 4 StGB, §§ 153, 153 c StPO, Art. 103 Abs. 3 GG, § 398 AO,
- das Absehen von der Erhebung einer öffentlichen Klage nach § 153 a StPO.

Um Missverständnisse bei der Festsetzung von Hinterziehungszinsen zu vermeiden, haben die STRAFA-FÄ in Fällen der sanktionslosen strafrechtlichen Verfahrenseinstellung (z. B. nach §§ 371, 398 AO, §§ 153, 153 a, 170 Abs. 2 StPO) im Vordruck 615/114 zu begründen, warum – nach ihrer Auffassung – von der Festsetzung von Hinterziehungszinsen abgesehen werden kann.

10.1. Selbstanzeigen nach der Änderung der §§ 371, 398 a AO durch das Gesetz zur Änderung der Abgabenordnung und des Einführungsgesetzes zur Abgabenordnung vom 22. 12. 2014

43 Ist ein Steueranspruch fällig geworden, der mit einem aufgrund einer Selbstanzeige ergangenen Bescheid (Änderungs- bzw. Erstbescheid) festgesetzt wurde, hat das Festsetzungsfinanzamt spätestens bei Fälligkeit dieses Steueranspruchs die Prüfung und gegebenenfalls die Festsetzung der Hinterziehungszinsen vorzunehmen.

Sofern die Prüfung ergeben hat, dass keine Hinterziehungszinsen festzusetzen sind, ist dies der Straf- und Bußgeldsachenstelle mitzuteilen.

Das Festsetzungsfinanzamt hat die Zahlung sowohl der Steuern als auch der Zinsen zu überwachen und hierüber der Straf- und Bußgeldsachenstelle entsprechende Mitteilung zu machen. Erst danach kann die Straf- und Bußgeldsachenstelle über die endgültige Straffreiheit nach § 371 Abs. 3 AO oder über das Absehen von der Strafverfolgung nach § 398 a AO befinden.

Zur Berechnung der Hinterziehungszinsen i. S. d. § 371 Abs. 3 AO ist auf den Zeitraum des § 371 Abs. 1 AO abzustellen. Der zeitliche und sachliche Umfang der Nachentrichtungspflicht von Zinsen nach § 371 Abs. 3 AO hat keine Auswirkung auf die Berechnung und Festsetzung von Hinterziehungszinsen nach § 235 AO. Der Zinslauf endet mit der Zahlung der hinterzogenen Steuern (§ 235 Abs. 3 Satz 1 AO).

Die Festsetzung der Hinterziehungszinsen kann gemäß § 239 AO i. V. m. § 164 AO unter dem Vorbehalt der Nachprüfung erfolgen. Weil im Zeitpunkt des Ergehens des Zinsbescheides nicht feststeht, wann und in welcher Höhe eine Zahlung erfolgt ist, kann durch die Vorbehaltsfestsetzung eine Anpassung an den tatsächlichen Sachverhalt erfolgen.

10.2. Festsetzung von Hinterziehungszinsen für strafrechtlich verfolgte Veranlagungszeiträume

44 Bei nicht rechtskräftiger Straffestsetzung haben die STRAFA-FÄ Tatsachen und Anhaltspunkte, die für ein Verschulden sprechen, zu prüfen und entsprechend mitzuteilen. Reicht der Sachverhalt oder das Ergebnis der etwaigen Ermittlungen nicht aus, um den Nachweis der Steuerhinterziehung in objektiver und subjektiver Hinsicht hinreichend sicher zu führen, so ist besonders darauf hinzuweisen, dass aus diesem Grunde die Festsetzung von Hinterziehungszinsen unterbleiben sollte.

Obwohl die Festsetzung von Hinterziehungszinsen nicht vom Ausgang eines Strafverfahrens abhängt, ist die entsprechende Entscheidung im Falle der Einleitung eines Strafverfahrens so lange zurückzustellen, bis dieses rechtskräftig abgeschlossen ist. Sollte sich vor Ergehen der o. g. Mitteilung die Notwendigkeit ergeben, Hinterziehungszinsen festzusetzen (z. B. Gefährdung des Zinsanspruchs, Tod des Steuerstraftäters), so hat sich das für die Zinsfestsetzung zuständige Finanzamt mit dem STRAFA-FA in Verbindung zu setzen.

Die Zinsfestsetzungsfrist beginnt in den Fällen des § 235 AO nach § 239 Abs. 1 Satz 2 Nr. 3 Alt. 1 AO mit Ablauf des Kalenderjahrs, in dem die Festsetzung der hinterzogenen Steuern unanfechtbar geworden ist, jedoch nicht (Alt. 2) vor Ablauf des Kalenderjahrs, in dem ein eingeleitetes Strafverfahren rechtskräftig abgeschlossen worden ist. Aus dem Wortlaut und dem Zweck dieser den Anlauf der Festsetzungsfrist hemmenden Bestimmung folgt, dass das Strafverfahren bereits in demjenigen Jahr eingeleitet worden sein muss, in dem die Festsetzung der hinterzogenen Steuern unanfechtbar geworden ist (BFH-Urteile vom 24. 8. 2001 VI R 42/94, BStBl. II S. 782; vom 29. 4. 2008 VIII R 5/06, BStBl. II S. 844).

Diese gesetzliche Regelung ist unter dem Aspekt der Vermeidung von Rechtsbehelfen sinnvoll, denn wenn die Festsetzung der hinterzogenen Steuern bestritten wird (z. B. keine oder geringere Steuerverkürzung oder Nichterfüllung des subjektiven Tatbestands der Steuerhinterziehung), wirkt sich dies auch auf die Tatbestandsmerkmale für die Festsetzung der Hinterziehungszinsen aus, da unklar ist, ob und inwieweit sie vorliegen. Es ist daher zweckmäßig, die Hinterziehungszinsen erst dann festzusetzen, wenn mit der Unanfechtbarkeit der Steuerfestsetzung auch feststeht, dass und in welcher Höhe die Steuer verkürzt worden ist. Für den Fall der rechtzeitigen Einleitung eines Strafverfahrens ist es daher ebenfalls zweckmäßig, den Ausgang des Strafverfahrens auch zur Beurteilung der Tatbestandsmerkmale für die Festsetzung der Hinterziehungszinsen nutzbar zu machen.

10.3. Festsetzung von Hinterziehungszinsen für strafrechtlich nicht verfolgbare Veranlagungszeiträume

Es versteht sich von selbst, dass die vorstehende Regelung unter Nr. 10.2 für strafrechtlich nicht verfolgbare Veranlagungszeiträume nicht gelten kann, weil die Anlaufhemmung der Festsetzungsfrist nach § 239 Abs. 1 Satz 2 Nr. 3 Alt. 2 AO in diesen Fällen nicht eingreift, sondern der Lauf der Festsetzungsfrist hier bereits mit Ablauf des Kalenderjahrs beginnt, in dem die Festsetzung der hinterzogenen Steuern unanfechtbar geworden ist (Alt. 1). **45**

Für die strafrechtlich nicht relevanten Jahre sind die Hinterziehungszinsen daher nach Eintritt der Fälligkeit der verkürzten Steuern unverzüglich festzusetzen. Der Abschluss des Strafverfahrens hinsichtlich der strafrechtlich verfolgten Veranlagungszeiträume und die Hinterziehungsmitteilungen der STRAFA-FÄ sind insoweit nicht abzuwarten. Es wird bei dieser Regelung im Hinblick auf die kurze Festsetzungsfrist von nur einem Jahr in Kauf genommen, dass die Zahl von Einspruchsverfahren und Antragsverfahren wegen Aussetzung der Vollziehung möglicherweise zunimmt.

10.4. Weitere Maßnahmen

Zur Prüfung, ob ein Zinsbescheid zu erlassen ist, hat die für die Festsetzung zuständige Stelle bei der Erhebungsstelle (EHST) das Datum des maßgeblichen Zahlungseingangs abzufragen und aktenkundig zu machen. Liegen die Voraussetzungen für einen Zinsbescheid vor, ist dieser zu verfügen, von der festsetzenden Stelle abzusenden und der Verfügungsteil der EHST zur Sollanweisung zuzuleiten. **46**

Die Sollanweisung ist durch die EHST unter dem jeweiligen Sachkonto mit dem SKS (y1y2z1) Sachkontoergänzung z1 = 3 vorzunehmen (DA-ADV/Fach 142 Teil 1 S. 1 Nr. 2).

Ist ein Zinsbescheid nicht zu erlassen, sind die Hinderungsgründe aktenkundig zu machen.

11. Sonstiges

Bei Geschäftsprüfungen, insbesondere bei den Fachgeschäftsprüfungen Erhebung, wird immer noch zu häufig festgestellt, dass Fälle, in denen nach Aktenlage die Festsetzung von Hinterziehungszinsen in Betracht kam, nicht mit dem gebotenen Nachdruck aufgegriffen wurden. Es ist daher durch geeignete Maßnahmen (z. B. durch Bearbeitungshinweise auf den eingehenden Vordrucken Nrn. 615/114 und 615/115, Überwachung der einschlägigen Fälle durch die Sachgebietsleitungen) sicherzustellen, dass hinterzogene Steuern – rechtzeitig innerhalb der Festsetzungsfrist – verzinst werden. Die klare gesetzliche Regelung in § 235 AO lässt den Finanzbehörden nicht den im Strafverfahren (z. B. bei der Nichtverfolgung von Bagatellfällen) vorhandenen Ermessensspielraum. **47**

§ 236[1, 2] Prozesszinsen auf Erstattungsbeträge

AO

(1)[3] ① **Wird durch eine rechtskräftige gerichtliche Entscheidung oder auf Grund einer solchen Entscheidung eine festgesetzte Steuer herabgesetzt oder eine Steuervergütung** **1**

[1] Zur Anwendung von § 236 Abs. 5 s. Art. 97 § 15 Abs. 6 EGAO **(Anhang I Nr. 1).**

[2] Auf Überzahlung von Steuern beruhende Erstattungsansprüche, die ohne Änderung einer Steuerfestsetzung erst aufgrund eines Rechtsstreits über einen Abrechnungsbescheid entstehen, sind nicht nach § 236 AO zu verzinsen *(BFH-Urteil vom 12. 5. 1987 VII R 203/83; BStBl. II S. 702).* Siehe auch *BFH-Urteile vom 26. 4. 1988 VII R 97/87, BStBl. II S. 865; vom 5. 4. 1990 VII R 2/89, BStBl. II S. 719.*

BFH-Urteil vom 5. 4. 2005 I R 80/04, BFH/NV 2006 S. 1435): Wird auf Grund einer rechtskräftigen gerichtlichen Entscheidung das zu versteuernde Einkommen antragsgemäß um die anzurechnende KSt und Kapitalertragsteuer gem. § 20 Abs. 1 Nr. 1 und 3 EStG erhöht und ergibt sich infolge einer anschließenden Anrechnung auf die hiernach festgesetzte Steuer gem. § 36 Abs. 2 Nr. 2 und 3 Satz 4 Buchst. f EStG ein Erstattungsbetrag, so ist dieser Betrag nach § 236 Abs. 1 AO zu verzinsen (Abgrenzung zum *BFH-Beschluss vom 26. 7. 2005 VII ER-S 1/05, BFH/NV 2006 S. 4*).

[3] Ein Anspruch auf Prozesszinsen gemäß § 236 Abs. 1 Satz 1 AO besteht auch dann, wenn durch eine rechtskräftige gerichtliche Entscheidung eine unwirksame Steuerfestsetzung aufgehoben wird *(BFH-Urteil vom 16. 5. 2013 II R 20/11, BStBl. II S. 770).*

Ein Anspruch auf Prozesszinsen nach § 236 AO besteht nicht für den Zeitraum, in dem während eines Klageverfahrens die Vollziehung des Steuerbescheids aufgehoben wurde und die Finanzbehörde daraufhin den Steuerbetrag an den Steuerpflichtigen zurückgezahlt hat (*BFH-Urteil vom 17. 5. 2022 VII R 34/19, BStBl. 2023 II S. 8*).

Ein Anspruch auf Prozesszinsen bei Klagerücknahme nach Bescheidänderung kann nicht allein deswegen verneint werden, weil der Steuerpflichtige Tatsachen früher hätte geltend machen oder beweisen können und sollen *(BFH-Urteil vom 11. 4. 2013 III R 11/12, BStBl. II S. 665).*

Die für den Beginn des Zinslaufs maßgebliche Rechtshängigkeit tritt ein mit der Erhebung der Klage gegen den USt-Jahresbescheid und nicht bereits mit der Klageerhebung in dem vorangegangenen, den USt-Vorauszahlungsbescheid betreffenden Klageverfahren, das wegen Ergehens des USt-Jahresbescheids für erledigt erklärt worden ist *(BFH-Urteil vom 30. 11. 1995 V R 39/94, BStBl. 1996 II S. 260).*

[Fortsetzung nächste Seite]

gewährt, so ist der zu erstattende oder zu vergütende Betrag vorbehaltlich des Absatzes 3 vom Tag der Rechtshängigkeit an bis zum Auszahlungstag zu verzinsen. ② Ist der zu erstattende Betrag erst nach Eintritt der Rechtshängigkeit entrichtet worden, so beginnt die Verzinsung mit dem Tag der Zahlung.

2 (2) **Absatz 1 ist entsprechend anzuwenden, wenn**

1. sich der Rechtsstreit durch Aufhebung oder Änderung des angefochtenen Verwaltungsakts oder durch Erlass des beantragten Verwaltungsakts erledigt[1] oder

2. eine rechtskräftige gerichtliche Entscheidung oder ein unanfechtbarer Verwaltungsakt, durch den sich der Rechtsstreit erledigt hat,

a) zur Herabsetzung der in einem Folgebescheid festgesetzten Steuer,[2]

b) zur Herabsetzung der Gewerbesteuer nach Änderung des Gewerbesteuermessbetrags

führt.

3 (3) **Ein zu erstattender oder zu vergütender Betrag wird nicht verzinst, soweit dem Beteiligten die Kosten des Rechtsbehelfs nach § 137 Satz 1 der Finanzgerichtsordnung auferlegt worden sind.**

4 (4) **Zinsen nach § 233 a, die für denselben Zeitraum festgesetzt wurden, sind anzurechnen.**

5 (5) **Ein Zinsbescheid ist nicht aufzuheben oder zu ändern, wenn der Steuerbescheid nach Abschluss des Rechtsbehelfsverfahrens aufgehoben, geändert oder nach § 129 berichtigt wird.**

6 (6) **Die Absätze 1 bis 5 gelten für festgesetzte Haftungsansprüche entsprechend, soweit sich die Haftung auf Steuern und zurückzuzahlende Steuervergütungen erstreckt.**

AEAO

Zu § 236 – Prozesszinsen auf Erstattungsbeträge:

6 **1.** Voraussetzung für die Zahlung von Erstattungszinsen an den Steuerpflichtigen ist, dass eine festgesetzte Steuer herabgesetzt oder eine Steuervergütung gewährt – oder erhöht – wird. Die Steuerherabsetzung oder die Gewährung (Erhöhung) der Steuervergütung muss erfolgt sein:

a) durch eine rechtskräftige gerichtliche Entscheidung;

b) aufgrund einer rechtskräftigen gerichtlichen Entscheidung, z.B. in den Fällen, in denen das Gericht nach § 100 Abs. 1 Satz 1, Abs. 2 Sätze 2 und 3 oder Abs. 3 FGO den angefochtenen Verwaltungsakt aufhebt und das Finanzamt die Steuer niedriger festsetzt oder eine (höhere) Steuervergütung gewährt;

c) durch Aufhebung oder Änderung des angefochtenen Verwaltungsakts sowie durch Erlass des beantragten Verwaltungsakts, wenn sich der Rechtsstreit bei Gericht dadurch rechtskräftig erledigt;

d) durch einen sog. Folgebescheid nach § 175 Abs. 1 Satz 1 Nr. 1 AO oder § 35 b GewStG in den Fällen, in denen sich der Rechtsstreit bei Gericht gegen den Grundlagenbescheid (z. B. Fest-

[Fortsetzung]

Ist das Verhältnis von Grundlagen- zu Folgebescheiden dreistufig ausgebildet, kann eine gerichtliche Entscheidung der ersten Stufe (Wertfeststellung) ausreichen, damit ein Zinsanspruch betreffend die in der dritten Stufe festgesetzte Steuer (Grundsteuerfestsetzung) entsteht. Die Zwischenschaltung der zweiten Stufe (Grundsteuermessbetrag) ist eine Frage der Gesetzgebungstechnik und unterbricht den Kausalzusammenhang nicht *(BFH-Urteil vom 24. 5. 2023 II R 23/20, BFH/NV 2023 S. 1335).*

[1] Ein Anspruch auf Prozesszinsen besteht nicht, wenn eine Steuerherabsetzung erst nach Beendigung der Rechtshängigkeit des finanzgerichtlichen Verfahrens aufgrund eines Vorläufigkeitsvermerks erfolgt, der im Laufe des finanzgerichtlichen Verfahrens angebracht worden war *(BFH-Urteil vom 29. 8. 2012 II R 49/11, BStBl. 2013 II S. 104).*

Eine „Erledigung des Rechtsstreits" i. S. d. § 236 Abs. 2 Nr. 1 AO ist auch dann gegeben, wenn die Klage nach Ergehen von Änderungsbescheiden zurückgenommen wird *(BFH-Urteil vom 11. 4. 2013 III R 11/12, BStBl. II S. 665).*

Ein Anspruch auf Prozesszinsen besteht nicht, wenn eine Steuerherabsetzung erst nach Beendigung der Rechtshängigkeit des finanzgerichtlichen Verfahrens aufgrund eines Vorläufigkeitsvermerks erfolgt, der im Laufe des finanzgerichtlichen Verfahrens angebracht worden war *(BHF-Urteil vom 29. 8. 2012 II R 49/11, BFH/NV 2013 S. 276).*

Der Anspruch auf Prozesszinsen nach § 236 Abs. 2 Nr. 1 AO setzt voraus, dass der erledigte Rechtsstreit ursächlich für die Herabsetzung der Steuer war *(BFH-Urteil vom 15. 10. 2003 X R 48/01, BStBl. 2004 II S. 169).*

Prozesszinsen nach § 236 AO erhält der Feststellungsbeteiligte, dessen Einkommensteuerfestsetzung aufgrund der gerichtlichen Anfechtung eines Grundlagenbescheides durch einen früheren Mitgesellschafter einer KG geändert wird, selbst dann, wenn er nicht Beteiligter im Verfahren gegen den Grundlagenbescheid war *(BFH-Urteil vom 17. 1. 2007 X R 19/06, BStBl. II S. 506).*

BFH-Urteil vom 25. 1. 2007 III R 85/06, BStBl. II S. 598: Zahlt die Familienkasse während des Klageverfahrens das begehrte Kindergeld aufgrund eines außergerichtlichen Eilverfahrens vorläufig aus, beginnt die Frist für die Festsetzung von Prozesszinsen nicht mit Ablauf des Jahres der Auszahlung (§ 239 Abs. 1 Satz 2 Nr. 4 AO), sondern erst mit Ablauf des Jahres, in dem der Anspruch auf Prozesszinsen entsteht. Erlässt die Familienkasse im weiteren Verlauf des Verfahrens den beantragten Kindergeldbescheid, entsteht der Anspruch auf Prozesszinsen zu dem Zeitpunkt, zu dem sich der Rechtsstreit aufgrund der übereinstimmenden Erklärungen der Beteiligten erledigt (§ 236 Abs. 2 Nr. 1 AO).

[2] Der während eines gerichtlichen Verfahrens ergehende und zur Erledigung des Rechtsstreits führende Feststellungsänderungsbescheid ist als Grundlagenbescheid bei der Ermittlung eines Verlustrücktrags nach § 10 d Satz 2 EStG bindend und begründet für die durch den Verlustrücktrag ausgelöste Erstattung von ESt einen Anspruch auf Prozesszinsen gem. § 236 Abs. 2 Nr. 2 a i. V. m. Abs. 1 AO *(BFH-Urteil vom 16. 11. 2000 XI R 31/00, BStBl. 2002 II S. 119).*

Wird ein Einkommensteuerbescheid des Gesellschafters einer Kapitalgesellschaft gemäß § 32 a KStG unter Hinweis auf eine geänderte Erfassung der vGA in einem Körperschaftsteuerbescheid der Kapitalgesellschaft geändert, besteht kein Anspruch auf Prozesszinsen aus § 236 Abs. 2 Nr. 2 Buchst. a AO *(BFH-Urteil vom 18. 9. 2012 VIII R 9/09, BStBl. 2013 II S. 149).*

stellungsbescheid, Steuermessbescheid) durch oder aufgrund einer gerichtlichen Entscheidung (Buchstaben a und b) bzw. durch einen Verwaltungsakt (Buchstabe c) rechtskräftig erledigt; der Steuerpflichtige, demgegenüber der Folgebescheid ergangen ist, muss nicht Kläger im Verfahren gegen den Grundlagenbescheid gewesen sein (BFH-Urteil vom 17. 1. 2007, X R 19/06, BStBl. II S. 506).

Ohne Bedeutung ist, aus welchen Gründen die Steuerherabsetzung oder die Gewährung (Erhöhung) der Steuervergütung erfolgt ist. Das abgeschlossene gerichtliche Verfahren muss aber hierfür ursächlich gewesen sein (BFH-Urteil vom 15. 10. 2003, X R 48/01, BStBl. 2004 II S. 169).

Wird ein ändernder oder ersetzender Verwaltungsakt nach § 68 FGO Gegenstand des Klageverfahrens, ist für die Verzinsung das Ergebnis des gegen den neuen Verwaltungsakt fortgeführten Klageverfahrens maßgebend. Dies gilt auch, wenn ein angefochtener Vorauszahlungsbescheid durch die Jahressteuerfestsetzung ersetzt wird (vgl. AEAO zu § 365, Nr. 2). Durch die Überleitung auf den neuen Verfahrensgegenstand tritt noch keine Rechtsstreiterledigung i. S. d. § 236 Abs. 1 Satz 1 AO ein (BFH-Urteil vom 14. 7. 1993, I R 33/93, BFH/NV 1994 S. 438).

2. Zu verzinsen ist nur der zuviel entrichtete Steuerbetrag oder die zu wenig gewährte Steuervergütung. Sofern also der Rechtsbehelf zwar zu einer Herabsetzung der Steuer oder zu einer Gewährung (Erhöhung) der Steuervergütung führt, nicht aber oder nicht in gleichem Umfang zu einer Steuererstattung oder Auszahlung einer Steuervergütung, kommt insoweit eine Verzinsung nicht in Betracht. 7

3. Der zu verzinsende Betrag ist auf den nächsten durch fünfzig Euro teilbaren Betrag abzurunden. Hat der Steuerpflichtige die zu erstattende Steuerschuld in Raten entrichtet, wird die Abrundung nur einmal bei der Rate mit der kürzesten Laufzeit vorgenommen. 8

4. Der Anspruch auf Erstattungszinsen entsteht mit der Rechtskraft der gerichtlichen Entscheidung oder der Unanfechtbarkeit des geänderten Verwaltungsakts. Ein Gerichtsbescheid (§ 90 a FGO) wirkt als Urteil. Er gilt aber als nicht ergangen, wenn gegen ihn die Revision nicht zugelassen wurde und rechtzeitig mündliche Verhandlung beantragt worden ist. 9

5. Erstattungszinsen sind für die Zeit vom Tag der Rechtshängigkeit, frühestens jedoch vom Tag der Zahlung des Steuerbetrages an bis zum Tag der Auszahlung des zu verzinsenden Steuer- oder Steuervergütungsbetrages zu berechnen und zu zahlen. Rechtshängig ist die Streitsache erst mit dem Tag, an dem die Klage bei Gericht erhoben wird (§ 66 Abs. 1 i. V. m. § 64 Abs. 1 FGO). Wird die Klage zur Fristwahrung beim Finanzamt angebracht (§ 47 Abs. 2 FGO), ist die Streitsache mit dem Tag der Anbringung zwar anhängig, nicht aber rechtshängig. Auch in diesem Fall wird die Streitsache erst mit dem Eingang der Klage beim Gericht rechtshängig. Das Gleiche gilt bei einer Sprungklage (§ 45 FGO). Stimmt die Behörde der Sprungklage nicht zu oder gibt das Gericht die Klage an die Behörde ab, ist die Sprungklage als außergerichtlicher Rechtsbehelf zu behandeln; die Rechtshängigkeit entfällt somit rückwirkend. Wird ein ändernder oder ersetzender Verwaltungsakt nach § 68 FGO Gegenstand des Klageverfahrens, berührt dies nicht den Tag der Rechtshängigkeit der Streitsache. 10

6. Erstattungszinsen sind von Amts wegen zu zahlen. Es ist nicht erforderlich, dass der Steuerpflichtige einen Antrag stellt. 11

7. Die Zahlung von Erstattungszinsen entfällt, soweit durch Entscheidung des Gerichts einem Steuerpflichtigen die Kosten des Verfahrens nach § 137 Satz 1 FGO auferlegt worden sind, weil die Herabsetzung der Steuer oder die Gewährung (Erhöhung) der Steuervergütung auf Tatsachen beruhte, die dieser früher hätte geltend machen oder beweisen können und müssen (§ 236 Abs. 3 AO). 12

8. Bei den Realsteuern obliegt die Festsetzung und Zahlung von Erstattungszinsen den Gemeinden. Diesen sind deshalb – soweit erforderlich – die zur Berechnung und Festsetzung der Zinsen notwendigen Daten mitzuteilen. 13

§ 237[1] Zinsen[2] bei Aussetzung der Vollziehung

AO

(1) ① **Soweit ein Einspruch oder eine Anfechtungsklage gegen einen Steuerbescheid, eine Steueranmeldung oder einen Verwaltungsakt, der einen Steuervergütungs-** 1

---

[1] Zum Anwendungsbereich von § 237 Abs. 5 s. Art. 97 § 15 Abs. 6 EGAO **(Anhang I Nr. 1);** Abs. 1 Satz 2 und Abs. 2 in Kraft ab 1. 1. 1996.

[2] Zu Höhe und Berechnung vgl. §§ 238, 239 AO.

Zur Anfechtung von Billigkeitsmaßnahmen im Zinsfestsetzungsverfahren s. **AEAO zu § 348.**

Es wird die Entscheidung des BVerfG darüber eingeholt, ob § 237 i.V.m. § 238 Abs. 1 Satz 1 AO seit dem 1. 1. 2019 bis zum 15. 4. 2021 insoweit mit dem Grundgesetz vereinbar ist, als der Zinsberechnung für die Zinsen bei Aussetzung der Vollziehung (AdV) ein Zinssatz von einhalb Prozent pro Monat zugrunde gelegt wird (*BFH-Vorlagebeschluss vom 8. 5. 2024 VIII R 9/23, BFH/NV S. 1207*).

Aussetzung der Vollziehung wegen verfassungsrechtlicher Zweifel an der Höhe des Aussetzungszinssatzes ist nur für Zinszeiträume ab dem 1. 1. 2019 und lediglich in Höhe der gesetzlichen Spreizung der Aussetzungszinsen und der Nachzahlungszinsen von 0,35 Prozent für jeden Monat zu gewähren (BFH-Beschluss vom 24. 10. 2024 VI B 35/24 (AdV) vom 24. 10. 2024, BStBl. 2025 II S. 70).

Die überlange Dauer eines Einspruchs- oder Klageverfahrens steht der Festsetzung von Aussetzungszinsen für dieses Verfahren – auch unter dem Gesichtspunkt der Verwirkung – nicht entgegen *(BFH-Urteil vom 27. 7. 2016 X R 1/15, BStBl. II S. 840).*

[Fortsetzung nächste Seite]

bescheid aufhebt oder ändert, oder gegen eine Einspruchsentscheidung über einen dieser Verwaltungsakte endgültig keinen Erfolg gehabt hat,[1] ist der geschuldete Betrag,[2] hinsichtlich dessen die Vollziehung des angefochtenen Verwaltungsakts ausgesetzt wurde, zu verzinsen. ② Satz 1 gilt entsprechend, wenn nach Einlegung eines förmlichen außergerichtlichen oder gerichtlichen Rechtsbehelfs gegen einen Grundlagenbescheid (§ 171 Absatz 10) oder eine Rechtsbehelfsentscheidung über einen Grundlagenbescheid die Vollziehung eines Folgebescheids ausgesetzt wurde.[3]

2 (2)[4] ① **Zinsen werden erhoben vom Tag des Eingangs des außergerichtlichen Rechtsbehelfs bei der Behörde, deren Verwaltungsakt angefochten wird, oder vom Tag der Rechtshängigkeit beim Gericht an bis zum Tag, an dem die Aussetzung der Vollziehung endet.** ② **Ist die Vollziehung erst nach dem Eingang des außergerichtlichen Rechtsbehelfs oder erst nach der Rechtshängigkeit ausgesetzt worden, so beginnt die Verzinsung mit dem Tag, an dem die Wirkung der Aussetzung der Vollziehung beginnt.**

3 (3) **Absätze 1 und 2 sind entsprechend anzuwenden, wenn nach Aussetzung der Vollziehung des Einkommensteuerbescheids, des Körperschaftsteuerbescheids oder eines Feststellungsbescheids die Vollziehung eines Gewerbesteuermessbescheids oder Gewerbesteuerbescheids ausgesetzt wird.**

4 (4)[5] **§ 234 Absatz 2 und 3 gelten entsprechend.**

5 (5) **Ein Zinsbescheid ist nicht aufzuheben oder zu ändern, wenn der Steuerbescheid nach Abschluss des Rechtsbehelfsverfahrens aufgehoben, geändert oder nach § 129 berichtigt wird.**

6 (6) **Die Absätze 1 bis 5 gelten für festgesetzte Haftungsansprüche entsprechend, soweit sich die Haftung auf Steuern und zurückzuzahlende Steuervergütungen erstreckt.**

AEAO

Zu § 237 – Zinsen bei Aussetzung der Vollziehung:

6 **1.** Die Zinsregelung gilt sowohl für das außergerichtliche als auch für das gerichtliche Rechtsbehelfsverfahren.

7 **2.** Voraussetzung für die Erhebung von Aussetzungszinsen beim Steuerpflichtigen ist, dass die Vollziehung eines Steuerbescheids, eines Bescheids über die Rückforderung einer Steuervergütung oder – nach Aussetzung eines Einkommensteuer-, Körperschaftsteuer- oder Feststellungsbescheids – eines Gewerbesteuermessbescheids oder Gewerbesteuerbescheids ausgesetzt worden ist. Die Verzinsung tritt auch dann ein, wenn nach Anfechtung eines Grundlagenbescheids die Vollziehung eines Folgebescheids ausgesetzt wird. Auch wenn ein Grundlagenbescheid nicht auf

---

[Fortsetzung]

Aussetzungszinsen nach § 237 AO sind auch bei schuldhaft verzögerter Rechtsbehelfsbearbeitung zu zahlen. Auf die Dauer des Rechtsbehelfsverfahrens kommt es ebenso wenig an wie auf die Frage, worauf die Dauer im Einzelnen zurückzuführen ist, zumal der Steuerpflichtige jederzeit die Möglichkeit hat, der Festsetzung von Aussetzungszinsen durch Entrichtung der Steuer vor Beendigung der Aussetzung der Vollziehung zu entgehen *(BFH-Beschluss vom 28. 6. 2010 III B 97/09, BFH/NV S. 1784).*

Aussetzungszinsen sind bei den Einkünften aus Vermietung und Verpachtung als Werbungskosten abziehbar, wenn der von der Vollziehung ausgesetzte Steuerbescheid GESt betrifft, die zu den Anschaffungs- oder Herstellungskosten eines zur Erzielung von Mieteinkünften dienenden Gebäudes gehört *(BFH-Urteil vom 25. 7. 1995 IX R 38/93, BStBl. II S. 835).*

---

[1] Der Einspruch gegen einen ESt-Bescheid hat nicht bereits dann endgültig keinen Erfolg iSd § 237 Abs. 1 Satz 1 AO (Aussetzungszinsen), wenn der Einspruchsführer sein mit dem Einspruch verfolgtes Begehren zwar einschränkt, den Einspruch aber dennoch „vorsorglich" aufrechterhält *(BFH-Beschluss vom 7. 7. 1994 XI B 3/94, BStBl. II S. 785).*

Hatte ein Rechtsbehelf in vollem Umfang Erfolg, können auch dann keine Aussetzungszinsen gemäß § 237 AO festgesetzt werden, wenn das FA rechtsirrig einen zu hohen Betrag von der Vollziehung ausgesetzt hatte *(BFH-Urteil vom 31. 8. 2011 X R 49/09, BStBl. 2012 II S. 219).*

Erledigt sich ein Rechtsbehelfsverfahren gegen einen Vorauszahlungsbescheid mit Wirksamwerden der Jahressteuerfestsetzung (vgl. *Beschluss des Großen Senats des BFH vom 3. 7. 1995, BStBl. 1995 II S. 730)* ist im Rahmen der Zinsfestsetzung darüber zu entscheiden, inwieweit der Rechtsbehelf als erfolglos anzusehen ist.

Die Festsetzung von Aussetzungszinsen kommt nicht in Betracht, solange ein Klageverfahren gegen einen Grundlagenbescheid nicht endgültig abgeschlossen ist, auch wenn der Steuerpflichtige selbst nicht Kläger, sondern Beigeladener ist *(BFH-Urteil vom 10. 10. 2012 VIII R 56/10, BStBl. 2013 II S. 107).*

[2] Hat das FA die Vollziehung des angefochtenen Bescheids in vollem Umfang ausgesetzt, obwohl nur ein Teil der sich aus dem Bescheid ergebenden Steuerforderung streitig war, so berechnen sich die Aussetzungszinsen nach dem geschuldeten und tatsächlich von der Vollziehung ausgesetzten Betrag, soweit nicht der Rechtsbehelf Erfolg hatte *(BFH-Urteil vom 9. 12. 1998 XI R 24/98, BStBl. 1999 II S. 201).*

[3] Wird ein Grundlagenbescheid angefochten und Aussetzung der Vollziehung gewährt, ist für die Beurteilung der endgültigen Erfolglosigkeit im Sinne des § 237 Abs. 1 Satz 2 AO ausschließlich auf das Ergebnis des gegen diesen Bescheid gerichteten Rechtsbehelfsverfahrens abzustellen (*BFH-Urteil vom 10. 4. 2024 II R 14/21, BStBl. II S. 730*).

[4] Zur Berechnung von Aussetzungszinsen s. *BFH-Beschluss vom 25. 11. 1997 IX B 80/97, BFH/NV 1998 S. 679.* Rechnet der Stpfl. gegen einen ausgesetzten Steueranspruch wirksam mit Gegenforderungen auf, endet der Zinslauf für Aussetzungszinsen in dem Zeitpunkt, in dem sich beide Forderungen erstmals zur Aufrechnung geeignet gegenübergestanden haben *(BFH-Beschluss vom 14. 10. 1998 IV B 103/97, BFH/NV 1999 S. 447).*

[5] Das Entstehen von Steuererstattungsansprüchen während des Zeitraums einer gewährten Aussetzung der Vollziehung stellt für sich allein keinen Grund dar, auf die Erhebung von Aussetzungszinsen zu verzichten *(Erlass FM NRW vom 28. 5. 1996 S 0464 – 2 – VC 2, StEK AO 1977 § 361 Nr. 183 Leitsatz).*

den Vorschriften der §§ 179 ff. beruht oder wenn die Anfechtung des Grundlagenbescheids die Vollziehungsaussetzung eines anderen Grundlagenbescheids und der hierauf beruhenden Folgebescheide gem. § 361 Abs. 3 Satz 1 AO oder § 69 Abs. 2 Satz 4 FGO auslöst, tritt die Verzinsung ein.

3. Bei teilweiser Aussetzung der Vollziehung eines angefochtenen Verwaltungsakts bezieht sich die Zinspflicht nur auf den ausgesetzten Steuerbetrag. 8

4. Aussetzungszinsen sind zu erheben, soweit ein Einspruch oder eine Anfechtungsklage endgültig erfolglos geblieben ist. Ohne Bedeutung ist, aus welchen Gründen der Rechtsbehelf im Ergebnis erfolglos war (BFH-Urteil vom 27. 11. 1991, X R 103/89, BStBl. 1992 II S. 319). Aussetzungszinsen sind demnach zu erheben, 9

a) wenn der Steuerpflichtige aufgrund einer bestandskräftigen Einspruchsentscheidung oder aufgrund eines rechtskräftigen gerichtlichen Urteils ganz oder teilweise unterlegen ist,
b) wenn das Einspruchsverfahren oder gerichtliche Verfahren nach der Rücknahme des Einspruchs, der Klage oder der Revision rechtskräftig abgeschlossen wird,
c) wenn der angefochtene Verwaltungsakt – ohne dem Rechtsbehelfsantrag voll zu entsprechen – geändert wird und sich der Rechtsstreit endgültig erledigt,
d) soweit der Rechtsbehelf aufgrund einer unanfechtbar gewordenen Teil-Einspruchsentscheidung (§ 367 Abs. 2a AO) oder Allgemeinverfügung (§ 367 Abs. 2b AO) oder aufgrund eines unanfechtbar gewordenen Teilurteils (§ 98 FGO) endgültig keinen Erfolg hatte, unabhängig davon, inwieweit das Rechtsbehelfsverfahren im Übrigen wegen weiterer Streitpunkte anhängig bleibt.

Wird ein ändernder oder ersetzender Verwaltungsakt nach § 365 Abs. 3 AO oder nach § 68 FGO Gegenstand des Rechtsbehelfsverfahrens, ist für die Verzinsung das Ergebnis des gegen den neuen Verwaltungsakt fortgeführten Einspruchs- bzw. Klageverfahrens maßgebend. Dies gilt auch, wenn ein angefochtener Vorauszahlungsbescheid durch die Jahressteuerfestsetzung ersetzt wird (vgl. AEAO zu § 365, Nr. 2).

Für die Entscheidung, wann der Einspruch oder die Anfechtungsklage endgültig ohne Erfolg geblieben ist und somit die Frist für die Festsetzung von Aussetzungszinsen (§ 239 Abs. 1 Satz 2 Nr. 5 AO) in Lauf gesetzt wurde, ist auch dann auf den Zeitpunkt des Abschlusses des Einspruchsverfahrens oder des Verfahrens vor dem Finanzgericht oder dem BFH abzustellen, wenn sich hieran ein Verfassungsbeschwerdeverfahren anschließt (BFH-Urteil vom 11. 2. 1987, II R 176/84, BStBl. II S. 320; BFH-Beschluss vom 14. 6. 2007, VII B 185/06, BFH/NV S. 2055; vgl. auch AEAO zu § 361, Nr. 1.3).

5. Aussetzungszinsen sind nicht zu erheben, wenn die Fälligkeit des streitigen Steueranspruchs, z. B. aufgrund einer Stundung (§ 222 AO), hinausgeschoben war oder Vollstreckungsaufschub (§ 258 AO) gewährt wurde. 10

6. Aussetzungszinsen sind vom Tag des Eingangs des außergerichtlichen Rechtsbehelfs, frühestens vom Tag der Fälligkeit an, oder von der Rechtshängigkeit an bis zu dem Tag zu erheben, an dem die nach § 361 AO oder nach § 69 FGO gewährte Aussetzung der Vollziehung endet. Wird die Aussetzung der Vollziehung erst später gewährt, werden Zinsen erst vom Tag des Beginns der Vollziehungsaussetzung erhoben. 11

7. Bei den Realsteuern obliegt die Festsetzung und Erhebung der Aussetzungszinsen den Gemeinden. Diesen sind deshalb – soweit erforderlich – die für die Berechnung und Festsetzung der Zinsen notwendigen Daten mitzuteilen. 12

8. Wegen der Frist für die Festsetzung von Aussetzungszinsen wird auf den AEAO zu § 237, Nr. 4 (letzter Absatz) und den AEAO zu § 239, Nr. 2 verwiesen. Soweit der Rechtsbehelf durch eine Teil-Einspruchsentscheidung (§ 367 Abs. 2a AO), eine Allgemeinverfügung (§ 367 Abs. 2b AO) oder ein Teilurteil (§ 98 FGO) zurückgewiesen wurde (vgl. AEAO zu § 237, Nr. 4 erster Absatz Buchstabe d), beginnt die Festsetzungsfrist bereits mit dem Eintritt der Unanfechtbarkeit dieser Entscheidung. 13

§ 238[1] Höhe und Berechnung der Zinsen

AO

(1) ① **Die Zinsen betragen für jeden Monat einhalb Prozent.** ② **Sie sind von dem Tag an, an dem der Zinslauf beginnt, nur für volle Monate zu zahlen; angefangene Monate bleiben außer Ansatz.** ③ **Erlischt der zu verzinsende Anspruch durch Aufrechnung, gilt der Tag, an dem die Schuld des Aufrechnenden fällig wird, als Tag der Zahlung.** 1

(1 a) **In den Fällen des § 233 a betragen die Zinsen abweichend von Absatz 1 Satz 1 ab dem 1. Januar 2019 0,15 Prozent für jeden Monat, das heißt 1,8 Prozent für jedes Jahr.** 2

[1] Zur Anwendbarkeit von § 233 a i. V. m. § 238 I S. 1 vgl. *BVerfG-Beschluss vom 8. 7. 2021 1 BvR 2237/14, 1 BvR 2422/17, BGBl. I 2021, 4303.*

Auch wenn das BVerfG die Regelungen über den gesetzlichen Zinssatz in Bezug auf die Vollverzinsung (§ 233 a i. V. m. § 238 Abs. 1 Satz 1 AO) für Verzinsungszeiträume ab dem 1. 1. 2014 für mit Art. 3 Abs. 1 GG unvereinbar erklärt hat, ist sie für Verzinsungszeiträume bis zum 31. 12. 2018 aufgrund der im BVerfG-Beschluss vom 8. 7. 2021 – 1 BvR 2237/14, 1 BvR 2422/17 (BVerfGE 158, 282, Rz. 237 ff.) ausgesprochenen Weitergeltungsanordnung von den Fachgerichten weiterhin anzuwenden *(BFH-Beschluss vom 30. 8. 2023 X B 23/23, BFH/NV 2023 S. 1331).*

3 (1 b) ① **Sind für einen Zinslauf unterschiedliche Zinssätze maßgeblich, ist der Zinslauf in Teilverzinsungszeiträume aufzuteilen.** ② **Die Zinsen für die Teilverzinsungszeiträume sind jeweils tageweise zu berechnen.** ③ **Hierbei wird jeder Kalendermonat unabhängig von der tatsächlichen Anzahl der Kalendertage mit 30 Zinstagen und jedes Kalenderjahr mit 360 Tagen gerechnet.**

4 (1 c) ① **Die Angemessenheit des Zinssatzes nach Absatz 1 a ist unter Berücksichtigung der Entwicklung des Basiszinssatzes nach § 247 des Bürgerlichen Gesetzbuchs wenigstens alle zwei Jahre zu evaluieren.** ② **Die erste Evaluierung erfolgt spätestens zum 1. Januar 2024.**

5 (2)[1] **Für die Berechnung der Zinsen wird der zu verzinsende Betrag jeder Steuerart auf den nächsten durch 50 Euro teilbaren Betrag[2] abgerundet.**

AEAO

Zu § 238 – Höhe und Berechnung der Zinsen:

6 **1.** Ein voller Zinsmonat (§ 238 Abs. 1 Satz 2 AO) ist erreicht, wenn der Tag, an dem der Zinslauf (ggf. unter Berücksichtigung des § 108 Abs. 3 AO) endet, hinsichtlich seiner Zahl dem Tag entspricht, der dem Tag vorhergeht, an dem die Frist begann (BFH-Urteil vom 24. 7. 1996, X R 119/92, BStBl. 1997 II S. 6).

7 **2.** Abzurunden ist jeweils der einzelne zu verzinsende Anspruch. Bei der Zinsberechnung sind die Ansprüche zu trennen, wenn Steuerart, Zeitraum (Teilzeitraum) oder der Tag des Beginns des Zinslaufs voneinander abweichen. Im Falle von Teilzahlungen wird nur der Gesamtbetrag gerundet.

8 **3.** Sind für einen Zinslauf unterschiedliche Zinssätze maßgeblich, ist der Zinslauf gemäß § 238 Abs. 1 b AO in Teilverzinsungszeiträume aufzuteilen. Auf den der Verzinsung zugrundeliegenden Veranlagungs- oder Besteuerungszeitraum kommt es dabei grundsätzlich nicht an.

Bei Verzinsungszeiträumen, die sich über den 31. 12. 2018 hinaus erstrecken, erfolgt die Zinsberechnung bei einer Steuernachforderung entsprechend dem nachfolgenden Beispiel:

Verzinsung einer Einkommensteuer-Nachforderung für 2016, die Steuerfestsetzung wurde am 3. 8. 2022 bekanntgegeben:

Unterschiedsbetrag (Nachzahlung):		10.000 €
Zinslaufbeginn:	1.4.2018	
Zinslaufende:	3.8.2022	
Zinsberechnungszeitraum:	52 volle Monate (1.4.2018 bis 31.7.2022)	
Erster Teilverzinsungszeitraum:	1.4.2018 bis 31.12.2018 = 270 Zinstage	
Zweiter Teilverzinsungszeitraum:	1.1.2019 bis 3.8.2022 = 1.290 Zinstage (Hinweis: für die Zeit vom 1. bis 3.8. werden als angefangener Monat keine Zinstage mitgerechnet)	
Nachzahlungszinsen:	10.000 € × 6 % × 270/360 =	450 €
	10.000 € × 1,8 % × 1.290/360 =	645 €
Festzusetzen sind:	(Summe)	1.095 €

AO

§ 239[3] Festsetzung[4] der Zinsen

1 (1) ① **Auf die Zinsen sind die für die Steuern geltenden Vorschriften entsprechend anzuwenden, jedoch beträgt die Festsetzungsfrist zwei Jahre.** ② **Die Festsetzungsfrist beginnt:**

1. in den Fällen des § 233 a mit Ablauf des Kalenderjahrs, in dem die Steuer festgesetzt, aufgehoben, geändert oder nach § 129 berichtigt worden ist,

2. in den Fällen des § 234 mit Ablauf des Kalenderjahrs, in dem die Stundung geendet hat,

3. in den Fällen des § 235 mit Ablauf des Kalenderjahrs, in dem die Festsetzung der hinterzogenen Steuern unanfechtbar geworden ist, jedoch nicht vor Ablauf des

---

[1] Zur Berechnung von Stundungszinsen bei Gewährung von Ratenzahlungen vgl. **AEAO zu § 234 Nr. 9.**

[2] Zur Anwendung s. Art. 97 § 15 Abs. 10 EGAO, abgedruckt in **Anhang I Nr. 1.**

[3] Zur Anwendung von § 239 Abs. 1 Satz 3 s. Art. 97 § 10 Abs. 5 EGAO **(Anhang I Nr. 1).**

[4] Berechnungsfehler, die den Zinslauf betreffen, können nicht über die Änderungsvorschrift des § 233 a Abs. 5 Satz 1 AO, sondern nur auf der Grundlage der gemäß § 239 Abs. 1 Satz 1 AO auf Zinsfestsetzungen anwendbaren Regelungen in §§ 129, 172 ff. AO korrigiert werden *(BFH-Urteil vom 13. 12. 2022 VIII R 16/19, BFH/NV 2023 S. 696).*

Von der in § 239 Abs. 1 AO angelegten Verweisung auf die für Steuern geltenden Vorschriften werden die haftungsrechtlichen Bestimmungen des Zweiten Teils der AO nicht erfasst *(BFH vom 5. 10. 2004 VII R 76/03, BStBl. 2006 II S. 3).*

Kalenderjahrs, in dem ein eingeleitetes Strafverfahren rechtskräftig abgeschlossen worden ist,[1]

4. in den Fällen des § 236 mit Ablauf des Kalenderjahrs, in dem die Steuer oder der Haftungsbetrag erstattet oder die Steuervergütung ausgezahlt worden ist,

5. in den Fällen des § 237 mit Ablauf des Kalenderjahrs, in dem ein Einspruch oder eine Anfechtungsklage endgültig erfolglos geblieben ist,[2] **und**

6. in allen anderen Fällen mit Ablauf des Kalenderjahrs, in dem der Zinslauf endet.

③ **Die Festsetzungsfrist läuft in den Fällen des § 233 a nicht ab, solange die Steuerfestsetzung, ihre Aufhebung, ihre Änderung oder ihre Berichtigung nach § 129 noch zulässig ist.**

(2)[3] ① **Zinsen sind auf volle Euro zum Vorteil des Steuerpflichtigen gerundet festzusetzen.** ② **Sie werden nur dann festgesetzt, wenn sie mindestens 10 Euro betragen.** 2

(3) **Werden Besteuerungsgrundlagen gesondert festgestellt oder wird ein Steuermessbetrag festgesetzt, sind die Grundlagen für eine Festsetzung von Zinsen** 3

1. nach § 233 a in den Fällen des § 233 a Absatz 2 a oder

2. nach § 235

gesondert festzustellen, soweit diese an Sachverhalte anknüpfen, die Gegenstand des Grundlagenbescheids sind.

(4) **Werden wegen einer Steueranmeldung, die nach § 168 Satz 1 einer Steuerfestsetzung unter Vorbehalt der Nachprüfung gleichsteht, Zinsen nach § 233 a festgesetzt, so steht diese Zinsfestsetzung ebenfalls unter dem Vorbehalt der Nachprüfung.** 4

(5) **Die Festsetzung von Zinsen nach § 233 a hat Bindungswirkung für Zinsfestsetzungen nach den §§ 234, 235, 236 oder 237, soweit auf diese Zinsen nach § 233 a festgesetzte Zinsen anzurechnen sind.** 5

Zu § 239 – Festsetzung der Zinsen: AEAO

1. Zinsen werden durch Zinsbescheid festgesetzt; die Formvorschriften für Steuerbescheide (§ 157 Abs. 1, ggf. § 87 a Abs. 4 AO) gelten entsprechend. Der Mindestinhalt des Zinsbescheids richtet sich nach § 157 Abs. 1 Sätze 2 und 3, § 119 Abs. 3 AO. Der Bescheid kann nach § 129 AO berichtigt oder nach §§ 172 ff. AO aufgehoben oder geändert werden. Als Rechtsbehelf gegen den Zinsbescheid sowie gegen die Ablehnung, Erstattungszinsen nach §§ 233 a, 236 AO zu zahlen, ist der Einspruch gegeben. Zum Rechtsbehelfsverfahren gegen die Entscheidung über eine Billigkeitsmaßnahme vgl. AEAO zu § 347, Nr. 4. 6

2. Die Festsetzungsfrist beträgt zwei Jahre (§ 239 Abs. 1 Satz 1 AO). Sie beträgt jedoch nur ein Jahr, wenn diese Frist am 21. 7. 2022 bereits abgelaufen war (Art. 97 § 15 Abs. 15 EGAO). Nach Ablauf der Festsetzungsfrist können Zinsen nicht mehr festgesetzt werden. Die für Folgebescheide geltende Ablaufhemmung nach § 171 Abs. 10 Satz 1 AO wird im Verhältnis vom Steuerbescheid zum Zinsbescheid gemäß § 233 a AO durch die speziellen Regelungen in § 239 Abs. 1 Sätze 1 bis 3 AO verdrängt. Ergeht hingegen ein Zinsbescheid als Folgebescheid eines Zins-Grundlagenbescheids (§ 239 Abs. 3 AO), endet die Festsetzungsfrist für den Zinsbescheid nach § 171 Abs. 10 Satz 1 AO nicht vor Ablauf von zwei Jahren nach Bekanntgabe des Zins-Grundlagenbescheids (BFH-Urteil vom 16. 1. 2019, X R 30/17, BStBl. II S. 362). Wegen der Frist für die Festsetzung von Aussetzungszinsen vgl. AEAO zu § 237, Nr. 4 (letzter Absatz). Der Anspruch auf festgesetzte Zinsen erlischt durch Zahlungsverjährung (§§ 228 ff. AO), ggf. aber auch schon früher mit dem Erlöschen des Hauptanspruchs (§ 232 AO). 7

3. Bei der Zinsfestsetzung ist die Rundung zugunsten des Steuerpflichtigen zu beachten (§ 239 Abs. 2 Satz 1 AO). Die Kleinbetragsregelung des § 239 Abs. 2 Satz 2 AO (Zinsen unter zehn Euro werden nicht festgesetzt) ist auf die für eine Einzelforderung berechneten Zinsen anzuwenden (vgl. AEAO zu § 238, Nr. 2). 8

---

[1] Bei Mittäterschaft müssen alle eingeleiteten Strafverfahren rechtskräftig abgeschlossen sein *(BFH-Urteil vom 13. 7. 1994 XI R 21/93, BStBl. II S. 885).*

BFH-Urteil vom 29. 4. 2008 VIII R 5/06, BStBl. II S. 844: 1. Nach dem das Strafverfahren beherrschenden Legalitätsprinzip sind die Strafverfolgungsbehörden grundsätzlich berechtigt und verpflichtet, nach Eingang einer Selbstanzeige ein Strafverfahren zum Zwecke der Prüfung der Straffreiheit gemäß § 371 Abs. 1 und 3 AO einzuleiten. Eine derartige Strafverfahrenseinleitung hemmt den Anlauf der Frist zur Festsetzung von Hinterziehungszinsen gemäß § 239 Abs. 1 Satz 2 Nr. 3 AO. 2. Ausnahmsweise hemmt aber eine Strafverfahrenseinleitung, die sich nach den für die Strafverfolgungsbehörden zum Zeitpunkt der Einleitung bekannten oder ohne Weiteres erkennbaren Umständen als greifbar rechtswidrig darstellt, den Anlauf der Festsetzungsfrist nicht.

[2] Bei Beendigung eines Rechtsstreits durch Hauptsacheerledigung beginnt die Frist für die Festsetzung der Aussetzungszinsen insgesamt erst mit Ablauf des Jahres, in dem die Beteiligten den Rechtsstreit übereinstimmend in der Hauptsache für erledigt erklärt haben *(BFH-Urteil vom 9. 12. 1998 XI R 24/98, BStBl. 1999 II S. 201).*

Eine Anfechtungsklage ist im Falle der übereinstimmenden Erledigungserklärung auch dann mit Eingang der zweiten Erledigungserklärung oder mit Eintritt der Fiktion des § 138 Abs. 3 FGO endgültig i. S. des § 239 Abs. 1 Satz 2 Nr. 5 AO erfolglos, wenn der angefochtene Bescheid später auf Grundlage einer tatsächlichen Verständigung geändert wird *(BFH-Urteil vom 14. 6. 2017 I R 38/15, BStBl. 2018 II S. 2).*

[3] Zur Anwendung s. Art. 97 § 15 Abs. 10 EGAO, abgedruckt in **Anhang I Nr. 1.**

9 **4.** Zur Anrechnung von Erstattungs- und Nachzahlungszinsen nach § 233a AO bei der Festsetzung von Stundungs-, Hinterziehungs-, Prozess- und Aussetzungszinsen vgl. AEAO zu § 233a, Nrn. 64ff. und AEAO zu § 235, Nr. 5.1.2 und 5.2.2. Der Zinsbescheid nach § 233a AO ist dabei Grundlagenbescheid für die Festsetzung von Zinsen nach den §§ 234, 235, 236 oder 237 AO, soweit hierauf nach § 233a AO festgesetzte Zinsen anzurechnen sind (§ 239 Abs. 5 AO); § 175 Abs. 1 Satz 1 Nr. 1 AO ist entsprechend anzuwenden.

AO

2. Unterabschnitt. Säumniszuschläge[1]

§ 240 Säumniszuschläge[2]

1 (1) ① **Wird eine Steuer nicht bis zum Ablauf des Fälligkeitstages entrichtet, so ist für jeden angefangenen Monat der Säumnis ein Säumniszuschlag von 1 Prozent[3] des abgerundeten rückständigen Steuerbetrags zu entrichten; abzurunden ist auf den**

---

[1] Vgl. Art. 97 § 16 EGAO, abgedruckt in **Anhang I Nr. 1**.

[2] *BFH-Urteil vom 19. 2. 2025 XI R 18/23, BStBl. II S. 479:* 1. Gegen die gesetzliche Höhe des Säumniszuschlags nach § 240 Abs. 1 S. 1 AO) bestehen auch für Zeiträume nach dem 31. 12. 2018 keine verfassungsrechtlichen Bedenken (Anschluss an das *BFH-Urteil vom 23. 8. 2023 X R 30/21, BStBl. 2024 II S. 215*). 2. Gegen § 240 Abs. 1 Satz 1 AO bestehen auch keine unionsrechtlichen Bedenken. 3. § 240 Abs. 1 Satz 1 AO steht auch im Einklang mit Art. 6 Abs. 2 der Konvention zum Schutze der Menschenrechte und Grundfreiheiten.

Aufgrund des deutlichen und nachhaltigen Anstiegs der Marktzinsen, der seit dem russischen Überfall auf die Ukraine im Februar 2022 zu verzeichnen ist, bestehen jedenfalls seit März 2022 keine ernstlichen Zweifel mehr an der Verfassungsmäßigkeit der gesetzlichen Regelung über die Höhe der Säumniszuschläge (*BFH-Beschluss vom 21. 3. 2025 X B 21/25 (AdV), BStBl. II S. 485*).

Die Säumniszuschläge sind ein **Druckmittel eigener Art,** das den Stpfl. zur rechtzeitigen Zahlung anhalten soll, und sind **Gegenleistung für das Hinausschieben der Zahlung** (vgl. *BFH-Urteil vom 29. 8. 1991 V R 78/86, BStBl. II S. 906).* Sie zählen zu den in § 3 Abs. 3 aufgeführten steuerlichen Nebenleistungen und damit zu den Ansprüchen aus dem Steuerschuldverhältnis.

Ist der Steuerschuldner in der Lage, die Liquiditätsunterdeckung über einen gewissen Zeitraum durch laufende Aufnahme von Bankkrediten zu finanzieren, mit denen er seine betrieblichen und privaten Aufwendungen und Schulden bezahlt, ist noch ein Zustand gegeben, seitens des FA auf die Tilgung auch der Steuerschulden durch Erhebung von Säumniszuschlägen hinzuwirken *(BFH-Urteil vom 8. 3. 1990 IV R 34/89, BStBl. II S. 673).*

§ 69 Abs. 3 i. V. m. Abs. 2 FGO gestattet es den FG, die Vollziehung eines Steuerbescheides mit der Maßgabe aufzuheben, dass in der Vergangenheit entstandene Säumniszuschläge entfallen. Für die Bestimmung des Zeitpunktes, von dem an die Wirkungen der Vollziehung aufzuheben sind, kommt es darauf an, ab wann ernstliche Zweifel an der Rechtmäßigkeit des Bescheides erkennbar vorlagen *(BFH-Urteil vom 10. 12. 1986 I B 121/86, BStBl. 1987 II S. 389).*

Säumniszuschläge entstehen nach fruchtlosem Ablauf des Fälligkeitstages allein durch Zeitablauf; auf ein **Verschulden** des Stpfl. **kommt es nicht an** *(BFH-Urteil vom 17. 7. 1985 I R 172/79, BStBl. 1986 II S. 122).*

Säumniszuschläge entstehen gemäß § 240 Abs. 1 Satz 1 AO auch nach Anzeige der Masseunzulänglichkeit kraft Gesetzes *(BFH-Urteil vom 17. 9. 2019 VII R 31/18, BStBl. 2023 II S. 221).*

Besteht Streit über die Entstehung und die Verwirklichung von Säumniszuschlägen, hat die Finanzbehörde darüber durch **Abrechnungsbescheid** nach § 218 Abs. 2 Satz 1 AO zu entscheiden. Die Erteilung eines Verwaltungsaktes iSd § 218 Abs. 2 Satz 1 AO über die Entstehung und den Fortbestand von Säumniszuschlägen setzt Angaben des Stpfl. über Art, Entstehungszeitpunkt, Betrag, Fälligkeit und Erlöschensgrund hinsichtlich jedes einzelnen Zahlungsanspruchs nicht voraus. Es genügt, wenn die Steuerarten und die Besteuerungszeiträume, für die die Säumniszuschläge im Abrechnungsbescheid festgestellt werden sollen, hinreichend konkret bezeichnet werden. Der Anspruch auf Erteilung eines Abrechnungsbescheides über Säumniszuschläge entfällt bei missbräuchlicher Antragstellung des Stpfl. *(BFH-Urteil vom 12. 8. 1999 VII R 92/98, BStBl. II S. 751).*

Zu den Voraussetzungen für einen Billigkeitserlass von Säumniszuschlägen aus sachlichen Gründen bei bevorstehender Vermögensverwertung durch Drittgläubiger vgl. *BFH-Urteil vom 8. 3. 1990 IV R 34/89, BStBl. II S. 673.*

Auch dann, wenn das FG Aussetzung der Vollziehung gegen Sicherheitsleistung gewährt hat, der Stpfl. diese aber wegen Zahlungsunfähigkeit nicht beibringen konnte, sind die Säumniszuschläge grundsätzlich nur teilweise zu erlassen *(BFH-Beschluss vom 18. 3. 2003 X B 66/02, BFH/NV S. 886).*

Die spätere Herabsetzung der Steuerschuld rechtfertigt keinen Erlass von Säumniszuschlägen aus sachlichen Billigkeitsgründen. War dem Stpfl. die rechtzeitige Zahlung der Steuer wegen Zahlungsunfähigkeit oder Überschuldung nicht möglich, sind Säumniszuschläge wegen sachlicher Unbilligkeit (nur) zur Hälfte zu erlassen (ständige Rspr.). Ein Erlass aus persönlichen Billigkeitsgründen setzt voraus, dass sich die Billigkeitsmaßnahme auf die wirtschaftliche Situation des Stpfl. auswirken kann *(BFH-Urteil vom 7. 7. 1999 X R 87/96, BFH/NV 2000 S. 161).*

Säumniszuschläge haben neben ihrer Rechtfertigung als Druckmittel eigener Art auch den Zweck, Gegenleistung für das Hinausschieben der Zahlung zu sein. Unter diesem Gesichtspunkt ist – da bei einer möglichen und gebotenen Aussetzung der Vollziehung keine Zinsen angefallen wären – ein teilweiser Erlass von Säumniszuschlägen ermessensgerecht, wenn nach abgelehnter Aussetzung der Vollziehung das Rechtsmittel des Stpfl. in der Hauptsache Erfolg hat *(BFH-Urteil vom 29. 8. 1991 V R 78/86, BStBl. II S. 906).*

BFH-Beschluss vom 13. 9. 2005 X B 65/05, BFH/NV S. 2159: 1. Die Erhebung von Säumniszuschlägen ist insofern sachlich unbillig, als dem Stpfl. die rechtzeitige Zahlung der Steuer wegen Überschuldung und Zahlungsunfähigkeit unmöglich war und deshalb die Ausübung von Druck zur Zahlung ihren Sinn verloren hatte. 2. Allerdings rechtfertigt der Tatbestand der Überschuldung und Zahlungsunfähigkeit für sich allein keinen vollständigen Erlass von Säumniszuschlägen wegen sachlicher Unbilligkeit, sondern gebietet in der Regel nur einen Erlass zur Hälfte. 3. Nur wenn – über Zahlungsunfähigkeit und Überschuldung hinaus – zusätzliche, besondere Gründe persönlicher oder sachlicher Billigkeit gegen die Geltendmachung von Säumniszuschlägen sprechen, kommt ein vollständiger Erlass der Säumniszuschläge in Betracht.

Der vollständige Erlass von Säumniszuschlägen setzt voraus, dass der Steuerpflichtige in der Hauptsache obsiegt und ein von ihm betriebenes Aussetzungsverfahren zu Unrecht erfolglos geblieben ist. Für die Prüfung, ob eine Aussetzung der Vollziehung wegen „unbilliger Härte" hätte erfolgen müssen, sind die Anforderungen zu beachten, die das BVerfG in den Beschlüssen vom 22. September 2009 1 BvR 1305/09, DStR 2009, 2146 und vom 11. 10. 2010 2 BvR 1710/10, DStR 2010 S. 2296 zur Auslegung des Merkmals aufgestellt hat *(BFH-Beschluss vom 2. 2. 2011 V B 141/09, BFH/NV S. 961).*

Ob der Steuerpflichtige einen Anspruch auf den Erlass von Säumniszuschlägen hat, weil er alles Erforderliche getan hat, um die – tatsächlich nicht erwirkte– Aussetzung der Vollziehung (AdV) zu erreichen, hängt von den Umständen des Einzelfalls ab. Das gilt auch für die Frage, ob er einen Antrag auf AdV beim Finanzgericht hätte stellen müssen (*BFH-Urteil vom 25. 2. 2025 VIII R 2/23, BStBl. II S. 954*).

[Fortsetzung nächste Seite]

nächsten durch 50 Euro teilbaren Betrag.[1] ② Das Gleiche gilt für zurückzuzahlende Steuervergütungen und Haftungsschulden, soweit sich die Haftung auf Steuern und zurückzuzahlende Steuervergütungen erstreckt. ③ Die Säumnis nach Satz 1 tritt nicht ein, bevor die Steuer festgesetzt oder angemeldet worden ist. ④ Wird die Festsetzung einer Steuer oder Steuervergütung aufgehoben, geändert oder nach § 129 berichtigt, so bleiben die bis dahin verwirkten Säumniszuschläge unberührt; das Gleiche gilt, wenn ein Haftungsbescheid zurückgenommen, widerrufen oder nach § 129 berichtigt wird.[2] ⑤ Erlischt der Anspruch durch Aufrechnung, bleiben Säumniszuschläge unberührt, die bis zur Fälligkeit der Schuld des Aufrechnenden entstanden sind.[3]

(2) **Säumniszuschläge entstehen nicht bei steuerlichen Nebenleistungen.** 2

(3)[4, 5] **① Ein Säumniszuschlag wird bei einer Säumnis bis zu drei Tagen nicht erhoben. ② Dies gilt nicht bei Zahlung nach § 224 Absatz 2 Nummer 1.** 3

(4) **① In den Fällen der Gesamtschuld entstehen Säumniszuschläge gegenüber jedem säumigen Gesamtschuldner.[6] ② Insgesamt ist jedoch kein höherer Säumniszuschlag zu entrichten als verwirkt worden wäre, wenn die Säumnis nur bei einem Gesamtschuldner eingetreten wäre.** 4

Zu § 240 – Säumniszuschläge:

AEAO

1. Säumnis tritt ein, wenn die Steuer oder die zurückzuzahlende Steuervergütung nicht bis zum Ablauf des Fälligkeitstages entrichtet wird. Sofern – wie bei den Fälligkeitssteuern – die Steuer ohne Rücksicht auf die erforderliche Steuerfestsetzung oder Steueranmeldung fällig wird, tritt die Säumnis nicht ein, bevor die Steuer festgesetzt oder die Steueranmeldung abgegeben worden ist. Bei Fälligkeitssteuern ist daher wie folgt zu verfahren: 5

a) Gibt der Steuerpflichtige seine Voranmeldung oder Anmeldung erst nach Ablauf des Fälligkeitstages ab, so sind Säumniszuschläge bei verspätet geleisteter Zahlung nicht vom Ablauf des im Einzelsteuergesetz bestimmten Fälligkeitstages an, sondern erst von dem auf den Tag des

---

[Fortsetzung]

BFH-Urteil vom 18. 9. 2018 XI R 36/16, BStBl. 2019 II S. 86: 1. Säumniszuschläge sind nicht wegen sachlicher Unbilligkeit zu erlassen, wenn der Steuerpflichtige seinen vom Finanzamt zurückgewiesenen Einspruch gegen die teilweise Ablehnung von AdV trotz entsprechender Ankündigung nicht begründet. 2. Ob zum Zeitpunkt der AdV-Versagung ernstliche Zweifel an der Rechtmäßigkeit des angefochtenen Steuerbescheids vorgelegen haben, ist im Billigkeitsverfahren nicht zu überprüfen.

Ein Stpfl., der regelmäßig die Schonfrist ausnutzt, nimmt das Risiko einer gelegentlichen Überschreitung durch unvorhergesehene Ereignisse in Kauf. Ein Erlass des Säumniszuschlags kommt in diesen Fällen nicht in Betracht. Der Stpfl. muss sich vielmehr entgegenhalten lassen, dass er seine Zahlungen regelmäßig verspätet geleistet hat *(BFH-Urteil vom 15. 5. 1990 VII R 7/88, BStBl. II S. 1007).*

Miterben können einen Anspruch auf Erlass von Säumniszuschlägen aus **sachlichen** in der Person des **Erblassers** liegenden Billigkeitsgründen einzeln geltend machen *(§ 2039 Satz 1 BGB; BFH-Urteil vom 19. 1. 1989 V R 98/83, BStBl. 1990 II S. 360).*

Rückständige Säumniszuschläge sind auch dann nach Maßgabe der §§ 268 ff. AO aufzuteilen, wenn die ihnen zugrunde liegende Steuer nicht mehr rückständig ist *(BFH-Urteil vom 30. 11. 1994 XI R 19/94, BStBl. 1995 II S. 487).*

Es entstehen keine Säumniszuschläge, wenn aufgrund einer Anfechtung des Insolvenzverwalters Steuern, die bis zum Ablauf des Fälligkeitstages vom Insolvenzschuldner gezahlt wurden, zurückgewährt werden *(BFH-Urteil vom 22. 11. 2017 XI R 14/16, BStBl. 2018 II S. 465).*

---

[1] Zur Anwendung siehe Art. 97 § 16 Abs. 5 EGAO **(Anhang I Nr. 1).**

[2] Der *BFH* hat mit *Urteil vom 25. 2. 1997 VII R 15/96, BStBl. 1998 II S. 2* entschieden, dass § 240 AO keine Rechtsgrundlage für die Erhebung von Säumniszuschlägen darstellt, wenn Haftungsbeträge nicht bei Fälligkeit entrichtet werden. Mit der Änderung des § 240 Abs. 1 Satz 2 AO soll erreicht werden, dass auch künftig bei säumiger Erfüllung von Haftungsschulden Säumniszuschläge entstehen, soweit sich die Haftung auf Steuern oder zurückzuzahlende Steuervergütungen erstreckt. Wenn sowohl der Steuerschuldner als auch der Haftungsschuldner säumig sind, entstehen ihnen gegenüber jeweils eigenständige Säumniszuschläge. Allerdings ist nach § 240 Abs. 4 Satz 2 AO insgesamt kein höherer Säumniszuschlag zu entrichten, als wäre die Säumnis nur bei einem der beiden Gesamtschuldner eingetreten.

Die nach § 240 Abs. 1 Satz 1 AO verwirkten Säumniszuschläge bleiben von einer Änderung oder Aufhebung der Steuerfestsetzung unberührt (§ 240 Abs. 1 Satz 4 AO) und das Bestehen einer bloßen Stundungs- oder Aussetzungslage hindert die Entstehung der Säumniszuschläge nicht *(BFH-Urteil vom 30. 3. 1993 VII R 37/92, BFH/NV 1994 S. 4).* Mit der Entscheidung, dass eine rückwirkende Aufhebung verwirkter Säumniszuschläge nicht erfolgen muss, solange keine Aussetzung bzw. Aufhebung der Vollziehung des angefochtenen Bescheides erfolgt ist, weicht das FG von der Rechtsprechung des Senats nicht ab. Die Erhebung der vollen Säumniszuschläge kann eine unbillige Härte darstellen, wenn das Rechtsmittel des Stpfl. gegen die Steuerfestsetzung Erfolg hatte und er alles getan hat, um die Aussetzung der Vollziehung zu erreichen (st. Rspr., vgl. *BFH-Urteil vom 29. 8. 1991 V R 78/86, BStBl. II S. 906,* und *BFH-Beschluss vom 4. 2. 2000 VII B 235/99, BFH/NV 2000 S. 1070).*

Entfällt eine Steuernachzahlung erst auf Grund eines Verlustrücktrages nach § 10 d EStG, kann das FA Säumniszuschläge bis zur Einreichung der Steuererklärung(en) berechnen, aus denen sich der rücktragsfähige Verlust erstmals ergeben hat *(BFH-Beschluss vom 4. 2. 2000 VII B 235/99, BFH/NV S. 1070).*

[3] Zur Anwendung von Satz 5 siehe Art. 97 § 1 Abs. 7 EGAO **(Anhang I Nr. 1).**

Rechnet das FA eine bei Fälligkeit nicht entrichtete Steuerforderung gegen eine damals bereits entstandene Erstattungsforderung des Stpfl. auf, bleiben in der Zeit bis zum Fälligwerden der Erstattungsforderung entstandene Säumniszuschläge bestehen *(BFH-Urteil vom 13. 1. 2000 VII R 91/98, BStBl. II S. 246).*

[4] Zum Fehlen von Billigkeitsgründen für den Erlass von Säumniszuschlägen nach laufender Ausnutzung der Schonfrist gem. § 240 Abs. 3 AO sowie zum Begriff „pünktlicher Steuerzahler" vgl. *BFH-Urteil vom 15. 5. 1990 VII R 7/88, BStBl. II S. 1007.*

[5] Zur Anwendung von § 240 Abs. 3 Satz 2 s. Art. 97 § 16 Abs. 3 EGAO **(Anhang I Nr. 1).**

[6] Zum Gesamtschuldner s. § 44 AO.

AEAO

Eingangs der Voranmeldung oder Anmeldung folgenden Tag an (ggf. unter Gewährung der Zahlungs-Schonfrist nach § 240 Abs. 3 AO) zu berechnen. Entsprechendes gilt für den Mehrbetrag, der sich ergibt, wenn der Steuerpflichtige seine Voranmeldung oder Anmeldung nachträglich berichtigt und sich dadurch die Steuer erhöht.

b) Setzt das Finanzamt eine Steuer wegen Nichtabgabe der Voranmeldung oder Anmeldung fest, so sind Säumniszuschläge für verspätet geleistete Zahlung nicht vom Ablauf des im Einzelsteuergesetz bestimmten Fälligkeitstages an, sondern erst von dem Tag an (ggf. unter Gewährung der Zahlungs-Schonfrist nach § 240 Abs. 3 AO) zu erheben, der auf den letzten Tag der vom Finanzamt gesetzten Zahlungsfrist folgt. Dieser Tag bleibt für die Berechnung der Säumniszuschläge auch dann maßgebend, wenn der Steuerpflichtige nach Ablauf der vom Finanzamt gesetzten Zahlungsfrist seine Voranmeldung oder Anmeldung abgibt. Entsprechendes gilt, wenn das Finanzamt eine auf einer Voranmeldung oder Anmeldung beruhende Steuerschuld höher festsetzt, als sie sich aus der Voranmeldung oder Anmeldung ergibt, oder eine von ihm festgesetzte Steuer durch Korrektur der Steuerfestsetzung erhöht.

6 **2.** Im Falle der Aufhebung oder Änderung der Steuerfestsetzung oder ihrer Berichtigung nach § 129 AO bleiben die bis dahin verwirkten Säumniszuschläge bestehen (§ 240 Abs. 1 Satz 4 AO). Das gilt auch, wenn die ursprüngliche, für die Bemessung der Säumniszuschläge maßgebende Steuer in einem Rechtsbehelfsverfahren herabgesetzt wird. Säumniszuschläge sind nicht zu entrichten, soweit sie sich auf Steuerbeträge beziehen, die durch (nachträgliche) Anrechnung von Lohn-, Kapitalertrag- oder Körperschaftsteuer entfallen sind, weil insoweit zu keiner Zeit eine rückständige Steuer i. S. d. § 240 Abs. 1 Satz 4 AO vorgelegen hat (BFH-Urteil vom 24. 3. 1992, VII R 39/91, BStBl. II S. 956).

7 **3.** Der Säumniszuschlag ist von den Gesamtschuldnern nur in der Höhe anzufordern, in der er entstanden wäre, wenn die Säumnis nur bei einem Gesamtschuldner eingetreten wäre; der Ausgleich findet zwischen den Gesamtschuldnern nach bürgerlichem Recht statt.

8 **4.** Säumniszuschläge sind nicht zu entrichten, wenn Verspätungszuschläge, Zinsen, Säumniszuschläge, Zwangsgelder und Kosten (steuerliche Nebenleistungen) nicht rechtzeitig gezahlt werden.

9 **5.** Säumniszuschläge sind ein Druckmittel eigener Art. Sie sollen den Steuerschuldner zur pünktlichen Erfüllung seiner Zahlungsverpflichtungen anhalten und die Verletzung der Zahlungspflicht sanktionieren; auf ein Verschulden des Steuerschuldners kommt es hierbei nicht an. Sie entstehen kraft Gesetzes allein durch Zeitablauf (vgl. BFH-Urteil vom 17. 7. 1985, I R 172/79, BStBl. 1986 II S. 122).

Außerdem sind Säumniszuschläge ein Ausgleich für den durch die Pflichtverletzung angefallenen Verwaltungsaufwand. Die Abschöpfung von Liquiditätsvorteilen des säumigen Steuerschuldners und der Ausgleich von Liquiditätsnachteilen des Steuergläubigers sind nur Nebenzweck der Regelung (vgl. BFH-Beschluss vom 28. 10. 2022, VI B 15/22 (AdV), BStBl. 2023 II S. 12).

Soweit die Zielsetzung des § 240 AO durch die Erhebung von Säumniszuschlägen nicht mehr erreicht werden kann, können sie nach § 227 AO aus sachlichen Billigkeitsgründen ganz oder teilweise erlassen werden. Ein Erlass kommt hiernach insbesondere in folgenden Fällen in Betracht:

a) bei plötzlicher Erkrankung des Steuerpflichtigen, wenn er selbst dadurch an der pünktlichen Zahlung gehindert war und es dem Steuerpflichtigen seit seiner Erkrankung bis zum Ablauf der Zahlungsfrist nicht möglich war, einen Vertreter mit der Zahlung zu beauftragen;
b) bei einem bisher pünktlichen Steuerzahler, dem ein offenbares Versehen unterlaufen ist. Wer seine Steuern laufend unter Ausnutzung der Schonfrist des § 240 Abs. 3 AO zahlt, ist kein pünktlicher Steuerzahler (BFH-Urteil vom 15. 5. 1990, VII R 7/88, BStBl. II S. 1007);
c) wenn einem Steuerpflichtigen die rechtzeitige Zahlung der Steuern wegen Zahlungsunfähigkeit und Überschuldung nicht mehr möglich war (BFH-Urteil vom 8. 3. 1984, I R 44/80, BStBl. II S. 415). Da der säumige Steuerschuldner nicht bessergestellt werden darf als ein Steuerpflichtiger, dem eine nach § 234 AO verzinsliche Stundung gewährt wurde, ist – vorbehaltlich von Buchst. e – grundsätzlich nur die Hälfte der verwirkten Säumniszuschläge zu erlassen (vgl. BFH-Urteil vom 16. 7. 1997, XI R 32/96, BStBl. 1998 II S. 7)[1];
d) bei einem Steuerpflichtigen, dessen wirtschaftliche Leistungsfähigkeit durch nach § 258 AO bewilligte oder sonst hingenommene Ratenzahlungen unstreitig bis an die äußerste Grenze ausgeschöpft worden ist. Da der säumige Steuerschuldner nicht bessergestellt werden darf als ein Steuerpflichtiger, dem eine nach § 234 AO verzinsliche Stundung gewährt wurde, ist – vorbehaltlich von Buchst. e – grundsätzlich nur die Hälfte der verwirkten Säumniszuschläge zu erlassen (vgl. BFH-Urteil vom 22. 6. 1990, III R 150/85, BStBl. 1991 II S. 864);
e) soweit die Voraussetzungen für einen Erlass der Hauptschuld nach § 227 AO oder für eine zinslose Stundung der Steuerforderung nach § 222 AO im Säumniszeitraum vorliegen, sind die

[1] Eine Herabsetzung der Haftungsschuld für Säumniszuschläge wegen Überschuldung und Zahlungsunfähigkeit des Steuerschuldners kommt nur in Betracht, wenn der Haftungsschuldner spätestens im Einspruchsverfahren substantiiert dargelegt und nachgewiesen hat, dass der Steuerschuldner überschuldet und zahlungsunfähig gewesen ist (*BFH-Urteil vom 14. 12. 2021 VII R 14/19, BFH/NV 2022 S. 401*).

entstandenen Säumniszuschläge insoweit in voller Höhe zu erlassen (vgl. BFH-Urteil vom 23. 5. 1985, V R 124/79, BStBl. II S. 489). Lagen nur die Voraussetzungen für eine verzinsliche Stundung der Hauptforderung vor, gilt Buchstabe d) Satz 2 entsprechend.

f) soweit die angefochtene Steuerfestsetzung im Rahmen eines außergerichtlichen oder gerichtlichen Rechtsbehelfsverfahrens aufgehoben oder zu Gunsten des Steuerpflichtigen geändert wird und der Steuerpflichtige alle außergerichtlichen und unter besonderen Umständen auch die gerichtlichen Möglichkeiten ausgeschöpft hat, um die Aussetzung der Vollziehung zu erreichen, diese aber – obwohl möglich und geboten – vom Finanzamt und vom Finanzgericht abgelehnt worden ist. Sofern der Steuerpflichtige seinen Antrag auf Aussetzung der Vollziehung beim Finanzamt ausreichend substantiiert, hat er grundsätzlich alles Erforderliche getan, um die Aussetzung der Vollziehung des Steuerbescheids zu erreichen (vgl. BFH-Urteile vom 18. 9. 2018, XI R 36/16, BStBl. 2019 II S. 87 und vom 25. 2. 2025, VIII R 2/23, BStBl. I S. 954). Der im Rechtsbehelfsverfahren obsiegende Steuerpflichtige ist dann so zu stellen, als hätte er den gebotenen einstweiligen Rechtsschutz (Aussetzung der Vollziehung) erlangt, weshalb die betroffenen Säumniszuschläge in voller Höhe zu erlassen sind (vgl. BFH-Urteil vom 24. 4. 2014, V R 52/13, BStBl. 2015 II S. 106);

g) in sonstigen Fällen sachlicher Unbilligkeit.

Die Möglichkeit eines weitergehenden Erlasses aus persönlichen Billigkeitsgründen bleibt unberührt.

Zum Erlass von Säumniszuschlägen bei einer Überschneidung mit Nachzahlungszinsen vgl. AEAO zu § 233 a, Nr. 63.

6. In Stundungs- und Aussetzungsfällen sowie bei der Herabsetzung von Vorauszahlungen gilt Folgendes: **10**

a) Stundung

aa) Stundungsantrag bis zur Fälligkeit

Wird eine Stundung bis zur Fälligkeit beantragt, aber erst nach Fälligkeit bewilligt, so ist die Stundung mit Wirkung vom Fälligkeitstag an auszusprechen. Vom neuen Fälligkeitstag an gilt nach § 240 Abs. 3 AO wieder eine Schonfrist. Wird eine Stundung bis zur Fälligkeit beantragt, aber erst nach Fälligkeit abgelehnt, so kann im Allgemeinen eine Frist zur Zahlung der rückständigen Steuern bewilligt werden. Diese Zahlungsfrist soll eine Woche grundsätzlich nicht überschreiten. Vom neuen Fälligkeitstag an gilt nach § 240 Abs. 3 AO wieder eine Schonfrist. Bei Zahlung bis zum Ablauf dieser Schonfrist sind keine Säumniszuschläge zu erheben.

bb) Stundungsantrag nach Fälligkeit

Wird eine Stundung nach Fälligkeit beantragt und bewilligt, so ist die Stundung vom Eingangstag des Antrags an auszusprechen, sofern nicht besondere Gründe eine rückwirkende Stundung vom Fälligkeitstag an rechtfertigen.

Bei einem innerhalb der Schonfrist nach § 240 Abs. 3 AO eingegangenen Stundungsantrag sind für die Zeit von der Fälligkeit bis zum Beginn der Stundung keine Säumniszuschläge zu erheben. Das Gleiche gilt, wenn der Stundungsantrag am ersten Werktag nach Ablauf der Schonfrist eingegangen ist und die Stundung daher unmittelbar an die Schonfrist anschließt.

Bis zum Beginn der Stundung entstandene und zu erhebende Säumniszuschläge sind in die Stundungsverfügung einzubeziehen. Vom neuen Fälligkeitstag an gilt nach § 240 Abs. 3 AO wieder eine Schonfrist.

Wird eine Stundung nach Fälligkeit beantragt und abgelehnt, so verbleibt es bei dem ursprünglichen Fälligkeitstag, sofern nicht besondere Gründe eine Frist zur Zahlung der rückständigen Steuern rechtfertigen. Die Zahlungsfrist soll eine Woche grundsätzlich nicht überschreiten. Vom neuen Fälligkeitstag an gilt nach § 240 Abs. 3 AO wieder eine Schonfrist. Bei Zahlung bis zum Ablauf dieser Schonfrist sind keine Säumniszuschläge zu erheben.

cc) Folgen verspäteter Zahlung

Wird bei Bewilligung einer Stundung erst nach Ablauf der vom neuen Fälligkeitstag an berechneten Schonfrist (§ 240 Abs. 3 AO) gezahlt, sind Säumniszuschläge vom Ablauf des neuen Fälligkeitstages an zu berechnen.

Wird im Falle der Ablehnung einer Stundung die eingeräumte Zahlungsfrist (ggf. zuzüglich der an die Zahlungsfrist anschließenden Schonfrist nach § 240 Abs. 3 AO) nicht eingehalten, sind Säumniszuschläge vom Ablauf des ursprünglichen Fälligkeitstages an zu berechnen.

b) Aussetzung der Vollziehung

Wird ein rechtzeitig gestellter Antrag auf Aussetzung der Vollziehung nach Fälligkeit abgelehnt, so kann im Allgemeinen eine Frist zur Zahlung der rückständigen Steuern bewilligt werden. Die Zahlungsfrist soll eine Woche grundsätzlich nicht überschreiten. Die Schonfrist (§ 240 Abs. 3 AO) ist vom Ende der Zahlungsfrist an zu gewähren. Bei Zahlung bis zum Ablauf der Schonfrist sind keine Säumniszuschläge zu erheben.

c) Herabsetzung von Vorauszahlungen

Wird einem rechtzeitig gestellten Antrag auf Herabsetzung von Vorauszahlungen erst nach Fälligkeit entsprochen, sind Säumniszuschläge auf den Herabsetzungsbetrag nicht zu erheben.

Wird ein rechtzeitig gestellter Antrag auf Herabsetzung von Vorauszahlungen nach Fälligkeit abgelehnt, so kann im Allgemeinen eine Frist zur Zahlung der rückständigen Steuern bewilligt werden. Die Zahlungsfrist soll eine Woche grundsätzlich nicht überschreiten. Die Schonfrist (§ 240 Abs. 3 AO) ist vom Ende der Zahlungsfrist an zu gewähren. Bei Zahlung bis zum Ablauf der Schonfrist sind keine Säumniszuschläge zu erheben.

Wird einer der vorbezeichneten Anträge mit dem Ziel gestellt, sich der rechtzeitigen Zahlung der Steuer zu entziehen (Missbrauchsfälle), ist keine Zahlungsfrist zu bewilligen.

11 **7.** Mit einem Verwaltungsakt nach § 258 AO verzichtet die Vollstreckungsbehörde auf Vollstreckungsmaßnahmen; an der Fälligkeit der Steuerschuld ändert sich dadurch jedoch nichts (s. auch BFH-Urteil vom 15. 3. 1979, IV R 174/78, BStBl. II S. 429). Für die Dauer eines bekannt gegebenen Vollstreckungsaufschubs sind daher grundsätzlich Säumniszuschläge zu erheben; auf diese Rechtslage ist der Steuerpflichtige bei Bekanntgabe des Vollstreckungsaufschubs hinzuweisen (siehe Abschn. 7 Abs. 3 VollStrA). Die Möglichkeit, von der Erhebung von Säumniszuschlägen aus Billigkeitsgründen nach § 227 AO ganz oder teilweise abzusehen, bleibt unberührt (vgl. AEAO zu § 240 Nr. 5 Abs. 2).

12 **8.** Macht der Steuerpflichtige geltend, die Säumniszuschläge seien nicht oder nicht in der angeforderten Höhe entstanden, so ist sein Vorbringen – auch wenn es bspw. als „Erlassantrag" bezeichnet ist – als Antrag auf Erteilung eines Bescheids nach § 218 Abs. 2 AO anzusehen, da nur in diesem Verfahren entschieden werden kann, ob und inwieweit Säumniszuschläge entstanden sind (ständige Rechtsprechung, vgl. z. B. BFH-Urteil vom 12. 8. 1999, VII R 92/98, BStBl. II S. 751). Bestreitet der Steuerpflichtige nicht die Entstehung der Säumniszuschläge dem Grunde und der Höhe nach, sondern wendet er sich gegen deren Anforderung im engeren Sinne (Leistungsgebot, § 254 AO), ist sein Vorbringen als Einspruch (§ 347 AO) anzusehen. Das Vorbringen des Steuerpflichtigen ist als Erlassantrag zu werten, wenn sachliche oder persönliche Billigkeitsgründe geltend gemacht werden.

Dritter Abschnitt. Sicherheitsleistung

Zu §§ 241 bis 248 – Sicherheitsleistung:

1 **1.** Die Vorschriften regeln nur die Art und das Verfahren der Sicherheitsleistung. Wann und ggf. in welcher Höhe Sicherheiten zu leisten sind, ergibt sich aus anderen Vorschriften der Abgabenordnung (siehe z. B. § 109 Abs. 3, § 165 Abs. 1, §§ 221, 222, 223, 361 Abs. 2 AO) oder aus Einzelsteuergesetzen (§ 18f UStG). Die Erzwingung von Sicherheiten richtet sich nach § 336 AO, ihre Verwertung nach § 327 AO. Die Kosten der Sicherheitsleistung treffen den Steuerpflichtigen.

2 **2.** Die für die Bundesfinanzverwaltung bekannt gegebenen Bestimmungen über Formen der Sicherheitsleistung im Bereich der von der Zollverwaltung verwalteten Steuern und Abgaben – SiLDV – (Vorschriftensammlung Bundesfinanzverwaltung E – VSF – Kennungen S 1450 und Z 0915) sind – soweit sie Formen der Sicherheitsleistung in Verbrauchsteuerverfahren betreffen – für den Bereich der Besitz- und Verkehrsteuern entsprechend anzuwenden.

AO

§ 241 Art der Sicherheitsleistung[1]

1 (1) ① **Wer nach den Steuergesetzen Sicherheit zu leisten hat, kann diese erbringen**

1. durch Hinterlegung von im Geltungsbereich dieses Gesetzes umlaufenden Zahlungsmitteln bei der zuständigen Finanzbehörde,

2.[2] durch Verpfändung der in Absatz 2 genannten Wertpapiere, die von dem zur Sicherheitsleistung Verpflichteten der Deutschen Bundesbank oder einem Kreditinstitut zur Verwahrung anvertraut worden sind, das zum Depotgeschäft zugelassen ist, wenn dem Pfandrecht keine anderen Rechte vorgehen. ② Die Haftung der Wertpapiere für Forderungen des Verwahrers für ihre Verwahrung und Verwaltung bleibt unberührt. ③ Der Verpfändung von Wertpapieren steht die Verpfändung von Anteilen an einem Sammelbestand nach § 6 des Depotgesetzes in der im Bundesgesetzblatt Teil III, Gliederungsnummer 4130-1, veröffentlichten bereinigten Fassung, zuletzt geändert durch Artikel 1 des Gesetzes vom 17. Juli 1985 (BGBl. I S. 1507), gleich,

3. durch eine mit der Übergabe des Sparbuchs verbundene Verpfändung von Spareinlagen bei einem Kreditinstitut, das im Geltungsbereich dieses Gesetzes zum Einlagengeschäft zugelassen ist, wenn dem Pfandrecht keine anderen Rechte vorgehen,

---

[1] Zur Wirkung bei Gesamtschuldnern vgl. § 44 AO.
Zur Sicherheitsleistung gem. § 18f UStG vgl. Abschn. 18f.1 UStAE.
Zur Sicherheitsleistung durch andere Werte vgl. § 245 AO.
Zur Unterbrechung der Zahlungsverjährung vgl. § 231 AO.
[2] Zum Annahmewert vgl. § 246 AO.

4.[1] **durch Verpfändung von Forderungen, die in einem Schuldbuch des Bundes, eines Sondervermögens des Bundes oder eines Landes eingetragen sind, wenn dem Pfandrecht keine anderen Rechte vorgehen,**

5. **durch Bestellung von**
   a) **erstrangigen Hypotheken, Grund- oder Rentenschulden an Grundstücken oder Erbbaurechten, die im Geltungsbereich dieses Gesetzes belegen sind,**
   b) **erstrangigen Schiffshypotheken an Schiffen, Schiffsbauwerken oder Schwimmdocks, die in einem im Geltungsbereich dieses Gesetzes geführten Schiffsregister oder Schiffsbauregister eingetragen sind,**

6. **durch Verpfändung von Forderungen, für die eine erstrangige Verkehrshypothek an einem im Geltungsbereich dieses Gesetzes belegenen Grundstück oder Erbbaurecht besteht, oder durch Verpfändung von erstrangigen Grundschulden oder Rentenschulden an im Geltungsbereich dieses Gesetzes belegenen Grundstücken oder Erbbaurechten, wenn an den Forderungen, Grundschulden oder Rentenschulden keine vorgehenden Rechte bestehen,**

7. **durch Schuldversprechen, Bürgschaft oder Wechselverpflichtungen eines tauglichen Steuerbürgen (§ 244).**

(2) **Wertpapiere im Sinne von Absatz 1 Nr. 2 sind** 2

1. **Schuldverschreibungen des Bundes, eines Sondervermögens des Bundes, eines Landes, einer Gemeinde oder eines Gemeindeverbands,**
2. **Schuldverschreibungen zwischenstaatlicher Einrichtungen, denen der Bund Hoheitsrechte übertragen hat, wenn sie im Geltungsbereich dieses Gesetzes zum amtlichen Börsenhandel zugelassen sind,**
3. **Schuldverschreibungen der Deutschen Genossenschaftsbank, der Deutschen Siedlungs- und Landesrentenbank, der Deutschen Ausgleichsbank, der Kreditanstalt für Wiederaufbau und der Landwirtschaftlichen Rentenbank,**
4. **Pfandbriefe, Kommunalobligationen und verwandte Schuldverschreibungen,**
5. **Schuldverschreibungen, deren Verzinsung und Rückzahlung vom Bund oder von einem Land gewährleistet werden.**

(3) **Ein unter Steuerverschluss befindliches Lager steuerpflichtiger Waren gilt als ausreichende Sicherheit für die darauf lastende Steuer.** 3

§ 242[2] Wirkung der Hinterlegung von Zahlungsmitteln

① **Zahlungsmittel, die nach § 241 Absatz 1 Nummer 1 hinterlegt werden, gehen in das Eigentum der Körperschaft über, der die Finanzbehörde angehört, bei der sie hinterlegt worden sind.** ② **Die Forderung auf Rückzahlung ist nicht zu verzinsen.** ③ **Mit der Hinterlegung erwirbt die Körperschaft, deren Forderung durch die Hinterlegung gesichert werden soll, ein Pfandrecht an der Forderung auf Rückerstattung der hinterlegten Zahlungsmittel.**

§ 243[2] Verpfändung von Wertpapieren

① **Die Sicherheitsleistung durch Verpfändung von Wertpapieren nach § 241 Absatz 1 Nummer 2 ist nur zulässig, wenn der Verwahrer die Gewähr für die Umlauffähigkeit übernimmt.** ② **Die Übernahme dieser Gewähr umfasst die Haftung dafür,**

1. **dass das Rückforderungsrecht des Hinterlegers durch gerichtliche Sperre und Beschlagnahme nicht beschränkt ist,**
2. **dass die anvertrauten Wertpapiere in den Sammellisten aufgerufener Wertpapiere nicht als gestohlen oder als verloren gemeldet und weder mit Zahlungssperre belegt noch zur Kraftloserklärung aufgeboten oder für kraftlos erklärt worden sind,**
3. **dass die Wertpapiere auf den Inhaber lauten, oder, falls sie auf den Namen ausgestellt sind, mit Blankoindossament versehen und auch sonst nicht gesperrt sind, und dass die Zinsscheine und die Erneuerungsscheine bei den Stücken sind.**

§ 244[2] Taugliche Steuerbürgen

(1) ① **Schuldversprechen und Bürgschaften nach dem Bürgerlichen Gesetzbuch sowie Wechselverpflichtungen aus Artikel 28 oder 78 des Wechselgesetzes sind als Sicherheit nur geeignet, wenn sie von Personen abgegeben oder eingegangen worden sind, die** 1

1. **ein der Höhe der zu leistenden Sicherheit angemessenes Vermögen besitzen und**
2. **ihren allgemeinen oder einen vereinbarten Gerichtsstand im Geltungsbereich dieses Gesetzes haben.**

---

[1] Zum Annahmewert vgl. § 246 AO.
[2] Siehe AEAO zu §§ 241 bis 248.

AO ② Bürgschaften müssen den Verzicht auf die Einrede der Vorausklage nach § 771 des Bürgerlichen Gesetzbuchs enthalten. ③ Schuldversprechen und Bürgschaftserklärungen sind schriftlich zu erteilen; die elektronische Form ist ausgeschlossen. ④ Sicherungsgeber und Sicherungsnehmer dürfen nicht wechselseitig füreinander Sicherheit leisten und auch nicht wirtschaftlich miteinander verflochten sein. ⑤ Über die Annahme von Bürgschaftserklärungen in den Verfahren nach dem A.T.A.-Übereinkommen vom 6. Dezember 1961 (BGBl. 1965 II S. 948) und dem TIR-Übereinkommen vom 14. November 1975 (BGBl. 1979 II S. 445) in ihren jeweils gültigen Fassungen entscheidet die Generalzolldirektion. ⑥ Über die Annahme von Bürgschaftserklärungen über Einzelsicherheiten in Form von Sicherheitstiteln nach dem Zollkodex der Union mit der Delegierten Verordnung (EU) 2015/2446 der Kommission vom 28. Juli 2015 zur Ergänzung der Verordnung (EU) Nr. 952/2013 des Europäischen Parlaments und des Rates mit Einzelheiten zur Präzisierung von Bestimmungen des Zollkodex der Union (ABl. L 343 vom 29. 12. 2015, S. 1) sowie nach der Durchführungsverordnung (EU) 2015/2447 der Kommission vom 24. November 2015 mit Einzelheiten zur Umsetzung von Bestimmungen der Verordnung (EU) Nr. 952/2013 des Europäischen Parlaments und des Rates zur Festlegung des Zollkodex der Union (ABl. L 343 vom 29. 12. 2015, S. 558) und nach dem Übereinkommen vom 20. Mai 1987 über ein gemeinsames Versandverfahren (ABl. EG Nr. L 226 S. 2) in ihren jeweils gültigen Fassungen entscheidet die Generalzolldirektion.

2 (2) ① Die Generalzolldirektion kann Kreditinstitute und geschäftsmäßig für andere Sicherheit leistende Versicherungsunternehmen allgemein als Steuerbürge zulassen, wenn sie im Geltungsbereich dieses Gesetzes zum Geschäftsbetrieb befugt sind. ② Bei der Zulassung ist ein Höchstbetrag festzusetzen (Bürgschaftssumme). ③ Die gesamten Verbindlichkeiten aus Schuldversprechen, Bürgschaften und Wechselverpflichtungen, die der Steuerbürge gegenüber der Finanzverwaltung übernommen hat, dürfen nicht über die Bürgschaftssumme hinausgehen.

(3) Das Bundesministerium der Finanzen wird ermächtigt, durch Rechtsverordnung mit Zustimmung des Bundesrates die Befugnisse nach Absatz 1 Satz 6 und Absatz 2 auf ein Hauptzollamt oder mehrere Hauptzollämter zu übertragen.

§ 245[1] Sicherheitsleistung durch andere Werte

① Andere als die in § 241 bezeichneten Sicherheiten kann die Finanzbehörde nach ihrem Ermessen annehmen. ② Vorzuziehen sind Vermögensgegenstände, die größere Sicherheit bieten oder bei Eintritt auch außerordentlicher Verhältnisse ohne erhebliche Schwierigkeit und innerhalb angemessener Frist verwertet werden können.

§ 246[1] Annahmewerte

① Die Finanzbehörde bestimmt nach ihrem Ermessen, zu welchen Werten Gegenstände als Sicherheit anzunehmen sind. ② Der Annahmewert darf jedoch den bei einer Verwertung zu erwartenden Erlös abzüglich der Kosten der Verwertung nicht übersteigen. ③ Er darf bei den in § 241 Absatz 1 Nummer 2 und 4 aufgeführten Gegenständen und bei beweglichen Sachen, die nach § 245 als Sicherheit angenommen werden, nicht unter den in § 234 Absatz 3, § 236 und § 237 Satz 1 des Bürgerlichen Gesetzbuchs[2] genannten Werten liegen.

§ 247[1] Austausch von Sicherheiten

Wer nach den §§ 241 bis 245 Sicherheit geleistet hat, ist berechtigt, die Sicherheit oder einen Teil davon durch eine andere nach den §§ 241 bis 244 geeignete Sicherheit zu ersetzen.

§ 248[1] Nachschusspflicht

Wird eine Sicherheit unzureichend, so ist sie zu ergänzen oder es ist anderweitige Sicherheit zu leisten.

---

[1] Siehe AEAO zu §§ 241 bis 248.

[2] Diese Vorschriften lauten:

„**§ 234. Geeignete Wertpapiere**

…

(3) Mit Wertpapieren kann Sicherheit nur in Höhe von drei Vierteln des Kurswerts geleistet werden.

§ 236. Buchforderungen

Mit einer Schuldbuchforderung gegen den Bund oder ein Land kann Sicherheit nur in Höhe von drei Vierteln des Kurswerts der Wertpapiere geleistet werden, deren Aushändigung der Gläubiger gegen Löschung seiner Forderung verlangen kann.

§ 237. Bewegliche Sachen

Mit einer beweglichen Sache kann Sicherheit nur in Höhe von zwei Dritteln des Schätzungswerts geleistet werden. …"

Sechster Teil. Vollstreckung[1]

Erster Abschnitt. Allgemeine Vorschriften

§ 249 Vollstreckungsbehörden

(1) ① Die Finanzbehörden können Verwaltungsakte, mit denen eine Geldleistung, eine sonstige Handlung, eine Duldung oder Unterlassung gefordert wird, im Verwaltungsweg vollstrecken.[2] ② Dies gilt auch für Steueranmeldungen (§ 168). ③ Vollstreckungsbehörden sind die Finanzämter und die Hauptzollämter sowie die Landesfinanzbehörden, denen durch eine Rechtsverordnung nach § 17 Absatz 2 Satz 3 Nummer 3 des Finanzverwaltungsgesetzes die landesweite Zuständigkeit für Kassengeschäfte und das Erhebungsverfahren einschließlich der Vollstreckung übertragen worden ist; § 328 Absatz 1 Satz 3 bleibt unberührt. 1

(2)[3] ① Zur Vorbereitung der Vollstreckung können die Finanzbehörden die Vermögens- und Einkommensverhältnisse des Vollstreckungsschuldners ermitteln. ② Die Finanzbehörde darf ihr bekannte, nach § 30 geschützte Daten, die sie bei der Vollstreckung wegen Steuern und steuerlicher Nebenleistungen verwenden darf, auch bei der Vollstreckung wegen anderer Geldleistungen als Steuern und steuerlicher Nebenleistungen verwenden. 2

(3) ① Zur Durchführung von Vollstreckungsmaßnahmen können die Vollstreckungsbehörden Auskunfts- und Unterstützungsersuchen nach § 757 a der Zivilprozessordnung stellen. ② § 757 a Absatz 5 der Zivilprozessordnung ist dabei nicht anzuwenden. 3

§ 250 Vollstreckungsersuchen[4]

(1) ① Soweit eine Vollstreckungsbehörde auf Ersuchen einer anderen Vollstreckungsbehörde Vollstreckungsmaßnahmen ausführt, tritt sie an die Stelle der anderen Vollstreckungsbehörde. ② Für die Vollstreckbarkeit des Anspruchs bleibt die ersuchende Vollstreckungsbehörde verantwortlich. 1

(2) ① Hält sich die ersuchte Vollstreckungsbehörde für unzuständig oder hält sie die Handlung, um die sie ersucht worden ist, für unzulässig, so teilt sie ihre Bedenken der ersuchenden Vollstreckungsbehörde mit. ② Besteht diese auf der Ausführung des Ersuchens und lehnt die ersuchte Vollstreckungsbehörde die Ausführung ab, so entscheidet die Aufsichtsbehörde der ersuchten Vollstreckungsbehörde. 2

§ 251 Vollstreckbare Verwaltungsakte

(1) ① Verwaltungsakte können vollstreckt werden, soweit nicht ihre Vollziehung ausgesetzt oder die Vollziehung durch Einlegung eines Rechtsbehelfs gehemmt ist (§ 361; § 69 der Finanzgerichtsordnung). ② Einfuhr- und Ausfuhrabgabenbescheide können außerdem nur vollstreckt werden, soweit die Verpflichtung des Zollschuldners zur Abgabenentrichtung nicht ausgesetzt ist (Artikel 108 Absatz 3 des Zollkodex der Union). 1

(2)[5] ① Unberührt bleiben die Vorschriften der Insolvenzordnung sowie § 79 Absatz 2 des Bundesverfassungsgerichtsgesetzes. ② Die Finanzbehörde ist berechtigt, in den Fällen des § 201 Absatz 2, §§ 257 und 308 Absatz 1 der Insolvenzordnung sowie des § 71 des Unternehmensstabilisierungs- und -restrukturierungsgesetzes gegen den Schuldner im Verwaltungswege zu vollstrecken. 2

---

[1] Ergänzende Bestimmungen über die Durchführung des Verwaltungsvollstreckungsverfahrens enthalten die **Vollstreckungsanweisung (VollstrA)** vom 13. 3. 1980 (BStBl. I S. 112) und die **Vollziehungsanweisung (VollzA)** vom 29. 4. 1980 (BStBl. I S. 194); beide abgedruckt in Loseblatt-Textausgabe „Steuererlasse" Nr. **800 a** und **800 b**.

Zur Vollstreckung von Forderungen in den EG-Mitgliedstaaten vgl. das EG-Beitreibungsgesetz vom 3. 5. 2003 (BGBl. I S. 654). – Zur Durchführung der zwischenstaatlichen Amtshilfe bei der Steuererhebung (Beitreibung) vgl. *Merkblatt des BMF vom 23. 1. 2014 (BStBl. I S. 188);* abgedruckt in Loseblattausgabe „Steuererlasse" Nr. **800** § 117/2.

Gelegentlich greifen neben den §§ 249 ff. AO auch vollstreckungsrechtliche Vorschriften außerhalb der AO ein.

Auskunftsersuchen nach § 93 Abs. 1 AO sind auch im Vollstreckungsverfahren zulässig *(BFH-Urteil vom 22. 2. 2000 VII R 73/98, BFH/NV S. 1008).*

[2] Zur Vollstreckung anderer Leistungen vgl. §§ 328 ff. AO.

Zu Kosten der Vollstreckung vgl. §§ 337 ff. AO.

Auch im Vollstreckungsverfahren dürfen die Finanzbehörden Auskünfte nach § 93 Abs. 1 AO einholen *(BFH-Urteil vom 30. 3. 1989 VII R 89/88, BStBl. II S. 537).*

[3] Vgl. Abschn. 20 VollstrA.

[4] Zur Durchführung der Amtshilfe vgl. § 114 AO.

[5] § 251 Abs. 2 und 3 in dieser Fassung gilt für nach dem 31. 12. 1998 beantragte Insolvenzverfahren (Art. 97 § 11 a EGAO, abgedr. im **Anhang I Nr. 1**).

AO

3 (3)[1] **Macht die Finanzbehörde im Insolvenzverfahren einen Anspruch aus dem Steuerschuldverhältnis als Insolvenzforderung geltend, so stellt sie erforderlichenfalls die Insolvenzforderung durch schriftlichen oder elektronischen Verwaltungsakt fest.**

---

[1] *BFH-Urteil vom 9. 12. 2014 X R 12/12, BStBl. 2016 II S. 852:* 1. Eine Steuerforderung ist insolvenzrechtlich in dem Zeitpunkt begründet, zu dem der Besteuerungstatbestand vollständig verwirklicht ist (Anschluss an *BFH-Urteil vom 16. 5. 2013 IV R 23/11, BStBl. 2013 II S. 759*). 2. Wann eine Einkommensteuerforderung begründet ist, kann auch von der Art der Gewinnermittlung abhängen. Nach dem Realisationsprinzip ist im Falle der Gewinnermittlung durch Betriebsvermögensvergleich die diesbezügliche Einkommensteuerforderung bereits begründet, wenn die Forderung realisiert ist. Im Fall der Einnahmen-Überschussrechnung ist dies nach dem Zuflussprinzip erst mit tatsächlicher Vereinnahmung der Fall.

Für die insolvenzrechtliche Begründung einer Haftungsforderung kommt es nicht auf die zugrunde liegende Steuerschuld an, sondern darauf, ob die maßgebliche Handlung bzw. Unterlassung vor Eröffnung des Insolvenzverfahrens begangen wurde (vgl. BFH-Urteil vom 12. 6. 2018 – VII R 2/17). 3. Die maßgebliche Handlung bzw. Unterlassung bestimmt sich nach dem Inhalt und der Auslegung des Haftungsbescheids, dessen Wirksamkeit im Streit steht *(BFH-Urteil vom 19. 1. 2021 VII R 38/19, BFH/NV S. 1057)*.

BFH-Urteil vom 24. 11. 2011 V R 13/11, BStBl. 2012 II S. 298: 1. Grundlage für die Forderungsanmeldung im Insolvenzverfahren nach §§ 174 ff. InsO ist der gemäß §§ 16 ff. UStG berechnete Steueranspruch für das Kalenderjahr. Im Jahr der Insolvenzeröffnung ist die anzumeldende Steuer für den Zeitraum bis zur Insolvenzeröffnung zu berechnen. 2. Die Steuerberechnung gemäß §§ 16 ff. UStG unterliegt weder den Beschränkungen der Insolvenzaufrechnung noch denen der Insolvenzanfechtung.

Die Unterbrechung eines finanzgerichtlichen Verfahrens gem. § 240 Satz 2 ZPO i. V. m. § 155 FGO setzt voraus, dass die Verwaltungs- und Verfügungsbefugnis über das Vermögen des Schuldners auf den vorläufigen Insolvenzverwalter übergegangen ist. Daran fehlt es, wenn dem Schuldner kein allgemeines Verfügungsverbot (§ 21 Abs. 2 Nr. 2 Fall 1 InsO) auferlegt worden ist, sondern das Insolvenzgericht nur einen Zustimmungsvorbehalt (§ 21 Abs. 2 Nr. 2 Fall 2 InsO) angeordnet hat *(BFH-Beschluss vom 7. 12. 1999 I B 113/99, BFH/NV 2000 S. 734)*.

Das Feststellungsverfahren und nachfolgend das Einkommensteuerfestsetzungsverfahren werden nicht analog § 240 ZPO unterbrochen, sofern es sich bei der Einkommensteuer auf den Gewinnanteil nicht um eine Insolvenzforderung handelt *(BFH-Urteil vom 1. 6. 2016 X R 26/14, BStBl. II S. 849)*.

BFH-Beschluss vom 30. 9. 2004 IV B 42/03, BFH/NV 2005 S. 365: 1. Die Eröffnung eines vorläufigen Insolvenzverfahrens unter Verhängung eines allgemeinen Verfügungsverbots führt zur Unterbrechung des Klageverfahrens. 2. Die Eröffnung eines solchen Insolvenzverfahrens über das Vermögen des Gesellschafters einer Personengesellschaft hat auch die Unterbrechung eines Klageverfahrens gegen den Gewinnfeststellungsbescheid zur Folge. 3. Ein vom FG in Unkenntnis des Insolvenzverfahrens erlassenes Urteil ist den Beteiligten gegenüber unwirksam. Wird wegen dieses Verfahrensmangels Nichtzulassungsbeschwerde erhoben, ist das Urteil im Beschwerdeverfahren aufzuheben.

BFH-Beschluss vom 23. 6. 2008 VIII B 12/08, BFH/NV S. 1692: Die Unterbrechung eines gerichtlichen Verfahrens durch Eröffnung eines Insolvenzverfahrens nach § 240 ZPO endet, wenn der Insolvenzverwalter oder ein ihm – im vereinfachten Insolvenzverfahren gleichgestellter – Treuhänder die streitige Forderung anerkennt (Anschluss an *BGH-Urteil vom 24. 7. 2003 IX ZR 333/00, NJW-RR 2004 S. 48*).

Eine gerichtliche Entscheidung, die in Unkenntnis der Eröffnung des Insolvenzverfahrens über das Vermögen des Klägers ergeht, ist ohne rechtliche Wirkung und aus Gründen der Rechtsklarheit aufzuheben *(BFH-Beschluss vom 24. 11. 2010 IV B 136/08, BFH/NV 2011 S. 613)*.

BFH-Urteil vom 23. 2. 2005 VII R 63/03, BStBl. II S. 591: 1. Nach Eröffnung des Insolvenzverfahrens über das Vermögen des Steuerschuldners ist die Feststellung einer vor Insolvenzeröffnung mit einem Einspruch angefochtenen und im Prüfungstermin vom Insolvenzverwalter bestrittenen Steuerforderung durch Aufnahme des unterbrochenen Einspruchsverfahrens zu betreiben. Aufgrund der bereits festgesetzten Steuer kommt der Erlass eines Feststellungsbescheides nach § 251 Abs. 3 AO in einem solchen Fall nicht mehr in Betracht. 2. Ist eine Steuerforderung gegenüber dem Insolvenzverwalter durch eine Einspruchsentscheidung bestandskräftig festgestellt worden, fehlt einer Klage auf Feststellung, dass die Finanzbehörde den Anspruch aus dem Steuerschuldverhältnis wirksam und bestandskräftig als Insolvenzforderung gegenüber dem Insolvenzverwalter festgestellt hat, das Feststellungsinteresse.

BFH-Urteil vom 18. 8. 2015 V R 39/14, BFH/NV 2016 S. 268: 1. Nach Eröffnung des Insolvenzverfahrens über das Vermögen des Steuerschuldners ist die Feststellung der vor Insolvenzeröffnung mit Einspruch und Klage angefochtenen und im Prüfungstermin vom Insolvenzverwalter bestrittenen Steuerforderung durch das FA nicht mit Feststellungsbescheid nach § 251 Abs. 3 AO, sondern nur durch Aufnahme des unterbrochenen Klageverfahrens zu betreiben. Das ursprüngliche Anfechtungsverfahren wandelt sich dabei in ein Insolvenzfeststellungsverfahren um, wodurch sich die Parteirollen der Beteiligten ändern. 2. Erlässt das FA gleichwohl einen Feststellungsbescheid, entfällt spätestens mit dessen Bestandskraft das für die Zulässigkeit des Insolvenzfeststellungsverfahrens erforderliche Feststellungsinteresse. 3. Das Rechtsschutzinteresse kann auch noch nachträglich im Revisionsverfahren entfallen mit der Folge, dass das Urteil der Vorinstanz unrichtig und die Klage unzulässig wird.

Wenn weder der Insolvenzverwalter noch einer der Insolvenzgläubiger noch der Schuldner der Feststellung einer Umsatzsteuerforderung zur Insolvenztabelle widersprochen haben, ist die Feststellung zur Insolvenztabelle, die als Steuerfestsetzung wirkt, mit einem förmlichen Rechtsbehelf (Einspruch, Klage, Nichtzulassungsbeschwerde, Revision) nicht mehr anfechtbar *(BFH-Beschluss vom 5. 7. 2018 XI B 17/18, BFH/NV S. 1139)*.

BFH-Urteil vom 23. 2. 2010 VII R 48/07, BStBl. 2010 II S. 562: Liegt bei Eröffnung des Insolvenzverfahrens eine bestandskräftige Steuerfestsetzung und damit ein Schuldtitel i. S. des § 179 Abs. 2 InsO vor, ist das FA im Falle des Bestreitens der Forderung durch den Insolvenzverwalter berechtigt, das Bestehen der angemeldeten Forderung durch Bescheid festzustellen, wenn der Insolvenzverwalter seinen Widerspruch auf die von ihm behauptete Unwirksamkeit der Forderungsanmeldung stützt (Abgrenzung zum Senatsurteil vom 23. 2. 2005 VII R 63/03, BStBl. 2005 II S. 591).

1. Die Prozessführungsbefugnis des Insolvenzverwalters entfällt mit Beendigung des Insolvenzverfahrens auch dann, wenn er Adressat des angefochtenen Steuerbescheids war. 2. Mit der Aufhebung des Insolvenzverfahrens wird ein die Insolvenzmasse betreffendes Einspruchsverfahren analog § 239 ZPO unterbrochen. Während der Verfahrensunterbrechung kann die Einspruchsentscheidung dem Insolvenzschuldner nicht wirksam bekanntgegeben werden und die Klagefrist nicht zu laufen beginnen *(BFH-Urteil vom 6. 7. 2011 II R 34/10, BFH/NV 2012 S. 10)*.

Können Steuerbescheide aufgrund der Insolvenzeröffnung über das Vermögen des Zedenten nach § 251 Abs. 2 Satz 1 AO i. V. m. § 87 InsO nicht mehr ergehen, erledigt sich der Vorauszahlungsbescheid durch die Eintragung in die Insolvenztabelle (§ 178 Abs. 3 InsO) oder im Fall des Bestreitens durch den gemäß § 185 InsO i. V. m. § 251 Abs. 3 AO zu erlassenden Feststellungsbescheid *(BFH-Urteil vom 21. 11. 2013 V R 21/12, BStBl. 2016 II S. 70)*.

BFH-Urteil vom 7. 8. 2018 VII R 24, 25/17, BFH/NV 2019 S. 60: 1. Das FA darf durch Verwaltungsakt gemäß § 251 Abs. 3 AO feststellen, dass ein Steuerpflichtiger im Zusammenhang mit Verbindlichkeiten aus einem Steuerschuldverhältnis wegen einer Steuerstraftat rechtskräftig verurteilt worden ist. 2. Der Steuerpflichtige ist auch dann wegen einer Steuerstraftat rechtskräftig verurteilt, wenn in einem Strafbefehl neben dem Schuldspruch eine Strafe bestimmt und die Verurteilung zu dieser Strafe vorbehalten worden ist. 3. Die Feststellung darf sich auf den Zinsanspruch beziehen, selbst wenn die strafrechtliche Verurteilung nicht wegen der Zinsen erfolgt ist (bestätigt durch *BFH-Urteil vom 26. 6. 2022 VII R 23/21, BStBl. II S. 791*).

[Fortsetzung nächste Seite]

AEAO

Zu § 251 – Insolvenzverfahren:

1. Allgemeines 4

Ist über das Vermögen eines Steuerpflichtigen (Schuldner) das Insolvenzverfahren eröffnet worden, können die Finanzbehörden ihre Ansprüche während der Dauer des Verfahrens nur nach den Vorschriften der Insolvenzordnung geltend machen (§ 251 Abs. 2 Satz 1 AO).

Die Vorschriften der Abschnitte 57 bis 64 der Vollstreckungsanweisung (VollstrA) sind anzuwenden.

2. Voraussetzung für die Eröffnung des Verfahrens 5

2.1. Eröffnungsgründe

Nach § 16 InsO sind Gründe für die Eröffnung des Insolvenzverfahrens
– die Zahlungsunfähigkeit (§ 17 InsO),
– die drohende Zahlungsunfähigkeit (§ 18 InsO) und
– die Überschuldung (§ 19 InsO).

Die gleichen Eröffnungsgründe gelten auch in Nachlassinsolvenzverfahren (§ 320 InsO).

2.1.1. Zahlungsunfähigkeit

Allgemeiner Eröffnungsgrund ist die Zahlungsunfähigkeit des Schuldners. Sie ist in der Regel anzunehmen, wenn der Schuldner seine Zahlungen eingestellt hat (§ 17 InsO). Leistet der Schuldner noch einzelne Zahlungen, bleiben aber nicht unwesentliche Verbindlichkeiten unerfüllt, ändert dies grundsätzlich nichts an der Zahlungsunfähigkeit (BGH-Urteil vom 10. 7. 2003, IX ZR 89/02, DB S. 2383).

Zahlungsunfähigkeit ist weiterhin regelmäßig anzunehmen, wenn der Schuldner nicht in der Lage ist, binnen drei Wochen 90% seiner fälligen Gesamtverbindlichkeiten auszugleichen (BGH-Urteil vom 24. 5. 2005, IX ZR 123/04, NJW S. 3062).

2.1.2. Drohende Zahlungsunfähigkeit

Bei Eigenanträgen des Schuldners ist auch die drohende Zahlungsunfähigkeit Eröffnungsgrund (§ 18 Abs. 1 InsO). Der Schuldner droht zahlungsunfähig zu werden, wenn er voraussichtlich nicht in der Lage sein wird, die bestehenden Zahlungspflichten im Zeitpunkt der Fälligkeit zu erfüllen. In aller Regel ist ein Prognosezeitraum von 24 Monaten zugrunde zu legen (§ 18 Abs. 2 InsO).

2.1.3. Überschuldung

Bei juristischen Personen, Personengesellschaften ohne eine persönlich haftende natürliche Person ist daneben die Überschuldung ein eigenständiger Eröffnungsgrund (§ 19 InsO). Eine Überschuldung liegt vor, wenn das Vermögen des Schuldners die bestehenden Verbindlichkeiten nicht mehr deckt, es sei denn, die Fortführung des Unternehmens in den nächsten 12 Monaten ist nach den Umständen überwiegend wahrscheinlich (§ 19 Abs. 2 Satz 1 InsO). Eine Ausnahme gilt in den Fällen des § 19 Abs. 3 Satz 2 InsO.

2.2. Eröffnungsantrag

Das Insolvenzverfahren wird nur auf schriftlichen Antrag eröffnet. Antragsberechtigt sind sowohl die Gläubiger als auch der Schuldner (§ 13 Abs. 1 Satz 2 InsO). Den Antrag auf Eröffnung des Insolvenzverfahrens kann außer bei drohender Zahlungsunfähigkeit jeder Gläubiger stellen, der ein rechtliches Interesse an der Eröffnung hat und seinen Anspruch sowie den Eröffnungsgrund glaubhaft macht (§ 14 Abs. 1 InsO). Das rechtliche Interesse eines Gläubigers fehlt beispielsweise dann, wenn er aufgrund eines Aussonderungsrechts innerhalb wie außerhalb des Verfahrens in gleicher Weise Befriedigung erlangen kann.

Bei vollstreckbaren Rückständen ist die Finanzbehörde im Rahmen pflichtgemäßer Ermessensausübung gehalten, bei Vorliegen eines Insolvenzgrundes einen Insolvenzantrag zu stellen.

Nach § 14 Abs. 1 Satz 2 InsO wird ein Insolvenzantrag nicht alleine dadurch unzulässig, dass die Forderung erfüllt wird. Ein von der Finanzbehörde gestellter Insolvenzantrag kann weiterhin trotz Tilgung der Forderungen aufrecht erhalten bleiben.

[Fortsetzung]

Wird das Insolvenzverfahren vor dem Ergehen einer Einspruchsentscheidung **eingestellt,** entfällt das vor diesem Zeitpunkt bestehende Sachentscheidungshindernis der fehlenden Einspruchsbefugnis der Insolvenzschuldnerin. Die Einspruchsfrist ist durch die genehmigungsfähige Verfahrenshandlung der Insolvenzschuldnerin gewahrt *(BFH-Urteil vom 20. 11. 2019 XI R 51/17, BFH/NV 2020 S. 519).*

BFH-Beschluss vom 24. 7. 2019 VII B 65/19, BFH/NV 2019 S. 1263: 1. Mit Eröffnung des Insolvenzverfahrens geht die **Anfechtungskompetenz aus §§ 4, 11 AnfG** auf den Insolvenzverwalter über. 2. Wenn der Rechtsstreit gegen den Duldungsbescheid des FA nicht mehr anhängig ist, kann der Insolvenzverwalter das Verfahren nicht mehr aufnehmen (Abgrenzung zu *Senatsurteil vom 18. 9. 2012 VII R 14/11, BStBl. 2013 II S. 128*). 3. Hat das FG die Anfechtungsklage gegen den Duldungsbescheid als unbegründet abgewiesen, kommt die Erteilung einer vollstreckbaren Ausfertigung für den Insolvenzverwalter nach § 727 ZPO nicht in Betracht. 4. Das FA kann den Anfechtungsanspruch gegen den Anfechtungsgegner während des Insolvenzverfahrens auch mit Zustimmung des Insolvenzverwalters nicht selbst weiterverfolgen (Fortführung *Senatsurteil vom 29. 3. 1994 VII R 120/92, BStBl. 1995 II S. 225*).

AEAO

2.3. Rechtsbehelfe

Die Stellung eines Antrags auf Eröffnung eines Insolvenzverfahrens über das Vermögen des Schuldners durch die Finanzbehörde ist kein Verwaltungsakt, sondern stellt schlichtes hoheitliches Handeln dar, dessen Überprüfung dem Finanzgericht und nicht dem Insolvenzgericht obliegt (vgl. BFH-Beschluss vom 31. 8. 2011, VII B 59/11, BFH/NV S. 2105). Dem Steuerpflichtigen stehen als Rechtsbehelfe hiergegen die allgemeine Leistungsklage (§ 40 Abs. 1 FGO) bzw. im vorläufigen Rechtsschutzverfahren der Antrag auf Erlass einer einstweiligen Anordnung (§ 114 FGO) zu (vgl. BFH-Beschluss vom 12. 8. 2011, VII B 159/10, BFH/NV S. 2104).

Über den Insolvenzantrag selbst entscheidet das Insolvenzgericht. Gegen eine ablehnende Entscheidung des Insolvenzgerichts über den Insolvenzantrag steht dem antragstellenden Gläubiger das Rechtsmittel der sofortigen Beschwerde zu (§ 34 Abs. 1 InsO). Die Beschwerde ist binnen einer Notfrist von zwei Wochen bei dem Insolvenzgericht einzulegen (§§ 4 und 6 InsO, § 569 ZPO). Die Frist beginnt mit der Verkündung der Entscheidung oder, wenn diese nicht verkündet wird, mit deren Zustellung (§ 6 Abs. 2 InsO). Gegen die Entscheidung des Beschwerdegerichts ist die Rechtsbeschwerde gegeben, soweit sie zugelassen ist (§ 574 ZPO). Die Rechtsbeschwerde ist binnen einer Notfrist von einem Monat nach Zustellung des Beschlusses über die sofortige Beschwerde bei dem Rechtsbeschwerdegericht einzulegen (§ 575 ZPO).

6
3. Insolvenzeröffnungsverfahren

3.1. Sicherungsmaßnahmen

Die häufigste Sicherungsmaßnahme ist neben dem Vollstreckungsverbot die Anordnung der vorläufigen Insolvenzverwaltung gem. § 21 Abs. 2 Nr. 1 i. V. m. § 22 InsO. Wird diese Anordnung mit dem Erlass eines allgemeinen Verfügungsverbots nach § 21 Abs. 2 Nr. 2 InsO verbunden, geht die Verwaltungs- und Verfügungsbefugnis über das Schuldnervermögen auf den vorläufigen Insolvenzverwalter über. Aufgrund seiner umfassenden Befugnisse wird dieser als starker vorläufiger Insolvenzverwalter bezeichnet. Im Besteuerungsverfahren hat der starke vorläufige Insolvenzverwalter die gleiche Stellung (§ 34 Abs. 3 AO) wie der Insolvenzverwalter im eröffneten Verfahren (vgl. AEAO zu § 251, Nr. 4.2). Die vom starken vorläufigen Insolvenzverwalter begründeten Verbindlichkeiten gelten nach Verfahrenseröffnung als Masseverbindlichkeiten i. S. d. § 55 Abs. 2 InsO (vgl. AEAO zu § 251, Nr. 6.1). Für hierauf bezogene Verwaltungsakte ist er im Insolvenzeröffnungsverfahren Bekanntgabeadressat (vgl. AEAO zu § 251, Nr. 4.3.2). Mit Bestellung des starken vorläufigen Insolvenzverwalters tritt bereits die Unterbrechungswirkung analog zu § 240 Satz 2 ZPO ein, weshalb ab diesem Zeitpunkt insbesondere keine Steuerbescheide mehr für solche Steuern erlassen werden dürfen, die vor Bestellung des starken vorläufigen Insolvenzverwalters begründet worden sind (vgl. AEAO zu § 251, Nr. 4.1.2). Eine vom Schuldner vor Bestellung eines starken vorläufigen Insolvenzverwalters erteilte Empfangsvollmacht ist weiterhin zu beachten, sofern sie nicht vom starken vorläufigen Insolvenzverwalter widerrufen oder das Insolvenzverfahren eröffnet wurde.

Soweit das Gericht vom Erlass eines allgemeinen Verfügungsverbots absieht und die Rechte des vorläufigen Insolvenzverwalters individuell bestimmt, handelt es sich um einen sog. schwachen vorläufigen Insolvenzverwalter. Dieser ist nicht Vermögensverwalter i. S. d. § 34 Abs. 3 AO; daher obliegen die steuerlichen Pflichten, insbesondere die Steuererklärungspflicht, weiterhin dem Schuldner. Steuerbescheide sind daher an den Schuldner zu richten und diesem bekannt zu geben, soweit kein Empfangsbevollmächtigter bestellt ist.

Der schwache vorläufige Insolvenzverwalter kann in der Regel keine Masseverbindlichkeiten begründen (vgl. BGH-Urteil vom 18. 7. 2002 IX ZR 195/01, DB S. 2011). Aufgrund der Regelung des § 55 Abs. 4 InsO gelten jedoch bestimmte Steuerverbindlichkeiten des Schuldners, die vom vorläufigen Insolvenzverwalter oder vom Schuldner mit Zustimmung des vorläufigen Insolvenzverwalters begründet werden, nach Eröffnung des Insolvenzverfahrens als Masseverbindlichkeiten. Zu Einzelheiten der Anwendung des § 55 Abs. 4 InsO siehe BMF-Schreiben v om 11. 1. 2022, BStBl. I S. 116.

Aus der Bestellung eines Gutachters durch das Insolvenzgericht ergeben sich keine Auswirkungen auf das Besteuerungsverfahren des Schuldners.

3.2. Besonderheiten bei beantragter Eigenverwaltung

Zu den Besonderheiten der vorläufigen Eigenverwaltung nach § 270b InsO vgl. AEAO zu § 251, Nr. 13.1, zu der Vorbereitung einer Sanierung nach § 270d InsO vgl. AEAO zu § 251, Nr. 13.2.

7
4. Eröffnung des Verfahrens

4.1. Wirkung der Eröffnung des Verfahrens

4.1.1. Allgemeines

Mit der Eröffnung des Insolvenzverfahrens verliert der Schuldner die Befugnis, sein zur Insolvenzmasse gehörendes Vermögen zu verwalten und darüber zu verfügen (§ 80 Abs. 1 InsO), sofern keine Eröffnung unter Anordnung der Eigenverwaltung erfolgt (§ 270 Abs. 1 Satz 1 InsO, vgl.

AEAO

AEAO zu § 251, Nr. 13.2). Die Verwaltungs- und Verfügungsrechte werden durch den Insolvenzverwalter ausgeübt (§ 34 Abs. 3 AO).

Die Insolvenzmasse erfasst das gesamte Vermögen einschließlich der Geschäftsbücher (§ 36 Abs. 2 Nr. 1 InsO), das dem Schuldner zur Zeit der Eröffnung des Verfahrens gehört und das er während des Verfahrens erlangt (sog. Neuerwerb, § 35 InsO). Nicht zur Insolvenzmasse gehören die unpfändbaren Gegenstände i. S. d. § 36 InsO, das Vermögen aus einer nach § 35 Abs. 2 InsO freigegebenen Tätigkeit (sog. insolvenzfreies Vermögen, vgl. AEAO zu § 251, Nr. 7) und das nach Ende der Abtretungsfrist bei erteilter Restschuldbefreiung erworbene Vermögen (§ 300 a Abs. 1 Satz 1 InsO).

Die Eröffnung des Verfahrens hat weiter die Wirkung, dass alle im letzten Monat vor dem Eröffnungsantrag oder nach diesem Antrag durch Zwangsvollstreckung erlangten Sicherungsrechte ihre Wirksamkeit verlieren (§ 88 InsO). Im Verbraucherinsolvenzverfahren (vgl. AEAO zu § 251, Nr. 12) verlängert sich die Frist nach § 88 Abs. 2 InsO auf drei Monate.

Mit der Eröffnung des Verfahrens können bis zu diesem Zeitpunkt begründete Ansprüche aus dem Steuerschuldverhältnis (Insolvenzforderungen, vgl. AEAO zu § 251, Nr. 5.1) nur noch nach Maßgabe der InsO geltend gemacht werden. Dies gilt auch für Ansprüche, auf die steuerliche Verfahrensvorschriften entsprechend anzuwenden sind (z. B. Rückforderung von Investitionszulage).

4.1.2. Unterbrechungswirkung (analog § 240 ZPO)

Das Steuerfestsetzungsverfahren, das Rechtsbehelfsverfahren und der Lauf der Rechtsbehelfsfristen werden, soweit sie die Insolvenzmasse betreffen oder abstrakt dazu geeignet sind, sich auf zur Tabelle anzumeldende Steuerforderungen auszuwirken, analog zu § 240 ZPO unterbrochen (vgl. BFH-Urteil vom 24. 8. 2004 VIII R 14/02, BStBl. 2005 II S. 246). Das gilt auch für Rechtsbehelfsverfahren, wenn damit eine Erstattung für die Masse begehrt wird (BFH-Urteil vom 30. 7. 2019 VIII R 21/16, BStBl. 2021 II S. 171).

Eine Verfahrensunterbrechung tritt jedoch im Steuerfestsetzungsverfahren nicht ein, wenn keine Forderungen gegenüber der Insolvenzmasse für Zeiträume vor Insolvenzeröffnung geltend zu machen sind (z. B. im Falle einer Erstattung für die Masse; BFH-Urteil vom 13. 5. 2009 XI R 63/07, BStBl. 2010 II S. 11). Hinsichtlich der Zulässigkeit des Erlasses von Steuerbescheiden wird auf Nr. 4.3.1 verwiesen.

Zur Unterbrechungswirkung bei der gesonderten und einheitlichen Feststellung von Besteuerungsgrundlagen vgl. AEAO zu § 251, Nr. 4.4.

Die Ermittlungsrechte und -pflichten der Finanzbehörde (§ 88 AO) und die Mitwirkungspflichten des Schuldners, des vorläufigen Insolvenzverwalters und des Insolvenzverwalters (§ 34 Abs. 3 AO) bleiben von der Unterbrechungswirkung unberührt. Die Pflicht zur handels- und steuerrechtlichen Rechnungslegung ergibt sich aus § 155 InsO.

Bei der Wiederaufnahme von unterbrochenen Rechtsbehelfsverfahren ist zwischen passiven und aktiven Verfahren zu unterscheiden.

Bei Einspruchs- und Klageverfahren, in denen Insolvenzforderungen strittig sind oder die abstrakt geeignet sind, sich auf zur Tabelle anzumeldende Steuerforderungen auszuwirken (Passiv-Verfahren), wird auf Nr. 5.3. verwiesen.

Bei Einspruchsverfahren, die im Erfolgsfall zu einer Erstattung der bereits gezahlten Steuern in die Insolvenzmasse führen (Aktiv-Verfahren), fehlt es an einer gesetzlichen oder analogen Grundlage für die Aufnahme des Verfahrens durch das Finanzamt. Lediglich dem Insolvenzverwalter steht die Möglichkeit zu, in analoger Anwendung des § 85 Abs. 1 Satz 1 InsO, Rechtsbehelfsverfahren aufzunehmen (BFH-Urteil vom 30. 7. 2019 VIII R 21/16, a. a. O.). Es bleibt dem Finanzamt aber unbenommen mit dem Insolvenzverwalter den Streitstand zu erörtern und den Insolvenzverwalter zur Aufnahme des Verfahren zu bewegen.

In Klageverfahren, die im Erfolgsfall zu einer Erstattung der bereits gezahlten Steuern in die Insolvenzmasse führen (Aktivprozess), kann das Finanzamt das Verfahren wiederaufnehmen, wenn der Insolvenzverwalter die Aufnahme des Verfahrens abgelehnt hat (§ 85 Abs. 2 InsO). Der Insolvenzverwalter ist in diesem Verfahren dann nicht mehr beteiligt. Die gesetzliche Prozessführungsbefugnis und die Beteiligtenstellung gehen auf den Schuldner über; der im Streit befindliche Massegegenstand wird freigegeben (BFH-Beschluss vom 20. 2. 2018 XI B 110/17, BFH/NV S. 736).

4.1.3. Auswirkungen auf bei Insolvenzeröffnung anhängige Rechtsbehelfsverfahren und Anträge auf Aussetzung der Vollziehung

Wird während eines anhängigen außergerichtlichen oder gerichtlichen Rechtsbehelfsverfahrens das Insolvenzverfahren eröffnet, so wird das Rechtsbehelfsverfahren grundsätzlich unterbrochen, soweit es die Insolvenzmasse betrifft (Nr. 4.1 des AEAO zu § 251). Die Unterbrechung endet, wenn das Rechtsbehelfsverfahren nach den für das Insolvenzrecht geltenden Vorschriften aufgenommen (vgl. hierzu AEAO zu § 251, Nr. 5.3.1.2.2) oder das Insolvenzverfahren beendet wird.

Ein noch nicht beschiedener Antrag auf Aussetzung der Vollziehung nach § 361 AO bzw. § 69 FGO wird durch die Eröffnung des Insolvenzverfahrens unzulässig (vgl. BFH-Urteil vom 27. 11. 1974, I R 185/73, BStBl. 1975 II S. 208). Eine gewährte Aussetzung der Vollziehung erledigt sich

AEAO

mit der Eröffnung des Insolvenzverfahrens (siehe § 124 Abs. 2 AO i. V.m. § 41 Abs. 1 InsO). Die Beträge sind zur Tabelle anzumelden (vgl. hierzu AEAO zu § 251, Nr. 5.2).

4.1.4. Auswirkungen auf Stundung und Vollstreckungsaufschub

Noch nicht beschiedene Anträge auf Stundung und Vollstreckungsaufschub werden durch die Eröffnung des Insolvenzverfahrens unzulässig. Gewährte Stundungen oder Vollstreckungsaufschübe erledigen sich mit der Eröffnung des Insolvenzverfahrens (siehe § 124 Abs. 2 i. V. m. § 41 Abs. 1 InsO). Die Beträge sind zur Tabelle anzumelden (vgl. hierzu AEAO zu § 251, Nr. 5.2).

4.1.5. Wirkungen auf Verfahren gegen Dritte

Verfahren gegen Dritte, die sich nicht in Insolvenz befinden, bleiben grundsätzlich von den Wirkungen der Eröffnung des Insolvenzverfahrens unberührt. Dies gilt z. B. für das Besteuerungsverfahren des nichtinsolventen Ehegatten/Lebenspartners des Schuldners, für das Besteuerungsverfahren der nichtinsolventen Gesellschafter einer Personengesellschaft und für Haftungsverfahren gegen GmbH-Geschäftsführer.

8 **4.2. Stellung und steuerliche Pflichten des Insolvenzverwalters**

Der Insolvenzverwalter hat als Vermögensverwalter (§ 34 Abs. 3 AO) die steuerlichen Pflichten des Schuldners zu erfüllen.[1] Er ist daher u. a. gem. § 149 Abs. 1 AO i. V.m. den Einzelsteuergesetzen verpflichtet, Steuererklärungen für den Schuldner abzugeben. Die Steuererklärungspflicht besteht sowohl für Besteuerungszeiträume nach Eröffnung des Insolvenzverfahrens als auch für Besteuerungszeiträume vor Eröffnung des Insolvenzverfahrens, soweit der Schuldner noch keine Steuererklärungen abgegeben hat.

Der Insolvenzverwalter hat die steuerlichen Pflichten des Schuldners jedoch nur insoweit zu erfüllen, als seine Verfügungsbefugnis reicht. Soweit Besteuerungsgrundlagen den insolvenzfreien Bereich betreffen, insbesondere Umsätze bzw. Einkünfte aus dem nach § 35 Abs. 2 InsO freigegebenen oder pfändungsfreien Vermögen, ist daher nicht der Insolvenzverwalter, sondern der Schuldner zur Erklärung verpflichtet, z. B. zur Abgabe von Umsatzsteuererklärungen für das freigegebene Unternehmen. Entsprechendes gilt für die Erklärung zu Besteuerungsgrundlagen, die den mit dem Schuldner zusammenveranlagten Ehegatten/Lebenspartner betreffen. Soweit die Steuergesetze die eigenhändige Unterzeichnung einer Steuererklärung vorschreiben, muss die Steuererklärung vom Insolvenzverwalter eigenhändig (mit-)unterschrieben werden; dies gilt auch im Fall einer Antragsveranlagung gem. § 46 Abs. 2 Nr. 8 EStG.

Für die Steuererklärungspflicht des Insolvenzverwalters ist es i. d. R. unerheblich, ob die Insolvenzmasse über ausreichende Mittel verfügt, um diese Erklärungen durch einen Dritten erstellen zu lassen (BFH-Urteil vom 23. 8. 1994, VII R 143/92, BStBl. 1995 II S. 194). Soweit der Insolvenzverwalter verpflichtet ist, Steuererklärungen einschließlich Steueranmeldungen abzugeben, und er dieser Verpflichtung nicht nachkommt, sind Zwangsmaßnahmen (§§ 328, 329 AO) gegen ihn zulässig. Dies gilt auch, wenn aus den angeforderten Erklärungen voraussichtlich nicht mit steuerlichen Auswirkungen zu rechnen ist (sogenannte „Null-Erklärungen" vgl. BFH-Urteil vom 6. 11. 2012, VII R 72/11, BStBl. 2013 II S. 141). In massearmen Verfahren kann jedoch regelmäßig von der Anwendung von Zwangsmitteln abgesehen werden; die Besteuerungsgrundlagen sind dann zu schätzen.

Erkennt der Insolvenzverwalter während des Verfahrens, dass der Schuldner für die Zeit vor Insolvenzeröffnung unrichtige oder unvollständige Erklärungen abgegeben hat und dass es dadurch zu einer Verkürzung von Steuern kommen kann oder bereits gekommen ist, ist er nach § 153 Abs. 1 AO verpflichtet, die unrichtigen oder unvollständigen Steuererklärungen zu berichtigen oder zu vervollständigen.

Die Steuererklärungspflicht des Insolvenzverwalters endet grundsätzlich mit Aufhebung des Insolvenzverfahrens. Soweit Steuererklärungen vor Aufhebung des Insolvenzverfahrens vom Insolvenzverwalter abzugeben waren, besteht diese Verpflichtung über diesen Zeitpunkt hinaus fort, soweit der frühere Insolvenzverwalter dieser Verpflichtung noch tatsächlich nachkommen kann (§§ 34, 36 AO).

Für Zeiträume nach der Aufhebung des Insolvenzverfahrens obliegen die steuerlichen Pflichten dem Schuldner.

9 **4.3. Verwaltungsakte im Insolvenzverfahren**

4.3.1. Vor Insolvenzeröffnung begründete Ansprüche

Während des Insolvenzverfahrens dürfen hinsichtlich Insolvenzforderungen grundsätzlich keine Bescheide über die Festsetzung von Ansprüchen aus dem Steuerschuldverhältnis und keine Bescheide, die Besteuerungsgrundlagen feststellen oder Steuermessbeträge festsetzen, welche die Höhe der zur Insolvenztabelle anzumeldenden Steuerforderungen beeinflussen können, erlassen werden. Ein gleichwohl erlassener Steuerbescheid über einen Steueranspruch, der eine Insolvenzforderung betrifft, ist unwirksam (BFH-Urteil vom 18. 12. 2002, I R 33/01, BStBl. 2003 II S. 630).

[1] Die Verletzung der steuerlichen Mitwirkungspflichten durch den Insolvenzverwalter kann dazu führen, dass ihm im Rahmen des § 82 InsO eine Berufung auf die Zurechnung des Wissens des ehemals örtlich zuständigen Finanzamts von der Eröffnung des Insolvenzverfahrens verwehrt ist *(BFH-Urteil vom 18. 8. 2015 VII R 24/13, BStBl. 2016 II S. 255).*

AEAO

Wirksam erlassen werden können hingegen:
- Steuerfestsetzungen i. H. v. 0 €, wenn deren Besteuerungsgrundlagen nicht in einen verbleibenden Verlustvortrag nach § 10 d EStG eingehen können, da sie andernfalls abstrakt geeignet sind, sich auf anzumeldende Steuerforderungen auszuwirken, vgl. § 10 d Abs. 4 Satz 4 EStG.
- Umsatzsteuerbescheide, in denen eine negative Umsatzsteuer für einen Besteuerungszeitraum vor Eröffnung des Insolvenzverfahrens festgesetzt wird, sofern sich daraus keine Zahllast ergibt (BFH-Urteil vom 13. 5. 2009, XI R 63/07, BStBl. 2010 II S. 11).
- Bescheide über Einkommensteuer oder Körperschaftsteuer, wenn sich unter Berücksichtigung von Anrechnungsbeträgen insgesamt ein Erstattungsbetrag ergibt und keine Besteuerungsgrundlagen festgestellt werden, die die Höhe von Steuerforderungen beeinflussen, welche zur Insolvenztabelle anzumelden sind (BFH-Urteil vom 5. 4. 2022, IX R 27/18, BStBl. II S. 703).
- Andere Steuerbescheide oder sonstige Verwaltungsakte, die zu einem Erstattungsanspruch zugunsten der Insolvenzmasse führen, sofern sie nicht ausnahmsweise abstrakt geeignet sind, sich auf anzumeldende Steuerforderungen auszuwirken.
- Festsetzungen von Steuermessbeträgen, die sich für den Schuldner vorteilhaft auswirken, sofern sie nicht ausnahmsweise abstrakt geeignet sind, sich auf anzumeldende Steuerforderungen auszuwirken.

Die Anrechnung von Steuerabzugsbeträgen und/oder Vorauszahlungen mit dem Ziel ihrer (teilweisen) Erstattung für vorinsolvenzliche Besteuerungszeiträume erfordert nach Eröffnung des Insolvenzverfahrens eine Steuerfestsetzung unter Berücksichtigung der jeweiligen Einkünfte.

Eine Steuerfestsetzung hat außerdem zu erfolgen, wenn der Insolvenzverwalter ausdrücklich die Erteilung eines Steuerbescheids beantragt, auch wenn sie sich auf anzumeldende Steuerforderungen auswirken kann. Ein solcher Antrag ist erforderlich, wenn der Insolvenzverwalter die Anrechnung von Steuerabzugsbeträgen und/oder Vorauszahlungen begehrt mit dem Ziel ihrer (teilweisen) Erstattung zugunsten der Insolvenzmasse. Die Abgabe einer gesetzlich vorgeschriebenen Steuererklärung ist, mit Ausnahme der Fälle des § 46 Abs. 2 Nr. 8 EStG (vgl. BFH-Urteil vom 20. 1. 2016 VI R 14/15, BStBl. II S. 380), kein Antrag auf Erteilung eines Steuerbescheids (vgl. AEAO zu § 171, Nr. 2).

Weiterhin können folgende Verwaltungsakte ergehen:
- Verwaltungsakte nach § 251 Abs. 3 AO (ggf. neben einer Bekanntgabe an den widersprechenden Gläubiger, § 179 Abs. 1 InsO),
- Gewerbesteuermessbetragsbescheide (§ 184 AO) und Zerlegungsbescheide (§ 188 AO) nach einem Widerspruch gegen die Anmeldung von Gewerbesteuerforderungen zur Insolvenztabelle durch die erhebungsberechtigte Körperschaft (BFH-Urteil vom 2. 7. 1997, I R 11/97, BStBl. 1998 II S. 428),
- Bescheide, die Besteuerungsgrundlagen feststellen, die eine vom Insolvenzverwalter im Prüfungstermin bestrittene Steuerforderung betreffen (BFH-Urteil vom 1. 4. 2003, I R 51/02, BStBl. II S. 779; zu Feststellungsbescheiden vgl. auch AEAO zu § 251, Nr. 4.4).

Für diese Verwaltungsakte ist Bekanntgabeadressat (vgl. AEAO zu § 122, Nr. 1.4) der Insolvenzverwalter.

In Fällen der Eigenverwaltung (vgl. AEAO zu § 251, Nr. 13) ist der Schuldner Bekanntgabeadressat.

Zu Verbindlichkeiten nach § 55 Abs. 2 und 4 InsO vgl. AEAO zu § 251, Nr. 3.1.

4.3.2. Nach Insolvenzeröffnung begründete Ansprüche

Verwaltungsakte, die die Insolvenzmasse betreffen, dürfen erlassen werden.

Bekanntgabeadressat aller die Insolvenzmasse betreffenden Verwaltungsakte ist der Insolvenzverwalter. Dies gilt insbesondere für die Bekanntgabe von
- Steuerbescheiden oder Steuermessbetragsbescheiden wegen Steueransprüchen, die nach der Verfahrenseröffnung begründet und damit sonstige Masseverbindlichkeiten sind,
- Verwaltungsakten nach § 218 Abs. 2 AO,
- Steuerbescheiden wegen Steueransprüchen, die aufgrund einer neuen beruflichen oder gewerblichen, nicht vom Insolvenzverwalter freigegebenen Tätigkeit des Schuldners begründet sind (sog. Neuerwerb, § 35 InsO).

Verwaltungsakte, die das insolvenzfreie Vermögen betreffen, sind an den Schuldner zu richten und diesem bekannt zu geben.

4.3.3. Beispiele für Bescheiderläuterungen bei Bekanntgabe an den Insolvenzverwalter:

„Der Bescheid ergeht an Sie als Insolvenzverwalter/vorläufiger Verwalter im Insolvenzverfahren/Verfahren über den Antrag auf Eröffnung des Insolvenzverfahrens über das Vermögen des Schuldners …"

Die Erläuterung ist, soweit erforderlich, zur Klarstellung zu ergänzen:

„Die Steuerfestsetzung betrifft die Festsetzung der Umsatzsteuer als sonstige Masseverbindlichkeit."

„Die Festsetzung des Gewerbesteuermessbetrags dient der erhebungsberechtigten Körperschaft als Grundlage zur Fortführung des weiteren Verfahrens aufgrund des Widerspruchs gegen die Anmeldung der Gewerbesteuerforderung zur Tabelle."

AEAO

4.4. Besonderheiten bei der gesonderten Feststellung von Besteuerungsgrundlagen

10 **4.4.1. Personengesellschaften**

4.4.1.1. Insolvenz der rechtsfähigen Personengesellschaft

Das Insolvenzverfahren einer rechtsfähigen GbR oder einer Personenhandelsgesellschaft umfasst nur das Gesellschaftsvermögen, nicht jedoch das persönliche Vermögen der Gesellschafter oder das Sonderbetriebsvermögen einzelner Gesellschafter.

Zivilrechtlich wird die rechtsfähige GbR oder Personenhandelsgesellschaft durch die Eröffnung des Insolvenzverfahrens aufgelöst (§ 729 Abs. 1 Nr. 2 BGB, § 138 Abs. 1 Nr. 2 HGB, § 161 Abs. 2 HGB). Steuerrechtlich besteht sie zunächst fort (vgl. AEAO zu § 122, Nr. 2.7.1).

Ist ausschließlich über das Vermögen der Gesellschaft – nicht aber auch über das Vermögen eines Gesellschafters – ein Insolvenzverfahren eröffnet worden, unterbricht diese Verfahrenseröffnung das (Gewinn-)Feststellungsverfahren nicht, weil dessen steuerlichen Folgen nicht die Insolvenzmasse, sondern ausschließlich die Gesellschafter treffen (BFH-Urteil vom 24. 7. 1990, VIII R 194/84, BStBl. 1992 II S. 508). Daher sind weiterhin Feststellungserklärungen abzugeben.

Die einer rechtsfähigen Personenvereinigung obliegende Pflicht zur Abgabe der Feststellungserklärung (§ 181 Abs. 2 Nr. 1 Buchst. a AO) geht mit Eröffnung des Insolvenzverfahrens auf ihren Insolvenzverwalter über. Die zivilrechtliche Auflösung der Personenvereinigung durch Eröffnung des Insolvenzverfahrens über das Vermögen der Gesellschaft ist hierbei unbeachtlich, da sie steuerrechtlich zunächst fortbesteht. Wurde das Insolvenzverfahren allerdings vor dem 1. 1. 2024 eröffnet, ist § 181 Abs. 2 Satz 2 Nr. 1 AO in der am 31. 12. 2023 geltenden Fassung für Feststellungszeiträume und Feststellungszeitpunkte vor dem 1. 1. 2024 weiterhin anzuwenden (Art. 97 § 39 Abs. 5 EGAO).

Der Insolvenzverwalter über das Vermögen einer Personengesellschaft ist vorbehaltlich des § 5 b Abs. 2 EStG zur elektronischen Übermittlung der E-Bilanz gem. § 5 b Abs. 1 EStG verpflichtet, wenn ihm die Abgabepflicht für eine Steuer- oder Feststellungserklärung obliegt, für die die E-Bilanz von Bedeutung ist (insbesondere die Gewerbesteuerklärung oder die Erklärung über die gesonderte und einheitliche Feststellung der Besteuerungsgrundlagen). In diesem Fall hat er auch die nach § 51 Abs. 4 Nr. 1 b EStG vom BMF im Einvernehmen mit den obersten Finanzbehörden der Länder bestimmten Mussangaben, die die Feststellungsbeteiligten betreffen, an das Finanzamt zu übermitteln.

Nach § 729 Abs. 1 Nr. 2 BGB wird eine rechtsfähige GbR durch Eröffnung des Insolvenzverfahrens über ihr Vermögen zivilrechtlich aufgelöst (zur OHG und KG siehe § 138 Abs. 1 Nr. 2 HGB). Das Insolvenzverfahren tritt dann an die Stelle der Auseinandersetzung und Liquidation. Da die rechtsfähige GbR, OHG oder KG mit Eröffnung des Insolvenzverfahrens steuerlich noch nicht vollbeendet ist, sind Bescheide über die gesonderte und einheitliche Feststellung der den Feststellungsbeteiligten anteilig zuzurechnenden Einkünfte und anderer Besteuerungsgrundlagen dem Insolvenzverwalter als gesetzlichem Vertreter der weiterhin rechtsfähigen GbR, OHG oder KG mit Wirkung für und gegen die Feststellungsbeteiligten bekanntzugeben (Zur Ausnahme für vor dem 1. 1. 2024 eröffnete Insolvenzverfahren siehe Art. 97 § 39 Abs. 5 EGAO).

Bei der Finanzbehörde bekannt gewordenen Meinungsverschiedenheiten zwischen den Feststellungsbeteiligten untereinander oder zwischen einem oder mehreren Feststellungsbeteiligten und dem Insolvenzverwalter ist zur Wahrung der Rechte der Feststellungsbeteiligten eine Einzelbekanntgabe nach § 183 Abs. 2 AO vorzunehmen; dem Insolvenzverwalter ist der Feststellungsbescheid dann insoweit nachrichtlich zu übersenden.

4.4.1.2. Insolvenz eines (oder mehrerer) Gesellschafters der Personengesellschaft

Mit der Eröffnung des Insolvenzverfahrens über das Vermögen eines Feststellungsbeteiligten wird das (Gewinn-)Feststellungsverfahren ausschließlich hinsichtlich der Feststellung des Anteils des in der Insolvenz befindlichen Gesellschafters unterbrochen. Diese Unterbrechung hindert den Fortgang des (Gewinn-)Feststellungsverfahrens gegenüber den übrigen Beteiligten nicht. Insoweit wird vom Grundsatz der Einheitlichkeit des Feststellungsverfahrens (§ 179 Abs. 2 Satz 2 AO) abgewichen.

Sobald dem für die Besteuerung eines Feststellungsbeteiligten zuständigen Finanzamt bekannt wird, dass über das Vermögen dieses Steuerpflichtigen das Insolvenzverfahren eröffnet worden ist, hat es das für die Durchführung der gesonderten und einheitlichen Feststellung zuständige Finanzamt unverzüglich hierüber zu unterrichten.

Wenn im Zeitpunkt der Insolvenzeröffnung noch kein (Gewinn-)Feststellungsbescheid vorliegt, gilt für die Besteuerung des Anteils des insolventen Beteiligten Folgendes:

Eine Unterscheidung zwischen Insolvenz- und Masseforderungen ist bereits im (Gewinn)Feststellungsbescheid gegenüber dem in Insolvenz befindlichen Mitunternehmer vorzunehmen.

Werden durch die gesonderte und einheitliche Feststellung gegenüber dem Schuldner (insolventer Feststellungsbeteiligter) sowohl Besteuerungsgrundlagen, welche der Anmeldung von Insolvenzforderungen dienen, als auch Besteuerungsgrundlagen, welche der Festsetzung von Masseforderungen dienen, festgestellt, so sind die Besteuerungsgrundlagen, welche der Anmeldung von Insolvenzforderungen dienen, gesondert aufzuführen. Dieser Bescheid ist dem Insolvenzverwalter bekannt zu geben. Dabei ist darauf hinzuweisen, dass der Bescheid, soweit er Besteuerungsgrundlagen betrifft, die der Anmeldung von Insolvenzforderungen dienen, lediglich ein „informatorischer Bescheid“ über die Berechnungsgrundlage ist (vgl. BFH-Urteil vom 24. 8. 2004, VIII R 14/02, BStBl. 2005 II S. 246).

Zuständig für die Anmeldung der Forderungen zur Tabelle ist und bleibt das für die Besteuerung des Schuldners zuständige Finanzamt. Es nimmt bei Bedarf auch am Prüfungstermin teil.

Wird die von dem Finanzamt angemeldete Forderung im Prüfungstermin bestritten, hat das für die Besteuerung des Schuldners zuständige Finanzamt einen Feststellungsbescheid nach § 251 Abs. 3 AO zu erlassen, der auf Feststellung zur Insolvenztabelle gerichtet ist. Der Feststellungsbescheid nach § 251 Abs. 3 AO ist an die widersprechenden Insolvenzgläubiger bzw. den widersprechenden Insolvenzverwalter zu richten.

Wird kein Einspruch gegen den Feststellungsbescheid nach § 251 Abs. 3 AO eingelegt, gilt die Forderung als festgestellt. Die Berichtigung der Tabelle ist von dem für die Besteuerung des Schuldners zuständigen Finanzamt zu beantragen.

Wird gegen den Feststellungsbescheid nach § 251 Abs. 3 AO Einspruch eingelegt und damit begründet, dass die festgestellte Forderung auf einer Gewinnfeststellung beruht, ist das Gewinnfeststellungsverfahren wieder aufzunehmen. Der Rechtsstreit über den Feststellungsbescheid nach § 251 Abs. 3 AO ist bis zu der abschließenden Entscheidung in dem Gewinnfeststellungsverfahren gem. § 363 Abs. 1 AO auszusetzen.

An diesem Gewinnfeststellungsverfahren sind anstelle des Schuldners die im Prüfungstermin widersprechenden Insolvenzgläubiger bzw. der widersprechende Insolvenzverwalter beteiligt; ihnen ist deshalb auch ein sog. „verkürzter“ Gewinnfeststellungsbescheid (§ 183 Abs. 2 Satz 2 AO) bekannt zu geben (BFH-Urteil vom 24. 8. 2004, VIII R 14/02, a. a. O.).

Die Entscheidung im Gewinnfeststellungsverfahren ist bei der Entscheidung über den Feststellungsbescheid nach § 251 Abs. 3 AO zu berücksichtigen. Die Berichtigung der Tabelle beim Insolvenzgericht ist dann von dem für die Besteuerung des Schuldners zuständigen Finanzamt zu beantragen.

4.4.2. Sonstige Feststellungen von Besteuerungsgrundlagen

Gesonderte Feststellungen von Besteuerungsgrundlagen, denen die abstrakte Eignung fehlt, sich auf anzumeldende Steuerforderungen auszuwirken (z. B. Feststellung des steuerlichen Einlagekontos gem. § 27 KStG), oder wenn der Insolvenzverwalter die Feststellung ausdrücklich beantragt hat (vgl. BFH-Urteil vom 18. 12. 2002 I R 33/01, BStBl. 2003 II S. 630), sind zulässig. Die Abgabe einer gesetzlich vorgeschriebenen Feststellungserklärung ist kein Antrag auf Erteilung eines Feststellungsbescheids (vgl. AEAO zu § 171, Nr. 2).

4.5. Auskunftsrechte des Insolvenzverwalters gegenüber dem Finanzamt 11

Der Insolvenzverwalter kann als Vermögensverwalter anstelle des Schuldners einen Antrag auf Auskunft nur stellen, soweit seine steuerliche Vertretungsbefugnis nach § 34 Abs. 3 AO reicht.

Der Schuldner selbst hat nach Artikel 15 DSGVO einen Anspruch auf Auskunft, sofern § 32c AO dem nicht entgegensteht. Soweit Artikel 12 bis 15 der DSGVO keine Regelungen enthalten, bestimmt die Finanzbehörde das Verfahren, insbesondere die Form der Information oder der Auskunftserteilung, nach pflichtgemäßem Ermessen (§ 32d Abs. 1 AO). Der Schuldner hat demzufolge zwar ein Recht auf Auskunft, aber keinen Anspruch auf eine bestimmte Form der Auskunftserteilung, wie etwa Akteneinsicht oder Übersendung eines Kontoauszuges.

Das Auskunftsrecht nach Artikel 15 DSGVO ist ein persönliches Recht des Schuldners als betroffene Person. Die datenschutzrechtliche Betroffenenstellung geht nicht gem. § 80 Abs. 1 InsO in das Verwaltungs- und Verfügungsrecht des Insolvenzverwalters über (vgl. BVerwG-Urteile vom 16. 9. 2020, 6 C 10.19, BFH/NV 2021 S. 287, und vom 25. 2. 2022, 10 C 4.20, 10 C 7.21, BFH/NV S. 1150). Der Insolvenzverwalter kann daher nicht auf der Grundlage des Artikel 15 DSGVO eine Auskunft zum Besteuerungsverfahren des Schuldners erhalten.

Schuldner und Insolvenzverwalter haben keinen Auskunftsanspruch gegenüber dem Finanzamt, soweit die Auskunftserteilung den Rechtsträger der Finanzbehörde in der Verteidigung gegen ihn geltend gemachter, noch geltend zu machender oder möglicher zivilrechtlicher Ansprüche, wie z. B. aus der Anfechtung von Rechtshandlungen nach §§ 129–147 InsO, beeinträchtigen würde (§ 32c Abs. 1 Nr. 2 AO; vgl. BVerwG-Urteile vom 25. 2. 2022, 10 C 4.20, 10 C 7.21, a. a. O.).

Ein zivilrechtlicher Auskunftsanspruch wegen möglicher Anfechtungsansprüche besteht allerdings dann, wenn ein Anfechtungsanspruch dem Grunde nach feststeht und es nur noch um die nähere Bestimmung von Art und Umfang des Anspruchs geht (BGH-Urteil vom 13. 8. 2009, IX ZR 58/06, HFR 2010 S. 299).

Außersteuerliche Auskunftsrechte des Insolvenzverwalters zur Vorbereitung der Geltendmachung von Anfechtungsansprüchen nach §§ 129ff. InsO können sich dem Grunde nach aus den jeweils einschlägigen Regelungen des Informationsfreiheitsgesetzes (IFG) oder entsprechender Gesetze der Länder ergeben. Einem – nach der Rechtsprechung des BVerwG dem Grunde nach vorausgesetzten – Informationsanspruch stehen aber § 32e i. V. m. § 32c Abs. 1 Nr. 2 AO entgegen (vgl. BVerwG-Urteile vom 25. 2. 2022, 10 C 4.20, 10 C 7.21, a. a. O.).

Der Insolvenzverwalter muss insoweit mögliche – der Anfechtung unterliegende – Rechtshandlungen des Finanzamts selbst ermitteln. Das Finanzamt ist nicht verpflichtet, durch Herausgabe von Unterlagen oder durch Erteilung von Auskünften zur Ermittlung von Insolvenzanfechtungstatbeständen beizutragen.

AEAO

5. Insolvenzforderungen

12 **5.1. Begriff**

Eine Insolvenzforderung ist eine zur Zeit der Eröffnung des Insolvenzverfahrens begründete[1] Forderung des Gläubigers gegen den Schuldner (§ 38 InsO). Der Zeitpunkt der steuerrechtlichen Entstehung der Forderung ist für diese Einordnung unmaßgeblich, so dass eine Abgabenforderung – unabhängig von der steuerrechtlichen Entstehung – immer dann als Insolvenzforderung anzusehen ist, wenn ihr Rechtsgrund zum Zeitpunkt der Verfahrenseröffnung bereits gelegt war bzw. der den Steueranspruch begründende Tatbestand nach den steuerrechtlichen Vorschriften bereits vor der Insolvenzeröffnung vollständig verwirklicht und damit abgeschlossen war, es sei denn, dass der Tatbestand des § 55 Abs. 2 oder 4 InsO erfüllt ist.

Ist die Steuerforderung im Zeitpunkt der Eröffnung des Insolvenzverfahrens noch nicht gem. § 38 AO entstanden (z. B. Eröffnung im Laufe des Umsatzsteuer-Voranmeldungszeitraums), ist nur die zum Eröffnungszeitpunkt bereits begründete Teilsteuerforderung Insolvenzforderung. Der nach Eröffnung begründete Teil ist Masseforderung.

Abgabenansprüche, die lediglich begründet, aber noch nicht fällig sind, gelten im Zeitpunkt der Verfahrenseröffnung als fällig (§ 41 InsO).

Beispiel 1 (Umsatzsteuer)

Die Umsatzsteuerforderung entsteht bei Sollversteuerung erst mit Ablauf des Voranmeldungszeitraums, in dem die Leistungen ausgeführt worden sind (§ 13 Abs. 1 Nr. 1 Buchstabe a UStG). Dagegen ist sie grundsätzlich bereits begründet, soweit die Leistung erbracht ist.

Im Falle der Istversteuerung nach § 20 UStG entsteht die Umsatzsteuerforderung erst mit Ablauf des Voranmeldungszeitraums, in dem das Entgelt vereinnahmt worden ist (§ 13 Abs. 1 Nr. 1 Buchstabe b UStG). Insolvenzrechtlich begründet ist sie bereits im Zeitpunkt der Vereinnahmung des Entgelts (BFH-Urteil vom 29. 1. 2009, V R 64/07, BStBl. II S. 682). Das Gleiche gilt für die Anzahlungsbesteuerung nach § 13 Abs. 1 Nr. 1 Buchstabe a Satz 4 UStG.

Zur Verteilung auf die einzelnen Vermögensbereiche vgl. AEAO zu § 251, Nr. 9.2.

Beispiel 2 (Vorsteuerrückforderung)

Der Vorsteuerrückforderungsanspruch (§ 17 Abs. 1 Satz 2 i. V. m. § 17 Abs. 2 Nr. 1 UStG) entsteht ebenfalls erst mit Ablauf des Voranmeldungszeitraums. Er ist aber zur Zeit der Bestellung eines vorläufigen Insolvenzverwalters mit Zustimmungsvorbehalt oder Bestellung eines vorläufigen Insolvenzverwalters, dem die Verwaltungs- und Verfügungsbefugnis über das Vermögen des Schuldners übertragen worden ist, begründet, weil die Uneinbringlichkeit bereits zu diesem Zeitpunkt vorlag (BMF-Schreiben vom 20. 5. 2015, BStBl. I S. 476). Spätestens ist der Vorsteuerrückforderungsanspruch mit der Eröffnung des Insolvenzverfahrens begründet (BFH-Urteil vom 22. 10. 2009, V R 14/08, BStBl. II 2011 S. 988, und vom 9. 12. 2010, V R 22/10, BStBl. II 2011 S. 996).

Beispiel 3 (Lohnsteuer)

Die Lohnsteuer entsteht in dem Zeitpunkt, in dem der Arbeitslohn dem Arbeitnehmer zufließt (§§ 38 Abs. 2, 41 a Abs. 1 EStG). Sie ist regelmäßig auch in diesem Zeitpunkt begründet i. S. v. § 38 InsO, unabhängig davon, für welchen Zeitraum die Lohnzahlungen erfolgen.

Beispiel 4 (Rückforderung Investitionszulage)

Der Anspruch auf Rückforderung einer gewährten Investitionszulage ist vor Eröffnung des Insolvenzverfahrens begründet, wenn das zulagenbegünstigte Wirtschaftsgut vor Eröffnung des Insolvenzverfahrens bereits zulagenschädlich verwendet wurde (z. B. Veräußerung oder Umqualifizierung von Anlagevermögen in Umlaufvermögen).

Die nach Eröffnung des Insolvenzverfahrens durch den Insolvenzverwalter erfolgte zulagenschädliche Verwendung des Wirtschaftsgutes führt ebenfalls zu einer Insolvenzforderung. Der Rückforderungsanspruch war schon vor der Eröffnung begründet, weil das vom Schuldner geschaffene öffentlich-rechtliche Verhältnis zur Finanzbehörde, aus dem später der Rückforderungsanspruch entstanden ist, zum Zeitpunkt der Verfahrenseröffnung bereits bestand.

Beispiel 5 (Kraftfahrzeugsteuer)

[aufgehoben]

Beispiel 6 (Einkommen- und Körperschaftsteuer)

Die Einkommen- und Körperschaftsteuer auf die bis zur Insolvenzeröffnung erzielten Einkünfte stellt eine Insolvenzforderung dar.

Für die Zuordnung der Einkünfte und für die Verteilung der Steuer auf die einzelnen Vermögensbereiche vgl. AEAO zu § 251, Nr. 9.1.

Verspätungszuschläge sind Insolvenzforderungen (BFH-Beschluss vom 19. 1. 2005, VII B 286/04, BFH/NV S. 1001), wenn sie auf Fristversäumnissen des Schuldners bis zur Insolvenzeröffnung beruhen.

Zinsen nach §§ 233 ff. AO auf Insolvenzforderungen für Zeiträume bis zur Eröffnung des Insolvenzverfahrens sind zur Insolvenztabelle anzumelden.

Säumniszuschläge und Zinsen, die seit Eröffnung des Insolvenzverfahrens auf Insolvenzforderungen entstanden sind, sowie rückständige Bußgelder und Zwangsgelder sind nachrangige Insolvenzforderungen i. S. d. § 39 InsO.

13 **5.2. Geltendmachung von Insolvenzforderungen**

Insolvenzforderungen sind schriftlich beim Insolvenzverwalter anzumelden (§ 174 Abs. 1 InsO). Liegt der Forderung eine Steuerstraftat des Schuldners nach §§ 370, 373 oder 374 AO zugrunde, sind neben dem Grund und dem Betrag der Forderung auch die Tatsachen, aus denen sich nach

[1] *BFH-Urteil vom 1. 6. 2016 X R 26/14, BStBl. II S. 849:* Die Zuordnung der aus Gewinnanteilen an einer Mitunternehmerschaft resultierenden Einkommensteuerschuld zu den insolvenzrechtlichen Forderungskategorien (Insolvenzforderung, Masseverbindlichkeit, insolvenzfreies Vermögen) betrifft die Einkommensteuerfestsetzung; hierüber ist deshalb nicht im Gewinnfeststellungsverfahren zu entscheiden (Anschluss an *BFH-Urteil vom 16. 7. 2015 III R 32/13, BStBl. II 2016 S. 251*).

Einschätzung der Finanzbehörde eine entsprechende Steuerstraftat ergibt, anzugeben. Diese Tatsachen können auch gem. § 177 Abs. 1 Satz 3 InsO nachträglich angemeldet werden (vgl. BFH-Urteil vom 28. 6. 2022, VII R 23/21, BStBl. II S. 791). Zu diesen Forderungen gehören auch die entstandenen Zinsansprüche wie z. B. Hinterziehungszinsen (vgl. BFH-Urteil vom 20. 3. 2012, VII R 12/11, BStBl. II S. 491). Im Zeitpunkt der Anmeldung zur Tabelle muss noch keine rechtskräftige Verurteilung wegen einer Steuerstraftat vorliegen. Der Insolvenzverwalter führt eine Tabelle, in die er jede angemeldete Forderung mit den in § 174 Abs. 2, 3 InsO genannten Angaben einzutragen hat (§§ 174, 175 InsO). Nachrangige Insolvenzforderungen sind nur auf besondere Aufforderung durch das Insolvenzgericht hin anzumelden (§ 174 Abs. 3 InsO).

5.3. Insolvenzforderungen im Prüfungstermin; Auswirkung auf das Besteuerungsverfahren 14

Wegen der Auswirkungen auf das Steuerfestsetzungs- und Rechtsbehelfsverfahren ist für die weitere Bearbeitung zunächst zu unterscheiden, ob die Forderung im Prüfungstermin (§ 29 Abs. 1 Nr. 2 InsO) bestritten wurde.

5.3.1. Vom Insolvenzverwalter oder einem Gläubiger bestrittene Forderungen

Ist eine angemeldete Abgabenforderung nach Grund und Höhe im Prüfungstermin bestritten worden, was z. B. auch bei „vorläufigem Bestreiten" oder „auflösend bedingter Feststellung" gegeben ist (vgl. BFH-Beschluss vom 16. 3. 2016, V B 41/15, BFH/NV S. 1073), muss weiter differenziert werden, ob der Anspruch tituliert ist.

Von einer „Titulierung" im insolvenzrechtlichen Sinne ist auszugehen, wenn vor Insolvenzeröffnung ein Bescheid bekannt gegeben oder eine Steueranmeldung abgegeben worden ist. Arrestanordnungen sind keine Titel i. S. d. § 179 InsO.

Nicht titulierte Ansprüche sind Steuerforderungen, die im Zeitpunkt der Verfahrenseröffnung begründet (§ 38 InsO, vgl. AEAO zu § 251, Nr. 5.1) waren, für die aber bis zur Insolvenzeröffnung noch kein Steuerbescheid wirksam bekannt gegeben wurde oder für die noch keine Steueranmeldung abgegeben wurde oder diese erst nach Verfahrenseröffnung beim Finanzamt eingegangen ist.

5.3.1.1. Nicht titulierte Forderungen

Wird eine nicht titulierte Forderung bestritten, stellt das Finanzamt das Bestehen der Abgabenforderung durch Feststellungsbescheid nach § 251 Abs. 3 AO fest. Inhalts- und Bekanntgabeadressat ist der Bestreitende (Insolvenzverwalter oder -gläubiger; § 179 Abs. 1 InsO).

5.3.1.2. Titulierte Forderungen

Wird eine titulierte Abgabenforderung bestritten, obliegt es dem Bestreitenden, den Widerspruch zu verfolgen (§ 179 Abs. 2 InsO). Es bleibt dem Finanzamt unbenommen – insbesondere zur Erlangung des Stimmrechts (§ 77 InsO) –, das durch die Verfahrenseröffnung unterbrochene Verfahren selbst aufzunehmen (grundlegend BVerwG-Urteil vom 29. 4. 1988, 8 C 73/85, NJW 1989, S. 314 und Abschnitt 60 Abs. 7 VollstrA).

5.3.1.2.1. Nicht bestandskräftiger und nicht angefochtener Steuerbescheid

War der Steuerbescheid vor Eröffnung des Verfahrens noch nicht bestandskräftig und wurde noch kein Rechtsbehelf eingelegt, ist der Lauf der Rechtsbehelfsfrist durch die Eröffnung des Verfahrens unterbrochen. Das Finanzamt hat dem Bestreitenden die Aufnahme des Rechtsstreits zu erklären (analog § 240 ZPO). Mit der Bekanntgabe dieser Erklärung beginnt die durch die Verfahrenseröffnung unterbrochene Einspruchsfrist neu zu laufen.

Entsprechendes gilt auch für nicht bestandskräftige Bescheide, mit denen der Tabellenstreit unmittelbar im Zusammenhang steht, wie insbesondere Verlustfeststellungsbescheide oder Gewerbesteuermessbescheide, die zumindest die abstrakte Eignung haben, sich auf Insolvenzforderungen auszuwirken (vgl. Urteil des FG Köln vom 10. 8. 2017 13 K 1849/13, EFG S. 1807).

Legt der Bestreitende gegen den Steuerbescheid Einspruch ein, ist das Einspruchsverfahren nach den allgemeinen Vorschriften durchzuführen. Ist der Einspruch begründet, ist eine (neue) Steuerberechnung an den Bestreitenden zu übersenden; die Forderungsanmeldung ist ggf. zu berichtigen. Hat der Einspruch keinen Erfolg, sind der Einspruch und ein ggf. vorliegender Widerspruch gegen die Anmeldung zur Tabelle mit der Einspruchsentscheidung als unbegründet zurückzuweisen und die bestrittenen Steueransprüche als Insolvenzforderungen festzustellen (BFH-Urteil vom 23. 2. 2005 VII R 63/03, BStBl. II S. 591).

5.3.1.2.2. Angefochtener Steuerbescheid[1]

War der Steuerbescheid vor Eröffnung des Insolvenzverfahrens noch nicht bestandskräftig und vom Schuldner oder dem vorläufigen starken Insolvenzverwalter mit einem zulässigen Einspruch

---

[1] *BFH-Urteil vom 18. 8. 2015 V R 39/14, BStBl. 2017 II S. 755:* 1. Nach Eröffnung des Insolvenzverfahrens über das Vermögen des Steuerschuldners ist die Feststellung der vor Insolvenzeröffnung mit Einspruch und Klage angefochtenen und im Prüfungstermin vom Insolvenzverwalter bestrittenen Steuerforderung durch das FA nicht mit Feststellungsbescheid nach § 251 Abs. 3 AO, sondern nur durch Aufnahme des unterbrochenen Klageverfahrens zu betreiben. Das ursprüngliche Anfechtungsverfahren wandelt sich dabei in ein Insolvenzfeststellungsverfahren um, wodurch sich die Parteirollen der Beteiligten ändern. 2. Erlässt das FA gleichwohl einen Feststellungsbescheid, entfällt spätestens mit dessen Bestandskraft das für die Zulässigkeit des Insolvenzfeststellungsverfahrens erforderliche Feststellungsinteresse. 3. Das Rechtsschutzinteresse kann auch noch nachträglich im Revisionsverfahren entfallen mit der Folge, dass das Urteil der Vorinstanz unrichtig und die Klage unzulässig wird.

AEAO

oder einer zulässigen Klage angefochten, hat der Insolvenzverwalter die Möglichkeit – ggf. nach entsprechender Aufforderung durch das Finanzamt –, das Rechtsbehelfsverfahren aufzunehmen und fortzuführen. Das vom Insolvenzverwalter aufgenommene Einspruchsverfahren ist vom Finanzamt weiter zu betreiben.

Nimmt der Insolvenzverwalter trotz Aufforderung durch das Finanzamt seinen Widerspruch gegen die Forderungsanmeldung innerhalb einer angemessenen Frist nicht zurück und den Rechtsstreit von sich auch nicht auf, nimmt das Finanzamt das Einspruchsverfahren auf und führt dieses fort (BFH-Urteil vom 13. 11. 2007, VII R 61/06, BStBl. 2008 II S. 790).

Das Einspruchsverfahren wird in dem Verfahrensstand fortgesetzt, in dem es bei seiner Unterbrechung zum Stillstand gekommen ist.

Bei einem begründeten Einspruch ist eine Steuerberechnung an den Insolvenzverwalter zu übersenden und die Forderungsanmeldung zu berichtigen.

Kann dem Einspruch in der Sache (Höhe der festgesetzten Steuer) nicht in vollem Umfang entsprochen werden, ist er durch Einspruchsentscheidung (u. U. teilweise) als unbegründet zurückzuweisen. Die Einspruchsentscheidung ist dem Insolvenzverwalter als Einspruchsführer bekannt zu geben. In diesen Fällen ist kein Feststellungsbescheid gem. § 251 Abs. 3 AO zu erlassen.

Die Einspruchsentscheidung muss sich sowohl auf die Rechtmäßigkeit der Steuerforderung als auch auf die rechtmäßige Beanspruchung der Steuerforderung als Insolvenzforderung erstrecken. Dazu ist im Tenor über den Einspruch gegen die Steuerfestsetzung und über den im Prüfungstermin erhobenen Widerspruch zu entscheiden (BFH-Urteil vom 23. 2. 2005, VII R 63/03, BStBl. II S. 591).

Beispiel der Tenorierung:

Der Einspruch gegen den Bescheid vom … wird als unbegründet zurückgewiesen.
Die zur Insolvenztabelle angemeldeten Forderungen werden wie folgt als Insolvenzforderungen festgestellt: (Aufstellung der geltend gemachten Steuerforderungen nebst Säumniszuschlägen wie beim Insolvenzfeststellungsbescheid).

Soweit wegen der streitigen Steuer eine Anmeldung zur Tabelle (§ 175 InsO) vorgenommen wurde, ist die Anmeldung im Anschluss an den Erlass der Einspruchsentscheidung entsprechend zu berichtigen.

Eine Verböserung in der Einspruchsentscheidung ist hingegen unzulässig, da die Verböserung einer nicht zulässigen erstmaligen Festsetzung einer Steuerschuld gleichstehen würde. Die ggf. höhere Steuerforderung muss durch Anmeldung zur Insolvenztabelle geltend gemacht werden.

Falls beim Finanzgericht oder beim BFH Rechtsbehelfsverfahren anhängig sind, informiert die Finanzbehörde das Gericht über das Ergebnis des Prüfungstermins.

5.3.1.2.3. Bestandskräftiger Steuerbescheid

War die Abgabenforderung vor der Eröffnung des Insolvenzverfahrens bereits bestandskräftig festgesetzt, wirkt die Bestandskraft auch gegen den Widersprechenden. Diesem obliegt die Verfolgung seines Widerspruchs. Dabei muss er das Verfahren in der Lage übernehmen, in der es sich bei Eröffnung des Insolvenzverfahrens befand. Liegen keine Wiedereinsetzungsgründe vor und sind die Voraussetzungen der Korrekturvorschriften (insbesondere §§ 129 ff., 164, 165, 172 ff. AO) nicht erfüllt, erlässt das Finanzamt einen Feststellungsbescheid nach § 251 Abs. 3 AO und stellt die Bestandskraft der angemeldeten Forderung fest (BFH-Urteil vom 23. 2. 2010, VII R 48/07, BStBl. II S. 562).

Wurden vor Eröffnung des Insolvenzverfahrens neben einem Steuerbescheid auch damit unmittelbar im Zusammenhang stehende Bescheide, wie insbesondere Verlustfeststellungsbescheide oder Gewerbesteuermessbescheide, die zumindest die abstrakte Eignung haben, sich auf Insolvenzforderungen auszuwirken, angefochten, können bei Streitigkeiten über Besteuerungsgrundlagen, die gleichermaßen für die festzustellende Forderung als auch die zugehörigen Bescheide von Bedeutung sind, nicht nur das durch die Insolvenzeröffnung unterbrochene Verfahren bezüglich des angefochtenen Steuerbescheids, sondern auch die unterbrochenen Verfahren für die angefochtenen zugehörigen Bescheide wieder aufgenommen werden (vgl. Urteil des FG Köln vom 10. 8. 2017, 13 K 1849/13, EFG S. 1807).

5.3.2. Vom Schuldner bestrittene Forderungen

Auch dem Schuldner steht das Widerspruchsrecht zu. Dieser Widerspruch steht jedoch der Feststellung der Forderung nicht entgegen (§ 178 Abs. 1 Satz 2 InsO).

Trotz Widerspruchs des Schuldners tritt die Rechtskraftwirkung des Tabelleneintrags ein (§ 178 Abs. 3 InsO). Soweit der Schuldner die zur Tabelle angemeldete Forderung bestreitet, wirkt der Tabelleneintrag nach Insolvenzbeendigung nicht gegen den Schuldner (§ 201 Abs. 2 InsO); insbesondere ist keine Vollstreckung aus der Eintragung in die Tabelle wie aus einem vollstreckbaren Urteil gegen den Schuldner zulässig (vgl. hierzu AEAO zu § 251, Nr. 5.3.4).

Im Falle einer titulierten Forderung obliegt es dem Schuldner, binnen einer Frist von einem Monat, beginnend ab dem Prüfungstermin oder im schriftlichen Verfahren mit dem Bestreiten der Forderung, den Widerspruch zu verfolgen. Nach fruchtlosem Ablauf dieser Frist gilt ein Widerspruch als nicht erhoben (§ 184 Abs. 2 InsO).

Erfolgt der Widerspruch des Schuldners rechtzeitig, kann ein unterbrochenes Einspruchsverfahren vom Finanzamt gegenüber dem Schuldner fortgeführt werden (§ 184 Abs. 1 Satz 2 InsO).

AEAO

Haben sowohl der Insolvenzverwalter als auch der Schuldner widersprochen, ist es zulässig, den unterbrochenen Rechtsstreit sowohl gegen den Insolvenzverwalter als auch gegen den Schuldner aufzunehmen und damit denselben Rechtsstreit einmal gegen den Insolvenzverwalter auf Feststellung der Forderung zur Insolvenztabelle und zum anderen auf Feststellung der Forderung gegenüber dem Schuldner fortzuführen. Es handelt sich dabei um zwei miteinander verbundene Rechtsbehelfe mit verschiedenen Rechtsbehelfsbegehren (BFH-Urteil vom 13. 11. 2007, VII R 61/06, BStBl. 2008 II S. 790).

Wird eine nicht titulierte Forderung vom Schuldner bestritten, kann das Finanzamt das Bestehen der Abgabenforderung durch Bescheid nach § 251 Abs. 3 AO feststellen (§ 180 Abs. 1 Satz 1 InsO). Dieser Bescheid ist an den Schuldner zu richten und diesem bekannt zu geben.

Widerspricht der Schuldner der Anmeldung einer Forderung i. S. v. § 302 Nr. 1 InsO, kann das Finanzamt bis zur Aufhebung des Insolvenzverfahrens – unabhängig von einer Titulierung – einen Feststellungsbescheid i. S. v. § 251 Abs. 3 AO mit dem Ziel erlassen, die Forderung von der Restschuldbefreiung auszunehmen, wenn der Schuldner im Zusammenhang mit den angemeldeten Forderungen wegen einer Steuerstraftat nach den §§ 370, 373 oder 374 AO rechtskräftig verurteilt worden ist (vgl. BFH-Urteil vom 28. 6. 2022, VII R 23/21, BStBl. II S. 791); ein ergangener Strafbefehl, gegen den kein Einspruch erhoben worden ist, steht einem rechtskräftigen Urteil gleich (§ 410 Abs. 3 StPO).

Erfolgt die rechtskräftige Verurteilung erst nach Beendigung des Insolvenzverfahrens, siehe AEAO zu § 251, Nr. 15.2.

5.3.3. Feststellung der Forderung zur Tabelle

Werden die angemeldeten Forderungen im Prüfungstermin weder vom Insolvenzverwalter noch von einem Insolvenzgläubiger bestritten oder wird ein erhobener Widerspruch beseitigt, so gelten sowohl die titulierten als auch die nicht titulierten Forderungen als festgestellt (§ 178 Abs. 1 InsO).

Die Eintragung der Feststellung zur Tabelle wirkt gegenüber dem Insolvenzverwalter und den übrigen Insolvenzgläubigern wie ein rechtskräftiges Urteil (§ 178 Abs. 3 InsO)[1], unabhängig davon, ob ein Steuerbescheid ergangen ist. Zur Möglichkeit der Änderung eines festgestellten Tabelleneintrags vgl. AEAO zu § 251, Nr. 5.3.5.

Nach Abschluss des Insolvenzverfahrens kann der Insolvenzgläubiger aus der Eintragung in die Tabelle wie aus einem vollstreckbaren Urteil die Zwangsvollstreckung gegen den Schuldner betreiben, sofern nicht Restschuldbefreiung eingetreten ist oder noch ein Widerspruch des Schuldners (vgl. AEAO zu § 251, Nr. 5.3.2) vorliegt.

Die widerspruchslose Feststellung einer Steuerforderung zur Insolvenztabelle bewirkt zwar die Erledigung eines wegen dieser Forderung geführten Finanzrechtsstreits in der Hauptsache, beendet aber nicht zugleich die Unterbrechung (vgl. AEAO zu § 251, Nrn. 4.1.2 und 4.1.3) des finanzgerichtlichen Verfahrens (BFH-Beschluss vom 14. 5. 2013, X B 134/12, BStBl. II S. 585).

5.3.4. Feststellungsbescheid gem. § 251 Abs. 3 AO[2]

Der Feststellungsbescheid nach § 251 Abs. 3 AO ist kein Steuerbescheid i. S. v. §§ 155 ff. AO. Eine Korrektur richtet sich nach den §§ 129–131 AO.

5.3.5. Änderung von zur Insolvenztabelle festgestellten Steuerforderungen

Der widerspruchslosen Eintragung in die Insolvenztabelle kommt dieselbe Wirkung wie der beim Bestreiten vorzunehmenden Feststellung gem. § 185 InsO i. V. m. § 251 Abs. 3 AO zu. Die widerspruchslose Eintragung kann wie die Feststellung zugunsten des Schuldners unter den Voraussetzungen der §§ 130, 131 AO korrigiert werden (BFH-Urteile vom 24. 11. 2011 V R 13/11, BStBl. 2012 II S. 298, und vom 24. 11. 2011 V R 20/10, BFH/NV 2012 S. 711 zur Anwendung des § 130 AO).

Eine Nachmeldung von Insolvenzforderungen zur Tabelle für Besteuerungszeiträume, für die bereits ein festgestellter Tabelleneintrag vorliegt, ist zulässig (vgl. BGH-Urteil vom 19. 1. 2012 IX ZR 4/11, ZInsO S. 488).

---

[1] *BFH-Urteil vom 17. 9. 2019 VII R 5/18, BStBl. 2023 II S. 258:* 1. Ein Tabelleneintrag im Insolvenzverfahren kann gemäß § 178 Abs. 3 InsO auch im Haftungsverfahren Bindungswirkung entfalten. 2. Die Eintragung in die Tabelle ersetzt im Insolvenzverfahren den Steuerbescheid und wirkt u. a. gegenüber allen Insolvenzgläubigern gemäß § 178 Abs. 3 InsO für die festgestellte Forderung wie ein rechtskräftiges Urteil.

[2] *BFH-Urteil vom 11. 12. 2013 XI R 22/11, BStBl. 2014 II S. 332:* 1. Ein bestandskräftiger Feststellungsbescheid über eine Umsatzsteuernachzahlung als Insolvenzforderung steht einer später begehrten anderweitigen Umsatzsteuerfestsetzung entgegen, wenn dieser Bescheid nicht mehr geändert werden kann. 2. Die Entscheidung des FA über die Rücknahme des Feststellungsbescheides nach § 130 Abs. 1 AO ist eine Ermessensentscheidung, die von den Gerichten nur eingeschränkt überprüft werden kann.

Wenn für den Steuerpflichtigen im Insolvenzverfahren die Möglichkeit bestand, durch einen Widerspruch gemäß § 178 Abs. 2 i. V. m. § 201 Abs. 2 Satz 1 InsO den Eintritt der Urteilswirkung des Tabelleneintrags zu verhindern, ist es grundsätzlich ermessensfehlerfrei, wenn das FA einen auf § 130 AO gestützten Antrag auf Änderung des Tabelleneintrags ablehnt. Die Feststellung zur Insolvenztabelle kann weder nach § 164 Abs. 2 AO noch nach den §§ 172 ff. AO geändert werden *(BFH-Beschluss vom 5. 7. 2018 XI B 18/18, BFH/NV S. 1284).*

AEAO

6. Sonstige Masseverbindlichkeiten (§ 55 InsO)

15 **6.1. Begründung von sonstigen Masseverbindlichkeiten**

Die durch die Handlungen[1] des Insolvenzverwalters oder in anderer Weise durch die Verwaltung, Verwertung und Verteilung der Insolvenzmasse nach der Eröffnung des Insolvenzverfahrens begründeten Abgabenforderungen (sonstige Masseverbindlichkeiten nach § 55 Abs. 1 InsO) sind vorweg zu begleichen (§ 53 InsO). Nach der Insolvenzeröffnung sind die Abgabenansprüche begründet, wenn der einzelne (unselbständige) Besteuerungstatbestand nach der Insolvenzeröffnung vollständig verwirklicht wurde (BFH-Urteile vom 8. 3. 2012, V R 24/11, BStBl. II S. 466, vom 25. 7. 2012, VII R 29/11, BStBl. II 2013 S. 36, und vom 16. 5. 2013, IV R 23/11, BStBl. II S. 759). Dazu gehören insbesondere

- nach Eröffnung des Insolvenzverfahrens begründete Umsatzsteuer,[2]
- nach Eröffnung des Insolvenzverfahrens vereinnahmte Umsatzsteuer aus Umsätzen vor Eröffnung des Insolvenzverfahrens. Dies gilt sowohl bei Istversteuerung (BFH-Urteil vom 29. 1. 2009, V R 64/07, BStBl. II S. 682) als auch bei Sollversteuerung (BFH-Urteil vom 9. 12. 2010, V R 22/10, BStBl. 2011 II S. 996),
- Umsatzsteuer aufgrund Vorsteuerberichtigung i. S. v. § 15 a UStG (BFH-Urteile vom 9. 2. 2011, XI R 35/09, BStBl. II S. 1000, und vom 8. 3. 2012, V R 24/11, a. a. O.),
- Einkommensteuer/Körperschaftsteuer, die sich auf Einkünfte aus der Verwaltung oder der Verwertung der Masse gründet. Die Steuerschuld stellt auch dann in voller Höhe eine Masseverbindlichkeit dar, wenn der (tatsächlich) zur Masse gelangte Erlös nicht ausreicht, um die aus der Verwertungshandlung resultierende Einkommen-/Körperschaftsteuerforderung zu befriedigen (vgl. BFH-Urteil vom 16. 5. 2013, IV R 23/11, a. a. O.),[3]
- Einkommensteuer eines in Insolvenz befindlichen Mitunternehmers, die auf seinem nach Insolvenzeröffnung begründeten Gewinnanteil beruht (vgl. BFH-Urteil vom 18. 5. 2010, X R 60/08, BStBl. 2011 II S. 429),[4]
- Gewerbesteuer bei Weiterführung des Gewerbebetriebs durch den Insolvenzverwalter,
- Lohnsteuer auf nach Eröffnung des Insolvenzverfahrens ausgezahlte Arbeitslöhne.

Weitere Masseverbindlichkeiten sind

- Verbindlichkeiten, die von einem vorläufigen Insolvenzverwalter begründet worden sind, auf den die Verfügungsbefugnis über das Vermögen des Schuldners übergegangen ist (§ 55 Abs. 2 Satz 1 InsO), oder Verbindlichkeiten des Schuldners in der vorläufigen Eigenverwaltung, soweit eine Steuer von der gerichtlichen Anordnung zur Begründung von Masseverbindlichkeiten (§ 270 c Abs. 4 InsO) im Einzelfall mit umfasst ist, sowie
- bestimmte Verbindlichkeiten[5] des Schuldners aus dem Steuerschuldverhältnis, die von einem vorläufigen Insolvenzverwalter, vom Schuldner mit Zustimmung eines vorläufigen Insolvenzverwalters oder vom Schuldner nach Bestellung eines vorläufigen Sachwalters begründet wor-

[1] Die Ausübung des Veranlagungswahlrechts durch den Insolvenzverwalter stellt eine Handlung i. S. des § 55 Abs. 1 Nr. 1 InsO dar, die zur Folge hat, dass auch die auf der Zusammenveranlagung beruhende Einkommensteuerschuld als Masseverbindlichkeit anzusehen ist. Wählt der Insolvenzverwalter die Zusammenveranlagung, ist daher auch die auf Einkünfte der nicht insolventen Ehefrau entfallende Einkommensteuer im gleichen Verhältnis wie die durch die Einkünfte des Insolvenzschuldners ausgelöste Einkommensteuer zwischen der Insolvenzmasse und dem insolvenzfreien Vermögen zu verteilen *(BFH-Urteil vom 27. 10. 2020 VIII R 19/18, BStBl. 2021 II S. 819).*

[2] *BFH-Beschluss vom 7. 5. 2020 V R 19/19, BFH/NV S. 1095:* Der Umsatzsteueranspruch für einen Besteuerungszeitraum, in dem der Unternehmer einem Eröffnungsverfahren mit vorläufiger Eigenverwaltung nach § 270 a InsO unterliegt, ist weder nach § 55 Abs. 2 InsO noch nach § 55 Abs. 4 InsO eine Masseverbindlichkeit; auch eine analoge Anwendung dieser Vorschriften kommt nicht in Betracht (Anschluss an *BGH vom 22. 11. 2018 IX ZR 167/16, BGHZ 220, 243*).

[3] Die Einkommensteuerschulden, die aus der Verwaltung eines zur Masse gehörenden Gesellschaftsanteils entstehen, der entweder nach der Insolvenzeröffnung fortgeführt oder durch den Insolvenzverwalter neu begründet und nicht vom Insolvenzverwalter freigegeben worden ist, stellen Masseverbindlichkeiten (§ 55 Abs. 1 Nr. 1 Hs. 2 InsO) dar *(BFH-Urteil vom 1. 6. 2016 X R 26/14, BStBl. II S. 849).*

[4] Die Einkommensteuer ist als Masseschuld aufgrund massebezogenen Verwaltungshandelns gegen den Insolvenzverwalter festzusetzen, wenn dieser die selbständige Tätigkeit des Insolvenzschuldners im Interesse der Masse erlaubt, die Betriebseinnahmen zur Masse zieht, soweit sie dem Schuldner nicht für seinen Unterhalt belassen werden, und die Fortführung der Tätigkeit ermöglicht, indem er zur Masse gehörende Mittel einsetzt, um durch die Tätigkeit entstehende Forderungen Dritter zu begleichen *(BFH-Urteil vom 16. 4. 2015 III R 21/11, BStBl. 2016 II S. 29).*

Ist bei einer Tätigkeit ohne Wissen und Billigung des Insolvenzverwalters unklar, ob es sich umsatzsteuerrechtlich um eine solche des Insolvenzschuldners handelt, entsteht keine Masseverbindlichkeit *(BFH-Urteil vom 6. 6. 2019 V R 51/17, BStBl. 2021 II S. 52).*

BFH-Urteil vom 16. 7. 2015 III R 32/13, BStBl. 2016 II S. 251: 1. Über die Frage, ob nach Eröffnung des Insolvenzverfahrens begründete Einkommensteuerforderungen aus Gewinnanteilen an einer Mitunternehmerschaft als Masseverbindlichkeiten zu qualifizieren oder dem insolvenzfreien Vermögen des Insolvenzschuldners zuzuordnen sind, ist nicht im einheitlichen und gesonderten Gewinnfeststellungsverfahren, sondern im Einkommensteuerfestsetzungsverfahren zu entscheiden. 2. Die Einkommensteuer aus einer nach Insolvenzeröffnung neu aufgenommenen einzelunternehmerischen Tätigkeit ist als Masseschuld aufgrund massebezogenen Verwaltungshandelns gegen den Insolvenzverwalter (Treuhänder) festzusetzen, wenn dieser die selbständige Tätigkeit im Interesse der Masse erlaubt, die Betriebseinnahmen zur Masse zieht, soweit sie dem Schuldner nicht für seinen Unterhalt belassen werden, und die Aufnahme der Tätigkeit ermöglicht, indem er zur Masse gehörende Mittel einsetzt, um durch die selbständige Tätigkeit entstehende Forderungen Dritter zu begleichen (vgl. auch *Senatsurteil vom 16. 4. 2015 III R 21/11, BStBl. 2016 II S. 29*).

[5] Die Einkommensteuer ist als Masseschuld aufgrund massebezogenen Verwaltungshandelns gegen den Insolvenzverwalter festzusetzen, wenn dieser die selbständige Tätigkeit des Insolvenzschuldners im Interesse der Masse erlaubt, die Betriebseinnahmen zur Masse zieht, soweit sie dem Schuldner nicht für seinen Unterhalt belassen werden, und die Fortführung der Tätigkeit ermöglicht, indem er zur Masse gehörende Mittel einsetzt, um durch die Tätigkeit entstehende Forderungen Dritter zu begleichen *(BFH-Urteil vom 16. 4. 2015 III R 21/11, BFH/NV S. 1638).*

den sind (§ 55 Abs. 4 InsO). Zur Anwendung des § 55 Abs. 4 InsO siehe BMF-Schreiben vom 11. 1. 2022, BStBl. I S. 116. AEAO

Die als Masseverbindlichkeiten entstehenden Abgabenansprüche sind durch Steuerbescheid geltend zu machen (BFH-Urteil vom 6. 7. 2011, II R 34/10, BFH/NV 2012 S. 10). Der Insolvenzverwalter ist Bekanntgabeadressat (vgl. AEAO zu § 122, Nr. 1.4). Die Masse betreffende Verwaltungsakte können grundsätzlich nicht durch die Bekanntgabe an den Schuldner wirksam werden. Der Insolvenzverwalter ist verpflichtet, die entsprechenden Steuererklärungen einschließlich Steueranmeldungen abzugeben (vgl. AEAO zu § 251, Nr. 4.2).

Die Ausnahme stellt das Insolvenzverfahren in Eigenverwaltung dar. Hier werden die Masse betreffende Verwaltungsakte durch Bekanntgabe an den Schuldner wirksam. Steuerliche Erklärungspflichten sind insoweit vom Schuldner zu erfüllen (vgl. AEAO zu § 251, Nr. 13.3).

Der Insolvenzverwalter haftet nach §§ 191, 69 i. V. m. § 34 Abs. 3 AO bei schuldhafter Verletzung seiner steuerlichen Pflichten.

Sind die Kosten des Insolvenzverfahrens gedeckt, reicht die Insolvenzmasse jedoch nicht aus, um die fälligen sonstigen Masseverbindlichkeiten zu erfüllen, hat der Insolvenzverwalter dem Insolvenzgericht die Masseunzulänglichkeit anzuzeigen (§ 208 Abs. 1 Satz 1 InsO).

Die Rangfolge der Vorwegbefriedigung von Masseverbindlichkeiten richtet sich nach § 209 InsO. Zunächst werden die Kosten des Insolvenzverfahrens, das sind die Gerichtskosten und die Vergütung des Insolvenzverwalters sowie ggf. des Gläubigerausschusses, danach die Neumasseverbindlichkeiten (Verbindlichkeiten, die nach Anzeige der Masseunzulänglichkeit begründet wurden) und schließlich die Altmasseverbindlichkeiten befriedigt.

6.2. Durchsetzung von sonstigen Masseverbindlichkeiten 16

Werden sonstige Masseverbindlichkeiten vom Insolvenzverwalter nicht entrichtet, ist dieser zur unverzüglichen Zahlung aufzufordern. Die Vollstreckung gegen die Masse richtet sich nach den allgemeinen Vorschriften der AO. Grundsätzlich ist während der Dauer des Insolvenzverfahrens die Vollstreckung in die Insolvenzmasse durch Massegläubiger – vorbehaltlich § 90 Abs. 1 InsO – zulässig, weil § 89 InsO nur für Insolvenzgläubiger gilt. Mit der Anzeige der Masseunzulänglichkeit greift allerdings für Massegläubiger das Vollstreckungsverbot wegen Altmasseverbindlichkeiten i. S. v. § 209 Abs. 1 Nr. 3 InsO (§ 210 InsO). Ein gesetzlich verankertes Vollstreckungsverbot für Neumassegläubiger enthält die InsO nicht. Der Insolvenzverwalter kann die Zahlung auf Neumasseverbindlichkeiten verweigern, sobald sich herausstellt, dass die Masse nicht zur vollen Befriedigung aller Neumassegläubiger ausreicht. Für diese greift der Grundsatz der Gleichbehandlung sämtlicher Gläubiger, so dass lediglich eine quotale Befriedigung verlangt werden kann.

7. Insolvenzfreies Vermögen 17

Übt der Schuldner eine selbständige Tätigkeit aus oder beabsichtigt er, demnächst eine solche Tätigkeit auszuüben, hat der Insolvenzverwalter ihm gegenüber zu erklären, ob Vermögen aus der selbständigen Tätigkeit zur Insolvenzmasse gehört und ob Ansprüche aus dieser Tätigkeit im Insolvenzverfahren geltend gemacht werden können, § 35 Abs. 2 Satz 1 InsO. Diese Freigabeerklärung wirkt grundsätzlich erst ab ihrem Zugang beim Insolvenzschuldner (ex nunc). Die Wirksamkeit der Erklärung wird dabei allerdings nicht vom Insolvenzgericht überprüft. Das Amtsgericht übernimmt lediglich die Vorgaben des Insolvenzverwalters, d. h. der Zugang der Erklärung beim Schuldner ist vom Insolvenzverwalter gegenüber dem Finanzamt nachzuweisen. Eine einmal erteilte Freigabeerklärung ist für den Insolvenzverwalter unwiderruflich. Unterlässt der Insolvenzverwalter in Kenntnis oder bei Erkennbarkeit der selbständigen Tätigkeit des Schuldners (z. B. nach entsprechender Information durch das Finanzamt) die Abgabe der Erklärung nach § 35 Abs. 2 Satz 1 InsO, stellen die durch die selbständige Tätigkeit des Insolvenzschuldners begründeten Verbindlichkeiten Masseverbindlichkeiten nach § 55 Abs. 1 Nr. 1 InsO dar (BFH-Urteil vom 18. 12. 2019, XI R 10/19, BStBl. 2020 II S. 480).

Keine Masseverbindlichkeiten liegen vor, wenn der Schuldner die Tätigkeit ohne Wissen und Billigung durch den Insolvenzverwalter ausgeübt hat und die Entgelte nicht zur Insolvenzmasse gelangt sind (BFH-Urteile vom 18. 5. 2010 X R 11/09, BFH/NV S. 2114 und vom 6. 6. 2019 V R 51/17, BStBl. 2021 II S. 52).

Steuererstattungsansprüche innerhalb dieses freigegebenen Neuerwerbes stehen immer dem Schuldner zu. Das Finanzamt kann – sofern keine Aufrechnungslage besteht – nach Bekanntgabe der Freigabe solche Guthaben aus dem insolvenzfreien Neuerwerb nur noch schuldbefreiend an ihn leisten. Steuerzahlungen für das insolvenzfreie Vermögen sind vom Schuldner zu leisten.

Einkommensteuernachzahlungen, die auf Einkünften aus nichtselbständiger Tätigkeit oder Renten beruhen, stellen Forderungen gegen das insolvenzfreie Vermögen dar (BFH-Urteile vom 24. 2. 2011 VI R 21/10, BStBl. II S. 520 sowie vom 27. 7. 2011 VI R 9/11, BFH/NV S. 2111 f.).

8. Aufrechnung im Insolvenzverfahren 18

Für die Aufrechnung in Insolvenzfällen gelten die allgemeinen Grundsätze des § 226 AO i. V. m. §§ 387 ff. BGB, es sind jedoch die Aufrechnungsverbote der §§ 95 und 96 InsO zu beachten.

Die Steuerberechnung nach §§ 16 ff. UStG ist keine Aufrechnung, so dass sie auch nicht den Beschränkungen der §§ 94 ff. InsO unterliegt (BFH-Urteile vom 24. 11. 2011 V R 13/11,

AEAO BStBl. 2012 II S. 298, vom 25. 7. 2012 VII R 30/11, BFH/NV 2013 S. 603 und vom 24. 9. 2014 V R 48/13, BStBl. II 2015 S. 506).

War ein Gläubiger zum Zeitpunkt der Eröffnung des Insolvenzverfahrens zur Aufrechnung berechtigt, so kann die Aufrechnung auch noch im Insolvenzverfahren erklärt werden (§ 94 InsO). Zur Aufrechnung im Planverfahren vgl. AEAO zu § 251, Nr. 11; zur Aufrechnung im Restschuldbefreiungsverfahren vgl. AEAO zu § 251, Nr. 15.2.

Nach § 95 Abs. 1 InsO kann (noch) nicht aufgerechnet werden, wenn die aufzurechnenden Forderungen oder eine von ihnen aufschiebend bedingt oder noch nicht fällig sind. Die Aufrechnung kann erst erfolgen, wenn die Voraussetzungen (Unbedingtheit oder Fälligkeit) eingetreten sind; hierbei ist die Fälligkeitsfiktion des § 41 InsO nicht anzuwenden. Es gilt allein die steuerrechtliche Fälligkeit (§ 220 AO).

Wird über das Vermögen des Schuldners ein Insolvenzverfahren eröffnet, werden die in diesem Zeitpunkt entstandenen Steuerforderungen des Finanzamts – vorbehaltlich spezieller steuergesetzlicher Fälligkeitsbestimmungen – fällig, ohne dass es dafür ihrer Festsetzung oder Feststellung durch Verwaltungsakt oder einer Anmeldung der Forderung zur Tabelle bedürfte (BFH-Urteil vom 4. 5. 2004 VII R 45/03, BStBl. II S. 815). Die Befugnis, mit Haftungsansprüchen i. S. d. § 73 AO, die vor Eröffnung des Insolvenzverfahrens begründet worden sind, gegen vorinsolvenzliche Erstattungsansprüche der Organgesellschaft gem. § 226 AO aufzurechnen, besteht auch im Falle einer Insolvenz der Organgesellschaft. Der vorherige Erlass eines Haftungsbescheides, die Feststellung der Haftungsforderung oder deren Anmeldung zur Insolvenztabelle ist nicht erforderlich (BFH-Urteil vom 10. 5. 2007 VII R 18/05, BStBl. II S. 914). Entsteht der Steuererstattungsanspruch dem Grunde nach vor Erteilung der Restschuldbefreiung, so kann die Aufrechnung ungeachtet der noch nicht erfolgten Festsetzung des Steuererstattungsanspruchs bereits nach dessen Entstehung erklärt werden.

Eine Aufrechnung ist unzulässig,

– wenn ein Insolvenzgläubiger erst nach der Eröffnung des Insolvenzverfahrens etwas zur Masse schuldig geworden ist (§ 96 Abs. 1 Nr. 1 InsO).

Beispiel:

Eine vor der Verfahrenseröffnung fällige Umsatzsteuerforderung kann nicht gegen einen Vorsteuererstattungsanspruch aufgerechnet werden, der aufgrund von Umsätzen nach Eröffnung des Insolvenzverfahrens begründet ist.
Eine Aufrechnung ist aber zulässig, wenn die Gegenforderung und die Hauptforderung vor Verfahrenseröffnung begründet worden sind.

Beispiel:

Die Eröffnung des Insolvenzverfahrens erfolgt am 2. 11. 02. Die Einkommensteuer 01 wurde als Insolvenzforderung zur Tabelle angemeldet. Die nach Eröffnung des Verfahrens durchgeführte Festsetzung der Umsatzsteuer 01 (vgl. AEAO zu § 251, Nr. 4.3.1) führte zu einer Erstattung.
Mit dem Anspruch auf Einkommensteuernachzahlung 01 kann gegen den Umsatzsteuererstattungsanspruch 01 aufgerechnet werden.
Wurden beide Ansprüche nach der Verfahrenseröffnung im Bereich der Insolvenzmasse begründet, ist eine Aufrechnung ebenfalls zulässig.

– wenn ein Insolvenzgläubiger die Möglichkeit der Aufrechnung durch eine anfechtbare Rechtshandlung erlangt hat (§ 96 Abs. 1 Nr. 3 InsO).

Beispiel:

Die Vorsteuer aus der Vergütung des vorläufigen Insolvenzverwalters, welche nach Insolvenzeröffnung in Rechnung gestellt wurde, kann regelmäßig mit zur Zeit der Insolvenzeröffnung bestehenden Forderungen des Finanzamts nicht aufgerechnet werden. Die Rechtshandlung, die der Vorsteuervergütung zugrunde liegt, ist in der kritischen Zeit vor Insolvenzeröffnung erfolgt und stellt daher häufig eine anfechtbare Rechtshandlung dar (vgl. BFH-Urteile vom 2. 11. 2010, VII R 6/10, BStBl. 2011 II S. 374, und VII R 62/10, BStBl. 2011 II S. 439).
Lagen zum Zeitpunkt der Begründung der Gegenforderung und der Hauptforderung die Anfechtungsvoraussetzungen der §§ 129 ff. InsO nicht vor, ist die Aufrechnung zulässig.

oder

– wenn ein Gläubiger, dessen Forderung aus dem insolvenzfreien Vermögen des Schuldners zu erfüllen ist, etwas zur Insolvenzmasse schuldet (§ 96 Abs. 1 Nr. 4 InsO).

Beispiel:

Der Schuldner hat aus seiner freigegebenen selbständigen Tätigkeit Umsatzsteuer in Höhe von 10 000 € zu zahlen. Gleichzeitig steht der Insolvenzmasse aus Umsätzen, die der Insolvenzverwalter getätigt hat, eine Umsatzsteuererstattung von 5000 € zu.
Eine Aufrechnung der Umsatzsteuererstattung zur Masse mit der Zahllast aus dem insolvenzfreien Vermögen ist nicht möglich.
Eine Aufrechnung eines Erstattungsanspruchs aus dem insolvenzfreien Vermögen mit Insolvenzforderungen ist aber zulässig (BFH-Beschluss vom 1. 9. 2010, VII R 35/08, BStBl. 2011 II S. 336).

Beispiel:

Der Schuldner erzielt nach der Insolvenzeröffnung ausschließlich Einkünfte aus einer freigegebenen selbständigen Tätigkeit in Höhe von 10 000 € und leistet Einkommensteuervorauszahlungen in Höhe von 400 €. Die Jahressteuer wird auf 150 € festgesetzt.
Der Erstattungsanspruch in Höhe von 250 € steht dem Schuldner zu, weil er die Vorauszahlungen aus dem freigegebenen Vermögen geleistet hat.
Eine Aufrechnung mit Insolvenzforderungen ist möglich.

AEAO

9. Verteilung der Steuerforderungen und -erstattungsansprüche auf die insolvenzrechtlichen Vermögensbereiche

Ansprüche aus dem Steuerschuldverhältnis können sich gegen unterschiedliche insolvenzrechtliche Vermögensbereiche (vorinsolvenzlicher Vermögensteil, Insolvenzmasse, ggf. insolvenzfreies Vermögen) richten.

9.1. Einkommensteuer[1] 19

Die Einkommensteuer ist eine Jahressteuer, die mit Ablauf des Kalenderjahres entsteht (zur Entstehung der Einkommensteuervorauszahlungen siehe § 37 Abs. 1 EStG). Die einheitlich ermittelte Jahressteuer ist im Verhältnis der Einkünfte den verschiedenen insolvenzrechtlichen Vermögensbereichen zuzuordnen (BFH-Urteil vom 19. 1. 2023 III R 44/20, BStBl. 2024 I S. 559). Die Verteilung der Einkünfte auf die einzelnen Vermögensbereiche hat nach Maßgabe der in den einzelnen Abschnitten zu berücksichtigenden Besteuerungsmerkmale insbesondere unter Beachtung der Gewinnermittlungsvorschriften (§ 4 Abs. 1 EStG oder § 4 Abs. 3 EStG) zu erfolgen (BFH-Urteil vom 9. 12. 2014 X R 12/12, BFH/NV 2015 S. 988). Da eine konkrete Zuordnung häufig nicht möglich ist, können die Einkünfte im Schätzungswege zeitanteilig zugeordnet werden, es sei denn, dies führt zu einer offensichtlich unzutreffenden Verteilung z. B. bei Aufdeckung stiller Reserven (BFH-Urteil vom 29. 3. 1984 IV R 271/83, BStBl. II S. 602), Auflösung von Rückstellungen oder Einkünften aus insolvenzfreiem Vermögen. Der Altersentlastungsbetrag gem. § 24 a EStG wird quotal bei den entsprechenden Einkünften abgezogen (vgl. BFH-Urteil vom 27. 10. 2020 VIII R 19/18, BStBl. 2021 II S. 819).

9.1.1. Einzelveranlagung

Die einheitlich ermittelte Jahressteuer ist im ermittelten Verhältnis der Einkünfte (vgl. AEAO zu § 251, Nr. 9.1) den verschiedenen insolvenzrechtlichen Vermögensbereichen zuzuordnen.

Beispiel 1:

Das Insolvenzgericht eröffnete auf einen Insolvenzantrag vom 1. 6. 01 das Insolvenzverfahren über das Vermögen des Schuldners am 1. 9. 01. Der Steuerpflichtige erzielte im Jahr 01 insgesamt Einkünfte von 120 000 €. Hiervon entfallen 100 000 € auf Zeiträume vor Insolvenzeröffnung und je 10 000 € auf Einkünfte der Insolvenzmasse (einschließlich Einkünfte i. S. v. § 55 Abs. 4 InsO) und des insolvenzfreien Vermögens. Die einheitlich ermittelte Einkommensteuer beträgt insgesamt 12 000 €. Die einheitlich ermittelte Steuer ist den insolvenzrechtlichen Vermögensbereichen im Verhältnis der Einkünfte aus den unterschiedlichen Vermögensbereichen zu der Summe der Einkünfte zuzuordnen:

$$\text{Anteiliger Steuerbetrag} = \frac{\text{anteilige Einkünfte des Vermögensbereichs}}{\text{Summe der Einkünfte}} \times \text{Gesamtsteuerbetrag}$$

	Summe	vorinsolvenzlicher Vermögensbereich	Insolvenzmasse	Insolvenzfreies Vermögen
Einkünfte	120 000 €	100 000 €	10 000 €	10 000 €
Steuer	12 000 €	10 000 €	1 000 €	1 000 €

Die einheitlich ermittelte Steuer wird in Höhe des auf den jeweiligen insolvenzrechtlichen Vermögensbereich entfallenden Betrages gegenüber diesem festgesetzt (Insolvenzmasse bzw. insolvenzfreies Vermögen) oder berechnet. Vorauszahlungen und Steuerabzugsbeträge werden im Rahmen der Anrechnungsverfügung bei dem insolvenzrechtlichen Vermögensbereich berücksichtigt, aus dem sie geleistet wurden. Steuererstattungsansprüche aufgrund von Steuervorauszahlungen oder Steuerabzugsbeträgen entstehen in den jeweiligen Vermögensbereichen im Zeitpunkt der Entrichtung der Steuer bzw. des Einbehalts der Steuerabzugsbeträge unter der aufschiebenden Bedingung, dass am Ende des Veranlagungszeitraums die geschuldete Steuer geringer ist als die Summe aus geleisteten Vorauszahlungen und Steuerabzugsbeträgen, vgl. § 36 Abs. 4 EStG (BFH-Urteil vom 29. 1. 1991, VII R 45/90, BFH/NV S. 791). Eine Verrechnung von Erstattungs- mit Nachzahlungsbeträgen verschiedener Vermögensbereiche im Rahmen der Jahresveranlagung ist nicht statthaft (BFH-Urteil vom 24. 2. 2015, VII R 27/14, BStBl. II S. 993). Die Möglichkeit einer Aufrechnung z. B. eines Guthabens im vorinsolvenzlichen oder freigegebenen Vermögen mit Insolvenzforderungen unter Beachtung insbesondere der §§ 94 ff. InsO bleibt unberührt.

Beispiel 2 (Fortsetzung von Beispiel 1):

Am 10. 3. 01 zahlte der Schuldner 600 € Vorauszahlungen. Die festgesetzte Vorauszahlung für das II. Quartal zahlte er nicht. Am 10. 9. 01 und am 10. 12. 01 zahlte der Insolvenzverwalter jeweils 600 € Vorauszahlungen. Das Finanzamt setzte gegen den Schuldner keine Vorauszahlungen für das insolvenzfreie Vermögen fest.

	Summe	vorinsolvenzlicher Vermögensbereich	Insolvenzmasse	Insolvenzfreies Vermögen
Einkünfte	120 000 €	100 000 €	10 000 €	10 000 €
Steuer	12 000 €	10 000 €	1 000 €	1 000 €
Abzgl. geleistete VZ	1 800 €	600 €	1 200 €	0 €
Ergebnis		9 400 €	– 200 €	1 000 €

[1] Während eines laufenden Insolvenzverfahrens sind die Einkommensteuer und der Solidaritätszuschlag für alle dem Insolvenzschuldner im Veranlagungszeitraum nach materiellem Steuerrecht zuzuordnenden Einkünfte einheitlich zu ermitteln und zwischen dem Insolvenzschuldner, der Einkünfte aus nichtselbstständiger Arbeit erzielte, und dem Insolvenzverwalter als Vertreter der Insolvenzmasse im Verhältnis der Einkünfte i. S. des § 2 Abs. 2 Satz 1 EStG aufzuteilen *(BFH-Urteil vom 19. 1. 2023 III R 44/20, BStBl. 2024 II S. 559).*

AEAO

Zur Tabelle sind 9400 € als Insolvenzforderung anzumelden. Die auf die Insolvenzmasse entfallende Steuer i. H. v. 1000 € ist gegenüber dem Insolvenzverwalter festzusetzen. Das sich nach Anrechnung der geleisteten Vorauszahlungen ergebende Guthaben i. H. v. 200 € ist vorbehaltlich der Aufrechnungsmöglichkeit mit weiteren Masseverbindlichkeiten an die Insolvenzmasse zu erstatten. Die auf das insolvenzfreie Vermögen entfallende Steuer i. H. v. 1000 € ist gegenüber dem Schuldner festzusetzen und der Schuldner zur Zahlung aufzufordern.

9.1.2. Zusammenveranlagung

Im Fall der Zusammenveranlagung von Ehegatten/Lebenspartnern zur Einkommensteuer wirken sich auch die Einkünfte des nicht insolventen Ehegatten/Lebenspartners auf die Höhe der Steuerforderung aus. Die mit der Ausübung des Veranlagungswahlrechts begründete Gesamtschuld (§ 26 b EStG, § 44 Abs. 1 Satz 1 AO) führt dazu, dass jeder der Gesamtschuldner die Steuer in vollem Umfang schuldet (§ 44 Abs. 1 Satz 2 AO). Für den insolventen Ehegatten/Lebenspartner ist die Gesamtschuld auf die insolvenzrechtlichen Vermögensbereiche zu verteilen.

Hierzu sind zunächst die gesamten Einkünfte, einschließlich der Einkünfte des nicht insolventen Ehegatten/Lebenspartners, auf den Zeitraum vor und nach Insolvenzeröffnung zu verteilen. Die Verteilung der Einkünfte auf die einzelnen Vermögensbereiche hat nach Maßgabe der in den einzelnen Abschnitten zu berücksichtigenden Besteuerungsmerkmale insbesondere unter Beachtung der Gewinnermittlungsvorschriften zu erfolgen (siehe AEAO zu § 251, Nr. 9.1). Soweit eine konkrete Zuordnung, wie beispielsweise bei den Einkünften des nicht insolventen Ehegatten/Lebenspartners, nicht möglich ist, können die Einkünfte zeitanteilig zugeordnet werden, es sei denn, diese Verteilung ist offensichtlich unzutreffend. Die Steuer ist nach dem so ermittelten Verhältnis der Einkünfte auf den Zeitraum vor und nach Insolvenzeröffnung aufzuteilen. Sodann ist die auf den Zeitraum nach Insolvenzeröffnung entfallende Steuerforderung nach dem Verhältnis der auf die Vermögensbereiche Insolvenzmasse und insolvenzfreies Vermögen entfallenden Einkünfte des insolventen Ehegatten/Lebenspartners zu verteilen. Die von dem nicht insolventen Ehegatten/Lebenspartner erzielten Einkünfte bleiben bei dieser Verteilung unberücksichtigt (vgl. BFH-Urteil vom 27. 10. 2020 VIII R 19/18, BStBl. 2021 II S. 819).

Beispiel 3:

Das Insolvenzgericht eröffnete am 1. 10. 01 das Insolvenzverfahren über das Vermögen des Schuldners. Der insolvente Ehegatte/Lebenspartner erzielte im Jahr 01 insgesamt Einkünfte von 120 000 €. Hiervon entfallen 100 000 € auf Zeiträume vor Insolvenzeröffnung und 15 000 € auf Einkünfte der Insolvenzmasse sowie 5 000 € auf das insolvenzfreie Vermögen. Der nicht-insolvente Ehegatte/Lebenspartner erzielte 60 000 € im gesamten Jahr. Die einheitlich ermittelte Einkommensteuer beträgt insgesamt 18 000 €. Vorauszahlungen leisteten die Steuerpflichtigen sowie der Insolvenzverwalter nicht.

Die einheitlich ermittelte Steuer ist den insolvenzrechtlichen Vermögensbereichen im Verhältnis der Einkünfte aus den unterschiedlichen Vermögensbereichen zu den Gesamteinkünften beider Ehegatten/Lebenspartner zuzuordnen:

1. Schritt:

Die Einkünfte des insolventen Ehegatten/Lebenspartners sind wie angegeben dem vorinsolvenzlichen und dem nachinsolvenzlichen Vermögensbereich zuzuordnen. Für die Zuordnung der vorinsolvenzlichen und der nachinsolvenzlichen Einkünfte des nicht in Insolvenz befindlichen Ehegatten/Lebenspartners sind dessen Einkünfte zeitanteilig zu verteilen:

	Summe	vorinsolvenzlicher Vermögensbereich	Insolvenzmasse	Insolvenzfreies Vermögen
Einkünfte insolventer Ehegatte/Lebenspartner (s. Sachverhalt Bsp. 3)	120 000 €	100 000 €	15 000 €	5 000 €
Einkünfte nicht insolventer Ehegatte/Lebenspartner	60 000 €	42 500 € (9/12 von 60 000 €)	15 000 € (3/12 von 60 000 €)	
Summe	180 000 €	145 000 €	35 000 €	
Steuer	18 000 €	14 500 €	3 500 €	

Die auf den Zeitraum vor Insolvenzeröffnung entfallende Einkommensteuer beträgt 14 500 € und die auf den Zeitraum nach Insolvenzeröffnung entfallende Einkommensteuer 3500 €.

2. Schritt:

In einem zweiten Schritt ist die auf den Zeitraum nach Insolvenzeröffnung entfallende Einkommensteuer (3500 €) nach dem Verhältnis der Einkünfte des insolventen Ehegatten/Lebenspartners in den Vermögensbereichen Insolvenzmasse und insolvenzfreies Vermögen zu verteilen.

	Summe	vorinsolvenzlicher Vermögensbereich	Insolvenzmasse	Insolvenzfreies Vermögen
Steuer	18 000 €	14 500 €	35 000 €	
			2 625 € (15 000 €/20 000 € bzw. 3/4)	875 € (5 000 €/20 000 € bzw. 1/4)

Ergebnis zu Beispiel 3:

Insolvenzforderungen sind i. H. v. 14 500 € zur Tabelle anzumelden. Gegen den Insolvenzverwalter sind Masseforderungen i. H. v. 2625 € festzusetzen und gegen den insolventen Schuldner 875 € für den insolvenzfreien Bereich. Gegen den nicht insolventen Ehegatten/Lebenspartner ist eine Steuer i. H. v. 18 000 € festzusetzen, da er insoweit Gesamtschuldner ist.

Vorauszahlungen/anzurechnende Steuerabzugsbeträge

Sind Vorauszahlungen gegen den nicht insolventen Ehegatten/Lebenspartner festgesetzt und geleistet worden, sind diese Vorauszahlungen entsprechend dem Zahlungszeitpunkt auf die vor- und nachinsolvenzlichen Vermögensbereiche zu verteilen. Die Verteilung innerhalb der nachinsolvenzlichen Vermögensbereiche Insolvenzmasse und insolvenzfreies Vermögen erfolgt im Verhältnis der Einkünfte des insolventen Ehegatten/Lebenspartners in diesem Vermögensbereich. Dies gilt entsprechend für die Zuordnung der anzurechnenden Steuerabzugsbeträge des nicht insolventen Ehegatten/Lebenspartners.

Beispiel 4 (Fortsetzung von Beispiel 3):

Der Schuldner leistete keine Vorauszahlungen. Am 10. 12. 01 zahlte der Insolvenzverwalter 600 € Vorauszahlungen. Das Finanzamt setzte gegen den Schuldner keine Vorauszahlungen für das insolvenzfreie Vermögen fest. Der nicht insolvente Ehegatte/Lebenspartner leistete Vorauszahlungen (ohne Tilgungsbestimmung) zu den jeweiligen Fälligkeitszeitpunkten i. H. v. insgesamt 400 € (jeweils 100 €).

	Summe	vorinsolvenzlicher Vermögensbereich	Insolvenzmasse	Insolvenzfreies Vermögen
Steuer	18 000 €	14 500 €	2625 €	875 €
abzgl. geleistete VZ InsO-Schuldner	–	–	–	–
abzgl. geleistete VZ InsO-Verwalter	600 €	–	600 €	–
abzgl. geleistete VZ nicht insolventer Ehegatte/Lebenspartner	400 €	300 €	100 € → 75 € (3/4)	25 € (1/4)
Ergebnis	17 000 €	14 200 €	1950 €	850 €

600 € geleistete Vorauszahlungen sind im Bereich der Insolvenzmasse abzuziehen. Die Vorauszahlungen i. H. v. 300 €, die der nicht insolvente Ehegatte/Lebenspartner vor der Insolvenzeröffnung geleistet hatte, sind im Bereich der Insolvenzforderungen abzuziehen. Die Vorauszahlung für das IV. Quartal i. H. v. 100 € ist im Verhältnis ¾ zu ¼ (= Verhältnis der Einkünfte des insolventen Ehegatten/Lebenspartners in diesem Bereich) in den Bereichen Insolvenzmasse und insolvenzfreies Vermögen zu berücksichtigen.

Insolvenzforderungen sind i. H. v. 14 200 € zur Tabelle anzumelden. Der Insolvenzverwalter ist zur Zahlung von Masseverbindlichkeiten i. H. v. 1950 € und der Schuldner für den insolvenzfreien Bereich i. H. v. 850 € aufzufordern.

Gegenüber dem nicht insolventen Ehegatten/Lebenspartner erfolgt eine Steuerfestsetzung i. H. v. 18 000 €. Ferner ist er als Gesamtschuldner zur Zahlung von 17 000 € aufzufordern.

9.1.3. Berücksichtigung von Verlustvor- und -rückträgen

Durch die Berücksichtigung des verbleibenden Verlustvortrags aus dem Vorjahr und dem Verlustrücktrag aus dem Folgejahr bei der Ermittlung des Aufteilungsquotienten wird die Herkunft der negativen Einkünfte aus Zeiträumen vor oder nach Eröffnung des Insolvenzverfahrens entsprechend der insolvenzrechtlichen Begründetheit (§ 38 InsO) berücksichtigt. Zudem wird der Vorgabe des § 10 d Abs. 1 und Abs. 2 EStG Rechnung getragen, wonach nicht ausgeglichene negative Einkünfte vorrangig vor Sonderausgaben, außergewöhnlichen Belastungen und sonstigen Abzugsbeträgen abzuziehen sind.

Das Antragsrecht nach § 10 d Abs. 1 Satz 5 EStG (Verzicht bzw. Beschränkung des Verlustrücktrags) steht jeweils demjenigen zu, dem die Verfügungsbefugnis über den Vermögensbereich obliegt, in dem der jeweilige Verlust entstanden ist.

Der zum 31. 12. eines Jahres verbleibende Verlustvortrag ist vorrangig von den Einkünften des Vermögensbereichs abzuziehen, in dem er begründet worden ist. Ein übersteigender verbleibender Verlustvortrag ist quotal von den vom Insolvenzverwalter erzielten Einkünften und von insolvenzfreien Einkünften abzuziehen.

Die vorstehend beschriebene Berücksichtigung der Verlustvorträge erfolgt auch in den Fällen, in denen aufgrund von § 251 Abs. 2 Satz 1 AO und § 87 InsO nur eine Berechnung des Verlustvortrags durchgeführt worden ist.

Beispiel 5:

Gegen den Insolvenzschuldner wird für 00 eine Einkommensteuer von 0 € festgesetzt. Ein Verlustvortrag wird nicht festgestellt. Im Jahr 01 erzielt der Insolvenzschuldner Einkünfte aus Gewerbebetrieb i. S. v. § 15 EStG i. H. v. – 5000 €. Im Jahr 02, dem Jahr der Insolvenzeröffnung, erzielt der Insolvenzschuldner Einkünfte aus Gewerbebetrieb gem. § 15 EStG i. H. v. insgesamt – 40 000 €, davon entfallen – 15 000 € auf den vorinsolvenzrechtlichen Vermögensbereich und – 25 000 € auf die Insolvenzmasse.

Im folgenden Jahr erzielt der Insolvenzschuldner Einkünfte i. H. v. 30 000 €. Hiervon entfallen 3000 € auf Einkünfte der Insolvenzmasse (Einkünfte aus Gewerbebetrieb gem. § 15 EStG) sowie 27 000 € auf das insolvenzfreie Vermögen (Einkünfte aus

AEAO

nichtselbständiger Tätigkeit gem. § 19 EStG). Vorauszahlungen leistete der Insolvenzverwalter nicht. Die anzurechnenden Beträge sind geringer als die Jahressteuer.
Der verbleibende Verlustvortrag, der aus dem Bereich der Insolvenzmasse entstammt, ist zunächst mit den positiven Einkünften der Insolvenzmasse i. H. v. 3000 € zu verrechnen. Der danach verbleibende Verlustvortrag i. H. v. 42 000 € (Summe der anteiligen Verlustvorträge im vorinsolvenzrechtlichen Bereich sowie im Bereich der Insolvenzmasse) ist quotal (27 000 € × 20 000 €/42 000 € = 12 857 € sowie 27 000 € × 22 000 €/42 000 € = 14 143 €) mit den positiven Einkünften aus dem Bereich des insolvenzfreien Vermögens zu verrechnen.
Der vortragsfähige Verlust entwickelt sich wie folgt:

VZ	vorinsolvenzlicher Vermögensbereich	Insolvenzmasse	Insolvenzfreies Vermögen	Summe
Verlustvortrag 31. 12. 01	– 5 000 €			– 5 000 €
Einkünfte 02	– 15 000 €	– 25 000 €		
Verlustvortrag 31. 12. 02	– 20 000 €	– 25 000 €		– 45 000 €
Einkünfte Insolvenzmasse 03		3 000 €		
Zwischensumme	– 20 000 €	– 22 000 €		– 42 000 €
Einkünfte insolvenzfreies Vermögen 03			27 000 €	
Verlustabzug	12 857 €	14 143 €	– 27 000 €	
Verlustvortrag 31. 12. 03	– 7 143 €	– 7 857 €	0 €	– 15 000 €

Der Verlustrücktrag nach § 10 d Abs. 1 EStG aus dem Veranlagungszeitraum nach Insolvenzeröffnung (Folgejahr) ist zunächst von den Einkünften desjenigen Vermögensbereichs abzuziehen, in welchem im Folgejahr nicht ausgeglichene negative Einkünfte angefallen sind. Ein danach verbleibender Verlustrücktrag ist ggf. dem zweiten Vermögensbereich (Masseverbindlichkeit bzw. insolvenzfreier Bereich) zuzuordnen. Ein etwaiger Rest ist schließlich von den Einkünften abzuziehen, die auf den Zeitraum vor Eröffnung des Insolvenzverfahrens entfallen.

9.1.4. Einkommensteuererstattungen

Einkommensteuererstattungen, die sich bei einer nach Insolvenzeröffnung vorgenommenen Veranlagung ergeben, stellen, soweit sie nicht ausnahmsweise aufgrund einer Freigabeerklärung gemäß § 35 Abs. 2 InsO dem insolvenzfreien Vermögen zuzurechnen sind, grundsätzlich Vermögenswerte der Insolvenzmasse dar (§ 35 Abs. 1 InsO). Sie sind daher grundsätzlich an die Insolvenzmasse auszukehren, sofern keine Aufrechnungsmöglichkeit besteht.

Einkommensteuererstattungen, die während des Insolvenzverfahrens begründet werden und aus einer Lohnsteuerüberzahlung resultieren, gehören in vollem Umfang zur Insolvenzmasse (vgl. BFH-Beschluss vom 29. 1. 2010 VII B 188/09, BFH/NV S. 1243). Entsprechendes gilt für Einkommensteuererstattungen infolge von Vorauszahlungen, die der Insolvenzschuldner nach Insolvenzeröffnung aus dem unpfändbaren Teil von Renteneinkünften geleistet hat (vgl. BFH-Beschluss vom 31. 5. 2022 IX B 3/22).

Hat der Schuldner nach Freigabe der selbständigen Tätigkeit Einkommensteuervorauszahlungen aus dem insolvenzfreien Vermögen geleistet und ergeben sich hieraus Einkommensteuererstattungen, fallen diese grundsätzlich in das insolvenzfreie Vermögen und sind vorbehaltlich der Aufrechnung an den Schuldner auszukehren (vgl. BFH-Urteil vom 26. 11. 2014, VII R 32/13, BStBl. 2015 II S. 561).

Ergibt sich bei Ehegatten/Lebenspartnern bei der Zusammenveranlagung eine Steuererstattung, liegt im Gegensatz zur Gesamtschuldnerschaft bei Steuerschulden keine Gesamtgläubigerschaft vor. Für die Verteilung zwischen ihnen sind die sich aus § 37 Abs. 2 AO ergebenden Grundsätze anzuwenden (vgl. AEAO zu § 37 und BMF-Schreiben vom 14. 1. 2015, BStBl. I S. 83[1]). Vorauszahlungen aufgrund eines an beide Ehegatten/Lebenspartner gemeinsam gerichteten Vorauszahlungsbescheids ohne individuelle Tilgungsbestimmung sind unabhängig davon, ob die Ehegatten/Lebenspartner später zusammen oder getrennt veranlagt werden, zunächst auf die festgesetzten Steuern beider Ehegatten/Lebenspartner anzurechnen (BFH-Urteil vom 22. 3. 2011, VII R 42/10, BStBl. II S. 607). Dies gilt auch für die vom nicht insolventen Ehegatten/Lebenspartner nach Insolvenzeröffnung ohne individuelle Tilgungsbestimmung geleisteten Vorauszahlungen (BFH-Urteil vom 30. 9. 2008, VII R 18/08, BStBl. 2009 II S. 38).

Ergibt sich aus dieser Verteilung ein Erstattungsbetrag für den insolventen Ehegatten/Lebenspartner, so ist der Erstattungsbetrag auf den vor- und nachinsolvenzlichen Zeitraum unter Berücksichtigung der sich in den Vermögensbereichen aufgrund der dort zu berücksichtigenden geleisteten Vorauszahlungen und Steuerabzugsbeträgen ggf. ergebenden Guthaben zu verteilen. Zahlungen des Insolvenzverwalters werden für die Verteilung des Erstattungsbetrages nach § 37 Abs. 2 AO dem insolventen Ehegatten/Lebenspartner zugerechnet, wobei der Insolvenzverwalter ausschließlich die auf die Insolvenzmasse entfallende Steuerschuld zahlt.

[1] Abgedruckt in Loseblatt-Textausgabe „Steuererlasse“ Nr. **800** § 37/1.

Beispiel 6:

Im Rahmen einer Zusammenveranlagung von Ehegatten/Lebenspartnern, bei denen sich nur ein Ehegatte/Lebenspartner in Insolvenz befindet, ergibt sich eine Jahressteuer von 18 000 €, die i. H. v. 14 500 € auf den vorinsolvenzlichen Vermögensteil und i. H. v. 3500 € auf die Insolvenzmasse entfällt.
Folgende geleistete Vorauszahlungen sind anzurechnen.

– Schuldner		10 000 €
– Insolvenzverwalter sowie		600 €
– Nicht insolventer Ehegatte/Lebenspartner	bis zur Insolvenzeröffnung	300 €
	nach Insolvenzeröffnung	8 100 €

Vorauszahlungen und Steuerabzugsbeträge werden bei den insolvenzrechtlichen Vermögensbereichen berücksichtigt, aus denen sie geleistet wurden.

	Summe	vorinsolvenzlicher Vermögensbereich	Insolvenzmasse
Steuer	18 000 €	14 500 €	3 500 €
abzgl. geleistete VZ InsO-Schuldner	10 000 €	10 000 €	–
abzgl. geleistete VZ InsO-Verwalter	600 €	–	600 €
abzgl. geleistete VZ nicht insolventer Ehegatte/Lebenspartner	8 400 €	300 €	8 100 €
Zwischensumme	– 1 000 € – 515,79 € – 484,21 €	4 200 €	– 5 200 € – 2 779,31 € – 2 420,69 €

Die Verteilung des Erstattungsbetrages auf die Ehegatten/Lebenspartner erfolgt zunächst nach § 37 Abs. 2 AO.
Die anschließende Verteilung des auf den insolventen Ehegatten/Lebenspartner entfallenden Erstattungsbetrages auf den vor- und nachinsolvenzlichen Zeitraum erfolgt unter Berücksichtigung des sich im Vermögensbereich Insolvenzmasse ergebenden Guthabens aufgrund der dort zu berücksichtigenden geleisteten Vorauszahlungen und Steuerabzugsbeträge.

1. Verteilung des Erstattungsbetrages der Veranlagung zwischen den Ehegatten/Lebenspartnern

Insolventer Ehegatte/Lebenspartner:

$$-1\,000\ € \times \frac{(1/2 \times 10\,000\ €) + 600\ € + (1/2 \times 8\,400\ €)}{19\,000\ €} = -515{,}79\ €$$

Nicht insolventer Ehegatte/Lebenspartner:

$$-1\,000\ € \times \frac{(1/2 \times 10\,000\ €) + (1/2 \times 8\,400\ €)}{19\,000\ €} = -484{,}21\ €$$

2. Verteilung des nachinsolvenzlichen Erstattungsbetrages zwischen den Ehegatten/Lebenspartnern

Insolventer Ehegatte/Lebenspartner:

$$-5\,200\ € \times \frac{600\ € + (1/2 \times 8\,100\ €)}{8\,700\ €} = -2\,779{,}31\ €$$

Nicht insolventer Ehegatte/Lebenspartner:

$$-5\,200\ € \times \frac{1/2 \times 8\,100\ €}{8\,700\ €} = -2\,420{,}69\ €$$

Die nachinsolvenzlich begründete Einkommensteuer i. H. v. 3 500 € ist gegenüber dem Insolvenzverwalter festzusetzen und der sich nach Anrechnung der geleisteten Vorauszahlungen für die Insolvenzmasse ergebende Erstattungsanspruch i. H. v. 2779,31 € an diese vorbehaltlich der Aufrechnungsmöglichkeit mit Masseverbindlichkeiten zu erstatten.
Zur Insolvenztabelle ist eine Forderung i. H. v. 2 263,52 € (= 2 779,31 € – 515,79 €) anzumelden, die sich aus dem auf den insolventen Ehegatten/Lebenspartner aus der Veranlagung entfallenden Erstattungsbetrag i. H. v. 515,79 € unter Berücksichtigung des nachinsolvenzlichen Erstattungsbetrages i. H. v. 2 779,31 € zusammensetzt. Gegenüber dem nicht insolventen Ehegatten/Lebenspartner erfolgt eine Steuerfestsetzung i. H. v. 18 000 €. Der anteilig aus der Jahresveranlagung auf diesen entfallende Erstattungsbetrag i. H. v. 484,21 € ist vorbehaltlich etwaiger Aufrechnungsmöglichkeiten zu erstatten.

9.2. Umsatzsteuer 20

Durch die Eröffnung des Insolvenzverfahrens über das Vermögen des leistenden Unternehmers kommt es zu einer Aufspaltung des Unternehmens in mehrere selbständige Unternehmensteile. Dabei handelt es sich um die Insolvenzmasse und das vom Insolvenzverwalter freigegebene Vermögen sowie einen vorinsolvenzlichen Unternehmensteil. In den Fällen der Eröffnung unter Anordnung der Eigenverwaltung (§ 270 Abs. 1 Satz 1, § 270f Abs. 1 InsO) sowie in den Fällen der Bestellung eines vorläufigen Insolvenzverwalters, wenn für den Schuldner ein allgemeines Verfügungsverbot angeordnet worden ist (§ 21 Abs. 2 Nr. 2 InsO), bestehen die selbständigen Unternehmensteile regelmäßig aus der Insolvenzmasse und dem vorinsolvenzlichen Unterneh-

AEAO mensteil. Die Eingangs- und Ausgangsumsätze sind dem Unternehmensteil zuzuordnen, der sie ausgeführt hat.

Zur Wahrung des Grundsatzes der Unternehmenseinheit reicht es aus, dass die Summe der für alle Unternehmensteile insgesamt festgesetzten oder angemeldeten Umsatzsteuer der Umsatzsteuer für das gesamte Unternehmen entspricht (vgl. BFH-Urteil vom 9. 12. 2010, V R 22/10, BStBl. 2011 II S. 996).

Dabei können Erstattungsansprüche zugunsten eines Unternehmensteils entstehen, während sich für denselben Besteuerungszeitraum Nachforderungen gegen einen anderen Unternehmensteil ergeben können.

Zu den Einzelheiten wird insbesondere auf Abschnitt 17.1 Abs. 11 bis 16 UStAE verwiesen.

Hinsichtlich der Verwertung von Sicherungsgut wird insbesondere auf Abschnitt 1.2 UStAE verwiesen.

21 **10. Befriedigung der Insolvenzgläubiger**

Die Insolvenzordnung sieht zur Befriedigung der Insolvenzgläubiger grundsätzlich die Verwertung der Insolvenzmasse und die Verteilung des Erlöses nach den Vorschriften der Insolvenzordnung vor (§§ 159 ff., 187 ff. InsO). Abweichend dazu kann die Befriedigung der Gläubiger und die Verwertung der Insolvenzmasse und deren Verteilung an die Beteiligten durch einen Insolvenzplan (§§ 217 ff. InsO) geregelt werden. Die Entscheidung über den Fortgang des Verfahrens (Stilllegung oder Fortführung, Verfahren nach den Vorschriften der InsO oder nach den Regelungen eines Insolvenzplanes) trifft die Gläubigerversammlung.

22 **11. Insolvenzplan**[1]

In einem Insolvenzplan (§§ 217 ff. InsO), der vom Insolvenzverwalter – ggf. im Auftrag der Gläubigerversammlung (§ 157 InsO) – oder vom Schuldner selbst eingebracht werden kann, können abweichend von den gesetzlichen Regelungen des Insolvenzverfahrens z. B. geregelt werden:
- die Befriedigung der Gläubiger (einschließlich der Absonderungsgläubiger),
- die Verwertung der Insolvenzmasse,
- die Verteilung der Insolvenzmasse an die Beteiligten und
- die Inanspruchnahme des Schuldners nach Verfahrensbeendigung.

Über die Wirksamkeit eines Insolvenzplans stimmen die Gläubiger in Gruppen ab, soweit ihnen gem. § 77 InsO ein Stimmrecht im Verfahren eingeräumt ist (§§ 222, 235 ff. InsO).

§ 225 a InsO sieht für ab dem 1. 3. 2012 beantragte Insolvenzverfahren die Möglichkeit der Umwandlung von Gläubigerforderungen in Mitgliedschafts- oder Anteilsrechte („Debt-Equity-Swap") vor, die die zustimmende Erklärung des betroffenen Gläubigers voraussetzt. Diese Zustimmung zu erteilen, obliegt der steuerverwaltenden Körperschaft (§ 252 AO). Eine Zustimmung zur Umwandlung von Gläubigerforderungen in Anteils- oder Mitgliedschaftsrechte darf nur unter Beachtung der einschlägigen Vorschriften (insbesondere Haushaltsordnungen) der jeweiligen steuerverwaltenden Körperschaft erfolgen. Die Voraussetzungen zum Erwerb von Beteiligungen an privatrechtlichen Unternehmen und damit zur Zustimmung zu einem derartigen Plan liegen regelmäßig nicht vor, da die unternehmerische Betätigung des Landes oder des Bundes auf die Verfolgung von wichtigen Interessen des Landes bzw. des Bundes zu beschränken ist.

Weist das Insolvenzgericht den Plan nicht zurück, hat das Finanzamt zu prüfen, ob sämtliche angemeldeten Ansprüche enthalten sind und das Finanzamt durch den Plan nicht schlechter gestellt wird, als es ohne den Plan stünde.

Soweit auf Steuerforderungen, die Gegenstand des Insolvenzplans sind, verzichtet wurde, werden diese mit Bestätigung des Plans zu unvollkommenen Forderungen. Sie sind zwar erfüllbar, können aber grundsätzlich gegen den Schuldner nicht mehr geltend gemacht werden. Die Steuerforderungen erlöschen i. S. d. § 47 AO auch dann nicht mit der Zustimmung zu einem Insolvenzplan, wenn der Plan einen (Teil-)Erlass der Ansprüche vorsieht (BFH-Urteil vom 8. 3. 2022, VI R 33/19, BStBl. 2023 II S. 98). Die Möglichkeit der Inanspruchnahme Dritter im Wege der Haftung bleibt bestehen, soweit nicht ein Haftungsausschluss nach § 227 Abs. 2 InsO in Betracht kommt.

Ein bei Eröffnung des Insolvenzverfahrens bestehendes Aufrechnungsrecht bleibt auch dann erhalten, wenn die aufgerechnete Gegenforderung nach einem rechtskräftig bestätigten Insolvenzplan als erlassen gilt (BGH-Urteil vom 19. 5. 2011, IX ZR 222/08, WM S. 1182). Entsteht der Steuererstattungsanspruch hingegen erst nach Eröffnung des Insolvenzverfahrens, kann gegen ihn bei vorbehaltslosen Insolvenzplänen lediglich bis zum Erreichen der Planquote mit Insolvenzforderungen unter den allgemeinen Voraussetzungen des § 226 AO aufgerechnet werden.

Auf Abschnitt 61 VollstrA wird hingewiesen.

23 **12. Verbraucherinsolvenzverfahren nach §§ 304 ff. InsO**

Die nachstehenden Ausführungen gelten für nach dem 30. 6. 2014 beantragte Insolvenzverfahren. Für vor dem 1. 7. 2014 beantragte Verfahren gelten die Ausführungen des AEAO zu § 251, Nr. 12 in der Fassung vom 31. 1. 2014, BStBl. I S. 290.

---

[1] Einkommensteuerschulden als (ehemalige) Masseverbindlichkeiten werden von den Wirkungen eines Insolvenzplanverfahrens grundsätzlich nicht erfasst *(BFH-Urteil vom 23. 10. 2018 VII R 13/17, BStBl. 2019 II S. 126).*

Natürliche Personen, die keine selbständige gewerbliche oder freiberufliche Tätigkeit ausüben oder ausgeübt haben, können das Verbraucherinsolvenzverfahren nach §§ 304 ff. InsO beantragen. Dies gilt auch für Personen, die eine selbständige Tätigkeit ausgeübt haben, wenn ihre Vermögensverhältnisse überschaubar sind und gegen sie keine Forderungen aus Arbeitsverhältnissen bestehen. Überschaubar sind Vermögensverhältnisse, wenn der Schuldner zu dem Zeitpunkt, zu dem der Antrag auf Eröffnung des Insolvenzverfahrens gestellt wird, weniger als 20 Gläubiger hat. Forderungen aus Arbeitsverhältnissen sind nicht nur die Ansprüche der ehemaligen Arbeitnehmer selbst, sondern auch die Forderungen von Sozialversicherungsträgern und Finanzämtern (z. B. Lohnsteuerforderungen). Der geschäftsführende Alleingesellschafter einer GmbH übt eine selbständige wirtschaftliche Tätigkeit aus. Wird dieser für Lohnsteuerrückstände der GmbH in Haftung genommen, handelt es sich um Forderungen aus Arbeitsverhältnissen i. S. d. § 304 Abs. 1 InsO (BGH-Beschluss vom 22. 9. 2005, IX ZR 55/04, WM S. 918). AEAO

Das Verfahren gliedert sich in drei Abschnitte. Zunächst hat der Schuldner eine außergerichtliche Einigung mit seinen Gläubigern ernsthaft anzustreben (AEAO zu § 251, Nr. 12.1). Gelingt ihm dies nicht, wird auf seinen Antrag ein gerichtliches Schuldenbereinigungsverfahren durchgeführt (AEAO zu § 251, Nr. 12.2). Scheitert auch dies, schließt sich ein Insolvenzverfahren an (AEAO zu § 251, Nr. 12.3).

12.1. Außergerichtlicher Einigungsversuch 24

Der Schuldner hat den Gläubigern und damit ggf. auch dem Finanzamt zum Zweck der außergerichtlichen Einigung unter anderem z. B. ein Vermögensverzeichnis, eine Aufstellung seiner Verbindlichkeiten und Gläubiger sowie einen Plan zur Schuldenregulierung vorzulegen (vgl. § 305 Abs. 1 InsO).

Das Finanzamt kann nur im Rahmen einer persönlichen Billigkeitsmaßnahme Ansprüche aus dem Steuerschuldverhältnis abweichend festsetzen, stunden oder erlassen. Wird ein Erlass gewährt, erlischt der Anspruch aus dem Steuerschuldverhältnis gem. § 47 AO.

Zu den vom Finanzamt zu beachtenden Grundsätzen bei der Bearbeitung von Anträgen auf außergerichtliche Schuldenbereinigung i. S. v. § 305 Abs. 1 Nr. 1 InsO wird auf das BMF-Schreiben vom 27. 1. 2021, BStBl. I S. 152, hingewiesen.

12.2. Schuldenbereinigungsverfahren 25

Scheitert der ernsthafte Versuch des Schuldners, eine außergerichtliche Einigung herbeizuführen, so kann er die Eröffnung des Insolvenzverfahrens beantragen.

Mit einem Antrag auf Eröffnung des Insolvenzverfahrens hat der Schuldner die in § 305 Abs. 1 InsO genannten Unterlagen und Erklärungen, insbesondere einen Schuldenbereinigungsplan, vorzulegen. Bei einem inhaltlich ordnungsgemäßen Antrag erklärt das Insolvenzgericht das Insolvenzverfahren bis zur Entscheidung über den Schuldenbereinigungsplan für ruhend (§ 306 Abs. 1 Satz 1 InsO). Das Insolvenzgericht stellt den vom Schuldner genannten Gläubigern gem. § 307 Abs. 1 InsO den Schuldenbereinigungsplan und die Vermögensübersicht zur Stellungnahme binnen einer Notfrist von einem Monat zu.

Das Finanzamt hat die vom Gericht zugestellte Vermögensübersicht und den Schuldenbereinigungsplan unter Beteiligung aller in Betracht kommenden Dienststellen unverzüglich daraufhin zu überprüfen, ob alle bis zum Ablauf der vom Gericht genannten Frist entstandenen Abgabenansprüche (zum Beispiel entstandene, aber noch nicht festgesetzte Abgabenforderungen) aufgenommen worden sind. Noch nicht festgesetzte oder angemeldete Steueransprüche, die bis zum Ablauf der Notfrist entstehen, sind erforderlichenfalls im Schätzungswege zu ermitteln.

Während das Verfahren über den Antrag auf Eröffnung des Insolvenzverfahrens ruht (§ 306 Abs. 1 Satz 1 InsO), sind – unabhängig von etwaigen Sicherungsmaßnahmen des Insolvenzgerichts (§ 306 Abs. 2 InsO) – alle Verwaltungsakte weiterhin dem Schuldner bekannt zu geben.

Gibt das Finanzamt innerhalb der Frist von einem Monat keine Stellungnahme ab, gilt dies nach § 307 Abs. 2 Satz 1 InsO als Einverständnis.

Die unterlassene Ergänzung der Abgabenforderungen hat – falls keine Wiedereinsetzungsgründe vorliegen – die Folge, dass nicht oder nicht in der richtigen Höhe geltend gemachte Forderungen nach § 308 Abs. 3 Satz 2 InsO erlöschen, wenn der Schuldenbereinigungsplan angenommen wird.

Der Schuldenbereinigungsplan gilt als angenommen, wenn
- alle Gläubiger zugestimmt haben,
- kein Gläubiger Einwendungen erhoben hat oder
- die Zustimmung eines oder mehrerer Gläubiger nach § 309 InsO ersetzt wird.

Die Zustimmung des Finanzamts orientiert sich an den im BMF-Schreiben vom 27. 1. 2021, BStBl. I S. 152, dargestellten Grundsätzen zur außergerichtlichen Einigung. Dabei ist zu beachten, dass akzessorische Sicherheiten (z. B. Zwangshypothek) erlöschen, wenn der Plan keine abweichende Regelung vorsieht. Erforderlichenfalls sind daher entsprechende Einwendungen gegen den Plan zu erheben.

Da bei Nichterfüllung des Plans eine Wiederauflebensklausel gesetzlich nicht vorgesehen ist, soll das Finanzamt in seiner Stellungnahme auf eine solche hinwirken.

Das Insolvenzgericht ersetzt die Zustimmung eines Gläubigers unter den Voraussetzungen des § 309 Abs. 1 InsO und hat dazu den Betroffenen zu hören. Eine gerichtliche Ersetzung der Zu-

AEAO stimmung ist jedoch nach § 309 Abs. 3 InsO ausgeschlossen, wenn das Finanzamt glaubhaft macht, dass die Angaben des Schuldners im Schuldenbereinigungsplan dem Grunde oder der Höhe nach unrichtig sind und es deshalb nicht angemessen beteiligt wird.

Das Insolvenzgericht entscheidet über die Ersetzung durch Beschluss. Dagegen stehen dem Antragsteller und dem Gläubiger, dessen Zustimmung ersetzt wird, die sofortige Beschwerde zu (§ 309 Abs. 2 Satz 3 InsO).

Der angenommene Schuldenbereinigungsplan hat nach § 308 Abs. 1 Satz 2 InsO die Wirkung eines (Prozess-)Vergleichs i. S. d. § 794 Abs. 1 Nr. 1 ZPO.

§ 308 Abs. 3 InsO stellt im Interesse des Gläubigerschutzes klar, dass Gläubiger, die keine Möglichkeit der Mitwirkung an dem Schuldenbereinigungsplan hatten, keinen Rechtsverlust erleiden. Dies ist allerdings nur denkbar, wenn dem Finanzamt kein Schuldenbereinigungsplan zur Stellungnahme zugestellt wurde. Allerdings kann sich der Gläubiger der Wirkung des Schuldenbereinigungsplans nicht durch eine unvollständige Forderungsaufstellung, unterlassene oder unzureichende Nachbesserung des Schuldenbereinigungsplans entziehen.

Das Verfahren über den Eröffnungsantrag wird wieder aufgenommen, wenn das Insolvenzgericht nach Anhörung des Schuldners zu der Überzeugung gelangt, dass der Schuldenbereinigungsplan voraussichtlich nicht angenommen wird (§ 306 Abs. 1 Satz 3 InsO) oder Einwendungen gegen den Schuldenbereinigungsplan erhoben werden, die vom Gericht nicht gem. § 309 InsO durch gerichtliche Zustimmung ersetzt werden (§ 311 InsO). Ein erneuter Antrag des Schuldners ist nicht erforderlich.

Soweit ein Gläubiger einen Antrag auf Eröffnung des Insolvenzverfahrens stellt und der Schuldner keinen Eigenantrag nachreicht (§ 306 Abs. 3 InsO), findet ein Schuldenbereinigungsverfahren nicht statt. In diesem Fall ist – wie im Fall des Scheiterns des Schuldenbereinigungsverfahrens – ein Insolvenzverfahren durchzuführen.

Im Übrigen wird auf Abschnitt 63 VollstrA hingewiesen.

26 **12.3. Eröffnetes Insolvenzverfahren**

Grundsätzlich sind die Bestimmungen für das Regelinsolvenzverfahren anzuwenden.

Auch ein Insolvenzplan kann durchgeführt werden (siehe AEAO zu § 251, Nr. 11). Die Regelungen zur Eigenverwaltung gelten jedoch nicht (§ 270 Abs. 2 InsO).

Im Übrigen wird auf Abschnitt 63 VollstrA hingewiesen.

13. Eigenverwaltung

Die Vorschriften der Eigenverwaltung gelten nicht für Verbraucherinsolvenzverfahren i. S. v. §§ 304 ff. InsO (§ 270 Abs. 2 InsO).

27 **13.1. Vorläufiges Eigenverwaltungsverfahren**

Stimmt das Gericht dem Antrag des Schuldners auf Anordnung der Eigenverwaltung zu (§ 270 a Abs. 1 InsO), hat es einen vorläufigen Sachwalter (§ 270 b Abs. 1 InsO) zu bestellen und kann vorläufige Maßnahmen nach § 21 Abs. 1 und 2 Nr. 1 a, 3 bis 5 InsO anordnen. Des Weiteren hat das Gericht auf Antrag des Schuldners anzuordnen, dass der Schuldner Masseverbindlichkeiten begründet. § 55 Abs. 2 InsO gilt entsprechend (§ 270 c Abs. 4 InsO).

In Insolvenzverfahren, die ab dem 1. 1. 2021 beantragt wurden, gelten bestimmte Steuerverbindlichkeiten des Insolvenzschuldners, die vom Schuldner nach Bestellung eines vorläufigen Sachwalters begründet worden sind, nach Eröffnung des Insolvenzverfahrens als Masseverbindlichkeit (§ 55 Abs. 4 InsO).

Legt der Schuldner dem Gericht einen Insolvenzplan vor, so wird über den Plan im eröffneten Insolvenzverfahren nach den allgemeinen Vorschriften über den Insolvenzplan entschieden.

Die vorläufige Eigenverwaltung wird durch Bestellung eines vorläufigen Insolvenzverwalters aufgehoben. Dies kann auch auf Antrag eines Insolvenzgläubigers erfolgen (§ 270 e Abs. 2 InsO).

28 **13.2. Besonderheiten bei der Vorbereitung einer Sanierung nach § 270 d InsO (Schutzschirm)**

Bei einer angestrebten Sanierung nach § 270 d InsO kann das Insolvenzgericht auf Antrag des Schuldners eine Frist zur Vorlage eines Insolvenzplans bestimmen (§ 270 d Abs. 1 Satz 1 InsO). Die Frist darf höchstens drei Monate betragen.

Stimmt das Gericht dem Antrag des Schuldners zu, hat es einen vorläufigen Sachwalter (§ 270 b Abs. 1 InsO) zu bestellen und vorläufige Maßnahmen nach § 21 Abs. 2 Satz 1 Nr. 3 InsO anzuordnen, wenn der Schuldner dies beantragt (§ 270 d Abs. 3 InsO).

28a **13.3. Eröffnung des Insolvenzverfahrens**

Auf Antrag des Schuldners oder der Gläubigerversammlung kann das Insolvenzgericht die Eigenverwaltung der Insolvenzmasse gem. §§ 270 ff. InsO unter der Aufsicht eines Sachwalters anordnen, wenn dadurch nicht Gläubigerinteressen beeinträchtigt werden (z. B. durch Verfahrensverzögerung).

Die insolvenzrechtlichen Vorschriften bleiben durch die Eigenverwaltung – von wenigen Ausnahmen abgesehen – unberührt. Im Grunde sind nur Befugnisse des Insolvenzverwalters auf den Schuldner selbst zu übertragen. Insolvenzforderungen sind schriftlich beim Sachwalter zur Tabelle anzumelden (§ 270f Abs. 2 InsO). Die Forderungen können vom Schuldner, vom Sachwalter oder

AEAO

von anderen Insolvenzgläubigern bestritten werden; sie gelten insoweit als nicht festgestellt (§ 283 Abs. 1 InsO). Zur Feststellung der bestrittenen Forderungen sind die Ausführungen des AEAO zu § 251, Nr. 5.3 entsprechend anzuwenden. Die Regelung des AEAO zu § 251, Nr. 5.3.2 findet in der Eigenverwaltung keine Anwendung, da § 178 Abs. 1 Satz 2 InsO nicht gilt. Ein Feststellungsbescheid ist dem Bestreitenden bekanntzugeben. Widersprechen sowohl der Schuldner als auch der Sachwalter einer Forderung, ist beiden der Feststellungsbescheid bekanntzugeben.

Auswirkungen auf das Besteuerungsverfahren (z. B. die Veranlagungszeiträume) ergeben sich durch die Anordnung der Eigenverwaltung nicht. Umsatzsteuerlich kommt es aber mit der Eröffnung des Insolvenzverfahrens zu einer Aufspaltung des Unternehmens in mehrere Unternehmensteile, zwischen denen einzelne umsatzsteuerrechtliche Berechtigungen und Verpflichtungen nicht miteinander verrechnet werden können. Zu den Einzelheiten vgl. AEAO zu § 251, Nr. 9.2 sowie UStAE Abschnitt 17.1 Abs. 11. Da der Schuldner im Fall der Eigenverwaltung jedoch selbst rechtsgeschäftlich mit Verfügungsbefugnis handeln kann, der Sachwalter demgegenüber nur Kontroll- und Aufsichtspflichten ausübt, ist der Schuldner selbst steuerlich als Vertreter der Insolvenzmasse i. S. v. §§ 34, 35 AO anzusehen. Daher ist er Bekanntgabeadressat für alle die Insolvenzmasse betreffenden Verwaltungsakte.

Die Eigenverwaltung kann auf Antrag der Gläubigerversammlung, des Schuldners oder eines Gläubigers, der entsprechende Gründe glaubhaft zu machen hat, aufgehoben werden (§ 272 InsO).

Auf Insolvenzverfahren in Eigenverwaltung, die vor dem 1. 1. 2021 beantragt worden sind, sind die bis dahin geltenden Vorschriften der InsO weiter anzuwenden. Insoweit ist der AEAO zu § 251 in der Fassung des BMF-Schreibens vom 31. 1. 2014 (BStBl. I S. 290), zuletzt geändert durch das BMF-Schreiben vom 28. 1. 2021 (BStBl. I S. 145), anzuwenden.

Wenn die Zahlungsunfähigkeit oder Überschuldung des Schuldners auf die COVID-19-Pandemie zurückzuführen ist, sind auf Eigenverwaltungsverfahren, die in 2021 beantragt worden sind, die §§ 270 bis 285 InsO in der bis zum 31. 12. 2020 geltenden Fassung weiter anzuwenden.

14. Vorgehensweise nach Aufhebung des Insolvenzverfahrens 29

Mit Aufhebung des Insolvenzverfahrens erhält der Schuldner grundsätzlich die Verwaltungs- und Verfügungsbefugnis über sein Vermögen zurück.

Die Aufrechnungsverbote der §§ 95 und 96 InsO gelten nicht mehr. Steuererstattungsansprüche unterliegen nicht mehr dem Insolvenzbeschlag, es sei denn, es liegt eine wirksame Anordnung der Nachtragsverteilung bzw. der wirksame Vorbehalt der Nachtragsverteilung vor. Mit dem Vorbehalt oder der Anordnung einer Nachtragsverteilung tritt hinsichtlich des einzelnen Erstattungsanspruchs erneut die Insolvenzbeschlagnahme ein (BFH-Urteil vom 28. 2. 2012 VII R 36/11, BStBl. II S. 451). Soweit sich aus dem Beschluss des Insolvenzgerichts nicht ausdrücklich etwas anderes ergibt, ist anzunehmen, dass der Insolvenzbeschlag hinsichtlich aller Steuerarten fortbesteht, die bis zur Aufhebung des Insolvenzverfahrens (insolvenzrechtlich) begründet worden sind (BFH-Urteil vom 20. 9. 2016 VII R 10/15, BFH/NV 2017 S. 442). Die Steuererklärungspflicht obliegt insoweit dem (vormaligen) Insolvenzverwalter (vgl. BFH-Urteil vom 16. 12. 2021 VI R 41/18, BStBl. 2022 II S. 321). Ein nicht hinreichend bestimmter Beschluss entfaltet keinen Insolvenzbeschlag.

Steuerbescheide sind an den Steuerpflichtigen zu richten und diesem bekannt zu geben.[1] Aus diesem Grund ist für das Jahr der Insolvenzaufhebung z. B. nur eine Einkommensteuerfestsetzung durchzuführen, in der sowohl der Massezeitraum wie auch der Zeitraum nach Abschluss des Verfahrens zusammengefasst werden. Der Schuldner ist auch hinsichtlich der nach Eröffnung des Insolvenzverfahrens begründeten Steuerforderungen weiterhin Steuerschuldner (vgl. BFH-Beschluss vom 23. 8. 1993 V B 135/91, BFH/NV 1994 S. 186). Somit können die während des Bestehens des Insolvenzverfahrens begründeten Steuerschulden nach Aufhebung des Insolvenzverfahrens gegenüber dem Steuerpflichtigen geltend gemacht und auch vollstreckt werden (vgl. BFH-Urteil vom 28. 11. 2017 VII R 1/16, BStBl. 2018 II S. 457). In Fällen der angeordneten oder vorbehaltenen Nachtragsverteilung ist, soweit es zu einer Einkommensteuererstattung für die (ehemalige) Insolvenzmasse kommt, der (vormalige) Insolvenzverwalter Bekanntgabeadressat der Steuerbescheide (vgl. BFH-Urteil vom 16. 12. 2021 VI R 41/18, a. a. O.).

Ergibt die Einkommensteuerveranlagung für einen der Nachtragsverteilung unterliegenden Zeitraum keine Erstattung, fehlt es an einem Vermögenswert, der der Nachtragsverteilung unterliegt. Der Bescheid ist daher dem Schuldner bekannt zu geben. Der ehemalige Insolvenzverwalter erhält eine Ausfertigung des Bescheides ohne Leistungsgebot.

Erstreckt sich die Nachtragsverteilung auf die Umsatzsteuer und macht der Insolvenzverwalter noch Erstattungsansprüche aus der Zeit der Insolvenzverwaltung geltend, ist eine Steuerfestsetzung für den Unternehmensteil der ehemaligen Insolvenzmasse vorzunehmen.

---

[1] Wird die Einkommensteuer erstmals nach Aufhebung des Insolvenzverfahrens festgesetzt, ist der Steuerbescheid dem vormaligen Insolvenzschuldner als Inhaltsadressat bekannt zu geben; eine Bekanntgabe an den vormaligen Insolvenzverwalter kommt nicht mehr in Betracht *(BFH-Urteil vom 2. 4. 2019 IX R 21/17, BStBl. II S. 481).*

Ordnet das Insolvenzgericht nach Aufhebung des Insolvenzverfahrens Nachtragsverteilung durch den früheren Insolvenzverwalter an, tritt für den im Beschluss genannten Gegenstand der Nachtragsverteilung wieder Insolvenzbeschlag ein mit der Folge, dass insoweit die Verwaltungs- und Verfügungsbefugnis beim früheren Insolvenzverwalter liegt *(BFH-Urteil vom 23. 9. 2020 XI R 1/19, BStBl. 2021 II S. 341).*

AEAO

Zur Frage der Prozessführungsbefugnis des Insolvenzverwalters und der Auswirkungen auf noch anhängige Rechtsbehelfsverfahren zu Masseverbindlichkeiten bei Beendigung des Insolvenzverfahrens ohne Nachtragsverteilung vgl. BFH-Urteil vom 6. 7. 2011 II R 34/10, BFH/NV 2012 S. 10.

Änderungen von zur Insolvenztabelle angemeldeten und festgestellten Steuerforderungen, denen der Insolvenzschuldner nicht widersprochen hat oder dessen Widerspruch beseitigt worden ist, sind nach Aufhebung des Insolvenzverfahrens nur möglich, wenn die Voraussetzungen für eine Änderung der festgestellten Forderung nach §§ 130, 131 AO vorliegen.

Schließt sich nach der Aufhebung des Insolvenzverfahrens das Restschuldbefreiungsverfahren an, kann wegen dieser Forderungen nicht vollstreckt, sondern lediglich aufgerechnet werden.

Zur Insolvenztabelle angemeldete, nicht titulierte Forderungen, für die keine Feststellung erfolgt ist, können nach Aufhebung des Insolvenzverfahrens gegenüber dem Steuerpflichtigen unter Beachtung der Ablaufhemmung nach § 171 Abs. 13 AO erstmals geltend gemacht werden (z. B. zum Zwecke der Aufrechnung). Die Erteilung einer Restschuldbefreiung gilt vorbehaltlich § 302 InsO auch für diese Forderungen.

Nach rechtskräftiger Bestätigung eines Insolvenzplans ist eine Änderung einer vorinsolvenzlich erfolgten Steuerfestsetzung nicht mehr möglich (BFH-Urteil vom 22. 10. 2014 I R 39/13, BStBl. 2015 II S. 577). Im Planverfahren nicht angemeldete Forderungen dürfen innerhalb der Frist des § 259b InsO mittels Bescheid geltend gemacht werden (BFH-Urteil vom 8. 3. 2022 VI R 33/19, BStBl. 2023 II S. 98).

Während des laufenden Insolvenzverfahrens ohne rechtlichen Grund an den Insolvenzverwalter ausbezahlte Ansprüche aus dem Steuerschuldverhältnis können nach Aufhebung des Insolvenzverfahrens vom früheren Insolvenzverwalter zurückgefordert werden, wenn die Zahlung auf dessen Anderkonto eingegangen war (BFH-Beschluss vom 12. 8. 2013 VII B 188/12, ZIP S. 2370). Hiervon zu unterscheiden ist die Rechtslage bei Zahlungen auf ein sog. Sonderkonto, das vom Insolvenzverwalter für den Schuldner als Kontoinhaber (Fremdkonto) eingerichtet wird und bei dem der Insolvenzverwalter lediglich aufgrund seiner treuhänderischen Stellung verfügungsberechtigt ist. Gehen Zahlungen auf ein solches Sonderkonto ein, fallen sie in das Schuldnervermögen und damit in die Insolvenzmasse. Rückforderungen sind somit nicht gegen den Insolvenzverwalter persönlich, sondern nur gegen ihn in seiner Eigenschaft als Insolvenzverwalter geltend zu machen (BFH-Beschluss vom 12. 8. 2013 VII B 188/12, ZIP S. 2370).

15. Restschuldbefreiung

Die nachstehenden Ausführungen gelten für nach dem 30. 6. 2014 beantragte Insolvenzverfahren. Für vor dem 1. 7. 2014 beantragte Verfahren gelten die Ausführungen des AEAO zu § 251, Nr. 15 in der Fassung vom. 31. 1. 2014, BStBl. I S. 290.

30 **15.1. Laufzeit der Abtretungserklärung**

Ist der Schuldner eine natürliche Person, so sieht die Insolvenzordnung die Möglichkeit der Restschuldbefreiung vor. Hierzu hat der Schuldner rechtzeitig einen Antrag auf Restschuldbefreiung beim Insolvenzgericht zu stellen (§ 287 Abs. 1 InsO). Um die Restschuldbefreiung zu erlangen, hat der Schuldner den pfändbaren Teil seiner Bezüge für einen Zeitraum von drei Jahren – beginnend ab der Eröffnung des Insolvenzverfahrens – an einen Treuhänder abzutreten (§ 287 Abs. 2 InsO). Zwischen der Beendigung des Insolvenzverfahrens und dem Ende der Abtretungsfrist hat der Schuldner die Obliegenheiten gem. § 295 InsO zu erfüllen.

Der Treuhänder kehrt das Erlangte jährlich nach der im Schlussverzeichnis festgelegten Quote an die Gläubiger aus (§ 292 Abs. 1 Satz 2 InsO).

Das Insolvenzgericht stellt durch öffentlich bekannt zu machenden Beschluss zu Beginn des Verfahrens fest, ob der Antrag auf Restschuldbefreiung zulässig ist und dass der Schuldner Restschuldbefreiung erlangt, wenn er den Obliegenheiten gem. § 295 InsO nachkommt und keine Versagungsgründe nach §§ 290, 297 bis 298 InsO vorliegen (§ 287a InsO).

Das Finanzamt hat zu prüfen, ob nach § 290 Abs. 1 InsO ein Grund vorliegt, die Restschuldbefreiung zu versagen. Es hat insbesondere festzustellen, ob der Schuldner zur Vermeidung von Steuerzahlungen in den letzten drei Jahren vor dem Antrag auf Eröffnung des Insolvenzverfahrens oder nach dem Antrag schuldhaft schriftlich unrichtige oder unvollständige Angaben über seine wirtschaftlichen Verhältnisse im Rahmen von Anträgen auf Vollstreckungsaufschub, in Vermögensverzeichnissen, Erlass- und Stundungsanträgen oder Steuererklärungen gemacht hat (§ 290 Abs. 1 Nr. 2 InsO).

Liegen Versagungsgründe nach § 290 InsO vor, so soll das Finanzamt bis zum Schlusstermin oder bis zur Entscheidung über die Einstellung des Verfahrens wegen Masseunzulänglichkeit die Versagung der Restschuldbefreiung schriftlich beantragen und glaubhaft zu machen (§ 290 Abs. 2 InsO). Wird dieser Antrag vom Insolvenzgericht abgewiesen, kann sofortige Beschwerde erhoben werden (§ 290 Abs. 3 InsO). Stellt sich nach dem Schlusstermin heraus, dass Versagungsgründe vorlagen, kann ein Antrag auf Versagung der Restschuldschuldbefreiung binnen sechs Monaten nach Kenntniserlangung durch den Gläubiger nachgeholt werden (§ 297a InsO).

Nach Beendigung des Insolvenzverfahrens, aber noch während der Laufzeit der Abtretungserklärung sind Vollstreckungsmaßnahmen wegen der Insolvenzforderungen in das Vermögen des Schuldners unzulässig (§ 294 Abs. 1 InsO). Aufrechnungen gegen Steuererstattungsansprüche des

AEAO

Schuldners sind aber zulässig, es sei denn, es liegt ein Vorbehalt oder eine wirksame Anordnung der Nachtragsverteilung für diesen Anspruch vor.

Verwaltungsakte sind wieder an den Schuldner zu richten und diesem bekannt zu geben, da der hier zu bestellende Treuhänder keine Befugnis hat, das Vermögen des Schuldners zu verwalten oder über dieses zu verfügen (§ 292 InsO).

Steuererstattungsansprüche nach Aufhebung des Insolvenzverfahrens gehören nicht zu den abtretbaren Bezügen i. S. d. § 287 InsO und können vorbehaltlich der Anordnung einer Nachtragsverteilung mit Insolvenzforderungen aufgerechnet werden (BGH-Urteil vom 21. 7. 2005, IX ZR 115/04, NJW S. 2988).

Endet bei erteilter Restschuldbefreiung die Abtretungsfrist vor Beendigung des Insolvenzverfahrens, gehören die dann erworbenen Steuererstattungsansprüche nicht mehr zur Insolvenzmasse (§ 300 a InsO) und können aufgerechnet werden.

15.2. Ausgenommene Forderungen

Neben Geldstrafen (§ 302 Nr. 2 InsO) und Verbindlichkeiten aus zinslosen Darlehen, die dem Schuldner zur Begleichung der Kosten des Insolvenzverfahrens gewährt wurden (§ 302 Nr. 3 InsO), sind folgende Verbindlichkeiten des Schuldners von der Restschuldbefreiung ausgenommen:
- Verbindlichkeiten aus vorsätzlich begangenen unerlaubten Handlungen (§ 302 Nr. 1 1. Alternative InsO)
- Verbindlichkeiten aus rückständigem gesetzlichen Unterhalt (§ 302 Nr. 1 2. Alternative InsO)
- Verbindlichkeiten aus dem Steuerschuldverhältnis, wenn der Schuldner im Zusammenhang damit wegen einer Steuerstraftat nach §§ 370, 373 oder 374 AO rechtskräftig verurteilt wurde (§ 302 Nr. 1 3. Alternative InsO)

Voraussetzung für eine Ausnahme von der Restschuldbefreiung bei den Verbindlichkeiten nach § 302 Nr. 1 InsO ist, dass der Gläubiger seine Forderung unter Angabe des Rechtsgrundes nach § 174 Abs. 2 InsO zur Tabelle angemeldet hat (vgl. AEAO zu § 251, Nr. 5.2).

Hat das Finanzamt bei der Forderungsanmeldung Tatsachen angegeben, aus denen sich eine Steuerstraftat des Schuldners nach §§ 370, 373 oder 374 AO ergibt, tritt die Ausnahme von der Erteilung der Restschuldbefreiung in folgenden Fällen ein:
- Das Gericht hat die Forderung eingetragen und der Schuldner hat der Anmeldung im Prüfungstermin nicht widersprochen.
- Der Schuldner hat der Anmeldung der Forderung widersprochen und die rechtskräftige Verurteilung wegen einer Steuerstraftat nach den §§ 370, 373 oder 374 AO ist vor Beendigung des Insolvenzverfahrens erfolgt. In diesem Fall kann der Widerspruch durch Feststellungsbescheid nach § 251 Abs. 3 AO beseitigt werden[1] (vgl. AEAO zu § 251, Nr. 5.3.2).
- Der Schuldner hat der Anmeldung der Forderung widersprochen und die rechtskräftige Verurteilung wegen einer Steuerstraftat nach den §§ 370, 373 oder 374 AO ist erst nach Beendigung des Insolvenzverfahrens erfolgt. Da die insolvenzrechtliche Nachhaftung für hinterzogene Steuern auch nach Beendigung des Insolvenzverfahrens bestehen bleibt, ist es unbeachtlich, wann die rechtskräftige Verurteilung erfolgt. Widerspricht der Schuldner lediglich der rechtlichen Einordnung einer Steuerforderung als Anspruch im Sinne von § 302 Nr. 1 InsO (oder ist bei einem Widerspruch gegen den Rechtsgrund und die Höhe der Forderung der Widerspruch gegen die Höhe der Forderung beseitigt), ist dem Finanzamt auch nach Erteilung der Restschuldbefreiung aus der Eintragung der Forderung in der Tabelle – unabhängig vom Vorliegen einer rechtskräftigen Verurteilung wegen einer Steuerstraftat – ein Tabellenauszug zur Durchführung der Vollstreckung zu erteilen (vgl. BGH-Beschluss vom 3. 4. 2014, IX ZB 93/13, ZInsO 2014 S. 568). Nach Eintritt der Rechtskraft des Urteils kann das Finanzamt sogleich das Vollstreckungsverfahren aufnehmen (vgl. BGH-Urteil vom 2. 12. 2010, IX ZR 247/09, NJW 2011 S. 1133). Ob die Forderungen von der Restschuldbefreiung nach § 302 Nr. 1 InsO ausgenommen sind, kann der Vollstreckungsschuldner im Steuererhebungsverfahren überprüfen lassen (z. B. Einspruch gegen Pfändungsmaßnahme, Antrag auf Erteilung eines Abrechnungsbescheides bei Aufrechnung). Für Anschließende Klageverfahren ist der Finanzrechtsweg einschlägig.

15.3. Erteilung der Restschuldbefreiung 31

Nach Aufhebung des Insolvenzverfahrens hat der Schuldner ausschließlich die Obliegenheiten nach § 295 InsO zu erfüllen. Die Versagungsgründe des § 290 InsO gelten nicht mehr.

Wird dem Finanzamt bekannt, dass der Schuldner Obliegenheiten verletzt und dadurch die Befriedigung der Insolvenzgläubiger beeinträchtigt, soll es beim Insolvenzgericht Antrag auf Versagung der Restschuldbefreiung stellen und seine Angaben durch entsprechende Unterlagen glaubhaft machen (§ 296 Abs. 1 InsO). Gegen die Entscheidung des Gerichts ist die sofortige Beschwerde gegeben.

[1] *BFH-Urteil vom 7. 8. 2018 VII R 24,25/17, BStBl. 2019 II S. 19:* 1. Das FA darf durch Verwaltungsakt gemäß § 251 Abs. 3 AO feststellen, dass ein Steuerpflichtiger im Zusammenhang mit Verbindlichkeiten aus einem Steuerschuldverhältnis wegen einer Steuerstraftat rechtskräftig verurteilt worden ist. 2. Der Steuerpflichtige ist auch dann wegen einer Steuerstraftat rechtskräftig verurteilt, wenn in einem Strafbefehl neben dem Schuldspruch eine Strafe bestimmt und die Verurteilung zu dieser Strafe vorbehalten worden ist. 3. Die Feststellung darf sich auf den Zinsanspruch beziehen, selbst wenn die strafrechtliche Verurteilung nicht wegen der Zinsen erfolgt ist.

Ist die Laufzeit der Abtretungserklärung ohne vorherige Beendigung verstrichen, hat das Insolvenzgericht nach vorheriger Anhörung des Schuldners, des Treuhänders und der Gläubiger zu entscheiden, ob dem Schuldner die endgültige Restschuldbefreiung zu erteilen ist (§ 300 Abs. 1 Satz 1 InsO). Eine vorzeitige Erteilung der Restschuldbefreiung kommt nach § 300 Abs. 2 InsO in Betracht, wenn der Schuldner die Kosten des Verfahrens und die sonstigen Masseverbindlichkeiten berichtigt hat und
– im Verfahren kein Insolvenzgläubiger eine Forderung angemeldet hat
– oder wenn die Forderungen der Insolvenzgläubiger befriedigt wurden.

Erteilt das Insolvenzgericht die Restschuldbefreiung, wirkt diese gegen alle Insolvenzgläubiger. Die angemeldeten, aber nicht vollständig befriedigten Forderungen wandeln sich in unvollkommene Forderungen um. Das heißt, dass diese Forderungen zwar weiterhin erfüllbar, aber nicht mehr erzwingbar sind. Insoweit entfällt die Möglichkeit einer Aufrechnung gegen Guthaben mit diesen Forderungen, da die Aufrechnung voraussetzt, dass die zur Aufrechnung gestellte Forderung vollwirksam und fällig/erzwingbar ist. Dies gilt nicht, wenn bei Eröffnung des Insolvenzverfahrens die Aufrechnungslage bereits bestand (BGH-Urteil vom 19. 5. 2011, IX ZR 222/08, WM S. 1182). Weiterhin besteht die Möglichkeit, Haftungs- oder sonstige Gesamtschuldner in Anspruch zu nehmen (§ 301 Abs. 2 InsO).

Masseverbindlichkeiten werden von der Restschuldbefreiung nicht erfasst und können daher auch nach Erteilung der Restschuldbefreiung vollstreckt werden (vgl. BFH-Urteil vom 28. 11. 2017, VII R 1/16, BStBl. 2018 II S. 457).

Gem. § 303 InsO kann die gewährte Restschuldbefreiung widerrufen werden, wenn innerhalb eines Jahres nach Rechtskraft des Beschlusses nachträglich ein Obliegenheitsverstoß oder eine Verurteilung des Schuldners wegen einer Insolvenzstraftat bekannt wird. Wenn der Schuldner Auskunfts- oder Mitwirkungspflichten, die ihm nach der InsO obliegen, vorsätzlich verletzt hat, kann der nachträgliche Widerruf der Restschuldbefreiung innerhalb eines halben Jahres nach Rechtskraft des Beschlusses beantragt werden. Der begründete Antrag ist durch einen Gläubiger bei Gericht zu stellen. Vor dem Beschluss sind der Schuldner und der Insolvenzverwalter bzw. Treuhänder zu hören.

Anl 1

1) Schreiben betr. Insolvenzordnung; Kriterien für die Entscheidung über einen Einigungsversuch zur außergerichtlichen Schuldenbereinigung (§ 305 Abs. 1 Nr. 1 InsO)

Vom 27. Januar 2021 (BeckVerw 507698)

(BMF IV A 4 – S 0550/20/10 008 :001; DOK 2021/0076958)

Unter Bezugnahme auf das Ergebnis der Erörterung mit den obersten Finanzbehörden der Länder gilt für die Entscheidung über einen außergerichtliche Schuldenbereinigungsplan Folgendes:

32 **1. Anwendungsbereich**

Bevor ein Schuldner einen Antrag auf Eröffnung eines Verbraucherinsolvenzverfahrens stellen kann, muss er versuchen, eine außergerichtliche Einigung mit den Gläubigern über die Schuldenbereinigung herbeizuführen (§ 305 Abs. 1 Nr. 1 InsO).

Die nachfolgenden Regelungen gelten für ein solches außergerichtliches Schuldenbereinigungsverfahren.

Das außergerichtliche Schuldenbereinigungsverfahren findet Anwendung auf natürliche Personen, die keine selbständige wirtschaftliche Tätigkeit ausüben oder ausgeübt haben; nur sie können das Verbraucherinsolvenzverfahren nach §§ 304 ff. InsO beantragen. Personen, die eine selbständige Tätigkeit ausgeübt haben, gehören dazu, wenn ihre Vermögensverhältnisse überschaubar sind und gegen sie keine Forderungen aus Arbeitsverhältnissen bestehen. Überschaubar sind Vermögensverhältnisse, wenn der Schuldner zu dem Zeitpunkt, zu dem der Antrag auf Eröffnung des Insolvenzverfahrens gestellt wird, weniger als 20 Gläubiger hat. Forderungen aus Arbeitsverhältnissen sind nicht nur die Ansprüche der ehemaligen Arbeitnehmer selbst, sondern auch die Forderungen von Sozialversicherungsträgern und Finanzbehörden (z. B. Lohnsteuerforderungen einschließlich Lohnsteuerhaftungsansprüche).

Zu den Verbindlichkeiten, die in eine außergerichtliche Schuldenbereinigung einbezogen werden können, gehören grundsätzlich auch Haftungsschulden des Schuldners (z. B. Umsatzsteuerhaftungsansprüche). Ist der Antrag nicht eindeutig bezeichnet, kann es ein starkes Indiz für einen Einigungsversuch des Schuldners im Rahmen eines außergerichtlichen Schuldenbereinigungsverfahrens im Vorfeld eines Verbraucherinsolvenzverfahrens sein, wenn sich eine nach § 305 Abs. 1 Nr. 1 InsO geeignete Person oder Stelle mit dem außergerichtlichen Schuldenbereinigungsversuch an die Finanzbehörde wendet oder diesen zumindest begleitet.

Die zur Bescheinigung eines erfolglosen außergerichtlichen Einigungsversuchs geeignete Person oder Stelle muss den Einigungsversuch aber nicht zwingend selbst durchgeführt haben.

33 **2. Verfahren**

Die außergerichtliche Schuldenbereinigung erfolgt im Wege von freigestalteten Verhandlungen auf der Grundlage eines vorzulegenden Planes.

Als Rechtsgrundlage für einen Verzicht auf Abgabenforderungen kann jedoch nur das Abgabenrecht unter Einbeziehung der Zielsetzung der Insolvenzordnung herangezogen werden (BFH vom 26. 10. 2011 VII R 50/10). Die Frage, ob die Finanzbehörde einem außergerichtlichen Schuldenbereinigungsplan zustimmen kann, ist deshalb nach den gesetzlichen Bestimmungen der AO über die abweichende Festsetzung (§ 163 AO), die Stundung (§ 222 AO), den Vollstreckungsaufschub (§ 258 AO) sowie den Erlass (§ 227 AO) zu beurteilen. Zu den Gesichtspunkten, die in die Ermessenserwägungen einzubeziehen sind, gehört im außergerichtlichen Schuldenbereinigungsverfahren zusätzlich die Zielsetzung der Insolvenzordnung, redlichen Schuldnern unter Einbeziehung sämtlicher Gläubiger eine Schuldenbereinigung als Voraussetzung für einen wirtschaftlichen Neuanfang zu ermöglichen. Anl 1

Sachliche Billigkeitsgründe werden vom außergerichtlichen Schuldenbereinigungsverfahren nicht berührt und sind daher vorab zu berücksichtigen.

Da nach den Intentionen des Gesetzgebers für einen Verzicht nur persönliche Billigkeitsgründe in Betracht kommen, setzt eine Maßnahme nach §§ 163, 227 AO voraus, dass der Schuldner erlassbedürftig und -würdig ist. Die Auslegung des Begriffs „persönliche Unbilligkeit" hat sich hierbei an der Zielsetzung der Insolvenzordnung zu orientieren. Wegen der angestrebten Schuldenbereinigung unter Beteiligung sämtlicher Gläubiger ist bei der Anwendung der §§ 163, 227 AO im außergerichtlichen Schuldenbereinigungsverfahren zu beachten, dass der Begriff „persönliche Unbilligkeit" in diesem Verfahren anders als in anderen Billigkeitsverfahren nach der AO definiert ist. Das bedeutet, dass die Rechtsprechung zu §§ 163, 227 AO insoweit nicht uneingeschränkt angewendet werden kann.

Bei der Zustimmung oder Ablehnung eines außergerichtlichen Schuldenbereinigungsplanes durch die Finanzbehörde handelt es sich um einen Verwaltungsakt.

Zustimmung 34

Hat die Prüfung des Antrags ergeben, dass der Schuldner dem Grunde nach erlassbedürftig ist und im außergerichtlichen Schuldenbereinigungsverfahren als erlasswürdig ist, kann der Erlass im Hinblick auf § 287 a InsO zunächst nur verbindlich für den Fall in Aussicht gestellt werden, dass alle erforderlichen Bedingungen erfüllt werden.

Dies ist z. B. der Fall, wenn
- die übrigen Gläubiger noch nicht zugestimmt haben,
- der Schuldner noch eine Teilzahlung oder Ratenzahlungen zu leisten hat,
- Zahlungseingänge durch Verwertung u. a. von Pfandrechten, Sicherheiten oder Inanspruchnahme Dritter zu erwarten sind oder
- etwaige Aufrechnungsmöglichkeiten wahrgenommen werden sollen.

Wenn der Erlass verbindlich in Aussicht gestellt wird, treten die Wirkungen eines solchen zu diesem Zeitpunkt noch nicht ein; dies geschieht erst mit Eintritt aller Bedingungen (Verwaltungsakt mit aufschiebender Bedingung, § 120 Abs. 2 Nr. 2 AO). Während der Laufzeit einer Ratenzahlungsvereinbarung ist die Erfüllung der laufenden steuerlichen Verpflichtungen weitere Voraussetzung für die Erlassbewilligung. Die voraussichtlich zu erlassenden Beträge können zunächst bis zum Ablauf des Zahlungsplans und die künftig zu leistenden Beträge entsprechend den getroffenen Regelungen gestundet werden.

In Fällen, in denen eine Ratenzahlung über einen längeren Zeitraum vereinbart wurde, hat der Schuldner gegenüber der Finanzbehörde jährlich über die geleisteten Zahlungen und deren Verteilung an die einzelnen Gläubiger Rechnung zu legen.

Ist der Schuldenbereinigungsplan erfüllt, erlöschen die Ansprüche aus dem Steuerschuldverhältnis, ohne dass es eines weiteren Verwaltungsaktes bedarf.

Ablehnung

Bei der Ablehnung handelt es sich um einen anfechtbaren Verwaltungsakt (Ablehnung eines Antrags auf Gewährung einer Billigkeitsmaßnahme). Der Finanzrechtsweg ist eröffnet.

Die Entscheidung über die Zustimmung oder Ablehnung zu einem außergerichtlichen Schuldenbereinigungsplanes erledigt sich, sobald ein Gläubiger nach Aufnahme der Verhandlungen Vollstreckungsmaßnahmen ergreift, § 305 a InsO. Gleiches gilt, wenn bekannt wird, dass das außergerichtliche Schuldenbereinigungsverfahren auf andere Weise gescheitert ist.

3. Sachverhaltsermittlung 35

Zur Prüfung des außergerichtlichen Schuldenbereinigungsplanes sind der Finanzbehörde grundsätzlich die Unterlagen vorzulegen, die auch im gerichtlichen Schuldenbereinigungsverfahren (§ 305 Abs. 1 Nrn. 3 und 4 InsO) einzureichen sind. Dies sind insbesondere
- ein Nachweis über die Beteiligung am Erwerbsleben (z. B. Beschäftigungsverhältnis, Eintritt ins Rentenalter),
- ein Verzeichnis des vorhandenen Vermögens und des Einkommens (Vermögensverzeichnis),
- eine Zusammenfassung des wesentlichen Inhalts des Vermögensverzeichnisses (Vermögensübersicht),
- ein Gläubigerverzeichnis einschließlich Auflistung der Verbindlichkeiten,
- ein Schuldenbereinigungsplan, aus dem sich ergibt, welche Zahlungen in welcher Zeit geleistet werden, zudem sind Angaben zur Herkunft der Mittel erforderlich,
- ein Nachweis,
  - ob und inwieweit Bürgschaften, Pfandrechte und andere Sicherheiten zugunsten Dritter bestehen und welche Zahlungen darauf geleistet werden bzw. noch zu erbringen sind,
  - ob und ggf. welche Schenkungen und Veräußerungen in den letzten zehn Jahren an nahe Angehörige bzw. sonstige Personen erfolgt sind,
  - ob Rechte und Ansprüche aus Erbfällen bestehen bzw. zu erwarten sind (z. B. Pflichtteilsansprüche),
- eine Erklärung,
  - dass Vermögen aus Erbschaften bzw. Erbrechten und Schenkungen zur Hälfte zur Befriedigung der Gläubigergemeinschaft eingesetzt wird, sowie Vermögen, das der Schuldner als Gewinn in einer Lotterie, Ausspielung oder in einem anderen Spiel mit Gewinnmöglichkeit erwirbt, zum vollen Wert

Anl 1 an den Treuhänder herausgegeben wird (vgl. § 295 Abs. 1 Nr. 2 InsO); ausgenommen sind gebräuchliche Gelegenheitsgeschenke und Gewinne von geringem Wert.
- dass außer den im Schuldenbereinigungsplan aufgeführten keine weiteren Gläubiger vorhanden sind, niemand Sonderrechte (außer bei Pfandrechten und Sicherheiten) erhalten hat oder solche versprochen wurden,
- dass sämtliche Angaben richtig und vollständig sind.

36 **4. Planinhalt**

Der Plan muss ein zielgerichtetes Vorgehen des Schuldners erkennen lassen, indem der Schuldner versucht, eine umfassende Lösung seiner Verschuldungsprobleme gegenüber allen Gläubigern zu erreichen. Der Vorschlag des Schuldners zur Schuldenbereinigung ist ein Angebot an die Gläubigergemeinschaft, der sich auf alles beziehen kann, was Gegenstand einer vertraglichen Vereinbarung zwischen Schuldner und Gläubigern sein kann. Die Finanzbehörde kann zweckdienliche Änderungen des Planes verlangen.

Die Gläubiger müssen durch die Darstellungen im Plan in die Lage versetzt werden, das Angebot des Schuldners verlässlich beurteilen zu können. Neben zweckdienlich erscheinenden Vereinbarungen zur Schuldenrückführung muss der Plan die Einkommens-, Vermögens- und Familienverhältnisse des Schuldners enthalten. Der Plan hat ferner Auskunft darüber zu geben, ob und inwieweit Bürgschaften, Pfandrechte und andere Sicherheiten der Gläubiger berührt werden sollen (vgl. § 305 Abs. 1 Nr. 4 InsO analog). Er wirkt nicht gegenüber anderen (Gesamt-)Schuldnern, soweit im Plan hierzu keine Regelungen aufgenommen sind.

Ein Schuldenbereinigungsplan kann Ratenzahlungen oder eine quotenmäßige Befriedigung gegen den teilweisen Verzicht auf die Forderungen und Stundung/Vollstreckungsaufschub im Übrigen vorsehen. Eine angemessene Schuldenbereinigung kann auch eine Einmalzahlung darstellen. Eine außergerichtliche Einigung ist nicht allein deshalb auszuschließen, weil der Plan keine Zahlungen des Schuldners (Null-Plan) vorsieht.

Daneben kann der Schuldenbereinigungsplan unter anderem folgende Regelungen beinhalten:
- Eingriffe in Absonderungsrechte,
  Der mit dem Schuldenbereinigungsplan erfolgende Forderungsverzicht wirkt sich, soweit nicht anders vereinbart, unmittelbar auf akzessorische Sicherheiten wie das Pfandrecht, die Bürgschaft und die Hypothek, aber auch auf einen noch nicht festgesetzten Haftungsanspruch (vgl. § 191 Abs. 5 Nr. 2 AO) aus. Ebenso entsteht bei abstrakten Sicherheiten wie der Grundschuld ein schuldrechtlicher Rückgewähranspruch in Höhe des Forderungsverzichts. Die Finanzbehörde kann die Zustimmung zu einem Schuldenbereinigungsplan, der die Beschränkung seiner Forderung vorsieht, davon abhängig machen, dass der Grundschuldgeber – sei es der Schuldner oder ein Dritter – auf den schuldrechtlichen Rückgewähranspruch verzichtet, also dinglich über die restliche Steuerschuld hinaus haftet.
- Lohnabtretungen zugunsten der Gläubiger,
- Vereinbarungen in Bezug auf sonstige Sicherheiten,
- Anpassungsklauseln für den Fall künftiger veränderter Verhältnisse, insbesondere Vermögenserwerbe,
- Vorbehalt von Aufrechnungsmöglichkeiten für die Zeit bis zum Abschluss der Schuldenbereinigung,
- Wiederauflebensklausel für den Fall, dass der Schuldner Verpflichtungen aus dem Plan nicht einhält oder
- Regelungen, die den Obliegenheiten des Schuldners gem. § 295 InsO im Verfahren der Restschuldbefreiung entsprechen.

37 **5. Entscheidung**

5.1. Erlassbedürftigkeit

Die Erlassbedürftigkeit ist grundsätzlich nach den wirtschaftlichen Verhältnissen des Schuldners zu beurteilen. Die wirtschaftliche Lage des Ehegatten oder Lebenspartners kann insoweit berücksichtigt werden, als dem Schuldner wegen des ihm zustehenden Unterhaltsanspruchs über den pfändbaren Teil hinaus Zahlungen zuzumuten sind.

Im Hinblick auf die Zielsetzung der Insolvenzordnung ist eine Billigkeitsmaßnahme nicht deshalb ausgeschlossen, weil z. B. wegen eines Pfändungsschutzes eine Einziehung der Steuer ohnehin nicht möglich bzw. die Notlage nicht durch die Steuerfestsetzung selbst verursacht worden ist. Vielmehr ist zu würdigen, ob ein gerichtliches Schuldenbereinigungsverfahren bzw. ein Verbraucherinsolvenzverfahren mit Restschuldbefreiung erfolgversprechend wäre. In diesem Falle kann angenommen werden, dass der Erlass dem Schuldner und nicht anderen Gläubigern zugutekommt. Dies gilt insbesondere dann, wenn durch Dritte (z. B. Angehörige) zusätzliche Mittel für die teilweise Schuldenbereinigung von bisher und voraussichtlich auch künftig uneinbringlichen Rückständen eingesetzt werden.

Für die Entscheidung der Finanzbehörde ist maßgebend, dass die Zahlungen in Anbetracht der wirtschaftlichen Verhältnisse angemessen sind, alle Gläubiger – nach Berücksichtigung u. a. von Pfandrechten, Sicherheiten – gleichmäßig befriedigt werden und insbesondere dem Schuldner ein wirtschaftlicher Neuanfang ermöglicht wird. Wurden einzelne Gläubiger in der Vergangenheit ungerechtfertigt bevorzugt, kann es angemessen sein, auf eine höhere Quote zu bestehen. Es ist in Anlehnung an die Regelung bei der Restschuldbefreiung zumutbar, die pfändbaren Beträge über einen angemessenen Zeitraum entsprechend § 300 InsO an die Gläubiger abzuführen.

Andererseits soll der Schuldner im außergerichtlichen Verfahren auch nicht bessergestellt werden als bei Durchführung eines Insolvenzverfahrens mit – ggf. auch verkürzter – Abtretungsfrist. Auch die Möglichkeit für Verbraucher, eine Schuldenbereinigung im Wege eines Insolvenzplanverfahrens zu erreichen, kann in die Entscheidung mit einbezogen werden.

Der Schuldenbereinigungsplan muss erkennen lassen, dass der Schuldner das gesamte Vermögen (alle verfügbaren und beschaffbaren Mittel) und ggf. für eine gewisse Zeit das künftig pfändbare Einkommen zur Schuldentilgung einsetzt und die angebotenen Zahlungen unter Berücksichtigung des vorhandenen Vermögens und Einkommens sowie des Alters angemessen sind.

Es sollten alle Gläubiger mit der gleichen Quote befriedigt werden, es sei denn, es bestehen zugunsten Einzelner werthaltige Pfandrechte oder Sicherheiten, die in Höhe des tatsächlichen Werts vorweg befriedigt werden können.

5.2. Erlasswürdigkeit

Im außergerichtlichen Schuldenbereinigungsverfahren richtet sich die Entscheidung über die Erlasswürdigkeit eines Schuldners danach, ob und inwieweit dem Schuldner Restschuldbefreiung zu erteilen wäre.

In folgenden Fallkonstellationen liegt demnach grundsätzlich keine Erlasswürdigkeit vor:

– Unzulässigkeit des Antrags auf Restschuldbefreiung
Dem Schuldner wurde in den letzten elf Jahren Restschuldbefreiung erteilt oder die Restschuldbefreiung in den letzten drei bzw. fünf Jahren versagt (§ 287 a Abs. 1 und 2 InsO).
– Versagung der Restschuldbefreiung
Unter den Voraussetzungen des § 290 InsO ist die Restschuldbefreiung u. a. zu versagen, wenn der Schuldner z. B.
  – wegen einer Insolvenzstraftat verurteilt wurde,
  – schriftlich unrichtige oder unvollständige Angaben über seine wirtschaftlichen Verhältnisse gemacht oder
  – seine Auskunfts- und Mitwirkungspflichten in diesem Verfahren (z. B. über Vermögen) verletzt hat.

Am Schuldenbereinigungsplan nehmen grundsätzlich keine Forderungen teil, die von der Restschuldbefreiung ausgenommen wären (z. B. Forderungen im Zusammenhang mit einer rechtskräftigen Verurteilung wegen einer Steuerstraftat, § 302 Nr. 1 InsO).

6. Einer Zustimmung des Bundesministeriums der Finanzen bedarf es nicht (vgl. BMF-Schreiben 1. Oktober 2020, BStBl. I S. 989) 37a

Dieses Schreiben tritt an die Stelle des BMF-Schreibens vom 11. Januar 2002 (BStBl. I S. 132). Das Schreiben wird im Bundessteuerblatt Teil I veröffentlicht und in das AO-Handbuch aufgenommen. Es steht ab sofort für eine Übergangszeit auf den Internetseiten des Bundesministeriums der Finanzen (http://www.bundesfinanzministerium.de unter der Rubrik Themen – Steuern – Steuerverwaltung & Steuerrecht – Abgabenordnung – AO-Anwendungserlass) zum Download bereit.

Anl 2

2) Schreiben betr. Insolvenzordnung; Anwendungsfragen zu § 55 Abs. 4 InsO

Vom 11. Januar 2022 (BeckVerw 566085)

BMF IV A 3 – S 0550/21/10 001 :001; DOK 2022/0027292
Geänd. durch BMF vom 26. 2. 2026 (BeckVerw 666240)

Unter Bezugnahme auf das Ergebnis der Erörterungen mit den obersten Finanzbehörden der Länder gilt Folgendes:

Dieses BMF-Schreiben findet Anwendung auf alle Insolvenzverfahren, deren Eröffnung ab dem 1. 1. 2021 beantragt wurde.

„Für Insolvenzverfahren, die vor dem 1. 1. 2021 beantragt wurden, sind die Regelungen des BMF-Schreibens vom 20. 5. 2015 – IV A 3 – S 0550/10/10020-05 –, BStBl. I S. 476, zuletzt geändert durch BMF-Schreiben vom 26. 2. 2026, IV D 1 – S 0550/00425/001/002, BStBl. I S. 351 weiterhin anzuwenden.

I. Allgemeines 38

1 Durch das Sanierungs- und Insolvenzrechtsfortentwicklungsgesetz wurde § 55 Abs. 4 InsO wie folgt gefasst:

„(4) Umsatzsteuerverbindlichkeiten des Insolvenzschuldners, die von einem vorläufigen Insolvenzverwalter oder vom Schuldner mit Zustimmung eines vorläufigen Insolvenzverwalters oder vom Schuldner nach Bestellung eines vorläufigen Sachwalters begründet worden sind, gelten nach Eröffnung des Insolvenzverfahrens als Masseverbindlichkeit. Den Umsatzsteuerverbindlichkeiten stehen die folgenden Verbindlichkeiten gleich:

1. sonstige Ein- und Ausfuhrabgaben,
2. bundesgesetzlich geregelte Verbrauchsteuern,
3. die Luftverkehr- und die Kraftfahrzeugsteuer und
4. die Lohnsteuer."

II. Anwendung

II.1. Betroffene Personen 39

2 § 55 Abs. 4 InsO findet Anwendung auf den vorläufigen Insolvenzverwalter, auf den die Verwaltungs- und Verfügungsbefugnis nicht nach § 22 Abs. 1 InsO übergegangen ist (so genannter „schwacher" vorläufiger Insolvenzverwalter). Hierbei ist es unbeachtlich, ob der schwache vorläufige Insolvenzverwalter vom Gericht mit einem Zustimmungsvorbehalt ausgestattet wurde oder nicht. Auch ohne einen Zustimmungsvorbehalt i. S. d. § 21 Abs. 2 Nr. 2 InsO können entsprechende Steuerverbindlichkeiten durch den schwachen vorläufigen Insolvenzverwalter begründet werden, insbesondere wenn ihm zahlreiche Rechte durch das Insolvenzgericht eingeräumt oder Sicherungsmaßnahmen angeordnet werden.

Anl 2

3 § 55 Abs. 4 InsO findet ebenfalls Anwendung auf den Schuldner im vorläufigen Eigenverwaltungsverfahren, nachdem ein vorläufiger Sachwalter bestellt wurde. Hierbei ist es unbeachtlich, ob der Schuldner vom Gericht zur Begründung von Masseverbindlichkeiten ermächtigt wurde.

4 Für den vorläufigen Insolvenzverwalter, auf den die Verwaltungs- und Verfügungsbefugnis nach § 22 Abs. 1 InsO übergegangen ist (so genannter „starker" vorläufiger Insolvenzverwalter), ist § 55 Abs. 4 InsO nicht anwendbar, da insoweit sonstige Masseverbindlichkeiten bereits nach § 55 Abs. 2 InsO begründet werden.

II.2. Steuerrechtliche Stellung des vorläufigen Insolvenzverwalters und des vorläufigen Sachwalters

5 Die steuerrechtliche Stellung des schwachen vorläufigen Insolvenzverwalters und des vorläufigen Sachwalters wird durch die Regelung des § 55 Abs. 4 InsO nicht berührt. Weder der schwache vorläufige Insolvenzverwalter noch der vorläufige Sachwalter ist Vermögensverwalter i. S. d. § 34 Abs. 3 AO, so dass er während des Insolvenzeröffnungsverfahrens weder die steuerlichen Pflichten des Insolvenzschuldners zu erfüllen hat noch diese erfüllen darf. Die steuerlichen Pflichten des Insolvenzschuldners sind während des Insolvenzeröffnungsverfahrens vom Insolvenzschuldner selbst zu erfüllen.

II.3. Verbindlichkeiten/Forderungen

6 Die Vorschrift ist lediglich auf Verbindlichkeiten des Insolvenzschuldners aus dem Steuerschuldverhältnis anwendbar. Steuererstattungsansprüche und Steuervergütungsansprüche werden von der Vorschrift nicht erfasst (vgl. BFH-Urteil vom 23. 7. 2020, V R 26/19, BStBl. 2022 II S. 495, BFH-Beschluss vom 11. 12. 2024, XI R 1/22, BStBl. 2026 II S. 247). Zur Ermittlung der Masseverbindlichkeit nach § 55 Abs. 4 InsO bei der Umsatzsteuer vgl. Rz. 34 und 35.

II.4. Betroffene Steuerarten und steuerliche Nebenleistungen

7 Der Anwendungsbereich des § 55 Abs. 4 InsO erstreckt sich auf folgende Steuerarten:
- Umsatzsteuer,
- sonstige Ein- und Ausfuhrabgaben,
- bundesgesetzlich geregelte Verbrauchsteuern,
- Luftverkehr- und Kraftfahrzeugsteuer und
- Lohnsteuer.

8 Steuerliche Nebenleistungen werden von § 55 Abs. 4 InsO nicht erfasst.

Die ab Festsetzung gegen den Insolvenzverwalter oder den eigenverwaltenden Schuldner entstehenden Säumniszuschläge auf als Masseverbindlichkeiten nach § 55 Abs. 4 InsO zu qualifizierende Umsatz- und Lohnsteuerforderungen (vgl. Rz. 35 und 43) sind nach § 55 Abs. 1 Nr. 1 InsO geltend zu machen.

II.4.1. Umsatzsteuer

II.4.1.1. Umsatzsteuerverbindlichkeiten aufgrund ausgeführter Lieferungen und sonstiger Leistungen

9 Umsatzsteuerrechtliche Verbindlichkeiten aufgrund von Lieferungen und sonstigen Leistungen werden nach § 55 Abs. 4 InsO im vorläufigen Eigenverwaltungsverfahren vom Insolvenzschuldner selbst begründet. Dabei ist auf die Entgeltvereinnahmung durch den eigenverwaltenden Schuldner abzustellen.

10 Umsatzsteuerrechtliche Verbindlichkeiten aufgrund von Lieferungen und sonstigen Leistungen im vorläufigen Insolvenzverfahren werden nach § 55 Abs. 4 InsO im Rahmen der für den schwachen vorläufigen Insolvenzverwalter bestehenden rechtlichen Befugnisse begründet.

Eine solche rechtliche Befugnis liegt insbesondere dann vor, wenn der schwache vorläufige Insolvenzverwalter durch das Insolvenzgericht zum Forderungseinzug ausdrücklich ermächtigt wurde (vgl. BFH-Urteil vom 24. 9. 2014 V R 48/13, BStBl. 2015 II S. 506). Dabei ist auf die Entgeltvereinnahmung durch den schwachen vorläufigen Insolvenzverwalter sowie auf die Entgeltvereinnahmung durch den Schuldner mit Zustimmung des schwachen vorläufigen Insolvenzverwalters abzustellen.

Zahlt der Drittschuldner in Unkenntnis der angeordneten Sicherungsmaßnahmen vor Wirksamwerden einer durch den vorläufigen Insolvenzverwalter veranlassten Kontosperre auf das Konto des Schuldners und wirkt diese Zahlung nach §§ 24 Abs. 1 i. V. m. 82 InsO schuldbefreiend, wird das Entgelt nicht i. S. v. § 55 Abs. 4 InsO durch den vorläufigen Insolvenzverwalter, sondern durch den Schuldner abschließend vereinnahmt (BFH-Urteil vom 28. 5. 2020, V R 2/20, BStBl. 2026 II S. 241 und BFH-Urteil vom 29. 8. 2024, V R 17/23, BStBl. 2026 II S. 243). Erfolgt der Zahlungseingang auf einem Insolvenzverwalter-Sonderkonto oder einem bereits gesperrten Schuldnerkonto, vereinnahmt der vorläufige Insolvenzverwalter das Entgelt im Rahmen seiner rechtlichen Befugnisse.

11 Von einer Befugnis zur Entgeltvereinnahmung ist auch dann auszugehen, wenn der schwache vorläufige Insolvenzverwalter nur mit einem allgemeinen Zustimmungsvorbehalt ausgestattet wurde, denn der Insolvenzschuldner ist im Eröffnungsverfahren nicht mehr berechtigt, die Zahlung des Drittschuldners ohne Zustimmung des vorläufigen Insolvenzverwalters zu empfangen (vgl. Rz. 24 des BFH-Urteils vom 29. 8. 2024, V R 17/23, BStBl. 2026 II S. 243). Gleiches gilt, wenn der schwache vorläufige Insolvenzverwalter zur Kassenführung berechtigt ist. Rz. 10 Absatz 3 gilt entsprechend.

12 Darüber hinaus können auch Handlungen des schwachen vorläufigen Insolvenzverwalters zur Entstehung von Masseverbindlichkeiten nach § 55 Abs. 4 InsO führen (z. B. Verwertung von Anlagevermögen durch den schwachen vorläufigen Insolvenzverwalter im Rahmen einer Einzelermächtigung, sofern nicht bereits § 55 Abs. 2 InsO einschlägig ist).

13 Entgelt ist alles, was der Leistungsempfänger aufwendet, um die Leistung zu erhalten. Daher führt auch der Erhalt einer Gegenleistung, z. B. beim Tausch oder bei tauschähnlichen Umsätzen, zu einer Masseverbindlichkeit nach § 55 Abs. 4 InsO.

Unentgeltliche Wertabgaben nach Bestellung des schwachen vorläufigen Insolvenzverwalters i. S. v. § 3 Abs. 1 b und 9 a UStG fallen ebenfalls in den Anwendungsbereich des § 55 Abs. 4 InsO. Anl 2

II.4.1.2. Umsatzberichtigung wegen Uneinbringlichkeit aus Rechtsgründen (BFH-Urteil vom 24. 9. 2014 V R 48/13, BStBl. 2015 II S. 506)

14 Aufgrund der Bestellung eines schwachen vorläufigen Insolvenzverwalters mit allgemeinem Zustimmungsvorbehalt (§ 21 Abs. 2 Nr. 2 2. Alternative InsO), mit Recht zum Forderungseinzug (§ 22 Abs. 2, § 23 InsO) oder mit Berechtigung zur Kassenführung werden bei der Besteuerung nach vereinbarten Entgelten die noch ausstehenden Entgelte für zuvor erbrachte Leistungen im Augenblick vor der Eröffnung des vorläufigen Insolvenzverfahrens aus Rechtsgründen uneinbringlich. Uneinbringlich werden auch die Entgelte für die Leistungen, die der Insolvenzschuldner nach Bestellung des schwachen vorläufigen Insolvenzverwalters mit allgemeinem Zustimmungsvorbehalt, mit Recht zum Forderungseinzug oder mit Berechtigung zur Kassenführung bis zur Beendigung des Insolvenzeröffnungsverfahrens (§§ 26, 27 InsO) erbringt.

15 Maßgeblich hierfür ist nach Auffassung des BFH, dass entsprechend § 80 Abs. 1 InsO die Empfangszuständigkeit für alle Leistungen, die auf die zur Insolvenzmasse gehörenden Forderungen erbracht werden, auf den schwachen vorläufigen Insolvenzverwalter mit Recht zum Forderungseinzug übergeht und dass der Insolvenzschuldner somit aus rechtlichen Gründen nicht mehr in der Lage ist, rechtswirksam Entgeltforderungen in seinem eigenen vorinsolvenzlichen Vermögensbereich selbst zu vereinnahmen, da sie im Rahmen der Masseverwaltung und Masseverwertung zu vereinnahmen sind und damit zum Bereich der Masseverbindlichkeiten gehören. Die rechtlichen Auswirkungen des BFH- Urteils vom 9. 12. 2010 V R 22/10, BStBl. 2011 II S. 996, werden somit auf den Zeitpunkt der Bestellung des schwachen vorläufigen Insolvenzverwalters vorverlegt.

16 Die in den Rz. 14 und 15 dargelegten Ausführungen des BFH gelten auch bei der Bestellung eines schwachen vorläufigen Insolvenzverwalters mit allgemeinem Zustimmungsvorbehalt ohne ausdrücklichem Recht zum Forderungseinzug.

17 Die in Rz. 14 und 15 dargestellten Grundsätze gelten für den Schuldner auch bei der Bestellung eines vorläufigen Sachwalters in der Eigenverwaltung. Der eigenverwaltende Schuldner in der vorläufigen Eigenverwaltung hat aufgrund der weiter bestehenden Verwaltungs- und Verfügungsbefugnis auch die notwendige Vereinnahmungsbefugnis; er vereinnahmt aber bereits im Insolvenzeröffnungsverfahren für die spätere Insolvenzmasse und begründet Masseverbindlichkeiten nach § 55 Abs. 4 InsO. Der Schuldner übt die ihm verbliebenen Befugnisse im Insolvenzeröffnungsverfahren innerhalb der in §§ 270 ff. InsO geregelten Rechte und Pflichten aus und nimmt damit Aufgaben für den Vermögensbereich der späteren Insolvenzmasse wahr.

18 Nach § 17 Abs. 2 Nr. 1 Satz 1, Abs. 1 Satz 1 UStG ist der Steuerbetrag für steuerpflichtige Ausgangsleistungen des Unternehmens zu berichtigen, wenn das vereinbarte Entgelt uneinbringlich geworden ist.

Beispiel 1:

Der Insolvenzschuldner hat Forderungen aus steuerpflichtigen Umsätzen, die er vor der Bestellung des schwachen vorläufigen Insolvenzverwalters erbracht hat, in Höhe von 11 900 €. Er hat diese Umsätze zwar angemeldet, die Entrichtung des Entgelts vom Leistungsempfänger steht aber noch aus. Durch die Bestellung des schwachen vorläufigen Insolvenzverwalters werden diese Forderungen aus rechtlichen Gründen uneinbringlich, da der Leistungsempfänger nicht mehr an den Insolvenzschuldner leisten kann. Die für diese Umsätze geschuldeten Steuerbeträge sind nach § 17 Abs. 2 Nr. 1 Satz 1, Abs. 1 Satz 1 UStG zu berichtigen.

Beispiel 2:

Nach der Bestellung des schwachen vorläufigen Insolvenzverwalters erbringt der Insolvenzschuldner steuerpflichtige Umsätze i. H. v. 5 950 €. Diese Umsätze hat er im Voranmeldungszeitraum der Leistungserbringung grundsätzlich zu versteuern. Gleichzeitig sind die Steuerbeträge für diese Umsätze nach § 17 Abs. 2 Nr. 1 Satz 1, Abs. 1 Satz 1 UStG zu berichtigen, da die Forderung aus rechtlichen Gründen uneinbringlich wird.

19 Die Grundsätze zur Umsatzberichtigung wegen Uneinbringlichkeit aus Rechtsgründen gelten grundsätzlich auch im vorläufigen Eigenverwaltungsverfahren, weil der Schuldner zwar die Verwaltungs- und Verfügungsmacht über sein Vermögen behält, aber bereits jetzt schon für die spätere Insolvenzmasse vereinnahmt und damit Masseverbindlichkeiten nach § 55 Abs. 4 InsO begründet.

In der vorläufigen Eigenverwaltung ist daher die Umsatzsteuer auf ausstehende Entgelte für vom Insolvenzschuldner erbrachte Umsätze nach § 17 Abs. 2 Nr. 1 Satz 1 und Abs. 1 Satz 1 UStG aus Rechtsgründen zu berichtigen.

II.4.1.3. Forderungseinzug bei der Besteuerung nach vereinbarten und nach vereinnahmten Entgelten im Insolvenzeröffnungsverfahren

20 Im Fall der Besteuerung nach vereinbarten Entgelten kommt es im Anschluss an die Uneinbringlichkeit durch die Vereinnahmung des Entgeltes gem. § 17 Abs. 2 Nr. 1 Satz 2 UStG zu einer zweiten Berichtigung. Dem steht nicht entgegen, dass die erste Berichtigung aufgrund Uneinbringlichkeit und die zweite Berichtigung aufgrund nachfolgender Vereinnahmung ggf. im selben Voranmeldungs- oder Besteuerungszeitraum zusammentreffen (BFH-Urteil vom 24. 10. 2013 V R 31/12, BStBl. 2015 II S. 674).

Beispiel 3:

Von den berichtigten Umsätzen aus den vorherigen Beispielen vereinnahmt der schwache vorläufige Insolvenzverwalter 2 000 €. Durch die Vereinnahmung des Entgelts sind die darin enthaltenen Steuerbeträge für die Umsätze nach § 17 Abs. 2 Nr. 1 Satz 2 UStG insoweit ein zweites Mal zu berichtigen.

Anl 2

Diese zweite Steuerberichtigung nach § 17 Abs. 2 Nr. 1 Satz 2 UStG erfolgt im Gegensatz zur ersten Berichtigung nach § 17 Abs. 2 Nr. 1 Satz 1, Abs. 1 Satz 1 UStG im Vermögensbereich Insolvenzmasse und führt daher zu Masseverbindlichkeiten nach § 55 Abs. 4 InsO.

21 Die vorstehenden Ausführungen gelten auch im Falle der vorläufigen Eigenverwaltung.

22 Wurde das Entgelt bereits vor dem Insolvenzeröffnungsverfahren aus tatsächlichen Gründen (z. B. wegen Zahlungsunfähigkeit des Entgeltschuldners) als uneinbringlich behandelt und der darin enthaltene Steuerbetrag nach § 17 Abs. 2 Nr. 1 Satz 1, Abs. 1 Satz 1 UStG berichtigt, ist mit Vereinnahmung während des Insolvenzeröffnungsverfahrens erneut eine Berichtigung des Entgelts nach § 17 Abs. 2 Nr. 1 Satz 2 UStG durchzuführen. Die dabei entstehende Steuer führt zu einer Masseverbindlichkeit i. S. v. § 55 Abs. 4 InsO.

23 Im Fall der Istversteuerung führt die Vereinnahmung der Entgelte durch den schwachen vorläufigen Insolvenzverwalter im vorläufigen Insolvenzverfahren bzw. durch den Insolvenzschuldner im vorläufigen Eigenverwaltungsverfahren mit der Eröffnung des Insolvenzverfahrens zur Entstehung von Masseverbindlichkeiten i. S. d. § 55 Abs. 4 InsO (vgl. BFH-Urteil vom 29. 1. 2009 V R 64/07, BStBl. II S. 682).

II.4.1.4. Vorsteuerrückforderungsansprüche nach § 17 UStG

24 Der Vorsteuerberichtigungsanspruch aus nicht bezahlten Leistungsbezügen nach § 17 Abs. 2 Nr. 1 Satz 1, Abs. 1 Satz 2 UStG entsteht mit der Bestellung des schwachen vorläufigen Insolvenzverwalters mit Zustimmungsvorbehalt. Der Gläubiger des Insolvenzschuldners kann nämlich seinen Entgeltanspruch zumindest für die Dauer des Eröffnungsverfahrens nicht mehr durchsetzen. Entsprechende Vorsteuerrückforderungsansprüche stellen Insolvenzforderungen dar.

Der Vorsteuerabzug aus Leistungen, die der Insolvenzschuldner im Insolvenzeröffnungsverfahren bezieht, ist ebenfalls aus rechtlichen Gründen uneinbringlich und entsprechend nach § 17 Abs. 2 Nr. 1 Satz 1, Abs. 1 Satz 2 UStG zu berichtigen. Dies gilt sowohl bei der Besteuerung nach vereinbarten als auch nach vereinnahmten Entgelten. Da dieser Berichtigungsanspruch regelmäßig mit dem ursprünglichen Vorsteueranspruch im gleichen Voranmeldungszeitraum zusammenfällt, ergeben sich grundsätzlich keine Steueransprüche, die als Insolvenzforderungen geltend zu machen wären (vgl. analog zum Beispiel 2 in Rz. 18).

In der vorläufigen Eigenverwaltung erfolgt ebenfalls eine Vorsteuerberichtigung wegen Uneinbringlichkeit, da bei objektiver Betrachtung damit zu rechnen ist, dass der Leistende die Entgeltforderung ganz oder teilweise jedenfalls auf absehbare Zeit rechtlich oder tatsächlich nicht mehr durchsetzen kann (vgl. BFH-Urteil vom 20. 7. 2006 V R 13/04, BStBl. 2007 II S. 22, Abschn. 17.1 Abs. 5 Satz 2 UStAE).

25 Durch den schwachen vorläufigen Insolvenzverwalter veranlasste Zahlungen von Entgelten aus vor oder nach seiner Bestellung bezogenen Leistungen führen zu einer zweiten Berichtigung des Vorsteuerabzugs nach § 17 Abs. 1 Satz 2 UStG. Auch dies kann im selben Voranmeldungs- oder Besteuerungszeitraum zusammentreffen.

Gleiches gilt bei Zahlungen des Schuldners im vorläufigen Eigenverwaltungsverfahren, wenn zuvor eine Vorsteuerberichtigung erfolgte.

Die zweite Vorsteuerberichtigung nach § 17 Abs. 1 Satz 2 UStG mindert den Steueranspruch und ist im Fall einer nachfolgenden Insolvenzeröffnung bei der Berechnung der sich für den Voranmeldungs- oder Besteuerungszeitraum ergebenden Masseverbindlichkeit i. S. d. § 55 Abs. 4 InsO anspruchsmindernd zu berücksichtigen.

II.4.1.5. Berichtigung des Vorsteuerabzugs nach § 15 a UStG

26 Ist während des Insolvenzeröffnungsverfahrens eine Vorsteuerberichtigung nach § 15 a UStG durchzuführen, fällt diese in den Anwendungsbereich des § 55 Abs. 4 InsO, soweit die Änderung der Verhältnisse im Rahmen der Befugnisse des schwachen vorläufigen Insolvenzverwalters (z. B. Zustimmung zum Verkauf eines Grundstücks) oder durch den vorläufig eigenverwaltenden Schuldner veranlasst wurde.

II.4.1.6. Verwertung von Sicherungsgut

27 Die Verwertung von Sicherungsgut begründet keine Umsatzsteuerverbindlichkeiten nach § 55 Abs. 4 InsO. Derartige Umsätze unterliegen weiterhin der Steuerschuldnerschaft des Leistungsempfängers nach § 13 b Abs. 2 Nr. 2 UStG. Durch die Fiktion in § 55 Abs. 4 InsO werden diese Umsätze nicht zu Umsätzen „innerhalb" des Insolvenzverfahrens.

II.4.2. Lohnsteuer

28 Werden Löhne während des Insolvenzeröffnungsverfahrens an die Arbeitnehmer ausgezahlt, stellt die hierbei entstandene Lohnsteuer mit Verfahrenseröffnung eine Masseverbindlichkeit dar. Dies gilt nicht für Insolvenzgeldzahlungen; diese unterliegen als steuerfreie Einnahmen nach § 3 Nr. 2 EStG nicht dem Lohnsteuerabzug.

III. Verfahrensrechtliche Fragen

40 **III.1. Steuererklärungspflichten**

29 § 55 Abs. 4 InsO ändert nicht den rechtlichen Status des schwachen vorläufigen Insolvenzverwalters oder des vorläufigen Sachwalters bzw. des Schuldners und lässt das Steuerrechtsverhältnis unberührt.

30 Da weder der schwache vorläufige Insolvenzverwalter noch der vorläufige Sachwalter Vermögensverwalter nach § 34 Abs. 3 AO ist, haben sie keine Steuererklärungspflichten für den Insolvenzschuldner zu erfüllen. Bis zur Eröffnung des Insolvenzverfahrens obliegen dem Schuldner die Steuererklärungspflichten auch für die Besteuerungsgrundlagen, für die § 55 Abs. 4 InsO gilt.

Anl 2

31 § 55 Abs. 4 InsO verlagert lediglich den Zeitpunkt der Zuordnung von Steuerverbindlichkeiten in Masseverbindlichkeiten und Insolvenzforderungen von der Eröffnung des Insolvenzverfahrens im vorläufigen Insolvenzverfahren auf den Zeitpunkt der Bestellung des schwachen vorläufigen Insolvenzverwalters bzw. im vorläufigen Eigenverwaltungsverfahren auf den Zeitpunkt der Bestellung des vorläufigen Sachwalters vor.

III.2. Entstehung der Masseverbindlichkeiten

32 Erst mit der Eröffnung des Insolvenzverfahrens gelten die nach Maßgabe des § 55 Abs. 4 InsO im Insolvenzeröffnungsverfahren begründeten Verbindlichkeiten als Masseverbindlichkeiten.

III.3. Zuordnung und Geltendmachung von Masseverbindlichkeiten nach § 55 Abs. 4 InsO bei der Umsatzsteuer

III.3.1. Berechnung und Verteilung von Masseverbindlichkeiten nach § 55 Abs. 4 InsO bei der Umsatzsteuer

33 Nach den Grundsätzen der BFH-Urteile vom 9. 12. 2010 V R 22/10, BStBl. 2011 II S. 996, und vom 24. 11. 2011 V R 13/11, BStBl. 2012 II S. 298, sind die mit Insolvenzeröffnung entstehenden selbständigen umsatzsteuerrechtlichen Vermögensbereiche „Insolvenzmasse" und „vorinsolvenzlicher Vermögensbereich" und „insolvenzfreien Bereich" bei allen Umsatzsteuersachverhalten im Insolvenzverfahren zu beachten. Bei der jeweiligen Steuerberechnung der einzelnen Vermögensbereiche sind nur die Umsätze und die Vorsteuern der betreffenden Vermögensbereiche zu berücksichtigen. Eine Vermischung der Besteuerungsgrundlagen der einzelnen Vermögensbereiche untereinander ist nicht zulässig. Daher sind nach Eröffnung des Insolvenzverfahrens die Steuerbeträge und die Vorsteuern aller Besteuerungszeiträume des vorläufigen Insolvenzverfahrens, unabhängig davon, ob sich aus dem einzelnen Umsatzsteuervoranmeldungszeitraum insgesamt eine Zahllast oder ein Guthaben ergibt, auf die einzelnen selbständigen umsatzsteuerrechtlichen Vermögensbereiche zu verteilen. Für Zwecke dieser Zuordnung gilt Folgendes:

34 Die in den betreffenden Voranmeldungszeiträumen begründeten Steuern aus Lieferungen und sonstigen Leistungen i. S. d. § 55 Abs. 4 InsO (vgl. Rz. 20, 22 und 26) sind um die begründeten Vorsteuerbeträge i. S. d. § 55 Abs. 4 InsO (vgl. Rz. 25) zu mindern. Nur soweit sich aus der Summe der so ermittelten Ergebnisse aller Voranmeldungszeiträume des vorläufigen Insolvenzverfahrens eine Zahllast ergibt, liegt eine Masseverbindlichkeit i. S. d. § 55 Abs. 4 InsO vor.

Beispiel:

Nach den erforderlichen Berichtigungen gem. § 17 UStG (siehe insbes. Rz. 18 und 24) ergeben sich im vorläufigen Insolvenzverfahren für den Voranmeldungszeitraum 01 ein Erstattungsbetrag von 5 000 € und für die Voranmeldungszeiträume 02 und 03 jeweils eine Zahllast von 10 000 €.
Die Umsätze und Vorsteuern setzen sich wie folgt zusammen:

	UStVA 01	UStVA 02	UStVA 03
Umsatzsteuer auf Umsätze gem. § 55 Abs. 4 InsO	3 000 €	16 000 €	13 000 €
Vorsteuern gem. § 55 Abs. 4 InsO	8 000 €	6 000 €	3 000 €
Summe	– 5 000 €	10 000 €	10 000 €

Da sich aus der Summe der so ermittelten Ergebnisse der Umsatzsteuervoranmeldungszeiträume für den Zeitraum des vorläufigen Insolvenzverfahrens eine Zahllast ergibt (– 5 000 € + 10 000 € + 10 000 € = 15 000 €), liegen Masseverbindlichkeiten i. S. d. § 55 Abs. 4 InsO i. H. v. 15 000 € vor.

35 Die als Masseverbindlichkeiten i. S. d. § 55 Abs. 4 InsO geltenden Umsatzsteuerverbindlichkeiten (vgl. Rz. 34) sind nach Eröffnung des Insolvenzverfahrens für die einzelnen (Vor-)Anmeldungszeiträume des Insolvenzeröffnungsverfahrens gegenüber dem Insolvenzverwalter oder dem eigenverwaltenden Schuldner festzusetzen (vgl. BFH-Urteil vom 24. 9. 2014 V R 48/13, BStBl. 2015 II S. 506, Rz. 39 ff.). Einwendungen hiergegen können nach den allgemeinen Grundsätzen, insbesondere im Wege des Einspruchs nach § 347 AO, geltend gemacht werden.

Beispiel:

Im obigen Beispiel sind für den Umsatzsteuervoranmeldungszeitraum 01 ein Erstattungsbetrag, welcher sich aus den begründeten Steuern aus der Entgeltvereinnahmung des schwachen vorläufigen Insolvenzverwalters i. S. d. § 55 Abs. 4 InsO und den mit Zustimmung des schwachen vorläufigen Insolvenzverwalters begründeten Vorsteuerbeträgen ergibt, i. H. v. 5 000 € und für die Umsatzsteuervoranmeldungszeiträume 02 sowie 03 jeweils eine Masseverbindlichkeit i. S. d. § 55 Abs. 4 InsO i. H. v. 10 000 € gegen den Insolvenzverwalter festzusetzen. Der Erstattungsbetrag für den Umsatzsteuervoranmeldungszeitraum 01 kann mit den Masseverbindlichkeiten nach § 55 Abs. 4 InsO oder anderen Masseverbindlichkeiten verrechnet werden.

36 Nicht als Masseverbindlichkeit i. S. d. § 55 Abs. 4 InsO geltend zu machende Umsatzsteuerverbindlichkeiten sind als Insolvenzforderung zur Insolvenztabelle anzumelden. Dabei ist es zwar zulässig, aber nicht erforderlich, zur Insolvenztabelle die einzelnen, ggf. vor Eröffnung des Insolvenzverfahrens noch angemeldeten bzw. festgesetzten Umsatzsteuerforderungen aus den einzelnen Voranmeldungszeiträumen anzumelden. Ausreichend ist die Anmeldung der noch nicht getilgten Jahressteuer des Insolvenzeröffnungsjahrs für den vorinsolvenzlichen Vermögensbereich. Die jahresbezogene Saldierung nach § 16 Abs. 2 UStG stellt keine Aufrechnung i. S. v. § 96 InsO dar und geht dieser somit vor (BFH-Urteil vom 25. 7. 2012 VII R 44/10, BStBl. 2013 II S. 33).

37 Während des Insolvenzeröffnungsverfahrens hat der Unternehmer für jeden Voranmeldungszeitraum eine Umsatzsteuervoranmeldung einzureichen, die sämtliche unselbständigen Besteuerungsgrundlagen enthält.

Anl 2

III.3.2. Geltendmachung von Masseverbindlichkeiten nach § 55 Abs. 4 InsO bei der Umsatzsteuer

38 Nach Eröffnung des Insolvenzverfahrens sind die als Masseverbindlichkeiten i. S. d. § 55 Abs. 4 InsO geltenden Umsatzsteuerverbindlichkeiten (vgl. Rz. 33 und 34) für die Voranmeldungszeiträume des vorläufigen Insolvenzverfahrens gegenüber dem Insolvenzverwalter festzusetzen und bekannt zu geben. Hierbei ist es unbeachtlich, wenn für denselben Voranmeldungszeitraum bereits vor der Insolvenzeröffnung ein Vorauszahlungsbescheid vorlag, der sich gem. § 168 Satz 1 AO auch aus einer Steueranmeldung ergeben kann, die einer Steuerfestsetzung unter Vorbehalt der Nachprüfung gleichsteht (vgl. BFH-Urteil vom 24. 9. 2014 V R 48/13, BStBl. 2015 II S. 506). Eventuell erfolgte Zahlungen auf die als Masseverbindlichkeiten i. S. d. § 55 Abs. 4 InsO geltenden Umsatzsteuerverbindlichkeiten sind im Abrechnungsteil der Festsetzung anzurechnen.

Für die Bekanntgabe der Festsetzungen gelten die allgemeinen Grundsätze zu § 122 AO und der Nrn. 4.3, 4.4, 6.1, 13.2 und 15.1 des AEAO zu § 251.

39 Die bisher gegen den Insolvenzschuldner (vorinsolvenzlicher Vermögensbereich) für die Zeiträume des vorläufigen Insolvenzverfahrens festgesetzten Umsatzsteuern sind – korrespondierend zu den Festsetzungen gegen die Insolvenzmasse – in Form einer Steuerberechnung mit anschließender (gegebenenfalls berichtigter) Tabellenanmeldung zu ändern, soweit darin unselbständige Besteuerungsgrundlagen berücksichtigt sind, die wegen § 55 Abs. 4 InsO nach Insolvenzeröffnung als Masseverbindlichkeiten dem Vermögensbereich „Insolvenzmasse" zuzurechnen sind.

40 Der Insolvenzverwalter kann seiner Mitwirkungspflicht durch die schlichte Anzeige der unter § 55 Abs. 4 InsO fallenden Besteuerungsgrundlagen oder durch die Abgabe von Umsatzsteuervoranmeldungen entsprechen. Soweit der Insolvenzverwalter seiner Mitwirkungspflicht nicht nachkommt, sind die Besteuerungsgrundlagen zur Berechnung der Masseverbindlichkeiten sachgerecht zu schätzen.

41 In der Umsatzsteuerjahreserklärung sind die die Masseverbindlichkeiten i. S. d. § 55 Abs. 4 InsO begründenden unselbständigen Besteuerungsgrundlagen mit den die Masseverbindlichkeiten i. S. d. § 55 Abs. 1 und ggf. § 55 Abs. 2 InsO begründenden Besteuerungsgrundlagen in der (Teil-)Umsatzsteuerjahreserklärung des Vermögensbereiches Insolvenzmasse zu berücksichtigen.

42 Die Ausführungen der Rz. 38–41 gelten analog auch für die Eigenverwaltung. Der eigenverwaltende Schuldner tritt an die Stelle des Insolvenzverwalters.

III.4. Geltendmachung von Masseverbindlichkeiten nach § 55 Abs. 4 InsO bei der Lohnsteuer

43 Nach Eröffnung des Insolvenzverfahrens sind die als Masseverbindlichkeiten i. S. d. § 55 Abs. 4 InsO geltenden Lohnsteuerverbindlichkeiten (vgl. Rz. 28) für die Anmeldungszeiträume des Insolvenzeröffnungsverfahrens gegenüber dem Insolvenzverwalter festzusetzen und bekannt zu geben. Hierbei ist es unbeachtlich, wenn für denselben Anmeldungszeitraum bereits vor der Insolvenzeröffnung eine Lohnsteuerfestsetzung vorlag, die sich gem. § 168 Satz 1 AO auch aus einer Steueranmeldung ergeben kann, die einer Steuerfestsetzung unter Vorbehalt der Nachprüfung gleichsteht (vgl. BFH-Urteil vom 24. 9. 2014 V R 48/13, BStBl. 2015 II S. 506). Eventuell erfolgte Zahlungen auf die als Masseverbindlichkeiten i. S. d. § 55 Abs. 4 InsO geltenden Lohnsteuerverbindlichkeiten sind im Abrechnungsteil der Festsetzung anzurechnen.

44 Die bisher gegen den Insolvenzschuldner für die Zeiträume des Insolvenzeröffnungsverfahrens festgesetzten Lohnsteuern sind – korrespondierend zu den Festsetzungen gegen die Insolvenzmasse – in Form einer Steuerberechnung mit anschließender (gegebenenfalls berichtigter) Tabellenanmeldung zu ändern, soweit darin unselbständige Besteuerungsgrundlagen berücksichtigt sind, die wegen § 55 Abs. 4 InsO nach Insolvenzeröffnung als Masseverbindlichkeiten gelten.

45 Der Insolvenzverwalter kann seiner Mitwirkungspflicht durch die schlichte Anzeige der unter § 55 Abs. 4 InsO fallenden Besteuerungsgrundlagen oder durch die Abgabe von Lohnsteueranmeldungen entsprechen. Soweit der Insolvenzverwalter seiner Mitwirkungspflicht nicht nachkommt, sind die Besteuerungsgrundlagen zur Berechnung der Masseverbindlichkeiten sachgerecht zu schätzen.

46 Die Ausführungen der Rz. 43 bis 45 gelten analog auch für die Eigenverwaltung. Der eigenverwaltende Schuldner tritt an die Stelle des Insolvenzverwalters.

III.5. Einwendungen gegen die Zuordnung als Masseverbindlichkeit nach § 55 Abs. 4 InsO

47 Einwendungen gegen die Zuordnung von Steueransprüchen als Masseverbindlichkeit nach § 55 Abs. 4 InsO können nach den allgemeinen Grundsätzen, insbesondere im Wege des Einspruchs gegen die Festsetzung der Umsatzsteuer sowie der Lohnsteuer, geltend gemacht werden.

Der Insolvenzverwalter kann mit Verfahrenseröffnung die Rechte wahrnehmen, die dem Schuldner zu diesem Zeitpunkt auch zugestanden hätten.

In Fällen der Eigenverwaltung nimmt der Schuldner die Rechte selbst wahr.

III.6. Aufrechnung gegen Steuererstattungsansprüche

48 Vor Eröffnung des Insolvenzverfahrens sind Steuerforderungen und Steuererstattungen ohne Einschränkungen aufrechenbar, soweit die Aufrechnungsvoraussetzungen vorliegen. Der Umstand, dass bestimmte Steuerforderungen später (nach Insolvenzeröffnung) gem. § 55 Abs. 4 InsO zu Masseverbindlichkeiten werden, hindert die Aufrechnung nicht.

49 Nach Verfahrenseröffnung noch bestehende Steuererstattungs- bzw. -vergütungsansprüche aus dem Zeitraum des Eröffnungsverfahrens sind vorbehaltlich des BFH-Urteils vom 2. 11. 2010, VII R 6/10, BStBl. 2011 II S. 374, mit Insolvenzforderungen aufrechenbar.

50 Sofern § 96 Abs. 1 Nr. 3 InsO einer Aufrechnung mit Insolvenzforderungen entgegensteht, kann gegen diese Guthaben mit Masseverbindlichkeiten (insbesondere mit Masseverbindlichkeiten gem. § 55

Abs. 4 InsO) aufgerechnet werden. § 96 Abs. 1 Nr. 3 InsO gilt nicht für Massegläubiger, sondern nur für Insolvenzgläubiger.

IV. Anfechtung 41

51 Tatbestandlich ist § 55 Abs. 4 InsO im Zeitpunkt der Insolvenzeröffnung im Falle einer anfechtbar geleisteten Zahlung mangels bestehender Steuerverbindlichkeiten nicht erfüllt. Würde der Insolvenzverwalter oder der Sachwalter nach der Insolvenzeröffnung die Anfechtung der Steuerzahlung erklären und das Finanzamt auf die Anfechtung hin zahlen, würde die ursprüngliche Steuerforderung nach § 144 Abs. 1 InsO unmittelbar, aber nunmehr als Masseforderung wieder aufleben. Das Finanzamt würde eine Zahlung leisten, die es sofort wieder zurückfordern könnte. Eine Zahlung auf den Anfechtungsanspruch kann daher wegen Rechtsmissbräuchlichkeit verweigert werden.

§ 252 Vollstreckungsgläubiger

Im Vollstreckungsverfahren gilt die Körperschaft als Gläubigerin der zu vollstreckenden Ansprüche, der die Vollstreckungsbehörde angehört.

§ 253 Vollstreckungsschuldner[1]

Vollstreckungsschuldner ist derjenige, gegen den sich ein Vollstreckungsverfahren nach § 249 richtet.

§ 254 Voraussetzungen für den Beginn der Vollstreckung[2]

(1) ① Soweit nichts anderes bestimmt ist, darf die Vollstreckung erst beginnen, wenn die Leistung fällig ist und der Vollstreckungsschuldner zur Leistung oder Duldung oder Unterlassung aufgefordert worden ist (Leistungsgebot) und seit der Aufforderung mindestens eine Woche[3] verstrichen ist. ② Das Leistungsgebot kann mit dem zu vollstreckenden Verwaltungsakt verbunden werden. ③ Ein Leistungsgebot ist auch dann erforderlich, wenn der Verwaltungsakt gegen den Vollstreckungsschuldner wirkt, ohne ihm bekannt gegeben zu sein. 4Soweit der Vollstreckungsschuldner eine von ihm auf Grund einer Steueranmeldung geschuldete Leistung nicht erbracht hat, bedarf es eines Leistungsgebots nicht. 1

(2) ① Eines Leistungsgebots wegen der Säumniszuschläge und Zinsen bedarf es nicht, wenn sie zusammen mit der Steuer beigetrieben werden. ② Dies gilt sinngemäß für die Vollstreckungskosten, wenn sie zusammen mit dem Hauptanspruch beigetrieben werden. ③ Die gesonderte Anforderung von Säumniszuschlägen kann ausschließlich automationsgestützt erfolgen. 2

§ 255 Vollstreckung[4] gegen juristische Personen des öffentlichen Rechts

(1) ① Gegen den Bund oder ein Land ist die Vollstreckung nicht zulässig. ② Im Übrigen ist die Vollstreckung gegen juristische Personen des öffentlichen Rechts, die der Staatsaufsicht unterliegen, nur mit Zustimmung der betreffenden Aufsichtsbehörde zulässig. ③ Die Aufsichtsbehörde bestimmt den Zeitpunkt der Vollstreckung und die Vermögensgegenstände, in die vollstreckt werden kann. 1

(2) Gegenüber öffentlich-rechtlichen Kreditinstituten gelten die Beschränkungen des Absatzes 1 nicht. 2

§ 256 Einwendungen[5] gegen die Vollstreckung

Einwendungen gegen den zu vollstreckenden Verwaltungsakt sind außerhalb des Vollstreckungsverfahrens mit den hierfür zugelassenen Rechtsbehelfen zu verfolgen.

§ 257 Einstellung und Beschränkung[6] der Vollstreckung

(1) Die Vollstreckung ist einzustellen oder zu beschränken, sobald 1

1. die Vollstreckbarkeitsvoraussetzungen des § 251 Absatz 1 weggefallen sind,

---

[1] Vgl. Abschn. 3 VollstrA.

[2] Vgl. Abschn. 19, 22–26 VollstrA.

[3] Pfändungsverfügungen, die unter Nichtbeachtung der Wochenfrist ergehen, sind nicht nichtig, sondern lediglich anfechtbar *(BFH-Urteil vom 27. 3. 1979 VII R 41/78, BStBl. II S. 589).*

[4] Vgl. Abschn. 18 VollstrA.

[5] Vgl. Abschn. 11, 12 VollstrA.

Im Anfechtungsprozess gegen eine Maßnahme der Zwangsvollstreckung (Pfändung, Pfändungs- und Einziehungsverfügung, Eintragung einer Zwangshypothek usw.) ist der Kläger mit Einwendungen gegen die Rechtmäßigkeit des zugrunde liegenden Steuerbescheids, dessentwegen vollstreckt wird, grundsätzlich ausgeschlossen. Legt der Kläger gegen das klageabweisende Urteil des FG im Anfechtungsprozess (1.) Nichtzulassungsbeschwerde ein, so sind Rechtsfragen, welche die Rechtmäßigkeit des zugrundeliegenden Steuerbescheids betreffen, in dem angestrebten Revisionsverfahren folgerichtig nicht klärungsfähig und können daher nicht von grundsätzlicher Bedeutung sein *(BFH-Beschluss vom 19. 11. 2002 VII B 129/02, BFH/NV 2003 S. 334).*

Zur Durchführung von Vollstreckungsmaßnahmen bei gestelltem Antrag auf Aussetzung der Vollziehung vgl. AEAO Nr. 3 zu § 361.

Zum Verhalten des Vollziehungsbeamten bei Einwendungen gegen die Vollstreckung vgl. Abschn. 31 VollzA.

[6] Vgl. Abschn. 5, 6 VollstrA.

AO

2. **der Verwaltungsakt, aus dem vollstreckt wird, aufgehoben wird,**[1]
3. **der Anspruch auf die Leistung erloschen ist,**
4. **die Leistung gestundet worden ist.**

2 (2) ① **In den Fällen des Absatzes 1 Nummer 2 und 3 sind bereits getroffene Vollstreckungsmaßnahmen aufzuheben.** ② **Ist der Verwaltungsakt durch eine gerichtliche Entscheidung aufgehoben worden, so gilt dies nur, soweit die Entscheidung unanfechtbar geworden ist und nicht auf Grund der Entscheidung ein neuer Verwaltungsakt zu erlassen ist.** ③ **Im Übrigen bleiben die Vollstreckungsmaßnahmen bestehen, soweit nicht ihre Aufhebung ausdrücklich angeordnet worden ist.**

§ 258 Einstweilige Einstellung oder Beschränkung der Vollstreckung[2]

Soweit im Einzelfall die Vollstreckung unbillig ist, kann die Vollstreckungsbehörde sie einstweilen einstellen oder beschränken oder eine Vollstreckungsmaßnahme aufheben.

Zweiter Abschnitt. Vollstreckung wegen Geldforderungen

1. Unterabschnitt. Allgemeine Vorschriften

§ 259 Mahnung[3]

① **Der Vollstreckungsschuldner soll in der Regel vor Beginn der Vollstreckung mit einer Zahlungsfrist von einer Woche gemahnt werden.** ② **Einer Mahnung bedarf es nicht, wenn der Vollstreckungsschuldner vor Eintritt der Fälligkeit an die Zahlung erinnert wird.** ③ **An die Zahlung kann auch durch öffentliche Bekanntmachung allgemein erinnert werden.**

---

[1] Die Feststellung der Nichtigkeit eines Verwaltungsakts steht einer Aufhebung des Verwaltungsakts gleich *(BFH-Urteil vom 26. 2. 1992 I B 113/91, BFH/NV 1993 S. 349).*

Vollstreckungsmaßnahmen sind selbst dann nicht nichtig, wenn die diesen zugrunde liegenden Leistungsgebote nichtig sein sollten, etwa weil sie während eines Insolvenzverfahrens nicht mehr gegen den Vollstreckungsschuldner, sondern nur noch gegen den Insolvenzverwalter als alleinigen Verfügungsberechtigten über das Schuldnervermögen hätten ergehen dürfen. Denn nach § 257 Abs. 1 Nr. 2 i. V. m. Abs. 2 Satz 1 AO ist die Vollstreckung einzustellen und bereits getroffene Vollstreckungsmaßnahmen sind aufzuheben, wenn der zu vollstreckende Verwaltungsakt aufgehoben oder – was der Aufhebung gleichsteht – nichtig ist *(BFH-Beschluss vom 20. 5. 2014 VII B 147/13, BFH/NV S. 1353).*

[2] Zur Aussetzung der Verwertung vgl. § 297 AO.

Zur Unterbrechung der Zahlungsverjährung vgl. § 231 AO.

Bei Vollstreckungsaufschub entstehen Säumniszuschläge; besteht Streit hierüber, entscheidet die FinBeh. durch Bescheid nach § 218 Abs. 2 AO (vgl. *BFH-Urteil vom 15. 3. 1979 IV R 174/78, BStBl. II S. 429*).

Das In-Kraft-Treten der Insolvenzordnung zum 1. Januar 1999 hat keine Auswirkung auf die ständige Rechtsprechung des BFH, wonach die Gewährung von Vollstreckungsaufschub nach § 258 AO im Regelfall nur dann in Betracht kommt, wenn bei kurzfristigem Zuwarten mit der Vollstreckung (für einen Zeitraum von bis zu sechs Monaten, in besonderen Fällen auch bis zu zwölf Monaten) mit einer Tilgung der Rückstände gerechnet werden kann *(BFH-Beschluss vom 5. 10. 2001 VII B 15/01, BFH/NV 2002 S. 160).*

Zur Erhebung von Säumniszuschlägen bei mitgeteiltem Vollstreckungsaufschub vgl. AEAO zu § 240 Nr. 6 und Abschn. 7 Abs. 3 VollstrA: Von der Erhebung der Säumniszuschläge ist abzusehen, wenn feststeht, dass ihre Erhebung offensichtlich keinen Erfolg verspricht, weil der Vollstreckungsschuldner zweifelsfrei zahlungsunfähig und überschuldet ist, oder wenn bei Fälligkeit die Voraussetzungen für eine Stundung oder einen Erlass der Hauptschuld gegeben waren (vgl. *BFH-Urteile vom 22. 4. 1975 VII R 54/72, BStBl. II S. 727; vom 23. 5. 1985, BStBl. II S. 489*).

Beschränkung der Vollstreckung nach § 258 AO kann nicht durch einstweilige Anordnung erreicht werden, wenn Voraussetzungen für eine Verrechnungsstundung nicht vorliegen *(BFH-Beschluss vom 29. 11. 1984 V B 44/84, BStBl. II S. 194).* Im Verfahren über die Aussetzung der Vollziehung ist auf Einwendungen, die der Sache nach gegen die einstweilige Einstellung der Zwangsvollstreckung gerichtet sind, nicht einzugehen *(BFH-Beschluss vom 5. 6. 2000 V S 10/00, BFH/NV S. 1237).*

Eine von der Finanzbehörde durch VA unter Widerrufsvorbehalt bewilligte **Ratenzahlung** ist jedenfalls dann als Maßnahme des Vollstreckungsaufschubs iSd § 258 AO anzusehen, wenn sie aus Rücksichtnahme für eine längere Zeitspanne auf die Grenzen der Leistungsfähigkeit des Vollstreckungsschuldners zur Vermeidung sofortiger Vollstreckungsmaßnahmen erfolgt. Sie unterbricht die Zahlungsverjährung. Die Unterbrechung dauert so lange fort, bis der Zahlungsaufschub abgelaufen ist, wenn also etwa die Finanzbehörde von dem Widerrufsvorbehalt Gebrauch gemacht hat *(BFH-Beschluss vom 8. 1. 1998 VII B 137/97, BFH/NV 1998 S. 686).*

BFH-Urteil vom 31. 5. 2005 VII R 62/04, BFH/NV S. 1743: 1. Eine Unbilligkeit iSv. § 258 AO, die zur einstweiligen Einstellung oder Beschränkung der Vollstreckung führen kann, liegt nur dann vor, wenn die Vollstreckung dem Vollstreckungsschuldner einen unangemessenen Nachteil bringen würde, der durch ein kurzfristiges Zuwarten vermieden werden könnte. 2. Bietet der Vollstreckungsschuldner Ratenzahlungen an, müssen konkrete Anhaltspunkte dafür vorliegen, dass die Steuerschulden in einen absehbaren Zeitraum zurückgeführt werden können. Davon kann nicht mehr ausgegangen werden, wenn die Tilgung einen Zeitraum von mehr als fünf Jahren in Anspruch nehmen würde.

Der Vollstreckungsaufschub unterbricht die Verjährung nach § 231 nur dann, wenn er dem Vollstreckungsschuldner mitgeteilt worden ist *(BFH-Urteil vom 22. 4. 1991 VII R 37/90, BStBl. II S. 742).*

[3] Das Mahnverfahren ist nach § 337 Abs. 2 AO kostenfrei. Der Vollstreckungsschuldner hat jedoch die Kosten zu tragen, die durch einen Postnachnahmeauftrag entstehen.

Vollstreckungsmaßnahmen ohne vorherige Mahnung sind wirksam (vgl. *BFH-Urteil vom 3. 2. 1970 VII R 67/67, BStBl. II S. 291*).

Beträge unter 3 € werden nicht angemahnt, Beträge unter 9,99 € i. d. R. nach Ablauf eines Jahres *(BMF-Schreiben vom 2. 1. 2025, BStBl. I S. 5,* abgedruckt als Anl. zu § 156 AO).

§ 260 Angabe des Schuldgrundes[1]

Im Vollstreckungsauftrag oder in der Pfändungsverfügung ist für die beizutreibenden Geldbeträge der Schuldgrund anzugeben.

§ 261 Niederschlagung[2]

Ansprüche aus dem Steuerschuldverhältnis dürfen niedergeschlagen werden, wenn zu erwarten ist, dass

1. die Erhebung keinen Erfolg haben wird oder

2. die Kosten der Erhebung außer Verhältnis zu dem zu erhebenden Betrag stehen werden.

§ 262 Rechte Dritter[3]

(1) ① **Behauptet ein Dritter, dass ihm am Gegenstand der Vollstreckung ein die Veräußerung hinderndes Recht[4] zustehe oder werden Einwendungen nach den §§ 772 bis 774 der Zivilprozessordnung erhoben, so ist der Widerspruch gegen die Vollstreckung erforderlichenfalls durch Klage vor den ordentlichen Gerichten geltend zu machen.** ② **Als Dritter gilt auch, wer zur Duldung der Vollstreckung in ein Vermögen, das von ihm verwaltet wird, verpflichtet ist, wenn er geltend macht, dass ihm gehörende Gegenstände von der Vollstreckung betroffen seien.** ③ **Welche Rechte die Veräußerung hindern, bestimmt sich nach bürgerlichem Recht.** 1

(2) **Für die Einstellung der Vollstreckung und die Aufhebung von Vollstreckungsmaßnahmen gelten die §§ 769 und 770 der Zivilprozessordnung.** 2

(3) ① **Die Klage ist ausschließlich bei dem Gericht zu erheben, in dessen Bezirk die Vollstreckung erfolgt.** ② **Wird die Klage gegen die Körperschaft,[5] der die Vollstreckungsbehörde angehört, und gegen den Vollstreckungsschuldner gerichtet, so sind sie Streitgenossen.** 3

§ 263 Vollstreckung gegen Ehegatten oder Lebenspartner[6]

Für die Vollstreckung gegen Ehegatten oder Lebenspartner sind die Vorschriften der §§ 739, 740, 741, 743, 744 a und 745 der Zivilprozessordnung entsprechend anzuwenden.

§ 264 Vollstreckung gegen Nießbraucher[5]

Für die Vollstreckung gegen Ehegatten oder Lebenspartner sind die Vorschriften der §§ 739, 740, 741, 743, 744 a und 745 der Zivilprozessordnung entsprechend anzuwenden.

§ 265 Vollstreckung gegen Erben[5, 7]

Für die Vollstreckung gegen Erben sind die Vorschriften der §§ 1958, 1960 Absatz 3, § 1961 des Bürgerlichen Gesetzbuchs sowie der §§ 747, 748, 778, 779, 781 bis 784 der Zivilprozessordnung entsprechend anzuwenden.

---

[1] Vgl. Art. 97 § 17 EGAO, abgedruckt in **Anhang I Nr. 1.**

Vgl. *BFH-Urteil vom 8. 2. 1983 VII R 93/76, BStBl. II S. 435:* 1. Zur Angabe des Schuldgrundes in einer Pfändungsverfügung sind in der Regel Abgabenart, Entstehung der Zahlungsverpflichtung sowie Höhe und Fälligkeit des beizutreibenden Betrages in der Pfändungsverfügung darzulegen. 2. Die Angabe des Schuldgrundes gehört zum notwendigen Inhalt der Pfändungsverfügung. Sie kann nicht nach den Grundsätzen für die Begründung eines Verwaltungsakts unterbleiben oder nachgeholt werden. Der Mangel der Angabe kann nur durch eine Verwaltungsmaßnahme geheilt werden, die alle gesetzlichen Voraussetzungen der Pfändungsverfügung erfüllt.

Wegen der Mitteilung des Schuldgrundes an den Drittschuldner bei der Pfändung von Geldforderungen vgl. § 309 Abs. 2 Satz 2 AO.

[2] Vgl. Abschn. 14–17 VollstrA.

Eine Niederschlagung begründet – anders als die Gewährung von Vollstreckungsaufschub gem. § 258 AO – kein subjektives Recht des Vollstreckungsschuldners auf zeitweiliges oder dauerhaftes Absehen von Vollstreckungsmaßnahmen. Aus dem verwaltungsinternen Charakter der Niederschlagung folgt, dass die Vollstreckung bis zur Verjährung des Steueranspruchs wieder aufgenommen werden kann, sobald die für die Niederschlagung maßgebenden Voraussetzungen (erfolglose Vollstreckungsversuche, voraussichtliche Aussichtslosigkeit weiterer Vollstreckungsmaßnahmen) weggefallen sind. Die einem Stpfl. **mitgeteilte „Niederschlagung"** kann, anders als eine intern gebliebene Verfügung gem. § 261 AO, Rechtswirkungen entfalten, die über ein unverbindliches Verwaltungsinternum hinausgehen. Ob eine derartige Mitteilung im einen oder im anderen Sinne zu verstehen ist, ist eine Frage der Auslegung, die sich nur auf den Einzelfall beziehen kann *(BFH-Beschluss vom 10. 8. 1998 IV B 129/97, BFH/NV 1999 S. 285).*

[3] Vgl. Abschn. 13 VollstrA.

[4] Ein die Veräußerung hinderndes Recht iSd § 262 Abs. 1 Satz 2 AO ist jedes materielle Recht, das ein Dritter der Vollstreckung entgegensetzen kann (vgl. *BFH-Urteil vom 24. 2. 1981 VII B 66/80, BStBl. II S. 348*).

[5] Zur beklagten Körperschaft s. § 252 AO.

[6] Zur Vollstreckung gegen Ehegatten, Nießbraucher, Erben und nichtrechtsfähige Personenvereinigungen vgl. Abschn. 27–33 VollstrA, abgedruckt in der Loseblatt-Textausgabe „Steuererlasse" unter Nr. **800 a.**

[7] Zum Übergang von Steuerschulden und -forderungen bei Gesamtrechtsnachfolge vgl. § 45 AO.

Die Beschränkung der Erbenhaftung nach § 1990 BGB kann nur im Vollstreckungsverfahren geltend gemacht werden (vgl. *BFH-Urteil vom 24. 6. 1981 I B 18/81, BStBl. II S. 729*).

§ 266 Sonstige Fälle beschränkter Haftung

Die Vorschriften der §§ 781 bis 784 der Zivilprozessordnung sind auf die nach § 1489 des Bürgerlichen Gesetzbuchs eintretende beschränkte Haftung, die Vorschrift des § 781 der Zivilprozessordnung ist auf die nach den §§ 1480, 1504 und 2187 des Bürgerlichen Gesetzbuchs[1] eintretende beschränkte Haftung entsprechend anzuwenden.

§ 267 Vollstreckungsverfahren gegen Personenvereinigungen[2]

(1) ① **Bei nicht rechtsfähigen Personenvereinigungen, die als solche steuerpflichtig sind, genügt für die Vollstreckung in deren Vermögen ein vollstreckbarer Verwaltungsakt gegen die Personenvereinigung.** ② **Dies gilt entsprechend für Zweckvermögen und sonstige einer juristischen Person ähnliche steuerpflichtige Gebilde.**

(2) **Hat eine nicht rechtsfähige Personenvereinigung nachträglich Rechtsfähigkeit erlangt, so kann auch aus einem Verwaltungsakt vollstreckt werden, der vor diesem Zeitpunkt wirksam geworden ist.**

2. Unterabschnitt. Aufteilung einer Gesamtschuld

§ 268 Grundsatz[3]

1 **Sind Personen Gesamtschuldner,[4] weil sie zusammen zu einer Steuer vom Einkommen oder zur Vermögensteuer veranlagt worden sind, so kann jeder von ihnen beantragen, dass die Vollstreckung[5] wegen dieser Steuern jeweils auf den Betrag beschränkt wird, der sich nach Maßgabe der §§ 269 bis 278 bei einer Aufteilung der Steuern ergibt.**

Anl

Verfügung betr. Aufteilung einer Gesamtschuld nach §§ 268 ff. AO; Gesamtdarstellung für den Veranlagungsbereich

Vom 11. März 2019 (BeckVerw 448678)

(LfSt Bayern S 0520.1.1 – 1/13 St 43)

3 Anlagen

2 **1. Zweck der Aufteilung**

Ehegatten/Lebenspartner (= Partner) sind Gesamtschuldner der aufgrund der Zusammenveranlagung nach § 26 b EStG sich ergebenden Steuerschuld (§ 44 Abs. 1 Satz 1 AO). Die Gesamtschuldnerschaft hat zur Folge, dass jeder Partner bis zur vollständigen Tilgung die gesamte Steuerschuld schuldet (§ 44 Abs. 1 Satz 2 AO). Erst durch die Aufteilung nach den §§ 268 ff. AO wird die Gesamtschuld für Zwecke der Vollstreckung in Teilschulden aufgeteilt und dadurch die Vollstreckung gegen die Gesamtschuldner auf ihren jeweiligen Anteil an der Gesamtschuld beschränkt.

3 **2. Voraussetzungen für die Erteilung eines Aufteilungsbescheides**

Die Aufteilung ist nur statthaft bei Personen, die Gesamtschuldner sind, weil sie zusammen zur Einkommensteuer (§§ 26, 26 b EStG) veranlagt wurden. Die Zusammenveranlagung zur Einkommensteuer erfasst auch den Solidaritätszuschlag, so dass auch dieser in die Aufteilung einzubeziehen ist.

In anderen Fällen der Gesamtschuldnerschaft ist eine Aufteilung nach den §§ 268 ff. AO unzulässig, insbesondere zwischen Steuerschuldner und Haftungsschuldner.

Weitere Voraussetzung für die Aufteilung einer Gesamtschuld ist, dass Steuerbeträge (Vorauszahlungen oder Abschlusszahlungen) rückständig (s. hierzu Tz. 4) sind und ein ordnungsgemäßer Antrag auf Aufteilung gestellt wird (s. hierzu Tz. 3).

4 **3. Anträge auf Aufteilung**

Die Aufteilung findet nur auf Antrag statt. Eine Aufteilung von Amts wegen erfolgt nicht. § 89 AO bleibt jedoch unberührt.

3.1. Form des Antrags, Zuständiges Finanzamt

Für den Aufteilungsantrag ist Schriftform vorgeschrieben (§ 269 Abs. 1 AO). Der Antrag ist nur wirksam, wenn er bei dem für die Besteuerung nach dem Einkommen zuständigen (§ 269 Abs. 1 i. V. m. § 19 AO) Finanzamt schriftlich gestellt oder zur Niederschrift erklärt wird. Für den Aufteilungsantrag war bis

[1] § 266 in dieser Fassung gilt für nach dem 31. 12. 1998 beantragte Insolvenzverfahren (Art. 97 § 11 a EGAO, abgedruckt im **Anhang I Nr. 1**).

[2] Vgl. Abschn. 13 VollstrA.

[3] Zur Aufteilung einer Gesamtschuld nach §§ 268 ff. AO vgl. *Vfg. LfSt Bayern vom 11. 3. 2019 S 0520.1.1 – 1/13 St 43,* nachstehend abgedruckt. Der nach § 268 AO gestellte Aufteilungsantrag ist identisch mit dem in § 277 AO genannten Antrag auf Beschränkung der Vollstreckung. § 277 AO entfaltet seine Schutzwirkung für jeden der Gesamtschuldner, solange über einen Aufteilungsantrag noch nicht unanfechtbar entschieden ist. Verwertungsmaßnahmen (wie z. B. die Einziehung einer Forderung) sind daher erst nach Bestandskraft des Aufteilungsbescheids zulässig, unabhängig davon, ob der betreffende Gesamtschuldner diesen Schutz auch verdient *(BFH-Urteil vom 11. 3. 2004 VII R 15/03, BStBl. II S. 566).*

[4] Zum Gesamtschuldner s. § 44 AO.

Bei zusammen veranlagten Ehegatten, die Gesamtschuldner rückständiger Steuern sind, kann auch der Ehegatte, der Gesamtrechtsnachfolger seines verstorbenen Ehepartners ist, eine Aufteilung der Steuern nach den §§ 268 ff. AO beantragen *(BFH-Urteil vom 17. 1. 2008 VI R 45/04, BStBl. 2008 II S. 418).*

[5] Zu Gebühren der Vollstreckung bei Mehrheit von Schuldnern vgl. § 342 AO.

zum 31. 12. 2016 Schriftform vorgeschrieben (§ 269 Abs. 1 AO). Ab dem 1. 1. 2017 kann ein Aufteilungsantrag schriftlich oder elektronisch gestellt werden (§ 269 Abs. 1 Satz 1 AO in der Fassung des Gesetzes zur Modernisierung des Besteuerungsverfahrens vom 18. 7. 2016, BGBl. I S. 1679). Damit ist ab diesem Zeitpunkt die Antragstellung per E-Mail zulässig (vgl. AEAO zu § 87 a Nr. 3.3).

Eine mehrfache örtliche Zuständigkeit (§ 25 AO) kann sich ergeben, weil jeder Gesamtschuldner zur Antragstellung berechtigt ist (§ 268 AO) und die Entscheidung über den Antrag durch Aufteilungsbescheid gegenüber den Beteiligten einheitlich zu erfolgen hat (§ 279 Abs. 1 Satz 1 AO). Soweit für die antragsberechtigten Gesamtschuldner im Zeitpunkt der Antragstellung verschiedene Finanzämter für die Besteuerung vom Einkommen zuständig sind, hat grundsätzlich das mit der Sache zuerst befasste Finanzamt die einheitliche Entscheidung gegenüber allen Beteiligten zu treffen (§ 25 AO). Es ist jedoch zweckmäßig, die Entscheidung dem Finanzamt zu übertragen, bei dem die Akten für den betreffenden Veranlagungszeitraum geführt werden.

3.2. Antragsberechtigung

Antragsberechtigt ist jeder Gesamtschuldner. Ist über das Vermögen eines oder beider Gesamtschuldner das Insolvenzverfahren eröffnet worden, ist der Insolvenzverwalter für den Insolvenzschuldner zur Antragstellung befugt. Der Insolvenzschuldner hat das Antragsrecht weiterhin hinsichtlich des insolvenzfreien Vermögens.

Wenn der Antrag nicht von allen Gesamtschuldnern gestellt wurde, ist den übrigen Gesamtschuldnern vor Erteilung eines Bescheides unter den Voraussetzungen des § 91 AO rechtliches Gehör zu gewähren. Der Inhalt des Antrags ist ihnen dabei zur Kenntnis zu geben.

3.3. Zeitpunkt und Zulässigkeit des Antrags

Der Antrag kann bereits vor Fälligkeit der Steuerbeträge, jedoch frühestens nach Bekanntgabe des Leistungsgebots gestellt werden (§ 269 Abs. 2 Satz 1 AO). Wird der Antrag vor Bekanntgabe des Leistungsgebots gestellt, ist er unzulässig. Die Unzulässigkeit wird auch nicht durch die spätere Bekanntgabe eines Leistungsgebots geheilt. Nach vollständiger Tilgung der rückständigen Steuer ist der Antrag nicht mehr zulässig (§ 269 Abs. 2 Satz 2 AO). Dies gilt auch dann, wenn die Tilgung der Gesamtschuld im Wege der Aufrechnung (§ 226 AO) durch das Finanzamt erfolgt (BFH-Urteil vom 12. 6. 1990 VII R 69/89, BStBl. 1991 II S. 493). War der Antrag im Zeitpunkt der Antragstellung zulässig, wird er durch eine später vorgenommene Aufrechnung oder Verrechnung nicht unzulässig (BFH-Beschluss vom 2. 10. 2018 VII R 17/17, BFH/NV 2019 S. 4).

Kann ein Aufteilungsbescheid wegen Unzulässigkeit nicht erteilt werden, ist dessen Erteilung abzulehnen und der Antragsteller darüber zu belehren, dass nur ein zulässiger Aufteilungsantrag die Rechtsfolgen des Aufteilungsantrags (vgl. Tz. 4.1) auslösen kann.

War die rückständige Steuer, zu der auch Säumniszuschläge, Zinsen nach §§ 223 a–237 AO und Verspätungszuschläge gehören (vgl. § 276 Abs. 4 AO) nur teilweise getilgt, ist der Aufteilungsantrag zulässig. Die Aufteilung erfolgt in diesem Fall aber nur noch bezüglich der rückständigen Steuer (vgl. § 270 Satz 1 AO).

3.4. Inhalt des Antrags

Sofern sich die für die Aufteilung erforderlichen Angaben nicht aus der Steuererklärung ergeben, sind sie im Antrag aufzuführen (§ 269 Abs. 2 Satz 3 AO). Ein unvollständiger Antrag ist jedoch nicht unwirksam; eine Ablehnung unter Hinweis auf den Wegfall der Vollstreckungsbeschränkung nach § 277 AO kommt nur dann in Betracht, wenn die Angaben nicht nachgeholt werden und auch nicht anderweitig ermittelt oder geschätzt werden können.

3.5. Rücknahme des Antrags

Der Antrag kann zurückgenommen werden, solange der Aufteilungsbescheid noch nicht erlassen worden ist. Hatte nur einer der Gesamtschuldner den Antrag gestellt und nimmt dieser den Antrag zurück, braucht der andere Gesamtschuldner hierüber nur dann informiert zu werden, wenn er über den Antrag bereits unterrichtet worden war.

Hatten beide Gesamtschuldner den Antrag gestellt, müssen beide Gesamtschuldner die Rücknahme des Antrags erklären. Die einseitige Rücknahme des Antrags durch nur einen der Gesamtschuldner ist unwirksam. Der andere Gesamtschuldner ist anzuhören (§ 91 AO); stimmt er der Rücknahme des Antrags nicht zu, ist der Aufteilungsbescheid zu erlassen.

Ist der Aufteilungsbescheid ergangen, kann er nur noch aus den in § 280 AO genannten Gründen geändert werden.

3.6. Zusammenwirken von Veranlagungsstelle, Finanzkasse und Vollstreckungsstelle

Zuständig für die Bearbeitung von Aufteilungsanträgen ist die Veranlagungsstelle des für die Besteuerung des Antragstellers im Zeitpunkt der Antragstellung örtlich zuständigen Finanzamts (§ 269 Abs. 1 AO). Sie prüft die Zulässigkeit des Antrags, ermittelt ggf. den Sachverhalt und erteilt die erforderlichen Bescheide. Dabei wird sie von der Finanzkasse unterstützt. Wird eine Vollstreckungsmaßnahme im Wege der Amtshilfe (§ 250 AO) für ein anderes Finanzamt durchgeführt, ist der Antrag auf Erteilung des Aufrechnungsbescheids bei dem um Amtshilfe ersuchenden Finanzamt zu stellen (vgl. § 250 Abs. 1 Satz 2 AO).

Unverzüglich nach Eingang des Antrags ist wegen der Vollstreckungsbeschränkung nach § 277 AO die Vollstreckungsstelle zu informieren und diese zu veranlassen, mitzuteilen, ob die Vollstreckung bereits eingeleitet ist. Hierzu steht die Vorlage „Eingang Aufteilungsantrag" (Ordner Veranlagung/Aufteilung) zur Verfügung. Des weiteren sollte mit der Erstellung des verfahrensrechtlichen Vermerks zum Aufteilungsverfahren begonnen (Vorlage „Vermerk Aufteilung", Ordner Veranlagung/Aufteilung) und die sich anschließenden Arbeitsschritte fortlaufend dokumentiert werden.

Anl

Die Veranlagungsstelle veranlasst, dass auf dem Speicherkonto VE-, VU- und VI-Sperrvermerke gesetzt werden. Zur Ermittlung der aufzuteilenden Steuer sind von ihr Z-, Y- bzw. O-Abfragen durchzuführen (vgl. Tz. 5).

Bis bald zur unanfechtbaren Entscheidung über den Antrag dürfen Vollstreckungsmaßnahmen nur insoweit durchgeführt werden, als dies zur Sicherung des Anspruchs erforderlich ist (§ 277 AO). Die Vollstreckungsstelle ist aus diesem Grunde auch fortlaufend über den weiteren Verfahrensverlauf zu unterrichten.

5 **4. Zeitpunkt der Durchführung der Aufteilung**

Über den Antrag auf Erteilung eines Aufteilungsbescheids ist nach Einleitung der Vollstreckung unverzüglich zu entscheiden (§ 279 Abs. 1 Satz 1 AO) Die Vollstreckung gilt gem. § 276 Abs. 5 AO mit dem erstmaligen Ausweis in der Liste der unerledigten Vollstreckungsfälle bzw. nach Aufnahme des Rückstands in die Liste der unerledigten Neuzugänge als eingeleitet. Ist die Steuernachforderung vollständig von der Vollziehung ausgesetzt oder gestundet, kommt eine Aufteilung erst in Betracht, wenn bezüglich der (vorher) ausgesetzten oder gestundeten Beträge die Vollstreckung eingeleitet wird.

Soweit allerdings die Aufteilung der Vorauszahlungsschuld erfolgt ist (§ 272 AO vgl. Tz. 6.2.2), ist nach Durchführung der Veranlagung eine abschließende Aufteilung vorzunehmen, auch wenn sich aufgrund der Veranlagung kein aufzuteilender Rückstand ergeben sollte (vgl. Tz. 6.2.3). Ist die Vollstreckung noch nicht eingeleitet und die aufzuteilende Steuer noch nicht getilgt, ist die Bearbeitung des Antrags zunächst zurückzustellen (§ 279 Abs. 1 Satz 1 AO). Sobald die Vollstreckung eingeleitet ist, ist über den Aufteilungsantrag unverzüglich zu entscheiden. Dabei ist vorab festzustellen, ob die Steuerschuld zwischenzeitlich (teilweise) beglichen wurde.

4.1. Wirkungen des Antrags

Der Eingang eines Antrages auf Aufteilung entfaltet folgende Wirkungen:
- Der Antrag wirkt konstitutiv, es muss aufgeteilt werden.
- Die Vollstreckung ist nur noch eingeschränkt möglich. Die Verpflichtung zur Zahlung wird nicht hinausgeschoben, es entstehen weiterhin Säumniszuschläge und ggf. Vollstreckungskosten.
- Nach Antragstellung geleistete Zahlungen kommen dem Gesamtschuldner zugute, der sie geleistet hat bzw. für den sie geleistet worden sind (§ 276 Abs. 6 AO).
- Der Zeitpunkt der Antragstellung bestimmt ggf. den Aufteilungsstichtag und damit letztendlich die Höhe des aufzuteilenden Betrages (Tz. 5.1.1).
- Betrifft der Antrag rückständige Vorauszahlungen, erstreckt er sich kraft Gesetzes auch auf die weiteren im gleichen Veranlagungszeitraum fällig werdenden Vorauszahlungen und auf die Abschlusszahlung (§ 272 Abs. 1 AO). Einer Aufteilung späterer Vorauszahlungen bedarf es nicht, wenn diese freiwillig entrichtet werden (§ 279 Abs. 1 Satz 2 AO).

6 **5. Aufzuteilender Betrag**

5.1. Ermittlung der rückständigen Steuer

Nach Eingang eines wirksamen Aufteilungsantrags ist zunächst der aufzuteilende rückständige Betrag zu ermitteln. Die Entscheidung richtet sich danach, ob der Antrag auf Aufteilung vor oder nach der Einleitung der Vollstreckung beim Finanzamt eingegangen ist. Bei der Ermittlung des Aufteilungszeitpunkts und der zu diesem Zeitpunkt rückständigen Steuern ist die Finanzkasse zu beteiligen. Hierzu stehen die Vorlagen „Aufteilung Anfrage bei FK rückständige Steuer" (Ordner Veranlagung/Aufteilung) und „Mitteilung Aufteilungsgrundlagen § 268 AO" (Ordner Finanzkasse/4) für FK Buchhaltung 1 und 2/4 d) sonstige) zur Verfügung.

Säumniszuschläge, Zinsen nach §§ 233 a–237 AO und Verspätungszuschläge (§ 276 Abs. 4 AO), die den Veranlagungszeitraum betreffen, für den die Aufteilung beantragt wird, gehören ebenfalls zur rückständigen Steuer. Verspätungszuschläge sind auch dann nach Maßgabe der §§ 268 ff. AO aufzuteilen, wenn die ihnen zugrunde liegende Steuer nicht mehr rückständig ist (BFH-Urteil vom 30. 11. 1994 XI R 19/94, BStBl. 1995 II S. 487). Eine Abhängigkeit (der Aufteilbarkeit) dieser Nebenleistungen vom Fortbestand der zugrunde liegenden Steuer nach deren Tilgung besteht nicht.

5.1.1. Ermittlung der rückständigen Steuer bei Antrag vor Einleitung des Vollstreckungsverfahrens

Wird der Antrag vor Einleitung der Vollstreckung gestellt, so ist die zum Zeitpunkt des Eingangs des Antrags geschuldete Steuer (vgl. Tz. 3.3) aufzuteilen (§ 276 Abs. 1 AO). Die Beträge. müssen nicht fällig sein. Zur geschuldeten Steuer zählen auch gestundete und von der Vollziehung ausgesetzte Beträge. Jede festgesetzte und noch nicht erloschene Steuer wird geschuldet. Erlischt die Steuer z. B. durch Zahlung nach dem Aufteilungszeitpunkt, ändert dies nichts an dem aufzuteilenden Betrag; dies ist erst bei der Anrechnung zu berücksichtigen.

Über den Antrag auf Aufteilung kann aber erst nach Einleitung der Vollstreckung entschieden werden, bis dahin ist die Bearbeitung des Antrags zurückzustellen.

5.1.2. Ermittlung der rückständigen Steuer bei Antrag nach Einleitung des Vollstreckungsverfahrens

Wird der Antrag nach Einleitung der Vollstreckung gestellt, so ist die im Zeitpunkt der Einleitung der Vollstreckung geschuldete Steuer (vgl. Tz. 4.1), derentwegen vollstreckt wird, aufzuteilen (§ 276 Abs. 2 AO). Nach dem Wortlaut des Gesetzes gehören zwar hierzu nicht die gestundeten und von der Vollziehung ausgesetzten Beträge, aus Zweckmäßigkeitsgründen sollten sie jedoch stets in die Aufteilung einbezogen werden, soweit die Steuernachforderung nur teilweise von der Vollziehung ausgesetzt oder gestundet wurde (bei vollständiger Aussetzung der Vollziehung bzw. vollständiger Stundung vgl. Tz. 4, erster Absatz).

Anl

5.2. Weitere in die Aufteilung einzubeziehende Beträge

Neben der Ermittlung der rückständigen Steuer sind folgende weitere Beträge in die Aufteilung gem. § 276 Abs. 3 AO in die Aufteilung mit einzubeziehen:

- Steuerabzugsbeträge (z. B. einbehaltene Lohnsteuer, Kapitalertragsteuer),
- für die Partner getrennt festgesetzte Vorauszahlungen und zwar auch dann, wenn sie vor Antragstellung entrichtet worden sind. Bei Nichtzahlung gelten bereits die allgemeinen Aufteilungsregeln.

Vorauszahlungen werden in den Fällen getrennt festgesetzt, in denen die letzte Veranlagung der Partner nach § 26 a EStG einzeln durchgeführt worden ist oder in denen die Partner bei ihren letzten Veranlagungen noch nicht verheiratet waren bzw. die Partnerschaft eingegangen sind und daher die Voraussetzungen des § 26 EStG für die Wahl der Veranlagung noch nicht erfüllt waren.

Die einbezogenen Steuerabzugsbeträge und getrennt festgesetzten Vorauszahlungen werden gem. § 276 Abs. 6 AO dem Gesamtschuldner wieder angerechnet, der sie geleistet hat bzw. für den sie geleistet worden sind.

Durch diesen Mechanismus (Einbeziehung nach § 276 Abs. 3 AO und Anrechnung nach § 276 Abs. 6 AO) wird erreicht, dass die nur einem Gesamtschuldner zuzurechnende Leistung nicht auch dem anderen Gesamtschuldner zugutekommt.

6. Aufteilungsmaßstab, Aufteilung und Anrechnung von Beträgen 7

6.1. Besonderer, von den Gesamtschuldnern vorgeschlagener Aufteilungsmaßstab

Gem. § 274 AO können die Gesamtschuldner gemeinschaftlich einen besonderen Aufteilungsmaßstab vorschlagen. Der Vorschlag ist schriftlich einzureichen oder zur Niederschrift zu erklären und von allen Gesamtschuldnern zu unterschreiben. Voraussetzung hierfür ist aber, dass die Tilgung der rückständigen Steuer sichergestellt ist. Die Anwendung des vorgeschlagenen Aufteilungsmaßstabs steht im Ermessen des Finanzamts; es wird dem Vorschlag folgen müssen, wenn der Anspruch dadurch nicht gefährdet wird.

6.2. Gesetzlicher Aufteilungsmaßstab

Wird ein besonderer Aufteilungsmaßstab nach § 274 AO nicht vorgeschlagen oder kann dem Vorschlag nicht gefolgt werden, ist der Aufteilungsmaßstab nach den §§ 270 bis 273 AO zu ermitteln. Dabei ist grundsätzlich von den Daten des Zusammenveranlagungsbescheids auszugehen.

6.2.1. Einkommensteuer

Die Aufteilung rückständiger Einkommensteuer richtet sich nach § 270 AO. Danach sind zur Festlegung des Aufteilungsmaßstabes auf der Grundlage des Zusammenveranlagungsbescheides fiktive Einzelveranlagungen (bis 2012: getrennte Veranlagungen §§ 26, 26 a EStG) durchzuführen. Aufteilungsmaßstab ist das Verhältnis der sich hiernach insgesamt ergebenden Steuer zu der auf den betreffenden Gesamtschuldner entfallenden Steuer. Im Rahmen dieser Einzelveranlagungen (bis 2012: getrennten Veranlagung) sind jedem Partner die Besteuerungsgrundlagen zuzurechnen, die er in seiner Person verwirklicht hat. Für den Ansatz sind die tatsächlichen und rechtlichen Feststellungen maßgebend, die der Steuerfestsetzung bei der Zusammenveranlagung zugrunde gelegt worden sind, soweit nicht die Anwendung der Vorschriften über die Einzelveranlagung zu Abweichungen führt (§ 270 Satz 2 AO). Wurden im Steuerbescheid einem Gesamtschuldner Einkünfte unrichtig zugerechnet, so kann dies im Aufteilungsverfahren nur dann korrigiert werden, wenn sich die Partner auf einen abweichenden Aufteilungsmaßstab gem. § 274 AO einigen (vgl. hierzu Tz. 6.1).

Technisch kann dies erfolgen, indem alle Angaben des zweiten Partners entfernt werden und eine Probeberechnung als Einzelveranlagung von Ehegatten durchgeführt wird, um den Anteil des ersten Partners an der Steuer zu ermitteln. Anschließend ist der Fall abzubrechen, neu aufzurufen und zur Ermittlung des Anteils des zweiten Partners an der Steuer zuerst alle Angaben des ersten Partners zu löschen, die Angaben des zweiten Partners als Angaben zum ersten Partner neu zu erfassen und dann erneut eine Probeberechnung durchzuführen. Zur Personalisierung der Probeberechnungen können im Sachbereich 10 die Adressangaben des jeweiligen Gesamtschuldners eingetragen werden. Die Probeberechnungen sind in der erforderlichen Anzahl (versehen mit dem Hinweis: Berechnung für Zwecke des Aufteilungsbescheids o. Ä.) auszudrucken und als Anlagen den Aufteilungsbescheiden beizufügen. Der in den Probeberechnungen enthaltene Abrechnungsteil ist dabei zu streichen.

Wird eine im Wege der Schätzung (§ 162 AO) festgesetzte Steuer aufgeteilt, sind in die fiktiven Einzelveranlagungen die zur Durchführung der Zusammenveranlagung geschätzten Besteuerungsgrundlagen einzubeziehen. Das gilt auch dann, wenn sich diese Besteuerungsgrundlagen zwischenzeitlich – z. B. durch Abgabe der Steuererklärung – als falsch herausgestellt haben. Sofern die Gesamtschuldner nach § 26 a EStG zugelassene Wahlrechte ausüben, sind die Grundsätze des § 274 AO zu beachten (vgl. Tz. 6.1).

Die Anlage 1 enthält ein Berechnungsschema und ein Beispiel für eine derartige Aufteilung.

6.2.2. Vorauszahlungen zur Einkommensteuer

Die Aufteilung der Vorauszahlungen vor der Veranlagung richtet sich nach § 272 Abs. 1 Satz 1 AO. Die rückständigen Vorauszahlungen werden nach dem Verhältnis der Beträge aufgeteilt, die sich bei einer getrennten Festsetzung der Vorauszahlungen ergeben hätten. Dies gilt sowohl bei Festsetzungen aufgrund eines Veranlagungsergebnisses als auch für neue oder geänderte Festsetzungen. Zu berücksichtigen sind in der Regel die Verhältnisse der letzten durchgeführten Veranlagung; ggf. sind die Berechnungsgrundlagen zu schätzen.

Werden die Vorauszahlungen nach der Veranlagung aufgeteilt, so ist auf die rückständigen Vorauszahlungen der für die veranlagte Steuer geltende Aufteilungsmaßstab anzuwenden (§ 272 Abs. 2 AO).

Anl

Der Antrag auf Aufteilung von Vorauszahlungen gilt zugleich als Antrag auf Aufteilung der weiteren für den gleichen Veranlagungszeitraum fällig werdenden Vorauszahlungen (§ 272 Abs. 1 Satz 2 AO), die somit (obwohl noch nicht fällig) in die Aufteilung miteinzubeziehen sind.

6.2.3. Abschließende Aufteilung nach vorangegangener Aufteilung der Vorauszahlungen

Da die Aufteilung der Vorauszahlungen nur vorläufigen Charakter hat, ist nach der Veranlagung eine Aufteilung der gesamten Steuerschuld abzüglich der Beträge vorzunehmen, die nicht in die Aufteilung der Vorauszahlungen mit einbezogen worden sind (§ 272 Abs. 1 Sätze 3 und 4). Ergibt sich bei der Veranlagung der Jahressteuer ein Erstattungsbetrag, ist für die Anwendung des § 272 Abs. 1 Satz 3 AO kein Raum. Ggf. ist dessen Aufteilung nach den Rechtsgrundsätzen des § 37 Abs. 2 AO vorzunehmen (vgl. hierzu BMF-Schreiben vom 14. 1. 2015, BStBl. I S. 83). Gleiches gilt, wenn die Ehegatten/Lebenspartner die Einzelveranlagung beantragen. Sind noch Säumniszuschläge offen, ist für diese eine Aufteilung nach § 272 Abs. 1 Satz 3 AO durchzuführen.

Im Rahmen der Abrechnung zur Aufteilung sind entstandene Säumniszuschläge auf Vorauszahlungen von der Finanzkasse zu berücksichtigen.

Auch für diese abschließende Aufteilung gelten grundsätzlich die §§ 270, 271, 272 Abs. 1 Satz 4 und 5 AO enthält jedoch ergänzende Spezialregelungen, die vorrangig zu beachten sind.

Aufteilungsstichtag ist der Tag der Durchführung der Veranlagung. Aufzuteilen ist die gesamte Steuer abzüglich der Beträge, die nicht in die Aufteilung der Vorauszahlungen einbezogen worden sind (§ 272 Abs. 1 Sätze 3 und 4 AO), weil sie nicht rückständig waren (§ 276 Abs. 1 und Abs. 2 AO). Bei der abschließenden Aufteilung werden jedem Gesamtschuldner die von ihm auf die aufgeteilten Vorauszahlungen entrichteten Beträge angerechnet (§ 272 Abs. 1 Satz 5 AO). Ergibt sich dabei eine Überzahlung für einen Gesamtschuldner, so ist ihm der überzahlte Betrag zu erstatten (§ 272 Abs. 1 Satz 6 AO).

Anlage 2 enthält ein Berechnungsschema und ein Beispiel für eine derartige Aufteilung.

6.2.4. Aufteilungsanträge nach Ergehen des Jahressteuerbescheides mit noch rückständigen Vorauszahlungen ohne vorangegangene Aufteilung der Vorauszahlung

Wird ein Aufteilungsantrag nach Ergehen eines Jahressteuerbescheides gestellt und befinden sich zu diesem Zeitpunkt noch rückständige Vorauszahlungen in Vollstreckung, wegen derer kein Aufteilungsantrag gestellt wurde, so ist für die Bestimmung des Aufteilungszeitpunkts für alle offenen Beträge (auch bezüglich der Säumniszuschläge zu den nicht bezahlten Vorauszahlungen) der Jahressteuerbescheid maßgeblich. Denn die Person, die den Antrag gestellt hat, hat von ihrem Antragsrecht nach Einleitung der Vollstreckung der Vorauszahlungen keinen Gebrauch gemacht, so dass maßgeblich für den Aufteilungszeitpunkt die Antragstellung bzw. die Einleitung der Vollstreckung nach Bekanntgabe des Jahresbescheides ist.

6.2.5. Steuernachforderungen aufgrund eines Änderungsbescheides

Wird nach restloser Tilgung der Steuer aus der ursprünglichen Festsetzung die Steuerfestsetzung geändert oder nach § 129 berichtigt und führt dies zu einer Nachforderung, ist im Fall der Aufteilung (erneuter oder erstmaliger Antrag!) gem. § 273 Abs. 1 AO die Nachforderung im Verhältnis der Mehrbeträge aufzuteilen, die sich bei einem Vergleich der berichtigten Einzelveranlagungen mit den früheren Einzelveranlagungen ergeben. Dies gilt unabhängig davon, ob bereits ein Aufteilungsbescheid ergangen ist oder nicht.

Ist die bisher festgesetzte Steuer noch nicht getilgt, so ist § 273 AO nicht anwendbar (§ 273 Abs. 2 AO). In diesen Fällen ist entweder die gesamte rückständige Steuer nach den allgemeinen Vorschriften erstmalig aufzuteilen oder, falls bereits ein Aufteilungsbescheid ergangen ist, dieser gem. § 280 AO zu ändern (Tz. 11).

Anlage 3 enthält ein Beispiel für eine Aufteilung nach § 273 AO.

War im Zeitpunkt der Änderung der Steuerfestsetzung die Aufteilung der rückständigen Steuer aus der bisherigen Steuerfestsetzung bereits beantragt, aber noch nicht durchgeführt, so gilt Folgendes:

Liegen die Voraussetzungen für eine Aufteilung der rückständigen Steuer aus der bisherigen Steuerfestsetzung auch im Zeitpunkt des Ergehens des Änderungsbescheids noch vor, so kann die an sich erforderliche Nachholung der beantragten Aufteilung und die nachfolgende Berichtigung in einem Bescheid wie folgt zusammengefasst werden:

Die Aufteilung ist gem. § 270 AO nach den Besteuerungsgrundlagen des Änderungsbescheids durchzuführen. Dabei ist für die aufzuteilende rückständige Steuer und die Anrechnung von Zahlungen (§ 276 Abs. 6 AO) der Zeitpunkt maßgebend (§ 276 Abs. 1 bzw. 2 AO), der für die beantragte Aufteilung der bisherigen Steuerfestsetzung gilt. Die aufzuteilende rückständige Steuer ist jedoch um den Betrag zu erhöhen oder zu ermäßigen, um den sich die bisher festgesetzte Steuer geändert hat.

Ist für die bisher festgesetzte Steuer bereits ein Aufteilungsbescheid ergangen, kann für Nachforderungen, die sich aufgrund der geänderten Steuerfestsetzung ergeben, der Aufteilungsmaßstab gem. § 273 Abs. 1 AO nur angewandt werden, wenn die bisher festgesetzte Steuer bereits getilgt ist. Ist jedoch die (aufgeteilte) Steuer aus der bisherigen Festsetzung noch (ganz oder teilweise) rückständig, ist der bisherige Aufteilungsbescheid gem. § 280 Abs. 1 Nr. 2 AO zu ändern, wenn sich die rückständige Steuer durch Änderung der Steuerfestsetzung erhöht oder vermindert.

Für die Aufteilung nach § 273 AO steht die Vorlage „Aufteilung § 273 AO" (Veranlagung/Aufteilung) zur Verfügung, vgl. hierzu auch Tz. 7.

Ergibt sich beim Vergleich der fiktiven Einzelveranlagungen für einen der Gesamtschuldner kein Mehrbetrag oder gar ein negativer Betrag, hat der andere Gesamtschuldner den vollen Nachforderungsbetrag zu zahlen, weil es nach § 273 Abs. 1 AO auf das Verhältnis der Mehrbeträge ankommt.

Ergibt sich beim Vergleich der fiktiven Einzelveranlagungen für keinen der Partner ein Mehrbetrag, z. B. weil bei einem Partner die sich aus der fiktiven Einzelveranlagung ergebende Steuer trotz Erhöhung einer Besteuerungsgrundlage weiterhin 0 Euro beträgt, während sich die Besteuerungsgrundlagen des anderen Partners nicht ändern, so ist auf den allgemeinen Aufteilungsmaßstab nach § 270 Satz 1 AO zurückzugreifen (BFH-Urteil vom 13. 12. 2007 VI R 75/04, BStBl. 2009 II S. 577). Anl

6.2.6. Säumniszuschläge, Zinsen und Verspätungszuschläge bei nicht mehr rückständiger Hauptforderung

Für die Aufteilung der in § 276 Abs. 4 AO genannten steuerlichen Nebenleistungen gelten die Ausführungen zu Tz. 6.2.1 und 6.2.4 sinngemäß. Sind nur noch Säumniszuschläge, Zinsen oder Verspätungszuschläge rückständig, kommt es für den anzuwendenden Aufteilungsmaßstab darauf an, ob und in welchem Umfang diese für die ursprünglich festgesetzte Steuer oder aber für die sich aufgrund des Änderungsbescheids ergebende Steuernachforderung zu entrichten sind. Lediglich im letzteren Fall verändert sich der Aufteilungsmaßstab gegenüber demjenigen, der sich bei der Aufteilung der ursprünglichen Steuer ergeben hatte (BFH-Urteil vom 30. 11. 1994 XI R 19/94, BStBl. 1995 II S. 487).

Die bereits vollständig getilgte Einkommensteuer ist in die Aufteilung in diesen Fällen nicht einzubeziehen.

6.3. Aufteilung

Nach Festlegung des Aufteilungsmaßstabes ist der auf jeden Gesamtschuldner entfallende Teilbetrag nach folgender Verhältnisrechnung zu ermitteln (Anteil z. B. für den Ehemann bei Anwendung des allgemeinen Aufteilungsmaßstabs):

$$\text{Aufteilungsanteil Partner A} = \frac{\text{ESt des Partners aus der fiktiven Einzelveranlagung} \times \text{Aufzuteilender Betrag}}{\text{Summe der ESt aus der fiktiven Einzelveranlagung}}$$

Ist Solidaritätszuschlag rückständig, ist für diesen eine eigene Aufteilung anhand der bei den fiktiven Einzelveranlagungen sich ergebenden Festsetzungen zum Solidaritätszuschlag durchzuführen.

6.4. Anrechnung von Beträgen

Auf die ermittelten Teilbeträge sind bei dem jeweiligen Gesamtschuldner gem. § 276 Abs. 6 AO anzurechnen:

- in die Aufteilung einbezogene Steuerabzugsbeträge und getrennt festgesetzte und entrichtete Vorauszahlungen.
- nach Antragstellung, aber nach Einleitung der Vollstreckung geleistete Zahlungen.
- vor Antragstellung, aber nach Einleitung der Vollstreckung geleistete Zahlungen.

Ergeben sich bei der Anrechnung der vorgenannten Beträge Überzahlungen, so ist der überzahlte Betrag dem jeweiligen Gesamtschuldner zu erstatten (§ 276 Abs. 6 Satz 2 AO).

Die Anrechnungsvorschrift des § 276 Abs. 6 AO entspricht der Regelung über die Person des Erstattungsberechtigten in § 37 AO, wonach Erstattungsberechtigter derjenige ist, auf dessen Rechnung die Zahlung (ohne rechtlichen Grund) bewirkt worden ist. Das ist nicht derjenige, auf dessen Kosten die Zahlung erfolgt ist. Es kommt nicht darauf an, von wem und mit welchen Mitteln gezahlt worden ist, sondern nur darauf, wessen Steuerschuld nach dem Willen des Zahlenden, wie er im Zeitpunkt der Zahlung dem Finanzamt gegenüber hervorgetreten ist, getilgt werden sollte (BFH-Urteil vom 4. 4. 1995 VII R 82/94, BStBl. II S. 492). Insoweit gelten die im BMF-Schreiben vom 14. 1. 2015 (BStBl. I S. 83) näher erläuterten Grundsätze zur Zurechnung von Steuerzahlungen bei Partnern entsprechend. Dies gilt jedoch nur für Zahlungen, die vor Eingang des Aufteilungsantrags geleistet worden sind.

Bei Steuerzahlungen eines der Partner, die nach Eingang des Aufteilungsantrags geleistet worden sind, ist – unabhängig von einer individuellen Tilgungsbestimmung – immer davon auszugehen, dass der jeweils zahlende Partner insoweit seine eigene Steuerschuld begleichen wollte. Dies gilt unterschiedslos sowohl für den Antragsteller als auch für den anderen Partner.

Im Wege der Vollstreckung beigetriebene Beträge werden bei dem Gesamtschuldner angerechnet, in dessen Vermögen die Maßnahme ausgebracht worden ist (BFH-Beschluss vom 18. 4. 2013 VII B 66/12, BFH/NV S. 1217). So ist bei Forderungspfändungen entscheidend, auf welche Pfändungs- und Einziehungsverfügung der Drittschuldner zahlt, d. h. die vom Drittschuldner geleistete Zahlung ist nur bei diesem Ehegatten/Lebenspartner anzurechnen.

7. Form und Inhalt des Aufteilungsbescheids 8

Über den Aufteilungsantrag muss nach Einleitung der Vollstreckung ein schriftlicher Bescheid (Aufteilungs- oder Ablehnungsbescheid) ergehen. Sind auf besonderen Antrag bereits früher Vorauszahlungen aufgeteilt worden, erfolgt die abschließende Aufteilung ohne besonderen Antrag bereits nach Durchführung der Veranlagung (§ 272 Abs. 1 Satz 3 AO).

Eines Aufteilungsbescheids bedarf es nicht, wenn keine Vollstreckungsmaßnahmen ergriffen oder ergriffene Vollstreckungsmaßnahmen wieder aufgehoben werden (§ 279 Abs. 1 Satz 2 AO).

Für die Erteilung eines Aufteilungsbescheids steht die Vorlage „Aufteilungsbescheid" zur Verfügung (Ordner Veranlagung/Aufteilung). Der Aufteilungsbescheid ist von der für die Steuerfestsetzung zuständigen Arbeitseinheit zu erstellen. Die Abrechnung zum Aufteilungsbescheid ist von der Finanzkasse mittels der Vorlage „Abrechnung Aufteilungsbescheid" (Ordner 4) für FK Buchhaltung 1 und 2, Unterordner 4 d) sonstige) zu erstellen und jeder Ausfertigung des Aufteilungsbescheids beizufügen.

8. Bekanntgabe des Aufteilungsbescheids 9

Der Aufteilungsbescheid ergeht einheitlich mit Wirkung für und gegen alle Gesamtschuldner. Es ist somit gemäß § 122 AO jedem betroffenen Gesamtschuldner ein – bis auf den Abrechnungsteil – inhaltlich gleichlautender Bescheid gesondert bekannt zu geben. Besonderheiten bestehen aber, wenn über das Vermögen von einem oder beiden Ehegatten/Lebenspartner das Insolvenzverfahren eröffnet wurde (vgl. hierzu den Leitfaden für die Beantwortung von Insolvenzfällen, Teil B.I Tz. 8.1.2.5).

Anl Wird die Aufteilung abgelehnt, kann es im Einzelfall genügen, nur den Antragsteller zu bescheiden, z. B. wenn eine Aufteilung nicht in Betracht kommt, weil keine rückständige Steuer vorhanden ist. Werden durch die Ablehnung jedoch auch die Rechte der anderen Gesamtschuldner berührt, z. B. wenn die Ablehnung auf Verletzung von Mitwirkungspflichten gestützt wird, ist der Ablehnungsbescheid gegen alle Gesamtschuldner zu richten und jedem Gesamtschuldner bekannt zu geben.

10 **9. Eintritt der Bestandskraft**

Die Veranlagungsstelle hat den Eintritt der Bestandskraft zu überwachen und die Vollstreckungsstelle sofort zu verständigen, sobald die Aufteilungsbescheide bestandskräftig sind oder Einspruch eingelegt wird; gleiches gilt für die Erledigung des Einspruchs.

11 **10. Absehen von der Erteilung eines Aufteilungsbescheids**

Die Erteilung eines Aufteilungsbescheids ist nicht (mehr) erforderlich, wenn keine Vollstreckungsmaßnahmen ergriffen oder bereits ergriffene Vollstreckungsmaßnahmen wieder aufgehoben wurden vgl. § 279 Abs. 1 Satz 2 AO.

Unbeachtlich dessen, ist dem Antragssteller ein Aufteilungsbescheid regelmäßig zu erteilen, wenn dieser ein berechtigtes Interesse daran hat. Ein berechtigtes Interesse liegt vor, wenn der Steuerpflichtige eine Erstattung von Steuerabzugsbeträgen und Vorauszahlungen gemäß § 276 Abs. 6 Satz 2 AO begehrt. (BFH-Beschluss vom 2. 10. 2018 VII R 17/17, BFH/NV 2019 S. 4).

Gleiches gilt, wenn die Gesamtschuld im Zeitpunkt der Antragstellung bereits getilgt war. In diesen Fällen ist die Durchführung der Aufteilung durch Verwaltungsakt abzulehnen. Tilgungen nach Antragstellung (z. B. im Wege der Aufrechnung), aber vor Bekanntgabe des Aufteilungsbescheids, führen zur Anrechnung des Tilgungsbetrags nach § 276 Abs. 6 AO Satz 1 (BFH-Urteil vom 12. 6. 1990 VII R 69/89, BStBl. 1991 II S. 493).

12 **11. Änderung des Aufteilungsbescheids**

Änderungsmöglichkeiten für Aufteilungsbescheide ergeben sich abschließend aus § 280 AO. Die übrigen Korrekturvorschriften der AO (§§ 130 ff. und 172 ff.) sind – außer § 129 AO – nicht anwendbar.

Nach § 280 Abs. 1 AO ist ein Aufteilungsbescheid zu ändern,

- wenn nachträglich bekannt wird, dass die Aufteilung auf unrichtigen Angaben beruht und die rückständige Steuer infolge falscher Aufteilung ganz oder teilweise nicht beigetrieben werden konnte,
- wenn sich die rückständige Steuer durch Änderung der Steuerfestsetzung erhöht oder vermindert.

Soweit falsche Angaben in der Steuererklärung (vgl. § 269 Abs. 2 Satz 3 AO) enthalten waren und der Steuerfestsetzung bei der Zusammenveranlagung zugrunde gelegt worden sind, sind sie für die Aufteilung bindend (§ 270 Satz 2 AO); eine Änderung des Aufteilungsbescheides ist deshalb nur nach § 280 Abs. 1 Nr. 2 AO möglich, sofern die Steuerfestsetzung selbst geändert wird.

Die Änderung ist von Amts wegen rückwirkend auf den ursprünglichen Aufteilungsstichtag durchzuführen, allerdings mit den aktuellen Beträgen. Nach dem Aufteilungsstichtag entstandene Säumniszuschläge sind nicht in die Aufteilung einzubeziehen, sondern weiterhin der Person zuzurechnen, die sie verursacht hat.

Ein laufendes Rechtsbehelfsverfahren steht einer Änderung nach § 280 AO nicht entgegen.

Nach Beendigung der Vollstreckung (= Tilgung des Rückstands oder endgültige Einstellung der Vollstreckung nach § 257 AO) ist eine Änderung des Aufteilungsbescheids nicht mehr zulässig. Wird die Steuer nach beendeter Vollstreckung erhöht, ist ggf. § 273 anzuwenden (s. Tz. 6.2.4).

13 **12. Einspruch**

Gegen den Aufteilungsbescheid oder dessen Ablehnung bzw. Änderung ist der Einspruch gegeben. Einspruchsberechtigt ist jeder Gesamtschuldner, dem der Bescheid bekannt gegeben wurde.

Zulässig sind nur Einwendungen gegen die Art der Aufteilung und die Berechnung des Aufteilungsbetrages. Einwendungen gegen die Höhe der zugrunde liegenden Steuerfestsetzung können im Verfahren gegen den Aufteilungsbescheid nicht berücksichtigt werden (§ 270 Satz 2 AO).

Im Einspruchsverfahren können nur Einwendungen gegen die Art der Aufteilung, d. h. gegen die Berechnung der Aufteilungsanteile, und die damit verbundene Vollstreckungsbeschränkung, erhoben werden; eine Rücknahme des Antrages scheidet aus (vgl. Urteil des FG Niedersachsen vom 5. 11. 2013 15 K 14/13, EFG 2014 S. 106).

Zum Einspruchsverfahren sind die Gesamtschuldner, die keinen Einspruch eingelegt haben und denen der Aufteilungs- oder Ablehnungsbescheid bekannt zu geben war, gem. § 360 Abs. 3 AO notwendig hinzuzuziehen (vgl. BFH-Beschluss vom 8. 10. 2002 III B 74/02, BFH/NV 2003 S. 195).

Sind die Einwendungen berechtigt, ist der angefochtene Bescheid auch dann zu ändern, wenn die Voraussetzungen des § 280 AO nicht vorliegen (Abhilfe gem. § 367 Abs. 2 AO).

Anlage 1

14 **Beispiele für eine Aufteilung nach dem allgemeinen Aufteilungsmaßstab**

Beispiel 1:

Bei den zusammen veranlagten Partnern ergibt sich für 01 lt. Einkommensteuerbescheid, der am 15. 7. 02 bekannt gegeben wurde, eine ESt-Festsetzung in Höhe von 10 000 €. Die Partner haben 4 000 € Vorauszahlungen (nicht getrennt festgesetzt) auf die Einkommensteuer geleistet. Bei Partner B wurden 2 000 € Lohnsteuer einbehalten. Am 20. 7. 02 zahlte Partner A 800 € und am 4. 9. 02 200 € ohne individuelle Tilgungsbestimmung. Partner B stellte am 5. 9. 02 einen Antrag auf Aufteilung der Gesamtschuld. Partner A zahlte am 9. 9. 02 1 000 €.

Bereits am 3. 9. 02 war das Vollstreckungsverfahren über den noch offenen Betrag von 3 200 € zuzüglich 32 € Säumniszuschläge eingeleitet worden. Aufgrund der durchzuführenden fiktiven Einzelveranlagungen ergibt sich für Partner A eine Steuer von 8 000 € und für Partner B eine Steuer von 4 000 €.

Anl

Lösung:

Rückständige Steuern am 3. 9. 02		3 200 €
Säumniszuschläge		+ 32 €
In die Aufteilung einzubeziehen sind:		3 232 €
Steuerabzugsbeträge		+ 2 000 €
aufzuteilender Betrag		5 232 €
Aufteilungsanteil Partner A	$\frac{8\,000 \times 5\,232}{12000}$ =	3 488,00 €
Aufteilungsanteil Partner B	$\frac{4\,000 \times 5\,232}{12\,000}$ =	17 44,00 €
Auf die Aufteilungsanteile sind anzurechnen:	Partner A	Partner B
	3 488 €	1 744 €
Steuerabzugsbeträge		./. 2 000 €
vor Antragstellung aber nach Einleitung des Vollstreckungsverfahrens geleistete Zahlungen[1]	./. 200 €	
nach Antragstellung geleistete Zahlungen[2]	./. 1 000 €	
Zu zahlender bzw. überzahlter Betrag	2 288 €	./. 256 €

Beispiel 2:

Bei den zusammen veranlagten Partnern ergibt sich für 01 lt. Einkommensteuerbescheid, der am 15. 7. 02 bekannt gegeben wurde, eine ESt-Festsetzung in Höhe von 10 000 €. Die Partner haben 4 000 € Vorauszahlungen (nicht getrennt festgesetzt) auf die Einkommensteuer geleistet. Am 20. 7. 02 zahlte Partner A 800 € und am 4. 9. 02 200 € ohne individuelle Tilgungsbestimmung. Partner B stellte am 5. 9. 02 einen Antrag auf Aufteilung der Gesamtschuld. Partner A zahlte am 9. 9. 02 1 000 €.

Bereits am 3. 9. 02 war das Vollstreckungsverfahren über den noch offenen Betrag von 5 200 € zuzüglich 52 € Säumniszuschläge eingeleitet worden. Aufgrund der durchzuführenden fiktiven Einzelveranlagungen ergibt sich für Partner A eine Steuer von 8 000 € und für Partner B eine Steuer von 4 000 €.

Lösung:

Rückständiger Betrag am 3. 9. 02		5 200 €
Säumniszuschläge		+ 52 €
aufzuteilender Betrag		5 252 €
Aufteilungsanteil Partner A	$\frac{8\,000 \times 5\,232}{12\,000}$ =	3 501,33 €
Aufteilungsanteil Partner B	$\frac{4\,000 \times 5\,232}{12\,000}$ =	1 750,67 €
Auf die Aufteilungsanteile sind anzurechnen:	Partner A	Partner B
	3 501,33 €	1 750,67 €
vor Antragstellung aber nach Einleitung des Vollstreckungsverfahrens geleistete Zahlungen[3]	./. 100,00 €	./. 100,00 €
nach Antragstellung geleistete Zahlungen[4]	./. 1 000,00 €	
Zu zahlender bzw. überzahlter Betrag	2 401,33 €	1 650,67 €

Für den Solidaritätszuschlag ist in beiden Beispielsfällen eine entsprechende Aufteilung durchzuführen. Der Sachverhalt enthält hierzu keine näheren Angaben.

Anlage 2

Berechnungsschema für den Aufteilungsmaßstab nach vorangegangener Aufteilung der ESt-Vorauszahlungen (§ 272 Abs. 1 AO, Tz. 6.2.3) und daran anschließendes Beispiel (ohne Solidaritätszuschlag) 15

I. Berechnung des aufzuteilenden Betrags

1. Steuerschuld lt. Steuerbescheid
2. nicht aufgeteilte und entrichtete Vorauszahlungen ./. ______
3. aufzuteilender Betrag (abgerundet auf volle €) ______

II. Berechnung des Aufteilungsanteils

	Partner A	Partner B
1. Steuerschuld nach den fiktiven Einzelveranlagungen		
2. Summe		

[1] **[Amtl. Anm.:]** Bei der Anrechnung der vor der Antragstellung, aber nach Einleitung der Vollstreckung geleisteten 200 € sind die Rechtsgrundsätze zur Bestimmung des Erstattungsgläubigers nach § 37 Abs. 2 AO zu beachten (vgl. Tz. 6.4). Danach erfolgt die vollständige Anrechnung des vor Antragstellung geleisteten Betrags i. H. v. 100 € bei Partner A, da sich bei Partner B bereits durch Anrechnung der Steuerabzugsbeträge eine Erstattungsbetrag gem. § 276 Abs. 6 AO ergibt.

[2] **[Amtl. Anm.:]** Die nach der Antragstellung geleisteten Zahlungen sind stets dem zahlenden Partner zuzurechnen (vgl. Tz. 6.4).

[3] **[Amtl. Anm.:]** Bei der Anrechnung der vor der Antragstellung, aber nach Einleitung der Vollstreckung geleisteten 200 € sind die Rechtsgrundsätze zur Bestimmung des Erstattungsgläubigers nach § 37 Abs. 2 AO zu beachten (vgl. Tz. 6.4). Danach erfolgt die Anrechnung des vor Antragstellung geleisteten Betrags in Höhe von 100 € jeweils zur Hälfte bei beiden Partnern, da sind durch die Anrechnung bei keinem Partner ein Erstattungsbetrag nach § 276 Abs. 6 AO ergibt.

[4] **[Amtl. Anm.:]** Die nach der Antragstellung geleisteten Zahlungen sind stets dem zahlenden Partner zuzurechnen (vgl. Tz. 6.4).

Anl

3. Verhältnisrechnung — $\frac{(\text{Betrag II.1}) \times (\text{Betrag I.3})}{\text{Betrag II.2}}$
4. Aufteilungsanteil
5. auf den Betrag sind anzurechnen:
   – Steuerabzugsbeträge ./.
   – getrennt festgesetzte und entrichtete Vorauszahlungen ./.
   – auf die aufgeteilten Vorauszahlungen geleistete Beträge ./.
6. Am Aufteilungsstichtag (Durchführung der Veranlagung) zu zahlender bzw. überzahlter Betrag

Nach dem Aufteilungsstichtag (= nach Durchführung der Veranlagung!) geleistete Zahlungen kommen dem Gesamtschuldner zugute, der gezahlt hat. Diese Beträge sind nicht in die Aufteilung einzubeziehen.

Beispiel für eine Aufteilung nach vorangegangener Aufteilung der Vorauszahlungen:

Bei den zusammen veranlagten Partnern ergibt sich für 01 lt. Einkommensteuerfestsetzung, die am 15. 7. 02 bekannt gegeben wurde, eine festgesetzte Steuer in Höhe von 10 000 €. Die Vorauszahlungen für alle Quartale waren auf jeweils 1 000 € festgesetzt.

Die Vorauszahlung I/01 zahlte Partner A. Auf Antrag von Partner A vom 2. 4. 01 teilte das Finanzamt mit Bescheid vom 16. 4. 01 die Vorauszahlungen II/01 bis IV/01 in der Weise auf, dass auf Partner A 700 € und auf Partner B 300 € entfielen. Diese Vorauszahlungen wurden pünktlich bezahlt.

Unmittelbar nach Bekanntgabe des Einkommensteuerbescheids zahlten die Partner jeweils 1 000 €. Am 3. 9. 02 wurde die Vollstreckung wegen eines Rückstands über 2 000 € zuzüglich 20 € Säumniszuschläge eingeleitet.

Aufgrund der durchzuführenden fiktiven Einzelveranlagungen ergibt sich für den Partner A eine Steuerschuld in Höhe von 8 000 € und für Partner B in Höhe von 4 000 €. Bei Partner B wurden 2 000 € Lohnsteuer einbehalten.

Lösung:

Aufzuteilender Betrag gem. § 272 Abs. 1 Satz 4 AO		10 000 €
Gesamte Steuerschuld		
./. gemeinsam geleistete Vorauszahlungen (I/01)		./.–1 000 €
Aufzuteilender Betrag		9 000 €
Aufteilungsanteil Partner A nach fiktiver Einzelveranlagung	$\frac{8\,000 \times 9\,000}{12\,000}$	–6 000 €
Aufteilungsanteil Partner B nach fiktiver Einzelveranlagung	$\frac{4\,000 \times 9\,000}{12\,000}$	–3 000 €
	Partner A	Partner B
	6 000 €	3 000 €
Auf die Aufteilungsanteile sind anzurechnen:		
Steuerabzugsbeträge		./.–2 000 €
auf die aufgeteilten Vorauszahlungen geleistete Zahlungen	./.–2 100 €	./.– 900 €
Am Aufteilungsstichtag (Durchführung der Veranlagung)		
Zu zahlender Betrag	3 900 €	100 €

Erläuterungen:

1. Die Säumniszuschläge in Höhe von 32 € sind nicht einzubeziehen, da die Aufteilung bei zuvor aufgeteilten Vorauszahlungen nach Durchführung der Veranlagung erfolgt (Tz 6.2.3) und zu diesem Zeitpunkt auf die Abschlusszahlung noch keine Säumniszuschläge entstanden sein können. Nach der Aufteilung entstehende Säumniszuschläge sind dem Gesamtschuldner zuzurechnen, der die Entstehung verursacht hat.
2. Die nach dem Aufteilungsstichtag (= hier nach Durchführung der Veranlagung) geleisteten Zahlungen in Höhe von insgesamt 2 000 € sind nicht in den Aufteilungsbescheid einzubeziehen. Diese Beträge kommen demjenigen Gesamtschuldner zugute, der gezahlt hat.

Anlage 3

16 **Beispiele für eine Aufteilung bei Steuernachforderungen (§ 273 Abs. 1 AO)**

Beispiel 1:

Die geänderte Steuerfestsetzung führt zu einer Steuernachholung von 10 000 €. Im Zeitpunkt des Eingangs des Aufteilungsantrags ist die bisher festgesetzte Steuer bereits vollständig getilgt.

Die fiktiven Einzelveranlagungen der Partner ergeben folgende Steueranteile:

	fiktive Einzelveranlagungen	
	Partner A	Partner B
geänderte Steuerfestsetzung	31 000 €	17 000 €
bisherige Steuerfestsetzung	26 000 €	11 000 €
Mehrbeträge bei Einzelveranlagung	+ 5 000 €	+ 6 000 €
Summe der Mehrbeträge	11 000 €	

Aufteilung der rückständigen Steuernachholung von 10 000 €:

Anteil Partner A	$\frac{10\,000\ € \times 5\,000\ €}{11\,000\ €}$	4 545,45 €
Anteil Partner B	$\frac{10\,000\ € \times 6\,000\ €}{11\,000\ €}$	5 454,54 €
	Summe der Aufteilungsbeträge:	10 000 €

Beispiel 2:

Aus der bisherigen Steuerfestsetzung besteht noch ein Rückstand von 3 000 €. Die Änderung der Steuerfestsetzung führt zu einer Nachforderung von 5 000 €. Die Aufteilung wird nach Ergehen des Änderungsbescheides beantragt, so dass die geschuldete Steuer im Zeitpunkt des Eingangs des Antrags aufzuteilen ist. Aufzuteilen sind somit:

3 000 €	Rückstand aus der bisherigen Steuerfestsetzung
90 €	bereits verwirkte Säumniszuschläge
5 000 €	Steuernachholung
8 090 €	aufzuteilender Rückstand (zuzüglich etwaiger weiterer Beträge gem. § 276 Abs. 3 und 4 AO)

Es ist der allgemeine Aufteilungsmaßstab (§ 270 AO) anzuwenden.
Für den Solidaritätszuschlag ist eine entsprechende Aufteilung durchzuführen. Der Sachverhalt enthält hierzu keine näheren Angaben.

AO

§ 269 Antrag

(1) **Der Antrag ist bei dem im Zeitpunkt der Antragstellung für die Besteuerung nach dem Einkommen oder dem Vermögen zuständigen Finanzamt schriftlich oder elektronisch zu stellen oder zur Niederschrift zu erklären.** 1

(2) ① **Der Antrag kann frühestens nach Bekanntgabe des Leistungsgebots gestellt werden.** ② **Nach vollständiger Tilgung der rückständigen Steuer ist der Antrag nicht mehr zulässig.**[1] ③ **Der Antrag muss alle Angaben enthalten, die zur Aufteilung der Steuer erforderlich sind, soweit sich diese Angaben nicht aus der Steuererklärung ergeben.** 2

§ 270 Allgemeiner Aufteilungsmaßstab

① **Die rückständige Steuer ist nach dem Verhältnis der Beträge aufzuteilen, die sich bei Einzelveranlagung nach Maßgabe des § 26 a des Einkommensteuergesetzes und der §§ 271 bis 276 ergeben würden.** ② **Dabei sind die tatsächlichen und rechtlichen Feststellungen maßgebend, die der Steuerfestsetzung bei der Zusammenveranlagung zugrunde gelegt worden sind, soweit nicht die Anwendung der Vorschriften über die Einzelveranlagung zu Abweichungen führt.**

§ 271 Aufteilungsmaßstab für die Vermögensteuer

Die Vermögensteuer ist wie folgt aufzuteilen:

1. **Für die Berechnung des Vermögens und der Vermögensteuer der einzelnen Gesamtschuldner ist vorbehaltlich der Abweichungen in den Nummern 2 und 3 von den Vorschriften des Bewertungsgesetzes und des Vermögensteuergesetzes in der Fassung auszugehen, die der Zusammenveranlagung zugrunde gelegen hat.**
2. **Wirtschaftsgüter eines Ehegatten oder Lebenspartners, die bei der Zusammenveranlagung als land- und forstwirtschaftliches Vermögen oder als Betriebsvermögen dem anderen Ehegatten oder Lebenspartner zugerechnet worden sind, werden als eigenes land- und forstwirtschaftliches Vermögen oder als eigenes Betriebsvermögen behandelt.**
3. **Schulden, die nicht mit bestimmten, einem Gesamtschuldner zugerechneten Wirtschaftsgütern in wirtschaftlichem Zusammenhang stehen, werden bei den einzelnen Gesamtschuldnern nach gleichen Teilen abgesetzt, soweit sich ein bestimmter Schuldner nicht feststellen lässt.**

§ 272 Aufteilungsmaßstab für Vorauszahlungen

(1) ① **Die rückständigen Vorauszahlungen sind im Verhältnis der Beträge aufzuteilen, die sich bei einer getrennten Festsetzung der Vorauszahlungen ergeben würden.** ② **Ein Antrag auf Aufteilung von Vorauszahlungen gilt zugleich als Antrag auf Aufteilung der weiteren im gleichen Veranlagungszeitraum fällig werdenden Vorauszahlungen und einer etwaigen Abschlusszahlung.** ③ **Nach Durchführung der Veranlagung ist eine abschließende Aufteilung vorzunehmen.** ④ **Aufzuteilen ist die gesamte Steuer abzüglich der Beträge, die nicht in die Aufteilung der Vorauszahlungen einbezogen worden sind.** ⑤ **Dabei sind jedem Gesamtschuldner die von ihm auf die aufgeteilten Vorauszahlungen entrichteten Beträge anzurechnen.** ⑥ **Ergibt sich eine Überzahlung gegenüber dem Aufteilungsbetrag, so ist der überzahlte Betrag zu erstatten.** 1

(2) **Werden die Vorauszahlungen erst nach der Veranlagung aufgeteilt, so wird der für die veranlagte Steuer geltende Aufteilungsmaßstab angewendet.** 2

---

[1] Dies gilt auch dann, wenn die Tilgung der Gesamtschuld im Wege der Aufrechnung durch das FA erfolgt ist (vgl. *BFH-Urteil vom 12. 6. 1990 VII R 69/89, BStBl. 1991 II S. 493*).

BFH-Beschluss vom 2. 10. 2018 VII R 17/17, BFH/NV 2019 S. 4: 1. Sobald das Leistungsgebot bekanntgegeben worden ist und solange die Steuerschuld noch nicht vollständig getilgt ist, kann der Gesamtschuldner, der eine Erstattung von Steuerabzugsbeträgen und Vorauszahlungen gemäß § 276 Abs. 6 Satz 2 AO begehrt, regelmäßig den Erlass eines Aufteilungsbescheids verlangen. 2. Ein zulässiger Antrag wird durch spätere Aufrechnung oder Verrechnung gegenüber dem anderen Gesamtschuldner nicht unzulässig.

AO

§ 273 Aufteilungsmaßstab für Steuernachforderungen[1]

1 **(1) Führt die Änderung einer Steuerfestsetzung oder ihre Berichtigung nach § 129 zu einer Steuernachforderung, so ist die aus der Nachforderung herrührende rückständige Steuer im Verhältnis der Mehrbeträge aufzuteilen, die sich bei einem Vergleich der berichtigten Einzelveranlagungen mit den früheren Einzelveranlagungen ergeben.**

2 **(2) Der in Absatz 1 genannte Aufteilungsmaßstab ist nicht anzuwenden, wenn die bisher festgesetzte Steuer noch nicht getilgt ist.**

§ 274 Besonderer Aufteilungsmaßstab

① Abweichend von den §§ 270 bis 273 kann die rückständige Steuer nach einem von den Gesamtschuldnern gemeinschaftlich vorgeschlagenen Maßstab aufgeteilt werden, wenn die Tilgung sichergestellt ist. ② Der gemeinschaftliche Vorschlag ist schriftlich einzureichen oder zur Niederschrift zu erklären; er ist von allen Gesamtschuldnern zu unterschreiben.

§ 275 (weggefallen)

§ 276 Rückständige Steuer, Einleitung der Vollstreckung

1 **(1) Wird der Antrag vor Einleitung der Vollstreckung bei der Finanzbehörde gestellt, so ist die im Zeitpunkt des Eingangs des Aufteilungsantrags geschuldete Steuer aufzuteilen.**

2 **(2) Wird der Antrag nach Einleitung der Vollstreckung gestellt, so ist die im Zeitpunkt der Einleitung der Vollstreckung geschuldete Steuer, derentwegen vollstreckt wird, aufzuteilen.**

3 **(3) Steuerabzugsbeträge und getrennt festgesetzte Vorauszahlungen sind in die Aufteilung auch dann einzubeziehen, wenn sie vor der Stellung des Antrags entrichtet worden sind.**

4 **(4) Zur rückständigen Steuer gehören auch Säumniszuschläge, Zinsen und Verspätungszuschläge.**

5 **(5) Die Vollstreckung gilt mit der Ausfertigung der Rückstandsanzeige als eingeleitet.**

6 **(6)[2] ① Zahlungen, die in den Fällen des Absatzes 1 nach Antragstellung, in den Fällen des Absatzes 2 nach Einleitung der Vollstreckung von einem Gesamtschuldner geleistet worden sind oder die nach Absatz 3 in die Aufteilung einzubeziehen sind, werden dem Schuldner angerechnet, der sie geleistet hat oder für den sie geleistet worden sind. ② Ergibt sich dabei eine Überzahlung gegenüber dem Aufteilungsbetrag, so ist der überzahlte Betrag zu erstatten.**

§ 277[3] Vollstreckung

Solange nicht über den Antrag auf Beschränkung der Vollstreckung unanfechtbar entschieden ist, dürfen Vollstreckungsmaßnahmen nur soweit durchgeführt werden, als dies zur Sicherung des Anspruchs erforderlich ist.

§ 278 Beschränkung der Vollstreckung

1 **(1) Nach der Aufteilung darf die Vollstreckung nur nach Maßgabe der auf die einzelnen Schuldner entfallenden Beträge durchgeführt werden.**

2 **(2)[4] ① Werden einem Steuerschuldner von einer mit ihm zusammen veranlagten Person in oder nach dem Veranlagungszeitraum, für den noch Steuerrückstände bestehen, unentgeltlich Vermögensgegenstände zugewendet, so kann der Empfänger bis zum Ablauf des zehnten Kalenderjahres nach dem Zeitpunkt des Ergehens des Aufteilungs-**

[1] Lässt sich für Steuerrückstände, die aus einer geänderten Steuerfestsetzung herrühren, ein Aufteilungsmaßstab nach § 273 Abs. 1 AO nicht ermitteln, weil die fiktiven getrennten Veranlagungen bei keinem der Gesamtschuldner zu einem Mehrbetrag führen, so ist auf den allgemeinen Aufteilungsmaßstab nach § 270 Satz 1 AO zurückzugreifen *(BFH-Urteil vom 13. 12. 2007 VI R 75/04, BStBl. 2009 II S. 577).*

[2] Zur Anrechnung von Zahlungen, die nach Einleitung der Vollstreckung von einem bzw. beiden Gesamtschuldnern (Ehegatten) auf die ESt-Schuld geleistet worden sind, auf die sich nach Aufteilung der Gesamtschuld ergebenden Steuerbeträge s. *BFH-Urteil vom 4. 4. 1995 VII R 82/94, BStBl. II S. 492.*

[3] Der vorläufige Rechtsschutz im Aufteilungsverfahren ist abschließend in § 277 AO geregelt; insoweit ist für die Anwendung der §§ 361 AO, 69 und 114 FGO kein Raum. Nur wenn sich das FA an die in § 277 AO vorgesehene Vollstreckungsbeschränkung nicht hält, also z. B. irreparable Vollstreckungsmaßnahmen ergreift, ist insoweit – Anfechtung vorausgesetzt – Aussetzung der Vollziehung gegeben *(BFH-Beschluss vom 4. 12. 2001 X B 155/01, BFH/NV 2002 S. 476).*

[4] Die Konfusion steht der Inanspruchnahme des anderen zusammen veranlagten Ehegatten, der den Vollstreckungszugriff im Umfang des Wertes unentgeltlicher Zuwendungen des anderen Ehegatten nach § 278 Abs. 2 Satz 1 AO dulden muss, nicht entgegen. Soweit das Bestehen der Einkommensteuerschuld Voraussetzung für die Realisierung des gesetzlichen Zugriffsrechts nach § 278 Abs. 2 Satz 1 AO ist, geht die Regelung inzident von deren Fortbestehen aus *(BFH-Urteil vom 7. 3. 2006 VII R 12/05, BStBl. II S. 584).*

[Fortsetzung nächste Seite]

bescheids über den sich nach Absatz 1 ergebenden Betrag hinaus bis zur Höhe des gemeinen Werts[1] dieser Zuwendung für die Steuer in Anspruch genommen werden. ② Dies gilt nicht für gebräuchliche Gelegenheitsgeschenke.

§ 279[2] Form und Inhalt des Aufteilungsbescheids

(1) ① **Über den Antrag auf Beschränkung der Vollstreckung ist nach Einleitung der Vollstreckung durch schriftlich oder elektronisch zu erteilenden Aufteilungsbescheid gegenüber den Beteiligten einheitlich zu entscheiden. ② Eine Entscheidung ist jedoch nicht erforderlich, wenn keine Vollstreckungsmaßnahmen ergriffen oder bereits ergriffene Vollstreckungsmaßnahmen wieder aufgehoben werden.** 1

(2) ① **Der Aufteilungsbescheid hat die Höhe der auf jeden Gesamtschuldner entfallenden anteiligen Steuer zu enthalten; ihm ist eine Belehrung beizufügen, welcher Rechtsbehelf zulässig ist und binnen welcher Frist und bei welcher Behörde er einzulegen ist. ② Er soll ferner enthalten:** 2

1. die Höhe der aufzuteilenden Steuer,

2. den für die Berechnung der rückständigen Steuer maßgebenden Zeitpunkt,

3. die Höhe der Besteuerungsgrundlagen, die den einzelnen Gesamtschuldnern zugerechnet worden sind, wenn von den Angaben der Gesamtschuldner abgewichen ist,

4. die Höhe der bei Einzelveranlagung (§ 270) auf den einzelnen Gesamtschuldner entfallenden Steuer,

5. die Beträge, die auf die aufgeteilte Steuer des Gesamtschuldners anzurechnen sind.

§ 280 Änderung des Aufteilungsbescheids

(1) **Der Aufteilungsbescheid kann außer in den Fällen des § 129 nur geändert werden, wenn** 1

1. nachträglich bekannt wird, dass die Aufteilung auf unrichtigen Angaben beruht und die rückständige Steuer infolge falscher Aufteilung ganz oder teilweise nicht beigetrieben werden konnte,

2. sich die rückständige Steuer durch Aufhebung oder Änderung der Steuerfestsetzung oder ihre Berichtigung nach § 129 erhöht oder vermindert.[3]

[Fortsetzung]

BFH-Urteil vom 9. 5. 2006 VII R 15/05, BStBl. II S. 738: 1. Es ist kein hinreichender Grund ersichtlich, den zwischen zusammen veranlagten Ehegatten unentgeltlich zugewendeten Vermögenswert nach § 278 Abs. 2 AO einem zeitlich unbeschränkten Zugriff durch das FA auszusetzen, während die Anfechtung einer solchen Vermögensverschiebung nach dem AnfG bei nicht zusammen veranlagten Eheleuten nur zeitlich eingeschränkt möglich ist. 2. Soweit § 278 Abs. 2 AO eine zeitlich unbeschränkte Inanspruchnahme des Zuwendungsempfängers vorsieht, während das AnfG für vergleichbare Sachverhalte zeitlich begrenzte Anfechtungsmöglichkeiten eröffnet, liegt eine Regelungslücke vor, die durch eine analoge Anwendung von § 3 Abs. 1 AnfG zu schließen ist.

§ 277 AO, der die vorläufige Beschränkung der Vollstreckung bis zur unanfechtbaren Entscheidung über den Antrag auf Aufteilung der Gesamtschuld vorsieht, gebietet keine Vollstreckungsbeschränkung für den Zeitraum bis zu einer unanfechtbaren Entscheidung über die Minderung der Vollstreckungsbeschränkung nach § 278 Abs. 2 AO *(BFH-Beschluss vom 25. 10. 2007 VII B 359/06, BFH/NV 2008 S. 188).*

BFH-Beschluss vom 16. 10. 2008 VII B 9/08, BFH/NV 2009 S. 121: 1. Die Eröffnung eines Insolvenzverfahrens über das Vermögen eines Gesamtschuldners hindert die Anwendung des § 278 Abs. 2 AO hinsichtlich des anderen, nicht vom Insolvenzverfahren betroffenen Gesamtschuldners nicht, weil die Wirkung des § 278 Abs. 2 AO mit Vollzug der unentgeltlichen Zuwendung kraft Gesetzes eintritt. Die Vollstreckungsbeschränkung des § 278 Abs. 1 AO wird bei Vorliegen unentgeltlicher Vermögenszuwendungen insoweit kraft Gesetzes aufgehoben. 2. Die Anfechtungsmöglichkeiten des Insolvenzverwalters nach der Insolvenzordnung werden durch § 278 Abs. 2 AO nicht berührt. § 278 Abs. 2 AO regelt einen Sonderfall der Anfechtung einer Vermögensverschiebung zwischen Ehegatten, während die §§ 133, 134 InsO dem Insolvenzverwalter für den Fall, dass ein Antrag auf Eröffnung des Insolvenzverfahrens über das Vermögen des Schuldners gestellt worden ist, die Anfechtung einer unentgeltlichen Leistung des Schuldners ermöglichen.

BFH-Urteil vom 17. 12. 2019 VII R 18/17, BStBl. 2020 II S. 431: 1. Die Zahlung der laufenden Kosten des von Ehegatten gemeinsam bewohnten Hauses durch den Alleinverdiener-Ehegatten stellt auch dann keine unentgeltliche Zuwendung i. S. des § 278 Abs. 2 Satz 1 AO an den anderen Ehegatten dar, wenn das Haus im Alleineigentum des anderen Ehegatten steht. 2. Ist der Alleinverdiener-Ehegatte zivilrechtlich verpflichtet, die Zins- und Tilgungsleistungen für das gemeinsam aufgenommene Darlehen vollständig zu begleichen, kommt es mangels Ausgleichsanspruchs nach § 426 Abs. 1 Satz 1 BGB nicht zu einer für eine Zuwendung erforderlichen Vermögensverlagerung.

3. Zahlt der Alleinverdiener-Ehegatte die übrigen laufenden Unterhaltskosten für das im Alleineigentum des anderen Ehegatten stehende Haus, so handelt es sich um Unterhaltsleistungen nach §§ 1360, 1360 a BGB.

---

[1] Die Feststellung der Nichtigkeit eines Verwaltungsakts steht einer Aufhebung des Verwaltungsakts gleich *(BFH-Urteil vom 26. 2. 1992 I B 113/91, BFH/NV 1993 S. 349).*

Vollstreckungsmaßnahmen sind selbst dann nicht nichtig, wenn die diesen zugrunde liegenden Leistungsgebote nichtig sein sollten, etwa weil sie während eines Insolvenzverfahrens nicht mehr gegen den Vollstreckungsschuldner, sondern nur noch gegen den Insolvenzverwalter als alleinigen Verfügungsberechtigten über das Schuldnervermögen hätten ergehen dürfen. Denn nach § 257 Abs. 1 Nr. 2 i. V. m. Abs. 2 Satz 1 AO ist die Vollstreckung einzustellen und bereits getroffene Vollstreckungsmaßnahmen sind aufzuheben, wenn der zu vollstreckende Verwaltungsakt aufgehoben oder – was der Aufhebung gleichsteht – nichtig ist *(BFH-Beschluss vom 20. 5. 2014 VII B 147/13, BFH/NV S. 1353).*

[2] Zum Rechtsbehelf vgl. § 348 AO.

[3] Nach Auffassung des *FG Düsseldorf (EFG 1990 S. 281)* kann die Änderung des Aufteilungsbescheides nach Abs. 1 Nr. 2 über die Änderungen der zugrundeliegenden Steuerfestsetzung hinausgehen; anders als in § 175 Abs. 1 sei die Folgeänderung nicht nur möglich, „soweit" sich die Grundlage geändert hat.

AO

2 (2) **Nach Beendigung der Vollstreckung ist eine Änderung des Aufteilungsbescheids oder seine Berichtigung nach § 129 nicht mehr zulässig.**

3. Unterabschnitt. Vollstreckung in das bewegliche Vermögen

I. Allgemeines

§ 281 Pfändung

1 (1)[1] **Die Vollstreckung in das bewegliche Vermögen erfolgt durch Pfändung.**

2 (2) **Die Pfändung darf nicht weiter ausgedehnt werden, als es zur Deckung der beizutreibenden Geldbeträge und der Kosten der Vollstreckung erforderlich ist.**

3 (3)[2] **Die Pfändung unterbleibt, wenn die Verwertung der pfändbaren Gegenstände einen Überschuss über die Kosten der Vollstreckung nicht erwarten lässt.**

§ 282 Wirkung der Pfändung

1 (1) **Durch die Pfändung erwirbt[3] die Körperschaft, der die Vollstreckungsbehörde angehört, ein Pfandrecht an dem gepfändeten Gegenstand.**

2 (2) **Das Pfandrecht gewährt ihr im Verhältnis zu anderen Gläubigern dieselben Rechte wie ein Pfandrecht im Sinne des Bürgerlichen Gesetzbuchs; es geht Pfand- und Vorzugsrechten vor, die im Insolvenzverfahren diesem Pfandrecht nicht gleichgestellt sind.**

3 (3) **Das durch eine frühere Pfändung begründete Pfandrecht geht demjenigen vor, das durch eine spätere Pfändung begründet wird.**

§ 283 Ausschluss von Gewährleistungsansprüchen

Wird ein Gegenstand auf Grund der Pfändung veräußert, so steht dem Erwerber wegen eines Mangels im Recht oder wegen eines Mangels der veräußerten Sache ein Anspruch auf Gewährleistung nicht zu.

§ 284[4] Vermögensauskunft des Vollstreckungsschuldners

1 (1) ① **Der Vollstreckungsschuldner muss der Vollstreckungsbehörde auf deren Verlangen für die Vollstreckung einer Forderung Auskunft über sein Vermögen nach Maßgabe der folgenden Vorschriften erteilen, wenn er die Forderung nicht binnen zwei Wochen**

---

[1] Eine Pfändungs- und Einziehungsverfügung, der ein mangels Bekanntgabe nicht wirksam gewordener Steuerbescheid und damit kein wirksamer Vollstreckungstitel und kein Leistungsgebot zugrunde liegt, ist (entgegen der früheren Rechtsprechung des Senats) nicht nichtig, sondern (anfechtbar) rechtswidrig *(BFH-Urteil vom 22. 10. 2002 VII R 56/00, BStBl. 2003 II S. 109).*

Das in § 281 Abs. 2 AO normierte Verbot der Überpfändung, das § 803 ZPO nachgebildet ist, gilt nicht für die Vollstreckung in das unbewegliche Vermögen *(BFH-Beschluss vom 4. 7. 2007 VII B 304/06, BFH/NV S. 2060).*

[2] Zu Gebühren bei unterbliebener Pfändung vgl. § 339 Abs. 5 AO.

Zur Niederschlagung (allg.) vgl. § 261 AO.

Pfändungen durch den Vollziehungsbeamten der Vollstreckungsbehörde durch Wegnahme von Sachen oder durch Anbringung von Pfandsiegeln stellen Verwaltungsakte dar (vgl. *BFH-Urteil vom 17. 1. 1985 VII B 46/84, BStBl. II S. 302).*

[3] Zum gutgläubigen Erwerb durch Dritte vgl. §§ 932 ff. BGB.

[4] Zum Verfahren zur Abgabe einer eidesstattlichen Versicherung vgl. Abschn. 52 VollstrA. Der **Streitwert** bei Rechtsstreitigkeiten, welche die Vorlage eines Vermögensverzeichnisses einschließlich der Abgabe der eidesstattlichen Versicherung im Verfahren nach § 284 AO betreffen, ist im Regelfall auf 50% der rückständigen Steuerbeträge, aus denen vollstreckt wird, anzunehmen (Bestätigung der Rspr.). Der Streitwert darf jedoch den Höchstbetrag von 1 Mio. DM nicht übersteigen (Änderung der Rspr.; *BFH-Beschluss vom 29. 7. 1999 VII E 6/99, BStBl. II S. 756).*

Die Anwendung des § 284 AO setzt nicht voraus, dass zunächst ein Verfahren nach § 249 Abs. 2, § 95 AO durchgeführt wird (vgl. *Vfg. OFD Düsseldorf vom 15. 3. 1991 S 0531 A – St 332, StEK AO 1977 § 284 Nr. 10* sowie *BFH-Urteil vom 24. 9. 1991 VII R 34/90, BStBl. 1992 II S. 57*). Eine auf § 284 AO gestützte Aufforderung zur Abgabe einer eidesstattlichen Versicherung ist bei Vorliegen der tatbestandlichen Voraussetzungen unter Berücksichtigung des Grundsatzes der Verhältnismäßigkeit auch dann ermessensgerecht, wenn der Vollstreckungsschuldner die Abgabe einer e. V. nach § 249 Abs. 2, § 95 AO ohne die Folge der Eintragung in das Schuldnerverzeichnis (§ 915 ZPO) freiwillig anbietet *(BFH-Beschluss vom 4. 3. 1999 VII B 307/98, BFH/NV S. 1303).*

Die Verpflichtungen des Vollstreckungsschuldners, ein Vermögensverzeichnis vorzulegen und die Richtigkeit desselben zu Protokoll an Eides statt zu versichern, sind trotz der gesetzlichen Regelung in unterschiedlichen Absätzen des § 284 AO als Einheit anzusehen. Die Aufforderungen hierzu können daher grundsätzlich in einem einheitlichen Vorgang, in der Regel in der Ladung zu dem Termin zur Abgabe der eidesstattlichen Versicherung, erfolgen. Wenn die Vollstreckungsbehörde es im Einzelfall für geboten hält, kann sie auch abgestuft vorgehen und die den Vollstreckungsschuldner treffenden Verpflichtungen Schritt für Schritt einfordern. Auf welche Weise die Vollstreckungsbehörde letztendlich vorgeht, steht in ihrem pflichtgemäßen Ermessen und bedarf in der Ladungsverfügung keiner besonderen Begründung *(BFH-Beschluss vom 7. 12. 2000 VII B 206/00, BFH/NV 2001 S. 577).*

BFH-Urteil vom 26. 7. 2005 VII R 57/04, BStBl. II S. 815: 1. Ändert sich nach Vorlage eines Vermögensverzeichnisses die Vermögenslage des Vollstreckungsschuldners oder erkennt dieser die Unrichtigkeit der von ihm gemachten Angaben, ist er vor Abgabe der eidesstattlichen Versicherung zur Ergänzung bzw. Richtigstellung seiner Angaben verpflichtet. 2. Ergänzt oder berichtigt der Vollstreckungsschuldner vor Abgabe der eidesstattlichen Versicherung das der Finanzbehörde bereits vorgelegte Vermögensverzeichnis, wird allein dadurch kein neues Verfahren in Gang gesetzt. Die Finanzbehörde hat hinsichtlich der Aufforderung zur Abgabe der eidesstattlichen Versicherung eine erneute Ermessensentscheidung nur dann zu treffen, wenn der Vollstreckungsschuldner substantiiert besondere Gründe darlegt, die eine Abstandnahme von der Abnahme der eidesstattlichen Versicherung geboten erscheinen lassen.

begleicht, nachdem ihn die Vollstreckungsbehörde unter Hinweis auf die Verpflichtung zur Abgabe der Vermögensauskunft zur Zahlung aufgefordert hat. ② Zusätzlich hat er seinen Geburtsnamen, sein Geburtsdatum und seinen Geburtsort anzugeben. ③ Handelt es sich bei dem Vollstreckungsschuldner um eine juristische Person oder um eine rechtsfähige Personenvereinigung, so hat er seine Firma oder den Namen, die Nummer des Registerblatts im Handels-, Genossenschafts-, Gesellschafts-, Partnerschafts- oder Vereinsregister und seinen Sitz anzugeben.

(2) ① Zur Auskunftserteilung hat der Vollstreckungsschuldner alle ihm gehörenden Vermögensgegenstände anzugeben. ② Bei Forderungen sind Grund und Beweismittel zu bezeichnen. ③ Ferner sind anzugeben: 2

1. die entgeltlichen Veräußerungen des Vollstreckungsschuldners an eine nahestehende Person (§ 138 der Insolvenzordnung), die dieser in den letzten zwei Jahren vor dem Termin nach Absatz 7 und bis zur Abgabe der Vermögensauskunft vorgenommen hat;
2. die unentgeltlichen Leistungen des Vollstreckungsschuldners, die dieser in den letzten vier Jahren vor dem Termin nach Absatz 7 und bis zur Abgabe der Vermögensauskunft vorgenommen hat, sofern sie sich nicht auf gebräuchliche Gelegenheitsgeschenke geringen Werts richteten.

④ Sachen, die nach § 811 Absatz 1 Nummer 1 Buchstabe a und Nummer 2 der Zivilprozessordnung der Pfändung offensichtlich nicht unterworfen sind, brauchen nicht angegeben zu werden, es sei denn, dass eine Austauschpfändung in Betracht kommt.

(3) ① Der Vollstreckungsschuldner hat zu Protokoll an Eides statt zu versichern, dass er die Angaben nach den Absätzen 1 und 2 nach bestem Wissen und Gewissen richtig und vollständig gemacht habe. ② Vor Abnahme der eidesstattlichen Versicherung ist der Vollstreckungsschuldner über die Bedeutung der eidesstattlichen Versicherung, insbesondere über die strafrechtlichen Folgen einer unrichtigen oder unvollständigen eidesstattlichen Versicherung, zu belehren. 3

(4) ① Der Vollstreckungsschuldner ist innerhalb von zwei Jahren nach Abgabe der Vermögensauskunft nach dieser Vorschrift oder nach § 802 c der Zivilprozessordnung nicht verpflichtet, eine weitere Vermögensauskunft abzugeben, es sei denn, es ist anzunehmen, dass sich die Vermögensverhältnisse des Vollstreckungsschuldners wesentlich geändert haben. ② Die Vollstreckungsbehörde hat von Amts wegen festzustellen, ob beim zentralen Vollstreckungsgericht nach § 802 k Absatz 1 der Zivilprozessordnung in den letzten zwei Jahren ein auf Grund einer Vermögensauskunft des Schuldners erstelltes Vermögensverzeichnis hinterlegt wurde. 4

(5) ① Für die Abnahme der Vermögensauskunft ist die Vollstreckungsbehörde zuständig, in deren Bezirk sich der Wohnsitz oder der Aufenthaltsort des Vollstreckungsschuldners befindet. ② Liegen diese Voraussetzungen bei der Vollstreckungsbehörde, die die Vollstreckung betreibt, nicht vor, so kann sie die Vermögensauskunft abnehmen, wenn der Vollstreckungsschuldner zu ihrer Abgabe bereit ist. 5

(6) ① Die Ladung zu dem Termin zur Abgabe der Vermögensauskunft ist dem Vollstreckungsschuldner selbst zuzustellen; sie kann mit der Fristsetzung nach Absatz 1 Satz 1 verbunden werden. ② Der Termin zur Abgabe der Vermögensauskunft soll nicht vor Ablauf eines Monats nach Zustellung der Ladung bestimmt werden. ③ Ein Rechtsbehelf gegen die Anordnung der Abgabe der Vermögensauskunft hat keine aufschiebende Wirkung. ④ Der Vollstreckungsschuldner hat die zur Vermögensauskunft erforderlichen Unterlagen im Termin vorzulegen. ⑤ Hierüber und über seine Rechte und Pflichten nach den Absätzen 2 und 3, über die Folgen einer unentschuldigten Terminssäumnis oder einer Verletzung seiner Auskunftspflichten sowie über die Möglichkeit der Eintragung in das Schuldnerverzeichnis bei Abgabe der Vermögensauskunft ist der Vollstreckungsschuldner bei der Ladung zu belehren. 6

(7) ① Im Termin zur Abgabe der Vermögensauskunft erstellt die Vollstreckungsbehörde ein elektronisches Dokument mit den nach den Absätzen 1 und 2 erforderlichen Angaben (Vermögensverzeichnis). ② Diese Angaben sind dem Vollstreckungsschuldner vor Abgabe der Versicherung nach Absatz 3 vorzulesen oder zur Durchsicht auf einem Bildschirm wiederzugeben. ③ Ihm ist auf Verlangen ein Ausdruck zu erteilen. ④ Die Vollstreckungsbehörde hinterlegt das Vermögensverzeichnis bei dem zentralen Vollstreckungsgericht nach § 802 k Absatz 1 der Zivilprozessordnung. ⑤ Form, Aufnahme und Übermittlung des Vermögensverzeichnisses haben den Vorgaben der Verordnung nach § 802 k Absatz 4 der Zivilprozessordnung zu entsprechen. 7

(8) ① Ist der Vollstreckungsschuldner ohne ausreichende Entschuldigung in dem zur Abgabe der Vermögensauskunft anberaumten Termin vor der in Absatz 5 Satz 1 bezeichneten Vollstreckungsbehörde nicht erschienen oder verweigert er ohne Grund die Abgabe der Vermögensauskunft, so kann die Vollstreckungsbehörde, die die Vollstreckung betreibt, die Anordnung der Haft zur Erzwingung der Abgabe beantragen. 8

AO

② Zuständig für die Anordnung der Haft ist das Amtsgericht, in dessen Bezirk der Vollstreckungsschuldner im Zeitpunkt der Fristsetzung nach Absatz 1 Satz 1 seinen Wohnsitz oder in Ermangelung eines solchen seinen Aufenthaltsort hat. ③ Die §§ 802g bis 802j der Zivilprozessordnung sind entsprechend anzuwenden. ④ Die Verhaftung des Vollstreckungsschuldners erfolgt durch einen Gerichtsvollzieher. ⑤ § 292 dieses Gesetzes gilt entsprechend. ⑥ Nach der Verhaftung des Vollstreckungsschuldners kann die Vermögensauskunft von dem nach § 802i der Zivilprozessordnung zuständigen Gerichtsvollzieher abgenommen werden, wenn sich der Sitz der in Absatz 5 bezeichneten Vollstreckungsbehörde nicht im Bezirk des für den Gerichtsvollzieher zuständigen Amtsgerichts befindet oder wenn die Abnahme der Vermögensauskunft durch die Vollstreckungsbehörde nicht möglich ist. ⑦ Der Beschluss des Amtsgerichts, mit dem der Antrag der Vollstreckungsbehörde auf Anordnung der Haft abgelehnt wird, unterliegt der Beschwerde nach den §§ 567 bis 577 der Zivilprozessordnung.

9 (9) ① Die Vollstreckungsbehörde kann die Eintragung des Vollstreckungsschuldners in das Schuldnerverzeichnis nach § 882h Absatz 1 der Zivilprozessordnung anordnen, wenn

1. der Vollstreckungsschuldner seiner Pflicht zur Abgabe der Vermögensauskunft nicht nachgekommen ist,
2. eine Vollstreckung nach dem Inhalt des Vermögensverzeichnisses offensichtlich nicht geeignet wäre, zu einer vollständigen Befriedigung der Forderung zu führen, wegen der die Vermögensauskunft verlangt wurde oder wegen der die Vollstreckungsbehörde vorbehaltlich der Fristsetzung nach Absatz 1 Satz 1 und der Sperrwirkung nach Absatz 4 eine Vermögensauskunft verlangen könnte, oder
3. der Vollstreckungsschuldner nicht innerhalb eines Monats nach Abgabe der Vermögensauskunft die Forderung, wegen der die Vermögensauskunft verlangt wurde, vollständig befriedigt. ② Gleiches gilt, wenn die Vollstreckungsbehörde vorbehaltlich der Fristsetzung nach Absatz 1 Satz 1 und der Sperrwirkung nach Absatz 4 eine Vermögensauskunft verlangen kann, sofern der Vollstreckungsschuldner die Forderung nicht innerhalb eines Monats befriedigt, nachdem er auf die Möglichkeit der Eintragung in das Schuldnerverzeichnis hingewiesen wurde.

② Die Eintragungsanordnung soll kurz begründet werden. ③ Sie ist dem Vollstreckungsschuldner zuzustellen. ④ § 882c Absatz 3 der Zivilprozessordnung gilt entsprechend.

10 (10) ① Ein Rechtsbehelf gegen die Eintragungsanordnung nach Absatz 9 hat keine aufschiebende Wirkung. ② Nach Ablauf eines Monats seit der Zustellung hat die Vollstreckungsbehörde die Eintragungsanordnung dem zentralen Vollstreckungsgericht nach § 882h Absatz 1 der Zivilprozessordnung mit den in § 882b Absatz 2 und 3 der Zivilprozessordnung genannten Daten elektronisch zu übermitteln. ③ Dies gilt nicht, wenn Anträge auf Gewährung einer Aussetzung der Vollziehung der Eintragungsanordnung nach § 361 dieses Gesetzes oder § 69 der Finanzgerichtsordnung anhängig sind, die Aussicht auf Erfolg haben.

11 (11) ① Ist die Eintragung in das Schuldnerverzeichnis nach § 882h Absatz 1 der Zivilprozessordnung erfolgt, sind Entscheidungen über Rechtsbehelfe des Vollstreckungsschuldners gegen die Eintragungsanordnung durch die Vollstreckungsbehörde oder durch das Gericht dem zentralen Vollstreckungsgericht nach § 882h Absatz 1 der Zivilprozessordnung elektronisch zu übermitteln. ② Form und Übermittlung der Eintragungsanordnung nach Absatz 10 Satz 1 und 2 sowie der Entscheidung nach Satz 1 haben den Vorgaben der Verordnung nach § 882h Absatz 3 der Zivilprozessordnung zu entsprechen.

II. Vollstreckung in Sachen

§ 285 Vollziehungsbeamte

1 (1) Die Vollstreckungsbehörde führt die Vollstreckung in bewegliche Sachen durch Vollziehungsbeamte aus.[1]

2 (2) Dem Vollstreckungsschuldner und Dritten gegenüber wird der Vollziehungsbeamte zur Vollstreckung durch schriftlichen oder elektronischen Auftrag[2] der Vollstreckungsbehörde ermächtigt; der Auftrag ist auf Verlangen vorzuzeigen.

---

[1] Nähere Anweisungen über die Ausführung der Vollstreckung durch Vollziehungsbeamte enthält die Vollziehungsanweisung (VollzA) vom 29. 4. 1980 (BStBl. I S. 194), zuletzt geänd. durch BStBl. 2011 I S. 238; abgedruckt in der Loseblatt-Textausgabe „Steuererlasse" Nr. **800 b**. Beachte hierzu auch die Vollstreckungsanweisung (VollstrA) vom 13. 3. 1980 (BStBl. I S. 112), zuletzt geänd. durch BStBl. I 2011 S. 238; abgedruckt in der Loseblatt-Textausgabe „Steuererlasse" Nr. **800 a**.

[2] Zum Inhalt des Vollstreckungsauftrags vgl. Abschn. 34 VollstrA.

Zur Frage, in welchen Fällen die Vollziehungsbeamten mit der Ausführung der Vollstreckung beauftragt werden können, vgl. Abschn. 24 VollstrA.

§ 286 Vollstreckung in Sachen[1]

(1) **Sachen, die im Gewahrsam des Vollstreckungsschuldners[2] sind, pfändet der Vollziehungsbeamte dadurch, dass er sie in Besitz nimmt.** 1

(2) ① **Andere Sachen als Geld, Kostbarkeiten und Wertpapiere sind im Gewahrsam des Vollstreckungsschuldners zu lassen, wenn die Befriedigung hierdurch nicht gefährdet wird.** ② **Bleiben die Sachen im Gewahrsam des Vollstreckungsschuldners, so ist die Pfändung nur wirksam, wenn sie durch Anlegung von Siegeln oder in sonstiger Weise ersichtlich gemacht ist.** 2

(3) **Der Vollziehungsbeamte hat dem Vollstreckungsschuldner die Pfändung mitzuteilen.** 3

(4) **Diese Vorschriften gelten auch für die Pfändung von Sachen im Gewahrsam eines Dritten, der zu ihrer Herausgabe bereit ist.** 4

§ 287 Befugnisse des Vollziehungsbeamten[3]

(1) **Der Vollziehungsbeamte ist befugt, die Wohn-[4] und Geschäftsräume sowie die Behältnisse des Vollstreckungsschuldners zu durchsuchen, soweit dies der Zweck der Vollstreckung erfordert.** 1

(2) **Er ist befugt, verschlossene Türen und Behältnisse öffnen zu lassen.** 2

(3) **Wenn er Widerstand findet, kann er Gewalt anwenden und hierzu um Unterstützung durch Polizeibeamte nachsuchen.** 3

(4)[5] ① **Die Wohn- und Geschäftsräume des Vollstreckungsschuldners dürfen ohne dessen Einwilligung nur auf Grund einer richterlichen Anordnung durchsucht werden.** ② **Dies gilt nicht, wenn die Einholung der Anordnung den Erfolg der Durchsuchung gefährden würde.** ③ **Für die richterliche Anordnung einer Durchsuchung ist das Amtsgericht zuständig, in dessen Bezirk die Durchsuchung vorgenommen werden soll.** 4

(5) ① **Willigt der Vollstreckungsschuldner in die Durchsuchung ein oder ist eine Anordnung gegen ihn nach Absatz 4 Satz 1 ergangen oder nach Absatz 4 Satz 2 entbehrlich, so haben Personen, die Mitgewahrsam an den Wohn- oder Geschäftsräumen des Vollstreckungsschuldners haben, die Durchsuchung zu dulden.** ② **Unbillige Härten gegenüber Mitgewahrsaminhabern sind zu vermeiden.** 5

(6) **Die Anordnung nach Absatz 4 ist bei der Vollstreckung vorzuzeigen.** 6

---

[1] Zur Anschlusspfändung s. § 307 AO.
Zum Pfändungsverfahren vgl. Abschn. 32–50 VollzA.
Zur Definition der Begriffe „Geld", „Kostbarkeiten" und „Wertpapiere" vgl. Abschn. 15 VollzA.

[2] Bei Ehegatten vgl. § 1362 BGB.

[3] Zur Einschränkung von Grundrechten s. § 413 AO.

[4] Eine in unmittelbarer Nähe zur eigentlichen Wohnung gelegene, privat genutzte Garage fällt unter den Begriff der „Wohnung" i. S. des § 287 Abs. 4 Satz 1 AO *(BFH-Urteil vom 15. 10. 2019 VII R 6/18, BFH/NV S. 116).*

[5] Vom *BVerfG* ist durch *Beschluss vom 3. 4. 1979 I BvR 994/76, BStBl. II S. 601* entschieden worden, dass Art. 13 Abs. 2 GG auch bei der Zwangsvollstreckung gem. § 758 ZPO, außer bei Gefahr im Verzug, eine – besondere – richterliche Anordnung für die Durchsuchung der Wohnung zum Zwecke der Pfändung beweglicher Sachen erfordert. Dies gilt auch für die Durchsuchung der Wohn- und Geschäftsräume durch den Vollziehungsbeamten der Finanzverwaltung zum Zwecke der Vollstreckung in bewegliche Sachen nach § 287 AO. Einzelheiten über die Durchsuchung von Wohnungen durch den Vollziehungsbeamten sind in Abschn. 28, 29, 30 VollzA geregelt. Durch die 2. Zwangsvollstreckungsnovelle wurde § 287 Abs. 4 an die Änderungen des § 758 a ZPO angepasst.

Zum Prüfungsumfang und zur Gewährung vorherigen rechtlichen Gehörs bei richterlicher Durchsuchungsanordnung gem. Art. 13 Abs. 2 GG zum Zwecke der Zwangsvollstreckung vgl. *Beschluss des BVerfG vom 16. 6. 1981 – 1 BvR 1094/80, DStZE S. 300.* Durch vorgenannten BVerfG-Beschluss ist bestätigt worden, dass der Richtervorbehalt des Art. 13 Abs. 2 GG sich auch auf die Wohnungsdurchsuchung gem. § 287 AO erstreckt.

Bei Vereinbarung von Ratenzahlungen mit dem Vollstreckungsschuldner kann eine richterliche Durchsuchungsanordnung nicht mehr aufrecht erhalten werden *(BFH-Urteil vom 7. 11. 1979 VII B 35/79, BStBl. 1980 II S. 86).*

Der Antrag der Vollstreckungsbehörde auf Erlass einer Durchsuchungsanordnung ist dem Vollstreckungsschuldner nicht bekanntzugeben. Vgl. hierzu *Nr. 3 des BMF-Schreibens vom 1. 7. 1988 IV A 5 – S 0540 – 4/88, BStBl. I S. 192;* abgedruckt als Anl. zu § 322 AO.

Das bloße Betreten und Besichtigen von Geschäfts- oder Betriebsräumen des Stpfl. durch Vollziehungsbeamte des FA ist auch ohne richterlichen Durchsuchungsbeschluss zulässig. Das gilt auch für das Verweilen in diesen Räumen mit der Absicht, nach erfolgloser Zahlungsaufforderung zu einer Sachpfändung zu schreiten.

Die Pfändung von offen ausgelegten Waren oder Gegenständen, die für die Vollziehungsbeamten ohne weiteres Nachforschen zugänglich sind, stellt noch keine Durchsuchungshandlung iSv. Art. 13 Abs. 2 GG dar. Durchsuchungshandlungen, für die es einer richterlichen Anordnung bedarf, liegen erst dann vor, wenn die zu pfändenden Gegenstände aus Schränken, Schubladen oder ähnlichen, den Vollziehungsbeamten nicht ohne weiteres zugänglichen Behältnissen oder Orten entnommen werden *(BFH-Urteil vom 4. 10. 1988 VII R 59/86, BStBl. 1989 II S. 55).*

Eine in unmittelbarer Nähe zur eigentlichen Wohnung gelegene, privat genutzte Garage fällt unter den Begriff der „Wohnung" i.S. des § 287 Abs. 4 Satz 1 AO *(BFH-Urteil vom 15. 10. 2019 VII R 6/18, BStBl. 2023 II S. 207).* Für die gewaltsame Öffnung und für das Durchsuchen einer derartigen Garage mit dem Ziel, pfändbare Gegenstände aufzufinden, ist eine richterliche Anordnung erforderlich, wenn weder die Einwilligung des Vollstreckungsschuldners noch Gefahr im Verzug vorliegen (§ 287 Abs. 4 AO). Wird der Durchsuchungsbeschluss aufgehoben, wird eine bereits durchgeführte Durchsuchung mit allen dabei vorgenommenen Vollstreckungsmaßnahmen rechtswidrig *(BFH-Urteil vom 15. 10. 2019 VII R 6/18, BStBl. 2023 II S. 207).* Dem FG ist es verwehrt, die Entscheidung des LG, mit dem dieses den Durchsuchungsbeschluss aufgehoben hat, auf ihre Richtigkeit hin zu überprüfen.

§ 288 Zuziehung von Zeugen[1]

Wird bei einer Vollstreckungshandlung Widerstand geleistet oder ist bei einer Vollstreckungshandlung in den Wohn- oder Geschäftsräumen des Vollstreckungsschuldners weder der Vollstreckungsschuldner noch ein erwachsener Familienangehöriger, ein erwachsener ständiger Mitbewohner oder eine beim Vollstreckungsschuldner beschäftigte Person gegenwärtig, so hat der Vollziehungsbeamte zwei Erwachsene oder einen Gemeinde- oder Polizeibeamten als Zeugen zuzuziehen.

§ 289 Zeit der Vollstreckung

1 (1) **Zur Nachtzeit (§ 758 a Absatz 4 Satz 2 der Zivilprozessordnung)[2] sowie an Sonntagen und staatlich anerkannten allgemeinen Feiertagen darf eine Vollstreckungshandlung nur mit schriftlicher oder elektronischer Erlaubnis der Vollstreckungsbehörde vorgenommen werden.**

2 (2) **Die Erlaubnis ist auf Verlangen bei der Vollstreckungshandlung vorzuzeigen.**

§ 290 Aufforderungen und Mitteilungen des Vollziehungsbeamten

Die Aufforderungen und die sonstigen Mitteilungen, die zu den Vollstreckungshandlungen gehören, sind vom Vollziehungsbeamten mündlich zu erlassen und vollständig in die Niederschrift aufzunehmen; können sie mündlich nicht erlassen werden, so hat die Vollstreckungsbehörde demjenigen, an den die Aufforderung oder Mitteilung zu richten ist, eine Abschrift der Niederschrift zu senden.

§ 291 Niederschrift[3]

1 (1) **Der Vollziehungsbeamte hat über jede Vollstreckungshandlung eine Niederschrift aufzunehmen.**

2 (2) **Die Niederschrift muss enthalten:**

1. **Ort und Zeit der Aufnahme,**
2. **den Gegenstand der Vollstreckungshandlung unter kurzer Erwähnung der Vorgänge,**
3. **die Namen der Personen, mit denen verhandelt worden ist,**
4. **die Unterschriften der Personen und die Bemerkung, dass nach Vorlesung oder Vorlegung zur Durchsicht und nach Genehmigung unterzeichnet sei,**
5. **die Unterschrift des Vollziehungsbeamten.**

3 (3) **Hat einem der Erfordernisse unter Absatz 2 Nummer 4 nicht genügt werden können, so ist der Grund anzugeben.**

4 (4) ① **Die Niederschrift kann auch elektronisch erstellt werden.** ② **Absatz 2 Nummer 4 und 5 sowie § 87 a Absatz 4 Satz 2 gelten nicht.**

§ 292 Abwendung der Pfändung[4]

1 (1) **Der Vollstreckungsschuldner kann die Pfändung nur abwenden, wenn er den geschuldeten Betrag an den Vollziehungsbeamten zahlt oder nachweist, dass ihm eine Zahlungsfrist bewilligt worden ist oder dass die Schuld erloschen ist.**

2 (2) **Absatz 1 gilt entsprechend, wenn der Vollstreckungsschuldner eine Entscheidung vorlegt, aus der sich die Unzulässigkeit der vorzunehmenden Pfändung ergibt oder wenn er eine Post- oder Bankquittung vorlegt, aus der sich ergibt, dass er den geschuldeten Betrag eingezahlt hat.**

§ 293 Pfand- und Vorzugsrechte Dritter[5]

1 (1) ① **Der Pfändung einer Sache kann ein Dritter, der sich nicht im Besitz der Sache befindet, auf Grund eines Pfand- oder Vorzugsrechts nicht widersprechen.** ② **Er kann jedoch vorzugsweise Befriedigung aus dem Erlös verlangen ohne Rücksicht darauf, ob seine Forderung fällig ist oder nicht.**

2 (2) ① **Für eine Klage auf vorzugsweise Befriedigung ist ausschließlich zuständig das ordentliche Gericht, in dessen Bezirk gepfändet worden ist.** ② **Wird die Klage gegen die Körperschaft, der die Vollstreckungsbehörde angehört, und gegen den Vollstreckungsschuldner gerichtet, so sind sie Streitgenossen.**[6]

---

[1] Vgl. Abschn. 29, 30 VollzA.

[2] Diese Vorschrift lautet:
„**§ 758 a Richterliche Durchsuchungsanordnung; Vollstreckung zur Unzeit**
(1) …
(4) … [2]Die Nachtzeit umfasst die Stunden von 21 bis 6 Uhr."

[3] Vgl. auch Abschn. 20 VollstrA.

[4] Zur Pfändungsgebühr vgl. §§ 339 Abs. 6, 341 AO.

[5] Vgl. Abschn. 13 VollstrA.

[6] Vgl. §§ 252, 262 AO.

§ 294 Ungetrennte Früchte[1]

(1) ① Früchte, die vom Boden noch nicht getrennt sind, können gepfändet werden, solange sie nicht durch Vollstreckung in das unbewegliche Vermögen in Beschlag genommen worden sind. ② Sie dürfen nicht früher als einen Monat vor der gewöhnlichen Zeit der Reife gepfändet werden. 1

(2) Ein Gläubiger, der ein Recht auf Befriedigung aus dem Grundstück hat, kann der Pfändung nach § 262 widersprechen, wenn nicht für einen Anspruch gepfändet ist, der bei der Vollstreckung in das Grundstück vorgeht. 2

§ 295 Unpfändbarkeit von Sachen

① Die §§ 811 bis 811 c, 813 Absatz 1 bis 3 und § 882 a Absatz 4 der Zivilprozessordnung sowie die Beschränkungen und Verbote, die nach anderen gesetzlichen Vorschriften für die Pfändung von Sachen bestehen, gelten entsprechend. ② An die Stelle des Vollstreckungsgerichts tritt die Vollstreckungsbehörde.

§ 296 Verwertung[2, 3]

(1) ① Die gepfändeten Sachen sind auf schriftliche Anordnung der Vollstreckungsbehörde öffentlich zu versteigern. ② Eine öffentliche Versteigerung ist 1
1. die Versteigerung vor Ort oder
2. die allgemein zugängliche Versteigerung im Internet über die Plattform www.zoll-auktion.de.

③ Die Versteigerung erfolgt in der Regel durch den Vollziehungsbeamten. ④ § 292 gilt entsprechend.

(2) Bei Pfändung von Geld gilt die Wegnahme als Zahlung des Vollstreckungsschuldners. 2

§ 297 Aussetzung der Verwertung[4, 5]

Die Vollstreckungsbehörde kann die Verwertung gepfändeter Sachen unter Anordnung von Zahlungsfristen zeitweilig aussetzen, wenn die alsbaldige Verwertung unbillig wäre.

§ 298 Versteigerung

(1) Die gepfändeten Sachen dürfen nicht vor Ablauf einer Woche seit dem Tag der Pfändung versteigert werden, sofern sich nicht der Vollstreckungsschuldner mit einer früheren Versteigerung einverstanden erklärt oder diese erforderlich ist, um die Gefahr einer beträchtlichen Wertverringerung abzuwenden oder unverhältnismäßige Kosten längerer Aufbewahrung zu vermeiden. 1

(2) ① Zeit und Ort der Versteigerung sind öffentlich bekannt zu machen; dabei sind die Sachen, die versteigert werden sollen, im Allgemeinen zu bezeichnen. ② Auf Ersuchen der Vollstreckungsbehörde hat ein Gemeindebediensteter oder ein Polizeibeamter der Versteigerung beizuwohnen. ③ Die Sätze 1 und 2 gelten nicht für eine Versteigerung nach § 296 Absatz 1 Satz 2 Nummer 2. 2

(3) § 1239 Absatz 1 Satz 1 des Bürgerlichen Gesetzbuchs gilt entsprechend; bei der Versteigerung vor Ort (§ 296 Absatz 1 Satz 2 Nummer 1) ist auch § 1239 Absatz 2 des Bürgerlichen Gesetzbuchs entsprechend anzuwenden. 3

§ 299 Zuschlag[5]

(1) ① Bei der Versteigerung vor Ort (§ 296 Absatz 1 Satz 2 Nummer 1) soll dem Zuschlag an den Meistbietenden ein dreimaliger Aufruf vorausgehen. ② Bei einer Versteigerung im Internet (§ 296 Absatz 1 Satz 2 Nummer 2) ist der Zuschlag der Person erteilt, die am Ende der Versteigerung das höchste Gebot abgegeben hat, es sei denn, die Versteigerung wird vorzeitig abgebrochen; sie ist von dem Zuschlag zu benachrichtigen. ③ § 156 des Bürgerlichen Gesetzbuchs gilt entsprechend. 1

---

[1] Zur Versteigerung s. § 304 AO.

[2] Vgl. hierzu auch „Richtlinien für die Verwertung von beweglichen Sachen im Bereich der Zollverwaltung (Verwertungsrichtlinien 1977)"; veröffentlicht in der Vorschriftensammlung Bundesfinanzverwaltung – VSF S 1625. Nach Maßgabe dieser Verwertungsrichtlinien ist auch von den Vollziehungsbeamten der Landesfinanzbehörden zu verfahren (vgl. Abschn. 51 Abs. 7 VollzA).

Zur besonderen Verwertung vgl. § 305 AO.

[3] Vgl. Abschn. 36–40 VollstrA und Abschn. 51–56 VollzA.

[4] Vgl. hierzu auch „Richtlinien für die Verwertung von beweglichen Sachen im Bereich der Zollverwaltung (Verwertungsrichtlinien 1977)"; veröffentlicht in der Vorschriftensammlung Bundesfinanzverwaltung – VSF S 1625. Nach Maßgabe dieser Verwertungsrichtlinien ist auch von den Vollziehungsbeamten der Landesfinanzbehörden zu verfahren (vgl. Abschn. 51 Abs. 7 VollzA).

[5] Zur Aussetzung der Vollstreckung vgl. § 258 AO.

AO

2 (2) ① Die Aushändigung einer zugeschlagenen Sache darf nur gegen bare Zahlung geschehen. ② Bei einer Versteigerung im Internet darf die zugeschlagene Sache auch ausgehändigt werden, wenn die Zahlung auf dem Konto der Finanzbehörde gutgeschrieben ist. ③ Wird die zugeschlagene Sache übersandt, so gilt die Aushändigung mit der Übergabe an die zur Ausführung der Versendung bestimmte Person als bewirkt.

3 (3) ① Hat der Meistbietende nicht zu der in den Versteigerungsbedingungen bestimmten Zeit oder in Ermangelung einer solchen Bestimmung nicht vor dem Schluss des Versteigerungstermins die Aushändigung gegen Zahlung des Kaufgeldes verlangt, so wird die Sache anderweitig versteigert. ② Der Meistbietende wird zu einem weiteren Gebot nicht zugelassen; er haftet für den Ausfall, auf den Mehrerlös hat er keinen Anspruch.

4 (4) ① Wird der Zuschlag dem Gläubiger erteilt, so ist dieser von der Verpflichtung zur baren Zahlung so weit befreit, als der Erlös nach Abzug der Kosten der Vollstreckung zu seiner Befriedigung zu verwenden ist. ② Soweit der Gläubiger von der Verpflichtung zur baren Zahlung befreit ist, gilt der Betrag als von dem Schuldner an den Gläubiger gezahlt.

§ 300 Mindestgebot

1 (1) ① Der Zuschlag darf nur auf ein Gebot erteilt werden, das mindestens die Hälfte des gewöhnlichen Verkaufswerts der Sache erreicht (Mindestgebot). ② Der gewöhnliche Verkaufswert und das Mindestgebot sollen bei dem Ausbieten bekannt gegeben werden.

2 (2) ① Wird der Zuschlag nicht erteilt, weil ein das Mindestgebot erreichendes Gebot nicht abgegeben worden ist, so bleibt das Pfandrecht bestehen. ② Die Vollstreckungsbehörde kann jederzeit einen neuen Versteigerungstermin bestimmen oder eine anderweitige Verwertung der gepfändeten Sachen nach § 305 anordnen. ③ Wird die anderweitige Verwertung angeordnet, so gilt Absatz 1 entsprechend.

3 (3) ① Gold- und Silbersachen dürfen auch nicht unter ihrem Gold- oder Silberwert zugeschlagen werden. ② Wird ein den Zuschlag gestattendes Gebot nicht abgegeben, so können die Sachen auf Anordnung der Vollstreckungsbehörde aus freier Hand verkauft werden. ③ Der Verkaufspreis darf den Gold- oder Silberwert und die Hälfte des gewöhnlichen Verkaufswerts nicht unterschreiten.

§ 301 Einstellung der Versteigerung[1]

1 (1) Die Versteigerung wird eingestellt, sobald der Erlös zur Deckung der beizutreibenden Beträge einschließlich der Kosten der Vollstreckung ausreicht.

2 (2) ① Die Empfangnahme des Erlöses durch den versteigernden Beamten gilt als Zahlung des Vollstreckungsschuldners, es sei denn, dass der Erlös hinterlegt wird (§ 308 Absatz 4). ② Als Zahlung im Sinne von Satz 1 gilt bei einer Versteigerung im Internet auch der Eingang des Erlöses auf dem Konto der Finanzbehörde.

§ 302 Wertpapiere[1]

Gepfändete Wertpapiere, die einen Börsen- oder Marktpreis haben, sind aus freier Hand zum Tageskurs zu verkaufen; andere Wertpapiere sind nach den allgemeinen Vorschriften zu versteigern.

§ 303 Namenspapiere[1]

Lautet ein gepfändetes Wertpapier auf einen Namen, so ist die Vollstreckungsbehörde berechtigt, die Umschreibung auf den Namen des Käufers oder, wenn es sich um ein auf einen Namen umgeschriebenes Inhaberpapier handelt, die Rückverwandlung in ein Inhaberpapier zu erwirken und die hierzu erforderlichen Erklärungen an Stelle des Vollstreckungsschuldners abzugeben.

§ 304 Versteigerung ungetrennter Früchte[1, 2]

① Gepfändete Früchte, die vom Boden noch nicht getrennt sind, dürfen erst nach der Reife versteigert werden. ② Der Vollziehungsbeamte hat sie abernten zu lassen, wenn er sie nicht vor der Trennung versteigert.

§ 305 Besondere Verwertung[1]

Auf Antrag des Vollstreckungsschuldners oder aus besonderen Zweckmäßigkeitsgründen kann die Vollstreckungsbehörde anordnen, dass eine gepfändete Sache in anderer Weise oder an einem anderen Ort, als in den vorstehenden Paragraphen be-

---

[1] Vgl. Abschn. 36–40 VollstrA und Abschn. 51–56 VollzA.
[2] Zur Pfändung vgl. § 294 AO.

stimmt ist, zu verwerten oder durch eine andere Person als den Vollziehungsbeamten zu versteigern sei.

§ 306 **Vollstreckung in Ersatzteile von Luftfahrzeugen**

(1) **Für die Vollstreckung in Ersatzteile, auf die sich ein Registerpfandrecht an einem Luftfahrzeug nach § 71 des Gesetzes über Rechte an Luftfahrzeugen erstreckt, gilt § 100 des Gesetzes über Rechte an Luftfahrzeugen; an die Stelle des Gerichtsvollziehers tritt der Vollziehungsbeamte.** 1

(2) **Absatz 1 gilt für die Vollstreckung in Ersatzteile, auf die sich das Recht an einem ausländischen Luftfahrzeug erstreckt, mit der Maßgabe, dass die Vorschriften des § 106 Absatz 1 Nummer 2 und Absatz 4 des Gesetzes über Rechte an Luftfahrzeugen zu berücksichtigen sind.** 2

§ 307 **Anschlusspfändung**

(1) ① **Zur Pfändung bereits gepfändeter Sachen genügt die in die Niederschrift aufzunehmende Erklärung des Vollziehungsbeamten, dass er die Sache für die zu bezeichnende Forderung pfändet.** ② **Dem Vollstreckungsschuldner ist die weitere Pfändung mitzuteilen.** 1

(2) ① **Ist die erste Pfändung für eine andere Vollstreckungsbehörde oder durch einen Gerichtsvollzieher erfolgt, so ist dieser Vollstreckungsbehörde oder dem Gerichtsvollzieher eine Abschrift der Niederschrift zu übersenden.** ② **Die gleiche Pflicht hat ein Gerichtsvollzieher, der eine Sache pfändet, die bereits im Auftrag einer Vollstreckungsbehörde gepfändet ist.** 2

§ 308 **Verwertung bei mehrfacher Pfändung**

(1) **Wird dieselbe Sache mehrfach durch Vollziehungsbeamte oder durch Vollziehungsbeamte und Gerichtsvollzieher gepfändet, so begründet ausschließlich die erste Pfändung die Zuständigkeit zur Versteigerung.** 1

(2) **Betreibt ein Gläubiger die Versteigerung, so wird für alle beteiligten Gläubiger versteigert.** 2

(3) **Der Erlös wird nach der Reihenfolge der Pfändungen oder nach abweichender Vereinbarung der beteiligten Gläubiger verteilt.** 3

(4) ① **Reicht der Erlös zur Deckung der Forderungen nicht aus und verlangt ein Gläubiger, für den die zweite oder eine spätere Pfändung erfolgt ist, ohne Zustimmung der übrigen beteiligten Gläubiger eine andere Verteilung als nach der Reihenfolge der Pfändungen, so ist die Sachlage unter Hinterlegung des Erlöses dem Amtsgericht, in dessen Bezirk gepfändet ist, anzuzeigen.** ② **Der Anzeige sind die Schriftstücke, die sich auf das Verfahren beziehen, beizufügen.** ③ **Für das Verteilungsverfahren gelten die §§ 873 bis 882 der Zivilprozessordnung.** 4

(5) **Wird für verschiedene Gläubiger gleichzeitig gepfändet, so finden die Vorschriften der Absätze 2 bis 4 mit der Maßgabe Anwendung, dass der Erlös nach dem Verhältnis der Forderungen verteilt wird.** 5

III. Vollstreckung in Forderungen und andere Vermögensrechte[1]

§ 309 **Pfändung einer Geldforderung**[2]

(1) ① **Soll eine Geldforderung gepfändet werden, so hat die Vollstreckungsbehörde dem Drittschuldner schriftlich zu verbieten, an den Vollstreckungsschuldner**[3] **zu zah-** 1

---

[1] Vgl. Abschn. 41–44 VollstrA.

[2] Geldbeträge von Grundpfandrechten und Reallasten können aufgrund der am 15. 11. 1997 in Kraft getretenen VO über Grundpfandrechte in ausländischer Währung und in Euro vom 30. 10. 1997 (BGBl. I S. 2683/BStBl. I 1998 S526) auch in den Währungen der Mitgliedstaaten der Europäischen Union, der Schweizerischen Eidgenossenschaft und der Vereinigten Staaten von Amerika angegeben werden (vgl. § 1 Nr. 2 bis 4 und § 3 der VO). Pfändungsverfügungen, die unter **Nichtbeachtung der Wochenfrist** des § 254 Abs. 1 AO ergehen, sind nicht nichtig, sondern lediglich anfechtbar *(BFH-Urteil vom 27. 3. 1979 VII R 41/78, BStBl. II S. 589).*

Für die Wirksamkeit der Pfändung genügt die **Angabe** des Schuldgrundes der gepfändeten Forderung in **allgemeinen Umrissen** *(BGH-Urteil vom 26. 1. 1983 VIII ZR 258/81, NJW 1983 S. 886).*

Der **Verhältnismäßigkeitsgrundsatz** verbietet es der Finanzbehörde, Forderungen zu pfänden, ohne dass ein hinreichender Anhalt dafür besteht, dass die Pfändung zu ihrer Befriedigung führen kann; dabei ist das Interesse des Vollstreckungsschuldners zu berücksichtigen, dass anderen seine Steuerschulden nicht bekannt werden *(BFH-Urteil vom 18. 7. 2000 VII R 101/98, BStBl. 2001 II S. 5).*

BFH-Urteil vom 16. 5. 2017 VII R 5/16, BStBl. 2018 II S. 735: 1. Eine nach § 309 Abs. 1 AO erlassene und aufrechterhaltene Pfändungs- und Einziehungsverfügung kann nicht dahingehend eingeschränkt werden, dass dem Drittschuldner unter Rangwahrung gestattet wird, bis auf Widerruf an den Vollstreckungsschuldner zu zahlen und keine Beträge mehr einzubehalten. 2. Aufgrund des untrennbaren Zusammenhangs zwischen Beschlagnahme und Pfandrecht ist ein einstweiliger Verzicht auf die Wirkungen des Pfandrechts ohne Aufhebung der mit der Pfändung bewirkten Verstrickung ausgeschlossen. Für eine solche Ruhendstellung der Pfändungsverfügung besteht in § 309 Abs. 1 AO keine Rechtsgrundlage.

[Fortsetzung nächste Seite]

AO **len, und dem Vollstreckungsschuldner schriftlich zu gebieten, sich jeder Verfügung über die Forderung, insbesondere ihrer Einziehung, zu enthalten (Pfändungsverfügung). ② Die elektronische Form ist ausgeschlossen.**

2 **(2) ① Die Pfändung ist bewirkt, wenn die Pfändungsverfügung dem Drittschuldner zugestellt ist.[1] ② Die an den Drittschuldner zuzustellende Pfändungsverfügung soll den beizutreibenden Geldbetrag nur in einer Summe, ohne Angabe der Steuerarten und der Zeiträume, für die er geschuldet wird, bezeichnen. ③ Die Zustellung ist dem Vollstreckungsschuldner mitzuteilen.**

3 **(3) Bei Pfändung des Guthabens eines Kontos des Vollstreckungsschuldners bei einem Kreditinstitut gelten die §§ 833 a und 907 der Zivilprozessordnung entsprechend.**

§ 310[2] Pfändung einer durch Hypothek gesicherten Forderung

1 **(1) ① Zur Pfändung einer Forderung, für die eine Hypothek besteht, ist außer der Pfändungsverfügung die Aushändigung des Hypothekenbriefs an die Vollstreckungsbehörde erforderlich. ② Die Übergabe gilt als erfolgt, wenn der Vollziehungsbeamte den Brief wegnimmt.[3] ③ Ist die Erteilung des Hypothekenbriefs ausgeschlossen, so muss die Pfändung in das Grundbuch eingetragen werden; die Eintragung erfolgt auf Grund der Pfändungsverfügung auf Ersuchen der Vollstreckungsbehörde.**

2 **(2) Wird die Pfändungsverfügung vor der Übergabe des Hypothekenbriefs oder der Eintragung der Pfändung dem Drittschuldner zugestellt, so gilt die Pfändung diesem gegenüber mit der Zustellung als bewirkt.**

3 **(3) ① Diese Vorschriften gelten nicht, soweit Ansprüche auf die in § 1159 des Bürgerlichen Gesetzbuchs bezeichneten Leistungen gepfändet werden. ② Das Gleiche gilt bei einer Sicherungshypothek im Fall des § 1187 des Bürgerlichen Gesetzbuchs von der Pfändung der Hauptforderung.**

[Fortsetzung]

Die **Rechtmäßigkeit** einer Pfändungs- und Einziehungsverfügung ist nicht vom Bestehen der in ihr benannten Forderung abhängig *(BFH-Urteil vom 24. 7. 1984 VII R 135/83, BStBl. II S. 740).*

Allein aus der Rechtswidrigkeit einer Pfändungsverfügung und Einziehungsverfügung ergibt sich keine Verpflichtung des FA, den eingezogenen Betrag nach § 37 Abs. 2 AO zurückzuerstatten *(BFH-Beschluss vom 2. 11. 2007 VII S 20/07 (PKH), BFH/NV 2008 S. 331).*

Künftige Forderungen können gepfändet werden, wenn und soweit sie bestimmt oder bestimmbar sind und ihr Rechtsgrund schon vorhanden ist (vgl. z. B. *BFH-Urteil vom 20. 8. 1991 VII R 86/90, BStBl. II S. 869);* § 54 SGB I enthält für die Pfändung von Sozialleistungsansprüchen keine hiervon abweichende Regelung, nicht aber, wenn nur die bloße Möglichkeit für ihre Entstehung besteht.

Bei der Pfändung künftiger Forderungen entsteht das Pfändungspfandrecht nicht bereits mit der Zustellung der Pfändungsverfügung an den Drittschuldner, sondern erst mit der (späteren) Entstehung der Forderung. Das Pfändungspfandrecht als Sicherung iSd § 88 InsO ist daher erst dann erlangt, wenn die Forderung entsteht. Liegt dieser Zeitpunkt im letzten Monat vor dem Antrag auf Eröffnung des Insolvenzverfahrens, ist die Sicherung nicht insolvenzfest; sie wird mit der Eröffnung des Insolvenzverfahrens ipso iure unwirksam *(BFH-Urteil vom 12. 4. 2005 VII R 7/03, BStBl. II S. 543).*

Die Pfändung und Einziehung von Guthaben aus **Prämiensparverträgen** vor Ablauf der Festlegungsfrist ist grds. zulässig. Vgl. *Vfg. OFD Saarbrücken vom 4. 4. 1984, DStR S. 371.*

Gebührenforderungen von Rechtsanwälten unterliegen grundsätzlich der Pfändung. Die in § 49 b Abs. 4 BRAO normierte Einschränkung der Abtretung solcher Forderungen führt nicht zu einer Unübertragbarkeit iSv. § 851 Abs. 1 ZPO *(BFH-Beschluss vom 1. 2. 2005 VII B 198/04, BStBl. II S. 422).*

Zur Frage der Anforderungen an die hinreichend bestimmte Bezeichnung des Anspruchs für einen Pfändungs- und Überweisungsbeschluss vgl. *BFH-Urteil vom 1. 6. 1989 V R 1/84, BStBl. 1990 II S. 35.*

Zum Erlass eines Pfändungsbeschlusses s. auch *BFH-Urteil vom 24. 7. 1990 VII R 62/89, BStBl. II 1990 S. 946* (s. Anm. zu § 46).

BFH-Beschluss vom 17. 7. 2003 VII B 49/03, BFH/NV 2003 S. 1538: 1. Eine Kapitallebensversicherung, deren Versicherungssumme mit dem Tod des Versicherungsnehmers, spätestens jedoch zu einem bestimmten Zeitpunkt fällig und in einem Betrag ausgezahlt wird, ist – vorbehaltlich des Sonderfalls des § 850 b Abs. 1 Nr. 4 ZPO – grundsätzlich unbeschränkt pfändbar. 2. Die Rspr. der Sozialgerichte, wonach die Verwertung einer Kapitallebensversicherung bei der Bemessung des Anspruchs auf Arbeitslosenhilfe unzumutbar sein kann und das der Aufrechterhaltung einer angemessenen Alterssicherung dienende Vermögen als Schonvermögen teilweise unberücksichtigt bleibt, ist auf den Bereich des Pfändungsschutzes nach den ZPO-Vorschriften nicht übertragbar. 3. Wer kein Arbeitseinkommen oder sonstiges im Sinne der Pfändungsschutzvorschriften privilegiertes Einkommen bezieht, muss es ertragen, dass seine Gläubiger nicht privilegierte Forderungen vollständig wegpfänden und er dadurch sozialhilfebedürftig wird.

[3] Zur Auskunftspflicht des Vollstreckungsschuldners vgl. § 315 AO.

BFH-Urteil vom 17. 12. 2019 VII R 62/18, BFH/NV 2020 S. 787: Für die Frage, ob eine Pfändungsverfügung i. S. des § 309 Abs. 1 Satz 2 AO in elektronischer Form vorliegt, ist darauf abzustellen, ob dem Adressaten ein elektronisches Dokument übermittelt wird (§ 87 a Abs. 4 AO). 2. § 309 Abs. 1 Satz 2 AO verdrängt die Anwendung des § 119 Abs. 3 AO nicht insgesamt, sondern nur insoweit, als es um die Zulässigkeit einer Ersetzung der Schriftform durch die elektronische Form geht. 3. Pfändungsverfügungen können in der Regel nicht formularmäßig ergehen, weil es sich bei deren Erlass um Ermessensentscheidungen handelt, deren Begründung der Aufnahme der Ermessenserwägungen bedarf. 4. Mit Hilfe automatischer Einrichtungen erlassene Pfändungsverfügungen bedürfen gemäß § 119 Abs. 3 Satz 2 Halbsatz 2 AO keiner Unterschrift des zuständigen Bediensteten der Vollstreckungsstelle.

---

[1] In der dem Drittschuldner zuzustellenden Pfändungsverfügung ist anstelle der Bezeichnung des Schuldgrundes zumindest die Summe des beizutreibenden Geldbetrages anzugeben. Das Steuergeheimnis steht dem nicht entgegen. Das Steuergeheimnis verlangt nicht, vor Erlass einer Pfändungsverfügung beim Drittschuldner wegen des Bestandes einer Forderung des Vollstreckungsschuldners anzufragen *(BFH-Urteil vom 18. 7. 2000 VII R 101/98, BStBl. 2001 II S. 5).*

[2] Zur Vollstreckung in Grundschuld, Reallast, Rentenschuld vgl. § 321 Abs. 6 AO.

[3] Zur Wegnahmegebühr vgl. § 340 AO.

§ 311 Pfändung einer durch Schiffshypothek oder Registerpfandrecht an einem Luftfahrzeug gesicherten Forderung

(1) **Die Pfändung einer Forderung, für die eine Schiffshypothek besteht, bedarf der Eintragung in das Schiffsregister oder das Schiffsbauregister.** 1

(2) **Die Pfändung einer Forderung, für die ein Registerpfandrecht an einem Luftfahrzeug besteht, bedarf der Eintragung in das Register für Pfandrechte an Luftfahrzeugen.** 2

(3) **① Die Pfändung nach den Absätzen 1 und 2 wird auf Grund der Pfändungsverfügung auf Ersuchen der Vollstreckungsbehörde eingetragen. ② § 310 Absatz 2 gilt entsprechend.** 3

(4) **① Die Absätze 1 bis 3 sind nicht anzuwenden, soweit es sich um die Pfändung der Ansprüche auf die in § 53 des Gesetzes über Rechte an eingetragenen Schiffen und Schiffsbauwerken und auf die in § 53 des Gesetzes über Rechte an Luftfahrzeugen bezeichneten Leistungen handelt. ② Das Gleiche gilt, wenn bei einer Schiffshypothek für eine Forderung aus einer Schuldverschreibung auf den Inhaber, aus einem Wechsel oder aus einem anderen durch Indossament übertragbaren Papier die Hauptforderung gepfändet ist.** 4

(5) **Für die Pfändung von Forderungen, für die ein Recht an einem ausländischen Luftfahrzeug besteht, gilt § 106 Absatz 1 Nummer 3 und Absatz 5 des Gesetzes über Rechte an Luftfahrzeugen.** 5

§ 312 Pfändung einer Forderung aus indossablen Papieren

Forderungen aus Wechseln und anderen Papieren, die durch Indossament übertragen werden können, werden dadurch gepfändet, dass der Vollziehungsbeamte die Papiere in Besitz nimmt.

§ 313 Pfändung[1] fortlaufender Bezüge[2]

(1) **Das Pfandrecht, das durch die Pfändung einer Gehaltsforderung oder einer ähnlichen in fortlaufenden Bezügen bestehenden Forderung erworben wird, erstreckt sich auch auf die Beträge, die später fällig werden.** 1

(2) **① Die Pfändung eines Diensteinkommens trifft auch das Einkommen, das der Vollstreckungsschuldner bei Versetzung in ein anderes Amt, Übertragung eines neuen Amts oder einer Gehaltserhöhung zu beziehen hat. ② Dies gilt nicht bei Wechsel des Dienstherrn.** 2

(3) **Endet das Arbeits- oder Dienstverhältnis und begründen Vollstreckungsschuldner und Drittschuldner innerhalb von neun Monaten ein solches neu, so erstreckt sich die Pfändung auf die Forderung aus dem neuen Arbeits- oder Dienstverhältnis.** 3

§ 314 Einziehungsverfügung

(1) **① Die Vollstreckungsbehörde ordnet die Einziehung der gepfändeten Forderung an. ② § 309 Absatz 2 gilt entsprechend.** 1

(2) **Die Einziehungsverfügung kann mit der Pfändungsverfügung verbunden werden.** 2

(3) **Wird die Einziehung eines bei einem Geldinstitut gepfändeten Guthabens eines Vollstreckungsschuldners, der eine natürliche Person ist, angeordnet, so gelten § 835 Absatz 3 Satz 2 und § 900 Absatz 1 der Zivilprozessordnung entsprechend.** 3

(4) **Wird die Einziehung einer gepfändeten nicht wiederkehrend zahlbaren Vergütung eines Vollstreckungsschuldners, der eine natürliche Person ist, für persönlich geleistete Arbeiten oder Dienste oder sonstige Einkünfte, die kein Arbeitslohn sind, angeordnet, so gilt § 835 Absatz 4 der Zivilprozessordnung entsprechend.** 4

§ 315 Wirkung der Einziehungsverfügung

(1) **① Die Einziehungsverfügung ersetzt die förmlichen Erklärungen des Vollstreckungsschuldners, von denen nach bürgerlichem Recht die Berechtigung zur Einziehung abhängt. ② Sie genügt auch bei einer Forderung, für die eine Hypothek, Schiffshypothek oder ein Registerpfandrecht an einem Luftfahrzeug besteht. ③ Zugunsten des Drittschuldners gilt eine zu Unrecht ergangene Einziehungsverfügung dem Vollstreckungsschuldner gegenüber solange als rechtmäßig, bis sie aufgehoben ist und der Drittschuldner hiervon erfährt.** 1

---

[1] Zu Pfändungsgrenzen vgl. § 319 AO.

[2] § 313 erfasst auch künftige fortlaufende Sozialleistungsansprüche; § 54 SGB I steht der Pfändung nicht entgegen. Für die gem. § 54 Abs. 3 Nr. 2 SGB I erforderliche Prüfung, dass durch die Pfändung der zukünftigen Forderung im Zeitpunkt der späteren Fälligkeit der Rente keine Hilfebedürftigkeit im Sinne der Vorschriften des BSHG über die Hilfe zum Lebensunterhalt eintreten wird, reicht es aus, wenn nach einer im Pfändungszeitpunkt durchzuführenden Prognose nach den zu diesem Zeitpunkt erkennbaren Umständen nichts für den Eintritt der Hilfebedürftigkeit spricht *(BFH-Urteil vom 20. 8. 1991 VII R 86/90, BStBl. II S. 869)*.

AO

2 (2) ① **Der Vollstreckungsschuldner ist verpflichtet, die zur Geltendmachung der Forderung nötige Auskunft zu erteilen und die über die Forderung vorhandenen Urkunden herauszugeben. ② Erteilt der Vollstreckungsschuldner die Auskunft nicht, ist er auf Verlangen der Vollstreckungsbehörde verpflichtet, sie zu Protokoll zu geben und seine Angaben an Eides statt zu versichern. ③ Die Vollstreckungsbehörde kann die eidesstattliche Versicherung der Lage der Sache entsprechend ändern. ④ § 284 Absatz 5, 6 und 8 gilt sinngemäß. ⑤ Die Vollstreckungsbehörde kann die Urkunden durch den Vollziehungsbeamten wegnehmen[1] lassen oder ihre Herausgabe nach den §§ 328 bis 335 erzwingen.**

3 (3)[2] ① **Werden die Urkunden nicht vorgefunden, so hat der Vollstreckungsschuldner auf Verlangen der Vollstreckungsbehörde zu Protokoll an Eides statt zu versichern, dass er die Urkunden nicht besitze, auch nicht wisse, wo sie sich befinden. ② Absatz 2 Satz 3 und 4 gilt entsprechend.**

4 (4) **Hat ein Dritter die Urkunde, so kann die Vollstreckungsbehörde auch den Anspruch des Vollstreckungsschuldners auf Herausgabe geltend machen.**

§ 316 Erklärungspflicht des Drittschuldners[3]

1 (1) ① **Auf Verlangen der Vollstreckungsbehörde hat ihr der Drittschuldner binnen zwei Wochen, von der Zustellung der Pfändungsverfügung an gerechnet, zu erklären:**

1. **ob und inwieweit er die Forderung als begründet anerkenne und bereit sei zu zahlen,**
2. **ob und welche Ansprüche andere Personen an die Forderung erheben,**
3. **ob und wegen welcher Ansprüche die Forderung bereits für andere Gläubiger gepfändet sei;**
4. **ob innerhalb der letzten zwölf Monate im Hinblick auf das Konto, dessen Guthaben gepfändet worden ist, nach § 907 der Zivilprozessordnung die Unpfändbarkeit des Guthabens festgesetzt worden ist, und**
5. **ob es sich bei dem Konto, dessen Guthaben gepfändet worden ist, um ein Pfändungsschutzkonto im Sinne von § 850k der Zivilprozessordnung oder ein Gemeinschaftskonto im Sinne von § 850l der Zivilprozessordnung handelt; bei einem Gemeinschaftskonto ist zugleich anzugeben, ob der Schuldner nur gemeinsam mit einer anderen Person oder mehreren anderen Personen verfügungsbefugt ist.**

② **Die Erklärung des Drittschuldners zu Nummer 1 gilt nicht als Schuldanerkenntnis.**

2 (2) ① **Die Aufforderung zur Abgabe dieser Erklärung kann in die Pfändungsverfügung aufgenommen werden. ② Der Drittschuldner haftet der Vollstreckungsbehörde für den Schaden, der aus der Nichterfüllung seiner Verpflichtung entsteht.[4] ③ Er kann zur Abgabe der Erklärung durch ein Zwangsgeld angehalten werden; § 334 ist nicht anzuwenden.**

3 (3) **Die §§ 841 bis 843 der Zivilprozessordnung sind anzuwenden.**

§ 317 Andere Art der Verwertung

① **Ist die gepfändete Forderung bedingt oder betagt oder ihre Einziehung schwierig, so kann die Vollstreckungsbehörde anordnen, dass sie in anderer Weise zu verwerten ist; § 315 Absatz 1 gilt entsprechend. ② Der Vollstreckungsschuldner ist vorher zu hören, sofern nicht eine Bekanntgabe außerhalb des Geltungsbereichs des Gesetzes oder eine öffentliche Bekanntmachung erforderlich ist.**

---

[1] Zur Wegnahmegebühr vgl. § 340 AO.

[2] Vgl. Abschn. 52, 53 VollstrA.

[3] Hat der Drittschuldner die ihm gestellten Fragen ordnungsgemäß beantwortet und damit Auskunft erteilt, ist er weder zum Nachweis der Richtigkeit (z. B. durch Vorlage von Belegen) noch zur Wiederholung oder Ergänzung seiner Angaben verpflichtet. Vgl. *BGH-Urteil vom 1. 12. 1982 VIII ZR 279/81, DB 1983 S. 334.*

Der Pfändungsgläubiger ist nicht verpflichtet, dem Drittschuldner die Kosten zu erstatten, die diesem durch die Auskunftserteilung nach § 316 Abs. 1 AO entstehen. Vgl. *Vfg. OFD Hannover vom 7. 9. 1989 (DStR S. 714)* sowie *BAG-Urteil vom 31. 10. 1984 – 4 AZR 535/82, NJW 1985 S. 1181.* Wie andere Wirtschaftsunternehmen auch können Kreditinstitute von ihren Kunden eine Vergütung nur verlangen, wenn sie für sie oder zumindest in deren Interesse tätig werden. Es steht ihnen nicht frei, in allgemeinen Geschäftsbedingungen eine Tätigkeit, zu der sie gesetzlich verpflichtet sind oder die sie im eigenen Interesse vornehmen, als Dienstleistung für den Kunden auszuweisen und dafür ein gesondertes Entgelt zu fordern. Nach dem Gesetz ist jedermann verpflichtet, auf Verlangen des Pfändungsgläubigers u. a. zu klären, ob und inwieweit er die gepfändete Forderung als begründet anerkenne und Zahlung zu leisten bereit sei. Wer dieser Erklärungspflicht nicht nachkommt, macht sich gegenüber dem Pfändungsgläubiger schadensersatzpflichtig. Diese staatsbürgerliche Erklärungspflicht ist im Interesse des Pfändungsgläubigers und einer funktionierenden Vollstreckung geschaffen worden. Ihre Erfüllung erfolgt zur Vermeidung einer Schadensersatzhaftung im Interesse des Kreditinstituts, nicht im Interesse des Pfändungsschuldners. Auch die anschließende Überwachung der Pfändungsmaßnahme geschieht weder in seinem Auftrag noch in seinem Interesse, sondern in dem des Kreditinstituts *(BGH-Urteil vom 18. 5. 1999 XI ZR 219/98, NJW 1999 S. 2276).*

[4] Ein Drittschuldner haftet gem. Abs. 2 für den Schaden, der durch eine schuldhaft nicht, unvollständig oder falsch abgegebene Drittschuldnererklärung entstanden ist *(BGH-Urteil vom 10. 10. 1977 VIII ZR 76/76, DB S. 2321).* Zu § 370 AO: *BFH-Urteil vom 18. 12. 1975 4 StR 472/75, BStBl. 1976 II S. 445.*

§ 318[1] **Ansprüche auf Herausgabe oder Leistung von Sachen**

(1) **Für die Vollstreckung in Ansprüche auf Herausgabe oder Leistung von Sachen gelten außer den §§ 309 bis 317 die nachstehenden Vorschriften.** 1

(2) ① **Bei der Pfändung eines Anspruchs, der eine bewegliche Sache betrifft, ordnet die Vollstreckungsbehörde an, dass die Sache an den Vollziehungsbeamten herauszugeben sei.** ② **Die Sache wird wie eine gepfändete Sache verwertet.** 2

(3) ① **Bei Pfändung eines Anspruchs, der eine unbewegliche Sache betrifft, ordnet die Vollstreckungsbehörde an, dass die Sache an einen Treuhänder herauszugeben sei, den das Amtsgericht der belegenen Sache auf Antrag der Vollstreckungsbehörde bestellt.** ② **Ist der Anspruch auf Übertragung des Eigentums gerichtet, so ist dem Treuhänder als Vertreter des Vollstreckungsschuldners aufzulassen.** ③ **Mit dem Übergang des Eigentums auf den Vollstreckungsschuldner erlangt die Körperschaft, der die Vollstreckungsbehörde angehört, eine Sicherungshypothek für die Forderung.** ④ **Der Treuhänder hat die Eintragung der Sicherungshypothek zu bewilligen.** ⑤ **Die Vollstreckung in die herausgegebene Sache wird nach den Vorschriften über die Vollstreckung in unbewegliche Sachen bewirkt.** 3

(4) **Absatz 3 gilt entsprechend, wenn der Anspruch ein im Schiffsregister eingetragenes Schiff, ein Schiffsbauwerk oder Schwimmdock, das im Schiffsbauregister eingetragen ist oder in dieses Register eingetragen werden kann, oder ein Luftfahrzeug betrifft, das in der Luftfahrzeugrolle eingetragen ist oder nach Löschung in der Luftfahrzeugrolle noch in dem Register für Pfandrechte an Luftfahrzeugen eingetragen ist.** 4

(5) ① **Dem Treuhänder ist auf Antrag eine Entschädigung zu gewähren.** ② **Die Entschädigung darf die nach der Zwangsverwalterverordnung festzusetzende Vergütung nicht übersteigen.** 5

§ 319 Unpfändbarkeit von Forderungen[2]

Beschränkungen und Verbote, die nach den §§ 850 bis 852 und 899 bis 907 der Zivilprozessordnung und anderen gesetzlichen Bestimmungen für die Pfändung von Forderungen und Ansprüchen bestehen, gelten sinngemäß.

§ 320 Mehrfache Pfändung einer Forderung

(1) **Ist eine Forderung durch mehrere Vollstreckungsbehörden oder durch eine Vollstreckungsbehörde und ein Gericht gepfändet, so sind die §§ 853 bis 856 der Zivilprozessordnung und § 99 Absatz 1 Satz 1 des Gesetzes über Rechte an Luftfahrzeugen entsprechend anzuwenden.** 1

(2) **Fehlt es an einem Amtsgericht, das nach den §§ 853 und 854 der Zivilprozessordnung zuständig wäre, so ist bei dem Amtsgericht zu hinterlegen, in dessen Bezirk die Vollstreckungsbehörde ihren Sitz hat, deren Pfändungsverfügung dem Drittschuldner zuerst zugestellt worden ist.** 2

---

[1] Zur Wegnahmegebühr vgl. § 340 AO.

[2] Bei der Corona-Soforthilfe handelt es sich aufgrund ihrer Zweckbindung um eine nach § 851 Abs. 1 ZPO i. V. m. § 399 Alternative 1 BGB regelmäßig nicht pfändbare Forderung *(BFH-Beschluss vom 9. 7. 2020 VII S 23/20 (AdV), BFH/NV S. 1105).*

Der Pfändungsschutz bei der Forderungspfändung erfasst grundsätzlich nur das Arbeitseinkommen, nicht aber auch Einkommen aus Kapitalvermögen, Vermietung und Verpachtung (Ausnahme der besondere Schutzzweck nach § 851 b ZPO) sowie einmalige Verkaufserlöse des Vollstreckungsschuldners *(BFH-Beschluss vom 8. 10. 1998 VII B 2/98, BFH/NV 1999 S. 445).*

BFH-Urteil vom 31. 7. 2007 VII R 60/06, BStBl. 2009 II S. 592: 1. Eine Kapitallebensversicherung ist nicht deshalb unpfändbar, weil dem Versicherungsnehmer nach den Versicherungsbedingungen das Recht eingeräumt ist, statt einer fälligen Kapitalleistung eine Versorgungsrente zu wählen. 2. Darf der Vollstreckungsschuldner wegen des durch die Pfändung bewirkten relativen Verfügungsverbots keine Verfügungen mehr vornehmen, die das Pfandrecht beeinträchtigen, so kann er nach Pfändung der Kapitallebensversicherung Pfändungsschutz nicht mehr durch Ausübung des Rentenwahlrechts herbeiführen. Die Pfändung erfasst auch dieses Wahlrecht.

Der Anspruch auf Auszahlung des aus dem Arbeitsentgelt gebildeten Eigengeldguthabens eines Strafgefangenen ist nach Maßgabe der sich aus § 51 Abs. 4 und Abs. 5 StVollzG ergebenden Pfändungsbeschränkungen pfändbar. Die Pfändungsfreigrenzen des § 850 c ZPO finden nach Sinn und Zweck dieser Pfändungsschutzvorschrift keine Anwendung *(BFH-Urteil vom 16. 12. 2003 VII R 24/02, BStBl. 2004 II S. 389).*

Bei der Pfändung von Rentenansprüchen nach § 54 SGB I kann die Vollstreckungsbehörde über die Gewährung von Pfändungsschutz nicht nach ihrem Ermessen entscheiden *(BFH-Urteil VII R 54/78 vom 14. 2. 1979, BStBl. II S. 427).*

Zur Pfändung künftiger laufender Sozialleistungen und zur Prüfung nach § 54 Abs. 3 Nr. 2 SGB I s. *BFH-Urteil vom 28. 8. 1991 VII R 86/90, BStBl. II S. 869.*

Zur Pfändung von Sozialleistungen siehe *OFD Frankfurt Vollstreckungskartei § 319 AO Karte 11.*

In der Verwaltungsvollstreckung nach der AO gilt §§ 850 f. Abs. 2 ZPO aufgrund § 319 AO sinngemäß. Mithin hat die Vollstreckungsbehörde darüber zu befinden, ob die Voraussetzungen für die Festsetzung eines die Pfändungsschutzgrenzen übersteigenden zusätzlichen Pfändungsbetrags erfüllt sind, ob insbesondere die zu vollstreckende Forderung auch unter dem Gesichtspunkt einer vorsätzlich begangenen unerlaubten Handlung iSd §§ 823 ff. BGB begründet ist *(BFH-Urteil vom 24. 10. 1996 VII R 113/94, BStBl. 1997 II S. 308).*

AO

§ 321[1] Vollstreckung in andere Vermögensrechte

1 **(1) Für die Vollstreckung in andere Vermögensrechte, die nicht Gegenstand der Vollstreckung in das unbewegliche Vermögen sind, gelten die vorstehenden Vorschriften entsprechend.**

2 **(2) Ist kein Drittschuldner vorhanden, so ist die Pfändung bewirkt, wenn dem Vollstreckungsschuldner das Gebot, sich jeder Verfügung über das Recht zu enthalten, zugestellt ist.**

3 **(3)[2] Ein unveräußerliches Recht ist, wenn nichts anderes bestimmt ist, insoweit pfändbar, als die Ausübung einem anderen überlassen werden kann.**

4 **(4) Die Vollstreckungsbehörde kann bei der Vollstreckung in unveräußerliche Rechte, deren Ausübung einem anderen überlassen werden kann, besondere Anordnungen erlassen, insbesondere bei der Vollstreckung in Nutzungsrechte eine Verwaltung anordnen; in diesem Fall wird die Pfändung durch Übergabe der zu benutzenden Sache an den Verwalter bewirkt, sofern sie nicht durch Zustellung der Pfändungsverfügung schon vorher bewirkt ist.**

5 **(5) Ist die Veräußerung des Rechts zulässig, so kann die Vollstreckungsbehörde die Veräußerung anordnen.**

6 **(6) Für die Vollstreckung in eine Reallast,[3] eine Grundschuld[3] oder eine Rentenschuld[3] gelten die Vorschriften über die Vollstreckung in eine Forderung, für die eine Hypothek besteht.**

7 **(7) Die §§ 858 bis 863 der Zivilprozessordnung gelten sinngemäß.**

4. Unterabschnitt. Vollstreckung in das unbewegliche Vermögen

§ 322 Verfahren[4, 5]

1 **(1) ① Der Vollstreckung in das unbewegliche Vermögen unterliegen außer den Grundstücken die Berechtigungen, für welche die sich auf Grundstücke beziehenden Vorschriften gelten, die im Schiffsregister eingetragenen Schiffe, die Schiffsbauwerke und Schwimmdocks, die im Schiffsbauregister eingetragen sind oder in dieses Register eingetragen werden können, sowie die Luftfahrzeuge, die in der Luftfahrzeugrolle eingetragen sind oder nach Löschung in der Luftfahrzeugrolle noch in dem Register für Pfandrechte an Luftfahrzeugen eingetragen sind. ② Auf die Vollstreckung sind die für die gerichtliche Zwangsvollstreckung geltenden Vorschriften, namentlich die §§ 864 bis 871 der Zivilprozessordnung und das Gesetz über die Zwangsversteigerung und die Zwangsverwaltung anzuwenden. ③ Bei Stundung und Aussetzung der Vollziehung geht eine im Wege der Vollstreckung eingetragene Sicherungshypothek jedoch nur dann nach § 868 der Zivilprozessordnung auf den Eigentümer über und erlischt eine Schiffshypothek oder ein Registerpfandrecht an einem Luftfahrzeug jedoch nur dann nach § 870 a Absatz 3 der Zivilprozessordnung sowie § 99 Absatz 1 des Gesetzes über**

---

[1] Zur Wegnahmegebühr vgl. § 340 AO.

BFH-Urteil vom 20. 6. 2017 VII R 27/15, BStBl. II S. 1035: Die Gesamtheit der zwischen dem Inhaber einer Internet-Domain und der jeweiligen Vergabestelle bestehenden schuldrechtlichen Haupt- und Nebenansprüche kann als ein anderes Vermögensrecht nach § 321 Abs. 1 AO Gegenstand einer Pfändung sein. 2. Die Vergabestelle als Vertragspartner des mit dem Domaininhaber geschlossenen Domainvertrags ist Drittschuldner i. S. des § 309 Abs. 1 AO und damit nach § 316 AO erklärungspflichtig. 3. Bei der Pfändung der sich aus einem Domainvertrag ergebenden Ansprüche hat die Vollstreckungsbehörde insbesondere in Hinblick auf den Wert und die Verwertbarkeit dieser Ansprüche den Grundsatz der Verhältnismäßigkeit zu beachten.

[2] Die Pfändung eines Jagdpachtrechts (= Jagdausübungsrecht) ist nicht generell möglich; sie setzt eine generelle Erlaubnis des Verpächters voraus, dass der Pächter die Nutzungsrechte aus dem Jagdpachtvertrag auf eine dritte Person übertragen darf *(BFH-Urteil vom 29. 9. 1987 VII R 140/83, BFH/NV 1988 S. 413).*

[3] Zur Reallast s. §§ 1105 ff. BGB; zur Grundschuld s. § 1191 BGB; zur Rentenschuld s. §§ 1199 ff. BGB.

[4] Vgl. Abschn. 45–51 VollstrA.

Der Antrag des FA auf Eintragung einer Sicherungshypothek ist ebenso wie der Antrag auf Einleitung der Zwangsversteigerung eines Grundstücks ein (aussetzungsfähiger) **Verwaltungsakt,** wenn er die Feststellung enthält, daß die Voraussetzungen für die Vollstreckung vorliegen *(BFH-Beschlüsse vom 29. 10. 1985 VII B 69/85, BStBl. 1986 II S. 236,* und *vom 25. 1. 1988 VII B 85/87, BStBl. II S. 566; BMF-Schreiben vom 1. 7. 1988, BStBl. I S. 192,* nachstehend abgedruckt.

Vgl. *BFH-Urteil vom 17. 10. 1989 VII R 77/88, BStBl. 1990 II S. 44:* 1. Wird auf Antrag des FA als Vollstreckungsbehörde eine Sicherungshypothek im Grundbuch eingetragen, so ist diese auch dann wirksam entstanden, wenn dem Vollstreckungsschuldner das Eintragungsersuchen nicht bekanntgegeben worden war. 2. Der Mangel der Bekanntgabe des Eintragungsersuchens, der lediglich zu Rechtswirkungen im Verhältnis zwischen dem FA und dem Vollstreckungsschuldner führt, kann noch während des Klageverfahrens gegen den Eintragungsantrag behoben werden.

[5] Bei der Anwendung der Bestimmung im beigetretenen Teil Deutschlands sind, soweit auf die für die gerichtliche Zwangsvollstreckung geltenden und sonstige Vorschriften verwiesen wird, die im Einigungsvertrag (BGBl. II S. 885, BStBl. I S. 654) getroffenen Maßgaberegelungen zu beachten; vgl. insbesondere Anl. I, Kapitel III, A, Abschn. III Nr. 5 (zur Zivilprozessordnung), 15 (zum Gesetz über die Zwangsversteigerung und Zwangsverwaltung), 28 (allgemeine Maßgaben), B, Abschn. III Nr. 1 (zur Grundbuchordnung) und 6 (zur Schiffsregisterordnung).

Zur Löschung von Grundpfandrechten und zur Ablösung geringwertiger Rechte s. *Vfg. OFD Cottbus vom 22. 9. 1995 S 0540 – 3 – St 222, StEK AO 1977 § 322 Nr. 8.*

Zur Behandlung von Althypotheken s. *Vfg. OFD Chemnitz vom 19. 9. 1995 S 0540 – 16/St 43, StEK AO 1977 § 322 Nr. 9.*

Rechte an Luftfahrzeugen, wenn zugleich die Aufhebung der Vollstreckungsmaßnahme angeordnet wird.

(2) **Für die Vollstreckung in ausländische Schiffe gilt § 171 des Gesetzes über die Zwangsversteigerung und die Zwangsverwaltung, für die Vollstreckung in ausländische Luftfahrzeuge § 106 Absatz 1, 2 des Gesetzes über Rechte an Luftfahrzeugen sowie die §§ 171h bis 171n des Gesetzes über die Zwangsversteigerung und die Zwangsverwaltung.** 2

(3) ① **Die für die Vollstreckung in das unbewegliche Vermögen erforderlichen Anträge des Gläubigers stellt die Vollstreckungsbehörde.** ② **Sie hat hierbei zu bestätigen, dass die gesetzlichen Voraussetzungen für die Vollstreckung vorliegen.** ③ **Diese Fragen unterliegen nicht der Beurteilung des Vollstreckungsgerichts oder des Grundbuchamts.** ④ **Anträge auf Eintragung einer Sicherungshypothek, einer Schiffshypothek oder eines Registerpfandrechts an einem Luftfahrzeug sind Ersuchen im Sinne des § 38 der Grundbuchordnung und des § 45 der Schiffsregisterordnung.** 3

(4) **Zwangsversteigerung und Zwangsverwaltung soll die Vollstreckungsbehörde nur beantragen, wenn festgestellt ist, dass der Geldbetrag durch Vollstreckung in das bewegliche Vermögen nicht beigetrieben werden kann.** 4

(5) **Soweit der zu vollstreckende Anspruch gemäß § 10 Absatz 1 Nummer 3 des Gesetzes über die Zwangsversteigerung und die Zwangsverwaltung den Rechten am Grundstück im Rang vorgeht, kann eine Sicherungshypothek unter der aufschiebenden Bedingung in das Grundbuch eingetragen werden, dass das Vorrecht wegfällt.** 5

Schreiben betr. Anträge nach § 322 Abs. 3 AO, Ersuchen um Anordnung der Haft zur Erzwingung der eidesstattlichen Versicherung nach § 284 Abs. 7 AO und Anträge auf Erlaß einer Durchsuchungsanordnung nach § 287 Abs. 4 AO

Anl

Vom 1. Juli 1988 (BeckVerw 27661)

(BMF IV A 5 – S 0540 – 4/88)

Unter Bezugnahme auf das Ergebnis der Erörterungen mit den obersten Finanzbehörden der Länder gilt für die Stellung vorgenannter Anträge und Ersuchen folgendes:

Nach dem Beschluß des BFH vom 25. Januar 1988 – VII B 85/87 – (BStBl. II S. 566) ist die Verfügung der Vollstreckungsbehörde, mit der die Zwangsversteigerung eines Grundstücks beantragt wird, zumindest dann ein aussetzungsfähiger Verwaltungsakt, wenn sie die Feststellung enthält, daß die gesetzlichen Voraussetzungen für die Vollstreckung vorliegen. Der BFH hat damit seinen Beschluß vom 29. Oktober 1985 – VII B 69/85 – (BStBl. 1986 II S. 236) bestätigt. In der Begründung gibt er zu erkennen, daß er auch bereits den für die Vollstreckung in das unbewegliche Vermögen erforderlichen schlichten Antrag nach § 322 Abs. 3 Satz 1 AO für einen Verwaltungsakt hält. Diese Auffassung deckt sich mit derjenigen im BFH-Beschluß vom 11. Dezember 1984 – VII B 41/84 – (BStBl. 1985 II S. 197), wonach auch das Ersuchen der Vollstreckungsbehörde an das zuständige Amtsgericht um Anordnung der Haft zur Erzwingung der eidesstattlichen Versicherung nach § 284 Abs. 7 Satz 1 AO ein Verwaltungsakt ist. 6

Unter Zugrundelegung der Rechtsprechung des BFH ist wie folgt zu verfahren:

1. Anträge nach § 322 Abs. 3 AO 7

Anträge auf Eintragung einer Sicherungshypothek, auf Zwangsversteigerung und Zwangsverwaltung sind dem Vollstreckungsgericht oder Grundbuchamt zuzustellen (in der Regel gegen Empfangsbekenntnis). Nach der Zustellung hat die Vollstreckungsbehörde dem Vollstreckungsschuldner eine Durchschrift des Antrags bekanntzugeben. Bei zur Zeit laufenden Anträgen und in anhängigen Beschwerdeverfahren ist die Bekanntgabe an den Vollstreckungsschuldner zum Zwecke der Heilung des Verfahrens nachzuholen. Fälle, in denen bereits ohne Beanstandung eine Sicherungshypothek eingetragen oder das Zwangsversteigerungs- bzw. das Zwangsverwaltungsverfahren eröffnet worden ist, sind nicht aufzugreifen.

2. Ersuchen nach § 284 Abs. 7 A 8

Bei Ersuchen um Anordnung der Haft zur Erzwingung der eidesstattlichen Versicherung ist entsprechend Nr. 1 zu verfahren. Die für den Vollstreckungsschuldner bestimmte Durchschrift des Ersuchens kann diesem gleichzeitig mit dem Ersuchen an das zuständige Amtsgericht bekanntgegeben werden.

3. Anträge auf Erlaß einer Durchsuchungsanordnung nach § 287 Abs. 4 AO 9

Anträge auf Erlaß einer Durchsuchungsanordnung sind dem Vollstreckungsschuldner nicht bekanntzugeben, um die Wirksamkeit der beabsichtigten Maßnahme nicht zu beeinträchtigen (vgl. § 91 Abs. 2 Nr. 5 AO). Die richterliche Durchsuchungsanordnung hat der Vollziehungsbeamte bei der Vollstreckungshandlung vorzuzeigen (vgl. Abschnitt 28 Abs. 2 Nr. 3 VollzA).

Das BMF-Schreiben vom 18. Juli 1986 – IV A 5 – S 0540–2/86 – (BStBl. I S. 357) über die Nichtanwendung des BFH-Beschlusses vom 29. Oktober 1985 wird aufgehoben.

§ 323 Vollstreckung gegen den Rechtsnachfolger[1]

① Ist nach § 322 eine Sicherungshypothek, eine Schiffshypothek oder ein Registerpfandrecht an einem Luftfahrzeug eingetragen worden, so bedarf es zur Zwangsversteigerung aus diesem Recht nur dann eines Duldungsbescheids,[2] wenn nach der Eintragung dieses Rechts ein Eigentumswechsel eingetreten ist. ② Satz 1 gilt sinngemäß für die Zwangsverwaltung aus einer nach § 322 eingetragenen Sicherungshypothek.

5. Unterabschnitt. Arrest

§ 324 Dinglicher Arrest[3]

1 (1) **① Zur Sicherung der Vollstreckung von Geldforderungen nach den §§ 249 bis 323 kann die für die Steuerfestsetzung zuständige Finanzbehörde den Arrest in das bewegliche oder unbewegliche Vermögen anordnen, wenn zu befürchten ist, dass sonst die Beitreibung vereitelt oder wesentlich erschwert wird.[4] ② Sie kann den Arrest auch dann anordnen, wenn die Forderung noch nicht zahlenmäßig feststeht oder wenn sie bedingt oder betagt ist. ③ In der Arrestanordnung ist ein Geldbetrag zu bestimmen, bei dessen Hinterlegung die Vollziehung des Arrestes gehemmt und der vollzogene Arrest aufzuheben ist.**

2 (2) **① Die Arrestanordnung ist zuzustellen. ② Sie muss begründet und von dem anordnenden Bediensteten unterschrieben sein. ③ Die elektronische Form ist ausgeschlossen.**

3 (3) **① Die Vollziehung der Arrestanordnung ist unzulässig, wenn seit dem Tag, an dem die Anordnung unterzeichnet worden ist, ein Monat verstrichen ist. ② Die Vollziehung ist auch schon vor der Zustellung an den Arrestschuldner zulässig, sie ist jedoch ohne Wirkung, wenn die Zustellung nicht innerhalb einer Woche nach der Vollziehung und innerhalb eines Monats seit der Unterzeichnung erfolgt. ③ Bei Zustellung im Ausland und öffentlicher Zustellung gilt § 169 Absatz 1 Satz 3 entsprechend. ④ Auf die Vollziehung des Arrestes finden die §§ 930 bis 932 der Zivilprozessordnung sowie § 99 Absatz 2 und § 106 Absatz 1, 3 und 5 des Gesetzes über Rechte an Luftfahrzeugen entsprechende Anwendung; an die Stelle des Arrestgerichts und des Vollstreckungsgerichts tritt die Vollstreckungsbehörde, an die Stelle des Gerichtsvollziehers der Vollziehungsbeamte. ⑤ Soweit auf die Vorschriften über die Pfändung[5] verwiesen wird, sind die entsprechenden Vorschriften dieses Gesetzes anzuwenden.**

AO

§ 325 Aufhebung des dinglichen Arrestes[6]

Die Arrestanordnung ist aufzuheben, wenn nach ihrem Erlass Umstände bekannt werden, die die Arrestanordnung nicht mehr gerechtfertigt erscheinen lassen.

§ 326 Persönlicher Sicherheitsarrest[7]

1 (1) **① Auf Antrag der für die Steuerfestsetzung zuständigen Finanzbehörde kann das Amtsgericht einen persönlichen Sicherheitsarrest anordnen, wenn er erforderlich ist,**

---

[1] Vgl. Abschn. 45–51 VollstrA.

[2] Zum Duldungsbescheid s. § 191 AO.

[3] Zur Anfechtung der Arrestanordnung vgl. § 45 Abs. 2 FGO.

Ergeht nach Anordnung des dinglichen Arrests ein vollstreckbarer Steuerbescheid, der die durch den Arrest gesicherte Steuerforderung beinhaltet, wird das Arrestverfahren ohne eine nochmalige Pfändung in das Vollstreckungsverfahren übergeleitet. Mit der Überleitung in das Vollstreckungsverfahren wird die Arrestanordnung gegenstandslos; dadurch erledigt sich die gegen die Arrestanordnung erhobene Anfechtungsklage. Der bloße Hinweis auf einen Schadensersatzanspruch gegen die Finanzverwaltung begründet kein berechtigtes Interesse an der Feststellung der Rechtswidrigkeit der Arrestanordnung. Nach Erledigung der Anfechtungsklage gegen die Arrestanordnung rechtfertigt auch ein Rehabilitierungsinteresse wegen des in der Arrestanordnung enthaltenen Vorwurfs der Steuerhinterziehung nicht die Erhebung einer Fortsetzungsfeststellungsklage. Denn das Ziel, diesen Vorwurf zu beseitigen, kann im Anfechtungsverfahren gegen den Steuerbescheid effektiver erreicht werden. Im Übrigen ist ein Interesse an der nachträglichen Feststellung der Rechtswidrigkeit einer Maßnahme grundsätzlich nur bei einem tiefgreifenden Grundrechtseingriff anzuerkennen *(BFH-Beschluss vom 6. 7. 2001 III B 58/00, BFH/NV S. 1530).*

Die aufgrund des dinglichen Arrestes erfolgte Beschlagnahme von Vermögenswerten steht einer Zahlung der Steuer nicht gleich; Hinterziehungszinsen können deshalb auch für die Zeit nach der Beschlagnahme von Vermögen festgesetzt werden *(BFH-Urteil vom 5. 11. 2002 II R 58/00, BFH/NV 2003 S. 353).*

Für die Beurteilung der Rechtmäßigkeit einer Arrestanordnung sind auch im Rahmen einer Fortsetzungsfeststellungsklage diejenigen Umstände maßgebend, die aus der Sicht der letzten mündlichen Verhandlung im Zeitpunkt des Erlasses der Arrestanordnung tatsächlich vorgelegen haben *(BFH-Urteil vom 17. 10. 2018 XI R 35/16, BStBl. 2019 II S. 50).*

[4] Zu den Voraussetzungen für den dinglichen Arrest vgl. Abschn. 54, 55 VollStrA.

Bestehen ernstliche Zweifel an der Rechtmäßigkeit einer Anordnung des dinglichen Arrests i. S. des § 324 Abs. 1 AO, kann das Gericht die Vollziehung im Einzelfall, insbesondere wenn mit Gewissheit oder großer Wahrscheinlichkeit ein für den Steuerpflichtigen günstiger Prozessausgang zu erwarten ist, auch ohne Sicherheitsleistung aufheben *(BFH-Beschluss vom 6. 2. 2013 XI B 125/12, BStBl. II S. 983).*

[5] Zur Pfändungsgebühr vgl. § 339 Abs. 3 AO.

[6] Eine rechtmäßig erlassene Arrestanordnung ist nicht gem. § 325 AO wegen der Eröffnung des Konkurs-/Insolvenzverfahrens über das Vermögen des Arrestschuldners aufzuheben, wenn das FA die Arrestanordnung bereits vollzogen und dadurch ein Absonderungsrecht erlangt hat *(BFH-Urteil vom 17. 12. 2003 I R 1/02, BStBl. 2004 II S. 392).*

[7] Vgl. Abschn. 56 VollstrA.

um die gefährdete Vollstreckung in das Vermögen des Pflichtigen zu sichern. ② Zuständig ist das Amtsgericht, in dessen Bezirk die Finanzbehörde ihren Sitz hat oder sich der Pflichtige befindet.

(2) **In dem Antrag hat die für die Steuerfestsetzung zuständige Finanzbehörde den Anspruch nach Art und Höhe sowie die Tatsachen anzugeben, die den Arrestgrund ergeben.** 2

(3) ① **Für die Anordnung, Vollziehung und Aufhebung des persönlichen Sicherheitsarrestes gelten § 128 Absatz 4 und die §§ 922 bis 925, 927, 929, 933, 934 Absatz 1, 3 und 4 der Zivilprozessordnung sinngemäß. ② § 802j Absatz 2 der Zivilprozessordnung ist nicht anzuwenden.** 3

(4) **Für Zustellungen gelten die Vorschriften der Zivilprozessordnung.** 4

6. Unterabschnitt. Verwertung von Sicherheiten

§ 327 Verwertung von Sicherheiten

① **Werden Geldforderungen, die im Verwaltungsverfahren vollstreckbar sind (§ 251), bei Fälligkeit nicht erfüllt, kann sich die Vollstreckungsbehörde aus den Sicherheiten befriedigen, die sie zur Sicherung dieser Ansprüche erlangt hat. ② Die Sicherheiten werden nach den Vorschriften dieses Abschnitts verwertet. ③ Die Verwertung darf erst erfolgen, wenn dem Vollstreckungsschuldner die Verwertungsabsicht bekannt gegeben und seit der Bekanntgabe mindestens eine Woche verstrichen ist.**

Dritter Abschnitt. Vollstreckung wegen anderer Leistungen als Geldforderungen

1. Unterabschnitt. Vollstreckung wegen Handlungen, Duldungen oder Unterlassungen

§ 328[1] Zwangsmittel

(1) ① **Ein Verwaltungsakt, der auf Vornahme einer Handlung oder auf Duldung oder Unterlassung gerichtet ist, kann mit Zwangsmitteln (Zwangsgeld, Ersatzvornahme, unmittelbarer Zwang) durchgesetzt werden.**[2] ② **Für die Erzwingung von Sicherheiten gilt § 336. ③ Vollstreckungsbehörde ist die Behörde, die den Verwaltungsakt erlassen hat.** 1

(2) ① **Es ist dasjenige Zwangsmittel zu bestimmen, durch das der Pflichtige und die Allgemeinheit am wenigsten beeinträchtigt werden. ② Das Zwangsmittel muss in einem angemessenen Verhältnis zu seinem Zweck stehen.** 2

Verfügung betr. Androhung und Festsetzung von Zwangsmitteln nach §§ 328 ff. AO Anl

Vom 10. November 2022 (BeckVerw 576599)

(LfSt Bayern S 0560.2.1-1/25 St 43)

Im Interesse einer gleichmäßigen Handhabung sind bei der Androhung und Festsetzung von Zwangsgeldern die nachstehenden Grundsätze zu beachten (vgl. dazu auch Vollstreckungskartei Bayern, §§ 328–335 AO, insbesondere zur Behandlung der Zwangsmittel im Vollstreckungsverfahren). Soweit möglich, ist das maschinelle Zwangsgeldverfahren einzusetzen (vgl. Tz. 1 und 12).

[1] Zur Vollstreckung von Geldforderungen vgl. §§ 249 ff. AO.
Zur Beschränkung im Besteuerungsverfahren vgl. § 393 AO.
Grundlegend zur Durchsetzung von Verwaltungsakten, die auf Handlungen, Duldungen oder Unterlassen gerichtet sind, im Zwangsgeldverfahren: *Vfg. OFD Koblenz vom 9. 8. 1993 S 0560 A – St 53 1, StEK AO 1977 § 328 Nr. 6.*

[2] Ausnahme: Versicherung an Eides Statt; vgl. § 95 Abs. 6 AO.
Die Regeln über die Bekanntgabe von Verwaltungsakten gelten auch für die Zwangsgeldandrohung und -festsetzung. Zwangsgeldandrohung und -festsetzung sind gegen den Pflichtigen zu richten. Hat der Pflichtige einen Bevollmächtigten zur Vertretung in steuerlichen Angelegenheiten und u. a. zur Entgegennahme rechtsverbindlicher Erklärungen bestellt, so ist es nicht zu beanstanden, dass das FA die Zwangsgeldandrohung und -festsetzung durch Übersendung an den Bevollmächtigten bekannt gibt *(BFH-Urteil vom 23. 11. 1999 VII R 38/99, BFH/NV 2000 S. 549).*
Die Durchsetzung eines Verwaltungsaktes mit Zwangsmitteln iSd § 328 AO gilt auch für Verwaltungsakte, durch die von juristischen Personen die Vornahme von Handlungen gefordert wird. Zwangsgelder dürfen angedroht und festgesetzt werden, um die Stpfl. zur Anfertigung und Abgabe der Steuererklärungen und der zugehörigen Jahresabschlüsse zu zwingen. Im Einzelfall kann die Androhung und der Einsatz von Zwangsmitteln ermessensfehlerhaft sein, z. B. wenn der Stpfl. oder die für ihn handelnden Personen die Steuererklärung und den Jahresabschluss wegen fehlender Fachkenntnisse oder einer Krankheit nicht selbst anfertigen können und dem Stpfl. die Mittel fehlen, sie von fachkundigen Personen erstellen zu lassen. Auch nach Ablauf der für die Aufstellung der Bilanz geltenden Frist dürfen die FÄ die Anfertigung des Jahresabschlusses mit Zwangsmitteln durchsetzen *(BFH-Urteil vom 22. 12. 1993 I B 59/93, nv).*

Anl

1. Allgemeines

3 Nach § 328 Abs. 1 AO kann ein Verwaltungsakt, der auf Vornahme einer Handlung oder auf Duldung oder Unterlassung gerichtet ist, mit Zwangsmitteln (Zwangsgeld, Ersatzvornahme, unmittelbarer Zwang) durchgesetzt werden.

Das Zwangsgeld ist wegen des Grundsatzes der Verhältnismäßigkeit (§ 328 Abs. 2 AO) das wichtigste Zwangsmittel. Zwangsmaßnahmen nach § 328 AO sind keine Strafen, sondern in die Zukunft wirkende Beugemittel.

Da auf die Erfüllung von steuerlichen Verpflichtungen (z. B. Abgabe von Fragebögen zur Gewerbeanmeldung, Abgabe einer Steuererklärung) durch die Beteiligten regelmäßig nicht verzichtet werden kann, ist bei deren Nichterfüllung grundsätzlich ein Zwangsverfahren durchzuführen, wenn nicht bereits nach Aktenlage erkennbar ist, dass kein oder nur ein geringer steuerlicher Erfolg zu erwarten ist. Nach Einführung des maschinellen Zwangsgeldverfahrens (vgl. Tz. 11) ist grundsätzlich zunächst – vor einer Schätzung der Besteuerungsgrundlagen – ein Zwangsgeldverfahren durchzuführen, um den Steuerpflichtigen zur Abgabe der Steuererklärung zu bewegen. Die Androhung des Zwangsgeldes sollte unmittelbar nach erfolglosem Ablauf der im Erinnerungsschreiben gesetzten Frist erfolgen. Daneben ist es im Einzelfall denkbar, vor oder parallel zur Schätzung eine weitere Zwangsgeldandrohung- und -festsetzung mit höheren Beträgen durchzuführen.

Es ist zulässig, Zwangsgeld auch dann noch anzudrohen und festzusetzen, wenn die Besteuerungsgrundlagen bereits geschätzt worden sind, da auch dann die Verpflichtung zur Abgabe einer Steuererklärung bestehen bleibt (§ 149 Abs. 1 Satz 4 AO).

Mit der Einleitung eines Zwangsgeldverfahrens wegen Nichtabgabe von Jahressteuererklärungen soll rechtzeitig begonnen werden, damit der Eingang der Erklärungen noch vor Abschluss der Veranlagung erreicht wird.

2. Personenkreis der Inhaltsadressaten

2.1. Allgemein

4 Die zu erzwingenden Anordnungen und Zwangsmittel können sich sowohl gegen den Steuerpflichtigen als auch gegen andere Personen (z. B. auskunftspflichtige Dritte, Duldungspflichtige oder Drittschuldner, siehe § 316 Abs. 2 Satz 3 AO, Abschn. 44 Abs. 2 VollstrA) richten, die zu einem bestimmten Verhalten – Tun, Dulden, Unterlassen – verpflichtet sind. Sie dürfen aber nur ergehen, wenn der Adressat tatsächlich in der Lage ist, die Anordnung zu erfüllen.

2.2. Zwangsmittel gegen den Steuerpflichtigen

Handelt es sich um Abgabe von Steuererklärungen (Wissenserklärungen), so sind Zwangsmaßnahmen gegen den Steuerpflichtigen zu richten. Auch gegen eine juristische Person kann Zwangsgeld angedroht und festgesetzt werden (BFH-Urteil vom 27. 10. 1981 VII R 2/80, BStBl. 1982 II S. 141). Dasselbe gilt für nichtrechtsfähige Personenvereinigungen (z. B. Personengesellschaften, Gemeinschaften), soweit sie steuerlich rechtsfähig und Steuerschuldner sind, z. B. für die Umsatzsteuer oder für die Gewerbesteuer (§ 5 Abs. 1 Satz 3 GewStG). Soll von einem Unternehmer die Abgabe von Betriebssteuererklärungen erzwungen werden, sind Zwangsmaßnahmen nur an ihn, nicht aber auch an seine Ehefrau zu richten.

Die Frage, ob der vom Finanzamt zur Abgabe einer Umsatzsteuererklärung aufgeforderte Steuerpflichtige tatsächlich umsatzsteuerpflichtig ist, ist im Zwangsverfahren nicht zu klären. Zur Erklärungsabgabe ist jeder verpflichtet, der hierzu vom Finanzamt aufgefordert wird (BFH-Beschluss vom 17. 1. 2003 VII B 228/02, BFH/NV S. 594).

2.3. Zwangsmittel gegen Personen i. S. d. § 34 AO

Die Androhung und Festsetzung können auch gegenüber dem gesetzlichen Vertreter einer juristischen Person oder gegenüber dem Geschäftsführer einer nichtrechtsfähigen Personenvereinigung erfolgen, weil diese Personen die steuerlichen Pflichten der juristischen Person oder der nichtrechtsfähigen Personenvereinigung zu erfüllen haben (§ 34 Abs. 1 AO). Gleiches gilt für die Gesellschafter einer Personengesellschaft, wenn ein Geschäftsführer nicht vorhanden ist (§ 34 Abs. 2 AO).

Es ist im Einzelfall nach Zweckmäßigkeitsgesichtspunkten zu entscheiden, ob das Zwangsgeldverfahren gegen die juristische Person bzw. die nichtrechtsfähige Personenvereinigung oder gegen die in § 34 AO bezeichneten Personen durchzuführen ist. Bei Personengesellschaften ist es angezeigt, Zwangsgeldmaßnahmen wegen Nichtabgabe von Jahressteuererklärungen (USt, GewSt) nur gegen die in § 34 AO genannten Personen zu ergreifen. Dann können diese Zwangsgeldmaßnahmen mit einem Zwangsgeld wegen Nichtabgabe der Gewinnfeststellungserklärung verbunden werden, weil Letzteres ausschließlich gegen die Personen nach § 34 AO zu richten ist (vgl. § 181 Abs. 2 Nr. 1 und Nr. 4 AO).

2.4. Zwangsmittel, wenn mehrere Personen zur Vornahme einer Handlung verpflichtet sind

Ist eine Verpflichtung von mehreren Personen zu erfüllen (z. B. Abgabe einer Einkommensteuer durch Eheleute in Fällen der Zusammenveranlagung), ist grundsätzlich gegen jede Person ein gesondertes Verfahren durchzuführen. Es ist daher nicht zulässig, einen Verwaltungsakt nach § 332 oder § 333 AO an Eheleute unter der Anschrift „Herrn und Frau" zu richten. In der Regel wird es jedoch ausreichen, das Zwangsgeldverfahren nur gegen den Ehegatten zu betreiben, der die land- und forstwirtschaftlichen, gewerblichen oder freiberuflichen Einkünfte erzielt oder dem die Einkünfte bei der Veranlagung ausschließlich oder überwiegend zuzurechnen sind.

Soll ein Zwangsverfahren zur Abgabe einer Feststellungserklärung durchgeführt werden, kann es bei entsprechender Bedeutung des Falles ermessensgerecht sein, das Zwangsverfahren gegen mehrere oder alle Feststellungsbeteiligte durchzuführen. Dies ist zulässig, da gem. § 181 Abs. 2 Nr. 1 AO sämtliche Feststellungsbeteiligte zur Abgabe der Feststellungserklärung verpflichtet sind.

2.5. Kein Zwangsmittel an Angehörige der steuerberatenden Berufe als Vertreter ihrer Mandanten

Angehörige der steuerberatenden Berufe können nicht zur Erfüllung der steuerlichen Pflichten ihrer Mandanten angehalten werden. Ein Zwangsverfahren zur Durchsetzung der Abgabe einer Steuererklärung oder zur Auskunftserteilung ist daher gegen sie persönlich insoweit nicht zulässig.

Sofern ein Angehöriger der steuerberatenden Berufe als Empfangsbevollmächtigter bestellt ist, sollen die Verwaltungsakte gegen den Verpflichteten gemäß § 122 Abs. 1 Satz 3 AO an ihn bekannt gegeben werden.

3. Erzwingbare Verpflichtungen

Der Anwendungsbereich der §§ 328 ff. AO ist sehr weit. Er umfasst alle Verwaltungsakte, die unter die AO fallen und die ein aktives Handeln, passives Dulden oder Unterlassen zum Gegenstand haben. Ergibt sich eine Rechtspflicht zum Handeln, Dulden oder Unterlassen unmittelbar aus dem Gesetz, kann ein Zwangsverfahren erst eingeleitet werden, wenn der Steuerpflichtige – ggf. gleichzeitig – durch Verwaltungsakt zur Erfüllung der gesetzlichen Pflicht aufgefordert worden ist. 5

Mit Zwangsmittel können insbesondere folgende Aufforderungen durchgesetzt werden:

Aufforderung	**Rechtsgrundlage**
zur Abgabe von Steuererklärungen	§ 149 Abs. 1 Satz 1 AO i. V. m.
– ESt-Erklärung	§ 25 Abs. 3 EStG
– KSt-Erklärung	§ 31 KStG
– Erklärung zur gesonderten Feststellung der Besteuerungsgrundlagen gem. §§ 27, 28, 37, 38 KStG	§§ 27, 28, 37, 38 KStG
– GewSt-Erklärung	§ 14 a Satz 3 GewStG
– USt-Jahreserklärung	§ 18 Abs. 3 Sätze 1 und 3 UStG
– ErbSt-Erklärung	§ 31 ErbStG
zur Abgabe von Steueranmeldungen	
– LSt-Anmeldung	§ 41 a Abs. 1 Satz 2 EStG
– USt-Voranmeldung	§ 18 Abs. 1 Satz 1 UStG
– KapESt-Anmeldung	§ 45 a Abs. 1 Sätze 1 und 5 EStG
zur elektronischen Übermittlung der Lohnsteuerbescheinigung	§ 41 b Abs. 1 Satz 2 EStG
zur Vorlage der Abschlussunterlagen zur Steuererklärung	§ 60 EStDV
zur Vorlage der Gewinnermittlung nach § 4 Abs. 3 EStG laut Anlage EÜR	§ 60 Abs. 4 EStDV
zur Auskunftserteilung	§ 93 AO
zur Vorlage von Urkunden	§ 97 AO
zur Abgabe einer Drittschuldnererklärung	§ 316 AO
zur Führung von Büchern	§§ 140, 141 AO

Im Besteuerungsverfahren sind jedoch Zwangsmittel gegen den Steuerpflichtigen unzulässig, wenn er dadurch gezwungen würde, sich selbst wegen einer von ihm begangenen Steuerstraftat oder Steuerordnungswidrigkeit zu belasten. Der Steuerpflichtige ist ggf. über sein Recht, sich nicht zur Sache äußern zu müssen, zu belehren (§ 393 Abs. 1 AO). Ist ein Steuerstraf- oder Bußgeldverfahren gegen den Steuerpflichtigen eingeleitet, dürfen gegen ihn, soweit der Verdacht reicht, keine Zwangsmittel angewendet werden. Das Gleiche gilt für Personen, denen nach der AO bzw. der StPO ein Auskunfts- bzw. Aussageverweigerungsrecht zusteht.

Nicht erzwingbar sind ferner Geldleistungen, die Einhaltung von Sollvorschriften (z. B. Begründung eines Rechtsbehelfs, die Stellung eines Antrags auf eine Steuervergünstigung) und die Abgabe einer Versicherung an Eides Statt (§ 95 Abs. 6 AO). Die Erzwingbarkeit einer Eidesleistung (§ 94 AO) richtet sich nach § 82 FGO i. V. m. § 390 Abs. 2 ZPO.

4. Inhalt des Aufforderungsschreibens, Inhalt der Zwangsgeldandrohung und der Zwangsgeldfestsetzung

Der Verwaltungsakt, der auf die Vornahme einer Handlung durch den Steuerpflichtigen gerichtet ist, muss die verlangte Handlung sowie die Rechtsgrundlage, auf die sich das Verlangen des Finanzamts stützt, erkennen lassen. Fehlt einem solchen Verwaltungsakt eine ausreichende Begründung, ist sie spätestens bei der Androhung nachzuholen (§ 126 Abs. 1 Nr. 2 AO). Es empfiehlt sich daher, in den Verwaltungsakten über Androhung und Festsetzung von Zwangsmitteln stets auch die Rechtsgrundlage und den Inhalt der Verpflichtung anzugeben. 6

Anl

5. Form

7 – Sowohl die Androhung als auch die Festsetzung eines Zwangsmittels haben schriftlich zu erfolgen (für die Androhung vgl. § 332 Abs. 1 Satz 1 AO).
– Soll die Erfüllung mehrerer rechtlicher Verpflichtungen erzwungen werden (z. B. Abgabe verschiedener Steuererklärungen), so können die Zwangsgeldmaßnahmen, soweit sie denselben Adressaten betreffen, mit einem Schriftstück verfügt werden. Für jede durchzusetzende Verpflichtung ist jedoch ein Zwangsgeld getrennt zu bestimmen (§ 332 Abs. 2 Satz 2 AO).
– Die Androhung des Zwangsmittels kann mit dem Verwaltungsakt verbunden werden, durch den die zu erzwingende Anordnung auferlegt wird (§ 332 Abs. 2 Satz 1 AO).

6. Höhe der Zwangsgelder

8 Die Zwangsgelder sind so zu bemessen, dass der mit ihnen verfolgte Zweck erreicht werden kann. Dabei sind die persönlichen, wirtschaftlichen und finanziellen Verhältnisse sowie das bisherige Verhalten des Steuerpflichtigen zu berücksichtigen. Das Zwangsgeld muss seiner Höhe nach auch im angemessenen Verhältnis zu seinem Zweck (§ 328 Abs. 2 Satz 2 AO) und zu dem steuerlichen Ergebnis der zu erzwingenden Handlung stehen. Werden mehrere Zwangsgelder verhängt, ist auch die Gesamtsumme an der wirtschaftlichen und finanziellen Leistungsfähigkeit des Steuerpflichtigen zu orientieren. Der Höchstbetrag für jedes einzelne Zwangsgeld beträgt 25 000 € (§ 329 AO). Zwangsgelder von weniger als 50 €, bei Steuererklärungen von weniger als 200 €, sind nur in Ausnahmefällen anzudrohen.

7. Verfahren

7.1. Zwangsgeldandrohung

9 Bevor ein Zwangsmittel festgesetzt wird, ist es dem Steuerpflichtigen anzudrohen und eine angemessene Frist zur Vornahme der von ihm geforderten Handlung zu setzen (§ 332 Abs. 1 Satz 3 AO). Hierbei ist stets von einer Mindestfrist von 2 Wochen zuzüglich 3 Tage für die Bekanntgabe auszugehen.

Wird nach Androhung eines Zwangsgeldes eine Fristverlängerung für die Vornahme der zu erzwingenden Handlung gewährt, so entfällt die Grundlage für die Androhung. Diese Folge kann vermieden werden, wenn die Fristverlängerung abgelehnt und stattdessen die Androhungsfrist verlängert wird. Im Gegensatz zu einer „echten" Fristverlängerung wird dabei beispielsweise die Steuererklärungsfrist, die zur Berechnung des Verspätungszuschlags herangezogen wird, nicht geändert.

Soll die Abgabe einer Drittschuldnererklärung erzwungen werden, ist das Zwangsgeldverfahren rechtzeitig einzuleiten (§ 316 Abs. 3 AO, Abschn. 44 Abs. 3 VollstrA, Vollstreckungskartei Bayern, § 316 AO, Karte 01, Tzn. 2, 3).

7.2. Zwangsgeldfestsetzung

Nach ergebnislosem Ablauf der Frist ist das Zwangsgeld unverzüglich (d. h. innerhalb von 2 Wochen) festzusetzen, denn das Zwangsverfahren ist ohne zeitliche Unterbrechung fortzuführen, bis die Anordnung des Finanzamts erfüllt ist. Die Unanfechtbarkeit des Verwaltungsakts über die Androhung braucht nicht abgewartet zu werden. Wird die Festsetzung ohne erkennbaren Grund hinausgezögert, so kann darin eine Abstandnahme von der Androhung erblickt werden, so dass das Zwangsverfahren mit einer Androhung neu einzuleiten ist. 6 Wochen nach Ablauf der Androhungsfrist ist das angedrohte Zwangsgeld in der Regel nicht mehr festzusetzen.

Die Festsetzung eines geringeren als des angedrohten Zwangsgeldbetrages ist zulässig. Dies ist besonders bei neueren Erkenntnissen über die wirtschaftlichen Verhältnisse des Betroffenen angezeigt.

Zur Sollstellung der Zwangsgeldfestsetzung, insbesondere zur zutreffenden Verschlüsselung, wird auf die AL-Erhebung, Fach 3, Teil 7, Tz. 2.3 verwiesen, soweit nicht das maschinelle Zwangsgeldverfahren verwendet wird.

8. Wiederholung

10 Befolgt der Steuerpflichtige auch nach Festsetzung des Zwangsgeldes die Androhung nicht, können so lange weitere Zwangsgelder – in der Regel mit steigenden Beträgen – festgesetzt werden, bis der Anordnung nachgekommen wird (vgl. § 332 Abs. 3 Satz 1 AO). Ein weiteres Zwangsgeld ist stets anzudrohen.

Es ist jedoch zweckmäßig, ein weiteres Zwangsgeld jeweils erst dann anzudrohen und festzusetzen, wenn das bereits festgesetzte Zwangsgeld gezahlt oder beigetrieben ist.

9. Einspruch

11 Einsprüche gegen in Sammelverwaltungsakten zusammengefassten Zwangsgeldandrohungen und -festsetzungen sind in der DB-Rb nur als Einspruch einzutragen (entsprechende Anwendung der DA-Org, Tz. 9.1)

Wird bereits gegen die Androhung eines Zwangsgeldes Einspruch eingelegt, sollte der Einspruch umgehend auf seine Begründetheit geprüft werden. Bestehen keine ernstlichen Zweifel an der Rechtmäßigkeit der Androhung, so ist das Zwangsgeldverfahren weiterzuführen (Festsetzung). Durch eine Verzögerung würde das Verfahren ansonsten seine Wirkung verlieren und ggf. eine Festsetzung nicht mehr möglich sein (vgl. Tz. 7.2).

Bei einem evtl. Einspruch gegen die Festsetzung des Zwangsgeldes können die Einsprüche in einer Entscheidung verbunden werden.

Wird nur gegen die Festsetzung eines Zwangsgeldes Einspruch eingelegt, sollte ungeachtet des BFH-Urteils vom 20. 10. 1981 VII R 13/80, BStBl. 1982 II S. 371, auch die Rechtmäßigkeit der durchzusetzenden Anordnung und der Androhung überprüft werden. Dem Einspruch ist abzuhelfen, wenn die vorangegangenen Verwaltungsakte rechtswidrig sind.

Ist eine Einspruchsentscheidung zu fertigen, sind spätestens in dieser Ausführungen zur Ermessensausübung zu machen, aus denen sich die Erwägungen des Finanzamts zur Höhe der einzelnen Zwangsgelder ergeben (vgl. Tz. 6). Anl

10. Beendigung des Zwangsverfahrens; Erhebung

10.1. Ausführung der Handlung nach Zwangsgeldandrohung bzw. -festsetzung

Führt der Betroffene die geforderte Handlung nach der Androhung, aber vor der Festsetzung des Zwangsgeldes aus, ist damit das Androhungsverfahren beendet. Ein gegen den Verwaltungsakt der Androhung erhobener Einspruch ist nach Vornahme der Handlung als erledigt anzusehen. Das gilt auch, wenn der Vollzug nach § 335 AO eingestellt wird. Der jeweilige Einspruch ist in DB-Rb mit dem Status „Erledigung nach § 124 Abs. 2 AO" abzuspeichern. 12

Entsprechendes gilt, wenn gegen die Festsetzung des Zwangsgeldes Einspruch eingelegt, der Vollzug des Zwangsgeldes aber nach § 335 AO eingestellt wurde.

10.2. Ausführung der Handlung nach Zwangsgeldfestsetzung/Einstellung des Vollzugs

§ 335 AO sieht die Einstellung des Vollzugs eines Zwangsmittels vor, wenn die Verpflichtung nach Festsetzung des Zwangsmittels erfüllt wird. Ein festgesetztes Zwangsgeld darf daher nicht eingezogen werden, wenn der Verpflichtete die Anordnung befolgt, z. B. die ausstehende Steuererklärung eingereicht hat. Soweit das Zwangsgeld ganz oder teilweise entrichtet ist, wird es nicht zurückerstattet. Dies gilt jedoch nicht für freiwillige Zahlungen, die nach Befolgung der Anordnung bei der Finanzkasse eingehen (vgl. BFH-Beschlüsse vom 22. 7. 1977 III B 34/74, BStBl. II S. 838, und vom 29. 11. 1977 VII B 6/77, BStBl. 1978 II S. 156). Zwangsgelder, die nach Befolgung der Anordnung (z. B. nach Abgabe der Steuererklärung) „freiwillig" gezahlt werden, sind deshalb von Amts wegen zurückzuzahlen. Bei der Erhebung von Zwangsgeldern ist Folgendes zu beachten:

- Ist der Steuerpflichtige der Anordnung nicht nachgekommen und wird das festgesetzte Zwangsgeld nicht fristgerecht gezahlt, so wird beim Mahnlauf i.d.R. keine maschinelle Mahnung erstellt, sondern der Rückstand wird unmittelbar der Vollstreckungsstelle angezeigt (vgl. Fach 5 Teil 3 Tz. 6.1.6.2 AL-ERH). Die Vollstreckungsstelle treibt rückständige Zwangsgelder vor allen anderen rückständigen Geldforderungen – außer Geldbußen – bei. Versucht der Vollziehungsbeamte auch wegen anderer Rückstände (z. B. wegen Steuern, Säumniszuschlägen, Kosten der Vollstreckung) – ergebnislos – bewegliche Sachen des Schuldners zu pfänden, und erstellt eine fruchtlose Pfändung, ist der festsetzenden Stelle zur weiteren Veranlassung eine Kopie davon zuzuleiten (§ 334 AO).
- Nach Befolgung der Anordnung hat die Stelle, die das Zwangsgeld festgesetzt hat, unverzüglich die Einstellung des Zwangsverfahrens anzuordnen, sofern das Zwangsgeld nicht voll entrichtet ist. Da die nach Befolgung der Anordnung gezahlten Zwangsgelder zu erstatten sind, ist der Finanzkasse mitzuteilen, wann die Anordnung befolgt worden ist.
- Die Finanzkasse hat die Einstellung des Vollzugs gemäß § 335 AO mit BiFi-Verfahren (Programm 710) und Buchungstext 31 im Speicherkonto aufzuzeichnen.

11. Maschinelles Zwangsgeldverfahren

Für die Beitreibung bestimmter Steuererklärungen/Unterlagen (z. B. Einkommensteuererklärung) mittels Zwangsgeldverfahren steht im Veranlagungsbereich unter MÜSt > Übersichten das maschinelle Erinnerungs-/Zwangsgeldverfahren „MÜSt-Maßnahmen Sachbearbeiter zur Verfügung". Hierbei können alle ausstehenden Steuererklärungen/Unterlagen für einen bestimmten Steuernummernkreis ermittelt und diese zeitsparend und effizient mittels Durchführung eines Zwangsgeldverfahrens angefordert werden. Zu jeder Steuererklärung/Unterlage wird dabei ein Zwangsgeldbetrag vorgeschlagen, der maschinell berechnet wird und grundsätzlich als angemessen gilt. Abweichungen bei der Höhe des angedrohten bzw. festgesetzten Zwangsgeldbetrags gegenüber dem maschinell errechneten Vorschlag sind jedoch möglich. 13

Die für die ausgewählten Fälle angestoßenen Verwaltungsakte werden zentral erstellt und maschinell versendet, so dass für den Bearbeiter keine weiteren Arbeiten mehr anfallen. Eine Archivierung der Verwaltungsakte findet in der eAkte statt.

Werden Zwangsgeldfestsetzungen über das maschinelle Erinnerungs-/Zwangsgeldverfahren angestoßen, wird der festgesetzte Betrag im Erhebungskonto maschinell zum Soll gestellt. Bei Erklärungseingang und einem rückständigen Zwangsgeldbetrag wird wiederum maschinell der Vollzug des Zwangsgelds eingebucht.

Zwangsgeldmaßnahmen mit abgelaufener Frist werden zudem in der Auftragsübersicht angezeigt.

Weitere Informationen zum maschinellen Erinnerungs-/Zwangsgeldverfahren stehen im AIS unter Themen > EDV > Verfahren > MÜSt > Erinnerungsverfahren zur Verfügung.

12. Vorlagen

Für Verwaltungsakte, die nicht vom maschinellen Erinnerungs-/Zwangsgeldverfahren berücksichtigt werden, wurden für die Androhung, Festsetzung und Rücknahme eines Zwangsgeldes in UNIFA-Word für die Veranlagung, die Arbeitnehmerstelle und die Körperschaftsteuerstelle im jeweiligen Unterordner „Bearbeitung Verwaltungsakte" Vorlagen zur Verfügung gestellt. 14

Die Vorgehensweise der Vollstreckungsstellen für die Androhung und Festsetzung eines Zwangsgeldes wegen einer Drittschuldnererklärung sind in der Schulungsunterlage zum VoSystem (AIS/Themen/Vollstreckung/IT-Verfahren/VoSystem/Schulungsunterlagen und Arbeitsanleitungen) unter Tz. 6.6 beschrieben, eine Vorlage zur Festsetzung des Zwangsgelds ist im entsprechenden UNIFA-Ordner „Vollstreckung/Forderungspfändung" abgelegt.

§ 329 Zwangsgeld[1]

Das einzelne Zwangsgeld darf 25 000 Euro nicht übersteigen.

§ 330 Ersatzvornahme

Wird die Verpflichtung, eine Handlung vorzunehmen, deren Vornahme durch einen anderen möglich ist (vertretbare Handlung), nicht erfüllt, so kann die Vollstreckungsbehörde einen anderen mit der Vornahme der Handlung auf Kosten des Pflichtigen beauftragen.

§ 331 Unmittelbarer Zwang

Führen das Zwangsgeld oder die Ersatzvornahme nicht zum Ziel oder sind sie untunlich, so kann die Finanzbehörde[2] den Pflichtigen zur Handlung, Duldung oder Unterlassung zwingen oder die Handlung selbst vornehmen.[3]

§ 332[4] Androhung der Zwangsmittel

1 **(1) ① Die Zwangsmittel müssen schriftlich angedroht werden. ② Wenn zu besorgen ist, dass dadurch der Vollzug des durchzusetzenden Verwaltungsakts vereitelt wird, genügt es, die Zwangsmittel mündlich oder auf andere nach der Lage gebotene Weise anzudrohen. ③ Zur Erfüllung der Verpflichtung ist eine angemessene Frist zu bestimmen.**

2 **(2) ① Die Androhung kann mit dem Verwaltungsakt verbunden werden, durch den die Handlung, Duldung oder Unterlassung aufgegeben wird. ② Sie muss sich auf ein bestimmtes Zwangsmittel beziehen und für jede einzelne Verpflichtung getrennt ergehen. ③ Zwangsgeld ist in bestimmter Höhe anzudrohen.**

3 **(3) ① Eine neue Androhung wegen derselben Verpflichtung ist erst dann zulässig, wenn das zunächst angedrohte Zwangsmittel erfolglos ist. ② Wird vom Pflichtigen ein Dulden oder Unterlassen gefordert, so kann das Zwangsmittel für jeden Fall der Zuwiderhandlung angedroht werden.**

4 **(4) Soll die Handlung durch Ersatzvornahme ausgeführt werden, so ist in der Androhung der Kostenbetrag vorläufig zu veranschlagen.**

§ 333[5] Festsetzung der Zwangsmittel

Wird die Verpflichtung innerhalb der Frist, die in der Androhung bestimmt ist, nicht erfüllt oder handelt der Pflichtige der Verpflichtung zuwider, so setzt die Finanzbehörde das Zwangsmittel fest.

§ 334[6] Ersatzzwangshaft

1 **(1) ① Ist ein gegen eine natürliche Person festgesetztes Zwangsgeld uneinbringlich, so kann das Amtsgericht auf Antrag der Finanzbehörde nach Anhörung des Pflichtigen Ersatzzwangshaft anordnen, wenn bei Androhung des Zwangsgelds hierauf hingewiesen worden ist. ② Ordnet das Amtsgericht Ersatzzwangshaft an, so hat es einen Haftbefehl auszufertigen, in dem die antragstellende Behörde, der Pflichtige und der Grund der Verhaftung zu bezeichnen sind.**

2 **(2) ① Das Amtsgericht entscheidet nach pflichtgemäßem Ermessen durch Beschluss. ② Örtlich zuständig ist das Amtsgericht, in dessen Bezirk der Pflichtige seinen Wohnsitz oder in Ermangelung eines Wohnsitzes seinen gewöhnlichen Aufenthalt hat. ③ Der Beschluss des Amtsgerichts unterliegt der Beschwerde nach den §§ 567 bis 577 der Zivilprozessordnung.**

3 **(3) ① Die Ersatzzwangshaft beträgt mindestens einen Tag, höchstens zwei Wochen. ② Die Vollziehung der Ersatzzwangshaft richtet sich nach den § 802 g Absatz 2 und § 802 h der Zivilprozessordnung und den §§ 171 bis 175 und 179 bis 186 des Strafvollzugsgesetzes.**

---

[1] Zur Anwendung s. Art. 97 § 17 d EGAO **(Anhang I Nr. 1)**.

[2] Zur Beistandspflicht anderer Behörden vgl. § 111 AO.

[3] Zur Wegnahmegebühr vgl. § 340 AO.

[4] Wurde die Androhung angefochten, so kann die nachfolgende Festsetzung nicht in das Rechtsbehelfsverfahren einbezogen werden *(BFH-Urteil vom 7. 7. 1964 VII 152/62 U, BStBl. III S. 317)*. Wird die Androhung im Rechtsbehelfsverfahren aufgehoben, so entfällt auch für die Festsetzung des Zwangsgeldes die Rechtsgrundlage; sie ist gem. § 131 Abs. 1 aufzuheben.

Ein Rechtsschutzbedürfnis für eine Klage gegen die Zwangsgeldandrohung besteht auch bei bestandskräftiger Zwangsgeldfestsetzung, weil der Steuerpflichtige bei Aufhebung der Zwangsgeldandrohung einen Anspruch auf ermessensfehlerfreie Entscheidung des FA nach § 130 AO hat *(BFH-Beschluss vom 29. 5. 2019 VII B 10/19, BFH/NV S. 1121)*.

[5] Zur Beitreibung vgl. §§ 259 ff. AO.

Die Festsetzung von Zwangsgeld zur Durchsetzung der steuerlichen Erklärungspflichten des Insolvenzverwalters ist weder unverhältnismäßig noch ermessensfehlerhaft, auch wenn voraussichtlich nicht mit steuerlichen Auswirkungen zu rechnen ist *(BFH-Urteil vom 6. 11. 2012 VII R 72/11, BStBl. 2013 II S. 141)*.

[6] Zur Grundrechtseinschränkung vgl. § 413 AO.

(4) Ist der Anspruch auf das Zwangsgeld verjährt, so darf die Haft nicht mehr vollstreckt werden. 4

§ 335 Beendigung des Zwangsverfahrens[1]

Wird die Verpflichtung nach Festsetzung des Zwangsmittels erfüllt, so ist der Vollzug einzustellen.

2. Unterabschnitt. Erzwingung von Sicherheiten

§ 336 Erzwingung von Sicherheiten

(1) Wird die Verpflichtung zur Leistung von Sicherheiten nicht erfüllt, so kann die Finanzbehörde geeignete Sicherheiten pfänden.[2] 1

(2) ① Der Erzwingung der Sicherheit muss eine schriftliche Androhung[3] vorausgehen. ② Die §§ 262 bis 323 sind entsprechend anzuwenden. 2

Vierter Abschnitt. Kosten[4]

§ 337 Kosten der Vollstreckung[5]

(1) ① Im Vollstreckungsverfahren werden Kosten (Gebühren und Auslagen) erhoben. ② Schuldner dieser Kosten ist der Vollstreckungsschuldner. 1

(2) Für das Mahnverfahren werden keine Kosten erhoben. 2

§ 338 Gebührenarten

Im Vollstreckungsverfahren werden Pfändungsgebühren (§ 339), Wegnahmegebühren (§ 340) und Verwertungsgebühren (§ 341) erhoben.

§ 339 Pfändungsgebühr

(1) Die Pfändungsgebühr wird erhoben für die Pfändung von beweglichen Sachen, von Tieren, von Früchten, die vom Boden noch nicht getrennt sind, von Forderungen und von anderen Vermögensrechten. 1

(2) Die Gebühr entsteht: 2

1. sobald der Vollziehungsbeamte Schritte zur Ausführung des Vollstreckungsauftrags unternommen hat,

2. mit der Zustellung der Verfügung, durch die eine Forderung oder ein anderes Vermögensrecht gepfändet werden soll.

(3) Die Gebühr beträgt 28,60 Euro. 3

(4) ① Die Gebühr wird auch erhoben, wenn 4

1. die Pfändung durch Zahlung an den Vollziehungsbeamten abgewendet wird,

2. auf andere Weise Zahlung geleistet wird, nachdem sich der Vollziehungsbeamte an Ort und Stelle begeben hat,

3. ein Pfändungsversuch erfolglos geblieben ist, weil pfändbare Gegenstände nicht vorgefunden wurden, oder

4. die Pfändung in den Fällen des § 281 Absatz 3 dieses Gesetzes sowie der § 811 Absatz 4 und § 851 b Absatz 1 der Zivilprozessordnung unterbleibt.

② Wird die Pfändung auf andere Weise abgewendet, wird keine Gebühr erhoben.

§ 340 Wegnahmegebühr

(1) ① Die Wegnahmegebühr wird für die Wegnahme beweglicher Sachen einschließlich Urkunden in den Fällen der §§ 310, 315 Absatz 2 Satz 5, §§ 318, 321, 331 und 336 1

[1] Zwangsgelder, die ein Pflichtiger nach Befolgung der Anordnung (z. B. Abgabe der Steuererklärung) freiwillig zahlt, sind zurückzuzahlen (vgl. *BFH-Beschluss vom 22. 7. 1977 III B 34/74, BStBl. II S. 838*).

[2] Zur Wegnahmegebühr vgl. § 340 AO.

[3] Die Androhung nach § 336 Abs. 2 AO ist kein unter § 69 I FGO fallender vollziehbarer Verwaltungsakt. Vorläufiger Rechtsschutz kann nur durch einstweilige Anordnung nach § 114 Abs. 1–4 FGO gewährt werden (vgl. *BFH-Beschluss vom 3. 4. 1979 VII B 104/78, BStBl. II S. 381*).

[4] In den Ländern Brandenburg, Mecklenburg-Vorpommern, Sachsen, Sachsen-Anhalt und Thüringen sowie in dem Teil des Landes Berlin, in dem die Abgabenordnung bisher nicht galt, **ermäßigen sich die nach §§ 337 ff. AO zu erhebenden Gebühren bis auf weiteres um 20 vom Hundert.** Für Gebühren und Auslagen, die vor dem Wirksamwerden des Beitritts fällig geworden sind, gilt das bisherige Recht (Anl. I, Kapitel III, A, Abschn. III Nr. 23 und 27 des Einigungsvertrags vom 31. 8. 1990 (BGBl. II S. 886, 936, BStBl. I S. 654).

[5] Kein Leistungsgebot erforderlich, wenn die Kosten zusammen mit dem Hauptanspruch beigetrieben werden (vgl. § 254 Abs. 2 AO).

Zur Ertragshoheit vgl. § 3 Abs. 4 AO.

AO

erhoben. ② Dies gilt auch dann, wenn der Vollstreckungsschuldner an den zur Vollstreckung erschienenen Vollziehungsbeamten freiwillig leistet.

2 (2) § 339 Absatz 2 Nummer 1 ist entsprechend anzuwenden.

3 (3) ① Die Höhe der Wegnahmegebühr beträgt 28,60 Euro. ② Die Gebühr wird auch erhoben, wenn die in Absatz 1 bezeichneten Sachen nicht aufzufinden sind.

§ 341 Verwertungsgebühr

1 (1) Die Verwertungsgebühr wird für die Versteigerung und andere Verwertung von Gegenständen erhoben.

2 (2) Die Gebühr entsteht, sobald der Vollziehungsbeamte oder ein anderer Beauftragter Schritte zur Ausführung des Verwertungsauftrags unternommen hat.

3 (3) Die Gebühr beträgt 57,20 Euro.

4 (4) Wird die Verwertung abgewendet (§ 296 Absatz 1 Satz 4), ist eine Gebühr von 28,60 Euro zu erheben.

§ 342 Mehrheit von Schuldnern

1 (1) Wird gegen mehrere Schuldner vollstreckt, so sind die Gebühren, auch wenn der Vollziehungsbeamte bei derselben Gelegenheit mehrere Vollstreckungshandlungen vornimmt, von jedem Vollstreckungsschuldner zu erheben.

2 (2) ① Wird gegen Gesamtschuldner wegen der Gesamtschuld bei derselben Gelegenheit vollstreckt, so werden Pfändungs-, Wegnahme- und Verwertungsgebühren nur einmal erhoben. ② Die in Satz 1 bezeichneten Personen schulden die Gebühren als Gesamtschuldner.

§ 343 (weggefallen)

§ 344 Auslagen

1 (1) Als Auslagen werden erhoben:

1. ① Schreibauslagen für nicht von Amts wegen zu erteilende oder per Telefax übermittelte Abschriften; die Schreibauslagen betragen unabhängig von der Art der Herstellung
   a) für die ersten 50 Seiten je Seite 0,50 Euro,
   b) für jede weitere Seite 0,15 Euro,
   c) für die ersten 50 Seiten in Farbe je Seite 1,00 Euro,
   d) für jede weitere Seite in Farbe 0,30 Euro.
   ② Werden anstelle von Abschriften elektronisch gespeicherte Dateien überlassen, betragen die Auslagen 1,50 Euro je Datei. ③ Für die in einem Arbeitsgang überlassenen oder in einem Arbeitsgang auf einen Datenträger übertragenen Dokumente werden insgesamt höchstens 5 Euro erhoben. ④ Werden zum Zweck der Überlassung von elektronisch gespeicherten Dateien Dokumente zuvor auf Antrag von der Papierform in die elektronische Form übertragen, beträgt die Pauschale für Schreibauslagen nach Satz 2 nicht weniger, als die Pauschale im Fall von Satz 1 betragen würde,
2. Entgelte für Post- und Telekommunikationsdienstleistungen, ausgenommen die Entgelte für Telefondienstleistungen im Orts- und Nahbereich,
3. Entgelte für Zustellungen durch die Post mit Zustellungsurkunde; wird durch die Behörde zugestellt (§ 5 des Verwaltungszustellungsgesetzes), so werden 7,50 Euro erhoben,
4. Kosten, die durch öffentliche Bekanntmachung entstehen,
5. an die zum Öffnen von Türen und Behältnissen sowie an die zur Durchsuchung von Vollstreckungsschuldnern zugezogenen Personen zu zahlende Beträge,
6. Kosten für die Beförderung, Verwahrung und Beaufsichtigung gepfändeter Sachen, Kosten für die Aberntung gepfändeter Früchte und Kosten für die Verwahrung, Fütterung, Pflege und Beförderung gepfändeter Tiere,
7. Beträge, die in entsprechender Anwendung des Justizvergütungs- und -entschädigungsgesetzes an Auskunftspersonen und Sachverständige (§ 107) sowie Beträge, die an Treuhänder (§ 318 Absatz 5) zu zahlen sind,

7a. Kosten, die von einem Kreditinstitut erhoben werden, weil ein Scheck des Vollstreckungsschuldners nicht eingelöst wurde,

7b. Kosten für die Umschreibung eines auf einen Namen lautenden Wertpapiers oder für die Wiederinkurssetzung eines Inhaberpapiers,

8. andere Beträge, die auf Grund von Vollstreckungsmaßnahmen an Dritte zu zahlen sind, insbesondere Beträge, die bei der Ersatzvornahme oder beim unmittelbaren

AO

Zwang an Beauftragte und an Hilfspersonen gezahlt werden, und sonstige durch Ausführung des unmittelbaren Zwanges oder Anwendung der Ersatzzwangshaft entstandene Kosten.

(2) **Steuern, die die Finanzbehörde auf Grund von Vollstreckungsmaßnahmen schuldet, sind als Auslagen zu erheben.** 2

(3) ① **Werden Sachen oder Tiere, die bei mehreren Vollstreckungsschuldnern gepfändet worden sind, in einem einheitlichen Verfahren abgeholt und verwertet, so werden die Auslagen, die in diesem Verfahren entstehen, auf die beteiligten Vollstreckungsschuldner verteilt.** ② **Dabei sind die besonderen Umstände des einzelnen Falls, vor allem Wert, Umfang und Gewicht der Gegenstände, zu berücksichtigen.** 3

§ 345 Reisekosten und Aufwandsentschädigungen

Im Vollstreckungsverfahren sind die Reisekosten des Vollziehungsbeamten und Auslagen, die durch Aufwandsentschädigungen abgegolten werden, von dem Vollstreckungsschuldner nicht zu erstatten.

§ 346[1] Unrichtige Sachbehandlung, Festsetzungsfrist

(1) **Kosten, die bei richtiger Behandlung der Sache[2] nicht entstanden wären, sind nicht zu erheben.** 1

(2) ① **Die Frist für den Ansatz der Kosten und für die Aufhebung und Änderung des Kostenansatzes beträgt ein Jahr.** ② **Sie beginnt mit Ablauf des Kalenderjahrs, in dem die Kosten entstanden sind.** ③ **Einem vor Ablauf der Frist gestellten Antrag auf Aufhebung oder Änderung kann auch nach Ablauf der Frist entsprochen werden.** 2

[1] Zu Widerruf, Rücknahme, Berichtigung vgl. §§ 129 ff. AO.

[2] Von einer unrichtigen Sachbehandlung nach § 346 Abs. 1 AO ist dann auszugehen, wenn sich die Vollstreckungsmaßnahme unter Berücksichtigung der besonderen Umstände des jeweiligen Einzelfalls im Zeitpunkt ihrer Vornahme durch die Finanzbehörde dadurch als offensichtlich fehlerhaft erweist, dass die rechtlichen Voraussetzungen für ihre Durchführung nicht vorliegen oder dass die Grenzen des der Finanzbehörde zustehenden Ermessens deutlich überschritten worden sind *(BFH-Urteil vom 27. 10. 2004 VII R 65/03, BStBl. 2005 II S. 198).*

Siebenter Teil. Außergerichtliches Rechtsbehelfsverfahren

Erster Abschnitt. Zulässigkeit

AEAO

Vor § 347 – Außergerichtliches Rechtsbehelfsverfahren:

1 **1.** Das außergerichtliche Rechtsbehelfsverfahren nach der AO (Einspruchsverfahren) ist abzugrenzen

– von den in der AO nicht geregelten nichtförmlichen Rechtsbehelfen (Gegenvorstellung, Sachaufsichtsbeschwerde, Dienstaufsichtsbeschwerde),
– von dem Antrag, einen Verwaltungsakt zu berichtigen, zurückzunehmen, zu widerrufen, aufzuheben oder zu ändern (Korrekturantrag; §§ 129 bis 132, 172 bis 177 AO).

Der förmliche Rechtsbehelf (Einspruch) unterscheidet sich von den Korrekturanträgen in folgenden Punkten:

– Er hindert den Eintritt der formellen und materiellen Bestandskraft (zum Begriff der Bestandskraft vgl. AEAO vor §§ 172 bis 177, Nr. 1);
– er kann zur Verböserung führen (§ 367 Abs. 2 Satz 2 AO); der Verböserungsgefahr kann der Steuerpflichtige aber durch rechtzeitige Rücknahme des Einspruchs entgehen;
– er ermöglicht die Aussetzung der Vollziehung.

In Zweifelsfällen ist ein Einspruch anzunehmen, da er die Rechte des Steuerpflichtigen umfassender wahrt als ein Korrekturantrag.

2 **2.** Das Einspruchsverfahren ist nicht kostenpflichtig. Steuerpflichtige und Finanzbehörden haben jeweils ihre eigenen Aufwendungen zu tragen. Auf die Kostenerstattung nach § 139 FGO, auch für das außergerichtliche Vorverfahren, wird hingewiesen.

AO

§ 347 Statthaftigkeit des Einspruchs[1]

1 (1) ① **Gegen Verwaltungsakte[2]**

1. in Abgabenangelegenheiten, auf die dieses Gesetz Anwendung findet,

2. in Verfahren zur Vollstreckung von Verwaltungsakten in anderen als den in Nummer 1 bezeichneten Angelegenheiten, soweit die Verwaltungsakte durch Bundesfinanzbehörden oder Landesfinanzbehörden nach den Vorschriften dieses Gesetzes zu vollstrecken sind,

3. in öffentlich-rechtlichen und berufsrechtlichen Angelegenheiten, auf die dieses Gesetz nach § 164 a des Steuerberatungsgesetzes Anwendung findet,

4. in anderen durch die Finanzbehörden verwalteten Angelegenheiten, soweit die Vorschriften über die außergerichtlichen Rechtsbehelfe durch Gesetz für anwendbar erklärt worden sind oder erklärt werden,

ist als Rechtsbehelf der Einspruch statthaft. ② **Der Einspruch ist außerdem statthaft, wenn geltend gemacht wird, dass in den in Satz 1 bezeichneten Angelegenheiten über einen vom Einspruchsführer gestellten Antrag auf Erlass eines Verwaltungsakts ohne Mitteilung eines zureichenden Grundes binnen angemessener Frist sachlich nicht entschieden worden ist.[3]**

2 (2) **Abgabenangelegenheiten sind alle mit der Verwaltung der Abgaben einschließlich der Abgabenvergütungen oder sonst mit der Anwendung der abgabenrechtlichen Vorschriften durch die Finanzbehörden zusammenhängenden Angelegenheiten einschließlich der Maßnahmen der Bundesfinanzbehörden zur Beachtung der Verbote und Beschränkungen für den Warenverkehr über die Grenze; den Abgabenangelegenheiten stehen die Angelegenheiten der Verwaltung der Finanzmonopole gleich.**

3 (3) **Die Vorschriften des Siebenten Teils finden auf das Straf- und Bußgeldverfahren keine Anwendung.**

---

[1] Zu den Auswirkungen eines Zuständigkeitswechsels auf das Rechtsbehelfsverfahren s. *BMF-Schreiben vom 10. 10. 1995, BStBl. I S. 664,* abgedruckt als Anl. zu § 367 AO.

Zur Ablaufhemmung der Festsetzungsfrist durch das Rechtsbehelfsverfahren s. § 171 Abs. 3 mit Fn.

BFH-Urteil vom 20. 7. 2005 VI R 165/01, BStBl. II S. 890: Ein Arbeitnehmer kann die LSt-Anmeldung des Arbeitgebers aus eigenem Recht anfechten, soweit sie ihn betrifft (Anschluss an das *BFH-Urteil vom 12. 10. 1995 I R 39/95, BStBl. 1996 II S. 87*).

[2] Gegen einen Realakt (Betreten einer Wohnung) ist kein Einspruch gegeben *(BFH-Beschluss vom 3. 5. 2010 VIII B 71/ 09, BFH/NV S. 1415).*

[3] *BFH-Beschluss vom 20. 7. 2016 VII B 107/15, BFH/NV 2017 S. 145:* 1. Der Untätigkeitseinspruch erledigt sich mit der diesbezüglichen Entscheidung der Behörde unabhängig davon, ob dem Antrag des Steuerpflichtigen stattgegeben wird und der begehrte Verwaltungsakt erlassen oder dessen Erlass abgelehnt wird. 2. Wird der Erlass des begehrten Verwaltungsakts abgelehnt, ist dagegen erneut ein Einspruch statthaft.

Zu § 347 – Statthaftigkeit des Einspruchs:

AEAO

1. Das Einspruchsverfahren ist nur eröffnet, wenn ein Verwaltungsakt (auch ein nichtiger Verwaltungsakt oder ein Scheinverwaltungsakt) angegriffen wird oder der Einspruchsführer sich gegen den Nichterlass eines Verwaltungsakts wendet. Verwaltungsakt ist z. B. auch die Ablehnung eines Realakts (vgl. AEAO zu § 364) oder die Ablehnung der Erteilung einer verbindlichen Auskunft. 4

2. Der Einspruch ist auch gegeben, wenn ein Verwaltungsakt aufgehoben, geändert, zurückgenommen oder widerrufen oder ein Antrag auf Erlass eines Verwaltungsakts abgelehnt wird. Gleiches gilt, wenn die Finanzbehörde einen Verwaltungsakt wegen einer offenbaren Unrichtigkeit gem. § 129 AO berichtigt oder es ablehnt, die beantragte Berichtigung eines Verwaltungsakts durchzuführen (BFH-Urteil vom 13. 12. 1983, VIII R 67/81, BStBl. 1984 II S. 511). Gegen Entscheidungen über die schlichte Änderung (§ 172 Abs. 1 Satz 1 Nr. 2 Buchstabe a AO) ist ebenfalls der Einspruch gegeben (BFH-Urteil vom 27. 10. 1993, XI R 17/93, BStBl. 1994 II S. 439); dies gilt nicht, soweit der Antrag auf schlichte Änderung durch eine Allgemeinverfügung nach § 172 Abs. 3 zurückgewiesen wurde (§ 348 Nr. 6 AO). 5

3. Beantragt der Steuerpflichtige bei einer Steuerfestsetzung unter Vorbehalt der Nachprüfung (§ 164 AO) oder bei einer vorläufigen Steuerfestsetzung (§ 165 AO) die Aufhebung dieser Nebenbestimmungen, ist gegen den ablehnenden Bescheid der Einspruch gegeben. Wird der Vorbehalt nach § 164 AO aufgehoben, kann der Steuerpflichtige gegen die dann als Steuerfestsetzung ohne Vorbehalt der Nachprüfung wirkende Steuerfestsetzung uneingeschränkt Einspruch einlegen. Soweit eine vorläufige Steuerfestsetzung endgültig durchgeführt oder für endgültig erklärt wird, gilt dies nur, soweit die Vorläufigkeit reichte. 6

Gegen die Aufhebung des Nachprüfungsvorbehalts in der Einspruchsentscheidung ist die Klage, nicht ein erneuter Einspruch gegeben (BFH-Urteil vom 4. 8. 1983, IV R 216/82, BStBl. 1984 II S. 85). Das gilt entsprechend, wenn in einer Einspruchsentscheidung die bisher vorläufige Steuerfestsetzung für endgültig erklärt wird.

4. Gegen eine Ermessensentscheidung über eine Billigkeitsmaßnahme nach § 163 Abs. 1 AO ist auch dann ein gesonderter Einspruch gegeben, wenn sie mit der Steuerfestsetzung verbunden ist (§ 163 Abs. 2 AO). Entsprechendes gilt für die mit einer Zinsfestsetzung verbundene Billigkeitsentscheidung nach § 234 Abs. 2 oder § 237 Abs. 4 AO. 7

5. § 347 Abs. 1 Satz 1 Nr. 3 AO beschränkt i. V. m. § 348 Nr. 3 und 4 AO in Steuerberatungsangelegenheiten das Einspruchsverfahren auf Streitigkeiten über 8

- die Ausübung (insbesondere die Zulässigkeit) der Hilfe in Steuersachen einschließlich der Rechtsverhältnisse der Lohnsteuerhilfevereine,
- die Voraussetzungen für die Berufsausübung der Steuerberater und Steuerbevollmächtigten (mit Ausnahme der Entscheidungen der Zulassungs- und der Prüfungsausschüsse),
- die Vollstreckung wegen Handlungen und Unterlassungen.

6. In anderen Angelegenheiten (§ 347 Abs. 1 Satz 1 Nr. 4 AO) sind die Vorschriften über das Einspruchsverfahren z. B. für anwendbar erklärt worden durch: 9

- Landesgesetze, die Steuern betreffen, die der Landesgesetzgebung unterliegen und durch Landesfinanzbehörden verwaltet werden,
- Gesetze zur Durchführung der Verordnungen des Rates der Europäischen Union, soweit diese Gesetze die Anwendbarkeit der AO-Vorschriften vorsehen.

Soweit Gesetze die für Steuervergütungen geltenden Vorschriften für entsprechend anwendbar erklären, ist das Einspruchsverfahren bereits nach § 347 Abs. 1 Satz 1 Nr. 1 AO eröffnet (z. B. EigZulG, InvZulG, WoPG und 5. VermBG).

§ 348[1] Ausschluss des Einspruchs[2]

AO

Der Einspruch ist nicht statthaft

1. **gegen Einspruchsentscheidungen (§ 367),**
2. **bei Nichtentscheidung über einen Einspruch,**
3. **gegen Verwaltungsakte der obersten Finanzbehörden des Bundes und der Länder, außer wenn ein Gesetz das Einspruchsverfahren vorschreibt,**
4. **gegen Entscheidungen in Angelegenheiten des Zweiten und Sechsten Abschnitts des Zweiten Teils des Steuerberatungsgesetzes.**
5. (weggefallen)
6. **in den Fällen des § 172 Absatz 3.**

§ 349 (weggefallen)

[1] Zur Hinzuziehung zum Verfahren vgl. § 360 AO.

[2] Zur Entscheidung über den Einspruch vgl. § 367 AO.

Ein Einspruch gegen eine Einspruchsentscheidung ist nicht in eine Klage umzudeuten, wenn mit ihm nicht um gerichtlichen Rechtsschutz nachgesucht wird *(BFH-Beschluss vom 25. 11. 2011 III B 179/10, BFH/NV 2012 S. 1456).*

AO

§ 350 Beschwer

1 **Befugt, Einspruch einzulegen, ist nur, wer geltend macht, durch einen Verwaltungsakt oder dessen Unterlassung beschwert zu sein.**[1]

[1] Eine Beschwer liegt dann vor, wenn dem Stpfl. eine Last, eine Pflicht, ein Nachteil, eine Beschränkung auferlegt oder eine Vergünstigung oder Entlastung verweigert worden ist (vgl. z. B. *BFH-Beschluss vom 7. 11. 1986 III B 50/85, BStBl. 1987 II S. 94 m. w. N.).* Auch ein **nichtiger belastender VA** begründet i. d. R. einen Rechtsschein zu Lasten des Adressaten; deshalb ist regelmäßig Beschwer des Adressaten gegeben (s. *BVerwG vom 21. 11. 1986 8 C 127.84, BStBl. 1987 II S 472).* Erledigt sich ein angefochtener Vorauszahlungsbescheid mit Wirksamwerden der Jahressteuerfestsetzung *(Beschluss des Großen Senats des BFH GrS 3/93 vom 3. 7. 1995, BStBl. 1995 II S 730),* ist ein vom Stpfl. aufrecht erhaltener Einspruch gegen den Vorauszahlungsbescheid als unzulässig zu verwerfen.

Zur ESt **zusammenveranlagte Ehegatten** können auch dadurch beschwert sein, dass das FA die **Einkünfte abweichend** von der Steuererklärung auf die Ehegatten aufgeteilt hat, ohne dass sich hierdurch die Gesamtsteuerschuld ändert *(BFH-Urteil vom 16. 8. 1978 I R 125/75, BStBl. 1979 II S. 26).*

Erhebt im Falle einer Zusammenveranlagung nur ein Ehegatte Klage gegen den Einkommensteuerbescheid und wird der Bescheid gegenüber dem anderen Ehegatten bestandskräftig, kann dem klagenden Ehegatten nicht allein deswegen die Klagebefugnis und das allgemeine Rechtsschutzbedürfnis abgesprochen werden, weil die festgesetzte Steuer schon entrichtet ist und ein Aufteilungsbescheid gemäß § 269 Abs. 2 Satz 2 AO nicht mehr beantragt werden kann *(BFH-Urteil vom 14. 12. 2021 VIII R 16/20, BStBl. 2022 II S. 380).*

Durch die Festsetzung einer **zu niedrigen Steuer** kann der Stpfl. beschwert sein, wenn die Festsetzung sich in **späteren Veranlagungszeiträumen** zu seinen Ungunsten auswirken kann *(BFH-Urteil vom 7. 8. 1979 VIII R 153/77, BStBl. 1980 II S 181,* und *BFH-Beschluss vom 17. 12. 1987 V B 152/87, BStBl. 1988 II S 286).*

Nach der Neukonzeption des Verhältnisses zwischen Steuerfestsetzung und Verlustfeststellung durch das Jahressteuergesetz 2010 kann der Steuerpflichtige gegebenenfalls auch gegen die Festsetzung der Körperschaftsteuer auf 0 € klagen, wenn der Festsetzung ein aus seiner Sicht zu hoher Gesamtbetrag der Einkünfte zugrunde liegt, der zur Feststellung eines zu niedrigen Verlustvortrags führt *(BFH-Urteil vom 7. 12. 2016 I R 76/14, BStBl. 2017 II S. 704).*

BFH-Urteil vom 30. 6. 2020 IX R 3/19, BStBl. 2021 II S. 859: 1. Die Klage gegen einen auf null € lautenden Steuerbescheid ist zulässig, wenn geltend gemacht wird, eine den verbleibenden Verlustvortrag erhöhende Besteuerungsgrundlage sei in ihm nicht berücksichtigt (Beseitigung der negativen Bindungswirkung). 2. Ist die Besteuerungsgrundlage im Steuerbescheid berücksichtigt (positive Bindungswirkung), besteht jedoch Streit über die Frage, ob sie den verbleibenden Verlustvortrag erhöht (hier: Altersentlastungsbetrag), muss die Klage gegen den Verlustfeststellungsbescheid gerichtet werden. Im Steuerbescheid wird nicht über die Berechnung des Verlustvortrags entschieden. 3. Eine Besteuerungsgrundlage (hier: Altersentlastungsbetrag) ist einem Steuerbescheid „zu Grunde gelegt", wenn sie in ihm (in zutreffender Höhe) berücksichtigt ist. Zumindest bei einem auf null € lautenden Steuerbescheid ist nicht zusätzlich erforderlich, dass sie sich auf die Höhe der festzusetzenden Steuer ausgewirkt hat (Abgrenzung vom Senatsurteil vom 12. 7. 2016 IX R 31/15, BStBl. 2018 II S. 699).

Eine Steuerfestsetzung auf Null € in einem Verlustrücktragsjahr hindert eine Beschwer des Steuerpflichtigen nicht, soweit die Festsetzung auf einem Verlustrücktrag beruht und geltend gemacht wird, durch den Ansatz weiterer Betriebsausgaben sei das Verlustrücktragsvolumen geringer *(BFH-Urteil vom 11. 11. 2014 I R 51/13, BFH/NV 2015 S. 305).*

Wegen der Bindungswirkung für den Verlustfeststellungsbescheid (§ 35 b Abs. 2 Satz 2 GewStG) löst auch eine Messbetragsfestsetzung von Null (sog. Nullbescheid) eine Beschwer (§ 40 Abs. 2 FGO) aus *(BFH-Urteil vom 6. 12. 2016 I R 79/15, BStBl. 2019 II S. 173).*

§ 36 Abs. 2 Satz 2 Nr. 2 EStG verknüpft inhaltlich Steuerfestsetzungs- und Steuererhebungsverfahren. Daher kann auch die Anfechtung eines Einkommensteuerbescheids mit dem Ziel der Anrechnung höherer Lohnsteuerabzugsbeträge zulässig sein *(BFH-Urteil vom 17. 6. 2009 VI R 46/07, BStBl. 2010 II S. 72).*

Der Umstand der rechtsformwechselnden Umwandlung und die streitgegenständliche Frage der Bewertung in der sog. Schlussbilanz der „übertragenden Gesellschaft" (hier: der GmbH) vermittelt bei einer „Nullfestsetzung" zur Körperschaftsteuer des Umwandlungsjahres keine eigenständige Beschwer durch den angefochtenen Bescheid. Die KG kann auch nicht unter Hinweis auf die Übernahme der Schlussbilanzwerte der GmbH als sog. Drittbetroffene ein Klagerecht gegen die Festsetzung der Körperschaftsteuer geltend machen *(BFH-Urteil vom 19. 12. 2012 I R 5/12, BFH/NV 2013 S. 743)* Soweit eine **Personengesellschaft** Steuerschuldnerin ist, kann der gegen sie gerichtete Steuerbescheid (z. B. USt, GrESt, GewSt-Messbescheid) nur durch gemeinschaftlich von allen Gesellschaftern (ggf. in deren Vertretung) eingelegten Rechtsbehelf angefochten werden *(BFH-Urteil vom 22. 10. 1986 II R 118/84, BStBl. 1987 II S. 183).* Zur fehlenden Klagebefugnis eines Kommanditisten gegen den Gewerbesteuermessbescheid s. Anm. zu § 48 FGO **(Anhang II Nr. 1).**

Richtet sich ein USt-Bescheid gegen eine GbR als Steuerschuldnerin, so ist grundsätzlich nur diese – und nicht ein Gesellschafter – einspruchsbefugt. Diesem Grundsatz entsprechend muss der Einspruch im Namen der Gesellschaft durch alle Gesellschafter gemeinschaftlich erhoben werden *(BFH-Beschluss vom 10. 4. 2001 V B 116/00, BFH/NV S. 1220).*

Ein Arbeitnehmer kann die Lohnsteuer-Anmeldung des Arbeitgebers – soweit sie ihn betrifft – aus eigenem Recht anfechten. Nach dem Eintritt der formellen Bestandskraft der Lohnsteuer-Anmeldung kann der Arbeitnehmer eine Änderung der Anmeldung (§ 164 Abs. 2 AO) begehren *(BFH-Urteil vom 21. 10. 2009 I R 70/08, BStBl. 2012 II S. 493).*

Hat eine steuerbegünstigte Körperschaft mehrere wirtschaftliche Geschäftsbetriebe und erzielt ein wirtschaftlicher Geschäftsbetrieb, für den streitig ist, ob dieser ein Zweckbetrieb ist, einen Gewinn von 0 €, ergibt sich aus einem Steuerbescheid, der eine Steuer von 0 € festsetzt, keine für die Zulässigkeit einer Anfechtungsklage erforderliche Beschwer *(BFH-Urteil vom 16. 12. 2021 V R 19/21, BStBl. 2022 II S. 774).*

Meldet der **Schuldner einer Vergütung iSd § 50 a Abs. 4 EStG** die von ihm einbehaltene Steuer beim FA an, kann der Gläubiger der Vergütung (= Steuerschuldner) die Anmeldung mit dem Einspruch anfechten *(BFH-Urteil vom 27. 7. 1988 I R 28/87, BStBl. 1989 II S. 449);* dasselbe gilt nach *BFH-Beschluss vom 16. 7. 1985 VII B 53/85, BStBl. II S. 553* bei einer **Lohnsteueranmeldung** im Hinblick auf den Arbeitnehmer als Steuerschuldner. Ebenso *BFH-Urteil vom 12. 10. 1995 I R 39/95, BStBl. 1996 II S. 87.*

Die Befugnis des Steuerentrichtungspflichtigen zur Anfechtung der eigenen Kapitalertragsteuer-Anmeldung besteht unabhängig von seinem Recht, gemäß § 44 b Abs. 5 Satz 1 EStG deren Änderung zu beantragen, wenn er Kapitalertragsteuer einbehalten oder abgeführt hat, obwohl eine Verpflichtung hierzu nicht bestand *(BFH-Urteil vom 12. 4. 2022 VIII R 35/19, BStBl. 2023 II S. 394).*

Der Schenker, gegen den Schenkungsteuer festgesetzt wurde, kann den gegen den Bedachten ergangenen Bescheid über die gesonderte Feststellung des Werts des zugewendeten Grundstücks anfechten, obwohl der Bescheid dem Schenker gegenüber keine bindende Wirkung entfaltet *(BFH-Urteil vom 6. 7. 2011 II R 44/10, BStBl. 2012 II S. 5).*

Das Rechtsschutzbedürfnis für einen Rechtsbehelf, mit dem die **Verfassungswidrigkeit der Rechtsvorschriften** geltend gemacht wird, auf denen der angefochtene Bescheid beruht, kann einem Stpfl. auch bei einem vorläufigen Bescheid nicht allein deshalb abgesprochen werden, weil beim BVerfG wegen anderer Rechtsvorschriften bereits anhängige Verfahren zur Klärung der verfassungsrechtlichen Beurteilungsmaßstäbe führen können. Das Rechtsschutzbedürfnis für einen Rechtsbehelf gegen einen vorläufigen Bescheid ist grundsätzlich nicht allein deshalb zu verneinen, weil beim BFH ein gleichgelagertes Musterverfahren anhängig ist *(BFH-Beschluss vom 22. 3. 1996 III B 173/95, BStBl. II S. 506).*

AEAO

Zu § 350 – Beschwer:

2 **1.** Eine Beschwer ist nicht nur dann schlüssig geltend gemacht, wenn eine Rechtsverletzung oder Ermessenswidrigkeit gerügt wird, sondern auch dann, wenn der Einspruchsführer eine günstigere Ermessensentscheidung begehrt. Aus nicht gesondert festgestellten Besteuerungsgrundlagen (§ 157 Abs. 2 AO) ergibt sich keine Beschwer.

3 **2.** Bei einer zu niedrigen Festsetzung kann eine Beschwer dann bestehen, wenn eine höhere Festsetzung, z. B. aufgrund des Bilanzenzusammenhangs, sich in Folgejahren günstiger auswirkt (BFH-Urteil vom 27. 5. 1981, I R 123/77, BStBl. 1982 II S. 211) oder wenn durch die begehrte höhere Steuerfestsetzung die Anrechnung von Steuerabzugsbeträgen ermöglicht wird und aufgrund dessen ein geringerer Betrag als bisher entrichtet werden muss (BFH-Urteil vom 8. 11. 1985, VI R 238/80, BStBl. 1986 II S. 186 und BFH-Beschluss vom 3. 2. 1993, I B 90/92, BStBl. II S. 426).

4 **3.** Bei einer Nullfestsetzung besteht grundsätzlich keine Beschwer. Dies gilt nicht in folgenden Fällen:

a) Mit dem Einspruch wird eine Steuervergütung begehrt (z. B. die Festsetzung einer negativen Umsatzsteuer).

b) Durch den Einspruch soll die Anwendung des § 10 d Abs. 4 Satz 5 EStG i. d. F. des JStG 2010 (vom Steuerbescheid abweichende Berücksichtigung von Besteuerungsgrundlagen bei der Feststellung des verbleibenden Verlustvortrags) ermöglicht werden.

c) Es wird eine Steuerbefreiung nach § 5 Abs. 1 Nr. 9 KStG (BFH-Urteil vom 13. 7. 1994, I R 5/93, BStBl. 1995 II S. 134) begehrt.

d) Die der Steuerfestsetzung zugrunde liegenden Besteuerungsgrundlagen sind für ein anderes steuerliches oder außersteuerliches Verfahren bindend (vgl. BFH-Urteil vom 20. 12. 1994, IX R 80/92, BStBl. 1995 II S. 537). Eine derartige Bindungswirkung besteht beispielsweise für das BAföG-Verfahren oder einen Beihilfeanspruch nach der BBhV oder vergleichbaren landesrechtlichen Regelungen hinsichtlich der Einkünfte (vgl. BFH-Urteile vom 20. 12. 1994, IX R 124/92, BStBl. 1995 II S. 628, und vom 19. 2. 2013, IX R 31/11, BFH/NV S. 1075), nicht aber hinsichtlich der außergewöhnlichen Belastungen (BFH-Urteil vom 29. 5. 1996, III R 49/93, BStBl. II S. 654) und auch nicht für das Wohngeldverfahren nach dem WoGG (BFH-Urteil vom 24. 1. 1975, VI R 148/72, BStBl. II S. 382).

5 **4.** Wird durch Einspruch die Änderung eines Grundlagenbescheids begehrt, kommt es für die schlüssige Geltendmachung der Beschwer nicht auf die Auswirkungen in den Folgebescheiden an.

6 **5.** Beschwert sein kann nicht nur derjenige, für den ein Verwaltungsakt bestimmt ist, sondern auch derjenige, der von ihm betroffen ist.

7 **6.** Eine weitere, in der AO nicht ausdrücklich genannte Zulässigkeitsvoraussetzung ist das Vorliegen eines Rechtsschutzbedürfnisses, d. h. eines schutzwürdigen, berücksichtigungswerten Interesses an der begehrten Entscheidung im Einspruchsverfahren.

Die Möglichkeit, einen Antrag auf schlichte Änderung (§ 172 Abs. 1 Satz 1 Nr. 2 Buchstabe a AO) zu stellen, beseitigt nicht das Rechtsschutzbedürfnis für einen Einspruch, da dieser die Rechte des Steuerpflichtigen umfassender wahrt (vgl. AEAO vor § 347, Nr. 1). Wendet sich der Steuerpflichtige gegen denselben Verwaltungsakt sowohl mit einem Einspruch als auch mit einem Antrag auf schlichte Änderung, ist nur das Einspruchsverfahren durchzuführen (BFH-Urteil vom 27. 9. 1994 VIII R 36/89, BStBl. 1995 II S. 353).

Wird mit dem Einspruch ausschließlich die angebliche Verfassungswidrigkeit einer Rechtsnorm gerügt, fehlt grundsätzlich das Rechtsschutzbedürfnis[1], wenn die Finanzbehörde dem angefochtenen Verwaltungsakt spätestens im Einspruchsverfahren hinsichtlich des strittigen Punktes für vorläufig erklärt hat (BFH-Beschlüsse vom 10. 11. 1993, X B 83/93, BStBl. 1994 II S. 119, und vom 22. 3. 1996, III B 173/95, BStBl. II S. 506). Trotz vorläufiger Steuerfestsetzung kann aber ein Rechtsschutzbedürfnis anzunehmen sein, wenn der Einspruchsführer besondere Gründe materiell-rechtlicher oder verfahrensrechtlicher Art substantiiert geltend macht oder Aussetzung der Vollziehung begehrt (BFH-Urteil vom 30. 9. 2010, III R 39/08, BStBl. 2011 II S. 11; zur Aussetzung der Vollziehung wegen verfassungsrechtlicher Zweifel vgl. AEAO zu § 361, Nr. 2.5.4).

---

[1] Trotz eines Vorläufigkeitsvermerks nach § 165 Abs. 1 Satz 2 Nr. 3 AO besteht ein Rechtsschutzbedürfnis für eine Klage, wenn die darin aufgeworfene Frage nicht Gegenstand desjenigen Musterverfahrens ist, das Grund für die Aufnahme des Vorläufigkeitsvermerks in den Bescheid ist *(BFH-Beschluss vom 30. 8. 2023 X B 58/23, BFH/NV 2023 S. 1327).*

Für eine Klage, mit der die Verfassungswidrigkeit des Solidaritätszuschlags ab dem Jahr 2020 geltend gemacht wird, fehlt es am Rechtsschutzbedürfnis, wenn die Steuerfestsetzung wegen dieses Punktes vorläufig ist und beim Bundesverfassungsgericht bereits ein einschlägiges Musterverfahren (hier: 2 BvR 1505/20) anhängig ist *(BFH-Urteil vom 26. 9. 2023 IX R 9/22, BStBl. 2024 II S. 282).*

AO

§ 351 Bindungswirkung anderer Verwaltungsakte

1 (1)[1] **Verwaltungsakte, die unanfechtbare Verwaltungsakte ändern, können nur insoweit angegriffen werden, als die Änderung reicht, es sei denn, dass sich aus den Vorschriften über die Aufhebung und Änderung von Verwaltungsakten etwas anderes ergibt.**

2 (2)[2] **Entscheidungen in einem Grundlagenbescheid (§ 171 Absatz 10) können nur durch Anfechtung dieses Bescheids, nicht auch durch Anfechtung des Folgebescheids, angegriffen werden.**

AEAO

Zu § 351 – Bindungswirkung anderer Verwaltungsakte:

3 **1.** Wird ein Bescheid angegriffen, der einen unanfechtbaren Bescheid geändert hat, ist die Sache nach § 367 Abs. 2 Satz 1 AO in vollem Umfang erneut zu prüfen. Geändert werden kann aber aufgrund der Anfechtung der Änderungsbescheid nur in dem Umfang, in dem er vom ursprünglichen Bescheid abweicht; diese Beschränkung bezieht sich z. B. beim Steuerbescheid auf den festgesetzten Steuerbetrag. Einwendungen, die bereits gegen die ursprüngliche Steuerfestsetzung vorgebracht werden konnten, können auch gegen den Änderungsbescheid vorgetragen werden. Ist z. B. im Änderungsbescheid eine höhere Steuer festgesetzt worden, kann die ursprünglich festgesetzte Steuer nicht unterschritten werden; ist dagegen im Änderungsbescheid eine niedrigere Steuer festgesetzt worden, kann der Steuerpflichtige nicht eine weitere Herabsetzung erreichen.

4 **2.** Etwas anderes gilt, soweit sich aus den Vorschriften über die Aufhebung oder die Änderung von Verwaltungsakten, z. B. wegen neuer Tatsachen, ein Rechtsanspruch auf Änderung des unanfechtbaren Bescheids ergibt.

Beispiele:

a) Ein Steuerbescheid wird nach § 173 Abs. 1 Nr. 1 AO zuungunsten des Steuerpflichtigen geändert. Der Steuerpflichtige kann mit dem Einspruch geltend machen, dass Tatsachen i. S. d. § 173 Abs. 1 Nr. 2 AO unberücksichtigt geblieben sind, die die Mehrsteuern im Ergebnis nicht nur ausgleichen, sondern sogar zu einer Erstattung führen.

b) Ein Steuerbescheid wird nach § 173 Abs. 1 Nr. 2 AO zugunsten des Steuerpflichtigen geändert. Der Steuerpflichtige kann mit dem Einspruch geltend machen, dass Tatsachen i. S. d. Vorschrift, die zu einer weitergehenden Erstattung führen, unberücksichtigt geblieben sind.

5 **3.** § 351 Abs. 1 AO gilt nach seinem Wortlaut nur für änderbare Bescheide, nicht hingegen für die sonstigen Verwaltungsakte, die den Vorschriften über die Rücknahme (§ 130 AO) und den Widerruf (§ 131 AO) unterliegen (BFH-Urteil vom 24. 7. 1984, VII R 122/80, BStBl. II S. 791). § 351 Abs. 1 AO bleibt aber zu beachten, wenn ein änderbarer Verwaltungsakt nach § 129 AO berichtigt worden ist (vgl. AEAO zu § 129, Nr. 5).

6 **4.** Ein Einspruch gegen einen Folgebescheid, mit welchem nur Einwendungen gegen den Grundlagenbescheid geltend gemacht werden, ist unbegründet, nicht unzulässig (BFH-Urteil vom 2. 9. 1987, I R 162/84, BStBl. 1988 II S. 142; vgl. auch BFH-Urteil vom 27. 6. 2018, I R 13/16, BStBl. 2019 II S. 632).

---

[1] Zu Änderungsgrenzen vgl. § 177 AO.

Ein Zinsbescheid, der einen unanfechtbar gewordenen und nicht unter dem Vorbehalt der Nachprüfung stehenden Zinsbescheid in der Weise ändert, dass die bisher festgesetzten Nachzahlungszinsen herabgesetzt werden, kann nicht mit Aussicht auf Erfolg angefochten werden *(BFH-Beschluss vom 17. 7. 2019 X B 21/19, BFH/NV S. 1217).*

Die Anfechtungsbeschränkung des Abs. 1 findet keine Anwendung auf die Ausübung des Wahlrechts nach § 26 Abs. 1 Satz 1 EStG (*BFH-Urteil vom 25. 6. 1993 III R 32/91, BStBl. II S. 824).*

BFH-Urteil vom 14. 6. 2018 III R 20/17, BStBl. 2019 II S. 694: 1. Erfüllen Ehegatten die Voraussetzungen der Ehegattenveranlagung (§ 26 Abs. 1 EStG), können sie nach der im Jahr 2008 geltenden Rechtslage zwischen getrennter Veranlagung (§ 26 a EStG), Zusammenveranlagung (§ 26 b EStG) sowie der besonderen Veranlagung im Jahr der Eheschließung (§ 26 c EStG) wählen und die einmal getroffene Wahl bis zur Unanfechtbarkeit eines Berichtigungs- oder Änderungsbescheides frei widerrufen. Dieses Wahlrecht besteht auch dann, wenn einer der Ehegatten zuvor einzeln veranlagt wurde). 2. Eine Zusammenveranlagung setzt in einem solchen Fall voraus, dass der Bescheid des anderen Ehegatten geändert werden kann. Falls dieser bestandskräftig ist, kommt als Rechtsgrundlage § 175 Abs. 1 Satz 1 Nr. 2 AO auch dann in Betracht, wenn der andere Ehegatte besonders veranlagt wurde.

BFH-Urteil vom 26. 4. 2018 III R 12/17, BFH/NV S. 948: 1. Wird ein Mitunternehmeranteil gegen eine Leibrente veräußert, so hat der Steuerpflichtige die Wahl zwischen der sofortigen Versteuerung eines Veräußerungsgewinns nach den §§ 16, 34 EStG und einer nicht tarifbegünstigten Besteuerung der nachträglichen Betriebseinnahmen im Jahr des Zuflusses. (…) 2. Das Wahlrecht kann auch noch im Einspruchsverfahren gegen einen gemäß § 175 Abs. 1 Satz 1 Nr. 1 AO geänderten steuererhöhenden Bescheid ausgeübt werden. 3. Die durch die Änderung des Wahlrechts bewirkte Anpassung muss sich im Änderungsrahmen des § 351 AO halten, setzt aber nicht voraus, dass der Steuerpflichtige die zusätzlich durch die Änderung eingetretene Beschwer nur angreifen kann, wenn die Änderung auf einem erstmals erfassten neuen Sachverhalt beruht.

[2] BFH-Urteil vom 27. 6. 2018 I R 13/16, BStBl. 2019 II S. 632: Die Klage gegen einen Folgebescheid ist nicht allein deswegen unzulässig, weil sie ausschließlich mit Einwendungen begründet wird, die den Grundlagenbescheid betreffen (Änderungen der Senatsrechtsprechung).

BFH-Beschluss vom 28. 11. 2007 I R 99/06, BStBl. 2011 II S. 40: Einwendungen gegen die Berechnung der „fiktiven" Einkommensteuer nach § 51 a Abs. 2 EStG als Grundlage für die Festsetzung der in Nordrhein-Westfalen erhobenen Kirchensteuer sind im Rechtsbehelfsverfahren gegen die Festsetzung der Kirchensteuer gegenüber der zuständigen Kirchenbehörde und nicht im Verfahren gegen die Festsetzung der Einkommensteuer gegenüber dem Finanzamt geltend zu machen (gegen *Erlass FM Nordrhein-Westfalen vom 9. 4. 2003, EStG-Kartei NW KiSt Nr. 808*).

AO

§ 352 Einspruchsbefugnis bei der gesonderten und einheitlichen Feststellung

(1) **Gegen Bescheide über die gesonderte und einheitliche Feststellung von Besteuerungsgrundlagen können Einspruch einlegen:** 1

1. bei rechtsfähigen Personenvereinigungen:
a) die Personenvereinigung,
b) wenn die rechtsfähige Personenvereinigung nicht mehr besteht, jeder Gesellschafter oder Gemeinschafter, gegen den der Feststellungsbescheid ergangen ist oder zu ergehen hätte;

2. bei nicht rechtsfähigen Personenvereinigungen und in sonstigen Fällen:
a) der Einspruchsbefugte im Sinne des Absatzes 2,
b) wenn Personen nach Buchstabe a nicht vorhanden sind, jeder Gesellschafter, Gemeinschafter oder Mitberechtigte, gegen den der Feststellungsbescheid ergangen ist oder zu ergehen hätte;

3. in den Fällen des § 183 Absatz 2 Satz 1 Nummer 2 oder des § 183 a Absatz 2 Satz 1 Nummer 2 jeder Gesellschafter, Gemeinschafter oder Mitberechtigte, gegen den der Feststellungsbescheid ergangen ist oder zu ergehen hätte;

4. soweit es sich darum handelt, wer an dem festgestellten Betrag beteiligt ist und wie dieser sich auf die einzelnen Beteiligten verteilt, jeder, der durch die Feststellungen hierzu berührt wird;

5. soweit es sich um eine Frage handelt, die einen Beteiligten persönlich angeht, jeder, der durch die Feststellungen über die Frage berührt wird.

(2) ① **Einspruchsbefugt im Sinne des Absatzes 1 Nummer 2 Buchstabe a ist der gemeinsame Empfangsbevollmächtigte im Sinne des § 183 a Absatz 1 Satz 1 oder des § 6 Absatz 1 Satz 1 der Verordnung über die gesonderte Feststellung von Besteuerungsgrundlagen nach § 180 Absatz 2 der Abgabenordnung.** ② **Haben die Feststellungsbeteiligten keinen gemeinsamen Empfangsbevollmächtigten bestellt, ist einspruchsbefugt im Sinne des Absatzes 1 Nummer 2 Buchstabe a der nach § 183 a Absatz 1 Satz 2 und 3 oder nach § 6 Absatz 1 Satz 3 und 4 der Verordnung über die gesonderte Feststellung von Besteuerungsgrundlagen nach § 180 Absatz 2 der Abgabenordnung von der Finanzbehörde bestimmte Empfangsbevollmächtigte; Absatz 1 Nummer 3 bleibt unberührt.** ③ **Die Sätze 1 und 2 sind nur anwendbar, wenn die Beteiligten in der Feststellungserklärung oder in der Aufforderung zur Benennung eines Empfangsbevollmächtigten über die Einspruchsbefugnis des Empfangsbevollmächtigten belehrt worden sind.** 2

AEAO

Zu § 352 – Einspruchsbefugnis bei der gesonderten und einheitlichen Feststellung:

1. Die Regelungen des § 352 AO zur Einspruchsbefugnis bei gesonderten und einheitlichen Feststellungsbescheiden gelten unabhängig von der Art der in die Feststellung einbezogenen Besteuerungsgrundlagen. 3

2. Bei rechtsfähigen Personenvereinigungen (vgl. § 14 a Abs. 2 und § 183 AO) kann grundsätzlich nur die rechtsfähige Personenvereinigung Einspruch gegen den Feststellungsbescheid einlegen (§ 352 Abs. 1 Nr. 1 Buchst. a AO). 4

Falls die rechtsfähige Personenvereinigung zivilrechtlich nicht mehr besteht (d. h. vollbeendet ist), kann jeder Gesellschafter oder Gemeinschafter, gegen den der Feststellungsbescheid nach § 183 Abs. 2 AO ergangen ist oder zu ergehen hätte, Einspruch einlegen (§ 352 Abs. 1 Nr. 1 Buchst. b AO).

Die Einspruchsbefugnis der Gesellschafter, Gemeinschafter oder Mitberechtigten nach § 352 Abs. 1 Nr. 3 AO bleibt hierbei unberührt (vgl. Nr. 4 Buchst. a des AEAO zu § 352).

3. Bei nicht rechtsfähigen Personenvereinigungen (vgl. § 14 a Abs. 3 und § 183 a AO) und in sonstigen Fällen kann grds. nur der Einspruchsbefugte i. S. d. § 352 Abs. 2 AO Einspruch gegen den Feststellungsbescheid einlegen, wenn die Feststellungsbeteiligten in der Feststellungserklärung oder in der Aufforderung zur Benennung eines Empfangsbevollmächtigten über die Einspruchsbefugnis des Empfangsbevollmächtigten belehrt worden sind (§ 352 Abs. 1 Nr. 2 Buchst. a und Abs. 2 Satz 3 AO). 5

Einspruchsbefugter ist der von den Feststellungsbeteiligten bestellte gemeinsame Empfangsbevollmächtigte i. S. d. § 183 a Abs. 1 Satz 1 AO oder des § 6 Abs. 1 Satz 1 der V zu § 180 Abs. 2 AO (§ 352 Abs. 2 Satz 1 AO).

Haben die Feststellungsbeteiligten keinen gemeinsamen Empfangsbevollmächtigten bestellt, ist der nach § 183 a Abs. 1 Satz 2 und 3 AO oder nach § 6 Abs. 1 Satz 3 und 4 V zu § 180 Abs. 2 AO von der Finanzbehörde vorgeschlagene Empfangsbevollmächtigte einspruchsbefugt (§ 352 Abs. 2 Satz 2 AO).

Die Einspruchsbefugnis der Gesellschafter, Gemeinschafter oder Mitberechtigten nach § 352 Abs. 1 Nr. 3 AO bleibt hierbei unberührt (vgl. Nr. 4 Buchst. a des AEAO zu § 352).

Falls kein Einspruchsbefugter vorhanden ist, kann jeder Gesellschafter, Gemeinschafter oder Mitberechtigte, gegen den der Feststellungsbescheid nach § 183 a Abs. 2 AO ergangen ist oder zu ergehen hätte, Einspruch einlegen (§ 352 Abs. 1 Nr. 2 Buchst. b AO).

6 **4.** Ferner können folgende Gesellschafter, Gemeinschafter oder Mitberechtigte – unabhängig von der Rechtsfähigkeit der Personenvereinigung – in folgenden Fällen Einspruch gegen den Feststellungsbescheid einlegen:

a) in den Fällen des § 183 Abs. 2 Satz 1 Nr. 2 AO (vgl. Nr. 3 des AEAO zu § 183) oder des § 183a Abs. 2 Satz 1 Nr. 2 AO (vgl. Nr. 3 des AEAO zu § 183a) jeder Gesellschafter, Gemeinschafter oder Mitberechtigte, gegen den der Feststellungsbescheid ergangen ist oder zu ergehen hätte, unabhängig davon, ob er der Bekanntgabe an die Personenvereinigung (§ 183 Abs. 2 Satz 2 AO) oder den Empfangsbevollmächtigten (§ 183a Abs. 2 Satz 2 AO) mit Wirkung für und gegen ihn widersprochen hat (§ 352 Abs. 1 Nr. 3 AO);

b) jeder von den Feststellungen berührte Feststellungsbeteiligte, soweit es sich darum handelt, wer an dem festgestellten Betrag beteiligt ist und wie dieser sich auf die einzelnen Beteiligten verteilt (§ 352 Abs. 1 Nr. 4 AO);

c) jeder von den Feststellungen berührte Feststellungsbeteiligte, soweit es sich um eine Frage handelt, die ihn persönlich angeht (§ 352 Abs. 1 Nr. 5 AO).

7 **5.** Wird ein vor dem 1. 1. 2024 wirksam gewordener Feststellungsbescheid angefochten, bestimmt sich die Einspruchsbefugnis auch nach dem 31. 12. 2023 nach § 352 AO in der am 31. 12. 2023 geltenden Fassung; vgl. Art. 97 § 39 Abs. 4 Satz 1 EGAO.
Das Gleiche gilt, wenn der eine rechtsfähige Personenvereinigung betreffende Feststellungsbescheid nach dem 31. 12. 2023 und vor dem 1. 1. 2026 nach Maßgabe von Art. 97 § 39 Abs. 3 EGAO dem Empfangsbevollmächtigten nach § 183 AO a. F. bekannt gegeben worden ist; vgl. Art. 97 § 39 Abs. 4 Satz 2 EGAO.

8 **6.** Ist über den Einspruch gegen einen vor dem 1. 1. 2024 wirksam gewordenen Bescheid nach dem 31. 12. 2023 zu entscheiden, richtet sich das weitere Verfahren nach den ab dem 1. 1. 2024 geltenden Vorschriften der AO (Art. 97 § 39 Abs. 4 Satz 3 EGAO). Bei rechtsfähigen Personenvereinigungen ist Beteiligter des Einspruchsverfahrens und Bekanntgabeadressat der Einspruchsentscheidung seit dem 1. 1. 2024 grundsätzlich nur die Personenvereinigung. Gleiches gilt, wenn der Einspruch gemäß Art. 97 § 39 Abs. 4 Satz 2 EGAO nach dem 31. 12. 2023 und vor dem 1. 1. 2026 wirksam vom früheren Empfangsbevollmächtigten eingelegt worden ist.

AO

§ 353 Einspruchsbefugnis des Rechtsnachfolgers

1 **Wirkt ein Feststellungsbescheid, ein Grundsteuermessbescheid oder ein Zerlegungs- oder Zuteilungsbescheid über einen Grundsteuermessbetrag gegenüber dem Rechtsnachfolger, ohne dass er diesem bekannt gegeben worden ist (§ 182 Absatz 2, § 184 Absatz 1 Satz 4, §§ 185 und 190), so kann der Rechtsnachfolger nur innerhalb der für den Rechtsvorgänger maßgebenden Einspruchsfrist Einspruch einlegen.**

AEAO

Zu § 353 – Einspruchsbefugnis des Rechtsnachfolgers:

Die Rechtsnachfolge tritt ein,

2 1. bevor einer der in § 353 AO genannten Bescheide ergangen ist:
Nach § 182 Abs. 2 Satz 2, § 184 Abs. 1 Satz 4, §§ 185 und 190 AO wirkt der Bescheid gegen den Rechtsnachfolger nur dann, wenn er ihm bekannt gegeben wird;

3 2. nach der Bekanntgabe eines in § 353 AO genannten Bescheides, aber noch innerhalb der Einspruchsfrist:
Der Rechtsnachfolger kann innerhalb der – schon laufenden – Frist Einspruch einlegen (§ 353 AO);

4 3. nach Ablauf der Einspruchsfrist für einen in § 353 AO genannten Bescheid:
Der Bescheid wirkt gegenüber dem Rechtsnachfolger, ohne dass dieser die Möglichkeit des Einspruchs hat (§ 182 Abs. 2 Satz 1, § 184 Abs. 1 Satz 4, §§ 185 und 190 AO);

5 4. während eines Einspruchsverfahrens gegen einen in § 353 AO genannten Bescheid:
Der Gesamtrechtsnachfolger tritt in der Rechtsstellung des Rechtsvorgängers als Verfahrensbeteiligter ein; seiner Hinzuziehung bedarf es nicht. Beim Einzelrechtsnachfolger hat die Finanzbehörde seine Hinzuziehung zum Verfahren zu prüfen (§§ 359, 360 AO);

6 5. während die Frist zur Erhebung der Klage läuft:
Da auch in diesem Fall der Bescheid gegen den Rechtsnachfolger wirkt (§ 353 AO), kann dieser nur innerhalb der für den Rechtsvorgänger maßgebenden Frist gem. § 40 Abs. 2 FGO Klage erheben;

7 6. während eines finanzgerichtlichen Verfahrens:
Bei Gesamtrechtsnachfolge (z. B. bei Erbfolge oder bei Verschmelzung von Gesellschaften) wird das Verfahren bis zur Aufnahme durch den Rechtsnachfolger unterbrochen (§ 155 FGO; § 239 ZPO), es sei denn, der Rechtsvorgänger war durch einen Prozessbevollmächtigten vertreten (§ 155 FGO; §§ 239, 246 ZPO). Bei Einzelrechtsnachfolge (z. B. bei Kauf) hat das Finanzgericht zu prüfen, ob der Rechtsnachfolger beizuladen ist (§§ 57, 60 FGO).

§ 354 Einspruchsverzicht

AO

(1) ① Auf Einlegung eines Einspruchs kann nach Erlass des Verwaltungsakts verzichtet werden. ② Der Verzicht kann auch bei Abgabe einer Steueranmeldung für den Fall ausgesprochen werden, dass die Steuer nicht abweichend von der Steueranmeldung festgesetzt wird. ③ Durch den Verzicht wird der Einspruch unzulässig. 1

(1 a) ① Soweit Besteuerungsgrundlagen für ein Verständigungs- oder ein Schiedsverfahren nach einem Vertrag im Sinne des § 2 von Bedeutung sein können, kann auf die Einlegung eines Einspruchs insoweit verzichtet werden. ② Die Besteuerungsgrundlage, auf die sich der Verzicht beziehen soll, ist genau zu bezeichnen. 2

(1 b) ① Auf die Einlegung eines Einspruchs kann bereits vor Erlass des Verwaltungsakts verzichtet werden, soweit durch den Verwaltungsakt eine Verständigungsvereinbarung oder ein Schiedsspruch nach einem Vertrag im Sinne des § 2 zutreffend umgesetzt wird. ② § 89 a Absatz 3 Satz 1 Nummer 2 bleibt unberührt.

(2) ① Der Verzicht ist gegenüber der zuständigen Finanzbehörde schriftlich oder zur Niederschrift zu erklären; er darf keine weiteren Erklärungen enthalten. ② Wird nachträglich die Unwirksamkeit[1] des Verzichts geltend gemacht, so gilt § 110 Absatz 3 sinngemäß. 3

Zweiter Abschnitt. Verfahrensvorschriften

§ 355 Einspruchsfrist

(1)[2] ① Der Einspruch nach § 347 Absatz 1 Satz 1 ist innerhalb eines Monats[3] nach Bekanntgabe des Verwaltungsakts einzulegen.[4] ② Ein Einspruch gegen eine Steueranmeldung ist innerhalb eines Monats nach Eingang der Steueranmeldung bei der Finanzbehörde, in den Fällen des § 168 Satz 2 innerhalb eines Monats nach Bekanntwerden der Zustimmung, einzulegen. 1

(2) Der Einspruch nach § 347 Absatz 1 Satz 2 ist unbefristet. 2

Zu § 355 – Einspruchsfrist:

AEAO

1. Die Einspruchsfrist beträgt einen Monat. Sie beginnt im Fall des § 355 Abs. 1 Satz 1 AO mit Bekanntgabe (§ 122 AO), im Fall des § 355 Abs. 1 Satz 2 erster Halbsatz AO mit Eingang der Steueranmeldung bei der Finanzbehörde und im Fall des § 355 Abs. 1 Satz 2 AO zweiter Halbsatz mit Bekanntwerden der formfreien Zustimmung des Finanzamts zu laufen. Wurde der Steuerpflichtige schriftlich bzw. elektronisch über die Zustimmung unterrichtet (z. B. zusammen mit einer Abrechnungsmitteilung), ist grundsätzlich davon auszugehen, dass ihm die Zustimmung am vierten Tag nach Aufgabe zur Post bzw. nach der Absendung bekannt geworden ist; zu diesem Zeitpunkt beginnt demnach auch erst die Einspruchsfrist zu laufen. Ist keine Mitteilung ergangen, ist regelmäßig davon auszugehen, dass dem Steuerpflichtigen die Zustimmung frühestens mit der Zahlung (§ 224 Abs. 3 AO) der Steuervergütung oder des Mindersolls bekannt geworden ist. 3

2. Zur Wiedereinsetzung in den vorigen Stand nach unterlassener Anhörung eines Beteiligten bzw. wegen fehlender Begründung des Verwaltungsakts (§ 126 Abs. 3 i. V. m. § 110 AO) vgl. AEAO zu § 91, Nr. 3 und zu AEAO § 121, Nr. 3. 4

3. Zur Unterbrechung der Einspruchsfrist durch Eröffnung des Insolvenzverfahrens vgl. AEAO zu § 251, Nr. 4.1.2 und Nr. 5.3.1.2.1. 5

4. Der Zulässigkeit des Einspruchs steht nicht entgegen, dass sich der Steuerpflichtige mit seinem Einspruch schon vor Ablauf der Bekanntgabefiktion (§ 122 Abs. 2, 2 a, § 122 a Abs. 4 AO) gegen einen Verwaltungsakt wendet, sofern der Verwaltungsakt tatsächlich zu einem früheren 6

---

[1] Die Verzichtserklärung ist unwirksam, wenn sie auf einer unzulässigen Beeinflussung (Zwang, Drohung, bewusste Täuschung, unzutreffende Auskunft gegenüber einem rechtsunkundigen Stpfl.) durch das FA beruht *(BFH-Bescheid und Urteil vom 1. 12. 1960/9. 11. 1961 IV 73/59 U, BStBl. 1962 III S. 91; BFH-Urteil vom 2. 2. 1972 I R 181/70, BStBl. II S. 353).*

[2] Die Einspruchsfrist von einem Monat gemäß § 355 Abs. 1 AO ist gemeinschaftsrechtlich nicht zu beanstanden *(BFH-Urteil vom 23. 11. 2006 V R 67/05 BStBl. 2007 II S. 436).*

Ein klarstellender Rechtsbehelf gegen einen nichtigen Verwaltungsakt muss nicht innerhalb der Rechtsbehelfsfrist eingelegt werden *(BFH-Urteil vom 17. 7. 1986 V R 96/85, BStBl. II S. 834).*

Die Unzulässigkeit eines verspätet eingelegten Einspruchs wird nicht dadurch beseitigt, dass das FA während des Einspruchsverfahrens einen Steueränderungsbescheid bekannt gibt *(BFH-Urteil vom 13. 4. 2000 V R 56/99, BStBl. II S. 490).*

Erlässt das Finanzamt vor Ablauf der Einspruchsfrist eine (Teil-)Einspruchsentscheidung, ist ein nochmaliger Einspruch gegen die Steuerfestsetzung nicht statthaft, auch wenn er innerhalb der noch währenden Einspruchsfrist (§ 355 Abs. 1 AO) eingelegt worden ist *(BFH-Urteil vom 18. 9. 2014 VI R 80/13, BStBl. 2015 II S. 115).*

[3] Die Einspruchsfrist des § 355 Abs. 1 Satz 1 AO ist gewahrt, wenn der Einspruch der Finanzbehörde (s. § 357 Abs. 2 AO) rechtzeitig innerhalb der Frist zugegangen ist. Dafür trägt der Einspruchsführer die Feststellungslast; dabei kommt dem Einspruchsführer weder ein Anscheinsbeweis noch eine Zugangsfiktion zugute *(BFH-Beschluss vom 21. 9. 2007 IX B 79/07, BFH/NV 2008 S. 22).*

[4] *BFH-Urteil vom 19. 7. 1995 I R 87/94, 169/94, BStBl. 1996 II S. 19:* Der Eingangsstempel einer Behörde oder eines Gerichts erbringt grundsätzlich Beweis für Zeit und Ort des Eingangs eines Schreibens. Dieser Beweis kann nicht durch eine eidesstattliche Versicherung widerlegt werden. Der Gegenbeweis ist möglich *(BFH-Urteile vom 8. 12. 1976 I R 240/74, BStBl. 1977 II S. 321; vom 14. 3. 1985 IV R 216/84, BFH/NV 1987 S. 17).*

Zeitpunkt zugegangen ist bzw. abgerufen wurde; vgl. BFH-Urteil vom 18. 7. 2023, IX R 17/22, BStBl. 2024 II S. 90.

AO

§ 356 Rechtsbehelfsbelehrung[1]

1 **(1) Ergeht ein Verwaltungsakt schriftlich oder elektronisch, so beginnt die Frist für die Einlegung des Einspruchs nur, wenn der Beteiligte über den Einspruch und die Finanzbehörde, bei der er einzulegen ist, deren Sitz und die einzuhaltende Frist in der für den Verwaltungsakt verwendeten Form belehrt worden ist.**

2 **(2)[2] ① Ist die Belehrung unterblieben oder unrichtig erteilt, so ist die Einlegung des Einspruchs nur binnen eines Jahres seit Bekanntgabe des Verwaltungsakts zulässig, es sei denn, dass die Einlegung vor Ablauf der Jahresfrist infolge höherer Gewalt[3] unmöglich war oder schriftlich oder elektronisch darüber belehrt wurde, dass ein Einspruch nicht gegeben sei. ② § 110 Absatz 2 gilt für den Fall höherer Gewalt sinngemäß.**

§ 357 Einlegung des Einspruchs

1 **(1)[4] ① Der Einspruch ist schriftlich oder elektronisch[5] einzureichen oder zur Niederschrift zu erklären. ② Es genügt, wenn aus dem Einspruch hervorgeht, wer ihn eingelegt hat. ③ Unrichtige Bezeichnung des Einspruchs schadet nicht.**

---

[1] *BFH-Beschluss vom 17. 8. 2023 III R 26/22, BStBl. 2024 II S. 95:* 1. Erwähnt die Rechtsbehelfsbelehrung die elektronische Einlegung im Sinne des § 357 Abs. 1 Satz 1 AO, ist ein zusätzlicher Hinweis auf die Möglichkeit einer Einspruchseinlegung mittels E-Mail nicht erforderlich. 2. Die Rechtsbehelfsbelehrung ist hinsichtlich der Formerfordernisse für die Einlegung eines Einspruchs weder unvollständig noch unrichtig im Sinne des § 356 Abs. 2 AO, wenn sie den Wortlaut des § 357 Abs. 1 Satz 1 AO wiedergibt.

Für die Richtigkeit und Vollständigkeit der in einer Einspruchsentscheidung erteilten Rechtsbehelfsbelehrung ist ein Hinweis auf die Bedeutung des § 108 Abs. 3 AO für die Ermittlung des Tages der Bekanntgabe (§ 122 Abs. 2 Nr. 1 AO) nicht erforderlich *(BFH-Urteil vom 7. 3. 2006 X R 18/05, BStBl. II S. 455).*

[2] Die Rechtsbehelfsfrist von einem Monat gilt auch für mündliche und ohne Rechtsbehelfsbelehrung erlassene Verwaltungsakte. Auf derartige Verwaltungsakte ist § 356 Abs. 2 AO weder direkt noch analog anwendbar *(BFH-Urteil vom 11. 1. 1994 VII R 53/93, BStBl. II S. 358).*

Eine Rechtsbehelfsbelehrung in einem Bescheid, wonach der Bescheid mit dem Einspruch angefochten werden kann, wird nicht dadurch unrichtig i. S. von § 356 Abs. 2 Satz 1 AO, wenn es anschließend weiter heißt: „Ein Einspruch ist jedoch ausgeschlossen, soweit dieser Bescheid einen Verwaltungsakt ändert oder ersetzt, gegen den ein zulässiger Einspruch oder (nach einem zulässigen Einspruch) eine zulässige Klage, Revision oder Nichtzulassungsbeschwerde anhängig ist. In diesem Fall wird der neue Verwaltungsakt Gegenstand des Rechtsbehelfsverfahrens" *(BFH-Beschluss vom 6. 7. 2016 XI B 36/16, BStBl. II S. 863).*

Eine aufgrund eines fehlerhaft genannten Fristbeginns unrichtig erteilte Rechtsbehelfsbelehrung führt gemäß § 55 Abs. 2 FGO dazu, dass die Einlegung des Rechtsbehelfs noch innerhalb eines Jahres seit der Bekanntgabe des Bescheids zulässig ist. Dies gilt auch dann, wenn damit statt der gesetzlich vorgeschriebenen Frist eine zu lange Frist angegeben wird, unabhängig davon, ob die Unrichtigkeit der Rechtsbehelfsbelehrung kausal für die Überschreitung der regulären Rechtsbehelfsfrist war *(BFH-Urteil vom 12. 3. 2015 III R 14/14, BStBl. II S. 850).*

Die einem Feststellungsbescheid, z. B. einem Einheitswertbescheid (§ 179 AO, § 19 Abs. 3 BewG) beigefügte Rechtsbehelfsbelehrung braucht nicht den Hinweis zu enthalten, dass die Anfechtung nur einer der selbständigen Feststellungen nicht zugleich auch die Anfechtung der weiter getroffenen Entscheidungen beinhaltet *(BFH-Urteil vom 10. 5. 1989 II R 196/85, BStBl. II S. 822).*

[3] Der Steuerpflichtige ist bei einer unrichtigen Rechtsbehelfsbelehrung nicht infolge höherer Gewalt daran gehindert, binnen der Jahresfrist des § 356 Abs. 2 Satz 1 AO Einspruch einzulegen, wenn für ihn vor Ablauf dieser Frist Anlass bestanden hätte, sich sachkundig zu machen und ggf. juristischen Rat einzuholen *(BFH-Urteil vom 21. 6. 2007 III R 70/06, BFH/NV S. 2064).*

[4] *BFH-Urteil vom 14. 11. 2012 II R 14/11, BFH/NV 2013 S. 693:* 1. Ein Rechtsbehelf gegen einen Verwaltungsakt kann regelmäßig erst nach dessen Bekanntgabe eingelegt werden. 2. Hat das FA wegen bestehender Zweifel am Zugang eines Steuerbescheids einen inhaltsgleichen Verwaltungsakt bekannt gegeben oder eine Bescheidkopie übermittelt, kommt dem nur dann Bedeutung zu, wenn die Bekanntgabe zuvor nicht wirksam gewesen war.

BFH-Urteil vom 20. 12. 2012 III R 59/12, BFH/NV 2013 S. 709: Bei der Zusammenveranlagung von Ehegatten zur Einkommensteuer muss feststehen, welcher Ehegatte sich beschwert fühlt und die Nachprüfung des Steuerbescheides begehrt. Für die wirksame Rechtsbehelfseinlegung des einen Ehegatten für den anderen Ehegatten ist erforderlich, dass der das Rechtsmittel führende Ehegatte unmissverständlich zum Ausdruck bringt, den Rechtsbehelf auch für den anderen Ehegatten einlegen zu wollen (ständige Rechtsprechung des BFH).

Der angefochtene Verwaltungsakt als Objekt des Einspruchs muss sich aus der Einspruchsschrift in der Weise ergeben, dass er sich entweder durch deren Auslegung ermitteln lässt oder dass Zweifel oder Unklarheiten am Gewollten durch Rückfragen beseitigt werden können.

Bei der Auslegung eines Einspruchs in entsprechender Anwendung des § 133 BGB dürfen auch außerhalb der Erklärung liegende Umstände berücksichtigt werden. Die Auslegung darf jedoch nicht zur Annahme eines Erklärungsinhalts führen, für den sich in der Erklärung selbst keine Anhaltspunkte finden lassen. Ein Einspruch, der nach Wortlaut und Zweck einen eindeutigen Inhalt hat, ist nicht auslegungsbedürftig. Ob dies zutrifft, ist revisionsrechtlich nachprüfbar.

Begehrt ein Stpfl. in laufender Einspruchsfrist neben der Aussetzung der Vollziehung überdies, das Verfahren nach § 363 AO wegen ernstlicher Zweifel an der Rechtmäßigkeit der Besteuerung auszusetzen, so legt er damit zugleich Einspruch ein *(BFH-Urteil vom 26. 10. 2004 IX R 23/04, BFH/NV 2005 S. 325).*

Geht aus einem an das FA gerichteten Schreiben hervor, dass der Berater noch die Rechte seiner Mandanten wahren will, kann dieses Schreiben, um einen möglichst angemessenen Rechtsschutz zu gewähren, als Einspruch auszulegen sein *(BFH-Urteil vom 6. 11. 2002 XI R 85/00, BFH/NV 2003 S. 585).*

Ein Einspruchsschreiben, dessen Rubrum die „Einkommensteuer und Folgesteuern" bezeichnet, das sich inhaltlich aber nur mit der Einkommensteuer befasst, kann nicht zugleich als Einspruch gegen die – mit dem Einkommensteuerbescheid äußerlich verbundene – Zinsfestsetzung angesehen werden *(BFH-Beschluss vom 17. 7. 2019 X B 21/19, BFH/NV S. 1217).*

[Fortsetzung nächste Seite]

(2) ① **Der Einspruch ist bei der Behörde anzubringen, deren Verwaltungsakt angefochten wird oder bei der ein Antrag auf Erlass eines Verwaltungsakts gestellt worden ist. ② Ein Einspruch, der sich gegen die Feststellung von Besteuerungsgrundlagen oder gegen die Festsetzung eines Steuermessbetrags richtet, kann auch bei der zur Erteilung des Steuerbescheids zuständigen Behörde angebracht werden. ③ Ein Einspruch, der sich gegen einen Verwaltungsakt richtet, den eine Behörde auf Grund gesetzlicher Vorschrift für die zuständige Finanzbehörde erlassen hat, kann auch bei der zuständigen Finanzbehörde angebracht werden. ④ Die schriftliche oder elektronische Anbringung bei einer anderen Behörde ist unschädlich, wenn der Einspruch vor Ablauf der Einspruchsfrist einer der Behörden übermittelt wird, bei der er nach den Sätzen 1 bis 3 angebracht werden kann.** 2

(3)[1] ① **Bei der Einlegung soll der Verwaltungsakt bezeichnet werden, gegen den der Einspruch gerichtet ist. ② Es soll angegeben werden, inwieweit der Verwaltungsakt angefochten und seine Aufhebung beantragt wird. ③ Ferner sollen die Tatsachen, die zur Begründung dienen, und die Beweismittel angeführt werden.** 3

Zu § 357 – Einlegung des Einspruchs: AEAO

1. Der Einspruch ist schriftlich oder elektronisch einzureichen oder zur Niederschrift zu erklären. Ein elektronisch erhobener Einspruch bedarf keiner qualifizierten elektronischen Signatur (BFH-Urteil vom 13. 5. 2015, III R 26/14, BStBl. II S. 790; vgl. AEAO zu § 87a, Nr. 3.2.4).[2] 4

2. Nach § 357 Abs. 2 Satz 4 AO genügt die Einlegung des Einspruchs bei einer unzuständigen Behörde, sofern der Einspruch innerhalb der Einspruchsfrist einer der Behörden übermittelt wird, bei der er nach § 357 Abs. 2 Sätze 1 bis 3 AO angebracht werden kann; der Steuerpflichtige trägt jedoch das Risiko der rechtzeitigen Übermittlung. Kann eine Behörde leicht und einwandfrei erkennen, dass sie für einen bei ihr eingegangenen Einspruch nicht und welche Finanzbehörde zuständig ist, hat sie diesen Einspruch unverzüglich an die zuständige Finanzbehörde weiterzuleiten. Geschieht dies nicht und wird dadurch die Einspruchsfrist versäumt, kommt Wiedereinsetzung in den vorigen Stand (§ 110 AO) in Betracht (BVerfG-Beschluss vom 2. 9. 2002, 1 BvR 476/01, BStBl. II S. 835). 5

3. Wird ein Einspruch bei einem Wechsel der örtlichen Zuständigkeit nach Erlass eines Verwaltungsakts entgegen § 357 Abs. 2 Satz 1 AO bereits bei der nach § 367 Abs. 1 Satz 2 AO zur Ent- 6

[Fortsetzung]

Ein von einem fachkundigen Bevollmächtigten eingelegter Einspruch, der die angefochtenen Bescheide eindeutig und abschließend bezeichnet, ist nicht dahingehend auslegungsfähig, dass auch ein weiterer – im Einspruchsschreiben nicht benannter – Steuerbescheid angefochten werden soll *(BFH-Urteil vom 28. 11. 2018 I R 61/16, BFH/NV 2019 S. 898).*

Auslegung von Einspruchsschreiben: Ficht der Steuerpflichtige verbundene Bescheide unter bloßer Wiedergabe der „Bescheidbezeichnung" an, ohne zunächst konkrete Einwendungen gegen einen bestimmten Verwaltungsakt zu erheben, können bei der Auslegung des Einspruchsbegehrens auch spätere Begründungen herangezogen werden *(BFH-Urteil vom 29. 10. 2019 IX R 4/19, BStBl. 2020 II S. 369).*

Ist die vom Finanzamt verwendete Bezeichnung für verbundene Bescheide unvollständig, so ist ein Einspruchsschreiben, welches diese Bezeichnung, aber keine Begründung enthält, der Auslegung zugänglich *(BFH-Urteil vom 15. 12. 2021 III R 34/20, BFH/NV 2022 S. 705).*

Die Auslegung darf aber nicht zur Annahme eines Erklärungsinhalts führen, für den sich in der Erklärung selbst keine Anhaltspunkte mehr finden lassen *(BFH-Urteil vom 10. 5. 1989 II R 196/85, BStBl. II S. 822).*

Auch bei wiederholter Einspruchseinlegung kommt es nur zu einem einzigen Einspruchsverfahren *(BFH-Urteil vom 9. 12. 2009 II R 52/07, BFH/NV 2010 S. 824).*

[5] *BFH-Urteil vom 13. 5. 2015 III R 26/14, BStBl. II S. 790:* 1. Hat die Finanzbehörde einen Zugang für die Übermittlung elektronischer Dokumente eröffnet, kann auch nach der bis zum 31. Juli 2013 geltenden Fassung des § 357 Abs. 1 Satz 1 AO ein Einspruch mit einfacher E-Mail eingelegt werden, ohne dass diese mit einer qualifizierten elektronischen Signatur versehen werden muss. 2. § 87 a Abs. 3 Sätze 1 und 2 AO sind auf die Einlegung eines Einspruchs nicht anzuwenden.

---

[1] *BFH-Urteil vom 19. 8. 2013 X R 44/11, BFH/NV 2014 S. 1:* 1. Auch wenn im Rubrum eines Einspruchsschreibens ein „Bescheid über Einkommensteuer, Kirchensteuer und Solidaritätszuschlag" genannt ist, ist der Einspruch als lediglich gegen die Festsetzung des Solidaritätszuschlags gerichtet anzusehen, wenn die Einspruchsbegründung ausschließlich auf Rechtsfragen in Zusammenhang mit dem Solidaritätszuschlag eingeht und das Ruhen „des Rechtsbehelfsverfahrens" wegen eines Musterprozesses zum Solidaritätszuschlag beantragt wird. 2. Der BFH darf ein Einspruchsschreiben selbst auslegen, wenn die vom FG vorgenommene Auslegung rechtsfehlerhaft ist, das FG aber alle für die Auslegung maßgebenden Umstände festgestellt hat *(BFH-Urteil vom 19. 8. 2013 X R 44/11, BFH/NV 2014 S. 1).*

Es ist davon auszugehen, dass der Stpfl. denjenigen Verwaltungsakt anfechten will, der angefochten werden muss, um zu dem erkennbar angestrebten Erfolg zu kommen *(BFH-Urteil vom 4. 6. 1986 IX R 52/82, BStBl. II 1987 S. 3).*

BFH-Urteil vom 11. 2. 2009 X R 51/06, BStBl. II S. 892: Die Reichweite eines Einspruchs gegen einen (mehrere Festsetzungen umfassenden) Sammelbescheid richtet sich nach der Beschwer, die sich aus der Begründung des Einspruchs ergibt (Anschluss an *BFH-Urteil vom 8. 5. 2008 VI R 12/05, BStBl. 2009 II S. 116).*

Ein von einem fachkundigen Bevollmächtigten eingelegter Einspruch, der die angefochtenen Bescheide eindeutig und abschließend bezeichnet, ist nicht dahingehend auslegungsfähig, dass auch ein weiterer – im Einspruchsschreiben nicht benannter – Steuerbescheid angefochten werden soll (*BFH-Urteil V R 42/21 vom 12. 10. 2023, BFH/NV 2024 S. 369*).

Bei auslegungsfähigen Rechtsbehelfen (hier: Einspruch einer Grundstücksgemeinschaft oder ihres Empfangsbevollmächtigten) ist (auch bei Erklärungen rechtskundiger Personen) grundsätzlich davon auszugehen, dass der Stpfl. denjenigen Rechtsbehelf einlegen wollte, der seinem materiell-rechtlichen Begehren am ehesten zum Erfolg verhilft *(BFH-Beschluss vom 1. 7. 2003 IX B 208/02, BFH/NV S. 1534).*

[2] Zur elektronischen Einspruchsrücknahme siehe *FBeh Hamburg vom 20. 7. 2012 51 – S 0622 – 007/12, DStR S. 2084.*

scheidung berufenen anderen Finanzbehörde eingelegt, gilt auch in diesem Fall § 357 Abs. 2 Satz 4 AO. Der Einspruch muss der alten Behörde innerhalb der Einspruchsfrist übermittelt werden, damit diese die Anwendung des § 26 Satz 2 AO prüfen kann; wird der Einspruch nicht rechtzeitig übermittelt, können die Voraussetzungen des § 110 AO gegeben sein.

7 **4.** Wird gegen einen Bescheid, der mehrere Verwaltungsakte enthält, Einspruch eingelegt, ist ggf. durch Auslegung zu ermitteln, gegen welchen Verwaltungsakt sich der Einspruch richtet. Hierbei ist von Bedeutung, welches materiell-rechtliche Begehren der Einspruchsführer mit seinem Rechtsbehelf verfolgt (vgl. BFH-Urteil vom 29. 10. 2019, IX R 4/19, BStBl. 2020 II S. 368). Wird z. B. gegen einen Bescheid über Einkommensteuer, Solidaritätszuschlag und Kirchensteuer Einspruch eingelegt und erhebt der Einspruchsführer nur Einwendungen gegen die Rechtmäßigkeit der Festsetzung der Solidaritätszuschlags, werden damit nicht zugleich auch die Festsetzungen der Einkommensteuer und der Kirchensteuer angefochten (BFH-Urteil vom 19. 8. 2013, X R 44/11, BStBl. 2014 II S. 234).

Anl

Verfügung betr. Verfahrenserklärungen; Auslegung und Umdeutung

Vom 6. Juni 2014 (BeckVerw 286072)

(LfSt Bayern S 0622.1.1 – 22/5 St 42)

1. Auslegung

8 Gemäß § 357 Abs. 3 Satz 1 AO „soll" bei der Einlegung eines Rechtsbehelfs der Verwaltungsakt bezeichnet werden, gegen den dieser gerichtet ist. Demnach ist die Rechtswirksamkeit des eingelegten Einspruchs nicht von einer genauen Bezeichnung des angefochtenen Verwaltungsakts abhängig. Es ist jedoch erforderlich, dass sich die Zielrichtung des Begehrens aus der Rechtsbehelfsschrift in der Weise ergibt, dass sich der angefochtene Verwaltungsakt entweder aus dem Inhalt der Rechtsbehelfsschrift selbst ermitteln lässt oder Zweifel oder Unklarheiten am Gewollten durch Rückfragen des Finanzamts beseitigt werden können. Fehlt es an einer eindeutigen und zweifelsfreien Erklärung des tatsächlich Gewollten, ist die Verfahrenserklärung in entsprechender Anwendung des § 133 BGB auszulegen (siehe BFH-Urteil vom 8. 2. 1974 III R 140/70, BStBl. II S. 417). Hierbei ist der wirkliche Wille des Steuerpflichtigen zu erforschen und nicht an dem buchstäblichen Sinne des Ausdrucks zu haften.

Dies gilt grundsätzlich auch für Erklärungen rechtskundiger Personen (siehe BFH-Urteil vom 6. 2. 1979 VII R 82/78, BStBl. II S. 374). Voraussetzung hierfür ist aber, dass die Verfahrenserklärung auslegungsfähig und -bedürftig ist. Eine solche Maßnahme kommt z. B. dann in Betracht, wenn es an einer eindeutigen und zweifelsfreien Erklärung des wirklich Gewollten fehlt (vgl. BFH-Urteil vom 11. 9. 1986 IV R 11/83, BStBl. 1987 II S. 5).

Ist danach unklar, welchen Inhalt die Erklärung haben soll, ist davon auszugehen, dass der Rechtsbehelf bzw. Antrag beabsichtigt war, der den Belangen des Stpfl. entspricht und der zu dem angestrebten Erfolg führen kann (siehe BFH-Urteil vom 18. 12. 1985 I R 30/85, BFH/NV 1986 S. 675 und BFH-Urteil vom 11. 9. 1986, BStBl. 1987 II S. 5). Bestehen Zweifel, ob ein Schreiben einen Einspruch oder einen Antrag auf schlichte Änderung nach § 172 Abs. 1 Nr. 2 a) AO darstellt, so ist stets ein Einspruch anzunehmen, da er die Rechte des Steuerpflichtigen umfassender wahrt als ein Korrekturantrag, AEAO vor § 347 Nr. 2.

Zur Erforschung des wirklichen Willens des Erklärenden sind alle Umstände heranzuziehen, die für den Erklärungsempfänger erkennbar sind. Dabei dürfen auch außerhalb der Erklärung liegende Umstände berücksichtigt werden (vgl. BFH-Urteil vom 28. 11. 2001 I R 93/00, BFH/NV 2002 S. 613 m. w. N.). So ist ein Einspruch, auch wenn im Rubrum des Einspruchsschreibens ein „Bescheid über Einkommensteuer, Kirchensteuer und Solidaritätszuschlag" genannt ist, als lediglich gegen die Festsetzung des Solidaritätszuschlag gerichtet anzusehen, wenn die Einspruchsbegründung ausschließlich auf Rechtsfragen in Zusammenhang mit dem Solidaritätszuschlag eingeht und das Ruhen „des Rechtsbehelfsverfahrens" wegen eines Musterprozesses zum Solidaritätszuschlag beantragt wird (BFH-Urteil vom 19. 8. 2013 X R 44/11, BStBl. 2014 II S. 234).

In Übereinstimmung mit diesen Grundsätzen entschied der BFH, dass ein Einspruch, der zwar ausdrücklich gegen einen „Einkommensteuerbescheid" gerichtet werde, mit dem aber ausschließlich Einwendungen gegen die – im selben Sammelbescheid enthaltene – Festsetzung des Kirchgelds vorgetragen werden, allein als Einspruch gegen die Festsetzung des Kirchgelds anzusehen sei (BFH-Urteil vom 8. 5. 2008 VI R 12/05, BStBl. 2009 II S. 116).

Keine Möglichkeit für eine Auslegung besteht allerdings, wenn die Erklärung nach Wortlaut und Zweck einen eindeutigen Inhalt hat (BFH-Urteil vom 29. 7. 1986 IX R 123/82, BFH/NV 1997 S. 359).

Beispiel:

Eine von einem Steuerberater stammende Formulierung in einem Einspruchsschreiben, es werde „gegen den Körperschaftsteuerbescheid" Einspruch eingelegt, kann nicht auch als Einspruch gegen den Bescheid über die Festsetzung von Zinsen zur Körperschaftsteuer ausgelegt werden. Die Erklärung ist eindeutig und nicht auslegungsbedürftig (vgl. BFH-Urteil vom 28. 11. 2001, BFH/NV 2002 S. 613).

Der BFH führt zur Begründung an, dass mit dieser Formulierung nur der Körperschaftsteuerbescheid angefochten wurde, der Teil des Sammelbescheides (Körperschaftsteuer, Solidaritätszuschlag und Zinsfestsetzung) war.

2. Umdeutung

9 Verfahrenserklärungen können auch umgedeutet werden (siehe BFH-Beschluss vom 23. 11. 1978 I R 56/76, BStBl. 1979 II S. 173).

Eine solche Sachbehandlung scheidet jedoch bei rechtskundigen Personen regelmäßig aus, weil davon ausgegangen werden kann, dass sich dieser Personenkreis über die rechtliche Tragweite seiner Erklärungen im Klaren ist (siehe BFH-Urteile vom 27. 11. 1959 VI 211/58, HFR 1961 S. 39 und vom 24. 6. 1964 II 76/63, HFR 1965 S. 177; BFH-Beschluss vom 24. 9. 1970 II B 28/ 70, BStBl. II S. 813 sowie BFH-Urteil vom 29. 7. 1986, BFH/NV 1997 S. 359). Von den Angehörigen der Steuer- und rechtsberatenden Berufe kann verlangt werden, dass sie den Rechtsbehelf wählen oder den Antrag stellen, der dem Gesetz entspricht (siehe BFH-Urteil vom 10. 1. 1958 III 342/57 U, BStBl. III S. 119 und BFH-Beschluss vom 24. 9. 1970, BStBl. II S. 813). Dieser Grundsatz wird dann noch verstärkt, wenn ein Verwaltungsakt mit einer ordnungsgemäßen Rechtsbehelfsbelehrung ergangen ist, weil dadurch auf den zutreffenden Rechtsbehelf hingewiesen worden ist.

Ein Steuerpflichtiger, der durch einen Angehörigen der Steuer- und rechtsberatenden Berufe vertreten wird, ist daher in seinen Prozesserklärungen stets wörtlich zu nehmen (siehe BFH-Beschluss vom 9. 6. 1986 IX B 90/85, BStBl. II S. 679).

3. Auslegung und Umdeutung von Einspruchsschreiben bei Ehegatten

Wegen der Frage der Umdeutung bzw. Auslegung von Einspruchsschreiben bei Ehegatten siehe Karte 1 zu § 360 AO. 10

§ 358 Prüfung der Zulässigkeitsvoraussetzungen

① Die zur Entscheidung über den Einspruch berufene Finanzbehörde hat zu prüfen, ob der Einspruch zulässig,[1] insbesondere in der vorgeschriebenen Form und Frist eingelegt ist. ② Mangelt es an einem dieser Erfordernisse, so ist der Einspruch als unzulässig zu verwerfen.

§ 359 Beteiligte[2]

Beteiligte am Verfahren sind:

1. wer den Einspruch eingelegt hat (Einspruchsführer),

2. wer zum Verfahren hinzugezogen worden ist.

§ 360 Hinzuziehung zum Verfahren[3]

(1) **① Die zur Entscheidung über den Einspruch berufene Finanzbehörde kann von Amts wegen oder auf Antrag andere hinzuziehen, deren rechtliche Interessen nach den Steuergesetzen durch die Entscheidung berührt werden, insbesondere solche, die nach den Steuergesetzen neben dem Steuerpflichtigen haften. ② Vor der Hinzuziehung ist derjenige zu hören, der den Einspruch eingelegt hat.** 1

(2) **Wird eine Abgabe für einen anderen Abgabenberechtigten verwaltet, so kann dieser nicht deshalb hinzugezogen werden, weil seine Interessen als Abgabenberechtigter durch die Entscheidung berührt werden.** 2

(3)[4] **① Sind an dem streitigen Rechtsverhältnis Dritte derart beteiligt, dass die Entscheidung auch ihnen gegenüber nur einheitlich ergehen kann, so sind sie hinzuzuzie-** 3

---

[1] Ein auf die Änderung der Lohnsteuerkarte gerichtetes Rechtsmittel wird unzulässig, sobald der Lohnsteuerabzug nicht mehr geändert werden kann *(BFH-Beschluss vom 25. 5. 2012 III B 166/11, BFH/NV S. 1605).*

[2] Zur Vertretung vgl. §§ 80, 365 AO.

[3] Siehe auch Anmerkungen zu § 60 FGO.

Kann der Einspruchsführer – mangels Zulässigkeit seines Rechtsbehelfs – die Einspruchsentscheidung des FA materiell durch das FG nicht überprüfen lassen, so gilt Gleiches für den zum Einspruchsverfahren Hinzugezogenen **(Grundsatz der Akzessorietät);** vgl. *BFH-Urteil vom 29. 5. 2001 VIII R 10/00, BStBl. II S. 747.*

[4] *BFH-Beschluss vom 7. 2. 2007 IV B 210/04, BFH/NV S. 869:* 1. Der im Einspruchsverfahren Hinzugezogene kann – anders als der im Klageverfahren notwendig Beigeladene – Einwendungen gegen den angefochtenen Bescheid unabhängig von dem Vorbringen des Rechtsbehelfsführers geltend machen. 2. Ist der Einspruch zulässig, vermittelt die Einspruchsentscheidung dem Hinzugezogenen ein eigenständiges Klagerecht. 3. Erheben sowohl der Einspruchsführer als auch der Hinzugezogene Klage, sind sie notwendige **Streitgenossen.** 4. Erklärt im Fall der notwendigen Streitgenossenschaft ein Streitgenosse den Rechtsstreit für in der Hauptsache erledigt, ist nach Beiladung dieses Streitgenossen über die Klage der anderen Streitgenossen sachlich zu entscheiden.

Zur Heilung unterlassener notwendiger Hinzuziehung durch Beiladung zum Klageverfahren nach § 60 FGO sowie zur Aussetzung des Klageverfahrens und nachträglicher Zustellung der Einspruchsentscheidung an die gem. § 360 Abs. 3 AO Hinzuzuziehenden vgl. *BFH-Urteil vom 17. 7. 1985 II R 228/82, BStBl. II S. 675.* Auch eine bewusst unterlassene notwendige Hinzuziehung gem. § 360 Abs. 3 Satz 1 AO kann im Klageverfahren durch eine Beiladung gem. § 60 Abs. 3 Satz 1 FGO geheilt werden *(BFH-Urteil vom 28. 10. 1999 I R 8/98, BFH/NV 2000 S. 579).*

Dass eine Entscheidung auch zum Nachteil des Hinzugezogenen ausfallen kann, folgt aus dem Wesen des einheitlichen Feststellungsverfahrens. Deshalb kann in einem Rechtsbehelfsverfahren nur eine einheitliche Entscheidung gegenüber allen Streitbeteiligten getroffen werden *(BFH-Urteile vom 28. 11. 1989 VIII R 40/84, BStBl. 1990 II S. 561; vom 12. 11. 1991 IX R 31/90, BFH/NV 1992 S. 436).*

Ergeht ein Feststellungsbescheid gem. § 18 AStG gegenüber mehreren unbeschränkt stpfl. Beteiligten und legt nur einer von ihnen Einspruch ein, so sind die übrigen Beteiligten notwendig hinzuzuziehen *(BFH-Urteil vom 28. 2. 1990 I R 156/86, BStBl. II S. 696).*

Bei einheitlicher und gesonderter Gewinnfeststellung sind die **Erben** eines verstorbenen Mitunternehmers notwendig beizuladen. Sind diese unbekannt, ist für den Prozess ein Pfleger zu bestellen *(BFH-Urteil vom 24. 3. 1999 I R 114/97, BStBl. 2000 II S. 399).* Miterben können einen Anspruch auf Erlass von Säumniszuschlägen aus sachlichen in der Person des Erblassers liegenden Billigkeitsgründen einzeln geltend machen (§ 2039 Satz 1 BGB). Die an dem Rechtsbehelfsverfahren nicht

[Fortsetzung nächste Seite]

hen. ② Dies gilt nicht für Mitberechtigte, die nach § 352 nicht befugt sind, Einspruch einzulegen.

4 (4) **Wer zum Verfahren hinzugezogen worden ist, kann dieselben Rechte geltend machen, wie derjenige, der den Einspruch eingelegt hat.**

5 (5)[1] **① Kommt nach Absatz 3 die Hinzuziehung von mehr als 50 Personen in Betracht, kann die Finanzbehörde anordnen, dass nur solche Personen hinzugezogen werden, die dies innerhalb einer bestimmten Frist beantragen. ② Von einer Einzelbekanntgabe der Anordnung kann abgesehen werden, wenn die Anordnung im Bundesanzeiger bekannt gemacht und außerdem in Tageszeitungen veröffentlicht wird, die in dem Bereich verbreitet sind, in dem sich die Entscheidung voraussichtlich auswirken wird. ③ Die Frist muss mindestens drei Monate seit Veröffentlichung im Bundesanzeiger betragen. ④ In der Veröffentlichung in Tageszeitungen ist mitzuteilen, an welchem Tage die Frist abläuft. ⑤ Für die Wiedereinsetzung in den vorigen Stand wegen Versäumung der Frist gilt § 110 entsprechend. ⑥ Die Finanzbehörde soll Personen, die von der Entscheidung erkennbar in besonderem Maße betroffen werden, auch ohne Antrag hinzuziehen.**

AEAO

Zu § 360 – Hinzuziehung zum Verfahren:

6 **1.** Entsprechend der Regelung in § 60 FGO über die Beiladung wird zwischen notwendiger (§ 360 Abs. 3 AO) und einfacher Hinzuziehung (§ 360 Abs. 1 AO) unterschieden.

7 **2.** § 360 Abs. 1 Satz 2 AO ist entsprechend auf § 360 Abs. 3 AO anzuwenden; der Einspruchsführer erhält damit die Möglichkeit, durch Rücknahme seines Einspruchs die Hinzuziehung zu vermeiden.

8 **3.** Bei Zusammenveranlagung (z. B. von Ehegatten/Lebenspartnern bei der Einkommensteuer) wird es sich regelmäßig empfehlen, von der Möglichkeit der einfachen Hinzuziehung (§ 360 Abs. 1 AO) Gebrauch zu machen. Das gilt auch dann, wenn der hinzuzuziehende Ehegatte/ Lebenspartner nicht über eigene Einkünfte verfügt.

9 **4.** Will das Finanzamt den angefochtenen Verwaltungsakt gem. § 172 Abs. 1 Satz 1 Nr. 2 Buchstabe a AO ändern, ohne dem Antrag des Einspruchsführers der Sache nach zu entsprechen, ist auch die Zustimmung des notwendig Hinzugezogenen einzuholen; Gleiches empfiehlt sich bei einfacher Hinzuziehung.

Anl

Verfügung betr. Hinzuziehung zum Verfahren nach § 360 AO

Vom 14. Juli 2014 (BeckVerw 287399)
(LfSt Bayern S 0622.1.1-23/2 St 42)

1. Allgemeines

10 Zu dem Einspruchsverfahren eines Steuerpflichtigen gegen einen ihn belastenden Verwaltungsakt kann oder muss ein Dritter hinzugezogen werden, wenn seine rechtlichen Interessen berührt worden sind. Hierdurch soll das Verfahren in Fällen, in denen sich die gleiche Rechtsfrage auch gegenüber Dritten auswirkt und eine Entscheidung auch ihnen gegenüber nur einheitlich ergehen kann, vereinfacht werden und eine Häufung von Rechtsstreiten sowie der Erlass widersprechender Entscheidungen verhindert werden.

Das Gesetz unterscheidet zwischen der
– einfachen Hinzuziehung nach § 360 Abs. 1 AO und der
– notwendigen Hinzuziehung nach § 360 Abs. 3 AO.

Eine besondere Form stellt die Hinzuziehung nach § 174 Abs. 5 AO dar (vgl. hierzu Karte 1 zu § 174 AO).

2. Einfache Hinzuziehung

11 Die einfache Hinzuziehung steht im pflichtgemäßen Ermessen der Finanzbehörde und setzt voraus, dass rechtliche Interessen eines Dritten berührt sein können (BFH-Beschluss vom 29. 11. 1995 X B

[Fortsetzung]

beteiligten Miterben sind weder notwendig hinzuzuziehen noch notwendig beizuladen *(BFH-Urteil vom 19. 1. 1989 V R 98/83, BStBl. 1990 II S. 360).*

Möchte ein Ehegatte nach einer bereits erfolgten ESt-Zusammenveranlagung mit seinem Ehegatten durch Änderung seiner Wahl eine getrennte Veranlagung erreichen und besteht zwischen den Ehegatten hierüber Streit, ist der andere Ehegatte zum finanzgerichtlichen Verfahren notwendig beizuladen *(BFH-Beschluss vom 20. 5. 1992 III B 110/91, BStBl. II S. 916).*

Ist an der Einkünfte erzielenden Untergesellschaft eine Obergesellschaft mit Gesellschaftern beteiligt, bei denen hinsichtlich dieser Einkünfte eine personenbezogene Steuervergünstigung in Betracht kommt, ist (nur) die Obergesellschaft zum Verfahren beizuladen *(BFH-Urteil vom 14. 11. 1995 VIII R 8/94, BStBl. 1996 II S. 297).*

Die **Verbindung** von Einspruchsverfahren stellt eine Verfahrenshandlung dar, die grundsätzlich nicht isoliert angefochten werden kann. Auf die Frage, ob die Verbindung als Verwaltungsakt einzuordnen ist oder nicht, kommt es insoweit nicht an *(BFH-Beschluss vom 30. 3. 2021 VII B 62/20, BStBl. II S. 587).*

[1] Die Bestimmung entspricht weitgehend § 60 a FGO und soll das Hinzuziehungsverfahren insbesondere in Streitigkeiten über die Gewinnfeststellung für „Publikumsgesellschaften" straffen. Abweichend von § 60 a FGO wird im Interesse einer kostengünstigen Verfahrensabwicklung auch eine Einzelbekanntgabe der Anordnung zugelassen.

Anl

328/94, BStBl. 1996 II S. 322). Hierunter ist das Begehren auf eine gesetzmäßige Entscheidung nach den Steuergesetzen zu verstehen; es genügt also weder ein persönliches noch ein sonstiges nichtsteuerliches Interesse. Die Möglichkeit, dass die rechtlichen Interessen nach den Steuergesetzen berührt werden, reicht aus (BFH-Beschluss vom 28. 12. 1998 VII B 280/98, BFH/NV 1999 S. 815).

Die Hinzuziehung erfolgt nach Anhörung des Einspruchsführers (§ 360 Abs. 1 Satz 2 AO) auf Antrag oder von Amts wegen, § 360 Abs. 1 Satz 1 AO. Widerspricht der Einspruchsführer einer Hinzuziehung und nimmt er den Einspruch auch nicht zurück, muss die Finanzbehörde unter Abwägung der ihr bekannten Gesichtspunkte über die einfache Hinzuziehung entscheiden.

Von der einfachen Hinzuziehung sollte, außer bei der Zusammenveranlagung von Ehegatten (vgl. Tz. 3), nach Möglichkeit dann abgesehen werden, wenn die rechtlichen Interessen des Dritten den Belangen des Einspruchsführers zuwiderlaufen (BFH-Beschluss vom 17. 8. 1978 VII B 30/78, BStBl. 1979 II S. 25).

Ist absehbar, dass dem Einspruch stattgegeben werden kann oder eine einvernehmliche Erledigung wahrscheinlich ist, sollte – außer bei Zusammenveranlagung von Ehegatten (vgl. Tz. 3) – wegen der sonst erforderlichen Zustimmung des Hinzugezogenen (s. Tz. 7) ebenfalls von einer einfachen Hinzuziehung abgesehen werden.

3. Hinzuziehung bei zusammenveranlagten Ehegatten/Lebenspartnern als Hauptanwendungsfall der einfachen Hinzuziehung

Nach ständiger BFH-Rechtsprechung ist bei zusammen veranlagten Eheleuten/Lebenspartner grundsätzlich keine Hinzuziehung des anderen Ehegatten/Lebenspartners erforderlich (z. B. BFH-Urteile vom 12. 8. 1977 VI R 61/75, BStBl. II S. 870, und vom 14. 1. 1997 VII R 66/96). Diese ist jedoch zweckmäßig, um zu verhindern, dass gegen die Ehegatten/Lebenspartner als Gesamtschuldner unterschiedliche Steuerbeträge festgesetzt werden. Es empfiehlt sich daher, bei Ehegatten/Lebenspartner von der Möglichkeit der einfachen Hinzuziehung Gebrauch zu machen, wenn nicht beide Ehegatten/Lebenspartner Einspruch eingelegt haben. Dies gilt auch dann, wenn der hinzuziehende Ehegatte/Lebenspartner nicht über eigene Einkünfte verfügt, vgl. AEAO Nr. 3 zu § 360. 12

Bei einem Streit über die Zurechnung von Einkünften oder bei entgegengesetzten Interessen der Ehegatten soll stets eine Hinzuziehung erfolgen.

Hat im Falle der Zusammenveranlagung nur einer der Ehegatten/Lebenspartner den Einkommensteuerbescheid angefochten, so ist zunächst zu prüfen, ob der Einspruch nicht zugleich im Namen des anderen Ehegatten/Lebenspartner eingelegt worden ist. Dies kann jedoch nach ständiger BFH-Rechtsprechung nicht ohne weiteres angenommen werden (BFH-Urteil vom 27. 11. 1984 VIII R 73/82, BStBl. 1985 II S. 296, und BFH-Urteil vom 30. 10. 1997 III R 27/93, BFH/NV 1998 S. 942).

Anhaltspunkte für einen Einspruch beider Ehegatten/Lebenspartner können beispielsweise die Formulierung im Schreiben („... legen wir Einspruch ein ...", die Nennung der Namen beider Ehegatten/ Lebenspartner im Briefkopf oder die Unterschrift beider Ehegatten/Lebenspartner sein. Gibt es keine derartigen Indizien, die zuverlässig auch auf einen Einspruch des anderen Ehegatten/Lebenspartners hindeuten, ist Rücksprache mit dem Verfasser des Einspruchsschreibens zu halten. Diese Anfrage kann zweckmäßigerweise mit der Ankündigung der Hinzuziehung nach 360 Abs. 1 Satz 2 AO für den Fall verbunden werden, dass der Einspruch nicht auch vom anderen Ehegatten/Lebenspartner erhoben wurde. Hierfür ist die Vorlage „Ankündigung Hinzuziehung" zu verwenden (Allgemein/Rechtsbehelfe bzw. Rechtsbehelfsstelle). Von der Anfrage ist abzusehen, wenn der Einspruchsführer eindeutig zu erkennen gegeben hat, den Einspruch nur im eigenen Namen eingelegt zu haben (im Briefkopf nur Einspruchsführer angegeben; Schreiben in Ich-Form, nur Namensangabe und Unterschrift des Einspruchsführers am Ende des Schreibens).

Wenn nach der Rücksprache ein Einspruch beider Ehegatten/Lebenspartner zu verneinen ist, stellt sich die Frage nach der Hinzuziehung des anderen Ehegatten/Lebenspartners zum Verfahren.

Greift der Einspruchsführer den Einkommensteuerbescheid auch oder ausschließlich wegen Besteuerungsgrundlagen seines Ehegatten/Lebenspartners an, ist dadurch nicht automatisch auch ein Einspruch des anderen Ehegatten/Lebenspartners gegeben, weil der Einspruchsführer den Bescheid auch insoweit anfechten kann, als dieser vom Ehegatten/Lebenspartner bezogene Einkünfte betrifft (vgl. BFH-Urteil vom 27. 11. 1984 VIII R 73/82, BStBl. 1985 II S. 296). In diesem Fall ist jedoch eine zeitnahe Rückfrage beim Einspruchsführer geboten, ob der Einspruch auch im Namen des Ehegatten/Lebenspartners im Wege der Bevollmächtigung (§ 80 AO) erhoben wurde.

Die gängige Formulierung von Angehörigen der steuerberatenden Berufe, „... im Namen meines Mandanten ..." einen Einspruch einzulegen, ist allerdings noch kein eindeutiger Hinweis darauf, dass der Einspruch nur für einen Ehegatten/Lebenspartner geführt werden soll.

Ein von beiden Ehegatten unterzeichnetes Schreiben, das nach Ablauf der Einspruchsfrist eingeht, ist nicht ausreichend, um das Einspruchsschreiben nachträglich als Einsprüche beider Ehegatten/Lebenspartner auszulegen.

4. Notwendige Hinzuziehung

Die Hinzuziehung Dritter zum Einspruchsverfahren ist dann notwendig, wenn der angefochtene Verwaltungsakt gleichzeitig mehrere Steuerpflichtige betrifft und deshalb ihnen gegenüber stets einheitlich ergehen muss. Dies gilt in allen Fällen, in denen die Bestandskraft auch gegenüber einem Dritten wirkt, also insbesondere bei gesonderten und einheitlichen Feststellungen. Notwendig hinzugezogen werden können jedoch nur Personen, die auch nach § 352 AO befugt sind, Einspruch einzulegen. 13

Eine Hinzuziehung ist nicht geboten in einem Verfahren über die Aussetzung der Vollziehung (BFH-Beschluss vom 22. 10. 1980 I S 1/80, BStBl. 1981 II S. 99) sowie bei einem offensichtlich unzulässigen Rechtsbehelf (BFH v. 9. 5. 1979 I R 100/77, BStBl. II S. 632). Zur notwendigen Hinzuziehung von Beteiligten bei Einspruchsverfahren gegen gesonderte und einheitliche Feststellungen vgl. Karte 2 zu § 360

Anl

AO. Ein Fall der notwendigen Hinzuziehung liegt auch vor bei einem Einspruch nur eines Ehegatten/Lebenspartner gegen einen Aufteilungsbescheids nach § 279 AO.

Über den Wortlaut des § 360 Abs. 3 AO hinaus hat eine Hinzuziehung auch dann zwingend zu erfolgen, wenn der Verwaltungsakt notwendigerweise und unmittelbar Rechte Dritter gestaltet, bestätigt, verändert oder zum Erlöschen bringt (BFH-Urteil vom 25. 2. 1993 III R 4/91, BStBl. II S. 513). Im Streitfall war zu klären, ob der Kinderfreibetrag des anderen Elternteils auf den Antragsteller gemäß § 32 Abs. 6 Satz 4 EStG zu übertragen ist. Hier war der andere Elternteil zum Verfahren notwendig beizuladen, da die Änderung eines solchen Bescheides auch in seine Rechte unmittelbar eingreift.

Kein Fall der notwendigen Hinzuziehung kann bei einem offensichtlich unzulässigen Rechtsbehelf vorliegen (BFH-Urteil vom 9. 5. 1979 I R 100/77, BStBl. II S. 632).

5. Hinzuziehung nach § 174 Abs. 5 AO

14 Zur Hinzuziehung nach § 174 Abs. 5 vgl. Karte 1 zu § 174 AO.

6. Zeitpunkt der Hinzuziehung

15 Die Prüfung, ob ein Dritter hinzuziehen ist und die Vornahme der Hinzuziehung sollte insbesondere bei einer notwendigen Hinzuziehung zeitnah nach Eingang des Einspruchs und noch vor Abgabe an die zentrale Rechtsbehelfsstelle erfolgen.

In Fällen der notwendigen Hinzuziehung ist diese auch vor der Erteilung von Abhilfebescheiden nach § 172 Abs. 1 Nr. 2 a AO bzw. § 164 Abs. 2 AO erforderlich.

Für die Durchführung der Hinzuziehung steht die Vorlage Hinzuziehung zur Verfügung (Allgemein > Rechtsbehelfe bzw. Rechtsbehelfsstelle).

7. Verfahrensrechtliche Folgen der Hinzuziehung

16 Sowohl vor der einfachen als auch vor der notwendigen Hinzuziehung ist der den Rechtsbehelf führende Steuerpflichtige von dieser Absicht in Kenntnis zu setzen und ihm Gelegenheit zur Stellungnahme zu geben (§ 360 Abs. 1 Satz 2 AO, AEAO Nr. 2 zu § 360). Dadurch soll der Rechtsbehelfsführer die Möglichkeit erhalten, durch Rücknahme seines Einspruchs die Hinzuziehung und die damit verbundene Offenlegung seiner steuerlichen Verhältnisse zu vermeiden.

Vorher darf die Ankündigung der Hinzuziehung dem Hinzuzuziehenden noch nicht bekannt gegeben werden. Im Einzelfall kann es aber – insbesondere bei einer Hinzuziehung nach § 174 Abs. 5 AO – angebracht sein, dem Hinzuzuziehenden nach Ablauf der dem Einspruchsführer bei der Ankündigung gesetzten Frist vor der Hinzuziehung rechtliches Gehör (§ 91 Abs. 1 AO) zu gewähren.

Die Hinzuziehung ist ein Verwaltungsakt, für den hinsichtlich Form, Bestimmtheit, Begründung, Bekanntgabe und Wirksamkeit die Vorschriften der §§ 118 ff. AO gelten. Dieser Verwaltungsakt ist allen Beteiligten, also auch dem Einspruchsführer, bekannt zu geben.

Der Hinzugezogene kann während des Rechtsbehelfsverfahrens dieselben Rechte geltend machen wie derjenige, der den Einspruch eingelegt hat, § 359 Nr. 2 AO. i. V. m. § 360 Abs. 4 AO. Er kann jedoch nicht den Einspruch zurücknehmen. Nach Rücknahme des Einspruches kann der das Verfahren nicht fortsetzen (BFH-Beschluss vom 10. 6. 1997 IV B 124/96, BFH/NV 1998, S. 14).

Die Einschränkung des einfach Beigeladenen im finanzgerichtlichen Verfahren nach § 60 Abs. 6 S. 1 FGO gilt im außergerichtlichen Rechtsbehelfsverfahren nicht, so dass dieser auch abweichende Sachanträge stellen kann. Dies ergibt sich auch aus § 367 Abs. 2 Satz 1 AO. Der Hinzugezogene ist bereits mit der Hinzuziehung umfassend über den Grund dieser Maßnahme aufzuklären, dazu können ihm auch Ablichtungen des mit dem Einspruchsführer geführten Schriftverkehrs übersandt werden. § 30 AO ist für den Teil des Einspruchsverfahrens zu beachten, auf den sich die Hinzuziehung nicht richtet.

Nach einer förmlichen Hinzuziehung kann ein Änderungsbescheid nach § 172 Abs. 1 Nr. 2 a AO nur noch mit Zustimmung des Hinzugezogenen ergehen, wenn das Finanzamt dem Antrag des Einspruchsführers der Sache nach nicht entsprochen hat (AEAO zu § 360, Tz. 4). Da § 359 Nr. 2 und § 360 Abs. 4 AO nicht zwischen dem einfach und notwendig Hinzugezogenen unterscheiden, gilt dies auch für den Fall einer einfachen Hinzuziehung. Stimmt der Einspruchsführer, nicht aber der Hinzugezogene zu, so ist über den Einspruch förmlich zu entscheiden (§ 367 Abs. 2 Satz 3 AO). Entspricht aber eine Änderung auch der Interessenlage des Hinzugezogenen und hat er keine Einwendungen erhoben, kann von einer konkludenten Zustimmung ausgegangen werden.

Eine förmliche Einspruchsentscheidung ist auch dem Hinzugezogenen bekannt zu geben. Da sie auch diesem gegenüber wirkt, hat der Hinzugezogene ein eigenes Klagerecht. Diese Bindungswirkung gilt aber nicht bei der Hinzuziehung eines Haftenden, was die Erfüllung des Haftungstatbestands, die Ausübung des Ermessens oder den Umfang der Inanspruchnahme betrifft.

8. Unterlassen der Hinzuziehung

a) Einfache Hinzuziehung

17 Unterbleibt eine einfache Hinzuziehung, so führt dies lediglich dazu, dass der Nichthinzugezogene durch die Entscheidung nicht gebunden wird.

b) Notwendige Hinzuziehung

Wird notwendige Hinzuziehung zum Einspruchsverfahren unterlassen, so liegt ein wesentlicher Verfahrensmangel vor. Dieser wird grundsätzlich durch die Beiladung nach § 60 Abs. 3 FGO im finanzgerichtlichen Verfahren geheilt (BFH-Urteile vom 17. 7. 1985 II R 228/82, BStBl. II S. 675, und vom 13. 7. 1993 VIII R 50/92, BStBl. 1994 II S. 282). Voraussetzung ist allerdings, dass die Einspruchsentscheidung zu keiner Änderung des Regelungsgehalts des angefochtenen Bescheids geführt hat und auch keine Fehler im Sinne des § 126 AO vorliegen (BFH-Urteil vom 19. 7. 1989 II R 73/85, BStBl. II S. 851).

Andernfalls kommt wegen der unterlassenen notwendigen Hinzuziehung die Aussetzung des finanzgerichtlichen Verfahrens (§ 74 FGO) zur nachträglichen Bekanntgabe der Einspruchsentscheidung oder in Einzelfällen auch die isolierte Aufhebung der Einspruchsentscheidung durch das Finanzgericht in Betracht.

Die notwendige Beiladung kann auch noch im Revisionsverfahren vom BFH vorgenommen werden (§ 123 Abs. 1 Satz 2 FGO).

Hinweis:

Karte 1 zu § 360 AO (Kontroll-Nr. 3/2003) ist auszureihen.

§ 361[1] Aussetzung der Vollziehung

AO

(1) ①**Durch Einlegung des Einspruchs wird die Vollziehung[2] des angefochtenen Verwaltungsakts vorbehaltlich des Absatzes 4 nicht gehemmt, insbesondere die Erhebung einer Abgabe nicht aufgehalten.** ②**Entsprechendes gilt bei Anfechtung von Grundlagenbescheiden für die darauf beruhenden Folgebescheide.** 1

[1] Zur Verzinsung vgl. § 237 AO.

Zur Unterbrechung der Zahlungsverjährung vgl. § 231 AO.

Zu den Folgen für Sicherungshypothek vgl. § 322 AO.

Zur Aussetzung der Vollziehung im finanzgerichtlichen Verfahren s. § 69 FGO, zur einstweiligen Anordnung s. § 114 FGO **(Anhang II Nr. 1).**

Zur Erhebung von Säumniszuschlägen in Aussetzungsfällen vgl. **AEAO zu § 240, Nr. 6.**

Ein Antrag auf **AdV des Folgebescheides,** der mit Zweifeln an der Rechtmäßigkeit des Grundlagenbescheides begründet wird, ist unzulässig *(BFH-Urteil vom 15. 4. 1988 III R 26/85, BStBl. II S. 240).* Wendet ein Stpfl. ein, das FA habe den Folgebescheid geändert, ohne dass die Voraussetzungen des § 175 Abs. 1 Satz 1 Nr. 1 AO vorgelegen haben, weil der Grundlagenbescheid nicht rechtswirksam bekanntgegeben worden sei, so macht er einen Mangel des Folgebescheids unmittelbar geltend, der im Rahmen der Begründetheit der gegen den Folgebescheid gerichteten Klage zu prüfen ist. Ein entsprechender AdV-Antrag ist zulässig *(BFH-Urteil vom 15. 4. 1988 III R 26/85, BStBl. II S. 660).*

Bei Aussetzung der Vollziehung eines **Grunderwerbsteuerbescheides** darf eine Unbedenklichkeitsbescheinigung nur erteilt werden, wenn die Steuerforderung nicht gefährdet ist *(Erlass FM Bayern vom 11. 3. 1993 37 – S 4540 – 5/11 – 15 288, StEK GrEStG 1983 § 22 Nr. 11).*

AdV kommt grds. auch bei **behaupteter Verfassungswidrigkeit von Steuerrechtsnormen** in Betracht; wenn es sich dabei um Normen mit großer Breitenwirkung handelt, ist zugunsten des Fiskus das öffentliche Interesse an einer geordneten Haushaltsführung zu berücksichtigen, das jedoch dann zurücktritt, wenn die Vollziehung im Einzelfall existenzgefährdend wäre (nach *BFH-Beschlüssen vom 25. 7. 1991 III B 555/90, BStBl. II S. 876, vom 9. 10. 1991 III B 51, 74 und 81/91, BStBl. II S. 91,* und *vom 20. 5. 1992 III B 100/91, BStBl. II S. 729*).

BFH-Beschluss vom 15. 6. 2016 II B 91/15, BStBl. II S. 846: 1. Die Vollziehung eines Bescheids über den Solidaritätszuschlag für 2012 ist nicht deshalb aufzuheben, weil ein FG im Rahmen eines Vorlagebeschlusses das BVerfG zur Klärung der Verfassungsmäßigkeit des SolZG angerufen hat. 2. Das öffentliche Interesse am Vollzug des SolZG kann das Interesse der Steuerpflichtigen an der Gewährung vorläufigen Rechtsschutzes überwiegen.

Bestehen ernstliche Zweifel an der Vereinbarkeit einer Norm des Umsatzsteuergesetzes mit dem Unionsrecht, ist für die Gewährung von Aussetzung der Vollziehung eines auf diese Norm gestützten Steuerbescheids kein besonderes Aussetzungsinteresse erforderlich (*BFH-Beschluss vom 31. 3. 2016 XI B 13/16, BFH/NV S. 1187*).

Ein mit ernstlichen Zweifeln an der Verfassungsmäßigkeit einer dem angefochtenen Steuerbescheid zugrunde liegenden Gesetzesvorschrift begründeter Antrag auf AdV ist abzulehnen, wenn nach den Umständen des Einzelfalles dem Interesse des Antragstellers an der Gewährung vorläufigen Rechtsschutzes nicht der Vorrang vor dem öffentlichen Interesse am Vollzug des Gesetzes zukommt, ohne dass es einer Prüfung der Verfassungsmäßigkeit bedarf *(BFH-Beschluss vom 1. 4. 2010 II B 168/09, BStBl. II S. 558).*

Die **Aufrechnung** des FA mit einem Anspruch aus dem Steuerschuldverhältnis stellt eine Vollziehung des zugrunde liegenden Bescheids dar. Das FA ist deshalb während der Aussetzung der Vollziehung eines Steuerbescheids an der Aufrechnung mit dem durch ihn festgesetzten Steueranspruch gehindert (Abweichung vom *Urteil des Senats vom 17. 9. 1987 VII R 50–51/86, BStBl. 1988 II S. 366); BFH-Urteil vom 31. 8. 1995 VII R 58/94, BStBl. 1996 II S. 55.*

Bestehen ernstliche Zweifel an der Rechtmäßigkeit des angefochtenen Bescheids und sind im Fall des Obsiegens andere Steuerbescheide zuungunsten des Rechtsbehelfsführers zu ändern, so kann die Aussetzung der Vollziehung dieses Bescheids **nicht auf den Unterschiedsbetrag der steuerlichen Auswirkungen** begrenzt werden. Die Möglichkeit, eine Sicherheitsleistung in dieser Höhe anzuordnen, bleibt unberührt *(BFH-Urteil vom 10. 11. 1994 IV R 44/94, BStBl. 1995 II S. 814).*

[2] **Vollziehbar** sind Verwaltungsakte, durch die in eine Rechtsposition des Stpfl. oder des sonstigen Adressaten eingegriffen wird *(BFH-Urteil vom 29. 10. 1987 VIII R 413/83, BStBl. 1988 II S. 240).* Auch ein **Abrechnungsbescheid** ist vollziehbar, wenn in ihm das Bestehen eines Anspruchs gegen den Stpfl. (z. B. Wirksamkeit einer Aufrechnung) festgestellt wird. Eine **vom FA erklärte Aufrechnung** – die als solche keinen Verwaltungsakt darstellt – kann daher in ihrer Wirkung durch AdV des Abrechnungsbescheids einstweilen wieder rückgängig gemacht werden *(BFH-Beschluss vom 10. 11. 1987 VII B 137/87, BStBl. 1988 II S. 43).* AdV ist auch möglich bei **negativen Gewinnfeststellungsbescheiden.**

BFH-Beschluss vom 15. 1. 2015 VI B 103/14, BStBl. 2015 II S. 447: 1. Der Widerruf einer dem Arbeitgeber erteilten Lohnsteueranrufungsauskunft (§ 42 e EStG) ist ein feststellender, aber nicht vollziehbarer Verwaltungsakt (Anschluss an *Senatsurteil vom 30. 4. 2009 VI R 54/07, BStBl. 2010 II S. 996).* 2. Ein Antrag auf AdV nach § 69 Abs. 3 Satz 1, Abs. 2 Satz 2 FGO ist deshalb nicht statthaft.

Die **Ablehnung** einer **Freistellungsbescheinigung** gem. § 44 a Abs. 5 Satz 2 EStG ist kein vollziehbarer Verwaltungsakt und deshalb nicht der Aussetzung der Vollziehung zugänglich. Die Freistellungsbescheinigung kann nicht durch einstweilige Anordnung gem. § 114 Abs. 1 FGO (Anhang II Nr. 1) erteilt werden, da sonst das im Hauptsacheverfahren erstrebte Ziel im Verfahren über vorläufigen Rechtssatz zuerkannt würde *(BFH-Beschluss vom 27. 7. 1994 I B 246/93, BStBl. II S. 899).* Lehnt das Bundesamt für Finanzen den Erlass eines Bescheides über die Freistellung inländischer Einkünfte vom Quellensteuerabzug gem. § 50 a Abs. 4 EStG ab, so ist dieser Bescheid kein solcher, dessen Vollziehung ausgesetzt werden kann *(BFH-Beschluss vom 13. 4. 1994 I B 212/93, BStBl. II S. 835).* Eine **Steueranmeldung** kann nur gegenüber dem anmeldenden Vergütungsschuldner vollzogen werden. Wird die Vollziehung einer Steueranmeldung ausgesetzt, so ist die bereits abgeführte Steuer an den Vergütungsschuldner zu erstatten. Läuft die Aussetzung der Vollziehung der Steueranmeldung aus, so kann die Anmeldung (erneut) nur gegenüber dem Vergütungsschuldner vollzogen werden. Die Vollziehung einer Steueranmeldung kann nicht mit der Maßgabe ausgesetzt werden, dass die ausgesetzten Steuerbeträge an den Vergütungsgläubiger zu erstatten sind. Auf Antrag des Vergütungsgläubigers kann die Vollziehung einer Steueranmeldung nicht mit der Maßgabe ausgesetzt werden, dass die Steuer gegen den Willen des Vergütungsschuldners an diesen zu erstatten ist. Der Vergütungsgläubiger ist für einen solchen Fall gehalten, einstweiligen Rechtsschutz im Freistellungs- bzw. Erstattungsverfahren zu beantragen *(BFH-Beschluss vom 13. 8. 1997 I B 30/97, BStBl. II S. 700).*

2 (2)[1] ① **Die Finanzbehörde, die den angefochtenen Verwaltungsakt erlassen hat, kann die Vollziehung ganz oder teilweise aussetzen; § 367 Absatz 1 Satz 2 gilt sinngemäß. ② Auf Antrag[2] soll die Aussetzung erfolgen, wenn ernstliche Zweifel an der Rechtmäßigkeit des angefochtenen Verwaltungsakts bestehen oder wenn die Vollziehung für die betroffene Person eine unbillige, nicht durch überwiegende öffentliche Interessen gebotene Härte zur Folge hätte.[3] ③ Ist der Verwaltungsakt schon vollzogen, tritt an die Stelle der Aussetzung der Vollziehung die Aufhebung der Vollziehung. ④ Bei Steuerbescheiden sind die Aussetzung und die Aufhebung der Vollziehung auf die festgesetzte Steuer, vermindert um die anzurechnenden Steuerabzugsbeträge, um die anzurechnende Körperschaftsteuer und um die festgesetzten Vorauszahlungen, beschränkt; dies gilt nicht, wenn die Aussetzung oder Aufhebung der Vollziehung zur Abwendung wesentlicher Nachteile nötig erscheint.[4] ⑤ Die Aussetzung kann von einer Sicherheitsleistung[5] abhängig gemacht werden.**

3 (3) ① **Soweit die Vollziehung eines Grundlagenbescheids ausgesetzt wird, ist auch die Vollziehung eines Folgebescheids auszusetzen. ② Der Erlass eines Folgebescheids bleibt zulässig. ③ Über eine Sicherheitsleistung ist bei der Aussetzung eines Folgebescheids zu entscheiden, es sei denn, dass bei der Aussetzung der Vollziehung des Grundlagenbescheids die Sicherheitsleistung ausdrücklich ausgeschlossen worden ist.**

4 (4) ① **Durch Einlegung eines Einspruchs gegen die Untersagung des Gewerbebetriebs oder der Berufsausübung wird die Vollziehung des angefochtenen Verwaltungsakts gehemmt. ② Die Finanzbehörde, die den Verwaltungsakt erlassen hat, kann die hemmende Wirkung durch besondere Anordnung ganz oder zum Teil beseitigen, wenn sie es im öffentlichen Interesse für geboten hält; sie hat das öffentliche Interesse schriftlich zu begründen. ③ § 367 Absatz 1 Satz 2 gilt sinngemäß.**

---

[1] Eine AdV kommt wegen Wegfalls des Rechtsschutzbedürfnisses allerdings nicht mehr in Betracht, wenn der angefochtene Verwaltungsakt nicht mehr geändert oder aufgehoben werden kann *(BFH-Beschluss vom 13. 7. 2000 XI S 9/00, BFH/NV S. 1493)*.

[2] Ein Feststellungsbeteiligter, der weder selbst gegen den Freistellungsbescheid Rechtsbehelf eingelegt hat, noch zum Rechtsbehelfsverfahren beigeladen worden ist, ist nicht antragsbefugt (zu § 69 Abs. 3 FGO, abgedruckt in **Anhang II Nr. 1**; s. *BFH-Beschluss vom 15. 3. 1994 IX B 151/93, BStBl. II S. 519)*.

Der Antrag auf Aussetzung der Vollziehung eines **Gewerbesteuermessbescheides** ist auch dann zulässig, wenn er mit Zweifeln an der Rechtmäßigkeit eines Feststellungsbescheides begründet wird, dessen Änderung gem. § 35 b GewStG zu einer Änderung des GewSt-Messbescheides führen würde *(BFH-Beschluss vom 21. 12. 1993 VIII B 107/93, BStBl. 1994 II S. 300)*.

Der hebeberechtigten Gemeinde fehlt das allgemeine Rechtsschutzinteresse für den Antrag auf Aussetzung der Vollziehung eines von ihr angefochtenen GewSt-Messbescheids, den das FA zugunsten des Stpfl. geändert hat. Dies gilt auch dann, wenn das FA den sich hieraus ergebenden GewSt-Erstattungsanspruch gepfändet hat *(BFH-Beschluss vom 4. 10. 1996 I B 54/96, BStBl. 1997 II S. 136)*.

Bei ernstlichen Zweifeln an der Rechtmäßigkeit eines Steuerbescheids kann dessen Vollziehung aufgehoben werden. Als Vollziehung gilt auch der Anfall von Säumniszuschlägen. Die Wirkungen der Vollziehung sind ab dem Zeitpunkt rückgängig zu machen, ab dem objektiv ernstliche Zweifel an der Rechtmäßigkeit bestanden haben. Unerheblich ist, ab wann die ernstlichen Zweifel für das FA erkennbar waren oder sich „greifbar" abgezeichnet haben *(BFH-Beschluss vom 29. 9. 2003 III S 7/03, BFH/NV 2004 S. 183)*.

[3] Bestehen an der Rechtmäßigkeit der angefochtenen Steuerbescheide keine Zweifel, kommt eine Aussetzung der Vollziehung wegen unbilliger Härte der Vollstreckung nicht in Betracht *(BFH-Beschluss vom 26. 10. 2011 I S 7/11, BFH/NV S. 583)*.

[4] Die in § 361 Abs. 2 Satz 4 AO und in § 69 Abs. 2 Satz 8 FGO i. d. F. des JStG 1997 enthaltenen Beschränkungen der Möglichkeit, die Vollziehung eines Steuerbescheids auszusetzen oder aufzuheben, sind mit dem GG vereinbar *(BFH-Beschlüsse vom 2. 11. 1999 I B 49/99, BStBl. 2000 II S. 57; vom 24. 1. 2000 X 99/99, BStBl. II S. 559)*.

Säumniszuschläge, die auf einer materiell rechtswidrigen und deswegen auf Grund eines Rechtsbehelfs des Steuerpflichtigen geänderten Jahressteuerfestsetzung beruhen, sind aus sachlichen Billigkeitsgründen zu erlassen, wenn der Steuerpflichtige insoweit die AdV der Vorauszahlungsbescheide erreicht hat und die – weitere – AdV dieser Beträge nach Ergehen des Jahressteuerbescheides allein an den Regelungen der §§ 361 Abs. 2 Satz 4 AO und 69 Abs. 2 Satz 8 FGO scheitert *(BFH-Urteil vom 20. 5. 2010 V R 42/08, BFH/NV S. 1675)*.

[5] Zu den Voraussetzungen, unter denen die Aussetzung der Vollziehung eines Verwaltungsaktes von einer Sicherheitsleistung abhängig gemacht werden kann, vgl. *BFH-Beschluss vom 25. 11. 2005 V B 75/05, BStBl. 2006 II S. 484.*

Ist die Rechtmäßigkeit eines angefochtenen Verwaltungsakts ernstlich zweifelhaft und bestehen keine konkreten Anhaltspunkte dafür, dass bei einem Unterliegen des Antragstellers im Hauptsacheverfahren die Durchsetzung des Steueranspruchs gefährdet wäre, so ist die Vollziehung des Verwaltungsakts regelmäßig ohne Sicherheitsleistung auszusetzen. Das gilt auch dann, wenn die für die Rechtswidrigkeit des Verwaltungsakts sprechenden Gründe nicht überwiegen *(BFH-Beschluss vom 3. 2. 2005 I B 208/04, BStBl. II S. 351)*.

Von einer Sicherheitsleistung kann dann nicht abgesehen werden, wenn es dem Steuerpflichtigen nach seinen wirtschaftlichen Verhältnissen zwar nicht möglich ist, die Steuernachzahlungen zu leisten, er aber weder dargelegt noch glaubhaft gemacht hat, dass es seine wirtschaftlichen Verhältnisse auch nicht zulassen, eine Bankbürgschaft beizubringen *(BFH-Beschluss vom 10. 2. 2010 V S 24/09, BFH/NV S. 930)*.

BFH-Beschluss vom 21. 3. 2025 X B 21/25 (AdV), BStBl. II S. 485: Wenn das FA zwar AdV gewährt, deren Wirkung aber von der Erbringung einer Sicherheitsleistung abhängig macht, bewirkt die spätere Leistung der Sicherheit im Regelfall, dass die AdV mit (Rück-)Wirkung ab dem Zeitpunkt der Wirksamkeit der Verfügung eintritt und zuvor etwaig entstandene Säumniszuschläge entfallen. Das FA kann allerdings ausdrücklich anordnen, dass die Wirkung der AdV erst im Zeitpunkt der tatsächlichen Leistung der Sicherheit beginnt (Anschluss an den *BFH-Beschluss vom 10. 12. 1986 I B 121/86, BStBl. 1987 II S. 398* unter II.3.d).

Der Steuerpflichtige kann die AdV durch Tilgung der Steuerschuld beenden. Ein Anspruch auf Freigabe einer Sicherheit zur Tilgung der Steuerschuld besteht nur, wenn dem FA nachgewiesen wird, dass durch die Freigabe der Steueranspruch nicht gefährdet wird *(BFH-Urteil vom 25. 4. 2013 V R 29/11, BStBl. II S. 767)*.

§ 361 Abs. 3 Satz 1 AO, wonach die Vollziehung eines Folgebescheids auszusetzen ist, soweit die Vollziehung eines Grundlagenbescheids ausgesetzt wird, gilt auch für das Verhältnis zwischen einem Steuerbescheid und dem darauf beruhenden Zinsbescheid *(BFH-Beschluss vom 17. 7. 2019 X B 21/19, BFH/NV S. 1217)*.

(5)[1] **Gegen die Ablehnung der Aussetzung der Vollziehung kann das Gericht nur nach § 69 Absatz 3 und 5 Satz 3 der Finanzgerichtsordnung angerufen werden.** 5

AEAO

Zu § 361 – Aussetzung der Vollziehung:

1. Anwendungsbereich des § 361 AO und des § 69 Abs. 2 FGO/Abgrenzung zur gerichtlichen Vollziehungsaussetzung und zur Stundung

1.1. § 361 AO regelt die Aussetzung der Vollziehung durch die Finanzbehörde während eines Einspruchsverfahrens. § 69 Abs. 2 FGO erlaubt es der Finanzbehörde, während eines Klageverfahrens die Vollziehung auszusetzen. 6

1.2. Die Rechtsgrundlagen für eine Vollziehungsaussetzung durch das Finanzgericht ergeben sich aus § 69 Abs. 3, 4, 6 und 7 FGO. Das Finanzgericht kann die Vollziehung – unter den einschränkenden Voraussetzungen des § 69 Abs. 4 FGO – auch schon vor Erhebung der Anfechtungsklage aussetzen (vgl. AEAO zu § 361, Nr. 11).

1.3. Demjenigen, der eine Verfassungsbeschwerde erhoben hat, kann für diesen Verfahrensabschnitt keine Aussetzung der Vollziehung gewährt werden (§ 32 BVerfGG; siehe BFH-Urteil vom 11. 2. 1987, II R 176/84, BStBl. II S. 320).

1.4. Liegen nebeneinander die gesetzlichen Voraussetzungen sowohl für eine Stundung als auch für eine Aussetzung der Vollziehung vor, wird im Regelfall auszusetzen sein.

1.5. Zu den Auswirkungen der Eröffnung des Insolvenzverfahrens auf das Verfahren der Aussetzung der Vollziehung vgl. AEAO zu § 251, Nr. 4.1.3.

2. Voraussetzungen für eine Vollziehungsaussetzung

2.1. Die zuständige Finanzbehörde (vgl. AEAO zu § 361, Nr. 3.3) soll auf Antrag die Vollziehung aussetzen, wenn ernstliche Zweifel an der Rechtmäßigkeit des angefochtenen Verwaltungsakts bestehen oder wenn die Vollziehung für den Betroffenen eine unbillige, nicht durch überwiegende öffentliche Interessen gebotene Härte zur Folge hätte (§ 361 Abs. 2 Satz 2 AO; § 69 Abs. 2 Satz 2 FGO). Die Finanzbehörde kann auch ohne Antrag die Vollziehung aussetzen (§ 361 Abs. 2 Satz 1 AO; § 69 Abs. 2 Satz 1 FGO). Von dieser Möglichkeit ist insbesondere dann Gebrauch zu machen, wenn der Rechtsbehelf offensichtlich begründet ist, der Abhilfebescheid aber voraussichtlich nicht mehr vor Fälligkeit der geforderten Steuer ergehen kann. 7

2.2. Eine Vollziehungsaussetzung ist nur möglich, wenn der Verwaltungsakt, dessen Vollziehung ausgesetzt werden soll, angefochten und das Rechtsbehelfsverfahren noch nicht abgeschlossen ist (Ausnahme: Folgebescheide i. S. d. § 361 Abs. 3 Satz 1 AO und des § 69 Abs. 2 Satz 4 FGO; vgl. AEAO zu § 361, Nr. 6). Eine Vollziehungsaussetzung kommt daher nicht in Betracht, wenn der Steuerpflichtige statt eines Rechtsbehelfs einen Änderungsantrag, z. B. nach § 164 Abs. 2 Satz 2 AO oder nach § 172 Abs. 1 Satz 1 Nr. 2 Buchstabe a AO, bei der Finanzbehörde einreicht. 8

2.3. Die Aussetzung der Vollziehung setzt Vollziehbarkeit des Verwaltungsakts voraus. 9

2.3.1. Vollziehbar sind insbesondere

- die eine (positive) Steuer festsetzenden Steuerbescheide (vgl. AEAO zu § 361, Nr. 4),
- Steuerbescheide über 0 €, die einen vorhergehenden Steuerbescheid über einen negativen Betrag ändern (BFH-Beschluss vom 28. 11. 1974, V B 52/73, BStBl. 1975 II S. 239),
- Vorauszahlungsbescheide bis zum Erlass des Jahressteuerbescheids (BFH-Beschluss vom 4. 6. 1981, VIII B 31/80, BStBl. II S. 767; vgl. AEAO zu § 361, Nr. 8.2.2),
- Bescheide, mit denen der Vorbehalt der Nachprüfung aufgehoben wird (BFH-Beschluss vom 1. 6. 1983, III B 40/82, BStBl. II S. 622),
- Verwaltungsakte nach § 218 Abs. 2 AO, die eine Zahlungsschuld feststellen (BFH-Beschluss vom 10. 11. 1987, VII B 137/87, BStBl. 1988 II S. 43),
- Mitteilungen nach § 141 Abs. 2 AO über die Verpflichtung zur Buchführung (BFH-Beschluss vom 6. 12. 1979, IV B 32/79, BStBl. 1980 II S. 427),
- Leistungsgebote (BFH-Beschluss vom 31. 10. 1975, VIII B 14/74, BStBl. 1976 II S. 258),
- der Widerruf einer Stundung (BFH-Beschluss vom 8. 6. 1982, VIII B 29/82, BStBl. II S. 608),
- die völlige oder teilweise Ablehnung eines Antrags auf einen Lohnsteuer-Freibetrag (§ 39 a EStG; vgl. BFH-Beschlüsse vom 29. 4. 1992, VI B 152/91, BStBl. II S. 752, und vom 17. 3. 1994 VI B 154/93, BStBl. II S. 567),
- Außenprüfungsanordnungen (vgl. AEAO zu § 196, Nr. 1).

2.3.2. Nicht vollziehbar sind insbesondere[2]

- erstmalige Steuerbescheide über 0 €, auch wenn der Steuerpflichtige die Festsetzung einer negativen Steuer begehrt (BFH-Urteil vom 17. 12. 1981, V R 81/81, BStBl. 1982 II S. 149, BVerfG-Beschluss vom 23. 6. 1982, 1 BvR 254/82, StRK FGO § 69 R 244),

---

[1] Einstweiliger Rechtsschutz mit dem Ziel der vorläufigen Berücksichtigung eines höheren Verlustvortrags kann nur durch Anfechtung und Aussetzung der Vollziehung des vorangehenden Verlustfeststellungsbescheides, nicht aber des Folgebescheides, erreicht werden *(BFH-Beschluss vom 15. 12. 2004 I B 115/04, BStBl. 2005 II S. 528).*

[2] Ein Abrechnungsbescheid, mit dem festgestellt wird, dass ein Anspruch aus dem Steuerschuldverhältnis weder durch Zahlung noch auf sonstige Weise, insbesondere nicht durch Verjährung, erloschen ist, ist kein vollziehbarer Verwaltungsakt und damit einer Aussetzung der Vollziehung nicht zugänglich *(BFH-Beschluss vom 19. 1. 2006 VII B 301/05, BFH/NV S. 916).*

[Fortsetzung nächste Seite]

AEAO

– auf eine negative Steuerschuld lautende Steuerbescheide, wenn der Steuerpflichtige eine Erhöhung des negativen Betrags begehrt (BFH-Beschluss vom 28. 11. 1974, V B 44/74, BStBl. 1975 II S. 240),
– Verwaltungsakte, die den Erlass oder die Korrektur eines Verwaltungsakts ablehnen, z. B. Ablehnung eines Änderungsbescheids (BFH-Beschlüsse vom 24. 11. 1970, II B 42/70, BStBl. 1971 II S. 110, und vom 25. 3. 1971, II B 47/69, BStBl. II S. 334), Ablehnung der Herabsetzung bestandskräftig festgesetzter Vorauszahlungen (BFH-Beschluss vom 27. 3. 1991, I B 187/90, BStBl. II S. 643), Ablehnung einer Stundung (BFH-Beschluss vom 8. 6. 1982, VIII B 29/82, BStBl. II S. 608) oder eines Erlasses (BFH-Beschluss vom 24. 9. 1970, II B 8/70, BStBl. II S. 813),
– die Ablehnung einer Billigkeitsmaßnahme i. S. d. § 163 AO,
– die Ablehnung der Erteilung einer Freistellungsbescheinigung nach § 44 a Abs. 5 EStG (BFH-Beschluss vom 27. 7. 1994, I B 246/93, BStBl. II S. 899) oder einer Freistellung vom Quellensteuerabzug nach § 50 a Abs. 4 EStG (BFH-Beschluss vom 13. 4. 1994, I B 212/93, BStBl. II S. 835),
– Verbindliche Auskünfte (§ 89 Abs. 2 AO; § 2 StAuskV), verbindliche Zusagen (§§ 204 bis 207 AO) und Lohnsteueranrufungsauskünfte (§ 42 e EStG), unabhängig davon, ob sie der Rechtsauffassung des Steuerpflichtigen entsprechen oder nicht, sowie die Ablehnung, eine verbindliche Auskunft, eine verbindliche Zusage oder eine Lohnsteueranrufungsauskunft zu erteilen.

2.3.3. Zur Vollziehbarkeit von Feststellungsbescheiden vgl. AEAO zu § 361, Nr. 5.1.

2.3.4. Vorläufiger Rechtsschutz gegen einen nicht vollziehbaren Verwaltungsakt kann nur durch eine einstweilige Anordnung nach § 114 FGO gewährt werden.

10 **2.4.** Bei der Entscheidung über Anträge auf Aussetzung der Vollziehung ist der gesetzliche Ermessensspielraum im Interesse der Steuerpflichtigen stets voll auszuschöpfen.

11 **2.5.** Zur Aussetzung berechtigende ernstliche Zweifel an der Rechtmäßigkeit des angefochtenen Verwaltungsakts bestehen, wenn eine summarische Prüfung (vgl. AEAO zu § 361, Nr. 3.4) ergibt, dass neben den für die Rechtmäßigkeit sprechenden Umständen gewichtige gegen die Rechtmäßigkeit sprechende Gründe zutage treten, die Unentschiedenheit oder Unsicherheit in der Beurteilung der Rechtsfragen oder Unklarheit in der Beurteilung der Tatfragen bewirken. Dabei brauchen die für die Unrechtmäßigkeit des Verwaltungsakts sprechenden Bedenken nicht zu überwiegen, d. h. ein Erfolg des Steuerpflichtigen muss nicht wahrscheinlicher sein als ein Misserfolg (BFH-Beschlüsse vom 10. 2. 1967, III B 9/66, BStBl. III S. 182, und vom 28. 11. 1974, V B 52/73, BStBl. 1975 II S. 239).

2.5.1. Bei der Abschätzung der Erfolgsaussichten sind nicht nur die BFH-Rechtsprechung und die einschlägigen Verwaltungsanweisungen, sondern auch die Entscheidungen des zuständigen Finanzgerichts zu beachten.

2.5.2. Ernstliche Zweifel an der Rechtmäßigkeit des Verwaltungsakts werden im Allgemeinen zu bejahen sein,
– wenn die Behörde bewusst oder unbewusst von einer für den Antragsteller günstigen Rechtsprechung des BFH abgewichen ist (BFH-Beschluss vom 15. 2. 1967, VI S 2/66, BStBl. III S. 256),
– wenn der BFH noch nicht zu der Rechtsfrage Stellung genommen hat und die Finanzgerichte unterschiedliche Rechtsauffassungen vertreten (BFH-Beschluss vom 10. 5. 1968, III B 5/67, BStBl. II S. 610),
– wenn die Gesetzeslage unklar ist, die streitige Rechtsfrage vom BFH noch nicht entschieden ist, im Schrifttum Bedenken gegen die Rechtsauslegung des Finanzamts erhoben werden und die Finanzverwaltung die Zweifelsfrage in der Vergangenheit nicht einheitlich beurteilt hat (BFH-Beschlüsse vom 22. 9. 1967, VI B 59/67, BStBl. 1968 II S. 37, und vom 19. 8. 1987, V B 56/85, BStBl. II S. 830),
– wenn eine Rechtsfrage von zwei obersten Bundesgerichten oder zwei Senaten des BFH unterschiedlich entschieden worden ist (BFH-Beschlüsse vom 22. 11. 1968, VI B 87/68, BStBl. 1969 II S. 145, und vom 21. 11. 1974, IV B 39/74, BStBl. 1975 II S. 175) oder widersprüchliche Urteile desselben BFH-Senats vorliegen (BFH-Beschluss vom 5. 2. 1986, I B 39/85, BStBl. II S. 490).

2.5.3. Dagegen werden ernstliche Zweifel im Allgemeinen zu verneinen sein,
– wenn der Verwaltungsakt der höchstrichterlichen Rechtsprechung entspricht (BFH-Beschlüsse vom 24. 2. 1967, VI B 15/66, BStBl. III S. 341, und vom 11. 3. 1970, I B 50/68, BStBl. II S. 569), und zwar auch dann, wenn einzelne Finanzgerichte eine von der höchstrichterlichen Rechtsprechung abweichende Auffassung vertreten,

---

[Fortsetzung]

Säumniszuschläge, die auf einer materiell rechtswidrigen und deswegen auf Grund eines Rechtsbehelfs des Steuerpflichtigen geänderten Jahressteuerfestsetzung beruhen, sind aus sachlichen Billigkeitsgründen zu erlassen, wenn der Steuerpflichtige insoweit die AdV der Vorauszahlungsbescheide erreicht hat und die – weitere – AdV dieser Beträge nach Ergehen des Jahressteuerbescheides allein an den Regelungen der §§ 361 Abs. 2 Satz 4 AO und 69 Abs. 2 Satz 8 FGO scheitert *(BFH-Urteil vom 20. 5. 2010 V R 42/08, BStBl. II S. 955).*

AEAO

– wenn der Rechtsbehelf unzulässig ist (BFH-Beschlüsse vom 24. 11. 1970, II B 42/70, BStBl. 1971 II S. 110, und vom 25. 3. 1971, II B 47/69, BStBl. II S. 334).

2.5.4. An die Zweifel hinsichtlich der Rechtmäßigkeit des angefochtenen Verwaltungsakts sind, wenn die Verfassungswidrigkeit einer angewandten Rechtsnorm geltend gemacht wird, keine strengeren Anforderungen zu stellen als im Falle der Geltendmachung fehlerhafter Rechtsanwendung. Die Begründetheit des Aussetzungsantrags ist nicht nach den Grundsätzen zu beurteilen, die für eine einstweilige Anordnung durch das BVerfG nach § 32 BVerfGG gelten (BFH-Beschluss vom 10. 2. 1984, III B 40/83, BStBl. II S. 454). Eine Aussetzung der Vollziehung ist nicht allein deshalb abzulehnen, weil im Fall einer tatsächlich festgestellten Verfassungswidrigkeit zu erwarten ist, dass das BVerfG lediglich die Unvereinbarkeit eines Gesetzes mit dem GG aussprechen und dem Gesetzgeber nur eine Nachbesserungspflicht für die Zukunft aufgeben wird (BFH-Beschluss vom 21. 11. 2013, II B 46/13, BStBl. 2014 II S. 263).

Im Hinblick auf den Geltungsanspruch jedes formell verfassungsgemäß zustande gekommenen Gesetzes muss aber der Antragsteller zusätzlich ein besonderes berechtigtes Interesse an der Gewährung vorläufigen Rechtsschutzes haben. Geboten ist eine Interessenabwägung zwischen der einer Aussetzung der Vollziehung entgegenstehenden Gefährdung der öffentlichen Haushaltsführung und den für eine Aussetzung der Vollziehung sprechenden individuellen Interessen des Antragstellers an der Gewährung vorläufigen Rechtsschutzes (vgl. BFH-Beschlüsse vom 6. 11. 1987, III B 101/86, BStBl. 1988 II S. 134, vom 1. 4. 2010, II B 168/09, BStBl. II S. 558, und vom 25. 11. 2014, VII B 65/14, BStBl. 2015 II S. 207). Als Ergebnis dieser Interessenabwägung kann somit trotz ernstlicher Zweifel an der Verfassungsmäßigkeit einer angewandten Vorschrift eine Aussetzung der Vollziehung abzulehnen sein. Diese Grundsätze gelten nicht nur, wenn zweifelhaft ist, ob eine Norm materiell verfassungsgemäß ist, sondern auch dann, wenn Zweifel an der formellen Verfassungsmäßigkeit einer Norm bestehen (BFH-Beschluss vom 9. 3. 2012, VII B 171/11, BStBl. II S. 418). Würde eine Aussetzung der Vollziehung im Ergebnis zur vorläufigen Nichtanwendung eines ganzen Gesetzes führen, hat das Interesse an einer geordneten Haushaltsführung Vorrang, wenn der durch die Vollziehung des angefochtenen Verwaltungsakts eintretende Eingriff beim Steuerpflichtigen als eher gering einzustufen ist und dieser Eingriff keine dauerhaften nachteiligen Wirkungen hat; ob ernstliche Zweifel an der Verfassungsmäßigkeit des Gesetzes bestehen, muss dann i. d. R. nicht geprüft werden (vgl. BFH-Beschlüsse vom 1. 4. 2010, II B 168/09, und vom 25. 11. 2014, VII B 65/14, jeweils a. a. O.). Dem Interesse des Antragstellers an der Gewährung der Aussetzung der Vollziehung ist nicht allein deshalb der Vorrang einzuräumen, weil ein Gericht einen Beschluss über eine Vorlage an das BVerfG erlassen hat (BFH-Beschluss vom 25. 11. 2014, VII B 65/14, a. a. O.).

2.5.5. Auch Zweifel an der Vereinbarkeit einer deutschen Rechtsnorm mit dem Recht der Europäischen Union können „ernstliche Zweifel" begründen und somit zu einer Aussetzung der Vollziehung führen. Dem Interesse des Antragstellers an der Gewährung vorläufigen Rechtsschutzes ist nicht allein deshalb der Vorrang gegenüber dem Interesse an einer geordneten Haushaltsführung einzuräumen, weil ein Gericht ein Vorabentscheidungsersuchen an den EuGH beschlossen hat (BFH-Beschluss vom 25. 11. 2014, VII B 65/14, BStBl. 2015 II S. 207). Eine derartige Interessenabwägung ist aber jedenfalls dann nicht vorzunehmen, wenn sich die europarechtlichen Zweifel aus einem möglichen Verstoß gegen die Grundfreiheiten ergeben, die in den EU-Mitgliedstaaten unmittelbar anwendbares Recht sind (BFH-Beschlüsse vom 14. 2. 2006, VIII B 107/04, BStBl. II S. 523, und vom 25. 11. 2014, VII B 65/14, a. a. O.).

2.5.6. Die Gefährdung des Steueranspruchs ist – wenn ernstliche Zweifel an der Rechtmäßigkeit des Verwaltungsakts bestehen – für sich allein kein Grund, die Aussetzung der Vollziehung abzulehnen. Steuerausfälle können dadurch vermieden werden, dass die Aussetzung von einer Sicherheitsleistung abhängig gemacht wird (vgl. AEAO zu § 361, Nr. 9.2).

2.6. Eine Aussetzung der Vollziehung wegen unbilliger Härte kommt in Betracht, wenn bei sofortiger Vollziehung dem Betroffenen Nachteile drohen würden, die über die eigentliche Realisierung des Verwaltungsakts hinausgehen, indem sie vom Betroffenen ein Tun, Dulden oder Unterlassen fordern, dessen nachteilige Folgen nicht mehr oder nur schwer rückgängig gemacht werden können oder existenzbedrohend sind. Der Antragsteller muss seine wirtschaftliche Lage im Einzelnen vortragen und glaubhaft machen (BFH-Beschluss vom 25. 11. 2014, VII B 65/14, BStBl. 2015 II S. 207). Eine Vollziehungsaussetzung wegen unbilliger Härte ist zu versagen, wenn der Rechtsbehelf offensichtlich keine Aussicht auf Erfolg hat (BFH-Beschlüsse vom 21. 12. 1967, V B 26/67, BStBl. 1968 II S. 84, und vom 19. 4. 1968, IV B 3/66, BStBl. II S. 538). 12

2.7. Durch Aussetzung der Vollziehung darf die Entscheidung in der Hauptsache nicht vorweggenommen werden (BFH-Beschluss vom 22. 7. 1980, VII B 3/80, BStBl. II S. 592). 13

3. Summarisches Verfahren/Vollstreckung bei anhängigem Vollziehungsaussetzungsantrag/Zuständigkeit

3.1. Über Anträge auf Aussetzung der Vollziehung ist unverzüglich zu entscheiden. Solange über einen entsprechenden bei der Finanzbehörde gestellten Antrag noch nicht entschieden ist, sollen Vollstreckungsmaßnahmen unterbleiben, es sei denn, der Antrag ist aussichtslos, bezweckt offensichtlich nur ein Hinausschieben der Vollstreckung oder es besteht Gefahr im Verzug. 14

AEAO

15 **3.2.** Stellt der Steuerpflichtige einen Antrag auf Aussetzung der Vollziehung nach § 69 Abs. 3 FGO beim Finanzgericht, ist die Vollstreckungsstelle darüber zu unterrichten. Die Vollstreckungsstelle entscheidet, ob im Einzelfall von Vollstreckungsmaßnahmen abzusehen ist. Vor Einleitung von Vollstreckungsmaßnahmen ist mit dem Finanzgericht Verbindung aufzunehmen (s. Abschn. 5 Abs. 4 Satz 3 VollstrA). Die Verpflichtung des Finanzamts, unverzüglich selbst zu prüfen, ob eine Aussetzung der Vollziehung in Betracht kommt, und ggf. die Aussetzung der Vollziehung selbst auszusprechen, bleibt unberührt.

16 **3.3.** Für die Entscheidung über die Aussetzung der Vollziehung ist ohne Rücksicht auf die Steuerart und die Höhe des Steuerbetrages das Finanzamt zuständig, das den angefochtenen Verwaltungsakt erlassen hat. Ein zwischenzeitlich eingetretener Zuständigkeitswechsel betrifft grundsätzlich auch das Aussetzungsverfahren (§ 367 Abs. 1 Satz 2 i. V. m. § 26 Satz 2 AO).

17 **3.4.** Die Entscheidung über die Aussetzung der Vollziehung ergeht in einem summarischen Verfahren. Die Begründetheit des Rechtsbehelfs ist im Rahmen dieses Verfahrens nur in einem begrenzten Umfang zu prüfen. Bei der Prüfung sind nicht präsente Beweismittel ausgeschlossen (vgl. BFH-Beschlüsse vom 23. 7. 1968, II B 17/68, BStBl. II S. 589, und vom 19. 5. 1987, VIII B 104/85, BStBl. 1988 II S. 5). Die Sachentscheidungsvoraussetzungen für die Vollziehungsaussetzung (z. B. Anhängigkeit eines förmlichen Rechtsbehelfs, Zuständigkeit) sind eingehend und nicht nur summarisch zu prüfen (vgl. BFH-Beschluss vom 21. 4. 1971, VII B 106/69, BStBl. II S. 702).

18 **4. Berechnung der auszusetzenden Steuer**

Die Höhe der auszusetzenden Steuer ist in jedem Fall zu berechnen; eine pauschale Bestimmung (z. B. ausgesetzte Steuer = Abschlusszahlung) ist nicht vorzunehmen.

Bei Steuerbescheiden sind die Aussetzung und die Aufhebung der Vollziehung auf die festgesetzte Steuer, vermindert um die anzurechnenden Steuerabzugsbeträge, um die anzurechnende Körperschaftsteuer und um die festgesetzten Vorauszahlungen, beschränkt; dies gilt nicht, wenn die Aussetzung oder Aufhebung der Vollziehung zur Abwendung wesentlicher Nachteile nötig erscheint (§ 361 Abs. 2 Satz 4 AO; § 69 Abs. 2 Satz 8 und Absatz 3 Satz 4 FGO). Diese Regelung ist verfassungsgemäß (BFH-Beschlüsse vom 2. 11. 1999, I B 49/99, BStBl. 2000 II S. 57, und vom 24. 1. 2000, X B 99/99, BStBl. II S. 559). Zum Begriff „wesentliche Nachteile" vgl. AEAO zu § 361, Nr. 4.6.1.

Vorauszahlungen sind auch dann „festgesetzt" i. S. d. § 361 Abs. 2 Satz 4 AO, § 69 Abs. 2 Satz 8 FGO, wenn der Vorauszahlungsbescheid in der Vollziehung ausgesetzt war (BFH-Beschluss vom 24. 1. 2000, X B 99/99, BStBl. II S. 559; vgl. AEAO zu § 361, Nrn. 4.2, 4.4 und 8.2.2).

Steuerabzugsbeträge sind bei der Ermittlung der auszusetzenden Steuer auch dann zu berücksichtigen, wenn sie erst im Rechtsbehelfsverfahren geltend gemacht werden und die Abrechnung des angefochtenen Steuerbescheids zu korrigieren ist.

Wird ein Steuerbescheid zum Nachteil des Steuerpflichtigen geändert oder gem. § 129 AO berichtigt, kann hinsichtlich des sich ergebenden Mehrbetrags die Aussetzung der Vollziehung unabhängig von den Beschränkungen des § 361 Abs. 2 Satz 4 AO bzw. des § 69 Abs. 2 Satz 8 FGO gewährt werden.

Es sind folgende Fälle zu unterscheiden (in den Beispielsfällen 4.1 bis 4.5 wird jeweils davon ausgegangen, dass ein Betrag von 5 000 € streitbefangen ist und in dieser Höhe auch ernstliche Zweifel an der Rechtmäßigkeit der angefochtenen Steuerfestsetzung bestehen sowie kein Ausnahmefall des Vorliegens wesentlicher Nachteile – vgl. AEAO zu § 361, Nr. 4.6.1 – gegeben ist):

19 **4.1. Die streitbefangene Steuer ist kleiner als die Abschlusszahlung**

Beispiel 1:

festgesetzte Steuer	15 000 €
festgesetzte und entrichtete Vorauszahlungen	8 000 €
Abschlusszahlung	7 000 €
streitbefangene Steuer	5 000 €

Die Vollziehung ist i. H. v. 5 000 € auszusetzen. Der Restbetrag i. H. v. 2 000 € ist am Fälligkeitstag zu entrichten.

Beispiel 2:

festgesetzte Umsatzsteuer	0 €
Summe der festgesetzten Umsatzsteuer-Vorauszahlungen	./. 7 000 €
Abschlusszahlung	7 000 €
streitbefangene Steuer	5 000 €

Die Vollziehung ist i. H. v. 5 000 € auszusetzen. Der Restbetrag i. H. v. 2 000 € ist am Fälligkeitstag zu entrichten.

20 **4.2. Die streitbefangene Steuer ist kleiner als die Abschlusszahlung einschließlich nicht geleisteter Vorauszahlungen**

Beispiel 1:

festgesetzte Steuer	15 000 €
festgesetzte Vorauszahlungen	8 000 €
entrichtete Vorauszahlungen	5 000 €
rückständige Vorauszahlungen	3 000 €
anzurechnende Steuerabzugsbeträge	4 000 €

AEAO

Abschlusszahlung (einschließlich der rückständigen Vorauszahlungsbeträge, da nach § 36 Abs. 2 Nr. 1 EStG nur die entrichteten Vorauszahlungen anzurechnen sind)	6 000 €
streitbefangene Steuer	5 000 €

Die Vollziehung ist nur i. H. v. 3 000 € auszusetzen (15 000 € – festgesetzte Steuer – ./. 8 000 € – festgesetzte Vorauszahlungen – ./. 4 000 € – anzurechnende Steuerabzugsbeträge –). Die rückständigen Vorauszahlungen i. H. v. 3 000 € sind sofort zu entrichten.

Beispiel 2:

festgesetzte Steuer	15 000 €
festgesetzte Vorauszahlungen	8 000 €
Vollziehungsaussetzung des Vorauszahlungsbescheids i. H. v.	3 000 €
entrichtete Vorauszahlungen	5 000 €
anzurechnende Steuerabzugsbeträge	4 000 €
Abschlusszahlung (einschließlich der in der Vollziehung ausgesetzten Vorauszahlungen)	6 000 €
streitbefangene Steuer	5 000 €

Die Vollziehung ist nur i. H. v. 3 000 € auszusetzen (15 000 € – festgesetzte Steuer – ./. 8 000 € – festgesetzte Vorauszahlungen – ./. 4 000 € – anzurechnende Steuerabzugsbeträge –). Die in der Vollziehung ausgesetzten Vorauszahlungen i. H. v. 3 000 € sind innerhalb der von der Finanzbehörde zu setzenden Frist (vgl. AEAO zu § 361, Nr. 8.2.2) zu entrichten. Der Restbetrag der Abschlusszahlung (3 000 €) muss nicht geleistet werden, solange die Aussetzung der Vollziehung wirksam ist.

4.3. Die streitbefangene Steuer ist größer als die Abschlusszahlung 21

Beispiel:

festgesetzte Steuer	15 000 €
festgesetzte und entrichtete Vorauszahlungen	8 000 €
anzurechnende Steuerabzugsbeträge	4 000 €
Abschlusszahlung	3 000 €
streitbefangene Steuer	5 000 €

Die Vollziehung ist nur i. H. v. 3 000 € auszusetzen (15 000 € – festgesetzte Steuer – ./. 8 000 € – festgesetzte Vorauszahlungen – ./. 4 000 € – anzurechnende Steuerabzugsbeträge –) Die Abschlusszahlung muss nicht geleistet werden, solange die Aussetzung der Vollziehung wirksam ist.

4.4. Die streitbefangene Steuer ist größer als die Abschlusszahlung einschließlich nicht geleisteter Vorauszahlungen 22

Beispiel 1:

festgesetzte Steuer	15 000 €
festgesetzte Vorauszahlungen	8 000 €
entrichtete Vorauszahlungen	5 000 €
rückständige Vorauszahlungen	3 000 €
anzurechnende Steuerabzugsbeträge	6 000 €
Abschlusszahlung (einschließlich der rückständigen Vorauszahlungen)	4 000 €
streitbefangene Steuer	5 000 €

Die Vollziehung ist nur i. H. v. 1 000 € auszusetzen (15 000 € – festgesetzte Steuer – ./. 8 000 € – festgesetzte Vorauszahlungen – ./. 6 000 € – anzurechnende Steuerabzugsbeträge –). Die rückständigen Vorauszahlungen i. H. v. 3 000 € sind sofort zu entrichten.

Beispiel 2:

festgesetzte Steuer	15 000 €
festgesetzte Vorauszahlungen	8 000 €
Vollziehungsaussetzung des Vorauszahlungsbescheids i. H. v.	3 000 €
entrichtete Vorauszahlungen	5 000 €
anzurechnende Steuerabzugsbeträge	6 000 €
Abschlusszahlung (einschließlich der in der Vollziehung ausgesetzten Vorauszahlungen)	4 000 €
streitbefangene Steuer	5 000 €

Die Vollziehung ist nur i. H. v. 1 000 € auszusetzen (15 000 € – festgesetzte Steuer – ./. 8 000 € – festgesetzte Vorauszahlungen – ./. 6 000 € – anzurechnende Steuerabzugsbeträge –). Die in der Vollziehung ausgesetzten Vorauszahlungen i. H. v. 3 000 € sind innerhalb der von der Finanzbehörde zu setzenden Frist (vgl. AEAO zu § 361, Nr. 8.2.2) zu entrichten. Der Restbetrag der Abschlusszahlung (1 000 €) muss nicht geleistet werden, solange die Aussetzung der Vollziehung wirksam ist.

4.5. Die Steuerfestsetzung führt zu einer Erstattung 23

Beispiel 1:

festgesetzte Steuer	15 000 €
festgesetzte und entrichtete Vorauszahlungen	12 000 €
anzurechnende Steuerabzugsbeträge	5 000 €
Erstattungsbetrag	2 000 €
streitbefangene Steuer	5 000 €

Eine Aussetzung der Vollziehung ist nicht möglich (15 000 € – festgesetzte Steuer – ./. 12 000 € – festgesetzte Vorauszahlungen – ./. 5 000 € – anzurechnende Steuerabzugsbeträge –).

Beispiel 2:

Nach einem Erstbescheid gem. Beispiel 1 ergeht ein Änderungsbescheid:

AEAO

festgesetzte Steuer nunmehr	16 000 €
festgesetzte und entrichtete Vorauszahlungen	12 000 €
anzurechnende Steuerabzugsbeträge	5 000 €
neuer Erstattungsbetrag	1 000 €
Rückforderung der nach dem Erstbescheid geleisteten Erstattung (Leistungsgebot) i. H. v.	1 000 €
streitbefangene Steuer	5 000 €

Der Änderungsbescheid kann i. H. v. 1 000 € in der Vollziehung ausgesetzt werden.

Beispiel 3:

Nach einem Erstbescheid gem. Beispiel 1 ergeht ein Änderungsbescheid:

festgesetzte Steuer nunmehr	18 000 €
festgesetzte und entrichtete Vorauszahlungen	12 000 €
anzurechnende Steuerabzugsbeträge	5 000 €
Abschlusszahlung neu	1 000 €
Leistungsgebot über (Abschlusszahlung – 1 000 € – zuzüglich der nach dem Erstbescheid geleisteten Erstattung – 2 000 € –)	3 000 €
streitbefangene Steuer	5 000 €

Der Änderungsbescheid kann i. H. v. 3 000 € in der Vollziehung ausgesetzt werden.

24 **4.6. Sonderfälle**

4.6.1. Die Beschränkung der Aussetzung bzw. Aufhebung der Vollziehung von Steuerbescheiden auf den Unterschiedsbetrag zwischen festgesetzter Steuer und Vorleistungen (festgesetzte Vorauszahlungen, anzurechnende Steuerabzugsbeträge, anzurechnende Körperschaftsteuer) gilt nicht, wenn die Aussetzung oder Aufhebung der Vollziehung zur Abwendung wesentlicher Nachteile nötig erscheint (vgl. AEAO zu § 361, Nr. 4 zweiter Absatz).

Für die Beurteilung, wann „wesentliche Nachteile" vorliegen, sind die von der BFH-Rechtsprechung zur einstweiligen Anordnung nach § 114 FGO entwickelten Grundsätze heranzuziehen (BFH-Beschluss vom 22. 12. 2003, IX B 177/02, BStBl. 2004 II S. 367). „Wesentliche Nachteile" liegen demnach vor, wenn durch die Versagung der Vollziehungsaussetzung bzw. Vollziehungsaufhebung unmittelbar und ausschließlich die wirtschaftliche oder persönliche Existenz des Steuerpflichtigen bedroht sein würde (BFH-Beschluss vom 22. 12. 2003, IX B 177/02, a. a. O.).

Keine „wesentlichen Nachteile" sind – für sich allein gesehen – allgemeine Folgen, die mit der Steuerzahlung verbunden sind, beispielsweise

- ein Zinsverlust (BFH-Beschluss vom 27. 7. 1994, I B 246/93, BStBl. II S. 899),
- eine zur Bezahlung der Steuern notwendige Kreditaufnahme (BFH-Beschlüsse vom 12. 4. 1984, VIII B 115/82, BStBl. II S. 492, und vom 2. 11. 1999, I B 49/99, BStBl. 2000 II S. 57),
- ein Zurückstellen betrieblicher Investitionen oder eine Einschränkung des gewohnten Lebensstandards (BFH-Beschluss vom 12. 4. 1984, VIII B 115/82, a. a. O.).

„Wesentliche Nachteile" liegen auch vor, wenn der BFH oder ein Finanzgericht von der Verfassungswidrigkeit einer streitentscheidenden Vorschrift überzeugt ist und deshalb diese Norm gem. Art. 100 Abs. 1 GG dem BVerfG zur Prüfung vorgelegt hat (BFH-Beschluss vom 22. 12. 2003, IX B 177/02, a. a. O.). Für eine Vorlage an den EuGH wegen europarechtlicher Zweifel (vgl. AEAO zu § 361, Nr. 2.5.5) gilt dies nicht, da das vorlegende Gericht nicht von einem Verstoß gegen Europarecht überzeugt sein muss.

Wurde ein Grundlagenbescheid angefochten, sind erst bei der Vollziehungsaussetzung des Folgebescheids die Regelungen des § 361 Abs. 2 Satz 4 AO bzw. des § 69 Abs. 2 Satz 8 und Abs. 3 Satz 4 FGO zu beachten (vgl. AEAO zu § 361, Nr. 4 zweiter Absatz, Nr. 5.1 letzter Absatz und Nr. 6 letzter Absatz). Folglich ist auch erst in diesem Verfahren zu prüfen, ob „wesentliche Nachteile" vorliegen.

4.6.2. In Fällen, in denen die Vollziehung des angefochtenen Steuerbescheids auszusetzen ist, bei Erfolg des Rechtsbehelfs aber andere Steuerbescheide zuungunsten des Rechtsbehelfsführers zu ändern sind, kann die Aussetzung der Vollziehung des angefochtenen Steuerbescheids nicht auf den Unterschiedsbetrag der steuerlichen Auswirkungen begrenzt werden (BFH-Urteil vom 10. 11. 1994, IV R 44/94, BStBl. 1995 II S. 814).

25 **4.7. Außersteuerliche Verwaltungsakte**

Die vorstehenden Ausführungen gelten sinngemäß für außersteuerliche Verwaltungsakte, auf die die Vorschriften des § 361 AO und des § 69 FGO entsprechend anzuwenden sind (z. B. Bescheide für Investitionszulagen, Wohnungsbauprämien, Arbeitnehmer-Sparzulagen). Die Vollziehung eines Bescheids, der beispielsweise eine Investitionszulage nach Auffassung des Antragstellers zu niedrig festsetzt, kann daher nicht ausgesetzt werden. Ein Bescheid, der eine gewährte Investitionszulage zurückfordert, ist dagegen ein vollziehbarer und aussetzungsfähiger Verwaltungsakt.

5. Aussetzung der Vollziehung von Grundlagenbescheiden

26 **5.1.** Auch die Vollziehung von Grundlagenbescheiden (insbesondere Feststellungs- und Steuermessbescheiden) kann unter den allgemeinen Voraussetzungen – Anhängigkeit eines Rechtsbehelfs (vgl. AEAO zu § 361, Nr. 2.2), vollziehbarer Verwaltungsakt (vgl. AEAO zu § 361, Nr. 2.3),

AEAO

ernstliche Zweifel (vgl. AEAO zu § 361, Nr. 2.5) oder unbillige Härte (vgl. AEAO zu § 361, Nr. 2.6) – ausgesetzt werden.

Eine Aussetzung der Vollziehung ist daher insbesondere möglich bei

- Bescheiden über die gesonderte Feststellung von Besteuerungsgrundlagen nach § 180 Abs. 1 Satz 1 Nr. 2 AO,
- Feststellungsbescheiden nach der V zu § 180 Abs. 2 AO,
- Feststellungsbescheiden nach §§ 27, 28 und 38 KStG,
- Gewerbesteuermessbescheiden,
- Grundsteuermessbescheiden,
- Einheitswertbescheiden oder Grundsteuerwertbescheiden (§ 180 Abs. 1 Satz 1 Nr. 1 AO i. V. m. § 19 BewG bzw. § 219 BewG),
- Bescheiden über die Feststellung von Bedarfswerten (§ 151 BewG) sowie Feststellungen nach § 13 a Abs. 4, 9 i. V. m. Abs. 9 a ErbStG und § 13 b Abs. 10 ErbStG,
- Feststellungsbescheiden nach § 17 Abs. 2 und 3 GrEStG.

Nach der Rechtsprechung des BFH kommt eine Vollziehungsaussetzung auch in Betracht bei

- Verlustfeststellungsbescheiden, soweit die Feststellung eines höheren Verlustes begehrt wird (BFH-Beschlüsse vom 10. 7. 1979, VIII B 84/78, BStBl. II S. 567, und vom 25. 10. 1979, IV B 68/79, BStBl. 1980 II S. 66),
- Feststellungsbescheiden, die Anteile einzelner Gesellschafter auf 0 € feststellen und angefochten werden, weil diese Gesellschafter den Ansatz von Verlustanteilen begehren (BFH-Beschluss vom 22. 10. 1980, I S 1/80, BStBl. 1981 II S. 99),
- Feststellungsbescheiden, die eine Mitunternehmerschaft einzelner Beteiligter verneinen (BFH-Beschluss vom 10. 7. 1980, IV B 77/79, BStBl. II S. 697),
- negativen Gewinn-/Verlustfeststellungsbescheiden, d. h. Bescheiden, die den Erlass eines Gewinn(Verlust-)feststellungsbescheids ablehnen (Beschluss des Großen Senats des BFH vom 14. 4. 1987, GrS 2/85, BStBl. II S. 637),
- Bescheiden nach § 15 a Abs. 4 EStG über die Feststellung eines verrechenbaren Verlustes (BFH-Beschluss vom 2. 3. 1988, IV B 95/87, BStBl. II S. 617).

Soweit in einem Grundlagenbescheid Feststellungen enthalten sind, die Gegenstand eines anderen Feststellungsverfahrens waren, ist die Vollziehung des Grundlagenbescheids nach § 361 Abs. 3 Satz 1 AO bzw. § 69 Abs. 2 Satz 4 FGO auszusetzen (vgl. AEAO zu § 361, Nr. 6).

Die Beschränkungen des § 361 Abs. 2 Satz 4 AO bzw. des § 69 Abs. 2 Satz 8 und Abs. 3 Satz 4 FGO (vgl. AEAO zu § 361, Nr. 4 zweiter Absatz) sind erst bei der Aussetzung der Vollziehung des Folgebescheids zu beachten (vgl. AEAO zu § 361, Nr. 6 letzter Absatz).

5.2. Die Aussetzung der Vollziehung eines Feststellungsbescheids kann auf Gewinnanteile einzelner Gesellschafter beschränkt werden, auch wenn der Rechtsstreit die Gewinnanteile aller Gesellschafter berührt (BFH-Beschluss vom 7. 11. 1968, IV B 47/68, BStBl. 1969 II S. 85). Wird vorläufiger Rechtsschutz nicht von der Gesellschaft, sondern nur von einzelnen Gesellschaftern beantragt, sind nur diese am Verfahren der Aussetzung der Vollziehung beteiligt; eine Hinzuziehung der übrigen Gesellschafter zum Verfahren ist nicht notwendig (BFH-Beschlüsse vom 22. 10. 1980, I S 1/80, BStBl. 1981 II S. 99, und vom 5. 5. 1981, VIII B 26/80, BStBl. II S. 574). 27

5.3. Im Verwaltungsakt über die Aussetzung der Vollziehung eines Feststellungsbescheids müssen im Falle der gesonderten und einheitlichen Feststellung die ausgesetzten Besteuerungsgrundlagen auf die einzelnen Beteiligten aufgeteilt werden. Außerdem sollte ggf. darauf hingewiesen werden, dass eine Erstattung von geleisteten Vorauszahlungen, Steuerabzugsbeträgen und anzurechnender Körperschaftsteuer im Rahmen der Aussetzung der Vollziehung des Folgebescheids grundsätzlich nicht erfolgt (AEAO zu § 361, Nr. 4 zweiter Absatz und Nr. 6 letzter Absatz). Die Vollziehung eines negativen Feststellungsbescheids (vgl. AEAO zu § 361, Nr. 5.1, vorletzter Beispielsfall) ist mit der Maßgabe auszusetzen, dass bis zur bestandskräftigen/rechtskräftigen Entscheidung im Hauptverfahren von einem Verlust von x € auszugehen sei, der sich auf die Beteiligten wie folgt verteile: … (Beschluss des Großen Senats des BFH vom 14. 4. 1987, GrS 2/85, BStBl. II S. 637). 28

5.4. Unterrichtungspflicht 29

5.4.1. Ist die Aussetzung der Vollziehung eines Grundlagenbescheids beantragt worden, kann über den Antrag aber nicht kurzfristig entschieden werden, sollen die für die Erteilung der Folgebescheide zuständigen Finanzämter, ggf. Gemeinden, unterrichtet werden.

Wegen der Unterrichtung der Gemeinden über anhängige Einspruchsverfahren gegen Realsteuermessbescheide vgl. AEAO zu § 184.

5.4.2. Die Wohnsitzfinanzämter der Beteiligten sind von der Aussetzung der Vollziehung eines Feststellungsbescheids zu unterrichten. In diese Mitteilungen ist ggf. der Hinweis über die grundsätzliche Nichterstattung von Steuerbeträgen (vgl. AEAO zu § 361, Nr. 4 zweiter Absatz, Nr. 5.1 letzter Absatz und Nr. 6 letzter Absatz) aufzunehmen. Entsprechendes gilt für den Beginn und das Ende der Aussetzung der Vollziehung (vgl. AEAO zu § 361, Nr. 8.1.3 und 8.2.1).

5.4.3. Wird die Vollziehung eines Realsteuermessbescheids ausgesetzt, ist die Gemeinde hierüber zu unterrichten.

AEAO

6. Aussetzung der Vollziehung von Folgebescheiden

30 Nach der Aussetzung der Vollziehung eines Grundlagenbescheids ist die Vollziehung der darauf beruhenden Folgebescheide von Amts wegen auszusetzen, und zwar auch dann, wenn die Folgebescheide nicht angefochten wurden (§ 361 Abs. 3 Satz 1 AO; § 69 Abs. 2 Satz 4 FGO). Entsprechendes gilt, wenn bei Rechtsbehelfen gegen außersteuerliche Grundlagenbescheide die aufschiebende Wirkung eintritt, angeordnet oder wiederhergestellt oder die Vollziehung ausgesetzt wird.

Ist der Folgebescheid vor Erlass des Grundlagenbescheids ergangen und berücksichtigt er nach Auffassung des Steuerpflichtigen die noch gesondert festzustellenden Besteuerungsgrundlagen nicht oder – bei einer Schätzung nach § 162 Abs. 5 AO – in unzutreffender Höhe, kann unter den allgemeinen Voraussetzungen die Vollziehung ausgesetzt werden. Dies gilt entsprechend, wenn Einwendungen gegen die Wirksamkeit der Bekanntgabe eines ergangenen Grundlagenbescheids erhoben werden (BFH-Beschluss vom 25. 3. 1986, III B 6/85, BStBl. II S. 477, und BFH-Urteil vom 15. 4. 1988, III R 26/85, BStBl. II S. 660).

Ein Antrag auf Vollziehungsaussetzung eines Einkommensteuerbescheids, der mit Zweifeln an der Rechtmäßigkeit der Entscheidungen in einem wirksam ergangenen positiven oder negativen Gewinnfeststellungsbescheid begründet wird, ist mangels Rechtsschutzbedürfnisses unzulässig (BFH-Urteil vom 29. 10. 1987, VIII R 413/83, BStBl. 1988 II S. 240). Zulässig ist dagegen ein Antrag auf Vollziehungsaussetzung eines Folgebescheids, der mit ernstlichen Zweifeln an der wirksamen Bekanntgabe eines Grundlagenbescheids begründet wird (BFH-Beschluss vom 15. 4. 1988, III R 26/85, BStBl. II S. 660).

Bei der Aussetzung der Vollziehung des Folgebescheids sind ggf. die Beschränkungen des § 361 Abs. 2 Satz 4 AO bzw. des § 69 Abs. 2 Satz 8 und Abs. 3 Satz 4 FGO (vgl. AEAO zu § 361, Nr. 4 zweiter Absatz) zu beachten. Erst in diesem Verfahren ist ggf. auch zu prüfen, ob „wesentliche Nachteile“ (vgl. AEAO zu § 361, Nr. 4.6.1) vorliegen.

7. Aufhebung der Vollziehung durch das Finanzamt

31 **7.1.** Die Finanzbehörden sind befugt, im Rahmen eines Verfahrens nach § 361 AO oder nach § 69 Abs. 2 FGO auch die Aufhebung der Vollziehung anzuordnen (§ 361 Abs. 2 Satz 3 AO; § 69 Abs. 2 Satz 7 FGO). Die Ausführungen in den Nrn. 2.1 bis 4.6 gelten entsprechend.

32 **7.2.** Die Aufhebung der Vollziehung bewirkt die Rückgängigmachung bereits durchgeführter Vollziehungsmaßnahmen. Dies gilt auch, soweit eine Steuer „freiwillig“, d. h. abgesehen vom Leistungsgebot ohne besondere Einwirkungen des Finanzamts (wie Mahnung, Postnachnahme, Beitreibungsmaßnahmen), entrichtet worden ist (BFH-Beschluss vom 22. 7. 1977, III B 34/74, BStBl. II S. 838). Durch die Aufhebung der Vollziehung erhält der Rechtsbehelfsführer einen Erstattungsanspruch (§ 37 Abs. 2 AO) in Höhe des Aufhebungsbetrags, da der rechtliche Grund für die Zahlung nachträglich weggefallen ist. Durch Aufhebung der Vollziehung kann aber grundsätzlich nicht die Erstattung von geleisteten Vorauszahlungsbeträgen, Steuerabzugsbeträgen oder anrechenbarer Körperschaftsteuer erreicht werden (vgl. AEAO zu § 361, Nr. 4 zweiter Absatz).

Beispiel:

festgesetzte Steuer	15 000 €
festgesetzte und entrichtete Vorauszahlungen	5 000 €
anzurechnende Steuerabzugsbeträge	7 000 €
entrichtete Abschlusszahlung	3 000 €

An der Rechtmäßigkeit der Steuerfestsetzung bestehen i. H. v. von 5 000 € ernstliche Zweifel; der Sonderfall des Vorliegens „wesentlicher Nachteile“ ist nicht gegeben. Nach Aufhebung der Vollziehung ist ein Betrag i. H. v. 3 000 € zu erstatten (15 000 € – festgesetzte Steuer – ./. 5 000 € – festgesetzte Vorauszahlungen – ./. 7 000 € – anzurechnende Steuerabzugsbeträge –).

33 **7.3.** Wird die Vollziehung einer Steueranmeldung aufgehoben, dürfen die entrichteten Steuerbeträge nur an den Anmeldenden erstattet werden. Dies gilt auch, wenn – wie z. B. in den Fällen des Lohnsteuerabzugs nach § 38 EStG oder des Steuerabzugs nach § 50 a Abs. 4 EStG – der Anmeldende lediglich Entrichtungspflichtiger, nicht aber Steuerschuldner ist (BFH-Beschluss vom 13. 8. 1997, I B 30/97, BStBl. II S. 700).

7.4. Bei der Aufhebung der Vollziehung ist zu bestimmen, ob die Aufhebung rückwirken soll oder nicht. Für die Beurteilung dieser Frage ist maßgeblich, ab welchem Zeitpunkt ernstliche Zweifel an der Rechtmäßigkeit des Verwaltungsakts erkennbar vorlagen (BFH-Beschluss vom 10. 12. 1986, I B 121/86, BStBl. 1987 II S. 389; vgl. auch AEAO zu § 361, Nr. 8.1.1). Durch rückwirkende Aufhebung der Vollziehung entfallen bereits entstandene Säumniszuschläge (BFH-Beschluss vom 10. 12. 1986, I B 121/86, a. a. O.). Vollstreckungsmaßnahmen bleiben bestehen, soweit nicht ihre Aufhebung ausdrücklich angeordnet (§ 257 Abs. 1 Nr. 1 i. V. m. Abs. 2 Satz 3 AO) oder die Rückwirkung der Aufhebung der Vollziehung verfügt worden ist.

8. Dauer der Aussetzung/Aufhebung der Vollziehung

34 **8.1. Beginn der Aussetzung/Aufhebung der Vollziehung**

8.1.1. Wird der Antrag auf Aussetzung/Aufhebung der Vollziehung vor Fälligkeit der strittigen Steuerforderung bei der Finanzbehörde eingereicht und begründet, ist die Aussetzung/Aufhebung der Vollziehung im Regelfall ab Fälligkeitstag der strittigen Steuerbeträge auszusprechen; vgl. AEAO zu § 361, Nr. 7.4. Ein späterer Zeitpunkt kommt in Betracht, wenn der Steuerpflichtige – z. B. in Schätzungsfällen – die Begründung des Rechtsbehelfs oder des Aussetzungsantrags unangemessen hinausgezögert hat und die Finanzbehörde deshalb vorher keine ernstlichen Zweifel an der Rechtmäßigkeit des angefochtenen Verwaltungsakts zu haben brauchte (vgl. BFH-Beschluss vom 10. 12. 1986, I B 121/86, BStBl. 1987 II S. 389). AEAO

8.1.2. Wird die Aussetzung/Aufhebung der Vollziehung nach Fälligkeit der strittigen Steuerforderung beantragt und begründet, gilt Nr. 8.1.1 Satz 2 entsprechend.

8.1.3. Bei der Aussetzung/Aufhebung der Vollziehung von Grundlagenbescheiden (vgl. AEAO zu § 361, Nr. 5) ist als Beginn der Aussetzung/Aufhebung der Vollziehung der Tag der Bekanntgabe des Grundlagenbescheids zu bestimmen, wenn der Rechtsbehelf oder der Antrag auf Aussetzung/Aufhebung der Vollziehung vor Ablauf der Einspruchsfrist begründet wurde. Bei später eingehender Begründung gilt Nr. 8.1.1 Satz 2 des AEAO zu § 361 entsprechend.

8.1.4. Trifft die Finanzbehörde keine Aussage über den Beginn der Aussetzung/Aufhebung der Vollziehung, wirkt die Aussetzung/Aufhebung der Vollziehung ab Bekanntgabe der Aussetzungsverfügung/Aufhebungsverfügung (§ 124 Abs. 1 Satz 1 AO).

8.1.5. Der Beginn der Aussetzung/Aufhebung der Vollziehung eines Folgebescheids (vgl. AEAO zu § 361, Nr. 6 und 8.1.3) richtet sich nach dem Beginn der Aussetzung/Aufhebung der Vollziehung des Grundlagenbescheids (vgl. BFH-Beschluss vom 10. 12. 1986, I B 121/86, BStBl. 1987 II S. 389).

8.2. Ende der Aussetzung/Aufhebung der Vollziehung 35

8.2.1. Die Aussetzung/Aufhebung der Vollziehung ist grundsätzlich nur für eine Rechtsbehelfsstufe zu bewilligen (BFH-Beschluss vom 3. 1. 1978, VII S 13/77, BStBl. II S. 157). Das Ende der Aussetzung/Aufhebung der Vollziehung ist in der Verfügung zu bestimmen. Soweit nicht eine datumsmäßige Befristung angebracht ist, sollte das Ende bei Entscheidungen über die Aussetzung/Aufhebung der Vollziehung während des außergerichtlichen oder gerichtlichen Rechtsbehelfsverfahrens auf einen Monat nach Bekanntgabe der Einspruchsentscheidung bzw. nach Verkündung oder Zustellung des Urteils oder einen Monat nach dem Eingang einer Erklärung über die Rücknahme des Rechtsbehelfs festgelegt werden. Einer Aufhebung der Aussetzungs-/Aufhebungsverfügung bedarf es in einem solchen Fall nicht. Die Aussetzung/Aufhebung der Vollziehung eines Folgebescheids ist bis zur Beendigung der Aussetzung/Aufhebung der Vollziehung des Grundlagenbescheids und für den Fall, dass der Rechtsbehelf gegen den Grundlagenbescheid zu einer Änderung des Folgebescheids führt, bis zum Ablauf eines Monats nach Bekanntgabe des geänderten Folgebescheids zu befristen.

8.2.2. Wird der in der Vollziehung ausgesetzte Verwaltungsakt geändert oder ersetzt, erledigt sich die bisher gewährte Aussetzung/Aufhebung der Vollziehung, ohne dass es einer Aufhebung der Vollziehungsaussetzungs(aufhebungs)verfügung bedarf. Für eine eventuelle Nachzahlung der bisher in der Vollziehung ausgesetzten Beträge kann dem Steuerpflichtigen i. d. R. eine einmonatige Zahlungsfrist eingeräumt werden.

In den Fällen des § 365 Abs. 3 AO bzw. des § 68 FGO ist auf der Grundlage des neuen Verwaltungsakts erneut über die Aussetzung bzw. Aufhebung der Vollziehung zu entscheiden. Dies gilt auch, wenn ein in der Vollziehung ausgesetzter Vorauszahlungsbescheid durch die Jahressteuerfestsetzung ersetzt wird (vgl. AEAO zu § 365, Nr. 2).

9. Nebenbestimmungen zur Aussetzung/Aufhebung der Vollziehung

9.1. Widerrufsvorbehalt 36

Der Verwaltungsakt über die Aussetzung/Aufhebung der Vollziehung ist grundsätzlich mit dem Vorbehalt des Widerrufs zu versehen.

9.2. Sicherheitsleistung 37

9.2.1. Die Finanzbehörde kann die Aussetzung oder Aufhebung der Vollziehung von einer Sicherheitsleistung abhängig machen (§ 361 Abs. 2 Satz 5 AO; § 69 Abs. 2 Satz 3 FGO). Die Entscheidung hierüber ist nach pflichtgemäßem Ermessen zu treffen.

9.2.2. Die Anordnung der Sicherheitsleistung muss vom Grundsatz der Verhältnismäßigkeit bestimmt sein (BVerfG-Beschluss vom 24. 10. 1975, 1 BvR 266/75, StRK FGO § 69 R 171). Sie ist geboten, wenn die wirtschaftliche Lage des Steuerpflichtigen die Steuerforderung als gefährdet erscheinen lässt (BFH-Beschlüsse vom 8. 3. 1967, VI B 50/66, BStBl. III S. 294, und vom 22. 6. 1967, I B 7/67, BStBl. III S. 512). Die Anordnung einer Sicherheitsleistung ist z. B. gerechtfertigt, wenn der Steuerbescheid nach erfolglosem Rechtsbehelf im Ausland vollstreckt werden müsste (BFH-Urteil vom 27. 8. 1970, V R 102/67, BStBl. 1971 II S. 1). Dies gilt auch, wenn in einem Mitgliedstaat der EU zu vollstrecken wäre, es sei denn, mit diesem Staat besteht ein Abkommen, welches eine Vollstreckung unter gleichen Bedingungen wie im Inland gewährleistet (BFH-Beschluss vom 3. 2. 1977, V B 6/76, BStBl. II S. 351; zur zwischenstaatlichen Vollstreckungshilfe siehe BMF-Merkblatt vom 29. 2. 2012, BStBl. I S. 244). Eine Sicherheitsleistung ist unzumutbar, wenn die Zweifel an der Rechtmäßigkeit des Verwaltungsakts so bedeutsam sind, dass mit großer Wahrscheinlichkeit seine Aufhebung zu erwarten ist (BFH-Beschluss vom 22. 12. 1969, V B 115/69, BStBl. 1970 II S. 127).

9.2.3. Kann ein Steuerpflichtiger trotz zumutbarer Anstrengung eine Sicherheit nicht leisten, darf eine Sicherheitsleistung bei Aussetzung/Aufhebung der Vollziehung wegen ernstlicher Zweifel an der Rechtmäßigkeit des angefochtenen Verwaltungsakts nicht verlangt werden; Aussetzung/Aufhebung der Vollziehung wegen unbilliger Härte darf jedoch bei Gefährdung des Steueranspruchs nur gegen Sicherheitsleistung bewilligt werden (BFH-Beschluss vom 9. 4. 1968, I B 73/67, BStBl. II S. 456).

9.2.4. Zur Sicherheitsleistung bei der Aussetzung der Vollziehung von Grundlagenbescheiden s. § 361 Abs. 3 Satz 3 AO und § 69 Abs. 2 Satz 6 FGO. Hiernach entscheiden über die Sicherheitsleistung die für den Erlass der Folgebescheide zuständigen Finanzämter bzw. Gemeinden. Das für den Erlass des Grundlagenbescheids zuständige Finanzamt darf jedoch anordnen, dass die Aussetzung der Vollziehung von keiner Sicherheitsleistung abhängig zu machen ist. Das kann z. B. der Fall sein, wenn der Rechtsbehelf wahrscheinlich erfolgreich sein wird.

9.2.5. Zu den möglichen Arten der Sicherheitsleistung s. § 241 AO.

9.2.6. Die Anordnung einer Sicherheitsleistung ist eine unselbständige Nebenbestimmung in Form einer aufschiebenden Bedingung; sie kann daher nicht selbständig, sondern nur zusammen mit der Entscheidung über die Aussetzung/Aufhebung der Vollziehung angefochten werden (BFH-Urteil vom 31. 10. 1973, I R 249/72, BStBl. 1974 II S. 118, und BFH-Beschluss vom 20. 6. 1979, IV B 20/79, BStBl. II S. 666). Eine Aussetzung/Aufhebung der Vollziehung gegen Sicherheitsleistung wird erst wirksam, wenn die Sicherheitsleistung erbracht worden ist. In dem Verwaltungsakt über die Aussetzung/Aufhebung der Vollziehung ist deshalb eine Frist für die Sicherheitsleistung zu setzen. Wird die Sicherheit innerhalb der Frist nicht erbracht, ist der Steuerpflichtige auf die Rechtsfolgen hinzuweisen und zur Zahlung aufzufordern.

38 **10. Ablehnung der Vollziehungsaussetzung**[1]

Zur Erhebung von Säumniszuschlägen nach Ablehnung eines Antrags auf Vollziehungsaussetzung vgl. AEAO zu § 240, Nr. 6 Buchstabe b.

Hat das Finanzamt einen Aussetzungsantrag abgelehnt, ist i. d. R. unter Beachtung der Grundsätze des § 258 AO (siehe Abschn. 7 VollstrA) zu vollstrecken, auch wenn die Entscheidung des Finanzamts vom Steuerpflichtigen angefochten worden ist. Über die Ablehnung des Aussetzungsbegehrens ist die Vollstreckungsstelle zu unterrichten.

39 **11. Rechtsbehelfe**

Gegen die Entscheidung der Finanzbehörde über die Aussetzung/Aufhebung der Vollziehung ist der Einspruch gegeben. Das Gericht kann nur nach § 69 Abs. 3 FGO angerufen werden; eine Klagemöglichkeit ist insoweit nicht gegeben (§ 361 Abs. 5 AO; § 69 Abs. 7 FGO).

Der Antrag auf Aussetzung/Aufhebung der Vollziehung durch das Gericht ist nur zulässig, wenn die Finanzbehörde einen Antrag auf Aussetzung/Aufhebung der Vollziehung ganz oder zum Teil abgelehnt hat. Dies gilt nicht, wenn die Finanzbehörde über den Antrag ohne Mitteilung eines zureichenden Grundes in angemessener Frist sachlich nicht entschieden hat oder eine Vollstreckung droht (§ 69 Abs. 4 FGO). Eine teilweise Antragsablehnung i. S. d. § 69 Abs. 4 Satz 1 FGO liegt auch vor, wenn die Finanzbehörde die Aussetzung/Aufhebung der Vollziehung von einer Sicherheitsleistung abhängig gemacht hat (vgl. AEAO zu § 361, Nr. 9.2), nicht aber, wenn eine im Übrigen antragsgemäße Aussetzung/Aufhebung der Vollziehung unter Widerrufsvorbehalt (vgl. AEAO zu § 361, Nr. 9.1) gewährt wurde (BFH-Beschluss vom 12. 5. 2000, VI B 266/98, BStBl. II S. 536).

40 **12. Aussetzungszinsen**

Wegen der Erhebung von Aussetzungszinsen siehe § 237 AO, wegen der Festsetzungsfrist vgl. AEAO zu § 237, Nr. 4 und 8.

AO

§ 362 Rücknahme des Einspruchs

1 (1) ① **Der Einspruch kann bis zur Bekanntgabe**[2] **der Entscheidung über den Einspruch zurückgenommen werden.** ② **§ 357 Absatz 1 und 2 gilt sinngemäß.**

[1] Nach Ablehnung des Antrages auf AdV ist die Finanzbehörde grundsätzlich nicht dazu verpflichtet, dem Vollstreckungsschuldner vor Einleitung von Vollstreckungsmaßnahmen eine bis zu sechs Wochen zu bemessende Frist einzuräumen, um ihm damit Gelegenheit zu geben, beim FG einen Antrag nach § 69 Abs. 3 FGO stellen zu können; denn die Rspr. des BFH, nach der sich die Entscheidung über die AdV in den Fällen der Zurückverweisung der Hauptsache zur weiteren Sachaufklärung auf den Zeitraum bis zu sechs Wochen nach der Zustellung des Revisionsurteils erstrecken kann, ist auf den Fall der Ablehnung eines AdV-Antrages durch die Finanzbehörde nicht übertragbar *(BFH-Urteil vom 27. 10. 2004 VII R 65/03, BStBl. 2005 II S. 198).*

[2] *BFH-Urteil vom 26. 2. 2002 X R 44/00, BFH/NV S. 1409:* Eine zulässige – und damit eine Verböserung durch die Einspruchsentscheidung hindernde – Rücknahme des Einspruchs „bis zur Bekanntgabe der Entscheidung über den Einspruch" nach § 362 Abs. 1 Satz 1 AO liegt vor, wenn die Rücknahmeerklärung bei dem Finanzamt entsprechend § 122 Abs. 2 Nr. 1 AO vor Ablauf des dritten Tages nach Aufgabe der Einspruchsentscheidung zur Post eingeht; dies gilt auch, sofern die Einspruchsentscheidung dem Stpfl. tatsächlich vor Ablauf dieses für die Bekanntgabefiktion nach § 122 Abs. 2 Nr. 1 AO maßgeblichen Tages bekannt wurde (Fortentwicklung des *Senatsurteils vom 13. 12. 2000 X R 96/98, BStBl. 2001 II S. 774*).

(1 a) ① **Soweit Besteuerungsgrundlagen für ein Verständigungs- oder ein Schiedsverfahren nach einem Vertrag im Sinne des § 2 von Bedeutung sein können, kann der Einspruch hierauf begrenzt zurückgenommen werden.** ② **§ 354 Absatz 1 a Satz 2 gilt entsprechend.** 2

(2) ① **Die Rücknahme hat den Verlust des eingelegten Einspruchs zur Folge.** ② **Wird nachträglich die Unwirksamkeit[1] der Rücknahme geltend gemacht, so gilt § 110 Absatz 3 sinngemäß.** 3

AEAO

Zu § 362 – Rücknahme des Einspruchs:

1. Für die Rücknahme eines Einspruchs gelten die Formvorschriften für einen Einspruch sinngemäß (§ 362 Abs. 1 Satz 2 AO). Die Rücknahme ist daher schriftlich oder elektronisch oder zur Niederschrift zu erklären. Eine elektronisch erklärte Rücknahme bedarf keiner qualifizierten elektronischen Signatur (vgl. AEAO zu § 357, Nr. 1). 4

2. Die Rücknahme führt nur zum Verlust des eingelegten Einspruchs, nicht der Einspruchsmöglichkeit schlechthin. Der Einspruch kann daher innerhalb der Einspruchsfrist erneut erhoben werden. 5

3. Eine Unwirksamkeit der Einspruchsrücknahme ist grundsätzlich innerhalb eines Jahres nach Eingang der Rücknahmeerklärung bei der für die Einlegung des Einspruchs zuständigen Finanzbehörde (§ 362 Abs. 1 Satz 2, § 357 Abs. 2 AO) geltend zu machen. Ein späteres Geltendmachen ist nur in Fällen höherer Gewalt zulässig (§ 362 Abs. 2 Satz 2, § 110 Abs. 3 AO). Nach einem fristgerechten Geltendmachen der Unwirksamkeit der Rücknahme ist das Einspruchsverfahren wieder aufzunehmen und in der Sache zu entscheiden. Sind die vorgetragenen Gründe für die Unwirksamkeit der Einspruchsrücknahme nicht stichhaltig, ist der Einspruch als unzulässig zu verwerfen. 6

AO

§ 363 Aussetzung und Ruhen des Verfahrens

(1) **Hängt die Entscheidung ganz oder zum Teil von dem Bestehen oder Nichtbestehen eines Rechtsverhältnisses ab, das den Gegenstand eines anhängigen Rechtsstreits bildet oder von einem Gericht oder einer Verwaltungsbehörde festzustellen ist, kann die Finanzbehörde die Entscheidung bis zur Erledigung des anderen Rechtsstreits oder bis zur Entscheidung des Gerichts oder der Verwaltungsbehörde aussetzen.** 1

(2) ① **Die Finanzbehörde kann das Verfahren mit Zustimmung des Einspruchsführers ruhen lassen,[2] wenn das aus wichtigen Gründen zweckmäßig erscheint.** ② **Ist wegen der Verfassungsmäßigkeit einer Rechtsnorm oder wegen einer Rechtsfrage ein Verfahren bei dem Gerichtshof der Europäischen Union, dem Bundesverfassungsgericht oder einem obersten Bundesgericht anhängig und wird der Einspruch hierauf gestützt, ruht das Einspruchsverfahren insoweit; dies gilt nicht, soweit nach § 165 Absatz 1 Satz 2 Nummer 3 oder Nummer 4 die Steuer vorläufig festgesetzt wurde.[3]** ③ **Mit Zustimmung der obersten Finanzbehörde kann durch öffentlich bekannt zu gebende Allgemeinverfügung für bestimmte Gruppen gleichgelagerter Fälle angeordnet werden, dass** 2

---

[1] Die Rücknahme ist unwirksam, wenn sie unter einem Vorbehalt oder einer Bedingung erklärt wird. Ebenso ist die Rücknahme unwirksam, wenn sie auf einer unzulässigen Beeinflussung durch das FA beruht *(BFH/NV 1989 S. 206)*. Eine solche Beeinflussung ist gegeben bei Zwang, Drohung und bewusster Täuschung *(BFH-Bescheid und Urteil vom 1. 12. 1960/ 9. 11. 1961 IV 73/59 U, BStBl. III 1962 S. 91)* und bei unzutreffender Auskunft des FA gegenüber einem rechtsunkundigen Stpfl. *(BFH-Urteil vom 2. 2. 1972 I R 181/70, BStBl. II S. 353)*. Nimmt ein Bevollmächtigter einen Einspruch entgegen einer dem FA nicht bekannten Mandantenweisung zurück, so ist die Rücknahme wirksam. Einschränkungen im Innenverhältnis sind ohne Belang *(BFH/NV 1998 S. 681; EFG 1996 S. 350, rkr.)*.

BFH-Urteil vom 20. 12. 2006 X R 38/05, BStBl. 2007 II S. 823: 1. Der Einspruchsführer kann eine bereits abgegebene, der Finanzbehörde aber noch nicht zugegangene Erklärung über die Rücknahme des Einspruchs durch Abgabe einer gegenläufigen Erklärung widerrufen, wenn der Widerruf der Behörde spätestens zeitgleich mit der Rücknahmeerklärung zugeht. 2. Der Finanzbehörde gehen die an ihre Postfachanschrift übersandten Schriftstücke zu, sobald sie von dem abholenden Bediensteten aus dem Postfach entnommen werden.

[2] Zu vorläufigen Steuerfestsetzungen und Ruhenlassen von außergerichtlichen Rechtsbehelfsverfahren wegen behaupteter Verfassungswidrigkeit von Steuerrechtsnormen vgl. *BMF-Schreiben v. 11. 5. 2024*, abgedruckt als Anl. zu § 165 AO.

Auszusetzen ist das Verfahren jedenfalls dann, wenn vor dem BVerfG bereits ein nicht als aussichtslos erscheinendes Musterverfahren gegen eine im Streitfall anzuwendende Norm anhängig ist, dem FG zahlreiche Parallelverfahren (Massenverfahren) vorliegen und keiner der Beteiligten des Klageverfahrens ein besonderes berechtigtes Interesse an einer Entscheidung des FG über die Verfassungsmäßigkeit der umstrittenen gesetzlichen Regelung trotz des beim BVerfG anhängigen Verfahrens hat *(BFH-Urteil vom 18. 7. 1990 I R 12/90, BStBl. II S. 986; BFH-Beschlüsse vom 8. 5. 1991 I B 132, 134/90, BStBl. II S. 641; vom 9. 10. 1991 II B 56/91, BStBl. II S. 930,* sowie *vom 7. 2. 1992 III B 24, 25/91, BStBl. II S. 408)*. Dies gilt jedoch nur dann, wenn die Musterverfahren und das Rechtsbehelfsverfahren bzgl. der verfassungsrechtlichen Streitfrage im Wesentlichen gleichgelagert sind *(BFH-Beschluss vom 27. 11. 1992 III B 133/91, BStBl. 1993 II S. 240)*. Verfassungsrechtliche Einwendungen gegen einzelne Vorschriften eines Folgesteuergesetzes (z. B. VStG) sind regelmäßig nicht geeignet, eine Aussetzung des den Grundlagenbescheid (z. B. Einheitswertbescheid) betreffenden Verfahrens zu rechtfertigen *(BFH-Beschluss vom 5. 8. 1992 II B 75/92, BStBl. II S. 967)*. Das FA kann die streitige Frage aber auch dadurch „offenlassen", dass die Steuerfestsetzung insoweit – ggf. auch erst im Rechtsbehelfsverfahren – vorläufig nach § 165 AO vorgenommen wird; darauf kann der Stpfl. sogar einen Rechtsanspruch haben *(BFH-Urteil vom 7. 2. 1992 III R 61/91, BStBl. II S. 592)*.

[3] Hat das „automatische" Ruhen des Einspruchsverfahrens gem. § 363 Abs. 2 Satz 2 AO bereits geendet, ist das Verfahren fortzusetzen, ohne dass es auf die weiteren Voraussetzungen des Satzes 4 der Vorschrift ankommt *(BFH-Beschluss vom 25. 11. 2003 II B 68/02, BFH/NV 2004 S. 462)*.

(Fortsetzung nächste Seite)

Einspruchsverfahren insoweit auch in anderen als den in den Sätzen 1 und 2 genannten Fällen ruhen. ④ Das Einspruchsverfahren ist fortzusetzen, wenn der Einspruchsführer dies beantragt oder die Finanzbehörde dies dem Einspruchsführer mitteilt.

3 (3) **Wird ein Antrag auf Aussetzung oder Ruhen des Verfahrens abgelehnt oder die Aussetzung oder das Ruhen des Verfahrens widerrufen, kann die Rechtswidrigkeit der Ablehnung oder des Widerrufs nur durch Klage gegen die Einspruchsentscheidung geltend gemacht werden.**

AEAO

Zu § 363 – Aussetzung und Ruhen des Verfahrens:

4 **1.** Die nach § 363 Abs. 2 Satz 1 AO erforderliche Zustimmung des Einspruchsführers zur Verfahrensruhe aus Zweckmäßigkeitsgründen sollte aus Gründen der Klarheit immer schriftlich oder elektronisch erteilt werden.

5 **2.** Voraussetzung für eine Verfahrensruhe nach § 363 Abs. 2 Satz 2 AO ist, dass der Einspruchsführer in der Begründung seines Einspruchs die strittige, auch für seinen Steuerfall entscheidungserhebliche Rechtsfrage darlegt und sich hierzu konkret auf ein beim EuGH, beim BVerfG oder bei einem obersten Bundesgericht anhängiges Verfahren beruft (BFH-Urteile vom 26. 9. 2006, X R 39/05, BStBl. 2007 II S. 222, und vom 30. 9. 2010, III R 39/08, BStBl. 2011 II S. 11); Entsprechendes gilt auch für vor dem Gericht der Europäischen Union (EuG) anhängige Vorabentscheidungsersuchen, die ihm vom EuGH zur Entscheidung zugewiesen worden sind. Eine nach § 363 Abs. 2 Satz 2 AO eingetretene Verfahrensruhe endet, wenn das Gerichtsverfahren, auf das sich der Einspruchsführer berufen hat, abgeschlossen ist. Dies gilt auch, wenn gegen diese Gerichtsentscheidung Verfassungsbeschwerde erhoben wird und der Einspruchsführer sich nicht auf dieses neue Verfahren beruft (BFH-Urteil vom 30. 9. 2010, III R 39/08, a. a. O.). Endet demnach die Verfahrensruhe, bedarf es insoweit keiner Fortsetzungsmitteilung nach § 363 Abs. 2 Satz 4 AO und somit grundsätzlich auch keiner Ermessensentscheidung (BFH-Urteil vom 26. 9. 2006, X R 39/05, a. a. O.), soweit nicht im Einzelfall eine Verfahrensruhe aus Zweckmäßigkeitsgründen nach § 363 Abs. 2 Satz 1 AO angemessen erscheint.

6 **3.** Sind die Voraussetzungen für eine Verfahrensaussetzung oder Verfahrensruhe erfüllt, kann über den Einspruch insoweit nicht entschieden werden, und zwar weder durch eine Einspruchsentscheidung noch durch den Erlass eines Änderungsbescheids. Über Fragen, die nicht Anlass der Verfahrensaussetzung oder Verfahrensruhe sind, kann dagegen durch Erlass einer Teil-Einspruchsentscheidung (§ 367 Abs. 2a AO) oder eines Teilabhilfebescheids entschieden werden. Dabei wird i. d. R. zur Herbeiführung der Bestandskraft eine Teil-Einspruchsentscheidung zweckmäßig sein (vgl. AEAO zu § 367, Nr. 6). Auch der Erlass von Änderungsbescheiden aus außerhalb des Einspruchsverfahrens liegenden Gründen (z. B. Folgeänderung gem. § 175 Abs. 1 Satz 1 Nr. 1 AO) bleibt zulässig. Änderungsbescheide werden gem. § 365 Abs. 3 AO Gegenstand des anhängigen Verfahrens.

7 **4.** Eine Fortsetzungsmitteilung gem. § 363 Abs. 2 Satz 4 AO kann in sämtlichen Fällen des § 363 Abs. 2 AO ergehen. Über ihren Erlass ist nach pflichtgemäßem Ermessen zu entscheiden; die Ermessenserwägungen sind dem Einspruchsführer mitzuteilen (BFH-Urteil vom 26. 9. 2006, X R 39/05, BStBl. 2007 II S. 222). Ein zureichender Grund für den Erlass einer Fortsetzungsmitteilung liegt insbesondere dann vor, wenn ein weiteres gerichtliches Musterverfahren herbeigeführt werden soll, wenn bereits eine Entscheidung des EuGH, des BVerfG oder des obersten Bundesgerichts in einem Parallelverfahren ergangen ist oder wenn das Begehren des Einspruchsführers letztlich darauf abzielt, seinen Steuerfall „offen zu halten", um von künftigen Änderungen der höchstrichterlichen Rechtsprechung zu derzeit nicht strittigen Fragen zu „profitieren" (BFH-Urteil vom 26. 9. 2006, X R 39/05, a. a. O.).

Teilt die Finanzbehörde nach § 363 Abs. 2 Satz 4 AO die Fortsetzung des bisher ruhenden Einspruchsverfahrens mit, soll sie vor Erlass einer Einspruchsentscheidung den Beteiligten Gelegenheit geben, sich erneut zu äußern.

8 **5.** Zur Unterbrechung eines Einspruchsverfahrens durch eine Insolvenzeröffnung vgl. AEAO zu § 251, Nr. 4.1; zur Aufnahme eines unterbrochenen Einspruchsverfahrens sowie zur Erledigung eines Einspruchsverfahrens vgl. AEAO zu § 251, Nr. 5.3.

[Fortsetzung]

Hat das FA trotz der nach § 363 Abs. 2 Satz 2 AO eingetretenen Verfahrensruhe eine Einspruchsentscheidung erlassen, so kommt eine isolierte Aufhebung der Einspruchsentscheidung durch das FG dann nicht in Betracht, wenn der Kläger vor dem FG über die Aufhebung der Einspruchsentscheidung hinaus eine materiell-rechtliche Entscheidung in der Sache beantragt *(BFH-Urteil vom 14. 7. 2004 IX R 13/01, BStBl. 2005 II S. 25).*

Die verfahrensrechtlichen Bestimmungen über das Ruhen von Verfahren kraft Gesetzes in § 363 Abs. 2 Satz 2 AO begründen keinen einfachgesetzlichen Vertrauensschutz, der einer rückwirkenden Anwendung des § 2 Abs. 2 Satz 3, § 36 Abs. 2 Satz 2 GewStG 1999 i. V. m. § 14 Abs. 2 KStG 1999 (jeweils i. d. F. des UntStFG) entgegenstünde *(BFH-Urteil vom 14. 3. 2006 I R 1/04, BStBl. II S. 550).*

Anl

Verfügung betr. Aussetzung und Ruhen des Verfahrens

Vom 28. September 2011 (BeckVerw 254011)

(OFD Niedersachsen S 0622 – 889 – St 141)

Hinweise zum Anwendungserlass zur Abgabenordnung vom 2. Januar 2008 i. d. F. vom 17. März 2011[1]

1. Zweck der Vorschrift und Anwendungsbereich 9

Das Finanzamt ist grundsätzlich gehalten, den Fortgang des Einspruchsverfahrens zu fördern und es möglichst rasch abzuschließen. Ein Verfahrensstillstand ohne gesetzliche Grundlage verstößt gegen das ungeschriebene Beschleunigungsgebot im Einspruchsverfahren.[2] Gegen die Untätigkeit des Finanzamts kann sich der Einspruchsführer mit der Untätigkeitsklage gem. § 46 FGO wenden. Sowohl bei Aussetzung als auch bei Ruhen des Verfahrens tritt jedoch vorübergehend Verfahrensstillstand ein. Das Beschleunigungsgebot gilt in diesem Fall nicht.

Ein zureichender Grund für die Untätigkeit des Finanzamts ist gegeben, wenn bei objektiver Betrachtungsweise ein Verwaltungsakt nicht zu erwarten ist. Das ist z. B. der Fall, wenn die Entscheidung vom Ausgang eines anderen Verfahrens abhängt[3] oder es zweckmäßig ist, diese Entscheidung abzuwarten.

Verfahrensaussetzung und Verfahrensruhe kommen i. d. R. nicht in Betracht, wenn der Einspruch unzulässig ist.[4] Bei Unzulässigkeit besteht für einen Stillstand des Verfahrens kein Bedürfnis. § 363 Abs. 1 und 2 AO gelten auch nicht bei Anträgen außerhalb eines Einspruchsverfahrens. Im Verfahren wegen Aussetzung der Vollziehung nach § 361 AO kommt eine Aussetzung oder ein Ruhen des Verfahrens aufgrund der Eilbedürftigkeit und des summarischen Charakters der Entscheidung i. d. R. nicht in Betracht.[5]

Bei ermessensfehlerhafter Weigerung des Finanzamts, das Verfahren bei Vorliegen von Musterverfahren ruhen zu lassen, können dem Finanzamt die Kosten des Verfahrens auferlegt werden.[6]

Sind die Voraussetzungen für eine Verfahrensaussetzung oder Verfahrensruhe erfüllt, kann über den Einspruch insoweit nicht entschieden werden, und zwar weder durch eine Einspruchsentscheidung noch durch den Erlass eines Änderungsbescheids. Über Fragen, die nicht Anlass der Verfahrensaussetzung oder Verfahrensruhe sind, kann dagegen durch Erlass einer Teil-Einspruchsentscheidung (§ 367 Abs. 2 a AO) oder eines Teilabhilfebescheids entschieden werden. Dabei wird i. d. R. zur Herbeiführung der Bestandskraft eine Teil-Einspruchsentscheidung zweckmäßig sein.[7] Auch der Erlass von Änderungsbescheiden aus außerhalb des Einspruchsverfahrens liegenden Gründen (z. B. Folgeänderung gem. § 175 Abs. 1 Satz 1 Nr. 1 AO) bleibt zulässig. Änderungsbescheide werden gem. § 365 Abs. 3 AO Gegenstand des anhängigen Verfahrens.[8]

Von der Verfahrensaussetzung und Verfahrensruhe ist die vorrangige Unterbrechung des Verfahrens kraft Gesetzes zu unterscheiden. Insbesondere kommt Unterbrechung durch Eröffnung des Insolvenzverfahrens bzw. die Anordnung des allgemeinen Verfügungsverbots bei Einsetzung eines vorläufigen Insolvenzverwalters[9] und bei Gesamtrechtsnachfolge in Betracht.[10]

2. Aussetzung des Verfahrens (§ 363 Abs. 1 AO) 10

Nach § 363 Abs. 1 AO kann das Finanzamt die Entscheidung über einen zulässigen Einspruch aussetzen, wenn sie ganz oder teilweise von dem Bestehen oder Nichtbestehen eines Rechtsverhältnisses abhängt (vorgreifliches Rechtsverhältnis), das den Gegenstand eines anhängigen Rechtsstreits bildet oder von einem Gericht oder einer Verwaltungsbehörde festzustellen ist. Die Vorschrift entspricht der Regelung in § 74 FGO.

2.1. Voraussetzung ist zunächst das Vorliegen eines Rechtsverhältnisses, das sich aus einem konkreten Sachverhalt ergibt und öffentlich-rechtlicher oder privatrechtlicher Art sein kann.

Kein Rechtsverhältnis i. S. dieser Vorschrift sind:

- reine Rechts- oder Auslegungsfragen,[11] insbesondere auch nicht die Frage, ob eine Rechtsnorm gilt oder nicht[12]
- das Schweben eines Verständigungsverfahrens[13]
- die Möglichkeit einer Rechtsänderung.[14]

2.2. Des Weiteren muss das Rechtsverhältnis vorgreiflich sein. Das ist der Fall, wenn die Entscheidung im Rechtsbehelfsverfahren ganz oder teilweise von der Art und dem Umfang der vom Gericht oder der Behörde zu fällenden Entscheidung abhängt.[15]

---

[1] **[Amtl. Anm.:]** BStBl. 2011 I S. 241.
[2] **[Amtl. Anm.:]** BFH-Urteil vom 21. Juli 1967, BStBl. III S. 783.
[3] **[Amtl. Anm.:]** BFH-Beschluss vom 31. August 1971, BStBl. 1972 II S. 20.
[4] **[Amtl. Anm.:]** BFH-Urteil vom 20. September 1989, BStBl. 1990 II S. 177.
[5] **[Amtl. Anm.:]** BFH-Urteil vom 29. Oktober 1987, BStBl. 1988 II S. 240.
[6] **[Amtl. Anm.:]** BFH-Beschluss vom 29. April 2003, BStBl. II S. 719.
[7] **[Amtl. Anm.:]** Vgl. AEAO zu § 367, Nr. 6.
[8] **[Amtl. Anm.:]** AEAO zu § 363, Nr. 3.
[9] **[Amtl. Anm.:]** AO-Kartei § 367 AO Karte 4.
[10] **[Amtl. Anm.:]** *Brandis* in *Tipke/Kruse,* § 363 AO Tz. 4.
[11] **[Amtl. Anm.:]** Vgl. BFH-Beschluss vom 21. August 1986, BFH/NV 1987 S. 43, und vom 18. Juli 1995, BFH/NV 1996 S. 215.
[12] **[Amtl. Anm.:]** BFH-Beschluss vom 23. Januar 1974, BStBl. II S. 247, und vom 7. Februar 1992, BStBl. II S. 408.
[13] **[Amtl. Anm.:]** BFH-Urteil vom 1. Februar 1967, BStBl. III S. 495.
[14] **[Amtl. Anm.:]** BVerwG-Beschluss vom 13. Februar 1962, NJW S. 1170; BFH-Urteil vom 29. November 2006, BStBl. 2007 II S. 129.
[15] **[Amtl. Anm.:]** BFH-Beschluss vom 24. September 1974, BStBl. 1975 II S. 211, und vom 6. August 1985, BStBl. II S. 672.

Anl

Es muss also ein anderes Verfahren über das Rechtsverhältnis anhängig oder zu erwarten sein, dass eine andere Behörde von Amts wegen ein solches Verfahren einleiten oder der Steuerpflichtige es alsbald – ggf. nach Fristsetzung durch das Finanzamt – von sich aus betreiben wird. Hierbei ist nicht erforderlich, dass die Entscheidung über das vorgreifliche Rechtsverhältnis die Einspruchsbehörde bindet. Es genügt, dass das andere Verfahren irgendwie für die Entscheidung erheblich ist, d. h., irgendeinen rechtlichen Einfluss auf das auszusetzende Verfahren hat.[1]

Die Klärung einer Rechtsfrage in einem Musterprozess ist grundsätzlich keine Entscheidung über das Bestehen oder Nichtbestehen eines vorgreiflichen Rechtsverhältnisses.[2] Das Finanzamt kann deshalb das Verfahren nicht aussetzen, um die Klärung strittiger Rechtsfragen in einem bereits anhängigen Verfahren des Steuerpflichtigen oder im Verfahren Dritter abzuwarten. In diesen Fällen kann jedoch ein Ruhen des Verfahrens in Betracht kommen. „Zwangsruhe" und „Anordnungsruhe" gehen der Aussetzung des Verfahren nach § 363 Abs. 1 AO vor.

Beispiele für die Vorgreiflichkeit eines Rechtsverhältnisses für das Einspruchsverfahren sind:
- Abrechnungsbescheid (§ 218 Abs. 2 AO) gegenüber Rückforderungsbescheid[3]
- Jahressteuerbescheid gegenüber Abrechnungsbescheid[4]
- Billigkeitsmaßnahme nach § 163 AO gegenüber Festsetzungsbescheid[5]
- Einkommensteuerbescheid gegenüber Kirchensteuerfestsetzung[6]
- Verlustfeststellungsbescheid gegenüber Einkommensteuerbescheid[7]
- Jahressteuerbescheid gegenüber Vorauszahlungsbescheid.[8]

2.3. Die Aussetzung der Entscheidung liegt im pflichtgemäßen Ermessen des Finanzamts.[9] Im Rahmen der Ermessensausübung sind daher prozessökonomische Gesichtspunkte einerseits und die Interessen der Beteiligten andererseits (z. B. rasche Beendigung des Verfahrens, Vermeidung widersprüchlicher Entscheidungen, Kostengründe) gegeneinander abzuwägen.

2.4. Bevor die Entscheidung über einen Einspruch ausgesetzt wird, ist zu überprüfen, ob die Feststellung über das vorgreifliche Rechtsverhältnis in einem Grundlagenbescheid im Sinne des § 171 Abs. 10 AO erfolgt, der eine Änderung des angefochtenen Verwaltungsakts auch außerhalb des Einspruchs verfahrens nach § 175 Abs. 1 Satz 1 Nr. 1 AO ermöglicht. In diesem Fall ist der Einspruchsführer auf die Rechtslage hinzuweisen und im Hinblick auf die Unbegründetheit des Einspruchs[10] um dessen Rücknahme zu bitten.

Solange ein Grundlagenbescheid noch fehlt oder noch unklar ist, ob und wie der angefochtene Grundlagenbescheid geändert wird, ist eine Aussetzung des Verfahrens regelmäßig zweckmäßig und geboten.[11] Dass sich der Erlass eines zukünftigen oder geänderten Grundlagenbescheids über § 175 Abs. 1 Satz 1 Nr. 1 AO ohnehin auf den Folgebescheid auswirkt, steht dem nicht entgegen.[12]

Durch die Aussetzung des Verfahrens soll u. a. verhindert werden, dass das Finanzgericht oder der Bundesfinanzhof mit einer Vielzahl gleich gelagerter Fälle „überschwemmt" werden, ohne dass dies der Klärung des vorgreiflichen Rechtsproblems dient.[13] Im Regelfall ist davon auszugehen, dass es im Interesse der Rechtsfindung liegt, den Ausgang des vorgreiflichen Verfahrens abzuwarten. Dies gilt insbesondere dann, wenn der andere Rechtsstreit bereits anhängig und das für seine Entscheidung zuständige Gericht besonders sachkundig ist.

Die Aussetzung der Entscheidung ist weder an einen Antrag des Steuerpflichtigen gebunden, noch bedarf sie seiner Zustimmung. Das Einspruchsverfahren kann danach auch gegen den Willen des Einspruchsführers ausgesetzt werden. Vor der Entscheidung sind die Beteiligten jedoch zu hören. Die Aussetzung des Verfahrens hat die Wirkung, dass der Lauf einer jeden Frist innerhalb des Rechtsbehelfsverfahrens aufhört und nach Beendigung der Aussetzung von Neuem zu laufen beginnt.[14] Da sich somit auch die Frist des § 46 Abs. 1 FGO für die Erhebung der sog. Untätigkeitsklage verlängert, ist die Aussetzung der Entscheidung dem Steuerpflichtigen in jedem Fall mitzuteilen.

Hinsichtlich des nicht von der Aussetzung betroffenen Teils kann das Verfahren fortgesetzt werden (z. B. Sachverhaltsermittlungen, Hinzuziehung, Teil-Einspruchsentscheidung, Teilabhilfebescheid, Folgeänderung gem. § 175 Abs. 1 Satz 1 Nr. 1 AO).[15]

2.5. Das Verfahren ist im Allgemeinen bis zur rechtskräftigen Entscheidung der Vorfrage durch das Gericht oder bis zum Eintritt der Bestandskraft des das vorgreifliche Rechtsverhältnis regelnden Verwaltungsaktes unter Vorbehalt des Widerrufs auszusetzen. Im Rahmen seines Ermessens kann das Finanzamt allerdings auch nur eine Aussetzung bis zur Bekanntgabe des Gerichtsurteils oder des Verwaltungs-

[1] **[Amtl. Anm.:]** BFH-Urteil vom 18. Juli 1990, BStBl. II S. 986.
[2] **[Amtl. Anm.:]** BFH-Urteil vom 28. Juni 1968, BStBl. II S. 706 und vom 8. Juni 1990, BStBl. II S. 944; das gilt auch für Rechtsfragen, die dem BVerfG vorliegen; die insoweit vom BFH zu § 74 FGO entwickelten Grundsätze sind auf die Aussetzung des Verfahrens nach § 363 Abs. 1 AO – zumindest ab 1. Januar 1996 – nicht übertragbar (vgl. BFH-Beschluss vom 8. Mai 1992, BStBl. II S. 673 sowie BFH/NV 1993 S. 244), weil der ab diesem Zeitpunkt gültige § 363 Abs. 2 Satz 2 AO diese Rechtssituation speziell regelt (a. A.: *Klein/Brockmeyer,* AO, § 363 Anm. 7).
[3] **[Amtl. Anm.:]** BFH-Beschluss vom 17. September 1998, BFH/NV 1999 S. 440.
[4] **[Amtl. Anm.:]** BFH-Urteil vom 15. Juni 1999, BStBl. 2000 II S. 46.
[5] **[Amtl. Anm.:]** BFH-Beschluss vom 31. Juli 1997, BFH/NV 1998 S. 201.
[6] **[Amtl. Anm.:]** BFH-Beschluss vom 24. März 1999, BFH/NV S. 1383.
[7] **[Amtl. Anm.:]** BFH-Urteil vom 6. Juli 1999, BStBl. II S. 731.
[8] **[Amtl. Anm.:]** BFH-Beschluss vom 28. Januar 2003, BFH/NV S. 794.
[9] **[Amtl. Anm.:]** BFH-Beschluss vom 6. August 1985, BStBl. II S. 672.
[10] **[Amtl. Anm.:]** BFH-Urteil vom 2. September 1987, BStBl. 1988 II S. 142.
[11] **[Amtl. Anm.:]** BFH-Urteil vom 26. Juli 1983, BStBl. 1984 II S. 290; BFH-Urteil vom 24. April 1979, BStBl. II S. 678.
[12] **[Amtl. Anm.:]** BFH-Beschluss vom 25. Mai 2007, BFH/NV S. 1532.
[13] **[Amtl. Anm.:]** Vgl. BFH-Urteil vom 18. Juli 1990, BStBl. II S. 986.
[14] **[Amtl. Anm.:]** BFH-Beschluss vom 23. Januar 1974, BStBl. II S. 247.
[15] **[Amtl. Anm.:]** Vgl. AEAO zu § 363, Nr. 3.

Anl

aktes anordnen. Die Aussetzung kann nach pflichtgemäßem Ermessen widerrufen werden, wenn ausreichende Gründe für eine Fortführung des Verfahrens sprechen. Eine Sachentscheidung darf aber erst ergehen, wenn die aufhebende Verfügung den Beteiligten bekannt gegeben worden ist und diese Gelegenheit hatten, sich erneut zur Sach- und Rechtslage zu äußern.[1] Ist die Entscheidung über einen Einspruch ausgesetzt worden, so ist beim Vorliegen der sonstigen Voraussetzungen grundsätzlich auch die Vollziehung des angefochtenen Bescheids auszusetzen.

Die Ablehnung eines Antrags auf Aussetzung oder der Widerruf der Aussetzung können nicht selbständig, sondern nur mit der Klage gegen die Einspruchsentscheidung angefochten werden (§ 363 Abs. 3 AO).

Die Anordnung der Aussetzung hingegen ist ein Verwaltungsakt, der mit dem Einspruch angefochten werden kann.[2] Setzt das Finanzamt das Verfahren aus, ohne dass die Voraussetzungen des § 363 Abs. 1 AO vorliegen, kommt auch eine Untätigkeitsklage nach § 46 FGO in Betracht.

3. „Zustimmungsruhe" (§ 363 Abs. 2 Satz 1 AO; zu Nr. 1 AEAO) 11

Das Finanzamt kann auf Antrag oder mit Zustimmung des oder der Einspruchsführer das Ruhen des Verfahrens anordnen, wenn dies aus wichtigen Gründen zweckmäßig erscheint und die Voraussetzungen für eine „Zwangsruhe" oder „Anordnungsruhe" nicht vorliegen. Verweigert einer der Einspruchsführer die Zustimmung, müssen die Verfahren der verschiedenen Einspruchsführer getrennt werden. Die Zustimmung eines Hinzugezogenen ist nicht erforderlich.

Wann die Anordnung aus wichtigem Grund zweckmäßig erscheint, ist nach den jeweiligen Umständen des Einzelfalles zu entscheiden. Zweckmäßig ist das Ruhen, wenn dadurch für das Finanzamt seiner Meinung nach unnötiger Verwaltungsaufwand, widersprüchliche Entscheidungen oder spätere Korrekturen der Entscheidung vermieden werden. Die Voraussetzungen sind insbesondere gegeben, wenn

- beim EuGH, dem BVerfG oder einem obersten Bundesgericht zwar keine Musterverfahren im Hinblick auf die sich im Streitfall stellende Rechtsfrage, aber Verfahren zu einer ähnlichen Rechtsfrage anhängig sind
- oder im Einzelfall ein echtes Musterverfahren vor einem Finanzgericht abgewartet werden soll.[3]
- eine Sachentscheidung zurückgestellt wird, bis die Ergebnisse einer Außenprüfung vorliegen und dadurch umfangreiche Sachverhaltsermittlungen im Einspruchsverfahren überflüssig sind.
- eine Rechtsfrage für zwei oder mehr Veranlagungszeiträume strittig ist und mit der Klärung für ein Jahr durch ein anhängiges Klageverfahren eine Erledigung der Hauptsache auch für das zweite (ggf. weitere) Streitjahr(e) zu erwarten ist.[4]
- aufgrund einer Einschaltung der Oberbehörde mit einer Bereinigung des Streitfalles oder einer Klärung der Rechtsfrage zu rechnen ist.

Der Wunsch des Einspruchsführers, noch weiteres Beweismaterial beizubringen, ist kein Grund, das Verfahren ruhen zu lassen. Hierfür ist ggf. eine Frist zu gewähren.[5] Ein Ruhensgrund liegt auch nicht vor, wenn der Einspruchsführer einen Erlassantrag gestellt hat, im Einspruchsverfahren aber über die Rechtmäßigkeit der Steuerfestsetzung zu entscheiden ist.[6]

Für ein Ruhen des Verfahrens aus Zweckmäßigkeitsgründen besteht bei klarer Rechtslage keine Veranlassung. Unzweckmäßig ist das Ruhen des Einspruchsverfahrens, wenn die Erfolgsaussichten des Rechtsbehelfs gering sind oder wenn die Rechtsfrage den betragsmäßig weitaus geringsten Teil des Einspruchs ausmacht, aber auch wenn das Begehren des Einspruchsführers letztlich darauf abzielt, seinen Steuerfall „offenzuhalten", um von künftigen Änderungen der höchstrichterlichen Rechtsprechung zu derzeit nicht strittigen Fragen zu „profitieren". Diese Annahme kann naheliegen, wenn der Einspruchsführer keine eigenen Gründe für die Rechtswidrigkeit des Verwaltungsakts geltend macht und sich auf zahlreiche nicht einschlägige Musterverfahren stützt. Je geringer die Erfolgsaussichten eines Einspruchs sind, desto schwerer wiegt das Interesse an einem Abschluss des Einspruchsverfahrens und der damit verbundenen Rechtsklarheit.[7] Das Finanzamt kann im Rahmen der Interessenabwägung auch berücksichtigen, dass das Ruhenlassen von Einspruchsverfahren zu massenhaft nicht mehr bestandskräftigen Steuerbescheiden und zusätzlichem Organisations- und Arbeitsaufwand führen würde, weil die Verfahrensruhe Signalwirkung für Steuerpflichtige hätte und dazu führen würde, dass Einsprüche gegen eine Vielzahl von Bescheiden eingelegt werden, also eine Vielzahl von Steuerbescheiden nicht mehr bestandskräftig werden würde und die Finanzämter für zahlreiche Veranlagungszeiträume Einsprüche zu überwachen hätten.[8]

Die Ablehnung eines Antrags auf Ruhen des Verfahrens ist regelmäßig eine Ermessensentscheidung im Einzelfall, die zu begründen ist. In der Begründung sind die Besonderheiten des Sachverhalts zu berücksichtigen und dürfen nicht nur Standardformulierungen verwendet werden.[9] Insbesondere die pauschale, unreflektierte Übernahme von „Musterentscheidungen" können grundsätzlich weder eine eigene Ermessensentscheidung darstellen noch eine solche ersetzen. Es muss dargelegt werden, weshalb ein das Interesse des Einspruchsführers überwiegendes Interesse des Finanzamts an der Fortsetzung des Verfahrens besteht.[10]

---

[1] **[Amtl. Anm.:]** BFH-Urteil vom 5. Juni 1964, HFR S. 355.
[2] **[Amtl. Anm.:]** BFH-Urteil vom 8. Juni 1990, BStBl. II S. 944.
[3] **[Amtl. Anm.:]** *Klein/Brockmeyer,* AO, 10. Auflage, § 363 Rz. 12.
[4] **[Amtl. Anm.:]** FG Hamburg vom 12. Juni 1969, EFG S. 508.
[5] **[Amtl. Anm.:]** BFH-Beschluss vom 21. Juli 1967, BStBl. III S. 783.
[6] **[Amtl. Anm.:]** *Birkenfeld* in *Hübschmann/Hepp/Spitaler,* § 363 AO Rz. 158.
[7] **[Amtl. Anm.:]** BFH-Urteil vom 6. Oktober 1995, BStBl. 1996 II S. 20; AEAO zu § 363, Nr. 4, unter Hinweis auf BFH-Urteil vom 26. September 2006, BStBl. 2007 II S. 222; Urteil FG Niedersachsen vom 24. Juni 2010, EFG S. 1562, mit Anm. *von Wagner.*
[8] **[Amtl. Anm.:]** *Noack,* Die Steuerberatung 9/2011 S. 389 ff.
[9] **[Amtl. Anm.:]** BFH-Beschluss vom 27. November 1998, BFH/NV 1999 S. 659.
[10] **[Amtl. Anm.:]** BFH-Urteil vom 26. September 2006, BStBl. 2007 II S. 222.

Anl

Die Ablehnung eines Antrags auf Ruhen des Verfahrens oder der Widerruf der Verfahrensruhe können nicht selbständig, sondern nur mit der Klage gegen die Einspruchsentscheidung angefochten werden (§ 363 Abs. 3 AO).

Die Anordnung der Verfahrensruhe hingegen ist ein Verwaltungsakt, der mit dem Einspruch angefochten werden kann.[1] Setzt das Finanzamt das Verfahren aus, ohne dass die Voraussetzungen des § 363 Abs. 1 AO vorliegen, kommt auch eine Untätigkeitsklage nach § 46 FGO in Betracht.

12 **4. „Zwangsruhe" (§ 363 Abs. 2 Satz 2 AO; zu Nr. 2 AEAO)**

4.1. Allgemeines

Eine „Zwangsruhe" tritt ein,

- wenn die Steuer nicht vorläufig nach § 165 Abs. 1 Satz 2 Nr. 3 oder Nr. 4 AO festgesetzt wurde und
- ein Verfahren anhängig ist beim EuGH, BVerfG, BFH, aber auch BGH, BAG, BVerwG, BSG
- wegen der Verfassungswidrigkeit einer Rechtsnorm oder wegen einer Rechtsfrage und
- wenn der eingelegte Einspruch hierauf gestützt wird und zulässig ist.

Wird festgestellt, dass in einer größeren Zahl von Fällen Einsprüche wegen eines Musterverfahrens eingelegt wurden, bitte ich zu berichten und die Steuerfestsetzungen bis zum Ergehen weiterer Weisungen nicht für vorläufig zu erklären (§ 165 Abs. 1 Satz 2 Nr. 3 oder Nr. 4 AO).

Soweit das (Nicht-)Ruhenlassen von Einspruchsverfahren durch Rundverfügung geregelt wurde, bitte ich hiervon nur mit meiner vorherigen Zustimmung abzuweichen. Das gilt auch dann, wenn eine die Verfassungsmäßigkeit einer angegriffenen Rechtsnorm bestätigende Gerichtsentscheidung ergangen ist.

4.2. Musterverfahren

Keine „Zwangsruhe" tritt ein, wenn zwar alle übrigen Voraussetzungen erfüllt sind, der Einspruchsführer sich aber nicht konkret auf ein beim EuGH, beim BVerfG oder bei einem obersten Bundesgericht anhängiges Verfahren beruft.[2]

Denkbar ist aber auch, dass der Einspruchsführer sich ohne Grund nicht auf ein anhängiges Musterverfahren beruft. Hat in einem solchen Fall das Finanzamt ein Interesse am Ruhen des Verfahrens, kann es zweckmäßig sein, den Einspruchsführer auf dieses Verfahren sowie darauf hinzuweisen, dass beim Ausbleiben einer gegenteiligen Äußerung von einem Einverständnis mit dem Ruhen des Verfahrens nach § 363 Abs. 2 Satz 1 AO ausgegangen wird.

Damit das Finanzamt prüfen kann, ob dieselbe Frage Gegenstand sowohl des konkreten Einspruchsverfahrens als auch des anhängigen Musterverfahrens ist, muss der Einspruchsführer im Einspruchsschreiben oder in einer später eingereichten Einspruchsbegründung die strittige Rechtsfrage bzw. die in seinem Verfahren angewendete verfassungswidrige Regelung benennen. Er muss ferner darauf hinweisen, dass nach seiner Kenntnis hinsichtlich der Rechtsfrage bzw. der Norm ein Verfahren bei einem der in Frage kommenden Gerichte anhängig ist. Dabei kann die Angabe des Aktenzeichens des Musterverfahrens grundsätzlich nicht verlangt werden.

Nach Wortlaut, Sinn und Zweck des § 363 Abs. 2 Satz 2 AO muss das Musterverfahren nicht zwingend in der Hauptsache auf abschließende Klärung der aufgeworfenen Rechtsfrage gerichtet sein. Eine „Zwangsruhe" kann auch durch den Hinweis auf ein Nichtzulassungsbeschwerde, Prozesskostenhilfe oder Anhörungsrügeverfahren oder ein Verfahren des vorläufigen Rechtsschutzes beim BFH, aber auch ein einstweiliges Anordnungsverfahren beim BVerfG gerechtfertigt sein. Zumindest dürfte ein Verfahrensstillstand gem. § 363 Abs. 1 bzw. Abs. 2 Satz 1 AO veranlasst sein.[3]

Mangels Erwähnung in § 363 Abs. 2 Satz 2 AO löst die Berufung auf ein beim Europäischen Gerichtshof für Menschenrechte (EGMR) anhängiges Verfahren keine „Zwangsruhe" aus. Eine Verfahrensruhe nach § 363 Abs. 2 Satz 1 AO aus Zweckmäßigkeitsgründen kommt ebenfalls nicht in Betracht, weil von einem vor dem EGMR anhängigen Verfahren allgemein keine Wirkung auf die individuelle Steuerfestsetzung des Einspruchsführers ausgehen könnte. Entscheidungen des EGMR haben keine kassatorische Wirkung und können die Rechtskraft einer gerichtlichen Entscheidung nicht beseitigen.[4] Der EGMR ist auch nicht zur Entscheidung über die Verfassungsmäßigkeit deutscher Rechtsnormen berufen. Außerdem kommt nach der Rechtsprechung des BFH Art. 6 Abs. 1 Satz 1 EMRK wegen des öffentlichrechtlichen Charakters der Besteuerung nicht zur Anwendung.[5]

Um den Finanzämtern die Prüfung zu erleichtern, ob ein entsprechendes Musterverfahren anhängig ist und ob dieses tatsächlich dieselbe Rechtsfrage zum Gegenstand hat, wird im Bundessteuerblatt Teil II eine nicht vollständige Liste der beim BFH, beim BVerfG und beim EuGH anhängigen Verfahren in Steuersachen veröffentlicht. Lässt sich anhand dieser Liste nicht feststellen, dass das vom Einspruchsführer angeführte Musterverfahren anhängig ist, bzw. ist dem Finanzamt das Verfahren auch sonst nicht bekannt, ist vom Einspruchsführer ein Nachweis über die Anhängigkeit (z. B. Benennung der Fundstelle in der Fachliteratur) zu verlangen.

Kann vom Einspruchsführer der Nachweis über die Anhängigkeit eines Musterverfahrens nicht erbracht werden bzw. kommt es nach Auffassung des Finanzamts auf den Ausgang dieses Verfahrens nicht an, ist der Einspruchsführer über die Fortsetzung des Einspruchsverfahrens zu unterrichten und darauf hinzuweisen, dass die Rechtswidrigkeit der Ablehnung nur durch Klage gegen die Einspruchsentscheidung geltend gemacht werden kann (§ 363 Abs. 3 AO). Wird gegen die Ablehnung des Antrags trotz des Hinweises Einspruch eingelegt, ist dieser als unzulässig zu verwerfen. Die Entscheidung sollte

[1] **[Amtl. Anm.:]** BFH-Urteil vom 8. Juni 1990, BStBl. II S. 944.

[2] **[Amtl. Anm.:]** BFH-Urteil vom 26. September 2006, BStBl. 2007 II S. 222; BFH-Urteil vom 30. September 2010, BStBl. II 2011 S. 11.

[3] **[Amtl. Anm.:]** *Pahlke* in *Pahlke/König,* 2009, § 363 AO Rz. 46; *Szymczak* in *Koch/Scholtz,* 1996, § 363 AO Rz. 9/3.

[4] **[Amtl. Anm.:]** *Meyer-Ladewig,* Kommentar zur Europäischen Menschenrechtskonvention, Rz. 28 zu Artikel 46.

[5] **[Amtl. Anm.:]** Vgl. u. a. BFH-Urteil vom 21. März 1996, BStBl. II S. 518.

mit der Hauptsacheentscheidung verbunden werden. Die Einspruchsentscheidung muss in diesem Fall auch Ausführungen dazu enthalten, warum eine „Zwangsruhe" nicht eingetreten ist. Anl

4.3. Verfahren nach Eintritt der „Zwangsruhe"

Nach Eintritt der „Zwangsruhe" ist es zweckmäßig, den Einspruch hinsichtlich der Punkte, die nicht zum Ruhen geführt haben, bis zur Entscheidungsreife weiter zu bearbeiten. Es ist zulässig, während der „Zwangsruhe" im Rahmen der erneuten Überprüfung im vollen Umfang (§ 367 Abs. 2 Satz 1 AO) noch zusätzliche Sachverhaltsermittlungen vorzunehmen.

Soweit im Veranlagungsbereich bereits bei Einspruchseinlegung der Antrag auf Ruhen des Verfahrens gestellt wird, ist die Überprüfung, ob ein Teilabhilfebescheid erlassen werden kann, noch von der Veranlagungsstelle vorzunehmen. Nach Erlass des Teilabhilfebescheides ist der Einspruch an die Rechtsbehelfsstelle abzugeben. Kommt der Erlass eines Teilabhilfebescheides nicht in Betracht, ist der Einspruch ungeachtet der „Drei-Monats-Frist" an die Rechtsbehelfsstelle abzugeben. Ihr obliegt dann die weitere Bearbeitung des Einspruchs und des Antrags auf Ruhen des Verfahrens.

Treten die Voraussetzungen für eine Vorläufigkeitserklärung nach § 165 Abs. 1 Satz 2 Nr. 3 oder Nr. 4 AO erst während des ruhenden Einspruchsverfahrens ein, so besteht u. U. die Möglichkeit, dem Einspruchsbegehren insoweit durch nachträgliche Beifügung eines entsprechenden Vorläufigkeitsvermerks abzuhelfen und den Einspruch zu erledigen.[1]

Ist eine „Zwangsruhe" eingetreten, muss dies dem Einspruchsführer nicht mitgeteilt werden. Er kann aus dem Stillschweigen des Finanzamts schließen, dass das Einspruchsverfahren ruht. Anders als bei der „Zustimmungsruhe" ist keine besondere Anordnung erforderlich. Die „Zwangsruhe" tritt automatisch ein. Das Ruhen des Verfahrens kraft Gesetzes ist nicht mit dem Einspruch anfechtbar, weil insoweit kein Verwaltungsakt vorliegt. Eine Zustimmung des Einspruchsführers zur „Zwangsruhe" ist nicht vorgesehen.

5. „Anordnungsruhe" (§ 363 Abs. 2 Satz 3 AO) 13

Ist noch keines der in § 363 Abs. 2 Satz 2 AO genannten Gerichte angerufen, aber absehbar, dass sich beispielsweise wegen einer bereits geführten intensiven Diskussion über die Verfassungsmäßigkeit einer Rechtsnorm oder wegen unterschiedlicher Instanzrechtsprechung aller Voraussicht nach der EuGH, das BVerfG oder ein oberstes Bundesgericht mit der Klärung der Verfassungsmäßigkeit bzw. der Rechtsfrage befassen wird, kann ebenfalls eine „Zwangsruhe" von Einsprüchen sachgerecht sein. Nach § 363 Abs. 2 Satz 3 AO kann es die oberste Finanzbehörde zulassen, dass durch öffentlich bekannt zu gebende Allgemeinverfügung (§ 118 Satz 2 AO) für bestimmte Gruppen gleich gelagerter Fälle des Ruhen von Einspruchsverfahren ggf. auch durch die OFD oder das Finanzamt angeordnet wird. Die Allgemeinverfügung wirkt nur für Fälle im Amtsbereich der sie erlassenden Finanzbehörde (§ 6 AO).[2]

Gegen die Anordnung ist zwar der Einspruch statthaft. Er ist aber mangels Rechtsschutzbedürfnis unzulässig, weil der Einspruchsführer die Möglichkeit hat, jederzeit einen Antrag auf Verfahrensfortführung zu stellen. Ggf. ist ein solcher Einspruch in einen Antrag auf Verfahrensfortführung umzudeuten.

Die „Anordnungsruhe" kann durch eine „Zwangsruhe" abgelöst werden, wenn deren Voraussetzungen zwischenzeitlich in einem in der Allgemeinverfügung geregelten Fall eintreten. Ansonsten ruht das Einspruchsverfahren, wenn es nicht gem. § 363 Abs. 2 Satz 4 AO fortzusetzen ist, bis zur Aufhebung der Allgemeinverfügung.

6. Beendigung der Verfahrensruhe (§ 363 Abs. 2 Satz 4 AO; zu Nr. 4 AEAO) 14

Auch ein Einspruchsverfahren, das die Voraussetzungen für ein Ruhen erfüllt, ist fortzusetzen, wenn der Einspruchsführer dies beantragt oder das Finanzamt ihm dies mitteilt. Teilt das Finanzamt dem Einspruchsführer die Fortsetzung eines ruhenden Einspruchsverfahrens mit, ist den Beteiligten vor Erlass einer Einspruchsentscheidung Gelegenheit zu geben, sich erneut zu äußern. Das gilt für alle Fälle der Verfahrensruhe gem. § 363 Abs. 2 AO.

Die Fortsetzungsmitteilung ist regelmäßig zu begründen. Hierbei handelt es sich immer um eine Ermessensentscheidung im Einzelfall. Die Fortsetzung eines kraft Gesetzes ruhenden Verfahrens durch das Finanzamt kommt z. B. in Betracht, wenn ein weiteres gerichtliches Musterverfahren herbeigeführt werden soll, wenn bereits eine Entscheidung des EuGH, des BVerfG oder des obersten Bundesgerichts in einem Parallelverfahren ergangen ist oder wenn das Begehren des Einspruchsführers letztlich darauf abzielt, seinen Steuerfall „offenzuhalten", um von künftigen Änderungen der höchstrichterlichen Rechtsprechung zu derzeit nicht strittigen Fragen zu „profitieren",[3] aber auch wenn die Rechtsfrage, die zu der „Zwangsruhe" geführt hat, den betragsmäßig weitaus geringsten Teil des Einspruchs ausmacht.

Einwendungen gegen die Fortsetzungsmitteilung können nur durch Klage gegen die noch zu erlassende Einspruchsentscheidung vorgebracht werden (§ 363 Abs. 3 AO).

Im Falle der „Zwangsruhe" ist eine Fortsetzungsmitteilung und somit auch eine Ermessensentscheidung nicht erforderlich, wenn das Gerichtsverfahren, auf das sich der Einspruchsführer berufen hat, abgeschlossen ist.[4] Im Einzelfall kann jedoch eine Verfahrensruhe aus Zweckmäßigkeitsgründen nach § 363 Abs. 2 Satz 1 AO angemessen sein.

Wird gegen die Entscheidung, deretwegen das Einspruchsverfahren ruhte, Verfassungsbeschwerde erhoben, setzt sich die „Zwangsruhe" nicht „automatisch" fort. Der Einspruchsführer muss vielmehr, bevor über den noch ruhenden Einspruch bzw. Teil des Einspruchs entschieden wird, seinen Einspruch auf die Verfassungsbeschwerde erstrecken.[5]

---

[1] **[Amtl. Anm.:]** AO-Kartei Anhang G Karte 1 N Tz. 4.2.
[2] **[Amtl. Anm.:]** *Dumke* in *Schwarz,* § 363 AO Rz. 34.
[3] **[Amtl. Anm.:]** AEAO zu § 363, Nr. 4, unter Hinweis auf BFH-Urteil vom 26. September 2006, BStBl. 2007 II S. 222.
[4] **[Amtl. Anm.:]** AEAO zu § 363, Nr. 2, unter Hinweis auf BFH-Urteil vom 26. September 2006, BStBl. 2007 II S. 222.
[5] **[Amtl. Anm.:]** BFH-Urteil vom 30. September 2010, BStBl. 2011 II S. 11.

Beantragt der Einspruchsführer die Fortführung des Verfahrens, ist diesem Antrag zu entsprechen. Der Antrag des Einspruchsführers bedarf keiner Begründung. Er hat unmittelbar verfahrensgestaltende Wirkung, indem er das Ruhen des Verfahrens beendet. Das Finanzamt hat in diesem Fall keinen Ermessensspielraum. Setzt das Finanzamt das Verfahren trotz Antrag nicht fort, ist die Untätigkeitsklage (§ 46 FGO) möglich.

AO

§ 364 Offenlegung der Besteuerungsunterlagen[1]

1 **Den Beteiligten sind, soweit es noch nicht geschehen ist, die Unterlagen der Besteuerung auf Antrag oder, wenn die Begründung des Einspruchs dazu Anlass gibt, von Amts wegen offenzulegen.**

AEAO

AEAO zu § 364 – Offenlegung der Besteuerungsunterlagen:

2 Den Beteiligten sind die Besteuerungsunterlagen mitzuteilen oder anderweitig offenzulegen, wenn sie dies beantragt haben oder wenn die Einspruchsbegründung dazu Anlass gibt. Wenn die Finanzbehörde es für zweckmäßig hält, kann sie Akteneinsicht gewähren. Hierbei ist sicherzustellen, dass Verhältnisse eines anderen nicht unbefugt offenbart werden. Die Ablehnung eines Antrags auf Akteneinsicht ist mit dem Einspruch anfechtbar. Für das finanzgerichtliche Verfahren gilt § 78 FGO.

AO

§ 364a Erörterung des Sach- und Rechtsstands

1 (1) ① **Auf Antrag[2] eines Einspruchsführers soll die Finanzbehörde vor Erlass einer Einspruchsentscheidung den Sach- und Rechtsstand erörtern.** ② **Weitere Beteiligte können hierzu geladen werden, wenn die Finanzbehörde dies für sachdienlich hält.** ③ **Die Finanzbehörde kann auch ohne Antrag eines Einspruchsführers diesen und weitere Beteiligte zu einer Erörterung laden.**

2 (2) ① **Von einer Erörterung mit mehr als zehn Beteiligten kann die Finanzbehörde absehen.** ② **Bestellen die Beteiligten innerhalb einer von der Finanzbehörde bestimmten angemessenen Frist einen gemeinsamen Vertreter, soll der Sach- und Rechtsstand mit diesem erörtert werden.**

3 (3) ① **Die Beteiligten können sich durch einen Bevollmächtigten vertreten lassen.** ② **Sie können auch persönlich zur Erörterung geladen werden, wenn die Finanzbehörde dies für sachdienlich hält.**

4 (4) **Das Erscheinen kann nicht nach § 328 erzwungen werden.**

AEAO

Zu § 364a – Erörterung des Sach- und Rechtsstands:

5 **1.** § 364a AO soll eine einvernehmliche Erledigung der Einspruchsverfahren fördern und Streitfälle von den Finanzgerichten fernhalten. Ziel einer mündlichen Erörterung kann auch eine „tatsächliche Verständigung" (vgl. BMF-Schreiben vom 30. 7. 2008, BStBl. I S. 831[3], ergänzt durch BMF-Schreiben vom 15. 4. 2019, BStBl. I S. 447 und vom 23. 6. 2023, BStBl. I S. 1074) sein.

6 **2.** Einem Antrag auf mündliche Erörterung soll grundsätzlich entsprochen werden. Dies gilt nicht, wenn bei mehr als 10 Beteiligten kein gemeinsamer Vertreter nach Absatz 2 bestellt wird oder wenn die beantragte Erörterung offensichtlich nur der Verfahrensverschleppung dient.

7 **3.** Antragsbefugt sind nur Einspruchsführer, nicht aber hinzugezogene Personen. Hinzugezogene können aber von Amts wegen zu einer mündlichen Erörterung geladen werden (§ 364a Abs. 1 Satz 2 und 3 AO).

8 **4.** Keine Verpflichtung zur mündlichen Erörterung besteht, wenn das Finanzamt dem Einspruch abhelfen will oder solange das Einspruchsverfahren nach § 363 AO ausgesetzt ist oder ruht.

9 **5.** Die mündliche Erörterung kann in geeigneten Fällen auch telefonisch durchgeführt werden. Im Hinblick auf die Pflicht zur Wahrung des Steuergeheimnisses (§ 30 AO) muss sich das Finanzamt dann aber über die Identität des Gesprächspartners vergewissern.

---

[1] Im Einspruchsverfahren gegen einen Haftungsbescheid kann der Haftungsschuldner nach § 364 AO beantragen, dass ihm die Gründe für seine Inanspruchnahme mitgeteilt werden. Wenn er dies unterlässt, kann er im Verfahren wegen der Zurücknahme des bestandskräftigen Haftungsbescheids nicht mit Erfolg geltend machen, ihm seien die Gründe für seine Heranziehung unbekannt *(BFH-Beschluss vom 16. 10. 2000 V B 70/00, BFH/NV 2001 S. 419).*

[2] Lehnt das FA eine Erörterung des Sach- und Rechtsstands gemäß § 364a AO ab, ist eine hiergegen erhobene Klage wegen fehlenden Rechtsschutzinteresses unzulässig *(BFH-Urteil vom 11. 4. 2012 I R 63/11, BStBl. II S. 539).*

[3] Abgedruckt als Anl. zu § 88.

AO

§ 364 b Fristsetzung[1]

(1) **Die Finanzbehörde kann dem Einspruchsführer eine Frist setzen** 1

1. zur Angabe der Tatsachen,[2] durch deren Berücksichtigung oder Nichtberücksichtigung er sich beschwert fühlt,

2. zur Erklärung über bestimmte klärungsbedürftige Punkte,

3. zur Bezeichnung von Beweismitteln oder zur Vorlage von Urkunden, soweit er dazu verpflichtet ist.

(2)[3] ① **Erklärungen und Beweismittel, die erst nach Ablauf der nach Absatz 1 gesetzten Frist vorgebracht werden, sind nicht zu berücksichtigen.** ② **§ 367 Absatz 2 Satz 2 bleibt unberührt.** ③ **Bei Überschreitung der Frist gilt § 110 entsprechend.** 2

(3) **Der Einspruchsführer ist mit der Fristsetzung über die Rechtsfolgen nach Absatz 2 zu belehren.** 3

AEAO

Zu § 364 b – Fristsetzung:

1. § 364 b AO soll dem Missbrauch des Einspruchsverfahrens zu rechtsbehelfsfremden Zwecken entgegenwirken. Von der Möglichkeit der Fristsetzung nach § 364 b AO sollte daher insbesondere in Einspruchsverfahren, die einen Schätzungsbescheid nach Nichtabgabe der Steuererklärung betreffen, Gebrauch gemacht werden. 4

2. Eine Fristsetzung nach § 364 b AO kann nur gegenüber einem Einspruchsführer, nicht gegenüber einem Hinzugezogenen (§ 360 AO) ergehen. Die Frist soll mindestens einen Monat betragen. Ein eventueller Nachprüfungsvorbehalt (§ 164 AO) ist spätestens mit der Fristsetzung aufzuheben. 5

3. Erklärungen und Beweismittel, die erst nach Ablauf der vom Finanzamt – insbesondere unter Beachtung des Belehrungsgebots (§ 364 b Abs. 3 AO) – wirksam gesetzten Frist vorgebracht werden, können im Einspruchsverfahren allenfalls im Rahmen einer Verböserung nach § 367 Abs. 2 Satz 2 AO berücksichtigt werden. Außerhalb des Einspruchsverfahrens bestehende Korrekturvorschriften (z. B. § 173 AO) bleiben zwar unberührt, werden aber i. d. R. nicht einschlägig sein. 6

4. Geht ein Antrag auf Fristverlängerung vor Fristablauf beim Finanzamt ein, kann die Frist gemäß § 109 AO verlängert werden. Geht der Antrag nach Ablauf der Frist beim Finanzamt ein, kann nur nach § 110 AO Wiedereinsetzung in den vorigen Stand gewährt werden. Über Einwendungen gegen die Fristsetzung ist – soweit nicht abgeholfen wird – im Rahmen der Entscheidung über den Einspruch gegen den Steuerbescheid zu entscheiden. 7

5. Zu den Wirkungen einer nach § 364 b AO gesetzten Ausschlussfrist für ein nachfolgendes Klageverfahren vgl. § 76 Abs. 3 FGO. Die Finanzbehörde kann trotz einer rechtmäßigen Fristsetzung in einem nachfolgenden Klageverfahren einen Abhilfebescheid gem. § 172 Abs. 1 Satz 1 Nr. 2 Buchstabe a AO erlassen.[4] 8

---

[1] Hat das FG im Rahmen des ihm gem. § 76 Abs. 3 Satz 1 FGO **(Anhang II Nr. 1)** eingeräumten Ermessens aus vertretbaren Gründen entschieden, dass es Erklärungen und Beweismittel, die erst nach Ablauf der von der Finanzbehörde nach § 364 b AO gesetzten Frist im Einspruchsverfahren oder im finanzgerichtlichen Verfahren vorgebracht werden, nicht zurückweisen will, so ist dies vom BFH in der Revisionsinstanz grundsätzlich als verbindlich hinzunehmen *(BFH-Urteil vom 17. 12. 1997 I R 47/97, BStBl. 1998 II S. 269)*. Hat das FA im Einspruchsverfahren gegen einen Schätzungsbescheid dem Einspruchsführer (Kläger) vergeblich eine Frist zur Angabe der Tatsachen gesetzt, durch deren Berücksichtigung oder Nichtberücksichtigung er sich beschwert fühlt (§ 364 b Abs. 1 Nr. 1 AO), darf das FG eine erst im Klageverfahren eingereichte Steuererklärung nach § 76 Abs. 3 FGO zurückweisen und insoweit ohne weitere Ermittlungen entscheiden, wenn die Fristsetzung durch das FA rechtmäßig ist, die Voraussetzungen des § 79 b Abs. 3 FGO erfüllt sind und die Schätzung der Besteuerungsgrundlagen nach Aktenlage nicht zu beanstanden ist *(BFH-Urteil vom 19. 3. 1998 V R 7/97, BStBl. II S. 399)*. Siehe zum Begriff der **Rechtsstreitverzögerung** Fn. zu § 79 b FGO **(Anhang II Nr. 1);** im Übrigen s. Fn. zu § 76 FGO **(Anhang II Nr. 1).**

[2] Tatsachen zur Beschwer iSd § 79 b Abs. 1 FGO (= Parallelnorm zu § 364 b AO) sind erst dann „angegeben", wenn bis zum Ablauf der wirksam gesetzten Frist sachverhaltsmäßig abgegrenzte Streitkomplexe („bestimmte Vorgänge") erläutert werden. Genügt der Kläger dem nicht, ist die Klage als unzulässig abzuweisen *(BFH-Beschluss vom 8. 3. 1995 X B 243, 244/94, BStBl. II S. 417)*.

[3] § 364 b Abs. 2 AO verwehrt es dem FA nur bis zum Ergehen der Einspruchsentscheidung, nach Ablauf der Ausschlussfrist verspätet eingegangene Steuererklärungen zu berücksichtigen, während später, z. B. im Klageverfahren, vorgelegte Steuererklärungen vom FA noch zu berücksichtigen sind *(Urteil FG München vom 26. 11. 1997 9 K 3584/96, EFG 1998 S. 800; Urteil FG Sachsen vom 28. 1. 1998 1 K 46/97, EFG 1998, S. 799)*. Bei Richtigkeit dieser Auffassung stünde nach Auffassung des FG Nürnberg die Wirkung der vom FA nach § 364 b Abs. 1 AO gesetzten Ausschlussfrist ganz im Belieben eines seine Mitwirkungspflichten verletzenden Stpfl. Er könnte durch die Vorlage der Steuererklärung im Klageverfahren die Ausschlussfrist ungeschehen machen, wenn das FA an einer Zurückweisung des unstreitig verspäteten Vorbringens gehindert wäre. Ein solches Ergebnis, das maßgeblich auf die Stellung des § 364 b AO in deren 7. Teil – außergerichtliches Rechtsbehelfsverfahren – gestützt wird, widerspräche dem Sinn und Zweck der Regelung des § 364 b AO, wie sie sich in Zusammenschau mit § 76 Abs. 3 FGO ergeben. Danach soll durch § 364 b AO eine Konzentration des Verfahrens erreicht werden. Das hat zur Folge, dass über die Frage, ob nach Ablauf einer nach § 364 b Abs. 1 AO gesetzten Ausschlussfrist verspätetes Vorbringen berücksichtigt wird, nur noch das FG entscheiden darf, während diese Entscheidung dem FA entzogen ist. Einer Auslegung des § 364 b Abs. 2 AO, die dem Sinn und Zweck dieser Vorschrift zum Durchbruch verhilft, ist der Vorzug gegenüber der systematischen Betrachtung zu geben. Dass damit dem Stpfl. eine wirkungsvolle Wahrnehmung seiner Interessen erschwert ist, muss in Kauf genommen werden, hat der Stpfl. diesen Nachteil doch durch die nachhaltige Vernachlässigung seiner Mitwirkungspflichten selbst herbeigeführt *(Urteil FG Nürnberg vom 28. 5. 1998 I 46/98)*.

[4] Erlässt das FA in einem solchen Fall einen Abhilfebescheid, kann der Kläger die Klage anschließend nicht mehr kostenfrei zurücknehmen *(BFH-Beschluss vom 13. 5. 2004 IV B 230/02, BStBl. II S. 833)*.

Anl

Verfügung betr. Fristsetzung nach § 364 b AO

Vom 20. November 2013 (BeckVerw 278619)
(LfSt Bayern S 0624.1.1 – 1/2 St 42)

1. Allgemeines

9 § 364 b AO sieht vor, dass das Finanzamt im Einspruchsverfahren dem Einspruchsführer in bestimmten Fällen eine Frist mit ausschließender Wirkung setzen kann. Die Fristsetzung kann nur gegenüber einem Einspruchsführer, nicht jedoch gegenüber einem Hinzugezogenen (§ 360 AO) ergehen.

Zweck der Vorschrift ist es, dem Missbrauch des Rechtsbehelfsverfahrens zu rechtsbehelfsfremden Zwecken entgegenwirken. Von der Möglichkeit des § 364 b AO ist deshalb insbesondere in Einspruchsverfahren die einen Schätzungsbescheid wegen Nichtabgabe der Steuererklärung betreffen, Gebrauch zu machen (vgl. AEAO zu § 364 b, Nr. 1). Dies schließt jedoch nicht aus, dass die Finanzämter auch in anderen als geeignet erscheinenden Fällen eine Ausschlussfrist setzen.

Der Finanzbehörde steht eine Aufklärungsverfügung mit Ausschlussfrist nach § 364 b Abs. 1 AO nur im Einspruchsverfahren zur Verfügung. Im Verfahren über einen Antrag auf Änderung eines Steuerbescheids (§§ 164 Abs. 2, 165 Abs. 2 AO) ist die Vorschrift hingegen nicht anwendbar.

2. Zuständigkeit im Finanzamt

10 Wegen des engen zeitlichen und sachlichen Zusammenhangs zwischen der Fristsetzung nach § 364 b AO und der Entscheidung über den Einspruch sollte die Fristsetzung nach § 364 b AO grundsätzlich von der zur Fertigung der Einspruchsentscheidung befugten Stelle (in der Regel der Rechtsbehelfsstelle) durchgeführt werden.

In Fällen wiederholter Vollschätzung kann bereits die Arbeitseinheit nach Rücksprache mit der Rechtsbehelfsstelle die Frist nach § 364 b AO setzen. Wird die Fristsetzung von der Arbeitseinheit durchgeführt, ist stets mit der Abgabe des Einspruchs an die Rechtsbehelfsstelle bis zum Ablauf der Präklusionsfrist zu warten, da der Einspruch gegen den Schätzungsbescheid nach Eingang der Steuererklärung ggf. durch Abhilfebescheid der Arbeitseinheit erledigt werden kann.

3. Zeichnungsrecht/Erfassung in der Datenbank DB-Rb

11 Fristsetzungen nach § 364 b AO sind als Vorgänge von rechtlicher oder tatsächlicher Schwierigkeit vom Sachgebietsleiter zu unterzeichnen (vgl. Anlage 2,[1] Nr. 1.4 der Ergänzenden Bestimmungen zu Abschnitt 4 der FAGO ZeiReFÄ, AIS: Organisation>Amtsorganisation>FAGO/AGO/Zeichnungsrecht in den Finanzämtern). Die Vornahme der Fristsetzung und die Präklusionsgründe sind in DB Rb auf der Registerkarte „Rechtsbehelf" zu vermerken.

4. Bestimmtheit der Fristsetzung

12 Nach § 364 b Abs. 1 AO kann das Finanzamt dem Einspruchsführer eine Frist setzen

- zur Angabe der Tatsachen, durch deren Berücksichtigung oder Nichtberücksichtigung er sich beschwert fühlt (§ 364 b Abs. 1 Nr. 1 AO)
- zur Erklärung über bestimmte klärungsbedürftige Punkte (§ 364 b Abs. 1 Nr. 2 AO)
- zur Bezeichnung von Beweismitteln oder zur Vorlage von Urkunden, soweit er dazu verpflichtet ist (§ 364 b Abs. 1 Nr. 3 AO).

Bei Fristsetzungen in Einspruchsverfahren zu Schätzungsbescheiden (§ 364 b Abs. 1 Nr. 1 AO) steht die Vorlage „Fristsetzung § 364 b AO" (Ordner Allgemein > Rechtsbehelfe sowie Ordner Rechtsbehelfsstelle) zur Verfügung.

Soweit eine Fristsetzung in anderen als geeignet erscheinenden Fällen vorgenommen wird, ist diese nur wirksam, wenn die vom Finanzamt für klärungsbedürftig angesehenen Punkte bzw. die vorzulegenden Beweismittel oder Urkunden so genau bezeichnet werden, dass es dem Einspruchsführer ohne weiteres möglich ist, der Aufforderung nachzukommen. Der Einspruchsführer muss aus der Formulierung erkennen können, mit welchen Beweismitteln etc. er nach Ablauf der Frist nicht mehr gehört werden kann. Es muss also konkret angegeben sein, welches Verhalten binnen welcher Frist der Einspruchsführer zu erbringen hat. Diesem Erfordernis wird z. B. nicht genügt, wenn der Einspruchsführer allgemein zu einer Stellungnahme oder pauschal zur Vorlage von Unterlagen aufgefordert wird. Ist die Aufforderung inhaltlich unbestimmt, ist sie unwirksam (vgl. BFH-Urteil vom 25. 4. 1995 IX R 6/94, BStBl. II S. 545). Die Fristsetzung nach § 364 b ist außerdem unwirksam, wenn der Einspruchsführer über die Rechtsfolgen der Fristversäumnis nicht belehrt wurde.

Die Entscheidung, ob dem Steuerpflichtigen eine Frist zur Vorlage von Erklärungen und Beweismitteln gesetzt werden soll, liegt im Ermessen des Finanzamts. Es wird bei seiner Ermessensentscheidung zu berücksichtigen haben, ob der Einspruchsführer das Einspruchsverfahren erkennbar verzögern will. Bei Einspruchsverfahren zu Schätzungsbescheiden ist die Fristsetzung daher regelmäßig ermessensgerecht Werden Einwendungen gegen die Fristsetzung erhoben, ist soweit nicht abgeholfen wird die Ermessensausübung im Rahmen der Entscheidung über den Einspruch gegen den Steuerbescheid darzustellen (vgl. auch Tz. 8).

5. Dauer der Frist

13 Der Gesetzgeber hat in § 364 b AO bewusst davon abgesehen, eine Mindestfrist zu benennen. Dadurch soll es den Finanzämtern ermöglicht werden, eine auf den Einzelfall bezogene angemessene Frist zu setzen. Für die Abgabe von Steuererklärungen sollten zwischen 6 und 8 Wochen vorgesehen

[1] Hier nicht wiedergegeben.

Anl

werden, für Erklärungen über einzelne Punkte mindestens 4 Wochen. Im Übrigen wird es i. d. R. zweckmäßig sein, vor einer Fristsetzung nach § 364 b AO den Einspruchsführer mit „einfacher" Fristsetzung zur Abgabe von Tatsachen und Beweismitteln aufzufordern.

Bei § 364 b AO handelt es sich um eine behördliche Frist, die nach § 109 Abs. 1 Satz 1 AO verlängert werden kann. Hierfür hat der Einspruchsführer vor Ablauf der nach § 364 b AO gesetzten Frist deren Verlängerung zu beantragen. Geht der Fristverlängerungsantrag allerdings erst nach Ablauf der Ausschlussfrist beim Finanzamt ein, kann nur nach § 110 AO Wiedereinsetzung in den vorigen Stand gewährt werden (vgl. AEAO zu § 364 b, Nr. 4). Über Einwendungen gegen die Fristsetzung ist – soweit nicht abgeholfen wird – im Rahmen der Entscheidung über den Einspruch gegen den Steuerbescheid zu entscheiden.

6. Wirkungen der Fristsetzung

Erklärungen und Beweismittel, die der Einspruchsführer erst nach Ablauf der Ausschlussfrist vorbringt, sind nicht zugunsten des Einspruchsführers im Rahmen des Einspruchsverfahrens (§ 364 b Abs 2 Satz 1 AO) und auch nicht in der laufenden Klagefrist durch Abhilfebescheid (vgl. Tz. 7.2) bzw. im Klageverfahren ohne Hinweis des Finanzgericht (vgl. Tz. 7.3) zu berücksichtigen. Solche verspätet vorgebrachten Erklärungen und Beweismittel können lediglich zuungunsten des Einspruchsführers verwendet werden Dies ergibt sich aus dem Hinweis auf die Verböserung nach § 367 Abs. 2 Satz 2 AO in § 364 b Abs. 2 Satz 2 AO. 14

Hat der Einspruchsführer eine nach § 364 b AO gesetzte Frist ergebnislos verstreichen lassen, kommt eine erneute Fristsetzung nach § 364 b AO wegen desselben Punktes nicht in Betracht. Eine wiederholte Fristsetzung wäre mit dem Ausschlusscharakter des § 364 b AO nicht vereinbar. Vielmehr sollte nach dem ergebnislosen Ablauf der Ausschlussfrist unverzüglich über den Einspruch entschieden werden. Nur so kann die durch § 364 b AO beabsichtigte Straffung und Verkürzung des Einspruchsverfahrens erreicht werden. Von der Fristsetzung ist deshalb nur Gebrauch zu machen, wenn sichergestellt ist, dass das Finanzamt alsbald über den Einspruch entscheiden kann.

Lässt der Einspruchsführer die Ausschlussfrist ergebnislos verstreichen, ist der Einspruch – soweit nicht Wiedereinsetzung in den vorigen Stand (§ 110 AO) gewährt werden kann – als unbegründet zurückzuweisen.

7. Auswirkungen auf Änderungsvorschriften

Unberührt von der Präklusion bleiben die Berichtigungs- und Änderungsvorschriften nach der AO. 15

7.1. Vorbehalt der Nachprüfung (§ 164 AO)

Steht der angefochtene Verwaltungsakt unter dem Vorbehalt der Nachprüfung und hat der Einspruchsführer die Ausschlussfrist nach § 364 b AO verstreichen lassen, müssen ungeachtet des Fristablaufs nachträglich vorgelegte Tatsachen und Beweismittel nach § 164 Abs. 2 AO berücksichtigt werden. Um dies zu vermeiden, ist spätestens mit der Fristsetzung nach § 364 b AO der Vorbehalt der Nachprüfung durch Änderungsbescheid nach § 164 Abs. 2 AO und § 164 Abs. 3 AO aufzuheben (vgl. Vorlage „Fristsetzung § 364 b AO"). Die maschinelle Erfassung der Aufhebung des Vorbehalts der Nachprüfung bzw. der erstmaligen Beifügung von Katalogvorläufigkeiten nach § 165 Abs. 1 Satz 2 Nr. 3 AO und der Endgültigkeitserklärungen nach § 165 Abs. 2 Satz 4 AO sind über den Festsetzungsmanager (Langbescheidverfahren) bzw. das Kurzbescheidverfahren zu veranlassen.

7.2. Änderung wegen neuer Tatsachen (§ 173 AO)

Grundsätzlich anwendbar ist auch § 173 AO. Allerdings werden die Voraussetzungen für eine Änderung nach dieser Vorschrift in der Regel nicht vorliegen. Zum einen wird regelmäßig ein grobes Verschulden des Einspruchsführers zu bejahen sein, wenn er Tatsachen und Beweismittel erst nach Ablauf der Fristsetzung vorbringt. Zum anderen ist maßgebend für die Anwendung des § 173 AO der Zeitpunkt, an dem die Einspruchsentscheidung abschließend gezeichnet wurde; vorher bekannt gewordene Tatsachen und Beweismittel sind nicht „nachträglich" bekannt geworden. Tatsachen und Beweismittel, die der Einspruchsführer nach Ablauf der Ausschlussfrist und vor Abzeichnung der Einspruchsentscheidung geltend macht, können deshalb schon aus diesem Grund nicht nach § 173 AO berücksichtigt werden.

7.3. Antrag auf schlichte Änderung während der Klagefrist (§ 172 AO)

In § 172 Abs. 1 Satz 3 AO ist festgelegt, dass durch einen Antrag auf schlichte Änderung innerhalb der Klagefrist eine wirksame Präklusion nicht umgangen werden kann.

7.4. Abhilfebescheid gem. § 172 Abs. 1 Nr. 2 a AO während des finanzgerichtlichen Verfahrens

Lässt das Finanzgericht die im Einspruchsverfahren präkludierten Tatsachen und Beweismittel gem. § 76 Abs. 3 FGO i. V. m. § 79 b Abs. 3 FGO für das finanzgerichtliche Verfahren zu, kann das FA trotz einer rechtmäßigen Fristsetzung nach entsprechendem Hinweis des Finanzgerichts einen Abhilfebescheid gem. § 172 Abs. 1 Nr. 2 a AO erteilen (vgl. hierzu AEAO zu § 364 b, Nr. 5 und BFH-Beschluss vom 13. 5. 2004 IV B 230/02, BStBl. II S. 833).

7.5. Anwendung des § 177 AO

Die Präklusion nach § 364 b AO kann zu einer materiell-rechtlichen Unrichtigkeit im Sinn des § 177 Abs. 3 AO führen. Wird der Verwaltungsakt später korrigiert, sind deshalb ggf. auch die präkludierten Tatsachen im Rahmen des § 177 AO (Saldierung innerhalb des Änderungsrahmens) zu berücksichtigen.

8. Anfechtbarkeit der Fristsetzung

16 Gem. AEAO zu § 364 b, Nr. 4 ist über Einwendungen gegen die Fristsetzung – soweit nicht abgeholfen wird – im Rahmen der Entscheidung über den Einspruch gegen den Steuerbescheid zu entscheiden.

Legt der Einspruchsführer gegen die Fristsetzung gesondert Einspruch ein und hält er den Einspruch trotz Hinweis auf die Verwaltungsauffassung aufrecht, ist dieser Einspruch als unzulässig mit der Begründung zu verwerfen, dass kein selbständig anfechtbarer Verwaltungsakt vorliegt (vgl. Urteil des FG München vom 4. 12. 1997 13 K 2613/97, EFG 1998 S. 436). Die Entscheidung über den Einspruch ist mit der Entscheidung über den angefochtenen Verwaltungsakt (Hauptsacheverfahren) zu verbinden. Dabei ist jedoch zu beachten, dass über zwei selbständige Einsprüche entschieden wird.

Lehnt das Finanzamt einen Antrag auf Fristverlängerung ab, ist der Einspruchsführer vor Ergehen der Einspruchsentscheidung darüber zu informieren, da er anderenfalls zu der Annahme gelangen könnte, seinem Antrag sei stillschweigend entsprochen worden.

Die Ablehnung der Fristverlängerung stellt im Gegensatz zur Fristsetzung einen Verwaltungsakt dar. Wird die Ablehnung des Fristverlängerungsantrags angefochten und kann dem Einspruch nicht abgeholfen werden, ist die Entscheidung mit der Entscheidung über den angefochtenen Verwaltungsakt zu gemeinsamer Entscheidung zu verbinden.

Wurde die Präklusionsfrist versäumt, ist bei Ablehnung eines Antrags auf Wiedereinsetzung in den vorigen Stand nicht isoliert zu entscheiden. Es gilt der allgemeine Grundsatz, dass es sich bei der Entscheidung über den Wiedereinsetzungsantrag um einen unselbständigen Teil der Hauptsache-Entscheidung handelt.

9. Überprüfung im finanzgerichtlichen Verfahren

17 Die Vorschrift des § 364 b AO steht in Zusammenhang mit § 76 Abs. 3 FGO. Danach ist die Pflicht des Finanzgerichts zur Sachaufklärung begrenzt, wenn das Finanzamt eine Frist nach § 364 b AO gesetzt hatte und der Steuerpflichtige diese Frist verstreichen ließ.

Das Finanzgericht hat in einem ersten Schritt zu prüfen, ob
- das Finanzamt eine ausreichende Frist gesetzt hatte,
- die Belehrung nach § 364 b Abs. 3 AO erfolgt ist,
- Gründe für eine Wiedereinsetzung in den vorigen Stand vorliegen.

Hält das Finanzgericht die Fristsetzung für rechtmäßig und verneint es gleichzeitig Gründe für eine Wiedereinsetzung in den vorigen Stand, kann es aber die verspätet vorgebrachten Erklärungen und Beweismittel nur dann zurückweisen und ohne Ermittlungen entscheiden, wenn
- die Zulassung des nachträglichen Vorbringens nach der freien Überzeugung des Finanzgerichts die Erledigung des Rechtsstreits verzögern würde und
- die Verspätung nicht genügend entschuldigt wird (§ 76 Abs. 3 i. V. m. § 79 b Abs. 3 Satz 1 FGO).

Eine Verzögerung tritt nach dem BFH-Urteil vom 10. 6. 1999 IV R 23/98, BStBl. II S. 664, dann ein, wenn der Rechtsstreit bei Zulassung der verspäteten Erklärungen oder Beweismittel länger als bei deren Zurückweisung dauern würde. Danach kann es nach Auffassung des BFH zu keiner Verzögerung des Rechtsstreits kommen, wenn eine Erledigung in der ersten vom Finanzgericht nach pflichtgemäßen Ermessen – unter Berücksichtigung seiner Geschäftslage, nicht aber unter Berücksichtigung des Aufklärungsbedarfs im Streitfall – terminierten mündlichen Verhandlung möglich ist.

Ferner kann das Finanzgericht nachträgliches Vorbringen dann zulassen, wenn es dem Gericht mit geringem Aufwand möglich ist, den Sachverhalt auch ohne Mitwirkung der Beteiligten zu ermitteln (§ 79 b Abs. 3 Satz 3 FGO).

Zur Möglichkeit der Erteilung eines Abhilfebescheids während des finanzgerichtlichen Verfahrens vgl. Tz 7.4.

10. Kosten des finanzgerichtlichen Verfahrens

18 In Fällen, in denen das Gericht nach § 76 Abs. 3 FGO Erklärungen und Beweismittel berücksichtigt, die im Einspruchsverfahren rechtmäßig zurückgewiesen wurden, sind dem Kläger insoweit die Kosten aufzuerlegen (§ 137 Satz 3 FGO).

AO

§ 365 Anwendung von Verfahrensvorschriften

1 (1) **Für das Verfahren über den Einspruch gelten im Übrigen die Vorschriften sinngemäß, die für den Erlass des angefochtenen oder des begehrten Verwaltungsakts gelten.**

2 (2) **In den Fällen des § 93 Absatz 5, des § 96 Absatz 7 Satz 2 und der §§ 98 bis 100 ist den Beteiligten und ihren Bevollmächtigten und Beiständen (§ 80) Gelegenheit zu geben, an der Beweisaufnahme teilzunehmen.**

3 (3)[1] ① **Wird der angefochtene Verwaltungsakt geändert oder ersetzt, so wird der neue Verwaltungsakt Gegenstand des Einspruchsverfahrens.** ② **Satz 1 gilt entsprechend, wenn**

[1] Ist ein Änderungsbescheid zum Gegenstand eines Einspruchsverfahrens geworden, besteht für einen Einspruch gegen den Änderungsbescheid kein Rechtsschutzbedürfnis (*BFH-Urteil vom 17. 3. 2022 XI R 39/19, BStBl. 2023 II S. 295*).

Durch Abs. 3 wird auch der Tatsache Rechnung getragen, dass der geänderte Verwaltungsakt den ursprünglichen Verwaltungsakt umfasst, d. h., dass er ihn in seinen Regelungsinhalt mitaufnimmt. Solange der geänderte Verwaltungsakt Bestand hat, entfaltet der ursprüngliche Verwaltungsakt keine Wirkung. Der ursprüngliche Verwaltungsakt tritt jedoch wieder in Kraft, wenn der geänderte Verwaltungsakt aufgehoben wird (*BFH-Beschluss vom 25. 10. 1972 GrS 1/72, BStBl. 1973 II S. 231; BFH-Urteile vom 14. 11. 1989 VIII R 102/87, BStBl. 1990 II S. 545; vom 11. 2. 1994 III B 127/93, BStBl. II S. 656*). Wird ein unter dem Vorbehalt der Nachprüfung ergangener Steuerbescheid mit dem Einspruch angefochten und hebt das FA den

[Fortsetzung nächste Seite]

1.[1] ein Verwaltungsakt nach § 129 berichtigt wird oder

2. ein Verwaltungsakt an die Stelle eines angefochtenen unwirksamen Verwaltungsakts tritt.[2]

AEAO

Zu § 365 – Anwendung von Verfahrensvorschriften:

1. Die Aufklärungspflicht der Einspruchsbehörde wird von der Zumutbarkeit begrenzt (vgl. AEAO zu § 88, Nr. 3). 4

Nach dem BFH-Urteil vom 11. 12. 1984, VIII R 131/76, BStBl. 1985 II S. 354 AO, können im Hinblick auf die Gesetzmäßigkeit und Gleichmäßigkeit der Besteuerung keine Vergleiche über Steueransprüche abgeschlossen werden. Eine „tatsächliche Verständigung" über schwierig zu ermittelnde Umstände ist aber zulässig und bindend (vgl. BMF-Schreiben vom 30. 7. 2008, BStBl. I S. 831, ergänzt durch BMF-Schreiben vom 15. 4. 2019, BStBl. I S. 447 und vom 23. 6. 2023, BStBl. I S. 1074).[3]

2. Wird während des Einspruchsverfahrens der angefochtene Verwaltungsakt geändert oder ersetzt, wird der neue Verwaltungsakt Gegenstand des Einspruchsverfahrens (§ 365 Abs. 3 Satz 1 AO); der Einspruch muss aber zulässig sein (BFH-Urteil vom 13. 4. 2000, V R 56/99, BStBl. II S. 490). Dies gilt entsprechend, wenn ein Verwaltungsakt wegen einer offenbaren Unrichtigkeit gem. § 129 AO berichtigt wird oder wenn ein Verwaltungsakt an die Stelle eines angefochtenen – z. B. wegen eines Bekanntgabemangels – unwirksamen Verwaltungsaktes tritt (§ 365 Abs. 3 Satz 2 AO). 5

Bei einem Teilwiderruf oder einer Teilrücknahme bleibt der Verwaltungsakt – wenn auch eingeschränkt – bestehen und der Einspruch damit ebenfalls anhängig (BFH-Urteil vom 28. 1. 1982, V R 100/80, BStBl. II S. 292).

Eine Ersetzung i. S. d. § 365 Abs. 3 AO liegt auch vor, wenn sich ein mit dem Einspruch angefochtener Vorauszahlungsbescheid mit Wirksamwerden der Jahressteuerfestsetzung erledigt (BFH-Urteil vom 4. 11. 1999, V R 35/98, BStBl. 2000 II S. 454).

Die Regelungen des § 365 Abs. 3 AO gelten nur für das Einspruchsverfahren; insbesondere bleiben Beitreibungsmaßnahmen nur auf der Grundlage eines wirksamen Verwaltungsakts zulässig.

Wegen des Erlasses eines Änderungsbescheids vor oder nach Ergehen einer Teil-Einspruchsentscheidung vgl. AEAO zu § 367, Nr. 6.5.

Anl

Verfügung betr. Erlass von Verwaltungsakten während des Einspruchsverfahrens

Vom 8. Oktober 2007 (BeckVerw 101512)

(OFD Hannover – S 0625 – 1 – StO 141)

Die Vorschriften über Rücknahme und Widerruf (§§ 130, 131 AO) sowie Aufhebung und Änderung (z. B. § 164 Abs. 2, § 165 Abs. 2, §§ 172 ff. AO, § 35 b GewStG) von Verwaltungsakten gelten auch während des Einspruchsverfahrens (vgl. § 132 AO). Gleiches gilt für die Berichtigung offenbarer Unrichtigkeiten nach § 129 AO. Das FA kann daher einen angefochtenen Verwaltungsakt auch während eines Einspruchsverfahrens nach den Korrekturvorschriften zurücknehmen, widerrufen, aufheben, ändern 6

[Fortsetzung]

Vorbehalt der Nachprüfung während des Einspruchsverfahrens auf, so wird der Bescheid, mit dem der Vorbehalt der Nachprüfung aufgehoben wird, Gegenstand des Einspruchsverfahrens *(BFH-Urteil vom 26. 6. 2002 IV R 3/01, BStBl. 2003 II S. 112).*

Wird eine Umsatzsteuer-Jahreserklärung, die gemäß § 168 Satz 1 AO als Steuerfestsetzung unter dem Vorbehalt der Nachprüfung wirkt, während eines Einspruchsverfahrens gegen die abgelehnte Änderung der Herabsetzung eines Umsatzsteuer-Vorauszahlungsbescheids abgegeben, wird gemäß § 365 Abs. 3 AO der Umsatzsteuer-Jahresbescheid zum Gegenstand des Einspruchsverfahrens (BFH-Urteil vom 3. 11. 2011 V R 32/10, BFH/NV S. 525). Ergeht während des Verfahrens gegen Verspätungszuschläge, wegen verspäteter Abgabe bzw. Nichtabgabe von USt-Voranmeldungen ein Jahressteuerbescheid, sind dessen Festsetzungen für die Zumessung der Verspätungszuschläge von Bedeutung *(BFH-Urteil vom 16. 5. 1995 XI R 73/94, BStBl. 1996 II S. 259; Nichtanwendungserlass des BMF vom 25. 4. 1996, BStBl. 1996 I S. 582).* Ergehen während eines laufenden Klageverfahrens nacheinander zwei Änderungsbescheide und legt der Kläger gegen den ersten Änderungsbescheid Einspruch ein, über den bei Ergehen des zweiten Änderungsbescheides noch nicht abschließend entschieden ist, wird letzterer nach § 365 Abs. 3 AO Gegenstand des Einspruchsverfahrens und kann nicht durch Antrag nach § 68 FGO zum Gegenstand des Klageverfahrens gemacht werden *(BFH-Beschluss vom 2. 12. 1999 II B 78/99, BFH/NV 2000 S. 680).*

Wird ein mit der Klage angefochtener Haftungsbescheid, mit dem Haftungsbeträge für zwei verschiedene Steuerarten festgesetzt worden sind, während des Klageverfahrens durch einen neuen Bescheid dahin „geändert", dass die Haftung für die eine Steuer aufgehoben (zurückgenommen) wird, während die Festsetzung der Haftungssumme für die andere Steuer unter Hinweis auf den ursprünglichen Bescheid ohne eine eigenständige neue Regelung lediglich wiederholt wird, so bleibt der ursprüngliche Haftungsbescheid, soweit er nicht aufgehoben worden ist, wirksam. Das Klageverfahren gegen ihn ist fortzuführen, ohne dass es eines Antrags nach § 68 FGO bedarf *(BFH-Urteil vom 6. 8. 1996 VII R 77/95, BStBl. 1997 II S. 79).* Zur Haftung für USt-Vorauszahlungen nach Festsetzung der USt-Jahresschuld s. *BFH-Urteil vom 12. 10. 1999 VII R 98/98, BStBl. 2000 II S. 486,* sowie Fn. zu § 191.

---

[1] § 365 Abs. 3 Satz 2 Nr. 1 ist auf berichtigende Verwaltungsakte anzuwenden, die nach dem 31. 12. 1995 bekanntgegeben werden (Art. 97 § 18 Abs. 4 EGAO, abgedruckt in **Anhang I Nr. 1**).

[2] Die von § 365 Abs. 3 AO vorausgesetzte Identität der Beteiligten liegt vor, wenn ein Verwaltungsakt, der an eine nicht mehr existente Personengesellschaft gerichtet und deshalb unwirksam ist, im Einspruchsverfahren dem Gesamtrechtsnachfolger als Steuerschuldner erneut bekanntgegeben wird *(BFH-Urteil vom 11. 10. 2023 II R 16/21, BFH/NV 2024 S. 161).*

[3] Abgedruckt als Anl. zu § 88.

Anl

oder berichtigen. Liegen die Voraussetzungen vor, unter denen ein angefochtener Verwaltungsakt korrigiert werden kann, bitte Folgendes beachten:

7 **1. Zweckmäßigkeit der Korrektur**

1.1 Im Allgemeinen wird eine Korrektur des angefochtenen Verwaltungsaktes, durch die dem Rechtsbehelfsantrag nicht in vollem Umfang entsprochen oder durch die die Steuer erhöht oder ein begünstigender rechtswidriger Verwaltungsakt zurückgenommen wird (vgl. AEAO zu § 130, Nr. 4), in der Einspruchsentscheidung vorzunehmen sein. Bei einer Verböserung ist § 367 Abs. 2 Satz 2 AO zu beachten.

1.2 Es kann jedoch zweckmäßig sein, den Verwaltungsakt vor einer etwaigen Einspruchsentscheidung zu ändern. Dabei brauchen im Falle der Korrektur zuungunsten des Einspruchsführers die Voraussetzungen für eine Verböserung (§ 367 Abs. 2 Satz 2 AO) zwar nicht gegeben zu sein. Gleichwohl ist dem Einspruchsführer zuvor Gelegenheit zur Äußerung zu geben (vgl. AEAO zu § 367, Nr. 2).

Eine vorweggenommene Korrektur empfiehlt sich u. U. in Rechtsbehelfsfällen mit umfangreichem Streitstoff, um das Verfahren auf die streitigen Punkte, deren Klärung voraussichtlich noch geraume Zeit in Anspruch nehmen wird, zu beschränken. Sie kann ferner in Betracht kommen, wenn der Einspruch teilweise begründet, im Übrigen aber noch nicht entscheidungsreif ist und dem Einspruchsführer nicht zugemutet werden kann, auf die Erstattung der unstreitigen Beträge bis zum Erlass der Einspruchsentscheidung zu warten. Hierfür wird häufig dann ein Bedürfnis bestehen, wenn anschließend das Einspruchsverfahren wegen der verbleibenden Streitpunkte ausgesetzt werden oder ruhen (§ 363 AO) soll. Schließlich kann eine Änderung des angefochtenen Bescheides angebracht sein, wenn dadurch hohe Mehrsteuern (z. B. nach dem Ergebnis einer inzwischen durchgeführten Außenprüfung oder einer Mitteilung über die gesonderte Feststellung von Besteuerungsgrundlagen) schneller festgesetzt werden können. Mehrmalige Änderungen des Bescheids, durch die dem Einspruch nicht abgeholfen wird, sind zu vermeiden.

Vom Erlass eines Teilabhilfebescheides muss nicht deshalb abgesehen werden, weil die Möglichkeit einer Verböserung im weiteren Verfahren nicht ausgeschlossen ist. Mit dem Erlass eines Teilabhilfebescheides hat das FA das ihm in § 367 Abs. 2 Satz 2 AO eingeräumte Recht der Selbstkontrolle nicht verbraucht.[1]

Wegen damit evtl. verbundener verfahrensrechtlicher Unwägbarkeiten ist ein Teilabhilfebescheid nicht zu erlassen, wenn die Einspruchsentscheidung vor Ablauf der Einspruchsfrist des Teilabhilfe-bescheides ergeht (s. Tz. 2.2 Abs. 4).

Ist der Einspruch von der Rechtsbehelfsstelle zu bearbeiten, so ist sie beim Erlass des Änderungsbescheides zu beteiligen, wenn sie die Änderung nicht selbst veranlasst.

8 **2. Verfahren nach Korrektur des angefochtenen Verwaltungsaktes**

2.1 Wird dem Einspruch durch Änderungsbescheid abgeholfen, so bedarf es keiner Einspruchsentscheidung (§ 367 Abs. 2 Satz 3 AO). Abhilfe liegt nur vor, wenn dem Begehren der Sache nach entsprochen wird. Dabei kommt es nur auf das zahlenmäßige Ergebnis, nicht jedoch auf die Gründe der Änderung an. Sind die Einwendungen des Einspruchsführers zwar berechtigt, wird die Steuer aber aus anderen Gründen nicht wie beantragt herabgesetzt oder sogar erhöht, dann erledigt sich der Einspruch nur, wenn der Einspruchsführer zuvor seinen Rechtsbehelfsantrag entsprechend eingeschränkt oder der beabsichtigten Änderung zugestimmt hat.

Unter diesen Voraussetzungen erledigt sich ein Einspruch, der sich gegen einen unter dem Vorbehalt der Nachprüfung ergangenen Bescheid richtet, durch einen nach § 164 Abs. 2 AO geänderten Bescheid auch dann, wenn dieser erneut unter dem Vorbehalt der Nachprüfung erteilt wird, es sei denn, dass der Einspruchsführer mit dem Einspruch zugleich ausdrücklich die Aufhebung des Vorbehalts begehrt hat.

2.2 Wird der angefochtene Verwaltungsakt geändert oder ersetzt, wird der neue Verwaltungsakt automatisch Gegenstand des Einspruchsverfahrens (§ 365 Abs. 3 Satz 1 AO). Dies gilt entsprechend, wenn ein Verwaltungsakt wegen einer offenbaren Unrichtigkeit gemäß § 129 AO berichtigt wird oder wenn ein Verwaltungsakt an die Stelle des angefochtenen – z. B. wegen eines Bekanntgabemangels – unwirksamen Verwaltungsaktes tritt (§ 365 Abs. 3 Satz 2 AO). Der neue Verwaltungsakt muss aber innerhalb der Festsetzungsfrist wirksam geworden sein.[2]

Zur Vermeidung unnötiger Einsprüche ist die Rechtsbehelfsbelehrung zum geänderten Bescheid mit folgendem Zusatz zu versehen:

„Ein Einspruch ist jedoch ausgeschlossen, soweit dieser Bescheid einen Verwaltungsakt ändert oder ersetzt, gegen den ein zulässiger Einspruch oder nach einem zulässigen Einspruch eine zulässige Klage, Revision oder Nichtzulassungsbeschwerde anhängig ist. In diesem Fall wird der neue Verwaltungsakt Gegenstand des Rechtsbehelfsverfahrens. Dies gilt auch, soweit sich ein angefochtener Vorauszahlungsbescheid durch die Jahressteuerfestsetzung erledigt."

Ein vom Einspruchsführer gleichwohl eingelegter Einspruch ist unzulässig. Das FA sollte jedoch den Einspruchsführer in einem solchen Fall bei sich bietender Gelegenheit vor Erlass der Einspruchsentscheidung auf die Möglichkeit weiteren Vorbringens im Einspruchsverfahren hinweisen, zumindest aber die fiktive Einspruchsfrist für den ändernden oder ersetzenden Verwaltungsakt verstreichen lassen.

Im Falle der teilweisen Abhilfe in der Einspruchsentscheidung kann der Entscheidungssatz z. B. wie folgt abgefasst werden:

„Der ...bescheid für das Jahr ... vom ... wird auf den Einspruch vom ... in der Weise geändert, dass die ...steuer von ... EUR auf ... EUR herabgesetzt wird. Im Übrigen wird der Einspruch als unbegründet zurückgewiesen."

---

[1] **[Amtl. Anm.:]** BFH-Urteil vom 6. September 2006, BStBl. II 2007 S. 83.

[2] **[Amtl. Anm.:]** BFH-Urteil vom 16. Mai 1990, BStBl. I 1990 S. 942.

Mit dieser Entscheidung wird der Regelungsinhalt des ursprünglichen Verwaltungsaktes geändert; der ursprüngliche Verwaltungsakt wird ggf. „in der Gestalt, die er durch die Entscheidung über den außergerichtlichen Rechtsbehelf gefunden hat", Gegenstand der Anfechtungsklage (§ 44 Abs. 2 FGO). Die Begründung der Entscheidung ist auf den durch die vorausgegangene Korrektur nicht erledigten Teil des Einspruchsantrags zu beschränken.

Bei einem Teilwiderruf oder einer Teilrücknahme (s. Tz. 1.2 vorletzter Absatz) bleibt der Verwaltungsakt – wenn auch eingeschränkt – bestehen und der Einspruch damit ebenfalls anhängig.[1]

Wird beispielsweise nach Erlass eines Haftungsbescheides die in diesem ausgewiesene Haftungssumme durch Änderungsbescheid herabgesetzt, so handelt es sich um eine Teilrücknahme (§ 130 Abs. 1 AO), die den von dieser nicht betroffenen Teil des Haftungsbescheides – also die verbliebene Haftungssumme – nicht berührt.[2]

3. Verfahren bei Streit über die (vollständige) Abhilfe 9

Ob eine vollständige Abhilfe erfolgt ist, entscheidet ein objektiver Vergleich zwischen Antrag und Abhilfebescheid. Die Vorstellung des FA ist hingegen selbst dann unbeachtlich, wenn im Änderungsbescheid ein entsprechender Hinweis gegeben worden ist.[3]

Maßgebend bei diesem Vergleich ist der – ggf. eingeschränkte – Antrag des Einspruchsführers im Zeitpunkt des Erlasses des Abhilfebescheides.

Macht der Einspruchsführer geltend, das FA habe dem Einspruch nicht vollständig abgeholfen (Tz. 2.1 erster Absatz), muss das FA diesem Einwand nachgehen. Folgt das FA der Auffassung des Einspruchsführers, liegt nur eine Teilabhilfe vor. Der Änderungsbescheid (Teilabhilfebescheid) wird in diesem Fall Gegenstand des noch „anhängigen" Einspruchsverfahrens (§ 365 Abs. 3 AO). Zur Erledigung des Einspruchs muss entweder ein weiterer Abhilfebescheid oder eine zurückweisende Einspruchsentscheidung ergehen.

Trägt der Einspruchsführer entsprechende Einwendungen erst nach Ablauf der Einspruchsfrist des Abhilfebescheides vor[4] bzw. nicht im Rahmen eines Einspruchs, ist in Form einer Einspruchsentscheidung die Hauptsacheerledigung festzustellen und im Weiteren darzulegen, dass dem Einspruchsbegehren im Abhilfebescheid in vollem Umfang entsprochen worden ist.

Bestehen – insbesondere bei unklaren Rechtsbehelfsanträgen – von vornherein Zweifel über eine vollständige Erledigung, ist durch Einspruchsentscheidung mit abhelfender Steuerfestsetzung zu entscheiden.[2]

4. Auf Vollabhilfebescheide ist § 348 Nr. 1 AO nicht anzuwenden, d. h. sie können mit dem Einspruch angefochten werden, wenn das Einspruchsbegehren nachträglich erweitert wird. Die Geltendmachung einer Beschwer durch den Abhilfebescheid wird nicht dadurch ausgeschlossen, dass dieser dem Einspruchsbegehren gegen den ursprünglichen Bescheid in vollem Umfang entspricht.[4]

§ 366[5] Form, Inhalt und Erteilung der Einspruchsentscheidung

AO

① Die Einspruchsentscheidung ist zu begründen, mit einer Rechtsbehelfsbelehrung zu versehen und den Beteiligten schriftlich oder elektronisch zu erteilen. ② Betrifft die Einspruchsentscheidung eine gesonderte und einheitliche Feststellung im Sinne des § 180 Absatz 1 Satz 1 Nummer 2 Buchstabe a und sind mehr als 50 Personen gemäß § 359 am Verfahren beteiligt, so kann auf die Nennung sämtlicher Einspruchsführer und Hinzugezogenen im Rubrum der Einspruchsentscheidung verzichtet werden, wenn dort die Person, der diese Einspruchsentscheidung jeweils bekannt gegeben wird, und die Anzahl der übrigen nicht namentlich bezeichneten Beteiligten angegeben wird. 1

Zu § 366 – Form, Inhalt und Erteilung der Einspruchsentscheidung:

AEAO

1. Für die Bekanntgabe der Einspruchsentscheidung gelten §§ 122 und 122a AO. Wegen der Bekanntgabe an Bevollmächtigte vgl. AEAO zu § 122, Nr. 1.7; wegen der Bekanntgabe durch Telefax vgl. AEAO zu § 122, Nrn. 1.8.1.2 und 1.8.2.2. 2

2. Eine förmliche Zustellung der Einspruchsentscheidung ist nur erforderlich, wenn sie ausdrücklich angeordnet wird (§ 122 Abs. 5 Satz 1 AO). Sie sollte insbesondere dann angeordnet werden, wenn ein eindeutiger Nachweis des Zugangs für erforderlich gehalten wird. Zum Zustellungsverfahren vgl. AEAO zu § 122, Nrn. 3 und 4.5. 3

---

[1] **[Amtl. Anm.:]** BFH-Urteil vom 28. Januar 1982, BStBl. II 1982 S. 292.
[2] **[Amtl. Anm.:]** BFH-Urteil vom 6. März 1990, BFH/NV 1991 S. 7.
[3] **[Amtl. Anm.:]** BFH-Urteil vom 4. November 1981, BStBl. II 1982 II S. 270.
[4] **[Amtl. Anm.:]** BFH-Urteil vom 18. April 2007, BFH/NV 2007 S. 1554.
[5] Einspruchsentscheidungen können durch **Telefax** übermittelt und in Form von Telefaxausdrucken wirksam bekanntgegeben werden *(BFH-Urteil vom 8. 7. 1998 I R 17/96, BStBl. II 1999 S. 48).*

Nach Auffassung des BFH *(BFH-Beschluss vom 12. 11. 1992 XI B 69/92, BStBl. 1993 II S. 263)* soll die fehlerhafte Bekanntgabe eines Steuerbescheides durch die fehlerfreie Bekanntgabe der Einspruchsentscheidung geheilt werden können.

Fehlt eine Seite der Einspruchsentscheidung und wird dies vor Ablauf der regulären Klagefrist gerügt, so endet die Klagefrist erst einen Monat nach Bekanntgabe der fehlenden Seite *(BFH-Urteil vom 25. 7. 2007 III R 15/07, BStBl. 2008 II S. 94).*

Die isolierte Aufhebung der Einspruchsentscheidung kommt bei Anfechtungsklagen nur in Betracht, wenn der Kläger lediglich durch diese Entscheidung beschwert ist und einen entsprechend eingeschränkten Antrag gestellt hat *(BFH-Urteil vom 8. 3. 2017 IX R 47/15, BFH/NV S. 1044).*

4 **3.** In den Gründen der Einspruchsentscheidung sollen Wiedergabe des Tatbestandes und Darlegung der rechtlichen Erwägungen der entscheidenden Behörde getrennt sein. Auf Zulässigkeitsfragen ist nur einzugehen, wenn hierzu begründeter Anlass besteht, etwa in den Fällen der §§ 354 Abs. 2, 362 Abs. 2 AO oder bei ernsthaften Zweifeln am Vorliegen einzelner Zulässigkeitsvoraussetzungen. Hinweis auf § 358 AO.

Enthält die Einspruchsentscheidung entgegen § 366 AO keine oder eine unrichtige Rechtsbehelfsbelehrung, beträgt die Klagefrist nach § 55 Abs. 2 FGO ein Jahr statt eines Monats.

AO

§ 367 Entscheidung über den Einspruch[1]

1 (1) ① **Über den Einspruch entscheidet die Finanzbehörde, die den Verwaltungsakt erlassen hat, durch Einspruchsentscheidung.** ② **Ist für den Steuerfall nachträglich eine andere Finanzbehörde zuständig geworden, so entscheidet diese Finanzbehörde; § 26 Satz 2 bleibt unberührt.**[2]

2 (2) ① **Die Finanzbehörde, die über den Einspruch entscheidet, hat die Sache in vollem Umfang[3] erneut zu prüfen.** ② **Der Verwaltungsakt kann auch zum Nachteil des Einspruchsführers geändert werden, wenn dieser auf die Möglichkeit einer verbösernden Entscheidung unter Angabe von Gründen hingewiesen und ihm Gelegenheit gegeben worden ist, sich hierzu zu äußern.**[4] ③ **Einer Einspruchsentscheidung bedarf es nur insoweit, als die Finanzbehörde dem Einspruch nicht abhilft.**[5]

---

[1] Zur Entscheidungsfiktion bei Massenrechtsbehelfen vgl. Art. 97 § 18 a EGAO (befristet; **Anhang I Nr. 1**).

[2] Zu den Auswirkungen eines Zuständigkeitswechsels auf das Rechtsbehelfsverfahren s. *BMF-Schreiben vom 10. 10. 1995 IV A 5 – S 0600 – 17/95, BStBl. II S. 664,* nachstehend abgedruckt.

[3] In der Rechtsprechung ist geklärt, dass das Einspruchsverfahren ein so genanntes verlängertes Verwaltungsverfahren darstellt und das Tatbestandsmerkmal „in vollem Umfang" in § 367 Abs. 2 Satz 1 AO lediglich bedeutet, dass das FA nicht an das Einspruchsbegehren des Einspruchsführers gebunden ist. Es kann vielmehr so entscheiden, als ob es die Sache erstmals in einem Verwaltungsakt regelt. Welche Prüfungsintensität im Einzelfall geboten ist, hängt insbesondere von der Mitwirkung des Steuerpflichtigen und den jeweiligen Umständen ab. Eine weitergehende abstrakte Vorgabe durch den BFH lässt sich deshalb nicht treffen *(BFH-Beschluss vom 20. 7. 2007 VIII B 8/06 BFH/NV S. 2069).*

BFH-Beschluss vom 19. 11. 2007 VIII B 30/07, BFH/NV 2008 S. 335: 1. Im Einspruchsverfahren sind Ermessensentscheidungen nicht lediglich auf Ermessensfehler hin zu überprüfen. Vielmehr ist unter Berücksichtigung des Vorbringens des Einspruchsführers gegebenenfalls eine neue Ermessensentscheidung zu treffen. Maßgebend ist die Sachlage und Rechtslage im Zeitpunkt der Bekanntgabe der Einspruchsentscheidung. 2. Wird die Festsetzung eines Verspätungszuschlages mit Einspruch angefochten und im Verlauf des zwei Jahre dauernden Einspruchsverfahrens wiederum keine Einkommensteuererklärung abgegeben, so liegt darin eine wesentliche Intensivierung des Verspätungszeitraums und zugleich des Verschuldens, so dass damit auch eine erneute Ermessensausübung gerechtfertigt sein kann.

Stellt die Einspruchsbehörde im Rahmen der gemäß § 367 Abs. 2 Satz 1 AO durchzuführenden umfassenden Prüfung der Erlassablehnung fest, dass die Ausgangsbehörde sachlich unzuständig war, hat sie deren Ausgangsbescheid aufzuheben und durch einen neuen Ausgangsbescheid erstmals selbst über den Erlassantrag zu entscheiden. Im Falle der Erlassablehnung steht dem Antragsteller dagegen der Einspruch offen (*BFH-Urteil vom 19. 1. 2023 III R 2/22, BStBl. 2023 II S. 626*).

Wird ein Gewinnfeststellungsbescheid teilweise mit dem Einspruch angefochten, so hat die Finanzbehörde die Sache in vollem Umfang erneut zu prüfen (§ 367 Abs. 2 AO). Die nicht angefochtenen Teile des Bescheides erwachsen nicht in **Teilbestandskraft.** Ist der Bescheid aufgrund einer Außenprüfung ergangen, tritt Teilfeststellungsverjährung nicht vor seiner Unanfechtbarkeit ein *(BFH-Urteil vom 4. 11. 2003 VIII R 38/01, BFH/NV 2004 S. 1372).*

[4] *BFH-Urteil vom 6. 9. 2006 XI R 51/05, BStBl. 2007 II S. 83:* Das FA ist auch dann noch zum Erlass einer verbösernden Einspruchsentscheidung gem. § 367 Abs. 2 Satz 2 AO berechtigt, wenn es zuvor einen Änderungsbescheid erlassen hat, in dem es dem Einspruchsbegehren teilweise entsprochen hat, jedoch nicht in voller Höhe abgeholfen hat (sog. **Teilabhilfebescheid**).

Hat das FA im Einspruchsverfahren eine Frist bestimmt, bis zu der es dem Steuerpflichtigen möglich sein soll, bei Vermeidung der zugleich angedrohten Verböserung den Einspruch zurückzunehmen, so kann ein Verstoß gegen Treu und Glauben vorliegen, wenn es gleichwohl vor Ablauf der selbst gesetzten Frist die (verbösernde) Einspruchsentscheidung erlässt *(BFH-Urteil vom 15. 5. 2013 VIII R 18/10, BStBl. II S. 669).*

Der Hinweis auf eine Änderung zum Nachteil des Einspruchsführers ist nur dann – ausnahmsweise – entbehrlich, wenn eine erhöhte Steuerfestsetzung (Feststellung) auch nach Rücknahme des Einspruchs möglich gewesen wäre, wenn sich also die Verböserung durch Einspruchsrücknahme nicht hätte vermeiden lassen. Ist zweifelhaft, ob eine Änderung noch möglich ist, darf auf den Hinweis nicht verzichtet werden *(BFH-Urteil vom 22. 3. 2006 XI R 24/05, BStBl. II S. 576).*

§ 367 Abs. 2 Satz 2 AO ist auf Änderungen des angefochtenen Steuerbescheids während des Einspruchsverfahrens nach § 132 AO i. V. m. § 164 Abs. 2 AO entsprechend anzuwenden, wenn die Änderungsmöglichkeit nur deshalb besteht, weil die Festsetzungsfrist durch den Einspruch gemäß § 171 Abs. 3 a AO in ihrem Ablauf gehemmt ist *(BHF-Urteil vom 25. 2. 2009 IX R 24/08, BStBl. II S. 587).*

Werden dem FA im Einspruchsverfahren Tatsachen erstmals bekannt, die eine höhere Wertfeststellung rechtfertigen, steht der Änderung des Verwaltungsakts nach § 173 Abs. 1 Nr. 1 AO nicht entgegen, dass der Einspruch nach entsprechendem Hinweis auf die Verböserungsmöglichkeit zurückgenommen wurde *(BFH-Urteil vom 11. 3. 1987 II R 206/83, BStBl. II S. 417).* Der unterbliebene Hinweis auf eine mögliche Verböserung ist unschädlich, wenn der angegriffene Steuerbescheid auch nach Rücknahme des Einspruchs zum Nachteil des Stpfl. geändert werden kann, weil er unter dem Vorbehalt der Nachprüfung (§ 164 Abs. 1 AO) ergangen ist *(BFH-Urteil vom 10. 11. 1989 VI R 124/88, BStBl. 1990 II S. 414).* Eine Untätigkeitsklage des Stpfl. schließt eine Verböserung des angegriffenen Steuerbescheids nicht aus *(BFH-Beschluss vom 11. 8. 1992 III B 147/92, BFH/NV 1993 S. 311).*

[5] *BFH-Urteil vom 5. 6. 2003 IV R 38/02, BStBl. 2004 II S. 2:* 1. Ein Abhilfebescheid iSd § 367 Abs. 2 AO liegt auch vor, soweit sich der Bescheid teilweise als dem Einspruchsführer nachteilig erweist, er dieser Änderung aber nach § 172 Abs. 1 Satz 1 Nr. 2 Buchst. a Halbsatz 1 AO zugestimmt hat. 2. Erklärt sich der steuerliche Berater mit der vom Außenprüfer in der Schlussbesprechung vorgeschlagenen Behandlung bestimmter Einkünfte einverstanden, kann darin nach den Umständen des Einzelfalls eine Zustimmung im o. g. Sinn zu einer Änderung zu Ungunsten des Stpfl. liegen, auch wenn die Erklärung lediglich in Anwesenheit von Angehörigen der Betriebsprüfungsstelle abgegeben wird.

Ergeht ein Abhilfebescheid bei „Beteiligung eines Dritten" ohne dessen Zustimmung bzw. Antrag, so ist der Dritte nicht iSv. § 174 Abs. 5 Satz 1 AO „am Verfahren beteiligt" *(BFH-Urteil vom 11. 4. 1991 V R 40/86, BStBl. II S. 605).*

(2 a)[1] ① **Die Finanzbehörde kann vorab über Teile des Einspruchs entscheiden, wenn dies sachdienlich ist.** ② **Sie hat in dieser Entscheidung zu bestimmen, hinsichtlich welcher Teile Bestandskraft nicht eintreten soll.** 3

(2 b) ① **Anhängige Einsprüche, die eine vom Gerichtshof der Europäischen Union, vom Bundesverfassungsgericht oder vom Bundesfinanzhof entschiedene Rechtsfrage betreffen und denen nach dem Ausgang des Verfahrens vor diesen Gerichten nicht abgeholfen werden kann, können durch Allgemeinverfügung insoweit zurückgewiesen werden.** ② **Sachlich zuständig für den Erlass der Allgemeinverfügung ist die oberste Finanzbehörde.** ③ **Die Allgemeinverfügung ist im Bundessteuerblatt und auf den Internetseiten des Bundesministeriums der Finanzen zu veröffentlichen.** ④ **Sie gilt am Tag nach der Herausgabe des Bundessteuerblattes, in dem sie veröffentlicht wird, als bekannt gegeben.** ⑤ **Abweichend von § 47 Absatz 1 der Finanzgerichtsordnung endet die Klagefrist mit Ablauf eines Jahres nach dem Tag der Bekanntgabe.** ⑥ **§ 63 Absatz 1 Nummer 1 der Finanzgerichtsordnung gilt auch, soweit ein Einspruch durch eine Allgemeinverfügung nach Satz 1 zurückgewiesen wurde.** 4

(3) ① **Richtet sich der Einspruch gegen einen Verwaltungsakt, den eine Behörde auf Grund gesetzlicher Vorschrift für die zuständige Finanzbehörde erlassen hat, so entscheidet die zuständige Finanzbehörde über den Einspruch.** ② **Auch die für die zuständige Finanzbehörde handelnde Behörde ist berechtigt, dem Einspruch abzuhelfen.** 5

Zu § 367 – Entscheidung über den Einspruch: AEAO

1. Jeder nach Erlass eines Verwaltungsakts eintretende Zuständigkeitswechsel bewirkt auch eine Zuständigkeitsänderung im Einspruchsverfahren. Die Einspruchsvorgänge sind daher mit den übrigen Akten abzugeben. Die zunächst zuständige Behörde kann jedoch unter Wahrung der Interessen der Beteiligten aus Zweckmäßigkeitsgründen das Einspruchsverfahren fortführen, wenn das neu zuständige Finanzamt zustimmt. Zu den Auswirkungen eines Zuständigkeitswechsels auf das Einspruchsverfahren siehe auch BMF-Schreiben vom 10. 10. 1995, BStBl. I S. 664. 6

2. Gem. § 132 AO gelten die Vorschriften über Rücknahme, Widerruf, Aufhebung und Änderung von Verwaltungsakten auch während des Einspruchsverfahrens (vgl. AEAO zu § 365, Nr. 2). 7

2.1. Aufgrund der im Einspruchsverfahren geltenden umfassenden Überprüfungsmöglichkeit nach § 367 Abs. 2 Satz 1 AO ist die Finanzbehörde jedoch nicht an die Voraussetzungen der Korrekturvorschriften §§ 130 ff., 172 ff. AO gebunden (BFH-Urteil vom 10. 3. 2016, III R 2/15, BStBl. II S. 508).

2.2. Will die Finanzbehörde den angefochtenen Verwaltungsakt zum Nachteil des Einspruchsführers ändern, muss der Einspruchsführer auf die Möglichkeit einer verbösernden Entscheidung unter Angabe von Gründen hingewiesen und ihm Gelegenheit gegeben werden, sich hierzu zu äußern (§ 367 Abs. 2 Satz 2 AO). Dieser Hinweis ist nur dann – ausnahmsweise – entbehrlich, wenn sich die Änderung zum Nachteil des Einspruchsführers durch Einspruchsrücknahme nicht hätte vermeiden lassen. Ist zweifelhaft, ob eine solche Änderung noch möglich ist, darf auf diesen Hinweis nicht verzichtet werden (vgl. BFH-Urteil vom 22. 3. 2006, XI R 24/05, BStBl. II S. 576).

2.3. Die Finanzbehörde ist auch dann noch zum Erlass einer verbösernden Einspruchsentscheidung gemäß § 367 Abs. 2 Satz 2 AO berechtigt, wenn
- sie zuvor einen Änderungsbescheid erlassen hat, in dem sie dem Einspruchsbegehren teilweise entsprochen, jedoch nicht in voller Höhe abgeholfen hat (sog. Teilabhilfebescheid; vgl. BFH-Urteil vom 6. 9. 2006, XI R 51/05, BStBl. 2007 II S. 83) oder
- ein Verwaltungsakt, mit dem die Finanzbehörde einem Antrag auf eine Billigkeitsmaßnahme nach §§ 163, 222 oder 227 AO nur teilweise stattgegeben hat, mit dem Einspruch angefochten wird (BFH-Urteil vom 10. 3. 2016, III R 2/15, BStBl. II S. 508).

---

[1] Ob eine abschließende Einspruchsentscheidung (§ 367 Abs. 1 AO) oder eine Teil-Einspruchsentscheidung (§ 367 Abs. 2 a AO) vorliegt, ist im Zweifel durch Auslegung nach dem objektiven Verständnishorizont des Empfängers zu ermitteln *(BFH-Beschluss vom 12. 5. 2022 V R 31/20, BFH/NV S. 1153).*

Die Teileinspruchsentscheidung erfordert einen Ausspruch darüber, hinsichtlich welcher Teile Bestandskraft nicht eintreten soll *(BFH-Urteil vom 17. 3. 2022 XI R 39/19, BStBl. 2023 II S. 295).*

Die FinBeh. kann im Einspruchsverfahren gegen einen auf § 173 Abs. 1 Nr. 1 AO gestützten Änderungsbescheid, der nach Unanfechtbarkeit des Erstbescheides erlassen wurde, gem. § 367 Abs. 2 AO die Steuer auch über die im Änderungsbescheid festgesetzte Steuer hinaus erhöhen, wenn die Verböserung ihre Grundlage in dem Änderungsbescheid hat *(BFH-Urteil vom 24. 10. 2000 IX R 62/97, BFH/NV 2001 S. 224).*

Hebt das FA im Einspruchsverfahren einen nach § 173 Abs. 1 Nr. 1 AO geänderten Bescheid auf, kann es später einen erneuten Änderungsbescheid wegen nachträglich bekannt gewordener Tatsachen erlassen. Hatte der Stpfl. bei Erlass des aufgehobenen Änderungsbescheids seinen Mitwirkungspflichten genügt, stehen die Grundsätze von Treu und Glauben aber einer Berücksichtigung solcher Tatsachen entgegen, die das FA bei Erlass des ersten (aufgehobenen) Änderungsbescheids unter Verletzung seiner Ermittlungspflicht nicht berücksichtigt hatte *(BFH-Urteil vom 13. 9. 2001 IV R 79/99, BStBl. 2002 II S. 2).*

Das FA ist nach § 367 Abs. 2 Satz 2 AO verfahrensrechtlich zum Erlass einer verbösernden Einspruchsentscheidung berechtigt, wenn ein Teilerlass mit dem Einspruch angefochten wird. 2. Aufgrund der im Einspruchsverfahren geltenden umfassenden Überprüfungsmöglichkeit nach § 367 Abs. 2 Satz 1 AO ist das FA nicht an die Voraussetzungen der Korrekturvorschriften §§ 130 f., 172 ff. AO gebunden *(BFH-Urteil vom 10. 3. 2016 III R 2/15, BStBl. II S. 508).*

AEAO **2.4.** Nimmt der Steuerpflichtige seinen Einspruch zurück, ist eine Änderung zum Nachteil des Steuerpflichtigen nur noch möglich, wenn dies nach den Vorschriften über Aufhebung, Änderung, Rücknahme oder Widerruf von Verwaltungsakten zulässig ist.

8 **3.** Zu den Auswirkungen einer Teilabhilfe auf das Einspruchsverfahren vgl. AEAO zu § 365, Nr. 2.

Stellt ein Steuerpflichtiger nach Einspruchseinlegung einen Antrag bezüglich eines bisher nicht geltend gemachten Streitpunkts, ist dieser Antrag als Erweiterung des Einspruchsantrags, verbunden mit der Anregung, dem Einspruch insoweit durch Erlass eines Teilabhilfebescheids stattzugeben, auszulegen. Ist der Antrag begründet, kann während des Einspruchsverfahrens ein geänderter Verwaltungsakt erlassen werden. Dieser wird dann gem. § 365 Abs. 3 AO Gegenstand des Einspruchsverfahrens. Ist der Antrag unbegründet, ist über ihn in der Einspruchsentscheidung zu befinden; die Ablehnung durch gesonderten Verwaltungsakt ist während eines anhängigen Einspruchsverfahrens nicht zulässig.

9 **4.** Zur Möglichkeit der Änderung eines im Einspruchsverfahren bestätigten oder geänderten Verwaltungsaktes vgl. AEAO zu § 172, Nrn. 3 und 4.

10 **5.** Es ist zulässig, den Vorbehalt der Nachprüfung (§ 164 AO) auch in der Entscheidung über den Einspruch aufrechtzuerhalten (BFH-Urteil vom 12. 6. 1980, IV R 23/79, BStBl. II S. 527). In diesen Fällen braucht die Angelegenheit nicht umfassender geprüft zu werden als in dem Verfahren, das dem Erlass der angefochtenen Vorbehaltsfestsetzung vorangegangen ist.

Der Vorbehalt der Nachprüfung ist jedoch aufzuheben, wenn im Einspruchsverfahren eine abschließende Prüfung i. S. d. § 164 Abs. 1 AO durchgeführt wird. Die Aufhebung des Vorbehalts bedarf regelmäßig keiner besonderen Begründung. Insbesondere kann insoweit auch ein Hinweis nach § 367 Abs. 2 Satz 2 AO unterbleiben (BFH-Urteil vom 10. 7. 1996, I R 5/96, BStBl. 1997 II S. 5).

Es ist auch statthaft, nach Hinweis auf die Verböserungsmöglichkeit einen Verwaltungsakt erstmalig in der Einspruchsentscheidung mit einer Nebenbestimmung zu versehen (BFH-Urteil vom 12. 6. 1980, IV R 23/79, a. a. O.). Ist ein Bescheid, der auf einer Schätzung beruht, ohne Nachprüfungsvorbehalt ergangen und wird nach Klageerhebung die Steuererklärung eingereicht, kann der daraufhin ergehende Änderungsbescheid nur mit Zustimmung des Steuerpflichtigen unter Nachprüfungsvorbehalt gestellt werden (BFH-Urteil vom 30. 10. 1980, IV R 168–170/79, BStBl. 1981 II S. 150).

6. Teil-Einspruchsentscheidung

11 **6.1.** Der Erlass einer Teil-Einspruchsentscheidung (§ 367 Abs. 2a AO) steht im Ermessen der Finanzbehörde, muss aber sachdienlich sein. Dies ist der Fall, wenn ein Teil des Einspruchs entscheidungsreif ist, während über einen anderen Teil des Einspruchs zunächst nicht entschieden werden kann, weil z. B. insoweit die Voraussetzungen für eine Verfahrensruhe nach § 363 Abs. 2 Satz 2 AO vorliegen oder hinsichtlich des nicht entscheidungsreifen Teils des Einspruchs noch Ermittlungen zur Sach- oder Rechtslage erforderlich sind. Zu unbenannten Streitpunkten besteht grundsätzlich Entscheidungsreife, es sei denn, die umfassende Prüfung des Steuerfalls (§ 367 Abs. 2 Satz 1 AO) ergibt Aufklärungsbedarf (BFH-Urteil vom 14. 3. 2012, X R 50/09, BStBl. II S. 536).

Eine Teil-Einspruchsentscheidung wird somit insbesondere dann sachdienlich sein, wenn

- der Einspruchsführer strittige Rechtsfragen aufwirft, die Gegenstand eines beim EuGH (einschließlich des Gerichts der Europäischen Union (EuG) in bestimmten Fällen, vgl. AEAO zu § 165, Nr. 4), beim BVerfG oder bei einem obersten Bundesgericht anhängigen Verfahrens sind,
- der Einspruchsführer sich auf dieses Verfahren beruft,
- der Erlass einer Fortsetzungsmitteilung gem. § 363 Abs. 2 Satz 4 AO (vgl. AEAO zu § 363, Nr. 4) nicht in Betracht kommt und
- der Einspruch im Übrigen entscheidungsreif ist.

12 **6.2.** Eine Teil-Einspruchsentscheidung ist auch dann sachdienlich, wenn sie dem Interesse der Finanzverwaltung an einer zeitnahen Entscheidung über den entscheidungsreifen Teil eines Einspruchs dient, der ersichtlich nur zu dem Zweck eingelegt wurde, die Steuerfestsetzung nicht bestandskräftig werden zu lassen (BFH-Urteile vom 30. 9. 2010, III R 39/08, BStBl. 2011 II S. 11, und vom 14. 3. 2012, X R 50/09, BStBl. II S. 536). Um neuen Masseneinsprüchen entgegenzuwirken, soll in Fällen, in denen mit dem Einspruch ausschließlich das Ziel verfolgt wird, im Hinblick auf anhängige Gerichtsverfahren mit Breitenwirkung den angefochtenen Verwaltungsakt nicht bestandskräftig werden zu lassen, möglichst zeitnah eine Teil-Einspruchsentscheidung erlassen werden, wenn und soweit der Einspruch nicht durch die Beifügung eines Vorläufigkeitsvermerks gem. § 165 Abs. 1 Satz 2 Nr. 3 oder 4 AO erledigt werden kann.

13 **6.3.** Es besteht keine über § 367 Abs. 2 Satz 2 AO („Verböserungshinweis") hinausgehende Verpflichtung, dem Einspruchsführer vor Erlass einer Teil-Einspruchsentscheidung rechtliches Gehör zu gewähren, damit dieser prüfen kann, ob er noch Einwendungen vorträgt. Die Finanzbehörde ist auch nicht verpflichtet, dem Einspruchsführer vor Erlass einer Teil-Einspruchsentscheidung eine Frist nach § 364b Abs. 1 Nr. 1 AO zu setzen (BFH-Urteil vom 14. 3. 2012, X R 50/09, BStBl. II S. 536).

AEAO

6.4. In der Teil-Einspruchsentscheidung ist genau zu bestimmen, hinsichtlich welcher Teile des Verwaltungsakts Bestandskraft nicht eintreten soll, um die Reichweite der Teil-Einspruchsentscheidung zu definieren. Durch Angabe der betreffenden Besteuerungsgrundlage(n) wird hinreichend bestimmt, hinsichtlich welcher Teile Bestandskraft nicht eintreten soll; es ist nicht erforderlich und i. d. R. auch nicht möglich, den Teil der Steuer zu beziffern, dessen Festsetzung nicht bestandskräftig werden soll (BFH-Urteile vom 30. 9. 2010, III R 39/08, BStBl. 2011 II S. 11, und vom 14. 3. 2012, X R 50/09, BStBl. II S. 536). Die Bestimmung, hinsichtlich welcher Teile des Verwaltungsakts Bestandskraft nicht eintreten soll, ist Teil des Tenors der Teil-Einspruchsentscheidung und weder Nebenbestimmung noch Grundlagenbescheid. Sie kann daher nur durch Klage gegen die Teil-Einspruchsentscheidung angegriffen werden. Soweit anhängige Verfahren vor dem EuGH (einschließlich des EuG in bestimmten Fällen, vgl. AEAO zu § 165, Nr. 4), dem BVerfG oder einem obersten Bundesgericht Anlass für eine Teil-Einspruchsentscheidung/Verfahrensruhe sind (vgl. AEAO zu § 367, Nr. 6.1 zweiter Absatz), sind diese nicht im Tenor, sondern in der Begründung der Teil-Einspruchsentscheidung zu benennen. 14

Ist der Erlass einer Teil-Einspruchsentscheidung sachdienlich (vgl. AEAO zu § 367, Nrn. 6.1 und 6.2), ist das der Finanzbehörde eingeräumte Entschließungsermessen in einer Weise vorgeprägt, dass es keiner über die Darlegung der Sachdienlichkeit hinausgehenden Begründung bedarf, warum eine Teil-Einspruchsentscheidung erlassen wird (BFH-Urteile vom 30. 9. 2010, III R 39/08, und vom 14. 3. 2012, X R 50/09, jeweils a. a. O.).

6.5. Ergeht vor Erlass der Teil-Einspruchsentscheidung ein Änderungsbescheid, wird dieser neue Bescheid Gegenstand des Einspruchsverfahrens (§ 365 Abs. 3 AO) und somit auch Gegenstand der Teil-Einspruchsentscheidung. Bei der Bestimmung, inwieweit Bestandskraft nicht eintreten soll, ist vom Inhalt des neuen Bescheids auszugehen. Soll nach Ergehen der Teil-Einspruchsentscheidung ein Änderungsbescheid erlassen werden, ist zuvor zu prüfen, inwieweit dem Änderungsbescheid die Bindungswirkung der Teil-Einspruchsentscheidung entgegensteht. 15

6.6. Die Teil-Einspruchsentscheidung hat nicht zur Folge, dass stets noch eine förmliche „End-Einspruchsentscheidung" ergehen muss. Das Einspruchsverfahren kann beispielsweise auch dadurch abgeschlossen werden, dass die Finanzbehörde dem Einspruch hinsichtlich der zunächst „offengebliebenen" Frage abhilft, der Steuerpflichtige seinen Einspruch zurücknimmt oder eine Allgemeinverfügung nach § 367 Abs. 2b AO ergeht. Wird die wirksam ergangene Teil-Einspruchsentscheidung bestandskräftig, kann im weiteren Verfahren über den „noch offenen" Teil der angefochtenen Steuerfestsetzung nicht mit Erfolg geltend gemacht werden, die in der Teil-Einspruchsentscheidung vertretene Rechtsauffassung entspreche nicht dem Gesetz. Dies ist auch in einem eventuellen Klageverfahren gegen eine „End-Einspruchentscheidung" zu beachten. 16

7. Allgemeinverfügung

7.1. Wegen der Erledigung von Masseneinsprüchen und Massenanträgen durch eine Allgemeinverfügung nach Entscheidung des EuGH einschließlich des EuG (vgl. AEAO zu § 165, Nr. 3), des BVerfG oder des BFH vgl. § 367 Abs. 2b sowie § 172 Abs. 3 AO. 17

7.2. Ergeht eine Allgemeinverfügung nach § 367 Abs. 2 b AO, bleibt das Einspruchsverfahren grundsätzlich im Übrigen anhängig. Gegenstand des Einspruchsverfahrens ist der angefochtene Verwaltungsakt und nicht ein Teil der Besteuerungsgrundlagen oder ein einzelner Streitpunkt. Auch wenn sich die Allgemeinverfügung auf sämtliche vom Einspruchsführer vorgebrachte Einwendungen erstreckt, ist deshalb das Einspruchsverfahren im Übrigen fortzuführen. 18

Dies gilt nicht, soweit bereits eine Teil-Einspruchsentscheidung (§ 367 Abs. 2a AO) ergangen ist, die den „noch offen bleibenden" Teil des Einspruchs auf den Umfang beschränkt hat, der Gegenstand der Allgemeinverfügung ist. Dies gilt zudem dann nicht, wenn Festsetzungen einer Annexsteuer oder Zinsfestsetzungen nach §§ 233 ff. AO ausschließlich im Hinblick auf die Frage der Verfassungsmäßigkeit der gesetzlichen Grundlage der Annexsteuer oder Zinsen angefochten sind; in diesem Fall erledigt die Allgemeinverfügung die anhängigen Einsprüche vollumfänglich (vgl. BFH-Urteil vom 20. 2. 2024 IX R 27/23 (II R 27/15), BStBl. II S. 444).

Über die Rechtsfrage, die Gegenstand der Allgemeinverfügung war, kann in einer eventuell notwendig werdenden Einspruchsentscheidung (§ 366, § 367 Abs. 1 AO) nicht erneut entschieden werden. Zu berücksichtigen ist dann, dass für eine Klage nach einer Zurückweisung des Einspruchs durch Allgemeinverfügung und für eine Klage nach Erlass einer Einspruchsentscheidung durch die örtlich zuständige Finanzbehörde unterschiedliche Fristen gelten.

7.3. Unzulässige Einsprüche werden von einer nach § 367 Abs. 2b AO ergehenden Allgemeinverfügung grundsätzlich nicht erfasst, da der Ausgang des Verfahrens, das bei einem der in § 367 Abs. 2b Satz 1 AO angeführten Gerichte anhängig war, für diese Einsprüche i. d. R. nicht entscheidungserheblich ist. Wenn dagegen die Frage der Zulässigkeit eines Einspruchs Gegenstand des Verfahrens bei einem der in § 367 Abs. 2b Satz 1 AO angeführten Gerichte war, kann eine Allgemeinverfügung insoweit auch unzulässige Einsprüche erfassen. Ansonsten sind unzulässige Einsprüche möglichst zeitnah durch Einspruchsentscheidung zu verwerfen, falls sie vom Einspruchsführer nicht zurückgenommen werden. 19

8. Insolvenzverfahren 20

Zur Verfahrensweise in Insolvenzfällen vgl. AEAO zu § 251, Nrn. 5.3 ff. und Nr. 14.

Übersicht

Rz.
1) Allgemeinverfügung zur Zurückweisung von Einsprüchen und Änderungsanträgen zu Zinsfestsetzungen gem. § 233 a AO wegen Zweifeln an der Verfassungsmäßigkeit der Zinshöhe von 0,5 Prozent pro Monat für Verzinsungszeiträume vor dem 1. Januar 2019 vom 29. 11. 2021 ... 21
2) Allgemeinverfügung zur Zurückweisung von Einsprüchen und Änderungsanträgen zur Frage der Abziehbarkeit der von einer Gemeinde auf die Anwohner umgelegten Erschließungskosten eines Grundstücks als haushaltsnahe Handwerkerleistungen (§ 35 a Abs. 3 EStG) vom 28. 2. 2022 ... 22
3) Allgemeinverfügung zur Zurückweisung von Einsprüchen und Änderungsanträgen zur Frage der Verfassungsmäßigkeit des Abzugs einer zumutbaren Belastung (§ 33 Abs. 3 EStG) bei der Berücksichtigung von Krankheits- und Pflegekosten als außergewöhnliche Belastungen vom 7. 4. 2022 ... 23
4) Allgemeinverfügung zur Zurückweisung von Einsprüchen und Änderungsanträgen zur Frage der Verfassungsmäßigkeit der Besteuerung von Erstattungszinsen (§ 233 a Abgabenordnung) als Einkünfte aus Kapitalvermögen vom 20. 2. 2025 ... 24
5) Allgemeinverfügung zur Zurückweisung von Einsprüchen und Änderungsanträgen zur Frage der Verfassungsmäßigkeit der Ablehnung der Festsetzung eines rechnerisch auf das Körperschaftsteuerguthaben gemäß § 37 Abs. 5 KStG entfallenden Solidaritätszuschlagguthabens vom 4. 3. 2025 ... 25
6) Allgemeinverfügung zur Zurückweisung von Einsprüchen und Änderungsanträgen zur Frage der Verfassungsmäßigkeit der Festsetzung des Solidaritätszuschlags für Veranlagungszeiträume vor 2020 vom 4. 8. 2025 ... 26
7) Schreiben betr. Auswirkungen eines Zuständigkeitswechsels auf das Rechtsbehelfsverfahren vom 10. 10. 1995 ... 27, 28

Anl 1

1) Allgemeinverfügung zur Zurückweisung von Einsprüchen und Änderungsanträgen zu Zinsfestsetzungen gemäß § 233 a Abgabenordnung (AO) wegen Zweifeln an der Verfassungsmäßigkeit der Zinshöhe von 0,5 Prozent pro Monat für Verzinsungszeiträume vor dem 1. Januar 2019

Vom 29. November 2021 (BeckVerw 563796)

Oberste Finanzbehörden der Länder

21 Aufgrund

– des § 367 Abs. 2 b und des § 172 Abs. 3 der Abgabenordnung (AO) und
– des Beschlusses des Bundesverfassungsgerichts vom 8. Juli 2021 (1 BvR 2237/14, 1 BvR 2422/17, BGBl. I S. 4303)

ergeht folgende Allgemeinverfügung:

Am 29. November 2021 anhängige und zulässige Einsprüche gegen Festsetzungen von Zinsen gem. § 233 a AO für Verzinsungszeiträume vor dem 1. Januar 2019 werden hiermit zurückgewiesen, soweit mit den Einsprüchen geltend gemacht wird, die Verzinsung von Steuernachforderungen und Steuererstattungen in Höhe von 0,5% je Monat (§ 233 a i. V. m. § 238 Abs. 1 Satz 1 AO) verstoße gegen das Grundgesetz. Unter Verzinsungszeiträumen vor dem 1. Januar 2019 sind hierbei nur volle Zinsmonate zu verstehen, die spätestens mit Ablauf des 31. Dezember 2018 enden.

Entsprechendes gilt für am 29. November 2021 anhängige, außerhalb eines Einspruchs- oder Klageverfahrens gestellte und zulässige Anträge auf Änderung einer Zinsfestsetzung.

Hinweis:

Zwar hat das Bundesverfassungsgericht in seinem Beschluss vom 8. Juli 2021 (a. a. O.) entschieden, dass die Verzinsung in Höhe von 0,5% pro Monat für Verzinsungszeiträume ab dem 1. Januar 2014 mit dem Grundgesetz unvereinbar ist. Es hat aber gleichzeitig eine Fortgeltungsanordnung für Verzinsungszeiträume bis zum 31. Dezember 2018 getroffen. Lediglich für Verzinsungszeiträume ab dem 1. Januar 2019 hat das Bundesverfassungsgericht die Anwendung des § 233 a AO mit einem Zinssatz von 0,5% je Monat untersagt. Der Gesetzgeber wurde nur insoweit verpflichtet, bis zum 31. Juli 2022 eine verfassungskonforme Neuregelung für alle offenen Fälle zu treffen.

Betrifft der Einspruch oder Änderungsantrag auch für Verzinsungszeiträume nach dem 31. Dezember 2018 festgesetzte Zinsen, kann hierüber insoweit zunächst nicht entschieden werden. Das Finanzamt wird nach der gesetzlichen Neuregelung das Verfahren über den Einspruch oder den Änderungsantrag fortsetzen.

Rechtsbehelfsbelehrung

(…)

Anl 2

2) Allgemeinverfügung zur Zurückweisung von Einsprüchen und Änderungsanträgen zur Frage der Abziehbarkeit der von einer Gemeinde auf die Anwohner umgelegten Erschließungskosten eines Grundstücks als haushaltsnahe Handwerkerleistungen (§ 35 a Abs. 3 EStG)

Vom 28. Februar 2022 (BeckVerw 568090)

Aufgrund 22
- des § 367 Abs. 2 b und des § 172 Abs. 3 der Abgabenordnung und
- der BFH-Urteile vom 21. Februar 2018 (VI R 18/16, BStBl. II S. 641) und vom 28. April 2020 (VI R 50/17, BStBl. 2022 II S. 18)

ergeht folgende Allgemeinverfügung:

Am 28. Februar 2022 anhängige und zulässige Einsprüche gegen Festsetzungen der Einkommensteuer werden hiermit zurückgewiesen, soweit mit den Einsprüchen geltend gemacht wird, die von einer Gemeinde auf die Anwohner umgelegten Erschließungskosten eines Grundstücks seien als haushaltsnahe Handwerkerleistungen (§ 35 a Abs. 3 EStG) begünstigt.

Entsprechendes gilt für am 28. Februar 2022 anhängige, außerhalb eines Einspruchs- oder Klageverfahrens gestellte und zulässige Anträge auf Änderung einer Einkommensteuerfestsetzung.

Rechtsbehelfsbelehrung

(…)

3) Allgemeinverfügung zur Zurückweisung von Einsprüchen und Änderungsanträgen zur Frage der Verfassungsmäßigkeit des Abzugs einer zumutbaren Belastung (§ 33 Abs. 3 Einkommensteuergesetz (EStG)) bei der Berücksichtigung von Krankheits- und Pflegekosten als außergewöhnliche Belastungen

Anl 3

Vom 7. April 2022 (BeckVerw 569152)

Aufgrund 23
- des § 367 Abs. 2 b und des § 172 Abs. 3 der Abgabenordnung sowie
- der Nichtannahmebeschlüsse des Bundesverfassungsgerichts vom 23. November 2016 2 BvR 180/16 (vorgehend BFH-Urteil vom 2. September 2015 VI R 32/13, BStBl. 2016 II S. 151); vom 6. Juni 2018 2 BvR 1936/17 (vorgehend BFH-Urteil vom 25. April 2017 VIII R 52/13, BStBl. II S. 949); vom 17. September 2018 2 BvR 1205/17 (vorgehend BFH-Urteil vom 19. Januar 2017 VI R 75/14, BStBl. II S. 684) und vom 18. September 2018 2 BvR 221/17 (vorgehend BFH-Beschluss vom 29. September 2016 III R 62/13, BStBl. 2017 II S. 259) sowie
- der Entscheidungen des BFH vom 2. September 2015 VI R 33/13; vom 21. Februar 2018 VI R 11/16, BStBl. II S. 469; vom 1. September 2021 VI R 18/19, BFH/NV 2022 S. 13 und vom 4. November 2021 VI R 48/18, BFH/NV 2022 S. 120

ergeht folgende Allgemeinverfügung:

Am 7. April 2022 anhängige und zulässige Einsprüche gegen Festsetzungen der Einkommensteuer werden hiermit zurückgewiesen, soweit mit den Einsprüchen geltend gemacht wird, der Abzug einer zumutbaren Belastung (§ 33 Abs. 3 EStG) bei der Berücksichtigung von Aufwendungen für Krankheit oder Pflege als außergewöhnliche Belastung verstoße gegen das Grundgesetz.

Entsprechendes gilt für am 7. April 2022 anhängige, außerhalb eines Einspruchs- oder Klageverfahrens gestellte und zulässige Anträge auf Aufhebung oder Änderung einer Einkommensteuerfestsetzung.

Rechtsbehelfsbelehrung

(…)

4) Allgemeinverfügung zur Zurückweisung von Einsprüchen und Änderungsanträgen zur Frage der Verfassungsmäßigkeit der Besteuerung von Erstattungszinsen (§ 233 a Abgabenordnung) als Einkünfte aus Kapitalvermögen

Anl 4

Vom 20. Februar 2025 (BeckVerw 649558)

Aufgrund 24
- des § 367 Abs. 2 b und des § 172 Abs. 3 der Abgabenordnung sowie
- der Nichtannahmebeschlüsse des Bundesverfassungsgerichts vom 5. Juli 2023, 2 BvR 2671/14 (vorgehend BFH-Urteil vom 24. Juni 2014 VIII R 28/12, n. v.), 2 BvR 2674/14 (vorgehend BFH-Urteil vom 24. Juni 2014 VIII R 29/12, BStBl. II 2014 S. 998), und vom 12. Juli 2023 2 BvR 482/14 (vorgehend BFH-Urteil vom 12. November 2013 VIII R 1/11, BFH/NV 2014 S. 830), 2 BvR 1711/15 (vorgehend BFH-Urteil vom 15. April 2015 VIII R 30/13, n. v.)

ergeht folgende Allgemeinverfügung:

Am 20. Februar 2025 anhängige und zulässige Einsprüche gegen Festsetzungen der Einkommensteuer, der Körperschaftsteuer oder des Gewerbesteuermessbetrags, gegen gesonderte (und ggf. einheitliche) Feststellungen von Besteuerungsgrundlagen, gegen gesonderte Verlustfeststellungen nach § 10 d Abs. 4 Satz 1 EStG oder gegen Bescheide, die die Änderung einer der vorgenannten Festsetzungen oder Feststellungen ablehnen, werden hiermit zurückgewiesen, soweit mit den Einsprüchen geltend gemacht wird, die Besteuerung von Erstattungszinsen (§ 233 a AO) nach § 20 Abs. 1 Nr. 7 Satz 3 EStG, auch i. V. m. § 52 a Abs. 8 Satz 2 EStG (i. d. F. des JStG 2010, BGBl. 2010 I S. 1768) und § 20 Abs. 8

EStG, § 8 Abs. 1 KStG oder § 7 GewStG verstoße gegen das Grundgesetz. Entsprechendes gilt für am 20. Februar 2025 anhängige, außerhalb eines Einspruchs- oder Klageverfahrens gestellte und zulässige Anträge auf Aufhebung oder Änderung einer Festsetzung oder Feststellung im Sinne des Satzes 1.

Rechtsbehelfsbelehrung

(…)

Anl 5

5) Allgemeinverfügung zur Zurückweisung von Einsprüchen und Änderungsanträgen zur Frage der Verfassungsmäßigkeit der Ablehnung der Festsetzung eines rechnerisch auf das Körperschaftsteuerguthaben gemäß § 37 Abs. 5 KStG entfallenden Solidaritätszuschlagguthabens

Vom 4. März 2025 (BeckVerw 650250)

25 Aufgrund

- des § 367 Absatz 2 b und des § 172 Absatz 3 der Abgabenordnung,
- des Beschlusses des Bundesverfassungsgerichts vom 27. Oktober 2021, 2 BvL 12/11, BVerfGE 159 S. 149, sowie
- des Urteils des BFH vom 24. Januar 2024, I R 49/21 (I R 39/10), BStBl. II S. 853

ergeht folgende Allgemeinverfügung:

Am 4. März 2025 anhängige und zulässige Einsprüche gegen die Ablehnung der gesonderten Festsetzung eines Anspruchs auf Auszahlung eines rechnerisch auf das Körperschaftsteuerguthaben nach § 37 Absatz 5 KStG 2002 i. d. F. des Gesetzes vom 7. Dezember 2006 entfallenden Solidaritätszuschlags werden hiermit zurückgewiesen, soweit mit den Einsprüchen geltend gemacht wird, die Ablehnung dieser Festsetzung verstoße gegen das Grundgesetz. Entsprechendes gilt für am 4. März 2025 anhängige, außerhalb eines Einspruchs- oder Klageverfahrens gestellte und zulässige Anträge auf Festsetzung eines Anspruchs auf Auszahlung eines rechnerisch auf das Körperschaftsteuerguthaben nach § 37 Absatz 5 KStG 2002 i. d. F. des Gesetzes vom 7. Dezember 2006 entfallenden Solidaritätszuschlags.

Rechtsbehelfsbelehrung

(…)

Anl 6

6) Allgemeinverfügung zur Zurückweisung von Einsprüchen und Änderungsanträgen zur Frage der Verfassungsmäßigkeit der Festsetzung des Solidaritätszuschlags für Veranlagungszeiträume vor 2020

Vom 4. August 2025 (BeckVerw 656540)

(S 0338; S 0622; S 0623; S 0625)

26 Aufgrund

- des § 367 Abs. 2 b und des § 172 Abs. 3 der Abgabenordnung,
- der Beschlüsse des Bundesverfassungsgerichts vom 10. Juni 2013 2 BvR 1942/11 (vorgehend BFH-Urteil vom 21. Juli 2011 II R 50/09, BFH/NV S. 1685), 2 BvR 2121/11 (vorgehend BFH-Urteil vom 21. Juli 2011 II R 52/10, BStBl. 2012 II S. 43), und vom 7. Juni 2023, 2 BvL 6/14, sowie
- der Urteile des Bundesfinanzhofs vom 14. November 2018 II R 64/15, BStBl. 2019 II S. 289 und vom 20. Februar 2024 IX R 27/23 (II R 27/15), BStBl. II S. 444

ergeht folgende Allgemeinverfügung:

Am 4. August 2025 anhängige und zulässige Einsprüche gegen die Festsetzung des Solidaritätszuschlags für Veranlagungszeiträume vor 2020 werden hiermit zurückgewiesen, soweit mit den Einsprüchen geltend gemacht wird, das Solidaritätszuschlaggesetz 1995 verstoße gegen das Grundgesetz.

Entsprechendes gilt für am 4. August 2025 anhängige, außerhalb eines Einspruchs- oder Klageverfahrens gestellte und zulässige Anträge auf Aufhebung einer Festsetzung des Solidaritätszuschlags für Veranlagungszeiträume vor 2020.

Rechtsbehelfsbelehrung

(…)

Anl 7

7) Schreiben betr. Auswirkungen eines Zuständigkeitswechsels auf das Rechtsbehelfsverfahren

Vom 10. Oktober 1995 (BeckVerw 27676)

(BMF IV A 5 – S 0600 – 17/95)

Unter Bezugnahme auf das Ergebnis der Erörterungen mit den obersten Finanzbehörden der Länder bitte ich, zu den Auswirkungen eines Zuständigkeitswechsels auf das Rechtsbehelfsverfahren folgende Auffassung zu vertreten:

I. Zuständigkeitswechsel durch Maßnahmen des Steuerpflichtigen (insbesondere Wohnsitzverlegung)

1. Einspruchsverfahren

27 Wird während eines anhängigen Einspruchsverfahrens nachträglich eine andere Finanzbehörde für den Steuerfall zuständig, so entscheidet diese Finanzbehörde über den Einspruch, wenn keine Vereinbarung nach § 26 Satz 2 AO getroffen worden ist (§ 367 Abs. 1 Satz 2 AO).

Unter der „zuständigen Finanzbehörde" i. S. d. § 354 Abs. 2 AO, der gegenüber ein Einspruchsverzicht zu erklären ist, ist die für die Durchführung des Verwaltungsverfahrens (insbesondere des Besteuerungsverfahrens) sachlich und örtlich zuständige Finanzbehörde zu verstehen. Da § 354 AO keine besonderen Regelungen enthält, sind über § 365 Abs. 1 AO die allgemeinen Zuständigkeitsvorschriften der AO anzuwenden. Nach Eintritt eines Zuständigkeitswechsels ist daher die Verzichtserklärung gegenüber der neu zuständigen Finanzbehörde und in den Fällen des § 26 Satz 2 AO gegenüber der das Verwaltungsverfahren fortführenden Finanzbehörde zu erklären.

2. Gerichtliches Rechtsbehelfsverfahren

Nach § 63 Abs. 2 Nr. 1 FGO ist bei vorangegangenem Einspruchsverfahren die Klage gegen die Behörde zu richten, welche die Einspruchsentscheidung erlassen hat; das ist bei einem Zuständigkeitswechsel vor Erlaß der Einspruchsentscheidung die neu zuständige Finanzbehörde und bei einer Zuständigkeitsvereinbarung nach § 26 Satz 2 AO die bisher zuständige, das Verwaltungsverfahren weiterführende Finanzbehörde (vgl. § 367 Abs. 1 AO). Durch einen Zuständigkeitswechsel nach Erlaß der Einspruchsentscheidung wird die Passivlegitimation nicht berührt.

In Fällen der unmittelbaren Klage nach § 46 FGO ist die Behörde passivlegitimiert, die im Zeitpunkt der Klageerhebung zuständig war. Ein erst nach Klageerhebung eintretender Zuständigkeitswechsel hat keine Auswirkungen auf die Passivlegitimation.

II. Zuständigkeitswechsel durch Änderung der FA-Bezirksgrenzen oder Übertragung von Verwaltungsaufgaben

Bei einer Änderung der FA-Bezirksgrenzen (z. B. durch kommunale Neugliederung) oder einer Übertragung von Verwaltungsaufgaben (z. B. durch Zentralisierung) verliert die bisher zuständige Finanzbehörde im Verhältnis zu den von der Veränderung betroffenen Steuerpflichtigen die Fähigkeit, Pflichtsubjekt des öffentlichen Rechts zu sein (vgl. BFH-Urteile vom 15. Dezember 1971, BStBl. II 1972 S. 438 und vom 10. November 1977, BStBl. II 1978 S. 310; s. auch BFH-Urteil vom 7. November 1978, BStBl. II 1979 S. 169). **28**

1. Einspruchsverfahren

Für das Einspruchsverfahren ergibt sich der Übergang der Entscheidungskompetenz auf die neu zuständige Finanzbehörde ausdrücklich aus § 367 Abs. 1 Satz 2 AO.

Zur Frage des zutreffenden Adressaten eines Einspruchsverzichts gelten die Ausführungen zu I 1 entsprechend.

2. Gerichtliches Rechtsbehelfsverfahren

Im finanzgerichtlichen Verfahren geht die Passivlegitimation auf die nunmehr zuständige Behörde über, wenn vor Erlaß der Entscheidung über den Einspruch eine andere Behörde zuständig geworden ist (§ 63 Abs. 2 FGO). Gleiches gilt, wenn der Zuständigkeitswechsel nach Erlaß der Einspruchsentscheidung eingetreten ist; die während eines bereits anhängigen gerichtlichen Verfahrens eintretende Zuständigkeitsänderung führt zu einem gesetzlichen Beteiligtenwechsel (vgl. BFH-Urteile vom 15. Dezember 1971, BStBl. II 1972 S. 438, vom 19. Februar 1975, BStBl. II S. 584 und vom 10. November 1977, BStBl. II 1978 S. 310). Dies gilt auch bei einem Zuständigkeitswechsel während eines Revisionsverfahrens (vgl. BFH-Urteile vom 19. November 1974, BStBl. II 1975 S. 210 und vom 1. August 1979, BStBl. II S. 714).

Dieses Schreiben tritt mit Wirkung ab 1. Januar 1996 an die Stelle des BMF-Schreibens vom 15. Oktober 1979 – IV A 6 – S 0600 – 14/79 – (BStBl. I S. 642). Es wird in die AO-Kartei aufgenommen.

§ 368 (weggefallen) AO

Achter Teil. Straf- und Bußgeldvorschriften, Straf- und Bußgeldverfahren

Erster Abschnitt. Strafvorschriften

AO

§ 369 Steuerstraftaten[1]

1 **(1) Steuerstraftaten (Zollstraftaten) sind:**

1. Taten, die nach den Steuergesetzen strafbar sind,
2. der Bannbruch,
3. die Wertzeichenfälschung und deren Vorbereitung, soweit die Tat Steuerzeichen betrifft,
4. die Begünstigung einer Person, die eine Tat nach den Nummern 1 bis 3 begangen hat.

2 **(2) Für Steuerstraftaten gelten die allgemeinen Gesetze über das Strafrecht, soweit die Strafvorschriften der Steuergesetze nichts anderes bestimmen.**[2]

§ 370 Steuerhinterziehung[3]

1 **(1) Mit Freiheitsstrafe bis zu fünf Jahren oder mit Geldstrafe[5] wird bestraft, wer**

[1] Zu Steuerstraftaten s. Nr. 18 der Anweisungen für das Straf- und Bußgeldverfahren (Steuer), *Gleichlautende Ländererlasse vom 1. 11. 2013, BStBl. I S. 1394.*

Zu den gleichgestellten Straftaten, wie z. B. ungerechtfertigte Erlangung von Wohnungsbauprämien, s. Anm. zu § 370 Abs. 1 sowie Nr. 19 der Anweisungen für das Straf- und Bußgeldverfahren (Steuer), *Gleichlautende Ländererlasse vom 1. 11. 2013, BStBl. I S. 1394.*

Zur Zuständigkeit s. § 386 AO und die Anm. zu § 386 AO.

[2] Die Nachzahlung hinterzogener Steuern stellt keine Wiedergutmachung iSd Täter-Opfer-Ausgleichs dar (im Anschluss an *BGH vom 2. 5. 1995 5 StR 156/95 wistra 1995 S.307 s. BayObLG-Beschluss vom 28.2. 1996 4 St RR 33/96, wistra 1996 S.152).*

[3] Zur Haftung vgl. § 71 AO.

Zur Verzinsung vgl. § 235 AO.

BFH-Urteil vom 19. 8. 2008 VII R 6/07, BStBl. II S. 947: 1. Eine Steuerhinterziehung (§ 370 AO) ist keine vorsätzlich begangene unerlaubte Handlung i. S. des § 302 Nr. 1 InsO. 2. § 370 AO ist kein Schutzgesetz i. S. des § 823 Abs. 2 BGB.

§ 370 ist eine **„Blankettnorm"** (vgl. *BVerfGE 37 S.201; BVerfG-Beschluss vom 15. 10. 1990 2 BvR 385/87, wistra 1991 S. 175*); die **Tatbestandsverwirklichung ist auf vielfältige Weise** möglich, z. B. durch Nichtabgabe bzw. verspätete Abgabe von Steuererklärungen (vgl. dazu *BayObLG, Beschluss vom 3. 11. 1989 RReg. 4 St 135/89, wistra 1990 S. 159; Urteil OLG Hamburg vom 2. 6. 1992 1 Ss 119/91, wistra 1993 S. 274*), Abgabe unrichtiger Steuererklärungen usw. Zur Hinterziehung von KSt bei verdeckter Gewinnausschüttung durch Ankauf von Wirtschaftsgütern zu überhöhten Preisen vgl. *BGH-Beschluss vom 11. 11. 1988 3 StR 335/88, wistra 1989 S. 106* (zur verdeckten Gewinnausschüttung innerhalb eines Konzerns vgl. *BGH-Beschluss vom 7. 11. 1988 3 StR 258/88, wistra 1989 S. 103*); zur Steuerverkürzung gehört auch die auf die Barausschüttung entfallende anrechenbare KSt *(BGH-Urteil vom 24. 1. 1990 3 StR 290/89);* zur Steuerhinterziehung durch verdeckte Gewinnausschüttung an den Bereich Kommerzielle Koordinierung (Koko) s. *BGH-Urteil vom 3. 3. 1993 5 StR 546/92, wistra S. 185.*

Ist dem Steuerpflichtigen bewusst, dass er ohne Kapitalertragsteuerbescheinigung eine Anrechnung der Kapitalertragsteuer nicht herbeiführen kann, und gibt er deshalb Kapitaleinkünfte in seiner Steuererklärung in dem Bewusstsein nicht an, bei wahrheitsgemäßer Erklärung die Kapitalerträge wegen der fehlenden Anrechnungsmöglichkeit gewissermaßen ein „zweites Mal" versteuern zu müssen, so kann in diesem Verhalten eine Steuerhinterziehung zu erblicken sein *(BFH-Urteil vom 29. 4. 2008 VIII R 28/07, BStBl. 2009 II S. 842).*

Die **Einstellung des Strafverfahrens** nach § 153 a StPO rechtfertigt nicht die Schlussfolgerung, dass der Beschuldigte die ihm zur Last gelegte Straftat verübt hat *(BFH-Beschluss vom 29. 6. 2006 VIII B 186/05, BFH/NV S. 1866).*

Ein Finanzgericht darf aufgrund der von ihm getroffenen Feststellungen und Würdigungen davon ausgehen, die Geschäftsführer einer GmbH hätten an der Hinterziehung der Umsatzsteuer auf den innergemeinschaftlichen Erwerb im Bestimmungsmitgliedstaat mitgewirkt oder zumindest davon Kenntnis gehabt, auch wenn die Staatsanwaltschaft, ein entsprechendes Strafverfahren gegen die Geschäftsführer nach § 170 Abs. 2 StPO eingestellt hat *(BFH-Beschluss vom 24. 6. 2014 XI B 45/13, BFH/NV S. 1584).*

Für den (bedingten) Vorsatz, durch die Nichtangabe von Einkünften in der Jahressteuererklärung eines Vorjahres auch Einkommensteuervorauszahlungen gemäß § 370 Abs. 1 Nr. 1 AO zu hinterziehen, ist grundsätzlich erforderlich, dass gegenüber dem Steuerpflichtigen regelmäßig Einkommensteuervorauszahlungen festgesetzt werden und ihm bekannt ist, dass Einkünfte, die in der Einkommensteuererklärung für einen früheren Veranlagungszeitraum nicht angegeben werden, auch für die Festsetzung der Vorauszahlungen nicht berücksichtigt werden. Die sichere Kenntnis, in welcher Höhe künftige Einkommensteuervorauszahlungen verkürzt werden, wenn in der Jahressteuererklärung eines Vorjahres Einkünfte nicht angegeben werden, ist für die Annahme des Vorsatzes nicht erforderlich *(BFH-Urteil vom 28. 9. 2021 VIII R 18/18, BStBl. 2022 II S. 239).*Eine Hinterziehung von **USt** kann auch darin liegen, dass die nach §§ 8 ff. UStDV erforderlichen Ausfuhrnachweise nicht „leicht und einwandfrei nachprüfbar" sind *(BGH-Beschluss vom 4. 1. 1989 3 StR 415/88, wistra S.190)* oder durch Anmeldung von Vorsteuern, ohne dass die zugrunde liegenden Leistungen bereits ausgeführt oder insoweit zumindest schon Zahlungen geleistet sind *(BGH-Urteil vom 22. 10. 1991 5 StR 302/91, wistra 1992 S. 102).* Der Abgabe einer falschen USt-Jahreserklärung kommt im Verhältnis zu den vorangegangenen unzutreffenden monatlichen USt-Voranmeldungen in steuerstrafrechtlicher Hinsicht stets ein selbständiger Unrechtsgehalt zu; es handelt sich nicht um eine mitbestrafte Nachtat *(BGH-Beschluss des 5. Senats vom 1. 11. 1995 5 StR 535/95, BStBl. 1996 II S. 33).* Zur Frage der Steuerhinterziehung bei fehlender Empfängerbenennung nach § 160 s. *BGH, wistra 1990 S. 232,* bei verdeckter bzw. mittelbarer Parteifinanzierung vgl. *BGH-Urteil vom 19. 12. 1990 3 StR 90/90, wistra 1991 S.138, und BVerfG, wistra 1990 S. 175.*

Nach § 90 Abs. 1 Satz 2 AO haben die Beteiligten im Rahmen ihrer Mitwirkungspflichten im Besteuerungsverfahren die für die Besteuerung erheblichen Tatsachen vollständig und wahrheitsgemäß offenzulegen. Nach § 370 Abs. 1 Nr. 1 AO müssen die Angaben nicht nur richtig sein, sondern auch vollständig. Da sich hinter den mitgeteilten Zahlen die verschiedensten Sachverhalte verbergen können, die für das FA nicht erkennbar sind, besteht zumindest eine Offenbarungspflicht für diejenigen Sachverhaltselemente, deren rechtliche Relevanz objektiv zweifelhaft ist. Dies ist insbesondere dann der Fall, wenn die

[Fortsetzung nächste Seite]

1. den Finanzbehörden oder anderen Behörden über steuerlich erhebliche Tatsachen unrichtige oder unvollständige Angaben macht,[1]

[Fortsetzung]

von dem Stpfl. vertretene Auffassung über die Auslegung von Rechtsbegriffen oder die Subsumtion bestimmter Tatsachen von der Rechtsprechung, Richtlinien der Finanzverwaltung oder der regelmäßigen Veranlagungspraxis abweicht *(BGH-Urteil vom 10. 11. 1999 5 StR 221/99, wistra 2000 S. 137)*.

Die subjektiven und objektiven Voraussetzungen einer Steuerhinterziehung gemäß §§ 169 Abs. 2 Satz 2, 370 AO sind dem Grunde nach auch bei der Verletzung von Mitwirkungspflichten immer mit an Sicherheit grenzender Wahrscheinlichkeit festzustellen. Dies gilt auch für die Verletzung sog. erweiterter Mitwirkungspflichten bei internationalen Steuerpflichten nach § 90 Abs. 2 AO *(BFH-Urteil vom 7. 11. 2006 VIII R 81/04, BStBl. 2007 II S. 364)*.

Zur **Abgrenzung der Steuerumgehung (§ 42) von der Steuerhinterziehung** s. *OLG Karlsruhe, Beschluß vom 18. 8. 1993 3 Ws 16/93, wistra S. 308* (vollständige Darlegung des zur Prüfung von § 42 notwendigen Sachverhaltes). Steuerhinterziehung ist **auch im Beitreibungsverfahren** möglich *(BGH-Urteil vom 23. 6. 1992 – 5 StR 74/92, wistra S. 300)*. Zur Tat und Tatbeendigung bei sukzessiver Ausführung von Steuerhinterziehungen im Beitreibungsverfahren (Fortführung von BGHSt 41 S. 368; Abgrenzung zu BGHSt 36 S. 105 und 38 S. 37).

Eine Abwendung der **Beitreibung von Säumnis- und Verspätungszuschlägen** sowie Zwangsgeldern als steuerlichen Nebenleistungen durch Täuschung ist weder nach § 370 AO noch nach § 263 StGB strafbar *(BGH-Urteil vom 19. 12. 1997 5 StR 569/96, wistra 1998 S. 180)*.

Fälle, in denen die **Existenz eines Unternehmens** nur **vorgetäuscht** wird, für das sodann ohne Bezug auf reale Vorgänge fingierte Umsätze angemeldet und Vorsteuererstattungen begehrt werden, sind nicht als Betrug, sondern als Steuerhinterziehung zu beurteilen (Fortführung von *BGH-Urteil vom 1. 2. 1989 3 StR 179/88, BGHSt 36 S. 100 = UR 1990 S. 26*); *BGH-Beschluss vom 23. 3. 1994 5 StR 91/94, UR S. 365*.

Eine Steuerhinterziehung nach § 370 Abs. 1 Nr. 1 AO setzt grundsätzlich ein **aktives Handeln** voraus. Ihre Begehung durch Unterlassen könnte allenfalls in Betracht kommen, wenn der mögliche Täter rechtlich dafür einzustehen hätte, dass der missbilligte Erfolg nicht eintritt *(BFH-Urteil vom 21. 11. 2000 VII R 8/00, BFH/NV 2001 S. 570)*.

Täter ist, wer eine eigene Straftat begeht (wobei es bei § 370 nicht darauf ankommt, wer durch sie Vorteile erlangt) und die Tatherrschaft innehat; **Teilnehmer** ist, wer sich an einer fremden Straftat als Anstifter oder Gehilfe beteiligt und dabei keine Tatherrschaft hat. Die Tatherrschaft kann sich ergeben aus der Handlungsherrschaft (unmittelbare Täterschaft), der Willensherrschaft (mittelbare Täterschaft, vgl. auch *BFH-Urteil vom 13. 12. 1989 I R 39/88, BStBl. 1990 II S. 340*) und der funktionellen Tatherrschaft (Mittäterschaft).

Mittäter oder Teilnehmer einer Steuerhinterziehung ist nicht, wer sich als **Ehegatte** darauf beschränkt, die gemeinsame ESt-Erklärung zu unterschreiben, in der der andere Ehegatte unrichtige oder unvollständige Angaben über eigene Einkünfte macht *(BFH-Urteil vom 16. 4. 2002 IX R 40/00, BStBl. II S. 501)*.

Mittäter einer Steuerhinterziehung durch Unterlassen nach Abs. 1 Nr. 2 kann nur sein, wer zur Aufklärung steuerlich erheblicher Tatsachen selbst verpflichtet ist *(BGH-Urteil vom 12. 12. 1986 3 StR 405/86, wistra 1987 S. 147; Beschluss BayObLG vom 29. 1. 1991 Reg. 4 St 9/91, wistra S. 195)*. Zur mittäterschaftlichen Begehung einer Steuerhinterziehung durch einen Rechtsanwalt s. *BGH-Beschluss vom 18. 6. 1991 5 StR 32/91, wistra S. 343*; s. auch *BGH-Beschluss vom 6. 10. 1989 3 StR 80/89, wistra 1990 S. 100*.

Nicht jede Mitwirkung eines Bankangestellten bei der Verbringung von Wertpapieren ins Ausland ist als Beihilfehandlung zur nachfolgenden Steuerhinterziehung eines Bankkunden zu werten. Die Beratung und der Transfer können aber nicht losgelöst von der Steuerhinterziehung betrachtet werden, wenn ein Bankangestellter auf Grund besonderer zeitlicher Umstände ein bei seinem Arbeitgeber vorhandenes technisches Abwicklungssystem für den anonymen Wertpapiertransfer zu Gunsten von Kunden einsetzt, das mit dem Ziel eingerichtet wurde, die Identität der Kunden zu verschleiern. Bei einer solchen Sachlage liegt eine Beihilfehandlung vor, da der Gehilfe dem Täter ein entscheidendes Tatmittel an die Hand gibt und damit das Risiko erhöht, dass eine durch den Einsatz gerade dieses Mittels in typischer Weise geförderte Haupttat verübt wird *(Urteil LG Bochum vom 15. 3. 1999 12 KLs 35 Js 409/98, BB 2000 S. 1336)*.

Der BGH hat im Rahmen einer Entscheidung zur Beihilfe zum Betrug folgende allgemeine für berufstypische „neutrale" Handlungen geltenden Grundsätze aufgestellt (vgl. BGHR StGB § 27 Abs. 1 – Hilfeleisten 20): Zielt das Handeln des Haupttäters ausschließlich darauf ab, eine strafbare Handlung zu begehen, und weiß dies der Hilfeleistende, so ist sein Tatbeitrag als Beihilfehandlung zu werten (vgl. BGHR StGB § 27 Abs. 1 – Hilfeleisten 3, 20). In diesem Fall verliert sein Tun stets den „Alltagscharakter"; es ist als „Solidarisierung" mit dem Täter zu deuten und dann auch nicht mehr als sozialadäquat anzusehen. Weiß der Hilfeleistende dagegen nicht, wie der von ihm geleistete Beitrag vom Haupttäter verwendet wird, hält er es lediglich für möglich, dass sein Tun zur Begehung einer Straftat genutzt wird, so ist sein Handeln regelmäßig noch nicht als strafbare Beihilfehandlung zu beurteilen, es sei denn, das von ihm erkannte Risiko strafbaren Verhaltens des von ihm Unterstützten war derart hoch, dass er sich mit seiner Hilfeleistung „die Förderung eines erkennbar tatgeneigten Täters angelegen sein" ließ (BGHR StGB § 266 Abs. 1 – Beihilfe 3; BGHR StGB § 27 Abs. 1 – Hilfeleisten 20). Diese Grundsätze sind auch auf den Straftatbestand der Steuerhinterziehung und auf das **berufliche Verhalten von Bankangestellten** anzuwenden. Der BGH kommt auf der Grundlage dieser Rspr. zu einer strafbaren Beihilfehandlung eines Bankangestellten *(BGH-Urteil vom 1. 8. 2000 5 StR 624/99, NJW S. 3010)*.

Der Tatbestand der **Beihilfe** zur Steuerhinterziehung ist erfüllt, wenn der Gehilfe dem Haupttäter, der sog. Schwarzgeschäfte tätigt, die Tat dadurch erleichtert, dass dieser annehmen kann, auch in der Buchführung des Gehilfen nicht in Erscheinung zu treten *(BFH-Urteil vom 21. 1. 2004 XI R 3/03 BStBl. I S. 919)*.

Bilden zwei Personen eine **Gesellschaft bürgerlichen Rechts** und bewirken unter gemeinsamer Firma Umsätze, ohne diese dem FA anzumelden und die geschuldete USt an das FA abzuführen, begehen sie in Mittäterschaft Steuerhinterziehung iSd. § 370 Abs. 1 AO *(BGH-Urteil vom 22. 3. 1994 5 StR 38/94, UR S. 367)*.

Die Unterscheidung zwischen Täterschaft und Teilnahme hat vor allem Bedeutung für die unterschiedliche Strafbarkeit (Schuld), die „limitierte Akzessorietät" der Teilnahme, Irrtumsfälle usw., auch für die Frage des Fortsetzungszusammenhangs, die für jeden Teilnehmer selbständig zu beurteilen ist *(BGH-Urteil vom 30. 9. 1992 5 StR 169/92, wistra 1993 S. 19)*.

Zur Frage eines **vorsätzlichen oder leichtfertigen** Verhaltens des Stpfl., wenn sein Berater inhaltlich unrichtige Umsatzsteuervoranmeldungen vorbereitet hat, vgl. *BGH-Urteil vom 24. 1. 1990 3 StR 329/89, wistra S. 195*.

Zum **Vorsatz** gehört die Kenntnis vom Bestehen des (inländischen) Steueranspruchs, d. h., der Täter muss alle Umstände kennen, die zum gesetzlichen Tatbestand gehören. Ein Irrtum über die Beeinträchtigung des staatlichen Steueranspruchs führt deshalb zum Tatbestandsirrtum iSd. § 16 StGB, der den Vorsatz ausschließt (vgl. z. B. *BGH-Beschluss vom 19. 5. 1989 3 StR 590/88, wistra S. 263*); so zum Irrtum über die Steuerpflicht Schweizer Zinseinkünfte nach dem DBA: *BayObLG, DStR 1990 S. 310*. Die innere Tatseite der Steuerhinterziehung setzt voraus, dass der Täter den angegriffenen Steueranspruch dem Grunde und der Höhe nach kennt. Zumindest muss er die Höhe des verkürzten Anspruchs für möglich halten. Dies erfordert aber nicht, dass dem Täter die Grundsätze des körperschaftsteuerlichen Anrechnungsverfahrens gem. §§ 27 ff. KStG und die sich daraus ergebenden Auswirkungen auf die Höhe der KSt und damit auf die jeweiligen Steuerhinterziehungsbeträge bekannt sind *(BGH-Urteil vom 9. 2. 1995 5 StR 722/94, wistra 1995 S. 191)*. Zu den Anforderungen an den Vorsatz der Steuerhin-

[Fortsetzung nächste Seite]

AO

2. die Finanzbehörden pflichtwidrig über steuerlich erhebliche Tatsachen in Unkenntnis lässt[1] oder

3. pflichtwidrig die Verwendung von Steuerzeichen oder Steuerstemplern unterlässt und dadurch Steuern verkürzt oder für sich oder einen anderen nicht gerechtfertigte Steuervorteile erlangt.

[Fortsetzung]
terziehung, insbesondere zum vorsatzausschließenden Tatbestandsirrtum, s. *BGH-Urteil vom 23. 2. 2000 5 StR 570/99, wistra S. 217.*

Der Umfang der Steuerverkürzung ist für die Bemessung der Strafe von Bedeutung *(BGH-Urteil vom 26. 9. 1978, HFR 1979 S. 110).* Zur Strafzumessung s. z. B. *BGH-Beschluss vom 24. 4. 1996 5 StR 142/96, wistra S. 259.*

Zur Steuerverkürzung in Schätzungsfällen s. auch *Beschluss BayObLG vom 11. 5. 1993 3 ObOWi 16/93 (wistra S. 236).*

Bei der Berechnung des Umfangs der tatbestandsmäßigen Umsatzsteuerverkürzung müssen die nicht angegebenen Vorsteuerbeträge außer Betracht bleiben. Sie sind allerdings bei der Strafzumessung unter dem Gesichtspunkt der verschuldeten Auswirkungen der Tat zu berücksichtigen *(Beschluss BayObLG vom 16. 10. 1989 RReg. 4 St 162/89, ZfZ 1990 S. 177 = wistra 1990 S. 112).* Bei der Nichtabgabe gesetzlich vorgeschriebener monatlicher USt-Voranmeldungen beschränkt sich der dem Fiskus entstandene Hinterziehungsschaden auf den Zinsverlust. Die Hinterziehung des vollen, in den Rechnungen ausgewiesenen USt-Betrages auf Dauer wird erst durch die Nichtabgabe der Jahressteuererklärungen bewirkt *(BGH-Beschluss vom 4. 2. 1997 5 StR 680/96, wistra S. 186).*

Für die Strafzumessung in Fällen der LSt-Hinterziehung ist auf den dem Staat dauerhaft entstandenen Schaden abzustellen, der sich nach den tatsächlichen Verhältnissen der Arbeitnehmer richtet *(BGH-Beschluss vom 4. 2. 1997 5 StR 681/96, wistra 1997 S. 187).*

Bei der Bemessung der Strafe gegen einen Steuerberater ist eine drohende Untersagung der Berufsausübung zu berücksichtigen *(BGH-Beschlüsse vom 5. 12. 1990 3 StR 214/90, wistra 1991 S. 135; vom 19. 6. 1991 2 StR 357/90, wistra S. 300).*

Wirken Arbeitgeber und Arbeitnehmer einvernehmlich zur Hinterziehung der LSt und der Sozialversicherungsbeiträge zusammen, so kann darin keine Nettolohnvereinbarung erblickt werden *(BFH-Urteil vom 21. 2. 1992 VI R 41/88, wistra S. 196; BGH-Urteil vom 13. 5. 1992 5 StR 38/92, wistra S. 259).*

Eine überlange Verfahrensdauer ist als Strafmilderungsgrund zu berücksichtigen *(OLG Düsseldorf, Beschluss vom 30. 11. 1988, StB 1989 S. 199; Beschluss BVerfG vom 19. 4. 1993 2 BvR 1487/90, wistra S. 219).*

Der *BGH* hat mit *Beschluss vom 20. 6. 1994 5 StR 595/93 (BStBl. II S. 673)* **auch für die Steuerhinterziehung** im Anschluss an den *Beschluss des Großen Senats für Strafsachen vom 3. 5. 1994 (Az.: GSSt 2 und 3/93)* **die Rechtsfigur der fortgesetzten Tat aufgegeben.** Damit muss nunmehr jede einzelne Tat für sich beurteilt werden, z. B. bzgl. Verjährung (es verjährt nicht mehr die „Gesamttat" beginnend mit dem letzten Teilakt, sondern jede einzelne Handlung für sich), Strafklageverbrauch (unbekannte Einzelakten können und müssen erneut aufgegriffen werden) und Strafzumessung (es gilt nicht § 52 StGB, sondern §§ 53–55 StGB). Die Aufgabe der Rspr. zum Fortsetzungszusammenhang hat auch Auswirkungen auf die Festsetzungsverjährung (§§ 169 Abs. 1 Satz 4, 171 Abs. 7 AO). Weiterentwicklung dieser Rspr. durch *BGH-Urteil vom 19. 12. 1997 5 StR 569/96, wistra 1998 S. 180.* Der *BFH* hat sich mit *Urteil vom 22. 6. 1995 IV R 26/94, BStBl. II S. 575)* der Rspr. des BGH angeschlossen.

Tateinheit liegt bei der Hinterziehung verschiedener Steuerarten jedenfalls dann vor, wenn die insoweit abgegebenen Steuererklärungen gleichzeitig beim FA eingereicht wurden und in den für die Steuerhinterziehungen entscheidenden Punkten inhaltsgleich waren *(BGH-Beschlüsse vom 20. 9. 1995 5 StR 197/95, wistra 1996 S. 62; vom 5. 3. 1996 5 StR 73/96, wistra S. 231).*

Steuerhinterziehungen durch einen von mehreren **Gesellschaftern einer OHG** zugunsten der Gesellschaft sind nach dem in § 31 BGB enthaltenen allgemeinen Rechtsgedanken der Personengesellschaft (Gesamthand) zuzurechnen *(BFH-Urteil vom 8. 12. 1993 II R 118/89, BStBl. 1994 II S. 216).*

Allein durch den Abschluss eines Werkvertrages wird der Auftraggeber noch nicht Gehilfe der von den Werkunternehmern später begangenen Steuerhinterziehung *(BGH-Urteil vom 23. 6. 1992 5 StR 75/92, wistra S. 299).* **Teilnahme** ist **bis zur materiellen Beendigung** (s. Anm. 2) der Tat möglich (z. B. *BGH-Beschluss vom 3. 3. 1989 3 StR 552/88, wistra S. 188*). Nach diesem Zeitpunkt kommt **Begünstigung** (§ 257 StGB, § 369 Abs. 1 Nr. 4) oder Strafvereitelung (§ 258 StGB; keine Steuerstraftat!) in Betracht.

[5] Zur Bemessung der Geldstrafe vgl. § 40 StGB.

[1] Zur **Bedeutung des Kenntnisstandes der Finanzbehörden** für die Tatbestandsmäßigkeit der Steuerhinterziehung nach § 370 Abs. 1 Nr. 1 AO s. *BGH-Urteil vom 19. 10. 1999 5 StR 178/99 BStBl. II S. 854.* Sind der Finanzverwaltung Tatsachen bekannt gewesen, die einen Anfangsverdacht begründet hätten, schließt dies die Erfüllung des Tatbestandes der Steuerhinterziehung nicht aus.

[1] Die in § 370 Abs. 1 Nr. 2 AO angesprochene Pflicht ist kein besonderes persönliches Merkmal iSd. § 28 Abs. 1 StGB *(BGH-Urteil vom 25. 1. 1995 5 StR 491/94, wistra 1995 S. 189).* **Pflichtwidriges In-Unkenntnis-Lassen** iSd. Abs. 1 Nr. 2 setzt voraus, dass eine entsprechende Pflicht besteht (z. B. § 138 Anzeige der Erwerbstätigkeit, § 149 Abgabe von Steuererklärungen, § 153 Berichtigung unrichtiger Erklärungen). Täuschung der Behörde ist nicht Voraussetzung. Die Unkenntnis muss sich auf die konkrete Steuerart beziehen, so bewirkt z. B. die Kenntnis von der USt-Pflicht nicht auch die Kenntnis von der ESt-Pflicht (vgl. *BGH-Urteil vom 7. 9. 1988 3 StR 178/88, wistra 1989 S. 29*). ESt-Vorauszahlungen können Gegenstand einer Steuerhinterziehung sein. Steuerhinterziehung begeht auch, wer **vorsätzlich unterlässt, einen unrichtigen Herabsetzungsantrag gem. § 153 zu berichtigen** *(Urteil FG Nürnberg vom 24. 3. 1993 V 168/90, EFG S. 698).*

BFH-Urteil vom 18. 5. 2005 VIII R 107/03, BFH/NV S. 2145: 1. Hat das FA von steuerlich erheblichen Tatsachen iSd. § 370 Abs. 1 Nr. 2 AO keine Kenntnis erlangt, obwohl der Stpfl. seinem steuerlichen Berater die für die Besteuerung erheblichen Informationen zur Verfügung gestellt hat, kann nicht ohne weiteres von einer Steuerhinterziehung des Stpfl. ausgegangen werden, weil dieser in der Regel darauf vertraut, der steuerliche Berater werde rechtzeitig richtige und vollständige Angaben machen. 2. In einem solchen Fall ist zu prüfen, ob der Steuerberater eine Steuerhinterziehung begangen hat und diese dem Stpfl. zuzurechnen ist.

Ist dem Steuerpflichtigen bewusst, dass er ohne Kapitalertragsteuerbescheinigung eine Anrechnung der Kapitalertragsteuer nicht herbeiführen kann, und gibt er deshalb Kapitaleinkünfte in seiner Steuererklärung in dem Bewusstsein nicht an, bei wahrheitsgemäßer Erklärung die Kapitalerträge wegen der fehlenden Anrechnungsmöglichkeit gewissermaßen ein „zweites Mal" versteuern zu müssen, so kann in diesem Verhalten eine Steuerhinterziehung zu erblicken sein *(BFH-Beschluss vom 29. 4. 2008 VIII R 28/07, BFH/NV S. 1391).*

BFH-Urteil vom 14. 5. 2025 VI R 14/22, BFH/NV S. 1627: 1. Zur Beantwortung der Frage, ob die Finanzbehörde Kenntnis von den für die Steuerfestsetzung wesentlichen tatsächlichen Umständen hat, ist auf diejenigen Personen abzustellen, die innerhalb der zuständigen Finanzbehörde organisationsmäßig für die Bearbeitung des Steuerfalls berufen sind beziehungsweise die den (zu ändernden) Steuerbescheid erlassen haben. 2. Elektronische Daten, die nicht automatisch zur Papierakte/elektronischen Akte gelangen, sondern lediglich auf Datenspeichern der Finanzbehörde zum Abruf bereitliegen, sind nicht schon deshalb bekannt im Sinne des § 370 Abs. 1 Nr. 2 der AO, weil sie mit der Steuernummer des Steuerpflichtigen verknüpft sind.

AO

(2) **Der Versuch[1] ist strafbar.**

(3) **① In besonders schweren Fällen ist die Strafe Freiheitsstrafe von sechs Monaten bis zu zehn Jahren. ② Ein besonders schwerer Fall liegt in der Regel vor, wenn der Täter** 2 3

1.[2] in großem Ausmaß Steuern verkürzt oder nicht gerechtfertigte Steuervorteile erlangt,

2. seine Befugnisse oder seine Stellung als Amtsträger oder Europäischer Amtsträger (§ 11 Absatz 1 Nummer 2 a des Strafgesetzbuchs) missbraucht,

3. die Mithilfe eines Amtsträgers oder Europäischen Amtsträgers (§ 11 Absatz 1 Nummer 2 a des Strafgesetzbuchs) ausnutzt, der seine Befugnisse oder seine Stellung missbraucht,

4. unter Verwendung nachgemachter oder verfälschter Belege fortgesetzt[3] Steuern verkürzt oder nicht gerechtfertigte Steuervorteile erlangt,

5. als Mitglied einer Bande, die sich zur fortgesetzten Begehung von Taten nach Absatz 1 verbunden hat, Umsatz- oder Verbrauchssteuern verkürzt oder nicht gerechtfertigte Umsatz- oder Verbrauchssteuervorteile erlangt oder

6. eine Drittstaat-Gesellschaft im Sinne des § 138 Absatz 3, auf die er alleine oder zusammen mit nahestehenden Personen im Sinne des § 1 Absatz 2 des Außensteuergesetzes unmittelbar oder mittelbar einen beherrschenden oder bestimmenden Einfluss ausüben kann, zur Verschleierung steuerlich erheblicher Tatsachen nutzt und auf diese Weise fortgesetzt Steuern verkürzt oder nicht gerechtfertigte Steuervorteile erlangt.

(4)[4] **① Steuern sind namentlich dann verkürzt, wenn sie nicht, nicht in voller Höhe oder nicht rechtzeitig[5] festgesetzt werden; dies gilt auch dann, wenn die Steuer vorläufig oder unter Vorbehalt der Nachprüfung festgesetzt wird oder eine Steueranmeldung einer Steuerfestsetzung unter Vorbehalt der Nachprüfung gleichsteht. ② Steuervorteile sind auch Steuervergütungen; nicht gerechtfertigte Steuervorteile sind erlangt, soweit sie zu Unrecht gewährt oder belassen werden. ③ Die Voraussetzungen der Sätze 1 und 2 sind auch dann erfüllt, wenn die Steuer, auf die sich die Tat bezieht, aus anderen Gründen hätte ermäßigt oder der Steuervorteil aus anderen Gründen hätte beansprucht werden können.[6]** 4

---

[1] **Versuch** liegt vor, wenn der Täter nach seiner Vorstellung von der Tat zur Verwirklichung des Tatbestandes unmittelbar ansetzt (§ 22 StGB). Die Straftat darf aber noch nicht vollendet sein. Da die Steuerhinterziehung den Eintritt des Erfolges der Verkürzung oder des Erlangens ungerechtfertigter Steuervorteile erfordert, ist bis zum Eintritt dieses Erfolges noch keine vollendete Tat gegeben. Die Tat ist vollendet, wenn die Steuer nicht, nicht in voller Höhe oder nicht rechtzeitig festgesetzt worden ist. Die Festsetzung wird wirksam mit der Bekanntgabe des Steuerbescheids. Bei pflichtwidrig unterlassener Abgabe einer Steuererklärung ist die Steuerverkürzung vollendet in dem Zeitpunkt, in dem das FA die allgemeinen Veranlagungsarbeiten abgeschlossen hat *(Beschluss BayObLG vom 3. 11. 1989 RReg. 4 St 135/89, wistra 1990 S. 159).*

Zum **fehlgeschlagenen Versuch** (kein Rücktritt mehr möglich) s. *BGH St 36, 105* und *BGH-Beschluss vom 17. 7. 1991 5 StR 225/91, wistra S. 300.* Der Versuch der Steuerhinterziehung ist erst mit Bestandskraft des Steuerbescheides fehlgeschlagen *(BGH vom 17. 7. 1991 5 StR 225/91, HFR 1992 S. 567).*

[2] Im Rahmen des § 370 Abs. 3 Nr. 1 AO (besonders schwerer Fall) kann nur der endgültig hinterzogene Steuerbetrag voll berücksichtigt werden; bezüglich verspätet abgegebener USt-Voranmeldungen liegt in Bezug auf den Steuerausfall nur ein solcher auf Zeit vor, der sich in einem Zinsverlust für den Fiskus niederschlägt *(BGH-Urteil vom 23. 3. 1994 5 StR 38/94, UR S. 367).*

[3] Das Merkmal **„fortgesetzt"** bedeutet mehrfach wiederholte Begehungsweise. Es setzt nicht mehrere selbständige Taten voraus, vielmehr genügt es, dass der Täter bei mehreren zeitlich auseinanderfallenden Einzelakten einer fortgesetzten Tat unter Verwendung nachgemachter oder verfälschter Belege mehrfach wiederholt Steuern verkürzt oder nicht gerechtfertigte Steuervorteile erlangt *(BGH-Urteil vom 12. 10. 1988 3 StR 194/88, wistra 1989 S. 107).*

In tatsächlicher Hinsicht unrichtige Rechnungen (Scheinrechnungen), die lediglich eine **„schriftliche Lüge"** enthalten, sind keine nachgemachten oder verfälschten Belege im Sinne des Regelbeispiels des Abs. 3 Nr. 4 *(BGH-Beschluss vom 24. 1. 1989 3 StR 313/88, wistra S. 190).*

Auch wenn das Vorhandensein von Belegen materielle Voraussetzung für den Anspruch auf Vorsteuerabzug ist, reicht es für die Verwendung unechter Belege iSd Abs. 3 Nr. 4 nicht aus, wenn die fingierten Rechnungen lediglich in die Buchhaltung eingeführt werden *(BGH-Beschluss vom 5. 4. 1989 3 StR 87/89, wistra S. 228).* Zum Nachmachen und Verfälschen von Belegen s. auch *BGH-Beschluss vom 16. 8. 1989 3 StR 91/89, wistra 1990 S. 26.*

[4] Die Absätze 2 bis 4 gelten kraft ausdrücklicher Verweisung auch für die von den FÄ verwalteten Wohnungsbau-, Spar- und Bergmannsprämien. Arbeitnehmersparzulagen und Zulagen für Arbeitnehmer nach dem Berlinförderungsgesetz entsprechend (§ 8 Abs. 2 Satz 1 WoPG; § 5 Abs. 2 Satz 1 SparPG; § 5 a Abs. 2 Satz 1 BergPG; § 14 Abs. 2 Satz 1 Fünftes VermBG; § 29 a Abs. 1 BerlinFG).

[5] Bei **Steuerverkürzungen „auf Zeit"** ist für die Strafzumessung nicht der verspätet festgesetzte Steuerbetrag, sondern der dem Fiskus entstandene Verspätungsschaden maßgebend *(BGH-Urteil vom 26. 9. 1978 1 StR 293/78, DB 1979 S. 1065; Beschluss BayObLG vom 3. 11. 1989 RReg. 4 St 135/89, MDR 1990 S. 569).*

Verletzt der Angeklagte durch die wahrheitswidrige Erklärung, keine Nichtgemeinschaftswaren mitzuführen, seine Antrags- und Anmeldepflicht, und wird dadurch die entstandene Zollschuld fällig, ist damit bereits der tatbestandsmäßige Erfolg der **Zollverkürzung** eingetreten. Die im Anschluss an die wahrheitswidrigen Angaben zu den von ihm mitgeführten Waren vom Zollbeamten durchgeführte Überholung (§ 7 ZG) ist für die Frage der Tatvollendung ohne Bedeutung *(Beschluss BayObLG vom 5. 11. 1996 4 St RR 169/96, wistra 1997 S 111).*

[6] Vgl. *BGH-Beschluss vom 4. 5. 1990 3 StR 72/90, wistra 1991 S. 27:* Hat der Täter einen Teil seiner „schwarzen Einnahmen" zur Zahlung zusätzlicher Löhne verwendet, steht das Kompensationsverbot gem. Abs. 4 Satz 3 einer Berücksichtigung bei

[Fortsetzung nächste Seite]

5 (5) **Die Tat kann auch hinsichtlich solcher Waren begangen werden, deren Einfuhr, Ausfuhr oder Durchfuhr verboten ist.**

6 (6) ① **Die Absätze 1 bis 5 gelten auch dann, wenn sich die Tat auf Einfuhr- oder Ausfuhrabgaben bezieht, die von einem anderen Mitgliedstaat der Europäischen Union verwaltet werden oder die einem Mitgliedstaat der Europäischen Freihandelsassoziation oder einem mit dieser assoziierten Staat zustehen.** ② **Das Gleiche gilt, wenn sich die Tat auf Umsatzsteuern oder auf die in Artikel 1 Absatz 1 der Richtlinie 2008/118/EG des Rates vom 16. Dezember 2008 über das allgemeine Verbrauchsteuersystem und zur Aufhebung der Richtlinie 92/12/EWG (ABl. L 9 vom 14. 1. 2009, S. 12) genannten harmonisierten Verbrauchsteuern bezieht, die von einem anderen Mitgliedstaat der Europäischen Union verwaltet werden.**

7 (7) **Die Absätze 1 bis 6 gelten unabhängig von dem Recht des Tatortes auch für Taten, die außerhalb des Geltungsbereiches dieses Gesetzes begangen werden.**

§ 371 Selbstanzeige[1] bei Steuerhinterziehung

1 (1) ① **Wer gegenüber der Finanzbehörde zu allen Steuerstraftaten einer Steuerart in vollem Umfang die unrichtigen Angaben berichtigt, die unvollständigen Angaben ergänzt oder die unterlassenen Angaben nachholt[2], wird wegen dieser Steuerstraftaten nicht nach § 370 bestraft.** ② **Die Angaben müssen zu allen unverjährten Steuerstraftaten einer Steuerart, mindestens aber zu allen Steuerstraftaten einer Steuerart innerhalb der letzten zehn Kalenderjahre erfolgen.**

2 (2) ① **Straffreiheit tritt nicht ein, wenn**

1. bei einer der zur Selbstanzeige gebrachten unverjährten Steuerstraftaten vor der Berichtigung, Ergänzung oder Nachholung
   a) dem an der Tat Beteiligten, seinem Vertreter, dem Begünstigten im Sinne des § 370 Absatz 1 oder dessen Vertreter eine Prüfungsanordnung nach § 196 bekannt gegeben worden ist, beschränkt auf den sachlichen und zeitlichen Umfang der angekündigten Außenprüfung, oder
   b) dem an der Tat Beteiligten oder seinem Vertreter die Einleitung des Straf- oder Bußgeldverfahrens bekannt gegeben worden ist[3] oder
   c) ein Amtsträger der Finanzbehörde zur steuerlichen Prüfung erschienen[4] ist, beschränkt auf den sachlichen und zeitlichen Umfang der Außenprüfung, oder

---

[Fortsetzung]
der Bemessung des Schuldumfangs jedenfalls dann nicht entgegen, wenn die Steuerminderung sich wegen des engen wirtschaftlichen Zusammenhangs bei wahrheitsgemäßer Erklärung dieser Einkünfte ohne weiteres von Rechts wegen ergeben hätte.

Zur Feststellung der Höhe der Steuerverkürzung können auch nicht mit den nicht versteuerten Umsätzen zusammenhängende Vorsteuern berücksichtigt werden; auch der spätere Wegfall des Steuertatbestandes (nachträgliche Aufhebung des Rechtsgeschäftes) führt nicht zur Aufhebung der bereits vollendeten Steuerhinterziehung. Derartige Umstände müssen jedoch bei der Strafzumessung berücksichtigt werden *(Beschluss BayObLG vom 16. 10. 1989 RReg. 4 St 162/89, wistra 1990 S. 112).*

Macht der Stpfl. geltend, er habe die nicht erklärten Einnahmen verwendet, um betrieblich veranlasste Zahlungen an nicht benannte Dritte zu leisten, so hängt die Annahme einer vollendeten Steuerhinterziehung davon ab, ob das FA bei richtigen Angaben des Stpfl. über die Betriebseinnahmen und Betriebsausgaben die angeblichen Zahlungen ohne Empfängerbenennung als Betriebsausgaben anerkannt hätte *(BFH-Beschluss vom 17. 2. 1999 IV B 66/98, BFH/NV 1999 S. 1188).*

---

[1] Zur Behandlung der Selbstanzeigen bei den Bußgeld- und Strafsachenstellen s. auch Nr. 132 der Anweisungen für das Straf- und Bußgeldverfahren (Steuer), *Gleichlautende Ländererlasse vom 1. 11. 2013, BStBl. I S. 1394.*

§ 371 schließt die Anwendung der Vorschriften des Allgemeinen Teils des Strafgesetzbuches über den Rücktritt vom Versuch nicht aus *(BGH-Urteil vom 19. 3. 1991 5 StR 516/90, wistra S. 223).*

Dem FA muss es auf der Grundlage der Selbstanzeige möglich sein, ohne langwierige größere Nachforschungen den Sachverhalt vollends aufzuklären und die Steuer richtig zu errechnen (zum notwendigen Inhalt vgl. z. B. *Beschluss LG Stuttgart vom 21. 8. 1989 10 KLs 137/88, wistra 1990 S. 72*). Im Rahmen einer Selbstanzeige genügt es nicht, wenn der Angeklagte nur die Quelle seiner Einkünfte, nicht aber deren Umfang offenlegt. Zahlenangaben sind bei Selbstanzeigen regelmäßig erforderlich *(Urteil OLG Hamburg vom 2. 6. 1992 1 Ss 119/91, wistra 1993 S. 274)*. Vgl. auch *BGH-Urteil vom 13. 10. 1992 5 StR 253/92, wistra 1993 S. 66* (Mineralölsteuerlage; keine ausdrückliche Selbstbezichtigung nötig).

[2] **Berichtigungserklärung:** *BGH vom 14. 12. 1976 1 StR 196/76, StRK AO 1977 § 371 R. 1;* **ESt-Jahreserklärung:** *LG Stuttgart vom 25. 11. 1983 10 Qs 146/83, wistra 1984 S. 197;* **USt-Jahreserklärung:** *Urteile LG Hamburg vom 25. 11. 1981 (59) 63/79 Ns, wistra 1983 S. 266,* und *vom 9. 5. 1983 (50) 33/83 Ns, wistra S. 267; OLG Hamburg vom 12. 2. 1985 1 Ss 191/84, wistra S. 166;* **mehrere Teilerklärungen:** *BGH vom 13. 11. 1952 3 StR 398/52, BGHSt 3 S. 373, 375;* **Selbstanzeige durch Gehilfen:** *OLG Hamburg vom 21. 11. 1985 1 St 108/85, wistra 1986 S. 116.*

[3] Vgl. § 397 AO und für das Bußgeldverfahren § 410 Abs. 1 Nr. 6 AO. Die Einleitung wegen Vermögensteuerhinterziehung hindert nicht die strafbefreiende Selbstanzeige im Hinblick auf den Vorwurf der Hinterziehung von ESt, USt und GewSt *(BGH-Urteil vom 6. 6. 1990 3 StR 183/90, wistra S. 308).*

Die Einleitung eines Steuerstrafverfahrens wegen unrichtiger Angaben in der ESt-Erklärung hindert nicht die Straffreiheit durch Selbstanzeige wegen vorangegangener Schenkungen *(Urteil LG Hamburg vom 22. 2. 1989 (50) 7/89 Ns, wistra S. 238).*

[4] Der **Umfang der Sperrwirkung** richtet sich nach dem Inhalt der Prüfungsanordnung *(BGH-Beschluss vom 15. 1. 1988 3 StR 465/87, wistra S. 151).*

Eine Sperrwirkung nach § 371 Abs. 1 Nr. 1 lit. 1 AO besteht für die von späteren Selbstanzeigen erfassten Sachverhalte jedenfalls dann nicht, wenn sie zu dem Zeitpunkt, in dem ein Amtsträger zur Ermittlung einer Steuerstraftat erschienen ist weder vom Ermittlungswillen des Amtsträgers erfasst waren, noch mit dem bisherigen Ermittlungsgegenstand in engem sachlichen Zusammenhang standen *(BGH-Beschluss vom 5. 4. 2000 5 StR 226/99, wistra S. 219).*

[Fortsetzung nächste Seite]

d) ein Amtsträger zur Ermittlung einer Steuerstraftat oder einer Steuerordnungswidrigkeit erschienen ist oder

e) ein Amtsträger der Finanzbehörde zu einer Umsatzsteuer-Nachschau nach § 27 b des Umsatzsteuergesetzes, einer Lohnsteuer-Nachschau nach § 42 g des Einkommensteuergesetzes oder einer Nachschau nach anderen steuerrechtlichen Vorschriften erschienen ist und sich ausgewiesen hat oder

2. eine der Steuerstraftaten im Zeitpunkt der Berichtigung, Ergänzung oder Nachholung ganz oder zum Teil bereits entdeckt war[1] **und der Täter dies wusste oder bei verständiger Würdigung der Sachlage damit rechnen musste,**

3. die nach § 370 Absatz 1 verkürzte Steuer oder der für sich oder einen anderen erlangte nicht gerechtfertigte Steuervorteil einen Betrag von 25 000 Euro je Tat übersteigt, oder

4. ein in § 370 Absatz 3 Satz 2 Nummer 2 bis 6 genannter besonders schwerer Fall vorliegt.

② Der Ausschluss der Straffreiheit nach Satz 1 Nummer 1 Buchstabe a und c hindert nicht die Abgabe einer Berichtigung nach Absatz 1 für die nicht unter Satz 1 Nummer 1 Buchstabe a und c fallenden Steuerstraftaten einer Steuerart.

(2 a) **① Soweit die Steuerhinterziehung durch Verletzung der Pflicht zur rechtzeitigen Abgabe einer vollständigen und richtigen Umsatzsteuervoranmeldung oder Lohnsteueranmeldung begangen worden ist, tritt Straffreiheit abweichend von den Absätzen 1 und 2 Satz 1 Nummer 3 bei Selbstanzeigen in dem Umfang ein, in dem der Täter gegenüber der zuständigen Finanzbehörde die unrichtigen Angaben berichtigt, die unvollständigen Angaben ergänzt oder die unterlassenen Angaben nachholt. ② Absatz 2 Satz 1 Nummer 2 gilt nicht, wenn die Entdeckung der Tat darauf beruht, dass eine Umsatzsteuervoranmeldung oder Lohnsteueranmeldung nachgeholt oder berichtigt wurde. ③ Die Sätze 1 und 2 gelten nicht für Steueranmeldungen, die sich auf das Kalenderjahr beziehen. ④ Für die Vollständigkeit der Selbstanzeige hinsichtlich einer auf das Kalenderjahr bezogenen Steueranmeldung ist die Berichtigung, Ergänzung oder Nachholung der Voranmeldungen, die dem Kalenderjahr nachfolgende Zeiträume betreffen, nicht erforderlich.** 3

(3) **① Sind Steuerverkürzungen bereits eingetreten oder Steuervorteile erlangt, so tritt für den an der Tat Beteiligten Straffreiheit nur ein, wenn er die aus der Tat zu seinen Gunsten hinterzogenen Steuern, die Hinterziehungszinsen nach § 235 und die Zinsen nach § 233 a, soweit sie auf die Hinterziehungszinsen nach § 235 Absatz 4 angerechnet werden, sowie die Verzugszinsen nach Artikel 114 des Zollkodex der Union innerhalb der ihm bestimmten angemessenen Frist entrichtet. ② In den Fällen des Absatzes 2 a Satz 1 gilt Satz 1 mit der Maßgabe, dass die fristgerechte Entrichtung von Zinsen nach § 233 a oder § 235 unerheblich ist.** 4

[Fortsetzng]

Fahndungsbeamte sind auch dann „Amtsträger der Finanzbehörde" iSv. Abs. 2 Nr. 1 a, wenn sie in einem von der Staatsanwaltschaft geführten steuerstrafrechtlichen Ermittlungsverfahren weisungsgebunden tätig werden (*Beschluss LG Stuttgart vom 21. 8. 1989 10 KLs 137/88, wistra 1990 S. 72);* sie sind bei Verdachtsprüfungen selbst berechtigt, ein Ermittlungsverfahren einzuleiten, und können daher auch den Umfang des Ermittlungsverfahrens in eigener Zuständigkeit bestimmen (§ 404 Satz 2).

Die Sperrwirkung des Abs. 2 Nr. 1 a wirkt i. d. R. nicht zu Lasten des ausgeschiedenen Betriebsangehörigen *(Beschluss LG Stuttgart vom 21. 8. 1989 10 KLs 137/88, wistra 1990 S. 72).*

Auch Vorfeldermittlungen der Steuerfahndung können dem § 371 Abs. 2 Nr. 1 a AO unterfallen. Diese Art der steuerlichen Prüfung kann eine Selbstanzeige aber nur so weit ausschließen, wie der konkrete Auftrag des Prüfers reicht *(Beschluss OLG Celle vom 27. 3. 2000 2 Ws 33/00, wistra S. 277).*

Zum Begriff **„Erscheinen"** s. auch *BFH-Urteil vom 7. 10. 1997 VIII R 52/94, BFH/NV 1998 S. 1059.*

---

[1] Zum **Begriff der Entdeckung** allgemein: BGH vom 13. 5. 1983 3 StR 82/83, NStZ S. 415, und BGH vom 24. 10. 1984 3 StR 315/84, NStZ 1985 S. 126. Bei unterlassenen LSt-Anmeldungen bzw. USt-Voranmeldungen: OLG Celle vom 24. 1. 1984 1 Ss 367/83, NStZ S. 323. Entdeckung durch Kontrollmitteilung: *Urteil LG Koblenz vom 13. 3. 1985 105 Js (Wi) 16.966/83 – 4 – Ls 12 Ns, wistra S. 204.*

Das Merkmal der Tatentdeckung in § 371 Abs. 2 Nr. 2 AO erfordert, dass bei vorläufiger Tatbewertung die Wahrscheinlichkeit eines verurteilenden Erkenntnisses gegeben ist. Dabei ist auf die einzelne Handlung, d. h. auf die Nichtabgabe bzw. die Abgabe einer unrichtigen Steuererklärung, abzustellen. Die einzelne „Tat" bestimmt sich folglich nach Steuerart, Besteuerungszeitraum und Stpfl. Der Senat braucht hierbei im vorliegenden Fall nicht zu entscheiden, ob dies auch für die Fälle der Tateinheit bei gleichzeitiger Abgabe von in wesentlichen Punkten inhaltsgleichen Steuererklärungen gilt *(BGH-Beschluss vom 5. 4. 2000 5 StR 226/99, wistra S. 219).*

BGH-Beschluss vom 30. 3. 1993 5 StR 77/93, UR S. 394: 1. Die Entdeckung der Tat iSd § 371 Abs. 2 Nr. 2 AO erfordert nicht die zur Verurteilung erforderliche Überzeugung; es reicht vielmehr die Wahrscheinlichkeit eines verurteilenden Erkenntnisses aufgrund vorläufiger Tatbewertung. 2. Diese Voraussetzung ist gegeben, wenn eine zur Erlangung des Vorsteuerabzuges vom Stpfl. vorgelegte Rechnung zum Verdacht des FA führt, diese Rechnung könne nicht richtig sein, deshalb die Steuerfahndung eingeschaltet und deren Ermittlungen vor Berichtigung der Steueranmeldung zu der Überzeugung des FA führen, dass die Rechnung auf die Erschleichung von Vorsteuerabzug angelegt war.

AO

5 **(4)[1] ① Wird die in § 153 vorgesehene Anzeige rechtzeitig und ordnungsmäßig erstattet, so wird ein Dritter, der die in § 153 bezeichneten Erklärungen abzugeben unterlassen oder unrichtig oder unvollständig abgegeben hat, strafrechtlich nicht verfolgt, es sei denn, dass ihm oder seinem Vertreter vorher die Einleitung eines Straf- oder Bußgeldverfahrens wegen der Tat bekannt gegeben worden ist. ② Hat der Dritte zum eigenen Vorteil gehandelt, so gilt Absatz 3 entsprechend.**

§ 372 Bannbruch

1 **(1) Bannbruch begeht, wer Gegenstände entgegen einem Verbot einführt, ausführt oder durchführt.**

2 **(2) Der Täter wird nach § 370 Absatz 1, 2 bestraft, wenn die Tat nicht in anderen Vorschriften als Zuwiderhandlung gegen ein Einfuhr-, Ausfuhr- oder Durchfuhrverbot mit Strafe oder mit Geldbuße bedroht ist.**

§ 373 Gewerbsmäßiger, gewaltsamer und bandenmäßiger Schmuggel

1 **(1) ① Wer gewerbsmäßig Einfuhr- oder Ausfuhrabgaben hinterzieht, wird mit Freiheitsstrafe von sechs Monaten bis zu zehn Jahren bestraft. ② In minder schweren Fällen ist die Strafe Freiheitsstrafe bis zu fünf Jahren oder Geldstrafe.**

2 **(2) Ebenso wird bestraft, wer**

1. eine Hinterziehung von Einfuhr- oder Ausfuhrabgaben oder einen Bannbruch begeht, bei denen er oder ein anderer Beteiligter eine Schusswaffe bei sich führt,

2. eine Hinterziehung von Einfuhr- oder Ausfuhrabgaben oder einen Bannbruch begeht, bei denen er oder ein anderer Beteiligter eine Waffe oder sonst ein Werkzeug oder Mittel bei sich führt, um den Widerstand eines anderen durch Gewalt oder Drohung mit Gewalt zu verhindern oder zu überwinden, oder

3. als Mitglied einer Bande, die sich zur fortgesetzten Begehung der Hinterziehung von Einfuhr- oder Ausfuhrabgaben oder des Bannbruchs verbunden hat, eine solche Tat begeht.

3 **(3) Der Versuch ist strafbar.**

4 **(4) § 370 Absatz 6 Satz 1 und Absatz 7 gilt entsprechend.**

§ 374[2] Steuerhehlerei

1 **(1) Wer Erzeugnisse oder Waren, hinsichtlich deren Verbrauchsteuern oder Einfuhr- und Ausfuhrabgaben nach Artikel 5 Nummer 20 und 21 des Zollkodex der Union hinterzogen oder Bannbruch nach § 372 Absatz 2, § 373 begangen worden ist, ankauft oder sonst sich oder einem Dritten verschafft, sie absetzt oder abzusetzen hilft,[3] um sich oder einen Dritten zu bereichern, wird mit Freiheitsstrafe bis zu fünf Jahren oder mit Geldstrafe bestraft.[4]**

2 **(2) ① Handelt der Täter gewerbsmäßig oder als Mitglied einer Bande, die sich zur fortgesetzten Begehung von Straftaten nach Absatz 1 verbunden hat, so ist die Strafe Freiheitsstrafe von sechs Monaten bis zu zehn Jahren. ② In minder schweren Fällen ist die Strafe Freiheitsstrafe bis zu fünf Jahren oder Geldstrafe.**

3 **(3) Der Versuch ist strafbar.**

4 **(4) § 370 Absatz 6 und 7 gilt entsprechend.**

---

[1] Zur Anwendung bei leichtfertiger Steuerverkürzung vgl. § 378 Abs. 3 AO.

Die **Zahlungsfrist** ist auch dann zu setzen, wenn der Beteiligte voraussichtlich nicht in der Lage sein wird, die Zahlung zu leisten, weil erst durch den Fristablauf der Schwebezustand zwischen Anwartschaft auf Straffreiheit und dem Eintritt oder Verlust der Straffreiheit beendet wird. Solange die Frist des Abs. 3 nicht abgelaufen ist, kommt weder eine Verurteilung wegen Steuerhinterziehung noch Freispruch in Betracht. Eine Fristsetzung nach Abs. 3 ist auch dann wirksam, wenn sie etwa infolge ursprünglich unzutreffender Beurteilung der Wirksamkeit einer Selbstanzeige durch die Finanzbehörde, mehrere Jahre nach Erstattung der Selbstanzeige vorgenommen wird *(Beschluss BayObLG vom 3. 11. 1989 RReg. 4 St 135/89, wistra 1990 S. 159).*

Zur **Dauer der Nachzahlungsfrist** vgl. *Beschluss AG Saarbrücken vom 21. 6. 1983 9 As 86/83, wistra S. 268; LG Koblenz vom 13. 12. 1985 105 Js (Wi) 17.301/83 – 10 KLs, wistra 1986 S. 79.* Rechtsweg bei Streitigkeiten über die Nachzahlungsfrist: *BFH-Urteil vom 17. 12. 1981 IV R 94/77, BStBl. 1982 II S. 352.*

[2] Zur Haftung vgl. § 71 AO.

[3] Zum Begriff der Absatzhilfe: *BGH vom 15. 4. 1980 5 StR 135/80, BGHSt 29, 239.*

[4] § 370 Abs. 3 AO ist nicht anwendbar *(BGH vom 28. 9. 1983 3 StR 280/83, NStZ 1984 S. 78 L).* Vgl. auch *BFH-Urteil vom 8. 11. 1988 VII R 78/85, BStBl. 1989 II S. 118.*

§ 375 Nebenfolgen

(1) **Neben einer Freiheitsstrafe von mindestens einem Jahr wegen** 1

1. Steuerhinterziehung,

2. Bannbruchs nach § 372 Absatz 2, § 373,

3. Steuerhehlerei oder

4. Begünstigung einer Person, die eine Tat nach den Nummern 1 bis 3 begangen hat,

kann das Gericht die Fähigkeit, öffentliche Ämter zu bekleiden, und die Fähigkeit, Rechte aus öffentlichen Wahlen zu erlangen, aberkennen (§ 45 Absatz 2 des Strafgesetzbuchs).

(2) ① **Ist eine Steuerhinterziehung, ein Bannbruch nach § 372 Absatz 2, § 373 oder eine Steuerhehlerei begangen worden, so können** 2

1. die Erzeugnisse, Waren und andere Sachen, auf die sich die Hinterziehung von Verbrauchsteuer oder Einfuhr- und Ausfuhrabgaben nach Artikel 5 Nummer 20 und 21 des Zollkodex der Union, der Bannbruch oder die Steuerhehlerei bezieht, und

2. die Beförderungsmittel, die zur Tat benutzt worden sind,

eingezogen werden. ② **§ 74 a des Strafgesetzbuchs ist anzuwenden.**

§ 376 Verfolgungsverjährung

(1) **In den in § 370 Absatz 3 Satz 2 Nummer 1 bis 6 genannten Fällen besonders schwerer Steuerhinterziehung beträgt die Verjährungsfrist 15 Jahre; § 78 b Absatz 4 des Strafgesetzbuches gilt entsprechend.**

(2) **Die Verjährung[1] der Verfolgung einer Steuerstraftat wird auch dadurch unterbrochen, dass dem Beschuldigten die Einleitung des Bußgeldverfahrens bekannt gegeben oder diese Bekanntgabe angeordnet wird.**

(3) **Abweichend von § 78 c Absatz 3 Satz 2 des Strafgesetzbuches verjährt in den in § 370 Absatz 3 Satz 2 Nummer 1 bis 6 genannten Fällen besonders schwerer Steuerhinterziehung die Verfolgung spätestens, wenn seit dem in § 78 a des Strafgesetzbuches bezeichneten Zeitpunkt das Zweieinhalbfache der gesetzlichen Verjährungsfrist verstrichen ist.**

Zweiter Abschnitt. Bußgeldvorschriften

§ 377 Steuerordnungswidrigkeiten[2]

(1) **Steuerordnungswidrigkeiten (Zoll-ordnungswidrigkeiten) sind Zuwiderhandlungen, die nach diesem Gesetz oder den Steuergesetzen mit Geldbuße geahndet werden können.** 1

(2) **Für Steuerordnungswidrigkeiten gelten die Vorschriften des Ersten Teils des Gesetzes über Ordnungswidrigkeiten, soweit die Bußgeldvorschriften dieses Gesetzes oder der Steuergesetze nichts anderes bestimmen.** 2

§ 378[3] Leichtfertige Steuerverkürzung

(1) ① **Ordnungswidrig handelt, wer als Steuerpflichtiger oder bei Wahrnehmung der Angelegenheiten eines Steuerpflichtigen eine der in § 370 Absatz 1 bezeichneten Taten leichtfertig[4] begeht.** ② **§ 370 Absatz 4 bis 7 gilt entsprechend.** 1

---

[1] Zum Beginn der Verjährung vgl. § 78 a StGB.

Zur Vollstreckungsverjährung vgl. §§ 79 f. StGB.

[2] Zu den Steuerordnungswidrigkeiten und den diesen gleichgestellten Ordnungswidrigkeiten s. Nr. 105, 106 der Anweisungen für das Straf- und Bußgeldverfahren (Steuer), *Gleichlautende Ländererlasse vom 1. 11. 2013, BStBl. I S. 1394.*

Für die **neuen Bundesländer** vgl. auch Anlage I, Kapitel III, Sachgebiet C Abschnitt II Nr. 4 des Einigungsvertrags vom 31. 8. 1990 (BGBl. II S. 889, 957), geändert durch Gesetz vom 29. 10. 1992 (BGBl. I S. 1814).

[3] Zur Verfolgungsverjährung vgl. § 384 AO.

[4] Die Vorschrift des § 378 AO wirkt als Auffangtatbestand *(BGH vom 13. 1. 1988 3 StR 450/87, wistra S. 196).* Zum Begriff der Leichtfertigkeit und seiner Abgrenzung vom Vorsatz vgl. *BGH vom 24. 1. 1990 3 StR 329/89, wistra S. 195;* ferner *BayObLG vom 2. 12. 1980 RReg. 4 St 168/80, StRK AO 1977 § 378 R. 5; OLG Bremen vom 26. 4. 1984 Ws 111, 115–116/84, StRK AO 1977 § 370 R. 77.*

„Leichtfertigkeit" i. S. von § 378 AO setzt einen erheblichen Grad von Fahrlässigkeit voraus, der etwa der groben Fahrlässigkeit des bürgerlichen Rechts entspricht, aber im Gegensatz hierzu auf die persönlichen Fähigkeiten des Täters abstellt *(BFH-Beschluss vom 18. 11. 2013 X B 82/12, BFH/NV 2014 S. 292).*

Der Unternehmer handelt bei Inanspruchnahme der Steuerfreiheit nach § 6 a UStG nur dann leichtfertig i. S. von § 378 AO, wenn es sich ihm zumindest aufdrängen muss, dass er die Voraussetzungen dieser Vorschrift weder beleg- und buchmäßig noch objektiv nachweisen kann *(BFH-Urteil vom 24. 7. 2014 V R 44/13, BStBl. II S. 955).*

Täter einer leichtfertigen Steuerverkürzung kann nur sein, wer selbst gegenüber dem FA unrichtige Angaben macht *(Beschluss OLG Braunschweig vom 8. 3. 1996 Ss (B) 100/95, wistra S. 319).*

Der subjektive Tatbestand einer leichtfertigen Steuerverkürzung (§ 378 AO) kann nicht mit dem bloßen Unterlassen einer Anzeige nach § 19 GrEStG verneint werden. Den Steuerpflichtigen treffen vielmehr Informationspflichten und Erkundigungspflichten auch über seine Erklärungspflichten und Anzeigepflichten, die aus der Steuerpflicht folgen *(BFH-Urteil vom 19. 2. 2009 II R 49/07, BStBl. II S. 932).*

[Fortsetzung nächste Seite]

AO

(2) **Die Ordnungswidrigkeit kann mit einer Geldbuße bis zu fünfzigtausend Euro**
2 **geahndet werden.**

3 (3) ① **Eine Geldbuße wird nicht festgesetzt, soweit der Täter gegenüber der Finanzbehörde die unrichtigen Angaben berichtigt, die unvollständigen Angaben ergänzt oder die unterlassenen Angaben nachholt, bevor ihm oder seinem Vertreter die Einleitung eines Straf- oder Bußgeldverfahrens wegen der Tat bekannt gegeben worden ist.** ② **Sind Steuerverkürzungen bereits eingetreten oder Steuervorteile erlangt, so wird eine Geldbuße nicht festgesetzt, wenn der Täter die aus der Tat zu seinen Gunsten verkürzten Steuern innerhalb der ihm bestimmten angemessenen Frist entrichtet.** ③ **§ 371 Absatz 4 gilt entsprechend.**

§ 379 Steuergefährdung

1 (1) ① **Ordnungswidrig handelt, wer vorsätzlich oder leichtfertig**

1. **Belege ausstellt, die in tatsächlicher Hinsicht unrichtig sind,**[1]
2. **Belege gegen Entgelt in den Verkehr bringt,**
3. **nach Gesetz buchungs- oder aufzeichnungspflichtige Geschäftsvorfälle oder Betriebsvorgänge nicht oder in tatsächlicher Hinsicht unrichtig aufzeichnet oder aufzeichnen lässt, verbucht oder verbuchen lässt,**[2]
4. **entgegen § 146 a Absatz 1 Satz 1 ein dort genanntes System nicht oder nicht richtig verwendet,**
5. **entgegen § 146 a Absatz 1 Satz 2 ein dort genanntes System nicht oder nicht richtig schützt,**
6. **entgegen § 146 a Absatz 1 Satz 5 gewerbsmäßig ein dort genanntes System oder eine dort genannte Software bewirbt oder in den Verkehr bringt,**
7. **entgegen § 147 Absatz 1 Nummer 1 bis 3 oder 4 eine Unterlage nicht oder nicht für die vorgeschriebene Dauer aufbewahrt oder**
8. **entgegen § 147 a Absatz 1 Satz 1 oder Absatz 2 Satz 1 eine Aufzeichnung oder eine Unterlage nicht oder nicht mindestens sechs Jahre aufbewahrt**

und dadurch ermöglicht, Steuern zu verkürzen oder nicht gerechtfertigte Steuervorteile zu erlangen. ② **Satz 1 Nummer 1 gilt auch dann, wenn Einfuhr- und Ausfuhrabgaben verkürzt werden können, die von einem anderen Mitgliedstaat der Europäischen Union verwaltet werden oder die einem Staat zustehen, der für Waren aus der Europäischen Union auf Grund eines Assoziations- oder Präferenzabkommens eine Vorzugsbehandlung gewährt; § 370 Absatz 7 gilt entsprechend.** ③ **Das Gleiche gilt, wenn sich die Tat auf Umsatzsteuern bezieht, die von einem anderen Mitgliedstaat der Europäischen Union verwaltet werden.**

[Fortsetzung]

Eine Dauerordnungswidrigkeit der leichtfertigen Steuerverkürzung liegt nur vor, wenn sich der Täter eines in dauernder Unachtsamkeit bestehenden Gesamtverhaltens schuldig macht, aus dem mehrere bei gehöriger Achtsamkeit voraussehbare Gesetzesverletzungen von selbst ohne weiteres Zutun des Täters entspringen. Das ist regelmäßig nicht der Fall, wenn der Täter für mehrere Steuerabschnitte mehrere Steuererklärungen abgibt. Hier sind i. d. R. mehrere Zuwiderhandlungen lediglich mit gleichartigem Verschulden anzunehmen *(BayObLG, wistra 1993 S. 236).*

BFH-Urteil vom 17. 11. 2015 X R 35/14, BFH/NV 2016 S. 728: 1. Ein leichtfertiges Handeln des Steuerberaters bei der Vorbereitung der Steuererklärung kann dem Steuerpflichtigen steuerrechtlich nicht zugerechnet werden (Anschluss an das *BFH-Urteil vom 29. 10. 2013 VIII R 27/10, BStBl. 2014 II S. 295).* 2. Ein Steuerpflichtiger ist grundsätzlich nicht verpflichtet, die von einem Steuerberater vorbereitete Steuererklärung in allen Einzelheiten nachzuprüfen. Er darf vielmehr im Regelfall darauf vertrauen, dass der Steuerberater die Steuererklärung richtig und vollständig vorbereitet, wenn er diesem die für die Erstellung der Steuererklärung erforderlichen Informationen vollständig verschafft hat. 3. Wenn der Steuerberater aufgrund missverständlicher Bescheinigungen zuverlässiger Stellen dieselben Aufwendungen doppelt in die Einkommensteuererklärung einträgt, handelt ein Steuerpflichtiger, der nicht über eigene Kenntnisse des Einkommensteuerrechts verfügt, bei der Überprüfung der vorbereiteten Steuererklärung nicht leichtfertig, wenn er bei einem Vergleich mit der Steuererklärung des Vorjahres feststellt, dass dieser dieselbe Eintragungssystematik zugrunde lag und sie vom FA nicht beanstandet worden ist.

Wenn der Stpfl. bei der Fertigung seiner Steuererklärung auf rechtliche Zweifel stößt, trifft ihn eine weitgehende Erkundigungspflicht. Er darf nur Auskunftspersonen zu Rate ziehen, die über die entsprechende Qualifikation verfügen *(Urteil OLG Celle vom 1. 10. 1997 22 Ss 198/97, wistra 1998 S. 196).*

Deklarieren Kläger ihre Einkünfte aus selbständiger Arbeit aus ihrer Arztpraxis in ihrer Gewinnfeststellungserklärung in zutreffender Höhe, geben sie in der zeitgleich abgegebenen Einkommensteuererklärung die Einkünfte der Klägerin aber nur in hälftiger Höhe an, kann darin eine leichtfertige Steuerverkürzung liegen *(BFH-Urteil vom 23. 7. 2013 VIII R 32/11, BStBl. 2016 II S. 503).*

---

[1] Zur Abgrenzung von Falschbeurkundung iSd § 348 StGB vgl. BayObLG vom 13. 6. 1989 4 St 206/88, StRK AO 1977 § 379 R. 2.

[2] Vgl. auch § 283 b StGB. Als Täter nach Abs. 1 Nr. 1 und 2 kommt nicht nur der Stpfl. in Betracht, sondern jeder, der unrichtige Belege ausstellt oder unrichtige Buchungen vornimmt. Auch der Zollbeamte, der gutgläubig eine objektiv unrichtige Ausfuhrbescheinigung ausstellt, weil er die bescheinigten Tatsachen nicht geprüft hat, kann sich der leichtfertigen Steuergefährdung schuldig machen *(BayObLG, wistra 1989 S.313).*

Zum Beginn des Laufs der Verfolgungsverjährung bei Verletzung der Anzeigepflicht bei Auslandsbeteiligungen nach § 138 Abs. 2 AO, vgl. *LfSt Sachsen vom 11. 11. 2020 (DB 2020 S. 2666),* nachstehend abgedruckt.

(2) **Ordnungswidrig handelt, wer vorsätzlich oder leichtfertig** 2

1. der Mitteilungspflicht nach § 138 Absatz 2 Satz 1 nicht, nicht vollständig oder nicht rechtzeitig nachkommt,

1 a. entgegen § 144 Absatz 1 oder Absatz 2 Satz 1, jeweils auch in Verbindung mit Absatz 5, eine Aufzeichnung nicht, nicht richtig oder nicht vollständig erstellt,

1 b. (weggefallen)

1 c. entgegen § 138 a Absatz 1, 3 oder 4 eine Übermittlung des länderbezogenen Berichts oder entgegen § 138 a Absatz 4 Satz 3 eine Mitteilung nicht, nicht vollständig oder nicht rechtzeitig (§ 138 a Absatz 6) macht,

1 d. der Mitteilungspflicht nach § 138 b Absatz 1 bis 3 nicht, nicht vollständig oder nicht rechtzeitig nachkommt,

1 e. entgegen § 138 d Absatz 1 in Verbindung mit § 138 f Absatz 1, 2, 3 Satz 1 Nummer 1 bis 7 sowie 9 und 10 oder § 138 h Absatz 2, jeweils auch in Verbindung mit § 138 f Absatz 6 Satz 1 und 2 oder § 138 g Absatz 1 Satz 1, eine Mitteilung über eine grenzüberschreitende Steuergestaltung nicht, nicht richtig oder nicht rechtzeitig macht oder zur Verfügung stehende Angaben nicht vollständig mitteilt,

1 f. (weggefallen)

1 g. entgegen § 138 k Satz 1 in der Steuererklärung die Angabe der von ihm verwirklichten grenzüberschreitenden Steuergestaltung nicht, nicht richtig, nicht vollständig oder nicht rechtzeitig macht,

1 h. einer vollziehbaren Anordnung nach § 147 Absatz 6 Satz 1 zuwiderhandelt,

1 i. entgegen § 147 Absatz 6 Satz 2 Nummer 1 Einsicht nicht, nicht richtig oder nicht vollständig gewährt oder

2. die Pflichten nach § 154 Absatz 1 bis 2 c verletzt.

(3) **Ordnungswidrig handelt, wer vorsätzlich oder fahrlässig einer Auflage nach § 120 Absatz 2 Nummer 4 zuwiderhandelt, die einem Verwaltungsakt für Zwecke der besonderen Steueraufsicht (§§ 209 bis 217) beigefügt worden ist.** 3

(4) **Die Ordnungswidrigkeit nach Absatz 1 Satz 1 Nummer 1, 2 und 8, Absatz 2 Nummer 1 a und 2 sowie Absatz 3 kann mit einer Geldbuße bis zu 5 000 Euro geahndet werden, wenn die Handlung nicht nach § 378 geahndet werden kann.** 4

(5) **Die Ordnungswidrigkeit nach Absatz 2 Nummer 1 c kann mit einer Geldbuße bis zu 10 000 Euro geahndet werden, wenn die Handlung nicht nach § 378 geahndet werden kann.** 5

(6) **Die Ordnungswidrigkeit nach Absatz 1 Satz 1 Nummer 3 bis 7 und Absatz 2 Nummer 1 h und 1 i kann mit einer Geldbuße bis zu 25 000 Euro geahndet werden, wenn die Handlung nicht nach § 378 geahndet werden kann.** 6

(7) **Die Ordnungswidrigkeit nach Absatz 2 Nummer 1, 1 d, 1 e und 1 g kann mit einer Geldbuße bis zu 25 000 Euro geahndet werden, wenn die Handlung nicht nach § 378 geahndet werden kann.** 7

Verfügung betr. Anzeigepflicht bei Auslandsbeteiligungen nach § 138 Abs. 2 AO; Beginn des Laufs der Verfolgungsverjährung

Anl

Vom 11. November 2020 (BeckVerw 496252)

(LSF Sachsen 216-S 0711/1/1-2020/55661)

Nach § 138 Abs. 5 AO sind die in § 138 Abs. 2 AO genannten Gründungs-, Beteiligungs- und Erwerbsvorgänge dem zuständigen Finanzamt zusammen mit der Einkommensteuer- oder Körperschaftsteuererklärung für den Besteuerungszeitraum, in dem der mitzuteilende Sachverhalt verwirklicht wurde, spätestens jedoch bis zum Ablauf von 14 Monaten nach Ablauf des Besteuerungszeitraums zu melden. Wer vorsätzlich oder leichtfertig seiner Anzeigepflicht nicht, nicht vollständig oder nicht rechtzeitig nachkommt, begeht eine Ordnungswidrigkeit (§ 379 Abs. 2 Nr. 1 AO), die vorbehaltlich des § 378 AO mit einer Geldbuße (§ 379 Abs. 7 AO) geahndet werden kann. 8

Die Verfolgungsverjährung beträgt fünf Jahre (§ 384 AO). Der Lauf der Verjährung beginnt mit dem Ende der Handlungspflicht (§ 31 Abs. 3 OWiG).

Dass der Handlungspflicht innerhalb einer bestimmten Frist nachgekommen werden muss, bedeutet nicht, dass sie mit Ablauf dieser Frist hinfällig wird und die Ordnungswidrigkeit damit beendet ist. Diese Bedeutung kommt einer Frist nur ausnahmsweise zu, nämlich dann, wenn an der Nachholung der versäumten Handlung zu diesem Zeitpunkt kein Interesse mehr besteht. Ist dies jedoch nicht der Fall, überdauert die Rechtspflicht zum Handeln den Zeitraum, innerhalb dessen die Handlung vorzunehmen ist, d. h., die Verjährung beginnt erst, wenn die Handlungspflicht entfällt.

Ein früherer Verjährungsbeginn kann aber bei unbewusst fahrlässiger Unterlassung der Anzeigepflicht (die auch bei Leichtfertigkeit vorliegen kann) in Betracht kommen, wenn die Unterlassung der Anzeige dem Anzeigepflichtigen nicht mehr vorgeworfen werden kann, z. B., wenn er die ihm obliegende Pflicht nicht mehr im Gedächtnis haben kann (BayObLG vom 28. August 1990 RReg 4 St 103/90, NJW 1991 S. 711; OLG Stuttgart vom 27. 5. 1983 1 Ss (25) 391/83, GewArch 1984 S. 84).

Hiernach beginnt die Verfolgungsverjährung infolge Unterlassens der Mitteilung nach § 138 Abs. 2 AO nicht mit dem Ablauf der Frist nach § 138 Abs. 5 AO. Vielmehr beginnt die Frist, soweit die Anzeigepflicht nicht erfüllt wird, gewöhnlich zu dem Zeitpunkt, zu dem an der Erfüllung kein Interesse mehr besteht, z. B., weil im Rahmen einer Betriebsprüfung die entsprechenden Feststellungen getroffen worden sind. Diese Auffassung wird bundesmehrheitlich vertreten und ist entsprechend anzuwenden.

AO

§ 380 Gefährdung der Abzugsteuern

1 (1) **Ordnungswidrig handelt, wer vorsätzlich oder leichtfertig seiner Verpflichtung, Steuerabzugsbeträge einzubehalten und abzuführen, nicht, nicht vollständig oder nicht rechtzeitig nachkommt.**[1]

2 (2) **Die Ordnungswidrigkeit kann mit einer Geldbuße bis zu fünfundzwanzigtausend Euro geahndet werden, wenn die Handlung nicht nach § 378 geahndet werden kann.**[2]

§ 381 Verbrauchsteuergefährdung

1 (1)[3] **Ordnungswidrig handelt, wer vorsätzlich oder leichtfertig Vorschriften der Verbrauchsteuergesetze oder der dazu erlassenen Rechtsverordnungen**

1. über die zur Vorbereitung, Sicherung oder Nachprüfung der Besteuerung auferlegten Pflichten,

2. über Verpackung und Kennzeichnung verbrauchsteuerpflichtiger Erzeugnisse oder Waren, die solche Erzeugnisse enthalten, oder über Verkehrs- oder Verwendungsbeschränkungen für solche Erzeugnisse oder Waren oder

3. über den Verbrauch unversteuerter Waren in den Freihäfen

zuwiderhandelt, soweit die Verbrauchsteuergesetze oder die dazu erlassenen Rechtsverordnungen für einen bestimmten Tatbestand auf diese Bußgeldvorschrift verweisen.

2 (2) **Die Ordnungswidrigkeit kann mit einer Geldbuße bis zu fünftausend Euro geahndet werden, wenn die Handlung nicht nach § 378 geahndet werden kann.**

§ 382 Gefährdung der Einfuhr- und Ausfuhrabgaben

1 (1) **Ordnungswidrig handelt, wer als Pflichtiger oder bei der Wahrnehmung der Angelegenheiten eines Pflichtigen vorsätzlich oder fahrlässig Zollvorschriften, den dazu erlassenen Rechtsverordnungen oder den Verordnungen des Rates der Europäischen Union oder der Europäischen Kommission zuwiderhandelt, die**

1. für die zollamtliche Erfassung des Warenverkehrs über die Grenze des Zollgebiets der Europäischen Union sowie über die Freizonengrenzen,

2. für die Überführung von Waren in ein Zollverfahren und dessen Durchführung oder für die Erlangung einer sonstigen zollrechtlichen Bestimmung von Waren,

3. für die Freizonen, den grenznahen Raum sowie die darüber hinaus der Grenzaufsicht unterworfenen Gebiete

gelten, soweit die Zollvorschriften, die dazu oder die auf Grund von Absatz 4 erlassenen Rechtsverordnungen für einen bestimmten Tatbestand auf diese Bußgeldvorschrift verweisen.

2 (2) **Absatz 1 ist auch anzuwenden, soweit die Zollvorschriften und die dazu erlassenen Rechtsverordnungen für Verbrauchsteuern sinngemäß gelten.**

3 (3) **Die Ordnungswidrigkeit kann mit einer Geldbuße bis zu fünftausend Euro geahndet werden, wenn die Handlung nicht nach § 378 geahndet werden kann.**

4 (4) **Das Bundesministerium der Finanzen kann durch Rechtsverordnungen die Tatbestände der Verordnungen des Rates der Europäischen Union oder der Europäischen Kommission, die nach den Absätzen 1 bis 3 als Ordnungswidrigkeiten mit Geldbuße geahndet werden können, bezeichnen, soweit dies zur Durchführung dieser Rechtsvorschriften erforderlich ist und die Tatbestände Pflichten zur Gestellung, Vorführung, Lagerung oder Behandlung von Waren, zur Abgabe von Erklärungen oder Anzeigen, zur Aufnahme von Niederschriften sowie zur Ausfüllung oder Vorlage von Zolldokumenten oder zur Aufnahme von Vermerken in solchen Dokumenten betreffen.**

§ 383 Unzulässiger Erwerb von Steuererstattungs- und Vergütungsansprüchen

1 (1) **Ordnungswidrig handelt, wer entgegen § 46 Absatz 4 Satz 1 Erstattungs- oder Vergütungsansprüche erwirbt.**

[1] Das FA darf Steuerzahlungen nicht so verrechnen, dass für den Betroffenen ein Rückstand entsteht, der bußgeldrechtliche Folgen hat: *OLG Köln vom 11. 2. 1983 3 Ss 18/83 B, wistra S. 163;* zum Vorsatz: *OLG Köln vom 2. 3. 1984 3 Ss 40/84 B (45), wistra S. 154.*

[2] Wegen Ahndung gem. § 380 AO nach strafbefreiender Selbstanzeige vgl. *BayObLG vom 3. 3. 1980 4 St 266/79, StRK AO 1977 § 380 R. 2.*

[3] Vgl. Art. 97 § 20 EGAO **(Anhang I Nr. 1).**

(2) **Die Ordnungswidrigkeit kann mit einer Geldbuße bis zu fünfzigtausend Euro geahndet werden.** 2

§ 383 a Verstöße gegen innerstaatlich anwendbar völkerrechtliche Vereinbarungen zur Förderung der Steuerehrlichkeit

(1) **Ordnungswidrig handelt, wer vorsätzlich oder leichtfertig einer Rechtsverordnung nach § 117 a Absatz 1 Satz 1 Nummer 1 oder 2 oder einer vollziehbaren Anordnung auf Grund einer solchen Rechtsverordnung zuwiderhandelt, soweit die Rechtsverordnung für einen bestimmten Tatbestand auf diese Bußgeldvorschrift verweist.**

(2) **Die Ordnungswidrigkeit kann mit einer Geldbuße bis zu fünfzigtausend Euro geahndet werden.**

§ 383 b Pflichtverletzung bei Übermittlung von Vollmachtsdaten

(1) **Ordnungswidrig handelt, wer den Finanzbehörden vorsätzlich oder leichtfertig** 1

1. entgegen § 80 a Absatz 1 Satz 3 unzutreffende Vollmachtsdaten übermittelt oder

2. entgegen § 80 a Absatz 1 Satz 4 den Widerruf oder die Veränderung einer nach § 80 a Absatz 1 übermittelten Vollmacht durch den Vollmachtgeber nicht unverzüglich mitteilt.

(2) **Die Ordnungswidrigkeit kann mit einer Geldbuße bis zu zehntausend Euro geahndet werden.**

§ 384 Verfolgungsverjährung

Die Verfolgung von Steuerordnungswidrigkeiten nach den §§ 378 bis 380 und § 383 a verjährt in fünf Jahren.

§ 384 a Verstöße nach Artikel 83 Absatz 4 bis 6 der Verordnung (EU) 2016/679

(1) **Vorschriften dieses Gesetzes und der Steuergesetze über Steuerordnungswidrigkeiten finden keine Anwendung, soweit für eine Zuwiderhandlung zugleich Artikel 83 der Verordnung (EU) 2016/679 unmittelbar oder nach § 2 a Absatz 5 entsprechend gilt.** 1

(2) **Für Verstöße nach Artikel 83 Absatz 4 bis 6 der Verordnung (EU) 2016/679 im Anwendungsbereich dieses Gesetzes gilt § 41 des Bundesdatenschutzgesetzes entsprechend.** 2

(3) **Eine Meldung nach Artikel 33 der Verordnung (EU) 2016/679 und eine Benachrichtigung nach Artikel 34 Absatz 1 der Verordnung (EU) 2016/679 dürfen in einem Straf- oder Bußgeldverfahren gegen die meldepflichtige Person oder einen ihrer in § 52 Absatz 1 der Strafprozessordnung bezeichneten Angehörigen nur mit Zustimmung der meldepflichtigen Person verwertet werden.** 3

(4) **Gegen Finanzbehörden und andere öffentliche Stellen werden im Anwendungsbereich dieses Gesetzes keine Geldbußen nach Artikel 83 Absatz 4 bis 6 der Verordnung (EU) 2016/679 verhängt.** 4

Dritter Abschnitt. Strafverfahren[1]

1. Unterabschnitt. Allgemeine Vorschriften

§ 385 Geltung von Verfahrensvorschriften

(1)[2] **Für das Strafverfahren wegen Steuerstraftaten gelten, soweit die folgenden Vorschriften nichts anderes bestimmen, die allgemeinen Gesetze über das Strafverfahren, namentlich die Strafprozessordnung, das Gerichtsverfassungsgesetz und das Jugendgerichtsgesetz.** 1

(2) **Die für Steuerstraftaten geltenden Vorschriften dieses Abschnitts, mit Ausnahme des § 386 Absatz 2 sowie der §§ 399 bis 401, sind bei dem Verdacht einer Straftat, die unter Vorspiegelung eines steuerlich erheblichen Sachverhalts gegenüber der Finanzbehörde oder einer anderen Behörde auf die Erlangung von Vermögensvorteilen gerichtet ist und kein Steuerstrafgesetz verletzt, entsprechend anzuwenden.** 2

---

[1] Vgl. auch **AEAO vor §§ 369 bis 412.** Dienstanweisung zur Durchführung von Steuerstraf- und Ordnungswidrigkeitenverfahren im Zusammenhang mit dem Familienleistungsausgleich s. *BfF-Schreiben vom 16. 12. 1998 St I 4 – S 0700 – 3/98, BStBl. 1999 I S. 2.*

[2] Zu Absatz 1 s. Nr. 1 Abs. 2 der Anweisungen für das Straf- und Bußgeldverfahren (Steuer), *Gleichlautende Ländererlasse vom 1. 11. 2013, BStBl. I S. 1394.*

Anl

Gleichlautender Erlass zur Umsetzung des „Rahmenbeschlusses 2006/960/JI des Rates vom 18. Dezember 2006 über die Vereinfachung des Austauschs von Informationen und Erkenntnissen zwischen den Strafverfolgungsbehörden der Mitgliedstaaten der Europäischen Union" (sog. Schwedische Initiative) im Bereich der Steuerfahndung

Vom 28. Januar 2014 (BeckVerw 284083)
(Oberste Finanzbehörden der Länder)

4 Anlagen[1]

Diese Erlasse ergehen im Einvernehmen mit dem Bundesministerium der Finanzen und treten mit Wirkung vom 1. April 2014 in Kraft.

3 **1. Allgemeines**

Der „Rahmenbeschluss 2006/960/JI des Rates vom 18. Dezember 2006 über die Vereinfachung des Austauschs von Informationen und Erkenntnissen zwischen den Strafverfolgungsbehörden der Mitgliedstaaten der Europäischen Union"[2] (auch „Schwedische Initiative" genannt) ist ein Rechtsinstrument zur schnelleren und effektiveren Zusammenarbeit der Behörden mit Polizeiaufgaben.

Er verpflichtet die Mitgliedstaaten, sicherzustellen, dass für die Übermittlung von Informationen an die zuständigen Strafverfolgungsbehörden anderer Mitgliedstaaten die gleichen Bedingungen gelten wie auf nationaler Ebene. Daneben enthält der Rahmenbeschluss u. a. auch Regelungen zu Erledigungsfristen, Datenschutz und Übermittlungswegen.

Durch das „Gesetz über die Vereinfachung des Austauschs von Informationen und Erkenntnissen zwischen den Strafverfolgungsbehörden der Mitgliedsstaaten der Europäischen Union" vom 21. Juli 2012[3] ist der Rahmenbeschluss 2006/960/JI in nationales Recht überführt worden.

2. Sachlicher Geltungsbereich

Der Rahmenbeschluss gilt für alle Polizei-, Zoll- und sonstigen Behörden, die nach nationalem Recht befugt sind, Straftaten oder kriminelle Aktivitäten aufzudecken, zu verhüten oder aufzuklären.[4] In der Bundesrepublik Deutschland fallen hierunter auch die mit der Steuerfahndung betrauten Dienststellen der Landesfinanzbehörden.[5]

Dagegen gilt der Rahmenbeschluss nicht für Staatsanwaltschaften, Bußgeld- und Strafsachenstellen und Gerichte.

Ersuchen auf der Grundlage des Rahmenbeschlusses können sowohl zum Zwecke der Aufklärung bereits begangener Straftaten (sog. repressiver Bereich)[6] als auch zur Verhütung künftiger Straftaten (sog. präventiver Bereich)[7] gestellt werden. Darüber hinaus kommen Ersuchen auch dann in Betracht, wenn das Stadium von strafrechtlichen Ermittlungen noch nicht erreicht ist (Vorermittlungen).

Der Rahmenbeschluss findet keine Anwendung auf Taten, die nach dem Recht des ersuchenden Staates lediglich Ordnungswidrigkeiten darstellen.

Der Rahmenbeschluss verpflichtet nur zum Austausch vorhandener Daten[8]. Ersuchen, die auf die Durchführung von Zwangsmaßnahmen gerichtet sind, sind unzulässig.

3. Räumlicher Geltungsbereich

Der Rahmenbeschluss gilt im Verhältnis zu allen Mitgliedsstaaten der Europäischen Union und darüber hinaus für folgende Schengen-assoziierte Staaten:

- Schweiz[9]
- Liechtenstein[10]
- Norwegen[11]
- Island.[12]

---

[1] Hier nicht abgedruckt.

[2] **[Amtl. Anm.:]** Amtsblatt der Europäischen Union – ABl. L 386 vom 29. 12. 2006, S. 89 in der Fassung der Berichtigung durch ABl. L 75 vom 15. 3. 2007, S. 26 – im Folgen den „Rahmenbeschluss" genannt.

[3] **[Amtl. Anm.:]** BGBl. 2012 I S. 1566 – in Kraft getreten am 26. Juli 2012.

[4] **[Amtl. Anm.:]** Art. 2 lit. a des Rahmenbeschlusses.

[5] **[Amtl. Anm.:]** § 208 Abs. 1 Satz 2 AO; vgl. entsprechend die „Meldung für die Bundesrepublik Deutschland nach Artikeln 2 a) und 6 des Rahmenbeschlusses 2006/960/JI des Rates vom 18. Dezember 2006".

[6] **[Amtl. Anm.:]** Näheres unter Tz. 6.1.

[7] **[Amtl. Anm.:]** Näheres unter Tz. 6.3.

[8] **[Amtl. Anm.:]** Näheres dazu unter Tz. 7.2.

[9] **[Amtl. Anm.:]** Vgl. „Bundesgesetz vom 12. Juni 2009 über den Informationsaustausch zwischen den Strafverfolgungsbehörden des Bundes und denjenigen der anderen Schengen-Staaten" – BBl. 2009, S. 4493.

[10] **[Amtl. Anm.:]** Vgl. „Protokoll vom 28. Februar 2008 zwischen der Schweizerischen Eidgenossenschaft, der Europäischen Union, der Europäischen Gemeinschaft und dem Fürstentum Liechtenstein über den Beitritt des Fürstentums Liechtenstein zu dem Abkommen zwischen der Schweizerischen Eidgenossenschaft, der Europäischen Union und der Europäischen Gemeinschaft über die Assoziierung der Schweizerischen Eidgenossenschaft bei der Umsetzung, Anwendung und Entwicklung des Schengen Besitzstandes" – SR 0.362.311.

[11] **[Amtl. Anm.:]** In Bezug auf Norwegen und Island stellt der Rahmenbeschluss eine Weiterentwicklung von Bestimmungen des Schengen-Besitzstandes dar, die gemäß Art. 2 (3) des „Übereinkommens zwischen dem Rat der Europäischen Union sowie der Republik Island und dem Königreich Norwegen über die Assoziierung der beiden letztgenannten Staaten bei der Umsetzung, Anwendung und Entwicklung des Schengen Besitzstandes" (ABl. L 176 vom 10. 7. 1999, S. 36) die ursprüngliche Bestimmung des Art. 39 SDÜ entsprechend ablösen.

[12] **[Amtl. Anm.:]** Siehe Fußnote 7 (Hier Fn. 8).

Anl

4. Verhältnis zu anderen völkerrechtlichen Übereinkommen

Der Rahmenbeschluss lässt sowohl die bestehenden Regelungen zur justiziellen Rechtshilfe in Strafsachen[1] als auch die bilateralen und multilateralen Vereinbarungen zur Amtshilfe in Steuersachen[2] unberührt. 4

Ein auf den Rahmenbeschluss gestütztes Ersuchen hat jedoch den Vorteil einer schnelleren Informationsgewinnung.[3]

5. Allgemeines zu Ersuchen 5

5.1. Inhaltliche Verantwortung

Für ausgehende Ersuchen, die Beantwortung eingehender Ersuchen und Spontanauskünfte liegt die Verantwortung hinsichtlich Zulässigkeit und Inhalt bei der sachbearbeitenden Steuerfahndungsstelle.

5.2. Verwendung der Vordrucke „Anhang A" und „Anhang B"[4]

Der Rahmenbeschluss sieht zwei Vordrucke für die Erleichterung des Informationsaustausches vor. Hierdurch wird sichergestellt, dass alle für eine umgehende und sachgerechte Erledigung des Ersuchens erforderlichen Angaben übermittelt werden. Sofern die Vordrucke nicht verwendet werden, müssen sich Form und Inhalt der frei formulierten Ersuchen daran orientieren.

Der Vordruck „Anhang A" dient zur Beantwortung eingegangener Ersuchen. Er ist auch zu verwenden, wenn eine Datenübermittlung abgelehnt wird, oder als Zwischennachricht, wenn eine fristgerechte Beantwortung nicht möglich ist.

Der Vordruck „Anhang B" soll für ausgehende Ersuchen und für die Übermittlung von Spontanauskünften verwendet werden.

5.3. Sprache

Ausgehende Ersuchen in Mitgliedsstaaten im deutschen Sprachraum können in deutscher Sprache (Anlagen 1 und 3) gestellt werden. Ersuchen in die übrigen Staaten sollten – sofern nicht in der Landessprache möglich – in englischer Sprache verfasst werden (Anlagen 2 und 4). Dies gilt sinngemäß auch für die Beantwortung eingehender Ersuchen.

5.4. Unterrichtung

Eine Verpflichtung, den vom Auskunftsaustausch Betroffenen über die Datenübermittlung zu unterrichten, besteht nur in den Fällen, in denen dies auch für einen gleichgelagerten Fall eines innerstaatlichen Datenaustausches rechtlich vorgeschrieben wäre.

6. Ausgehende Ersuchen 6

6.1. Ersuchen zu repressiven Zwecken[5]

Die Steuerfahndung kann zur Erforschung der in ihre Zuständigkeit fallenden Straftaten alle Behörden um Auskunft ersuchen (§§ 385 Abs. 1 AO, 163 Abs. 1 S. 2 StPO). Soweit völkerrechtliche Vereinbarungen wie der Rahmenbeschluss 2006/960/JI es gestatten, gilt dies auch im Verhältnis zu ausländischen Behörden[6]. Erbeten werden können alle Informationen oder Erkenntnisse, auf die die ersuchte ausländische Strafverfolgungsbehörde unmittelbar selbst oder mittelbar über Dritte ein Zugriffsrecht hat. Eine Übermittlungspflicht besteht jedoch nur für bereits vorhandene Informationen oder Erkenntnisse. Zur Vornahme von Ermittlungen ist die ersuchte Behörde nicht verpflichtet. Sie kann dies aber freiwillig tun, etwa bei Ersuchen um eine Ortsbesichtigung.

6.2. Verwendung übermittelter Informationen und Erkenntnisse

Im Ersuchen muss zwingend angegeben werden, zu welchem Zweck die Informationen oder Erkenntnisse erbeten werden.

Auf dieser Grundlage prüft zum einen die ersuchte Behörde, ob die erbetenen Informationen entsprechend dem sog. Inlandsstandard erteilt werden können.[7] Zum anderen bilden die Angaben zum beabsichtigten Verwendungszweck den Rahmen, innerhalb dessen die ersuchende Behörde die übermittelten Informationen verwenden und gegebenenfalls auch direkt als Beweismittel verwerten darf.

Die ersuchte Behörde kann in ihrer Antwort den Umfang der Verwertung der übermittelten Informationen und Erkenntnisse als Beweismittel ausdrücklich bestimmen. Werden hierzu keine Angaben gemacht, können die übermittelten Daten entsprechend dem angefragten Zweck verwendet werden.

6.3. Ersuchen zu präventiven Zwecken

Die Steuerfahndung kann zur Verhinderung noch nicht begangener Steuerstraftaten[8] alle Behörden um Auskunft ersuchen (§§ 85 S. 2, 208 Abs. 1 Nr. 3, 93 AO).

---

[1] **[Amtl. Anm.:]** Vgl. insoweit das „Merkblatt zur zwischenstaatlichen Rechtshilfe in Steuerstrafsachen" vom 16. November 2006 IV B 1 – S 1320 – 66/06, BStBl. I S. 698.

[2] **[Amtl. Anm.:]** Vgl. insoweit das „Merkblatt zur zwischenstaatlichen Amtshilfe durch Informationsaustausch in Steuersachen" vom 25. Mai 2012 IV B 6 – S 1320/07/10 004 :006, BStBl. I S. 599.

[3] **[Amtl. Anm.:]** Vgl. auch Tz. 7.4.

[4] **[Amtl. Anm.:]** Die Bezeichnung der Vordrucke mit „Anhang A" und „Anhang B" entspricht der des Rahmenbeschlusses.

[5] **[Amtl. Anm.:]** Ersuchen zur Aufklärung bereits begangener Straftaten, auch soweit dabei im Einzelfall bislang noch kein Strafverfahren eingeleitet wurde.

[6] **[Amtl. Anm.:]** Vgl. auch Nr. 124 Abs. 3 Buchst. a der Richtlinien für den Verkehr mit dem Ausland in strafrechtlichen Angelegenheiten (RiVASt).

[7] **[Amtl. Anm.:]** Vgl. im Einzelnen Tz. 7.1.

[8] **[Amtl. Anm.:]** Vgl. auch AEAO zu § 208, Nr. 1 lit. a.

Anl

Dies gilt auch in Bezug auf ausländische Strafverfolgungsbehörden im Geltungsbereich des Rahmenbeschlusses, da dieser Ersuchen zu präventiven Zwecken ebenfalls umfasst.

Die Ausführungen zu Tz. 6.1 gelten sinngemäß.

6.4. Spontanauskünfte

Die Steuerfahndung kann Informationen und Erkenntnisse auch ohne Ersuchen (Spontanauskunft) an eine ausländische Strafverfolgungsbehörde übermitteln. Dies kann sowohl zum Zweck der Strafverfolgung (§§ 92 c, 61 a Abs. 2 bis 4 IRG) als auch zur Verhütung von Straftaten (§ 117 a Abs. 3 AO) erfolgen. Voraussetzung ist in beiden Fällen, dass eine entsprechende Mitteilung im Rahmen des § 30 AO auch an eine inländische Strafverfolgungsbehörde möglich wäre (sog. Inlandsstandard). Außerdem muss es sich um eine Straftat aus dem Katalog zum Europäischen Haftbefehl (Rahmenbeschluss 2002/584/JI, vgl. Auflistung im Vordruck „Anhang B" S. 3) oder um eine gleichwertige Tat wie zum Beispiel die Steuerhinterziehung gemäß § 370 AO handeln.

7 **7. Eingehende Ersuchen**

7.1. Prüfungsverfahren

Die Entscheidung, ob die von einer ausländischen Strafverfolgungsbehörde erbetenen Informationen oder Erkenntnisse übermittelt werden können, ist in einem mehrstufigen Verfahren zu treffen.

– **Prüfung der Zuständigkeit:**
  Erkennt die ersuchte Behörde, dass sie nicht zuständig ist, so leitet sie das Ersuchen an die zuständige Behörde weiter und informiert darüber die nationale Anlaufstelle,[1] die ihr das Ersuchen zugeleitet hat. Bei mehrfacher Zuständigkeit nehmen die Dienststellen unter Beachtung der ggf. kurzen Fristen Kontakt miteinander auf.
– **Prüfung der formalen Ordnungsmäßigkeit:**
  Das Ersuchen ist nur zu beantworten, wenn es mindestens die inhaltsgleich in § 92 a IRG und § 117 a Abs. 2 AO genannten Pflichtangaben enthält. Anderenfalls ist die ersuchende Behörde formlos auf den Wegen nach Tz. 8 um Ergänzung zu bitten.
– **Prüfung des sog. Inlandstandards:**
  Unter Beachtung von § 30 AO[2] ist zu prüfen, ob die Informationen in einem vergleichbaren deutschen Verfahren grundsätzlich einer anderen deutschen Strafverfolgungsbehörde übermittelt werden könnten.
– **Prüfung eines zwingenden Ablehnungsgrundes:**
  Die Übermittlung hat gem. § 92 Abs. 3 IRG bzw. § 117 a Abs. 5 AO zwingend zu unterbleiben, wenn
  1. hierdurch wesentliche Sicherheitsinteressen des Bundes oder der Länder beeinträchtigt würden,
  2. die Übermittlung der Daten zu den in Artikel 6 des Vertrages über die Europäische Union enthaltenen Grundsätzen in Widerspruch stünde (Ordre-Public-Vorbehalt),
  3. die zu übermittelnden Daten bei der ersuchten Behörde nicht vorhanden sind und nur durch das Ergreifen von Zwangsmaßnahmen erlangt werden könnten oder
  4. die Übermittlung der Daten unverhältnismäßig wäre oder die Daten für die Zwecke, für die sie übermittelt werden sollen, erkennbar nicht erforderlich sind.
– **Prüfung eines fakultativen Ablehnungsgrundes:**
  Eine Datenübermittlung kann darüber hinaus nach § 92 Abs. 4 IRG oder § 117 a Abs. 6 AO unterbleiben, wenn
  1. die zu übermittelnden Daten bei den mit der Steuerfahndung betrauten Dienststellen nicht vorhanden sind, jedoch ohne das Ergreifen von Zwangsmaßnahmen erlangt werden könnten,
  2. hierdurch der Erfolg laufender Ermittlungen oder Leib, Leben oder Freiheit einer Person gefährdet würde oder
  3. die Tat, zu deren Verfolgung oder Verhütung die Daten übermittelt werden sollen, nach deutschem Recht mit einer Freiheitsstrafe von im Höchstmaß einem Jahr oder weniger bedroht ist.

7.2. Umfang der zu übermittelnden Daten

Die Verpflichtung zur Übermittlung von Informationen oder Erkenntnissen bezieht sich ausschließlich auf die Daten, die unmittelbar bei der ersuchten Dienststelle vorhanden sind oder auf die sie direkten Zugriff hat.

„Vorhanden" sind damit alle Daten aus dem örtlichen Zuständigkeitsbereich der ersuchten Dienststelle, die sich aus dort vorliegenden Papierakten oder elektronischen Datenbeständen im Onlinezugriff (direkter Zugriff) ergeben.

Die Steuerfahndung ist nicht verpflichtet, Daten zu beschaffen, die sich in Akten oder elektronischen Datenbeständen anderer Behörden oder Dritter befinden.

Sie ist ebenfalls nicht verpflichtet, Ermittlungshandlungen durchzuführen (zum Beispiel Ortsbesichtigungen oder Zeugenbefragungen).

Sie kann dies jedoch freiwillig tun, soweit dafür keine Zwangsmaßnahmen erforderlich sind (§ 117 a Abs. 6 Nr. 1 AO, § 92 Abs. 4 Ziffer 1 IRG). Dies wird insbesondere in Betracht kommen, wenn der damit verbundene Aufwand vertretbar ist und im Hinblick auf die Bedeutung des von der ersuchten Behörde dargelegten Verwendungszwecks sachdienlich und verhältnismäßig erscheint.

7.3. Beweisverwertung

Soweit kein Beweisverwertungsverbot eingreift, bestehen keine Bedenken, eine Verwendung der nach den vorstehenden Grundsätzen zu übermittelnden Daten zu den angefragten Zwecken als Beweismittel zuzulassen.

---

[1] **[Amtl. Anm.:]** Siehe Tz. 8.
[2] **[Amtl. Anm.:]** Vgl. im Einzelnen AEAO zu § 30.

7.4. Fristenregelung

Der Rahmenbeschluss sieht für die Übermittlung von Informationen und Erkenntnissen unterschiedlich lange Fristen vor, die sich nach der Dringlichkeit und der Verfügbarkeit der erbetenen Informationen bestimmen (Art. 4):

- **8 Stunden** (notfalls 3 Tage)
  bei dringenden Ersuchen
  in Fällen von Katalogstraftaten,
  bei denen die Informationen unmittelbar verfügbar sind.
- **1 Woche**
  bei nicht dringenden Ersuchen
  in Fällen von Katalogstraftaten,
  bei denen die Informationen unmittelbar verfügbar sind.
- **2 Wochen**
  in allen übrigen Fällen.

Zu den **sog. Katalogstraftaten** gehören alle Tatbestände, die im Straftatenkatalog zum Europäischen Haftbefehl genannt sind.[1] Außerdem fallen hierunter alle Straftaten nach nationalem Recht, die mit denjenigen des Straftatenkataloges gleichwertig sind.[2] Dazu zählen die Steuerhinterziehung (§ 370 AO) und der Subventionsbetrug (§ 264 StGB). Beide sind Spezialtatbestände des im Straftatenkatalog aufgeführten allgemeinen Betrugstatbestandes (§ 263 StGB) und insoweit gleichwertige Straftaten.

Können die oben genannten Fristen nicht eingehalten werden, so teilt die Steuerfahndungsstelle dies der ersuchenden Behörde unverzüglich unter Angabe der Gründe – und möglichst per Vordruck „Anhang A" – mit und stellt die Informationen sodann schnellstmöglich zur Verfügung.

Kann die vorgegebene 8-Stunden-Frist nicht eingehalten werden oder würde die Übermittlung der erbetenen Information innerhalb dieser kurzen Frist eine unverhältnismäßige Belastung für die Steuerfahndungsstelle darstellen (beispielsweise, wenn ein Ersuchen außerhalb der üblichen Dienstzeit eingeht), ist das Ersuchen spätestens innerhalb von 3 Tagen zu beantworten.

8. Art und Wege der Übermittlung 8

Bis zu dem Zeitpunkt, in dem in allen Staaten ein einheitliches, gemeinsames Dateiformat für den Datenaustausch zur Verfügung steht, hat der gesamte Informationsaustausch (einschließlich etwaiger Anlagen) über gesicherte Kommunikationswege zu erfolgen.

Für die Steuerfahndung kommen als Anlaufstellen das Zollkriminalamt und – über die Landeskriminalämter – das Bundeskriminalamt in Betracht. Entscheidend für die Wahl des Übermittlungsweges sind die Umstände des Einzelfalles. Nach Möglichkeit soll die Datenübermittlung über das Zollkriminalamt erfolgen.

Die Datenübermittlung erfolgt unmittelbar zwischen den Anlaufstellen und den zuständigen Steuerfahndungsstellen.

§ 386 Zuständigkeit der Finanzbehörde[3] bei Steuerstraftaten

AO

(1) ① Bei dem Verdacht einer Steuerstraftat ermittelt[4] die Finanzbehörde den Sachverhalt. ② Finanzbehörde im Sinne dieses Abschnitts sind das Hauptzollamt, das Finanzamt, das Bundeszentralamt für Steuern und die Familienkasse. 1

(2) Die Finanzbehörde führt das Ermittlungsverfahren[5] in den Grenzen des § 399 Absatz 1 und der §§ 400, 401 selbständig durch, wenn die Tat 2

1. ausschließlich eine Steuerstraftat darstellt oder

2. zugleich andere Strafgesetze verletzt und deren Verletzung Kirchensteuern oder andere öffentlich-rechtliche Abgaben betrifft, die an Besteuerungsgrundlagen, Steuermessbeträge oder Steuerbeträge anknüpfen.

(3) Absatz 2 gilt nicht, sobald gegen einen Beschuldigten wegen der Tat ein Haftbefehl oder ein Unterbringungsbefehl erlassen ist. 3

(4) ① Die Finanzbehörde kann die Strafsache jederzeit an die Staatsanwaltschaft abgeben. ② Die Staatsanwaltschaft kann die Strafsache jederzeit an sich ziehen. ③ In beiden Fällen kann die Staatsanwaltschaft im Einvernehmen mit der Finanzbehörde die Strafsache wieder an die Finanzbehörde abgeben. 4

§ 387 Sachlich zuständige Finanzbehörde[6]

(1) Sachlich zuständig ist die Finanzbehörde, welche die betroffene Steuer verwaltet. 1

---

[1] **[Amtl. Anm.:]** Vgl. Auflistung im Vordruck „Anhang B" auf S. 3.
[2] **[Amtl. Anm.:]** Vgl. Art. 2 lit. e des Rahmenbeschlusses.
[3] Zur Stellung der Finanzbehörde im selbständigen Ermittlungsverfahren s. Nr. 17 der Anweisungen für das Straf- und Bußgeldverfahren (Steuer), *Gleichlautende Ländererlasse vom 1. 11. 2013, BStBl. I S. 1394.*
[4] Zur Einleitung des Strafverfahrens vgl. § 397 AO.
[5] Zum Verfahren s. §§ 399 ff. AO.
[6] Siehe hierzu Nr. 23 der Anweisungen für das Straf- und Bußgeldverfahren (Steuer), *Gleichlautende Ländererlasse vom 1. 11. 2013, BStBl. I S. 1394.*

2 **(2)[1] ① Die Zuständigkeit nach Absatz 1 kann durch Rechtsverordnung einer Finanzbehörde für den Bereich mehrerer Finanzbehörden übertragen werden, soweit dies mit Rücksicht auf die Wirtschafts- oder Verkehrsverhältnisse, den Aufbau der Verwaltungsbehörden oder andere örtliche Bedürfnisse zweckmäßig erscheint. ② Die Rechtsverordnung erlässt, soweit die Finanzbehörde eine Landesbehörde ist, die Landesregierung, im Übrigen das Bundesministerium der Finanzen. ③ Die Rechtsverordnung des Bundesministeriums der Finanzen bedarf nicht der Zustimmung des Bundesrates. ④ Das Bundesministerium der Finanzen kann die Ermächtigung nach Satz 1 durch Rechtsverordnung, die nicht der Zustimmung des Bundesrates bedarf, auf eine Bundesoberbehörde übertragen. ⑤ Die Landesregierung kann die Ermächtigung auf die für die Finanzverwaltung zuständige oberste Landesbehörde übertragen.**

§ 388 Örtlich zuständige Finanzbehörde[2]

1 **(1) Örtlich zuständig ist die Finanzbehörde,**

1. in deren Bezirk die Steuerstraftat begangen oder entdeckt worden ist,

2. die zur Zeit der Einleitung des Strafverfahrens für die Abgabenangelegenheiten zuständig ist oder

3. in deren Bezirk der Beschuldigte zur Zeit der Einleitung des Strafverfahrens seinen Wohnsitz hat.

2 **(2) ① Ändert sich der Wohnsitz des Beschuldigten nach Einleitung des Strafverfahrens, so ist auch die Finanzbehörde örtlich zuständig, in deren Bezirk der neue Wohnsitz liegt. ② Entsprechendes gilt, wenn sich die Zuständigkeit der Finanzbehörde für die Abgabenangelegenheit ändert.**

3 **(3) Hat der Beschuldigte im räumlichen Geltungsbereich dieses Gesetzes keinen Wohnsitz, so wird die Zuständigkeit auch durch den gewöhnlichen Aufenthaltsort bestimmt.**

§ 389 Zusammenhängende Strafsachen[3]

① Für zusammenhängende Strafsachen, die einzeln nach § 388 zur Zuständigkeit verschiedener Finanzbehörden gehören würden, ist jede dieser Finanzbehörden zuständig. ② § 3 der Strafprozessordnung gilt entsprechend.

§ 390 Mehrfache Zuständigkeit[4]

1 **(1) Sind nach den §§ 387 bis 389 mehrere Finanzbehörden zuständig, so gebührt der Vorzug der Finanzbehörde, die wegen der Tat zuerst ein Strafverfahren eingeleitet hat.**

2 **(2) ① Auf Ersuchen dieser Finanzbehörde hat eine andere zuständige Finanzbehörde die Strafsache zu übernehmen, wenn dies für die Ermittlungen sachdienlich erscheint. ② In Zweifelsfällen entscheidet die Behörde, der die ersuchte Finanzbehörde untersteht.**

§ 391 Zuständiges Gericht

1 **(1) ① Ist das Amtsgericht sachlich zuständig, so ist örtlich zuständig das Amtsgericht, in dessen Bezirk das Landgericht seinen Sitz hat. ② Im vorbereitenden Verfahren gilt dies, unbeschadet einer weitergehenden Regelung nach § 58 Absatz 1 des Gerichtsverfassungsgesetzes, nur für die Zustimmung des Gerichts nach § 153 Absatz 1 und § 153 a Absatz 1 der Strafprozessordnung.**

2 **(2) ① Die Landesregierung kann durch Rechtsverordnung die Zuständigkeit abweichend von Absatz 1 Satz 1 regeln, soweit dies mit Rücksicht auf die Wirtschafts- oder Verkehrsverhältnisse, den Aufbau der Verwaltungsbehörden oder andere örtliche Bedürfnisse zweckmäßig erscheint. ② Die Landesregierung kann diese Ermächtigung auf die Landesjustizverwaltung übertragen.**

3 **(3) Strafsachen wegen Steuerstraftaten sollen beim Amtsgericht einer bestimmten Abteilung zugewiesen werden.**

4 **(4) Die Absätze 1 bis 3 gelten auch, wenn das Verfahren nicht nur Steuerstraftaten zum Gegenstand hat; sie gelten jedoch nicht, wenn dieselbe Handlung eine Straftat**

---

[1] Zum Inkrafttreten des § 387 Abs. 2 vgl. § 415 Abs. 2 AO.
Zur Verwaltungszuständigkeit vgl. §§ 12 ff. FVG, abgedr. im **Anhang II Nr. 2.**

[2] Siehe hierzu Nr. 24 der Anweisungen für das Straf- und Bußgeldverfahren (Steuer), *Gleichlautende Ländererlasse vom 1. 11. 2013, BStBl. I S. 1394.*

[3] Siehe hierzu Nr. 24 Abs. 3 der Anweisungen für das Straf- und Bußgeldverfahren (Steuer), *Gleichlautende Ländererlasse vom 1. 11. 2013, BStBl. I S. 1394.*

[4] Siehe hierzu Nr. 25 der Anweisungen für das Straf- und Bußgeldverfahren (Steuer), *Gleichlautende Ländererlasse vom 1. 11. 2013, BStBl. I S. 1394.*

AO

nach dem Betäubungsmittelgesetz darstellt, und nicht für Steuerstraftaten, welche die Kraftfahrzeugsteuer betreffen.

§ 392 Verteidigung[1]

(1) **Abweichend von § 138 Absatz 1 der Strafprozessordnung können auch Steuerberater, Steuerbevollmächtigte, Wirtschaftsprüfer und vereidigte Buchprüfer zu Verteidigern gewählt werden, soweit die Finanzbehörde das Strafverfahren selbständig durchführt; im Übrigen können sie die Verteidigung nur in Gemeinschaft mit einem Rechtsanwalt oder einem Rechtslehrer an einer deutschen Hochschule im Sinne des Hochschulrahmengesetzes mit Befähigung zum Richteramt führen.** 1

(2) **§ 138 Absatz 2 der Strafprozessordnung bleibt unberührt.** 2

§ 393 Verhältnis des Strafverfahrens zum Besteuerungsverfahren[2]

(1)[3] **① Die Rechte und Pflichten der Steuerpflichtigen und der Finanzbehörde im Besteuerungsverfahren und im Strafverfahren richten sich nach den für das jeweilige Verfahren geltenden Vorschriften. ② Im Besteuerungsverfahren sind jedoch Zwangsmittel (§ 328) gegen den Steuerpflichtigen unzulässig, wenn er dadurch gezwungen würde, sich selbst wegen einer von ihm begangenen Steuerstraftat oder Steuerordnungswidrigkeit zu belasten. ③ Dies gilt stets, soweit gegen ihn wegen einer solchen Tat das Strafverfahren eingeleitet worden ist. ④ Der Steuerpflichtige ist hierüber zu belehren, soweit dazu Anlass besteht.**[4] 1

(2)[5] **① Soweit der Staatsanwaltschaft oder dem Gericht in einem Strafverfahren aus den Steuerakten Tatsachen oder Beweismittel bekannt werden, die der Steuerpflichtige der Finanzbehörde vor Einleitung des Strafverfahrens oder in Unkenntnis der Einleitung des Strafverfahrens in Erfüllung steuerrechtlicher Pflichten offenbart hat, dürfen diese Kenntnisse gegen ihn nicht für die Verfolgung einer Tat verwendet werden, die keine Steuerstraftat ist. ② Dies gilt nicht für Straftaten, an deren Verfolgung ein zwingendes öffentliches Interesse (§ 30 Absatz 4 Nummer 5) besteht.** 2

---

[1] Siehe hierzu Nr. 32 bis 36 der Anweisungen für das Straf- und Bußgeldverfahren (Steuer), *Gleichlautende Ländererlasse vom 1. 11. 2013, BStBl. I S. 1394.*

Zu Gebühren vgl. § 408 AO.

[2] Siehe hierzu Nr. 16 der Anweisungen für das Straf- und Bußgeldverfahren (Steuer), *Gleichlautende Ländererlasse vom 1. 11. 2013, BStBl. I S. 1394.*

Die Einleitung eines Steuerstrafverfahrens hindert nicht weitere Ermittlungen durch die Außenprüfung unter Erweiterung des Prüfungszeitraumes. Dies gilt auch dann, wenn der Stpfl. erklärt, von seinem Recht auf Verweigerung der Mitwirkung Gebrauch zu machen *(BFH-Urteil vom 19. 8. 1998 XI R 37/97, BStBl. 1999 II S. 7).*

Auch während der Dauer eines Steuerstrafverfahrens ist das FA zur Steuerfestsetzung befugt *(BFH-Beschluss vom 7. 12. 1999 IV B 146/99, BFH/NV 2000 S. 413).* Sind während eines laufenden Steuerstrafverfahrens durch die Steuerfahndung des FA zunächst Steuerbescheide von der sachlich zuständigen Veranlagungsstelle des FA und dann Pfändungsverfügungen von der Vollstreckungsstelle (Kassen- und Vollstreckungs-FA) erlassen worden, sind die Pfändungsverfügungen im Vollstreckungsverfahren nach der AO – und nicht im Steuerstrafverfahren – ergangen mit der Folge, dass sie vor dem FG anzufechten sind *(BFH-Beschluss vom 25. 2. 2000 VII B 15/00, BFH/NV S. 868).*

[3] Bei Anhängigkeit eines Steuerstrafverfahrens rechtfertigt das Zwangsmittelverbot (nemo tenetur se ipsum accusare) nicht, die Abgabe von Steuererklärungen für nachfolgende Besteuerungszeiträume zu unterlassen. Allerdings besteht für die zutreffenden Angaben des Stpfl., soweit sie zu einer mittelbaren Selbstbelastung für die zurückliegenden strafbefangenen Besteuerungszeiträume führen, ein strafrechtliches Verwendungsverbot *(BGH-Beschluss vom 12. 1. 2005 5 StR 191/04, NJW S. 763.*

Nach dem eindeutigen Wortlaut des § 393 Abs. 1 Satz 1 AO sind die zur Durchsetzung des Mitwirkungsverlangens der Behörde unzulässigen Maßnahmen beschränkt auf die in § 328 Abs. 1 Satz 1 AO genannten Zwangsmittel, d. h. (der Androhung und Festsetzung) des Zwangsgeldes, der Ersatzvornahme und des unmittelbaren Zwangs. Die Verpflichtung zur Abgabe einer eidesstattlichen Versicherung (e. V.) iSd § 284 AO bleibt von dem Zwangsmittelverbot des § 393 Abs. 1 Satz 2 i. V. m. § 328 AO unberührt. Dem Rechtsschutzgebot des zur Abgabe der e. V. nach § 284 AO Verpflichteten wird durch das strafrechtliche Verwertungsverbot nach § 136 a Abs. 3 der Strafprozessordnung ausreichend Rechnung getragen *(BFH-Beschluss vom 16. 7. 2001 VII B 203/00, BFH/NV 2002 S. 306).*

Das Erzwingungsverbot des § 393 Abs. 1 Satz 2 AO verbietet die Anwendung von Zwangsmitteln nicht nur im Strafverfahren, sondern bereits im Besteuerungsverfahren, wenn der Steuerpflichtige dadurch gezwungen würde, sich selbst wegen einer von ihm begangenen Steuerstraftat oder Steuerordnungswidrigkeit zu belasten. Zur Selbstbezichtigung könnte die geforderte Mitwirkung nur dann werden, wenn der Kläger – falls er eine Steuerstraftat begangen oder versucht haben sollte – nicht den Weg der strafbefreienden Selbstanzeige wählte. Diese Möglichkeit steht ihm offen, solange die Steuerfahndung noch keinen konkreten Tatverdacht gegen den Kläger hat, so dass keiner der die Straffreiheit ausschließenden Fälle des § 371 Abs. 2 AO vorliegt *(BFH-Beschluss vom 1. 2. 2012 VII B 234/11, BFH/NV S. 913).*

[4] Grundsätzlich bewirkt weder ein Verstoß gegen die Belehrungspflicht des § 393 Abs. 1 Satz 4 AO noch gegen die Unterbrechungspflicht des § 10 Abs. 1 Satz 3 BpO 2000, dass Erkenntnisse aus einer solchen Außenprüfung im Besteuerungsverfahren einem Verwertungsverbot unterliegen *(BFH-Beschluss vom 8. 1. 2014 X B 112, 113/13, BFH/NV S. 487).*

[5] Das Recht auf Selbstschutz nach § 393 Abs. 2 rechtfertigt nicht die Begehung neuen Unrechts *(BGH-Urteil vom 13. 10. 1992 5 StR 253/92, wistra 1993 S. 66).*

Das **Verwertungsverbot** des § 393 Abs. 2 Satz 1 AO gilt unabhängig davon, in welchem Konkurrenzverhältnis die Steuerstraftat zu dem Verstoß gegen die allgemeinen Strafgesetze steht *(Beschluss BayObLG vom 6. 8. 1996 4 St RR 104/96, wistra S. 353).*

Das Verwertungsverbot des § 393 Abs. 2 AO greift nicht, wenn im Rahmen einer Selbstanzeige wegen Steuerhinterziehung eine allgemeine Straftat (hier: Urkundenfälschung) offenbart wird, die zugleich mit der Steuerhinterziehung begangen wurde *(BVerfG-Beschluss vom 15. 10. 2004 2 BvR 1316/04, HFR 2005 S 160).*

3 **(3)[1] ① Erkenntnisse, die die Finanzbehörde oder die Staatsanwaltschaft rechtmäßig im Rahmen strafrechtlicher Ermittlungen gewonnen hat, dürfen im Besteuerungsverfahren verwendet werden. ② Dies gilt auch für Erkenntnisse, die dem Brief-, Post- und Fernmeldegeheimnis unterliegen, soweit die Finanzbehörde diese rechtmäßig im Rahmen eigener strafrechtlicher Ermittlungen gewonnen hat oder soweit nach den Vorschriften der Strafprozessordnung Auskunft an die Finanzbehörden erteilt werden darf.**

§ 394 Übergang des Eigentums

① Hat ein Unbekannter, der bei einer Steuerstraftat auf frischer Tat betroffen wurde, aber entkommen ist, Sachen zurückgelassen und sind diese Sachen beschlagnahmt oder sonst sichergestellt worden, weil sie eingezogen werden können, so gehen sie nach Ablauf eines Jahres in das Eigentum des Staates über, wenn der Eigentümer der Sachen unbekannt ist und die Finanzbehörde durch eine öffentliche Bekanntmachung auf den drohenden Verlust des Eigentums hingewiesen hat. ② § 10 Absatz 2 Satz 1 des Verwaltungszustellungsgesetzes ist mit der Maßgabe anzuwenden, dass anstelle einer Benachrichtigung der Hinweis nach Satz 1 bekannt gemacht oder veröffentlicht wird. ③ Die Frist beginnt mit dem Aushang der Bekanntmachung.

§ 395 Akteneinsicht[2] der Finanzbehörde

① Die Finanzbehörde ist befugt, die Akten, die dem Gericht vorliegen oder im Fall der Erhebung der Anklage vorzulegen wären, einzusehen sowie beschlagnahmte oder sonst sichergestellte Gegenstände zu besichtigen. ② Die Akten werden der Finanzbehörde auf Antrag zur Einsichtnahme übersandt.

§ 396 Aussetzung des Verfahrens[3]

1 **(1) Hängt die Beurteilung der Tat als Steuerhinterziehung davon ab, ob ein Steueranspruch besteht, ob Steuern verkürzt oder ob nicht gerechtfertigte Steuervorteile erlangt sind, so kann das Strafverfahren ausgesetzt werden, bis das Besteuerungsverfahren rechtskräftig abgeschlossen ist.**

2 **(2) Über die Aussetzung entscheidet im Ermittlungsverfahren die Staatsanwaltschaft, im Verfahren nach Erhebung der öffentlichen Klage das Gericht, das mit der Sache befasst ist.**

3 **(3) Während der Aussetzung des Verfahrens ruht die Verjährung.[4]**

2. Unterabschnitt. Ermittlungsverfahren

I. Allgemeines

§ 397 Einleitung des Strafverfahrens[5]

1 **(1) Das Strafverfahren ist eingeleitet, sobald die Finanzbehörde, die Polizei, die Staatsanwaltschaft, eine ihrer Ermittlungspersonen oder der Strafrichter eine Maßnahme trifft, die erkennbar darauf abzielt, gegen jemanden wegen einer Steuerstraftat strafrechtlich vorzugehen.**

2 **(2) Die Maßnahme ist unter Angabe des Zeitpunkts unverzüglich in den Akten zu vermerken.**

3 **(3) Die Einleitung des Strafverfahrens ist dem Beschuldigten spätestens mitzuteilen, wenn er dazu aufgefordert wird, Tatsachen darzulegen oder Unterlagen vorzulegen, die im Zusammenhang mit der Straftat stehen, derer er verdächtig ist.**

---

[1] Aus einer im Rahmen strafrechtlicher Ermittlungen angeordneten Telefonüberwachung gewonnene Erkenntnisse, die sich auf einen nicht in § 100 a StPO aufgeführten Straftatbestand beziehen, dürfen von den Finanzbehörden im Besteuerungsverfahren nicht verwendet werden *(BFH-Beschluss vom 24. 4. 2013 VIII B 202/12, BFH/NV S. 1221).*

[2] Zur Akteneinsicht der Verteidigung s. § 147 StPO.

Siehe hierzu Nr. 92 Abs. 3 der Anweisungen für das Straf- und Bußgeldverfahren (Steuer), *Gleichlautende Ländererlasse vom 1. 11. 2013, BStBl. I S. 1394.*

[3] Betr. Rechtsmittel vgl. *OLG Hamm vom 17. 8. 1977 3 Ws 482/77, NJW 1978 S. 283; OLG Karlsruhe vom 14. 12. 1984 3 Ws 138/84, NStZ 1985 S. 227.* Nach § 396 sollte das Strafverfahren regelmäßig bis zum rechtskräftigen Abschluss des Besteuerungsverfahrens ausgesetzt werden, wenn sich schwierige steuerrechtliche Fragen stellen. Das FG darf unter diesen Umständen nicht seinerseits das Verfahren bis zum Abschluss des Strafverfahrens aussetzen *(BFH-Beschluss vom 17. 12. 1992 VIII B 88 und 89/92, DStZ 1993 S. 506).* Ist in dem Strafverfahren über schwierige, strittige steuerliche Vorfragen zu entscheiden, dann muss ggf. ausgesetzt werden (*BVerfG, DStZ 1985 S. 283;* anders *BVerfG-Beschluss vom 15. 10. 19902 BvR 385/87, wistra 1991 S. 175,* zur verdeckten Parteienfinanzierung).

[4] Das Ruhen der Verjährung hemmt auch den Ablauf der absoluten Verjährungsfrist nach § 78 c Abs. 3 Satz 2 StGB *(Urteil BayObLG vom 22. 2. 1990 RReg. 4 St 216/89, wistra S. 203; OLG Karlsruhe vom 8. 3. 1990 2 Ss 222/89, wistra S. 205).*

[5] Siehe hierzu Nr. 26 bis 31 der Anweisungen für das Straf- und Bußgeldverfahren (Steuer), *Gleichlautende Ländererlasse vom 1. 11. 2013, BStBl. I S. 1394.*

Zur Mitteilungspflicht gegenüber der Bußgeld- und Strafsachenstelle oder Steuerfahndung bei Verdacht einer Steuerstraftat oder Steuerordnungswidrigkeit s. Nr. 134 bis 137 der Anweisungen für das Straf- und Bußgeldverfahren (Steuer), *Gleichlautende Ländererlasse vom 1. 11. 2013, BStBl. I S. 1394.*

§ 398 Einstellung wegen Geringfügigkeit[1]

①Die Staatsanwaltschaft kann von der Verfolgung einer Steuerhinterziehung, bei der nur eine geringwertige Steuerverkürzung eingetreten ist oder nur geringwertige Steuervorteile erlangt sind, auch ohne Zustimmung des für die Eröffnung des Hauptverfahrens zuständigen Gerichts absehen, wenn die Schuld des Täters als gering anzusehen wäre und kein öffentliches Interesse an der Verfolgung besteht. ②Dies gilt für das Verfahren wegen einer Steuerhehlerei nach § 374 und einer Begünstigung einer Person, die eine der in § 375 Absatz 1 Nummer 1 bis 3 genannten Taten begangen hat, entsprechend.

§ 398a Absehen von Verfolgung in besonderen Fällen

(1) **In Fällen, in denen Straffreiheit nur wegen § 371 Absatz 2 Satz 1 Nummer 3 oder 4 nicht eintritt, wird von der Verfolgung einer Steuerstraftat abgesehen, wenn der an der Tat Beteiligte innerhalb einer ihm bestimmten angemessenen Frist** 1

1. **die aus der Tat zu seinen Gunsten hinterzogenen Steuern, die Hinterziehungszinsen nach § 235 und die Zinsen nach § 233 a, soweit sie auf die Hinterziehungszinsen nach § 235 Absatz 4 angerechnet werden, sowie die Verzugszinsen nach Artikel 114 des Zollkodex der Union entrichtet und**
2. **einen Geldbetrag in folgender Höhe zugunsten der Staatskasse zahlt:**
   a) **10 Prozent der hinterzogenen Steuer, wenn der Hinterziehungsbetrag 100 000 Euro nicht übersteigt,**
   b) **15 Prozent der hinterzogenen Steuer, wenn der Hinterziehungsbetrag 100 000 Euro übersteigt und 1 000 000 Euro nicht übersteigt,**
   c) **20 Prozent der hinterzogenen Steuer, wenn der Hinterziehungsbetrag 1 000 000 Euro übersteigt.**

(2) **Die Bemessung des Hinterziehungsbetrags richtet sich nach den Grundsätzen in § 370 Absatz 4.** 2

(3) **Die Wiederaufnahme eines nach Absatz 1 abgeschlossenen Verfahrens ist zulässig, wenn die Finanzbehörde erkennt, dass die Angaben im Rahmen einer Selbstanzeige unvollständig oder unrichtig waren.** 3

(4) **①Der nach Absatz 1 Nummer 2 gezahlte Geldbetrag wird nicht erstattet, wenn die Rechtsfolge des Absatzes 1 nicht eintritt. ②Das Gericht kann diesen Betrag jedoch auf eine wegen Steuerhinterziehung verhängte Geldstrafe anrechnen.** 4

II. Verfahren der Finanzbehörde bei Steuerstraftaten

§ 399 Rechte und Pflichten der Finanzbehörde

(1)[2] **Führt die Finanzbehörde das Ermittlungsverfahren auf Grund des § 386 Absatz 2 selbständig durch, so nimmt sie die Rechte und Pflichten wahr, die der Staatsanwaltschaft im Ermittlungsverfahren zustehen.** 1

(2) **①Ist einer Finanzbehörde nach § 387 Absatz 2 die Zuständigkeit für den Bereich mehrerer Finanzbehörden übertragen, so bleiben das Recht und die Pflicht dieser Finanzbehörden unberührt, bei dem Verdacht einer Steuerstraftat den Sachverhalt zu erforschen und alle unaufschiebbaren Anordnungen zu treffen, um die Verdunkelung der Sache zu verhüten. ②Sie können Beschlagnahmen, Notveräußerungen, Durchsuchungen, Untersuchungen und sonstige Maßnahmen nach den für Ermittlungspersonen der Staatsanwaltschaft geltenden Vorschriften der Strafprozessordnung anordnen.** 2

§ 400 Antrag auf Erlass eines Strafbefehls[3]

Bieten die Ermittlungen genügenden Anlass zur Erhebung der öffentlichen Klage, so beantragt die Finanzbehörde beim Richter den Erlass eines Strafbefehls, wenn die Strafsache zur Behandlung im Strafbefehlsverfahren[4] geeignet erscheint; ist dies nicht der Fall, so legt die Finanzbehörde die Akten der Staatsanwaltschaft vor.

---

[1] Zur Einstellung des Verfahrens s. Nr. 79 bis 83 der Anweisungen für das Straf- und Bußgeldverfahren (Steuer), *Gleichlautende Ländererlasse vom 1. 11. 2013, BStBl. I S. 1394.*

[2] Zu Abs. 1 s. Nr. 17 der Anweisungen für das Straf- und Bußgeldverfahren (Steuer), *Gleichlautende Ländererlasse vom 1. 11. 2013, BStBl. I S. 1394.*

[3] Siehe hierzu Nr. 84 bis 87 der Anweisungen für das Straf- und Bußgeldverfahren (Steuer), *Gleichlautende Ländererlasse vom 1. 11. 2013, BStBl. I S. 1394.*

Zum notwendigen Inhalt des Strafbefehlsantrages (Umgrenzungs- und Informationsfunktion) vgl. *Beschluss OLG Düsseldorf vom 26. 5. 1988 3 Ws 85/87, wistra S. 365.*

Obwohl es sich beim Strafbefehlsverfahren um ein summarisches Verfahren handelt, welches eine beschleunigte Erledigung ermöglichen soll, sind an die Darstellung der Beschuldigung keine geringeren Anforderungen zu stellen als beim Anklagesatz. Der Strafbefehl ist dann unzulänglich, wenn er den Entscheidungsgegenstand so ungenau und unvollständig bezeichnet, dass weder der historische Ablauf des Tatgeschehens noch der Umfang des Schuldvorwurfs mit genügender Deutlichkeit zu erkennen ist *(Urteil OLG Düsseldorf vom 30. 10. 1990 5 Ss 203/90 – 31/90 III, wistra 1991 S. 32).*

[4] Zur Anwendbarkeit des Strafbefehlsverfahrens vgl. § 407 StPO.

§ 401 Antrag auf Anordnung von Nebenfolgen im selbständigen Verfahren[1]

Die Finanzbehörde kann den Antrag stellen, die Einziehung selbständig anzuordnen oder eine Geldbuße gegen eine juristische Person oder eine Personenvereinigung selbständig festzusetzen (§§ 435, 444 Absatz 3 der Strafprozessordnung).

III. Stellung der Finanzbehörde im Verfahren der Staatsanwaltschaft

§ 402 Allgemeine Rechte und Pflichten der Finanzbehörde[2]

1 **(1) Führt die Staatsanwaltschaft das Ermittlungsverfahren durch, so hat die sonst zuständige Finanzbehörde dieselben Rechte und Pflichten wie die Behörden des Polizeidienstes[3] nach der Strafprozessordnung sowie die Befugnisse nach § 399 Absatz 2 Satz 2.**

2 **(2) Ist einer Finanzbehörde nach § 387 Absatz 2 die Zuständigkeit für den Bereich mehrerer Finanzbehörden übertragen, so gilt Absatz 1 für jede dieser Finanzbehörden.**

§ 403 Beteiligung der Finanzbehörde[4]

1 **(1) ① Führt die Staatsanwaltschaft oder die Polizei Ermittlungen durch, die Steuerstraftaten betreffen, so ist die sonst zuständige Finanzbehörde befugt, daran teilzunehmen. ② Ort und Zeit der Ermittlungshandlungen sollen ihr rechtzeitig mitgeteilt werden. ③ Dem Vertreter der Finanzbehörde ist zu gestatten, Fragen an Beschuldigte, Zeugen und Sachverständige zu stellen.**

2 **(2) Absatz 1 gilt sinngemäß für solche richterlichen Verhandlungen, bei denen auch der Staatsanwaltschaft die Anwesenheit gestattet ist.**

3 **(3) Der sonst zuständigen Finanzbehörde sind die Anklageschrift und der Antrag auf Erlass eines Strafbefehls mitzuteilen.**

4 **(4) Erwägt die Staatsanwaltschaft, das Verfahren einzustellen, so hat sie die sonst zuständige Finanzbehörde zu hören.**

IV. Steuer- und Zollfahndung

§ 404 Steuer- und Zollfahndung[5]

(1) ① Die Behörden des Zollfahndungsdienstes und die mit der Steuerfahndung betrauten Dienststellen der Landesfinanzbehörden sowie ihre Beamten haben im Strafverfahren wegen Steuerstraftaten dieselben Rechte und Pflichten wie die Behörden und Beamten des Polizeidienstes nach den Vorschriften der Strafprozessordnung. ② Ihre Beamten sind Ermittlungspersonen der Staatsanwaltschaft.

(2) ① Die in Absatz 1 Satz 1 bezeichneten Stellen haben die Befugnisse nach § 399 Absatz 2 Satz 2 sowie die Befugnis zur Durchsicht der Papiere und elektronischen Speichermedien des von der Durchsuchung Betroffenen. ② § 110 Absatz 3 Satz 2 und 3 und Absatz 4 der Strafprozessordnung gilt entsprechend.

V. Entschädigung der Zeugen und der Sachverständigen

§ 405 Entschädigung der Zeugen und der Sachverständigen[6]

① Werden Zeugen und Sachverständige von der Finanzbehörde zu Beweiszwecken herangezogen, so erhalten sie eine Entschädigung oder Vergütung nach dem Justizvergütungs- und -entschädigungsgesetz.[7] ② Dies gilt auch in den Fällen des § 404.

---

[1] Siehe hierzu Nr. 90 der Anweisungen für das Straf- und Bußgeldverfahren (Steuer), *Gleichlautende Ländererlasse vom 1. 11. 2013, BStBl. I S. 1394.*

[2] Siehe hierzu Nr. 91 der Anweisungen für das Straf- und Bußgeldverfahren (Steuer), *Gleichlautende Ländererlasse vom 1. 11. 2013, BStBl. I S. 1394.*

[3] Zu Rechten und Pflichten der Polizei s. §§ 161, 163 StPO.

[4] Siehe hierzu Nr. 92, 94 der Anweisungen für das Straf- und Bußgeldverfahren (Steuer), *Gleichlautende Ländererlasse vom 1. 11. 2013, BStBl. I S. 1394.*

Zur Beteiligung im gerichtlichen Verfahren vgl. § 407 AO.

[5] Siehe hierzu Nr. 122 bis 127 der Anweisungen für das Straf- und Bußgeldverfahren (Steuer), *Gleichlautende Ländererlasse vom 1. 11. 2013, BStBl. I S. 1394.*

Die Zollfahndung (und damit auch die Steuerfahndung) hat auch die Ermittlungskompetenz bezüglich allgemeiner Straftaten, die tateinheitlich (vgl. dazu Fn. zu § 370) mit einem Steuervergehen zusammentreffen *(BGH-Urteil vom 24. 10. 1989 5 StR 238–239/89, wistra 1990 S. 59).*

[6] Zur Erstattung von Kosten für Aufwendungen der Kreditinstitute s. Nr. 147 der Anweisungen für das Straf- und Bußgeldverfahren (Steuer), *Gleichlautende Ländererlasse vom 1. 11. 2013, BStBl. I S. 1394.*

[7] JVEG v. 5. 5. 2004 (BGBl. I S. 718, 776).

3. Unterabschnitt. Gerichtliches Verfahren

§ 406 Mitwirkung der Finanzbehörde im Strafbefehlsverfahren und im selbständigen Verfahren[1]

(1) Hat die Finanzbehörde den Erlass eines Strafbefehls beantragt, so nimmt sie die Rechte und Pflichten der Staatsanwaltschaft wahr, solange nicht nach § 408 Absatz 3 Satz 2 der Strafprozessordnung Hauptverhandlung anberaumt oder Einspruch gegen den Strafbefehl erhoben wird. 1

(2) Hat die Finanzbehörde den Antrag gestellt, die Einziehung selbständig anzuordnen oder eine Geldbuße gegen eine juristische Person oder eine Personenvereinigung selbständig festzusetzen (§ 401), so nimmt sie die Rechte und Pflichten der Staatsanwaltschaft wahr, solange nicht mündliche Verhandlung beantragt oder vom Gericht angeordnet wird. 2

§ 407 Beteiligung[2] der Finanzbehörde in sonstigen Fällen

(1) ① Das Gericht gibt der Finanzbehörde Gelegenheit, die Gesichtspunkte vorzubringen, die von ihrem Standpunkt für die Entscheidung von Bedeutung sind. ② Dies gilt auch, wenn das Gericht erwägt, das Verfahren einzustellen. ③ Der Termin zur Hauptverhandlung und der Termin zur Vernehmung durch einen beauftragten oder ersuchten Richter (§§ 223, 233 der Strafprozessordnung) werden der Finanzbehörde mitgeteilt. ④ Ihr Vertreter erhält in der Hauptverhandlung auf Verlangen das Wort. ⑤ Ihm ist zu gestatten, Fragen an Angeklagte, Zeugen und Sachverständige zu richten. 1

(2) Das Urteil und andere das Verfahren abschließende Entscheidungen sind der Finanzbehörde mitzuteilen. 2

4. Unterabschnitt. Kosten des Verfahrens

§ 408 Kosten des Verfahrens

① Notwendige Auslagen eines Beteiligten im Sinne des § 464 a Absatz 2 Nummer 2 der Strafprozessordnung sind im Strafverfahren wegen einer Steuerstraftat auch die gesetzlichen Gebühren und Auslagen eines Steuerberaters,[3] Steuerbevollmächtigten,[4] Wirtschaftsprüfers[5] oder vereidigten Buchprüfers.[5] ② Sind Gebühren[4] und Auslagen gesetzlich nicht geregelt, so können sie bis zur Höhe der gesetzlichen Gebühren und Auslagen eines Rechtsanwalts erstattet werden.

Vierter Abschnitt. Bußgeldverfahren[6]

§ 409 Zuständige Verwaltungsbehörde[7]

① Bei Steuerordnungswidrigkeiten ist zuständige Verwaltungsbehörde im Sinne des § 36 Absatz 1 Nummer 1 des Gesetzes über Ordnungswidrigkeiten die nach § 387 Absatz 1 sachlich zuständige Finanzbehörde. ② § 387 Absatz 2 gilt entsprechend.

§ 410 Ergänzende Vorschriften für das Bußgeldverfahren

(1) Für das Bußgeldverfahren gelten außer den verfahrensrechtlichen Vorschriften des Gesetzes über Ordnungswidrigkeiten entsprechend: 1

1. **die §§ 388 bis 390 über die Zuständigkeit der Finanzbehörde,**
2. **§ 391 über die Zuständigkeit des Gerichts,**
3. **§ 392 über die Verteidigung,**
4. **§ 393 über das Verhältnis des Strafverfahrens zum Besteuerungsverfahren,**
5. **§ 396 über die Aussetzung des Verfahrens,**
6. **§ 397 über die Einleitung des Strafverfahrens,**

---

[1] Zur Stellung der Finanzbehörde im gerichtlichen Verfahren s. Nr. 94 bis 99 der Anweisungen für das Straf- und Bußgeldverfahren (Steuer), *Gleichlautende Ländererlasse vom 1. 11. 2013, BStBl. I S. 1394.*

[2] Siehe Nr. 94 der Anweisungen für das Straf- und Bußgeldverfahren (Steuer), *Gleichlautende Ländererlasse vom 1. 11. 2013, BStBl. I S. 1394.*

Zur Beteiligung im Ermittlungsverfahren vgl. § 403 AO.

[3] Zur Verteidigungsbefugnis vgl. § 392 AO.

[4] Vgl. Steuerberatervergütungsverordnung vom 17. 12. 1981 (BGBl. I S. 1442) und Rechtsanwaltsvergütungsgesetz vom 5. 5. 2004 (BGBl. I S. 718, 788).

[5] Siehe Nr. 94 der Anweisungen für das Straf- und Bußgeldverfahren (Steuer), *Gleichlautende Ländererlasse vom 1. 11. 2013, BStBl. I S. 1394.*

Zur Beteiligung im Ermittlungsverfahren vgl. § 403 AO.

[6] Zum Bußgeldverfahren s. Nr. 100 ff. der Anweisungen für das Straf- und Bußgeldverfahren (Steuer), *Gleichlautende Ländererlasse vom 1. 11. 2013, BStBl. I S. 1394.*

[7] Zur Zuständigkeit bei Zusammentreffen oder Zusammenhang der Ordnungswidrigkeit mit einer Straftat s. Nr. 110 der Anweisungen, mit einer anderen Ordnungswidrigkeit s. Nr. 111 der Anweisungen für das Straf- und Bußgeldverfahren (Steuer), *Gleichlautende Ländererlasse vom 1. 11. 2013, BStBl. I S. 1394.*

AO

7. § 399 Absatz 2 über die Rechte und Pflichten der Finanzbehörde,

8. die §§ 402, 403 Absatz 1, 3 und 4 über die Stellung der Finanzbehörde im Verfahren der Staatsanwaltschaft,

9. § 404 Absatz 1 Satz 1 und Absatz 2 über die Steuer- und Zollfahndung,

10. § 405 über die Entschädigung der Zeugen und der Sachverständigen,

11. § 407 über die Beteiligung der Finanzbehörde und

12. § 408 über die Kosten des Verfahrens.

2 (2) **Verfolgt die Finanzbehörde eine Steuerstraftat, die mit einer Steuerordnungswidrigkeit zusammenhängt (§ 42 Absatz 1 Satz 2 des Gesetzes über Ordnungswidrigkeiten), so kann sie in den Fällen des § 400 beantragen, den Strafbefehl auf die Steuerordnungswidrigkeit zu erstrecken.**

§ 411[1] Bußgeldverfahren gegen Rechtsanwälte, Steuerberater, Steuerbevollmächtigte, Wirtschaftsprüfer oder vereidigte Buchprüfer[2]

Bevor gegen einen Rechtsanwalt, Steuerberater, Steuerbevollmächtigten, Wirtschaftsprüfer oder vereidigten Buchprüfer wegen einer Steuerordnungswidrigkeit, die er in Ausübung seines Berufs bei der Beratung in Steuersachen begangen hat, ein Bußgeldbescheid erlassen wird, gibt die Finanzbehörde der zuständigen Berufskammer Gelegenheit, die Gesichtspunkte vorzubringen, die von ihrem Standpunkt für die Entscheidung von Bedeutung sind.

§ 412 Zustellung, Vollstreckung, Kosten

1 (1) ① **Für das Zustellungsverfahren gelten abweichend von § 51 Absatz 1 Satz 1 des Gesetzes über Ordnungswidrigkeiten die Vorschriften des Verwaltungszustellungsgesetzes auch dann, wenn eine Landesfinanzbehörde den Bescheid erlassen hat.** ② **§ 51 Absatz 1 Satz 2 und Absatz 2 bis 5 des Gesetzes über Ordnungswidrigkeiten bleibt unberührt.**

2 (2)[3] ① **Für die Vollstreckung von Bescheiden der Finanzbehörden in Bußgeldverfahren gelten abweichend von § 90 Absatz 1 und 4, § 108 Absatz 2 des Gesetzes über Ordnungswidrigkeiten die Vorschriften des Sechsten Teils dieses Gesetzes.** ② **Die übrigen Vorschriften des Neunten Abschnitts des Zweiten Teils des Gesetzes über Ordnungswidrigkeiten bleiben unberührt.**

3 (3)[4] **Für die Kosten des Bußgeldverfahrens gilt § 107 Absatz 4 des Gesetzes über Ordnungswidrigkeiten auch dann, wenn eine Landesfinanzbehörde den Bußgeldbescheid erlassen hat; an Stelle des § 19 des Verwaltungskostengesetzes in der bis zum 14. August 2013 geltenden Fassung gelten § 227 und § 261 dieses Gesetzes.**

---

[1] Zur Anwendung bei Erlass eines Haftungsbescheids vgl. § 191 AO.

[2] Wegen der Besonderheiten bei Verfahren gegen Angehörige der rechts- und steuerberatenden Berufe s. Nr. 115 der Anweisungen für das Straf- und Bußgeldverfahren (Steuer), *Gleichlautende Ländererlasse vom 1. 11. 2013, BStBl. I S. 1394.*

[3] Zur Vollstreckung s. Nr. 121 der Anweisungen für das Straf- und Bußgeldverfahren (Steuer), *Gleichlautende Ländererlasse vom 1. 11. 2013, BStBl. I S. 1394.*

[4] Zu den Kosten des Bußgeldverfahrens s. Nr. 119 der Anweisungen für das Straf- und Bußgeldverfahren (Steuer), *Gleichlautende Ländererlasse vom 1. 11. 2013, BStBl. I S. 1394.*

Neunter Teil. Schlussvorschriften

§ 413 Einschränkung von Grundrechten

Die Grundrechte auf körperliche Unversehrtheit und Freiheit der Person (Artikel 2 Absatz 2 des Grundgesetzes), des Briefgeheimnisses sowie des Post- und Fernmeldegeheimnisses (Artikel 10 des Grundgesetzes) und der Unverletzlichkeit der Wohnung (Artikel 13 des Grundgesetzes) werden nach Maßgabe dieses Gesetzes eingeschränkt.

§ 414 (gegenstandslos)

§ 415[1] (Inkrafttreten)

Anlage 1
(zu § 60)

Mustersatzung
für Vereine, Stiftungen, Betriebe gewerblicher Art von juristischen Personen des öffentlichen Rechts, geistliche Genossenschaften und Kapitalgesellschaften

(nur aus steuerlichen Gründen notwendige Bestimmungen)

§ 1

Der – Die – … (Körperschaft) mit Sitz in … verfolgt ausschließlich und unmittelbar – gemeinnützige – mildtätige – kirchliche – Zwecke (nicht verfolgte Zwecke streichen) im Sinne des Abschnitts „Steuerbegünstigte Zwecke" der Abgabenordnung.

Zweck der Körperschaft ist … (z. B. die Förderung von Wissenschaft und Forschung, Jugend- und Altenhilfe, Erziehung, Volks- und Berufsbildung, Kunst und Kultur, Landschaftspflege, Umweltschutz, des öffentlichen Gesundheitswesens, des Sports, Unterstützung hilfsbedürftiger Personen).

Der Satzungszweck wird verwirklicht insbesondere durch … (z. B. Durchführung wissenschaftlicher Veranstaltungen und Forschungsvorhaben, Vergabe von Forschungsaufträgen, Unterhaltung einer Schule, einer Erziehungsberatungsstelle, Pflege von Kunstsammlungen, Pflege des Liedgutes und des Chorgesanges, Errichtung von Naturschutzgebieten, Unterhaltung eines Kindergartens, Kinder-, Jugendheimes, Unterhaltung eines Altenheimes, eines Erholungsheimes, Bekämpfung des Drogenmissbrauchs, des Lärms, Förderung sportlicher Übungen und Leistungen).

§ 2

Die Körperschaft ist selbstlos tätig; sie verfolgt nicht in erster Linie eigenwirtschaftliche Zwecke.

§ 3

Mittel der Körperschaft dürfen nur für die satzungsmäßigen Zwecke verwendet werden. Die Mitglieder erhalten keine Zuwendungen aus Mitteln der Körperschaft.

§ 4

Es darf keine Person durch Ausgaben, die dem Zweck der Körperschaft fremd sind, oder durch unverhältnismäßig hohe Vergütungen begünstigt werden.

§ 5

Bei Auflösung oder Aufhebung der Körperschaft oder bei Wegfall steuerbegünstigter Zwecke fällt das Vermögen der Körperschaft

1. an – den – die – das –… (Bezeichnung einer juristischen Person des öffentlichen Rechts oder einer anderen steuerbegünstigten Körperschaft), – der – die – das – es unmittelbar und ausschließlich für gemeinnützige, mildtätige oder kirchliche Zwecke zu verwenden hat.

   oder
2. an eine juristische Person des öffentlichen Rechts oder eine andere steuerbegünstigte Körperschaft zwecks Verwendung für … (Angabe eines bestimmten gemeinnützigen, mildtätigen oder kirchlichen Zwecks, z. B. Förderung von Wissenschaft und Forschung, Erziehung, Volks- und Berufsbildung, der Unterstützung von Personen, die im Sinne von § 53 der Abgabenordnung wegen … bedürftig sind, Unterhaltung des Gotteshauses in …).

Weitere Hinweise

Bei **Betrieben gewerblicher Art von juristischen Personen des öffentlichen Rechts, bei den von einer juristischen Person des öffentlichen Rechts verwalteten unselbständigen Stiftungen und bei geistlichen Genossenschaften** (Orden, Kongregationen) ist folgende Bestimmung aufzunehmen:

§ 3 Abs. 2:

„Der – die – das … erhält bei Auflösung oder Aufhebung der Körperschaft oder bei Wegfall steuerbegünstigter Zwecke nicht mehr als – seine – ihre – eingezahlten Kapitalanteile und den gemeinen Wert seiner – ihrer – geleisteten Sacheinlagen zurück."

Bei **Stiftungen** ist diese Bestimmung nur erforderlich, wenn die Satzung dem Stifter einen Anspruch auf Rückgewähr von Vermögen einräumt. Fehlt die Regelung, wird das eingebrachte Vermögen wie das übrige Vermögen behandelt.

Bei **Kapitalgesellschaften** sind folgende ergänzende Bestimmungen in die Satzung aufzunehmen:

1. § 3 Abs. 1 Satz 2:
   „Die Gesellschafter dürfen keine Gewinnanteile und auch keine sonstigen Zuwendungen aus Mitteln der Körperschaft erhalten."

---

[1] Die AO in ihrer ursprünglichen Fassung ist am 1. 1. 1977 in Kraft getreten. Das In-Kraft-Treten der späteren Änderungen ergibt sich aus den jeweiligen Änderungsgesetzen.

AO

2. § 3 Abs. 2:
„Sie erhalten bei ihrem Ausscheiden oder bei Auflösung der Körperschaft oder bei Wegfall steuerbegünstigter Zwecke nicht mehr als ihre eingezahlten Kapitalanteile und den gemeinen Wert ihrer geleisteten Sacheinlagen zurück."
3. § 5:
„Bei Auflösung der Körperschaft oder bei Wegfall steuerbegünstigter Zwecke fällt das Vermögen der Körperschaft, soweit es die eingezahlten Kapitalanteile der Gesellschafter und den gemeinen Wert der von den Gesellschaftern geleisteten Sacheinlagen übersteigt, …".

§ 3 Abs. 2 und der Satzteil „soweit es die eingezahlten Kapitalanteile der Gesellschafter und den gemeinen Wert der von den Gesellschaftern geleisteten Sacheinlagen übersteigt," in § 5 sind nur erforderlich, wenn die Satzung einen Anspruch auf Rückgewähr von Vermögen einräumt.

Anhang I

1) Einführungsgesetz zur Abgabenordnung (EGAO)[1]

Vom 14. Dezember 1976 (BGBl. I S. 3341, ber. BGBl. 1977 I S. 667)

Geändert durch Grunderwerbsteuergesetz (GrEStG 1983) vom 17. 12. 19.82 (BGBl. I S. 1777), Steuerbereinigungsgesetz 1986 vom 19. 12. 19.85 (BGBl. I S. 2436), Steuerreformgesetz vom 25. 7. 19.88 (BGBl. I S. 1093), Haushaltsbegleitgesetz 1989 vom 20. 12. 19.88 (BGBl. I S. 2262), Vereinsförderungsgesetz vom 18. 12. 19.89 (BGBl. I S. 2212), Wohnungsbauförderungsgesetz vom 22. 12. 19.89 (BGBl. I S. 2408), Einigungsvertrag vom 31. 8. 19.90 (BGBl. II S. 889, 968, ber. 1244), Steueränderungsgesetz 1991 vom 24. 6. 19.91 (BGBl. I S. 1322), Steueränderungsgesetz 1992 vom 25. 2. 19.92 (BGBl. I S. 297), Gesetz zur Umsetzung des Föderalen Konsolidierungsprogramms vom 23. 6. 19.93 (BGBl. I S. 944), Standortsicherungsgesetz vom 13. 9. 19.93 (BGBl. I S. 1569), Mißbrauchsbekämpfungs- und Steuerbereinigungsgesetz vom 21. 12. 19.93 (BGBl. I S. 2310), Grenzpendlergesetz vom 24. 6. 19.94 (BGBl. I S. 1395), Jahressteuergesetz 1996 vom 11. 10. 19.95 (BGBl. I S. 1250), Jahressteuer-Ergänzungsgesetz 1996 vom 18. 12. 19.95 (BGBl. I S. 1959), Jahressteuergesetz 1997 vom 20. 12. 19.96 (BGBl. I S. 2049), 2. Zwangsvollstreckungsnovelle vom 17. 12. 19.97 (BGBl. I S. 3039), Gesetz zur Datenermittlung für den Verteilungsschlüssel des Gemeindeanteils am Umsatzsteueraufkommen und zur Änderung steuerlicher Vorschriften vom 23. 6. 19.98 (BGBl. I S. 1496), Steueränderungsgesetz 1998 vom 19. 12. 19.98 (BGBl. I S. 3816), Gesetz zur Änderung des Einführungsgesetzes zur Insolvenzordnung und anderer Gesetze vom 19. 12. 19.98 (BGBl. I S. 3836), Zweites Euro-Einführungsgesetz vom 24. 3. 19.99 (BGBl. I S. 385), Steuerbereinigungsgesetz vom 22. 12. 19.99 (BGBl. I S. 2601), Gesetz zur weiteren steuerlichen Förderung von Stiftungen vom 14. 7. 2000 (BGBl. I S. 1034), Steuersenkungsgesetz vom 23. 10. 2000 (BGBl. I S. 1433), Steuer-Euroglättungsgesetz vom 19. 12. 2000 (BGBl. I S. 1790), Gesetz zur Änderung des Investitionszulagengesetzes 1999 vom 20. 12. 2000 (BGBl. I S. 1850), Steueränderungsgesetz 2001 vom 20. 12. 2001 (BGBl. I S. 3794), Steuervergünstigungsabbaugesetz vom 16. 5. 2003 (BGBl. I S. 660), Kleinunternehmerförderungsgesetz vom 31. 7. 2003 (BGBl. I S. 1550), Steueränderungsgesetz 2003 vom 15. 12. 2003 (BGBl. I S. 2645), Gesetz zur Förderung der Ausbildung und Beschäftigung schwerbehinderter Menschen vom 23. 4. 2004 (BGBl. I S. 606), Kostenrechtsmodernisierungsgesetz vom 5. 5. 2004 (BGBl. I S. 718), Gesetz zur Änderung der Abgabenordnung und anderer Gesetze vom 21. 7. 2004 (BGBl. I S. 1753), Richtlinien-Umsetzungsgesetz vom 9. 12. 2004 (BGBl. I S. 3310), Erstes Gesetz zum Abbau bürokratischer Hemmnisse insbesondere in der mittelständischen Wirtschaft vom 22. 8. 2006 (BGBl. I S. 1970), Jahressteuergesetz 2007 vom 13. 12. 2006 (BGBl. I S. 2878), Zweites Gesetz zum Abbau bürokratischer Hemmnisse vom 7. 9. 2007 (BGBl. I S. 2246), Gesetz zur weiteren Stärkung des bürgerschaftlichen Engagements vom 10. 10. 2007 (BGBl. I S. 2332), Jahressteuergesetz 2008 vom 20. 12. 2007 (BGBl. I S. 3150), Jahressteuergesetz 2009 (JStG 2009) vom 19. 12. 2008 (BGBl. I S. 2794), Gesetz zur Modernisierung und Entbürokratisierung des Steuerverfahrens (Steuerbürokratieabbaugesetz) vom 20. 12. 2008 (BGBl. I S. 2850), Gesetz zur Bekämpfung der Steuerhinterziehung (Steuerhinterziehungsbekämpfungsgesetz) vom 29. 7. 2009 (BGBl. I S. 2302), Jahressteuergesetz 2010 (JStG 2010) vom 8. 12. 2010 (BGBl. I S. 1768), Gesetz zur Verbesserung der Bekämpfung der Geldwäsche und Steuerhinterziehung (Schwarzgeldbekämpfungsgesetz) vom 28. 4. 2011 (BGBl. I S. 676), Steuervereinfachungsgesetz vom 1. 11. 2011 (BGBl. I S. 2131), Amtshilferichtlinie-Umsetzungsgesetz vom 26. 6. 2013 (BGBl. I S. 1809), Gesetz zur Anpassung steuerlicher Regelungen an die Rechtsprechung des Bundesverfassungsgerichts vom 18. 7. 2014 (BGBl. I S. 1042), Gesetz zur Änderung der Abgabenordnung und des Einführungsgesetzes zur Abgabenordnung vom 22. 12. 2014 (BGBl. I S. 2415), Gesetz zur Anpassung der Abgabenordnung an den Zollkodex der Union und zur Änderung weiterer steuerlicher Vorschriften vom 22. 12. 2014 (BGBl. I S. 2417), Gesetz zur Entlastung insbesondere der mittelständischen Wirtschaft von Bürokratie (Bürokratieentlastungsgesetz) vom 28. 7. 2015 (BGBl. I S. 1400), Gesetz zur Modernisierung des Besteuerungsverfahrens vom 18. 7. 2016 (BGBl. I S. 1679), Gesetz zur Umsetzung der Änderungen der EU-Amtshilferichtlinie und von weiteren Maßnahmen gegen Gewinnkürzungen und -verlagerungen vom 20. 12. 2016 (BGBl. I S. 3000), Gesetz zum Schutz vor Manipulationen an digitalen Grundaufzeichnungen vom 22. 12. 2016 (BGBl. I S. 3152), Gesetz zur Bekämpfung der Steuerumgehung und zur Änderung weiterer steuerlicher Vorschriften (Steuerumgehungsbekämpfungsgesetz) vom 23. 6. 2017 (BGBl. I S. 1682), Zweites Gesetz zur Entlastung insbesondere der mittelständischen Wirtschaft von Bürokratie (Zweites Bürokratieentlastungsgesetz) vom 30. 6. 2017 (BGBl. I S. 2143), Gesetz zur Vermeidung von Umsatzsteuerausfällen beim Handel mit Waren im Internet und zur Änderung weiterer steuerlicher Vorschriften (BGBl. I S. 2338), Zweites Gesetz zur Anpassung des Datenschutzrechts an die Verordnung (EU) 2016/679 und zur Umsetzung der Richtlinie (EU) 2016/680 (Zweites Datenschutz-Anpassungs- und Umsetzungsgesetz EU – 2. DSAnpUG-EU), vom 20. 11. 2019 (BGBl. I S. 1626), Drittes Gesetz zur Entlastung insbesondere der mittelständischen Wirtschaft von Bürokratie (Drittes Bürokratieentlastungsgesetz) vom 22. 11. 2019 (BGBl. I S. 1746), Gesetz zur Reform des Grundsteuer- und Bewertungsrechts (Grundsteuer-Reformgesetz) vom 26. 11. 2019 (BGBl. I S. 1794), Gesetz zur weiteren steuerlichen Förderung der Elektromobilität und zur Änderung weiterer steuerlicher Vorschriften vom 12. 12. 2019 (BGBl. I S. 2451) Gesetz zur Einführung einer Pflicht zur Mitteilung grenzüberschreitender Steuergestaltungen vom 21. 12. 2019 (BGBl. I S. 2875), Gesetz zur Umsetzung steuerlicher Hilfsmaßnahmen zur Bewältigung der Corona-Krise (Corona-Steuerhilfegesetz) vom 19. 6. 2020 (BGBl. I S. 1385), Zweites Gesetz zur Umsetzung steuerlicher Hilfsmaßnahmen zur Bewältigung der Corona-Krise (Zweites Corona-Steuerhilfegesetz) vom 29. 6. 2020 (BGBl. I S. 1512), Jahressteuergesetz 2020 (JStG 2020) vom 21. 12. 2020 (BGBl. I S. 3096), Gesetz zur Verlängerung der Aussetzung der Insolvenzantragspflicht und des Anfechtungsschutzes für pandemiebedingte Stundungen sowie zur Verlängerung der Steuererklärungsfrist in beratenen Fällen und der zinsfreien Karenzzeit für den Veranlagungszeitraum 2019 vom 15. 2. 2021 (BGBl. I S. 237), Gesetz zur Modernisierung der Entlastung von Abzugssteuern und der Bescheinigung der Kapitalertragsteuer (AbzStEntModG) vom 2. 6. 2021 (BGBl. I S. 1259), Gesetz zur Umsetzung der Anti-Steuervermeidungsrichtlinie (ATADUmsG) vom 25. 6. 2021 (BGBl. I S. 2035), Gesetz zur Abwehr von Steuervermeidung und unfairem Steuerwettbewerb und zur Änderung weiterer Gesetze vom 25. 6. 2021 (BGBl. I S. 2056), Viertes Gesetz zur Umsetzung steuerlicher Hilfsmaßnahmen zur Bewältigung der Corona-Krise (Viertes Corona-Steuerhilfegesetz) vom 19. 6. 2022 (BGBl. I S. 911), Zweites Gesetz zur Änderung der Abgabenordnung und des Einführungsgesetzes zur Abgabenordnung vom 12. 7. 2022 (BGBl. I S. 1142), Jahressteuergesetz 2022 (JStG 2022) vom 16. 12. 2022 (BGBl. I S. 2294), Gesetz zur Umsetzung der Richtlinie (EU) 2021/514 des Rates vom 22. März 2021 zur Änderung der Richtlinie 2011/16/EU über die Zusammenarbeit der Verwaltungsbehörden im Bereich der Besteuerung und zur Modernisierung des Steuerverfahrensrechts vom 20. 12. 2022 (BGBl. I S. 2730), Gesetz zur Förderung geordneter Kreditzweitmärkte und zur Umsetzung der Richtlinie (EU) 2021/2167 über Kreditdienstleister und Kreditkäufer sowie zur Änderung weiterer finanzrechtlicher Bestimmungen (Kreditzweitmarktförderungsgesetz) vom 22. 12. 2023 (BGBl. I Nr. 411), Gesetz zur Stärkung von Wachstumschancen, Investitionen und Innovation sowie Steuervereinfachung und Steuerfairness (Wachstumschancengesetz) vom 27. 3. 2024 (BGBl. I Nr. 108), Gesetz zur Modernisierung des Postrechts (Postrechtsmodernisierungsgesetz – PostModG) vom 15. 7. 2024 (BGBl. I Nr. 236), Gesetz zur Änderung des Onlinezugangsgesetzes sowie weiterer Vorschriften zur Digitalisierung der Verwaltung (OZG-Änderungsgesetz – OZGÄndG) vom 19. 7. 2024 (BGBl. I Nr. 245), Viertes

[1] Überschrift neu gef. durch G v. 13. 12. 2006 (BGBl. I S. 2878).

Gesetz zur Entlastung der Bürgerinnen und Bürger, der Wirtschaft sowie der Verwaltung von Bürokratie (Viertes Bürokratieentlastungsgesetz) vom 23. 10. 2024 (BGBl. I Nr. 323), Jahressteuergesetz 2024 (JStG 2024) vom 2. 12. 2024 (BGBl. I Nr. 387), Gesetz zur Anpassung des Mindeststeuergesetzes und zur Umsetzung weiterer Maßnahmen vom 22. 12. 2025 (BGBl. I Nr. 353), Steueränderungsgesetz 2025 vom 22. 12. 2025 (BGBl. I Nr. 363), Gesetz zur Modernisierung und Digitalisierung der Schwarzarbeitsbekämpfung vom 22. 12. 2025 (BGBl. I Nr. 369) und Gesetz über den Informationsaustausch zwischen den Strafverfolgungsbehörden der Mitgliedstaaten der Europäischen Union vom 10. 2. 2026 (BGBl. I Nr. 39)

FNA/BGBl. III 610-1-4

– Auszug –

Zweiter Abschnitt. Anpassung weiterer Bundesgesetze

Achter Titel. Außerkrafttreten von Vorschriften

1 **Artikel 96**

Mit Inkrafttreten der Abgabenordnung treten außer Kraft:

1. Die Reichsabgabenordnung vom 22. Mai 1931 (Reichsgesetzbl. I S. 161), zuletzt geändert durch das Gesetz über das Zeugnisverweigerungsrecht der Mitarbeiter von Presse und Rundfunk vom 25. Juli 1975 (Bundesgesetzbl. I S. 1973);
2. die Verordnung zur Durchführung des § 160 Abs. 2 der Reichsabgabenordnung vom 24. März 1932 (Reichsgesetzbl. I S. 165);
3. die Verordnung zur Durchführung von Buch- und Betriebsprüfungen vom 9. November 1925 (Reichsministerialbl. S. 1337);
4. die Verordnung zur Durchführung der §§ 402 und 413 der Reichsabgabenordnung vom 17. August 1940 (Reichsministerialbl. S. 209);
5. das Steueranpassungsgesetz vom 16. Oktober 1934 (Reichsgesetzbl. I S. 925), zuletzt geändert durch das Einführungsgesetz zum Einkommensteuerreformgesetz vom 21. Dezember 1974 (Bundesgesetzbl. I S. 3656);
6. die Gemeinnützigkeitsverordnung vom 24. Dezember 1953 (Bundesgesetzbl. I S. 1592), zuletzt geändert durch das Steueränderungsgesetz 1969 vom 18. August 1969 (Bundesgesetzbl. I S. 1211);
7. die Aufteilungsverordnung vom 8. November 1963 (Bundesgesetzbl. I S. 785), geändert durch die Finanzgerichtsordnung vom 6. Oktober 1965 (Bundesgesetzbl. I S. 1477);
8. das Steuersäumnisgesetz vom 13. Juli 1961 (Bundesgesetzbl. I S. 981, 993), zuletzt geändert durch das Dritte Gesetz zur Änderung des Steuerberatungsgesetzes vom 24. Juni 1975 (Bundesgesetzbl. I S. 1509);
9. die Verordnung zum Steuersäumnisgesetz vom 15. August 1961 (Bundesgesetzblatt I S. 1299), geändert durch die Verordnung zur Änderung der Verordnung zum Steuersäumnisgesetz vom 9. Juni 1969 (Bundesgesetzbl. I S. 539);
10. die Beitreibungsordnung vom 23. Juni 1923 (Reichsministerialbl. S. 595);
11. die Verordnung zur Einführung der Beitreibungsordnung vom 5. Juli 1923 (Reichsministerialbl. S. 645);
12. die Verordnung über die Auswertung der Personenstands- und Betriebsaufnahme (Aufstellung von Urlisten) vom 16. Mai 1935 (Reichsministerialbl. S. 538);
13. die Verordnung über die Führung eines Wareneingangsbuchs vom 20. Juni 1935 (Reichsgesetzbl. I S. 752), zuletzt geändert durch das Gesetz zur Abkürzung handelsrechtlicher und steuerrechtlicher Aufbewahrungsfristen vom 2. März 1959 (Bundesgesetzbl. I S. 77);
14. die Verordnung über landwirtschaftliche Buchführung vom 5. Juli 1935 (Reichsgesetzblatt I S. 908);
15. die Warenausgangsverordnung vom 20. Juni 1936 (Reichsgesetzbl. I S. 507), geändert durch das Gesetz zur Änderung von Vorschriften des Dritten Teiles der Reichsabgabenordnung vom 11. Mai 1956 (Bundesgesetzbl. I S. 418);
16. die Verordnung über die Zuständigkeit im Besteuerungsverfahren vom 3. Januar 1944 (Reichsgesetzbl. I S. 11);
17. das Gesetz über die Kosten der Zwangsvollstreckung nach der Reichsabgabenordnung vom 12. April 1961 (Bundesgesetzbl. I S. 429), zuletzt geändert durch das Gesetz zur Änderung des Gesetzes über die Kosten der Zwangsvollstreckung nach der Reichsabgabenordnung vom 20. Mai 1975 (Bundesgesetzbl. I S. 1119);
18. § 6 Abs. 2 Satz 4 der Verordnung über die Offenlegung der Ergebnisse der Bodenschätzung vom 31. Januar 1936 (Reichsgesetzbl. I S. 120);
19. §§ 15 und 20 des Rennwett- und Lotteriegesetzes vom 8. April 1922 (Reichsgesetzbl. I S. 335, 393), zuletzt geändert durch das Gesetz zur Änderung des Rennwett- und Lotteriegesetzes vom 16. Dezember 1974 (Bundesgesetzbl. I S. 3561);

20. die Verordnung über die Zwangsvollstreckung im Erstattungsverfahren für den Dienstbereich der Reichsfinanzverwaltung vom 17. Dezember 1937 (Reichsgesetzblatt I S. 1388);
21. § 5 der Verordnung zur beschleunigten Förderung des Baues von Heuerlings- und Werkwohnungen sowie von Eigenheimen für ländliche Arbeiter und Handwerker vom 10. März 1937 (Reichsgesetzbl. I S. 292), zuletzt geändert durch das Beurkundungsgesetz vom 28. August 1969 (Bundesgesetzbl. I S. 1513);
22. § 2 Abs. 3 der Zweiten Durchführungsverordnung über die beschleunigte Förderung des Baues von Heuerlings- und Werkwohnungen sowie von Eigenheimen für ländliche Arbeiter und Handwerker vom 27. Januar 1938 (Reichsgesetzbl. I S. 107);
23. § 3 des Gesetzes über die Erhebung von Gebühren durch die Außenhandelsstelle des Bundesministeriums für Ernährung, Landwirtschaft und Forsten vom 17. Dezember 1951 (Bundesgesetzbl. I S. 969);
24. § 21 Abs. 3 des Vieh- und Fleischgesetzes vom 25. April 1951 (Bundesgesetzbl. I S. 272), zuletzt geändert durch das Gesetz über die Neuorganisation der Marktordnungsstellen vom 23. Juni 1976 (Bundesgesetzbl. I S. 1608);
25. § 11 Abs. 3 des Zuckergesetzes vom 5. Januar 1951 (Bundesgesetzbl. I S. 47), zuletzt geändert durch das Gesetz zur Gesamtreform des Lebensmittelrechts vom 15. August 1974 (Bundesgesetzbl. I S. 1945).

Dritter Abschnitt. Schlußvorschriften

Artikel 97. Übergangsvorschriften

§ 1[1] Begonnene Verfahren 2

(1) Verfahren, die am 1. Januar 1977 anhängig sind, werden nach den Vorschriften der Abgabenordnung zu Ende geführt, soweit in den nachfolgenden Vorschriften nichts anderes bestimmt ist.

(2) Durch das Steuerbereinigungsgesetz 1986 vom 19. Dezember 1985 (BGBl. I S. 2436) geänderte oder eingefügte Vorschriften sowie die auf diesen Vorschriften beruhenden Rechtsverordnungen sind auf alle bei Inkrafttreten[2] dieser Vorschriften anhängigen Verfahren anzuwenden, soweit nichts anderes bestimmt ist. Soweit die Vorschriften die Bekanntgabe von schriftlichen Verwaltungsakten regeln, gelten sie für alle nach dem Inkrafttreten der Vorschriften zur Post gegebenen Verwaltungsakte.

(3) Die durch Artikel 15 des Steuerreformgesetzes 1990 vom 25. Juli 1988 (BGBl. I S. 1093) geänderten Vorschriften sind auf alle bei Inkrafttreten[3] dieser Vorschriften anhängigen Verfahren anzuwenden, soweit nichts anderes bestimmt ist.

(4) Die durch Artikel 26 des Gesetzes vom 21. Dezember 1993 (BGBl. I S. 2310) geänderten Vorschriften sind auf alle bei Inkrafttreten[4] dieser Vorschriften anhängigen Verfahren anzuwenden, soweit nichts anderes bestimmt ist.

(5) Die durch Artikel 26 des Gesetzes vom 11. Oktober 1995 (BGBl. I S. 1250) geänderten Vorschriften sind auf alle bei Inkrafttreten[5] dieser Vorschriften anhängigen Verfahren anzuwenden, soweit nichts anderes bestimmt ist.

(6) Die durch Artikel 18 des Gesetzes vom 20. Dezember 1996 (BGBl. I S. 2049) geänderten Vorschriften sind auf alle bei Inkrafttreten[6] dieser Vorschriften anhängigen Verfahren anzuwenden, soweit nichts anderes bestimmt ist.

(7) Die durch Artikel 17 des Gesetzes vom 22. Dezember 1999 (BGBl. I S. 2601) geänderten Vorschriften sind auf alle bei Inkrafttreten[7] des Gesetzes anhängigen Verfahren anzuwenden, soweit nichts anderes bestimmt ist.

(8) Die durch Artikel 23 des Gesetzes vom 19. Dezember 2000 (BGBl. I S. 1790) geänderten Vorschriften sind auf alle bei Inkrafttreten[8] des Gesetzes anhängigen Verfahren anzuwenden, soweit nichts anderes bestimmt ist.

[1] Art. 97 § 1 bish. Wortlaut wird Abs. 1, Abs. 2 angef. durch G v. 19. 12. 1985 (BGBl. I S. 2436); Abs. 3 angef. durch G v. 25. 7. 1988 (BGBl. I S. 1093); Abs. 4 angef. durch G v. 21. 12. 1993 (BGBl. I S. 2310); Abs. 5 angef. durch G v. 11. 10. 1995 (BGBl. I S. 1250); Abs. 6 angef. durch G v. 20. 12. 1996 (BGBl. I S. 2049); Abs. 7 angef. durch G v. 22. 12. 1999 (BGBl. I S. 2601); Abs. 8 angef. durch G v. 19. 12. 2000 (BGBl. I S. 1790); Abs. 9 angef. durch G v. 8. 12. 2010 (BGBl. I S. 1768); Abs. 10 angef. durch G v. 18. 7. 2014 (BGBl. I S. 1042); Abs. 11 angef. durch G v. 18. 7. 2016 (BGBl. I S. 1679); Abs. 12 angef. durch G v. 23. 6. 2017 (BGBl. I S. 1682); Abs. 13 angef. durch G v. 12. 12. 2019 (BGBl. I S. 2451); Abs. 14 angef. durch G v. 21. 12. 2020 (BGBl. I S. 3096); Abs. 15 angef. durch G v. 15. 7. 2024 (BGBl. I Nr. 236).

[2] In Kraft ab 25. 12. 1985.

[3] In Kraft ab 3. 8. 1988.

[4] In Kraft ab 30. 12. 1993.

[5] In Kraft ab 21. 10. 1995.

[6] In Kraft ab 28. 12. 1996.

[7] In Kraft ab 30. 12. 1999.

[8] In Kraft ab 1. 1. 2002.

(9) Rechtsverordnungen auf Grund des § 2 Absatz 2 der Abgabenordnung in der Fassung des Artikels 9 des Gesetzes vom 8. Dezember 2010 (BGBl. I S. 1768) können mit Wirkung für den Veranlagungszeitraum 2010 erlassen werden, sofern die dem Bundesrat zugeleitete Rechtsverordnung vor dem 1. Januar 2011 als Bundesratsdrucksache veröffentlicht worden ist. Rechtsverordnungen, die dem Bundesrat nach diesem Zeitpunkt zugeleitet werden, können bestimmen, dass sie ab dem Zeitpunkt der Bekanntgabe der in § 2 Absatz 2 der Abgabenordnung genannten und nach dem 31. Dezember 2010 geschlossenen Konsultationsvereinbarung im Bundessteuerblatt gelten.

(10) Die durch Artikel 3 des Gesetzes vom 18. Juli 2014 (BGBl. I S. 1042) geänderten Vorschriften sind auf alle am 24. Juli 2014 anhängigen Verfahren anzuwenden, soweit nichts anderes bestimmt ist. § 122 Absatz 7 Satz 1 und § 183 Absatz 4 in der Fassung des Artikels 3 des Gesetzes vom 18. Juli 2014 (BGBl. I S. 1042) gelten für alle nach dem 23. Juli 2014 erlassenen Verwaltungsakte. § 15 und § 263 in der Fassung des Artikels 3 des Gesetzes vom 18. Juli 2014 (BGBl. I S. 1042) sind ab dem 24. Juli 2014 anzuwenden.

(11) Durch das Gesetz vom 18. Juli 2016 (BGBl. I S. 1679) geänderte oder eingefügte Vorschriften der Abgabeordnung sind auf alle bei Inkrafttreten[1] dieser Vorschriften anhängigen Verfahren anzuwenden, soweit nichts anderes bestimmt ist.

(12) Die durch das Gesetz vom 23. Juni 2017 (BGBl. I S. 1682) geänderten oder eingefügten Vorschriften der Abgabenordnung sind auf alle am 25. Juni 2017 anhängigen Verfahren anzuwenden, soweit nichts anderes bestimmt ist. § 30 a der Abgabenordnung in der am 24. Juni 2017 geltenden Fassung ist ab dem 25. Juni 2017 auch auf Sachverhalte, die vor diesem Zeitpunkt verwirklicht worden sind, nicht mehr anzuwenden.

(13) Die durch Artikel 21 des Gesetzes vom 12. Dezember 2019 (BGBl. I S. 2451) geänderten Vorschriften der Abgabenordnung sind auf alle am 18. Dezember 2019 anhängigen Verfahren anzuwenden, soweit nichts anderes bestimmt ist.

(14) § 93 a Absatz 1 Satz 1 Nummer 1 Buchstabe a, Absatz 2 Satz 2 und Absatz 4 der Abgabenordnung in der Fassung des Artikels 27 des Gesetzes vom 21. Dezember 2020 (BGBl. I S. 3096) ist vorbehaltlich des Satzes 2 erstmals für nach dem 31. Dezember 2020 verwirklichte Sachverhalte anzuwenden. § 93 a Absatz 1 Satz 1 Nummer 1 Buchstabe a, Absatz 2 Satz 2 und Absatz 4 der Abgabenordnung in der Fassung des Artikels 27 des Gesetzes vom 21. Dezember 2020 (BGBl. I S. 3096) ist für im Kalenderjahr 2020 verwirklichte Sachverhalte anzuwenden, soweit eine Mitteilungspflicht nach der Mitteilungsverordnung nach dem 1. Januar 2020 begründet wurde. § 93 a Absatz 1 Satz 1 Nummer 1 Buchstabe e der Abgabenordnung in der Fassung des Artikels 27 des Gesetzes vom 21. Dezember 2020 (BGBl. I S. 3096) ist ab dem 1. Januar 2021 anzuwenden.

(15) § 122 Absatz 2 Nummer 1 und Absatz 2 a, § 122 a Absatz 4 und § 123 Satz 2 der Abgabenordnung in der am 1. Januar 2025 geltenden Fassung sind auf alle Verwaltungsakte anzuwenden, die nach dem 31. Dezember 2024 zur Post gegeben, elektronisch übermittelt oder elektronisch zum Abruf bereit gestellt werden.

3 § 1 a[2] Steuerlich unschädliche Betätigungen

(1) § 58 Nr. 1 der Abgabenordnung in der Fassung des Artikels 1 des Gesetzes vom 21. Juli 2004 (BGBl. I S. 1753) ist ab dem 1. Januar 2001 anzuwenden.

(2) Die Vorschrift des § 58 Nr. 10 der Abgabenordnung über steuerlich unschädliche Betätigungen in der Fassung des Artikels 26 des Gesetzes vom 21. Dezember 1993 (BGBl. I S. 2310) ist erstmals ab dem 1. Januar 1993 anzuwenden.

(3) § 55 Abs. 1 Nr. 5, § 58 Nr. 7 Buchstabe a, Nr. 11 und 12 der Abgabenordnung in der Fassung des Gesetzes vom 14. Juli 2000 (BGBl. I S. 1034) sind ab dem 1. Januar 2000 anzuwenden.

4 § 1 b[3] Steuerpflichtige wirtschaftliche Geschäftsbetriebe

(1) § 64 Absatz 6 der Abgabenordnung in der Fassung des Artikels 5 des Gesetzes vom 20. Dezember 2000 (BGBl. I S. 1850) ist ab dem 1. Januar 2000 anzuwenden.

(2) § 64 Absatz 3 der Abgabenordnung in der Fassung des Artikels 5 des Gesetzes vom 22. Dezember 2025 (BGBl. 2025 I Nr. 363) ist erstmals für den Veranlagungszeitraum 2026 anzuwenden.

5 § 1 c[4] Krankenhäuser

(1) § 67 Abs. 1 der Abgabenordnung in der Fassung des Steuerbereinigungsgesetzes 1986 ist ab dem 1. Januar 1986 anzuwenden.

[1] In Kraft ab 23. 7. 2016 bzw. 1. 1. 2017.

[2] Art. 97 bish. § 1 a eingef. durch G v. 19. 12. 1985 (BGBl. I S. 2436); Abs. 2 angef. durch G v. 21. 12. 1993 (BGBl. I S. 2310); Abs. 3 angef. durch G v. 14. 7. 2000 (BGBl. I S. 1034); Abs. 1 neu gef. durch G v. 20. 12. 2000 (BGBl. I S. 1850); Abs. 1 geänd. durch G v. 21. 7. 2004 (BGBl. I S. 1753).

[3] Art. 97 § 1 b eingef. durch G v. 20. 12. 2000 (BGBl. I S. 1850).

[4] § 1 c eingef. durch G v. 19. 12. 1985 (BGBl. I S. 2436) und neu gef. durch G v. 20. 12. 1996 (BGBl. I S. 2049); bish. § 1 b wird § 1 c durch G v. 20. 12. 2000 (BGBl. I S. 1850); Abs. 2 Satz 2 geänd., Abs. 3 angef. durch G v. 13. 12. 2006 (BGBl. I S. 2878).

(2) § 67 Abs. 1 der Abgabenordnung in der Fassung des Gesetzes vom 20. Dezember 1996 (BGBl. I S. 2049) ist ab dem 1. Januar 1996 anzuwenden. Für Krankenhäuser, die mit Wirkung zum 1. Januar 1995 Fallpauschalen und Sonderentgelte nach § 11 Abs. 1 und 2 der Bundespflegesatzverordnung vom 26. September 1994 (BGBl. I S. 2750) angewandt haben, ist § 67 Abs. 1 der Abgabenordnung in der Fassung des in Satz 1 bezeichneten Gesetzes ab dem 1. Januar 1995 anzuwenden.

(3) § 67 der Abgabenordnung in der Fassung des Artikels 10 des Gesetzes vom 13. Dezember 2006 (BGBl. I S. 2878) ist ab dem 1. Januar 2003 anzuwenden.

§ 1 d[1] Steuerbegünstigte Zwecke 6

(1) Die §§ 52, 58, 61, 64 und 67 a der Abgabenordnung in der Fassung des Artikels 5 des Gesetzes vom 10. Oktober 2007 (BGBl. I S. 2332) sind ab 1. Januar 2007 anzuwenden.

(2) § 51 der Abgabenordnung in der Fassung des Artikels 10 des Gesetzes vom 19. Dezember 2008 (BGBl. I S. 2794) ist ab dem 1. Januar 2009 anzuwenden.

(3) § 55 Absatz 3 der Abgabenordnung in der Fassung des Artikels 9 des Gesetzes vom 8. Dezember 2010 (BGBl. I S. 1768) ist ab dem 1. Januar 2011 anzuwenden. § 55 Absatz 1 Nummer 4 Satz 2 und § 58 Nummer 1 bis 4 der Abgabenordnung in der Fassung des Artikels 9 des Gesetzes vom 8. Dezember 2010 (BGBl. I S. 1768) sind auch für vor diesem Zeitraum beginnende Veranlagungszeiträume anzuwenden, soweit Steuerfestsetzungen noch nicht bestandskräftig sind oder unter dem Vorbehalt der Nachprüfung stehen.

§ 1 e[2] Zweckbetriebe 7

(1) § 68 *Abs. 6*[3] der Abgabenordnung in der Fassung des Artikels 5 des Gesetzes vom 20. Dezember 2000 (BGBl. I S. 1850) ist mit Wirkung vom 1. Januar 2000 anzuwenden. Die Vorschrift ist auch für vor diesem Zeitraum beginnende Veranlagungszeiträume anzuwenden, soweit Steuerfestsetzungen noch nicht bestandskräftig sind oder unter dem Vorbehalt der Nachprüfung stehen.

(2) Die Vorschrift des § 68 Nr. 9 der Abgabenordnung über die Zweckbetriebseigenschaft von Forschungseinrichtungen ist ab dem 1. Januar 1997 anzuwenden. Sie ist auch für vor diesem Zeitpunkt beginnende Kalenderjahre anzuwenden, soweit Steuerfestsetzungen noch nicht bestandskräftig sind oder unter dem Vorbehalt der Nachprüfung stehen.

(3) § 68 Nr. 3 der Abgabenordnung in der Fassung des Artikels 1 a des Gesetzes vom 23. April 2004 (BGBl. I S. 606) ist ab dem 1. Januar 2003 anzuwenden. § 68 Nr. 3 Buchstabe c der Abgabenordnung ist auch für vor diesem Zeitraum beginnende Veranlagungszeiträume anzuwenden, soweit Steuerfestsetzungen noch nicht bestandskräftig sind oder unter dem Vorbehalt der Nachprüfung stehen.

§ 1 f[4] Satzung 8

(1) § 62 der Abgabenordnung in der Fassung des Artikels 10 des Gesetzes vom 13. Dezember 2006 (BGBl. I S. 2878) gilt für alle staatlich beaufsichtigten Stiftungen, die nach dem Inkrafttreten dieses Gesetzes errichtet werden. § 62 der Abgabenordnung in der am 31. Dezember 2008 geltenden Fassung ist letztmals anzuwenden auf Betriebe gewerblicher Art von Körperschaften des öffentlichen Rechts, bei den von einer Körperschaft des öffentlichen Rechts verwalteten unselbständigen Stiftungen und bei geistlichen Genossenschaften (Orden, Kongregationen), die vor dem 1. Januar 2009 errichtet wurden.

(2) § 60 Abs. 1 Satz 2 der Abgabenordnung in der Fassung des Artikels 10 des Gesetzes vom 19. Dezember 2008 (BGBl. I S. 2794) ist auf Körperschaften, die nach dem 31. Dezember 2008 gegründet werden, sowie auf Satzungsänderungen bestehender Körperschaften, die nach dem 31. Dezember 2008 wirksam werden, anzuwenden.

§ 2 Fristen 9

Fristen, deren Lauf vor dem 1. Januar 1977 begonnen hat, werden nach den bisherigen Vorschriften berechnet, soweit in den nachfolgenden Vorschriften nichts anderes bestimmt ist. Dies gilt auch in den Fällen, in denen der Lauf einer Frist nur deshalb nicht vor dem 1. Januar 1977 begonnen hat, weil der Beginn der Frist nach § 84 der Reichsabgabenordnung hinausgeschoben worden ist.

§ 3 Grunderwerbsteuer, Feuerschutzsteuer 10

(1) Die Abgabenordnung und die Übergangsvorschriften dieses Artikels gelten auch für die Grunderwerbsteuer und die Feuerschutzsteuer; abweichende landesrechtliche Vorschriften bleiben

---

[1] Art. 97 § 1 d eingef. durch G vom 18. 12. 1989 (BGBl. I S. 2212); neu gef. durch G v. 10. 10. 2007 (BGBl. I S. 2332); bish. Text wird Abs. 1, Abs. 2 angef. durch G v. 19. 12. 2008 (BGBl. I S. 2794); Abs. 3 angef. durch G v. 8. 12. 2010 (BGBl. I S. 1768).

[2] Art. 97 § 1 e eingef. durch G v. 20. 12. 1996 (BGBl. I S. 2049); Abs. 1 eingef. durch G v. 20. 12. 2000 (BGBl. I S. 1850); Abs. 3 eingef. durch G v. 23. 4. 2004 (BGBl. I S. 606).

[3] Muss richtig lauten „Nr. 6“.

[4] Art. 97 § 1 f eingef. durch G v. 13. 12. 2006 (BGBl. I S. 2878); neu gef. durch G v. 19. 12. 2008 (BGBl. I S. 2794).

unberührt. Soweit die Grunderwerbsteuer nicht von Landesfinanzbehörden verwaltet wird, gilt § 1 Abs. 2 der Abgabenordnung sinngemäß.

(2)[1] *(aufgehoben)*

11 **§ 4[2] Mitteilungsverordnung**

§ 7 Abs. 2 Satz 1 der Mitteilungsverordnung vom 7. September 1993 (BGBl. I S. 1554) in der Fassung des Artikels 25 des Gesetzes vom 19. Dezember 2000 (BGBl. I S. 1790) ist erstmals auf im Kalenderjahr 2002 geleistete Zahlungen anzuwenden.

12 **§ 5[3] Zeitpunkt der Einführung des steuerlichen Identifikationsmerkmals**

(1) Das Bundesministerium der Finanzen bestimmt durch Rechtsverordnung mit Zustimmung des Bundesrates den Zeitpunkt der Einführung des Identifikationsmerkmals nach § 139 a Abs. 1 der Abgabenordnung. Die Festlegung der Zeitpunkte für die ausschließliche Verwendung des Identifikationsmerkmals im Bereich der Einfuhr- und Ausfuhrabgaben sowie der Verbrauchsteuern bedarf nicht der Zustimmung des Bundesrates.

(2) Bis zur Bereitstellung eines maschinellen Anfrageverfahrens zur Wirtschafts-Identifikationsnummer sind Regelungen der Abgabenordnung oder anderer Gesetze, nach denen bei wirtschaftlich Tätigen die Wirtschafts-Identifikationsnummer zu erheben, aufzuzeichnen, anzugeben oder mitzuteilen ist, mit der Maßgabe anzuwenden, dass zur Identifizierung des betroffenen wirtschaftlich Tätigen weiterhin die Steuernummer ausreicht. § 154 Absatz 2 c der Abgabenordnung ist bis zur Bereitstellung eines maschinellen Anfrageverfahrens zur Wirtschafts-Identifikationsnummer nicht anzuwenden, soweit das Kreditinstitut die Steuernummer eines wirtschaftlich Tätigen erhoben und aufgezeichnet hat. Das Bundesministerium der Finanzen gibt den Tag der erstmaligen Bereitstellung eines maschinellen Anfrageverfahrens zur Wirtschafts-Identifikationsnummer im Bundesgesetzblatt Teil I bekannt.

12a **§ 5 a[4] Identifikationsnummer und Wirtschafts-Identifikationsnummer**

(1) § 139 b Absatz 8 der Abgabenordnung in der Fassung des Artikels 26 des Gesetzes vom 16. Dezember 2022 (BGBl. I S. 2294) ist ab dem Tag anzuwenden, an dem das Bundesministerium des Innern und für Heimat nach Artikel 22 Satz 3 des Gesetzes vom 28. März 2021 (BGBl. I S. 591) im Bundesgesetzblatt bekannt gibt, dass die technischen Voraussetzungen für die Verarbeitung der Identifikationsnummer nach Artikel 3 des Gesetzes vom 28. März 2021 (BGBl. I S. 591) vorliegen. Für Identifikationsnummern nach § 139 b der Abgabenordnung, die vom Bundeszentralamt für Steuern vor diesem Tag bereits zugeteilt wurden und für die durch die Meldebehörden vergebenen vorläufigen Bearbeitungsmerkmale wird das Datum nach § 139 b Absatz 6 Satz 1 Nummer 11 der Abgabenordnung dem Bundeszentralamt für Steuern von den Meldebehörden im Rahmen einer Bestandsdatenlieferung einmalig mitgeteilt.

(2) § 139 b Absatz 3, 4 a und 6 sowie § 139 c Absatz 3, 4, 5 und 6 a der Abgabenordnung in der Fassung des Artikels 8 a Nummer 1 des Gesetzes vom 19. Juli 2024 (BGBl. 2024 I Nr. 245) sind ab dem Tag anzuwenden, der dem Tag folgt, an dem das Bundesministerium der Finanzen im Bundesgesetzblatt bekannt gibt, dass die technischen Voraussetzungen für die Verarbeitung des amtlichen Gemeindeschlüssels und des Altgerichts jeweils vorliegen.

13 **§ 6[5] Zahlungszeitpunkt bei Scheckzahlung**

§ 224 Abs. 2 Nr. 1 der Abgabenordnung in der Fassung des Artikels 10 des Gesetzes vom 13. Dezember 2006 (BGBl. I S. 2878) gilt erstmals, wenn ein Scheck nach dem 31. Dezember 2006 bei der Finanzbehörde eingegangen ist.

14 **§ 7[6] Missbrauch von rechtlichen Gestaltungsmöglichkeiten**

§ 42 der Abgabenordnung in der Fassung des Artikels 14 des Gesetzes vom 20. Dezember 2007 (BGBl. I S. 3150), ist ab dem 1. Januar 2008 für Kalenderjahre, die nach dem 31. Dezember 2007 beginnen, anzuwenden. Für Kalenderjahre, die vor dem 1. Januar 2008 liegen, ist § 42 der Abgabenordnung in der am 28. Dezember 2007 geltenden Fassung weiterhin anzuwenden.

---

[1] Art. 97 § 3 Abs. 2 aufgeh. durch G v. 17. 12. 1982 (BGBl. I S. 1777).
[2] Art. 97 § 4 eingef. durch G v. 19. 12. 2000 (BGBl. I S. 1790).
[3] Art. 97 § 5 eingef. durch G v. 15. 12. 2003 (BGBl. I S. 2645); Satz 1 geänd. durch G v. 13. 12. 2006 (BGBl. I S. 2878); Abs. 2 angef. durch G v. 2. 12. 2024 (BGBl. I Nr. 387).
[4] Art. 97 § 5 a eingef. mWv 1. 11. 2023 durch G v. 16. 12. 2022 (BGBl. I S. 2294 iVm Bek. v. 12. 10. 2023, BGBl. I Nr. 293); Abs. 2 angef. durch G v. 19. 7. 2024 (BGBl. I Nr. 245).
[5] Art. 97 § 6 eingef. durch G v. 13. 12. 2006 (BGBl. I S. 2878).
[6] Art. 97 § 7 eingef. durch G v. 20. 12. 2007 (BGBl. I S. 3150).

§ 8[1] Verspätungszuschlag 15

(1) Die Vorschriften des § 152 der Abgabenordnung über Verspätungszuschläge sind erstmals auf Steuererklärungen anzuwenden, die nach dem 31. Dezember 1976 einzureichen sind; eine Verlängerung der Steuererklärungsfrist ist hierbei nicht zu berücksichtigen. Im übrigen gilt § 168 Abs. 2 der Reichsabgabenordnung mit der Maßgabe, daß ein nach dem 31. Dezember 1976 festgesetzter Verspätungszuschlag höchstens zehntausend Deutsche Mark betragen darf.

(2) § 152 Abs. 2 Satz 1 der Abgabenordnung in der Fassung des Artikels 17 des Gesetzes vom 22. Dezember 1999 (BGBl. I S. 2601) ist erstmals auf Steuererklärungen anzuwenden, die nach dem 31. Dezember 1999 einzureichen sind; eine Verlängerung der Steuererklärungsfrist ist hierbei nicht zu berücksichtigen.

(3) § 152 Abs. 2 Satz 1 der Abgabenordnung in der Fassung des Artikels 23 des Gesetzes vom 19. Dezember 2000 (BGBl. I S. 1790) ist erstmals auf Steuererklärungen anzuwenden, die Steuern betreffen, die nach dem 31. Dezember 2001 entstehen.

(4) § 152 der Abgabenordnung in der am 1. Januar 2017 geltenden Fassung ist vorbehaltlich des Satzes 4 erstmals auf Steuererklärungen anzuwenden, die nach dem 31. Dezember 2018 einzureichen sind. Eine Verlängerung der Steuererklärungsfrist ist hierbei nicht zu berücksichtigen. § 152 der Abgabenordnung in der am 31. Dezember 2016 geltenden Fassung ist weiterhin anzuwenden auf

1. Steuererklärungen, die vor dem 1. Januar 2019 einzureichen sind, und
2. Umsatzsteuererklärungen für den kürzeren Besteuerungszeitraum nach § 18 Absatz 3 Satz 1 und 2 des Umsatzsteuergesetzes, wenn die gewerbliche oder berufliche Tätigkeit im Laufe des Kalenderjahres 2018 endet.

Das Bundesministerium der Finanzen wird ermächtigt, mit Zustimmung des Bundesrates durch Rechtsverordnung einen abweichenden erstmaligen Anwendungszeitpunkt zu bestimmen, wenn bis zum 30. Juni 2018 erkennbar ist, dass die technischen oder organisatorischen Voraussetzungen für eine Anwendung des § 152 der Abgabenordnung in der am 1. Januar 2017 geltenden Fassung noch nicht erfüllt sind.

(5) § 152 Absatz 3 Nummer 4 und Absatz 8 Satz 1 der Abgabenordnung in der am 29. Dezember 2020 geltenden Fassung ist auf Versicherung- und Feuerschutzsteuer erstmals anzuwenden, soweit diese nach dem 31. Dezember 2020 anzumelden ist. Hinsichtlich anderer Steuern ist § 152 Absatz 3 Nummer 4 und Absatz 8 Satz 1 der Abgabenordnung in der am 29. Dezember 2020 geltenden Fassung in allen offenen Fällen anzuwenden.

(6) § 152 Absatz 2 der Abgabenordnung ist nicht auf Steuererklärungen zur gesonderten Feststellung des Grundsteuerwerts auf den 1. Januar 2022 anzuwenden.

§ 9[2] Aufhebung und Änderung von Verwaltungsakten 16

(1) Die Vorschriften der Abgabenordnung über die Aufhebung und Änderung von Verwaltungsakten sind erstmals anzuwenden, wenn nach dem 31. Dezember 1976 ein Verwaltungsakt aufgehoben oder geändert wird. Dies gilt auch dann, wenn der aufzuhebende oder zu ändernde Verwaltungsakt vor dem 1. Januar 1977 erlassen worden ist. Auf vorläufige Steuerbescheide nach § 100 Abs. 1 der Reichsabgabenordnung ist § 165 Abs. 2 der Abgabenordnung, auf Steuerbescheide nach § 100 Abs. 2 der Reichsabgabenordnung und § 28 des Erbschaftsteuergesetzes in der vor dem 1. Januar 1974 geltenden Fassung ist § 164 Abs. 2 und 3 der Abgabenordnung anzuwenden.

(2) § 173 Abs. 1 der Abgabenordnung in der Fassung des Steuerbereinigungsgesetzes 1986 vom 19. Dezember 1985 (BGBl. I S. 2436) gilt weiter, soweit Tatsachen oder Beweismittel vor dem 1. Januar 1994 nachträglich bekanntgeworden sind.

(3) § 175 Abs. 2 Satz 2 der Abgabenordnung in der Fassung des Artikels 8 des Gesetzes vom 9. Dezember 2004 (BGBl. I S. 3310) ist erstmals anzuwenden, wenn die Bescheinigung oder Bestätigung nach dem 28. Oktober 2004 vorgelegt oder erteilt wird. § 175 Abs. 2 Satz 2 der Abgabenordnung in der in Satz 1 genannten Fassung ist nicht für die Bescheinigung der anrechenbaren Körperschaftsteuer bei verdeckten Gewinnausschüttungen anzuwenden.

(4) § 173 a der Abgabenordnung in der am 1. Januar 2017 geltenden Fassung ist erstmals auf Verwaltungsakte anzuwenden, die nach dem 31. Dezember 2016 erlassen worden sind.

(5) Wurde eine Lebenspartnerschaft bis zum 31. Dezember 2019 gemäß § 20 a des Lebenspartnerschaftsgesetzes in eine Ehe umgewandelt, sind § 175 Absatz 1 Satz 1 Nummer 2 und Satz 2 sowie § 233 a Absatz 2 a der Abgabenordnung entsprechend anzuwenden, soweit die Ehegatten bis zum 31. Dezember 2020 den Erlass, die Aufhebung oder Änderung eines Steuerbescheids zur

---

[1] Art. 97 § 8 Abs. 2 angef. durch G v. 22. 12. 1999 (BGBl. I S. 2601); Abs. 3 angef. durch G v. 19. 12. 2000 (BGBl. I S. 1790); Abs. 3 angef. durch G v. 18. 7. 2016 (BGBl. I S. 1679); Abs. 5 angef. wWv 1. 1. 2022 durch G v. 26. 11. 2019 (BGBl. I S. 1794); Abs. 5 angef. durch G v. 21. 12. 2020 (BGBl. I S. 3096); in Kraft ab 1. 1. 2022; bish. Abs. 5 wird Abs. 6 durch G v. 16. 12. 2022 (BGBl. I S. 2294).

[2] Art. 97 § 9 Abs. 2 angef. durch G v. 21. 12. 1993 (BGBl. I S. 2310); Abs. 3 angef. durch G v. 9. 12. 2004 (BGBl. I S. 3310); Abs. 4 angef. durch G v. 18. 7. 2016 (BGBl. I S. 1679); Abs. 5 angef. durch G v. 11. 12. 2018 (BGBl. I S. 2338).

nachträglichen Berücksichtigung an eine Ehe anknüpfender und bislang nicht berücksichtigter Rechtsfolgen beantragt haben.

17 **§ 9a[1] Absehen von Steuerfestsetzung, Abrundung**

(1) Die Vorschriften der Kleinbetragsverordnung vom 10. Dezember 1980 (BGBl. I 2255) in der Fassung des Artikels 26 des Gesetzes vom 19. Dezember 2000 (BGBl. I S. 1790) sind auf Steuern anzuwenden, die nach dem 31. Dezember 2001 entstehen. Im Übrigen bleiben die Vorschriften der Kleinbetragsverordnung in der bis zum 31. Dezember 2001 geltenden Fassung vorbehaltlich des Absatzes 2 weiter anwendbar.

(2) § 8 Abs. 1 Satz 1 der Kleinbetragsverordnung vom 10. Dezember 1980 (BGBl. I S. 2255) in der bis zum 31. Dezember 2001 geltenden Fassung ist auf Zinsen letztmals anzuwenden, wenn die Zinsen vor dem 1. Januar 2002 festgesetzt werden.

(3) Die Vorschriften der Kleinbetragsverordnung vom 19. Dezember 2000 (BGBl. I S. 1790, 1805) in der am 1. Januar 2017 geltenden Fassung sind auf Steuern anzuwenden, die nach dem 31. Dezember 2016 entstehen. Für Steuern, die vor dem 1. Januar 2017 entstehen, sind die Vorschriften der Kleinbetragsverordnung in der am 31. Dezember 2016 geltenden Fassung weiter anzuwenden.

18 **§ 10[2] Festsetzungsverjährung**

(1) Die Vorschriften der Abgabenordnung über die Festsetzungsverjährung gelten erstmals für die Festsetzung sowie für die Aufhebung und Änderung der Festsetzung von Steuern, Steuervergütungen und, soweit für steuerliche Nebenleistungen eine Festsetzungsverjährung vorgesehen ist, von steuerlichen Nebenleistungen, die nach dem 31. Dezember 1976 entstehen. Für vorher entstandene Ansprüche gelten die Vorschriften der Reichsabgabenordnung über die Verjährung und über die Ausschlußfristen weiter, soweit sie für die Festsetzung einer Steuer, Steuervergütung oder steuerlichen Nebenleistung, für die Aufhebung oder Änderung einer solchen Festsetzung oder für die Geltendmachung von Erstattungsansprüchen von Bedeutung sind; § 14 Abs. 2 dieses Artikels bleibt unberührt.

(2) Absatz 1 gilt sinngemäß für die gesonderte Feststellung von Besteuerungsgrundlagen sowie für die Festsetzung, Zerlegung und Zuteilung von Steuermeßbeträgen. Bei der Einheitsbewertung tritt an die Stelle des Zeitpunkts der Entstehung des Steueranspruchs der Zeitpunkt, auf den die Hauptfeststellung, die Fortschreibung, die Nachfeststellung oder die Aufhebung eines Einheitswertes vorzunehmen ist. Satz 2 ist letztmals anzuwenden für gesonderte Feststellungen auf den 1. Januar 2024.

(3) Wenn die Schlußbesprechung oder die letzten Ermittlungen vor dem 1. Januar 1987 stattgefunden haben, beginnt der nach § 171 Abs. 4 Satz 3 der Abgabenordnung zu berechnende Zeitraum am 1. Januar 1987.

(4) Die Vorschrift des § 171 Abs. 14 der Abgabenordnung gilt für alle bei Inkrafttreten[3] des Steuerbereinigungsgesetzes 1986 noch nicht abgelaufenen Festsetzungsfristen.

(5) § 170 Abs. 2 Satz 1 Nr. 1, Abs. 3 und 4, § 171 Abs. 3 Satz 1 und Abs. 8 Satz 2, § 175a Satz 2, § 181 Abs. 1 Satz 3 und Abs. 3 sowie § 239 Abs. 1 der Abgabenordnung in der Fassung des Artikels 26 des Gesetzes vom 21. Dezember 1993 (BGBl. I S. 2310) gelten für alle bei Inkrafttreten[4] dieses Gesetzes noch nicht abgelaufenen Festsetzungsfristen.

(6) *(aufgehoben)*

(7) § 171 Abs. 10 der Abgabenordnung in der Fassung des Gesetzes vom 20. Dezember 1996 (BGBl. I S. 2049) gilt für alle bei Inkrafttreten[5] dieses Gesetzes noch nicht abgelaufenen Festsetzungsfristen.

(8) § 171 Abs. 10 Satz 2 der Abgabenordnung in der Fassung des Artikels 5 des Gesetzes vom 23. Juni 1998 (BGBl. I S. 1496) gilt für alle bei Inkrafttreten[6] dieses Gesetzes noch nicht abgelaufenen Festsetzungsfristen.

(9) § 170 Abs. 2 Satz 2 und § 171 Abs. 3 und 3a der Abgabenordnung in der Fassung des Artikels 17 des Gesetzes vom 22. Dezember 1999 (BGBl. I S. 2601) gelten für alle bei Inkrafttreten[7] dieses Gesetzes noch nicht abgelaufenen Festsetzungsfristen.

---

[1] Art. 97 § 9a eingef. durch G v. 19. 12. 2000 (BGBl. I S. 1790); Abs. 3 angef. durch G v. 18. 7. 2016 (BGBl. I S. 1679).

[2] Art. 97 § 10 Abs. 3 und 4 angef. durch G v. 19. 12. 1985 (BGBl. I S. 2436); Abs. 5 angef. durch G v. 21. 12. 1993 (BGBl. I S. 2310); Abs. 6 angef. durch G v. 11. 10. 1995 (BGBl. I S. 1250); Abs. 7 angef. durch G v. 20. 12. 1996 (BGBl. I S. 2049); Abs. 8 angef. durch G v. 23. 6. 1998 (BGBl. I S. 1496); Abs. 6 aufgeh. und Abs. 9 angef. durch G v. 22. 12. 1999 (BGBl. I S. 2601); Abs. 10 angef. durch G v. 8. 12. 2010 (BGBl. I S. 1768); Abs. 11 angef. durch G v. 26. 6. 2013 (BGBl. I S. 1809); Abs. 12 angef. durch G v. 22. 12. 2014 (BGBl. I S. 2417); Abs. 13 angef. durch G v. 22. 12. 2014 (BGBl. I S. 2415); Abs. 14 angef. durch G v. 18. 7. 2016 (BGBl. I S. 1679); Abs. 15 angef. durch G v. 23. 6. 2017 (BGBl. I S. 1682); Abs. 2 S. 3 angef. mWv 1. 1. 2025 durch G v. 26. 11. 2019 (BGBl. I S. 1794).

[3] In Kraft ab 25. 12. 1985.

[4] In Kraft ab 30. 12. 1993.

[5] In Kraft ab 28. 12. 1996.

[6] In Kraft ab 27. 6. 1998.

[7] In Kraft ab 30. 12. 1999.

(10) § 170 Absatz 2 Satz 2 der Abgabenordnung in der Fassung des Artikels 9 des Gesetzes vom 8. Dezember 2010 (BGBl. I S. 1768) gilt für die Energiesteuer auf Erdgas für alle am 14. Dezember 2010 noch nicht abgelaufenen Festsetzungsfristen.

(11) § 171 Absatz 15 der Abgabenordnung in der Fassung des Artikels 11 des Gesetzes vom 26. Juni 2013 (BGBl. I S. 1809) gilt für alle am 30. Juni 2013 noch nicht abgelaufenen Festsetzungsfristen.

(12) § 171 Absatz 10 Satz 2 der Abgabenordnung in der Fassung des Artikels 1 des Gesetzes vom 22. Dezember 2014 (BGBl. I S. 2417) gilt für alle am 31. Dezember 2014 noch nicht abgelaufenen Festsetzungsfristen.

(13) § 170 Absatz 6 der Abgabenordnung in der Fassung des Artikels 1 des Gesetzes vom 22. Dezember 2014 (BGBl. I S. 2415) gilt für alle nach dem 31. Dezember 2014 beginnenden Festsetzungsfristen.

(14) § 171 Absatz 2 Satz 2 und Absatz 10 Satz 1 bis 3 der Abgabenordnung in der am 1. Januar 2017 geltenden Fassung gilt für alle am 31. Dezember 2016 noch nicht abgelaufenen Festsetzungsfristen.

(15) § 170 Absatz 7 der Abgabenordnung in der am 25. Juni 2017 geltenden Fassung gilt für alle nach dem 31. Dezember 2017 beginnenden Festsetzungsfristen.

§ 10 a[1] Erklärungspflicht 19

(1) § 150 Abs. 7 der Abgabenordnung in der Fassung des Artikels 3 des Gesetzes vom 1. November 2011 (BGBl. I S. 2131) ist erstmals für Besteuerungszeiträume anzuwenden, die nach dem 31. Dezember 2010 beginnen.

(2) § 181 Abs. 2 a der Abgabenordnung in der Fassung des Artikels 10 des Gesetzes vom 20. Dezember 2008 (BGBl. I S. 2850) ist erstmals für Feststellungszeiträume anzuwenden, die nach dem 31. Dezember 2010 beginnen.

(3) § 149 Absatz 2 Satz 2 der Abgabenordnung in der Fassung des Artikels 3 des Gesetzes vom 1. November 2011 (BGBl. I S. 2131) ist erstmals für Besteuerungszeiträume anzuwenden, die nach dem 31. Dezember 2009 beginnen.

(4) Die §§ 109 und 149 der Abgabenordnung in der am 1. Januar 2017 geltenden Fassung sind erstmals anzuwenden für Besteuerungszeiträume, die nach dem 31. Dezember 2017 beginnen, und Besteuerungszeitpunkte, die nach dem 31. Dezember 2017 liegen. § 150 Absatz 7 der Abgabenordnung in der am 1. Januar 2017 geltenden Fassung ist erstmals anzuwenden für Besteuerungszeiträume, die nach dem 31. Dezember 2016 beginnen, und Besteuerungszeitpunkte, die nach dem 31. Dezember 2016 liegen. § 8 Absatz 4 Satz 3 und 4 gilt entsprechend.

(5) § 150 Absatz 7 Satz 2 der Abgabenordnung in der am 21. Dezember 2022 geltenden Fassung ist auf Steuererklärungen anzuwenden, die nach dem 21. Dezember 2022 abgegeben werden.

§ 10 b[2] Gesonderte Feststellungen 20

§ 180 Abs. 1 Nr. 2 Buchstabe a, Abs. 4 und Abs. 5 der Abgabenordnung in der Fassung des Artikels 26 des Gesetzes vom 21. Dezember 1993 (BGBl. I S. 2310) ist erstmals auf Feststellungszeiträume anzuwenden, die nach dem 31. Dezember 1994 beginnen. § 180 Absatz 1 Satz 2 der Abgabenordnung in der Fassung des Artikels 1 des Gesetzes vom 22. Dezember 2014 (BGBl. I S. 2417) ist erstmals auf Feststellungszeiträume anzuwenden, die nach dem 31. Dezember 2014 beginnen. § 180 Absatz 1 Satz 1 Nummer 1, § 181 Absatz 3 Satz 1 und 2 und Absatz 4, § 182 Absatz 2 Satz 1 und § 183 a Absatz 4 der Abgabenordnung in der am 1. Januar 2025 geltenden Fassung sind erstmals auf Feststellungszeitpunkte nach dem 31. Dezember 2024 anzuwenden.

§ 10 c[3] Billigkeitsmaßnahmen bei der Festsetzung des Gewerbesteuermessbetrags 20 a

§ 184 Absatz 2 der Abgabenordnung in der Fassung des Artikels 1 des Gesetzes vom 22. Dezember 2014 (BGBl. I S. 2417) ist auch für nach dem 31. Dezember 2014 getroffene Maßnahmen nach § 163 Absatz 1 Satz 1 der Abgabenordnung anzuwenden, die Besteuerungszeiträume betreffen, die vor dem 1. Januar 2015 abgelaufen sind.

---

[1] Art. 97 § 10 a neu gef. durch G v. 20. 12. 2008 (BGBl. I S. 2850); Abs. 1 geänd., Abs. 3 angef. durch G v. 1. 11. 2011 (BGBl. I S. 2131); Abs. 4 angef. durch G v. 18. 7. 2016 (BGBl. I S. 1679); Abs. 4 S. 3 neu gef. durch G v. 23. 6. 2017 (BGBl. I S. 1682); Abs. 5 angef. durch G v. 16. 12. 2022 (BGBl. I S. 2294).

[2] Art. 97 § 10 b eingef. durch G v. 21. 12. 1993 (BGBl. I S. 2310); Satz 2 angef. durch G v. 22. 12. 2014 (BGBl. I S. 2417); S. 3 angef. mWv 1. 1. 2025 durch G v. 26. 11. 2019 (BGBl. I S. 1794).

[3] Art. 97 § 16 c eingef. durch G v. 22. 12. 2014 (BGBl. I S. 2417); geänd. durch G v. 18. 7. 2016 (BGBl. I S. 1679).

21 **§ 11**[1] **Haftung**

(1) Die Vorschriften der §§ 69 bis 76 und 191 Abs. 3 bis 5 der Abgabenordnung sind anzuwenden, wenn der haftungsbegründende Tatbestand nach dem 31. Dezember 1976 verwirklicht worden ist.

(2) Die Vorschriften der Abgabenordnung über die Haftung sind in der Fassung des Steuerbereinigungsgesetzes 1986 anzuwenden, wenn der haftungsbegründende Tatbestand nach dem 31. Dezember 1986 verwirklicht worden ist.

(3) § 71 der Abgabenordnung in der am 1. Januar 2017 geltenden Fassung ist erstmals anzuwenden, wenn der haftungsbegründende Tatbestand nach dem 31. Dezember 2016 verwirklicht worden ist.

(4) § 73 der Abgabenordnung in der am 18. Dezember 2019 geltenden Fassung ist erstmals anzuwenden, wenn der haftungsbegründende Tatbestand nach dem 17. Dezember 2019 verwirklicht worden ist. Haftungsbegründender Tatbestand im Sinne des Satzes 1 ist die Entstehung der Steuerschuld oder des Anspruchs auf Erstattung einer Steuervergütung.

22 **§ 11 a**[2] **Insolvenzverfahren**

In einem Insolvenzverfahren, das nach dem 31. Dezember 1998 beantragt wird, gelten § 75 Abs. 2, § 171 Abs. 12 und 13, § 231 Abs. 1 Satz 1 und Abs. 2 Satz 1, § 251 Abs. 2 Satz 1 und Abs. 3, §§ 266, 282 Abs. 2 und § 284 Abs. 2 Satz 1 der Abgabenordnung in der Fassung des Artikels 9 des Gesetzes vom 19. Dezember 1998 (BGBl. I S. 3836) sowie § 251 Abs. 2 Satz 2 der Abgabenordnung in der Fassung des Artikels 17 des Gesetzes vom 22. Dezember 1999 (BGBl. I S. 2601) auch für Rechtsverhältnisse und Rechte, die vor dem 1. Januar 1999 begründet worden sind. Auf Konkurs-, Vergleichs- und Gesamtvollstreckungsverfahren, die vor dem 1. Januar 1999 beantragt worden sind, und deren Wirkungen sind weiter die bisherigen gesetzlichen Vorschriften anzuwenden; gleiches gilt für Anschlußkonkursverfahren, bei denen der dem Verfahren vorausgehende Vergleichsantrag vor dem 1. Januar 1999 gestellt worden ist.

23 **§ 11 b**[3] **Anfechtung außerhalb des Insolvenzverfahrens**

§ 191 Abs. 1 Satz 2 der Abgabenordnung in der Fassung des Artikels 17 des Gesetzes vom 22. Dezember 1999 (BGBl. I S. 2601) ist mit Wirkung vom 1. Januar 1999 anzuwenden. § 20 Abs. 2 Satz 2 des Anfechtungsgesetzes vom 5. Oktober 1994 (BGBl. I S. 2911) ist mit der Maßgabe anzuwenden, dass der Erlass eines Duldungsbescheides vor dem 1. Januar 1999 der gerichtlichen Geltendmachung vor dem 1. Januar 1999 gleichsteht.

24 **§ 12 Verbindliche Zusagen auf Grund einer Außenprüfung**

Die Vorschriften der Abgabenordnung über verbindliche Zusagen auf Grund einer Außenprüfung (§§ 204 bis 207) sind anzuwenden, wenn die Schlußbesprechung nach dem 31. Dezember 1976 stattfindet oder, falls eine solche nicht erforderlich ist, wenn dem Steuerpflichtigen der Prüfungsbericht nach dem 31. Dezember 1976 zugegangen ist.

25 **§ 13 Sicherungsgeld**

Die Vorschriften des § 203 der Reichsabgabenordnung sind auch nach dem 31. Dezember 1976 anzuwenden, soweit die dort genannten besonderen Bedingungen vor dem 1. Januar 1977 nicht eingehalten wurden. Auf die Verwaltungsakte, die ein Sicherungsgeld festsetzen, ist § 100 Abs. 2 der Finanzgerichtsordnung nicht anzuwenden.

25a **§ 13 a**[4] **Änderung widerstreitender Abrechnungsbescheide und Anrechnungsverfügungen**

§ 218 Absatz 3 der Abgabenordnung in der Fassung des Artikels 1 des Gesetzes vom 22. Dezember 2014 (BGBl. I S. 2417) gilt ab dem 31. Dezember 2014 auch für Abrechnungsbescheide und Anrechnungsverfügungen, die vor dem 31. Dezember 2014 erlassen worden sind.

26 **§ 14**[5] **Zahlungsverjährung**

(1) Die Vorschriften der Abgabenordnung über die Zahlungsverjährung gelten für alle Ansprüche im Sinne des § 228 Satz 1 der Abgabenordnung, deren Verjährung nach § 229 der Abgabenordnung nach dem 31. Dezember 1976 beginnt.

---

[1] Art. 97 § 11 bish. Wortlaut wird Abs. 1, Abs. 2 angef. durch G v. 19. 12. 1985 (BGBl. I S. 2436); Abs. 4 angef. durch G v. 18. 7. 2016 (BGBl. I S. 1679); Abs. 4 angef. durch G v. 12. 12. 2019 (BGBl. I S. 2451); Abs. 4 S. 2 angef. durch G v. 21. 12. 2020 (BGBl. I S. 3096).

[2] Art. 97 § 11 a eingef. durch G v. 19. 12. 1998 (BGBl. I S. 3836); Satz 1 geänd. durch G v. 22. 12. 1999 (BGBl. I S. 2601).

[3] Art. 97 § 11 b eingef. durch G v. 22. 12. 1999 (BGBl. I S. 2601).

[4] Art. 97 § 13 a eingef. durch G v. 22. 12. 2014 (BGBl. I S. 2417).

[5] Art. 97 § 14 Abs. 3 angef. durch G v. 21. 12. 1993 (BGBl. I S. 2310); Abs. 4 angef. durch G v. 22. 12. 1999 (BGBl. I S. 2601); Abs. 5 angef. durch G vom 23. 6. 2017 (BGBl. I S. 1682); Abs. 6 angef. durch G v. 16. 12. 2022 (BGBl. I S. 2294), Abs. 7 angef. durch G v. 27. 3. 2024 (BGBl. I Nr. 108).

(2) Liegen die Voraussetzungen des Absatzes 1 nicht vor, so gelten für die Ansprüche weiterhin die bisherigen Vorschriften über Verjährung und Ausschlußfristen. Die Verjährung wird jedoch ab 1. Januar 1977 nur noch nach den §§ 230 und 231 der Abgabenordnung gehemmt und unterbrochen. Auf die nach § 231 Abs. 3 der Abgabenordnung beginnende neue Verjährungsfrist sind die §§ 228 bis 232 der Abgabenordnung anzuwenden.

(3) § 229 Abs. 1 Satz 2 der Abgabenordnung in der Fassung des Artikels 26 des Gesetzes vom 21. Dezember 1993 (BGBl. I S. 2310) gilt für alle bei Inkrafttreten[1] dieses Gesetzes noch nicht abgelaufenen Verjährungsfristen.

(4) § 231 Abs. 1 Satz 1 und Abs. 2 Satz 1 der Abgabenordnung in der Fassung des Artikels 17 des Gesetzes vom 22. Dezember 1999 (BGBl. I S. 2601) gilt für alle bei Inkrafttreten[2] dieses Gesetzes noch nicht abgelaufenen Verjährungsfristen.

(5) § 228 Satz 2 sowie § 231 Absatz 1 Satz 1 und Absatz 2 Satz 1 der Abgabenordnung in der am 25. Juni 2017 geltenden Fassung gelten für alle am 24. Juni 2017 noch nicht abgelaufenen Verjährungsfristen.

(6) Die §§ 229 und 230 der Abgabenordnung in der am 21. Dezember 2022 geltenden Fassung gelten für alle am 21. Dezember 2022 noch nicht abgelaufenen Verjährungsfristen.

(7) § 230 Absatz 2 der Abgabenordnung in der am 28. März 2024 geltenden Fassung gilt für alle am 28. März 2024 noch nicht abgelaufenen Verjährungsfristen.

§ 15[3] Zinsen 27

(1) Zinsen entstehen für die Zeit nach dem 31. Dezember 1976 nach den Vorschriften der Abgabenordnung. Aussetzungszinsen entstehen nach § 237 der Abgabenordnung in der Fassung des Steuerbereinigungsgesetzes 1986 auch, soweit der Zinslauf vor dem 1. Januar 1987 begonnen hat.

(2) Ist eine Steuer über den 31. Dezember 1976 hinaus zinslos gestundet worden, so gilt dies als Verzicht auf Zinsen im Sinne des § 234 Abs. 2 der Abgabenordnung.

(3) Die Vorschriften des § 239 Abs. 1 der Abgabenordnung über die Festsetzungsfrist gelten in allen Fällen, in denen die Festsetzungsfrist auf Grund dieser Vorschrift nach dem 31. Dezember 1977 beginnt.

(4) Die Vorschriften der §§ 233 a, 235, 236 und 239 der Abgabenordnung in der Fassung von Artikel 15 Nr. 3 bis 5 und 7 des Steuerreformgesetzes 1990 vom 25. Juli 1988 (BGBl. I S. 1093) und Artikel 9 des Wohnungsbauförderungsgesetzes vom 22. Dezember 1989 (BGBl. I S. 2408) gelten für alle Steuern, die nach dem 31. Dezember 1988 entstehen.

(5) § 233 a Abs. 2 Satz 3 der Abgabenordnung in der Fassung des Artikels 4 Nr. 1 des Gesetzes vom 24. Juni 1994 (BGBl. I S. 1395) gilt in allen Fällen, in denen Zinsen nach dem 31. Dezember 1993 festgesetzt werden.

(6) § 233 a Abs. 5 und §§ 234 bis 237 der Abgabenordnung in der Fassung des Artikels 26 des Gesetzes vom 21. Dezember 1993 (BGBl. I S. 2310) gelten in allen Fällen, in denen die Steuerfestsetzung nach Inkrafttreten[4] des Gesetzes aufgehoben, geändert oder nach § 129 der Abgabenordnung berichtigt wird.

(7) *(aufgehoben)*

(8) § 233 a Abs. 2 a der Abgabenordnung in der Fassung des Gesetzes vom 20. Dezember 1996 (BGBl. I S. 2049) gilt in allen Fällen, in denen der Verlust nach dem 31. Dezember 1995 entstanden oder das rückwirkende Ereignis nach dem 31. Dezember 1995 eingetreten ist.

(9) § 233 a Abs. 2 Satz 3 der Abgabenordnung in der Fassung des Artikels 17 des Gesetzes vom 22. Dezember 1999 (BGBl. I S. 2601) gilt für alle Steuern, die nach dem 31. Dezember 1993 entstehen.

(10) § 238 Abs. 2 und § 239 Abs. 2 der Abgabenordnung in der Fassung des Artikels 23 Nr. 7 und 8 des Gesetzes vom 19. Dezember 2000 (BGBl. I S. 1790) gilt in allen Fällen, in denen Zinsen nach dem 31. Dezember 2001 festgesetzt werden.

(11) § 233 a Absatz 2 Satz 2 der Abgabenordnung in der Fassung des Artikels 3 des Gesetzes vom 1. November 2011 (BGBl. I S. 2131) gilt für alle Steuern, die nach dem 31. Dezember 2009 entstehen.

---

[1] In Kraft ab 30. 12. 1993.

[2] In Kraft ab 30. 12. 1999.

[3] Art. 97 § 15 Abs. 1 Satz 2 angef. durch G v. 19. 12. 1985 (BGBl. I S. 2436); Abs. 4 angef. durch G v. 25. 7. 1988 (BGBl. I S. 1093); geänd. durch G v. 20. 12. 1988 (BGBl. I S. 2262) und v. 22. 12. 1989 (BGBl. I S. 2408); Abs. 5 und 6 angef. durch G v. 21. 12. 1993 (BGBl. I S. 2310); Abs. 5 neu gef. durch G v. 24. 6. 1994 (BGBl. I S. 1395); Abs. 7 angef. durch G v. 11. 10. 1995 (BGBl. I S. 1250); Abs. 8 angef. durch G v. 20. 12. 1996 (BGBl. I S. 2049); Abs. 7 aufgeh., Abs. 9 angef. durch G v. 22. 12. 1999 (BGBl. I S. 2601); Abs. 10 angef. durch G v. 19. 12. 2000 (BGBl. I S. 1790); Abs. 11 angef. durch G v. 1. 11. 2011 (BGBl. I S. 2131); Abs. 12 angef. durch G v. 18. 7. 2016 (BGBl. I S. 1679); Abs. 13-16 angef. durch G v. 12. 7. 2022 (BGBl. I S. 1142); Abs. 17 angef. durch G v. 27. 3. 2024 (BGBl. I Nr. 108); Abs. 18 und 19 angef. durch G v. 2. 12. 2024 (BGBl. I Nr. 387).

[4] In Kraft ab 30. 12. 1993.

(12) § 239 Absatz 3 der Abgabenordnung in der am 1. Januar 2017 geltenden Fassung ist erstmals auf Feststellungszeiträume anzuwenden, die nach dem 31. Dezember 2016 beginnen. § 239 Absatz 4 der Abgabenordnung in der am 1. Januar 2017 geltenden Fassung ist erstmals auf Zinsbescheide anzuwenden, die nach dem 31. Dezember 2016 erlassen worden sind.

(13) Die §§ 233 und 233a Absatz 2 Satz 2 zweiter Halbsatz, Absatz 3 Satz 4 und Absatz 5 Satz 4 der Abgabenordnung in der Fassung des Artikels 1 des Gesetzes vom 12. Juli 2022 (BGBl. I S. 1142) gelten in allen Fällen, in denen Zinsen nach dem 21. Juli 2022 festgesetzt werden.

(14) § 233a Absatz 8, § 238 Absatz 1a bis 1c und § 239 Absatz 5 der Abgabenordnung in der Fassung des Artikels 1 des Gesetzes vom 12. Juli 2022 (BGBl. I S. 1142) sind vorbehaltlich des § 176 Absatz 1 Satz 1 Nummer 1 der Abgabenordnung und des Absatzes 16 in allen am 21. Juli 2022 anhängigen Verfahren anzuwenden. Bei Anwendung des § 233a Absatz 5 Satz 3 zweiter Halbsatz der Abgabenordnung ist für die Minderung von Nachzahlungszinsen der Zinssatz maßgeblich, der bei der ursprünglichen Festsetzung der Nachzahlungszinsen zugrunde gelegt wurde. § 176 Absatz 1 Satz 1 Nummer 1 der Abgabenordnung ist dabei mit der Maßgabe anzuwenden, dass die Zinsen, die sich aufgrund der Neuberechnung bisher festgesetzter Zinsen nach den Sätzen 1 und 2 ergeben, die vor Anwendung der Neuberechnung festgesetzten Zinsen nicht übersteigen dürfen.

(15) § 239 Absatz 1 Satz 1 und 2 der Abgabenordnung in der Fassung des Artikels 1 des Gesetzes vom 12. Juli 2022 (BGBl. I S. 1142) gilt in allen Fällen, in denen die Festsetzungsfrist am 21. Juli 2022 noch nicht abgelaufen ist.

(16) § 165 Absatz 1 Satz 2 Nummer 2, Satz 4 und Absatz 2 sowie § 171 Absatz 8 der Abgabenordnung sind auf nach dem 21. Juli 2022 erlassene Zinsfestsetzungen nach § 233a der Abgabenordnung für Verzinsungszeiträume ab dem 1. Januar 2019 entsprechend anzuwenden, solange die technischen und organisatorischen Voraussetzungen für die Anwendung des § 238 Absatz 1a der Abgabenordnung in der am 22. Juli 2022 geltenden Fassung noch nicht vorliegen.

(17) § 237 Absatz 6 der Abgabenordnung in der am 28. März 2024 geltenden Fassung gilt für alle Haftungsansprüche, die nach dem 31. Dezember 2024 entstehen.

(18) § 234 Absatz 1, § 236 Absatz 6 und § 239 Absatz 1 Satz 2 Nummer 4 der Abgabenordnung in der am 6. Dezember 2024 geltenden Fassung gelten für alle Haftungsansprüche, die nach dem 31. Dezember 2024 entstehen.

(19) § 235 Absatz 5 der Abgabenordnung gilt in allen Fällen, in denen Zinsen zu hinterzogenen Vorauszahlungen nach dem 6. Dezember 2024 festgesetzt werden.

28 **§ 16[1] Säumniszuschläge**

(1) Die Vorschriften des § 240 der Abgabenordnung über Säumniszuschläge sind erstmals auf Säumniszuschläge anzuwenden, die nach dem 31. Dezember 1976 verwirkt werden.

(2) Bis zum 31. Dezember 1980 gilt für die Anwendung des § 240 der Abgabenordnung bei den Finanzämtern, die von den obersten Finanzbehörden der Länder dazu bestimmt sind, Rationalisierungsversuche im Erhebungsverfahren durchzuführen, folgendes:

1. Abweichend von § 240 Abs. 1 der Abgabenordnung tritt bei der Einkommensteuer, der Körperschaftsteuer, der Gewerbesteuer, der Vermögensteuer, der Grundsteuer, der Vermögensabgabe, der Kreditgewinnabgabe und der Umsatzsteuer für die Verwirkung des Säumniszuschlages an die Stelle des Fälligkeitstages jeweils der auf diesen folgende 20. eines Monats. § 240 Abs. 3 der Abgabenordnung gilt nicht.
2. Werden bei derselben Steuerart innerhalb eines Jahres Zahlungen wiederholt nach Ablauf des Fälligkeitstages entrichtet, so kann der Säumniszuschlag vom Ablauf des Fälligkeitstages an erhoben werden; dabei bleibt § 240 Abs. 3 der Abgabenordnung unberührt.
3. Für die Berechnung des Säumniszuschlages wird der rückständige Betrag jeder Steuerart zusammengerechnet und auf volle hundert Deutsche Mark nach unten abgerundet.

(3) Die Vorschrift des § 240 Abs. 3 der Abgabenordnung in der Fassung des Artikels 17 des Gesetzes vom 23. Juni 1993 (BGBl. I S. 944) ist erstmals auf Säumniszuschläge anzuwenden, die nach dem 31. Dezember 1993 verwirkt werden.

(4) § 240 Abs. 1 der Abgabenordnung in der Fassung des Artikels 5 des Gesetzes vom 23. Juni 1998 (BGBl. I S. 1496) ist erstmals auf Säumniszuschläge anzuwenden, die nach dem 31. Juli 1998 entstehen.

(5) § 240 Abs. 1 Satz 1 der Abgabenordnung in der Fassung von Artikel 23 Nr. 9 des Gesetzes vom 19. Dezember 2000 (BGBl. I S. 1790) gilt erstmals für Säumniszuschläge, die nach dem 31. Dezember 2001 entstehen.

(6) § 240 Abs. 3 Satz 1 der Abgabenordnung in der Fassung des Artikels 8 des Gesetzes vom 15. Dezember 2003 (BGBl. I S. 2645) gilt erstmals, wenn die Steuer, die zurückzuzahlende Steuervergütung oder die Haftungsschuld nach dem 31. Dezember 2003 fällig geworden ist.

[1] Art. 97 § 16 Abs. 3 angef. durch G v. 23. 6. 1993 (BGBl. I S. 944); Abs. 4 angef. durch G v. 23. 6. 1998 (BGBl. I S. 1496); Abs. 5 angef. durch G v. 19. 12. 2000 (BGBl. I S. 1790); Abs. 6 angef. durch G v. 15. 12. 2003 (BGBl. I S. 2645).

§ 17 Angabe des Schuldgrundes 29

Für die Anwendung des § 260 der Abgabenordnung auf Ansprüche, die bis zum 31. Dezember 1980 entstanden sind, gilt folgendes:
Hat die Vollstreckungsbehörde den Vollstreckungsschuldner durch Kontoauszüge über Entstehung, Fälligkeit und Tilgung seiner Schulden fortlaufend unterrichtet, so genügt es, wenn die Vollstreckungsbehörde die Art der Abgabe und die Höhe des beizutreibenden Betrages angibt und auf den Kontoauszug Bezug nimmt, der den Rückstand ausweist.

§ 17 a[1] Kosten der Vollstreckung 30

Die Höhe der Gebühren und Auslagen im Vollstreckungsverfahren richtet sich nach dem Recht, das in dem Zeitpunkt gilt, in dem der Tatbestand verwirklicht ist, an den die Abgabenordnung die Entstehung der Gebühr oder der Auslage knüpft.

§ 17 b[2] Eidesstattliche Versicherung 31

§ 284 Abs. 1 Nr. 3 und 4 der Abgabenordnung in der Fassung des Artikels 2 Abs. 11 Nr. 1 Buchstabe a des Zweiten Gesetzes zur Änderung zwangsvollstreckungsrechtlicher Vorschriften vom 17. Dezember 1997 (BGBl. I S. 3039) gelten nicht für Verfahren, in denen der Vollziehungsbeamte die Vollstreckung vor dem Inkrafttreten[3] dieses Gesetzes versucht hat.

§ 17 c[4] Pfändung fortlaufender Bezüge 32

§ 313 Abs. 3 der Abgabenordnung in der Fassung des Artikels 2 Abs. 11 Nr. 3 des Zweiten Gesetzes zur Änderung zwangsvollstreckungsrechtlicher Vorschriften vom 17. Dezember 1997 (BGBl. I S. 3039) gilt nicht für Arbeits- und Dienstverhältnisse, die vor Inkrafttreten[5] dieses Gesetzes beendet waren.

§ 17 d[6] Zwangsgeld 33

§ 329 der Abgabenordnung in der Fassung des Artikels 17 des Gesetzes vom 22. Dezember 1999 (BGBl. I S. 2601) gilt in allen Fällen, in denen ein Zwangsgeld nach dem 31. Dezember 1999 angedroht wird.

§ 17 e[7] Aufteilung einer Gesamtschuld bei Ehegatten oder Lebenspartnern

(1) Die §§ 270, 273 Absatz 1 und § 279 Absatz 2 Nummer 4 der Abgabenordnung in der Fassung des Artikels 3 des Gesetzes vom 1. November 2011 (BGBl. I S. 2131) sind erstmals für den Veranlagungszeitraum 2013 anzuwenden.

(2) § 269 Absatz 1 der Abgabenordnung in der am 1. Januar 2017 geltenden Fassung ist ab dem 1. Januar 2017 anzuwenden. § 279 Absatz 1 Satz 1 der Abgabenordnung in der am 1. Januar 2017 geltenden Fassung ist erstmals auf Aufteilungsbescheide anzuwenden, die nach dem 31. Dezember 2016 erlassen worden sind; § 8 Absatz 4 Satz 4 gilt entsprechend.

§ 18[8] Außergerichtliche Rechtsbehelfe 34

(1) Wird ein Verwaltungsakt angefochten, der vor dem 1. Januar 1977 wirksam geworden ist, bestimmt sich die Zulässigkeit des außergerichtlichen Rechtsbehelfs nach den bisherigen Vorschriften; ist über den Rechtsbehelf nach dem 31. Dezember 1976 zu entscheiden, richten sich die Art des außergerichtlichen Rechtsbehelfs sowie das weitere Verfahren nach den neuen Vorschriften.

(2) Nach dem 31. Dezember 1976 ist eine Gebühr für einen außergerichtlichen Rechtsbehelf nur noch dann festzusetzen, wenn die Voraussetzungen für die Festsetzung einer Gebühr nach § 256 der Reichsabgabenordnung bereits vor dem 1. Januar 1977 eingetreten waren.

(3) Wird ein Verwaltungsakt angefochten, der vor dem 1. Januar 1996 wirksam geworden ist, bestimmt sich die Zulässigkeit des Rechtsbehelfs nach den bis zum 31. Dezember 1995 geltenden Vorschriften der Abgabenordnung. Ist über den Rechtsbehelf nach dem 31. Dezember 1995 zu entscheiden, richten sich die Art des außergerichtlichen Rechtsbehelfs sowie das weitere Verfahren nach den ab 1. Januar 1996 geltenden Vorschriften der Abgabenordnung.

(4) § 365 Abs. 3 Satz 2 Nr. 1 der Abgabenordnung in der Fassung des Artikels 4 Nr. 11 Buchstabe b des Gesetzes vom 24. Juni 1994 (BGBl. I S. 1395) ist auf berichtigende Verwaltungsakte anzuwenden, die nach dem 31. Dezember bekanntgegeben werden.

---

[1] Art. 97 § 17 a eingef. durch G v. 19. 12. 1985 (BGBl. I S. 2436); neu gef. durch G v. 22. 12. 2014 (BGBl. I S. 2417).
[2] Art. 97 § 17 b eingef. durch G v. 17. 12. 1997 (BGBl. I S. 3039).
[3] In Kraft ab 1. 1. 1999.
[4] Art. 97 § 17 c eingef. durch G v. 17. 12. 1997 (BGBl. I S. 3039).
[5] In Kraft ab 1. 1. 1999.
[6] Art. 97 § 17 d eingef. durch G v. 22. 12. 1999 (BGBl. I S. 2601).
[7] Art. 97 § 17 e eingef. durch G v. 1. 11. 2011 (BGBl. I S. 2131); Überschrift geänd. durch G v. 18. 7. 2014 (BGBl. I S. 1042); Abs. 2 angef. durch G v. 18. 7. 2016 (BGBl. I S. 1679).
[8] Art. 97 § 18 Abs. 3 und 4 angef. durch G v. 24. 6. 1994 (BGBl. I S. 1395).

35 **§ 18a[1] Erledigung von Massenrechtsbehelfen und Massenanträgen**

(1) Wurde mit einem vor dem 1. Januar 1995 eingelegten Einspruch die Verfassungswidrigkeit von Normen des Steuerrechts gerügt, derentwegen eine Entscheidung des Bundesverfassungsgerichts aussteht, gilt der Einspruch im Zeitpunkt der Veröffentlichung der Entscheidungsformel im Bundesgesetzblatt (§ 31 Abs. 2 des Gesetzes über das Bundesverfassungsgericht) ohne Einspruchsentscheidung als zurückgewiesen, soweit er nach dem Ausgang des Verfahrens vor dem Bundesverfassungsgericht als unbegründet abzuweisen wäre. Abweichend von § 47 Abs. 1 und § 55 der Finanzgerichtsordnung endet die Klagefrist mit Ablauf eines Jahres nach dem Zeitpunkt der Veröffentlichung gemäß Satz 1. Die Sätze 1 und 2 sind auch anzuwenden, wenn der Einspruch unzulässig ist.

(2) Absatz 1 gilt für Anträge auf Aufhebung oder Änderung einer Steuerfestsetzung außerhalb des außergerichtlichen Rechtsbehelfsverfahrens sinngemäß.

(3) Die Absätze 1 und 2 sind auch anzuwenden, wenn eine Entscheidung des Bundesverfassungsgerichts vor Inkrafttreten[2] dieses Gesetzes ergangen ist. In diesen Fällen endet die Klagefrist mit Ablauf des 31. Dezember 1994.

(4) Wurde mit einem am 31. Dezember 2003 anhängigen Einspruch die Verfassungswidrigkeit der für Veranlagungszeiträume vor 2000 geltenden Regelungen des Einkommensteuergesetzes über die Abziehbarkeit von Kinderbetreuungskosten gerügt, gilt der Einspruch mit Wirkung vom 1. Januar 2004 ohne Einspruchsentscheidung insoweit als zurückgewiesen; dies gilt auch, wenn der Einspruch unzulässig ist. Abweichend von § 47 Abs. 1 und § 55 der Finanzgerichtsordnung endet die Klagefrist mit Ablauf des 31. Dezember 2004. Die Sätze 1 und 2 gelten nicht, soweit in der angefochtenen Steuerfestsetzung die Kinderbetreuungskosten um die zumutbare Belastung nach § 33 Abs. 3 des Einkommensteuergesetzes gekürzt worden sind.

(5) Wurde mit einem am 31. Dezember 2003 anhängigen und außerhalb eines Einspruchs- oder Klageverfahrens gestellten Antrag auf Aufhebung oder Änderung einer Steuerfestsetzung die Verfassungswidrigkeit der für Veranlagungszeiträume vor 2000 geltenden Regelungen des Einkommensteuergesetzes über die Abziehbarkeit von Kinderbetreuungskosten gerügt, gilt der Antrag mit Wirkung vom 1. Januar 2004 insoweit als zurückgewiesen; dies gilt auch, wenn der Antrag unzulässig ist. Abweichend von § 355 Abs. 1 Satz 1 der Abgabenordnung endet die Frist für einen Einspruch gegen die Zurückweisung des Antrags mit Ablauf des 31. Dezember 2004. Die Sätze 1 und 2 gelten nicht, soweit in der Steuerfestsetzung, deren Aufhebung oder Änderung beantragt wurde, die Kinderbetreuungskosten um die zumutbare Belastung nach § 33 Abs. 3 des Einkommensteuergesetzes gekürzt worden sind.

(6) Wurde mit einem am 31. Dezember 2003 anhängigen Einspruch die Verfassungswidrigkeit der für Veranlagungszeiträume vor 2002 geltenden Regelungen des Einkommensteuergesetzes über die Abziehbarkeit eines Haushaltsfreibetrages gerügt, gilt der Einspruch mit Wirkung vom 1. Januar 2004 ohne Einspruchsentscheidung insoweit als zurückgewiesen; dies gilt auch, wenn der Einspruch unzulässig ist. Abweichend von § 47 Abs. 1 und § 55 der Finanzgerichtsordnung endet die Klagefrist mit Ablauf des 31. Dezember 2004.

(7) Wurde mit einem am 31. Dezember 2003 anhängigen und außerhalb eines Einspruchs- oder Klageverfahrens gestellten Antrag auf Aufhebung oder Änderung einer Steuerfestsetzung die Verfassungswidrigkeit der für Veranlagungszeiträume vor 2002 geltenden Regelungen des Einkommensteuergesetzes über die Abziehbarkeit eines Haushaltsfreibetrages gerügt, gilt der Antrag mit Wirkung vom 1. Januar 2004 insoweit als zurückgewiesen; dies gilt auch, wenn der Antrag unzulässig ist. Abweichend von § 355 Abs. 1 Satz 1 der Abgabenordnung endet die Frist für einen Einspruch gegen die Zurückweisung des Antrags mit Ablauf des 31. Dezember 2004.

(8) Wurde mit einem am 31. Dezember 2003 anhängigen Einspruch die Verfassungswidrigkeit der für die Veranlagungszeiträume 1983 bis 1995 geltenden Regelungen des Einkommensteuergesetzes über die Abziehbarkeit eines Kinderfreibetrages gerügt, gilt der Einspruch mit Wirkung vom 1. Januar 2005 ohne Einspruchsentscheidung insoweit als zurückgewiesen, soweit nicht der Einspruchsführer nach dem 31. Dezember 2003 und vor dem 1. Januar 2005 ausdrücklich eine Entscheidung beantragt. Der Antrag auf Entscheidung ist schriftlich bei dem für die Besteuerung nach dem Einkommen zuständigen Finanzamt zu stellen. Ist nach Einspruchseinlegung ein anderes Finanzamt zuständig geworden, kann der Antrag auf Entscheidung fristwahrend auch bei dem Finanzamt gestellt werden, das den angefochtenen Steuerbescheid erlassen hat; Artikel 97 a § 1 Abs. 1 bleibt unberührt. Die Sätze 1 bis 3 gelten auch, wenn der Einspruch unzulässig ist. Gilt nach Satz 1 der Einspruch als zurückgewiesen, endet abweichend von § 47 Abs. 1 und § 55 der Finanzgerichtsordnung die Klagefrist mit Ablauf des 31. Dezember 2005. Satz 1 gilt nicht, soweit eine Neufestsetzung nach § 53 des Einkommensteuergesetzes von der Frage abhängig ist, ob bei der nach dieser Regelung gebotenen Steuerfreistellung auf den Jahressockelbetrag des Kindergeldes oder auf das dem Steuerpflichtigen tatsächlich zustehende Kindergeld abzustellen ist.

---

[1] Art. 97 § 18 a eingef. durch G v. 21. 12. 1993 (BGBl. I S. 2310); Abs. 4 bis 10 angef. durch G v. 15. 12. 2003 (BGBl. I S. 2645); Abs. 11 und 12 angef. durch G v. 13. 12. 2006 (BGBl. I S. 2878).

[2] In Kraft ab 30. 12. 1993.

(9) Wurde mit einem am 31. Dezember 2003 anhängigen und außerhalb eines Einspruchs- oder Klageverfahrens gestellten Antrag auf Aufhebung oder Änderung einer Steuerfestsetzung die Verfassungswidrigkeit der für die Veranlagungszeiträume 1983 bis 1995 geltenden Regelungen des Einkommensteuergesetzes über die Abziehbarkeit eines Kinderfreibetrages gerügt, gilt der Antrag mit Wirkung vom 1. Januar 2005 insoweit als zurückgewiesen, soweit nicht der Steuerpflichtige nach dem 31. Dezember 2003 und vor dem 1. Januar 2005 ausdrücklich eine Entscheidung beantragt. Der Antrag auf Entscheidung ist schriftlich bei dem für die Besteuerung nach dem Einkommen zuständigen Finanzamt zu stellen. Ist nach Erlass des Steuerbescheides ein anderes Finanzamt zuständig geworden, kann der Antrag auf Entscheidung fristwahrend auch bei dem Finanzamt gestellt werden, das den Steuerbescheid erlassen hat, dessen Aufhebung oder Änderung begehrt wird; Artikel 97 a § 1 Abs. 1 bleibt unberührt. Die Sätze 1 bis 3 gelten auch, wenn der Antrag auf Aufhebung oder Änderung der Steuerfestsetzung unzulässig ist. Gilt nach Satz 1 der Antrag auf Aufhebung oder Änderung einer Steuerfestsetzung als zurückgewiesen, endet abweichend von § 355 Abs. 1 Satz 1 der Abgabenordnung die Frist für einen Einspruch gegen die Zurückweisung des Antrags mit Ablauf des 31. Dezember 2005. Satz 1 gilt nicht, soweit eine Neufestsetzung nach § 53 des Einkommensteuergesetzes von der Frage abhängig ist, ob bei der nach dieser Regelung gebotenen Steuerfreistellung auf den Jahressockelbetrag des Kindergeldes oder auf das dem Steuerpflichtigen tatsächlich zustehende Kindergeld abzustellen ist.

(10) Die Absätze 5, 7 und 9 gelten sinngemäß für Anträge auf abweichende Festsetzung von Steuern aus Billigkeitsgründen (§ 163 der Abgabenordnung) und für Erlassanträge (§ 227 der Abgabenordnung).

(11) Wurde mit einem am 31. Dezember 2006 anhängigen Einspruch gegen die Entscheidung über die Festsetzung von Kindergeld nach Abschnitt X des Einkommensteuergesetzes die Verfassungswidrigkeit der für die Jahre 1996 bis 2000 geltenden Regelungen zur Höhe des Kindergeldes gerügt, gilt der Einspruch mit Wirkung vom 1. Januar 2007 ohne Einspruchsentscheidung insoweit als zurückgewiesen; dies gilt auch, wenn der Einspruch unzulässig ist. Abweichend von § 47 Abs. 1 und § 55 der Finanzgerichtsordnung endet die Klagefrist mit Ablauf des 31. Dezember 2007

(12) § 172 Abs. 3 und § 367 Abs. 2b der Abgabenordnung in der Fassung des Artikels 10 Nr. 12 und 16 des Gesetzes vom 13. Dezember 2006 (BGBl. I S. 2878) gelten auch, soweit Aufhebungs- oder Änderungsanträge oder Einsprüche vor dem 19. Dezember 2006 gestellt oder eingelegt wurden und die Allgemeinverfügung nach dem 19. Dezember 2006 im Bundessteuerblatt veröffentlicht wird.

§ 18b[1] [Zuständigkeit für Klagen nach § 32i Absatz 2 der Abgabenordnung] 35a

§ 32i Absatz 5 Satz 2 der Abgabenordnung in der am 21. Dezember 2022 geltenden Fassung ist auf alle nach dem 20. Dezember 2022 anhängig gewordenen Klagen anzuwenden.

§ 19[2] [Buchführungspflicht bestimmter Steuerpflichtiger] 36

(1) § 141 Absatz 1 Satz 1 Nummer 1 der Abgabenordnung in der am 1. Januar 2016 geltenden Fassung ist auf Umsätze der Kalenderjahre anzuwenden, die nach dem 31. Dezember 2015 beginnen. Eine Mitteilung über den Beginn der Buchführungspflicht ergeht nicht, wenn die Voraussetzungen des § 141 Absatz 1 Satz 1 Nummer 1 der Abgabenordnung in der am 31. Dezember 2015 geltenden Fassung für Kalenderjahre, die vor dem 1. Januar 2016 liegen, erfüllt sind, jedoch im Kalenderjahr 2015 die Voraussetzungen des § 141 Absatz 1 Satz 1 Nummer 1 der Abgabenordnung in der am 1. Januar 2016 geltenden Fassung nicht erfüllt sind.

(2) Eine Mitteilung über den Beginn der Buchführungspflicht ergeht nicht, wenn die Voraussetzungen des § 141 Absatz 1 Satz 1 Nummer 4 und 5 der Abgabenordnung in der am 31. Dezember 2015 geltenden Fassung für Kalenderjahre, die vor dem 1. Januar 2016 liegen, erfüllt sind, jedoch im Kalenderjahr 2015 die Voraussetzungen des § 141 Absatz 1 Satz 1 Nummer 4 und 5 der Abgabenordnung in der am 1. Januar 2016 geltenden Fassung nicht erfüllt sind.

(3) 141 Absatz 1 Satz 1 Nummer 1 der Abgabenordnung in der am 28. März 2024 geltenden Fassung ist auf Umsätze der Kalenderjahre anzuwenden, die nach dem 31. Dezember 2023 beginnen. Eine Mitteilung über den Beginn der Buchführungspflicht ergeht nicht, wenn die Voraussetzungen des § 141 Absatz 1 Satz 1 Nummer 1 der Abgabenordnung in der am 31. Dezember 2023 geltenden Fassung für Kalenderjahre, die vor dem 1. Januar 2024 liegen, erfüllt sind, jedoch im Kalenderjahr 2023 die Voraussetzungen des § 141 Absatz 1 Satz 1 Nummer 1 der Abgabenordnung in der am 28. März 2024 geltenden Fassung nicht erfüllt sind.

(4) 141 Absatz 1 Satz 1 Nummer 4 und 5 der Abgabenordnung in der am 28. März 2024 geltenden Fassung ist auf Gewinne der Wirtschaftsjahre anzuwenden, die nach dem 31. Dezember 2023 beginnen. Eine Mitteilung über den Beginn der Buchführungspflicht ergeht nicht, wenn die Voraussetzungen des § 141 Absatz 1 Satz 1 Nummer 4 und 5 der Abgabenordnung in der am 31. Dezember 2023 geltenden Fassung für Kalenderjahre, die vor dem 1. Januar 2024 liegen, er-

[1] Art. 97 § 18b eingef. durch G v. 16. 12. 2022 (BGBl. I S. 2294).
[2] Art. 97 § 19 neu gef. durch G v. 27. 3. 2024 (BGBl. I Nr. 108).

füllt sind, jedoch im Kalenderjahr 2023 die Voraussetzungen des § 141 Absatz 1 Satz 1 Nummer 4 und 5 der Abgabenordnung in der am 28. März 2024 geltenden Fassung nicht erfüllt sind.

37 **§ 19 a[1] Aufbewahrungsfristen**

(1) § 147 Abs. 3 der Abgabenordnung in der Fassung des Artikels 2 des Gesetzes vom 19. Dezember 1998 (BGBl. I S. 3816) gilt erstmals für Unterlagen, deren Aufbewahrungsfrist nach § 147 Abs. 3 der Abgabenordnung in der bis zum 23. Dezember 1998 geltenden Fassung noch nicht abgelaufen ist. § 147 Absatz 3 Satz 3 und 4 der Abgabenordnung in der am 1. Januar 2017 geltenden Fassung gilt für alle Lieferscheine, deren Aufbewahrungsfrist nach § 147 Absatz 3 der Abgabenordnung in der bis zum 31. Dezember 2016 geltenden Fassung noch nicht abgelaufen ist.

(2) § 147 Absatz 3 Satz 1 der Abgabenordnung in der ab dem 1. Januar 2025 geltenden Fassung gilt vorbehaltlich des Absatzes 3 erstmals für alle Unterlagen, deren Aufbewahrungsfrist nach § 147 Absatz 3 der Abgabenordnung in der bis einschließlich 31. Dezember 2024 geltenden Fassung noch nicht abgelaufen ist.

(3) Bei Steuerpflichtigen, die

1. Institute im Sinne des § 1 Absatz 1 b des Kreditwesengesetzes sind, einschließlich Zweigstellen nach § 53 des Kreditwesengesetzes,
2. der Aufsicht nach § 1 Absatz 1 des Versicherungsaufsichtsgesetzes unterliegen oder
3. Wertpapierinstitute im Sinne des § 2 Absatz 1 des Wertpapierinstitutsgesetzes sind,

ist § 147 Absatz 3 Satz 1 der Abgabenordnung in der am 31. Dezember 2024 geltenden Fassung abweichend von Absatz 2 anzuwenden.

38 **§ 19 b[2] Zugriff auf datenverarbeitungsgestützte Buchführungssysteme**

(1) § 146 Abs. 5, § 147 Abs. 2, 5 und 6 sowie § 200 Abs. 1 der Abgabenordnung in der Fassung des Artikels 7 des Gesetzes vom 23. Oktober 2000 (BGBl. I S. 1433) sind ab dem 1. Januar 2002 anzuwenden.

(2) § 147 Absatz 6 Satz 6 der Abgabenordnung in der Fassung des Artikels 3 des Gesetzes vom 22. November 2019 (BGBl. I S. 1746) gilt für aufzeichnungs- und aufbewahrungspflichtige Daten, deren Aufbewahrungsfrist bis zum 1. Januar 2020 noch nicht abgelaufen ist.

39 **§ 20 Verweisungserfordernis bei Blankettvorschriften**

Die in § 381 Abs. 1, § 382 Abs. 1 der Abgabenordnung vorgeschriebene Verweisung ist nicht erforderlich, soweit die Vorschriften der dort genannten Gesetze und Rechtsverordnungen vor dem 1. Oktober 1968 erlassen sind.

40 **§ 21[3] Steueranmeldungen in Euro**

Für Besteuerungszeiträume nach dem 31. Dezember 1998 und vor dem 1. Januar 2002 ist § 168 der Abgabenordnung mit folgender Maßgabe anzuwenden:

Wird eine Steueranmeldung nach einem vom Bundesministerium der Finanzen im Einvernehmen mit den obersten Finanzbehörden der Länder bestimmten Vordruck in Euro abgegeben, gilt die Steuer als zu dem vom Rat der Europäischen Union gemäß Artikel 1091 Abs. 4 Satz 1 des EG-Vertrages unwiderruflich festgelegten Umrechnungskurs in Deutscher Mark berechnet. Betrifft die Anmeldung eine von Bundesfinanzbehörden verwaltete Steuer, ist bei der Bestimmung des Vordrucks das Einvernehmen mit den obersten Finanzbehörden der Länder nicht erforderlich.

41 **§ 22[4] Mitwirkungspflichten der Beteiligten; Schätzung von Besteuerungsgrundlagen**

(1) § 90 Abs. 3 der Abgabenordnung in der Fassung des Artikels 9 des Gesetzes vom 16. Mai 2003 (BGBl. I S. 660) ist erstmals für Wirtschaftsjahre anzuwenden, die nach dem 31. Dezember 2002 beginnen. § 162 Abs. 3 und 4 der Abgabenordnung in der Fassung des Artikels 9 des Gesetzes vom 16. Mai 2003 (BGBl. I S. 660) ist erstmals für Wirtschaftsjahre anzuwenden, die nach dem 31. Dezember 2003 beginnen, frühestens 6 Monate nach Inkrafttreten der Rechtsverordnung im Sinne des § 90 Abs. 3 der Abgabenordnung in der Fassung des Artikels 9 des Gesetzes vom 16. Mai 2003 (BGBl. I S. 660). Gehören zu den Geschäftsbeziehungen im Sinne des § 90 Abs. 3 der Abgabenordnung in der Fassung des Artikels 9 des Gesetzes vom 16. Mai 2003 (BGBl. I S. 660) Dauerschuldverhältnisse, die als außergewöhnliche Geschäftsvorfälle im Sinne des § 90 Abs. 3 Satz 3 der Abgabenordnung in der Fassung des Artikels 9 des Gesetzes vom 16. Mai 2003 (BGBl. I S. 660) anzusehen sind und die vor Beginn der in Satz 1 bezeichneten Wirtschaftsjahre begründet wurden und bei Beginn dieser Wirtschaftsjahre noch bestehen, sind die Aufzeichnungen der sie betreffen-

---

[1] Art. 97 § 19 a eingef. durch G v. 19. 12. 1998 (BGBl. I S. 3816); Satz 2 angef. durch G v. 30. 6. 2017 (BGBl. I S. 2143); Abs. 2 und 3 angef. durch G v. 23. 10. 2024 (BGBl. I Nr. 323).

[2] Art. 97 § 19 b eingef. durch G v. 23. 10. 2000 (BGBl. I S. 1433); Abs. 2 angef. durch G v. 22. 11. 2019 (BGBl. I S. 1746).

[3] Art. 97 § 21 eingef. durch G v. 24. 3. 1999 (BGBl. I S. 385); Abs. 2 angef. durch G v. 22. 11. 2019 (BGBl. I S. 1746).

[4] Art. 97 § 22 eingef. durch G v. 16. 5. 2003 (BGBl. I S. 660); Abs. 2 angef. durch G. v. 29. 7. 2009 (BGBl. I S. 2302); Abs. 1 Satz 4 angef. durch G v. 20. 12. 2016 (BGBl. I S. 3000); Abs. 3 angef. durch G v. 23. 6. 2017 (BGBl. I S. 1682).

den wirtschaftlichen und rechtlichen Grundlagen spätestens sechs Monate nach Inkrafttreten der Rechtsverordnung im Sinne des § 90 Abs. 3 der Abgabenordnung in der Fassung des Artikels 9 des Gesetzes vom 16. Mai 2003 (BGBl. I S. 660) zu erstellen. § 90 Absatz 3 der Abgabenordnung in der am 24. Dezember 2016 geltenden Fassung ist erstmals für Wirtschaftsjahre anzuwenden, die nach dem 31. Dezember 2016 beginnen.

(2) Die Bundesregierung bestimmt durch Rechtsverordnung[1] mit Zustimmung des Bundesrates den Zeitpunkt der erstmaligen Anwendung von § 90 Absatz 2 Satz 3, § 147a, § 162 Absatz 2 Satz 3 und § 193 Absatz 1 und Absatz 2 Nummer 3 in der Fassung des Artikels 3 des Gesetzes vom 29. Juli 2009 (BGBl. I S. 2302).

(3) § 147a Absatz 2 der Abgabenordnung in der am 25. Juni 2017 geltenden Fassung ist erstmals auf Besteuerungszeiträume anzuwenden, die nach dem 31. Dezember 2017 beginnen.

(4) § 3 Absatz 4 Nummer 3, § 90 Absatz 2, § 147a Absatz 1 Satz 6, § 162 Absatz 2 Satz 3 und Absatz 4a sowie § 193 Absatz 2 Nummer 3 der Abgabenordnung in der ab 1. Juli 2021 geltenden Fassung sind erstmals auf Besteuerungszeiträume anzuwenden, die nach dem 31. Dezember 2021 beginnen.

§ 23[2] Verfolgungsverjährung 42

§ 376 der Abgabenordnung in der Fassung des Artikels 10 des Gesetzes vom 19. Dezember 2008 (BGBl. I S. 2794) gilt für alle bei Inkrafttreten dieses Gesetzes noch nicht abgelaufenen Verjährungsfristen.

§ 24[3] Selbstanzeige bei Steuerhinterziehung und leichtfertiger Steuerverkürzung 43

Bei Selbstanzeigen nach § 371 der Abgabenordnung, die bis zum 28. April 2011 bei der zuständigen Finanzbehörde eingegangen sind, ist § 371 der Abgabenordnung in der bis zu diesem Zeitpunkt geltenden Fassung mit der Maßgabe anzuwenden, dass im Umfang der gegenüber der zuständigen Finanzbehörde berichtigten, ergänzten oder nachgeholten Angaben Straffreiheit eintritt. Das Gleiche gilt im Fall der leichtfertigen Steuerverkürzung für die Anwendung des § 378 Absatz 3 der Abgabenordnung.

§ 25[4] Erteilung einer verbindlichen Auskunft 44

(1) § 89 Absatz 3 bis 7 der Abgabenordnung in der Fassung des Artikels 3 des Gesetzes vom 1. November 2011 (BGBl. I S. 2131) ist erstmals auf Anträge anzuwenden, die nach dem 4. November 2011 bei der zuständigen Finanzbehörde eingegangen sind.

(2) § 89 Absatz 2 Satz 4 in der am 1. Januar 2017 geltenden Fassung ist erstmals auf nach dem 31. Dezember 2016 bei der zuständigen Finanzbehörde eingegangene Anträge auf Erteilung einer verbindlichen Auskunft anzuwenden. § 89 Absatz 3 Satz 2 in der am 23. Juli 2016 geltenden Fassung ist erstmals auf nach dem 22. Juli 2016 bei der zuständigen Finanzbehörde eingegangene Anträge auf Erteilung einer einheitlichen verbindlichen Auskunft anzuwenden.

§ 26[5] Kontenabrufmöglichkeit 45

(1) § 93 Absatz 7 Satz 1 Nummer 2 der Abgabenordnung in der am 31. Dezember 2011 geltenden Fassung ist für Veranlagungszeiträume vor 2012 weiterhin anzuwenden.

(2) § 93 Absatz 7 Satz 1 Nummer 4 bis 4b und Satz 2 zweiter Halbsatz der Abgabenordnung in der am 25. Juni 2017 geltenden Fassung ist ab dem 1. Januar 2018 anzuwenden. Bis zum 31. Dezember 2017 ist § 93 Absatz 7 der Abgabenordnung in der am 24. Juni 2017 geltenden Fassung weiter anzuwenden.

(3) § 93 Absatz 7 Satz 2 erster Halbsatz sowie § 93b Absatz 1a und 2 der Abgabenordnung in der am 25. Juni 2017 geltenden Fassung sind ab dem 1. Januar 2020 anzuwenden. Bis zum 31. Dezember 2019 ist § 93 Absatz 7 Satz 2 Halbsatz 1 sowie § 93b Absatz 2 der Abgabenordnung in der am 24. Juni 2017 geltenden Fassung weiter anzuwenden.

(4) § 154 Absatz 2 bis 2c der Abgabenordnung in der am 25. Juni 2017 geltenden Fassung ist erstmals auf nach dem 31. Dezember 2017 begründete Geschäftsbeziehungen anzuwenden.

---

[1] SteuerHBekV vom 18. 9. 2009, BGBl. I S. 3046. § 5 lautet:
„§ 5 Erstmalige Anwendung des § 90 Abs. 2 Satz 3, des § 147 a, des § 162 Abs. 2 Satz 3 und des § 193 Abs. 1 und 2 Nummer 3 der Abgabenordnung. § 90 Abs. 2 Satz 3, § 147 a, § 162 Abs. 2 Satz 3 und § 193 Abs. 1 und 2 Nummer 3 der Abgabenordnung in der Fassung des Gesetzes vom 29. Juli 2009 (BGBl. I S. 2302) sind erstmals für Besteuerungszeiträume anzuwenden, die nach dem 31. Dezember 2009 beginnen. Bei Anwendung des § 147 a Satz 3 der Abgabenordnung in der Fassung des Gesetzes vom 29. Juli 2009 (BGBl. I S. 2302) im Besteuerungszeitraum 2010 sind die Einkünfte des Besteuerungszeitraums 2009 maßgebend."

[2] Art. 97 § 23 angef. durch G v. 19. 12. 2008 (BGBl. I S. 2794); Abs. 4 angef. durch G v. 25. 6. 2021 (BGBl. I S. 2056).

[3] Art. 97 § 24 angef. durch G v. 28. 4. 2011 (BGBl. I S. 676).

[4] Art. 97 § 25 angef. durch G v. 1. 11. 2011 (BGBl. I S. 2131); Überschrift geänd., Abs. 2 angef. durch G v. 18. 7. 2016 (BGBl. I S. 1679).

[5] Art. 97 § 26 angef. durch G v. 1. 11. 2011 (BGBl. I S. 2131); Abs. 2–5 angef. durch G v. 23. 6. 2017 (BGBl. I S. 1682); Abs. 3 geänd. durch G v. 20. 11. 2019 (BGBl. I S. 1626).

(5) Für Geschäftsbeziehungen zu Kreditinstituten im Sinne des § 154 Absatz 2 Satz 1 der Abgabenordnung in der am 25. Juni 2017 geltenden Fassung, die vor dem 1. Januar 2018 begründet worden sind und am 1. Januar 2018 noch bestehen, gilt Folgendes:

1. Kreditinstitute haben bis zum 31. Dezember 2019 für den Kontoinhaber, jeden anderen Verfügungsberechtigten und jeden wirtschaftlich Berechtigten im Sinne des Geldwäschegesetzes
   a) die Adresse,
   b) bei natürlichen Personen das Geburtsdatum sowie
   c) die in § 154 Absatz 2 a Satz 1 der Abgabenordnung in der am 25. Juni 2017 geltenden Fassung genannten Daten

   in den Aufzeichnungen nach § 154 Absatz 2 bis 2 c der Abgabenordnung in der am 25. Juni 2017 geltenden Fassung und in dem nach § 93 b Absatz 1 und 1 a der Abgabenordnung in der am 25. Juni 2017 geltenden Fassung zu führenden Dateisystem zu erfassen. § 154 Absatz 2 a Satz 3 der Abgabenordnung in der am 25. Juni 2017 geltenden Fassung ist entsprechend anzuwenden.
2. Teilen der Vertragspartner oder gegebenenfalls für ihn handelnde Personen dem Kreditinstitut die nach § 154 Absatz 2 a Satz 1 Nummer 1 der Abgabenordnung in der am 25. Juni 2017 geltenden Fassung zu erfassende Identifikationsnummer einer betroffenen Person bis zum 31. Dezember 2019 nicht mit und hat das Kreditinstitut die Identifikationsnummer dieser Person auch nicht aus anderem Anlass rechtmäßig erfasst, hat es sie bis zum 30. Juni 2020 in einem maschinellen Verfahren beim Bundeszentralamt für Steuern zu erfragen. § 154 Absatz 2 b Satz 2 und 3 der Abgabenordnung in der am 25. Juni 2017 geltenden Fassung gilt entsprechend.
3. Soweit das Kreditinstitut die nach § 154 Absatz 2 a der Abgabenordnung in der am 25. Juni 2017 geltenden Fassung zu erhebenden Daten auf Grund unzureichender Mitwirkung des Vertragspartners und gegebenenfalls für ihn handelnder Personen bis zum 30. Juni 2020 nicht ermitteln kann, hat es dies auf dem Konto festzuhalten. In diesem Fall hat das Kreditinstitut dem Bundeszentralamt für Steuern die betroffenen Konten sowie die hierzu nach § 154 Absatz 2 der Abgabenordnung in der am 25. Juni 2017 geltenden Fassung erhobenen Daten bis zum 30. September 2020 mitzuteilen.
4. § 154 Absatz 2 d der Abgabenordnung in der am 25. Juni 2017 geltenden Fassung bleibt unberührt.

46 **§ 27[1] Elektronische Datenübermittlung an Finanzbehörden**

(1) § 72 a Absatz 1 bis 3, § 87 a Absatz 6, die §§ 87 b bis 87 e und 150 Absatz 6 der Abgabenordnung in der am 1. Januar 2017 geltenden Fassung sind erstmals anzuwenden, wenn Daten nach dem 31. Dezember 2016 auf Grund gesetzlicher Vorschriften nach amtlich vorgeschriebenem Datensatz über amtlich bestimmte Schnittstellen an Finanzbehörden zu übermitteln sind oder freiwillig übermittelt werden. Für Daten im Sinne des Satzes 1, die vor dem 1. Januar 2017 zu übermitteln sind oder freiwillig übermittelt werden, sind § 150 Absatz 6 und 7 der Abgabenordnung und die Vorschriften der Steuerdaten-Übermittlungsverordnung in der jeweils am 31. Dezember 2016 geltenden Fassung weiter anzuwenden.

(2) § 72 a Absatz 4, die §§ 93 c, 93 d und 171 Absatz 10 a sowie die §§ 175 b und 203 a der Abgabenordnung in der am 1. Januar 2017 geltenden Fassung sind erstmals anzuwenden, wenn steuerliche Daten eines Steuerpflichtigen für Besteuerungszeiträume nach 2016 oder Besteuerungszeitpunkte nach dem 31. Dezember 2016 auf Grund gesetzlicher Vorschriften von einem Dritten als mitteilungspflichtiger Stelle elektronisch an Finanzbehörden zu übermitteln sind.

(3) § 175 b Absatz 4 der Abgabenordnung in der am 25. Juni 2017 geltenden Fassung ist erstmals anzuwenden, wenn Daten im Sinne des § 93 c der Abgabenordnung der Finanzbehörde nach dem 24. Juni 2017 zugehen.

(4) Den Zeitpunkt der erstmaligen Anwendung des § 138 Absatz 1 b Satz 2 der Abgabenordnung in der am 1. Januar 2020 geltenden Fassung bestimmt das Bundesministerium der Finanzen im Einvernehmen mit den obersten Finanzbehörden der Länder durch ein im Bundessteuerblatt zu veröffentlichendes Schreiben.[2] Bis zu diesem Zeitpunkt sind die Auskünfte im Sinne des § 138 Absatz 1 b Satz 1 der Abgabenordnung nach amtlich vorgeschriebenem Vordruck zu erteilen.

(5) § 175 b Absatz 4 der Abgabenordnung in der am 6. Dezember 2024 geltenden Fassung ist erstmals auf Verwaltungsakte anzuwenden, die nach dem 5. Dezember 2024 erlassen worden sind.

47 **§ 28[3] Elektronische Bekanntgabe von Verwaltungsakten**

(1) § 87 a Absatz 7 und 8, die §§ 122 a und 169 Absatz 1 der Abgabenordnung in der am 1. Januar 2017 geltenden Fassung sind erstmals auf Verwaltungsakte anzuwenden, die nach dem 31. Dezember 2016 erlassen worden sind. § 8 Absatz 4 Satz 4 gilt entsprechend.

---

[1] Art. 97 § 27 angef. durch G v. 18. 7. 2016 (BGBl. I S. 1679); Abs. 3 angef. durch G v. 23. 6. 2017 (BGBl. I S. 1682); Abs. 4 angef. durch G v. 22. 11. 2019 (BGBl. I S. 1746); Abs. 5 angef. durch G v. 2. 12. 2024 (BGBl. I Nr. 387).

[2] Vgl. *BMF-Schreiben vom 17. 9. 2021, BStBl. I S. 1762,* abgedruckt als Anlage zu § 138 AO.

[3] Art. 97 § 28 angef. durch G v. 18. 7. 2016 (BGBl. I S. 1679); Abs. 2 angef. durch G v. 23. 10. 2024 (BGBl. I Nr. 323).

(2) Die §§ 122a und 169 Absatz 1 Satz 3 Nummer 1 der Abgabenordnung in der am 1. Januar 2026 geltenden Fassung sind erstmals auf Verwaltungsakte anzuwenden, die nach dem 31. Dezember 2025 erlassen worden sind. Abweichend von Satz 1 ist § 122a Absatz 1 Satz 2 der Abgabenordnung in der am 1. Januar 2026 geltenden Fassung erstmalig auf Verwaltungsakte anzuwenden, die nach dem 31. Dezember 2026 erlassen worden sind.

§ 29[1] Abweichende Festsetzung von Steuern aus Billigkeitsgründen 48

§ 163 der Abgabenordnung in der am 1. Januar 2017 geltenden Fassung ist für nach dem 31. Dezember 2017 getroffene Billigkeitsmaßnahmen auch dann anzuwenden, wenn sie Besteuerungszeiträume oder Besteuerungszeitpunkte betreffen, die vor dem 1. Januar 2017 abgelaufen oder eingetreten sind.

§ 30[2] Ordnungsvorschrift für die Buchführung und für Aufzeichnungen mittels elektronischer Aufzeichnungssysteme 49

(1) Die §§ 146a und 379 Absatz 1 Satz 1 und Absatz 4 der Abgabenordnung in der am 29. Dezember 2016 geltenden Fassung sowie § 379 Absatz 5 und 6 der Abgabenordnung in der am 25. Juni 2017 geltenden Fassung sind erstmals für Kalenderjahre nach Ablauf des 31. Dezember 2019 anzuwenden. Die Mitteilung nach § 146a Absatz 4 der Abgabenordnung in der am 29. Dezember 2016 geltenden Fassung ist für elektronische Aufzeichnungssysteme, die der Steuerpflichtige vor dem 1. Januar 2020 angeschafft hat, bis zum 31. Januar 2020 zu erstatten.

(2) § 146b der Abgabenordnung in der am 29. Dezember 2016 geltenden Fassung ist nach Ablauf des 31. Dezember 2017 anzuwenden. § 146b Absatz 2 Satz 2 der Abgabenordnung ist in der am 29. Dezember 2016 geltenden Fassung vor dem 1. Januar 2020 mit der Maßgabe anzuwenden, dass keine Datenübermittlung über die einheitliche Schnittstelle verlangt werden kann oder dass diese auf einem maschinell auswertbaren Datenträger nach den Vorgaben der einheitlichen Schnittstelle zur Verfügung gestellt werden muss. § 146b Absatz 1 Satz 2 der Abgabenordnung in der am 29. Dezember 2016 geltenden Fassung ist erstmals für Kalenderjahre nach Ablauf des 31. Dezember 2019 anzuwenden.

(3) Wurden Registrierkassen nach dem 25. November 2010 und vor dem 1. Januar 2020 angeschafft, die den Anforderungen des BMF-Schreibens vom 26. November 2010 (BStBl. I S. 1342) entsprechen und die bauartbedingt nicht aufrüstbar sind, so dass sie die Anforderungen des § 146a der Abgabenordnung nicht erfüllen, dürfen diese Registrierkassen bis zum 31. Dezember 2022 abweichend von den § 146a und § 379 Absatz 1 Satz 1 und Absatz 4 der Abgabenordnung weiterverwendet werden.

§ 31[3] Länderbezogener Bericht multinationaler Unternehmensgruppen 50

§ 138a Absatz 1, 2, 3, 6 und 7 der Abgabenordnung in der am 24. Dezember 2016 geltenden Fassung ist erstmals für Wirtschaftsjahre anzuwenden, die nach dem 31. Dezember 2015 beginnen. § 138a Absatz 4 und 5 der Abgabenordnung in der am 24. Dezember 2016 geltenden Fassung ist erstmals für Wirtschaftsjahre anzuwenden, die nach dem 31. Dezember 2016 beginnen. § 138a Absatz 2 der Abgabenordnung in der am 29. Dezember 2020 geltenden Fassung ist auf alle offenen Fälle anzuwenden.

§ 32[4] Mitteilungspflicht über Beziehungen zu Drittstaat-Gesellschaften 50a

(1) § 138 Absatz 2 bis 5, § 138b und § 379 Absatz 2 Nummer 1d der Abgabenordnung in der am 25. Juni 2017 geltenden Fassung sind erstmals auf mitteilungspflichtige Sachverhalte anzuwenden, die nach dem 31. Dezember 2017 verwirklicht worden sind. Auf Sachverhalte, die vor dem 1. Januar 2018 verwirklicht worden sind, ist § 138 Absatz 2 und 3 der Abgabenordnung in der am 24. Juni 2017 geltenden Fassung weiter anzuwenden.

(2) Inländische Steuerpflichtige im Sinne des § 138 Absatz 2 Satz 1 der Abgabenordnung in der am 25. Juni 2017 geltenden Fassung, die vor dem 1. Januar 2018 erstmals unmittelbar oder mittelbar einen beherrschenden oder bestimmenden Einfluss auf die gesellschaftsrechtlichen, finanziellen oder geschäftlichen Angelegenheiten einer Drittstaat-Gesellschaft im Sinne des § 138 Absatz 3 der Abgabenordnung in der am 25. Juni 2017 geltenden Fassung ausüben konnten, haben dies dem für sie nach den §§ 18 bis 20 der Abgabenordnung zuständigen Finanzamt mitzuteilen, wenn dieser Einfluss auch noch am 1. Januar 2018 fortbesteht. § 138 Absatz 5 der Abgabenordnung in der am 25. Juni 2017 geltenden Fassung gilt in diesem Fall entsprechend.

(3) § 138 Absatz 2 und 5 der Abgabenordnung in der am 29. Dezember 2020 geltenden Fassung ist auf alle offenen Fälle anzuwenden.

---

[1] Art. 97 § 29 angef. durch G v. 18. 7. 2016 (BGBl. I S. 1679).
[2] Art. 97 § 30 angef. durch G v. 22. 12. 2016 (BGBl. I S. 3152); Abs. 1 S. 1 neu gef. durch G vom 23. 6. 2017 (BGBl. I S. 1682).
[3] Art. 97 § 31 angef. durch G v. 20. 12. 2016 (BGBl. I S. 3000); S. 3 angef. durch G v. 21. 12. 2020 (BGBl. I S. 3096).
[4] Art. 97 § 32 angef. durch G v. 23. 6. 2017 (BGBl. I S. 1682); Abs. 3 angef. durch G v. 21. 12. 2020 (BGBl. I S. 3096).

50b **§ 33[1] Mitteilungspflicht bei Steuergestaltungen**

(1) § 102 Absatz 4 Satz 3 und die §§ 138 d bis 138 k der Abgabenordnung in der am 1. Januar 2020 geltenden Fassung sind ab dem 1. Juli 2020 in allen Fällen anzuwenden, in denen das nach § 138 f Absatz 2 der Abgabenordnung in der am 1. Januar 2020 geltenden Fassung maßgebliche Ereignis nach dem 30. Juni 2020 eingetreten ist.[2]

(2) Wurde der erste Schritt einer mitteilungspflichtigen grenzüberschreitenden Steuergestaltung nach dem 24. Juni 2018 und vor dem 1. Juli 2020 umgesetzt, sind § 102 Absatz 4 Satz 3 und die §§ 138 d bis 138 k der Abgabenordnung in der am 1. Januar 2020 geltenden Fassung ab dem 1. Juli 2020 mit der Maßgabe anzuwenden, dass die Mitteilung abweichend von § 138 f Absatz 2 der Abgabenordnung in der am 1. Januar 2020 geltenden Fassung innerhalb von zwei Monaten nach dem 30. Juni 2020 zu erstatten ist.

(3) § 379 Absatz 2 Nummer 1 e bis 1 g sowie Absatz 7 der Abgabenordnung in der am 1. Januar 2020 geltenden Fassung ist ab dem 1. Juli 2020 in allen Fällen anzuwenden, in denen das nach § 138 f Absatz 2 der Abgabenordnung in der am 1. Januar 2020 geltenden Fassung maßgebliche Ereignis nach dem 30. Juni 2020 eingetreten ist.

(4) Das Bundesministerium der Finanzen erstattet dem Finanzausschuss des Deutschen Bundestages jährlich zum 1. Juni, erstmals zum 1. Juni 2021, Bericht über

1. die Anzahl der im vorangegangenen Kalenderjahr beim Bundeszentralamt für Steuern eingegangenen Mitteilungen über grenzüberschreitende Steuergestaltungen,
2. die Fallgestaltungen, deren Prüfung Anlass dafür war,
   a) dem Bundeskabinett im vorangegangenen Kalenderjahr eine Gesetzesinitiative vorzuschlagen,
   b) ein im Bundessteuerblatt zu veröffentlichendes Schreiben des Bundesministeriums der Finanzen oder einen im Bundessteuerblatt zu veröffentlichenden gleichlautenden Erlass der obersten Finanzbehörden der Länder im vorangegangenen Kalenderjahr zu erlassen oder zu ändern.

In den Fällen von Satz 1 Nummer 2 ist die Fallgestaltung im Bericht abstrakt zu beschreiben.

(5) Das Bundesministerium der Finanzen wird ermächtigt, zur zeitnahen Umsetzung unionsrechtlicher Bestimmungen hinsichtlich der Fristen zur Mitteilung grenzüberschreitender Steuergestaltungen durch ein im Bundessteuerblatt zu veröffentlichendes Schreiben von den Absätzen 1 und 2 abweichende Bestimmungen zu treffen.

(6) § 138 e Absatz 3 Satz 6 bis 8 und § 138 h Absatz 2 Satz 1 der Abgabenordnung in der Fassung des Artikels 1 des Gesetzes vom 12. Juli 2022 (BGBl. I S. 1142) sind in allen bei Inkrafttreten dieser Vorschriften anhängigen Verfahren anzuwenden.

56c **§ 34[3] Vorabverständigungsverfahren**

§ 89 a der Abgabenordnung in der am 9. Juni 2021 geltenden Fassung ist erstmals auf Anträge anzuwenden, die nach dem 8. Juni 2021 bei der zuständigen Behörde eingegangen sind. § 178 a der Abgabenordnung in der Fassung des Gesetzes vom 13. Dezember 2006 (BGBl. I S. 2878) ist letztmals auf Anträge anzuwenden, die am 8. Juni 2021 bei der zuständigen Behörde eingegangen sind.

50d **§ 35[4] Abrufverfahren bei Steuermessbeträgen und Zerlegungsbescheiden**

§ 184 Absatz 3 Satz 2 und § 188 Absatz 1 Satz 2 der Abgabenordnung finden erstmals für die Steuermessbeträge und Zerlegungsbescheide Anwendung, die für Realsteuern des Jahres 2025 maßgeblich sind. Für Zwecke der Grundsteuer findet § 188 Absatz 1 Satz 2 der Abgabenordnung erst Anwendung, wenn die technischen und organisatorischen Voraussetzungen für den elektronischen Abruf erfüllt sind, spätestens aber ab dem 1. Januar 2025.

50e **§ 36[5] Sonderregelungen auf Grund der Corona-Pandemie**

(1) § 149 Absatz 3 der Abgabenordnung in der am 19. Februar 2021 geltenden Fassung ist für den Besteuerungszeitraum 2019 mit der Maßgabe anzuwenden, dass an die Stelle des letzten Tages des Monats Februar 2021 der 31. August 2021 und an die Stelle des 31. Juli 2021 der 31. Dezember 2021 tritt; § 149 Absatz 4 der Abgabenordnung bleibt unberührt.

(2) Abweichend von § 233 a Absatz 2 Satz 1 der Abgabenordnung in der am 19. Februar 2021 geltenden Fassung beginnt der Zinslauf für den Besteuerungszeitraum 2019 am 1. Oktober 2021.

[1] Art. 97 § 33 angef. durch G v. 21. 12. 2019 (BGBl. I S. 2875); Abs. 5 angef. durch G v. 19. 6. 2020 (BGBl. I S. 1385); Abs. 6 angef. durch G v. 12. 7. 2022 (BGBl. I S. 1142).

[2] Vgl. hierzu auch *BMF-Schreiben vom 29. 4. 2020 (BStBl. I S. 519),* abgedruckt als Anlage zu § 138 f AO.

[3] Art. 97 § 34 eingef. durch G v. 29. 6. 2020 (BGBl. I S. 1512); aufgeh. durch G v. 21. 12. 2020 (BGBl. I S. 3096), eingef. durch G v. 2. 6. 2021 (BGBl. I S. 1259).

[4] Art. 97 § 35 eingef. durch G v. 21. 12. 2020 (BGBl. I S. 3096); neu gef. durch G v. 16. 12. 2022 (BGBl. I S. 2294).

[5] Art. 97 § 36 eingef. durch G v. 15. 2. 2021 (BGBl. I S. 237); Abs. 3 angef. durch G v. 25. 6. 2021 (BGBl. I S. 2035), Abs. 3 neu gef. durch G v. 19. 6. 2022 (BGBl. I S. 911).

In den Fällen des § 233 a Absatz 2 Satz 2 der Abgabenordnung in der am 19. Februar 2021 geltenden Fassung beginnt der Zinslauf für den Besteuerungszeitraum 2019 am 1. Mai 2022.

(3) Für die Besteuerungszeiträume 2020 bis 2024 sind die §§ 109, 149, 152 und 233 a der Abgabenordnung in der am 23. Juni 2022 geltenden Fassung mit folgenden Maßgaben anzuwenden:

1. In § 109 Absatz 2 Satz 1 Nummer 1 und § 149 Absatz 3 und 4 Satz 1 und 3 der Abgabenordnung tritt jeweils an die Stelle des letzten Tags des Monats Februar des zweiten auf den Besteuerungszeitraum folgenden Kalenderjahres
   a) für den Besteuerungszeitraum 2020 der 31. August 2022,
   b) für den Besteuerungszeitraum 2021 der 31. August 2023,
   c) für den Besteuerungszeitraum 2022 der 31. Juli 2024,
   d) für den Besteuerungszeitraum 2023 der 31. Mai 2025 und
   e) für den Besteuerungszeitraum 2024 der 30. April 2026.
2. In § 109 Absatz 2 Satz 2 und § 149 Absatz 3 und 4 Satz 5 der Abgabenordnung tritt jeweils an die Stelle des 31. Juli des zweiten auf den Besteuerungszeitraum folgenden Kalenderjahres
   a) für den Besteuerungszeitraum 2020 der 31. Januar 2023,
   b) für den Besteuerungszeitraum 2021 der 31. Januar 2024,
   c) für den Besteuerungszeitraum 2022 der 31. Dezember 2024,
   d) für den Besteuerungszeitraum 2023 der 31. Oktober 2025 und
   e) für den Besteuerungszeitraum 2024 der 30. September 2026.
3. In § 149 Absatz 2 Satz 1 der Abgabenordnung tritt an die Stelle der Angabe „sieben Monate"
   a) für die Besteuerungszeiträume 2020 und 2021 die Angabe „zehn Monate",
   b) für den Besteuerungszeitraum 2022 die Angabe „neun Monate" und
   c) für den Besteuerungszeitraum 2023 die Angabe „acht Monate.
4. In § 149 Absatz 2 Satz 2 der Abgabenordnung tritt an die Stelle der Angabe „des siebten Monats"
   a) für die Besteuerungszeiträume 2020 und 2021 die Angabe „des zehnten Monats",
   b) für den Besteuerungszeitraum 2022 die Angabe „des neunten Monats" und
   c) für den Besteuerungszeitraum 2023 die Angabe „des achten Monats".
5. In § 152 Absatz 2 Nummer 1 der Abgabenordnung tritt an die Stelle der Angabe „14 Monaten"
   a) für die Besteuerungszeiträume 2020 und 2021 die Angabe „20 Monaten",
   b) für den Besteuerungszeitraum 2022 die Angabe „19 Monaten",
   c) für den Besteuerungszeitraum 2023 die Angabe „17 Monaten" und
   d) für den Besteuerungszeitraum 2024 die Angabe „16 Monaten".
6. In § 152 Absatz 2 Nummer 2 der Abgabenordnung tritt an die Stelle der Angabe „19 Monaten"
   a) für die Besteuerungszeiträume 2020 und 2021 die Angabe „25 Monaten",
   b) für den Besteuerungszeitraum 2022 die Angabe „24 Monaten",
   c) für den Besteuerungszeitraum 2023 die Angabe „22 Monaten" und
   d) für den Besteuerungszeitraum 2024 die Angabe „21 Monaten".
7. In § 233 a Absatz 2 Satz 1 der Abgabenordnung tritt an die Stelle der Angabe „15 Monate"
   a) für die Besteuerungszeiträume 2020 und 2021 die Angabe „21 Monate",
   b) für den Besteuerungszeitraum 2022 die Angabe „20 Monate",
   c) für den Besteuerungszeitraum 2023 die Angabe „18 Monate" und
   d) für den Besteuerungszeitraum 2024 die Angabe „17 Monate".
8. In § 233 a Absatz 2 Satz 2 der Abgabenordnung tritt an die Stelle der Angabe „23 Monate"
   a) für die Besteuerungszeiträume 2020 und 2021 die Angabe „29 Monate",
   b) für den Besteuerungszeitraum 2022 die Angabe „28 Monate",
   c) für den Besteuerungszeitraum 2023 die Angabe „26 Monate" und
   d) für den Besteuerungszeitraum 2024 die Angabe „25 Monate".

§ 37[1] Modernisierung der Außenprüfung 50f

(1) Die durch Artikel 3 des Gesetzes vom 20. Dezember 2022 (BGBl. I S. 2730) geänderten Vorschriften der Abgabenordnung sind auf alle am 1. Januar 2023 anhängigen Verfahren anzuwenden, soweit in den Absätzen 2 bis 5 nichts anderes bestimmt ist.

(2) § 3 Absatz 4 Nummer 3 a, § 18 Absatz 1 Nummer 5, § 153 Absatz 4, § 162 Absatz 3, § 171 Absatz 4, § 180 Absatz 1 a, § 181 Absatz 1 Satz 4, § 197 Absatz 5, § 199 Absatz 2 Satz 2 und 3, die §§ 200 a, 202 Absatz 1 Satz 4 und Absatz 3 sowie § 204 Absatz 2 der Abgabenordnung in der am 1. Januar 2023 geltenden Fassung sind vorbehaltlich des Absatzes 3 erstmals auf Steuern und Steuervergütungen anzuwenden, die nach dem 31. Dezember 2024 entstehen. Für Steuern und Steuervergütungen, die vor dem 1. Januar 2025 entstehen, sind § 162 Absatz 3, § 171 Absatz 4 sowie § 204 der Abgabenordnung in der am 31. Dezember 2022 geltenden Fassung vorbehaltlich

[1] Art. 97 § 37 eingef. durch G v. 20. 12. 2022 (BGBl. I S. 2730); Abs. 1–3 geänd. und Abs. 5 angef. durch G v. 23. 10. 2024 (BGBl. I Nr. 323).

des Absatzes 3 weiterhin anzuwenden. Die Sätze 1 und 2 gelten für gesonderte Feststellungen von Besteuerungsgrundlagen entsprechend.

(3) § 3 Absatz 4 Nummer 3 a, § 18 Absatz 1 Nummer 5, § 153 Absatz 4, § 162 Absatz 3, § 180 Absatz 1 a, § 181 Absatz 1 Satz 4, § 199 Absatz 2 Satz 2 und 3, § 200 a Absatz 1 bis 3 und 6, § 202 Absatz 1 Satz 4 und Absatz 3 sowie § 204 Absatz 2 der Abgabenordnung in der am 1. Januar 2023 geltenden Fassung sind abweichend von Absatz 2 auch für Steuern und Steuervergütungen anzuwenden, die vor dem 1. Januar 2025 entstehen, wenn für diese Steuern und Steuervergütungen nach dem 31. Dezember 2024 eine Prüfungsanordnung nach § 196 der Abgabenordnung bekanntgegeben wurde. Satz 1 gilt für gesonderte Feststellungen von Besteuerungsgrundlagen entsprechend.

(4) § 146 Absatz 2 c der Abgabenordnung in der am 1. Januar 2025 geltenden Fassung ist vorbehaltlich des Satzes 3 erstmals auf Steuern und Steuervergütungen anzuwenden, die nach dem 31. Dezember 2024 entstehen. Für Steuern und Steuervergütungen, die vor dem 1. Januar 2025 entstehen, ist § 146 Absatz 2 c der Abgabenordnung in der am 1. Januar 2023 geltenden Fassung vorbehaltlich des Satzes 3 weiterhin anzuwenden. § 146 Absatz 2 c der Abgabenordnung in der am 1. Januar 2025 geltenden Fassung ist für Steuern und Steuervergütungen, die vor dem 1. Januar 2025 entstehen, abweichend von Satz 2 auch für Steuern und Steuervergütungen anzuwenden, die vor dem 1. Januar 2025 entstehen, wenn für diese Steuern und Steuervergütungen nach dem 31. Dezember 2024 eine Prüfungsanordnung nach § 196 der Abgabenordnung bekanntgegeben wurde. Die Sätze 1 bis 3 gelten für gesonderte Feststellungen von Besteuerungsgrundlagen entsprechend.

(5) Die durch Artikel 3 Nummer 2 und 5 des Gesetzes vom 23. Oktober 2024 (BGBl. 2024 I Nr. 323) geänderten §§ 90 und 162 Absatz 4 der Abgabenordnung sind ab dem 1. Januar 2025 anzuwenden. Bis zum 31. Dezember 2024 ist die am 31. Dezember 2022 geltende Fassung weiterhin anzuwenden.

[bis 31. 12. 2029:

50 g **§ 38[1] Erprobung alternativer Prüfungsmethoden**

(1) Soweit im Rahmen einer Außenprüfung eines Steuerpflichtigen nach den §§ 193 bis 202 der Abgabenordnung die Wirksamkeit eines von ihm eingesetzten Steuerkontrollsystems hinsichtlich der erfassten Steuerarten oder Sachverhalte überprüft wurde und kein oder nur ein unbeachtliches steuerliches Risiko für die in § 149 Absatz 3 der Abgabenordnung genannten Steuern und gesonderten Feststellungen besteht, kann die Finanzbehörde im Benehmen mit dem Bundeszentralamt für Steuern dem Steuerpflichtigen auf Antrag unter dem Vorbehalt des Widerrufs für die nächste Außenprüfung nach § 193 Absatz 1 der Abgabenordnung Beschränkungen von Art und Umfang der Ermittlungen unter der Voraussetzung verbindlich zusagen, dass keine Änderungen der Verhältnisse eintreten. Der Steuerpflichtige hat Veränderungen des Kontrollsystems zu dokumentieren und sie der Finanzbehörde unverzüglich schriftlich oder elektronisch mitzuteilen.

(2) Ein Steuerkontrollsystem umfasst alle innerbetrieblichen Maßnahmen, die gewährleisten, dass

1. die Besteuerungsgrundlagen zutreffend aufgezeichnet und berücksichtigt werden sowie
2. die hierauf entfallenden Steuern fristgerecht und vollständig abgeführt werden.

Das Steuerkontrollsystem muss die steuerlichen Risiken laufend abbilden.

(3) Systemprüfungen von Steuerkontrollsystemen und daraufhin nach Absatz 1 Satz 1 zugesagte Erleichterungen sind von den Landesfinanzbehörden bis zum 30. April 2029 zu evaluieren. Die obersten Finanzbehörden der Länder haben die Ergebnisse der Evaluierung dem Bundesministerium der Finanzen bis zum 30. Juni 2029 mitzuteilen.**]**

50 h **§ 39[2] Übergangs- und Anwendungsbestimmungen anlässlich der steuerverfahrensrechtlichen Umsetzung der Reform des Personengesellschaftsrechts**

(1) § 152 Absatz 4 Satz 3 und § 181 Absatz 2 Satz 2 Nummer 1 und 4 der Abgabenordnung in der am 1. Januar 2024 geltenden Fassung sind erstmals auf Feststellungserklärungen anzuwenden, die nach dem 31. Dezember 2023 einzureichen sind; eine Verlängerung der Feststellungserklärungsfrist nach § 109 der Abgabenordnung ist hierbei nicht zu berücksichtigen.

(2) Wird die Feststellungserklärung für eine rechtsfähige Personenvereinigung nach dem 31. Dezember 2023 und vor dem 1. Januar 2026 durch eine Person im Sinne des § 181 Absatz 2 Satz 2 Nummer 1 oder 4 der Abgabenordnung in der am 31. Dezember 2023 geltenden Fassung abgegeben, ist die rechtsfähige Personenvereinigung von ihrer Erklärungspflicht nach § 181 Absatz 2 Satz 2 Nummer 1 der Abgabenordnung in der am 1. Januar 2024 geltenden Fassung befreit.

(3) Bei einer rechtsfähigen Personenvereinigung können Verwaltungsakte und Mitteilungen, die nach der Abgabenordnung und den Steuergesetzen mit der gesonderten und einheitlichen Fest-

[1] Art. 97 § 38 eingef. und aufgeh. **mWv 1. 1. 2030** durch G v. 20. 12. 2022 (BGBl. I S. 2730).
[2] Art. 97 § 39 eingef. durch G v. 22. 12. 2023 (BGBl. I Nr. 411); Abs. 6 und 7 angef. durch G v. 2. 12. 2024 (BGBl. I Nr. 387).

stellung zusammenhängen, nach dem 31. Dezember 2023 und vor dem 1. Januar 2026 abweichend von § 183 Absatz 1 bis 3 der Abgabenordnung in der am 1. Januar 2024 geltenden Fassung auch nach Maßgabe des § 183 der Abgabenordnung in der am 31. Dezember 2023 geltenden Fassung dem Empfangsbevollmächtigten wirksam bekannt gegeben werden.

(4) Wird gegen einen vor dem 1. Januar 2024 wirksam gewordenen Bescheid über die gesonderte und einheitliche Feststellung von Besteuerungsgrundlagen Einspruch eingelegt, bestimmt sich die Einspruchsbefugnis nach § 352 der Abgabenordnung in der am 31. Dezember 2023 geltenden Fassung. Das Gleiche gilt, wenn der eine rechtsfähige Personenvereinigung betreffende Feststellungsbescheid nach dem 31. Dezember 2023 und vor dem 1. Januar 2026 nach Maßgabe von Absatz 3 dem Empfangsbevollmächtigten nach § 183 der Abgabenordnung in der bis zum 31. Dezember 2023 geltenden Fassung bekannt gegeben worden ist. Ist über den Einspruch gegen einen vor dem 1. Januar 2024 wirksam gewordenen Bescheid nach dem 31. Dezember 2023 zu entscheiden, richtet sich das weitere Verfahren nach den ab dem 1. Januar 2024 geltenden Vorschriften der Abgabenordnung.

(5) Wurde über das Vermögen einer Personenvereinigung vor dem 1. Januar 2024 das Insolvenzverfahren eröffnet, sind für Feststellungszeiträume und Feststellungszeitpunkte vor dem 1. Januar 2024 § 152 Absatz 4 Satz 3, § 181 Absatz 2 Satz 2 Nummer 1, die §§ 183 und 352 der Abgabenordnung in der am 31. Dezember 2023 geltenden Fassung weiterhin anzuwenden.

(6) Soweit für eine Körperschaft im Sinne des § 14 b Absatz 1 Satz 2 der Abgabenordnung in der am 1. Januar 2024 geltenden Fassung vor dem 1. Januar 2024 Verwaltungsakte ergangen sind, wirken diese Verwaltungsakte ab dem 1. Januar 2024 auch gegenüber der Körperschaft. Ab dem 1. Januar 2024 bestimmt sich das weitere Verfahren nach den ab dem 1. Januar 2024 geltenden Vorschriften der Abgabenordnung. Die Sätze 1 und 2 gelten für Verwaltungsakte, die nach dem 31. Dezember 2023 und vor dem 1. Januar 2026 abweichend von § 14 b der Abgabenordnung noch nach dem am 31. Dezember 2023 geltenden Recht bekannt gegeben wurden, entsprechend. Ist über einen Einspruch gegen einen vor dem 1. Januar 2024 wirksam gewordenen Verwaltungsakt nach dem 31. Dezember 2023 zu entscheiden, richtet sich das weitere Verfahren nach den ab dem 1. Januar 2024 geltenden Vorschriften der Abgabenordnung; dasselbe gilt für Einsprüche, die gegen Verwaltungsakte im Sinne des Satzes 3 eingelegt wurden.

(7) § 14 b Absatz 1 Satz 1 der Abgabenordnung in der am 6. Dezember 2024 geltenden Fassung ist in allen Fällen anzuwenden, in denen der Anspruch aus dem Steuerschuldverhältnis nach dem 5. Dezember 2024 entstanden ist.

[ab 1. 1. 2027:

§ 40[1] Aufbewahrungsfristen bestimmter Steuerpflichtiger

§ 147 a Absatz 1 der Abgabenordnung in der am 1. Januar 2027 geltenden Fassung ist erstmals für den Veranlagungszeitraum 2027 anzuwenden. Soweit Steuerpflichtige die Voraussetzungen des § 147 a Absatz 1 Satz 1 der Abgabenordnung in der bis zum 31. Dezember 2026 geltenden Fassung im Veranlagungszeitraum 2026 oder früher erfüllen, ist § 147 a Absatz 1 Satz 1 der Abgabenordnung in der bis zum 31. Dezember 2026 geltenden Fassung bis zum Auslaufen der Aufbewahrungsfrist nach § 147 a Absatz 1 Satz 4 der Abgabenordnung weiter anzuwenden, soweit der Steuerpflichtige nicht § 147 a Absatz 1 Satz 1 der Abgabenordnung in der am 1. Januar 2027 geltenden Fassung ab dem Veranlagungszeitraum 2027 erfüllt.]

Artikel 97 a. Überleitungsregelungen aus Anlaß der Herstellung der Einheit Deutschlands

§ 1[2] Zuständigkeit 51

(1) Für vor dem 1. Januar 1991 nach dem Recht der Bundesrepublik Deutschland oder der Deutschen Demokratischen Republik entstandene Besitz- und Verkehrssteuern, Zulagen und Prämien, auf die Abgabenrecht Anwendung findet, und dazugehörige steuerliche Nebenleistungen, bleiben die nach den bisher geltenden Vorschriften einschließlich der Vorschriften der Einzelsteuergesetze örtlich zuständigen Finanzbehörden weiterhin zuständig. Dies gilt auch für das Rechtsbehelfsverfahren.

(2) Würde durch einen Wechsel der örtlichen Zuständigkeit eine Finanzbehörde in dem in Artikel 3 des Einigungsvertrages genannten Gebiet für die gesonderte Feststellung nach § 180 Abs. 1 Nr. 1 der Abgabenordnung, für die gesonderte und einheitliche Feststellung nach der Anteilsbewertungsverordnung vom 19. Januar 1977 (BGBl. I S. 171) oder für die Besteuerung nach dem Vermögen zuständig, bleibt abweichend von § 26 Satz 1 der Abgabenordnung letztmals für Feststellungen zum 1. Januar 1998 oder für die Vermögensteuer des Kalenderjahrs 1998 die nach

[1] Art. 97 § 40 eingef. **mWv 1. 1. 2027** durch G v. 27. 3. 2024 (BGBl. I Nr. 108).

[2] Art. 97 a § 1 eingef. durch Einigungsvertrag vom 31. 8. 1990 (BGBl. II S. 889, 968); Abs. 2 angef. durch G v. 24. 6. 1991 (BGBl. I S. 1322); Abs. 2 neu gef. durch G v. 13. 9. 1993 (BGBl. I S. 1569); geänd. durch G v. 21. 12. 1993 (BGBl. I S. 2310) und v. 11. 10. 1995 (BGBl. I S. 1250).

den bisherigen Verhältnissen zuständige Finanzbehörde insoweit zuständig. Dies gilt auch für das Rechtsbehelfsverfahren.

52 **§ 2[1] Überleitungsbestimmungen für die Anwendung der Abgabenordnung in dem in Artikel 3 des Einigungsvertrages genannten Gebiet**

Für die Anwendung der Abgabenordnung in dem in Artikel 3 des Einigungsvertrages genannten Gebiet gilt folgendes:

1. Verfahren, die beim Wirksamwerden des Beitritts anhängig sind, werden nach den Vorschriften der Abgabenordnung zu Ende geführt, soweit in den nachfolgenden Vorschriften nichts anderes bestimmt ist.
2. Fristen, deren Lauf vor dem Wirksamwerden des Beitritts begonnen hat, werden nach den Vorschriften der Abgabenordnung der Deutschen Demokratischen Republik (AO 1990) vom 22. Juni 1990 (Sonderdruck Nr. 1428 des Gesetzblattes) sowie des Einführungsgesetzes zur Abgabenordnung der Deutschen Demokratischen Republik vom 22. Juni 1990 (Sonderdruck Nr. 1428 des Gesetzblattes) berechnet, soweit in den nachfolgenden Vorschriften nichts anderes bestimmt ist.
3. § 152 ist erstmals auf Steuererklärungen anzuwenden, die nach dem Wirksamwerden des Beitritts einzureichen sind; eine Verlängerung der Steuererklärungsfrist ist hierbei nicht zu berücksichtigen.
4. Die Vorschriften über die Aufhebung und Änderung von Verwaltungsakten sind erstmals anzuwenden, wenn nach dem Wirksamwerden des Beitritts ein Verwaltungsakt aufgehoben oder geändert wird. Dies gilt auch dann, wenn der aufzuhebende oder zu ändernde Verwaltungsakt vor dem Wirksamwerden des Beitritts erlassen worden ist. Auf vorläufige Steuerbescheide nach § 100 Abs. 1 der Abgabenordnung (AO) der Deutschen Demokratischen Republik in der Fassung vom 18. September 1970 (Sonderdruck Nr. 681 des Gesetzblattes) ist § 165 Abs. 2, auf Steuerbescheide nach § 100 Abs. 2 der Abgabenordnung (AO) der Deutschen Demokratischen Republik in der Fassung vom 18. September 1970 (Sonderdruck Nr. 681 des Gesetzblattes) ist § 164 Abs. 2 und 3 anzuwenden.
5. Die Vorschriften über die Festsetzungsverjährung gelten für die Festsetzung sowie für die Aufhebung und Änderung der Festsetzung von Steuern, Steuervergütungen und, soweit für steuerliche Nebenleistungen eine Festsetzungsverjährung vorgesehen ist, von steuerlichen Nebenleistungen, die nach dem Wirksamwerden des Beitritts entstehen. Für vorher entstandene Ansprüche sind die Vorschriften der Abgabenordnung der Deutschen Demokratischen Republik (AO 1990) vom 22. Juni 1990 (Sonderdruck Nr. 1428 des Gesetzblattes) sowie des Einführungsgesetzes zur Abgabenordnung der Deutschen Demokratischen Republik vom 22. Juni 1990 (Sonderdruck Nr. 1428 des Gesetzblattes) über die Verjährung und über die Ausschlußfristen weiter anzuwenden, soweit sie für die Festsetzung einer Steuer, Steuervergütung oder steuerlichen Nebenleistung, für die Aufhebung oder Änderung einer solchen Festsetzung oder für die Geltendmachung von Erstattungsansprüchen von Bedeutung sind; Nummer 9 Satz 2 bis 4 bleibt unberührt. Sätze 1 und 2 gelten sinngemäß für die gesonderte Feststellung von Besteuerungsgrundlagen sowie für die Festsetzung, Zerlegung und Zuteilung von Steuermeßbeträgen. Bei der Einheitsbewertung tritt an die Stelle des Zeitpunkts der Entstehung des Steueranspruchs der Zeitpunkt, auf den die Hauptfeststellung, die Fortschreibung, die Nachfeststellung oder die Aufhebung eines Einheitswertes vorzunehmen ist.
6. §§ 69 bis 76 und 191 Abs. 3 bis 5 sind anzuwenden, wenn der haftungsbegründende Tatbestand nach dem Wirksamwerden des Beitritts verwirklicht worden ist.
7. Bei der Anwendung des § 141 Abs. 1 Nr. 3 tritt an die Stelle des Wirtschaftswerts der Ersatzwirtschaftswert (§ 125 des Bewertungsgesetzes). Satz 1 ist letztmals für gesonderte Feststellungen auf den 1. Januar 2024 anzuwenden.
8. Die Vorschriften über verbindliche Zusagen auf Grund einer Außenprüfung (§§ 204 bis 207) sind anzuwenden, wenn die Schlußbesprechung nach dem Wirksamwerden des Beitritts stattfindet oder, falls eine solche nicht erforderlich ist, wenn dem Steuerpflichtigen der Prüfungsbericht nach dem Wirksamwerden des Beitritts zugegangen ist. Hat die Schlußbesprechung nach dem 30. Juni 1990 und vor dem Wirksamwerden des Beitritts stattgefunden oder war eine solche nicht erforderlich und ist der Prüfungsbericht dem Steuerpflichtigen nach dem 30. Juni 1990 und vor dem Wirksamwerden des Beitritts zugegangen, sind die bisherigen Vorschriften der Abgabenordnung der Deutschen Demokratischen Republik (AO 1990) vom 22. Juni 1990 (Sonderdruck Nr. 1428 des Gesetzblattes) sowie des Einführungsgesetzes zur Abgabenordnung der Deutschen Demokratischen Republik vom 22. Juni 1990 (Sonderdruck Nr. 1428 des Gesetzblattes) über verbindliche Zusagen auf Grund einer Außenprüfung weiter anzuwenden.

[1] Art. 97 a § 2 eingef. durch Einigungsvertrag vom 31. 8. 1990 (BGBl. II S. 889, 968); Nr. 7 S. 2 angef. mWv 1. 1. 2025 durch G v. 26. 11. 2019 (BGBl. I S. 1794).

9. Die Vorschriften über die Zahlungsverjährung gelten für alle Ansprüche im Sinne des § 228 Satz 1, deren Verjährung gemäß § 229 nach dem Wirksamwerden des Beitritts beginnt. Liegen die Voraussetzungen des Satzes 1 nicht vor, so sind für die Ansprüche weiterhin die Vorschriften der Abgabenordnung der Deutschen Demokratischen Republik (AO 1990) vom 22. Juni 1990 (Sonderdruck Nr. 1428 des Gesetzblattes) sowie des Einführungsgesetzes zur Abgabenordnung der Deutschen Demokratischen Republik vom 22. Juni 1990 (Sonderdruck Nr. 1428 des Gesetzblattes) über die Verjährung und Ausschlußfristen anzuwenden. Die Verjährung wird jedoch ab Wirksamwerden des Beitritts nur noch nach den §§ 230 und 231 gehemmt und unterbrochen. Auf die nach § 231 Abs. 3 beginnende neue Verjährungsfrist sind die §§ 228 bis 232 anzuwenden.
10. Zinsen entstehen für die Zeit nach dem Wirksamwerden des Beitritts nach den Vorschriften der Abgabenordnung. Die Vorschriften des § 233 a über die Verzinsung von Steuernachforderungen und Steuererstattungen sind erstmals für Steuern anzuwenden, die nach dem 31. Dezember 1990 entstehen. Ist eine Steuer über den Tag des Wirksamwerdens des Beitritts hinaus zinslos gestundet worden, so gilt dies als Verzicht auf Zinsen im Sinne des § 234 Abs. 2. Die Vorschriften des § 239 Abs. 1 über die Festsetzungsfrist gelten in allen Fällen, in denen die Festsetzungsfrist auf Grund dieser Vorschrift nach dem Wirksamwerden des Beitritts beginnt.
11. § 240 ist erstmals auf Säumniszuschläge anzuwenden, die nach dem Wirksamwerden des Beitritts verwirkt werden.
12. Wird ein Verwaltungsakt angefochten, der vor dem Wirksamwerden des Beitritts wirksam geworden ist, bestimmt sich die Zulässigkeit des außergerichtlichen Rechtsbehelfs nach den bisherigen Vorschriften; ist über den Rechtsbehelf nach dem Wirksamwerden des Beitritts zu entscheiden, richten sich die Art des außergerichtlichen Rechtsbehelfs sowie das weitere Verfahren nach den neuen Vorschriften.
13. Eine vor dem Wirksamwerden des Beitritts begonnene Maßnahme der Zwangsvollstreckung ist nach dem bisherigen Recht zu erledigen. Werden weitere selbständige Maßnahmen zur Fortsetzung der bereits begonnenen Zwangsvollstreckung nach dem Wirksamwerden des Beitritts eingeleitet, gelten die Vorschriften der Abgabenordnung. Als selbständige Maßnahme gilt auch die Verwertung eines gepfändeten Gegenstandes.

§ 3[1] Festsetzungsverjährung und D-Markbilanzgesetz 53

(1) Bei Steuerpflichtigen, die nach dem D-Markbilanzgesetz vom 31. August 1990 in der Fassung vom 28. Juli 1994 (BGBl. I S. 1842) eine Eröffnungsbilanz für den 1. Juli 1990 aufzustellen haben, beträgt die Festsetzungsfrist insoweit abweichend von § 169 Abs. 2 Satz 1 Nr. 2 der Abgabenordnung für Steuern vom Einkommen, die nach dem 30. Juni 1990 und vor dem 1. Januar 1993 entstehen, sechs Jahre. Soweit diese Steuern leichtfertig verkürzt worden sind, beträgt die Festsetzungsfrist abweichend von § 169 Abs. 2 Satz 2 der Abgabenordnung sieben Jahre.

(2) Für Gesellschaften und Gemeinschaften, für die Einkünfte nach § 180 Abs. 1 Nr. 2 Buchstabe a der Abgabenordnung einheitlich und gesondert festzustellen sind, gilt Absatz 1 für die Feststellungsfrist sinngemäß.

(3) Die Festsetzungsfrist für Haftungsbescheide, denen die in den Absätzen 1 und 2 genannten Steueransprüche zugrunde liegen, beträgt abweichend von § 191 Abs. 3 Satz 2 der Abgabenordnung sechs Jahre, in den Fällen des § 70 der Abgabenordnung bei Steuerhinterziehung zehn Jahre, bei leichtfertiger Steuerverkürzung sieben Jahre, in den Fällen des § 71 der Abgabenordnung zehn Jahre.

§ 4[2] Verrechnung der für das zweite Halbjahr 1990 gezahlten Vermögensteuer 54

Die nach der Verordnung vom 27. Juni 1990 (GBl. I Nr. 41 S. 618) in der zusammengefaßten Steuerrate für das zweite Halbjahr 1990 gezahlte Vermögensteuer ist in der Jahreserklärung 1990 innerhalb der Steuerrate mit der Körperschaftsteuer und Gewerbesteuer der in Kapitalgesellschaften umgewandelten ehemaligen volkseigenen Kombinate, Betriebe und Einrichtungen zu verrechnen.

§ 5[3] *(aufgehoben)*

Artikel 98. Verweisungen 55

Soweit in Rechtsvorschriften auf Vorschriften verwiesen wird, die durch dieses Gesetz aufgehoben werden, treten an deren Stelle die entsprechenden Vorschriften der Abgabenordnung.

[1] Art. 97 a § 3 eingef. durch G v. 18. 12. 1995 (BGBl. I S. 1959).
[2] Art. 97 a § 4 eingef. als § 3 durch G v. 24. 6. 1991 (BGBl. I S. 1322).
[3] Art. 97 a § 5 eingef. durch G v. 20. 12. 2001 (BGBl. I S. 3794) und aufgeh. durch G v. 5. 5. 2004 (BGBl. I S. 718).

Artikel 99. Ermächtigungen

56 (1) Das Bundesministerium der Finanzen wird ermächtigt, durch Rechtsverordnung in den Fällen, in denen Verbrauchsteuergesetze für verbrauchsteuerpflichtige Waren Steuerbefreiungen, Steuerermäßigungen oder sonstige Steuervergünstigungen unter der Bedingung vorsehen, daß diese Waren einer besonderen Bestimmung zugeführt werden, zur Sicherung des Steueraufkommens und zur Vereinfachung des Verfahrens anzuordnen, dass

1. die Steuer nur bedingt entsteht; bei einer Steuerermäßigung gilt dies in Höhe des Unterschiedes zwischen dem vollen und dem ermäßigten Steuersatz,
2. eine bedingte Steuer außer in sonst gesetzlich bestimmten Fällen auch unbedingt wird, wenn
   a) die verbrauchsteuerpflichtige Ware entgegen Rechtsvorschriften über das Verfahren der Steueraufsicht vorenthalten oder entzogen wird,
   b) eine befristete Erlaubnis für die Inanspruchnahme einer Steuervergünstigung erlischt, hinsichtlich der in diesem Zeitpunkt beim Inhaber der Erlaubnis noch vorhandenen Bestände an von ihm steuerbegünstigt bezogenen verbrauchsteuerpflichtigen Waren.

(2) Rechtsverordnungen nach Absatz 1 und andere Rechtsverordnungen, die auf Grund der in diesem Gesetz enthaltenen Ermächtigungen auf dem Gebiet der Verbrauchsteuern und Finanzmonopole (Artikel 20 bis 32) erlassen werden, bedürfen, außer wenn sie die Biersteuer betreffen, nicht der Zustimmung des Bundesrates.

Artikel 100. Ermächtigung zur Neubekanntmachung[1] *(aufgehoben)*

Artikel 101. Übergangsvorschrift zum Gesetz über den Informationsaustausch zwischen den Strafverfolgungsbehörden der Mitgliedstaaten der Europäischen Union[2]

57 (1) § 383a der Abgabenordnung und § 11 der FATCA-USA-Umsetzungsverordnung in der am 14. Februar 2026 geltenden Fassung sind auf alle Handlungen oder Unterlassungen anzuwenden, die nach dem 13. Februar 2026 begangen werden.

(2) § 379 Absatz 2 Nummer 1b der Abgabenordnung in der Fassung vom 18. Dezember 2013 und § 11 der FATCA-USA-Umsetzungsverordnung in der Fassung vom 29. Juli 2014 sind weiterhin anzuwenden, soweit die Handlungen oder Unterlassungen vor dem 14. Februar 2026 begangen wurden.

Artikel 102. Inkrafttreten[3]

58 (1) Dieses Gesetz tritt am 1. Januar 1977 in Kraft, soweit nichts anderes bestimmt ist.

(2) § 17 Abs. 3 des Finanzverwaltungsgesetzes in der Fassung des Artikels 1 Nr. 7 Buchstabe b, Artikel 11, Artikel 17 Nr. 13 Buchstabe c, Artikel 97 § 19 und Artikel 99 treten am Tage nach der Verkündung[4] in Kraft.

(3) Artikel 14 Nr. 1 Buchstabe a gilt erstmals für die Vermögensteuer des Kalenderjahres 1975.

---

[1] Art. 100 aufgeh. durch G v. 21. 12. 1993 (BGBl. I S. 2310).

[2] Art. 101 neu gef. durch G v. 10. 2. 2026 (BGBl. 2026 I Nr. 39).

[3] Art. 102 betrifft das Inkrafttreten in der ursprünglichen Fassung. Das Inkrafttreten der späteren Änderungen ergibt sich aus den jeweiligen Änderungsgesetzen.

[4] Verkündet am 17. 12. 1976.

2) Verwaltungszustellungsgesetz (VwZG)

Vom 12. August 2005 (BGBl. I S. 2354)[1]

BGBl. III/FNA 201-9

Geändert durch Gesetz vom 23. 10. 2008 (BGBl. I S. 2026), vom 11. 12. 2008 (BGBl. I S. 2418), vom 28. 4. 2011 (BGBl. I S. 666), vom 22. 12. 2011 (BGBl. I S. 3044), vom 10. 10. 2013 (BGBl. I S. 3786), vom 18. 7. 2017 (BGBl. I S. 2745), vom 4. 5. 2021 (BGBl. I S. 882), vom 7. 7. 2021 (BGBl. I S. 2363), vom 10. 8. 2021 (BGBl. I S. 3436), vom 22. 12. 2023 (BGBl. I Nr. 411) und vom 15. 7. 2024 (BGBl. I Nr. 236)

§ 1 Anwendungsbereich 1

(1) Die Vorschriften dieses Gesetzes gelten für das Zustellungsverfahren der Bundesbehörden, der bundesunmittelbaren Körperschaften, Anstalten und Stiftungen des öffentlichen Rechts und der Landesfinanzbehörden.

(2) Zugestellt wird, soweit dies durch Rechtsvorschrift oder behördliche Anordnung bestimmt ist.

§ 2[2] Allgemeines 2

(1) Zustellung ist die Bekanntgabe eines schriftlichen oder elektronischen Dokuments in der in diesem Gesetz bestimmten Form.

(2) Die Zustellung wird durch einen Erbringer von Postdienstleistungen (Post), einen nach § 17 des De-Mail-Gesetzes akkreditierten Diensteanbieter oder durch die Behörde ausgeführt. Daneben gelten die in den §§ 9 und 10 geregelten Sonderarten der Zustellung.

(3) Die Behörde hat die Wahl zwischen den einzelnen Zustellungsarten. § 5 Absatz 5 Satz 2 bleibt unberührt.

§ 3[3] Zustellung durch die Post mit Zustellungsurkunde 3

(1) Soll durch die Post mit Zustellungsurkunde zugestellt werden, übergibt die Behörde der Post den Zustellungsauftrag, das zuzustellende Dokument in einem verschlossenen Umschlag und einen vorbereiteten Vordruck einer Zustellungsurkunde.

(2) Für die Ausführung der Zustellung gelten die §§ 177 bis 182 der Zivilprozessordnung entsprechend.[4] Im Fall des § 181 Abs. 1 der Zivilprozessordnung kann das zuzustellende Dokument bei einer von der Post dafür bestimmten Stelle am Ort der Zustellung oder am Ort des Amtsgerichts, in dessen Bezirk der Ort der Zustellung liegt, niedergelegt werden oder bei der Behörde, die den Zustellungsauftrag erteilt hat, wenn sie ihren Sitz an einem der vorbezeichneten Orte hat.

---

[1] Das Verwaltungszustellungsgesetz ist als Art. 1 des Gesetzes zur Novellierung des Verwaltungszustellungsrechts v. 12. 8. 2005 (BGBl. I S. 2354) verkündet worden.

[2] § 2 Abs. 3 Satz 2 angef. durch G v. 11. 12. 2008 (BGBl. I S. 2418); Abs. 2 Satz 1 und Abs. 3 Satz 2 geänd. durch G v. 28. 4. 2011 (BGBl. I S. 666).

[3] Bei der förmlichen Zustellung eines Bescheids über die gesonderte Feststellung von Besteuerungsgrundlagen durch Postzustellungsurkunde müssen Zustellungsurkunde und Sendung einen Hinweis auf den Gegenstand der Feststellung enthalten *(BFH-Urteil vom 13. 10. 2005 IV R 44/03, BStBl. II 2006 S. 214)*.

Werden mehrere Schriftstücke verschiedenen Inhalts in einem Briefumschlag mit Postzustellungsurkunde zugestellt, müssen die fraglichen Vorgänge derart durch Zahlen und Buchstaben gekennzeichnet sein, dass der Empfänger die Sendung eindeutig den Vorgängen zuordnen kann *(BFH-Beschluss vom 7. 11. 2008* X B 137/08, BFH/NV 2009 S. 197).

Eine auf ein deutsches Zustellungsersuchen hin ausgestellte Zustellungsurkunde der ersuchten ausländischen Behörde begründet als öffentliche Urkunde vollen Beweis der darin bezeugten Tatsachen nach § 418 ZPO. Dies gilt selbst dann, wenn sie nicht dem Muster des Europäischen Übereinkommens über die Zustellung von Schriftstücken in Verwaltungssachen im Ausland entspricht (BFH-Beschluss vom 15. 4. 2011 VII B 98/11, BFH/NV 2012 S. 744).

BFH-Urteil vom 21. 1. 2015 X R 16/12, BFH/NV S. 815: Die Beweiskraft der Zustellungsurkunde erstreckt sich nicht nur auf das Einlegen des Schriftstücks in den zum Geschäftsraum gehörenden Briefkasten oder in eine ähnliche Vorrichtung, sondern auch darauf, dass der Zusteller unter der ihm angegebenen Anschrift weder den Adressaten persönlich noch eine zur Entgegennahme einer Ersatzzustellung in Betracht kommende Person angetroffen hat (Anschluss an *BFH-Beschluss vom 4. Juli 2008 IV R 78/05, BFH/NV 2008 S. 1860*).

[4] *BFH-Zwischenurteil vom 25. 6. 2024 X R 13/23, BFH/NV S. 1420*: 1. Eine wirksame Ersatzzustellung durch Einlegen in einen Briefkasten (§ 180 ZPO) setzt voraus, dass zuvor ein erfolgloser Versuch der Ersatzzustellung in der Wohnung oder den Geschäftsräumen des Adressaten (§ 178 Abs. 1 Nr. 1, 2 ZPO) unternommen wurde (Anschluss an *Senatsurteil X R 14/21 vom 19. 10. 2022, BStBl. 2023 II S. 588)*. 2. Auch bei einer Zustellung in Geschäftsräumen an Samstagen muss zunächst versucht werden, die Zustellung durch persönliche Übergabe zu bewirken. Es kommt nicht darauf an, ob in dem Geschäftsraum tatsächlich eine Person anwesend war, die das Schriftstück persönlich hätte entgegennehmen können. Entscheidend ist vielmehr, dass die Zustellperson einen Sachverhalt (vorheriger Versuch einer persönlichen Übergabe) beurkundet hat, der nicht dem tatsächlichen Geschehensablauf entspricht.

Verstößt eine Ersatzzustellung durch Einlegen in den Briefkasten gegen zwingende Zustellungsvorschriften, weil der Zusteller entgegen § 180 Satz 3 ZPO auf dem Umschlag des zuzustellenden Schriftstücks das Datum der Zustellung nicht vermerkt hat, ist das zuzustellende Dokument i. S. des § 189 ZPO in dem Zeitpunkt dem Empfänger tatsächlich zugegangen, in dem er das Schriftstück in die Hand bekommt (BFH-Beschluss vom 6. 5. 2014 GrS 2/13, BStBl. II S. 645).

Die an den Vollstreckungsschuldner selbst vorzunehmende Zustellung der Aufforderung zur Abgabe des Vermögensverzeichnisses und der eidesstattlichen Versicherung ist in der Form der Ersatzzustellung auch dann bewirkt, wenn das Schriftstück an eine in seinem Haushalt auf Dauer, wenn auch nur stundenweise beschäftigte Haushaltshilfe übergeben wird *(BFH-Beschluss vom 5. 3. 2008 VII B 74/07, BFH/NV S. 1105)*.

Für die Zustellungsurkunde, den Zustellungsauftrag, den verschlossenen Umschlag nach Absatz 1 und die schriftliche Mitteilung nach § 181 Abs. 1 Satz 3 der Zivilprozessordnung sind die Vordrucke nach der Zustellungsvordruckverordnung[1] zu verwenden.

4 **§ 4[2] Zustellung durch die Post mittels Einschreiben**

(1) Ein Dokument kann durch die Post mittels Einschreiben durch Übergabe oder mittels Einschreiben mit Rückschein zugestellt werden.

(2) Zum Nachweis der Zustellung genügt der Rückschein. Im Übrigen gilt das Dokument am vierten Tag nach der Aufgabe zur Post als zugestellt, es sei denn, dass es nicht oder zu einem späteren Zeitpunkt zugegangen ist. Im Zweifel hat die Behörde den Zugang und dessen Zeitpunkt nachzuweisen. Der Tag der Aufgabe zur Post ist in den Akten zu vermerken.

5 **§ 5[3, 4] Zustellung durch die Behörde gegen Empfangsbekenntnis; elektronische Zustellung**

(1) Bei der Zustellung durch die Behörde händigt der zustellende Bedienstete das Dokument dem Empfänger in einem verschlossenen Umschlag aus. Das Dokument kann auch offen ausgehändigt werden, wenn keine schutzwürdigen Interessen des Empfängers entgegenstehen. Der Empfänger hat ein mit dem Datum der Aushändigung versehenes Empfangsbekenntnis zu unterschreiben. Der Bedienstete vermerkt das Datum der Zustellung auf dem Umschlag des auszuhändigenden Dokuments oder bei offener Aushändigung auf dem Dokument selbst.

(2) Die §§ 177 bis 181 der Zivilprozessordnung sind anzuwenden. Zum Nachweis der Zustellung ist in den Akten zu vermerken:

1. im Fall der Ersatzzustellung in der Wohnung, in Geschäftsräumen und Einrichtungen nach § 178 der Zivilprozessordnung der Grund, der diese Art der Zustellung rechtfertigt,
2. im Fall der Zustellung bei verweigerter Annahme nach § 179 der Zivilprozessordnung, wer die Annahme verweigert hat und dass das Dokument am Ort der Zustellung zurückgelassen oder an den Absender zurückgesandt wurde sowie der Zeitpunkt und der Ort der verweigerten Annahme,
3. in den Fällen der Ersatzzustellung nach den §§ 180 und 181 der Zivilprozessordnung der Grund der Ersatzzustellung sowie wann und wo das Dokument in einen Briefkasten eingelegt oder sonst niedergelegt und in welcher Weise die Niederlegung schriftlich mitgeteilt wurde.

Im Fall des § 181 Abs. 1 der Zivilprozessordnung kann das zuzustellende Dokument bei der Behörde, die den Zustellungsauftrag erteilt hat, niedergelegt werden, wenn diese Behörde ihren Sitz am Ort der Zustellung oder am Ort des Amtsgerichts hat, in dessen Bezirk der Ort der Zustellung liegt.

(3) Zur Nachtzeit, an Sonntagen und allgemeinen Feiertagen darf nach den Absätzen 1 und 2 im Inland nur mit schriftlicher oder elektronischer Erlaubnis des Behördenleiters zugestellt werden. Die Nachtzeit umfasst die Stunden von 21 bis 6 Uhr. Die Erlaubnis ist bei der Zustellung abschriftlich mitzuteilen. Eine Zustellung, bei der diese Vorschriften nicht beachtet sind, ist wirksam, wenn die Annahme nicht verweigert wird.

(4)[5] Das Dokument kann an Behörden, Körperschaften, Anstalten und Stiftungen des öffentlichen Rechts, an Rechtsanwälte, Patentanwälte, Notare, Steuerberater, Steuerbevollmächtigte, Wirtschaftsprüfer, vereidigte Buchprüfer, Berufsausübungsgesellschaften im Sinne der Bundesrechtsanwaltsordnung, der Patentanwaltsordnung und des Steuerberatungsgesetzes, Wirtschaftsprüfungsgesellschaften und Buchprüfungsgesellschaften auch auf andere Weise, auch elektronisch, gegen Empfangsbekenntnis zugestellt werden.

(5) Ein elektronisches Dokument kann im Übrigen unbeschadet des Absatzes 4 elektronisch zugestellt werden, soweit der Empfänger hierfür einen Zugang eröffnet. Es ist elektronisch zuzustellen, wenn auf Grund einer Rechtsvorschrift ein Verfahren auf Verlangen des Empfängers in elektronischer Form abgewickelt wird. Für die Übermittlung ist das Dokument mit einer qualifizierten elektronischen Signatur zu versehen und gegen unbefugte Kenntnisnahme Dritter zu schützen.

---

[1] Vom 12. 2. 2002 (BGBl. I S. 619).

[2] § 4 Abs. 2 Satz 2 geänd. durch G v. 15. 7. 2024 (BGBl. I Nr. 236)

[3] § 5 Abs. 4 Satz 2 aufgeh., Abs. 5 neu gef., Abs. 6 und 7 eingef. durch G v. 11. 12. 2008 (BGBl. I S. 2418); Abs. 5, Abs. 7 Sätze 2 und 4 neu gef., Abs. 7 Satz 3 geänd. durch G v. 28. 4. 2011 (BGBl. I S. 666); Abs. 4 geänd. durch G v. 7. 7. 2021 (BGBl. I S. 2363); Abs. 7 Satz 2 geänd. durch G v. 15. 7. 2024 (BGBl. I Nr. 236).

[4] Die Zustellung eines Urteils gegen Empfangsbekenntnis nach § 174 ZPO ist nicht bereits mit der Einlegung in ein Postfach des Anwalts oder mit dem Eingang in der Kanzlei des Bevollmächtigten bewirkt, sondern erst dann, wenn der Anwalt es entgegengenommen und seinen Willen dahin gebildet hat, die Übersendung des Urteils mit der Post als Zustellung gelten zu lassen *(BFH-Beschluss vom 21. 2. 2007 VII B 84/06, BStBl. 2007 II S. 583).*

[5] *BFH-Beschluss vom 23. 2. 2006 IX B 206/05, BFH/NV S. 1667:* Das von einem Rechtsanwalt unterzeichnete Empfangsbekenntnis erbringt grundsätzlich den vollen Beweis für den Zeitpunkt der Zustellung. Dies gilt nur dann nicht, wenn durch Gegenbeweis jede Möglichkeit für die Richtigkeit des Empfangsbekenntnisses ausgeschlossen ist (Anschluss an *BFH-Beschluss vom 31. 10. 19.96 VIII B 11/96, BFH/NV 1997 S. 459*).

(6) Bei der elektronischen Zustellung ist die Übermittlung mit dem Hinweis „Zustellung gegen Empfangsbekenntnis" einzuleiten. Die Übermittlung muss die absendende Behörde, den Namen und die Anschrift des Zustellungsadressaten sowie den Namen des Bediensteten erkennen lassen, der das Dokument zur Übermittlung aufgegeben hat.

(7) Zum Nachweis der Zustellung nach den Absätzen 4 und 5 genügt das mit Datum und Unterschrift versehene Empfangsbekenntnis, das an die Behörde durch die Post oder elektronisch zurückzusenden ist. Ein elektronisches Dokument gilt in den Fällen des Absatzes 5 Satz 2 am vierten Tag nach der Absendung an den vom Empfänger hierfür eröffneten Zugang als zugestellt, wenn der Behörde nicht spätestens an diesem Tag ein Empfangsbekenntnis nach Satz 1 zugeht. Satz 2 gilt nicht, wenn der Empfänger nachweist, dass das Dokument nicht oder zu einem späteren Zeitpunkt zugegangen ist. Der Empfänger ist in den Fällen des Absatzes 5 Satz 2 vor der Übermittlung über die Rechtsfolge nach den Sätzen 2 und 3 zu belehren. Zum Nachweis der Zustellung ist von der absendenden Behörde in den Akten zu vermerken, zu welchem Zeitpunkt und an welchen Zugang das Dokument gesendet wurde. Der Empfänger ist über den Eintritt der Zustellungsfiktion nach Satz 2 zu benachrichtigen.

§ 5a[1] Elektronische Zustellung gegen Abholbestätigung über De-Mail-Dienste 6

(1) Die elektronische Zustellung kann unbeschadet des § 5 Absatz 4 und 5 Satz 1 und 2 durch Übermittlung der nach § 17 des De-Mail-Gesetzes akkreditierten Diensteanbieter gegen Abholbestätigung nach § 5 Absatz 9 des De-Mail-Gesetzes an das De-Mail-Postfach des Empfängers erfolgen. Für die Zustellung nach Satz 1 ist § 5 Absatz 4 und 6 mit der Maßgabe anzuwenden, dass an die Stelle des Empfangsbekenntnisses die Abholbestätigung tritt.

(2) Der nach § 17 des De-Mail-Gesetzes akkreditierte Diensteanbieter hat eine Versandbestätigung nach § 5 Absatz 7 des De-Mail-Gesetzes und eine Abholbestätigung nach § 5 Absatz 9 des De-Mail-Gesetzes zu erzeugen. Er hat diese Bestätigungen unverzüglich der absendenden Behörde zu übermitteln.

(3) Zum Nachweis der elektronischen Zustellung genügt die Abholbestätigung nach § 5 Absatz 9 des De-Mail-Gesetzes. Für diese gelten § 371 Absatz 1 Satz 2 und § 371a Absatz 3 der Zivilprozessordnung.

(4) Ein elektronisches Dokument gilt in den Fällen des § 5 Absatz 5 Satz 2 am vierten Tag nach der Absendung an das De-Mail-Postfach des Empfängers als zugestellt, wenn er dieses Postfach als Zugang eröffnet hat und der Behörde nicht spätestens an diesem Tag eine elektronische Abholbestätigung nach § 5 Absatz 9 des De-Mail-Gesetzes zugeht. Satz 1 gilt nicht, wenn der Empfänger nachweist, dass das Dokument nicht oder zu einem späteren Zeitpunkt zugegangen ist. Der Empfänger ist in den Fällen des § 5 Absatz 5 Satz 2 vor der Übermittlung über die Rechtsfolgen nach den Sätzen 1 und 2 zu belehren. Als Nachweis der Zustellung nach Satz 1 dient die Versandbestätigung nach § 5 Absatz 7 des De-Mail-Gesetzes oder ein Vermerk der absendenden Behörde in den Akten, zu welchem Zeitpunkt und an welches De-Mail-Postfach das Dokument gesendet wurde. Der Empfänger ist über den Eintritt der Zustellungsfiktion nach Satz 1 elektronisch zu benachrichtigten.

§ 6[2] Zustellung an gesetzliche Vertreter 7

(1) Bei Geschäftsunfähigen oder beschränkt Geschäftsfähigen ist an ihre gesetzlichen Vertreter zuzustellen. Gleiches gilt bei Personen, für die ein Betreuer bestellt ist, soweit der Aufgabenkreis des Betreuers reicht. Das zugestellte Dokument ist der betreuten Person nach Wahl der Behörde abschriftlich mitzuteilen oder elektronisch zu übermitteln.

(2) Bei Behörden wird an den Behördenleiter, bei juristischen Personen, nicht rechtsfähigen Personenvereinigungen und Zweckvermögen an ihre gesetzlichen Vertreter zugestellt. § 34 Abs. 2 der Abgabenordnung bleibt unberührt.

(3) Bei mehreren gesetzlichen Vertretern oder Behördenleitern genügt die Zustellung an einen von ihnen.

(4) Der zustellende Bedienstete braucht nicht zu prüfen, ob die Anschrift den Vorschriften der Absätze 1 bis 3 entspricht.

§ 7[3] Zustellung an Bevollmächtigte 8

(1) Zustellungen können an den allgemeinen oder für bestimmte Angelegenheiten bestellten Bevollmächtigten gerichtet werden. Sie sind an ihn zu richten, wenn er schriftliche Vollmacht vorgelegt hat. Ist ein Bevollmächtigter für mehrere Beteiligte bestellt, so genügt die Zustellung eines Dokuments an ihn für alle Beteiligten.

---

[1] § 5a eingef. durch G v. 28. 4. 2011 (BGBl. I S. 666); Abs. 3 Satz 2 geänd. durch G v. 10. 10. 2013 (BGBl. I S. 3786); Abs. 4 Satz 1 geänd. durch G v. 15. 7. 2024 (BGBl. I Nr. 236).

[2] § 6 Abs. 1 Satz 3 angef. mWv 1. 1. 2023 durch G v. 4. 5. 2021 (BGBl. I S. 882).

[3] § 7 Abs. 3 geänd. durch G v. 22. 12. 2023 (BGBl. I Nr. 411).

(2) Einem Zustellungsbevollmächtigten mehrerer Beteiligter sind so viele Ausfertigungen oder Abschriften zuzustellen, als Beteiligte vorhanden sind.

(3) Auf § 180 Abs. 2 der Abgabenordnung beruhende Regelungen und die §§ 183 und 183a der Abgabenordnung bleiben unberührt.

9 **§ 8**[1] **Heilung von Zustellungsmängeln**

Lässt sich die formgerechte Zustellung eines Dokuments nicht nachweisen oder ist es unter Verletzung zwingender Zustellungsvorschriften zugegangen, gilt es als in dem Zeitpunkt zugestellt, in dem es dem Empfangsberechtigten tatsächlich zugegangen ist, im Fall des § 5 Abs. 5 in dem Zeitpunkt, in dem der Empfänger das Empfangsbekenntnis zurückgesendet hat.

10 **§ 9**[2] **Zustellung im Ausland**

(1) Eine Zustellung im Ausland erfolgt

1. durch Einschreiben mit Rückschein, soweit die Zustellung von Dokumenten unmittelbar durch die Post völkerrechtlich zulässig ist,
2. auf Ersuchen der Behörde durch die Behörden des fremden Staates oder durch die zuständige diplomatische oder konsularische Vertretung der Bundesrepublik Deutschland,
3. auf Ersuchen der Behörde durch das Auswärtige Amt an eine Person, die das Recht der Immunität genießt und zu einer Vertretung der Bundesrepublik Deutschland im Ausland gehört, sowie an Familienangehörige einer solchen Person, wenn diese das Recht der Immunität genießen, oder
4. durch Übermittlung elektronischer Dokumente, soweit dies völkerrechtlich zulässig ist.

(2) Zum Nachweis der Zustellung nach Absatz 1 Nr. 1 genügt der Rückschein. Die Zustellung nach Absatz 1 Nr. 2 und 3 wird durch das Zeugnis der ersuchten Behörde nachgewiesen. Der Nachweis der Zustellung gemäß Absatz 1 Nr. 4 richtet sich nach § 5 Abs. 7 Satz 1 bis 3 und 5 sowie nach § 5a Absatz 3 und 4 Satz 1, 2 und 4.

(3) Die Behörde kann bei der Zustellung nach Absatz 1 Nr. 2 und 3 anordnen, dass die Person, an die zugestellt werden soll, innerhalb einer angemessenen Frist einen Zustellungsbevollmächtigten benennt, der im Inland wohnt oder dort einen Geschäftsraum hat. Wird kein Zustellungsbevollmächtigter benannt, können spätere Zustellungen bis zur nachträglichen Benennung dadurch bewirkt werden, dass das Dokument unter der Anschrift der Person, an die zugestellt werden soll, zur Post gegeben wird. Das Dokument gilt am siebenten Tag nach Aufgabe zur Post als zugestellt, wenn nicht feststeht, dass es den Empfänger nicht oder zu einem späteren Zeitpunkt erreicht hat. Die Behörde kann eine längere Frist bestimmen. In der Anordnung nach Satz 1 ist auf diese Rechtsfolgen hinzuweisen. Zum Nachweis der Zustellung ist in den Akten zu vermerken, zu welcher Zeit und unter welcher Anschrift das Dokument zur Post gegeben wurde. Ist durch Rechtsvorschrift angeordnet, dass ein Verwaltungsverfahren über eine einheitliche Stelle nach den Vorschriften des Verwaltungsverfahrensgesetzes abgewickelt werden kann, finden die Sätze 1 bis 6 keine Anwendung.

11 **§ 10**[3] **Öffentliche Zustellung**

(1) Die Zustellung kann durch öffentliche Bekanntmachung erfolgen, wenn

1. der Aufenthaltsort des Empfängers unbekannt ist und eine Zustellung an einen Vertreter oder Zustellungsbevollmächtigten nicht möglich ist,[4]
2. bei juristischen Personen, die zur Anmeldung einer inländischen Geschäftsanschrift zum Handelsregister verpflichtet sind, eine Zustellung weder unter der eingetragenen Anschrift noch

---

[1] Vgl. auch AEAO zu § 122, Nr. 4.5.

[2] § 9 Abs. 2 Satz 3 neu gef. durch G v. 11. 12. 2008 (BGBl. I S. 2418); Abs. 1 Nr. 4 geänd.; Abs. 2 Satz 3 2. HS und Abs. 3 Satz 7 angef. durch G v. 28. 4. 2011 (BGBl. I S. 666).

[3] § 10 Abs. 1 Satz 1 Nr. 2 eingef., bish. Nr. 2 wird Nr. 3 durch G v. 23. 10. 2008 (BGBl. I S. 2026); Abs. 2 Satz 1 geänd. durch G v. 22. 12. 2011 (BGBl. I S. 3044); Abs. 1 Satz 1 Nr. 2 und Nr. 3 neu gef., Nr. 4 angef. mWv 1. 1. 2024 durch G v. 10. 8. 2021 (BGBl. I S. 3436).

[4] Geht das FA davon aus, dass sich ein Steuerpflichtiger in einem bestimmten Land aufhält, ohne dessen dortige Anschrift zu kennen, muss es im Vorfeld einer öffentlichen Zustellung wegen „unbekannten Aufenthaltsorts" gemäß § 15 Abs. 1 Buchst. a VwZG (Hinweis: jetzt § 10 Abs. 1 Satz 1 Nr. 1 VwZG) versuchen, die gültige ausländische Anschrift im Wege des zwischenstaatlichen Informationsaustauschs zu ermitteln, vgl. dazu für die Streitjahre *BMF-Schreiben vom 3. 2. 19.99 (BStBl. I S. 228);* aktuell *vom 23. 11. 2015 (BStBl. I S. 928).* Erst wenn feststeht, dass eine Anschriftenermittlung auf diesem Wege nicht möglich oder fehlgeschlagen ist, darf das FA zur öffentlichen Zustellung übergehen *(BFH-Urteil vom 9. 12. 2009 X R 54/06, BStBl. 2010 II S. 1153).*

BFH-Beschluss vom 14. 4. 2011 X B 112/10, BFH/NV S. 1376: 1. Da die öffentliche Zustellung in Fällen eines unbekannten Aufenthaltsorts des Empfängers erst als letztes Mittel zulässig ist, wenn alle Möglichkeiten erschöpft sind, das Schriftstück dem Empfänger in anderer Weise zu übermitteln, sind auch über die routinemäßigen Anfragen bei der Meldebehörde hinaus weitere Nachforschungen bei anderen Einrichtungen oder Personen anzustellen, wenn die konkrete Sachverhaltsgestaltung dies nahelegt. 2. Die „einfache" Verletzung von melderechtlichen Pflichten durch den Zustellungsadressat stellt noch keine auf Verheimlichung des Wohnsitzes gerichtete Handlungsweise dar, die nach der höchstrichterlichen Rechtsprechung zu einer Reduzierung der Pflicht der Behörde zur Vornahme von Wohnsitzermittlungen führen kann.

unter einer im Handelsregister eingetragenen Anschrift einer für Zustellungen empfangsberechtigten Person oder einer ohne Ermittlungen bekannten anderen inländischen Anschrift möglich ist,

3. bei eingetragenen Personengesellschaften eine Zustellung weder unter der eingetragenen Anschrift noch unter einer im Handels- oder Gesellschaftsregister eingetragenen Anschrift einer für Zustellungen empfangsberechtigten Person oder einer ohne Ermittlungen bekannten anderen Anschrift innerhalb eines Mitgliedstaates der Europäischen Union möglich ist oder
4. sie im Fall des § 9 nicht möglich ist oder keinen Erfolg verspricht.

Die Anordnung über die öffentliche Zustellung trifft ein zeichnungsberechtigter Bediensteter.

(2) Die öffentliche Zustellung erfolgt durch Bekanntmachung einer Benachrichtigung an der Stelle, die von der Behörde hierfür allgemein bestimmt ist, oder durch Veröffentlichung einer Benachrichtigung im Bundesanzeiger. Die Benachrichtigung muss

1. die Behörde, für die zugestellt wird,
2. den Namen und die letzte bekannte Anschrift des Zustellungsadressaten,
3. das Datum und das Aktenzeichen des Dokuments sowie
4. die Stelle, wo das Dokument eingesehen werden kann,

erkennen lassen. Die Benachrichtigung muss den Hinweis[1] enthalten, dass das Dokument öffentlich zugestellt wird und Fristen in Gang gesetzt werden können, nach deren Ablauf Rechtsverluste drohen können. Bei der Zustellung einer Ladung muss die Benachrichtigung den Hinweis enthalten, dass das Dokument eine Ladung zu einem Termin enthält, dessen Versäumung Rechtsnachteile zur Folge haben kann. In den Akten ist zu vermerken, wann und wie die Benachrichtigung bekannt gemacht wurde. Das Dokument gilt als zugestellt, wenn seit dem Tag der Bekanntmachung der Benachrichtigung zwei Wochen vergangen sind.

2 a) Verfügung betr. öffentliche Zustellung bei unbekanntem Aufenthalt des Empfängers/der Empfängerin

Vom 28. April 2023 (BeckVerw 622389)

(OFD Karlsruhe S 0284 Karte 3)

1. Voraussetzungen für die öffentliche Zustellung

Die öffentliche Zustellung ist als „letztes Mittel" der Bekanntgabe nur zulässig, wenn alle Möglichkeiten erschöpft sind, das Schriftstück dem Empfänger/der Empfängerin in anderer Weise zu übermitteln. 12

Allgemeine Ermittlungspflichten

Der Aufenthaltsort des Empfängers/der Empfängerin ist nicht schon deshalb unbekannt, weil das Finanzamt seine/ihre Anschrift nicht kennt. Die Anschrift muss vielmehr allgemein unbekannt sein (BFH-Urteil vom 6. 6. 2000 VII R 55/99, BStBl. II S. 560). Dies ist durch eine Erklärung der zuletzt zuständigen Meldebehörde oder in anderer geeigneter Weise zu belegen. Die bloße Feststellung, dass sich der Empfänger/die Empfängerin bei der Meldebehörde abgemeldet hat, ist nicht ausreichend.

Das Finanzamt muss daher, bevor es durch öffentliche Bekanntmachung zustellt, die nach Sachlage gebotenen und zumutbaren Ermittlungen nach dem Aufenthaltsort anstellen. Dazu gehören insbesondere Nachforschungen bei der Meldebehörde, u. U. auch die Befragung Angehöriger oder bisheriger Vermieter des Empfängers/der Empfängerin. Auch Hinweisen auf den mutmaßlichen neuen Aufenthaltsort muss durch Rückfrage bei der dortigen Meldebehörde bzw. anderen Einrichtungen oder Personen nachgegangen werden.

Spezielle Ermittlungspflichten bei vermutetem Auslandsaufenthalt

Geht das Finanzamt davon aus, dass sich der Empfänger/die Empfängerin in einem bestimmten Land aufhält, ohne die dortige Anschrift zu kennen, muss es im Vorfeld einer öffentlichen Zustellung wegen unbekannten Aufenthaltsorts versuchen, die gültige ausländische Anschrift im Wege des zwischenstaatlichen Informationsaustauschs zu ermitteln. Erst wenn feststeht, dass eine Anschriftenermittlung auf diesem Wege nicht möglich oder fehlgeschlagen ist, darf das Finanzamt zur öffentlichen Zustellung übergehen (BFH-Urteil vom 9. 12. 2009 X R 54/06, BStBl. 2010 II S. 732).

Die Anforderungen an die Behörde, den Aufenthaltsort des Empfängers/der Empfängerin ermitteln zu müssen, dürfen aber im Einzelfall nicht überspannt werden. Eine Rechtspflicht der zustellenden Behörde, Anschriften im Ausland zu ermitteln, ist regelmäßig zu verneinen, wenn ein Fall der „Auslandsflucht" vorliegt oder wenn sich der Empfänger/die Empfängerin beim inländischen Melderegister „ins Ausland" ohne Angabe einer Anschrift abmeldet. Das Finanzamt ist in diesen Fällen vorrangig nur zu Ermittlungsmaßnahmen im Inland verpflichtet. Gleiches gilt, wenn sich der Empfänger/die Empfängerin in einer Weise verhält, die auf seine/ihre Absicht schließen lässt, den Aufenthaltsort zu verheimlichen (vgl. BFH-Urteil vom 9. 12. 2009 X R 54/06, BStBl. 2010 II S. 732).

---

[1] Ein Bescheid, dessen öffentliche Zustellung wegen des fehlenden Hinweises gemäß § 10 Abs. 2 Satz 3 VwZG unwirksam ist, geht dem Adressaten zu, wenn er seinem Prozessbevollmächtigten durch Akteneinsicht tatsächlich zur Kenntnis gelangt. Insoweit ist es unerheblich, ob sich das Original oder die Kopie des Bescheides in der Akte befand *(BFH-Urteil vom 13. 9. 2017 III R 6/17, BFH/NV 2018 S. 403).*

Fehlerfolgen

Ist das Finanzamt seiner Ermittlungspflicht nachgekommen, ist die öffentliche Zustellung zulässig, auch wenn das Ergebnis der Ermittlungshandlungen (z. B. infolge unrichtiger Auskunft) falsch war (BFH-Beschluss vom 17. 5. 1990 X S 2/90, BFH/NV 1991 S. 13). Verletzt das Finanzamt seine Ermittlungspflicht, ist die öffentliche Zustellung unwirksam, aber nach § 8 VwZG heilbar (BFH-Urteil vom 15. 1. 1991 VII R 86/89, BFH/NV 1992 S. 81), z. B. durch Übergabe einer Fotokopie des vollständigen Bescheides an den Empfänger/die Empfängerin (vgl. BFH-Urteil vom 6. 6. 2000 VII R 55/99, BStBl. II S. 560).

2. Durchführung der öffentlichen Zustellung

13 Die Anordnung der öffentlichen Zustellung trifft ein zeichnungsberechtigter Bediensteter (§ 10 Abs. 1 Satz 2 VwZG).

Die öffentliche Zustellung erfolgt grundsätzlich durch Bekanntmachung einer Benachrichtigung an der Stelle, die von der Behörde hierfür allgemein bestimmt ist (§ 10 Abs. 2 Satz 1 VwZG). Diese Stelle kann auch der Internetauftritt der Behörde sein. Die Finanzämter in Baden-Württemberg machen die Benachrichtigung auf ihrem jeweiligen Internetauftritt bekannt (OFD Karlsruhevom 13. 3. 2023 O 2000/55 – St 325; O 2200/132 – OPH 325).

Die Benachrichtigung hat die Funktion einer Erklärung, mit der die Zustellung beurkundet wird. Sie muss deshalb das zugestellte Schriftstück konkretisieren und damit einen Nämlichkeitsnachweis erbringen. Hierfür sieht § 10 Abs. 2 Satz 2 Nr. 3 VwZG die Angabe des Datums und des Aktenzeichens des Dokuments vor. Der Nämlichkeitsnachweis kann somit nur über die Vergabe eines zusätzlichen Aktenzeichens (zur Steuernummer) für jedes öffentlich zuzustellende Dokument erreicht werden. Für die Bildung des zusätzlichen Aktenzeichens gelten die Ausführungen im AEAO zu § 122, Nr. 3.1.1.1 entsprechend.

Die zu § 15 VwZG a. F. ergangene Rechtsprechung, wonach der Vermerk über den Tag des Aushangs und den Tag der Abnahme jeweils die volle Unterschrift des zuständigen Beamten erfordert (BFH-Urteil vom 5. 3. 1985 VII R 156/82, BStBl. II S. 597), ist durch die im JStG 2022 eingeführte Sonderregelung in § 122 Abs. 5 Satz 4 AO überholt. Die Anordnung und die Dokumentation der öffentlichen Zustellung können danach auch elektronisch erfolgen.

Für eine wirksame Bekanntgabe muss die Benachrichtigung zwei Wochen auf den Internetseiten online sein, weil das Dokument erst nach Ablauf von zwei Wochen nach Bekanntmachung der Benachrichtigung als zugestellt gilt (§ 10 Abs. 2 Satz 6 VwZG; AEAO zu § 122, Nr. 3.1.5.5). Das gilt auch dann, wenn der Empfänger/die Empfängerin vor Fristablauf beim Finanzamt erscheint und ihm/ihr das zuzustellende Schriftstück ausgehändigt wird. Die Aushändigung ist elektronisch zu vermerken. Eine Veröffentlichung über die Mindestfrist hinaus ist unschädlich. Die Löschung der Veröffentlichung kann daher erst nach 21 Tagen erfolgen.

Wegen weiterer Einzelheiten des elektronischen Verfahrens wird auf die Verfügung OFD Karlsruhe vom 13. 3. 2023 O 2000/55 – St 325; O 2200/132 – OPH 325 verwiesen.

3. Tag der Zustellung

14 Die Frist des § 10 Abs. 2 Satz 6 VwZG bestimmt sich nach § 108 Abs. 1 AO i. V. m. §§ 187 Abs. 1, 188 Abs. 2 BGB. Danach ist bei ihrer Berechnung der Tag des Aushangs nicht mitzurechnen. Der letzte Tag der Frist gilt als Tag der Bekanntgabe. § 108 Abs. 3 AO ist anwendbar.

Auch im Fall der Aushändigung des zuzustellenden Schriftstücks an den Empfänger/die Empfängerin vor Ablauf der Frist verbleibt es bei dem durch § 10 Abs. 2 VwZG bestimmten Zustellungstag.

Anhang II

1) Finanzgerichtsordnung (FGO)[1]

In der Fassung der Bekanntmachung vom 28. März 2001
(BGBl. I S. 442, ber. S. 2262, ber. 2002 S. 679)[2]

FNA/BGBl. III 350-1

Änderungen des Gesetzes

Lfd. Nr.	Änderndes Gesetz	Datum	Fundstelle BGBl. I S.	Geänderte Paragraphen
1	Gesetz zur Reform des Verfahrens bei Zustellungen im gerichtlichen Verfahren (Zustellungsreformgesetz – ZustRG) [Art. 2 § 19]	25. 6. 2001	1206	§ 53 Abs. 2
2	Gesetz zur Anpassung der Formvorschriften des Privatrechts und anderer Vorschriften an den modernen Rechtsgeschäftsverkehr [Art. 9]	13. 7. 2001	1542	§§ 77 a, 78 Abs. 1 Satz 2
3	Gesetz zur Änderung des Finanzverwaltungsgesetzes und anderer Gesetze [Art. 6]	14. 12. 2001	3714	§ 23 Abs. 2 Satz 5
4	Gesetz zur Änderung steuerlicher Vorschriften (Steueränderungsgesetz 2001 – StÄndG 2001) [Art. 11]	20. 12. 2001	3794	§ 102 Satz 2
5	Gesetz zur Bekämpfung von Steuerverkürzungen bei der Umsatzsteuer und zur Änderung anderer Steuergesetze (Steuerverkürzungsbekämpfungsgesetz – StVBG) [Art. 5]	19. 12. 2001	3922	§ 137 Satz 3
6	Gesetz zur Modernisierung des Kostenrechts (Kostenrechtsmodernisierungsgesetz – KostRMoG) [Art. 4 Abs. 27]	5. 5. 2004	718	§ 29
7	Erstes Gesetz zur Modernisierung der Justiz (1. Justizmodernisierungsgesetz) [Art. 7]	24. 8. 2004	2198	§ 56 Abs. 2 Satz 1, § 72 Abs. 1 Satz 2, § 79 a Abs. 1, § 138 Abs. 3
8	Gesetz über die Rechtsbehelfe bei Verletzung des Anspruchs auf rechtliches Gehör (Anhörungsrügengesetz [Art. 10]	9. 12. 2004	3220	§ 133 a
9	Gesetz zur Vereinfachung und Vereinheitlichung der Verfahrensvorschriften zur Wahl und Berufung ehrenamtlicher Richter [Art. 7]	21. 12. 2004	3599	§ 17 Satz 2, § 20 Abs. 1 Nr. 3, § 22, § 23 Abs. 2 Satz 2, § 25, § 156
10	Gesetz über die Verwendung elektronischer Kommunikationsformen in der Justiz (Justizkommunikationsgesetz (JKomG) [Art. 3]	22. 3. 2005	837, ber. S. 2022	§ 47 Abs. 2 Satz 2, § 52 a, § 52 b, § 55 Abs. 1, 2 Satz 1, § 60 Satz 3, 5 und 6, § 62 Abs. 2 Satz 1, § 65 Abs. 2 Satz 1, § 68 Satz 3, § 71 Abs. 2, § 77 Abs. 1 Satz 4, § 77 a, § 78 Abs. 1, 2 und 3, § 79 Abs. 1 Satz 2 Nr. 2 und 4, § 79 b Abs. 2 Nr. 2, § 82, § 85, § 86 Abs. 1, 2 und 3, § 89, § 104 Abs. 2, § 105 Abs. 4, 6, § 107 Abs. 2, § 108 Abs. 2, § 120 Abs. 1, § 150
11	Föderalismusreform-Begleitgesetz [Art. 10]	5. 9. 2006	2098	§ 76 Abs. 4
12	Gesetz zur Neuregelung des Rechtsberatungsrechts [Art. 14]	12. 12. 2007	2840	§ 62; §§ 62 a, 133 a Abs. 2 Satz 5 aufgeh.
13	Gesetz zur Modernisierung von Verfahren im anwaltlichen und notariellen Berufsrecht, zur Errichtung einer Schlichtungsstelle der Rechtsanwaltschaft sowie zur Änderung sonstiger Vorschriften [Art. 6]	30. 7. 2009	2449	§ 20 Abs. 1 Nr. 6; § 62 Abs. 2 Satz 2 Nr. 3
14	Gesetz über den Rechtsschutz bei überlangen Gerichtsverfahren und strafrechtlichen Ermittlungen [Art. 9]	24. 11. 2011	2302	§ 155 Satz 2
15	Gesetz zur Änderung von Vorschriften über Verkündung und Bekanntmachungen [Art. 2]	22. 12. 2011	3044	§ 60 a Satz 3 und 6
16	Gesetz zur Förderung der Mediation und anderer Verfahren der außergerichtlichen Konfliktbegleitung [Art. 8]	21. 7. 2012	1577	§ 155 Satz 1

[1] Vgl. dazu auch die Ausführungsgesetze der Länder zur FGO; abgedruckt im **Anhang II Nr. 1 f.**
BFH-Beschluss vom 8. 6. 2005 V S 12/04 (PKH), BFH/NV S. 1838: 1. Nach dem allgemeinen Grundsatz des intertemporalen Prozessrechts erfassen Änderungen des Verfahrensrechts mit ihrem In-Kraft-Treten grundsätzlich auch anhängige Rechtsstreitigkeiten. 2. Wirkt der Gesetzgeber auf eine bislang gegebene verfahrensrechtliche Lage ein, in der sich der Bürger befindet, ist der Grundsatz des Vertrauensschutzes zu beachten.

[2] Neubekanntmachung der Finanzgerichtsordnung vom 6. 10. 1965 (BGBl. I S. 1477) auf Grund des Art. 5 des G v. 19. 12. 2000 (BGBl. I S. 1757) in der ab 1. 1. 2001 geltenden Fassung.

Lfd. Nr.	Änderndes Gesetz	Datum	Fundstelle BGBl. I S.	Geänderte Paragraphen
17	Gesetz zur Einführung von Kostenhilfe für Drittbetroffene in Verfahren vor dem Europäischen Gerichtshof für Menschenrechte sowie zur Änderung der Finanzgerichtsordnung [Art. 2]	20. 4. 2013	829	§ 38 Abs. 2 a eingef.
18	Gesetz zur Intensivierung des Einsatzes von Videokonferenztechnik in gerichtlichen und staatsanwaltschaftlichen Verfahren [Art. 3]	25. 4. 2013	935	§ 91 a neu gef.; § 93 a aufgeh.
19	Gesetz zur Umsetzung der Amtshilferichtlinie sowie zur Änderung steuerlicher Vorschriften (Amtshilferichtlinie-Umsetzungsgesetz – AmtshilfeRLUmsG) [Art. 23]	26. 6. 2013	1809	§ 76 Abs. 1 Satz 4, § 85 Satz 2
20	Gesetz zur Änderung des Prozesskostenhilfe- und Beratungshilferechts [Art. 13]	31. 8. 2013	3533	§ 142 Abs. 2 Satz 2 angef., Abs. 3 bis 8 angef.
21	Gesetz zur Förderung des elektronischen Rechtsverkehrs mit den Gerichten [Art. 6]	10. 10. 2013	3786	§ 52 a Abs. 1, 2, Abs. 3 bis 6 eingef.; bish. Abs. 3 wird Abs. 7; § 52 b Abs. 2 bis 5 neu gef., Abs. 6 eingef.; § 52 c eingef.; § 52 d eingef.; § 65 Abs. 1 Satz 4 geänd.; § 77 Abs. 2 Satz 1 geänd.
22	Gesetz zur Durchführung der Verordnung (EU) Nr. 1215/2012 sowie zur Änderung sonstiger Vorschriften [Art. 14]	8. 7. 2014	890	§ 142 Abs. 3 neu gef.
23	Zehnte Zuständigkeitsanpassungsverordnung [Art. 172]	31. 8. 2015	1474	§ 52 c Satz 1 geänd.
24	Gesetz zur Neuordnung des Rechts der Syndikusanwälte und zur Änderung der Finanzgerichtsordnung [Art. 3]	21. 12. 2015	2517	§ 38 Abs. 2 a Satz 3 aufgeh.
25	Gesetz zur Modernisierung des Besteuerungsverfahrens [Art. 15]	18. 7. 2016	1679	§ 86 Abs. 2 Satz 2 angef.
26	Gesetz zur Änderung des Sachverständigenrechts und zur weiteren Änderung des Gesetzes über das Verfahren in Familiensachen und in den Angelegenheiten der freiwilligen Gerichtsbarkeit sowie zur Änderung des Sozialgerichtsgesetzes, der Verwaltungsgerichtsordnung, der Finanzgerichtsordnung und des Gerichtskostengesetzes [Art. 8]	11. 10. 2016	2222	§ 66 Satz 2 angef.
27	Gesetz zur Einführung der elektronischen Akte in der Justiz und zur weiteren Förderung des elektronischen Rechtsverkehrs [Art. 22, 23]	5. 7. 2017	2208	§ 47 Abs. 2 Satz 1 geänd.; § 50 Abs. 2 Satz 1 geänd.; § 52 a Abs. 7 Satz 2 angef.; § 52 b Abs. 1 Satz 5 geänd.; Abs. 1 a eingef., Abs. 6 neu gef.; § 64 Abs. 1 geänd.; § 71 Abs. 1 Satz 2 geänd.; § 77 Abs. 2 Satz 1 geänd.; § 78 Abs. 1 Satz 2 angef., Abs. 2 neu gef., Abs. 3 eingef.; § 94 geänd.; § 116 Abs. 2 Satz 2 angef.; § 129 geänd.; § 133 Abs. 1 Satz 2 geänd.; § 133 a Abs. 2 Satz 4 geänd.
28	Gesetz zur Durchführung der Verordnung (EU) Nr. 910/2014 des Europäischen Parlaments und des Rates vom 23. Juli 2014 über elektronische Identifizierung und Vertrauensdienste für elektronische Transaktionen im Binnenmarkt und zur Aufhebung der Richtlinie 1999/93/EG (eIDAS-Durchführungsgesetz) [Art. 11]	18. 7. 2017	2745	§ 52 a geänd.; § 78 geänd.
29	Gesetz zur Erweiterung der Medienöffentlichkeit in Gerichtsverfahren und zur Verbesserung der Kommunikationshilfen für Menschen mit Sprach- und Hörbehinderung [Art. 5]	8. 10. 2017	3546	§ 159 geänd.
30	Gesetz zur Einführung einer zivilprozessualen Musterfeststellungsklage [Art. 8]	12. 7. 2018	1151	§ 155 geänd.
31	Gesetz zur Einführung einer Karte für Unionsbürger und Angehörige des Europäischen Wirtschaftsraums mit Funktion zum elektronischen Identitätsnachweis sowie zur Änderung des Personalausweisgesetzes und weiterer Vorschriften [Art. 5 Abs. 8]	21. 6. 2019	846 (geänd. 1626)	§ 52 c Satz 4 geänd.
32	Gesetz zur Regelung der Wertgrenze für die Nichtzulassungsbeschwerde in Zivilsachen, zum Ausbau der Spezialisierung bei den Gerichten sowie zur Änderung weiterer prozessrechtlicher Vorschriften [Art. 7]	12. 12. 2019	2633	§ 52 a Abs. 1 geänd.; Abs. 3 Satz 2 angef.; § 109 Abs. 2 Satz 3 angef.

Lfd. Nr.	Änderndes Gesetz	Datum	Fundstelle BGBl. I S.	Geänderte Paragraphen
33	Gesetz zur Reform des Vormundschafts- und Betreuungsrechts [Art. 15 Abs. 10]	4. 5. 2021	882	§ 58 Abs. 3 geänd.
34	Gesetz zur Fortentwicklung der Strafprozessordnung und zur Änderung weiterer Vorschriften [Art. 15]	25. 6. 2021	2099	§ 78 Abs. 2 geänd., Abs. 3 geänd.
35	Gesetz zur Neuregelung des Berufsrechts der anwaltlichen und steuerberatenden Berufsausübungsgesellschaften sowie zur Änderung weiterer Vorschriften im Bereich der rechtsberatenden Berufe [Art. 21]	7. 7. 2021	2363	§ 19 Nr. 5 geänd.; § 52 a Abs. 4 Nr. 4 neu gef.; § 62 Abs. 2 Satz 2 Nr. 3 a eingef.
36	Gesetz zum Ausbau des elektronischen Rechtsverkehrs mit den Gerichten und zur Änderung weiterer Vorschriften [Art. 17–19]	5. 10. 2021	4607	§ 52 a Abs. 2 Satz 2 neu gef., Abs. 4 geänd., Abs. 6 Satz 1 geänd.; § 52 d Satz 2 geänd.
37	Gesetz zur Stärkung der Aufsicht bei Rechtsdienstleistungen und zur Änderung weiterer Vorschriften [Art. 13]	10. 3. 2023	Nr. 64	§ 62 Abs. 2 geänd.
38	Gesetz zur Umsetzung der Richtlinie (EU) 2020/1828 über Verbandsklagen zum Schutz der Kollektivinteressen der Verbraucher und zur Aufhebung der Richtlinie 2009/22/EG sowie zur Änderung des Kapitalanleger-Musterverfahrensgesetzes [Art. 20]	8. 10. 2023	Nr. 272	§ 155 Satz 1 geänd.
39	Gesetz zur Förderung geordneter Kreditzweitmärkte und zur Umsetzung der Richtlinie (EU) 2021/2167 über Kreditdienstleister und Kreditkäufer sowie zur Änderung weiterer finanzrechtlicher Bestimmungen [Art. 27]	22. 12. 2023	Nr. 411	§ 48 neu gef.
40	Gesetz zur weiteren Digitalisierung der Justiz [Art. 31-33]	12. 7. 2024	Nr. 234	§ 52 a geänd.; § 52 b Abs. 1 b eingef., Abs. 7 angef.; § 162 neu gef.
41	Gesetz zur Modernisierung des Postrechts [Art. 12]	15. 7. 2024	Nr. 236	§ 133 a Abs. 2 Satz 3 geänd., Satz 4 geänd., Satz 5 aufgeh.
42	Gesetz zur Förderung des Einsatzes von Videokonferenztechnik in der Zivilgerichtsbarkeit und den Fachgerichtsbarkeiten [Art. 12]	15. 7. 2024	Nr. 237	§ 129 a Abs. 1 Satz 2 angef., § 65 Abs. 1 Satz 5 angef., § 71 Abs. 1 Satz 4 angef., § 79 Abs. 1 Satz 2 Nr. 1 Satz 2 angef., § 80 Abs. 1 Satz 2 eingef., § 82 geänd., § 91 a aufgeh., § 104 Abs. 1 Satz 3 angef., § 128 Abs. 2 geänd.
43	Gesetz zur Einführung eines Leitentscheidungsverfahrens beim Bundesgerichtshof [Art. 6]	24. 10. 2024	Nr. 328	§ 155 Satz 1 geänd.
44	Gesetz zur Änderung des Zuständigkeitsstreitwerts der Amtsgerichte, zum Ausbau der Spezialisierung der Justiz in Zivilsachen sowie zur Änderung weiterer prozessualer Regelungen [Art. 10]	8. 12. 2025	Nr. 318	§ 146 neu gef.
45	Gesetz zur Änderung der Vorschriften über die Einführung der elektronischen Akte in der Justiz und über die allgemeine Beeidigung von Gerichtsdolmetschern sowie zur Änderung des Stiftungsregisterrechts [Art. 32]	8. 12. 2025	Nr. 319	§ 52 b Abs. 1 und 2 neu gef.
46	Gesetz zur Entwicklung und Erprobung eines Online-Verfahrens in der Zivilgerichtsbarkeit [Art. 17, 18]	22. 12. 2025	Nr. 349	§ 52 a Abs. 2 Satz 2, Abs. 4 Satz 1 und 2 geänd., § 52 d Satz 2 geänd.

Nichtamtliche Inhaltsübersicht

Erster Teil. Gerichtsverfassung

Abschnitt I. Gerichte

§§
Unabhängigkeit der Gerichte ... 1
Arten der Gerichte ... 2
Errichtung und Aufhebung von Finanzgerichten ... 3
Anwendung des Gerichtsverfassungsgesetzes ... 4
Verfassung der Finanzgerichte ... 5
Übertragung des Rechtsstreits auf Einzelrichter ... 6
(weggefallen) ... 7–9
Verfassung des Bundesfinanzhofs ... 10
Zuständigkeit des Großen Senats ... 11
Geschäftsstelle ... 12
Rechts- und Amtshilfe ... 13

Abschnitt II. Richter

Richter auf Lebenszeit ... 14
Richter auf Probe ... 15

Abschnitt III. Ehrenamtliche Richter §§

Stellung ... 16
Voraussetzungen für die Berufung ... 17
Ausschlussgründe ... 18
Unvereinbarkeit ... 19
Recht zur Ablehnung der Berufung ... 20
Gründe für Amtsentbindung ... 21
Wahl ... 22
Wahlausschuss ... 23
Bestimmung der Anzahl ... 24
Vorschlagsliste ... 25
Wahlverfahren ... 26
Liste und Hilfsliste ... 27
(weggefallen) ... 28
Entschädigung ... 29
Ordnungsstrafen ... 30

Abschnitt IV. Gerichtsverwaltung

Dienstaufsicht ... 31
Verbot der Übertragung von Verwaltungsgeschäften ... 32

Abschnitt V. Finanzrechtsweg und Zuständigkeit

Unterabschnitt 1. Finanzrechtsweg

Zulässigkeit des Rechtswegs ... 33
(weggefallen) ... 34

Unterabschnitt 2. Sachliche Zuständigkeit

Zuständigkeit der Finanzgerichte ... 35
Zuständigkeit des Bundesfinanzhofs ... 36
(weggefallen) ... 37

Unterabschnitt 3. Örtliche Zuständigkeit §§

Örtliche Zuständigkeit des Finanzgerichts ... 38
Bestimmung des Gerichts durch den Bundesfinanzhof ... 39

Zweiter Teil. Verfahren

Abschnitt I. Klagearten, Klagebefugnis, Klagevoraussetzungen, Klageverzicht

Anfechtungs- und Verpflichtungsklage ... 40
Feststellungsklage ... 41
Unanfechtbare Verwaltungsakte ... 42
Verbindung von Klagen ... 43
Außergerichtlicher Rechtsbehelf ... 44
Sprungklage ... 45
Untätigkeitsklage ... 46
Frist zur Erhebung der Anfechtungsklage ... 47
Klagebefugnis ... 48
(weggefallen) ... 49
Klageverzicht ... 50

Abschnitt II. Allgemeine Verfahrensvorschriften

Ausschließung und Ablehnung der Gerichtspersonen ... 51
Sitzungspolizei usw. ... 52
Elektronische Übermittlung von Dokumenten ... 52 a
Elektronische Führung von Prozessakten ... 52 b
Formulare; Verordnungsermächtigung ... 52 c
Nutzungspflicht für Rechtsanwälte, Behörden und vertretungsberechtigte Bevollmächtigte ... 52 d
Zustellung ... 53
Beginn des Laufs von Fristen ... 54
Belehrung über Frist ... 55
Wiedereinsetzung in den vorigen Stand ... 56
Am Verfahren Beteiligte ... 57
Prozessfähigkeit ... 58
Streitgenossenschaft ... 59
Beiladung ... 60
Begrenzung der Beiladung ... 60 a
(weggefallen) ... 61
Bevollmächtigte und Beistände ... 62
(aufgehoben) ... 62 a

Abschnitt III. Verfahren im ersten Rechtszug

Passivlegitimation ... 63
Form der Klageerhebung ... 64
Notwendiger Inhalt der Klage ... 65
Rechtshängigkeit ... 66
Klageänderung ... 67
Änderung des angefochtenen Verwaltungsakts ... 68
Aussetzung der Vollziehung ... 69
Wirkungen der Rechtshängigkeit; Entscheidung über die Zulässigkeit des Rechtsweges ... 70
Zustellung der Klageschrift ... 71
Zurücknahme der Klage ... 72
Verbindung/Trennung mehrerer Verfahren ... 73

	§§
Aussetzung der Verhandlung	74
Mitteilung der Besteuerungsgrundlagen	75
Erforschung des Sachverhalts durch das Gericht	76
Schriftsätze	77
(aufgehoben)	77 a
Akteneinsicht	78
Vorbereitung der mündlichen Verhandlung	79
Entscheidung im vorbereitenden Verfahren	79 a
Fristsetzung	79 b
Persönliches Erscheinen	80
Beweiserhebung	81
Verfahren bei der Beweisaufnahme	82
Benachrichtigung der Parteien	83
Zeugnisverweigerungsrecht	84
Hilfspflichten der Zeugen	85
Aktenvorlage und Auskunftserteilung	86
Zeugnis von Behörden	87
Weiterer Grund für Ablehnung von Sachverständigen	88
Erzwingung der Vorlage von Urkunden	89
Entscheidung grundsätzlich auf Grund mündlicher Verhandlung	90
Entscheidung ohne mündliche Verhandlung; Gerichtsbescheid	90 a
Ladung der Beteiligten	91
Übertragung der mündlichen Verhandlung und der Vernehmung	91 a
Gang der Verhandlung	92
Erörterung der Streitsache	93
(aufgehoben)	93 a
Niederschrift	94
Verfahren nach billigem Ermessen	94 a

Abschnitt IV. Urteile und andere Entscheidungen

Urteil	95
Freie Beweiswürdigung, notwendiger Inhalt des Urteils	96
Zwischenurteil über Zulässigkeit der Klage	97
Teilurteil	98
Vorabentscheidung über den Grund	99
Aufhebung angefochtener Verwaltungsakte durch Urteil	100
Urteil auf Erlass eines Verwaltungsakts	101
Nachprüfung des Ermessensgebrauchs	102
Am Urteil beteiligte Richter	103
Verkündung und Zustellung des Urteils	104
Urteilsform	105
Gerichtsbescheide	106
Berichtigung des Urteils	107
Antrag auf Berichtigung des Tatbestandes	108
Nachträgliche Ergänzung eines Urteils	109
Rechtskraftwirkung der Urteile	110
(weggefallen)	111, 112
Beschlüsse	113
Einstweilige Anordnungen	114

Abschnitt V. Rechtsmittel und Wiederaufnahme des Verfahrens

Unterabschnitt 1. Revision

Zulassung der Revision	115
Nichtzulassungsbeschwerde	116
(weggefallen)	117
Revisionsgründe	118
Fälle der Verletzung von Bundesrecht	119
Einlegung der Revision	120
Verfahrensvorschriften	121
Beteiligte am Revisionsverfahren	122
Unzulässigkeit der Klageänderung	123
Prüfung der Zulässigkeit der Revision	124
Rücknahme der Revision	125
Entscheidung über die Revision	126
Unbegründete Revision	126 a
Zurückverweisung	127

Unterabschnitt 2. Beschwerde, Erinnerung, Anhörungsrüge

Fälle der Zulässigkeit der Beschwerde	128
Einlegung der Beschwerde	129
Abhilfe oder Vorlage beim BFH	130
Aufschiebende Wirkung der Beschwerde	131
Entscheidung über die Beschwerde	132
Antrag auf Entscheidung des Gerichts	133
Anhörungsrüge	133 a

Unterabschnitt 3. Wiederaufnahme des Verfahrens

Anwendbarkeit der ZPO	134

Dritter Teil. Kosten und Vollstreckung §§

Abschnitt I. Kosten

Kostenpflichtige ... 135
Kompensation der Kosten ... 136
Anderweitige Auferlegung der Kosten ... 137
Kostenentscheidung durch Beschluss ... 138
Erstattungsfähige Kosten ... 139
(weggefallen) ... 140, 141
Prozesskostenhilfe ... 142
Kostenentscheidung ... 143
Kostenentscheidung bei Rücknahme eines Rechtsbehelfs ... 144
Anfechtung der Kostenentscheidung ... 145
(weggefallen) ... 146–148
Festsetzung der zu erstattenden Aufwendungen ... 149

Abschnitt II. Vollstreckung

Anwendung der Bestimmungen der AO ... 150
Anwendung der Bestimmungen der ZPO ... 151
Vollstreckung wegen Geldforderungen ... 152
Vollstreckung ohne Vollstreckungsklausel ... 153
Androhung eines Zwangsgeldes ... 154

Vierter Teil. Übergangs- und Schlussbestimmungen

Anwendung von GVG und von ZPO ... 155
§ 6 EGGVG ... 156
Folgen der Nichtigkeitserklärung von landesrechtlichen Vorschriften ... 157
Eidliche Vernehmung, Beeidigung ... 158
(weggefallen) ... 159
Beteiligung und Beiladung ... 160
Aufhebung von Vorschriften ... 161
(weggefallen) ... 162–183
Inkrafttreten, Überleitungsvorschriften ... 184

Erster Teil. Gerichtsverfassung

Abschnitt I. Gerichte

1 **§ 1 [Unabhängigkeit der Gerichte]**

Die Finanzgerichtsbarkeit wird durch unabhängige, von den Verwaltungsbehörden getrennte, besondere Verwaltungsgerichte ausgeübt.

2 **§ 2 [Arten der Gerichte]**

Gerichte der Finanzgerichtsbarkeit sind
in den Ländern die Finanzgerichte als obere Landesgerichte,
im Bund der Bundesfinanzhof mit dem Sitz in München.

3 **§ 3 [Errichtung und Aufhebung von Finanzgerichten]**

(1) Durch Gesetz werden angeordnet

1. die Errichtung und Aufhebung eines Finanzgerichts,
2. die Verlegung eines Gerichtssitzes,
3. Änderungen in der Abgrenzung der Gerichtsbezirke,
4. die Zuweisung einzelner Sachgebiete an ein Finanzgericht für die Bezirke mehrerer Finanzgerichte,
5. die Errichtung einzelner Senate des Finanzgerichts an anderen Orten,
6. der Übergang anhängiger Verfahren auf ein anderes Gericht bei Maßnahmen nach den Nummern 1, 3 und 4, wenn sich die Zuständigkeit nicht nach den bisher geltenden Vorschriften richten soll.

(2) Mehrere Länder können die Errichtung eines gemeinsamen Finanzgerichts oder gemeinsamer Senate eines Finanzgerichts oder die Ausdehnung von Gerichtsbezirken über die Landesgrenzen hinaus, auch für einzelne Sachgebiete, vereinbaren.

§ 4 [Anwendung des Gerichtsverfassungsgesetzes] 4

Für die Gerichte der Finanzgerichtsbarkeit gelten die Vorschriften des Zweiten Titels des Gerichtsverfassungsgesetzes[1] entsprechend.

§ 5 [Verfassung der Finanzgerichte] 5

(1) Das Finanzgericht besteht aus dem Präsidenten, den Vorsitzenden Richtern und weiteren Richtern in erforderlicher Anzahl. Von der Ernennung eines Vorsitzenden Richters kann abgesehen werden, wenn bei einem Gericht nur ein Senat besteht.

(2) Bei den Finanzgerichten werden Senate gebildet. Zoll-, Verbrauchsteuer- und Finanzmonopolsachen sind in besonderen Senaten zusammenzufassen.

(3) Die Senate entscheiden in der Besetzung mit drei Richtern und zwei ehrenamtlichen Richtern, soweit nicht ein Einzelrichter entscheidet. Bei Beschlüssen außerhalb der mündlichen Verhandlung und bei Gerichtsbescheiden (§ 90 a) wirken die ehrenamtlichen Richter nicht mit.[2]

(4) Die Länder können durch Gesetz die Mitwirkung von zwei ehrenamtlichen Richtern an den Entscheidungen des Einzelrichters vorsehen. Absatz 3 Satz 2 bleibt unberührt.

§ 6[3] [Übertragung des Rechtsstreits auf Einzelrichter] 6

(1) Der Senat kann den Rechtsstreit einem seiner Mitglieder als Einzelrichter zur Entscheidung übertragen, wenn

1. die Sache keine besonderen Schwierigkeiten tatsächlicher oder rechtlicher Art aufweist und
2. die Rechtssache keine grundsätzliche Bedeutung hat.

(2) Der Rechtsstreit darf dem Einzelrichter nicht übertragen werden, wenn bereits vor dem Senat mündlich verhandelt worden ist, es sei denn, dass inzwischen ein Vorbehalts-, Teil- oder Zwischenurteil ergangen ist.

(3) Der Einzelrichter kann nach Anhörung der Beteiligten den Rechtsstreit auf den Senat zurückübertragen, wenn sich aus einer wesentlichen Änderung der Prozesslage ergibt, dass die Rechtssache grundsätzliche Bedeutung hat oder die Sache besondere Schwierigkeiten tatsächlicher oder rechtlicher Art aufweist. Eine erneute Übertragung auf den Einzelrichter ist ausgeschlossen.

(4) Beschlüsse nach den Absätzen 1 und 3 sind unanfechtbar. Auf eine unterlassene Übertragung kann die Revision nicht gestützt werden.

§§ 7–9 (weggefallen)

---

[1] Vgl. §§ 21 a bis 21 j (Allgemeine Vorschriften über das Präsidium und die Geschäftsverteilung) Gerichtsverfassungsgesetz i. d. F. der Bek. vom 9. 5. 1975 (BGBl. I S. 1077), zuletzt geändert durch G v. 21. 1. 2013 (BGBl. I S. 89). – Der Geschäftsverteilungsplan des BFH wird am Anfang eines jeden Jahres auf der Homepage des BFH (www.bundesfinanzhof.de) veröffentlicht.

Nach Art. 101 Abs. 1 Satz 2 GG ist es grundsätzlich geboten, für mit Berufsrichtern überbesetzte Spruchkörper eines Gerichts im Voraus nach abstrakten Merkmalen zu bestimmen, welche Richter an den jeweiligen Verfahren mitzuwirken haben *(Beschluss des Plenums des BVerfG vom 8. 4. 1997 – 1 PBvU 1/95, DB S. 961).*

Für die Geschäftsverteilung ist der vom Präsidium beschlossene und in der vom Präsidenten bestimmten Geschäftsstelle des FG zur Einsichtnahme aufgelegte Geschäftsverteilungsplan (§ 21 e Abs. 1 Satz 1, Abs. 9 GVG) maßgebend, nicht auf der Website des Gerichts veröffentlichte Pläne oder Übersichten *(BFH-Beschluss vom 12. 5. 2021 IX B 72/20, BFH/NV 2021 S. 1082).*

[2] *BFH-Beschluss vom 28. 2. 1996 II R 61/95, BStBl. II S. 318:* 1. Ergibt sich für das FG erst nach Abschluss der Urteilsberatungen die Notwendigkeit, über eine Wiederaufnahme der mündlichen Verhandlung zu entscheiden, wirken an dieser Entscheidung nur die drei Berufsrichter, nicht jedoch die ehrenamtlichen Richter mit. 2. In formeller Hinsicht reicht es aus, wenn das FG seine Entscheidung, die mündliche Verhandlung nicht wiederzueröffnen, im Urteil selbst begründet.

[3] Hat der BFH einen vom Einzelrichter entschiedenen Rechtsstreit an das FG zurückverwiesen, ohne ausdrücklich eine Zurückverweisung an den Vollsenat auszusprechen, so ist im zweiten Rechtsgang ohne weiteres erneut der Einzelrichter zuständig *(BFH-Urteil vom 26. 10. 1998 I R 22/98, BStBl. 1999 II S. 60).* Die Voraussetzungen für eine ausdrückliche Zurückverweisung an den Vollsenat liegen dann vor, wenn die Sache im zweiten Rechtsgang weiterhin besondere Schwierigkeiten tatsächlicher oder rechtlicher Art aufweist oder grundsätzliche Bedeutung hat *(BFH-Urteil vom 15. 4. 1996 VI R 98/95, BStBl. II S. 478).* Im Falle der Übertragung der Sache auf den Einzelrichter durch Senatsbeschluss (§ 6 FGO) bedarf es nicht des Einverständnisses der Beteiligten zu einer Entscheidung durch den Einzelrichter nach § 79 a Abs. 3 FGO *(BFH-Beschluss vom 27. 11. 1997 IV S 7/97, BFH/NV 1998 S. 561).*

Hat der zuständige Senat des FG eine Rechtsstreitigkeit nach § 6 Abs. 1 FGO durch ordnungsgemäßen Beschluss auf den Einzelrichter übertragen, so bleibt bei einer durch Präsidiumsbeschluss festgelegten Übertragung der Rechtssache auf einen anderen Senat bei diesem als gesetzlicher Richter der Einzelrichter zuständig. Welcher Richter das ist, bestimmt sich nach senatsinternem Mitwirkungsplan *(BFH-Beschluss vom 28. 4. 1998 VII R 102/97, BStBl. II S. 544).*

Ein Beschluss, durch den ein Senat des Finanzgerichts den Rechtsstreit gem. § 6 Abs. 1 FGO einem seiner Mitglieder zur Entscheidung überträgt, ist auch bei Vorliegen einer greifbaren Gesetzeswidrigkeit unanfechtbar *(BFH-Beschluss vom 8. 1. 2007 X B 190/06, BFH/NV S. 932).*

Für den nach § 6 Abs. 4 Satz 1 FGO unanfechtbaren Beschluss des FG zur Übertragung des Rechtsstreits auf den Einzelrichter ist eine Begründung nicht erforderlich (§ 113 Abs. 2 Satz 1 FGO); dies gilt auch dann, wenn einer der Beteiligten sich zuvor gegen eine Übertragung des Rechtsstreits auf den Einzelrichter ausgesprochen hat *(BFH-Urteil vom 20. 2. 2001 IX R 94/97, BStBl. II S. 415).*

Die bei Anwendung des § 6 Abs. 1 FGO zulässige prognostische und überschlägige Beurteilung der Streitsache ist selbst dann hinzunehmen, wenn das FG bei dieser Entscheidung die Schwierigkeit der entscheidungserheblichen Rechtsfragen verkannt hat *(BFH-Beschluss vom 21. 10. 1999 VII R 15/99, BStBl. 2000 II S. 88).*

7 **§ 10 [Verfassung des Bundesfinanzhofs]**

(1) Der Bundesfinanzhof besteht aus dem Präsidenten und aus den Vorsitzenden Richtern und weiteren Richtern in erforderlicher Anzahl.

(2) Beim Bundesfinanzhof werden Senate gebildet. § 5 Abs. 2 Satz 2 gilt sinngemäß.

(3) Die Senate des Bundesfinanzhofs entscheiden in der Besetzung von fünf Richtern, bei Beschlüssen außerhalb der mündlichen Verhandlung in der Besetzung von drei Richtern.

8 **§ 11 [Zuständigkeit des Großen Senats]**

(1) Bei dem Bundesfinanzhof wird ein Großer Senat gebildet.

(2) Der Große Senat entscheidet, wenn ein Senat in einer Rechtsfrage von der Entscheidung eines anderen Senats oder des Großen Senats abweichen will.

(3)[1] Eine Vorlage an den Großen Senat ist nur zulässig, wenn der Senat, von dessen Entscheidung abgewichen werden soll, auf Anfrage des erkennenden Senats erklärt hat, dass er an seiner Rechtsauffassung festhält. Kann der Senat, von dessen Entscheidung abgewichen werden soll, wegen einer Änderung des Geschäftsverteilungsplanes mit der Rechtsfrage nicht mehr befasst werden, tritt der Senat an seine Stelle, der nach dem Geschäftsverteilungsplan für den Fall, in dem abweichend entschieden wurde, nunmehr zuständig wäre. Über die Anfrage und die Antwort entscheidet der jeweilige Senat durch Beschluss in der für Urteile erforderlichen Besetzung.

(4) Der erkennende Senat kann eine Frage von grundsätzlicher Bedeutung dem Großen Senat zur Entscheidung vorlegen, wenn das nach seiner Auffassung zur Fortbildung des Rechts oder zur Sicherung einer einheitlichen Rechtsprechung erforderlich ist.

(5) Der Große Senat besteht aus dem Präsidenten und je einem Richter der Senate, in denen der Präsident nicht den Vorsitz führt. Bei einer Verhinderung des Präsidenten tritt ein Richter aus dem Senat, dem er angehört, an seine Stelle.

(6) Die Mitglieder und die Vertreter werden durch das Präsidium für ein Geschäftsjahr bestellt. Den Vorsitz im Großen Senat führt der Präsident, bei Verhinderung das dienstälteste Mitglied. Bei Stimmengleichheit gibt die Stimme des Vorsitzenden den Ausschlag.

(7) Der Große Senat entscheidet nur über die Rechtsfrage. Er kann ohne mündliche Verhandlung entscheiden. Seine Entscheidung ist in der vorliegenden Sache für den erkennenden Senat bindend.

9 **§ 12 [Geschäftsstelle]**

Bei jedem Gericht wird eine Geschäftsstelle eingerichtet. Sie wird mit der erforderlichen Anzahl von Urkundsbeamten besetzt.

10 **§ 13 [Rechts- und Amtshilfe]**

Alle Gerichte und Verwaltungsbehörden leisten den Gerichten der Finanzgerichtsbarkeit Rechts- und Amtshilfe.

Abschnitt II. Richter

11 **§ 14 [Richter auf Lebenszeit]**

(1) Die Richter werden auf Lebenszeit ernannt, soweit nicht in § 15 Abweichendes bestimmt ist.

(2) Die Richter des Bundesfinanzhofs müssen das 35. Lebensjahr vollendet haben.

12 **§ 15 [Richter auf Probe]**

Bei den Finanzgerichten können Richter auf Probe oder Richter kraft Auftrags verwendet werden.

Abschnitt III. Ehrenamtliche Richter

13 **§ 16 [Stellung]**

Der ehrenamtliche Richter wirkt bei der mündlichen Verhandlung und der Urteilsfindung mit gleichen Rechten wie der Richter mit.

[1] Ein Senat des BFH, der von einer Entscheidung eines anderen Senats abweichen will, hat auch dann bei diesem Senat nach § 11 Abs. 3 FGO anzufragen und für den Fall, dass dieser an seiner Rechtsauffassung festhält, den Großen Senat anzurufen, wenn der erkennende Senat zwar nach dem Geschäftsverteilungsplan für die Rechtsfrage zuständig geworden ist, der andere Senat aber weiterhin mit der Rechtsfrage befasst werden kann *(BFH-Beschluss vom 9. 10. 2014 GrS 1/13, BStBl. 2015 II S. 345)*.

§ 17[1] [Voraussetzungen für die Berufung] 14

Der ehrenamtliche Richter muss Deutscher sein. Er soll das 25. Lebensjahr vollendet und seinen Wohnsitz oder seine gewerbliche oder berufliche Niederlassung innerhalb des Gerichtsbezirks haben.

§ 18 [Ausschlussgründe] 15

(1) Vom Amt des ehrenamtlichen Richters sind ausgeschlossen

1. Personen, die infolge Richterspruchs die Fähigkeit zur Bekleidung öffentlicher Ämter nicht besitzen oder wegen einer vorsätzlichen Tat zu einer Freiheitsstrafe von mehr als sechs Monaten oder innerhalb der letzten zehn Jahre wegen einer Steuer- oder Monopolstraftat verurteilt worden sind, soweit es sich nicht um eine Tat handelt, für die das nach der Verurteilung geltende Gesetz nur noch Geldbuße androht,
2. Personen, gegen die Anklage wegen einer Tat erhoben ist, die den Verlust der Fähigkeit zur Bekleidung öffentlicher Ämter zur Folge haben kann,
3. Personen, die nicht das Wahlrecht zu den gesetzgebenden Körperschaften des Landes besitzen.

(2) Personen, die in Vermögensverfall geraten sind, sollen nicht zu ehrenamtlichen Richtern berufen werden.

§ 19[2] [Unvereinbarkeit] 16

Zum ehrenamtlichen Richter können nicht berufen werden

1. Mitglieder des Bundestages, des Europäischen Parlaments, der gesetzgebenden Körperschaften eines Landes, der Bundesregierung oder einer Landesregierung,
2. Richter,
3. Beamte und Angestellte der Steuerverwaltungen des Bundes und der Länder,
4. Berufssoldaten und Soldaten auf Zeit,
5. Rechtsanwälte, Notare, Patentanwälte, Steuerberater, Mitglieder der Geschäftsführungs- und Aufsichtsorgane von Berufsausübungsgesellschaften im Sinne der Bundesrechtsanwaltsordnung, der Patentanwaltsordnung und des Steuerberatungsgesetzes, ferner Steuerbevollmächtigte, Wirtschaftsprüfer, vereidigte Buchprüfer und Personen, die fremde Rechtsangelegenheiten geschäftsmäßig besorgen.

§ 20[3] [Recht zur Ablehnung der Berufung] 17

(1) Die Berufung zum Amt des ehrenamtlichen Richters dürfen ablehnen

1. Geistliche und Religionsdiener,
2. Schöffen und andere ehrenamtliche Richter,
3. Personen, die zwei Amtsperioden lang als ehrenamtliche Richter beim Finanzgericht tätig gewesen sind,
4. Ärzte, Krankenpfleger, Hebammen,
5. Apothekenleiter, die kein pharmazeutisches Personal beschäftigen,
6. Personen, die die Regelaltersgrenze nach dem Sechsten Buch Sozialgesetzbuch erreicht haben.

(2) In besonderen Härtefällen kann außerdem auf Antrag von der Übernahme des Amtes befreit werden.

§ 21 [Gründe für Amtsentbindung] 18

(1) Ein ehrenamtlicher Richter ist von seinem Amt zu entbinden, wenn er

1. nach den §§ 17 bis 19 nicht berufen werden konnte oder nicht mehr berufen werden kann oder
2. einen Ablehnungsgrund nach § 20 Abs. 1 geltend macht oder
3. seine Amtspflichten gröblich verletzt hat oder
4. die zur Ausübung seines Amtes erforderlichen geistigen oder körperlichen Fähigkeiten nicht mehr besitzt oder
5. seinen Wohnsitz oder seine gewerbliche oder berufliche Niederlassung im Gerichtsbezirk aufgibt.

(2) In besonderen Härtefällen kann außerdem auf Antrag von der weiteren Ausübung des Amtes entbunden werden.

---

[1] § 17 Satz 2 geänd. durch G v. 21. 12. 2004 (BGBl. I S. 3599).
[2] § 19 Nr. 5 geänd. mWv 1. 8. 2022 durch G v. 7. 7. 2021 (BGBl. I S. 2363).
[3] § 20 Abs. 1 Nr. 3 geänd. durch G v. 21. 12. 2004 (BGBl. I S. 3599); Abs. 1 Nr. 6 geänd. durch G v. 30. 7. 2009 (BGBl. I S. 2449).

(3) Die Entscheidung trifft der vom Präsidium für jedes Geschäftsjahr im Voraus bestimmte Senat in den Fällen des Absatzes 1 Nr. 1, 3 und 4 auf Antrag des Präsidenten des Finanzgerichts, in den Fällen des Absatzes 1 Nr. 2 und 5 und des Absatzes 2 auf Antrag des ehrenamtlichen Richters. Die Entscheidung ergeht durch Beschluss nach Anhörung des ehrenamtlichen Richters.

(4) Absatz 3 gilt sinngemäß in den Fällen des § 20 Abs. 2.

(5) Auf Antrag des ehrenamtlichen Richters ist die Entscheidung nach Absatz 3 aufzuheben, wenn Anklage nach § 18 Nr. 2 erhoben war und der Angeschuldigte rechtskräftig außer Verfolgung gesetzt oder freigesprochen worden ist.

19 **§ 22[1] [Wahl]**

Die ehrenamtlichen Richter werden für jedes Finanzgericht auf fünf Jahre durch einen Wahlausschuss nach Vorschlagslisten (§ 25) gewählt.

20 **§ 23[2] [Wahlausschuss]**

(1) Bei jedem Finanzgericht wird ein Ausschuss zur Wahl der ehrenamtlichen Richter bestellt.

(2) Der Ausschuss besteht aus dem Präsidenten des Finanzgerichts als Vorsitzendem, einem durch die Oberfinanzdirektion zu bestimmenden Beamten der Landesfinanzverwaltung und sieben Vertrauensleuten, die die Voraussetzungen zur Berufung als ehrenamtlicher Richter erfüllen. Die Vertrauensleute, ferner sieben Vertreter werden auf fünf Jahre vom Landtag oder von einem durch ihn bestimmten Landtagsausschuss oder nach Maßgabe der Landesgesetze gewählt. In den Fällen des § 3 Abs. 2 und bei Bestehen eines Finanzgerichts für die Bezirke mehrerer Oberfinanzdirektionen innerhalb eines Landes richtet sich die Zuständigkeit der Oberfinanzdirektion für die Bestellung des Beamten der Landesfinanzverwaltung sowie des Landes für die Wahl der Vertrauensleute nach dem Sitz des Finanzgerichts. Die Landesgesetzgebung kann in diesen Fällen vorsehen, dass jede beteiligte Oberfinanzdirektion einen Beamten der Finanzverwaltung in den Ausschuss entsendet und dass jedes beteiligte Land mindestens zwei Vertrauensleute bestellt. In Fällen, in denen ein Land nach § 2a Abs. 1 des Finanzverwaltungsgesetzes auf Mittelbehörden verzichtet hat, ist für die Bestellung des Beamten der Landesfinanzverwaltung die oberste Landesbehörde im Sinne des § 2 Abs. 1 Nr. 1 des Finanzverwaltungsgesetzes zuständig.

(3) Der Ausschuss ist beschlussfähig, wenn wenigstens der Vorsitzende, ein Vertreter der Finanzverwaltung und drei Vertrauensleute anwesend sind.

21 **§ 24 [Bestimmung der Anzahl]**

Die für jedes Finanzgericht erforderliche Anzahl von ehrenamtlichen Richtern wird durch den Präsidenten so bestimmt, dass voraussichtlich jeder zu höchstens zwölf ordentlichen Sitzungstagen im Jahre herangezogen wird.

22 **§ 25[3] [Vorschlagsliste]**

Die Vorschlagsliste der ehrenamtlichen Richter wird in jedem fünften Jahr durch den Präsidenten des Finanzgerichts aufgestellt. Er soll zuvor die Berufsvertretungen hören. In die Vorschlagsliste soll die doppelte Anzahl der nach § 24 zu wählenden ehrenamtlichen Richter aufgenommen werden.

23 **§ 26 [Wahlverfahren]**

(1) Der Ausschuss wählt aus den Vorschlagslisten mit einer Mehrheit von mindestens zwei Dritteln der Stimmen die erforderliche Anzahl von ehrenamtlichen Richtern.

(2) Bis zur Neuwahl bleiben die bisherigen ehrenamtlichen Richter im Amt.

24 **§ 27 [Liste und Hilfsliste]**

(1) Das Präsidium des Finanzgerichts bestimmt vor Beginn des Geschäftsjahres durch Aufstellung einer Liste die Reihenfolge, in der die ehrenamtlichen Richter heranzuziehen sind. Für jeden Senat ist eine Liste aufzustellen, die mindestens zwölf Namen enthalten muss.

(2) Für die Heranziehung von Vertretern bei unvorhergesehener Verhinderung kann eine Hilfsliste ehrenamtlicher Richter aufgestellt werden, die am Gerichtssitz oder in seiner Nähe wohnen.

§ 28 (weggefallen)

---

[1] § 22 geänd. durch G v. 21. 12. 2004 (BGBl. I S. 3599).

[2] § 23 Abs. 2 Satz 5 angef. durch G v. 14. 12. 2001 (BGBl. I S. 3714), Abs. 2 Satz 2 geänd. durch G v. 21. 12. 2004 (BGBl. I S. 3599).

[3] § 25 Sätze 1 und 3 geänd. durch G v. 21. 12. 2004 (BGBl. I S. 3599).

§ 29[1] **[Entschädigung]**

Der ehrenamtliche Richter und der Vertrauensmann (§ 23) erhalten eine Entschädigung nach dem Justizvergütungs- und -entschädigungsgesetz.[2] 25

§ 30 [Ordnungsstrafen] 26

(1) Gegen einen ehrenamtlichen Richter, der sich ohne genügende Entschuldigung zu einer Sitzung nicht rechtzeitig einfindet oder der sich seinen Pflichten auf andere Weise entzieht, kann ein Ordnungsgeld festgesetzt werden. Zugleich können ihm die durch sein Verhalten verursachten Kosten auferlegt werden.

(2) Die Entscheidung trifft der Vorsitzende. Er kann sie bei nachträglicher Entschuldigung ganz oder zum Teil aufheben. 25

Abschnitt IV. Gerichtsverwaltung

§ 31 [Dienstaufsicht] 27

Der Präsident des Gerichts übt die Dienstaufsicht über die Richter, Beamten, Angestellten und Arbeiter aus.

§ 32 [Verbot der Übertragung von Verwaltungsgeschäften] 28

Dem Gericht dürfen keine Verwaltungsgeschäfte außerhalb der Gerichtsverwaltung übertragen werden.

Abschnitt V. Finanzrechtsweg und Zuständigkeit

Unterabschnitt 1. Finanzrechtsweg

§ 33 [Zulässigkeit des Rechtswegs] 29

(1) Der Finanzrechtsweg ist gegeben[3]

1. in öffentlich-rechtlichen Streitigkeiten über Abgabenangelegenheiten, soweit die Abgaben der Gesetzgebung des Bundes unterliegen und durch Bundesfinanzbehörden oder Landesfinanzbehörden verwaltet werden,
2. in öffentlich-rechtlichen Streitigkeiten über die Vollziehung von Verwaltungsakten in anderen als den in Nummer 1 bezeichneten Angelegenheiten, soweit die Verwaltungsakte durch Bundesfinanzbehörden oder Landesfinanzbehörden nach den Vorschriften der Abgabenordnung zu vollziehen sind,
3. in öffentlich-rechtlichen und berufsrechtlichen Streitigkeiten über Angelegenheiten, die durch den Ersten Teil, den Zweiten und den Sechsten Abschnitt des Zweiten Teils und den Ersten Abschnitt des Dritten Teils des Steuerberatungsgesetzes geregelt werden,
4. in anderen als den in den Nummern 1 bis 3 bezeichneten öffentlich-rechtlichen Streitigkeiten, soweit für diese durch Bundesgesetz oder Landesgesetz der Finanzrechtsweg eröffnet ist.

(2) Abgabenangelegenheiten im Sinne dieses Gesetzes sind alle mit der Verwaltung der Abgaben einschließlich der Abgabenvergütungen oder sonst mit der Anwendung der abgabenrechtlichen Vorschriften durch die Finanzbehörden zusammenhängenden Angelegenheiten einschließlich der Maßnahmen der Bundesfinanzbehörden zur Beachtung der Verbote und Beschränkungen für den Warenverkehr über die Grenze; den Abgabenangelegenheiten stehen die Angelegenheiten der Verwaltung der Finanzmonopole gleich.

(3) Die Vorschriften dieses Gesetzes finden auf das Straf- und Bußgeldverfahren keine Anwendung.

§ 34 (weggefallen)

Unterabschnitt 2. Sachliche Zuständigkeit

§ 35 [Zuständigkeit der Finanzgerichte] 30

Das Finanzgericht entscheidet im ersten Rechtszug über alle Streitigkeiten, für die der Finanzrechtsweg gegeben ist.

---

[1] § 29 geänd. durch G v. 5. 5. 2004 (BGBl. I S. 718).
[2] JVEG v. 5. 5. 2004 (BGBl. I S. 718, 776).
[3] Für Rechtsstreitigkeiten, die auf ein Informationsfreiheitsgesetz gestützte Auskunftsansprüche des Insolvenzverwalters über Bewegungen auf den Steuerkonten des Insolvenzschuldners betreffen, ist nicht der Finanzrechtsweg, sondern der Verwaltungsrechtsweg eröffnet *(BFH-Beschluss vom 16. 6. 2020 II B 65/19, BStBl. II S. 622).*

31 **§ 36 [Zuständigkeit des Bundesfinanzhofs]**

Der Bundesfinanzhof entscheidet über das Rechtsmittel

1. der Revision gegen Urteile des Finanzgerichts und gegen Entscheidungen, die Urteilen des Finanzgerichts gleichstehen,
2. der Beschwerde gegen andere Entscheidungen des Finanzgerichts, des Vorsitzenden oder des Berichterstatters.

§ 37 (weggefallen)

Unterabschnitt 3. Örtliche Zuständigkeit

32 **§ 38[1] [Örtliche Zuständigkeit des Finanzgerichts]**

(1) Örtlich zuständig ist das Finanzgericht, in dessen Bezirk die Behörde, gegen welche die Klage gerichtet ist, ihren Sitz hat.[2]

(2) Ist die in Absatz 1 bezeichnete Behörde eine oberste Finanzbehörde, so ist das Finanzgericht zuständig, in dessen Bezirk der Kläger seinen Wohnsitz, seine Geschäftsleitung oder seinen gewöhnlichen Aufenthalt hat; bei Zöllen, Verbrauchsteuern und Monopolabgaben ist das Finanzgericht zuständig, in dessen Bezirk ein Tatbestand verwirklicht wird, an den das Gesetz die Abgabe knüpft. Hat der Kläger im Bezirk der obersten Finanzbehörde keinen Wohnsitz, keine Geschäftsleitung und keinen gewöhnlichen Aufenthalt, so findet Absatz 1 Anwendung.

(2a) In Angelegenheiten des Familienleistungsausgleichs nach Maßgabe der §§ 62 bis 78 des Einkommensteuergesetzes ist das Finanzgericht zuständig, in dessen Bezirk der Kläger seinen Wohnsitz oder seinen gewöhnlichen Aufenthalt hat. Hat der Kläger im Inland keinen Wohnsitz und keinen gewöhnlichen Aufenthalt, ist das Finanzgericht zuständig, in dessen Bezirk die Behörde, gegen welche die Klage gerichtet ist, ihren Sitz hat.

(3) Befindet sich der Sitz einer Finanzbehörde außerhalb ihres Bezirks, so richtet sich die örtliche Zuständigkeit abweichend von Absatz 1 nach der Lage des Bezirks.

33 **§ 39[3] [Bestimmung des Gerichts durch den Bundesfinanzhof]**

(1) Das zuständige Finanzgericht wird durch den Bundesfinanzhof bestimmt,

1. wenn das an sich zuständige Finanzgericht in einem einzelnen Fall an der Ausübung der Gerichtsbarkeit rechtlich oder tatsächlich verhindert ist,
2. wenn es wegen der Grenzen verschiedener Gerichtsbezirke ungewiss ist, welches Finanzgericht für den Rechtsstreit zuständig ist,
3. wenn verschiedene Finanzgerichte sich rechtskräftig für zuständig erklärt haben,
4. wenn verschiedene Finanzgerichte, von denen eines für den Rechtsstreit zuständig ist, sich rechtskräftig für unzuständig erklärt haben,
5. wenn eine örtliche Zuständigkeit nach § 38 nicht gegeben ist.

(2) Jeder am Rechtsstreit Beteiligte und jedes mit dem Rechtsstreit befasste Finanzgericht kann den Bundesfinanzhof anrufen. Dieser kann ohne mündliche Verhandlung entscheiden.

Zweiter Teil. Verfahren

Abschnitt I. Klagearten, Klagebefugnis, Klagevoraussetzungen, Klageverzicht

34 **§ 40[4] [Anfechtungs- und Verpflichtungsklage]**

(1) Durch Klage kann die Aufhebung, in den Fällen des § 100 Abs. 2 auch die Änderung eines Verwaltungsakts (Anfechtungsklage)[5] sowie die Verurteilung zum Erlass eines abgelehnten oder

---

[1] § 38 Abs. 2a eingef. durch G v. 20. 4. 2013 (BGBl. I S. 829); Satz 3 aufgeh. durch G v. 21. 12. 2015 (BGBl. I S. 2517).

[2] Eine Wohnsitzverlegung des Klägers nach Rechtshängigkeit lässt die örtliche Zuständigkeit unberührt *(BFH-Beschluss vom 26. 11. 2009 III B 10/08, BFH/NV 2010 S. 658).*

[3] Außer in den in § 39 Abs. 1 FGO abschließend aufgezählten Fallgruppen ist eine Zuständigkeitsbestimmung nicht möglich *(BFH-Beschluss vom 27. 8. 2024 VIII S 15/24, BFH/NV 2025 S. 521).*

BFH-Beschluss vom 26. 2. 2004 VII B 341/03, BStBl. II S. 458: 1. Bei einem negativen Kompetenzkonflikt zwischen Gerichten verschiedener Gerichtszweige, die jeweils rechtskräftig entschieden haben, dass der zu ihnen beschrittene Rechtsweg unzulässig ist, kann § 39 Abs. 1 Nr. 4 FGO entsprechend angewendet werden, wenn ein FG beteiligt ist und der BFH als oberstes Bundesgericht zuerst angerufen wird. Der BFH bestimmt hiernach das zuständige Gericht des zulässigen Rechtswegs, sofern dies zur Wahrung einer funktionierenden Rechtspflege und der Rechtssicherheit notwendig ist.

[4] Die Umdeutung einer unzulässigen Klage in eine solche einer anderen Klageart setzt voraus, dass diese einem von einem nicht fachkundig vertretenen Kläger eindeutig geäußerten Klagebegehren in zulässiger Weise Rechnung tragen kann *(BFH-Beschluss vom 17. 3. 2008 IX B 102/07, BFH/NV S. 1179).*

[5] *BFH-Urteil vom 25. 10. 2023 I R 9/18, BFH/NV 2024 S. 497:* Eine Anfechtungsklage gegen die Steuerfestsetzung (hier: Haftungsbescheid) ist wegen fehlenden Rechtsschutzbedürfnisses unzulässig, wenn bereits vor Klageerhebung Zahlungsverjährung eingetreten war und der Eintritt der Zahlungsverjährung zwischen den Beteiligten nicht in Streit steht (Abgrenzung zum BFH-Urteil vom 24. 4. 1996 II R 37/93, BFH/NV 1996 S. 865).

unterlassenen Verwaltungsakts (Verpflichtungsklage)[1] oder zu einer anderen Leistung[2] begehrt werden.

(2) Soweit gesetzlich nichts anderes bestimmt ist, ist die Klage nur zulässig, wenn der Kläger geltend macht, durch den Verwaltungsakt oder durch die Ablehnung oder Unterlassung eines Verwaltungsakts oder einer anderen Leistung in seinen Rechten verletzt zu sein.[3]

(3) Verwaltet eine Finanzbehörde des Bundes oder eines Landes eine Abgabe ganz oder teilweise für andere Abgabenberechtigte, so können diese in den Fällen Klage erheben, in denen der Bund oder das Land die Abgabe oder einen Teil der Abgabe unmittelbar oder mittelbar schulden würde.[4]

§ 41[5] [Feststellungsklage] 35

(1) Durch Klage kann die Feststellung des Bestehens oder Nichtbestehens eines Rechtsverhältnisses oder der Nichtigkeit eines Verwaltungsakts begehrt werden, wenn der Kläger ein berechtigtes Interesse an der baldigen Feststellung hat (Feststellungsklage).

---

[1] Die Klage gegen einen Bescheid, mit dem die Festsetzung von Kindergeld für einen unbestimmten Zeitraum abgelehnt wird, ist eine Verpflichtungsklage. Wendet sich ein Kläger in der Klageschrift gegen einen solchen Bescheid, so ist ein Klagebegehren als Verpflichtungsantrag zu beurteilen *(BFH-Urteil vom 27. 1. 2011 III R 65/09, BFH/NV S. 991).*

[2] Die Klage, mit der die Familienkasse einen Anspruch gegen den Sozialleistungsträger auf Rückerstattung von Kindergeld gem. § 112 SGB X geltend macht, ist als allgemeine Leistungsklage iSd § 40 Abs. 1 FGO zulässig *(BFH-Urteil vom 26. 1. 2006 III R 89/03, BStBl. II S. 544).*

Für eine vorbeugende Unterlassungsklage gegen die Finanzbehörde, sich bereits vor Beginn der Außenprüfung zu verpflichten, keine mandantenbezogenen Kopien oder Kontrollmitteilungen anzufertigen, fehlt in aller Regel das erforderliche besondere Rechtsschutzbedürfnis *(BFH-Urteil vom 8. 4. 2008 VIII R 61/06, BStBl. 2009 II S. 579).*

[3] Erforderlich ist nach § 40 Abs. 2 für die Klagebefugnis, dass der Kläger die Möglichkeit einer Rechtsverletzung schlüssig geltend macht; die Klage ist unzulässig, wenn offensichtlich und eindeutig nach keiner Betrachtungsweise die vom Kläger behauptete Rechtsverletzung bestehen kann (vgl. *BFH-Urteil vom 6. 12. 1991 III R 81/89, BStBl. 1992 II S. 303*). Klagebefugt ist nur, wer die Verletzung eigener Rechte geltend macht *(BVerfG-Beschluss vom 9. 1. 1991 1 BvR 207/87, BVerfGE 83 S. 182).*

Für die Klage gegen einen auf 0 € lautenden Einkommensteuerbescheid des Verlustentstehungsjahres fehlt die Klagebefugnis i. S. des § 40 Abs. 2 FGO, wenn das Begehren des Steuerpflichtigen nicht auf die Verlustfeststellung, sondern ausschließlich auf den Verlustrücktrag gerichtet ist *(BFH-Urteil vom 10. 3. 2020 IX R 24/19, BFH/NV S. 873).*

Für eine allgemeine Leistungsklage einer (vermeintlichen) Organgesellschaft, mit der das FA verurteilt werden soll, eine von ihm im Besteuerungsverfahren des (vermeintlichen) Organträgers gemachte Mitteilung an die zur Festsetzung der Gewerbesteuer zuständige Gemeinde inhaltlich zu korrigieren, fehlt die Klagebefugnis *(BFH-Urteil vom 25. 11. 2015 I R 85/13, BStBl. 2016 II S. 479).*

BFH-Urteil vom 8. 6. 2011 I R 79/10, BStBl. 2012 II S. 421: Im Falle der Einbringung eines (Teil-)Betriebs oder Mitunternehmeranteils i. S. des § 20 UmwStG 1995 kann das aufnehmende Unternehmen weder durch Anfechtungsklage noch durch Feststellungsklage geltend machen, die seiner Steuerfestsetzung zu Grunde gelegten Werte des eingebrachten Vermögens seien zu hoch. Ein solches Begehren kann nur der Einbringende im Wege der sog. **Drittanfechtung** durchsetzen.

§§ 51 bis 63 AO sind keine **drittschützenden Normen.** § 5 Abs. 1 Nr. 9 Satz 2 KStG, § 3 Nr. 6 Satz 2 GewStG, § 3 Abs. 1 Nr. 12 Satz 2 VStG jeweils i. V. m. §§ 64 bis 68 AO sind hingegen drittschützende Normen. Ein Verstoß der Finanzbehörden gegen diese Vorschriften kann – wenn er wettbewerbsrelevant ist – zu einer Verletzung von Rechten der Wettbewerber führen *(BFH-Urteil vom 15. 10. 1997 I R 10/92, BStBl. 1998 II S. 63).*

Für die Darlegung einer Rechtsverletzung i. S. des § 40 Abs. 2 FGO reicht es aus, wenn der Kläger geltend macht, er sei von der Körperschaftsteuer befreit und durch den auf 0 € lautenden Körperschaftsteuerbescheid sei zu Unrecht seine Körperschaftsteuerpflicht bejaht worden *(BFH-Urteil vom 22. 6. 2016 V R 49/15, BFH/NV S. 1754).*

Eine Klage, mit der die Festsetzung einer höheren Steuer als im angefochtenen Bescheid begehrt wird, ist regelmäßig unzulässig. Sie kann zwar zulässig sein, wenn die Erhöhung der festgesetzten Steuer Voraussetzung dafür ist, dass der Kläger eine höhere als die bisher gewährte Anrechnung von Steuern auf die eigene Steuerschuld erhält. Dafür kommt es aber nur auf die objektive Rechtslage und nicht darauf an, ob der Kläger selbst die Klageerhebung für zu diesem Zweck erforderlich hielt *(BFH-Urteil vom 10. 1. 2007 I R 75/05, BFH/NV S. 1506).*

Eine (zulässige) Anfechtungsklage gegen einen ESt-Bescheid kann regelmäßig auch nach Ablauf einer gem. § 65 Abs. 2 Satz 2 FGO gesetzten Ausschlussfrist betragsmäßig erweitert werden (Anschluss an *BFH-Beschluss vom 23. 10. 1989 GrS 2/87, BStBl. 1990 II S. 327); BFH-Urteil vom 12. 9. 1995 IX R 78/94, BStBl. 1996 II S. 16).*

Macht das FA eine nach dem Erbfall entstandene ESt-Schuld des Erben gegenüber ihm als Steuerschuldner geltend, sind durch diesen Steuerbescheid rechtliche Interessen des Testamentsvollstreckers selbst dann nicht berührt, wenn und soweit die ESt als Nachlasserbenschuld anzusehen wäre; der Testamentsvollstrecker ist deshalb weder klagebefugt noch befugt, die Aussetzung der Vollziehung dieses Steuerbescheides zu beantragen *(BFH-Beschluss vom 29. 11. 1995 X B 328/994, BStBl. II S. 322).*

Setzt das FA die Investitionszulage lediglich abweichend vom Antrag des Anspruchsberechtigten in geringerer Höhe fest, so ist statthafte Klageart für ein auf die antragsgemäße Festsetzung gerichtetes Klagebegehren die Anfechtungsklage in der Form der Abänderungsklage *(BFH-Urteil vom 21. 3. 2002 III R 30/99, BStBl. II S. 547).*

Betritt der von einem Steuerverwaltungsakt (hier: Umsatzsteuerbescheid) betroffene Fiskus den Finanzrechtsweg, so handelt es sich nicht um einen unzulässigen Insichprozess *(BFH-Urteil vom 18. 11. 2004 V R 66/03, BFH/NV 2005 S. 710).*

[4] Ein Land schuldet eine Abgabe unmittelbar iSd § 40 Abs. 3 FGO, wenn es selbst den Besteuerungstatbestand erfüllt oder wenn ihm die Verwirklichung des Besteuerungstatbestandes durch einen Dritten steuerlich zuzurechnen ist. Mittelbar iSd § 40 Abs. 3 FGO schuldet ein Land eine Abgabe, wenn es öffentlich-rechtlich verpflichtet ist, die Abgabenschuld eines Dritten – und sei es auch nur neben ihm oder im Fall der Zahlungsunfähigkeit des Dritten – zu erfüllen. Die Beteiligung eines Landes an einer Kapitalgesellschaft als Aktionär oder Gesellschafter führt nicht dazu, dass das Land mittelbarer Schuldner der von der Kapitalgesellschaft zu entrichtenden GewSt ist (Abweichung vom *BFH-Urteil vom 2. 10. 1962 I 196/60 S, BStBl. 1963 III, S. 216; BFH-Beschluss vom 17. 10. 2001 I B 6/01, BStBl. 2002 II S. 91).*

[5] Die Zulässigkeit einer Nichtigkeits-Feststellungsklage (§ 41 FGO) ist nicht davon abhängig, dass der Kläger vor der Klageerhebung ein entsprechendes Antragsverfahren nach § 125 Abs. 5 AO beim FA durchgeführt hat. Nichts anderes gilt regelmäßig auch dann, wenn der Steuerpflichtige zunächst (freiwillig) einen derartigen Antrag beim FA gestellt hat, jedoch das Ergebnis der Bescheidung vor Klageerhebung nicht abwartet *(BFH-Urteil vom 24. 1. 2008 V R 36/06, BStBl. II S. 686).*

BFH-Urteil vom 11. 3. 2025 IX R 30/22, BFH/NV S. 759: 1. Das für eine Nichtigkeitsfeststellungsklage gegen eine Prüfungsanordnung erforderliche besondere Feststellungsinteresse im Sinne von § 41 Abs. 1 FGO fehlt, wenn die Prüfungsergebnisse bereits bescheidmäßig umgesetzt worden sind (Anschluss an *Senatsurteil vom 20. 2. 1990 IX R 83/88, BStBl. 1990 II*

[Fortsetzung nächste Seite]

(2) Die Feststellung kann nicht begehrt werden, soweit der Kläger seine Rechte durch Gestaltungs- oder Leistungsklage verfolgen kann oder hätte verfolgen können. Dies gilt nicht, wenn die Feststellung der Nichtigkeit eines Verwaltungsakts begehrt wird.

36 **§ 42 [Unanfechtbare Verwaltungsakte]**

Auf Grund der Abgabenordnung erlassene Änderungs- und Folgebescheide können nicht in weiterem Umfang angegriffen werden, als sie in dem außergerichtlichen Vorverfahren angefochten werden können.

37 **§ 43 [Verbindung von Klagen]**

Mehrere Klagebegehren können vom Kläger in einer Klage zusammen verfolgt werden, wenn sie sich gegen denselben Beklagten richten, im Zusammenhang stehen und dasselbe Gericht zuständig ist.

38 **§ 44 [Außergerichtlicher Rechtsbehelf]**

(1) In den Fällen, in denen ein außergerichtlicher Rechtsbehelf gegeben ist, ist die Klage vorbehaltlich der §§ 45 und 46 nur zulässig, wenn das Vorverfahren über den außergerichtlichen Rechtsbehelf ganz oder zum Teil erfolglos geblieben ist.

(2) Gegenstand der Anfechtungsklage nach einem Vorverfahren ist der ursprüngliche Verwaltungsakt in der Gestalt, die er durch die Entscheidung über den außergerichtlichen Rechtsbehelf gefunden hat.[1]

39 **§ 45[2] [Sprungklage]**

(1) Die Klage ist ohne Vorverfahren zulässig, wenn die Behörde, die über den außergerichtlichen Rechtsbehelf zu entscheiden hat, innerhalb eines Monats nach Zustellung der Klageschrift dem Gericht gegenüber zustimmt. Hat von mehreren Berechtigten einer einen außergerichtlichen Rechtsbehelf eingelegt, ein anderer unmittelbar Klage erhoben, ist zunächst über den außergerichtlichen Rechtsbehelf zu entscheiden.

(2) Das Gericht kann eine Klage, die nach Absatz 1 ohne Vorverfahren erhoben worden ist, innerhalb von drei Monaten nach Eingang der Akten der Behörde bei Gericht, spätestens innerhalb von sechs Monaten nach Klagezustellung, durch Beschluss an die zuständige Behörde zur Durchführung des Vorverfahrens abgeben, wenn eine weitere Sachaufklärung notwendig ist, die nach Art oder Umfang erhebliche Ermittlungen erfordert, und die Abgabe auch unter Berücksichtigung der Belange der Beteiligten sachdienlich ist. Der Beschluss ist unanfechtbar.

(3) Stimmt die Behörde im Fall des Absatzes 1 nicht zu oder gibt das Gericht die Klage nach Absatz 2 ab, ist die Klage als außergerichtlicher Rechtsbehelf zu behandeln.

(4) Die Klage ist außerdem ohne Vorverfahren zulässig, wenn die Rechtswidrigkeit der Anordnung eines dinglichen Arrests geltend gemacht wird.

[Fortsetzung]

S. 789). 2. Dies gilt auch, wenn die Umsetzung der Prüfungsergebnisse in mehreren Bescheiden unterschiedlicher Finanzbehörden erfolgt ist.

Sowohl die Fortsetzungsfeststellungsklage iSv. § 100 Abs. 1 Satz 4 FGO als auch die (allgemeine) Feststellungsklage iSv. § 41 Abs. 1 FGO setzen für ihre Zulässigkeit voraus, dass der Kläger ein „berechtigtes Interesse" an der von ihm begehrten Feststellung besitzt. Ein solches „berechtigtes Interesse" ist unter dem Aspekt des schutzwürdigen Rehabilitationsinteresses u. a. dann zu bejahen, wenn der Inhalt des (angegriffenen und nunmehr erledigten) Verwaltungsakts diskriminierende Wirkung hat, etwa den Vorwurf der Steuerhinterziehung enthält *(BFH-Beschluss vom 15. 12. 2004 X B 56/04, BFH/NV 2005 S. 714).*

Eine Fortsetzungsfeststellungsklage ist nicht zulässig, wenn der mit ihr angegriffene Verwaltungsakt sich schon vor der Klageerhebung erledigt hatte und die Feststellung der Rechtswidrigkeit des Verwaltungsakts nicht Voraussetzung dafür ist, dass der Kläger einen effektiven Rechtsschutz erhält *(BFH-Urteil vom 26. 9. 2007 I R 43/06, BStBl. 2008 II S. 134).*

Unter dem Aspekt des schutzwürdigen Rehabilitierungsinteresses kann ein berechtigtes Feststellungsinteresse u. a. vorliegen, wenn der erledigte Verwaltungsakt den Vorwurf der Steuerhinterziehung beinhaltet *(BFH-Beschluss vom 12. 6. 2008 VI B 62/07, BFH/NV S. 1514).*

Einräumung eines Optionsrechts durch Grundstückseigentümer gegen Entgelt als umsatzsteuerrechtlicher Leistungsaustausch – Klage der Optionsberechtigten auf Feststellung eines Leistungsaustauschs *(BFH-Urteil vom 10. 7. 1997 V R 94/96, BStBl. II S. 707).*

Eine Klage, mit der eine Kfz-Werkstatt gegenüber dem für sie nicht zuständigen Finanzamt des TÜV die Feststellung begehrt, dass sie und nicht der Halter des jeweiligen Kfz Leistungsempfängerin i. S. des § 15 Abs. 1 Satz 1 Nr. 1 UStG von im Einzelnen aufgezählten und vom TÜV durchgeführten gesetzlichen Hauptuntersuchungen i. S. des § 29 StVZO ist, ist unzulässig, wenn weder über die Steuerbarkeit und Steuerpflicht der Leistung noch über die Höhe des Steuersatzes Streit besteht *(BFH-Urteil vom 30. 3. 2011 XI R 12/08, BStBl. II S. 819).*

---

[1] Ein auf die Aufhebung der Einspruchsentscheidung beschränkter Klageantrag kommt im Anwendungsbereich des § 44 Abs. 2 FGO nur in Betracht, soweit ein besonderes rechtliches Interesse des Klägers an der Wiederholung des Vorverfahrens besteht *(BFH-Beschluss vom 20. 2. 2018 XI B 129/17, BFH/NV S. 641).*

[2] Siehe hierzu auch *Vfg. OFD Frankfurt vom 14. 12. 1999,* StEd S. 172, abgedruckt in **Anh. II 1 b.**

Hat das FA im Rahmen einer die Festsetzung betreffenden Einspruchsentscheidung erstmals über einen Billigkeitsantrag entschieden, stellt eine unmittelbar erhobene Klage insoweit eine Sprungklage dar. Stimmt das FA dieser nicht zu, gilt sie als Einspruch. Das Verfahren ist formlos an das FA abzugeben *(BFH-Urteil vom 23. 2. 2021 II R 22/19, BStBl. II S. 636).*

§ 46[1] [Untätigkeitsklage] 40

(1) Ist über einen außergerichtlichen Rechtsbehelf ohne Mitteilung eines zureichenden Grundes[2] in angemessener Frist sachlich nicht entschieden worden, so ist die Klage abweichend von § 44 ohne vorherigen Abschluss des Vorverfahrens zulässig. Die Klage kann nicht vor Ablauf von sechs Monaten[3] seit Einlegung des außergerichtlichen Rechtsbehelfs erhoben werden, es sei denn, dass wegen besonderer Umstände des Falles eine kürzere Frist geboten ist. Das Gericht kann das Verfahren bis zum Ablauf einer von ihm bestimmten Frist, die verlängert werden kann, aussetzen[4]; wird dem außergerichtlichen Rechtsbehelf innerhalb dieser Frist stattgegeben oder der beantragte Verwaltungsakt innerhalb dieser Frist erlassen, so ist der Rechtsstreit in der Hauptsache als erledigt anzusehen.

(2) Absatz 1 Satz 2 und 3 gilt für die Fälle sinngemäß, in denen geltend gemacht wird, dass eine der in § 348 Nr. 3 und 4 der Abgabenordnung genannten Stellen über einen Antrag auf Vornahme eines Verwaltungsakts ohne Mitteilung eines zureichenden Grundes in angemessener Frist sachlich nicht entschieden hat.

§ 47[5] [Frist zur Erhebung der Anfechtungsklage] 41

(1)[6] Die Frist für die Erhebung der Anfechtungsklage beträgt einen Monat; sie beginnt mit der Bekanntgabe der Entscheidung über den außergerichtlichen Rechtsbehelf, in den Fällen des § 45 und in den Fällen, in denen ein außergerichtlicher Rechtsbehelf nicht gegeben ist, mit der Bekanntgabe des Verwaltungsakts. Dies gilt für die Verpflichtungsklage sinngemäß, wenn der Antrag auf Vornahme des Verwaltungsakts abgelehnt worden ist.

(2)[7] Die Frist für die Erhebung der Klage gilt als gewahrt, wenn die Klage bei der Behörde, die den angefochtenen Verwaltungsakt oder die angefochtene Entscheidung erlassen oder den Beteiligten bekannt gegeben hat oder die nachträglich für den Steuerfall zuständig geworden ist, innerhalb der Frist angebracht[8] oder zu Protokoll gegeben wird. Die Behörde hat die Klageschrift in diesem Fall unverzüglich dem Gericht zu übermitteln.

---

[1] Siehe hierzu auch *Vfg. OFD Frankfurt vom 30. 4. 2007,* abgedruckt in **Anh II 1 c.**

[2] Eine **Untätigkeitsklage** ist rechtsmißbräuchlich und daher unzulässig, wenn sie zu einem Zeitpunkt erhoben wird, zu dem wegen eines vor dem BVerfG anhängigen Musterverfahrens weder das FG noch die Rechtsbehelfsbehörde eine Entscheidung treffen können, weil sie verpflichtet wären, das Verfahren gem. § 74 FGO bzw. entsprechend gem. § 363 AO auszusetzen oder ruhen zu lassen *(BFH-Beschluss vom 8. 5. 1992 III B 138/92, BStBl. II S. 673).* Es kommt dabei nicht darauf an, ob der Kläger bei Erhebung der Untätigkeitsklage die Umstände, die eine Verfahrensaussetzung gebieten, kennt. Eine in diesem Sinne missbräuchlich erhobene Untätigkeitsklage kann auch nicht über § 46 Abs. 1 Satz 3 FGO durch Zeitablauf in die Zulässigkeit hineinwachsen (vgl. hierzu *BFH-Urteile vom 28. 9. 1990 VI R 98/89, 100/89, BStBl. 1991 II S. 363; vom 5. 10. 1990 III R 19/88, BStBl. 1991 II S. 45).*

BFH-Urteil vom 27. 4. 2006 IV R 18/04, BFH/NV S. 2017: 1. Ein Steuerpflichtiger muss eine Verzögerung der Entscheidung über seinen außergerichtlichen Rechtsbehelf über eine angemessene Frist hinaus nur dann hinnehmen, wenn dafür ein zureichender Grund besteht und dieser ihm mitgeteilt worden ist. 2. Ursachen im Bereich der Behördenorganisation, wie Arbeitsüberlastung durch Personalmangel, Urlaub oder Krankheitsfälle sind grundsätzlich kein zureichender Grund. Anderes kann für das Ruhen des Einspruchsverfahrens gelten. 3. Ein zureichender Grund ist unbeachtlich, wenn die Finanzbehörde ihn erst nach Klageerhebung mitteilt.

Als „zureichender Grund" kommt auch das Abwarten der noch ausstehenden Entscheidung in einem finanzgerichtlichen Verfahren in Betracht, in dem dieselbe Streitfrage entscheidungserheblich ist wie in demjenigen Verfahren, in dem die Entscheidung über den Einspruch zurückgestellt werden soll. Dies gilt bei wertender Betrachtung auch dann, wenn in dem erstgenannten Verfahren eine zusätzliche Frage zu entscheiden ist, die aber sowohl rechtlich als auch tatsächlich nur von untergeordneter Bedeutung ist *(BFH-Beschluss vom 31. 8. 2006 II B 141/05, BFH/NV S. 2296).*

[3] *BFH-Beschluss vom 7. 3. 2006 VI B 78/04, BStBl. 2006 II S. 430:* 1. Auch eine nach Ablauf der Regel-Sperrfrist von sechs Monaten erhobene Untätigkeitsklage ist nicht ohne weiteres zulässig; sie kann jedoch in die Zulässigkeit hineinwachsen. 2. Bei einer verfrüht erhobenen Untätigkeitsklage hat das Finanzgericht eine befristete Aussetzung des Klageverfahrens nach pflichtgemäßem Ermessen zu prüfen. Angesichts der in § 46 Abs. 1 Sätze 1 und 2 FGO aufgeführten unbestimmten Rechtsbegriffe wird eine Aussetzung regelmäßig geboten sein. 3. Weist das Finanzgericht die Untätigkeitsklage gleichwohl als unzulässig ab, so hat es in der Urteilsbegründung seine leitenden Ermessenserwägungen hinsichtlich der versagten Aussetzung des Klageverfahrens offen zu legen. Geschieht dies nicht, kann ein Verfahrensmangel i. S. des § 115 Abs. 2 Nr. 3 FGO vorliegen.

Wird nach erfolglosem Untätigkeitseinspruch eine Untätigkeitsklage erhoben und ergeht daraufhin ein Steuerbescheid, der dem Antrag des Steuerpflichtigen ganz oder teilweise nicht entspricht, kann die Untätigkeitsklage als Anfechtungsklage fortgeführt werden *(BFH-Urteil vom 19. 4. 2007 V R 48/04, BStBl. 2009 II S. 315).*

[4] Bei einer verfrüht erhobenen Untätigkeitsklage hat das FG gemäß § 46 Abs. 1 Satz 3 FGO zu prüfen, ob eine Aussetzung des Verfahrens bis zum Ablauf der Sechsmonatsfrist geboten ist, da auch eine Untätigkeitsklage in die Zulässigkeit hineinwachsen kann *(BFH-Beschluss vom 13. 9. 2016 V B 26/16, BFH/NV 2017 S. 53).*

[5] § 47 Abs. 2 Satz 2 geänd. durch G v. 22. 3. 2005 (BGBl. I S. 837); Abs. 2 geänd. durch G v. 5. 7. 2017 (BGBl. I S. 2208).

[6] Abweichend hierzu s. Art. 97 § 18 a Abs. 1 Satz 2, Abs. 4 Satz 2, Abs. 6 Satz 2, Abs. 8 Satz 5 EGAO **(Anhang I Nr. 1).**

[7] Die nach § 47 Abs. 2 Satz 1 FGO eröffnete Möglichkeit, die Klage fristwahrend bei der Finanzbehörde anzubringen, befreit sogenannte professionelle Einreicher nicht von der Pflicht, die in § 52 d i. V. m. § 52 a FGO geregelten Formvorgaben zu wahren *(BFH-Urteil vom 7. 10. 2025 IX R 7/24, BFH/NV 2026 S. 100).*

Ein Steuerberater, der eine Klage nach Inkrafttreten des § 52 d Satz 2 FGO gemäß § 47 Abs. 2 FGO in Papierform bei dem Finanzamt anbringt, das die angefochtene Entscheidung erlassen hat, würde sich – selbst wenn § 47 Abs. 2 FGO durch § 52 d Satz 2 FGO suspendiert würde, was hier nicht zu entscheiden ist – bis zur Veröffentlichung der ersten Entscheidungen, in denen die Möglichkeit einer Klageerhebung nach § 47 Abs. 2 FGO verneint wird, in einem unverschuldeten Rechtsirrtum befinden. Daher ist ihm – bei Erfüllung der weiteren Voraussetzungen des § 56 FGO – jedenfalls Wiedereinsetzung in den vorigen Stand zu gewähren *(BFH-Urteil vom 17. 9. 2025 X R 11,12/24, BFH/NV 2026 S. 93).*

[8] „Angebracht" ist eine Klage, wenn sie derart in den Verfügungsbereich der Behörde übergegangen ist, daß diese Kenntnis nehmen kann; es genügt deshalb auch der Einwurf in einem Sammelumschlag im Hausbriefkasten des FA *(BFH-Urteil vom 5. 2. 1992 I R 67/91, BStBl. II S. 561).*

[Fortsetzung nächste Seite]

(3) Absatz 2 gilt sinngemäß bei einer Klage, die sich gegen die Feststellung von Besteuerungsgrundlagen oder gegen die Festsetzung eines Steuermessbetrags richtet, wenn sie bei der Stelle angebracht wird, die zur Erteilung des Steuerbescheids zuständig ist.

42 **§ 48[1] [Klagebefugnis]**

(1) Gegen Bescheide über die gesonderte und einheitliche Feststellung von Besteuerungsgrundlagen können Klage erheben[2]:
1. bei rechtsfähigen Personenvereinigungen:
   a) die Personenvereinigung[3],
   b) wenn die rechtsfähige Personenvereinigung nicht mehr besteht, jeder Gesellschafter oder Gemeinschafter, gegen den der Feststellungsbescheid ergangen ist oder zu ergehen hätte;
2. bei nicht rechtsfähigen Personenvereinigungen und in sonstigen Fällen:
   a) der Klagebefugte im Sinne des Absatzes 2,
   b) wenn Personen nach Buchstabe a nicht vorhanden sind, jeder Gesellschafter, Gemeinschafter oder Mitberechtigte, gegen den der Feststellungsbescheid ergangen ist oder zu ergehen hätte;
3. in den Fällen des § 183 Absatz 2 Satz 1 Nummer 2 oder des § 183a Absatz 2 Satz 1 Nummer 2 der Abgabenordnung jeder Gesellschafter, Gemeinschafter oder Mitberechtigte, gegen den der Feststellungsbescheid ergangen ist oder zu ergehen hätte;
4. soweit es sich darum handelt, wer an dem festgestellten Betrag beteiligt ist und wie dieser sich auf die einzelnen Beteiligten verteilt, jeder, der durch die Feststellungen hierzu berührt wird;
5. soweit es sich um eine Frage handelt, die einen Beteiligten persönlich angeht, jeder, der durch die Feststellungen über die Frage berührt wird.

(2) ① Klagebefugt im Sinne des Absatzes 1 Nummer 2 Buchstabe a ist der gemeinsame Empfangsbevollmächtigte im Sinne des § 183a Absatz 1 Satz 1 der Abgabenordnung oder des § 6 Absatz 1 Satz 1 der Verordnung über die gesonderte Feststellung von Besteuerungsgrundlagen nach § 180 Abs. 2 der Abgabenordnung. ② Haben die Feststellungsbeteiligten keinen gemeinsamen Empfangsbevollmächtigten bestellt, ist klagebefugt im Sinne des Absatzes 1 Nummer 2 Buchstabe a der von der Finanzbehörde nach § 183a Absatz 1 Satz 2 und 3 der Abgabenordnung oder nach § 6 Absatz 1 Satz 3 und 4 der Verordnung über die gesonderte Feststellung von Besteuerungsgrundlagen nach § 180 Abs. 2 der Abgabenordnung bestimmte Empfangsbevollmächtigte; Absatz 1 Nummer 3 bleibt unberührt. ③ Die Sätze 1 und 2 sind nur anwendbar, wenn die Beteiligten spätestens bei Erlass der Einspruchsentscheidung über die Klagebefugnis des Empfangsbevollmächtigten belehrt worden sind.

[Fortsetzung]

Für das Anbringen einer Klage beim FA gem. § 47 Abs. 2 FGO genügt es, wenn dieselbe in einem verschlossenen und postalisch an das FG adressierten Briefumschlag in den Briefkasten des FA eingeworfen oder beim FA abgegeben wird. Die Klageschrift muss nicht derart in den Verfügungsbereich des FA gelangen, dass es von ihrem Inhalt Kenntnis nehmen kann (Änderung der Rspr.). Aus der durch § 47 Abs. 2 FGO den FÄ zugewiesenen Aufgabe folgt deren Verpflichtung, den Eingangstag z. B. dadurch zu dokumentieren, dass sie auf dem an das FG gerichteten Briefumschlag einen Eingangsstempel anbringen *(BFH-Urteil vom 26. 4. 1995 I R 22/94, BStBl. II S. 601).*

---

[1] § 48 neu gef. durch G v. 22. 12. 2023 (BGBl. 2023 I Nr. 411).

§ 48 FGO i. d. F. des Art. 27 des Kreditzweitmarktförderungsgesetzes gilt auch für im Zeitpunkt seines Inkrafttretens am 1. 1. 2024 bereits anhängige Klageverfahren (*BFH-Urteil vom 8. 8. 2024 IV R 1/20, BStBl 2025 II S. 122*).

[2] Der Gesellschafter, der nicht zu dem die Gewinnfeststellung einer Personengesellschaft betreffenden Einspruchsverfahren hinzugezogen worden ist, kann gleichwohl Klage erheben, wenn ihm gem. § 48 FGO ein eigenes Klagerecht zusteht *(BFH vom 23. 3. 2000 IV B 91/99, BFH/NV S. 1217,* bestätigt durch *BFH-Urteil vom 14. 10. 2003 VIII R 32/01, DStR 2004 S. 24).*

Die Klage eines Kommanditisten gegen einen Bescheid zur Feststellung des verrechenbaren Verlusts (§ 15a Abs. 4 EStG) ist auch dann zulässig, wenn die Einspruchsentscheidung an die Kommanditgesellschaft gerichtet und der Kommanditist nicht zum Einspruchsverfahren hinzugezogen worden ist *(BFH-Urteil vom 14. 10. 2003 VIII R 32/01, BStBl. 2004 II S. 359).*

Ein zum Einspruchsverfahren der Gesellschaft fehlerhaft nicht hinzugezogener Gesellschafter kann sich hinsichtlich des Vorverfahrens iSd § 44 Abs. 1 FGO auf das Einspruchsverfahren der Gesellschaft berufen. Die anders lautenden Entscheidungen des *BFH vom 10. 6. 1997 IV B 124/96 (BFH/NV 1998 S. 14)* und vom *30. 3. 1999 VIII R 16/99 (BFH/NV 1999 S. 1469)* sind überholt. Umgekehrt kann sich die fehlerhaft zum Einspruchsverfahren des Gesellschafters nicht hinzugezogene Gesellschaft hinsichtlich des Vorverfahrens auf das Einspruchsverfahren des nach § 352 AO einspruchsbefugten Gesellschafters berufen *(BFH-Urteil vom 27. 5. 2004 IV R 48/02, BFH/NV S. 1571).*

Gegenüber einem negativen Feststellungsbescheid, mit dem die Feststellung inländischer Einkünfte einer Personengesellschaft in Ermangelung des Vorliegens einer Mitunternehmerschaft abgelehnt wird, sind sämtliche Gesellschafter auch ohne die Beschränkung des § 48 Abs. 1 Nr. 1 FGO klagebefugt *(BFH-Beschluss vom 13. 6. 2019 VIII B 146/18, BFH/NV S. 1234).*

Werden verrechenbare Verluste nach § 15b Abs. 4 Satz 5 EStG gesondert und einheitlich festgestellt, gelten für die Klagebefugnis dieselben Grundsätze wie für die Anfechtung einer gesonderten und einheitlichen Feststellung der Einkünfte *(BFH-Urteil vom 20. 12. 2018 IV R 2/16, BStBl. 2019 II S. 526).*

§ 48 FGO ist auf Feststellungsbescheide nach § 34a Abs. 10 Satz 1 EStG nicht anwendbar. Demnach ist nur der betroffene Gesellschafter, nicht die Personengesellschaft befugt, Klage gegen derartige Feststellungsbescheide zu erheben *(BFH-Urteil vom 9. 1. 2019 IV R 27/16, BStBl. 2020 II S. 11).*

[3] Die nach § 48 Abs. 1 Nr. 1 Buchst. a der FGO bestehende Befugnis der rechtsfähigen Personenvereinigung, für ihre Gesellschafter Rechtsbehelfe gegen den Gewinnfeststellungsbescheid einzulegen, erlischt mit deren liquidationsloser Vollbeendigung. Die Klagebefugnis geht nicht auf den Rechtsnachfolger über (*BFH-Urteil vom 7. 5. 2025 IV R 10/23, BFH/NV S. 1299*).

§ 49 (weggefallen)

§ 50[1] [Klageverzicht] 43

(1) Auf die Erhebung der Klage kann nach Erlass des Verwaltungsakts verzichtet werden. Der Verzicht kann auch bei Abgabe einer Steueranmeldung ausgesprochen werden, wenn er auf den Fall beschränkt wird, dass die Steuer nicht abweichend von der Steueranmeldung festgesetzt wird. Eine trotz des Verzichts erhobene Klage ist unzulässig.

(1 a) Soweit Besteuerungsgrundlagen für ein Verständigungs- oder ein Schiedsverfahren nach einem Vertrag im Sinne des § 2 der Abgabenordnung von Bedeutung sein können, kann auf die Erhebung der Klage insoweit verzichtet werden. Die Besteuerungsgrundlage, auf die sich der Verzicht beziehen soll, ist genau zu bezeichnen.

(2) Der Verzicht ist gegenüber der zuständigen Behörde schriftlich oder zu Protokoll zu erklären; er darf keine weiteren Erklärungen enthalten. Wird nachträglich die Unwirksamkeit des Verzichts geltend gemacht, so gilt § 56 Abs. 3 sinngemäß.

Abschnitt II. Allgemeine Verfahrensvorschriften

§ 51[2] [Ausschließung und Ablehnung der Gerichtspersonen] 44

(1) Für die Ausschließung und Ablehnung der Gerichtspersonen gelten die §§ 41 bis 49 der Zivilprozessordnung sinngemäß. Gerichtspersonen können auch abgelehnt werden, wenn von ihrer Mitwirkung die Verletzung eines Geschäfts- oder Betriebsgeheimnisses oder Schaden für die geschäftliche Tätigkeit eines Beteiligten zu besorgen ist.

(2) Von der Ausübung des Amtes als Richter, als ehrenamtlicher Richter oder als Urkundsbeamter ist auch ausgeschlossen, wer bei dem vorausgegangenen Verwaltungsverfahren[3] mitgewirkt hat.

(3) Besorgnis der Befangenheit nach § 42 der Zivilprozessordnung ist stets dann begründet, wenn der Richter oder ehrenamtliche Richter der Vertretung einer Körperschaft angehört oder angehört hat, deren Interessen durch das Verfahren berührt werden.

---

[1] § 50 Abs. 2 Satz 1 geänd. durch G v. 5. 7. 2017 (BGBl. I S. 2208).

[2] Wer einen Richter als befangen ablehnt, muss die die Ablehnungen tragenden Gründe substantiiert darlegen und erforderlich glaubhaft machen. Im Falle eines Ablehnungsgesuchs können im Beschwerdeverfahren keine neuen Ablehnungsgründe vorgebracht werden *(BFH-Beschluss vom 14. 2. 2002 I B 112/00, BFH/NV S. 1032).*

Eine Partei kann einen Richter wegen Besorgnis der Befangenheit nicht mehr ablehnen, wenn sie sich, ohne den ihr bekannten Ablehnungsgrund geltend zu machen, in eine Verhandlung eingelassen oder Anträge gestellt hat *(BFH-Beschluss vom 6. 7. 2005 II R 28/02, BFH/NV S. 2027).*

Die Ablehnung des gesamten Spruchkörpers als befangen ist rechtsmissbräuchlich, wenn der Antrag nur mit Umständen begründet wird, die unter keinem denkbaren Gesichtspunkt die Besorgnis der Befangenheit rechtfertigen können *(BFH-Beschluss vom 24. 2. 2000 IV S 15/99, BFH/NV S. 981).*

Über ein rechtsmissbräuchliches und damit offensichtlich unzulässiges Gesuch auf Ablehnung der Richter eines Senats kann, ohne dass es einer dienstlichen Äußerung der betroffenen Richter bedarf, zusammen mit der Sachentscheidung entscheiden werden *(BFH-Beschluss vom 11. 2. 2003 VII B 330/02, VII S 41/02, BStBl. II S. 422).*

Lehnt ein Antragsteller pauschal alle Richter des Senats, die an einer Entscheidung mitgewirkt haben, allein wegen der Mitwirkung an diesem Beschluss ab, ohne konkrete Anhaltspunkte vorzubringen, die bei vernünftiger objektiver Betrachtung auf eine Befangenheit der Mitglieder des Spruchkörpers deuten, darf das Gericht ausnahmsweise in seiner nach dem Geschäftsverteilungsplan vorgesehenen Besetzung unter Mitwirkung der abgelehnten Richter entscheiden *(BFH-Beschluss vom 25. 8. 2009 V S 10/07, BStBl. II S. 1019).*

Bei der von einem Richter angezeigten „Verbundenheit mit dem Kläger" können die Verfahrensbeteiligten Anlass haben, an der Unvoreingenommenheit und objektiven Einstellung des Richters zu zweifeln. Insoweit kommt es weder darauf an, ob der Richter sich selbst für befangen hält oder tatsächlich eine Befangenheit vorliegt, noch, ob der Senat der Überzeugung ist, der Richter werde sich nicht beeinflussen lassen *(BFH-Beschluss vom 14. 12. 1999 IV B 112/98, BFH/NV 2000 S. 738).*

Der Umstand, dass der Überzeugungsbildung nach § 96 Abs. 1 Satz 1 FGO ein in Form eines Urteilsentwurfs abgefasster Bericht zugrunde lag, ist für sich allein kein Ablehnungsgrund iSd § 51 Abs. 1 FGO i. V. m. § 42 Abs. 2 ZPO *(BFH-Beschluss vom 17. 5. 1995 X R 55/94, BStBl. II S. 604).*

Die Besorgnis der Befangenheit ist nicht dadurch begründet, dass die Richter des FG das Rechtsgespräch nicht auf Fragen und einen Sachvortrag des Antragstellers ausgedehnt haben, der für die nach Auffassung des Gerichts entscheidungserheblichen Fragen nicht von Bedeutung war (vgl. *BFH-Beschlüsse vom 21. 11. 1991 VII B 53–54/91, BFH/NV 1992 S. 526; vom 29. 3. 2000 VII B 144/99, BFH/NV S. 1397*).

Ein Beteiligter verliert sein Recht, einen Richter wegen Besorgnis der Befangenheit abzulehnen, wenn er in zeitlichem Abstand nach der Zurückweisung des Ablehnungsantrages durch das Gericht rügelos an einer mündlichen Verhandlung unter Mitwirkung des abgelehnten Richters teilnimmt *(BFH-Beschluss vom 24. 4. 2002 I B 134/01, BFH/NV S. 1310).*

BFH-Beschluss vom 29. 10. 2008 V B 110/07, BFH/NV 2009 S. 397: 1. Weist das FG einen Antrag auf Ablehnung eines Richters zurück, ist dieser Beschluss als Verletzung des Verfahrensgrundrechts des gesetzlichen Richters (Art. 101 Abs. 1 Satz 2 GG) nur dann mit der Nichtzulassungsbeschwerde angreifbar, wenn der Beschluss nicht nur fehlerhaft, sondern greifbar gesetzwidrig und damit willkürlich ist. 2. Bei einer (überflüssigen) Äußerung eines Richters nach Schluss der mündlichen Verhandlung über die Erfolgsaussichten der Klage kann ein greifbar gesetzwidriges Verhalten nur dann angenommen werden, wenn sich aus diesem Verhalten ergibt, dass der Richter eventuellen Gegenargumenten in der Beratung nicht mehr zugänglich ist.

[3] Das Tatbestandsmerkmal der „Mitwirkung im vorausgegangenen Verwaltungsverfahren" i. S. des § 51 Abs. 2 FGO ist weit auszulegen und erfasst – unabhängig von besonderen quantitativen oder qualitativen Voraussetzungen – jede Mitwirkung in dem Verfahren, das final zum Erlass des angefochtenen Bescheides geführt hat *(BFH-Beschluss vom 12. 6. 2012 I B 148/11, BFH/NV S. 1802).*

45 **§ 52 [Sitzungspolizei usw.]**

(1) Die §§ 169, 171 b bis 197 des Gerichtsverfassungsgesetzes über die Öffentlichkeit, Sitzungspolizei, Gerichtssprache, Beratung und Abstimmung gelten sinngemäß.

(2) Die Öffentlichkeit ist auch auszuschließen, wenn ein Beteiligter, der nicht Finanzbehörde ist, es beantragt.

(3) Bei der Abstimmung und Beratung dürfen auch die zu ihrer steuerrechtlichen Ausbildung beschäftigten Personen zugegen sein, soweit sie die Befähigung zum Richteramt besitzen und soweit der Vorsitzende ihre Anwesenheit gestattet.

46 **§ 52 a[1] [Elektronische Übermittlung von Dokumenten]**

(1) Vorbereitende Schriftsätze und deren Anlagen, schriftlich einzureichende Anträge und Erklärungen der Beteiligten sowie schriftlich einzureichende Auskünfte, Aussagen, Gutachten, Übersetzungen, Anträge und Erklärungen Dritter können nach Maßgabe der Absätze 2 bis 6 als elektronische Dokumente bei Gericht eingereicht werden.

(2) Das elektronische Dokument muss für die Bearbeitung durch das Gericht geeignet[2] sein. Die Bundesregierung bestimmt durch Rechtsverordnung mit Zustimmung des Bundesrates technische Rahmenbedingungen für die Übermittlung und die Eignung zur Bearbeitung durch das Gericht sowie das Nähere zur Verarbeitung von Daten der Postfachinhaber nach Absatz 4 Satz 1 Nummer 3 und 4 in einem sicheren elektronischen Verzeichnis.

(3) Das elektronische Dokument muss mit einer qualifizierten elektronischen Signatur der verantwortenden Person versehen sein oder von der verantwortenden Person signiert und auf einem sicheren Übermittlungsweg eingereicht werden[3]. Satz 1 gilt nicht für Anlagen, die vorbereitenden Schriftsätzen beigefügt sind. Soll ein schriftlich einzureichender Antrag oder eine schriftlich einzureichende Erklärung eines Beteiligten oder eines Dritten als elektronisches Dokument eingereicht werden, so kann der unterschriebene Antrag oder die unterschriebene Erklärung in ein elektronisches Dokument übertragen und durch den Bevollmächtigten, den Vertreter oder den Beistand nach Satz 1 übermittelt werden.

(4) Sichere Übermittlungswege sind

1. der Übermittlungsweg zwischen den besonderen elektronischen Anwaltspostfächern nach den §§ 31 a und 31 b der Bundesrechtsanwaltsordnung oder einem entsprechenden, auf gesetzlicher Grundlage errichteten elektronischen Postfach und der elektronischen Poststelle des Gerichts[4],
2. der Übermittlungsweg zwischen einem nach Durchführung eines Identifizierungsverfahrens eingerichteten Postfach einer Behörde oder einer juristischen Person des öffentlichen Rechts und der elektronischen Poststelle des Gerichts,
3. der Übermittlungsweg zwischen einem nach Durchführung eines Identifizierungsverfahrens eingerichteten elektronischen Postfach einer natürlichen oder juristischen Person oder einer sonstigen Vereinigung und der elektronischen Poststelle des Gerichts,
4. der Übermittlungsweg zwischen einem nach Durchführung eines Identifizierungsverfahrens genutzten Postfach- und Versanddienst eines Nutzerkontos im Sinne des § 2 Absatz 5 des Onlinezugangsgesetzes und der elektronischen Poststelle des Gerichts,
5. sonstige bundeseinheitliche Übermittlungswege, die durch Rechtsverordnung der Bundesregierung mit Zustimmung des Bundesrates festgelegt werden, bei denen die Authentizität und Integrität der Daten sowie die Barrierefreiheit gewährleistet sind. Das Nähere zu den Übermittlungswegen gemäß Satz 1 Nummer 2 bis 4 regelt die Rechtsverordnung nach Absatz 2 Satz 2.

[1] § 52 a eingef. durch G v. 22. 3. 2005 (BGBl. I S. 837); Abs. 1 und 2 neu gef.; Abs. 3 bis 6 eingef.; bish. Abs. 3 wird Abs. 7 mWv 1. 1. 2018 durch G v. 10. 10. 2013 (BGBl. I S. 3786); Abs. 7 S. 2 angef. durch G v. 5. 7. 2017 (BGBl. I S. 2208); Abs. 1 geänd.; Abs. 3 S. 2 angef. mWv 1. 1. 2020 durch G v. 12. 12. 2019 (BGBl. I S. 2633); Abs. 4 Nr. 2 neu gef. mWv 1. 8. 2022 durch G v. 7. 7. 2021 (BGBl. I S. 2363); Abs. 2 Satz 2 neu gef., Abs. 4 geänd. durch G v. 5. 10. 2021 (BGBl. I S. 4607), Abs. 1–3 geänd. durch G v. 12. 7. 2024 (BGBl. I Nr. 234).

[2] Ein elektronisches Dokument ist jedenfalls bei führender elektronischer Akte nur dann im Sinne des § 52 a Abs. 2 Satz 1 FGO für die Bearbeitung durch das Gericht geeignet, wenn es in einem der in § 2 Abs. 1 der Elektronischer-Rechtsverkehr-Verordnung (ERVV) genannten Dateiformate in der elektronischen Poststelle des Gerichts eingegangen ist. Ein Dokument, das bei einem Gericht nicht in dem nach § 52 a Abs. 2 Satz 1 FGO i.V.m. § 2 Abs. 1 ERVV vorgeschriebenen Dateiformat PDF eingereicht wird, ist danach nicht formgerecht und wird nicht wirksam an das Gericht übermittelt (*BFH-Beschluss vom 30. 8. 2024 V R 1/24, BStBl. II S. 834*).

[3] *BFH-Beschluss vom 5. 11. 2024 XI R 10/22, BStBl. 2025 II S. 129*: 1. Ein elektronisches Dokument, das aus einem besonderen elektronischen Anwaltspostfach (beA) versandt wird und nicht mit einer qualifizierten elektronischen Signatur versehen ist, ist nur dann wirksam auf einem sicheren Übermittlungsweg bei Gericht eingereicht, wenn die das Dokument signierende (und damit verantwortende) Person mit dem tatsächlichen Versender übereinstimmt. 2. Der Inhaber eines beA darf sein Recht, nicht qualifiziert elektronisch signierte Dokumente auf einem sicheren Übermittlungsweg zu versenden, nicht auf andere Personen (zum Beispiel Angestellte der Kanzlei) übertragen (Anschluss an die Rechtsprechung des Bundesarbeitsgerichts, des Bundesgerichtshofs, des Bundessozialgerichts und des Bundesverwaltungsgerichts).

[4] Das **beSt** ist ein auf gesetzlicher Grundlage errichtetes elektronisches Postfach; der Übermittlungsweg zwischen diesem elektronischen Postfach und der elektronischen Poststelle des Gerichts ist ein sicherer Übermittlungsweg im Sinne des § 52 a Abs. 4 Satz 1 Nr. 2 FGO (*BFH-Beschluss vom 11 .4. 2024 XI B 59/23, BFH/NV S. 1349*).

(5) Ein elektronisches Dokument ist eingegangen[1], sobald es auf der für den Empfang bestimmten Einrichtung des Gerichts gespeichert ist. Dem Absender ist eine automatisierte Bestätigung über den Zeitpunkt des Eingangs zu erteilen[2]. Die Vorschriften dieses Gesetzes über die Beifügung von Abschriften für die übrigen Beteiligten finden keine Anwendung.

(6) Ist ein elektronisches Dokument für das Gericht zur Bearbeitung nicht geeignet, ist dies dem Absender unter Hinweis auf die Unwirksamkeit des Eingangs unverzüglich mitzuteilen. Das Dokument gilt als zum Zeitpunkt der früheren Einreichung eingegangen, sofern der Absender es unverzüglich in einer für das Gericht zur Bearbeitung geeigneten Form nachreicht und glaubhaft macht, dass es mit dem zuerst eingereichten Dokument inhaltlich übereinstimmt.

(7) Soweit eine handschriftliche Unterzeichnung durch den Richter oder den Urkundsbeamten der Geschäftsstelle vorgeschrieben ist, genügt dieser Form die Aufzeichnung als elektronisches Dokument, wenn die verantwortenden Personen am Ende des Dokuments ihren Namen hinzufügen und das Dokument mit einer qualifizierten elektronischen Signatur nach § 2 Nr. 3 des Signaturgesetzes versehen. Der in Satz 1 genannten Form genügt auch ein elektronisches Dokument, in welches das handschriftlich unterzeichnete Schriftstück gemäß § 52 b Absatz 6 Satz 4 übertragen worden ist.

§ 52 b[3] [Elektronische Führung von Prozessakten] 47

(1) Die Prozessakten werden elektronisch geführt. Die Bundesregierung und die Landesregierungen bestimmen jeweils für ihren Bereich durch Rechtsverordnung die organisatorischen und dem Stand der Technik entsprechenden technischen Rahmenbedingungen für die Bildung, Führung und Aufbewahrung der elektronischen Akten einschließlich der einzuhaltenden Anforderungen der Barrierefreiheit. Die Landesregierungen können die Ermächtigung nach Satz 2 auf die für die Finanzgerichtsbarkeit zuständigen obersten Landesbehörden übertragen. Die Rechtsverordnung der Bundesregierung bedarf nicht der Zustimmung des Bundesrates.

(2) Akten, die in Papierform angelegt wurden, können in Papierform weitergeführt werden. Sie können ab einem bestimmten Stichtag oder Ereignis in elektronischer Form weitergeführt werden. Der Beginn der Weiterführung der Akten in elektronischer Form ist aktenkundig zu machen. Werden die Akten in Papierform geführt, ist von einem elektronischen Dokument ein Ausdruck für die Akten zu fertigen. Kann dies bei Anlagen zu vorbereitenden Schriftsätzen nicht oder nur mit unverhältnismäßigem Aufwand erfolgen, so kann ein Ausdruck unterbleiben. Die Daten sind in diesem Fall dauerhaft zu speichern; der Speicherort ist aktenkundig zu machen.

(3) Ist das elektronische Dokument auf einem sicheren Übermittlungsweg eingereicht, so ist dies aktenkundig zu machen.

(4) Wird das elektronische Dokument mit einer qualifizierten elektronischen Signatur versehen und nicht auf einem sicheren Übermittlungsweg eingereicht, muss der Ausdruck einen Vermerk darüber enthalten,

1. welches Ergebnis die Integritätsprüfung des Dokumentes ausweist,
2. wen die Signaturprüfung als Inhaber der Signatur ausweist,
3. welchen Zeitpunkt die Signaturprüfung für die Anbringung der Signatur ausweist.

(5) Ein eingereichtes elektronisches Dokument kann im Falle von Absatz 2 nach Ablauf von sechs Monaten gelöscht werden.

(6) Werden die Prozessakten elektronisch geführt, sind in Papierform vorliegende Schriftstücke und sonstige Unterlagen nach dem Stand der Technik zur Ersetzung der Urschrift in ein elektronisches Dokument zu übertragen. Es ist sicherzustellen, dass das elektronische Dokument mit den vorliegenden Schriftstücken und sonstigen Unterlagen bildlich und inhaltlich übereinstimmt. Das elektronische Dokument ist mit einem Übertragungsnachweis zu versehen, der das bei der Übertragung angewandte Verfahren und die bildliche und inhaltliche Übereinstimmung dokumentiert. Wird ein von den verantwortenden Personen handschriftlich unterzeichnetes gerichtliches

[1] *BFH-Beschluss vom 25. 5. 2022 X B 158/21, BFH/NV S. 1184*: Der von einem Rechtsanwalt über das besondere Anwaltspostfach (beA) gemäß § 52 d, § 52 a Abs. 1, 2 und Abs. 4 Satz 1 Nr. 2 FGO in elektronischer Form übermittelte Schriftsatz – vorliegend die Begründung einer Nichtzulassungsbeschwerde – geht dann bei Gericht ein, wenn er auf dem für das Gericht eingerichteten Server im Netzwerk für das elektronische Gerichts- und Verwaltungspostfach gespeichert ist (vgl. § 52 a Abs. 5 Satz 1 FGO; Anschluss an *BGH-Entscheidung vom 11. 5. 2021 – VIII ZB 9/20, NJW 2021, 2201, Rz. 18*).

[2] *BFH-Beschluss vom 24. 5. 2023 XI R 34/21, BFH/NV 2023 S. 1172*: 1. Ein Beteiligter darf erst dann davon ausgehen, dass er ein bestimmtes Dokument erfolgreich an das Gericht übermittelt hat, wenn er für das übermittelte Dokument vom Gericht eine Bestätigung gemäß § 52 a Abs. 5 Satz 2 FGO erhalten hat. Dies ist vom Beteiligten zu kontrollieren. 2. Auch ein Finanzamt darf nicht ohne Verschulden davon ausgehen, dass die Kontrolle des Erhalts einer Eingangsbestätigung des Gerichts entbehrlich sei. Dies gilt unabhängig davon, ob es verwaltungsintern zur Durchführung dieser Kontrolle angewiesen ist oder nicht. 3. Die Finanzverwaltung kann ihre Sorgfaltspflichten bei der elektronischen Übermittlung von Schriftsätzen an das Gericht nicht selbst durch Verwaltungsanweisungen definieren. Außerdem kann es an sich selbst keine geringeren Anforderungen stellen als an die anderen Beteiligten, die zur elektronischen Übermittlung an das Gericht verpflichtet sind.

[3] § 52 b eingef. durch G v. 22. 3. 2005 (BGBl. I S. 837). § 52 b Abs. 2 bis 6 neu gef. mWv 1. 1. 2018 durch G v. 10. 10. 2013 (BGBl. I S. 3786); Abs. 1 Satz 5 geänd., Abs. 1 a eingef., Abs. 6 neu gef. durch G v. 5. 7. 2017 (BGBl. I S. 2208); Abs. 1 aufgeh., Abs. 1 a wird neuer Abs. 1 mWv 1. 1. 2026 durch G v. 5. 7. 2017 (BGBl. I S. 2208); Abs. 1 b eingef., Abs. 7 angef. durch G v. 12. 7. 2024 (BGBl. I Nr. 234).

Schriftstück übertragen, ist der Übertragungsnachweis mit einer qualifizierten elektronischen Signatur des Urkundsbeamten der Geschäftsstelle zu versehen. Die in Papierform vorliegenden Schriftstücke und sonstigen Unterlagen können sechs Monate nach der Übertragung vernichtet werden, sofern sie nicht rückgabepflichtig sind.

(7) Die Bundesregierung kann durch Rechtsverordnung mit Zustimmung des Bundesrates die für die Übermittlung elektronischer Akten zwischen Behörden und Gerichten geltenden Standards bestimmen.

47a **§ 52c[1] Formulare; Verordnungsermächtigung**

Das Bundesministerium der Justiz und für Verbraucherschutz kann durch Rechtsverordnung mit Zustimmung des Bundesrates elektronische Formulare einführen. Die Rechtsverordnung kann bestimmen, dass die in den Formularen enthaltenen Angaben ganz oder teilweise in strukturierter maschinenlesbarer Form zu übermitteln sind. Die Formulare sind auf einer in der Rechtsverordnung zu bestimmenden Kommunikationsplattform im Internet zur Nutzung bereitzustellen. Die Rechtsverordnung kann bestimmen, dass eine Identifikation des Formularverwenders abweichend von § 52a Absatz 3 auch durch Nutzung des elektronischen Identitätsnachweises nach § 18 des Personalausweisgesetzes, § 12 des eID-Karte-Gesetzes oder § 78 Absatz 5 des Aufenthaltsgesetzes erfolgen kann.

47b **§ 52d[2] Nutzungspflicht für Rechtsanwälte, Behörden und vertretungsberechtigte Bevollmächtigte**

Vorbereitende Schriftsätze und deren Anlagen sowie schriftlich einzureichende Anträge und Erklärungen, die durch einen Rechtsanwalt[3], durch eine Behörde[4] oder durch eine juristische Person des öffentlichen Rechts einschließlich der von ihr zur Erfüllung ihrer öffentlichen Aufgaben gebildeten Zusammenschlüsse eingereicht werden, sind als elektronisches Dokument zu übermitteln[5]. Gleiches gilt für die nach diesem Gesetz vertretungsberechtigten Personen und Bevollmächtigten, für die ein sicherer Übermittlungsweg nach § 52a Absatz 4 Satz 1 Nummer 1 oder Nummer 3 zur Verfügung steht[6]; ausgenommen sind nach § 62 Absatz 2 Satz 2 Nummer 1 Halbsatz 1 oder Nummer 2 vertretungsbefugte Personen.

Ist eine Übermittlung aus technischen Gründen vorübergehend[7] nicht möglich, bleibt die Übermittlung nach den allgemeinen Vorschriften zulässig. Die vorübergehende Unmöglichkeit ist

---

[1] § 52c eingef. durch G v. 10. 10. 2013 (BGBl. I S. 3786), geänd. durch VO v. 7. 9. 2015 (BGBl. I S. 1500), geänd. durch G v. 21. 6. 2019 (BGBl. I S. 846, Änd. durch G v. 20. 11. 2019, BGBl. I S. 1626 nicht ausführbar).

[2] § 52d eingef. mWv 1. 1. 2022 durch G v. 10. 10. 2013 (BGBl. I S. 3786); Satz 2 geänd. durch G v. 5. 10. 2021 (BGBl. I S. 4607); Überschrift neu gef., Satz 2 geänd. mWv 1. 1. 2026 durch G v. 5. 10. 2021 (BGBl. I S. 4607).

Auf die elektronische Übermittlung einer Klageschrift gemäß § 52d FGO kann das FG nicht aus Billigkeitsgründen verzichten *(BFH-Beschluss vom 2. 2. 2024 IX B 26/23, BFH/NV S. 415).*

[3] Vor dem 1. 8. 2022 bestand für eine Rechtsanwaltsgesellschaft mbH als Bevollmächtigte keine Pflicht zur Nutzung des elektronischen Rechtsverkehrs gemäß § 52d Satz 1 oder 2 der FGO, und zwar auch dann nicht, wenn sie durch einen Rechtsanwalt als Vertreter im Sinne des § 62 Abs. 2 Satz 3 FGO handelte *(BFH-Urteil vom 16. 1. 2024 VII R 34/22, BFH/NV S. 1041).*

[4] Bei der elektronischen Übermittlung eines Schriftsatzes aus dem besonderen Behördenpostfach (beBPo) durch die Behörde an ein Gericht muss die als Dokument einfach signierende Person nicht mit der des Versenders übereinstimmen, weil es sich bei der Nutzung des beBPo um einen nicht-personengebundenen sicheren Übermittlungsweg handelt *(BFH-Urteil vom 18. 3. 2025 VII R 25/22, BFH/NV S. 1266).*

[5] Eine beim BFH innerhalb der Beschwerdefrist als Telefaxschreiben eingegangene Beschwerde wegen Nichtzulassung der Revision, die durch einen Rechtsanwalt und Steuerberater eingelegt wurde, der gegenüber dem Gericht als „Rechtsanwalt" handelt, entspricht nicht den Anforderungen des ab dem 1. 1. 2022 geltenden § 52d Satz 1 FGO. Eine so nach dem 31. 12. 2021 eingelegte Beschwerde ist unwirksam und nicht zu beachten; die Beschwerde gilt als nicht eingereicht mit der Folge, dass die Beschwerdefrist nicht gewahrt wird *(BFH-Beschluss vom 27. 4. 2022 XI B 8/22, BFH/NV S. 1057).*

[6] *BFH-Beschluss vom 28. 4. 2023 XI B 101/22, BStBl. 2023 II S. 763*: 1. **Steuerberatern** steht seit dem 1. 1. 2023 mit dem **besonderen elektronischen Steuerberaterpostfach (beSt)** ein sicherer Übermittlungsweg zur Verfügung, so dass sie in finanzgerichtlichen Verfahren seit diesem Zeitpunkt vorbereitende Schriftsätze und deren Anlagen als elektronische Dokumente übermitteln müssen. 2. Beantragt ein Steuerberater wegen Nichtnutzung des beSt Wiedereinsetzung in den vorigen Stand, muss er darlegen, weshalb er nicht von der Möglichkeit der Priorisierung seiner Registrierung (sog. fast lane) Gebrauch gemacht hat.

BFH-Urteil vom 1. 10. 2025 X R 31/23, BFH/NV 2026 S. 97: 1. Der Senat verfolgt seine Auffassung, die maßgebenden gesetzlichen Bestimmungen zum besonderen elektronischen Steuerberaterpostfach (beSt) seien dahingehend auszulegen, dass dieses Postfach dem einzelnen Steuerberater erst dann zur Verfügung stehe, wenn er den für die Erstanmeldung zu diesem Postfach erforderlichen Registrierungsbrief erhalten habe, nicht weiter. 2. Wenn ein Steuerberater vor Zugang des Registrierungsbriefs eine Klage im Einklang mit den entsprechenden Hinweisen der Bundessteuerberaterkammer nicht über das beSt erhebt, liegt zwar grundsätzlich ein Wiedereinsetzungsgrund im Sinne von § 56 FGO vor (*Beschluss des Bundesverfassungsgerichts vom 23. 6. 2025 1 BvR 1718/24, DStR 2025 S. 1698; Senatsurteil vom 6. 8. 2025 X R 13/23, DStR 2025 S. 2080*). Jedoch setzt auch in einem solchen Fall die Gewährung von Wiedereinsetzung in den vorigen Stand die Nachholung der versäumten Rechtshandlung innerhalb der für die Stellung des Wiedereinsetzungsantrags geltenden Frist voraus.

Vor dem 1. 8. 2022 bestand für eine **Rechtsanwaltsgesellschaft** mbH als Bevollmächtigte keine Pflicht zur Nutzung des elektronischen Rechtsverkehrs gemäß § 52d Satz 1 oder 2 FGO, und zwar auch dann nicht, wenn sie durch einen Rechtsanwalt als Vertreter im Sinne des § 62 Abs. 2 Satz 3 FGO handelte (*BFH-Urteil vom 16. 1. 2024 VII R 34/22, BStBl. 2025 II S. 972*).

[7] Eine vorübergehende technische Störung nach § 52d Satz 3 FGO liegt nicht vor, wenn ein zur Verfügung stehender sicherer Übermittlungsweg noch nicht eingerichtet wurde *(BFH-Beschluss vom 11. 8. 2023 VI B 74/22, BFH/NV 2023 S. 1221).*

bei der Ersatzeinreichung oder unverzüglich danach glaubhaft zu machen; auf Anforderung ist ein elektronisches Dokument nachzureichen.

§ 53 [Zustellung] 48

(1) Anordnungen und Entscheidungen, durch die eine Frist in Lauf gesetzt wird, sowie Terminbestimmungen und Ladungen sind den Beteiligten zuzustellen, bei Verkündung jedoch nur, wenn es ausdrücklich vorgeschrieben ist.

(2) Zugestellt wird von Amts wegen nach den Vorschriften der Zivilprozessordnung.[1]

(3) Wer seinen Wohnsitz oder seinen Sitz nicht im Geltungsbereich dieses Gesetzes hat, hat auf Verlangen einen Zustellungsbevollmächtigten zu bestellen. Geschieht dies nicht, so gilt eine Sendung mit der Aufgabe zur Post als zugestellt, selbst wenn sie als unbestellbar zurückkommt.

§ 54 [Beginn des Laufs von Fristen][2] 49

(1) Der Lauf einer Frist beginnt, soweit nichts anderes bestimmt ist, mit der Bekanntgabe des Verwaltungsakts oder der Entscheidung oder mit dem Zeitpunkt, an dem die Bekanntgabe als bewirkt gilt.

(2) Für die Fristen gelten die Vorschriften der §§ 222, 224 Abs. 2 und 3, §§ 225 und 226 der Zivilprozessordnung.

§ 55[3, 4] [Belehrung über Frist] 50

(1) Die Frist für einen Rechtsbehelf beginnt nur zu laufen, wenn der Beteiligte über den Rechtsbehelf, die Behörde oder das Gericht, bei denen der Rechtsbehelf anzubringen ist, den Sitz und die einzuhaltende Frist schriftlich oder elektronisch belehrt worden ist.

(2)[5] Ist die Belehrung unterblieben oder unrichtig[6] erteilt, so ist die Einlegung des Rechtsbehelfs nur innerhalb eines Jahres seit Bekanntgabe im Sinne des § 54 Abs. 1 zulässig, es sei denn, dass die Einlegung vor Ablauf der Jahresfrist infolge höherer Gewalt unmöglich war oder eine schriftliche oder elektronische Belehrung dahin erfolgt ist, dass ein Rechtsbehelf nicht gegeben sei. § 56 Abs. 2 gilt für den Fall höherer Gewalt sinngemäß.

---

[1] § 53 Abs. 2 Verweis geänd. durch G v. 25. 6. 2001 (BGBl. I S. 1206).

Die Übermittlung eines finanzgerichtlichen Urteils als elektronisches Dokument an das besondere elektronische Anwaltspostfach und der Übermittlungszeitpunkt sind nach der im Jahr 2021 geltenden Rechtslage nachgewiesen, wenn der Prozessbevollmächtigte unmittelbar nach dem Erhalt der Nachricht ein von ihm qualifiziert signiertes elektronisches Empfangsbekenntnis an das FG übermittelt und anschließend den erforderlichen Gegenbeweis nicht führen kann, dass die Übermittlung entgegen den Angaben im elektronischen Empfangsbekenntnis fehlgeschlagen sei (*BFH-Beschluss vom 29. 11. 2022 VIII B 141/21, BFH/NV 2023 S. 143*).

Werden bei der Zustellung eines Urteils zwingende Zustellungsvorschriften nicht beachtet, gilt es in dem Zeitpunkt als zugestellt, in dem es dem Empfänger tatsächlich zugeht. Mit der fingierten Zustellung beginnen die prozessualen Fristen zu laufen. Durch die ordnungsgemäße Wiederholung der Zustellung des Urteils werden die Fristen nicht erneut in Lauf gesetzt (*BFH-Beschluss vom 17. 11. 2008 VII B 148/08, BFH/NV 2009 S. 777*).

BFH-Beschluss vom 21. 2. 2007 VII B 84/06, BStBl. II S. 583: 1. Die Zustellung eines Urteils gegen Empfangsbekenntnis nach § 174 ZPO ist nicht bereits mit der Einlegung in ein Postfach des Anwalts oder mit dem Eingang in der Kanzlei des Bevollmächtigten bewirkt, sondern erst dann, wenn der Anwalt es entgegengenommen und seinen Willen dahin gebildet hat, die Übersendung des Urteils mit der Post als Zustellung gelten zu lassen. 2. Erklärt der Rechtsanwalt, dass ihm ein Urteil nicht oder erst zu einem bestimmten Tag zugegangen sei, so besteht in der Regel kein Grund, dem zu misstrauen. 3. Die Verletzung einer allenfalls standesrechtlich bestehenden Pflicht, ein für den Rechtsanwalt eingerichtetes Postfach werktäglich zu leeren und an diesen Tagen dort eingelegte Post ggf. mit dem Ergebnis, dass eine Rechtsmittelfrist zu laufen beginnt, entgegenzunehmen, wirkt sich nicht dahin aus, dass die Zustellung als an dem Tag bewirkt anzusehen ist, an dem das Urteil in das Postfach eingelegt worden ist.

[2] Wer einen fristgebundenen Schriftsatz mittels Telefax einlegt, muss mit der Übermittlung so rechtzeitig beginnen, dass diese unter gewöhnlichen Umständen vor Fristablauf abgeschlossen ist (*BFH-Urteil vom 28. 9. 2000 VI B 5/00, BStBl. 2001 II S. 32*).

[3] § 55 Abs. 1 und 2 geänd. durch G v. 22. 3. 2005 (BGBl. I S. 837).

[4] Abweichend hierzu s. Art. 97 § 18 a Abs. 1 Satz 2, Abs. 4 Satz 2, Abs. 6 Satz 2, Abs. 8 Satz 5 EGAO **(Anhang I Nr. 1).**

[5] Eine Rechtsmittelbelehrung ist nicht deswegen unvollständig und damit unrichtig iSv. § 55 Abs. 2 FGO, weil hierin ein Hinweis auf die Möglichkeit, vor Ablauf der Revisionsbegründungsfrist deren Verlängerung zu beantragen, nicht enthalten ist (*BFH-Beschluss vom 29. 10. 2002 II R 60/01, BFH/NV 2003 S. 483*).

Die Rechtsbehelfsbelehrung in einer Einspruchsentscheidung ist nicht „unrichtig" iSd § 55 Abs. 2 FGO, wenn dort zwar das anzurufende FG nicht konkret angegeben, jedoch auf die Möglichkeit des Anbringens der Klage beim FA hingewiesen und das hierfür zuständige FA zutreffend bezeichnet worden ist (*BFH-Urteil vom 17. 5. 2000 I R 4/00, BStBl. II S. 539*).

Eine der Einspruchsentscheidung beigefügte Rechtsbehelfsbelehrung ist nicht unrichtig i. S. des § 55 Abs. 2 Satz 1 FGO, wenn darin ausgeführt wird, gegen die Entscheidung könne nur Klage beim FG erhoben werden, und das FA in der Einspruchsentscheidung sowohl über den Einspruch entschieden als auch den Vorbehalt der Nachprüfung aufgehoben hat (*BFH-Beschluss vom 5. 2. 2021 VIII B 70/20, BFH/NV S. 643*).

[6] *BFH-Beschluss vom 15. 5. 2024 VII R 26/22, BFH/NV S. 937*: Ein Hinweis auf die für bestimmte Vertretungsberechtigte geltende Verpflichtung, ein Rechtsmittel und dessen Begründung an den Bundesfinanzhof (BFH) ausschließlich als elektronisches Dokument zu übermitteln (§ 52 d FGO), zählt nicht zu den zwingend vorgeschriebenen Angaben einer Rechtsbehelfsbelehrung (Anschluss an *BFH-Beschluss vom 2. 2. 2024 VI B 13/23, BFH/NV S. 412*).

51 **§ 56[1] [Wiedereinsetzung in den vorigen Stand]**

(1) Wenn jemand ohne Verschulden verhindert war, eine gesetzliche Frist einzuhalten, so ist ihm auf Antrag Wiedereinsetzung in den vorigen Stand zu gewähren.[2]

---

[1] § 56 Abs. 2 Hs. 2 eingef. durch G v. 24. 8. 2004 (BGBl. I S. 2198).

[2] Auch bei einem fachkundigen Prozessbevollmächtigten begründet ein Irrtum über das einzuhaltende Verfahrensrecht nicht stets ein die Wiedereinsetzung ausschließendes Verschulden. Zwar kann ein Rechtsirrtum im finanzgerichtlichen Verfahren eine Fristversäumnis meist nicht entschuldigen. Jedoch kommt bei Irrtümern über verfahrensrechtliche Fragen, die im Zeitpunkt der Vornahme der Verfahrenshandlung weder durch das Gesetz noch durch die (höchstrichterliche) Rechtsprechung geklärt waren, die Gewährung von Wiedereinsetzung in Betracht (*BFH-Urteil vom 17. 9. 2025 X R 11,12/24, BFH/NV 2026 S. 93*). Wird einem Prozessbevollmächtigten eine fristgebundene Sache vor Fristablauf vorgelegt, muss er die Berechnung der Frist bzw. deren Ablauf eigenverantwortlich überprüfen und für eine rechtzeitige Bearbeitung Sorge tragen *(BFH-Beschluss vom 15. 10. 1999 III B 51/99, BFH/NV 2000 S. 575)*.

BFH-Beschluss vom 15. 11. 2012 XI B 70/12, BFH/NV 2013 S. 401: Schöpft der Beteiligte eine gesetzliche Frist bis zur letzten Minute aus, hat er bzw. sein Prozessbevollmächtigter wegen des erfahrungsgemäß damit verbundenen Risikos erhöhte Sorgfalt aufzuwenden, um die Einhaltung der Frist sicherzustellen. 2. Verlässt sich der Prozessbevollmächtigte bei der Übersendung von fristwahrenden Schriftstücken quasi in letzter Minute auf ein Telefaxgerät, so muss er dessen Funktionieren so rechtzeitig sicherstellen, dass er bei einer eventuellen Störung der Telefaxverbindung andere noch mögliche und zumutbare Maßnahmen für einen sicheren Zugang des fristwahrenden Schriftsatzes beim zuständigen Gericht ergreifen kann.

Der Prozessbevollmächtigte muss sich bei erfolgter Zustellung gegen Postzustellungsurkunde für die Berechnung der Beschwerdefrist an dem auf dem Umschlag vermerkten Tag der Zustellung orientieren. Zu diesem Zweck ist der Umschlag mit dem Zustellungsvermerk zwingend aufzubewahren *(BFH-Beschluss vom 29. 12. 2010 IV B 50/10, BFH/NV 2011 S. 627)*.

Für die Wiedereinsetzung ist bei Bevollmächtigten, die die Rechtsberatung berufsmäßig ausüben, die Schilderung der Fristenkontrolle sowie der Postausgangskontrolle nach Art und Umfang erforderlich und durch Vorlage des **Fristenkontrollbuchs** und des **Postausgangsbuchs** glaubhaft zu machen *(BFH-Beschluss vom 15. 1. 2002 X B 143/01, BFH/NV S. 669)*.

Gegen den Einsatz des PC oder ähnlicher elektronischer Medien bestehen grundsätzlich keine Bedenken, sofern gewährleistet ist, dass sich aufgrund dieser Aufzeichnungen die Postausgänge ebenso schlüssig und zwingend nachvollziehen lassen wie aufgrund eines auf herkömmliche Weise geführten Postausgangsbuchs. Das elektronisch geführte Postausgangsbuch muss deshalb aufgrund eines speziellen Programms gegen spätere „Korrekturen" gesichert sein *(BFH-Beschluss vom 13. 12. 2001 X R 42/01, BFH/NV 2002 S. 533)*.

Ein Organisationsverschulden kann nicht ausgeschlossen werden, wenn statt einer Fristenkontrolle die zu beachtende Revisionsbegründungsfrist nur in einer Wiedervorlageliste oder durch Erfassung der Wiedervorlage in einem elektronischen Dokumentationssystem berücksichtigt wird *(BFH-Beschluss vom 22. 5. 2018 XI R 22/17, BFH/NV S. 961)*.

Wiedereinsetzung in den vorigen Stand kann nicht gewährt werden, wenn bei Verwendung eines elektronischen Fristenkalenders in der Kanzlei des Prozessvertreters nicht dargetan wird, dass ausreichende Vorkehrungen zur Fristenkontrolle für den Fall eines Totalausfalls der Computeranlage getroffen worden sind *(BFH-Beschluss vom 19. 3. 2019 II R 29/17, BFH/NV S. 705)*.

Legt ein Prozessbevollmächtigter dar, die Revisionsfrist sei versäumt worden, weil diese Frist infolge Versehens bzw. Irrtums eines Büroangestellten nicht „im Kalender eingetragen" worden sei, ist dieses Vorbringen unvollständig. Erforderlich sind konkrete Angaben darüber, wie die **Fristenkontrolle im Büro** im Einzelnen organisiert ist und dass die Überwachung der Frist durch organisatorische Maßnahmen unter normalen Umständen gewährleistet gewesen wäre *(BFH-Beschluss vom 13. 11. 1998 X R 31/97, BFH/NV 1999 S. 941)*.

Wiedereinsetzung in den vorigen Stand ist jedenfalls dann zu gewähren, wenn ein Angehöriger der rechtsberatenden Berufe, in dessen Kanzlei durch organisatorische Maßnahmen im Grundsatz eine ordnungsgemäße Ausgangskontrolle gewährleistet war, einer Kanzleiangestellten, die sich als zuverlässig erwiesen hat, eine konkrete Einzelanweisung erteilt, die bei Befolgung die Fristwahrung sichergestellt hätte *(BFH-Urteil vom 26. 2. 2004 XI R 62/03, BStBl. II S. 564)*.

Der bei einem Prozessbevollmächtigten angestellte, verantwortlich tätige Steuerberater, der nicht nur unselbständige Hilfs- und Bürotätigkeiten ausübt, ist einem Bevollmächtigten des Klägers i. S. des § 85 Abs. 2 ZPO gleichgestellt *(BFH-Beschluss vom 13. 9. 2012 XI R 13/12, BFH/NV 2013 S. 60)*.

BFH-Beschluss vom 18. 8. 2014 III B 16/14, BFH/NV 2015 S. 42: 1. Wiedereinsetzung in die versäumte Frist für die Einlegung der Nichtzulassungsbeschwerde ist nicht zu gewähren, wenn die Beschwerdeschrift durch ein Büroversehen von Kanzleiangestellten des Prozessbevollmächtigten an das Finanzgericht statt an den Bundesfinanzhof adressiert wird, der Prozessbevollmächtigte es aber versäumt, den von ihm unterschriebenen Originalschriftsatz daraufhin zu überprüfen, ob er an das richtige Gericht adressiert ist. 2. Ein Wiedereinsetzungsgrund ergibt sich nicht daraus, dass das Finanzgericht die an das Finanzgericht adressierte Nichtzulassungsbeschwerde nicht innerhalb der Beschwerdefrist an den Bundesfinanzhof weiterleitet, wenn die Beschwerdeschrift erst am letzten Tag der Frist beim Finanzgericht eingeht und im ordentlichen Geschäftsgang nach Fristablauf an den Bundesfinanzhof weitergeleitet wird.

Beruft sich ein Steuerberater zur Begründung seines Antrags auf Wiedereinsetzung in die versäumte Frist zur Begründung der Nichtzulassungsbeschwerde darauf, dass das zur Wahrung der Frist erforderliche Schreiben auf dem Postwege verlorengegangen sei, muss er innerhalb der Wiedereinsetzungsfrist insbesondere angeben, zu welchem Zeitpunkt der Briefumschlag von welcher Person und auf welche Weise zur Post aufgegeben worden ist. Außerdem ist eine Schilderung der Fristenkontrolle nach Art und Umfang erforderlich *(BFH-Beschluss vom 2. 12. 2014 III B 36/14, BFH/NV 2015 S. 505)*.

Wird ein aus dem besonderen elektronischen Anwaltspostfach (beA) versandter fristwahrender Schriftsatz vom Intermediär-Server nicht an den BFH weitergeleitet, weil die Dateibezeichnung unzulässige Zeichen enthält, kommt Wiedereinsetzung von Amts wegen in Betracht, wenn der Absender nicht eindeutig darauf hingewiesen worden ist, dass entsprechende Zeichen nicht verwendet werden dürfen und wenn er nach dem Versenden an Stelle einer Fehlermeldung eine Mitteilung über die erfolgreiche Versendung des Schriftsatzes erhalten hat *(BFH-Beschluss vom 5. 6. 2019 IX B 121/18, BStBl. II S. 554)*.

FH-Beschluss vom 9. 4. 2018 X R 9/18, BFH/NV S. 828: 1. Eine Erkrankung ist nur dann ein Wiedereinsetzungsgrund, wenn sie plötzlich aufgetreten ist, mit ihr nicht gerechnet werden musste und sie so schwerwiegend war, dass weder die Wahrung der laufenden Fristen noch die Bestellung eines Dritten, der sich um die Fristwahrung kümmern konnte, möglich war. 2. Wer geschäftsmäßig fremde Rechtsangelegenheiten besorgt, muss überdies grundsätzlich dafür Vorkehrungen treffen, dass auch bei einer nicht vorhergesehenen Erkrankung Fristen in den Verfahren gewahrt werden, deren Betreuung er im Rahmen des betreffenden Geschäftsbetriebes übernommen hat. Dies gilt auch für einen Einzelanwalt. 3. Die organisatorischen Pflichten zur Vorsorge für den Fall einer Erkrankung verdichten sich, wenn ein berufsmäßiger Vertreter wegen einer bereits bestehenden chronischen Erkrankung mit plötzlich auftretenden weiteren Krankheitsschüben rechnen muss.

Legt der Prozessbevollmächtigte des Klägers vor Ablauf der Frist zur Begründung der Nichtzulassungsbeschwerde sein Mandat nieder und wird die Begründungsfrist daraufhin versäumt, so rechtfertigt die Mandatsniederlegung keine Wiedereinsetzung des Klägers in den vorigen Stand *(BFH-Beschluss vom 3. 5. 2002 I B 68/01, BFH/NV S. 1314)*.

Wiedereinsetzung in den vorigen Stand wegen Versäumung der Rechtsmittelbegründungsfrist ist zu gewähren, wenn der Beteiligte erst unmittelbar vor Ablauf der Begründungsfrist einen Prozessbevollmächtigten gefunden hat und es diesem wegen

[Fortsetzung nächste Seite]

(2)[1] Der Antrag ist binnen zwei Wochen nach Wegfall des Hindernisses[2] zu stellen; bei Versäumnis der Frist zur Begründung der Revision oder der Nichtzulassungsbeschwerde beträgt die Frist einen Monat. Die Tatsachen zur Begründung[3] des Antrags sind bei der Antragstellung oder im Verfahren über den Antrag glaubhaft zu machen.[4] Innerhalb der Antragsfrist ist die versäumte

---

[Fortsetzung]

der Komplexität des Streitstoffs nicht möglich ist, bis zum Fristablauf eine Beschwerdebegründung einzureichen, der Beteiligte aber entsprechend den Anforderungen, die für die Bestellung eines Notanwalts (§ 78 b ZPO) gelten, darlegt, dass er zuvor rechtzeitig mehr als vier zur Vertretung berechtigte Personen um die Übernahme des Mandats gebeten hat und diese aus anderen Gründen als der Nichtzahlung eines Vorschusses das Mandat abgelehnt haben *(BFH-Beschluss vom 9. 7. 2025 X B 111/24, BFH/NV S. 1305).*

Die Grundsätze der FGO über Fristversäumnis und Wiedereinsetzung in den vorigen Stand gelten für Finanzbehörden in gleicher Weise wie für den Stpfl. Der Vortrag der Finanzbehörde, die Revisionsschrift sei rechtzeitig erstellt, durch den Behördenleiter unterzeichnet und vom zuständigen Sachgebietsleiter rechtzeitig in das in der Poststelle der Behörde für ausgehende Post an das FG eingerichtete Postfach eingelegt worden, was bei üblichem Ablauf des Postaustauschs mit dem FG (Abholung durch den Kurierdienst der OFD) zum fristgerechten Eingang der Revisionsschrift beim FG geführt hätte, ist nicht geeignet, ein Organisationsverschulden der Finanzbehörde hinsichtlich der erforderlichen Ausgangskontrolle auszuschließen und die Wiedereinsetzung in die versäumte Revisionsfrist zu rechtfertigen *(BFH-Beschluss vom 10. 3. 2000 VII R 2/00, BFH/NV S. 1117).*

Begehrt das Finanzamt Wiedereinsetzung wegen Versäumung der Revisionsbegründungsfrist, so muss der gesetzliche Vertreter vortragen, wie und durch welche Beschäftigten in seinem Amt Posteingänge gehandhabt werden sowie wann und wie die in der Sachbearbeitung von Posteingängen eingesetzten Beschäftigten über die ordnungsgemäße Behandlung von Posteingängen belehrt worden sind und wie die Einhaltung dieser Belehrungen überwacht wird *(BFH-Beschluss vom 11. 5. 2010 XI R 24/08, BFH/NV S. 1834).*

BFH-Beschluss vom 20. 8. 2012 I R 9/12, BFH/NV 2013 S. 47: 1. Eine Behörde braucht das Verschulden eines Mitarbeiters in der Poststelle nicht gegen sich gelten lassen, wenn eine wirksame Ausgangskontrolle besteht oder der Mitarbeiter zumindest auf die Bedeutung und Eilbedürftigkeit des Schriftstückes ausdrücklich hingewiesen wurde. 2. Eine wirksame Ausgangskontrolle im Sinne einer Überwachung der Einhaltung der Revisionsbegründungsfrist ist nicht gewährleistet, wenn die zuständige Sachbearbeiterin in den Akten lediglich die Übergabe des Poststücks an die Poststelle vermerkt. 3. Eine allgemeine Anweisung der Amtsleitung, die Ausgangspost unverzüglich abzusenden, vermag eine konkrete Einzelanweisung hinsichtlich der Weiterleitung der Postsendung nicht zu ersetzen (vgl. *BFH-Beschlüsse vom 25. 11. 2008 III R 78/06, BFH/NV 2009 S. 407; vom 10. 7. 1996 II R 12/96, BFH/NV 1997 S. 47*).

Ein Sachgebietsleiter ist im Hinblick auf Vorgänge, die der Sache nach in sein Sachgebiet fallen, ungeachtet der Anordnungen über die Bearbeitung des Vorgangs und das Zeichnungsrecht stets Bevollmächtigter des FA. Das FA kann sich für etwaige schuldhafte Bearbeitungsfehler des Sachgebietsleiters nicht durch den Nachweis sorgfältiger Auswahl, Einweisung und Überwachung gem. § 56 FGO entschuldigen *(BFH-Beschluss vom 12. 9. 2005 VII R 10/05, BFH/NV S. 2315).*

BFH-Beschluss vom 23. 12. 2002 XI S 33/01 (PKH), BFH/NV 2003 S. 923: 1. In der Regel stellt es eine die Wiedereinsetzung in den vorigen Stand (§ 56 FGO) rechtfertigende unverschuldete Verhinderung, die Beschwerdefrist einzuhalten, dar, wenn ein Beteiligter infolge Mittellosigkeit nicht in der Lage ist, das Rechtsmittel durch einen befugten Vertreter beim BFH fristgerecht einzulegen. 2. Die Wiedereinsetzung in den vorigen Stand wegen Versäumung der Rechtsmittelfrist setzt in diesem Falle aber voraus, dass der Rechtsmittelführer innerhalb der Frist alles Zumutbare tut, um das in seiner Mittellosigkeit bestehende Hindernis zu beheben. 3. Dazu gehört, dass er bis zum Ablauf der Rechtsmittelfrist das Gesuch um Prozesskostenhilfe und die Erklärung über seine persönlichen und wirtschaftlichen Verhältnisse in der vorgeschriebenen Form vorlegt. Ist er hieran wiederum ohne sein Verschulden gehindert, so muss er dies gem. § 56 Abs. 2 Satz 2 FGO fristgerecht glaubhaft machen.

Es stellt keinen Verfahrensfehler dar, wenn ein Steuerberater vom Finanzgericht nur auf die fehlende Unterschrift der per Telefax übermittelten Klage, nicht aber auf die Möglichkeit der Wiedereinsetzung in den vorigen Stand hingewiesen wird *(BFH-Beschluss vom 19. 5. 2000 VIII B 13/00, BFH/NV S. 1358).*

---

[1] Wird wegen Versäumnis der Beschwerdefrist Wiedereinsetzung in den vorigen Stand gem. § 56 Abs. 1 und 2 FGO beantragt, so gehört zum Nachholen der versäumten Rechtshandlung binnen zwei Wochen nach Wegfall des Hindernisses (vgl. § 56 Abs. 2 Satz 3 FGO) neben dem bloßen Einlegen auch die Begründung der NZB *(BFH-Beschluss vom 10. 9. 1999 IX B 57/99, BFH/NV 2000 S. 445).*

Eine Wiedereinsetzung in den vorigen Stand kann regelmäßig nicht gewährt werden, wenn die Beschwerdeschrift erst am letzten Tag der Frist in den allgemeinen Postgang gegeben wird. Zwar ist eine Wiedereinsetzung in den vorigen Stand auch ohne Antrag möglich; auch dann sind innerhalb der Antragsfrist jedoch die Tatsachen vorzutragen und glaubhaft zu machen, die die Wiedereinsetzung begründen können *(BFH-Beschluss vom 3. 7. 2000 VI B 223/99, BFH/NV S. 1491).*

Für die Revisionsbegründungsfrist des § 120 Abs. 1 Satz 1 FGO ist eine zuverlässige Fristenkontrolle gewährleistet, wenn die eindeutige und durch Stichproben überwachte Anweisung besteht, alle Rechtsmittelschriften vor Abgang mit Akten dem Bürovorsteher vorzulegen, damit dieser die Begründungsfrist im Fristenkalender notiert *(BFH-Urteil vom 14. 3. 2000 IX R 57/99, BFH/NV S. 1210).*

Alle für die begehrte Wiedereinsetzung wesentlichen Umstände müssen bis zum Ablauf der Zweiwochenfrist des § 56 Abs. 2 FGO vorgetragen sein. Späteres Vorbringen kann allenfalls als Erläuterung beachtlich sein. Nach Ablauf der Zweiwochenfrist beschränken sich die Sachaufklärungspflicht ebenso wie die Beweiswürdigung auf das fristgerecht unterbreitete Tatsachenmaterial. Die Wiedereinsetzungsentscheidung basiert, abweichend von der Regel des § 96 Abs. 1 Satz 1 FGO nicht auf Überzeugungsbildung, sondern auf einem mit Hilfe präsenter Beweismittel getroffenen Wahrscheinlichkeitsurteil *(BFH-Urteil vom 27. 9. 2001 X R 66/99, BFH/NV 2002 S. 358).*

[2] Die Begründung eines Wiedereinsetzungsantrags ist ausschließlich Sache des Antragstellers. Über den erforderlichen Inhalt brauchen FA und FG den fachkundig vertretenen Antragsteller nicht aufzuklären *(BFH-Beschluss vom 29. 10. 2003 V B 61/03, BFH/NV 2004 S. 459).*

Ist eine Klage ohne Wissen des Klägers verspätet eingegangen, so beginnt die Zwei-Wochen-Frist des § 56 Abs. 2 Satz 1 FGO in der Regel zu laufen, wenn der Kläger die Eingangsmitteilung des Gerichts erhält, spätestens jedoch dann, wenn ihm ausdrücklich mitgeteilt wird, dass er die Frist versäumt hat *(BFH-Beschluss vom 9. 8. 2004 VI B 161/02, BFH/NV S. 1668).*

[3] Der „Wegfall des Hindernisses" iSd § 56 Abs. 2 Satz 1 FGO ist kein verschuldensunabhängiges Tatbestandsmerkmal. Die Frist des § 56 Abs. 2 Satz 1 FGO beginnt daher bereits dann, sobald der Beteiligte bei Anwendung der gebotenen Sorgfalt hätte erkennen können und müssen, und nicht erst, sobald er erkannt hat, dass die Frist des § 56 Abs. 1 FGO versäumt worden ist *(BFH-Beschluss vom 18. 2. 2004 I R 45/03, BFH/NV S. 1108).*

[4] Beruft sich ein Rechtsmittelführer auf die fristgerechte Absendung des beim Empfänger nicht eingegangenen Schriftstückes durch seinen Prozessbevollmächtigten, sind innerhalb der Frist des § 56 Abs. 2 Satz 2 FGO alle Tatsachen vorzutragen, aus denen sich die rechtzeitige Absendung oder Aufgabe des fristwahrenden Schriftsatzes zur Post ergibt, wobei nicht nur die

[Fortsetzung nächste Seite]

Rechtshandlung nachzuholen. Ist dies geschehen, so kann Wiedereinsetzung auch ohne Antrag gewährt werden.

(3) Nach einem Jahr seit dem Ende der versäumten Frist kann Wiedereinsetzung nicht mehr beantragt oder ohne Antrag bewilligt werden, außer wenn der Antrag vor Ablauf der Jahresfrist infolge höherer Gewalt unmöglich war.

(4) Über den Antrag auf Wiedereinsetzung entscheidet das Gericht, das über die versäumte Rechtshandlung zu befinden hat.

(5) Die Wiedereinsetzung ist unanfechtbar.

52 **§ 57 [Am Verfahren Beteiligte]**[1]

Beteiligte am Verfahren sind

1. der Kläger,
2. der Beklagte[2],
3. der Beigeladene,
4. die Behörde, die dem Verfahren beigetreten ist (§ 122 Abs. 2).

53 **§ 58**[3] **[Prozessfähigkeit]**

(1) Fähig zur Vornahme von Verfahrenshandlungen sind

1. die nach dem bürgerlichen Recht Geschäftsfähigen,
2. die nach dem bürgerlichen Recht in der Geschäftsfähigkeit Beschränkten, soweit sie durch Vorschriften des bürgerlichen oder öffentlichen Rechts für den Gegenstand des Verfahrens als geschäftsfähig anerkannt sind.

(2)[4] Für rechtsfähige und nichtrechtsfähige Personenvereinigungen, für Personen, die geschäftsunfähig oder in der Geschäftsfähigkeit beschränkt sind, für alle Fälle der Vermögensverwaltung und für andere einer juristischen Person ähnliche Gebilde, die als solche der Besteuerung unterliegen, sowie bei Wegfall eines Steuerpflichtigen handeln die nach dem bürgerlichen Recht dazu befugten Personen. §§ 53 bis 58 der Zivilprozessordnung gelten sinngemäß.

(3) Betrifft ein Einwilligungsvorbehalt nach § 1825 des Bürgerlichen Gesetzbuchs den Gegenstand des Verfahrens, so ist ein geschäftsfähiger Betreuter nur insoweit zur Vornahme von Verfahrenshandlungen fähig, als er nach den Vorschriften des bürgerlichen Rechts ohne Einwilligung des Betreuers handeln kann oder durch Vorschriften des öffentlichen Rechts als handlungsfähig anerkannt ist.

54 **§ 59 [Streitgenossenschaft]**

Die Vorschriften der §§ 59 bis 63 der Zivilprozessordnung über die Streitgenossenschaft sind sinngemäß anzuwenden.

55 **§ 60 [Beiladung]**

(1) Das Finanzgericht kann von Amts wegen oder auf Antrag andere beiladen, deren rechtliche Interessen nach den Steuergesetzen durch die Entscheidung berührt werden, insbesondere solche,

[Fortsetzung]

Versendungsart, sondern auch angegeben werden muss, wer den Schriftsatz, wann und in welchen Briefkasten eingeworfen hat *(BFH-Beschluss vom 10. 12. 2010 V R 60/09, BFH/NV 2011 S. 617)*.

Die eidesstattliche Versicherung der Mitarbeiterin des Prozessbevollmächtigten ist uneingeschränkt zur **Glaubhaftmachung** nur dann geeignet, wenn keine weiteren Mittel der Glaubhaftmachung zur Verfügung stehen *(BFH-Beschluss vom 23. 12. 2005 VI B 110/05, BFH/NV 2006 S. 785)*. Zur Glaubhaftmachung vgl. auch Fn. zu § 56 FGO.

[1] *BFH-Urteil vom 21. 12. 2022 IV R 27/20, BFH/NV 2023 S. 377:* Ein finanzgerichtliches Urteil ist ohne Entscheidung in der Sache isoliert aufzuheben, wenn es gegenüber einer Person ergangen ist, die nicht als Kläger gemäß § 57 Nr. 1 FGO am Klageverfahren beteiligt war (Anschluss an *BFH-Urteil vom 8. 10. 2019 – X R 23/18*).

[2] Ein nach einem gesetzlichen Beteiligtenwechsel gegen den falschen Beklagten ergangenes Urteil des FG ist auf die Revision des falschen Beklagten hin aufzuheben. Der Rechtsstreit ist in einem solchen Fall an das FG zurückzuverweisen, wenn der richtige Beklagte selbst nicht ebenfalls Revision eingelegt hat und der Prozessführung des falschen Beklagten im Revisionsverfahren auch nicht zugestimmt hat (*BFH-Urteil vom 13. 12. 2022 VIII R 33/20, BStBl. 2023 II S. 663*).

[3] § 58 Abs. 3 geänd. mWv 1. 1. 2023 durch G v. 4. 5. 2021 (BGBl. I S. 882). Hinsichtlich der Rechtsfrage der Prozessfähigkeit eines Klägers entscheidet nicht der Sachverständige oder Arzt abschließend, sondern das Gericht nach seiner freien Überzeugung in Würdigung des gesamten Prozessstoffes und unter Berücksichtigung der allgemeinen Lebenserfahrung. Dabei sind in solchen Fällen gerade die besonderen Umstände des Einzelfalls zu berücksichtigen, die generell nicht grundsätzlich bedeutsam sind *(BFH-Beschluss vom 28. 6. 2011 IX B 11/11, BFH/NV S. 1891)*.

[4] Ist eine wegen Vermögenslosigkeit gelöschte GmbH im Klageverfahren durch einen vor der Löschung bevollmächtigten Prozessbevollmächtigten vertreten, kann das FG in der Sache entscheiden *(BFH-Urteil vom 27. 4. 2000 I R 65/98, BStBl. II S. 500)*.

die nach den Steuergesetzen neben dem Steuerpflichtigen haften. Vor der Beiladung ist der Steuerpflichtige zu hören, wenn er am Verfahren beteiligt ist.[1]

(2) Wird eine Abgabe für einen anderen Abgabenberechtigten verwaltet, so kann dieser nicht deshalb beigeladen werden, weil seine Interessen als Abgabenberechtigter durch die Entscheidung berührt werden.

(3) Sind an dem streitigen Rechtsverhältnis Dritte derart beteiligt, dass die Entscheidung auch ihnen gegenüber nur einheitlich ergehen kann,[2] so sind sie beizuladen (notwendige Beiladung).[3] Dies gilt nicht für Mitberechtigte, die nach § 48 nicht klagebefugt sind.

---

[1] Eine Entscheidung im Rechtsstreit des leistenden Unternehmers über die Steuerpflicht seiner Umsätze berührt die rechtlichen Interessen des den Vorsteuerabzug begehrenden Leistungsempfängers, der den Vorsteuerabzug aus diesen Leistungen begehrt. Der Leistungsempfänger kann deshalb zum Rechtsstreit des leistenden Unternehmens, in dem es um die Steuerbarkeit und Steuerpflicht dieser Leistungen geht, beigeladen werden *(BFH-Beschluss vom 1. 2. 2001 V B 199/00, BStBl. II S. 418).*

Das Unterlassen einer einfachen Beiladung stellt keinen Verfahrensfehler dar *(BFH-Beschluss vom 29. 10. 2002 V B 186/01, BFH/NV 2003 S. 780).*

BFH-Beschluss vom 28. 7. 2004 IX B 27/04, BStBl. I S. 895: Wer im Klageverfahren beigeladen war, ist Beteiligter des nachfolgenden Verfahrens wegen Nichtzulassung der Revision, auch wenn er selbst keine Nichtzulassungsbeschwerde eingelegt hat (Fortentwicklung des *BFH-Beschlusses vom 24. 4. 1992 IV B 115/91, BFH/NV 1993 S. 369*).

Ist eine Klage offensichtlich unzulässig, bedarf es keiner notwendigen Beiladung Dritter, die von dem angefochtenen Verwaltungsakt betroffen sind *(BFH-Beschluss vom 8. 12. 2006 VII B 243/05, BStBl. 2008 II S. 436).*

[2] Für die Frage, ob ein Feststellungsbeteiligter zu dem Klageverfahren eines anderen Feststellungsbeteiligten nach § 60 Abs. 3 FGO notwendig beizuladen ist, kommt es (nur) darauf an, dass das Klageverfahren ein Rechtsverhältnis betrifft, das auch gegenüber diesem Dritten nur einheitlich festgestellt werden kann, und dass der Dritte (abstrakt) klagebefugt ist, selbst aber kein Klageverfahren (mehr) betreibt. Unerheblich ist, aus welchen Gründen der selbst klagebefugte Dritte kein eigenes Klageverfahren (mehr) betreibt, d. h., ob er selbst überhaupt keine Klage erhoben hat oder ob ein eigenes Klageverfahren durch Klagerücknahme oder durch übereinstimmende Erledigungserklärungen beendet wurde *(BFH-Beschluss vom 26. 6. 2012 IV B 108/11, BFH/NV S. 1620).*

Die Beiladung einer GmbH gemäß § 60 Abs. 3 FGO ist nicht deshalb entbehrlich, weil die GmbH keinen Geschäftsführer mehr hat und damit prozessunfähig ist *(BFH-Urteil vom 23. 3. 2023 IV R 8/20, BFH/NV 2023 S. 819).*

Eine unterbliebene notwendige Beiladung stellt trotz der Neuregelung des § 123 FGO durch das 2. FGOÄndG einen Verstoß gegen die Grundordnung des Verfahrens dar *(BFH-Beschluss vom 17. 7. 2003 X B 28/03, BFH/NV S. 1539).*

Das ist z. B. der Fall bei der Änderung der Veranlagungsart bei einem Ehegatten (getrennte statt Zusammenveranlagung, *BFH-Urteil vom 20. 5. 1992 III B 110/91, BStBl. II S. 916*).

Ist im finanzgerichtlichen Verfahren streitig, ob der Kinderfreibetrag von einem auf den anderen Elternteil nach § 32 Abs. 6 Satz 4 EStG in der für das Streitjahr 1990 geltenden Fassung zu übertragen oder, ob die Übertragung des Kinderfreibetrags zu Recht erfolgt ist, liegt kein Fall der notwendigen Beiladung (§ 60 Abs. 3 Satz 1 FGO) vor (Änderung der Rspr.; *BFH-Beschluss vom 4. 7. 2001 VI B 301/98, BStBl. II S. 729*).

BFH-Beschluss vom 12. 5. 2005 VI R 38/02, BStBl. II S. 776: Erhebt der im Einspruchsverfahren hinzugezogene Elternteil Klage gegen die Übertragung des eigenen Kinderfreibetrags auf den anderen Elternteil, so ist dieser andere Elternteil notwendig beizuladen (Abgrenzung zum *BFH-Beschluss vom 4. 7. 2001 VI B 301/98, BStBl. II S. 729*).

Erhebt ein Elternteil Klage mit dem Ziel, ihm Kindergeld zu gewähren, ist der andere Elternteil selbst dann nicht notwendig zum Verfahren beizuladen, wenn er bei Stattgabe der Klage zu bisher zu seinen Gunsten festgesetzte Kindergeld verliert *(BFH-Beschluss vom 16. 4. 2002 VIII B 171/01, BStBl. II S. 578).*

Ein Beigeladener hat nach dem Grundsatz des rechtlichen Gehörs Anspruch darauf, sich nach erfolgter Beiladung zu dem Verfahren in rechtlicher und tatsächlicher Hinsicht zu äußern *(BFH-Urteil vom 25. 2. 1999 IV R 48/98, BStBl. II S. 531).*

Ist einem zur ESt getrennt veranlagten Ehegatten ein Abrechnungsbescheid erteilt worden und ist im finanzgerichtlichen Verfahren über diesen Bescheid streitig, in welcher Höhe die von den Eheleuten geleisteten Vorauszahlungen auf die festgesetzte Steuerschuld des Klägers anzurechnen sind, so ist der andere Ehegatte zu diesem Verfahren nicht notwendig beizuladen *(BFH-Beschluss vom 11. 1. 1994 VII B 100/93, BStBl. II S. 405).*

In dem von einem Ehegatten betriebenen finanzgerichtlichen Verfahren gegen einen Aufteilungsbescheid ist der andere Ehegatte notwendig beizuladen, weil es sich bei dem Aufteilungsbescheid um einen einheitlichen Bescheid mit Wirkung gegenüber allen Gesamtschuldnern handelt *(BFH-Beschluss vom 8. 10. 2002 III B 74/02, BFH/NV 2003 S. 195).*

Zur Beiladung des Erwerbers eines Gesellschaftsanteils zum finanzgerichtlichen Verfahren, wenn sich der Streit darauf beschränkt, den vom Veräußerer erzielten Gewinn als laufenden oder nach den §§ 16, 34 EStG als tarifbegünstigten Gewinn zu qualifizieren *(BFH-Urteil vom 6. 12. 2000 VIII R 21/00, BStBl. 2003 II S. 194).*

Die Erben des früheren Mitgesellschafters des Klägers sind dann nicht nach § 60 Abs. 3 FGO notwendig zum Verfahren gegen den Feststellungsbescheid der GbR beizuladen, wenn Streitgegenstand des Klageverfahrens ausschließlich der Aufgabegewinn des Klägers und nicht der laufende Gewinn der Gesellschaft ist *(BFH-Beschluss vom 22. 7. 2005 XI B 151/03, BFH/NV S. 2034).*

Bei einheitlicher und gesonderter Gewinnfeststellung sind die Erben eines verstorbenen Mitunternehmers notwendig beizuladen. Sind diese unbekannt, ist für den Prozess ein Pfleger zu bestellen *(BFH-Urteil vom 24. 3. 1999 I R 114/97, BStBl. 2000 II S. 399).*

BFH-Beschluss vom 14. 11. 2008 IV B 136/07, BFH/NV 2009 S. 597: 1. Eine Personengesellschaft ist auch bei Klagen eines Gesellschafters zu Fragen, die nur ihn berühren, notwendig beizuladen, selbst wenn sie vom Ausgang des Verfahrens nicht betroffen ist. 2. Bei einer atypischen stillen Gesellschaft ist der empfangsbevollmächtigte Inhaber des Handelsgeschäfts auch dann notwendig beizuladen, wenn der Rechtsstreit wegen gesonderter und einheitlicher Gewinnfeststellung über den Anteil der atypischen stillen Gesellschafter am Gewerbesteuermessbetrag keine Auswirkungen für ihn hat. Denn der Empfangsbevollmächtigte übernimmt gemäß § 48 Abs. 1 Nr. 1 2. Alternative, Abs. 2 FGO die Rolle des bei einer atypischen stillen Gesellschaft nicht vorhandenen vertretungsberechtigten Geschäftsführers. 3. Die Einschränkung, dass eine nach § 48 Abs. 1 Nr. 4 oder Nr. 5 FGO klagebefugte Person nicht zum Verfahren beizuladen ist, wenn sie vom Ausgang des Rechtsstreits unter keinem denkbaren Gesichtspunkt betroffen sein kann, gilt weder für die Klagebefugnis nach § 48 Abs. 1 Nr. 1 1. Alternative FGO noch für die Klagebefugnis nach § 48 Abs. 1 Nr. 1 2. Alternative, Abs. 2 FGO.

Die Gesellschafter einer Personengesellschaft sind nach § 48 Abs. 1 Nr. 2 FGO a. F. bzw. § 48 Abs. 1 Nr. 5 FGO n. F. in eigener Person klagebefugt und daher notwendig beizuladen, wenn gegen einen Feststellungsbescheid Einwendungen erhoben werden, die ihre Sondervergütung betreffen *(BFH-Beschluss vom 28. 1. 2003 VIII B 182/02, BFH/NV S. 926).*

Die Beiladung der übrigen Feststellungsbeteiligten einer Bauherrengemeinschaft ist auch dann gem. § 60 Abs. 3 FGO notwendig, wenn das FA – statt die Einkünfte aus Vermietung und Verpachtung der Bauherrengemeinschaft gesondert und einheitlich festzustellen – nach seinem Ermessen (§ 180 Abs. 2 AO i. V. m. § 1 Abs. 1 der dazu ergangenen VO) von der

[Fortsetzung nächste Seite]

(4) Der Beiladungsbeschluss ist allen Beteiligten zuzustellen. Dabei sollen der Stand der Sache und der Grund der Beiladung angegeben werden.

(5) Die als Mitberechtigte Beigeladenen können aufgefordert werden, einen gemeinsamen Zustellungsbevollmächtigten zu benennen.

(6) Der Beigeladene kann innerhalb der Anträge eines als Kläger oder Beklagter Beteiligten selbständig Angriffs- und Verteidigungsmittel geltend machen und alle Verfahrenshandlungen wirksam vornehmen. Abweichende Sachanträge kann er nur stellen, wenn eine notwendige Beiladung vorliegt.

56 **§ 60 a**[1] **[Begrenzung der Beiladung]**

Kommt nach § 60 Abs. 3 die Beiladung von mehr als 50 Personen in Betracht, kann das Gericht durch Beschluss anordnen, dass nur solche Personen beigeladen werden, die dies innerhalb einer bestimmten Frist beantragen. Der Beschluss ist unanfechtbar. Er ist im Bundesanzeiger bekannt zu machen. Er muss außerdem in Tageszeitungen veröffentlicht werden, die in dem Bereich verbreitet sind, in dem sich die Entscheidung voraussichtlich auswirken wird. Die Bekanntmachung kann zusätzlich in einem von dem Gericht für Bekanntmachungen bestimmten Informations- und Kommunikationssystem erfolgen. Die Frist muss mindestens drei Monate seit Veröffentlichung im Bundesanzeiger betragen. In der Veröffentlichung in Tageszeitungen ist mitzuteilen, an welchem Tage die Frist abläuft. Für die Wiedereinsetzung in den vorigen Stand wegen Versäumung der Frist gilt § 56 entsprechend. Das Gericht soll Personen, die von der Entscheidung erkennbar in besonderem Maße betroffen werden, auch ohne Antrag beiladen.

[Fortsetzung]
Durchführung des Feststellungsverfahrens für die Bauherrengemeinschaft hätte absehen können *(BFH-Urteil vom 27. 6. 1995 IX R 123/92, BStBl. II S. 763).*

BFH-Beschluss vom 21. 12. 2011 IV B 101/10, BFH/NV 2012, S. 598: 1. Bei einer atypisch stillen Gesellschaft ist der Empfangsbevollmächtigte auch dann notwendig beizuladen, wenn der Rechtsstreit wegen gesonderter und einheitlicher Gewinnfeststellung keine Auswirkungen für ihn hat. 2. Die unterbliebene notwendige Beiladung führt zu einem Verstoß gegen die Grundordnung des Verfahrens und damit zu einem Verfahrensmangel, auf dem die angefochtene Entscheidung beruhen kann. 3. Der BFH kann eine unterbliebene Beiladung nur im Revisionsverfahren, nicht im Beschwerdeverfahren nachholen.

Ist an der Einkünfte erzielenden Untergesellschaft eine Obergesellschaft mit Gesellschaftern beteiligt, bei denen hinsichtlich dieser Einkünfte eine personenbezogene Steuervergünstigung in Betracht kommt, ist (nur) die Obergesellschaft zum Verfahren beizuladen *(BFH-Urteil vom 14. 11. 1995 VIII R 8/94, BStBl. 1996 II S. 297).*

Die ausländische Personengesellschaft ist bei einer Klage der Gesellschafter gegen einen Bescheid, mit dem eine Feststellung gemäß § 180 Abs. 5 Nr. 1 AO abgelehnt wird (negativer Feststellungsbescheid), grundsätzlich notwendig zum Klageverfahren beizuladen *(BFH-Urteil vom 27. 9. 2017 I R 62/15, BFH/NV 2018 S. 620).*

Die inländischen Gesellschafter einer ausländischen Personengesellschaft sind bei einer Klage der Gesellschaft gegen einen Bescheid, mit dem eine Feststellung gemäß § 180 Abs. 5 Nr. 1 AO abgelehnt wird (negativer Feststellungsbescheid), notwendig zum Klageverfahren beizuladen *(BFH-Urteil vom 11. 7. 2017 I R 34/14, BFH/NV 2018 S. 220).*

BFH-Beschluss vom 24. 1. 2018 I B 81/17, BFH/NV S. 515: Die inländischen Gesellschafter einer (Ober-)Personengesellschaft, die ihrerseits an einer ausländischen (Unter-)Personengesellschaft beteiligt ist, sind zu einem Klageverfahren der Obergesellschaft gegen einen Bescheid, mit dem eine Feststellung gemäß § 180 Abs. 5 Nr. 1 AO in Bezug auf von der Untergesellschaft erzielte Einkünfte abgelehnt wird (negativer Feststellungsbescheid), notwendig beizuladen (Fortführung des Senatsurteils vom 11. 7. 2017 I R 34/14, BFH/NV 2018, 220.

Ist die Gesellschaft (GbR) voll beendet, hat sie ihre Klagebefugnis verloren und kann auch nicht mehr beigeladen werden. Stattdessen sind grundsätzlich alle ehemaligen Gesellschafter der GbR beizuladen. Auch wenn der Gesellschafter einer Gesellschaft, die die Vermietung von Wohnungen betreibt, nur Sonderwerbungskosten geltend macht, kann die Beiladung der Gesellschaft gem. § 60 Abs. 3 FGO geboten sein, wenn Voraussetzung für den Abzug die Überschusserzielungsabsicht der Gesellschaft ist *(BFH-Beschluss vom 11. 2. 2002 IX B 146/01, BFH/NV S. 796).*

Auch vor Bekanntgabe des Feststellungsbescheids ausgeschiedene Gesellschafter sind im Verfahren über die gesonderte und einheitliche Feststellung des Gewinns notwendig beizuladen *(BFH-Beschluss vom 21. 3. 2007 V B 35/07, BFH/NV S. 1332).*

Zum Verfahren der KG gegen den mit der einheitlichen und gesonderten Feststellung des Gewinns der Gesellschaft verbundenen Feststellung des verrechenbaren Verlustes ist der materiell betroffene Gesellschafter, um dessen verrechenbare Verluste es geht, notwendig beizuladen *(BFH-Beschluss vom 19. 6. 2006 VIII R 33/05, BFH/NV S. 1693).*

Eine Personengesellschaft, über deren Vermögen das Konkursverfahren (Insolvenzverfahren) eröffnet worden ist, muss mangels rechtlicher oder faktischer Vollbeendigung zum Klageverfahren des Mitunternehmers (hier: Kommanditisten) betreffend die Höhe seines Aufgabegewinnanteils beigeladen werden, wenn das Konkursverfahren (Insolvenzverfahren) deshalb noch nicht abgeschlossen ist, weil der Konkursverwalter (Insolvenzverwalter) noch ausstehende Einlagen der Gesellschafter oder für die Gläubigerbefriedigung nach § 171 Abs. 1 i. V. m. Abs. 2 HGB (a. F./n. F.) benötigte Beträge einfordert *(BFH-Urteil vom 3. 9. 2009 IV R 17/07, BStBl. 2010 II S. 631).*

BFH-Urteil vom 24. 4. 2007 I R 39/04, BStBl. 2008 II S. 96: Ficht ein Vergütungsschuldner einen gegen ihn gemäß § 50 a Abs. 5 EStG ergangenen Haftungsbescheid an, so ist der Vergütungsgläubiger, auf den sich die Inanspruchnahme aus dem Haftungsbescheid bezieht, zu dem finanzgerichtlichen Verfahren nicht notwendig beizuladen (Bestätigung der Rechtsprechung).

Klagt die Kapitalgesellschaft gegen die Feststellung des steuerlichen Einlagekontos, sind die Gesellschafter zu diesem Verfahren nicht notwendig beizuladen *(BFH-Beschluss vom 25. 9. 2018 I B 49/16, BFH/NV 2019 S. 288).*

Der notwendigen Beiladung einer englischen Limited gemäß § 60 Abs. 3 FGO steht nicht entgegen, dass die Limited aufgelöst ist. Dies gilt auch dann, wenn sie nach englischem Gesellschaftsrecht nicht mehr existent sein sollte *(BFH-Beschluss vom 10. 12. 2019 I B 11/19, BFH/NV 2022 S. 24).*

[3] Von einer notwendigen Beiladung darf – abgesehen von den in der Rechtsprechung zugelassenen Ausnahmen – nicht schon wegen einer voraussichtlichen Erfolglosigkeit der Klage in der Sache abgesehen werden. Maßgebend ist nicht, wie das Gericht, sondern ob das Gericht über eine einheitlich zu entscheidende Frage zu befinden hat *(BFH-Beschluss vom 8. 10. 2002 III B 74/02, BFH/NV 2003 S. 195).*

---

[1] § 60 a Satz 3 geänd., Satz 5 eingef., neuer Satz 6 geänd. durch G v. 22. 3. 2005 (BGBl. I S. 837); Satz 3 und 6 geänd. durch G v. 22. 12. 2011 (BGBl. I S. 3044).

§ 61[1] (weggefallen)

§ 62[1] **[Bevollmächtige und Beistände]** 57

(1) Die Beteiligten können vor dem Finanzgericht den Rechtsstreit selbst führen.

(2)[2] Die Beteiligten können sich durch einen Rechtsanwalt, Steuerberater, Steuerbevollmächtigten, Wirtschaftsprüfer oder vereidigten Buchprüfer als Bevollmächtigten vertreten lassen; zur Vertretung berechtigt sind auch Gesellschaften im Sinn des § 3 Satz 1 Nummer 2 und 3 des Steuerberatungsgesetzes, die durch Personen im Sinne des § 3 Satz 2 des Steuerberatungsgesetzes handeln. Darüber hinaus sind als Bevollmächtigte vor dem Finanzgericht vertretungsbefugt nur

1. Beschäftigte des Beteiligten oder eines mit ihm verbundenen Unternehmens (§ 15 des Aktiengesetzes); Behörden und juristische Personen des öffentlichen Rechts einschließlich der von ihnen zur Erfüllung ihrer öffentlichen Aufgaben gebildeten Zusammenschlüsse können sich auch durch Beschäftigte anderer Behörden oder juristischer Personen des öffentlichen Rechts einschließlich der von ihnen zur Erfüllung ihrer öffentlichen Aufgaben gebildeten Zusammenschlüsse vertreten lassen,
2. volljährige Familienangehörige (§ 15 der Abgabenordnung, § 11 des Lebenspartnerschaftsgesetzes), Personen mit Befähigung zum Richteramt und Streitgenossen, wenn die Vertretung nicht im Zusammenhang mit einer entgeltlichen Tätigkeit steht,
3. Personen und Vereinigungen im Sinne der §§ 3a und 3c des Steuerberatungsgesetzes im Rahmen ihrer Befugnisse nach § 3a des Steuerberatungsgesetzes,

3a. zu beschränkter geschäftsmäßiger Hilfeleistung in Steuersachen nach den §§ 3d und 3e des Steuerberatungsgesetzes berechtigte Personen im Rahmen dieser Befugnisse,

4. landwirtschaftliche Buchstellen im Rahmen ihrer Befugnisse nach § 4 Nr. 8 des Steuerberatungsgesetzes,
5. Lohnsteuerhilfevereine im Rahmen ihrer Befugnisse nach § 4 Nr. 11 des Steuerberatungsgesetzes,
6. Gewerkschaften und Vereinigungen von Arbeitgebern sowie Zusammenschlüsse solcher Verbände für ihre Mitglieder oder für andere Verbände oder Zusammenschlüsse mit vergleichbarer Ausrichtung und deren Mitglieder,
7. juristische Personen, deren Anteile sämtlich im wirtschaftlichen Eigentum einer der in Nummer 6 bezeichneten Organisationen stehen, wenn die juristische Person ausschließlich die Rechtsberatung und Prozessvertretung dieser Organisation und ihrer Mitglieder oder anderer Verbände oder Zusammenschlüsse mit vergleichbarer Ausrichtung und deren Mitglieder entsprechend deren Satzung durchführt, und wenn die Organisation für die Tätigkeit der Bevollmächtigten haftet.

Bevollmächtigte, die keine natürlichen Personen sind, handeln durch ihre Organe und mit der Prozessvertretung beauftragten Vertreter.

(3)[3] Das Gericht weist Bevollmächtigte, die nicht nach Maßgabe des Absatzes 2 vertretungsbefugt sind, durch unanfechtbaren Beschluss zurück. Prozesshandlungen eines nicht vertretungsbefugten Bevollmächtigten und Zustellungen oder Mitteilungen an diesen Bevollmächtigten sind bis zu seiner Zurückweisung wirksam. Das Gericht kann den in Absatz 2 Satz 2 bezeichneten Bevollmächtigten durch unanfechtbaren Beschluss die weitere Vertretung untersagen, wenn sie nicht in der Lage sind, das Sach- und Streitverhältnis sachgerecht darzustellen.

---

[1] § 62 Abs. 2 Satz 1 geänd. durch G v. 22. 3. 2005 (BGBl. I S. 837); § 62 neu gef. durch G v. 12. 12. 2007 (BGBl. I S. 2840); Abs. 2 Satz 2 Nr. 3 geänd. durch G v. 29. 7. 2009 (BGBl. I S. 2449); Abs. 2 Satz 2 Nr. 3a eingef. mWv 1. 8. 2022 durch G v. 7. 7. 2021 (BGBl. I S. 2363); Abs. 2 Satz 1 geänd., Abs. 2 Satz 2 Nr. 3 neu gef. Durch G v. 10. 3. 2023 (BGBl. 2023 I Nr. 64).

[2] Ein Prozessbevollmächtigter, der während des Klageverfahrens an einen anderen Ort zieht und nicht sicherstellt, dass Zustellungen (hier: der Ladung zur mündlichen Verhandlung) durch das Gericht ihm gegenüber wirksam werden können, verletzt seine prozessualen Obliegenheiten. Er kann deshalb nicht rügen, das Gericht habe mit der Zustellung an seine bisherige Adresse einen Verfahrensfehler begangen *(BFH-Beschluss vom 5. 2. 2002 VIII R 2/01, BFH/NV S. 792).*

Die Prozessvollmacht ist widerrufen, wenn das FG von dem Widerruf durch ein Faxschreiben Kenntnis erlangt *(BFH-Beschluss vom 24. 6. 2003 I B 30/03, BFH/NV S. 1434).*

Die Bestellung eines weiteren Prozessbevollmächtigten enthält nicht zugleich den Widerruf der Vollmacht des bisherigen Prozessbevollmächtigten. Dem Kläger ist das Verschulden jedes seiner Prozessbevollmächtigten als eigenes zuzurechnen *(BFH-Beschluss vom 25. 6. 2002 XI R 8/97, BFH/NV S. 1468).*

Das Gericht muss Zustellungen so lange an den bisherigen Prozessbevollmächtigten vornehmen, wie es berechtigte Zweifel daran hat, ob die Zustellungsvollmacht durch tatsächliche Kündigung des Auftragsverhältnisses erloschen ist *(BFH-Beschluss vom 1. 4. 2003 IV B 208/02, BFH/NV S. 1074).*

Eine durch einen nicht postulationsfähige eingelegte Revision ist zwar unwirksam, sie ist aber kein unbeachtliches Nichts, sondern ein tatsächliches Geschehen und lediglich wegen fehlender Postulationsfähigkeit des Rechtsmittelführers als unzulässig zu verwerfen *(BFH-Urteil vom 15. 12. 1999 XI R 75/97, BFH/NV 2000 S. 1067).*

[3] *BFH-Beschluss vom 17. 4. 2003 XI B 206–208/02, BFH/NV S. 1335:* Das FG kann nach § 62 Abs. 2 Satz 2 FGO einen Prozessbevollmächtigten zurückweisen, dessen Bestellung zum Steuerberater während des Klageverfahrens rechtskräftig widerrufen wurde (Anschluss an *BFH-Beschluss vom 11. 2. 2003 VII B 330/02, VII S 41/02, BStBl. 2003 II S. 422*).

(4)[1] Vor dem Bundesfinanzhof müssen sich die Beteiligten durch Prozessbevollmächtigte vertreten lassen. Dies gilt auch für Prozesshandlungen, durch die ein Verfahren vor dem Bundesfinanzhof eingeleitet wird. Als Bevollmächtigte sind nur die in Absatz 2 Satz 1 bezeichneten Personen und Gesellschaften zugelassen. Behörden und juristische Personen des öffentlichen Rechts einschließlich der von ihnen zur Erfüllung ihrer öffentlichen Aufgaben gebildeten Zusammenschlüsse können sich durch eigene Beschäftigte mit Befähigung zum Richteramt oder durch Beschäftigte mit Befähigung zum Richteramt anderer Behörden oder juristischer Personen des öffentlichen Rechts einschließlich der von ihnen zur Erfüllung ihrer öffentlichen Aufgaben gebildeten Zusammenschlüsse vertreten lassen. Ein Beteiligter, der nach Maßgabe des Satzes 3 zur Vertretung berechtigt ist, kann sich selbst vertreten.

(5) Richter dürfen nicht als Bevollmächtigte vor dem Gericht auftreten, dem sie angehören. Ehrenamtliche Richter dürfen, außer in den Fällen des Absatzes 2 Satz 2 Nr. 1, nicht vor einem Spruchkörper auftreten, dem sie angehören. Absatz 3 Satz 1 und 2 gilt entsprechend.

(6) Die Vollmacht ist schriftlich zu den Gerichtsakten einzureichen. Sie kann nachgereicht werden; hierfür kann das Gericht eine Frist bestimmen.[2] Der Mangel der Vollmacht kann in jeder Lage des Verfahrens geltend gemacht werden. Das Gericht hat den Mangel der Vollmacht von Amts wegen zu berücksichtigen, wenn nicht als Bevollmächtigter eine in Absatz 2 Satz 1 bezeichnete Person oder Gesellschaft auftritt. Ist ein Bevollmächtigter bestellt, sind die Zustellungen oder Mitteilungen des Gerichts an ihn zu richten.

(7) In der Verhandlung können die Beteiligten mit Beiständen erscheinen. Beistand kann sein, wer in Verfahren, in denen die Beteiligten den Rechtsstreit selbst führen können, als Bevollmächtigter zur Vertretung in der Verhandlung befugt ist. Das Gericht kann andere Personen als Beistand zulassen, wenn dies sachdienlich ist und hierfür nach den Umständen des Einzelfalls ein Bedürfnis besteht. Absatz 3 Satz 1 und 3 und Absatz 5 gelten entsprechend. Das von dem Beistand Vorgetra-

---

[1] Durch ein an das FG gerichtetes Telegramm kann der Kläger dem für ihn auftretenden Prozessbevollmächtigten wirksam Prozessvollmacht erteilen. Dadurch wird zugleich die Bevollmächtigung iSd § 62 Abs. 3 Satz 1 FGO nachgewiesen *(BFH-Urteile vom 25. 1. 1996 V R 31/95, BStBl. II S. 299; vom 9. 5. 1999 VI R 185/98, BFH/NV S. 1604).*

BFH-Beschluss vom 12. 4. 2012 X B 190-196/11, BFH/NV S. 1164: 1. Auch im Verhältnis zu einem Steuerberater oder Rechtsanwalt ist die Anforderung einer schriftlichen Prozessvollmacht ermessensgerecht, wenn konkrete Anhaltspunkte dafür vorliegen, dass diese Person tatsächlich nicht oder nicht wirksam bevollmächtigt ist. 2. Derartige Anhaltspunkte sind u. a. gegeben, wenn dem Auftreten des Berufsträgers im Klage- oder Rechtsmittelverfahren nicht der aktuelle Sachstand des Besteuerungsverfahrens des vorgeblich Vertretenen zugrunde liegt, die Prozessführung nicht auf die Sache und den konkreten Einzelfall bezogen ist und zahlreiche unstatthafte oder aus anderen Gründen unzulässige Anträge – mit entsprechendem Kostenrisiko für den vorgeblich Vertretenen – gestellt werden. 3. Wird eine für einen Dritten erhobene Klage oder ein für einen Dritten eingelegtes Rechtsmittel wegen des Fehlens einer ordnungsgemäßen Bevollmächtigung als unzulässig verworfen, hat der vollmachtlose Vertreter die Kosten des Verfahrens zu tragen.

Der nach § 62 Abs. 3 Satz 1 FGO erforderliche Nachweis der Bevollmächtigung kann nur durch die Vorlage der schriftlichen Vollmacht im Original geführt werden; es reicht nicht aus, dass der Prozessbevollmächtigte dem Gericht die ihm erteilte schriftliche Vollmacht durch Telefax übermittelt *(BFH-Urteil vom 28. 11. 1995 VII R 63/95, BStBl. 1996 II S. 105).*

Ist eine Prozessvollmacht im Innenverhältnis zwischen der Klägerin und ihrem Prozessbevollmächtigten gekündigt worden, so kann der Klägerin ein etwaiges nachfolgendes Verschulden ihres Prozessbevollmächtigten nicht zugerechnet werden, auch wenn das Erlöschen der Prozessvollmacht dem Gericht noch nicht mitgeteilt worden ist *(BFH-Urteil vom 21. 3. 2002 VII R 7/01, BStBl. II S. 426).*

Der Vertretungszwang vor dem BFH ist verfassungsgemäß. Vom Vertretungszwang kann auch nicht im Einzelfall entbunden werden, wie der BFH bereits wiederholt zu Art. 1 Nr. 1 BFHEntlG entschieden hat *(BFH-Beschluss vom 15. 1. 2002 VII B 273/01, BFH/NV S. 930).*

Hat ein nicht postulationsfähiger Prozessvertreter ein Rechtsmittel eingelegt, wirkt eine Genehmigung durch einen postulationsfähigen Prozessvertreter – ebenso wie eine Wiederholung der unwirksamen Prozesshandlung durch einen postulationsfähigen Prozessvertreter – nur für die Zukunft *(BFH-Beschluss vom 12. 12. 2003 V B 256/02, BFH/NV 2004 S. 649).*

In Verfahren mit Vertretungszwang werden Vollmachtkündigung und Mandatsniederlegung erst durch die Bestellung eines anderen Vertreters iSd § 62 a FGO rechtswirksam *(BFH-Beschluss vom 23. 1. 2006 VI B 106/05, BFH/NV S. 804).*

Die Begründung der Nichtzulassungsbeschwerde muss von dem Prozessbevollmächtigten selbst stammen und erkennen lassen, dass der Prozessbevollmächtigte sich mit dem Streitstoff befasst, ihn insbesondere gesichtet, geprüft und rechtlich durchgearbeitet hat *(BFH-Beschluss vom 28. 11. 2019 II B 49/19 BFH/NV 2020 S. 230).*

Die Rücknahme eines durch einen Prozessbevollmächtigten eingelegten Rechtsmittels ohne dessen Mitwirkung ist nach § 62 Abs. 4 FGO – anders als nach § 62 a FGO a. F. bzw. Art. 1 Nr. 1 BFHEntlG – aufgrund des vor dem BFH bestehenden Vertretungszwangs rechtsunwirksam *(BFH-Beschluss vom 22. 5. 2017 X R 4/17, BFH/NV S. 1060).*

Der Zulässigkeit eines Antrags auf Gewährung von Prozesskostenhilfe für die Durchführung einer Revision oder einer Nichtzulassungsbeschwerde steht nicht entgegen, wenn er vom Antragsteller selbst als einer nach § 62 a FGO nicht postulationsfähigen Person unterzeichnet worden ist *(BFH-Beschluss vom 27. 1. 2003 II S 2/01 (PKH), BFH/NV S. 793).*

Auch Rechtsanwaltsgesellschaften in der Rechtsform der AG kommen als vor dem BFH vertretungsberechtigte Personen in Betracht *(BFH-Urteil vom 11. 3. 2004 VII R 15/03, BStBl. II S. 566).*

BFH-Beschluss vom 23. 6. 2008 VIII B 12/08, BFH/NV S. 1692: Ein dem Vertretungszwang unterliegendes Rechtsmittel wird nicht dadurch unzulässig, dass der Prozessvertreter des Rechtsmittelführers nach ordnungsgemäßer Einlegung und Begründung des Rechtsmittels sein Mandat niederlegt (Anschluss an *BFH-Urteil vom 24. 10. 1978 VII R 17/77, BStBl. 1979 II S. 265).*

Sowohl nach der bisherigen als auch nach der ab dem 1. 7. 2008 geltenden Rechtslage sind pensionierte Richter, die keine Steuerberater, Steuerbevollmächtigte, Rechtsanwälte, Wirtschaftsprüfer oder vereidigte Buchprüfer sind, vor dem BFH nicht vertretungsberechtigt *(BFH-Beschluss vom 24. 11. 2008 VII B 149/08, BStBl. 2009 II S. 155).*

[2] Tritt im finanzgerichtlichen Verfahren als Bevollmächtigter eine Person i. S. des § 3 Nr. 1 bis 3 StBerG auf, kann auch nach § 62 Abs. 6 Satz 2 Halbsatz 2 FGO in der seit 1. 7. 2008 geltenden Fassung eine Vollmacht unter Setzen einer Frist nur noch bei begründeten Zweifeln an der Bevollmächtigung angefordert werden. Hierfür müssen konkrete Anhaltspunkte vorliegen. Bloße abstrakte Mutmaßungen reichen insoweit nicht aus *(BFH-Beschluss vom 10. 2. 2008 X B 211/08, BFH/NV 2009 S. 782).*

gene *gelten*[1] als von dem Beteiligten vorgebracht, soweit es nicht von diesem sofort widerrufen oder berichtigt wird.

§ 62 a[2] *(aufgehoben)* 58

Abschnitt III. Verfahren im ersten Rechtszug

§ 63[3, 4] **[Passivlegitimation]** 59

(1) Die Klage ist gegen die Behörde zu richten,

1. die den ursprünglichen Verwaltungsakt erlassen[5] oder
2. die den beantragten Verwaltungsakt oder die andere Leistung unterlassen oder abgelehnt hat oder
3. der gegenüber die Feststellung des Bestehens oder Nichtbestehens eines Rechtsverhältnisses oder der Nichtigkeit eines Verwaltungsakts begehrt wird.

(2)[6] Ist vor Erlass der Entscheidung über den Einspruch eine andere als die ursprünglich zuständige Behörde für den Steuerfall örtlich zuständig geworden, so ist die Klage zu richten

1. gegen die Behörde, welche die Einspruchsentscheidung erlassen hat,
2. wenn über einen Einspruch ohne Mitteilung eines zureichenden Grundes in angemessener Frist sachlich nicht entschieden worden ist (§ 46), gegen die Behörde, die im Zeitpunkt der Klageerhebung für den Steuerfall örtlich zuständig ist.

(3) Hat eine Behörde, die auf Grund gesetzlicher Vorschrift berechtigt ist, für die zuständige Behörde zu handeln, den ursprünglichen Verwaltungsakt erlassen oder den beantragten Verwaltungsakt oder die andere Leistung unterlassen oder abgelehnt, so ist die Klage gegen die zuständige Behörde zu richten.

§ 64[7] **[Form der Klageerhebung]** 60

(1) Die Klage ist bei dem Gericht schriftlich oder zu Protokoll des Urkundsbeamten der Geschäftsstelle zu erheben. § 129 a Absatz 2 der Zivilprozessordnung gilt entsprechend.

[1] Redaktionelles Versehen des Gesetzgebers, muss richtig lauten: „gilt“.

[2] § 62 a aufgeh. durch G v. 12. 12. 2007 (BGBl. I S. 2840).

[3] § 63 Abs. 1 FGO bestimmt ohne Ansehen des rechtlichen Inhalts des streitigen Rechtsverhältnisses, wer zu verklagen ist, d. h. die Prozessführungsbefugnis. Davon zu unterscheiden ist die Sachlegitimation oder Passivlegitimation, die die Frage beantwortet, ob der Beklagte nach dem materiellen Recht auch der Anspruchsverpflichtete ist *(BFH-Urteil vom 21. 7. 2009 VII R 52/08, BFH/NV 2009 S. 1906)*.

[4] § 63 Abs. 2 Nr. 2 ber. v. 28. 8. 2001 (BGBl. I S. 2262).

[5] Ist vor Erlass der Entscheidung über den Einspruch ein anderes als das ursprünglich zuständige FA für den Steuerfall örtlich zuständig geworden, ist die Klage auch dann gegen das FA zu richten, das die Einspruchsentscheidung erlassen hat (§ 63 Abs. 2 Nr. 1 FGO), wenn das örtlich zuständig gewordene FA in einem anderen Bundesland liegt *(BFH-Beschluss vom 16. 3. 2005 VIII B 87/03, BFH/NV S. 1579)*.

BFH-Urteil vom 10. 7. 2025 III R 24/24, BFH/NV S. 1308: Ist die Ausgangsbehörde beim Erlass des ursprünglichen Bescheids unzutreffend von ihrer örtlichen Zuständigkeit ausgegangen, hat dann jedoch die örtlich zuständige Behörde die Einspruchsentscheidung erlassen, ist diese und nicht die Ausgangsbehörde passiv prozessführungsbefugt. Die für eine Änderung der örtlichen Zuständigkeit während des Einspruchsverfahrens maßgebliche Regelung des § 63 Abs. 2 Nr. 1 FGO ist auf diesen Fall zu übertragen (Bestätigung des Senatsurteils vom 21. 05. 2025, III R 30/24).

Wird ein Erlassantrag von einer sachlich unzuständigen Behörde abgelehnt, ist die Klage auch dann gemäß § 63 Abs. 1 Nr. 2 FGO gegen diese Ausgangsbehörde zu richten, wenn die Einspruchsentscheidung von der für die Ausgangsentscheidung sachlich und örtlich zuständigen Behörde getroffen wird *(BFH-Urteil vom 19. 1. 2023 III R 2/22, BStBl. 2023 II S. 626)*.

[6] Zu den Auswirkungen eines Zuständigkeitswechsels auf das Rechtsbehelfsverfahren s. *BMF-Schreiben vom 10. 10. 1995 (BStBl. I S. 664)*, abgedr. als Anl. zu § 367. Wechselt während des Besteuerungsverfahrens die Zuständigkeit des FA, führt das bisher zuständige FA das Verfahren aber gleichwohl nach § 26 Satz 2 AO fort, ist kein Fall des § 63 FGO gegeben *(BFH-Beschluss vom 30. 7. 1997 I R 14/97, BFH/NV 1998 S. 420)*.

Wird während eines finanzgerichtlichen Verfahrens statt des beklagten FA ein anderes FA für den Steuerfall zuständig, weil die Zuständigkeit an das Erreichen einer bestimmten Umsatzgrenze anknüpft und der Kläger diese Grenze über eine gewisse Zeit hin nicht mehr erreicht hat, so führt dies nicht zu einem gesetzlichen Beteiligtenwechsel. Das ursprünglich beklagte FA bleibt vielmehr Verfahrensbeteiligter *(BFH-Urteil vom 16. 10. 2002 I R 17/01, BStBl. 2003 II S. 631)*.

[7] § 64 Abs. 1 Satz 2 angef. durch G v. 15. 7. 2024 (BGBl. I Nr. 237).

Eine ordnungsgemäße Klageerhebung erfordert regelmäßig die Bezeichnung des Klägers unter Angabe der ladungsfähigen Anschrift. Unter Angabe der ladungsfähigen Anschrift ist die Angabe des tatsächlichen Wohnortes zu verstehen. Dieser ist anzugeben, auch wenn der Kläger durch einen Prozessbevollmächtigten vertreten ist *(BFH-Beschluss vom 7. 12. 2007 VII S 17/07 (PKH), BFH/NV 2008 S. 589)*.

Dem Erfordernis eigenhändiger Unterschrift unter bestimmende Schriftsätze ist genügt, wenn der Schriftzug gewährleistet, dass das Schriftstück vom Unterzeichner stammt, und ein dessen Identität kennzeichnender, individuell gestalteter Namenszug vorliegt, der zumindest die Absicht einer vollen Unterschrift erkennen lässt *(BFH-Urteil vom 23. 6. 1999 X R 113/96, BStBl. II S. 668)*.

Eine mit eingescannter Unterschrift des Prozessbevollmächtigten durch Telefax eingelegte Klage entspricht jedenfalls dann den Schriftformanforderungen des § 64 Abs. 1 FGO, wenn sie von dem Bevollmächtigten an einen Dritten mit der tatsächlich ausgeführten Weisung gemailt wird, sie auszudrucken und per Telefax an das Gericht zu senden *(BFH-Urteil vom 22. 6. 2010 VIII R 38/08, BStBl. II S. 1017)*.

Ist eine Klageschrift nicht unterschrieben, so wird der Mangel der Unterschrift dadurch geheilt, dass der Klage eine vom Kläger zeitnah unterschriebene und mit seiner Steuernummer versehene Vollmacht beigefügt ist *(BFH-Beschluss vom 17. 8. 2009 VI B 40/09, BFH/NV S. 2000)*.

[Fortsetzung nächste Seite]

(2) Der Klage sollen Abschriften für die übrigen Beteiligten beigefügt werden; § 77 Abs. 2 gilt sinngemäß.

61 **§ 65[1] [Notwendiger Inhalt der Klage][2·3]**

(1) Die Klage muss den Kläger,[4] den Beklagten, den Gegenstand des Klagebegehrens, bei Anfechtungsklagen auch den Verwaltungsakt und die Entscheidung über den außergerichtlichen Rechtsbehelf bezeichnen. Sie soll einen bestimmten Antrag enthalten.[5] Die zur Begründung dienenden Tatsachen und Beweismittel sollen angegeben werden. Der Klage soll eine Abschrift des angefochtenen Verwaltungsakts und der Einspruchsentscheidung beigefügt werden. § 253 Absatz 3 Nummer 4 der Zivilprozessordnung gilt entsprechend.

[Fortsetzung]

BFH-Beschluss vom 10. 7 2002 VII B 6/02, BFH/NV S. 1598: Wird ein prozessleitender Schriftsatz nicht auf elektronischem Wege, sondern (konventionell) mittels Telefax oder mit der Briefpost übermittelt, muss die übermittelte Telekopie des Originalschriftsatzes die Wiedergabe der Unterschrift in Kopie enthalten. Die übermittelte Telekopie einer Abschrift des Originalschriftsatzes, die nur mit dem Zusatz „gez.… Rechtsanwalt" versehen ist, genügt nicht.

---

[1] § 65 Abs. 1 Satz 4 geänd. durch G v. 10. 10. 2013 (BGBl. I S. 3786); Abs. 1 Satz 2 angef. durch G v. 15. 7. 2024 (BGBl. I Nr. 237).

[2] *BFH-Beschluss vom 8. 5. 2025 VII B 58/24, BFH/NV S. 894:* 1. Zur Bezeichnung des Gegenstands des Klagebegehrens reicht bei einer Anfechtungsklage die Nennung des angefochtenen Verwaltungsakts, verbunden mit dem Begehren der Aufhebung, nicht aus. Das gilt auch für die Anfechtung eines Haftungsbescheids. 2. Eine hinreichende Bezeichnung des Klagebegehrens erfolgt auch dadurch, dass in der Klageschrift die angefochtenen Bescheide benannt werden und die Einspruchsentscheidung beigefügt wird, sofern sich die konkreten Streitpunkte, die Gegenstand des Klageverfahrens sein könnten, aus der Einspruchsentscheidung entnehmen lassen.

Wie weit das Klagebegehren zu substantiieren ist, hängt von den Umständen des Einzelfalls (insbesondere vom Inhalt des Verwaltungsakts, der Steuerart und der Klageart) ab und kann nicht abstrakt generell vorab definiert werden. Entscheidend ist, ob das Gericht in die Lage versetzt worden ist zu erkennen, worin nach Ansicht des Klägers die streitgegenständliche Rechtsverletzung liegt *(BFH-Beschluss vom 29. 6. 2017 X B 170/16, BFH/NV S. 1613).*

Nimmt ein nicht fachkundig vertretener Kläger in der Klageschrift vollinhaltlich auf ein beigefügtes Einspruchsschreiben Bezug, mit dem er beantragt hat, die Umsatzsteuer entsprechend der eingereichten Steuererklärung festzusetzen, hat er damit eine Anfechtungsklage wegen Umsatzsteuer erhoben *(BFH-Beschluss vom 30. 12. 2022 XI B 61/22, BFH/NV 2023 S. 379).*

Die Klageschrift ist nach den für Willenserklärungen geltenden Grundsätzen auszulegen. Für die Bestimmung des in der Klageschrift genannten Klägers sind alle dem FG und FA bekannten und vernünftigerweise erkennbaren Umstände tatsächlicher und rechtlicher Art zu berücksichtigen. Nach dem Grundsatz der rechtsschutzgewährenden Auslegung ist im Zweifelsfall anzunehmen, dass das Rechtsmittel eingelegt werden sollte, das zulässig ist. Dies gilt grundsätzlich auch für Schriftsätze von rechtskundigen Bevollmächtigten *(BFH-Urteil vom 23. 4. 2009 IV R 24/08, BFH/NV 2009 S. 1427).*

§ 65 Abs. 2 Satz 1 geänd. durch G v. 22. 3. 2005 (BGBl. I S. 837).

[3] Bei einer Anfechtungsklage gegen einen Gewinnfeststellungsbescheid ist der Gegenstand des Klagebegehrens hinreichend bezeichnet, wenn mit dem Klageantrag die Herabsetzung der Einkünfte auf einen bestimmten, genau bezeichneten Betrag geltend gemacht wird *(BFH-Urteil vom 23. 1. 1997 IV R 84/95, BStBl. II S. 462).*

Zur Bezeichnung des Gegenstands des Klagebegehrens kann ein bestimmter Klageantrag ausreichen, wenn der Sachverhalt, um den gestritten wird, in groben Zügen aus der Einspruchsentscheidung oder einer Einspruchsbegründung, auf die Bezug genommen wird, erkennbar ist *(BFH-Urteil vom 11. 2. 2003 VII R 18/02, BStBl. II S. 606).*

Für die Bezeichnung des Gegenstandes des Klagebegehrens ist es erforderlich, den Streitpunkt so zu umreißen, dass er konkretisiert von anderen denkbaren Streitpunkten abgrenzbar ist. Der bloße Hinweis in der Klageschrift auf die Einspruchsentscheidung und die ESt-Bescheide 1986 bis 1990 reicht hierfür nicht aus, wenn diese Bescheide sämtlich auf den Ergebnissen einer beim Kläger durchgeführten Steuerfahndungsprüfung beruhen, die zu einer Vielzahl von steuerlich auszuwertenden Feststellungen geführt hat *(BFH-Beschluss vom 18. 2. 2003 VIII B 218/02, BFH/NV S. 1186).*

Bei der Auslegung des Klagebegehrens ist nicht allein auf den Antrag, sondern auf den gesamten Inhalt der Klageschrift abzustellen. Ziel der Auslegung einer Klageschrift ist es, den wirklichen Willen des Erklärenden zu erforschen *(BFH-Beschluss vom 7. 11. 2007 I B 104/07, BFH/NV 2008 S. 799).*

Fehlt es an einer eindeutigen und zweifelsfreien Erklärung des wirklich Gewollten in der Rechtsbehelfsschrift, hat das FG den wirklichen Willen des Steuerpflichtigen durch Auslegung seiner Erklärung zu ermitteln. Dabei ist grundsätzlich davon auszugehen, dass der Steuerpflichtige denjenigen Verwaltungsakt anfechten will, der angefochten werden muss, um zu dem erkennbar angestrebten Erfolg zu kommen *(BFH-Urteil vom 8. 5. 2008 VI R 12/05, BStBl. 2009 II S. 116).*

Der Gegenstand des Klagebegehrens iSv. § 65 Abs. 1 Satz 1 FGO ist bereits dann hinreichend bezeichnet, wenn der Kläger einen **Antrag auf Aufhebung eines Verwaltungsakts** stellt, sofern unter Berücksichtigung des Inhalts des Verwaltungsaktes keine hinreichenden Zweifel bestehen, dass mit der Klage dieser Bescheid dem Grunde nach angefochten werden soll *(BFH-Beschluss vom 6. 12. 2002 VIII B 219/02, BFH/NV 2003 S 782).*

[4] *BFH-Beschluss vom 18. 8. 2011 V B 44/10, BFH/NV S. 2084:* 1. Eine ordnungsgemäße Klageerhebung erfordert regelmäßig die Bezeichnung des Klägers unter Angabe seiner ladungsfähigen Anschrift. Bei einer juristischen Person des Privatrechts (GmbH) ist dies die Angabe ihres tatsächlichen Firmensitzes oder Geschäftssitzes. 2. Der Angabe einer ladungsfähigen Anschrift bedarf es ausnahmsweise dann nicht, wenn eine GmbH ihre Geschäftstätigkeit eingestellt hat und infolgedessen über keinen tatsächlichen Firmensitz oder Geschäftssitz mehr verfügt. Das gilt jedenfalls dann, wenn die Identität der Klägerin feststeht und die Möglichkeit der Zustellung durch einen Prozessbevollmächtigten sichergestellt ist (Anschluss an die *BFH-Urteile vom 19. 10. 2000 IV R 25/00 BStBl. 2001 II S. 112 und 11. 12. 2001 VI R 19/01, BFH/NV 2002 S. 651).*

Die Klageerhebung unter Verwendung eines Falschnamens ist unzulässig, da die Identität des Klägers nicht feststeht. Es genügt nicht, dass sich eine Klage, die von einer Person unter einem Falschnamen erhoben worden ist, zweifelsfrei der Person zuordnen lässt, die den Falschnamen benutzt und dass gerichtliche Schreiben der mit dem Falschnamen bezeichneten Person tatsächlich zugehen *(BFH-Urteil vom 18. 2. 2021 III R 5/19, BStBl. II S. 574).*

[5] Eine Klageschrift kann den Mindestanforderungen auch dann entsprechen, wenn in ihr zwar die Person des Beklagten nicht ausdrücklich bezeichnet ist, diese sich jedoch aufgrund anderer Angaben in der Klageschrift (z B. Bezeichnung des angefochtenen Verwaltungsaktes und der Einspruchsentscheidung) alsbald leicht und eindeutig bestimmen lässt *(BFH-Urteil vom 11. 12. 1992 VI R 162/88, BStBl. 1993 II S. 306).*

Der Gegenstand des Klagebegehrens ist bei einer Klage gegen einen Schätzungsbescheid hinreichend bezeichnet, wenn ein Kläger innerhalb einer gesetzten Ausschlussfrist zwar keine Steuererklärung, wohl aber betragsmäßig eindeutige Einkünfteermittlungen einreicht, und aus seinem Vorbringen hervorgeht, dass er keine weiteren Änderungen des Schätzungsbescheids begehrt *(BFH-Beschluss vom 23. 6. 2017 X B 11/17, BFH/NV S. 1441).*

(2) Entspricht die Klage diesen Anforderungen nicht, hat der Vorsitzende oder der nach § 21 g des Gerichtsverfassungsgesetzes zuständige Berufsrichter (Berichterstatter) den Kläger zu der erforderlichen Ergänzung innerhalb einer bestimmten Frist aufzufordern.[1] Er kann dem Kläger für die Ergänzung eine Frist mit ausschließender Wirkung[2] setzen, wenn es an einem der in Absatz 1 Satz 1 genannten Erfordernisse fehlt. Für die Wiedereinsetzung in den vorigen Stand wegen Versäumung der Frist gilt § 56 entsprechend.

§ 66[3] [Rechtshängigkeit] 62

Durch Erhebung der Klage wird die Streitsache rechtshängig. In Verfahren nach dem Siebzehnten Titel des Gerichtsverfassungsgesetzes wegen eines überlangen Gerichtsverfahrens wird die Streitsache erst mit Zustellung der Klage rechtshängig.

§ 67[4] [Klageänderung] 63

(1) Eine Änderung der Klage ist zulässig, wenn die übrigen Beteiligten einwilligen oder das Gericht die Änderung für sachdienlich hält; § 68 bleibt unberührt.

(2) Die Einwilligung des Beklagten in die Änderung der Klage ist anzunehmen, wenn er sich, ohne ihr zu widersprechen, in einem Schriftsatz oder in einer mündlichen Verhandlung auf die geänderte Klage eingelassen hat.

(3) Die Entscheidung, dass eine Änderung der Klage nicht vorliegt oder zuzulassen ist, ist nicht selbständig anfechtbar.

§ 68[5] [Änderung des angefochtenen Verwaltungsakts] 64

Wird der angefochtene Verwaltungsakt nach Bekanntgabe der Einspruchsentscheidung geändert oder ersetzt,[6] so wird der neue Verwaltungsakt Gegenstand des Verfahrens. Ein Einspruch gegen den neuen Verwaltungsakt ist insoweit ausgeschlossen. Die Finanzbehörde hat dem Gericht,

---

[1] Die Aufforderung nach § 65 Abs. 2 Satz 1 FGO steht nicht im Ermessen des Gerichts. Der Anspruch des Klägers auf rechtliches Gehör gebietet es, dass das Gericht ihn so rechtzeitig auf eine nach § 65 Abs. 1 Satz 1 FGO erforderliche Ergänzung seiner Klage hinweist, dass er die Mängel, wenn möglich, noch beheben oder sich jedenfalls dazu äußern kann (*BFH-Beschluss vom 10. 3. 2022 VII B 174/20, BFH/NV S. 603*).

Eine (zulässige) Anfechtungsklage gegen einen ESt-Bescheid kann regelmäßig auch nach Ablauf einer gem. § 65 Abs. 2 Satz 2 FGO gesetzten Ausschlussfrist betragsmäßig erweitert werden (Anschluss an *BFH-Beschluss vom 23. 10. 1989 GrS 2/87, BStBl. 1990 II S. 327); BFH-Urteil vom 12. 9. 1995 IX R 78/94, BStBl. 1996 II S. 16*).

BFH-Urteil vom 24. 10. 2001 X R 39/99, BFH/NV 2002 S. 498: Auch nach Fristsetzung durch das FG kann das Klagebegehren grundsätzlich durch Hinweis auf eine beim FA eingereichte Steuererklärung bezeichnet werden (Bestätigung der *BFH-Urteile vom 22. 4. 1998 XI R 31–32/97, BFH/NV S. 1245* und *vom 17. 2. 2000 I R 119/97, BFH/NV S. 972).*

Bei einem Schätzungsbescheid ist das Klagebegehren nicht ausreichend bezeichnet, wenn der Umfang der angestrebten Korrektur nicht präzisiert, sondern lediglich die Einreichung der Steuererklärung angekündigt wird *(BFH-Beschluss vom 16. 8. 2005 XI B 235/03, BFH/NV S. 2339).*

Die Bezeichnung des Gegenstandes des Klagebegehrens kann durch eine Bezugnahme auf genau bezeichnete Unterlagen in den Steuerakten gegenüber dem Gericht auch dann vorgenommen werden, wenn dem Kläger die Bezeichnung nach § 65 Abs. 2 FGO aufgegeben worden ist *(BFH-Urteil vom 13. 6. 1996 III R 93/95, BStBl. II S. 483).*

Das FG ist auch und gerade in Schätzungsfällen befugt, Maßnahmen zur Verfahrensbeschleunigung iSv § 65 Abs. 2 Satz 2 FGO zu treffen. Mit rd. drei Wochen ab Zustellung der betreffenden richterlichen Verfügung ist die Ausschlussfrist zwar äußerst knapp bemessen worden, hält sich aber unter den gegebenen Umständen (Überschreiten der Fristen zur Abgabe der ESt-Erklärungen um drei bzw. vier Jahre) noch im Rahmen des richterlichen Ermessens *(BFH-Beschluss vom 10. 9. 2002 X B 46/02, BFH/NV 2003 S. 71).*

[2] Ergibt sich der Gegenstand des Klagebegehrens mit hinreichender Klarheit aus der Zusammenschau von Klageantrag, Steuerbescheid und Einspruchsentscheidung, darf das FG keine Ausschlussfrist nach § 65 Abs. 2 Satz 2 FGO setzen und die Klage nicht als unzulässig abweisen *(BFH-Beschluss vom 28. 6. 2012 XI B 44/12, BFH/NV S. 1811).*

Reicht ein Steuerpflichtiger, gegen den Schätzungsbescheide ergangen sind, erst am Abend des letzten Tages der gemäß § 65 Abs. 2 Satz 2 FGO gesetzten Ausschlussfrist den Gegenstand des Klageverfahrens betreffende Steuererklärungen beim FA ein, ohne das FG hierüber zu informieren, hat er sein Klagebegehren nicht innerhalb der Ausschlussfrist bezeichnet, so dass die Klage als unzulässig abzuweisen ist (*BFH-Urteil vom 10. 7. 2025 III R 25/24, BFH/NV S. 1310*).

[3] § 66 Satz 2 angef. durch G v. 11. 10. 2016 (BGBl. I S. 2222).

[4] *BFH-Urteil vom 7. 8. 2002 I R 99/00, BStBl. 2003 II S. 835:* Im Verfahren über eine Anfechtungsklage ist eine subjektive Klageänderung nicht sachdienlich, wenn der angefochtene Verwaltungsakt weder gegen den in den Prozess eingetretenen Beteiligten ergangen ist noch gegen diesen wirkt (Bestätigung des *Senatsurteils vom 28. 10. 1970 I R 72/68, BStBl. 1971 II S. 26).*

Eine Klageänderung iSv. § 67 FGO liegt vor, wenn während der Rechtshängigkeit der Streitgegenstand geändert wird. Im Verfahren der Anfechtungsklage gegen einen Gewinnfeststellungsbescheid können die einzelnen Besteuerungsgrundlagen, deren Änderung der Kläger begehrt, Streitgegenstand sein *(BFH-Beschluss vom 10. 9. 1997 VIII B 55/96, BFH/NV 1998 S. 282).*

Wird eine Klage auf Anfechtung eines Zusammenveranlagungsbescheids geändert in eine Klage auf Verpflichtung des FA zur Durchführung einer getrennten Veranlagung, ist die Klageänderung nur zulässig, wenn neben den Voraussetzungen des § 67 FGO die Sachentscheidungsvoraussetzungen für das Verpflichtungsbegehren erfüllt sind. Dazu gehört insbesondere, dass die Verwaltung zuvor die beantragte Veranlagung durch Bescheid abgelehnt hat oder der Kläger bei Untätigkeit der Behörde einen sog. Untätigkeitseinspruch eingelegt hat *(BFH-Urteil vom 19. 5. 2004 III R 18/02, BStBl. II S. 980).*

Bei einer Klage gegen einen Gewinnfeststellungsbescheid führt jedes nachträglich gestellte Rechtsschutzbegehren, das nicht mit der Klage angegriffene Feststellungen betrifft, zu einer Klageänderung i. S. des § 67 FGO, die nur innerhalb der Klagefrist zulässig ist. Die nicht innerhalb der Klagefrist angegriffenen Feststellungen werden insoweit auch dann – formell – bestandskräftig, wenn der Gewinnfeststellungsbescheid unter dem Vorbehalt der Nachprüfung steht *(BFH-Urteil vom 9. 2. 2011 IV R 15/08, BStBl. II S. 764).*

[5] § 68 Satz 3 geänd. durch G v. 22. 3. 2005 (BGBl. I S. 837).

[Fortsetzung nächste Seite]

bei dem das Verfahren anhängig ist, eine Abschrift des neuen Verwaltungsakts zu übermitteln. Satz 1 gilt entsprechend, wenn

1. ein Verwaltungsakt nach § 129 der Abgabenordnung berichtigt wird oder
2. ein Verwaltungsakt an die Stelle eines angefochtenen unwirksamen Verwaltungsakts tritt.

65 **§ 69**[1] **[Aussetzung der Vollziehung]**

(1) Durch Erhebung der Klage wird die Vollziehung des angefochtenen Verwaltungsaktes vorbehaltlich des Absatzes 5 nicht gehemmt, insbesondere die Erhebung einer Abgabe nicht aufge-

---

[Fortsetzung]

Ergeht ein Änderungsbescheid nach geschlossener mündlicher Verhandlung, aber vor Verkündung des Urteils (hier durch Zustellung nach § 104 Abs. 2 FGO) durch das FG, so wird dieser Änderungsbescheid Gegenstand des nach wie vor anhängigen finanzgerichtlichen Verfahrens. Übersieht das FG den Änderungsbescheid, liegt seinem Urteil ein nicht (mehr) existierender (Erst-)Bescheid zugrunde mit der Folge, dass auch das FG-Urteil keinen Bestand haben kann *(BFH-Urteil vom 22. 1. 2013 IX R 18/12, BFH/NV S. 1094).*

[6] Der Begriff des „Ersetzens" i. S. des § 68 Satz 1 FGO ist weit auszulegen und erfasst daher auch den Fall, dass der neue Bescheid unter partiell-inhaltlicher Umgestaltung den ursprünglichen Bescheid in seinem Regelungsgehalt mit aufnimmt *(BFH-Beschluss vom 8. 2. 2017 III B 66/16, BFH/NV S. 743).*

Wird ein **Zusammenveranlagungsbescheid** während des Klageverfahrens aufgehoben und werden stattdessen Einzelveranlagungsbescheide erlassen, dann werden diese nicht gemäß § 68 Satz 1 der FGO zum Gegenstand des Klageverfahrens (*BFH-Beschluss vom 25. 10. 2023 I R 38/20, BStBl. 2024 II S. 474*).

Ein Änderungsbescheid, der dem FG-Urteil zeitlich nachfolgt, wird entsprechend § 68 FGO Gegenstand des Beschwerdeverfahrens wegen Nichtzulassung der Revision *(BFH-Beschluss vom 6. 2. 2014 VIII B 43/13, BFH/NV S. 711).* Hat das Finanzamt während des Revisionsverfahrens einen Änderungsbescheid erlassen und beruht die geänderte Steuerfestsetzung auf Sachverhalten, zu denen das FG noch keine Feststellungen treffen konnte, ist die Vorentscheidung grundsätzlich aufzuheben und die Sache an das FG zur anderweitigen Verhandlung und Entscheidung zurückzuverweisen (*BFH-Urteil vom 7. 11. 2023 VIII R 11/21, BFH/NV 2024 S. 522*). Ergehen innerhalb des Revisionsverfahrens mehrere Änderungsbescheide, wird der jeweils letzte zum Gegenstand des Verfahrens. Eine durch den Erlass eines ersten Änderungsbescheides (Abhilfebescheides) zunächst eingetretene Erledigung der Hauptsache kann durch den Erlass eines weiteren Änderungsbescheides wieder entfallen *(BFH-Urteil vom 3. 12. 2019 VIII R 23/17, BFH/NV 2020 S. 613).*

BFH-Beschluss I B 64/21 vom 24. 5. 2022, BFH/NV S. 1058: § 68 FGO ist auch im Falle einer Klage anwendbar, die auf Feststellung der Unwirksamkeit eines Verwaltungsakts aufgrund nicht ordnungsgemäßer Bekanntgabe gerichtet ist, wenn die Behörde den Verwaltungsakt während des Verfahrens erneut bekannt gibt (Bestätigung des *BFH-Beschlusses vom 25. 2. 1999 IV R 36/98, BFH/NV 1999 S. 1117*).

Zum Verhältnis des Änderungsbescheides zum geänderten Bescheid (Ausgangsbescheid) vgl. *BFH-Beschluss vom 25. 10. 1972 GrS 1/72, BStBl. 1973 II S. 231,* sowie *BFH-Urteil vom 11. 2. 1994 III B 127/93, BStBl. II S. 658*: „Soweit und solange der Änderungsbescheid Bestand hat, nimmt er den Regelungsgehalt des Ausgangsbescheides in sich auf; der Ausgangsbescheid hat also keinen wirksamen Regelungsgehalt mehr, er ist in seiner Wirkung suspendiert."

Ein Jahresumsatzsteuerbescheid wird auch gem. § 68 Satz 1 FGO von Gesetzes wegen Gegenstand des Klageverfahrens gegen den Umsatzsteuervorauszahlungsbescheid *(BFH-Beschluss vom 22. 10. 2003 V B 103/02, BFH/NV 2004 S. 502).*

BFH-Beschluss vom 16. 12. 2014 X B 113/14, BFH/NV 2015 S. 510: 1. Wird die Einkommensteuer während des Klageverfahrens auf 0 € herabgesetzt, wird die gegen den Einkommensteuerbescheid gerichtete Klage grundsätzlich wegen des Fehlens der erforderlichen sachlichen Beschwer unzulässig. Dies gilt – anders als beim Gewerbesteuermessbetrag – auch dann, wenn der Kläger grundsätzlich bestreitet, gewerbliche Einkünfte erzielt zu haben (Abgrenzung zum BFH-Urteil vom 25. 9. 2008 IV R 80/05, BStBl. II 2009 S. 266). 2. Ergeht mit der Herabsetzung der Einkommensteuer auf 0 € zugleich ein Bescheid über die gesonderte Feststellung des verbleibenden Verlustvortrags auf den 31. Dezember des Streitjahres, der die ursprünglich im Einkommensteuerbescheid enthaltene Beschwer aufnimmt, wird dieser gemäß § 68 Satz 1 FGO – neben dem geänderten Einkommensteuerbescheid – zum Gegenstand des Klageverfahrens.

Ein während des finanzgerichtlichen Verfahrens geänderter Gewinnfeststellungsbescheid wird nach § 68 FGO nur hinsichtlich der bereits zulässig mit der Klage angefochtenen Besteuerungsgrundlagen (partiell) Gegenstand des anhängigen Verfahrens. Gegen die übrigen im Änderungsbescheid korrigierten Besteuerungsgrundlagen kann der Steuerpflichtige Einspruch einlegen *(BFH-Urteil vom 9. 2. 2011 IV R 15/08, BStBl. II S. 764).*

Der Änderungsbescheid muss dem Prozessbevollmächtigten bekannt gegeben werden *(BFH-Urteil vom 5. 5. 1994 VI R 98/93, BStBl. II S. 806).*

Wird ein Änderungsbescheid von einem anderen FA erlassen als der ursprüngliche Bescheid und wird der Änderungsbescheid gemäß § 68 FGO Gegenstand des Klageverfahrens, so richtet sich die Klage nunmehr gegen das FA, das den Änderungsbescheid erlassen hat. Es tritt ein Beteiligtenwechsel ein. Haben das FA, gegen das sich die Klage ursprünglich richtete, und das FA, gegen das sich die Klage nach Änderung des angefochtenen Bescheids richtet, in verschiedenen FG-Bezirken ihren Sitz, hat der Wechsel des beklagten FA gleichzeitig den Wechsel des zuständigen FG zur Folge *(BFH-Beschluss vom 9. 11. 2004 V S 21/04, BStBl. 2005 II S. 101).*

BFH-Urteil vom 6. 8. 1996 VII R 77/95, BStBl. 1997 II S. 79: Wird ein mit der Klage angefochtener Haftungsbescheid, mit dem Haftungsbeträge für zwei verschiedene Steuerarten festgesetzt worden sind, während des Klageverfahrens durch einen neuen Bescheid dahin „geändert", dass die Haftung für die eine Steuer aufgehoben (zurückgenommen) wird, während die Festsetzung der Haftungssumme für die andere Steuer unter Hinweis auf den ursprünglichen Bescheid ohne eine eigenständige neue Regelung lediglich wiederholt wird, so bleibt der ursprüngliche Haftungsbescheid, soweit er nicht aufgehoben worden ist, wirksam.

Erlässt das FA wegen nicht ordnungsgemäß einbehaltener und abgeführter Kapitalertragsteuer nach § 20 Abs. 1 Nr. 10 Buchst. b, § 43 Abs. 1 Satz 1 Nr. 7 c EStG einen Haftungsbescheid i. S. des § 44 Abs. 5 Satz 1 EStG und ersetzt es diesen während des Revisionsverfahrens durch einen Nachforderungsbescheid gemäß § 44 Abs. 5 Satz 2 EStG, liegt kein Fall der Änderung oder Ersetzung i. S. von § 68 Satz 1, § 121 FGO vor, sondern es tritt vielmehr Erledigung in der Hauptsache ein *(BFH-Urteil vom 25. 3. 2021 VIII R 1/18, BStBl. II S. 655).*

Falls das FG von dem letzten Änderungsbescheid keine Kenntnis erhalten, dieser Bescheid aber keinen neuen Streitpunkt in das Verfahren eingeführt hat, widerspräche es dem Sinn des § 68 Satz 1 FGO, die Entscheidung des FG nur wegen seiner Unkenntnis von dem Änderungsbescheid aufzuheben. Es reicht aus, insoweit lediglich eine Richtigstellung vorzunehmen *(BFH-Beschluss vom 29. 8. 2003 II B 70/03, DB S. 2529).*

---

[1] Die Vorschrift des § 96 Abs. 1 Satz 2 FGO, wonach das Gericht über das Klagebegehren nicht hinausgehen darf, ist im Verfahren auf Erlangung von vorläufigem Rechtsschutz gem. § 69 FGO sinngemäß anzuwenden *(BFH-Beschluss vom 28. 11. 2006 X S 2/06, BFH/NV 2007 S. 484).*

halten. Entsprechendes gilt bei Anfechtung von Grundlagenbescheiden für die darauf beruhenden Folgebescheide.

(2) Die zuständige Finanzbehörde kann die Vollziehung ganz oder teilweise aussetzen.[1] Auf Antrag soll die Aussetzung erfolgen, wenn ernstliche Zweifel[2] an der Rechtmäßigkeit des angefochtenen Verwaltungsakts bestehen oder wenn die Vollziehung für den Betroffenen eine unbillige, nicht durch überwiegende öffentliche Interessen gebotene Härte zur Folge hätte.[3] Die Aussetzung kann von einer Sicherheitsleistung abhängig gemacht werden.[4] Soweit die Vollziehung eines Grundlagenbescheides ausgesetzt wird, ist auch die Vollziehung eines Folgebescheides auszusetzen. Der Erlass eines Folgebescheides bleibt zulässig. Über eine Sicherheitsleistung ist bei der Aussetzung eines Folgebescheides zu entscheiden, es sei denn, dass bei der Aussetzung der Vollziehung des Grundlagenbescheides die Sicherheitsleistung ausdrücklich ausgeschlossen worden ist. Ist der Verwaltungsakt schon vollzogen, tritt an die Stelle der Aussetzung der Vollziehung die Aufhebung der Vollziehung. Bei Steuerbescheiden sind die Aussetzung und die Aufhebung der Vollziehung auf die festgesetzte Steuer, vermindert um die anzurechnenden Steuerabzugsbeträge, um die anzurechnende Körperschaftsteuer und um die festgesetzten Vorauszahlungen, beschränkt; dies gilt nicht, wenn die Aussetzung oder Aufhebung der Vollziehung zur Abwendung wesentlicher Nachteile nötig erscheint.[5]

(3)[6] Auf Antrag kann das Gericht der Hauptsache[7] die Vollziehung ganz oder teilweise aussetzen;[8] Absatz 2 Satz 2 bis 6 und § 100 Abs. 2 Satz 2 gelten sinngemäß. Der Antrag kann schon vor Erhebung der Klage gestellt werden. Ist der Verwaltungsakt im Zeitpunkt der Entscheidung schon vollzogen, kann das Gericht ganz oder teilweise die Aufhebung der Vollziehung, auch gegen Sicherheit, anordnen. Absatz 2 Satz 8 gilt entsprechend. In dringenden Fällen kann der Vorsitzende entscheiden.

---

[1] Vorläufiger Rechtsschutz im LSt-Ermäßigungsverfahren wird auch dann im Wege der Aussetzung der Vollziehung und nicht durch Erlass einer einstweiligen Anordnung gewährt, wenn die Eintragung eines Freibetrags auf der LSt-Karte in vollem Umfang abgelehnt worden ist *(BFH-Beschluss vom 29. 4. 1992 VI B 152/91, BStBl. II S. 752).*

[2] Ernstliche Zweifel an der Rechtmäßigkeit eines Verwaltungsakts iSv. § 69 Abs. 2 Sätze 1 und 2, Abs. 3 Satz 1 FGO können auch dann bestehen, wenn ernste verfassungsrechtliche Bedenken gegen die Gültigkeit eines Gesetzes (hier: Hamburgisches Spielgerätesteuergesetz) selbst bestehen *(Urteil des BVerfG vom 21. 2. 1969 1 BvR 314/60, BStBl. 1961 I S. 63).* In diesem Fall ist im Hinblick auf den Geltungsanspruch jedes formell verfassungsmäßig zustande gekommenen Gesetzes zusätzlich ein (besonderes) berechtigtes Interesse des Antragstellers an der Gewährung vorläufigen Rechtsschutzes erforderlich *(BFH-Entscheidungen vom 6. 11. 1987 III B 101/86, BStBl. 1988 II S. 134; vom 2. 8. 1988 III B 12/88, BFHE 154, 123, 128; vom 20. 7. 1990 III B 144/89, BStBl. 1991 III S. 104 und vom 9. 10. 1991 III B 51/91, III B 74/91, III B 81/91, BStBl. 1992 II S. 91).* Dieses kann z. B. wegen eines überwiegenden öffentlichen Interesses an der Vollziehung der Bescheide zu verneinen sein *(BFH-Beschluss vom 6. 11. 2001 II B 85/01, BFH/NV 2002 S. 508).*

[3] Hat ein Rechtsbehelf in der Hauptsache keine Aussicht auf Erfolg, ist die Aussetzung der Vollziehung selbst dann zu versagen, wenn die Vollziehung eine **unbillige Härte** zur Folge hätte *(BFH-Beschluss vom 18. 9. 1997 X S 7/97, BFH/NV 1998 S. 279).*

[4] Auch beim Vorliegen ernstlicher Zweifel kann die Vollziehungsaussetzung von einer Sicherheitsleistung abhängig gemacht werden, wenn ein für den Antragsteller günstiger Prozessausgang weder mit Gewissheit noch mit großer Wahrscheinlichkeit zu erwarten ist. Vom Erfordernis einer Sicherheitsleistung ist allerdings abzusehen, wenn die Anordnung der Sicherheitsleistung mit Rücksicht auf die wirtschaftlichen Verhältnisse des Steuerpflichtigen zu einer unbilligen Härte führen würde, da er im Rahmen zumutbarer Anstrengungen nicht in der Lage ist, Sicherheit zu leisten. Dies ist vom Antragsteller glaubhaft zu machen *(BFH-Beschluss vom 25. 11. 2014 V B 62/14, BFH/NV 2015 S. 343).*

[5] Die Aufhebung der Vollziehung eines Steuerbescheids erscheint dann zur Abwendung wesentlicher Nachteile iSd § 69 Abs. 2 Satz 8 Halbsatz 2, Abs. 3 Satz 4 FGO nötig, wenn das zuständige Gericht von der Verfassungswidrigkeit einer streitentscheidenden Vorschrift überzeugt ist und diese deshalb gem. Art. 100 Abs. 1 GG dem BVerfG zur Prüfung vorgelegt hat *(BFH-Beschluss vom 22. 12. 2003 IX B 177/02, BStBl. 2004 II S. 367).*

[6] AdV eines Feststellungsbescheides kann jeder beantragen, der in der Hauptsache zur Einlegung von Rechtsbehelfen gegen diesen Bescheid berechtigt ist *(BFH-Urteil vom 3. 3. 1998 VIII B 62/97, BStBl. II S. 401).* Ein Feststellungsbeteiligter, der weder selbst gegen den Feststellungsbescheid geklagt hat noch zu dem Klageverfahren eines anderen Feststellungsbeteiligten beigeladen worden ist, ist nicht antragsbefugt nach § 69 Abs. 3 FGO *(BFH-Beschluss vom 15. 3. 1994 IX B 151/93, BStBl. II S. 519).*

[7] Der BFH wird nicht deshalb zum Gericht der Hauptsache iSd § 69 Abs. 3 Satz 1 FGO, weil bei ihm eine Nichtzulassungsbeschwerde in einem Parallelverfahren desselben Stpfl. anhängig ist, in dem die gleichen materiell-rechtlichen Fragen umstritten sind, die sich auch hinsichtlich der Bescheide stellen, deren AdV im Einspruchsverfahren begehrt wird *(BFH-Beschluss vom 25. 11. 2003 IV S 15/03, BStBl. 2004 II S. 84).*

BFH-Beschluss vom 25. 10. 2012 X S 29/12, BFH/NV 2013 S. 230: Wird der AdV-Antrag während der Anhängigkeit einer Nichtzulassungsbeschwerde beim BFH gestellt, können ernstliche Zweifel an der Rechtmäßigkeit der angefochtenen Bescheide nur dann bestehen, wenn ernstlich mit der Zulassung der Revision und der Aufhebung des Bescheids zu rechnen ist (ständige BFH-Rspr.).

Gegen die Ablehnung der Aussetzung der Vollziehung durch das FG ist die ordentliche Beschwerde nur statthaft, wenn sie das FG zugelassen hat. Eine außerordentliche Beschwerde gegen die Ablehnung der Aussetzung der Vollziehung kommt nach den Neuregelungen im Zivilprozessrecht im finanzgerichtlichen Verfahren grundsätzlich nicht mehr in Betracht *(BFH-Beschluss vom 23. 6. 2004 V B 61/04, BFH/NV S. 1538).*

BFH-Beschluss vom 3. 3. 2009 X B 197/08, BFH/NV S. 962: 1. Im Beschwerdeverfahren über die Ablehnung eines Antrags auf AdV durch das FG hat der BFH als Tatsachengericht grundsätzlich selbst die Befugnis und Pflicht zur Tatsachenfeststellung. 2. Dies steht jedoch einer Zurückverweisung des Verfahrens zur ergänzenden Tatsachenfeststellung durch das FG nicht entgegen, wenn nach den Umständen des Einzelfalls die Feststellungen besser durch das FG getroffen werden können und die besondere Eilbedürftigkeit des Verfahrens auf AdV der Zurückverweisung nicht entgegensteht.

[8] Siehe oben Fn. 2 zu § 69 Abs. 2 Satz 1.

Solange das Insolvenzverfahren über das Vermögen des Antragstellers noch nicht eröffnet und eine etwaige Eröffnung somit fraglich ist, kann ein Rechtsschutzbedürfnis an der Aussetzung der Vollziehung der angefochtenen Steuerbescheide noch geltend gemacht werden *(BFH-Beschluss vom 15. 2. 2002 XI S 32/01, BFH/NV S. 940).*

(4) Der Antrag nach Absatz 3 ist nur zulässig, wenn die Behörde einen Antrag auf Aussetzung der Vollziehung ganz oder zum Teil abgelehnt hat.[1] Das gilt nicht, wenn

1. die Finanzbehörde über den Antrag ohne Mitteilung eines zureichenden Grundes in angemessener Frist sachlich nicht entschieden hat oder
2. eine Vollstreckung droht.

(5) Durch Erhebung der Klage gegen die Untersagung des Gewerbebetriebes oder der Berufsausübung wird die Vollziehung des angefochtenen Verwaltungsakts gehemmt. Die Behörde, die den Verwaltungsakt erlassen hat, kann die hemmende Wirkung durch besondere Anordnung ganz oder zum Teil beseitigen, wenn sie es im öffentlichen Interesse für geboten hält; sie hat das öffentliche Interesse schriftlich zu begründen. Auf Antrag kann das Gericht der Hauptsache die hemmende Wirkung wiederherstellen, wenn ernstliche Zweifel an der Rechtmäßigkeit des Verwaltungsakts bestehen. In dringenden Fällen kann der Vorsitzende entscheiden.

(6)[2] Das Gericht der Hauptsache kann Beschlüsse über Anträge nach den Absätzen 3 und 5 Satz 3 jederzeit ändern oder aufheben. Jeder Beteiligte kann die Änderung oder Aufhebung wegen veränderter oder im ursprünglichen Verfahren ohne Verschulden nicht geltend gemachter Umstände beantragen.[3]

(7) Lehnt die Behörde die Aussetzung der Vollziehung ab, kann das Gericht nur nach den Absätzen 3 und 5 Satz 3 angerufen werden.

66 **§ 70[4] [Wirkungen der Rechtshängigkeit; Entscheidung über die Zulässigkeit des Rechtsweges]**

Für die sachliche und örtliche Zuständigkeit gelten die §§ 17 bis 17b des Gerichtsverfassungsgesetzes entsprechend. Beschlüsse entsprechend § 17a Abs. 2 und 3 des Gerichtsverfassungsgesetzes sind unanfechtbar.

---

[1] Die Regelung in § 69 Abs. 4 Satz 1 FGO, wonach ein beim FG gestellter Antrag auf Aussetzung der Vollziehung grundsätzlich nur zulässig ist, wenn die Finanzbehörde zuvor einen – bei ihr gestellten – Antrag auf Aussetzung der Vollziehung ganz oder teilweise abgelehnt hat, gilt auch für Anträge auf Aufhebung der Vollziehung *(BFH-Beschluss vom 12. 3. 2013 XI B 14/13, BStBl. II S. 390).*

Darin, dass das FA die AdV nur unter dem Vorbehalt des Widerrufs gewährt hat, liegt keine teilweise Ablehnung des AdV-Antrags iSd § 69 Abs. 4 Satz 1 FGO *(BFH-Beschluss vom 12. 5. 2000 VI B 266/98, BStBl. II S. 536).*

BFH-Beschluss vom 20. 6. 2007 VIII B 50/07, BStBl. II S. 789: Hat die Finanzbehörde einen bei ihr gestellten, jedoch nicht näher begründeten Antrag auf AdV ohne weitere Sachprüfung abgelehnt, so ist für einen anschließenden, nunmehr aber mit Begründung versehenen Antrag auf AdV an das FG die Zugangsvoraussetzungen nach § 69 Abs. 4 Satz 1 FGO gleichwohl erfüllt (Anschluss an *BFH-Beschluss vom 20. 8. 1998 VI B 157/97, BStBl. 1998 II S. 744).*

BFH-Beschluss vom 6. 5. 2004 IX S 2/04, BFH/NV S. 1413: Hat das FA die beantragte Vollziehung eines angefochtenen Steuerbescheids bis zum Ergehen der Einspruchsentscheidung ausgesetzt, muss ein erneutes Aussetzungsbegehren für die Folgezeit nach § 69 Abs. 4 FGO zunächst an das FA gerichtet werden; der bloße Ablauf der Vollziehungsaussetzung ist noch keine Ablehnung eines Aussetzungsantrags, der die unmittelbare Anrufung des Gerichts ermöglicht (Anschluss an *BFH-Beschluss vom 24. 8. 2000 VIII S 2/00, BFH/NV 2001 S. 317).*

Nach § 69 Abs. 4 Satz 1 FGO ist ein Antrag auf AdV an das Gericht nur zulässig (sog. Zugangsvoraussetzung), wenn die Finanzbehörde zuvor einen bei ihr gestellten Aussetzungsantrag abgelehnt hat; auch eine nachträgliche Heilung ist nicht möglich *(BFH-Beschluss vom 28. 5. 2008 IX S 4/08 (PKH), BFH/NV 2008 S. 1489).*

Hat die Finanzbehörde AdV nur gegen Sicherheitsleistung angeordnet, dem Steuerpflichtigen für die Erbringung der Sicherheitsleistung eine Frist gesetzt und stellt der Steuerpflichtige nach Fristablauf einen gerichtlichen AdV-Antrag, ohne die Sicherheit geleistet zu haben, ist das FG nicht auf die Prüfung der Rechtmäßigkeit der Anordnung einer Sicherheitsleistung beschränkt, sondern hat auch die materiell-rechtlichen Voraussetzungen für die Gewährung einer AdV zu prüfen *(BFH-Beschluss vom 19. 2. 2018 II B 75/16, BFH/NV S. 706).*

[2] *BFH-Beschluss vom 15. 9. 2010 I B 27/10, BStBl. II S. 935:* Der BFH kann als Beschwerdegericht zuständiges Gericht der Hauptsache für die amtswegige Änderung oder Aufhebung eines AdV-Beschlusses nach Maßgabe von § 69 Abs. 6 Satz 1 FGO sein (Abgrenzung vom Senatsbeschluss vom 25. März 1993 I S 5/93, BStBl. 1993 II S. 515).

Obgleich Entscheidungen über einen Antrag auf Änderung oder Aufhebung eines AdV-Beschlusses gemäß § 69 Abs. 6 FGO in § 128 Abs. 3 FGO nicht gesondert erwähnt werden, ist eine Beschwerde gegen eine solche Entscheidung nur statthaft, wenn das FG die Beschwerde zugelassen hat *(BFH-Beschluss vom 14. 8. 2013 III B 49/13, BHF/NV S. 1797).*

[3] Hat das FG über einen Antrag auf AdV entschieden, so ist ein erneuter Antrag auf Aussetzung der Vollziehung in derselben Angelegenheit nur unter den Voraussetzungen des § 69 Abs. 6 Satz 2 FGO statthaft. Das gilt auch dann, wenn in der Hauptsache inzwischen ein Verfahren beim BFH anhängig und der erneute Antrag deshalb beim BFH zu stellen ist *(BFH-Beschluss vom 13. 10. 1999 I S 4/99, BStBl. 2000 II S. 86).*

Die Entscheidung des FG über einen Antrag auf Änderung oder Aufhebung nach § 69 Abs. 6 Satz 2 FGO wirkt grundsätzlich ab ihrer Bekanntgabe, d. h. nur für die Zukunft; für die Vergangenheit bleiben die Wirkungen des veränderten oder aufgehobenen Beschlusses erhalten *(BFH-Beschluss vom 23. 11. 2004 IX B 88/04, BStBl. 2005 II S. 297).*

Veränderte Umstände iSd § 69 Abs. 6 Satz 2 FGO können sein Tatsachen und Beweismittel, die zum Zeitpunkt der Entscheidung über den AdV-Antrag noch nicht vorgelegen haben, nachträglich eingetretene oder bekannt gewordene Gegebenheiten, die den entscheidungserheblichen Sachverhalt in einem „neuen Licht" erscheinen lassen, oder Änderungen des Gesetzes oder der höchstrichterlichen Rechtsprechung, die zu einer anderen Beurteilung der maßgeblichen Rechtslage führen können *(BFH-Beschluss vom 2. 6. 2005 III S 12/05, BFH/NV S. 1834).*

[4] Ein Verweisungsbeschluss, der unter Verstoß gegen den Grundsatz der sog. perpetuatio fori (Grundsatz der fortdauernden Zuständigkeit des einmal angerufenen Gerichts) ergeht, kann wegen offensichtlicher Fehlerhaftigkeit unwirksam sein *(BFH-Beschluss vom 20. 12. 2004 VI S 7/03, BStBl. 2005 II S. 573).*

BFH-Urteil vom 25. 1. 2005, BStBl. II S. 575: Ein Wechsel des Beklagten lässt die örtliche Zuständigkeit des FG unberührt, wenn der neue Beklagte zwar nicht seinen Sitz im Bereich des FG hat, Streitgegenstand jedoch weiterhin die Rechtmäßigkeit des ursprünglich klagebefangenen Verwaltungsakts ist (Abgrenzung zum *BFH-Beschluss vom 9. 11. 2004, BStBl. 2005 II S. 101).*

§ 71[1] [Zustellung der Klageschrift] 67

(1) Die Klageschrift ist dem Beklagten von Amts wegen zuzustellen. Zugleich mit der Zustellung der Klage ist der Beklagte aufzufordern, sich schriftlich oder zu Protokoll des Urkundsbeamten der Geschäftsstelle zu äußern. Hierfür kann eine Frist gesetzt werden. § 277 Absatz 1 Satz 2 Nummer 2 der Zivilprozessordnung gilt entsprechend.

(2) Die beteiligte Finanzbehörde hat die den Streitfall betreffenden Akten nach Empfang der Klageschrift an das Gericht zu übermitteln.[2]

§ 72[3] [Zurücknahme der Klage] 68

(1) Der Kläger kann seine Klage bis zur Rechtskraft des Urteils zurücknehmen. Nach Schluss der mündlichen Verhandlung, bei Verzicht auf die mündliche Verhandlung und nach Ergehen eines Gerichtsbescheides ist die Rücknahme nur mit Einwilligung des Beklagten möglich. Die Einwilligung gilt als erteilt, wenn der Klagerücknahme nicht innerhalb von zwei Wochen seit Zustellung des die Rücknahme enthaltenden Schriftsatzes widersprochen wird; das Gericht hat auf diese Folge hinzuweisen.

(1 a) Soweit Besteuerungsgrundlagen für ein Verständigungs- oder ein Schiedsverfahren nach einem Vertrag im Sinne des § 2 der Abgabenordnung von Bedeutung sein können, kann die Klage hierauf begrenzt zurückgenommen werden. § 50 Abs. 1 a Satz 2 gilt entsprechend.

(2) Die Rücknahme hat bei Klagen, deren Erhebung an eine Frist gebunden ist, den Verlust der Klage zur Folge. Wird die Klage zurückgenommen, so stellt das Gericht das Verfahren durch Beschluss ein. Wird nachträglich die Unwirksamkeit der Klagerücknahme geltend gemacht, so gilt § 56 Abs. 3 sinngemäß.[4]

---

[1] § 71 Abs. 2 geänd. durch G v. 22. 3. 2005 (BGBl. I S. 837); Abs. 1 Satz 2 geänd. durch G v. 5. 7. 2017 (BGBl. I S. 2208); Abs. 1 Satz 4 angef. durch G v. 15. 7. 2024 (BGBl. I Nr. 237).

[2] *BFH-Beschluss vom 28. 2. 2007 II B 94/06, BFH/NV S. 1169:* § 71 Abs. 2 FGO verpflichtet die beteiligte Finanzbehörde, „die den Streitfall betreffenden Akten" vorzulegen. Hierzu gehört jedes Aktenstück, das für die Beurteilung der Sachlage und Rechtslage erheblich und für die Entscheidung des Rechtsstreits von Bedeutung sein kann *(BFH-Beschlüsse vom 8. 7. 1994 V B 19/94, BFH/NV 1995 S. 604 und vom 18. 9. 1989 IV B 3/89, BFH/NV 1990 S. 378).*

Ein Anspruch auf Akteneinsicht in die Verwaltungsakte besteht auch dann, wenn nach dem Wissen des FG diese Akte ausschließlich aus Dokumenten besteht, die der Antragsteller bereits kennt *(BFH-Beschluss vom 30. 5. 2022 II B 55/21, BFH/NV S. 903).*

Die den Streitfall betreffenden Akten i. S. des § 71 Abs. 2 FGO umfassen auch elektronische Akten, die für die Beurteilung der Sach- und Rechtslage erheblich und für die Entscheidung des Rechtsstreits von Bedeutung sein können *(BFH-Beschluss vom 12. 3. 2019 XI B 9/19, BFH/NV S. 837).*

Zu den Steuerakten, die auf Verlangen dem FG vorzulegen sind, gehören auch die Arbeitsakten des Betriebsprüfers *(BFH-Beschluss vom 25. 7. 1994 X B 333/93, BStBl. II S. 802).*

Eine Entscheidung des BFH darüber, ob die Verweigerung der Vorlage von Akten rechtmäßig ist, setzt voraus, dass das FG die Entscheidungserheblichkeit der fraglichen Akten geprüft und bejaht hat *(BFH-Beschluss vom 9. 12. 2020 II S 11/20, BFH/NV 2021 S. 532).*

[3] § 72 Abs. 1 Satz 3 angef. durch G v. 24. 8. 2004 (BGBl. I S. 2198).

BFH-Urteil vom 26. 10. 2006 V R 40/05, BStBl. 2007 II S. 271: Eine Klagerücknahme ist grundsätzlich unwiderruflich. Das gilt auch dann, wenn die Klagerücknahme gemäß § 72 Abs. 1 Satz 2 FGO nur mit Einwilligung des Beklagten möglich ist und der Beklagte diese Einwilligung noch nicht erteilt hat.

Die Rücknahme einer Klage ist als Prozesshandlung grundsätzlich unwiderruflich und kann auch nicht – etwa in entsprechender Anwendung der bürgerlich-rechtlichen Vorschriften über die Anfechtung von Willenserklärungen – angefochten werden (*BFH-Beschluss vom 16. 6. 2023 IX B 90/22, BFH/NV 2023 S. 1096*).

BFH-Beschluss vom 12. 8. 2009 X S 47/08 (PKH), BFH/NV S. 1997: 2. Nach § 72 Abs. 2 Satz 3 FGO kann nachträglich die Unwirksamkeit einer Klagerücknahme geltend gemacht werden, wenn der Prozessbevollmächtigte weisungswidrig handelte oder die Rücknahme auf einem erkennbaren Versehen beruhte. 3. Die Klagerücknahme kann insbesondere dann widerrufen werden, wenn ein rechtsunkundiger Steuerpflichtiger in unzulässiger Weise – etwa durch Drohung, Druck, Täuschung oder auch unbewusste Irreführung – zur Abgabe einer solchen Erklärung veranlasst wurde.

BFH-Urteil vom 6. 7. 2005 XI R 15/04, BStBl. II S. 644: 1. Die Zurücknahme einer Klage ist unwirksam, wenn sie durch den nicht zutreffenden Hinweis des Vorsitzenden Richters des FG veranlasst worden ist, dass die Klage unzulässig sei. Dies gilt auch, wenn die Klagerücknahme von einem rechtskundigen Prozessbevollmächtigten erklärt worden ist. 2. Macht der Kläger mit der Beschwerde gegen den zwischenzeitlich ergangenen Einstellungsbeschluss des FG die Unwirksamkeit der Klagerücknahme geltend, ist darin ein Antrag auf Fortsetzung des Klageverfahrens zu sehen.

Erheben die Mitglieder einer Erbengemeinschaft eine den Erblasser betreffende Anfechtungsklage, dann hat die Rücknahme der Klage durch einen der Erben nicht zur Folge, dass die Klage insgesamt unzulässig wird. Vielmehr ist das Klageverfahren des zurücknehmenden Erben einzustellen und dieser gem. § 59 FGO i. V. mit § 62 Abs. 2 ZPO zum Klageverfahren der übrigen Erben hinzuzuziehen *(BFH-Beschluss vom 5. 12. 2006 X B 106/06, BFH/NV 2007 S. 733).*

Ist der ursprüngliche Kläger während des finanzgerichtlichen Verfahrens verstorben und haben sämtliche bekannten Erben die Erbschaft ausgeschlagen, kann der Fiskus erst dann prozessuale Rechte als gesetzlicher Erbe des verstorbenen Klägers ausüben – insbesondere die Klagerücknahme erklären –, wenn das Nachlassgericht gemäß § 1964 Abs. 1 BGB, § 38 FamFG durch Beschluss festgestellt hat, dass ein anderer Erbe nicht vorhanden ist *(BFH-Beschluss vom 8. 1. 2013 X B 101/12, BFH/NV S. 749).*

[4] *BFH-Urteil vom 11. 7. 2007 XI R 1/07 BStBl. II S. 833:* 1. Die Jahresfrist für die Geltendmachung der Unwirksamkeit einer Klagerücknahme (§ 72 Abs. 2 Satz 3 i. V. m. § 56 Abs. 3 FGO) beginnt mit der Bekanntgabe des Einstellungsbeschlusses zu laufen. 2. War für das Klageverfahren ein Prozessbevollmächtigter bestellt, beginnt die Frist ab dem Zeitpunkt der Bekanntgabe des Einstellungsbeschlusses an den Bevollmächtigten zu laufen.

69 **§ 73**[1] **[Verbindung/Trennung mehrerer Verfahren]**

(1) Das Gericht kann durch Beschluss mehrere bei ihm anhängige Verfahren zu gemeinsamer Verhandlung und Entscheidung verbinden und wieder trennen. Es kann anordnen, dass mehrere in einem Verfahren zusammengefasste Klagegegenstände in getrennten Verfahren verhandelt und entschieden werden.[2]

(2) Ist die Klage von jemandem erhoben, der wegen dieses Klagegegenstandes nach § 60 Abs. 3 zu einem anderen Verfahren beizuladen wäre, so wird die notwendige Beiladung des Klägers dadurch ersetzt, dass die beiden Verfahren zu gemeinsamer Verhandlung und einheitlicher Entscheidung verbunden werden.[3]

70 **§ 74 [Aussetzung der Verhandlung]**[4]

Das Gericht kann,[5] wenn die Entscheidung des Rechtsstreits ganz oder zum Teil von dem Bestehen oder Nichtbestehen eines Rechtsverhältnisses abhängt,[6] das den Gegenstand eines anderen

---

[1] Die Verbindung mehrerer selbständiger Klageverfahren unterschiedlicher Kläger kommt wegen der auch das Gericht bindenden Verpflichtung, das Steuergeheimnis zu wahren (§ 30 AO), regelmäßig nur dann und insoweit in Betracht, wie die Voraussetzungen einer Streitgenossenschaft (vgl. § 59 FGO i. V. m. §§ 59 ff. ZPO) gegeben sind. Für den Steuerprozess bedeutet dies, dass eine Verbindung von Klageverfahren unterschiedlicher Kläger grundsätzlich nur dann in Betracht kommt, wenn diese Kläger sämtlich jeweils an dem oder den streitigen Steuerrechtsverhältnis(sen) oder dem Rechtsvorgang beteiligt sind, durch den der Steuertatbestand verwirklicht wurde *(BFH-Beschluss vom 30. 7. 1997 II R 33/95, BStBl. II S. 626).*

Eine Verbindung gemäß § 73 Abs. 1 Satz 1 FGO ist nicht zweckmäßig, wenn eines der Verfahren bereits entscheidungsreif ist *(BFH-Beschluss vom 25. 4. 2017 X B 109/16, BFH/NV S. 1054).*

[2] *BFH-Beschluss vom 11. 2. 2020 XI B 69, 70/19, BFH/NV S. 891:* Das Prozesshindernis der anderweitigen Rechtshängigkeit ist jedenfalls dann vom FG durch Verbindung der beiden Verfahren zu beseitigen, wenn beide Klagen bei ein und demselben Senat des FG eingereicht wurden. 2. Der BFH kann eine vom FG verfahrensfehlerhaft unterlassene Verbindung auch für bei ihm anhängige Nichtzulassungsbeschwerdeverfahren mit heilender Wirkung nachholen.

Hat das FG ein klageabweisendes Urteil verkündet, ohne zuvor das Verfahren wegen eines Teils des Streitgegenstands abgetrennt zu haben, so erstreckt sich das Urteil auf den gesamten Streitgegenstand des Klageverfahrens. Das FG ist dann nicht berechtigt, die Reichweite des Urteils nachträglich zu beschränken und über einen Teil des Streitgegenstands erneut zu entscheiden *(BFH-Beschluss vom 30. 12. 2008 I B 171/08 BFH/NV 2009 S. 949).*

[3] Die rechtsfehlerhaft unterlassene Verbindung von Klageverfahren nach § 73 Abs. 2 FGO verstößt gegen die Grundordnung des Verfahrens. Der Verstoß ist von Amts wegen zu berücksichtigen und führt zur Aufhebung des Urteils *(BFH-Urteil vom 16. 10. 2008 IV R 82/06, BFH/NV 2009 S. 582).*

[4] Ist ein finanzgerichtliches Klageverfahren bis zur Entscheidung eines anderen Verfahrens ausgesetzt, so findet die Aussetzung mit der Entscheidung des anderen Verfahrens ihr Ende, ohne dass es einer weiteren Entscheidung des FG bedarf. Erlässt das FG in einem solchen Fall einen förmlichen Beschluss, das Klageverfahren wiederaufzunehmen, hat dieser nur deklaratorische Bedeutung, weil hierdurch keine (neue) Regelung getroffen wird. Er bedarf deshalb keiner Begründung. Eine gegen diesen Beschluss eingelegte Beschwerde ist gem. § 128 Abs. 1 FGO statthaft, weil der Kläger durch diesen formell beschwert ist *(BFH-Beschluss vom 10. 3. 1999 II B 70/98, BStBl. 2000 II S. 33).*

Die Entscheidung des Finanzgerichts, ein ruhendes Verfahren fortzusetzen, ist nicht ermessenfehlerhaft, nachdem der BFH eine Entscheidung zu der streitigen Rechtsfrage getroffen hat. Dies gilt grundsätzlich auch dann, wenn zu dieser Rechtsfrage noch weitere Revisionsverfahren bei anderen Senaten des BFH anhängig sind *(BFH-Beschluss vom 30. 7. 2013 VI B 37/13, BFH/NV S. 1790).*

War das Verfahren gemäß § 74 FGO im Anschluss an eine mündliche Verhandlung vor dem Vollsenat ausgesetzt worden und wird es nach Wegfall des Aussetzungsgrundes wieder aufgenommen, ist eine Übertragung auf den Einzelrichter gemäß § 6 Abs. 2 FGO nicht möglich *(BFH-Beschluss vom 26. 3. 2012 I B 109/11, BFH/NV S. 1162).*

Ein beim FG anhängiges Verfahren darf ausgesetzt werden, wenn in ihm eine Rechtsfrage entscheidungserheblich ist, die Gegenstand eines beim EuGH anhängigen Vorabentscheidungsverfahrens ist *(BFH-Beschluss vom 29. 11. 2005 I B 196/04, BFH/NV 2006 S. 592).*

Es liegt ein Verstoß gegen die Grundordnung des Verfahrens vor, wenn das Verfahren über die Rechtmäßigkeit des Einkommensteuerbescheides nicht gemäß § 74 FGO ausgesetzt wird, bis über die Feststellung der Einkünfte einer Mitunternehmerschaft gesondert und einheitlich entschieden worden ist. Dieser Verstoß gegen die Grundordnung des Verfahrens ist auch im Verfahren der Nichtzulassungsbeschwerde ohne Rüge von Amts wegen zu berücksichtigen, wenn die Revision gestützt auf andere Zulassungsgründe zuzulassen ist *(BFH-Beschluss vom 22. 9. 2010 IV B 120/09, BFH/NV 2011 S. 257).*

Erscheint es möglich, dass Einnahmen aus einer Beteiligung an einem Handelsgewerbe als atypisch stiller Gesellschafter im Rahmen einer Mitunternehmerschaft erzielt werden, muss das FG das Verfahren über die Rechtmäßigkeit des Einkommensteuerbescheides, in dem Einkünfte aus Kapitalvermögen gemäß § 20 Abs. 1 Nr. 4 EStG erfasst sind, gemäß § 74 FGO aussetzen, bis durch einen – positiven oder negativen – Bescheid entschieden ist, ob eine gesonderte und einheitliche Feststellung geboten ist. Unterbleibt dies, liegt ein von Amts wegen zu berücksichtigender Verstoß gegen die Grundordnung des Verfahrens vor *(BFH-Urteil vom 12. 4. 2021 VIII R 46/18, BStBl. II S. 614).*

Das Klageverfahren ist analog § 74 FGO auszusetzen, wenn während der Anhängigkeit des finanzgerichtlichen Rechtsstreits über die gesonderte und einheitliche Gewinnfeststellung ein geänderter Feststellungsbescheid ergeht und der Adressat dieses Bescheides Einspruch einlegt; dies gilt selbst dann, wenn der Änderungsbescheid (hier: Ergänzungsbescheid) zwar einen anderen Regelungsgegenstand (Streitgegenstand) betrifft, dessen außergerichtliche oder gerichtliche Überprüfung jedoch Auswirkungen auf das anhängige Klageverfahren haben kann *(BFH-Urteil vom 20. 5. 2010 IV R 74/07, BStBl. II S. 1104).*

Die Aussetzung eines Klageverfahrens kann auch dann geboten sein, wenn vor dem Bundesverfassungsgericht bereits ein nicht als aussichtslos erscheinendes Musterverfahren gegen eine im Streitfall anzuwendende Norm anhängig ist, zahlreiche Parallelverfahren vorliegen und keiner der Verfahrensbeteiligten ein besonderes berechtigtes Interesse an einer Entscheidung über die Verfassungsmäßigkeit der umstrittenen gesetzlichen Regelung trotz des beim Bundesverfassungsgericht anhängigen Verfahrens hat *(BFH-Beschluss vom 25. 9. 2007 XI R 39/06, BFH/NV 2008 S. 65).*

Ein Klageverfahren darf nicht allein deshalb nach § 74 FGO ausgesetzt werden, weil bei dem BFH ein anderer Rechtsstreit anhängig ist, der eine vergleichbare Rechtsfrage betrifft oder als Musterverfahren geführt wird. In einem solchen Fall können beim FG schwebende Parallelverfahren nur gemäß § 251 ZPO i. V. m. § 155 FGO zum Ruhen gebracht werden, wozu es jedoch der Zustimmung des Klägers und des Beklagten bedarf *(BFH-Beschluss vom 28. 6. 2010 III B 73/10, BFH/NV S. 1847).*

Es ist regelmäßig geboten und zweckmäßig, dass das FG den Streit um die Rechtmäßigkeit eines Folgebescheids nach § 74 FGO aussetzt, solange noch unklar ist, ob und wie ein angefochtener Grundlagenbescheid geändert wird *(BFH-Beschluss vom 25. 5. 2007 X B 21/07, BFH/NV S. 1532).*

[Fortsetzung nächste Seite]

anhängigen Rechtsstreits bildet oder von einer Verwaltungsbehörde festzustellen ist, anordnen, dass die Verhandlung bis zur Erledigung des anderen Rechtsstreits oder bis zur Entscheidung der Verwaltungsbehörde auszusetzen sei.

§ 75 [Mitteilung der Besteuerungsgrundlagen] 71

Den Beteiligten sind, soweit es noch nicht geschehen ist, die Unterlagen der Besteuerung auf Antrag oder, wenn der Inhalt der Klageschrift dazu Anlass gibt, von Amts wegen mitzuteilen.

§ 76[1] [Erforschung des Sachverhalts durch das Gericht] 72

(1) Das Gericht erforscht den Sachverhalt von Amts wegen. Die Beteiligten sind dabei heranzuziehen.[2] Sie haben ihre Erklärungen über tatsächliche Umstände vollständig und der Wahrheit

---

[Fortsetzung]

Eine Aussetzung des Verfahrens gem. § 74 FGO kann nach der Rspr. des BFH geboten sein, wenn vor dem BVerfG bereits ein nicht als aussichtslos erscheinendes Musterverfahren gegen eine im Streitfall anzuwendende Norm anhängig ist. Eine Aussetzung des Verfahrens kommt nicht in Betracht, wenn nicht zu erwarten ist, dass sich die Entscheidung des BVerfG auf das anhängige Besteuerungsverfahren auswirken kann *(BFH-Beschluss vom 2. 9. 2005 XI B 224/04, BFH/NV 2006 S. 556).*

Der BFH muss den Rechtsstreit nicht nach § 74 FGO wegen eines beim BVerfG anhängigen Verfahrens aussetzen, das die Verfassungsmäßigkeit einer auch für den Rechtsstreit einschlägigen Norm betrifft, wenn das FA die Steuer deshalb im Einvernehmen mit dem Kläger gem. § 165 AO vorläufig festsetzt *(BFH-Urteil vom 18. 9. 2007 IX R 42/05, BStBl. 2008 II S. 26).*

Bei Streit über die Rechtmäßigkeit eines Steuerbescheides, der von einem noch ausstehenden oder noch nicht bestandskräftigen Grundlagenbescheid abhängig ist, kann aus prozessökonomischen Gründen ausnahmsweise eine Aussetzung des Klageverfahrens nicht geboten sein oder ein ausgesetztes Verfahren wieder aufgenommen werden. Bestreitet der Kläger allerdings substantiiert, dass von der Feststellung in dem Grundlagenbescheid abhängige Besteuerungsgrundlagen in dem Steuerbescheid (Folgebescheid) in der richtigen Höhe angesetzt worden sind, muss der Kläger entweder in Höhe des substantiierten Bestreitens vom FA klaglos gestellt werden oder das Verfahren muss (ggf. erneut) ausgesetzt werden *(BFH-Beschluss vom 3. 8. 2000 III B 179/96, BFH/NV 2001 S. 120).*

Ein finanzgerichtliches Verfahren kann ausgesetzt werden, wenn ein Strafverfahren anhängig ist, in dem es um Tatumstände geht, die auch für die Beurteilung der Rechtmäßigkeit des in den finanzgerichtlichen Verfahren angefochtenen Bescheids Bedeutung haben, obwohl das FG bei seiner Entscheidung an die tatrichterlichen Feststellungen im Strafverfahren nicht gebunden ist *(BFH-Beschluss vom 23. 1. 2013 VII B 135/12, BFH/NV S. 948).*

BFH-Beschluss vom 6. 10. 2016 IX B 81/16, BStBl. 2017 II S. 196: Die Aussetzung des Verfahrens kommt nicht mehr in Betracht, wenn das Verwaltungsverfahren, von dessen Ausgang die Entscheidung des Rechtsstreits abhängt, abgeschlossen ist. Das ist der Fall, wenn die zuständige Behörde das Verwaltungsverfahren, in dem das vorgreifliche Rechtsverhältnis festzustellen ist, durch bestandskräftig gewordenen Verwaltungsakt abgeschlossen hat.

[5] Wird als Verfahrensmangel gerügt, das FG hätte das Klageverfahren nach § 74 FGO aussetzen müssen, so muss u. a. schlüssig vorgetragen werden, weshalb das dem FG hierfür eingeräumte Ermessen im Streitfall auf null reduziert gewesen sein soll *(BFH-Beschluss vom 23. 3. 2006 V B 55/05, BFH/NV S. 1483).*

[6] Das FG braucht das Verfahren wegen der Anfechtung von Steuerbescheiden nicht auszusetzen, wenn gegen die Verurteilung des Klägers wegen Steuerhinterziehung durch ein Strafgericht Berufung eingelegt worden ist *(BFH-Beschluss vom 4. 4. 2003 V B 199/02, BFH/NV S. 1081).*

Das FG ist grundsätzlich nicht verpflichtet, das Besteuerungsverfahren bis zum Abschluss des Strafverfahrens auszusetzen. Eine Aussetzung des Verfahrens kann aber dann geboten sein, wenn das Strafverfahren kurz vor dem Abschluss steht und der Stpfl. vorträgt, nach dessen Ende seinen Mitwirkungspflichten voll genügen zu wollen *(BFH-Beschluss vom 9. 12. 2004 III B 83/04, BFH/NV 2005 S. 503).*

Das Verfahren über die Erhebung der festgesetzten Umsatzsteuer ist für die Entscheidung über die Steuerfestsetzung nicht vorgreiflich. Das gilt auch dann, wenn noch kein Klageverfahren gegen den Abrechnungsbescheid anhängig ist, weil über den Einspruch gegen den Abrechnungsbescheid noch nicht entschieden wurde *(BFH-Beschluss vom 6. 3. 2019 V S 25/18, BFH/NV S. 581).*

Ist am finanzgerichtlichen Klageverfahren zwischen dem Zessionar und dem Anspruchsgegner der Zedent nicht beteiligt, liegt – auch außerhalb des Anwendungsbereichs des § 406 des Bürgerlichen Gesetzbuchs – mangels Rechtskrafterstreckung keine Ermessensreduzierung auf null dahingehend vor, dass das FG das Klageverfahren aussetzen müsste. Das Bestehen der rechtswegfremden Gegenforderung ist dann lediglich eine Vorfrage zur Aufrechnung und von der Entscheidungsbefugnis des FG gemäß § 17 Abs. 2 des Gerichtsverfassungsgesetzes umfasst *(BFH-Urteil vom 24. 5. 2023 XI R 45/20, BStBl. 2023 II S. 1082).*

BFH-Urteil vom 29. 11. 2006 VI R 14/06 BStBl. 2007 II S. 129: Eine künftige mit Rückwirkung versehene Gesetzesänderung ist kein Rechtsverhältnis, dessen Bestehen oder Nichtbestehen für die Entscheidung des Rechtsstreits vorgreiflich ist (Anschluss an *BFH-Urteil vom 17. 5. 1984 IV R 75/80, juris).*

Die Darlegung eines Verfahrensverstoßes gegen § 74 FGO erfordert die genaue Bezeichnung des angeblich vor dem BVerfG anhängigen Musterverfahrens sowie substantiierte Ausführungen dazu, dass dieses Verfahren die von der Rechtsprechung aufgestellten tatsächlichen Voraussetzungen für eine Verfahrensaussetzung erfüllt *(BFH-Beschluss vom 8. 4. 2003 XI B 79/00, BFH/NV S. 1585).*

---

[1] § 76 Abs. 1 Satz 4 und Abs. 4 geändert durch G v. 14. 12. 1976 (BGBl. I S. 3341), Abs. 3 eingef. durch G v. 24. 6. 1994 (BGBl. I S. 1395), Abs. 4 geänd. durch G v. 5. 9. 2006 (BGBl. I S. 2098), Abs. 1 Satz 4 geänd. durch G v. 26. 6. 2013 (BGBl. I S. 1809).

BFH-Beschluss vom 1. 3. 2006 VIII B 332/04, BFH/NV S. 1313: § 76 Abs. 1 Satz 1 FGO ist eine Verfahrensvorschrift, auf deren Einhaltung der Prozessbeteiligte – ausdrücklich oder durch Unterlassen der Rüge – verzichten kann (§ 155 FGO i. V. mit § 295 ZPO).

Das finanzgerichtliche Verfahren ist vom Amtsermittlungsgrundsatz geprägt, sodass das FG nicht nur berechtigt, sondern verpflichtet ist, einen den Kläger begünstigenden Fehler des FA im Rahmen der Klageanträge zu seinen Lasten zu berücksichtigen (Saldierungsgebot). Ein solcher Hinweis an die Beteiligten zur Vermeidung einer Überraschungsentscheidung verletzt die dem FG obliegende Neutralitätspflicht nicht (*BFH-Beschluss vom 10. 1. 2024 XI B 24/22, BFH/NV S. 403*).

Das FG ist nach § 76 Abs. 1 Satz 1 der FGO verpflichtet, die sich im Einzelfall aufdrängenden Überlegungen auch ohne entsprechenden Hinweis der Beteiligten anzustellen und entsprechende Aufklärungsmaßnahmen zu treffen (*BFH-Beschluss vom 20. 6. 2025 IV B 12/24, BFH/NV S. 1607*).

Ein fachkundig vertretener Beteiligter, der trotz ordnungsgemäßer Ladung zur mündlichen Verhandlung unentschuldigt nicht erschienen ist, kann anschließend eine Verletzung der verzichtbaren Verfahrensrechte grundsätzlich nicht mehr geltend machen *(BFH-Beschluss vom 20. 10. 2022 VI B 33/22, BFH/NV 2023 S. 41).*

[Fortsetzung nächste Seite]

gemäß abzugeben und sich auf Anforderung des Gerichts zu den von den anderen Beteiligten vorgebrachten Tatsachen zu erklären. § 90 Abs. 2, § 93 Abs. 3 Satz 2, § 97, §§ 99, 100 der Abga-

[Fortsetzung]

BFH-Beschluss vom 11. 5. 2012 II B 63/11, BFH/NV S 1455: 1. Für die nach § 76 Abs. 1 Satz 1 und 5 FGO von Amts wegen zu treffende Feststellung der Steuerhinterziehung ist kein höherer Grad von Gewissheit erforderlich als für die Feststellung anderer Tatsachen. 2. Die Sachverhaltswürdigung und die Grundsätze der Beweiswürdigung sind revisionsrechtlich dem materiellen Recht zuzuordnen und der Prüfung durch den BFH im Rahmen einer Nichtzulassungsbeschwerde entzogen.

Nach dem Amtsermittlungsgrundsatz hat das Gericht den Sachverhalt unter Ausschöpfung aller verfügbaren Beweismittel bis zur Grenze des Zumutbaren so vollständig wie möglich aufzuklären, soweit die Aufklärungsmaßnahmen durch den Inhalt der Akten, das Beteiligtenvorbringen oder sonstige Umstände veranlasst sind *(BFH-Beschluss vom 2. 9. 2016 IX B 66/16, BFH/NV 2017 S. 52).*

BFH-Urteil vom 30. 7. 2003 X R 28/99, BFH/NV 2004 S. 201: 1. Die Amtsermittlungspflicht des FG wird durch die Mitwirkungspflicht der Beteiligten begrenzt. Je weniger die Beteiligten ihrer Mitwirkungspflicht nachkommen, umso weniger ist das FG grundsätzlich zur Sachverhaltsaufklärung verpflichtet. 2. Anderes gilt aber dann, wenn sich der entscheidungserhebliche Sachverhalt großenteils aus den Steuerakten ergibt. In diesen Fällen wird die Sachaufklärungspflicht des FG nicht durch die Verletzung der Mitwirkungspflicht der Beteiligten gemindert.

Das FG darf im Allgemeinen erst dann eine Verletzung von Mitwirkungspflichten annehmen, wenn es den Beteiligten zuvor ausdrücklich und konkret zur Mitwirkung aufgefordert hat *(BFH-Urteil vom 19. 10. 2011 X R 65/09, BStBl. 2012 II S. 345).*

Der Stpfl. ist bei der Prüfung, ob Einlagen gegeben sind bzw. wo die hierzu verwendeten Mittel herkommen, wegen der von ihm selbst hergestellten Verbindung zwischen Privatvermögen und Betriebsvermögen verstärkt zur Mitwirkung verpflichtet. Bei Verletzung dieser Pflicht kann das FG von einer weiteren Sachaufklärung absehen und den Sachverhalt dahin würdigen, dass unaufgeklärte Kapitalzuführungen auf nicht versteuerten Einnahmen beruhen *(BFH-Beschluss vom 30. 3. 2006 III B 56/05, BFH/NV S. 1485).*

BFH-Beschluss vom 17. 12. 2004 VII B 23/04, BFH/NV 2005 S. 1100: 1. Die Amtsaufklärungspflicht gehört zu den Verfahrensmaximen, auf deren Beachtung die Beteiligten verzichten können. Eine Verletzung der Sachaufklärungspflicht durch das Übergehen eines Beweisantrags kann daher im Revisionsverfahren bzw. Revisionsbeschwerdeverfahren nur dann erfolgreich gerügt werden, wenn der Beteiligte die Nichterhebung eines von ihm beantragten Beweises vor dem Tatrichter gerügt hat, es sei denn, dies wäre ihm nicht möglich oder zumutbar gewesen. 2. Ungeachtet der Möglichkeiten einer solchen Rüge kann ein Beteiligter rügen, das FG habe den Sachverhalt von Amts wegen näher aufklären müssen, ohne dass es dafür eines entsprechenden Beweisantrittes eines Beteiligten bedurft hätte, sofern er substantiiert vortragen kann, dass sich dem FG die Notwendigkeit einer weiteren Sachaufklärung auch ohne entsprechenden Antrag aufdrängen musste.

Ein ordnungsgemäß gestellter Beweisantrag darf nur unberücksichtigt bleiben, wenn das Beweismittel für die zu treffende Entscheidung unerheblich, das Beweismittel unerreichbar, unzulässig oder absolut untauglich ist oder wenn die stehende Tatsache zu Gunsten des Beweisführenden als wahr unterstellt werden kann *(BFH-Beschluss vom 15. 12. 2011 VIII B 14/11, BFH/NV 2012 S. 594).*

Ist aufgrund von Versäumnissen des Gerichts die Sachaufklärung erschwert, darf dies im Rahmen der Beweiswürdigung nicht dem Stpfl. angelastet werden *(BFH-Urteil vom 23. 2. 1999 IX R 19/98, BStBl. 1999 II S. 407).*

Hat das Gericht zur Frage der Ernsthaftigkeit einer Geschäftsführerbestellung Beweis erhoben und die Zeugenaussage im Urteil gewürdigt, bedarf die Rüge eines Verfahrensverstoßes, dass das Gericht weitere Zeugen nicht einvernommen hat, einer Auseinandersetzung mit der **Beweiswürdigung** des Gerichts und der Darlegung, aus welchen Gründen weitere, erwartete Zeugenaussagen geeignet gewesen wären, die Auffassung des Gerichts zu erschüttern *(BFH-Beschluss vom 8. 10. 2003 VII B 321/02, BFH/NV 2004 S. 499).*

Die Erhebung des Zeugenbeweises (§ 82 FGO i. V. mit § 373 ZPO) setzt voraus, dass die Tatsachen, die der Zeuge bekunden soll, entscheidungserheblich und in substantiierter Form bezeichnet sind. Fehlt es daran, verstößt das FG nicht gegen seine Pflicht zur Ermittlung des Sachverhalts (§ 76 Abs. 1 FGO), wenn es einen benannten Zeugen nicht vernimmt *(BFH-Beschluss vom 5. 12. 2005 XI B 174/04, BFH/NV 2006 S. 600).*

BFH-Beschluss vom 8. 8. 2023 IX B 86/22, BFH/NV 2023 S. 1218: 1. Die förmliche Vernehmung eines Beteiligten ist ein letztes Hilfsmittel zur Aufklärung des Sachverhalts, das allerdings nicht dazu dient, dem Beteiligten Gelegenheit zu geben, seine eigenen Behauptungen zu bestätigen und gegebenenfalls zu beeiden. Die Vernehmung kann daher unterbleiben, wenn sich das Gericht mit Hilfe anderer Beweismittel eine Überzeugung bilden kann oder wenn keine Wahrscheinlichkeit für die Richtigkeit des Vorbringens spricht. 2. Die Erwägung des Gerichts, einer beantragten Beteiligtenvernehmung nicht nachzukommen, da dem Beteiligten infolge von in der Vergangenheit liegender Steuerverfehlungen die Glaubwürdigkeit fehle, stellt eine vorweggenommene Beweiswürdigung dar.

Die **Rüge mangelnder Sachaufklärung** ist zu Recht erhoben, wenn das FG einen angebotenen Beweis unter Verstoß gegen das Verbot einer vorweggenommenen Beweiswürdigung nicht erhebt *(BFH-Beschluss vom 22. 9. 2004 II B 27/03, BFH/NV 2005 S. 233).* Die Rüge der Verletzung der Sachaufklärungspflicht durch das FG ist nur ordnungsgemäß erhoben, wenn entweder substantiiert dargelegt wird, dass in der mündlichen Verhandlung vor dem FG Beweisanträge zu Protokoll erklärt worden sind und die unterlassene Beweisaufnahme gerügt worden ist oder schlüssig dargetan wird, das FG hätte auch unabhängig von einem entsprechenden Beweisantrag von Amts wegen eine Beweisaufnahme durchführen müssen *(BFH-Beschluss vom 30. 8. 2005 III B 22/05, BFH/NV 2006 S. 88).*

Die Sachaufklärungsrüge kann keine Beweisanträge oder Fragen ersetzen, welche fachkundig vertretene Beteiligte selbst in zumutbarer Weise hätten stellen können, jedoch zu stellen unterlassen haben. Ebenso wenig kann die Sachaufklärungsrüge dazu dienen, (nachträglich) Ermittlungen vom FG zu (entscheidungserheblichen) Tatsachen zu verlangen, deren Darlegung und Nachweis sich jedenfalls einem beratenen Beteiligten aufdrängen mussten (*BFH-Beschluss vom 20. 9. 2022 VI B 1/22, BFH/NV S. 1293*).

Das FG verletzt seine Pflicht zur Erforschung des Sachverhalts von Amts wegen, wenn es ohne weitere Ermittlungen dem unbelegten Vorbringen eines hierfür darlegungspflichtigen Beteiligten folgt, das im finanzgerichtlichen Verfahren streitig geblieben ist. In einem solchen Fall muss das FG den aufgeworfenen Zweifeln von Amts wegen nachgehen, ohne dass es eines förmlichen Beweisantritts des nicht darlegungsbelasteten Beteiligten bedarf *(BFH-Beschluss vom 14. 4. 2011 X B 112/10, BFH/NV S. 1376).*

Eine Verletzung der Sachaufklärungspflicht durch Nichterhebung angebotener Beweise ist nicht gegeben, wenn die Beweiserhebung auf der Grundlage der materiell-rechtlichen Auffassung des FG nicht erforderlich ist. Ob diese materiell-rechtliche Auffassung des FG zutreffend ist, ist im Rahmen der Prüfung entsprechender Verfahrensrügen ohne Belang *(BFH-Beschluss vom 18. 1. 2011 X 8 34/10, BFH/NV S. 813).*

Hat der Berichterstatter die Streitsache mit den Beteiligten sowohl in tatsächlicher wie in rechtlicher Hinsicht ausführlich erörtert, ist die Rüge der Verletzung der Sachaufklärungspflicht unbegründet, wenn die Kläger sich zur Sache anschließend nicht mehr äußern, sondern trotz Kenntnis der negativen Einschätzung des Berichterstatters zu den Erfolgsaussichten der Klage auf mündliche Verhandlung verzichten und sich mit einer Entscheidung des Rechtsstreits durch den Berichterstatter einverstanden erklären *(BFH-Beschluss vom 24. 3. 2006 VIII B 234/05, BFH/NV S. 1324).*

[Fortsetzung nächste Seite]

benordnung gelten sinngemäß.[1] Das Gericht ist an das Vorbringen und an die Beweisanträge der Beteiligten nicht gebunden.[2]

[Fortstzung]

Verhandelt der Kläger im Anschluss an eine Beweisaufnahme in der Sache, ohne die Unterlassung einer weiteren Sachaufklärung zu rügen, verliert er das Rügerecht *(BFH-Urteil vom 19. 4. 2005 VIII R 73/02, BFH/NV 2006 S. 66).*

Ergibt sich aus dem Protokoll der mündlichen Verhandlung nicht, dass das Übergehen eines Beweisantrages gerügt wurde, hätte der Beschwerdeführer vortragen müssen, in der mündlichen Verhandlung eine Protokollierung der Rüge verlangt, und – im Falle der Weigerung des Gerichts, die Protokollierung vorzunehmen – eine Protokollberichtigung beantragt zu haben *(BFH-Beschluss vom 17. 12. 2004 VIII B 152/04, BFH/NV 2005 S. 1102).*

Der Untersuchungsgrundsatz des § 76 FGO i. V. m. § 88 AO entbindet den Stpfl. nicht von seiner erhöhten Mitwirkungs- und Aufklärungspflicht bei Auslandssachverhalten *(BFH-Beschluss vom 22. 12. 1997 VIII B 87/96, BFH/NV 1998 S 944).*

Die Einholung eines Sachverständigengutachtens steht grundsächlich im pflichtgemäßen Ermessen des Gerichts. Die Ermessensfreiheit findet dort ihre Grenzen, wo sich die Notwendigkeit der Hinzuziehung eines Gutachters mangels eigener Sachkunde dem Gericht aufdrängen musste *(BFH-Beschluss vom 27. 1. 2006 VIII B 90/05, BFH/NV S. 966).*

In der Nichteinholung eines Sachverständigengutachtens liegt kein Verstoß gegen die Sachaufklärungspflicht (§ 76 Abs. 1 Satz 1 FGO), wenn ausweislich des Sitzungsprotokolls der mündlichen Verhandlung kein Beweisantrag auf Einholung eines Sachverständigengutachtens gestellt oder seitens der Prozessbeteiligten auf ihn oder andere Aufklärungsmaßnahmen hingewirkt wurde *(BFH-Beschluss vom 15. 5. 2019 IX B 105/18, BFH/NV S. 922).*

Der die Ausbildung für einen sog. Katalogberuf iSd § 18 Abs. 1 Nr. 1 Satz 2 EStG nicht erfüllt, kann den Nachweis über den anderweitigen Erwerb entsprechender Kenntnisse auch dadurch führen, dass er sich einer Wissensprüfung durch einen Sachverständigen unterzieht. Das Gericht ist zur Erhebung eines solchen Beweises nur verpflichtet, wenn sich aus den vorgetragenen Tatsachen bereits erkennen lässt, dass der Kläger über hinreichende Kenntnisse verfügen könnte, ein Nachweis anhand praktischer Arbeiten aber nicht geführt werden kann, und wenn der Kläger die Wissensprüfung beantragt *(BFH-Urteil vom 26. 6. 2002 IV R 56/00, BStBl. II S. 768).*

BFH-Beschluss vom 19. 1. 2012 VII B 88/11, BFH/NV S. 761: 1. Das FG kann die – in strafrechtlichen Ermittlungen oder in einem Strafurteil – getroffenen Feststellungen im finanzgerichtlichen Verfahren verwerten, wenn die Beteiligten gegen diese Feststellungen keine substantiierten Einwendungen erheben, die nach den allgemeinen für die Beweiserhebung geltenden Grundsätzen nicht unbeachtet gelassen werden können. 2. Dies gilt auch für die Übernahme von Feststellungen, die in einem von Beamten der Steuerfahndung erstellten Protokoll über die Vernehmung eines Beteiligten getroffen worden sind.

[2] Der Amtsermittlungsgrundsatz wird durch die Mitwirkungspflichten der Beteiligten nach § 76 Abs. 1 Satz 2 FGO begrenzt. Die Beteiligten trifft im finanzgerichtlichen Verfahren eine Mitverantwortung für die Sachaufklärung. Für die klagende Partei gilt dies in besonderer Weise bezüglich der ihrem Einflussbereich oder zumindest ihrem Wissensbereich zuzurechnenden Tatsachen *(BFH-Beschluss vom 28. 6. 2006 V B 199/05, BFH/NV S. 2098).*

Im Ausland ansässige Zeugen zu Auslandssachverhalten sind nicht durch das FG zu laden, sondern durch den Beteiligten, der dessen Vernehmung beantragt, in der mündlichen Verhandlung zur Verfügung zu stellen *(BFH-Beschluss vom 18. 12. 2010 V B 78/09, BFH/NV 2011 S. 622).*

Das Recht auf Gehör ist verletzt, wenn das FG nach Durchführung einer Beweisaufnahme erstmals in der mündlichen Verhandlung zusätzliche Beweisanforderungen stellt und dem beweisbelasteten Beteiligten keine ausreichende Gelegenheit gibt, einen der Verfahrenssituation angemessenen Beweisantrag zu stellen *(BFH-Beschluss vom 15. 11. 2001, BFH/NV 2002 S. 919).*

Eine **Überraschungsentscheidung** und damit ein Verstoß gegen Art. 103 Abs. 1 GG, § 76 FGO und § 96 Abs. 2 FGO liegt vor, wenn das Gericht seine Entscheidung auf einen bis dahin nicht erörterten rechtlichen oder tatsächlichen Gesichtspunkt stützt und damit dem Rechtsstreit eine Wendung gibt, mit der auch ein gewissenhafter und kundiger Prozessbeteiligter selbst unter Berücksichtigung der Vielzahl vertretbarer Rechtsauffassungen nach dem bisherigen Verlauf des Verfahrens nicht rechnen musste. Der Anspruch auf rechtliches Gehör und die richterliche Hinweispflicht iSd § 76 Abs. 2 FGO verlangen jedoch nicht, dass das Gericht die maßgeblichen Rechtsfragen mit den Beteiligten umfassend erörtert. Auf nahe liegende rechtliche oder tatsächliche Gesichtspunkte braucht es zumindest dann nicht ausdrücklich hinzuweisen, wenn die Beteiligten fachkundig vertreten sind *(BFH-Beschluss vom 15. 3. 2002 X B 175/01, BFH/NV S. 944).*

Der Anspruch auf rechtliches Gehör verpflichtet ein Gericht nicht dazu, die Beteiligten vor Ergehen der Entscheidung davon zu unterrichten, wie es den von ihm mit den Beteiligten in tatsächlicher und rechtlicher Hinsicht erörterten Sachverhalt im Ergebnis zu würdigen beabsichtigt *(BFH-Beschluss vom 7. 1. 2003 VII B 196/01, BFH/NV S. 445).*

Übersendet das FG den Beteiligten „in Vorbereitung der mündlichen Verhandlung eine schriftliche Darstellung des Sachverhalts", entscheidet es aber aufgrund der späteren mündlichen Verhandlung, in der die Sache in tatsächlicher und rechtlicher Hinsicht erörtert worden ist, anders, stellt dies keine Überraschungsentscheidung dar *(BFH-Beschluss vom 12. 6. 2009 II B 26/09, BFH/NV S. 1665).*

BFH-Urteil vom 23. 3. 2011 X R 44/09, BStBl. II S. 884: 1. Vor einer Entscheidung nach den Regeln der Feststellungslast ist vorrangig regelmäßig der entscheidungserhebliche Sachverhalt aufzuklären oder, soweit dies nicht gelingt, eine Reduzierung des Beweismaßes unter Berücksichtigung von Mitwirkungspflichtverletzungen vorzunehmen. 2. Die Grundsätze über eine Reduzierung des Beweismaßes gelten auch für die Feststellung, ob die tatsächlichen Voraussetzungen für die Anwendung der Korrekturvorschrift des § 173 Abs. 1 Nr. 1 AO erfüllt sind.

---

[1] *BFH-Beschluss vom 3. 7. 2025 VII B 46/24, BFH/NV S. 1198*: Die Mitwirkungspflicht (§ 76 Abs. 1 Satz 3 FGO fordert von den Beteiligten, Beweisanträge nur zu bestimmten, substantiierten Tatsachenbehauptungen zu stellen. Beweisermittlungs- oder -ausforschungsanträge, die so unbestimmt sind, dass im Grunde erst die Beweiserhebung selbst die entscheidungserheblichen Tatsachen und Behauptungen aufdecken kann, brauchen vom FG regelmäßig nicht befolgt zu werden.

Gemäß § 76 Abs. 1 Satz 4 FGO i. V. m. § 90 Abs. 2 AO ist ein im Ausland ansässiger Zeuge vom FG nicht zu laden, sondern von den Beteiligten in der mündlichen Verhandlung vor dem FG zu stellen, wenn der ausländische Zeuge auch zu einem ausländischen Sachverhalt aussagen soll *(BFH-Beschluss vom 13. 2. 2019 VIII B 83/18, BFH/NV S. 579).*

[2] Die in § 76 Abs. 1 Satz 5 FGO erwähnte fehlende Bindung des FG an Beweisanträge der Beteiligten bedeutet nicht etwa, dass das Gericht frei entscheiden kann, ob es beantragte Beweise erhebt oder nicht. Gerade im Gegenteil will diese Vorschrift es dem FG – in ausdrücklicher Abweichung von zivilprozessualen Grundsätzen – ermöglichen, auch von sich aus solche Beweise zu erheben, die von den Beteiligten nicht angeboten worden sind *(BFH-Beschluss vom 16. 12. 2016 X B 41/16, BFH/NV 2017 S. 310).*

Beschafft der Kläger Beweismittel zu ausländischen Sachverhalten gemäß § 90 Abs. 2 AO (verschuldet oder unverschuldet) nicht, darf das FG den ihm vorliegenden Sachverhalt ohne Berücksichtigung des ausländischen Beweismittels nach freier Überzeugung würdigen. Es kann in diesem Fall grundsätzlich auch zum Nachteil des Klägers von einem Sachverhalt ausgehen, für den unter Berücksichtigung der Beweisnähe des Klägers und seiner Verantwortung für die Aufklärung des ausländischen Sachverhaltes eine gewisse Wahrscheinlichkeit spricht *(BFH-Beschluss vom 12. 2. 2019 VIII B 89/18, BFH/NV S. 578).*

Das FG darf auf eine **beantragte Beweiserhebung** nur verzichten, wenn es auf das Beweismittel für die Entscheidung nicht ankommt, es die Richtigkeit der – durch das Beweismittel zu beweisenden Tatsachen zugunsten der betreffenden Partei

[Fortsetzung nächste Seite]

(2) Der Vorsitzende hat darauf hinzuwirken, dass Formfehler beseitigt, sachdienliche Anträge gestellt, unklare Anträge erläutert, ungenügende tatsächliche Angaben ergänzt, ferner alle für die Feststellung und Beurteilung des Sachverhalts wesentlichen Erklärungen abgegeben werden.[1]

(3)[2] Erklärungen und Beweismittel, die erst nach Ablauf der von der Finanzbehörde nach § 364 b Abs. 1 der Abgabenordnung gesetzten Frist im Einspruchsverfahren oder im finanzgerichtlichen

[Fortsetzung]

– unterstellt, das Beweismittel nicht erreichbar ist oder es völlig ungeeignet ist, den Beweis zu erbringen *(BFH-Urteil vom 29. 11. 2006 VI R 70/05, BFH/NV 2007 S. 732).*

Zur ordnungsgemäßen Rüge, das FG habe einen Beweisantrag übergangen, reicht die bloße Behauptung, in der mündlichen Verhandlung sei die Nichterhebung eines angebotenen Beweises beanstandet worden, nicht aus. Wird die Behauptung nicht durch das Sitzungsprotokoll bestätigt, muss vorgetragen werden, dass die Protokollierung der Rüge verlangt und – bei Weigerung des Gerichts, dem nachzukommen – die Protokollberichtigung beantragt worden ist *(BFH-Beschluss vom 18. 7. 2002 V B 107/01, BFH/NV 2003 S. 49).*

Das FG muss einem Beweisantrag nur dann nachkommen, wenn dieser substantiiert ist. Das setzt voraus, dass das Beweisthema und das voraussichtliche Ergebnis der Beweisaufnahme in Bezug auf einzelne konkrete Tatsachen genau angegeben werden. Unsubstantiiert sind Beweisanträge, die das Beweisthema nicht hinreichend konkretisieren, und solche Anträge, die dazu dienen sollen, unsubstantiierte Behauptungen zu stützen *(BFH-Beschluss vom 7. 7. 2016 III B 39/16, BFH/NV S. 1731).*

Für die Beurteilung der Frage, ob ein Beweisantrag ausreichend substantiiert ist, darf nicht isoliert ausschließlich dessen Wortlaut herangezogen werden. Vielmehr ist auch die prozessuale Vorgeschichte – insbesondere der Inhalt eingereichter Schriftsätze und die darin enthaltenen Tatsachenbehauptungen einzubeziehen *(BFH-Beschluss vom 13. 12. 2016 X B 23/16, BFH/NV 2017 S. 564).*

Kann ein Beschwerdeführer vor der mündlichen Verhandlung erkennen, dass das FG zu der Frage, ob seine Tätigkeit eine künstlerische Gestaltungshöhe erreicht, nicht von Amts wegen ein Sachverständigengutachten einholen wird, muss er in der mündlichen Verhandlung selbst einen entsprechenden Beweisantrag stellen oder das Vorgehen des FG als verfahrensfehlerhaft rügen. Unterlässt er dies, ist der Beschwerdeführer zur Rüge eines etwaigen Verstoßes des FG gegen die Sachaufklärungspflicht im Rahmen der Nichtzulassungsbeschwerde nicht berechtigt *(BFH-Beschluss vom 11. 2. 2021 VIII B 30/20, BFH/NV S. 789).*

BFH-Beschluss vom 1. 2. 2007 VI B 118/04, BStBl. II S. 538: 1. Eine Beweisaufnahme zu einem streitigen Vorbringen darf nicht abgelehnt werden, wenn der dem Beweisantrag zugrunde liegende Tatsachenvortrag konkret genug ist, um die Erheblichkeit des Vorbringens beurteilen zu können. (...) 3. Begründet ein FG im angefochtenen Urteil, weshalb es von der Erhebung eines beantragten Beweises abgesehen hat, so genügt für eine ordnungsgemäße Rüge der Verletzung der Sachaufklärungspflicht regelmäßig der Vortrag, das FG sei dem Beweisantritt nicht gefolgt.

---

[1] *BFH-Beschluss vom 7. 10. 2015 VI B 49/15, BFH/NV 2016 S. 38:* 1. Die richterlichen Hinweispflichten nach § 76 Abs. 2 FGO dienen insbesondere dem Schutz und der Hilfestellung der Beteiligten, ohne dass dadurch deren Eigenverantwortlichkeit eingeschränkt wird. 2. Liegt die rechtliche Bedeutung bestimmter Tatsachen und die daraus folgende Erforderlichkeit, diese Tatsachen bei Gericht vorzubringen und zu substantiieren, auf der Hand, stellt ein unterlassener richterlicher Hinweis jedenfalls dann keine gegen § 76 Abs. 2 FGO verstoßende Pflichtverletzung dar, wenn der betreffende Beteiligte steuerlich beraten und im Prozess entsprechend vertreten war.

BFH-Beschluss vom 15. 9. 2003 II B 75/02, BFH/NV S. 1607: Zur ordnungsgemäßen Darlegung der Rüge, der Vorsitzende habe seine Hinweispflichten nach § 76 Abs. 2 FGO verletzt, muss nicht nur angegeben werden, worauf hinzuweisen gewesen oder welche Fragen hätten gestellt werden müssen, sondern auch, was darauf geantwortet worden wäre und inwiefern dieser Verfahrensfehler auf der Grundlage der materiell-rechtlichen Auffassung des FG entscheidungserheblich war.

Hält das FG einen protokollierten Beweisantrag für unklar, lückenhaft oder unbestimmt, muss es im Rahmen seiner Hinweis- und Fürsorgepflicht aus § 76 Abs. 2 FGO auf eine Vervollständigung oder Präzisierung des Antrags hinwirken *(BFH-Beschluss vom 30. 4. 2002 X B 132/00, BFH/NV S. 1457).*

Gem. § 76 Abs. 2 FGO hat das Gericht u. a. darauf hinzuwirken, dass „sachdienliche Anträge gestellt" und „unklare Anträge erläutert ..." werden. Dabei beschränkt sich diese Verpflichtung nicht auf diejenigen Fälle, in denen die (Sach- oder Prozess-)Anträge der Beteiligten infolge Verkennung der Rechtslage nicht oder nicht richtig vorgebracht worden sind. Sie umfasst vielmehr auch solche Anträge, die ein Prozessbeteiligter aus Versehen, d. h., ohne dass dem Beteiligten der an sich erkennbare Mangel bewusst geworden ist, nicht oder nicht richtig gestellt hat *(BFH-Beschluss vom 4. 6. 2003 X B 16/02, BFH/NV S. 1212).*

Wurden die für die Entscheidung maßgeblichen Gesichtspunkte sowohl im Verwaltungsverfahren als auch im finanzgerichtlichen Verfahren angesprochen und ist der Kläger vor dem FG rechtskundig vertreten, bedarf es in der mündlichen Verhandlung keines richterlichen Hinweises, sich zu diesem entscheidungserheblichen Sachverhalt zu äußern. Bei einem durch einen fach- und sachkundigen Prozessbevollmächtigten vertretenen Beteiligten stellt das Unterlassen eines (nach seiner Ansicht notwendigen) Hinweises gemäß § 76 Abs. 2 FGO regelmäßig keinen Verfahrensmangel dar *(BFH-Beschluss vom 17. 7. 2019 II B 35–37/18, BStBl. 2020 II S. 394).*

Zur ordnungsgemäßen Rüge der Verletzung der gerichtlichen Hinweispflicht ist insbesondere anzugeben, worauf konkret das Gericht hätte hinweisen müssen und vor allem, was der Kläger bzw. sein Vertreter auf einen derartigen Hinweis noch an konkreten Beweismitteln beigebracht oder sonst vorgetragen hätte *(BFH-Beschluss vom 23. 12. 2002 III B 77/02, BFH/NV 2003 S. 502).*

Der Anspruch auf Gewährung rechtlichen Gehörs gebietet einen vorherigen gerichtlichen Hinweis gemäß § 76 Abs. 2 FGO, wenn das FG eine Schätzungsmethode anwenden will, die den bereits erörterten Schätzungsmethoden nicht mehr ähnlich ist oder die Einführung neuen Tatsachenstoffs erforderlich wird. Dies ist u.a. dann der Fall, wenn das FG beabsichtigt, anstelle einer Schätzung anhand eines äußeren Betriebsvergleichs (Richtsatzschätzung) eine griffweise Hinzuschätzung in Gestalt eines – an die betrieblichen Daten des Steuerpflichtigen anknüpfenden – Sicherheitszuschlags vorzunehmen *(BFH-Beschluss vom 21. 8. 2019 X B 120/18, BFH/NV 2022 S. 744).*

[2] Hat das FG im Rahmen des ihm gem. § 76 Abs. 3 Satz 1 FGO eingeräumten Ermessens aus vertretbaren Gründen entschieden, dass es Erklärungen und Beweismittel, die erst nach Ablauf der von der Finanzbehörde nach § 364 b AO gesetzten Frist im Einspruchsverfahren oder im finanzgerichtlichen Verfahren vorgebracht werden, nicht zurückweisen will, so ist dies von BFH in der Revisionsinstanz grundsätzlich als verbindlich hinzunehmen *(BFH-Urteil vom 17. 12. 1997 I R 47/97, BStBl. 1998 II S. 269).*

Hat das FA im Einspruchsverfahren gegen einen Schätzungsbescheid dem Einspruchsführer (Kläger) vergeblich eine Frist zur Angabe der Tatsachen gesetzt, durch deren Berücksichtigung oder Nichtberücksichtigung er sich beschwert fühlt (§ 364 b Abs. 1 Nr. 1 AO), darf das FG eine erst im Klageverfahren eingereichte Steuererklärung nach § 76 Abs. 3 FGO zurückweisen und insoweit ohne weitere Ermittlungen entscheiden, wenn die Fristsetzung durch das FA rechtmäßig ist, die Voraussetzungen des § 79 b Abs. 3 FGO erfüllt sind und die Schätzung der Besteuerungsgrundlagen nach Aktenlage nicht zu beanstanden ist *(BFH-Urteil vom 19. 3. 1998 V R 7/97, BStBl. II S. 399).*

[Fortsetzung nächste Seite]

Verfahren vorgebracht werden, kann das Gericht zurückweisen und ohne weitere Ermittlungen entscheiden. § 79b Abs. 3 gilt entsprechend.

(4) Die Verpflichtung der Finanzbehörde zur Ermittlung des Sachverhalts (§§ 88, 89 Abs. 1 der Abgabenordnung) wird durch das finanzgerichtliche Verfahren nicht berührt.

§ 77[1] [Schriftsätze] 73

(1) Die Beteiligten sollen zur Vorbereitung der mündlichen Verhandlung Schriftsätze einreichen. Hierzu kann der Vorsitzende sie unter Fristsetzung auffordern. Den Schriftsätzen sollen Abschriften für die übrigen Beteiligten beigefügt werden. Die Schriftsätze sind den Beteiligten von Amts wegen zu übermitteln.

(2) Den Schriftsätzen sind die Urkunden oder elektronischen Dokumente, auf die Bezug genommen wird, in Abschrift ganz oder im Auszug beizufügen. Sind die Urkunden dem Gegner bereits bekannt oder sehr umfangreich, so genügt die genaue Bezeichnung mit dem Anerbieten, Einsicht bei Gericht zu gewähren.

§ 77 a[2] *(aufgehoben)* 74

§ 78[3] [Akteneinsicht][4] 75

(1) Die Beteiligten können die Gerichtsakte und die dem Gericht vorgelegten Akten einsehen. Beteiligte können sich auf ihre Kosten durch die Geschäftsstelle Ausfertigungen, Auszüge, Ausdrucke und Abschriften erteilen lassen.[5]

[Fortsetzung]

Unterlässt das FG es, schon vor der mündlichen Verhandlung geeignete vorbereitende Maßnahmen gem. § 79 Abs. 1 FGO zu ergreifen, obwohl ihm dies möglich gewesen wäre und obwohl hierzu Anlass bestand, ist es regelmäßig ermessensfehlerhaft, vom Kläger erst im Klageverfahren, aber angemessene Zeit vor der mündlichen Verhandlung, nachgereichte Steuererklärungen gem. §§ 76 Abs. 3, 79 b Abs. 3 FGO wegen Verzögerung des Rechtsstreits in der mündlichen Verhandlung zurückzuweisen *(BFH-Urteile vom 9. 9. 1998 I R 31/98, BStBl. 1999 II S. 26; vom 10. 6. 1999 IV R 23/98, BStBl. II S. 664).*

Musste das FA mangels Abgabe von Steuererklärungen die Besteuerungsgrundlagen schätzen, so kann sich der Stpfl. seinen Erklärungspflichten nicht durch Beantragung eines Sachverständigengutachtens zur Bestimmung der Höhe der Besteuerungsgrundlagen entziehen *(BFH-Beschluss vom 24. 3. 1998 I B 106/97, BFH/NV S. 1200).*

---

[1] § 77 Abs. 1 Satz 4 geänd. durch G v. 22. 3. 2005 (BGBl. I S. 837); Abs. 2 Satz 1 geänd. durch G v. 10. 10. 2013 (BGBl. I S. 3786); Abs. 2 Satz 1 geänd. durch G v. 5. 7. 2017 (BGBl. I S. 2208).

[2] § 77 a aufgeh. durch G v. 22. 3. 2005 (BGBl. I S. 837); Abs. 1 Satz 2 angef., Abs. 2 neu gef., Abs. 3 eingef., bisheriger Abs. 3 wird Abs. 4 durch G v. 5. 7. 2017 (BGBl. I S. 2208).

[3] § 78 Abs. 1 Satz 2 geänd. durch G v. 13. 7. 2001 (BGBl. I S. 1542); Abs. 1 neu gef., Abs. 2 eingef., bish. Abs. 2 wird Abs. 3, neuer Abs. 3 geänd. durch G v. 22. 3. 2005 (BGBl. I S. 837).

[4] Besondere, über § 78 FGO hinausgehende Rechte, insbesondere auf Akteneinsicht, können im gerichtlichen Verfahren nicht aus Art. 15 DSGVO hergeleitet werden *(BFH-Beschluss vom 29. 8. 2019 X S 6/19, BFH/NV 2020 S. 25).*

Das Rechtsschutzbedürfnis für eine Klage auf außergerichtliche Gewährung von Akteneinsicht oder für ein hierauf bezogenes Rechtsmittel entfällt, wenn der Steuerpflichtige ein finanzgerichtliches Verfahren in Gang gesetzt hat, in dem die streitgegenständlichen Akten dem Gericht vorgelegt wurden und aus diesem Grund ein umfassendes und nicht beschränkbares Recht auf Akteneinsicht gemäß § 78 FGO besteht (*BFH-Beschluss vom 21. 5. 2024 IX R 28/22, BFH/NV S. 916*).

Dem Antrag auf Akteneinsicht fehlt das Rechtsschutzbedürfnis, wenn die Akteneinsicht unter keinem denkbaren Gesichtspunkt geeignet ist, dem Rechtsschutz in dem betreffenden Verfahren zu dienen *(BFH-Beschluss vom 16. 4. 2015 XI S 7/15, BFH/NV S. 1096).*

BFH-Beschluss vom 13. 12. 2024 IX B 101/24, BFH/NV 2025 S. 293: 1. Über einen beim FG gestellten Antrag auf Akteneinsicht gemäß § 78 FGO hat der zuständige Spruchkörper des FG trotz einer bereits in der Sache ergangenen Entscheidung auch dann noch zu befinden, wenn das Verfahren noch nicht rechtskräftig abgeschlossen ist. 2. Eine Beschwerde gegen die Versagung der Akteneinsicht ist mangels Rechtsschutzbedürfnisses unzulässig, wenn gegen die Entscheidung des FG ein Rechtsmittel eingelegt wurde und die Akten, deren Einsicht begehrt wird, dem BFH vorliegen.

Gegen Entscheidungen des FG über die Art und Weise der Gewährung von Akteneinsicht ist die Beschwerde statthaft; die Entscheidung stellt keine prozessleitende Verfügung i. S. des § 128 Abs. 2 FGO dar *(BFH-Beschluss vom 11. 9. 2013 I B 179/12, BFH/NV 2014 S. 48).*

Über die Art und Weise der Akteneinsicht hat der Senat und nicht der Vorsitzende Richter des FG zu entscheiden, soweit nicht der ab dem 1. 1. 2018 gesetzlich geregelte Sonderfall des § 78 Abs. 2 Satz 5 Halbsatz 1 FGO für elektronisch geführte Akten vorliegt *(BFH-Beschluss vom 7. 6. 2021 VIII B 123/20, BStBl. II S. 915).*

BFH-Beschluss vom 28. 2. 2020 X B 100/19, BFH/NV S. 914: Der Anspruch auf Akteneinsicht umfasst auch diejenigen beigezogenen Akten, die dem Gericht nur in elektronischer Form vorliegen. 2. Auch wenn einem Beteiligten auf Antrag Einsicht in die seinerzeit dem Gericht vorliegenden Akten gewährt worden ist, muss das Gericht ihn von der späteren Beiziehung weiterer Akten unterrichten. 3. Wenn ein Beteiligter dem Gericht Unterlagen mit der Auflage übermittelt, sie dem anderen Beteiligten nicht zugänglich zu machen, muss das Gericht die Unterlagen entweder unverzüglich ungelesen an den Übermittler zurücksenden oder die Aufhebung des Sperrvermerks erwirken. Keinesfalls dürfen derartige Unterlagen im späteren Urteil verwertet werden.

Der Anspruch auf rechtliches Gehör kann verletzt sein, wenn das Gericht die Beteiligten von der Beiziehung der Akten anderer gerichtlicher Verfahren nicht in Kenntnis setzt. Zur schlüssigen Rüge der Verletzung rechtlichen Gehörs wegen Verstoßes gegen § 78 FGO gehört der substantiierte Vortrag des Betroffenen, zu welchem Inhalt der vom FG beigezogenen und ohne sein Wissen verwerteten Akten er sich nicht hat äußern können, was er bei ausreichender Gewährung des rechtlichen Gehörs noch zusätzlich vorgetragen hätte und dass bei Berücksichtigung dieses Vorbringens eine andere Entscheidung des FG in der Sache möglich gewesen wäre *(BFH-Beschluss vom 14. 12. 1999 IV B 101/99, BFH/NV 2000 S. 738).*

Das Akteneinsichtsrecht der Beteiligten erstreckt sich auch auf vom FG beigezogene „fremde" Steuerakten (Abweichung vom *BFH-Urteil vom 18. 12. 1984 VIII R 195/82, BStBl. 1986 II S. 226*). Ein FG kann jedoch von der Beiziehung solcher Akten absehen, wenn die Gefahr einer Verletzung von § 30 AO im Falle der Akteneinsichtnahme durch die Beteiligten besteht *(BFH-Urteil vom 17. 10. 2001 I R 103/00, BStBl. 2004 II S. 171).*

[Fortsetzung nächste Seite]

(2)[1] Werden die Prozessakten elektronisch geführt, wird Akteneinsicht durch Bereitstellung des Inhalts der Akten zum Abruf gewährt. Auf besonderen Antrag wird Akteneinsicht durch Einsichtnahme in die Akten in Diensträumen gewährt. Ein Aktenausdruck oder ein Datenträger mit dem Inhalt der Akten wird auf besonders zu begründenden Antrag nur übermittelt, wenn der Antragsteller hieran ein berechtigtes Interesse darlegt. Stehen der Akteneinsicht in der nach Satz 1 vorgesehenen Form wichtige Gründe entgegen, kann die Akteneinsicht in der nach den Sätzen 2 und 3 vorgesehenen Form auch ohne Antrag gewährt werden. Über einen Antrag nach Satz 3 entscheidet der Vorsitzende; die Entscheidung ist unanfechtbar. § 79 a Absatz 4 gilt entsprechend.

(3) Werden die Prozessakten in Papierform geführt, wird Akteneinsicht durch Einsichtnahme in die Akten in Diensträumen[2] gewährt. Die Akteneinsicht kann, soweit nicht wichtige Gründe entgegenstehen, auch durch Bereitstellung des Inhalts der Akten zum Abruf gewährt werden.

(4) Die Entwürfe zu Urteilen, Beschlüssen und Verfügungen, die Arbeiten zu ihrer Vorbereitung, ferner die Dokumente, die Abstimmungen oder Ordnungsstrafen des Gerichts betreffen, werden weder vorgelegt noch abschriftlich mitgeteilt.[3]

[Fortsetzung]

Das Recht auf Akteneinsicht ist eine Ausgestaltung des Anspruchs auf rechtliches Gehör. Es wird verletzt, wenn das FG am Tag des Eingangs eines Antrags auf Akteneinsicht ein Endurteil erlässt *(BFH-Beschluss vom 22. 5. 2002 VI B 2/02, BFH/NV S. 1168)*.

Nach § 78 Abs. 1 Satz 1 FGO ist die Einsichtnahme der Akten durch den Prozessbevollmächtigten bei Gericht die Regel. Eine vorübergehende Überlassung der Akten an den Bevollmächtigten kommt nur ausnahmsweise in Betracht (Regel-Ausnahme-Verhältnis, Ermessensentscheidung). Keine Sonderfälle sind:

Räumliche Enge, fehlende Kopiermöglichkeit, starke Arbeitsüberlastung des Prozessbevollmächtigten, Zeitaufwand für die Fahrt zum Gericht, größere Entfernung zwischen Gericht und Kanzlei bei bestehender Möglichkeit der Aktenübersendung an ein Gericht oder eine Behörde am Sitz des Bevollmächtigten. Einen Anspruch, die Gerichtsakten in ihrer Wohnung oder in ihren Geschäftsräumen einzusehen, haben Rechtsanwälte im finanzgerichtlichen Verfahren grundsätzlich nicht *(BFH-Beschluss vom 11. 6. 2002 V B 5/02, BFH/NV S. 1464)*.

Die Übersendung von Akten zum Zwecke der Akteneinsicht in die Kanzlei des Prozessbevollmächtigten ist im Regelfall ausgeschlossen, wenn dieser als Rechtsanwalt am Landgericht des Ortes zugelassen ist, an dem sich auch das zuständige FG befindet *(BFH-Beschluss vom 12. 1. 2000 VI B 418/98, BFH/NV S. 855)*.

Bei der Beschwerde gegen die Versagung der Akteneinsicht in der Kanzlei des bevollmächtigten Rechtsanwalts handelt es sich regelmäßig um eine Beschwerde des Prozessbevollmächtigten kraft eigenen Rechts *(BFH-Beschluss vom 9. 9. 2003 VI B 63/02, BFH/NV 2004 S. 207)*.

Die Akteneinsicht nach § 78 FGO dient allein der Prozessführung und erlischt, sobald das betreffende Verfahren endgültig abgeschlossen ist *(BFH-Beschluss vom 20. 10. 2005 VII B 207/05, BStBl. 2006 II S. 41)*.

BFH-Beschluss vom 28. 9. 2022 X B 144/21, BFH/NV 2023 S. 28: Für die Entscheidung über einen Akteneinsichtsantrag nach Verfahrensabschluss ist grundsätzlich nicht der Spruchkörper, sondern die Gerichtsverwaltung zuständig. Es handelt sich um einen Justizverwaltungsakt, für dessen rechtliche Überprüfung der Rechtsweg zu den Verwaltungsgerichten eröffnet ist (Anschluss an *BFH-Beschluss vom 1. 3. 2016 VI B 89/15, BFH/NV 2016 S. 936*).

[5] Aus § 78 Abs. 1 FGO lässt sich grundsätzlich weder ein Anspruch auf Überlassung von Fotokopien der gesamten Akten noch ein Anspruch darauf, den gesamten Akteninhalt selbst – ggf. unter Nutzung eines eigenen Kopiergerätes – zu kopieren, herleiten. Dies gilt nicht, wenn der Beteiligte substantiiert und nachvollziehbar darlegt, dass ihm hierdurch erst eine sachgerechte Prozessführung ermöglicht wird. Diese Grundsätze gelten entsprechend für den Fall, dass ein Beteiligter den Akteninhalt mit Hilfe eines eigenen Gerätes scannen will *(BFH-Beschluss vom 9. 8. 2021 VIII B 70/21, BFH/NV S. 1519)*.

Das FG ist nicht verpflichtet, Behördenakten, die in Papierform vorliegen, zu digitalisieren und deren Inhalt auf einer Daten-CD einem Beteiligten zu übergeben. Dies gilt auch, wenn das FG am ersetzenden Scannen im Sinne des § 52 b Abs. 6 Satz 1 der Finanzgerichtsordnung teilnimmt *(BFH-Beschluss vom 30. 10. 2023 X B 35/23 (AdV), BFH/NV 2024 S. 38)*.

---

[1] *BFH-Beschluss vom 18. 2. 2008 VII S 1/08 (PKH), BFH/NV S. 1169:* 1. Aus § 78 Abs. 2 FGO lässt sich kein Anspruch des Beteiligten auf Anfertigung von Fotokopien des gesamten Inhalts der dem FG vorliegenden Akten ableiten. 2. Die Anfertigung der Kopien hat grundsätzlich durch den Geschäftsstellenbeamten zu erfolgen. 3. Ein Anspruch, den gesamten Akteninhalt unter Benutzung eines gerichtseigenen oder eines selbst mitgebrachten Kopiergeräts zu kopieren, besteht demzufolge nicht.

[2] *BFH-Beschluss vom 13. 6. 2020 VIII B 149/19, BFH/NV S. 1268:* 1. Die Kanzleiräume des Prozessbevollmächtigten sind keine Diensträume i. S. des § 78 Abs. 3 Satz 1 FGO (vgl. *BFH-Beschluss vom 4. 7. 2019 VIII B 51/19, BFH/NV 2019 S. 1235*). 2. In Ausnahmefällen kann der Anspruch der Beteiligten auf Gewährung rechtlichen Gehörs und Waffengleichheit einen Anspruch auf Akteneinsicht in den Kanzleiräumen des Prozessbevollmächtigten begründen. Die Entscheidung, Akteneinsicht ausnahmsweise auch außerhalb von Diensträumen zu gewähren, ist eine am Einzelfall zu beurteilende Ermessensentscheidung des FG. Im Rahmen des erforderlichen Abwägungsprozesses ist der vom Gesetzgeber in § 78 Abs. 3 FGO gesteckte Ermessensrahmen und hierbei insbesondere das Regel-Ausnahme-Verhältnis zwischen einer Akteneinsicht in und außerhalb von Diensträumen zu beachten (vgl. *BFH-Beschluss vom 4. 7. 2019 VIII B 51/19, BFH/NV 2019 S. 1235*).

Ein solcher Ausnahmefall kann vorliegen, wenn in einer Pandemielage der Berufsträger, der bei der Akteneinsicht mitwirken soll, aufgrund von erheblichen gesundheitlichen Einschränkungen einer sog. „Hochrisiko-Gruppe" angehört, für die im Falle einer Infektion mit dem SARS-CoV-2-Virus ein deutlich erhöhtes Risiko von schweren Krankheitsverläufen besteht, die Akteneinsicht durch den Berufsträger in den Diensträumen nur in Anwesenheit von Bediensteten des Gerichts genommen werden dürfte und keine öffentlichen oder dienstlichen Interessen bestehen, die das Interesse, die Bevölkerung vor Gesundheitsgefahren in Zusammenhang mit dem SARS-CoV-2-Virus zu schützen, überwiegen (*BFH-Beschluss vom 11. 1. 2022 XI B 89/21, BFH/NV S. 600*).

[3] Befinden sich in den Steuerakten vertrauliche Mitteilungen von Hinweisgebern (Anzeigenerstattern usw.), so ist das FA grundsätzlich befugt, diese Aktenteile auszuheften und nicht vorzulegen. Hat der Berichterstatter des FG versehentlich von einer solchen vertraulichen Mitteilung Kenntnis erhalten, darf er seine Kenntnis nicht verwerten und nicht in die Urteilsbildung einfließen lassen *(BFH-Beschluss vom 25. 7. 1994 X B 333/93, BStBl. II S. 802)*.

§ 79[1] [Vorbereitung der mündlichen Verhandlung] 76

(1)[2] Der Vorsitzende oder der Berichterstatter hat schon vor der mündlichen Verhandlung alle Anordnungen zu treffen, die notwendig sind, um den Rechtsstreit möglichst in einer mündlichen Verhandlung zu erledigen. Er kann insbesondere

1. die Beteiligten zur Erörterung des Sach- und Streitstandes und zur gütlichen Beilegung des Rechtsstreits laden. § 128 a der Zivilprozessordnung gilt entsprechend;
2. den Beteiligten die Ergänzung oder Erläuterung ihrer vorbereitenden Schriftsätze, die Vorlegung von Urkunden, die Übermittlung von elektronischen Dokumenten und die Vorlegung von anderen zur Niederlegung bei Gericht geeigneten Gegenständen aufgeben, insbesondere eine Frist zur Erklärung über bestimmte klärungsbedürftige Punkte setzen;
3. Auskünfte einholen;
4. die Vorlage von Urkunden oder die Übermittlung von elektronischen Dokumenten anordnen;
5. das persönliche Erscheinen der Beteiligten anordnen; § 80 gilt entsprechend;
6. Zeugen und Sachverständige zur mündlichen Verhandlung laden.

(2) Die Beteiligten sind von jeder Anordnung zu benachrichtigen.

(3) Der Vorsitzende oder der Berichterstatter kann einzelne Beweise erheben. Dies darf nur insoweit geschehen, als es zur Vereinfachung der Verhandlung vor dem Gericht sachdienlich und von vornherein anzunehmen ist, dass das Gericht das Beweisergebnis auch ohne unmittelbaren Eindruck von dem Verlauf der Beweisaufnahme sachgemäß zu würdigen vermag.

§ 79 a[3] [Entscheidung im vorbereitenden Verfahren][4] 77

(1) Der Vorsitzende entscheidet, wenn die Entscheidung im vorbereitenden Verfahren ergeht,

1. über die Aussetzung und das Ruhen des Verfahrens;
2. bei Zurücknahme der Klage, auch über einen Antrag auf Prozesskostenhilfe;
3. bei Erledigung des Rechtsstreits in der Hauptsache, auch über einen Antrag auf Prozesskostenhilfe;
4. über den Streitwert;
5. über Kosten;
6. über die Beiladung.

(2) Der Vorsitzende kann ohne mündliche Verhandlung durch Gerichtsbescheid (§ 90 a) entscheiden. Dagegen ist nur der Antrag auf mündliche Verhandlung innerhalb eines Monats nach Zustellung des Gerichtsbescheides gegeben.

(3)[5] Im Einverständnis der Beteiligten kann der Vorsitzende auch sonst anstelle des Senats entscheiden.

(4) Ist ein Berichterstatter bestellt, so entscheidet dieser anstelle des Vorsitzenden.

---

[1] § 79 Abs. 1 Nr. 2 ber. durch G v. 28. 8. 2001 (BGBl. I S. 2262); Abs. 1 Satz 2 Nr. 2 und 4 geänd. durch G v. 22. 3. 2005 (BGBl. I S. 837); Abs. 1 Satz 2 Nr. 1 geänd. durch G v. 15. 7. 2024 (BGBl. I Nr. 237).

[2] Das prozessrechtliche Leitbild, den Rechtsstreit möglichst in einer einzigen mündlichen Verhandlung zu erledigen, rechtfertigt es nicht, erhebliche Beweisanträge abzulehnen, die erst in der mündlichen Verhandlung und nach einer Umstellung der Prozessstrategie eines Beteiligten gestellt werden *(BFH-Urteil vom 19. 10. 2011 X R 65/09, BStBl. 2012 II S. 345)*.

[3] § 79 a Abs. 1 Nr. 2 und 3 geänd., Nr. 6 angef. durch G v. 24. 8. 2004 (BGBl. I S. 2198).

[4] Gegen die Entscheidung des FG durch Gerichtsbescheid des Vorsitzenden oder des bestellten Berichterstatters gem. § 79 a Abs. 2 Satz 1, Abs. 4 FGO ist ausschließlich der Antrag auf mündliche Verhandlung gegeben. Revision oder Beschwerde gegen die Nichtzulassung der Revision sind nicht statthaft *(BFH-Beschlüsse vom 3. 11. 1993 II R 77/93, BStBl. 1994 II S. 118; vom 30. 5. 2000 V B 65/00, BFH/NV S. 1236)*. Erlässt jedoch der Berichterstatter nach § 79 a Abs. 2 i. V. m. Abs. 4 FGO einen Gerichtsbescheid (§ 90 a FGO), der nicht unmissverständlich erkennen lässt, auf welcher verfahrensrechtlichen Grundlage der Richter entschieden hat, so ist dagegen nicht nur der Antrag auf mündliche Verhandlung nach § 79 a Abs. 2 Satz 2 FGO gegeben *(BFH-Urteil vom 8. 3. 1994 IX R 58/93, BStBl. II S. 571)*.

[5] Der Vorsitzende (Berichterstatter), der gem. § 79 a Abs. 3, 4 FGO im Einverständnis der Beteiligten anstelle des Senats entscheiden kann, hat sich durch sein Tätigwerden im Verfahren vor einer erstmaligen mündlichen Verhandlung auch dann noch nicht zum sog. konsentierten Einzelrichter hinsichtlich der abschließenden Entscheidung des Rechtsstreits bestellt, wenn er bei einzelnen Verfahrenshandlungen bereits als solcher aufgetreten ist *(BFH-Beschluss vom 9. 7. 2003 IX B 34/03, BStBl. II S. 858)*.

Ein Widerruf einer Einverständniserklärung mit einer Entscheidung durch den Berichterstatter nach § 79 a Abs. 3 und 4 FGO ist ausgeschlossen, soweit sich die Prozesslage bei objektiver Betrachtung nachträglich nicht wesentlich geändert hat *(BFH-Beschluss vom 10. 2. 2011 II S 39/10, BStBl. II S. 657)*.

Ein im ersten Rechtsgang erklärtes Einverständnis der Beteiligten mit einer Entscheidung durch den Berichterstatter anstelle des Senats gemäß § 79 a Abs. 3, 4 der Finanzgerichtsordnung gilt für das Verfahren vor dem Finanzgericht nach einer Zurückverweisung durch den BFH im zweiten Rechtsgang nicht fort (*BFH-Beschluss vom 18. 6. 2025 II B 27/24, BFH/NV S. 1187*).

78 **§ 79b**[1] **[Fristsetzung]**[2]

(1)[3] Der Vorsitzende oder der Berichterstatter kann dem Kläger eine Frist setzen[4] zur Angabe der Tatsachen, durch deren Berücksichtigung oder Nichtberücksichtigung im Verwaltungsverfahren er sich beschwert fühlt. Die Fristsetzung nach Satz 1 kann mit der Fristsetzung nach § 65 Abs. 2 Satz 2 verbunden werden.

(2)[5] Der Vorsitzende oder der Berichterstatter kann einem Beteiligten unter Fristsetzung aufgeben, zu bestimmten Vorgängen

1. Tatsachen anzugeben oder Beweismittel zu bezeichnen,
2. Urkunden oder andere bewegliche Sachen vorzulegen oder elektronische Dokumente zu übermitteln, soweit der Beteiligte dazu verpflichtet ist.

(3)[6] Das Gericht kann Erklärungen und Beweismittel, die erst nach Ablauf einer nach den Absätzen 1 und 2 gesetzten Frist vorgebracht werden, zurückweisen und ohne weitere Ermittlungen entscheiden, wenn

1. ihre Zulassung nach der freien Überzeugung des Gerichts die Erledigung des Rechtsstreits verzögern[7] würde und
2. der Beteiligte die Verspätung nicht genügend entschuldigt[8] und
3. der Beteiligte über die Folgen einer Fristversäumung belehrt worden ist.

Der Entschuldigungsgrund ist auf Verlangen des Gerichts glaubhaft zu machen. Satz 1 gilt nicht, wenn es mit geringem Aufwand möglich ist, den Sachverhalt auch ohne Mitwirkung des Beteiligten zu ermitteln.

---

[1] § 79 b Abs. 2 Nr. 2 geänd. durch G v. 22. 3. 2005 (BGBl. I S. 837); Abs. 3 ber. mit G v. 28. 8. 2001 (BGBl. I S. 2262) und v. 11. 2. 2002 (BGBl. I S. 679).

[2] Die Fristsetzung nach § 79 b FGO ist eine nicht beschwerdefähige prozessleitende Verfügung iSd § 128 Abs. 2 FGO *(BFH-Beschluss vom 7. 2. 2005 V B 62/04, V B 63/04, BFH/NV S. 1319).*

[3] Tatsachen zur Beschwer iSd § 79 b Abs. 1 FGO sind erst dann „angegeben", wenn bis zum Ablauf der wirksam gesetzten Frist sachverhaltsmäßig abgegrenzte Streitkomplexe („bestimmte Vorgänge") erläutert werden. Genügt der Kläger dem nicht, ist die Klage als unzulässig abzuweisen *(BFH-Beschluss vom 8. 3. 1995 X B 243, 244/94, BStBl. II S. 417).*

Wird der Kläger, der einen Schätzungsbescheid auf den 1. Januar 1993 anficht und dessen Unterlagen für frühere Jahre bis 1988 durch die Steuerfahndung beschlagnahmt sind, gem. § 65 Abs. 2 Satz 2 und § 79 b Abs. 1 FGO aufgefordert, den Gegenstand des Klagebegehrens zu bezeichnen bzw. die Tatsachen anzugeben, durch deren Nichtberücksichtigung er sich beschwert fühlt, hat er die Angaben zu machen, die ihm auch ohne die beschlagnahmten Unterlagen möglich sind. Erst wenn das FG darüber hinaus weitere Angaben verlangt, kann sich die Frage stellen, ob die Verfügung der Ausschlussfrist nach § 65 Abs. 2 Satz 2 FGO bzw. der Frist nach § 79 b Abs. 1 FGO rechtmäßig ist *(BFH-Beschluss vom 19. 1. 2000 II B 112/99, BFH/NV S. 1103).*

[4] *BFH-Urteil vom 25. 4. 1995 IX R 6/94, BStBl. II S. 545:* Eine fristsetzende Aufforderung nach § 79 b Abs. 2 FGO ist nur dann wirksam, wenn die von dem Richter für aufklärungs- oder beweisbedürftig erachteten Punkte so genau bezeichnet werden, dass es dem Beteiligten möglich ist, die Anordnung ohne weiteres zu befolgen. Diesem Erfordernis genügt eine richterliche Verfü gung nicht, die unter Bezugnahme auf einen Schriftsatz des Prozessgegners allgemein zu einer Stellungnahme und pauschal zur Vorlage von zahlreichen, vom Prozessgegner für erforderlich gehaltenen Unterlagen auffordert.

Die Präklusionsvorschrift des § 79 Buchst. b FGO schreibt keine Mindestfrist von einem Monat vor. Das FG kann daher auch eine kürzere Frist als angemessen erachten *(BFH-Beschluss vom 23. 2. 2004 VII B 162/03, BFH/NV S. 1063).*

Die Einreichung einer ordnungsgemäßen Steuererklärung beim Finanzgericht innerhalb der Ausschlussfristen gemäß § 65 Abs. 2 Satz 2, § 79 b Abs. 1 Satz 1 FGO reicht nicht nur zur Bezeichnung des Klagebegehrens nach § 65 Abs. 1 Satz 1 FGO, sondern auch zur Bezeichnung der Beschwer im Sinne des § 79 b Abs. 1 Satz 1 FGO aus, wenn die angegebenen Besteuerungsgrundlagen von denen des angegriffenen Bescheids abweichen; Gleiches gilt bei Wiederholung einer bereits abgegebenen Steuererklärung oder der Einreichung einer geänderten Steuererklärung *(BFH-Beschluss vom 30. 10. 2025 X B 113,114/24, BFH/NV 2026 S. 25).*

Eine Aufforderung zur Abgabe von Steuererklärungen ist von § 79 b Abs. 2 FGO nicht gedeckt *(BFH-Urteil vom 24. 5. 2000 VI R 182/99, BFH/NV S. 1481).*

[5] Durch Nichterscheinen in der mündlichen Verhandlung vor dem FG nach dem Ablauf einer zuvor gesetzten Ausschlussfrist nach § 79 b Abs. 2 FGO verliert der Beschwerdeführer hinsichtlich der Verfahrensrügen der Verletzung des rechtlichen Gehörs bzw. der mangelnden Sachaufklärung sein Rügerecht *(BFH-Beschluss vom 22. 1. 2003 I B 13/02, BFH/NV S. 1055).*

[6] Hat das FG entsprechend § 79 b Abs. 2 FGO dem Kläger wirksam unter Fristsetzung aufgegeben, bestimmte Schriftstücke vorzulegen, und legt der Kläger diese erst in der nach Ablauf der Frist durchgeführten mündlichen Verhandlung vor, so kann das FG diese Erklärungen/Beweismittel zurückweisen, wenn auch die sonstigen Voraussetzungen des § 79 b Abs. 3 FGO erfüllt sind. Eine ohne Berücksichtigung dieser Schriftstücke ergehende Entscheidung verletzt nicht den Anspruch auf rechtliches Gehör *(BFH-Beschluss vom 19. 2. 2002 II B 21/01, BFH/NV S. 801).*

Kann geltend gemacht werden, dass die Voraussetzungen für einen Ausschluss des Sachvortrags gem. § 79 b Abs. 3 FGO nicht erfüllt waren, ist das auf einem Ausschluss des Sachvortrags beruhende Urteil aufzuheben und der Rechtsstreit an das FG zurückzuverweisen *(BFH-Beschluss vom 20. 3. 2006 I B 86/05, BFH/NV S. 1319).*

[7] Eine **Rechtsstreitverzögerung** liegt vor, wenn bei einer erst im Klageverfahren vorgelegten US-Erklärung Unklarheiten in Bezug auf die Höhe der Umsätze und der abziehbaren Vorsteuerbeträge bestehen *(BFH-Urteil vom 19. 3. 1998 V R 7/97, BStBl. II S. 399).*

Eine Zurückweisung verspäteten Vorbringens ist ermessensfehlerhaft, wenn das FG bei rechtzeitiger und sachgerechter Vorbereitung der mündlichen Verhandlung in der Lage gewesen wäre, die verspätet geltend gemachten Tatsachen und Beweismittel in der Verhandlung zu berücksichtigen *(BFH-Urteil vom 17. 2. 2000 I R 52–55/99, BStBl. II S. 354).*

[8] *BFH-Beschluss vom 7. 5. 2002 X B 137/01, BFH/NV S. 1459:* Ein berufs- und krankheitsbedingter Auslandsaufenthalt kann nur dann als Entschuldigungsgrund für eine versäumte Ausschlussfrist nach § 79 b Abs. 3 Satz 1 FGO berücksichtigt werden, wenn schlüssig vorgetragen wird, dass die Umstände dieses Auslandsaufenthalts es unmöglich gemacht haben, die Ausschlussfrist selbst oder mit Hilfe eines Dritten zu wahren (Anschluss an *BFH-Beschlüsse vom 14. 9. 1994 I B 174/93, BFH/NV 1995 S. 977; vom 24. 3. 1995 VIII B 155/94, BFH/NV S. 908*).

Der Auslandsaufenthalt eines Klägers entschuldigt die Versäumnis einer Ausschlussfrist zur Mitteilung der entscheidungserheblichen Tatsachen und Beweismittel nicht, wenn ein Hindernis für die Einsicht in dessen Steuerakten durch seinen Bevollmächtigten nicht gegeben und auf dieser Grundlage die Bezeichnung des Klagebegehrens möglich ist *(BFH-Urteil vom 17. 4. 2002 X R 26/00, BFH/NV S. 1591).*

§ 80[1] [Persönliches Erscheinen][2] 79

(1) Das Gericht kann das persönliche Erscheinen eines Beteiligten anordnen. § 141 Absatz 1 Satz 2 der Zivilprozessordnung gilt entsprechend. Für den Fall des Ausbleibens kann es Ordnungsgeld wie gegen einen im Vernehmungstermin nicht erschienenen Zeugen androhen. Bei schuldhaftem Ausbleiben setzt das Gericht durch Beschluss das angedrohte Ordnungsgeld fest. Androhung und Festsetzung des Ordnungsgeldes können wiederholt werden.

(2) Ist Beteiligter eine juristische Person oder eine Vereinigung, so ist das Ordnungsgeld dem nach Gesetz oder Satzung Vertretungsberechtigten anzudrohen und gegen ihn festzusetzen.

(3) Das Gericht kann einer beteiligten öffentlich-rechtlichen Körperschaft oder Behörde aufgeben, zur mündlichen Verhandlung einen Beamten oder Angestellten zu entsenden, der mit einem schriftlichen Nachweis über die Vertretungsbefugnis versehen und über die Sach- und Rechtslage ausreichend unterrichtet ist.

§ 81[3] [Beweiserhebung] 80

(1) Das Gericht erhebt Beweis in der mündlichen Verhandlung. Es kann insbesondere Augenschein einnehmen, Zeugen,[4] Sachverständige[5] und Beteiligte vernehmen und Urkunden heranziehen.

(2) Das Gericht kann in geeigneten Fällen schon vor der mündlichen Verhandlung durch eines seiner Mitglieder als beauftragten Richter Beweis erheben lassen oder durch Bezeichnung der einzelnen Beweisfragen ein anderes Gericht um die Beweisaufnahme ersuchen.

§ 82[6] [Verfahren bei der Beweisaufnahme][7] 81

Soweit die §§ 83 bis 89 nicht abweichende Vorschriften enthalten, sind auf die Beweisaufnahme die § 284 Absatz 2 und 3 sowie die §§ 358 bis 371, 372 bis 377, 380 bis 382, 386 bis 414 und 450 bis 494 der Zivilprozessordnung sinngemäß anzuwenden.

---

[1] § 80 Abs. 1 Satz 1 durch G v. 15. 7. 2024 (BGBl. I Nr. 237).

[2] *BFH-Beschluss vom 17. 9. 2012 V B 77/12, BStBl. 2013 II S. 28:* 1. Die Anordnung des persönlichen Erscheinens sowie die Androhung und Festsetzung eines Ordnungsgeldes (§ 80 Abs. 1 FGO) dienen der Sachverhaltsaufklärung und der Verfahrensbeschleunigung. 2. Unter Berücksichtigung dieses Normzwecks ist der Wortlaut des § 80 Abs. 1 Satz 3 FGO dahingehend einzuschränken, dass Ordnungsgeld im Regelfall nur festgesetzt werden darf, wenn das unentschuldigte Ausbleiben zu einer Verfahrensverzögerung führt. Daran fehlt es bei einer Klagerücknahme im Laufe der mündlichen Verhandlung.

[3] Der Grundsatz der Unmittelbarkeit der Beweisaufnahme (§ 81 Abs. 1 FGO) ist eine Verfahrensvorschrift, auf deren Einhaltung ein Beteiligter – ausdrücklich oder durch Unterlassen einer Rüge – verzichten kann. Die Rüge, das FG habe sich auf die protokollierten Aussagen gestützt, ohne die Zeugen in der mündlichen Verhandlung zu vernehmen, kann keinen Erfolg haben, wenn der Beteiligte weder deren Anhörung beantragt noch die Nichtanhörung gerügt hat *(BFH-Beschluss vom 24. 5. 2006 V B 120/05, BFH/NV S. 2085).*

Der Verzicht auf die mündliche Verhandlung muss als Prozesshandlung klar, eindeutig und vorbehaltlos erklärt werden. Im Einzelfall wird er auch durch die Bitte um Entscheidung nach Aktenlage unmissverständlich zum Ausdruck gebracht *(BFH-Beschluss vom 11. 3. 2011 III B 30/10, BFH/NV S. 998).*

Ein Verzicht auf mündliche Verhandlung kann nur ausnahmsweise widerrufen werden *(BFH-Beschluss vom 4. 5. 2011 IX S 2/11, BFH/NV S. 1383).*

BFH-Beschluss vom 28. 8. 2006 II B 86/04, BFH/NV S. 2230: Die für die Entscheidung notwendigen Tatsachen sind im weitestmöglichen Umfang aus der Quelle selbst zu schöpfen, d. h. bei mehreren in Betracht kommenden Beweismitteln ist die Beweisaufnahme mit demjenigen durchzuführen, das den „unmittelbarsten" Eindruck von dem streitigen Sachverhalt vermittelt (Grundsatz der Unmittelbarkeit der Beweisaufnahme).

BFH-Beschluss vom 1. 10. 2012 V B 9/12, BFH/NV 2013 S. 387: 1. Wegen des Grundsatzes der Unmittelbarkeit der Beweisaufnahme (§ 81 Abs. 1 FGO) muss sich das FG die Kenntnis der Tatsachen, die es zur Grundlage seiner Entscheidung macht, grundsätzlich selbst verschaffen. 2. Allerdings kann sich das FG die Feststellungen aus einem in das finanzgerichtliche Verfahren eingeführten Strafurteil zu eigen machen, wenn die Verfahrensbeteiligten weder substantiierte Einwendungen vortragen noch entsprechende Beweisanträge stellen.

Das unentschuldigte Fernbleiben von der mündlichen Verhandlung führt zum Verlust des Rügerechts hinsichtlich der Verletzung der Sachaufklärungspflicht des FG. Ein Rügeverzicht hinsichtlich weiterer Verfahrensfehler ist daraus nicht ohne Weiteres abzuleiten *(BFH-Beschluss vom 13. 12. 2006 VII S 39/06, BFH/NV 2007 S. 740).*

[4] Hat das FG einen Zeugen zur mündlichen Verhandlung geladen und will es von der Vernehmung des Zeugen absehen, muss es die Beteiligten vor Erlass des Urteils unmissverständlich darauf hinweisen. Unterbleibt dieser Hinweis, verletzt das FG den Anspruch auf rechtliches Gehör *(BFH-Beschluss vom 4. 4. 2024 V B 12/23, BFH/NV S. 689).*

Das FG darf einen Beweisantrag unberücksichtigt lassen, wenn es die unter Beweis gestellte Tatsache als wahr unterstellt *(BFH-Beschluss vom 31. 7. 2012 X B 164/11, BFH/NV S. 1985).*

Die Beweiserhebung durch Vernehmung eines Beteiligten stellt nur ein letztes Hilfsmittel zur Sachverhaltsaufklärung durch das Finanzgericht dar. Sie dient nicht dazu, dem Beteiligten die Möglichkeit zu eröffnen, seine eigenen Behauptungen zu bestätigen und ggf. zu beeiden. Das Finanzgericht kann ohne Verletzung seiner Sachaufklärungspflicht auf die förmliche Vernehmung eines Beteiligten verzichten, wenn es sich mit Hilfe anderer Beweismittel eine Überzeugung bilden kann oder wenn keine Wahrscheinlichkeit für die Richtigkeit des Vorbringens des Beteiligten spricht *(BFH-Beschluss vom 17. 8. 2012 III B 38/12, BFH/NV S. 1988).*

[5] Ein von einem Beteiligten vorgelegtes Sachverständigengutachten ist im finanzgerichtlichen Verfahren lediglich als Privatgutachten zu behandeln, das als urkundlich belegter Parteivortrag zu würdigen ist *(BFH-Beschluss vom 23. 2. 2010 X B 139/09, BFH/NV S. 1284).*

[6] § 82 geänd. durch G v. 22. 3. 2005 (BGBl. I S. 837); geänd. durch G v. 15. 7. 2024 (BGBl. I Nr. 237).

[7] Der Eingangsstempel einer Behörde oder eines Gerichts erbringt grundsätzlich Beweis für Zeit und Ort des Eingangs eines Schreibens. Dieser Beweis kann nicht durch eine eidesstattliche Versicherung widerlegt werden *(BFH-Urteil vom 19. 7. 1995 I R 87, 169/94, BStBl. 1996 II S. 19).*

Die Zuziehung eines Sachverständigen steht im pflichtgemäßen Ermessen des Gerichts. Das dem Tatsachengericht bei der Einholung von Sachverständigengutachten nach § 82 FGO i. V. m. § 404 ZPO zustehende Ermessen wird nur dann verfah-

[Fortsetzung nächste Seite]

82 **§ 83[1] [Benachrichtigung der Parteien]**

Die Beteiligten werden von allen Beweisterminen benachrichtigt und können der Beweisaufnahme beiwohnen. Sie können an Zeugen und Sachverständige sachdienliche Fragen richten. Wird eine Frage beanstandet, so entscheidet das Gericht.

83 **§ 84 [Zeugnisverweigerungsrecht]**

(1) Für das Recht zur Verweigerung des Zeugnisses und die Pflicht zur Belehrung über das Zeugnisverweigerungsrecht gelten die §§ 101 bis 103 der Abgabenordnung sinngemäß.[2]

(2) Wer als Angehöriger zur Verweigerung des Zeugnisses berechtigt ist, kann die Ableistung des Eides verweigern.

84 **§ 85[3] [Hilfspflichten der Zeugen]**

Zeugen, die nicht aus dem Gedächtnis aussagen können, haben Dokumente und Geschäftsbücher, die ihnen zur Verfügung stehen, einzusehen und, soweit nötig, Aufzeichnungen daraus zu entnehmen. Die Vorschriften der § 97, §§ 99, 100, 104 der Abgabenordnung gelten sinngemäß.

85 **§ 86[4] [Aktenvorlage und Auskunftserteilung]**

(1) Behörden sind zur Vorlage von Urkunden und Akten, zur Übermittlung elektronischer Dokumente und zu Auskünften verpflichtet, soweit nicht durch das Steuergeheimnis (§ 30 der Abgabenordnung) geschützte Verhältnisse Dritter unbefugt offenbart werden.

[Fortsetzung]

rensfehlerhaft ausgeübt, wenn das Gericht von der Einholung einer gutachterlichen Stellungnahme absieht, obwohl sich ihm die Notwendigkeit dieser zusätzlichen Beweiserhebung hätte aufdrängen müssen *(BFH-Beschluss vom 15. 9. 2020 IX B 109/19, BFH/NV 2021 S. 186)*.

Bei Anordnung eines schriftlichen Gutachtens ist das Gesuch, mit dem der Gutachter abgelehnt wird, grundsätzlich nur bis zum Eingang des Gutachtens zulässig *(BFH-Beschluss vom 29. 3. 1999 V B 140/98, BFH/NV 1999 S. 1241)*.

Ein zulässiger Antrag auf Erhebung eines Zeugenbeweises setzt nicht stets die Angabe einer ladungsfähigen Anschrift des Zeugen voraus. Entscheidend ist vielmehr, dass der Zeuge individualisierbar ist; hierfür kann es genügen, wenn der Name des Zeugen sowie dessen Arbeitgeber angegeben werden *(BFH-Urteil vom 19. 10. 2011 X R 65/09, BFH/NV 2012 S. 647)*.

Erscheint ein ordnungsgemäß geladener Zeuge ohne ausreichende Entschuldigung nicht zu einem vom FG anberaumten Verhandlungstermin und erlegt ihm das FG daraufhin ein Ordnungsgeld auf, so können nachträglich vorgebrachte Entschuldigungsgründe nur dann zur Aufhebung dieser Maßnahme führen, wenn sie nicht schon im Vorfeld des Termins geltend gemacht werden konnten *(BFH-Beschluss vom 9. 7. 2007 I B 55/07, BStBl. 2009 II S. 605)*.

Legt ein ordnungsgemäß geladener Zeuge, der im zur Beweisaufnahme bestimmten Termin nicht erscheint, ein privatärztliches Attest vor, aus dem sich ergibt, dass er am Verhandlungstag arbeitsunfähig gewesen ist, so stellt dies im Sinne des § 82 FGO i. V. m. § 381 Abs. 1 Satz 1 ZPO keine genügende Entschuldigung für sein Ausbleiben im Termin dar *(BFH-Beschluss vom 10. 5. 2012 III B 223/11, BFH/NV S. 1460)*.

BFH-Beschluss vom 10. 10. 2007 IV B 119/06, BFH/NV 2008 S. 232: 1. Ein entschuldbarer Irrtum über die Erscheinenspflicht kann trotz Kenntnis von der Ladung das Ausbleiben des Zeugen ausnahmsweise entschuldigen. 2. Dem Ladungsempfänger obliegt es, wenn er trotz einer (unmissverständlichen) Ladung Zweifel daran hat, ob er vor Gericht erscheinen muss, beim Gericht nachzufragen. Unterlässt er eine solche Nachfrage, liegt grundsätzlich keine genügende Entschuldigung des Ausbleibens vor.

Nach § 82 FGO i. V. m. § 391 ZPO ist ein Zeuge, vorbehaltlich der sich aus § 393 ZPO ergangenen Ausnahmen, zu beeidigen, wenn das Gericht dies mit Rücksicht auf die Bedeutung der Aussage oder zur Herbeiführung einer wahrheitsgemäßen Aussage für geboten erachtet und die Parteien auf die Beeidigung nicht verzichten. Auch wenn die Voraussetzungen dieser Vorschrift vorliegen, muss ein Zeuge nicht beeidigt werden. Bei der Frage, ob das Gericht die Beeidigung für geboten erachtet, handelt es sich um eine Ermessensentscheidung. Diese kann vom Revisionsgericht nur daraufhin überprüft werden, ob das Gericht die Grenzen seines Ermessens verkannt oder missbräuchlich außer Acht gelassen hat *(BFH-Beschluss vom 20. 1. 2005 X S 2/04 (PKH), BFH/NV S. 902)*.

Ein den **Beeidigungsantrag** zurückweisender Beschluss muss nicht begründet werden. Die Ablehnung ist auch im Urteil nur dann zu begründen, wenn im Rahmen der zu treffenden Ermessensentscheidung objektiv erkennbare Umstände zu würdigen sind, die für die Richtigkeit der Aussage des Beteiligten sprechen *(BFH-Beschluss vom 8. 3. 2004 VIII B 174/02, BFH/NV S. 976)*.

Die finanzgerichtliche Entscheidung, einen Zeugen nicht zu beeiden, ist vom BFH nur eingeschränkt daraufhin zu überprüfen, ob die Grenzen des Ermessens verkannt wurden *(BFH-Beschluss vom 8. 12. 2011 III B 75/10, BFH/NV 2012 S. 586)*.

---

[1] *BFH-Beschluss vom 15. 7. 2003 VIII B 76/03, BFH/NV 2004 S. 50:* 1. Das Recht auf Beteiligtenöffentlichkeit iSd § 83 FGO ist verletzt, wenn das FG Beweis erhebt, ohne die Beteiligten von dem Termin über die Beweisaufnahme zu benachrichtigen. 2. Zu den Verfahrensfehlern, auf deren Rüge verzichtet werden kann, gehört auch das Recht auf Beteiligtenöffentlichkeit einer Beweisaufnahme.

[2] Angestellte einer öffentlich-rechtlichen Sparkasse sind im finanzgerichtlichen Verfahren nicht berechtigt, über die bei ihrer Tätigkeit erworbenen Kenntnisse das Zeugnis zu verweigern *(BFH-Beschluss vom 21. 12. 1992 XI B 55/92, BStBl. 1993 II S. 451)*.

Eine Belehrungspflicht nach § 84 Abs. 1 FGO über ein dem Zeugen zustehendes Auskunftsverweigerungsrecht besteht nur bei einer durch die Auskunft gegebenen objektiven Gefahr eines Strafverfahrens oder Bußgeldverfahrens. Diese Voraussetzung ist nicht gegeben, wenn das gegen den Zeugen eingeleitete Strafverfahren bereits durch Einstellung abgeschlossen ist *(BFH-Beschluss vom 12. 8. 2004 VII B 15/04, BFH/NV 2005 S. 221)*.

[3] § 85 geänd. durch G v. 22. 3. 2005 (BGBl. I S. 837), Satz 2 geänd. durch G v. 26. 6. 2013 (BGBl. I S. 1809).

[4] § 86 Abs. 1 bis 3 geänd. durch G v. 22. 3. 2005 (BGBl. I S. 837); Abs. 2 Satz 2 angef. durch G v. 18. 7. 2016 (BGBl. I S. 1679).

BFH-Beschluss vom 7. 12. 2006 V B 163/05, BStBl. 2007 II S. 275: 1. Seit dem 1. April 2005 ist ausschließlich der BFH für eine gerichtliche Entscheidung darüber zuständig, ob die Weigerung des FA, einem Beteiligten Akteneinsicht im finanzgerichtlichen Verfahren zu gewähren, rechtmäßig ist. 2. Hat das FG nach dem 31. März 2005 über einen Antrag eines Beteiligten auf Akteneinsicht entschieden, ist diese Entscheidung – auf Beschwerde hin – aufzuheben; der BFH trifft über die Frage der Akteneinsicht eine eigene Entscheidung.

(2) Wenn das Bekanntwerden von Urkunden, elektronischer Dokumente oder Akten oder von Auskünften dem Wohle des Bundes oder eines deutschen Landes Nachteile bereiten würde oder wenn die Vorgänge aus anderen Gründen als nach Absatz 1 nach einem Gesetz oder ihrem Wesen nach geheim gehalten werden müssen, kann die zuständige oberste Aufsichtsbehörde die Vorlage von Urkunden oder Akten, die Übermittlung elektronischer Dokumente und die Erteilung der Auskünfte verweigern. Satz 1 gilt in den Fällen des § 88 Absatz 3 Satz 3 und Absatz 5 Satz 4 sowie des § 156 Absatz 2 Satz 3 der Abgabenordnung entsprechend.

(3)[1] Auf Antrag eines Beteiligten stellt der Bundesfinanzhof in den Fällen der Absätze 1 und 2 ohne mündliche Verhandlung durch Beschluss fest, ob die Verweigerung der Vorlage der Urkunden oder Akten, der Übermittlung elektronischer Dokumente oder die Verweigerung der Erteilung von Auskünften rechtmäßig ist. Der Antrag ist bei dem für die Hauptsache zuständigen Gericht zu stellen. Auf Aufforderung des Bundesfinanzhofs hat die oberste Aufsichtsbehörde die verweigerten Dokumente oder Akten vorzulegen oder zu übermitteln oder ihm die verweigerten Auskünfte zu erteilen. Sie ist zu diesem Verfahren beizuladen. Das Verfahren unterliegt den Vorschriften des materiellen Geheimschutzes. Können diese nicht eingehalten werden oder macht die zuständige oberste Aufsichtsbehörde geltend, dass besondere Gründe der Geheimhaltung oder des Geheimschutzes einer Übergabe oder Übermittlung der Dokumente oder der Akten an den Bundesfinanzhof entgegenstehen, wird die Vorlage nach Satz 3 dadurch bewirkt, dass die Dokumente oder Akten dem Bundesfinanzhof in von der obersten Aufsichtsbehörde bestimmten Räumlichkeiten zur Verfügung gestellt werden. Für die nach Satz 3 vorgelegten oder übermittelten Dokumente oder Akten und für die gemäß Satz 6 geltend gemachten besonderen Gründe gilt § 78 nicht. Die Mitglieder des Bundesfinanzhofs sind zur Geheimhaltung verpflichtet; die Entscheidungsgründe dürfen Art und Inhalt der geheim gehaltenen Dokumente oder Akten und Auskünfte nicht erkennen lassen. Für das nichtrichterliche Personal gelten die Regelungen des personellen Geheimschutzes.

§ 87 [Zeugnis von Behörden] 86

Wenn von Behörden, von Verbänden und Vertretungen von Betriebs- oder Berufszweigen, von geschäftlichen oder gewerblichen Unternehmungen, Gesellschaften oder Anstalten Zeugnis begehrt wird, ist das Ersuchen, falls nicht bestimmte Personen als Zeugen in Betracht kommen, an den Vorstand oder an die Geschäfts- oder Betriebsleitung zu richten.

§ 88 [Weiterer Grund für Ablehnung von Sachverständigen] 87

Die Beteiligten können Sachverständige auch ablehnen, wenn von deren Heranziehung eine Verletzung eines Geschäfts- oder Betriebsgeheimnisses oder Schaden für ihre geschäftliche Tätigkeit zu befürchten ist.

§ 89[2] [Erzwingung der Vorlage von Urkunden] 88

Für die Erzwingung einer gesetzlich vorgeschriebenen Vorlage von Urkunden und elektronischen Dokumenten gelten § 380 der Zivilprozessordnung und § 255 der Abgabenordnung sinngemäß.

§ 90 [Entscheidung grundsätzlich auf Grund mündlicher Verhandlung] 89

(1)[3] Das Gericht entscheidet, soweit nichts anderes bestimmt ist, auf Grund mündlicher Verhandlung. Entscheidungen des Gerichts, die nicht Urteile sind, können ohne mündliche Verhandlung ergehen.

---

[1] *BFH-Beschluss vom 11. 7. 2007 X B 78/07, BFH/NV S. 1895:* 1. Die Regelung des § 86 Abs. 3 FGO setzt die Anordnung der Vorlage bereits vorhandener Urkunden und Akten, der Übermittlung vorhandener elektronischer Dokumente oder Erteilung von Auskünften im finanzgerichtlichen Verfahren und die Weigerung der ersuchten Behörde voraus, dieser Aufforderung nachzukommen. 2. § 86 Abs. 3 FGO dient nicht dazu, die Ablehnung der Erteilung einer Bescheinigung nach § 7 h EStG auf ihre Rechtmäßigkeit überprüfen zu lassen und das FA insoweit zur Einwirkung auf die zuständige Gemeindebehörde zu veranlassen.

Eine Entscheidung des BFH über die Rechtmäßigkeit der Weigerung des FA, bestimmte Akten dem FG vorzulegen, setzt voraus, dass das FG die Aktenvorlage angeordnet und sich das FA daraufhin geweigert hat, der Aufforderung nachzukommen. Hält das FG zum Zeitpunkt der erstrebten Entscheidung des BFH an seiner Vorlageaufforderung nicht mehr fest, besteht für ein entsprechendes Feststellungsbegehren eines Verfahrensbeteiligten keine Veranlassung mehr *(BFH-Beschluss vom 18. 9. 2007 III S 31/07, BFH/NV 2008 S. 83).*

Das Verfahren nach § 86 Abs. 3 FGO ist jedenfalls dann ein unselbständiges Zwischenverfahren ohne Kostenentscheidung, wenn der Antrag nach § 86 Abs. 3 FGO erfolglos geblieben und/oder die im Rahmen des § 86 Abs. 3 FGO in Anspruch genommene Behörde Beteiligte auch des Hauptsachverfahrens ist *(BFH-Beschluss vom 25. 2. 2014 V B 60/12, BStBl. II S. 478).*

Lässt das FG nach einer nicht vollständigen Aktenvorlage erkennen, dass ihm an den vom FA nicht vorgelegten Unterlagen nicht oder nicht mehr gelegen ist, besteht für ein Verfahren nach § 86 Abs. 3 FGO keine Veranlassung mehr *(BFH-Beschluss vom 12. 3. 2019 XI B 9/19, BFH/NV S. 837).*

[2] § 89 geänd. durch G v. 22. 3. 2005 (BGBl. I S. 837).

[3] Ein Antrag auf Wiedereinsetzung in den vorigen Stand nach § 56 FGO wegen unverschuldeter Versäumung des Termins zur mündlichen Verhandlung kommt im finanzgerichtlichen Verfahren nicht in Betracht *(BFH-Beschluss vom 11. 1. 2007 VI S 10/06 (PKH), BFH/NV S. 936).*

Das prozessrechtliche Leitbild, den Rechtsstreit möglichst in einer einzigen mündlichen Verhandlung zu erledigen, rechtfertigt es nicht, erhebliche Beweisanträge abzulehnen, die erst in der mündlichen Verhandlung und nach einer Umstellung der Prozessstrategie eines Beteiligten gestellt werden *(BFH-Urteil vom 19. 10. 2011 X R 65/09, BFH/NV 2012 S. 647).*

(2) Mit Einverständnis der Beteiligten kann das Gericht ohne mündliche Verhandlung entscheiden.[1]

90 **§ 90 a [Entscheidung ohne mündliche Verhandlung; Gerichtsbescheid]**[2]

(1) Das Gericht kann in geeigneten Fällen ohne mündliche Verhandlung durch Gerichtsbescheid entscheiden.[3]

(2) Die Beteiligten können innerhalb eines Monats nach Zustellung des Gerichtsbescheides mündliche Verhandlung beantragen.[4] Hat das Finanzgericht in dem Gerichtsbescheid die Revision zugelassen, können sie auch Revision einlegen. Wird von beiden Rechtsbehelfen Gebrauch gemacht, findet mündliche Verhandlung statt.

---

[1] Haben die Beteiligten auf mündliche Verhandlung verzichtet, ist das FG berechtigt, "ohne weiteres" im schriftlichen Verfahren zu entscheiden. Es ist weder verpflichtet, einen Zeitpunkt zu bestimmen, bis zu dem Schriftsätze eingereicht werden können, noch verpflichtet, den Zeitpunkt seiner bevorstehenden Entscheidung bekannt zu geben *(BFH-Beschluss vom 25. 6. 2025 XI B 13/25, BFH/NV S. 1192)*.

Der in § 90 Abs. 2 FGO vorgesehene Verzicht auf mündliche Verhandlung ist eine Prozesshandlung. Sie ist einer Auslegung (analog § 133 BGB) zugänglich. Bei der Auslegung und Beurteilung ist der BFH nicht an die Feststellungen des FG gebunden *(BFH-Beschluss vom 21. 5. 2014 III B 3/14, BFH/NV S. 1389)*.

Der Verzicht auf mündliche Verhandlung ist nicht frei widerrufbar. Auf einen Verzicht des beigetretenen BMF kommt es nicht an *(BFH-Urteil vom 10. 1. 2019 V R 60/17, BFH/NV S. 309)*.

Der Verzicht auf die mündliche Verhandlung kann nur ausnahmsweise widerrufen werden, wenn sich die Prozesslage nach Abgabe der Einverständniserklärung wesentlich geändert hat *(BFH-Beschluss vom 21. 6. 2023 IX B 58/22, BFH/NV 2023 S. 1097)*.

Verzichtet der fachkundig vertretene Beteiligte auf die mündliche Verhandlung und gibt er damit zu erkennen, dass er eine weitere Beweisaufnahme, die eine mündliche Verhandlung voraussetzt, nicht für erforderlich hält, kann ein Verfahrensfehler in Gestalt einer Verletzung der Sachaufklärungspflicht nicht damit begründet werden, das FG habe weitere Ermittlungen hin sichtlich der Besteuerungsgrundlagen für einen steuerbaren Veräußerungsgewinn aus einem privaten Veräußerungsgeschäft unterlassen *(BFH-Beschluss vom 31. 3. 2016 IX B 78/15, BFH/NV S. 1056)*.

Die Erklärung eines – nicht durch einen Prozessbevollmächtigten vertretenen – Steuerpflichtigen, „ein schriftliches Verfahren" durchführen zu wollen, ist als Einverständnis zu einer Entscheidung ohne mündliche Verhandlung iSd § 90 Abs. 2 FGO anzusehen *(BFH-Beschluss vom 9. 9. 2013 III B 26/13 B 26/13, BFH/NV 2014 S. 47)*.

BFH-Urteil vom 9. 8. 1996 VI R 37/96, BStBl. 1997 II S. 77: Hat ein Beteiligter im finanzgerichtlichen Verfahren vor der Übertragung des Rechtsstreits auf den Einzelrichter sein Einverständnis mit einer Entscheidung ohne mündliche Verhandlung erklärt, so bezieht sich das Einverständnis nur auf die Entscheidung durch den Senat, es sei denn, es ist ausdrücklich auch für den Fall einer Entscheidung durch den Einzelrichter erklärt worden.

Ein vom Kläger erklärter Verzicht auf mündliche Verhandlung wird wirkungslos, wenn das FG gleichwohl eine mündliche Verhandlung anberaumt. Das FG darf danach nur dann ohne mündliche Verhandlung entscheiden, wenn die Beteiligten erneut darauf verzichten *(BFH-Beschluss vom 10. 3. 2011 VI B 147/10, BStBl. II S. 556)*.

Haben die Beteiligten auf die Durchführung einer mündlichen Verhandlung nach § 90 Abs. 2 FGO verzichtet, so tritt an die Stelle des Endes der mündlichen Verhandlung der Zeitpunkt des Absendens der Urteilsausfertigungen. Gehen im Verfahren nach § 90 Abs. 2 FGO vor dem Absenden der Urteilsausfertigungen noch Schriftsätze der Beteiligten beim Gericht ein, so müssen diese jedenfalls dann noch verwertet werden, wenn es sich nicht lediglich um eine Wiederholung oder Zusammenfassung früheren Vorbringens handelt oder um Darlegungen, die aus anderen Gründen offensichtlich unerheblich waren *(BFH-Beschluss vom 18. 9. 2001 X B 100/99, BFH/NV 2002 S. 356)*. Ein vom Kläger erklärter Verzicht auf mündliche Verhandlung wird wirkungslos, wenn das FG einen Erörterungstermin anberaumt und das persönliche Erscheinen des Klägers anordnet. Das FG darf danach nur dann ohne mündliche Verhandlung entscheiden, wenn die Beteiligten erneut darauf verzichten *(BFH-Urteil vom 31. 8. 2010 VIII R 36/08, BFH/NV 2011 S. 141)*.

Ergeht ein Urteil ohne mündliche Verhandlung, bei dem ein rechtzeitig eingereichter Schriftsatz mit einem möglicherweise entscheidungserheblichen neuen Gesichtspunkt nicht berücksichtigt wurde, ist der Anspruch auf rechtliches Gehör verletzt, ohne dass die Verschuldensfrage zu prüfen wäre *(BFH-Beschluss vom 6. 6. 2007 VIII B 154/06, BFH/NV S. 1910)*.

BFH-Beschluss vom 17. 10. 2011 IX B 108/11, BFH/NV 2012 S. 245: 1. Auch in der Erklärung des Einverständnisses mit einer „schriftlichen Entscheidung des Gerichts" oder mit einer „Entscheidung im schriftlichen Verfahren" ist ein Verzicht auf mündliche Verhandlung i. S. d. § 90 Abs. 2 FGO zu sehen. 2. Ein Verzicht auf mündliche Verhandlung ist als Prozesshandlung nicht wegen Irrtums (auch über die Tragweite des Verzichts) anfechtbar und auch nicht frei widerrufbar; er kann daher auch nur ausnahmsweise widerrufen werden, wenn sich die Prozesslage nach Abgabe der Einverständniserklärung wesentlich geändert hat.

[2] Zur Entscheidung durch den Vorsitzenden oder den Berichterstatter im vorbereitenden Verfahren s. § 79 b.

BFH-Urteil vom 8. 3. 1994 IX R 58/93, BStBl. II S. 571: 1. Erlässt der Berichterstatter nach § 79 a Abs. 2 i. V. m. Abs. 4 FGO einen Gerichtsbescheid (§ 90 a FGO), der nicht unmissverständlich erkennen lässt, auf welcher verfahrensrechtlichen Grundlage der Richter entschieden hat, so ist dagegen nicht nur der Antrag auf mündliche Verhandlung nach § 79 a Abs. 2 Satz 2 FGO gegeben. 2. Gegen Gerichtsbescheide (§ 90 a FGO) ist unter den Voraussetzungen des § 116 FGO die Revision statthaft. 3. Das erkennende Gericht ist nicht vorschriftsmäßig besetzt (§ 116 FGO), wenn der Berichterstatter allein entscheidet, nachdem bereits vor dem Senat mündlich verhandelt worden ist.

Wenn ersichtlich ist, dass der Kläger auf eine mündliche Verhandlung nicht verzichten will, darf das FG zwar einen Gerichtsbescheid erlassen. Es darf dem Kläger aber nicht durch die Zulassung der Revision in dem Gerichtsbescheid die Möglichkeit nehmen, sein Klagebegehren in einer mündlichen Verhandlung weiter zu erläutern *(BFH-Urteil vom 28. 6. 2000 V R 55/98, BStBl. 2001 II S. 31)*.

Es ist nicht rechtsmissbräuchlich, wenn ein FA nach Ergehen eines Gerichtsbescheids mündliche Verhandlung beantragt und gleichzeitig den Rechtsstreit in der Hauptsache für erledigt erklärt, nachdem es einen Abhilfebescheid entsprechend dem Gerichtsbescheid erlassen hat *(BFH-Urteil vom 30. 3. 2006 V R 12/04, BStBl. II S. 542)*.

[3] Das Gericht darf durch Gerichtsbescheid erst entscheiden, wenn allen Beteiligten im vorangegangenen schriftlichen Verfahren rechtliches Gehör gewährt worden ist *(BFH-Urteil vom 25. 2. 1999 IV R 48/98, BStBl. II S. 531)*.

Das Einverständnis des Prozessvertreters mit einer Entscheidung ohne mündliche Verhandlung ist eine einseitige, gestaltende Prozesserklärung, die grundsätzlich im Interesse einer eindeutigen und klaren Prozessrechtslage nicht frei widerrufen werden kann *(BFH-Beschluss vom 21. 11. 2001 III B 66/01, BFH/NV 2002 S. 517)*.

[4] Hat das FG einen Zwischengerichtsbescheid erlassen, so darf es nach einem Antrag auf mündliche Verhandlung gleichwohl abschließend durch Endgerichtsbescheid entscheiden *(BFH-Urteil vom 2. 7. 1998 IV R 39/97, BStBl. 1999 II S. 28)*.

(3) Der Gerichtsbescheid wirkt als Urteil; wird rechtzeitig mündliche Verhandlung beantragt, gilt er als nicht ergangen.[1]

(4) Wird mündliche Verhandlung beantragt, kann das Gericht in dem Urteil von einer weiteren Darstellung des Tatbestands und der Entscheidungsgründe absehen, soweit es der Begründung des Gerichtsbescheides folgt und dies in seiner Entscheidung feststellt.

§ 91 [Ladung der Beteiligten][2] 91

(1) Sobald der Termin zur mündlichen Verhandlung bestimmt ist, sind die Beteiligten mit einer Ladungsfrist von mindestens zwei Wochen, beim Bundesfinanzhof von mindestens vier Wochen, zu laden. In dringenden Fällen kann der Vorsitzende die Frist abkürzen.

(2) Bei der Ladung ist darauf hinzuweisen, dass beim Ausbleiben eines Beteiligten auch ohne ihn verhandelt und entschieden werden kann.[3]

(3) Das Gericht kann Sitzungen auch außerhalb des Gerichtssitzes abhalten, wenn dies zur sachdienlichen Erledigung notwendig ist.

(4) § 227 Abs. 3 Satz 1 der Zivilprozessordnung ist nicht anzuwenden.

§ 91 a[4] *(aufgehoben)* 92

§ 92[5] [Gang der Verhandlung] 93

(1) Der Vorsitzende eröffnet und leitet die mündliche Verhandlung.

(2) Nach Aufruf der Sache trägt der Vorsitzende oder der Berichterstatter den wesentlichen Inhalt der Akten vor.

(3) Hierauf erhalten die Beteiligten das Wort, um ihre Anträge zu stellen und zu begründen.

§ 93[6] [Erörterung der Streitsache] 94

(1) Der Vorsitzende hat die Streitsache mit den Beteiligten tatsächlich und rechtlich zu erörtern.

(2) Der Vorsitzende hat jedem Mitglied des Gerichts auf Verlangen zu gestatten, Fragen zu stellen. Wird eine Frage beanstandet, so entscheidet das Gericht.

(3) Nach Erörterung der Streitsache erklärt der Vorsitzende die mündliche Verhandlung für geschlossen. Das Gericht kann die Wiedereröffnung beschließen.[7]

§ 93 a[8] *(aufgehoben)* 95

[1] Das BMF ist zur Stellung eines Antrags auf mündliche Verhandlung gegen einen Gerichtsbescheid nicht berechtigt *(BFH-Beschluss vom 16. 12. 2015 IV R 15/14, BStBl. 2016 II S. 284).*

[2] In der bloßen Verschiebung eines Termins zur mündlichen Verhandlung auf eine spätere Uhrzeit liegt keine Aufhebung des Termins. Eine erneute Ladung unter Beachtung der Ladungsfrist des § 91 FGO ist insoweit nicht erforderlich *(BFH-Beschluss vom 16. 7. 2012 III B 1/12, BFH/NV S. 1636).*

[3] Die Verhinderung der Teilnahme eines durch einen Bevollmächtigten vertretenen Klägers an einer mündlichen Verhandlung ist jedenfalls dann kein erheblicher Grund für eine Terminaufhebung, wenn die für erforderlich gehaltenen persönlichen Erläuterungen durch den Kläger nicht entscheidungserheblich gewesen wären *(BFH-Beschluss vom 19. 3. 2002 II B 77/01, BFH/NV S. 1041).* Der Anspruch des Klägers auf rechtliches Gehör wird nicht dadurch verletzt, dass das FG aufgrund mündlicher Verhandlung entschieden hat, zu der der Kläger nicht erschienen war *(BFH-Beschluss vom 26. 4. 2010 VII B 84/09, BFH/NV S. 1637).*

Die bloße Krankmeldung eines prozessbevollmächtigten Steuerberaters ist regelmäßig nicht als Aufhebungs- oder (hier erneuter) Verlegungsantrag zu verstehen, denn von einem rechtskundigen Steuerberater kann erwartet werden, dass er die prozessualen Rechte seines Mandanten sachgerecht wahrnimmt und deshalb einen entsprechenden Antrag stellt. Zumindest bei unmittelbar vor dem Termin zur mündlichen Verhandlung eingereichten ärztlichen Attesten ist zu verlangen, dass diese die Diagnose unverschlüsselt ausweisen oder aber der Schlüssel zu einem verwendeten Code beigefügt wird, so dass das Gericht in die Lage versetzt wird, sofort über die Verhandlungsunfähigkeit zu entscheiden *(BFH-Beschluss vom 29. 9. 2011 IV B 122/09, BFH/NV 2012 S. 419).*

[4] § 91 a aufgeh. mWv 19. 7. 2024 duch G v. 15. 7. 2024 (BGBl. 2024 I Nr. 237).

[5] Bei Versäumung des Termins zur mündlichen Verhandlung ist eine Wiedereinsetzung in den vorherigen Stand nicht möglich. Nach Verkündung des Urteils kann die mündliche Verhandlung nicht wieder eröffnet werden *(BFH-Beschluss vom 18. 12. 2009 III B 118/08, BFH/NV 2010 S. 665).*

[6] Das FG ist nicht verpflichtet, die Rechtslage mit den Beteiligten zu erörtern oder ihnen mitzuteilen, welche Umstände und Überlegungen seine Entscheidung voraussichtlich tragen werden *(BFH-Beschluss vom 28. 1. 2004 I B 5/03, BFH/NV S.799).*

[7] Das FG ist zur Wiedereröffnung der mündlichen Verhandlung verpflichtet, wenn es den Kläger in der mündlichen Verhandlung mit einem Hinweis überrascht hat, zu dem er insbesondere wegen der – geraume Zeit zurückliegenden – Vorgänge nicht sofort Stellung nehmen konnte und ihm das Gericht keine Möglichkeit zur Stellungnahme mehr gegeben hat *(BFH-Urteil vom 4. 4. 2001 IX R 60/00, BStBl. II S. 726).*

Die Rüge der Unrichtigkeit des Sitzungsprotokolls genügt den Anforderungen an eine Verfahrensrüge nicht; eine Protokollberichtigung (§ 94 FGO i. V. m. § 160 Abs. 4, § 164 Abs. 1 ZPO) kann grundsätzlich nur durch das FG vorgenommen werden. Die rechtskundig vertretenen Kläger hätten im Rahmen dieser Nichtzulassungsbeschwerde darlegen müssen, weshalb sie von der Möglichkeit, eine Berichtigung des Protokolls beim FG zu beantragen, keinen Gebrauch gemacht haben *(BFH-Beschluss vom 6. 8. 2003 IX B 44/03, BFH/NV S. 1604).*

[8] § 93 a aufgeh. durch G v. 25. 4. 2013 (BGBl. I S. 935).

96 **§ 94**[1] **[Niederschrift]**[2]

Für das Protokoll gelten die §§ 159 bis 165 der Zivilprozessordnung entsprechend.

97 **§ 94 a [Verfahren nach billigem Ermessen]**

Das Gericht kann sein Verfahren nach billigem Ermessen bestimmen, wenn der Streitwert bei einer Klage, die eine Geldleistung oder einen hierauf gerichteten Verwaltungsakt betrifft, fünfhundert Euro nicht übersteigt[3]. Auf Antrag eines Beteiligten muss mündlich verhandelt werden.[4] Das Gericht entscheidet über die Klage durch Urteil; § 76 über den Untersuchungsgrundsatz und § 79 a Abs. 2, § 90 a über den Gerichtsbescheid bleiben unberührt.

Abschnitt IV. Urteile und andere Entscheidungen

98 **§ 95 [Urteil]**

Über die Klage wird, soweit nichts anderes bestimmt ist, durch Urteil entschieden.[5]

99 **§ 96 [Freie Beweiswürdigung, notwendiger Inhalt des Urteils]**

(1) Das Gericht entscheidet nach seiner freien, aus dem Gesamtergebnis des Verfahrens gewonnenen Überzeugung; die §§ 158, 160, 162 der Abgabenordnung gelten sinngemäß.[6] Das Ge-

---

[1] § 94 geänd. durch G v. 5. 7. 2017 (BGBl. I S. 2208).

[2] Zu den protokollierungspflichtigen Vorgängen rechnen die von den Beteiligten abgegebenen Erklärungen über die Erledigung in der Hauptsache und ein in diesem Zusammenhang erklärter Widerrufsvorbehalt *(BFH-Beschluss vom 17. 3. 2008 X B 93/07, BFH/NV S. 1181).*

Ein rechtlicher Hinweis, den das FG in der mündlichen Verhandlung erteilt, stellt einen wesentlichen Vorgang der Verhandlung dar und ist deshalb protokollierungspflichtig (§ 94 FGO i. V. m. § 160 Abs. 2 ZPO) *(BFH-Urteil vom 12. 12. 2013 X R 39/10, BFH/NV S. 1119).*

BFH-Beschluss vom 10. 11. 2011 IV B 47/11, BFH/NV 2012 S. 425: 1. Die Beschwerde gegen die Ablehnung eines Antrags auf Protokollberichtigung durch das FG ist nicht statthaft. 2. Ein Antrag auf Protokollergänzung kann nur bis zum Schluss der mündlichen Verhandlung gestellt werden.

BFH-Beschluss vom 12. 9. 2005 VII B 183/05, BFH/NV 2006 S. 102: 1. Eine Berichtigung des Protokolls nach § 94 FGO i. V. m. § 164 Abs. 1 ZPO kann nur durch den Instanzrichter vorgenommen werden, gegebenenfalls unter Hinzuziehung des Pro tokollführers. 2. Eine Beschwerde gegen die Ablehnung der Protokollberichtigung ist grundsätzlich unstatthaft. Ein Rechtsbehelf kommt nur in besonderen Ausnahmefällen in Betracht.

Für eine ordnungsgemäße Rüge, das FG habe eine Erklärung des Klägers nicht in das Sitzungsprotokoll aufgenommen, ist u. a. der Vortrag erforderlich, dass das Gericht die Aufnahme dieser Erklärung in das Protokoll abgelehnt habe und er von der Möglichkeit Gebrauch gemacht habe, die Berichtigung des Protokolls zu beantragen *(BFH-Beschluss vom 29. 11. 2005 X B 111/05, BFH/NV 2006 S. 484).*

[3] *BFH-Beschluss vom 13. 4. 2022 IV B 61/21, BFH/NV S. 815:* Das FG verletzt den Anspruch eines Beteiligten auf rechtliches Gehör, wenn es gemäß § 94 a Satz 1 FGO im vereinfachten Verfahren ohne Durchführung einer mündlichen Verhandlung entscheidet, ohne dem Beteiligten zuvor seine dahingehende Absicht und den Zeitpunkt mitzuteilen, bis zu dem er sein Vorbringen in den Prozess einführen kann (Anschluss an *BFH-Beschluss vom 6. 6. 2016 III B 92/15, BStBl. 2016 II S. 844*).

[4] *BFH-Beschluss vom 6. 6. 2016 III B 92/15, BStBl. II S. 844:* 1. Das FG verletzt den Anspruch eines Beteiligten auf rechtliches Gehör, wenn es gemäß § 94 a Satz 1 FGO im vereinfachten Verfahren ohne Durchführung einer mündlichen Verhandlung entscheidet, ohne dem Beteiligten zuvor seine dahingehende Absicht und den Zeitpunkt mitzuteilen, bis zu dem er sein Vorbringen in den Prozess einführen kann. 2. Das Gericht erfüllt diese Hinweispflicht jedenfalls gegenüber einem nicht fachkundig vertretenen Beteiligten nicht, wenn es nur darauf hinweist, „alsbald ein Urteil nach billigem Ermessen gemäß § 94 a FGO" fällen zu wollen und eine Frist ohne weitere Erläuterung („Frist: 4 Wochen") einräumt.

Ein Verfahrensmangel i. S. des § 115 Abs. 2 Nr. 3 FGO liegt vor, wenn das FG ohne mündliche Verhandlung nach § 94 a FGO entscheidet, obwohl rechtzeitig mündliche Verhandlung beantragt worden ist. Einem Antrag auf mündliche Verhandlung kommt die Erklärung einer Partei gleich, nicht auf mündliche Verhandlung zu verzichten oder Sachanträge in der mündlichen Verhandlung stellen oder konkretisieren zu wollen *(BFH-Beschluss vom 29. 1. 2010 IX B 157/09, BFH/NV S. 920).*

[5] Bei Widersprüchen zwischen dem Tenor und den Gründen einer Gerichtsentscheidung ist grundsätzlich allein der (positive) Entscheidungsausspruch (Tenor) maßgebend für die Reichweite der Entscheidung. Nur dort, wo aus dem Tenor der Entscheidungsumfang nicht zu ersehen ist oder über seinen Inhalt Zweifel möglich sind, dürfen Tatbestand und Entscheidungsgründe ergänzend zur Auslegung der Entscheidungsformel herangezogen werden *(BFH-Beschluss vom 28. 1. 2015 X B 103/14, BFH/NV 2015 S. 702).*

[6] Für eine einwandfreie Berücksichtigung des Gesamtergebnisses des Verfahrens darf das Gericht weder Umstände, die zum Gegenstand des Verfahrens gehören, ohne zureichenden Grund ausblenden noch seine Überzeugung auf Umstände gründen, die nicht zum Gegenstand des Verfahrens zählen. Ebenso wenig darf das Gericht Umstände, auf deren Vorliegen es nach seiner Rechtsauffassung für die Entscheidung ankommt, ungeprüft behaupten. Es darf auch nicht von einem entscheidungserheblichen Sachverhalt ausgehen, der in den Akten keine Stütze findet oder der nicht durch ausreichende tatsächliche Feststellungen getragen wird *(BFH-Beschluss vom 20. 9. 2022 VIII B 135/21, BFH/NV S. 1301).*

Das FG hat seiner Überzeugungsbildung das Gesamtergebnis des Verfahrens, also den gesamten konkretisierten Prozessstoff zugrunde zu legen. Insbesondere ist der Inhalt der vorgelegten Akten und das Vorbringen der Beteiligten (quantitativ) vollständig und (qualitativ) einwandfrei zu berücksichtigen *(BFH-Beschluss vom 30. 11. 2006 VIII B 104/06, BFH/NV 2007 S. 486).*

Es ist grundsätzlich zulässig, die in strafrechtlichen Ermittlungen oder in einem Strafurteil getroffenen Feststellungen im finanzgerichtlichen Verfahren zu verwerten, es sei denn, die Beteiligten erheben gegen die Feststellungen substantiierte Einwendungen und stellen entsprechende Beweisanträge, die das FG nicht nach den allgemeinen für die Beweiserhebung geltenden Grundsätzen unbeachtet lassen kann *(BFH-Beschluss vom 5. 4. 2023 V R 5/22, BFH/NV 2023 S. 816).*

Das FG verstößt gegen den klaren Inhalt der Akten, wenn es seine Entscheidung maßgeblich auf eine Zeugenaussage oder Unterlagen stützt, wobei weder die protokollierten Bekundungen des Zeugen noch die in den Akten befindlichen Unterlagen die durch das FG gezogenen Schlussfolgerungen stützen *(BFH-Beschluss vom 17. 7. 2019 II B 30, 32–34, 38/18, BStBl. II S. 620).*

Ausführungen der Beteiligten in der mündlichen Verhandlung darf das FG auch bei seiner Entscheidung berücksichtigen, wenn sie nicht protokolliert worden sind *(BFH-Beschluss vom 25. 9. 2007 I B 84/06, BFH/NV 2008 S. 226).*

[Fortsetzung nächste Seite]

richt darf über das Klagebegehren nicht hinausgehen, ist aber an die Fassung der Anträge nicht gebunden.[1] In dem Urteil sind die Gründe anzugeben, die für die richterliche Überzeugung leitend gewesen sind.[2]

[Fortsetzung]

Die tatrichterliche Überzeugungsbildung ist revisionsrechtlich nur eingeschränkt überprüfbar. Sind die Tatsachen, aufgrund derer das FG seine Überzeugung gebildet hat, widersprüchlich oder ist die Folgerung aus den festgestellten Tatsachen nicht nachvollziehbar, liegt ein Verstoß gegen die Denkgesetze vor, den das Revisionsgericht von Amts wegen als Fehler der Rechtsanwendung zu beachten hat *(BFH-Urteil vom 2. 12. 2004 III R 49/03, BStBl. 2005 II S. 483).*

Die Rüge, das Urteil sei unter Verstoß gegen den Inhalt der Akten zustande gekommen, ist nur dann begründet, wenn das FG seiner Entscheidung einen Sachverhalt zugrunde legt, der schriftlich festgehaltenem Vorbringen der Beteiligten nicht entspricht oder eine nach den Akten klar feststehende Tatsache unberücksichtigt lässt *(BFH-Beschluss vom 27. 11. 2002 XI B 115/00, BFH/NV 2003 S. 490).*

BFH-Beschluss vom 19. 2. 2002 IX B 130/01, BFH/NV 2002 S. 802: Im Allgemeinen ist davon auszugehen, dass ein Gericht auch denjenigen Akteninhalt in Erwägung gezogen hat, mit dem es sich in den schriftlichen Entscheidungsgründen nicht ausdrücklich auseinander gesetzt hat (Anschluss an *BFH-Urteil vom 15. 12. 1992 VIII R 52/91, BFH/NV 1993 S. 684*).

BFH-Beschluss vom 17. 11. 2025 V B 37/24, BFH/NV 2026 S. 156: § 96 Abs. 1 Satz 1 FGO verpflichtet das Gericht, den Inhalt der ihm vorliegenden Akten vollständig und einwandfrei zu berücksichtigen. Die Rüge eines derartigen Verfahrensverstoßes setzt die Darlegung voraus, dass das Finanzgericht seiner Entscheidung einen Sachverhalt zugrunde gelegt habe, der dem schriftlichen oder protokollierten Vorbringen der Beteiligten nicht entspreche oder eine nach den Akten klar feststehende Tatsache unberücksichtigt gelassen habe (*Bestätigung des BFH-Beschlusses vom 15. 01. 2025 VI B 23/24, BFH/NV 2025 S. 391*).

BFH-Beschluss vom 5. 12. 2007 X B 4/07, BFH/NV 2008 S. 587: 1. Die Schätzung von Besteuerungsgrundlagen durch das FG gehört zu den tatsächlichen Feststellungen, an die der BFH als Revisionsinstanz grundsätzlich gebunden ist. 2. Die Bindung des BFH entfällt dann, wenn das FG bei der Schätzung gegen anerkannte Schätzungsgrundsätze, allgemeine Erfahrungssätze oder gegen die Denkgesetze verstoßen hat. Die gewonnenen Schätzergebnisse müssen schlüssig, wirtschaftlich möglich und vernünftig sein.

BFH-Urteil vom 16. 12. 2021 IV R 1/18, BFH/NV 2022 S. 305: 1. Es ist Sache des FG als Tatsacheninstanz, zu entscheiden, welcher Schätzungsmethode es sich bedienen will, wenn diese geeignet ist, ein vernünftiges und der Wirklichkeit entsprechendes Ergebnis zu erzielen. 2. Um es der Revisionsinstanz – beschränkt auf die Überprüfung von Rechtsfehlern – zu ermöglichen, die Schätzung nachzuvollziehen, hat das FG darzulegen, dass und wie es seine Überzeugung in rechtlich zulässiger und einwandfreier Weise gewonnen hat.

BFH-Beschluss vom 17. 3. 2010 X B 120/09, BFH/NV S. 1240: 1. Wegen der Eigenständigkeit des Besteuerungsverfahrens gegenüber dem Steuerstrafverfahren gemäß § 393 Abs. 1 AO hindert ein Freispruch im Strafverfahren das FG nicht, aufgrund eigener Feststellungen zur vollen Überzeugung einer Steuerhinterziehung zu gelangen. 2. Das FG kann sich aber auch die tatsächlichen Feststellungen des Strafverfahrens zu eigen machen, wenn nach seiner freien, aus dem Gesamtergebnis des Verfahrens gewonnenen Überzeugung (§ 96 Abs. 1 Satz 1 FGO) diese Feststellungen zutreffend sind und keine substantiierten Einwendungen gegen die Feststellungen des Strafgerichts erhoben werden.

Die Verpflichtung zur Auswertung der Akten besteht nur hinsichtlich solcher Vorgänge, die unmittelbar Gegenstand des Rechtsstreits sind. Greift ein Kläger einen im Einspruchsverfahren von ihm vorgetragenen Gesichtspunkt im Klageverfahren nicht mehr auf, dann muss das FG im Rahmen von § 96 Abs. 1 Satz 1 FGO nicht prüfen, ob in den Akten Vorgänge vorhanden sind, die sich auf diesen früheren Vortrag beziehen *(BFH-Beschluss vom 27. 4. 2010 X B 164/08, BFH/NV S. 1640).*

Die Anwendung der Regeln über die Feststellungslast stellt nur eine „ultima ratio" dar. Zuvor muss das FG sich selbst um Aufklärung des entscheidungserheblichen Sachverhalts bemühen und dazu auch die Beteiligten – einschließlich eines Beigeladenen – heranziehen. Verweigert ein Beteiligter die Mitwirkung, ist vor einer Anwendung der Regeln über die Feststellungslast eine Reduzierung des Beweismaßes zu erwägen *(BFH-Beschluss vom 18. 9. 2013 X B 38/13, BFH/NV 2014 S. 54).*

---

[1] Dies gilt für jede Besteuerungsgrundlage (BFH-Urteil vom 15. 3. 1995 I R 14/94, BStBl. II S. 502).

Das Gericht hat zunächst das wirkliche Klagebegehren anhand des gesamten Parteivorbringens einschließlich des Klageantrags zu ermitteln, um dann – begrenzt durch das Klagebegehren – seine Sachentscheidung zu treffen *(BFH-Beschluss vom 9. 2. 2012 IV B 30/11, BFH/NV S. 965).*

Bei der Auslegung eines Klageantrags ist zu berücksichtigen, dass im Zweifel das gewollt ist, was nach den Maßstäben der Rechtsordnung vernünftig ist und der recht verstandenen Interessenlage entspricht *(BFH-Beschluss vom 2. 7. 2012 III B 101/11, BFH/NV S. 1629).*

BFH-Beschluss vom 28. 2. 2023 VII B 24/22, BFH/NV 2025 S. 520: 1. Nach § 96 Abs. 1 Satz 2 FGO ist das FG zwar nicht an die Fassung des Klageantrags, sehr wohl aber an das Klagebegehren gebunden. 2. Wird eindeutig erkennbar sowohl eine Anfechtungsklage als auch eine Feststellungsklage kumulativ erhoben, darf das FG das Klagebegehren nicht auf eine der Klagearten beschränken. Erfasst das FG das Klagebegehren unvollständig, liegt ein Verfahrensfehler im Sinne von § 115 Abs. 2 Nr. 3 FGO vor.

Das Verbot der **Verböserung** (§ 96 Abs. 1 Satz 2 FGO) hindert das Gericht nicht, innerhalb des vom FA festgesetzten Steuerbetrages einzelne Besteuerungsgrundlagen – hier: die abziehbaren Vorsteuerbeträge – in tatsächlicher oder rechtlicher Hinsicht für den Steuerpflichtigen ungünstiger zu beurteilen, als dies in dem angefochtenen Steuerbescheid geschehen ist *(BFH-Beschluss vom 23. 4. 2008 V B 159/07, BFH/NV S. 1348).*

Der Grundsatz der Bindung an das Klagebegehren gehört zur Grundordnung des Verfahrens. Das Gericht darf dem Kläger nicht etwas zusprechen, was dieser nicht beantragt hat ("ne ultra petita"), und auch nicht über etwas anderes („aliud") entscheiden, als der Kläger durch seinen Antrag begehrt und zur Entscheidung gestellt hat *(BFH-Beschluss vom 13. 7. 2009 IX B 33/09, BFH/NV S. 1821).*

Hat das FG das Klagebegehren, an das es nach § 96 Abs. 1 Satz 2 FGO gebunden ist, unterschritten und damit gegen den Grundsatz der Bindung an das Klagebegehren verstoßen, führt dies zur Aufhebung des angefochtenen Urteils *(BFH-Urteil vom 24. 11. 1998 VIII R 61/97, BStBl. 1999 II S. 483* und *vom 18. 6. 1993 VI R 67/90, BStBl. 1994 II S. 182).*

Entscheidet das FG über einen anderen als im Steuerbescheid erfassten Sachverhalt, verstößt es gegen den Grundsatz der Bindung an das Klagebegehren (§ 96 Abs. 1 Satz 2 FGO), was auch ohne Rüge zur Aufhebung des angefochtenen Urteils führt *(BFH-Urteil vom 19. 2. 2009 II R 49/07, BStBl. II S. 932).*

[2] Ein Gericht ist nicht verpflichtet, sich in den Entscheidungsgründen mit jedem Vorbringen der Beteiligten ausdrücklich zu befassen. Es darf insbesondere Vorbringen unerörtert lassen, das nach seiner Rechtsauffassung unerheblich oder unsubstantiiert ist *(BFH-Beschluss vom 28. 9. 2001 V B 77/00, BFH/NV 2002 S. 359).*

Hat das FG Beweis durch Vernehmung eines Zeugen erhoben, muss das Urteil erkennen lassen, dass das FG die Zeugenaussage bei seiner Tatsachenfeststellung und -würdigung berücksichtigt hat *(BFH-Urteil vom 27. 9. 2001 V R 70/00, BFH/NV 2002 S. 494).*

§ 96 FGO gebietet nicht, alle im Einzelfall gegebenen Umstände im Urteil zu erörtern. Vielmehr ist im Allgemeinen davon auszugehen, dass ein Gericht auch denjenigen Akteninhalt in Erwägung gezogen hat, mit dem es sich in den schriftlichen Entscheidungsgründen nicht ausdrücklich auseinandergesetzt hat *(BFH-Beschluss vom 3. 6. 2003 X B 102/02, BFH/NV S. 1209).*

(2)[1] Das Urteil darf nur auf Tatsachen und Beweisergebnisse gestützt werden, zu denen die Beteiligten sich äußern konnten.

100 **§ 97 [Zwischenurteil über Zulässigkeit der Klage]**

Über die Zulässigkeit der Klage kann durch Zwischenurteil vorab entschieden werden.

101 **§ 98 [Teilurteil]**[2]

Ist nur ein Teil des Streitgegenstands zur Entscheidung reif, so kann das Gericht ein Teilurteil erlassen.

102 **§ 99 [Vorabentscheidung über den Grund]**

(1)[3] Ist bei einer Leistungsklage oder einer Anfechtungsklage gegen einen Verwaltungsakt ein Anspruch nach Grund und Betrag strittig, so kann das Gericht durch Zwischenurteil über den Grund vorab entscheiden.

---

[1] *BFH-Beschluss vom 25. 5. 2023 IV S 10/23, BFH/NV 2025 S. 1180*: Der Anspruch auf rechtliches Gehör im Sinne von Art. 103 Abs. 1 GG und § 96 Abs. 2 FGO verpflichtet das Gericht unter anderem, die Ausführungen der Beteiligten zur Kenntnis zu nehmen, in Erwägung zu ziehen und sich mit dem entscheidungserheblichen Kern des Vorbringens auseinanderzusetzen. Dabei ist das Gericht naturgemäß nicht verpflichtet, der Rechtsansicht eines Beteiligten zu folgen. Art. 103 Abs. 1 GG und § 96 Abs. 2 FGO sind erst dann verletzt, wenn sich aus den besonderen Umständen des Einzelfalls ergibt, dass das Gericht Vorbringen entweder überhaupt nicht zur Kenntnis genommen oder doch bei seiner Entscheidung ersichtlich nicht in Erwägung gezogen hat (Bestätigung der Rechtsprechung).

Erscheint der Beteiligte nicht in der mündlichen Verhandlung und lässt damit die Gelegenheit verstreichen, sein schriftsätzliches Vorbringen zu ergänzen und zu vertiefen, kann er sich nicht auf eine Verletzung des rechtlichen Gehörs berufen *(BFH-Beschluss vom 29. 9. 2023 IX B 96/22, BFH/NV 2023 S. 1421).*

Eine unvorhersehbare Urteilsbegründung, die zur Verletzung rechtlichen Gehörs iSd § 96 Abs. 2 FGO führt, liegt nur dann vor, wenn der Gesichtspunkt, auf den das FG sein Urteil gestützt hat, im bisherigen Verlauf des Verwaltungsverfahrens und des gerichtlichen Verfahrens überhaupt nicht angesprochen worden ist, so dass die Beteiligten sich dazu nicht geäußert haben und nach dem bisherigen Verlauf des Verfahrens auch keine Veranlassung hatten, sich zu äußern *(BFH-Beschluss vom 27. 5. 2002 XI B 87/01, BFH/NV S. 1464).*

Erörtert das Finanzgericht im Anschluss an die Beweisaufnahme und vor Erlass seines Urteils nicht erneut den Sach- und Streitstand und, soweit bereits möglich, das Ergebnis der Beweisaufnahme mit den Beteiligten, verletzt es deren Anspruch auf Gewährung rechtlichen Gehörs *(BFH-Beschluss vom 22. 11. 2022 XI B 1/22, BFH/NV 2023 S. 269).*
Eine **Überraschungsentscheidung** liegt nicht vor, wenn das Gericht in seiner Entscheidung Gesichtspunkte als maßgeblich herausstellt, die bisher nicht im Vordergrund standen; eine fachkundig vertretene Prozesspartei muss grundsätzlich alle vertretbaren rechtlichen Gesichtspunkte von sich aus in Betracht ziehen und ihren Vortrag darauf einrichten *(BFH-Beschluss vom 22. 1. 2003 VIII B 63/02, BFH/NV S. 790).*

Das FG verletzt den Grundsatz des rechtlichen Gehörs, wenn es einen bis zum Ende der mündlichen Verhandlung eingegangenen Schriftsatz nicht zur Kenntnis nimmt und nicht in Erwägung zieht. Maßgebender Zeitpunkt ist im Fall des wirksamen Verzichts auf mündliche Verhandlung der Zeitpunkt des Absendens der Urteilsausfertigungen *(BFH-Beschluss vom 30. 12. 2002 IV B 167/01, BFH/NV 2003 S. 751).*

Zur schlüssigen Geltendmachung einer Verletzung rechtlichen Gehörs zählt auch der Vortrag, was bei Wahrung des rechtlichen Gehörs vorgetragen worden wäre und inwieweit dies entscheidungserheblich gewesen wäre *(BFH-Beschluss vom 10. 9. 2014 IX S 10/14, BFH/NV 2015, S. 47).*

Der Anspruch auf rechtliches Gehör aus Art. 103 Abs. 1 GG i. V. m. § 96 Abs. 2 FGO verpflichtet das FG, die Ausführungen der Beteiligten zur Kenntnis zu nehmen, in Erwägung zu ziehen und sich mit dem entscheidungserheblichen Kern des Vorbringens auseinanderzusetzen (sog. Beachtenspflicht). Der Anspruch zur Gewährung rechtlichen Gehörs verpflichtet das Gericht aber nicht, sich mit Ausführungen der Beteiligten auseinanderzusetzen, auf die es für die Entscheidung nicht ankommt. Das Gericht ist ferner nicht verpflichtet, sich mit jedem Vorbringen in den Entscheidungsgründen ausdrücklich auseinanderzusetzen. Der Anspruch auf rechtliches Gehör ist erst verletzt, wenn das Gericht Sachverhalt und Sachvortrag, auf den es ankommen kann, nicht nur nicht ausdrücklich bescheidet, sondern bei seiner Entscheidung überhaupt nicht berücksichtigt *(BFH-Beschluss vom 26. 2. 2019 VIII B 133/18, BFH/NV S. 574).*

Da das Gericht grundsätzlich weder zu einem Rechtsgespräch noch zu einem Hinweis auf seine Rechtsauffassung verpflichtet ist, muss ein – zumal durch einen Steuerberater sachkundig vertretener – Verfahrensbeteiligter, auch wenn die Rechtslage umstritten oder problematisch ist, alle vertretbaren rechtlichen Gesichtspunkte von sich aus in Betracht ziehen und seinen Vortrag darauf einstellen *(BFH-Beschluss vom 30. 9. 2020 IX B 23/20, BFH/NV 2021 S. 335).*

Der Anspruch der Beteiligten auf rechtliches Gehör verpflichtet das Finanzgericht nicht, mit diesen die maßgebenden tatsächlichen und rechtlichen Gesichtspunkte vorher umfassend und im Einzelnen zu erörtern oder ihnen die einzelnen für die Entscheidung erheblichen Gesichtspunkte, Schlussfolgerungen oder das Ergebnis einer Gesamtwürdigung im Voraus anzudeuten oder mitzuteilen *(BFH-Urteil vom 12. 6. 2012 II R 39/11, BFH/NV S. 1664).*

Zur Vermeidung einer Überraschungsentscheidung ist das FG weder zu einem Rechtsgespräch noch zu einem Hinweis auf seine Rechtsauffassung verpflichtet noch muss es diese im Einzelnen erörtern. Daher muss ein Beteiligter gerade bei umstrittener Sachlage und/oder Rechtslage grundsätzlich alle vertretbaren rechtlichen Gesichtspunkte von sich aus in Betracht ziehen und seinen Vortrag darauf einrichten *(BFH-Beschluss vom 29. 4. 2008 IX B 15/08, BFH/NV S. 1350).*

Erklärt der Berichterstatter ausdrücklich auch im Namen seiner Senatskollegen im Rahmen mehrerer eingehend begründeter Berichterstatter-Schreiben, die Klage werde Erfolg haben, so stellt es eine Verletzung des rechtlichen Gehörs wie auch der Anforderungen an ein faires Gerichtsverfahren dar, wenn das FG die Klage nach einem Wechsel des Berichterstatters ohne einen entsprechenden Hinweis an den Kläger abweist *(BFH-Urteil vom 11. 11. 2008 IX R 14/07, BStBl. II 2009 S. 309).*

Unterlässt es das FG, dem Beklagten eine von der Klägerin als Anlage zur Klagebegründung vorgelegte und für die Entscheidung des FG maßgebliche Unterlage zu übersenden, liegt darin eine Verletzung des rechtlichen Gehörs des Beklagten im Sinne von § 115 Abs. 2 Nr. 3 i. V. m. § 96 Abs. 2 FGO (*BFH-Beschluss vom 1. 2. 2022 VII B 135/21, BFH/NV 2024 S. 291*).

[2] Über die Frage, ob einzelnen Kommanditisten einer Kommanditgesellschaft mit Einkünften aus Vermietung und Verpachtung (Immobilienfonds) wegen fehlender Einkünfteerzielungsabsicht negative Einkünfte zuzurechnen sind, darf das FG jedenfalls dann nicht durch Teilurteil entscheiden, wenn es das Fehlen einer solchen Absicht ausschließlich mit Umständen begründet, die alle Kommanditisten betreffen *(BFH-Urteil vom 30. 11. 1993 IX R 92/91, BStBl. 1994 II S. 403).*

[3] *BFH-Urteil vom 11. 10. 2022 I R 18/20, BFH/NV 2023 S. 266*: Voraussetzung für den Erlass eines Zwischenurteils als sog. Grundurteil (über den Grund des Anspruchs, § 99 Abs. 1 FGO) ist die positive Feststellung des Gerichts, dass nach hoher Wahrscheinlichkeit der Klageanspruch in irgendeiner Höhe besteht (vgl. *Senatsbeschluss vom 6. 6. 2013 I B 53/12, BFH/NV 2013 S. 1561*, m. w. N.).

(2)[1] Das Gericht kann durch Zwischenurteil über eine entscheidungserhebliche Sach- oder Rechtsfrage vorab entscheiden, wenn dies sachdienlich ist und nicht der Kläger oder der Beklagte widerspricht.

§ 100 [Aufhebung angefochtener Verwaltungsakte durch Urteil] 103

(1) Soweit ein angefochtener Verwaltungsakt rechtswidrig und der Kläger dadurch in seinen Rechten verletzt ist, hebt das Gericht den Verwaltungsakt und die etwaige Entscheidung über den außergerichtlichen Rechtsbehelf auf; die Finanzbehörde ist an die rechtliche Beurteilung gebunden, die der Aufhebung zugrunde liegt, an die tatsächliche so weit, als nicht neu bekanntwerdende Tatsachen und Beweismittel eine andere Beurteilung rechtfertigen. Ist der Verwaltungsakt schon vollzogen, so kann das Gericht auf Antrag auch aussprechen, dass und wie die Finanzbehörde die Vollziehung rückgängig zu machen hat. Dieser Ausspruch ist nur zulässig, wenn die Behörde dazu in der Lage und diese Frage spruchreif ist.[2] Hat sich der Verwaltungsakt vorher – durch Zurücknahme oder anders – erledigt, so spricht das Gericht auf Antrag durch Urteil aus, dass der Verwaltungsakt rechtswidrig gewesen ist, wenn der Kläger ein berechtigtes Interesse an dieser Feststellung hat.[3]

(2) Begehrt der Kläger die Änderung eines Verwaltungsakts, der einen Geldbetrag festsetzt oder eine darauf bezogene Feststellung trifft, kann das Gericht den Betrag in anderer Höhe festsetzen oder die Feststellung durch eine andere ersetzen.[4] Erfordert die Ermittlung des fest-

---

[1] Ein Zwischenurteil darf nur ergehen, wenn sich die Tatsachen, welche die Sachdienlichkeit im Sinne des § 99 Abs. 2 FGO begründen, aus den Feststellungen des Finanzgerichts ergeben (*BFH-Urteil vom 14. 12. 2023 V R 30/21, BFH/NV S. 849*).

Durch Zwischenurteil nach § 99 Abs. 2 FGO darf nur über solche Vorfragen entschieden werden, ohne deren Beantwortung ein Urteil über die geltend gemachte Rechtsbeeinträchtigung nicht möglich ist. Die Entscheidung über eine solche Rechtsfrage ist aber mangels Sachdienlichkeit nicht zulässig, wenn noch nicht alle für ihre abschließende Beantwortung im Urteilsfall erforderlichen tatsächlichen Feststellungen getroffen sind *(BFH-Urteil vom 2. 6. 2016 IV R 23/13, BFH/NV S. 1433)*.

Ein Zwischenurteil gemäß § 99 Abs. 2 FGO über die verlängerte Festsetzungsfrist nach § 169 Abs. 2 Satz 2 Alternative 1 AO wegen Steuerhinterziehung nach § 370 AO kann nicht ergehen, wenn Feststellungen über Grund und Höhe des jeweiligen Steueranspruchs und damit zum objektiven und subjektiven Tatbestand der Steuerhinterziehung fehlen (*BFH-Urteil vom 09. 04. 2025 II R 39/21, BStBl. II S. 678*).

BFH-Beschluss vom 30. 10. 2020 IX B 18/20, BFH/NV 2021 S. 442: Ein Zwischenurteil darf nur ergehen, wenn für das Endurteil noch mindestens eine entscheidungserhebliche Rechtsfrage verbleibt. Hat das FG ein nicht statthaftes Zwischenurteil erlassen, hebt der BFH das Urteil im Verfahren der Nichtzulassungsbeschwerde gemäß § 116 Abs. 6 FGO ersatzlos auf; einer Zurückverweisung bedarf es nicht. Führt die Nichtzulassungsbeschwerde gegen ein zu Unrecht ergangenes Zwischenurteil zu dessen ersatzloser Aufhebung (ohne Zurückverweisung), kommt § 143 Abs. 2 FGO nicht zum Tragen.

Vgl. *BFH-Urteil vom 27. 10. 1993 XI R 17/93, BStBl. 1994 II S. 439:* ... 3. Über die Frage nach Inhalt und Voraussetzungen eines Antrages auf schlichte Änderung eines Steuerbescheides kann vorab durch Zwischenurteil gem. § 99 Abs. 2 FGO entschieden werden. 4. Ein Zwischenurteil iSd § 99 Abs. 2 FGO kann durch Gerichtsbescheid (§ 90 a FGO) ergehen.

[2] Wird der USt-Jahresbescheid auf Antrag des Klägers gem. § 68 FGO zum Gegenstand des Klageverfahrens, so ist wegen des zunächst angefochtenen USt-Vorauszahlungsbescheids der zugleich beantragte Übergang zur Fortsetzungsfeststellungsklage gem. § 100 Abs. 1 Satz 4 FGO grundsätzlich nicht statthaft *(BFH-Urteil vom 17. 3. 1994 V R 39/92, BStBl. II S. 538)*.

[3] Eine Fortsetzungsfeststellung nach § 100 Abs. 1 Satz 4 FGO ist auch in Fällen zulässig, in denen sich der streitbefangene Verwaltungsakt schon vor Klageerhebung erledigt hat *(BFH-Urteil vom 10. 7. 2002 X R 65/96, BFH/NV S. 1567)*.

Für die Klage auf Feststellung der Rechtswidrigkeit der – einer Gewerbebehörde erteilten – Auskunft über die Höhe der Steuerrückstände fehlt jedenfalls dann ein berechtigtes Feststellungsinteresse, wenn für die Untersagung der Ausübung des Gewerbes die erteilte Auskunft nicht allein ausschlaggebend gewesen ist *(BFH-Urteil vom 23. 11. 1993 VII R 56/93, BStBl. 1994 II S. 356)*.

Wird eine Fortsetzungsfeststellungsklage darauf gestützt, dass ein Urteilsspruch über die Rechtswidrigkeit des angefochtenen Verwaltungsakts zur Verfolgung von Schadensersatzansprüchen vor den Zivilgerichten angestrebt wird, hat der Kläger u. a. darzulegen, dass ein solcher Prozess mit hinreichender Sicherheit zu erwarten ist und worin im Einzelnen der behauptete Schaden besteht, für den Ersatz erlangt werden soll *(BFH-Beschluss vom 4. 3. 2014 VII B 131/13, BFH/NV S. 1055)*.

Sowohl die Fortsetzungsfeststellungsklage iSv. § 100 Abs. 1 Satz 4 FGO als auch die (allgemeine) Feststellungsklage iSv. § 41 Abs. 1 FGO setzen für ihre Zulässigkeit voraus, dass der Kläger ein „berechtigtes Interesse" an der von ihm begehrten Feststellung besitzt. Ein solches „berechtigtes Interesse" ist unter dem Aspekt des schutzwürdigen Rehabilitationsinteresses u. a. dann zu bejahen, wenn der Inhalt des (angegriffenen und nunmehr erledigten) Verwaltungsakts diskriminierende Wirkung hat, etwa den Vorwurf der Steuerhinterziehung enthält *(BFH-Beschluss vom 15. 12. 2004 X B 56/04, BFH/NV 2005 S. 714)*.

BFH-Urteil vom 22. 7. 2008 VIII R 8/07, BStBl. II S. 941: 1. Ein berechtigtes Interesse für eine Fortsetzungsfeststellungsklage gemäß § 100 Abs. 1 Satz 4 FGO besteht nicht, wenn der Kläger die Erhebung einer Schadensersatzklage gegen die Behörde allein wegen der durch den Finanzrechtsstreit und das außergerichtliche Rechtsbehelfsverfahren verursachten Kosten beabsichtigt. 2. Die kostenrechtlichen Bestimmungen der FGO dürfen durch eine nachfolgende Schadensersatzklage vor den Zivilgerichten nicht unterlaufen werden.

BFH-Urteil vom 10. 2. 2010 XI R 3/09, BFH/NV S. 1450: 1. Das für eine Fortsetzungsfeststellungsklage erforderliche berechtigte Interesse an der Feststellung der Rechtswidrigkeit eines erledigten Verwaltungsakts muss – sofern es nicht offensichtlich ist – vom Kläger substantiiert dargelegt werden. 2. Ob ein Feststellungsinteresse vorliegt, ist vom Bundesfinanzhof (BFH) ohne Bindung an die Auffassung des Finanzgerichts zu prüfen; insbesondere kann der BFH hierzu eigene Feststellungen anhand der im Revisionsverfahren vorgelegten Akten treffen. 3. Das für eine Fortsetzungsfeststellungsklage erforderliche berechtigte Interesse ist nicht gegeben, wenn nur ein allgemeines Bedürfnis nach Klärung einer Rechtsfrage besteht, da das finanzgerichtliche Verfahren nicht dazu bestimmt ist, Rechtsgutachten zu allgemein interessierenden Fragen zu erstatten.

[4] Das Rechtsschutzbedürfnis des FA für eine von ihm eingelegte Revision entfällt, mit der Folge, dass diese unzulässig wird, wenn das FA in einen, während des Revisionsverfahrens erlassenen Änderungsbescheid, die Steuer, in der im angefochtenen Urteil, festgesetzten Höhe vorbehaltlos übernimmt. Wenn das FA mit der Übernahme der Steuerfestsetzung des FG nicht insoweit dem Klagebegehren entsprechen will, muss es in dem Änderungsbescheid zum Ausdruck bringen, dass es die Übernahme nicht als Teil des verbindlichen Regelungsinhalts des Verwaltungsakts, sondern nur als vorläufige Wiederholung – vorbehaltlich des Ausgangs des Revisionsverfahrens – gewollt hat *(BFH-Beschluss vom 15. 3. 1994 IX R 6/91, BStBl. II S. 599)*.

zusetzenden oder festzustellenden Betrags einen nicht unerheblichen Aufwand, kann das Gericht die Änderung des Verwaltungsakts durch Angabe der zu Unrecht berücksichtigten oder nicht berücksichtigten tatsächlichen oder rechtlichen Verhältnisse so bestimmen, dass die Behörde den Betrag auf Grund der Entscheidung errechnen kann.[1] Die Behörde teilt den Beteiligten das Ergebnis der Neuberechnung unverzüglich formlos mit;[2] nach Rechtskraft der Entscheidung ist der Verwaltungsakt mit dem geänderten Inhalt neu bekannt zu geben.

(3)[3] Hält das Gericht eine weitere Sachaufklärung für erforderlich, kann es, ohne in der Sache selbst zu entscheiden, den Verwaltungsakt und die Entscheidung über den außergerichtlichen Rechtsbehelf aufheben, soweit nach Art oder Umfang die noch erforderlichen Ermittlungen erheblich sind und die Aufhebung auch unter Berücksichtigung der Belange der Beteiligten sachdienlich ist. Satz 1 gilt nicht, soweit der Steuerpflichtige seiner Erklärungspflicht nicht nachgekommen ist und deshalb die Besteuerungsgrundlagen geschätzt worden sind. Auf Antrag kann das Gericht bis zum Erlass des neuen Verwaltungsakts eine einstweilige Regelung treffen, insbesondere bestimmen, dass Sicherheiten geleistet werden oder ganz oder zum Teil bestehen bleiben und Leistungen zunächst nicht zurückgewährt werden müssen. Der Beschluss kann jederzeit geändert oder aufgehoben werden. Eine Entscheidung nach Satz 1 kann nur binnen sechs Monaten seit Eingang der Akten der Behörde bei Gericht ergehen.

(4) Kann neben der Aufhebung eines Verwaltungsakts eine Leistung verlangt werden, so ist im gleichen Verfahren auch die Verurteilung zur Leistung zulässig.

104 **§ 101 [Urteil auf Erlass eines Verwaltungsakts]**[4]

Soweit die Ablehnung oder Unterlassung eines Verwaltungsakts rechtswidrig und der Kläger dadurch in seinen Rechten verletzt ist, spricht das Gericht die Verpflichtung der Finanzbehörde aus, den begehrten Verwaltungsakt zu erlassen, wenn die Sache spruchreif ist. Andernfalls spricht es die Verpflichtung aus, den Kläger unter Beachtung der Rechtsauffassung des Gerichts zu bescheiden.

---

[1] Will das FG nach § 100 Abs. 2 Satz 2 FGO verfahren und die Steuerberechnung der Finanzbehörde übertragen, muss es über die Klage in einem Umfang entscheiden, dass der Finanzbehörde nur noch die Berechnung des Steuerbetrags überlassen bleibt. Dieser Anforderung wird nicht genügt, wenn das FG im Tenor des Urteils bestimmt, es sei für ein bestimmtes Fahrzeug „der Grundsatz der Kostendeckelung" zu berücksichtigen und sich weder aus den Feststellungen des FG noch aus der Urteilsbegründung ergibt, von welchen Beträgen das FG insoweit ausgeht *(BFH-Beschluss vom 31. 3. 2023 VIII B 93/21, BFH/NV 2023 S. 738).*

Die Überprüfung eines mit einem Rechtsbehelf angefochtenen Bescheids i. S. d. § 100 Abs. 2 Satz 3. 2. Halbs. FGO ist angesichts der Rechtskraft des vorangegangenen Urteils grundsätzlich darauf beschränkt, ob das FA die in jenem Urteil enthaltenen Vorgaben rechnerisch zutreffend umgesetzt hat. Sie muss sich aber auch auf die Frage erstrecken, ob seit Ergehen des Urteils Umstände eingetreten sind, die nach den insoweit einschlägigen Vorschriften eine Änderung des Verwaltungsakts gebieten *(BFH-Urteil vom 4. 5. 2011 I R 67/10, BFH/NV 2012 S. 6).*

BFH-Urteil vom 8. 3. 2017 IX R 47/15, BFH/NV S. 1044: 1. Ein nach § 100 Abs. 2 Satz 3 2. Halbsatz FGO neu bekannt gegebener Steuerbescheid kann mit dem Einspruch angefochten werden. 2. Macht der Steuerpflichtige mit dem Einspruch Umstände geltend, die nach seiner Auffassung eine Änderung des Bescheids gemäß § 110 Abs. 2 FGO gebieten, weil ihnen die Rechtskraft des Urteils nicht entgegenstehe, kann darin eine Beschwer liegen, die zur Zulässigkeit des Einspruchs führt.

[2] Die formlose Mitteilung des Ergebnisses der Neuberechnung der Steuer gem. § 100 Abs. 2 Satz 3, 1. Halbsatz FGO ist kein Verwaltungsakt *(BFH-Urteil vom 18. 11. 2004 V R 37/03, BStBl. 2005 II S. 217).*

[3] *BFH-Urteil vom 29. 3. 1995 II R 13/94, BStBl. 1995 II S. 542:* 1. Das FG hat bei der Ausübung des ihm im Rahmen des § 100 Abs. 3 Satz 1 FGO eingeräumten Ermessens auch die Belange des FA (§ 57 Abs. 2 FGO) zu berücksichtigen. Belange des FA können der Aufhebung der Verwaltungsentscheidungen ohne eigene Sachentscheidung entgegenstehen, wenn im Hinblick darauf, dass der Stpfl. im Verwaltungs- und Einspruchsverfahren seinen Mitwirkungspflichten in keiner Weise nachgekommen ist und im finanzgerichtlichen Verfahren erst nach Setzung einer Ausschlussfrist zur Sache Angaben gemacht hat, anzunehmen ist, dieser werde auch weiterhin im Verfahren vor dem FA seinen Mitwirkungspflichten nicht nachkommen. 2. Hält das FG noch umfangreichen Zeugenbeweis für erforderlich, hat es im Rahmen des ihm nach § 100 Abs. 3 Satz 1 FGO eingeräumten Ermessens die eingeschränkten Möglichkeiten des FA, im Besteuerungs- und Rechtsbehelfsverfahren Zeugen zu vernehmen, und zu berücksichtigen, dass der im finanzgerichtlichen Verfahren geltende Grundsatz der Unmittelbarkeit der Beweisaufnahme eine eigene Vernehmung der Zeugen durch das Gericht erfordert (vgl. §§ 76, 96 FGO). 3. Besteht schon bei summarischer Prüfung die naheliegende Möglichkeit, dass der Rechtsstreit durch lediglich geringfügige, d. h. ohne großen Aufwand an Zeit und Geld mögliche Aufklärungsmaßnahmen zur Entscheidungsreife gebracht werden kann, darf das FG jedenfalls nicht ohne Durchführung dieser Aufklärungsmaßnahmen annehmen, es seien noch weitere, nach Art und Umfang erhebliche Ermittlungen erforderlich, und die Einspruchsentscheidung ohne eigene Sachentscheidung nach § 100 Abs. 3 Satz 1 FGO aufheben.

BFH-Urteil vom 22. 4. 1997 IX R 74/95, BStBl. II S. 541: Die Einholung eines Sachverständigengutachtens zur Aufteilung des Kaufpreises einer Eigentumswohnung in Anteile für Grund und Boden sowie Gebäude ist für das FG im Regelfall keine nach Art oder Umfang erhebliche Ermittlung iSd § 100 Abs. 3 FGO.

§ 100 Abs. 3 FGO i. d. F. des FGOÄndG v. 21. 12. 1992 ist im zweiten Rechtsgang nicht anwendbar *(BFH-Urteil vom 18. 2. 1997 IX R 63/95, BStBl. II S. 409).*

Will das Gericht nach § 100 Abs. 3 Satz 1 FGO entscheiden, muss es die Beteiligten darauf hinweisen, um ihnen Gelegenheit zur Stellungnahme zu geben. Davon kann nur abgesehen werden, wenn einer der Beteiligten zuvor eine derartige Entscheidung beantragt hat *(BFH-Beschluss vom 30. 7. 2004 IV B 143 – 144/02, BFH/NV 2005 S. 359).*

[4] Der Urteilsspruch über ein Erlassbegehren richtet sich auch dann nach § 101 FGO (und nicht etwa nach § 100 Abs. 2 FGO), wenn es um einen Billigkeitserlass nach § 163 AO geht *(BFH-Urteil vom 26. 10. 1994 X R 104/92, BStBl. 1995 II S. 297).*

§ 102[1] [Nachprüfung des Ermessensgebrauchs] 105

Soweit die Finanzbehörde ermächtigt ist, nach ihrem Ermessen zu handeln oder zu entscheiden, prüft das Gericht auch, ob der Verwaltungsakt oder die Ablehnung oder Unterlassung des Verwaltungsakts rechtswidrig ist, weil die gesetzlichen Grenzen des Ermessens überschritten sind oder von dem Ermessen in einer dem Zweck der Ermächtigung nicht entsprechenden Weise Gebrauch gemacht ist. Die Finanzbehörde kann ihre Ermessenserwägungen hinsichtlich des Verwaltungsaktes bis zum Abschluss der Tatsacheninstanz eines finanzgerichtlichen Verfahrens ergänzen.[2]

§ 103 [Am Urteil beteiligte Richter] 106

Das Urteil kann nur von den Richtern und ehrenamtlichen Richtern gefällt werden, die an der dem Urteil zugrunde liegenden Verhandlung teilgenommen haben.

§ 104[3] [Verkündung und Zustellung des Urteils] 107

(1) Das Urteil wird, wenn eine mündliche Verhandlung stattgefunden hat, in der Regel in dem Termin, in dem die mündliche Verhandlung geschlossen wird, verkündet, in besonderen Fällen in einem sofort anzuberaumenden Termin, der nicht über zwei Wochen hinaus angesetzt werden soll. Das Urteil wird durch Verlesung der Formel verkündet;[4] es ist den Beteiligten zuzustellen. Der Vorsitzende kann den Beteiligten, ihren Bevollmächtigten und Beiständen gestatten, an der Urteilsverkündung per Bild- und Tonübertragung teilzunehmen.

(2) Statt der Verkündung ist die Zustellung des Urteils zulässig; dann ist das Urteil binnen zwei Wochen nach der mündlichen Verhandlung der Geschäftsstelle zu übermitteln.[5]

(3) Entscheidet das Gericht ohne mündliche Verhandlung, so wird die Verkündung durch Zustellung an die Beteiligten ersetzt.

---

[1] § 102 Satz 2 angef. durch G v. 20. 12. 2001 (BGBl. I S. 3794).

Das FG kann eine durch Gesetz der Finanzbehörde eingeräumte Ermessensentscheidung nur dann selbst treffen, wenn von den verschiedenen, theoretisch in Betracht kommenden Entscheidungen im konkreten Fall nur eine einzige Entscheidung ermessensgerecht ist (sog. Ermessensreduzierung auf „Null").

Umstände, die der Kläger erstmals im Klageverfahren geltend macht, können bei der rechtlichen Überprüfung einer Ermessensentscheidung grundsätzlich nicht berücksichtigt werden *(BFH-Urteil vom 20. 10. 2024 VIII R 18/21, BStBl. 2025 II S. 108)*.

Der Fall einer sog. Ermessensreduzierung auf „Null" zugunsten eines Vorläufigkeitsvermerks liegt dann nicht vor, wenn der Stpfl. im Einspruchsverfahren wahlweise das Ruhen des Verfahrens oder die Aufnahme eines Vorläufigkeitsvermerks beantragt hatte und wenn nach Aufhebung der wegen Ermessensunterschreitung rechtswidrigen Einspruchsentscheidung weiterhin die Voraussetzungen für entweder die Aufnahme eines Vorläufigkeitsvermerks oder das Ruhen des Verfahrens vorliegen *(BFH-Urteil vom 18. 12. 2001 VII R 27/96, BFH/NV 2002 S. 747)*.

[2] Nach § 102 Satz 2 FGO kann die Finanzbehörde zwar ihre Ermessenserwägungen hinsichtlich des (angefochtenen) Verwaltungsakts bis zum Abschluss der Tatsacheninstanz eines finanzgerichtlichen Verfahrens ergänzen, das FG ist jedoch grundsätzlich nicht verpflichtet, das FA zu einer entsprechenden Ergänzung aufzufordern *(BFH-Beschluss vom 6. 5. 2003 V B 216/02, BFH/NV S. 1202)*.

Die Vorschrift des § 102 Satz 2 FGO i. d. F. des StÄndG 2001 gestattet es der FinBeh. nur, bereits an- oder dargestellte Ermessenerwägungen zu vertiefen, zu verbreitern oder zu verdeutlichen. Nicht dagegen ist sie befugt, Ermessenserwägungen im finanzgerichtlichen Verfahren erstmals anzustellen, die Ermessensgründe auszuwechseln oder vollständig nachzuholen *(BFH-Urteil vom 11. 3. 2004 VII R 52/02, BStBl. II S. 579)*.

Ersetzt das Finanzamt während eines Klageverfahrens den mit der Klage angefochtenen Haftungsbescheid durch einen anderen Haftungsbescheid, in dem es erstmals seine Ermessenserwägungen erläutert, so wird dieser Bescheid zum Gegenstand des gerichtlichen Verfahrens. Im weiteren Verlauf jenes Verfahrens sind die nunmehr angestellten Ermessenserwägungen in vollem Umfang zu berücksichtigen *(BFH-Urteil vom 16. 12. 2008 I R 29/08, BStBl. 2009 II S. 539)*.

BFH-Urteil vom 15. 5. 2013 VI R 28/12, BStBl. II S. 737: Werden erstmals während des Revisionsverfahrens Ermessenserwägungen angestellt, können diese im Revisionsverfahren nicht mehr berücksichtigt werden (Anschluss an *BFH-Urteil vom 25. 5. 2004 VIII R 21/03, BFH/NV 2005 S. 171*).

Die Anwendung des § 102 Satz 2 FGO ist bei einer nach Erledigung des Verwaltungsakts nur noch in Betracht kommenden Fortsetzungsfeststellungsklage ausgeschlossen (*BFH-Urteil vom 17. 1. 2017 VIII R 52/14, BStBl. 2018 II S. 740*).

[3] § 104 geänd. durch G v. 22. 3. 2005 (BGBl. I S. 837); Abs. 1 Satz 3 angef. durch G v. 15. 7. 2024 (BGBl. I Nr. 237).

[4] Mängel der Verkündung eines Urteils werden durch dessen nachfolgende fehlerfreie Zustellung geheilt *(BFH-Beschluss vom 22. 3. 1993 XI R 23, 24/92, BStBl. II S. 514)*.

Einem Urteil kann so lange keine Bindungswirkung (§ 155 FGO i. V. m. § 318 ZPO) zukommen, als die Urteilsformel nicht schriftlich niedergelegt und von den beteiligten Richtern unterschrieben worden ist *(BFH-Urteil vom 28. 11. 1995 IX R 16/93, BStBl. 1996 II S. 142)*.

[5] Sofern einem Beteiligten im Rahmen des § 104 Abs. 2 FGO fernmündlich ein Tenor mitgeteilt wird, der von dem an die Geschäftsstelle übermittelten und schriftlich niedergelegten Tenor abweicht, ist allein der schriftlich niedergelegte Tenor maßgeblich. Die abweichende fernmündliche Mitteilung führt nicht zu einer Bindung des Gerichts, und zwar unabhängig davon, wann und durch wen der Tenor fernmündlich mitgeteilt worden ist *(BFH-Beschluss vom 5. 6. 2014 VII B 49/13, BFH/NV S. 1756)*.

Wird bei Zustellung des Urteils an Verkündung statt gem. § 104 Abs. 2 i. V. m. § 105 Abs. 4 Satz 2 FGO die Urteilsformel nicht binnen zweier Wochen nach der mündlichen Verhandlung bei der Geschäftsstelle niedergelegt, stellt dies zwar einen Verfahrensmangel dar; der Mangel kann aber weder eine Revision noch deren Zulassung begründen, solange nicht dargetan oder sonst erkennbar ist, dass die Urteilsformel bei fristgemäßer Niederlegung anders als im zugestellten Urteil gelautet hätte *(BFH-Beschluss vom 7. 10. 1998 II B 43/98, BFH/NV 1999 S. 935)*.

Übermittelt ein Einzelrichter das nicht verkündete Urteil erst knapp vier Monate nach der mündlichen Verhandlung an die Geschäftsstelle, ist es auf entsprechende Rüge aufzuheben *(BFH-Beschluss vom 3. 2. 2016 II B 67/15, BFH/NV S. 773)*.

108 **§ 105[1] [Urteilsform][2]**

(1) Das Urteil ergeht im Namen des Volkes. Es ist schriftlich abzufassen und von den Richtern, die bei der Entscheidung mitgewirkt haben, zu unterzeichnen. Ist ein Richter verhindert, seine Unterschrift beizufügen, so wird dies mit dem Hinderungsgrund vom Vorsitzenden oder, wenn er verhindert ist, vom Dienstältestem, beisitzenden Richter unter dem Urteil vermerkt. Der Unterschrift der ehrenamtlichen Richter bedarf es nicht.

(2) Das Urteil enthält

1. die Bezeichnung der Beteiligten, ihrer gesetzlichen Vertreter und der Bevollmächtigten nach Namen, Beruf, Wohnort und ihrer Stellung im Verfahren,
2. die Bezeichnung des Gerichts und die Namen der Mitglieder, die bei der Entscheidung mitgewirkt haben,
3. die Urteilsformel,[3]
4. den Tatbestand,[4]
5. die Entscheidungsgründe,[5]
6. die Rechtsmittelbelehrung.[6]

(3)[7] Im Tatbestand ist der Sach- und Streitstand unter Hervorhebung der gestellten Anträge seinem wesentlichen Inhalt nach, gedrängt darzustellen. Wegen der Einzelheiten soll auf Schriftsätze, Protokolle und andere Unterlagen verwiesen werden, soweit sich aus ihnen der Sach- und Streitstand ausreichend ergibt.

(4)[8] Ein Urteil, das bei der Verkündung noch nicht vollständig abgefasst war, ist vor Ablauf von zwei Wochen, vom Tag der Verkündung an, gerechnet, vollständig abgefasst der Geschäftsstelle zu

---

[1] § 105 Abs. 4 geänd., Abs. 6 Sätze 2 und 3 angef. durch G v. 22. 3. 2005 (BGBl. I S. 837).

[2] Ein Urteil ist unwirksam, wenn der Tenor unklar ist und auch unter Berücksichtigung der Entscheidungsgründe nicht in einem bestimmten Sinne zweifelsfrei ausgelegt werden kann *(BFH-Urteil vom 27. 7. 1993 VIII R 67/91, BStBl. II S. 469). BFH-Beschluss vom 29. 7. 2010 I B 121/10, BFH/NV S. 2098:* 1. Hinterlegt das FG nach Schluss der mündlichen Verhandlung den Tenor bei der Geschäftsstelle und gibt ihn den Beteiligten formlos bekannt, gilt das Urteil als verkündet, und ist für das erkennende Gericht bindend. 2. Die im schriftlich abgefassten Urteil enthaltene Berichtigung des Tenors ist mit der Beschwerde nach § 128 FGO angreifbar. Ist der Berichtigungsbeschluss nicht mit einer diesbezüglichen Rechtsmittelbelehrung versehen, beginnt die zweiwöchige Beschwerdefrist des § 129 FGO nicht zu laufen.

[3] Ein Urteil ist wirkungslos, wenn sich aus ihm keine eindeutige Entscheidung ergibt. Zumindest unter Heranziehung des übrigen Urteilsinhalts muss sich dem Urteil entnehmen lassen, wie über die Anträge der Beteiligten entschieden worden ist *(BFH-Urteil vom 26. 2. 2014 I R 47/13, BFH/NV S. 1396).*

Ein Urteil ist auch dann mit Gründen versehen, wenn es an Stelle von Entscheidungsgründen auf eine zwischen den Beteiligten ergangene andere Entscheidung des FG verweist, die die gleichen Sachverhalte und Rechtsfragen betrifft, und wenn sichergestellt ist, dass die Beteiligten von diesen Entscheidungsgründen hinreichend Kenntnis nehmen können. Dass es technisch ebenso gut möglich wäre, statt der Bezugnahme die betreffenden Entscheidungsgründe zu vervielfältigen und in den Urteilstext einzufügen, steht dem nicht entgegen *(BFH-Beschluss vom 17. 12. 1998 I R 56/98, BFH/NV 1999 S. 808).*

[4] Der Tatbestand eines Urteils muss in sich verständlich sein. Die Darstellung muss ein – wenn auch knapp gehaltenes – klares, vollständiges und in sich abgeschlossenes Bild des Streitstoffs in logischer Folge und unter Hervorhebung der Anträge der Beteiligten enthalten. Gibt der Tatbestand eines angefochtenen Urteils einschließlich der in Bezug genommenen Schriftstücke den zum Verständnis seines Inhalts erforderlichen Sach- und Streitstand nicht hinreichend wieder, so bildet die Entscheidung keine geeignete Grundlage für deren sachliche Nachprüfung durch das Revisionsgericht *(BFH-Urteil vom 20. 6. 2000 VIII R 47/99, BFH/NV 2001, S. 46).* Fehlt es im FG-Urteil an der hinreichenden Darstellung des Tatbestandes, so ist dieser Verfahrensmangel im Revisionsverfahren von Amts wegen zu berücksichtigen und führt zur Aufhebung des FG-Urteils *(BFH-Urteil vom 14. 1. 2010 IV R 13/06, BFH/NV S. 1483).*

[5] Ein Urteil ist unwirksam, wenn der Tenor unklar ist und auch unter Berücksichtigung der Entscheidungsgründe nicht in einem bestimmten Sinne zweifelsfrei ausgelegt werden kann *(BFH-Urteil vom 27.7. 1993 VIII R 67/91, BStBl. 1994 II S. 469).*

Gem. § 105 Abs. 2 Nr. 5 FGO müssen Urteile begründet werden. Der Sinn des Begründungszwangs liegt darin, den Prozessbeteiligten die Kenntnis darüber zu vermitteln, auf welchen Feststellungen, Erkenntnissen und rechtlichen Überlegungen das Urteil beruht. Das erfordert nicht, dass jedes Vorbringen der Beteiligten im Einzelnen erörtert werden muss. Ein Verfahrensmangel iSd §§ 116 Abs. 1 Nr. 5 (a. F.), 119 Nr. 6 (a. F.) FGO ist demnach nicht allein darin zu sehen, dass im Urteil Gründe übergangen wurden, die das Gericht zwar hätte bedenken müssen, tatsächlich aber nicht bedacht hat. Entsprechend dem beschriebenen Zweck der Urteilsbegründung kann von einem wesentlichen Verfahrensmangel iSd genannten Vorschriften vielmehr erst dann ausgegangen werden, wenn den Beteiligten die Möglichkeit entzogen ist, die getroffene Entscheidung auf ihre Rechtmäßigkeit hin zu überprüfen *(BFH-Beschluss vom 9. 2. 2000 VIII R 27/99, BFH/NV S. 968).*

Die in einem entscheidungserheblichen Punkt fehlende oder unzureichende Urteilsbegründung kann – unter dem Gesichtspunkt der Verletzung rechtlichen Gehörs – als Verfahrensmangel gewertet werden und infolgedessen zu einer Entscheidung nach § 116 Abs. 6 FGO n. F. führen *(BFH-Beschluss vom 29. 8. 2001 X B 36/01, BFH/NV 2002 S. 348). BFH-Beschluss vom 21. 10. 2015 X B 116/15, BFH/NV 2016 S. 216:* Hat das FA in der Einspruchsentscheidung bereits zu allen vom Kläger im Klageverfahren vorgebrachten entscheidungserheblichen Einwendungen Stellung genommen, kann das FG zur Begründung seiner Entscheidung auf die Einspruchsentscheidung des FA ohne weitere eigene Darstellung der Entscheidungsgründe Bezug nehmen. 2. Ein Verstoß gegen den in § 105 Abs. 2 Nr. 5 FGO angeordneten Begründungszwang liegt dann nicht vor.

[6] Eine Rechtsmittelbelehrung, die den Kreis der, vor dem BFH vertretungsberechtigten Personen, unvollständig angibt, ist mit der Folge unrichtig, sodass die Frist für die Einlegung des Rechtsmittels nicht zu laufen beginnt *(BFH-Beschluss vom 14. 1. 2003 V R 93/01, BFH/NV 2003 S. 643).*

[7] Gibt der Tatbestand des FG-Urteils den zum Verständnis des Inhalts des Urteils erforderlichen Sach- und Streitstand nicht hinreichend wieder und ist er deshalb als Grundlage für die rechtlichen Schlussfolgerungen der Vorinstanz unzureichend, liegt darin ein im Verfahren der Nichtzulassungsbeschwerde von Amts wegen zu beachtender und zur Zurückverweisung führender Verfahrensmangel in Form eines Verstoßes gegen § 105 Abs. 2 Nr. 4 und Abs. 3 FGO *(BFH-Beschluss vom 24. 6. 2014 I B 63/13, BFH/NV S. 1567).*

[8] Ein bei seiner Verkündung noch nicht vollständig abgefasstes Urteil iSv. § 105 Abs. 4 Satz 3 FGO ist als nicht mit Gründen versehen anzusehen, wenn Tatbestand und Entscheidungsgründe nicht binnen fünf Monaten nach seiner Verkündung nieder-

[Fortsetzung nächste Seite]

übermitteln. Kann dies ausnahmsweise nicht geschehen, so ist innerhalb dieser zwei Wochen das von den Richtern unterschriebene Urteil ohne Tatbestand, Entscheidungsgründe und Rechtsmittelbelehrung der Geschäftsstelle zu übermitteln. Tatbestand, Entscheidungsgründe und Rechtsmittelbelehrung sind alsbald nachträglich niederzulegen, von den Richtern besonders zu unterschreiben und der Geschäftsstelle zu übermitteln.

(5)[1] Das Gericht kann von einer weiteren Darstellung der Entscheidungsgründe absehen, soweit es der Begründung des Verwaltungsakts oder der Entscheidung über den außergerichtlichen Rechtsbehelf folgt und dies in seiner Entscheidung feststellt.

(6) Der Urkundsbeamte der Geschäftsstelle hat auf dem Urteil den Tag der Zustellung und im Fall des § 104 Abs. 1 Satz 1 den Tag der Verkündung zu vermerken und diesen Vermerk zu unterschreiben. Werden die Akten elektronisch geführt, hat der Urkundsbeamte der Geschäftsstelle den Vermerk in einem gesonderten Dokument festzuhalten. Das Dokument ist mit dem Urteil untrennbar zu verbinden.

§ 106 [Gerichtsbescheide] 109

Die §§ 104 und 105 gelten für Gerichtsbescheide sinngemäß.

§ 107[2] [Berichtigung des Urteils][3] 110

(1) Schreibfehler, Rechenfehler und ähnliche offenbare Unrichtigkeiten im Urteil sind jederzeit vom Gericht zu berichtigen.

[Fortsetzung]

gelegt, von den Richtern besonders unterschrieben und der Geschäftsstelle übergeben werden *(Beschluss des Gemeinsamen Senats der obersten Gerichtshöfe des Bundes vom 27. 4. 1993 GmS-OGB 1/92, NJW 1993 S. 2603).* Dies gilt entsprechend auch für den Fall der Zustellung des Urteils an Verkündung statt iSv. § 104 Abs. 2 FGO. Die Frist von fünf Monaten beginnt in diesem Fall jedoch mit dem Ablauf des Tages, an dem das von den Richtern unterschriebene Urteil ohne Tatbestand, Entscheidungsgründe und Rechtsmittelbelehrung (§ 105 Abs. 4 Satz 2 FGO) tatsächlich der Geschäftsstelle übergeben wurde, spätestens mit dem Ablauf desjenigen Tages, an dem das Urteil der Geschäftsstelle nach § 104 Abs. 2 FGO zu übergeben gewesen wäre *(BFH-Beschluss vom 12. 11. 1993 III B 234/92, BStBl. 1994 II S. 401).*

BFH-Urteil vom 18. 4. 1996 V R 25/95, BStBl. II S. 578: 1. Ein Urteil ist iSd § 116 Abs. 1 Nr. 5 (a. F.) und des § 119 Nr. 6 (a. F.) FGO nicht mit Gründen versehen, wenn es nach Verkündung im Falle des § 105 Abs. 4 FGO nicht alsbald der Geschäftsstelle übergeben worden ist. Ein nach Ablauf von fünf Monaten der Geschäftsstelle übergebenes (vollständig abgefasstes) Urteil ist nicht alsbald nachträglich niedergelegt, unterschrieben sowie übergeben worden und demnach nicht mit Gründen versehen (Anschluss an *Beschluss des GmS-OGB vom 27. 4. 1993 GmS-OGB 1/92*). 2. Bei der Frist von fünf Monaten für die nachträgliche Übergabe des vollständig abgefassten Urteils an die Geschäftsstelle handelt es sich nicht um eine ungefähre, sondern um eine genau bestimmte Frist. Auch eine geringfügige Versäumung zieht die Rechtsfolge nach sich. 3. Dienstfreiheit beim FG (Rosenmontag) am letzten Tage der Frist hindert nicht deren Ablauf.

---

[1] *BFH-Beschluss vom 20. 11. 2003 III B 88/02, BFH/NV 2004 S. 517:* 1. Nimmt das FG in den Entscheidungsgründen seines Urteils unter den Voraussetzungen des § 105 Abs. 5 FGO auf die Gründe der Einspruchsentscheidung Bezug, ist das Urteil nur dann nicht ausreichend begründet, wenn zum einen die Einspruchsentscheidung keine ausreichende Begründung zu den wesentlichen tatsächlichen und rechtlichen Erwägungen enthält und zum anderen das FG nicht auf neues wesentliches Vorbringen des Klägers eingeht. 2. Nach § 105 Abs. 5 FGO kann das FG von einer weiteren Darstellung der Entscheidungsgründe absehen, soweit es der Einspruchsentscheidung folgt und dies im Urteil feststellt. Hat das FA in der Einspruchsentscheidung bereits zu allen vom Kläger im Klageverfahren vorgebrachten entscheidungserheblichen Einwendungen Stellung genommen, kann das FG die eigene Begründung vollständig durch eine Bezugnahme auf die Gründe der Einspruchsentscheidung ersetzen. Eine über die Feststellung, dass das FG der Verwaltungsentscheidung folgt, hinausgehende Urteilsbegründung ist nicht erforderlich (Abgrenzung zu dem *BFH-Urteil vom 7. 11. 2000 VII R 24/00, BFH/NV 2001 S. 909*).

[2] § 107 Abs. 2 Satz 2 angef. durch G v. 22. 3. 2005 (BGBl. I S. 837).

[3] § 107 Abs. 1 FGO lässt nur die Berichtigung von offensichtlichen Unrichtigkeiten zu. Deshalb scheidet eine Berichtigung nach dieser Vorschrift aus, wenn auch nur die Möglichkeit eines Fehlers in der Sachverhaltsermittlung, Tatsachenwürdigung oder Rechtsanwendung besteht *(BFH-Beschluss vom 18. 8. 2005 VII B 297/04, BFH/NV S. 2241).*

BFH-Beschluss vom 10. 11. 2025 V B 47/24, BFH/NV 2026 S. 34: Betrifft die begehrte Berichtigung die Höhe der im Tenor des Urteils festgesetzten Steuer, liegt eine Beschwer vor, wenn der Beschwerdeführer schlüssig darlegt, dass eine Berichtigung nach § 107 Abs. 1 FGO deshalb möglich ist, weil das Finanzgericht eine nach den Steuerakten klar erkennbare Besteuerungsgrundlage übersehen hat (Anschluss an *BFH-Beschluss vom 18. 6. 1986 V S 5/86, BFH/NV S. 621*).

Eine Änderung des gewollten und richtig erklärten Inhalts eines Urteils kann nicht mit einem Berichtigungsantrag nach § 107 FGO, sondern nur mit dem gegen das Urteil zulässigen Rechtsmittel erreicht werden *(BFH-Beschluss vom 31. 8. 2012 IX B 86/12, BFH/NV S. 1994).*

Setzt das FG die Steuer im Tenor des Urteils fehlerhaft fest, weil ihm entweder selbst beim Ablesen der Steuertabelle ein Fehler unterlaufen ist oder es einen solchen Fehler des FA übernommen hat, ist der Urteilstenor wegen offenbarer Unrichtigkeit gem. § 107 Abs. 1 FGO zu berichtigen *(BFH-Beschluss vom 20. 3. 2002 IV B 104/00, BFH/NV S. 1306).*

BFH-Beschluss vom 10. 2. 2004 X B 75/03, BFH/NV S. 663: 1. § 107 FGO ist auch auf die Berichtigung von Beschlüssen anwendbar. 2. Als Berichtigungsgegenstand erfasst § 107 FGO alle Bestandteile des Urteils, u. a. auch das Rubrum. 3. Ziel des § 107 FGO ist es, den erklärten mit dem gewollten Inhalt des Urteils oder des Beschlusses in Einklang zu bringen. Eine Änderung des gewollten und richtig erklärten Inhalts des Urteils oder des Beschlusses kann dagegen nur mit dem gegen das Urteil zulässigen Rechtsmittel erreicht werden.

BFH-Urteil vom 10. 12. 2003 IX R 44/98, BFH/NV 2004 S. 1265: Für die Berichtigung offenbarer Unrichtigkeiten eines FG-Urteils ist nach Anhängigkeit des Revisionsverfahrens der BFH zuständig (Anschluss an *BFH-Urteil vom 21. 7. 1981 VIII R 128/76, BStBl. 1982 II S. 36; BFH-Beschluss vom 12. 1. 1993 IV R 86 – 88/91, BFH/NV 1993, S. 426);* die berichtigte Fassung ist für die Beurteilung der Zulässigkeit der Revision maßgeblich (Anschluss an *BGH-Beschluss vom 9. 12. 1992 XII ZB 114/92, NJW 1993 S. 1399).*

Eine Berichtigung nach § 107 Abs. 1 FGO scheidet aus, wenn nicht ausgeschlossen werden kann, dass das FG einen Rechtsfehler begangen hat *(BFH-Beschluss vom 14. 2. 2005 IX B 234/02, BFH/NV S. 1120).*

(2) Über die Berichtigung kann ohne mündliche Verhandlung entschieden werden. Der Berichtigungsbeschluss wird auf dem Urteil und den Ausfertigungen vermerkt. Ist das Urteil elektronisch abgefasst, ist auch der Beschluss elektronisch abzufassen und mit dem Urteil untrennbar zu verbinden.

111 **§ 108[1] [Antrag auf Berichtigung des Tatbestandes][2]**

(1) Enthält der Tatbestand des Urteils andere Unrichtigkeiten oder Unklarheiten, so kann die Berichtigung binnen zwei Wochen nach Zustellung des Urteils beantragt werden.

(2) Das Gericht entscheidet ohne Beweisaufnahme durch Beschluss. Der Beschluss ist unanfechtbar. Bei der Entscheidung wirken nur die Richter mit, die beim Urteil mitgewirkt haben. Ist ein Richter verhindert, so gibt bei Stimmengleichheit die Stimme des Vorsitzenden den Ausschlag. Der Berichtigungsbeschluss wird auf dem Urteil und den Ausfertigungen vermerkt. Ist das Urteil elektronisch abgefasst, ist auch der Beschluss elektronisch abzufassen und mit dem Urteil untrennbar zu verbinden.

112 **§ 109[3] [Nachträgliche Ergänzung eines Urteils][4]**

(1) Wenn ein nach dem Tatbestand von einem Beteiligten gestellter Antrag oder die Kostenfolge bei der Entscheidung ganz oder zum Teil übergangen ist, so ist auf Antrag das Urteil durch nachträgliche Entscheidung zu ergänzen.

(2) Die Entscheidung muss binnen zwei Wochen nach Zustellung des Urteils beantragt werden. Die mündliche Verhandlung hat nur den nicht erledigten Teil des Rechtsstreits zum Gegenstand. Von der Durchführung einer mündlichen Verhandlung kann abgesehen werden, wenn mit der Ergänzung des Urteils nur über einen Nebenanspruch oder über die Kosten entschieden werden soll und wenn die Bedeutung der Sache keine mündliche Verhandlung erfordert.

113 **§ 110[5] [Rechtskraftwirkung der Urteile]**

(1) Rechtskräftige Urteile binden, soweit über den Streitgegenstand[6] entschieden worden ist,

1. die Beteiligten und ihre Rechtsnachfolger,
2. in den Fällen des § 48 Abs. 1 Nr. 1 die nicht klageberechtigten Gesellschafter oder Gemeinschafter und
3. im Falle des § 60 a die Personen, die einen Antrag auf Beiladung nicht oder nicht fristgemäß gestellt haben.

Die gegen eine Finanzbehörde ergangenen Urteile wirken auch gegenüber der öffentlich-rechtlichen Körperschaft, der die beteiligte Finanzbehörde angehört.

---

[1] § 108 Abs. 2 Satz 5 angef. durch G v. 22. 3. 2005 (BGBl. I S. 837).

[2] Die Rüge der Unvollständigkeit des Tatbestandes des FG-Urteils rechtfertigt keine Zulassung der Revision wegen eines Verfahrensfehlers iSv. § 115 Abs. 2 Nr. 3 FGO. Das Verfahren der Tatbestandsberichtigung ist ein von einer Nichtzulassungsbeschwerde unabhängiges Verfahren, das nur vom FG selbst durchgeführt werden kann, nicht aber durch eine höhere Instanz *(BFH-Beschluss vom 31. 8. 2006 III B 14/06, BFH/NV 2007 S. 46).*

An einer Tatbestandsberichtigung kann nur insoweit ein berechtigtes Interesse bestehen, als damit die Grundlagen für eine Rechtsmittelentscheidung geschaffen werden sollen *(BFH-Beschluss vom 3. 5. 2023 IX S 17/21, BFH/NV 2023 S. 973).*

Hat das FG einen Sachantrag weder im Tatbestand des Urteils wiedergegeben noch in Entscheidungsgründen behandelt, so muss der Kläger – wenn das Urteil aufgrund mündlicher Verhandlung ergangen ist – zunächst einen Antrag nach § 108 FGO auf Berichtigung des Tatbestands stellen. Ist das finanzgerichtliche Urteil dagegen ohne mündliche Verhandlung ergangen, ist das Übergehen des Sachantrags als Verfahrensrüge im Verfahren der Nichtzulassungsbeschwerde oder bei zugelassener Revision im Revisionsverfahren geltend zu machen *(BFH-Beschluss vom 29. 8. 2003 III B 105/02, BFH/NV 2004 S. 178).*

Ein Antrag auf Tatbestandsberichtigung eines Revisionsurteils ist regelmäßig unzulässig *(BFH-Beschluss vom 9. 10. 2008 V R 45/06, BFH/NV 2009 S. 39).*

[3] § 109 Abs. 2 S. 3 angef. mWv 1. 1. 2020 durch G v. 12. 12. 2019 (BGBl. I S. 2633).

[4] Das Übergehen eines im Tatbestand des finanzgerichtlichen Urteils dargestellten oder zumindest im Klageantrag betragsmäßig zum Ausdruck gekommenen Sachantrags kann nicht als Verfahrensrüge im Verfahren wegen Nichtzulassung der Revision geltend gemacht werden, sondern nur mit einem Antrag nach § 109 FGO auf Ergänzung des Urteils *(BFH-Beschluss vom 29. 8. 2003 III B 105/02, BFH/NV 2004 S. 178).*

[5] Stehen sich zwei Urteile in unvereinbarer Weise gegenüber, so ist die Wirkung der Rechtskraft, in Bezug auf einen bestimmten, unveränderten Sachverhalt Rechtsfrieden zu schaffen, aufgehoben. § 174 AO ist anwendbar *(BFH-Urteil vom 18. 3. 2004 V R 23/02, BStBl. II S. 763).*

Zwei rechtskräftige Urteile, die zu demselben Sachverhalt, aber zu verschiedenen Veranlagungszeiträumen ergangen sind, erzeugen unabhängig voneinander jeweils Bindungswirkung dahin, wie der Sachverhalt in dem jeweiligen Veranlagungszeitraum steuerlich zu behandeln ist. Dies schließt eine Kollision im Umfang der Bindungswirkung beider Urteile (§ 110 Abs. 1 FGO) aus *(BFH-Urteil vom 12. 1. 2012 IV R 3/11, BFH/NV S. 779).*

Ist zwischen den Beteiligten für ein bestimmtes Streitjahr ein Urteil ergangen, entfaltet dies für andere Streitjahre keine Rechtskraftwirkung *(BFH-Beschluss vom 30. 8. 2012 X B 213/11, BFH/NV 2013 S. 56).*

Weder Einkommensteuerbescheide noch Gewinnfeststellungsbescheide sind für die Festsetzung des Gewerbesteuermessbetrags bindend. Daher kann auch ein zur Gewinnfeststellung ergangenes finanzgerichtliches Urteil keine Rechtskraftwirkung für den Gewerbesteuermessbetrag haben *(BFH-Beschluss vom 30. 8. 2012 X B 214/11, BFH/NV 2013 S. 85).*

[6] *BFH-Urteil vom 27. 9. 2016 VIII R 16/14, BFH/NV 2017 S. 595:* 1. Für den Umfang der Bindungswirkung eines rechtskräftigen Urteils ist der Begriff des Streitgegenstands in § 110 Abs. 1 Satz 1 FGO i. S. von „Entscheidungsgegenstand" zu verstehen (ständige Rechtsprechung). 2. Der Entscheidungsgegenstand eines die Klage erkennbar unter Beachtung des Verböserungsverbots sowie ohne Möglichkeit einer Saldierung als unbegründet abweisenden Urteils umfasst nicht einen bereits zugunsten des Steuerpflichtigen berücksichtigten Sachverhalt. 3. Ein obiter Dictum des Gerichts nimmt nicht an der Rechtskraft eines Urteils teil.

(2)[1] Die Vorschriften der Abgabenordnung und anderer Steuergesetze über die Rücknahme, Widerruf, Aufhebung und Änderung von Verwaltungsakten sowie über die Nachforderung von Steuern bleiben unberührt, soweit sich aus Absatz 1 Satz 1 nichts anderes ergibt.

§§ 111, 112 (weggefallen)

§ 113 [Beschlüsse] 114

(1) Für Beschlüsse gelten § 96 Abs. 1 Satz 1 und 2, § 105 Abs. 2 Nr. 6, §§ 107 bis 109 sinngemäß.

(2) Beschlüsse sind zu begründen, wenn sie durch Rechtsmittel angefochten werden können oder über einen Rechtsbehelf entscheiden. Beschlüsse über die Aussetzung der Vollziehung (§ 69 Abs. 3 und 5) und über einstweilige Anordnungen (§ 114 Abs. 1), Beschlüsse nach Erledigung des Rechtsstreits in der Hauptsache (§ 138) sowie Beschlüsse, in denen ein Antrag auf Bewilligung von Prozesskostenhilfe zurückgewiesen wird (§ 142), sind stets zu begründen. Beschlüsse, die über ein Rechtsmittel entscheiden, bedürfen keiner weiteren Begründung, soweit das Gericht das Rechtsmittel aus den Gründen der angefochtenen Entscheidung als unbegründet zurückweist.

§ 114 [Einstweilige Anordnungen][2] 115

(1) Auf Antrag kann das Gericht, auch schon vor Klageerhebung, eine einstweilige Anordnung in Bezug auf den Streitgegenstand treffen, wenn die Gefahr besteht, dass durch eine Veränderung desbestehenden Zustands die Verwirklichung eines Rechts des Antragstellers vereitelt oder wesentlich erschwert werden könnte. Einstweilige Anordnungen sind auch zur Regelung eines vorläufigen Zustands in Bezug auf ein streitiges Rechtsverhältnis zulässig, wenn diese Regelung, vor

---

[1] *BFH-Urteil vom 4. 3. 2020 II R 11/17, BStBl. 2021 II S. 155:* 1. § 110 Abs. 2 FGO ist dahingehend auszulegen, dass die Rechtskraft eines Urteils Vorrang gegenüber den Änderungsvorschriften der AO hat. 2. Eine Durchbrechung der Rechtskraft eines Urteils aufgrund geänderter Sachlage ist nur in engen Grenzen möglich. Sie ist insbesondere dann ausgeschlossen, wenn das Gericht im Urteil Bodenrichtwerte nicht berücksichtigen konnte, weil sie zum Zeitpunkt der gerichtlichen Entscheidung trotz mehrmaliger Aufforderungen an den Gutachterausschuss nicht ermittelt wurden, aber eine solche Ermittlung nach Rechtskraft der gerichtlichen Entscheidung erfolgte, ohne dass für die verzögerte Bearbeitung ein sachlicher Grund erkennbar wurde.

Die Rechtskraft einer gerichtlichen Entscheidung hindert gem. § 110 Abs. 2 FGO nicht die spätere Änderung eines von der Entscheidung umfassten Sachverhalts nach § 174 Abs. 4 AO, wenn das FA bei der Änderung der Bescheide für das Streitjahr nicht auf die Entscheidung des FG für dieses Jahr reagiert, sondern die Konsequenzen aus einer für die Klägerin günstigen Änderung der Bescheide für ein anderes Jahr gezogen hat *(BFH-Beschluss vom 13. 6. 2012 I B 137/11, BFH/NV S. 1574).*

[2] Die Unterscheidung des vorläufigen Rechtsschutzes durch einstweilige Anordnung (§ 114) und durch AdV (§ 69) richtet sich danach, ob ein „vollziehbarer Verwaltungsakt" iSd § 69 vorliegt; für diesen Fall ist ausschließlich § 69 einschlägig, in allen anderen Fällen § 114.

Das FG ist als das Gericht des ersten Rechtszuges für den Erlass der einstweiligen Anordnung auch dann zuständig, wenn sich die Hauptsache bereits im Beschwerdeverfahren befindet *(BFH-Beschluss vom 27. 8. 2012 V S 25/12, BFH/NV S. 1994).* Der vom Finanzamt gegen den säumigen Steuerschuldner gestellte Antrag auf Eröffnung des Insolvenzverfahrens stellt keinen Verwaltungsakt dar, so dass vorläufiger Rechtsschutz nach § 114 FGO erlangt werden kann. Ein Antrag auf Eröffnung des Insolvenzverfahrens ist rechtsmissbräuchlich, wenn er lediglich mit dem Ziel der Existenzvernichtung des Schuldners gestellt wird *(BFH-Beschluss vom 28. 2. 2011 VII B 224/10, BFH/NV S. 763).*

Ist ein Antrag auf Erlass einer einstweiligen Anordnung rechtskräftig als unbegründet abgelehnt worden, so steht einem erneuten Antrag die Rechtskraft des Ablehnungsbeschlusses entgegen, sofern sich die entscheidungserheblichen rechtlichen und/oder tatsächlichen Verhältnisse nicht verändert haben. Ein erneuter Antrag kann jedoch dann gestellt werden, wenn nach der früheren Entscheidung neue Tatsachen entstanden sind, die eine andere Beurteilung des entscheidungserheblichen Sachverhalts rechtfertigen *(BFH-Beschluss vom 18. 12. 1991 II B 112/91, BStBl. 1992 II S. 250).* Rechtserhebliche Tatsachen und Beweismittel sind im neuen Anordnungsverfahren nur zu beachten, wenn sie im früheren Verfahren noch nicht vorgebracht werden konnten.

Gegen die Ablehnung eines Antrags auf Erlass von Säumniszuschlägen kommt als Mittel des einstweiligen Rechtsschutzes nicht die Aussetzung der Vollziehung, sondern die einstweilige Anordnung in Betracht *(BFH-Beschluss vom 30. 9. 2015 I B 86/15, BFH/NV 2016 S. 569).*

Die Freistellungsbescheinigung kann nicht durch einstweilige Anordnung gem. § 114 Abs. 1 FGO erteilt werden, da sonst das im Hauptsacheverfahren erstrebte Ziel im Verfahren über vorläufigen Rechtsschutz zuerkannt würde *(BFH-Beschluss vom 27. 7. 1994 I B 246/93, BStBl. II S. 899).*

Zu den Voraussetzungen für den Erlass einer das Ergebnis der Hauptsache vorwegnehmenden einstweiligen (Regelungs-) Anordnung siehe *BFH-Beschluss vom 22. 8. 1995 VII B 153, 154, 167, 172/95, BStBl. II S. 645.*

Im Verfahren der einstweiligen Anordnung ist es erforderlich, aber auch ausreichend, dass der Antragsteller glaubhaft macht, ohne die begehrte Regelung würden ihm – bei einer GbR den Gesellschaftern – wesentliche Nachteile entstehen *(BFH-Beschluss vom 12. 6. 1995 II S 9/95, BStBl. II S. 605).*

Wird der Erlass einer einstweiligen Anordnung auf andere als die im Gesetz ausdrücklich genannten Gründe („wesentliche Nachteile" und „drohende Gewalt") gestützt, müssen diese ähnlich gewichtig und bedeutsam sein. Das gilt insbesondere, wenn mit dem Antrag die Vorwegnahme der Hauptsache begehrt wird *(BFH-Beschluss vom 7. 1. 1999 VII B 170/98, BFH/NV S. 818).*

Eine Regelungsanordnung iSd § 114 Abs. 1 Satz 2 FGO kann erlassen werden, wenn zwar nicht die Existenz des Antragstellers von der Gewährung einstweiligen Rechtsschutzes abhängt, aber die Rechtslage klar und eindeutig für die begehrte Regelung spricht und eine abweichende Beurteilung in einem etwa durchzuführenden Hauptverfahren zweifelsfrei auszuschließen ist. In diesem Fall steht auch der Gesichtspunkt einer Vorwegnahme der Entscheidung in der Hauptsache dem Erlass einer einstweiligen Anordnung nicht entgegen *(BFH-Beschluss vom 13. 11. 2002 I B 147/02, BFH/NV 2003 S. 262).*

Anordnungsanspruch iSd § 114 FGO ist das Recht oder Rechtsverhältnis, das im Hauptsacheverfahren Gegenstand des Klagebegehrens sein soll. Antragsbefugt iSd § 114 FGO kann nur derjenige sein, der Beteiligter des entsprechenden Hauptsacheverfahrens sein kann *(BFH-Beschluss vom 11. 9. 2001 VIII B 83/00, BFH/NV S. 578).*

allem bei dauernden Rechtsverhältnissen, um wesentliche Nachteile abzuwenden oder drohende Gewalt zu verhindern oder aus anderen Gründen nötig erscheint.[1]

(2) Für den Erlass einstweiliger Anordnungen ist das Gericht der Hauptsache zuständig. Dies ist das Gericht des ersten Rechtszugs. In dringenden Fällen kann der Vorsitzende entscheiden.

(3) Für den Erlass einstweiliger Anordnungen gelten die §§ 920, 921, 923, 926, 928 bis 932, 938, 939, 941 und 945 der Zivilprozessordnung sinngemäß.

(4) Das Gericht entscheidet durch Beschluss.

(5) Die Vorschriften der Absätze 1 bis 3 gelten nicht für die Fälle des § 69.

Abschnitt V. Rechtsmittel und Wiederaufnahme des Verfahrens

Unterabschnitt 1. Revision

116 **§ 115 [Zulassung der Revision]**

(1) Gegen das Urteil des Finanzgerichts (§ 36 Nr. 1) steht den Beteiligten die Revision an den Bundesfinanzhof zu, wenn das Finanzgericht oder auf Beschwerde gegen die Nichtzulassung der Bundesfinanzhof sie zugelassen hat.[2]

(2) Die Revision ist nur zuzulassen,[3] wenn

1. die Rechtssache grundsätzliche Bedeutung[4] hat,
2. die Fortbildung des Rechts oder die Sicherung einer einheitlichen Rechtsprechung eine Entscheidung des Bundesfinanzhofs erfordert[5] oder

---

[1] Eine Regelungsanordnung iSd § 114 Abs. 1 Satz 2 FGO kann erlassen werden, wenn zwar nicht die Existenz des Antragstellers von der Gewährung einstweiligen Rechtsschutzes abhängt, aber die Rechtslage klar und eindeutig für die begehrte Regelung spricht und eine abweichende Beurteilung in einem etwa durchzuführenden Hauptverfahren zweifelsfrei auszuschließen ist. In diesem Fall steht auch der Gesichtspunkt einer Vorwegnahme der Entscheidung in der Hauptsache dem Erlass einer einstweiligen Anordnung nicht entgegen *(BFH-Beschluss vom 13. 11. 2002 I B 147/02, BStBl. II S. 716).*

[2] 1. Wird die Revision im angefochtenen Urteil vom FG weder im Tenor noch in den Gründen ausdrücklich zugelassen, so ist sie nach ständiger Rspr. versagt. 2. Eine Umdeutung einer nicht zugelassenen Revision in eine Nichtzulassungsbeschwerde scheidet im Hinblick auf die rechtlichen und verfahrensmäßigen Unterschiede zwischen beiden Rechtsmitteln aus. An diesen grundsätzlichen Unterschieden hat die Neufassung der §§ 115, 116 FGO durch das 2. FGOÄndG nichts geändert. Legt ein Steuerberater, bei dem die Kenntnis der Prozessordnung vorauszusetzen ist, ausdrücklich eine Revision ein, so kommt auch aus diesem Grunde keine Umdeutung in Betracht *(BFH-Beschluss vom 25. 6. 2004 III R 16/04, BFH/NV S. 1539).*

[3] Die „schlichte" Fehlerhaftigkeit eines FG-Urteils eröffnet auch nach neuem Revisionsrecht nicht die Zulassung der Revision *(BFH-Beschluss vom 25. 11. 2002 I B 2/02, BFH/NV 2003 S. 488).*

Bei einem unteilbaren Streitgegenstand (z. B. dem Einkommensteuerbescheid für einen bestimmten Veranlagungszeitraum) kann die Revisionszulassung nicht auf eine einzelne Rechtsfrage beschränkt werden. In einem solchen Fall kann ein Revisionskläger im Rahmen des von ihm bereits beim FG gestellten Antrags auch solche Rechtsfragen streitig stellen, in denen der die Revision zulassende Spruchkörper keinen Zulassungsgrund gesehen hat *(BFH-Urteil vom 28. 7. 2021 X R 35/20, BFH/NV 2022 S. 1).*

Eine auf seine freie, aus dem Gesamtergebnis des Verfahrens gewonnenen Überzeugung beruhende Entscheidung des FG kann im Revisionsverfahren grundsätzlich nur daraufhin überprüft werden, ob das FG entweder von einem unzureichend aufgeklärten Sachverhalt ausgegangen ist oder mit seiner Sachverhaltswürdigung gegen Denkgesetze oder allgemeine Erfahrungssätze verstoßen hat *(BFH-Beschluss vom 18. 8. 2005 V B 6/05, BFH/NV S. 2006 S. 555).*

[4] Das Fehlen einer höchstrichterlichen Entscheidung zu der aufgeworfenen Rechtsfrage begründet noch nicht deren grundsätzliche Bedeutung *(BFH-Beschluss vom 16. 7. 2009 V B 22/09, BFH/NV S. 1827).*

Einer Rechtssache kommt nicht deshalb **grundsätzliche Bedeutung** zu, weil das angefochtene Urteil feststehende Rechtsgrundsätze auf den konkreten Sachverhalt fehlerhaft angewendet haben soll *(BFH-Beschluss vom 29. 1. 1987 V B 33/85, BStBl. II S. 316).* Ebenso wenig wird eine grundsätzliche Bedeutung dargetan, wenn die Entscheidung von der Würdigung der tatsächlichen Umstände im konkreten Streitfall abhängt, es sich also im Ergebnis selbst nicht um eine reversible Rechtsfrage handelt *(BFH-Beschluss vom 25. 6. 1997 VIII B 35/96, BFH/NV 1998 S. 8).*

Liegt bereits eine Entscheidung des BFH zur entscheidungserheblichen Frage vor, muss zur ordnungsgemäßen Rüge der grundsätzlichen Bedeutung im Einzelnen konkret dargetan werden, welche neuen gewichtigen, rechtlichen Gesichtspunkte zu der aufgezeigten Rechtsfrage vorgetragen werden *(BFH-Beschluss vom 2. 9. 2011 III B 163/10, BFH/NV S. 2090).*

Betrifft die aufgeworfene Rechtsfrage ausgelaufenes Recht, so ist zur Begründung der grundsätzlichen Bedeutung der Rechtssache zusätzlich darzulegen, dass sich die Frage noch für einen nicht überschaubaren Personenkreis in nicht absehbarer Zukunft weiterhin stellen kann *(BFH-Beschluss vom 18. 3. 2005 XI B 158/03, BFH/NV S. 1343).*

Bei behaupteter Verfassungswidrigkeit einer Norm liegt eine grundsätzliche Bedeutung iSd § 115 Abs. 2 Nr. 1 FGO nur vor, wenn das angefochtene Urteil des FG auf dieser Norm beruht und im Fall der Verfassungswidrigkeit eine für den Beschwerdeführer günstigere Entscheidung zu treffen wäre. Eine schlüssige Darlegung der grundsätzlichen Bedeutung erfordert daher insbesondere Ausführungen dazu, dass eine normverwerfende Entscheidung des BVerfG zu einer rückwirkenden Neuregelung des beanstandeten Gesetzes – und sei es auch nur im Rahmen einer Übergangsregelung für alle noch offenen Fälle – führen wird *(BFH-Beschluss vom 13. 12. 2001 II B 37/00, BFH/NV 2002 S. 532).*

Wird die Verfassungswidrigkeit einer Norm geltend gemacht, so ist zur subantiierten Darlegung der Klärungsbedürftigkeit der Rechtsfrage eine an den Vorgaben des Grundgesetzes sowie der dazu ergangenen Rechtsprechung des BVerfG und des BFH orientierte inhaltliche Auseinandersetzung erforderlich *(BFH-Beschluss vom 7. 2. 2005 III B 101/04, BFH/NV S. 1083).*

Wird ein Verstoß gegen das Gemeinschaftsrecht gerügt, so ist zur Darlegung der grundsätzlichen Bedeutung der Rechtssache eine substantiierte, an den Vorgaben des Gemeinschaftsrechts und der dazu ergangenen Rechtsprechung des EuGH und des BFH orientierte Auseinandersetzung mit der Problematik erforderlich *(BFH-Beschluss vom 29. 10. 2008 I B 84/08, BFH/NV 2009 S. 191).*

[5] Eine Entscheidung des BFH zur **Fortbildung des Rechts** (§ 115 Abs. 2 Nr. 2 Alternative 1 FGO) ist in Fällen erforderlich, in denen über bisher ungeklärte Rechtsfragen zu entscheiden ist, wenn somit ein Einzelfall Veranlassung gibt, Grundsätze für die Auslegung von Gesetzesbestimmungen des materiellen Rechts oder des Verfahrensrechts aufzustellen oder Gesetzeslücken rechtsschöpferisch auszufüllen *(BFH-Beschluss vom 15. 7. 2005 I B 252/04, BFH/NV 2006 S. 67).*

[Fortsetzung nächste Seite]

3. ein Verfahrensmangel geltend gemacht wird und vorliegt, auf dem die Entscheidung beruhen kann.[1]

[Fortsetzung]

Ist eine Rechtsfrage bereits höchstrichterlich geklärt worden, muss der Beschwerdeführer substantiiert darlegen, in welchem Umfang, von welcher Seite und aus welchen Gründen diese höchstrichterlich bereits beantwortete Frage noch umstritten ist, insbesondere welche neuen gewichtigen, bislang nicht geprüften Einwände in der Literatur und/oder in der Rechtsprechung der Instanzgerichte gegen die höchstrichterliche Auffassung erhoben werden *(BFH-Beschluss vom 23. 6. 2017 X B 151/16, BFH/NV S. 1434)*.

Eine (behauptete) Abweichung von Entscheidungen des EuGH rechtfertigt keine Zulassung der Revision nach § 115 Abs. 2 Nr. 2 FGO *(BFH-Beschluss vom 15. 2. 2000 V B 152/99, BFH/NV S. 824)*.

Eine Entscheidung des BFH zur Fortbildung des Rechts ist insbesondere in Fällen erforderlich, in denen über bisher ungeklärte Rechtsfragen zu entscheiden ist, so bspw., wenn der Einzelfall Veranlassung gibt, Grundsätze für die Auslegung von Gesetzesbestimmungen des materiellen oder des Verfahrensrechts aufzustellen oder Gesetzeslücken rechtsschöpferisch auszufüllen. Erforderlich ist eine Entscheidung des BFH nur dann, wenn die Rechtsfortbildung über den Einzelfall hinaus im allgemeinen Interesse liegt und wenn die Frage nach dem „ob" und gegebenenfalls „wie" der Rechtsfortbildung klärungsbedürftig ist *(BFH-Beschluss vom 27. 3. 2006 VIII B 21/05, BFH/NV S. 1256)*.

Eine die einheitliche Rspr. iSv. § 115 Abs. 2 Nr. 2 Alternative 2 FGO n. F. gefährdende Abweichung liegt vor, wenn das FG bei gleichem oder vergleichbarem Sachverhalt in einer entscheidungserheblichen Rechtsfrage eine andere Rechtsauffassung vertritt als der BFH, der Gemeinsame Senat der obersten Gerichtshöfe des Bundes, ein anderes oberstes Bundesgericht oder ein anderes FG. Das FG muss seiner Entscheidung einen tragenden abstrakten Rechtssatz zugrunde gelegt haben, der mit den ebenfalls tragenden Rechtsausführungen in der Divergenzentscheidung des anderen Gerichts nicht übereinstimmt. Eine Divergenz in der Würdigung von Tatsachen reicht nicht aus. Keine Abweichung liegt daher vor, wenn das FG erkennbar von den Rechtsgrundsätzen der BFH-Rechtsprechung ausgeht, diese aber fehlerhaft auf die Besonderheiten des Streitfalles anwendet *(BFH-Beschluss vom 16. 4. 2002 X B 140/01, BFH/NV S. 1046)*.

BFH-Beschluss vom 13. 10. 2003 IV B 85/02, BStBl. 2004 II S. 25: 1. Schwerwiegende Fehler des FG bei der Anwendung und Auslegung revisiblen Rechts ermöglichen die Zulassung der Revision. Ein solcher Fehler liegt jedenfalls dann vor, wenn die Entscheidung des FG als objektiv willkürlich oder unter keinem denkbaren Gesichtspunkt vertretbar erscheint. 2. Liegt ein derartiger Fehler vor und wird er mit einer Nichtzulassungsbeschwerde ordnungsgemäß gerügt, ist die Revision zuzulassen. Eine Aufhebung der angefochtenen Entscheidung im Beschwerdeverfahren kommt anders als bei Vorliegen der Voraussetzungen des § 115 Abs. 2 Nr. 3 FGO (Verfahrensmangel) nicht in Betracht.

Greifbare Gesetzwidrigkeit ist anzunehmen, wenn das Urteil jeglicher gesetzlichen Grundlage entbehrt oder auf einer offensichtlich Wortlaut und Gesetzeszweck widersprechenden Gesetzesauslegung beruht (*BFH-Beschluss vom 20. 7. 2022 IX B 9/21, BFH/NV S. 1061*).

Bei Schätzungen kommt ein die Zulassung der Revision rechtfertigender qualifizierter Rechtsanwendungsfehler nur in Betracht, wenn das Schätzungsergebnis wirtschaftlich unmöglich und damit schlechthin unvertretbar ist, sich also das Ergebnis der Schätzung als offensichtlich realitätsfremd darstellt *(BFH-Beschluss vom 12. 11. 2008 V B 41/08, BFH/NV 2009 S. 402)*.

BFH-Beschluss vom 9. 3. 2004 X B 68/03, BFH/NV S. 1112: Unterläuft dem FG im Rahmen der Prüfung einer Geldverkehrsrechnung ein Verstoß gegen die Denkgesetze, liegt darin nicht zwingend gleichzeitig ein besonders schwerwiegender materiell-rechtlicher Fehler, der nach den Vorstellungen des Gesetzgebers ausnahmsweise zur Zulassung der Revision führen kann. Dies ist jedenfalls dann nicht der Fall, wenn sich das Schätzungsergebnis trotz des dem FG im Rahmen der Würdigung einer Schätzungsgrundlage unterlaufenen Verstoßes gegen die Denkgesetze nicht als offensichtlich realitätsfremd darstellt (Abgrenzung zum *BFH-Beschluss vom 13. 10. 2003 IV B 85/02, BStBl. 2004 II S. 25)*.

Die Zulassung der Revision zur **Sicherung einer einheitlichen Rechtsprechung** setzt voraus, dass das Finanzgericht (FG) in einer Rechtsfrage von der Entscheidung eines anderen Gerichts abgewichen ist, dass dabei über dieselbe Rechtsfrage entschieden wurde und diese für beide Entscheidungen rechtserheblich war, dass die Entscheidungen zu gleichen oder vergleichbaren Sachverhalten ergangen sind, dass die abweichend beantwortete Rechtsfrage im Revisionsverfahren geklärt werden kann und dass eine Entscheidung des Bundesfinanzhofs zur Wahrung der Rechtseinheit erforderlich ist *(BFH-Beschluss vom 6. 9. 2023 IX B 84/22, BFH/NV 2023 S. 1314)*.

Die Revision ist wegen greifbarer Gesetzeswidrigkeit (§ 115 Abs. 2 Nr. 2 Alternative 2 der FGO) zuzulassen, wenn das Finanzgericht eine offensichtlich entscheidungserhebliche Vorschrift evident außer Acht gelassen hat *(BFH-Beschluss vom 22. 4. 2025 VIII B 26/24, BFH/NV S. 883)*.

Nach § 115 Abs. 2 Nr. 2 2. Alternative FGO ist die Revision zur Sicherung der Rechtseinheit zuzulassen, wenn die angefochtene Entscheidung des FG in einem solchen Maß fehlerhaft ist, dass das Vertrauen in die Rechtsprechung nur durch eine höchstrichterliche Korrektur wiederhergestellt werden kann *(BFH-Beschluss vom 14. 2. 2023 IX B 1/22, BFH/NV 2023 S. 573)*.

Wenn das FG in einem Billigkeitsverfahren eine einschlägige Verwaltungsanweisung übersieht, liegt darin zwar möglicherweise ein materiell-rechtlicher Fehler, der aber nicht zur Zulassung der Revision führen kann. Mit dem Übersehen einer einschlägigen Rechtsnorm, das als schwerwiegender materiell-rechtlicher Fehler die Zulassung der Revision zur Sicherung einer einheitlichen Rechtsprechung (§ 115 Abs. 2 Nr. 2 Alt. 2 FGO) rechtfertigen kann, ist dies nicht vergleichbar *(BFH-Beschluss vom 5. 5. 2011 X B 74/10, BFH/NV S. 1519)*.

Auch eine fehlerhaft vorgenommene Beweislastentscheidung stellt lediglich einen materiellen Fehler dar, der in der Regel nicht so erheblich ist, dass er eine Revisionszulassung wegen eines erheblichen Rechtsfehlers (§ 115 Abs. 2 Nr. 2 FGO) zur Folge hat *(BFH-Beschluss vom 19. 9. 2016 X B 159/15, BFH/NV 2017 S. 54)*.

Die hinreichende Bezeichnung einer Divergenz setzt die Herausarbeitung und Gegenüberstellung tragender und abstrakter Rechtssätze aus dem angefochtenen Urteil des FG einerseits und aus der behaupteten Divergenzentscheidung andererseits voraus *(BFH-Beschluss vom 7. 5. 2013 VII B 102/12, BFH/NV S. 1428)*.

Der Zulassungsgrund der Divergenz umfasst das Abweichen des FG-Urteils nicht nur von der Rechtsprechung des BFH, sondern von der Rechtsprechung aller obersten Bundesgerichte. Eine Divergenz liegt vor, wenn das FG seiner Entscheidung einen abstrakten Rechtssatz zugrunde gelegt hat, der mit den tragenden Rechtsausführungen einer höchstrichterlichen Entscheidung nicht übereinstimmt *(BFH-Beschluss vom 10. 12. 2007 XI B 162/06, BFH/NV 2008 S. 384)*.

Keine Divergenz liegt vor, wenn das FG erkennbar von den Rechtsgrundsätzen der Rspr. des BFH ausgeht, diese aber fehlerhaft auf die Besonderheiten des Einzelfalles anwendet *(BFH-Beschluss vom 15. 9. 2005 V B 126/04, BFH/NV 2006 S.557)*.

Grundsätzlich ist bei einer Divergenz davon auszugehen, dass die Sicherung einer einheitlichen Rspr. eine Entscheidung des BFH erfordert. Eine Ausnahme kommt jedoch dann in Betracht, wenn die entschiedene Rechtsfrage nur noch für sehr wenige Fälle von Bedeutung ist, weil sie ausgelaufenes Recht betrifft *(BFH-Beschluss vom 19. 6. 2006 I B 142/05, BFH/NV S. 1692)*.

Die Zulassung der Revision zur Sicherung einer einheitlichen Rechtsprechung wegen einer Abweichung des Urteils des FG von anderen Entscheidungen setzt voraus, dass das FG in einer Rechtsfrage von der Entscheidung eines anderen Gerichts abgewichen ist, dass dabei über dieselbe Rechtsfrage entschieden wurde und diese für beide Entscheidungen rechtserheblich

[Fortsetzung nächste Seite]

(3) Der Bundesfinanzhof ist an die Zulassung gebunden.

[Fortsetzung]

war, dass die Entscheidungen zu gleichen oder vergleichbaren Sachverhalten ergangen sind, dass die abweichend beantwortete Rechtsfrage im Revisionsverfahren geklärt werden kann und, dass eine Entscheidung des BFH zur Wahrung der Rechtseinheit erforderlich ist. Ferner muss das Urteil des FG grundsätzlich von der Divergenzentscheidung abweichen *(BFH-Beschluss vom 20. 5. 2016 III B 62/15, BFH/NV S. 1293).*

[1] *BFH-Beschluss vom 10. 6. 2005 XI B 182/04, BFH/NV S. 1838:* **Verfahrensfehler** iSd § 115 Abs. 2 Nr. 3 FGO sind Verstöße gegen das Gerichtsverfahrensrecht, die das FG bei der Handhabung seines Verfahrens begeht und die zur Folge haben, dass eine ordnungsgemäße Grundlage für die Entscheidung im Urteil fehlt *(BFH-Beschluss vom 30. 6. 1999 XI B 66/98, BFH/NV S. 1620),* z. B. ein Verstoß gegen § 76 FGO (Verletzung der Sachaufklärungspflicht) oder gegen § 96 FGO Nichtberücksichtigung des Gesamtergebnisses des Verfahrens; Verstoß gegen den klaren Inhalt der Akten; Verletzung des rechtlichen Gehörs, die Vorwegnahme der Beweiswürdigung oder die vermeintliche Bindung an nicht bestehende Beweisregeln).

Die Behauptung, das FA habe gegen Vorschriften der Abgabenordnung verstoßen, ist nicht geeignet, einen Verfahrensmangel iSv. § 115 Abs. 2 Nr. 3 FGO (betr. die Zulassung der Revision) zu begründen. Vielmehr handelt es sich hierbei aus Sicht der Revisionsinstanz – um einen materiellen Mangel, der lediglich unter den Voraussetzungen des § 115 Abs. 2 Nr. 1 oder 2 FGO die Revision eröffnet *(BFH-Beschluss vom 25. 1. 2006 VIII B 45/05, BFH/NV S. 961).*

Ein FG-Urteil kann nur dann auf einem Verfahrensfehler beruhen, wenn von ihm alle das Urteil tragenden Gründe erfasst werden *(BFH-Beschluss vom 13. 10. 2003 I B 63/03, BFH/NV 2004 S. 347).*

Gibt das FG-Urteil den zum Verständnis seines Inhalts erforderlichen Sachstand nicht hinreichend wieder und ist es deshalb als Grundlage für die rechtlichen Schlussfolgerungen der Vorinstanz unzureichend, liegt darin ein im Revisionsverfahren von Amts wegen zu beachtender und zur Zurückverweisung führender Mangel *(BFH-Urteil vom 12. 8. 2015 I R 2/13, BFH/NV 2016 S. 47).*

Bei der Beurteilung, ob das Finanzgericht einen Verfahrensfehler begangen hat, kommt es auf dessen materiell-rechtlichen Standpunkt an *(BFH-Beschluss vom 18. 5. 2005 VIII B 56/04, BFH/NV S. 1811).*

Der Verfahrensfehler mangelhafter Sachaufklärung ist nur dann ordnungsgemäß dargelegt, wenn zusätzlich vorgetragen wird, dass die nicht zureichende Aufklärung des Sachverhalts und die Nichterhebung der angebotenen Beweise in der mündlichen Verhandlung gerügt wurde oder weshalb diese Rüge nicht möglich war *(BFH-Beschluss vom 12. 5. 2016 III B 5/16, BFH/NV S. 1292).*

BFH-Beschluss vom 30. 1. 2008 X B 55/07, BFH/NV S. 964: 1. Bei der Verletzung der Sachaufklärungspflicht handelt es sich um einen verzichtbaren Verfahrensmangel, bei dem das Rügerecht nicht nur durch eine ausdrückliche oder konkludente Verzichtserklärung gegenüber dem Finanzgericht verloren geht, sondern auch durch das bloße Unterlassen einer rechtzeitigen Rüge. 2. Der Beschwerdeführer muss zur schlüssigen Darlegung eines Verfahrensmangels in diesem Fall vortragen, aus welchen entschuldbaren Gründen er an einer entsprechenden Rüge vor dem Finanzgericht gehindert war.

Bei der **Rüge mangelnder Sachaufklärung** wegen Verletzung des Amtsermittlungsgrundsatzes durch das FG (§ 76 FGO) muss dargelegt werden,
- welche Tatfrage aufklärungsbedürftig ist,
- welche Beweise zu welchem Beweisthema das FG nicht erhoben hat,
- warum der Beschwerdeführer – sofern er durch einen Prozessbevollmächtigten vertreten war – nicht von sich aus einen entsprechenden Beweisantrag gestellt hat,
- warum diese Beweiserhebung sich dem FG – auch ohne besonderen Antrag – als erforderlich hätte aufdrängen müssen und
- inwieweit die als **unterlassen gerügte Beweisaufnahme** zu einer anderen Entscheidung durch das FG hätte führen können *(BFH-Beschluss vom 10. 12. 1998 VIII B 56/98, BFH/NV 1999 S. 804).*

Kein Verfahrensmangel, sondern ein grundsätzlich nicht zur Revisionszulassung führender materieller Fehler ist gegeben, wenn das FG eine (vermeintlich) unzutreffende Sachverhalts- oder Beweiswürdigung vornimmt sowie, wenn das FG bestimmte Vorgänge in rechtlicher Hinsicht abweichend würdigt *(BFH-Beschluss vom 5. 4. 2016 III B 137/15, BFH/NV S. 1170).*

Bei der Rüge unterlassener Beweiserhebung muss dargelegt werden, 1. zu welchem Ergebnis die vermisste Aufklärung voraussichtlich geführt hätte und wie die Entscheidung des FG hierdurch beeinflusst worden wären sowie 2. dass der Beschwerdeführer in der ersten Instanz einen förmlichen Beweisantrag gestellt hat oder weshalb ihm dies nicht möglich war *(BFH-Beschluss vom 7. 12. 1999 I B 10/99, BFH/NV 2000 S. 733).*

Zur Darlegung eines Verfahrensmangels wegen **Übergehens eines Beweisantrages** gehört auch der Vortrag, dass die Nichterhebung des angebotenen Beweises in der mündlichen Verhandlung gerügt wurde oder weshalb diese Rüge nicht möglich war *(BFH-Beschluss vom 29. 10. 2002 IV B 98/01, BFH/NV 2003 S. 326).*

Kommt das FG substantiierten Beweisanträgen (hier: Anträge auf – ergänzende – Zeugenvernehmung) des Klägers nicht nach, sondern geht es pauschal davon aus, dass die weitere Beweiserhebung für die Entscheidung des Streitfalls unerheblich ist, liegt ein Verfahrensmangel i. S. des § 115 Abs. 2 Nr. 3 FGO vor *(BFH-Beschluss vom 4. 10. 2019 IX B 37/19, BFH/NV 2020 S. 95).*

Hat das FG in seinem Urteil begründet, weshalb es von der Erhebung eines beantragten Zeugenbeweises abgesehen hat, genügt in der Beschwerdeschrift die schlichte Rüge der Nichtvernehmung zur Bezeichnung der den angeblichen Verfahrensverstoß begründenden Tatsachen. Diese Begründungserleichterung (2.) hat nicht zur Folge, dass in der Beschwerdeschrift auch auf Ausführungen zum Nichteintritt des Rügeverlustes verzichtet werden könnte *(BFH-Beschluss vom 14. 10. 2002 VII B 78/02, BFH/NV 2003 S. 322).*

Ist das FG ausdrücklich oder erkennbar von der BFH-Rechtsprechung ausgegangen und hat es diese aber fehlerhaft auf den Streitfall angewendet, liegt keine Rechtsprechungsdivergenz, sondern ein schlichter Rechtsanwendungsfehler vor *(BFH-Beschluss vom 5. 4. 2016 I B 99/15, BFH/NV S. 1168).*

BFH-Beschluss vom 28. 8. 2012 IV B 14/12, BFH/NV 2013 S. 52: Zur Rüge einer **überlangen Verfahrensdauer** ist erforderlich, dass der Beschwerdeführer darlegt, worauf die Dauer des Verfahrens beruht, dass sie der Finanzverwaltung oder dem Finanzgericht angelastet werden kann und dass bei einer kürzeren Verfahrensdauer das Finanzgericht zu einer anderen Entscheidung gekommen wäre. 2. Eine überlange Verfahrensdauer zeitigt keine Auswirkungen auf den Steueranspruch, insbesondere führt sie nicht zu dessen Verwirkung. 3. Eine festgestellte überlange Verfahrensdauer kann insoweit auf die Entscheidung des FG Einfluss haben, als sich dadurch bedingte Schwierigkeiten bei der Sachaufklärung zugunsten des Klägers auswirken. Dies allerdings nur, wenn er selbst zur Prozessbeschleunigung beigetragen oder auf diese gedrungen hat.

Ein Verfahrensmangel setzt kein schuldhaftes Verhalten im richterlichen Bereich voraus. Ein objektiver Verstoß gegen Vorschriften des Gerichtsverfahrensrechts reicht aus.

Geht das Gericht auf den wesentlichen Kern des Vortrags eines Beteiligten zu einer zentralen Frage des Rechtsstreits in den Entscheidungsgründen nicht ein, handelt es sich regelmäßig um eine Verletzung des Anspruchs auf Gewährung rechtlichen Gehörs. Gleiches gilt, wenn das Gericht den erkennbaren Kerngehalt des Vortrags des Beteiligten nicht ausschöpft (*BFH-Beschluss vom 26. 9. 2024 X B 28/24, BFH/NV S. 1427*). Eine Verletzung des Gebots, rechtliches Gehör zu gewähren, liegt auch dann vor, wenn das Gericht einen Schriftsatz eines Verfahrensbeteiligten bei der Entscheidung nicht berücksichtigt, weil

[Fortsetzung nächste Seite]

§ 116[1] [Nichtzulassungsbeschwerde][2]

117

(1) Die Nichtzulassung der Revision kann durch Beschwerde angefochten werden.[3]

(2) Die Beschwerde ist innerhalb eines Monats nach Zustellung des vollständigen Urteils bei dem Bundesfinanzhof einzulegen.[4] Sie muss das angefochtene Urteil bezeichnen. Der Beschwerdeschrift soll eine Ausfertigung oder Abschrift des Urteils, gegen das Revision eingelegt werden soll, beigefügt werden. Satz 3 gilt nicht im Falle der elektronischen Beschwerdeeinlegung.

(3)[5] Die Beschwerde ist innerhalb von zwei Monaten nach der Zustellung des vollständigen Urteils zu begründen.[6] Die Begründung ist bei dem Bundesfinanzhof einzureichen. In der Be-

---

[Fortsetzung]

der Schriftsatz aufgrund eines Versehens oder einer Überlastung der Post- oder Geschäftsstelle des FG dem Richter nicht rechtzeitig vorgelegt worden ist *(BFH-Beschluss vom 22. 1. 2002 I B 93/01, BFH/NV S. 671).*

BFH-Beschluss vom 21. 2. 2005 VIII B 209/03, BFH/NV S. 1123: 1. Die Beweiswürdigung sowie die Fragen, welches Beweismaß gilt und wer die Feststellungslast (objektive Beweislast) trägt, sind revisionsrechtlich dem materiellen Recht und nicht dem Verfahrensrecht zuzuordnen. 2. Mit der Rüge, das Finanzgericht habe einen bestimmten Sachverhalt unterstellt, weil seine tatsächlichen Feststellungen nicht die von ihm gezogenen Schlussfolgerungen tragen, wird ein materiellrechtlicher und kein Verfahrensfehler geltend gemacht.

Es stellt einen Verfahrensmangel dar, wenn über eine zulässige Klage durch Prozessurteil entschieden wird *(BFH-Beschluss vom 13. 3. 2003 VII B 196/02, BStBl. II S. 609).*

Weist das FG eine Klage zu Unrecht als unzulässig ab, liegt ein Verfahrensmangel vor, der zur Aufhebung des Urteils des FG und zur Zurückverweisung des Rechtsstreits an das FG führt *(BFH-Beschluss vom 26. 6. 2006 II B 99/05, BFH/NV S. 1860).*

Nur letztinstanzlich entscheidende nationale Gerichte sind zur Vorlage an den EuGH verpflichtet, wenn es um die Auslegung von Gemeinschaftsrecht geht. Deshalb liegt kein Verfahrensmangel vor, wenn ein FG, dessen Entscheidung mit der Nichtzulassungsbeschwerde angefochten werden kann, Gemeinschaftsrecht auszulegen hat und sowohl von der Einholung einer Vorabentscheidung des EuGH als auch von der Zulassung der Revision absieht *(BFH-Beschluss vom 28. 8. 2003 VII B 260/02, BFH/NV 2004 S. 69).*

Das Recht, einen Verfahrensmangel zu rügen, geht nicht nach § 295 ZPO i. V. m. § 155 FGO verloren, wenn der Mangel sich erst aus den Entscheidungsgründen des angefochtenen Urteils ergibt und eine Rüge in der „nächsten" mündlichen Verhandlung daher nicht möglich war *(BFH-Beschluss vom 9. 11. 2005 II B 163/04, BFH/NV 2006 S. 554).*

[1] § 116 Abs. 2 Satz 4 angef. durch G v. 5. 7. 2017 (BGBl. I S. 2208).

[2] Eine Nichtzulassungsbeschwerde, die hilfsweise für den Fall der Nichtstatthaftigkeit der gleichzeitig eingelegten Revision erhoben wird, ist unzulässig *(BFH-Beschluss vom 27. 6. 2006 X B 70/06, BFH/NV S. 1863).*

Eine Gegenvorstellung gegen die Zurückweisung einer NZB ist nicht statthaft *(BFH-Beschluss vom 11. 2. 2011 XI S 1/11, BFH/NV S. 829).*

Beiderseitige Erklärungen der Beteiligten, der Rechtsstreit sei in der Hauptsache erledigt, sind auch im Beschwerdeverfahren wegen Nichtzulassung der Revision möglich und zulässig. Die verfahrensrechtliche Wirkung der Erledigung aufgrund übereinstimmender Erledigungserklärungen tritt jedoch nur ein, wenn die Beschwerde zulässig ist *(BFH-Beschluss vom 14. 4. 2011 IV B 81/09, BFH/NV S. 1181).*

Das FA ist **materiell beschwert** (und damit zur Revision befugt), wenn durch ein klageabweisendes Prozessurteil gegen einen Hinzugezogenen der Einspruchsentscheidung die Bindungswirkung für das Folgeänderungsverfahren abgesprochen wird *(BFH-Urteil vom 29. 4. 2009 X R 16/06, BStBl. II S. 732).*

[3] Ein Nichtzulassungsbeschwerdeverfahren kann sich unabhängig vom Hauptsacheverfahren erledigen (Bestätigung der Rspr.), im Falle der abschließenden Entscheidung einer bisher als klärungsbedürftig angesehenen Rechtsfrage durch einen Musterprozess aber grundsätzlich nur durch beiderseitige Erledigungserklärungen *(BFH-Beschluss vom 18. 3. 1994 III B 543/90, BStBl. II S. 473).*

Eine Nichtzulassungsbeschwerde ist unzulässig, wenn das klageabweisende Urteil auf mehreren, jeweils für sich die Entscheidung tragenden Gründen beruht und nicht bezüglich jedes Grundes ein Zulassungsgrund in der gesetzlich vorgeschriebenen Weise bezeichnet worden ist *(BFH-Beschluss vom 20. 1. 2003 III B 63/02, BFH/NV S. 644).*

Beantragt der Beschwerdeführer im Rahmen der Nichtzulassungsbeschwerde nur eine teilweise Aufhebung des angefochtenen Urteils, soweit er beschwert ist, betrifft die Entscheidung aber einen nicht teilbaren Streitgegenstand, ist der Antrag dahingehend auszulegen, dass die vollständige Aufhebung des Urteils und die Zurückverweisung der Streitsache zur anderweitigen Verhandlung und Entscheidung an das FG begehrt wird *(BFH-Beschluss vom 17. 7. 2019 II B 30, 32–34, 38/18, BStBl. II S. 620).*

[4] *BFH-Beschluss vom 27. 10. 2004 XI B 130/02, BFH/NV 2005 S. 563:* 1. Ist die Verfristung darauf zurückzuführen, dass der Kläger die Beschwerdeschrift entgegen der zutreffenden Rechtsmittelbelehrung nicht an den BFH, sondern an das FG gerichtet hat, so trägt der Beschwerdeführer das Risiko des verspäteten Eingangs der Beschwerde. 2. Zwar muss das FG, das mit der Sache bereits befasst gewesen war, den bei ihm eingereichten fristgebundenen Schriftsatz für das Beschwerdeverfahren an den BFH als das zuständige Rechtsmittelgericht weiterleiten. Einer Partei ist Wiedereinsetzung in den vorigen Stand aber nur zu gewähren, wenn ein solcher Schriftsatz so zeitig eingereicht worden ist, dass die fristgerechte Weiterleitung an das Rechtsmittelgericht im ordentlichen Geschäftsgang ohne weiteres erwartet werden kann. 3. Der Kläger kann nicht erwarten, dass ein fristgebundener Schriftsatz noch am selben Tag von der Geschäftsstelle des unzuständigen FG an den BFH abgesendet wird.

Wird wegen Versäumnis der Frist für die Einlegung der Nichtzulassungsbeschwerde Wiedereinsetzung in den vorigen Stand beantragt, so gehört zum Nachholen der versäumten Rechtshandlung binnen zwei Wochen nach Wegfall des Hindernisses neben dem bloßen Einlegen auch die Begründung der Nichtzulassungsbeschwerde *(BFH-Beschluss vom 11. 11. 2002 V B 154/02, BFH/NV 2003 S.331).*

[5] Hat das FG die Klage neben der Verneinung ihrer Zulässigkeit darüber hinaus für unbegründet erachtet, so muss zur Begründung der Nichtzulassungsbeschwerde hinsichtlich beider Gesichtspunkte ein Zulassungsgrund dargelegt werden *(BFH-Beschluss vom 1. 8. 2012 IX B 62/12, BFH/NV S1785).*

Allein die Darlegung, dass zu einer bestimmten für die Entscheidung des Streitfalles erheblichen abstrakten Rechtsfrage eine höchstrichterliche Rechtsprechung noch nicht ergangen sei, genügt für die schlüssige Darlegung des Zulassungsgrundes der **grundsätzlichen Bedeutung** nicht; hinzukommen müssen Ausführungen, aus denen sich ergibt, in welchem Umfang, von welcher Seite und aus welchen Gründen die Beantwortung der Rechtsfrage zweifelhaft und umstritten ist *(BFH-Beschluss vom 8. 12. 2006 VII B 240/05, BFH/NV 2007 S. 922).*

Zur Darlegung der grundsätzlichen Bedeutung im Sinne von § 115 Abs. 2 Nr. 1 i. V. m. § 116 Abs. 3 Satz 3 FGO ist es erforderlich, dass sich der Beschwerdeführer zu der von ihm aufgeworfenen Rechtsfrage sowohl mit der Rechtsprechung des Gerichtshofs der Europäischen Union und des Bundesfinanzhofs oder anderer Gerichte wie auch mit dem Schrifttum befasst *(BFH-Beschluss vom 31. 10. 2024 V B 53/23, BFH/NV 2025 S. 31).*

[Fortsetzung nächste Seite]

gründung müssen die Voraussetzungen des § 115 Abs. 2 dargelegt werden.[1] Die Begründungsfrist kann von dem Vorsitzenden auf einen vor ihrem Ablauf gestellten Antrag um einen weiteren Monat verlängert werden.[2]

[Fortsetzung]

Zur Darlegung der Klärungsbedürftigkeit einer Rechtsfrage genügt der Vortrag, dass trotz intensiver Recherchen keine einschlägigen Urteile und Literaturbeiträge gefunden worden seien, nicht. Denn daraus ergibt sich allenfalls, dass die Rechtsfrage höchstrichterlich noch nicht entschieden ist, was aber nicht „automatisch" bedeutet, dass die Beantwortung der Rechtsfrage auch zweifelhaft, strittig oder schwierig ist *(BFH-Beschluss vom 24. 9. 2014 I B 189/13, BFH/NV 2015 S. 237).*

BFH-Beschluss vom 17. 3. 2015 XI B 11/14, BFH/NV S. 851: 1. Maßgeblich für die Klärungsbedürftigkeit einer Rechtsfrage ist der Zeitpunkt der Entscheidung über die Zulassung der Revision. Eine Rechtsfrage ist nicht (mehr) klärungsbedürftig, wenn sie bereits durch eine Entscheidung des BFH geklärt ist, auch wenn diese erst nach Einlegung der NBZ ergangen ist. 2. In einem solchen Fall ist die Revision auch nicht im Hinblick auf den Grundsatz der Effektivität des Rechtsschutzes zuzulassen, wenn der BFH die betreffende Rechtsfrage nach Ergehen des FG-Urteils so wie das FG beantwortet hat.

Eine Rechtsfrage hat mangels Klärungsbedürftigkeit keine grundsätzliche Bedeutung, wenn sie offensichtlich so zu beantworten ist, wie es das FG in Übereinstimmung mit der allgemeinen Meinung in der Literatur getan hat *(BFH-Beschluss vom 22. 1. 2015 X B 118/14, BFH/NV 2015 S. 676).*

Ist über eine Rechtsfrage bereits entschieden worden, so muss zur Bezeichnung einer grundsätzlichen Bedeutung der Rechtssache zusätzlich dargelegt werden, weshalb eine erneute Entscheidung des BFH für erforderlich gehalten wird. Eine weitere bzw. erneute Klärung der Rechtsfrage kann z. B. geboten sein, wenn gegen die bisherige Rechtsprechung gewichtige Einwendungen erhoben worden sind, mit denen sich der BFH bislang noch nicht auseinander gesetzt hat *(BFH-Beschluss vom 25. 8. 2006 VIII B 13/06, BFH/NV S. 2122).*

Wird geltend gemacht, die Rechtssache habe grundsätzliche Bedeutung, weil verfassungsrechtliche Zweifel an der für die Entscheidung eines Streitfalls maßgeblichen Norm bestünden, hat der Beschwerdeführer sich mit den Vorgaben des Grundgesetzes, der hierzu ergangenen Rechtsprechung des Bundesverfassungsgerichts auseinanderzusetzen und den gerügten Verfassungsverstoß näher zu begründen. Hierzu gehört nicht nur die substantiierte Auseinandersetzung mit den Erwägungen des vorinstanzlichen Urteils; hat der Bundesfinanzhof bereits über die Frage entschieden, so ist des Weiteren darzulegen, weshalb – und vor allem mit Rücksicht auf welche bisher nicht berücksichtigen Argumente – gleichwohl eine erneute Befassung des Revisionsgerichts im Interesse der Rechtsfortbildung oder Rechtseinheit für erforderlich gehalten wird *(BFH-Beschluss vom 11. 1. 2013 I B 96/12, BFH/NV S. 1236).*

BFH-Beschluss vom 21. 9. 2016 VI B 34/16, BFH/NV 2017 S. 26: Die ordnungsgemäße Konkretisierung einer entscheidungserheblichen Rechtsfrage i. S. des § 115 Abs. 2 Nr. 1 FGO erfordert regelmäßig, dass die Rechtsfrage mit „Ja" oder mit „Nein" beantwortet werden kann; das schließt nicht aus, dass eine Frage gestellt wird, die je nach den formulierten Voraussetzungen mehrere Antworten zulässt. Unzulässig ist jedoch eine Fragestellung, deren Beantwortung von den Umständen des Einzelfalls abhängt und damit auf die Antwort „Kann sein" hinausläuft *(BFH-Beschluss vom 29. 2. 2012 I B 88/11, BFH/NV S. 1089).*

Bei der Darlegung der grundsätzlichen Bedeutung der Rechtssache muss der Beschwerdeführer von den tatsächlichen Feststellungen des FG ausgehen *(BFH-Beschluss vom 31. 7. 2007 V B 156/06, BFH/NV 2008 S. 416).*

Für die Anforderungen an die Darlegung der **Erforderlichkeit der Rechtsfortbildung** ist ebenfalls auf die zu § 115 Abs. 2 Nr. 1 FGO a. F. in der langjährigen höchstrichterlichen Rechtsprechung entwickelten Kriterien zurückzugreifen. Danach muss die Rechtsfortbildung über den Einzelfall hinaus im allgemeinen Interesse liegen. Die Fortbildung des Rechts kann in Fällen erforderlich sein, in denen über bisher ungeklärte Rechtsfragen zu entscheiden ist, so beispielsweise, wenn Veranlassung besteht, Grundsätze für die Auslegung von gesetzlichen Bestimmungen des materiellen oder des formellen Rechts aufzustellen oder Gesetzeslücken rechtsschöpferisch auszufüllen *(BFH-Beschluss vom 12. 12. 2001 III B 103/01, BFH/NV 2002 S. 652).*

Die Darlegung des Zulassungsgrunds der Erforderlichkeit einer Entscheidung des BFH zur Fortbildung des Rechts verlangt substantiierte Ausführungen zur Klärungsbedürftigkeit einer hinreichend bestimmten – abstrakt beantwortbaren – Rechtsfrage, die im konkreten Rechtsfall voraussichtlich klärbar/klärungsfähig (entscheidungserheblich) ist und deren Beurteilung zweifelhaft oder umstritten ist (*BFH-Beschluss vom 3. 5. 2023 IX B 10/22, BFH/NV 2023 S. 818*).

BFH-Beschluss vom 20. 2. 2008 VIII B 53/07, BFH/NV S. 971: 1. Eine Entscheidung des BFH zur **Fortbildung des Rechts** ist insbesondere in Fällen erforderlich, in denen über bisher ungeklärte Rechtsfragen zu entscheiden ist, zum Beispiel, wenn der Einzelfall Veranlassung gibt, Grundsätze für die Auslegung von Gesetzesbestimmungen des materiellen oder des Verfahrensrechts aufzustellen oder Gesetzeslücken rechtsschöpferisch auszufüllen. 2. Erforderlich ist eine Entscheidung des BFH nur dann, wenn die Rechtsfortbildung über den Einzelfall hinaus im allgemeinen Interesse liegt und die Frage nach dem „ob" und ggf. „wie" der Rechtsfortbildung klärungsbedürftig ist. 3. Insoweit gelten die zur Darlegung der grundsätzlichen Bedeutung höchstrichterlich entwickelten strengen Darlegungsanforderungen gleichermaßen. 4. Darüber hinaus ist auf die Bedeutung der Klärung der konkreten Rechtsfrage für die Allgemeinheit einzugehen. Es reicht weder – für sich allein – aus, dass die Rechtsfrage bislang noch nicht höchstrichterlich entschieden worden ist, noch genügt die Behauptung, das FG habe sachlich unrichtig entschieden.

Hat der BFH eine Rechtsfrage bereits entschieden, muss der Beschwerdeführer substantiiert vortragen, inwiefern und aus welchen Gründen die bereits entschiedene Frage weiterhin umstritten ist, insbesondere, welche neuen und gewichtigen, vom BFH bisher noch nicht geprüften Argumente in der Rechtsprechung der Instanzgerichte und/oder im Fachschrifttum gegen diese Rechtsprechung vorgebracht werden *(BFH-Beschluss vom 31. 1. 2008 VIII B 253/05, BFH/NV S. 740).*

Betrifft die Rechtsfrage **ausgelaufenes Recht**, müssen in der Beschwerdebegründung besondere Gründe geltend gemacht werden, die ausnahmsweise eine Abweichung von der Regel rechtfertigen, wonach Rechtsfragen, die solches Recht betreffen, regelmäßig keine grundsätzliche Bedeutung mehr zukommt. So ist u. a. darzulegen, dass sich die Frage noch für einen nicht überschaubaren Personenkreis in nicht absehbarer Zukunft weiterhin stellen kann *(BFH-Beschluss vom 15. 9. 2022 IX B 69/21, BFH/NV S. 1292).*

BFH-Beschluss vom 19. 12. 2002 IX B 79/02, BFH/NV 2003 S. 501: 1. Die Darlegung der Erforderlichkeit einer Entscheidung des BFH zur **Sicherung der Einheitlichkeit der Rechtsprechung (§ 115 Abs. 2 Nr. 2 2. Alternative FGO)** erfordert, dass eine die Abweichung erkennbar machende Gegenüberstellung von Rechtssätzen, eine Nichtübereinstimmung im Grundsätzlichen oder ein offensichtlicher (materieller oder formeller) Rechtsanwendungsfehler des FG von erheblichem Gewicht i. S. einer willkürlichen oder greifbar gesetzwidrigen Entscheidung hinreichend dargetan wird. 2. Mit der Rüge materiell-rechtlicher Fehler, also der inhaltlichen Richtigkeit des FG-Urteils, kann die Zulassung der Revision nicht erreicht werden.

Hat das FG eine für den Streitfall zweifellos einschlägige Rechtsvorschrift übersehen, ist bei der Frage, ob deshalb ein Fehler von erheblichem Gewicht vorliegt, der zur Zulassung der Revision nach § 115 Abs. 2 Nr. 2 2. Alternative FGO führt, auch zu berücksichtigen, in welchem Umfang sich der Fehler des FG im Ergebnis nachteilig auf den unterlegenen Beteiligten ausgewirkt hat und in welchem Umfang die Beteiligten durch ihr eigenes Verhalten diesen Irrtum hätten vermeiden helfen und damit ein anderes Verfahrensergebnis hätten herbeiführen können *(BFH-Beschluss vom 7. 7. 2004 VII B 344/03, BStBl. I S. 896).*

[Fortsetzung nächste Seite]

(4) Die Einlegung der Beschwerde hemmt die Rechtskraft des Urteils.

[Fortsetzung]

Der Zulassungsgrund der Erforderlichkeit einer Entscheidung des BFH zur Sicherung einer einheitlichen Rspr. verlangt, dass der Beschwerdeführer substantiiert darlegt, inwiefern über eine entscheidungserhebliche Rechtsfrage unterschiedliche Auffassungen bei den Gerichten bestehen oder welche sonstigen Gründe eine höchstrichterliche Entscheidung verlangen. Soll die Einheit der Rspr. vorbeugend sichergestellt werden, muss eine bestimmte abstrakte, in der angefochtenen Vorentscheidung beantwortete tragende Rechtsfrage herausgestellt und deren höchstrichterliche Klärungsbedürftigkeit dargelegt werden *(BFH-Beschluss vom 12. 12. 2002 X B 99/02, BFH/NV 2003 S. 496).*

Wird mit der Nichtzulassungsbeschwerde ein Widerspruch im Urteil der Vorinstanz als Verstoß gegen die Denkgesetze gerügt, so wird damit ein materieller Fehler geltend gemacht, der keine Zulassung der Revision wegen grundsätzlicher Bedeutung rechtfertigt, wenn nicht zugleich ein klärbarer Rechtssatz dargelegt wird *(BFH-Beschluss vom 19. 2. 2002 IX B 130/01, BFH/NV S. 802).*

Die Rüge der falschen Rechtsanwendung und tatsächlichen Würdigung des Streitfalls durch das FG im Rahmen einer Schätzung ist im Nichtzulassungsbeschwerdeverfahren grundsätzlich unbeachtlich. Dies gilt insbesondere für Einwände gegen die Richtigkeit von Steuerschätzungen (Verstöße gegen anerkannte Schätzungsgrundsätze, Denkgesetze und Erfahrungssätze sowie materielle Rechtsfehler). Ein zur Zulassung der Revision berechtigender erheblicher Rechtsfehler aufgrund objektiver Willkür i. S. des § 115 Abs. 2 Nr. 2 Alternative 2 FGO kann allenfalls in Fällen bejaht werden, in denen das Schätzungsergebnis des FG wirtschaftlich unmöglich und damit schlechthin unvertretbar ist. Ein Verstoß gegen Denkgesetze führt bei Schätzungen wegen willkürlich falscher Rechtsanwendung zur Zulassung der Revision, wenn sich das Ergebnis der Schätzung als offensichtlich realitätsfremd darstellt. Das Vorliegen dieser besonderen Umstände ist in der Beschwerdebegründung darzulegen *(BFH-Beschluss vom 5. 3. 2020 VIII B 30/19, BFH/NV S. 778).*

Für die schlüssige Rüge einer **Divergenz** gemäß § 116 Abs. 3 Satz 3 FGO sind die angebliche Divergenzentscheidung genau – mit Datum und Aktenzeichen oder Fundstelle – zu bezeichnen sowie tragende, abstrakte Rechtssätze aus dem angefochtenen Urteil des Finanzgerichts einerseits und aus der behaupteten Divergenzentscheidung andererseits gegenüberzustellen, um die Abweichung deutlich zu machen *(BFH-Beschluss vom 12. 11. 2024 IX B 59/24, BFH/NV 2025 S. 35).*

BFH-Beschluss vom 17. 4. 2014 III B 146/13, BFH/NV S. 1080: 1. Für die Frage, ob eine Divergenz vorliegt, kommt es auf den Stand der Rechtsprechung im Zeitpunkt der Entscheidung über die Zulassung der Revision an. 2. Ist ein vom Beschwerdeführer als Divergenzentscheidung bezeichnetes Urteil des Finanzgerichts im Zeitpunkt der Entscheidung über die Zulassung der Revision bereits durch den BFH aufgehoben worden, liegt keine Divergenz vor.

Eine Divergenz ist nur dann genügend „bezeichnet" iSv. § 115 Abs. 3 Satz 3 FGO, wenn die einander gegenübergestellten Rechtssätze für die Entscheidung tragend waren *(BFH-Beschluss vom 30. 11. 1998 I B 60/98, BFH/NV 1999 S. 791).*

BFH-Beschluss vom 2. 12. 2013 III B 148/12, BFH/NV 2014 S. 544: Das FG stellt keinen – die Revisionszulassung wegen Divergenz rechtfertigenden – abweichenden Rechtssatz auf, wenn es in dem angefochtenen Urteil die BFH-Rechtsprechungsgrundsätze zutreffend wiedergibt und diese Grundsätze auf den Streitfall anwendet. Selbst deren fehlerhafte Übertragung auf den Streitfall begründet im Grundsatz keine Divergenz (ständige Rechtsprechung).

Ist das FG von einem BFH-Urteil abgewichen, so kann der BFH die Revision auch dann zulassen, wenn der Beschwerdeführer zwar nicht die Abweichung von diesem Urteil gerügt, wohl aber die grundsätzliche Bedeutung der Frage dargelegt hat, ob das FG dieses BFH-Urteil zutreffend ausgelegt habe *(BFH-Beschluss vom 2. 11. 2004 IV B 32/03, BFH/NV 2005 S. 377).*

Wird geltend gemacht, dass die Vorentscheidung von einem erst nach Ablauf der Beschwerdefrist ergangenen Urteil des BFH abweicht, ist der Fristablauf nur dann unschädlich, wenn das spätere BFH-Urteil eine Rechtsfrage betrifft, wegen der innerhalb der Frist eine zulässige Beschwerde wegen grundsätzlicher Bedeutung gem. § 115 Abs. 2 Nr. 1 FGO eingelegt worden war *(BFH-Beschluss vom 5. 1. 2000 II B 16/99, BFH/NV S. 1098).*

BFH-Beschluss vom 19. 11. 2007 VIII B 70/07, BFH/NV 2008 S. 381: 1. Die schlüssige Darlegung einer Divergenzrüge erfordert u.a. neben der Gegenüberstellung tragender, abstrakter Rechtssätze insbesondere auch, dass es sich im Streitfall um einen vergleichbaren Sachverhalt und um eine identische Rechtsfrage handelt. 2. Es reichen weder eine Divergenz in der Würdigung von Tatsachen noch die angeblich fehlerhafte Anwendung von Rechtsprechungsgrundsätzen auf die Besonderheiten des Einzelfalles noch schlichte Subsumtionsfehler des FG aus. Erforderlich ist vielmehr die Darlegung der Nichtübereinstimmung im Grundsätzlichen.

Betreffen die zu beurteilenden Rechtsfragen ausgelaufenes Recht, so muss der Beschwerdeführer auch bei der Divergenzrüge einen dennoch bestehenden Klärungsbedarf darlegen. Dafür genügt es nicht, auf einen „sich über Jahre hinziehenden Verfahrensgang" zu verweisen und zu behaupten, es sei davon auszugehen, dass das Verfahren des Beschwerdeführers nicht das Einzige sei, das sich inhaltlich mit den steuerlichen Folgen der §§ 10 e und 34 f EStG beschäftige. Stellt sich die durch den Streitfall aufgeworfene Rechtsfrage des ausgelaufenen Rechts auch durch eine Folgebestimmung nicht, so ist in der Regel das allgemeine Interesse an der einheitlichen Handhabung und Entwicklung des Rechts nicht berührt und aus diesem Grund kein höchstrichterlicher Klärungsbedarf gegeben *(BFH-Beschluss vom 8. 8. 2007 X B 26/07, BFH/NV S. 1896).*

Lehnt das FG eine Beiladung gem. § 174 Abs. 4 und 5 AO im Endurteil ab, dann besteht bei einem Beteiligten des finanzgerichtlichen Verfahrens, der im Rahmen der Beschwerde wegen Nichtzulassung der Revision die Ablehnung der Beiladung als **Verfahrensmangel** rügen kann (§ 115 Abs. 2 Nr. 3 FGO), für eine gesonderte Beschwerde gegen die Ablehnung der Beiladung kein Rechtsschutzbedürfnis (Abweichung vom *BFH-Beschluss vom 6. 5. 1988 VI B 35/87, BFH/NV 1989 S. 113); s. BFH-Beschluss vom 21. 6. 1994 VIII B 5/93, BStBl. II S. 681.*

Eine Nichtzulassungsbeschwerde kann grundsätzlich nicht auf die Ablehnung eines Befangenheitsgesuchs im finanzgerichtlichen Verfahren gestützt werden *(BFH-Beschluss vom 4. 8. 2004 VII B 240, 241/03, BFH/NV 2005 S. 218).*

Die Nichtzulassungsbeschwerde ist in analoger Anwendung des § 126 Abs. 4 FGO als unbegründet zurückzuweisen, wenn das angefochtene Urteil des FG zwar mit einem Verfahrensmangel behaftet ist (hier: Verstoß gegen den klaren Inhalt der Akten; vgl. § 96 Abs. 1 Satz 1 FGO), sich aber aus anderen als den vom FG angeführten Gründen als richtig erweist *(BFH-Beschluss vom 15. 12. 2004 X B 116/04, BFH/NV 2005, S. 716).*

6 Die Begründung einer Nichtzulassungsbeschwerde, die ein Steuerbevollmächtigter durch eine einfache E-Mail mit PDF-Anlage im Jahr 2022 an den BFH übermittelt, ist gemäß § 52 a FGO formunwirksam und deshalb unbeachtlich (*BFH-Beschluss vom 29. 11. 2022 VIII B 88/22, BFH/NV 2023 S. 142). BFH-Beschluss vom 16. 10. 2003 XI B 95/02, BStBl. 2004 II S. 26:* Die Frist zur Begründung der Nichtzulassungsbeschwerde gem. § 116 Abs. 3 Satz 1 FGO ist eine selbständige Zweimonatsfrist, die mit der Zustellung des angefochtenen Urteils beginnt. Innerhalb dieser Frist ist die Beschwerde auch dann zu begründen, wenn die Einlegungsfrist versäumt worden und deshalb Wiedereinsetzung in den vorigen Stand beantragt worden ist (vgl. *BVerwG-Beschluss vom 2. 3. 1992 9 B 256/91, NJW 1992 S. 2780, zu § 133 Abs. 3 Satz 1 VwGO).*

Die Frist zur Begründung der Nichtzulassungsbeschwerde beginnt auch dann an dem auf die Zustellung des Urteils folgenden Tag, wenn dieser ein Sonnabend ist *(BFH-Beschluss vom 30. 11. 2010 IV B 39/10, BFH/NV 2011 S. 613).*

Ist die Frist zur Begründung einer Beschwerde wegen Nichtzulassung der Revision abgelaufen, weil die Beschwerdebegründung nicht fristgerecht abgegeben worden ist und ein Antrag auf Verlängerung der Frist innerhalb der Beschwerdebegründungsfrist nicht gestellt oder ihm nicht entsprochen worden ist, so kann die Fristversäumnis nur geheilt werden, wenn innerhalb der Wiedereinsetzungsfrist die Beschwerdebegründung nachgeholt wird *(BFH-Beschluss vom 16. 12. 2002 VII B 99/02, BStBl. 2003 II S. 316).*

[Fortsetzung nächste Seite]

(5) Der Bundesfinanzhof entscheidet über die Beschwerde durch Beschluss. Der Beschluss soll kurz begründet werden; von einer Begründung kann abgesehen werden, wenn sie nicht geeignet ist, zur Klärung der Voraussetzungen beizutragen, unter denen eine Revision zuzulassen ist, oder wenn der Beschwerde stattgegeben wird.[1] Mit der Ablehnung der Beschwerde durch den Bundesfinanzhof wird das Urteil rechtskräftig.

(6)[2] Liegen die Voraussetzungen des § 115 Abs. 2 Nr. 3 vor, kann der Bundesfinanzhof in dem Beschluss das angefochtene Urteil aufheben und den Rechtsstreit zur anderweitigen Verhandlung und Entscheidung zurückverweisen.

(7) Wird der Beschwerde gegen die Nichtzulassung der Revision stattgegeben, so wird das Beschwerdeverfahren als Revisionsverfahren fortgesetzt, wenn nicht der Bundesfinanzhof das angefochtene Urteil nach Absatz 6 aufhebt; der Einlegung einer Revision durch den Beschwerdeführer bedarf es nicht. Mit der Zustellung der Entscheidung beginnt für den Beschwerdeführer die Revisionsbegründungsfrist, für die übrigen Beteiligten die Revisions- und die Revisionsbegründungsfrist. Auf Satz 1 und 2 ist in dem Beschluss hinzuweisen.

§ 117 (weggefallen)

118
§ 118 [Revisionsgründe]

(1) Die Revision kann nur darauf gestützt werden, dass das angefochtene Urteil auf der Verletzung von Bundesrecht beruhe. Soweit im Fall des § 33 Abs. 1 Nr. 4 die Vorschriften dieses Unterabschnitts durch Landesgesetz für anwendbar erklärt werden, kann die Revision auch darauf gestützt werden, dass das angefochtene Urteil auf der Verletzung von Landesrecht beruhe.

(2)[3] Der Bundesfinanzhof ist an die in dem angefochtenen Urteil getroffenen tatsächlichen Feststellungen gebunden, es sei denn, dass in bezug auf diese Feststellungen zulässige und begründete Revisionsgründe vorgebracht sind.

[Fortsetzung]

Neues Vorbringen nach Ablauf der Begründungsfrist des § 116 Abs. 3 Satz 1 und Satz 4 FGO kann grundsätzlich keine Berücksichtigung mehr finden. Unschädlich ist der Fristablauf nur, soweit rechtzeitig vorgebrachte Zulassungsgründe im Nachhinein näher begründet werden. Das ist nicht der Fall, wenn die innerhalb der Begründungsfrist eingegangenen Beschwerdeschriftsätze solche Zulassungsgründe nicht hinreichend erkennen lassen *(BFH-Beschluss vom 20. 11. 2008 VII B 113/07, BFH/NV 2009 S. 404).*

[1] Sieht der BFH gemäß § 116 Abs. 5 Satz 2 Halbsatz 2 der FGO davon ab, seine Entscheidung über die Nichtzulassung der Revision (weiter) zu begründen, gibt dies keinen Anlass zu der Annahme, der BFH habe das Vorbringen der Beteiligten nicht erwogen und deshalb den Anspruch der Beteiligten auf rechtliches Gehör im Sinne von Art. 103 Abs. 1 des Grundgesetzes verletzt *(BFH-Beschluss vom 8. 8. 2023 IX S 5/23, BFH/NV 2023 S. 1219).*

[2] Die zweimonatige Frist zur Begründung einer Beschwerde wegen Nichtzulassung der Revision kann nur einmal um einen Monat verlängert werden *(BFH-Beschluss vom 21. 9. 2001 IV B 118/01, BStBl. II S. 768).*

Ist der Beschwerdeführer am letzten Tag der regulären Begründungsfrist einer Nichtzulassungsbeschwerde aus Krankheitsgründen daran gehindert, den Antrag auf Verlängerung der Begründungsfrist gemäß § 116 Abs. 3 Satz 4 FGO zu formulieren und an den BFH zu übermitteln, entschuldigt dies nicht die Versäumung der Begründungsfrist, sondern nur die – insoweit unerhebliche – misslungene rechtzeitige Stellung des Verlängerungsantrags *(BFH-Beschluss vom 15. 11. 2021 VIII B 23/21, BFH/NV 2022 S. 241).*

Im Verfahren über die Nichtzulassungsbeschwerde können nach Ablauf der (nur einmal verlängerbaren) Begründungfrist keine weiteren Zulassungsgründe nachgeschoben werden. Maßgeblich ist vielmehr – abgesehen von schlichten Erläuterungen bzw. die Zulässigkeitsfrage unberührt lassenden Ergänzungen des fristgemäßen Vorbringens – der Inhalt der innerhalb der Begründungsfrist eingereichten Beschwerdeschrift *(BFH-Beschluss vom 11. 1. 2016 X B 153/14, BFH/NV S. 928).*

Geht der Antrag auf Verlängerung der Frist zur Begründung der Nichtzulassungsbeschwerde nach Ablauf der Zweimonatsfrist beim BFH ein, ist die Beschwerde unzulässig *(BFH-Beschluss vom 29. 4. 2005 XI B 212/04, BFH/NV S. 1823).*

BFH-Beschluss vom 30. 3. 2004 V B 234/03, BFH/NV S. 1117: 1. Die Entscheidung über die Verlängerung der Begründungsfrist für eine Nichtzulassungsbeschwerde gem. § 116 Abs. 3 Satz 4 FGO ist eine Ermessensentscheidung des Vorsitzenden („kann"). Der Beschwerdeführer kann daher nicht darauf vertrauen, dass seinem Verlängerungsantrag entsprochen wird. 2. Auch wenn ein Beschwerdeführer beantragt hat, die Beschwerdebegründungsfrist „stillschweigend" zu verlängern, muss er sich rechtzeitig vor Ablauf der Frist vergewissern, ob seinem Antrag entsprochen worden ist.

[1] In der Nichtbegründung eines Beschlusses gem. § 116 Abs. 5 Satz 2 FGO, durch den der BFH eine Nichtzulassungsbeschwerde als unzulässig verwirft, liegt weder ein Verstoß gegen das rechtliche Gehör noch gegen andere verfassungsrechtlich geschützte Rechte *(BFH-Beschluss vom 17. 9. 2004 I K 1/04, BFH/NV 2005 S. 362).*

BFH-Beschluss vom 25. 3. 2010 I S 7/10, BFH/NV S. 1297: 1. Aus dem Umstand, dass sich der BFH in der Begründung der Zurückweisung einer Nichtzulassungsbeschwerde nicht mit sämtlichen Erwägungen der Beschwerdebegründung detailliert befasst hat, kann nicht darauf geschlossen werden, er habe diese nicht zur Kenntnis genommen und in Erwägung gezogen. 2. Der BFH ist grundsätzlich nicht gehalten, den Beschwerdeführer vor der Zurückweisung der Nichtzulassungsbeschwerde auf die dem Zurückweisungsbeschluss zugrunde liegenden Rechtsauffassungen hinzuweisen.

[2] Hat das Finanzgericht eine unzulässige Klage durch Sachurteil als unbegründet abgewiesen, kann im Verfahren über die Beschwerde gegen die Nichtzulassung der Revision das vorinstanzliche Urteil durch Beschluss nach § 116 Abs. 6 FGO in ein Prozessurteil umgewandelt werden *(BFH-Beschluss vom 27. 6. 2014 IV B 12/14, BFH/NV S. 1570).*

[3] Unzureichende oder widersprüchliche Sachverhaltsdarstellungen im angefochtenen Urteil stellen einen materiell-rechtlichen Fehler dar, der auch ohne diesbezügliche Rüge zum Wegfall der Bindungswirkung des § 118 Abs. 2 FGO führt *(BFH-Urteil vom 17. 11. 2015 VIII R 67/13, BStBl. 2016 II S. 569).*

Die Bindungswirkung einer vom FG nach § 96 Abs. 1 Satz 1 FGO i. V. mit § 162 AO vorgenommenen Schätzung der Haftungssumme (§ 118 Abs. 2 FGO) entfällt, wenn die vom FG gezogenen Schlussfolgerungen mit den Denkgesetzen oder Erfahrungssätzen unvereinbar oder in sich widersprüchlich sind *(BFH-Urteil vom 25. 5. 2004 VII R 8/03, BFH/NV S. 1499).*

Die Vertragsauslegung obliegt grundsätzlich dem FG als Tatsacheninstanz; wenn sie den Grundsätzen der §§ 133, 157 BGB entspricht und nicht gegen Denkgesetze und Erfahrungssätze verstößt, d.h. jedenfalls möglich ist, bindet sie den Senat gemäß § 118 Abs. 2 FGO *(BFH-Urteil vom 25. 2. 2009 IX R 76/07, BFH/NV S. 1268).*

(3)[1] Wird die Revision auf Verfahrensmängel gestützt und liegt nicht zugleich eine der Voraussetzungen des § 115 Abs. 2 Nr. 1 und 2 vor, so ist nur über die geltend gemachten Verfahrensmängel zu entscheiden. Im Übrigen ist der Bundesfinanzhof an die geltend gemachten Revisionsgründe nicht gebunden.

§ 119 [Fälle der Verletzung von Bundesrecht] 119

Ein Urteil ist stets als auf der Verletzung von Bundesrecht beruhend anzusehen, wenn

1. das erkennende Gericht nicht vorschriftsmäßig besetzt war,[2]
2. bei der Entscheidung ein Richter mitgewirkt hat, der von der Ausübung des Richteramts kraft Gesetzes ausgeschlossen oder wegen Besorgnis der Befangenheit mit Erfolg abgelehnt war,
3. einem Beteiligten das rechtliche Gehör versagt war,[3]
4. ein Beteiligter im Verfahren nicht nach Vorschrift des Gesetzes vertreten war, außer wenn er der Prozessführung ausdrücklich oder stillschweigend zugestimmt hat,[4]
5. das Urteil auf eine mündliche Verhandlung ergangen ist, bei der die Vorschriften über die Öffentlichkeit des Verfahrens verletzt worden sind, oder
6. die Entscheidung nicht mit Gründen versehen ist.[5]

---

[1] Wird die Revision auf Verfahrensmängel gestützt, so ist nur über die geltend gemachten Verfahrensmängel zu entscheiden, es sei denn, dass zugleich eine der Voraussetzungen des § 115 Abs. 2 Nr. 1 und 2 FGO auf dem Gebiet des materiellen Rechts vorliegt *(BFH-Urteil vom 27. 7. 1993 VIII R 67/91, BStBl. 1994 II S. 469).*

[2] Ein Verstoß gegen Nr. 1 liegt nur dann vor, wenn gleichzeitig eine Verletzung des Rechtes auf den gesetzlichen Richter iSd Art. 101 Abs. 1 Satz 2 GG gegeben ist. Die Überbesetzung eines Spruchkörpers verstößt nur dann gegen Art. 101 Abs. 1 Satz 2 GG, wenn die Zahl der ordentlichen Mitglieder des Spruchkörpers es gestattet, dass sie in zwei personell voneinander verschiedenen Sitzgruppen Recht sprechen, oder dass der Vorsitzende drei Spruchkörper mit je verschiedenen Beisitzern bilden kann *(BFH-Beschluss vom 29. 1. 1992 VIII K 4/91, BStBl. II S. 252,* sowie *BFH-Urteil vom 11. 12. 1991 II R 49/89, BStBl. 1992 II S. 260).*

[3] Eine Verletzung des rechtlichen Gehörs kann nicht geltend machen, wer es versäumt hat, sich vor Gericht rechtliches Gehör zu verschaffen. Dies ist der Fall, wenn ein fachkundig vertretener Kläger weder einen Antrag gestellt hat, ihm weitere Ausführungen zum Streitstoff zu gestatten, noch die Vertagung der mündlichen Verhandlung beantragt hat, sofern eine Möglichkeit zur zeitlichen Verlängerung der mündlichen Verhandlung an dem Sitzungstag nicht mehr bestanden hat oder ihm zumindest nachzulassen, noch einen Schriftsatz nach Schluss der mündlichen Verhandlung einzureichen *(BFH-Beschluss vom 22. 4. 2005 III B 58/04, BFH/NV S. 1589).*

Die Gewährung rechtlichen Gehörs besteht in der Verschaffung einer ausreichenden Gelegenheit zur Äußerung; inwieweit diese Gelegenheit wahrgenommen wird, ist Sache der Beteiligten *(BFH-Beschluss vom 10. 6. 2005 XI B 182/04, BFH/NV S. 1838).*

Die schlüssige Rüge, das FG habe eine Überraschungsentscheidung getroffen und damit den Anspruch auf rechtliches Gehör verletzt, setzt voraus, dass das Verhalten des FG geschildert und auch der Vortrag der anderen Beteiligten dargelegt wird *(BFH-Beschluss vom 19. 7. 2005 X B 30/05, BFH/NV S. 1861).*
Die schlüssige Rüge der Verletzung des Rechts auf Gehör erfordert keine Ausführungen darüber, was bei ausreichender Gewährung des rechtlichen Gehörs noch vorgetragen worden wäre und dass dieser Vortrag die Entscheidung des Gerichts hätte beeinflussen können, wenn das Gericht verfahrensfehlerhaft in Abwesenheit des Rechtsmittelführers aufgrund mündlicher Verhandlung entschieden hat *(BFH-Beschluss vom 3. 9. 2001 GrS 3/98, BStBl. II S. 802).*

BFH-Beschluss vom 18. 7. 2003 XI B 47/01, BFH/NV 2004 S. 51: 1. Das FG genügt seiner Verpflichtung, den Beteiligten rechtliches Gehör im Rahmen der mündlichen Verhandlung zu gewähren, grundsätzlich dadurch, dass es eine mündliche Verhandlung anberaumt, die Beteiligten ordnungsgemäß lädt und die mündliche Verhandlung zum festgelegten Zeitpunkt durchführt. 2. Dies gilt jedoch nur für bereits in das jeweilige Verfahren eingeführte und den Beteiligten bekannte oder bekannt gegebene Tatsachen oder Rechtsfragen. 3. Das FG ist im Rahmen seiner Ermessensentscheidung insbesondere dann zur Vertagung verpflichtet, wenn die Entscheidung nur aufgrund tatsächlicher oder rechtlicher Gesichtspunkte erfolgen könnte, zu denen den Beteiligten bisher kein rechtliches Gehör gewährt worden war. 4. Das FG verletzt das Recht auf rechtliches Gehör, wenn es zur maßgeblichen Grundlage der Klageabweisung einen Vertrag zwischen Dritten macht, den das FA erstmalig in der in Abwesenheit der Klägerin durchgeführten mündlichen Verhandlung in das Verfahren einführt und dort vorlegt.

Das rechtliche Gehör eines Beteiligten wird (aber) verletzt, wenn das FG, das sich in seinem Urteil auf nach der mündlichen Verhandlung eingereichte Unterlagen eines Beteiligten bezieht und daraus Erkenntnisse ableitet, die nachgereichten Unterlagen nicht vor seiner Entscheidung dem/den anderen Beteiligten zur Kenntnis und Stellungnahme zugänglich gemacht hat *(BFH-Beschluss vom 6. 11. 2007 IX B 64/07, BFH/NV 2008 S. 242).*

[4] Siehe Fn. zu § 115 Abs. 2 Nr. 3. Ein Beteiligter ist im Verfahren nicht nach Vorschrift des Gesetzes vertreten, wenn er nicht ordnungsgemäß zur mündlichen Verhandlung geladen worden ist und deshalb nicht an der mündlichen Verhandlung teilnehmen konnte *(BFH-Urteil vom 29. 10. 1998 XI R 3/98, BFH/NV 1999 S. 938).*

Der absolute Revisionsgrund nach § 119 Nr. 4 FGO liegt vor, wenn das FG entgegen § 90 Abs. 2 FGO im schriftlichen Verfahren urteilt, obwohl nur einer der Beteiligten auf mündliche Verhandlung verzichtet hat. Den Verfahrensverstoß kann auch dieser Beteiligte rügen *(BFH-Beschluss vom 22. 7. 2003 VI R 148/00, BFH/NV 2004 S. 201).*

Wird mit der Beschwerde wegen Nichtzulassung der Revision gerügt, ein Beteiligter sei im finanzgerichtlichen Verfahren wegen Prozessunfähigkeit nicht nach Vorschrift des Gesetzes vertreten gewesen (§ 119 Nr. 4 FGO), und wird die Prozessunfähigkeit durch ein nach Ergehen des Urteils erstelltes Gutachten nachgewiesen, kann das finanzgerichtliche Urteil durch Beschluss aufgehoben und die Sache zur erneuten Verhandlung und Entscheidung an das FG zurückverwiesen werden *(BFH-Beschluss vom 10. 4. 2003 III B 86/01, BFH/NV S. 1197).*

Ein Prozessbevollmächtigter ist „bestellt", wenn er durch ausdrückliche oder schlüssige Handlung dem Gericht gegenüber als Bevollmächtigter gekennzeichnet worden ist. Wird er danach nicht zur mündlichen Verhandlung geladen, liegt darin ein Verfahrensverstoß, der nicht schon durch die persönliche Teilnahme des Klägers an der mündlichen Verhandlung geheilt wird *(BFH-Beschluss vom 25. 8. 2004, VI B 180 – 183/03, BFH/NV 2005 S. 224).*

[5] Eine Entscheidung ist nur dann „nicht mit Gründen versehen", wenn die Gründe überhaupt fehlen oder aus dem Urteil die wesentlichen rechtlichen Erwägungen, die aus der Sicht des Gerichts für die getroffene Entscheidung maßgebend waren, nicht erkennbar sind, so dass die Beteiligten die Entscheidung nicht auf ihre Rechtmäßigkeit überprüfen können oder wenn das Urteil einen wesentlichen Streitpunkt nicht behandelt. Eine bloß lückenhafte oder fehlerhafte Urteilsbegründung kann jedoch keinen wesentlichen Verfahrensmangel begründen *(BFH-Beschluss vom 27. 8. 2007 III B 48/07, BFH/NV 2008 S. 76).*

[Fortsetzung nächste Seite]

120 **§ 120[1] [Einlegung der Revision]**

(1) Die Revision ist bei dem Bundesfinanzhof innerhalb eines Monats nach Zustellung des vollständigen Urteils schriftlich einzulegen.[2] Die Revision muss das angefochtene Urteil bezeichnen. Eine Ausfertigung oder Abschrift des Urteils soll beigefügt werden, sofern dies nicht schon nach § 116 Abs. 2 Satz 3 geschehen ist. Satz 3 gilt nicht im Falle der elektronischen Revisionseinlegung.

(2)[3] Die Revision ist innerhalb von zwei Monaten nach Zustellung des vollständigen Urteils zu begründen;[4] im Fall des § 116 Abs. 7 beträgt die Begründungsfrist für den Beschwerdeführer ei-

---

[Fortsetzung]

Ein Urteil ist im Sinne des § 119 Nr. 6 FGO nicht mit Gründen versehen, wenn das FG für eine ihm obliegende tatsächliche Würdigung von der Begründungserleichterung des § 105 Abs. 5 FGO Gebrauch macht *(BFH-Beschluss vom 28. 4. 2025 V B 30/23, BFH/NV S. 886).*

Verkündet ein FG ein erstes Endurteil nach mündlicher Verhandlung und sieht es sich später nicht in der Lage, das Urteil binnen fünf Monaten mit Entscheidungsgründen zu versehen, so darf es nicht erneut mündliche Verhandlungen anberaumen und ein zweites Endurteil erlassen. Der entsprechende Fehler ist ein Verstoß gegen die Grundordnung des Verfahrens, den der BFH von Amts wegen zu berücksichtigen hat *(BFH-Urteil vom 30. 8. 1995 I R 162/94, BStBl. 1996 II S. 139).*

BFH-Urteil vom 18. 4. 1996 V R 25/95, BStBl. II S. 578: 1. Ein Urteil ist iSd § 116 Abs. 1 Nr. 5 (a. F.) und des § 119 Nr. 6 FGO nicht mit Gründen versehen, wenn es nach Verkündung im Falle des § 105 Abs. 4 FGO nicht alsbald der Geschäftsstelle übergeben worden ist. Ein nach Ablauf von fünf Monaten der Geschäftsstelle übergebenes (vollständig abgefasstes) Urteil ist nicht alsbald nachträglich niedergelegt, unterschrieben sowie übergeben worden und demnach nicht mit Gründen versehen (Anschluss an *Beschluss des GmS-OGB vom 27. 4. 1993 a. a. O.* 2. Bei der Frist von fünf Monaten für die nachträgliche Übergabe des vollständig abgefassten Urteils an die Geschäftsstelle handelt es sich nicht um eine ungefähre, sondern um eine genau bestimmte Frist. Auch eine geringfügige Versäumung zieht die Rechtsfolge nach sich. 3. Dienstfreiheit beim FG (Rosenmontag) am letzten Tage der Frist hindert nicht deren Ablauf.

Verkündet ein FG ein erstes Endurteil nach mündlicher Verhandlung und sieht es sich später nicht in der Lage, das Urteil binnen fünf Monate mit Entscheidungsgründen zu versehen, so darf es nicht erneut mündliche Verhandlungen anberaumen und ein zweites Endurteil erlassen. Der entsprechende Fehler ist ein Verstoß gegen die Grundordnung des Verfahrens, den der BFH von Amts wegen zu berücksichtigen hat *(BFH-Urteil vom 30. 8. 1995 I R 162/94, BStBl. 1996 II S. 139).*

Hat im finanzgerichtlichen Klageverfahren eine Beweisaufnahme durch Zeugenvernehmung stattgefunden und beschränkt sich das FG gleichwohl in seinem Urteil bei der Darstellung der Entscheidungsgründe ohne jegliche Würdigung der erhobenen Beweise auf eine Bezugnahme auf die nach seiner Auffassung zutreffende Begründung der Einspruchsentscheidung (§ 105 Abs. 5 FGO), so ist das Urteil iSd § 116 Abs. 1 Nr. 5 (a. F.), § 119 Nr. 6 FGO „nicht mit Gründen versehen" (Fortentwicklung der Rspr. in dem *BFH-Urteil vom 29. 7. 1992 II R 14/92, BStBl. 1992 II S. 1043;* s. auch *BFH-Urteil vom 20. 5. 1994 VI R 10/94, BStBl. II S. 707*).

Eine Entscheidung ist iSd § 119 Nr. 6 FGO (teilweise) nicht mit Gründen versehen, wenn mit der Klage geltend gemacht wird, bestimmte Aufwendungen seien entweder als Anschaffungskosten oder als Werbungskosten steuerlich zu berücksichtigen, das FG den Sachverhalt in einer klageabweisenden Entscheidung aber ausschließlich unter dem Gesichtspunkt der Anschaffungskosten würdigt *(BFH-Beschluss vom 1. 4. 2003 X B 105/02, BFH/NV S. 1193).*

[1] § 120 Abs. 1 Satz 4 angef. durch G v. 22. 3. 2005 (BGBl. I S. 837).

[2] Die Einlegung der Revision beim FG ist seit dem 1. 1. 2001 nicht geeignet, die Revisionsfrist zu wahren. Von Angehörigen der steuerberatenden Berufe, die als Prozessvertreter ein Rechtsmittel einlegen, muss erwartet werden, dass sie die Voraussetzungen und die Anforderungen für dieses Rechtsmittel kennen oder sich davon Kenntnis verschaffen. Insbesondere müssen die Prozessvertreter die einer geänderten Gesetzeslage entsprechende, dem angefochtenen Urteil beigefügte ordnungsgemäße Rechtsmittelbelehrung beachten *(BFH-Beschluss vom 18. 12. 2001 II R 63/01, BFH/NV 2002 S. 658).*

Die Umdeutung einer von einem fachkundigen steuerlichen Berater des Steuerpflichtigen eingelegten, ausdrücklich als solche bezeichneten, Revision in eine Nichtzulassungsbeschwerde, kommt nach ständiger Rechtsprechung nicht in Betracht *(BFH-Beschluss vom 26. 9. 2007 X R 23/07, BFH/NV S. 2333).*

Der Revisionsantrag darf nicht über das Klagebegehren im erstinstanzlichen Verfahren hinausgehen. Eine Klageerweiterung ist im Revisionsverfahren unzulässig *(BFH-Urteil vom 22. 5. 2006 VI R 61/05, BFH/NV S. 45).*

[3] Die Revision ist auch dann gem. § 120 Abs. 1 Satz 1 FGO innerhalb des an die Revisionsfrist anschließenden Monats zu begründen, wenn wegen Versäumnis der Revisionsfrist Wiedereinsetzung in den vorigen Stand beantragt ist (Anschluss an *BFH-Urteil vom 7. 12. 1971 VII R 108/69, BStBl. 1972 II S. 224*); s. *BFH-Beschluss vom 18. 5. 1994 I R 111/93, BStBl. 1995 II S. 24.*

[4] Die Revisionsbegründungsfrist gem. § 120 Abs. 2 FGO in der seit 1. 1. 2001 geltenden Fassung ist eine selbständige Frist. Sie schließt nicht mehr an den Ablauf der Frist zur Einlegung der Revision an *(BFH-Beschluss vom 5. 2. 2004 V R 64/03, BStBl. II S. 366).*

Die Frist zur Begründung der Revision wird, wenn das FG in einem Gerichtsbescheid die Revision zugelassen hat, durch die Zustellung des Gerichtsbescheids ausgelöst *(BFH-Beschluss vom 27. 5. 2008 I R 11/08, BStBl. II S. 766).*

Wiedereinsetzung in den vorigen Stand wegen Versäumung der Revisionsbegründungsfrist kann nicht gewährt werden, wenn binnen der Wiedereinsetzungsfrist von zwei Wochen nicht auch die Revisionsbegründung eingereicht wird *(BFH-Urteil vom 13. 12. 2001 IV R 50/00, BFH/NV 2002 S. 655).*

Hat ein Revisionskläger die Revisionsbegründungsfrist versäumt und wird er darauf vom BFH hingewiesen, beginnt die Frist für die Beantragung einer Wiedereinsetzung in den vorigen Stand und für die Nachholung der versäumten Rechtshandlung mit dem Zugang des Hinweises des BFH beim Revisionskläger *(BFH-Beschluss vom 21. 10. 2008 V R 19/08, BFH/NV 2009 S. 396).*

Versäumt das FA die Revisionsbegründungsfrist wegen des Verschuldens eines Beamten der OFD beim Weiterleiten des Schriftsatzes an den BFH, so handelt es sich grundsätzlich um eigenes Organisationsverschulden des FA *(BFH-Beschluss vom 15. 2. 2011 VI R 69/10, BFH/NV S. 830).*

In der Revisionsbegründung müssen die Gründe tatsächlicher und rechtlicher Art angegeben werden, die das erstinstanzliche Urteil als unrichtig erscheinen lassen sollen. Der Revisionskläger hat sich mit den tragenden Gründen des finanzgerichtlichen Urteils auseinanderzusetzen und darzulegen, weshalb er diese für unrichtig hält. Hierzu reicht der bloße Hinweis, das angefochtene Urteil stehe zu einer (genau bezeichneten) Entscheidung des BFH in Widerspruch, nicht aus *(BFH-Beschluss vom 20. 4. 2010 VI R 44/09, BStBl. II S. 691).*

BFH-Beschluss vom 22. 3. 2010 VI R 10/10, BFH/NV S. 1295: Aus der Revisionsbegründung müssen Inhalt, Umfang und Zweck des Revisionsangriffs klar hervorgehen. Dies ist nicht der Fall, wenn die Revisionsbegründung nicht aus sich heraus erkennen lässt, dass der Revisionskläger anhand der Gründe des angefochtenen finanzgerichtlichen Urteils sein bisheriges Vorbringen überprüft hat *(Anschluss an BFH-Urteil vom 25. 8. 2009 I R 88, 89/07, BFH/NV S. 2047).*

nen Monat nach Zustellung des Beschlusses über die Zulassung der Revision. Die Begründung ist bei dem Bundesfinanzhof einzureichen. Die Frist kann auf einen vor ihrem Ablauf gestellten Antrag von dem Vorsitzenden verlängert werden.[1]

(3) Die Begründung muss enthalten:[2]

1. die Erklärung, inwieweit das Urteil angefochten und dessen Aufhebung beantragt wird (Revisionsanträge);
2. die Angabe der Revisionsgründe, und zwar
   a) die bestimmte Bezeichnung der Umstände, aus denen sich die Rechtsverletzung ergibt;[3]
   b) soweit die Revision darauf gestützt wird, dass das Gesetz in Bezug auf das Verfahren verletzt sei, die Bezeichnung der Tatsachen, die den Mangel ergeben.[4]

§ 121 [Verfahrensvorschriften] 121

Für das Revisionsverfahren gelten die Vorschriften über das Verfahren im ersten Rechtszug und die Vorschriften über Urteile und andere Entscheidungen entsprechend, soweit sich aus den Vorschriften über die Revision nichts anderes ergibt. § 79 a über die Entscheidung durch den vorbereitenden Richter und § 94 a über das Verfahren nach billigem Ermessen sind nicht anzuwenden. Erklärungen und Beweismittel, die das Finanzgericht nach § 79 b zu Recht zurückgewiesen hat, bleiben auch im Revisionsverfahren ausgeschlossen.

§ 122 [Beteiligte am Revisionsverfahren] 122

(1) Beteiligter am Verfahren über die Revision ist, wer am Verfahren über die Klage beteiligt war.

(2) Betrifft das Verfahren eine auf Bundesrecht beruhende Abgabe oder eine Rechtsstreitigkeit über Bundesrecht, so kann das Bundesministerium der Finanzen dem Verfahren beitreten. Betrifft das Verfahren eine von den Landesfinanzbehörden verwaltete Abgabe oder eine Rechtsstreitigkeit über Landesrecht, so steht dieses Recht auch der zuständigen obersten Landesbehörde zu. Der Senat kann die zuständigen Stellen zum Beitritt auffordern. Mit ihrem Beitritt erlangt die Behörde die Rechtsstellung eines Beteiligten.

§ 123 [Unzulässigkeit der Klageänderung] 123

(1) Klageänderungen und Beiladungen sind im Revisionsverfahren unzulässig.[5] Das gilt nicht für Beiladungen nach § 60 Abs. 3 Satz 1.[6]

(2) Ein im Revisionsverfahren nach § 60 Abs. 3 Satz 1 Beigeladener kann Verfahrensmängel nur innerhalb von zwei Monaten nach Zustellung des Beiladungsbeschlusses rügen. Die Frist kann auf einen vor ihrem Ablauf gestellten Antrag von dem Vorsitzenden verlängert werden.

---

[1] Einen Hinweis auf die Möglichkeit, Fristverlängerung für die Begründung der Revision zu beantragen, muss die Rechtsbehelfsbelehrung nicht enthalten *(BFH-Beschluss vom 7. 2. 2002 III R 12/01, BFH/NV S. 794).*

Ist ein Antrag auf Verlängerung der Revisionsbegründungsfrist beim BFH nicht eingegangen, kann keine Wiedereinsetzung zur Beantragung einer Fristverlängerung erlangt werden. Die Wiedereinsetzung in den vorigen Stand wegen Versäumung der Revisionsbegründungsfrist setzt voraus, dass innerhalb der Antragsfrist die versäumte Rechtshandlung, d. h. die Begründung der Revision selbst, nachgeholt wird *(BFH-Beschluss vom 30. 10. 2001 II R 40/01, BFH/NV 2002 S. 501).*

[2] Gemäß § 551 Abs. 3 Satz 2 ZPO i. V. m. § 155 FGO kann zur Begründung der Revision auch auf die Begründung der Nichtzulassungsbeschwerde Bezug genommen werden, wenn die Revision auf Grund einer Nichtzulassungsbeschwerde zugelassen worden ist. Voraussetzung hierfür ist aber, dass die Ausführungen in der Nichtzulassungsbeschwerde den inhaltlichen Anforderungen an eine Revisionsbegründung genügen *(BFH-Beschluss vom 22. 3. 2016 VIII R 22/14, BFH/NV S. 1054).*

[3] Für eine ordnungsgemäße Revisionsbegründung ist eine zumindest kurze Auseinandersetzung mit den Gründen des angefochtenen Urteils erforderlich, aus der zu erkennen ist, dass der Revisionskläger die Begründung dieses Urteils und sein eigenes Vorbringen überprüft hat (ständige BFH-Rechtsprechung). Der Revisionskläger muss danach im Einzelnen und in Auseinandersetzung mit der Argumentation des FG dartun, welche Ausführungen der Vorinstanz aus welchen Gründen unrichtig sein sollen. Der bloße Hinweis auf ein anderes Verfahren, selbst wenn dort über dieselbe (konkrete) Rechtsfrage zu entscheiden sein sollte, reicht dafür nicht aus *(BFH-Beschluss vom 9. 3. 2016 I R 79/14, BFH/NV S. 1039).*

[4] Für die ordnungsgemäße Begründung der Revision reicht es jedenfalls aus, wenn die Revisionsbegründung auf die in Kopie beigefügte Begründung der Nichtzulassungsbeschwerde und auf den mit Gründen versehenen, die Revision wegen Divergenz zulassenden Beschluss des BFH Bezug nimmt, die Begründung der Nichtzulassungsbeschwerde ihrerseits ihrem Inhalt nach zur Begründung der Revision genügt und der BFH in seinem Zulassungsbeschluss das Vorliegen der gerügten Divergenz bejaht hat *(BFH-Urteil vom 11. 3. 2004 VII R 15/03, BStBl. II S. 566).*

Geht das FG in den Urteilsgründen von einem vom Kläger gestellten Antrag auf Beweiserhebung aus und lehnt es diesen Antrag ab, so bedarf es zwecks Begründung eines Verfahrensfehlers nicht der Darlegung des Klägers in der Revisionsbegründung, dass ein entsprechender Antrag in der letzten mündlichen Verhandlung noch einmal gestellt wurde *(BFH-Urteil vom 22. 1. 1997 I R 101/95, BStBl. II S. 464).*

[5] Der Übergang vom ursprünglichen Antrag im Klageverfahren, einen Vorläufigkeitsvermerk zu erweitern, zum Antrag im Revisionsverfahren, die Einkommensteuer herabzusetzen, ist eine unzulässige Klageänderung i. S. der §§ 67, 123 FGO *(BFH-Urteil vom 11. 2. 2009 X R 51/06, BFH/NV S. 1273).*

[6] Auf die zur Grundordnung des Verfahrens gehörende notwendige Beiladung kann nicht verzichtet werden. Wird sie im finanzgerichtlichen Verfahren unterlassen, kann dieser Verfahrensfehler noch im Revisionsverfahren geheilt werden. Allerdings steht es im Ermessen des BFH, ob er die Sache an das FG zur Nachholung der notwendigen Beiladung zurückverweist oder die Beiladung selbst vornimmt *(BFH-Beschluss vom 19. 6. 2006 VIII R 33/05, BFH/NV S. 1693).*

Macht der erst im Revisionsverfahren notwendig Beigeladene deutlich, dass er eine weitere Sachaufklärung anstrebt, und erscheint dieses Begehren nicht von vornherein abwegig, so ist der Rechtsstreit auch dann an die Tatsacheninstanz zurückzuweisen, wenn das FG im Ergebnis im Sinne des Beigeladenen entschieden hat *(BFH-Urteil vom 18. 8. 2005 VI R 38/02, BFH/NV S. 2240).*

124 **§ 124 [Prüfung der Zulässigkeit der Revision]**

(1) Der Bundesfinanzhof prüft, ob die Revision statthaft und ob sie in der gesetzlichen Form und Frist eingelegt und begründet worden ist. Mangelt es an einem dieser Erfordernisse, so ist die Revision unzulässig.[1]

(2) Der Beurteilung der Revision unterliegen auch diejenigen Entscheidungen, die dem Endurteil vorausgegangen sind, sofern sie nicht nach den Vorschriften dieses Gesetzes unanfechtbar sind.

125 **§ 125 [Rücknahme der Revision]**

(1) Die Revision kann bis zur Rechtskraft des Urteils zurückgenommen werden. Nach Schluss der mündlichen Verhandlung, bei Verzicht auf die mündliche Verhandlung und nach Ergehen eines Gerichtsbescheides ist die Rücknahme nur mit Einwilligung des Revisionsbeklagten möglich.[2]

(2) Die Zurücknahme bewirkt den Verlust des eingelegten Rechtsmittels.

126 **§ 126 [Entscheidung über die Revision]**

(1) Ist die Revision unzulässig, so verwirft der Bundesfinanzhof sie durch Beschluss.

(2) Ist die Revision unbegründet, so weist der Bundesfinanzhof sie zurück.

(3) Ist die Revision begründet,[3] so kann der Bundesfinanzhof

1. in der Sache selbst entscheiden oder
2. das angefochtene Urteil aufheben und die Sache zur anderweitigen Verhandlung und Entscheidung zurückverweisen.[4]

Der Bundesfinanzhof verweist den Rechtsstreit zurück, wenn der in dem Revisionsverfahren nach § 123 Abs. 1 Satz 2 Beigeladene ein berechtigtes Interesse daran hat.

(4) Ergeben die Entscheidungsgründe zwar eine Verletzung des bestehenden Rechts, stellt sich die Entscheidung selbst aber aus anderen Gründen als richtig dar, so ist die Revision zurückzuweisen.[5]

(5) Das Gericht, an das die Sache zur anderweitigen Verhandlung und Entscheidung zurückverwiesen ist, hat seiner Entscheidung die rechtliche Beurteilung des Bundesfinanzhofs zugrunde zu legen.[6]

---

[1] Das Rechtsschutzbedürfnis des FA für eine von ihm eingelegte Revision entfällt, mit der Folge, dass diese unzulässig wird, wenn das FA in einen während des Revisionsverfahrens erlassenen Änderungsbescheid die Steuer in der im angefochtenen Urteil festgesetzten Höhe vorbehaltlos übernimmt.

Eine unzulässige Hauptrevision kann in eine zulässige Anschlussrevision umgedeutet werden (*BFH-Urteil vom 12. 12. 2012 I R 69/11, BStBl. 2017 II S. 1232*).

[2] Die Revision kann nach § 125 Abs. 1 Satz 2 FGO nicht mehr wirksam zurückgenommen werden, nachdem die Verfahrensbeteiligten bereits Verzicht auf mündliche Verhandlung erklärt hatten und der Revisionsbeklagte der Rücknahme nicht zustimmt *(BFH-Urteil vom 24. 2. 2011 VI R 51/10, BFH/NV S. 984)*.

[3] Fehlt es an einer tragfähigen Tatsachengrundlage für die Folgerungen in der tatrichterlichen Entscheidung oder fehlt die nachvollziehbare Ableitung dieser Folgerungen aus den festgestellten Tatsachen und Umständen, so liegt ein Verstoß gegen die Denkgesetze vor, der als Fehler der Rechtsanwendung ohne besondere Rüge vom Revisionsgericht beanstandet werden kann *(BFH-Urteil vom 17. 7. 2014 IV R 32/13, BFH/NV 2015 S. 37)*.

[4] *BFH-Urteil vom 8. 11. 2017 IX R 35/15, BFH/NV 2018 S. 347:* 1. Das FG, an das die Sache zur anderweitigen Verhandlung und Entscheidung zurückverwiesen ist, hat seiner Entscheidung die rechtliche Beurteilung des BFH zugrunde zu legen. 2. Das FG ist nur dann im zweiten Rechtsgang nicht an die rechtliche Beurteilung des BFH gebunden, wenn sich ein anderer Sachverhalt ergibt oder wenn nach der Zurückverweisung durch den BFH eine rückwirkende Gesetzesänderung oder eine Änderung der höchstrichterlichen Rechtsprechung eintritt.

Wird der Einzelrichter erfolgreich wegen der Besorgnis der Befangenheit abgelehnt, so wird sein geschäftsplanmäßiger Vertreter als Einzelrichter für das Verfahren zuständig. Das gilt auch dann, wenn in dem ursprünglichen Übertragungsbeschluss der Einzelrichter namentlich benannt war *(BFH-Urteil vom 26. 10. 1998 I R 22/98, BStBl. 1999 II S. 60)*.

[5] § 126 Abs. 4 FGO ist im Verfahren über die Beschwerde gegen die Nichtzulassung der Revision bei allen Zulassungsgründen entsprechend anzuwenden (Fortsetzung ständiger Rechtsprechung *BFH-Beschluss X B 20/15 vom 18. 6. 2015, BFH/NV S. 1418)*.

Eine Verletzung des Rechts auf Gehör führt stets zur Zurückverweisung des Rechtsstreits an das FG. § 126 Abs. 4 FGO ist in einem solchen Fall nicht anwendbar *(BFH-Urteil vom 7. 8. 2002 I R 45/01, BFH/NV 2003 S. 173)*.

§ 126 Abs. 4 FGO ist auch dann anzuwenden, wenn das FG die Klage zwar zu Unrecht als unzulässig abgewiesen hat, die Klageabweisung sich aber in der Sache rechtfertigen lässt und das FG hinreichende Feststellungen getroffen hat, die eine Entscheidung über die Begründetheit der Klage ermöglichen *(BFH-Urteil vom 6. 10. 2004 IX R 60/03, BFH/NV 2005 S. 327)*.

[6] Die Rüge, das FG habe die Bindungswirkung eines im ersten Rechtsgang ergangenen BFH-Urteils gemäß § 126 Abs. 5 FGO missachtet, ist mit der Nichtzulassungsbeschwerde als Verfahrensfehler des FG gemäß § 115 Abs. 2 Nr. 3 FGO geltend zu machen *(BFH-Beschluss vom 30. 11. 2020 VIII B 138/19, BFH/NV 2021 S. 445)*.

BFH-Beschluss vom 20. 12. 2005 V B 222/04, BFH/NV 2006 S. 774: 1. Die Bindung nach § 126 Abs. 5 FGO an ein zurückverweisendes Urteil besteht hinsichtlich der Gründe, die zur Zurückverweisung der Sache führen sowie der Gründe, welche der bei der Aufhebung der Vorentscheidung ausgesprochenen Rechtsauffassung logisch vorausgehen. 2. Das FG verstößt nicht gegen § 126 Abs. 5 FGO, wenn es unter Berücksichtigung der im zurückweisenden BFH-Urteil den hiernach entscheidungserheblichen Sachverhalt unter Berücksichtigung von Akteninhalt und ggf. Beweisaufnahmen ermittelt.

Die Bindungswirkung des § 126 Abs. 5 FGO entfällt in den Fällen, in denen sich nachträglich die für die Beurteilung maßgeblichen Umstände geändert haben. Ein solcher Fall kann jedoch nur dort eintreten, wo die zurückverweisende Entscheidung des BFH dem FG für eine weitere Aufklärung des Sachverhalts und eine erneute Entscheidung Raum lässt, nicht aber da, wo der BFH über einen Teil des Streites bereits abschließend entschieden hat *(BFH-Beschluss vom 8. 8. 2007 VI B 85/06, BFH/NV S. 2138)*.

[Fortsetzung nächste Seite]

(6) Die Entscheidung über die Revision bedarf keiner Begründung, soweit der Bundesfinanzhof Rügen von Verfahrensmängeln nicht für durchgreifend erachtet. Das gilt nicht für Rügen nach § 119 und, wenn mit der Revision ausschließlich Verfahrensmängel geltend gemacht werden, für Rügen, auf denen die Zulassung der Revision beruht.

§ 126 a [Unbegründete Revision] 127

Der Bundesfinanzhof kann über die Revision in der Besetzung von fünf Richtern durch Beschluss entscheiden, wenn er einstimmig die Revision für unbegründet und eine mündliche Verhandlung nicht für erforderlich hält. Die Beteiligten sind vorher zu hören. Der Beschluss soll eine kurze Begründung enthalten; dabei sind die Voraussetzungen dieses Verfahrens festzustellen. § 126 Abs. 6 gilt entsprechend.

§ 127 [Zurückverweisung][1] 128

Ist während des Revisionsverfahrens ein neuer oder geänderter Verwaltungsakt Gegenstand des Verfahrens geworden (§§ 68, 123 Satz 2), so kann der Bundesfinanzhof das angefochtene Urteil aufheben und die Sache zur anderweitigen Verhandlung und Entscheidung an das Finanzgericht zurückverweisen.

Unterabschnitt 2. Beschwerde, Erinnerung, Anhörungsrüge[2, 3]

§ 128[4] [Fälle der Zulässigkeit der Beschwerde][5] 129

(1) Gegen die Entscheidungen des Finanzgerichts, des Vorsitzenden oder des Berichterstatters, die nicht Urteile oder Gerichtsbescheide sind, steht den Beteiligten und den sonst von der Ent-

[Fortsetzung]

BFH-Beschluss vom 2. 7. 2007 II B 96/06, BFH/NV S. 2126: Der BFH bleibt, falls eine Sache nach Zurückverweisung in einem zweiten Rechtsgang erneut bei ihm anhängig wird, an seine rechtliche Beurteilung im ersten Rechtszug grundsätzlich in gleicher Weise gebunden, wie das FG, an das die Sache zurückverwiesen worden ist (Grundsatz der Selbstbindung).

Hat der BFH die Sache zur anderweitigen Verhandlung und Entscheidung an das FG zurückverwiesen, ist er bei der Revisionsentscheidung im zweiten Rechtsgang nicht an die rechtliche Beurteilung in seinem ersten Revisionsurteil gebunden, wenn und soweit er seine bisherige Rechtsauffassung bei der gleichzeitigen Entscheidung über andere Revisionen, die dieselbe Rechtsfrage betreffen, aufgibt *(BFH-Urteil vom 22. 10. 1993 IX R 62/92, BStBl. 1995 II S. 130).*

Eine Bindungswirkung nach § 126 Abs. 5 FGO besteht nicht, wenn der BFH für die Behandlung der Rechtssache im zweiten Rechtsgang lediglich eine Empfehlung ausspricht oder wenn das FG im zweiten Rechtsgang entscheidungserhebliche Tatsachen, die zu einer abweichenden Beurteilung führen, erstmals feststellt *(BFH-Beschluss vom 29. 6. 2012 III B 206/11, BFH/NV S. 1626).*

[1] Ergeht während des Verfahrens über eine zulässige, aber unbegründete Beschwerde wegen Nichtzulassung der Revision ein Änderungsbescheid zu Lasten des Stpfl., ist die Vorentscheidung entsprechend § 127 FGO aufzuheben und die Sache an das FG zurückzuverweisen *(BFH-Beschluss vom 18. 12. 2003 II B 31/00, BStBl. 2004 II S.237).* Die Vorentscheidung ist aber dann nicht entsprechend § 127 FGO aufzuheben, wenn der Bescheid keine gegenüber den bisherigen Belastungen verbösernde Entscheidung enthält oder diese Entscheidung nicht streitig ist *(BFH-Beschluss vom 31. 3. 2006 V B 12/04, BFH/NV S.1491).*

Ergeht während des Verfahrens über eine Beschwerde wegen Nichtzulassung der Revision ein Änderungsbescheid, ist die Vorentscheidung nicht entsprechend § 127 FGO aufzuheben und die Sache an das FG zurückzuverweisen, wenn die Nichtzulassungsbeschwerde unzulässig ist *(BFH-Beschluss vom 25. 2. 2021 VIII B 6/20, BFH/NV S. 769).*

Enthält ein nach §§ 68, 121 FGO zum Gegenstand des Revisionsverfahrens gewordener Änderungsbescheid einen neuen Streitpunkt, der im ursprünglich angefochtenen Bescheid, über den das FG entschieden hat, noch nicht erfasst war, so ist die Sache regelmäßig nach § 127 FGO an das FG zurückzuverweisen *(BFH-Urteil vom 14. 1. 2004 IX R 55/03, BFH/NV S.656).*

In entsprechender Anwendung des § 127 FGO ist die Vorentscheidung aufzuheben und die Sache an das FG zurückzuverweisen, wenn im Verfahren der Nichtzulassungsbeschwerde ein geänderter Gewinnfeststellungsbescheid zu Lasten des Steuerpflichtigen ergeht, der entsprechend § 68 FGO Gegenstand des Verfahrens wird *(BFH-Beschluss vom 27. 3. 2013 IV B 81/11, BFH/NV S. 1108).*

[2] Überschrift geänd. durch G v. 9. 12. 2004 (BGBl. I S. 3220).

[3] *BFH-Beschluss vom 14. 3. 2007 IV S 13/06 (PKH), BStBl. II S. 468:* Eine außerordentliche Beschwerde ist im Finanzprozess nicht mehr statthaft (Aufgabe der im *Senatsbeschluss vom 8. 9. 2005 IV B 42/05 BStBl. 2005 II S. 838* vertretenen Rechtsansicht und Anschluss an *BFH-Beschluss vom 30. 11. 2005 VIII B 181/05 BStBl. 2006 II S. 188*).

Durch die Schaffung und Reglementierung der Anhörungsrüge in allen Verfahrensordnungen zum 1. Januar 2005 sollte das Institut der Gegenvorstellung **nicht** ausgeschlossen werden. Wird also mit einer entsprechenden Eingabe nicht die Verletzung des Anspruchs auf rechtliches Gehör geltend gemacht, ist diese Eingabe weiterhin als Gegenvorstellung im herkömmlichen Sinne zu werten *(BFH-Beschluss vom 13. 1. 2005 VII S 31/04, BFH/NV S. 898).*

BFH-Beschluss vom 30. 9. 2004 IV S 9/03, BStBl. 2005 II S. 142: Richtet sich eine Gegenvorstellung analog § 321 a ZPO gegen eine durch einfachen Brief bekannt gegebene Entscheidung des Gerichts, gilt für den Beginn der Frist zur Erhebung der Gegenvorstellung die Bekanntgabe-Fiktion analog § 122 Abs. 2 Nr. 1 AO, § 4 Abs. 1 VwZG (Drei-Tages-Frist).

Mangels einer besonderen Rechtsgrundlage ist die Gegenvorstellung ab 1. Januar 2005 unmittelbar auf Art. 19 Abs. 4 GG zu stützen. Sie ist damit weder fristgebunden noch kostenpflichtig *(BFH-Beschluss vom 13. 10. 2005 IV S 10/05, BStBl. 2006 II S. 76).*

Nach dem Wegfall der außerordentlichen Beschwerde ist ein ausdrücklich und ausschließlich an das FG gerichtetes Schreiben, mit dem Einwände gegen eine Kostenentscheidung des FG geltend gemacht werden, trotz seiner Bezeichnung als außerordentliche Beschwerde wegen greifbarer Gesetzeswidrigkeit vom FG als Gegenvorstellung zu behandeln. Für eine Abgabe eines solchen Schreibens an den BFH besteht nach dem Wegfall der außerordentlichen Beschwerde kein Anlass mehr *(BFH-Beschluss vom 29. 7. 2003 X B 91/03, BFH/NV S. 1600).*

Lehnt das FG einen Antrag auf Änderung einer fehlerhaften Streitwertfestsetzung ab, kann darin keine mit der außerordentlichen Beschwerde zu rügende, nicht hinnehmbare Gesetzeswidrigkeit gesehen werden *(BFH-Beschluss vom 11. 6. 2004 IV B 167/02, BFH/NV S. 1657).*

[Fortsetzung nächste Seite]

scheidung Betroffenen die Beschwerde an den Bundesfinanzhof zu, soweit nicht in diesem Gesetz etwas anderes bestimmt ist.

(2) Prozessleitende Verfügungen, Aufklärungsanordnungen, Beschlüsse über die Vertagung oder die Bestimmung einer Frist, Beweisbeschlüsse, Beschlüsse über die Ablehnung von Beweisanträgen, über Verbindung und Trennung von Verfahren und Ansprüchen und über die Ablehnung von Gerichtspersonen, Sachverständigen und Dolmetschern, Einstellungsbeschlüsse nach Klagerücknahme sowie Beschlüsse im Verfahren der Prozesskostenhilfe können nicht mit der Beschwerde angefochten werden.

(3) Gegen die Entscheidung über die Aussetzung der Vollziehung nach § 69 Abs. 3 und 5 und über einstweilige Anordnungen nach § 114 Abs. 1 steht den Beteiligten die Beschwerde nur zu, wenn sie in der Entscheidung zugelassen worden ist.[1] Für die Zulassung gilt § 115 Abs. 2 entsprechend.

(4) In Streitigkeiten über Kosten ist die Beschwerde nicht gegeben. Das gilt nicht für die Beschwerde gegen die Nichtzulassung der Revision.

130 **§ 129**[2] **[Einlegung der Beschwerde]**

(1) Die Beschwerde ist beim Finanzgericht schriftlich oder zu Protokoll des Urkundsbeamten der Geschäftsstelle innerhalb von zwei Wochen nach Bekanntgabe der Entscheidung einzulegen.

(2) Die Beschwerdefrist ist auch gewahrt, wenn die Beschwerde innerhalb der Frist beim Bundesfinanzhof eingeht.

131 **§ 130 [Abhilfe oder Vorlage beim BFH]**

(1) Hält das Finanzgericht, der Vorsitzende oder der Berichterstatter, dessen Entscheidung angefochten wird, die Beschwerde für begründet, so ist ihr abzuhelfen; sonst ist sie unverzüglich dem Bundesfinanzhof vorzulegen.

(2) Das Finanzgericht soll die Beteiligten von der Vorlage der Beschwerde in Kenntnis setzen.

132 **§ 131 [Aufschiebende Wirkung der Beschwerde]**

(1) Die Beschwerde hat nur dann aufschiebende Wirkung, wenn sie die Festsetzung eines Ordnungs- oder Zwangsmittels zum Gegenstand hat. Das Finanzgericht, der Vorsitzende oder der Berichterstatter, dessen Entscheidung angefochten wird, kann auch sonst bestimmen, dass die Vollziehung der angefochtenen Entscheidung einstweilen auszusetzen ist.

(2) Die §§ 178 und 181 Abs. 2 des Gerichtsverfassungsgesetzes bleiben unberührt.

[Fortsetzung]

Eine wiederholte Gegenvorstellung ist unzulässig. Auch eine förmliche Beschwerde gegen den eine Gegenvorstellung zurückweisenden Beschluss ist unstatthaft. Möglich bleibt daher nur die Verfassungsbeschwerde gegen die Ausgangsentscheidung, die inzident auch zur Überprüfung des Nichtabhilfebeschlusses des Gerichts im ersten Rechtszug führen würde, der die (erste) Gegenvorstellung zum Gegenstand hatte *(BFH-Beschluss vom 28. 4. 2004 IV S 4/04, BFH/NV S. 981).*

Eine Gegenvorstellung gem. § 155 Abs. 1 FGO i. V. m. § 321 a ZPO ist auch im Finanzgerichtsprozess nur innerhalb der zweiwöchigen Notfrist des § 321 a Abs. 2 Satz 2 und 3 ZPO statthaft *(BFH-Beschluss vom 6. 5. 2004 I S 13/03, BFH/NV S. 1533).*

[4] § 128 Abs. 2 geänd. durch G v. 15. 7. 2024 (BGBl. I Nr. 237).

[5] Wird in der mündlichen Verhandlung ein Beschluss verkündet, gegen den das Rechtsmittel der Beschwerde gegeben ist, kann die Beschwerde sofort erhoben werden. Die zweiwöchige Beschwerdefrist läuft aber erst nach Aushändigung einer schriftlichen und zutreffenden Rechtsmittelbelehrung *(BFH-Beschluss vom 28. 6. 2002 IV B 75/01, BFH/NV 2003 S. 45).*

Mit einer **Untätigkeitsbeschwerde** kann ein Tätigwerden des FG nicht erzwungen werden *(BFH-Beschluss vom 28. 2. 2024 XI B 82/22, BFH/NV S. 766).*

Lehnt das FG eine Beiladung gem. § 174 Abs. 4 und 5 AO im Endurteil ab, dann besteht bei einem Beteiligten des finanzgerichtlichen Verfahrens, der im Rahmen der Beschwerde wegen Nichtzulassung der Revision die Ablehnung der Beiladung als Verfahrensmangel rügen kann (§ 115 Abs. 2 Nr. 3 FGO), für eine gesonderte Beschwerde gegen die Ablehnung der Beiladung kein Rechtsschutzbedürfnis (Abweichung vom *BFH-Beschluss vom 6. 5. 1988 VI B 35/87, BFH/NV 1989 S. 113*); s. *BFH-Beschluss vom 21. 6. 1994 VIII B 5/93.*

Bei der finanzgerichtlichen Anordnung des persönlichen Erscheinens eines Beteiligten handelt es sich um eine prozessleitende Verfügung, die nach § 128 Abs. 2 FGO nicht mit der Beschwerde angefochten werden kann *(BFH-Beschluss vom 26. 3. 1997 II B 2/97, BStBl. II S. 411).*

[1] *BFH-Beschluss vom 30. 8. 2023 X B 63/23 (AdV), BFH/NV 2023 S. 1313:* 1. Ein Rechtsmittel, dessen Statthaftigkeit von einer Zulassungsentscheidung des Finanzgerichts (FG) abhängig ist, muss durch besondere Entscheidung des FG – ausdrücklich im Tenor oder zumindest erkennbar in den Entscheidungsgründen – zugelassen sein. Fehlt ein solcher Ausspruch über die Zulassung, ist das Rechtsmittel in der Entscheidung des FG nicht zugelassen worden. 2. Allein die Beifügung einer auf die Beschwerde hinweisenden Rechtsmittelbelehrung genügt für eine Zulassungsentscheidung in einem AdV-Beschluss nicht, wenn sich weder dem Tenor noch den Gründen der Entscheidung sowie der Formulierung der Rechtsmittelbelehrung Anhaltspunkte für eine Zulassung entnehmen lassen.

BFH-Beschluss vom 6. 11. 2008 IV B 126/07, BStBl. 2009 II S. 157: 1. Im Beschwerdeverfahren über die Ablehnung eines Antrags auf AdV durch das FG hat der BFH als Tatsachengericht grundsätzlich selbst die Befugnis und Pflicht zur Tatsachenfeststellung. 2. Dies steht jedoch einer Zurückverweisung des Verfahrens zur ergänzenden Tatsachenfeststellung durch das FG nicht entgegen, wenn nach den Umständen des Einzelfalls die Feststellungen besser durch das FG getroffen werden können und die besondere Eilbedürftigkeit des Verfahrens auf AdV der Zurückverweisung nicht entgegensteht.

[2] § 129 Abs. 1 geänd. durch G v. 5. 7. 2017 (BGBl. I S. 2208).

§ 132 [Entscheidung über die Beschwerde] 133

Über die Beschwerde entscheidet der Bundesfinanzhof durch Beschluss.

§ 133[1] [Antrag auf Entscheidung des Gerichts] 134

(1) Gegen die Entscheidung des beauftragten oder ersuchten Richters oder des Urkundsbeamten kann innerhalb von zwei Wochen nach Bekanntgabe die Entscheidung des Finanzgerichts beantragt werden. Der Antrag ist schriftlich oder zu Protokoll des Urkundsbeamten der Geschäftsstelle des Gerichts zu stellen. Die §§ 129 bis 131 gelten sinngemäß.

(2) Im Verfahren vor dem Bundesfinanzhof gilt Absatz 1 für Entscheidungen des beauftragten oder ersuchten Richters oder des Urkundsbeamten der Geschäftsstelle sinngemäß.

§ 133 a[2] [Anhörungsrüge][3] 135

(1) Auf die Rüge eines durch eine gerichtliche Entscheidung beschwerten Beteiligten ist das Verfahren fortzuführen, wenn

1. ein Rechtsmittel oder ein anderer Rechtsbehelf gegen die Entscheidung nicht gegeben ist und
2. das Gericht den Anspruch dieses Beteiligten auf rechtliches Gehör in entscheidungserheblicher Weise verletzt hat.[4]

Gegen eine der Endentscheidung vorausgehende Entscheidung findet die Rüge nicht statt.

---

[1] § 133 Abs. 1 Satz 2 geänd. durch G v. 5. 7. 2017 (BGBl. I S. 2208).

[2] § 133 a eingef. durch G v. 9. 12. 2004 (BGBl. I S. 3220); Abs. 2 Satz 5 aufgeh. durch G v. 12. 12. 2007 (BGBl. I S. 2840); Abs. 2 Satz 4 geänd. durch G v. 5. 7. 2017 (BGBl. I S. 2208); Abs. 2 Satz 3 geänd. durch G v. 15. 7. 2024 (BGBl. 2024 I Nr. 236).

[3] *BFH-Beschluss vom 13. 10. 2005 IV S 10/05, BStBl. 2006 II S. 76:* 1. Durch die Schaffung und Reglementierung der Anhörungsrüge in allen Verfahrensordnungen zum 1. Januar 2005 sollte das Institut der Gegenvorstellung nicht ausgeschlossen werden. Wird also mit einer entsprechenden Eingabe nicht die Verletzung des Anspruchs auf rechtliches Gehör geltend gemacht, ist diese Eingabe weiterhin als Gegenvorstellung im herkömmlichen Sinne zu werten (Beseitigung der im *BFH-Beschluss vom 8. 9. 2005 IV B 42/05, BFH/NV S. 2130* geäußerten Zweifel). 2. Mangels einer besonderen Rechtsgrundlage ist die Gegenvorstellung ab 1. Januar 2005 unmittelbar auf Art. 19 Abs. 4 GG zu stützen. Sie ist damit weder fristgebunden noch kostenpflichtig. Eine Gegenvorstellung gegen Gerichtsentscheidungen, welche in materielle Rechtskraft erwachsen sind, kommt als nicht förmlicher Rechtsbehelf allenfalls in Ausnahmefällen in Betracht, etwa bei schwerwiegenden Grundrechtsverstößen oder wenn die angegriffene Entscheidung jeder gesetzlichen Grundlage entbehrt. Dies muss substantiiert dargelegt werden *(BFH-Urteil vom 28. 9. 2010 IX S 10/10, BFH/NV 2011 S. 55).*

BFH-Beschluss vom 17. 6. 2005 VI S 3/05, BStBl. II S. 614: 1. Die Anhörungsrüge nach § 133 a FGO ist gegen Urteile und Beschlüsse des BFH als (End-)Entscheidungen statthaft; hierzu gehört auch ein Beschluss des BFH, in dem ein bei ihm eingelegter Antrag auf Bewilligung von PKH für eine beabsichtigte Nichtzulassungsbeschwerde abgelehnt wurde. 2. Der Anwendungsbereich der Anhörungsrüge beschränkt sich auf eine Verletzung des rechtlichen Gehörs durch die gerichtliche (End-)Entscheidung. 3. Mit der Anhörungsrüge kann nicht erreicht werden, dass das Gericht seine Entscheidung in der Sache in vollem Umfang überprüft.

Zur Begründung einer Anhörungsrüge muss die Verletzung des rechtlichen Gehörs schlüssig dargelegt werden. Die Grundsätze für die Rüge einer Gehörsverletzung im Rahmen einer Nichtzulassungsbeschwerde oder Revision gelten dabei entsprechend *(BFH-Beschluss vom 11. 1. 2006 IV S 17/05, BFH/NV S. 956).*

Die Anhörungsrüge ist auf die Verletzung des rechtlichen Gehörs beschränkt und lässt sich nicht mit einem neuen Vortrag im Rügeverfahren begründen *(BFH-Beschluss vom 19. 11. 2008 VIII S 29/08, BFH/NV 2009 S. 403).*

Der Beschluss des FG, mit dem eine Anhörungsrüge verworfen oder zurückgewiesen worden ist, ist unanfechtbar. Auch eine außerordentliche Beschwerde wegen sog. greifbarer Gesetzwidrigkeit ist nicht statthaft *(BFH-Beschluss vom 22. 2. 2006 VII B 244/05, BFH/NV S. 1311).*

Gegen den die Anhörungsrüge verwerfenden oder zurückweisenden Beschluss kommt nur eine Verfassungsbeschwerde in Betracht; es kann nicht erneut Anhörungsrüge, weitere Anhörungsrüge, Gegenvorstellung, Beschwerde, Rechtsbeschwerde oder außerordentliche Beschwerde erhoben werden (*BFH-Beschluss vom 25. 9. 2024 XI S 11/24, BFH/NV S. 1426*).

BFH-Beschluss vom 11. 5. 2007 V R 67/05, BStBl. II S. 653: 1. Die Rüge der Verletzung des Art. 101 Abs. 1 Satz 2 GG (Entzug des gesetzlichen Richters) durch Nichteinholung einer Vorabentscheidung des EuGH ist im Rahmen einer Anhörungsrüge nach § 133 a FGO nicht statthaft. 2. Eine Gerichtsentscheidung, in der ein letztinstanzliches Gericht eine mögliche Vorlage an den EuGH abgelehnt hat, verstößt nur dann gegen Art. 101 Abs. 1 Satz 2 GG, wenn das Gericht den ihm in solchen Fällen notwendig zukommenden Beurteilungsrahmen in unvertretbarer Weise überschritten hat.

Die Anhörungsrüge unterliegt dem Vertretungszwang (§ 133 a Abs. 2 Satz 5 i. V. m. § 62 a FGO), wenn dieser für das zur beanstandeten Entscheidung führende Verfahren galt *(BFH-Beschluss vom 23. 4. 2008 IX S 11/08, BFH/NV S. 1497).*

Der Vertretungszwang für Verfahren vor dem BFH gilt auch für die Erhebung einer Anhörungsrüge, wenn für die beanstandete Entscheidung ihrerseits Vertretungszwang galt *(BFH-Beschluss vom 16. 8. 2016 II S 16/16, BFH/NV S. 1746).*

[4] In einer Anhörungsrüge muss „dargelegt" werden, dass die Voraussetzungen des § 133 a Abs. 1 Satz 1 Nr. 2 vorliegen. Darlegen heißt: Substantiiert und nachvollziehbar darstellen, welche rechtlichen Argumente der Beteiligten oder welchen Tatsachenvortrag das Gericht bei seiner Entscheidung nicht erwogen hat und aufgrund welcher besonderen Anhaltspunkte der Rügeführer dies meint folgern zu können. Denn es ist grundsätzlich davon auszugehen, dass ein Gericht von ihm zur Kenntnis genommenes Vorbringen bei seiner Entscheidung berücksichtigt hat. Einen solchen Anhaltspunkt stellt es in der Regel nicht dar, dass eine Entscheidung auf bestimmte Argumente der Beteiligten nur kurz oder sogar gar nicht ausdrücklich eingeht *(BFH-Beschluss vom 26. 11. 2008 VII S 28/08, BFH/NV 2009 S. 409).*

BFH-Beschluss vom 28. 11 2011 III S 9/11, BFH/NV 2012 S. 433: 1. Bei einer Anhörungsrüge gegen die Zurückweisung einer NZB kann der Anspruch auf rechtliches Gehör nur dann i. S. von § 133 a Abs. 1 Satz 1 Nr. 2 FGO in entscheidungserheblicher Weise verletzt sein, wenn der BFH ein Vorbringen im Zusammenhang mit der Darlegung der Zulassungsgründe i. S. von § 115 Abs. 2 Nr. 1 bis 3 FGO nicht zur Kenntnis genommen und in Erwägung gezogen hat und die Revision bei Berücksichtigung dieses Vorbringens hätte zugelassen werden müssen. 2. Eine Anhörungsrüge kann weder auf eine vermeintlich fehlerhafte Rechtsanwendung durch den BFH noch auf Überlegungen gestützt werden, die in dem der Anhörungsrüge vorausgegangenen Beschwerdeverfahren über die Nichtzulassung der Revision nicht vorgebracht wurden.

Enthalten die Ausführungen im Kern den Vorwurf, das Gericht habe in der Sache fehlerhaft entschieden, kann die Klägerin im Rahmen einer Anhörungsrüge nicht gehört werden. Eine Verletzung des Anspruchs auf rechtliches Gehör liegt nur dann vor, wenn sich aus den besonderen Umständen des Falles deutlich ergibt, dass das Gericht ein tatsächliches Vorbringen entweder überhaupt nicht zur Kenntnis genommen oder doch bei seiner Entscheidung ersichtlich nicht in Erwägung gezogen hat *(BFH-Beschluss vom 11. 7. 2012 I S 8/12, BFH/NV S. 1813).*

(2) Die Rüge ist innerhalb von zwei Wochen nach Kenntnis von der Verletzung des rechtlichen Gehörs zu erheben;[1] der Zeitpunkt der Kenntniserlangung ist glaubhaft zu machen. Nach Ablauf eines Jahres seit Bekanntgabe der angegriffenen Entscheidung kann die Rüge nicht mehr erhoben werden. Formlos mitgeteilte Entscheidungen gelten mit dem vierten Tag nach Aufgabe zur Post als bekannt gegeben. Die Rüge ist schriftlich oder zu Protokoll des Urkundsbeamten der Geschäftsstelle bei dem Gericht zu erheben, dessen Entscheidung angegriffen wird. Die Rüge muss die angegriffene Entscheidung bezeichnen und das Vorliegen der in Absatz 1 Satz 1 Nr. 2 genannten Voraussetzungen darlegen.

(3) Den übrigen Beteiligten ist, soweit erforderlich, Gelegenheit zur Stellungnahme zu geben.

(4) Ist die Rüge nicht statthaft oder nicht in der gesetzlichen Form oder Frist erhoben, so ist sie als unzulässig zu verwerfen. Ist die Rüge unbegründet, weist das Gericht sie zurück. Die Entscheidung ergeht durch unanfechtbaren Beschluss. Der Beschluss soll kurz begründet werden.

(5) Ist die Rüge begründet, so hilft ihr das Gericht ab, indem es das Verfahren fortführt, soweit dies aufgrund der Rüge geboten ist. Das Verfahren wird in die Lage zurückversetzt, in der es sich vor dem Schluss der mündlichen Verhandlung befand. In schriftlichen Verfahren tritt an die Stelle des Schlusses der mündlichen Verhandlung der Zeitpunkt, an dem Schriftsätze eingereicht werden können. Für den Ausspruch des Gerichts ist § 343 der Zivilprozessordnung entsprechend anzuwenden.

(6) § 131 Abs. 1 Satz 2 ist entsprechend anzuwenden.

Unterabschnitt 3. Wiederaufnahme des Verfahrens[2]

136 **§ 134 [Anwendbarkeit der ZPO]**

Ein rechtskräftig beendetes Verfahren kann nach den Vorschriften des Vierten Buchs der Zivilprozessordnung wiederaufgenommen werden.

Dritter Teil. Kosten und Vollstreckung

Abschnitt I. Kosten[3]

137 **§ 135 [Kostenpflichtige]**

(1) Der unterliegende Beteiligte trägt die Kosten des Verfahrens.

(2)[4] Die Kosten eines ohne Erfolg eingelegten Rechtsmittels fallen demjenigen zur Last, der das Rechtsmittel eingelegt hat.

(3) Dem Beigeladenen können Kosten nur auferlegt werden, soweit er Anträge gestellt oder Rechtsmittel eingelegt hat.

---

[1] Die Anhörungsrüge nach § 133 a FGO ist innerhalb von zwei Wochen nach Kenntnis von der Verletzung des rechtlichen Gehörs zu erheben. Abzustellen ist dabei auf die Kenntnis des Prozessbevollmächtigten und nicht auf die des Rügeführers *(BFH-Beschluss vom 29. 8. 2011 III S 11/11, BFH/NV S. 2088).*

BFH-Beschluss vom 20. 4. 2011 I S 2/11, BFH/NV S. 1882: Die Frist für die Erhebung der Anhörungsrüge beginnt nach § 133 a Abs. 2 Satz 1 FGO mit Kenntnis von der Verletzung des rechtlichen Gehörs. Von einer solchen Kenntnis ist bereits dann auszugehen, wenn der Betroffene und/oder sein Prozessbevollmächtigter die zur Begründung der Gehörsverletzung angeführten Tatsachen kennen, und nicht erst dann, wenn sie darüber hinaus zu der Rechtsauffassung gelangt sind, dass diese Tatsachen die Erhebung einer Anhörungsrüge rechtfertigen (Bestätigung des *BSG-Beschlusses vom 9. 9. 2010 B 11 AL 4/10 C, Breith 2011, 277*).

Der fristauslösenden positiven Kenntnisnahme von einer Verletzung des rechtlichen Gehörs i. S. des § 133 a Abs. 2 Satz 1 Halbsatz 1 FGO kann es gleichzustellen sein, wenn der Rügeführer eine gleichsam auf der Hand liegende Kenntnisnahmemöglichkeit, die jeder andere in seiner Lage wahrgenommen hätte, bewusst nicht wahrnimmt (*BFH-Beschluss vom 22. 3. 2022 VIII S 10/21, BFH/NV S. 605*).

BFH-Beschluss vom 15. 12. 2014 X S 20/14, BFH/NV 2014 S. 508: Die Zweiwochenfrist des § 133 a Abs. 2 Satz 1 FGO beginnt mit der tatsächlichen Kenntnis von der Verletzung rechtlichen Gehörs. Die Bekanntgabefiktion des § 133 a Abs. 2 Satz 3 FGO ist nicht anwendbar (vgl. *BVerfG vom 4. 4. 2007 1 BvR 66/07, NJW 2007 S. 2242*).

[2] In finanzgerichtlichen Wiederaufnahmeverfahren entscheidet der Vollsenat auch dann, wenn die Entscheidung, um deren Korrektur es geht, gem. § 79 a Abs. 3, 4 FGO vom Einzelrichter erlassen wurde *(BFH-Urteil vom 2. 12. 1998 X R 15 – 16/97, BStBl. 1999 II S. 412).*

[3] Wegen der Berechnung der Kosten s. §§ 1, 3 und 34 des Gerichtskostengesetzes i. d. F. vom 5. 5. 2004 (BGBl. I S. 718) und die Anlagen zu § 3 Abs. 2 und § 34 Abs. 1 GKG (nachstehend abgedruckt).

[4] *BFH-Beschluss vom 13. 1. 2005 VII B 147/04, BStBl. II S. 457:* Wird die Revision bei teilbarem Streitgegenstand nur teilweise zugelassen, hat der Beschwerdeführer die Gerichtskosten für das Beschwerdeverfahren nach dem Wert des erfolglosen Teilgegenstandes zu tragen; die außergerichtlichen Kosten für dieses Verfahren sind ihm in der Beschwerdeentscheidung in Höhe der nach dem Wert des gesamten Streitgegenstandes errechneten Quote aufzuerlegen (Anschluss an *BGH-Beschluss vom 17. 12. 2003 V ZR 343/02, NJW 2004 S. 1048*).

Der Kläger, dessen Revision zurückgewiesen wird, hat die Kosten des Revisionsverfahrens auch zu tragen, wenn der angefochtene Verwaltungsakt auf Vorschriften beruht, die zwar verfassungswidrig sind, deren Anwendung im Streitfall aber aufgrund einer entsprechenden Anordnung des BVerfG zulässig ist *(BFH-Urteil vom 16. 5. 2018 II R 16/13, BStBl. II S. 690).*

BFH-Beschluss vom 18. 3. 1994 III B 222/90, BStBl. II S. 520: Haben die Beteiligten aufgrund der Entscheidung des BVerfG zu den Grundfreibeträgen *(BVerfG vom 25. 9. 1992 a. a. O.)* übereinstimmend den Rechtsstreit für erledigt erklärt, sind die Kosten des erledigten Rechtsstreits dem beklagten FA aufzuerlegen, wenn dem Kläger nach der Besteuerung ein geringeres Einkommen als das sozialhilferechtliche Existenzminimum verblieben ist und das FA einem während des Rechtsstreits gestellten Antrag des Klägers auf Ruhen des Verfahrens nicht zugestimmt hat.

(4) Die Kosten des erfolgreichen Wiederaufnahmeverfahrens können der Staatskasse auferlegt werden, soweit sie nicht durch das Verschulden eines Beteiligten entstanden sind.

(5) Besteht der kostenpflichtige Teil aus mehreren Personen, so haften diese nach Kopfteilen. Bei erheblicher Verschiedenheit ihrer Beteiligung kann nach Ermessen des Gerichts die Beteiligung zum Maßstab genommen werden.

§ 136 [Kompensation der Kosten] 138

(1) Wenn ein Beteiligter teils obsiegt, teils unterliegt, so sind die Kosten gegeneinander aufzuheben oder verhältnismäßig zu teilen. Sind die Kosten gegeneinander aufgehoben, so fallen die Gerichtskosten jedem Teil zur Hälfte zur Last. Einem Beteiligten können die Kosten ganz auferlegt werden, wenn der andere nur zu einem geringen Teil unterlegen ist.

(2) Wer einen Antrag, eine Klage, ein Rechtsmittel oder einen anderen Rechtsbehelf zurücknimmt, hat die Kosten zu tragen.

(3) Kosten, die durch einen Antrag auf Wiedereinsetzung in den vorigen Stand entstehen, fallen dem Antragsteller zur Last.

§ 137[1] [Anderweitige Auferlegung der Kosten] 139

Einem Beteiligten können die Kosten ganz oder teilweise auch dann auferlegt werden, wenn er obgesiegt hat, die Entscheidung aber auf Tatsachen beruht, die er früher hätte geltend machen oder beweisen können und sollen. Kosten, die durch Verschulden eines Beteiligten entstanden sind, können diesem auferlegt werden.[2] Berücksichtigt das Gericht nach § 76 Abs. 3 Erklärungen und Beweismittel, die im Einspruchsverfahren nach § 364b der Abgabenordnung rechtmäßig zurückgewiesen wurden, sind dem Kläger insoweit die Kosten aufzuerlegen.

§ 138[3] [Kostenentscheidung durch Beschluss][4] 140

(1) Ist der Rechtsstreit in der Hauptsache erledigt, so entscheidet das Gericht nach billigem Ermessen über die Kosten des Verfahrens durch Beschluss; der bisherige Sach- und Streitstand ist zu berücksichtigen.

---

[1] § 137 Satz 3 angef. durch G v. 19. 12. 2001 (BGBl. I S. 3922).

[2] § 137 Satz 1 FGO ist dahin auszulegen, dass die Entscheidung auf dem verspäteten Tatsachenvortrag oder Beweis beruhen muss; die Vorschrift findet keine Anwendung, wenn die Entscheidung bei rechtzeitigem Tatsachenvortrag oder Beweis genauso ausgefallen wäre *(BFH-Urteil vom 22. 4. 2004 V R 72/03, BStBl. II S. 684).*

[3] § 138 Abs. 3 angef. durch G v. 24. 8. 2004 (BGBl. I S. 2198).

[4] Bei einer Erledigung des Rechtsstreits in der Hauptsache aufgrund übereinstimmender Erklärungen der Beteiligten können dem FA die Kosten des Verfahrens auferlegt werden, wenn es einen wegen Vorliegen von Musterverfahren sachgemäßen Antrag des Klägers auf Ruhen des Verfahrens ablehnt. Die volle Kostenlast kann in einem solchen Fall auch dann billigem Ermessen entsprechen, wenn das BVerfG eine verfassungswidrige Norm weiterhin für anwendbar erklärt hat und der Kläger deshalb nicht obsiegen kann *(BFH-Beschluss vom 29. 4. 2003 VI R 140/90, BStBl. II S. 719).*

Es entspricht billigem Ermessen, die Kosten eines in der Hauptsache für erledigt erklärten Verfahrens demjenigen aufzuerlegen, dessen Klage zuvor durch – nicht rechtskräftig gewordenen – Gerichtsbescheid abgewiesen worden war *(BFH-Beschluss vom 10. 12. 2009 VII R 40/70, BFH/NV 2010 S. 909).*

Umfasst das Klagebegehren mehrere selbständige Streitgegenstände und erklären die Beteiligten lediglich hinsichtlich eines Streitgegenstandes den Rechtstreit für erledigt, hat das FG entweder die erledigte Sache abzutrennen und insoweit eine Kostenentscheidung zu treffen oder im Urteil über die restlichen Streitpunkte zu entscheiden und im Rahmen einer gemischten Kostenentscheidung beruhend auf §§ 138, 135 FGO über die Kosten des erledigten Teils zu befinden *(BFH-Beschluss vom 30. 5. 2007 III B 12/06, BFH/NV S. 1905).*

Ist die Erledigung der Hauptsache auf ein nachträglich eingetretenes außerprozessuales Ereignis zurückzuführen, hat das Gericht nach § 138 Abs. 1 Halbsatz 2 FGO über die Kostenfolge im Rahmen einer summarischen Beurteilung nach dem bisherigen Sach- und Streitstand zu entscheiden; § 138 Abs. 2 FGO kommt auch nicht zur Anwendung, wenn der beantragte Verwaltungsakt erlassen worden ist *(BFH-Beschluss vom 24. 5. 2023 X B 22/22 (AdV), BFH/NV 2023 S. 1090).*

Hat ein Stpfl. nach einer Entscheidung des BVerfG für die Vergangenheit einen verfassungswidrigen Rechtszustand hinzunehmen und wird deshalb ein Rechtsstreit in der Hauptsache für erledigt erklärt, so entspricht es regelmäßig billigem Ermessen, dem FA die Verfahrenskosten auch insoweit aufzuerlegen, als der Stpfl. bezüglich des verfassungswidrigen Sonderopfers nicht hat obsiegen können *(BFH-Beschluss vom 18. 8. 2005 VI R 123/94, BStBl. 2006 II S. 39).*

BFH-Beschluss vom 24. 1. 2003 IV B 43/02, BFH/NV S. 790: 1. Eine außerordentliche Beschwerde wegen greifbarer Gesetzeswidrigkeit einer isolierten Kostenentscheidung des FG ist unstatthaft. 2. Lehnt das FG die nach oder entsprechend § 321 a ZPO mögliche Korrektur der Kostenentscheidung ab, ist auch die dagegen gerichtete Beschwerde unzulässig.

Ein Klageverfahren in Sachen Freistellungsbescheinigung gem. § 50 d Abs. 3 EStG ist nicht allein deswegen in der Hauptsache erledigt, weil die reguläre Festsetzungsfrist für den Erlass von Steuernachforderungs- oder Haftungsbescheiden abgelaufen ist *(BFH-Urteil vom 17. 4. 1996 I R 82/95, BStBl. II S. 608).*

Nach Erledigung des Rechtsstreits in der Hauptsache kann ein weiterer Vorläufigkeitsvermerk in den Bescheid, den das FA seiner vor dem FG gegebenen Zusage entsprechend erlässt, nicht mehr aufgenommen werden *(BFH-Urteil vom 14. 5. 2003 XI R 21/02, BFH/NV S. 1355).*

Nach übereinstimmender Erledigung des Verfahrens in der Hauptsache ist die Kostenentscheidung nach billigem Ermessen unter Berücksichtigung des bisherigen Sachstandes und Streitstandes zu treffen (§ 138 Abs. 1 FGO). Mithin hängt die Kostenfolge grundsätzlich von einer summarischen Beurteilung der Frage ab, wie – ausgehend vom bisherigen Sachstand und Streitstand – das Gericht voraussichtlich entschieden hätte, wenn es nicht zur Erledigung des Verfahrens gekommen wäre *(BFH-Beschluss vom 19. 12. 2006 X B 192/03, BFH/NV 2007 S. 497).*

(2)[1] Soweit ein Rechtsstreit dadurch erledigt wird, dass dem Antrag des Steuerpflichtigen durch Rücknahme oder Änderung des angefochtenen Verwaltungsakts stattgegeben oder dass im Fall der Untätigkeitsklage gemäß § 46 Abs. 1 Satz 3 Halbsatz 2 innerhalb der gesetzten Frist dem außergerichtlichen Rechtsbehelf stattgegeben oder der beantragte Verwaltungsakt erlassen wird, sind die Kosten der Behörde aufzuerlegen. § 137 gilt sinngemäß.

(3) Der Rechtsstreit ist auch in der Hauptsache erledigt, wenn der Beklagte der Erledigungserklärung des Klägers nicht innerhalb von zwei Wochen seit Zustellung des die Erledigungserklärung enthaltenden Schriftsatzes widerspricht und er vom Gericht auf diese Folge hingewiesen worden ist.

141 **§ 139 [Erstattungsfähige Kosten]**[2]

(1) Kosten sind die Gerichtskosten (Gebühren und Auslagen) und die zur zweckentsprechenden Rechtsverfolgung oder Rechtsverteidigung notwendigen Aufwendungen der Beteiligten einschließlich der Kosten des Vorverfahrens.

(2) Die Aufwendungen der Finanzbehörden sind nicht zu erstatten.

(3) Gesetzlich vorgesehene Gebühren und Auslagen eines Bevollmächtigten oder Beistands, der nach den Vorschriften des Steuerberatungsgesetzes zur geschäftsmäßigen Hilfeleistung in Steuersachen befugt ist, sind stets erstattungsfähig. Aufwendungen für einen Bevollmächtigten oder Beistand, für den Gebühren und Auslagen gesetzlich nicht vorgesehen sind, können bis zur Höhe der gesetzlichen Gebühren und Auslagen der Rechtsanwälte erstattet werden. Soweit ein Vorverfahren geschwebt hat, sind die Gebühren und Auslagen erstattungsfähig, wenn das Gericht die Zuziehung eines Bevollmächtigten oder Beistands für das Vorverfahren für notwendig erklärt. Steht der Bevollmächtigte oder Beistand in einem Angestelltenverhältnis zu einem Beteiligten, so werden die durch seine Zuziehung entstandenen Gebühren nicht erstattet.

(4) Die außergerichtlichen Kosten des Beigeladenen sind nur erstattungsfähig, wenn das Gericht sie aus Billigkeit der unterliegenden Partei oder der Staatskasse auferlegt.

§§ 140 und 141 (weggefallen)

142 **§ 142**[3] **[Prozesskostenhilfe]**

(1) Die Vorschriften der Zivilprozessordnung über die Prozesskostenhilfe gelten sinngemäß.[4]

(2) Einem Beteiligten, dem Prozesskostenhilfe bewilligt worden ist, kann auch ein Steuerberater, Steuerbevollmächtigter, Wirtschaftsprüfer oder vereidigter Buchprüfer beigeordnet werden. Die Vergütung richtet sich nach den für den beigeordneten Rechtsanwalt geltenden Vorschriften des Rechtsanwaltsvergütungsgesetzes.

(3) Die Prüfung der persönlichen und wirtschaftlichen Verhältnisse nach den §§ 114 bis 116 der Zivilprozessordnung einschließlich der in § 118 Absatz 2 der Zivilprozessordnung bezeichneten Maßnahmen und der Entscheidungen nach § 118 Absatz 2 Satz 4 der Zivilprozessordnung obliegt dem Urkundsbeamten der Geschäftsstelle des jeweiligen Rechtszugs, wenn der Vorsitzende ihm das Verfahren insoweit überträgt. Liegen die Voraussetzungen für die Bewilligung der Prozesskostenhilfe hiernach nicht vor, erlässt der Urkundsbeamte die den Antrag ablehnende Entscheidung; anderenfalls vermerkt der Urkundsbeamte in den Prozessakten, dass dem Antragsteller nach seinen persönlichen und wirtschaftlichen Verhältnissen Prozesskostenhilfe gewährt werden kann und in welcher Höhe gegebenenfalls Monatsraten oder Beträge aus dem Vermögen zu zahlen sind.

---

[1] *BFH-Beschluss vom 13. 5. 2003 X R 9/02, BFH/NV S. 1204:* Haben die Beteiligten übereinstimmend den Rechtsstreit in der Hauptsache für erledigt erklärt, sind die Kosten gem. § 138 Abs. 2 Satz 1 FGO der Behörde aufzuerlegen, soweit dem Antrag des Stpfl. durch Änderung des angefochtenen Verwaltungsakts Rechnung getragen wurde. Andererseits entspricht es regelmäßig billigem Ermessen, dass der Stpfl. die Kosten in Höhe des restlichen Teils des Klageanspruchs trägt (§ 138 Abs. 1 FGO).

Ändert sich das Gesetz während des Klageverfahrens zu Gunsten des Klägers und erledigt sich deshalb der Rechtsstreit in der Hauptsache, entspricht es billigem Ermessen, die Kosten dem beklagten FA aufzuerlegen *(BFH-Beschluss vom 7. 4. 2004 III R 53/01, BFH/NV S. 1119).*

[2] Siehe hierzu *Vfg. LfSt Bayern vom 30. 6. 2017,* nachstehend abgedruckt als **Anh. II Nr. 1 e.**

[3] § 142 Abs. 2 Satz 1 geänd., Satz 2 angef., Abs. 3 bis 8 angef. durch G v. 31. 8. 2013 (BGBl. I S. 3533); Abs. 3 neu gef. durch G v. 8. 7. 2014 (BGBl. I S. 890).

[4] §§ 114–127 ZPO. Im Beschwerdeverfahren gegen die Ablehnung von PKH durch das FG ist der BFH nicht darauf beschränkt, die Entscheidung der Vorinstanz auf ihre Richtigkeit hin zu kontrollieren; vielmehr hat er das Begehren des Antragstellers – im Rahmen des Beschwerdeantrags – erneut in jeder Hinsicht zu prüfen *(BFH-Beschluss vom 12. 8. 1997 VII B 212/96, BFH/NV 1998 S. 433).*

Die Gewährung von PKH für eine inländische **juristische Person** kommt nur in Betracht, wenn bei Antragstellung die Erklärung aller an ihr Beteiligten über ihre persönlichen und wirtschaftlichen Verhältnisse auf dem amtlichen Vordruck unter Beifügung der entsprechenden Belege vorgelegt und dargelegt wird, dass durch die Unterlassung der Rechtsverfolgung oder Rechtsverteidigung die wirtschaftlichen Interessen eines erheblichen Personenkreises in Mitleidenschaft gezogen würden. Diese Einschränkung der PKH-Gewährung für eine inländische juristische Person ist nicht verfassungswidrig *(BFH-Beschluss vom 22. 6. 1999 VII S 2/99, BFH/NV 2000 S. 433).*

Dem Gemeinsamen Senat der obersten Gerichtshöfe des Bundes wird folgende Frage zur Entscheidung vorgelegt: Ist eine Gegenvorstellung gegen einen Beschluss über einen Antrag auf Prozesskostenhilfe statthaft? *(BFH-Beschluss vom 26. 9. 2007 V S 10/07, BStBl. 2008 II S. 60).*

(4) Dem Urkundsbeamten obliegen im Verfahren über die Prozesskostenhilfe ferner die Bestimmung des Zeitpunkts für die Einstellung und eine Wiederaufnahme der Zahlungen nach § 120 Absatz 3 der Zivilprozessordnung sowie die Änderung und die Aufhebung der Bewilligung der Prozesskostenhilfe nach den §§ 120 a und 124 Absatz 1 Nummer 2 bis 5 der Zivilprozessordnung.

(5) Der Vorsitzende kann Aufgaben nach den Absätzen 3 und 4 zu jedem Zeitpunkt an sich ziehen. § 5 Absatz 1 Nummer 1, die §§ 6, 7, 8 Absatz 1 bis 4 und § 9 des Rechtspflegergesetzes gelten entsprechend mit der Maßgabe, dass an die Stelle des Rechtspflegers der Urkundsbeamte der Geschäftsstelle tritt.

(6) § 79 a Absatz 4 gilt entsprechend.

(7) Gegen Entscheidungen des Urkundsbeamten nach den Absätzen 3 und 4 ist die Erinnerung an das Gericht gegeben. Die Frist für die Einlegung der Erinnerung beträgt zwei Wochen. Über die Erinnerung entscheidet das Gericht durch Beschluss.

(8) Durch Landesgesetz kann bestimmt werden, dass die Absätze 3 bis 7 für die Gerichte des jeweiligen Landes nicht anzuwenden sind.

§ 143 [Kostenentscheidung][1] 143

(1) Das Gericht hat im Urteil oder, wenn das Verfahren in anderer Weise beendet worden ist, durch Beschluss über die Kosten zu entscheiden.

(2) Wird eine Sache vom Bundesfinanzhof an das Finanzgericht zurückverwiesen, so kann diesem die Entscheidung über die Kosten des Verfahrens übertragen werden.

§ 144 [Kostenentscheidung bei Rücknahme eines Rechtsbehelfs] 144

Ist ein Rechtsbehelf seinem vollen Umfang nach zurückgenommen worden, so wird über die Kosten des Verfahrens nur entschieden, wenn ein Beteiligter Kostenerstattung beantragt.

§ 145 [Anfechtung der Kostenentscheidung][2] 145

Die Anfechtung der Entscheidung über die Kosten ist unzulässig, wenn nicht gegen die Entscheidung in der Hauptsache ein Rechtsmittel eingelegt wird.

[ab 1. 7. 2026:

§ 146 145a

(1) Wird die Wertfestsetzung für die Gerichtsgebühren nach § 63 Absatz 3 des Gerichtskostengesetzes geändert, so kann das Gericht seine getroffene Kostenentscheidung von Amts wegen ändern. Wird die Kostenentscheidung nach Satz 1 geändert, ist auch eine bereits erfolgte Kostenfestsetzung von Amts wegen zu ändern.

(2) Für die Entscheidung nach Absatz 1 Satz 1 gilt § 107 Absatz 2 entsprechend. Vor der Entscheidung sind die Beteiligten zu hören. Die Änderung der Kostenentscheidung ist nur innerhalb von sechs Monaten zulässig, nachdem die Änderung der Wertfestsetzung Rechtskraft erlangt hat. Die Änderung der Kostenentscheidung hat keine Änderung der übrigen Teile des Urteils oder des Beschlusses zur Folge.

(3) Entscheidungen nach Absatz 1 Satz 1 sind unanfechtbar. Auf Entscheidungen nach Absatz 1 Satz 2 ist § 149 Absatz 2 bis 4 anzuwenden.]

§§ 147 bis 148 (weggefallen)

§ 149[3] [Festsetzung der zu erstattenden Aufwendungen] 146

(1) Die den Beteiligten zu erstattenden Aufwendungen werden auf Antrag von dem Urkundsbeamten des Gerichts des ersten Rechtszugs festgesetzt.

(2) Gegen die Festsetzung ist die Erinnerung an das Gericht gegeben. Die Frist für die Einlegung der Erinnerung beträgt zwei Wochen. Über die Zulässigkeit der Erinnerung sind die Beteiligten zu belehren.

(3) Der Vorsitzende des Gerichts oder das Gericht können anordnen, dass die Vollstreckung einstweilen auszusetzen ist.

(4) Über die Erinnerung entscheidet das Gericht durch Beschluss.

---

[1] Eine unzutreffende Kostenentscheidung allein vermag nicht zur Zulassung der Revision zu führen. Vielmehr muss sich der Zulassungsgrund auf die Entscheidung zur Hauptsache beziehen *(BFH-Beschluss vom 11. 11. 2002 VI B 83/02, BFH/NV 2003, S. 331).*

[2] *BFH-Beschluss vom 27. 1. 2004 VIII R 111/01, BFH/NV S. 660:* 1. Die Beanstandung der Kostenentscheidung in einem BFH-Urteil ist als Gegenvorstellung zu behandeln. 2. Für diese Gegenvorstellung gilt in analoger Anwendung des § 321 a Abs. 2 Satz 2 ZPO eine Frist von zwei Wochen seit Zustellung des Urteils.

[3] Der Urkundsbeamte des FG ist auch dann für die Kostenfestsetzung nach § 149 Abs. 1 FGO zuständig, wenn der BFH als Gericht der Hauptsache in einem Verfahren der Aussetzung der Vollziehung entschieden hat, das nicht zuvor beim FG anhängig war *(Beschluss der Urkundsbeamtin des BFH vom 3. 12. 2007 VI S 22/05, BStBl. 2008 II S. 306).*

Abschnitt II. Vollstreckung

147 **§ 150[1] [Anwendung der Bestimmungen der AO]**

Soll zugunsten des Bundes, eines Landes, eines Gemeindeverbands, einer Gemeinde oder einer Körperschaft, Anstalt oder Stiftung des öffentlichen Rechts als Abgabenberechtigte vollstreckt werden, so richtet sich die Vollstreckung nach den Bestimmungen der Abgabenordnung, soweit nicht durch Gesetz etwas anderes bestimmt ist. Vollstreckungsbehörden sind die Finanzämter und Hauptzollämter. Für die Vollstreckung gilt § 69 sinngemäß.

148 **§ 151 [Anwendung der Bestimmungen der ZPO][2]**

(1) Soll gegen den Bund, ein Land, einen Gemeindeverband, eine Gemeinde, eine Körperschaft, eine Anstalt oder Stiftung des öffentlichen Rechts vollstreckt werden, so gilt für die Zwangsvollstreckung das Achte Buch der Zivilprozessordnung sinngemäß; § 150 bleibt unberührt. Vollstreckungsgericht ist das Finanzgericht.

(2) Vollstreckt wird

1. aus rechtskräftigen und aus vorläufig vollstreckbaren gerichtlichen Entscheidungen,
2. aus einstweiligen Anordnungen,
3. aus Kostenfestsetzungsbeschlüssen.

(3) Urteile auf Anfechtungs- und Verpflichtungsklagen können nur wegen der Kosten für vorläufig vollstreckbar erklärt werden.

(4) Für die Vollstreckung können den Beteiligten auf ihren Antrag Ausfertigungen des Urteils ohne Tatbestand und ohne Entscheidungsgründe erteilt werden, deren Zustellung in den Wirkungen der Zustellung eines vollständigen Urteils gleichsteht.

149 **§ 152 [Vollstreckung wegen Geldforderungen]**

(1) Soll im Fall des § 151 wegen einer Geldforderung vollstreckt werden, so verfügt das Vollstreckungsgericht auf Antrag des Gläubigers die Vollstreckung. Es bestimmt die vorzunehmenden Vollstreckungsmaßnahmen und ersucht die zuständigen Stellen um deren Vornahme. Die ersuchte Stelle ist verpflichtet, dem Ersuchen nach den für sie geltenden Vollstreckungsvorschriften nachzukommen.

(2) Das Gericht hat vor Erlass der Vollstreckungsverfügung die Behörde oder bei Körperschaften, Anstalten und Stiftungen des öffentlichen Rechts, gegen die vollstreckt werden soll, die gesetzlichen Vertreter von der beabsichtigten Vollstreckung zu benachrichtigen mit der Aufforderung, die Vollstreckung innerhalb einer vom Gericht zu bemessenden Frist abzuwenden. Die Frist darf einen Monat nicht übersteigen.

(3) Die Vollstreckung ist unzulässig in Sachen, die für die Erfüllung öffentlicher Aufgaben unentbehrlich sind oder deren Veräußerung ein öffentliches Interesse entgegensteht. Über Einwendungen entscheidet das Gericht nach Anhörung der zuständigen Aufsichtsbehörde oder bei obersten Bundes- oder Landesbehörden des zuständigen Ministers.

(4) Für öffentlich-rechtliche Kreditinstitute gelten die Absätze 1 bis 3 nicht.

(5) Der Ankündigung der Vollstreckung und der Einhaltung einer Wartefrist bedarf es nicht, wenn es sich um den Vollzug einer einstweiligen Anordnung handelt.

150 **§ 153 [Vollstreckung ohne Vollstreckungsklausel]**

In den Fällen der §§ 150, 152 Abs. 1 bis 3 bedarf es einer Vollstreckungsklausel nicht.

151 **§ 154 [Androhung eines Zwangsgeldes]**

Kommt die Finanzbehörde in den Fällen des § 100 Abs. 1 Satz 2 und der §§ 101 und 114 der ihr im Urteil oder in der einstweiligen Anordnung auferlegten Verpflichtung nicht nach, so kann das Gericht des ersten Rechtszugs auf Antrag unter Fristsetzung gegen sie ein Zwangsgeld bis eintausend Euro durch Beschluss androhen, nach fruchtlosem Fristablauf festsetzen und von Amts wegen vollstrecken. Das Zwangsgeld kann wiederholt angedroht, festgesetzt und vollstreckt werden.

---

[1] § 150 Satz 2 geänd. durch G v. 22. 3. 2005 (BGBl. I S. 837).

[2] Ein finanzgerichtliches Urteil, in welchem die FinBeh. dazu verurteilt worden ist, Einsicht in eine bestimmte Akte zu gewähren, unterliegt grundsätzlich der Vollstreckung nach § 888 ZPO über die Zwangsvollstreckung zur Erwirkung nicht vertretbarer Handlungen. Beruft sich die Behörde auf das Nichtvorhandensein der Akte oder weiterer Aktenteile und will der Vollstreckungsgläubiger sicher sein, dass die ihm vorgelegte oder vorzulegende Akte vollständig ist, ist die Verpflichtung der öffentlichen Hand zur Einsichtsgewährung jedoch in entsprechender Anwendung des § 883 Abs. 2 und 3 ZPO wie ein Herausgabeanspruch zu vollstrecken *(BFH-Beschluss vom 16. 5. 2000 VII B 200/98, BStBl. II S. 541).*

Vierter Teil. Übergangs- und Schlussbestimmungen

§ 155[1] [Anwendung von GVG und von ZPO][2] 152

Soweit dieses Gesetz keine Bestimmungen über das Verfahren enthält, sind das Gerichtsverfassungsgesetz und, soweit die grundsätzlichen Unterschiede der beiden Verfahrensarten es nicht ausschließen, die Zivilprozessordnung einschließlich § 278 Absatz 5 und § 278a sinngemäß anzuwenden; das Leitentscheidungsverfahren nach den §§ 552b und 565 der Zivilprozessordnung ist nicht anzuwenden. Die Vorschriften des Siebzehnten Titels des Gerichtsverfassungsgesetzes sind mit der Maßgabe entsprechend anzuwenden, dass an die Stelle des Oberlandesgerichts und des Bundesgerichtshofs der Bundesfinanzhof und an die Stelle der Zivilprozessordnung die Finanzgerichtsordnung tritt; die Vorschriften über das Verfahren im ersten Rechtszug sind entsprechend anzuwenden.

§ 156[3] [§ 6 EGGVG] 153

§ 6 des Einführungsgesetzes zum Gerichtsverfassungsgesetz gilt entsprechend.

§ 157 [Folgen der Nichtigkeitserklärung von landesrechtlichen Vorschriften] 154

Hat das Verfassungsgericht eines Landes die Nichtigkeit von Landesrecht festgestellt oder Vorschriften des Landesrechts für nichtig erklärt, so bleiben vorbehaltlich einer besonderen gesetzli-

---

[1] § 155 Satz 2 angef. durch G v. 24. 11. 2011 (BGBl. I S. 2302); Satz 1 geänd. durch G v. 21. 7. 2012 (BGBl. I S. 1577); Satz 1 geänd. durch G v. 12. 7. 2018 (BGBl. I S. 1151); Satz 1 geänd. durch G v. 8. 10. 2023 (BGBl. I Nr. 272); Satz 1 geänd. durch G v. 24. 10. 2024 (BGBl. I Nr. 328).

[2] Das FG kann das Ruhen des Verfahrens nur anordnen, wenn beide Beteiligten dies beantragen. Widerspricht der andere Beteiligte dem Antrag, das Verfahren ruhen zu lassen, nicht, ersetzt dies nicht den nach dem Gesetz erforderlichen eigenen Antrag *(BFH-Beschluss vom 30. 11. 2009 I B 171/09, BFH/NV 2010 S. 908).* Es ist prozessuale Obliegenheit eines Klägers dem Gericht seine jeweils gültige Anschrift unverzüglich mitzuteilen. Die Verfahrensrüge der nicht ordnungsgemäßen Ladung zur mündlichen Verhandlung kann nicht mit Erfolg erhoben werden, wenn der Kläger dieser Obliegenheit nicht nachgekommen ist. Ist dem Gericht eine Adresse bekannt gegeben worden, so kann das FG eine über ein Jahr zurückliegende Auskunft des Einwohnermeldeamtes über eine Abmeldung von der zuletzt bekannten Adresse vernachlässigen, da sie keinen Zweifel an einer aktuell mitgeteilten Anschrift begründet *(BFH-Beschluss vom 2. 6. 2008 VII S 66/07 (PKH), BFH/NV S. 1853).*

BFH-Beschluss vom 30. 1. 2003 IV B 137/01, BFH/NV S. 795, zur **Terminsverlegung** nach § 227 ZPO: 1. Die Gründe eines Terminverlegungsantrages sind so genau anzugeben, dass sich das Gericht auf Grund ihrer Schilderung ein Urteil über deren Erheblichkeit bilden kann. Formelhafte, nicht im Einzelnen nachprüfbare Begründungen rechtfertigen eine Terminsverlegung nicht. Dies gilt insbesondere dann, wenn der Verlegungsantrag kurzfristig vor dem Termin gestellt wird. 2. Ein Wechsel des Prozessvertreters während des gerichtlichen Verfahrens kann eine Terminsverlegung rechtfertigen, wenn es sich um eine in tatsächlicher oder rechtlicher Hinsicht schwierige Sache handelt, der Wechsel kurz vor der mündlichen Verhandlung stattfindet und vom Kläger nicht verschuldet ist.

BFH-Beschluss vom 3. 11. 2003 III B 55/03, BFH/NV 2004 S. 506: 1. Liegen erhebliche Gründe für eine Verlegung des Termins vor, so verdichtet sich das dem Gericht eingeräumte Ermessen zu einer Rechtspflicht. Welche Gründe erheblich sind, richtet sich nach den Verhältnissen des Einzelfalles. 2. Eine Erkrankung des Prozessbevollmächtigten verpflichtet das Gericht regelmäßig nur dann zu einer Vertagung der mündlichen Verhandlung, wenn er überraschend krank wird. Bei einer länger dauernden Erkrankung muss sich der Prozessbevollmächtigte indes rechtzeitig um einen Vertreter bemühen. 3. Das Gericht kann die Verlegung eines Termins dann ablehnen, wenn die Absicht einer Prozessverschleppung offensichtlich ist oder wenn die prozessualen Mitwirkungspflichten in anderer Weise erheblich verletzt worden sind (vgl. auch *BFH-Beschluss vom 10. 4. 2007 XI B 58/06, BFH/NV S. 1672*).

Zu erheblichen Gründen (i. S. d. § 227 Abs. 1 ZPO) zur Verlegung anberaumter Verhandlungstermine gehören u. a. schon vor der Terminbekanntgabe verbindlich geplante Urlaubsreisen *(BFH-Beschluss vom 4. 5. 2011 IX S 1/11 (PKH), BFH/NV S. 1381).*

Es liegt ein erheblicher Grund für die Verlegung eines Termins zur mündlichen Verhandlung nach § 155 FGO i. V. m. § 227 Abs. 1 Satz 1 ZPO vor, wenn das FG unmittelbar nach der Niederlegung des Mandats durch den Prozessbevollmächtigten den Termin zur mündlichen Verhandlung während der Hauptferienzeit bestimmt und die Sache in tatsächlicher oder rechtlicher Hinsicht nicht einfach ist *(BFH-Beschluss vom 16. 6. 2020 VIII B 151/19, BStBl. II S. 715).*

Ist dem Kläger eine Anreise zur mündlichen Verhandlung mit öffentlichen Verkehrsmitteln aufgrund seines Gesundheitszustands unzumutbar und die Anreise mit dem eigenen Auto verkehrsbedingt unmöglich, liegt ein erheblicher Grund für eine **Terminsaufhebung** vor, wenn der Kläger das Gericht noch vor Beginn der mündlichen Verhandlung hierüber telefonisch informiert und nach Beendigung seiner Fahrt die Umstände seiner Verhinderung glaubhaft macht *(BFH-Beschluss vom 11. 3. 2025 VIII B 21/24, BFH/NV S. 532).*

Tritt der Tod eines Beteiligten in der Zeit nach Erlass des Urteils und vor Einlegung des Rechtsmittels („zwischen den Instanzen") ein, wird der verstorbene Beteiligte im Rechtsmittelverfahren noch als durch seinen Prozessbevollmächtigten in der Vorinstanz vertreten angesehen. Das Verfahren wird deshalb nicht unterbrochen, kann aber ausgesetzt werden *(BFH-Beschluss vom 2. 8. 2004 V B 96/04, BFH/NV S. 1665).*

Das **gerichtliche Protokoll** liefert Beweis für die Beachtung der für die mündliche Verhandlung vorgeschriebenen Förmlichkeiten (§ 165 Satz 1 ZPO). Sein Inhalt ist wesentliche Grundlage für die Prüfung der Ordnungsmäßigkeit des Verfahrens durch das Rechtsmittelgericht *(BFH-Urteil vom 5. 8. 2004 VI R 90/02, BFH/NV 2005 S. 501).*

Ordnet das Amtsgericht im Rahmen eines Insolvenzeröffnungsverfahrens lediglich Maßnahmen zur Sicherung der künftigen Insolvenzmasse nach §§ 21 Abs. 2 Nr. 3, 88 InsO an, erlässt es aber kein allgemeines Verfügungsverbot (§ 22 Abs. 1 Satz 1 InsO i. V. m. § 21 Abs. 2 Nr. 1, 2 InsO), unterbricht das Insolvenzeröffnungsverfahren nicht das finanzgerichtliche Verfahren *(BFH-Beschluss vom 8. 4. 2008 X B 129/07, BFH/NV S. 1190).*

Einem finanzgerichtlichen Urteil, das in Unkenntnis der Eröffnung eines Insolvenzverfahrens über das Vermögen eines Feststellungsbeteiligten ergeht, kommt keine Rechtswirkung zu; es ist aus Gründen der Rechtsklarheit im Revisionsverfahren aufzuheben *(BFH-Urteil vom 9. 6. 2010 IX R 53/09, BFH/NV 2011 S. 263).*

BFH-Urteil vom 6. 2. 2013 X K 11/12, BStBl. II S. 447: Der Vertretungszwang gemäß § 62 Abs. 4 FGO gilt auch bei Entschädigungsklagen wegen überlanger Verfahrensdauer nach § 198 GVG, für die in Bezug auf finanzgerichtliche Verfahren ausschließlich der BFH zuständig ist (§ 155 Satz 2 FGO).

[3] § 156 eingef. durch G v. 21. 12. 2004 (BGBl. I S. 3599).

chen Regelung durch das Land die nicht mehr anfechtbaren Entscheidungen der Gerichte der Finanzgerichtsbarkeit, die auf der für nichtig erklärten Norm beruhen, unberührt. Die Vollstreckung aus einer solchen Entscheidung ist unzulässig. § 767 der Zivilprozessordnung gilt sinngemäß.

155 **§ 158 [Eidliche Vernehmung, Beeidigung]**

Die eidliche Vernehmung eines Auskunftspflichtigen nach § 94 der Abgabenordnung oder die Beeidigung eines Sachverständigen nach § 96 Abs. 7 Satz 5 der Abgabenordnung durch das Finanzgericht findet vor dem dafür im Geschäftsverteilungsplan bestimmten Richter statt. Über die Rechtmäßigkeit einer Verweigerung des Zeugnisses, des Gutachtens oder der Eidesleistung entscheidet das Finanzgericht durch Beschluss.

155a **§ 159**[1] **[§ 43 EGGVG]**

§ 43 des Einführungsgesetzes zum Gerichtsverfassungsgesetz gilt entsprechend.

156 **§ 160 [Beteiligung und Beiladung]**

Soweit der Finanzrechtsweg auf Grund des § 33 Abs. 1 Nr. 4 eröffnet wird, können die Beteiligung am Verfahren und die Beiladung durch Gesetz abweichend von den Vorschriften dieses Gesetzes geregelt werden.

157 **§ 161 (Aufhebung von Vorschriften)**

157a **§ 162**[2] **[Weiterführung und Übermittlung in Papierform]**

[bis 31. 12. 2035: Dokumente und Aktenteile, die nach den Verschlusssachenanweisungen des Bundes oder der Länder als Verschlusssache höher als VS-NUR FÜR DEN DIENSTGEBRAUCH eingestuft sind, dürfen bis zum 31. Dezember 2035 abweichend von den §§ 52 a bis 52 d in Papierform erstellt, geführt und übermittelt werden. Dokumente und Aktenteile, die nach den Verschlusssachenanweisungen des Bundes oder der Länder als Verschlusssache VS-NUR FÜR DEN DIENSTGEBRAUCH eingestuft sind, dürfen bis zum 31. Dezember 2035 abweichend von den §§ 52 a bis 52 d in Papierform übermittelt werden. Die für die Handhabung von Verschlusssachen geltenden Geheimschutzvorschriften bleiben unberührt.**]**

§§ 163 bis 183 (weggefallen)

158 **§ 184 [Inkrafttreten, Überleitungsvorschriften]**

(1) (Inkrafttreten)[3]

(2) (Überleitungsvorschriften)

Anhang
(zu §§ 135 ff. FGO, Kosten)

159 **§§ 1, 3, 34 und 52 des Gerichtskostengesetzes**

In der Fassung der Bekanntmachung vom 27. Februar 2014 (BGBl. I S. 154)

160 **§ 1**[4] **Geltungsbereich**

(1) Für Verfahren vor den ordentlichen Gerichten

1.–21. (...)

werden Kosten (Gebühren und Auslagen) nur nach diesem Gesetz erhoben.

(2) Dieses Gesetz ist ferner anzuwenden für Verfahren

1. (...)

2. vor den Gerichten der Finanzgerichtsbarkeit nach der Finanzgerichtsordnung;

3.–5. (...)

[1] § 159 eingef. durch G v. 8. 10. 2017 (BGBl. I S. 3546).
[2] § 162 neu gef., geänd mWv 1. 1. 2026, aufgeh. **mWv 1. 1. 2036** durch G v. 12. 7. 2024 (BGBl. I Nr. 234).
[3] Das Gesetz in seiner ursprünglichen Fassung ist am 1. 1. 1966 in Kraft getreten. Das In-Kraft-Treten der späteren Änderungen ergibt sich aus den jeweiligen Änderungsgesetzen.
[4] § 1 Abs. 5 eingef. durch G v. 23. 7. 2013 (BGBl. I S. 2586).

(3) …

(4) Kosten nach diesem Gesetz werden auch erhoben für Verfahren über eine Beschwerde, die mit einem der in den Absätzen 1 bis 3 genannten Verfahren im Zusammenhang steht.

(5) Die Vorschriften dieses Gesetzes über die Erinnerung und die Beschwerde gehen den Regelungen der für das zugrunde liegende Verfahren geltenden Verfahrensvorschriften vor.

§ 3 Höhe der Kosten 161

(1) Die Gebühren richten sich nach dem Wert des Streitgegenstands (Streitwert), soweit nichts anderes bestimmt ist.

(2) Kosten werden nach dem Kostenverzeichnis der Anlage 1[1] zu diesem Gesetz erhoben.

§ 34[2] Wertgebühren 162

(1) Wenn sich die Gebühren nach dem Streitwert richten, beträgt bei einem Streitwert bis 500 Euro die Gebühr 40 Euro. Die Gebühr erhöht sich bei einem

Streitwert bis … Euro	für jeden angefangenen Betrag von weiteren … Euro	um … Euro
2 000	500	21,00
10 000	1 000	22,50
25 000	3 000	30,50
50 000	5 000	40,50
200 000	15 000	140,00
500 000	30 000	210,00
über 500 000	50 000	210,00.

Eine Gebührentabelle für Streitwerte bis 500 000 Euro ist diesem Gesetz als Anlage 2[3] beigefügt.

(2) Der Mindestbetrag einer Gebühr ist 15 Euro. Gebühren werden auf den nächstliegenden Cent auf- oder abgerundet; 0,5 Cent werden aufgerundet.

§ 52[4] Verfahren vor Gerichten der Verwaltungs-, Finanz- und Sozialgerichtsbarkeit

(1) In Verfahren vor den Gerichten der Verwaltungs-, Finanz- und Sozialgerichtsbarkeit ist, soweit nichts anderes bestimmt ist, der Streitwert nach der sich aus dem Antrag des Klägers für ihn ergebenden Bedeutung der Sache nach Ermessen zu bestimmen.

(2) Bietet der Sach- und Streitstand für die Bestimmung des Streitwerts keine genügenden Anhaltspunkte, ist ein Streitwert von 5000 Euro anzunehmen.

(3) Betrifft der Antrag des Klägers eine bezifferte Geldleistung oder einen hierauf gerichteten Verwaltungsakt, ist deren Höhe maßgebend. Hat der Antrag des Klägers offensichtlich absehbare Auswirkungen auf künftige Geldleistungen oder auf noch zu erlassende, auf derartige Geldleistungen bezogene Verwaltungsakte, ist die Höhe des sich aus Satz 1 ergebenden Streitwerts um den Betrag der offensichtlich absehbaren zukünftigen Auswirkungen für den Kläger anzuheben, wobei die Summe das Dreifache des Werts nach Satz 1 nicht übersteigen darf. In Verfahren in Kindergeldangelegenheiten vor den Gerichten der Finanzgerichtsbarkeit ist § 42 Absatz 1 Satz 1 und Absatz 3 entsprechend anzuwenden; an die Stelle des dreifachen Jahresbetrags tritt der einfache Jahresbetrag.

(4) In Verfahren

1. vor den Gerichten der Finanzgerichtsbarkeit, mit Ausnahme der Verfahren nach § 155 Satz 2 der Finanzgerichtsordnung und der Verfahren in Kindergeldangelegenheiten, darf der Streitwert nicht unter 1500 Euro,
2. vor den Gerichten der Sozialgerichtsbarkeit und bei Rechtsstreitigkeiten nach dem Krankenhausfinanzierungsgesetz nicht über 2 500 000 Euro,

[1] Nachstehend abgedruckt.

[2] § 34 geänd. durch G v. 23. 7. 2013 (BGBl. I S. 2586); Abs. 1 neu gef. durch G v. 21. 12. 2020 (BGBl. I S. 3229); Abs. 1 Sätze 1 und 2 neu gef., Abs. 2 Satz 2 angef. durch G v. 7. 4. 2025 (BGBl. I Nr. 109).

[3] Nachstehend abgedruckt.

[4] § 52 Abs. 4 geänd. durch G v. 24. 11. 2011 (BGBl. I S. 2302); Abs. 3 Satz 2 angef., Abs. 4 und 5 neu gef. durch G v. 23. 7. 2013 (BGBl. I S. 2586); Abs. 3 Satz 3 angef., Abs. 5 eingef., bish. Abs. 5 bis 7 werden Abs. 6 bis 8 durch G v. 8. 7. 2014 (BGBl. I S. 890); Abs. 7 geänd. durch G v. 29. 6. 2015 (BGBl. I S. 1042); Abs. 4 Nr. 2 und 3 geänd., Nr. 4 angef. durch G v. 9. 8. 2019 (BGBl. I S. 1202).

3. vor den Gerichten der Verwaltungsgerichtsbarkeit über Ansprüche nach dem Vermögensgesetz nicht über 500 000 Euro,
4. bei Rechtsstreits nach § 36 Absatz 6 Satz 1 des Pflegeberufegesetzes nicht über 1 500 000 Euro.

angenommen werden.

(5) Solange in Verfahren vor den Gerichten der Finanzgerichtsbarkeit der Wert nicht festgesetzt ist und sich der nach den Absätzen 3 und 4 Nummer 1 maßgebende Wert auch nicht unmittelbar aus den gerichtlichen Verfahrensakten ergibt, sind die Gebühren vorläufig nach dem in Absatz 4 Nummer 1 bestimmten Mindestwert zu bemessen.

(6) In Verfahren, die die Begründung, die Umwandlung, das Bestehen, das Nichtbestehen oder die Beendigung eines besoldeten öffentlich-rechtlichen Dienst- oder Amtsverhältnisses betreffen, ist Streitwert

1. die Summe der für ein Kalenderjahr zu zahlenden Bezüge mit Ausnahme nicht ruhegehaltsfähiger Zulagen, wenn Gegenstand des Verfahrens ein Dienst- oder Amtsverhältnis auf Lebenszeit ist,
2. im Übrigen die Hälfte der für ein Kalenderjahr zu zahlenden Bezüge mit Ausnahme nicht ruhegehaltsfähiger Zulagen.

Maßgebend für die Berechnung ist das laufende Kalenderjahr. Bezügebestandteile, die vom Familienstand oder von Unterhaltsverpflichtungen abhängig sind, bleiben außer Betracht. Betrifft das Verfahren die Verleihung eines anderen Amts oder den Zeitpunkt einer Versetzung in den Ruhestand, ist Streitwert die Hälfte des sich nach den Sätzen 1 bis 3 ergebenden Betrags.

(7) Ist mit einem in Verfahren nach Absatz 6 verfolgten Klagebegehren ein aus ihm hergeleiteter vermögensrechtlicher Anspruch verbunden, ist nur ein Klagebegehren, und zwar das wertmäßig höhere, maßgebend.

(8) Dem Kläger steht gleich, wer sonst das Verfahren des ersten Rechtszugs beantragt hat.

Anlage 1 (zu § 3 Abs. 2 GKG)

163 **Kostenverzeichnis**

(…)

Teil 6
Verfahren vor den Gerichten der Finanzgerichtsbarkeit

Nr.	Gebührentatbestand	Gebühr oder Satz der Gebühr nach § 34 GKG
	Hauptabschnitt 1. Prozessverfahren	
	Abschnitt 1. Erster Rechtszug	
	Unterabschnitt 1. Verfahren vor dem Finanzgericht[1]	
6110	Verfahren im Allgemeinen, soweit es sich nicht nach § 45 Abs. 3 FGO erledigt	4,0
6111	Beendigung des gesamten Verfahrens durch 1. Zurücknahme der Klage a) vor dem Schluss der mündlichen Verhandlung oder, b) wenn eine solche nicht stattfindet, vor Ablauf des Tages, an dem das Urteil oder der Gerichtsbescheid der Geschäftsstelle übermittelt wird, oder 2. Beschluss in den Fällen des § 138 FGO, es sei denn, dass bereits ein Urteil oder ein Gerichtsbescheid vorausgegangen ist: Die Gebühr 6110 ermäßigt sich auf .... Die Gebühr ermäßigt sich auch, wenn mehrere Ermäßigungstatbestände erfüllt sind.	2,0
	Unterabschnitt 2. Verfahren vor dem Bundesfinanzhof[2]	
6112	Verfahren im Allgemeinen	5,0
6113	Beendigung des gesamten Verfahrens durch 1. Zurücknahme der Klage	

[1] Überschrift eingef. durch G v. 24. 11. 2011 (BGBl. I S. 2302).
[2] Unterabschnitt 2 eingef. durch G v. 24. 11. 2011 (BGBl. I S. 2302).

Nr.	Gebührentatbestand	Gebühr oder Satz der Gebühr nach § 34 GKG
	a) vor dem Schluss der mündlichen Verhandlung oder, b) wenn eine solche nicht stattfindet, vor Ablauf des Tages, an dem das Urteil oder der Gerichtsbescheid der Geschäftsstelle übermittelt wird, oder 2. Beschluss in den Fällen des § 138 FGO, es sei denn, dass bereits ein Urteil oder ein Gerichtsbescheid vorausgegangen ist: Die Gebühr 6112 ermäßigt sich auf	3,0
	Die Gebühr ermäßigt sich auch, wenn mehrere Ermäßigungstatbestände erfüllt sind.	
	Abschnitt 2. Revision	
6120	Verfahren im Allgemeinen	5,0
6121	Beendigung des gesamten Verfahrens durch Zurücknahme der Revision oder der Klage, bevor die Schrift zur Begründung der Revision bei Gericht eingegangen ist: Die Gebühr 6120 ermäßigt sich auf	1,0
	Erledigungen in den Fällen des § 138 FGO stehen der Zurücknahme gleich.	
6122	Beendigung des gesamten Verfahrens, wenn nicht Nummer 6121 erfüllt ist, durch 1. Zurücknahme der Revision oder der Klage a) vor dem Schluss der mündlichen Verhandlung oder, b) wenn eine solche nicht stattfindet, vor Ablauf des Tages, an dem das Urteil, der Gerichtsbescheid oder der Beschluss in der Hauptsache der Geschäftsstelle übermittelt wird, oder 2. Beschluss in den Fällen des § 138 FGO, es sei denn, dass bereits ein Urteil, ein Gerichtsbescheid oder ein Beschluss in der Hauptsache vorausgegangen ist: Die Gebühr 6120 ermäßigt sich auf	3,0
	Die Gebühr ermäßigt sich auch, wenn mehrere Ermäßigungstatbestände erfüllt sind.	
	Hauptabschnitt 2. Vorläufiger Rechtsschutz	
	Vorbemerkung 6.2: (1) Die Vorschriften dieses Hauptabschnitts gelten für einstweilige Anordnungen und für Verfahren nach § 69 Abs. 3 und 5 FGO. (2) Im Verfahren über den Antrag auf Erlass und im Verfahren über den Antrag auf Aufhebung einer einstweiligen Anordnung werden die Gebühren jeweils gesondert erhoben. Mehrere Verfahren nach § 69 Abs. 3 und 5 FGO gelten innerhalb eines Rechtszugs als ein Verfahren.	
	Abschnitt 1. Erster Rechtszug	
6210	Verfahren im Allgemeinen	2,0
6211	Beendigung des gesamten Verfahrens durch 1. Zurücknahme des Antrags a) vor dem Schluss der mündlichen Verhandlung oder, b) wenn eine solche nicht stattfindet, vor Ablauf des Tages, an dem der Beschluss (§ 114 Abs. 4 FGO) der Geschäftsstelle übermittelt wird, oder 2. Beschluss in den Fällen des § 138 FGO, es sei denn, dass bereits ein Beschluss nach § 114 Abs. 4 FGO vorausgegangen ist: Die Gebühr 6210 ermäßigt sich auf	0,75
	Die Gebühr ermäßigt sich auch, wenn mehrere Ermäßigungstatbestände erfüllt sind.	
	Abschnitt 2. Beschwerde	
	Vorbemerkung 6.2.2: Die Vorschriften dieses Abschnitts gelten für Beschwerden gegen Beschlüsse über einstweilige Anordnungen (§ 114 FGO) und über die Aussetzung der Vollziehung (§ 69 Abs. 3 und 5 FGO).	
6220	Verfahren über die Beschwerde	2,0
6221	Beendigung des gesamten Verfahrens durch Zurücknahme der Beschwerde: Die Gebühr 6220 ermäßigt sich auf	1,0

Nr.	Gebührentatbestand	Gebühr oder Satz der Gebühr nach § 34 GKG
	Hauptabschnitt 3. Besondere Verfahren	
6300	Selbstständiges Beweisverfahren	1,0
6301	Verfahren über Anträge auf gerichtliche Handlungen der Zwangsvollstreckung gemäß § 152 FGO	24,00 €
	Hauptabschnitt 4. Rüge wegen Verletzung des Anspruchs auf rechtliches Gehör	
6400	Verfahren über die Rüge wegen Verletzung des Anspruchs auf rechtliches Gehör (§ 133 a FGO): Die Rüge wird in vollem Umfang verworfen oder zurückgewiesen	72,00 €
	Hauptabschnitt 5. Sonstige Beschwerden	
6500	Verfahren über die Beschwerde gegen die Nichtzulassung der Revision: Soweit die Beschwerde verworfen oder zurückgewiesen wird	2,0
6501	Verfahren über die Beschwerde gegen die Nichtzulassung der Revision: Soweit die Beschwerde zurückgenommen oder das Verfahren durch anderweitige Erledigung beendet wird Die Gebühr entsteht nicht, soweit die Revision zugelassen wird.	1,0
6502	Verfahren über nicht besonders aufgeführte Beschwerden, die nicht nach anderen Vorschriften gebührenfrei sind: Die Beschwerde wird verworfen oder zurückgewiesen Wird die Beschwerde nur teilweise verworfen oder zurückgewiesen, kann das Gericht die Gebühr nach billigem Ermessen auf die Hälfte ermäßigen oder bestimmen, dass eine Gebühr nicht zu erheben ist.	72,00 €
	Hauptabschnitt 6. Besondere Gebühr	
6600	Auferlegung einer Gebühr nach § 38 GKG wegen Verzögerung des Rechtsstreits	wie vom Gericht bestimmt

Anlage 2 (zu § 34 GKG)

164 **Gebührentabelle**

Streitwert bis … €	Gebühr … €	Streitwert bis … €	Gebühr … €
500	40,00	50 000	638,00
1 000	61,00	65 000	778,00
1 500	82,00	80 000	918,00
2 000	103,00	95 000	1 058,00
3 000	125,50	110 000	1 198,00
4 000	148,00	125 000	1 338,00
5 000	170,50	140 000	1 478,00
6 000	193,00	155 000	1 618,00
7 000	215,50	170 000	1 758,00
8 000	238,00	185 000	1 898,00
9 000	260,50	200 000	2 038,00
10 000	283,00	230 000	2 248,00
13 000	313,50	260 000	2 458,00
16 000	344,00	290 000	2 668,00
19 000	374,50	320 000	2 878,00
22 000	405,00	350 000	3 088,00
25 000	435,50	380 000	3 298,00
30 000	476,00	410 000	3 508,00
35 000	516,50	440 000	3 718,00
40 000	557,00	470 000	3 928,00
45 000	597,50	500 000	4 138,00

1a) Verfügung betr. Änderung und Ersetzung von Verwaltungsakten während des finanzgerichtlichen Verfahrens

Vom 21. Juli 2015 (BeckVerw 311959)

(LfSt Bayern FG 2026.2.1-11/2 St 42)

1. Voraussetzungen des § 68 FGO 1

§ 68 FGO entspricht § 365 Abs. 3 AO im außergerichtlichen Rechtsbehelfsverfahren. Da das Finanzamt auch während eines finanzgerichtlichen Verfahrens aufgrund seiner fortbestehenden Verfügungsbefugnis über den Verfahrensgegenstand und der Verpflichtung, den Sachverhalt zu ermitteln (§ 76 Abs. 4 FGO), Verwaltungsakte ändern oder ersetzen darf, bestimmt § 68 FGO, dass das Verfahren mit dem neuen Verwaltungsakt fortgesetzt wird. Entsprechendes gilt, wenn ein Verwaltungsakt nach § 129 AO berichtigt oder erneut bekanntgegeben wird, weil der angefochtene Verwaltungsakt wegen eines Bekanntgabe-Mangels nicht wirksam geworden ist (Beschluss des BFH vom 25. 2. 1999 IV R 36/98, BFH/NV S. 1117).

Die Vorschrift des § 68 FGO setzt voraus, dass hinsichtlich des ursprünglichen und des neuen Verwaltungsaktes Identität der Beteiligten und des Besteuerungsgegenstandes besteht. Der Änderungsbescheid muss den Regelungsgehalt des Ausgangsbescheids in sich aufgenommen und die Wirkung des angefochtenen Bescheids suspendiert haben (BFH-Beschluss vom 25. 10. 1972 GrS 1/72, BStBl. 1973 II S. 231, BFH-Beschluss vom 26. 11. 2008 X B 3/ 08, BFH/NV 2009 S. 410). Die Rechtsfolgen des § 68 FGO treten auch ein, wenn die Änderung nach Bekanntgabe der Einspruchsentscheidung, aber vor Klageerhebung erfolgt (Urteil des BFH vom 16. 9. 1986 IX R 61/81, BStBl. 1987 II S. 435).

Dem Gesetzeszweck entsprechend soll der Steuerpflichtige durch die Korrektur des VA verfahrensrechtlich weder schlechter noch bessergestellt werden. Durch die Auswechslung des Verfahrensgegenstandes kann eine zuvor unzulässige Klage daher nicht geheilt werden (Urteil des BFH vom 13. 4. 2000 V R 56/99, BStBl. II S. 490).

Nach der höchstrichterlichen Rechtsprechung des BFH ist § 68 FGO weit auszulegen.

- Ein Ersetzen liegt daher auch vor, wenn ein Einkommensteuer-Vorauszahlungsbescheid während des Klageverfahrens durch den Einkommensteuer-Jahresbescheid für denselben Veranlagungszeitraum ersetzt wird (Urteil des BFH vom 12. 7. 1988 IX R 149/83, BStBl. II S. 942) oder ein Gewerbesteuer-Jahresmessbescheid ergeht (Urteil des BFH vom 9. 9. 1986 VIII R 198/84, BStBl. 1987 II S. 28).
- Ein Umsatzsteuerjahresbescheid wird ebenfalls von Gesetztes wegen Gegenstand des Klageverfahrens gegen den Umsatzsteuer-Vorauszahlungsbescheid (Urteil des BFH vom 17. 3. 1994 V R 39/92, BStBl. II S. 538; Beschluss des BFH vom 22. 10. 2003 V B 103/02, BFH/NV 2004 S. 502).
- § 68 FGO greift auch ein, wenn eine Nebenbestimmung zum VA hinzugefügt, aufgehoben oder geändert wird (Urteil des BFH vom 9. 8. 1991 III R 41/88, BStBl. 1992 II S. 219, und BFH-Beschluss vom 8. 3. 1993 VIII B 96/92, BFH/NV S. 711, Urteil vom 20. 7. 1988 II R 164/85, BStBl. II S. 955) oder der bisher festgesetzte Verspätungszuschlag nach erneuter Überprüfung geändert wird (Urteile des BFH vom 20. 5. 1994 VI R 105/ 92, BStBl. II S. 836, und vom 8. 9. 1994 IV R 20/93, BFH/NV 1995 S. 520).
- Ein während des finanzgerichtlichen Verfahrens geänderter Gewinnfeststellungsbescheid wird nach § 68 FGO jedoch nur hinsichtlich der bereits zulässig mit der Klage angefochtenen Besteuerungsgrundlagen (partiell) Gegenstand des anhängigen Verfahrens. Gegen die übrigen im Änderungsbescheid korrigierten Besteuerungsgrundlagen kann der Steuerpflichtige Einspruch einlegen (Urteil des BFH vom 9. 2. 2011 IV R 15/08, BStBl. II S. 764).
- Im Fall der Aufhebung aus rein formellen Gründen gilt § 68 FGO entsprechend (Urteil des BFH vom 16. 12. 2008 I R 29/08, BStBl. 2009 II S. 539).

2. Bekanntgabe eines Änderungs- bzw. Ersetzungsbescheids und Unterrichtung des Gerichts 2

Eine Änderung oder Ersetzung liegt erst vor, wenn der neue VA bekanntgegeben und damit wirksam geworden ist. Zeitlich muss diese Bekanntgabe nach der Bekanntgabe der Einspruchsentscheidung liegen.

Ein während eines finanzgerichtlichen Verfahrens ergehender Änderungs- bzw. Ersetzungsbescheid ist dem Prozessbevollmächtigten bekannt zu geben (Urteile des BFH vom 5. 5. 1994 VI R 98/93, BStBl. II S. 806, und vom 29. 10. 1997 X R 37/95, BStBl. 1998 II S. 266; AEAO zu § 122, Nr. 1.7.2). Dies gilt auch dann, wenn der Prozessbevollmächtigte den Steuerpflichtigen nur in diesem Verfahren vertritt.

§ 68 Satz 3 FGO verpflichtet die Finanzbehörde, dem Gericht eine Abschrift des neuen VA zu übermitteln. Um die Vorlage von Abschriften von Änderungs- und Ersetzungsbescheiden an das Finanzgericht, die von der Veranlagung während eines finanzgerichtlichen Verfahrens erteilt werden (z. B. nach § 175 Abs. 1 Nr. 1 AO), sicherzustellen, unterrichtet die Rechtsbehelfsstelle unmittelbar nach Einlegung des gerichtlichen Rechtsbehelfs die jeweilige Arbeitseinheit über das finanzgerichtliche Verfahren. Hierfür steht die Vorlage „Unterrichtung anhäKlageRevisionsverfahren" (Ordner Rechtsbehelfsstelle) zur Verfügung.

Der Rechtsbehelfsstelle sind dann bei jeder Änderung des angefochtenen VA jeweils zwei Abschriften zuzuleiten. Die zweite Ausfertigung ist von der Rechtsbehelfsstelle dem Finanzgericht zu übersenden (Vorlage „Mitteilung nach § 68 Satz 3 FGO").

3. Fortsetzung des Verfahrens mit verändertem Verfahrensgegenstand 3

Seit der Vereinfachung der Vorschrift zum 1. 1. 2001 wird der neue Verwaltungsakt kraft Gesetzes zum Verfahrensgegenstand. Ein Einspruch gegen den geänderten Verwaltungsakt ist insoweit ausgeschlossen (§ 68 Satz 2 FGO). Hinweise zu den Rechtsfolgen § 68 FGO sind in den Rechtsbehelfsbelehrungen der Verwaltungsakte enthalten. Legt der Steuerpflichtige dennoch Einspruch gegen den neuen Verwaltungsakt ein, so ist dieser als unzulässig zu verwerfen.

Ergehen während eines laufenden Klageverfahrens mehrere Änderungsbescheide, wird nur der letzte Bescheid Gegenstand des anhängigen finanzgerichtlichen Verfahrens (Beschluss des BFH vom 2. 12. 1999 II B 78/99, BFH/ NV 2000 S. 680).

Wird während des Verfahrens ein Änderungs- oder Ersetzungsbescheid erlassen, durch den dem Klagebegehren entsprochen wird, wird zwar der neue Bescheid Gegenstand des Verfahrens, gleichzeitig erledigt sich der Rechtsstreit in der Hauptsache. Falls dieser von den Beteiligten nicht für erledigt erklärt wird, hat das Gericht durch Urteil die Erledigung der Hauptsache festzustellen und die Klage als unzulässig zu verwerfen bzw. in der Sache zu entscheiden.

4 **4. Sachlicher Anwendungsbereich**

Die Rechtsfolgen des § 68 FGO finden sowohl im Klage- als auch im Revisionsverfahren Anwendung. Entsprechendes gilt im Verfahren der Nichtzulassungsbeschwerde sowie im gerichtlichen Verfahren über die Aussetzung der Vollziehung.

5 **5. Anwendung des § 68 FGO bei Haftungsbescheiden**

Dem Wortlaut nach gilt § 68 FGO auch für Ermessensverwaltungsakte wie z. B. Haftungsbescheide.

Bei Haftungsbescheiden kommt § 68 FGO jedoch nur dann zur Anwendung, wenn der angefochtene Bescheid aufgehoben und durch Erlass eines neuen Bescheids ersetzt wird, und wenn beide Bescheide „dieselbe Steuersache" betreffen. Das bedeutet, dass der Haftungsbescheid nur insoweit im Sinne des § 68 FGO geändert oder ersetzt ist und in der Folge Gegenstand des Verfahrens wird, als ihm derselbe Haftungstatbestand zugrunde liegt.

Soweit im Rahmen einer erneuten Haftungsinanspruchnahme ein weiterer Haftungstatbestand hinzukommt, wird der aufgehobene Haftungsbescheid weder geändert noch ersetzt im Sinne des § 68 FGO mit der Folge, dass gegen den Bescheid insoweit Einspruch eingelegt werden kann. Bei einem derartigen Haftungsbescheid, der die Funktion eines teilbaren Sammelbescheids hat, ist daher für jeden Teil gesondert zu prüfen, ob und inwieweit die Voraussetzungen des § 68 FGO vorliegen (Urteil des BFH vom 6. 8. 1996 VII R 77/95, BStBl. 1997 II S. 79). Zur Frage der Ersetzung bei Aufhebung des Haftungsbescheids wegen mangelnder Ermessenserwägungen und inhaltsgleicher Wiederholung vgl. Urteil des BFH vom 16. 12. 2008 I R 29/08, BStBl. 2009 II S. 539.

Eine Änderung oder Ersetzung im Sinne des § 68 FGO liegt nicht vor, wenn die Haftungssumme durch Teilrücknahme oder Teilwiderruf herabgesetzt wird, ohne dass das Finanzamt den ursprünglichen Bescheid aufhebt. In diesen Fällen wird das finanzgerichtliche Verfahren gegen den Regelungsinhalt des Erstbescheids fortgesetzt (Urteil des BFH vom 6. 8. 1996 VII R 77/ 95, BStBl. 1997 II S. 79). Dem Finanzgericht ist jedoch ein Abdruck des Teilrücknahmebescheids zu übersenden.

6 **6. Bindungswirkung von Zusagen des Finanzamts**

Hat das Finanzamt in der mündlichen Verhandlung vor dem Gericht den Erlass eines Änderungsbescheides zugesagt und erklären daraufhin die Beteiligten den Rechtsstreit in der Hauptsache für erledigt, so ist das Finanzamt nach dem Grundsatz von Treu und Glauben an diese Zusage gebunden. Lehnt das Finanzamt den Erlass des zugesagten Änderungsbescheids ab, kann der Kläger den Rechtsstreit unter entsprechender Anwendung der §§ 68, 100 FGO ohne Durchführung eines Vorverfahrens mit dem Begehren fortsetzen, das Finanzamt zum Erlass des Änderungsbescheids zu verpflichten (Urteil des BFH vom 29. 10. 1987 X R 1/80, BStBl. 1988 II S. 121).

1b) Verfügung betr. Sprungklage nach § 45 FGO

Vom 14. Dezember 1999 (BeckVerw 63917)

(OFD Frankfurt FG 2020 A – 2 – St II 40)

1 **1. Allgemeines**

Die in § 45 Abs. 1 FGO geregelte Sprungklage bildet eine Ausnahme von dem Grundsatz, dass Anfechtungs- und Verpflichtungsklagen nur nach ganz oder zum Teil erfolglos gebliebenen außergerichtlichen Vorverfahren (§ 44 Abs. 1 FGO) zulässig sind.

Die Einlegung einer Sprungklage ist zweckmäßig, wenn dadurch eine Verkürzung des Verfahrens erreicht werden kann. Hat das Finanzamt den Sachverhalt sorgfältig ermittelt (z. B. im Rahmen einer Außerprüfung) und ist nicht damit zu rechnen, dass das Finanzamt seinen Rechtsstandpunkt in einem Vorverfahren ändern wird, so ist die Durchführung eines außergerichtlichen Rechtsbehelfsverfahrens entbehrlich. Das ist insbesondere der Fall, wenn das Finanzamt an Verwaltungsanweisungen gebunden ist oder sich auf Rechtsprechung des BFH stützt, die der Stpfl. angreift, oder wenn es um verfassungsrechtliche Fragen geht.

Mit der Zustimmung zur Sprungklage darf jedoch die Pflicht des Finanzamts, den Sachverhalt aufzuklären, nicht auf das Finanzgericht verlagert werden.

Eine Sprungklage ist grundsätzlich auch bei Ermessensentscheidungen (z. B. Festsetzung von Verspätungszuschlägen, Androhung und Festsetzung von Zwangsgeld, Stundung und Erlass) zulässig. Da das Finanzgericht jedoch nach § 102 FGO nur Ermessensfehler feststellen kann, aber weder zur eigenen Tatsachenermittlung noch zur abweichenden Ausübung des Ermessens befugt ist, ist hier aus Sicht der Finanzbehörde die Sprungklage in der Regel nicht sinnvoll. Hinzu kommt, dass häufig erst im außergerichtlichen Rechtsbehelfsverfahren eine umfassende Darlegung der angestellten Ermessenserwägungen erfolgt. Ich bitte deshalb, die erforderliche Zustimmung zur Sprungklage in diesen Fällen grundsätzlich nicht zu erteilen.

2. Kein Nebeneinander von Sprungklage und Einspruch 2

Einspruchs- und Sprungklageverfahren können nicht nebeneinander geführt werden (BFH-Urteil vom 27. 9. 1994, BStBl. 1995 II S. 353).

3. Erhebung der Sprungklage 3

Die Sprungklage ist unmittelbar beim Finanzgericht zu erheben (§ 64 Abs. 1 FGO). Wird die Klage gemäß § 47 Abs. 2 FGO beim Finanzamt angebracht, so ist sie unverzüglich dem Finanzgericht zu übersenden (§ 47 Abs. 2 Satz 2 FGO), auch wenn die Behörde, die über den außergerichtlichen Rechtsbehelf zu entscheiden hat, der Sprungklage nicht zustimmen will oder die Auffassung vertritt, dass die grundlegenden Voraussetzungen für die Zulässigkeit einer Sprungklage nicht vorliegen.

4. Frist zur Erhebung der Sprungklage 4

Der Stpfl. kann die Sprungklage nur innerhalb der Rechtsbehelfsfrist anbringen, auch wenn er von einem bereits eingelegten Einspruch zur Sprungklage übergehen will. Nach Ablauf der Rechtsbehelfsfrist ist der Übergang vom Einspruch zur Sprungklage nicht mehr statthaft.

5. Zustimmung der Behörde 5

5.1 Allgemeines

Die Sprungklage ist gemäß § 45 Abs. 1 Satz 1 FGO nur zulässig, wenn ihr die Behörde, die über den außergerichtlichen Rechtsbehelf zu entscheiden hat, zustimmt. Das ist die Behörde, die den Verwaltungsakt erlassen hat (§ 367 Abs. 1 Satz 1 AO). Bei einer Zustimmung durch eine unzuständige Behörde ist die Sprungklage unzulässig.

Die Zustimmung ist kein Verwaltungsakt, sondern eine prozessuale, empfangsbedürftige Willenserklärung (BFH-Urteil vom 16. 11. 1984, BStBl. 1985 II S. 266). Die Versagung der Zustimmung kann daher vom Stpfl. nicht angegriffen werden.

Für die Zustimmung zur Sprungklage kann der Vordruck Lager-Nr. 233 verwandt werden.

5.2 Frist, Form und Inhalt der Zustimmung

Die Zustimmung des FA zur Sprungklage kann nur innerhalb eines Monats nach Zustellung der Klageschrift (§§ 45 Abs. 1, 71 Abs. 1 FGO) gegenüber dem FG erklärt werden. Dies schließt jedoch nicht aus, dass die Zustimmungserklärung wirksam schon vor der Zustellung der Klageschrift (z. B. in den Fällen des § 47 Abs. 2 FGO bei der Weiterleitung an das FG) abgegeben werden kann (BFH-Urteil vom 19. 8. 1969, BStBl. 1970 II S. 11). Eine Zustimmung ist jedoch nicht vor Kenntnis des Inhalts der Klageschrift und somit nicht vor Erlass des zu erwartenden Verwaltungsakts zulässig (BFH-Urteil vom 8. 4. 1983, BStBl. 1983 II S. 551). Die Frist ist nur gewahrt, wenn die Zustimmung dem FG innerhalb der Monatsfrist zugeht (BFH-Beschluss vom 28. 8. 1968, BStBl. 1968 II S. 661).

Die Zustimmung ist stets schriftlich zu erteilen, auch wenn die Schriftform in § 45 Abs. 1 FGO nicht vorgeschrieben ist. Eine Übermittlung der Zustimmung durch Telefax genügt diesen Anforderungen.

Die Erteilung der Zustimmung ist bedingungsfeindlich und unwiderruflich. Sie kann, sobald sie dem FG zugegangen ist, nicht mehr zurückgenommen werden.

5.3 Verfahrensfolgen bei nicht erteilter oder unwirksamer Zustimmung

Bei nicht erteilter oder unwirksamer Zustimmung ist die Klage als außergerichtlicher Rechtsbehelf zu behandeln (§ 45 Abs. 3 FGO).

Dieser Fall der Unzulässigkeit der Klage führt nicht dazu, dass die Klage durch Prozessurteil als unzulässig abzuweisen ist. Vielmehr hat das FG lediglich die Akten (Klagevorgänge) formlos an die jeweilige Behörde zur Durchführung des Vorverfahrens abzugeben.

6. Abgabe an das Finanzamt gem. § 45 Abs. 2 FGO 6

Nach § 45 Abs. 2 FGO kann das Finanzgericht eine Sprungklage, der das Finanzamt zugestimmt hat, innerhalb von drei Monaten nach Eingang der Akten des Finanzamts bei Gericht, spätestens innerhalb von sechs Monaten nach Klagezustellung durch unanfechtbaren Beschluss (§ 128 Abs. 1 FGO) an das Finanzamt zur Durchführung des Vorverfahrens abgeben, wenn eine weitere Sachaufklärung notwendig ist, die nach Art und Umfang erhebliche Ermittlungen erfordert, und die Abgabe auch unter Berücksichtigung der Belange der Beteiligten sachdienlich ist.

Die Klage ist auch in diesem Fall als Einspruch zu behandeln.

7. Mehrere Rechtsbehelfsberechtigte 7

Sind mehrere Personen berechtigt, gegen einen Verwaltungsakt einen Rechtsbehelf einzulegen (z. B. bei einheitlichen Feststellungsbescheiden, vgl. § 352 AO), und hat ein Berechtigter einen außergerichtlichen Rechtsbehelf eingelegt, ein anderer hingegen unmittelbar Sprungklage erhoben, ist zunächst über den außergerichtlichen Rechtsbehelf zu entscheiden (§ 45 Abs. 1 Satz 2 FGO). In diesen Fällen sollte zur Vermeidung verfahrensrechtlicher Probleme der Sprungklage regelmäßig nicht zugestimmt werden.

8. Geltendmachung der Rechtswidrigkeit der Anordnung eines dinglichen Arrests 8

Gemäß § 45 Abs. 4 FGO ist die Klage ohne Vorverfahren zulässig, wenn die Rechtswidrigkeit der Anordnung eines dinglichen Arrests geltend gemacht wird. Auf eine im regulären Vollstreckungsverfahren getroffene Vollstreckungsmaßnahme wie die Anordnung der Eintragung einer Sicherungshypothek im Grundbuch ist diese Vorschrift nicht entsprechend anwendbar (BFH-Urteil vom 15. 3. 1999, VII B 182/98, n. v.).

1 c) Verfügung betr. Untätigkeitsklage nach § 46 FGO

Vom 30. April 2007 (BeckVerw 125885)
(OFD Frankfurt FG 2020 A – 1 – St 21)

1 **1. Gegenstand der Klage**

Die Klage ist u. a. zulässig, wenn über einen außergerichtlichen Rechtsbehelf ohne Mitteilung eines zureichenden Grundes in angemessener Frist sachlich nicht entschieden worden ist (sog. Untätigkeitsklage).

Verfahrensgegenstand ist der durch Einspruch angefochtene Verwaltungsakt. Die Klage ist nicht darauf gerichtet, eine Untätigkeit der Behörde zu beseitigen, also z. B. eine Einspruchsentscheidung zu erzwingen. Sie dient vielmehr dazu, dem Rechtsbehelfsführer eine gerichtliche Entscheidung in der Sache selbst zu verschaffen (BFH-Urteil vom 28. 10. 1975, BStBl. 1976 II S. 116, 117). Mit der Klage ist deshalb die Aufhebung oder Änderung des angefochtenen oder der Erlass des abgelehnten Verwaltungsakts zu beantragen (Anfechtungs- bzw. Verpflichtungsklage). Für eine Klage, die nur darauf abzielt, das FA zum Erlass einer Einspruchsentscheidung zu verpflichten, besteht kein Rechtsschutzbedürfnis (BFH-Urteil vom 25. 10. 1973, BStBl. 1974 II S. 116; BFH-Beschluss vom 29. 8. 1985, BFH/NV 1987 S. 271).

Allerdings kann eine auf §§ 46, 40 FGO gestützte Klage mit dem Antrag, das FA zu verpflichten, über den Einspruch zu entscheiden, in eine Anfechtungsklage umgedeutet werden (BFH-Beschluss vom 21. 8. 1974, BStBl. 1975 II S. 38; Urteil Hess. FG vom 5. 11. 1974, EFG 1975 S. 121).

Auf Feststellungsklagen (§ 41 FGO) ist § 46 FGO nicht anzuwenden, da Feststellungsklagen eines Vorverfahrens nicht bedürfen (BFH-Urteil vom 9. 5. 1985, BStBl. 1985 II S. 580).

Eine Untätigkeitsklage, die zu einem Zeitpunkt erhoben wird, zu dem wegen eines vor dem Bundesverfassungsgericht anhängigen Musterverfahrens weder die Rechtsbehelfsbehörde noch das Finanzgericht eine Entscheidung in der Sache treffen können, ist unzulässig (BFH-Beschlüsse vom 8. 5. 1992, BStBl. 1992 II S. 673, und vom 30. 6. 1995, BFH/NV 1996 S. 412 m. w. N.). Dies gilt unabhängig davon, ob die Voraussetzungen des § 46 FGO im Einzelnen vorliegen oder nicht. Die Klage ist deshalb selbst dann unzulässig, wenn die Finanzbehörde dem Kläger den Grund für die Untätigkeit nicht mitgeteilt hatte. Eine rechtsmissbräuchlich erhobene Untätigkeitsklage kann nicht in die Zulässigkeit hineinwachsen.

2 **2. Vorliegen eines zureichenden Grundes**

Ein zureichender Grund liegt vor, wenn infolge dieses Grundes bei objektiver Betrachtungsweise eine Entscheidung nicht zu erwarten war. Hierbei sind die Umstände des Einzelfalles zu berücksichtigen.

Hat z. B. das FA die erforderlichen Ermittlungen trotz zügiger Bearbeitung nicht abschließen können oder der Rechtsbehelfsführer die zur Aufklärung des Sachverhalts angeforderten Nachweise und Unterlagen nicht beigebracht oder sich mit einer Aussetzung oder dem Ruhen des Verfahrens einverstanden erklärt (BFH-Beschluss vom 13. 5. 1971, BStBl. 1971 II S. 493), so ist ein zureichender Grund gegeben. Ein zureichender Grund für eine Untätigkeit des FA liegt auch vor, wenn das FA die Durchführung einer Veranlagung vorübergehend ablehnt, da es noch festzustellen hat, welchem Ehegatten bei getrennter Veranlagung die Einkünfte zuzurechnen sind (BFH-Beschluss vom 27. 4. 2001, BFH/NV 2001 S. 1416). Auch die Mitteilung des FA, dass die Entscheidung von dem Ausgang eines anderen Verfahrens abhängig und gemäß § 363 Abs. 1 AO ausgesetzt sei (BFH-Beschlüsse vom 31. 8. 1971, BStBl. 1972 II S. 20 und vom 14. 10. 2002, BFH/NV 2003 S. 197) oder dass es das Ergebnis der vom Rechtsbehelfsführer angeregten Außenprüfung abwarten wolle (BFH-Beschluss vom 9. 4. 1968, BStBl. II S. 471), ist als zureichender Grund anzusehen. Dagegen kann Arbeitsüberlastung (vgl. Urteil des FG Baden-Württemberg vom 20. 9. 1999, EFG 2000 S. 1021, 1022) oder Aussetzung der Vollziehung für sich allein nicht als entschuldbarer Hinderungsgrund gelten.

3 **3. Mitteilung eines zureichenden Grundes**

Für die Mitteilung des zureichenden Grundes an den Rechtsbehelfsführer ist eine besondere Form nicht vorgeschrieben. Es reicht aus, wenn das FA in klarer Weise bekannt gibt, aus welchem Grund es über den Rechtsbehelf noch nicht entscheidet. Da jedoch etwaige Unklarheiten in der Erklärung einer Behörde zu ihren Lasten gehen, ist dem Rechtsbehelfsführer der zureichende Grund stets schriftlich mitzuteilen.

Kann über den vorliegenden Rechtsbehelf wegen laufender Ermittlungen oder aus anderen Gründen nicht alsbald entschieden werden, so ist dem Rechtsbehelfsführer rechtzeitig vor Beginn der Frist für die Erhebung der Klage iSd § 46 Abs. 1 FGO unaufgefordert Zwischennachricht zu erteilen, aus der ersichtlich ist, weshalb eine Sachentscheidung noch nicht getroffen worden und wann mit ihr zu rechnen ist. Wenn sich die Entscheidung über den mitgeteilten Zeitpunkt hinaus verzögert, muss erneut Zwischennachricht gegeben werden.

4 **4. Angemessene Frist für die Entscheidung über den Rechtsbehelf**

Welche Frist für die Entscheidung über den außergerichtlichen Rechtsbehelf angemessen ist, hängt von den Verhältnissen des Einzelfalles ab. Die Bedeutung sowie die tatsächliche und rechtliche Schwierigkeit der Streitsache, aber auch die Arbeitslage der für die Entscheidung zuständigen Dienststelle sind zu berücksichtigen. Die Klage kann jedoch nicht vor Ablauf von sechs Monaten seit Einlegung des außergerichtlichen Rechtsbehelfs erhoben werden, es sei denn, dass wegen besonderer Umstände in der Person des Rechtsbehelfsführers oder in der Sache eine kürzere Frist geboten ist. Solche Umstände können z. B. vorliegen, wenn der Rechtsbehelfsführer auswandern will oder Vollstreckungsmaßnahmen gegen ihn ergriffen werden oder das FA die Rechtsbehelfsbearbeitung innerhalb einer bestimmten Frist zugesagt hatte (BFH-Beschluss vom 9. 4. 1968, BStBl. 1968 II S. 471).

Hat der Rechtsbehelfsführer die Klage vor Ablauf der Klagefrist von sechs Monaten erhoben, ohne dass besondere Umstände für eine kürzere Frist sprechen, ist die Klage grundsätzlich unzulässig. Eine Heilung während des Verfahrens ist aber möglich, da die Sachurteilsvoraussetzungen der Klage – also auch die Sechs-Monats-Frist – im Zeitpunkt der letzten mündlichen Verhandlung vorliegen müssen (BFH-Beschluss vom 7. 3. 2006, BStBl. 2006 II S. 430).

Das Finanzgericht hat nach § 46 Abs. 1 Satz 3 FGO die Möglichkeit, das Verfahren bis zum Ablauf einer bestimmten Frist auszusetzen. Diese Aussetzungsmöglichkeit kommt auch bei einer verfrüht erhobenen und somit unzulässigen Untätigkeitsklage in Betracht. Setzt das Finanzgericht das Klageverfahren bei einer verfrüht erhobenen Untätigkeitsklage nicht aus, sondern weist die Klage als unzulässig zurück, hat es in seiner Urteilsbegründung seine leitenden Ermessensentscheidungen hierfür aufzuführen (BFH-Beschluss vom 7. 3. 2006, BStBl. 2006 II S. 430).

Entfällt der mitgeteilte zureichende Grund, so endet die angemessene Frist nicht gleichzeitig, sondern grundsätzlich erst nach Ablauf eines Monats seit Wegfall des Hinderungsgrundes.

5. Entscheidung der Rechtsbehelfsbehörde 5

Durch die Erhebung der Klage wird die Befugnis des FA, das außergerichtliche Rechtsbehelfsverfahren durchzuführen und über den vorliegenden Rechtsbehelf zu entscheiden, nicht berührt. Etwaige Formmängel des angefochtenen Verwaltungsakts iSv. § 126 Abs. 1 Nr. 2 bis 5 AO können deshalb auch noch nach Erhebung der Untätigkeitsklage gemäß § 126 Abs. 2 AO durch eine Einspruchsentscheidung geheilt werden (BFH-Urteile vom 26. 9. 2001, BStBl. 2002 II S. 120, und vom 5. 6. 2002, BFH/NV 2002 S. 1419). Erlässt das FA vor Ablauf der Sechsmonatsfrist oder innerhalb der vom Gericht gesetzten Frist einen Abhilfebescheid, der dem Antrag des Rechtsbehelfsführers voll entspricht, so ist der Rechtsstreit in der Hauptsache als erledigt anzusehen. Die Kostenfolge zu Lasten des FA ergibt sich aus § 138 Abs. 2 FGO. Soweit allerdings die von dem Rechtsbehelfsführer erhobene Untätigkeitsklage unzulässig war, da ein zureichender Grund für die Untätigkeit des FA vorlag, findet § 138 Abs. 2 FGO keine Anwendung. Die Kostenentscheidung richtet sich in solchen Fällen nach § 138 Abs. 1 FGO (BFH-Beschluss vom 14. 10. 2002, BFH/NV 2003 S. 197).

Gibt das FA dem Begehren des Rechtsbehelfsführers nicht oder nicht in vollem Umfang statt, so wird das gerichtliche Verfahren fortgesetzt, ohne dass eine erneute Klage erforderlich oder zulässig wäre (BFH-Beschlüsse vom 28. 10. 1988, BStBl. 1989 II S. 107 und vom 9. 1. 2001, BFH/NV 2001 S. 800) und ohne dass es eines Antrags des Rechtsbehelfsführers bedarf. Gegenstand des Verfahrens ist nunmehr der ursprüngliche Verwaltungsakt in der Form, die er durch die Entscheidung über den außergerichtlichen Rechtsbehelf gefunden hat. Eine Rechtsbehelfsbelehrung braucht daher der Einspruchsentscheidung nicht mehr beigefügt zu werden (BFH-Urteil vom 30. 1. 1976, BStBl. 1976 II S. 428).

Die gleichen Grundsätze gelten, wenn das FA erst nach Ablauf der vom Gericht gesetzten Frist, aber vor Ergehen eines Urteils über den außergerichtlichen Rechtsbehelf entscheidet.

1 d) Verfügung betr. Anbringung der Klage beim Finanzamt

Vom 1. November 2024 (BeckVerw 646126)

(OFD Karlsruhe FG 2020 § 47 FGO Karte 1)

Nach § 64 Abs. 1 FGO ist die Klage beim Finanzgericht zu erheben. Die Klage kann jedoch zur Fristwahrung auch bei dem nach § 47 Abs. 2 FGO zuständigen Finanzamt angebracht oder zur Niederschrift erklärt werden. 1

Das Finanzamt ist dann nur Annahmestelle für das Finanzgericht. Es muss die Klageschrift mit der für das Amt und die sonstigen Beteiligten bestimmten Ausfertigungen unverzüglich dem Finanzgericht übersenden (§ 47 Abs. 2 Satz 2 FGO). Die Klageschrift darf also nicht so lange zurückbehalten werden, bis die Stellungnahme hierzu fertiggestellt oder geprüft worden ist, ob die Klage außergerichtlich (z. B. nach § 172 AO) erledigt werden kann. Die unverzügliche Übersendung der Klage ist auch deshalb notwendig, da die Streitsache erst mit dem Eingang beim Finanzgericht rechtshängig wird (§ 66 i. V. m. § 64 Abs. 1 FGO) und z. B. erst ab diesem Zeitpunkt Prozesszinsen auf Erstattungsbeträge entstehen können (§ 236 AO). Außerdem beginnt die Monatsfrist für die Zustimmung zur Sprungklage erst, wenn das Finanzgericht dem Finanzamt die Klageschrift zugestellt hat (§§ 45 Abs. 1, 71 Abs. 1 FGO).

Mit der Weiterleitung der Klageschrift an das Finanzgericht ist dem Steuerpflichtigen eine Abgabenachricht zu erteilen. Darin ist darauf hinzuweisen, dass alle weiteren Schriftsätze unmittelbar beim Finanzgericht einzureichen sind und Kopien für die übrigen Beteiligten und deren Bevollmächtigte beigefügt werden sollen.

Es ist zu beachten, dass Steuerberater und Rechtsanwälte nach § 52 d FGO verpflichtet sind, elektronisch mit dem Finanzgericht zu kommunizieren. Eine von diesen Berufsgruppen mit der Post eingereichte Klage beim Finanzamt wäre dennoch an das Finanzgericht weiterzuleiten, da über die Zulässigkeit der Klage das Finanzgericht entscheidet.

Für das Anbringen einer Klage beim Finanzamt nach § 47 Abs. 2 Satz 1 FGO genügt es, wenn diese in einem verschlossenen und postalisch an das Finanzgericht adressierten Briefumschlag in den Briefkasten des Finanzamts eingeworfen oder beim Finanzamt abgegeben wird. Die Klageschrift muss entgegen der früheren Rechtsprechung nicht derart in den Verfügungsbereich des Finanzamts gelangen, dass es von ihrem Inhalt Kenntnis nehmen kann (BFH-Urteil 26. 4. 1995, BStBl. II S. 601). So ist eine beim Finanzamt eingegangene Klage – unabhängig davon, ob der dazugehörige Briefumschlag die Adresse des Finanzamts oder des Finanzgerichts aufweist – auch beim Finanzamt angebracht.

Nach dem BFH-Urteil vom 26. 4. 1995, BStBl. II S. 601, ist das Finanzamt in Fällen, in denen ein an das Finanzgericht adressierter (verschlossener) Briefumschlag eingegangen ist, verpflichtet, den Eingangstag zu dokumentieren. Auf solchen Briefumschlägen ist deshalb ein Eingangsstempel anzubringen.

1 e) Schreiben betr. Unterrichtung der obersten Finanzbehörden des Bundes und der Länder über Gerichtsverfahren von grundsätzlicher Bedeutung

Vom 25. Mai 2018 (BeckVerw 435745)

(BMF VI A 3 – FG 2032/09/10005 / IV C 8 – FG 2032/16/10 003; DOK 2018/0268557)

Bezug: BMF-Schreiben vom 12. März 2010 (BStBl. I S. 244)

Unter Bezugnahme auf das Ergebnis der Erörterung mit den obersten Finanzbehörden der Länder gilt Folgendes:

1 **1.** Das BMF und die zuständige oberste Landesfinanzbehörde sind über anhängige Gerichtsverfahren (auch Beschwerdeverfahren) insbesondere dann zeitnah zu unterrichten, wenn

a) ein Finanzgericht eine von Richtlinien, BMF-Schreiben oder gleich lautenden Erlassen der obersten Finanzbehörden der Länder abweichende Rechtsauffassung vertritt,

b) der Entscheidung eine größere finanzielle oder eine grundsätzliche Bedeutung zukommt,

c) der BFH einen Gerichtsbescheid (§ 90 a FGO) erlassen hat, in dem eine von Richtlinien, BMF-Schreiben oder gleich lautenden Erlassen der obersten Finanzbehörden der Länder abweichende Rechtsauffassung vertreten wird oder dessen Begründung auf eine Änderung der Rechtsprechung schließen lässt,

d) nach einer Vorabentscheidung des Gerichtshofes der Europäischen Union das Verfahren vor dem Finanzgericht oder dem BFH fortgesetzt wird, oder

e) Verfahren nach § 32 i AO geführt werden.

2 **2.** In den Fällen gemäß Nr. 1 Buchst. a hat das beklagte Finanzamt Revision bzw. Nichtzulassungsbeschwerde einzulegen, wenn dies verfahrensrechtlich möglich ist. Bei Gerichtsbescheiden i. S. v. Nr. 1 Buchst. c ist Antrag auf mündliche Verhandlung zu stellen. Die zuständige oberste Landesfinanzbehörde kann mit Zustimmung des BMF Abweichungen von Satz 1 und 2 zulassen.

3 **3.** In den Fällen gemäß Nr. 1 Buchst. d darf das Finanzamt eine mit dem Ziel einer Hauptsacheerledigung beabsichtigte Aufhebung oder Änderung des angefochtenen Verwaltungsakts nur nach vorheriger Zustimmung des BMF und der obersten Landesfinanzbehörde vornehmen.

4 **4.** Hat das Finanzamt die Entscheidung des Finanzgerichts mit der Revision angefochten, soll es grundsätzlich nicht gemäß § 90 Abs. 2 FGO auf die mündliche Verhandlung verzichten.

5 **5.** Die Pflicht zur umfassenden Information des BMF und der obersten Landesfinanzbehörde über ein Verfahren i. S. d. Nr. 1 besteht nach deren anfänglicher Unterrichtung bis zu deren Beitritt (§ 122 Abs. 2 FGO), andernfalls bis zum endgültigen Abschluss des Verfahrens, fort.

Dieses Schreiben tritt an die Stelle des BMF-Schreibens vom 12. März 2010 (BStBl. I S. 244).

1 f) Verfügung betr. Kosten des finanzgerichtlichen Verfahrens

Vom 30. Juni 2017 (BeckVerw 351468)

(LfSt Bayern FG 2018.2.1-1/2 St 42)

1. Allgemeines

1 Diese Kartei-Karte wurde vollumfänglich neu gefasst und enthält die aktuellen Rechtsstände zur StBVV (ab 20. 12. 2012) sowie zu den seit Inkrafttreten des 2. KostRMoG geltenden Vorschriften des RVG und des GKG (ab 1. 8. 2013).

2. Kostenentscheidung

2 Über die Frage, wer die Kosten eines finanzgerichtlichen Verfahrens zu tragen hat (§§ 135–138 FGO), entscheidet das Gericht im Urteil oder, wenn das Verfahren in anderer Weise beendet worden ist, durch Beschluss (§ 143 Abs. 1 FGO).

Die Anfechtung dieser Kostenentscheidung ist nach § 145 FGO unzulässig, wenn nicht gegen die Entscheidung in der Hauptsache ein Rechtsmittel eingelegt wird. Ggf. kann jedoch eine Anhörungsrüge nach § 133 a FGO in Betracht kommen.

Kosten i. S. d. § 139 FGO sind

- die Gerichtskosten (Gebühren und Auslagen) und
- die zur zweckentsprechenden Rechtsverfolgung oder Rechtsverteidigung notwendigen Aufwendungen der Beteiligten einschließlich der Kosten des Vorverfahrens.

Das Gericht hat die Möglichkeit, die vorläufige Vollstreckbarkeit der Entscheidung hinsichtlich der Kosten auszusprechen. In diesem Fall kann die Kostenfestsetzung bereits vor Rechtskraft der Entscheidung durchgeführt werden.

3. Streitwert/Gegenstandswert

Die Gerichtskosten und die Vergütung der Bevollmächtigten werden grundsätzlich nach der wirtschaftlichen Bedeutung des Verfahrens bzw. dem finanziellen Interesse des Klägers oder Antragstellers bemessen. Für die Gerichtskosten ist dies der Streitwert (§ 52 GKG), für die Vergütung der Bevollmächtigten der inhaltsgleiche Gegenstandswert (§ 23 RVG bzw. § 10 StBVV). 3

Gemäß § 71 GKG ist die Fassung des Gerichtskostengesetzes für die Streitwertermittlung maßgebend, die bei erstmaliger Rechtsanhängigkeit des Verfahrens Gültigkeit hat (GKG i. d. F. ab 1. 7. 2004 oder 1. 8. 2013).

Der Mindeststreitwert beläuft sich auf 1500 € (§ 52 Abs. 4 Nr. 1 GKG).

Ein ABC der Streitwerte ist z. B. enthalten in *Tipke-Kruse* Vor § 135 FGO, in *Gräber/Ratschow* Vor § 135 oder im Internet abrufbar unter „Streitwertkatalog für die Finanzgerichtsbarkeit".

4. Gerichtskosten

Die Gerichtskosten setzen sich zusammen aus der Verfahrensgebühr und den Auslagen. Sie werden auf der Grundlage der Kostenentscheidung nach den Bestimmungen des Gerichtskostengesetzes (AO-Handbuch 2017, S. 1140 ff.) erhoben. 4

Die Gebühren und ihre Ermäßigungstatbestände sind im Kostenverzeichnis unter den Nrn. 6110–6600 (Anlage 1 zu § 3 Abs. 2 GKG, Kostenverzeichnis Teil 6) aufgeführt und richten sich nach dem Streitwert (Anlage 2 zu §§ 3, 34 GKG, Gebührentabelle).

Die Festsetzung der Auslagen erfolgt nach den Nrn. 9000 ff. der Anlage 1 zum GKG, Kostenverzeichnis Teil 9.

Für das finanzgerichtliche Verfahren wurde eine Kostenvorschusspflicht eingeführt. Die Verfahrensgebühr von 284 € (71 € × 4) errechnet sich auf der Grundlage des Mindeststreitwerts von 1500 € (§ 6 Abs. 1 Nr. 5, § 52 Abs. 4 Nr. 1 GKG, Anlage 1 zu § 3 Abs. 2 GKG). Dieser Vorschuss wird auf die Gerichtskostenschuld angerechnet.

Festgesetzt (angesetzt) werden die Gerichtskosten nach § 19 Abs. 1 GKG durch den Kostenbeamten des Finanzgerichts (1. Instanz) oder des BFH (2. Instanz) mittels Kostenrechnung. Das Finanzamt ist an diesen Verfahren nicht beteiligt.

Die Kosten werden von der Staatsoberkasse Landshut und der Bundeskasse Weiden erhoben. Für die Vollstreckung sind die Finanzämter zuständig.

Die Finanzbehörden sind für den Fall des Unterliegens vor dem FG oder vor dem BFH von den Gerichtskosten befreit (§ 2 GKG). Gebühren und Auslagen können daher für das beklagte Finanzamt nicht anfallen.

5. Kosten der Beteiligten

Den Beteiligten am finanzgerichtlichen Verfahren (§ 57 FGO) sind nach § 139 Abs. 1 FGO die Aufwendungen zu ersetzen, die zur zweckentsprechenden Rechtsverfolgung (notwendig) erwachsen sind. Die Aufwendungen der Finanzbehörden sind nicht zu erstatten (§ 139 Abs. 2 FGO). 5

Zu den Aufwendungen i. S. d. § 139 Abs. 1 FGO zählen auch die Gebühren und Auslagen eines Bevollmächtigten. Diese Aufwendungen sind nach § 139 Abs. 3 FGO stets erstattungsfähig, sofern sie gesetzlich vorgesehen sind.

Die Vergütung im Finanzgerichtsverfahren richtet sich sowohl für Steuerberater als auch für Rechtsanwälte nach dem RVG (§ 45 StBVV).

Danach können im Wesentlichen folgende Gebühren und Auslagen laut Vergütungsverzeichnis (VV), Anlage 1 zu § 2 Abs. 2 RVG in Betracht kommen:

Wertgebühren (§ 13 RVG)

Verfahrensgebühr	Vorbemerkung 3 Abs. 2 VV, Nr. 3200, 3201 VV
Terminsgebühr	Vorbemerkung 3 Abs. 3 VV, Nr. 3202, 3203 VV
Erledigungsgebühr	Nrn. 1002–1004 VV

Auslagen (Vorbemerkung 7)

Dokumentenpauschale	Nr. 7000 VV
Entgelte für Post- und Telekommunikationsdienstleistungen	Nrn. 7001, 7002 VV
Geschäftsreisen	Vorbemerkung 7 Abs. 2 VV; Nr. 7003–7005 VV
Umsatzsteuer	Nr. 7008 VV

Die Gebühren der Steuerberater/Rechtsanwälte bemessen sich nach der Höhe des Gegenstandswerts (§ 2 Abs. 1 und § 13 RVG); dieser wiederum bestimmt sich im gerichtlichen Verfahren nach den für die Gerichtsgebühren geltenden Wertvorschriften (§ 32 RVG). Grundlage für die Berechnung der Gebühren im gerichtlichen Verfahren ist also stets der Streitwert i. S. d. § 3 GKG.

Die Berechnung der Kosten im Einzelnen richtet sich nach § 10 RVG, die Höhe der Gebühren nach § 13 RVG (Gebührentabelle, Anlage 2 zum RVG).

Die Verfahrensgebühr nach Nr. 3200 VV ist die Grundgebühr für das gerichtliche Verfahren. Mit ihr wird das ganze Handeln des Prozessbevollmächtigten (z. B. Aufwendungen für Schriftsätze, Urkunden und Ablichtungen, die der Klagebegründung hinzuzufügen sind) einschließlich der Information für einen Rechtszug (§ 15 RVG) abgegolten. Die Höhe des Gebührensatzes beträgt grundsätzlich das 1,6-fache (Nr. 3200 VV). Bei einer Tätigkeit in derselben Angelegenheit, bei der der Auftraggeber aus mehreren Personen besteht, erhöht sich die Gebühr für jede weitere Person um 0,3 (Mehrfachvertretungszuschlag nach § 7 Abs. 1 RVG, Nr. 1008 VV). Mehrere Erhöhungen dürfen den Betrag von zwei Gebühren nicht übersteigen (Nr. 1008 Abs. 3 VV). Bei vorzeitiger Beendigung des Verfahrens ermäßigt sich die Verfahrensgebühr auf den Satz von 1,1 (Nr. 3201 VV).

Wird das angefochtene Urteil vom BFH aufgehoben und die Sache zur anderweitigen Verhandlung und Entscheidung zurückverwiesen (§ 126 Abs. 3 Nr. 2 FGO), ist das weitere Verfahren ein neuer Rechtszug (§ 21 Abs. 1 RVG). Wird die Sache an ein Gericht zurückverwiesen, das mit der Sache bereits befasst war, ist die vor diesem Gericht bereits entstandene Verfahrensgebühr auf die neu entstehende anzurechnen (Vorbemerkung 3 zu VV).

Die **Terminsgebühr** nach Nr. 3202 VV entsteht für die Tätigkeit (Stellung von Anträgen, Erörterung der Streitsache, Stellungnahme zu den Ausführungen des Finanzamts) des Bevollmächtigten in einem Termin, wie einem
- Verhandlungstermin,
- Erörterungstermin,
- Beweisaufnahmetermin,
- von einem gerichtlich bestellten Sachverständigen anberaumten Termin.

Bleibt der Bevollmächtigte dem Termin fern, entfällt die Terminsgebühr. Das Gleiche gilt, wenn im Verfahren eine mündliche Verhandlung nicht vorgesehen ist (z. B. bei einem Antrag auf Aussetzung der Vollziehung nach § 69 Abs. 3 FGO).

Die Terminsgebühr entfällt aber nicht, wenn
- eine mündliche Verhandlung im Einverständnis der Parteien unterbleibt (Nr. 3202 Abs. 1 VV),
- durch Urteil ohne mündliche Verhandlung (Verfahren nach billigem Ermessen gem. § 94 a FGO) oder durch Gerichtsbescheid (§§ 90 a und 79 a Abs. 2 FGO) entschieden wird (Nr. 3202 Abs. 2 VV).

Die Höhe des Gebührensatzes beträgt grundsätzlich das 1,2-fache (Nr. 3202 VV).

Eine Terminsgebühr entsteht nicht für Besprechungen mit dem Auftraggeber.

Eine Erledigungsgebühr nach Nrn. 1002–1004 VV entsteht, wenn sich der Rechtsstreit ganz oder teilweise nach Rücknahme oder Änderung des angefochtenen Verwaltungsakts erledigt und der Bevollmächtigte bei der Erledigung mitgewirkt hat. Die auf die Erledigung der Sache ohne Urteil gerichtete Tätigkeit des Prozessbevollmächtigten muss also über seine durch die Verfahrens- und Terminsgebühr erfassten Tätigkeiten hinausgehen. Dies bedeutet, dass die Tätigkeit des Steuerberaters/Rechtsanwalts nur dann mit einer Erledigungsgebühr entschädigt wird, wenn es sich um eine qualifizierte Mitwirkung für Zwecke der Erledigung handelt. Eine solche Mitwirkung liegt jedoch nicht vor, wenn die Klagebegründung so gut gelungen ist, dass das Finanzamt von sich aus abhilft, oder wenn nur auf die Rechtsprechung in einem Parallelverfahren hingewiesen wird. Ist für die Erledigung ein richterlicher Hinweis ursächlich, sind die Tatbestandsmerkmale der Erledigungsgebühr ebenfalls nicht erfüllt.

Die Höhe des Gebührensatzes beträgt im erstinstanzlichen Verfahren vor dem Finanzgericht das 1,0-fache.

Im **Revisionsverfahren** betragen die Gebühren:

Verfahrensgebühr	1,6 (Nr. 3206 VV)
Terminsgebühr	1,5 (Nr. 3210 VV)
Erledigungsgebühr	1,3 (Nr. 1004 VV)

Bei vorzeitiger Beendigung des Verfahrens ermäßigt sich die Verfahrensgebühr auf den Satz von 1,1 (Nr. 3207 VV).

Im **Beschwerdeverfahren** betragen die Gebühren:

Verfahrensgebühr	1,6 (Nr. 3506 VV)
Terminsgebühr	1,2 (Nr. 3516 VV)

Bei vorzeitiger Beendigung des Verfahrens ermäßigt sich die Verfahrensgebühr auf den Satz von 1,1 (Nr. 3507 VV).

Wird Beschwerde gegen die Nichtzulassung der Revision (NZB) erhoben, erhält der Prozessbevollmächtigte 1,6 der Verfahrensgebühr, die in einem nachfolgenden Revisionsverfahren angerechnet wird (Nr. 3506 VV).

Nach der Vorbemerkung 7 Abs. 1 Satz 1 VV werden mit den Gebühren auch die allgemeinen Geschäftsunkosten (Miete für die Büroräume, Gehälter usw.) abgegolten. Für bestimmte Auslagen (Entgelte für Post- und Telekommunikationsdienstleistungen, Dokumentenüberlassung und Geschäftsreisen) sieht jedoch die Vorbemerkung 7 Abs. 1 Satz 2 VV eine Erstattung der entstandenen Kosten vor. Voraussetzung für die Erstattungsfähigkeit von Auslagen ist aber stets, dass sie zur zweckentsprechenden Rechtsverfolgung notwendig waren (BFH-Urteil vom 19. 3. 1969, BStBl. II S. 398).

Nach Nr. 7001 VV hat der Prozessbevollmächtigte Anspruch auf Ersatz der bei der Ausführung des Auftrags für **Post- und Telekommunikationsdienstleistungen** zu zahlenden Entgelte. Anstelle der tatsächlich entstandenen Kosten kann er einen Pauschsatz fordern, der zwanzig vom Hundert der gesetzlichen Gebühren beträgt, in derselben Angelegenheit und im gerichtlichen Verfahren in demselben Rechtszug jedoch höchstens 20 € (Postgebührenpauschale, Nr. 7002 VV).

Nach Nr. 7000 VV hat der Prozessbevollmächtigte Anspruch auf Ersatz der Auslagen für die im Einverständnis mit dem Auftraggeber zusätzlich hergestellten **Ablichtungen**. Unter Ablichtung ist jede technisch mögliche Vervielfältigung – z. B. durch Fotokopierer, Scanner – zu verstehen. Eine Erstattung (durch das Finanzamt) kommt aber nur in Betracht, wenn die Ablichtungen notwendig i. S. d. § 139 Abs. 1 FGO sind. Für Ablichtungen aus Behörden- und Gerichtsakten können Auslagen nur geltend gemacht werden, soweit deren Fertigung zur sachgemäßen Bearbeitung der Rechtssache geboten war. Dies ist regelmäßig nicht der Fall bei Ablichtungen von Steuerbescheiden und von Schriftwechsel mit dem Finanzamt, die sich in den Steuerakten befinden und die nach § 71 Abs. 2 FGO dem Finanzgericht vorgelegt werden. Soweit den Schriftsätzen an das Finanzgericht Ablichtungen für die übrigen Beteiligten beigefügt sind (§ 77 Abs. 1 Satz 3 FGO), sind die Kosten hierfür mit der Verfahrensgebühr abgegolten (Vorbemerkung 7 Abs. 1 Satz 1 VV).

Die Höhe der Dokumentenpauschale der Nr. 7000 Nr. 1 ist in derselben Angelegenheit und im gerichtlichen Verfahren in demselben Rechtszug einheitlich zu berechnen (Vorbemerkung 7 Abs. 1 Satz 2 VV). Danach beträgt die Pauschale für Fotokopien DIN-A-4-Format (Nr. 7000 VV), die zur sachgemäßen Bearbeitung der Rechtssache geboten waren (Nr. 7000 Nr. 1 a), sowie in anderen Fällen nach Überschreitung von 100 Kopien (Nr. 7000 Nr. 1 b, c)

a)	für die ersten 50 Seiten	je 0,50 €
b)	für jede weitere Seite	je 0,15 €

Nach Nr. 7000 Nr. 2 VV kommt die Dokumentenpauschale auch für die Überlassung von elektronisch gespeicherten Daten in den Fällen der Nr. 7000 Nr. 1 b bis d VV in Betracht. Die Höhe der Dokumentenpauschale beträgt 1,50 € je Datei unabhängig von ihrer Größe.

Für **Geschäftsreisen** sind dem Prozessbevollmächtigten als Reisekosten die Fahrtkosten und die Übernachtungskosten zu erstatten; ferner erhält er ein Tage- und Abwesenheitsgeld. Eine Geschäftsreise liegt vor, wenn das Reiseziel außerhalb der Gemeinde liegt, in der sich die Kanzlei oder die Wohnung des Bevollmächtigten befindet (Vorbemerkung 7 Abs. 2 VV).

Als **Fahrtkosten** sind zu erstatten
- bei Benutzung eines eigenen Kfz 0,30 € für jeden gefahrenen Kilometer zuzüglich der durch die Benutzung des Kfz aus Anlass der Geschäftsreise regelmäßig anfallenden Auslagen, z. B. Parkgebühren, Autobahngebühren (Nr. 7003 VV);
- bei Benutzung anderer Verkehrsmittel die tatsächlichen Aufwendungen, soweit sie angemessen sind (Nr. 7004 VV). Angemessen ist für Rechtsanwälte bei Bahnfahrten stets die 1. Klasse.

Das Tage- und Abwesenheitsgeld beträgt bei einer Geschäftsreise

–	von nicht mehr als 4 Stunden	25,– €,
–	von mehr als 4 bis 8 Stunden	40,– €,
–	von mehr als 8 Stunden	70,– €.

Bei Auslandsreisen können diese Beträge um 50% erhöht werden.

Die anlässlich einer Geschäftsreise entstandenen sonstigen Auslagen (z. B. Übernachtungskosten) werden – soweit sie angemessen sind – in voller Höhe erstattet.

Dient eine Reise **mehreren Geschäften**, so sind die entstandenen Auslagen nach den Nrn. 7003 bis 7006 VV nach dem Verhältnis der Kosten zu verteilen, die bei gesonderter Ausführung der einzelnen Geschäfte entstanden wären. Die Gesamtreisekosten sind im Verhältnis der fiktiven Kosten aufzuteilen.

Beispiel 1:

Der Prozessbevollmächtigte nimmt an einem Tag an vier mündlichen Verhandlungen an identischem Ort teil. Die Gesamtsumme der Reisekosten beträgt 100,– €.
Der Bevollmächtigte kann jeweils 25,– € an Reisekostenersatz gegenüber den Mandanten geltend machen (100,– € geteilt durch 4, die Anzahl der wahrgenommenen Geschäfte). Ob die Kosten allerdings vom Finanzamt zu ersetzen sind, hängt von dem Ausgang der jeweiligen Verfahren ab.

Beispiel 2:

Der Prozessbevollmächtigte hat Reisekosten i. H. v. 100,– €, die in Zusammenhang mit seinen Mandanten A und B angefallen sind. Die fiktiven Kosten, also die Kosten, die bei Einzelerledigung angefallen wären, betrügen für A 90 € und für B 60 €.
Der Bevollmächtigte kann

für A	90/150 × 100,	also 60 €,
für B	60/150 × 100,	also 40 €

an Reisekostenersatz gegenüber den Mandanten geltend machen. Ob die Kosten allerdings vom Finanzamt zu ersetzen sind, hängt vom Ausgang der jeweiligen Verfahren ab.

Für die Berücksichtigung der an den Bevollmächtigten gezahlten Umsatzsteuer im Kostenfestsetzungsverfahren (Nr. 7008 VV) ist eine Erklärung des Klägers (Antragstellers) notwendig, nach der er die Beträge nicht als Vorsteuer abziehen kann (§ 104 Abs. 2 Satz 3 ZPO).

Sind Gebühren und Auslagen für die Zuziehung eines Bevollmächtigten für das **Vorverfahren** zu erstatten, weil das Gericht die Zuziehung eines Bevollmächtigten für das Vorverfahren auf Antrag des Klägers für notwendig erklärt hat (§ 139 Abs. 3 Satz 3 FGO), ist zu beachten, dass die Steuerberater und Rechtsanwälte für diese Verfahren nach unterschiedlichen Gebührenordnungen (Steuerberater nach der StBVV und Rechtsanwälte nach dem RVG) abrechnen.

Die nach diesen Gebührenordnungen in Betracht kommenden Gebühren und Auslagen ergeben sich aus den folgenden Übersichten:

Gebühren

	Steuerberater StBVV	**Rechtsanwälte RVG**
Geschäftsgebühr	§ 40	VV 2300, 2301, 2302

Auslagen

	Steuerberater StBVV	**Rechtsanwälte RVG**
Entgelte für Post- und Telekommunikationsdienstleistungen	§ 16	Nrn. 7001, 7002
Schreibauslagen/Dokumentenpauschale	§ 17	Nr. 7000
Geschäftsreisen	§ 18	Vorbemerkung 7 Abs. 2 Nrn. 7003 bis 7006
Umsatzsteuer	§ 15	Nr. 7008

Die Gebühren bemessen sich (auch) im außergerichtlichen Rechtsbehelfsverfahren nach dem Streitwert des finanzgerichtlichen Verfahrens. Betreffen Handlungen nur einen Teil des Streitgegenstandes des finanzgerichtlichen Verfahrens, ist auch nur der Teil des Streitwerts des finanzgerichtlichen Verfahrens, der diesen Handlungen entspricht, maßgebend.

Soweit ein Steuerberater oder Rechtsanwalt in eigener Sache im außergerichtlichen Vorverfahren tätig geworden ist, erhält er hierfür im Gegensatz zu gerichtlichen Verfahren (mangels Notwendigkeit) keine Kostenerstattung. Dies gilt auch, wenn der Bevollmächtigte in einem Angestelltenverhältnis zu den Beteiligten steht (§ 139 Abs. 3 Satz 4 FGO).

Die Höhe der Gebühren eines **Steuerberaters im Vorverfahren** richtet sich nach der Tabelle E (Rechtsbehelfstabelle) zur StBVV (§ 10 Abs. 1 StBVV).

Die **Geschäftsgebühr** ist die Grundgebühr für das außergerichtliche Rechtsbehelfsverfahren. Mit ihr wird das Betreiben des Geschäfts einschließlich der Information, der Einreichung und Begründung des Rechtsbehelfs durch den Steuerberater abgegolten.

Die Höhe der Geschäftsgebühr beträgt $^{5}/_{10}$ bis $^{25}/_{10}$ einer vollen Gebühr (Rahmengebühr). Der Gebührenrahmen ermäßigt sich auf $^{3}/_{10}$ bis $^{20}/_{10}$ einer vollen Gebühr, wenn der Steuerberater in dem Verwaltungsverfahren, das dem Rechtsbehelfsverfahren vorausgeht, Gebühren nach § 28 StBVV für die Prüfung des Steuerbescheids erhält. Da einer Rechtsbehelfseinlegung üblicherweise eine Überprüfung des Verwaltungsakts vorausgeht, ist grundsätzlich von einer geminderten Gebühr auszugehen. Dies gilt selbst dann, wenn dem Berater keine Gebühr nach § 28 StBVV zugeflossen ist, weil es lediglich auf das Entstehen des Anspruchs ankommt

Sofern nichts Besonderes vorgetragen wird, ist eine Mittelgebühr ($^{3}/_{10}$ + $^{20}/_{10}$: 2 = $^{11,5}/_{10}$ einer vollen Gebühr) anzusetzen (§ 40 Abs. 1 Satz 2 StBVV). Höhere Rahmensätze (als die Mittelgebühr) können z. B. in Betracht kommen,
- wenn besondere Kenntnisse in Randgebieten des Steuerrechts erforderlich sind,
- bei schwierigen Rechtsfragen und
- bei erheblichem Arbeitsaufwand.

Ein Wert aus dem untersten Rahmensatz kann hingegen angemessen sein, wenn sich z. B. die Einspruchsbegründung auf einen oder wenige Sätze beschränkt.

Legt der Steuerberater gegen einen Schätzungsbescheid Einspruch ein und erstellt er während des Einspruchsverfahrens (zur Begründung des Rechtsbehelfs) die Steuererklärung, wofür er nach § 24 StBVV honoriert wird, ermäßigt sich die Geschäftsgebühr auf $^{1}/_{10}$ bis $^{7,5}/_{10}$ einer vollen Gebühr (§ 40 Abs. 3 StBVV).

§ 40 Abs. 4 StBVV enthält eine weitere Ermäßigung, wenn dem Rechtsbehelfsverfahren ein gesondert berechenbarer Antrag i. S. d. § 23 StBVV vorausgeht (wenn z. B. zuvor ein Stundungsantrag oder ein Antrag auf AdV gestellt wurde). Die Summe dieser Gebühren und der Gebühr nach § 40 Abs. 1 StBVV darf $^{25}/_{10}$ einer vollen Gebühr nicht übersteigen.

Bei einer Tätigkeit in derselben Angelegenheit für mehrere Auftraggeber erhöht sich hingegen die Geschäftsgebühr durch jeden weiteren Auftraggeber um $^{3}/_{10}$ (höchstens $^{20}/_{10}$), in Fällen des § 40 Abs. 2 StBVV um $^{2}/_{10}$ (höchstens $^{16}/_{10}$) und in Fällen des § 40 Abs. 3 StBVV um $^{1}/_{10}$ (höchstens $^{6}/_{10}$) einer vollen Gebühr (§ 41 Abs. 6 StBVV).

Die Erstattung der **Auslagen des Steuerberaters** für das Vorverfahren richtet sich nach dem 3. Abschnitt der StBVV. Da die Regelungen – im Wesentlichen – den für das gerichtliche Verfahren maßgebenden Bestimmungen des RVG entsprechen, wird darauf verwiesen.

Die Höhe der **Gebühren eines Rechtsanwalts im Vorverfahren** richtet sich nach § 13 RVG (Gebührentabelle, Anlage 2 zum RVG).

Für alle in einer Angelegenheit – § 16 RVG – anfallenden Tätigkeiten fällt eine Geschäftsgebühr nach Nr. 2300 VV an. Bei der Geschäftsgebühr handelt sich um eine Rahmengebühr i. S. d. § 14 RVG zwischen 0,5 und 2,5. Der Rechtsanwalt kann eine Gebühr von mehr als das 1,3-fache nur fordern, wenn die Tätigkeit umfangreich oder schwierig war. Die Geschäftsgebühr erhöht sich um den Mehrvertretungszuschlag nach Nr. 1008 VV.

In § 17 RVG werden Verfahren aufgezählt, die als verschiedene Angelegenheiten zu behandeln sind. Nach § 17 Nr. 1 RVG bilden das Verwaltungsverfahren sowie das einem gerichtlichen Verfahren vorausgehende und der Nachprüfung dieses Verwaltungsverfahrens dienende weitere Verwaltungsverfahren verschiedene Angelegenheiten. Nr. 2301 VV mindert die Geschäftsgebühr auf 0,5 bis 1,3 für das weitere Verwaltungsverfahren, da durch die vorangegangene Tätigkeit Aufwand erspart wurde.

Nach der Vorbemerkung 3 Abs. 4 VV wird die Geschäftsgebühr nach den Nrn. 2300 bis 2303 – ohne die Erhöhung der Nr. 1008/mehrere Auftraggeber – auf eine nachfolgende Verfahrensgebühr zur Hälfte, maximal mit 0,75 angerechnet. Die Anrechnung ist folglich auf die nicht erhöhte Geschäftsgebühr beschränkt.

Die Geschäftsgebühr beträgt je nach den Umständen des Einzelfalls (§ 14 Abs. 1 RVG) 0,5 bis 2,5 einer vollen Gebühr für das Betreiben des Geschäfts einschließlich der Information, des Einreichens,

Fertigens oder Unterzeichnens von Schriftsätzen oder Schreiben und des Entwerfens von Urkunden. Die Beratungsgebühr nach Nr. 2100 VV – 0,1 bis 1,0 – erhält der Rechtsanwalt nicht für einen Rat oder eine Auskunft, die mit einer anderen gebührenpflichtigen Tätigkeit in Zusammenhang steht (Nr. 2100 Abs. 1 VV).

Bei einer Tätigkeit in derselben Angelegenheit für mehrere Auftraggeber erhöht sich die Geschäftsgebühr für jeden weiteren Auftraggeber um 0,3 (§ 7 RVG i. V. m. Nr. 1008 VV). Mehrere Erhöhungen dürfen den Betrag von zwei vollen Gebühren nicht übersteigen. Bei Gebühren, die nur dem Mindest- und Höchstbetrag nach bestimmt sind, erhöhen sich der Mindest- und Höchstbetrag durch jeden weiteren Auftraggeber um 0,3; mehrere Erhöhungen dürfen das Doppelte des Mindest- und Höchstbetrages nicht übersteigen.

Für Auslagen gelten die gleichen Regelungen wie für Auslagen im gerichtlichen Verfahren.

6. Verzinsung des Erstattungsanspruchs

Die festgesetzten Kosten sind auf Antrag mit 5 v. H. über dem Basiszinssatz nach § 247 BGB zu ver- 6
zinsen (§ 155 FGO i. V. m. § 104 Abs. 1 Satz 2 ZPO).

Der Zinslauf beginnt mit dem Eingang des Antrags auf Festsetzung der Kosten beim Finanzgericht. Wurde der Antrag bereits vor dem Zeitpunkt der Kostenentscheidung gestellt, beginnt der Zinslauf in dem Zeitpunkt, in dem die Kostenentscheidung bestandskräftig wird, oder, wenn im Urteil die Kosten für vorläufig vollstreckbar erklärt werden, ab dem Zeitpunkt der Urteilsverkündung.

7. Beispiel zu den erstattungsfähigen Kosten

Nachdem der Steuerberater X, dessen Kanzlei sich nicht am Sitz des Finanzgerichts befindet, die Steuerfestsetzung 7
überprüft hatte, legte er im Auftrag der Eheleute AB gegen den Einkommensteuerbescheid 01 am 1. 7. 12 (erfolglos) Einspruch ein. Mit der im Namen der Eheleute am 10. 10. 13 erhobenen Klage beantragte er, die Einkommensteuer um 5100 € herabzusetzen. Nach mündlicher Verhandlung erging am 15. 2. 14 das Urteil. Die Kosten des Verfahrens haben nach der Kostenentscheidung die Eheleute (Kläger) zu 30 v. H. und das Finanzamt (Beklagter) zu 70 v. H. zu tragen. Die Hinzuziehung des Bevollmächtigten der Kläger zum Vorverfahren wurde für notwendig erklärt. Der Streitwert beläuft sich auf 5100 € (= begehrte Steuerminderung). Es besteht kein Anspruch auf Vorsteuerabzug. Von den Klägern kann eine Erstattung der folgenden Aufwendungen beantragt werden:

Kosten des Klageverfahrens

Maßgebend ist die Gebührentabelle des RVG. Danach ergibt sich bei einem Gegenstandswert von 5100 € eine Gebühr von 354 €.

Verfahrensgebühr (Nr. 3200 VV) 1,6 + 0,3 (Nr. 1008 Mehrvertretungszuschlag) = 1,9	672,60 €
Terminsgebühr (Nr. 3202 VV) = 1,2	424,80 €
Postgebührenpauschale (Nr. 7002 VV)	20,00 €
Fahrtkosten zum Gericht (Nr. 7003 VV, 120 km × 0,30 €)	36,00 €
Tage- und Abwesenheitsgeld (Nr. 7005 VV) (mehr als 4 bis 8 Stunden)	40,00 €
Umsatzsteuer (Nr. 7008) (19 v. H. von 1193,40 €)	226,75 €
Summe:	**1420,15 €**

Kosten des Vorverfahrens

Maßgebend ist die Gebührentabelle (Tabelle E) der StBVV. Danach ergibt sich bei einem Gegenstandswert von 5100 € eine Gebühr ($^{10}/_{10}$) von 355 €. Da der Steuerberater eine Gebühr für die Prüfung des Bescheids erhält, ermäßigt sich der Gebührenrahmen auf $^{3}/_{10}$ bis $^{20}/_{10}$. Im Hinblick, darauf, dass es sich um einen so genannten Normalfall handelt, ist eine Mittelgebühr von $^{11,5}/_{10}$ zu gewähren, die um $^{2}/_{10}$ ($^{2}/_{10}$ + $^{11,5}/_{10}$ = $^{13,5}/_{10}$; 479,25 €) zu erhöhen ist (Mehrvertretungszuschlag, da Eheleute).

Geschäftsgebühr	479,25 €
Postgebührenpauschale (Nr. 7002 VV)	20,00 €
Umsatzsteuer (19%; von 499,25 €)	94,86 €
Summe:	**594,11 €**
Kosten insgesamt (1420,15 € + 594,11 €)	**2014,26 €**
Zu erstattende Kosten (70 v. H. von 2014,26 €)	**1409,98 €**

Der zu erstattende Betrag ist auf Antrag mit 5 v. H. über dem Basiszinssatz nach § 247 BGB zu verzinsen.

8. Kostenfestsetzungsverfahren

Für die Festsetzung der den Beteiligten (= obsiegender Kläger) auf Antrag zu erstattenden Kosten, 8
und zwar auch für ein Beschwerdeverfahren wegen Nichtzulassung der Revision und ein Revisionsverfahren, ist das Finanzgericht (= Gericht des ersten Rechtszugs) zuständig (§ 149 Abs. 1, § 155 FGO i. V. m. §§ 103–105 ZPO).

Wird ein Antrag auf Kostenfestsetzung gestellt, leitet ihn das Finanzgericht dem Finanzamt zur Stellungnahme zu. Das Finanzamt hat daraufhin zu überprüfen, ob die geltend gemachten Kosten nach § 139 FGO zu berücksichtigen sind, insbesondere, ob die jeweiligen Tatbestandsmerkmale (z. B. Beweisaufnahme) gegeben sind, die Höhe des Streitwerts und der einzelnen Teilstreitwerte zutreffend ist.

Nach der Stellungnahme des Finanzamts setzt der Urkundsbeamte des Finanzgerichts auf der Grundlage der Kostenentscheidung die zu erstattenden Kosten mit Kostenfestsetzungsbeschluss fest. Für die nach Zugehen dieses Beschlusses erforderlichen Arbeiten im Finanzamt steht die UNIFA-Word-Vorlage „Aktenvermerk zur Kostenerstattung“ (Ordner Rechtsbehelfssteile) zur Verfügung.

9. Aufrechnung mit zu zahlenden Gerichtskosten und Steuerrückständen

9 Ist der Steuerpflichtige teilweise unterlegen und hat er daher Gerichtskosten zu entrichten, ist die Aufrechnung durch die Finanzkasse mit den zu erstattenden Kosten zu veranlassen (siehe hierzu UNIFA-Vorlage „Aufrechnung Finanzkasse", Ordner Finanzkasse/Ordner 4/Aufrechnung).

Bestehen Steuerrückstände, so ist von Seiten des Finanzamts stets zu prüfen, ob der Kläger seinen Erstattungsanspruch z. B. an seinen Prozessbevollmächtigten (Neugläubiger) abgetreten hat (nach § 398 BGB können auch künftige Ansprüche abgetreten werden, sofern sie bestimmbar sind, so dass der Zeitpunkt der Abtretung auch vor dem Entstehen des Kostenerstattungsanspruchs liegen kann). Nach § 406 BGB hindert diese Abtretung eine Aufrechnung dann nicht, wenn die Aufrechnungslage (§ 389 BGB) bereits bestand, als das Finanzamt (Kostenschuldner) von der Abtretung Kenntnis erlangte. War die Forderung des Finanzamts bei Kenntniserlangung von der Abtretung noch nicht fällig, besteht die Aufrechnungsbefugnis aber nur, wenn diese Forderung spätestens mit dem Kostenerstattungsanspruch fällig wird.

10. Erinnerung

10 Gegen die Festsetzung der Kosten kann (auch) das Finanzamt den Rechtsbehelf der Erinnerung einlegen. Abweichend von den übrigen Rechtsbehelfsfristen beträgt die Frist für die Erhebung der Erinnerung lediglich zwei Wochen (§ 149 Abs. 2 FGO).

Mit der Erinnerung können nur Einwendungen gegen die Berechnung der Kosten, nicht aber gegen die dem Kostenfestsetzungsbeschluss zugrunde liegende Kostenentscheidung erhoben werden.

Wurde der bei der Kostenfestsetzung angesetzte Streitwert einschl. der Teilstreitwerte für Handlungen, die nur einen Teil des Streitgegenstands betreffen, unzutreffend ermittelt und sind demzufolge die zu erstattenden Kosten zu hoch festgesetzt worden, ist dies ebenfalls mit der Erinnerung zu rügen (zur Höhe des Streitwerts vgl. *Tipke/Kruse*, Vor § 135 FGO, Tz. 145 ff., ABC der Streitwerte).

In den Fällen, in denen das Gericht den Streitwert (gesondert) durch Beschluss nach § 63 Abs. 2 Satz 2 GKG festgesetzt hat, können Einwendungen gegen dessen Ermittlung nur im Rahmen eines Änderungsbegehrens nach § 63 Abs. 3 GKG innerhalb der Frist des § 63 Abs. 3 Satz 2 GKG geltend gemacht werden.

Nach § 149 Abs. 3 FGO können der Vorsitzende des Gerichts oder das Gericht anordnen, dass die Vollstreckung gegenüber dem Finanzamt als Schuldner einstweilen auszusetzen ist.

Hilft der Urkundsbeamte des Finanzgerichts der Erinnerung nicht ab, entscheidet das Gericht durch (unanfechtbaren) Beschluss (§ 149 Abs. 4 und § 128 Abs. 4 FGO). Zur Möglichkeit einer Anhörungsrüge siehe § 133 a FGO.

Über die Frage, wer die Kosten des Erinnerungsverfahrens zu tragen hat, ergeht (wiederum) eine Kostenentscheidung, die Grundlage für ein anschließendes Kostenfestsetzungsverfahren ist.

Im Erinnerungsverfahren betragen die Gebühren:

Verfahrensgebühr	0,5 (Nr. 3500 VV)
Terminsgebühr	0,5 (Nr. 3513 VV)

1 g) Ausführungsgesetze der Länder zur FGO

a) Baden-Württemberg

Gesetz zur Ausführung der Finanzgerichtsordnung (AGFGO)

Vom 29. März 1966 (GBl. S. 49)

Geändert durch Gesetz vom 18. 12. 1995 (GBl. 1996 S. 7), vom 1. 7. 2004 (GBl. S. 469), vom 11. 12. 2007 (GBl. S. 580), vom 13. 12. 2011 (GBl. S. 545), vom 14. 1. 2014 (GBl. S. 49), vom 21. 4. 2015 (GBl. S. 281) und vom 23. 5. 2017 (GBl. S. 265)

Der Landtag hat zur Ausführung der Finanzgerichtsordnung (FGO) vom 6. Oktober 1965 (BGBl. I S. 1477) am 17. März 1966 das folgende Gesetz beschlossen, das hiermit verkündet wird:

1 **§ 1**[1] **[Sitz des Finanzgerichts, Zahl der Senate]**

(1) Das Finanzgericht Baden-Württemberg wird als oberes Landesgericht mit Sitz in Stuttgart errichtet.

(2) Außensenate des Finanzgerichts werden in Freiburg errichtet.

(3) Die Zahl der Senate des Finanzgerichts bestimmt das zuständige Ministerium.

2 **§ 2 [Dienstaufsicht]**

Die Aufgaben der übergeordneten Dienstaufsichtsbehörde nimmt das zuständige Ministerium wahr.

3 **§ 3 [Kirchenrechtliche Abgaben]**

Das Finanzgericht lädt in kirchenrechtlichen Abgabenangelegenheiten diejenige Religionsgesellschaft bei, deren rechtliche Interessen durch die Entscheidung als Abgabenberechtigter unmittelbar berührt werden.

[1] § 1 Abs. 2 neu gef. durch G v. 18. 12. 1995 (GBl. 1996 S. 7), Abs. 1 und 2 geänd., Abs. 3 und 5 aufgeh., bish. Abs. 4 wird Abs. 3 durch G v. 1. 7. 2004 (GBl. S. 469); Abs. 2 geänd. durch G v. 11. 12. 2007 (GBl. S. 580).

§ 4 [Finanzrechtsweg] 4

Der Finanzrechtsweg ist auch in öffentlich-rechtlichen Streitigkeiten über Abgabenangelegenheiten gegeben, soweit die Abgaben nicht der Gesetzgebung des Bundes unterliegen und durch Landesfinanzbehörden verwaltet werden.

§ 5[1] [Amtstracht] 5

(1) Berufsrichter und Urkundsbeamte der Geschäftsstelle tragen in den zur Verhandlung oder zur Verkündung einer Entscheidung bestimmten Sitzungen eine Amtstracht, sofern nicht im Einzelfall nach Auffassung des Gerichts das Interesse an der Rechtsfindung eine andere Regelung gebietet. Bei anderen richterlichen Handlungen sowie bei Verhandlungen außerhalb des Sitzungssaales ist die Amtstracht zu tragen, wenn dies mit Rücksicht auf das Ansehen der Rechtspflege angemessen erscheint; die Entscheidung hierüber trifft das Gericht.

(2) Das Justizministerium kann durch Rechtsverordnung

1. die Verpflichtung nach Absatz 1 auf andere Personen ausdehnen, die befugt sind, als Bevollmächtigte oder Beistände vor Gericht aufzutreten,
2. Ausnahmen von der Verpflichtung nach Absatz 1 zulassen und
3. die Art und Ausgestaltung der Amtstracht bestimmen.

(3) Wer in einer Sitzung oder bei Amtshandlungen außerhalb einer Sitzung, bei der Beteiligte, Zeugen oder Sachverständige anwesend sind, ihm obliegende oder übertragene richterliche Aufgaben wahrnimmt, darf hierbei keine Symbole oder Kleidungsstücke tragen, die bei objektiver Betrachtung eine bestimmte religiöse, weltanschauliche oder politische Auffassung zum Ausdruck bringen. Das besondere Verbot nach Satz 1 gilt nicht für ehrenamtliche Richter.

§§ 6 bis 9 *(aufgehoben)*[2]

§ 10 [Inkrafttreten] 6

Das Gesetz tritt am Tage nach der Verkündung in Kraft.[3] Gleichzeitig werden alle Vorschriften früherer Gesetze und Verordnungen aufgehoben, soweit sie denselben Gegenstand regeln, insbesondere das Gesetz über die Finanzgerichte vom 30. Juni 1958 (Ges.Bl. S. 170).

b) Bayern

Gesetz zur Ausführung der Finanzgerichtsordnung (AGFGO)

Vom 23. Dezember 1965 (BayRS IV 1965 – 35 – 1-F)

Geändert durch Gesetz vom 1. 12. 1985 (GVBl. S. 760), vom 28. 3. 2000 (GVBl. S. 141), vom 5. 8. 2010 (GVBl. S. 410, ber. S. 764), vom 20. 12. 2011 (GVBl. S. 689),VO vom 22. 7. 2014 (GVBl. S. 286), vom 22. 3. 2018 (GVBl. S. 118) und VO vom 26. 3. 2019 (GVBl. S. 98)

Der Landtag des Freistaates Bayern hat das folgende Gesetz beschlossen, das nach Anhörung des Senats hiermit bekanntgemacht wird:

Art. 1[4] Finanzgerichte (Zu §§ 2, 3 FGO) 7

(1) Die Finanzgerichte haben ihren Sitz in München und Nürnberg. Außensenate des Finanzgerichts München werden in Augsburg errichtet.

(2) Zuständig sind
das Finanzgericht München für die Regierungsbezirke Oberbayern, Niederbayern und Schwaben,
das Finanzgericht Nürnberg für die Regierungsbezirke Oberpfalz, Oberfranken, Mittelfranken und Unterfranken.

In Zoll-, Verbrauchsteuer- und Monopolangelegenheiten ist das Finanzgericht München ausschließlich zuständig.

Art. 2[5] Ernennung der Richter (Zu § 4 FGO) 8

Die Staatsregierung ernennt die Präsidenten der Finanzgerichte; die anderen Richter werden von der obersten Dienstbehörde ernannt.

Art. 3[6] Dienstaufsicht (Zu § 31 FGO) 9

Der Staatsminister der Finanzen und für Heimat übt die Dienstaufsicht über die Präsidenten der Finanzgerichte aus.

---

[1] § 5 eingef. durch G v. 13. 12. 2011 (GBl. S. 545); Abs. 3 angef. durch G v. 23. 5. 2017 (GBl. S. 265).
[2] § 6 aufgeh. durch G v. 21. 4. 2015 (GBl. 281); §§ 7 bis 9 aufgeh. durch G v. 1. 7. 2004 (GBl. 469).
[3] Verkündet am 6. 4. 1966.
[4] Art. 1 Abs. 1 Satz 2 angef., Art. 6 aufgeh. durch G v. 28. 3. 2000 (GVBl. S. 141).
[5] Art. 2 Halbs. 2 geänd. durch VO v. 22. 7. 2014 (GVBl. S. 286), Hs. 2 geänd. durch G v. 22. 3. 2018 (GVBl. S. 118).
[6] Art. 3 geänd. durch VO v. 22. 7. 2014 (GVBl. S. 286).

10 **Art. 4[1] Urkundsbeamter** (Zu § 12 FGO)

(1) Urkundsbeamte der Geschäftsstelle sind die Beamten bei den Finanzgerichten, die für ein Amt ab der Besoldungsgruppe A 7 qualifiziert sind.

(2) Als stellvertretende Urkundsbeamte können bei Bedarf bestellt werden:

1. Beamte auf Widerruf für den Einstieg in der zweiten oder dritten Qualifikationsebene,
2. nichtbeamtete Kräfte und
3. in Ausnahmefällen, insbesondere während ihrer Ausbildung im Rahmen der Ausbildungsqualifizierung für Ämter ab der zweiten Qualifikationsebene, Beamte bei den Finanzgerichten, die in der ersten Qualifikationsebene eingestiegen sind.

(3) Die stellvertretenden Urkundsbeamten werden vom Präsidenten des Gerichts bestellt. Die Bestellung ist schriftlich vorzunehmen, sie kann auf einzelne Arten von Geschäften oder zeitlich beschränkt werden. Sie ist jederzeit widerruflich und gilt nur für die Dauer der Verwendung bei dem Gericht, dessen Präsident die Bestellung verfügt hat.

11 **Art. 5[2] Finanzrechtsweg** (Zu § 33 FGO)

Der Finanzrechtsweg ist auch gegeben in öffentlich-rechtlichen Streitigkeiten

1. über Abgabenangelegenheiten, soweit diese Abgaben der Gesetzgebung des Bundes nicht unterliegen und durch Landesfinanzbehörden (§ 2 FVG) nach den Vorschriften der Abgabenordnung verwaltet werden,
2. über landesrechtlich geregelte Kosten (Gebühren und Auslagen), soweit der Finanzrechtsweg für die Hauptsache eröffnet ist,
3. über Angelegenheiten der Kirchenumlagen und des Kirchgelds.

Die Vorschriften der Finanzgerichtsordnung über die Revision (Zweiter Teil Abschnitt V Unterabschnitt 1) sind anzuwenden (§ 118 Abs. 1 Satz 2 der Finanzgerichtsordnung).

12 **Art. 6[3] Zulagen**

Die Präsidenten der Finanzgerichte können nach Maßgabe des Art. 56 Abs. 2 des Bayerischen Besoldungsgesetzes besondere Zulagen nach gerichtsinterner Ausschreibung im Benehmen mit dem Präsidium und dem Richterrat jeweils für die Dauer eines Geschäftsjahres gewähren.

13 **Art. 7[4] Ermächtigungen**

Die Staatsregierung erlässt die zur Ausführung dieses Gesetzes erforderlichen Rechtsvorschriften. Das Staatsministerium der Finanzen und für Heimat erlässt die erforderlichen Verwaltungsanweisungen.

Art. 8 *[nicht abgedruckt]*

14 **Art. 9 Inkrafttreten**

(1) Dieses Gesetz tritt am 1. Januar 1966 in Kraft.

(2) Gleichzeitig treten am 1. Januar 1966 außer Kraft, soweit nicht bereits durch die FGO außer Kraft gesetzt,

1. das Gesetz zur Wiederherstellung der Finanzgerichtsbarkeit vom 19. Mai 1948 (BayBS III S. 429) in der Fassung des Art. 81 des Bayerischen Richtergesetzes vom 26. Februar 1965 (GVBl. S. 13);
2. die Finanzgerichtsordnung vom 22. Oktober 1948 (Bereinigte Sammlung der bayerischen Finanzverwaltungsvorschriften I S. 321).

15–21 *(einstweilen frei)*

c) Brandenburg

Gesetz über die Errichtung der Finanzgerichtsbarkeit und zur Ausführung der Finanzgerichtsordnung im Land Brandenburg (Brandenburgisches Finanzgerichtsgesetz – BbgFGG)

Vom 10. Dezember 1992 (GVBl. I S. 504)

Geändert durch Gesetz vom 29. 6. 2004 (GVBl. I S. 278 [281]) und vom 10. 7. 2014 (GVBl. I Nr. 37 S. 1)

Der Landtag hat das folgende Gesetz beschlossen:

---

[1] Art. 4 Abs. 1 geänd., Abs. 2 neu gef. durch G v. 20. 12. 2011 (GVBl. S. 689).
[2] Art. 5 Nr. 3 geändert, Satz 2 angef. durch G v. 1. 12. 1985 (GVBl. S. 760).
[3] Art. 6 eingef. durch G v. 5. 8. 2010 (GVBl. S. 410, ber. S. 764).
[4] Art. 7 Satz 2 geänd. durch VO v. 22. 7. 2014 (GVBl. S. 286).

§ 1 [Finanzgerichtsbarkeit] 22

Im Land Brandenburg wird eine selbständige Finanzgerichtsbarkeit errichtet.

§ 2[1] [Gerichtsbezirk] 23

Das Finanzgericht wird gemeinsam mit dem Land Berlin errichtet.

§ 3[1] [Dienstaufsicht] 24

Oberste brandenburgische Dienstaufsichtsbehörde für das Finanzgericht ist das für Justiz zuständige Mitglied der Landesregierung. Die Ausübung der Dienstaufsicht über das Finanzgericht wird staatsvertraglich geregelt.

§ 4[2] [Zahl der Senate] 25

Das Verfahren zur Bestimmung der Zahl der Senate des gemeinsamen Finanzgerichts wird staatsvertraglich geregelt.

§ 5 [Finanzrechtsweg] 26

Der Finanzrechtsweg ist auch gegeben in öffentlich-rechtlichen Streitigkeiten über Abgabenangelegenheiten, die der Gesetzgebung des Bundes nicht unterliegen und durch Landesfinanzbehörden verwaltet werden. Das gleiche gilt für Kosten (Gebühren und Auslagen), die von Landesfinanzbehörden für Amtshandlungen im Vollzug der Abgabenordnung und auf dem Gebiet der Steuerberatung aufgrund landesrechtlicher Kostenvorschriften erhoben werden.

§ 6[3] *(außer Kraft getreten)* 27

§ 7[4] *(aufgehoben)*

§ 8 [Übergangsbestimmung] 28

Die beim Bezirksgericht Potsdam – Senat für Finanzrecht – anhängigen Verfahren gehen mit dem Inkrafttreten dieses Gesetzes in dem Stand, in dem sie sich befinden, auf das Finanzgericht über.

§ 9 [Inkrafttreten] 29

Dieses Gesetz tritt am 1. Januar 1993 in Kraft.

d) Bremen

Gesetz zur Ausführung der Finanzgerichtsordnung (AGFGO)

Vom 23. Dezember 1965 (BrGBl. S. 156)

Geändert durch Gesetz vom 11. 7. 1972 (GBl. S. 147), Bekanntmachung vom 20. 11. 1973 (GBl. S. 235), Gesetz vom 20. 12. 1976 (GBl. S. 334), Gesetz vom 28. 6. 1983 (GBl. S. 403), Gesetz vom 7. 10. 1986 (GBl. S. 241), Bekanntmachung vom 16. 8. 1988 (GBl. S. 223), Gesetz vom 14. 10. 2003 (GBl. S. 364) und Gesetz vom 26. 2. 2025 (GBl. S. 58)

Der Senat verkündet das nachstehende von der Bürgerschaft (Landtag) beschlossene Gesetz:

I. Abschnitt

Art. 1 Sitz des Finanzgerichts (Zu § 2 FGO) 30

Im Land Bremen ist Finanzgericht im Sinne der Finanzgerichtsordnung das Finanzgericht Bremen mit dem Sitz in Bremen.

Art. 2[5] Bildung der Senate (Zu § 4 Absatz 2 und § 7 FGO) 31

(1) Die Zahl der Senate beim Finanzgericht Bremen wird vom Präsidenten des Finanzgerichts nach Anhörung des Präsidiums und im Rahmen des Stellenplans bestimmt.

(2) Richtern des Finanzgerichts kann ein Richteramt beim Oberverwaltungsgericht übertragen werden.

Art. 3[6] Dienstaufsicht (Zu § 31 FGO) 32

Das Finanzgericht Bremen gehört zum Geschäftsbereich des Senators für Justiz und Verfassung.

[1] §§ 2 und 3 neu gef. durch G v. 29. 6. 2004 (GVBl. S. 278), § 3 Satz 1 geänd. durch G v. 10. 7. 2014 (GVBl. I Nr. 37 S. 1).
[2] § 4 neu gef. durch G v. 29. 6. 2004 (GVBl. S. 278), § 3 Satz 1 geänd. durch G v. 10. 7. 2014 (GVBl. I Nr. 37 S. 1).
[3] § 6 neu gef. mW bis 30. 7. 2016 durch G v. 10. 7. 2014 (GVBl. I Nr. 37 S. 1).
[4] § 7 aufgeh. durch G v. 29. 6. 2004 (GVBl. S. 278).
[5] Art. 2 Abs. 2 angef. durch G v. 7. 10. 1986 (GBl. S. 241).
[6] Bezeichnung geändert durch Bekanntmachungen v. 20. 11. 1973 (GBl. S. 235) und v. 16. 8. 1988 (GBl. S. 223).

33 **Art. 4 Urkundsbeamter** (Zu § 12 FGO)

(1)[1] Urkundsbeamte der Geschäftsstelle sind die vom Senator für Justiz und Verfassung bestimmten Beamten.

(2) Beamte auf Widerruf des gehobenen und mittleren Dienstes können mit der selbständigen Wahrnehmung von Aufgaben des Urkundsbeamten der Geschäftsstelle beauftragt werden.

(3)[2] Mit der selbständigen Wahrnehmung von Aufgaben des Urkundsbeamten der Geschäftsstelle können widerruflich auch Angestellte beauftragt werden.

(4)[2] Zuständig für die Beauftragung sind der Senator für Justiz und Verfassung und die von ihm bestimmten Stellen.

34 **Art. 5 Wahlausschuss** (Zu § 23 FGO)

(1) Die Vertrauensleute des Ausschusses zur Wahl der ehrenamtlichen Finanzrichter des Finanzgerichts und ihre Stellvertreter werden von der Bürgerschaft (Landtag) gewählt. Eine Ersatzwahl gilt nur für den Rest der Wahlperiode.

(2) Mindestens ein Vertrauensmann und ein Vertreter müssen in der Stadtgemeinde Bremerhaven wohnhaft sein.

35 **Art. 6[3] Finanzrechtsweg** (Zu § 33 FGO)

Der Finanzrechtsweg ist auch gegeben in öffentlich-rechtlichen Streitigkeiten über

1. Steuern, die der Gesetzgebung des Bundes nicht unterliegen,
2. Steuern, die der Gesetzgebung des Bundes unterliegen, soweit sie von der Stadtgemeinde Bremerhaven verwaltet werden, und
3. nichtsteuerliche öffentlich-rechtliche Abgaben im Sinne des § 20 des Gesetzes über die Arbeitnehmerkammer im Lande Bremen vom 28. März 2000 (Brem.GBl. S. 83–70-c-1) und des § 23 des Gesetzes über die Landwirtschaftskammer Bremen vom 20. März 1956 (SaBremR 780-a-1) in der jeweils geltenden Fassung;

dabei sind die Vorschriften über die Revision (Zweiter Teil Abschnitt V Unterabschnitt 1 der Finanzgerichtsordnung) nur auf die in Nummer 1 und 2 genannten Steuern anzuwenden.

36 **Art. 7 Zuständigkeit** (Zu § 184 FGO)

Ist eine Sache beim Inkrafttreten der Finanzgerichtsordnung bei einem anderen Gericht anhängig, so richtet sich die Zuständigkeit nach den bisher geltenden Vorschriften.

37 **Art. 8 Ermächtigungen**

Die zur Durchführung dieses Gesetzes erforderlichen Rechtsvorschriften erlässt der Senat.

38 **Art. 8a[4] Amtstracht**

Die Senatorin oder der Senator für Justiz und Verfassung kann unbeschadet der §§ 2a und 72 des Bremischen Richtergesetzes durch Rechtsverordnung bestimmen, dass Urkundsbeamtinnen und Urkundsbeamte der Geschäftsstelle in den Sitzungen der Gerichte eine Amtstracht tragen und deren nähere Ausgestaltung regeln.

II. Abschnitt

Art. 9, 10 *[nicht abgedruckt]*

39 **Art. 10a[5] Übergangsvorschrift**

Auf Entscheidungen des Finanzgerichts, die vor dem 1. Oktober 2003 verkündet oder von Amts wegen anstelle einer Verkündung zugestellt worden sind, ist Artikel 6 des Gesetzes zur Ausführung der Finanzgerichtsordnung in seiner bis zum 30. September 2003 geltenden Fassung anzuwenden.

III. Abschnitt

40 **Art. 11 Inkrafttreten**

(1) Dieses Gesetz tritt am 1. Januar 1966 in Kraft.

(2) Gleichzeitig tritt außer Kraft, soweit nicht bereits durch die FGO außer Kraft gesetzt, das Gesetz über die Finanzgerichtsbarkeit vom 21. Dezember 1957 (SaBremR 35-a-1).

[1] Bezeichnung geändert durch Bekanntmachungen v. 20. 11. 1973 (GBl. S. 235) und v. 16. 8. 1988 (GBl. S. 223).
[2] Art. 4 Abs. 3 geänd. durch G v. 14. 10. 2003 (GBl. S. 364).
[3] Art. 6 neu gef. durch G v. 14. 10. 2003 (GBl. S. 364).
[4] Art. 8a neu gef. durch G v. 26. 2. 2025 (GBl. S. 58).
[5] Art. 10 a eingef. durch G v. 14. 10. 2003 (GBl. S. 364).

e) Hamburg

Gesetz zur Ausführung der Finanzgerichtsordnung (AGFGO)

Vom 17. Dezember 1965 (HmbGVBl. I S. 225)

Geändert durch Gesetz vom 30. 4. 1973 (GVBl. S. 173), Kirchensteuergesetz vom 15. 10. 1973 (GVBl. S. 431), Gesetz vom 9. 6. 1981 (GVBl. S. 109) und Gesetz vom 16. 1. 1989 (GVBl. S. 5)

Der Senat verkündet das nachstehende von der Bürgerschaft beschlossene Gesetz:

§ 1 Finanzgericht Hamburg 41

Das Finanzgericht Hamburg bleibt als Gericht der Finanzgerichtsbarkeit bestehen. Sein Bezirk umfasst das Gebiet der Freien und Hansestadt Hamburg.

§ 2[1] *(aufgehoben)*

§ 3 Bestimmung der Zahl der Senate 42

Die Zahl der Senate des Finanzgerichts Hamburg bestimmt der Präsident des Finanzgerichts. Ihm können hierzu im Dienstaufsichtswege Weisungen erteilt werden.

§ 4 Wahl der Vertrauensleute 43

Die für die Wahl der ehrenamtlichen Richter zu bestimmenden sieben Vertrauensleute und ihre Vertreter werden von der Bürgerschaft gewählt. Gewählt ist, wer die Mehrheit der abgegebenen Stimmen erhält.

§ 5[2] **Finanzrechtsweg** 44

(1) Der Finanzrechtsweg ist auch gegeben in öffentlich-rechtlichen Streitigkeiten über Abgabenangelegenheiten, soweit die Abgaben der Landesgesetzgebung unterliegen und von Landesfinanzbehörden im Sinne des § 2 Absatz 1 des Gesetzes über die Finanzverwaltung (FVG) in der Fassung des Finanzanpassungsgesetzes vom 30. August 1971 (Bundesgesetzbl. I S. 1426) verwaltet werden.

(2) Der Finanzrechtsweg ist ferner gegeben in öffentlich-rechtlichen Streitigkeiten über Kirchensteuerangelegenheiten auch, soweit die Kirchensteuern von den steuerberechtigten Körperschaften selbst verwaltet werden.

§ 5 a Verfahrensbeteiligung in Kirchensteuersachen 45

In öffentlich-rechtlichen Streitigkeiten über Kirchensteuern, die von Landesfinanzbehörden verwaltet werden, kann die steuerberechtigte Körperschaft dem Verfahren beitreten. Mit dem Beitritt erlangt die Körperschaft die Rechtsstellung eines Beteiligten.

§ 6 *[nicht abgedruckt]*

§ 7 Inkrafttreten, Überleitung 46

(1) Dieses Gesetz tritt am 1. Januar 1966 in Kraft.

(2) Zum gleichen Zeitpunkt treten außer Kraft

1. die Verordnung über die Wiedererrichtung von Finanzgerichten vom 16. August 1949 (Sammlung des bereinigten hamburgischen Landesrechts 305-a),
2. das Gesetz über die Festsetzung öffentlich-rechtlicher Abgaben durch öffentliche Bekanntmachung vom 28. März 1955 (Sammlung des bereinigten hamburgischen Landesrechts 61-1).

(3) Die in den Fällen des § 5 Absatz 2 zur Zeit des Inkrafttretens dieses Gesetzes bei den Verwaltungsgerichten anhängigen Gerichtsverfahren werden im bisherigen Rechtsweg nach den dafür geltenden Vorschriften zu Ende geführt. Die Verwaltungsgerichte bleiben auch weiterhin für die Angelegenheiten zuständig, bei denen sich die Zuständigkeit nach einem bei ihnen anhängigen oder anhängig gewesenen Verfahren bestimmt.

Staatsvertrag[3] 47

zwischen den Ländern Freie und Hansestadt Hamburg, Niedersachsen und Schleswig-Holstein über die Errichtung eines gemeinsamen Senats des Finanzgerichts Hamburg

Die Freie und Hansestadt Hamburg, vertreten durch den Senat, das Land Niedersachsen, vertreten durch den Niedersächsischen Ministerpräsidenten, dieser vertreten durch den Niedersächsischen

---

[1] § 2 aufgeh. durch G v. 9. 6. 1981 (GVBl. S. 109).
[2] § 5 Abs. 2 neu gef. durch G v. 16. 1. 1989 (GVBl. S. 5).
[3] Staatsvertrag vom 8. 4. 1981 (GVBl. S. 110), in Kraft getreten am 31. 12. 1981.

Minister der Justiz, und das Land Schleswig-Holstein, vertreten durch den Ministerpräsidenten des Landes Schleswig-Holstein, dieser vertreten durch den Justizminister des Landes Schleswig-Holstein, schließen vorbehaltlich der Zustimmung ihrer verfassungsmäßig berufenen Organe nachstehenden Staatsvertrag:

48 **Art. 1**

(1) Die Länder Freie und Hansestadt Hamburg, Niedersachsen und Schleswig-Holstein errichten einen gemeinsamen Senat des Finanzgerichts Hamburg. Wenn es der Geschäftsanfall erfordert, können im Einvernehmen der beteiligten Landesjustizverwaltungen weitere gemeinsame Senate gebildet werden.

(2) Dem gemeinsamen Senat werden, soweit der Finanzrechtsweg durch Bundesrecht eröffnet ist, aus den Gebieten der vertragschließenden Länder zugewiesen:

1. Zoll-, Verbrauchsteuer- und Finanzmonopolsachen,
2. andere Angelegenheiten, die der Zollverwaltung auf Grund von Rechtsvorschriften übertragen sind,
3. Angelegenheiten aus der Durchführung der Agrarmarktordnung der Europäischen Wirtschaftsgemeinschaft.

49 **Art. 2**

(1) Die Länder Niedersachsen und Schleswig-Holstein beteiligen sich an den persönlichen und sächlichen Kosten des gemeinsamen Senats nach Maßgabe der Absätze 2 und 3.

(2) Für die Kostenregelung werden den tatsächlichen Verwaltungsausgaben des Finanzgerichts Hamburg als Beitrag zu den Versorgungslasten 29 v. H. der Summe der Bezüge der Bediensteten des Finanzgerichts Hamburg zugeschlagen.

(3) Der danach bei Gegenüberstellung der Einnahmen und Ausgaben des Finanzgerichts Hamburg sich ergebende Fehlbetrag oder Überschuss geht zu Lasten oder zu Gunsten der Länder Freie und Hansestadt Hamburg, Niedersachsen und Schleswig-Holstein im Verhältnis der Zahl der im abgelaufenen Haushaltsjahr insgesamt erledigten Streitsachen zu der Zahl der im gleichen Zeitraum für die einzelnen vertragschließenden Länder erledigten Streitsachen.

50 **Art. 3**

(1) Der Haushaltsplan für das Finanzgericht Hamburg wird, soweit er den gemeinsamen Senat betrifft, im Einvernehmen mit den Ländern Niedersachsen und Schleswig-Holstein aufgestellt.

(2) Die Haushaltsrechnung legt und prüft die Freie und Hansestadt Hamburg. Die Länder Niedersachsen und Schleswig-Holstein erhalten Abschriften.

51 **Art. 4**

Mit dem Inkrafttreten dieses Staatsvertrages gehen die bei dem Niedersächsischen Finanzgericht und bei dem Schleswig-Holsteinischen Finanzgericht anhängigen Streitsachen der in Artikel 1 Absatz 2 bezeichneten Art, soweit eine Entscheidung in der Hauptsache noch nicht ergangen ist, in der Lage, in der sie sich befinden, auf den gemeinsamen Senat über.

52 **Art. 5**

Der Staatsvertrag kann mit einer Frist von einem Jahr zum Schluss eines Kalenderjahres schriftlich gekündigt werden, und zwar sowohl von der Freien und Hansestadt Hamburg gegenüber den beiden anderen Ländern oder einem von ihnen als auch von den anderen Ländern oder einem von ihnen gegenüber der Freien und Hansestadt Hamburg. Artikel 4 gilt entsprechend.

53 **Art. 6**

Die Verträge der Länder Niedersachsen und Schleswig-Holstein mit der Freien und Hansestadt Hamburg über die Errichtung einer gemeinsamen Kammer für Zoll- und Verbrauchsteuersachen beim Finanzgericht Hamburg vom 16. März/3. April 1952 und vom 19. Juli 1954 werden aufgehoben.

54 **Art. 7**

Dieser Staatsvertrag bedarf der Ratifikation. Die Ratifikationsurkunden werden bei der Senatskanzlei der Freien und Hansestadt Hamburg hinterlegt. Diese teilt den Ländern Niedersachsen und Schleswig-Holstein die Hinterlegung der letzten Ratifikationsurkunde mit. Der Staatsvertrag tritt mit dem Tage in Kraft, der auf den Tag der Hinterlegung der letzten Ratifikationsurkunde folgt.

f) Hessen

Hessisches Ausführungsgesetz zur Finanzgerichtsordnung (HessAGFGO)

Vom 17. Dezember 1965 (GVBl. I S. 347)

Geändert durch Gesetz vom 26. 5. 1972 (BGBl. S. 841) und Gesetz vom 21. 12. 1976 (GVBl. I S. 532)

Der Landtag hat das folgende Gesetz beschlossen:

§ 1 Sitz des Hessischen Finanzgerichts 55

Das Hessische Finanzgericht hat seinen Sitz in Kassel.

§ 2 Dienstaufsicht und Geschäftsbereich 56

Die Landesregierung bestimmt, wer die Dienstaufsicht über das Finanzgericht ausübt und zu wessen Geschäftsbereich die Verwaltung dieses Gerichts gehört.

§ 3 Bildung der Senate 57

Der zuständige Minister bestimmt nach Anhörung des Präsidenten des Finanzgerichts im Rahmen des Haushaltsplans die Zahl der Senate.

§ 4 Finanzrechtsweg 58

(1) Der Finanzrechtsweg ist auch in öffentlich-rechtlichen Streitigkeiten über Abgabenangelegenheiten gegeben, soweit die Abgaben der Gesetzgebung des Landes unterliegen und durch Landesfinanzbehörden verwaltet werden.

(2) Unberührt bleiben Rechtsvorschriften, die öffentlich-rechtliche Streitigkeiten über Abgabenangelegenheiten anderen Gerichten zuweisen.

§ 5 Erstmalige Bildung von Senaten 59

Die bei dem Finanzgericht am 31. Dezember 1965 bestehenden Kammern werden Senate.

§ 6 Ausschuss zur Wahl der ehrenamtlichen Richter 60

Die nach § 23 Abs. 2 Satz 2 der Finanzgerichtsordnung zu wählenden Vertrauensleute und ihre Stellvertreter beruft der Landtag nach den Regeln der Verhältniswahl. Jede Fraktion ist berechtigt, eine Vorschlagsliste vorzulegen. Die Sitze der Vertrauensleute werden auf die Wahlvorschläge nach dem Höchstzahlverfahren verteilt. Die auf der Liste folgenden Namen gelten in gleicher Anzahl als Stellvertreter. Über die Zuteilung des letzten Sitzes oder der letzten Sitze entscheidet bei gleicher Höchstzahl das durch den Präsidenten des Landtags zu ziehende Los. Im Falle des Ausscheidens eines Vertrauensmannes rückt der jeweils erste noch nicht berufene, auf der gleichen Liste gewählte Stellvertreter nach.

§ 7 *(aufgehoben)*

§ 8 Amtsbezeichnung 61

Die in der Besoldungsordnung des Hessischen Besoldungsgesetzes in der Neufassung vom 11. Oktober 1965 (GVBl. I S. 237) enthaltene Amtsbezeichnung „Finanzgerichtsdirektor" wird durch die Amtsbezeichnung „Senatspräsident beim Finanzgericht" ersetzt.

§ 9 Aufhebung bisherigen Rechts 62

Die Finanzgerichtsordnung vom 13. Oktober 1947 (GVBl. S. 108) wird aufgehoben, soweit sie nicht bereits außer Kraft getreten ist.

§ 10 Inkrafttreten 63

Dieses Gesetz tritt am 1. Januar 1966 in Kraft.

g) Mecklenburg-Vorpommern

Gesetz zur Ausführung des Gerichtsstrukturgesetzes[1]

Vom 10. Juni 1992 (GVOBl. S. 314, ber. S. 363)

Geändert durch Gesetz vom 8. 12. 1993 (GVOBl. 1994 S. 3), vom 28. 6. 1994 (BGBl. I S. 660) vom 5. 7. 2002 (GVOBl. 439), vom 20. 12. 2004 (GVOBl. S. 546), vom 5. 7. 2005 (GVOBl. S. 307), vom 18. 4. 2006 (GVOBl. S. 102), vom 1. 8. 2006 (GVOBl. S. 634), vom 13. 11. 2008 (GVOBl. S. 438), vom 17. 12. 2008 (GVOBl. S. 500), vom 20. 5. 2011 (GVOBl. S. 310), vom 11. 11. 2013 (GVOBl. S. 609, 611) und vom 9. 12. 2022 (GVOBl. S. 587)

– Auszug –

Abschnitt 1

64 **§ 1 Geltungsbereich**

(1) Die Bezirks- und Kreisgerichte des Landes werden aufgehoben. An ihre Stelle treten die durch das Gerichtsstrukturgesetz vom 19. März 1991 (GVOBl. M-V S. 103) eingerichteten Gerichte.

(2) Dieses Gesetz regelt die Aufnahme der den Gerichten und Staatsanwaltschaften zugewiesenen Aufgaben sowie die damit verbundenen personellen, sachlichen und organisatorischen Angelegenheiten.

Abschnitt 2. Allgemeine Vorschriften

65 **§ 2 Wappen des Landes**

Die Sitzungssäle der Gerichte werden mit dem Wappen des Landes Mecklenburg-Vorpommern ausgestattet.

66 **§ 3[2] Dienstaufsicht**

(1) Oberste Dienstaufsichtsbehörde für die Gerichte und Staatsanwaltschaften des Landes ist das Justizministerium.

(2) Die Dienstaufsicht üben im Übrigen aus

1. der Präsident des Oberlandesgerichts und der Präsident des Landgerichts über die Gerichte ihres Bezirks,
2. der Präsident oder der Direktor des Amtsgerichts über dieses Gericht,
3. der Generalstaatsanwalt über die Staatsanwaltschaften,
4. der Leitende Oberstaatsanwalt über die Staatsanwaltschaft seines Bezirks,
5. der Präsident des Oberverwaltungsgerichts, der Präsident des Landessozialgerichts und der Präsident des Landesarbeitsgerichts über die Gerichte ihres Bezirks,
6. der Präsident des Finanzgerichts über dieses Gericht,
7. der Präsident des Verwaltungsgerichts über dieses Gericht,
8. der Direktor des Arbeitsgerichts und der Direktor des Sozialgerichts über dieses Gericht.

(3) Dem Präsidenten des Landgerichts steht die Dienstaufsicht über ein Amtsgericht, das mit einem Präsidenten besetzt ist, nicht zu.

(4) Das Justizministerium kann im Einzelfall die allgemeine Dienstaufsicht über ein Amtsgericht, das nicht mit einem Präsidenten besetzt ist, dem Präsidenten des Landgerichts übertragen.

67 **§ 4[3] Dienstvorgesetzter**

Wer nach diesem Gesetz die Dienstaufsicht ausübt, ist Dienstvorgesetzter der Richter, Beamten, Angestellten und Arbeiter der seiner Dienstaufsicht unterstellten Gerichte und Behörden. Dem Direktor des Amtsgerichts, des Arbeits- und des Sozialgerichts steht die Dienstaufsicht über die Richter dieses Gerichts nicht zu.

68 **§ 5 Zahl der Spruchkörper**

Die Zahl der Kammern und Senate der Gerichte bestimmen die Präsidenten und Direktoren für das ihrer Dienstaufsicht unterstehende Gericht. Im Dienstaufsichtswege können ihnen hierfür Weisungen erteilt werden.

---

[1] Das Gesetz zur Ausführung des Gerichtsstrukturgesetzes wurde verkündet als Art. 1 des Gerichtsorganisationsgesetzes (GOrgG) vom 10. 6. 1992 (GVOBl. S. 314, ber. S. 363).
[2] § 3 Abs. 1 und 4 geänd. durch G v. 20. 12. 2004 (GVOBl. S. 546).
[3] § 4 Satz 2 neu gef. durch G v. 28. 6. 1994 (GVOBl. S. 660).

§ 6[1] Justizverwaltung 69

Die Präsidenten und Direktoren der Gerichte und die leitenden Beamten der Staatsanwaltschaften erledigen die ihnen zugewiesenen Geschäfte der Justizverwaltung einschließlich der Gerichtsverwaltung und erstatten auf Verlangen des Justizministeriums Gutachten über Angelegenheiten der Gesetzgebung oder der Justizverwaltung. Sie können die ihrer Dienstaufsicht unterstellten Richter und Beamten zur Erledigung dieser Geschäfte heranziehen.

§ 7[1] Amtstracht 70

(1) Berufsrichter, Handelsrichter, Vertreter der Staatsanwaltschaft, Rechtsanwälte und Urkundsbeamte der Geschäftsstelle tragen eine von dem Justizministerium zu bestimmende Amtstracht.

(2) Die Amtstracht ist in den zur Verhandlung oder zur Verkündung einer Entscheidung bestimmten Sitzungen zu tragen, sofern nicht das Gericht im Einzelfall eine andere Regelung für geboten hält.

§ 8 Geschäftsjahr 71

Das Geschäftsjahr ist das Kalenderjahr.

(…)

Abschnitt 6. Finanzgerichtsbarkeit

§ 15 Finanzrechtsweg für Landesrecht 72

Der Finanzrechtsweg ist auch gegeben in öffentlich-rechtlichen Streitigkeiten

1. über Abgabenangelegenheiten, soweit diese Abgaben der Gesetzgebung des Landes unterliegen und durch Landesfinanzbehörden verwaltet werden;
2. über landesrechtlich geregelte Kosten (Gebühren und Auslagen), soweit der Finanzrechtsweg für die Hauptsache eröffnet ist.

(…)

h) Niedersachsen

Niedersächsisches Justizgesetz (NJG)[2]

Vom 16. Dezember 2014 (NdsGVBl. S. 436)

Geändert durch Gesetz vom 12. 11. 2015 (NdsGVBl. S. 303), vom 12. 11. 2015 (NdsGVBl. S. 304), vom 12. 11. 2015 (NdsGVBl. S. 305), vom 12. 11. 2015 (NdsGVBl. S. 306), vom 12. 11. 2015 (NdsGVBl. S. 307), vom 15. 12. 2015 (NdsGVBl. S. 399), vom 15. 12. 2015 (NdsGVBl. S. 401), vom 17. 2. 2016 (NdsGVBl. S. 35), vom 17. 2. 2016 (NdsGVBl. S. 36), vom 17. 2. 2016 (NdsGVBl. S. 37), vom 15. 9. 2016 (NdsGVBl. S. 208), vom 2. 3. 2017 (NdsGVBl. S. 48), vom 6. 4. 2017 (NdsGVBl. S. 98), vom 25. 10. 2018 (NdsGVBl. S. 223), vom 20. 5. 2019 (NdsGVBl. S. 88), vom 24. 10. 2019 (NdsGVBl. S. 300), vom 12. 5. 2020 (NdsGVBl. S. 116), vom 11. 11. 2020 (NdsGVBl. S. 391), vom 22. 9. 2022 (NdsGVBl. S. 593), vom 22. 3. 2023 (NdsGVBl. S. 32, ber. S. 168), vom 8. 2. 2024 (NdsGVBl. Nr. 8) und vom 25. 6. 2025 (NdsGVBl. Nr. 53)

– Auszug –

Erster Teil. (…)

Drittes Kapitel. Dienstaufsicht, Aufgaben der Justizverwaltung

§ 8 Zuständigkeit für die Dienstaufsicht 74

(…)

(4) § 38 der Verwaltungsgerichtsordnung (VwGO) und § 31 der Finanzgerichtsordnung bleiben unberührt.

(5) Die Dienstaufsicht über die Staatsanwaltschaften richtet sich nach § 147 GVG.

(…)

---

[1] §§ 6, 7 Abs. 1 geänd. durch G v. 20. 12. 2004 (GVOBl. S. 546).

[2] Das NJG wurde verkündet als Art. 1 des Gesetzes über die Neuordnung von Vorschriften über die Justiz vom 16. 12. 2014 (NdsGVBl. S. 436).

Fünfter Teil. Finanzgerichtsbarkeit

75 **§ 88 Finanzgericht**

(1) Das Finanzgericht hat seinen Sitz in Hannover. Es führt die Bezeichnung „Niedersächsisches Finanzgericht".

(2) Der Bezirk des Finanzgerichts umfasst das Gebiet des Landes Niedersachsen.

76 **§ 89 Anzahl der Senate**

Die Präsidentin oder der Präsident des Finanzgerichts bestimmt die Anzahl der Senate. Das Justizministerium kann der Präsidentin oder dem Präsidenten des Finanzgerichts hierfür Weisungen erteilen.

77 **§ 90 Vertrauensleute im Ausschuss zur Wahl der ehrenamtlichen Richterinnen und Richter**

Der Landtag oder ein durch ihn bestimmter Landtagsausschuss wählt die Vertrauensleute und die stellvertretenden Vertrauensleute für den Ausschuss zur Wahl der ehrenamtlichen Richterinnen und Richter.

78 **§ 91[1] Finanzrechtsweg in öffentlich-rechtlichen Streitigkeiten über Abgabenangelegenheiten**

Der Finanzrechtsweg ist in öffentlich-rechtlichen Streitigkeiten über Abgabenangelegenheiten gegeben, soweit Landesfinanzbehörden Abgaben verwalten, die nicht der Gesetzgebung des Bundes unterliegen. Die Vorschriften der Finanzgerichtsordnung einschließlich der Vorschriften über die Revision (Zweiter Teil Abschnitt V Unterabschnitt 1) sind anzuwenden (§ 118 Abs. 1 Satz 2 der Finanzgerichtsordnung). § 10 Abs. 2 des Kirchensteuerrahmengesetzes vom 10. Juli 1986 (Nds. GVBl. S. 281), zuletzt geändert durch Gesetz vom 10. Dezember 2008 (Nds. GVBl. S. 396), in der jeweils geltenden Fassung bleibt unberührt.

i) Nordrhein-Westfalen

Gesetz über die Justiz im Land Nordrhein-Westfalen (Justizgesetz Nordrhein-Westfalen – JustG NRW)[2]

Vom 26. Januar 2010 (NRW GVBl. S. 30)

Geändert durch Gesetz vom 5. 4. 2011 (NRW GVBl. S. 199), vom 25. 10. 2011 (NRW GVBl. S. 539), vom 23. 10. 2012 (NRW GVBl. S. 474), vom 18. 12. 2012 (NRW GVBl. S. 672), vom 1. 10. 2013 (NRW GVBl. S. 566), vom 4. 2. 2014 (NRW GVBl. S. 104), vom 20. 5. 2014 (NRW GVBl. S. 311), vom 12. 6. 2014 (NRW GVBl. S. 348), vom 2. 10. 2014 (NRW GVBl. S. 622), vom 9. 12. 2014 (NRW GVBl. S. 874); VO vom 11. 5. 2015 (NRW GVBl. S. 479), Gesetz vom 8. 12. 2015 (NRW GVBl. S. 812), vom 6. 12. 2016 (NRW GVBl. S. 1066), vom 23. 1. 2018 (NRW GVBl. S. 90), vom 22. 3. 2018 (NRW GVBl. S. 172), vom 18. 12. 2018 (NRW GVBl. S. 770), vom 12. 7. 2019 (NRW GVBl. S. 364), vom 1. 9. 2020 (NRW GVBl. S. 364), vom 23. 2. 2022 (NRW GVBl. S. 254), vom 13. 4. 2022 (NRW GVBl. S. 543), vom 6. 12. 2022 (NRW GVBl. S. 1072), vom 17. 9. 2024 (NRW GVBl. S. 635) und vom 10. 12. 2024 (NRW GVBl. S. 1207),

– Auszug –

Teil 1: Organisation der Rechtspflege

Kapitel 1: Aufbau der Justizverwaltung

(…)

81 **§ 4[3] [Behördenleitung]**

(1) Die Leitung der Arbeitsgerichte und der Amtsgerichte erfolgt vorbehaltlich des Absatzes 2 jeweils durch eine Direktorin oder einen Direktor. Die Leitung der übrigen Gerichte erfolgt jeweils durch eine Präsidentin oder einen Präsidenten. Die Generalstaatsanwaltschaften werden jeweils von einer Generalstaatsanwältin oder einem Generalstaatsanwalt geleitet, die Staatsanwaltschaften jeweils von einer Leitenden Oberstaatsanwältin oder einem Leitenden Oberstaatsanwalt.

---

[1] § 91 Satz 2 eingef., bish. Satz 2 wird Satz 3 mWv 1. 7. 2025 durch G v. 25. 6. 2025 (NdsGVBl. Nr. 53).

[2] Das JustG NRW wurde verkündet als Art. 1 des Gesetzes zur Modernisierung und Bereinigung von Justizgesetzen im Land Nordrhein-Westfalen vom 26. 1. 2010 (NRW GVBl. S. 30).

[3] § 4 Abs. 2 geänd. durch G v. 23. 2. 2022 (NRW GVBl. S. 254).

(2) Das für Justiz zuständige Ministerium trifft die Entscheidung darüber, ob ein Amtsgericht durch eine Präsidentin oder einen Präsidenten geleitet wird. In diesem Fall untersteht das Amtsgericht unmittelbar dem Oberlandesgericht.

§ 5[1] [Vertretung der Behördenleitung] 82

(1) Die ständige Vertretung der Präsidentin oder des Präsidenten erfolgt durch die Vizepräsidentin bzw. die Vizepräsidentinnen oder den bzw. die Vizepräsidenten.

(2) Ist keine Richterin oder kein Richter in eine für die ständige Vertretung bestimmte Planstelle eingewiesen, so kann eine Richterin oder ein Richter zur ständigen Vertretung der Präsidentin oder des Präsidenten oder der Direktorin oder des Direktors bestellt werden. Es können auch mehrere Personen zur ständigen Vertretung bestellt werden. Die Bestellung erfolgt durch das für Justiz zuständige Ministerium.

(3) Das für Justiz zuständige Ministerium bestellt die ständige Vertretung der Generalstaatsanwältinnen oder Generalstaatsanwälte.

(4) Ist eine ständige Vertretung der Behördenleitung eines Gerichts oder einer Staatsanwaltschaft nicht ernannt, bestellt oder ist diese verhindert, so nimmt die oder der dem Range nach höhere, bei gleichem Range dem Dienstalter und bei gleichem Dienstalter der Geburt nach älteste Behördenangehörige des richterlichen (in Gerichten) bzw. staatsanwaltlichen Dienstes (in Staatsanwaltschaften) die Vertretung wahr. Die Behördenleiterin oder der Behördenleiter kann die Vertretung im Einzelfall abweichend regeln.

§ 6[2] [Organisation der Gerichte und Staatsanwaltschaften] 83

(1) Unbeschadet der Sätze 2 und 3 bestimmen die Leitungen der Gerichte nach Anhörung des Präsidiums die Zahl der Kammern oder Senate des jeweiligen Gerichts. Die Zahl der Kammern für Handelssachen bei den Landgerichten bestimmt das für Justiz zuständige Ministerium. Die Zahl der Kammern bei den Arbeitsgerichten und Landesarbeitsgerichten bestimmt das für Justiz zuständige Ministerium, sofern die Landesregierung diese Befugnis nicht durch Rechtsverordnung auf die Präsidentin oder den Präsidenten des Landesarbeitsgerichts übertragen hat. Die Bestimmung der Zahl der Kammern bei den Arbeitsgerichten und Landesarbeitsgerichten erfolgt nach Anhörung der Gewerkschaften und Vereinigungen von Arbeitgebern, die für das Arbeitsleben im Landesgebiet wesentliche Bedeutung haben.

(2) Die Einrichtung von Abteilungen bei den Staatsanwaltschaften bestimmt die jeweilige Behördenleitung mit Zustimmung der Generalstaatsanwaltschaft. Die Einrichtung von Hauptabteilungen und Zweigstellen bedarf der Zustimmung des für Justiz zuständigen Ministeriums. Die Einrichtung von Abteilungen bei den Generalstaatsanwaltschaften bestimmt die jeweilige Behördenleitung mit Zustimmung des für Justiz zuständigen Ministeriums.

§ 7[3] [Erledigung der Verwaltungsgeschäfte] 84

(1) Die Leitungen der Gerichte und Staatsanwaltschaften haben die ihnen zugewiesenen Geschäfte der Justizverwaltung einschließlich der Gerichtsverwaltung zu erledigen sowie dem für Justiz zuständigen Ministerium auf Verlangen über Angelegenheiten der Justizverwaltung einschließlich der Gesetzgebung Stellungnahmen abzugeben. Sie können hierzu die ihrer Dienstaufsicht unterstehenden Bediensteten heranziehen.

(2) Das für Justiz zuständige Ministerium kann die Erledigung der in Absatz 1 bezeichneten Geschäfte allgemein oder im Einzelfall näher regeln.

§ 8[4] [Dienstaufsicht] 85

(1) Oberste Dienstaufsichtsbehörde für die Gerichte und Staatsanwaltschaften ist das für Justiz zuständige Ministerium.

(2) Die Dienstaufsicht üben im Übrigen aus:

1. die Leitungen der Gerichte, Staatsanwaltschaften und sonstigen Behörden über ihre jeweilige Behörde;
2. die Mittelbehörden über die jeweils nachgeordneten Behörden;
   die Landgerichte über die Amtsgerichte, soweit diese nicht durch eine Präsidentin oder einen Präsidenten geleitet werden.

(3) Die Leitung des Landgerichts übt die Dienstaufsicht über die Fachkräfte des ambulanten Sozialen Dienstes der Justiz ihres Bezirks aus.

(4) Wer nach dieser Vorschrift die Dienstaufsicht ausübt, ist dienstvorgesetzte Stelle der Richterinnen und Richter, Staatsanwältinnen und Staatsanwälte, Beamtinnen und Beamten sowie der

[1] § 5 Abs. 3 geänd. durch G v. 23. 2. 2022 (NRW GVBl. S. 254).
[2] § 6 Abs. 2 geänd. durch G v. 23. 2. 2022 (NRW GVBl. S. 254).
[3] § 7 Abs. 1 und 2 geänd. durch G v. 23. 2. 2022 (NRW GVBl. S. 254).
[4] § 8 Abs. 1 geänd. durch G v. 23. 2. 2022 (NRW GVBl. S. 254).

Beschäftigten der ihrer oder seiner Dienstaufsicht unterstellten Gerichte, Staatsanwaltschaften und sonstigen Behörden. Der Direktorin oder dem Direktor des Amtsgerichts und des Arbeitsgerichts steht die Dienstaufsicht über die Richterinnen und Richter dieser Gerichte nicht zu. § 2 des Landesbeamtengesetzes vom 21. April 2009 (GV. NRW. S. 224) in der jeweils geltenden Fassung und § 2 Absatz 2 bis 4 des Landesrichter- und Staatsanwältegesetzes vom 8. Dezember 2015 (GV. NRW. S. 812) in der jeweils geltenden Fassung bleiben unberührt.

Kapitel 2: Gliederung der Gerichte und Staatsanwaltschaften

(...)

Abschnitt 4: Finanzgerichte

86 **§ 18 [Finanzgerichte]**

Die Finanzgerichte haben ihren Sitz
1. in Düsseldorf für den Regierungsbezirk Düsseldorf,
2. in Köln für den Regierungsbezirk Köln,
3. in Münster für die Regierungsbezirke Arnsberg, Detmold und Münster.

87 **§ 19 [Zuständigkeitskonzentration]**

Zoll- und Verbrauchsteuerangelegenheiten sowie Angelegenheiten der Gemeinsamen Marktorganisationen, für die der Finanzrechtsweg eröffnet ist, werden ausschließlich dem Finanzgericht Düsseldorf zugewiesen.

(...)

Abschnitt 6: Bestimmungen für alle Gerichtsbarkeiten und Staatsanwaltschaften

88 **§ 21[1] [Bezirke der Gerichte und Staatsanwaltschaften]**

(1) Das Oberverwaltungsgericht und das Landessozialgericht sind für das gesamte Land zuständig. Im Übrigen ergibt sich die Abgrenzung der Gerichtsbezirke und der Zuständigkeitsbereiche der Staatsanwaltschaften aus der Anlage zu diesem Gesetz, soweit diese nicht bereits den §§ 17, 18 und 20 Absatz 2 zu entnehmen ist.

(2) Gemeinden, die mit ihrem ganzen Gebiet einheitlich einem Amtsgericht zugeteilt sind, gehören dem Bezirk dieses Gerichts mit ihrem jeweiligen Gebietsumfang an.

(3) Für die Abgrenzung der Amtsgerichtsbezirke Duisburg, Duisburg-Hamborn, Duisburg-Ruhrort, Essen, Essen-Borbeck, Essen-Steele, Gelsenkirchen, Gelsenkirchen-Buer, Herne, Herne-Wanne, Mönchengladbach und Mönchengladbach-Rheydt sind die Grenzen der in der Anlage zu § 21 (Anlage 1) aufgeführten Stadtteile und Stadtbezirke der kreisfreien Städte Duisburg, Essen, Gelsenkirchen, Herne und Mönchengladbach maßgebend, die sich aus den Hauptsatzungen dieser Städte nach dem Stand vom 30. September 1984 ergeben.

(4) Das für Justiz zuständige Ministerium wird ermächtigt, durch Rechtsverordnung die Gerichtsbezirksgrenzen den veränderten Gemeindegrenzen anzupassen, wenn die Grenzen von Gemeinden, die in mehrere Amtsgerichtsbezirke unterteilt sind, nach § 19 Absatz 3 Satz 2 der Gemeindeordnung durch das für Kommunales zuständige Ministerium oder durch die Bezirksregierung geändert werden.

89 **§ 22[2] [Verordnungsermächtigung]**

Das für Justiz zuständige Ministerium wird ermächtigt, durch Rechtsverordnung die Anlage zu § 21 zu berichtigen, wenn sie durch Änderung der Gerichtsbezirke, durch Gebietsänderungen von Gemeinden, die Änderung von Stadtbezirksgrenzen oder Änderung von Gemeinde-, Stadtbezirks- oder Stadtteilnamen unrichtig geworden ist.

90 **§ 23 [Änderung von Bezirksgrenzen]**

(1) Werden durch die Änderung von Amtsgerichtsbezirksgrenzen die Grenzen von Landgerichtsbezirken oder Oberlandesgerichtsbezirken berührt, so bewirkt die Änderung der Amtsgerichtsbezirksgrenzen unmittelbar auch die Änderung der Landgerichts- und Oberlandesgerichtsbezirke sowie der Bezirke der Staatsanwaltschaften und Generalstaatsanwaltschaften.

(2) Absatz 1 gilt entsprechend für die Änderung von Arbeitsgerichtsbezirksgrenzen.

---

[1] § 21 Abs. 4 geänd. durch G v. 23. 1. 2018 (NRW GVBl. S. 90); Abs. 4 geänd. durch G v. 23. 2. 2022 (NRW GVBl. S. 254).

[2] § 22 geänd. durch G v. 4. 2. 2014 (NRW GVBl. S. 104); geänd. durch G v. 23. 2. 2022 (NRW GVBl. S. 254).

§ 24[1] **[Zweigstellen und Gerichtstage]** 91

(1) Soweit hierfür ein Bedarf besteht, werden Zweigstellen von Gerichten eingerichtet. Die Zweigstellen und ihre jeweiligen Zuständigkeitsbereiche ergeben sich aus der Anlage zu § 21 zu diesem Gesetz.

(2) Das für Justiz zuständige Ministerium kann durch Rechtsverordnung bestimmen, dass außerhalb des Sitzes eines Gerichts Gerichtstage abgehalten werden.

(…)

Teil 2. Verfahrensrechtliche Bestimmungen

(…)

Kapitel 4: Finanzgerichtsbarkeit

§ 113 [Eröffnung des Finanzrechtswegs durch Landesgesetz] 92

Der Finanzrechtsweg ist auch gegeben in öffentlich-rechtlichen Streitigkeiten über Abgabenangelegenheiten, die der Gesetzgebung des Bundes nicht unterliegen und durch Landesfinanzbehörden verwaltet werden. Das Gleiche gilt für Kosten (Gebühren und Auslagen), die von Landesfinanzbehörden für Amtshandlungen im Vollzug der Abgabenordnung und auf dem Gebiet der Steuerberatung auf Grund landesrechtlicher Kostenvorschriften erhoben werden.

(…)

Teil 6: Schlussbestimmungen

§ 132 [Dynamische Verweisung] 93

Soweit die vorstehenden Bestimmungen auf bundesrechtliche Vorschriften verweisen, sind diese in der jeweils geltenden Fassung anzuwenden.

§ 133[2] **[Inkrafttreten, Übergangsregelung]** 94

(1) Dieses Gesetz tritt am 1. Januar 2011 in Kraft.

(2) Für bis zum Inkrafttreten des Gesetzes zur Änderung des Justizgesetzes Nordrhein-Westfalen vom 6. Dezember 2016 (GV. NRW S. 1066) beantragte Auseinandersetzungen gemäß den §§ 80 bis 86 ist das Justizgesetz Nordrhein-Westfalen vom 26. Januar 2010 (GV. NRW S. 30) in seiner, bis dahin geltenden Fassung weiter anzuwenden.

(3) § 109 ist in den Verfahren nach § 47 der Verwaltungsgerichtsordnung, die vor dem 1. Januar 2019 anhängig gemacht worden sind, in seiner, bis dahin geltenden Fassung anzuwenden. § 109 a ist nicht anzuwenden auf Rechtsvorschriften, die vor dem 1. Januar 2019 bekannt gemacht worden sind.

(4) Auf Verwaltungsakte im Sinne des § 110 Absatz 3 Satz 2 Nummer 2, die vor dem 24. Dezember 2024 bekannt gegeben worden sind, findet das bis einschließlich 23. Dezember 2024 geltende Recht weiter Anwendung.

Artikel 4. Inkrafttreten

Artikel 1 und 2 treten am 1. Januar 2011 in Kraft. Artikel 3 tritt mit Wirkung vom 1. Januar 2008 in Kraft.

j) Rheinland-Pfalz

Landesgesetz zur Ausführung der Finanzgerichtsordnung (AGFGO)

Vom 16. Dezember 1965 (RPGVBl. S. 265)

Geändert durch Landesgesetz vom 24. 2. 1971 (RPGVBl. S. 56), durch Landesgesetz vom 24. 2. 1971 (RPGVBl. S. 59), durch Landesgesetz vom 5. 10. 1977 (RPGVBl. S. 333) und durch Landesgesetz vom 6. 11. 1989 (RPGVBl. S. 225)

Der Landtag von Rheinland-Pfalz hat das folgende Gesetz beschlossen, das hiermit verkündet wird:

---

[1] § 24 Abs. 2 geänd. durch G v. 23. 2. 2022 (NRW GVBl. S. 254).

[2] § 133 Überschrift und Abs. 2 neu gef. durch G v. 6. 12. 2016 (NRW GVBl. S. 1066), Abs. 3 angef. durch G v. 18. 12. 2018 (NRW GVBl. S. 770).

1. Abschnitt. Ausführungsvorschriften

§ 1 *(aufgehoben)*

§ 2 *(aufgehoben)*

96 **§ 3 Urkundsbeamte**

(1) Urkundsbeamte der Geschäftsstelle sind die Beamten des gehobenen und mittleren Dienstes beim Finanzgericht.

(2) Im Bedarfsfalle können auch Angestellte des Finanzgerichts zu Urkundsbeamten der Geschäftsstelle bestellt werden. Die Bestellung obliegt dem Präsidenten; sie bedarf der Schriftform.

97 **§ 4 Finanzrechtsweg**

Der Finanzrechtsweg ist auch gegeben in öffentlich-rechtlichen Streitigkeiten über Abgabenangelegenheiten, soweit die Abgaben der Gesetzgebung des Landes unterliegen und durch Landesfinanzbehörden verwaltet werden. § 13 Abs. 1 des Landesgesetzes über die Steuern der Kirchen, Religionsgemeinschaften und Weltanschauungsgesellschaften bleibt unberührt.

2. Abschnitt. Änderung von Rechtsvorschriften

§§ 5, 6 *[nicht abgedruckt]*

3. Abschnitt. Schlußvorschriften

98 **§ 7 Inkrafttreten**

(1) Dieses Gesetz tritt am 1. Januar 1966 in Kraft.

(2) Gleichzeitig wird das Landesgesetz über die Errichtung eines Finanzgerichts für das Land Rheinland-Pfalz vom 11. August 1949 (GVBl. S. 388, BS 305-1) aufgehoben, soweit es nicht bereits außer Kraft getreten ist.

k) Saarland

Gesetz Nr. 823 zur Ausführung der Finanzgerichtsordnung (AGFGO)

Vom 16. Dezember 1965 (SaarABl. S. 1078)

Geändert durch Gesetz Nr. 916 vom 29. 4. 1970 (SaarABl. S. 552), Gesetz Nr. 951 vom 4. 10. 1972 (SaarABl. S. 601), Gesetz Nr. 1059 vom 28. 3. 1977 (SaarABl. S. 378), Gesetz Nr. 1327 vom 26. 1. 1994 (SaarABl. S. 509), Gesetz Nr. 1383 vom 5. 2. 1997 (SaarABl. S. 258), Gesetz Nr. 1587 vom 15. 2. 2006 (SaarABl. S. 474, 530)

Der Landtag des Saarlandes hat folgendes Gesetz beschlossen, das hiermit verkündet wird:

99 **§ 1 Bezeichnung und Sitz des Finanzgerichts**

Das Finanzgericht führt die Bezeichnung „Finanzgericht des Saarlandes". Es hat seinen Sitz in Saarbrücken.

100 **§ 2[1] Senate**

Die Zahl der Senate bei dem Finanzgericht bestimmt der Präsident des Finanzgerichts nach Anhörung des Präsidiums des Finanzgerichts. Das Ministerium für Justiz, Gesundheit und Soziales kann ihm hierfür Weisungen erteilen.

101 **§ 3[2, 3] Vertretung des Präsidenten**

Das Ministerium für Justiz, Gesundheit und Soziales kann einen ständigen Vertreter des Präsidenten aus dem Kreis der übrigen Berufsrichter bestellen. Ist ein Richter in eine für den ständigen Vertreter bestimmte Planstelle eingewiesen, so ist er der ständige Vertreter.

102 **§ 4[2, 3] Dienstaufsicht**

Das Ministerium für Justiz, Gesundheit und Soziales übt die Dienstaufsicht über den Präsidenten des Finanzgerichts aus.

---

[1] § 2 Satz 2 geänd. durch Gesetz v. 15. 2. 2006 (SaarABl. S. 474).

[2] § 3 Satz 1, §§ 4, 6 Abs. 1 geänd. durch Gesetz v. 15. 2. 2006 (SaarABl. S. 474).

[3] Bish. §§ 2a bis 6 wurden §§ 3 bis 7, Amtsbezeichnungen geändert, § 6 Abs. 2 Satz 1 und § 7 neu gef. durch Gesetz Nr. 1383 v. 5. 2. 1997 (ABl. S. 258).

§ 5[1] Finanzrechtsweg 103

Der Finanzrechtsweg ist auch gegeben in öffentlich-rechtlichen Streitigkeiten über Abgabenangelegenheiten, soweit die Abgaben der Gesetzgebung des Landes unterliegen und durch Landesfinanzbehörden verwaltet werden.

§ 6[1, 2] Geschäftsstelle des Finanzgerichts 104

(1) Die Einrichtung der Geschäftsstelle bei dem Finanzgericht bestimmt das Ministerium für Justiz, Gesundheit und Soziales.

(2) § 10 des Saarländischen Ausführungsgesetzes zum Gerichtsverfassungsgesetz vom 4. Oktober 1972 (Amtsbl. S. 601) in seiner jeweils geltenden Fassung ist auf das Finanzgericht entsprechend anzuwenden. Zum Urkundsbeamten bei dem Finanzgericht kann auch ein Steuerbeamter des gehobenen oder mittleren Dienstes bestellt werden.

§ 7[1] Geschäftsjahr, Gerichtsverwaltung, Amtstracht 105

Die §§ 1 und 14 bis 18 des Saarländischen Ausführungsgesetzes zum Gerichtsverfassungsgesetz vom 4. Oktober 1972 (Amtsbl. S. 601) in ihrer jeweils geltenden Fassung sind auf das Finanzgericht entsprechend anzuwenden.

§ 8 Inkrafttreten 106

Dieses Gesetz tritt am 1. Januar 1966 in Kraft. Gleichzeitig treten außer Kraft, soweit nicht bereits durch die Finanzgerichtsordnung außer Kraft gesetzt:

1. die Finanzgerichtsordnung vom 15. Mai 1951 (Amtsbl. S. 660) in der Fassung des Gesetzes zur Änderung der Finanzgerichtsordnung des Saarlandes vom 10. August 1963 (Bundesgesetzbl. I S. 674) bzw. der Bekanntmachung vom 3. Februar 1964 (Bundesgesetzbl. I S. 57),
2. das Gesetz Nr. 616 über Maßnahmen auf dem Gebiet der Finanzgerichtsbarkeit des Saarlandes vom 28. Januar 1958 (Amtsbl. S. 425).

l) Sachsen

Gesetz über die Justiz im Freistaat Sachsen (Sächsisches Justizgesetz – SächsJG)

Vom 24. November 2000 (SaGVBl. S. 482)

Geändert durch Gesetze vom 13. 12. 2002 (SaGVBl. S. 333), vom 4. 5. 2004 (SaGVBl. S. 147), vom 9. 9. 2005 (SaGVBl. S. 266), vom 4. 7. 2007 (SaGVBl. S. 303), vom 29. 1. 2008 (SaGVBl. S. 102), vom 5. 5. 2008 (SaGVBl. S. 302), vom 8. 12. 2008 (SaGVBl. S. 940), vom 26. 6. 2009 (SaGVBl. S. 323), vom 11. 6. 2010 (SaGVBl. S. 154), vom 14. 12. 2010 (SaGVBl. S. 414), vom 4. 3. 2011 (SaGVBl. S. 54), vom 27. 1. 2012 (SaGVBl. S. 130), vom 8. 6. 2012 (SaGVBl. S. 308), vom 14. 12. 2012 (SaGVBl. S. 748), vom 9. 7. 2014 (SaGVBl. S. 405), vom 13. 12. 2016 (SaGVBl. S. 655), vom 15. 12. 2016 (SaGVBl. S. 630), vom 8. 10. 2018 (SaGVBl. S. 646), vom 5. 3. 2019 (SaGVBl. S. 158), vom 3. 5. 2019 (SaGVBl. S. 315), vom 11. 5. 2019 (SaGVBl. S. 358), vom 15. 12. 2022 (SaGVBl. S. 626) und vom 13. 12. 2023 (SaGVBl. S. 884)

– Auszug –

(…)

Abschnitt 6. Ausführung der Finanzgerichtsordnung

§ 34[3] Vertrauensleute 107

(1) Eine Ersatzwahl der Vertrauensleute im Sinne des § 23 der Finanzgerichtsordnung und ihrer Stellvertreter gilt nur für den Rest der Wahlperiode der bereits gewählten Vertrauensleute.

(2) Für die Entbindung der Vertrauensleute und ihrer Stellvertreter von ihrem Amt gilt § 21 der Finanzgerichtsordnung entsprechend.

§ 35[4] Dienstaufsicht 108

(1) Die Dienstaufsicht üben aus:

1. der Präsident des Sächsischen Finanzgerichts über die bei dem Sächsischen Finanzgericht beschäftigten Richter, Beamten, Angestellten und Arbeiter;
2. das Staatsministerium der Justiz als oberste Dienstaufsichtsbehörde über die Richter, Beamten, Angestellten und Arbeiter des Sächsischen Finanzgerichts.

---

[1] Bish. §§ 2a bis 6 wurden §§ 3 bis 7, Amtsbezeichnungen geändert, § 6 Abs. 2 Satz 1 und § 7 neu gef. durch Gesetz Nr. 1383 v. 5. 2. 1997 (ABl. S. 258).
[2] § 3 Satz 1, §§ 4, 6 Abs. 1 geänd. durch G v. 15. 2. 2006 (SaarABl. S. 474).
[3] § 34 Abs. 1 neu gef. durch G v. 14. 12. 2012 (SaGVBl. S. 748); Abs. 1 und 2 geänd. durch G v. 13. 12. 2016 (SaGVBl. S. 655); Abs. 1 geänd. durch G v. 3. 5. 2019 (SaGVBl. S. 315).
[4] § 35 Abs. 1 Nr. 2, Abs. 3 geänd. durch G v. 14. 12. 2012 (SaGVBl. S. 748); Abs. 1 Nr. 2 und Abs. 3 geänd. durch G v. 13. 12. 2016 (SaGVBl. S. 655).

(2) Der Präsident des Sächsischen Finanzgerichts wird in der Ausübung der Dienstaufsicht durch seinen ständigen Vertreter oder, falls ein solcher nicht bestellt oder verhindert ist, durch den dienstältesten, bei gleichem Dienstalter durch den lebensältesten Vorsitzenden Richter vertreten.

(3) Das Staatsministerium der Justiz kann für den Fall der Nichtbestellung oder Verhinderung des ständigen Vertreters eine abweichende Regelung treffen.

109 **§ 36 Finanzrechtsweg**

Der Finanzrechtsweg ist auch gegeben für öffentlich-rechtliche Streitigkeiten

1. über Abgabenangelegenheiten, soweit diese Abgaben der Gesetzgebung des Bundes nicht unterliegen und durch Landesfinanzbehörden nach den Vorschriften der Abgabenordnung verwaltet werden,
2. über landesrechtlich geregelte Kosten (Gebühren und Auslagen), soweit der Finanzrechtsweg für die Hauptsache eröffnet ist und
3. über Abgabenangelegenheiten der Kirchen und Religionsgemeinschaften, insbesondere über Kirchensteuern und Kirchgeld.

110 **§ 37 Beiladung der Kirchen und Religionsgemeinschaften**

Das Sächsische Finanzgericht lädt in Abgabenangelegenheiten die Kirchen und die Religionsgemeinschaften bei, sofern deren rechtliche Interessen als Abgabenberechtigte durch die Entscheidung unmittelbar berührt werden.

m) Sachsen-Anhalt

Gesetz zur Ausführung der Finanzgerichtsordnung für das Land Sachsen-Anhalt (AGFGO LSA)

Vom 24. August 1992 (SaAnhGVBl. S. 654)

Geändert durch Gesetz vom 19. 3. 2002 (SaAnhGVBl. S. 130, 163), vom 19. 4. 2007 (SaAnhGVBl. S. 142), vom 5. 12. 2014 (SaAnhGVBl. S. 512) und vom 8. 3. 2021 (SaAnhGVBl. S. 88)

111 **§ 1 Errichtung**

Es wird ein Finanzgericht als oberes Landesgericht mit dem Sitz in Dessau-Roßlau errichtet.

112 **§ 2 Gerichtsbezirk und Bezeichnung**

(1) Der Bezirk des Finanzgerichts umfaßt das Gebiet des Landes Sachsen-Anhalt.

(2) Das Gericht führt die Bezeichnung „Finanzgericht des Landes Sachsen-Anhalt".

113 **§ 3 Zahl der Senate**

Der Präsident des Finanzgerichts bestimmt im Rahmen des Stellenplans nach Anhörung des Präsidiums die Zahl der Senate.

114 **§ 4[1] Gerichtsverwaltung, Dienstaufsicht**

(1) Der Präsident des Finanzgerichts ist verpflichtet, die ihm zugewiesenen Geschäfte der Gerichtsverwaltung und der Dienstaufsicht zu erledigen. Er kann die seiner Dienstaufsicht unterstehenden Richter, Beamten und Beschäftigten zur Erledigung dieser Geschäfte heranziehen.

(2) Die Dienstaufsicht über die Richter, Beamten und Beschäftigten wird durch den Präsidenten des Finanzgerichts und das für Justiz zuständige Ministerium ausgeübt. Die Dienstaufsicht erstreckt sich, soweit nichts anderes bestimmt ist, auf die Einrichtung, die innere Ordnung, die allgemeine Geschäftsführung und die Personalangelegenheiten des Gerichts.

(3) Ist ein Richter in eine für den ständigen Vertreter bestimmte Planstelle eingewiesen, so ist er der ständige Vertreter. Im Übrigen kann das für Justiz zuständige Ministerium im Einvernehmen mit dem Präsidenten des Finanzgerichts einen oder mehrere Richter zu seinem ständigen Vertreter oder zu seinen ständigen Vertretern bestellen. In Eilfällen bedarf es des Einvernehmens nicht, wenn der Präsident des Finanzgerichts verhindert ist. Sind mehrere ständige Vertreter bestellt, richtet sich die Reihenfolge der Vertreter nach den Grundsätzen des § 21 h Satz 1 des Gerichtsverfassungsgesetzes.

(4) Wer den Präsidenten des Finanzgerichts nach § 4 der Finanzgerichtsordnung in Verbindung mit § 21 h des Gerichtsverfassungsgesetzes vertritt, nimmt auch die dem Präsidenten des Finanzgerichts durch dieses Gesetz übertragenen Geschäfte der Gerichtsverwaltung und Dienstaufsicht wahr.

[1] § 4 neu gef. durch G v. 8. 3. 2021 (GVBl. LSA S. 88).

§ 5 Finanzrechtsweg 115

Der Finanzrechtsweg ist in öffentlich-rechtlichen Streitigkeiten über Abgaben auch gegeben, soweit Landesfinanzbehörden Abgaben verwalten, die nicht der Gesetzgebung des Bundes unterliegen. § 14 Abs. 1 des Gesetzes zur Regelung des Kirchensteuerwesens (Anlage II Kapitel IV Abschnitt I Nr. 5 des Einigungsvertrages vom 31. August 1990 in Verbindung mit Artikel 1 des Gesetzes vom 23. September 1990, BGBl. II S. 885, 1194) bleibt unberührt.

§ 6[1] Sprachliche Gleichstellung 115a

Personen- und Funktionsbezeichnungen in diesem Gesetz gelten jeweils in männlicher und weiblicher Form.

§ 7 Inkrafttreten 116

Dieses Gesetz tritt am ersten Tage des auf seine Verkündung folgenden Kalendermonats in Kraft.

n) Schleswig-Holstein
Landesjustizgesetz (LJG)

Vom 17. April 2018 (GVOBl. Schl.-H. S. 231, ber. S. 441)

Geändert durch Gesetz vom 17. 3. 2022 (GVOBl. Schl.-H. S. 301), vom 29. 1. 2025 (GVOBl. Schl.-H. Nr. 17) und vom 9. 12. 2025 (GVOBl. Schl.-H. Nr. 180)

– Auszug –

Teil 1. Allgemeine Vorschriften

§ 1 Anwendungsbereich 117

Dieses Gesetz gilt für die Gerichte der ordentlichen Gerichtsbarkeit, der Arbeitsgerichtsbarkeit, der Sozialgerichtsbarkeit und der Verwaltungsgerichtsbarkeit sowie für das Finanzgericht und die Staatsanwaltschaften in Schleswig-Holstein. Auf das Landesverfassungsgericht findet es keine Anwendung. Für die Gerichte in Anwaltssachen gilt allein § 71.

§ 2 Bezeichnung der Gerichte 118

Die Gerichte führen in ihrer Bezeichnung den Namen der Gemeinde, in der sie ihren Sitz haben, soweit sich aus diesem Gesetz nichts anderes ergibt.

§ 3 Bezirke der Gerichte 119

(1) Gemeinden und Kreise gehören dem Gerichtsbezirk, dem sie zugeordnet sind, mit ihrem gesamten Gebiet an.

(2) Wird eine neue Gemeinde aus Gemeinden oder Teilen von Gemeinden gebildet, die verschiedenen Amtsgerichtsbezirken angehören, so wird die neue Gemeinde dem Amtsgerichtsbezirk zugeordnet, in dessen Bezirk zur Zeit der Gebietsänderung die Mehrheit der Einwohnerinnen und Einwohner der neuen Gemeinde ihren Wohnsitz hat; bei gleicher Einwohnerzahl ist die größere Fläche maßgebend.

(3) Bei der Neubildung von Kreisen gilt Absatz 2 für die Zuordnung des neuen Kreises zu den Arbeits- und Sozialgerichtsbezirken entsprechend.

(4) Wird durch eine Gebiets- oder Namensänderung von Gemeinden oder Kreisen oder durch eine Änderung der Gerichtsbezirke der Wortlaut dieses Gesetzes oder einer Anlage zu diesem Gesetz unrichtig, so ist das für Justiz zuständige Ministerium ermächtigt, die betreffende Vorschrift durch Bekanntmachung im Gesetz- und Verordnungsblatt für Schleswig-Holstein zu berichtigen.

§ 4[2] Aufhebung eines Gerichts 120

(1) Wird bei Aufhebung eines Gerichts der Bezirk dieses Gerichts geteilt und werden diese Teile zwei oder mehr Gerichten zugeordnet, so hat das für Justiz zuständige Ministerium durch Verordnung die Regeln zu bestimmen, nach denen die am Tage der Aufhebung bei dem aufzuhebenden Gericht noch anhängigen Verfahren auf die aufnehmenden Gerichte zu verteilen sind.

(2) Wird ein Gericht aufgehoben und sein Bezirk einem anderen Gericht vollständig zugelegt, so werden die bei dem aufgehobenen Gericht tätigen ehrenamtlichen Richterinnen und Richter dem aufnehmenden Gericht zugewiesen. Wird der Bezirk des aufgehobenen Gerichts auf mehrere Gerichte aufgeteilt, so bestimmt das für Justiz zuständige Ministerium nach allgemeinen Kriterien durch Verordnung, welche bei dem aufgehobenen Gericht tätigen ehrenamtlichen Richterinnen und Richter welchem aufnehmendem Gericht zugewiesen werden.

[1] § 6 aufgeh. durch G v. 19. 3. 2002 (GVBl. LSA S. 130, 163); neu gef. durch G v. 5. 12. 2014 (GVBl. LSA S. 512); neu gef. durch G v. 8. 3. 2021 (GVBl. LSA S. 88).

[2] § 4 Abs. 2 neu gef. mWv 24. 12. 2025 durch G v. 9. 12. 2025 (GVOBl. Schl.-H. Nr. 180).

121 **§ 5[1] Gerichtstage**

Das für Justiz zuständige Ministerium kann durch Verordnung bestimmen, dass außerhalb des Sitzes eines Gerichts Gerichtstage abgehalten werden.

122 **§ 6 Amtstracht**

(1) Berufsrichterinnen und Berufsrichter, Handelsrichterinnen und Handelsrichter, Vertreterinnen und Vertreter der Staatsanwaltschaft und Urkundsbeamtinnen und Urkundsbeamte der Geschäftsstelle tragen in den zur Verhandlung oder zur Verkündung einer Entscheidung bestimmten Sitzungen eine Amtstracht, sofern nicht im Einzelfall nach Auffassung des Gerichts das Interesse an der Rechtsfindung eine andere Regelung gebietet. In Sitzungsterminen, die außerhalb des Sitzungssaales abgehalten werden, und bei anderen Amtshandlungen ist die Amtstracht nur dann zu tragen, wenn dies mit Rücksicht auf das Ansehen der Rechtspflege angemessen erscheint; die Entscheidung hierüber trifft das Gericht.

(2) Die näheren Ausführungsbestimmungen erlässt das für Justiz zuständige Ministerium.

123 **§ 7 Geschäftsjahr**

Das Geschäftsjahr ist das Kalenderjahr.

(…)

Teil 5. Finanzgerichtsbarkeit

Kapitel 1. Sitz und Bezirksgrenzen

124 **§ 56 Finanzgericht**

(1) Das Finanzgericht hat seinen Sitz in Kiel. Es führt die Bezeichnung „Schleswig-Holsteinisches Finanzgericht".

(2) Der Bezirk des Finanzgerichts umfasst das Gebiet des Landes Schleswig-Holstein.

Kapitel 2. Ausführungsbestimmungen zur Finanzgerichtsordnung

125 **§ 57 Finanzrechtsweg**

Der Finanzrechtsweg ist auch gegeben in öffentlich-rechtlichen Streitigkeiten über Steuern und andere öffentlich-rechtliche Abgaben, die der Landesgesetzgebung unterliegen und die von Landesfinanzbehörden im Sinne des § 2 Absatz 1 des Finanzverwaltungsgesetzes in der Fassung der Bekanntmachung vom 4. April 2006 (BGBl. I S. 846, ber. 1202), zuletzt geändert durch Artikel 8 des Gesetzes vom 14. August 2017 (BGBl. I S. 3122), verwaltet werden.

(…)

o) Thüringen
Thüringer Gesetz zur Ausführung der Finanzgerichtsordnung (ThürAGFGO)

Vom 18. Juni 1993 (ThGVBl. S. 334)

Geändert durch Gesetz vom 10. 11. 1995 (ThGVBl. S. 346) und vom 8. 8. 2014 (ThGVBl. S. 527)

Der Thüringer Landtag hat das folgende Gesetz beschlossen:

126 **§ 1 Thüringer Finanzgericht**

Für Thüringen wird ein Finanzgericht errichtet. Es führt die Bezeichnung „Thüringer Finanzgericht" und hat seinen Sitz in Gotha.

127 **§ 2 Dienstaufsicht; Zahl der Senate**

Das Thüringer Finanzgericht untersteht der Dienstaufsicht des Thüringer Justizministers. Er bestimmt die Zahl der Senate.

128 **§ 3 Urkundsbeamte**

(1) Urkundsbeamte der Geschäftsstelle sind die Beamten des gehobenen und mittleren Justizdienstes bei dem Thüringer Finanzgericht.

(2) Mit der selbständigen Wahrnehmung von Aufgaben der Urkundsbeamten der Geschäftsstelle können bei Bedarf auch Angestellte des Thüringer Finanzgerichts widerruflich beauftragt werden.

[1] § 5 Satz 2 aufgeh. mWv 24. 12. 2025 durch G v. 9. 12. 2025 (GVOBl. Schl.-H. Nr. 180).

§ 3a[1] Zuständigkeit in Prozesskostenhilfeverfahren

Die Übertragung der Zuständigkeiten auf den Urkundsbeamten der Geschäftsstelle nach § 142 Abs. 3 der Finanzgerichtsordnung ist ausgeschlossen.

§ 4 Finanzrechtsweg 129

Der Finanzrechtsweg ist auch gegeben für öffentlich-rechtliche Streitigkeiten

1. über Abgabeangelegenheiten, soweit diese Abgaben der Gesetzgebung des Bundes nicht unterliegen und durch Landesfinanzbehörden nach den Bestimmungen der Abgabenordnung verwaltet werden,
2. über landesrechtlich geregelte Kosten (Gebühren und Auslagen), soweit der Finanzrechtsweg für die Hauptsache eröffnet ist,
3. über Kirchensteuern und Kirchgeld.

§ 5[2] Übergangsbestimmungen 130

(1) Mit dem Inkrafttreten dieses Gesetzes tritt das Thüringer Finanzgericht an die Stelle der Senate für Finanzrecht des Bezirksgerichts Erfurt.

(2) Die bei den Senaten für Finanzrecht des Bezirksgerichts Erfurt anhängigen Verfahren gehen in dem Stand, in dem sie sich befinden, auf das Thüringer Finanzgericht über.

(3) Die ehrenamtlichen Richter bei den Senaten für Finanzrecht des Bezirksgerichts Erfurt werden dem Thüringer Finanzgericht als ehrenamtliche Richter zugewiesen. Ihre Amtszeit endet mit dem Ablauf des 31. Dezember 1995.

§ 6 Inkrafttreten 131

(1) Dieses Gesetz tritt am Tage nach der Verkündung in Kraft.

(2) Gleichzeitig wird § 14 Abs. 1 Satz 1 des Gesetzes zur Regelung des Kirchensteuerwesens vom 23. September 1990 (BGBl. 1990 II S. 885–1194) aufgehoben.

2) Gesetz über die Finanzverwaltung (FVG)

In der Fassung der Bekanntmachung vom 4. April 2006
(BGBl. I S. 846, ber. I S. 1202)[3]

FNA/BGBl. III 600-1

Änderungen des Gesetzes

Lfd. Nr.	Änderndes Gesetz	Datum	Fundstelle BGBl. I	Geänderte Paragraphen
1	Gesetz zur Modernisierung des Schuldenwesens des Bundes (Bundesschuldenwesenmodernisierungsgesetz) [Art. 3]	12. 7. 2006	1466	§ 1 Nr. 2
2	Föderalismusreform-Begleitgesetz [Art. 12]	5. 9. 2006	2098	§ 5 Abs. 1 Nr. 27 und 28; § 19 Abs. 4 und 5; § 20 Abs. 1 Sätze 2 und 3; § 21 a
3	Gesetz über steuerliche Begleitmaßnahmen zur Einführung der Europäischen Gesellschaft und zur Änderung weiterer steuerrechtlicher Vorschriften (SEStEG) [Art. 9]	7. 12. 2006	2782	§ 5 Abs. 1 Nr. 29
4	Jahressteuergesetz 2007 (JStG 2007) [Art. 12]	13. 12. 2006	2878	§ 5 Abs. 1 Nr. 5, Nr. 31 und 32
5	Gesetz zur Schaffung deutscher Immobilien-Aktiengesellschaften mit börsennotierten Anteilen [Art. 4]	28. 5. 2007	914	§ 5 Abs. 1 Nr. 33
6	Unternehmensteuerreformgesetz 2008 [Art. 12]	14. 8. 2007	1912	§ 5 Abs. 6 Sätze 1 und 2
7	Zweites Gesetz zur Änderung des Finanzverwaltungsgesetzes und anderer Gesetze [Art. 1]	13. 12. 2007	2897	§ 1 Nr. 3 und 4; § 2 a Abs. 2 Satz 1; § 6 Abs. 3; § 7; § 8; § 8 a eingef.; § 9; § 9 a eingef.; § 10; § 10 a eingef.; § 11 aufgeh.; § 12 Abs. 2; Abschn. VI eingef.
8	Jahressteuergesetz 2008 [Art. 13]	20. 12. 2007	3150	§ 5 Abs. 1 Nr. 28 a und Nr. 30 eingef.
9	Gesetz zur Änderung der Organisation des Bundesausgleichsamtes [Art. 2]	5. 3. 2008	282	§ 1 Nr. 2; § 3 Abs. 1 Satz 2 eingef.

[1] § 3 a eingef. durch G v. 8. 8. 2014 (ThGVBl. S. 527).
[2] § 5 Abs. 3 Satz 2 angef. durch G v. 10. 11. 1995 (ThGVBl. I S. 346).
[3] Neubekanntmachung des FVG vom 30. 8. 1971 (BGBl. I S. 1427) auf Grund des G v. 6. 9. 2005 (BGBl. I S. 2725) in der seit 1. 1. 2006 geltenden Fassung.

Lfd. Nr.	Änderndes Gesetz	Datum	Fundstelle BGBl. I	Geänderte Paragraphen
10	Jahressteuergesetz 2009 (JStG 2009) [Art. 12]	19. 12. 2008	2794	§ 5 Abs. 1 Nr. 8 Satz 2 aufgeh., Nr. 12 aufgeh., Nr. 18, Nr. 34 und 35 angef.; § 20 Abs. 2
11	Gesetz zur Modernisierung und Entbürokratisierung des Steuerverfahrens (Steuerbürokratieabbaugesetz) [Art. 15]	20. 12. 2008	2850	§ 5 Abs. 1 Nr. 18
12	Gesetz zur Neuregelung der Kraftfahrzeugsteuer und Änderung anderer Gesetze [Art. 5]	29. 5. 2009	1170	§ 17 Abs. 2 Satz 1; § 18, § 18 a eingef.
13	Gesetz zur verbesserten steuerlichen Berücksichtigung von Vorsorgeaufwendungen (Bürgerentlastungsgesetz Krankenversicherung) [Art. 2]	16. 7. 2009	1959	§ 5 Abs. 1 Nr. 18 Satz 1 Buchst. a, b und e, Nr. 36 angef.; Abs. 2 Satz 1
14	Begleitgesetz zur zweiten Föderalismusreform [Art. 6]	10. 8. 2009	2702	§ 5 Abs. 1 Nr. 12, Nr. 25, Abs. 7 angef.; § 19 Abs. 2 Satz 1, Abs. 4, Abs. 5 Satz 1; § 21 Abs. 6 angef., § 21 a
15	Gesetz zur Umsetzung steuerlicher EU-Vorgaben sowie zur Änderung steuerlicher Vorschriften [Art. 9]	8. 4. 2010	386	§ 5 Abs. 1 Nr. 37 angef.
16	Gesetz zu dem Staatsvertrag vom 16. Dezember 2009 und 26. Januar 2010 über die Verteilung von Versorgungslasten bei bund- und länderübergreifenden Dienstherrenwechseln [Art. 5]	5. 9. 2010	1288	§ 22 Abs. 1 Satz 2 geänd., Abs. 2 geänd.
17	Bekanntmachung über das Inkrafttreten der Artikel 2 bis 5 des Gesetzes zu dem Staatsvertrag vom 16. Dezember 2009 und 26. Januar 2010 über die Verteilung von Versorgungslasten bei bund- und länderübergreifenden Dienstherrenwechseln	8. 10. 2010	1404	
18	Jahressteuergesetz 2010 (JStG 2010) [Art. 17]	8. 12. 2010	1768	§ 5 Abs. 1 Nr. 14, Nr. 18 Satz 1 Buchst. d neu gef., Nr. 18 Satz 1 Buchst. g, Nr. 38 angef.
19	Gesetz zur Umsetzung des EuGH-Urteils vom 20. Oktober 2011 in der Rechtssache C-284/09 [Art. 4]	21. 3. 2013	561	§ 5 Abs. 1 Nr. 39 angef.
20	Gesetz zur Umsetzung der Amtshilferichtlinie sowie zur Änderung steuerlicher Vorschriften (Amtshilferichtlinie-Umsetzungsgesetz – AmtshilfeRLUmsG) [Art. 17]	26. 6. 2013	1809	§ 5 Abs. 1 Nr. 9, 10, 18 Buchst. a, 20 Satz 2 und 4, 21; § 12 Abs. 2, Abs. 4 angef., Abs. 4 aufgeh.; § 18 neu gef.; § 21 Abs. 5
21	Gesetz zur Anpassung des Investmentsteuergesetzes und anderer Gesetze an das AIFM-Umsetzungsgesetz (AIFM-Steuer-Anpassungsgesetz – AIFM-StAnpG) [Art. 2]	18. 12. 2013	4318	§ 5 Abs. 1 Nr. 4, Nr. 5 a eingef.
22	Gesetz zur Anpassung des nationalen Steuerrechts an den Beitritt Kroatiens zur EU und zur Änderung weiterer steuerlicher Vorschriften [Art. 16, 17]	25. 7. 2014	1266	§ 5 Abs. 1 Nr. 10, Nr. 18 Buchst. e, Nr. 40 und 41 angef.
23	Gesetz zur Anpassung der Abgabenordnung an den Zollkodex der Union und zur Änderung weiterer steuerlicher Vorschriften [Art. 12]	22. 12. 2014	2417	§ 5 Absatz 1 Nr. 42 angef.
24	Steueränderungsgesetz 2015 [Art. 14]	2. 11. 2015	1834	§ 17 Abs. 2 Satz 3 neu gef.
25	Gesetz zur Neuorganisation der Zollverwaltung [Art. 1]	3. 12. 2015	2178	§ 1 Nr. 1 geänd., Nr. 3 geänd., Nr. 4 aufgeh.; § 2 a Abs. 1 Satz 2 geänd, Satz 4 aufgeh., Abs. 2 Satz 1 geänd., Satz 2 aufgeh.; § 4 Abs. 2 geänd.; § 5 a, § 5 b eingef.; § 7 Abs. 1 aufgeh.; § 8, § 9, § 10 aufgeh.; § 12 Abs. 1 geänd., Abs. 3 Satz 2 angef.; § 18 a aufgeh.; §§ 23 bis 27 neu gef.
26	Gesetz zum automatischen Austausch von Informationen über Finanzkonten in Steuersachen und zur Änderung weiterer Gesetze [Art. 2, 3]	21. 12. 2015	2531	§ 5 Abs. 1 Nr. 5 b eingef., Abs. 4 Satz 1 neu gef., Satz 2 eingef.
27	Gesetz zur Modernisierung des Besteuerungsverfahrens [Art. 9]	18. 7. 2016	1679	§ 5 Abs. 1 Nr. 18 Buchst. d, Nr. 36 neu gef.; § 5 Abs. 1 Satz 2, § 20 Abs. 2 Satz 3 und 4 angef.; § 20 a eingef.
28	Gesetz zur Reform der Investmentbesteuerung (Investmentsteuerreformgesetz – InvStRefG) [Art. 7]	19. 7. 2016	1730	§ 5 Abs. 1 Nr. 4 neu gef.

Lfd. Nr.	Änderndes Gesetz	Datum	Fundstelle BGBl. I	Geänderte Paragraphen
29	Gesetz zur Beendigung der Sonderzuständigkeit der Familienkassen des öffentlichen Dienstes im Bereich des Bundes [Art. 4 bis 6]	8. 12. 2016	2835	§ 1 Nr. 2 neu gef.; § 3 Abs. 1 Satz 2 aufgeh.; § 5 Abs. 1 Nr. 11 Satz 6 neu gef.
30	Gesetz zur Umsetzung der Änderungen der EU-Amtshilferichtlinie und von weiteren Maßnahmen gegen Gewinnkürzungen und -verlagerungen [Art. 5]	20. 12. 2016	3000	§ 5 Abs. 1 Nr. 5 a geänd., Nr. 5 c bis 5 f eingef.; § 21 Abs. 7 angef.
31	Branntweinmonopolverwaltung – Auflösungsgesetz [Art. 2]	10. 3. 2017	420	§ 1 Nr. 2 geänd.
32	Gesetz zur Umsetzung der Vierten EU-Geldwäsche RL, zur Ausführung der EU-Geldtransfer VO und zur Neuorganisation der Zentralstelle für Finanztransaktionsuntersuchungen [Art. 7]	23. 6. 2017	1822	§ 5 a Abs. 2 Satz 3 eingef., Abs. 3 Satz 2 geänd.
33	Gesetz zur Änderung des Bundesversorgungsgesetzes und anderer Vorschriften [Art. 16]	17. 7. 2017	2541	§ 20 a neu gef., § 21 Abs. 6 neu gef.
34	Gesetz zur Neuregelung des bundesstaatlichen Finanzausgleichssystems ab dem Jahr 2020 und zur Änderung haushaltsrechtlicher Vorschriften [Art. 8]	14. 8. 2017	3122	§ 17 Abs. 5 angef., § 20 Abs. 1 Sätze 2 und 3 aufgeh., Abs. 2 eingef., bish. Abs. 2 wird Abs. 3, Abs. 4 angef.; § 21 a Abs. 1 Satz 2 neu gef.
35	Gesetz zur Vermeidung von Umsatzsteuerausfällen beim Handel mit Waren im Internet und zur Änderung weiterer steuerlicher Vorschriften	11. 12. 2018	2338	§ 5 Abs. 1 Satz 1 Nr. 34 neu gef.
36	Gesetz zur fortgesetzten Beteiligung des Bundes an den Integrationskosten der Länder und Kommunen und zur Regelung der Folgen der Abfinanzierung des Fonds „Deutsche Einheit" [Art. 10]	17. 12. 2018	2522	§ 5 a Abs. 4 aufgeh.
37	Zweites Datenschutz-Anpassungs- und Umsetzungsgesetz [Art. 67]	20. 11. 2019	1626	§ 5 Abs. 1 Satz 1 Nr. 18 und 36 geänd., § 20 a Abs. 1 Satz 1 geänd.
38	Gesetz zur Umsetzung der RL (EU) 2017/1852 des Rates vom 10. Oktober 2017 über Verfahren zur Beilegung von Besteuerungsstreitigkeiten in der EU [Art. 2]	10. 12. 2019	2103	§ 5 Abs. 1 Satz 1 Nr. 5 neu gef.
39	Gesetz zur weiteren steuerlichen Förderung der Elektromobilität und zur Änderung weiterer steuerlicher Vorschriften [Art. 18, 19]	12. 12. 2019	2451	§ 5 Abs. 1 Satz 1 Nr. 5 c und 21 geänd., Nr. 43 angef. § 15 Abs. 5 Satz 1 geänd., § 21 a Abs. 1 Sätze 4 und 5 angef.
40	Gesetz zur Einführung einer Pflicht zur Mitteilung grenzüberschreitender Steuergestaltungen [Art. 3]	21. 12. 2019	2875	§ 5 Abs. 1 Satz 1 Nr. 5 c und 5 f neu gef., Nr. 5 g eingef., Nr. 43 geänd., Nr. 44 angef., § 5 a Abs. 1 Satz 3 eingef., bish. Satz 3 wird Satz 4; § 21 a Abs. 5 angef.
41	Gesetz zur Einführung der Grundrente für langjährige Versicherung in der gesetzlichen Rentenversicherung mit unterdurchschnittlichem Einkommen und für weitere Maßnahmen zur Erhöhung der Alterseinkommen (Grundrentengesetz) [Art. 7 a]	12. 8. 2020	1879	§ 5 Abs. 1 Satz 1 Nr. 44 geänd., Nr. 45 angef.
42	Gesetz über die Umwandlung des Informationstechnikzentrums Bund in eine nichtrechtsfähige Anstalt des öffentlichen Rechts und zur Änderung weiterer Vorschriften [Art. 4]	7. 12. 2020	2756	§ 1 Nr. 2 gänd.
43	Jahressteuergesetz 2020 (JStG 2020) [Art. 17–20]	21. 12. 2020	3096	§ 2 Abs. 1 Nr. 3, Abs. 2 Satz 1 geänd.; § 2 a Abs. 2 Satz 1 geänd.; § 5 Abs. 1 a eingef., Abs. 1 Satz 1 Nr. 46 angef., Nr. 21, 40 und 41 neu gef., Nr. 29 a eingef., Abs. 1 a Satz 2 geänd., Abs. 1 Satz 1 Nr. 47 angef.
44	Gesetz Digitale Rentenübersicht [Art. 7]	11. 2. 2021	154	§ 5 Abs. 1 Satz 1 Nr. 18 e geänd.
45	Siebtes Gesetz zur Änderung von Verbrauchsteuergesetzen [Art. 8]	30. 3. 2021	607	§ 5 a Abs. 2 geänd., Abs. 3 Satz 2 geänd.
46	Abzugsteuerentlastungsmodernisierungsgesetz [Art. 8, 9]	2. 6. 2021	1259	§ 5 Abs. 1 Satz 1 geänd., Abs. 1 a geänd.
47	Gesetz zur Modernisierung des Körperschaftsteuerrechts [Art. 10]	25 6. 2021	2050	§ 5 Abs. 1 Satz 1 geänd.
48	Gesetz zur Abwehr von Steuervermeidung und unfairem Wettbewerb und zur Änderung weiterer Gesetze [Art. 8]	25. 6. 2021	2056	§ 5 Abs. 1 Satz 1 geänd.

Lfd. Nr.	Änderndes Gesetz	Datum	Fundstelle BGBl. I	Geänderte Paragraphen
49	Gesetz zur Regelung eines Sofortzuschlages und einer Einmalzahlung in den sozialen Mindestsicherungssystemen sowie zur Änderung des Finanzausgleichsgesetzes und weiterer Gesetze [Art. 10]	23. 5. 2022	760	§ 5 b Satz 2 geänd.
50	Jahressteuergesetz 2022 [Art. 29–32]	16. 12. 2022	2294	§ 5 Abs. 1 Satz 1 geänd.; § 20 a Abs. 1 Satz 1 geänd., Abs. 1 Satz 2 angef.
51	Zweites Gesetz zur effektiveren Durchsetzung von Sanktionen [Art. 18]	19. 12. 2022	2606	§ 5 a Abs. 2 Satz 3 eingef.
52	Gesetz zur Umsetzung der Richtlinie (EU) 2021/514 des Rates vom 22. März 2021 zur Änderung der Richtlinie 2011/16/EU über die Zusammenarbeit der Verwaltungsbehörden im Bereich der Besteuerung und zur Modernisierung des Steuerverfahrensrechts [Art. 7]	20. 12. 2022	2730	§ 5 Abs. 1 Satz 1 Nr. 5 g neu gef., Nr. 5 h eingef., Abs. 1 a Satz 2 geänd.
53	Gesetz zur Umsetzung der Richtlinie (EU) 2022/2523 des Rates zur Gewährleistung einer globalen Mindestbesteuerung und weiterer Begleitmaßnahmen [Art. 3]	21. 12. 2023	Nr. 397	§ 5 Abs. 1 Satz 1 Nr. 5 h neu gef., Nr. 5 i eingef.
54	Gesetz zur Stärkung von Wachstumschancen, Investitionen und Innovation sowie Steuervereinfachung und Steuerfairness (Wachstumschancengesetz) [Art. 17]	27. 3. 2024	Nr. 108	§ 5 Abs. 1 Satz 1 Nr. 44 a angef.
55	Gesetz zur Anwendung des Mehrseitigen Übereinkommens vom 24. November 2016 und zu weiteren Maßnahmen [Art. 2]	19. 6. 2024	Nr. 205	§ 5 Abs. 1 Satz 1 Nr. 5 neu gef.
56	Viertes Gesetz zur Entlastung der Bürgerinnen und Bürger, der Wirtschaft sowie der Verwaltung von Bürokratie (Viertes Bürokratieentlastungsgesetz) [Art. 64]	23. 10. 2024	Nr. 323	§ 5 Abs. 1 Satz 1 Nr. 45 neu gef.
57	Jahressteuergesetz 2024 (JStG 2024) [Art. 21, 22]	2. 12. 2024	Nr. 387	§ 5 Abs. 1 Satz 1 geänd., Nr. 18 geänd., Nr. 26 aufgeh., Nr. 41 a, 14 b, 48 eingef., Abs. 1 a Satz 2 geänd., Abs. 6 aufgeh.
58	Gesetz zur Umsetzung der Richtlinie (EU) 2023/2226 [Art. 6]	22. 12. 2025	Nr. 352	§ 5 Abs. 1 Satz 1 geänd.
59	Gesetz zur Anpassung des Mindeststeuergesetzes und zur Umsetzung weiterer Maßnahmen [Art. 2]	22. 12. 2025	Nr. 353	§ 5 Abs. 1 Satz 2 geänd., Abs. 1 a Satz 2 neu gef.
60	Gesetz zur Förderung privater Investitionen und des Finanzstandorts (Standortfördergesetz – StoFöG) [Art. 60]	4. 2. 2026	Nr. 33	§ 5 Abs. 1 Satz 1 Nr. 33 aufgeh.
61	Gesetz über den Informationsaustausch zwischen den Strafverfolgungsbehörden der Mitgliedstaaten der Europäischen Union [Art. 7]	10. 2. 2026	Nr. 39	§ 5 Abs. 1 Satz 1 Nr. 5 a neu gef.

Abschnitt I. Allgemeine Vorschriften

1 **§ 1[1] Bundesfinanzbehörden**

Bundesfinanzbehörden sind

1. als oberste Behörde:
   das Bundesministerium der Finanzen;
2. als Oberbehörden:
   das Bundeszentralamt für Steuern, das Informationstechnikzentrum Bund und die Generalzolldirektion;
3. als örtliche Behörden:
   die Hauptzollämter einschließlich ihrer Dienststellen (Zollämter) und die Zollfahndungsämter.

2 **§ 2[2] Landesfinanzbehörden**

(1) Landesfinanzbehörden sind

1. als oberste Behörde:
   die für die Finanzverwaltung zuständige oberste Landesbehörde;

[1] § 1 Nr. 2 geänd. durch G v. 12. 7. 2006 (BGBl. I S. 1466); Nr. 3 und 4 geänd. durch G v. 13. 12. 2007 (BGBl. I S. 2897); Nr. 2 geänd. durch G v. 5. 3. 2008 (BGBl. I S. 282); Nr. 1 geänd., Nr. 3 geänd., Nr. 4 aufgeh. durch G v. 3. 12. 2015 (BGBl. I S. 2178); Nr. 2 neu gef. durch G v. 8. 12. 2016 (BGBl. I S. 2835); Nr. 2 geänd. mWv 1. 1. 2019 durch G v. 10. 3. 2017 (BGBl. I S. 420); Nr. 2 geänd. durch G v. 7. 12. 2020 (BGBl. I S. 2756).

[2] § 2 Abs. 1 Nr. 3, Abs. 2 Satz 1 geänd. durch G v. 21. 12. 2020 (BGBl. I S. 3096).

2. Oberbehörden, soweit nach diesem Gesetz oder nach Landesrecht als Landesfinanzbehörden eingerichtet;
3. als Mittelbehörden, soweit eingerichtet:
   die Oberfinanzdirektionen; anstelle der Oberfinanzdirektionen können Oberbehörden nach Nummer 2 oder andere nach Landesrecht eingerichtete Mittelbehörden treten;
4. als örtliche Behörden:
   die Finanzämter.

(2) Durch Rechtsverordnung der zuständigen Landesregierung kann ein Rechenzentrum der Landesfinanzverwaltung als Teil der für die Finanzverwaltung zuständigen obersten Landesbehörde, als Oberbehörde oder als Teil einer Oberbehörde, die nach Landesrecht als Landesfinanzbehörde nach Absatz 1 Nr. 2 oder 3 eingerichtet ist, als Teil einer Mittelbehörde, als Finanzamt oder als Teil eines Finanzamtes eingerichtet werden. Die Landesregierung kann die Ermächtigung durch Rechtsverordnung auf die für die Finanzverwaltung zuständige oberste Landesbehörde übertragen. Soweit ein Rechenzentrum der Finanzverwaltung eingerichtet ist, können ihm weitere Aufgaben, auch aus dem Geschäftsbereich einer anderen obersten Landesbehörde, übertragen werden.

(3) Durch Rechtsverordnung der zuständigen Landesregierung können für Kassengeschäfte andere örtliche Landesbehörden zu Landesfinanzbehörden bestimmt werden (besondere Landesfinanzbehörden). Absatz 2 Satz 2 ist anzuwenden.

§ 2a[1] Verzicht auf Mittelbehörden, Aufgabenwahrnehmung durch andere Finanzbehörden 3

(1) Durch Rechtsverordnung kann auf Mittelbehörden verzichtet werden. Die Rechtsverordnung erlässt für den Bereich von Aufgaben des Landes die zuständige Landesregierung. Die Landesregierung kann die Ermächtigung durch Rechtsverordnung auf die für die Finanzverwaltung zuständige oberste Landesbehörde übertragen.

(2) Wird auf Mittelbehörden verzichtet, gehen die diesen zugewiesenen Aufgaben der Landesfinanzverwaltung auf die oberste Behörde nach § 2 Abs. 1 Nr. 1 über. Durch Rechtsverordnung der zuständigen Landesregierung können Landesaufgaben nach Satz 1 einer anderen Landesfinanzbehörde übertragen werden. Die Landesregierung kann die Ermächtigung durch Rechtsverordnung auf die für die Finanzverwaltung zuständige oberste Landesbehörde übertragen.

§ 2b *(weggefallen)* 4

§ 3[2] Leitung der Finanzverwaltung 5

(1) Das Bundesministerium der Finanzen leitet die Bundesfinanzverwaltung. Soweit die Bundesfinanzbehörden Aufgaben aus dem Geschäftsbereich eines anderen Bundesministeriums zu erledigen haben, erteilt dieses die fachlichen Weisungen. Fachliche Weisungen, die wesentliche organisatorische Auswirkungen haben, ergehen im Benehmen mit dem Bundesministerium der Finanzen.

(2) Die für die Finanzverwaltung zuständige oberste Landesbehörde leitet die Landesfinanzverwaltung. Soweit Landesfinanzbehörden Aufgaben aus dem Geschäftsbereich einer anderen obersten Landesbehörde zu erledigen haben, erteilt diese die fachlichen Weisungen. Fachliche Weisungen, die wesentliche organisatorische Auswirkungen haben, ergehen im Benehmen mit der für die Finanzverwaltung zuständigen obersten Landesbehörde.

Abschnitt II. Oberbehörden

§ 4[3] Sitz und Aufgaben der Bundesoberbehörden 6

(1) Das Bundesministerium der Finanzen bestimmt den Sitz der Bundesoberbehörden, soweit durch Gesetz nichts anderes bestimmt ist.

(2) Die Bundesoberbehörden erledigen in eigener Zuständigkeit Aufgaben, die ihnen durch dieses Gesetz, durch andere oder aufgrund anderer Bundesgesetze zugewiesen werden.

(3) Die Bundesoberbehörden erledigen als beauftragte Behörden Aufgaben des Bundes, mit deren Durchführung sie vom Bundesministerium der Finanzen oder mit dessen Zustimmung von dem fachlich zuständigen Bundesministerium beauftragt werden.

§ 5[4] Aufgaben des Bundeszentralamtes für Steuern 7

(1) Das Bundeszentralamt für Steuern hat unbeschadet des § 4 Abs. 2 und 3 folgende Aufgaben:

---

[1] § 2a Abs. 2 Satz 1 geänd. durch G v. 13. 12. 2007 (BGBl. I S. 2897); Abs. 1 Satz 2 geänd., Satz 4 aufgeh., Abs. 2 Satz 1 geänd., Satz 2 aufgeh. durch G v. 3. 12. 2015 (BGBl. I S. 2178); Abs. 2 Satz 1 geänd. durch G v. 21. 12. 2020 (BGBl. I S. 3096).

[2] § 3 Abs. 1 Satz 2 eingef., bish. Sätze 2 und 3 werden Sätze 3 und 4 durch G v. 5. 3. 2008 (BGBl. I S. 282); Abs. 1 Satz 2 aufgeh. durch G v. 8. 12. 2016 (BGBl. I S. 2835).

[3] § 4 Abs. 2 geänd. durch G v. 3. 12. 2015 (BGBl. I S. 2178).

[4] § 5 Abs. 1 Satz 2 angef. durch G v. 18. 7. 2016 (BGBl. I S. 1679).

1. die Mitwirkung an Außenprüfungen (§ 19);

2.[1] die Erstattung von Kapitalertragsteuer und von im Wege des Steuerabzugs nach § 50a des Einkommensteuergesetzes erhobener Steuer an beschränkt Steuerpflichtige, soweit die Einkommensteuer oder die Körperschaftsteuer mit dem Steuerabzug abgegolten ist und die beschränkte Steuerpflicht nicht auf § 2 Nummer 2 des Körperschaftsteuergesetzes beruht;

2a.[2] die Entgegennahme der Anträge nach § 1a Absatz 1 Satz 4 des Körperschaftsteuergesetzes und Berücksichtigung des Status der optierenden Gesellschaft in den Verfahren zur Entlastung von deutschen Abzugssteuern (Erstattungen und Freistellungen) auf Grund von Abkommen zur Vermeidung der Doppelbesteuerung;

3.[3] die Entlastung bei deutschen Besitz- oder Verkehrssteuern gegenüber internationalen Organisationen, amtlichen zwischenstaatlichen Einrichtungen, ausländischen Missionen, berufskonsularischen Vertretungen und deren Mitgliedern auf Grund völkerrechtlicher Vereinbarung oder besonderer gesetzlicher Regelung nach näherer Weisung des Bundesministeriums der Finanzen sowie die Durchführung des Besteuerungsverfahrens nach § 18 Absatz 5a des Umsatzsteuergesetzes einschließlich der damit im Zusammenhang stehenden Tätigkeiten für ausländische Missionen, berufskonsularische Vertretungen und deren Mitglieder;

3. die Entlastung bei deutschen Besitz- oder Verkehrssteuern gegenüber internationalen Organisationen, amtlichen zwischenstaatlichen Einrichtungen, ausländischen Missionen, berufskonsularischen Vertretungen und deren Mitgliedern aufgrund völkerrechtlicher Vereinbarung oder besonderer gesetzlicher Regelung nach näherer Weisung des Bundesministeriums der Finanzen;

4.[4] die Besteuerung von Investmentfonds und Spezial-Investmentfonds sowie die Feststellung der Besteuerungsgrundlagen von Spezial-Investmentfonds, soweit es nach § 4 Absatz 2 Nummer 2 des Investmentsteuergesetzes zuständig ist. Daneben stellt das Bundeszentralamt für Steuern auf Anforderung den für die Besteuerung von Investmentfonds, Spezial-Investmentfonds oder deren Anlegern zuständigen Landesfinanzbehörden seine Erkenntnisse über ausländische Rechtsformen und ausländisches Recht zur Verfügung;

5.[5] die Ausübung der Funktion der zuständigen Behörde
   a) auf dem Gebiet der steuerlichen Rechts- und Amtshilfe,
   b) bei der Durchführung von Verständigungs- und Schiedsverfahren im Einvernehmen mit der zuständigen obersten Landesfinanzbehörde oder mit der von dieser beauftragten Behörde nach
      aa) den Doppelbesteuerungsabkommen,
      bb) dem Übereinkommen Nr. 90/436/EWG über die Beseitigung der Doppelbesteuerung im Falle von Gewinnberichtigungen zwischen verbundenen Unternehmen (ABl. L 225 vom 20. 8. 1990, S. 10) in der jeweils geltenden Fassung,
      cc) dem EU-Doppelbesteuerungsabkommen-Streitbeilegungsgesetz vom 10. Dezember 2019 (BGBl. I S. 2103) in der jeweils geltenden Fassung,
      dd) dem BEPS-MLI-Anwendungsgesetz vom 19. Juni 2024 (BGBl. 2024 I Nr. 205) in der jeweils geltenden Fassung und
   c) bei der Durchführung von Vorabverständigungsverfahren nach § 89a der Abgabenordnung, soweit das zuständige Bundesministerium seine Befugnisse in diesem Bereich delegiert;

5a.[6] die Entgegennahme und Weiterleitung von Meldungen nach auf der Grundlage von § 117a der Abgabenordnung ergangenen Rechtsverordnungen und die Durchführung von Bußgeldverfahren in den Fällen des § 379 Absatz 2 Nummer 1b und des § 383a der Abgabenordnung sowie die Auswertung dieser Meldungen im Rahmen der dem Bundeszentralamt für Steuern gesetzlich übertragenen Aufgaben;

5b.[7] die Entgegennahme und Weiterleitung von Meldungen und Auswertungen im Rahmen der nach § 2 des Gesetzes zum automatischen Austausch von Informationen über Finanzkonten in Steuersachen auszutauschenden Informationen und die Durchführung von Bußgeldverfahren nach § 28 des vorgenannten Gesetzes;

5c.[8] die Einstellung von Informationen zu grenzüberschreitenden Vorbescheiden oder Vorabverständigungen über die Verrechnungspreisgestaltung gemäß § 7 Absatz 3 bis 5 des EU-Amtshilfegesetzes in das Zentralverzeichnis der Mitgliedstaaten der Europäischen Union gemäß Artikel 21 Absatz 5 der Richtlinie 2011/16/EU des Rates vom 15. Februar 2011 über die

---

[1] § 5 Abs. 1 Nr. 2 neu gef. durch G v. 2. 6. 2021 (BGBl. I S. 1259).
[2] § 5 Abs. 1 Nr. 2a eingef. durch G v. 25. 6. 2021 (BGBl. I S. 2050).
[3] § 5 Abs. 1 Nr. 3 neu gef. durch G v. 2. 6. 2021 (BGBl. I S. 1259).
[4] § 5 Abs. 1 Nr. 4 neu gef. durch G v. 18. 12. 2013 (BGBl. I S. 4318); Abs. 1 Nr. 4 neu gef. durch G v. 19. 7. 2016 (BGBl. I S. 1730).
[5] § 5 Abs. 1 Nr. 5 neu gef. durch G v. 19. 6. 2024 (BGBl. I Nr. 205). Zu den Aufgaben des BZSt gemäß § 5 Abs. 1 Nr. 5 vgl. *BMF-Schreiben vom 8. 10. 2024* (abgedruckt im **Anh. II 2 d**).
[6] § 5 Abs. 1 Nr. 5a eingef. durch G v. 18. 12. 2013 (BGBl. I S. 4318); geänd. durch G v. 20. 12. 2016 (BGBl. I S. 3000); geänd. durch G v. 2. 12. 2024 (BGBl. 2024 I Nr. 387); neu gef. durch G v. 10. 2. 2026 (BGBl. 2026 I Nr. 39).
[7] § 5 Abs. 1 Nr. 5b eingef. durch G v. 21. 12. 2015 (BGBl. I S. 2531).
[8] § 5 Abs. 1 Nr. 5c eingef. durch G v. 20. 12. 2016 (BGBl. I S. 3000); neu gef. durch G v. 21. 12. 2019 (BGBl. I S. 2875).

Zusammenarbeit der Verwaltungsbehörden im Bereich der Besteuerung und zur Aufhebung der Richtlinie 77/799/EWG (ABl. L 64 vom 11. 3. 2011, S. 1) in der jeweils geltenden Fassung sowie die Entgegennahme der von den anderen Mitgliedstaaten der Europäischen Union in das Zentralverzeichnis eingestellten Informationen im Sinne des Artikels 8 a der Richtlinie 2011/16/EU und ihre Weiterleitung an die jeweils zuständige Landesfinanzbehörde nach Maßgabe des § 7 Absatz 9 des EU-Amtshilfegesetzes;

5 d.[1] die automatische Übermittlung der länderbezogenen Berichte, die dem Bundeszentralamt für Steuern hierzu von den Unternehmen nach § 138 a Absatz 6 der Abgabenordnung übermittelt worden sind, an
   a) die jeweils zuständige Landesfinanzbehörde,
   b) die zuständigen Behörden der Vertragsstaaten der am 27. Januar 2016 unterzeichneten „Mehrseitigen Vereinbarung zwischen den zuständigen Behörden über den Austausch länderbezogener Berichte" (BGBl. 2016 II S. 1178, 1179),
   c) die zuständigen Behörden der anderen Mitgliedstaaten gemäß Artikel 8 aa der Richtlinie 2011/16/EU sowie
   d) die zuständigen Behörden der Drittstaaten, mit denen die Bundesrepublik Deutschland ein Abkommen über den steuerlichen Informationsaustausch geschlossen hat, nach dem ein automatischer Austausch von Informationen vereinbart werden kann;

5 e.[2] die Entgegennahme und Weiterleitung
   a) der länderbezogenen Berichte, die dem zentralen Verbindungsbüro von den zuständigen Behörden der anderen Mitgliedstaaten gemäß Artikel 8 aa der Richtlinie 2011/16/EU übersandt wurden, an die zuständigen Landesfinanzbehörden sowie
   b) der länderbezogenen Berichte im Sinne des § 138 a Absatz 2 der Abgabenordnung, die dem zentralen Verbindungsbüro von den zuständigen Behörden der Vertragsstaaten der am 27. Januar 2016 unterzeichneten „Mehrseitigen Vereinbarung zwischen den zuständigen Behörden über den Austausch länderbezogener Berichte" (BGBl. 2016 II S. 1178, 1179) übermittelt wurden, an die jeweils zuständige Landesfinanzbehörde;
   c) der länderbezogenen Berichte im Sinne des § 138 a Absatz 2 der Abgabenordnung, die dem zentralen Verbindungsbüro von den zuständigen Behörden der Drittstaaten, mit denen die Bundesrepublik Deutschland ein Abkommen über den steuerlichen Informationsaustausch geschlossen hat, nach dem ein automatischer Austausch von Informationen vereinbart werden kann, übermittelt wurden, an die jeweils zuständige Landesfinanzbehörde;

5 f.[3] die automatische Übermittlung von Informationen zu grenzüberschreitenden Steuergestaltungen gemäß § 7 Absatz 13 des EU-Amtshilfegesetzes sowie die Entgegennahme von Informationen im Sinne des Artikels 8 ab der Richtlinie 2011/16/EU gemäß § 7 Absatz 14 des EU-Amtshilfegesetzes;

5 g.[4] die Entgegennahme, die Weiterleitung und die Übermittlung von Informationen nach § 9 Absatz 1 bis 3 und die Durchführung der Verfahren gemäß den §§ 10 bis 12 und 25 bis 27 des Plattformen-Steuertransparenzgesetzes;

5 h.[5] die Entgegennahme, Ermittlung, Weiterleitung und Auswertung der Meldungen nach § 3 Absatz 4 des Mindeststeuergesetzes sowie die Entgegennahme, Ermittlung, Weiterleitung, Übermittlung und Auswertung von Informationen nach § 75 des Mindeststeuergesetzes sowie die Kommunikation mit den zuständigen Behörden und die Berichtigungsaufforderung an die obersten Muttergesellschaften beziehungsweise die berichtspflichtigen Geschäftseinheiten nach § 75 a des Mindeststeuergesetzes;

5 i.[6] die Entgegennahme und die Übermittlung von Informationen nach § 16 Absatz 1 bis 3 des Kryptowerte-Steuertransparenz-Gesetzes und die Durchführung der Verfahren gemäß den §§ 17 und 18 des Kryptowerte-Steuertransparenz-Gesetzes;

5 j.[7] die Auswertung der Informationen nach den Nummern 5 c bis 5 i im Rahmen der dem Bundeszentralamt für Steuern gesetzlich übertragenen Aufgaben; Auswertungen der Informationen nach den Nummern 5 c bis 5 i durch die jeweils zuständige Landesfinanzbehörde bleiben hiervon unberührt;

6.[8] die zentrale Sammlung und Auswertung von Unterlagen über steuerliche Auslandsbeziehungen nach näherer Weisung des Bundesministeriums der Finanzen;

7. bei Personen, die nicht im Geltungsbereich dieses Gesetzes ansässig sind, die Bestimmung des für die Besteuerung örtlich zuständigen Finanzamts, wenn sich mehrere Finanzämter für ört-

---

[1] § 5 Abs. 1 Nr. 5 d eingef. durch G v. 20. 12. 2016 (BGBl. I S. 3000); Abs. 1 Nr. 5 d Buchst. d eingef. durch G v. 12. 12. 2019 (BGBl. I S. 2451).

[2] § 5 Abs. 1 Nr. 5 e angef. durch G v. 20. 12. 2016 (BGBl. I S. 3000); Abs. 1 Nr. 5 e Buchst. c angef. durch G v. 12. 12. 2019 (BGBl. I S. 2451).

[3] §§ 5 Abs. 1 Nr. 5 f eingef. durch G v. 20. 12. 2016 (BGBl. I S. 3000); neu gef. durch G v. 21. 12. 2019 (BGBl. I S. 2875).

[4] § 5 Abs. 1 Nr. 5 g eingef. durch G v. 21. 12. 2019 (BGBl. I S. 2875); neu gef. durch G v. 20. 12. 2022 (BGBl. I S. 2730).

[5] § 5 Abs. 1 Nr. 5 h neu gef. durch G v. 22. 12. 2025 (BGBl. 2025 I Nr. 353).

[6] § 5 Abs. 1 Nr. 5 i eingef. durch G v. 22. 12. 2025 (BGBl. 2025 I Nr. 352).

[7] § 5 Abs. 1 Nr. 5 i eingef. durch G v. 21. 12. 2023 (BGBl. 2023 I Nr. 397); wird Nr. 5 j und neu gef. durch G v. 22. 12. 2025 (BGBl. 2025 I Nr. 352).

[8] Siehe *BMF-Schreiben vom 9. 9. 2019, BStBl. I S. 907,* abgedruckt in Loseblatt Textausgabe „Steuererlasse" Nr. **803** § 5/3.

lich zuständig oder für örtlich unzuständig halten oder wenn sonst Zweifel über die örtliche Zuständigkeit bestehen;

8.[1] die Vergütung der Vorsteuerbeträge in dem besonderen Verfahren nach § 18 Abs. 9 des Umsatzsteuergesetzes;

9.[2] auf Grund der Verordnung (EU) Nr. 904/2010 des Rates vom 7. Oktober 2010 über die Zusammenarbeit der Verwaltungsbehörden und die Betrugsbekämpfung auf dem Gebiet der Mehrwertsteuer (ABl. L 268 vom 12. 10. 2010, S. 1)
   a) die Vergabe der Umsatzsteuer-Identifikationsnummer (§ 27 a des Umsatzsteuergesetzes),
   b) die Entgegennahme der Zusammenfassenden Meldungen (§ 18 a des Umsatzsteuergesetzes) und Speicherung der Daten,
   c) den Austausch von gespeicherten Informationen mit anderen Mitgliedstaaten;

10.[3] die Erteilung von Bescheinigungen in Anwendung des Artikels 151 der Richtlinie 2006/112/EG des Rates vom 28. November 2006 über das gemeinsame Mehrwertsteuersystem (ABl. L 347 vom 11. 12. 2006, S. 1, L 335 vom 20. 12. 2007, S. 60), die zuletzt durch die Richtlinie 2013/61/EU (ABl. L 353 vom 28. 12. 2013, S. 5) geändert worden ist, in der jeweils geltenden Fassung zum Nachweis der Umsatzsteuerbefreiung der Umsätze, die in anderen Mitgliedstaaten der Europäischen Union an im Geltungsbereich dieses Gesetzes ansässige zwischenstaatliche Einrichtungen, ständige diplomatische Missionen und berufskonsularische Vertretungen sowie deren Mitglieder ausgeführt werden;

11.[4] die Durchführung des Familienleistungsausgleichs nach Maßgabe der §§ 31, 62 bis 78 des Einkommensteuergesetzes. Die Bundesagentur für Arbeit stellt dem Bundeszentralamt für Steuern zur Durchführung dieser Aufgaben ihre Dienststellen als Familienkassen zur Verfügung. Das Nähere, insbesondere die Höhe der Verwaltungskostenerstattung, wird durch Verwaltungsvereinbarung geregelt. Der Vorstand der Bundesagentur für Arbeit kann innerhalb seines Zuständigkeitsbereichs abweichend von den Vorschriften der Abgabenordnung über die örtliche Zuständigkeit von Finanzbehörden die Entscheidung über den Anspruch auf Kindergeld für bestimmte Bezirke oder Gruppen von Berechtigten einer anderen Familienkasse übertragen. Für die besonderen Belange der Personen, die in einem öffentlich-rechtlichen Dienst-, Amts- oder Ausbildungsverhältnis zum Bund stehen oder Versorgungsbezüge nach bundesbeamten- oder soldatenrechtlichen Vorschriften oder Grundsätzen erhalten oder Arbeitnehmer des Bundes oder einer sonstigen Körperschaft, einer Anstalt oder einer Stiftung des öffentlichen Rechts im Bereich des Bundes sind, benennt die Bundesagentur für Arbeit als Familienkasse zentrale Ansprechpartner. Die Familienkassen gelten als Bundesfinanzbehörden, soweit sie den Familienleistungsausgleich durchführen, und unterliegen insoweit der Fachaufsicht des Bundeszentralamt für Steuern.

12.[5] die Durchführung der Veranlagung nach § 50 Absatz 2 Satz 2 Nummer 5 des Einkommensteuergesetzes und § 32 Absatz 2 Nummer 2 des Körperschaftsteuergesetzes sowie die Durchführung des Steuerabzugsverfahrens nach § 50 a Absatz 1 des Einkommensteuergesetzes und nach § 10 des Steueroasen-Abwehrgesetzes; einschließlich des Erlasses von Haftungs- und Nachforderungsbescheiden und deren Vollstreckung;

13. die zentrale Sammlung und Auswertung der von den Finanzbehörden der Länder übermittelten Informationen über Betrugsfälle im Bereich der Umsatzsteuer;

14.[6] die Sammlung, Auswertung und Weitergabe der Daten, die nach § 45 d des Einkommensteuergesetzes in den dort genannten Fällen zu übermitteln sind sowie die Übermittlung der Identifikationsnummer (§ 139 b der Abgabenordnung) in dem Anfrageverfahren nach § 44 a Absatz 2 a Satz 3 bis 7 des Einkommensteuergesetzes;

14 a.[7] die Sammlung, Auswertung und Bereitstellung der Daten, die nach den §§ 45 b und 45 c des Einkommensteuergesetzes in den dort genannten Fällen zu übermitteln sind; das Bundeszentralamt für Steuern unterrichtet die Finanzbehörden der Länder über die Ergebnisse der Datenauswertung und stellt den Finanzbehörden der Länder Daten für die Verwendung in Besteuerungsverfahren zur Verfügung;

15. die Koordinierung von Umsatzsteuerprüfungen der Landesfinanzbehörden in grenz- und länderübergreifenden Fällen;

---

[1] § 5 Nr. 8 Satz 2 aufgeh. durch G v. 19. 12. 2008 (BGBl. I S. 2794).

[2] § 5 Nr. 9 geänd. durch G v. 26. 6. 2013 (BGBl. I S. 1809); Nr. 10 neu gef. durch G v. 25. 7. 2014 (BGBl. I S. 1266).

[3] § 5 Nr. 10 geänd. durch G v. 26. 6. 2013 (BGBl. I S. 1809); Nr. 10 neu gef. durch G v. 25. 7. 2014 (BGBl. I S. 1266).

[4] § 5 Nr. 11 Satz 4 eingef., Satz 6 geänd. mWv 1. 1. 2022, Satz 10 geänd., Satz 12 angef. durch G v. 8. 12. 2016 (BGBl. I S. 2835); Sätze 6 und 7 aufgeh., bish. Sätze 8–12 werden Sätze 6–10 mWv 1. 3. 2023, Sätze 6–8 und 10 aufgeh., bish. Satz 9 wird Satz 6 mWv 1. 1. 2024 durch G v. 16. 12. 2022 (BGBl. I S. 2294).

[5] § 5 Abs. 1 Nr. 12 aufgeh. durch G v. 19. 12. 2008 (BGBl. I S. 2794); neu gef. durch G v. 10. 8. 2009 (BGBl. I S. 2702); neu gef. durch G v. 25. 6. 2021 (BGBl. I S. 2056).

Die sachliche Zuständigkeit des Bundeszentralamts für Steuern für die Antragsveranlagung beschränkt Steuerpflichtiger und die Durchführung des Steuerabzugs nach § 50 a Abs. 1 des Einkommensteuergesetzes erstreckt sich nicht auf die Außenprüfung (*BFH-Urteil vom 20. 12. 2023 I R 21/21, BStBl. 2024 II S. 592*).

[6] § 5 Abs. 1 Nr. 14 neu gef. durch G v. 8. 12. 2010 (BGBl. I S. 1768).

[7] § 5 Abs. 1 Nr. 14 a eingef. durch G v. 2. 6. 2021 (BGBl. I S. 1259).

16. das Zusammenführen und Auswerten von umsatzsteuerlich erheblichen Informationen zur Identifizierung prüfungswürdiger Sachverhalte;

17. die Beobachtung von elektronisch angebotenen Dienstleistungen zur Unterstützung der Landesfinanzverwaltungen bei der Umsatzbesteuerung des elektronischen Handels;

18.[1] a) die Weiterleitung der Daten, die nach § 10 Absatz 2 a, 2 b, 2 c und 4 b des Einkommensteuergesetzes in den dort genannten Fällen zu übermitteln sind,
b) die Sammlung, Auswertung und Weitergabe der Daten, die nach § 10 a Absatz 5 des Einkommensteuergesetzes in den dort genannten Fällen zu übermitteln sind,
c) die Sammlung, Auswertung und Weitergabe der Daten, die nach § 22 a des Einkommensteuergesetzes in den dort genannten Fällen zu übermitteln sind,
d) bei einer Datenübermittlung nach § 22 a Absatz 1 des Einkommensteuergesetzes die Prüfung nach § 93 c Absatz 4 Satz 1 der Abgabenordnung und die Erhebung des Verspätungsgeldes nach § 22 a Absatz 5 des Einkommensteuergesetzes,
e) die Übermittlung der Identifikationsnummer (§ 139 b der Abgabenordnung) im Anfrageverfahren nach § 22 a Absatz 2 in Verbindung mit § 10 Absatz 2 a, 2 b, 2 c und 4 b, § 10 a Absatz 5 und § 32 b Absatz 3 Satz 1 sowie nach § 52 Absatz 30 b des Einkommensteuergesetzes,
f) die Gewährung der Altersvorsorgezulage nach Abschnitt XI des Einkommensteuergesetzes sowie
g) die Durchführung von Bußgeldverfahren nach § 50 f des Einkommensteuergesetzes.
Das Bundeszentralamt für Steuern bedient sich zur Durchführung dieser Aufgaben der Deutschen Rentenversicherung Bund, soweit diese zentrale Stelle im Sinne des § 81 des Einkommensteuergesetzes ist, im Wege der Organleihe. Die Deutsche Rentenversicherung Bund unterliegt insoweit der Fachaufsicht des Bundeszentralamtes für Steuern. Das Nähere, insbesondere die Höhe der Verwaltungskostenerstattung, wird durch Verwaltungsvereinbarung geregelt;

19. die zentrale Sammlung der von den Finanzbehörden übermittelten Angaben über erteilte Freistellungsbescheinigungen nach § 48 b des Einkommensteuergesetzes und die Erteilung von Auskünften im Wege einer elektronischen Abfrage an den Leistungsempfänger im Sinne des § 48 Abs. 1 Satz 1 des Einkommensteuergesetzes über die übermittelten Freistellungsbescheinigungen;

20.[2] den Einzug der einheitlichen Pauschsteuer nach § 40 a Abs. 2 des Einkommensteuergesetzes. Das Bundeszentralamt für Steuern bedient sich zur Durchführung dieser Aufgabe der Deutschen Rentenversicherung Knappschaft-Bahn-See als Träger der knappschaftlichen Rentenversicherung im Wege der Organleihe. Das Nähere, insbesondere die Höhe der Verwaltungskostenerstattung, wird durch Verwaltungsvereinbarung geregelt. Die Deutsche Rentenversicherung Knappschaft-Bahn-See als Träger der knappschaftlichen Rentenversicherung gilt für die Durchführung dieser Aufgabe als Bundesfinanzbehörde und unterliegt insoweit der Fachaufsicht des Bundeszentralamtes für Steuern;

21.[3] für vor dem 1. Juli 2021 ausgeführte Umsätze die Durchführung des Besteuerungsverfahrens nach § 18 Absatz 4 c des Umsatzsteuergesetzes in der bis zum 30. Juni 2021 geltenden Fassung einschließlich der damit im Zusammenhang stehenden Tätigkeiten auf Grund von Kapitel XI Abschnitt 1 und 2 der Verordnung (EU) Nr. 904/2010 des Rates vom 7. Oktober 2010 über die Zusammenarbeit der Verwaltungsbehörden und die Betrugsbekämpfung auf dem Gebiet der Mehrwertsteuer (ABl. L 268 vom 12. 10. 2010, S. 1) sowie für nach dem 30. Juni 2021 ausgeführte Umsätze die Entgegennahme und Weiterleitung von Anzeigen, Umsatzsteuererklärungen und Zahlungen von nicht im Gemeinschaftsgebiet ansässigen Unternehmern in Anwendung der Artikel 360 bis 367 und 369 der Richtlinie 2006/112/EG des Rates in der Fassung von Artikel 2 Nummer 17 bis 19 der Richtlinie (EU) 2017/2455 des Rates vom 5. Dezember 2017 zur Änderung der Richtlinie 2006/112/EG und der Richtlinie 2009/132/EG in Bezug auf bestimmte mehrwertsteuerliche Pflichten für die Erbringung von Dienstleistungen und für Fernverkäufe von Gegenständen (ABl. L 348 vom 29. 12. 2017, S. 7) einschließlich der mit der Durchführung des Besteuerungsverfahrens nach § 18 i des Umsatzsteuergesetzes zusammenhängenden Tätigkeiten auf Grund der Kapitel V und XI der Verordnung (EU) Nr. 904/2010 des Rates in der Fassung von Artikel 1 der Verordnung (EU) 2017/2454 des Rates vom 5. Dezember 2017 zur Änderung der Verordnung (EU) Nr. 904/2010 des Rates über die Zusammenarbeit der Verwaltungsbehörden und die Betrugsbekämpfung auf dem Gebiet der Mehrwertsteuer (ABl. L 348 vom 29. 12. 2017, S. 1);

---

[1] § 5 Abs. 1 Nr. 18 Satz 1 neu gef. durch G v. 19. 12. 2008 (BGBl. I S. 2794); Nr. 18 Satz 1 neu gef., Satz 2 geänd. durch G v. 20. 12. 2008 (BGBl. I S. 2850); Nr. 18 Satz 1 Buchst. a, b geänd., Buchst. e neu gef. durch G v. 16. 7. 2009 (BGBl. I S. 1959), Nr. 18 Satz 1 Buchst. d neu gef., Buchst. g angef. durch G v. 8. 12. 2010 (BGBl. I S. 1768), Nr. 18 Buchst. a geänd. durch G v. 26. 6. 2013 (BGBl. I S. 1809); Nr. 18 Buchst. d neu gef. durch G v. 18. 7. 2016 (BGBl. I S. 1679); Nr. 18 Buchst. a und e geänd. durch G v. 20. 11. 2019 (BGBl. I S. 1626); Nr. 18 Buchst. e geänd. durch G v. 11. 2. 2021 (BGBl. I S. 154); Nr. 18 Buchst. a und Buchst. e geänd. durch G v. 2. 12. 2024 (BGBl. 2024 I Nr. 387).

[2] § 5 Abs. 1 Nr. 20 geänd. durch G v. 26. 6. 2013 (BGBl. I S. 1809).

[3] § 5 Abs. 1 Nr. 21 neu gef. durch G v. 12. 12. 2019 (BGBl. I S. 2451); Nr. 21 neu gef. mWv 1. 4. 2021 durch G v. 21. 12. 2020 (BGBl. I S. 3096).

22. die Vergabe und die Verwaltung des Identifikationsmerkmals nach den §§ 139 a bis 139 d der Abgabenordnung;
23. die Bestätigungen nach § 18 e des Umsatzsteuergesetzes 1999;
24. den Abruf von Daten aus den nach § 93 b der Abgabenordnung in Verbindung mit § 24 c Abs. 1 Satz 1 des Kreditwesengesetzes von den Kreditinstituten geführten Dateien und die Weiterleitung der abgerufenen Daten an die zuständigen Finanzbehörden;
25.[1] die Verwaltung der Versicherung- und Feuerschutzsteuer und die zentrale Sammlung und Auswertung der Informationen für die Verwaltung der Versicherung- und Feuerschutzsteuer;
26.[2] *(aufgehoben)*
27.[3] die Erteilung von verbindlichen Auskünften nach § 89 Abs. 2 Satz 3 der Abgabenordnung;
28.[3] die Unterstützung der Finanzbehörden der Länder bei der Verhütung und Verfolgung von Steuerstraftaten mit länderübergreifender, internationaler oder erheblicher Bedeutung sowie bei Anzeigen nach § 116 Abs. 1 der Abgabenordnung. Das Bundeszentralamt für Steuern hat zur Wahrnehmung dieser Aufgabe alle hierfür erforderlichen Informationen zu sammeln und auszuwerten und die Behörden der Länder über die sie betreffenden Informationen und die in Erfahrung gebrachten Zusammenhänge von Straftaten zu unterrichten;

28 a.[4] die Weiterleitung von Mitteilungen nach § 116 Abs. 1 der Abgabenordnung an die zuständigen Finanzbehörden der Zollverwaltung;

28 b.[5] die Unterstützung der Finanzbehörden der Länder bei der Ermittlung von Steuergestaltungen, die die Erlangung eines Steuervorteils aus der Erhebung oder Entlastung von Kapitalertragsteuer mit länderübergreifender, internationaler oder erheblicher Bedeutung zum Gegenstand haben; das Bundeszentralamt für Steuern hat zur Wahrnehmung dieser Aufgabe alle hierfür erforderlichen Informationen zu sammeln und auszuwerten und die Behörden der Länder über die sie betreffenden Informationen zu unterrichten;

29.[6] die Durchführung der gesonderten Feststellung der Einlagenrückgewähr nach § 27 Absatz 8 des Körperschaftsteuergesetzes;

29 a.[7] Entgegennahme, Verarbeitung und Weiterleitung der Versicherungsdaten bei privaten Krankenversicherungen und privaten Pflege-Pflichtversicherung nach § 39 Abs. 4 a des Einkommensteuergesetzes;

30.[8] die Bildung, Speicherung und Bereitstellung elektronischer Lohnsteuerabzugsmerkmale;
31.[9] die zentrale Sammlung der von den Finanzbehörden der Länder übermittelten Daten zu Konzernübersichten (Konzernverzeichnis) sowie die Erteilung von Auskünften daraus im Wege einer elektronischen Abfrage durch die Finanzbehörden der Länder;
32.[7] die zentrale Sammlung der von den Finanzbehörden der Länder übermittelten branchenbezogenen Kennzahlen sowie die Erteilung von Auskünften daraus im Wege einer elektronischen Abfrage durch die Finanzbehörden der Länder;
33.[10] (aufgehoben)
34.[11] die Zertifizierung von Altersvorsorge- und Basisrentenverträgen nach dem Altersvorsorge-Zertifizierungsgesetz und die Durchführung von Bußgeldverfahren nach § 13 des Altersvorsorge-Zertifizierungsgesetzes;
35.[12] die Prüfung der Vollständigkeit und Zulässigkeit von Anträgen auf Vorsteuer-Vergütung für im Inland ansässige Unternehmer in Anwendung von Artikel 18 der Richtlinie 2008/9/EG des Rates vom 12. Februar 2008 zur Regelung der Erstattung der Mehrwertsteuer gemäß der Richtlinie 2006/112/EG an nicht im Mitgliedstaat der Erstattung, sondern in einem anderen Mitgliedstaat ansässige Steuerpflichtige (ABl. EU Nr. L 44 S. 23);
36.[13] die Prüfung nach § 93 c Absatz 4 Satz 1 der Abgabenordnung der bei Vorliegen der Einwilligung nach § 10 Absatz 2 b des Einkommensteuergesetzes zu übermittelnden Daten sowie bei dieser Datenübermittlung die Festsetzung und Erhebung des Haftungsbetrages nach § 72 a Absatz 4 der Abgabenordnung;
37.[14] Ausstellung der Bescheinigung an Unternehmer über die Erfüllung der Voraussetzungen des § 4 Nummer 11 b des Umsatzsteuergesetzes;

---

[1] § 5 Abs. 1 Nr. 25 neu gef. durch G v. 10. 8. 2009 (BGBl. I S. 2702).
[2] § 5 Abs. 1 Nr. 26 aufgeh. durch G v. 2. 12. 2024 (BGBl. 2024 I Nr. 387).
[3] § 5 Abs. 1 Nr. 27 und 28 angef. durch G v. 5. 9. 2006 (BGBl. I S. 2098).
[4] § 5 Abs. 1 Nr. 28 a eingef. durch G v. 20. 12. 2007 (BGBl. I S. 3150).
[5] § 5 Abs. 1 Nr. 28 b eingef. durch G v. 2. 6. 2021 (BGBl. I S. 1259).
[6] § 5 Abs. 1 Nr. 29 angef. durch G v. 7. 12. 2006 (BGBl. I S. 2782); neu gef. durch G v. 16. 12. 2022 (BGBl. I S. 2294).
[7] § 5 Abs. 1 Nr. 29 a eingef. mWv 1. 1. 2023 durch G v. 21. 12. 2020 (BGBl. I S. 3096).
[8] § 5 Abs. 1 Nr. 30 eingef. durch G v. 20. 12. 2007 (BGBl. I S. 3150).
[9] § 5 Abs. 1 Nr. 31 und 32 angef. durch G v. 13. 12. 2006 (BGBl. I S. 2878).
[10] § 5 Abs. 1 Nr. 33 aufgeh. durch G v. 4. 2. 2026 (BGBl. 2026 I Nr. 33).
[11] § 5 Abs. 1 Nr. 34 neu gef. durch G v. 11. 12. 2018 (BGBl. I S. 2338).
[12] § 5 Abs. 1 Nr. 35 angef. durch G v. 19. 12. 2008 (BGBl. I S. 2794).
[13] § 5 Abs. 1 Nr. 36 angef. durch G v. 16. 7. 2009 (BGBl. I S. 1959); Nr. 36 neu gef. durch G v. 18. 7. 2016 (BGBl. I S. 1679); Nr. 36 geänd. durch G v. 20. 11. 2019 (BGBl. I S. 1626).
[14] § 5 Abs. 1 Nr. 37 angef. durch G v. 8. 4. 2010 (BGBl. I S. 386).

38.[1] ab 14. Dezember 2010 die Weiterleitung von Anzeigen nach § 9 der Erbschaftsteuer-Durchführungsverordnung an die zuständigen Finanzbehörden der Länder,

39.[2] (aufgehoben)

40.[3] für vor dem 1. Juli 2021 ausgeführte Umsätze die mit der Durchführung des Besteuerungsverfahrens nach § 18 Absatz 4 e des Umsatzsteuergesetzes in Zusammenhang stehenden Tätigkeiten auf Grund der Kapitel V und XI Abschnitt 2 der Verordnung (EU) Nr. 904/2010 des Rates vom 7. Oktober 2010 über die Zusammenarbeit der Verwaltungsbehörden und die Betrugsbekämpfung auf dem Gebiet der Mehrwertsteuer (ABl. L 268 vom 12. 10. 2010, S. 1) und die Entgegennahme und Weiterleitung von Anzeigen und Umsatzsteuererklärungen für im Inland ansässige Unternehmer in Anwendung der Artikel 369 c bis 369 i der Richtlinie 2006/112/EG des Rates in der Fassung des Artikels 5 Nummer 15 der Richtlinie 2008/8/EG des Rates vom 12. Februar 2008 zur Änderung der Richtlinie 2006/112/EG bezüglich des Ortes der Dienstleistung (ABl. L 44 vom 20. 2. 2008, S. 11) einschließlich der damit zusammenhängenden Tätigkeiten auf Grund von Artikel 17 Absatz 1 Buchstabe d und Artikel 21 Absatz 1 sowie Kapitel XI Abschnitt 2 der Verordnung (EU) Nr. 904/2010 des Rates vom 7. Oktober 2010 über die Zusammenarbeit der Verwaltungsbehörden und die Betrugsbekämpfung auf dem Gebiet der Mehrwertsteuer (ABl. L 268 vom 12. 10. 2010, S. 1) sowie für nach dem 30. Juni 2021 ausgeführte Umsätze die Entgegennahme und Weiterleitung von Anzeigen, Umsatzsteuererklärungen und Zahlungen von im Inland oder nicht im Gemeinschaftsgebiet ansässigen Unternehmern in Anwendung der Artikel 369 c bis 369 i und 369 k der Richtlinie 2006/112/EG des Rates in der Fassung von Artikel 1 Nummer 11 bis 13 der Richtlinie (EU) 2019/1995 des Rates vom 21. November 2019 zur Änderung der Richtlinie 2006/112/EG des Rates vom 28. November 2006 in Bezug auf Vorschriften für Fernverkäufe von Gegenständen und bestimmte inländische Lieferungen von Gegenständen (ABl. L 310 vom 2. 12. 2019, S. 1) einschließlich der mit der Durchführung des Besteuerungsverfahrens nach § 18 j des Umsatzsteuergesetzes zusammenhängenden Tätigkeiten auf Grund der Kapitel V und XI Abschnitt 2 und 3 der Verordnung (EU) Nr. 904/2010 des Rates in der Fassung von Artikel 1 der Verordnung (EU) 2017/2454 des Rates vom 5. Dezember 2017 zur Änderung der Verordnung (EU) Nr. 904/2010 des Rates über die Zusammenarbeit der Verwaltungsbehörden und die Betrugsbekämpfung auf dem Gebiet der Mehrwertsteuer (ABl. L 348 vom 29. 12. 2017, S. 1);

41. die Entgegennahme und Weiterleitung von Anzeigen, Umsatzsteuererklärungen und Zahlungen von im Inland oder nicht im Gemeinschaftsgebiet ansässigen Unternehmern oder von im Auftrag handelnden im Inland ansässigen Vertretern in Anwendung der Artikel 369 o bis 369 v und 369 x der Richtlinie 2006/112/EG des Rates in der Fassung von Artikel 2 Nummer 30 der Richtlinie (EU) 2017/2455 des Rates vom 5. Dezember 2017 zur Änderung der Richtlinie 2006/112/EG und der Richtlinie 2009/132/EG in Bezug auf bestimmte mehrwertsteuerliche Pflichten für die Erbringung von Dienstleistungen und für Fernverkäufe von Gegenständen (ABl. L 348 vom 29. 12. 2017, S. 7) einschließlich der mit der Durchführung des Besteuerungsverfahrens nach § 18 k des Umsatzsteuergesetzes zusammenhängenden Tätigkeiten auf Grund der Kapitel V und XI Abschnitt 3 der Verordnung (EU) Nr. 904/2010 des Rates in der Fassung von Artikel 1 der Verordnung (EU) 2017/2454 des Rates vom 5. Dezember 2017 zur Änderung der Verordnung (EU) Nr. 904/2010 des Rates über die Zusammenarbeit der Verwaltungsbehörden und die Betrugsbekämpfung auf dem Gebiet der Mehrwertsteuer (ABl. L 348 vom 29. 12. 2017, S. 1);

41 a.[4] die Durchführung des Meldeverfahrens für Kleinunternehmer im übrigen Gemeinschaftsgebiet nach § 19 a des Umsatzsteuergesetzes

41 b.[5] die Entgegennahme mit anderen Mitgliedstaaten nach Kapitel Xa der Verordnung (EU) Nr. 904/2010 des Rates vom 7. Oktober 2010 über die Zusammenarbeit der Verwaltungsbehörden und die Betrugsbekämpfung auf dem Gebiet der Mehrwertsteuer (ABl. L 268 vom 12. 10. 2010, S. 1) in der jeweils geltenden Fassung;

42.[6] die Errichtung und Pflege des Online-Zugriffs der Finanzämter auf ATLAS-Ein- und Ausfuhrdaten;

43.[7] die Unterstützung des Bundesministeriums der Finanzen bei der Gesetzesfolgenabschätzung im Steuerrecht;

44.[8] die Sammlung, Sortierung, Zuordnung und Auswertung der ihm nach den §§ 138 d bis 138 h der Abgabenordnung und § 7 Absatz 14 Satz 2 des EU-Amtshilfegesetzes zugegangenen Mitteilungen über grenzüberschreitende Steuergestaltungen, ihre Weiterleitung an die Ge-

---

[1] § 5 Abs. 1 Nr. 38 angef. durch G v. 8. 12. 2010 (BGBl. I S. 1768).
[2] § 5 Abs. 1 Nr. 39 angef. durch G v. 21. 3. 2013 (BGBl. I S. 561); aufgeh. durch G v. 2. 6. 2021 (BGBl. I S. 1259).
[3] § 5 Abs. 1 Nr. 40 angef. durch G v. 25. 7. 2014 (BGBl. I S. 1266), Nr. 40 neu gef. mWv 1. 4. 2021 durch G v. 21. 12. 2020 (BGBl. I S. 3096).
[4] § 5 Abs. 1 Nr. 41 a angef. durch G v. 2. 12. 2024 (BGBl. 2024 I Nr. 387).
[5] § 5 Abs. 1 Nr. 41 b angef. durch G v. 2. 12. 2024 (BGBl. 2024 I Nr. 387).
[6] § 5 Abs. 1 Nr. 42 angef. durch G v. 22. 12. 2014 (BGBl. I S. 2417).
[7] § 5 Abs. 1 Nr. 43 angef. durch G v. 12. 12. 2019 (BGBl. I S. 2451).
[8] § 5 Abs. 1 Nr. 44 angef. durch G v. 21. 12. 2019 (BGBl. I S. 2875).

neralzolldirektion nach § 138 j Absatz 1 Satz 2 der Abgabenordnung, die Information der Landesfinanzbehörden nach § 138 i und § 138 j Absatz 3 der Abgabenordnung sowie die Unterrichtung des Bundesministeriums der Finanzen über die Ergebnisse der Auswertung nach § 138 j Absatz 1 der Abgabenordnung.

44 a.[1] die Durchführung des Bußgeldverfahrens in den Fällen des § 379 Absatz 2 Nummer 1 e und 1 f der Abgabenordnung;

45.[2] die Übermittlung von Daten im Rahmen des automatisierten Datenabrufverfahrens mit den Trägern der gesetzlichen Rentenversicherung in dem in § 151 b Absatz 2 Satz 2 des Sechsten Buches Sozialgesetzbuch genannten Fall;

45 a.[3] die Durchführung des Besteuerungsverfahrens nach dem Gesetz zur Einführung eines EU-Energiekrisenbeitrags nach der Verordnung (EU) 2022/1854;

46.[4] Mitwirkung bei der Festlegung der Einzelheiten der Risikomanagementsysteme zur Gewährleistung eines bundeseinheitlichen Vollzugs auf dem Gebiet der Steuern, die von den Landesfinanzbehörden im Auftrag des Bundes verwaltet werden;

46 a.[5] die Prüfung nach § 7 Absatz 1 Satz 1 und 2 des Gesetzes über steuerrechtliche Maßnahmen bei Erhöhung des Nennkapitals aus Gesellschaftsmitteln, wenn im Zeitpunkt der Antragstellung keine Finanzbehörde nach § 20 der Abgabenordnung für die Besteuerung der ausländischen Gesellschaft nach dem Einkommen örtlich zuständig ist;

46 b.[6] die Koordinierung von und Mitwirkung an internationalen Risikobewertungsverfahren im Sinne des § 89 b der Abgabenordnung;

47.[7] a) die zentrale Sammlung sowohl der von den Finanzbehörden der Länder nach § 60 b der Abgabenordnung übermittelten Daten als auch der Zuwendungsempfänger des Buchstaben b,

b) für Körperschaften, juristische Personen des öffentlichen Rechts oder öffentliche Dienststellen ohne Sitz im Geltungsbereich des Grundgesetzes, die die Voraussetzungen des § 10 b Absatz 1 Satz 2 Nummer 1 oder Nummer 3, Satz 3 bis 6 des Einkommensteuergesetzes erfüllen und nachweislich Zuwendungen von Personen mit Wohnsitz, Aufenthalt, Sitz oder Geschäftsleitung im Geltungsbereich dieses Gesetzes erhalten haben, auf Antrag nach amtlich vorgeschriebenem Datensatz durch Datenfernübertragung des Zuwendungsempfängers die Aufnahme in das Zuwendungsempfängerregister für die Zwecke des § 50 Absatz 1 der Einkommensteuer-Durchführungsverordnung,

c) der Abgleich der in den Verfassungsschutzberichten des Bundes und der Länder als „extremistisch" eingestuften Organisationen mit den im Zuwendungsempfängerregister aufgeführten Körperschaften auf die Voraussetzungen des § 51 Absatz 3 der Abgabenordnung und die Mitteilung des Ergebnisses der Prüfung an die zuständige Landesfinanzbehörde,

d) die Bereitstellung für Zwecke des Sonderausgabenabzugs nach § 10 b des Einkommensteuergesetzes und der Steuerermäßigung des § 34 g des Einkommensteuergesetzes der in § 60 b Absatz 2 der Abgabenordnung als automatisiert abrufbare Merkmale der im Zuwendungsempfängerregister geführten Körperschaften, Personenvereinigungen, Vermögensmassen, juristischen Personen des öffentlichen Rechts oder öffentlichen Dienststellen für die Finanzbehörden der Länder und für Dritte,

e) die Erteilung von Auskünften aus der zentralen Sammlung nach Buchstabe a im Wege einer elektronischen Abfrage durch die Finanzbehörden der Länder und durch Dritte;

48.[8] die Wahrnehmung der Aufgaben der Direktauszahlungsbehörde nach § 139 e der Abgabenordnung;

49.[9] die Durchführung von Bußgeldverfahren nach § 98 des Mindeststeuergesetzes.

Das Bundeszentralamt für Steuern hat Daten, die von ihm oder der zentralen Stelle im Sinne des § 81 des Einkommensteuergesetzes nach § 88 Absatz 4 der Abgabenordnung nicht an die Landesfinanzbehörden weitergeleitet wurden, bis zum Ablauf des 15. Jahres nach dem Jahr des Zugangs der Daten zur Durchführung von Verfahren im Sinne des § 30 Absatz 2 Nummer 1 Buchstabe a und b der Abgabenordnung sowie zur Datenschutzkontrolle zu speichern.

(1 a)[10] Soweit durch Absatz 1 Aufgaben der Steuerverwaltung übertragen wurden, ist hiervon auch die Durchführung von Vorfeldermittlungen nach § 208 Absatz 1 Satz 1 Nummer 3 der Ab-

---

[1] § 5 Abs. 1 Nr. 44 a angef. durch G v. 27. 3. 2024 (BGBl. I Nr. 108).
[2] § 5 Abs. 1 Nr. 45 neu gef. durch G v. 23. 10. 2024 (BGBl. I Nr. 323).
[3] § 5 Abs. 1 Nr. 45 a angef. durch G v. 16. 12. 2022 (BGBl. I S. 2294).
[4] § 5 Abs. 1 Nr. 46 angef. durch G v. 21. 12. 2020 (BGBl. I S. 3096).
[5] § 5 Abs. 1 Nr. 46 a angef. durch G v. 27. 3. 2024 (BGBl. I Nr. 108).
[6] § 5 Abs. 1 Nr. 46 b angef. durch G v. 16. 12. 2022 (BGBl. I S. 2294).
[7] § 5 Abs. 1 Nr. 47 neu gef. durch G v. 27. 3. 2024 (BGBl. 2024 I Nr. 108).
[8] § 5 Abs. 1 Nr. 48 angef. durch G v. 2. 12. 2024 (BGBl. 2024 I Nr. 387); geänd. durch G v. 22. 12. 2025 (BGBl.2025 I Nr. 353).
[9] § 5 Abs. 1 Nr. 49 angef. durch G v. 22. 12. 2025 (BGBl. 2025 I Nr. 353).
[10] § 5 Abs. 1 a eingef. durch G v. 21. 12. 2020 (BGBl. I S. 3096); Abs. 1 a geänd. mWv 1. 1. 2023 durch G v. 21. 12. 2020 (BGBl. I S. 3096); Abs. 1 a geänd. durch G v. 2. 6. 2021 (BGBl. I S. 1259); Abs. 1 a geänd. durch G v. 27. 3. 2024 (BGBl. I Nr. 108); geänd. durch G v. 2. 12. 2024 (BGBl. 2024 I Nr. 387); Abs. 1 a Satz 2 neu gef. durch G v. 22. 12. 2025 (BGBl. 2025 I Nr. 353).

gabenordnung umfasst. Dies gilt nicht für Fälle des Absatzes 1 Satz 1 Nummer 1, 5, 5 c bis 5 f, 6, 7, 9, 10, 13 bis 17, 19, 22 bis 24, 28 bis 28 b, 29 a bis 34, 36, 38, 42 bis 45, 46, 46 b, 48 und 49.

(2)[1] Die vom Bundeszentralamt für Steuern aufgrund gesetzlicher Vorschriften gewährten Steuererstattungen und Steuervergütungen sowie die nach § 44 b Absatz 6 Satz 1 bis 3 des Einkommensteuergesetzes erstattete Kapitalertragsteuer werden von den Ländern in dem Verhältnis getragen, in dem sie an dem Aufkommen der betreffenden Steuern beteiligt sind. Kapitalertragsteuer, die das Bundeszentralamt für Steuern anläßlich der Vergütung von Körperschaftsteuer vereinnahmt hat, steht den Ländern in demselben Verhältnis zu. Für die Aufteilung ist das Aufkommen an den betreffenden Steuern in den einzelnen Ländern maßgebend, das sich ohne Berücksichtigung der in den Sätzen 1 und 2 bezeichneten Steuerbeträge für das Vorjahr ergibt. Das Nähere bestimmt das Bundesministerium der Finanzen durch Rechtsverordnung,[2] die der Zustimmung des Bundesrates bedarf.

(3) Die von den Familienkassen bei der Durchführung des Familienleistungsausgleichs nach Absatz 1 Nr. 11 ausgezahlten Steuervergütungen im Sinne des § 31 des Einkommensteuergesetzes werden jeweils von den Ländern und Gemeinden, in denen der Gläubiger der Steuervergütung seinen Wohnsitz hat, nach den für die Verteilung des Aufkommens der Einkommensteuer maßgebenden Vorschriften mitgetragen. Das Bundeszentralamt für Steuern stellt nach Ablauf eines jeden Monats die Anteile der einzelnen Länder einschließlich ihrer Gemeinden an den gewährten Leistungen fest. Die nach Satz 2 festgestellten Anteile sind dem Bund von den Ländern bis zum 15. des dem Zahlungsmonat folgenden Monats zu erstatten. Für den Monat Dezember ist dem Bund von den Ländern ein Abschlag auf der Basis der Abrechnung des Vormonats zu leisten. Die Abrechnung für den Monat Dezember hat bis zum 15. Januar des Folgejahres zu erfolgen. Das Bundesministerium der Finanzen wird ermächtigt, durch Rechtsverordnung mit Zustimmung des Bundesrates das Nähere zu bestimmen.

(4)[3] Die von der zentralen Stelle (§ 81 des Einkommensteuergesetzes) veranlassten Auszahlungen von Altersvorsorgezulagen (§ 83 des Einkommensteuergesetzes) werden nach den für die Verteilung des Aufkommens der Einkommensteuer maßgebenden Vorschriften von den Ländern und Gemeinden mitgetragen, in denen der Gläubiger der Steuervergütung seinen inländischen Wohnsitz hat; bei Gläubigern mit ausländischem Wohnsitz wird der letzte bekannte inländische Wohnsitz zugrunde gelegt. Die sich aus Satz 1 ergebenden Finanzierungsanteile gelten auch, wenn der Wohnsitz nicht nach Satz 1 zugeordnet werden kann. Die zentrale Stelle stellt nach Ablauf des dem Kalendervierteljahr folgenden Monats die Anteile der einzelnen Länder einschließlich ihrer Gemeinden an den zu gewährenden Leistungen fest. Die nach Satz 2 festgestellten Anteile sind dem Bund von den Ländern bis zum 15. des zweiten, dem Kalendervierteljahr folgenden Monats zu erstatten. Das Bundesministerium der Finanzen wird ermächtigt, durch Rechtsverordnung mit Zustimmung des Bundesrates das Nähere zu bestimmen.

(5) An dem Aufkommen der von der vereinnahmten pauschalen Lohnsteuer (§ 40 a Abs. 6 des Einkommensteuergesetzes) sind die Länder und Gemeinden, in denen die Steuerpflichtigen ihren Wohnsitz haben, nach den für die Verteilung des Aufkommens der Einkommensteuer maßgebenden Vorschriften zu beteiligen. Nach Ablauf eines jeden Monats werden die Anteile der einzelnen Länder einschließlich ihrer Gemeinden an der vereinnahmten pauschalen Lohnsteuer festgestellt. Die nach Satz 2 festgestellten Anteile sind an die Länder bis zum 15. des darauffolgenden Monats auszuzahlen. Das Bundesministerium der Finanzen wird ermächtigt, durch Rechtsverordnung mit Zustimmung des Bundesrates das Nähere zur Verwaltung und Auszahlung der einheitlichen Pauschsteuer zu bestimmen.

(6)[4] *(aufgehoben)*

(7)[5] Das Aufkommen der in Ausübung der Aufgaben nach Absatz 1 Nummer 12 zugeflossenen Einkommen- und Körperschaftsteuer steht den Ländern und Gemeinden nach den für die Verteilung des Aufkommens der Einkommen- und Körperschaftsteuer maßgebenden Vorschriften zu. Nach Ablauf eines jeden Monats werden die Anteile der einzelnen Länder einschließlich ihrer Gemeinden an den Einnahmen durch das Bundeszentralamt für Steuern festgestellt. Die nach Satz 2 festgestellten Anteile sind an die Länder bis zum 15. des darauffolgenden Monats auszuzahlen. Das Bundesministerium der Finanzen wird ermächtigt, durch Rechtsverordnung mit Zustimmung des Bundesrates das Nähere zur Verwaltung und Auszahlung der Einnahmen in Ausübung der Aufgaben nach Absatz 1 Nummer 12 zu bestimmen.

§ 5 a[6] Aufgaben und Gliederung der Generalzolldirektion 8

(1) Unbeschadet des § 4 Absatz 2 und 3 leitet die Generalzolldirektion bundesweit die Durchführung der Aufgaben der Zollverwaltung. Sie übt die Dienst- und Fachaufsicht über die Haupt-

[1] § 5 Abs. 2 Satz 1 geänd. durch G v. 16. 7. 2009 (BGBl. I S. 1959).

[2] Vgl. die im **Anhang II Nr. 2 a** abgedruckte Verordnung vom 22. 8. 1977.

[3] § 5 Abs. 4 Satz 1 neu gef., Satz 2 eingef., bish. Sätze 2–4 werden Sätze 3–5 durch G v. 21. 12. 2015 (BGBl. I S. 2531).

[4] § 5 Abs. 6 aufgeh. durch G v. 2. 12. 2024 (BGBl. 2024 I Nr. 387).

[5] § 5 Abs. 7 angef. durch G v. 10. 8. 2009 (BGBl. I S. 2702).

[6] § 5 a eingef. durch G v. 3. 12. 2015 (BGBl. I S. 2178); Abs. 2 Satz 3 eingef., bish. Satz 3 wird Satz 4, Abs. 3 Satz 2 geänd. durch G v. 23. 6. 2017 (BGBl. I S. 1822); Abs. 1 S. 3 angef. durch G v. 21. 12. 2019 (BGBl. I S. 2875); Abs. 2 Satz 2 geänd., Satz 3 aufgeh., Abs. 3 Satz 2 geänd. durch G v. 30. 3. 2021 (BGBl. I S. 607); Abs. 2 Satz 3 eingef., bish. Satz 3 wird Satz 4 durch G v. 19. 12. 2022 (BGBl. I S. 2606).

zollämter und Zollfahndungsämter aus. Außerdem nimmt die Generalzolldirektion die ihr sonst übertragenen Aufgaben wahr. Sie wertet die ihr nach § 138j Absatz 1 Satz 2 der Abgabenordnung vom Bundeszentralamt für Steuern übermittelten Daten über grenzüberschreitende Steuergestaltungen aus, unterrichtet nach § 138j Absatz 2 der Abgabenordnung das Bundesministerium der Finanzen über die Ergebnisse der Auswertung und stellt dem zuständigen Hauptzollamt die zur Durchführung des Besteuerungsverfahrens und des Bußgeldverfahrens erforderlichen Informationen zur Verfügung.

(2) Die Generalzolldirektion gliedert sich in Direktionen. Es wird neben der für den Zollfahndungsdienst zuständigen Direktion (Zollkriminalamt) eine für die Aufgaben nach dem Gesetz über das Aufspüren von Gewinnen aus schweren Straftaten (Geldwäschegesetz) zuständige Direktion (Zentralstelle für Finanztransaktionsuntersuchungen) eingerichtet. Für die Aufgaben nach § 1 des Sanktionsdurchsetzungsgesetzes wird eine zuständige Direktion (Zentralstelle für Sanktionsdurchsetzung) eingerichtet. Andere Organisationseinheiten können eingerichtet werden.

(3) Die Zuständigkeiten und Aufgaben der Direktionen und der anderen Organisationseinheiten bestimmt das Bundesministerium der Finanzen. Aufgaben des Zollfahndungsdienstes werden durch das Zollkriminalamt wahrgenommen.

9 **§ 5b[1] Übertragung von Bauaufgaben**

Durch Verwaltungsvereinbarung mit dem jeweiligen Land kann der Bund die Leitung und Erledigung seiner Bauaufgaben im Wege der Organleihe Landesbehörden sowie Landesbetrieben, Sondervermögen des Landes und landesunmittelbaren juristischen Personen des öffentlichen Rechts übertragen. Die Verwaltungsvereinbarung muss vorsehen, dass die Landesbehörden die Anordnungen der fachlich zuständigen Bundesbehörde zu befolgen haben.

10 **§ 6 Sitz und Aufgaben der Landesoberbehörde**

(1) Die für die Finanzverwaltung zuständige oberste Landesbehörde bestimmt den Sitz der Landesoberbehörde, soweit durch Gesetz nichts anderes bestimmt ist.

(2) Die Landesoberbehörde erledigt Aufgaben, die ihr nach Maßgabe des § 17 Abs. 3 Satz 1 zugewiesen werden und die ihr sonst übertragenen Aufgaben.

(3) Für die Ernennung und Entlassung des Leiters einer Oberbehörde, die nach § 2 Abs. 1 Nr. 3 anstelle einer Oberfinanzdirektion tritt, gilt § 9a Satz 3[2] entsprechend.

Abschnitt III. Mittelbehörden

11 **§ 7[3] Bezirk und Sitz**

Die obersten Landesbehörden bestimmen den Bezirk und Sitz der Oberfinanzdirektion, die ihnen jeweils untersteht.

§ 8[4] *(aufgehoben)*

12 **§ 8a[5] Aufgaben und Gliederung**

(1) Die Mittelbehörden leiten die Finanzverwaltung des jeweiligen Landes in ihrem Bezirk. Einer Mittelbehörde kann auch die Leitung der Finanzverwaltung eines Landes für mehrere Oberfinanzbezirke übertragen werden. Die Mittelbehörden können weitere Aufgaben erledigen.

(2) Die Mittelbehörden können sich in eine Besitz- und Verkehrsteuer-Abteilung und eine Landesbauabteilung oder Landesvermögens- und Bauabteilung gliedern. Außerdem können weitere Landesabteilungen oder andere Organisationseinheiten des Landes eingerichtet werden.

(3) Durch Rechtsverordnung können Aufgaben einer Mittelbehörde für den ganzen Bezirk oder einen Teil davon auf andere Mittelbehörden übertragen werden, wenn dadurch der Vollzug der Aufgaben verbessert oder erleichtert wird. Die Rechtsverordnung erlässt die zuständige Landesregierung. Die Landesregierung kann die Ermächtigung auf die für die Finanzverwaltung zuständige oberste Landesbehörde übertragen.

(4) Die Besitz- und Verkehrsteuer-Abteilung leitet die Durchführung der Aufgaben, für deren Erledigung die Finanzämter zuständig sind. Außerdem erledigt sie die ihr sonst übertragenen Aufgaben.

§ 9[6] *(aufgehoben)*

---

[1] § 5b eingef. durch G v. 3. 12. 2015 (BGBl. I S. 2178); geänd. durch G v. 23. 5. 2022 (BGBl. I S. 760).
[2] § 6 Abs. 3 Zitat geänd. durch G v. 13. 12. 2007 (BGBl. I S. 2897).
[3] § 7 neu gef. durch G v. 13. 12. 2007 (BGBl. I S. 2897); Abs. 1 aufgeh. durch G v. 3. 12. 2015 (BGBl. I S. 2178).
[4] § 8 aufgeh. durch G v. 3. 12. 2015 (BGBl. I S. 2178).
[5] § 8a eingef. durch G v. 13. 12. 2007 (BGBl. I S. 2897).
[6] §§ 9, 10 und 11 aufgeh. durch G v. 3. 12. 2015 (BGBl. I S. 2178).

§ 9a[1] **Leitung** 13

Der Präsident oder die Präsidentin leitet die jeweilige Mittelbehörde. Ihm oder ihr kann auch die Leitung einer Abteilung übertragen werden. Er oder sie wird auf Vorschlag der für die Finanzverwaltung zuständigen obersten Landesbehörde im Einvernehmen mit der Bundesregierung durch die zuständige Stelle des Landes ernannt und entlassen.

§ 10[2] *(aufgehoben)*

§ 10a[1] **Landeskassen** 14

Werden oder sind bei einer Mittelbehörde eine oder mehrere Landeskassen errichtet, so kann eine Landeskasse Kassengeschäfte für mehrere Bezirke oder für Teile davon wahrnehmen. Die Landeskassen können unmittelbar dem zuständigen Präsidenten oder der zuständigen Präsidentin unterstellt werden.

§ 11[2] *(aufgehoben)*

Abschnitt IV. Örtliche Behörden

§ 12[3] **Bezirk und Sitz der Hauptzollämter und Zollfahndungsämter sowie Aufgaben der Hauptzollämter** 17

(1) Die Generalzolldirektion bestimmt den Bezirk und den Sitz der Hauptzollämter und der Zollfahndungsämter.

(2) Die Hauptzollämter sind als örtliche Bundesbehörden für die Verwaltung der Zölle, der bundesgesetzlich geregelten Verbrauchsteuern einschließlich der Einfuhrumsatzsteuer und der Biersteuer, der Luftverkehrsteuer, der Kraftfahrzeugsteuer, der Abgaben im Rahmen der Europäischen Gemeinschaften, für die zollamtliche Überwachung des Warenverkehrs über die Grenze, für die Grenzaufsicht, für die Bekämpfung der Schwarzarbeit und der illegalen Beschäftigung und für die ihnen sonst übertragenen Aufgaben zuständig.

(3) Das Bundesministerium der Finanzen kann durch Rechtsverordnung ohne Zustimmung des Bundesrates die Zuständigkeit eines Hauptzollamts nach Absatz 2 auf einzelne Aufgaben beschränken oder Zuständigkeiten nach Absatz 2 einem Hauptzollamt für den Bereich mehrerer Hauptzollämter übertragen, wenn dadurch der Vollzug der Aufgaben verbessert oder erleichtert wird. Das Bundesministerium der Finanzen kann die Ermächtigung nach Satz 1 durch Rechtsverordnung auf die Generalzolldirektion übertragen.

(4) *(aufgehoben)*

§§ 12a bis 12d (weggefallen)

§ 13 Beistandspflicht der Ortsbehörden 18

(1) Die Gemeindebehörden, die Ortspolizeibehörden und die sonstigen Ortsbehörden haben den Hauptzollämtern auch neben der in § 111 der Abgabenordnung vorgesehenen Beistandspflicht Hilfe zu leisten, soweit dies wegen ihrer Kenntnis der örtlichen Verhältnisse oder zur Ersparung von Kosten oder Zeit zweckmäßig ist.

(2) Für Hilfeleistungen nach Absatz 1 werden Entschädigungen nicht gewährt.

§§ 14 bis 16 (weggefallen)

§ 17[4] **Bezirk, Sitz und Aufgaben der Finanzämter**[5] 19

(1) Die für die Finanzverwaltung zuständige oberste Landesbehörde bestimmt den Bezirk und den Sitz der Finanzämter.

(2)[6] Die Finanzämter sind als örtliche Landesbehörden für die Verwaltung der Steuern mit Ausnahme der Kraftfahrzeugsteuer, der sonstigen auf motorisierte Verkehrsmittel bezogenen Verkehrssteuern, der Zölle und der bundesgesetzlich geregelten Verbrauchsteuern (§ 12) zuständig, soweit die Verwaltung nicht auf Grund des Artikels 108 Absatz 4 Satz 1 des Grundgesetzes den Bundesfinanzbehörden oder auf Grund des Artikels 108 Absatz 4 Satz 2 des Grundgesetzes den Gemeinden (Gemeindeverbänden) übertragen worden ist. Sie sind ferner für die ihnen sonst übertragenen

---

[1] §§ 9 a und 10 a eingef. durch G v. 13. 12. 2007 (BGBl. I S. 2897).

[2] §§ 9, 10 und 11 aufgeh. durch G v. 3. 12. 2015 (BGBl. I S. 2178).

[3] § 12 Abs. 2 geänd., Abs. 4 angef. durch G v. 26. 6. 2013 (BGBl. I S. 1809); § 12 Abs. 2 geänd., Abs. 4 aufgeh. durch G v. 26. 6. 2013 (BGBl. I S. 1809); Abs. 1 geänd., Abs. 3 Satz 2 angef. durch G v. 3. 12. 2015 (BGBl. I S. 2178).

[4] § 17 Abs. 2 Satz 1 geänd. durch G v. 29. 5. 2009 (BGBl. I S. 1170), Abs. 2 Satz 3 neu gef. durch G v. 5. 11. 2015 (BGBl. I S. 1834); Abs. 5 angef. durch G v. 14. 8. 2017 (BGBl. I S. 3122).

[5] Ein Verzeichnis der FÄ findet sich in BStBl. 1993 I S. 620 (Stand: 1. 7. 1993).

[6] Zur Neufassung der Geschäftsordnung für die Finanzämter (FAGO 2020) vgl. gleichlautende Erlasse der obersten Finanzbehörden der Länder, BStBl. I S. 1218, nachstehend abgedruckt unter **Anh. II 2 c.**

Aufgaben zuständig. Soweit es sich um Aufgaben der Finanzverwaltung handelt und der Vollzug der Aufgaben verbessert oder erleichtert wird, kann die zuständige Landesregierung durch Rechtsverordnung die Zuständigkeit eines Finanzamts oder einer besonderen Landesfinanzbehörde auf einzelne Aufgaben beschränken sowie einem Finanzamt oder einer besonderen Landesfinanzbehörde Zuständigkeiten für die Bezirke mehrerer Finanzämter übertragen. Soweit es sich um Aufgaben der Finanzverwaltung handelt und der Vollzug der Aufgaben verbessert oder erleichtert wird, kann die zuständige Landesregierung durch Rechtsverordnung

1. die Zuständigkeit eines Finanzamts oder einer besonderen Landesfinanzbehörde (§ 2 Absatz 3) auf einzelne Aufgaben beschränken,
2. einem Finanzamt oder einer besonderen Landesfinanzbehörde (§ 2 Absatz 3) Zuständigkeiten für die Bezirke mehrerer Finanzämter übertragen oder
3. einer Landesoberbehörde (§ 6) die landesweite Zuständigkeit für Kassengeschäfte und das Erhebungsverfahren einschließlich der Vollstreckung übertragen.

(3) Wenn im Besteuerungsverfahren automatische Einrichtungen eingesetzt werden, können durch Rechtsverordnung der zuständigen Landesregierung damit zusammenhängende Steuerverwaltungstätigkeiten auf ein nach § 2 Abs. 2 eingerichtetes Rechenzentrum übertragen werden. Dieses handelt insoweit für das jeweils örtlich zuständige Finanzamt. Absatz 2 Satz 4 gilt entsprechend.

(4) Aufgrund eines Staatsvertrages zwischen mehreren Ländern können Zuständigkeiten nach Absatz 2 Satz 1 und 2 auf ein Finanzamt, ein nach § 2 Abs. 2 eingerichtetes Rechenzentrum der Landesfinanzverwaltung oder eine besondere Landesfinanzbehörde (§ 2 Abs. 3) außerhalb des Landes übertragen werden.

(5) Das Bundesministerium der Finanzen kann zur Effizienzsteigerung im Verwaltungsvollzug auf Antrag von und im Einvernehmen mit allen unmittelbar betroffenen Ländern durch Rechtsverordnung mit Zustimmung des Bundesrates jeweils Zuständigkeiten nach Absatz 2 Satz 1 eines Landes oder mehrerer Länder auf ein Finanzamt, ein nach § 2 Absatz 2 eingerichtetes Rechenzentrum der Landesfinanzverwaltung oder eine besondere Landesfinanzbehörde (§ 2 Absatz 3) eines anderen Landes übertragen. Absatz 4 bleibt unberührt. Durch die Rechtsverordnung nach Satz 1 kann zugleich die Kostentragung geregelt werden.

Abschnitt V. Zusammenwirken von Bundes- und Landesfinanzbehörden

20 **§ 18**[1] **Verwaltung der Umsatzsteuer**

Die Hauptzollämter und ihre Dienststellen wirken bei der Verwaltung der Umsatzsteuer nach Maßgabe der für diese Steuern geltenden Vorschriften mit. Sie handeln hierbei für die Finanzbehörde, die für die Besteuerung örtlich zuständig ist.

20 **§ 18 a**[2] *(aufgehoben)*

21 **§ 19**[3] **Mitwirkung des Bundeszentralamtes für Steuern an Außenprüfungen**

(1) Das Bundeszentralamt für Steuern ist zur Mitwirkung an Außenprüfungen berechtigt, die durch Landesfinanzbehörden durchgeführt werden. Es kann verlangen, dass bestimmte von ihm namhaft gemachte Betriebe zu einem bestimmten Zeitpunkt geprüft werden.

(2) Das Bundeszentralamt für Steuern bestimmt Art und Umfang seiner Mitwirkung. Die Landesfinanzbehörden machen dem Bundeszentralamt für Steuern auf Anforderung alle den Prüfungsfall betreffenden Unterlagen zugänglich und erteilen die erforderlichen Auskünfte.

(3) Im Einvernehmen mit den zuständigen Landesfinanzbehörden kann das Bundeszentralamt für Steuern im Auftrag des zuständigen Finanzamtes Außenprüfungen durchführen. Das gilt insbesondere bei Prüfungen von Auslandsbeziehungen und bei Prüfungen, die sich über das Gebiet eines Landes hinaus erstrecken.

(4) Ist bei der Auswertung des Prüfungsberichts oder im Rechtsbehelfsverfahren beabsichtigt, von den Feststellungen des Bundeszentralamts für Steuern abzuweichen, so ist hierüber Einvernehmen mit dem Bundeszentralamt für Steuern zu erzielen. Dies gilt auch für die in diesen Fällen zu erteilenden verbindlichen Zusagen nach § 204 der Abgabenordnung. Wird kein Einvernehmen erzielt, kann die Frage dem Bundesministerium der Finanzen zur Entscheidung vorgelegt werden.

(5) Das Bundeszentralamt für Steuern kann verlangen, dass bestimmte von ihm namhaft gemachte Steuerpflichtige, die nach § 193 der Abgabenordnung oder § 5 des Investmentsteuergesetzes der Außenprüfung unterliegen, geprüft werden und Regelungen zur Durchführung und zu Inhalten der Außenprüfung dieser Steuerpflichtigen festlegen. Es wirkt in diesen Fällen an der jeweiligen Außenprüfung mit. Dies gilt insbesondere in Fällen, in denen die Gleichmäßigkeit der

[1] § 18 neu gef. durch G v. 26. 6. 2013 (BGBl. I S. 1809).
[2] § 18 a aufgeh. durch G v. 3. 12. 2015 (BGBl. I S. 2178).
[3] § 19 Abs. 4 und 5 angef. durch G v. 5. 9. 2006 (BGBl. I S. 2098); Abs. 2 Satz 1 geänd., Abs. 4 neu gef., Abs. 5 Satz 1 geänd. durch G v. 10. 8. 2009 (BGBl. I S. 2702); Abs. 5 Satz 1 geänd. durch G v. 12. 12. 2019 (BGBl. I S. 2451).

Rechtsanwendung in mehreren Betrieben sicherzustellen ist, sowie in den Fällen des Absatzes 3 Satz 2.

§ 20[1] Einsatz von automatischen Einrichtungen 22

(1) Die für die Finanzverwaltung zuständigen obersten Landesbehörden bestimmen Art, Umfang und Organisation des Einsatzes der automatischen Einrichtungen für die Festsetzung und Erhebung von Steuern, die von den Landesfinanzbehörden verwaltet werden; zur Gewährleistung gleicher Programmergebnisse und eines ausgewogenen Leistungsstandes ist Einvernehmen mit dem Bundesministerium der Finanzen herbeizuführen.

(2) Werden Steuern von den Landesfinanzbehörden im Auftrag des Bundes verwaltet, wirken die obersten Finanzbehörden des Bundes und der Länder zur Verbesserung oder Erleichterung des gleichmäßigen Vollzugs der Steuergesetze zusammen. Art, Umfang und Organisation des Einsatzes der automatischen Einrichtung für die Festsetzung und Erhebung der Steuern bedürfen des Einvernehmens des Bundesministeriums der Finanzen. Wird dieses nicht erzielt, kann das Bundesministerium der Finanzen Vorgaben hierzu erlassen, wenn nicht mindestens elf Länder widersprechen. Im Falle von Vorgaben sind die Länder verpflichtet, die für die Umsetzung erforderlichen Voraussetzungen zu schaffen.

(3) Die für die Finanzverwaltung zuständigen obersten Landesbehörden können technische Hilfstätigkeiten durch automatische Einrichtungen der Finanzbehörden des Bundes, eines anderen Landes oder anderer Verwaltungsträger verrichten lassen. Das Bundesministerium der Finanzen kann technische Hilfstätigkeiten durch automatische Einrichtungen der Finanzbehörden eines Landes oder anderer Verwaltungsträger verrichten lassen. Technische Hilfstätigkeiten sind unterstützende Dienstleistungen, insbesondere die Entgegennahme elektronischer Steuererklärungen einschließlich der Authentifizierung des Datenübermittlers, die Bereitstellung des Zugangs zum Abruf von Steuerdaten durch die Steuerpflichtigen, die elektronische Übermittlung von Steuerverwaltungsakten und anderer Mitteilungen und die elektronische Übermittlung von Daten innerhalb der Finanzverwaltung. Die technischen Hilfstätigkeiten der beauftragten Stelle oder Einrichtung sind der sachlich und örtlich zuständigen Finanzbehörde zuzurechnen. In diesen Fällen ist sicherzustellen, dass die technischen Hilfstätigkeiten entsprechend den fachlichen Weisungen der für die Finanzverwaltung zuständigen obersten Behörde oder der von ihr bestimmten Finanzbehörde der Gebietskörperschaft verrichtet werden, die die Aufgabenwahrnehmung übertragen hat.

(4) Das Bundesministerium der Finanzen erstattet dem Haushalts- und dem Finanzausschuss des Deutschen Bundestages jährlich zum 1. März Bericht über den aktuellen Stand und die Fortschritte des Zusammenwirkens von Bund und Ländern nach Absatz 2.

§ 20 a[2] Druckdienstleistungen für Bundes- oder Landesfinanzbehörden 23

(1) Das Bundesministerium der Finanzen darf sich zum Drucken und Kuvertieren von schriftlichen Verwaltungsakten im Sinne des § 118 der Abgabenordnung und sonstigen Schreiben im Verwaltungsverfahren nach der Abgabenordnung der Bundesfinanzbehörden und zu deren anschließenden verschlossenen Übergabe an einen Postdienstleister (Druckdienstleistung) nur dann einer nicht öffentlichen Stelle als Auftragsverarbeiter im Sinne des Artikels 4 Nummer 8 der Verordnung (EU) 2016/679 des Europäischen Parlaments und des Rates vom 27. April 2016 zum Schutz natürlicher Personen bei der Verarbeitung personenbezogener Daten, zum freien Datenverkehr und zur Aufhebung der Richtlinie 95/46/EG (Datenschutz-Grundverordnung) (ABl. L 119 vom 4. 5. 2016, S. 1; L 314 vom 22. 11. 2016, S. 72; L 127 vom 23. 5. 2018, S. 2; L 47 vom 4. 3. 2021, S. 35) in der jeweils geltenden Fassung im Rahmen eines Vertrages bedienen, wenn

1. die Druckdienstleistung insoweit weder von der Bundesverwaltung noch durch automatische Einrichtungen der Behörden eines Landes oder eines anderen Verwaltungsträgers in wirtschaftlich vertretbarer Weise geleistet werden kann,
2. geschützte Daten im Sinne des § 30 der Abgabenordnung ausschließlich durch Amtsträger oder nach § 11 Absatz 1 Nummer 4 des Strafgesetzbuchs für den öffentlichen Dienst besonders verpflichtete Personen verarbeitet werden,
3. die zur Erbringung der Druckdienstleistung überlassenen Daten sowie die Protokolldaten nicht für andere Zwecke verarbeitet werden,
4. die Druckdienstleistung im Inland stattfindet,
5. der Auftragsverarbeiter im Rahmen der Artikel 25 und 32 der Verordnung (EU) 2016/679 ein vom Bundesministerium der Finanzen freizugebendes IT-Sicherheitskonzept nach dem Standard des aktuellen IT-Grundschutzkompendiums des Bundesamtes für Sicherheit in der Informationstechnik erstellt hat,

---

[1] § 20 Abs. 1 Sätze 2 und 3 angef. durch G v. 5. 9. 2006 (BGBl. I S. 2098); Abs. 2 neu gef. durch G v. 19. 12. 2008 (BGBl. I S. 2794); Abs. 2 Sätze 3 und 4 eingef., bish. Satz 3 wird Satz 5 durch G v. 18. 7. 2016 (BGBl. I S. 1679); Abs. 1 Sätze 2 und 3 aufgeh., Abs. 2 eingef., bish. Abs. 2 wird Abs. 3, Abs. 4 angef. durch G v. 14. 8. 2017 (BGBl. I S. 3122).

[2] § 20 a eingef. durch G v. 18. 7. 2016 (BGBl. I S. 1679); neu gef. mWv 25. 5. 2018 durch G v. 17. 7. 2017 (BGBl. I S. 2541); Abs. 1 Satz 1 geänd. durch G v. 20. 11. 2019 (BGBl. I S. 1626); Überschrift, Abs. 1 einl. Satzteil und Nr. 5 geänd., Satz 2 angef. durch G v. 16. 12. 2022 (BGBl. I S. 2294).

6. der Auftragsverarbeiter die überlassenen Daten entsprechend der vertraglich festgelegten Frist nach Abschluss der Druckdienstleistung löscht und
7. das Ergebnis der Druckdienstleistung vom Auftragsverarbeiter protokolliert und diese Protokolldaten entsprechend der vertraglich festgelegten Frist an die vom Auftraggeber benannte Stelle übermittelt werden.

Satz 1 gilt für die obersten Finanzbehörden der Länder entsprechend.

(2) Absatz 1 gilt entsprechend, wenn der Auftragsverarbeiter sich eines weiteren Auftragsverarbeiters bedienen will.

24 **§ 21[1] Auskunfts- und Teilnahmerechte**

(1) Soweit die den Ländern zustehenden Steuern von Bundesfinanzbehörden verwaltet werden, haben die für die Finanzverwaltung zuständigen obersten Landesbehörden das Recht, sich über die für diese Steuern erheblichen Vorgänge bei den zuständigen Bundesfinanzbehörden zu unterrichten. Zu diesem Zweck steht ihnen das Recht auf Akteneinsicht und auf mündliche und schriftliche Auskunft zu.

(2) Die für die Finanzverwaltung zuständigen obersten Landesbehörden sind berechtigt, durch Landesbedienstete an Außenprüfungen teilzunehmen, die durch Bundesfinanzbehörden durchgeführt werden und die in Absatz 1 genannten Steuern betreffen.

(3)[2] Die in den Absätzen 1 und 2 genannten Rechte stehen den Gemeinden hinsichtlich der Realsteuern insoweit zu, als diese von den Landesfinanzbehörden verwaltet werden. Die Gemeinden sind jedoch abweichend von Absatz 2 nur dann berechtigt, durch Gemeindebedienstete an Außenprüfungen bei Steuerpflichtigen teilzunehmen, wenn diese in der Gemeinde eine Betriebsstätte unterhalten oder Grundbesitz haben und die Außenprüfungen im Gemeindebezirk erfolgen[3].

(4) Das Bundeszentralamt für Steuern, die Familienkassen, soweit sie den Familienleistungsausgleich nach Maßgabe der §§ 31 und 62 bis 78 des Einkommensteuergesetzes durchführen, und die Landesfinanzbehörden stellen sich gegenseitig die für die Durchführung des § 31 des Einkommensteuergesetzes erforderlichen Daten und Auskünfte zur Verfügung.

(5) Das Bundeszentralamt für Steuern, die Deutsche Rentenversicherung Knappschaft-Bahn-See als Träger der knappschaftlichen Rentenversicherung, soweit sie den Einzug der einheitlichen *Pauschalsteuer*[4] nach § 40 a Abs. 2 des Einkommensteuergesetzes durchführt, und die Landesfinanzbehörden stellen sich gegenseitig die für die Durchführung des § 40 a Abs. 6 des Einkommensteuergesetzes erforderlichen Daten und Auskünfte zur Verfügung.

(6) Soweit die dem Bund ganz oder zum Teil zufließenden Steuern von Landesfinanzbehörden verwaltet werden, stellen die Länder den Bundesfinanzbehörden Daten des Steuervollzugs zur eigenständigen Auswertung, insbesondere für Zwecke der Gesetzesfolgenabschätzung, zur Verfügung. Dies gilt unter den Voraussetzungen des § 29 c Absatz 1 Satz 1 Nummer 5 der Abgabenordnung auch für nach § 30 der Abgabenordnung geschützte Daten.

(7) Zur Durchführung der Verpflichtungen des Bundeszentralamtes für Steuern nach § 7 Absatz 3 bis 5 des EU-Amtshilfegesetzes stellen die zuständigen Landesfinanzbehörden dem Bundes-

[1] § 21 Abs. 6 angef. durch G v. 10. 8. 2009 (BGBl. I S. 2702), Abs. 5 geänd. durch G v. 26. 6. 2013 (BGBl. I S. 1809); Abs. 7 angef. durch G v. 20. 12. 2016 (BGBl. I S. 3000); Abs. 6 neu gef. mWv 25. 5. 2018 durch G v. 17. 7. 2017 (BGBl. I S. 2541).

[2] Weder § 21 Abs. 3 FVG noch §§ 1 Abs. 2 Nr. 4, 195 ff. AO ermächtigen die Gemeinde dazu, gegenüber dem Gewerbesteuerpflichtigen die Teilnahme eines Gemeindebediensteten an der Außenprüfung des staatlichen FA anzuordnen. Vielmehr muss das gesetzliche Teilnahmerecht der Gemeinden im Rahmen der Prüfungsanordnung des staatlichen FA entsprechend § 197 AO durch Mitteilung von Namen und Zeit gegenüber dem Stpfl. verwirklicht werden *(BVerwG-Urteil vom 27. 1. 1995 BVerwG 8 C 30.92, BStBl. II S. 522).*

BFH-Urteil vom 23. 1. 2020 III R 9/18, BStBl. 2020 II S. 436: 1. Die Gemeinden sind nicht dazu ermächtigt, gegenüber Gewerbesteuerpflichtigen die Teilnahme eines Gemeindebediensteten an der Außenprüfung des Finanzamts anzuordnen (Anschluss an *BVerwG-Urteil vom 27. 1. 1995 – 8 C 30/92, BVerwGE 97, 357*). 2. Das Finanzamt räumt im Rahmen seiner Anordnung der Außenprüfung nach §§ 193 ff. AO i. V. m. § 21 Abs. 3 FVG der Gemeinde ihr Recht zur Teilnahme an dieser Außenprüfung ein. 3. Da es sich bei der Regelung des Rechts auf Teilnahme an der Außenprüfung um einen gegenüber dem Steuerpflichtigen eigenständigen Verwaltungsakt handelt, kann der Steuerpflichtige im Rahmen der Anfechtung dieser Anordnung alle Einwendungen geltend machen. 4. Die Finanzbehörde muss zur Wahrung des Steuergeheimnisses im Einzelnen sorgfältig prüfen, ob die Offenbarung bestimmter Informationen der Durchführung des Verfahrens dient und verhältnismäßig ist. 5. Das Recht eines Gemeindebediensteten, die Geschäftsräume des Steuerpflichtigen zu betreten, beruht auf den verfassungsrechtlichen Anforderungen genügenden gesetzlichen Grundlage des § 200 Abs. 3 Satz 2 AO i. V. m. § 21 Abs. 3 FVG.

[3] *BFH-Urteil vom 20. 10. 2022 III R 25/21, BStBl. 2023 II S. 619*: 1. Die gemäß § 21 Abs. 3 FVG erfolgende Anordnung der Teilnahme des Gemeindeprüfers an einer die Gewerbesteuer betreffenden Außenprüfung des FA ist nicht aufgrund des Bestehens von Vertragsbeziehungen zwischen dem Steuerpflichtigen und der Gemeinde rechtswidrig. 2. Die berechtigten Interessen des Steuerpflichtigen in Bezug auf die Nichtoffenlegung von für die Vertragsbeziehungen relevanten Unterlagen und/oder Daten sind dadurch zu schützen, dass der Außenprüfer des FA während der jeweiligen Außenprüfung darüber entscheidet, welche Informationen er an den Gemeindeprüfer weitergibt. 3. Der Steuerpflichtige hat dem Außenprüfer im Rahmen seiner Informations- und Mitwirkungspflicht während der Außenprüfung Gegenstand und Umfang der Vertragsbeziehungen zur Gemeinde zu erläutern und die Unterlagen und/oder Daten im Einzelnen zu bezeichnen, die von der Offenbarung gegenüber dem Gemeindebediensteten ausgenommen werden sollen. 4. Entscheidet sich das FA trotz des Geheimhaltungsbegehrens des Steuerpflichtigen für eine Offenlegung, muss es dies in Form eines im Einzelnen begründeten Verwaltungsakts tun. Hiergegen kann sich der Steuerpflichtige im Wege des – auch einstweiligen – Rechtsschutzes wehren.

[4] Muss richtig lauten: „Pauschsteuer".

zentralamt für Steuern die erforderlichen Informationen nach Maßgabe der in § 7 Absatz 7 Satz 2 des EU-Amtshilfegesetzes angeführten praktischen Regelungen der Europäischen Kommission zur Verfügung. Hierzu nutzen die Landesfinanzbehörden das Zentralverzeichnis der Mitgliedstaaten der Europäischen Kommission gemäß Artikel 21 Absatz 5 der Richtlinie 2011/16/EU ab dem Zeitpunkt seiner Bereitstellung.

§ 21 a[1] Allgemeine Verfahrensgrundsätze 25

(1) Zur Verbesserung und Erleichterung des Vollzugs von Steuergesetzen und im Interesse des Zieles der Gleichmäßigkeit der Besteuerung bestimmt das Bundesministerium der Finanzen mit Zustimmung der obersten Finanzbehörden der Länder einheitliche Verwaltungsgrundsätze, Regelungen zur Zusammenarbeit des Bundes mit den Ländern und erteilt allgemeine fachliche Weisungen. Die Zustimmung gilt als erteilt, wenn nicht mindestens elf Länder widersprechen. Initiativen zur Festlegung der Angelegenheiten des Satzes 1 kann das Bundesministerium der Finanzen allein oder auf gemeinsame Veranlassung von mindestens vier Ländern ergreifen. Die Vertraulichkeit der Sitzungen ist zu wahren, wenn nicht im Einzelfall einstimmig etwas anderes beschlossen wurde. Für Beratungen im schriftlichen Verfahren gilt Entsprechendes.[2]

(2) Die oberste Finanzbehörde jedes Landes vereinbart mit dem Bundesministerium der Finanzen bilateral Vollzugsziele für die Steuerverwaltung des Landes auf der Grundlage eines vom Bundesministerium der Finanzen mit Zustimmung der obersten Finanzbehörden der Länder bestimmten Rahmenkatalogs maßgebender Leistungskennzahlen. Die Zustimmung gilt als erteilt, wenn eine Mehrheit der Länder nicht widerspricht.

(3) Die obersten Finanzbehörden des Bundes und der Länder überprüfen regelmäßig die Erfüllung der vereinbarten Vollzugsziele. Hierzu übermitteln die obersten Finanzbehörden der Länder dem Bundesministerium der Finanzen die erforderlichen Daten.

(4) Vereinbarungen nach Absatz 2 sind für die obersten Finanzbehörden des Bundes und der Länder verbindlich.

(5) Die Finanzbehörden der Länder wirken bei der Auswertung von Mitteilungen über grenzüberschreitende Steuergestaltungen nach § 138j Absatz 1 Satz 1 der Abgabenordnung durch das Bundeszentralamt für Steuern mit, soweit Steuern betroffen sind, die von den Ländern oder Gemeinden verwaltet werden.

Abschnitt VI.[3] Übergangsregelungen aus Anlass des Zweiten Gesetzes zur Änderung des Finanzverwaltungsgesetzes und anderer Gesetze vom 13. Dezember 2007

§ 22[4] Dienstrechtliche Folgen und Regelung der Versorgungslasten 26

(1) Für die am 31. Dezember 2007 vorhandenen Oberfinanzpräsidenten und Oberfinanzpräsidentinnen der Oberfinanzdirektionen Chemnitz, Hannover, Karlsruhe und Koblenz endet das Beamtenverhältnis zur Bundesrepublik Deutschland mit Ablauf dieses Tages. § 107b des Beamtenversorgungsgesetzes in der Fassung der Bekanntmachung vom 24. Februar 2010 (BGBl. I S. 150) gilt entsprechend mit der Maßgabe, dass der in § 107b Absatz 1 Satz 1 des Beamtenversorgungsgesetzes genannte Dienstherrenwechsel sowie der dort genannte Zeitraum von mindestens fünf Jahren unberücksichtigt bleiben und dass abgeleistete ruhegehaltfähige Dienstzeiten, in denen die Oberfinanzpräsidenten oder Oberfinanzpräsidentinnen sowohl beim Bund als auch beim Land beamtet waren, vom Bund und vom Land je zur Hälfte getragen werden. Für die Zeit ab 1. Januar 2008 trägt das jeweilige Bundesland, dem die genannte Oberfinanzdirektion untersteht, die vollen Versorgungslasten.

(2) Für die übrigen Personen, die

1. das Amt des Oberfinanzpräsidenten oder der Oberfinanzpräsidentin am oder vor dem 31. Dezember 2007 innehatten und
2. an diesem Tag noch nicht im Ruhestand waren,

gilt Absatz 1 Satz 2 entsprechend.

§ 23[5] Übergangsregelung Kosten der Oberfinanzdirektion 27

Die Kosten der Oberfinanzdirektion werden vom Bund getragen, soweit sie auf den Bund entfallen.

---

[1] § 21 a eingef. durch G v. 5. 9. 2006 (BGBl. I S. 2098); Abs. 1 Satz 1 geänd. Abs. 2 neu gef., Abs. 3 eingef., bish. Abs. 3 wird Abs. 4, Abs. 4 geänd. durch G v. 10. 8. 2009 (BGBl. I S. 2702); Abs. 1 Satz 2 neu gef. durch G v. 14. 8. 2017 (BGBl. I S. 3122); Abs. 1 Sätze 4 und 5 angef. durch G v. 12. 12. 2019 (BGBl. I S. 2451); Abs. 5 angef. durch G v. 21. 12. 2019 (BGBl. I S. 2875).

[2] Bei § 21 a Abs. 1 Satz 4 und 5 FVG handelt es sich um eine spezialgesetzliche Regelung, die nach ihrem Wortlaut eine Vertraulichkeitspflicht anordnet und insbesondere einen Anspruch auf Einsicht in die Dokumente nach den Informationsfreiheitsgesetzen des Bundes und der Länder ausschließt *(BFH-Urteil vom 9. 5. 2025 IX R 1/24, BFH/NV S. 1201).*

[3] Abschn. VI eingef. durch G v. 13. 12. 2007 (BGBl. I S. 2897).

[4] § 22 Abs. 1 Satz 2 geänd. durch G v. 5. 9. 2010 (BGBl. I S. 1288) und Bek. v. 8. 10. 2010 (BGBl. I S. 1404); Abs. 2 geänd. durch G v. 5. 9. 2010 (BGBl. I S. 1288) und Bek. v. 8. 10. 2010 (BGBl. I S. 1404).

[5] § 23 neu gef. durch G v. 3. 12. 2015 (BGBl. I S. 2178).

Abschnitt VII.[1] Überleitung- und Übergangsregelungen aus Anlass des Gesetzes zur Neuorganisation der Zollverwaltung vom 3. Dezember 2015 (BGBl. I S. 2178)

28 **§ 24**[2] **Überleitung der Beschäftigten der Bundesfinanzdirektionen, des Zollkriminalamtes und des Bildungs- und Wissenschaftszentrums der Bundesfinanzverwaltung**

Auf Grund der mit Inkrafttreten des Gesetzes zur Neuorganisation der Zollverwaltung vom 3. Dezember 2015 (BGBl. I S. 2178) vollzogenen Überführung der Bundesfinanzdirektionen Nord, Mitte, West, Südwest und Südost, des Zollkriminalamtes und des Bildungs- und Wissenschaftszentrums der Bundesfinanzverwaltung in die Generalzolldirektion sind die Beamtinnen und Beamten sowie die Arbeitnehmerinnen und Arbeitnehmer, die bei diesen Bundesfinanzdirektionen, dem Zollkriminalamt oder dem Bildungs- und Wissenschaftszentrum der Bundesfinanzverwaltung am 31. Dezember 2015 beschäftigt waren, ab dem 1. Januar 2016 Beschäftigte der Generalzolldirektion. Satz 1 gilt für die Auszubildenden bei den zuvor genannten Behörden entsprechend.

29 **§ 25**[3] **Übergangsregelung Personalvertretung, Jugend- und Auszubildendenvertretung**

(1) Die erstmaligen Wahlen zu den Personalvertretungen finden bei der Generalzolldirektion spätestens bis zum 31. Mai 2016 statt. Bis zu diesen Wahlen werden die Personalratsaufgaben des örtlichen Personalrats und des Bezirkspersonalrats übergangsweise vom Hauptpersonalrat beim Bundesministerium der Finanzen wahrgenommen.

(2) Die am 31. Dezember 2015 bestehenden Dienstvereinbarungen zwischen den aufgelösten Dienststellen und den dort gebildeten Personalvertretungen gelten bis zum Abschluss neuer Dienstvereinbarungen fort, längstens aber für die Dauer von 18 Monaten.

(3) Für die Jugend- und Auszubildendenvertretungen bei der Generalzolldirektion gelten die Absätze 1 und 2 entsprechend. Bis zu den erstmaligen Wahlen werden die Aufgaben der örtlichen Jugend- und Auszubildendenvertretung und der Bezirksjugend- und Auszubildendenvertretung übergangsweise von der Hauptjugend- und Auszubildendenvertretung beim Bundesministerium der Finanzen wahrgenommen.

30 **§ 26**[4] **Übergangsregelung Schwerbehindertenvertretung**

(1) Die erstmaligen Wahlen zur örtlichen Schwerbehindertenvertretung nach dem Neunten Buch Sozialgesetzbuch finden in der Generalzolldirektion spätestens bis zum 30. Juni 2016 statt. Bis die Schwerbehindertenvertretung ihre Tätigkeit aufnimmt, werden deren Aufgaben übergangsweise von der Hauptschwerbehindertenvertretung im Geschäftsbereich des Bundesministeriums der Finanzen wahrgenommen. Die Hauptvertrauensperson der schwerbehinderten Menschen in der Bundesfinanzverwaltung bestellt unter Beachtung der gesetzlichen Bestimmungen unverzüglich den Wahlvorstand für die erstmaligen Wahlen nach Satz 1.

(2) Die erstmalige Wahl zur Bezirksschwerbehindertenvertretung nach dem Neunten Buch Sozialgesetzbuch findet in der Generalzolldirektion zeitnah nach den Wahlen zur örtlichen Schwerbehindertenvertretung, spätestens bis zum 30. September 2016 statt. Bis die Bezirksschwerbehindertenvertretung ihre Tätigkeit aufnimmt, werden deren Aufgaben übergangsweise von der Hauptschwerbehindertenvertretung im Geschäftsbereich des Bundesministeriums der Finanzen wahrgenommen. Die Hauptvertrauensperson der schwerbehinderten Menschen in der Bundesfinanzverwaltung bestellt unverzüglich den Wahlvorstand für die erstmalige Wahl nach Satz 1.

31 **§ 27**[5] **Übergangsregelung Gleichstellungsbeauftragte**

(1) Die erstmalige Wahl der Gleichstellungsbeauftragten der Generalzolldirektion sowie der Stellvertreterinnen findet spätestens bis zum 31. März 2016 statt.

(2) Bis zur erstmaligen Wahl führen die bisherigen Gleichstellungsbeauftragten der Bundesfinanzdirektionen, des Zollkriminalamtes und des Bildungs- und Wissenschaftszentrums der Bundesfinanzverwaltung sowie die Stellvertreterinnen ihr Amt bei der Generalzolldirektion fort. Bis zur erstmaligen Wahl bleiben sie für die Beschäftigten derjenigen Dienststellen zuständig, für die sie vor der Einrichtung der Generalzolldirektion zuständig waren. Sofern Entscheidungen getroffen und Maßnahmen durchgeführt werden, die die gesamte Generalzolldirektion betreffen, sind bis zur erstmaligen Wahl alle bisherigen Gleichstellungsbeauftragten zu beteiligen.

[1] Abschn.VII eingef. durch G v. 3. 12. 2015 (BGBl. I S. 2178).
[2] § 24 neu gef. durch G v. 3. 12. 2015 (BGBl. I S. 2178).
[3] § 25 neu gef. durch G v. 3. 12. 2015 (BGBl. I S. 2178).
[4] § 26 neu gef. durch G v. 3. 12. 2015 (BGBl. I S. 2178).
[5] § 27 neu gef. durch G v. 3. 12. 2015 (BGBl. I S. 2178).

2 a) Verordnung zur Durchführung des § 5 Abs. 2 des Finanzverwaltungsgesetzes

Vom 22. August 1977 (BGBl. I S. 1678)

Geändert durch Gesetz vom 22. 9. 2005 (BGBl. I S. 2809), vom 16. 7 2009 (BGBl. I S. 1959) und Verordnung vom 2. 12. 2011 (BGBl. I S. 2416)

FNA/BGBl. III 600-1-1-2

Auf Grund des § 5 Abs. 2 des Finanzverwaltungsgesetzes in der Fassung des Artikels 5 des Finanzanpassungsgesetzes vom 30. August 1971 (BGBl. I S. 1426), zuletzt geändert durch Artikel 1 des Einführungsgesetzes zur Abgabenordnung vom 14. Dezember 1976 (BGBl. I S. 3341), wird mit Zustimmung des Bundesrates verordnet:

§ 1[1] Abrechnung der Steuererstattungen, der Steuervergütungen und der anläßlich der Vergütung von Körperschaftsteuer vereinnahmten Kapitalertragsteuer zwischen Bund und Ländern 1

(1) Zwischen Bund und Ländern sind vom Bundeszentralamt für Steuern monatlich abzurechnen

1. die nach § 5 Abs. 1 des Gesetzes durchgeführten Steuererstattungen, vorbehaltlich des § 3 dieser Verordnung,
2. die nach §§ 36 b, 36 c, 44 b und 44 c des Einkommensteuergesetzes und nach §§ 38, 49 des Gesetzes über Kapitalanlagegesellschaften in der Fassung der Bekanntmachung vom 14. Januar 1970 (BGBl. I S. 127), zuletzt geändert durch Artikel 2 des Einführungsgesetzes zum Körperschaftsteuerreformgesetz vom 6. September 1976 (BGBl. I S. 2641) durchgeführten Steuervergütungen und Steuererstattungen.

(2) Nach Ablauf eines jeden Monats stellt das Bundeszentralamt für Steuern die Anteile der einzelnen Länder an diesen durchgeführten Steuererstattungen und Steuervergütungen, getrennt nach Steuerarten oder Steuererhebungsarten, sowie an der anläßlich der Vergütung von Körperschaftsteuer vereinnahmten Kapitalertragsteuer fest.

§ 2[2] Aufteilung der Länderanteile an den Steuererstattungen, den Steuervergütungen und der anläßlich der Vergütung von Körperschaftsteuer vereinnahmten Kapitalertragsteuer 2

(1) Maßgebendes Aufkommen für die Aufteilung der Anteile der Länder, einschließlich der Gemeinden, an den vom Bundeszentralamt für Steuern durchgeführten Steuererstattungen und Steuervergütungen entsprechend § 1, an der nach § 44 b Absatz 6 Satz 1 bis 3 des Einkommensteuergesetzes erstatteten Kapitalertragsteuer sowie an der vom Bundeszentralamt für Steuern anlässlich der Vergütung von Körperschaftsteuer vereinnahmten Kapitalertragsteuer auf die einzelnen Länder nach § 5 Absatz 2 Satz 3 des Gesetzes sind die jeweiligen Steuereinnahmen des Vorjahres nach § 7 Absatz 1 des Gesetzes über den Finanzausgleich zwischen Bund und Ländern in der jeweils gültigen Fassung unter Berücksichtigung der Zerlegungsanteile nach dem Zerlegungsgesetz in der jeweils gültigen Fassung jedoch ohne Berücksichtigung der nach § 44 b Absatz 6 Satz 1 bis 3 des Einkommensteuergesetzes erstatteten Kapitalertragsteuer.

(2) Solange das für die Aufteilung auf die Länder maßgebende Vorjahresaufkommen noch nicht feststeht, sind die Abrechnungen nach den letzten bekannten Jahressteuereinnahmen vorläufig durchzuführen. Die vorläufigen Abrechnungen sind durch endgültige zu ersetzen, sobald die für die Aufteilung auf die Länder maßgebenden Aufkommenszahlen des Vorjahres vorliegen.

§ 3[3] Vom Bundeszentralamt für Steuern durchgeführte Erstattungen von Umsatzsteuer 3

Die vom Bundeszentralamt für Steuern durchgeführten Erstattungen von Umsatzsteuer werden aus dem Aufkommen an der von Bundesfinanzbehörden verwalteten Umsatzsteuer vor dessen Aufteilung auf Bund und Länder geleistet.

§ 4 Berlin-Klausel

(gegenstandslos)

[1] § 1 Abs. 1 und 2 geänd. durch G v. 22. 9. 2005 (BGBl. I S. 2809); Abs. 1 Nr. 3 aufgeh. durch G v. 16. 7. 2009 (BGBl. I S. 1959).

[2] § 2 Abs. 1 neu gef. durch VO v. 2. 12. 2011 (BGBl. I S. 2416).

[3] § 3 geänd. durch G v. 22. 9. 2005 (BGBl. I S. 2809).

4 **§ 5 Inkrafttreten**

Diese Verordnung tritt mit Wirkung vom 1. Januar 1977 in Kraft. Gleichzeitig tritt die Verordnung zur Durchführung des § 5 Abs. 3 des Finanzverwaltungsgesetzes vom 11. Januar 1972 (BGBl. I S. 44) außer Kraft.

2b) Schreiben betr. zentrale Sammlung und Auswertung von Unterlagen über steuerliche Auslandsbeziehungen; Beziehungen eines Steuerinländers zum Ausland und eines Steuerausländers zum Inland (IZA-Erlass)

Vom 9. September 2019 (BeckVerw 457130)
(BMF IV B 6 – S 1509/07/10 001 :012; DOK 2019/0764716)

2 Anlagen[1]

Unter Bezugnahme auf das Ergebnis der Erörterungen mit den Vertretern der obersten Finanzbehörden der Länder gilt für die zentrale Sammlung und Auswertung von Unterlagen über steuerliche Auslandsbeziehungen Folgendes:

5 **1. Ziele und Arbeitsweise**

1.1. Aufklärung von Auslandsbeziehungen

Im Hinblick auf den Umfang der Auslandsverflechtung der Wirtschaft kommt der Ermittlung von Auslandsbeziehungen im Steueraufsichts- und Steuerermittlungsverfahren ständig wachsende Bedeutung zu.

Dem Bundeszentralamt für Steuern (BZSt) obliegt die zentrale Sammlung und Auswertung von Unterlagen über steuerliche Auslandsbeziehungen (§ 88 a AO i. V. m. § 5 Abs. 1 Satz 1 Nr. 6 FVG). Hierzu erfasst der Arbeitsbereich „Informationszentrale für steuerliche Auslandsbeziehungen (IZA)" alle sachdienlichen Informationen, die für die Tätigkeit der Steuerverwaltungen von Bund und Ländern von Bedeutung sein können[2].

In diesem Rahmen sammelt die IZA Informationen und erteilt Auskünfte insbesondere über:

- Ausländische Rechtssubjekte (natürliche und juristische Personen im Ausland, insbesondere auch ausländische Personengesellschaften sowie ausländische Briefkastengesellschaften [Domizil-, Sitz-, Offshore-Gesellschaften]);
- die Rechtsprechung und Kommentierung zur steuerlichen Beurteilung der Beziehungen von Steuerinländern zu ausländischen Basis- oder Briefkastengesellschaften;
- Beziehungen von im Inland ansässigen Rechtssubjekten zum Ausland;
- Beziehungen von im Ausland ansässigen Rechtssubjekten zum Inland.

Sie unterstützt im Übrigen durch Hinweise auf bereits laufende oder abgeschlossene Verfahren, Parallelfälle und ähnliche Beobachtungen die zuständigen Finanzämter bei der steuerrechtlichen Beurteilung von Auslandssachverhalten.

1.2. Besteuerungsverfahren bei Auslandsbeziehungen und Koordinierung der örtlichen Zuständigkeit

Das BZSt

a) sammelt und wertet Mitteilungen nach § 138 Abs. 2 AO über ausländische Betriebe, ausländische Betriebsstätten sowie ausländische Beteiligungen und Mitteilungen nach § 138 b AO über Beziehungen inländischer Steuerpflichtiger zu Drittstaat-Gesellschaften aus (siehe auch BMF-Schreiben vom 5. Februar 2018, BStBl. I S. 289, geändert durch BMF-Schreiben vom 18. Juli 2018, BStBl. I S. 815 und BMF-Schreiben vom 21. Mai 2019, BStBl. I S. 473),

b) bestimmt nach Maßgabe des § 5 Abs. 1 Satz 1 Nr. 7 FVG bei Personen, die nicht im Geltungsbereich dieses Gesetzes ansässig sind (z. B. beschränkt Steuerpflichtige und Personen i. S. d. § 2 AStG), das für die Besteuerung örtlich zuständige Finanzamt, wenn sich mehrere Finanzämter für örtlich zuständig oder für örtlich unzuständig halten oder wenn sonst Zweifel über die örtliche Zuständigkeit bestehen.

Entsprechendes gilt auch für

- die gesonderte und einheitliche Feststellung der Gewinne ausländischer Personengesellschaften, an denen inländische Gesellschafter beteiligt sind (Nr. 6 des Anwendungserlasses zu § 18 AO), und
- die gesonderte und einheitliche Feststellung nach § 18 AStG (Tz. 18.2 des BMF-Anwendungsschreibens zum AStG vom 14. Mai 2004, BStBl. I S. 3.

1.3. Zusammenarbeit mit Finanzbehörden und anderen Stellen

Die Finanzbehörden von Bund und Ländern sowie andere Behörden und Gerichte arbeiten mit dem BZSt nach den allgemeinen Grundsätzen über die Amtshilfe (§§ 111 ff. AO) zusammen. Die Anschrift lautet:

---

[1] Hier nicht abgedruckt.

[2] **[Amtl. Anm.:]** Gegen die beim BZSt auf der Grundlage von § 88 a AO i. V. m. § 5 Abs. 1 Satz 1 Nr. 6 FVG geführte Datensammlung über steuerliche Auslandsbeziehungen bestehen keine verfassungsrechtlichen Bedenken – Beschluss des BVerfG vom 10. März 2008 1 BvR 2388/03, BStBl. 2009 II S. 23.

Bundeszentralamt für Steuern
Informationszentrale für steuerliche Auslandsbeziehungen (IZA)
53221 Bonn
Telefon: 0228406-0 (Zentrale)
Telefax: 0228406–4187 (IZA)
E-Mail: iza@bzst.bund.de

2. Informationsangebot 6

2.1. Erteilung von Auskünften

Die IZA erteilt Auskünfte

a) auf Anfrage

Anfragen sollen als Schriftstück postalisch (Vordruck BZSt-1, Anlage 1)[1] – jeweils zu jedem ausländischen Rechtssubjekt gesondert – gestellt werden. Soweit die Voraussetzungen des § 87 a Abs. 1 Satz 3 AO erfüllt werden können (geeignete Verschlüsselung), sollen Anfragen elektronisch erfolgen.

Eine Anfrage sollte stets folgende Angaben/Unterlagen enthalten:

- Genaue Bezeichnung des angefragten ausländischen Rechtssubjekts mit Anschrift,
- Benennung des Inländers mit Anschrift (Beziehungspartner),
- Kopien von Dokumenten zu den angefragten Rechtssubjekten – möglichst mit Originalbriefkopf (z. B. Rechnungen, Verträge, Angebote, Schreiben etc.),
- kurze Schilderung des Sachverhaltes,
- Angaben zur Größenordnung, die die mutmaßliche Bedeutung erkennen lassen,
- Hinweis, ob eine kurze Datenbankrecherche ausreicht, eine Internetrecherche oder eine Wirtschaftsauskunft benötigt wird und ob eine ausführliche Kommentierung/Bewertung gewünscht oder entbehrlich ist, und
- bei Eilbedürftigkeit Hinweis mit Angabe der Gründe.

Anfragen sollen in der Regel nur gestellt werden, wenn

- der Steuerpflichtige seiner erhöhten Mitwirkungspflicht nach § 90 Abs. 2 AO nicht oder in nicht hinreichendem Maße nachgekommen ist,
- eine steuerliche Auswirkung von mehr als 5000 EUR und/oder
- in Bezug auf ein und dasselbe ausländische Rechtssubjekt Betriebsausgabenabzüge bei mehreren inländischen Steuerpflichtigen von insgesamt mehr als 10 000 EUR zu vermuten und/oder
- Dauersachverhalte (z. B. Arbeitnehmerverleih/Werkvertrag, Neuaufnahme von ausländischen Rechtssubjekten, Beteiligungen, Immobilienerwerbe und Ähnliches) gegeben oder zu erwarten sind.

Soweit diese Kriterien erfüllt sind, sollten Anfragen immer gestellt werden, wenn die anzufragenden Rechtssubjekte ihren Sitz in einem Niedrigsteuergebiet[2] haben.

b) unaufgefordert

- als Rücklauf zu den ihr übersandten Informationen,
- aus der Auswertung der – bei ihr zusammenfließenden – Informationen.

c) elektronisch (ständig)

Die ISI (Informations-System der IZA) – Datenbank enthält alle gesammelten Informationen und Arbeitsergebnisse der IZA, siehe hierzu auch unter Tz. 4 „Löschung von Informationen". Die Zugriffsrechte auf die ISI-Datenbank sind über den IT-Administrator der örtlichen Finanzbehörde erhältlich.

2.2. Inhalt und Prüfung der Auskünfte

Auskünfte werden erteilt über Rechtssubjekte im Ausland. Diese belaufen sich, nicht abschließend aufgezählt, auf folgende Informationen:

- Informationen z. B. über die Qualifizierung von ausländischen Gesellschaften als Briefkastengesellschaften, ggf. mit entsprechenden Hinweisen zur steuerlichen Beurteilung des Sachverhalts, wobei die Einschätzung der IZA durch Unterlagen belegt wird; Überprüfung der von dem Steuerpflichtigen zum Zwecke des Gegenbeweises vorgelegten Unterlagen;
- Informationen über andere bekannt gewordene inländische Beziehungen des angefragten ausländischen Rechtssubjekts;
- Informationen über bekannt gewordene Beziehungen des inländischen Beziehungspartners zu anderen ausländischen Rechtssubjekten;
- allgemeine steuerlich beachtliche Situationen im Ausland, wie steuerliche Verhältnisse, steuerrelevante handels-, gesellschafts- und registerrechtliche Gegebenheiten oder wirtschaftliche Verhältnisse im Ausland.

Die Versendung der Antwortschreiben erfolgt postalisch. Soweit die Voraussetzungen des § 87 a Abs. 1 Satz 3 AO erfüllt werden können (geeignete Verschlüsselung) soll der Versand elektronisch erfolgen.

Die erteilten Auskünfte sind durch die anfragende Finanzbehörde vor Verwendung im Besteuerungsverfahren zu prüfen.

2.3. Zeitliche Abwicklung von Auskünften

Die IZA bemüht sich um zeitgerechte Bearbeitung der Anfragen. Soweit dies nicht innerhalb von drei Monaten möglich ist, wird ein Zwischenbescheid erteilt.

---

[1] Hier nicht abgedruckt.

[2] **[Amtl. Anm.:]** Vgl. Tz. 2.2 und Tz. 8.3 sowie Anlage 1 des BMF-Anwendungsschreibens zum AStG vom 14. Mai 2004, BStBl. I S. 3.

2.4. Beschaffung von Informationen

Soweit bei Anfragen nicht schon auf vorhandene Informationen zurückgegriffen werden kann, bemüht sich die IZA um die Beschaffung geeigneter Unterlagen bei dritten Stellen im In- und Ausland.

2.5. Kosten

Die IZA berechnet der anfragenden Stelle im Allgemeinen keine Kosten. Besteht eine Kostentragungspflicht Dritter (z. B. im Steuerstrafverfahren), so teilt die IZA die Höhe der Kosten mit und fragt an, ob sie von der anfragenden Stelle übernommen werden.

7 **3. Versorgung mit Informationen**

3.1. Wechselseitiger Informationsfluss

Die IZA kann nur dann umfassende Informationen anbieten, wenn sie von den Finanzbehörden des Bundes und der Länder laufend und vollständig über sachdienliche Beobachtungen und Feststellungen unterrichtet wird. Auch Änderungen der gemeldeten außensteuerlichen Beziehungen sind der IZA mitzuteilen.

3.2. Aufgaben der Finanzämter

Insbesondere sind mit Vordruck BZSt-1 (Anlage 1)[1] mitzuteilen von den

a) Veranlagungsstellen:
- Auslandssachverhalte, die nach § 138 Abs. 2 AO meldepflichtig sind (im Allgemeinen durch Weiterleitung einer Durchschrift des Vordrucks BZSt-2),[2]
- Auslandssachverhalte, die nach § 138 b AO meldepflichtig sind (im Allgemeinen durch Weiterleitung einer Durchschrift des Vordrucks „Mitteilung nach § 138 b der Abgabenordnung (AO)“),[3]
- juristische Personen mit Sitz in Niedrigsteuergebieten,[4] die, als beschränkt Steuerpflichtige, aufgenommen werden sollen,
- Gesellschaftsbeziehungen zwischen Steuerinländern (auch juristische Personen) und Rechtssubjekten in Niedrigsteuergebieten,[4]
- Beteiligungen von ausländischen Rechtssubjekten an inländischen Gesellschaften,
- auffällige Rechtsbeziehungen mit Auslandsbezug,
- Ergebnisse von Rechtshilfeersuchen zu ausländischen Rechtssubjekten in Niedrigsteuergebieten,[1] die nicht über das BZSt abgewickelt wurden,
- ausländische Familienstiftungen und deren Begünstigte beziehungsweise Anfallsberechtigte.

b) Steuerfahndungs- und Außenprüfungsstellen:
- Auslandssachverhalte, insbesondere i. V. m. Rechtssubjekten in Niedrigsteuergebieten;[5] es genügt die Übersendung von entsprechenden Berichtsauszügen.

c) Umsatzsteuerstellen:
- Rechtssubjekte mit Sitz in Niedrigsteuergebieten,[1] die umsatzsteuerlich geführt werden sollen.

d) Grunderwerbsteuerstellen:
- Rechtssubjekte mit Sitz in Niedrigsteuergebieten,[1] die im Inland Grundstücke erwerben oder veräußern.

3.3. Rückmeldungen

Die aufgrund der gegebenen Auskünfte getroffenen weiteren Feststellungen und Entscheidungen sind der IZA von den anfragenden Finanzbehörden auf dem Vordruck BZSt-3 (Anlage 2[6]) unter Angabe der steuerlichen Auswirkungen mitzuteilen. Die von den Feststellungen der IZA abweichenden Nachweise der Steuerpflichtigen sind der Rückmeldung auch dann in Kopie beizufügen, wenn die Auskunft der IZA zu keiner steuerlichen Änderung führte.

8 **4. Löschung von Informationen**

Die in der ISI-Datenbank (Tz. 2.1. c) eingepflegten Daten sind grundsätzlich 15 Jahre nach dem Datum der Anfrage (Beziehungsdatum) durch das BZSt zu löschen. Dies gilt auch für Beziehungsketten.[7] Eine neue Information zu einer Beziehungskette begründet ein neues Beziehungsdatum mit der Folge, dass die Daten weitere 15 Jahre nicht gelöscht werden.

Daten, die aus der Vorgängerdatenbank ISAB (Internationale steuerliche Auslandsbeziehungen) im Jahr 2000 in die ISI-Datenbank übernommen wurden, wurden zum 1. Januar 2015 durch das BZSt gelöscht, es sei denn, ein aktuelles Beziehungsdatum stand dem entgegen.

Dieses Schreiben tritt an die Stelle des BMF-Schreibens vom 6. Februar 2012, BStBl. I S. 241.

---

[1] Hier nicht abgedruckt.

[2] **[Amtl. Anm.:]** Durch das BMF-Schreiben vom 21. Mai 2019, BStBl. I S. 473) geänderte Anlage 1 (Teile 1 bis 3) zum BMF-Schreiben vom 5. Februar 2018 (vgl. Tz. 1.2.a, Internetseiten des BZSt [www.bzst.de] unter der Rubrik Unternehmen – EU und International – Erfassung von Auslandsbeteiligungen – Mitteilungspflicht inländischer Steuerpflichtiger – § 138 Abs. 2 AO und im Formular-Management-System der Bundesfinanzverwaltung [www.formulare-bfinv.de] unter der Rubrik „Bürger-Auslandsbeziehungen“).

[3] **[Amtl. Anm.:]** Anlage 2 zum BMF-Schreiben vom 5. Februar 2018 (vgl. Tz. 1.2.a, Internetseiten des BZSt [www.bzst.de] unter der Rubrik Unternehmen – EU und International – Erfassung von Auslandsbeteiligungen – Mitteilungspflicht Dritter – § 138 b AO und im Formular-Management-System der Bundesfinanzverwaltung [www.formulare-bfinv.de] unter der Rubrik „Bürger-Auslandsbeziehungen“).

[4] **[Amtl. Anm.:]** Vgl. Tz. 2.2 und Tz. 8.3 sowie Anlage 1 des BMF-Anwendungsschreibens zum AStG vom 14. Mai 2004, BStBl. I S. 3.

[5] **[Amtl. Anm.:]** Vgl. Tz. 2.2 und Tz. 8.3 sowie Anlage 1 des BMF-Anwendungsschreibens zum AStG vom 14. Mai 2004, BStBl. I S. 3.

[6] Hier nicht abgedruckt.

[7] **[Amtl. Anm.:]** Beziehungskette/n ist/sind in der ISI-Datenbank erfasste Beziehungen zu einem Rechtssubjekt oder zu mehreren Rechtssubjekten.

2c) Gleich lautende Erlasse der obersten Finanzbehörden der Länder zur Neufassung der Geschäftsordnung für die Finanzämter (FAGO 2020)

vom 4. Dezember 2020 (BStBl. I S. 1218)

1 Allgemeines

1.1 Zweck der Geschäftsordnung

Die Geschäftsordnung für die Finanzämter regelt die Grundsätze der Organisation bei den Finanzämtern im Anschluss an das Gesetz über die Finanzverwaltung.

1.2 Verhältnis Bürgerinnen und Bürger – Verwaltung

(1) Das Finanzamt ist ein dem Gemeinwohl verpflichteter Dienstleister. Die Beschäftigten nehmen ihre Aufgaben höflich und mit Verständnis für die Belange der Bürgerinnen und Bürger wahr und erledigen deren Anliegen sachgerecht und zügig. Sie erteilen verständliche Auskunft und gewähren notwendige Hilfe.

(2) Die Öffnungs-/Servicezeiten des Finanzamts sind bedarfsgerecht festzulegen. Erforderlichenfalls sollen Termine vereinbart werden, auf Wunsch auch für Zeitpunkte außerhalb dieser Zeiten. Bürgerinnen und Bürger, denen keine längeren Wartezeiten zugemutet werden können, sollen Vortritt vor Anderen erhalten.

(3) Das Finanzamt ist durch ein Amtsschild zu kennzeichnen. Außerdem ist auf die Öffnungs-/Servicezeiten hinzuweisen. Im Eingangsbereich sollte ein deutlich lesbarer und aussagekräftiger Wegweiser angebracht werden. Die Orientierung im Dienstgebäude ist durch Hinweise in den Fluren und an den Türen zu erleichtern.

(4) Für öffentliche Bekanntmachungen ist eine Amtstafel anzubringen.

2 Aufbauorganisation

2.1 Organisatorische Gliederung

(1) Das Finanzamt gliedert sich in Sachgebiete.

(2) Ein Sachgebiet umfasst mehrere Arbeitsgebiete.

(3) Das Arbeitsgebiet ist die kleinste Organisationseinheit, der bestimmte, abgegrenzte Aufgaben zugewiesen sind.

(4) Gleiche, gleichartige oder aus Zweckmäßigkeitsgründen miteinander zu verbindende Aufgaben des Finanzamts können unter der Bezeichnung „Stelle", der ein kurzer Aufgaben beschreibender Zusatz voranzustellen ist, zusammengefasst werden.

2.2 Amtsleitung

(1) Die Amtsleitung leitet das Finanzamt und wird von der obersten Landesfinanzbehörde bestellt. Sie ist Vorgesetzte aller Beschäftigten und Dienstvorgesetzte der Beamtenschaft, soweit in den Ländern nichts anderes bestimmt ist. Ihr obliegt die Fürsorge für die Beschäftigten.

(2) Die Amtsleitung trägt die Verantwortung für die rechtzeitige, sachgerechte und wirtschaftliche Erfüllung der Aufgaben des Finanzamts (Fach- und Dienstaufsicht). Hierzu nutzt sie die vorhandenen Steuerungs- und Führungsinstrumente.

(3) Zu den wesentlichen Aufgaben der Amtsleitung gehören insbesondere:

1. Sie sorgt für eine einheitliche Rechtsanwendung innerhalb ihres Amtsbereichs und überwacht den gesamten Dienstbetrieb.
2. Sie setzt die Beschäftigten nach ihrer Ausbildung, ihren persönlichen Fähigkeiten, ihrem Leistungsvermögen und entsprechend den sachlichen Bedürfnissen ein (Geschäftsverteilung, s. Abschnitt 2.6). Die tarifrechtlichen Bestimmungen sind zu beachten.
3. Sie beurteilt die Beschäftigten nach Maßgabe der dienst- und arbeitsrechtlichen Bestimmungen.
4. Sie sorgt für angemessene Arbeitsbedingungen und achtet auf die Einhaltung der Vorschriften über den Arbeitsschutz, die allgemeine Gleichbehandlung, den Mutterschutz, den Jugendarbeitsschutz, die Schwerbehindertenfürsorge, den Datenschutz und die Informationssicherheit.
5. Sie ist nach Maßgabe des Personalvertretungsrechts Gesprächspartnerin der Personalvertretung und arbeitet mit ihr vertrauensvoll zusammen.
6. Sie führt regelmäßig Besprechungen mit den Sachgebietsleitungen durch.
7. Sie unterrichtet ihre Vertretung laufend über alle wesentlichen Vorgänge.
8. Sie berichtet der übergeordneten Behörde über Angelegenheiten von besonderer oder grundsätzlicher Bedeutung.
9. Sie bemüht sich um ein gutes Einvernehmen mit anderen Behörden und hält Kontakt mit Wirtschafts- und Berufsvertretungen.

(4) Zu ihrem Sachgebiet gehören die Bereiche Organisation, Haushalt und Personal (Geschäftsstelle). Ihrem Sachgebiet kann sie weitere Arbeitsgebiete zuordnen.

(5) Die Amtsleitung kann ihrer ständigen Vertretung oder einer anderen Sachgebietsleitung die Wahrnehmung bestimmter Teile ihres Aufgabenbereichs übertragen. Abs. 1 Satz 2 und Abs.2 bleiben unberührt.

2.3 Sachgebietsleitung

(1) Die Sachgebietsleitung ist für die rechtzeitige, sachgerechte und wirtschaftliche Erfüllung der Aufgaben im jeweiligen Sachgebiet verantwortlich. Zu diesem Zweck werden die vorhandenen Steuerungs- und Führungsinstrumente genutzt. Im Auftrag der Amtsleitung übt die Sachgebietsleitung die Fachaufsicht im jeweiligen Sachgebiet aus und unterstützt sie bei der Wahrnehmung der fachlichen, organisatorischen und personellen Aufgaben einschließlich der Dienstaufsicht. Ihr obliegt die Fürsorge für die Beschäftigten ihres Sachgebiets.

(2) Zu den wesentlichen Aufgaben der Sachgebietsleitung gehören insbesondere:

1. Sie sorgt für eine einheitliche Rechtsanwendung im jeweiligen Sachgebiet, gibt die erforderlichen dienstlichen Weisungen sowie Bearbeitungs- und Entscheidungshilfen. Vorgänge von besonderer Bedeutung und sachlich oder rechtlich besonders schwierige Vorgänge soll sie selbst bearbeiten.
2. Sie wirkt darauf hin, dass die Beschäftigten ihres Sachgebiets nach ihrer Ausbildung, ihren persönlichen Fähigkeiten, ihrem Leistungsvermögen und entsprechend den sachlichen Bedürfnissen eingesetzt werden und gleichmäßig ausgelastet sind.
3. Sie überwacht den Dienstbetrieb in ihrem Sachgebiet und wirkt hin auf angemessene Arbeitsbedingungen sowie die Einhaltung der Vorschriften über den Arbeitsschutz, die allgemeine Gleichbehandlung, den Mutterschutz, den Jugendarbeitsschutz, die Schwerbehindertenfürsorge, den Datenschutz und die Informationssicherheit.
4. Sie nimmt sich der Aus- und Fortbildung der Beschäftigten ihres Sachgebiets an.
5. Sie hält regelmäßig Dienst- und Fachbesprechungen ab und unterrichtet über Rechtsänderungen, Entwicklung der Rechtsprechung sowie Verwaltungsanweisungen. Sie klärt steuerrechtliche Zweifelsfälle.
6. Sie steuert Arbeitsabläufe, entwirft Amtsverfügungen und Berichte.

2.4 Hauptsachgebietsleitung

Für Fachaufgaben, die mehrere Sachgebiete betreffen, kann eine Hauptsachgebietsleitung eingesetzt werden. Sie nimmt insoweit die Aufgaben für alle betroffenen Sachgebiete wahr – insbesondere nach Abschnitt 2.3 Abs. 2 Nummern 5 und 6 – und koordiniert die Zusammenarbeit. Zur Unterstützung können Hauptsachbearbeiter/innen eingesetzt werden.

2.5 Arbeitsgebiete

(1) Die (Sach-)Bearbeiter/innen erledigen die Aufgaben ihres Arbeitsgebiets in eigener Verantwortung. Ihnen können zur Unterstützung Mitarbeiter/innen zugewiesen werden.

(2) Die (Sach-)Bearbeiter/innen sind für die rechtzeitige, sachgerechte und wirtschaftliche Erfüllung der Aufgaben in ihrem Arbeitsgebiet verantwortlich. Sie sollen möglichst in nur einem Sachgebiet eingesetzt werden.

(3) Wesentliche Aufgaben der (Sach-)Bearbeiter/innen sind:

1. Sie achten auf eine einheitliche Rechtsanwendung, geben die erforderlichen dienstlichen Weisungen sowie Bearbeitungs- und Entscheidungshilfen und informieren die Mitarbeiter/innen des Arbeitsgebiets über rechtliche und verfahrenstechnische Änderungen.
2. Sie nehmen sich der Ausbildung der ihnen zugewiesenen Anwärter/innen und sonstigen Auszubildenden an.

2.6 Geschäftsverteilung

(1) Im Rahmen der Geschäftsverteilung sind die Aufgaben der Sachgebiete und der Arbeitsgebiete abzugrenzen sowie die Besetzung und Vertretung festzulegen. Sonderfunktionen sind auszuweisen. Änderungen der Geschäftsverteilung sind fortlaufend und zeitnah festzuhalten. Die übergeordnete Behörde kann eine Änderung der Geschäftsverteilung anordnen.

(2) Eine aktuelle Übersicht der Geschäftsverteilung (Geschäftsverteilungsplan) ist der unmittelbar übergeordneten Behörde mindestens einmal jährlich zu übermitteln. Sofern der Geschäftsverteilungsplan für die unmittelbar übergeordnete Behörde einsehbar ist, kann auf eine jährliche Übermittlung verzichtet werden. Wesentliche Änderungen sind der unmittelbar übergeordneten Behörde zeitnah mitzuteilen.

2.7 Vertretung

(1) Die Vertretung ist möglichst vor dem Vertretungsfall über die Arbeits- und Personallage sowie insbesondere über wichtige Vorgänge zu unterrichten. Sie erfüllt die Aufgaben der vertretenen Person und unterrichtet sie nach Rückkehr.

(2) In der Regel vertreten sich Sachgebietsleitungen untereinander. (Sach-)Bearbeiter/innen werden von (Sach-)Bearbeiter(n)/innen vertreten. Mitarbeiter/innen können durch Mitarbeiter/innen vertreten werden.

(3) Die ständige Vertretung der Amtsleitung wird von der obersten Landesfinanzbehörde bestellt, soweit nichts Anderes geregelt ist. Die Bestimmung der Vertretung der ständigen Vertretung obliegt der Amtsleitung.

3 Ablauforganisation

3.1 Behandlung von Eingängen

(1) Eingänge sind alle an das Finanzamt übermittelten Dokumente und Daten auf Papier oder in elektronischer Form. Anträge und Einsprüche, die zur Niederschrift erklärt werden, sind wie Eingänge zu behandeln.

(2) Falls erforderlich werden Eingänge in der Posteingangsstelle geöffnet, mit den Eingangsdaten versehen und in den Geschäftsgang gegeben, soweit sich aus den nachfolgenden Absätzen nichts Abweichendes ergibt.

(3) Wertsendungen und förmlich zugeleitete Sendungen dürfen nur von den hierzu befugten Beschäftigten angenommen und geöffnet werden.

(4) Eingänge von übergeordneten Behörden und Eingänge an die/den Datenschutzbeauftragte/n und die Interessenvertretungen sind direkt und, soweit auf Papier, ungeöffnet an die Adressatin/den Adressaten weiterzuleiten.

(5) Aktenrelevante Eingänge, die einer beschäftigten Person persönlich in einer dienstlichen Angelegenheit übermittelt werden, sind in den Geschäftsgang zu geben.

(6) Eingänge mit dem Zusatz „zu Händen von ..." sind wie Eingänge ohne Zusatz zu behandeln. Tragen Papiereingänge den Vermerk „eigenhändig", „persönlich" oder „vertraulich" sind sie direkt und ungeöffnet der Adressatin/dem Adressaten zuzuleiten. Für elektronische Eingänge gilt dies sinngemäß. Handelt es sich hierbei um eine dienstliche Angelegenheit, ist der Eingang in den Geschäftsgang zu geben. Dabei ist zu gewährleisten, dass Eingangsdatum und Empfänger/in auf dem Eingang ersichtlich sind. Eingänge, die einer beschäftigten Person persönlich übergeben oder übermittelt werden, sind entsprechend zu behandeln.

(7) Bargeld, Schecks, Wertgegenstände u. Ä. sind sofort und unmittelbar an die zuständige Stelle weiterzuleiten, soweit nicht für Wertgegenstände eine abweichende Regelung getroffen worden ist. Schecks, die nicht bereits als Verrechnungsschecks gekennzeichnet sind, werden sofort beim Eingang mit dem Vermerk „Nur zur Verrechnung" versehen. Der Empfang von Geld und Wertgegenständen ist von dem zuständigen Arbeitsgebiet zu bestätigen.

(8) Sind die Anschrift der Absenderin/des Absenders oder der Tag des Schreibens nicht lesbar oder fehlen diese Angaben im Schreiben, wird der Briefumschlag bei dem Eingangsschreiben belassen. Das Gleiche gilt, wenn der Umschlag amtliche Vermerke trägt.

(9) Für die Behandlung der Eingänge aus dem Rechenzentrum gelten besondere Bestimmungen.

3.2 Geschäftsgang

(1) Alle Eingänge sind, soweit sich aus Abschnitt 3.1 bzw. den nachfolgenden Absätzen nichts Abweichendes ergibt, geordnet über die Amtsleitung und die Sachgebietsleitung dem zuständigen Arbeitsgebiet zuzuleiten. Die Amtsleitung kann auf die Vorlage bestimmter Eingänge verzichten. Generelle abweichende Festlegungen zum Geschäftsgang, die ausschließlich elektronisch übermittelte oder digitalisierte Eingänge betreffen, können durch übergeordnete Behörden getroffen werden.

(2) Eingänge, die vollständig automatisiert verarbeitet werden, durchlaufen nicht den Geschäftsgang. Eingänge, die auf Grund gesetzlicher Bestimmungen übermittelt werden – wie Steuererklärungen, elektronische Besteuerungsgrundlagen (z. B. Lohndaten), der Fragebogen zur steuerlichen Erfassung und Kontrollmaterial – werden den Arbeitsgebieten direkt zugeordnet. Belege sind wie Steuererklärungen zu behandeln.

(3) Eingänge, die nicht für das Finanzamt bestimmt sind (Irrläufer) oder für deren Erledigung es nicht zuständig ist, sind unverzüglich an die zutreffende Adressatin/den zutreffenden Adressaten weiterzuleiten. Wird bei Irrläufern der Irrtum erst nach dem Öffnen des Eingangs festgestellt, ist der Eingang mit dem Vermerk „Irrläufer" zu kennzeichnen. Der Absenderin/dem Absender soll eine Abgabenachricht übermittelt werden, wenn dies zweckmäßig erscheint. Kann die zutreffende Adressatin/der zutreffende Adressat nicht ermittelt oder der Eingang nicht mit vertretbarem Aufwand weitergeleitet werden, soll der Eingang an die Absenderin/den Absender zurückgesandt werden.

3.3 Geschäftsgangvermerke

(1) Die Amtsleitung sichtet die Eingänge und vermerkt die Kenntnisnahme. Darüber hinaus kann sie weitere Geschäftsgangvermerke anbringen.

Die Geschäftsgangvermerke haben folgende Bedeutung:

/ oder Namenszeichen oder Kg	=	Kenntnis genommen;
aZv	=	abschließende Zeichnung vorbehalten;
zKvA	=	zur Kenntnis vor Abgang;
zKnA	=	zur Kenntnis nach Abgang;
bR	=	bitte Rücksprache.

Bei dem Geschäftsgangvermerk bR soll der Besprechungspunkt bezeichnet werden.

(2) Die Sachgebietsleitung verfährt entsprechend Absatz 1.

(3) Es muss ersichtlich sein, wer den Geschäftsgangvermerk angebracht hat. Bei Eingängen in Papierform verwendet zu diesem Zweck die Amtsleitung den Grünstift, die ständige Vertretung den Rotstift, die Sachgebietsleitung den Blaustift und, soweit diese eingesetzt sind, Kassenaufsichtsbeauftragte den Violettstift. Die Vertretung verwendet die der/dem Vertretenen vorbehaltene Farbe und setzt dem Geschäftsgangvermerk ihr Namenszeichen hinzu.

3.4 Bearbeitung der Vorgänge

3.4.1 Förmliche Bearbeitung der Vorgänge

(1) Zu jedem Vorgang ist die Art der Bearbeitung zu verfügen und die Erledigung zu dokumentieren. Darüber hinaus ist kenntlich zu machen, wie der Vorgang weiter zu bearbeiten ist, z. B. Mitzeichnungen, Art der Versendung, Tag der Aufgabe zur Post.

(2) Als abschließende Verfügungspunkte kommen je nach Sachlage insbesondere in Betracht:

Wv = Wiedervorlage,
wenn der Vorgang noch nicht abschließend erledigt ist; der Anlass der Wiedervorlage ist zu vermerken, wenn er sich nicht ohne Weiteres ergibt;

zÜ = zur Überwachung,
wenn im Zeitpunkt des Eingangs über die Bearbeitung nicht abschließend entschieden werden kann, diese aber künftig in Betracht kommen könnte;

zdA = zu den Akten,
wenn der Vorgang abgeschlossen oder in absehbarer Zeit nichts zu veranlassen ist.

3.4.2 Auskünfte, Aktenvermerke

(1) Bei der Erteilung von Auskünften ist auf die Wahrung des Steuer- und Amtsgeheimnisses besonders zu achten.

(2) Auskünfte, die eine Entscheidung des Finanzamts vorwegnehmen, sind grundsätzlich zu vermeiden.

(3) Auskünfte mit Öffentlichkeitswirkung (z. B. Presse, Rundfunk, Fernsehen und andere Medien und Institutionen) sind der Amtsleitung oder den – von ihr beauftragten – Personen vorbehalten, soweit nicht abweichende Regelungen der übergeordneten Behörden bestehen.

(4) Über Besprechungen, Verhandlungen, Auskünfte, Telefongespräche und sonstige Begebenheiten oder Gesichtspunkte, die für die Bearbeitung bedeutsam sein können, sind Aktenvermerke zu fertigen und von der Verfasserin/dem Verfasser zu zeichnen.

3.4.3 Erledigung der Vorgänge

(1) Alle Vorgänge sind so schnell wie möglich und grundsätzlich in der Reihenfolge des Eingangs zu bearbeiten. Sofortsachen sind sogleich, Eilsachen vor gewöhnlichen Sachen zu erledigen. Angeordnete Rücksprachen sind unverzüglich zu erledigen.

(2) Anträge auf Stundung, Erlass, Aussetzung der Vollziehung oder Vollstreckungsaufschub, die Bankdatenpflege sowie die Ein- und Ausarbeitung von Bevollmächtigungen sind als Sofortsachen zu behandeln.

(3) Können Schreiben nicht innerhalb eines Monats beantwortet werden, ist grundsätzlich eine Zwischennachricht zu erteilen. Dies gilt nicht für Steuererklärungen; bei Rechtsbehelfen gilt eine Frist von zwei Monaten.

(4) Berichtsanforderungen und sonstige Schreiben übergeordneter Behörden sind innerhalb eines Monats nach Eingang zu beantworten, wenn keine bestimmte Frist gesetzt wurde.

(5) Erledigte Vorgänge werden geordnet, z. B. nach der Zeitfolge des Eingangs oder nach Ordnungszeiträumen (z. B. Veranlagungszeitraum, Feststellungszeitraum), in die Akte abgelegt.

(6) Abgeschlossene Vorgänge sind aus dem laufenden Aktenbestand herauszunehmen und gesondert auszulagern. Auf diesen Vorgängen ist der Zeitpunkt zu vermerken, in dem sie frühestens ausgesondert werden dürfen.

(7) Für die Aufbewahrung und Aussonderung gesondert ausgelagerter Vorgänge gelten die Aufbewahrungsbestimmungen für die Finanzverwaltung.

3.4.4 Form und Inhalt von Schreiben

(1) Alle Schreiben sind höflich, knapp, klar und leicht verständlich abzufassen und sollen die Sache erschöpfend behandeln. Sind Abkürzungen nicht allgemein üblich oder verständlich, ist der abzukürzende Begriff bei der erstmaligen Verwendung auszuschreiben und die Abkürzung dahinter in Klammern zu vermerken. Bei Gesetzen, Rechtsverordnungen und veröffentlichten Verwaltungsvorschriften ist – sofern erforderlich – die Fundstelle anzugeben.

(2) In Schreiben sind die Ich-Form und die gebräuchlichen Höflichkeitsanreden und Grußformeln zu verwenden. Zwischen Behörden, innerhalb des Finanzamts sowie in förmlichen Bescheiden können die neutrale Form „das Finanzamt" verwendet und auf die Höflichkeitsformel verzichtet werden.

(3) Fristen sind so zu bemessen, dass sie bei sachgemäßer Bearbeitung eingehalten werden können.

(4) Schreiben des Finanzamts sollen enthalten:

1. die Bezeichnung „Finanzamt ...";
2. die vollständige Kommunikationsverbindung (Postanschrift einschließlich elektronischer Postanschrift, Telefonnummer);
3. die Öffnungs-/Servicezeiten;
4. eine Bankverbindung;
5. Ort und Datum;
6. ein Geschäftszeichen;
7. Betreff, Bezug und Anlagen.

Darüber hinaus können Schreiben des Finanzamts

1. den Namen;
2. die Zimmernummer;
3. die Telefonnummer

der/des Beschäftigten enthalten.

(5) Schreiben an übergeordnete Behörden werden als Berichte bezeichnet. Das gilt nicht für Listen, Nachweisungen, Fehlanzeigen, vordruckmäßige Meldungen und einfache Vorlagen, mit denen lediglich

Akten oder Ähnliches übersandt werden. Berichte sollen am Schluss einen Vorschlag enthalten. Auf Fristen und Termine ist gut sichtbar hinzuweisen.

3.4.5 Unterschrift

(1) Bei Schreiben sind die Urheberschaft und der Wille, das Schreiben in den Verkehr zu bringen, nachvollziehbar zu dokumentieren.

(2) Schreiben sind grundsätzlich mit Namenswiedergabe der/des Schlusszeichnenden zu versehen oder zu unterschreiben. Bei einer Unterschrift ist der Name der/des abschließend Zeichnenden lesbar unter die Unterschrift zu setzen. Bei zentral zur Verfügung gestellten Musterschreiben kann stattdessen die Nennung der erlassenden Behörde erfolgen.

(3) An die Stelle der Unterschrift kann die Beglaubigung treten. Dies gilt nicht bei
- Schreiben, bei denen nach Art oder Inhalt eine Unterschrift geboten ist;
- Urkunden, Verträgen und sonstigen Schreiben, die zu ihrer rechtlichen Wirksamkeit der Unterschrift bedürfen.

Beglaubigt wird, indem der Name der Person, die die Verfügung abschließend gezeichnet hat, unter das Schreiben gesetzt und hinzugefügt wird:

Beglaubigt
Unterschrift

3.4.6 Kommunikation mit Behörden

Das Finanzamt kann unmittelbar mit anderen Behörden in Verbindung treten, soweit nichts Anderes geregelt ist. Die Kommunikation mit den obersten Behörden ist grundsätzlich über die unmittelbar übergeordnete Behörde zu führen. Hat die oberste Landesfinanzbehörde unmittelbaren Bericht angefordert, so ist die Mittel- bzw. Oberbehörde, soweit diese eingerichtet ist, in Kenntnis zu setzen. Elektronische Dokumente sind durch Namenswiedergabe zu zeichnen. Der Namenswiedergabe kann ein „gez." vorangestellt werden.

3.4.7 Aktenverwaltung

(1) Die Akten der Finanzämter werden eingeteilt in:
1. Allgemeine Akten (A-Akten);
2. Besondere Akten (B-Akten);
3. Einzelakten, z. B. Steuerakten, Beitreibungsakten;
4. Personalakten.

(2) Allgemeine Vorschriften, Erlasse, Verfügungen und Schreiben von grundsätzlicher Bedeutung kommen in die A-Akten, soweit diese nicht durch eine übergeordnete Behörde an zentraler Stelle elektronisch zur Verfügung gestellt werden. Schreiben, die sich auf Einzelfälle beziehen, kommen in die B-Akten, soweit sie nicht zu den Einzelakten oder zu den Personalakten zu nehmen oder wegzulegen sind.

(3) In den Einzelakten werden Vorgänge gesammelt, die bei der Durchführung der Steuergesetze entstehen. Sie werden getrennt nach Steuerarten oder sonstigen Unterscheidungsmerkmalen für Personen, Vorgänge oder Gegenstände angelegt.

(4) Inhalt und Verwaltung der Personalakten richten sich nach den jeweiligen Landesbestimmungen.

(5) Die Akten werden wie folgt geordnet:
1. die A- und B-Akten nach dem Aktenplan für die Finanzverwaltung, wobei die übergeordnete Behörde Zusammenlegungen anordnen kann;
2. die Einzelakten nach Steuernummern oder sonstigen Ordnungsmerkmalen.

(6) Akten werden mit einem Ordnungsmerkmal bzw. mehreren – z. B. Steuernummer, Name, Steuerart, Zeitraum – versehen.

(7) Für A- und B-Akten kann ein Sachverzeichnis geführt werden. Im Sachverzeichnis sind die Vorgänge – abschnittsweise für die einzelnen Akten getrennt – mit kurzer Inhaltsangabe einzutragen. Die übrigen Akten können mit fortlaufenden Blattzahlen versehen werden.

(8) Die Akten sind durch geeignete Maßnahmen – insbesondere außerhalb der Dienststunden – vor einer Einsichtnahme durch Unbefugte zu schützen. Für geheim zu haltende Schreiben und Informationen gelten die besonderen Bestimmungen der Verschlusssachenanweisung.

(9) Werden Akten oder Vorgänge in Papierform außerhalb der regelmäßigen Bearbeitung ausgegeben, z. B. an die Betriebsprüfungs- oder Rechtsbehelfsstelle, ist die Empfängerin/der Empfänger zu vermerken und die Rückgabe zu überwachen.

(10) Jede/r (Sach-)Bearbeiter/in verwaltet ihre/seine Akten selbst, soweit nicht aus organisatorischen Gründen eine andere Regelung erfolgt.

4 Zeichnung, Zeichnungsrecht

4.1 Zeichnung

(1) Wer eine Verfügung erstellt, weitergibt oder beteiligt ist, zeichnet sie. Die/Der Zeichnungsberechtigte zeichnet abschließend. Zeichnungen erfolgen durch Namenszeichen und Datum. Bei elektronischer Bearbeitung tritt an die Stelle des Namenszeichens die eindeutige elektronische Kennzeichnung der/des Beschäftigten und das Datum der elektronischen Zeichnung.

(2) Wer eine Verfügung zeichnet, übernimmt damit in dem der Funktion entsprechenden Umfang die Verantwortung für deren Inhalt. Die Verantwortung wird nicht dadurch eingeschränkt, dass die Verfügung auch von anderen gezeichnet wird.

(3) Die/Der Beteiligte übernimmt mit der Mitzeichnung die Verantwortung insoweit, als der eigene Aufgabenbereich betroffen ist.

(4) Wer eine Verfügung auf Weisung fertigen muss, kann dies durch den Zusatz „auf Anordnung (aA)" kenntlich machen.

4.2 Beteiligung

(1) In Angelegenheiten, die mehrere Arbeitsgebiete berühren, hat das federführende Arbeitsgebiet die anderen zu beteiligen. Federführend ist das Arbeitsgebiet, das nach der Geschäftsverteilung überwiegend zuständig ist. Zweifel über die Zuständigkeit sind unverzüglich zu klären; sie dürfen die Bearbeitung nicht verzögern. Bis zu ihrer Klärung bleibt das mit der Angelegenheit zuerst befasste Arbeitsgebiet zuständig. Können sich die beteiligten Arbeitsgebiete nicht einigen, entscheidet die/der nächste gemeinsame Vorgesetzte.

(2) Bei der Bearbeitung rechtlich schwieriger Fälle ist die zuständige Hauptsachgebietsleitung – sofern eingesetzt – zu beteiligen.

(3) Die Beteiligung geschieht in der Form der Mitzeichnung. Die/Der Beteiligte ist nicht berechtigt, die Verfügung selbständig zu ändern. Ist die/der Beteiligte nicht bereit mit zu zeichnen und werden die Bedenken von dem federführenden Arbeitsgebiet nicht geteilt, so entscheidet die/der nächste gemeinsame Vorgesetzte.

(4) Die Mitzeichnung geht der abschließenden Zeichnung durch eine/n Vorgesetzte/n voraus.

4.3 Zeichnungsrecht

(1) Soweit automationsgestützte Systeme (Risikomanagementsysteme) im Einsatz sind, finden Zeichnungsrechtsregelungen nur Anwendung auf die zur personellen Prüfung ausgesteuerten Sachverhalte.

(2) Die/Der (Sach-)Bearbeiter/in hat für ihr/sein Arbeitsgebiet das Zeichnungsrecht, soweit kein Zeichnungsvorbehalt besteht.

(3) Die Sachgebietsleitung zeichnet abschließend, soweit die Zeichnung nicht der Amtsleitung vorbehalten ist.

(4) Die einzelnen Zeichnungsvorbehalte werden durch die obersten Landesfinanzbehörden – soweit erforderlich im Einvernehmen mit dem Bundesministerium der Finanzen – bestimmt.

(5) Nicht originär Zeichnungsberechtigten können für bestimmte Aufgaben innerhalb des Arbeitsgebiets Zeichnungsbefugnisse eingeräumt werden.

(6) Während der Einarbeitungszeit oder aus wichtigem Grund kann das Zeichnungsrecht eingeschränkt oder ausgeschlossen werden. Die Einarbeitungszeit soll im Allgemeinen sechs Monate nicht überschreiten.

(7) Zeichnungsrechtregelungen, die in Gesetzen, Rechtsverordnungen und anderen Bestimmungen festgelegt sind, bleiben unberührt.

5 Sonstige Bestimmungen

5.1 Dienstsiegel und Dienststempel

(1) Die Amtsleitung bestimmt, welche Beschäftigten befugt sind, Dienstsiegel und Dienststempel zu benutzen. Der Kreis dieser Beschäftigten ist auf das unbedingt notwendige Maß zu beschränken.

(2) Dienstsiegel und Dienststempel sind jeweils mit einem im Abdruck sichtbaren Unterscheidungszeichen zu versehen, in einer Liste zu erfassen und gegen Empfangsbescheinigung auszuhändigen. Sie sind verschlossen aufzubewahren. Ihr Verlust ist unverzüglich anzuzeigen. Ersatzbeschaffungen erhalten ein neues Unterscheidungszeichen.

5.2 Haus-, Unfall- und Brandschutzordnung

(1) Die Amtsleitung stellt eine Haus-, Unfall- und Brandschutzordnung auf und legt sie auf besondere Anforderung der übergeordneten Behörde vor.

(2) Die Haus-, Unfall- und Brandschutzordnung muss für die Beschäftigten verfügbar sein. Die Beschäftigten sind regelmäßig über die Bestimmungen zu unterrichten.

5.3 Ergänzende Bestimmungen

Die Länder können ergänzende Bestimmungen zu dieser Geschäftsordnung erlassen.

5.4 Inkrafttreten

Die Neufassung der Geschäftsordnung für die Finanzämter (FAGO 2020) tritt am 1. Januar 2021 in Kraft. Gleichzeitig treten die gemeinsamen Ländererlasse „Neufassung der Geschäftsordnung für die Finanzämter (FAGO 2010)" vom 16. November 2010 (Bundessteuerblatt 2010 I S. 1315) und „Ergänzung der Geschäftsordnung für die Finanzämter" vom 28. März 2017 (Bundessteuerblatt 2017 I S. 777) außer Kraft.

2 d) Schreiben betr. Aufgaben des Bundeszentralamtes für Steuern gemäß § 5 Abs. 1 Satz 1 Nr. 5 Finanzverwaltungsgesetz

vom 8. Oktober 2024 (BeckVerw 643056)

BMF IV B 3 – O 1120/19/10 013 :005; DOK 2024/0532074

Das Bundesministerium der Finanzen delegiert gemäß § 5 Abs. 1 Satz 1 Nr. 5 Finanzverwaltungsgesetz die Ausübung der Funktion der zuständigen Behörde für die folgenden Bereiche an das Bundeszentralamt für Steuern:

1. Durchführung von Verständigungsverfahren und Schiedsverfahren nach
   - den Abkommen zur Beseitigung der Doppelbesteuerung auf dem Gebiet der Steuern vom Einkommen und vom Vermögen (entsprechend Art. 25 Abs. 1, 2 und 5 OECD-Musterabkommen),
   - den Abkommen zur Vermeidung einer Doppelbesteuerung auf dem Gebiet der Nachlass-, Erbschaft- und Schenkungsteuern,
   - dem Übereinkommen Nr. 90/436/EWG über die Beseitigung der Doppelbesteuerung im Falle von Gewinnberichtigungen zwischen verbundenen Unternehmen vom 23. Juli 1990 (ABl. L 225 vom 20. 8. 1990, S. 10) in der jeweils geltenden Fassung,
   - dem EU-Doppelbesteuerungsabkommen-Streitbeilegungsgesetz vom 10. Dezember 2019 (BGBl. I S. 2103) in der jeweils geltenden Fassung und
   - dem BEPS-MLI-Anwendungsgesetz vom 19. Juni 2024 (BGBl. 2024 I Nr. 205) in der jeweils geltenden Fassung;
2. Durchführung von Vorabverständigungsverfahren nach § 89 a AO;
3. Internationaler Rechtshilfeverkehr in steuerstrafrechtlichen Angelegenheiten (hier: Einzelfälle);
4. Internationaler Amtshilfeverkehr in Steuersachen (hier: Einzelfälle) nach den Doppelbesteuerungsabkommen, Informationsaustauschabkommen, anderen Amtshilfevereinbarungen, dem EU-Amtshilfe-Gesetz, dem EU-Beitreibungsgesetz sowie nach § 117 AO (siehe auch BMF-Schreiben vom 13. Dezember 1976, BStBl. 1977 I S. 33) und § 117 e AO.

Das Bundesministerium der Finanzen behält sich vor, im Einzelfall die Ausübung der Funktion der zuständigen Behörde an sich zu ziehen.

Nicht an das Bundeszentralamt für Steuern delegiert ist die Zuständigkeit für

- Vereinbarungen über die Auslegung und Anwendung eines Doppelbesteuerungsabkommens (entsprechend Art. 25 Abs. 3 Satz 1 OECD-Musterabkommen, jedoch ausgenommen die in Nr. 2 genannten Vorabverständigungsverfahren) und
- die Beratung darüber, wie Doppelbesteuerungen in Fällen vermieden werden können, die im konkret anzuwendenden Abkommen nicht behandelt sind (entsprechend Art. 25 Abs. 3 Satz 2 OECD-Musterabkommen).

Mein Schreiben vom 23. Mai 2022 IV B 5 – O 1000/19/10 202 :002, DOK 2022/0496344, BStBl. I S. 838, wird durch dieses Schreiben ersetzt.

Anhang III

Datenschutz-Grundverordnung

Verordnung (EU) 2016/679 des Europäischen Parlaments und des Rates vom 27. April 2016 (ABl. Nr. L 119 S. 1, ber. Nr. L 314 S. 72) zum Schutz natürlicher Personen bei der Verarbeitung personenbezogener Daten, zum freien Datenverkehr und zur Aufhebung der Richtlinie 95/46/EG (Datenschutz-Grundverordnung)

Sehr geehrte Leserinnen und Leser,

im Rahmen der Umstrukturierung des vorliegenden Werkes wurde entschieden, die DS-GVO nicht mehr abzudrucken. Sie können diese jedoch weiterhin über das Ihnen zur Verfügung stehende Onlinemodul abrufen.

Sachregister

Fettgedruckte Zahlen verweisen auf die Paragraphen der AO,
magere Zahlen auf die zugeordneten Randziffern,
„Anh" auf die laufende Nummer im Anhang, „F" auf eine Fußnote zur Randziffer.

A

Aberkennung von Ehrenämtern, Nebenfolgen **375** 1
Abgabe von Erklärungen, Vollmacht **80** 15
der Steuererklärungen **149** 1 ff.
Abgabefrist, Steuererklärungen **149** 2 ff.
Abgabenangelegenheiten, Begriff **347** 2
–, Finanzrechtsweg **Anh II 1** 29
Einspruch **347** 1
Abgabenordnung, Anwendung der AO, Überleitungsbestimmungen für das Beitrittsgebiet **Anh I 1** 52
–, Vollstreckung im Gerichtsverfahren **Anh II 1** 147
Anwendungsbereich **1** 1 ff.
Abgekürzte Außenprüfung **203** 1 ff.
Abgesonderte Befriedigung im Insolvenzverfahren **46** 37
Abgrenzungsmerkmale für Größenklassen **193** 48
Abhilfe der Beschwerde beim BFH **Anh II 1** 131
Abhilfebescheid, Einspruch **367** 2
Präklusionsfrist **364 b** 8
Vollabhilfe nach Einspruch **172** 1 F
durch vorläufige Steuerfestsetzung **165** 31
Abhörmaßnahmen, Auskunftspflicht **93** 1 F
Abkommen über den steuerlichen Informationsaustausch **117** 9
im Zollbereich, zwischenstaatliche Rechts- und Amtshilfe **117** 7
Ablauf der Feststellungsfrist, gesonderte Feststellung von Einheitswerten **181** 4
–, gesonderte Feststellung von Grundsteuerwerten **181** 4
Ablaufhemmung der Festsetzungsfrist bei Außenprüfung **197** 2
–, Mitwirkungsverzögerungsgeld **200 a** 4
der Festsetzungsfrist bei Rechtsbehelfen, Mitwirkungsverzögerungsgeld **200 a** 5
Festsetzungsverjährung **171** 1 ff.
Ablehnung, Amtsträger **82** 1 ff.
eines Antrags auf Steuerfestsetzung **155** 1
von Ausschussmitgliedern **84**
Aussetzung der Vollziehung, Anrufung des Finanzgerichts **361** 5
Erlass eines Verwaltungsakts, Einspruch **347** 5
eines Ersuchens nach § 117 c AO, Gründe für A. **117 e** 1
von Gerichtspersonen **Anh II 1** 44
der Nichtzulassungsbeschwerde **Anh II 1** 116
von Sachverständigen **96** 2
–, Gerichtsverfahren **Anh II 1** 87
eines Verwaltungsakts, Vollziehbarkeit des Verwaltungsakts **361** 9
Ablösesumme **67 a** 22
Ablösezahlung, Sportverein **67 a** 42
Ablösungsbescheid, Verwaltungsakt **118** 1 F
Abrechnungsbescheid **218** 2
Aussetzung der Vollziehung **361** 1 F
Hinzuziehung **218** 3
offenbare Unrichtigkeit **129** 1 F
Rücknahme **130** 2 F
Vollziehbarkeit des A. **361** 9
Voraussetzungen für A. **218** 6
Abrechnungsbetrügerei, Steuergeheimnis **31 a** 7
Abruf von Bescheiddaten **30** 26
von Daten, automatisiert, Steuergeheimnis **30** 6
von Daten aus Mitteilungen zu grenzüberschreitenden Steuergestaltungen **138 j** 3
geschützter Daten **30** 25
Abrufbefugnis für Steuerdaten **30** 26
Abrundung, Aufteilung einer Gesamtschuld **275**
Absatzhilfe, Steuerhehlerei **374** 1 F
Abschnittsbesteuerung, Besteuerungsgrundsätze **85** 1 F, 3
Abschreibungsgesellschaft, gesonderte und einheitliche Feststellung **180** 46 ff.
Absehen von Festsetzungen, Zuständigkeitsgrenzen **222** 4
von Steuerfestsetzung, Kleinbetragsregelung **156** 1 ff.
Absender, Verwaltungsakt **119** 3
Absolute Revisionsgründe **Anh II 1** 119
Abspaltung **45** 4
Bekanntgabe von Verwaltungsakten bei A. **122** 30
Abtretbare Bezüge nach § 287 InsO, Steuererstattungsansprüche **251** 31
Abtretung **46** 1 ff.
Aufrechnung bei A. **46** 41
Bauabzugsteuer **46** 39
Besonderheiten im Insolvenzverfahren **46** 44
zur Herstellung der Gegenseitigkeit **226** 13
mehrfache **46** 41
Rechtsfolgen der A. **46** 41
und Verpfändung von Steueransprüchen **46** 38 ff.
Zahlung ohne rechtlichen Grund **37** 2 F
Abtretungsanzeige **46** 3
Inhalt der A. **46** 40
unwirksame A. **46** 42
Vordruck **46** 13 f.
Abtretungsempfänger, Rechtsstellung des A. **46** 11
Abweichende Fälligkeitsbestimmung, Ansprüche aus dem Steuerschuldverhältnis **221**
Abweichende Steuerfestsetzung aus Billigkeitsgründen **163** 1 ff.
–, Übergangsvorschrift **Anh I 1** 48
Abweichung vom erklärten Sachverhalt **91** 1
Abwendung der Pfändung **292** 1 f.
Abwesender Beteiligter, Bestellung eines Vertreters **81** 1
Abwicklung von juristischen Personen, Bekanntgabe von Verwaltungsakten **122** 23
Abzugsteuer, Gefährdung von A., Steuerordnungswidrigkeit **380** 1 f.
Adressat, Bezeichnung des A., Bekanntgabe von Verwaltungsakten **122** 10 ff.
Zwangsgeldfestsetzung **328** 4
Agentur für Arbeit, Steuergeheimnis **31** 5
AGFGO **Anh II 1 g** 1 ff.
Akten, Beweismittel **92** 1

Akteneinsicht, Anspruch auf A. **364** 2
in elektronische Prozessakten **Anh II 1** 75
der Finanzbehörde, Akten im Strafverfahren **395**
Gerichts- und Steuerakten **Anh II 1** 75
Verhältnis zu Art. 15 DSGVO **29 b** 14
der Verteidigung, Strafverfahren **395** F
Vorlage der Akten beim Finanzgericht **Anh II 1** 67
im Zerlegungsverfahren **187**
Akteneinsichtsrecht 91 1 F, 7
Aktenvorlage im Gerichtsverfahren **Anh II 1** 85
Steuergeheimnis **30** 4 F
Aktenzeichen bei Zustellung mit Zustellungsurkunde **122** 32
Aktiengesellschaft, führungslose AG, Vertretung **34** 6
Aktiv-Verfahren, Unterbrechung von Rechtsbehelfsverfahren, Insolvenzverfahren **251** 7
Aktualisierungspflicht der Kreditinstitute, Kontenwahrheit, Verfügungsberechtigter **154** 14
Akzessorietät der Haftungsschuld **191** 14
von Stundungszinsen **234** 1 F
Aliasbescheinigung nach dem ProstSchG, Einzelaufzeichnungspflicht bei Buchführung **146** 78
Alleingesellschafter, Pflichten des A. **35** 1 F
Allgemeine Leistungsklage, Rechtsbehelf gegen Insolvenzeröffnungsantrag **251** 5
Allgemeine Mitteilungspflicht 93 1 ff.
Allgemeinverfügung, Aussetzungszinsen **237** 9
Begriff, Verwaltungsakt **118** 1
Erledigung von Änderungsanträgen durch A. **172** 3
Erledigung von Einsprüchen durch A. **367** 4
Folgen **367** 17 ff.
Solidaritätszuschlag, KSt-Guthaben **367** 25
umgelegte Erschließungskosten **367** 22
Verfassungsmäßigkeit, Besteuerung Erstattungszinsen **367** 24
Verfassungsmäßigkeit, Festsetzung Solidaritätszuschlag **367** 26
Zinsatz nach § 238 AO bei Zinsen nach § 233 a AO **367** 21
zumutbare Belastung bei Krankheits- und Pflegekosten **367** 23
Altenheim, Zweckbetrieb **68** 1
Altenhilfe, Gemeinnützigkeit **52** 2
Altenwohnheim, Zweckbetrieb **68** 1
Altersversorgung, kirchliche Zwecke **54** 2
Altersvorsorgezulage, Bundeszentralamt für Steuern **Anh II 2** 7
Steuerhinterziehung **169** 4
Altmasseverbindlichkeiten 251 16
Altmaterial, wirtschaftlicher Geschäftsbetrieb **64** 5
Altmaterialsammlung, wirtschaftlicher Geschäftsbetrieb **64** 11
Amateurfilmen und -fotografieren, Gemeinnützigkeit **52** 15
Amateurfunk, Gemeinnützigkeit **52** 12
Amtlicher Vordruck, Verwendung von Steuererklärungsvordrucken **150** 18 ff.
Amtlicher vorgeschriebener Datensatz zur Mitteilung grenzüberschreitender Sachverhalte **138 f** 1 ff.
Amtsbezeichnung, Hessen **Anh II 1 g** 61
Amtsentbindung, ehrenamtlicher Richter **Anh II 1** 18
Amtsermittlungspflicht 88 1 ff.
Amtsgericht, eidliche Vernehmung **94** 1
Amtshandlung, Anlass für A., Ersatzzuständigkeit **24** 1
Kosten bei besonderer Inanspruchnahme der Zollbehörden **178** 1 ff.
Amtshilfe 111 1 ff.
Anwendungsbereich der Abgabenordnung **1** 8
Ausland, Bundeszentralamt für Steuern **Anh II 2** 7
Auswahl der Behörde **113**
besondere Formen der Amtshilfe mit Drittstaaten **117 b** 1
Durchführung der A. **114** 1 f.
Finanzgerichtsbarkeit **Anh II 1** 10
Kosten der A. **115** 1 f.
Voraussetzungen und Grenzen der A. **112** 1 ff.
bei Wohnsitzwechsel **26** 4
zwischenstaatliche **117** 1 ff.
zwischenstaatliche A., TIEA **117** 10
Amtshilfeersuchen von Mitgliedstaaten der Europäischen Union, Kontenabruf **93** 7
zwischenstaatliches A., Außenprüfung **194** 6
Amtspflichtverletzung, Amtsträger **32** 1
Amtssprache 87 1 ff.
Amtsstelle, Ort der Durchführung der Außenprüfung **200** 2
Amtstracht, Bremen **Anh II 1 g** 38
Mecklenburg-Vorpommern **Anh II 1 g** 70
Saarland **Anh II 1 g** 105
Amtsträger, Ausschließung und Ablehnung **82** 1 ff.
Befangenheit **83** 1
Begriffsbestimmung **7** 1 ff.
Betreten von Grundstücken und Räumen **99** 1
dienstrechtliche Maßnahmen, Steuergeheimnis **30** 16, 27
Erscheinen des A., Selbstanzeige **371** 2
Haftungsbeschränkung **32** 1 f.
Missbrauch von Befugnissen, Steuerhinterziehung **370** 3
Steuergeheimnis **30** 1
Verletzung geschützter Individualrechtsgüter, Steuergeheimnis **30** 22
Amtsverhältnis, öffentlich-rechtliches A., Amtsträger **7** 1
Amtsverschwiegenheitspflicht 101 1 ff.
Anbauverzeichnis, Führung eines A. bei Land- und Forstwirten **142**
Andere Person, Auskunftspflicht a. P. **93** 1 ff.
Änderung des Aufteilungsbescheids **268** 12; **280** 1 f.
im Einspruchsverfahren **367** 9 ff.
der Klage **Anh II 1** 63
der Kostenfestsetzung **Anh II 1** 145 a
der Rechtsprechung, Billigkeitserlass **227** 1 F
von Rechtsvorschriften, verbindliche Zusage **207** 3
der Satzung, Folgend der Ä. **60 a** 10
schlichte **172** 1, 5 ff.
von Steuerbescheiden **172** 1 ff.
–, ausschließlich automationsgestützt **155** 4
–, Auswirkung der Präklusion **364 b** 7
–, Berichtigung von Rechtsfehlern **177** 1 ff.
–, Berücksichtigung von Grundlagenbescheiden **175** 1
–, neue Tatsachen oder Beweismittel **173** 1 ff.
–, rückwirkendes Ereignis **175** 1
– bei Schreib- oder Rechenfehlern **173 a** 1
–, Umsetzung von Verständigungsvereinbarungen **175 a** 1 f.
–, Umwandlung Lebenspartnerschaft in Ehe **Anh I 1** 16
–, Unionsrecht **172** 1 F
–, Vertrauensschutz **176** 1 ff.
–, widerstreitende Steuerfestsetzung **174** 1 ff.
–, Zahlungsverjährung **229** 2
von Steuerbescheiden bei Datenübermittlung durch Dritte **175 b** 1
der Steuerfestsetzung, Änderung der Zinsfestsetzung **233 a** 6

–, Vorbehalt der Nachprüfung **164** 2
–, Vorläufigkeit **165** 2
einer verbindlichen Auskunft **89** 18
der verbindlichen Zusage **207** 1 ff.
von Verwaltungsakten, Übergangsvorschrift **Anh I 1** 16
–, Überleitungsbestimmung für das Beitrittsgebiet **Anh I 1** 52
von Verwaltungsakten im Rechtsbehelfs- und finanzgerichtlichen Verfahren **132** 1 ff.
von Verwaltungsakten während des finanzgerichtlichen Verfahrens (§ 68 FGO) **Anh II 1 a** 1 ff.
des Verwaltungsakts, Einspruch **347** 5
des Verwaltungsakts nach Klageerhebung **Anh II 1** 64
der Zerlegung, Steuermessbescheid **189**
Änderungsantrag, Erledigung durch Allgemeinverfügung **172** 3
Änderungsbescheid, Ablehnung eines Ä., Vollziehbarkeit des Verwaltungsakts **361** 9
Bekanntgabe eines Verwaltungsakts im Finanzgerichtsverfahren **122** 1 F
offenbare Unrichtigkeit **129** 1 F
Änderungsrahmen **177** 1 ff.
Änderungssperre, Arbeitgeber als Haftungsschuldner **173** 2 F
Auswirkung von Sonderprüfungen auf Ä. **173** 42
erhöhte Bestandskraft nach Außenprüfung **173** 2
steuermindernde Tatsachen **173** 28
Anderweitige Auferlegung, Kosten, Gerichtsverfahren **Anh II 1** 139
Androhung eines Zwangsgeldes, Gerichtsverfahren **Anh II 1** 151
der Zwangsmittel **332** 1 ff.
Anerkennungsverfahren, Gemeinnützigkeit **52** 24; **59** 4
Anfangsverdacht bei Steuerhinterziehung **153** 9
Anfechtung außerhalb des Insolvenzverfahrens **Anh I 1** 23
der Kostenentscheidung **Anh II 1** 145
Anfechtungsbeschränkung, Feststellungsbescheide **351** 2
Anfechtungsgesetz, anfechtbare Rechtshandlungen, Duldungsbescheid **191** 1 ff.
Duldungsbescheid **191** 1 F
Anfechtungsklage, Aussetzungszinsen **237** 1
Begriff und Zulässigkeit **Anh II 1** 34
Einspruchsentscheidung, Gegenstand der A. **Anh II 1** 38
Frist, Belehrung **Anh II 1** 50
Frist zur Erhebung der A. **Anh II 1** 41
Urteil, Vollstreckung **Anh II 1** 148
Anforderungen an Satzungen **60** 1 ff.
Angabe des Schuldgrundes, Übergangsvorschrift **Anh I 1** 29
Angehörige, Auskunftsverweigerungsrecht **101** 1 ff.
Ausschließung von Personen **82** 1
Begriff **15** 1 ff.
Eidesverweigerungsrecht des A. **101** 2
Gestaltungsmissbrauch **42** 1 F
Prozessbevollmächtigte **Anh II 1** 57
Rechtsverhältnisse **41** 2 F
Angemessenheit, rechtliche Gestaltung **42** 4
der Verwaltungsausgaben, Selbstlosigkeit **55** 26 ff.
Angemessenheitsdokumentation, Aufzeichnungspflicht bei Geschäftsbeziehungen (§ 1 Abs. 4 AStG) **90** 3
Auslandssachverhalte, GAufzV **90** 15
bei Verrechnungspreisen **90** 3
Anglervereine, Gemeinnützigkeit **52** 7
Anhörung, Absehen von A. bei Berücksichtigung Daten nach § 93 c AO **91** 2 a
der Berufskammer, Haftungsverfahren **191** 13
Beteiligter **91** 1 ff.
fehlende A., Wiedereinsetzung in den vorigen Stand **126** 3
Heilung von Verfahrens- und Formvorschriften **126** 1
zwischenstaatliche Rechts- und Amtshilfe **117** 4
Anhörungsrüge Anh II 1 135
Anlagenbuchhaltung **146** 25
Anlassprüfung **193** 1 F
Anlaufhemmung bei Antragsveranlagung **170** 10
Beginn der Festsetzungsfrist **170** 2 ff.
Drittland-Gesellschaft **170** 7
Feststellungsfrist **181** 4
der Mitteilungsfrist nach § 138 f Abs. 6 AO **138 d** 10
bei Steuer auf Kapitalerträge **170** 6
Anleger, Mitteilungspflicht nach § 138 AO **138** 15
Anmeldung von Betrieben in besonderen Fällen **139** 1 f.
unangemeldete Augenscheinseinnahme **98** 1 F
Annahmewert, Sicherheitsleistung **246**
Annehmlichkeiten, Selbstlosigkeit **55** 18
Anonymisierung personenbezogener Daten **29 c** 1
Anordnung, einstweilige A., vorläufiger Rechtsschutz **Anh II 1** 115
Anordnungsruhe, Ruhen des Verfahrens **363** 13
Anpassung des Folgebescheids, Verwaltungsakte von Nicht Finanzbehörden **175** 6
Anpassungsfehler, Anpassung Folgebescheid an Grundlagenbescheid **175** 4, 21
Anrechnungsbetrag, Aussetzung der Vollziehung, Erstattung angerechneter Beträge **361** 1 F
nachträgliche Berücksichtigung von A. **173** 42
Anrechnungsverfügung **218** 6
ausschließlich automationsgestützte A. **155** 4
bei Einzelveranlagung **37** 7
Hinzuziehung **218** 3
Korrektur der A. **218** 3
Zahlungsverjährung **218** 13; **228** 1 F
Anregung von Anträgen **89** 1
Anrufungsauskunft **89** 1 F
Lohnsteuer-Anrufungsauskunft, Verwaltungsakt **118** 1 F
Anscheinsbeweis, Bekanntgabe von Verwaltungsakten **122** 2 F
Anschlusspfändung **307** 1 f.
Anschlussprüfung, Anordnung einer A. **196** 1 F
Ansprüche auf Herausgabe oder Leistung von Sachen **318** 1 ff.
auf steuerliche Nebenleistungen **37** 1
aus dem Steuerschuldverhältnis **37** 1 ff.
–, abweichende Fälligkeitsbestimmung **221**
–, Aufrechnung **226** 1 ff.
–, Entstehung **38** 1 ff.
–, Erlass **227** 1 ff.
–, Erlöschen **47** 1 ff.
–, Fälligkeit **220** 1 ff.
–, Haftung **69** 1 ff.
–, Insolvenzverfahren **251** 4 ff.
–, Säumniszuschlag **240** 1 ff.
–, Stundung **222** 1 ff.
–, Stundungszinsen **234** 1 ff.
–, Verjährung **228** 1 ff.
–, Verwirklichung **218** 1 ff.
–, Verwirkung **47** 1 F
–, Verzinsung **233** 1
Ansprüche aus dem Steuerschuldverhältnis, Zahlungsverjährung bei Aufhebung, Änderung, Berichtigung **229** 2

Anstaltsangehörige, Versorgung von A. **68** 2
Anteile an gemeinnützigen Körperschaften, Unmittelbarkeit **57** 3
Anteilige Tilgung, Haftung, Geschäftsführer **69** 1 F
Anteilsrotation, Gestaltungsmissbrauch **42** 2 F
Anteilsveräußerung, Gestaltungsmissbrauch **42** 1 F
Antrag auf AdV nach Ablehnung durch die Finanzbehörde **Anh II 1** 65
auf Änderung einer Steuerfestsetzung, Erledigung durch Allgemeinverfügung **172** 3
Anregung von Anträgen **89** 1
auf Aufteilung einer Gesamtschuld **268** 4; **269** 1 f.
Auskunftspflicht bei A., Datenschutz **29 b** 14; **32 c** 2
auf außergerichtliche Schuldenbereinigung **251** 32 ff.
auf Aussetzung der Vollziehung **361** 2
–, Finanzgericht **361** 5
auf Entscheidung des Gerichts **Anh II 1** 134
auf Erlass eines Verwaltungsakts, Einspruch **347** 1
Heilung von Verfahrens- und Formvorschriften **126** 1
auf mündliche Verhandlung **Anh II 1** 77, 90
auf postalische Bekanntgabe **122 a** 2
auf schlichte Änderung **172** 1
–, Form **172** 5
auf Teilabschlussbescheid, Außenprüfung **180** 1 a
auf Wiedereinsetzung in den vorigen Stand **110** 10
Antragsgegner, Beteiligter **78** 1
Antragsteller, Beteiligter **78** 1
bei Vorabverständigungsverfahren **89 a** 9
Antragsveranlagung, Anlaufhemmung bei A. **170** 10
Wiedereinsetzung in den vorigen Stand **110** 1 F
Anwachsung, Gesamtrechtsnachfolge **45** 3
Zuständigkeit **26** 10
Anweisungsempfänger bei Zahlungsanweisung **46** 15
Anwendbarkeit der ZPO, Wiederaufnahme des Verfahrens **Anh II 1** 136
Anwendung der AO, Überleitungsbestimmung für das Beitrittsgebiet **Anh I 1** 52
der Bestimmungen der AO, Vollstreckung im Gerichtsverfahren **Anh II 1** 147
der Bestimmungen der ZPO, Zwangsvollstreckung im Gerichtsverfahren **Anh II 1** 148
des Gerichtsverfassungsgesetzes, FGO **Anh II 1** 152
von Verfahrensvorschriften, Einspruchsverfahren **365** 1 ff.
der ZPO, FGO **Anh II 1** 152
Anwendungsbereich der AO **1** 1 ff.
– für Erteilung steuerlicher Unbedenklichkeitsbescheinigung **1** 7
– auf Investitionszulagen **1** 5
– auf Kommunalabgaben **1** 1 F
– auf Milch-Garantiemengenabgabe **1** 1 F
– in den neuen Bundesländern **1** 1 F
– auf öffentlich-rechtliche Abgaben **1** 5
– auf Prämien **1** 5
– auf Realsteuern **1** 2
– bei Rechts- oder Amtshilfe **1** 8
– auf Spielbankabgabe **3** 1 F
– auf Steuererstattungen **1** 4
– auf steuerliche Nebenleistungen **1** 3, 6
– auf Wohnungsbauprämien **1** 5
– auf Zulagen **1** 5
der BpO **193** 9
der Vorschriften über die Verarbeitung personenbezogener Daten **2 a**
Anzeige, Ablaufhemmung, Festsetzungsverjährung **171** 9
von Steuerstraftaten **116** 1 f.
Anzeigeerstatter, Steuergeheimnis **30** 24
Anzeigepflicht **137** 1 ff.
bei Auslandbeziehungen, Lauf der Verfolgungsverjährung bei Ordnungswidrigkeit **138** 20
bei Auslandsbeteiligungen **138** 4
–, Verfolgungsverjährung **379** 8
Berichtigung von Erklärungen **153** 1 ff., 13
über die Erwerbstätigkeit **138** 1
der Notare **102** 4
–, Erbschaftsteuer **102** 13 ff.
–, Ertragsteuer **102** 20 ff.
–, Grunderwerbsteuer **102** 6 ff.
nach § 30 Abs. 1 ErbStG, Berichtigung von Erklärungen **153** 1 F
Zinsinformationsverordnung **102** 4
Apostille, Erteilung einer A. **111** 16
Apotheker, Abrechnungsbetrügerei, Steuergeheimnis **31 a** 7
Auskunftsverweigerungsrecht des A. **102** 1
ehrenamtlicher Richter **Anh II 1** 17
App-Systeme für Kassen **146 a** 7
Äquidistanzprinzip, Zuständigkeit **22 a**
Arbeitgeber, Gesellschaft bürgerlichen Rechts **33** 1 F
Haftung **191** 1 F
Arbeitgebervereinigung, Prozessbevollmächtigter **Anh II 1** 57
Arbeitnehmer, Ausschließung von Personen **82** 1
ohne Wohnsitz oder gewöhnlichen Aufenthalt im Inland, Zuständigkeit **19** 14
Arbeitnehmer-Sparzulage, Abtretung der A. **46** 2 F
Anwendungsbereich der Abgabenordnung **1** 5
Aussetzung der Vollziehung **361** 25
Steuerhinterziehung **169** 4
Arbeitnehmerüberlassung, Bekämpfung der unerlaubten A. **31 a** 5
unerlaubte A., allgemeine Mitteilungspflicht **93 a** 1
Arbeitnehmerüberlassungsgesetz, Verwaltungsakte nach dem A., Steuergeheimnis **31 a** 1
Arbeitsanweisung, Aufbewahrungsvorschriften für A. **147** 1 ff.
Arbeitseinkommen, Pfändungsschutz **319** 2
Arbeitsgemeinschaft, Bekanntgabe **122** 19
Bekanntgabe der Prüfungsanordnung **197** 7
gesonderte und einheitliche Feststellung der Einkünfte **180** 4
Arbeitsrechtliche Maßnahmen, Steuergeheimnis **30** 22
Arbeitsschutz, Gemeinnützigkeit **52** 2
Arbeitstherapie, Zweckbetrieb **65** 1 F
Arbeitsvertrag, Angehörige, Gestaltungsmissbrauch **42** 1 F
Arbeitszimmer, häusliches A., unangemeldete Augenscheinseinnahme **98** 1 F
Archiv, Hingabe an Zahlungs statt **224 a** 1 ff.
Archivgut, Steuergeheimnis **30** 4
Archivierungsmedien bei elektronischer Buchführung **146** 19
Archivsystem, Datenverarbeitungssystem **146** 25
Arglistige Täuschung, Änderung Steuerbescheid wegen argl. T. **172** 1
Definition **172** 7
Arrest, dinglicher A., Sprungklage **Anh II 1** 39
persönlicher Sicherheitsarrest **326** 1 ff.
Arzt, Abrechnungsbetrügerei, Steuergeheimnis **31 a** 7
Auskunftsverweigerungsrecht des A. **102** 1
ehrenamtlicher Richter **Anh II 1** 17

ATLAS-Ein- und Ausfuhrdaten, Bundeszentralamt für Steuern **Anh II 2** 7
Atypisch stille Beteiligung, Bekanntgabe der Prüfungsanordnung **197** 7
Bekanntgabe von Verwaltungsakten bei atypisch stillen Beteiligungen **122** 19
Feststellungsverfahren **179** 7
Atypisch stille Gesellschaft, Innengesellschaft **179** 7
Aufbewahrung von elektronisch geführten Büchern **146** 13 ff.
–, EU-Ausland **146** 2 a
von Unterlagen, Ordnungsvorschriften **147** 1 ff.
–, Umfang **146** 47
Aufbewahrungsfristen 147 3
für Hersteller nicht amtlicher Programme **87 c** 3
Aufbewahrungspflicht, Bewilligung von Erleichterungen **148** 1 f.
bei Beziehungen zu Drittstaat-Gesellschaften **147 a** 2
von Büchern und Aufzeichnungen **146** 2
des Datenübermittlers im Auftrag **87 d** 2
bei Überschusseinkünften **147 a** 1
Aufdeckung unbekannter Steuerfälle, Kontenabruf **93** 7
–, Steuerfahndung **208** 1
Aufenthalt, gewöhnlicher, Begriff **9** 1 ff.
Aufenthaltsort, Ermittlung nach dem A., Unterbrechung der Zahlungsverjährung **231** 1
Aufforderung zur Abgabe von Steuererklärungen **149** 1
Aufgabe einer Erwerbstätigkeit, Anzeigepflichten **138** 1 ff.
Aufhebung angefochtener Verwaltungsakte durch Urteil **Anh II 1** 103
des dinglichen Arrests **325** 15
von Finanzgerichten **Anh II 1** 3
von Steuerbescheiden **172** 1 ff.
–, Berichtigung von Rechtsfehlern **177** 1 ff.
–, Berücksichtigung von Grundlagenbescheiden **175** 1
–, neue Tatsachen oder Beweismittel **173** 1 ff.
–, rückwirkendes Ereignis **175** 1
–, Umsetzung von Verständigungsvereinbarungen **175 a** 1 f.
–, Vertrauensschutz **176** 1 ff.
–, Vorbehalt der Nachprüfung **164** 2
–, Vorläufigkeit **165** 2
–, widerstreitende Steuerfestsetzung **174** 1 ff.
–, Zahlungsverjährung **229** 2
einer verbindlichen Auskunft **89** 18
der verbindlichen Zusage **207** 1 ff.
von Verwaltungsakten, Einspruch **347** 5
–, Folgen von Verfahrens- und Formfehlern **127** 1 f.
– im Rechtsbehelfs- und finanzgerichtlichen Verfahren **132** 1 ff.
–, Übergangsvorschrift **Anh I 1** 16
–, Überleitungsbestimmung für das Beitrittsgebiet **Anh I 1** 52
der Vollmacht **80** 1
der Vollziehung **361** 31 ff.
–, Dauer **361** 34 f.
–, Klageverfahren **Anh II 1** 65
–, Nebenbestimmungen **361** 36 f.
–, Rechtsbehelf bei Ablehnung **361** 39
des Vorbehalts der Nachprüfung **164** 3
Aufhebungsantrag, Erledigung durch Allgemeinverfügung **172** 3
Aufklärungsanordnung, Vorbereitung der mündlichen Verhandlung **Anh II 1** 76
Aufklärungspflicht bei Auslandssachverhalten **90** 2
der Finanzbehörde **88** 8
Auflage, Nebenbestimmung eines Verwaltungsakts **120** 2
Auflösung von nicht natürlichen Personen, Anzeigepflichten **137** 1
Aufnahmegebühr, Gemeinnützigkeit **52** 4 ff.
Vereine **52** 5
Aufrechnung gegen abgetretene Forderungen **226** 14
bei Abtretung **46** 41
Ansprüche aus dem Steuerschuldverhältnis **226** 1 ff.
bei Aussetzung der Vollziehung **226** 1 F, 5; **361** 1 F
Ehegatten **226** 13
Ertrags- und Verwaltungshoheit **226** 13
Gegenseitigkeit der Forderungen **226** 5, 11
Gesamtdarstellung **226** 10 ff.
Gesamtschuldner **44** 2
Gleichartigkeit der Forderungen **226** 13
Haftungsanspruch **226** F
im Insolvenzverfahren **226** 1 F; **251** 18
Umbuchungsmitteilung **226** 1 F
Voraussetzungen **226** 13 ff.
in Wohlverhaltensphase **226** 1 F
Aufrechnungserklärung 226 1 F, 19
Aufrechnungsersuchen 226 23
Aufrechnungsverbote 226 16
Aufschiebende Wirkung, Beschwerde, Revisionsverfahren **Anh II 1** 132
Aufsichtsbehörde, Befangenheit des Behördenleiters **83** 1
Aufsichtsmaßnahmen, besondere, Steueraufsicht **213**
Offenbarungsbefugnis, Steuergeheimnis **30** 16
Aufsichtsrat, Außenprüfung **194** 7
Aufsichtsratsmitglied, Ausschließung von Personen **82** 1
Aufspaltung 45 4
Bekanntgabe von Verwaltungsakten bei A. **122** 30
Zuständigkeit **26** 11
Aufteilung des Erstattungsanspruchs, Abtretung **46** F
des Erstattungsanspruchs bei Ehegatten/Lebenspartnern **37** 7 ff.
einer Gesamtschuld **268** 1 ff.
–, Abrundung **275**
–, Antrag **268** 4 f.; **269** 1 f.
–, Aufteilungsmaßstab **268** 7 ff.
– –, Steuernachforderungen **273** 1 f.
– –, Vermögensteuer **271**
– –, Vorauszahlungen **272** 1 f.
–, aufzuteilender Betrag **268** 6
–, Beschränkung der Vollstreckung **278** 1 f.
–, besonderer Aufteilungsmaßstab **274**
–, Einleitung der Vollstreckung **276** 1 ff.
–, rückständige Steuer **276** 1 ff.
Aufteilungsbescheid 268 8
Änderung des A. **268** 12; **280** 1 f.
Bekanntgabe und Wirkung **268** 9 f.
Form und Inhalt **268** 8; **279** 1 f.
Rechtsbehelf **268** 13
Aufteilungsmaßstab, allgemein **270**
Auftragnehmer zur Datenübermittlung an Finanzbehörden **87 d** 1 ff.
Auftragsforschung 68 26
Zweckbetrieb **68** 9
Auftragsverarbeitung geschützter Daten, Steuergeheimnis **30**
Aufwand, betriebswirtschaftlicher Begriff **199** 27
Aufwandsentschädigung, Kosten im Vollstreckungsverfahren **345**
sportliche Veranstaltung **67 a** 3
Sportverein **67 a** 28 ff.

Aufwendungen, Festsetzung der zu erstattenden Aufwendungen **Anh II 1** 146
gemischt veranlasste A., wirtschaftlicher Geschäftsbetrieb **64** 7
Aufwendungsersatz für Auskunftspflichtige und Sachverständige **107** 1 ff.
Aufzeichnungen, Aufbewahrungsvorschriften für A. **147** 1 ff.
Auslandssachverhalt **90** 6
–, A. bei kleineren Unternehmen **90** 10
Definition der A., Buchführung **146** 21
elektronische Aufbewahrung von A., TSE **146 a** 19
Führung in elektronischer Form **146** 13 ff.
Urkunden **97** 1 ff.
Aufzeichnungspflicht, allgemeine Anforderungen **145** 1 f.
allgemeine Mitteilungspflicht **93 a** 1
Aufbewahrung von Unterlagen **147** 1 ff.
außersteuerliche Gesetze **140** 1 f.
Beweismittel **92** 1
Bewilligung von Erleichterungen **148** 1 f.
branchenspezifische A. **146** 15
Buchführung, Ladenkasse **146** 11
des Datenübermittlers im Auftrag **87 d** 2
flankierende A. nach Zivilrecht **146** 15
für Geschäftsbeziehungen (§ 1 Abs. 4 AStG) **90** 3
der Kreditinstitute, Kontenwahrheit **3; 15; 154** 3, 15
Ordnungsvorschriften **146** 1 ff.
Augenschein, Einnahme des A. **98** 1 f.
Ausbildungs- und Prüfungszweck, Offenbarungsbefugnis, Steuergeheimnis **30** 16
Auseinandersetzungsanspruch, Ehegatten **46** 1 F
Ausfuhr von Gegenständen, Bannbruch **372** 1 f.
von Waren, Steueraufsicht **209** 2
–, Steuerhinterziehung **370** 5
Ausfuhrabgabenbescheid, Vollstreckbarkeit **251** 1
Ausführungsgesetze der Länder zur FGO **Anh II 1 g** ff.
Ausgaben, betriebswirtschaftlicher Begriff **199** 27
Ausgehende Ersuchen der Steuerfahndung an EU-Strafverfolgungsbehörden zur Verhütung von Straftaten **117 j** 1
Ausgeschlossene Person, Ausschließung und Ablehnung **82** 1 ff.
Ausgleich von Verlusten, wirtschaftlicher Geschäftsbetrieb **55** 12 ff.; **64** 8
Ausgliederung **45** 4
Bekanntgabe von Verwaltungsakten bei A. **122** 30
Auskunft von Beteiligten und anderen Personen, Beweismittel **92** 1
Erteilung von Auskünften, Mitwirkungspflicht des Steuerpflichtigen **200** 1
der Finanzbehörde **89** 1
über Sollstellungen, ElsterKontoabfrage **80** 17
unverbindliche A. **89** 9
verbindliche **89** 2 ff.
–, Verwaltungsakt **118** 1 F
Auskunftsaustausch, zwischenstaatliche Amts- und Rechtshilfe, Merkblatt **117** 7 F
Auskunftsbereitschaft der Kreditinstitute, Kontenwahrheit **154** 16
Auskunftsersuchen **93** 2
Begründung des A. **93** 11
an Dritte **93** 11
Erforderlichkeit des A. **93** 11
der Gewerbebehörden **30** 47
Kontenabruf anderer Behörden **93** 8
der Meldestellen nach dem HinschG, Steuergeheimnis **30** 24 a
nach § 90 Abs. 4 AO **90** 3
Subsidiaritätsprinzip **93** 11
Telekommunikations-Dienstleister **93** 11
Auskunftserteilung im Gerichtsverfahren **Anh II 1** 85
des Vollstreckungsschuldners **284** 2
Auskunftspflicht auf Antrag, Datenschutz **29 b** 14
der Beteiligten und anderer Personen **93** 1 ff.
des GmbH-Geschäftsführers **93** 2 F
öffentlicher Stellen **105** 1 ff.
der Telekommunikationsdienstleister **93** 1 F
Auskunftspflichtiger, Entschädigung des A. **107** ff.
Auskunftsrecht der betroffenen Person, Datenschutz **29 b** 14; **32 c** 1
Landesbehörde **Anh II 2** 24
Auskunftsrechte des Insolvenzverwalters **251** 11
Auskunfts- und Vorlageersuchen, Entschädigung **107** 5
Auskunftsverweigerung, Schätzung von Besteuerungsgrundlagen **162** 2
Auskunftsverweigerungsrecht **101** 1 ff.
bei Gefahr der Verfolgung wegen einer Straftat oder einer Ordnungswidrigkeit **103**
durch die oberste Aufsichtsbehörde im Gerichtsverfahren **Anh II 1** 85
zum Schutz von Berufsgeheimnissen **102** 1 ff.
Verzicht auf ein A., Steuergeheimnis **30** 21
Auslagen, Erstattung von A., Inanspruchnahme der Zollbehörden **178** 1
Gerichtskosten **Anh II 1** 141
Kosten des Verfahrens, gerichtliches Strafverfahren **408**
Kosten der Vollstreckung **337** 1; **344** 1 ff.
Steuern **344** 2
Auslagenersatz, Amtshilfe **115** 2
Auslagerung von Daten, Buchführung **146** 51
Ausland, Bekanntgabe Bescheide durch Bereitstellung zum Datenabruf **122 a** 7
Bekanntgabe von Verwaltungsakten im A. **122** 2
Buchführung **146** 3
gemeinnützige Zwecke im Ausland **51** 10
Gemeinnützigkeit im A. **52** 22
steuerbegünstigte Zwecke **51** 2
Verlagerung der Buchführung ins A. **146** 72 ff.
Zustellung im A. **Anh I 2** 10
Ausländerbeschäftigung, unerlaubte, allgemeine Mitteilungspflicht **93 a** 1
Ausländische Bauunternehmen, Werkverträge, Mitteilungsverordnung **93 a** 11
Ausländische Einkünfte, Feststellung, örtliche Zuständigkeit der Finanzbehörden **25** 3
Ausländische Konzernobergesellschaft, länderbezogener Bericht **138 a** 3
bei multinationalen Unternehmensgruppen **138 a** 10 ff.
Ausländische Körperschaften, Gemeinnützigkeit **51** 10
Ausländische Personengesellschaften, Feststellung **180** 64
–, örtliche Zuständigkeit der Finanzbehörden **18** 7 ff.
Ausländischer Steuerbescheid, Widerstreit **174** 11
Ausländische Unternehmer, Zuständigkeit für Umsatzbesteuerung **21** 4 f.
Auslandsaufenthalt, Bestellung eines Vertreters von Amts wegen **81** 1
Auslandsbeteiligungen, Anzeigepflichten **138** 4
Auslandsbeziehungen, Außenprüfung, zuständige Finanzbehörde **195** 1 F
Entlastung durch das Bundeszentralamt für Steuern **Anh II 2** 7
Sammlung und Auswertung von Unterlagen, Bundeszentralamt für Steuern **Anh II 2** 7

Auslandsbuchführung, elektronische A. **146** 72
Auslandssachverhalt, Aufzeichnungspflicht bei A. **90** 3
–, Grundsätze **90** 5 ff.
Außenprüfung bei A. **200** 4
erhöhte Mitwirkungspflicht **90** 14 ff.
Mitwirkungspflicht der Beteiligten **90** 2
Auslegung von Gesetzen **4** 3
von Klageschriften **Anh II 1** 61
von Verfahrenserklärungen **357** 7 ff.
von Verwaltungsakten **118** 1 F
vorläufige Steuerfestsetzung **165** 1
Aussagegenehmigung, Steuergeheimnis **30** 72
im Steuerstrafverfahren, Steuergeheimnis **30** 4 F
Aussageverweigerungsrecht, Nachweis der Treuhänderschaft **159** 3
Ausschlagung der Erbschaft, Fiskalerbschaft **156** 9
Ausschließliche Wirtschaftszone, Zuständigkeit **22 a**
Ausschließlichkeit, Begriff **56** 1 f.
Ausschließlichkeitserklärung in Betreuungsfällen, Handlungsfähigkeit **79** 7
Ausschließlichkeitsgebot bei Mittelbeschaffungskörperschaften **56** 2
Ausschließung, Amtsträger **82** 1 ff.
von Gerichtspersonen **Anh II 1** 44
Ausschluss des Einspruchs **348**
von Gewährleistungsansprüchen **283**
Ausschlussfrist, Prozessvollmacht **Anh II 1** 57
Ausschussmitglieder, Ablehnung der A. **84**
Ausschüttungen von steuerbegünstigten Körpschaften, unschädliche Betätigung **58** 14
Außen-GbR, rechtsfähige Personenvereinigung **14 a** 12
Außenprüfung **193** 1 ff.
abgekürzte **203** 1 ff.
Ablaufhemmung, Festsetzungsverjährung **171** 4, 18
Ablaufhemmung bei A. **197** 2
Änderungssperre **173** 28
Anordnung der A., BpO **193** 14
Aufhebung des Vorbehalts der Nachprüfung **164** 3
Aufsichtsrat **194** 7
Auskunfts- und Teilnahmerecht, Gemeinde **Anh II 2** 24
Ausland, Festsetzungsverjährung **171** 6
Auswahl von Betrieben **193** 1 F
Ausweispflicht **198** 1 ff.
Beauftragung von Finanzbehörden, Prüfungsanordnung **195** 1 F
Beendigung, Prüfungsbericht **202** 1
Beginn der A. **198** 1 ff.
Begründung der Prüfungsanordnung **193** 1 F
Berichtigungspflicht nach Außenprüfung **153** 3 a
Besteuerungszeitraum **193** 2 F
Betriebsbesichtigung **200** 3
Betriebskartei, BpO **193** 40
betriebsnahe Veranlagung als A. **85** 4
Betriebsprüfer, BpO **193** 33 f.
Betriebsprüfungsarchiv, BpO **193** 44 f.
Betriebsprüfungshelfer, BpO **193** 36
Betriebsprüfungsordnung **193** 11 ff.
Bußgeldverfahren, Einleitung eines Bußgeldverfahrens **201** 2
Datenüberlassung an Finanzbehörde **147** 6
bei Datenübermittlung durch Dritte **203 a** 1
Einwendungsfrist **202** 2
elektronische Kommunikation in der A., Merkblatt **200** 11
Ergebnis der A., Prüfungsbericht **202** 1 ff.
erhöhte Bestandskraft nach A. **173** 2
Ermittlungsbefugnisse der Steuer- und Zollfahndung **208** 2
Gewerbesteuer, Zerlegung **194** 1 F
grenzüberschreitende Prüfungszusammenarbeit **193** 50
Größenklasse, Abgrenzungsmerkmale **193** 48
Investitionszulage **194** 1 F
Jahresstatistik, BpO **193** 43
Kennzahlen, BpO **193** 45
Kontrollmitteilung **194** 4
–, BpO **193** 18
Konzernprüfung, BpO **193** 26 ff.
–, Vorlage von Unterlagen **200** 4
Konzernverzeichnis, BpO **193** 41
Mitwirkung des Bundes, BpO **193** 29 ff.
Mitwirkung des Bundeszentralamts für Steuern **Anh II 2** 7, 21
Mitwirkungspflichten des Steuerpflichtigen **200** 1 ff.
Modernisierung der A., Übergangsvorschrift **Anh I 1** 50 f
Ort der Durchführung der A. **200** 2
Prüferausweis, BpO **193** 37
Prüfung von Auslandssachverhalten **200** 4
Prüfungsanordnung, Bekanntgabe der P. **197** 1 ff.
–, Form und Inhalt **196** 1 ff.
–, Merkblatt **200** 6 ff.
Prüfungsbeginn **197** 12
Prüfungsbericht **202** 1 ff.
–, BpO **193** 21
Prüfungsgeschäftsplan, BpO **193** 42
Prüfungsgrundsätze **199** 1 ff
Prüfungszeitraum **194** 1
–, Erweiterung **193** 5
Rechte bei A. **200** 3
Sachgebietsleiter für Betriebsprüfung, BpO **193** 35
Schlussbesprechung **201** 1 ff.
–, BpO **193** 20
Steueraufsicht **210** 4
mit Steuerverwaltungen anderer Staaten **193** 51
Strafverfahren, Einleitung eines Strafverfahrens **201** 2
Teilabschlussbescheid **180 a**
Übergang zur A. bei Kassen-Nachschau **146 b** 3
Umfang der A. **194** 4 ff.
–, BpO **193** 12
–, sachlich **194** 1 ff.
verbindliche Zusage **204** 1 ff.
–, Übergangsvorschrift **Anh I 1** 24
–, Überleitungsbestimmung für das Beitrittsgebiet **Anh I 1** 52
Verdacht einer Straftat **193** 49
–, BpO **193** 19
Verkehrsteuer **194** 1 F
Verwertungsverbot **196** 3
–, rechtswidrige Prüfungsanordnung **196** 1 F
Verzögerungsgeld **146** 4
Zulässigkeit **193** 1 ff.
zuständige Finanzbehörde **195** 1 f.
Zuständigkeitswechsel **195** 2
zwischenstaatliches Rechts- und Amtshilfeersuchen **194** 6
Äußerer Betriebsvergleich, betriebswirtschaftlicher Begriff **199** 29
Außergerichtlicher Einigungsversuch im Verbraucherinsolvenzverfahren **251** 22
Außergerichtlicher Rechtsbehelf, Übergangsvorschrift **Anh I 1** 34
Überleitungsbestimmung für das Beitrittsgebiet **Anh I 1** 52
Zulässigkeit der Klage **Anh II 1** 38
Außerkrafttreten der verbindlichen Zusage **207** 1 ff.

Außersteuerliche Buchführungspflicht 146 15
Aussetzbare Steuer, Berechnung **361** 18 ff.
Aussetzung des Einspruchsverfahrens **363** 1 ff., 10
der Festsetzung, Ablaufhemmung der Festsetzungsverjährung **171** 8
der Steuerfestsetzung **165** 1, 14
des Strafverfahrens **396** 1 ff.
des Verfahrens, Entscheidung im vorbereitenden Verfahren **Anh II 1** 77
der Verhandlung **Anh II 1** 70
der Verwertung **297**
der Vollstreckung, Erinnerung gegen die Festsetzung der zu erstattenden Aufwendungen **Anh II 1** 146
der Vollziehung **361** 1 ff.
–, Abgrenzung zur gerichtlichen Vollziehungsaussetzung **361** 1 F
–, Ablehnung **361** 5, 38
–, Abrechnungsbescheid **361** 1 F
–, Antrag nach Ablehnung der Finanzbehörde **Anh II 1** 65
–, Anwendungsbereich **361** 6
–, Aufrechnung **226** 5; **361** 1 F
–, Beendigung durch eröffnetes Insolvenzverfahren **251** 7
–, Begründetheit des Rechtsbehelfs **361** 11 f.
–, Berechnung der auszusetzenden Steuer **361** 18 ff.
–, Beschränkung **361** 2
–, Beschwerde im Revisionsverfahren **Anh II 1** 129
–, Dauer **361** 34 f.
–, Entscheidung des Finanzgerichts **Anh II 1** 132
–, Entscheidung in summarischem Verfahren **361** 14 ff.
–, Erhebung von Säumniszuschlägen **240** 10
–, Ermessensspielraum **361** 10
–, ernstliche Zweifel **361** 11
–, Erstattung angerechneter Beträge **361** 24
–, Folgebescheid **361** 1 F, 3, 30
–, Freistellungsbescheinigung **361** 1 F
–, Gefährdung des Steueranspruchs **361** 11
–, gerichtliche Vollziehungsaussetzung **361** 6
–, Gewerbesteuermessbescheid **361** 2 F
–, Grunderwerbsteuer **361** 1 F
–, Grundlagenbescheid **361** 1, 3, 26 ff.
–, Grundsätze des behördlichen Vollziehungsaussetzungsverfahrens **361** 7 ff.
–, Klageerhebung **Anh II 1** 65
–, Musterverfahren **165** 17
–, negativer Gewinnfeststellungsbescheid **361** 1 F
–, Prüfung der Erfolgsaussichten **361** 11 f.
–, Rechtsbehelf bei Ablehnung **361** 39
–, rückwirkend **361** 2 F
–, Sicherheitsleistung **361** 2 f.
– wegen unbilliger Härte **361** 11
–, Unterbrechung der Zahlungsverjährung **231** 1
–, Verfassungsbeschwerde **361** 6
–, verfassungsrechtliche Bedenken **Anh II 1** 65 F
–, Verfassungswidrigkeit von Steuerrechtsnormen **361** 11
–, Verzinsung **237** 1 ff.
–, vollstreckbarer Verwaltungsakt **251** 1
–, Vollstreckungsmaßnahmen bei Anträgen auf AdV **361** 14
–, vollziehbarer Verwaltungsakt **361** 9
–, Voraussetzungen **361** 2, 7 ff.
–, Zinsbescheid **233 a** 82
Aussetzungszinsen 237 1 ff.
Allgemeinverfügung **237** 9
Festsetzungsfrist **239** 1
Teil-Einspruchsentscheidung **237** 9
Teilurteil **237** 9
Verfassungsbeschwerde **237** 9
Aussiedler, Gemeinnützigkeit **52** 2
Ausspielungen, Zweckbetrieb **68** 6
Austausch von Sicherheiten, Sicherheitsleistung **247**
Auswahl der Behörde, Amtshilfe **113**
Auswahlermessen, GmbH-Geschäftsführer, Haftung **191** 1 F
Auswahlverschulden des Geschäftsführers, Haftung **69** 1 F
Auswärtiges Amt, Zustellung im Ausland **Anh I 2** 10
Ausweispflicht, Außenprüfung **198** 1 ff.
Auswertbarkeit, maschinelle A. der Buchführung **146** 48
Auszubildende, Auskunftsverweigerungsrecht als Hilfsperson **102** 2
Authentifizierung des Datenübermittlers **87 a** 6
der Finanzbehörde, elektronisch erlassener Verwaltungsakt **87 a** 7
Authentizität der digitalen Grundaufzeichnungen **146 a** 10
Automatische Entscheidung, Verwendung von Daten für a. E. **29 b** 22

B

Baden-Württemberg, AGFGO **Anh II 1 g** 1 ff.
Bagatellgrenze, Mitteilungsverordnung **93 a** 12
Ballonfahren, Gemeinnützigkeit **52** 12
Bande, Steuerhehlerei **374** 2
Steuerhinterziehung **370** 3
Bandenwerbung, wirtschaftlicher Geschäftsbetrieb **14** F; **64** 1 F
Bank, Verfügungsberechtigte, Haftung **69** 2 F
Bankenerlass, Sammelauskunftsersuchen **93** 2 F
Bankgeschäfte, Erlaubnis zum Betreiben von B. **46** 9
Bankguthaben, Pfändung eines B. **309** 2
Bankverbindung, Speicherung bei BZSt **139 b** 3 a
Bannbruch 369 1; **372** 1 f.
Barcode, Belegfunktion, Buchführung **146** 34
Basar, wirtschaftlicher Geschäftsbetrieb **64** 11
Basisgesellschaft, Benennungsverlangen **160** 1 F
Gestaltungsmissbrauch **42** 1 F
Bauabzugsteuer, Abtretung der B. **46** 39
Bauaufgaben, Übertragung von B., Organleihe **Anh II 2** 9
Bauausführung, Betriebsstätte **12** 1
Bauherrenerlass 180 26
Bauherrengemeinschaft, ausländische B., Feststellung **180** 64
Prüfungsanordnung, Adressat **196** 1 F
Bauherrenmodell 42 1 F
Gesamtobjekt **180** 48
Bauleistungen, Zuständigkeit **20 a** 1 ff.
Bauträgermodell, Gesamtobjekt **180** 48
Bayern, AGFGO **Anh II 1 g** 7 ff.
BbgFGG, Brandenburg **Anh II 1 g** 22 ff.
Beamter, Amtsträger **7** 1
dienstrechtliche Maßnahmen, Steuergeheimnis **30** 16, 27
Bearbeitung von Waren, Steueraufsicht **209** 2
Bearbeitungsmerkmal, vorläufiges B. **139 b** 6
Beauftragter, Handlungsfähigkeit, Verfahrensgrundsätze **79** 1
Steueraufsicht **214**
Bedarfswerte, Änderung bestandskräftiger Bescheide über B. **173** 41
Bedingung der Nebenbestimmung eines Verwaltungsakts **120** 2
Bedrohung eines Amtsträgers **30** 22

Beeidigung, eidliche Vernehmung **94** 1 ff.
von Sachverständigen durch das Finanzgericht **Anh II 1** 155
Beendigung des Zwangsverfahrens **328** 13; **335**
Beerdigung, kirchliche Zwecke **54** 2
Befangenheit, Besorgnis der B. **83** 1 ff.
–, Gerichtspersonen **Anh II 1** 44
– von Sachverständigen **96** 2
des Richters, Revisionsgrund **Anh II 1** 119
des Sachverständigen **96** 4
Beförderungspapier, Vorlage von B., Steueraufsicht **210** 3
Befreiung von der Belegausgabepflicht **146 a** 27
Befristung eines Verwaltungsakts, Nebenbestimmung **120** 2
Befugnis zur Einlegung eines Einspruchs **350** 1
der Finanzbehörde, Steueraufsicht **210** 1 ff.
der Zoll-und Steuerfahndung **404**
Beginn der Außenprüfung **198** 1 f.
der Buchführungspflicht **141** 2, 8
der Festsetzungsfrist **170** 1 ff.
des Verfahrens, Besteuerungsgrundsätze **86**
der Verjährung, Zahlungsverjährung **229** 1 ff.
Begonnene Verfahren, Überleitungsbestimmung für das Beitrittsgebiet **Anh I 1** 52
Begrenzung der Beiladung **Anh II 1** 56
Begründung von Beschlüssen, Klageverfahren **Anh II 1** 114
von Ermessensentscheidung **5** 3
fehlende B., Wiedereinsetzung in den vorigen Stand **126** 3
fehlende Urteilsbegründung, Revisionsgrund **Anh II 1** 119
Heilung von Verfahrens- und Formfehlern **126** 1
des Verwaltungsakts **121** 1 ff.
Begründungsmangel des Verwaltungsakts **121** 5
Begünstigender Verwaltungsakt, beispielhafte Aufzählung **Vor 130** 2
Rücknahme **130** 2
Begünstigung einer Person, Steuerstraftat **369** 1
Beherbergung, Zweckbetrieb **68** 8
Beherrschender Einfluss, wesentliche Beteiligung, Haftung **74** 2 ff.
Behinderte Menschen, Gemeinnützigkeit **52** 2
Behindertenversorgung, kirchliche Zwecke **54** 2
Behindertenwerkstätte, Zweckbetrieb **68** 3
Behinderung, Bestellung eines Vertreters von Amts wegen **81**
Behörde, Amtshilfepflicht der B. **111** 1
Auskunftspflicht der B. **93**
Auswahl der B., Amtshilfe **113**
Begriffsbestimmung **6** 1
Beteiligte am Gerichtsverfahren **Anh II 1** 52
FVG **Anh II 2** 1 ff.
Handlungsfähigkeit, Verfahrensgrundsätze **79** 1
Kontenabruf **93** 8
Mitteilungsverpflichtung **93 a** 24
oberste B., Bundesminister der Finanzen **Anh II 2** 1
oberste Landesbehörde **Anh II 2** 2
örtliche B., Finanzamt **Anh II 2** 2
–, FVG **Anh II 2** 1, 17
Pflicht zur Anzeige von Steuerstraftaten **116** 1
ressortfremde B., Grundlagenbescheid **171** 23
Verhältnis von Auskunfts- zur Schweigepflicht **105** 1 ff.
Zahlungen von B., allgemeine Mitteilungspflicht **93 a** 1
Zeugnis von B., Gerichtsverfahren **Anh II 1** 86
des Zollfahndungsdienstes **208** 1
Behördenleiter, Befangenheit **83** 1
Beigeladener, Beteiligter am Gerichtsverfahren **Anh II 1** 52
Beihilfe zur Steuerhinterziehung **370** 1 F
Beiladung, Begrenzung der B., Finanzgericht **Anh II 1** 56
Dritter, widerstreitende Steuerfestsetzung **174** 5
Finanzgericht **Anh II 1** 55
Verbindung von Verfahren **Anh II 1** 69
Beiladungsbeschluss, Zustellung **Anh II 1** 55
Beistand, Ausschließung von Personen **82** 1
erstattungsfähige Kosten im Gerichtsverfahren **Anh II 1** 141
Haftung des B. **69** 2
mündliche Verhandlung **Anh II 1** 57
Vertretung durch B. **80** 6
Zurückweisung **80** 9
Beistandspflicht der Notare, Grunderwerb-, Erbschaftsteuer (Schenkungsteuer) und Ertragsteuern **102** 5 ff.
der Ortsbehörden **Anh II 2** 18
Beitrittsgebiet, Überleitungsbestimmungen aus Anlass der Herstellung der Einheit Deutschlands **Anh I 1** 43 ff.
Bekanntgabe bei angeordneter Nachtragsverteilung, Insolvenzverfahren **251** 29
des Aufteilungsbescheids **268** 9
an Bevollmächtigte **80** 14
des Duldungsbescheids **191** 1
der Einleitung des Bußgeldverfahrens **376** 1
der Einspruchsentscheidung **366** 1 ff.
an Empfänger im Ausland **122** 15
bei Gesamtobjekten **180** 30
gesonderte und einheitliche Feststellung gegenüber rechtsfähigen Personenvereinigungen **183** 1 ff.
durch Gutschrift, Direktauszahlungsmechanismus **139 e** 5
an Handelsgesellschaften **122** 19
der Prüfungsanordnung **197** 1 ff.
von Verwaltungsakten **122** 1 ff.
–, Computerfax **122** 15
– an Körperschaften mit Sitz im Ausland **14 b** 1
–, Spaltung von Gesellschaften **122** 30
–, Telefax **122** 15
–, Umwandlung von Gesellschaften **122** 27
von Verwaltungsakten an Betreuer, gesetzlicher Vertreter **122** 14
von Verwaltungsakten durch Bereitstellung zum Datenabruf **122 a** 1
Widerruf der B. **124** 9
Wirksamkeit des Verwaltungsakts **124** 1
bei Zwangsverwaltung **34** 41 ff.
Bekanntgabeadressat, Bezeichnung des B., Bekanntgabe von Verwaltungsakten **122** 11
Insolvenzverwalter als B. **251** 9
der Prüfungsanordnung **197** 4
Bekanntgabefiktion **122** 2
bei Bereitstellung Verwaltungsakt zum Datenabruf **122 a** 4
Einspruch vor Ablauf der B. **355** 6
verspäteter Zugang des Verwaltungsakts **122** 2 F
Bekanntgabemangel, Feststellung des B. **125** 8
Heilung des B. **122** 1 F
Bekanntgabevertretung, gesetzliche B. für Feststellungsbescheide bei rechtsfähigen Personenvereinigungen **183** 4
Bekanntgabevollmacht in der Standardvollmacht **80** 23
Bekanntgabewille **124** 7
Aufgabe des B. **124** 8
Bekanntgabe von Verwaltungsakten **122** 1 F
Bekanntmachung, öffentliche Bekanntgabe eines Verwaltungsakts **122** 4

Beklagter, Beteiligter am Gerichtsverfahren **Anh II 1** 52
Beköstigung, Zweckbetrieb **68** 8
Belassen einer Leistung aus öffentlichen Mitteln, Steuergeheimnis **31 a** 1
Beleg, Anforderung an B., KassenSichV **146 a** 50
Fälschung von B., Steuerhinterziehung **370** 3
Belegausgabe, elektronische B. **146 a** 27
Belegausgabepflicht 146 a 27
für aufzeichnungspflichtige Geschäftsvorfälle **146 a** 2
Befreiung von der B. **146 a** 27
Beleginhalt, Buchführung **146** 37
Belegprinzip, Buchführung **146** 28
Belegprüfung, Buchführung **146** 28
Belegsicherung, Buchführung **146** 35
Belegwesen, Buchführung **146** 34
Belegzuordnung, Buchführung **146** 36
Belehrende Veranstaltung, Zweckbetrieb **68** 8
Belehrung vor Abnahme der eidesstattlichen Versicherung **284** 3
über das Auskunftsverweigerungsrecht **101** 1
über die Frist, Gerichtsverfahren **Anh II 1** 50
des Steuerpflichtigen, Selbstschutz im Strafverfahren **393** 1
des Vollstreckungsschuldners bei Abnahme der Vermögensauskunft **284** 6
über die Zulässigkeit der Erinnerung **Anh II 1** 146
Belehrungsgebot, Einspruchsbefugnis bei Gesellschaften oder Gemeinschaften **352** 2
Präklusionsfrist **364 b** 3
Beleidigung eines Amtsträgers, Steuergeheimnis **30** 22
Bemessungsgrundlage, Zwangsgeld **328** 8
Benachrichtigung vor Augenscheinseinnahme **99** 1
–, häusliches Arbeitszimmer **98** 1 F
über vorgenommene Bereitstellung zum Datenabruf **122 a** 1
Benennungsverlangen 160 1 ff.
Verhältnis zum Abzugsverbot des § 4 Abs. 5 Satz 1 Nr. 10 EStG **160** 3
Benutzungsgebühr, Amtshilfe **115** 2
Beratung durch die Finanzbehörde **89** 1
Beratungsbefugnis der Lohnsteuerhilfevereine **80** 24 ff.
Berechtigter, wirtschaftl. B. eines Kontos **154** 12
Berechtigungsmanagement für die vorausgefüllte Steuererklärung **80** 17 f.
Bereitstellung zum Datenabruf, Bekanntgabe durch B. **122 a** 1
im Postfach des Nutzerkontos nach Onlinezugangsgesetz **122 a** 5
Zerlegungsbescheid **188** 1
Bergmannsprämie, Aussetzung der Vollziehung **361** 25
Bergwerk, Betriebsstätte **12** 1
Berichterstatter, Aufforderung zur Ergänzung der Klage **Anh II 1** 61
Entscheidung im vorbereitenden Verfahren **Anh II 1** 77
Klageschrift, Ausschlussfrist **Anh II 1** 61
Vorbereitung der mündlichen Verhandlung **Anh II 1** 76
Berichtigung von Erklärungen **153** 1 ff.
–, Abgrenzung zur Selbstanzeige **153** 4
–, Anzeigepflicht nach § 30 Abs. 1 ErbStG **153** 1 F
–, Umfang der Pflicht **153** 13
von materiellen Fehlern, Kompensation **177** 1 ff.
personenbezogener Daten **29 b** 16; **32 f** 1
von Steuerbescheiden, Zahlungsverjährung **229** 2
des Tatbestands, Urteil **Anh II 1** 111
des Urteils **Anh II 1** 110
des Verspätungszuschlags **152** 12
von Verwaltungsakten, ausschließlich automationsgestützt **155** 4
–, offenbare Unrichtigkeit **129** 1 ff.
Berichtigungsbeschluss Anh II 1 110 f.
Berichtigungspflicht nach Außenprüfung **153** 3 a
Berichtigung von Erklärungen **153** 1 ff.
des Insolvenzverwalters **251** 8
Berlin, AGFGO **Anh II 1 g** 15 ff.
Berlinförderung, Einspruchsverfahren **347** 9
Berufsausübung, Steuerberater und Steuerbevollmächtigter **347** 8
Untersagung der B., Hemmung der Vollziehung **361** 4
Berufsausübungsgesellschaften, Berufspflichten **30** 69
Berufsgeheimnis, Auskunftsverweigerungsrecht zum Schutz des B. **102** 1 ff.
Berufsgeheimnisträger, Auskunftsverweigerungsrecht **102** 1 ff., 28
Datenzugriff beim B. **102** 30
Kontenabruf **93** 12
Mitteilung grenzüberschreitender Sachverhalte bei B. **138 f** 6
Berufskammer, allgemeine Mitteilungspflicht **93 a** 2
Anhörung der B., Haftungsverfahren **191** 13
Mitteilung an B., Steuergeheimnis **30** 69
Berufspflichten bei steuerberatenden Berufen **30** 68
Berufsrechtliche Angelegenheiten, Einspruch **347** 1
Berufsständische Versorgungseinrichtungen, Mitteilungspflicht nach § 138 AO **138** 15
Berufung zum ehrenamtlichen Richter, Ablehnung **Anh II 1** 17
–, Voraussetzungen **Anh II 1** 14
Beschäftigungsgesellschaften, Gemeinnützigkeit **64** 7
Bescheid über den Nachweisverzicht **53** 2
Bescheinigung für Behörden **111** 13
gewerberechtliche Zugangsverfahren **111** 12
für Grunderwerbsteuerzwecke **111** 8
Inhalt einer steuerlichen B. **111** 15
rückwirkendes Ereignis **175** 2
steuerliche B. **111** 9
für Umsatzsteuerzwecke **111** 10
Beschlagnahme, Rechte und Pflichten der Finanzbehörde im Strafverfahren **399** 2
Steuer- und Zollfahndung **208** 5 ff.
von Waren, Sachhaftung **76** 3
Beschluss, Anhörungsrüge **Anh II 1** 135
Entscheidung des BFH über die Beschwerde **Anh II 1** 133
Klageverfahren **Anh II 1** 114
Kostenentscheidung **Anh II 1** 140
unbegründete Revision **Anh II 1** 127
Beschränkte Geschäftsfähigkeit, Handlungsfähigkeit, Verfahrensgrundsätze **79** 1
Zustellung an gesetzlichen Vertreter **Anh I 2** 7
Beschränkung der Auskunfts- und Vorlagepflicht bei Beeinträchtigung des staatlichen Wohls **106**
einstweilige Beschränkung der Vollstreckung **258** 1 ff.
der Erbenhaftung **265 F**
der Vollstreckung **44** 2; **257** 1 ff.
–, Aufteilung einer Gesamtschuld **278** 1 f.
Beschwer, Änderung des Steuerbescheids **172** 1 F
Einspruchsverfahren **350** 1 ff.
–, Nullfestsetzung **350** 4
materielle B., Revisionsbefugnis **Anh II 1** 117 F
bei vorläufiger Steuerfestsetzung **350** 7

Beschwerde Vor 347 1 F
Abhilfe oder Vorlage der B. beim BFH **Anh II 1** 131
aufschiebende Wirkung, Revisionsverfahren **Anh II 1** 132
außerordentliche B. **Anh II 1** 129 F
Einlegung der B., Revisionsverfahren **Anh II 1** 130
Entscheidung des BFH durch Beschluss **Anh II 1** 133
Nichtzulassungsbeschwerde, Revision **Anh II 1** 116
Rechtsmittel **Anh II 1** 129 ff.
–, Zuständigkeit des BFH **Anh II 1** 31
sofortige B., Ablehnung Insolvenzantrag **251** 5
Statthaftigkeit **Anh II 1** 129
gegen Verarbeitung personenbezogener Daten **29 b** 27
Beschwerdeentscheidung, Rechtsbehelfsbelehrung über Antragsmöglichkeit AdV **Anh II 1** 65 F
Besetzung des Bundesfinanzhofs **Anh II 1** 7
des Finanzgerichts **Anh II 1** 5
des Gerichts, Revisionsgrund **Anh II 1** 119
Besitz- und Verkehrsteuerabteilung, Oberfinanzdirektion **Anh II 2** 12
Besondere Kategorien personenbezogener Daten, Begriff **29 b** 6
Verarbeitung zu statistischen Zwecken **31 c** 1
Besonderer Aufteilungsmaßstab, Aufteilung einer Gesamtschuld **274**
Besonderer Zinslauf, Vollverzinsung **233 a** 19
Besonders schwere Steuerhinterziehung 370 2
Verfolgungsverjährung **376** 1
Besorgnis der Befangenheit 83 1 ff.
Bestandsaufnahme, Fehlmenge bei B. **161**
Bestandskraft, Durchbrechung der materiellen B. **Vor 172** 1 ff.
erhöhte B. nach Außenprüfung **173** 2
formelle **Vor 172** 1
von Steuerbescheiden, sachliche Unbilligkeit **227** 1 F
Bestätigung, rückwirkendes Ereignis **175** 2
Bestellung, elektronische Kassensysteme **146 a** 25
Besteuerungsgrundlagen, Begriff **199** 1
gesonderte Feststellung von B. **179** 1 ff.
gesonderte und einheitliche Feststellung **180** 1, 6
Mitteilung von B. **31** 1 ff.; **364** 1 f.
–, Klageverfahren **Anh II 1** 71
Nichtberücksichtigung von B. aus Billigkeitsgründen **163** 1
Schätzung **90** 1 F; **162** 1 ff., 12 ff.
unselbständige **157** 2
wirtschaftlicher Geschäftsbetrieb **64** 1
Besteuerungsgrundsätze 85 1 ff.
Abschnittsbesteuerung **85** 1 F, 3
Vertrauenstatbestand **85** 3
Besteuerungsverfahren, Einsatz von Risikomanagementsystemen **88** 5
Übermittlung von Daten **150** 8 ff.
Verhältnis zum Strafverfahren **393** 1 f.
Verifikationsgebot **92** 2
Bestimmtheit des Verwaltungsakts **119** 1 ff.
Betätigung, unschädliche B., Steuervergünstigung **58** 1 ff.
Beteiligter, abwesender B., Bestellung eines Vertreters **81** 1
Anhörung des B. **91** 1 ff.
Auskunftspflicht **93** 1 ff.
Auskunftsverweigerungsrecht des Angehörigen **101** 1 ff.
Ausschließung **82** 1
Ausschluss der Öffentlichkeit, Gerichtsverfahren **Anh II 1** 45
Begriff, Verfahrensgrundsätze **78** 1
Bekanntgabe von gesonderten und einheitlichen Feststellungen **122** 42
Beteiligung Dritter, widerstreitende Steuerfestsetzung **174** 21 f.
Eidesverweigerungsrecht des Angehörigen **101** 2
einheitliche und gesonderte Feststellung, Klagebefugnis **Anh II 1** 42
Einspruchsbefugnis **352** 1
Einspruchsverfahren **359**
Gerichtsverfahren **Anh II 1** 52
Ladung der B., mündliche Verhandlung **Anh II 1** 91
Mitwirkungspflicht des B. **90** 1 ff.
ohne Aufenthalt, Bestellung eines Vertreters **81** 1
persönliches Erscheinen, Anordnung durch das Gericht **Anh II 1** 79
Rechtsgeschäft **41** 5
am Revisionsverfahren **Anh II 1** 122
unrichtige Bezeichnung des B. **125** 1 F
–, Rechtsnachfolge **182** 3
Vertretung durch Prozessbevollmächtigten oder Beistand **Anh II 1** 57
Vorlage von Wertsachen **100** 1 f.
am Zerlegungsverfahren **186**
Zustellung an Bevollmächtigten **Anh I 2** 8
Beteiligung, ausländische B., Anzeigepflichten **138** 4
–, Kontenabruf **93** 7
der Finanzbehörde, gerichtliches Strafverfahren **407** 1 f.
–, Verfahren der Staatsanwaltschaft **403** 1 ff.
an einer Kapitalgesellschaft, wirtschaftlicher Geschäftsbetrieb **64** 9
an einer Personengesellschaft, wirtschaftlicher Geschäftsbetrieb **64** 9
am Verfahren **78** 1 ff.
wesentliche B., Begriff **74** 2
–, Haftung des Eigentümers von Gegenständen **74** 1 ff.
Betreten von Geschäftsgrundstücken o. Geschäftsräumen bei Kassen-Nachschau **146 b** 5
von Grundstücken und Räumen **99** 1 ff.
Betreuer, Bekanntgabe von Verwaltungsakten an B. **122** 17
gesetzlicher Vertreter **122** 14
Zustellung an B. **Anh I 2** 7
Zustellung von Verwaltungsakten **122** 35 a
Betreuung, Handlungsfähigkeit, Verfahrensgrundsatz **79** 2
Vermögenssorge, Handlungsfähigkeit **79** 4
Betreuungsgericht, Bestellung eines Vertreters **81** 1
Betrieb, Anmeldung von Betrieben **138** 1 ff.
–, Verbrauchsteuerpflicht und Verkehrsteuern **139** 1 ff.
ausländischer, Anzeigepflichten **138** 4
Betriebe gewerblicher Art, allgemeine Mitteilungspflicht **93 a** 2
Amtshilfepflicht **111** 3
Auskunftspflicht der Beteiligten **93 a** 2
Selbstlosigkeit **55** 7
Betriebsabrechnung, betriebswirtschaftlicher Begriff **199** 27
Betriebsaufnahme, amtlich vorgeschriebener Datensatz bei B. **138** 3
Betriebsaufspaltung, wirtschaftlicher Geschäftsbetrieb **14 F**
Betriebsbesichtigung, Außenprüfung **200** 3
Betriebsbuchführung, betriebswirtschaftlicher Begriff **199** 27
Betriebsergebnisrechnung, betriebswirtschaftlicher Begriff **199** 27
Betriebsfinanzamt, örtliche Zuständigkeit **18** 1
Zuständigkeit für Steuermessbetrag **22** 1

Betriebsgeheimnis, Steuergeheimnis **30** 2
Betriebskartei, Außenprüfung, BpO **193** 40
Betriebsmittelrücklage, Gemeinnützigkeit **62** 7
Betriebsnahe Veranlagung, Besteuerungsgrundsätze **85** 4
Betriebsprüfer, Außenprüfung, BpO **193** 33 f.
Name des B., Prüfungsanordnung **197** 1
Betriebsprüfung, zeitnahe B. **193** 13
Betriebsprüfungsarchiv, BpO **193** 44 f.
Betriebsprüfungshelfer, BpO **193** 36
Betriebsprüfungsordnung **193** 11 ff.
Betriebsprüfungsstelle, Aufgaben der B., BpO **193** 10
Betriebsstätte, Anzeigepflicht bei Eröffnung, Verlegung und Aufgabe der B. **138** 1 ff.
ausländische B., Anzeigepflichten **138** 4
Auslegung des Begriffs bei DBA **12** 11
Begriff **12** 1 ff.
Definition für Mitteilungsfälle nach § 138 d **138 d** 4
Betriebsübernehmerhaftung **75** 1 ff.
Betriebsvergleich, Außenprüfung **199** 4
betriebswirtschaftlicher Begriff **199** 29
Betriebsverlegung, gesonderte Feststellung **180** 71
Betriebsvermögen, Beteiligung an vermögensverwaltenden Personengesellschaften **180** 60 ff.
Betriebsvorrichtung, Betreten von umschlossenen B. **99** 1
Betroffener, Pflichten des B., Steueraufsicht **211** 1 ff.
Schwarzarbeit **31 a** 1
Betrugsbekämpfung bei Mehrwertsteuer Bundeszentralamt für Steuern **Anh II 2** 7
Umsatzsteuer, Bundeszentralamt für Steuern **Anh II** 2 7
Bevollmächtigter, Ausschließung von Personen **82** 1
Beachtung durch Finanzbehörden **80** 5
Bekanntgabe von Verwaltungsakten **122** 1, 14
erstattungsfähige Kosten im Gerichtsverfahren **Anh II 1** 141
Prozessbevollmächtigter **Anh II 1** 57
Zurückweisung durch Verwaltungsakt **80** 7
Zustellung an B. **Anh I 2** 8
Bevollmächtigung, Datenabrufvollmacht **80** 11
Nachweis **80** 11
Standardvollmacht, Umfang der B. **80** 23
Vertretung durch Bevollmächtigte oder Beistände **80** 1 ff.
Bewegliche Sachen, Sicherheitsleistung **246**
Beweisantrag im Besteuerungsverfahren **88** 2
Beweisaufnahme, Ablehnung der B. **Anh II 1** 72 F
Verfahren bei der B. durch das Gericht **Anh II 1** 81
Beweise, Erhebung von B., Vorbereitung der mündlichen Verhandlung **Anh II 1** 76
Beweiserhebung durch das Gericht **Anh II 1** 80
Beweiskraft der Buchführung **158** 1 f.
eines elektronischen Dokuments **87 a** 5
des Empfangsbekenntnisses **122** 32
Beweislast bei Bekanntgabe Bescheide durch Bereitstellung zum Datenabruf **122 a** 4
Verteilung der Feststellungslast **88** 2 F
Beweismittel **85** 1 ff.
Aufzählung **92** 1
Begriff **173** 4
Besteuerungsgrundsätze **85** 2
neue B., Aufhebung oder Änderung von Steuerbescheiden **173** 1 ff.
Beweistermin, Gerichtsverfahren, Teilnahme **Anh II 1** 82
Beweiswürdigung, freie B., notwendiger Inhalt des Urteils **Anh II 1** 99
Bewerbererklärung **85** 5 F
Bewilligung der Auslandsbuchführung **146** 72
von Erleichterungen, Aufzeichnungs-, Buchführungs- und Aufbewahrungspflicht **148** 1 f.
einer Leistung aus öffentlichen Mitteln, Steuergeheimnis **31 a** 1
Bezahlter Sport, Gemeinnützigkeit **52** 13
Bezirksverband, Großvereine, Steuersubjekt **51** 5
Bezüge, Pfändung fortlaufender B. **313** 1 f.
BfDI, Bundesbeauftragter für den Datenschutz und die Informationsfreiheit **29 b** 25
Meldepflicht gegenüber dem BfDI **29 b** 30
BFH, Bundesgericht **Anh II 1** 2
Bibliothek, Hingabe an Zahlungs statt **224 a** 1 ff.
Biersteuer, Hauptzollamt **Anh II 2** 17
Steueraufsicht **212** 2
Bilanz, elektronische Übermittlung **150** 13
Bilateraler Vertrag zum Informationsaustausch **117** 9
Bildliche Erfassung von Papierdokumenten, elektronische Buchführung **146** 50
Bildträger, Aufbewahrungsvorschriften **147** 2 ff.
Bild- und Tonübertragung, Verkündung des U. **Anh II 1** 107
Bildung, Gemeinnützigkeit **52** 2
Billigkeit bei Ermessensentscheidung **5** 2
Billigkeitserlass **227** 1 ff.
bei Realsteuermessbeträgen **184** 2
Rechtsprechungsänderung **227** 1 F
Urteil **Anh II 1** 104 F
Billigkeitsgründe, abweichende Steuerfestsetzung aus Billigkeitsgründen **163** 1 ff.
persönliche **163** 5; **227** 1 F
sachliche **163** 5; **227** 1 F
Übergangsregelungen **163** 1 F
Billigkeitsmaßnahme, Ablaufhemmung **171** 16
Einspruch **347** 7
Mitwirkung des Bundesministers der Finanzen **222** 9 ff.
Stundungszinsen **234** 2, 15
Vollverzinsung **233 a** 78 ff.
Vollziehbarkeit des Verwaltungsakts **361** 9
Widerrufsvorbehalt bei B. **163** 3
Zuständigkeitsgrenze **222** 3
Bindungswirkung anderer Verwaltungsakte **351** 1 ff.
Anrufungsauskunft **89** 1 F
von Feststellungsbescheiden **182** 1 ff.
von Grundlagenbescheiden, Festsetzungsverjährung **171** 10
verbindliche Zusage **206** 1 ff.
einer verbindlichen Auskunft **89** 18
der Vorabverständigungsvereinbarung **89 a** 12
Blankettnorm, Steuerhinterziehung **370** 1 F
Verweisungserfordernis **Anh I 1** 39
Blinde, Fürsorge für B. **68** 4
Blindenfürsorge, Zweckbetrieb **68** 4
Blutspendedienst, wirtschaftlicher Geschäftsbetrieb **64** 6
Zweckbetrieb **68** 9 F
Bodenschätze, Erkundung, Betriebsstätte **12** 1, 9
Bonuspunktesystem, Zahlungsform, Kasse **146 a** 6
BOP, BZSt-Online-Portal, Mitteilung grenzüberschreitende Steuergestaltung **138 d** 10
Bote des Erstattungsberechtigten **37** 4
BpO **193** 9 ff.
Branchenspezifische Aufzeichnungspflichten **146** 15
Brandenburgisches Finanzgerichtsgesetz **Anh II 1 g** 22 ff.
Brauchtum, Gemeinnützigkeit **52** 2
Brauchtumspflege, Gemeinnützigkeit **52** 17

Bremen, AGFGO **Anh II 1g** 30 ff.
Briefgeheimnis, Schweigepflicht **105** 2
Briefkastendomizil 11 F
Briefkastenfirma, Empfängernachweis **160** 5
Brieflaufzeiten, Wiedereinsetzung in den vorigen Stand **110** 1 F
Bruchteilsgemeinschaft, Bekanntgabe **122** 19
Klagebefugnis der B. **Anh II 1** 42
nicht rechtsfähige Personenvereinigung **14 a** 3
Bücher, Aufbewahrungsvorschriften für B. **147** 1 ff.
Definition **146** 22
in elektronischer Form, Datennutzung durch Finanzbehörde **147** 6
Führung in elektronischer Form **146** 13 ff.
Urkunde **97** 1 ff.
Buchforderung, Sicherheitsleistung **246** F
Buchführung im Ausland **146** 3
betriebswirtschaftlicher Begriff **199** 27
Beweiskraft der B. **158** 1 f.
DV-gestützte B. **146** 13 ff.
elektronische Aufzeichnungssysteme **146 a** 1
elektronische B. **146** 14 ff.
–, EU-Ausland **146** 2 a
formelle Ordnungsmäßigkeit der B. **158** 2
Unrichtigkeit der B., Schätzung **162** 2
Verlagerung der B. ins Ausland **146** 72 ff.
Buchführungsgrenze 141 1, 7
Buchführungsmängel, Schätzung **158** 2
Buchführungspflicht, allgemeine Anforderungen **145** 1 f.
Aufbewahrung von Unterlagen **147** 1 ff.
außersteuerliche B. **146** 15
außersteuerliche Gesetze **140** 1 f.
bestimmter Steuerpflichtiger **141** 1 ff.
Bewilligung von Erleichterungen **148** 1 f.
Mitteilung über die B., Vollziehbarkeit des Verwaltungsakts **361** 9
Ordnungsvorschriften **146** 1 ff.
Übergangsvorschrift **Anh I 1** 36
Überleitungsbestimmung für das Beitrittsgebiet **Anh I 1** 52
wirtschaftlicher Geschäftsbetrieb **64** 8
Buchhaltungsprogramme, keine Grundaufzeichnungsfunktion **146 a** 9
Buchprüfer, Berufspflichten **30** 69
Buchprüfungsgesellschaft, Zustellung an B. **Anh I 2** 5
Buchung, Kontenwahrheit **154** 1 ff.
Buchungsbeleg, Aufbewahrungsvorschriften für B. **147** 1 ff.
erfassungsgerechte Aufbereitung des B., GoBD **146** 37
Bund, Mitwirkung des B., BpO **193** 29 ff.
Bundesagentur für Arbeit, Pflicht zur Mitteilung von Besteuerungsgrundlagen **31** 2
Steuergeheimnis **31** 5
Bundesamt für Finanzen, Aufgaben **Anh II 2** 7
juristische Personen, Datenspeicherung **139 c** 4
Mitwirkung an Außenprüfungen, BpO **193** 29 ff.
natürliche Personen, Datenspeicherung **139 b** 3; **139 c** 3
Oberbehörde **Anh II 2** 1
Personenvereinigung, Datenspeicherung **139 c** 5
Bundesamt für Justiz, Ordnungsgelder § 335 HGB, Mitteilungsverordnung **93 a** 9
Bundesamt für Sicherheit in der Informationstechnik, Zertifizierung elektronischer Aufzeichnungssysteme **146 a** 3
Bundesamt für Wirtschaft und Ausfuhrkontrolle, Leistungen aus Energiekostendämpfungsprogramm, Mitteilungsverordnung **93 a** 19
Bundesamt zur Regelung offener Vermögensfragen, Oberbehörde **Anh II 2** 1
Bundesanstalt für Finanzdienstleistungsaufsicht, BaFin **46** 9
Bundesanzeiger, Begrenzung der Beiladung **Anh II** 56
Bundesausbildungsförderungsgesetz, Änderung des Steuerbescheids **172** 1 F
Auskünfte in der Steuererklärung **150** 5
Bundesbeauftragter für den Datenschutz und die Informationsfreiheit, BfDI **29 b** 25
Bundesbetriebsprüfung des BZSt **Anh II 2** 21
Bundesfinanzbehörde, Begriff **Anh II 2** 1
Bundesfinanzbezirk Anh II 2 11
Bundesfinanzdirektion, Bezirk und Sitz **Anh II 2** 11
als Mittelbehörde **Anh II 2** 1 f.
Bundesfinanzhof, Abhilfe oder Vorlage der Beschwerde beim B. **Anh II** 131
Bestimmung des zuständigen Finanzgerichts **Anh II 1** 33
Bundesgericht **Anh II 1** 2
Entscheidung des B. über die Beschwerde **Anh II 1** 133
Geschäftsverteilung **Anh II 1** 4 F
Großer Senat **Anh II 1** 8
Organisation und Besetzung **Anh II 1** 7
Revision, Zulassung **Anh II 1** 116
Richter, Lebensalter **Anh II 1** 11
sachliche Zuständigkeit **Anh II 1** 31
Verfassung des B. **Anh II 1** 7
Bundesfinanzverwaltung, Leitung der B. **Anh II 2** 5
Bundesgericht, vorläufige Steuerfestsetzung **165** 1
Bundesknappschaft/Verwaltungsstelle Cottbus, Organleihe, Bundeszentralamt für Steuern **Anh II 2** 7
Bundeskonsulat, Zustellung im Ausland **Anh I 2** 10
Bundesministerium der Finanzen, Beitritt zum Revisionsverfahren, Beteiligter **Anh II 1** 122
Internetseiten **367** 4
Mitwirkung bei Billigkeitsmaßnahmen **222** 9 ff.
als oberste Bundesbehörde **6** 7; **Anh II 2** 1
Bundesmonopolverwaltung für Branntwein, Bundesoberbehörde **6** 7; **Anh II 2** 1
Bundesoberbehörde, Sitz und Aufgaben **Anh II 2** 6
Bundesrecht, Verletzung von B., Revisionsgrund **Anh II 1** 119
Bundesregierung, Mitglieder, ehrenamtlicher Richter **Anh II 1** 16
Bundessteuerblatt, Veröffentlichung der Allgemeinverfügung im B. **367** 4
Bundestag, Auskunftsverweigerungsrecht **102** 1
Mitglieder, ehrenamtlicher Richter **Anh II 1** 16
Bundesverfassungsgericht, vorläufige Steuerfestsetzung **165** 1
Bundesverfassungsschutzgesetz, steuerbegünstigte Zwecke **51** 3
Bundesversicherungsanstalt für Angestellte, Organleihe, Bundeszentralamt für Steuern **Anh II 2** 7
Bundesvertretung, Zustellung im Ausland **Anh I 2** 10
Bundeswehr, Steueraufsicht **210** 5
Bundeszentralamt für Steuern, Anfragen der Kreditinstitute **154** 16
Anzeige von Steuerstraftaten beim B. **116** 1
Auswertung der Mitteilungen grenzüberschreitender Steuergestaltungen **138 j** 1
als Bundesoberbehörde **6** 7
Direktauszahlungsbehörde **139 e** 1

Informationsaustausch für kapitalmarktbezogene Gestaltungen **88 c** 1 ff.
Internationales Risikobewertungsverfahren **89 b** 7
länderbezogener Bericht, multinationale Unternehmensgruppen **138 a** 1
Mitteilung grenzüberschreitender Steuergestaltungen **138 d** 1
Prüfungsberechtigung bei Sachverhalten im Sinne des § 117 a Abs. 1 AO **117 a** 3
Steuerfahndung **208 a** 1
Übermittlung des vorläufigen Bearbeitungsmerkmals an B. **139 b** 6
Verzicht auf Datenweiterleitung **88** 4
Zuständigkeit für verbindliche Auskunft **89** 2, 13
Zuteilung der Identifikationsnummer **139 a** 1
Zuwendungsempfängerregister **60 b** 1
Bundeszollverwaltung, Kosten bei Inanspruchnahme der B. **178** 1 ff.
Bürgerschaftliches Engagement **52** 2
Gemeinnützigkeit **52** 7
Bürgschaft **48** 3
Sicherheitsleistung **241** 1; **244** 1
–, Schriftform **244** 1
Bürgschaftssumme, Sicherheitsleistung **244** 2
Büroorganisation, Fristversäumnis durch steuerlichen Berater, Wiedereinsetzung in den vorigen Stand **110** 9
Bußgeld, Gefährdung der Eingangsabgaben **382** 3
Bußgeldbefreiung, Steuerverkürzung **378** 3 f.
Bußgeldverfahren, Ablaufhemmung, Festsetzungsverjährung **171** 5
gegen Angehörige der rechts- und steuerberatenden Berufe **411**
keine Anwendung der DSGVO **29 b** 5
Bekanntgabe der Einleitung des B., Verfolgungsverjährung **376** 1
ergänzende Vorschriften **410** 1 f.
Geltungsbereich der AO **410** 1
Hinweis auf Einleitung eines B., Außenprüfung **201** 2
Kosten des B. **412** 3
Steuergeheimnis **30** 17
Vollstreckung in B. **412** 2
zuständige Verwaltungsbehörde **409**
Zustellung im B. **412** 1
Bußgeldvorschriften **377** 1 ff.
BZSt als zentrales Verbindungsbüro, Außenprüfung mit Finanzbehörden anderer Staaten **193** 54
BZSt-Online-Portal, Mitteilung grenzüberschreitende Steuergestaltung **138 d** 10

C

Café, Zweckbetrieb **65** 1 F
Cafeteria, Zweckbetrieb **66** 8
Chiffreanzeige, Auskunftsersuchen an die Zeitung **93** 2 F
Compliance Report, Vorabverständigungsvereinbarung **89 a** 12
Computerfax, Bekanntgabe von Verwaltungsakten **122** 15
Computergestützte Kassensysteme **146 a** 6
Computergestützte Registrierkassen **146 a** 6
Corona-Krise, Billigkeitsleistungen, Mitteilungsverordnung **93 a** 18
Verlängerung der Steuererklärungsfristen **149** 14
Verlängerung der zinsfreien Karenzzeit bei Vollverzinsung **149** 17
Verspätungszuschlag **149** 16
vorzeitige Anforderung von Steuererklärungen **149** 15
Corona-Soforthilfe, Pfändung **319** 1
Coronavirus-Testverordnung, Zahlungen für Leistungen nach C., Mitteilungsverordnung **93 a** 20
Country-by-Country Report, Anforderungen **138 a** 13
Cousin **15** 6
CpD-Konto, Kontenwahrheit **154** 9
Cum/Cum-Transaktionen, Gestaltungsmissbrauch **42** 1 F

D

Darlehen, Aufnahmegebühr, Gemeinnützigkeit **52** 6
Darlehensvertrag, Angehörige, Gestaltungsmissbrauch **41** 2 F
Daten, Entschlüsselung von D., Steuergeheimnis **30** 7
geschützte D., Steuergeheimnis **30** 2
personenbezogene D., Anwendungsbereich Vorschriften p. D. **2 a**
Sammlung von geschützten D. **88 a** 1
zu speichernde D. für Kontenabruf **93 b** 2
Datenabgleich, Steuergeheimnis **30** 8
Datenabruf, Bekanntgabe von Verwaltungsakten **122 a** 1
bei Kreditinstituten **93** 7 f.
länderübergreifender D. **88 b** 1 ff.
Datenabrufvollmacht, Bevollmächtigung **80** 11
in der Standardvollmacht **80** 23
Datenauftragsverarbeitung, Steuergeheimnis **30** 9
Datenauslagerung, Buchführung **146** 51
Datenaustauschplattform, elektronische Buchführung **146** 56
Datenfernübertragung, Datenübermittlung Dritter **93 c** 1
Datenmigration, Buchführung **146** 51
Datensatz, amtlich vorgeschriebener D. bei Betriebseröffnung **138** 3
bei Datenübermittlung Dritter **93 c** 1
Datenschutz, Beschwerde **29 b** 27
gerichtliches Verfahren **29 b** 28; **32 i** 1
Ordnungswidrigkeiten **384 a** 1
Rechte der betroffenen Person **29 b** 11; **32 a** 1
für sensible Daten **29 b** 6
im Steuerverwaltungsverfahren **29 b** 3 ff.
Verantwortlicher **29 b** 6
Datenschutzaufsicht über andere öffentliche sowie nichtöffentliche Stellen **29 b** 25
über Finanzbehörden **29 b** 24; **32 h** 1
Datenschutzbeauftragter der Finanzbehörden **29 b** 23; **32 g** 1
Datenschutz-Folgenabschätzung **29 b** 26; **32 h** 2
Datenschutz-Grundverordnung, Anwendung der D.-G. **2 a**
Datenschutz im Steuerverwaltungsverfahren **29 b** 3 ff.
Datensicherheit, DV-System des Steuerpflichtigen, GoBD **146** 45
Datenspeicherung, juristische Personen **139 c** 4
natürliche Personen **139 b** 3 f.
Personenvereinigung **139 c** 5
zum Unterscheidungsmerkmal, Wirtschafts-Identifikationsnummer **139 c** 6
Datenträger, Aufbewahrungsvorschriften **147** 2 ff.
Buchführung auf D. **146** 19
Buchführungs- und Aufzeichnungspflicht **146** 7

Datenträgerüberlassung, elektronische Buchführung **146** 56
an Finanzbehörde **146** 78 ff.
Datenüberlassung an Finanzbehörde, elektronische Buchführung **146** 57
–, Löschung der Daten **146** 56
an Finanzbehörde für Zwecke der Außenprüfung **147** 6
Datenübermittler 87 a 6
Haftung **72 a**
Datenübermittlung, amtlich bestimmte Schnittstelle **87 b** 2
im Auftrag **87 d** 1 ff.
Haftung **72 a**
Übergangsvorschrift **Anh I 1** 46
an Vertragstaaten **117 a** 1
an Zentralstelle für Finanztransaktionsuntersuchungen **31 b** 3
Datenübermittlung durch Dritte 93 c 1 ff.
Ablaufhemmung, Festsetzungsverjährung **171** 10
Absehen Anhörung **91** 2 a
Änderung von Steuerbescheiden **175 b** 1
Datenübertragbarkeit, Recht auf D. **29 b** 20
Datenverarbeitungsprogramme, nicht amtliche D. **87 c** 1 ff.
Datenverarbeitungssystem, Buchführung mit D. **146** 19
–, Rechte der Finanzbehörde bei Außenprüfung **147** 6
Definition **146** 25
mobiles D. der Finanzverwaltung **147** 6
Datenverschlüsselung bei elektronischer Kommunikation **87 a** 1
Datenverwendung, länderübergreifende D. **88 b** 1 ff.
Datenweiterleitung, Verzicht durch BZSt und zentraler Stelle (§ 81 EStG) **88** 4
Datenzugriff beim Berufsgeheimnisträger **102** 30
der Finanzbehörde, elektronische Buchführung **146** 55 ff.
Dauerordnungswidrigkeit 378 1 F
Dauersachverhalte, verbindliche Auskunft **89** 17
Dauerverlustbetrieb einer juristischen Person des öffentl. Rechts, Buchführungspflicht **141** 7
Debt-Equity-Swap im Insolvenzplanverfahren **251** 22
De-Mail-Dienste, elektronische Kommunikation **87 a** 1
Steuergeheimnis **30** 7
De-Mail-Nachricht, Schriftform **87 a** 3, 7
Denkmalpflege, Gemeinnützigkeit **52** 2
Denkmalschutz, Gemeinnützigkeit **52** 2
Deutsche Bundesbank 46 9
Verhältnis der Auskunfts- zur Schweigepflicht **105** 1 ff.
Deutsche Rentenversicherung Knappschaft – Bahn – See 6 7
Organleihe, Bundeszentralamt für Steuern **Anh II 2** 7
Steuergeheimnis **31** 5
Dienstanweisung, Nichtbeachtung, offenbare Unrichtigkeit **129** 4
Dienstaufsicht, Baden-Württemberg **Anh II 1 g** 2
Bayern **Anh II 1 g** 9
Berlin **Anh II 1 g** 16
Brandenburg **Anh II 1 g** 24
Bremen **Anh II 1 g** 32
Gerichtsverwaltung **Anh II 1** 27
Hessen **Anh II 1 g** 56
Mecklenburg-Vorpommern **Anh II 1 g** 66
Niedersachsen **Anh II 1 g** 77
Nordrhein-Westfalen **Anh II 1 g** 85
Saarland **Anh II 1 g** 102
Sachsen **Anh II 1 g** 108
Sachsen-Anhalt **Anh II 1 g** 114
Thüringen **Anh II 1 g** 126
Dienstaufsichtsbeschwerde, Abgrenzung zum Einspruch **Vor 347** 1
Dienstpflichtverletzung, Amtsträger **32** 1
Dienstrechtliche Maßnahmen, Steuergeheimnis **30** 16, 27
Dienstvorgesetzte, Mecklenburg-Vorpommern **Anh II 1 g** 67
Digitale Aufzeichnungen, Sicherung der d. A. **146 a** 1
Digitale Grundaufzeichnungen, Protokollierung **146 a** 46
Digitale Grund(buch)aufzeichnungen 146 41
Digitale Lohnschnittstelle 146 62
Digitale Schnittstellen zum Datenexport, Verordnungsermächtigung **147 b**
Dinglicher Arrest, Aufhebung des d. A. **325** 15
Sprungklage **Anh II 1** 39
Direktauszahlung als Verwaltungsakt **139 e** 5
Direktauszahlungsbehörde, BZSt **139 e** 1
Direktauszahlungsmechanismus 139 e 1
Disziplinarmaßnahmen, Offenbarungsbefugnis, Steuergeheimnis **30** 16
Divergenz, Zulassung zur Revision **Anh II 1** 116
Dividendenstripping, Gestaltungsmissbrauch **42** 1 F
DLS, digitale Lohnschnittstelle **146** 62
D-Markbilanzgesetz, Verjährung **Anh I 1** 52
Dokumente, elektronische D., Buchführung **146** 14 ff.
elektronische D. im FG-Verfahren **Anh II 1** 46
Dokumenten-ID, Belegzuordnung, Buchführung **146** 36
Dokumenten-Management-System, Datenverarbeitung **146** 25
Dolmetscher, Amtssprache **87** 2 ff.
Aufwendungsersatz **107** 11
Domizilgesellschaft, Empfängernachweis **160** 11
erhöhte Mitwirkungspflicht **90** 2 F
Gestaltungsmissbrauch **42** 1 F
Zahlungsempfänger **160** 1 F
Doppelbesteuerung, Entlastung durch das Bundeszentralamt für Steuern **Anh II 2** 7
Vermeidung von D., zwischenstaatliche Rechts- und Amtshilfe **117** 3
Doppelbesteuerungsabkommen, Auslegung des Begriffs Betriebsstätte **12** 11
gesonderte und einheitliche Feststellung der Einkünfte **180** 5
vorläufige Steuerfestsetzung **165** 1
Vorrang **2**
zwischenstaatliche Vereinbarungen **117** 7
Doppelstöckige Personengesellschaft, Feststellungsverfahren **180** 1 F
Doppelverzinsung, Vermeidung der D. **233 a** 73 ff.
Drei-Tage-Fiktion, Bekanntgabe von elektronischen Verwaltungsakten **122** 2
Drei-Tage-Frist 108 8
Dritte, Auskunftsersuchen an D. **93** 11
Beiladung, Finanzgericht **Anh II 1** 55
Beteiligung D., widerstreitende Steuerfestsetzung **174** 14
Betriebsstätte bei D. **12** 3
bei D. erhobene personenbezogene Daten, Datenschutz **29 b** 13; **32 b** 1
Haftung D. **48** 1 ff.
Hinzuziehung, Rechtsbehelfsverfahren **360** 3
Hinzuziehung D., widerstreitende Steuerfestsetzung **174** 21 f.

Intermediär als D. **138 d** 1
Konten auf Namen D. **154** 1 ff.
Konto auf den Namen D., Kontenwahrheit **154** 9
Leistung durch D. **48** 1 ff.
Mitteilungspflicht über Beziehungen zu Drittstaat-Gesellschaften **138 b** 1
Pfand- und Vorzugsrecht **293** 1 f.
Rechte D., Vollstreckung von Geldforderungen **262** 1 ff.
Steuergeheimnis ggü. D. **30** 14
strafrechtliche Verfolgung D., Steuerhinterziehung **371** 5
widerstreitende Steuerfestsetzung **174** 5
als Zahlstelle **37** 4
Drittschuldner, Erklärungspflicht des D., Forderungspfändung **316** 1 ff.
Forderungspfändung **309** 1 ff.
Pfändung **46** 7
Steuergeheimnis **30** 15
Drittschuldnererklärung **46** 28
Drittstaat, Mitgliedstaat der EU, grenzüberschreitende Steuergestaltung **138 d** 2
nicht kooperierende Jurisdiktion, grenzüberschreitende Steuergestaltungen **138 e** 2
Drittstaaten, besondere Formen der Amtshilfe **117 b** 1
Drittstaat-Gesellschaft, Aufbewahrungspflichten bei Beziehungen zu D.-G. **147 a** 2
Begriffsbestimmung **138** 5
Definition **138** 17
Einflussnahme, Mitteilungspflicht **138** 4
Festsetzungsverjährung, Anlaufhemmung **170** 7
Verschleierung erheblicher Tatsachen, Steuerhinterziehung **370** 3
Drittwiderspruchsklage, Steuergeheimnis **30** 15
Drittwirkung der Steuerfestsetzung **166**
Druckdienstleistungen für Bundesfinanzbehörden, BZSt **Anh II 2** 23
Druckmittel, Säumniszuschlag **240** 1 F
Druckwerke, Auskunftsverweigerungsrecht **102** 1
DSGVO, Allgemeine Informationen der Finanzverwaltung **29 b** 34 ff.
Anwendung der DSGVO **2 a**
keine Anwendung in Steuerstraf- und -bußgeldverfahren **29 b** 5
entsprechende Anwendung **29 b** 4
unmittelbare Anwendung **29 b** 3
Duldung, Vollstreckung **249** 1
Duldungsbescheid **191** 1 ff.
Duldungspflicht **77** 1 ff.
Durchfuhr von Gegenständen, Bannbruch **372** 1 f.
von Waren, Steuerhinterziehung **370** 5
Durchführung der Amtshilfe **114** 1 f.
Durchführungsvorschrift, Steueraufsicht **212** 1 f.
Durchgangserwerb, wirtschaftliches Eigentum **39** 1 F
Durchlaufende Posten **160** 1 F
Durchsuchung, Rechte und Pflichten der Finanzbehörde im Strafverfahren **399** 2
richterliche Anordnung einer D. **287** 4
Steuer- und Zollfahndung **208** 5
Durchsuchungsanordnung, Antrag auf Erlass einer D. **322** 6 ff.
DV-gestützte Verfahren, Aufzeichnungen bei Einsatz DV-gestützter V. **146** 19

E

eAS, elektronisches Aufzeichnungssystem **146 a** 1
E-Bilanz, Übermittlung durch Insolvenzverwalter **251** 10
E-Daten, Berücksichtigung bei Schätzung **162** 13
im Steuererklärungsformular **150** 7
EGAO 1977 Anh I 1 1 ff.
E-Geld-Institute, Mitteilungspflicht nach § 138 b AO **138** 27
Ehegatten **15** 1
Abtretung eines Erstattungsanspruchs **46** 1 F
Aufrechnung **226** 13
Beiladung **Anh II 1** 55 F
Bekanntgabe, Prüfungsanordnung **197** 5
Bekanntgabe von Verwaltungsakten **122** 16 ff.
Bekanntgabevereinfachung bei elektronischer und postalischer Bekanntgabe **122** 7
Einspruch, Einlegung durch einen Ehegatten **350** 1 F
–, Hinzuziehung bzw. Umdeutung **360** 12
Erstattung überzahlter Einkommensteuer **37** 5 ff.
Festsetzungsfrist bei Steuerhinterziehung **169** 1 F
Gesamtschuldner **44** 1 F
Land- und Forstwirtschaft, einheitliche und gesonderte Feststellung **180** 2 F
Mittäter, Steuerhinterziehung **370** 1 F
neue Tatsachen **173** 17
Pfändung bei E. **46** 1 F
Prüfungsanordnung an E. **193** 2 F
Veranlagungswahlrecht bei Änderungsbescheiden **172** 1 F
Vollstreckung gegen E. **263**
Zuständigkeit für Besteuerung bei Getrenntleben **19** 11; **25** 1 F
Zustellung an E. **122** 32, 35
Ehegattenwahlrecht, Änderung im Klageverfahren **Anh II 1** 63 F
Ehrenamtlicher Richter, Amtsentbindung **Anh II 1** 18
Anzahl **Anh II 1** 21
Ausschlussgründe **Anh II 1** 15
Entschädigung **Anh II 1** 25
Finanzgericht **Anh II** 5
Liste und Hilfsliste **Anh II 1** 24
Ordnungsstrafen **Anh II 1** 26
Recht zur Ablehnung der Berufung **Anh II 1** 17
Stellung **Anh II 1** 13
Unvereinbarkeit **Anh II 1** 16
Voraussetzungen für die Berufung **Anh II 1** 14
Vorschlagsliste **Anh II 1** 22
Wahl **Anh II 1** 19
Wahlausschuss **Anh II 1** 20
Wahlverfahren **Anh II 1** 23
Eidesstattliche Versicherung **95** 1 ff.
Übergangsvorschrift **Anh I 1** 31
des Vollstreckungsschuldners, Vermögensauskunft **284** 3
Eidesunfähige Person, Versicherung an Eides statt **95** 1
Eidesverweigerungsrecht des Angehörigen **101** 1 ff.
Gerichtsverfahren **Anh II 1** 83
Eidliche Vernehmung **94** 1 ff.
durch das Finanzgericht **Anh II 1** 155
Eigenbeleg, Buchführung **146** 34
Eigenbesitz von Wirtschaftsgütern, Zurechnung **39** 2
Eigenbetriebsgesetz, Buchführungspflicht **140** 5 ff.
Eigengesellschaft von jur. Personen des öffentlichen Rechts, Selbstlosigkeit **55** 10
Eigenheimzulage, Abtretung **46** 43
Anwendungsbereich der Abgabenordnung **1** 5
Außenprüfung **194** 1 F
Erschleichen von E. **169** 4
Eigennutz, grober E., Steuerhinterziehung **370** 3

Eigentum des Bundes, Überführung in das E. d. B. **216** 1 ff.
Haftung des Eigentümers von Gegenständen **74** 1 ff.
Eigentümer von Grundstücken, Duldungspflicht **77** 2
wirtschaftlicher E., Grundstück **39** 2 F
–, Zurechnung **39** 2
Eigentumsübergang, unbekannter Eigentümer, Strafverfahren **394**
Eigentumswechsel, Vollstreckung gegen den Rechtsnachfolger **323**
Eigenverwaltung, Insolvenzverfahren **251** 27
–, Schutzschirmverfahren **251** 28
Eigenwirtschaftliche Zwecke, Selbstlosigkeit **55** 1, 9
Einfluss, beherrschender E., wesentliche Beteiligung **74** 2 ff.
Einfuhr von Gegenständen, Bannbruch **372** 1 f.
von Waren, Steuerhinterziehung **370** 5
Einfuhrabgabenbescheid, Vollstreckbarkeit **251** 1
Einfuhrumsatzsteuer, Hinterziehung, Haftung **71** 1 F
Zuständigkeit für Besteuerung **23** 2
Einfuhr- und/oder Ausfuhrabgaben 3 3
Gefährdung der E., Steuerordnungswidrigkeit **382** 1 ff.
Schmuggel, Steuerhinterziehung **373** 1 f.
Steuerhinterziehung **370** 6
Steuerordnungswidrigkeit **379** 1
Zuständigkeit für Besteuerung **23** 1
– bei Steuerstraftat oder Steuerordnungswidrigkeit **23** 3
Einführungsgesetz zur AO Anh I 1 1 ff.
Einheitlichkeit der Rechtsprechung, Zulassung zur Revision **Anh II 1** 116
Einheitswert, allgemeine Mitteilungspflicht **93 a** 4
Bekanntgabe des E.-Bescheids **184** 4
Feststellungsfrist **181** 4
gesonderte Feststellung **180** 1
Wirkung des Feststellungsbescheids gegenüber Rechtsnachfolger **182** 2
Einheitswertbescheid, Aussetzung der Vollziehung **361** 26 ff.
Bekanntgabe von E. **122** 20
Einspruchsbefugnis des Rechtsnachfolgers **353** 1 ff.
Einkaufstelle, Betriebsstätte **12** 1
Einkommensteuer, Festsetzung von Hinterziehungszinsen **235** 27
als Insolvenzforderung **251** 12
im Insolvenzverfahren **251** 19
als Masseverbindlichkeit **251** 15
Schätzung der Besteuerungsgrundlagen **162** 18
Verzinsung von Steuernachforderungen oder Steuererstattungen **233 a** 1 ff.
Einkommensteuer-Erstattungsanspruch 37 5
Abtretung und Verpfändung **46** 8
im Insolvenzverfahren **251** 19
Einkommensverwendung, Stiftung **58** 21
Einkünfte aus Beteiligungen an vermögensverwaltenden Personengesellschaften **180** 60 ff.
aus freiberuflicher Tätigkeit, gesonderte Feststellung **18** 1
gesonderte Feststellung der E. **180** 1
gesonderte und einheitliche Feststellung bei mehreren Beteiligten **180** 1
aus Gewerbebetrieb, gesonderte Feststellung **18** 1
aus Kapitalvermögen, gesonderte Feststellung **18** 1
aus Land- und Forstwirtschaft, gesonderte Feststellung **18** 1
aus Vermietung und Verpachtung, gesonderte Feststellung **18** 1
Einkunftsabgrenzung, internationale **2** F
Einkunftserzielungsabsicht, Verlustzuweisungsgesellschaft **180** 52
vorläufige Steuerfestsetzung **171** 8 F
Einlegung der Beschwerde, Revisionsverfahren **Anh II 1** 130
des Einspruchs, Form und Inhalt **357** 1 ff.
der Revision **Anh II 1** 120
Einleitung eines Bußgeld- oder Strafverfahrens, Außenprüfung **201** 2
des Straf- oder Bußgeldverfahrens, Selbstanzeige **371** 2
des Strafverfahrens **397** 1 ff.
der Vollstreckung, Aufteilung einer Gesamtschuld **276** 1 ff.
Einnahme des Augenscheins 98 1 f.
Einnahmen, betriebswirtschaftlicher Begriff **199** 27
wirtschaftlicher Geschäftsbetrieb **64** 9
Einrede der Verjährung **47** 1 F
Einrichtungen für Beschäftigungs- und Arbeitstherapie **68** 17
–, Zweckbetrieb **68** 3
der freiwilligen Erziehungshilfe **68** 5
zur Fürsorge für blinde und körperbehinderte Menschen **68** 4
der Fürsorgeerziehung **68** 5
zur Selbstversorgung von Körperschaften **68** 2
der Wohlfahrtspflege, Zweckbetrieb **66** 1 ff.
Einschränkung von Grundrechten durch die AO **413**
von Vergünstigungen, allgemeine Mitteilungspflicht **93 a** 1
Einschreiben, Zustellung durch die Post **122** 32; **Anh I 2** 4
Zustellung im Ausland **Anh I 2** 10
Einsender, Auskunftsverweigerungsrecht über die Person des E. **102** 1
Einspruch, Abgrenzung **Vor 347** 1
Ablaufhemmung, Festsetzungsfrist **171** 3 a
gegen die Anordnung der Abgabe der Vermögensauskunft **284** 6
Anwendung von Verfahrensvorschriften **365** 1 ff.
Ausschluss des E. **348**
Aussetzung des Verfahrens **363** 1 ff.
Befugnis zur Einlegung eines E. **350** 1
Beteiligte **359**
Einlegung des E., Form und Inhalt des E. **357** 1 ff.
gegen die Eintragungsanordnung in des Schuldnerverzeichnis **284** 10 f.
elektronische Einspruchseinlegung **357** 1
Entscheidung über den E. **367** 1 ff.
Erörterung von Sach- und Rechtsstand **364 a** 1 ff.
Gewerbeuntersagung, Hemmung der Vollziehung **361** 4
Hinzuziehung **360** 1 ff.
Kindergeld **357** 2 F
Nichtentscheidung über den E., Ausschluss des E. **348**
Präklusionsfrist **364 b** 1 ff.
Rücknahme des E. **362** 1 ff.
Ruhen des Verfahrens **363** 1 ff.
gegen Sammelverwaltungsakt **357** 3 F
gegen Schätzungsbescheid **162** 17
Statthaftigkeit des E. **347** 1 ff.
Untersagung der Berufsausübung, Hemmung der Vollziehung **361** 4
bei unzuständiger Behörde **357** 2
gegen Vollabhilfebescheid **172** 1 F
vorläufige Steuerfestsetzung wegen Musterverfahren **165** 15 f.
Zulässigkeitsvoraussetzungen **357** 1

bei Zuständigkeitswechsel **357** 6
Zwangsgeld, Androhung und Festsetzung **328** 12
Einspruchsbefugnis des Empfangsbevollmächtigten bei nicht rechtsfähigen Personenvereinigungen **352** 2
bei der gesonderten und einheitlichen Feststellung **352** 1 ff.
Rechtsnachfolger **353** 1 ff.
des Zwangsverwalters **34** 55
Einspruchsentscheidung 367 1 ff.
Ausschluss des Einspruchs **348**
einheitliche und gesonderte Feststellung, Belehrung über Klagebefugnis **Anh II 1** 42
End-E. **367** 16
Form und Inhalt **366** 1 ff.
Gegenstand der Anfechtungsklage **Anh II 1** 38
bei gesonderter und einheitlicher Feststellung **366** 1
Teil-E. **367** 3
Vollständigkeit **366** 1 F
Zustellung einer E. **122** 32
Einspruchsfrist 355 1 ff.
Einspruch vor Ablauf der Bekanntgabefiktion **355** 6
bei Fehlen der Rechtsbehelfsbelehrung **356** 2 ff.
Unterbrechung wegen Einspruchsfrist **251** 7
Wiedereinsetzung in den vorigen Stand **110** 1 F
Einspruchsführer, Beteiligter **359**
Einspruchsverfahren, Änderung von Verwaltungsakten im E. **132** 1
Aufhebung von Verwaltungsakten im E. **132** 1
Mediation im E. **Vor 347** 3
Rücknahme von Verwaltungsakten im E. **132** 1
Unterbrechung des E. **363** 8
Widerruf von Verwaltungsakten im E. **132** 1
Einspruchsverzicht 354 1 ff.
Einstellung, einstweilige E. der Vollstreckung **258** 1 f.
des Strafverfahrens in besonderen Fällen **398 a**
–, Geringfügigkeit **398**
–, Verzinsung der hinterzogenen Steuern **398 a** 1
der Vollstreckung **257** 1 ff.
Einstweilige Anordnung, Ankündigung der Vollstreckung **Anh II 1** 149
Beschwerde im Revisionsverfahren **Anh II 1** 129
Rechtsbehelf gegen Insolvenzeröffnungsantrag **251** 5
Vollstreckung **Anh II 1** 148
vorläufiger Rechtsschutz **Anh II 1** 115
– bei nicht vollziehbarem Verwaltungsakt **361** 9
Einwendungen gegen die Vollstreckung **256**
Einwendungsfrist, Außenprüfung **202** 2
Einwilligungsvorbehalt, Handlungsfähigkeit, Verfahrensgrundsätze **79** 2
Prozessfähigkeit **Anh II 1** 53
Einzahlung, Tag der Zahlung **224** 2
Einzelaufzeichnung, Pflicht zur E., Buchführung **146** 1
Einzelaufzeichnungspflicht, Buchführung **146** 29
Einzelbekanntgabe, Bekanntgabe von Verwaltungsakten **122** 42
der gesonderten und einheitlichen Feststellung bei nicht rechtsfähigen Personenvereinigungen **183 a** 2
– bei rechtsfähigen Personenvereinigungen **183** 3
bei gesonderter und einheitlicher Feststellung **122** 20
bei Zusammenveranlagung **122** 16
Einzelkosten, betriebswirtschaftlicher Begriff **199** 27
Einzelrichter, Finanzgericht **Anh II 1** 5
Mitwirkung ehrenamtlicher Richter **Anh II 1** 5
Übertragung des Rechtsstreits, Finanzgericht **Anh II 1** 6
Einzelveranlagung, Anrechnungsverfügung **37** 7
zur Einkommensteuer im Insolvenzverfahren **251** 19
Erstattungs- bzw. Nachzahlungsüberhang **37** 7
Einziehung, Absehen von der Steuerfestsetzung wegen fehlender Einziehungsmöglichkeit **156** 2
der einheitlichen Pauschsteuer, Bundeszentralamt für Steuern **Anh II 2** 7
von Gegenständen, Nebenfolgen der Steuerhinterziehung **375** 2
Einziehungsverfügung 46 6
Forderungspfändung **314** 1 ff.
Wirkung **315** 1 ff.
Eislaufverein, Zweckbetrieb **65** 1 F
Elektronisch erstellte Steuererklärung, grobes Verschulden **173** 20
Zugangseröffnung **87 a** 9
Elektronisch signiertes Dokument 87 a 9
Elektronische Aufbewahrung 146 49
Elektronische Aufzeichnungssysteme, Buchführung **146 a** 1
Definition **146 a** 45
Steuergefährdung bei e. A. **379** 1
Übergangsvorschrift **Anh I 1** 49
Elektronische Auslandsbuchführung, Anforderungen **146** 72
Elektronische Bekanntgabe von Verwaltungsakten **122 a** 1
–, Festsetzungsverjährung **169** 3
–, Übergangsvorschrift **Anh I 1** 47
des Zerlegungsbescheids an Gemeinden **188** 1
Elektronische Belegausgabe 146 a 27
Elektronische Benachrichtigung, Verschlüsselung der e. B. **87 a** 1
Elektronische Buchführung 146 14 ff.
Archivierungsmedien **146** 19
Datenzugriff der Finanzbehörde **146** 55 ff.
Ordnungsmäßigkeit der e. B. **146** 27
Verantwortlichkeit für e. B. **146** 26
Elektronische Datenübermittlung, Härtefallregelung **150** 8
Elektronische Einspruchsrücknahme 362 4
Elektronische Form der Verwaltungsakte **87 a** 4
Elektronische Kassensysteme 146 a 6
Elektronische Kommunikation 87 a 1 ff.
während der Außenprüfung, Merkblatt **200** 11
mit dem Finanzgericht **Anh II 1** 47 b
–, Übergangsregelung **Anh II 1** 157
Zugangseröffnung **87 a** 1
Elektronische Signatur, qualifizierte e. S. **87 a** 3
Elektronische Übermittlung von Bilanzen **150** 13
von Daten, Bedingungen **87 b** 1 ff.
von Vollmachtsdaten **80 a** 1 ff.
Elektronische Unterlagen, Lesbarmachung **146** 54
Elektronische Verhandlung im Besteuerungsverfahren **87 a** 1 a
Elektronische Waagen, Datenverarbeitungssystem **146** 25
Elektronische Zustellung gegen Abholbestätigung, De-Mail-Dienste **Anh I 2** 6
Elektronische Zustellung gegen Empfangsbekenntnis, VwZG **Anh I 2** 5
Elektronischer Einspruch 357 1
Elektronischer Identitätsnachweis 87 a 3, 6
Elektronischer Verwaltungsakt 119 4
Bekanntgabe von e. V., Drei-Tage-Fiktion **122** 2 a
Elektronisches Dokument 87 a 1
Authentizität des übermittelten e. D. **87 a** 6
Bearbeitbarkeit des e. D. **87 a** 2
Bereitschaft zur Entgegennahme eines e. D. **87 a** 9
Beweiskraft eines e. D. **87 a** 5

Buchführung **146** 14 ff.
Eingang beim FG **Anh II 1** 47 b
Einreichung beim FG **Anh II 1** 47 b
finanzgerichtliches Verfahren **Anh II 1** 46
Niederschriften **87 a** 4
Schriftform **87 a** 11
Übermittlung an Finanzbehörden **87 a** 1
Zeitpunkt des Zugangs **87 a** 10
Elektronisches Geld, Kassensystem **146 a** 6
Elster-Formular **173** 20
ElsterKontoabfrage **80** 17
ELSTER-Nutzerkonto, Möglichkeit zum Abruf von zum Datenabruf bereitgestellten Dokumenten **122 a** 6
E-Mail, Abtretungsanzeige **46** 14
E-Mail-Adresse von natürlichen oder juristischen Personen **87 a** 9
Emblem eines Sponsors, wirtschaftlicher Geschäftsbetrieb **64** 7
Empfänger i. S. d. § 160 AO **160** 4
der Prüfungsanordnung **197** 4
des Verwaltungsakts **122** 12
Empfängerkörperschaft, Zuwendung an E., unschädliche Betätigung **58** 27
Empfängernachweis **160** 1 ff.
Empfangsbekenntnis, VwZG **Anh I 2** 5
Zustellung gegen E. **122** 32; **Anh I 2** 5
Empfangsbevollmächtigter bei gesonderter und einheitlicher Feststellung, nicht rechtsfähige Personenvereinigung **183 a** 1
inländischer E., Bestellung **123** 1 f.
Klagebefugnis bei gesonderter und einheitlicher Feststellung **Anh II 1** 42
für Vorabverständigungsverfahren **89 a** 1
End-Einspruchsentscheidung **367** 16
Endgültigkeitserklärung, Rechtsbehelf **165** 12 b
vorläufige Steuerfestsetzung **165** 2
Energiekostendämpfungsprogramm, Zahlungen aus E., Mitteilungsverordnung **93 a** 19
Energiesteuer, Festsetzungsfrist **170** 2
Entdeckung der Steuerhinterziehung **371** 5 F
Entrichtungspflicht des Zwangsverwalters **34** 26
Entschädigung, Auskunftspflichtiger **107** 1 ff.
Festsetzung **107** 13
Geltendmachung **107** 12
Sachverständiger **107** 1 ff.
Umfang **107** 10
Zeugen und Sachverständige **405**
Entschädigungsanspruch **107** 2
Entscheidung, Antrag an das Gericht **Anh II 1** 134
über Beschwerde **Anh II 1** 133
über Einspruch **367** 1 ff.
Finanzgericht, Beschwerde **Anh II 1** 129
gerichtliche Vollstreckung **Anh II 1** 148
gerichtliche Zustellung **Anh II 1** 47 b
Kosten, Anfechtung **Anh II 1** 143
–, Beschluss **Anh II 1** 140
mündliche Verhandlung **Anh II 1** 77, 89 f.
ohne mündliche Verhandlung **Anh II 1** 90
nachträgliche Ergänzung des Urteils **Anh II 1** 112
Revision **Anh II 1** 126
durch Urteil **Anh II 1** 98 ff.
im vorbereitenden Verfahren **Anh II 1** 77
Entscheidungsgründe **Anh II 1** 108
Revision **Anh II 1** 118
Entschlüsselung von Daten, Steuergeheimnis **30** 7
Entstehung von Ansprüchen aus dem Steuerschuldverhältnis **38** 1 ff.
–, Grunderwerbsteuer **38** 1 F
–, Steuervergütungs- und Erstattungsanspruch **38** 2
Entstehung des Steueranspruchs bei Gestaltungsmissbrauch **42** 1
Entwicklungshilfe, Steuervergünstigung **52** 2
Erbe **45** 1 f.
Bekanntgabe an unbekannten E. **122** 28
unbekannter E. **180** 63
Vollstreckung gegen E. **265**
Erbengemeinschaft, Bekanntgabe **122** 19
nicht rechtsfähige Personenvereinigung **14 a** 3
Erbenhaftung **45** 2
Beschränkung der E. **265 F**
Erbfolge, Gesamtrechtsnachfolge **45** 3
Erblasser, Kontrollmitteilungen **85** 6
Erbschaftsteuer, Anzeigepflicht der Notare **102** 13 ff.
Festsetzung von Hinterziehungszinsen **235** 27
Festsetzungsfrist **170** 5
Festsetzungsverjährung **170** 11 ff.
Kunstgegenstände **224 a** 1 ff.
Erbschaftsteuerbescheid, Bekanntgabe **122** 28
E-Rechnung, Aufbewahrung von E. **146** 47
Ereignis, rückwirkendes E. **175** 1 f.
Erfassung der Körperschaften **137** 1 ff.
der Vereinigungen und Vermögensmassen **137** 1 ff.
Erfinderclubs, Gemeinnützigkeit **52** 9
Erfolgsaussichten, Aussetzung der Vollziehung **361** 11 ff.
Rechtsbehelf **110** 1 F
Ergänzung des Urteils **Anh II 1** 112
Ergänzungsbescheid **179** 3
Ergänzungsschulen, Gemeinnützigkeit **52** 10
Ergebnisrechnung, betriebswirtschaftlicher Begriff **199** 25
Erhebung personenbezogener Daten, Begriff, Datenschutz **29 b** 6
–, Informationspflicht **29 b** 13; **32 a** 1; **32 b** 1
Erhebungspflicht d. Kreditinstitute, Identifikationsnummer **154** 3
Erhebungsverfahren **218** 1 ff.
Kontenabruf **93** 7
Zuständigkeitswechsel **26** 6
Erholungsheim, Zweckbetrieb **68** 1
Erinnerung **Anh II 1** 146
gegen die Festsetzung von Gerichtskosten **Anh II 1 f** 10
Erklärungen, Abgabe von E., Vollmacht **80** 15
Berichtigung von E. **153** 1 ff.
Erklärungspflicht **150** 1 ff.; **Anh I 1** 19
Drittschuldner **316** 1 ff.
gesonderte Feststellung **181** 1 f.
Erlass, Ansprüche aus dem Steuerschuldverhältnis **227** 1 ff.
vor Festsetzung **156** 2
von Realsteuerbescheiden **184** 3
Säumniszuschläge **240** 1 F, 9 ff.
Steuern, Billigkeitsgründe **222** 3; **227** 1 F
eines Verwaltungsaktes, Einspruch **347** 1 ff.
von Zinsen, Auswirkung auf E. bei Änderung der Zinsfestsetzung **233 a** 84
Zuständigkeit **222** 3
Erlassbedürftigkeit **227** 1 F
außergerichtliche Schuldenbereinigung **163** 15
Erlasswürdigkeit **227** 1 F
außergerichtliche Schuldenbereinigung **163** 15
Erlaubniserteilung nach dem Arbeitnehmerüberlassungsgesetz, Steuergeheimnis **31 a** 1
Erledigung, Hauptsache **Anh II 1** 77, 140
Kostenentscheidung **Anh II 1** 140
Erleichterungen, Bewilligung von E. **148** 1 ff.
Erlöschen, Ansprüche aus dem Steuerschuldverhältnis **47** 1 f.
durch Konfusion **47** 1 F; **156** 9
Verbrauchsteuer **50** 1
der Vertretungs- und Verfügungsmacht **36** 1 f.

von Vollmachten **80** 23
Zwangsgeld **45** 1
Ermessen 5 1 ff.
betriebsnahe Veranlagung **85** 4
intendiertes E. **130** 1 F
Nebenbestimmungen **120** 2
Teil-Einspruchsentscheidung **363** 6; **367** 11 f.
Verfahren nach billigem E. **Anh II 1** 97
Verfahrensbeginn **86**
Verspätungszuschlag **152** 15
Zwangsgeld **328** 3
Ermessensausübung, Finanzgericht **Anh II 1** 103 F
bei Präklusionsfrist **364 b** 17
Ermessensentscheidung, Benennungsverlangen **160** 3
gerichtliche Überprüfung **5** 1 F
Vorprägung **71** 1 F
Ermessensergänzung, finanzgerichtliches Verfahren **Anh II 1** 105
Ermessensgebrauch, Nachprüfung durch das Gericht **Anh II 1** 105
Ermessensspielraum, Aussetzung der Vollziehung **361** 10
Ermittlung durch das Gericht **Anh II 1** 72
von Steuerverkürzungen, länderübergreifende Datenverwendung **88 b** ff.
Unterbrechung der Verjährung **231** 1 ff.
Ermittlungsbefugnis der Steuer- und Zollfahndung **208** 1 ff.
Ermittlungsgrundsatz 88 1 ff.
Ermittlungshandlungen, Festsetzungsverjährung **171** 4
Ermittlungspersonen der Staatsanwaltschaft **397** 1
Ermittlungspflicht, Verletzung der E. **88** 1 F
Ermittlungsverfahren 397 1 ff.
durch die Finanzbehörde **397** 1 ff.
Grundsätze des steuerlichen E. **88** 2
Rechte und Pflichten der Finanzbehörden **399** 1 ff.
staatsanwaltschaftliches **403** 1 ff.
Ermittlung von Steuergestaltungen, Unterstützung der FÄ durch Bundeszentralamt für Steuern **Anh II 2** 7
Ernstliche Zweifel, Aussetzung der Vollziehung **361** 11
Eröffnungsantrag, Insolvenzverfahren **251** 5
Erörterung des Sach- und Rechtsstands **364 a** 1 ff.
Errichtung, Finanzgerichte **Anh II 1** 3
Ersatzschulen, Gemeinnützigkeit **52** 10
Ersatzteile, Vollstreckung **306** 1 f.
Ersatzvornahme 330
Ersatzzuständigkeit 24 1 ff.
Ersatzzustellung bei Zustellung im Ausland **Anh I 2** 10
Ersatzzwangshaft 334 1 ff.
Erscheinen, persönlich **Anh II 1** 79
Erstattung angerechneter Beträge **361** 24
aus Billigkeitsgründen **227** 1 F
Kapitalertragsteuer **155** 7
einer Leistung aus öffentlichen Mitteln, Steuergeheimnis **31 a** 6
überzahlter Einkommensteuer bei zusammenveranlagten Ehegatten **37** 6 ff.
Erstattungsanspruch 37 2 ff.
Ablaufhemmung, Festsetzungsverjährung **171** 14
Abtretung, Verpfändung, Pfändung **46** 1 ff.
Aufteilung und Abtretung **46** 1 F
Entstehen **38** 2
Festsetzungsverjährung **Vor 169** 4
im Insolvenzverfahren **251** 9
Pfändung von Erstattungsansprüchen **46** 15 ff.
des Steuerpflichtigen, Definition des E. **37** 4
Überleitung von E. **46** 11
unzulässiger Erwerb **383** 1 f.
Verzinsung **233 a** 1 ff.
Erstattungsbetrag, Prozesszinsen **236** 1 ff.
Erstattungsüberhang bei Einzelveranlagung **37** 7
Erstattungsverpflichtung 37 4
Erstattungszinsen 233 a 1 ff.
Abtretung **46** 8
Vollverzinsung **233 a** 4
Erstreckungsprüfung 194 2 F
Ersuchen, ausgehende Ersuchen der Steuerfahndung an EU-Strafverfolgungsbehörden zur Verhütung von Straftaten **117 j** 1
anderer EU-Mitgliedstaaten zur Verhütung von Straftaten, Inhalt des E. **117 d** 1
Erteilung von Verwaltungsakten, ausschließlich automationsgestützt **155** 4
Ertrag, betriebswirtschaftlicher Begriff **199** 27
Ertragshoheit, Aufrechnung **226** 13
Ertragsteuern, Anzeigepflicht der Notare **102** 20 ff.
Erwerb von Gesellschaftsrechten, unschädliche Betätigung **58** 10
Erwerber, Haftung **75** 1 ff.
Erwerbstätigkeit, Anzeige **138** 1 ff.
Erwerbsverbot bei Wohlfahrtspflege **66** 5
Erziehung, Steuervergünstigung **52** 2
Erzwingung, eidesstattliche Versicherung **322** 6 ff.
Sicherheiten **328** 1; **336** 1 f.
Urkundenvorlage **Anh II 1** 88
Erzwingungsverbot, Strafverfahren **393** 1 F
E-Sport, Gemeinnützigkeit **52** 2
EU-Amtshilfegesetz, zwischenstaatliche Rechts- und Amtshilfe **117** 2 ff., 7
EU-Beitreibungsgesetz, zwischenstaatliche Rechts- und Amtshilfe **117** 7
EU-Kommission, Offenbarung an EU-K., Steuergeheimnis **30** 19
EU-Mitgliedstaaten, Informationsaustausch d. Strafverfolgungsbehörden **385** 3 ff.
Kapitalerträge aus Nicht-EU-M. **170** 6
Euro, Steueranmeldung **Anh I 1** 40
Europäische Freihandelsassoziation, Nicht-Mitgliedstaaten, Kapitalerträge **170** 6
Europäische Gemeinschaften, Steuerhinterziehung **370** 6
Europäische Union, Steuergeheimnis **30** 4
Europäische wirtschaftliche Interessenvereinigung, EWIV, Bekanntgabe **122** 19
rechtsfähige Personenvereinigung **14 a** 2
Europäischer Amtsträger, Missbrauch von Befugnissen, Steuerhinterziehung **370** 3
Europäischer Gerichtshof, vorläufige Steuerfestsetzung **165** 1
Europarecht, Vereinbarkeit mit E., Aussetzung der Vollziehung **361** 11
EU-Taxameter, Anforderung an EU-Taxameter, KassenSichV **146 a** 51
Anforderungen an E. **146 a** 7
EWIV, Europäische wirtschaftliche Interessenvereinigung, Bekanntgabe **122** 19

F

Fabrikationsstätte, Betriebsstätte **12** 1
FAGO, Geschäftsordnung für die Finanzämter **Anh II 2 c**
Fahrbare Verkaufsstätte, Betriebsstätte **12** 3
Fahrscheinautomaten, kein elektronisches Aufzeichnungssystem **146 a** 9
Fahrscheindrucker, kein elektronisches Aufzeichnungssystem **146 a** 9

Fahrtenbuch, Auskunftsverweigerungsrecht des Steuerberaters **102** 1 F
Fakturierung, Datenverarbeitungssystem **146** 25
Fakturierungsprogramm, Einsatz eines F., GoBD **146** 37
Fälligkeit von Ansprüchen aus dem Steuerschuldverhältnis **220** 1 ff.
der Gegenforderung **226** 13
Fälligkeitssteuern, Hinterziehungszinsen, Zinslauf **235** 15
Fälligkeitstermin 108 7
Falschbeurkundung 379 1 F
Fälschung von Belegen, Steuerhinterziehung **370** 3
Familienkassen 6 7; **386** 1
Familienleistungsausgleich, Bundeszentralamt für Steuern **Anh II 2** 7
Merkblatt **6** 7 F
Familienwohnsitz 8 9; **19** 1
Fasching, Gemeinnützigkeit **52** 2
Fastnacht, Gemeinnützigkeit **52** 2
FATCA-USA-Umsetzungsverordnung, Auswertung Daten durch BZSt **117 a** 1
Fehler, materieller F., Begriff **177** 3 f.
–, Berichtigung **177** 1 ff.
Fehlerhaftigkeit der verbindlichen Zusage **206** 3
des Verwaltungsakts, Folgen von Verfahrens- und Formfehlern **125** 1 ff.; **127** 1 f.
–, Heilung von Verfahrens- und Formfehlern **126** 1 ff.
–, Umdeutung von fehlerhaften Verwaltungsakten **128** 1 ff.
Fehlmenge bei Bestandsaufnahmen **161**
Feiertage, gesetzliche F., Übersicht **108** 9 f.
Fernmeldegeheimnis, Schweigepflicht **105** 2
Fernmeldewesen, Schweigepflicht **105** 2
Fertigungsgemeinkosten, Begriff steuerlicher Prüfungstechnik **199** 24
Fertigungslöhne, Begriff steuerlicher Prüfungstechnik **199** 24
wirtschaftlicher Einsatz an F., Begriff steuerlicher Prüfungstechnik **199** 12
Festlandsockel, Zuständigkeit **22 a**
Festsetzung der Entschädigung **107** 13
der zu erstattenden Aufwendungen **Anh II 1** 146
von Steuermessbeträgen **184** 1 ff.
der Zinsen **239** 1 ff.
Zwangsgeld **328** 9
von Zwangsmitteln **333**
Festsetzungsfrist 169 1 ff.
Beginn der F. **170** 1 ff.
Haftungsbescheid **191** 3
Hemmung der Zahlungsverjährung **230** 2
Kosten der Vollstreckung **346** 2
rückwirkendes Ereignis **175** 1
Verlustfeststellungsbescheid **179** 14
Vorbehalt der Nachprüfung **164** 4
Wahrung der F., örtlich unzuständiges Finanzamt **169** 1 F
bei widerstreitender Steuerfestsetzung **174** 1 ff.
Zinsen **239** 1 ff.
Festsetzungsverjährung Vor 169 1 ff.
Duldungsbescheid **191** 3
Haftungsbescheid **191** 3 ff.
Übergangsvorschrift **Anh I 1** 18
Überleitungsbestimmung für das Beitrittsgebiet **Anh I 1** 53
Vorläufigkeit **171** 8
Feststellung bei ausländischen Personengesellschaften **180** 64
ausländischer Einkünfte, örtliche Zuständigkeit der Finanzbehörden **18** 7 ff.; **25** 3
eines Bekanntgabemangels **125** 8
besondere gesonderte F., Treuhandverhältnis **179** 2 F
–, Unterbeteiligung oder Treuhandverhältnis **179** 2
einheitliche und gesonderte **179** 2; **180** 1
Einspruchsbefugnis, vermögensverwaltende Personengesellschaft **180** 60 ff.
Gesamtobjekt **180** 13 ff.
gesondert und einheitlich, Einspruchsbefugnis **352** 1 ff.
gesonderte F. **180** 1
– von Besteuerungsgrundlagen **179** 1 ff.
–, Erklärungspflichtiger **181** 2
–, Festsetzungsverjährung **Vor 169** 1 ff.
–, örtliche Zuständigkeit der Finanzbehörden **18** 1 ff.
–, Steuerpflicht von Zinsen aus Lebensversicherungen **180** 37 ff.
Halb- oder Teileinkünfte **180** 1 F
der Nichtigkeit **125** 8, 12
für Personengesellschaften im Insolvenzverfahren **251** 10
Policendarlehen, Verfahrensvorschriften **181** 1 ff.
–, Wirkung **182** 1 ff.
der satzungsmäßigen Voraussetzungen **60 a**
Übergangsvorschrift **Anh I 1** 20
Umsatzsteuer **180** 13 ff.
bei unbekanntem E. **180** 63
verbindliche Auskunft **89** 26
des verbleibenden Verlustvortrags **179** 10
–, Verfahrensfragen **179** 10
Feststellungsbescheid 179 1 ff.
nach Ablauf der Feststellungsfrist **181** 9
Aussetzung der Vollziehung **361** 26 ff.
Ergänzungsbescheid **179** 3
gesonderte und einheitliche Feststellung Einspruchsbefugnis **352** 1 ff.
Grundlagenbescheid, Festsetzungsverjährung **171** 10
negativer F., Aussetzung der Vollziehung **361** 28
–, Wirkung beim Folgebescheid **175** 5
negativer Gewinnfeststellungsbescheid, Aussetzung der Vollziehung **361** 1 F
Rechtsnachfolger, Einspruchsbefugnis **353** 1 ff.
Feststellungserklärung 181 1 ff.
Pflicht bei rechtsfähigen Personenvereinigungen **181** 8 a
Feststellungsfrist 169 5; **181** 1 ff.
Feststellung nach Ablauf der F. **181** 9
Feststellung Verlustvortrag **179** 14
Feststellungsklage, Begriff und Zulässigkeit **Anh II 1** 35
Datenschutz **29 b** 28
Feststellungslast bei Gestaltungsmissbrauch **42** 1 F
bei grobem Verschulden **173** 16
Verteilung der F. **88** 2 F
Feststellungsverfahren 179 1 ff.
Bemessung des Verspätungszuschlags **152** 4, 7
Feststellungsverjährung Vor 169 1 ff.
Feststellungszeitraum, Land- und Forstwirtschaft **180** 1 F
Feuerschutz, Gemeinnützigkeit **52** 2
Feuerschutzsteuer, Auswertung und Sammlung von Daten, Bundeszentralamt für Steuern **Anh II 2** 7
Übergangsvorschrift **Anh I 1** 10
FGO Anh II 1 1 ff.
Ausführungsgesetze der Länder **Anh II 1 g** 1 ff.
Finale Staatenaustauschliste, automatischer Austausch von Informationen **117** 16
Finanzamt, Bezirk, Sitz und Aufgaben **Anh II 2** 19
Ermittlungsbefugnis der Steuerfahndung **208** 1
Geschäftsordnung **Anh II 2 c**
als örtliche Behörde **6** 7; **Anh II 2** 2

Verzeichnis der F. **Anh II 2** 19 F
Vollstreckungsbehörde **Anh II 1** 147
Finanzamtsnummer, Verzeichnis **6** 7 F
Finanzbehörde, Befugnisse der F., Steueraufsicht **210** 1 ff.
Begriffsbestimmung **6** 7
Datenschutzaufsicht **29 b** 24; **32 h** 1
Datenschutzbeauftragter der F. **29 b** 23; **32 g** 1
örtliche Zuständigkeit, Strafverfahren **388** 1 ff.
sachliche Zuständigkeit, Strafverfahren **387** 1 f.
Finanzbuchführungssystem 146 25
Finanzbuchhaltung, digitale Buchhaltung **146** 41
Finanzdienstleistungsinstitute, Mitteilungspflicht nach § 138 AO **138** 15
Mitteilungspflicht nach § 138 b AO **138** 26, 27
Finanzgericht, Änderung in der Abgrenzung der Gerichtsbezirke **Anh II 1** 3
Anrufung des F., Ablehnung des Antrags auf Vollziehung **361** 5
Aufhebung von F. **Anh II 1** 3
Beeidigung von Sachverständigen **Anh II 1** 155
Beiladung **Anh II 1** 55
Berlin-Brandenburg **Anh II 1 g** 15
Bestimmung des örtlich zuständigen F. durch den BFH **Anh II 1** 33
eidliche Vernehmung **94** 1; **Anh II 1** 155
Einzelrichter, Übertragung des Rechtsstreits auf Einzelrichter **Anh II 1** 6
Errichtung einzelner Senate an anderen Orten **Anh II 1** 3
Errichtung von F. **Anh II 1** 3
Gegenvorstellung beim F. **Anh II 1** 129 F
gemeinsamer Senat, Staatsvertrag **Anh II 1 g** 47 ff.
gemeinsames F. der Länder **Anh II 1** 3
Mitwirkung ehrenamtlicher Richter **Anh II 1** 5
oberes Landesgericht **Anh II 1** 2
Organisation und Besetzung **Anh II 1** 5
örtliche Zuständigkeit **Anh II 1** 32 f.
Pflicht zur elektronischen Kommunikation mit dem F. **Anh II 1** 47 b
Richter auf Probe oder kraft Auftrags **Anh II 1** 12
sachliche Zuständigkeit **Anh II 1** 30
Sitz, Baden-Württemberg **Anh II 1 g** 1
–, Bayern **Anh II 1 g** 7
–, Bremen **Anh II 1 g** 30
–, Hamburg **Anh II 1 g** 41
–, Hessen **Anh II 1 g** 55
–, Niedersachsen **Anh II 1 g** 74
–, Nordrhein-Westfalen **Anh II 1 g** 86
–, Saarland **Anh II 1 g** 99
–, Sachsen-Anhalt **Anh II 1 g** 111 ff.
–, Schleswig-Holstein **Anh II 1 g** 117
–, Thüringen **Anh II 1 g** 126
Übergang anhängiger Verfahren auf ein anderes F. **Anh II 1** 3
Verfassung der F. **Anh II 1** 5
Verlegung eines Gerichtssitzes **Anh II 1** 3
Vollstreckungsgericht **Anh II 1** 148
Zuständigkeit, Bremen **Anh II 1 g** 36
Zuweisung einzelner Sachgebiete **Anh II 1** 3
Finanzgerichtliches Verfahren, Änderung, Aufhebung, Rücknahme und Widerruf von Verwaltungsakten im f. V. **132** 1 ff.
Verpflichtung zur Übermittlung elektronischer Dokumente **Anh II 1** 46
Finanzgerichtsbarkeit, Brandenburg **Anh II 1 g** 22
Geschäftsstelle **Anh II 1** 9
Mecklenburg-Vorpommern **Anh II 1 g** 72
Rechts- und Amtshilfe **Anh II 1** 10
Finanzgerichtsordnung Anh II 1 1 ff.
Finanzinstitut, Geschäftsbeziehung zu F., Auslandssachverhalt **90** 2
Finanzkasse, besondere Landesfinanzbehörde **Anh II 2** 2
Finanzkonten-Informationsaustauschgesetz, automatischer Austausch von Informationen **117** 16
missbräuchliche Gestaltungen **138 e** 2
Finanzkontrolle Schwarzarbeit, FKS **31 a** 4
Finanzmonopol, Abgabeangelegenheiten **347** 2
Finanzprozess, Rücknahme, Widerruf, Aufhebung und Änderung im F. **132** 1 F
Finanzrechtsweg, Baden-Württemberg **Anh II 1 g** 4
Bayern **Anh II 1 g** 11
Berlin **Anh II 1 g** 17
Beteiligung und Beiladung bei landesrechtlicher Zuweisung **Anh II 1** 156
Brandenburg **Anh II 1 g** 26
Bremen **Anh II 1 g** 35
Hamburg **Anh II 1 g** 44
Hessen **Anh II 1 g** 58
Mecklenburg-Vorpommern **Anh II 1 g** 72
Niedersachsen **Anh II 1 g** 79
Nordrhein-Westfalen **Anh II 1 g** 92
Rheinland-Pfalz **Anh II 1 g** 97
Saarland **Anh II 1 g** 103
Sachsen **Anh II 1 g** 109
Sachsen-Anhalt **Anh II 1 g** 115
Thüringen **Anh II 1 g** 129
Zulässigkeit **Anh II 1** 29
Finanzverwaltung, Leitung der F. **Anh II 2** 5
Fiskalerbschaft, Ausschlagung der Erbschaft **156** 9
Fiskalvertreter 80 5 F
FIU, Mitteilung an FIU, Steuergeheimnis **31 b** 7
Zentralstelle für Finanztransaktionsuntersuchungen **Anh II 2** 8
FKAustG, automatischer Austausch von Informationen **117** 16
FKS 31 a 4
Flüchtlinge, Gemeinnützigkeit **52** 2
Personen i. S. des § 53 AO, Mildtätige Zwecke **68** 12
Zweckbetrieb bei F. **68**
Flurbereinigungsgesetz, Ausgleichs- oder Abfindungszahlungen **93 a** 10
Folgebescheid, Ablaufhemmung, Festsetzungsverjährung **171** 10, 22 ff.
Anpassung von F. an Grundlagenbescheide **175** 4
Anpassungsfehler **175** 21
Aufhebung des Grundlagenbescheids **175** 5
Aussetzung der Vollziehung **361** 1 F, 3, 30
–, Klageverfahren **Anh II 1** 65
Begriff **182** 1
Berücksichtigung des Grundlagenbescheids im F. **175** 1
Bindungswirkung des Grundlagenbescheids **351** 2
Fehler bei Auswertung des Grundlagenbescheids **175** 4
Teilabschlussbescheid als F. **180** 76
Folgen von Verfahrens- oder Formmängeln **127** 1 ff.
Förderkörperschaft, unschädliche Betätigung **58** 13
Förderkörperschaften, Satzung **60** 4
Förderung der Allgemeinheit **52** 1 f.
Forderung, Verpfändung einer F., Sicherheitsleistung **241** 1
Förderungsmaßnahmen, allgemeine Mitteilungspflicht **93 a** 1
Forderungspfändung 309 1 ff.
Einziehungsverfügung **314** 1 ff.
fortlaufende Bezüge **313** 1 f.
Hypothek **310** 1 ff.

indossables Papier **312**
Kontokorrent **309** 3
Mehrfachpfändung **320** 1 f.
Schiffshypothek oder Registerpfandrecht **311** 1 ff.
Unpfändbarkeit von Forderungen **319** 1 ff.
Forderungsübergang 48 2 F
Förderverein, Steuervergünstigung **52** 1 ff.
Form der Abtretung **46** 3
des Aufteilungsbescheides **279** 1 f.
der Auskunft **93** 3 ff.
des Einspruchs **357** 1
der Einspruchsentscheidung **366** 1 ff.
der Einspruchsrücknahme **362** 4
des elektronischen Einspruchs **357** 4
der Klageerhebung **Anh II 1** 60
des Steuerbescheids **157** 1 ff.
der Steuererklärungen **150** 1 ff.
des Urteils **Anh II 1** 108
des Verwaltungsakts **119** 1 ff.
Formelle Ordnungsmäßigkeit der Buchführung **158** 2
Formelle Satzungsmäßigkeit, Steuervergünstigung **60** 3
Formfehler, Folgen von F. **127** 1 f.
Heilung von F. **126** 1 ff.
Verwaltungsakt **122** 36 ff.
Formular, elektronisches F. **87 a** 3
Verwaltungsakt **119** 4
Formwechselnde Umwandlung, Zuständigkeit **26** 9
Forschung, Gemeinnützigkeit **52** 2
Forschungseinrichtungen, Zweckbetrieb **68** 9
Fortführung des Gerichtsverfahrens, Anhörungsrüge **Anh II 1** 135
Fortschreibung des Grundsteuerwerts, Anlaufhemmung bei Feststellungsfrist **181** 4
Fortschreitende oder schwimmende Stätte als Betriebsstätte **12** 1
Fortsetzungsfeststellungsklage Anh II 1 35 F, 103
Prüfungsanordnung, Feststellung der Rechtswidrigkeit **196** 1 F
Umsatzsteuer **Anh II 1** 64 F
Fortsetzungsmitteilung, Zwangsruhe **363** 7
Fortsetzungszusammenhang, Steuerhinterziehung **370** 1 F
Frachtbrief, Vorlage von F., Steueraufsicht **210** 3
Fragebogen zur steuerlichen Erfassung **138** 9
Freiberufliche Tätigkeit, Anzeigepflicht bei Eröffnung, Verlegung und Aufgabe der f. T. **138** 1 ff.
Außenprüfung, Zulässigkeit **193** 1
gesonderte Feststellung der Einkünfte **180** 1
Freifunk, Gemeinnützigkeit **52** 7
Freiheitsberaubung eines Amtsträgers, Steuergeheimnis **30** 22
Freilager, Steueraufsicht **209** 1
Freistellung, Steuerfestsetzung **155** 1
Freistellungsauftrag, Gemeinschaftskonto **180** 1 F
Freistellungsbescheid, Steuerfestsetzung **155** 1 F
Steuervergünstigung **59** 4
Freistellungsbescheinigung, Ablehnung einer F., Aussetzung der Vollziehung **361** 1 F
Bundeszentralamt für Steuern **Anh II 2** 7
einstweilige Anordnung **Anh II 1** 115 F
Freitextfeld in Steuererklärung **150** 7
in Steuerfestsetzung **155** 4
Freiwilligenagenturen, Gemeinnützigkeit **52** 8
Freiwillige Zahlung, Vollverzinsung, Billigkeitsmaßnahme **233 a** 9, 79
Freiwillig Versicherte in der gesetzl. Krankenvers., Mitteilung von Besteuerungsgrundlagen **31** 6
Freizeitaktivitäten, Gemeinnützigkeit **52** 15
Freizeiteinrichtungen, Gemeinnützigkeit **52** 20
Freizone, Steueraufsicht **209** 1
Fremdbeleg, Aufbereitung von F., GoBD **146** 37
Buchführung **146** 34
Fremdleistungen, Begriff steuerlicher Prüfungstechnik **199** 10
Fremdsprache, Amtssprache **87** 2 ff.
Fremdvergleich, Angehörige **41** 2 F
bei Arbeitsverträgen zwischen Angehörigen **42** 1 F
Auslandssachverhalt **90** 3
Gewinnverteilung **180** 1 F
Friedhofsverwaltung, Gemeinnützigkeit **52** 7
Frist 108 1 ff.
Abgabe von Steuererklärungen **149** 2 ff.
zur Abwendung der Vollstreckung, Gerichtsverfahren **Anh II 1** 149
Änderungsbescheid als Gegenstand des Klageverfahrens **Anh II 1** 64
Anhörungsrüge **Anh II 1** 135
zur Beantwortung eines Antrags auf verbindliche Auskunft **89** 2
Beginn der F. **108** 2
Begrenzung der Beiladung **Anh II 1** 56
zur Begründung der Nichtzulassungsbeschwerde **Anh II 1** 117
zur Begründung der Revision **Anh II 1** 120
Berechnung der F. **108** 1
–, Vorschriften des BGB **108** 1 F
zur Beschwerdeeinlegung, Revisionsverfahren **Anh II 1** 130
zur Datenübermittlung für Dritte **93 c** 1
Drittschuldnererklärung **316** 1
Eigentumsübergang, unbekannte Eigentümer **394**
zur Einlegung der Nichtzulassungsbeschwerde **Anh II 1** 117
zur Einlegung der Revision **Anh II 1** 120
Einspruchsfrist **355** 1 ff.
–, fehlende Rechtsbehelfsbelehrung **356** 2 ff.
Ende der F. **108** 3
Erhebung der Anfechtungsklage **Anh II 1** 41
Erinnerung gegen die Festsetzung der zu erstattenden Aufwendungen **Anh II 1** 146
Gerichtsverfahren, Beginn der F. **Anh II 1** 49
–, Belehrung über die F. **Anh II 1** 50
Klagefrist, Massenrechtsbehelfe und Massenanträge **Anh I 1** 35
Ladung der Beteiligten zur mündlichen Verhandlung **Anh II 1** 91
zur Nachzahlung hinterzogener Steuern, Selbstanzeige **371** 4
Präklusionsfrist, Einspruchsverfahren **364 b** 1 ff.
–, Klageverfahren **Anh II 1** 78
Prüfungsbeginn nach Bekanntgabe der Prüfungsanordnung **197** 1
bei qualifiziertem Mitwirkungsverlangen, Außenprüfung **200 a** 1
Rechtsmittel, Gerichtsbescheid **Anh II 1** 90
bei Schriftstücken in Fremdsprachen **87** 3 ff.
nach Stunden **108** 6
Übergangsvorschrift **Anh I 1** 9
Überleitungsbestimmung für das Beitrittsgebiet **Anh I 1** 53
Verlängerung der F. **109** 1 f.
–, Vorschriften des BGB **108** 1 F
zur Vorlage von Erklärungen und Beweismitteln im Einspruchsverfahren, Präklusionsfrist **364 b** 1 ff.
Wiedereinsetzung in den vorigen Stand, Gerichtsverfahren **Anh II 1** 51
wiedereinsetzungsfähige F. **110** 5
Wiedereinsetzungsfrist **110** 2 f.

Fristenkontrollbuch, Wiedereinsetzung in den vorigen Stand **110** 9; **Anh II 1** 51 F
Fristsetzung zur Vermögensauskunft **284** 1
Fristverlängerung, F. zur Begründung der Nichtzulassungsbeschwerde **Anh II 1** 117
Rücknahme einer F. **130** 2 F
Steuererklärungen **149** 4
Fristversäumnis durch steuerlichen Berater, Wiedereinsetzung in den vorigen Stand **110** 9
Verspätungszuschlag **152** 1 ff.
Führungslose AG, Vertetung **34** 6
Führungslose GmbH, Bekanntgabe **122** 23
Vertretung **34** 6
Fürsorgepflicht der Finanzbehörde **89** 1
FVG Anh II 2 1 ff.
Verordnung zur Durchführung des § 5 Abs. 2 FVG **Anh II 2 a** 1 ff.

G

Gärtnerei, Zweckbetrieb **68** 2
GAufzV, Gewinnabgrenzungsaufzeichnungsverordnung **90** 5 ff.
GbR, Haftung der Gesellschafter **191** 6
Gebietskörperschaft, Stiftung, unschädliche Betätigung **58** 9
Gebrauchtwarenhandel, wirtschaftlicher Geschäftsbetrieb **64** 11
Gebühr für Durchführung Vorabverständigungsverfahren **89 a** 7
Gerichtskosten **Anh II 1** 141
Gesamtschuldner **342** 2
Inanspruchnahme von Zollbehörden **178** 1
Kosten der Vollstreckung **337** 1
für verbindliche Auskunft **89** 3
–, Aufkommensberechtigung **3** 5
–, Ermäßigung der G. **89** 20 ff., 24
–, Festsetzung **89** 23
–, Übergangsvorschrift **Anh I 1** 44
–, Verzicht **89** 5
Gebührenarten, Kosten der Vollstreckung **338**
Gebührenschuldner, Antrag auf verbindliche Auskunft **89** 11
Geburtsdaten, Übermittlung an Bundesamt für Finanzen **139 b** 7
Gefährdung der Abzugsteuer, Steuerordnungswidrigkeit **380** 1 f.
der Eingangsabgaben, Steuerordnungswidrigkeit **382** 1 ff.
des Steueranspruchs, Aussetzung der Vollziehung **361** 11
Gefahr im Verzug 29
Gegenleistung, Selbstlosigkeit **55** 19
Gegenseitigkeit der Forderungen, Aufrechnung **226** 5, 13
–, Verwaltungshoheit **226** 13
Gegenstand der Steueraufsicht **209** 1 ff.
Gegenstandswert, Bestimmung des G. **89** 21
finanzgerichtliches Verfahren **Anh II 1 f** 3
Gebührenberechnung für verbindliche Auskunft **89** 4
Gegenvorstellung, Abgrenzung zum Einspruch **Vor 347** 1
beim Finanzgericht **Anh II 1** 129 F
gegen Gerichtsentscheidungen **Anh II 1** 135 F
Geistlicher, Ausbildung und Besoldung von G., kirchliche Zwecke **54** 2
Auskunftsverweigerungsrecht von G. **102** 1
ehrenamtlicher Richter **Anh II 1** 17
Geld, Kontenwahrheit **154** 1
Vorlage von Wertsachen **100** 1
Geldautomaten, Definition **146 a** 9
Geldbuße, Erwerb von Steuererstattungs- und Vergütungsansprüchen **383** 2
Gefährdung von Abzugsteuern **380** 2
leichtfertige Steuerverkürzung **378** 2 f.
Steuerordnungswidrigkeit **379** 4
Verbrauchsteuergefährdung **381** 2
Geldforderung, Pfändung einer G. **309** 1 ff.
Vollstreckung wegen G. **259**
–, Gerichtsverfahren **Anh II 1** 149
Geldkarte, Zahlungsform, Kasse **146 a** 6
Geldleistung, Vollstreckung **249**
Geldspielgeräte, Datenverarbeitungssystem, Buchführung **146** 25
Geldverkehrsrechnung, Schätzungsmethode **162** 1 F
Geldwäsche, Kontenwahrheit **154** 1 F
Mitteilung zur Bekämpfung der G. **31 b** 1
Geldwäschegesetz, Anzeige von Steuerstraftaten **116** 1 F
Gemeinützige Körperschaft, Registrierung nach § 18 GWG **60 a** 5
Geltendmachung des Anspruchs, Unterbrechung der Zahlungsverjährung **231** 1
von Masseverbindlichkeiten nach § 55 Abs 4 InsO **251** 40
Geltungsbereich der Zustellung, VwZG **Anh I 2** 1
Gemeinde, Auskunfts- und Teilnahmerecht, Außenprüfung **Anh II 2** 24
Auskunftserteilung an G. wegen Kommunalabgaben **31** 8
Hebeberechtigung **22** 2
Verwaltung der Steuer **Anh II 2** 19
Gemeindehaus, Errichtung, Ausschmückung und Unterhaltung von G., kirchliche Zwecke **54** 2
Gemeindewirtschaftsrecht, Buchführungspflicht **140** 5 ff.
Gemeinkosten, betriebswirtschaftlicher Begriff **199** 27
Gemeinnützige Zwecke 52 1 ff.
Steuerbegünstigung **52** 1 ff.
Gemeinnützigkeit, Anerkennungsverfahren **59** 4
Aufwendungen der begünstigten Körperschaft **55** 41
Entzug der G. **63** 11
extremistische Körperschaft **51** 11 f.
Freistellungsbescheid **59** 4
G. im Ausland **52** 22
Rücklagen **62** 1
Steuerbescheid **59** 4
Gemeinsame Prüfung, Außenprüfung mit Finanzbehörden anderer Staaten **193** 52
Gemeinsamer Meldestandard zum Austausch von Informationen über Finanzkonten **138 e** 2
Gemeinschaft, Bekanntgabe, Prüfungsanordnung **197** 3 ff.
in Liquidation, Bekanntgabe von Verwaltungsakten **122** 22
der Wohnungseigentümer, rechtsfähige Personenvereinigung **14 a** 2
Gemeinschafter, gesonderte und einheitliche Feststellung, Klagebefugnis **Anh II 1** 42
Gemeinschaftskonto, gesonderte und einheitliche Feststellung **180** 1 F
Gemeinwohl, Steuergeheimnis **30** 4
GEMFA, Finanzamtsnummer **6** 7 F
Generalzolldirektion, Aufgaben der G. **Anh II 2** 8
als Bundesbehörde **6** 7
Oberbehörde **Anh II 2** 1

Genossenschaft, Mustersatzung **Anlage 1 AO**
Gerichte Anh II 1 1 ff.
Amtshilfepflicht **111** 1
Antrag auf Entscheidung des G. **Anh II 1** 134
Arten **Anh II 1** 2
Ausschließung und Ablehnung von Gerichtspersonen **Anh II 1** 44
Beratung und Abstimmung **Anh II 1** 45
Beweiserhebung und Verfahren bei der Beweisaufnahme **Anh II 1** 80 ff.
Dienstaufsicht **Anh II 1** 27
Erforschung des Sachverhalts durch die G. **Anh II 1** 72
Gerichtssprache **Anh II 1** 45
Geschäftsstelle **Anh II 1** 9
Öffentlichkeit **Anh II 1** 45
persönliches Erscheinen eines Beteiligten **Anh II 1** 79
Pflicht zur Anzeige von Steuerstraftaten **116** 1
Rechts- und Amtshilfe **Anh II 1** 10
Sitzungspolizei **Anh II 1** 45
Unabhängigkeit **Anh II 1** 1
Verbot der Übertragung von Verwaltungsgeschäften **Anh II 1** 28
zuständiges Amtsgericht **391** 1 ff.
Zustellung von Schriftstücken **Anh II 1** 47 b
Gerichtliches Rechtsbehelfsverfahren, Datenschutz **29 b** 28
Gerichtliches Verfahren, Steuergeheimnis **30** 72
Strafverfahren **406** 1 ff.
Gerichtliche Überprüfung von Ermessensentscheidungen **5** 1 F
Gerichtsbescheid Anh II 1 77, 109
Entscheidung ohne mündliche Verhandlung **Anh II 1** 90
Mitwirkung ehrenamtlicher Richter **Anh II 1** 5
Prozesszinsen auf Erstattungsbeträge **236** 9
Zwischenurteil **Anh II 1** 102 F
Gerichtsbezirk, Änderung in der Abgrenzung der G. **Anh II 1** 3
Gerichtshof der Europäischen Gemeinschaften, vorläufige Steuerfestsetzung **165** 1
Gerichtskosten Anh II 1 f 4
erstattungsfähige Kosten **Anh II 1** 141
Gerichtskostengesetz, Auszug **Anh II 1** 159 ff.
Gebührenberechnung bei verbindliche Auskunft **89** 5
Gerichtsorganisationsgesetz, Mecklenburg-Vorpommern **Anh II 1 g** 62 ff.
Gerichtspersonen, Ausschließung und Ablehnung **Anh II 1** 44
Gerichtssitz, Verlegung **Anh II 1** 3
Gerichtssprache Anh II 1 45
Gerichtsverfahren, Unterrichtung der obersten Finanzbehörden **Anh II 1 e** 1
Gerichtsverfassung Anh II 1 1 ff.
Gerichtsverfassungsgesetz, Anwendung des G. **Anh II 1** 4
–, FGO **Anh II 1** 152
Steuerstrafverfahren **385** 1
Gerichtsverwaltung Anh II 1 27 f.
Verbot der Übertragung von Verwaltungsgeschäften **Anh II 1** 28
Gerichtsvollzieher, Verhaftung des Vollstreckungsschuldners **284** 8
Geringe Bedeutung, Fall g. B., gesonderte und einheitliche Feststellung der Einkünfte **180** 9, 3
Geringfügigkeit, Einstellung des Strafverfahrens wegen G. **398**
Gesamtgläubiger, Ehegatten **46** 1 F
Gesamthandgemeinschaft 39 2 F
Gesamthandsvermögen, Zurechnung **39** 2
Gesamtobjekt, Begriff **180** 48
einheitliche und gesonderte Feststellung **180** 13 ff., 25 ff.
Gesamtrechtsnachfolge 45 1 f.
Bekanntgabe der Prüfungsanordnung **197** 10
Bekanntgabe von Verwaltungsakten bei G. **122** 27
Berichtigungspflicht der Steuererklärung **153** 14
Drittwirkung der Steuerfestsetzung **166**
finanzgerichtliches Verfahren **353** 7
Maßgeblichkeit des Zivilrechts **45** 3
Steuergeheimnis **30** 14
Gesamtschuld, Aufteilung einer G. **268** 1 ff.
Gesamtschuldner, Auskunftserteilung an G., Steuergeheimnis **30** 32 f.
Begriff **44** 1
Ehegatten **44** 1 F
Erstattungsanspruch **37** 4
Kosten der Vollstreckung **342** 2
Säumniszuschlag **240** 4
Steuerfestsetzung, zusammengefasste Bescheide **155** 3
Tilgungsbestimmung bei G. **37** 6
Verspätungszuschlag **152** 4
Geschäftliche Oberleitung, Geschäftsleitung **10** 1
Geschäftsbetrieb, wirtschaftlicher G., Begriff **14**
–, Selbstlosigkeit **55** 11
–, Steuerpflicht **64** 1 ff.
–, Zweckbetrieb **65** 1 ff.
Geschäftsbeziehungen, Auslandssachverhalt **90** 5
Geschäftsbrief, Aufbewahrungsvorschriften für G. **147** 1 ff.
Geschäftseinrichtung, Begriff, Betriebsstätte **12** 1 F
Betriebsstätte **12** 1
Geschäftsfähigkeit, Handlungsfähigkeit, Verfahrensgrundsätze **79** 1
Prozessfähigkeit **Anh II 1** 53
Geschäftsführer, gesonderte und einheitliche Feststellung, Klagebefugnis **Anh II 1** 42
Haftung des G. **69** 1 ff.
Pflichten des G. **34** 1
Geschäftsführung, faktische G., Verfügungsberechtigter **35** 1 F
tatsächliche G., Steuervergünstigung **63** 1 ff.
–, Verstoß gegen Selbstlosigkeit **61** 8
Geschäftsgeheimnis, Steuergeheimnis **30** 2
Geschäftsleitung 10 1
des Intermediärs **138 f** 7
des Nutzers grenzüberschreitender Steuergestaltungen **138 g** 3
Verlegung, Anzeigepflicht **137** 1
Geschäftsmäßiger Erwerb von Ansprüchen aus dem Steuerschuldverhältnis **46** 4, 9
Geschäftsordnung für die Finanzämter, FAGO **Anh II 2 c**
Geschäftspapiere, Urkunden **97** 1 ff.
Geschäftsraum, Ort der Durchführung der Außenprüfung **200** 2
Geschäftsreise, Wiedereinsetzung in den vorigen Stand **110** 9
Geschäftsstelle, Betriebsstätte **12** 1
Gericht **Anh II 1** 9
Geschäftsunfähigkeit, Ablaufhemmung, Festsetzungsverjährung **171** 11
Zustellung an gesetzliche Vertreter **Anh I 2** 7
Geschäftsverteilung, Finanzgerichtsbarkeit **Anh II 1** 4
Geschäftsvorfall, Buchführung, Definition des G. **146** 23
bei digitalen Grundaufzeichnungen **146 a** 14
elektronische Aufzeichnungssysteme, Buchführung **146 a** 1
Unterlagen zum G., Aufbewahrung **146** 19

Geschlechtliche Orientierung, Diskriminierung, Gemeinnützigkeit **52** 2
Geschützte Daten, Sammlung von g. D. **88 a** 1
Steuergeheimnis **30** 2
Geschwister 15
Gesellige Zusammenkünfte, unschädliche Betätigung **58** 7
Gesellschaft bürgerlichen Rechts, Arbeitgeber **33** 1 F
rechtsfähige Personenvereinigung **14 a** 2
zivilrechtliche Entstehung **14 a** 7
Gesellschafter, Außenprüfung **194** 1 ff.
Haftung der G. **191** 6
Gesellschaftsrechte, Rücklage zum Erwerb von G. **62** 1
Gesellschaftsregister, Gesellschaft bürgerlichen Rechts **14 a** 7
Gesetz zur Abwehr von Steuervermeidung und unfairem Steuerwettberb **162** 2
zur Ausführung der FGO, Baden-Württemberg **Anh II 1 g** 1 ff.
–, Bayern **Anh II 1 g** 7 ff.
–, Berlin **Anh II 1 g** 15 ff.
–, Bremen **Anh II 1 g** 30 ff.
–, Hamburg **Anh II 1 g** 41 ff.
–, Hessen **Anh II 1 g** 55 ff.
–, Niedersachsen **Anh II 1 g** 74 ff.
–, Nordrhein-Westfalen **Anh II 1 g** 80 ff.
–, Rheinland-Pfalz **Anh II 1 g** 96 ff.
–, Saarland **Anh II 1 g** 99 ff.
–, Sachsen-Anhalt **Anh II 1 g** 111 ff.
–, Thüringen **Anh II 1 g** 126 ff.
zur Ausführung des Gerichtsstrukturgesetzes **Anh II 1 g** 62 ff.
Begriffsbestimmung **4** 1
über die Errichtung der Finanzgerichtsbarkeit und zur Ausführung der FGO, Brandenburg **Anh II 1 g** 22 ff.
über die Finanzverwaltung **Anh II 2** 1 ff.
über Ordnungswidrigkeiten, Bußgeldverfahren **410** 1
Gesetzesfolgenabschätzung, Steuergeheimnis **30** 4
Gesetzliche Krankenkassen, Steuergeheimnis **31** 5
Gesetzlicher Auftrag, Besteuerungsgrundsätze **85** 5
Gesetzlicher Vertreter, Handlungsfähigkeit, Verfahrensgrundsätze **79** 1
Pflichten des g. V. **34** 1 ff.
Verspätungszuschlag **152** 1
Zustellung an g. V. **Anh I 2** 7
Gesetzmäßigkeit der Besteuerung **85** 1 ff.
der Besteuerung im Ermittlungsverfahren **88** 2
Gesetzwidriges Handeln 40
Gesonderte Feststellung, Betriebsaufgabe **180** 68
der Steuerpflicht von Zinsen aus Lebensversicherungen **180** 37 ff.
Teilabschlussbescheid, Außenprüfung **180** 1 a
Wohnsitzwechsel **180** 68
Gesonderte und einheitliche Feststellung, Bekanntgabe **122** 20
Einspruchsentscheidung **366** 1
Klagebefugnis **Anh II 1** 42
für nicht rechtsfähige Personenvereinigung, Empfangsbevollmächtigter **183 a** 1
Gestaltungsklage Anh II 1 35
Gestaltungsmissbrauch 42 1 ff.
Abgrenzung zum Scheingeschäft **41** 2 F
bei Darlehensverträgen zwischen Angehörigen **41** 2 F
gesetzl. Prüfungsreihenfolge **42** 3
Übergangsvorschrift **Anh I 1** 14
wirtschaftlicher Geschäftsbetrieb **64** 4
Gestaltungsmöglichkeiten, Missbrauch rechtl. G. **42** 1 ff.
Missbrauch rechtlicher G. **42**
Gesundheitswesen, Gemeinnützigkeit **52** 2
Getrennte Veranlagung, Zuständigkeit **19** 12
Getrennt lebende Ehegatten, Zuständigkeit für Besteuerung **19** 11; **25** 1 F
Gewährleistungsanspruch, Ausschluss von G. **283**
Gewährsmann, Auskunftsverweigerungsrecht über die Person des G. **102** 1
Gewährung einer Leistung aus öffentlichen Mitteln, Steuergeheimnis **31 a** 1
Gewerbeamt, Anzeige über die Erwerbstätigkeit **138** 8
Gewerbeanmeldung, Anzeige über die Erwerbstätigkeit **138** 1 ff.
Gewerbebehörde, Auskunftsersuchen an Finanzamt **30** 47
Auskunftserteilung an G., Steuergeheimnis **30** 39 ff.
Gewerbebetrieb, Anzeigepflicht bei Eröffnung, Verlegung und Aufgabe des G. **138** 1 ff.
Außenprüfung, Zulässigkeit **193** 1
gesonderte Feststellung der Einkünfte **18** 1; **180** 1
Gewerberechtliche Erlaubnisse, Mitteilungsverordnung **93 a** 11
Gewerbesteuer als Masseverbindlichkeit **251** 15
Verzinsung von Steuernachforderungen oder Steuererstattungen **233 a** 1 ff.
Gewerbesteuermessbescheid, Aussetzung der Vollziehung **361** 2 F
Bekanntgabe von Bescheiden durch Gemeinden **122** 1 F
bei GmbH & atypisch Still **22** 1 F
Gewerbeuntersagung, Hemmung der Vollziehung **361** 4
Gewerbeuntersagungsverfahren, Steuergeheimnis **30** 22
Gewerblicher Grundstückshandel, Abgrenzung zur Vermögensverwaltung **14 F**
Gewerbliche Zwecke, Selbstlosigkeit **55** 1
Gewerkschaft, Prozessbevollmächtigter **Anh II 1** 57
Gewinn, wirtschaftlicher Geschäftsbetrieb **64** 7
Gewinnabgrenzungsaufzeichnungsverordnung 90 5 ff.
Gewinnanteil, Aussetzung der Vollziehung **361** 27
Gewinnpauschalierungswahlrecht für wirtschaftliche Geschäftsbetriebe **64** 6
Gewinnpool 180 60
Gewinn- und Verlustrechnung, elektronische Übermittlung **150** 13
Gewinnverlagerung, Verzinsung **233 a** 79
Gewinnweitergabe, unschädliche Betätigung **58** 3
Gewöhnlicher Aufenthalt, AEAO **Vor 8, 9** 2
Begriff **9** 1 ff.
Grenzgänger **9** 3
des Intermediärs **138 f** 7
des Nutzers grenzüberschreitender Steuergestaltungen **138 g** 3
GKG, Auszug **Anh II 1** 159 ff.
Gebührenberechnung bei verbindliche Auskunft **89** 5
Gläubiger, Benennung von G. **160** 1 ff.
Rechtsstellung des G. bei Abtretung oder Verpfändung **46** 11
von Steuervergütungen **43**
Gläubigerausschuss im Insolvenzverfahren, Steuergeheimnis **30** 62
Gleichartigkeit der Forderungen, Aufrechnung **226** 13

Gleichberechtigung, Gemeinnützigkeit **52** 2
Gleichmäßigkeit der Besteuerung im Ermittlungsverfahren **88** 2
Gleichmäßigkeit der Besteuerung 85 1 ff.
bei Ermessensentscheidung **5** 2
Gleichzeitige Prüfung, Außenprüfung mit Finanzbehörden anderer Staaten **193** 52
GmbH, führungslose G., Vertretung **34** 6
GmbH & atypisch Still 180 1 F
Erlass von Gewerbesteuermessbescheid **22** 1 F
Gnadenrecht 377 1 F
GoB 145 1 ff.
Grundsätze ordnungsmäßiger Buchführung **146** 24
GoBD 146 14 ff.
Gold- und Silbersachen, Mindestgebot **300** 3
Golfverein, wirtschaftlicher Geschäftsbetrieb **64** 7
Gottesdienst, kirchliche Zwecke **54** 2
Gotteshaus, Errichtung, Ausschmückung und Unterhaltung von G., kirchliche Zwecke **54** 2
Greenfee, wirtschaftlicher Geschäftsbetrieb **64** 7
Grenzaufsicht, Hauptzollamt **Anh II 2** 17
Steueraufsicht **215** 1
Grenzen der Amtshilfe **112** 1 ff.
Grenzgänger, gewöhnlicher Aufenthalt **9** 3
Grenzüberschreitende Prüfungszusammenarbeit, Außenprüfung **193** 50
Grenzüberschreitende Steuergestaltung, Angabe in der Steuererklärung **138 k** 1
Information der Landesfinanzbehörden **138 i** 1
Inhouse-Gestaltung **138 d** 8
Intermediär bei g. St. **138 d** 8
Kennzeichen der g. St. **138 e** 1
marktfähige gr. St. **138 h** 1
Mitteilungspflicht **138 d** 2
Mitteilungspflicht bei Investmentfonds **138 d** 8
Nutzer der g. St. **138 d** 8
Verstoß gegen Mitteilungspflicht Steuerordnungswidrigkeit **379** 2
Grobes Verschulden, Begriff **173** 16, 37 ff.
Größenklasse, Abgrenzungsmerkmale **193** 48
Einordnung in G., BpO **193** 11
Großer Senat, Zuständigkeit, Organisation und Besetzung **Anh II 1** 8
Großstadt, gesonderte Feststellung der Einkünfte **180** 7
Grundbesitz, dingliche Haftung **77** 2
Grund(buch)aufzeichnung, DV-System, Buchführung **146** 31 ff.
Grunderwerbsteuer, Ablaufhemmung, Festsetzungsfrist **171** 4 F
Anzeigepflicht der Notare **102** 6 ff.
Aussetzung der Vollziehung **361** 1 F
Beistandspflicht der Notare **102** 6 ff.
Entstehen **38** 1 F
Form und Inhalt des Steuerbescheids **157** 1 F
gesonderte Feststellung **179** 1 F
Übergangsvorschrift **Anh I 1** 10
Grunderwerbsteuerbescheid, Bekanntgabe von G. **122** 21
inhaltliche Bestimmtheit bei Ehegatten **119** 1 F
Grundlagenbescheid, Ablaufhemmung, Festsetzungsverjährung **171** 22 ff.
anderer Behörden **175** 19
Anpassung von Folgebescheiden an G. **175** 4
Aufhebung oder Änderung von Steuerbescheiden, Berücksichtigung des G. **175** 1
Aussetzung der Vollziehung **361** 3, 26 ff.
–, Klageverfahren **Anh II 1** 65
Bindungswirkung **351** 2
– des Feststellungsbescheids für Folgebescheide **182** 1 ff.
Einspruchsverfahren, Beschwer **350** 4
Entscheidung über Billigkeitsmaßnahme als G. **163** 7
Feststellung der Nichtigkeit **171** 26
Legaldefinition **171** 10
Schätzung von Besteuerungsgrundlagen **162** 5
Steuerfestsetzung ohne G. **155** 2
Grundrecht, Einschränkung von G. durch die AO **413**
Grundrechtseinschränkung, Betreten von Grundstücken und Räumen **99** 1 F
Grundsatz der anteiligen Haftung, Umsatzsteuer **71** 1 F
der Aufteilung der Gesamtschuld **268** 1 ff.
von Treu und Glauben **176** 1 ff.
der Verzinsung **233** 1
Grundsätze des behördlichen Vollziehungsaussetzungsverfahrens **361** 7 ff.
des steuerlichen Ermittlungsverfahrens **88** 2
für die Zuleitung von Prüfungsberichten an die Bußgeld- und Strafsachenstelle **202** 5 ff.
Grundsätze ordnungsgemäßer Buchführung 145 1 ff.
Grundsätzliche Bedeutung, Zulassung der Revision **Anh II 1** 116
Grundschuld, Sicherheitsleistung **241** 1
Vollstreckung in eine G. **321** 6
Grundsteuer, Beginn der Festsetzungsfrist **170** 4
Grundsteuermessbescheid, Bekanntgabe von G. **122** 21
Einspruchsbefugnis des Rechtsnachfolgers **353** 1 ff.
Festsetzung von Steuermessbeträgen **184**
Grundsteuerwert, Feststellungsfrist **181** 4
Wirkung des Feststellungsbescheids gegenüber Rechtsnachfolger **182** 2
Zurechnung an mehrere Personen, zusammengefasste Bescheide **183 a** 4
Grundsteuerwertbescheid, Bekanntgabe von G. **122** 20
Grundstockvermögen einer Stiftung **55** 1 F
Grundstück, Betreten von G. **99** 1 ff.
Vollstreckung in das unbewegliche Vermögen **322** 1 ff.
Wiederversteigerung **322** 6
wirtschaftliches Eigentum **39** 2 F
Grundstücksgemeinschaft, ausländische G., Feststellung **180** 64
Grundstückshandel, Abgrenzung zur Vermögensverwaltung **14 F**
Grundstücksverkehrsgenehmigung, wirtschaftliches Eigentum **39** 2 F
Gruppengemeinkosten, betriebswirtschaftlicher Begriff **199** 27
Gutachten, Form des G. **96** 7
Hinzuziehung von Sachverständigen **96** 1 ff.
Verweigerung der Erstattung eines G. **104** 1 ff.
Gutachter, Ausschließung von Personen **82** 1
Gütergemeinschaft, gesonderte und einheitliche Feststellung **180** 1 F
nicht rechtsfähige Personenvereinigung **14 a** 3

H

Haftanordnung zur Erzwingung der Vermögensauskunft **284** 8
Haftbefehl, Ersatzzwangshaft **334** 1
Erzwingung der eidesstattlichen Versicherung **322** 6 ff.
Steuerstraftat **386** 3
Haftung 69 1 ff.; **191** 1 ff.
außersteuerliche H., Verjährung **191** 4
Auswahlermessen **191** 1 F

Bekanntgabe von Haftungsbescheiden **122** 29
beschränkte H., Vollstreckung **266**
des Betriebsübernehmers **75** 1 ff.
des Datenübermittlers **72 a**
bei Datenübermittlung **72 a**
Dritter **48** 1 ff.
Drittschuldner **316** 2
des Eigentümers von Gegenständen **74** 1 ff.
bei Körperschaften mit Sitz im Ausland **14 b** 4
bei Organschaft **73** 1
des Rechtsnachfolgers **45** 2
Säumniszuschlag **240** 1 F
Übergangsvorschrift **Anh I 1** 21
Überleitungsbestimmung für das Beitrittsgebiet **Anh I 1** 53
Verletzung der Pflicht zu Kontenwahrheit **72**
für Verspätungszuschlag bei einer GbR **152** 1 F
bei Verstoß gegen § 154 AO **154** 19
vertragliche **192** 1 f.
des Vertretenen **70** 1 ff.
des Zwangsverwalters **34** 60, 61 ff.
Haftung der Vertreter 69 1 ff.
Haftungsanspruch 37 1; **38** 1 F
Aufrechnung **226** 1 F
Aussetzungszinsen bei H. **237** 6
Prozesszinsen auf Erstattungsbeträge **236** 6
Stundung **222**
Stundungszinsen **234** 1
Haftungsbescheid 191 1 ff.
ergänzender H. **191** 10
Festsetzungsfrist **191** 3
Lohnsteuer **69** 1 F
–, inhaltliche Bestimmtheit **119** 1 F
–, Schätzung der Lohnsteuer **162** 1 F
Nichtigkeit **125** 1 F
gegen Rechtsanwalt, Notar, Steuerberater, Steuerbevollmächtigten, Wirtschaftsprüfer, vereidigten Buchprüfer **191** 2
Verwirklichung von Ansprüchen aus dem Steuerschuldverhältnis **218** 1
Zahlungsaufforderung **219** 1 ff.
Zahlungsverjährung, Beginn **229** 2
Zuständigkeit für Erlass **24** 2
Haftungsbeschränkung, Amtsträger **32** 1 f.
bei Organschaftshaftung **73** 4
Haftungsbetrag, Anspruch auf H., Abtretung, Pfändung und Verpfändung **46** 1 ff.
Haftungsquote, Haftung der Vertreter **69** 1 F
Haftungsschuld, Akzessorietät der H. **191** 14
Haftungsschuldner, Begriff **191** 1
Haftungsumfang, Auskunftspflicht des GmbH-Geschäftsführers **93** 1 F
Halbeinkünfteverfahren, einheitliche und gesonderte Feststellung **180** 1 F
Halbreingewinnsatz, Begriff steuerlicher Prüfungstechnik **199** 21
Hamburg, AGFGO **Anh II 1 g** 41 ff.
Staatsvertrag, gemeinsame Errichtung eines Senats **Anh II 1 g** 47 ff.
Handel mit verbrauchsteuerpflichtigen Waren, Steueraufsicht **209** 1
Handelsbetrieb als Inklusionsbetrieb, Zweckbetrieb **68** 16
Handelsbrief, Aufbewahrungsvorschriften für Handelsbriefe **147** 1 ff.
Handelsregister, Auskunft an H. **30** 54
Handlung, Vollstreckung **249**
Handlungsfähigkeit, Verfahrensgrundsätze **79** 1 ff.
Handschriften, Hingabe an Zahlungs statt **224 a** 1 ff.
Hardware, Datenverarbeitungssystem, Buchführung **146** 25
Härtefallregelung bei elektronischer Datenübermittlung **150** 8
Hauptbuch, GoBD **146** 43
Hauptfeststellung des Grundsteuerwerts, Anlaufhemmung bei Feststellungsfrist **181** 4
Hauptforderung, Aufrechnung **226** 10
Erfüllbarkeit der H., Aufrechnung **226** 13
Hauptsache, Erledigung der H., Entscheidung im vorbereitenden Verfahren **Anh II 1** 77
Hauptsacheerledigung Anh II 1 140
Hauptwohnung, vorläufiges Bearbeitungsmerkmal **139 b** 6
Hauptzollamt, Bezirk, Sitz und Aufgaben **Anh II 2** 17
Ermittlungsbefugnis der Zollfahndung **208** 1
örtliche Behörde **6** 7; **Anh II 2** 1
Vollstreckungstätigkeit des H. **31 a** 7
Zuständigkeit für Einfuhr- und Ausfuhrabgaben und Verbrauchsteuern **23** 1
Häusliches Arbeitszimmer, unangemeldete Augenscheinseinnahme **98** 1 F
Hebamme, Auskunftsverweigerungsrecht der H. **102** 1
ehrenamtlicher Richter **Anh II 1** 17
Heilung von Verfahrens- und Formfehlern **126** 1 ff.
von Zustellungsmängeln **Anh I 2** 9
Heimatpflege, Gemeinnützigkeit **52** 2
Hemmung der Vollziehung **361** 4
–, Gewerbe- und Berufsausübungsuntersagung **Anh II 1** 65
der Zahlungsverjährung **230**
Herausgabe, Ansprüche auf H. von Sachen **318** 1 ff.
Herrenlose Sachen, Bestellung eines Vertreters von Amts wegen **81** 1
Hersteller nicht amtlicher Programme **87 c** 1 ff.
Herstellkosten, betriebswirtschaftlicher Begriff **199** 27
Herstellungskosten iSd. § 6 EStG, Begriff steuerlicher Prüfungstechnik **199** 24
Hessen, AGFGO **Anh II 1 g** 55 ff.
Hilfe in Steuersachen, Ausschließung von Personen **82** 1
Begriff **82** 5
Hilfeleistung bei Starkregen- und Hochwasserkatastrophe, Mitteilungsverordnung **93 a** 21
Hilfsbeamter der Staatsanwaltschaft, Steuer- und Zollfahndung **208** 5
Hilfsbedürftigkeit, Bescheid über Nachweisverzicht **53** 2
nach Katastrophe **53** 14
mildtätige Zwecke **53** 7
minderjährige Schwangere oder Mütter **53** 8
Nachweis der H. **53** 2, 12
Hilfskräfte, Amtsträger **7** 4
Hilfsliste, ehrenamtlicher Richter **Anh II 1** 24
Hilfsperson, Auskunftsverweigerungsrecht **102** 2
Unmittelbarkeit **57** 1
Hilfspflicht der Zeugen, Gerichtsverfahren **Anh II 1** 84
Hilfstatsachen 173 1 F
Hinterlegung, Abtretung oder Verpfändung **46** 42
Pfändung **46** 32
von Zahlungsmitteln, Sicherheitsleistung **241** 1
–, Wirkung **242**
Hinterziehung, gesonderte und einheitliche Feststellung **180** 1 F
Hinterziehungszinsen 235 1 ff.
Bekanntgabe von Verwaltungsakten an Ehegatten **122** 1 F
Festsetzungsfrist **239** 1
Haftung des Steuerhinterziehers und des Steuerhehlers **71** 1 f.

Höhe der H. **235** 17
Verfahren **235** 20 ff.
Verjährung **235** 23
auf Vorauszahlungen **235** 5
Zahlung, Selbstanzeige **371** 4
Hinterzogene Steuern, Restschuldbefreiung **251** 31
Hinzugezogener, Beteiligter **359**
Hinzuziehung, Abrechnungsbescheid **218** 3
einfache **360** 1, 11
Einspruchsverfahren **360** 1 ff.
H. Dritter, widerstreitende Steuerfestsetzung **174** 5
notwendige **360** 3, 13
von Sachverständigen **96** 1 ff.
Verfahren **360** 10 ff.
bei widerstreitender Anrechnungsverfügung **218** 7 ff.
bei widerstreitender Steuerfestsetzung, Klagebefugnis **174** 5 F
Hochwasserschutz, Gemeinnützigkeit **52** 2
Höhere Gewalt, Ablaufhemmung, Festsetzungsfrist **171** 1
Unwirksamkeit der Einspruchsrücknahme **362** 3
Zahlungsverjährung **230** 1
Höherrangiges Recht, Vereinbarkeit mit h. R., vorläufige Steuerfestsetzung **165** 7
Homeoffice, Betriebsstätte **12** 5
Honorar, Mitteilungsverordnung **93 a** 7
Hundesport, Gemeinnützigkeit **52** 2, 12
Hypothek, Forderungspfändung **310** ff.
Sicherheitsleistung **241** 1

I

IABV Anh II 2 22
Ideeller Bereich, Zuführung zum I., Selbstlosigkeit **55** 14
Identfikationsnummer, Identitätsnachweis, Nutzerkonto Onlinezugangsgesetz **139 b** 4 a
Identifikation, Identifikationspflicht, Kontenwahrheit **154** F
Identifikationsmerkmal 139 a 1
steuerliches I., Übergangsvorschrift **Anh I 1** 12 f.
Identifikationsnummer 139 a 1; **139 b** 1
Aufzeichnung durch Kreditinstitute **154** 3
Ermittlung der I. bei MV **93 a** 3
Speicherung im Melderegister **139 b** 6
Zuteilung **139 b** 6
Identifizierung des Auftraggebers zur Datenübermittlung **87 d** 2 ff.
Identifizierungspflicht der Kreditinstitute, Kontenwahrheit **154** 14
Identitätsnachweis, elektronischer I. **87 a** 6
Nutzerkonto Onlinezugangsgesetz, Identifikationsnummer **139 b** 4 a
IKS, Internes Kontrollsystem, Buchführung **146** 44
Illegale Beschäftigung, Begriff **31 a** 4
Bekämpfung der i. B. **31 a** 4
Steuergeheimnis **31 a** 1 ff.
Immaterielle Wirtschaftsgüter, Haftung des Eigentümers **74** 3
Immobilienfonds, geschlossener I. **42** 1 F
Teilurteil wegen fehlender Einkünfteerzielungsabsicht **Anh II 1** 101 F
Zurechnung **39** 2 F
Immunität, Zustellung an Personen die I. genießen **Anh I 2** 10
Inanspruchnahme der Zollbehörden, Begriff **178** 2
–, Kosten **178** 1 ff.
Index, Belegzuordnung, Buchführung **146** 36
Indizienbeweis, Bekanntgabe von Verwaltungsakten **122** 2 F
Indossables Papier, Forderungspfändung **312**
Informantenschutz, Steuergeheimnis **30** 24
Information der betroffenen Person, Datenschutz **29 b** 11; **32 a** 1
Informationsaustausch, internationaler I. **117** 9
Strafverfolgungsbehörden, EU-Mitgliedstaaten **385** 3 ff.
Informationspflicht bei Erhebung personenbezogener Daten **29 b** 13; **32 a** 1; **32 b** 1
des Intermediärs bei grenzüberschreitenden Steuergestaltungen **138 f** 4
bei Verletzung des Schutzes personenbezogener Daten **29 b** 28
Informationsrechtshilfe, TIEA **117** 9
Informationstechnikzentrum Bund 6 7
Bundesfinanzbehörde, Oberbehörde **Anh II 2** 1
Informationsübermittlung an Schengen-assoziierte Staaten zur Verhütung von Straftaten **117 i** 1
Informationsübermittlung ohne Ersuchen durch die Steuerfahndung an Strafverfolgungsbehörden anderer EU-Mitgliedstaaten **117 g** 1
an Strafverfolgungsbehörden von EU-Mitgliedstaaten zur Verhütung von schweren Straftaten durch Steuerfahndung **117 h** 1
Informations- und Teilnahmerechte der Gemeinden **30** 65
Inhalt des Steuerbescheids **157** 1 ff.
der Steuererklärungen **150** ff
des Verwaltungsakts **119** 1 ff.
Inhaltsadressat, Bezeichnung des I., Bekanntgabe von Verwaltungsakten **122** 10
der Prüfungsanordnung **197** 4
bei Verspätungszuschlag **152** 19
Inhouse-Format von aufbewahrungspflichtigen Unterlagen **146** 49
Inhouse-Gestaltung bei grenzüberschreitender Steuergestaltung **138 d** 8
Inkassovollmacht, Beachtung der I. **46** 52
Inklusionsbetriebe, Zweckbetrieb **68** 3, 15
In-Kraft-Treten, AO **415** 1 ff.
EGAO **Anh I 1** 54
Inländische Konzernobergesellschaft bei multinationalen Unternehmensgruppen **138 a** 1
Inlandsbezug bei steuerbegünstigten Zwecken **51** 2, 10 ff.
Innerbetriebliche Leistungen, betriebswirtschaftlicher Begriff **199** 27
Innerbetriebliches Kontrollsystem, Steuerhinterziehung **153** 10
Innerer Betriebsvergleich, betriebswirtschaftlicher Begriff **199** 29
Insolvenz, Erklärungspflichtiger **181** 2 F
örtliche Zuständigkeit der Finanzbehörden **26** 1, 14
bei rechtsfähigen Personengesellschaften **251** 10
Insolvenzantrag, Ablehnung I. **251** 5
Insolvenzbeschlag, Freigabe aus dem I. **251** 17
Insolvenzeröffnungsantrag, Rechtsbehelf gegen I. **251** 5
Insolvenzeröffnungsverfahren 251 6
Insolvenzforderung, Bestreiten der I. **251** 14
Steuerforderung als I. **251** 12
Insolvenzfreies Vermögen 251 17
Insolvenzgläubiger, Befriedigung der I. **251** 21
Insolvenzmasse, Umfang der I. **251** 7
Verwertung der I. **251** 21
Insolvenzordnung 249 1 F
vollstreckbare Verwaltungsakte **251** 2 f.
Insolvenzplan 251 22
Insolvenzrecht, Steuergeheimnis **30** 59 ff.

Insolvenzschuldner, Beendigung des Verfahrens **34** 1 F
Widerspruch gegen Insolvenzforderungen **251** 14
Insolvenzstraftat, Steuergeheimnis **30** 22
Insolvenztabelle, Anmeldung hinterzogener Steuern zur I. **251** 13
Anmeldung zur I. **251** 13
Wirkung der Feststellung zur I. **251** 14
Insolvenzverfahren, Abgesonderte Befriedigung **46** 37
Ablaufhemmung, Festsetzungsverjährung **171** 13
Anfechtung außerhalb des I. **Anh I 1** 23
Ansprüche aus dem Steuerschuldverhältnis **251** 4 ff.
Aufnahme in einen Insolvenzplan, Unterbrechung der Zahlungsverjährung **231** 1
Aufrechnung im I. **226** 1 F, 15
EGAO **Anh I 1** 22
Eröffnung des I. **251** 7
Eröffnungsgründe **251** 5
Unterbrechung von Rechtsbehelfsverfahren **251** 7
Insolvenzverschleppung, Steuergeheimnis **30** 22
Insolvenzverwalter 69 2
Auskunft an I., Steuergeheimnis **30** 60
Auskunftsrechte des I. **251** 11
als Bekanntgabeadressat **251** 9
Haftung des I. **69** 1 F
Prozessführungsbefugnis des I. **251** 3
Schadensersatzanspruch gegen I. **251** 15
Steuererklärungspflicht **149** 1 F
steuerliche Pflichten des I. **251** 8
Insolvenzverwaltung, vorläufige I. **251** 6
Integrationsobjekte, Zweckbetrieb **68** 3
Integrationsunternehmen, Zweckbetrieb **68** 15
Integriertes automatisches Besteuerungsverfahren Anh II 2 22
Integrität der digitalen Grundaufzeichnungen **146 a** 11
des elektronisch übermittelten Datensatzes **87 a** 6 f.
Intermediär, Begriff **138 d** 8
bei grenzüberschreitenden Steuergestaltungen **138 d** 1
mitteilungspflichtiger I. **138 f** 7
Internationale Einkunftsabgrenzung 2 F
Internationale Rechts- und Amtshilfe 117 1 ff.
Bundeszentralamt für Steuern **Anh II** 2 7
Internationales Risikobewertungsverfahren, Antragstellung **89 b** 1
Sachlicher Umfang bei Außenprüfung **194** 2
Internes Kontrollsystem, IKS, Buchführung **146** 44
Internetseite des BMF **367** 4
Internetverein, Gemeinnützigkeit **52** 8
Inventar, Aufbewahrungsvorschriften für I. **147** 1 ff.
Investitionsumlage, Gemeinnützigkeit **52** 5
Vereine **52** 5
Investitionszulage, Anwendungsbereich der Abgabenordnung **1** 5
Außenprüfung **194** 1 F
Aussetzung der Vollziehung **361** 25
Einspruchsverfahren **347** 9
Erschleichen von I. **169** 4
Festsetzung **155** 9
Rückforderung der I. als Insolvenzforderung **251** 12
Investmentanteile, Aufgaben des Bundeszentralamts für Steuern **Anh II 2** 7
Investmentfonds, Besteuerung der I. **Anh II 2** 7
Beteiligung an ausländischen I., Mitteilungspflicht **138** 16
grenzüberschreitende Steuergestaltung **138 d** 8
Investmentsteuergesetz, Überprüfung der Besteuerungsgrundlagen, Bundeszentralamt für Steuern **Anh II** 2 7
ISPC-Schießen, Gemeinnützigkeit **52** 12
Istumsatz, Begriff steuerlicher Prüfungstechnik **199** 5
IZA-Erlass Anh II 2 b 5

J

Jagdpachtrecht, Pfändung eines J. **321** 3 F
Jahresabschluss, Aufbewahrungsvorschriften für J. **147** 1 ff.
betriebswirtschaftlicher Begriff **199** 25
Zwangsmittel **328** 1 F
Jahres-Bruttolohn, Begriff steuerlicher Prüfungstechnik **199** 14
Jahresfrist, fehlende Fristbelehrung, Gerichtsverfahren **Anh II 1** 50
Jahresstatistik, Außenprüfung, BpO **193** 43
Jedermannschwimmen, gemeinnütziger Schwimmverein **67 a** 16
Joint Audits, Außenprüfung **193** 51
Journal, Buchführung **146** 42
Jugendgerichtsgesetz, Steuerstrafverfahren **385** 1
Jugendheim, Zweckbetrieb **68** 1
Jugendherberge, Zweckbetrieb **68** 1
Jugendhilfe, Gemeinnützigkeit **52** 2
Jugendreisen, Zweckbetrieb **65** 1
Jurisdiktion, nicht kooperierende J., grenzüberschreitende Steuergestaltungen **138 e** 2
Juristische Person, Bekanntgabe von Verwaltungsakten **122** 23
Datenspeicherung **139 c** 4
gesetzlicher Vertreter, Pflichten **34** 1
Handlungsfähigkeit, Verfahrensgrundsätze **79** 1
öffentliche Zustellung an j. P. **122** 32
des öffentlichen Rechts, Mustersatzung **Anlage 1 AO**
–, steuerbegünstigte Zwecke **51** 4
–, Vollstreckung **255** 1 f.
als ständiger Vertreter **13 F**
Zuständigkeit für Besteuerung **20** 1 ff.
Justizverwaltung, Mecklenburg-Vorpommern **Anh II 1 g** 69

K

Kalkulation, betriebswirtschaftlicher Begriff **199** 27
Kammermitglied, Auskunftsverweigerungsrecht des K. **102** 1
Kapitalgesellschaft, Anteile an K., Feststellungsverfahren **180** 22
Einkünfte an Personengesellschaften **180** 55
Steuerrechtsfähigkeit, Steuerpflichtiger **33** 1 F
Kapitallebensversicherung, Forderungspfändung **319** 1 F
Kapitalmarktbezogene Gestaltungen, Informationsaustausch **88 c** 1 ff.
Kapitalvermögen, gesonderte Feststellung der Einkünfte **18** 1
Karenzfrist, Verlängerung wegen Corona-Krise **149** 17
Karenzzeit, Vollverzinsung **233 a** 2
Karneval, Gemeinnützigkeit **52** 2
Kassation, gerichtliche K., Ablaufhemmung **171** 17
Kasse 224 1 ff.
Kassenärztliche Vereinigung, Zahlungen wegen Coronavirus-Testverordnung, Mitteilungsverordnung **93 a** 20
Kassenbeleg, elektronische Kassensysteme, Anforderung an K. **146 a** 27

Kassenbericht, Ordnungsmäßigkeit der Kassenbuchführung **146** 82
Kassenbuchführung, Anerkennung der K. **158** 2
Ordnungsmäßigkeit der K. **146** 79
Kassenfehlbetrag, Schätzung von Besteuerungsgrundlagen **162** 1 F
Kassenfunktion, Begriffsdefinition **146 a** 6
Kassenmitteilung des Finanzamts, Rechtscharakter **218** 1 F
Kassen-Nachschau 146 b
Kassensicherungsverordnung, KassenSichV **146 a** 44 ff.
Kassensturz bei Kassen-Nachschau **146 b** 4
Kassensystem 146 25
elektronisches K. **146 a** 6
Katalogvorläufigkeit 165 18 a
Umfang der K. **165** 11
Katastrophe, Hilfsbedürftigkeit nach K. **53** 14
Katastrophenschutz, Gemeinnützigkeit **52** 2
Kaufmann, Buchführung, Pflichten des K. **146** 22
Kaufvertrag, formunwirksamer K. **41** 1 F
Kausalität, Amtspflichtverletzung **347** 6
Kausalverlauf, hypothetischer K., Haftung des gesetzlichen Vertreters **69** 1 F
KBV 156 3 ff.
Kenntnis über Beseitigung der Ungewissheit, Vorläufige Steuerfestsetzung, Ablaufhemmung **171** 21
Kennzahlen, Außenprüfung, BpO **193** 45
branchenbezogene K., Bundeszentralamt für Steuern **Anh II 2** 7
KG, Haftung des Komplementärs **191** 6
Kinder 15 1
Bekanntgabe von Verwaltungsakten **122** 18
Kindergarten, Zweckbetrieb **68**
Kindergeld, Abfrage der Identifikationsnummer beim BZSt **139 b** 10
Änderung des Steuerbescheids **172** 1 F
Beschwer **350** 1 F
Einspruch **357** 2 F
Kindergeldfestsetzung, Grundlagenbescheid **172** 1 F
teilbarer Verwaltungsakt **172** 1 F
Kinderheim, Zweckbetrieb **68** 1
Kinderzimmer, Betriebsstätte **12** 2
Kino, Gemeinnützigkeit **52** 7
Kirchenangelegenheiten, Sachsen **Anh II 1 g** 110
Kirchenbeamte und -diener, Besoldung von K., kirchliche Zwecke **54** 2
Kirchenrechtliche Abgaben, Baden-Württemberg **Anh II 1 g** 3
Kirchensteuer, Stundung von K. **222** 1 F
Kirchensteuersachen, Hamburg **Anh II 1 g** 45
Kirchenvermögen, Verwaltung von K., kirchliche Zwecke **54** 2
Kirchliche Zwecke 54 1 ff.
Steuerbegünstigung **54** 1 ff.
Klage Anh II 1 34 ff.
Ablaufhemmung, Festsetzungsfrist **171** 3 a
Akteneinsicht **Anh II 1** 75
Änderung der Klage, Revisionsverfahren **Anh II 1** 123
Anfechtungsklage **Anh II 1** 34
–, Frist **Anh II 1** 41
Anordnung persönliches Erscheinen des Beklagten **Anh II 1** 79
Aufklärungsanordnung **Anh II 1** 76
Aussetzung der Verhandlung **Anh II 1** 70
Aussetzung der Vollziehung **Anh II 1** 65
Beschluss **Anh II 1** 114
Beweiserhebung und Verfahren bei der Beweisaufnahme **Anh II 1** 80 ff.
Datenschutz **29 b** 28
–, Übergangsvorschrift **Anh I 1** 35 a
einstweilige Anordnung **Anh II 1** 115
Entscheidung auf Grund mündlicher Verhandlung, Vorbescheid **Anh II 1** 89
Entscheidung im vorbereitenden Verfahren **Anh II 1** 77
Entscheidung ohne mündliche Verhandlung, Gerichtsbescheid **Anh II 1** 90
Ergänzung der Klage **Anh II 1** 61
Feststellungsklage **Anh II 1** 35
Form der Klageerhebung **Anh II 1** 60
Fortsetzungsfeststellungsklage **Anh II 1** 103
Fristsetzung zur Erläuterung der Beschwer bzw. Vorlage von Erklärungen und Beweismitteln **Anh II 1** 78
Gestaltungsklage **Anh II 1** 35
Leistungsklage **Anh II 1** 35
Mitteilung der Besteuerungsgrundlagen **Anh II 1** 71
mündliche Verhandlung **Anh II 1** 89 ff.
notwendiger Inhalt der Klageschrift **Anh II 1** 61
Passivlegitimation **Anh II 1** 59
Rechtshängigkeit **Anh II 1** 62
Rücknahme, Widerruf, Aufhebung und Änderung des Verwaltungsakts **132** 1 ff.
Schriftsätze **Anh II 1** 73
Sprungklage **Anh II 1** 39; **Anh II 1 b** 1 ff.
Untätigkeitsklage **Anh II 1** 40; **Anh II 1 c** 1 ff.
Urteile und andere Entscheidungen **Anh II 1** 98 ff.
Verbindung bzw. Trennung von Verfahren **Anh II 1** 69
Verbindung von K. **Anh II 1** 37
Verfahren nach billigem Ermessen **Anh II 1** 97
Verpflichtungsklage **Anh II 1** 34
Voraussetzungen **Anh II 1** 34 ff.
auf vorzugsweise Befriedigung **293** 2
Widerspruch gegen die Vollstreckung, Rechte Dritter **262** 1 ff.
Zulässigkeit, Zwischenurteil **Anh II 1** 100
Zulässigkeit nach außergerichtlichem Rechtsbehelf **Anh II** 38
Zurücknahme der K. **Anh II 1** 68
Zustellung der Klageschrift **Anh II 1** 67
Klageänderung Anh II 1 63
Klagearten Anh II 1 34 ff.
Klagebefugnis Anh II 1 42
Anfechtungs- und Verpflichtungsklage **Anh II 1** 34 F
gesonderte und einheitliche Feststellung, Belehrung über K. des Empfangsbevollmächtigten **Anh II 1** 42
nach Hinzuziehung nach § 174 Abs. 5 AO **174** 5 F
nicht rechtsfähige Personenvereinigung **Anh II 1** 42
rechtsfähige Personenvereinigung **Anh II 1** 42
Klagebegehren, Bindung an K. **Anh II 1** 99 F
Bindung des Finanzgerichts **Anh II 1** 99 F
Klagebevollmächtigter, Klagebefugnis **Anh II 1** 42
Klageerhebung beim Finanzamt **Anh II 1 d** 1
Form **Anh II 1** 60
Sprungklage **Anh II 1 b** 3
Klagefrist bei Allgemeinverfügung **367** 4
bei fehlender Rechtsbehelfsbelehrung **366** 4
Massenrechtsbehelfe und Massenanträge **Anh I 1** 35
Kläger, Beteiligter am Gerichtsverfahren **Anh II 1** 52
Klagerücknahme, Entscheidung im vorbereitenden Verfahren **Anh II 1** 77

Klageschrift, Inhalt der Klage **Anh II 1** 61
Zustellung der K. **Anh II 1** 67
Klageverzicht Anh II 1 43
Klarheit der Buchführung **146** 29
Kleiderkammer, Wohlfahrtspflege **66** 10
Zweckbetrieb **66** 12
Kleinbetragsregelung, Steuererhebung **224** 8 ff.
Steuerfestsetzung **156** 1
Zinsen **239** 2
Kleinbetragsverordnung, Änderung oder Berichtigung von Steuerfestsetzungen **Vor 172** 7
Steuerfestsetzung **156** 3 ff.
Übergangsvorschrift **Anh I 1** 17
Kleingärtnerei, Gemeinnützigkeit **52** 2
Kleinunternehmer, Meldeverfahren übriges Gemeinschaftsgebiet, Bundeszentralamt für Steuern **Anh II 2** 7
Klimaschutz, Gemeinnützigkeit **52** 2
Kommanditgesellschaft, gesetzliche Vertretung **34** 5
Kommunalabgaben, Anwendungsbereich der Abgabenordnung **1** 1 F
Auskunftserteilung an Gemeinden **31** 8
Kommunalobligation, Sicherheitsleistung **241** 2
Kompensation, Berichtigung von Rechtsfehlern **177** 1 ff.
der Kosten, Gerichtsverfahren **Anh II 1** 138
Kompetenzkonflikt 28
Bestimmung des zuständigen Finanzgerichts **Anh II 1** 33 F
Konfusion 47 1 F; **156** 9
Konkurrentenklage, Steuergeheimnis **30** 15
Konsulat, Zustellung im Ausland **Anh I 2** 10
Konsultationsvereinbarungen 2 2
Kontenabruf 93 7 f.
bei Amtshilfeersuchen EU-Staaten **93** 7
Anwendungsbereich des K. **93** 12
Benachrichtigung **93** 9
berechtigte andere Behörden **93** 8
Dokumentation **93** 10
Hinweispflicht **93** 9
Information des Betroffenen **93** 12
Kreditinstitute, Umfang der zu speichernden Daten **93 b** 2
Rechtsweg **93** 12
Übergangsvorschrift **Anh I 1** 45
Überprüfung Bankverbindung **93** 7
Umfang des K. **93** 12
Zulässigkeit **93** 7
Zuständigkeit für K. **93** 13
Kontenfunktion, Buchführung **146** 32, 43
Kontenwahrheit 154 1 ff.
Erleichterungen für Kreditinstitute **154** 18
Haftung bei Verletzung der Pflicht zur K. **72**
Pflichten der Kreditinstitute **154** 3
Verletzung der Pflicht zur K., Steuerordnungswidrigkeit **379** 2
Kontigentierungsverfahren, Anforderung von Steuererklärungen **149** 6
Konto, formale Kontenwahrheit **154** 1 ff.
auf den Namen Dritter, Kontenwahrheit **154** 9
i. S. des § 154 Abs. 2 AO **154** 10
Kontoinformationen, automatisierter Abruf **93 b** 1 ff.
Kontonummer, Speicherung bei BZSt **139 b** 3 a
Übermittlung an BZSt **139 b** 10 ff.
Kontoverbindung, Überprüfung der K., Kontenabruf **93** 7
Kontovollmacht, Kontenwahrheit **154** 10
Kontrolle der Buchführung **146** 44
von Schiffen und anderen Fahrzeugen, Steueraufsicht **210** 3
Kontrollmitteilung 93 a 1 ff.
Außenprüfung **194** 4
–, BpO **193** 18
Besteuerungsgrundlagen **85** 5
Kontrollsystem, innerbetriebliches K., Steuerhinterziehung **153** 10
Konvertierung aufbewahrungspflichtiger Unterlagen **146** 49
Konzernprüfung, Außenprüfung, BpO **193** 26
Konzernunternehmen, Außenprüfung, Vorlage von Unterlagen **200** 4
Konzernverzeichnis, Außenprüfung, BpO **193** 41
beim Bundeszentralamt für Steuern **Anh II 2** 7
Konzert, Gemeinnützigkeit **52** 7
Zweckbetrieb **68** 7
Koordinierende Stelle nach § 50 c GwG, Geldwäsche, Steuergeheimnis **31 b** 3
Koordinierte Außenprüfung mit ausländischen Steuerverwaltungen **193** 51
Körperbehinderte, Fürsorge für K. **68** 4
Körperschaft, Einrichtungen zur Selbstversorgung **68** 2
extremistische K., Gemeinnützigkeit **51** 11 f.
gemeinnützige Zwecke **52** 1 ff.
Mittelverwendung, Steuervergünstigung **55** 6 f.
Sitz **11**
mit Sitz im Ausland **14 b** 1
steuerbegünstigte **59** 1 ff.
–, Unmittelbarkeit **57** 2 ff.
steuerliche Erfassung von K. **137** 1 ff.
Steuervergünstigung, unschädliche Betätigung **58** 1 ff.
tatsächliche Geschäftsführung **63** 1 ff.
zur Verfolgung gemeinnütziger, mildtätiger oder kirchlicher Zwecke **51** 1 ff.
Zuständigkeit für Besteuerung **20** 1 ff.
Zweck, Steuervergünstigung **59** 1 ff.
Zweckbetrieb **65** 1 ff.
Körperschaft des öffentlichen Rechts, Auskunftspflicht der Beteiligten **93** 1
Betrieb gewerblicher Art **55** 7
gemeinnützige Zwecke **52** 1
Religionsgemeinschaft **54** 1
Körperschaftsteuer, Aussetzung der Vollziehung **361** 18
Festsetzung von Hinterziehungszinsen **235** 27
gesonderte und einheitliche Feststellung **180** 5
als Insolvenzforderung **251** 12
als Masseverbindlichkeit **251** 15
Verzinsung von Steuernachforderungen oder Steuererstattungen **233 a** 1 ff.
Körperschaftsteuerbefreiung, Ende der K. **51** 8
Körperverletzung eines Amtsträgers, Steuergeheimnis **30** 22
Korrektur des Abrechnungsbescheids bei Einzelveranlagung **218** 3
der Anrechnungsverfügung bei Einzelveranlagung **218** 3
des Duldungsbescheids **191** 11
von Haftungsbescheiden **191** 8 ff.
übermittelter Daten **93 c** 3
einer verbindlichen Auskunft **89** 18
von Verspätungszuschlägen **152** 12, 25, 32
Verwaltungsakte im Einspruchsverfahren **365** 6
von Verwaltungsakten, ausschließlich automationsgestützt **155** 4
Korrekturantrag, Abgrenzung zum Einspruch **Vor 347** 1
Kostbarkeiten, Kontenwahrheit **154** 1
Vorlage von Wertsachen **100** 1

Kosten 178 1 ff.
der Amtshilfe **115** 1 f.
anderweitige Auferlegung, Gerichtsverfahren **Anh II 1** 139
Anfechtung der Kostenentscheidung **Anh II 1** 145
der Beteiligten im finanzgerichtlichen Verfahren **Anh II 1 f** 5
betriebswirtschaftlicher Begriff **199** 27
im Bußgeldverfahren **412** 3
Entscheidung im vorbereitenden Verfahren **Anh II 1** 77
erstattungsfähige Kosten, Gerichtsverfahren **Anh II 1** 141
Festsetzung der zu erstattenden Aufwendungen **Anh II 1** 146
des finanzgerichtlichen Verfahrens **Anh II 1 f** 1 ff.
Gerichtskostengesetz, Auszug **Anh II 1** 159 ff.
Gerichtsverfahren **Anh II 1** 137 ff.
Kompensation der K., Gerichtsverfahren **Anh II 1** 138
Kostenentscheidung **Anh II 1** 143
– durch Beschluss **Anh II 1** 140
– bei Rücknahme eines Rechtsbehelfs **Anh II 1** 144
Kostenpflichtiger, Gerichtsverfahren **Anh II 1** 137
Kostenverzeichnis, GKG **Anh II 1** 163 ff.
Nordrhein-Westfalen **Anh II 1 g** 92
nach § 178 a, Aufkommensberechtigung **3** 5
Prozesskostenhilfe **Anh II 1** 142
steuerliche Nebenleistung **3** 4
des Verfahrens, gerichtliches Strafverfahren **408**
der Vollstreckung **337** 1 ff.
–, Festsetzungsfrist **346** 2
–, Mehrheit von Schuldnern **342** 1 f.
–, Pfändungsgebühr **339** 1 ff.
–, unrichtige Sachbehandlung **346** 1
–, Verwertungsgebühr **341** 1 ff.
Kostenartenrechnung, betriebswirtschaftlicher Begriff **199** 27
Kostenentscheidung Anh II 1 143; **Anh II 1 f** 2
Anfechtung der K. **Anh II 1** 145
durch Beschluss **Anh II 1** 140
bei Rücknahme eines Rechtsbehelfs **Anh II 1** 144
Kostenfestsetzung im finanzgerichtlichen Verfahren Anh II 1 f 6
Kostenfestsetzungsbeschluss, Vollstreckung **Anh II 1** 148
Kostenfestsetzungsverfahren beim Finanzgericht **Anh II 1 f** 8
Kosten nach AO-Vorschriften, steuerliche Nebenleistung **3** 4
Kostenrechnung, betriebswirtschaftlicher Begriff **199** 27
Kostenstellenrechnung, betriebswirtschaftlicher Begriff **199** 27
Kostenträgerrechnung, betriebswirtschaftlicher Begriff **199** 27
Kosten- und Leistungsrechnung, betriebswirtschaftlicher Begriff **199** 28
Kostenverzeichnis, GKG **Anh II 1** 163 ff.
Kraftfahrzeugsteuer, Hauptzollamt **Anh II 2** 17
als Insolvenzforderung **251** 12
bei vorläufiger Insolvenzverwaltung **251** 39
Krankenhaus, Abrechnungsbetrügerei, Steuergeheimnis **31 a** 7
Übergangsvorschrift **Anh I 1** 5
wirtschaftlicher Geschäftsbetrieb **67** 7 ff.
Zweckbetrieb **67** 1 ff.
Krankenhausapotheke, Zweckbetrieb, wirtschaftlicher Geschäftsbetrieb **65** 1 F
Krankenpfleger, ehrenamtlicher Richter **Anh II 1** 17
Krankentransport, Wohlfahrtspflege **66** 9
Krankheit, Bestellung eines Vertreters von Amts wegen **81** 3
Wiedereinsetzung in den vorigen Stand **110** 9
Kreditinstitut, Abtretungen an K. **46** 9
allgemeine Mitteilungspflicht **93 a** 2
Amtshilfepflicht **111** 3
Datenabruf bei K. **93** 7 f.; **93 b** 1 ff.
K. als Zahlstelle **37** 4
Kontenabruf, Umfang der zu speichernden Daten **93 b** 2
als Leistungsempfänger **37** 4
Mitteilungspflicht nach § 138 AO **138** 15
Mitteilungspflicht nach § 138 b AO **138** 26, 27
Pfändung von Ansprüchen gegen Banken, Forderungspfändung **309** 3 ff.
Pflichten zur Einhaltung der Kontenwahrheit **154** 3
Steuerbürge, Sicherheitsleistung **244** 2
Kreditkarte, Buchführungsunterlagen **147** 1 F
Kriegsopfer, Gemeinnützigkeit **52** 2
Kriminalprävention, Gemeinnützigkeit **52** 2
Kryptografieverfahren bei elektronischer Buchführung **146** 19
Kultur, Gemeinnützigkeit **52** 2
Kunst, Gemeinnützigkeit **52** 2
Kunstgegenstand, Hingabe von K. an Zahlungs statt **224 a** 1 ff.
Künstlersozialkasse, Pflicht zur Mitteilung von Besteuerungsgrundlagen **31** 2, 4
Küstenschutz, Gemeinnützigkeit **52** 2

L

Laborgemeinschaft, einheitliche und gesonderte Feststellung **180** 24 ff.
Ladenkasse, Aufzeichnungspflichten bei L. **146** 11
Ladung zur Abgabe der Vermögensauskunft **284** 5
der Beteiligten, mündliche Verhandlung **Anh II 1** 91 f.
–, Vorbereitung der mündlichen Verhandlung **Anh II 1** 76
Lagebericht, Aufbewahrungsvorschriften für L. **147** 1 ff.
Lagefinanzamt, örtliche Zuständigkeit **18** 1
Zuständigkeit für Steuermessbetrag **22** 1
Lagerung von Waren, Steueraufsicht **209** 2
Länderanteil Anh II 2 7
Steuererstattungen und -vergütungen, Bundesamt für Finanzen **Anh II 2 a** 1 ff.
Länderbezogener Bericht, Anforderungen **138 a** 13
automatisierte Übermittlung der l. B. **Anh II 2** 7
multinationaler Unternehmensgruppen **138 a** 1
Übergangsvorschrift **Anh I 1** 50
Länderübergreifender Datenabruf 88 b 1 ff.
Landesbauabteilung, Oberfinanzdirektion **Anh II 2** 12
Landesbehörde, Auskunfts- und Teilnahmerecht **Anh II 2** 24
oberste Behörde **Anh II 2** 2
oberste L., Beitritt zum Revisionsverfahren **Anh II 1** 122
Landesfinanzbehörde, besondere L., Finanzkasse **Anh II 2** 2
FVG **Anh II 2** 2
als Mittelbehörde **6** 7
Landesgerichte, Finanzgerichte **Anh II 1** 2
Landesjustizgesetz, Schleswig-Holstein, Finanzgerichtsverfahren **Anh II 1 g** 117 ff.
Landesoberbehörde, Sitz und Aufgaben **Anh II 2** 10

Landesrecht, Nichtigkeitserklärung von L., Folgen für die Gerichtsentscheidungen **Anh II 1** 154
Verletzung von L., Revisionsgrund **Anh II 1** 118
Landesregierung, Mitglieder, ehrenamtlicher Richter **Anh II 1** 16
Landesspezifische Dokumentation, GAufzV **90** 8
Landesverband, Großvereine, Steuersubjekt **51** 5
Landesvermögens- und Bauabteilung, Oberfinanzdirektion **Anh II 2** 12
Landschaftspflege, Gemeinnützigkeit **52** 2
Landtagsmitglied, Auskunftsverweigerungsrecht des L. **102** 1
Land- und Forstwirte, Führung eines Anbauverzeichnisses **142**
Land- und Forstwirtschaft, Anzeigepflicht bei Eröffnung, Verlegung und Aufgabe der L. u. F. **138** 1 ff.
Außenprüfung, Zulässigkeit **193**
Feststellungszeitraum **180** 1 F
gesonderte Feststellung der Einkünfte **18** 1; **180** 1
Land- und forstwirtschaftlicher Betrieb, Buchführung in l. u. f. B. **141** 10 ff.
Selbstversorgung von Körperschaften **68** 2
Landwirte, Pfändungsschutz **319** 2
Landwirtschaftliche Buchstelle, Prozessbevollmächtigter **Anh II 1** 57
Laufzeit der Abtretungserklärung, Restschuldbefreiung, Insolvenzverfahren **251** 30
Lebenspartner **15** 1
Bekanntgabe von Verwaltungsakten **122** 16
Bekanntgabevereinfachung bei elektronischer und postalischer Bekanntgabe **122** 7
Erstattung überzahlter Einkommensteuer **37** 6
Prozessbevollmächtigter **Anh II 1** 57
Zustellung an L. **122** 35
Lebenspartnerschaft, Umwandlung in Ehe, Änderung Steuerfestsetzung **Anh I 1** 16
Lebensversicherung, gesonderte Feststellung **180** 2, 21
– der Steuerpflicht von Zinsen **180** 37 ff.
Pfändung **309** 1 F
Lebenszeit, Richter auf L. **Anh II 1** 11
Legalitätsprinzip **85** 1 ff.
Legitimationsprüfung, Kontenwahrheit **154** 2 ff.
Leichtfertige Steuerverkürzung, Haftung des Vertretenen **70** 1
Hinterziehungszinsen **235** 6
Leichtfertigkeit, Begriff **153** 11; **378** 1 F
Leihgaben, Selbstlosigkeit **55** 31
Leistung, Ansprüche auf L. von Sachen **318** 1 ff.
betriebswirtschaftlicher Begriff **199** 27
Leistung aus öffentlichen Mitteln, Begriff **31 a** 6
Steuergeheimnis **31 a** 1
unbare Auszahlung, Speicherung Kontonummer bei BZSt **139 b** 4 c
Leistung durch Dritte **48** 1 ff.
Leistungen von Behörden, allgemeine Mitteilungspflicht **93 a** 1
Leistungsbehörde, Direkauszahlungsmechanismus **139 e** 1
Leistungsempfänger, L. als Erstattungsverpflichteter **37** 4
Leistungsgebot, Begriff **254** 1
bei Haftungsbescheiden **219** 1 ff.
Vollziehbarkeit des Verwaltungsakts **361** 9
Zahlungsfrist, Fälligkeit **220** 1 ff.
Leistungsklage **Anh II 1** 35
allgemeine L., Rechtsbehelf gegen Insolvenzeröffnungsantrag **251** 5
Leistungsmissbrauch, Steuergeheimnis **31 a** 1 ff., 3 ff.
Leistungsort **224** 1 ff.
Leistungsrechnung, betriebswirtschaftlicher Begriff **199** 27
Leiter einer Behörde, Handlungsfähigkeit **79** 1
Leitung der Finanzverwaltung **Anh II 2** 5
Lesbarmachung, Aufbewahrungsvorschriften für Bild- und Datenträger **147** 5
von Datenträgern **146** 7
von elektronischen Unterlagen **146** 54
Liebhaberei, gesonderte Feststellung, Übergang zur L. **180** 2, 20
Lieferschein, Aufbewahrungsfrist **147** 3
Limited, Körperschaft mit Sitz im Ausland **14 b** 5
Zuständigkeit **21** 3
Liquidation der OHG **34** 5
örtliche Zuständigkeit der Finanzbehörden **26** 1, 14
der rechtsfähigen GbR **34** 5
Liste, ehrenamtliche Richter **Anh II 1** 24
Literatur, Gemeinnützigkeit **52** 7
Lizenzspieler, Sportverein, Zweckbetrieb **67 a** 44
Lohn, Begriff steuerlicher Prüfungstechnik **199** 13
Lohnbuchhaltungssystem **146** 25
Lohnsteuer, Ablaufhemmung, Festsetzungsfrist **171** 4 F
Ablehnung auf Eintrag eines Freibetrags und Vollziehbarkeit des Verwaltungsakts **361** 9
Anmeldung, Einspruchsbefugnis **350** F
–, Einspruchsbefugnis des Arbeitnehmers **347** 1 F
Erlass **227** 1 F
Haftung des gesetzlichen Vertreters **69** 1 F
als Insolvenzforderung **251** 12
als Masseverbindlichkeit **251** 15
bei vorläufiger Insolvenzverwaltung **251** 39
Lohnsteueranmeldung, Selbstanzeige **371** 3
Lohnsteueranrufungsauskunft **204** 3
Lohnsteuer-Außenprüfung **194** 1 F
Solidaritätszuschlag **194** 1 F
Lohnsteuerermäßigung, Geltendmachung negativer Einkünfte **180** 53
Lohnsteuerhilfeverein, Beratungsbefugnis **80** 1 F, 24 ff.
Hilfe in Steuersachen **347** 8
Prozessbevollmächtigter **Anh II 1** 57
Vollmachtsvermutung **80 a** 3
Lohnsteuer-Nachforderungsbescheid, Folgen von Verfahrens- und Formfehlern **127** 1 F
Lohnsteuer-Nachschau **194** 1 F
Selbstanzeige **371** 2
Lohnwerte, Begriff steuerlicher Prüfungstechnik **199** 16
Löschung personenbezogener Daten **29 b** 17; **32 f** 1
von überlassenen Daten durch Finanzbehörde **146** 56
des vorläufigen Bearbeitungsmerkmals **139 b** 6
Lotterie, Zweckbetrieb **68** 6, 19 ff.
Luftfahrzeug, Vollstreckung in das unbewegliche Vermögen **322** 1 ff.
Luftverkehrsteuer, Hauptzollamt **Anh II 2** 17

M

Mahlzeitendienst, Zweckbetrieb **68** 1
Mahnung, Vollstreckung wegen Geldforderungen **259**
Mahnverfahren, Kosten **337** 2
Main-Benefit-Test, steuerlicher Vorteil als Hauptvorteil, grenzüberschreitende Steuergestaltung **138 d** 2
Manipulationsprogramm, Buchführung **146** 44
Marktfähige grenzüberschreitende Steuergestaltungen **138 h** 1

Maschinelle Auswertbarkeit der Buchführung **146** 48
Maschinengemeinschaft, gesonderte und einheitliche Feststellung **180** 24 ff.
Massenantrag, Erledigung durch Allgemeinverfügung **172** 3
Masseneinsprüche, Teil-Einspruchsentscheidung **367** 12
Massenrechtsbehelf, Erledigung von M. **Anh I 1** 35
Massenverfahren, Aussetzung der Verhandlung **Anh II 1** 70 F
Masseunzulänglichkeit, Anzeigepflicht des Insolvenzverwalters **251** 15
Masseverbindlichkeiten **251** 15, 38 ff.
Alt-M. **251** 16
ESt als M. **251** 19
Insolvenzverfahren **251** 15
Neu-M. **251** 16
nach § 55 Abs. 4 InsO **251** 38 ff.
Materialeingang, Begriff steuerlicher Prüfungstechnik **199** 8
Materialeinzelkosten, Begriff steuerlicher Prüfungstechnik **199** 24
Materialgemeinkosten, Begriff steuerlicher Prüfungstechnik **199** 24
Materialwirtschaft, Datenverarbeitungssystem **146** 25
Materieller Fehler, Begriff **177** 3 f.
Berichtigung von m. F., Kompensation **177** 1 ff.
offenbare Unrichtigkeit **129** 7
Mathematisch-technische Auswertung **146** 48
Mechanisches Versehen, offenbare Unrichtigkeit **129** 2
Mecklenburg-Vorpommern, Gerichtsorganisationsgesetz **Anh II 1 g** 62 ff.
Mehrfache örtliche Zuständigkeit **25** 1 ff.
Bestimmung der örtl. Z. durch Bundesamt für Finanzen **25** 1 F
Mehrfache Zuständigkeit, Steuerstraftaten **390** 1 f.
Mehrfachpfändung, Forderungspfändung **320** 1 f.
Mehrheit von Schuldnern, Kosten der Vollstreckung **347** 1 f.
Mehrkontenmodell, Zulässigkeit **42** 1 F
Mehrsoll bei Vollverzinsung **233 a** 60
Meistbietender, Versteigerung **299** 1
Meldebehörden, Übermittlung von Daten **139 b** 6 ff.
vorläufiges Bearbeitungsmerkmal **139 b** 6
Meldefrist, Anzeigen über die Erwerbstätigkeit **138** 6
steuerliche Erfassung von nicht natürlichen Personen **137** 2
Meldepflicht bei Verletzung des Schutzes personenbezogener Daten **29 b** 29
Melderegister, Identifikationsnummer, Abgleich mit Melderegister **139 b** 8
Speicherung der Identifikationsnummer **139 b** 6
Meldestandard, gemeinsamer M. zum Austausch von Informationen über Finanzkonten **138 e** 2
Meldung nach § 117 c AO, Aufgaben des BZSt **Anh II 2** 7
Mensabetrieb, Zweckbetrieb **66** 8
Merkblatt, Rechte und Pflichten der Steuerpflichtigen, Steuerfahndung **208** 10
über die steuerlichen Beistandspflichten der Notare bei der GrESt und ErbSt **102** 5 ff.
zur Verwendung der amtlichen Muster für Vollmachten **80** 23
Merkmal, Identifikation **139 a** 1
Mieter als wirtschaftlicher Eigentümer **39** 2 F
Mietverträge, Anerkennung von M. zwischen nahen Angehörigen **42** 1 F
Angehörige, Gestaltungsmissbrauch **41** 2 F; **42** 1 F
Mietwagenunternehmen, Buchführungs- und Aufzeichungspflichten **146** 69
Migration von Daten, Buchführung **146** 51
Milch-Garantiemengenabgabe, Anwendungsbereich der Abgabenordnung **1** 1 F
Mildtätige Zwecke **53** 1 ff.
Steuerbegünstigung **53** 1 ff.
Unterstützung bei Notlage **53** 2
Vermögen unterstützter Personen **53** 11
Minderjährige, Haftungsbeschränkung bei M. **45** 2 F
Schwangere oder Mütter, Hilfsbedürftigkeit **53** 8
Mindersoll bei Vollverzinsung **233 a** 62
Minderung von Nachzahlungszinsen, Vollverzinsung **233 a** 63
Mindestgebot, Zuschlag, Versteigerung **300** 1 ff.
Mindeststeuer-Berichte, Bundeszentralamt für Steuern, Entgegennahme und Weiterleitung der M.-B. **Anh II 2** 7
Mindeststreitwert, finanzgerichtliches Verfahren **Anh II 1** 162
Mineralgewinnungsrecht, allgemeine Mitteilungspflicht **93 a** 4
Missbrauch von rechtlichen Gestaltungsmöglichkeiten **42; 42** 2
–, Abgrenzung zum Scheingeschäft **41** 2 F
–, wirtschaftlicher Geschäftsbetrieb **64** 4
Mitberechtigter, gesonderte und einheitliche Feststellung, Klagebefugnis **Anh II 1** 42
Miteigentümer, wirtschaftliches Eigentum, Grundstück **39** 2 F
Mitgliedsbeitrag, Gemeinnützigkeit **52** 6 ff.
Verein **52** 5
Mitgliedstaat der Europäischen Union, grenzüberschreitende Steuergestaltungen **138 d** 2
Mittäter, Ehegatten, Steuerhinterziehung **370** 1 F
Steuerhinterziehung **370** 1 F
Mitteilung über den Beginn der Buchführungspflicht **141** 6
zur Bekämpfung der illegalen Beschäftigung **31 a** 8 ff.
zur Bekämpfung des Leistungsmissbrauchs **31 a** 8 ff.
von Berufspflichtverletzungen, Steuergeheimnis **30** 68 ff.
der Besteuerungsgrundlagen **31** 1 ff.; **364** 1 f.
–, Klageverfahren **Anh II 1** 71
grenzüberschreitender Steuergestaltungen, Auswertung **138 j** 1
–, Unterrichtung der Landesfinanzbehörden **138 j** 2
von Prüfungsschwerpunkten, Außenprüfung **197** 2
an Verfassungsschutzbehörde **51** 3
der Wirtschafts-Identifikationsnummer **139 d** 2
Mitteilung bei Auslandsbeziehungen, Form und Frist **138** 22
Mitteilungen nach § 138 b AO, Inhalt, Form, Frist **138** 32 f.
Mitteilung nach § 93 c Zugangseröffnung **87 a** 9
Mitteilungspflicht, allgemeine **93 a** 1 ff.
allgemeine Mitteilungspflicht, Ausnahmen **93 a** 26
ausländische Beteiligung **138** 4, 7
über Beziehungen zu Drittstaat-Gesellschaften Übergangsvorschrift **Anh I 1** 50 a
Dritter über Beziehungen zu Drittstaat-Gesellschaften **138 b** 1
zu elektronischen Aufzeichnungssystemen **146 a** 4
für grenzüberschreitende Steuergestaltungen **138 d** 1 ff.
des Intermediärs für grenzüberschreitende Steuergestaltungen **138 d** 1

des Nutzers einer grenzüberschreitenden Steuergestaltung **138 d** 8
bei Steuergestaltungen, Übergangsvorschrift **Anh I 1** 50 b
Verletzung der M., Steuerordnungswidrigkeit **379** 2
Mitteilungspflichtige Stelle 93 c 1
Daten zur M. S., Mitteilungsverordnung **93 a** 27
Mitteilungspflicht über Beziehungen zu Drittstaat-Gesellschaften 138 4
Mitteilungsverordnung, Ausnahmen von der Mitteilungspflicht **93 a** 12
Bagatellgrenze **93 a** 12
Billigkeitsleistungen, Corona-Krise **93 a** 18
bundeseinheitlich zugelassen Ausnahmen **93 a** 31
Daten zum mitteilungspflichtigen Vorgang **93 a** 27
elektronisches Verfahren **93 a** 27 ff.
Empfänger der Mitteilungen **93 a** 14
Form und Inhalt der Mitteilungen **93 a** 13
Hilfsleistungen wegen Starkregen- und Hochwasserkatastrophe **93 a** 21
Leistungen aus Energiekostendämpfungsprogramm **93 a** 19
Übergangsvorschriften **Anh I 1** 11
Unterrichtung der Betroffenen **93 a** 28
Verfahren **93 a** 27
wiederkehrende Bezüge **93 a** 12
Zahlungen der Kassenärztlichen Vereinigung, Coronavirus-Testverordnung **93 a** 20
Zeitpunkt der Mitteilung **93 a** 15
Mitteilungsverpflichtete, Mitteilungsverordnung **93 a** 24
Mittel, Gemeinnützigkeit, Begriff **58** 1
der Körperschaft, Selbstlosigkeit **55** 2 F
Mittelbarer Datenzugriff der Finanzbehörde, elektronische Buchführung **146** 56
Mittelbehörde, Aufgaben **Anh II 2** 12
FVG **Anh II 2** 11 ff.
Gliederung **Anh II 2** 12
Landesfinanzbehörde **6** 7
Leitung **Anh II 2** 13
Oberfinanzdirektion **6** 7
Mittelbeschaffung, Steuervergünstigung **58** 1
Mittelbeschaffungskörperschaften, Ausschließlichkeitsgebot **56** 2
Rücklagen bei M. **62** 8
Mittelempfänger, steuerl. unschädliche Mittelzuwendung **58** 12
Mittelfehlverwendung, Tätigkeitsvergütung **55** 32
Mittelverwendung, Ausnahmen von zeitnaher M. **62** 3
Selbstlosigkeit **55** 12 ff.
Steuervergünstigung **58** 2 ff.
Stiftung, Steuervergünstigung **58** 6
Tätigkeitsvergütung **55** 32
bei Unternehmergesellschaft **55** 31
zeitnahe M., Selbstlosigkeit **55** 36 ff.
Mittelverwendungsfrist 63 4
Mittelverwendungstreuhand 160 1 F
Mittelvorsorgepflicht, Haftung des gesetzlichen Vertreters **69** 1 F
Mittelweitergabe, unschädliche Betätigung **58** 3, 13
Vertrauensschutz bei M. **58 a** 1
Mittelzuführung bei gemeinnützigen Körperschaften **62** 3
Mitwirkung der Finanzbehörde, selbständiges Verfahren **406** 2
–, Strafbefehlsverfahren **406** 1
Mitwirkungspflicht 140 1 ff.
Außenprüfung, Merkblatt **200** 6 ff.
der Beteiligten **90** 1 ff.
–, Begrenzung der Aufklärungspflicht **88** 10
beim Datenzugriff, elektronische Buchführung **146** 57
erhöhte M. bei Auslandssachverhalten **90** 14 ff.
des Steuerpflichtigen **200** 1 ff.
Verletzung der M., neue Tatsache **173** 14
–, Schätzung von Besteuerungsgrundlagen **162** 2
des Zwangsverwalters **34** 32 ff.
Mitwirkungspflichten, Übergangsvorschrift **Anh I 1** 41
Mitwirkungsverlangen, qualifiziertes M., Außenprüfung **200 a** 1
Mitwirkungsverzögerung bei qualifiziertem Mitwirkungsverlangen, Außenprüfung **200 a** 2
Mitwirkungsverzögerungsgeld, Ablaufhemmung Festsetzungsfrist bei M. **200 a** 5
Außenprüfung **200 a** 2
steuerliche Nebenleistung **3** 4
Mobile Endgeräte des Außenprüfers, Prüfung an Amtsstelle **200** 2
Modellbau, Gemeinnützigkeit **52** 15
Modellflug, Gemeinnützigkeit **52** 2
Monats-Regelung 108 8
Monopol, Bannbruch, Steuerhinterziehung **373** 1 f.
Montagen, Begriff, Betriebsstätte **12** 1 F
Betriebsstätte **12** 1
MOSS, Umsatzsteuer, Bundeszentralamt für Steuern **Anh II 2** 7
Vollverzinsung beim MOSS-Verfahren **233 a** 70
Motorsport, Gemeinnützigkeit **52** 12
Müllbeseitigung, Zweckbetrieb **65** 1 F
Multinationale Unternehmensgruppen 90 3; **138 a** 1
Mündliche Verhandlung, Antrag auf m. V., Gerichtsbescheid **Anh II 1** 77, 90
Entscheidung auf Grund m. V., Vorbescheid **Anh II 1** 89
Erörterung der Streitsache **Anh II 1** 94
Gang der Verhandlung **Anh II 1** 93
Ladung der Beteiligten, Frist **Anh II 1** 91 f.
Mitwirkung ehrenamtlicher Richter **Anh II 1** 5
Niederschrift **Anh II 1** 93
Verletzung von Verfahrensvorschriften, Revisionsgrund **Anh II 1** 119
Vorbereitung **Anh II 1** 76
Museum, Gemeinnützigkeit **52** 7
Zweckbetrieb **68** 7
Musik, Gemeinnützigkeit **52** 7
Musikverein, wirtschaftlicher Geschäftsbetrieb **64** 7
Muster einer Erklärung, Ordensgemeinschaft **60** 11
Mustersatzung Anlage 1 AO
Musterverfahren, Aussetzung der Verhandlung **Anh II 1** 70 F
Ruhen des Einspruchsverfahrens **363** 2
Ruhen von außergerichtlichen Rechtsbehelfen **165** 13 ff.
Unzulässigkeit der Untätigkeitsklage **Anh II 1** 40 F
vorläufige Steuerfestsetzung **165** 7, 13 ff.

N

Nachbarschaftshilfevereine, Gemeinnützigkeit **52** 11
Nachfeststellung des Grundsteuerwerts, Anlaufhemmung bei Feststellungsfrist **181** 4
Nachforderungsbescheid 167 1 F
Nachfrist, Aussetzung der Vollziehung, Ablehnung **361** 38
Nachhaftung, N. ausgeschiedener Gesellschafter **191** 6

Nachhaltigkeit, wirtschaftlicher Geschäftsbetrieb **64** 7
Nachholung von Verfahrenshandlungen **126** 1 ff.
Nachkalkulation, betriebswirtschaftlicher Begriff **199** 27
Nachlass, Ablaufhemmung, Festsetzungsverjährung **171** 12
Nachlassinsolvenzverfahren, Eröffnungsgründe **251** 5
Nachlasspflegschaft, Bekanntgabe von Verwaltungsakten **122** 28
Nachlassverbindlichkeiten **45** 2
Nachlassverwaltung, Bekanntgabe von Verwaltungsakten **122** 1 F, 28
Einkünfte aus dem Nachlass, Zurechnung **45** 1 F
Nachprüfbarkeit der Buchführung **146** 28, 52
Nachprüfung des Ermessensgebrauchs, Klageverfahren **Anh II 1** 105
Nachschusspflicht, Sicherheitsleistung **248**
Nachtragsverteilung nach Beendigung des Insolvenzverfahrens **251** 29
Nachversteuerung, Wegfall der Vermögensbindung, Selbstlosigkeit **61** 2
Nachvollziehbarkeit der Buchführung **146** 28, 52
Nachweis, Bekanntgabe von Verwaltungsakten **122** 2 F
der Hilfsbedürftigkeit **53** 2, 12
der Treuhänderschaft **159** 1 ff.
einer Vollmacht **80** 11; **80 a** 4
Nachweisverzicht, Bescheid über N. **53** 2
Nachzahlungsfrist, Selbstanzeige **371** 4
Nachzahlungsüberhang bei Einzelveranlagung **37** 7
Nachzahlungszinsen, Erlass von N. wegen freiwilliger Zahlung **233 a** 9
Minderung von N., Vollverzinsung **233 a** 63
Vollverzinsung **233 a** 4
Namenspapiere, Versteigerung **303**
Nationale Sicherheit, Steuergeheimnis **30** 4
NATO-Truppenstatut, Wohnsitz **8** 16
Natürliche Person, Datenspeicherung **139 b** 3 f.; **139 c** 3
gesetzlicher Vertreter, Pflichten des g. V. **34** 1
Handlungsfähigkeit, Verfahrensgrundsätze **79** 1
als ständiger Vertreter **13 F**
Zuständigkeit für Besteuerung **19** 1 ff.
Naturschutz, Gemeinnützigkeit **52** 2
Nebenbestimmung, Aussetzung oder Aufhebung der Vollziehung **361** 36 f.
Einspruch **347** 6
bei Fristverlängerung **109** 2, 3
Verwaltungsakt **120** 1 ff.
Vorbehalt der Nachprüfung **164** 5
Nebenfolgen, Antrag auf Anordnung von N., Strafverfahren **401**
Steuerhinterziehung **375** 1 f.
Nebenkosten, Waren-(Material-)Eingang, Begriff steuerlicher Prüfungstechnik **199** 9
Nebenleistungen, steuerliche N., Leistungen oder Haftung durch Dritte **48** 3
Negativauskunft bei verbindlicher Auskunft **89** 19
Negativer Feststellungsbescheid, Anpassung des Folgebescheids **175** 5, 22
Negativer Gewinnfeststellungsbescheid, Aussetzung der Vollziehung **361** 1 F
Negativ-Erklärung, Gesamtobjekt **180** 51
Nemo-tenetur-Grundsatz bei Pflichterfüllung **153** 14
Nettolohnvereinbarung, Abtretung bei N. **46** 4 F
Neue Beweismittel, Aufhebung oder Änderung von Steuerbescheiden **173** 1 ff.
Neue Bundesländer, Anwendungsbereich der Abgabenordnung **1** 1 F
Neuerwerb im Insolvenzverfahren **251** 7
Neue Tatsachen, Aufhebung oder Änderung von Steuerbescheiden **173** 1 ff.
Neugründung einer gemeinnützigen Körperschaft, Vorlage der Satzung **60** 10
Neumassegläubiger, Vollstreckungsverbot **251** 16
Neumasseverbindlichkeiten, Zahlung von N. **251** 16
Nichtabgabe der Steuererklärung, Verspätungszuschlag **152** 9
Nichtbegünstigter, Verwaltungsakt, beispielhafte Aufzählung **Vor 130** 3
Nichtentscheidung über einen Einspruch, Ausschluss des Einspruchs **348**
Nichtigkeit von Abtretungen **46** 4 ff., 4 F
Heilung von Verfahrens- und Formfehlern **126** 1 ff.
der Pfändungs- und Einziehungsverfügung **46** 6
von Schätzungsbescheiden **162** 12
des Verwaltungsakts **125** 1 ff.
Nichtigkeitserklärung von landesrechtlichen Vorschriften, Folgen für gerichtliche Entscheidungen **Anh II 1** 154
Nichtigkeits-Feststellungsklage **Anh II 1** 35 F
Nicht-öffentliche Stelle, Begriffsbestimmung **6** 5
Nicht rechtsfähige Personenvereinigung, Bekanntgabe der Prüfungsanordnung **197** 7
Bekanntgabe von Verwaltungsakten **122** 19
Einspruchsbefugnis bei gesonderten und einheitlichen Feststellungen **352** 1
Empfangsbevollmächtigter für gesonderte und einheitliche Feststellung **183 a** 1
Nichtrechtsfähige Personenvereinigung, Klagebefugnis **Anh II 1** 42
Pflichten der Mitglieder, Gesellschafter oder Gemeinschafter **34** 2
Nicht rechtsfähige Personenvereinigung, Verspätungszuschlag bei Feststellungen **152** 19
Nichtrechtsfähige Personenvereinigung, Vertretung **34** 5
Nichtsteuerliche Straftat, Steuergeheimnis **30** 4, 35
Nichtunternehmer, Zuständigkeit für Umsatzbesteuerung **21** 2
Nichtveranlagungsbescheinigung, Anlaufhemmung **170** 6
Rücknahme **130** 2 F
Steuerfestsetzung **155** 1 F
Nichtzulassung der Revision **Anh II 1** 117
–, Nichtzulassungsbeschwerde **Anh II 1** 113
Nichtzulassungsbeschwerde **Anh II 1** 117
Darlegung der Beschwerdegründe **Anh II 1** 117
Frist, Gerichtsbescheid **Anh II 1** 90
Wiedereinsetzung in den vorigen Stand **Anh II 1** 51
Niederlegung, Ersatzzustellung durch N. **Anh I 2** 3
Niedersachsen, AGFGO **Anh II 1 g** 74 ff.
Staatsvertrag, gemeinsame Errichtung eines Senats **Anh II 1 g** 47 ff.
Niederschlagung, Vollstreckung von Geldforderungen **261**
Zuständigkeitsgrenzen **222** 4
Niederschrift, Auskunft an Amtsstelle **93** 6
elektronisches Dokument **87 a** 4
mündliche Verhandlung **Anh II 1** 96
Vollstreckungshandlung **291** 1 ff.
Nießbrauch, Gestaltungsmissbrauch **42** 1 F
Zurechnung von Wirtschaftsgütern **39** 2 F
Nießbraucher, Vollstreckung gegen N. **264**

Notar, Anzeigepflicht der N. **102** 4
Auskunftsverweigerungsrecht des N. **102** 1
Beistandspflicht der N., Grunderwerb-, Erbschaftsteuer (Schenkungsteuer) und Ertragsteuern **102** 5 ff.
Berufspflichten **30** 69
ehrenamtlicher Richter **Anh II 1** 16
Haftungsbescheid **191** 2
Zustellung an N. **Anh I 2** 5
Notfrist bei sofortiger Beschwerde, Ablehnung Insolvenzantrag **251** 5
Nötigung eines Amtsträgers **30** 22
Notlage, Unterstützung bei N., Mildtätige Zwecke **53** 2
Notveräußerung, Rechte und Pflichten der Finanzbehörde im Strafverfahren **399** 2
Notwendige Beiladung, Finanzgericht **Anh II 1** 55
Nullfestsetzung, Beschwer **350** 4
Nullsatzjurisdiktion, Kennzeichen der grenzüberschreitenden Steuergestaltung **138 d** 9
Nutzer einer grenzüberschreitenden Steuergestaltung **138 d** 4
Mitteilung grenzüberschreitender Steuergestaltungen durch N. **138 g** 1
Nutzerkonto, Onlinezugangsgesetz, Identifikationsnummer **139 b** 4
–, Wirtschafts-Identifikationsnummer **139 c** 7
Nutzerkonto nach Onlinezugangsgesetz, Bereitstellung Verwaltungsakt zum Datenabruf **122 a** 5
Nutzungsgebundenes Vermögen, Anteile an gemeinnützigen Körperschaften, Unmittelbarkeit **57** 16
Nutzungsrecht, Zurechnung von Wirtschaftsgütern **39** 2 F
NV-Bescheinigung, Steuerfestsetzung **155** 1 F
NV-Fälle, Vollverzinsung, Zinsberechnung **233 a** 69

O

Obdachlosenasyl, Wohlfahrtspflege **66** 10
Oberbehörde, Bundesfinanzbehörden **Anh II 2** 1
FVG **Anh II 2** 6 ff.
Oberfinanzdirektion, Bezirk und Sitz **Anh II 2** 11
als Mittelbehörde **6** 7
Obergesellschaft bei atypisch stiller Beteiligung **179** 7
gesonderte und einheitliche Feststellung **180** 1 F
Oberste Finanzbehörden, Unterrichtung über Gerichtsverfahren **Anh II 1 e** 1
Obst- und Gartenbauvereine, Gemeinnützigkeit **52** 16
OECD-Musterabkommen für Informationsaustausch **117** 9
Offenbaren von steuerlichen Verhältnissen zur Bekämpfung der illegalen Beschäftigung und des Leistungsmissbrauchs **31 a** 3 ff.
Offenbare Unrichtigkeit, Ablaufhemmung, Festsetzungsfrist **171** 2
Berichtigung des Urteils **Anh II 1** 110
Berichtigung von Verwaltungsakten **129** 1 f.
Offenbarkeit des Fehlers, Berichtigung von Verwaltungsakten **129** 4
Offenbarung zur Durchführung eines außersteuerlichen Strafverfahrens **30** 21
zur Durchführung eines Bußgeldverfahrens **30** 17
zur Durchführung eines steuerlichen Verfahrens **30** 15
europarechtlich vorgeschriebene oder zugelassene O. **30** 19
geschützter Daten, Steuergeheimnis **30** 4, 14 ff.
gesetzlich zugelassene **30** 18
für sonstige Zwecke, Steuergeheimnis **30** 16
bei Zustimmung, Steuergeheimnis **30** 20
Offenbarungsbefugnis bei Bekämpfung von Geldwäsche und Terrorismusfinanzierung **31 b** 3
Offenbarungspflicht bei Bekämpfung von Geldwäsche und Terrorismusfinanzierung **31 b** 3
Offene Handelsgesellschaft, zivilrechtliche Entstehung **14 a** 8
Offenlegung personenbezogener Daten, Begriff, Datenschutz **29 b** 6
Offenlegungsnummer für Mitteilung zu grenzüberschreitenden Steuergestaltungen durch BZSt **138 f** 5
Öffentliche Bekanntgabe von Verwaltungsakten **122** 3 f.
Öffentliche Mittel, Steuergeheimnis **31 a** 1
Öffentliche Sicherheit, Steuergeheimnis **30** 4
Öffentliches Interesse, Hingabe von Kunstgegenständen an Zahlungs statt **224 a** 1 ff.
Steuergeheimnis **30** 4, 22
zwingendes ö. I., Anhörung Beteiligter **91** 3
Öffentliche Stelle, Begriffsbestimmung **6** 2
Öffentliche Verwaltung **6** 4
Öffentliche Zustellung **122** 32; **Anh I 2** 11
bei eingetragenen Personengesellschaften **Anh I 2** 11
bei juristischen Personen **Anh I 2** 11
Öffentlichkeit, Gerichtsverfahren **Anh II 1** 45
Öffentlich-rechtliche Abgaben, Anwendungsbereich der Abgabenordnung **1** 5
Öffentlich-rechtliche Angelegenheiten, Einspruch **347** 1
Öffentlich-rechtliche Rundfunkanstalten, Honorar, Mitteilungsverordnung **93 a** 7
Öffentlich-rechtliches Amtsverhältnis, Amtsträger **7** 1
OHG, gesetzliche Vertretung **34** 5
Haftung der Gesellschafter **191** 6
Online-Versteigerung, Verwertung gepfändeter Sachen **296**
Zuschlag bei O. **299** 2
Onlinezugangsgesetz, Identifikationsnummer **139 b** 4 a
Wirtschafts-Identifikationsnummer **139 c** 7
Option, rechtsmissbräuchliche **42** 1 F
Zweckbetrieb **67 a** 24 ff.
Ordensgemeinschaft, Muster einer Erklärung **60** 11
Ordensstatuten **60** 7
Ordnung in der Buchführung **146** 32
Ordnungsamt, Anzeigen über die Erwerbstätigkeit **138** 8
Ordnungsgeld, persönliches Erscheinen eines Beteiligten vor Gericht **Anh II 1** 79
Ordnungsgelder § 335 HGB, Mitteilungsverordnung **93 a** 9
Ordnungsmäßige Buchführung **146** 1 ff.
Ordnungsmittel, aufschiebende Wirkung der Beschwerde **Anh II 1** 132
Ordnungsstrafen, ehrenamtlicher Richter **Anh II 1** 26
Ordnungswidrigkeit, Auskunftsverweigerungsrecht bei Gefahr der Verfolgung wegen einer O. **103**
der elektronischen Buchführung **146** 44
bei Nichtbefolgung § 146 a AO **146 a** 23
bei Verstoß gegen Kontenwahrheit **154** 20
Organgesellschaft, Haftung der O. **73** 1 ff.

Organisationsunterlagen, Aufbewahrungsvorschriften für O. **147** 1 ff.
Organisationsverschulden, Fristversäumnis, Wiedereinsetzung in den vorigen Stand **110** 9
Organleihe, Bundesknappschaft/Verwaltungsstelle Cottbus, Bundeszentralamt für Steuern **Anh II 2** 7
Bundesversicherungsanstalt für Angestellte, Bundeszentralamt für Steuern **Anh II 2** 7
Deutsche Rentenversicherung Knappschaft – Bahn – See, Bundeszentralamt für Steuern **Anh II 2** 7
Übertragung von Bauaufgaben **Anh II 2** 9
Organschaft, Haftung der Organgesellschaft **73** 1 ff.
verbindliche Auskunft bei O. **89** 26
Organträger, Haftung der Organgesellschaft **73** 1 ff.
Ort der Leistung **224** 1 ff.
Örtliche Zuständigkeit der Finanzbehörden **17** 1 ff.
– in Insolvenz- und Liquidationsverfahren **26** 1
getrennt lebender Ehegatten **19** 11; **25** 1 F
mehrfache örtl. Z. **25** 1 ff.
Unterstützung durch anderes Finanzamt **29 a**
Ortsbehörde, Beistandspflicht **Anh II 2** 18
Ortsverband, Großvereine, Steuersubjekt **51** 5
Ortsverschönerung, Gemeinnützigkeit **52** 7

P

Parlament, Steuergeheimnis gegenüber P. **30** 22
Parteifinanzierung, Steuerhinterziehung **370** 1 F
Partenreedereien, rechtsfähige Personenvereinigungen **14 a** 2
Partnergesellschaft, Bekanntgabe **122** 19
Partnerschaftsgesellschaft, rechtsfähige Personenvereinigung **14 a** 2
Partnerschaftsregister, Auskunft an P., Steuergeheimnis **30** 54
Passivlegitimation Anh II 1 59
Passiv-Verfahren, Unterbrechung von Rechtsbehelfsverfahren, Insolvenzverfahren **251** 7
Patentanwalt, Auskunftsverweigerungsrecht des P. **102** 1
Berufspflichten **30** 69
ehrenamtlicher Richter **Anh II 1** 16
Haftungsbescheid **191** 2
Zustellung an P. **Anh I 2** 5
Pauschalbesteuerung auf Antrag, wirtschaftlicher Geschäftsbetrieb **64** 12
Personalausweis, elektronischer Identitätsnachweis **87 a** 6
Personenbezogene Daten, Anwendungsbereich Vorschriften **2 a**
Begriff **29 b** 6
Recht auf Berichtigung **29 b** 16; **32 f** 1
Recht auf Einschränkung der Bearbeitung **29 b** 18
Recht auf Löschung **29 b** 17; **32 f** 1
Rechtsschutz bei Verarbeitung p. D. **29 b** 27
Verarbeitung durch Finanzbehörden **29 b**
Verarbeitung durch Finanzbehörden zu anderen Zwecken **29 c**
Verletzung des Steuergeheimnisses **30** 2
Weiterverarbeitung besonderer Kategorien p. D. **29 c** 2
Widerspruchsrecht **29 b** 21; **32 f** 5
Personengesellschaft, Außenprüfung, Rechtsgrundlage **193** 1 F
doppelstöckige P., Feststellungsverfahren **180** 1 F
Einkünfte aus Beteiligungen an vermögensverwaltenden P. **180** 60 ff.
in Insolvenz **251** 10
Prüfungsanordnung, Adressat **196** 1 F
rechtsfähige P., rechtsfähige Personenvereinigung **14 a** 2
Steuerhinterziehung **370** 1 F
wirtschaftlicher Geschäftsbetrieb **64** 7
Personengesellschaft in Liquidation, Bekanntgabe von Verwaltungsakten **122** 22
Personenhandelsgesellschaften, Bekanntgabe von Verwaltungsakten **122** 19
rechtsfähige Personenvereinigungen **14 a** 2
Personenvereinigung, Bekanntgabe der Prüfungsanordnung **197** 7
Bekanntgabe von Verwaltungsakten **122** 19
Datenspeicherung **139 c** 5
Definition **14 a** 1
Handlungsfähigkeit **79** 1
nicht rechtsfähige P. **14 a** 3
rechtsfähige P. **14 a** 2
Sitz **11**
Vollstreckungsverfahren **267**
Zuständigkeit für Besteuerung **20** 1 ff.
Persönlicher Sicherheitsarrest 326 1 ff.
Persönliches Erscheinen, Anordnung durch das Gericht **Anh II 1** 79
Pfandbrief, Sicherheitsleistung **241** 2
Pfandrecht Dritter **293** 1 f.
Wirkung der Pfändung **282** 1 ff.
Pfändung 46 1 ff.
Abwendung der P. **292** 1 f.
Besonderheiten bei Insolvenzverfahren **46** 37
Corona-Soforthilfe **319** 1
Drittschuldner **46** 7
bei Ehegatten **46** 1 F
von Erstattungs- und Vergütungsansprüchen **46** 15 ff.
einer Forderung aus indossablen Papieren **312**
fortlaufender Bezüge **313** 1 f.
–, Übergangsvorschrift **Anh I 1** 32
von Geldforderungen **309** 1 ff.
Hinterlegung **46** 32
einer durch Hypothek gesicherten Forderung **310** 1 ff.
mehrfache **46** 41
von Sachen **286** 1 ff.
einer durch Schiffshypothek oder Registerpfandrecht an einem Luftfahrzeug gesicherten Forderung **311** 1 ff.
von Sicherheiten **336** 1
Verwertung bei mehrfacher P. **308** 1 ff.
Vollstreckung in das bewegliche Vermögen **281** 1 ff.
Wirkung der P. **282** 1 ff.
bei Zusammenveranlagung **46** 1 F
Pfändungsbeschluss 46 6
Pfändungsfreigrenze, Forderungspfändung **319** 1 F
Pfändungsgebühr, Entstehung **339** 2
Höhe **339** 3
Kosten der Vollstreckung **339** 1 ff.
Übergangsvorschrift **Anh I 1** 30
Pfändungsgläubiger, Nachweis, Zurechnung **159** 1 ff.
Pfändungsschutz 295
Pfändungsschutzkonto, Drittschuldnererklärung **316** 2
Pfändungsverfügung 46 6
Angabe des Schuldgrundes **260**
Forderungspfändung **309** 1 ff.
Schriftform **309** 1
Pflanzenzucht, Gemeinnützigkeit **52** 2
Pflegeeltern 15 1
Pflegeheim, Zweckbetrieb **68** 1

Pflegekind 15 1
Begriff **15** 1 F
Pflegeleistungen, häusliche P., Wohlfahrtspflege **66** 7
Pflicht zur Berichtigung von Erklärungen **153** 1 ff.
zur Mitteilung grenzüberschreitender Steuergestaltungen **138 d** 1 ff.
Pflichten des Alleingesellschafters **35** 1 F
des Betroffenen, Steueraufsicht **211** 1 ff.
Erlöschen der Verfügungsmacht **36** 1 f.
Erlöschen der Vertretungsmacht **36** 1 f.
des Geschäftsführers **34** 1
des gesetzlichen Vertreters **34** 1
der Kreditinstitute, Kontenwahrheit **154** 3 ff.
von Programmherstellern **87 c** 1 ff.
Rechte und P. der Finanzbehörde, Mitwirkung im selbständigen Verfahren **406** 2
–, Mitwirkung im Strafbefehlsverfahren **406** 1
–, Steuerstrafverfahren **399** 1 f.
–, Verfahren der Staatsanwaltschaft **402** 1 f.
Rechte und P. der Zoll- und Steuerfahndung **404**
der Steuer- und Zollfahndung **208** 5 ff.
des Steuerpflichtigen **33** 3
– und der Finanzbehörde im Besteuerungs- und Strafverfahren **393** 1
des Testamentsvollstreckers **34** 3 F
des Verfügungsberechtigten **35** 1 ff.
des Vermögensverwalters **34** 3
des Zwangsverwalters **34** 8 ff.
Pflichterfüllung, Nemo-tenetur-Grundsatz **153** 14
Pflichtveranlagung, Abgabe der Steuererklärung, Ablaufhemmung **171** 34
Pflichtverletzung des Geschäftsführers, Haftung **69** 1 F
Photovoltaikanlagen, Betrieb von P., unschädliche Betätigung **58** 11
Fragebogen zur steuerlichen Erfassung **138** 9 a
Planung, betriebswirtschaftlicher Begriff **199** 30
Plattformen-Steuertransparenzgesetz, Aufgaben BZSt bei P. **Anh II 2** 7
Politische Bildung, Gemeinnützigkeit **52** 14
Politische Zwecke, Gemeinnützigkeit **52** 21
Polizeivollzugsbehörden, Kontenabruf **93** 8
Postalische Bekanntgabe, Antrag auf p. B. **122 a** 2
Postausgangsbuch, Wiedereinsetzung in den vorigen Stand **110** 9; **Anh II 1** 51 F
Postentgelte, Auslagen bei Vollstreckung **344** 1
Postgeheimnis, Schweigepflicht **105** 2
Postnachnahmeauftrag, Mahnung **259**
Postsparguthaben, Pfändung **312**
Postulationsfähigkeit Anh II 1 57
Postverkehr, Verzögerung im P., Wiedereinsetzung in den vorigen Stand **110** 9
Postwesen, Schweigepflicht **105** 2
Präklusionsfrist, Anfechtung der P. **364 b** 8, 16
Dauer der P. **364 b** 13
Einspruchsverfahren **364 b** 1 ff.
finanzgerichtliches Verfahren **Anh II 1** 72
Überprüfung im finanzgerichtlichen Verfahren **364 b** 17
Prämien, Anwendungsbereich der Abgabenordnung **1** 5
Prämiengesetz, Zulage nach dem P. **155** 9
Prämiensparvertrag, Pfändung **309** 1 F
Präsident des Bundesfinanzhofs **Anh II 1** 7
des Finanzgerichts **Anh II 1** 5
des Gerichts, Dienstaufsicht **Anh II 1** 27
des Großen Senats **Anh II 1** 8
Vertretung des P., Saarland **Anh II 1 g** 101
Prefiling Meeting, Vorgespräch, Vorabverständigungsverfahren **89 a** 9
Pressegeheimnis, Auskunftsverweigerungsrecht **102** 1
Private company limited by shares, Zuständigkeit **21** 3
Private Krankenversicherung, Steuergeheimnis **31** 5
Privatschulen, Gemeinnützigkeit **52** 10
Programmbeschreibung nicht amtlicher Programme **87 c** 2
Programmhersteller, Haftung **72 a**
nicht amtlicher Programme **87 c** 1 ff.
Progressionsvorbehalt, gesonderte Feststellung **180** 10
Protokoll an Eides statt des Vollstreckungsschuldners **284** 3
Protokollierung in der mündlichen Verhandlung **Anh II 1** 96 F
durch zertifizierte technische Sicherheitseinrichtung **146 a** 25
Protokoll über Vorrechte und Befreiungen der EU, Wohnsitz **8** 18
Prozessakten, elektronisch geführte P. **Anh II 1** 47
–, Akteneinsicht **Anh II 1** 75
Prozessbevollmächtigter, befugter Personenkreis **Anh II 1** 57
Prozessentscheidung, Verzicht auf mündliche Verhandlung **Anh II 1** 90 F
Prozessfähigkeit Anh II 1 53
Prozessführungsbefugnis des Insolvenzverwalters **251** 3 F
Prozesskostenhilfe Anh II 1 142
Prozessvertreter, fehlerhafte Vertretung, Revisionsgrund **Anh II 1** 119
Prozessvollmacht Anh II 1 57
Ausschlussfrist **Anh II 1** 57
Prozesszinsen auf Erstattungsbeträge **236** 1 ff.
–, Festsetzungsfrist **239** 1
Prüfer, ausländischer P., Befugnisse **193** 55
Befugnisse bei Außenprüfung im Ausland **193** 55
Prüferausweis, Außenprüfung, BpO **193** 37
Prüferbesprechung, Außenprüfung, BpO **193** 38 f.
Prüfung von Herstellern nicht amtlicher Programme **87 c** 4
Prüfungsanordnung, Änderungssperre **173** 29
Anschlussprüfung **196** 1 F
mit Aufforderung zur Übertragung von Daten **197** 2
Außenprüfung **196** 1 ff.
Begründung der P. **196** 1 F
–, Außenprüfung **193** 1 F
Bekanntgabe der P. **197** 1 ff.
–, Selbstanzeige **371** 2
BpO **193** 14
bei Ehegatten **193** 2 F
Ergänzung **196** 1 F
bei gemeinsamen und gleichzeitigen Außenprüfungen mit Finanzbehörden anderer Staaten **193** 55
Merkblatt über wesentliche Rechte und Mitwirkungspflichten **200** 6 ff.
Rechtsgrundlagen **196** 18
Zeitpunkt der P. **197** 2
Prüfungsausschuss für Steuerberater, Ablehnung von Mitgliedern des P. **84 F**
Prüfungsbeginn, Antrag auf Verschiebung des P. **197** 12
Außenprüfung **197** 12
Prüfungsanordnung **197** 1
Prüfungsbericht, Außenprüfung, BpO **193** 21
bei gemeinsamen Prüfungen mit Finanzbehörden anderer Staaten **193** 55
Inhalt und Bekanntgabe **202** 1 ff.

offenbare Unrichtigkeit **129** 1 F
Zuleitung des P. an die Bußgeld- und Strafsachenstelle **202** 5 ff.
Prüfungsfeststellungen, Außenprüfung, BpO **193** 21
Prüfungsgeschäftsplan, Außenprüfung, BpO **193** 42
Prüfungsgrundsätze, Außenprüfung **199** 1 ff.
Gespräche während der Außenprüfung über Feststellungen **199** 2
Prüfungsmethoden, automationsgestützte P. bei Außenprüfung **199** 31
Erprobung alternativer P., Übergangsvorschrift **Anh I 1** 50 f
Prüfungspflicht, Einspruch **367** 2
Prüfungsschwerpunkte, Mitteilung von P., Außenprüfung **197** 2
Prüfungszeitraum, Außenprüfung **194** 1
Prüfziffer, Identifikationsmerkmal **139 a** 1
Pseudonym, Signierung mit einem P. **87 a** 3, 7
Pseudonymisierung personenbezogener Daten **29 c** 1
Psychotherapeuten, Auskunftsverweigerungsrecht **102** 1
Publikumsgesellschaft, Hinzuziehung **360** 5
Publizitätsgesetz, Auskunft an Registergerichte, Steuergeheimnis **30** 58
Pünktlicher Steuerzahler, Säumniszuschlag **240** 1 F

Q

QR-Code, Beleg mit QR-Code **146 a** 27
Qualifizierte elektronische Signatur 87 a 3
Einspruch **357** 4
Einspruchsrücknahme **362** 4
elektronische Zustellung **Anh I 2** 5
Verwaltungsakt, angeordnete Schriftfom **119** 3
Qualifiziertes elektronisches Siegel 119 3
Qualifiziertes Mitwirkungsverlangen, Ablaufhemmung der Festsetzungsfrist bei q. M. **200 a** 4 f.
Außenprüfung **200 a** 1
Quotentreuhand, wirtschaftliches Eigentum **39** 2 F

R

Rasterfahndung 208 1 F
Ratenzahlung, Stundungszinsen **234** 13 f.
Räume, Betreten von R. **99** 1 ff.
Realakt, Einspruch **347** 4
Reallast, Vollstreckung in eine R. **321** 6
Realsteuerbescheid, Erlass von R. **184** 3
Realsteuermessbetrag 184 1 ff.
Realsteuern, allgemeine Mitteilungspflicht **93 a** 4
Anwendungsbereich der Abgabenordnung **1** 2
Auskunfts- und Teilnahmerecht, Gemeinde **Anh II 2** 24
Aussetzungszinsen **237** 12
Begriffsbestimmung **3** 2
Grundsteuer, Mitteilung von Besteuerungsgrundlagen **31** 3
Hinterziehungszinsen **235** 21
Prozesszinsen auf Erstattungsbeträge **236** 13
Steuermessbescheide, Aussetzung der Vollziehung **361** 26 ff.
Vollstreckung der R. **30** 66
Zerlegung und Zuteilung **185**
Zuständigkeit für Besteuerung **22** 1 ff.
Rechenfehler, Berichtigung des Urteils **Anh II 1** 110
bei Erstellung der Steuererklärung, Änderung der Steuerfestsetzung **173 a** 1
offenbare Unrichtigkeit **129** 1, 5
Rechenzentrum Anh II 2 19, 22
Behörde **Anh II 2** 2
als Landesoberbehörde **6** 7
Rechnung, eingescannte R. **147** 1 F
Rechnungswesen, allgemeine betriebswirtschaftliche Begriffe **199** 25 ff.
Rechte, Außenprüfung, Merkblatt **200** 6 ff.
und Pflichten der Finanzbehörde, Mitwirkung im selbständigen Verfahren **406** 2
–, Mitwirkung im Strafbefehlsverfahren **406** 1
–, Steuerstrafverfahren **399** 1 f.
–, Verfahren der Staatsanwaltschaft **402** 1 f.
und Pflichten der Zoll- und Steuerfahndung **404**
der Steuer- und Zollfahndung **208** 5 ff.
des Steuerpflichtigen und der Finanzbehörde im Besteuerungs- und Strafverfahren **393** 1
Rechte Dritter, Vollstreckung von Geldforderungen **262** 1 ff.
Rechtliche Gestaltung, Angemessenheit r. G. **42**
Rechtliches Gehör 91 1 ff.
abgekürzte Außenprüfung **203** 2
fehlendes r. G., Revisionsgrund **Anh II 1** 119
–, Wiedereinsetzung in den vorigen Stand **126** 3
Nachholung von Verfahrens- und Formvorschriften **126** 1
im steuerlichen Ermittlungsverfahren **88** 7
Rechtmäßiger Verwaltungsakt, Widerruf **131** 1 ff.
Rechtmäßigkeit des Verwaltungsakts, Aussetzung der Vollziehung **361** 2, 11 f.
–, Begriff **131** 5
Rechtsanwalt, Auskunftsverweigerungsrecht des R. **102** 1
Berufspflichten **30** 69
Bußgeldverfahren wegen Steuerordnungswidrigkeit **411**
ehrenamtlicher Richter **Anh II 1** 16
Haftungsbescheid **191** 2
Zustellung an R. **Anh I 2** 5
Rechtsauffassung, Außenprüfung **199** 1 F
unrichtige R., Wirksamkeit des Verwaltungsakts **125** 1 F
Rechtsbehelf, Ablaufhemmung, Festsetzungsverjährung **171** 3 a
Abrechnungsbescheid **218** 6
gegen die Anordnung der Abgabe der Vermögensauskunft **284** 6
Aufteilungsbescheid **268** 13
Auslegung oder Umdeutung von Verfahrenserklärungen **357** 7 ff.
außergerichtlicher R., Sprungklage **Anh II 1** 39
–, Übergangsvorschrift **Anh I 1** 34
–, Überleitungsbestimmung für das Beitrittsgebiet **Anh I 1** 52
–, Zulässigkeit der Klage **Anh II 1** 38
Aussetzung oder Aufhebung der Vollziehung, Ablehnung **361** 39
Aussetzungszinsen **237** 1
Begründetheit, Aussetzung der Vollziehung **361** 11 f.
gegen die Eintragungsanordnung in des Schuldnerverzeichnis **284** 10 f.
Entschädigung **107** 14
Erfolgsaussichten, Wiedereinsetzung in den vorigen Stand **110** 1 F
gegen Insolvenzeröffnungsantrag **251** 5
nichtiger Verwaltungsakt **125** 12
Rücknahme, Kostenentscheidung **Anh II 1** 144

bei verbindlicher Auskunft **89** 19
vollstreckbarer Verwaltungsakt **251** 1 ff.
widerstreitende Steuerfestsetzung **174** 4
Zinsfestsetzung **233 a** 80 ff.
Zulässigkeit von R. **347** 1 ff.
Zustimmung zur Sprungklage **Anh II 1** 39
Zwangsgeld, Androhung und Festsetzung **328** 12
Rechtsbehelfsbelehrung 356 1 ff.
Antragsfrist, Änderung eines Verwaltungsakts nach Klageerhebung **Anh II 1** 64
Prüfungsanordnung **196** 1
Steuerbescheid **157** 1
Rechtsbehelfsverfahren, Änderung von Verwaltungsakten im R. **132** 1
Aufhebung von Verwaltungsakten im R. **132** 1
außergerichtliches **347** 1 ff.
Rücknahme von Verwaltungsakten im R. **132** 1
Unterbrechung wegen Insolvenzverfahren **251** 7
Widerruf von Verwaltungsakten im R. **132** 1
Zuständigkeitswechsel **26** 5; **367** 27
Rechtsbehelfsverzicht bei Vorabverständigungsverfahren **89 a** 9
Rechtserheblichkeit neuer Tatsachen **173** 12
Rechtsfähige GbR, gesetzliche Vertretung **34** 5
Haftung der Gesellschafter **191** 6
Rechtsfähige Personengesellschaft, gesetzliche Vertretung **34** 5
Wirtschaftsgüter einer r. P. **39** 2
Rechtsfähige Personenvereinigung, Bekanntgabe der Prüfungsanordnung **197** 7
Bekanntgabe von Verwaltungsakten **122** 19
Einspruchsbefugnis bei gesonderten und einheitlichen Feststellungen **352** 1
gesetzlicher Vertreter, Pflichten des g. V. **34** 1
Klagebefugnis **Anh II 1** 42
Verspätungszuschlag bei Feststellungen **152** 19
Rechtsfähigkeit, Anzeigepflicht **137** 1
Rechtsfehler des FG, Revision **Anh II 1** 116 F
Rechtsfigur der fortgesetzten Tat **370** 1 F
Rechtsform, Änderung der R., Anzeigepflicht **137** 1
Rechtsfortbildung, Zulassung zur Revision **Anh II 1** 116
Rechtsfrage, Entscheidung des Großen Senats **Anh II 1** 8
tatsächliche Verständigung über R. **83** 1 F
Rechtsfrieden, Verständigung im steuerlichen Ermittlungsverfahren **88** 9
Rechtsgeschäft, anfechtbares **41** 3
Leistung oder Haftung durch Dritte **48** 2 f.
unwirksames **41** 1 ff.
verdecktes **41** 2
Rechtshängigkeit, Klage **Anh II 1** 62
Prozesszinsen auf Erstattungsbeträge **236** 1
Wirkungen der R. **Anh II 1** 66
Rechtshilfe 111 1 ff.
Anwendungsbereich der Abgabenordnung **1** 8
Ausland, Bundeszentralamt für Steuern **Anh II 2** 7
Finanzgerichtsbarkeit **Anh II 1** 10
justizielle R., TIEA **117** 9
zwischenstaatliche **117** 1 ff.
Rechtshilfeersuchen, zwischenstaatliches R., Außenprüfung **194** 6
Rechtsirrtum, Außenprüfung **201** 3
über Frist, Wiedereinsetzung in den vorigen Stand **110** 1 F
Rechtskraft, Urteil **Anh II 1** 116
Rechtskraftwirkung des Urteils **Anh II 1** 113
Rechtsmittel Anh II 1 116 ff.
Beschwerde **Anh II 1** 129 ff.
Revision, Zulassung **Anh II 1** 116
bei verbindlicher Auskunft **89** 19
Verlust des R., Rücknahme der Revision **Anh II 1** 125
Zuständigkeit des BFH **Anh II 1** 31
Rechtsmittelbelehrung, Inhalt des Urteils **Anh II 1** 108
Rechtsnachfolge, unrichtige Bezeichnung eines Beteiligten **182** 3
Rechtsnachfolger 45 1
Außenprüfung **193** 1 F
Einspruchsbefugnis **353** 1 ff.
Haftung des R. **45** 2
unbekannter Erbe, Bekanntgabe von Verwaltungsakten **122** 28 f.
Vollmacht **80** 4
Vollstreckung gegen den R. **323**
Wirkung des Einheitswertbescheids **182** 2
Wirkung des Feststellungsbescheids über einen Grundsteuerwert **182** 2
Rechtsnorm, Definition **4** 2
Rechtsschutz bei Verarbeitung personenbezogener Daten **29 b** 27
vorläufiger R., Aussetzung der Vollziehung **Anh II 1** 65
–, einstweilige Anordnung **Anh II 1** 115
Rechtsstand, Erörterung des R., Einspruchsverfahren **364 a** 1 ff.
Rechtsstellung des Steuerpflichtigen, Abtretung oder Verpfändung **46** 11
Rechtsstreit, Aussetzung des Rechtsbehelfsverfahrens **363** 1
Übertragung des R. auf Einzelrichter, Finanzgericht **Anh II 1** 6
Rechtsstreitverzögerung im Klageverfahren **Anh II 1** 78
Rechtsverletzung, Klagebefugnis **Anh II 1** 34 F
Rechtsverordnung, Mitteilungsverordnung **93 a** 1 ff.
Rechtsweg, Zulässigkeit des R. **Anh II 1** 66
Rechtswidriger Verwaltungsakt, Rücknahme **130** 1 ff.
Rechtswidrigkeit, Ablehnung oder Widerruf der Aussetzung des Verfahrens **363** 3
eines Verwaltungsakts, Begriff **130** 5
–, Reihenfolge der Prüfung **130** 6
Rechtszug, erster **Anh II 1** 59 ff.
Redakteur, Auskunftsverweigerungsrecht **102** 1
Regelbedarfstufe, Hilfsbedürftigkeit, mildtätige Zwecke **53** 7
Regelsätze nach dem SGB XII **53** 1 F
Regelungsinhalt eines Verwaltungsakts **119** 1 F
Registergerichte, Auskunftserteilung an die R., Steuergeheimnis **30** 54
Registerpfandrecht an einem Luftfahrzeug, Forderungspfändung **311** 1 ff.
Registriernummer für die mitgeteilte grenzüberschreitende Steuergestaltung durch BZSt **138 f** 5
Reihenfolge der Tilgung **225** 1 ff.
Reingewinnsatz, Begriff steuerlicher Prüfungstechnik **199** 23
Reingewinnschätzung, Schätzungsmethode **162** 1 F
Reisekosten, Kosten im Vollstreckungsverfahren **345**
Religion, Gemeinnützigkeit **52** 2
Religionsgemeinschaft, kirchliche Zwecke **54** 1
Religionslehrer, ehrenamtlicher Richter **Anh II 1** 17
Religionsunterricht, kirchliche Zwecke **54** 2
Rentenanspruch, Forderungspfändung **319** 1 F
Rentenschuld, Sicherheitsleistung **241** 1
Vollstreckung in eine R. **321** 6

Rentner, Zuständigkeit bei beschränkter Steuerpflicht **19** 6
Reporter, Auskunftsverweigerungsrecht **102** 1
Ressortfremde Behörde, Grundlagenbescheid **171** 23
Restschuldbefreiung 251 30
ausgenommene Forderungen **251** 31
Eintritt der R. **226** 1 F
vorzeitige Erteilung der R. **251** 31
Restschuldbefreiungsverfahren, Steuergeheimnis **30** 63
Rettung aus Lebensgefahr, Gemeinnützigkeit **52** 2
Revision Anh II 1 116 ff.
Beteiligte am Revisionsverfahren **Anh II 1** 122
Einlegung der R. **Anh II 1** 120
Entscheidung über die R. **Anh II 1** 126
Frist, Gerichtsbescheid **Anh II 1** 90
Frist zur Begründung **Anh II 1** 120
Frist zur Einlegung und Begründung der R. **Anh II 1** 120
Nichtzulassung **Anh II 1** 117
Prozessvollmacht **Anh II 1** 57 F
Rechtsfehler des FG **Anh II 1** 116 F
Rechtsmittel, Zuständigkeit des BFH **Anh II 1** 31
Rücknahme der R. **Anh II 1** 125
Unzulässigkeit der Klageänderung **Anh II 1** 123
Verfahrensvorschriften **Anh II 1** 121
Zulässigkeit, Prüfung **Anh II 1** 124
Zulassung der R. **Anh II 1** 116 f.
Revisionsbefugnis, materielle B. **Anh II 1** 117 F
Revisionsbegründungsfrist Anh II 1 120
Wiedereinsetzung in den vorigen Stand **Anh II 1** 51
Revisionsgründe Anh II 1 118
absolute R. **Anh II 1** 119
Revisionsschrift, Form und Inhalt **Anh II 1** 120
Revisionsverfahren, Wiedereinsetzung in den vorigen Stand **Anh II 1** 51
Rheinland-Pfalz, AGFGO **Anh II 1 g** 96 ff.
Richter, Amtsträger **7** 1
kraft Auftrags, Finanzgericht **Anh II 1** 12
Beeidigung von Sachverständigen **Anh II 1** 155
Befangenheit des R., Revisionsgrund **Anh II 1** 119
des Bundesfinanzhofs **Anh II 1** 7
–, Lebensalter **Anh II 1** 11
dienstrechtliche Maßnahmen, Steuergeheimnis **30** 16, 27
eidliche Vernehmung von Auskunftspflichtigen **Anh II 1** 155
Einzelrichter, Finanzgericht **Anh II 1** 5
–, Übertragung des Rechtsstreits auf Einzelrichter **Anh II 1** 6
Entscheidung des Einzelrichters, Mitwirkung ehrenamtlicher Richter **Anh II 1** 5
Ernennung, Bayern **Anh II 1 g** 8
des Finanzgerichts **Anh II 1** 5
Finanzgerichtsbarkeit **Anh II 1** 11 ff.
gesetzlicher R., Verletzung von Bundesrecht **Anh II 1** 119 F
des Großen Senats **Anh II 1** 8
auf Lebenszeit **Anh II 1** 11
auf Probe, Finanzgericht **Anh II 1** 12
am Urteil beteiligte R. **Anh II 1** 106
Vorbereitung der mündlichen Verhandlung **Anh II 1** 76
Vorsitzender R., Bundesfinanzhof **Anh II 1** 7
–, Finanzgericht **Anh II 1** 5
Richtigstellungsbescheid, Rechtsnachfolge, fehlerhafte Bezeichnung eines Beteiligten **182** 7
Richtigstellung unwahrer Tatsachen, Steuergeheimnis **30** 4, 22
Richtsatz, Schätzung von Besteuerungsgrundlagen **162** 1 F
Risikobewertungsbericht bei internationalem Risikobewertungsverfahren **89 b** 6
Risikomanagementsysteme im Besteuerungsverfahren **88** 5
Mitwirkung Bundeszentralamt für Steuern **Anh II 2** 7
Rohgewinnaufschlagsatz, Begriff steuerlicher Prüfungstechnik **199** 19
Rohgewinnsatz, Begriff steuerlicher Prüfungstechnik **199** 18
Rohgewinnschätzung, Schätzungsmethode **162** 1 F
Rohrleitung, Betriebsstätte **12** 2
Roll Back der Vorabverständigungsvereinbarung **89 a** 12
Rubrum einer Einspruchsentscheidung **366** 1
Rückdatierung von Verträgen **38** 1 F
Rückfallklausel, Unterbeteiligung **41** 2 F
Rückforderungsanspruch 37 4
Rückgabe von Urkunden und Sachen **133**
Rückgängigmachung von Geschäftsvorfällen **38** 1 F
Rückgewähr einer Leistung aus öffentlichen Mitteln **31 a** 7
–, Steuergeheimnis **31 a** 1
Rücklage, Betriebsmittelr. **62** 7
freie R. **62** 1
bei gemeinnützigen Körperschaften **62** 1
bei Mittelbeschaffungskörperschaften **62** 8
für Wiederbeschaffung **62** 1
Wiederbeschaffungsr. **62** 8
Rücklagenbildung, Selbstlosigkeit **55** 11, 35
Rücknahme des Einspruchs **362** 1 ff.
einer Erlaubnis nach dem Arbeitnehmerüberlassungsgesetz, Steuergeheimnis **31 a** 1
eines Rechtsbehelfs, Kostenentscheidung **Anh II 1** 144
eines rechtswidrigen Verwaltungsaktes **130** 1 ff.
der Revision **Anh II 1** 125
einer verbindlichen Auskunft **89** 18
eines Verwaltungsaktes, Einspruch **347** 5
–, Ermessensentscheidung **5** 3
– im Rechtsbehelfs- und finanzgerichtlichen Verfahren **132** 1
– einer sachlich unzuständigen Behörde **16** 4
Rückschlagsperre, Insolvenzverfahren **251** 7
Rückständige Steuer, Aufteilung einer Gesamtschuld **276** 1 ff.
Rückstandsanzeige 276 5
Rückwirkende Aussetzung 361 2 F
Rückwirkendes Ereignis, Aufhebung oder Änderung von Steuerbescheiden **175** 1
Begriff **175** 1
Beispiele **175** 10 ff.
Bescheinigung oder Bestätigung **175** 2
Definition **175** 7
in Grundlagenbescheiden, Vollverzinsung **233 a** 83
Umwandlung Lebenspartnerschaft in Ehe **Anh I 1** 16
Vollverzinsung **233 a** 3
Wegfall der Vermögensbindung **61** 3
Rückwirkung, Aufhebung der Vollziehung **361** 33
der Aufrechnung **226** 6
Rückzahlungsanspruch 155 8
Ruhen des Einspruchsverfahrens **363** 1 ff., 9 ff.
des Verfahrens, Entscheidung im vorbereitenden Verfahren **Anh II 1** 77
Ruhen des Verfahrens, Zustimmungsruhe **363** 10
Ruhenlassen von außergerichtlichen Rechtsbehelfen, Musterverfahren **165** 13 ff.

Rundfunkanstalt, öffentlich-rechtliche R., allgemeine Mitteilungspflicht **93 a** 1
Rundfunksendungen, Auskunftsverweigerungsrecht **102** 1

S

Saarland, AGFGO **Anh II 1 g** 99 ff.
Sachaufsichtsbeschwerde, Abgrenzung zum Einspruch **Vor 347** 1
Sachen, Rückgabe von S. **133**
Sachgebietsleiter für Betriebsprüfung, BpO **193** 35
Sachhaftung 76 1 ff.
Sachliche Zuständigkeit der Finanzbehörden **16** 1 ff.
Sachsen, SächsJG **Anh II 1 g** 107
Sachsen-Anhalt, AGFGO **Anh II 1 g** 111 ff.
Sachspenden, Selbstlosigkeit **55** 31
Sachstand, Erörterung des S., Einspruchsverfahren **364 a** 1 ff.
Sachverhalt, Erforschung durch das Gericht **Anh II 1** 72
Sachverhaltsaufklärung, Auslandssachverhalt **90** 2
Mitwirkung des Steuerpflichtigen **200** 1
Sachverhaltsdokumentation, Aufzeichnungspflicht bei Geschäftsbeziehungen (§ 1 Abs. 4 AStG) **90** 3
bei Geschäftsbeziehungen im Ausland **90** 3
Sachverhaltsermittlung von Amts wegen **88** 1 ff.
erschwerte S. **88** 9
Mitwirkungspflicht der Beteiligten **90** 1 ff.
Sachverhalts- und Angemessenheitsdokumentation, Auslandssachverhalte, GAufzV **90** 15
Sachvermächtnis, Zurechnung von Wirtschaftsgütern **39** 2 F
Sachverständige, Ablehnung im Gerichtsverfahren **Anh II 1** 87
Aufwendungsersatz **107** 11
Betreten von Grundstücken und Räumen **99** 1
Beweismittel **92** 1
Entschädigung des S. **107** 1 ff.
–, Strafverfahren **405**
Hinzuziehung von S. **96** 1 ff.
Hinzuziehung zur Augenscheinseinnahme **98** 2
Ladung zur mündlichen Verhandlung **Anh II 1** 76
Sachwalter, Auskunft an S., Steuergeheimnis **30** 60
Safe-Harbour-Regelung, Kennzeichen der grenzüberschreitenden Steuergestaltung **138 d** 9
Saldierungsgebot, Änderungsrahmen, Berichtigung von Rechtsfehlern **177** 8
Saldierungsrahmen 177 1 F
Saldierungsverbot, Änderungsrahmen, Berichtigung von materiellen Fehlern **177** 6 ff.
Sammelauskunftsersuchen 93 1 a
Steuer- und Zollfahndung **208** 1 F
Sammelbescheid, Einspruch gegen S. **357** 3 F
Sammelersuchen der koordinierende Stelle nach § 50 c GWG, Steuergeheimnis **31 b** 3
Sammlung von Belegen, Buchführung **146** 32
von geschützten Daten **88 a** 1
wissenschaftliche S., Hingabe an Zahlungs statt **224 a** 1 ff.
Sanierungsmodell, Gesamtobjekt **180** 48
Satzung, Anforderungen **60** 1 ff.
Feststellung der satzungsmäßigen Voraussetzungen **60 a**
Folgen der Änderung **60 a** 10
für Förderkörperschaften **60** 4
Muster **60** 9 f.
bei Neugründung **60** 10
Steuervergünstigung **59** 1 ff.
bei Stiftungen **60** 4
Übergangsvorschrift **Anh I 1** 8
Vertrauensschutz **59** 5; **61** 10
Satzungsänderung, Ausschließlichkeit **56** 3
Satzungsfremde Zwecke, Vermögensbindung **61** 9
Satzungsmäßige Vermögensbindung, Begriff **61** 1 ff.
Satzungsmäßige Voraussetzungen, Zeitpunkt der s. V. **60** 9
Satzungsmäßige Zwecke, Ausschließlichkeit **56** 1 f.
Selbstlosigkeit **55** 2, 35
Unmittelbarkeit **57** 1 ff.
Satzungsmäßigkeit, formelle **60** 3
Satzungszweck, Steuervergünstigung **59** 2; **60** 1
Säumniszuschlag 240 1 ff.
automationsgestützte Anforderung **254** 2
Erlass **227** 1 F; **240** 1 F, 9 ff.
Haftung für S. **69** 1
als Insolvenzforderung **251** 12
Leistungsgebot **218** 5; **254** 2
steuerliche Nebenleistung **3** 4
Übergangsvorschrift **Anh I 1** 28
Überleitungsbestimmung für das Beitrittsgebiet **Anh I 1** 52
Verjährung **Vor 169** 2
Verwirklichung des gesetzlichen Tatbestands **218** 1
Scannen von Belegen, elektronische Buchführung **146** 50
Rechnungen **147** 1 F
Schachspiel, Gemeinnützigkeit **52** 2
Schachtelgesellschaft, Vergünstigung für S. **180** 1 F
Schadensersatzanspruch gegen Insolvenzverwalter **251** 15
aus vorsätzlich begangener unerlaubter Handlung, Steuergeheimnis **31 a** 1
Schätzung von Besteuerungsgrundlagen **90** 1 F; **162** 1 ff., 12 ff.
–, Grundlagenbescheid **162** 5
–, Umsatzsteuer-Jahreserklärung **168** 15
Beweiskraft der Buchführung **158** 2
des Gewinns, neue Tatsache **173** 24
Klageverfahren nach S. **Anh II 1** 103
Nichtabgabe von Steueranmeldungen **167** 7
Nichtigkeit von Sch.-Bescheiden **162** 12
Übergangsvorschrift **Anh I 1** 41
bei Unrichtigkeit der Buchführung **162** 2
bei Verletzung der Mitwirkungspflichten nach § 12 StAbwG **162** 2
bei Verletzung von Mitwirkungspflichten nach § 90 Abs. 3 **162** 3 f.
von Vorsteuerbeträgen, neue Tatsache **173** 23
Wirksamkeit des Verwaltungsakts **125** 1 F
Schätzungsfehler 162 1 F
Schätzungsmethode 162 1 F
Scheckzahlung, Zahlungszeitpunkt **224** 2
–, Übergangsvorschrift **Anh I 1** 13
Scheinarbeitsverhältnis 41 4
Scheingeschäft 41 2
Scheinhandlung 41 2
Scheinverwaltungsakt, Einspruch **347** 4
Scheinwohnsitz 41 4
Schenkungsteuer, Anzeigepflicht der Notare **102** 13 ff.
Beginn der Festsetzungsfrist **170** 5
Beistandspflicht der Notare **102** 13 ff.
Festsetzungsverjährung **170** 11 ff.
Hinterziehungszinsen **235** 15

Schenkungsteuerbescheid, inhaltliche Bestimmtheit **119** 1 F
Schiedsspruch, Einspruchsverzicht **354** 2
Schiedsverfahren, eingeschränkte Rücknahme des Einspruchs **362** 2
Einspruchsverzicht **354** 2
Klagerücknahme **Anh II 1** 68
Klageverzicht **Anh II 1** 43
Schiffe, Betreten von Schiffen **99** 1
Vollstreckung in das unbewegliche Vermögen **322** 1 ff.
Schiffshypothek, Forderungspfändung **311** 1 ff.
Sicherheitsleistung **241** 1
Schleswig-Holstein, Landesjustizgesetz **Anh II 1 g** 117 ff.
Staatsvertrag, gemeinsame Einrichtung eines Senats **Anh II 1 g** 47 ff.
Schlichte Änderung 172 1, 5 ff.
Entscheidung über schl. Ä., Einspruch **347** 5
Schließfach, Verwahrung im Schließfach, Kontenwahrheit **154** 1
Schlosserei, Zweckbetrieb **68** 2
Schlussbesprechung, Außenprüfung **201** 1 ff.
–, BpO **193** 20
Schlussvorschriften 413
Schmuggel, Eingangsabgabe, Steuerhinterziehung **373** 1 f.
Schmuggelware, Nachschau, Steueraufsicht **210** 2
Schnittstelle, amtlich bestimmte S. bei Datenübermittlung **87 b** 2
steuerliche Außenprüfung, TSE **146 a** 17
Schöffe, ehrenamtlicher Richter **Anh II 1** 17
Schonfrist, Säumniszuschlag **240** 3, 5
Schreibauslagen, Auslagen bei Vollstreckung **344** 1
Schreibfehler, Berichtigung des Urteils **Anh II 1** 110
bei Erstellung der Steuererklärung, Änderung der Steuerfestsetzung **173 a** 1
offenbare Unrichtigkeit **129** 1, 5
Schriftform der Auskunft **93** 4
Bürgschaft **244** 1
bei elektronischen Dokumenten **87 a** 11
Ersetzung durch elektronische Schriftform **87 a** 3
Ersetzung durch De-Mail-Nachricht **87 a** 3
Ersetzung durch Erklärung in elektronischem Formular **87 a** 3
Pfändungsverfügung **309** 1
Schuldversprechen **244** 1
Verwaltungsakt, qualifizierte elektronische Signatur **119** 3
Schriftliche Lüge, Steuerhinterziehung oder Steuerverkürzung **370** 3 F
Schriftsätze, Frist zur Erläuterung oder Ergänzung der S., Vorbereitung der mündlichen Verhandlung **Anh II 1** 76
Klageverfahren **Anh II 1** 73
Schriftwechsel mit Bevollmächtigten **80** 14
Schulden, gesonderte Feststellung des Vermögens **180** 1
Schuldenbereinigung, Kriterien für die Entscheidung über einen Antrag auf außergerichtliche Sch. **163** 11 ff.
Schuldenbereinigungsverfahren 251 25
Schuldenverwaltung, allgemeine Mitteilungspflicht **93 a** 2
Amtshilfepflicht **111** 3
Verhältnis der Auskunfts- zur Schweigepflicht **105** 1 ff.
Schuldgrund, Angabe des S. **260**
–, Übergangsvorschrift **Anh I 1** 29
Schuldnerverzeichnis, Eintragungsanordnung **284** 9
Vermögensauskunft des Vollstreckungsschuldners **284** 6
Schuldübernahme 48 3
Schuldverschreibung, Sicherheitsleistung **241** 2
Schuldversprechen 48 3
Sicherheitsleistung **241** 1
–, Schriftform **244** 1
Schullandheim, Zweckbetrieb **68** 1
Schulschwimmen, gemeinnütziger Schwimmverein **67 a** 16
Schützenverein, Gemeinnützigkeit **52** 12
Schutzgesetz, Steuerhinterziehung **370** 1 F
Schutzschirmverfahren bei Eigenverwaltung **251** 28
Schutz von Ehe und Familie, Gemeinnützigkeit **52** 2
Schutzziele des § 146 a **146 a** 11
Schwarzarbeit, allgemeine Mitteilungspflicht **93 a** 1
Begriff **31 a** 4
Steuergeheimnis **31 a** 1
Schwedische Initiative, Informationsaustausch d. europäischen Strafverfolgungsbehörden **385** 3 ff.
Schweigepflicht öffentlicher Stellen **105** 1 ff.
Schwerbehinderung, Inklusionsbetrieb, Zweckbetrieb **68** 15
Schwimmbad, öffentliches Schw., gemeinnützige Zwecke **67 a** 16
Schwimmverein, gemeinnütziger Schw **67 a** 16
Sechsmonatsfrist, Gesamtobjekt **180** 51
Seelsorger, Auskunftsverweigerungsrecht des S. **102** 1
Selbständige Arbeit, gesonderte Feststellung der Einkünfte **18** 1
Selbständige Nebenbestimmung, Verwaltungsakt **120** 2
Selbständiges Verfahren, Mitwirkung der Finanzbehörde, Strafverfahren **406** 2
Selbstanzeige, Abgrenzung zur Berichtigung nach § 153 **153** 4
Ablaufhemmung **171** 9, 16
bußgeldbefreiende S. **378** 3 f.
Festsetzung von Hinterziehungszinsen **235** 27
Steueranmeldung, Berichtigung **168** 13
Steuerhinterziehung **371** 1 ff.
–, leichtfertige Steuerverkürzung, Übergangsvorschrift **Anh I 1** 43
Selbstberechnung der Steuer **167** 3 ff.
–, Steueranmeldung **150** 1
Selbstbindung durch Verwaltungsanweisungen **5** 1 F
Selbstkosten, betriebswirtschaftlicher Begriff **199** 27
Selbstkostenpreis, betriebswirtschaftlicher Begriff **199** 27
Selbstlosigkeit, Begriff **55** 1 ff.
bei Einsatz zeitlich zu verwendender Mittel **55** 15
gemeinnützige Zwecke **52** 1
kirchliche Zwecke **54** 1
mildtätige Zwecke **53** 1
Satzung **60** 6
Selbstschutz, Recht auf S., Strafverfahren **383** 2
Selbstversorgungseinrichtungen, Zweckbetrieb **68** 13
Senat, Bundesfinanzhof **Anh II 1** 7
Finanzgericht, Besetzung **Anh II 1** 5
–, Bildung **Anh II 1** 5
gemeinsamer S., Niedersachsen **Anh II 1 g** 75
–, Staatsvertrag **Anh II 1 g** 47 ff.
Großer S. **Anh II 1** 8

Zahl der S., Baden-Württemberg **Anh II 1 g** 1
–, Brandenburg **Anh II 1 g** 25
–, Bremen **Anh II 1 g** 31
–, Hamburg **Anh II 1 g** 42
–, Hessen **Anh II 1 g** 57
–, Mecklenburg-Vorpommern **Anh II 1 g** 68
–, Niedersachsen **Anh II 1 g** 76
–, Nordrhein-Westfalen **Anh II 1 g** 83
–, Saarland **Anh II 1 g** 100
–, Sachsen-Anhalt **Anh II 1 g** 113
–, Thüringen **Anh II 1 g** 126
Sensible Daten, Begriff **29 b** 6
SEPA-Lastschriftmandat 224 2
Sicherheit, Austausch von S., Sicherheitsleistung **247**
Erzwingung von S. **328** 1; **336** 1 f.
Gesamtschuldner **44** 2
Sachhaftung **76** 1 ff.
Verwertung von S. **327**
Sicherheitseinrichtung, technische S. KassenSichV **146 a** 49
Sicherheitsleistung 241 1 ff.
durch andere Werte **245**
Annahmewert **246**
Aussetzung der Steuerfestsetzung **165** 1
Aussetzung der Vollziehung **361** 2 f.
–, Klageverfahren **Anh II 1** 65
Aussetzung oder Aufhebung der Vollziehung **361** 37
Austausch von Sicherheiten **247**
Fristverlängerung **109** 2, 3
Nachschusspflicht **248**
gemäß § 18 f UStG **241** 1 F
Stundung gegen S. **222** 1
Unterbrechung der Zahlungsverjährung **231** 1
Sicherstellung im Aufsichtsweg, Steueraufsicht **215** 1 f.
Sicherungsabtretung 46 4, 9
Verfügungsberechtigter **35** 4
Sicherungseigentum, Wirtschaftsgüter, Zurechnung **39** 2
Sicherungsgeld, Übergangsvorschrift **Anh I 1** 25
Sicherungshypothek 318 3
Forderungspfändung **310** 3
Vollstreckung in das unbewegliche Vermögen **322** 1 ff.
Sicherungsnehmer, Verfügungsberechtigter **35** 4
Sicherungsübereignung, Verfügungsberechtigter **35** 4
Siegel, qualifiziertes elektronisches S. **119** 3
Sicherstellung, Steueraufsicht **215** 1
Siegelbruch, Steuergeheimnis **30** 22
Signaturschlüssel-Inhaber, Signaturgesetz **87 a** 5
Simultaneous control, Außenprüfung **193** 51
Simultanprüfungen, Außenprüfung **193** 51
Sittenwidriges Handeln 40
Sitz des Intermediärs **138 f** 7
einer Körperschaft usw. **11**
von nicht natürlichen Personen, Anzeigepflichten **137** 1
des Nutzers grenzüberschreitender Steuergestaltungen **138 g** 3
Sitzungspolizei, Gerichtsverfahren **Anh II 1** 45
Skat, Gemeinnützigkeit **52** 12
Smartphone, bildliche Erfassung von Papierdokumenten, elektronische Buchführung **146** 50
Soforthilfen, Corona-Krise, Mitteilungsverordnung **93 a** 18
Software, Datenverarbeitungssystem, Buchführung **146** 25
Software-Testate, elektronische Buchführung **146** 58
Soldat, ehrenamtlicher Richter **Anh II 1** 16
Soldaten- und Reservistenbetreuung, Gemeinnützigkeit **52** 2
Soldaten- und Reservistenverein, Gemeinnützigkeit **52** 19
Sollumsatz, Begriff steuerlicher Prüfungstechnik **199** 6
Sollverzinsung, Prinzip der S. bei Vollverzinsung **233 a** 21
Stundungszinsen **234** 4
Soloselbständige, Soforthilfe, Corona-Krise **93 a** 18
Sonderausgaben, gesonderte und einheitliche Feststellung **180** 6
Sonderentgelte, Aufnahmegebühr, Gemeinnützigkeit **52** 6
Sondergemeinkosten, betriebswirtschaftlicher Begriff **199** 27
Sonderprüfung, Auswirkung auf Änderungssperre **173** 42
Sonderzahlungen als Aufnahmegebühr, Gemeinnützigkeit **52** 6
Sonstige Masseverbindlichkeiten 251 15
Sozialbehörden, Kontenabruf **93** 8
Sozialgeheimnis, keine Mitteilungspflicht nach MV **93 a** 25
Sozialleistung, Leistung aus öffentlichen Mitteln, Steuergeheimnis **31 a** 6
Sozialleistungsanspruch, Forderungspfändung **313** 1 F
Sozialversicherung, Mitteilungen an die Träger der gesetzlichen Sozialversicherung **31** 4 ff.
Spaltung, Bekanntgabe von Verwaltungsakten bei Sp. **122** 30
Sparbuch, Sicherheitsleistung **241** 1
Spareinlage, Verpfändung einer S., Sicherheitsleistung **241** 1
Sparkasse, Auskunftsverweigerungsrecht von Angestellten einer Sparkasse **103** F
Spekulationsfrist, formunwirksamer Kaufvertrag **41** 1 F
Spekulationsgewinn 180 1 F
Spenden als Aufnahmegebühr, Gemeinnützigkeit **52** 6
Spendenquittung, Verbleib bei den Steuerakten **150** 4 F
Spender, Steuergeheimnis **30** 15
Sperrwirkung, Straffreiheit, Steuerhinterziehung **371** 2
Spezial-Investmentfonds, Beteiligung an ausländischen Spezial-I., Mitteilungspflicht **138** 16
Feststellung von Besteuerungsgrundlagen **Anh II 2** 7
grenzüberschreitende Steuergestaltung **138 d** 8
Spielbankabgabe, Anwendungsbereich der Abgabenordnung **3** 1 F
Spielbankgewinn, Schätzung von Besteuerungsgrundlagen **162** 1 F
Sponsoring, wirtschaftlicher Geschäftsbetrieb **64** 7
Spontanauskunft an ausländische Strafverfolgungsbehörden **385** 6
an Steuerverwaltung eines EU-Mitgliedstaats **117** 1 F
an die USA, Steuergeheimnis **30** 4 F
zwischenstaatliche Rechts- und Amtshilfe **117** 2 F
Sport, Gemeinnützigkeit **52** 2, 12 ff.
Sportdachverband, Zweckbetrieb **67 a** 3
Sportliche Veranstaltung, Begriff **67 a** 6
Zweckbetrieb **67 a** 1 ff.
Sportreisen, Zweckbetrieb **67 a** 7
Sportunterricht, Zweckbetrieb **67 a** 8
Sportverein, Begriff **67 a** 5
unschädliche Betätigung **58** 8

Spruchkörper, Überbesetzung des S., Verfahrensmangel **Anh II 1** 118 F
Spruchreife, Urteil **Anh II 1** 103
Sprungklage Anh II 1 b 1 ff.
Zulässigkeit **Anh II 1** 39
Zustimmung des FA **Anh II 1 b** 5
Staatenaustauschliste, automatischer Austausch von Informationen **117** 16
Staatliches Wohl, Beschränkung der Auskunfts- und Vorlagepflicht **106**
Staatsanwaltschaft, Aktenvorlage durch Finanzbehörde **400**
Hilfsbeamte der St., Steuer- und Zollfahndung **208** 5
Steuerstraftat **386** 4
Übermittlung von Erkenntnissen **393** 3
Staatsbank, Verhältnis der Auskunfts- zur Schweigepflicht **105** 1 ff.
Staatsvertrag, Hamburg, Niedersachsen und Schleswig-Holstein **Anh II 1 g** 47 ff.
Staatswesen, demokratisches St., Gemeinnützigkeit **52** 2
StAbwG, Schätzung bei Verletzung der Mitwirkungspflichten gem. § 12 StAbwG **162** 2
Stammdokumentation, GAufzV **90** 9, 15
Standardvollmacht 80 19 ff.
für Lohnsteuerhilfevereine **80** 21
Umfang, Widerruf, Erlöschen **80** 23
Ständiger Vertreter, Begriff **13**
Starkregen- und Hochwasserkatastrophe, Hilfeleistungen wegen S., Mitteilungsverordnung **93 a** 21
Statistik, betriebswirtschaftlicher Begriff **199** 29
über die zwischenstaatliche Amts- und Rechtshilfe **117 l** 1
Statistikangaben, Angaben in der Steuererklärung zu Statistikzwecken **150** 5
Statistisches Bundesamt, Steuergeheimnis **30** 4
Stätte der Geschäftsleitung, Betriebsstätte **12** 1
Statthaftigkeit der Beschwerde **Anh II 1** 129
StAuskV, Steuer-Auskunftsverordnung **89** 26 f.
StDAV 30 26
Steinbruch, Betriebsstätte **12** 1
Stellengemeinkosten, betriebswirtschaftlicher Begriff **199** 27
Sterbedaten, Übermittlung an Bundesamt für Finanzen **139 b** 8
Steuer, Kleinbetragsregelung, Steuerfestsetzung **156** 1
Steuerabzug, gesonderte und einheitliche Feststellung **180** 1 F
Steuerabzugsbetrag, Aussetzung der Vollziehung **361** 18
Gefährdung des St., Steuerordnungswidrigkeit **380** 1 f.
gesonderte und einheitliche Feststellung **180** 5
Steuerakten, Vorlage beim Finanzgericht **Anh II 1** 67
Steueranmeldung 167 1 ff.
Begriff **150** 1
Euro **Anh I 1** 40
Leistungsgebot **254** 1
Rechtsbehelfsfrist **355** 1
Säumniszuschlag **240** 5
Schätzung **167** 7
Verwirklichung von Ansprüchen aus dem Steuerschuldverhältnis **218** 1
Wirkung der St. **168** 1 ff.
Steueranspruch 37 1
Gefährdung des St., Aussetzung der Vollziehung **361** 11
Steuer auf Kapitalerträge, Beginn der Festsetzungsfrist **170** 6
Steueraufkommen, Umsatzsteuererstattung, Bundesamt für Finanzen **Anh II 2 a** 3
Steueraufsicht, Beauftragter **214**
Befugnisse der Finanzbehörde **210** 1 ff.
besondere Aufsichtsmaßnahmen **213**
in besonderen Fällen **209** 1 ff.
Durchführungsvorschrift **212** 1 f.
Gegenstand der St. **209** 1 ff.
Pflichten des Betroffenen **211** 1 ff.
Sicherstellung im Aufsichtsweg **215** 1 f.
Steuerhilfspersonen **217**
Steuerordnungswidrigkeit **379** 3
Überführung in das Eigentum des Bundes **216** 1 ff.
Steueraufsichtsverfahren, Besteuerungsgrundsätze **85** 2
Steuer-Auskunftsverordnung 89 26 f.
Steuerausländer, Beziehungen zum Inland, zentrale Sammlung von Unterlagen **Anh II 2 b** 5
Steuerbefreiung, Selbstlosigkeit **55** 34
Wegfall der Voraussetzungen, Berichtigungspflicht **153** 2
Steuerbegünstigte Zwecke 51 1 ff.
Ausschließlichkeit **56** 3
Selbstlosigkeit **55** 5
Übergangsvorschrift **Anh I 1** 6
Unmittelbarkeit **57** 1 ff.
Steuerbehörden, Steuergeheimnis zwischen St. **30** 15
Steuerberater, Ablehnung von Mitgliedern des Zulassungs- und Prüfungsausschusses **84** F
Auskunftsverweigerungsrecht des St. **102** 1
–, Fahrtenbuch **102** 1 F
Bekanntgabe von Verwaltungsakten an St. **122** 1 F
Berufsausübung, Einspruch **347** 8
Berufspflichten **30** 69
Bußgeldverfahren wegen Steuerordnungswidrigkeit **411**
ehrenamtlicher Richter **Anh II 1** 16
Haftungsbescheid **191** 2
Mitteilung von Berufspflichtverletzungen **30** 68 ff.
Verteidiger im Steuerstrafverfahren **392** 1
Zustellung an St. **Anh I 2** 5
Steuerberaterprüfung, Ergebnis, Frist für Anfechtungsklage **Anh II 1** 40 F
Frist zur Erhebung der Anfechtungsklage **Anh II 1** 50 F
Steuerberaterverzeichnis, amtliches St. **46** 50
Steuerberatungsangelegenheiten, Einspruch **347** 8
Finanzrechtsweg **Anh II 1** 29
Steuerberatungsgesellschaft, Zustellung an St. **Anh I 2** 5
Steuerberatungsgesellschaft Berufsausübungsgesellschaft, Mitglieder, ehrenamtlicher Richter **Anh II 1** 16
Steuerbescheid, Änderung von St. **172** 1 ff.
Aufhebung oder Änderung, Berichtigung von Rechtsfehlern **177** 1 ff.
–, Berücksichtigung von Grundlagenbescheiden **175** 1
–, neue Tatsachen oder Beweismittel **173** 1 ff.
–, rückwirkendes Ereignis **175** 1
–, Umsetzung von Verständigungsvereinbarungen **175 a** 1 f.
–, Vertrauensschutz **176** 1 ff.
–, widerstreitende Steuerfestsetzung **174** 1 ff.
Aufhebung von St. **172** 1 ff.
ausländischer St., Widerstreit **174** 11
Begriff **155** 1
Empfangsvollmacht, zusammengefasste Bescheide **183 a** 4
Form **157** 1 ff.

Gemeinnützigkeit **59** 4
Inhalt **157** 1 ff.
Steuerfestsetzung unter Vorbehalt der Nachprüfung **164** 1 ff.
Verwirklichung von Ansprüchen aus dem Steuerschuldverhältnis **218** 1
Vollziehbarkeit des St. **361** 9
zusammengefasster St. bei Gesamtschuldnern **155** 3
Steuerbevollmächtigter, Auskunftsverweigerungsrecht des St. **102** 1
Berufsausübung, Einspruch **347** 8
Bußgeldverfahren wegen Steuerordnungswidrigkeit **411**
ehrenamtlicher Richter **Anh II 1** 16
Haftungsbescheid **191** 2
Verteidiger im Steuerstrafverfahren **392** 1 f.
Zustellung an St. **Anh I 2** 5
Steuerbürge, tauglicher St., Sicherheitsleistung **244** 1 f.
Steuerdaten, Abrufbefugnis **30** 26
Steuerdatenabruf, Aufzeichnung des S. **30** 26
Steuerdaten-Abrufverordnung, StDAV **30** 26
Steuerdaten-Abruf-Verwaltungsregelung, Steuergeheimnis **30** 6 F
Steuerentrichtungspflicht des Zwangsverwalters **34** 26
Steuererhebung, zwischenstaatliche Rechts- und Amtshilfe, Merkblatt **117** 8
Steuererklärung **149** 1 ff.
Abgabe der St. **149** 1 ff.
–, Ablaufhemmung **171** 16
Abweichung von Angaben in der Steuererklärung **91** 1 ff.
Angaben in der St. **88** 11
Aufnahme der St. an Amtsstelle **151** 1 f.
Berichtigung der St., Selbstanzeige **371** 1 F
Berichtigungspflicht von St. **153** 1 ff.
elektr. St., Zugangseröffnung **87 a** 9
elektronische St., qualifiziertes Freitextfeld **150** 7; **155** 4
elektronische Übermittlung **150** 1 ff.
Form und Inhalt **150** 1 ff.
Fristverlängerung **109** 1 f.
Unterschrift, Vertretung durch Bevollmächtigten **80** 13
Verwendung von Steuererklärungsvordrucken **150** 18 ff.
vorausgefüllte St. **80** 17 f.
vorzeitige Anforderung **149** 4
Steuererklärungsfrist, Corona-Krise **149** 14
Sonderregelungen für Besteuerungszeitraum 2020 bis 2024 **Anh I 1** 50 e
Verlängerung wegen Corona-Krise **149** 13 ff.
Steuererklärungspflicht **149** 1
des Insolvenzverwalters **251** 8
Mitwirkungspflicht **90** 1 F
des Zwangsverwalters **34** 13
Steuerermäßigung, Wegfall der Voraussetzungen, Berichtigungspflicht **153** 2
Steuerermittlungsverfahren, Besteuerungsgrundsätze **85** 2
Steuererstattung, Anwendungsbereich der Abgabenordnung **1** 4
Aufteilung und Abrechnung der Länderanteile, Bundesamt für Finanzen **Anh II 2 a** 1 ff.
an Bevollmächtigten oder Beistand **80** 12
Verzinsung **233 a** 1 ff.
Vollmacht für den Empfang von St. **80** 1
Steuererstattungsanspruch **37** 1
Entstehen **38** 2
Erwerb von St., Steuerordnungswidrigkeit **383** 1
Steuerfahndung **208** 1 ff.
Ablaufhemmung, Festsetzungsfrist **171** 5
–, Festsetzungsverjährung **171** 20
Aufgaben der St. **208** 1 ff.
Befugnisse **404**
des BZSt **208 a** 1
Informationsübermittlung ohne Ersuchen an Strafverfolgungsbehörden anderer EU-Mitgliedstaaten **117 g** 1
Rechte und Pflichten des Steuerpflichtigen, Merkblatt **208** 10
Übermittlung von Informationen an Strafverfolgungsbehörden anderer EU-Mitgliedstaaten **117 c** 1
Zusammenarbeit mit zentraler Kontaktstelle **117 f** 1
Steuerfestsetzung, Ablehnung eines Antrags auf St. **155** 1
Absehen von der St. wegen fehlender Einziehungsmöglichkeit **156** 2
–, Kleinbetragsregelung **156** 1 ff.
abweichende St. aus Billigkeitsgründen **163** 1 ff.
Antrag auf St., Ablaufhemmung **171** 3
Aufhebung oder Änderung, Säumniszuschlag **240** 6
ausschließlich automationsgestützte St. **150** 7; **155** 4
außensteuerliche Bindungswirkung **350** 4
Aussetzung der St. **165** 1
Drittwirkung der St. **166**
Festsetzungsverjährung **Vor 169** 1 ff.
qualifiziertes Freitextfeld **150** 7; **155** 4
Steuerhinterziehung **370** 1 ff.
Steuerverkürzung **370** 1 ff.
unter dem Vorbehalt der Nachprüfung **164** 1 ff.
vorläufige St. **165** 1 ff.
widerstreitende St. **174** 1 ff.
Steuerfestsetzungsverfahren, betriebnahe Veranlagung **85** 4
Unterbrechung wegen Insolvenzverfahren **251** 7
Steuergefährdung bei elektronischen Aufzeichnungssystemen **379** 1
Steuerordnungswidrigkeit **379** 1 ff.
Steuergeheimnis **30** 1 ff.
Abrechnungsbetrügerei **31 a** 7
Abruf geschützter Daten **30** 25
Agentur für Arbeit **31** 5
Aktenvorlage beim Finanzgericht **30** 15
Aktenvorlage und Auskunftserteilung im Gerichtsverfahren **Anh II 1** 85
Anzeigeerstatter **30** 24
arbeitsrechtliche Maßnahmen **30** 22
Archivgut, Nutzung von A. **30** 4
Auskunftserteilung in Angelegenheiten des Insolvenzrechts **30** 59 ff.
– an Gerichte in Zwangsversteigerungsverfahren **30** 1 F
– an Gesamtschuldner **30** 32 f.
– an Gewerbebehörden in gewerberechtlichen Verfahren **30** 39 ff.
– an die Registergerichte **30** 54
Auskunftserteilung nach Sozialgesetzbuch **30** 31
Auskunftsverweigerungsrecht, Verzicht auf ein A. **30** 21
Aussagegenehmigung **30** 72
Aussagegenehmigung im Steuerstrafverfahren **30** 4 F
automatisierter Abruf von Daten **30** 6 ff.
befugte Offenbarung von Kenntnissen **30** 4
Bekanntgabe des Namens des Anzeigeerstatters **30** 24
Bekanntgabe von Verwaltungsakten durch Telefax **122** 5 F
Beteiligung Dritter **174** 15
Bundesagentur für Arbeit **31** 5

Bußgeldverfahren **30** 17
Datenabgleich **30** 8
Datenauftragsverarbeitung **30** 9
De-Mail-Dienste **30** 7
Deutsche Rentenversicherung Knappschaft – Bahn – See **31** 5
ggü. Dritten **30** 14
Drittschuldner **30** 15
Drittwiderspruchsklage **30** 15
Europäische Union **30** 4
Gefahr für die nationale Sicherheit **30** 4
Gefahr für die öffentliche Sicherheit **30** 4
Gefahr für die Verteidigung **30** 4
Gegenstand **30** 12
Gemeinwohl **30** 4
gerichtliches Verfahren **30** 72
Gesamtobjekt **180** 28
Gesetzesfolgenabschätzung **30** 4
gesetzliche Krankenkassen **31** 5
Gewerbeuntersagungsverfahren **30** 22
illegale Beschäftigung **31 a** 1 ff.
Informationsaustausch zwischen Gerichten, Staatsanwaltschaften oder Verwaltungsbehörden und Finanzbehörden **30** 35
Insolvenzstraftaten **30** 22
Insolvenzverschleppung **30** 22
Konkurrentenklage **30** 15
koordinierende Stelle nach § 50 c GWG, Übermittlung von Name und Anschrift **31 b** 3
Leistung aus öffentlichen Mitteln **31 a** 1
Leistungsmissbrauch **31 a** 1 ff., 3 ff.
Misshandlung von Kindern **30** 22
Mitteilung zur Bekämpfung der Geldwäsche an Strafverfolgungsbehörden **31 b** 2 ff.
– von Berufspflichtverletzungen **30** 68 ff.
– an Steuerberaterkammer wegen unbefugter Hilfeleistung in Steuersachen **30** 1 F
– an Strafverfolgungsbehörden **31 b** 2 ff.
nichtsteuerliche Straftat **30** 4, 35
Offenbarung und Verwertung geschützter Daten **30** 4, 14
Offenbarungsbefugnisse **30** 4
öffentliches Interesse **30** 4, 22
personenbezogene Daten **30** 2
private Krankenversicherung **31** 5
Publizitätsgesetz, Auskunft an Registergerichte **30** 58
Realsteuern **30** 65
im Restschuldbefreiungsverfahren **30** 63
Richtigstellung unwahrer Tatsachen **30** 4, 22
Schadensersatzanspruch aus vorsätzlich begangener unerlaubter Handlung **31 a** 1
Schwarzarbeit **31 a** 1
Siegelbruch **30** 22
Sozialleistung **31 a** 6
Spontanauskünfte an die USA **30** 4 F
Statistisches Bundesamt **30** 4
zwischen Steuerbehörden **30** 15
Steuerdaten-Abrufverordnung **30** 26
Steuerordnungswidrigkeit **30** 4
Steuerstraftat **30** 4
im Straf- und Bußgeldverfahren **30** 2 F
Strafverfolgungsbehörde **30** 35
Subvention **31 a** 6
ggü. Treuhänder im Verbraucherinsolvenzverfahren **30** 63
Übermittlung des Steuerbescheids **157** 3
Umweltstraftat **30** 22
Unterrichtung der Finanzkontrolle Schwarzarbeit **31 a** 4
ggü. Untersuchungsausschuss **30** 22
Urkundenfälschung **30** 34
Verbrechen **30** 4, 22
Vereitelung der Vollstreckung **30** 22
Vergleichsbetriebe **30** 15
Verletzung geschützter Individualrechtsgüter bei Amtsträgern **30** 22
verpflichteter Personenkreis **30** 13
Verschlüsselungspflicht von Daten **87 a** 1
Verstrickungsbruch **30** 22
Verwaltungsakte nach dem Arbeitnehmerüberlassungsgesetz **31 a** 1
Wirtschaftsstraftat **30** 4, 22
Zustimmung der betroffenen Person **30** 4
Steuergesetze 33 5
Umgehung **42** 1
Steuergestaltung, grenzüberschreitende St. **138 d** 1 ff.
unangemessene St. **42** 1 F
Steuerhehlerei 374 1 f.
bandenmäßige St. **374** 2
gewerbsmäßige St. **374** 2
Haftung des Steuerhinterziehers und des Steuerhehlers **71** 1 f.
Haftungsbescheid, Verjährung **191** 5
Steueraufsicht **217**
Steuerhilfspersonen 217
Steuerhinterziehung 370 1 ff.
besondere Aufsichtsmaßnahmen, Steueraufsicht **213**
besonders schwere St. **370** 2
Drittstaat-Gesellschaft **370** 3
Entdeckung **371** 5 F
Festsetzungsfrist **169** 2
Haftung des Steuerhinterziehers und des Steuerhehlers **71** 1 f.
Haftung des Vertretenen **70** 1
Haftungsbescheid, Verjährung **191** 5
Mitglied einer Bande **370** 3
durch Unterlassen, Berichtigung der Steuererklärung **153** 17
Verfolgungsverjährung **376** 1
Versuch **370** 2
Verzinsung hinterzogener Steuern **235** 1 ff.
Steuerhoheitsgebiet, grenzüberschreitende Steuergestaltung **138 d** 2; **138 e** 1
Steuerinländer, Beziehungen zum Ausland, zentrale Sammlung von Unterlagen **Anh II 2 b** 5
Steuerklausel 175 1 F
Steuerliche Bescheinigung 111 10
Steuerliche Kennzahlen, Außenprüfung **199** 4
Steuerliche Nebenleistungen, Anspruch auf st. N. **37** 1
–, Abtretung **46** 1 ff.
–, Pfändung **46** 1 ff.
–, Verpfändung **46** 1 ff.
Anwendungsbereich der Abgabenordnung **1** 3, 6
Begriffsbestimmung **3** 4, 6
Duldungsbescheid **191** 7
Festsetzungsverjährung **Vor 169** 2
Haftung des Eigentümers von Gegenständen **74** 4
Haftungsbescheid **191** 7
Kleinbetragsregelung, Steuerfestsetzung **156** 1
Leistungen oder Haftung durch Dritte **48** 3
Säumniszuschlag **240** 1 ff.
Steuerfestsetzung **156** 1
Verhältnis der st. N. zur Vollverzinsung **233 a** 73 ff.
Verspätungszuschlag **152** 1 ff.
Verwaltungsakte über st. N., zusammengefasster Steuerbescheid **155** 3
Verwirklichung von Ansprüchen aus dem Steuerschuldverhältnis **218** 1
Verzinsung **233** 1
Steuerlicher Vorteil bei grenzüberschreitenden Steuergestaltungen **138 d** 3

Steuerliches Wahlrecht, Änderung oder Berichtigung von Steuerfestsetzungen **Vor 172** 8
Steuermessbescheid 184 1
Aussetzung der Vollziehung **361** 26 ff.
Grundlagenbescheid, Festsetzungsverjährung **171** 10
Steuermessbetrag, Abrufverfahren **184** 3
Festsetzung **22** 1; **184** 1 ff.
Festsetzungsverjährung **Vor 169** 2
Pflicht zur Mitteilung von Besteuerungsgrundlagen **31** 1
Zerlegung **22** 1; **185**
Zuteilungsverfahren **190**
Steuermessbeträge, Abrufverfahren, Übergangsvorschrift **Anh I 1** 50 d
Steuern, Anwendungsbereich der Abgabenordnung **1** 1 ff., 4
Begriffsbestimmung **3** 1
Troncabgabe **3** 1 F
Verwaltungshoheit **1** 1 F
Steuernachforderung, Aufteilungsmaßstab, Aufteilung einer Gesamtschuld **273** 1 f.
Verzinsung **233 a** 1 ff.
Steuern vom Einkommen bei Bauleistungen **20 a** 1 ff.
Steueroasen-Abwehrgesetz, Pflichtverletzung, Zuschlag nach § 162 Abs. 4 **162** 4 a
Steuerordnungswidrigkeit, Ablaufhemmung, Festsetzungsverjährung **171** 5
Begriff **377** 1
Datenschutz **384 a** 1
geschäftsmäßiger Erwerb von Ansprüchen aus dem Steuerschuldverhältnis **46** 9
Steuergeheimnis **30** 4
bei Übermittlung von Vollmachtsdaten **383 b** 1
Verfolgung und Ermittlung durch Steuer- oder Zollfahndung **208** 4
Verfolgungsverjährung **384**
Verstoß gegen völkerrechtliche Vereinbarungen zur Förderung der Steuererhrlichkeit **383 a** 1
Zusammenhang mit Steuerstraftat, Strafbefehl **410** 2
zuständige Verwaltungsbehörde **409**
Steuerpflichtiger, Begriff **33** 1 ff.
Beteiligter **78** 2
Identifikationsnummer **139 b** 1
Mitwirkungspflichten **200** 1 ff.
Pflichten **33** 3
Rechtsstellung des St. bei Abtretung oder Verpfändung **46** 11
Steuerfahndung, Rechte und Pflichten des St. **208** 10
Steuerrate, neue Bundesländer, Verwaltungsakt **119** 1 F
Steuerschuldner 43
Steuerschuldrecht 33 1 ff.
Steuerschuldverhältnis 37 1 ff.
Ansprüche aus dem St. **37** 1 ff.
–, Fälligkeit **220** 1 ff.
Verwirklichung von Ansprüchen aus dem St. **218** 1 ff.
Steuersparmodell, verbindliche Auskunft **89** 17
Steuerstempler 167 1 ff.
Berichtigungspflicht **153** 1 ff.
Steuerhinterziehung **370** 1
Steuerstrafsachen, bilaterale Rechtshilfe, TIEA **117** 9
Steuerstraftat, Anzeige von St. **116** 1 f.
Begriff **369** 1
Steuergeheimnis **30** 4
Verdacht einer St., Außenprüfung **193** 19, 49
Verfahrensvorschriften **385** 1 ff.
Weiterleitung von Informationen, Bundeszentralamt für Steuern **Anh II 2** 7
Zusammenhang mit Steuerordnungswidrigkeit, Strafbefehl **410** 2
Zuständigkeit der Finanzbehörde **386** 1 ff.
Steuerstraftäter, Haftung des St. **71** 1 F
Steuerstrafverfahren, Abkommen über den steuerlichen Informationsaustausch, TIEA **117** 11
Ablaufhemmung, Festsetzungsverjährung **171** 5
keine Anwendung der DSGVO **29 b** 5
Aussagegenehmigungen im St., Steuergeheimnis **30** 4 F
Rechte und Pflichten der Finanzbehörde **399** 1 f.
Steuersubjekt, Untergliederung von Großvereinen **51** 5
Steuerumgehung 42 1 F
Abgrenzung zu Steuerhinterziehung **370** 1 F
Steuervereinbarungen 38 1 F
Steuervergünstigung, Mittelverwendung und Mittelbeschaffung **58** 1 ff.
Satzungszweck **60** 1
steuerbegünstigte Zwecke **51** 1 ff.
tatsächliche Geschäftsführung **63** 1 ff.
unschädliche Betätigung **58** 1 ff.
Verbrauchsteuer **50** 1
Voraussetzung **59** 1 ff.
Wegfall der Voraussetzungen, Berichtigungspflicht **153** 2
Wegfall einer St., rückwirkendes Ereignis **175** 2
Steuervergütung 155 5
Anspruch auf St., Abtretung, Pfändung und Verpfändung **46** 1 ff.
Anwendungsbereich der Abgabenordnung **1** 1 ff., 4
Aufteilung und Abrechnung der Länderanteile, Bundesamt für Finanzen **Anh II 2 a** 1 ff.
an Bevollmächtigten oder Beistand **80** 12
Einspruchsverfahren **347** 9
–, Beschwer **350** 4
Vollmacht für den Empfang von St. **80** 1
Steuervergütungsanspruch 37 1
Entstehen **38** 2
Erwerb von St., Steuerordnungswidrigkeit **383** 1
Steuervergütungsbescheid, Verwirklichung von Ansprüchen aus dem Steuerschuldverhältnis **218** 1
Steuervergütungsgläubiger 43
Steuerverkürzung 370 1
Begriff **370** 4
Haftung des Steuerhinterziehers und des Steuerhehlers **71** 1 f.
Haftung des Vertretenen **70** 1
länderübergreifende Datenverwendung der Finanzbehörden **88 b** 1 ff.
leichtfertige St. **378** 1 ff.
–, Festsetzungsfrist **109** 2
Versuch **370** 2
Steuervermeidung 42 1 F
Steuerverwaltung, Beamte und Angestellte, ehrenamtlicher Richter **Anh II 1** 16
Steuervorteile bei Gestaltungsmissbrauch **42** 4
Haftung des Vertretenen **70** 1
Steuerzeichen 167 1 ff.
Berichtigungspflicht **153** 1 ff.
Steueraufsicht **215** 1
Steuerhinterziehung **370** 1
Stiftung, Einkommensverwendung **58** 21
Grundstockvermögen **55** 1 F
Mittelverwendung, Steuervergünstigung **58** 6
Mustersatzung **Anlage 1 AO**
Satzung bei St. **60** 4
Selbstlosigkeit **55** 7, 22, 41
Stiftungsgeschäft, Steuervergünstigung **59** 1 ff.
Strafbarkeit einer falschen Versicherung an Eides statt **95** 1 F

Strafbefehl, Antrag auf Erlass eines St. **400**
Mitwirkung der Finanzbehörde im Strafbefehlsverfahren **406** 1
Zusammentreffen von Steuerstraftat und Steuerordnungswidrigkeit **410** 2
Straffreiheit, Selbstanzeige, Steuerhinterziehung **371** 2
Strafgefangene, Gemeinnützigkeit **52** 2
Strafprozessordnung, Steuerstrafverfahren **385** 1
Strafsachen, mehrfache Zuständigkeit **390** 1 f.
zusammenhängende St., Zuständigkeit **389**
Straftat, Auskunftsverweigerungsrecht bei Gefahr der Verfolgung wegen einer St. **103**
bei eidesstattlicher Versicherung **284** 3
Gemeinnützigkeit **52** 2
Verfolgung und Ermittlung durch Steuer- und Zollfahndung **208** 4
Straf- und Bußgeldverfahren, Einleitung, Selbstanzeige **371** 2
Steuergeheimnis **30** 2 F
Strafverfahren 385 1 ff.
Akteneinsicht **395**
Antrag auf Anordnung von Nebenfolgen **401**
Antrag auf Erlass eines Strafbefehls **400**
außersteuerliches St., Steuergeheimnis **30** 25
Aussetzung des St. **396** 1 ff.
Befugnisse der Zoll- und Steuerfahndung **404**
Beteiligung der Finanzbehörde, gerichtliches Verfahren **407** 1 f.
–, Verfahren der Staatsanwaltschaft **403** 1 ff.
Eigentumsübergang, unbekannte Eigentümer **394**
Einleitung des St. **397** 1 ff.
Einstellung des St., Geringfügigkeit **398**
Entschädigung der Zeugen und Sachverständigen **405**
gerichtliches Verfahren, Mitwirkung und Beteiligung der Finanzbehörde **406** 1 ff.
Hinweis auf Einleitung eines St., Außenprüfung **201** 2
Maßgeblichkeit für Festsetzung der Hinterziehungszinsen **235** 7
Rechte und Pflichten der Finanzbehörde **402** 1 f.
Verfahren der Staatsanwaltschaft **402** 1 ff.
Verfahrensvorschriften **385** 1 f.
Verhältnis zum Besteuerungsverfahren **393** 1 f.
Verteidigung **392** 1 f.
Zuständigkeit **389**
Strafverfahren wg. Leistung aus öffentlichen Mitteln, Steuergeheimnis **31 a** 1
Strafverfolgung, Ablaufhemmung, Festsetzungsverjährung **171** 7
Strafverfolgungsbehörden anderer EU-Mitgliedstaaten, Übermittlung von Informationen **117 c** 1
Informationsaustausch, EU-Mitgliedstaaten **385** 3 ff.
Mitteilung zur Bekämpfung der Geldwäsche **31 b** 2 ff.
Urkundenfälschung, Steuergeheimnis **30** 34
Strafvorschriften 369 1 ff.
Strafzumessung, Schmuggel **373** 1
Steuerhinterziehung oder Steuerverkürzung **370** 3
Streitgenossen 360 1 F
Streitgenossenschaft Anh II 1 54
Streitsache, Erörterung der St., mündliche Verhandlung **Anh II 1** 94
Streitwert, finanzgerichtliches Verfahren **Anh II 1** 162; **Anh II 1 f** 3
bei Gebühr für verbindliche Auskunft **89** 21
Mindeststreitwert **Anh II 1** 162
Strohmann 41 6 F
Haftung des Geschäftsführers **69** 1 F
Stromsteuer, Festsetzungsfrist **170** 2
Stückzinsen, Gestaltungsmissbrauch **42** 1 F
Studentenheim, Zweckbetrieb **68** 1
Studentenhilfe, Gemeinnützigkeit **52** 2
Stundung von Ansprüchen aus dem Steuerschuldverhältnis **222** 1 ff.
Beendigung durch eröffnetes Insolvenzverfahren **251** 7
Erhebung von Säumniszuschlägen **240** 10
Hingabe von Kunstgegenständen an Zahlungs statt **224 a** 4
Unterbrechung der Zahlungsverjährung **231** 1
Widerruf oder Ablehnung der St., Vollziehbarkeit des Verwaltungsakts **361** 9
Zuständigkeitsgrenze **222** 2
Stundungszinsen 234 1 ff.
Festsetzungsfrist **239** 1
für Haftungsansprüche **234** 1
Ratenzahlung **234** 13 f.
Subsidiaritätsprinzip bei Auskunftsersuchen an Dritte **93** 11
Subventionen, allgemeine Mitteilungspflicht **93 a** 1
Leistung aus öffentlichen Mitteln, Steuergeheimnis **31 a** 6
Subventionsbetrug, Steuergeheimnis **30** 22
Suppenküche, Wohlfahrtspflege **66** 10
Surrogat, Haftung des Eigentümers **74** 3

T

Tafel, Essenst., Wohlfahrtspflege **66** 10
Lebensmittelabgabe an Bedürftige **53** 1 F
Tag der Zahlung 224 1 ff.
Tagesgeschäfte, Geschäftsleitung **10** 3
Tageskassenberichte 146 1 F
Tageszeitung, Begrenzung der Beiladung **Anh II 1** 56
Tankstelle, Betriebsstätte **12** 1 F
Tatbestand, Berichtigung des T., Urteil **Anh II 1** 111
Inhalt des Urteils **Anh II 1** 108
Tatbestandsirrtum, Steuerhinterziehung **370** 1 F
Tatentdeckung, Steuerhinterziehung, Selbstanzeige **371** 2
Täter, Steuerhinterziehung **370** 1 F
Tatherrschaft, Steuerhinterziehung **370** 1 F
Tätigkeitsfinanzamt, örtliche Zuständigkeit **18** 1
Tätigkeitsvergütung von Vorstandsmitgliedern, Mittelverwendung **55** 32
Tatsachen, Begriff **173** 3
neue T., Aufhebung oder Änderung von Steuerbescheiden **173** 1 ff.
–, nachträgliches Bekanntwerden von T. **173** 7 ff.
ungewisse T., vorläufige Steuerfestsetzung **165** 4
Tatsächliche Geschäftsführung, Anforderungen an die t. G., Steuervergünstigung **63** 1 ff.
Feststellung der satzungsgemäßen Voraussetzungen **60 a** 5
Tatsächliche Herrschaft, Wirtschaftsgüter **39** 2
Tatsächliche Verständigung 85 1 F; **88** 13
über Rechtsfragen **83** 1 F
Schätzung von Besteuerungsgrundlagen **162** 1 F
Vereinbarungen zwischen Steuerpflichtigen und Finanzbehörde **88** 13 ff.
Tauglicher Steuerbürge, Sicherheitsleistung **244** 1 f.
Tauschringe, Gemeinnützigkeit **52** 11
Taxameter 146 25
elektronisches Aufzeichnungssystem **146** 67
Tax Information Exchange Agreement, Abkommen **117** 9
Taxiunternehmen, Buchführungs- und Aufzeichnungspflichten **146** 68

Technische Sicherheitseinrichtung für digitale Aufzeichnungen **146 a** 1
Teilabschlussbescheid als Folgebescheid **180** 76
gesonderte Feststellung, Außenprüfung **180** 1 a
örtliche Zuständigkeit **18** 3 a
Teilbestandskraft, Gewinnfeststellungsbescheid **367** 1 F
Teileinkünfteverfahren, einheitliche und gesonderte Feststellung **180** 1 F
Teil-Einspruchsentscheidung 367 3
Aussetzungszinsen **237** 9
Ermessen **363** 6; **367** 11 f.
Gegenstand der Teil-E. **363** 6
Masseneinsprüche **367** 12
Reichweite der Teil-E. **367** 14
Sachdienlichkeit **367** 12
Verböserungshinweis **367** 13
Teil-Leistungen, Verzinsung von Erstattungsbeträgen, LiFo-Methode **233 a** 4
Teilnahmerecht, Außenprüfung, Landesbehörde **Anh II 2** 24
Teilnehmer, Steuerhinterziehung **370** 1 F
Teilprüfungsbericht 202 3
Teil-Unterschiedsbetrag, zu verzinsender Teil-U., Vollverzinsung **233 a** 8
Teilurteil Anh II 1 101
Aussetzungszinsen **237** 9
Teilverzinsungszeitraum bei Vollverzinsung **238** 3
Telefax, Abtretungsanzeige **46** 14
Bekanntgabe von Verwaltungsakten **122** 2 F, 15
Einspruchseinlegung **357** 1 F
kein elektronisches Dokument **87 a** 12
Fristversäumnis **110** 1 F
Prozessvollmacht **Anh II 1** 57 F
Steuererklärungen **150** 1 F
Zustellung eines Verwaltungsakts **122** 5 F
Telefonseelsorge, mildtätige Zwecke **53** 3
Telegramm, Einspruch **357** 1
Tenor der Teil-Einspruchsentscheidung **367** 14
unwirksames Urteil **Anh II 1** 108 F
Termin 108 1 ff.
Definition **108** 7
Ende des T. **108** 5
Terminverlegung, Gerichtsverfahren **Anh II 1** 152 F
Terrorismusfinanzierung, Mitteilung zur Bekämpfung der T. **31 b** 1
Testamentsvollstrecker, Haftung des T. **69** 2
Klagebefugnis **Anh II 1** 34 F
Pflichten des T. **34** 3 F
Rechte des T. **45** 1 F
Verschulden des T. **110** 1 F
Testamentsvollstreckung, Bekanntgabe von Verwaltungsakten **122** 28
Theater, Gemeinnützigkeit **52** 7
Zweckbetrieb **68** 7
Thüringen, AGFGO **Anh II 1 g** 126 ff.
TIEA, Abkommen über den steuerlichen Informationsaustausch **117** 9
Tierschutz, Gemeinnützigkeit **52** 2
Tierzucht, Gemeinnützigkeit **52** 2
Tilgung, Reihenfolge der T. **225** 1 ff.
Tilgungsbestimmung bei Gesamtschuldnern **37** 6
Tischlerei, Zweckbetrieb **68** 2
Titulierte Forderung, Bestreiten der t. F., Insolvenzverfahren **251** 14
Tod eines nahen Angehörigen, Wiedereinsetzung **110** 9
des Vollmachtgebers **80** 4
Tombola, Zweckbetrieb **68** 19
Totalisatorbetrieb, Gewinn aus dem T., wirtschaftlicher Geschäftsbetrieb **64** 12
wirtschaftlicher Geschäftsbetrieb **64** 6
Totenandenken, kirchliche Zwecke **54** 2
Toter, Zuständigkeit **26** 13
Traditionelles Brauchtum, Gemeinnützigkeit **52** 2
Träger der gesetzlichen Sozialversicherung, Mitteilung von Besteuerungsgrundlagen **31** 2
Transaktion, KassenSichV **146 a** 13
Transaktionen bei grenzüberschreitenden Steuergestaltungen **138 e** 1
Transaktionsmatrix, Aufzeichnungspflicht bei Geschäftsbeziehungen (§ 1 Abs. 4 AStG) **90** 3
Merkblatt zur T. **90** 23
Zuschlag nach § 162 Abs. 4 bei Nichtvorlage der T. **162** 4
Trennung von Verfahren, Klageverfahren **Anh II 1** 69
Trennungsfolgejahr, Zuordnung von Steuerzahlungen **37** 8
Treuhänder im Insolvenzverfahren, Steuergeheimnis **30** 63
Treuhänderschaft, Nachweis der T. **159** 1 ff.
Treuhandverhältnis, besondere gesonderte Feststellung **179** 1 F, 9
Wirtschaftsgüter, Zurechnung **39** 2
Zurechnung **39** 2 F
Treu und Glauben, Änderung wegen Bekanntwerden neuer Tatsachen oder Beweismittel **173** 14
Erlass von Steueransprüchen **227** 1 F
bei Ermessensentscheidung **5** 2
Grundsatz von Treu und Glauben **176** 1 ff.
im Steuerrecht **4** 5
Verletzung der Ermittlungspflicht **173** 14
bei Vorbehalt der Nachprüfung **164** 1 F
Vorläufigkeit, Festsetzungsverjährung **171** 8 F
Trinkgeld, Schätzung von Besteuerungsgrundlagen **162** 1 F
Troncabgabe, Steuer **3** 1 F
TSE, Anforderungen **146 a** 16
im EU-Taxameter **146 a** 32
im Wegstreckenzähler **146 a** 39
zertifizierte technische Sicherheitseinrichtung **146 a** 1

U

Überbrückungshilfen, Corona-Krise, Mitteilungsverordnung **93 a** 18
Übereignung im Ganzen, Haftung des Betriebsübernehmers **75** 1 ff.
Übergabe von Zahlungsmitteln, Tag der Zahlung **224** 2
Übergang der bedingten Verbrauchsteuerschuld **50** 1 ff.
der Buchführungspflicht **141** 3, 9
des Eigentums, unbekannter Eigentümer **394**
Übergangsregelung, Billigkeitsgründe **163** 1 F
Übergangsvorschriften von der Reichsabgabenordnung zur AO 1977 **Anh I 1** 2 ff.
Überlassung von Arbeitskräften, Steuervergünstigung **58** 4
gespeicherter Daten, Kosten im Vollstreckungsverfahren **344** 1
von Räumen, Steuervergünstigung **58** 5
Überleitungsbestimmungen aus Anlass der Herstellung der Einheit Deutschlands **Anh I 1** 51 ff.
Überleitung von Steuererstattungsansprüchen **46** 11

Übermaßverbot 88 1
bei Ermessensentscheidung **5** 2
Übermittlung, elektronische Ü. von Daten, Bedingungen **87 b** 1 ff.
von Informationen an EU-Länder zur Verhütung von Straftaten **117 c** 1
von Vollmachtsdaten, Ordnungswidrigkeit **383 b** 1
Überpfändung, Verbot **281** 2
Überraschungsentscheidung Anh II 1 72 F
Überschuldung, Erlass von Säumniszuschlägen **227** 1 F; **240** 9
als Insolvenzeröffnungsgrund **251** 5
Überschusseinkünfte, Aufbewahrung von Unterlagen **147 a** 1
Überschussweitergabe, unschädliche Betätigung **58** 3
Übersendung von Zahlungsmitteln, Tag der Zahlung **224** 2
Übersetzer, Aufwendungsersatz **107** 11
Übersetzung, Amtssprache **87** 2 ff.
durch eigene Bedienstete **87** 5
Überwachungsverschulden des Geschäftsführers, Haftung **69** 1 F
Überweisung, Tag der Zahlung **224** 2
Überweisungsbeschluss 46 6
Üble Nachrede eines Amtsträgers, Steuergeheimnis **30** 22
Umbuchungsmitteilung, Aufrechnung **226** 1 F
Umdeutung eines fehlerhaften Verwaltungsakts **128** 1 ff.
einer Klage **Anh II 1** 34 F
von Verfahrenserklärungen **357** 6 ff.
Umfang, sachlicher U. der Außenprüfung **194** 1 ff.
Umlauffähigkeit von Wertpapieren, Sicherheitsleistung **243**
Umsatzsteuer, bandenmäßige Hinterziehung **370** 3
Billigkeitsmaßnahmen bei Verzinsung **233 a** 79
einheitliche und gesonderte Feststellung **180** 26
Erstattung der U., Bundesamt für Finanzen **Anh II 2 a** 3
Europäische Union, Steuerhinterziehung **370** 6
Festsetzung von Hinterziehungszinsen **235** 26
Gesamtobjekt, gesonderte und einheitliche Feststellung **180** 58 ff.
gesonderte und einheitliche Feststellung **180** 13 ff., 24 ff.
Identifikationsnummer, Bundeszentralamt für Steuern **Anh II 2** 7
als Insolvenzforderung **251** 12
im Insolvenzverfahren **251** 20
als Masseverbindlichkeit **251** 15
neue Tatsachen, grobes Verschulden **173** 23
Schätzung der Besteuerungsgrundlagen **162** 19
Sonderregelungen bei der Vollverzinsung **233 a** 70
Steuerhinterziehung **370** 1 F
Umsatzsteuerbefreiung, Bundeszentralamt für Steuern **Anh II 2** 7
Verwaltung der U. **Anh II 2** 19
Verzinsung von Steuernachforderungen oder Steuererstattungen **233 a** 1 ff.
bei vorläufiger Insolvenzverwaltung **251** 39
Zusammenwirken von Bundes- und Landesfinanzbehörden **Anh II 2** 20
Zuständigkeit bei Zwangsverwaltung **21** 1 F
Zuständigkeit für Besteuerung **21** 1 ff.
– von im Ausland ansässigen Unternehmern **21** 4 f.
– von Nichtunternehmern **21** 2
Umsatzsteuer-Jahreserklärung, Eingang und Schätzung **168** 15
Umsatzsteuer-Nachschau, Selbstanzeige **371** 2
Umsatzsteuer-Sonderprüfung 194 1 F
Umsatzsteuer-Sondervorauszahlung, Rechtsnatur der U. **152** 1 F
Umsatzsteuervoranmeldung, Selbstanzeige **371** 3
Umsatzsteuervorauszahlung, Steueranmeldung **168** 8
Umsatzsteuerzuständigkeitsverordnung 21 4 f.
Umsetzung von Verständigungsvereinbarungen **175 a** 1 f.
Umwandlung, Bekanntgabe der Prüfungsanordnung **197** 11
Bekanntgabe von Verwaltungsakten bei U. **122** 27
formwechselnde U. **45** 5
–, Bekanntgabe von Verwaltungsakten **122** 31
von Waren, Steueraufsicht **209** 2
Umweltschutz, Gemeinnützigkeit **52** 2
Umweltstraftat, Steuergeheimnis **30** 22
Unabhängigkeit der Gerichte **Anh II 1** 1
Unanfechtbare Verwaltungsakte, Klage **Anh II 1** 36
Unanfechtbarkeit, Begriff **Vor 172** 1
Unangemeldete Augenscheinseinnahme, häusliches Arbeitszimmer **98** 1 F
Unaufschiebbare Maßnahme, Zuständigkeit **24** 3
Unbedenklichkeitsbescheinigung 111 1 F
Anwendungsbereich der Abgabenordnung **1** 7
Besteuerungsgrundlagen **85** 5
Grunderwerbsteuer **89** 1 F
Unbedingtwerden, Verbrauchsteuer **50** 1 ff.
Unbekannte Person, Bestellung eines Vertreters **81** 1
Unbekannter Aufenthalt, Bestellung eines Vertreters **81** 1
Unberechtigter Steuerausweis, Erlass **227** 1 F
Unbewegliches Vermögen, Vollstreckung in das u. V. **322** 1 ff.
Unbillige Härte, Aussetzung der Vollziehung **361** 2
Billigkeitsmaßnahme **163** 1
Unbilligkeit, Erlass von Steueransprüchen **227** 1
sachliche U., Bestandskraft von Steuerbescheiden **227** 1 F
Unerlaubte Arbeitnehmerüberlassung, allgemeine Mitteilungspflicht **93 a** 1
Unerlaubte Ausländerbeschäftigung, allgemeine Mitteilungspflicht **93 a** 1
Unfallverhütung, Gemeinnützigkeit **52** 2
Ungetrennte Früchte, Versteigerung **304**
Vollstreckung **294** 1 f.
Ungewisse Tatsachen, vorläufige Steuerfestsetzung **165** 4
Ungewissheit, vorläufige Steuerfestsetzung **165** 1 ff., 4
–, Einkunftserzielungsabsicht **171** 8 F
Unionsrecht, Änderung von Steuerbescheiden **172** 1 F
Unkenntnis der Finanzbehörde, Steuerhinterziehung **370** 1 F
Unmittelbarer Datenzugriff der Finanzbehörde, elektronische Buchführung **146** 56
Unmittelbarer Zwang, Zwangsmittel **328** 1; **331**
Unmittelbarkeit, Begriff **57** 1 ff.
Unparteilichkeit des Amtsträgers, Befangenheit **83** 1
Unpfändbarkeit von Forderungen **319** 1 ff.
von Sachen **295**
Unrichtige Sachbehandlung, Kosten der Vollstreckung **346** 1
Unrichtigkeiten, offenbare U. **129** 1 ff.
Unschädliche Betätigung, Steuervergünstigung **58** 1 ff.
Übergangsvorschrift **Anh I 1** 3
Unterstützung von anderen Körperschaften **58** 27 ff.
Unselbständige Besteuerungsgrundlagen 157 2

Unselbständige Nebenbestimmung, Verwaltungsakt **120** 2
Untätigkeitsklage Anh II 1 c 1 ff.
Begriff und Zulässigkeit **Anh II 1** 40
Grund für U. **Anh II 1 c** 2 f.
Unzulässigkeit **Anh II 1 c** 4
Unterbeteiligung, besondere gesonderte Feststellung **179** 7 f.
typische U., gesonderte Feststellung **180** 1 F
Unterbrechung des Besteuerungsverfahrens, Insolvenzeröffnungsverfahren **251** 6
von Rechtsbehelfsverfahren, Eröffnung von Insolvenzverfahren **251** 7
der Verfolgungsverjährung, Steuerstraftat **376** 1
der Zahlungsverjährung **231** 1 ff.
Unterbringungsbefehl, Steuerstraftat **386** 3
Untergesellschaft bei atypisch stiller Beteiligung **179** 7
gesonderte und einheitliche Feststellung **180** 1 F
Untergliederung, Großvereine, Steuersubjekt **51** 5
Unterlagen in elektronischer Form, Buchführung **146** 14 ff.
–, Datennutzung durch Finanzbehörde **147** 6
Ordnungsvorschriften für die Aufbewahrung von U. **147** 1 ff.
Vorlage mit der Steuererklärung **150** 4
Unterlassen, Steuerhinterziehung durch U. **153** 17
Unterlassung, Vollstreckung **249** 1
Unterlassungsklage Anh II 1 34 F
Unternehmen, Anzeige der Erwerbstätigkeit **138** 1
verbundene U., grenzüberschreitende Steuergestaltungen **138 e** 3
Unternehmensbezogene Dokumentation, GAufzV **90** 8
Unternehmensgruppe, multinationale U., Aufzeichnungen bei m. U. **90** 3
–, länderbezogener Bericht **138 a** 1
Unternehmergesellschaft, Mittelverwendung **55** 31
Unterrichtung des Steuerpflichtigen bei Abweichungen **91** 1 ff.
Unterrichtungspflicht, Aussetzung der Vollziehung, Grundlagenbescheid **361** 29
von Behörden an Leistungsempfänger **93 a** 1
bei Steuerstraftat, Außenprüfung **193** 49
Untersagung der Berufsausübung, Hemmung der Vollziehung **361** 4; **Anh II 1** 65
des Gewerbebetriebs, Hemmung der Vollziehung **361** 4; **Anh II 1** 65
Untersagungsverfahren, gewerbliches U., Steuergeheimnis **30** 50
Unterscheidungsmerkmal bei Wirtschafts-Identifikationsnummer **139 c** 6
Unterschiedsbetrag, zu verzinsender U., Vollverzinsung **233 a** 4
Unterschrift, Steuererklärung **150** 3 f.
–, Insolvenzverwalter **251** 8
–, Vertretung durch Bevollmächtigten **80** 13
Verwaltungsakt **119** 3 f.
Unterstützung von anderen Körperschaften, unschädliche Betätigung **58** 27 ff.
von Gesellschaftern, Genossen, mildtätige Zwecke **53** 5
hilfsbedürftiger Verwandter, mildtätige Zwecke **53** 5
mildtätige Zwecke **53** 1
Untersuchung, Rechte und Pflichten der Finanzbehörde im Strafverfahren **399** 2
Untersuchungsausschuss, Steuergeheimnis **30** 22
Untersuchungsgrundsatz 88 1 ff.
Unterzeichnung von Steuererklärungen durch einen Bevollmächtigten **80** 13; **150** 3
Unveränderbarkeit, Buchführung **146** 33, 46
Unverbindliche Auskunft 89 9
Unwirksames Rechtsgeschäft 41 1 ff.
Unwirksamkeit der Bekanntgabe des Verwaltungsakts **122** 38
der Einspruchsrücknahme **362** 3
des Verwaltungsakts **122** 36
Unzulässigkeit, Einspruch, Einspruchsverzicht **354** 1 ff.
der elektronischen Übermittlung von Daten an Finanzbehörden **87 a** 1
der Klageänderung, Revisionsverfahren **Anh II 1** 123
Urkunde, Beweismittel **92** 1
Erzwingung der Vorlage im Gerichtsverfahren **Anh II 1** 88
Rückgabe von U. **133**
unechte U., Steuergeheimnis **30** 34
Verweigerung der Vorlage von U. **104** 1 ff.
Vorlage von U. **97** 1 ff.
–, Mitwirkungspflicht des Steuerpflichtigen **200** 1
–, Vorbereitung der mündlichen Verhandlung **Anh II 1** 76
Urkundenfälschung, Steuergeheimnis **30** 34
Urkundsbeamter, Bremen **Anh II 1 g** 32
Festsetzung der zu erstattenden Aufwendungen **Anh II 1** 146
Gericht, Geschäftsstelle **Anh II 1** 9
Kostenentscheidung im FG-Verfahren **Anh II 1** 143
Rheinland-Pfalz **Anh II 1 g** 96
Saarland **Anh II 1 g** 104
Thüringen **Anh II 1 g** 128
Ursprungsbeleg bei Dauersachverhalten, GoBD **146** 38
Urteil Anh II 1 98 ff.
Aufhebung angefochtener Verwaltungsakte durch U. **Anh II 1** 103
Berechnung des Geldbetrags durch die Finanzbehörde **Anh II 1** 103
Berichtigung des U. **Anh II 1** 110
Beweiswürdigung, Inhalt **Anh II 1** 99
Bindung an das Klagebegehren **Anh II 1** 99 F
auf Erlass eines Verwaltungsakts **Anh II 1** 104
Gerichtsbescheid **Anh II 1** 90
nachträgliche Ergänzungen **Anh II 1** 112
Nichtzulassungsbeschwerde **Anh II 1** 117
Rechtskraftwirkung **Anh II 1** 113
am U. beteiligte Richter **Anh II 1** 106
Überraschungsentscheidung **Anh II 1** 72 F
Verkündung des U. **Anh II 1** 107
– und Zustellung **Anh II 1** 107
Urteilsform Anh II 1 108
Urteilsformel, Inhalt des Urteils **Anh II 1** 108

V

Veranlagungssteuern, Hinterziehungszinsen, Zinslauf **235** 15
Veranlagungsverfahren, Steuervergünstigung, Gemeinnützigkeit **59** 4
Veranstaltung, sportliche V., Begriff **67 a** 6
–, Zweckbetrieb **67 a** 1 ff.
wissenschaftliche oder belehrende, Zweckbetrieb **68** 8
Verantwortlicher im Datenschutz **29 b** 6
Verantwortlichkeit für Ordnungsmäßigkeit elektronischer Bücher **146** 26
Verarbeitung personenbezogener Daten, Begriff **29 b** 6
von Waren, Steueraufsicht **209** 2

Verbindliche Auskunft 89 2 ff.
Antragstellung durch mehrere Personen **89** 26
Bindungswirkung **89** 18, 27
durch Bundeszentralamt für Steuern **Anh II 2** 7
Dauersachverhalte **89** 17
Einheitlichkeit der v. A. bei mehreren Personen **89** 2
Form und Inhalt **89** 15, 26
Frist **89** 2
Gebühr **89** 3
Gebührenschuldner **89** 11
Korrektur **89** 18
organisatorische Hinweise **89** 29 ff.
Rechtsbehelf bei v. A. **89** 19
Verständigungsvereinbarungen, Änderung von Steuerbescheiden **175 a** 1
Vertrauensschutz **89** 18
Vollziehbarkeit **361** 9
Zuständigkeit **89** 13 ff.
Verbindliche Vereinbarung zwischen Steuerpflichtigen und Finanzbehörde **85** 1 F
Verbindliche Zusage 89 1 F
Änderung **207** 1 ff.
Aufhebung **207** 1 ff.
Außenprüfung **204** 1 ff.
–, Übergangsvorschrift **Anh I 1** 24
Außerkrafttreten **207** 1 ff.
Bindungswirkung **206** 1 ff.
nach Teilabschlussbescheid **204** 2
Überleitungsbestimmung für das Beitrittsgebiet **Anh I 1** 52
Verbindliche Zusagen, Verständigungsvereinbarungen, Änderung von Steuerbescheiden **175 a** 1
Verbindlichkeiten aus dem Steuerschuldverhältnis, Masseverbindlichkeiten **251** 38 ff.
Verbindung von Klagen **Anh II 1** 37
von Verfahren, Klageverfahren **Anh II 1** 69
Verbleibender Verlustvortrag, Feststellung des v. V. **179** 10
Frist zur Antragstellung auf Feststellung des v. V. **356** 1 F
Verböserung, Einspruch **367** 2, 7 ff.
Einspruchsverfahren, Teil-Einspruchsentscheidung **367** 13
im Klageverfahren **Anh II 1** 99 F
Präklusionsfrist **364 b** 6
Verbot, Werbung und Handel für Aufzeichnungssysteme **146 a** 1
Verbraucherinsolvenzverfahren 251 23 ff.
Anträge auf außergerichtliche Schuldenbereinigung **251** 32 ff.
Auskunftserteilung im V. **30** 63
Verbraucherschutz, Gemeinnützigkeit **52** 2
Verbrauchsteuer, bandenmäßige Hinterziehung **370** 3
Erlöschen und Unbedingtwerden der V. **50** 1 ff.
Fehlmengen bei Bestandsaufnahmen von Waren **161**
harmonisierte V., Steuerhinterziehung **370** 6
Hauptzollamt **Anh II 2** 17
Zuständigkeit für Besteuerung **23** 1
– bei Steuerstraftat oder Steuerordnungswidrigkeit **23** 3
Verbrauchsteuergefährdung, Steuerordnungswidrigkeit **381** 1 f.
Verbrauchsteuern, Festsetzungsfrist **170** 2
Verbrauchsteuerpflicht, Anmeldung von Betrieben **139** 1 f.
Verbrauchsteuerrecht, Haftung des Vertretenen **70** 3
Verbrauchsteuerschuld, Übergang der bedingten V. **50** 1 ff.
Verbrauchsteuerverfahren, Steueraufsicht **209** 2
Verbrechen, Steuergeheimnis **30** 4, 22
Verbundene Unternehmen, grenzüberschreitende Steuergestaltungen **138 e** 3
Verdächtigung eines Amtsträgers, Steuergeheimnis **30** 22
Verdecktes Rechtsgeschäft 41 2
Veredelung von Waren, Steueraufsicht **209** 2
Vereidigter Buchprüfer, Auskunftsverweigerungsrecht des v. B. **102** 1
Berufspflichten **30** 69
Bußgeldverfahren wegen Steuerordnungswidrigkeit **411**
ehrenamtlicher Richter **Anh II 1** 16
Haftungsbescheid **191** 2
Verteidiger im Steuerstrafverfahren **392** 1 f.
Zustellung an v. B. **Anh I 2** 5
Verein, Aufnahmegebühr **52** 5
Investitionsumlage **52** 5
Mitgliedsbeitrag **52** 5
Mustersatzung **Anlage 1 AO**
ohne Rechtsfähigkeit, Bekanntgabe von Verwaltungsakten **122** 19
ohne Rechtspersönlichkeit, rechtsfähige Personenvereinigung **14 a** 2
–, Steuersubjekt **51** 5
Vereinbarkeit mit höherrangigem Recht, vorläufige Steuerfestsetzung **165** 7
Vereinbarungen zwischen Steuerpflichtigen und Finanzbehörde **85** 1 F; **88** 13 ff.
völkerrechtliche **2**
Vereinigung, Handlungsfähigkeit, Verfahrensgrundsätze **79** 1
nicht rechtsfähige V., Auskunftspflicht der Beteiligten **93** 1
steuerliche Erfassung von V. **137** 1 ff.
Vereinigungen des privaten Rechts **6** 4
Vereinsheim, Sportverein, Zweckbetrieb **67 a** 13
Vereinsschwimmen, gemeinnütziger Schwimmverein **67 a** 16
Vereinsvorsitzender, Haftung des V. **69** 1 F
Verfahren, Beginn des V., Besteuerungsgrundsätze **86**
nach billigem Ermessen, Gerichtsverfahren **Anh II 1** 97
erster Rechtszug **Anh II 1** 59 ff.
zur Mitteilung grenzüberschreitender Steuergestaltungen durch Intermediäre **138 f** 1
zur Mitteilung grenzüberschreitender Steuergestaltungen durch Nutzer **138 g** 1
Wiederaufnahme des V. **Anh II 1** 116 ff.
–, Anwendbarkeit der ZPO **Anh II 1** 136
Verfahrensbeteiligter bei Gesamtobjekten **180** 28
Verfahrensdokumentation für DV-System, Buchführung **146** 53
Verfahrenserklärung, Auslegung oder Umdeutung **357** 6 ff.
Verfahrensfehler, Folgen von V. **127** 1 f.
Heilung von V. **126** 1 ff.
Verwaltungsakt **122** 36 ff.
Verfahrensgegenstand, Änderung des Verwaltungsakts nach Klageerhebung **Anh II 1** 64
geänderter Verwaltungsakt, Zurückverweisung **Anh II 1** 128
Verfahrensgrundsätze 78 1 ff.
Verfahrenshandlungen, Handlungsfähigkeit **79** 1 ff.
Vertretung durch Bevollmächtigte oder Beistände **80** 1 ff.
Verfahrenskosten, gerichtliches Strafverfahren **408**
Verfahrensmangel, Ladung des Prozessbevollmächtigten **Anh II 1** 57 F
Zulassung zur Revision **Anh II 1** 116

Verfahrensökonomie 88 8
Verfahrensvorschriften 78 1 ff.
im Einspruchsverfahren **365** 1 ff.
Strafverfahren **385** 1 f.
Verfasser, Auskunftsverweigerungsrecht über die Person des V. **102** 1
Verfassung des Bundesfinanzhofs **Anh II 1** 7
der Finanzgerichte **Anh II 1** 5
Verfassungsbeschwerde, Aussetzung der Vollziehung **361** 6
Aussetzungszinsen bei V. **237** 9
Verfassungsmäßige Ordnung, Anforderungen an die tats. Geschäftsführung **63** 7
Verfassungsmäßigkeit des Auskunftsverweigerungsrechts für die Presse **102** 1 F
einer Rechtsnorm, Ruhen des Einspruchsverfahrens **363** 2
Verfassungsschutzbehörde, Kontenabruf **93** 8
Mitteilung **51** 3
Verfassungsschutzbericht, steuerbegünstigte Zwecke **51** 3
Verfassungswidrigkeit, Billigkeitsgründe **163** 1 F
von Steuerrechtsnormen **165** 1
–, Aussetzung der Vollziehung **361** 11
–, vorläufige Steuerfestsetzung **165** 7
Verfolgte, Gemeinnützigkeit **52** 2
Verfolgung von Steuerverkürzungen, länderübergreifende Datenverwendung **88 b** 1 ff.
einer Straftat, Auskunftsverweigerungsrecht **103**
Verfolgungsverjährung, Anzeigepflicht bei Auslandsbeteiligungen **379** 8
bei Anzeigepflicht für Auslandsbeteiligungen **138** 20
Steuerordnungswidrigkeiten **384**
Unterbrechung der V., Steuerstraftat **376** 1
Verfügungsberechtigter, Haftung des V. **69** 2
eines Kontos oder Schließfachs **154** 2
Pflichten des V. **35** 1 ff.
Verfügungsmacht, Erlöschen der V. **36** 1 f.
V. bei Betriebsstätte **12** 2
Verfügungsverbot, Sicherstellung, Steueraufsicht **215** 1
bei vorläufiger Insolvenzverwaltung **251** 6
Vergeblichkeitsmeldung der Kreditinstitute an BZSt **154** 16
Vergleichsbetriebe, Schätzung von Besteuerungsgrundlagen **162** 1 F
Steuergeheimnis **30** 15
Vergleichswerte, Sammlung von geschützten Daten **88 a** 1
Vergünstigungen, Einschränkung oder Versagung von V., allgemeine Mitteilungspflicht **93 a** 1
Vergütung des Vormundschaftsgerichts bei Bestellung eines Vertreters von Amts wegen **81** 3
von Zoll oder Verbrauchsteuer, Steueraufsicht **209** 2
Vergütungsansprüche, Pfändung von V. **46** 15 ff.
Verhaftung des Vollstreckungsschuldners **284** 8
Verhältnismäßigkeit der Besteuerung im Ermittlungsverfahren **88** 2
Ort der Durchführung der Außenprüfung **200** 2 F
Verhältnismäßigkeit der Mittel bei Ermessensentscheidung **5** 2
Verhandlung, Aussetzung der V. **Anh II 1** 70
im Besteuerungsverfahren, elektronische V. **87 a** 1 a
Verhütung von Steuerverkürzungen, länderübergreifende Datenverwendung **88 b** 1 ff.
Verhütung von Straftaten, Übermittlung von Informationen durch Steuerfahndung an Strafverfolgungsbehörden anderer EU-Mitgliedstaaten **117 c** 1
Verifikationsgebot, Besteuerungsverfahren **92** 2
Verjährung, Aussetzung des Strafverfahrens **396** 3
Einrede der V. **47** 1 F
Entschädigung **107** 12
Festsetzungsverjährung **169** 1 ff.
der Hinterziehungszinsen **235** 23
Prüfung der V. durch Finanzbehörde **88** 12
Rechtsbehelfsantrag **367** 2 F
Zahlungsverjährung **228** 1 ff.
Verkaufsstand, Betriebsstätte **12** 1 F
Verkaufsstelle, Betriebsstätte **12** 1
Werkstatt für behinderte Menschen **68** 14
Verkehrshypothek, Sicherheitsleistung **241** 1
Verkehrssicherheit, Gemeinnützigkeit **52** 2
Verkehrsteuer, Anmeldung von Betrieben **139** 1 f.
Außenprüfung **194** 1 F
Verkündung des Urteils **Anh II 1** 107
Verlängerung von Fristen **109** 1 f.
Verlegung einer Erwerbstätigkeit, Anzeigepflichten **138** 1 ff.
Verletzung der Aufklärungspflicht **88** 11
von Bundesrecht, Revisionsgrund **Anh II 1** 119
von Pflichten, Haftung **69** 1 ff.
des Steuergeheimnisses **30** 2
–, Strafbarkeit **30** 2 F
Verleumdung eines Amtsträgers, Steuergeheimnis **30** 22
Verlobte 15 1
Verlust des eingelegten Einspruchs **362** 3
Einspruchsverfahren, Beschwer **350** 4
des Geschäftsbetriebs, Selbstlosigkeit **55** 13 ff.
Zweckbetrieb **65** 1 F
Verlustausgleich, wirtschaftlicher Geschäftsbetrieb **64** 8
Verluste, gemeinnützigkeitsschädliche V., wirtschaftlicher Geschäftsbetrieb **64** 9
Verlusterwerb Kennzeichen der grenzüberschreitenden Steuergestaltung **138 d** 9
Verlustfeststellungsbescheid, Anfechtbarkeit **179** 13
Aussetzung der Vollziehung **361** 26 ff.
Feststellungsverjährung **179** 14
nach Ablauf der Feststellungsfrist **181** 9
Verlustrücktrag, Vollverzinsung **233 a** 3
Verlustvortrag, Feststellung **179** 10
Verlustzuweisungsgesellschaft, gesonderte und einheitliche Feststellung **180** 46 ff.
Steuerfestsetzung **155** 1 F
Vermietung von Sportstätten, Zweckbetrieb **67 a** 14 ff.
wechselseitige **42** 1 F
Vermietung und Verpachtung, gesonderte Feststellung der Einkünfte **18** 1
Vermisste, Gemeinnützigkeit **52** 2
Vermögen, gesonderte und einheitliche Feststellung des V. **180** 1
insolvenzfreies V. **251** 17
unterstützter Personen, mildtätige Zwecke **53** 11
Vermögensauskunft, Einspruch gegen Aufforderung zur Abgabe der V. **284** 6
des Vollstreckungsschuldners **284** 1
–, Zuständigkeit **284** 5
Weigerung zur Abgabe der V. **284** 8
Zustellung der Ladung zur V. **284** 5
Vermögensbildung, Einspruchsverfahren **347** 9
Vermögensbildungsgesetz, Zulage nach dem 4. V., Festsetzung **155** 9
Vermögensbindung, satzungsmäßige V., Begriff **61** 1 ff.
Selbstlosigkeit **55** 5, 33 ff., 41
Vermögensempfänger, Vermögensbindung **61** 3
Vermögensfragen, Bundesamt zur Regelung offener V., Oberbehörde **Anh II 2** 1

Vermögensmasse, Anteil an ausländischer V., Mitteilungspflicht **138** 4
Auskunftspflicht der Beteiligten **93** 1
Handlungsfähigkeit, Verfahrensgrundsätze **79** 1
Sitz **11**
steuerliche Erfassung von V. **137** 1 ff.
Zuständigkeit für Besteuerung **20** 1 ff.
Vermögensrechte, Vollstreckung in andere V. **321** 1 ff.
Vermögenssorge, Aufgabenkreis des Betreuers **122** 14
Betreuung, Handlungsfähigkeit **79** 4
Vermögensteuer, Aufteilungsmaßstab, Aufteilung einer Gesamtschuld **271**
Hingabe von Kunstgegenständen **224 a** 1 ff.
Überleitungsbestimmungen für das Beitrittsgebiet **Anh I 1** 54
Vermögensübertragung, Bekanntgabe von Verwaltungsakten bei U. **122** 30
Gegenleistung, Selbstlosigkeit **55** 20
Teilübertragung **45** 4
Vollübertragung, Gesamtrechtsnachfolge **45** 3
Vermögensverschiebung, Kennzeichen der grenzüberschreitenden Steuergestaltung **138 d** 9
Vermögensverwalter, Haftung des V. **69** 2
Insolvenzverwalter als V. **251** 8
Pflichten des V. **34** 3
Vermögensverwaltung 14
Abgrenzung zum gewerblichen Grundstückshandel **14 F**
Ausschließlichkeit **56** 2
Vermögensvorteil, Haftung des Vertretenen **70** 2
Vermögenswert, Sicherheitsleistung **245**
Vermögenswirksame Leistungen, Abtretung von v. L. **46** 2 F
Vermögenszuwachsrechnung, Schätzungsmethode **162** 1 F
Vernehmung, eidliche **94** 1 ff.
Vernichtung von Waren, Steueraufsicht **209** 2
Verordnung zur Durchführung des § 5 Abs. 2 FVG **Anh II 2 a** 1 ff.
über die gesonderte Feststellung von Besteuerungsgrundlagen **180** 13 ff.
Verpfändung 46 1 ff.
Besonderheiten im Insolvenzverfahren **46** 44
einer Forderung, Sicherheitsleistung **241** 1
einer Spareinlage, Sicherheitsleistung **241** 1
von Wertpapieren, Gewähr für die Umlauffähigkeit **243**
–, Sicherheitsleistung **241** 1
Verpfändungsanzeige, Vordruck **46** 13 f.
Verpflichteter bei Einhaltung der Kontenwahrheit **154** 2, 13
Verpflichtungsklage, Begriff und Zulässigkeit **Anh II 1** 34
Urteil, Vollstreckung **Anh II 1** 148
Verprobung, Beweiskraft der Buchführung **158** 2
Verrechnungspreise, Auslandssachverhalt **90** 3
Sachverhaltsdokumentation **90** 3
Verrechnungspreisgestaltungen, Kennzeichen grenzüberschreitender Steuergestaltungen **138 e** 2
Verrechnungspreismethode, Auslandssachverhalt **90** 15
Verrechnungsvertrag 226 9, 13
Versagung von Vergünstigungen, allgemeine Mitteilungspflicht **93 a** 1
Versand von Waren, Steueraufsicht **209** 2
Versäumnis, Verspätungszuschlag bei V. **152** 1 ff.
Verschleierung erheblicher Tatsachen, Steuerhinterziehung **370** 3
Verschlüsselungsgebot, elektronische Kommunikation **87 a** 1
Verschlüsselungspflicht von Daten, Steuergeheimnis **87 a** 1
Verschmelzung, Gesamtrechtsnachfolge **45** 3
Zuständigkeit **26** 8
Verschollenheit 49
Verschulden, Fristverlängerung **109** 2
des gesetzlichen Vertreters oder des Erfüllungsgehilfen **152** 1
grobes V., Änderung auf Grund neuer Tatsachen oder Beweismittel **173** 1
–, Begriff **173** 14 f.
–, Unbeachtlichkeit **173** 21
Mitwirkungsverzögerungsgeld, Außenprüfung **200 a** 2
bei Versäumnis einer Frist, Verspätungszuschlag **152** 1
des Vertreters, Aufhebung oder Änderung von Steuerbescheiden auf Grund neuer Tatsachen **173** 18 f.
–, Wiedereinsetzung in den vorigen Stand **110** 9
Wiedereinsetzung in den vorigen Stand **110** 1
bei Zusammentreffen steuermindernder und steuererhöhender Tatsachen **173** 21 ff.
Verschwägerte 15 1
Verschwiegenheitspflicht, Entbindung von der V. **102** 3
öffentlicher Stellen **105** 1 ff.
Versehen, mechanisches V., offenbare Unrichtigkeit **129** 2
Versicherung an Eides statt 95 1 ff.
Verweigerung der V. an E. s., Schätzung von Besteuerungsgrundlagen **162** 2
Versicherungsteuer, Auswertung und Sammlung von Daten, Bundeszentralamt für Steuern **Anh II 2** 7
Versicherungsunternehmen, allgemeine Mitteilungspflicht **93 a** 2
Mitteilungspflicht nach § 138 AO **138** 15
Steuerbürge, Sicherheitsleistung **244** 2
Verspätungsgeld, Erhebung des V., Bundeszentralamt für Steuern **Anh II 2** 7
nach § 22 a Abs. 5 EStG, steuerliche Nebenleistung **3** 4
Verspätungszuschlag 152 1 ff.
Anwendung Neuregelung **152** 14
ausschließlich automationsgestützte Festsetzung **152** 11
Bemessungsgrundlage **152** 5 f.
Berechnung **152** 31
Corona-Krise **149** 16
Ermessensverwaltungsakt **152** 1
Festsetzungsfrist **169** 7
Festsetzungsverjährung **Vor 169** 2
gebundener Verwaltungsakt **152** 2
Gesamtschuldnerschaft bei V. **152** 4
Höchstbetrag **152** 10
Höhe des V. **152** 5
als Insolvenzforderung **251** 12
„Kann"-Regelung **152** 28
Korrektur **152** 12, 32
mehrere Erklärungspflichtige **152** 30
„Muss"-Regelung **152** 29
bei Nichtabgabe der Steuererklärung **152** 9
Rücknahme des V. **130** 7 f.
Sonderregel, Rentnerfälle **152** 31
steuerliche Nebenleistung **3** 4
Übergangsvorschrift **Anh I 1** 15
Überleitungsbestimmung für das Beitrittsgebiet **Anh I 1** 52
Verwaltungsakt **119** 1 F
bei Zusammenveranlagung **152** 19
Verständigung, zwischenstaatliche Rechts- und Amtshilfe **117** 3

Verständigungsvereinbarungen, Umsetzung von V. **175 a** 1 f.
Verständigungsverfahren, eingeschränkte Rücknahme des Einspruchs **362** 2
Einspruchsverzicht **354** 2
Klagerücknahme **Anh II 1** 68
Klageverzicht **Anh II 1** 43
Versteigerung, Einstellung der V. **301** 1 f.
Namenspapiere **303**
ungetrennte Früchte **304**
Vollstreckung **298** 1 ff.
Wertpapier **302**
Versteigerung vor Ort, Verwertung gepfändeter Sachen **296**
Verstorbene, Nichtigkeit des Verwaltungsakts **125** 1 F
Zuständigkeit **26** 13
Verstoß gegen die Fürsorgepflicht der Finanzbehörden **89** 8
Verstrickungsbruch, Steuergeheimnis **30** 22
Versuch der Steuerhinterziehung oder Steuerverkürzung **370** 2
–, Hinterziehungszinsen **235** 6
Versuchsbohrungen, Betriebsstätte **12** 9
Verteidiger, Auskunftsverweigerungsrecht des V. **102** 1
Verteidigung, Strafverfahren **392** 1 f.
Verteilung der Feststellungslast **88** 2 F
Vertrag, bilateraler V. zum Informationsaustausch **117** 9
Leistung oder Haftung durch Dritte **48** 2 f.
öffentlich-rechtlicher V., Beteiligter **78** 1
Rückdatierung **38** 1 F
Vertragliche Haftung **192** 1 f.
Vertragsstaaten DBA, Vorabverständigungsverfahren **89 a** 1 ff.
Vertrauensmann, Ausschuss zur Wahl ehrenamtlicher Richter **Anh II 1** 20
Entschädigung **Anh II 1** 25
Vertrauensschutz bei der Aufhebung oder Änderung von Steuerbescheiden **176** 1 ff.
geprüfte Satzungen **61** 10
bei Mittelweitergabe, Gemeinnützigkeit **58 a** 1
bei Satzungsmängeln **59** 5
bei verbindlicher Auskunft **89** 18
Vertrauenstatbestand, Besteuerungsgrundsätze **85** 3
Vertraulichkeitsklausel, Kennzeichen der grenzüberschreitenden Steuergestaltung **138 e** 1
Vertretbare Handlung, Ersatzvornahme **330**
Vertreter, Ausschließung von Personen **82** 1
einer Behörde, Handlungsfähigkeit **79** 1
Bestellung des V. von Amts wegen **81** 1 ff.
gesetzlicher V., Bekanntgabe von Verwaltungsakten **122** 17 ff.
Haftung der V. **69** 1 ff.
ständiger V. **13**
Verschulden des V., Fristverlängerung **109** 2
–, Wiedereinsetzung in den vorigen Stand **110** 1, 9
Vertretung vor dem BFH **Anh II 1** 57
Vertretungsbefugnis des gesetzlichen Vertreters, Pflichten des g. V. **34** 4
Vertretungsmacht, Erlöschen der V. **36** 1 f.
Vertriebene, Gemeinnützigkeit **52** 2
Vertriebenenverband, Gemeinnützigkeit **52** 7
Verwahrung im Schließfach, Kontenwahrheit **154** 1
Verwaltungsakt **118** 1 ff.
Ablehnung, Einspruch **347** 5
Änderung des V. nach Klageerhebung **Anh II 1** 64
Änderung des V. während des finanzgerichtlichen Verfahrens **Anh II 1 a** 1 ff.
Änderung während des Einspruchsverfahrens **367** 9 ff.
angeordnete Schriftform, qualifizierte elektronische Signatur **119** 3
Anrechnungsverfügung als V. **218** 13
Antrag auf Einleitung der Zwangsversteigerung oder Zwangsverwaltung **322** 1 F
Antrag auf Eintrag einer Sicherungshypothek **322** 1 F
Aufhebung angefochtener V. durch Urteil **Anh II 1** 103
Aufhebung und Änderung, Übergangsvorschrift **Anh I 1** 16
–, Überleitungsbestimmung für das Beitrittsgebiet **Anh I 1** 52
außersteuerlicher V., Aussetzung der Vollziehung **361** 25
Begriff **118** 1
Begründung des V. **121** 1 ff.
begünstigender V., beispielhafte Aufzählung **Vor 130** 2
–, Rücknahme **130** 2
Bekanntgabe des V. **122** 1 ff.
Beteiligter **78** 1
Bindungswirkung **351** 1 ff.
Direktauszahlung als V., Direktauszahlungsmechanismus **139 e** 5
elektronisch erlassener V., sicheres Verfahren **87 a** 7 f.
erzwingbarer V., Zwangsmittel **328** 3 ff.
Form und Bestimmtheit **119** 1 ff.
Formfehler von V. **122** 36 ff.
gesetzesgebundener V., Folgen von Verfahrens- und Formfehlern **127** 2
–, Umdeutung des V. **128** 3
Grundlagenbescheid, Festsetzungsverjährung **171** 10
im Insolvenzverfahren **251** 8
Nebenbestimmungen zum V. **120** 1 ff.
nicht begünstigender V., beispielhafte Aufzählung **Vor 130** 3
–, Widerruf **131** 1 ff.
Nichterlass eines V., Einspruch **347** 4
nichtiger V., Einspruch **347** 4
–, Feststellungsklage **Anh II 1** 35
Nichtigkeit des V. **125** 1 ff.
der obersten Finanzbehörden des Bundes und der Länder, Ausschluss des Einspruchs **348**
offenbare Unrichtigkeiten **129** 1 ff.
Prüfungsanordnung **196** 3
Rechtmäßigkeit eines V., Begriff **131** 5
Rechtsbehelf **347** 1 ff.
Rechtsbehelfsverfahren, Änderung, Aufhebung und Rücknahme des V. **132** 1
Rechtswidrigkeit des V., Begriff **130** 5
Regelungsinhalt **124** 1 F
Rücknahme von rechtswidrigen V. **130** 1 ff.
Scheinverwaltungsakt, Einspruch **347** 4
Steuerbescheid **155** 1
Umdeutung eines fehlerhaften V. **128** 1 ff.
Urteil auf Erlass eines V. **Anh II 1** 104
verbindliche Auskunft als V. **89** 17
Verfahrensfehler von V. **122** 36 ff.
zur Verwirklichung der Ansprüche aus dem Steuerschuldverhältnis **218** 4
vollstreckbarer **251** 1 ff.
vollziehbarer V., Aussetzung der Vollziehung **361** 9
Vollziehung von V., Finanzrechtsweg **Anh II 1** 29
vorläufiger Rechtsschutz bei nichtvollziehbaren V. **361** 9
Widerruf des V. **132** 1
Widerruf von rechtmäßigen V. **131** 1 ff.
Wirksamkeit des V. **124** 1 ff.
Zustellung, VwZG **Anh I 2** 1 ff.

Verwaltungsakte, elektronische Form der V. **87 a** 4
Verwaltungsangestellte, Amtsträger **7** 4
Verwaltungsausgaben, Selbstlosigkeit **55** 26 ff.
Verwaltungsfinanzamt, örtliche Zuständigkeit **18** 1
Verwaltungsgebühr, Amtshilfe **115** 2
Verwaltungsgeschäft, Verbot der Übertragung von V., Gerichtsverwaltung **Anh II 1** 28
Verwaltungsgrundsätze, einheitliche V. **Anh II 2** 25
Verwaltungshoheit, Aufrechnung **226** 13
Steuern **1** 1 F
Verwaltungsökonomie **88** 8
Verwaltungsrichtlinien, Änderung von V., Treu und Glauben **176** 2 F
Verwaltungsverfahren, Fortführung nach Zuständigkeitswechsel **26** 6
Verwaltungsvollstreckungsverfahren **249** 1 ff.
Verwaltungszustellungsgesetz **Anh I 2** 1 ff.
Zustellung von Verwaltungsakten **122** 5
Verwandte **15** 1
Verweigerung der Erstattung eines Gutachtens und der Vorlage von Urkunden **104** 1 ff.
Verweigerungsrecht, Auskunfts- und Vorlageverweigerungsrecht **101** 1 ff.
eidliche Vernehmung **94** 3
Verweisungserfordernis bei Blankettvorschriften, Übergangsvorschrift **Anh I 1** 39
Verwendung von durch Strafverfolgungsbehörden anderer EU-Mitgliedstaaten übermittelten Informationen **117 k** 1
von Waren, Steueraufsicht **209** 2
Verwendungszweck, Vermögensbindung **61** 1 ff.
Verwerfung, unzulässige Revision **Anh II 1** 126
Verwertung, andere Art der V., Forderungspfändung **317** 1
Aussetzung der V., Vollstreckung **297**
besondere **305**
geschützter Daten, Steuergeheimnis **30** 14 ff.
bei mehrfacher Pfändung **308** 1 ff.
von Sicherheiten **307** 1
Vollstreckung **296** 1
Verwertungsgebühr, Kosten der Vollstreckung **341** 1 ff.
Verwertungsverbot, Außenprüfung, Prüfungsanordnung **196** 1 F
beim Berufsgeheimnisträger **102** 33
Verwirklichung von Ansprüchen aus dem Steuerschuldverhältnis **218** 1 ff.
Verwirkung des Rückforderungsanspruchs **37** 2 f.
Säumniszuschlag **240** 1
von Steueransprüchen **47** 1 F
Verzicht auf Datenverschlüsselung **87 a** 1
auf Gebühr für verbindliche Auskunft **89** 5
auf Mittelbehörden, Aufgabenwahrnehmung **Anh II 2** 3
auf mündliche Verhandlung, Prozessentscheidung **Anh II 1** 90 F
auf Zinsen, Zuständigkeitsgrenzen **222** 3
Verzichtserklärung, Einspruchsverzicht **354** 1 ff.
Verzinsung **233** 1
Aussetzungszinsen **237** 1 ff.
Billigkeitsmaßnahmen, Stundungszinsen **234** 15
–, Vollverzinsung **233 a** 78 ff.
des Erstattungsanspruchs **Anh II 1 f** 6
von hinterzogenen Steuern **235** 1 ff.; **398 a** 1
Prozesszinsen auf Erstattungsbeträge **236** 1 ff.
von Steuererstattungen und -nachforderungen **233 a** 1 ff.
–, Verhältnis zu anderen steuerlichen Nebenleistungen **233 a** 73 ff.
Stundungszinsen **234** 1 ff.
Verzögerungsgeld **146** 4
steuerliche Nebenleistung **3** 4
Vetter **15** 6
Völkerrechtliche Vereinbarungen **2**
zur Förderung der Steuerehrlichkeit, Verordnungsermachtigung **117 a** 1
zwischenstaatliche Rechts- und Amtshilfe **117** 2
Völkerverständigung, Gemeinnützigkeit **52** 2
Volkshochschule, Zweckbetrieb **68** 8
Vollabhilfebescheid nach Einspruch **172** 1 F
Volljähriger, Handlungsfähigkeit **79** 4
Vollmacht, amtliches Muster **80** 17 ff.
Prozessbevollmächtigte **Anh II 1** 57
Vertretung durch Bevollmächtigte oder Beistände **80** 1 ff.
Zustellung an Bevollmächtigten **Anh I 2** 8
Vollmachtsdaten, elektronische Übermittlung **80 a** 1 ff.
Ordnungswidrigkeit bei Übermittlung von V. **383 b** 1
Vollmachtsnachweis **80** 3
Bekanntgabevollmacht **122** 4, 14
Vollmachtsvermutung bei elektr. übermittelten Daten **80 a** 2 f.
gesetzliche V. **80** 2
Vollschätzung bei unbrauchbarer Buchführung **158** 2
Vollständigkeit der Buchführung **146** 29
Vollstreckbarer Verwaltungsakt **251** 1 ff.
Vollstreckung **249** 1 ff.
in andere Vermögensrechte **321** 1 ff.
Ankündigung der V., Vollzug einer einstweiligen Anordnung **Anh II 1** 149
Anschlusspfändung **307** 1 f.
in Ansprüche auf Herausgabe oder Leistung von Sachen **318** 1 ff.
Aussetzung der Verwertung **297**
Beginn der V., Voraussetzungen **254** 1 f.
beschränkte Haftung **266**
Beschränkung der V. **44** 2
–, Aufteilung einer Gesamtschuld **278** 1 f.
besondere Verwertung **305**
in das bewegliche Vermögen **281** 1 ff.
im Bußgeldverfahren **412** 2
bei Ehegatten **46** 1 F
gegen Ehegatten **263**
Einleitung der V. **276** 5
Einstellung und Beschränkung der V. **257** 1 ff.
einstweilige Anordnung **Anh II 1** 148
Einwendungen gegen die V. **256**
gegen Erben **265** 1
Ersatzteile von Luftfahrzeugen **306** 1 f.
in Forderungen **309** 1 ff.
Geldforderung, Gerichtsverfahren **Anh II 1** 149
wegen Geldforderungen **259**
gerichtliche Entscheidung **Anh II 1** 148
Gerichtsverfahren **Anh II 1** 147 ff.
wegen Handlungen, Duldungen oder Unterlassungen **328** 1 ff.
gegen juristische Personen des öffentlichen Rechts **255** 1 f.
Kosten **337** 1 ff.
–, Verjährung **Vor 169** 2
Kostenfestsetzungsbeschluss **Anh II 1** 148
Mindestgebot **300** 1 ff.
gegen Nießbraucher **264**
Pfändungsschutz **295**
von Realsteuern **30** 66
Rechte Dritter **262** 1 ff.
gegen den Rechtsnachfolger **323**
in Sachen **285** 1 ff.
in das unbewegliche Vermögen **322** 1 ff.

ungetrennte Früchte **294** 1 f.
Unpfändbarkeit von Sachen **295**
Unzulässigkeit der V. **Anh II 1** 149
Urteil auf Anfechtungs- und Verpfändungsklage **Anh II 1** 148
Vereitelung der V., Steuergeheimnis **30** 22
in Vermögensrechte **309** 1 ff.
Versteigerung **298** 1 ff.
–, Einstellung der V. **301** 1 f.
von Verwaltungsakten für Körperschaften mit Sitz im Ausland **14 b** 3
Verwertung **296** 1
Vollstreckungsmaßnahmen nach Antrag auf Beschränkung der V. **227** 1
Vollstreckungsverfügung **Anh II 1** 149
Zeit der Vornahme der V. **289** 1 f.
Zusammenveranlagung **46** 1 F
Zuschlag **299** 1 ff.
Zwangsgeld, gerichtliches Verfahren **Anh II 1** 151
Zwangsvollstreckung, Überleitungsbestimmung für das Beitrittsgebiet **Anh I 1** 52
Vollstreckungsanweisung, Innendienst **249** 1 F
Vollstreckungsaufschub 258 1
Beendigung durch eröffnetes Insolvenzverfahren **251** 7
Säumniszuschlag **240** 11
Unterbrechung der Zahlungsverjährung **231** 1
Vollstreckungsauftrag 285 2
Angabe des Schuldgrundes **260**
Vollstreckungsbeamte, Widerstand gegen V., Steuergeheimnis **30** 22
Vollstreckungsbehörde 249 1 f.
Zwangsmittel **328** 1
Vollstreckungsbehörden, Kontenabruf **93** 8
Vollstreckungsersuchen 250 1 f.
Vollstreckungsgläubiger 252
Vollstreckungshandlung, Niederschrift **291** 1 ff.
Vollstreckungsklausel, FGO **Anh II 1** 150
Vollstreckungskosten, Leistungsgebot **254** 2
Vollstreckungsmaßnahmen, Antrag auf Aussetzung der Vollziehung **361** 14
Antrag auf Beschränkung der Vollstreckung **277**
Unterbrechung der Zahlungsverjährung **231** 1
Vollstreckungsschuldner 253
Auskunft des V. **284** 1
Vollstreckungsverbot bei Masseunzulänglichkeit **251** 16
Vollstreckungsverfahren, Auskunftspflicht **93** 1 F
Einspruch **347** 1
Vollverzinsung 233 a 1 ff.
bei erstmaliger Steuerfestsetzung **233 a** 23
europarechtskonforme Auslegung **233 a** 11
Evaluierungsgebot der Zinssatzhöhe **238** 4
Festsetzungsfrist **239** 1
bei Korrektur der Anrechnung von Steuerbeträgen **233 a** 50
Korrektur der Steuerfestsetzung **233 a** 49
bei Korrektur der Steuerfestsetzung **233 a** 50
Sonderregelungen bei der USt **233 a** 70
Teilverzinsungszeitraum **238** 3
Zinshöhe bei V. **238** 2
zu verzinsende Ansprüche **233 a** 11
Vollverzinsung nach § 233 a, zu verzinsende Unterschiedsbeträge **233 a** 4
Vollziehbarer Verwaltungsakt, Aussetzung der Vollziehung **361** 9
Vollziehung, Aufhebung der V. **361** 31 ff.
–, Dauer der Aufhebung **361** 34 f.
–, Nebenbestimmungen **361** 36 f.
–, Rechtsbehelf bei Ablehnung **361** 39
Aussetzung der V. **361** 1 ff.
–, Abgrenzung zur gerichtlichen Vollziehungsaussetzung **361** 6
–, Ablehnung **361** 38
–, Anwendungsbereich **361** 6
–, Begründetheit des Rechtsbehelfs **361** 11 f.
–, Berechnung der auszusetzenden Steuer **361** 18 ff.
–, Dauer der Aussetzung **361** 34 f.
–, Entscheidung in summarischem Verfahren **361** 14 ff.
–, Ermessensspielraum **361** 10
–, Folgebescheid **361** 30
–, Gefährdung des Steueranspruchs **361** 11
–, gerichtliche Vollziehungsaussetzung **361** 6
–, Grundlagenbescheid **361** 26 ff.
–, Grundsätze des behördlichen Vollziehungsaussetzungsverfahrens **361** 7 ff.
–, Klageerhebung **Anh II 1** 65
–, Nebenbestimmungen **361** 36 f.
–, Prüfung der Erfolgsaussichten **361** 11 f.
–, Rechtsbehelf bei Ablehnung **361** 39
– wegen unbilliger Härte **361** 12
–, Verfassungsbeschwerde **361** 6
–, Vollziehbarkeit des Verwaltungsakts **361** 9
Vollziehungsanweisung, Außendienst **249** 1 F
Vollziehungsbeamter 285 1 f.
Aufforderungen und Mitteilungen des V. **290**
Befugnisse des V. **287** 1 ff.
Vollzug der Steuergesetze, allgemeine Verfahrensgrundsätze **Anh II 2** 26
Weisungen der obersten Finanzbehörden **88** 3
Vorabentscheidung über den Grund, Zwischenurteil **Anh II 1** 102
Vorabverständigungsvereinbarung, Anwendungsbereich Vorschriften **89 a** 9
Geltungszeitraum **89 a** 9
Vorabverständigungsverfahren, Doppelbesteuerungsabkommen **89 a** 1 ff.
Gegenstand eines V. **89 a** 9
Inhalt und Umfang des Antrags **89 a** 9
keine verbindlichen Auskunft bei V. **89** 17
Rechtsbehelfsverzicht **89 a** 9
Übergangsvorschrift **Anh I 1** 50 c
Vorabverständungsvereinbarung, Bindungswirkung **89 a** 12
Vorausgefüllte Steuererklärung, Berechtigungsmanagement **80** 17 f.
Verantwortlichkeit des Steuerpflichtigen **150** 11
Voraussetzungen der Amtshilfe **112** 1 ff.
für eine Aussetzung der Vollziehung **361** 7 ff.
Vorauszahlung, Aufteilungsmaßstab, Aufteilung einer Gesamtschuld **272** 1 f.
Aussetzung der Vollziehung **361** 18
Festsetzung unter Vorbehalt der Nachprüfung **164** 1
Festsetzung von Hinterziehungszinsen **235** 5
Geltendmachung negativer Einkünfte für Vorauszahlungszwecke **180** 53
Herabsetzung von V., Erhebung von Säumniszuschlägen **240** 10
Umsatzsteuer-V., Steueranmeldung **168** 8
Vorauszahlungsbescheid, Vollziehbarkeit des V. **361** 9
Vorbehalt der Nachprüfung, Einspruch **347** 6
Grundsatz von Treu und Glauben **176** 4
bei Schätzung **162** 15
Steueranmeldung **168** 1 ff.
Steuerfestsetzung unter V. d. N. **164** 1 ff.
Vorbehalt des Widerrufs, Nebenbestimmung eines Verwaltungsakts **120** 2
Vorbehaltsbescheid, Wirksamkeit **164** 2 F
Vorbescheid, Entscheidung auf Grund mündlicher Verhandlung **Anh II 1** 89

Vordruck, Verwendung von Steuererklärungsvordrucken **150** 18 ff.
nach der Zustellungsvordruckverordnung **Anh I 2** 3
Vorfeldermittlung, Aufgabe der Steuer- oder Zollfahndung **208** 4
Vorgang, KassenSichV **146 a** 12
Vorgespräch, Prefiling Meeting, Vorabverständigungsverfahren **89 a** 9
Vorgreifliches Rechtsverhältnis, Aussetzung des Einspruchsverfahrens **363** 10
Vorkalkulation, betriebswirtschaftlicher Begriff **199** 27
Vorladung, Auskunft an Amtsstelle **93** 5
Vorlage von Aufzeichnungen und Urkunden, Mitwirkungspflicht des Steuerpflichtigen **200** 1
der Beschwerde beim BFH **Anh II 1** 131
von Büchern und Aufzeichnungen, Schätzung von Besteuerungsgrundlagen **162** 2
an Großen Senat **Anh II 1** 8
von Urkunden **97** 1 ff.
–, Erzwingung im Gerichtsverfahren **Anh II 1** 88
von Wertsachen **100** 1 f.
Vorlageersuchen, Entschädigung **107** 5
mit Prüfungsanordnung **197** 2
Vorlagefrist bei Auskunftsersuchen nach § 90 Abs. 4 **90** 3
GAufzV **90** 16
Vorlagepflicht öffentlicher Stellen **105** 1 ff.
Vorlagepflichtiger, Entschädigung des V. **107** 1
Vorlageverfahren, GAufzV **90** 15
Vorlageverlangen **107** 4
der Finanzbehörde **97** 1
Vorlageverweigerungsrecht **101** 1 ff.
Vorläufiger Insolvenzverwalter, schwacher v. I. **251** 6, 39 ff.
starker v. I. **251** 6, 39
Vorläufiger Rechtsschutz, nicht vollziehbarer Verwaltungsakt **361** 9
Vorläufiges Bearbeitungsmerkmal **139 b** 6
Vorläufige Steuerfestsetzung **165** 1 ff.
Ablaufhemmung, Festsetzungsverjährung **171** 8, 21
Aussetzung der Verhandlung **Anh II 1** 70 F
Beschwer **350** 7
Einspruch **347** 6
Endgültigkeitserklärung **165** 2
im Hinblick auf anhängige Musterverfahren **165** 18 a ff.
Musterverfahren **165** 13 ff.
Wirksamkeit des Vorläufigkeitsvermerks **125** 4 F
Vorläufigkeitsvermerk **165** 1
Nichtigkeit **165** 1 F
Vorpfändung **46** 34 f.
Vorprüfung, Gesamtobjekt, gesonderte und einheitliche Feststellung **180** 51
Vor-REIT, Registrierung, Bundeszentralamt für Steuern **Anh II 2** 7
Vorsatz, bedingter V. bei Steuerhinterziehung **153** 10
Steuerhinterziehung **370** 1 F
Vorschlagsliste, ehrenamtlicher Richter **Anh II 1** 22
Vorsitzender Richter des Bundesfinanzhofs **Anh II 1** 7
Entscheidung im vorbereitenden Verfahren **Anh II 1** 77
Finanzgericht **Anh II 1** 5
Vorbereitung der mündlichen Verhandlung **Anh II 1** 76
Vorsorgevollmacht, Empfangsbevollmächtigung bei V. **122** 14
Vorstandsmitglied, Auswahlregelung von Personen **82** 1
Tätigkeitsvergütung **55** 32
Vorsteuer, Vergütung, Bundesamt für Finanzen **Anh II 2** 7
Vorsteuerrückforderung als Insolvenzforderung **251** 12
Vorteil, steuerlicher V. bei grenzüberschreitenden Steuergestaltungen **138 d** 3
Vortrag, Zweckbetrieb **68** 8
Vorzeitige Anforderung von Steuererklärungen **149** 4, 7
–, Corona-Krise **150** 15
Vorzugsrecht Dritter **293** 1 f.
Vorzugsweise Befriedigung, Pfand- und Vorzugsrecht Dritter **293** 1 f.
VwZG **Anh I 2** 1 ff.

W

Waagen, elektronische W., Datenverarbeitungssystem **146** 25
Wahl des ehrenamtlichen Richters **Anh II 1** 19 f.
Vertrauensleute Finanzgericht, Hamburg **Anh II 1 g** 43
Wahlausschuss, Vertrauensleute Finanzgericht, Bremen **Anh II 1 g** 34
–, Hessen **Anh II 1 g** 60
–, Niedersachsen **Anh II 1 g** 78
Wahlnamen, Signierung mit einem W. **87 a** 11
Wahlrecht, Ausübung eines W. nach Bestandskraft, neue Tatsache **173** 3
wirtschaftlicher Geschäftsbetrieb **64** 11
Wahlverfahren, ehrenamtlicher Richter **Anh II 1** 23
Wahrheit der Buchführung **146** 29
Währungsgewinne **146** 7 F
Währungsverluste **146** 7 F
Waisenversorgung, kirchliche Zwecke **54** 2
Wappen, Sitzungssaal, Mecklenburg-Vorpommern **Anh II 1 g** 63
Waren, Fehlmengen bei Bestandsaufnahmen **161**
Sachhaftung **76** 1 ff.
Sicherstellung von W., Steueraufsicht **215** 1 f.
Steuerhinterziehung, Verbot von Einfuhr, Ausfuhr oder Durchfuhr **370** 5
Verbrauchsteuerpflicht, Steueraufsicht **209** 1
Wegfall der Steuervergünstigung, Berichtigungspflicht **153** 3
Zoll- oder Verbrauchsteuerverfahren, Steueraufsicht **209** 2
Warenausfuhr, Steueraufsicht **209** 2
Warenausgang, Aufzeichnung **144** 1 ff.
Wareneingang, Aufzeichnung **143** 1 ff.
Begriff steuerlicher Prüfungstechnik **199** 8
Warenlager, Betriebsstätte **12** 1
Sicherheitsleistung **241** 3
Waren- und Dienstleistungsautomaten **146 a** 9
Warenverkehr, Grenze, Hauptzollamt **Anh II 2** 17
Steueraufsicht **209** 1
Warenversand, Steueraufsicht **209** 2
Warenwirtschaftssystem **146** 25
Wasserversorgung, Zweckbetrieb **65** 1 F
Wechselverpflichtung, Sicherheitsleistung **241** 1
Wegnahmegebühr, Kosten der Vollstreckung **340** 1 ff.
Wegstreckenzähler, Anforderung an W., KassenSichV **146 a** 52
Definition **146 a** 8
Weisungen der obersten Finanzbehörden zum Vollzug der Steuergesetze **88** 3

Weitergewährung einer Leistung aus öffentlichen Mitteln, Steuergeheimnis **31 a** 1
Weiterverarbeitung besonderer Kategorien personenbezogener Daten **29 c** 2
personenbezogener Daten **29 b** 9; **29 c** 1
Werbeflächen, Sportvereine, Zweckbetrieb **67 a** 12
Werbemaßnahmen, Teilnahme an W., wirtschaftlicher Geschäftsbetrieb **64** 7
Werbung, Betriebsausgaben, Zweckbetrieb **67 a** 11
wirtschaftlicher Geschäftsbetrieb **64** 7
Werkstätte für behinderte Menschen, Zweckbetrieb **68** 3, 14
Betriebsstätte **12** 1
Wertneutralität des Steuerrechts **40** F
Wertpapier, Kontenwahrheit **154** 1
Verpfändung von W., Gewähr für die Umlauffähigkeit **243**
–, Sicherheitsleistung **241** 1
Versteigerung **302**
Vorlage von Wertsachen **100** 1
Wertsachen, Verweigerung der Vorlage von W. **104** 1 ff.
Vorlage von W. **100** 1 f.
Wertzeichenfälschung **369** 1
Wesentliche Beteiligung, Begriff **74** 2
Haftung des Eigentümers von Gegenständen **74** 1 ff.
White List, Ausnahmen von der Pflicht zur Mitteilung grenzüberschreitender Sachverhalte **138 d** 3
Widerlegbare Vermutung bei Verletzung von Mitwirkungspflichten **162** 2
Widerruf, Aussetzung des Verfahrens **363** 3
der Bekanntgabe **124** 9
der Empfangsvollmacht für gesonderte und einheitliche Feststellung bei nicht rechtsfähigen Personenvereinigungen **183 a** 3
einer Erlaubnis nach dem Arbeitnehmerüberlassungsgesetz, Steuergeheimnis **31 a** 1
eines rechtmäßigen Verwaltungsaktes **131** 1 ff.
Ruhen des Verfahrens **363** 3
von Verwaltungsakten im Rechtsbehelfs- und finanzgerichtlichen Verfahren **132** 1
eines Verwaltungsakts, ausschließlich automationsgestützt **155** 4
–, Einspruch **347** 5
–, Ermessensentscheidung **5** 3
einer Vollmacht **80** 1
der Vorabverständigungsvereinbarung **89 a** 12
Widerrufsvorbehalt, Aussetzung oder Aufhebung der Vollziehung **361** 36
bei Billigkeitsmaßnahmen **163** 3
Nebenbestimmung eines Verwaltungsakts **120** 2
Widerspruch des Beklagten, Hauptsacheerledigung **Anh II 1** 141
gegen Datenverarbeitung **29 b** 21; **32 f** 5
gegen Einspruchsbefugnis des Empfangsbevollmächtigten bei Feststellungsbescheiden für nicht rechtsfähige Personenvereinigungen **352** 2
gegen Insolvenzforderungen **251** 14
gegen die Vollstreckung, Rechte Dritter **262** 1 ff.
Widerstreitende Anrechnungsverfügung **218** 7
Widerstreitende Steuerfestsetzung **174** 1 ff.
ausländischer Steuerbescheid **174** 11
Wiederaufnahme des Verfahrens **Anh II 1** 116 ff.
–, Anwendbarkeit der ZPO **Anh II 1** 136
Wiederbeschaffungsrücklage, Gemeinnützigkeit **62** 8
Wiedereinsetzung in den vorigen Stand **110** 1 ff.; **364 b** 14
Ablaufhemmung **171** 17
Antragsveranlagung **110** 1 F
bei Bekanntgabe Bescheide durch Bereitstellung zum Datenabruf **122 a** 10
Büroorganisation **110** 9
Fristenkontrollbuch, Postausgangsbuch **110** 9; **Anh II 1** 51 F
Fristversäumnis durch steuerlichen Berater **110** 9
Gerichtsverfahren **Anh II 1** 51
Monatsfrist **110** 8
Nichtzulassungsbeschwerde **Anh II 1** 51
Postausgangskontrolle FA **Anh II 1** 51 F
Revisionsbegründungsfrist **Anh II 1** 51
Verfahrens- und Formmangel **126** 3
Wiedereinsetzungsfrist **110** 2
Wiederholungsprüfung **193** 1 F
Wiederkehrende Bezüge, Mitteilungsverordnung **93 a** 12
Wiener Übereinkommen über diplomatische Beziehungen, Wohnsitz **8** 17
Willkürverbot **88** 1
bei Ermessensentscheidung **5** 2
Wirksamkeit der Abtretung **46** 2, 8
der Bekanntgabe des Verwaltungsakts **122** 39
der Pfändung **46** 8
des Verwaltungsakts **122** 37; **124** 1 ff.
der Zahlung **224** 2
Wirkung, aufschiebende W. der Beschwerde, Revisionsverfahren **Anh II 1** 132
der Einziehungsverfügung **315** 1 ff.
des Feststellungsbescheids, gesonderte Feststellung nach Ablauf der Feststellungsfrist **181** 7
der gesonderten Feststellung **182** 1 ff.
der Hinterlegung von Zahlungsmitteln **242**
der Pfändung **282** 1 ff.
der Rechtshängigkeit **Anh II 1** 66
der Steueranmeldung **168** 1 ff.
der Zahlungsverjährung **232**
Wirtschaftlich Berechtigter eines Kontos **154** 12
Wirtschaftlich Tätiger, Identifikationsnummer **139 a** 3
Wirtschaftliche Betrachtungsweise bei Auslegung von Steuergesetzen **4** 4
Wirtschaftliche Einheit, Zurechnung an mehrere Personen, zusammengefasste Bescheide **183 a** 4
Wirtschaftlicher Eigentümer, Mieter als w. E. **39** 2 F
Zurechnung **39** 2 ff.
Wirtschaftlicher Einsatz an Fertigungslöhnen, Begriff steuerlicher Prüfungstechnik **199** 12
Wirtschaftlicher Fertigungslohn, Begriff steuerlicher Prüfungstechnik **199** 15
Wirtschaftlicher Geschäftsbetrieb, Begriff **14**
Betriebsaufspaltung **14** F
Gewinnpauschalierungswahlrecht **64** 6
Golfverein **64** 7
Musikverein **64** 7
Steuerpflicht **64** 1 ff.
Übergangsvorschrift **Anh I 1** 4
Zweckbetrieb **65** 1 ff.
Wirtschaftlicher Halbreingewinn, Begriff steuerlicher Prüfungstechnik **199** 20
Wirtschaftlicher Materialeinsatz, Begriff steuerlicher Prüfungstechnik **199** 11
Wirtschaftlicher Reingewinn, Begriff steuerlicher Prüfungstechnik **199** 22
Wirtschaftlicher Rohgewinn, Begriff steuerlicher Prüfungstechnik **199** 17
Wirtschaftlicher Umsatz, Begriff steuerlicher Prüfungstechnik **199** 7
Wirtschaftlicher Wareneinsatz, Begriff steuerlicher Prüfungstechnik **199** 11

Wirtschaftliches Eigentum, Durchgangserwerb **39** 1 F
Grundstück **39** 2 F
Wirtschaftliches Ergebnis, unwirksames Rechtsgeschäft **41** 1
Wirtschaftlichkeit, Beachtung der W. im Ermittlungsverfahren **88** 2
Wirtschaftsgüter, Eigenbesitz von W. **39** 2
Gesamthandsvermögen **39** 2
gesonderte Feststellung des Vermögens **180** 1
immaterielle W., Haftung des Eigentümers **74** 3
einer rechtsfähigen Personengesellschaft **39** 2
Sicherungseigentum **39** 2
tatsächliche Herrschaft von W. **39** 2
Treuhandverhältnis **39** 2
Zurechnung von W. **39** 1 ff.
Wirtschafts-Identifikationsnummer 139 a 1; **139 c** 1 ff.
Aufzeichnung durch Kreditinstitute **154** 3
Vergabe der W. **139 d** 2
Zweck der W. **139 d** 3
Wirtschaftsjahr, wirtschaftlicher Geschäftsbetrieb **64** 9
Wirtschaftsprüfer, Auskunftsverweigerungsrecht des W. **102** 1
Berufspflichten **30** 69
Bußgeldverfahren wegen Steuerordnungswidrigkeit **411**
ehrenamtlicher Richter **Anh II 1** 16
Haftungsbescheid **191** 2
Verteidiger im Steuerstrafverfahren **392** 1 f.
Zustellung an W. **Anh I 2** 5
Wirtschaftsstraftat, Steuergeheimnis **30** 4, 22
Wissenschaft, Gemeinnützigkeit **52** 2
Wissenschaftliche Veranstaltung, Zweckbetrieb **68** 8
Wissenschaftseinrichtungen, Zweckbetrieb **68** 9
Wissensträger, Bevollmächtigte **80** 14
Witwenversorgung, kirchliche Zwecke **54** 2
Wohlfahrtspflege, Begriff **66** 2
Erwerbsverbot **66** 5
Zweckbetrieb **66** 1 ff.
Wohlfahrtswesen, Gemeinnützigkeit **52** 2
Wohlverhaltensphase, Aufrechnung während der W. **226** 1 F
Wohngemeinnützige Zwecke, Gemeinnützigkeit **52** 2
Wohnraum, Betreten von W. **99** 3
Ort der Durchführung der Außenprüfung **200** 2
Wohnsitz, AEAO **Vor 8, 9** 1 f.
Begriff **8** 1 ff.
Ermittlung nach dem Wohnsitz, Unterbrechung der Zahlungsverjährung **231** 1
Familienw. **19** 1
des Intermediärs **138 f** 7
b. NATO-Truppenstatut **8** 16
des Nutzers grenzüberschreitender Steuergestaltungen **138 g** 3
b. Protokoll über Vorrechte und Befreiungen der EU **8** 18
b. Wiener Übereinkommen über diplomatische Beziehungen **8** 17
Wohnsitzfinanzamt, örtliche Zuständigkeit **19** 1 ff.
Wohnsitzwechsel, gesonderte Feststellung **180** 68
Wohnung, vorläufiges Bearbeitungsmerkmal **139 b** 6
Wohnungsbauprämie, Anwendungsbereich der Abgabenordnung **1** 5
Aussetzung der Vollziehung **361** 25
Einspruchsverfahren **347** 9
Steuerhinterziehung **169** 4

Z

Zahlstelle, Dritter als Z. **37** 4
Kreditinstitut als Z. **37** 4
Zahlung nach Einleitung des Vollstreckungsverfahrens **37** 2 F
ohne rechtlichen Grund **37** 2, 2 F
–, Ablaufhemmung, Festsetzungsverjährung **171** 32
per Scheck **224** 2
Tag der Zahlung **224** 1 ff.
an unzuständiges FA **224** 7
Zahlungen von Behörden, allgemeine Mitteilungspflicht **93 a** 1
Zahlungsanweisung, Beachtung von Z. **46** 47 f.
des Steuerpflichtigen an Anweisungsempfänger **46** 15
Zahlungsaufforderung bei Haftungsbescheiden **219** 1 ff.
Zahlungsempfänger 37 4
Benennung von Z. **160** 1 ff.
Zahlungsfrist, Fälligkeit **220** 1 ff.
Selbstanzeige **371** 4
Zahlungsinstitute, Mitteilungspflicht nach § 138 b AO **138** 26, 27
Zahlungsmitteilungen, allgemeine Z., Mitteilungsverordnung **93 a** 6
Zahlungsmittel 224 1
Hinterlegung von Z., Sicherheitsleistung **241** 1 ff.
–, Wirkung **242**
Zahlungsschonfrist, Säumniszuschlag **240** 3
Zahlungsunfähigkeit, Erlass von Säumniszuschlägen **227** 1 F; **240** 9
als Insolvenzeröffnungsgrund **251** 5
Zahlungsverjährung 37 2 F; **228** 1 ff.
Ablaufhemmung, Festsetzungsverjährung **171** 32
Anrechnung von Kapitalertragsteuer **228** 1 F
Anrechnungsverfügung **218** 13
Beginn der Verjährung **229** 1 ff.
Hemmung der Verjährung **230**
Konkurstabelle **228** 1 F
Übergangsvorschrift **Anh I 1** 26
Überleitungsbestimmung für das Beitrittsgebiet **Anh I 1** 52
Unterbrechung der Verjährung **231** 1 ff.
Wirkung der Z. **232**
Zahlungsverkehrssystem 146 25
Zahnarzt, Auskunftsverweigerungsrecht des Z. **102** 1
Zahngold, Sammlung und Verwertung von Z., wirtschaftlicher Geschäftsbetrieb **64** 7
Zebragesellschaft, Einkunftsermittlung bei im Betriebsvermögen gehaltenen Beteiligungen an vermögensverwaltenden Personengesellschaften **180** 60 ff.
gesonderte und einheitliche Feststellung **180** 1 F
Zeit, Vornahme der Vollstreckung **289** 1 f.
Zeitaufwand, Berücksichtigung des Z. im stl. Ermittlungsverfahren **88** 8
Zeiterfassung, Datenverarbeitungssystem **146** 25
Zeitgebühr, Bestimmung der Z. **89** 22
Gebührenberechnung für verbindliche Auskunft **89** 6
Zeitraum, Berechnung des Z., Fristen **108** 4
–, Vorschriften des BGB **108** 1 F
Zeitreihenvergleich 158 1 F
Zeitungsredakteur, Auskunftsverweigerungsrecht **102** 1
Zentrale Kontaktstelle, Zusammenarbeit der Steuerfahndung mit z.K **117 f** 1
Zentrale Sammlung von Unterlagen über steuerliche Auslandsbeziehungen **Anh II 2 b** 5

Zentrale Stelle 6 7
i. S. des § 81 EStG, Verzicht zur Datenweiterleitung **88** 4
Zentrales Verbindungsbüro, Außenprüfung mit Finanzbehörden anderer Staaten **193** 54
Zentralstelle für Finanztransaktionsuntersuchungen **Anh II 2** 8
für Sanktionsdurchsetzung **Anh II 2** 8
Zentralstelle für Finanztransaktionsuntersuchungen, Steuergeheimnis **31 b** 2
Zerlegung, Akteneinsicht **187**
Änderung der Z., Steuermessbescheid **189**
der Gewerbesteuer, Außenprüfung **194** 1 F
von Steuermessbeträgen **185**
–, Beteiligte **186**
Zerlegungsbescheid 188 1
Ablaufhemmung, Festsetzungsverjährung **171** 4 F
Einspruchsbefugnis des Rechtsnachfolgers **353** 1 ff.
neue Tatsache **173** 1 F
Zerlegungsbescheide, Abrufverfahren, Übergangsvorschrift **Anh I 1** 50 d
Zertifizierte technische Sicherheitseinrichtung 146 a 1
Ausfall der z. t. S. **146 a** 30
Zertifizierung von Altersvorsorge- und Basisrentenverträgen, Bundeszentralamt für Steuern **Anh II 2** 7
von DV-Systemen, elektronische Buchführung **146** 58
Zertifizierung technischer Sicherheitseinrichtungen für elektronische Aufzeichnungssysteme **146 a** 3
Zeuge, Entschädigung des Z., Strafverfahren **405**
Hilfspflicht der Z., Gerichtsverfahren **Anh II 1** 84
Ladung zur mündlichen Verhandlung **Anh II 1** 76
Zuziehung von Z., Vollstreckung **288**
Zeugnis von Behörden, Gerichtsverfahren **Anh II 1** 86
Zeugnispflicht 103 F
Zeugnisverweigerungsrecht, eidliche Vernehmung **94** 3
Gerichtsverfahren **Anh II 1** 83
Zinsberechnung 238 1 ff.
Vollverzinsung **233 a** 4, 20 ff.
Zinsbescheid 239 3
Zinsen, Aufkommensberechtigung für Z. **3** 5
bei Aussetzung der Vollziehung **237** 1 ff.
auf Einfuhr- und Ausfuhrabgaben, steuerliche Nebenleistung **3** 4
bei Einstellung des Steuerstrafverfahrens **348 a**
Festsetzungsverjährung **Vor 169** 2
als Insolvenzforderung **251** 12
Leistungsgebot **254** 2
nach § 233 AO, vorläufige Festsetzung **165** 19
steuerliche Nebenleistung **3** 4
Übergangsvorschrift **Anh I 1** 27
Überleitungsbestimmung für das Beitrittsgebiet **Anh I 1** 52
Verzicht auf Zinsen, Zuständigkeitsgrenzen **222** 3
Zinsfestsetzung 239 1 ff.
Einspruch **347** 7
Rechtsbehelf **233 a** 80 ff.
Zinsgläubiger, Vollverzinsung **233 a** 12
Zinshöhe 238 1 ff.
Zinsinformationsverordnung, Anzeigepflicht **102** 4
Zinslauf, Hinterziehungszinsen **235** 2 f., 15 ff.
Stundungszinsen **234** 8 f.
Vollverzinsung **233 a** 2, 13 ff.
Zinsschuldner, Hinterziehungszinsen **235** 1, 12
Vollverzinsung **233 a** 12
Zinsverzicht, Zuständigkeitsgrenzen **222** 3
Zivilprozessordnung, Anwendung der Z., FGO **Anh II 1** 152
Zivilrechtlicher Ersatzanspruch 48 2 F
Zivilschutz, Gemeinnützigkeit **52** 2
Zoll, Amtshilfepflicht **111** 4
Kosten bei besonderer Inanspruchnahme der Zollbehörden **178** 1 ff.
Verwaltung, Hauptzollamt **Anh II 2** 17
zwischenstaatliche Rechts- und Amtshilfe **117** 5
Zollamt, örtliche Behörde **Anh II 2** 1
Zollamtliche Überwachung, Steueraufsicht **209** 1
Zollfahndung 208 1 ff.
Ablaufhemmung, Festsetzungsverjährung **171** 5
Aufgaben der Z. **208** 1 ff.
Befugnisse **404**
Zollfahndungsamt, Bezirk und Sitz **Anh II 2** 17
als örtliche Behörde **6** 7; **Anh II 2** 1
Zollfahndungsdienst 208 1
Zollkodex, Einfuhr- und/oder Ausfuhrabgaben **3** 3
Zollkommissariat, örtliche Behörde **Anh II 2** 1
Zollkriminalamt, Direktion der Generalzolldirektion **Anh II 2** 8
als Mittelbehörde **Anh II 2** 1
Zollordnungswidrigkeit, Begriff **377** 1
Zollrecht, Haftung des Vertretenen **70** 3
Zollstraftat, Begriff **369** 1
Zollverfahren, Steueraufsicht **209** 2
Zollverwaltung, Neuorganisation der Z., Übergangsregelungen **Anh II 2** 28 f.
ZPO, Anwendung der Bestimmungen der ZPO, Zwangsvollstreckung in Gerichtsverfahren **Anh II 1** 148
Zufallsauswahl, vorzeitige Anforderung von Steuererklärungen **149** 4
Zuführung zum ideellen Bereich, Selbstlosigkeit **55** 14
Zugang des elektronischen Dokuments **87 a** 1, 10
Zugangseröffnung, elektronische Kommunikation **87 a** 1
für Steuererklärungen **87 a** 9
Zugangsvermutung bei Bekanntgabe im Ausland **123** 1
Zulage, Anwendungsbereich der Abgabenordnung **1** 5
Festsetzung **155** 9
Zulässigkeit der Außenprüfung **193** 1 ff.
der Erinnerung, Kosten **Anh II 1** 146
des Finanzrechtswegs **Anh II 1** 29
der Klage, Zwischenurteil **Anh II 1** 100
des Rechtswegs **Anh II 1** 66
der Revision, Prüfung **Anh II 1** 124
d. Verarbeitung personenbezogener Daten **29 b** 8
Zulässigkeit der Klage Anh II 1 100
Zulässigkeitsvoraussetzungen, Einspruch **358**
Zulassung der Beschwerde, Statthaftigkeit **Anh II 1** 129
der Revision **Anh II 1** 116
Zulassungsausschuss, Entscheidung des Z. in Steuerberatungsangelegenheiten, Ausschluss des Einspruchs **348**
für Steuerberater, Ablehnung von Mitgliedern des Z. **84 F**
Zumutbarkeit bei Ermessensentscheidung **5** 2
Zurechnung als Treuhänder, Vertreter oder Pfandgläubiger **159** 1 ff.
wirtschaftlicher Eigentümer **39** 2 ff.
von Wirtschaftsgütern **39** 1 ff.
Zurücknahme der Klage **Anh II 1** 68
Zurückverweisung, Revision **Anh II 1** 126, 128
Zurückweisung des Bevollmächtigten oder Beistands **80** 5 ff.; **Anh II 1** 57
unbegründete Revision **Anh II 1** 126

Zusage, verbindliche Z. **89** 1 F
– auf Grund einer Außenprüfung **204** 1 ff.
–, Außerkrafttreten, Aufhebung und Änderung **207** 1 ff.
–, Bindungswirkung **206** 1 ff.
Zusammenfassende Meldung, Umsatzsteuer, Bundeszentralamt für Steuern **Anh II 2** 7
Vollmacht **80** 1 F
Zusammengefasster Steuerbescheid, Steuerfestsetzung, Gesamtschuldner **155** 3
Zusammenhängende Strafsachen, Zuständigkeit **389**
Zusammenveranlagung, Berichtigungspflicht der Steuererklärung **153** 14
zur Einkommensteuer im Insolvenzverfahren **251** 19
Pfändung bei Z. **46** 1 F
Steuerfahndung, Festsetzungsverjährung **171** 20
Steuerpflichtiger **33** 1 F
Verspätungszuschlag bei Z. **152** 19
Zusammenwirken von Bundes- und Landesfinanzbehörden **Anh II 2** 20 ff.
von gemeinnützigen Körperschaften, Unmittelbarkeit **57** 3 ff.
Zuschätzung bei Buchführungsmängeln **158** 2
Zuschlag zum Mitwirkungsverzögerungsgeld, Außenprüfung **200 a** 3
Zuschlag nach § 162 Abs. 4 90 21
Festsetzung **162** 4
steuerliche Nebenleistung **3** 4
Versteigerung **299** 1 ff
Zuschlag zum Mitwirkungsverzögerungsgeld, steuerliche Nebenleistung **3** 4
Zuständiges Gericht, Strafverfahren **391** 1 ff.
Zuständigkeit für Abnahme der Vermögensauskunft **284** 5
für Allgemeinverfügung **367** 4
für Arbeitnehmer ohne Wohnsitz oder gewöhnlichen Aufenthalt im Inland **19** 14
bei ausländischen Personengesellschaften **180** 65
ausschließliche Wirtschaftszone **22 a**
Außenprüfung **195** 1 f.
bei Bauleistungen, Zuständigkeitsvereinbarung **20 a** 5
für Bekämpfung von illegaler Beschäftigung **31 a** 4
beschränkte Steuerpflicht, Bundeszentralamt für Steuern **Anh II 2** 7
beschränkte Steuerpflicht bei Rentner **19** 6
für Bewilligung von Erleichterungen bei Buchführungspflicht **148** 2
Bundesfinanzhof, sachliche Z. **Anh II 1** 31
bei englischer Limited **21** 3
Festlandsockel **22 a**
des Finanzgerichts **27** 2
–, örtliche Z. **Anh II 1** 32 f.
–, sachliche Z. **Anh II 1** 30
der FKS **31 a** 4
gesonderte Feststellung, Betriebs- oder Wohnsitzverlegung **180** 68
bei getrennter Veranlagung **19** 12
Großer Senat, Organisation und Besetzung **Anh II 1** 8
für Kontenabruf **93** 13
mehrfache örtliche Z. der Finanzbehörde **25** 1 ff.
mehrfache Z., Steuerstraftat **390** 1 f.
örtlich zuständige Finanzbehörde, Strafverfahren **388** 1 ff.
örtliche Z. der Finanzbehörden **17** 1 ff.
–, Folgen von Verfahrensfehlern **127** 1
sachlich zuständige Finanzbehörde, Strafverfahren **387** 1 f.
sachliche Z. der Finanzbehörden **16** 1 ff.
bei Steuerordnungswidrigkeiten, Bußgeldverfahren **409**
Steuerstraftat **386** 1 ff.
Überleitungsbestimmung für das Beitrittsgebiet **Anh I 1** 51 ff.
Unterstützung durch anderes Finanzamt **29 a**
verbindliche Auskunft **89** 2, 13 ff.
Vorabverständigungsverfahren, BZSt **89 a** 9
zusammenhängende Strafsachen **389**
zuständiges Amtsgericht, Steuerstrafverfahren **391** 1 ff.
zuständiges Vormundschaftsgericht bei Bestellung eines Vertreters von Amts wegen **81** 2
Zuständigkeitsgrenze, Absehen von Festsetzungen **222** 4
Billigkeitsmaßnahmen **222** 3
–, Bundessteuern **222** 9 ff.
Erlass **222** 3
Niederschlagung **222** 4
Stundung **222** 2
Zuständigkeitsstreit 28
Zuständigkeitsvereinbarung 27 1 ff.
bei englischer Limited **21** 3
bei Zuständigkeit für Bauleistungen **20 a** 5
Zuständigkeitswechsel 26 1 ff., 6 ff.
nach begonnener Außenprüfung **195** 2
nach Betriebsaufgabe **26** 4
Einspruch bei Z. **357** 6
Einspruchsverfahren **367** 6, 27
in Rechtsbehelfsverfahren **26** 5
Zustellung an Angehörige der rechts- und steuerberatenden Berufe **Anh I 2** 5
Auslagen bei Vollstreckung **344** 1
im Ausland **Anh I 2** 10
–, Ersatzzustellung **Anh I 2** 10
Begriff **Anh I 2** 2
an Behörde **Anh I 2** 5
durch die Behörde **Anh I 2** 5
des Beiladungsbeschlusses **Anh II 1** 55
Besonderheiten des Zustellungsverfahrens **122** 32 ff.
an Betreuer **Anh I 2** 7
an Bevollmächtigte **Anh I 2** 8
im Bußgeldverfahren **412** 1
mittels eingeschriebenen Briefs **122** 32; **Anh I 2** 4
elektronische Z. **122** 32; **Anh I 2** 5
gegen Empfangsbekenntnis **122** 32; **Anh I 2** 5
Ersatzzustellung durch Niederlegung **Anh I 2** 3
förmliche Bekanntgabe **122** 15
Geltungsbereich, VwZG **Anh I 2** 1
bei gerichtlich bestellter Betreuung **122** 35 a
an Geschäftsunfähige oder beschränkt Geschäftsfähige **Anh I 2** 7
an gesetzlichen Vertreter **Anh I 2** 7
Heilung von Zustellungsmängeln **Anh I 2** 9
der Klageschrift **Anh II 1** 67
der Ladung zur Abgabe der Vermögensauskunft **284** 5
Notwendigkeit, VwZG **Anh I 2** 1
öffentliche **122** 32; **Anh I 2** 11
–, elektronisches Verfahren **122** 6
durch die Post **Anh I 2** 3 f.
von Schriftstücken an die Beteiligten **Anh I 2** 8
von Schriftstücken im Gerichtsverfahren **Anh II 1** 48
tatsächlicher Zugang **Anh I 2** 9
Umdeutung, Bekanntgabe von Verwaltungsakten **122** 1 F
des Urteils **Anh II 1** 107
von Verwaltungsakten **122** 5
–, Fehler bei der Z. **122** 40
mit Zustellungsurkunde **122** 32; **Anh I 2** 3
Zustellungsarten Anh I 2 2 ff.

Zustellungsauftrag Anh I 2 3
Zustellungsbevollmächtigter, Beiladung **Anh II 1** 55
gemeinsamer Z. von mehreren Beteiligten **Anh I 2** 8
Gerichtsverfahren **Anh II 1** 48
inländischer Z. **Anh I 2** 10
Zustellung an Z. **Anh I 2** 8
Zustellungsersuchen, Zustellung im Ausland **Anh I 2** 10
Zustellungsmängel, Heilung von Z. **Anh I 2** 9
Zustellungsurkunde Anh I 2 3
Auslagen bei Vollstreckung **344** 1
Zustellung durch die Post **Anh I 2** 3
Zustellungsverfahren, VwZG **Anh I 2** 1 ff.
Zustellungsvordruckverordnung Anh I 2 3
Zustimmung der betroffenen Person, Steuergeheimnis **30** 4
des Einspruchsführers, Ruhen des Verfahrens **363** 4
zur Offenbarung, Steuergeheimnis **30** 20
schriftliche Z. zur Steueranmeldung **168** 2 F
Wirkung einer Steueranmeldung **168** 1 ff.
Zustimmungsgrenze des Bundesministers der Finanzen, Billigkeitsmaßnahme **222** 9 ff.
Zustimmungsruhe, Ruhen des Verfahrens **363** 10
Zuteilung, Identifikationsnummer **139 b** 6
Zuteilungsbescheid, Einspruchsbefugnis des Rechtsnachfolgers **353** 1 ff.
Zuteilungsverfahren, Steuermessbetrag **190**
Zuwendungen, Selbstlosigkeit **55** 2
Zuwendungsbescheid, allgemeine Mitteilungspflicht **93 a** 4
Zuwendungsbestätigung, Ausstellen einer Z. **63** 5
Zuwendungsempfänger, Kontenabruf **93** 8
Zuwendungsempfängerregister, Bundeszentralamt für Steuern **Anh II 2** 7
beim BZSt **60 b** 1
Zuziehung von Zeugen, Vollstreckung **288**
ZVG, Gesetz über die Zwangsversteigerung und die Zwangsverwaltung **34** 8
Zwang, unmittelbarer Z., Zwangsmittel **331**
Zwangsgeld 328 1
Androhung eines Z., Gerichtsverfahren **Anh II 1** 151
Androhung und Festsetzung **328** 3 ff.
Erlöschen **47** 2
Höchstbetrag **328** 8
Höhe **329**
Rechtsnachfolger **45** 1
steuerliche Nebenleistung **3** 4
Übergangsvorschrift **Anh I 1** 33
Zwangsmittel 328 1 ff.
Androhung **332** 1 ff.
aufschiebende Wirkung der Beschwerde **Anh II 1** 132
Ersatzvornahme **330**
Ersatzzwangshaft **334** 1 ff.
Festsetzung **333**
unmittelbarer Zwang **331**
Unzulässigkeit, Strafverfahren **393** 1
Vollstreckung wegen Handlungen, Duldungen oder Unterlassungen **328** 1 ff.
Zwangsgeld **329**
Zwangsruhe, Einspruchsverfahren **363** 2, 12
Ende **363** 5
–, Fortsetzungsmitteilung **363** 7
Voraussetzungen **363** 5
Zwangsverfahren, Beendigung des Z. **335**
Vollstreckung in das unbewegliche Vermögen **322** 1 ff.
Zwangsversteigerung, dingliche Haftung bei Grundstücken **77** 2 F
Zwangsverwalter, kalte Zwangsverwaltung **34** 67
Pflichten des Z. **34** 8 ff.
Zwangsverwaltung, Bekanntgabe von Verwaltungsakten bei Z. **122** 26
Vollstreckung in das unbewegliche Vermögen **322** 1 ff.
Zuständigkeit für Umsatzsteuer **21** 1 F
Zwangsvollstreckung, Anwendung der Bestimmungen der ZPO **Anh II 1** 148
Überleitungsbestimmung für das Beitrittsgebiet **Anh I 1** 52
Zweckbetrieb, Begriff **65** 1 ff.
beispielhafte Aufzählung **68** 1 ff.
Krankenhaus als Z. **67** 1
Selbstlosigkeit **55** 11
Übergangsvorschrift **Anh I 1** 7
wirtschaftlicher Geschäftsbetrieb **64** 1 f.
Wohlfahrtspflege **66** 1 ff.
Zweckbetriebsgrenze 67 a 20
Zwecke, steuerbegünstigte Z., Übergangsvorschrift **Anh I 1** 6
Zweckmäßigkeit, Beachtung der Z. im Ermittlungsverfahren **88** 2
Zweckverfolgung, Steuerbegünstigung **59** 1 ff.
Zweigniederlassung, Betriebsstätte **12** 1
Zweitwohnungssteuergesetz 3 1 F
Zwingendes öffentliches Interesse, Anhörung Beteiligter **91** 3
Zwischenbilanz, betriebswirtschaftlicher Begriff **199** 25
Zwischeneinkünfte einer Basisgesellschaft **42** 1 F
Zwischenmieter, gewerblicher **42** 1 F
Zwischenstaatliche Amts- und Rechtshilfe 117 1 ff.
Statistik **117** 1 1
Zwischenstaatliche Vereinbarungen, Vorrang bei Wohnsitz u. gewöhnlichem Aufenthalt **Vor 8, 9** 2
Zwischenurteil, Vorabentscheidung über den Grund **Anh II 1** 102